Lexikon der Kinder- und Jugendliteratur
Ergänzungs- und Registerband

Lexikon der Kinder- und Jugendliteratur

Personen-, Länder- und Sachartikel zu Geschichte und Gegenwart der Kinder- und Jugendliteratur

In drei Bänden (A–Z) und einem Ergänzungs- und Registerband

Herausgegeben von Klaus Doderer

Beltz Verlag, Weinheim und Basel

Lexikon der Kinder- und Jugendliteratur

Ergänzungs- und Registerband

Erarbeitet im Institut für Jugendbuchforschung
der Johann Wolfgang Goethe-Universität in Frankfurt/Main

Redaktion: Hannelore Daubert, Klaus Doderer,
Winfred Kaminski, Helmut Müller, Klaus-Ulrich Pech,
Detlef Ram, Hildegard Schindler-Frankerl

Beltz Verlag, Weinheim und Basel

CIP-Kurztitelaufnahme der Deutschen Bibliothek

Lexikon der Kinder- und Jugendliteratur : Personen-, Länder- u. Sachart. zu Geschichte u. Gegenwart d. Kinder- u. Jugendliteratur ; in 3 Bd. (A–Z) u. e. Erg.- u. Reg.-Bd. / [erarb. im Inst. für Jugendbuchforschung d. Johann-Wolfgang-Goethe-Univ. in Frankfurt am Main]. Hrsg. von Klaus Doderer. – Sonderausg. in Kassette – Weinheim ; Basel : Beltz
ISBN 3-407-56520-8
NE: Doderer, Klaus [Hrsg.]; Institut für Jugendbuchforschung <Frankfurt, Main>
Erg.- u. Reg.-Bd. / Red.: Hannelore Daubert... [Mitarb. dieses Bd. Efpraxia Andronis...]. – 1984.
NE: Daubert, Hannelore [Red.]

Redaktionsschluß: Dezember 1980 (mit Nachträgen bis Herbst 1981)

Umschlagentwurf: Günther Stiller, Taunusstein
Gesetzt aus der 8 Punkt Garamond für die Grundschrift
Gesamtherstellung: Beltz Offsetdruck, 6944 Hemsbach über Weinheim
Printed in Germany

ISBN 3 407 56520 8

Vorwort des Herausgebers

Der vorliegende Ergänzungs- und Registerband schließt das „Lexikon der Kinder- und Jugendliteratur“ nach Konzept und derzeitigem Erkenntnisstand ab. Seine beiden Teile enthalten – jeder auf seine Art – Neues. Im Ergänzungsteil haben solche Personen-, Länder- und Sachartikel zur gegenwärtigen und historischen Kinder- und Jugendliteratur ihren Platz gefunden, die in den Bänden I–III nicht aufgenommen werden konnten, weil die Redaktion seinerzeit keinen Bearbeiter gefunden hatte oder noch nicht von der lexikographischen Bedeutsamkeit der Person beziehungsweise Sache überzeugt war oder weil keine ausreichenden Informationen aufzufinden waren. Der Registerteil erschließt das vierbändige Werk auf neue Weise. Das Ausschöpfen der Informationskapazität des Lexikons der Kinder- und Jugendliteratur blieb bislang auf die alphabetisch geordneten nachschlagbaren oder durch Verweise auffindbaren Personen- und Sachartikel beschränkt. Bei Benutzung des Registers können nun kreuz und quer Informationen über Personen und Sachen geholt werden, auch wenn sie nicht in eigenen Artikeln aufgeführt sind.
Auch der Ergänzungsband kann nicht alle Lücken schließen, weder die der historischen Aufarbeitung, noch die der Kinder- und Jugendliteratur unserer Tage. Schon bestehen in der Redaktion Vorstellungen und Materialsammlungen für spätere Ergänzungen und Erweiterungen. Bei aller Genugtuung, dieses bisher größte Projekt des Frankfurter Instituts für Jugendbuchforschung konsequent und auch relativ schnell – denkt man an die Erscheinungstermine der Bände (I, 1975; II, 1977; III, 1979; IV, 1982) – zu einem vorläufigen Abschluß gebracht zu haben, bedauern wir doch, daß in der vorliegenden Auflage Korrekturen und Ergänzungen der Artikel aus den Bänden A–Z (I–III) nicht möglich waren. Sie bleiben einer späteren Ausgabe vorbehalten.
Jedes Lexikon hat sein Konzept, dem es bis zum letzten Band folgen sollte. Wir haben uns weithin an das gehalten, was im Vorwort zum ersten Band (A–H) von 1975 zum Ausdruck gebracht worden ist. Aber wir haben auch – teilweise ohne uns dessen immer eingedenk zu sein – manchmal Akzentverschiebungen vorgenommen, ja aufgrund von Ermunterungen, Anregungen, neuen Erkenntnissen und nach Gesprächen im Mitarbeiterkreis Neues aufgegriffen. Für alle Anregungen sei herzlich gedankt. So konnte z.B. der Anteil an Personalartikeln über Illustratoren der Vergangenheit und Gegenwart beträchtlich erhöht werden, so konnte auch in den Ergänzungsband eine große Zahl von Länderartikeln neu aufgenommen werden.
Unsern Regeln entsprechend mußten wir uns in manchen Punkten beschränken. Z.B. haben wir Verlage, die früher bestanden, aber heute nicht mehr existieren, weggelassen. (Über sie wäre in den meisten Fällen übrigens schwer oder überhaupt kein Material zu bekommen gewesen.) Manchmal weichen unsere Angaben über Geburts- und Sterbedatum, Lebenslauf und Aufenthaltsort, über Erscheinungsjahr von Buch, Film oder Bühnenwerk von denen in anderen Nachschlagwerken ab. Das muß nicht unbedingt bedeuten, daß sich das „Lexikon der Kinder- und Jugendliteratur“ irrt. Unsere Mitarbeiter bzw. die Redakteure haben, wo sie konnten, nachrecherchiert und sind dabei gelegentlich auch auf Fehler der anderen gestoßen.
Mehr als 350 Mitarbeiter waren an dem Zustandekommen des Gesamtwerkes beteiligt. Ihnen gilt es ebenso herzlich Dank zu sagen wie den Redakteuren und Mitarbeitern im

Institut für Jugendbuchforschung und den Mitgliedern des Beratergremiums, das seit 1978 die Arbeiten tatkräftig unterstützte und aus den Professoren ALFRED CLEMENS BAUMGÄRTNER, HANS EBERHARD GIEHRL, GERHARD HAAS, CLEMENS KÖTTELWESCH, GISELA OESTREICH und RUDOLF SCHENDA bestand.
Ohne die Hilfe der Deutschen Forschungsgemeinschaft und ohne die gute Zusammenarbeit mit dem Beltz Verlag wäre auch der Ergänzungs- und Registerband nicht zustande gekommen.

Frankfurt, Januar 1982 *Klaus Doderer*

Mitarbeiter dieses Bandes

Efpraxia Andronis, Hattersheim
Mathilde Rosa Araùjo, Lissabon (Portugal)
Dieter Arendt, Gießen
Anton Baumeister, Freiburg im Breisgau
Alfred Clemens Baumgärtner, Würzburg
Hermann Bertlein, Worms
Lioba Betten, München
Wolfgang Biesterfeld, Kiel
Alwin Binder, Münster
Lucia Binder, Wien (Österreich)
Erik Bink, Amsterdam (Niederlande)
Andreas Bode, Berlin
Margret Bode, Frankfurt/Main
Heiner Boehncke, Bremen
Monika Bosse, Bielefeld
Eckhard Breitinger, Bayreuth
Otto Brunken, Köln
Gérard Carau, Beckingen/Saarland
Carola Cardi, Köln
Hans-Gerd Claßen, Neuss
Margund Claussen, Heidelberg
Erhard Dahl, Paderborn
Malte Dahrendorf, Hamburg
Ingeborg Daube, Frankfurt/Main
Hannelore Daubert (H. D.), Frankfurt/Main
Margarete Dierks, Darmstadt
Ottilie Dinges, Essen
Ingrid Doderer, Darmstadt
Klaus Doderer, Frankfurt/Main
Bernd Dolle, Frankfurt/Main
Bernhard Doppler, Paderborn
Erich Eberts, Ludwigshafen am Rhein
Hans Eich, Taufkirchen Kr. München
Hartmut Euler, Neu-Eichenberg/Hessen
Hans-Heino Ewers, Köln
Karl E. Fick, Frankfurt/Main
Kurt Franz, München
Christian Freitag, Gießen
Winfried Freund, Paderborn
Hans Gärtner, München
Klaus F. Geiger, Kassel
Manfred Geiss, Mörfelden
Erich Gerhard, Frankfurt/Main
Hubert Göbels, Essen
Gisela Goldbach, Kronberg i. Ts.
Jakob Gormsen, Aabenraa (Dänemark)
Dagmar Grenz, Köln
Dietrich Grünewald, Frankfurt/Main
Jutta Grützmacher, Berlin
Susanne Hahn, Essen
Hans A. Halbey, Mainz
Inge Harych, Berlin (DDR)
Verena Heintz-Rutschmann, Zürich (Schweiz)
Helmut Herbst, Ludwigsburg
Annelie von Hermanni, Frankfurt/Main
František Holešovský, Prag (ČSSR)
Gerhard Holtz-Baumert, Berlin (DDR)
Martin Hussong, Speyer
Klaus Ihl, Bad Vilbel
Petra Jäschke, Frankfurt/Main
Konrad Kallbach, Hannover
Winfred Kaminski, Frankfurt/Main
Bernard Kaufer, Frankfurt/Main
Wilfried Keutsch, Ludwigsburg
Harro Kieser, Frankfurt/Main
Heinke Kilian, Frankfurt/Main
Dieter Kirsch, Groningen (Niederlande)
Karl-Heinz Klimmer, Bad Homburg
Aiga Klotz, Stuttgart
Richard Kremer, Koblenz
Horst Künnemann, Hamburg
Klaus-Dieter Lenzen, Bielefeld
Elke Liebs, Münster i. Westf.
Gertraud Meinel, Freiburg im Breisgau
Velten Merz, Frankfurt/Main
Horst Mischke, Hamburg
Igor Motjašov, Moskau (UdSSR)
Helmut Müller, Frankfurt/Main
Gerhard Müller-Hornbach, Frankfurt/Main
Hans-Wolfgang Nickel, Berlin
Klaus-Ulrich Pech, Darmstadt
Adeline Pellegrino, Esch-Alzette (Luxemburg)
Dieter Petzold, Erlangen-Nürnberg
Dietger Pforte, Berlin
Carla Poesio, Florenz (Italien)
Michael Poser, Mühlheim am Main
Ellen Power, Dublin (Irland)
Almut Prieger, Frankfurt/Main
Detlef Ram, Frankfurt/Main
Regula Renschler, Basel (Schweiz)
Hans Ries, München
Natércia Rocha, Lissabon (Portugal)
Jürg Schatzmann, Zürich (Schweiz)
Hildegard Schindler-Frankerl, Frankfurt/Main
Wolfgang Schlegelmilch, Freiburg im Breisgau
Karin Schmidt, Bad Oeynhausen
Susanne Schmidt, Berlin
Geralde Schmidt-Dumont, Hamburg
Monika Schmiedt-Schomaker, St. Augustin
Peter Schneck, Wien (Österreich)
Cornelia Schneider, Frankfurt/Main
Wolfgang Schneider, Bischofsheim bei Rüsselsheim

Ernst Seibert, Wien (Österreich)
Eberhard Semrau, München
Josef Seubert, Reutlingen
Maria J. Sottomayor Rosa da Silva, Lissabon (Portugal)
Reinhard Stach, Duisburg
Rüdiger Steinlein, Berlin
Heinz Steuer, Wien (Österreich)
Erich Strobach, Bielefeld
Reinbert Tabbert, Reutlingen
Saskia Tellegen-van Delft, Amsterdam (Niederlande)
Béla Tóth, Budapest (Ungarn)
Angela Voß, Frankfurt/Main
Erich Wasem, München
Heinz Wegehaupt, Berlin (DDR)
Imma Wick, Mühlheim/Ruhr
Utta Wickert, Rom (Italien)
Ingetraud Wild, Saarbrücken
Reiner Wild, Saarbrücken
Gisela Wilkending, Gießen
Peter Zimmermann, Hamburg
Jack Zipes, Milwaukee (USA)

Zu den bibliographischen Angaben

Soweit wie irgend möglich, auch bei Zeitschriftenaufsätzen und Beiträgen in Sammelwerken, erfolgte eine Autopsie. Wo das nicht möglich war, richten sich die Angaben im außerdeutschen Bereich nach den jeweiligen Nationalbibliographien bzw. den einschlägigen Bibliothekskatalogen (wie etwa die „Library of Congress Catalogs“ (LOC) bzw. der „National Union Catalog“ (NUC), der „British Museum General Catalogue of Printed Books“ (BM), „The British National Bibliography“ (BNB), der „Svensk Bok-Katalog“ (bis 1965) bzw. „Svensk Bokförteckning“ (ab 1956) etc.).
Weitere Bibliographien wurden hilfsweise herangezogen.
Zur Überprüfung der nicht autopsierten deutschen Titel dienten vorwiegend die folgenden bibliographischen Nachschlagewerke, neben vielen anderen Hilfsmitteln:
W. Heinsius: Allgemeines Bücher-Lexikon (1700–1892); Chr. G. Kayser: Bücher-Lexikon (1750–1910); A. Kirchhoff's Bücher Katalog (1851–1860) bzw. Hinrich's Fünfjähriger Bücher-Catalog (1861–1912); Deutsches Bücherverzeichnis, Leipzig (DBV): 1911–1965; Deutsche Nationalbibliographie, Leipzig (DNB): 1966ff.; Deutsche Bibliographie, Frankfurt a.M. (DB): 1945ff.

Abkürzungsverzeichnis: Siehe Band I, Seite X–XII

Bildnachweis

Bei allen hier nicht aufgeführten Illustrationen ist die Quelle aus der jeweiligen Bildlegende ersichtlich.

S. 17: W. H. Schroeder, Hamburg. – S. 18: Verlag Sauerländer, Aarau. – S. 33: Detskaja Literatura, Moskau. – S. 39: Signal-Verlag, Baden-Baden. – S. 47: J. Scherr: Die Nibelungen. Leipzig 1860. – S. 53: Deutsche Verlagsanstalt, Stuttgart. – S. 61: Cefischer: Oscar der Familienvater. Frankfurt 1979. – S. 68: Birne Theater für Kinder, Berlin. – S. 77: H. Künnemann, Hamburg. – S. 85: Librería Importadora Editora y Distribuidora, Lima. – S. 96: J. Beltz, Weinheim. – S. 100: K. Thienemanns Verlag, Stuttgart. – S. 152: A. E. Fröhlich: Fabeln. Zürich 1945 (Faksimile-Druck). – S. 158: C. Dressler Verlag, Hamburg. – S. 172: O. Maier Verlag, Ravensburg. – S. 205: G. Brandenstein, Wien. – S. 206: J. Beltz Verlag, Weinheim. – S. 208: J. Beltz Verlag, Weinheim. – S. 246: Fr. Roland-Beeneken, Berlin. – S. 249: H. Luchterhand Verlag, Darmstadt. – S. 260: M. Seifert, Seelze. – S. 273: H. Luchterhand Verlag, Darmstadt. – S. 288: W. Mehnert: Edwin Hoernle, Berlin (Ost) 1963). – S. 290: H. Luchterhand Verlag, Darmstadt. – S. 300: B. E. Mahony u.a.: Illustrators of Children's Books. Boston 1961. – S. 312: Franz Schneider Verlag, München. – S. 316: Fr. Arndt, Oststeinbek. – S. 324: treff. Velber Verlag, Seelze. – S. 333: Kinderbuchladen, Zürich. – S. 346: Kl. Kordon, Schwalbach/Ts. – S. 349: Georg Bitter Verlag, Recklinghausen. – S. 362: H.-H. Ewers, Köln. – S. 385: E. Lissitzkij: Suprematistische Geschichte von zwei Quadraten in 6 Konstruktionen. Berlin 1969. – S. 425: Cecilie Dressler Verlag, Hamburg. – S. 434: Beltz Verlag, Weinheim. – S. 438: Das Papiertheater, Begleitschrift zur Ausstellung. Langen 1980. – S. 465: Lotte Reiniger, Meister des Puppenspiels, H. 34. Bochum 1978. – S. 466: ebda. – S. 476: Rote Grütze Theater, Berlin. – S. 497: G. H. von Schubert: Vermischte Schriften, Erster Band. Erlangen 1857. – S. 499: A. Schweiggert, Lochham b. München. – S. 504: Der Kinderbuchverlag, Berlin (Ost). – S. 514: Verlag Sauerländer, Aarau. – S. 535: Franckh'sche Verlagsbuchhandlung, Stuttgart. – S. 541: Beltz Verlag, Weinheim.

A

Aare-Verlag

Solothurn (Schweiz). Vorwiegend Jugendromane, Bilder- und Sachbücher.

Der Aare-Verlag, der bis 1978 den Namen Schweizer Jugend-Verlag trug, wurde 1952 von JOSEF P. SPECKER, dem Direktor der Union Druck und Verlag AG, Solothurn, gegründet. Seit 1978 ist FELIX FURRER (* 1946) Verlagsleiter. Seine Vorgänger waren HANS JÖRG OSTERTAG und PAUL SCHWARZ.
Schwerpunkte des Verlagsprogramms sind Jugendromane, Sachbücher zu unterschiedlichen Themen – zeitweise auch illustrierte Sachbücher wie die „Jazzfibel" und die „Ross- und Reiterfibel" –, weiterhin Kriminal- und Abenteuerromane, Bilderbücher, die preisgünstige Reihe der „Eulenbücher", eine pädagogische Reihe, in der Bastelhefte erscheinen, und die Romanreihe „Tramp" mit authentischen Berichten aus fernen Ländern. Zu den Autoren des Verlages gehören: VIOLA BAYLEY, FEDERICA DE CESCO, A. R. CHANNEL, HANS D. DOSSENBACH, PAUL JENNI, ERNST KAPPELER, OTHMAR F. LANG, ELISABETH MALCOLM, INKA VON MURALT, CHRISTIN OSTERWALDER, HANS ROMBERG, MARY SCHAEPPI, ERNST WETTER.

H. D.

Adams, Richard

*Englischer Autor; * 9. 5. 1920 Newbury/Berkshire.*

A. wurde in Bradfield ausgebildet und machte 1953 sein M. A.-Examen am Worcester College in Oxford. Nach der Dienstzeit in der Armee (1940–1945) arbeitete A. im Wohnungsministerium (1948–1968), von 1968 bis 1974 war er für Umweltfragen zuständig. Für sein schriftstellerisches Werk erhielt A. 1972 die Carnegie Medal und 1973 den Guardian Award. A. ist seit 1949 verheiratet und hat zwei Töchter.

Werk, Tendenzen, Wirkung. In seinem erfolgreichen Buch „Watership Down" (1972; dt. Unten am Fluß, 1975) erzählt A. die Geschichte einer Gruppe von Kaninchen, die ihr Gehege verlassen, weil es von Menschen bedroht ist. Fiver, „seherisch" begabt, und Hazel, widerwillig, aber doch entschlossen, übernehmen die Führung der Gruppe und haben zahlreiche Fährnisse zu überwinden. Sie lernen, sich – entgegen dem Instinkt, in Panik auszubrechen, – neuen Umweltbedingungen anzupassen und für Kaninchen ungewöhnliche Lösungswege zu ersinnen. Dabei unternehmen sie nichts, was Kaninchen nicht „möglich" sein könnte. Die Kaninchen um Hazel können so der Gefangenschaft entgehen, weil sie sich ihre Fähigkeit zur List erhalten und ihre Freiheit nicht einer scheinbaren Sicherheit opfern; sei es auch der einer regelmäßig von Menschen gelieferten Nahrung. Nachdem sie Watership Down erreicht haben, geben sie ihre neugewonnenen Kenntnisse nicht auf. Sie unternehmen gewagte Ausflüge, um Weibchen zu bekommen. Aus den Kämpfen gehen sie siegreich hervor. Hazels und Fivers Gehege zeigt sich zudem einem diktatorisch organisierten Nachbargehege „Efrafa" – mit einem „General" an der Spitze und einer gutorganisierten Sicherheitstruppe als Herrschenden – überlegen. Das Risiko der Freiheit, so wie es Hazels und Fivers Gehege bietet, erweist sich als lebenswerter als die vorgebliche Sicherheit, die mit Unterdrückung verbunden ist.
Es ist A.' episches Talent und seine reiche Phantasie, die seine Kaninchen-Saga attraktiv machen und dem Zug der Kaninchen immer neue Seiten abgewinnen. Sei es in der Konfrontation mit feindlichen Tieren oder den Menschen oder in überraschenden Wendungen wie Hazels Freundschaft mit der verletzten Möwe „Kehaar", die ihm schließlich hilft, gegen die Efrafa-Kaninchen zu bestehen. Hinzu kommt A.' Idee, in den Text Brocken aus einer von ihm erfundenen Kaninchensprache einzumischen, wie „frith" (= Sonne), „hrududu" (= Auto), „owsla" (= Polizei), „homba" (= Fuchs) und „silflay" (= Fressen). Eine zusätzliche Ausweitung erfährt die Geschichte durch Einschübe, in denen die Kaninchen einander Geschichten erzählen, die das Schicksal der Kaninchenrasse zum Inhalt haben. Hauptfiguren sind „El ahrairah", eine Art Robin Hood der Kaninchen, und „Rabscuttle", sein Begleiter. Magisch-mythische Momente bringt das Märchen vom „Schwarzen Kaninchen von Inlè", dem Kaninchen des Todes. Diese umfangreichen Zusätze heben „Watership Down" aus der Reihe konventioneller Tiermärchen heraus und machen es zu einem charakteristischen Beispiel der „animal fantasy". Dabei sieht A. sich nicht in der Nachfolge von B. POTTER oder K. GRAHAME, sondern, was er betont, von R. KIPLING.
„Watership Down" wurde Vorlage für einen abendfüllenden Trickfilm, der im ersten Halbjahr in den USA und England 10 Millionen Besucher anzog. Das Buch ist seit 1972 im englischsprachigen Raum in 30 Millionen Exemplaren verbreitet. Weitere Märchen von A. sind „Shardik" (1974) und „The plague dogs" (1977).

Werke: Watership Down (1972; dt. Unten am Fluß, 1975); Shardik (1974; dt. Shardik, 1977); Nature through the seasons (1975; dt. Die vier Jahreszeiten in der Natur, 1976); The tyger voyage (1976; dt. Die Reise der beiden Tiger, 1976); The plague dog (1977; dt. Die Hunde des schwarzen Todes, 1979); Ship's cat (1980); The girl in a swing (1980; dt. Das Mädchen auf der Schaukel, 1981); The unbroken web (1980; dt. Der eiserne Wolf, 1980).

Winfred Kaminski

Adler, Emma

*Österreichische Schriftstellerin, Übersetzerin, Herausgeberin; *20.5.1858 Debrezin, †25.2.1935 Zürich.*

A., Tochter eines wohlhabenden jüdischen Eisenbahningenieurs, wurde durch einen älteren Bruder früh in die sozialistische Gedankenwelt eingeführt. Sie lernte durch ihn VICTOR ADLER (1852–1918), den späteren Führer der österreichischen Sozialdemokratie, kennen, den sie 1878 heiratete. A. nahm an seiner Arbeit teil, oft unter schwierigsten Bedingungen, und hatte auch Anteil an der Arbeit des ältesten Sohnes FRIEDRICH ADLER (1879–1960), der ebenfalls zu den bedeutenden Persönlichkeiten der sozialdemokratischen Bewegung zählte. A. besaß eine fundierte Bildung – weit über das zu jener Zeit für Mädchen Übliche hinaus – und vermittelte ihre sprachlichen, literarischen und musikalischen Kenntnisse in Bildungsvereinen. So war sie auch „Lehrerin" der sozialdemokratischen Frauenrechtlerin ADELHEID POPP (1869–1939).

Werk, Tendenzen, Wirkung. Neben Übersetzungen (sie beherrschte vier Sprachen) verfaßte A. Schriften für Frauen und über Frauen, war journalistisch tätig und kümmerte sich als Herausgeberin wie als Autorin um die Literatur für die Kinder und Jugendlichen der Arbeiterschaft. Ihr Wirken erscheint beispielhaft für das vieler Frauen im Umkreis der Sozialdemokratie vor 1914, die selbst zwar selten direkte politische Arbeit leisteten, sich dafür um so mehr auf die von den Parteien vernachlässigten Gebiete Erziehung, Frauen- und Kinderarbeit und auch Jugendliteratur begaben, ohne dies als Ghetto zu empfinden. Die von A. für die Jugend herausgegebenen Sammlungen, die auch eigene Beiträge enthalten, zeichnen sich durch einen weitgespannten Literaturbegriff aus. Neben Märchen und Sagen aus aller Welt waren Erzählungen aus der Weltliteratur, Erinnerungen und andere Beiträge großer Parteiführer, aber auch Texte von völlig unbekannten Arbeitern, die sie zu „den besten des Buches" zählte (Vorwort zu „Feierabend. Ein Buch für die Jugend", 1902) vertreten. CLARA ZETKINS (1857–1933) ausdrückliches Lob für ihre Arbeit auf dem Parteitag von 1906 war nur eines von vielen. Von 1909 bis 1914 war A. für die monatliche Beilage „Für die Jugend" in der „Arbeiterinnenzeitung" in Wien verantwortlich.

Werke: Goethe und die Frau von Stein (1887); Die berühmten Frauen der französischen Revolution 1789–1795 (1906); Jane Welsh Carlyle (1907); Kochschule (1915).

Hrsg.: Buch der Jugend. Für die Kinder des Proletariats (1895); Feierabend. Ein Buch für die Jugend (1902); Für die Jugend (Beilage zur Arbeiterinnenzeitung. Jg. 1909–1914); Neues Buch der Jugend (1912).

Erich Eberts

Adloff, Johann Friedrich

*Pädagoge, Kantor, Autor; *19.7.1755 Bittstedt (Gotha), † um 1810.*

A. war Hofkantor und Lehrer der Garnisonsschule in Gotha, seit 1787 Katechet an der Seminarien-Schule in Halle.

Werk, Tendenzen, Wirkung. Der Anlaß zu einer „Anweisung zum practischen Unterricht im Schreiben" war A.s Unzufriedenheit mit den existierenden Leselernbüchern. Er sah im Lese- und Schreibunterricht die Gelegenheit, Kindern zugleich auch nützliche Kenntnisse beizubringen, um sich und ihre Umwelt besser verstehen zu können. Außerdem sollten sich Kinder nicht mit ihnen unverständlichen Texten abplagen, sondern „das schreiben lernen, was sie wahrscheinlich schreiben werden, wenn sie erwachsen sind". Lesen- und Schreibenlernen war für A. kein bloß mechanischer Vorgang, sondern Vermittlung von Kenntnissen aus der Menschen- und Naturgeschichte, vor allem aber von „Klugheits-, Gesundheits-, Sittenregeln".

Was in A.s Anweisungsbuch angelegt war, entfaltete sich in seinem „Sitten- und Historienbüchlein" (1792), das zunächst am Beispiel eines Tagesablaufs die richtigen Verhaltensweisen eines Kindes vorstellt, in einem zweiten Teil dann mit Beispielgeschichten die Regeln vertiefen will. A. weist die Kinder auf den – seiner Meinung nach eindeutigen – Zusammenhang von moralisch einwandfreiem Verhalten und körperlichem wie seelischem Wohlbefinden hin: „Liebe Kinder! ihr wünscht gewiß alle gesund und vergnügt zu seyn, ein gutes Gewissen zu haben, und von euren Eltern, Lehrern und jeden andern vernünftigen Menschen geliebt zu werden? Wie ihr dieses anzufangen habt, dazu werdet ihr in diesem Büchelchen hinreichende Anweisung finden" (Vorrede zur 4. Auflage). Daß Forderungen der Erwachsenen und kindliche Bedürfnisse zum Widerspruch, also auch zu einem schlechten Gewissen führen können, wird von A.s monokausaler Anschauung, wie Glückseligkeit zu erreichen sei, nicht gesehen.

In der ersten Abteilung, in der die Sittenregeln vorgestellt werden, entfaltet er einen Katalog bürgerlicher Normen und Restriktionen. Ausgehend von den sozial höherstehenden Schichten, hatte die Einführung neuer Umgangsformen im 18. Jahrhundert auch die sozial niederen Schichten erreicht. Unbefangenheit gegenüber dem Körper wurde beseitigt, auf die Notwendigkeit der Schamhaftigkeit wiederholt hingewiesen. Lustäußerungen beim Essen oder Spielen, beim Arbeiten oder Lernen galten nun als unschicklich. Zeitvertreib sollte das Kind nur bei sittlich hochstehenden Menschen suchen: „Besser ist es, einsam seyn / Als sich mit den Bösen freu'n" (S. 21). Zur sozialen Anerkennung gehörte ein gewisses – und ständig steigendes – Maß an Triebunterdrückung. Allen, die noch unsicher in den Manieren seien, empfahl A., das Verhalten anderer Menschen zu beobachten und gutes Betragen nachzuahmen; häufig wiederholte er den Ratschlag: „sey aufmerksam und wißbegierig!" – In der zweiten Abteilung, sechzig „Historien und Erzählungen", sind die Regeln und moralischen Lehren in Geschichten verkleidet; nur selten werden sie explizit formuliert, zumeist müssen sie aus der Erzählung erschlossen werden. A. begnügte sich nicht mehr mit der früher üblichen bloßen Aneinanderreihung der Sittenregeln. Genaue Orts- und Zeitangaben bei vielen Erzählungen sollten die Wahrhaftigkeit des geschilderten Vorfalls, gerade wenn er besonders unwahrscheinlich wirkte, bekräftigen. Richtiges Verhalten wird in den Beispielgeschichten belohnt, harmlose Vergehen oder kleine Unachtsamkeiten haben oft schreckliche Folgen: Menschen sind ein Leben lang verunstaltet, Kinder finden einen schrecklichen Tod. A.s Sittenbüchlein, das besonders typisch für diese Gattung innerhalb der Kinder- und Jugendliteratur ist, markiert ein entscheidendes Moment des, wie NORBERT ELIAS in seinem „Entwurf zu einer Theorie der Zivilisation" schreibt, „gesellschaftlichen Zwanges zum Selbstzwang".

Werke: Anweisung zum practischen Unterricht im Schreiben für Bürger- und Landschulen (1788); Sitten- und Historienbüchlein (1792, [4]1806).

Sekundärliteratur: H. Müller: Vom Sittenbüchlein zur moralischen Erzählung (in: Das gute Jugendbuch. 26. 1976. 3. 121–128). – N. Elias: Über den Prozeß der Zivilisation (1969).

Klaus-Ulrich Pech

Adlová, Věra

*Tschechische Schriftstellerin und Kinderbuchautorin; * 22. 7. 1919 Prag.*

A. studierte tschechische und lateinische Sprache und Literatur an der Prager Karls-Universität. Sie arbeitete von 1952 bis 1955 im Archiv der Stadt Prag, im Rundfunk Moskau, dann als Redakteurin in verschiedenen Verlagen. Anschließend war sie Sekretärin der Nationalsektion der IBBY und später Chefredakteurin im Albatros-Verlag. Seit 1976 ist sie als freie Schriftstellerin tätig. A. bekam mehrere Preise für ihre Kinderbücher, unter anderem 1978 den Ehrentitel „Verdienter Arbeiter der Kultur" und den Marie-Majerová-Preis 1980 für ihr kinderliterarisches Werk.

Werk, Tendenzen, Wirkung. Das literarische Werk A.s für Kinder und Jugendliche umfaßt eine breite Skala der Genres. Von den drei Sachbüchern, die sie in Zusammenarbeit mit ihrem Mann ZDENĚK ADLA (* 1910) geschaffen hat, gelten zwei der Sowjetunion, das dritte ist ihrer Geburtsstadt Prag gewidmet.
Hauptthemen im Schaffen der Autorin sind die Sozialisation von Mädchen und der Einfluß von Frauen in der Gesellschaft. Der Mädchenroman „Mirka to ví nejlíp" (1964; dt. Mirka weiß es am besten, 1971) spiegelt die Entwicklungskrisen von Mädchen wider, in denen zugleich ethische Grundhaltungen gefestigt werden. Dem gleichen Thema widmet sich A. in dem Buch „Blues pro Alexandru" (1966; dt. Blues für Alexandra, 1969). Eindringlich werden darin die Probleme zweier Zwillingsschwestern dargestellt, indem sich anfängliche Mädchenträume zu realen Lebensperspektiven entwikkeln. Die Erzählsprache A.s hat manchmal eine ironische Nuance, die besonders in dem Kontrast der Charaktere beider Mädchen zum Ausdruck kommt. „Jarní symfonie" (1973) ist der Klaviervirtuosin KLARA SCHUMANN und ihrem Mann, dem Komponisten ROBERT SCHUMANN, gewidmet. A. legt diesem Buch dokumentarisches Material zugrunde, das in Form von Interludien die Romangeschichte durchdringt. Für kleinere Kinder schrieb A. einige Märchenbücher, in denen sie besonders Begegnungen von Kindern mit komplizierteren Lebens- und Umweltverhältnissen aufzeigt (u. a. „Pohádky pro Kačenku", 1975). A. fordert, daß Kinderliteratur empfindlich auf die Interessen und Erfordernisse der Zeit reagiert und verlangt von den Autoren Disziplin und Konzentration. Die Jugend soll erfahren, daß das Leben nicht nur Freuden, sondern auch Kämpfe und Verluste bereithält.

Werke: Na shledanou, Mořský vlku (1960); Kouzelná skříňka (zus. mit Zd. Adla, 1960; dt. Das Zauberkästchen, 1960); Krásná a slavná (zus. mit Zd. Adla, 1961); Honička nad Prahou (1962); O zmrzlé elektřině (1963); Mirka to ví nejlíp (1964; dt. Mirka weiß es am besten, 1971); Blues pro Alexandru (1966; dt. Blues für Alexandra, 1969); Jarní symfonie (1973); Vyprávění o veliké zemi (zus. mit Zd. Adla, 1974); Dětství a fantazie (1974); Pohádky pro Kačenku (1975).

Sekundärliteratur: Hovoři Věra a Zdeněk Adlovi (in: Profily autorù knih KMČ. 1973). – K. Hvížďala: Věra Adlová (in: Zlatý máj. 1973. 10. 681–684). – V. N.: Věra Adlová: Jarní symfonie (in: Zlatý máj. 1974. 10. 271–272). – J. Voráček: Věra Adlová (1979). – R. Hamanová: Věra Adlová (in: Zlatý máj. 1979. 3. 159–163).

František Holešovský

Aiken, Joan

*Englische Verfasserin von Kinderbüchern und Thrillerromanen; * 4. 9. 1924 Rye (Sussex).*

Nach dem Schulabschluß 1940 war A. in verschiedenen Berufen tätig, u. a. als Bibliothekarin, Redakteurin und Werbetexterin. Zugleich schrieb sie, verheiratet und Mutter zweier Kinder, eine Reihe von Büchern, ehe sie sich 1960 als freie Schriftstellerin etablierte. Für „The whispering mountain" (1968) erhielt A. 1969 den ‚Guardian Award', und 1972 wurde sie mit dem ‚Mystery Writers of America Edgar Allen Poe Award' ausgezeichnet.

Werk, Tendenzen, Wirkung. A. hat ihre Kinderbücher in drei Kategorien eingeteilt: Sammlungen von märchenhaften Erzählungen, Spannungsromane für jugendliche Leser (etwa 11–14 Jahre) und Erzählungen mit beschränkt phantastischem Einschlag für jüngere Kinder. Die ersteren schreibt sie am liebsten ohne Unterbrechung in freier Assoziation. Herkömmliche Märchenmotive dienen vielfach als Ausgangspunkt, werden aber modernisiert und abgewandelt. Eine Eigenschöpfung ist die Familie Armitage, in deren Leben sich reale und irreale Elemente wie selbstverständlich mischen und dabei Spannung und Komik erzeugen. A.s sprudelnde Phantasie und ihre verbalen Spielereien schaffen zwar unterhaltsame, aber häufig auch wenig kohärente Gebilde. Die Art der Geschichten hat sich im Laufe der Jahre wenig geändert, durch das Zurücktreten von Sprachklischees konnte sich jedoch die literarische Qualität erhöhen. Die Spannungsromane erfüllen ein pseudohistorisches, imaginäres England – die Stuarts nehmen wieder den Thron ein – mit pulsierendem Leben. Abenteuer, in denen einfallsreiche Kinder eiskalten Schurken trotzen und nach mancherlei Rückschlägen die Oberhand gewinnen, reihen sich aneinander. „The whispering mountain" (1968) hebt sich durch seine Lokalisierung und die Benutzung walisischer Traditionen und Sprachelemente ab. Dieses Buch hat „unerhörte" Handlungsfülle, aber sein jugendlicher Held, Owen Hughes, besteht allzu glorreich die vielen lebensgefährlichen Abenteuer. „Midnight is a place" (1974) spielt vor düsterem sozialem Hintergrund (industrielle Ausbeutung und Menschenverachtung), kippt dann aber in die Idylle um. Charles Dickens (1812–1870), Rider Haggard (1856–1925), Charles Reade (1814–1884) und Walter Scott (1771–1832) haben hier Pate gestanden.

Das verbindende Element zwischen A.s Romanen für Kinder und Erwachsene ist die Freude an der geheimnisumwitterten, spannungsgeladenen Handlung, unter starker Akzentuierung des Bösen und Gefährlichen. Dies geht oft zu Lasten logischer Kohärenz, einer sorgfältigen Motivierung und überzeugenden Charakterisierung. Die Nähe zum Trivialroman, insbesondere zum Schauerroman des 18. und 19. Jahrhunderts, ist groß. Als kompensierende Elemente kann man die Liebe zum Detail ansehen, den Humor, die Sprachkraft und die starke Vitalität. In den Erzählungen von Arabel und ihrem Raben Mortimer (1972–1979), für eine BBC-Kindersendung geschrieben, hat A. einen Höhepunkt ihres Schaffens erreicht. Neu an ihnen ist der zeitgenössische soziale Hintergrund und vor allem die liebevoll gezeichnete Gestalt der kleinen, noch nicht schulpflichtigen Arabel, die zu dem eigenwilligen, intelligenten Raben Mortimer ein inniges Verhältnis hat. Die Handlungsverwirrungen, die durch Mortimer hervorgerufen werden, entstammen einer fröhlichen Nonsensewelt, die sich überzeugend mit der treffend charakterisierten Realwelt verbindet. Burleske Komik, Humor, Phantasie triumphieren, und die Idylle, das Happy-End, ist für jüngere Leser gerechtfertigt. John R. Townsend (* 1922) hat bei aller Anerkennung ihrer Phantasie A. als „Leichtgewicht" bezeichnet, die flachen Charakterisierungen und den Mangel an Thematik als Gründe anführend. Neben der geringen logischen Kohärenz sind gewaltsame Harmonisierungen weitere Zeichen des Tributs an die von ihr bevorzugten Gattungen.

Werke: All you've ever wanted and other stories (1953; NA. u.d.T.: All and more, 1971; dt. Kein Tag wie jeder andre, 1974); More than you bargained for, and other stories (1955; NA. u.d.T.: All and more, 1971; dt. Kein Tag wie jeder andre, 1974); The kingdom and the cave (1960; dt. Der Zauberschatz von Astalon, 1976); The wolves of Willoughby Chase (1962; dt. Wölfe ums Schloß, 1971; TB. 1974, [4]1979); Black hearts in Battersea (1964; dt. Verschwörung auf Schloß Battersea, 1972; TB. 1975); Nightbirds on Nantucket (1966; dt. Anschlag auf Nantucket, 1975); The whispering mountain (1968; dt. Der flüsternde Berg, 1972); A necklace of raindrops and other stories (1968); A small pinch of weather and other stories (1969); Night fall (1969; dt. Träume süß, kleine Meggie, 1978; TB. 1980); The Cuckoo tree (1971; dt. Treffpunkt K, 1973; TB. 1977); A harp of fishbones and other stories (1972); Winterthing. A play for children (1972); Arabel's raven (1972; dt. in: Regenwassergasse Nummer sechs, 1977); The escaped black mamba (1973); The mooncusser's daughter. A play for children (1973); The bread bin (1974; dt. Arabel und Mortimer auf Kreuzfahrt, 1978); Mortimer's tie (1976); Midnight is a place (1974); A bundle of nerves: Stories of horror, suspense and fantasy (1976); Tales of a one-way street and other stories (1977); The faithless lollybird and other stories (1977); Go saddle the sea (1977; dt. Geh, zügle den Sturm, 1979); The spiral stair (1979); Mortimer and the sword Excalibur (1979); A touch of chill: Stories of horror, suspense and fantasy (1979).

Sekundärliteratur: J. Aiken: A thread of mystery (in: Children's literature in education. 2. 1970. 30–47); Purely for love (in: Books 2, National Book League, 1970; abgedruckt in: M. Meek (Hrsg., zus. mit A. Warlow, Gr. Barton): The cool web. 1977. 166–181). – M. Cadogan: You're a brick, Angela! (zus. mit P. Craig, 1976. 357–360). – P. Hollindale: Choosing books for children (1974. 105–108). – J. R. Townsend: Aiken, Joan (in: D. L. Kirkpatrick (Hrsg.): Twentieth-century children's writers, 1978. 11–14); A sense of story (1971. 17–27).

Richard Kremer

Albus, Anita

*Malerin, Schriftstellerin; * 9. 10. 1942 München.*

A. verlebte ihre Kindheit in Wolfratshausen (1942–1950), im Teutoburger Wald (1950–1956) und im Sauerland (1956–1960). Von 1960 bis 1964 studierte sie Freie Graphik an der Folkwangschule für Gestaltung in Essen-Werden, entdeckte im Zuge der Studentenbewegung der sechziger Jahre ihr Interesse für Politik (1967: Mitglied im Sozialistischen Studentenbund in München, Mitarbeit in einem antiautoritären Kinderladen) und wandte sich nach 1970 der Malerei zu. A. lebt in München.

Werk, Tendenzen, Wirkung. Seit 1973 gestaltet A. auch Bilderbücher. Sie ist zugleich Verfasserin von gesellschaftskritischen Essays. Wichtig wurde für die Künstlerin zu Beginn der siebziger Jahre die Entdeckung des flämischen Miniaturmalers Georg Hofnaegel (1542–1600) und seiner auf Pergament gemalten Aquarellbilder. A. greift in ihren Pergamentbildern, die sie für Bilderbücher des Insel-Verlages malt, auf Elemente der traditionsreichen „Augentäuschung" (trompe l'oeil) zurück; d.h. sie malt mit äußerster Genauigkeit und dem Naturvorbild verblüffend ähnlich. Sie tut dies weniger, um zu „täuschen", vielmehr um die Phantasie des Betrachters anzuregen und seine Sinne zu schärfen. Sie ist von Claude Levi-Strauss (in: A. Albus: Aquarelle 1970–1980) mit den Präraffaeliten verglichen und als eine Künstlerin gesehen worden, die ihre

Anita Albus. „Das Schiff im Klo". Farbige Seite aus dem Bilderbuch „Der Himmel ist mein Hut. Die Erde ist mein Schuh" (1973), das von Anita Albus nach Geschichten von Kindern illustriert wurde.

allegorischen, den mittelalterlichen Illuministen abgeschauten, verspielten Natur- und Figurdarstellungen erfindet, um – realistisch-surrealistisch – gegen die Trostlosigkeit modernen Lebens anzugehen. In ihrem Bilderbuch „Der Himmel ist mein Hut – Die Erde ist mein Schuh" (1973) haben Kinder die Texte zu den surrealistischen Bildern geschrieben. Zu dem Volksliedbilderbuch „Der Garten der Lieder" (1974) wählte A. die Lieder selbst aus und schuf Rahmenleisten mit Medaillons, die ihrer Vielgestaltigkeit und Hintersinnigkeit wegen zu wiederholter Betrachtung herausfordern. Im Nachwort dazu klingen Intentionen an, die die Künstlerin in der Sammlung alter Wiegenlieder „Eia popeia" (1978) noch stärker ausformt: Sie wehrt sich gegen die säuberliche pädagogische Trennung zwischen Volks- und Kinderlied und weist darauf hin, daß es diese Unterscheidung in der Geschichte der Kindheit noch nicht lange gibt. Mit der Liedauswahl will sie diese in Frage stellen. „Eia popeia" enthält sehr „unkindliche" Lieder, die zum Teil im Dialekt wiedergegeben sind. Den einzelnen Kapiteln des anspruchsvoll gestalteten Buches wurden die Bilder von A. vorangestellt, die mit ihren gemalten Collagen und Reminiszenzen an Altmeisterliches nachdenklich stimmen. Gegen Kindertümelei der Gegenwart wendet sie sich mit ihrer Zitatsammlung, dem „Kleinen ABC der kindertümelnden Gemeinplätze", die sie in ironisierender Absicht „Lob der Kindheit" überschreibt und an deren Schluß sie die „Blindheit der ‚Kinderbücher'" angreift.

Werke: A. Albus: Befreiung des Alltags. Modelle eines Zusammenlebens ohne Leistungsdruck, Frustration und Angst (zus. mit anderen, 1970); A. Albus: Maskulin-Feminin (zus. mit anderen, 1972); A. Albus: Der Himmel ist mein Hut. Die Erde ist mein Schuh (1973); A. Albus: Der Garten der Lieder (1974); E. Borchers: Das sehr nützliche Merk-Buch für Geburtstage (ill. zus. mit anderen, 1975); A. Albus: Eia popeia et cetera (1978).

Beiträge: Lob der Kindheit (in: J. Drews (Hrsg.): Zum Kinderbuch, 1975. 109–117).

Sekundärliteratur: A. Albus: Aquarelle 1970–1980. Werkkatalog zur Ausstellung vom 25. September bis 19. Oktober 1980 (1980). – M. Neumann: Die Welt auf einem Schmetterlingsflügel. Atelierbesuch bei Anita Albus (in: Westermanns Monatshefte. 1979. 11. 147–154).

Karin Schmidt

Alekseev, Sergej Petrovič

*Sowjetischer Schriftsteller, Kinder- und Jugendbuchautor; * 1. 4. 1922 Pliskov/Ukrainische SSR.*

A., Sohn eines Landarztes, war nach dem Besuch einer Fliegerschule während des Zweiten Weltkrieges als Fluglehrer tätig. Nach dem Studium der Geschichte an der Universität von Oldenburg war er Lektor im Moskauer Kinderbuchverlag „Detskaja literatura". Die Mitarbeit an einem Lehrbuch für die Elementarschule über die sowjetrussische Geschichte 1954 regte ihn an, historische Erzählungen für Kinder zu schreiben. 1958 erschienen A.s erste Kinderbücher: „Nebyvaloe byvaet", das den Krieg des Zaren Peter I. gegen Schweden thematisiert, und „Istorija krepostnogo malčika", eine Abenteuererzählung aus dem 18. Jahrhundert. 1966 wurde A. Chefredakteur der Kinderliteraturzeitschrift „Detskaja literatura".

A. ist seit 1971 Mitglied der Internationalen Forschungsgesellschaft für Kinder- und Jugendliteratur und war von 1976–1980 auch Mitglied des IBBY-Exekutivkomitees. Für seine Verdienste um die Kinderliteratur wurde A. mit der Nadežda-Krupskaja-Medaille, 1970 mit dem Staatspreis der Russischen Sowjetrepublik und 1979 mit dem Komsomol-Preis ausgezeichnet. Seine Werke wurden in die Sprachen der sowjetischen Völker und anderer sozialistischer Länder übersetzt.

Werk, Tendenzen, Wirkung. A.s Bücher beschreiben die russische Geschichte, ausgehend vom Ende des 17. Jahrhunderts bis zur Gegenwart. Große historische Ereignisse oder Persönlichkeiten stehen fast immer im Mittelpunkt seiner Erzählungen. So schildert „Groznyj vsadnik" (1966) den Bauernaufstand (1670/71) mit Stenka Rasin (†1671), „Rasskazy o Suvorove i russkich soldatach" (1961) Aleksandr Suvorovs (1729–1800) Feldzüge und „Ptica slava" (1962) den Krieg zwischen Rußland und Napoleon 1812. Die Oktoberrevolution, der Bürgerkrieg und die Rolle V. I. Lenins sind Gegenstand der Bücher „Syn velikana" (1959) und „Sekretnaja pros'ba" (1968). Zur neueren Geschichte hat A. die Bücher „Idet vojna narodnaja" (1975), das den Kampf gegen den Faschismus beschreibt, und „Naš kolchos stoit na gorke" (1966), eine Schilderung der Kollektivwirtschaft in einem modernen sowjetischen Dorf, vorgelegt.

Alle Bücher A.s enthalten kurze Erzählungen, die selten mehr als drei Seiten umfassen, jeweils selbständigen Inhalt haben und durch gemeinsame Helden und Begebenheiten verbunden sind. Die Helden sind erfundene Personen, darunter auch Kinder, wobei der

Erzählhintergrund Bezug nimmt auf historische Gestalten, wie etwa auf Zar PETER I. (1672–1725), JEMELJAN PUGAČEV (1726–1775), MICHAIL KUTUSOV (1745–1813), VLADIMIR I. LENIN (1870–1924), oder auf geschichtliche Ereignisse, wie die Borodino-Schlacht (1812) oder den Dezember-Aufstand von 1825.
In einigen Werken rücken die Kindergestalten in den Vordergrund (Žizn' i smert' Grišatki Sokolova, 1962; Bratiška, 1963), in anderen sind sie nur Randfiguren. Jede kleine Erzählung erklärt den jungen Lesern entweder eine bestimmte historische Tatsache oder sie charakterisiert Staatsmänner oder andere Persönlichkeiten des öffentlichen Lebens. A. bezieht dabei eine marxistische Position, so z. B. bei der Bestimmung der Rolle des Individuums im Klassenkampf. Die Ideen des Patriotismus, des Internationalismus, des Humanismus und der Solidarität zwischen Arbeitern und Bauern werden anschaulich durch individuelle Personen und durch ausdrucksvolle Fabeln realisiert. Die Bedeutung der historischen Prosa A.s hat SERGEJ MICHALKOV (* 1913) hervorgehoben.

Werke: Nebyvaloe byvaet (1958); Istorija krepostnogo malčika (1958); Syn velikana (1959; dt. Der Sohn des Riesen, 1967); Rasskazy o Suvorove i russkich soldatach (1961); Istoričeskie povesti (1961); Ptica-slava (1962); Žizn'i smert Grišatki Solokova (1962); Bratiška (1963); Graždanin Rossijskoj Respubliki (1963); Groznyj vsadnik (1966); Naš kolchos stoit na gorke (1966); Sto rasskazov iz russkoj istorii (1966; dt. in: Der Fuchs von Tarutino, 1978); Povesti i rasskazy (1967); Sekretnaja pros'ba (1968); Snegir' (1969); Dekabristy (1969); Oktjabr' šagaet po strane (1970; dt. in: Der Fuchs von Tarutino, 1978); Iz istorii našej Rodiny (1972); Zakončat pochod drugie (1973); Idet vojna narodnaja (1975); Sto rasskazov o vojne (1975); Poslednij šturm (1975); Povesti (1976); Bogatyrskije familii (1978); Krasnye i Belye (1980).

Sekundärliteratur: W. Bussewitz (Hrsg., zus. mit N. Ludwig): Sowjetische Kinderliteratur in Überblicken und Einzeldarstellungen (1974). – S. Michalkov: On zlušit detstvu (in: Moja professija. 1974. 220–222). – I. Motjašov: Sergej Alekseev. Očerk tvorčestva (1976).

Igor Motjašov

Alex-Wedding-Preis

Mit dem Alex-Wedding-Preis zeichnet die Akademie der Künste der DDR (Sitz Berlin) Arbeiten aus, die einen wesentlichen Beitrag zur Entwicklung der deutschen sozialistischen Kinder- und Jugendliteratur darstellen.

Der Alex-Wedding-Preis ist ein Ehrenpreis und wird zur Würdigung der sozialistischen Kinder- und Jugendbuchautorin ALEX WEDDING (d. i. GRETE WEISKOPF, 1905–1966) seit 1968 jährlich zum „Internationalen Kindertag" am 1. Juni durch den Präsidenten der Akademie der Künste verliehen. Der Preis kann für belletristische Kinder- und Jugendliteratur, einschließlich Märchen, Theaterstücke, Hörspiele und Filmszenarien vergeben werden. Die Illustration und künstlerische Gesamtgestaltung werden in die Beurteilung mit einbezogen.

Bisher wurde der Preis an folgende Autoren vergeben: WILLI MEINCK (1968), KARL NEUMANN (1969), KURT DAVID (1970), JOACHIM NOWOTNY (1971), GÖTZ R. RICHTER (1972), HERBERT FRIEDRICH (1973), EDITH BERGNER (1974), HORST BESELER (1975), FRED RODRIAN (1976), PETER BROCK (1977), GOTTHOLD GLOGER (1978), HANS WEBER (1979), HILDEGARD und SIEGFRIED SCHUMACHER (1980).

H. D.

Alexander, Lloyd

*Amerikanischer Schriftsteller, Übersetzer und Kinderbuchautor; *30. 1. 1924 Philadelphia/USA.*

A. besuchte das West Chester State College und das Lafayette College von Easton. Nach einer dreieinhalbjährigen Militärzeit studierte er an der Sorbonne in Paris. 1946 heiratete er eine Französin. Nach seiner Rückkehr in die USA wurde A. als Übersetzer tätig, dann als Romanautor. Seit 1958 schreibt er für Kinder und Jugendliche. A. ist Mitglied verschiedener Verbände, so des PEN Clubs und der ‚Authors Guild of the Authors League of America'.
1959 wurde A. für das Buch „Border Hawk. August Bondi" (1958) mit dem ‚Isaac Siegel Memorial Juvenile Award' geehrt. 1969 erhielt er die ‚Newbery Medal' für „The High King" (1968) und 1971 konnte er den ‚National Book Award' für „The marvelous misadventures of Sebastian" (1970) in Empfang nehmen.

Werk, Tendenzen, Wirkung. Bekannt wurde A. vor allem durch die „Chronik von Prydain" (1964–1968). Von seinen früheren Werken ist „Time cat" (1963) zu erwähnen. Die Geschichte der Zauberkatze Gareth, die den Jungen Jason in neun Zeitalter versetzt, sollte auch eine walisische Episode enthalten. Die Mythologie von Wales faszinierte A. aber so sehr, daß er sie in einem eigenständigen Werk umsetzte. Die mehrbändige „Chronik von Prydain" (The book of Three, 1964; The black cauldron, 1965; The castle of Llyr, 1966; Taran Wanderer, 1967; The High King, 1968) ist „fantasy literature", da sie in das imaginäre Prydain führt, das entfernt an Wales erinnert und von mythischen und magischen Wesen bevölkert ist. Die Chronik ist zugleich eine „romance" durch die Einteilung der Figuren nach Gut und Böse, den schematischen dreigliedrigen Aufbau (Abschied, gefährliche Abenteuer, Heimkehr) und das Thema der Zielsuche („quest") durch den Helden Taran. In jedem Band lernt Taran ein wenig mehr über sich selbst, bis er zum Schluß, nach dem Sieg über Awran, den Herrn des Bösen, Hochkönig von Prydain wird. Ähnlichkeiten mit J. R. R. TOLKIENS „The Lord of the Rings" (1954–1966) sind auffallend. „Prydain" überzeugt weit weniger als „Middle-earth"; A.s Gestalten sind flacher und allegorischer als die TOLKIENS. Gemeinsam ist beiden Autoren, daß sie das mythische Zeitalter mit der Abreise der magischen Figuren zu den paradiesischen Inseln im Westen enden lassen.

„The marvelous misadventures of Sebastian“ (1970) ist eine etwas verdrehte, einfallsreiche Komödie um einen Geiger, der nach einer Reihe amüsanter Abenteuer die Liebe einer Prinzessin erreicht. Auch hier ist die fehlende Individualität der Charaktere wieder auffällig. „The cat who wished to be a man“ (1973) und „The wizard in the tree“ (1975) wiederholen A.s Hauptthema, wie nämlich eine aus dem sozialen Nichts stammende Figur ihren Anspruch auf eine höhere soziale Position beweisen kann.

Werke: Border Hawk: August Bondi (1958); The flagship hope: Aaron Lopez (1960); Time Cat (1963); The book of Three (1964; dt. Taran und das Zauberschwein, 1969); The black cauldron (1965; dt. Taran und der Zauberkessel, 1970); Coll and his white pig (1965); The castle of Llyr (1966; dt. Taran und die Zauberkatze, 1972); Taran Wanderer (1967; dt. Taran und der Zauberspiegel, 1973); The truthful harp (1967); The High King (1968; dt. Taran und das Zauberschwert, 1974); The marvelous misadventures of Sebastian (1970); The king's fountain (1971); The four donkeys (1972); The cat who wished to be a man (1973); The foundling and other tales of Prydain (1973); The wizard in the tree (1975); The town cats and other tales (1977); The first two lives of Lukas-Kasha (1978).

Sekundärliteratur: E. Cameron: The green and burning tree. On the writing and enjoyment of children's books (1969). – V. Haviland (Hrsg.): Children and literature. Views and Reviews (1973). – M. C. Livingston: A tribute to Lloyd Alexander (1976). – C. Meigs (Hrsg.): A critical history of children's literature (bearb. NA., 1969). – J. R. Townsend: Written for children. An outline of English-language children's literature (NA. 1974). – R. Weber: Alexander, Lloyd (in: D. L. Kirkpatrick (Hrsg.): Twentieth-century children's writers, 1978. 17–19).

Wilfried Keutsch

Almquist, Bertil

*(Ps.e: Bertila; C. A. Jacobson, Trallgöden, Mr. Jones). Schwedischer Pressezeichner, Cartoonist, Bilderbuchmacher; *29. 8. 1902 Ulriksdal, † 16. 5. 1972 Stockholm.*

A., Sohn eines Kaufmanns, wuchs in Solna auf und studierte Literatur- und Kunstgeschichte in Stockholm und Uppsala (1924–1925). 1926 besuchte A. die Malschule in Stockholm. Nach Reisen durch Frankreich und Deutschland wurde er Zeichner bei der Zeitung „Dagens Nyheter“ (1926–1928), von 1928 bis 1956 bei „Stockholms Tidningen“. Zunächst zeichnete A. für die Sportredaktion, dann regelmäßig zu aktuellen Tagesgeschehen und zu innen- und außenpolitischen Fragen. Als Karikaturist war A. seit 1932 auch beim „Aftonbladet“. Seit 1926 erschienen von ihm zunächst für Erwachsene, später auch für Kinder illustrierte Bücher. Zu einzelnen Titeln verfaßte A. sowohl Texte und Zeichnungen als auch Musik. Popularität erlangte A. durch seine regelmäßig erschienenen gezeichneten Kommentare „På tapeten“, in denen er sich als wacher Satiriker und witziger Kommentator skandinavischen und internationalen Lebens erwies. Ab 1948 erschienen in loser Folge mehrere Bände mit den Abenteuern der „Barna Hedenhös“ – der „fröhlichen Steinzeitkinder“ –, die außer ins Deutsche auch ins Dänische, Englische, Finnische und Norwegische übersetzt wurden. Kurz vor seinem Tod war A. noch an der Umsetzung seiner Erfolgsbücher in eine zehnteilige Trickfilmserie für das Fernsehen beteiligt, die außer im skandinavischen auch im deutschsprachigen Raum ausgestrahlt wurde. Eine Gedenkausstellung seiner Kindercomics fand im Historischen Museum in Stockholm statt.

Bertil Almquist. Ausschnitt aus einer Seite des 1955 in Oldenburg i. O. erschienenen Bilderbuchs „Die Steinzeitkinder in Ägypten“ (Barna Hedenhös reser till Egypten, 1949).

Werk, Tendenzen, Wirkung. Zeitlebens war A. ein vielseitiger Humorist. In aktionsreichen Bilderbogen und Comicgeschichten wird – ähnlich der „Asterix"-Serie – eine eigenwillige Sicht auf historische Ereignisse, hier auf Weltgeschichte und skandinavische Geschichte, vermittelt. Die Historie begegnet nicht als Abfolge der Taten großer Männer, sondern 4000 Jahre menschlicher Entwicklung werden aus der Perspektive einer einfalls- und erfindungsreichen Familie aus der Steinzeit mit dem Vater Ben, der Mutter Knuta und den Kindern Sten und Flika (Flisa) dargestellt. Als Partner von den Eltern akzeptiert, durchmessen die Kinder – und mit ihnen auch jüngere Betrachter – antike Olympiaden, das alte Ägypten, die Neue Welt vor den Wikingern und Kolumbus, die Gründung Schwedens, bis hin zur ersten Reise auf den Mond, die mit einer aus einem Baumstamm gebastelten Rakete erfolgt. A. verfügte über einen naiven, vereinfachenden Strich und eine sanfte Farbigkeit. Seine Palette wird erst in den letzten Arbeiten lebhafter, etwa in der gezeichneten Geschichte vom Untergang des schwedischen Schlachtschiffes „Wasa" im Dreißigjährigen Krieg und seiner Bergung nach 333 Jahren. Auch dieses Bilderbuch wurde in einen Film umgesetzt.
Die von A. rigoros uminterpretierte Weltgeschichte erfreut sich im skandinavischen Raum großer Beliebtheit. Die Bildsequenzen werden als Gegengewicht zu brutalen Actioncomics und Serien wie „Tom und Jerry", „Schweinchen Dick" oder „Der rosarote Panther" verstanden. Im deutschsprachigen Raum erfuhr A. – vermutlich wegen der negativen Einschätzung von Comics – trotz wiederholter Übersetzungen nie einen ähnlichen Erfolg wie in den skandinavischen Ländern.

Werke: Uppsalastudenten; Wennerbergsvers och Strindbergsprosa (1926); Travaren Trallgöken. Historien om en bäst (1929); Familjen i garaget (1932); Asas ABC-bok (1935); Trallgökens visor (1942); Barna Hedenhös (1948); Barna Hedenhös reser till Egypten (1949; dt. Die Steinzeitkinder in Ägypten, 1955); Barna Hedenhös upptäcker Amerika (1950); Barnens dag i Hedenhös (1950); Barna Hedenhös på vinterresa i Sverige (1951; dt. Die fröhlichen Steinzeitkinder, 1955); Barna Hedenhös och de Urlympiska spelen (1952; dt. Die Steinzeitkinder auf der Olympiade, 1972); Barna Hedenhös aker bananbåt till Kanarieöarna (1953); Barna Hedenhös blir kungliga och Sverige får sin första regering (1954); Barna Hedenhös i världsrymden (1955; dt. Die Steinzeitkinder auf Weltraumfahrt, 1972); Barna Hedenhös reser till Paris (1957); På tapeten. Ett urval Bertila-teckninger (1957); Sagan om Gållen. Kortfattad svensk historia (1959); Barna Hedenhös bakom stenridån (1962; NA. u.d.T.: Barna Hedenhös reser till Ryssland, 1974); Detta är London (zus. mit M. Sasek, 1963); Berättelsen om Lille Vigg som inte ville vara så liten (1964); Sagan om Vasa (1965, NA. 1974; dt. Das Wasa-Märchen, 1974); Barna Hedenhös på Mallorca (1969); Barna Hedenhös besöker England (1971).

Horst Künnemann

Alphen, Hieronymus van

*Niederländischer Dichter, Ästhetiker, Jurist; *8.8.1746 Gouda, †2.4.1803 Den Haag.*

A. begann 1764 in Utrecht das Studium der Rechte und trat, wie unter Akademikern und Angehörigen der höheren bürgerlichen Stände im 18. Jahrhundert üblich, in einen Dichterbund ein. Sein ursprünglich auf die niederländische Poesie beschränktes Interesse dehnte sich bald auf die internationale Dichtung und die Dichtungsgeschichte aus. A. promovierte am 1.11.1768 zum Doktor der Rechte und arbeitete in der Folge als Generalstaatsanwalt beim Oberlandesgericht in Utrecht, als Ratspensionär der Stadt Leiden sowie schließlich als Generalschatzmeister der Utrechter Union.

Werk, Tendenzen, Wirkung. Nach dem Tode seiner Frau stand A. allein vor der Aufgabe der Erziehung seiner Kinder. Diese Situation fand ihren poetischen Ausdruck in den „Kleine Gedichten voor Kinderen" (Bd. 1–3, 1778–1782). Mit diesen kleinen Gedichten schuf A. ein völlig neues Genre, das die Grundlage für die niederländische Kinderliteratur bilden sollte. War der Lesestoff, der im 18. Jahrhundert Kindern verabreicht wurde, weitgehend durch die Vorstellungen und Interessen der Erwachsenen bestimmt, so verfaßte A. erstmals Gedichte, die mit ihren Gegenständen, ihrer klaren, übersichtlichen Form und Sprache dem Niveau des Kindes angemessen waren. Es ist kein Zufall, daß in den meisten Gedichten das Kind selbst zu Wort kommt. Dem modernen Leser scheinen A.s Gedichte oft allzu nachdrücklich auf die bürgerlichen Prinzipien der Tugend und Nützlichkeit ausgerichtet. Zur Zeit ihrer Entstehung jedoch brachten sie einen neuen Ton in die Kinderliteratur und wurden mit Begeisterung aufgenommen. Schon bald wurden die Gedichte ins Deutsche, Englische, Französische, Friesische und sogar das Malaiische übersetzt.
A.s Kinderpoesie kam indessen nicht völlig unvermittelt. Die gemächliche Ruhe der niederländischen Provinzen im 18. Jahrhundert, die im Gegensatz zu dem umwälzenden 17. Jahrhundert stand, vermochte nicht zu verhindern, daß Änderungen, die sich im übrigen Europa vollzogen, auch in den Niederlanden von vielen Angehörigen der höheren Bürgerstände übernommen wurden. Die neuen, philosophisch inspirierten Ideen auf dem Gebiet der Psychologie und Pädagogik (J. Locke, 1632–1704; J. J. Rousseau, 1712–1778, sowie die englischen Moralphilosophen Shaftesbury, 1671–1713, und Hutcheson, 1694–1746) und auf dem Gebiet der Ästhetik (G. E. Lessing, 1729–1781; M. Mendelssohn, 1729–1786), in denen sich das Lebensgefühl und die Wirklichkeitsauffassung der selbständig gewordenen Bürgerklasse ausdrückte, brachte A. in seinen Kindergedichten zur Synthese. A. selbst nennt als direkte Einflußquelle die „Lieder für Kinder" (1767) von Chr. F. Weisse und die „Kleinen Lieder für kleine Mädchen" (1772) sowie die „Kleinen Lieder für kleine Jünglinge" (1773) von G. W. Burmann. Die meisten Kindergedichte A.s sind jedoch seine ureigenen Schöpfungen und damit von historischer Bedeutung für die Entstehung einer eigenständigen niederländischen Kinderliteratur.

Werke: Proeve van Stichtelyke Mengelpoëzy (1771); Stichtelyke Mengelpoëzy (1772); Gedichten en Overdenkingen (1777);

Kleine Gedichten voor Kinderen (Bd. 1–3. 1778–1782; dt. Kleine Gedichte für Kinder des zarteren Alters, 1830); Theorie der Schoone Kunsten en Wetenschappen (Bd. 1–2. 1778–1780); Nederlandsche Gezangen (1779); Digtkundige Verhandelingen (1782); Mengelingen in proza en poëzy (1783); Over de kenmerken van waar en valsch vernunft (1784); De gronden mijner geloofsbelijdenis opengelegd voor mijne kinderen (1786); De waare volksverlichting met opzicht tot godsdienst en staatkunde beschouwd (1793).

Sekundärliteratur: A. S. C. de Koe: Van Alphen's literairaesthetische theorieën (1908). – H. Pomes: Over Van Alphen's kindergedichtjes (1908). – M. J. E. Sanders: Van Hieronymus van Alphen tot Catharina van Rennes; een bijdrage tot de kennis van het Nederlandse kunstkinderlied van 1770–1940 (1958). – L. J. T. Wirth: Een eeuw kinderpoëzie: 1778–1878 (1925).

Saskia Tellegen-van Delft/Erik Bink

Altner, Manfred

*Kinder- und Jugendliteraturtheoretiker, Literaturwissenschaftler, Dozent für Ästhetik an der Hochschule für Bildende Künste in Dresden; *26. 12. 1930 Leipzig.*

A., ursprünglich Deutschlehrer, war von 1959 bis 1971 Oberassistent an der Pädagogischen Hochschule Dresden. 1968 promovierte er mit dem Thema „Friedrich Wilhelm Hackländer in seiner Zeit" an der Friedrich-Schiller-Universität in Jena und habilitierte sich dort 1979 mit der Arbeit „Tradition und Wirklichkeit in Lyrik und Liedgut der Arbeiterjugendbewegung zwischen 1890 und 1933". A.s Interesse gilt der Entwicklung der Kinder- und Jugendliteratur in der DDR und der proletarischen Kinder- und Jugendliteratur. In Verbindung mit seiner Tätigkeit an der Hochschule für Bildende Künste verlegte sich A.s Forschungsinteresse auf die Untersuchung von Illustrationen in Kinderbüchern des 19. und 20. Jahrhunderts.

Werke: Das sozialistische Menschenbild in der Kinder- und Jugendliteratur der DDR (1972); Zur Entwicklung der sozialistischen Kinder- und Jugendlyrik in der DDR von 1945 bis 1975 (1976); Sozialistische Kinder- und Jugendliteratur der DDR – Abriß zur Entwicklung von 1945–1975 (zus. mit anderen, 1979).

H. D.

Alvensleben, Ludwig von

*(Ps.: Gustav Sellen, Chlodwig). Offizier, Schriftsteller; *3. 5. 1800 Berlin, †4. 8. 1868 Wien.*

A. trat als Kadett 1813 in ein hannoversches Infanteriebataillon ein und nahm am Feldzug gegen Frankreich teil. Nach dem ersten Pariser Frieden nahm er als Offizier den Abschied, um seinen Eintritt in den preußischen Staatsdienst vorzubereiten, trat jedoch 1815 als freiwilliger Jäger wieder ins Heer und wohnte dem zweiten Einzug in Paris bei. Seit 1817 Leutnant bei der Artillerie, verließ er 1823 den Militärdienst und studierte von 1825 bis 1828 in Leipzig Jura. Von 1828 bis 1833 redigierte er die Zeitschrift „Hebe". Er war 1830 Mitbegründer der „Sachsenzeitung" und gründete 1832 die „Allgemeine Theaterchronik", die bis 1873 bestand und für die Geschichte des Theaters von großem Wert ist. 1836 leitete A. vorübergehend das Hoftheater in Meiningen. Im Jahr 1837 gründete er den „Theaterfreund" und 1840 hatte er Anteil an der Gründung und Redaktion der „Zeitung für den Adel". 1848 wurde er in Wien wegen „revolutionärer Umtriebe" zu einjähriger Festungshaft verurteilt. Danach lebte er noch zwei Jahrzehnte als erfolgreicher Schriftsteller in Wien.

Werk, Tendenzen, Wirkung. A. war ein vielseitiger Unterhaltungsschriftsteller. Neben historischen Romanen, Lebens- und Reisebildern und Schauerromanen erarbeitete A. zahlreiche Übersetzungen aus dem Englischen und Französischen, darunter Werke von Alexandre Dumas und Victor Hugo. Zahlreiche Werke von A. wurden von Jugendlichen gelesen. Vor allem die Darstellung der Taten Guiseppe Garibaldis (1807–1882) fanden ihr Interesse. Die dreibändige „Allgemeine Weltgeschichte für das Volk" (1865–1872) wandte sich ebenso wie die „Encyclopädie der Spiele, enthaltend alle bekannten Karten-, Bret-, Kegel-, Billard-, Ball-, Würfelspiele und Schach. Gründliche Anweisung zur Erlernung dieser Spiele nebst Angabe ihres historischen Ursprungs, ihrer Regeln, Gesetze, Feinheiten und üblichen Kunstausdrücke" (1853) an Leser aller Altersstufen. Speziell für junge Leser verfaßte A. das Bändchen „Die kleinen Schauspieler oder neuestes Kindertheater. Zugleich als Benutzung zur Sprachübung deutsch und französisch", mit sechs von Franz Jäde gezeichneten „Scenenbildern" (1851). Das Buch enthält fünf für Kinder geeignete einaktige Stücke (das Lustspiel „Die Alpenhütte"; das Schauspiel „Der Sohn des Fischers"; das Lustspiel „Marie, die Nähterin"; das historische Lustspiel „Jenny oder der letzte Stuart"; das Lustspiel „Der Unbeständige, oder eine Stunde in der Astronomie"). In seiner „Vorrede" widerspricht A. der von Lehrern und Erziehern geäußerten Ansicht, wonach theatralische Darstellungen für Kinder schädlich seien, weil sie diese zu sehr ablenkten und vom Unterricht abhielten. Im Gegenteil dazu stellt A. fest, sie böten „Zerstreuung und Aufheiterung" und eigneten sich als förderndes Mittel für die Erziehung. So könnten Stücke für das Kindertheater in der Hand einsichtsvoller Lehrer und Erzieher zum gesellschaftlichen Bildungsmittel gestaltet werden. Kinder gewöhnten sich dadurch an richtige Sprache und Deklamation. Durch den bloßen Unterricht allein ließe sich die für das Leben so wichtige gesellschaftliche Umgangsweise in Sprache und Bewegung nicht erlangen. Abschließend stellt A. fest: „Die Anregung zu edlen Gefühlen, die Zurechtweisung von Schwächen, Mängeln und Unarten wirken gewiß weit kräftiger und überzeugender, wenn sie den jugendlichen Zuschauern durch Darsteller ihres eigenen Alters mit ernsten, rührenden oder ergreifenden Worten praktisch vor Augen geführt werden, als durch die schärfsten Ermahnungen der Erzieher und Erzieherinnen."

Werke: Der strafende Burggeist. Roman (1830); Erzählungen (1830); Die Geisterbotschaft und andere Erzählungen (1830); Der Rachegeist. Roman (1830); Romantik und Liebe. Eine Sammlung von Erzählungen nach dem Englischen (1830–1831); Der entlarvte Jesuit (1831); Novellen und Erzählungen (Bd. 1–2. 1831–1832); Winterstunden. Erzählungen zur Ausfüllung der Winterabende (1832); Der Lügenkaiser. Münchhausen junior (Bd. 1–2. 1833); Der dumme Streich. Lustspiel (1834); Betbruder und Betschwester, oder der Wolf im Schafspelz (1835); Charivari. Novellen und Erzählungen (1835); Die Eroberung Siziliens durch die Araber. Historische Novelle (1835); Die Sünde des Vorurteils. Roman (Bd. 1–2. 1836); Lebens- und Reisebilder und Novellen (1841); Ahnentafeln (Bd. 1–3. 1846); Fürst Metternich. Biographische Skizze nach den besten Quellen und den neuesten Ereignissen entworfen (1848); Kasernenabende. Erzählungen aus dem Soldatenleben (1848); Die kleinen Schauspieler oder neuestes Kindertheater. Zugleich als Benutzung zur Sprachübung deutsch und französisch. Dem Kindesalter angemessen bearbeitet (1851); Die Somnambule oder: Der Fluch des Hauses. Roman (1852); Encyclopädie der Spiele, enthaltend alle bekannten Karten-, Bret-, Kegel-, Billard-, Ball-, Würfelspiele und Schach. Gründliche Anweisung zur Erlernung dieser Spiele, nebst Angabe ihres historischen Ursprungs, ihrer Regeln, Gesetze, Feinheiten und üblichen Kunstausdrücken. Nach den besten in- und ausländischen Quellen bearbeitet. Mit einer historischen Einleitung (1853); Die deutsche Colonie Dona Francesca in Brasilien. Der vorteilhafte Punkt für deutsche Auswanderer (1854); Garibaldi, seine Jugend, sein Leben, seine Abenteuer und seine Kriegsthaten. Eine unparteiische Schilderung nach den besten Quellen (1859, [2]1860); Die Grafen von Saint-Romain, oder: Der Kampf der Leidenschaften. Historischer Roman (Bd. 1–2. 1859); Abendunterhaltungen der Soldaten im Kriege und Frieden (Bd. 1–2. 1860, [2]1861); Don Juan's erste und letzte Liebe. Historischer Roman (Bd. 1–2. 1861); Der Zigeunerzögling. Historischer Roman (Bd. 1–3. 1861); Fürst Lobkowitz, oder: Rache bis über das Grab (Bd. 1–3. 1862); Die Gefährlichen. Wiener Volksroman (Bd. 1–3. 1863); Der Gezeichnete. Roman aus dem Wiener Volksleben (Bd. 1–3. 1863); Allgemeine Weltgeschichte für das Volk (Bd. 1–3. 1865–1872).

Hrsg.: Biographisches Taschenbuch deutscher Bühnenkünstler (1836–1837).

Hans Eich

Amicis, Edmondo de

*Italienischer Militärschriftsteller, Journalist und Autor; *21. 10. 1846 Oneglia (Ligurien), †11. 3. 1908 Bordighera.*

A. gehörte einer wohlsituierten Familie an. Nach dem Besuch der Volksschule wechselte er auf das humanistische Gymnasium über. Nach dem Tode seines Vaters 1861 trat er in die Kadettenanstalt in Modena ein. Bereits 1865 wurde er als Offizier ausgemustert, nahm jedoch 1866 am Krieg gegen Österreich im Auftrag des Kriegsministeriums als Militärschriftsteller teil. In diesen Jahren erfolgten A.' erste Veröffentlichungen, die das militärische Leben zum Gegenstand hatten („La vita militare", 1868). Von 1870 bis 1875 unternahm er als Journalist für verschiedene Tageszeitungen größere Auslandsreisen, die sich in einer Reihe von Reisebüchern niederschlugen („Spagna", 1872; „Olanda", 1874; „Marocco", 1876; „Costantinopoli", 1878). Fortan arbeitete er bis zu seinem Tode als freier Schriftsteller.

Im Jahre 1891 trat A. in die Arbeiterpartei ein, die sich später „Sozialistische Partei Italiens" nannte. In dieser Zeit veröffentlichte er zahlreiche politische Artikel in der Turiner Zeitung „Il Grido del Popolo", die sein Interesse an der sozialen Frage widerspiegelten.

Werk, Tendenzen, Wirkung. Weithin bekannt wurde A. mit seinem 1883 veröffentlichten Buch „Gli amici", in dem mehrere Charaktere vorgestellt werden, deren Handlungen die verschiedenen Spielarten von Freundschaft ausdrücken. Der Band „Sull' Oceano" (1889) geht auf eine Amerikareise zurück, die A. zusammen mit 1500 italienischen Emigranten unternahm. In diesem Buch zeigt sich das soziale Interesse des Autors, das in den Werken „Il romanzo d'un maestro" (1890), einer Studie zum italienischen Schulleben, „Fra Scuola e Casa" (1892) und „La carozza di tutti" (1899), einer psychologisch eindrucksvollen Studie über das Verhalten Turiner Bürger, die sich in der Pferdestraßenbahn begegnen, noch stärker hervortritt.

Für die Jugend relevant wurde A. durch sein Buch „Cuore", das 1886 erschien und schon nach kurzer Zeit vierzig Auflagen erreichte. „Cuore" wurde das verbreitetste Werk des Autors, das in zahlreiche Sprachen übersetzt wurde und A. auch im Ausland bekannt machte. Das Buch hat drei Komponenten: die Tagebuchnotizen des Elementarschülers Enrico Bottini, die sich mit täglichen Daten versehen über ein Jahr erstrecken, stellen den lebendigsten und lesenswertesten Teil des Buches dar. In den kurzen Eintragungen spiegelt sich das Leben in Schule, Familie und Freundeskreis des Italiens um die Jahrhundertwende, gesehen mit den Augen des Jungen. Was aus dem Text spricht, ist die Solidarität und das Verständnis für die sozialen Probleme der unteren Schichten, aber auch die Liebe zur Großfamilie und zu dem noch jungen italienischen Vaterland. Die zweite Komponente sind die eingestreuten Briefe der Eltern und der Schwester, die mahnend und moralisierend immer wieder die bürgerlichen Tugenden beschwören. Die dritte Komponente sind die „monatlichen Betrachtungen", die der Lehrer den Kindern diktiert. Sie neigen oft zum Pathos und zu dramatischen Gesten.

Über dreißig Jahre lang wurde A.' Buch uneingeschränkt gelobt. Erst spät begann eine kritischere Betrachtung des Werkes, und besonders in den letzten fünfzehn Jahren wurden starke Einwände gegen „Cuore" erhoben. So wirft man dem Buch Sentimentalität, nationalistische Rhetorik und einen unrealistischen Optimismus vor. Besonders wichtig sind die Feststellungen von UMBERTO ECO, der sich in seinem Buch „Diario minimo" (1963) vor allem mit dem Mitschüler Franti befaßt, der in den Tagebuchnotizen als der schlechteste und bösartigste Junge der Klasse geschildert wird, in dem der beißende Humor ECOs jedoch den Vertreter einer Haltung sieht, die gegen Konventionen und überholte Tugendnormen aufbegehrt.

Ein endgültiges Urteil über das Buch muß sicher aus dem Verständnis der Zeit, in der das Buch entstanden ist, und aus der damaligen politischen und gesellschaftlichen Lage heraus gefällt werden. Italien war gerade zu einem einheitlichen Staat geworden und brauchte zur Konsolidierung eine einheitliche nationale Bildung und Kultur. Auch die Literatur sollte in diesem Sinn nationalerzieherisch auf die jungen Italiener einwirken. Von daher gesehen läßt sich der Wert des Buches für den jungen italienischen Leser um die Jahrhundertwende bejahen, wenn es auch für Kinder unserer Zeit heute nicht mehr ohne weiteres als Lektüre empfohlen werden kann. Auch in Deutschland wurde „Cuore" unter dem Titel „Herz. Ein Buch für die Knaben" ein weit verbreitetes und von den Pädagogen empfohlenes Jugendbuch. Die deutschsprachige Erstausgabe erschien 1889, die fünfte Auflage in Form einer großformatigen „Pracht-Ausgabe mit 184 Illustrationen" bereits 1894 in Basel im Geering-Verlag.
A. schrieb noch weitere Bücher moralisch-unterhaltender Natur für junge Leser wie „Ricordi d'infanzia e di scuola" (1891) und auch „L'idioma gentile" (1905), in dem junge Leser in Charakter und Bedeutung der italienischen Sprache eingeführt werden sollen. Zu keiner Zeit reichten jedoch diese Werke an die Beliebtheit von „Cuore" heran.

Werke: Ricordi di Londra (1862); La vita militare (1868; dt. Skizzen aus dem Soldatenleben, 1886); Spagna (1872; dt. Spanien, 1880); Olanda (1874); Marocco (1876; dt. Marokko, 1883); Costantinopoli (1878; dt. Konstantinopel, 1882); Ricordi di Parigi (1879); Gli amici (Bd. 1–2. 1883; dt. Unsere Freunde, 1889); Cuore (1886; dt. Herz. Ein Buch für die Knaben, 1889; Teilausgabe u.d.T.: Von den Apenninen zu den Anden, 1900); Sull 'Oceano (1889); Il romanzo d'un maestro (1890); Ricordi d'infanzia e di scuola (1891); Fra scuola e casa (1892; dt. Eine Schultragödie, Teilausg. 1895; Liebe und Gymnastik, Teilausg. 1898); La carrozza di tutti (1899); L'idioma gentile (1905); 1° Maggio (nachgelassen, 1980).

Sekundärliteratur: U. Eco: Diario minimo (1963).

Carla Poesio

Annegarn, Joseph

*Theologe, Pädagoge, Autor; *13.10.1794 Ostbevern (Westfalen) †7.7.1843 Braunsberg.*

Nach dem Besuch des Gymnasiums in Münster studierte A. an der Universität Münster von 1813–1818 Philosophie und Theologie. Bereits 1818 wurde er zum Priester geweiht und ab 1819 als Vikar in Münster eingestellt. Gleichzeitig war er als Lehrer an der Normalschule in Münster tätig. Im Jahr 1830 erhielt A. die Pfarrei in Selm, 1836 wurde er zum Professor der Kirchengeschichte an das Lyceum Hosianum in Braunsberg berufen, wo er erst achtundvierzigjährig starb.

Werk, Tendenzen, Wirkung. Neben seiner kirchlichen und pädagogischen Tätigkeit verfaßte H. eine große Anzahl religiös gefärbter Schriften, die sich zum Teil an Erwachsene, zum Teil an jugendliche Leser wandten. Bei seinen Werken für Erwachsene handelte es sich vorwiegend um Gebetbücher, Auslegungen der Heiligen Schrift, Gesangbücher und religiöse Unterweisungen für „jedermann". Seine Schriften für junge Leser waren zum Teil für den Schulgebrauch oder die Unterweisung durch den Hauslehrer entworfen (Lesebüchlein für Elementarschulen. Nach Overberg's Fibel, 1824), andere für die häusliche Lektüre konzipiert (Lebensgeschichten heiliger Kinder, 1831). Auch Handbücher zur Einführung junger Leser in das Rechnen oder die Geographie (Handbuch der Geographie für die Jugend, 1834) wurden von A. verfaßt. Der Erfolg seiner fast durchweg mit katholischem Akzent versehenen Schriften war besonders in den katholischen Gegenden der deutschsprachigen Länder sehr groß. Zahlreiche seiner Schriften erlebten bis zu zehn Auflagen. Das verbreitetste Werk A.s für junge Leser war seine siebenbändige „Allgemeine Weltgeschichte für die katholische Jugend" (1827–1829). Obwohl es schon eine große Anzahl solcher umfassender Geschichtswerke für junge Leser gab, hielt es A. für notwendig, eine solche speziell für katholische junge Leser zu verfassen, da er die bis dahin erschienenen, häufig von nichtkatholischen Autoren verfaßten Werke für den katholischen Jugendlichen für ungeeignet fand.
In der „Vorrede" zum ersten Band seiner Weltgeschichte kennzeichnet der Autor den von ihm angesprochenen Leserkreis: „Die hier erscheinende Weltgeschichte ist für katholische Kinder von 10 bis 15 Jahren berechnet, für Kinder also, die noch nichts von Weltgeschichte gehört haben, und besonders für solche, die sich nachher nicht den Wissenschaften widmen werden, für Kinder in höhern Bürgerschulen und im Privatunterricht". Zu der gewählten Erzählform meint A.: „Das Buch sollte den Kindern zu einem willkommenen Lesebuche dienen, ihre historischen Lectionen zu wiederholen, und darum nicht ein dürres Compendium seyn". Er unterstrich auch die Notwendigkeit des Erscheinens seines Werkes, wenn er darauf hinweist: „Ein solches Buch für die katholische Jugend zum ersten historischen Unterrichte ist noch nicht vorhanden". Er zeigt auf die spezielle Tendenz seines Werkes hin und entschuldigt sich gleichzeitig dafür, daß er die heidnischen Mythologien der Griechen und Römer hineingenommen habe, wenn er feststellt: „Die Tendenz des ganzen Werkes, Religiosität und Sittlichkeit nach den Grundsätzen der katholischen Kirche zu befördern, wird hoffentlich nirgends vermisst werden, auch da nicht, wo die Mythologie erzählt wird". Zur Mythologie führt er weiter aus: „Die Mythologie der Griechen ist für Kinder so anziehend, und ihre Kenntniß für jeden nur etwas gebildeten Menschen so nothwendig, daß sie nicht ganz übergangen werden durfte," und führt nochmals entschuldigend an: „Ich habe wissentlich aber nichts eingemischt, was dem unschuldigen Sinne der Kleinen nachtheilig seyn könnte. Debetur pueris reverentia!".
Daß A.s Weltgeschichte nicht ohne Anfeindungen blieb, zeigt seine umfängliche Rechtfertigung in der

„Vorrede" zum fünften Band: „Ich bekenne gern, als ich zum ersten Bändchen auf das Titelblatt schrieb: für die katholische Jugend, so erwartete ich schon eine Fehde der Recensenten". Vor allem wendet er sich gegen eine Rezension in der Zeitschrift „Die kritische Bibliothek", die in Hildesheim erschien. Der Rezensent hatte geschrieben: „Ob aber das ganze Buch, bei den trefflichen Werken ähnlicher Art, die wir von B. (gemeint ist der Privatgelehrte Karl Friedrich Becker, 1777–1806) besitzen, nöthig war, ist wohl eine Frage, die wohl Viele mit nein beantworten möchten, es sey denn, daß man auf den Beisatz für die katholische Jugend ein besonderes Gewicht legen sollte ...". A. regt sich im Vorwort zum fünften Band darüber auf, daß in der vom Rezensenten gerühmten Weltgeschichte gesagt werde, „die Evangelisten hätten Wunder von Jesu erdichtet" und „die Stiftshütte heißt das Orakelzelt". Auch werde dort die Schöpfungsgeschichte, der Sündenfall, die Sündfluth „als hebräische Volkssagen" abgetan.

Entsprechend dieser Auffassung läßt auch A. seine Weltgeschichte mit Adam und Eva beginnen. So sagt er in der Einleitung des ersten Bandes zu seinen jungen Lesern, die Geschichte beginne mit der Erschaffung der Welt und fährt fort: „Das sind jetzt im Jahr 1827 schon 5776 Jahre" her. In der „Zeittafel zur alten Geschichte", die dem dritten Band als Faltblatt angeheftet ist, werden folgende historische Epochen angegeben: „I. Von Adam bis Noe. 1656 Jahre. II. Von Noe bis Moyses. 796 Jahre. III. Von Moyses bis Romulus. 778 Jahre. IV. Von Romulus bis Cyprus. 199 Jahre". Erst dann beginnt die historisch belegbare Zeit. Der katholische Akzent des Werkes tritt vor allem in den Teilen, die mit dem Mittelalter, der Reformation oder der französischen Revolution zu tun haben, deutlich hervor. So schreibt A. im sechsten Band zu den Bauernkriegen: „Doch lange dauerte das Unwesen der Bauern nicht. Der zusammengelaufene Haufen Gesindels ohne Subordination, ohne Kriegeskunde, war dem regelmäßigen Heere des schwäbischen Bundes unter Truchseß Georg v. Waldburg nicht gewachsen. Dieser zerstreute die einzelnen Haufen der Bauern, und zu Hunderten wurden die Rebellen an den Bäumen aufgeknüpft".

Während er sich in der Schilderung LUTHERS in seinen Urteilen mühsam hin und her windet, um ein zu grobes Verdikt des Reformators zu vermeiden, lasen doch auch „evangelische Bürger sein Werk", wie er mit Dank feststellte, so kommt die Reformation und ihre Anhänger im allgemeinen recht schlecht weg. Auch Friedrich der Große, dessen „Edelmuth" er herausstreicht, wird im Hinblick auf seine liberale Haltung in religiösen Angelegenheiten angeprangert: „Zu bedauern war, daß der große Friedrich gar nicht den Trost der Religion kannte. Sein schlechter Religionsunterricht, den er in der Jugend erhielt, und sein Umgang mit französischen Freigeistern, die ich euch nachher noch vorführen werde, mögen seinen Unglauben begründet haben".

Trotz der offensichtlichen Einseitigkeit des Werkes erlebte es sieben Auflagen (7. Auflage 1859–1860), wurde in Auszügen (1836, 7. Auflage 1866) und als „Auswahl" (1837) nachgedruckt und in zahlreiche katholische Schulen als Unterrichtswerk eingeführt.

Werke: Rechenbüchlein für Kinder in den Elementarschulen (1822, [4]1839); Anleitung zum gründlichen Rechnen, zum Gebrauche in der Elementarschule (1822, [3]1839); Kern aller Gebete (1824, [18]1852); Lesebüchlein für Elementarschulen. Nach Overberg's Fibel (1824, [10]1849); Allgemeine Weltgeschichte für die katholische Jugend (Bd. 1–7. 1827–1829, [7]1859–1860); Gebetbuch für die katholische Schuljugend (1828); Lesebuch für die fähigere Jugend in Elementarschulen (1828, [3]1842); Unterricht zur heiligen Kommunion für die fähigere Jugend (1830); Lebensgeschichten heiliger Kinder (1831); Prozessionsbüchlein. Ein Christenlehrgeschenk für fähigere gute Schüler (1831); Katechismus der christkatholischen Lehren für die mittleren Klassen in Elementarschulen (1831, [2]1841); Katholische Kirchengesänge mit Choralmelodien (1833); Lateinische Kirchengesänge mit Choralmelodien (1833); Handbuch der Geographie für die Jugend. Mit vielen eingestreuten ausführlichen Nachrichten über die Sitten, Religionen, Lebensweisen fremder Völker und anderen nützlichen Notizen (1834, [7]1860); Himmlischer Wegweiser. Ein vollständiges katholisches Gebetbuch (1835); Die heilige Schrift, im Auszuge, mit kurzen Sacherklärungen (1836); Geschichte der Heiligen des Münsterer Kirchenkalenders und Erklärung der kirchlichen Feste und Zeiten und deren Ceremonien (1836); Handbuch der Patrologie (1839); Betrachtungen und Predigten bei der heiligen Communion der Kinder (1839); Betrachtungen für die letzten Tage der Vorbereitung zur heiligen Communion der Kinder (1839, [2]1852); Katholisches Gebetbüchlein für Jedermann (1840, [4]1844); Geschichte der christlichen Kirche (Bd. 1–3. 1842–1843); Naturgeschichte aus dem religiösen Standpunkte für die Jugend in Volksschulen (1837, [4]1862).

Sekundärliteratur: J. Kehrein: Biographisch-literarisches Lexicon der katholischen deutschen Dichter, Volks- und Jugendschriftsteller im 19. Jahrhundert (Bd. 1. 1868).

Helmut Müller

Anno, Mitsumasa

*Japanischer Graphiker, Kinderbuchautor; *20. 3. 1926 Tsuwano bei Shimane (Japan).*

A. wurde an der Yamaguchi Normal School zum Grundschullehrer ausgebildet und übte danach einige Zeit diesen Beruf aus. 1968 erschien sein erstes Bilderbuch. Seitdem ist er als freischaffender Illustrator und Graphiker in Tokio tätig. Er hat bisher mehr als dreißig Kinderbücher illustriert. A. ist Mitarbeiter des Verlages Fukuinkan Shoten. Neben einer Auszeichnung des japanischen Erziehungsministeriums für seine Fibel „ABC no hon" (1974; amerikanisch: Anno's Alphabeth, 1974) ist er Träger internationaler Preise. A. erhielt die Kate-Greenaway-Medaille und den Boston-Globe-Horn-Book-Award des American Institute of Graphic Arts. 1977 wurde A. auf der Bienále ilustracií Bratislava (BIB) für sein „ABC no hon" mit dem Goldenen Apfel ausgezeichnet.

Werk, Tendenzen, Wirkung. Titel wie das „ABC no hon" oder „Kazoete miyo" (1975; dt. 1, 2, 3 viele ... Ein Zählbuch, 1977) lassen erkennen, daß A. lehrhafte Absichten bewegen. Allerdings beschränkt er sich nicht darauf, Schulwissen zu vermitteln. A. will vielmehr

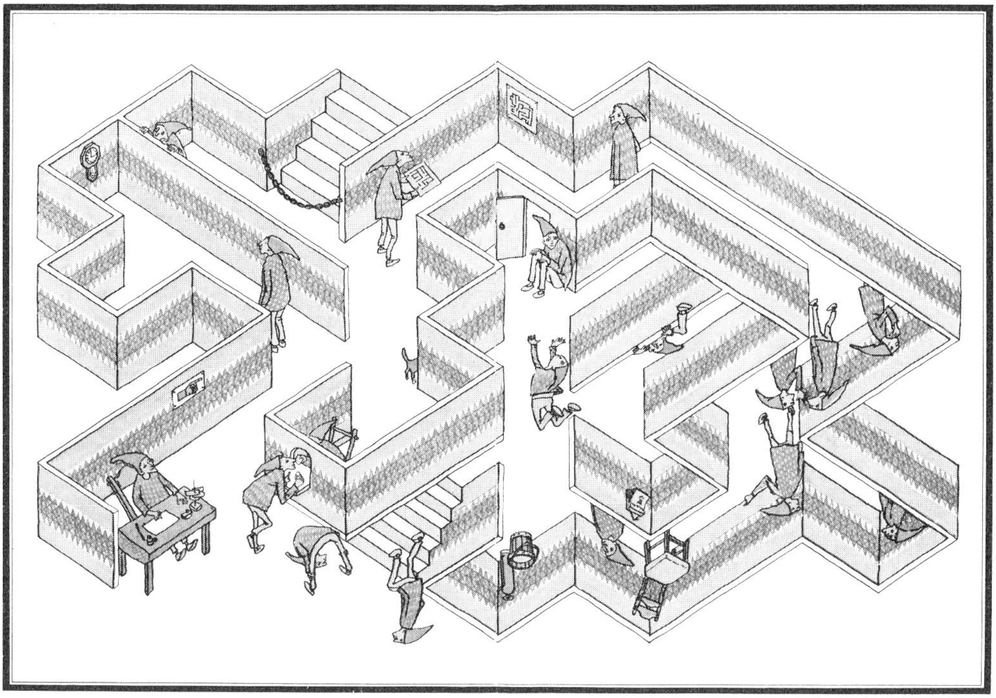

Mitsumasa Anno. Doppelseite aus der deutschen Ausgabe des Bilderbuchs „Zwergenspuk" (1972; japanische Ausgabe 1968).

schöpferische Ideen und spielerische Vorgänge zeigen und dem Betrachter Anregungen geben. Das erreicht er durch witzige und intelligente Pointen, Spielchen und außergewöhnliche Perspektiven. In „Tabi – no – ehon" (1977; dt. Wo ist der Reiter?, 1978) reist zum Beispiel ein Reitersmann durch eine mittelalterliche europäische Landschaft. Den Reiter gilt es auf den mit vielen kleinen Details ausgeführten Bildern zu finden. Dabei entdeckt der Sucher z.B. Szenen aus bekannten Gemälden, großartige Bauwerke etc. Zusammengestellt werden auf anachronistische Weise und mit visuellem Spaß alle möglichen Requisiten, darunter Rotkäppchen und der Rattenfänger von Hameln. Eines der ungewöhnlichsten Bilderbücher A.s ist das textlose „Fushigina e" (1968; dt. Zwergenspuk, 1972). In verwirrenden perspektivischen Darstellungen – den konstruktivistischen Bildern des Niederländers C. M. ESCHER verwandt – kann der Betrachter vielen kleinen Zwergen folgen und dabei optischen Täuschungen über oben und unten, höher und tiefer, senkrecht und waagerecht zum Opfer fallen. Eigenartige architektonische Gebilde verführen zu einem vergnüglichen Sehspiel. A. faßt seine Bilderbücher als Spielzeug auf: man ist versucht, das Buch zu drehen und zu wenden. Die Bilder regen zu exakten Beobachtungen an und machen Kinder im Vorschulalter auf logische Zusammenhänge aufmerksam.

Werke: Fushigina e (1968; dt. Zwergenspuk, 1972); Fushigina sakasu (1971; amerik. T.: Dr. Anno's magical midgnight circus, 1972); Kurabete kangaeru (1972); Kazu no dango (1972); Fushigina kikai (1972); Nakamahazure (1972); ABC no hon (1974; jap. Silbenschrift: a-i-u-e-o no hon; amerik. T.: Anno's alphabeth, 1974); Mayoimichi (1974); Kazoete Miyo (1975; dt. 1, 2, 3, viele ... Ein Zählbuch, 1977); Hidari to migi (1976); Okina mono no sukina Osama (1976; dt. König Kolossal, 1979); Mori no ehon (1977); Junban (1977); Tabi-no-ehon (1977; dt. Wo ist der Reiter?, 1978); Seikurabe (1978).

Sekundärliteratur: A. Commire: Something about the Author (Bd. 5. 1973). – A. A. Flowers: Anno's Journey (in: The Horn Book Magazine. 54. 1978. 4. 382–383). – E. L. Heins: Of interest to adults (in: The Horn Book Magazine. 57. 1981. 1. 71). – P. Heins: Anno's Counting Book (in: The Horn Book Magazine. 53. 1977. 4. 428–429). – T. Matsu: Die vielversprechende Zukunft des japanischen Kinderbuches (in: W. Herdeg (Hrsg.): International survey of children's book illustration. 4. 1979. 560–565).

Angela Voß

Anrich-Wölfel, Bettina

*Graphikerin, Illustratorin; *9.12.1944 Neunkirchen im Odenwald.*

A.-W. besuchte das Gymnasium in Darmstadt, hatte Malunterricht bei ANNELIESE REICHMANN und W. R. HABICHT und absolvierte Praktika in Druckerei und Verlag. Von 1964 bis 1968 studierte sie an der Werkkunstschule Darmstadt und an der Hochschule der bildenden Künste in Berlin. A.-W. ist Tochter der Jugendschriftstellerin URSULA WÖLFEL (*1922) und verheiratet mit dem Jugendbuchverleger GEROLD ANRICH (* 1942), mit dem zusammen sie 1970 den Anrich-Verlag gründete. Erste Illustrationsaufgaben übernahm sie 1968. Seitdem gestaltet sie Kinderbücher, Schulbücher und Buchumschläge. A.-W. lebt in Neunkirchen im Odenwald.

Werk, Tendenzen, Wirkung. A.-W. hatte einen günstigen Start, weil sie die im In- und Ausland in hohen Auflagen verbreiteten Werke ihrer Mutter URSULA WÖLFEL illustrierte. So stattete sie deren „27 Suppengeschichten" (1968), „28 Lachgeschichten" (1969), „16 Warumgeschichten" (1971), „Ein Tapir im Dorf" (1973), „29 verrückte Geschichten" (1974) und „30 Geschichten von Tante Mila" (1977) aus. Ihre Illustrationen zu U. WÖLFELs Geschichten zeichnet eine sanfte, lichte Farbigkeit aus, die sich im Laufe der Jahre steigerte und deren Witz und Humor in Karikaturen und grotesken Situationen oft gleichrangig neben dem zugehörigen Text stehen. Ihre für unterrichtliche Zwecke gestalteten Werke („Sprachkontakte 2, 3, 4. Sprachbuch für die Primarstufe", 1976; „D wie Deutsch, Deutschlehrbuch für niederländische Gymnasien", 1980/1981) enthalten wie andere Bücher gezeichnete Informationen. In dem von GEROLD ANRICH nacherzählten Märchen A. PUŠKINs „Zar Dadon" (1970) wird eine groteske, kontrastreiche Schwarzweißwirkung bevorzugt, neben die gleichwertig das experimentelle Spiel mit der Typographie tritt. A.-W.s Bilder sind in Büchern zu finden, die sich als kritisch und emanzipatorisch verstehen. So plädiert „Der Tapir im Dorf" für die Gleichberechtigung und menschliche Anerkennung von Gastarbeitern, und in SUSANNE KILIANs Buch „Von Igor, dem schrecklichen Kind" (1972) werden kindliche Selbstbehauptung und Autonomie in Bild und Text unter Beweis gestellt.
Im Rahmen einer versachlichten Diskussion um den Wert und Unwert von Comics steuerte A.-W. wiederholt eigene Gestaltungen bei. In graphisch anspruchsvollen Tafeln baut sie Sprechblasen mit sehr sorgfältig geletterter Typographie ein. Inhaltliche Kritik und freundliche Verspottung der Superhelden übt sie in der Paraphrase „Superschwein" (1972). In den Arbeiten der späten siebziger Jahre gewinnt wieder eine stärkere Farbigkeit die Oberhand. Sie wird in Texten eingesetzt, die häufig familiäre und generationsbedingte Konflikte thematisieren, so in CHRISTINE NÖSTLINGERs „Das will Jenny haben" (1977) und der Erzählung „Die eiserne Rose" (1977) von DIETER SCHUBERT.

Werke: U. Wölfel: 27 Suppengeschichten (1968); G. Mielitz (Hrsg.): Sei uns willkommen, schöner Stern (1969); U. Wölfel: 28 Lachgeschichten (1969; Teilausg. u.d.T.: 20 Lachgeschichten, 1974); U. Wölfel: Das blaue Wagilö (1969); G. Anrich (Bearb.): A. Puškin: Zar Dadon (1970); Kl. Fröbe: Bim, Bom und Babette (1971); U. Wölfel: 16 Warumgeschichten von den Menschen (1971); B. Anrich-Wölfel: Superschwein (1972); S. Kilian: Von Igor, dem schrecklichen Kind (1972); B. Anrich-Wölfel: Der Hase und der D-Zug (1973); U. Wölfel: Ein Tapir im Dorf (1973); G. Fielden: Die Stadt der vielen Farben (1974); U. Wölfel: 29 verrückte Geschichten (1974); Chr. Nöstlinger: Der kleine Jo (1976); Chr. Nöstlinger: Das will Jenny haben (1977); D. Schubert: Die eiserne Rose (1977); U. Wölfel: Dreißig Geschichten von Tante Mila (1977); Chr. Zeuch: Unten steht der Semmelbeiß (1978); U. Fuchs: Reinhold, reg dich nicht auf (1980).

Horst Künnemann

Appelmann, Karl-Heinz

*Bilder- und Kinderbuchillustrator in der DDR; * 12. 8. 1939 Swinemünde.*

Von 1959 bis 1964 studierte A. an der Hochschule für bildende Künste in Berlin-Weißensee bei WERNER KLEMKE, ARNO MOHR und ERNST VOGENAUER. Er lebt freischaffend in Ost-Berlin.

Werk, Tendenzen, Wirkung. A., der seit der Mitte der sechziger Jahre zahlreiche Kinderbücher illustrierte, verfügt über reiche gestalterische Möglichkeiten. Die Farbe ist in seinen Arbeiten das wichtigste Element. Er bevorzugt Aquarellfarben, die er mit äußerster Sorgfalt oder flott hintupft, aber auch ineinander verlaufen läßt. Immer bezieht A. die Zufälligkeiten dieser Technik in die Gesamtgestaltung ein. Daneben arbeitet er gern mit farbigen Kreiden. In „Pusteblumen", einem Erzählbilderbuch, hat er alltägliche Eindrücke – das Karussell, den Löwen im Zoo, den Bahndamm, die Wiese – mit Hilfe farbiger Scherenschnitte gestaltet. Er erzählt mit seinen Bildern, z.B. über „Eine Wolke schwarz und schwer" (1973), die dunkel über einem Spielplatz aufzieht und die Kinder vorübergehend vertreibt. Oder er begleitet die Erzählungen anderer Autoren, so in WERNER HEIDUCZEKs (* 1926) „Jana"-Bänden („Jana und der kleine Stern", 1968; „Laterne vor der Bambushütte", 1969), in denen er farbintensiv, einfühlsam und mit einem Hauch Magie die „Sternenabenteuer" des kleinen Mädchens schildert und in KURT DAVIDs (* 1924) Erzählung „Was sich die schönste aller Wolken wünschte", in der er neben den knappen Text sehr anschauliche, lustige Bilder zu den Erlebnissen der eitlen Wolke stellt. In einigen Büchern für größere Kinder („Das Märchen vom Geist Gnatz", 1978; „Die Riesenwelle", 1973) verdeutlicht er den zum Teil moralisierenden Inhalt mit Hilfe der Karikatur. Sehr präzise und von ästhetischem Anspruch sind die Bilder, die A. für Sachbücher entwirft („Olrik. Ein Tag im Leben eines Pinguins", 1976; „Brot fällt nicht vom Himmel", 1973; „Leinen los!", 1973). In „Vom Bärchen und der schönen Angara" (1977) verknüpfen Autor und Illustrator Poesie und Sachinformation zu einer lustigen sibirischen Reisegeschichte.
Die Spannbreite von A.s Illustrationskunst wird besonders deutlich bei Gegenüberstellung der Märchen „Das Ziesel und der Bär" (1974) und „Kjambaki" (1970): Der erste Band, ein russisches Volksmärchen, das den Wohnungstausch dieser beiden Tiere beinhaltet, ist vom Künstler mit großzügigen fröhlichen Kreidezeichnungen ausgestattet worden. Für den anderen Band, „Kjambaki", für dessen Ausgestaltung A. auf der BIB 1971 den „Goldenen Apfel" verliehen bekam und in dem eine Reihe von afrikanischen Märchen stehen,

schuf er klare, stark abstrahierte Illustrationen; jede von ihnen auf einem anderen farbigen Untergrund. Ihrer verdichteten Aussage wegen kann man sie als besonders reif bezeichnen.

Werke: M. Selber: Kalli fährt zum großen Treff (1966); J. Tomin: Ein Zauberer geht durch die Stadt (1967); R. Hänsel (Bearb.): Das Zauberpferd (1967); E. Caldwell: Molly Baumwollschwänzchen (1968); W. Heiduczek: Jana und der kleine Stern (1968); W. Heiduczek: Laterne vor der Bambushütte (1969); A. Geelhaar (Bearb.): Kjambaki. Afrikanische Märchen (1970); J. Sbanackij: Der Hühnergott (1970); W. Bauer: Telegramm von Unbekannt (1971); K.-H. Appelmann: Wer mäuschenstill am Bache sitzt (1971); Vl. Krapivin: Sterne unterm Regen (1971); I. Feustel: Guten Morgen, Kastanienbaum (1972); K.-H. Appelmann: Pusteblumen (1972); L. Lux: Leinen los! (1973); H. und S. Schumacher: Die Riesenwelle (1973); H. Meyer: Brot fällt nicht vom Himmel (1973); K.-H. Appelmann: Eine Wolke schwarz und schwer (1973); K.-H. Appelmann: Das Ziesel und der Bär (1974); A. Könner: Der Affe Alois (1974); A. Könner: Ich bin schneller (1975); A. Könner: Olrik (1976); A. Könner: Die große Reise (1976); H. Kahlau: Der Früchtemann (1976); K. David: Was sich die schönste aller Wolken wünschte (1977); A. Könner: Wovon träumt der Igel (1977); H. und H. Meyer: Vom Bärchen und der schönen Angara (1977); A. Könner: Tanz mal Peter, wie ein Bär, rumpel pumpel, hin und her (1978); Kl. Mehler: Das Märchen vom Geist Gnatz (1978); W. Spender: Die Eisenbahn hat Stiefel an. Gedichte für Kinder (1979).

Sekundärliteratur: Für Kinder gemalt. Buchillustratoren der DDR (1975).

Karin Schmidt

Arbeitskreis „Das gute Jugendbuch“ e.V.

Der A. „Das gute Jugendbuch“ ist eine Institution, die sich die Förderung der Kinder- und Jugendliteratur und den Kampf gegen minderwertige Schriften zum Ziel gesetzt hat.

Der A. konstituierte sich 1945/46 unter Mitwirkung von JOSEF ANTZ (1880–1960), ELSE SCHMÜCKER und P. KOPPELBERG, um die Aktivitäten der Jugendschriftenbewegung aus den zwanziger Jahren neu zu beleben und in zeitgemäßer Form fortzuentwickeln. Den Vorsitz übernahm der Verleger ALOYS HENN. Zur Zeit haben den ersten und zweiten Vorsitz HELMUT FISCHER (Essen) und REINHARD STACH (Duisburg) inne. 1951 brachte der A. ein „erstes Verzeichnis wertvoller Jugendschriften“ unter dem Titel „Das gute Jugendbuch“ heraus. Aus diesen und den folgenden Buchlisten, die als Handreichung für den Ausbau von Schul- und Jugendbibliotheken gedacht waren, entstand bald eine vierteljährlich erscheinende Zeitschrift gleichen Titels. Sie wurde vom 29. Jahrgang (1979) an in „Jugendbuchmagazin“ umbenannt. Im Impressum wird die Intention des Werkblattes wie folgt fixiert: „Es bietet Eltern, Lehrern aller Schularten, Kindergärtnerinnen, Studenten und Bibliothekaren und Behörden sachkundige Beiträge zu Fragen der Jugendlektüre und verwandter Medien, außerdem aktuelle Informationen sowie in einem Rezensionsteil Kriterien und Hilfen für Buchauswahl und Buchkauf“. Schriftleiter ist HUBERT GÖBELS.

Der A. war an verschiedenen jugendliterarisch relevanten Veranstaltungen beteiligt, u. a. an der ersten Tagung „Begegnung mit dem Buch“ in Düsseldorf, an Tagungen in der Bildungsstätte des nordrhein-westfälischen Kultusministeriums in Fredeburg/Sauerland (dokumentiert in der „Fredeburger Schriftenreihe“), an dem zweiten literarpädagogischen Forum in Düsseldorf, dessen Referate unter dem Titel „Probleme der Jugendliteratur“ (1955) publiziert wurden. In Verbindung mit dem Jugendbuchinstitut der Universität Essen veranstaltete der A. 1978 und 1979 Arbeitstagungen über „Jugendbuch und Literaturdidaktik“ bzw. „Die Auseinandersetzung mit der Zeitgeschichte als literaturdidaktisches Problem“. 1980 wurde die periodische Arbeit im „Jugendbuchmagazin“ durch eine im Auftrage des A.s von HELMUT FISCHER und REINHARD STACH herausgegebene Broschüre „Aspekte der Vermittlung von Jugendliteratur“ ergänzt. Mitarbeiter und Geschäftsstelle des A.es (4300 Essen 16, Spindelgang 9) stehen Interessenten mit Informationen, Arbeitshilfen etc. zur Verfügung; sie halten Kontakt zu anderen Vereinigungen und Institutionen, die sich um Jugendliteratur in ihren verschiedenen Erscheinungsformen bemühen.

Hubert Göbels

Armbruster, Johann Michael

*Privatsekretär, Polizeibeamter, Schriftsteller; * 1. 11. 1761 Sulz (Württemberg), † 14. 1. 1814 Wien.*

A. war von 1775 bis 1779 Zögling der Herzoglichen Militärakademie des Herzogs KARL EUGEN (1737–1793), wo er vermutlich mit FRIEDRICH SCHILLER (1759–1805) befreundet war. Wegen satirischer Verse, die A. auf den Herzog verfaßte, mußte er die Karlsschule verlassen und als Gärtner in Hohenems arbeiten. Er begann einen Briefwechsel mit JOHANN LAVATER (1741–1801) in Zürich, zu dem er schließlich im Jahre 1782 floh. Obwohl A., durch die Karlsschule mit rationalistischen und aufklärerischen Gedanken bekannt geworden, in großem Gegensatz zu dem Pietisten und Kritiker der Aufklärung stand, wurde er freundschaftlich in LAVATERS Familie aufgenommen und konnte einige Jahre als LAVATERS Privatsekretär arbeiten. In Zürich lernte A. das Pressewesen kennen und begann, in volkstümlich-belehrendem Ton Artikel zu verfassen – unter anderem für die „Züricher Zeitung“ –, die der republikanischen Idee dienen sollten. Seine erste literarische Veröffentlichung waren drei religiöse Gedichte, die am 30. 11. 1782 in einem von LAVATER herausgegebenen Wochenblatt erschienen. 1786 wurde A. wegen eines Artikels in dem von ihm herausgegebenen „Schwäbischen Museum“ aus der Schweiz ausgewiesen. In Konstanz, das zu dieser Zeit zu Vorderösterreich gehörte, verfaßte er zahlreiche Kinderschriften, um sich und seine Familie wenigstens notdürftig ernähren zu können. Mit einem Artikel gegen die

Hinrichtung LUDWIGS XVI. (1754–1792) erregte er die Aufmerksamkeit des vorderösterreichischen Regierungspräsidenten Freiherr von SUMERAU, der fortan A.s Laufbahn förderte. 1793 begann A. auf Anregung SUMERAUs, die Zeitschrift „Der Volksfreund" herauszugeben, in der er in volkstümlichem Ton für die politischen Interessen Österreichs schrieb. 1799 gründete er, wiederum auf Veranlassung SUMERAUs, das Volksblatt „Der redliche Schwabenbote", in dem er gegen die französische Revolution und die Helvetische Republik polemisierte. Ein Jahr später wurde A. provisorischer Polizeikommissar in Vorderösterreich, wodurch er endlich über ein festes Einkommen verfügte. Nachdem er 1801 vor den Franzosen nach Wien fliehen mußte, wurde er Mitglied der Geheimpolizei, für die er Spitzeldienste zu erledigen hatte. Im Jahr darauf trat er der Zensurbehörde bei, in der er bis zu seinem Tode arbeitete. In seinen journalistischen Arbeiten band er sich immer enger an die österreichische Regierung und wandte sich immer entschiedener gegen Gedanken der Aufklärung und politische Änderungsversuche. Dazu bediente sich A. verschiedener Zeitungen und Volksblätter, die er zum Teil auf Veranlassung KLEMENS METTERNICHS (1773–1859) herausgab. Mit seinen Presseerzeugnissen gilt A. als der Begründer der volkstümlichen politischen Presse in Österreich. Als er sich mehr und mehr in Hofintrigen verstrickte, von einer chronischen Krankheit geplagt wurde, schließlich Schwierigkeiten mit der Geheimpolizei und der Zensurbehörde bekam und immer tiefer in Schulden versank, erschoß er sich. KARL ARMBRUSTER, Buchhändler und Besitzer der ersten Leihbücherei Wiens, legte nach dem Tod seines Vaters mehrere von dessen Kinderschriften wieder auf.

Werk, Tendenzen, Wirkung. A.s Kinderschriften entstanden alle vor seinem Eintritt in österreichische Dienste; sein bewegtes politisches Leben hat sich in diesen Werken nicht niedergeschlagen. Viele seiner Erzählungen sind Übertragungen aus dem Französischen, wobei er sich bemühte, durch Bearbeitungen den Geschichten „deutschen Ton, deutsche Ausbildung zu geben" und so die Vorlage, wie er immer wieder betont, zu „nationalisieren" („Erzählungen für Kinder und Kinderfreunde", Band II, Vorrede). Er gibt stets detailliert seine Quellen an, was schon von Zeitgenossen lobend hervorgehoben wurde. Er wollte nicht den Verdacht erregen, als hätte er sich „dem Heere der Kompilatoren, die vorzüglich in diesem Fache eine sehr auffallende Freybeuterey sich erlauben", zugesellt („Rosenblätter", Vorrede). A. bearbeitete vornehmlich Schriften der MARIE-ÉLISABETH BOUÉE DAME DE LAFITE (1737–1794), die er vermutlich bei der Übersetzung von LAVATERS „Physiognomischen Fragmenten" ins Französische kennengelernt hatte. So benutzte er ihre 1781 erschienenen „Entretiens, Drames et Contes moraux à l'Usage des Enfans" und die „Réponses à démêler", entnahm aber auch den Kinderschriften anderer zeitgenössischer französischer Autoren verschiedene Geschichten, so beispielsweise den „Hochets moraux ou Contes pour la première Enfance" von MONGET, dem „Nouveau Cours d'education" von ANNE FRANÇOIS JOACHIM FREVILLE und verschiedener Schriften von ARNAUD BERQUIN (1749–1791). Auch A.s Kinderschauspiele sind zumeist nach französischen Werken gearbeitet, wobei einige dieser französischen Stücke wiederum nach einem deutschen, gelegentlich auch englischen Original verfaßt worden waren. So ist A.s „Der Sklave in Tunis. Ein Schauspiel für die Jugend" eine Bearbeitung von BILDERBECKS „Le bon Richard", der wiederum eine Erzählung aus CAMPES Kinderbibliothek zur Vorlage genommen hatte.
Seine Erzählungen, Gedichte und Schauspiele versteht A. als Beitrag zur sittlichen Bildung der Kinder. Tugendsames Verhalten und moralisches Empfinden zu fördern sind für ihn die wichtigsten Aufgaben der Kinderliteratur. Erst an letzter Stelle steht für ihn – und auch das nur als eine Art vorläufiges Zugeständnis – die Unterhaltung. Er entschuldigt sich in der Vorrede zu den „Moralischen Erzählungen" dafür, daß einige Geschichten „eine Tinktur des Abentheuerlichen" besäßen. Doch hätten Kinder noch einen Hang zum Aufregenden und Ungewöhnlichen, deshalb auch, so A., die große Beliebtheit des „Robinson Crusoe". Seine belehrenden Geschichten wenden sich gegen Naschsucht, Eitelkeit und Putzsucht, beschreiben verschiedene Formen der Wohltätigkeit gegenüber den Armen und preisen den unermüdlichen Fleiß. Selbst phantastische Erzählungen und Feenmärchen enden überraschend mit einem Lob der Arbeit. In dem Kinderschauspiel „Luise Müller" soll Luise, Tochter aus wohlhabendem Hause, nicht zu einer „schönen, angenehmen Puppe" erzogen werden, sondern zu einem „gutmütigen, häuslichen, klugen, geschickten" Mädchen. Sie soll „die Wissenschaften" kennenlernen, wenn auch nur zur Beseitigung der Langweile im späteren Eheleben. Eine Hofmeisterin, der man die Erziehung von Luise sowie von Lisette, Tochter eines armen Landpfarrers, übertragen hat, empfindet die Forderungen von Luisens Mutter als unnötig und macht ihrem wohlhabenden Zögling den überraschenden Vorschlag: „Reden Sie ruhig drauflos ohne Ahnung, in ihrem Stand weiß ohnehin niemand etwas". Die aufrichtige Lisette stellt jedoch die Hofmeisterin bloß, so daß diese ihre Stellung verliert. Wie hier, wird auch an anderen Stellen in A.s Kinderschriften gelegentlich geäußerte Kritik an herrschenden Gesellschaftsschichten sofort wieder durch den Fortgang der Handlung zurückgenommen.

Werke: Gedichte (1785); Moralische Erzählungen und kleine Romane für Kinder jeden Standes (1787, [2]1794); Der christliche Seeräuber (1788); Vermischte Gedichte (1788); Erzählungen für Kinder und Kinderfreunde (Bd. 1–2. 1789–1792); Goldner Spiegel zum Nutzen und Vergnügen für Kinder und Kinderfreunde (1790); Auswahl der vorzüglichsten Kinderlieder, nebst einem Zuruf und Anhang von Lebensregeln (1790); Joseph der Zweite, ein Denkmal (1790); Romantische Erzählungen und Skizzen (Bd. 1–2. 1790–1793); Das rothe Blatt. Novellen, Erzählungen und Schnurren (1791); Rosenblätter. Neue Lieder und Erzählungen für Kinder (auch u. d. T.: Lehr- und Lesebuch für die Jugend und ihre Freunde; 1791–1794, [3]1822); Kindererzählungen (1793, [2]1798); Auserlesene Kindererzählungen (1793); Gemälde aus der Kinderwelt (1794); Amalie Seckendorf. Ein Sittenbüchlein für die frühere, vorzüglich weibliche Jugend (1796, ²1819); Feierstunden. Kleine Romane, Schwänke und Erzählungen (1797, ³1816); Kleine Sittengemälde für Kinder (1799, ⁴1821).

Hrsg.: Poetisches Portefeuille (1784); Schwäbisches Museum (1785–1788); Lavaters Geist seiner sämmtlichen Schriften (1786); Der Volksfreund (1793–1799); Der redliche Schwabenbote (1799–1800); Der Wanderer (1809–1813).

Sekundärliteratur: Kl. A. Baader: Reisen durch verschiedene Gegenden Deutschlands in Briefen (1795). – C. v. Wurzbach: Biographisches Lexikon des Kaisertums Österreich (Bd. 1. 1856. 65). – K. Zimmermann: Charakterköpfe aus der Goethezeit. Johann Michael Armbruster, der Karlsschüler. Seine Beziehungen zu Lavater (in: Chronik des Wiener Goethe-Vereins. Bd. 40. 1935. 16–23); Johann Michael Armbruster, der Begründer der volkstümlichen politischen Presse Österreichs (in: Unsere Heimat. 1937. 2. 37–48).

Klaus-Ulrich Pech

Arndt, Friedrich

*Puppenspieler, Autor von Handpuppenspielen; *9. 11. 1905 Hamburg.*

Besuche auf dem Hamburger Spielbudenplatz in seiner Kindheit weckten A.s Interesse am Figurentheater. In der Arbeitsgemeinschaft mit seinem Lehrmeister MAX JACOB (1888–1967), der wie er zunächst den Kaufmannsberuf wählte, begann A. 1944 mit dem künstlerischen Handpuppenspiel. Nach Auflösung von MAX JACOBS „Hohnsteiner Puppenbühne" 1953 wurde A. sein erfolgreichster Nachfolger. Entscheidende Impulse für das Puppenspiel im Fernsehen kamen von ihm. Durch zahlreiche Veröffentlichungen und Vorträge gab A. das Erbe der alten Puppenspielertradition weiter. Noch mit 75 Jahren bestritt er Auslandstourneen und wirkte beim 24. Treffen der Figurentheater der Nationen (FIDENA) 1980 in Bochum als Referent mit.

*Friedrich Arndt (*1905)*

Werk, Tendenzen, Wirkung. Als eine Art Liebeserklärung an seine Kunst kann man A.s umfassendes Werk „Das Handpuppenspiel" (1950) bezeichnen, dem er die Worte voranstellt: „Mein sehnlichster Wunsch war, selbst ein Kaspertheater zu besitzen. ... In der Jugendbewegung brach er, nun angeregt durch die verwandten Künste der Volksmusik, des Tanzes und des Laienspiels, so stark wieder in mir auf, daß ich als Achtzehnjähriger mir den Wunsch meiner Kindertage erfüllte und mir ein Kaspertheater baute." A. erläutert in dieser Schrift, die er MAX JACOB zu dessen 60. Geburtstag widmete, seine traditionelle Spielweise, Puppentheater bedeutet für ihn in erster Linie Kaspertheater. Er befürwortet in der Einschätzung seines jungen Publikums einfache Geschichten, in denen die Welt „kindgemäß" übersichtlich zu sein hat. „Für Kasper gibt es nur gut und böse, schön und häßlich, klug und dumm. Genau so begegnet das Kind allen Erscheinungen des Lebens". A. verlangt vom Puppenspiel die vollkommene Illusion: „Das Kind will übrigens gar nicht während des Spiels daran erinnert sein, daß es sich um Puppen handelt. Es läßt sich willig täuschen. Es will, daß es Lebewesen sind". Dies zu erreichen, benutzt A. charakterbezogene Figuren, an denen affektiv gelernt werden kann. Der Kasper selbst wird bei A. zu einem verlängerten Arm des Erziehers; der Einsatz von Puppentheater in der Schule wird von ihm vielfach propagiert. Erfahrungen bei Gastspielreisen in den Jahren 1950 bis 1953, vor allem im Ausland, bestärkten A., eine weitreichende Tradition ins Leben zu rufen, die Puppentheater für die Verkehrserziehung, den Spargedanken oder den Naturschutz funktional nutzbar machen kann. Später wandelte er seine Stücke aus Fabeln, Märchenstoffen und Volkssagen zu Lehrspielen um. Er entwickelte neue Dramaturgien, löste für die Fernsehserie „Kasper und René", eine Sendereihe, die zehn Jahre lang erfolgreich ausgestrahlt wurde, die Guckkastenbühne auf, trennte sich von der Spielleiste, nutzte die besonderen Möglichkeiten der Technik und ließ die künstlichen Figuren als Partner der Menschen in unserer Welt auftreten, indem er sie als „natürliche" Wesen hineinnahm. In den Nachmittagsprogrammen des Fernsehens waren Märchen zu erraten. Die Serie „Lemmi und die Schmöker" vermittelte Anreize zum Lesen der vorgestellten Kinder- und Jugendbücher.

Werke: Das Handpuppenspiel. Erzieherische Werte und praktische Anwendung (1950); Musik für Holzköpfe (zus. mit I. Wesemann, 1953); Kasper verreist (1954); Die verlorene Musik (1954); Der Löwe hat Zahnweh (1954); Pechvogel und Glückskind (1957); Die Hexe mit dem Licht (1957); Verkehrte Welt (1959); Puppenspiel – ganz einfach (1960); Die neugierige

Prinzessin (1962); Der Schatz des Wassermannes (1962); Das Teufelskarussell (1962); Puppenspiel für kleine Gäste (1975).

Beiträge: Beitrag eines Berufspuppenspielers zum Thema Puppenspiel (in: Kontakt. Bd. 4. Musik – Kunst – Puppenspiel. 1975. 71–84).

Wolfgang Schneider

Arnoux, Charles Albert de → Bertall

Aškenazy, Ludvik

*Schriftsteller, Verfasser von Kinderbüchern, Hörspiel- und Filmautor, Journalist; *24. 2. 1921 Teschen/Tschechoslowakei.*

A. wurde in Schlesien während einer Reise der Mutter nach Wien geboren. Bis 1968 lebte er in der Tschechoslowakei, seitdem in der Schweiz. Hier konnte er sich als erfolgreicher Autor etablieren. A.s Fähigkeit, sich in den Medien wie Rundfunk, für den er z. B. Volksmärchen zu einer Hörspielreihe bearbeitete, Film und Fernsehen zu bewegen, sowie seine Arbeit als Prosaautor zeigen seine inhaltliche und formale Beweglichkeit.

*Ludvík Aškenazy (*1921)*

Er erhielt mehrere tschechische und internationale Auszeichnungen, unter anderem den „Prix d'Italia" für das Hörspiel „Auf eigene Rechnung", in Cannes zusammen mit J. Jires einen Preis für den Film „Der erste Schrei" und 1977 für das Kinderbuch „Wo die Füchse Blockflöte spielen" (1976) den Deutschen Jugendbuchpreis. Seine Erwachsenen- und Kinderbücher sind in mehrere Sprachen übersetzt worden.

Werk, Tendenzen, Wirkung. Als Autor von Kinderbüchern ist A. vorrangig Humorist und sanfter Satiriker, der dem Rezipienten Unterhaltsames bieten will. In seinen Texten und Bilderbüchern hat er eine differenzierte Synthese von tradierten Märchenmotiven und einer modernen Erzählweise geschaffen. A.s Geschichten sind zumeist der europäischen und vor allem der orientalischen und exotischen Märchenwelt entlehnt. Durch eine plaudernde und leicht ironisierende Erzählweise gelingt es ihm, die Distanz zu zeitlich und räumlich weit Entferntem zu überbrücken. So bietet er etwa mehrere Märchenanfänge zur Auswahl an, wendet sich direkt an den Leser oder Zuhörer und ermuntert ihn dazu, sich ausgesparte Details selbst auszudenken oder ein abrupt endendes Märchen nach eigenen Vorstellungen weiterzuerzählen. In dieser eher spielerischen und mitunter parodierenden Form sind seine Märchenbearbeitungen den Versuchen von Janosch („Janosch erzählt Grimms Märchen", 1972), Fr. K. Waechter („Die Kronenklauer", 1972) oder Paul Maar („Der tätowierte Hund", 1968) verwandt. Die Kinder sollen aus der lethargischen Konsumhaltung herausgeholt und zum Mitmachen und Mitspielen angeregt werden. Das Stilmittel der Parodie nutzt A. auch dann, wenn er wie in „Wo die Füchse Blockflöte spielen" (1976) einen altrussischen Märchenstoff mit modernen Requisiten – einem Fernglas, einer Thermosflasche und einer Rettung per Hubschrauber – versieht. Humor und groteske Überzeichnung kennzeichnen die meisten seiner Bücher, die oft sehr sorgfältig ausgestattet und ansprechend illustriert sind. Die von Dieter Wiesmüller illustrierten Bände wie „Wo die goldene Schildkröte tanzt" (1977) oder „Molly, die Schiffskatze" (1978) erlebten hohe Auflagen. A.s Märchen sind durch die „Verfremdung der herkömmlichen Märchenatmosphäre" bestimmt. Von A. wurde gesagt, daß er weggeht von einer rationalen Kritik und Umfunktionierung der Märcheninhalte hin zu neuer Innerlichkeit und Irrationalität.

Werke: Dětské etudy (1955; dt. Wie wir das Glück suchen gingen. Kinder-Etüden, 1957, und Der Spatz auf der Schallplatte. Kinder-Etüden, 1961); Ukradený měsíc (1956; dt. Der gestohlene Mond, 1959); Putování za švestkovou vůní (1959; dt. Lüttepitt oder Unglaubliche Abenteuer eines wirklichen Zwerges, 1961; bearb. NA. u.d.T.: Die Suche nach dem Pflaumenduft oder die unglaublichen Abenteuer des echten Zwerges Dulidu. Bd. 1–2, 1976–1977); Milenci z bedny (1959; dt. Die Liebenden aus der Kiste, 1966); Šlamastyka s měsícem (1961; dt. Schwierigkeiten mit dem Mond, 1963); Etudy dětské a nedětské (1963); Praštěné pohádky (1965; dt. Wer's nicht glaubt, ist selber schuld, 1967); Pohádka na klíč (1967); Cestopis s jezevčíkem (1969; dt. Dackel auf Reisen, 1973); Der Tiger mit dem gelben Tank (1970; NA. u.d.T.: Paul, Pauline und der gelbe Tiger, 1975); Wo die Füchse Blockflöte spielen (1976); Wo die goldene Schildkröte tanzt (1977); Molly, die Schiffskatze (1978); Weihnachtspost für Jakob (1979).

Sekundärliteratur: R. Schmid: Ludvík Aškenazy. Studien zu seinem Prosawerk (1975).

Horst Künnemann

ASSITEJ

Die ASSITEJ (Association Internationale du Théâtre pour l'enfance et la jeunesse) ist eine internationale Organisation zur Förderung des Kinder- und Jugendtheaters.

Die ASSITEJ wurde 1965 gegründet. Ihre Mitglieder sind die nationalen Zentren der einzelnen Staaten. Mitglieder dieser nationalen Zentren sind professionelle Theater und Theatergruppen, Amateurtheater, Institutionen, Organisationen und Personen, die sich aktiv und passiv für das Kinder- und Jugendtheater engagieren. Oberstes Beschlußorgan der Organisation ist ein fünfzehnköpfiges Exekutivkomitee, in dem auch die Bundesrepublik Deutschland vertreten ist. Die Präsidentin der ASSITEJ ist zur Zeit ILSE RODENBERG (DDR). Allgemeines Ziel der Organisation ist, durch internationale Zusammenarbeit „die Entwicklung des künstlerisch wertvollen Kinder- und Jugendtheaters zu fördern".
Die Sektion der Bundesrepublik wurde 1966 gegründet und hat die Rechtsform eines eingetragenen gemeinnützigen Vereins. Vorstandsvorsitzende ist KATHRIN TÜRKS, Intendantin der Burghofbühne in Dinslaken. Ziel des Vereins ist die Förderung und Erhaltung des Kinder- und Jugendtheaters. 1980 konnte die bundesdeutsche Sektion mit Unterstützung des Landes Nordrhein-Westfalen und der Duisburger Behörden eine Geschäftsstelle in Duisburg errichten. Ihre Aufgabe ist neben der Abwicklung der Vereinsgeschäfte in erster Linie die Herausgabe der Zeitschriften „Grimm & Grips" und „Grimm & Grips extra", die aktuelle Informationen über das Kinder- und Jugendtheater enthalten. Gleichzeitig ist die Geschäftsstelle eine Kontaktstelle zur Vermittlung von Informationen und Adressen im Bereich des internationalen Kinder- und Jugendtheaters. Gastspielvermittlungen dürfen nicht durchgeführt werden. Durch einen Zuschuß des Bundesministeriums für Jugend, Familie und Gesundheit konnte die westdeutsche Sektion 1980 ein „Handbuch des Kinder- und Jugendtheaters in der Bundesrepublik Deutschland" herausgeben. Darin werden alle im Bereich des Kinder- und Jugendtheaters wirkenden Bühnen und Theatergruppen, Verlage und Institutionen der Bundesrepublik erfaßt. Das Handbuch informiert über Adressen, Mitwirkende, Spielpläne und Arbeitsformen der westdeutschen Kinder- und Jugendtheater.

H. D.

Astrid-Lindgren-Preis

Der A.-L.-Pr. ist eine Stiftung des Verlages Friedrich Oetinger. Er wird in unregelmäßigen Abständen für das beste unveröffentlichte Kinderbuchmanuskript verliehen.

Der A.-L.-Pr. wurde vom Verlag Friedrich Oetinger (Hamburg) 1967 gestiftet und aus Anlaß des 60. Geburtstages von ASTRID LINDGREN erstmalig ausgeschrieben. Er ist mit 10000 DM dotiert und wurde bisher zweimal verliehen: 1968 an HILDE HEISINGER für ihr Buch „Tim und die Unsichtbaren" und 1973 an EUGEN OKER für „Babba, sagt Maxl, du mußt mir eine Geschichte erzählen". 1979 wurde der Preis zwar ausgeschrieben, aber nicht vergeben, da die Jury kein Manuskript für preiswürdig befand. Die Summe von 10000 DM wurde wohltätigen Zwecken (Vereinigung der Freunde blinder Kinder e.V., Hamburg) zur Verfügung gestellt.

H. D.

Augusti, Brigitte

*(d.i. Auguste Plehn). Jugendschriftstellerin; *1.2.1839 Danzig, †14.4.1930 Danzig.*

A. wuchs als Tochter des bekannten Predigers und Konsistorialrates KARL HEINRICH BRESLER in Danzig auf. Seit 1860 lebte sie mit einem westpreußischen Gutsbesitzer in kinderloser Ehe. Ab 1880 veröffentlichte sie in rascher Folge Jugendromane im Leipziger Verlag Hirt & Sohn. Im Jahr 1897 bezog sie, nun verwitwet, eine Wohnung im Stift zum Heiligen Leichnam in Danzig, wo sie bis zu ihrem Tode wohnte.

Werk, Tendenzen, Wirkung. In der nationalen Hochstimmung nach dem Krieg von 1870 bis 1871 und der Reichsgründung fand GUSTAV FREYTAGS weitgespannter Romanzyklus „Die Ahnen" (1873–1881) großen Anklang. Vom geschäftlichen Ertrag des Erfolgswerkes angeregt, veranlaßte der Verleger HIRT einerseits OSKAR HÖCKER, andererseits A., ähnliche Werke für deutsche Buben und Mädchen zu schreiben. Obwohl A.s Stil sich von dem damals gängigen Backfischbuch abhebt, fiel es ihr zu, geschichtliche Ereignisse und kulturhistorische Entwicklungen der deutschen Vergangenheit sowie fremde Länder und fremdartige Sitten den heranwachsenden Mädchen nahezubringen, während O. HÖCKER sich mit seinen Werken mehr an Jungen wandte. A. bewältigte diese Aufgabe mit schriftstellerischem Geschick, Wissen und Einfühlung in Mentalität und Interesse des bürgerlichen Publikums, so daß ihre Erzählungen bald auch von männlichen Jugendlichen akzeptiert wurden. Bis weit über den Ersten Weltkrieg hinaus erschienen A.s Bücher in neuen Auflagen, vorwiegend in Form von schön ausgestatteten und teuren Bänden. Die Verbindung von spannendem Geschehen und interessanter Information vermochte eine breite Leserschaft zu finden – ungeachtet der Einwände namhafter Kritiker wie H. L. KÖSTER, der im Jahr 1906 im ersten Teil seiner „Geschichte der deutschen Jugendliteratur in Monographien" eine oberflächliche Behandlung wertvoller Bildungsinhalte bemängelte. Im Jahr 1924 erschien der Band „Edelfalk und Waldvöglein" bereits in der 17. Auflage. Es ist dies der erste Band der fünfbändigen Reihe „An deutschem Herd", mit dem Untertitel „Kulturgeschichtliche Erzählungen aus alter und neuer Zeit". Wie GUSTAV FREYTAG läßt A. die Nachkommen einer Familie die bedeutendsten Abschnitte der vaterländischen Geschichte durchleben und zeigt so politische und geistesgeschichtliche Entwicklungen auf. Jeder Band, beschränkt auf eine bestimmte Epoche, ist eine in sich abgeschlossene Erzählung. Auch wenn die Familie, von der erzählt wird, sich immer weiter verzweigt und demgemäß das Geschehen von Band zu Band verwirrender wird, achtet die Autorin scharf darauf, daß am Schluß jeder Geschichte kein Handlungsfaden verlorengeht. Dabei kommt die individuelle Charakterzeichnung zu kurz, da in derlei historischen Erzählungen, die möglichst weite Bögen spannen, die Bedeutung individueller Lebensläufe zurücktritt. Anders ist die vierbändige Reihe „An fremdem Herd" angelegt. Hier werden exotische Länder und Sitten vorgeführt und erläutert und dies anhand einzelner Mädchenschicksale. So reist im dritten Band der Reihe („Unter Palmen") eine junge Deutsche nach Indien, wo sie sich der evangelischen Mission widmet. Verknüpft mit ihren persönlichen Erlebnissen werden die Schilderungen des fernen Landes greifbar und einprägsam. Auch hier darf deutscher Geist triumphieren, der freilich einige Toleranz gegenüber anderem Glauben und anderen Sitten großzügig einräumt, aber dennoch das nationalistische Anliegen nicht aus dem Auge verliert. A. hat Mädchenbücher aus dem Englischen und dem Französischen für deutsche Kinder bearbeitet.

Werke: Mädchenlose. Bilder aus des Lebens Mai, ihren jungen Freundinnen gewidmet (1882); Haus und Welt. Bilder aus des Lebens Mai, eine Fortsetzung der „Mädchenlose" (1883); Knospen und Blüten. Erzählung für junge Mädchen (1884); An deutschem Herd. Kulturgeschichtliche Erzählungen aus alter und neuer Zeit mit besonderer Berücksichtigung des Lebens der deutschen Frauen (Bd. 1: Edelfalk und Waldvöglein, 1885; Bd. 2: Im Banne der freien Reichsstadt, 1886; Bd. 3: Das Pfarrhaus zu Tannenrode, 1887; Bd. 4: Die letzten Maltheims, 1888; Bd. 5: Die Erben von Scharfeneck, 1888); An fremdem Herd. Bunte Bilder aus der Nähe und Ferne mit besonderer Berücksichtigung des häuslichen Lebens in verschiedenen Ländern (Bd. 1: Gertruds Wanderjahre, 1890; Bd. 2: Zwillingsschwestern, 1891; Bd. 3: Unter Palmen, 1893; Bd. 4: Jenseits des Weltmeers, 1893); In gutem Geleit. Ein Denk- und Merkbüchlein für alle Tage des Jahres (1895); Hans im Glück. Das vierte Gebot. Erzählungen (1896); Luise, Königin von Preußen (1897).

Bearb.: J. Colomb: Liebe um Liebe (1883); S. May: Im Kampfe des Lebens (1890); J. Colomb: Miriam, das Zigeunerkind (1892).

Aiga Klotz

d'Aulnoy, Marie Cathérine

*(d.i. M. C. le Jumel de Barneville Baronne d'Aulnoy) Roman- und Novellenschriftstellerin, Verfasserin zahlreicher Feenmärchen; * um 1650 Normandie, † 1705 Paris.*

Die Familie d'A.s gehörte dem begüterten Landadel an. Bereits im Alter von fünfzehn Jahren heiratete d'A. den um vieles älteren Baron FRANÇOIS DE LA MOTHE D'AULNOY, von dem sie sich später wieder trennte. In Paris geriet sie in die politischen Intrigen am Hof LUDWIGS XIV., als ihr Mann 1669 unter dem Verdacht der Majestätsbeleidigung festgenommen wurde. Es stellte sich jedoch heraus, daß die Festnahme aufgrund der Falschaussagen zweier Edelleute und der Mutter d'A.s erfolgt war. Es ist nie genau bekannt geworden, inwieweit d'A. an diesem Fall beteiligt war. Fest steht lediglich, daß sie ebenfalls festgenommen, jedoch kurze Zeit darauf wieder freigelassen wurde. Über die folgenden zwanzig Jahre ist wenig bekannt. Vermutlich verbrachte d'A. einige Zeit bei ihrer Mutter, die nach dem Skandal nach Madrid geflohen war. Sie unternahm wohl auch eine Reise nach England. Zumindest spielen ihre Werke, die sie teilweise als „Erinnerungen" bezeichnete, vor dem Hintergrund des spanischen und des englischen Hofes. 1685 kehrte d'A. nach Paris zurück und eröffnete einen Salon. Sie geriet jedoch erneut in politische Schwierigkeiten, worauf sie sich 1690 in ein Kloster zurückzog und hier ihre schriftstellerische Tätigkeit aufnahm.

Werk, Tendenzen, Wirkung. 1690 erschien der erste Roman von d'A. unter dem Titel „Hippolyte, Comte de Douglas". Hier fügte sie bereits ihr erstes Feenmärchen – sieben Jahre vor der Veröffentlichung der Märchen CH. PERRAULTS – „L'ille de la Félicité" ein, in dem sie von einer Insel berichtet, wo man weder altern noch sterben kann. Sie ist als Erfinderin des geschriebenen französischen Feenmärchens zu bezeichnen. 1697, im gleichen Jahr wie PERRAULT, veröffentlichte d'A. ihre „Contes des Fées" in vier Bänden; 1698 folgten vier weitere Bände unter dem Titel „Les Contes nouveaux ou Les Fées à la mode". Insgesamt verfaßte sie 25 Feenmärchen, die sie teils in Romane und Novellen einbettete, teils als eigenständige Erzählungen veröffentlichte. Ihren ersten großen Erfolg hatte sie 1691 mit den „Mémoires de la Cour d'Espagne" und der Fortsetzung „La Relation du Voyage d'Espagne". 1692 erschienen die Novellensammlung „Les Nouvelles Espagnolles" und der Roman „L'Histoire de Jean de Bourbon. Prince de Carency". 1695 veröffentlichte sie die „Mémoires de la Cour d'Angleterre" und schließlich 1703 ihren letzten Roman „Le Comte de Warwick", der als einziges Werk nicht anonym erschien.
D'A. war keine Kinderschriftstellerin im eigentlichen Sinne. Sie orientierte sich mit ihren galant-historischen Romanen und Novellen an dem literarischen Geschmack ihrer Zeit. Auch die Feenmärchen entsprachen vorrangig der in den Salons gepflegten Lektüre. Dies geht aus ihren zweiten Märchensammlungen hervor, die sie „Les Fées à la mode" betitelte. Erst die spätere Rezeption machte diese Gattung auch Kindern zugänglich. Im Gegensatz zu den Märchen PERRAULTS konnte d'A. breitere Bevölkerungsschichten nicht erreichen. Wohl liegen auch ihren Märchen überwiegend volkstümliche Überlieferungen zugrunde, doch lassen die Form der Darstellung, die kunstvolle Verknüpfung der Ereignisse, die oft romanhafte Ausschmückung des Märchenstoffes, sowie Ironie oder Parodie und nicht zuletzt die Tatsache, daß in den Märchen fast ausschließlich Prinzessinnen und Prinzen vorkommen, als überwiegende Leserschaft die adelige Gesellschaft ver-

muten. Die bekanntesten Märchen d'A.s sind diejenigen, die der Überlieferung weitgehend treu bleiben. Hierzu gehören „L'oiseau bleue", „Finette Cendron" und „La chatte blanche". Einige Märchenstoffe sind frei erfunden wie „Babiole", „Le nain jaune" oder die Erzählung „Le rameau d'or", die der Mode der Schäferdichtung jener Zeit Rechnung trägt. Bei den Märchen „La Princesse Belle-Etoile", „Le Prince Marcassin" und „Le Dauphin" handelt es sich um Bearbeitungen oder Übersetzungen von Stücken aus der Sammlung „Le piacevoli notti" (1550–1553) von GIAN FRANCESCO STRAPAROLA, die innerhalb einer Rahmenhandlung Novellen, Anekdoten und vor allem Märchen orientalischer Herkunft zusammenfaßt und als erste europäische Märchensammlung häufig als Stoffquelle benutzt wurde. D'A. kleidete nahezu die Hälfte ihrer Märchen in eine Rahmenhandlung. So enthalten die Novellen „Ponce de Leon" drei, „Don Fernand de Tolde" zwei und „Le nouveau gentilhomme bourgeois" sechs Feenmärchen.

Die galante Liebesthematik, die diesen Feenmärchen überwiegend zugrunde liegt, wird von zahlreichen traditionellen Motiven begleitet, wobei der Schwerpunkt auf den Metamorphosen liegt. Allein zwölf Märchen behandeln die Verwandlung eines Menschen in ein Tier als Strafe für Fehlverhalten. Hier wird die moralisierende Komponente, die d'A. ihren Märchen häufig in Form von Schlußversen beigab, deutlich. Dieser Aspekt beeinflußte die Rezeption der Feenmärchen im Rahmen der Kinder- und Jugendliteratur nicht nur in Frankreich, sondern auch in Deutschland. Hier erschien die erste Übersetzung im „Cabinet der Feen" (1762–1763). Die bekannteste ist wohl die Fassung von FRIEDRICH JACOBS, die in der von FRIEDRICH JUSTIN BERTUCH herausgegebenen Reihe „Blaue Bibliothek aller Nationen" (1790–1796) erschien. Diese Bearbeitung hält sich weitgehend an das Original; nur wo zu deutliche zeitgenössische Bezüge – besonders in der Rahmenhandlung – hervortreten, wurden diese weggelassen. Die Kürzungen werden damit begründet, daß d'A. „bey einigen Gegenständen ein wenig zu geschwätzig" sei. Die Märchen werden als „Spiele ihrer reichen Imagination" charakterisiert, die durch „Naivität ihres Erzählungs Tons, so wie durch die Reinheit und Grazie ihres Styls" bestechen und „für alle Alter und Stände der Leser" zu empfehlen seien" (Vorrede Bd. 3, S. III).

Werke: Hippolyte, Comte de Douglas (1690; dt. Historie des Hypolitus, Grafen von Duglas, 1744); Mémoires de la Cour d'Espagne (1691); La Relation du Voyage d'Espagne (1691; dt. Spanische Staats-Geschichte, beschrieben von der Gräfin d'A., benebenst einem anhang, die nach absterben Königs Carln des II. erfolgte große Revolution in Spanien betreffend, 1703); L'Histoire de Jean de Bourbon, Prince de Carancy (1692); Mémoires de la Cour d'Angleterre (1695); Contes des Fées (Bd. 1–4. 1697; dt. Cabinet der Feen, in: Blaue Bibliothek aller Nationen, Bd. 3, 4, 9, 10. 1790–1791 u. 1796); Les Contes nouveaux ou les Fées à la Mode (Bd. 1–4. 1698); Le Comte de Warwick (1703; dt. Der verliebte Engländer oder der vortreffliche und glückselige Graf von Warwick, 1704).

Sekundärliteratur: J. B. d'Aurevilly: Femmes et Moralistes (1906). – J. Barchilon: Le Conte merveilleux français de 1690 à 1790 (1975). – J. Bolte (zus. mit G. Polivka): Anmerkungen zu den Kinder- und Hausmärchen der Brüder Grimm (1930). – L. F.-F. Goyau: La Vie et la Mort des Fées (1910). – R. Fouché-Delbosc: Madame d'Aulnoy et l'Espagne (in: Revue Hispanique. 1926. 1–151); Madame d'Aulnoy. Relation de Voyage d'Espagne. Avec une introduction et des notes (1928). – M. E. Storer: La mode des contes de fées (1928).

Susanne Hahn

Aurelie

*(auch Tante Aurelie; d.i.: Sophie Gräfin von Baudissin). Kinder- und Jugendbuchautorin; *4.3.1813 Dresden, †9.12.1894 Dresden.*

A., Tochter des jüdischen Bankiers KASKEL, heiratete im Herbst 1840 WOLF HEINRICH FRIEDRICH KARL GRAF VON BAUDISSIN (1789–1878), der als Diplomat und Übersetzer vor allem Shakespearscher Dichtungen zu den großen Persönlichkeiten seiner Zeit gehörte. Mit seiner zweiten Frau A. pflegte er einen großen Freundeskreis. In seinem Dresdener Haus oder seinem Sommersitz Wachwitz bei Dresden verkehrten unter anderem HANS CHRISTIAN ANDERSEN, EMANUEL GEIBEL, BERTHOLD AUERBACH, KLAUS GROTH, CLARA SCHUMANN, FELIX MENDELSSOHN-BARTHOLDY, GUSTAV FREYTAG und PAUL HEYSE. In diesem Kreis erhielt A. Anregungen zur eigenen schriftstellerischen Tätigkeit. 1878 wurde A. Witwe und lebte dann bis zu ihrem Tode im Jahr 1894 in Dresden. Zahlreiche ihrer Werke entstanden erst nach dem Tod ihres Mannes.

Werk, Tendenzen, Wirkung. Neben einigen wenig bekannt gewordenen Romanen für Erwachsene verfaßte A. unter den Pseudonymen AURELIE oder TANTE AURELIE zahlreiche Schriften für junge Leser. Man kann die Jugendschriften der Autorin in drei Gruppen einteilen. Für kleinere Kinder schrieb sie märchenhafte Erzählungen und Umweltgeschichten (z.B.: Kinder- und Novellenmärchen, 1849), für Jugendliche, vor allem für junge Mädchen, stellte sie eine Reihe von Erzählbänden zusammen, die teils Werke von ihr selbst, aber auch zahlreiche Texte anderer Autoren enthielten (z.B.: Bunte Blätter. Zur Unterhaltung und Belehrung heranwachsender Mädchen, 1861) und für Jungen wie Mädchen verfaßte sie einen zweibändigen „Theater-Almanach für die Jugend" (1849–1850). Außerdem lieferte sie Beiträge zu THEKLA VON GUMPERTS „Töchteralbum".

Ihre märchenhaften Geschichten für Kleinere waren wenig originell und zeigen Anleihen bei ANDERSEN und der Sammlung „Tausend und eine Nacht". Schon AUGUST MERGET bemängelt in seiner 1867 erschienenen „Geschichte der deutschen Jugendliteratur": „...es herrscht in allen Märchen aus weiblicher Feder eine außerordentliche Willkür, so vieles ist ganz unmotiviert, was Goethe so sehr tadelt".

Im Vorwort zu dem Band „Der Lese-Abend bei Elisabeth" (1865), der Beiträge aus in- und ausländi-

schen Zeitschriften enthält, die von A. sehr frei bearbeitet oder übersetzt wurden, daneben Stücke von BERTHOLD AUERBACH, TH. MAYNE-REID und von der Autorin selbst, gibt die Autorin ihre Schreibintentionen zu erkennen, wenn sie feststellt: „Noch immer hört man die Klage, wie sehr es gerade dem Alter von zwölf bis fünfzehn Jahren an passender Lese-Unterhaltung fehle. Den eigentlichen Kinderbüchern ist es entwachsen, freilich zumeist dadurch, daß man so oft für die Kinder kindlich zu schreiben wähnt, wenn man läppisch schreibt ... Natürlich finden die unsrigen in der laufenden Jugendliteratur zu wenig Anregung und möchten lieber aus dem Bücherschrank der Eltern gespeist werden. Auch das ist ohne sorgfältige Auswahl, zu der es den Eltern oft an Zeit gebricht, nicht möglich. Wissenschaftliche Werke pflegen zu weitläufig und abstrakt für die jungen Leserinnen zu sein. Reisebeschreibungen, wenn sie nicht ausschließlich der Jugend bestimmt sind, werden nur in seltenen Fällen, und Romane in noch weit selteneren zulässig sein. Von diesen ist überhaupt für junge Mädchen der sparsamste Gebrauch zu machen. Die nachstehende Sammlung bringt neben einer Auswahl aus lehrreichen Schriftstellern für Erwachsene auch ursprünglich für die Jugend Bestimmtes, das die jungen Leserinnen unterhalten, aber auch zum Nachdenken und Nachfühlen anregen soll. Wenn es in ihren jungen Seelen die schönen und guten Anlagen entwickeln hilft und ihre Anforderungen an sich selbst steigert, so daß sie die Liebe der Eltern mehr und mehr zu vergelten streben mit jedem neuen Tag ihres Lebens, dann ist der Zweck vollkommen erreicht, in dem ich allein sammelte und schrieb".
Während die eigenen Texte der Autorin weitgehend zu der bürgerlich-moralisch akzentuierten Jugendliteratur gehören, die „in ihren jungen Seelen die schönen und guten Anlagen entwickeln" helfen sollten, so bringt sie doch in den anderen Beiträgen auch interessante Einblicke in die weite Welt, bisweilen sogar unterhaltsam-abenteuerliche Texte wie „Die Bienenjagd in Amerika" oder „Eine gefährliche Hochzeitsfahrt auf dem Huron-See".

In einem ihrer Jugendbücher spricht die Autorin in der „Widmung, zugleich als Vorrede" ihre Leserinnen direkt in Form eines Briefes an. Dabei spricht sie zu den Leserinnen als Konsumentinnen ihrer früher erschienenen Bücher und gibt der Hoffnung Ausdruck: „Das vorliegende Buch aber gehört noch ganz in Deine eigne kleine Jugendbibliothek, der Du hoffentlich noch lange nicht den Rücken kehrst, denn gute Jugendschriften, in denen nichts Kindisches, aber kindlicher Sinn vorherrscht, werden auch sogar von Erwachsenen nicht ungern gelesen". In ihrem „Vorwort" zu dem zweibändigen „Theater-Almanach für die Jugend" spricht A. einige Gedanken aus, die in einem erfreulichen Gegensatz zu den Meinungen zahlreicher ihrer schriftstellernden Kolleginnen stehen. So schreibt sie: „Der nächste Zweck, den wir mit der Herausgabe des Büchleins verbinden, ist unsre jungen Leser zu unterhalten: weder haben wir's auf Belehrung abgesehn, noch liegt jedem Stück eine bestimmte moralische Nutzanweisung zum Grunde. Wurmkuchen und vergoldete Pillen giebts ohnehin genug in der Kinderlitteratur und wir halten dafür, daß durch die Absichtlichkeit den jungen Lesern die überall aufgedrungene Moral eher verleidet werde". Sie wendet sich gegen zu aufwendige Inszenierungen und stellt zu ihrem Märchenspiel „Schneeweißchen und Rosenroth" fest, sie habe dabei „alle Versenkungen, Luftfahrten und sonstigen Zauberluxus" weggelassen. Allerdings ist die Sprache der Stücke in dem Versuch, sie der „hohen Dichtung" anzunähern, eher gestelzt und geschwollen geraten.

Werke: Kinder- und Novellen-Märchen (1849); Theater-Almanach für die Jugend (Bd. 1–2. 1849–1850); Der Pflegesohn. Eine Erzählung (1853); Die Stieftochter. Eine Erzählung (1854); Bunte Blätter. Zur Unterhaltung und Belehrung heranwachsender Mädchen (1861); Elisabeth-Album. Als Fortsetzung der früheren Sammlung ‚Bunte Blätter' (1865); Erlebtes und Erzähltes (1865); Der Leseabend bei Elisabeth (1865); Märchen für Kinder (1875); In der Provinz. Roman (1884); Reuchlin. Roman (Bd. 1–2. 1884); Wer ist der Held? Roman (1884); Kleine Geschichten für kleine Leute (1885); Kindermärchen (1891); Jugendmärchen (1891); Resi. Eine Erzählung (1897).

Helmut Müller

B

Bachér, Ingrid

*(d.i. Ingrid Erben) Schriftstellerin, Journalistin; *24.9.1930 Rostock.*

B. wuchs in Berlin auf. Ihre schriftstellerische Laufbahn begann mit journalistischen Arbeiten; seit 1958 arbeitet sie freiberuflich als Autorin von Kinder- und Erwachsenenbüchern, Hör- und Fernsehspielen, Theaterstükken sowie Reiseberichten. Nach fünfjährigem Studienaufenthalt in Rom lebt B. seit 1965 in Düsseldorf. 1976 erschien „Gespenster sieht man nicht" (1975), 1977 „Das war doch immer so" (1976) auf der Auswahlliste zum Deutschen Jugendbuchpreis. 1980 erhielt B. für „Morgen werde ich fliegen" (1979) den Österreichischen Kinder- und Jugendbuchpreis.

Werk, Tendenzen, Wirkung. B.s erstes Kinderbuch, die Feriengeschichte „Lasse Lar oder die Kinderinsel" (1958), spielt in Skandinavien und behandelt den Prozeß der Ablösung von der Kindheit. „Das Kinderhaus" (1965) ist eine phantastische Geschichte von zwei Kindern, die, während die Eltern auf einer großen Reise sind, das ganze Haus auf ihre Art kindgerecht umgestalten und dort frei von Zwängen und Normen leben.

„Erzähl mir nichts" (1974) knüpft, wenn auch auf anderer Ebene und in Form einer Collage, an dieses Thema an: das Alltägliche und Normale wird hinterfragt, der Leser zur Stellungnahme gezwungen. In „Gespenster sieht man nicht" (1975) befreit ein kleiner Junge das ‚Rippel', ein nicht näher definiertes gespensterhaftes Wesen, aus einem halbzerfallenen Schloß, wohin es durch einen bösen Geist verbannt worden war. Mit dem Problem des Rollenverhaltens setzt sich B. in „Das war doch immer so" (1976) auseinander, diesmal zum Themenkreis geschlechtsspezifisches Verhalten, Solidarität und Emanzipation und, ähnlich wie bei „Erzähl mir nichts", in einer Collage mit vielen Photos und kurzen, kritischen Texten. Der phantastische Kinderroman „Morgen werde ich fliegen" (1979) schließlich zeigt in Form eines Lehrstückes, wie der Freiheitsraum des Menschen mehr und mehr eingeengt wird: Zuerst breiten sich die kleinen Apparate zum Selberfliegen ungehindert aus und machen Groß und Klein viel Spaß, dann gibt es jedoch immer mehr Vorschriften und Einschränkungen, schließlich wird das Selberfliegen gänzlich verboten; nur ein Junge fliegt dorthin, wo das Fliegen nicht verboten ist. Dieser Schluß ist symptomatisch für fast alle Arbeiten B.s, die immer wieder das Thema Einengung – Befreiung behandeln.

Werke: Lasse Lar oder die Kinderinsel (1958); Das Kinderhaus (zus. mit L. Fromm, 1965; TB. 1972; [4]1977); Erzähl mir nichts (1974); Gespenster sieht man nicht (1975); Das war doch immer so (1976); Morgen werde ich fliegen (1979).

Bearb.: J. Philippe: Woher kommt ... Das Erdöl (zus. mit Kl. Wormer, 1977); J. Philippe: Woher kommt ... Das Glas (zus. mit Kl. Wormer, 1977); J. Philippe: Woher kommt ... Der Kaffee (zus. mit Kl. Wormer, 1977).

Hartmut Euler

Bahrdt, Karl Friedrich

*Professor der Theologie, Vertreter des Philanthropismus; *25. 8. 1741 Bischofswerda, †23. 4. 1792 Halle.*

B., Sohn des Professors, Domherrn und Superintendenten JOHANN FRIEDRICH BAHRDT, der seinen Sohn zunächst durch Hauslehrer unterrichten ließ und später auf die Nicolaischule in Leipzig und die berühmte Fürstenschule von Pforta bei Halle sandte, begann mit sechzehn Jahren das Studium der Theologie in Leipzig, war mit zwanzig Jahren Doktor der Philosophie und Magister Artium und mit fünfundzwanzig Jahren außerordentlicher Professor der geistlichen Philologie. Seine Karriere wurde unterbrochen, als eine Dirne ihn als Vater ihres Kindes angab; er mußte seine Ämter niederlegen und Leipzig verlassen. B. lehrte danach als Professor der biblischen Altertümer in Erfurt (da es eine Stelle ohne Gehalt war, betrieb er nebenher ein Speiselokal, wo er die Speisen selbst zubereitete), wurde Prediger und Professor der Theologie in Gießen (auf Empfehlung SEMLERS), Direktor des Philanthropins in Marschlins in Graubünden (auf Empfehlung BASEDOWS), Superintendent in Dürkheim und Leiter des Philanthropins in Heidesheim. 1778 wurde er von allen geistlichen Ämtern durch ein Reichshofratsconclusum wegen seiner Übersetzung des Neuen Testaments suspendiert. B. fand Zuflucht im preußischen Halle, wo er unter dem Schutze des Ministers Zedlitz als Schriftsteller und Privatdozent lebte. 1787 erwarb er einen Weinberg bei Halle, auf dem er ein Gasthaus eröffnete, das regen Zuspruch fand. Die Bedienung wurde von Dienstleuten besorgt, B. selbst widmete sich seinen Gästen als geselliger und unterhaltsamer Gesprächspartner, daneben betrieb er weiterhin seine Studien. B. gründete die Deutsche Union, eine Freimaurerloge, mit dem Ziel, wahre Aufklärung zu verbreiten und den moralischen Despotismus zu entthronen. 1789 wurde er wegen seines Lustspiels „Das Religions-Edikt" zu einem Jahr Festungshaft in Magdeburg verurteilt. Danach kehrte B. auf seinen Weinberg zurück, wo er 1792 starb.

B. war eine der berühmtesten und berüchtigsten Gestalten der Aufklärung, vor allem wegen seines radikalen Deismus, seiner glänzenden rhetorischen und schriftstellerischen Begabung (seine Lehrveranstaltungen in Halle zählten bis zu 900 Zuhörer) und aufgrund seines unangepaßten Lebenswandels. Vorgeworfen wurden ihm allzu große Freude am Essen, Trinken und Kartenspiel und eine nur bedingte eheliche Treue. Dabei läßt sich schwer entscheiden, welche Vorwürfe berechtigt waren, da sich um B.s Person Gerüchte und Verleumdungen rankten. Als sein tiefster moralischer Fall wurde die Verstoßung seiner Gattin und die außereheliche Verbindung angesehen, die er in seinen letzten Lebensjahren mit seiner Haushälterin einging.

Werk, Tendenzen, Wirkung. B.s theologische Position war ein „progressives Abwerfen der positiven Sätze des Christentums" (FRANK, 1866, S. 271). Er begann in Leipzig als streng Orthodoxer, als der er sogar die Anerkennung des Pastors GOEZE fand, wurde dann Neologe und endete schließlich in Halle als entschiedener Anhänger der natürlichen Religion, indem er sich unter dem Einfluß von EBERHARD und TRAPP vom Offenbarungsglauben lossagte. Zu seinen aufsehenerregendsten Schriften gehören „Der Kirchen- und Ketzeralmanach aufs Jahr 1781", eine Satire, die vor allem gegen die orthodoxen Theologen gerichtet ist, die „Neuesten Offenbarungen Gottes in Briefen und Erzählungen" (1773–1774), eine sehr freie Übersetzung der Bibel, die von LESSING verteidigt und von GOETHE in seinem „Prolog zu den Neuesten Offenbarungen Gottes, verdeutscht durch Dr. Bahrdt" verspottet wurde, die „Briefe über die Bibel im Volkston" (1782), in denen er alle Wunder Jesu auf natürliche Weise erklärt, und sein Lustspiel „Das Religions-Edikt" (1789), eine Satire auf das 1788 von dem preußischen Minister Wöllner erlassene Religionsedikt, in dem allen protestantischen Geistlichen und Professoren der Verlust ihrer Ämter angedroht wurde, wenn sie nicht die orthodoxe Lehre verkündeten. Großen Erfolg hatte B. auch mit seinem „System der moralischen Religion" (1787), dem „Handbuch der Moral für den Bürgerstand" (1789) und seiner Streitschrift „Über Preßfreyheit und deren Gränzen" (1787). Zu seinen zahlreichen Werken, die er in rascher Folge schrieb, gehören auch Romane und Übersetzungen aus dem Lateinischen. Seine pädagogischen Ansichten legte B. u.a. in seinem „Philanthropinischen Erziehungsplan, oder vollständige Nachricht von dem ersten wirklichen Philanthropin zu Marschlins" (1776) und in seiner Abhandlung „Über den Zwek der Erziehung" nieder, die CAMPE in den ersten Band seines Revisionswerkes aufnahm (1785). B. knüpfte an BASEDOWs Erziehungsvorstellungen an und entwickelte eine Reihe eigener Gedanken. Allgemein wird ihm eine gefälligere Darstellung als BASEDOW bescheinigt. In dem „Philanthropinischen Erziehungsplan" nennt B. als die drei charakteristischen Merkmale seines Philanthropins: 1. die Vervollkommnung des Körpers durch Abhärtung und Bewegung; 2. den Unterricht in den Wissenschaften; 3. die Veredlung des Herzens. Im Unterricht soll (wie bei BASEDOW) von der Anschauung ausgegangen werden und erst dann der Begriff folgen: Auf das Betrachten der Gegenstände in der Natur und auf Bildern folgen Zeichenübungen und erst auf diese die Sprech-, Schreib- und Leseübungen (letztere unter Benutzung von BASEDOWs Elementarwerk). Neben der deutschen Sprache werden auch Latein und Französisch unterrichtet, wobei bei dem Lateinischen auf das Einpauken von Grammatik und Vokabeln verzichtet wird und an ihre Stelle bestimmte Lernspiele treten. Großer Wert wird ferner auf die Naturgeschichte, die Geographie und die Geschichte gelegt, deren Bedeutung in der Herzens- und Charakterbildung gesehen wird; das bloße Memorieren von Jahreszahlen und Namen wird abgelehnt. Der Religionsunterricht ist in drei Klassen aufgebaut: Die kleinsten Schüler lernen Religion in Sentenzen, Sprichwörtern und Fabeln, die Schüler der zweiten Klasse werden nach der sokratischen Methode in der natürlichen und geoffenbarten Religion unterrichtet und die der dritten Klasse bei ausdrücklichem Verlangen der Eltern mit den Unterscheidungslehren der eigenen Konfession bekannt gemacht.

In dem Werk „Zwek der Erziehung" bestimmt B. als Ziel die Hinführung des Menschen zur Glückseligkeit. Diese wird von ihm konkretisiert als eine Bildung zur „Menschenliebe": „Darin allein besteht das ganze Resultat der Kultur des Menschen, daß er in der Liebe d.h. in der Vorstellung der von ihm bewirkten Freude und Zufriedenheit Andrer seine eigene und höchste Freude finden lerne". Da Kinder „Wollen, Empfinden und Handeln" durch Nachahmung lernen, sei es deswegen die Aufgabe der Erzieher, gegenüber den Kindern stets Liebe, Eintracht und Wohlwollen zu zeigen. Auch Belohnung und Bestrafung sind auf das oberste Ziel der Menschenliebe abzustimmen: Fehltritte, womit das Kind sich selbst schadet, sind weniger hart zu bestrafen als solche, womit es anderen schadet. An die Erziehung der Jugend zur Menschenliebe knüpft B. die Hoffnung auf eine „Reform der Menschheit": Die erste Generation der zur Menschenliebe erzogenen Kinder werde es vielleicht noch schwer haben, in der wirklichen Welt zu leben; sie würden aber der nächsten Generation eine weitere Annäherung an dieses höchste Ziel ermöglichen, so daß in der dritten oder vierten Generation dann die Welt zum Paradies geworden sei. Darunter verstand B. allerdings nur, daß das schlimmste Elend dann beseitigt sein würde; Armut und Reichtum und der Unterschied der Stände werden von ihm nicht in Frage gestellt. Die gegebenen gesellschaftlichen Verhältnisse dienen auch als Grundlage für die „besonderen" Zwecke der Erziehung. Da in ihr jeder arbeiten müsse und jedermann die Pflicht habe, dem Mächtigeren ohne Ansehen seines Verdienstes zu gehorchen, müsse bereits das Kind an Gehorsam und Arbeitsamkeit gewöhnt werden. B. setzt sich an dieser Stelle explizit von BASEDOW ab, der die Kinder zu viel habe spielen lassen, freilich ohne die spielerische Methode als solche abzulehnen.

In dem „Katechismus der natürlichen Religion, als Grundlage eines jeden Unterrichts in der Moral und Religion, zum Gebrauche für Eltern, Prediger, Lehrer und Zöglinge" (1790), einer Bearbeitung des „Systems der natürlichen Religion", versucht B. seine „naturalistische" Vorstellung vom Christentum in den Religionsunterricht für Kinder umzusetzen. Das Christentum wird reduziert auf die natürliche Religion, die nur solche Wahrheiten enthält, die dem Menschen durch die Sinne und die Vernunft gegeben sind. Damit geht B. weit über das hinaus, was z.B. BASEDOW vertreten hat, der Offenbarungsbegriff und Vernunftbegriff noch miteinander zu verbinden suchte. B.s Katechismus hat denn auch mit dem Lutherschen Kleinen Katechismus nur noch den Namen gemein; sein erster Teil ist eine Einführung in theologische und erkenntnistheoretische Grundfragen, sein zweiter Teil eine Staatsbürgerkunde und Tugendlehre. An die Stelle der zehn Gebote sind die Menschenrechte getreten, wobei religiöse Toleranz und Meinungsfreiheit an zentraler Stelle stehen, das Recht auf Gleichheit allerdings fehlt.

B. hat zahlreiche Freunde und begeisterte Anhänger gehabt. Er ist aber bereits zu Lebzeiten und noch mehr im 19. Jahrhundert im Zuge der allgemeinen Abwertung aufklärerischer Tradition verfemt worden. Nur in scheinbarem Gegensatz dazu steht die zahlreiche Literatur, die sich mit ihm beschäftigt; sein Leben und Werk wirkten offensichtlich allzu provozierend. Außer seinem „unsittlichen" Lebenswandel wurden ihm Eitelkeit, Ruhmsucht, Projektmacherei und fehlender wissenschaftlicher Ernst vorgeworfen, bei seinen pädagogischen Werken die fehlende religiöse Fundierung vermißt.

Werke: Die neuesten Offenbarungen Gottes in Briefen und Erzählungen (Bd. 1–4. 1773–1774); Philanthropischer Erziehungsplan, oder vollständige Nachricht von dem ersten wirklichen Philanthropin zu Marschlins (1776); Erste Nachricht an das Publikum, von Errichtung des Leiningischen Erziehungshauses, oder dem wirklichen dritten Philanthropin auf dem hochgräflichen Schlosse zu Heidesheim im oberrheinischen Kreis (1776); Briefe über die Bibel im Volkston (1782); System der moralischen Religion zur endlichen Beruhigung für Zweifler und Denker, allen Christen und Nichtchristen lesbar (Bd.

1–2. 1787); Über Preßfreyheit und deren Gränzen. Zur Beherzigung für Regenten, Censoren und Schriftsteller (1787); Handbuch der Moral für den Bürgerstand (1789); Das Religions-Edikt (1789); Katechismus der natürlichen Religion, als Grundlage eines jeden Unterrichts in der Moral und Religion, zum Gebrauche für Eltern, Prediger, Lehrer und Zöglinge (1790, ²1795); „Dr. Carl Friedrich Bahrdts Geschichte seines Lebens, seiner Meinungen und Schicksale. Von ihm selbst geschrieben" (Bd. 1–4. 1790–1791; NA. 1972); Sokratische Gespräche zur Einleitung und Erläuterung des Bahrdt'schen Katechismus der natürlichen Religion. Ein Beitrag zur Beförderung eines vorurteilsfreien Nachdenkens der Vernünftigen und Gebildeten, ohne Unterschied des Geschlechts, des Alters und des Standes (1793).

Beitrag: Über den Zwek der Erziehung (in: J. H. Campe (Hrsg.): Allgemeine Revision des gesamten Schul- und Erziehungswesens. 1. Bd. 1785. 1–124).

Hrsg.: Zeitschrift für Gattinnen, Mütter und Töchter (Jg. 1–2. 1791–1792).

Sekundärliteratur: R. Czilchert: Zum Religionsunterricht im Zeitalter der Aufklärung (1898). – G. Frank: Dr. Karl Friedrich Bahrdt. Ein Beitrag zur Geschichte der deutschen Aufklärung (in: F. von Raumer (Hrsg.): Historisches Taschenbuch. 4. Folge. 7. Jg. 1866. 203–370). – J. Leyser: Karl Friedrich Bahrdt, der Zeitgenosse Pestalozzis, sein Verhältnis zum Philanthropinismus und zur neuen Pädagogik. Ein Beitrag zur Geschichte der Erziehung und des Unterrichts (²1870). – R. Prutz: Karl Friedrich Bahrdt. Beiträge zur Geschichte seiner Zeit und seines Lebens. 1741–1771 (in: F. von Raumer (Hrsg.): Historisches Taschenbuch. 3. Folge. 1. Jg. 1850. 595–690).

Dagmar Grenz

Balázs, Béla

*(d. i. Herbert Bauer). Ungarischer Schriftsteller, Filmtheoretiker; *4. 8. 1884 Szeged, †17. 5. 1949 Prag.*

B., Sohn eines ungarischen Gymnasialprofessors und einer ostpreußischen Fremdsprachenlehrerin, verbrachte seine Jugend in Szeged, unterbrochen durch eine Strafversetzung des Vaters in die abgelegene Karpaten-Kleinstadt Lötsche. Nach dem Tode seines Vaters geriet die Familie in Not, so daß B. gezwungen war, mit für den Unterhalt zu sorgen. Dennoch ein ausgezeichneter Schüler, erhielt er Preise für literarische Arbeiten und ein Stipendium. Nach dem Abitur studierte er an der Budapester Universität und schloß 1909 mit der Promotion zum Dr. phil. ab. Studienreisen führten B. nach Berlin und Paris. Die Erfahrungen als Frontsoldat im Ersten Weltkrieg führten ihn an die linksrevolutionäre Bewegung heran; 1918 trat er der Kommunistischen Partei Ungarns bei. Als einer der führenden Intellektuellen und Kulturpolitiker der Ungarischen Räterepublik von 1919 war er Mitglied des „Schriftstellerdirektoriums" und Leiter der Abteilung für Theaterwesen im Volkskommissariat für Unterrichtswesen. Nach der Auflösung der Räterepublik, die er in den Reihen der Ungarischen Roten Armee verteidigte, emigrierte B. zunächst nach Wien, wo er als Literatur-, Theater- und Filmkritiker unter anderem bei der Zeitung „Der Tag" arbeitete. Nach seiner Übersiedlung nach Berlin (1926) wirkte er in vielfältiger Weise in der deutschen proletarisch-revolutionären Kulturbewegung, so im Bund Proletarisch-Revolutionärer Schriftsteller (BPRS), als Vorstandsmitglied der Interessengemeinschaft für Arbeiterkultur (IFA), im Volksverband für Filmkunst, als Dozent an der Marxistischen Arbeiter-Schule (MASCH), als Mitarbeiter der Prometheus Filmgesellschaft, als Leiter von Agit-Prop-Truppen („Die Ketzer", 1930), als künstlerischer Obmann der Reichsorganisation des Arbeiter-Theater-Bunds Deutschlands (AThBD) 1929/30. Als Autor der „Weltbühne" war B. bemüht, die fortschrittliche bürgerliche Intelligenz für den Sozialismus zu gewinnen. Nach seiner Delegation in den Vorstand des Internationalen Revolutionären Theaterbunds (IRTB) 1931 ging B. in die Sowjetunion, wo er unter anderem in Filmstudios und als Dozent an der Moskauer Filmakademie arbeitete. 1945 in seine Heimat zurückgekehrt, beteiligte sich B. am Aufbau einer eigenständigen ungarischen Filmproduktion und wurde Leiter des nationalen Instituts für Filmwissenschaft.

Werk, Tendenzen, Wirkung. Das Schaffen B.s, der ab 1907 an die Öffentlichkeit trat und bereits während des Weltkrieges zu einem bekannten Autor in Ungarn wurde, umfaßt Lyrik, Dramatik, märchenhafte und realistische Prosa sowie zahlreiche Drehbücher. Den Schwerpunkt seiner Arbeit bildete sein filmtheoretisches und -ästhetisches Werk (u. a. Der sichtbare Mensch, 1924; Der Film. Werden und Wesen einer neuen Kunst, 1949).

B.s Interesse für Märchen, das sein gesamtes Schaffen durchzieht, und seine kinderliterarische Tätigkeit sind nur punktuell identisch. Beeinflußt von Auffassungen des Symbolismus (M. Maeterlinck) beschäftigte er sich mit ungarischen sowie chinesischen und indischen Märchen, in denen er die künstlerische Chiffre einer tieferen kosmischen Wahrheit, den symbolischen Sinn des gesamten menschlichen Lebens, sah. Es entstanden einige Mysterienspiele wie „A kékszakállú herceg vára" (dt. Herzog Blaubarts Burg, 1922 von Béla Bartók als Textbuch einer Oper verwendet) sowie die Märchenbände „Hét mese kner izidor kiadása (1917; dt. Sieben Märchen, 1921) und „Der Mantel der Träume" (1922). Bei der Verteidigung der von der Rätemacht wöchentlich für über 120 000 Kinder veranstalteten Märchennachmittage gegen Kritiker, die darin eine unnötige Ablenkung vom realen Leben sahen, betonte B. ausdrücklich die Gültigkeit seiner symbolistischen Auffassungen auch für die Kindermärchen.

Eine Wendung zu einer stärker an der gegebenen sozialen Realität orientierten Thematik wurde in B.s erstem Kinderbuch, dem Märchenband „Das richtige Himmelblau" (1925), deutlich: Während die Geschichte „Geschwisterland" noch den Charakter der geschlossenen Magiewelt im wesentlichen beibehält, gestaltet B. in der Titelerzählung und in „Der brave Maschinenknabe, der alte Frosch und das große Einmaleins" Alltagserfahrungen, Sorgen und Wünsche von Proletarierkindern, wobei phantastische und surreal-skurrile Elemente die kindliche Phantasietätigkeit wi-

Einband zu Béla Balázs' „Das richtige Himmelblau. Der Maschinenknabe und andere neue Geschichten". Das Buch erschien 1925 zuerst, dann erneut 1931 im Verlag Williams & Co (Berlin) mit Illustrationen von Mely Hoffer.

derspiegeln. Zu unmittelbar politischen Aussagen gelangte B. in der nach einem Manuskript LISA TETZNERS verfaßten Kindermärchenkomödie „Hans Urian geht nach Brot" (1929), mit der er zu einem der Begründer des sozialistischen deutschen Kindertheaters wurde. Die Geschichte von dem Arbeiterjungen Hans, der durch die ganze Welt reist, um Brot für seine Familie zu erhalten und eine Antwort auf die Frage, warum die einen unter den Menschen hungern müssen und die anderen im Überfluß leben, wurde mit großem Erfolg von der „Gruppe Junger Schauspieler" in Berlin aufgeführt.

In der Folgezeit verzichtete B. auf die Verwendung märchenhafter Elemente in seinen Kinderbüchern und bemühte sich, die politische Aussage aus dem Gegenstand selbst erwachsen zu lassen. In der zweiten Auflage von „Das richtige Himmelblau" (1931) – nunmehr in dem der „Weltbühne" verbundenen Berliner Verlag Williams herausgebracht – wurden die offensichtlich am Vorbild ERICH KÄSTNERS orientierten Erzählungen „Der Roller" und „Hans im Warenhaus" hinzugefügt. In der Sowjetunion veröffentlichte B. die beiden im nationalsozialistischen Deutschland handelnden Kinderromane „Karlchen durchhalten!" (1936, Verfilmung im gleichen Jahr) und „Genrich načinaet bor'bu (1938; dt. Heinrich beginnt den Kampf, 1941), die als die ersten deutschen antifaschistischen Kinderbücher gelten dürfen.

Kennzeichnend für das gesamte kinderliterarische Schaffen B.s ist der Versuch eines Schreibens „vom Kinde aus", das heißt die Verkleinerung von Welt und Umwelt auf das Kind und sein angenommenes Erkenntnisvermögen hin, ein Verfahren, das er in dem Aufsatz „Kindertheater" (1929) theoretisch entwickelte. Die Wandlung von den symbolischen Prämissen des frühen B. zum sozialistischen Realismus ist ein Entwicklungsprozeß, in dem in dialektischer Aufhebung wesentliche Erkenntnisse früherer Phasen integriert wurden. In B.s späteren Werken, die in einem realistisch konzipierten Rahmen gehalten sind, führt das Bestreben, Ereignisse und Probleme der ‚großen' Welt in den objektiv begrenzten Bereich der möglichen Kindererfahrungen einzubringen, zuweilen zu Handlungen, die an die Grenzen des Wahrscheinlichen reichen.

B.s kinderliterarische Werke wurden in mehrere europäische Sprache übersetzt. Im deutschsprachigen Raum sind sie nach 1945 nahezu ausschließlich in der DDR, zum Teil in mehreren Auflagen, neu herausgegeben worden. In der DDR erschien auch noch einmal ein Märchenbuch von B., „Das goldene Zelt" (1956), eine Nachdichtung kasachischer Volksepen, die B. in der Emigration in der UdSSR gesammelt hatte.

Werke: Hét mese kner izidor kiadása (1917; dt. Sieben Märchen, 1921); Der Mantel der Träume (1922); Das richtige Himmelblau (1925); Hans Urian geht nach Brot (1929); Karlchen, durchhalten (1936); Genrich načinaet bor'bu (1938; dt. Heinrich beginnt den Kampf, 1941); Jugend eines Träumers. Autobiographischer Roman (1947); Das goldene Zelt. Kasachische Volksepen und Märchen. Nachdichtung der Verse und aufgezeichnet von B. Bálazs (1956).

Beiträge: Der Detektivroman (in: Die Rote Fahne. v. 5. u. 12.5.1922. Nr. 219); Von Geistern und Gespenstern (in: Die Rote Fahne. v. 5. u. 18.6.1922. Nr. 279); Kindertheater (in: Arbeiterbühne. 16. 1929. 12. 1/2).

Sekundärliteratur: S. Bernfeld: Das richtige Himmelblau (in: Weltbühne. 23. 1927. 51. 923–925). – T. Bez.-Mennicke: Proletarisches Kindertheater (in: Neue Blätter für den Sozialismus. 1. 1930. 2. 88–90). – P. Brand (d.i. E. Bruck): Hans Urian geht nach Brot. Kindertheater der Gruppe Junger Schauspieler (in: Welt am Abend. Jg. 7 v. 14.11.1929. Nr. 267). – D. Csanak: B. B. hagyateka az Akademiai Könyvtar Kezirattaraban (1966). – A. Kemeny: Hans Urian geht nach Brot (in: Die Rote Fahne. Jg. 12 v. 15.11.1929. Nr. 232). – B. Diebold: Kindertheater (in: Frankfurter Zeitung. Jg. 74 v. 2.12.1929. Nr. 898). – D. Fabian: Festliche Veranstaltung für Kinder (in: Sozialistische Bildung. 2. 1930. 1. 22–23). – P. Friedländer: Das neue Kindertheater. Ein paar Bemerkungen (in: Welt am Abend. Jg. 7 v. 28.10.1929. Nr. 252). – Chr. Hoffmann: Theater für junge Zuschauer (1976). – F. Leschnitzer: Béla Balázs' „Karlchen, durchhalten" (in: Internationale Literatur. 7. 1937. 10. 145–146). – G. Lukács: Béla Balázs es akiknek nem kell (1918). – L. Magon (Hrsg.): Studien zur Geschichte der deutsch-ungarischen literarischen Beziehungen (1969). – M. Nagy: Béla Balázs' Tätigkeit für den Film, das Theater und die Arbeiterkultur am Ende der zwanziger und Anfang der dreißiger Jahre (in: G. Kühn (Hrsg., zus. mit M. Lichtenstein und E. Jahnke: Béla Balázs – Essay, Kritik, 1922–1932); Béla Balázs Vilaga (1973). – H. Zinner: ‚Richtiges Himmelblau' (in: Internationale Literatur. 11. 1941. 5. 104–105).

Bernd Dolle

Ballantyne, Robert Michael

*Britischer Jugendbuchautor; *24.4.1825 Edinburgh, *8.2.1894 Rom.*

Nach Schuljahren und Privatunterricht in Edinburgh ging B. sechzehnjährig im Dienste der Hudson's Bay Company nach Kanada (Rupert's Land, 1841–1847). Die Erfahrungen dieser Zeit sind Gegenstand seines ersten autobiographischen Buches „Hudson's Bay; or, Every-Day Life in the Wilds of Africa" (1848). Nach Edinburgh zurückgekehrt, arbeitete B. unter anderem im Verlag Thomas Nelson. Ab 1856 widmete er sich ausschließlich der Schriftstellerei. Seine Bücher erschienen in schneller Folge, davon über achtzig Abenteuerbücher für die Jugend in rund 40 Jahren. Um Schauplätze und Lebensumstände seiner Helden möglichst authentisch schildern zu können, lebte B. mit Bergleuten und Feuerwehrmännern, auf einem Hochseetrawler und einem Leuchtturm. Infolgedessen identifizierte eine enthusiastische Leserschaft den Autor mit den Abenteuern seiner Helden. 1883 zog B. nach Harrow, Middlesex. Im Oktober 1893 siedelte er nach Rom über, wo er wenig später starb.

Werk, Tendenzen, Wirkung. B. war einer der populärsten Vertreter des viktorianischen Abenteuerbuchs für Jungen. ROBERT LOUIS STEVENSON wußte sich ihm verpflichtet, wie der gereimte Vorspruch zu „Treasure Island" (1883) – dem Klassiker des Genres – zeigt. In B.s Büchern bestehen die jungen Helden nicht mehr an der Hand frommer Erwachsener, sondern allein auf sich gestellt ihre Abenteuer. Geleitet werden sie dabei von einem britischen wie christlichen Sendungsbewußtsein, das Gewalt und Frömmigkeit nicht gegenseitig ausschließt. Was B. seinen jungen britischen Lesern der Unter- und Mittelschicht präsentiert, waren Figuren, die sich mit Tatendrang und Siegeszuversicht in der Welt bewähren, hierbei aber den Ehrenkodex des christlichen Gentleman stets vor Augen hatten. Sie wirkten umso überzeugender, als sie vor einem realistischen, weil sorgfältig recherchierten Hintergrund dargestellt wurden. B.s Bücher müssen daher aus seiner Zeit verstanden werden, deren Ideologie sie verhaftet sind. Nur noch wenige Titel sind heute auf dem angloamerikanischen Markt. Unter ihnen steht „The Coral Island" (1857) mit mehreren Ausgaben mit Abstand an der Spitze.
In „The Coral Island" verschlägt es die drei zur See fahrenden Jungen Ralph (Ich-Erzähler), Jack und Peterkin nach einem Schiffbruch auf eine unbewohnte Südseeinsel. Dort führen sie monatelang eine paradiesische Robinsonexistenz, bis in ihre Natur- und Sozialidylle sich befehdende Eingeborene und skrupellose weiße Piraten eindringen. In den folgenden blutigen und bedrohlichen Abenteuern verhalten sich die jungen Gentlemen furchtlos, erfüllt von der unerschütterlichen Zuversicht, daß ihnen alles gelingen muß und niemand ihnen widerstehen kann. Ihr Optimismus stützt sich auf einen nie in Frage gestellten Glauben an die Überlegenheit der weißen Rasse und die Überzeugung, daß Gott mit den Guten ist. Folgerichtig schildert B., wie ein missionseifriger Calvinismus aus menschenfressenden Wilden ordentliche, saubere und sanftmütige Kinder Gottes macht.
WILLIAM GOLDINGS Erzählung „Lord of the flies" (1954; dt. Herr der Fliegen, 1956) wurde als düsteres Gegenstück zu „The Coral Island" konzipiert und hat die Aufmerksamkeit erneut auf die ältere Vorlage gerichtet.

Werke (Auswahl): The Coral Island: A tale of the Pacific Ocean (1857; dt. Die Schiffbrüchigen auf der Coralleninsel im stillen Meere, 1863; NA. u.d.T.: Im Banne der Koralleninsel, 1961); The golden dream; or, adventures in the far west (1861; dt. Der goldene Traum oder Leben und Treiben in den Goldminen Californiens, 1864); The gorilla hunters: A tale of the wild of Africa (1861; dt. Die Gorilla-Jäger. Erzählungen aus dem Leben und Treiben im Innern Afrikas, 1867); The Red Eric; or, The whaler's last cruise (1861; dt. Der rothe Erich oder des Wallfischfahrers letzte Reise, 1864).

Sekundärliteratur: E. Quayle: Ballantyne the brave: A Victorian writer and his family (1967); R. M. Ballantyne: A bibliography of first editions (1968).

Wolfgang Schlegelmilch

Baluschek, Hans

*Maler, Graphiker, Illustrator und Schriftsteller; *9.5.1870 Breslau, †28.9.1935 Berlin.*

B., Sohn eines Landvermessers, besuchte von 1889 bis 1894 die Königliche Akademie der Künste in Berlin und wurde dort durch ANTON VON WERNER (1843–1915) zum Maler ausgebildet. Da er die offizielle Historienmalerei bald nicht mehr akzeptierte, wurde er 1899 Mitbegründer und seit 1913 Vorstandsmitglied der „Berliner Sezession". B. beteiligte sich rege an der kulturpolitischen Arbeit der SPD, der er nach 1919 beitrat (Beiträge für „Lachen links" und „Wahrer Jakob"). Darüber hinaus gab er Unterricht an einer Künstlerinnenschule, an der Volkshochschule und trat aktiv für die Besserung der Lage der Künstlerschaft ein. Die Jahre 1920 und 1930 brachten umfassende Ausstellungen anläßlich seines 50. und 60. Geburtstages. Von 1929 bis 1933 leitete er die Große Berliner Kunstausstellung. 1933 wurde er alle Ämter enthoben; sein Werk wurde von den Nationalsozialisten geächtet.

Werk, Tendenzen, Wirkung. B. setzt sich in seinen Gemälden, Graphiken und graphischen Zyklen mit dem proletarischen und kleinbürgerlichen Elend in Berlin auseinander und ist damit KÄTHE KOLLWITZ (1867–1945) und HEINRICH ZILLE (1858–1929) an die Seite zu stellen. Der Trostlosigkeit des Dargestellten sucht er mit dunklen, dumpfen Farben und einer spröden Mischtechnik zu entsprechen. Parallel dazu malt er seit etwa 1890 die ihn umgebende Industrie- und Stadtlandschaft, mit besonderer Vorliebe Eisenbahnbilder.
B. illustrierte insgesamt vier Bände der „Deutschen Märchenbücherei" (Klemm-Verlag, Berlin), die mit „Peterchens Mondfahrt" von GERDT VON BASSEWITZ

(1878–1923) eröffnet wurde. Das Märchenspiel um die Odyssee des fünfbeinigen Maikäfers Sumsemann und zweier Kinder zum Mond wurde nicht nur für Jahrzehnte auf der Bühne zum Weihnachtsmärchen par excellence, sondern es begleitete auch als Bilderbuch mit B.s Bildern Kindergenerationen bis in die Gegenwart hinein. In „Peterchens Mondfahrt" und den anderen Bänden der Reihe zeichnet B. mit kraftvollem, etwas unbeholfen wirkendem Realismus das Geschehen nach. Mit Aquarell und Ölkreiden gestaltet er die Farbtafeln, mit Feder oder Stift die Textillustrationen. Seine herben, ehrlichen Naturschilderungen („Pips der Pilz", „Peterchens Mondfahrt") sowie die komischen Helden, deren Gestaltung ihm am besten gelingt („Prinzessin Huschewind", „Peterchens Mondfahrt"), versöhnen mit der zum Teil unzulänglichen literarischen Vorlage. Die „edlen Helden" geraten B. leicht pathetisch oder fad. Die Niedlichkeiten, auf die es allen Autoren dieser Reihe ankommt – weil sie diese mit kindgemäß und märchenhaft gleichsetzen – sind häufig zu wirr und bunt.
Die Stärke B.s – die Gestaltung skurriler Charaktere – wird in einer Jugendbuchausgabe GRIMMscher Märchen sichtbar, die er mit zehn zum Teil sehr feinen Federzeichnungen schmückte. Dagegen verrät das für die Jugendweihe 1921 herausgegebene Bändchen „Die Schwelle, Gedichte und Gedanken für die proletarische Jugend" sowohl in der Auswahl der Texte als auch in Typographie und Illustrierung das Tasten zwischen Tradition und Fortschritt, was bei B.s Zeichnungen ein Schwanken zwischen Naturalismus und pathetischer Symbolik bedeutet.

Werke: G. v. Bassewitz: Peterchens Mondfahrt (1915); H. Hanel: Was der Kalender erzählt. Ein deutscher Märchenkranz (1919); G. v. Bassewitz: Pips der Pilz. Ein Wald- und Weihnachtsmärchen (1920); R. Schwarzkopf (Hrsg.): Die Schwelle. Gedichte und Gedanken für die proletarische Jugend (1921); Fr. P. Buch: Prinzessin Huschewind (1922); G. Goes: Ins Märchenland (1922); E. von Wildenbruch: Kindertränen (NA. 1922); H. Baluschek: Großstadtgeschichten (1924); P. Samuleit (Hrsg.): Jacob und Wilhelm Grimm: Ausgewählte Märchen (H. 1–2, 1925).

Sekundärliteratur: Hans Baluschek. Sein Werk – ein Spiegelbild seiner Zeit. Katalog Berlin Kreuzberg (1975). – G. Meißner: Hans Baluschek. Teilsammlung (1966).

Karin Schmidt

Barack, Max

*(Ps.: Max Rack). Offizier, Schriftsteller; *26.2.1832 Durlach (Baden), †1.9.1901 Stuttgart.*

B., Sohn des Regierungsrates MICHAEL BARACK, besuchte Gymnasien in Rastatt und Karlsruhe und ging im Spätherbst 1849 an die Kriegsschule in Karlsruhe. Zum Offizier befördert, wurde B. in die Garnison von Mannheim versetzt. Im Jahr 1866 nahm er als Offizier des badischen Jägerbataillons im Krieg gegen Preußen teil. Auch den Feldzug gegen Frankreich 1870–1871 machte B. als Hauptmann mit. Im Laufe dieses Feldzuges wurde er verwundet und ging als Major in Pension. Seit 1880 lebte B. in Stuttgart.

Werk, Tendenzen, Wirkung. Während der Garnisonszeit in Mannheim lernte B. die Pfälzer Bevölkerung und den Pfälzer Dialekt kennen. Der mit guter Beobachtungsgabe und gesundem Humor ausgestattete B. fand den Pfälzer Dialekt so originell, daß er sich darin übte, pfälzisch zu sprechen und schon nach einigen Jahren damit begann, Gedichte und Erzählungen in Pfälzer Mundart zu veröffentlichen. Bis zu seinem Tode erschienen zahlreiche Bände, die Begebenheiten aus dem Alltag der Pfälzer Bevölkerung in Form von Erzählungen oder in gereimter Form widergaben („Schnurrige Erzählungen in Pfälzer Mundart", 1886; „Der Drumbeder vun Wallstadt. Heitere Gedichte in Pfälzer Mundart", 1875). Auch die Sagenwelt der Pfälzer und seiner badischen Heimat griff B. als Themen seiner Erzählungen auf („Baden-Baden. Ein Sagenkranz", 1884). Die Dichtungen B.s fanden bei der pfälzischen Bevölkerung großen Widerhall, einige seiner Gedichte und Erzählungen wurden auch für den Gebrauch in pfälzischen Schulen übernommen. Gedichte und Erzählungen, bei deren Entstehung der Autor den Pfälzern „aufs Maul geschaut" hatte, wandten sich in ihrem oft grotesk-drastischen Humor wie mit den leichtverständlichen Handlungen auch an junge Leser. B.s Frau Luise, geborene Hoff, galt in der Pfalz als die beste Interpretin der Mundartgedichte ihres Mannes.
Weit über den pfälzischen Regionalbereich hinaus errang B. mit der Jugendbearbeitung des „Reineke Fuchs" Beachtung. Der im Jahr 1895 erschienene, mit Farb- und Textillustrationen von CHRISTIAN VOTTELER reich ausgestattete großformatige Band, gehörte zu den beliebtesten Jugendbearbeitungen des „Reineke Fuchs" und erlebte in kurzer Folge zahlreiche Auflagen. Obwohl sich der Autor in der Kapiteleinleitung und der Handlungsführung weitgehend an GOETHES Dichtung orientierte, reicherte er den Text mit kindgemäßen Wendungen und Einschüben an. Im Gegensatz zu anderen Jugendbearbeitungen des Reineke-Fuchs-Stoffes versucht der Autor nicht, das Verhalten des Fuchses als schlecht oder bösartig hinzustellen, man spürt durch den Text hindurch vielmehr die Lust des Verfassers an der List des Fuchses, mit der er seinen Widersachern immer wieder ein Schnippchen schlägt. In einem Vorwort des Autors zur Neuauflage seines Buches wird dieses Vergnügen des Autors sichtbar, wenn er schreibt: „Früher, als ich zu erwarten berechtigt war, ist die Erstauflage meiner, nach Goethes ‚Reineke Fuchs' vollzogenen Bearbeitung der prächtigen alten Tierfabel vergriffen worden. Es ist mir dies ein Beweis dafür, daß die liebe Jugend, der das Buch gewidmet ist, Gefallen gefunden hat an den Schilderungen der Streiche des listigen Gesellen und an der Art und Weise, wie er sich stets wieder aus allen, durch seine Ränke entstandenen Nöten ‚herauszureden' versteht". Der weitere Zusatz von B. ist sicher mehr für die Beschwichtigung eifriger Pädagogen gedacht, wenn er

anführt: „Ebenso bin ich aber wohl zu der Annahme berechtigt, daß die Eltern der Kinder erkannt haben, wie völlig frei das Buch ist von allem, was für die Jugend ungeeignet scheint und daß die Erzählung gleichzeitig auch belehrend auf sie einwirken kann, indem sie dieselbe zur scharfen Erkenntnis des Guten und des Bösen führt".

Werke: Der Drumbeder vun Wallstadt. Heitere Gedichte (1875); Klein Däumling (1878); Wilhelm Tell. Erzählung (1880); Rheinschnoke. Gedichte (1881); Baden-Baden. Ein Sagenkranz (1884); Die deutschen Kaiser (1884); Pfälzer Duwak. Schnurrige Erzählungen in Pfälzer Mundart (1886); Wallenstein (1888); Schnoke un Schbuhze. Heitere Gedichte in Pfälzer Mundart (1892); Der Brand im Hutzelwald (1895); Reineke Fuchs. Für die Jugend bearbeitet (1895); Spaßvögel. Hochdeutsche Gedichte (1896); Novellen aus dem Hofleben (1898); Pfälzer Schnorre. Mundartliche Humoresken (1907).

Helmut Müller

Barfus, Eginhard von

*Offizier, Schriftsteller; *7. 11. 1825 Tetzleben bei Treptow (Vorpommern), †20. 2. 1909 München.*

B. besuchte das Gymnasium in Danzig und trat 1842 in die preußische Armee ein; von 1845 bis 1851 gehörte er der Armee als Offizier an. Herzog Bernhard von Sachsen-Weimar, der kommandierende General der holländischen Kolonialarmee, veranlaßte B.s Eintritt in die niederländische Armee in Ostindien. B. nahm bis 1858 als Angehöriger des Generalstabs an mehreren Feldzügen auf Sumatra und Borneo teil. Da er das Klima in Indonesien nicht vertrug, kehrte er 1866 nach Europa zurück. In Süddeutschland wechselte B. wiederholt seinen Aufenthaltsort, immer bemüht, eine dauernde Anstellung zu finden. In Stuttgart lernte er die miteinander befreundeten Schriftsteller FRIEDRICH WILHELM HACKLÄNDER (1816–1877) und EDMUND HOEFER (1819–1882) kennen und legte ihnen eigene literarische Versuche vor. Beide ermunterten B., seine vielfachen Erlebnisse in den Tropen literarisch zu verwerten. Seit 1875 lebte B. von der Schriftstellerei. Zuletzt wohnte er in München.

Werk, Tendenzen, Wirkung. B. wandte sich mit abenteuerlichen Erzählungen, die zum Teil auf seine Kolonialzeit zurückgreifen, vor allem an die „reifere Jugend". Dabei wählte er als Hintergrund und exotische Kulisse neben dem malaisischen Archipel auch Südafrika, Südamerika und die Weltmeere. Bei seinen Erzählungen ging es B. weniger um die Einführung junger Leser in andere Weltgegenden und die Sitten und Bräuche anderer Völker, als vielmehr um die Anhäufung abenteuerlicher Geschehnisse. Viele seiner Erzählungen sind von nationalistischen und kolonialistischen Tendenzen geprägt. Auch die Erzählungen, die B. eigentlich für Erwachsene verfaßte, fanden bei jugendlichen Lesern Interesse, so das Bändchen „Ein rätselhafter Mord und andere Novellen" (1903), das auch eine Autobiographie des Autors enthält.

Werke: Dem Tode entronnen. Gefangen. Zwei Erzählungen (1887); Wohl biegen, aber nicht brechen. Der fliegende Holländer. Zwei Erzählungen (1887); Kota-Babi. Eine Episode aus den letzten Kriegen in Atchin. Die Deserteure. Eine Geschichte aus den indischen Gewässern (1888); Vom Kap nach Deutsch-Afrika. Streifzüge nach einem Verschollenen. Der reiferen Jugend erzählt (1888); Der Diamantenschatz. Erzählung aus dem malaiischen Archipel für die reifere Jugend (1889); Durch alle Meere. Denkwürdige Abenteuer eines jungen Matrosen auf seiner Erstlingsreise. Der reiferen Jugend erzählt (1889); Der Schatz der Kaziken. Abenteuer und Kämpfe eines jungen Deutschen mit den Desperados im fernen Westen. Der reiferen Jugend erzählt (1890); Deutsche Marine am Kongo und in der Südsee. Erlebnisse eines deutschen Seekadetten in südlichen Meeren (1892); Im fernen Westen. Kleine Volks-Erzählungen (1892); Deutsche Ansiedler am Cheyenne. Erzählung aus den Territorien. Eine unheimliche Seefahrt. Ein Ritt ums Leben. Kleine Volks-Erzählung (1893); Kriegsfahrten eines alten Soldaten im fernen Osten. Nach den Aufzeichnungen eines ehemaligen Offiziers der niederländisch-ostindischen Armee erzählt (1893); Treue Kameraden. Erzählung aus der Zeit Kaiser Maximilians von Mexiko (1893); Bis in die Wildnis. Erzählung (1895); Am Elefantensee. Erlebnisse eines jungen Deutschen in Afrika. Für die reifere Jugend erzählt (1896); Der fliegende Holländer. Eine Erzählung aus den indischen Meeren (1896); Watawa, die Tochter des Crow-Häuptlings. Erzählung (1896); Im Lande der Buren. Erzählung für die reifere Jugend (1897); Treue Freunde. Erlebnisse zweier Deutschen in Nord-West-Borneo (1897); Die Meuterei in der Südsee. Abenteuer eines deutschen Seemanns in Polynesien, der reiferen Jugend erzählt (1898); Die Goldsucher am Klondyke. Aus den Erlebnissen eines jungen Deutschen. Für die reifere Jugend erzählt (1899); Der Buren Freiheitskampf. Erzählung aus dem südafrikanischen Kriege (1900); Bei den Flibustiern auf Cuba. Erzählung aus dem spanisch-amerikanischen Kriege (1900); Auf Samoa. Erzählung für die reifere Jugend (1901); Ein rätselhafter Mord und andere Novellen (1903); Der schwarze Diamant und andere Novellen (1906).

Hans Eich

Barks, Carl

*Maler, Texter und Zeichner von Comics (Donald Duck) und Cartoons; *27. 3. 1901 Merrill, Oregon (USA).*

Neben wechselnden Arbeiten auf einer Ranch, in einer Druckerei und in einem Stahlwerk widmete sich B. dem Zeichnen. Als nach einer Reihe von Ablehnungen ein Magazin für Herrenwitze, „The Calgary Eye-Opener", einige Zeichnungen veröffentlichte, gab er seinen Beruf auf, wurde freiberuflicher Zeichner, schließlich 1931 Redaktionsmitglied des „Eye-Opener". Er zeichnete Cartoons und schrieb Witze. 1935 bewarb er sich bei den Disney-Studios. Hier arbeitete er zunächst als Zwischenphasenzeichner, unter anderem für „The Good Scouts", den ersten Tick-Trick-Track-Film, und wurde zum „Entenspezialisten". Nach sechseinhalb Jahren verließ er die Studios und widmete sich – relativ erfolglos – der Hühnerzucht. 1943 warben „Western Publishing", die WALT DISNEYS Comics and Stories herausbrachten und vor allem mit den Duck-Geschichten großen Erfolg erzielten, B. an. Das von AL TALIAFERRO, dem ursprünglichen Duck-Zeichner, nachgedruckte Material konnte den Bedarf nicht dekken. Ab Heft 31 übernahm B. – mit kurzer Unterbrechung 1950 – die monatliche Produktion von zehn Seiten Donald-Duck-Geschichten. Längere Geschichten erschienen in „Four Color"; „Mummy's Ring" ist die erste in Nr. 29. B. war in seiner Arbeit relativ frei. Er übernahm das Enten-Repertoire der Zeichentrickfilme, differenzierte jedoch die Charaktere, führte neue Figuren ein, unter anderem den legendären Uncle Scrooge (Onkel Dagobert, Weihnachten 1947), der bereits 1952 sein eigenes Heft erhielt. Fast alle Stories wurden von B. selbst erfunden, getextet und gezeichnet. Insgesamt schuf er 6370 Seiten, davon sind bis auf 273 Seiten alles Enten-Geschichten. 1965 verlor er sein Interesse an den Enten und zog sich 1966 zurück. Seine letzte Geschichte erschien 1968. Von 1966–1969 malte er Ölbilder, Kinderbildnisse und Landschaften. Von Disney-Productions erhielt er eine Zeitlang die Genehmigung, Ölbilder der Ducks zu malen. Es entstanden 130 Bilder, das letzte, die „Entenhausenparade", 1976.

Werk, Tendenzen, Wirkung. Der in Comic-Kreisen gängige Begriff „Barksismus" zeugt von Wertschätzung und Bedeutung B.'. B. hat die Duck-Figuren nicht einfach übernommen, sondern sie zeichnerisch in Mimik und Pose, in jeder Situation überzeugend, perfektioniert. Sein Stil ist für die heutigen Zeichner der Serie zum Maßstab geworden. Entsprechenden Marktwert haben in Sammlerkreisen die Geschichten von B. bekommen. B. gab dem jähzornigen Enterich des Zeichentrickfilms eine differenzierte Persönlichkeit, schuf eine in sich logische „Entenwelt", einen Kosmos eigener Gesetzlichkeiten. Die Geschichten sind B.' eigener Sozialisation verbunden, was sich unter anderem im Kleinstadt- und Landmilieu spiegelt. Eigene Kinderträume von Abenteuern und Reisen in fremde Länder finden sich in den längeren Abenteuergeschichten. Satirische, parodistische, zum Teil surreale Elemente geben den Geschichten ihren Esprit. B. arbeitete, eigenen Aussagen nach, bewußt für die Zielgruppe Kinder, für ihn der Grund, politische Bezüge auszuklammern. Dennoch sind Tendenzen seiner konservativ-liberalen Auffassungen erkennbar. Die Geschichten sind so angelegt, daß sich sowohl emanzipatorisch-kritische Elemente wie auch rassistisch-reaktionäre Intentionen herausinterpretieren lassen. Letztere Tendenz hat eine der europäischen Lizenzfirmen, das skandinavische „Gutenberghus", bewogen, den Nachdruck einiger Stories abzublocken. US-amerikanische Ideologie in ihrer Ausprägung der fünfziger und sechziger Jahre ist, einschließlich imperialistischer Tendenzen, die immer wieder spürbare Weltanschauung, auf der die Geschichten basieren. Nicht zuletzt ist aber neben der graphischen Brillanz die Fähigkeit zur Selbstironie ein Merkmal, das die B.schen Geschichten aus der üblichen Comicflut herausstellt und für Kinder wie für Erwachsene lesenswert macht.

Sekundärliteratur: M. Barrier: The Duck Man (in: Thompson/Lupoff): The Comic-Book Book. 1973). – A. Dorfmann: Walt Disneys „Dritte Welt", Massenkommunikation und Kolonialismus bei Micky Maus und Donald Duck (zus. mit A. Mattelart, 1977). – W. J. Fuchs: Comics. Anatomie eines Massenmediums (zus. mit R. C. Reitberger, 1971). – P. Hahn: Carl Barks (in: Comixene, 15. 1978. 20. 4–10).

Dietrich Grünewald

Baron, (Paul Friedrich) Richard

*Jugendbuchautor, Pastor und Verwaltungsbeamter; *31.3.1809 Grottkau (Schlesien), †1890 Breslau..*

Nach dem Tod seiner Mutter im Jahr 1813 wurde B. von seinem Vater, einem evangelischen Pastor, erzogen, bis er 1824 das Gymnasium in Breslau besuchte. 1828 begann er dort ein Theologiestudium, das er 1830 in Halle fortsetzte. Er studierte jedoch nicht sehr ernsthaft, sondern beschäftigte sich mit „heiteren Studien". B. beteiligte sich von 1828 bis 1831 an burschenschaftlichen Verbindungen. Nachdem er schon drei Jahre als Hauslehrer gearbeitet hatte, wurde ihm 1834 wegen seiner burschenschaftlichen Tätigkeiten der Prozeß gemacht. „Die jugendliche, an und für sich ziemlich unschuldige, längst vergessene Thorheit kostete mich ein Jahr strengen Kerkerlebens, außerdem noch fünf Jahre der Ausschließung jeder Aussicht auf Anstellung im Staats- und Kirchendienst" (HEINDL, S. 26). 1840 konnte er, nach der Begnadigung durch FRIEDRICH WILHELM III., eine Stelle als Diakon und Rektor in Löwen, Kreis Brieg, antreten. 1852 wurde B. Pastor in Krummendorf, Kreis Strehlen, 1854 Superintendent und 1859 Konsistorial-, Regierungs- und Schulrat in Oppeln. Neben seinen Amtsgeschäften fand er Zeit, sich wissenschaftlich und literarisch zu beschäftigen. Er war Mitarbeiter mehrerer in Schlesien erscheinender theologischer und pädagogischer Zeitschriften und begann in Löwen, Jugenderzählungen zu verfassen.

Werk, Tendenzen, Wirkung. In seiner Selbstbiographie legte B. die Gründe dar, warum er für die Jugend schreibe: „Meine Absicht dabei war und ist: die reifere Jugend durch Vorhaltung durchaus edler vom christlichen Geiste und Leben durchhauchter Charactere, Handlungen und Begebenheiten mit Liebe für Recht und Wahrheit, so wie mit Achtung vor dem Adel und der Würde des Menschenthums zu erfüllen" (HEINDL, S. 27). So diente der historische Rahmen vieler Erzählungen B.s nicht der Erläuterung politischer oder sozialer Bedingungen, sondern der Darstellung sogenannter vaterländischer Tugenden wie männliche Entschlossenheit, Opferbereitschaft und patriotische Begeisterung; das Historische wird zur exotischen Kulisse. – Mit B.s Helden sind oft Geheimnisse verbunden, die sich erst am Ende der Geschichte aufklären. AUGUST MERGET kennzeichnete B.s Kinder- und Jugendschriften abwertend als „Vorschule für Romanlektüre". B.s Erzählungen seien zum Teil erbaulich, zum Teil aber auch für Jugendliche nicht geeignet, so beispielsweise „Julius und Maria oder der kindlichen Liebe Macht und Herrlichkeit" (1851) oder „Fiorita, das Räubermädchen" (1852). Doch die schauerlichen, geheimnisvollen und spannenden Geschichten, die durch Gottes Fügung

immer ein gutes Ende nähmen, seien stets beliebte Weihnachtsgeschenke gewesen.
Einige Romane B.s sind Kriegserzählungen, die vor allem 1866 und 1870/1871 spielen. In ihnen entfaltet er nationalistisches Gedankengut: Deutschland ist das friedliebendste Land der Welt, Frankreich der „immer unruhige, neidische und übermütige Nachbar"; urdeutsche Knaben bewegen sich frei und elastisch durch die Welt, voller Mut und Frohsinn, mit edlen Gesichtszügen, keckem Auftreten, zugleich aber auch mit einem tiefen Seelenleben. Frauen treten nur als Randfiguren, zumeist als demütige Krankenschwestern, in Erscheinung. B. lobt die Vorteile des Krieges: er wecke wahre Menschenliebe und mache alle Christen gläubiger. In der während des deutsch-französischen Krieges spielenden Erzählung „Deutscher Mut in jungem Blut" (1874) ist eine interessante Differenzierung zu beobachten: Nicht die Franzosen an sich seien schlecht, sondern erst NAPOLEON habe sie verdorben. Stünde der alte französische Adel oder ein König wieder an der Spitze des französischen Volkes, könnte der Deutsche auch wieder den „edlen" Franzosen achten. Krieg wird also weniger gegen Frankreich geführt als vielmehr gegen Umsturzgedanken, republikanische Gesinnung und Änderung der gottgegebenen Ordnung. In der Einleitung zu „König und Kronprinz" (1852), einer Darstellung echt preußischen Geistes am Beispiel der Katte-Tragödie, formuliert B. ein Programm, das für zahlreiche seiner sich inhaltlich wie stilistisch ähnelnden Romane gilt. Er wolle zeigen, daß „Unglück und Schmerz eben so gut die Paläste der Hohen und Mächtigen, wie die Hütten der Niedrigen und Schwachen heimsucht, und daß dort wie hier allein Gottesfurcht, Gerechtigkeit, Gehorsam und Selbstverleugnung die Bedingungen wahren Glückes und wahrer Menschengröße sind". Alle Kinder- und Jugendschriften B.s erschienen im Verlag Trewendt in Breslau, viele erlebten mehrere Auflagen, teilweise bis ins 20. Jahrhundert. Einige Erzählungen wurden ins Englische übersetzt.

Werke: Edmund (auch u.d.T.: Unterhaltung für die Jugend, 1840); Geschichte eines jungen Mannes (1851, ³1891); Julius und Maria oder der kindlichen Liebe Macht und Herrlichkeit (1851, ³1890); Der deutsche Knabe in Amerika. Hold-Elses Wunderaugen. Zwei Erzählungen für die Jugend und ihre Freunde (1851, ²1866); Fiorita, das Räubermädchen (1852, ³1885); König und Kronprinz. Ein geschichtliches Sitten- und Charactergemälde (1852, ⁴1904); Das Christfest in der Familie Frommhold (1854, ⁴1901); Freundschaft und Rache (1854, ³1898); Die Überschwemmung (1854, ³1890); Zwei feindliche Brüder (1855, ³1900); Das Testament (1855, ³1891); Der Veteran. Eine Geschichte aus dem Jahre 1848, der Jugend erzählt (1856, ²1891); Aus Nacht zum Licht! (1858, ²1895); Kalifornien in der Heimat (1858, ⁴1903); Der Schmuck der Mutter (1860, ²1899); Das Sonntagskind (1860, ²1891); Aus dem Leben zweier Schüler (1864, ³1901); Der Schulmeister in Tennenrode (1844, ³1897); Trudchen das Waisenkind (1866, ²1886); Was der Mensch säet, das wird er auch ernten (1865, ³1900); Preußens Krieg gegen Österreich und dessen Verbündete im Jahre 1866. Ein Gedenkbüchlein für Schule, Volk und Heer (1866); Ein Landwehrmann. Eine Erzählung aus dem Sommerkrieg von 1866 für Jugend und Volk (1867, ³1901); Geschwister-Leid und Freud' (1870, ³1905); Menschenrat – Gottes Tat (1870, ²1896); Der Deutschen Krieg und Sieg (1871); Deutscher Mut in jungem Blut (1874, ³1901); Zum vierten Gebot (1875); Ein verstoßenes Kind (1875).

Sekundärliteratur: J. B. Heindl: Galerie berühmter Pädagogen, verdienter Schulmänner, Jugend- und Volksschriftsteller und Componisten aus der Gegenwart in Biographien und biographischen Skizzen (1859).

Klaus-Ulrich Pech

Barth, Christian Gottlob

*Evangelischer Theologe, Volks- und Jugendschriftsteller, Gründer des Calwer Verlagsvereins; *31.7.1799 Stuttgart, †12.11.1862 Calw/Württemberg.*

B.s Vater war Malermeister, seine Mutter entstammte einer Küferfamilie. Die Eltern standen der pietistischen Brüdergemeinde nahe. B. erhielt neben dem Schulunterricht Privatstunden in Latein, besuchte das Gymnasium und machte Bekanntschaft mit dem Werk JUNG-STILLINGS und ZINZENDORFS, die ihn wesentlich prägten. Noch auf dem Gymnasium erschien B.s erste Kinderschrift „Huldreich Wirken" (1817), die er für ein Kind verfaßt hatte, das an einer unheilbaren Krankheit litt.
Nach bestandener Aufnahmeprüfung besuchte B. das theologische Seminar und studierte seit Oktober 1817 im Tübinger Stift. 1821 bestand er das Magisterexamen. 1823 unternahm B. eine Reise durch Deutschland und trat 1824 in Möttlingen das Pfarramt an. Hier lebte er mit Mutter und Schwester, die seinen Haushalt besorgten. B. blieb zeit seines Lebens unverheiratet. Nachdem er schon 1819 in der Missionsarbeit tätig werden wollte, verstärkte sich sein missionarischer Eifer, der von chiliastischen Vorstellungen mitbestimmt war, immer mehr. Neben die „Juden- und Heidenmission" stellte er die Arbeit für eine „Kinderrettungsanstalt". Schon 1828 konnte B. in Stammheim den Grundstein für ein Kinderheim legen. In diese Zeit fällt auch die Gründung des Calwer Verlagsvereins. Die Arbeit für die Traktatgesellschaft beanspruchte B. überaus stark, so daß er gezwungen war, sich aus dem Kirchendienst beurlauben zu lassen (1836). Der Calwer Verlagsverein erfuhr unter B.s Leitung einen enormen Aufschwung. Im ersten Jahrzehnt seines Bestehens wurden 700000 Traktate und 432500 Schulbücher verbreitet. Diese Arbeit blieb nicht ohne öffentliche Anerkennung. 1838 verlieh die Universität Greifswald B. die Ehrendoktorwürde, und 1846 ehrte ihn der König mit dem Ritterkreuz der Württembergischen Krone.
B., der Kirche und Politik strikt trennte, stand den Ereignissen von 1848/49 skeptisch bis ablehnend gegenüber. Seine Antwort auf das soziale und politische Geschehen war die Aufforderung, die „innere Mission" zu stärken, um die „Schäden der Revolutionsjahre" zu beheben.

Werk, Tendenzen, Wirkung. Erste Aufmerksamkeit erregte B. mit der Erzählung „Der arme Heinrich"

(1828). Aufgrund des großen Erfolges erschienen von nun an zahlreiche Kinderschriften B.s mit der Angabe „vom Verfasser des armen Heinrich". Größere Verbreitung fanden seine „Zweimal zweiundfünfzig biblischen Geschichten" (1832), die 1886 ihre 300. Auflage erlebten und in insgesamt zwei Millionen Exemplaren verbreitet wurden. Noch 1933 erschien die 476. Auflage. Die „Biblischen Geschichten" wurden in 70 Sprachen übersetzt. Trotz des großen Erfolges seiner Jugendschriften betonte B. häufig, daß ihm die Schriftstellerei für die Jugend nur aufgezwungen sei.

Inhaltlich folgte B. der Traktat-Tradition, die er vor allem in England, das er mehrfach besucht hatte, kennenlernen konnte. In der Erzählung „Der alte Buchmann oder des Vaters Fluch" (1832) berichtet er von der Wandlung eines wilden Kindes zum „zahmen und frommen Menschen". Von seinem Vater verflucht, geht der junge Mann zur See und wird nach vielen Fährnissen Kapitän. Alt geworden, leidet Buchmann immer noch unter der Last des väterlichen Fluchs. Buchmann ist nun längst bekehrt, und er erfährt beglückt, daß sein Vater kurz vor dem Tode seinen Fluch zurückgenommen hat. Eingebettet in die Erzählung ist eine Auseinandersetzung mit atheistischen Positionen, die behaupten, daß „die Welt eine bloße Maschine" sei und daß es keinen Gott gebe. Auf Anregungen aus seinem Leserkreis verfaßte B. eine Erzählung für Mädchen „Setma, das türkische Mädchen" (1831). B. läßt Setma ihr Schicksal selbst erzählen und läßt sie, eine Mohammedanerin, das Christentum loben. Die Erzählung spielt während der Belagerung Wiens durch die Türken. Trotz des orientalischen Kolorits ist das Buch ein religiöser Traktat „Zum Nutzen und Frommen". Es will zur Missionierung der Heiden anregen und führt vor, wie Setma getauft und in die christliche Gemeinde aufgenommen wird. Wie in der Erzählung „Der alte Buchmann" ist auch mit dem Buch „Gotthilf und Erdmann" (1829) eine Kritik der Naturphilosophie verbunden. Die Erzählung berichtet von dem Kampf gegen „Eigenliebe und Selbstgefälligkeit" und schildert, wie aus dem bösartigen und ungläubigen „Erdmann ein Himmelsmann" wird. Selbst „Thomas Platters merkwürdige Lebensgeschichte" (1838) wird zu einer religiösen Historie umgewandelt. Zwar erzählt B. den außergewöhnlichen Lebensweg TH. PLATTERs, der aus engen ländlichen Verhältnissen stammt; berichtet von seinen Erlebnissen als fahrender Scholar bis hin zu seiner Tätigkeit als angesehener Schulmeister und Buchdrucker im Basel des 16. Jahrhunderts. Zweck und Sinn dieser Erzählung ist jedoch nicht der historisch-biographische Bericht, sondern der Versuch, das Walten Gottes im Leben eines jeden Menschen zu demonstrieren. In der in Ichform gekleideten moralisch-religiösen Erzählung „Waldmeisterlein" (1837) zeigt sich B.s Lebensauffassung, wenn er seinen Buchhelden bekennen läßt: „Mir war es nur ums Weiterkommen zu thun, nicht ums Ausruhen". Dabei zählt weltliches Wissen wenig, die Bibel – so postuliert B. – ist die „Grundfeste aller Wissenschaft" und der „Maßstab der Wahrheit".

Die Hugenottenverfolgungen sind der Hintergrund der Erzählung „Die Flucht des Camisarden" (1840). Es ist eine Exempelgeschichte von Standhaftigkeit und Bekennermut. Selbst die Drohung, auf eine Galeere verbannt zu werden, kann einen protestantischen Franzosen nicht zum Abfall von seinem Glauben bringen. Eine Bearbeitung des Alten und Neuen Testaments in Reimform sind B.s „Biblische Poesieen für Kinder" (1853). B. erhebt darin „durchaus keinen Anspruch auf poetischen Werth und möchte nur gern in der Weise der versus memoriales dazu dienen, daß die Kinder frühzeitig mit dem Inhalt der heiligen Geschichte vertraut werden".

Besondere Bedeutung erlangten die von B. viele Jahre herausgegebenen „Jugendblätter", die zeitweilig eine Auflage von 13000 Exemplaren erreichten und die „wissenschaftliche Belehrung mit christlicher Anregung" verknüpfen wollten.

B. gilt als protestantische Parallele zum älteren katholischen Lieblingsschriftsteller CHRISTOPH VON SCHMID (1768–1854). Verbinden sich in B.s Leben strenger Pietismus und Drang zur sozialen Aktivität, so sind seine Schriften weitgehend Fluchtliteratur. B. ist zu den Autoren zu rechnen, von denen RUDOLF SCHENDA feststellt: „Die Autoren verstecken sich vor der Realität und bieten ihren Lesern gleichfalls die Möglichkeit, in ein völlig irreales Traumland zu emigrieren."

Werke: Der arme Heinrich oder die Pilgerhütte am Weißenstein (1828); Gotthilf und Erdmann (1829); Der Weihnachtsmorgen oder das Tintenfäßchen (1830); Setma, das türkische Mädchen (1831); Der alte Buchmann (1832); Die Rabenfeder (1832); Zweimal 52 biblische Geschichten für Kinder (1832, [476]1933); Das Bild in Deinach (1833); Biblische Poesieen für Kinder (1.–3. Sammlung 1833–1840, Gesammtausgabe 1853); Die Uhrfeder (1833); Der Fensterladen (1834); Die Urväter (1834); Ludger und die Glaubensboten (1835); Die Reiherfeder (1835); Jerry Creed. Eine Erzählung für die Jugend (1836); Die Altväter, eine Erzählung aus der Geschichte der Mährischen Brüder (1836); Christliche Gedichte (1836); Joh. Schmidgalls Jugendjahre (1836); Die Erzväter, eine Geschichte zum Festgeschenk für Kinder (1837); Waldmeisterlein (1837); Die C-Feder, eine Erzählung zum Festgeschenk für Christenkinder (1838); Thomas Platters merkwürdige Lebensgeschichte (1838); Das Pergament. Eine Erzählung für Christenkinder (1839); Die Flucht des Camisarden (1840); Der Negerknabe Cuff (1841); Mic und Nic. Eine Erzählung für Christenkinder (1842); Der C-Bund (1850); Das Felsenkind (1851); Bilder aus dem innern Leben (Bd. 1–2, 1853–1854); Der Negerkönig Zamba. Eine Sklavengeschichte. Ein Seitenstück zu „Onkel Toms Hütte" (1853); Das Schloß am See (1861); Christliche Kinderschriften. Gesamtausgabe (Bd. 1–4, 1838–1841); Kleinere Erzählungen für die christliche Jugend (Bd. 1–4, 1843–1863).

Hrsg.: Jugendblätter (zus. mit L. Hänel. 1836–1862); Missionsblatt für Kinder (Jg. 1–21. 1842–1862).

Sekundärliteratur: W. Kopp: Christian Gottlob Barths Leben und Wirken (1886). – R. Schenda: Volk ohne Buch. Studien zur Sozialgeschichte der populären Lesestoffe 1770–1910 (1970. 166–170). – K. Werner: Christian Gottlob Barth (Bd. 1–3. 1865–1869). – Viele Saaten – Eine Ernte. Eine Festschrift zum 100jährigen Bestehen des Calwer Verlagsvereins 1833–1933 (1933).

Winfred Kaminski

Barto, Agnija Lvovna

*Russische Schriftstellerin und Kinderbuchautorin; *17.2.1906 Moskau, †1.4.1981 Moskau.*

B., Tochter eines Tierarztes, verfaßte schon als Kind Gedichte. Der Schriftsteller ANATOLIJ V. LUNAČARSKIJ (1875–1933) gab ihr den Rat, heitere Verse zu schreiben, die sie dann zur Poesie für Kinder hinführten. Seit der Veröffentlichung ihres ersten Kinderbuchs 1925 war B. hauptberuflich als Autorin und Kritikerin auf dem Gebiet der Kinderliteratur tätig. B. wurde für ihre Verdienste um das Kinderbuch von der sowjetischen Regierung unter anderem mit dem Staatspreis und dem Lenin-Preis ausgezeichnet. Seit 1959 war sie Präsidentin

Agnija Barto (1906–1981)

der sowjetischen Vereinigung der Literatur- und Kunstschaffenden für Kinder. Von 1971 bis 1974 war B. Mitglied der Jury des Internationalen Hans-Christian-Andersen-Preises; seit 1971 gehörte sie der Internationalen Forschungsgesellschaft für Kinder- und Jugendliteratur an und 1977 wurde sie zum Ehrenmitglied der Internationalen Jugendbibliothek ernannt. B.s Bücher, die im Jahre 1980 eine Gesamtauflage von 150 Millionen Exemplaren erreichten, wurden allein in 60 Sprachen der sowjetischen Völker und in weitere 22 Weltsprachen übersetzt.

Werk, Tendenzen, Wirkung. Humoristische und satirische Gedichte, in denen sich Verhaltensweisen und Wesenszüge von Kindern und Erwachsenen widerspiegeln, nehmen einen breiten Raum in B.s Schaffen ein. Ihre Verse zeugen von einer genauen Kenntnis der kindlichen Psyche und erfassen die Zeit- und Lebensumstände sowjetischer Kinder der ersten Hälfte unseres Jahrhunderts. Viele ihrer Gedichte, von denen einige schon Volksgut geworden sind, nähern sich durch die Verwendung assonanter Reime, Rhythmus- und Versmaßstockungen an die alltägliche Sprache der Kinder an. B. hat, anknüpfend an die Arbeiten ihrer Vorgänger SAMUIL J. MARŠAK (1887–1964), VLADIMIR V. MAJAKOVSKIJ (1894–1930) und KORNEJ J. ČUKOVSKIJ (1882–1969), dazu beigetragen, die traditionellen Formen und Strukturen der Kinderlyrik zu bereichern und zu reformieren. Stets stellt B. in ihren Werken ethische Fragen. Sie will bei ihren jungen Rezipienten Liebe, Freundschaft und Mitleid erwecken, Anteilnahme, Selbständigkeit und Verantwortungsbereitschaft fördern. Egoismus, Faulheit, Brutalität, Eitelkeit, Nachlässigkeit und blinde Anpassung werden als zu verachtende Verhaltensweisen verspottet. So weisen schon einige der Überschriften ihrer frühen Gedichte, wie etwa „Die Heulliese", „Die Schwätzerin" oder „Das schmutzige Mädchen" auf moralisierende Absichten hin. B.s Lyrik hat starken Einfluß auf die russische Nachkriegsdichtung ausgeübt.
In den Büchern der letzten Jahre „Za cvetami v zimnij les" (1970), „Dumaj, dumaj ..." (1978) und „Podrostki, podrostki ..." (1980) schreibt B. über Völkerfreundschaft, über die Liebe zur Natur und zum Menschen, sowie über Lebensprobleme, die durch die wissenschaftlich-technische Entwicklung herbeigeführt werden. Ein dokumentarischer Bericht über die Tätigkeit des von B. neun Jahre lang geleiteten Rundfunk-Suchdienstes ist das Prosawerk „Najti čeloveka" (1969), in dem die Autorin erzählt, wie die im Laufe des Krieges verlorengegangenen Kinder, Geschwister und Eltern wiedergefunden haben. Einen besonderen Platz nimmt das Buch „Perevody s detskogo" (1977) ein, dessen Gedichte selbstverfaßte Lyrik von Kindern verschiedener Länder enthält. Mit dem autobiographischen Werk „Sapiski detskogo poeta" (1976) hat B. einen Beitrag zur Theorie und Geschichte der Kinderliteratur geschrieben.

Werke: Bratiški (1926); Devočka revuška (1929); Igruški (1936); Dom pere'echal (1938; dt. Ein Haus zieht um, 1951); Podrostki (1943); Svenigorod (1948); Lešenka (1954); Fonarik (1966); Ja rastu (1968); Najti čeloveka (1968); Za cvetami v zimnij les (1970); Zapiskij detskogo poëta (1976); Perevody s detskogo (1977); Dumaj, dumaj (1978); *Werkaus.:* Stichi detjam (1949; NA. Bd. 1–2, 1966); Sobranie Sočinenij (Bd. 1–3. 1969–1971); Ich hab' eine Laterne. Gedichte (1976).

Beiträge: De la grande poesie pour les enfants (in: R. Bamberger (Hrsg., zus. mit anderen): 20 years of the International Board on Books for Young People. 1973. 161–167); Poesie und Moral (in: Beiträge zur Kinder- und Jugendliteratur. 1974. 31. 33–37).

Sekundärliteratur: W. Bussewitz (Hrsg., zus. mit N. Ludwig): Sowjetische Kinderliteratur in Überblicken und Einzeldarstellungen (1974). – N. Ludwig (Hrsg.): Handbuch der Sowjetliteratur 1917–1972 (1975). – I. Motjašov (zus. mit B. Solovev): Agnija Barto (Bd. 1–2. 1979).

Igor Motjašov

Bartsch, Horst

*Graphiker, Maler in der DDR; *31. 8. 1926 Wittenberg.*

B., Sohn eines Klempners, begann 1949 nach der Rückkehr aus der Kriegsgefangenschaft eine Lehre als Maler, wechselte jedoch am Ende des folgenden Jahres zur Kunsthochschule in Berlin-Weißensee. Dort entdeckte er seine Begabung für Graphik. WERNER KLEMKE war unter seinen Lehrern, die ihm die Vielfalt der Illustrationskunst und die Holzstichtechnik eröffneten. Ab 1955 war er zwei Jahre lang Meisterschüler an der Akademie der Künste bei OTTO NAGEL. B. lebt als freischaffender Graphiker in Berlin. Seine Buchgestaltungen wurden schon in den sechziger Jahren ausgezeichnet (Das schönste Buch, 1965; Silbermedaille der Internationalen Buchausstellung in Leipzig, 1965).

Werk, Tendenzen, Wirkung. B. begann zu Anfang der fünfziger Jahre mit der Buchillustration, dabei hat er ausschließlich belletristische Werke ausgestattet, darunter Werke der Weltliteratur von DOSTOJEWSKI, JACK LONDON, GOETHE und SHAKESPEARE. Er bemühte sich, der jeweiligen literarischen Vorlage stilistisch und thematisch gerecht zu werden. So hat er realistische Werke mit feinstrichiger Zeichnung, folkloristische mitunter mit Holzstichen und märchenhaft verspielte, oft auch karikaturhafte Bilderbücher mit mehrfarbigen detailreich ausgestalteten Strichzeichnungen versehen. B. bevorzugt auch in seinen Arbeiten für Kinder und Jugendliche historische oder märchenhafte Themen, bei denen er vor allem belebte und dramatische Szenen auf imposante Weise darbietet. B. hat vielseitige Techniken und unterschiedliche stilistische Formen benützt. So verwendet er in GERHARD HARDELS „Der Tod des Bischofs" (1968) Federzeichnungen, wobei bei aller realistischen Darstellung durch unruhige Strichführung, Schraffuren und durchbrochene Konturen, aber auch durch stark in Bewegung begriffene Figuren (galoppierendes Pferd, streitende Menschen usw.) stimmungsvolle Belebung erfolgt. Ähnliches gilt für die Ausgestaltung von HARALD HAUSERS „Es waren zwei Königskinder" (1978). In „Teti und die Grabräuber von Theben" (1968) von JOHANNA und MOUSTAPHA HAIKAL läßt er sich bei der Darstellung von Menschen und Ornamenten vom Vorbild altägyptischer Kunst leiten und benützt auch den Holzschnitt. Er läßt einen geschnitzten Rand stehen, der sich mit den Schatten des Bildes verbindet. HEINZ KREISSIGS Buch „Der steinerne Mann und andere Erzählungen aus dem alten Orient" (1972) stattet er mit düsteren, zum Teil von Braun- und Schwarztönen durchsetzten Farben in einer Art Spachteltechnik aus.

B. hat im Laufe der letzten drei Jahrzehnte immer wieder Kinder- und Jugendbücher gestaltet und dabei wiederholt stilistisch neue Wege eingeschlagen. Er selbst sieht eine Entwicklung seines Schaffens in dem immer häufigeren Versuch, „nicht einen bestimmten Punkt zu illustrieren, sondern Handlungsabläufe zusammenzufassen, Gedankengänge und Hintergründe aufzuhellen und herauszuarbeiten" (Gedanken, a. a. O.).

Werke: B. Balázs: Heinrich beginnt den Kampf (1955); N. Nosov: Ich war ein schlechter Schüler (1955); Vl. Colin: Der kupferne Reiter (1958); H. Wulff: Sommerschnut (1958); P. Körner-Schrader: Die silbernen Kugeln (1960); H. Thürk: Su-su von der Himmelsbrücke (1960); K. David: Sechs Stare saßen auf der Mauer (1961); P. Kast: Unternehmen Z ... A ... (1961); H. u. H. Meyer: Jettchen und die Verschwörer (1962); J. G. Tomin: Die Geschichte von Atlantis (1964); K. H. Berger (Hrsg., zus. mit W. Püschel): Das große Balladenbuch (1965); H. Beseler: Käuzchenkuhle (1965, [19]1979); W. Schmoll: Löwen Sultaninen und ein Detektiv (1965); J. Verne: Die geheimnisvolle Insel (zus. mit H. Blumenfeld, 1965); W. Hauff: Märchen (1967); J. Hronek: Gold auf der Insel Española (1967); M. Reid: Die Quarteronin (1967); D. Schubert: Acht Unzen Träume (1967); K. H. Berger: Robin Hood, der Rächer vom Sherwood (1968); J. u. M. Haikal: Teti und die Grabräuber von Theben (zus. mit H. Blumfeld, 1968); G. Hardel: Der Tod des Bischofs (1968); D. Schubert: Taute und der alte Joe (1969); S. L. L'vov: Das Feuer des Prometheus (1970); R. Kahl: Spielmann und König (1972); H. Kreißig: Der steinerne Mann und andere Erzählungen aus dem alten Orient (1972); P. Klemm: Träumer, Ketzer und Rebellen (1973); E. Rackwitz (Hrsg.): Die eisernen Pferde (1973); H. Kahlau: Das Hammerbuch (1975); P. Klemm: Die Entdeckung des Landes Nirgendwo (1975); A. Platonov: Die Schustersfrau als Zarin (1975); V. Ruika-Franz: Ich bin Kolumbus (1975); E. Hoernle: Der kleine König und die Sonne (1976); D. Schubert: Die eiserne Rose (1976); K. David: Der Löwe mit der besonders langen Mähne (1978); H. Hauser: Es waren zwei Königskinder (1978).

Beitr.: Gedanken zur Buchillustration (in: Bildende Kunst. 1968. 12. 634–637).

Sekundärliteratur: Für Kinder gemalt. Buchillustratoren der DDR (1975). – P. Rosié: Mein Freund Horst Bartsch (in: Die Weltbühne. 71. 1976. 34. 1076–1079). – Fr. Stephanowitz: Im Dienst des Wortes (in: Bildende Kunst. 1959. 3. 197–201).

Erich Gerhard

Bassewitz, Gerdt von

*Schriftsteller, Märchendichter; *4. 1. 1878 Allewind (Mecklenburg), †6. 2. 1923 Berlin-Nikolassee.*

B. entstammte einem mecklenburgischen Adelsgeschlecht. Sein Vater war Königlich Preußischer Rittmeister. B. selbst brachte es zum Oberleutnant in preußischen Diensten. Er war als Schauspieler tätig, wurde Direktionsassistent am Kölner Stadttheater und lebte zuletzt als freier Schriftsteller in Berlin. Als Autor wurde B. vor allem durch sein Märchenspiel „Peterchens Mondfahrt" (1911) bekannt, das 1912 im Stadttheater von Leipzig uraufgeführt wurde. Eine Buchausgabe erschien 1915.

Werk, Tendenzen, Wirkung. Zuerst trat B. mit Essays hervor („Worte zu Dir", 1907), es folgten Schauspiele, Tragödien und Dramen in expressionistischem Ton, die aber das Echo seines Märchenspiels nicht erreichten. „Peterchens Mondfahrt" avancierte zu dem für viele Jahre meistgespielten Werk des Kindertheaters. In Anlehnung an JAMES MATTHEW BARRIES „Peter Pan" (1904) und RICHARD DEHMELS „Fitzebutze" (1907) gelangen zwei Kinder, Peterchen und Anneliese, aus dem nächtlichen Kinderzimmer auf eine Reise in eine phantastische Traumwelt. Auf der Suche nach einem verlorengegangenen Bein des Maikäfers Sumsemann durchfliegen sie Sternenwiese und Milchstraße, begegnen dem Sandmännchen und personifizierten meteorologischen Wesen (Regenfritz, Windliese, Hagelhans, Blitzhexe etc.), um zum Schluß per Rakete auf dem Mondberg zu landen, wo ein verbannter Holzdieb und Kinderschreck das Bein aufbewahrt. Mit Unterstützung von Donner- und Wassermann, dem Sturmriesen und Sternchen können die Kinder den Mondmann besiegen und dem Maikäfer zu seinem sechsten Bein verhelfen.

Die im Schonraum eines realitätsfernen Kinderreichs angesiedelte Geschichte verweist auf reformpädagogische Einflüsse, wobei sich die Sprache deutlich an BERTHOLD OTTOS (1859–1933) Forderung nach Kindesmundart orientiert. Eine lautmalerisch-kindertümliche Bühnensprache reduziert die allegorischen Gestalten auf eine ausschließlich komische Wirkung: „Putsch – patsch – blubber – quaks! / Putsch – patsch – blubber quaks! / Guten Taks allerseits – guten Taks – Taks! – / War 'ne weite, beschwerliche Fahrt – noaaaaa! / Bin aber – blubber – blubber – trotzdem da, / Bin gefahren – uaks – auf dem Muschelschiff / Vom Grund des Meeres – uaks –, wo ich schlief." Wie hier der Wassermann, so sind auch alle anderen belebten Naturerscheinungen zu einer Zauber- und Feenwelt mystifiziert. „Die Kindertümelei will selbst den Kosmos noch heimelig und das Weltall zur Käferwiese hinterm Kleinbürgerhaus umstilisieren". Die antiaufklärerischen Aspekte der Kindertümlichkeit haben für MELCHIOR SCHEDLER eine manipulativ-verschleiernde Funktion, wenn gesellschaftliche Verhältnisse idyllisiert oder wegdiskutiert werden. So wird z. B. bei B. die Spielzeugproduktion in den botanischen Garten der Weihnachtswiese verlegt. B. läßt – nach SCHEDLER – die Ware Spielzeug wie „Spargel sprießen", während die zeitgenössische Spielzeugindustrie von der Ausbeutung der Kinderarbeit in den Heimindustrien Thüringens und des Riesengebirges lebte.

Der Erfolg des Stücks „Peterchens Mondfahrt", das vor allem in den fünfziger und sechziger Jahren zu den beliebtesten weihnachtlichen Familienprogrammstükken westdeutscher Bühnen gehörte, hängt auch mit den theatralischen Effektmöglichkeiten zusammen, die in der Tradition der Weihnachtsmärchendramaturgie CARL AUGUST GÖRNERS (1806–1884) immer wieder Raum ließ, die Bühnen- und Illusionstechnik eines Theaters auszuspielen. Erst die manifeste Kritik der ‚neuen Welle' des Kindertheaters an der fragwürdigen Tradition der Weihnachtsmärchen konnte B.s „Peterchens Mondfahrt" weitgehend von den Spielplänen verdrängen.

Werke: Worte zu Dir (1907); Schahrazade (1911); Judas (1911); Peterchens Mondfahrt (1911, Buchausgabe 1915); Die Sunamitin (1911); Bathseba (1912); Pips, der Pilz (1916, Buchausgabe 1919); Das Ziel (1916); Der Wahrhaftige (1920).

Sekundärliteratur: M. Schedler: Kindertheater. Geschichte, Modelle, Projekte (1972).

Detlef Ram

Bauberger, Wilhelm

*Arzt, Jugendschriftsteller, Lyriker und Dramatiker; *3. 3. 1809 Thannhausen, †8. 2. 1883 Thannhausen.*

B., Sohn eines Gerichtsarztes, besuchte zunächst die Schule in seinem Geburtsort, dann das Gymnasium in Dillingen; von 1826 bis 1830 studierte er Medizin an der Universität München. Nachdem er anfänglich zusammen mit dem Vater praktiziert hatte, ließ er sich als praktischer Arzt in Höchstädt an der Donau nieder. Versuche, Gerichtsarzt in Erlangen zu werden und so mehr Zeit für die schriftstellerische Arbeit zu gewinnen, scheiterten; B. siedelte sich in Obermedlingen an, wo er ein Gut erworben hatte. 1850 wurde er praktischer Arzt in Augsburg.

Werk, Tendenzen, Wirkung. B.s erste Jugenderzählung, „Die Beatushöhle" (1831), war zugleich seine erfolgreichste, so daß er sich von da an als „Verfasser der Beatushöhle" bezeichnete. Seiner eigenen Darstellung zufolge, hat er sie als siebzehnjähriger Student in München geschrieben. Sie ist inhaltlich, sprachlich und der Tendenz nach völlig von CHRISTOPH VON SCHMID (1768–1854) abhängig, der während B.s Kindheit in Thannhausen wirkte und dem B. sein Buch widmete. Die „Beatushöhle" stellt im Grunde eine Kombination der Handlungslinien von SCHMIDS Erzählungen „Die Ostereier" (1816) und „Rosa von Tannenburg" (1823) dar.

Mit seinen späteren Jugendschriften, die vornehmlich in den dreißiger und vierziger Jahren geschrieben wurden, konnte B. seinen Anfangserfolg nicht wieder erreichen. Als Dramatiker („Grimoald", „Katharina Howard") hatte er auf der Bühne Mißerfolg; seine Lyrik („Blumenspende") wurde nicht sehr hoch geschätzt.

In den vierziger und fünfziger Jahren zog sich B. unter dem Eindruck einer gewandelten Zeitlage mehr und mehr auf sich zurück. In einem kurzen autobiographischen Abriß (1858) beklagte er wachsende Parteitendenzen auf dem literarischen Markt, die die von ihm vertretene „Tendenz allgemeiner christlich-moralischer Veredlung der Menschen" verdrängten, und hoffte auf eine Zeit, „da eine gemüthsverwandte Generation neu erblüht". In den historischen Darstellungen der Kinder- und Jugendliteratur gilt B. durchweg als Nachahmer CHRISTOPH VON SCHMIDS.

Werke (Auswahl): Die Beatushöhle (1831); Die heilige Sage (Bd. 1–9. 1835–1841); Die Erlösung (1841); Sämtliche Werke (Bd. 1–55. 1842–1845); Sämtliche Erzählungen (Bd. 1–17. 1843–1864. Bd. 18–20 aus dem Nachlaß. 1899); Der Patriot (1854); Fromme Abenderzählungen am Herde christlicher Familien (Bd. 1–24. 1866ff.).

Sekundärliteratur: Wilhelm Bauberger, Verfasser der Beatushöhle. Biographische Skizze, von ihm selbst mitgetheilt (in: Johann Baptist Heindl (Hrsg.): Galerie berühmter Pädagogen, verdienter Schulmänner, Jugend- und Volksschriftsteller und Componisten aus der Gegenwart in Biographien und biographischen Skizzen. 1858. 34–37). – Josef Lautenbacher: Bauberger, Wilhelm (in: Allgemeine Deutsche Biographie. Bd. XLVI. 1902. 232–233).

Alfred Clemens Baumgärtner

Bauer, Franz

*Lehrer, Jugendschriftsteller, Literaturdidaktiker; *2.5.1901 Nürnberg, †27.4.1969 Nürnberg.*

Nach dem Besuch der Präparandenanstalt in Wassertrüdingen und des Lehrerseminars in Schwabach war B. ab 1920 als Lehrer in Röthenbach bei Nürnberg und seit 1923 in Nürnberg, zuletzt als Rektor, tätig. Während der letzten Kriegsjahre wurde B. wegen der zahlreichen Fliegerangriffe auf seine Heimatstadt nach Weimersheim bei Weißenburg evakuiert.

Werk, Tendenzen, Wirkung. B.s vielseitiges publizistisches Schaffen war von einer volkserzieherischen Leidenschaft getragen. Sein Werk läßt sich in vier Gruppen einteilen. Er verfaßte eine Reihe heimatkundlicher Veröffentlichungen, die „Mittelfränkischen Heimatbogen" (auch „Lesebogen" genannt), die in unregelmäßiger Erscheinungsform sogenannte „Häppchenliteratur" anboten und zur Ergänzung des Heimatkundeunterrichts auf der Hauptschulstufe dienen sollten. Zum zweiten war er bis zu seinem Tode Schriftleiter der vom Bayerischen Lehrerverein herausgegebenen Jugendzeitschrift „Jugendlust" (nach 1945 zeitweilig „Frohe Jugend" genannt), die den Unterricht auf allen Stufen literarisch bereichern und das Lesebuch ergänzen sollte. Die „Jugendlust" erscheint noch heute, vereinigt mit der ehemals selbständigen, ähnlich konzipierten Schülerzeitschrift „Jugend am Rhein", im 99. Jahrgang. In Anpassung an die gegenwärtige Zeitschriftenszene trägt sie neuerdings den Untertitel „Das flotte Jugendmagazin, das schon der Oma Spaß machte". Einem dritten schriftstellerischen Arbeitsbereich entstammen mehr als achtzig Schul- und Heimatspiele, die B. für Jugendliche wie Erwachsene verfaßte. Die von B. bevorzugten Spielarten sind das Rüpelspiel, das Feierspiel und das Märchenspiel. Eine vierte Gruppe literarischer Tätigkeit sind historische Erzählungen auf kulturgeschichtlicher oder biographischer Grundlage, die in einem leicht antiquierten Stil altdeutsche Biederkeit mit häufig aufgesetzt und anachronistisch anmutenden vaterländischen Bekenntnissen zum Ausdruck bringen. Dabei tritt viel Provinzielles, Umständliches und gelegentlich auch Sentimentales in Erscheinung. Die Raubrittergeschichte „Der Eppelein und sein Sohn" (1953) zeigt eher Ansätze zu einer antithetischen, dynamischen Darstellung geschichtlicher Ereignisse. Insgesamt herrscht in B.s Schriften eine harmonisierende Lebensauffassung vor. Auffallend ist die Sittsamkeit der auftretenden Kinderfiguren. In den Schriften, die während des Dritten Reichs erschienen, sind Reverenzen an den nationalsozialistischen Zeitgeist (z.B. „Sonne über Nürnberg", 1939) unübersehbar. So erhielt der Autor für seine Erzählung „Ingrid aus der Pfalz" (1941) den nationalsozialistischen Hans-Schemm-Preis für das Jahr 1942. Seine späteren erzählerischen Erzeugnisse (u.a. „Der Vogelfreund erzählt", „Ritas Glücksstern", „Schüli") kennzeichnen B. als einen für gängige Aktualitäten aufgeschlossenen Jugendbuchautor, dessen gestalterische Grundsätze jedoch im herkömmlichen Sinn auf affirmativ ausgerichtete Unterhaltung und auf Vermittlung von erziehender Belehrung angelegt sind. Auch mit rein didaktischen Veröffentlichungen ist B. hervorgetreten. Seine „Sprachformübungen" sind noch heute brauchbar.

Werke (Auswahl): Auf dem Janushof stimmt etwas nicht (1932); Alt Nürnberg (1933); F. L. Jahn (1934); Traudl kommt zum Rundfunk (1934); Das tickende Teufelsherz (1936); Helden, Gespenster und Schalksnarren (1938); Der Rebell von Nürnberg (1938); Nacht in der Ruine (1938); Sonne über Nürnberg (1939); Die Reichskleinodien der Deutschen (1939); Ingrid aus der Pfalz (1941); Ursula, die Enkelin des Veit Stoß (1942); Frech wie Oskar (1942); Der sprechende Draht (1942); Der Rundbrief (1943); Das kleine Wiesenbuch (1944); Ritas Glücksstern (1949); Adonis und Ich (1949); Ratsch (1953); Der Eppelein und sein Sohn (1953); Berühmte Nürnberger (1957); Er kam aus dem Dunkel (1960); Ambros und der Bienenbaum (1960); Schüli (1960); Er trug die Welt in seinen Händen (1961); Der Vogelfreund erzählt (1962); Die Sonne der Nacht (1963); Kathrinchen-Schlampinchen (1965).

Hermann Bertlein

Bauernfeind, Lena

*(auch: Baurnfeind). Malerin und Illustratorin; *31.8.1875 Wien, †29.10.1953 Innsbruck.*

B., Enkelin von Moritz von Schwind (1804–1871) und Schwester des Malers und Illustrators Moritz Bauernfeind, studierte an der Wiener Kunstgewerbeschule bei K. Karger und an der Münchener Frauenakademie bei Julius Diez (1870–1957) und Leo Putz. Sie lebte später in Volders in Tirol und malte Landschaftsbilder, besonders aus dem Inntal.

Werk, Tendenzen, Wirkung. Für die im Mainzer Verlag Josef Scholz ab 1904 erschienene Reihe der Einzelausgaben deutscher Märchen („Scholz' Künstler Bilderbücher") illustrierte B. „Schneeweisschen und Rosenrot" (1911). Anders als ihr Lehrer J. Diez, der mit „Dornröschen" die Reihe 1904 eröffnet hatte und das Bäuerliche und Derbe kräftig hervorhob, stellt B. – schwächer vom Jugendstil geprägt – in zarten, blassen Farben die Figuren der Mädchen in langen weißen und rosa Kleidern vor den landschaftlichen Hintergrund: vor ein kleines Haus am Hang, vor eine Landschaft mit Wald, Waldwegen, einem Teich. B. betont noch den lyrischen Charakter des Märchens auf den Textseiten durch Zeichnungen von Rosen und einem Englein mit Blumenkranz. Im Gegensatz zu dem gutmütigen Bär und dem tückischen Zwerg scheint der etwas große Prinz nicht recht gelungen zu sein. Für die Reihe „Das Deutsche Bilderbuch" hat B. Hoffmann von Fallerslebens (1809–1894) Gedichte illustriert.

Werke: L. Bauernfeind: Blumenmalen für Kinder (1908); Hoffmann v. Fallersleben: Die Herzen auf! Ausgewählte Gedichte (1909); J. und W. Grimm: Schneeweisschen und Rosenrot (1911).

Sekundärliteratur: R. Schmidt: Österreichisches Künstlerlexikon (1973. H. 2. 122).

Eberhard Semrau

Baumbach, Rudolf

*(Ps.: Paul Bach). Bibliothekar, Schriftsteller; *28.9. 1840 Kranichfeld bei Weimar, †21.9.1905 Meiningen.*

B.s Vater, KARL JULIUS BAUMBACH (1812–1847), war Hofmedikus des Herzogs Bernhard Erich Freund von Sachsen-Meiningen. B., der über seine ersten Kinderjahre in seiner Erzählung „Einbein" (in: „Aus der Jugendzeit", 1895) berichtet hat, besuchte die Volksschule und das Bernhardinum in Meiningen. Nach der Abschlußprüfung bezog er Ostern 1860 als Student der Naturwissenschaften für sechs Semester die Universität Leipzig und setzte seine Studien in Würzburg und Heidelberg fort, wo er 1864 zum Dr. phil. promovierte. Weitere Studien betrieb er in Freiburg und Wien. Bis 1878 wirkte er als Hauslehrer in Graz, Brünn, Görz, Pisa und Triest. Seitdem lebte er als unabhängiger Schriftsteller, 1885 kehrte er nach Meiningen zurück. Herzog Georg II. von Sachsen-Meiningen übertrug ihm die Verwaltung seiner Privatbibliothek und verlieh ihm 1888 den Titel Hofrat. Seit 1900 war B. gelähmt und an den Rollstuhl gefesselt.

Werk, Tendenzen, Wirkung. B.s erste Veröffentlichung „Samiel hilf!" (1867) ist von autobiographischen Elementen aus seiner Heimat Thüringen geprägt. B.s heimatkundliche Erzählungen und Sagensammlungen (z.B. „Zlatorog" 1877) wurden auch von Jugendlichen gelesen. Größeren Einfluß auf die Lektüre Heranwachsender hatten allerdings seine von JOSEPH VICTOR VON SCHEFFEL (1826–1886) maßgeblich beeinflußten Wander- und Kommerslieder („Lieder eines fahrenden Gesellen", 1878; „Neue Lieder eines fahrenden Gesellen", 1880; „Von der Landstraße", 1882; „Spielmannslieder", 1882; „Wanderlieder aus den Alpen", 1883; „Thüringer Lieder", 1891). Zu den Komponisten der über 300 Vertonungen von B.s Liedern zählt auch MAX REGER (1873–1916). Bei der studentischen Jugend am beliebtesten war das von FRANZ ABT (1813–1885) vertonte Lied „Die Lindenwirtin" (Keinen Tropfen im Becher mehr). Aber auch die bekannten Rezitatoren seiner Zeit fanden B.s Gedichte zum Vortrag geeignet. SVEN SCHOLANDER eröffnete ein jedes seiner Konzerte mit einem Liedtext B.s. In der Zeit von 1880 bis 1900 galt B. als bedeutender Lyriker. In dem Band „So viele Tage wie das Jahr hat. 365 Gedichte für Kinder und Kenner", den JAMES KRÜSS (*1926) zusammengestellt hat, finden sich B.s Gedichte „Alter Schwank" (S. 105), „Der Förster und der Teufel" (S. 109) und „Die Gäste der Buche" (S. 115). In seiner Einführung sagt KRÜSS von B.: „Der Sänger der Thüringer Lieder, Rudolf Baumbach, taucht hin und wieder in Sammlungen und Lesebüchern auf. Aber welch ein Schatz an Kindergedichten bei ihm noch zu heben ist, merkt, wer seine vielen „Brettl", nahezu volkstümlichen Verse, einmal daraufhin durchsieht. Das ist simpel, ins Ohr gehend, sehr munter und von erquickender Moralität. Darin steckt etwas von der fröhlichen Frechheit des Gassenhauers. Baumbach redet mit dem Munde von Lieschen Müller, aber er redet ihr nicht – wie unsere neuen Schlagertexter – nach dem Munde." RUDOLF WIEMER (*1905) bringt in seinem Erinnerungswerk „Liebes altes Lesebuch" (1966) B.s Gedichte „Der Holzwurm", „In alten Zeiten", „Aus der guten alten Zeit" und „Die Gäste der Buche". Die 1974 erschienene Anthologie „Kommt, Kinder, wischt die Augen aus, es gibt hier was zu sehen. Die schönsten deutschen Kindergedichte. Gesammelt von Herbert Heckmann und Michael Krüger" bietet B.s Gedicht „Der fleißige Quax und der faule Quix". Auch als Autor märchenhafter Geschichten hat sich B. einen Namen gemacht. Die vier Bände „Sommermärchen" (1881), „Erzählungen und Märchen" (1885), „Es war einmal" (1889) und „Neue Märchen" (1894) enthalten neben märchenhaften Elementen auch realistische Bezüge. Märchen wie „Was der Kunstschlüssel erzählte" erinnern an HANS CHRISTIAN ANDERSEN. B.s märchenhafte Geschichten richteten sich an Erwachsene wie an Kinder und wurden von Pädagogen als Schullektüre empfohlen. Ebenfalls für Leser aller Altersstufen waren B.s „Abenteuer und Schwänke. Alten Meistern nacherzählt". Die Neuerzählung alter Schwänke geht auf das 1850 herausgekommene dreibändige Werk „Gesamtabenteuer, 100 altdeutsche Erzählungen" des Dichters und Germanisten FRIEDRICH HEINRICH VON DER HAGEN (1780–1856) zurück. Andere Quellen dazu waren JÖRG WICKRAMS „Rollwagenbüchlein", des Franziskaners JOHANN PAULI „Schimpf und Ernst", die „Schwänke" von HANS SACHS, das Volksbuch „Ritter Galmy" und „Des Knaben Wunderhorn". B. hat versucht, die alten Dichtungen von allzu derben Wendungen und Schlüpfrigkeiten zu befreien, wobei es ihm gelang, deren Urwüchsigkeit zu bewahren. Auch das Bilderbuch „Der Gesangverein ‚Brüllaria' und sein Stiftungsfest" (1893), zu dem B. den Text und LUDWIG BECHSTEIN die Illustrationen lieferte, gehörte zur beliebten Lektüre.

Werke: Samiel hilf! (1867); Enzian. Ein Gaudeamus für Bergsteiger in Poesie und Satyre (Bd. 1–3. 1875); Zlatorog. Eine Alpensage (1877, [70]1903, NA. 1968); Lieder eines fahrenden Gesellen. Gedichte (1878); Trug-Gold. Erzählung aus dem 17. Jahrhundert (1878, [3]1900); Horand und Hilde. Gedicht (1878); Frau Holde. Gedicht (1880); Neue Lieder eines fahrenden Gesellen (1880); Sommermärchen (1881); Mein Frühjahr. Gedichte (1882); Von der Landstraße. Lieder (1882); Spielmannslieder (1882, NA. 1900); Abenteuer und Schwänke. Alten Meistern nacherzählt (1883); Das Lied vom Hütes (1883); Wanderlieder aus den Alpen. Mit Randzeichnungen von Johann Stauffacher und einem Holzschnitt nach dem Gemälde von Ernst Heyn (1883); Der Pathe des Todes. Epos (1884; NA. 1890, 1913); Erzählungen und Märchen (1885); Krug und Tintenfaß. Gedichte (1887); Kaiser Max und seine Jäger. Dichtung (1888); Es war einmal. Märchen (1889); Thüringer Lieder (1891); Der Gesangverein „Brüllaria" und sein Stiftungsfest. Ein lustiges Bilderwerk für Groß und Klein (1893); Neue Märchen (1894); Aus der Jugendzeit (1895); Bunte Blätter. Gelegenheitsgedichte (1897).

Sekundärliteratur: E. Diez: Rudolf Baumbach. Ein Beitrag zum Leben und Schaffen des Dichters (Diss. 1933). – K. Fuchs: Rudolf Baumbach. Kritische Studien mit einer Selbstbiographie (1898). – H. Schlichting-Jena: Samiel hilf! (1924). – A. Selka: Rudolf Baumbach. Ein Lebensbild (1924).

Hans Eich

Bauriedl, Otto

*Maler, Radierer, Illustrator; *9.8.1881 München, †12.6.1961 München.*

B., dessen Geburtsdatum auch mit 1879 angegeben wird, war während seines Studiums an der Münchener Akademie der bildenden Künste Schüler von FRANZ VON STUCK. Als Maler widmete er sich der Landschaftsdarstellung und religiösen Themen. Als Illustrator war er u.a. Mitarbeiter des Verlags M. Gerlach (Wien) und der „Jugend". Er stellte wiederholt seit 1904 als Mitglied der Münchener Sezession in München aus, wo er zeit seines Lebens ansässig war. Die Städtische Galerie in München und die Staatsgalerie in Wien erwarben schon früh Bilder des Künstlers.

Werk, Tendenzen, Wirkung. Formal mit seiner Freude am Ornamentalen, an Rahmungen und organischen Gestaltungen dem Jugendstil verwandt und nicht frei von Symbolik sind B.s Illustrationen zugleich genrehafte Erzählbilder zu literarischen Stoffen wie ADALBERT STIFTERS Erzählung „Bergkristall" und E. TH. A. HOFFMANNS „Nußknacker und Mausekönig". Beide Werke illustrierte B. für „Gerlach's Jugendbücherei" (Bd. 17, 1905, und Bd. 23, 1909) wobei er das Programm dieser Reihe, „eine in Form- und Farbgebung vollendete künstlerische Darstellung, ein wahrhaft volkstümliches Kunstwerk" (Verlagsankündigung) zu schaffen, gekonnt erfüllte. Im Verlag der „Jugend" erschien 1909 ein „Viertes Bilderbuch der Münchner ‚Jugend'" unter Mitwirkung der „Freien Lehrervereinigung für Kunstpflege" (Berlin), in das eines seiner an HANS THOMA erinnernden Landschaftsbilder, „Der Berg-See", aufgenommen ist. Dieses Künstlerbilderbuch, in dem neben B. unter anderem auch CARL SPITZWEG, FRITZ OSSWALD und MORITZ VON SCHWIND mit ganzseitigen Glanzdrucktafeln vertreten sind, entsprach der ästhetisch anspruchsvollen neuromantischen Vorstellungswelt B.s. Er setzt kühn Farbeffekte ins Bild (etwa leuchtendweiße Schneegipfel gegen dunkelblaue Wald- und Tallandschaft; Kinder auf einem leeren rosafarbenen Schneefeld; braun-schwarze Nacht im Gebirge mit weißen Sternen am schwarzen Himmel), wobei die Illustration zu dem früher erschienenen „Bergkristall" (1905) expressiver und wirkungsvoller als die der verspielten und phantasievollen „Nußknakker- und Mausekönig"-Bilder von 1909 sind. B. hat versucht, dem Wortlaut des Textes mit Mitteln von Form und Farbe zu entsprechen. So reizten ihn STIFTERS Farbbeschreibungen besonders (z.B.: „Unter der weißen Decke, die ihn verhüllte, glimmerte es seitwärts grünlich und bläulich und dunkel und schwarz und selbst gelblich und rötlich heraus", S. 51–52). Seine Darstellung einer „schreckhaft blauen" Eishöhle zeugt von abstrakter imaginativ selbständiger Interpretation.

Werke: A. Stifter: Bergkristall (1905); E. Th. A. Hoffmann: Nußknacker und Mausekönig (zus. mit E. Kutzer, 1909); G. Hirth (Hrsg.): Stadt und Land. 4. Bilderbuch der Münchner „Jugend" (zus. mit anderen, 1909).

Erich Gerhard

Bawden, Nina

*Englische Verfasserin von Kinderbüchern und Romanen für Erwachsene; *19.1.1925 London.*

Nach dem Studium in Oxford übte B. verschiedene Tätigkeiten aus. Seit 1953 hat sie mehr als zwei Dutzend Romane geschrieben, darunter zehn Kinderbücher. 1976 erhielt B. den Guardian Award für „The Peppermint Pig" (1975). Mehrere ihrer erfolgreichen Kinderbücher wurden fürs Fernsehen bearbeitet.

Werk, Tendenzen, Wirkung. B. sieht den Hauptunterschied zwischen den Büchern für Kinder und Erwachsene nicht im Inhalt, sondern in der Perspektive und will deshalb die Welt aus der Sicht des Kindes zeigen. Darüber hinaus muß nach ihrer Überzeugung das Handlungsmoment stärker hervortreten, und so wird das Abenteuerbuch zu ihrer bevorzugten Form. Schon ihre ersten Bücher operieren mit dem Standardinventar des Abenteuerromans: Diebstahl, Aufspüren von Verbrechen, Kidnapping, Flucht, Verstecke, Verfolgungsjagd, Bestehen von allerlei Gefahren u.a.m. Der vordergründigen Trivialität entgeht B. dadurch, daß ihre Kindergestalten nicht bloß Vehikel für abenteuerliche Erlebnisse sind, sondern realistisch gezeichnete Kinder, die scharfsinnig beobachten und sich auch selbst ironisieren können. B.s Absicht, Erwachsene ebenso treffend darzustellen, wird dagegen nur teilweise erfüllt.

„The secret passage" (1963) und „On the run" (1964) sind verbunden durch die Gestalt von Ben Mallory, der im zweiten Buch einem afrikanischen Jungen und einem kleinen Mädchen aus London bei der Flucht hilft. Bemerkenswert wird hier der Gegensatz zwischen der Großstadt und einem kleinen Seeort sowie das Hineinspielen afrikanischer Häuptlingsfehden in ein völlig anderes Milieu geschildert. „The white horse gang" (1966), eine Mini-Bande von zwei Jungen und einem Mädchen, heckt den abenteuerlichen Plan aus, zu einem guten Zweck einen Jungen zu entführen; „The witch's daughter" (1966) enthält neben Abenteuerlichem vor allem die Studien eines blinden Mädchens und einer verwilderten Waise in Schottland. In „A handful of thieves" (1967) versuchen Jungen auf eigene Faust einen Dieb zu stellen, herausragende Gestalt ist die bestohlene Großmutter. „The runaway summer" (1969) beendet die Serie der Abenteuerbücher: Ein illegal aus Kenia eingewanderter Junge wird von zwei Kindern eine Zeitlang versteckt; die Entwicklung, welche die sich vereinsamt fühlende Mary dabei durchmacht, gibt der Erzählung eine psychologische Note.

Während in der ersten Schaffensperiode B.s Spannungsmomente und psychologische Vertiefung noch ein unbefriedigendes Bündnis eingehen, weichen in der Folgezeit die Abenteuerklischees mehr und mehr den Elementen des Familienromans in der Nesbit-Tradition. In „Squib" (1971) versuchen Kinder einem brutal behandelten Pflegekind zu helfen, was sie nicht ohne Eingreifen wohlmeinender Erwachsener können. Der soziale Hintergrund ist scharf gekennzeichnet, und der verängstigte kleine Squib, der kein Wort äußert, wird zu einer eindrucksvollen Gestalt. Ein Happy-End fehlt hier ebensowenig wie in „Carrie's war" (1973) und in „The peppermint pig" (1975). Beide Bücher benutzen Kindheitserinnerungen der Verfasserin und heben sich durch die präzise Beschreibung des topographischen und sozialen Hintergrundes hervor. Das gute Ende kann man als gewollte, aber fragwürdige Harmonisierung ansehen. B. glaubt, dies den kindlichen Erwartungen schuldig zu sein. Obwohl zwischen ihren Kinderbüchern in den sechziger und siebziger Jahren deutliche Unterschiede bestehen, überwiegen doch triviale Spannungsmomente, sprachliche Klischees, altkluge Bevormundung von Kindern und spezifischer Erwachsenenhumor.

Werke: Devil by the sea (1957; dt. Der mit dem Pferdefuß, 1959); The secret passage (1963; auch u.d.T.: The house of secrets, 1964; dt. Der Geheimgang, 1965); On the run (1964; auch u.d.T.: Three on the run, 1965); The white horse gang (1966; dt. Die Schimmelbande und ihre Feinde, 1970); The witch's daughter (1966); A handful of thieves (1967; dt. Bei Gefahr dreimal pfeifen, 1971, [6]1976; TB. 1979); The runaway summer (1969; dt. Versteck Dich, sie kommen, 1972); Squib (1971) Carrie's war (1973; dt. Hörst du, es ist ganz nah, 1976); The peppermint pig (1975; dt. Das Pfefferminzschweinchen, 1977); Rebel on a rock (1978).

Sekundärliteratur: N. Bawden: A dead pig and my father (in: Children's literature in education. 14. 1974. 3–13). – J. R. Townsend: A sounding of storytellers (1979. 18–29). – N. Tucker: Nina Bawden as a children's novelist (in: Children's literature in education. 13. 1974. 35–44). – J. P. Walsh: Bawden, Nina (in: D. L. Kirkpatrick (Hrsg.): Twentieth-century children's writers. 1978. 93–95).

Richard Kremer

Bayer, Ingeborg

*Jugendbuchautorin, Bibliothekarin; *3. 7. 1927 Frankfurt/Main.*

Nach einer Ausbildung als wissenschaftliche Bibliothekarin studierte B. in Tübingen Medizin und arbeitete dann als wissenschaftliche Bibliothekarin und medizinische Archivarin. Seit 1958 ist sie Mitarbeiterin bei verschiedenen Zeitungen und Rundfunkanstalten. 1963 erschien ihr erstes Jugendbuch. B. lebt als freie Schriftstellerin bei Freiburg im Breisgau. 1975 erhielt sie für „Die vier Freiheiten der Hanna B." den Österreichischen Staatspreis. Mehrere ihrer Bücher kamen auf die Auswahlliste zum Deutschen Jugendbuchpreis und wurden in verschiedene europäische Sprachen übersetzt. Einige ihrer Stoffe wurden verfilmt und – zum Teil von ihr selbst – fürs Theater bearbeitet.

Werk, Tendenzen, Wirkung. B. verfolgt bei ihren Arbeiten insbesondere zwei Richtungen: Zum einen befaßt sie sich unter Zuhilfenahme authentischer Materialien und Quellen kritisch mit historischen, zeitgeschichtlichen und politischen Themen, die anderen Bücher haben mehr eine sozialpsychologische Thematik und einen aktuellen Bezug zur heutigen Gesellschaft und den Lebensbedingungen Jugendlicher. Die historisch angelegten Bücher befassen sich u. a. mit der Zeit der Azteken, den letzten Tagen des Assyrerreiches, dem zusammenbrechenden zaristischen Rußland, mittelalterlichem Hexenverfolgungswahn, der Eroberung Mexikos durch die Spanier und mit dem Sklavenhandel. B.s Buch „Ehe alles Legende wird. Das 3. Reich in Erzählungen, Berichten, Dokumenten" (1979) arbeitet anhand vieler bis dahin unveröffentlichter Dokumente und unter Mitarbeit von ehemaligen Emigranten und KZ-Häftlingen ein Kapitel deutscher Geschichte auf und weist auf die Gefahren neuer, neonazistischer Einstellungen und Aktivitäten bei Jugendlichen hin.

*Ingeborg Bayer (*1927)*

Andere Arbeiten der Autorin behandeln Probleme der Apartheid im heutigen Südafrika, Ursachen und Folgen des Rauschgiftkonsums sowie allgemein zwischenmenschliche Probleme junger Leute, dargestellt am Beispiel einer Wohngemeinschaft, einer Beziehung zwischen Lehrerin und Schülerin. Eine Geschichtensammlung ist dem Thema Zuneigung, erste Liebe, enttäuschte Liebe gewidmet. „Die vier Freiheiten der Hanna B." (1974) ragt besonders aus B.s Werk hervor. Geschildert wird ein fünfzehnjähriges Mädchen, das in eine Rauschgiftaffäre verwickelt wird und deswegen ins Jugendgefängnis muß. In „Jugendschriftsteller deutscher Sprache" heißt es über B.: „Ihre Hauptcharaktere sind junge Menschen, die sich den Problemen stellen, die bereit sind zur Auseinandersetzung in irgendeiner Form. Auffallendes Merkmal ihrer Bücher ist der Mut zur ungeschminkten Wahrheit, der der Handlung die Echtheit verleiht, die es dem Leser ermöglicht, seine eigenen Probleme wiederzuerkennen, sich zu identifizieren."

Werke: Fliegende Feuer im Jahr ‚zwei Rohr' (1963); Nacht des Jaguars (1963, TB 1971); Ein heißer Wind ging über Babylon (1965); Der Teufelskreis (1968); Julia und die wilde Stute (1969); Begegnung mit Indira (1970); Trip ins Ungewisse (1971); Natascha (1972); Boris und Natascha (1973); Die vier Freiheiten der Hanna B. (1974); Freuden im Sattel (zus. mit anderen, 1975); Johannesgasse 30. Protokolle einer Geschichte einer Wohngemeinschaft (zus. m. and., 1975); Hernando Cortez (1975); Yamba. Geschichte einer Reise von Liverpool nach Barbados (1976); Dünensommer (1977); David und Dorothee (zusammen mit H.-G. Noack, 1977); Zwiesprache mit Tobias (1978); Ehe alles Legende wird. Das 3. Reich in Erzählungen, Berichten, Dokumenten (1979).

Beiträge: Für Jüngere schreiben – wozu? (in: Bulletin Jugend und Literatur. 1976. 6. 24–26).

Sekundärliteratur: J. Modler: Ingeborg Bayer (zusammen mit I. Bayer in: R. Bamberger (Hrsg.): Jugendschriftsteller deutscher Sprache: 1980. 23–27).

Hartmut Euler

Becker, Karl Friedrich

*Historiker, Pädagoge, Privatgelehrter; *1777 Berlin, †15.3.1806 Berlin.*

B. erhielt seine Ausbildung in Berlin und Halle. Hier wurde er vor allem von den Ideen FRIEDRICH AUGUST WOLFS (1759–1824) beeinflußt, der in Halle als Professor für klassische Philologie tätig war. B. war Mitglied des Seminars für gelehrte Schulen, mußte jedoch aufgrund seiner angegriffenen Gesundheit seine Laufbahn früh beenden. Er zog sich 1800 ins Privatleben zurück und widmete sich ausschließlich literarischen Arbeiten. B. starb bereits im Alter von 29 Jahren in Berlin.

Werk, Tendenzen, Wirkung. Neben einer kleineren Schrift „Die Dichtkunst aus dem Gesichtspunkte des Historikers" (1803) verfaßte B. zwei Geschichtswerke, die große Publizität erlangten, die „Weltgeschichte für Kinder und Kinderlehrer" (1801–1805) in neun Bänden und die „Erzählungen aus der alten Welt für die Jugend" (1802–1803) in drei Bänden. Die „Weltgeschichte" war einerseits für die private Lektüre Jugendlicher und allgemein Geschichtsinteressierter bestimmt, andererseits sollte das Werk auch als Materialsammlung für Lehrer dienen. Das Werk behandelt in seinen ersten drei Bänden die älteste Geschichte, ausgehend vom Alten Testament, über die Geschichte Griechenlands, das alexandrinische Zeitalter, Christi Geburt bis zum Untergang des weströmischen Reiches. Band vier und fünf behandeln das Mittelalter, den Zeitraum von Karl dem Großen bis zur Eroberung Konstantinopels. Mit der Schilderung der Entdeckungen beginnt im sechsten Band die neuere Geschichte, Band sieben befaßt sich mit Frankreich, England, den Niederlanden und Italien und Band acht ist vorrangig der deutschen Geschichte vom Dreißigjährigen Krieg bis zum Westfälischen Frieden gewidmet. Der letzte Band führt über den Nordischen Krieg zum Spanischen Erbfolgekrieg und der Regierungszeit Ludwigs XV. und beschließt das Gesamtwerk mit einer umfassenden Lebensschilderung Friedrichs II. B.s Geschichtsvermittlung bleibt nicht auf die sachliche Wiedergabe von Fakten beschränkt, sondern erstreckt sich auch auf die Bereiche der Sitten, Künste und Wissenschaften sowie allgemein menschlicher Verhaltensweisen, häufig in Form von Anekdoten, wodurch das Werk zum Teil den Charakter eines historischen Romans erhält. Die „Weltgeschichte" wurde in der Folge vielfach umgearbeitet und laufend um Darstellungen aus der neuesten Geschichte erweitert. Die vierte Auflage (1817–1827) zählte zehn, die fünfte (1824–1825) zwölf Bände und die sechste (1828–1830) war bereits auf vierzehn Bände angewachsen. Die Bearbeiter waren J. G. WOLTMANN, K. A. MENZEL, J. W. LÖBELL und A. SCHMIDT. In dem Bestreben nach wissenschaftlicher Vertiefung des Stoffes änderte WOLTMANN das Grundkonzept des Werkes insofern, als er beispielsweise Passagen zur Sitten- und Menschheitsgeschichte nicht mehr berücksichtigte; diese wiederum wurden in der Fassung von LÖBELL neuerlich aufgenommen. LÖBELL führt in seiner Vorrede zur fünften Auflage 1824 dazu an: „Auch einige Beschreibungen und Erläuterungen von Sitten, Lebenseinrichtungen und dergleichen haben hier wieder ihren Platz gefunden, obschon Manche der Meinung seyn könnten, daß sie zu dem nunmehr von einem höheren Standpunkte entworfenen geschichtlichen Vortrage nicht mehr ganz passen. Aber diese Ausstellung erscheint auf den ersten Blick treffender, als sie wirklich ist. Ein Werk, welches sich aus dem Kreise, dem es anfangs bestimmt war, von selbst hervorgehoben hat, ohne ihn doch ganz zu verlassen, ein Werk, welches wie die Erfahrung gezeigt, zugleich der Jugend, ihren Lehrern und andern Geschichtsfreunden dient, muß den Anspruch auf durchgängige Gleichheit des Tons und der Behandlung fallen lassen" (S. IX). Schon zu Lebzeiten B.s trug ihm sein oftmals eher unbefangener Umgang mit historischen Fakten den Vorwurf einer „willkürlichen Geschichtsbehandlung" ein, verbunden mit dem Hinweis, er solle etwaige poetische Züge in „schlichter Prosa" verwandeln, wie J. CHR. FR. GUTHSMUTHS 1803 forderte. So wird beispielsweise dem dritten Band angekreidet, das Leben Jesu werde hier in Form eines Romans abgehandelt. LÖBELL ist der Ansicht, daß B. es „mit der Forschung und strengen Richtigkeit der Thatsachen nicht immer genau genug genommen; abgeleiteten, einseitigen Schriftstellern zu viel getraut; die oberflächlichen, schiefen Ansichten über frühere Zeiten, welchen das achzehnte Jahrhundert huldigte, mit einem gutmüthigen Glauben an ihre Wahrheit fortgepflanzt" habe (S. V).

In seinen „Erzählungen aus der alten Welt" zeigt sich B. deutlich von den Strömungen des Neuhumanismus beeinflußt. Das Werk will einen Beitrag zur Erneuerung der humanistischen Bewegung leisten, die insbesondere in Preußen und Bayern Anfang des 19. Jahrhunderts Raum griff und durch die Altertumskunde ein neues Bild des Griechentums zu vermitteln suchte. B.s Überlegungen in Hinblick auf den Wert der Antike für die moralische Bildung Jugendlicher zeigen Anklänge an den Harmoniegedanken J. J. WINCKELMANNs, den dieser in den Werken der Antike verkörpert sah: „Die Jugend liebt Erzählungen von den Thaten der Helden, in welchen sich Körperschaft (für deren Äußerungen sie, gleich dem ungebildeten Naturmenschen, zuerst Sinn bekommt) mit Klugheit, Gewandheit und Gegenwart des Geistes vereinigt" (Vorr. Bd. 2). Die Helden des Geschichtswerkes sind Äneas, Ödipus, Herkules und Theseus (Bd. 3), deren Abenteuer in einer Rahmenhandlung der Hauslehrer seinen drei Schülern erzählt. B. möchte sein Werk als eine Einführung in die Grundlagen der Altertumskunde verstanden wissen und beklagt daher, daß die Rezensenten es unterlassen hätten, „das Buch von seiten seiner historisch-propädeutischen Brauchbarkeit den Jugendlehrern zu empfehlen. Nicht bloß, wie einer von ihnen sagte, denen Schülern, die einmal den Homer lesen sollten, sondern allen denen, die man mit der alten Geschichte bekannt machen will" (Vorr. Bd. 3). Mit dieser sachlichen Intention verbindet B. die moralische Unterweisung, die ihm gerade durch den antiken Bildungsstoff gegeben zu sein scheint. So ermöglicht ihm die Rahmenhandlung häufige Unterbrechungen in Form von Fragen der Kinder, deren Beantwortung zu moralisierenden Kommentaren des Erziehers führt. Die Tendenz, die Werke der Antike auch als nachahmungswürdiges Sittengemälde zu betrachten, durchzieht das gesamte Buch.

B.s „Erzählungen" wirkten noch bis ins 20. Jahrhundert hinein, wobei das Werk, ähnlich wie die „Weltgeschichte", zahlreiche Veränderungen erfuhr. In den verschiedenen Erziehungsschriften des 19. Jahrhunderts taucht es häufig in den Empfehlungslisten für den Geschichtsunterricht auf. Es wurde auch in Volks- und Schulausgaben mehrfach aufgelegt. So erscheinen beispielsweise bei A. MERGET (3. Aufl. 1882) im Anhang in einem „Katalog von Jugendschriften für die Überstufe der Berliner Gemeindeschulen" die 14. Auflage, herausgegeben von HERMANN MASIUS 1875, eine Schulausgabe von EMIL HENRICI von 1881 und ein Auszug unter dem Titel „Griechische Geschichte für die Jugend" ohne Jahresangabe, wobei darauf hingewiesen wird, daß die Werke nur für „sehr fähige Kinder" bestimt sein sollten. MERGET führt zu dem Werk aus: „In den Erzählungen herrscht ein überaus frischer, namentlich den Knaben anregender, fesselnder Ton. Die Geschichten leben vor seinen Augen, und er fühlt sich zur Bewunderung der Helden angeregt" (S. 88). Die Werkgeschichte macht deutlich, daß insbesondere die moralischen Reflexionen B.s von den späteren Bearbeitern entfernt worden sind, um den sachlichen Lehrcharakter des Werkes hervorzuheben. So fehlen in den folgenden Auflagen, die F. A. ECKSTEIN nach dem frühen Tod B.s besorgte, die eingestreuten Morallehren fast gänzlich. In seiner Vorrede zur siebenten Auflage 1844 führt ECKSTEIN aus, er habe „dem Ganzen immer mehr den Charakter einer einfachen schlichten Erzählung zu geben" gesucht, „durch Entfernung aller störenden, mit dem Gegenstande wenig in Verbindung stehenden Zwischenreden, so weit dieselben nicht zur genaueren Erkenntniß altgriechischer Zustände für das jugendliche Alter unentbehrlich erschienen" (Bd. 3, S. 30).

Werke: Weltgeschichte für Kinder und Kinderlehrer (Bd. 1–9. 1801–1805); Erzählungen aus der alten Welt für die Jugend (Bd. 1–3. 1802–1803); Die Dichtkunst aus dem Gesichtspunkt des Historikers (1803).

Sekundärliteratur: E. Feldmann: Der preußische Neuhumanismus (1930). – K. Grube: Die Idee einer rein-menschlichen Bildung. Ein Beitrag zum Philanthropismus und Neuhumanismus (1934). – J. Chr. Fr. Guthsmuths: Bibliothek der pädagogischen Literatur (1800–1802). – A. Merget: Geschichte der deutschen Jugendlitteratur ([3]1882).

Susanne Hahn

Becker, Rudolph Zacharias

*Volksschriftsteller, Publizist, Verlagsbuchhändler; *9. 4. 1752 Erfurt, †28. 3. 1822 Gotha.*

B. entstammte ärmlichen Verhältnissen; sein Vater war Mädchenschullehrer mit nur geringem Einkommen. 1765 bis 1769 besuchte B. das Ratsgymnasium und immatrikulierte sich dann an der Universität Erfurt. 1770 bis 1773 studierte er unter dürftigen Verhältnissen in Jena vor allem Theologie und Schulwissenschaften. B. beendete das Studium ohne Abschluß und wurde Hofmeister bei der Familie von Dacheröden in Klettenberg bei Nordhausen am Harz. Er war hier unter anderem Erzieher CAROLINE VON DACHERÖDENs, der späteren Frau WILHELM VON HUMBOLDTs (1767–1835). In diese Zeit fällt auch seine Bekanntschaft mit seinem Protektor, dem späteren Fürstprimas, Großherzog und Erzbischof KARL THEODOR VON DALBERG (1724–1799).

Bekannt wurde B. durch seine Beantwortung der 1779 von der Berliner Akademie der Wissenschaften gestellten Preisfrage: „Kann irgend eine Art von Täuschung dem Volke zuträglich sein (...)?". B. gewann den Preis für seine verneinende Beantwortung, in deren Mittelpunkt er die Idee von der Perfektibilität des Menschen stellte. Aufgrund seiner Preisschrift wurde B. zum Mitglied der Erfurter Akademie der nützlichen Wissenschaften ernannt und bekam den Titel eines „Fürstlich-Schwarzberg-Rudolfstädter Rates" verliehen. Wegen seiner radikalen Ansichten wurden ihm jedoch eine angestrebte Professur an der Universität Erfurt sowie die Sekretärsstelle der Erfurter Akademie versagt. 1782 wurde B. Mitglied der Gothaer Freimaurerloge, kündigte die Hofmeisterstelle und wechselte als Lehrer und Journalist an das Dessauer Philanthropin BASEDOWs, wo er die „Dessauische Zeitung für die Jugend und ihre Freunde" herausgab. Zusammen mit SALZMANN bereitete er die Gründung der Erziehungsanstalt Schnepfenthal vor, zog sich jedoch – nachdem er sich offenbar mit jenem überworfen hatte – aus dem Projekt zurück, siedelte nach Gotha um und begründete hier 1784 die „Deutsche Zeitung für die Jugend und ihre Freunde", die er ohne Eigenkapital im Selbstverlag herausbrachte. Durch eine umfassende Werbekampagne vorbereitet, erschien 1788 das „Noth- und Hülfsbüchlein für

Freuden- und Trauer-Geschichte
des Dorfes Mildheim.

Erstes Capitel.
Was der Hauptmann von Mildheim und der alte Pfarrer Wohlgemuth von dem menschlichen Leben halten.

Ein reicher Edelmann, Herr von Mildheim genannt, welcher in seiner Jugend unter den Preußen bis zum Lieutenant gedient, und den Abschied als Hauptmann erhalten hatte, lebte auf seinem schönen Rittergute, dazu ein ansehnliches Dorf gehört, welches auch Mildheim heißt. Seine Speisekammer und sein Keller waren reichlich versehen, und er hatte einen sehr geschickten Koch: aber, wegen seiner geschwol-
A lenen

Illustrierte Seite aus Rudolph Zacharias Beckers „Noth- und Hülfsbüchlein oder lehrreichen Freuden- und Trauergeschichten der Einwohner zu Mildheim" (1. Teil, Gotha 1814). Die erste Ausgabe dieses oft aufgelegten Werkes war schon 1788 erschienen.

Bauersleute", das zu einem buchhändlerischen Riesenerfolg wurde und B.s Ruhm als Volksschriftsteller begründete. Neben Ehrungen und Titeln trug ihm das Projekt vor allem ein beträchtliches Vermögen ein, mit dem er das erste deutsche Anzeigenblatt, den „Reichs-Anzeiger", ins Leben rief und sich als Verlagsbuchhändler etablierte.

Unter dem Eindruck der obrigkeitlichen Eindämmung von Volksbildung und Volksaufklärung im Gefolge der französischen Revolution und der Hinrichtung LUDWIGS XVI. (1792) stellte B. zunächst seine Arbeiten an der Vervollständigung seiner Volksschriftenbibliothek zurück. Erst 1799 erschienen der zweite Teil des „Noth- und Hülfsbüchleins" und ein Teil der dieses Werk komplettierenden „Mildheim"-Schriften, die den Grundstock zu B.s Verlagsprogramm bildeten, das er ab 1800 systematisch aufbaute.

Seine Tätigkeit wurde entscheidend beeinträchtigt durch die Napoleonischen Kriege und die damit einhergehende Verschlechterung der Wirtschaftslage. 1811 wurde B. aufgrund seiner patriotischen Haltung von der französischen Besatzungsmacht verhaftet und für 17 Monate auf der Festung Magdeburg interniert. Aus der Haft entlassen, wandte B. seine gesamte Energie auf die publizistische wie materielle Unterstützung der Befreiungskriege; unter anderem verfaßte er die antifranzösische Schrift „Rudolph Zacharias Beckers Leiden in siebzehnmonatlicher französischer Gefangenschaft von ihm selbst beschrieben" (1814). Gleichzeitig nahm er die Neuausgabe und Erweiterung seiner „Mildheim"-Schriften in Angriff.

B. war bis zu seinem Tode publizistisch tätig. Er vertrat dabei zunehmend nationale Ziele, machte sich aber auch zum Fürsprecher der liberalen Forderungen seiner Zeit.

Werk, Tendenzen, Wirkung. „Laßt uns selbst nur besser werden, gleich wird's besser seyn auf Erden." – Dieser Wahlspruch B.s bestimmte sein ganzes Werk, das durchgängig vom Perfektibilitätsgedanken geprägt ist. Eine erste theoretische Begründung erfährt dieser Gedanke in seiner Preisschrift von 1780, mit der B. der Selbstverständnisdiskussion der Spätaufklärung grundlegende Impulse gab. Darin definiert B. den Zweck des Daseins und die „wahre Glükseligkeit der menschlichen Gattung" als die stufenweise Entwicklung aller Keime der Vollkommenheit. Um das „Besserwerden" geht es B. bereits mit der „Dessauischen Zeitung für die Jugend und ihre Freunde", die noch ganz in der Tradition der moralischen Wochenschriften steht. Mit der „Deutschen Zeitung für die Jugend und ihre Freunde oder moralische Schilderungen der Menschen, Sitten und Gebräuche unserer Zeit", die seine Perfektibilitätsvorstellungen einem möglichst großen Leserkreis zugänglich machen sollte, knüpfte B. an das Dessauer Projekt an, der Charakter einer wirklichen Zeitung trat aber zunehmend in den Vordergrund. Die „Deutsche Zeitung" war als Privat- und Schullektüre für Kinder und Jugendliche gedacht, richtet sich aber auch an „Erwachsene, welche keine Gelehrte oder Staatsmänner von Profeßion sind". 1788 fiel der Zusatz „für die Jugend" weg, und die Zeitschrift entwickelte sich mehr und mehr „zu einer Art Leserbriefkasten für aufklärerische Zeitgenossen" (SIEGERT).

Seine volksaufklärerischen Grundsätze legte B. in seiner Werbeschrift für das „Noth- und Hülfsbüchlein", dem „Versuch über die Aufklärung des Landmannes" (1785) nieder. Er erklärt darin die Aufklärung zu einer Frage der moralischen Haltung. Die Bestimmung des Menschen sei es, „durch nützliche Anwendung seiner Kräfte in seinem Wirkungskreise stufenweise immer edler, glückseliger, der Unsterblichkeit würdiger und der Gottheit ähnlicher zu werden". B.s Ziel ist es, den Landmann zum Selbstdenken in seinem eigenen Wirkungskreis anzuleiten und ihm seine Bestimmung als Mensch und Bauer fühlbar zu machen. Die Aufklärung des Landmanns soll sich auf fünf Bereiche erstrecken: Lebensführung, Sozialverhalten, berufliches Wissen,

Staatsbürgerkunde und Erkenntnis der göttlichen Ordnung. Träger der Aufklärung sollen Prediger, Schulmeister und Volkslehrer sein, als Medien sollen Predigten, Katechisationen, Kalender, Wochenblätter, Volkslieder, -schauspiele und -schriften, das heißt, die dem Landmann traditionell bekannten Lese- und Unterhaltungsstoffe dienen. Die praktische Umsetzung dieser Vorstellungen zur aufklärerischen Volksschrift lieferte B. mit seinen „Mildheim"-Schriften, in deren Mittelpunkt das „Noth- und Hülfsbüchlein" steht. Wie die meisten übrigen Volksschriften B.s richtete sich das „Noth- und Hülfsbüchlein" zwar vornehmlich an die erwachsene Landbevölkerung, es war aber auch in besonderem Maße zur Lektüre der Kinder des Landvolks bestimmt; vielerorts wurde es als Schulbuch eingeführt.

Das Werk wollte „dem Landmanne ein System von Kenntnissen und Gesinnungen, welches ihn als Mensch, als Landmann und als Staatsbürger glücklich machen müßte" vermitteln; es zielte „unmittelbar auf die Veredelung und Beglückung der größeren Zahl der Menschen", nämlich der niederen Schichten ab. Eingebettet in eine „Freuden- und Trauergeschichte des Dorfes Mildheim" sind drei Teile des eigentlichen „Noth- und Hülfsbüchleins": „Wie Bauersleute vergnügt leben können", „Wie Bauersleute mit Ehren reich werden können" und „Wie Bauersleute in allerhand Nothfällen helfen können". Das Werk bietet eine Fülle von praktischem Erfahrungsstoff und moralischen, physikalischen, ökonomischen, medizinischen und anderen Kenntnissen, die im Zusammenhang mit den täglichen Beschäftigungen, Bedürfnissen und Lebensvorfällen der Landbevölkerung behandelt werden. Das Werk will nicht nur eine Enzyklopädie nützlicher Kenntnisse sein, sondern vor allem einen Anstoß zum Selbstdenken, zur „Selbstveredelung" geben. Die Vervollkommnung des Menschen beinhaltet nach Auffassung B.s darüber hinaus jedoch das ethische Gebot, so zu handeln, „daß du vernünftig wollen kannst, die ganze Welt möge eben so handeln". Dies ist die Maxime des zweiten Bandes des „Noth- und Hülfsbüchleins": „Im zweyten Theile wird der geweckte Verbesserungstrieb auf die Befestigung des physischen Wohlstandes durch das bürgerliche Gesellschaftsband und dann auf die Ausbildung des Geistes geleitet und das Bedürfniß der Sittlichkeit ebenfalls stufenweise fühlbar gemacht. Die Mildheimer werden dadurch, daß sie immer alles besser machen, noch nicht recht glücklich: sondern erst, als sie anfangen, immer recht zu thun und alles Unrecht zu meiden." Die Ausstattung und die Form des Werkes sind bewußt der traditionellen Lektüre des Landvolkes, besonders den Volkskalendern, angepaßt: roter Titel, zahlreiche einfache Holzschnitte (von MARTIN SELTSAM, 1750–1808), ein epopöenmäßiger Anfang mit der Schauergeschichte einer Frau, die im Grabe erwacht usw. Der Erfolg des „Noth- und Hülfsbüchleins", der einzigen bedeutenden deutschen Volksschrift vor der französischen Revolution, war außergewöhnlich. Es war um 1800 das meistgelesene weltliche Buch; Schätzungen belaufen sich für diese Zeit auf eine Auflage von 400000 Exemplaren. Das Buch war unter Gebildeten, aber auch in den niederen Volksschichten weit verbreitet, insbesondere dort, wo Pfarrer es in Vorlesestunden und Predigten einsetzten, oder wo es als Schulbuch eingeführt worden war. B.s Schrift trug die Aufklärung bis in die untersten Schichten hinein und wurde zum Vorbild einer langen Serie von „Noth- und Hülfsbüchern" für die verschiedensten Fälle.

Um das „Noth- und Hülfsbüchlein" herum gruppiert B. ein ganzes System volksaufklärerischer Schriften. Bekannt wurde vor allem das „Mildheimische Liederbuch" (1799, mit der Jahreszahl 1798) mit zunächst 518, später 800 Liedern, die die einzelnen Themenbereiche des „Noth- und Hülfsbüchleins" in systematischer Folge behandeln. Das Buch, das „alle Dinge in der Welt und alle Umstände des menschlichen Lebens, die man besingen kann", besingt, sollte vorzüglich zum Schulgebrauch genutzt werden. Das Liederbuch wurde ergänzt durch Notenausgaben für Klavier und Dorftanzkapellen. Die Sittenlehre des „Noth- und Hülfsbüchleins" ist in der „Mildheimischen Sittentafel" zusammengefaßt, die als großformatiges Plakat zum Aufhängen erschien. Es folgte ein „Mildheimisches Evangelienbuch" (1816); der Arzt DANIEL COLLENBUSCH verfaßte für B. eine „Mildheimische Gesundheitslehre", und von RUDOLPH CHRISTOPH LOSSIUS stammt ein „Mildheimisches Predigtbuch" (1817).

Mit seinen „Mildheim"-Schriften wurde B. zu einer der Schlüsselfiguren der Volksaufklärung. Zeitgenossen stellten ihn mit GELLERT (1715–1769) auf eine Stufe und feierten ihn als „Wohlthäter des Menschengeschlechts". Von der Literaturgeschichtsschreibung später weitgehend unbeachtet, erfuhr B. in jüngerer Zeit eine ausführliche Würdigung durch REINHART SIEGERT (1978).

Werke (Auswahl): Beantwortung der Frage: Kann irgend eine Art von Täuschung dem Volke zuträglich sein, sie bestehe nun darinn, daß man es zu neuen Irrthümern verleitet, oder die alten eingewurzelten fortdauern läßt? (1781); Noth- und Hülfsbüchlein für den Landmann (1785); Versuch über die Aufklärung des Landmanns (1785); Nachricht vom jetzigen Verfall und den innern Unruhen der Republik Nürnberg (1787); Noth- und Hülfs-Büchlein für Bauersleute oder lehrreiche Freuden- und Trauer-Geschichte des Dorfs Mildheim (Teil 1, 1788; Teil 2, 1798); Das Eigenthumsrecht an Geisteswerken (1789); Die Kunst Leute zu schröpfen, die noch nicht geboren sind (1789); Nachricht an das deutsche Publikum eine demselben eben so nothwendige als nützliche Tagschrift betreffend (1790); Das Rebellions-Fieber wie solches der Pastor Wohlgemuth in einer Rede beschrieben, die er an die Männer und Burschen in Mildheim gehalten, als sie ausmarschiren wollten, sich mit den Rebellen zu vereinigen (1790); Vorlesungen über die Pflichten und Rechte des Menschen (Teil 1–2, 1791–1792); Ueber Bürgerschulen (1794); Gemeinnützige Aufsätze vermischten Inhalts (Sammlung 1–2. 1797–1798); Kurze Staaten-Geschichte des Jahres 1796 (1797); Ankündigung des zweyten Theils des Noth- und Hülfs-Büchleins und eines damit verbundenen Volks-Lieder-Buches (1798); Mildheimische Sittentafel (1798–1799); Fragebuch für Lehrer über das Noth- und Hülfsbüchlein (1799); Mildheimisches Lieder-Buch von 518 lustigen und ernsthaften Gesängen über alle Dinge in der Welt und alle Umstände des menschlichen Lebens, die man besingen kann

(1799, [6]1810); Adresse an die Freunde der Publicität in Teutschland am Schlusse des 18ten Jahrhunderts (1800); Das Friedensfest wie solches zu Mildheim gefeyert worden (1801); Holzschnitte alter deutscher Meister in den Original-Platten gesammelt von Hans Albrecht von Derschau (Lfg. 1–3, 1808–1816); Allgemeines Choral-Buch für die protestantische Kirche (1811); Das deutsche Feyerkleid zur Erinnerung des Einzugs der Deutschen in Paris am 31sten März 1814 (1814); Rudolph Zacharias Beckers Leiden und Freuden in siebzehnmonatlicher französischer Gefangenschaft von ihm selbst beschrieben (1814); Gesellschafts-Lieder aus dem Mildheimischen Liederbuche (1814); An Freunde deutscher Kunst und Alterthümer (1816); Mildheimisches Evangelien-Buch auf alle Sonn- und Festtage des Jahres (1816); Bildnisse der Urheber und Beförderer auch einiger Gegner der Religions- und Kirchenverbesserung im sechzehnten Jahrhundert (1817); Hans Sachs im Gewande seiner Zeit (1821).

Hrsg.: Dessauische Zeitung für die Jugend und ihre Freunde (1782); Deutsche Zeitung für die Jugend und ihre Freunde oder Moralische Schilderungen der Menschen, Sitten und Staaten unsrer Zeit (1784–1795); Der Anzeiger (1791–1793).

Sekundärliteratur: K. Fr. Bold: Das Mildheimische Liederbuch und seine Bedeutung für die Gegenwart (in: Die Musik. 27. 1935). – Fr. Burbach: Rudolph Zacharias Becker (1895). – G. Häntzschel: Nachwort zu R. Z. Becker: Mildheimisches Liederbuch (ND. 1971). – J. Hein: Dorfgeschichte (1976). – O. v. Hippel: Die pädagogische Dorf-Utopie der Aufklärung (1939); P. Hocks: Literarische und politische Zeitschriften 1789–1805 (1975, zus. mit P. Schmidt). – W. Krauss: Est-il utile tromper le peuple? (1966). – O. Küttler: Rudolph Zacharias Becker, ein Freund Friedrich Schillers und seiner Familie (1959). – H. O. Lichtenberg: Unterhaltsame Bauernaufklärung (1970). – E. Nussbaumer: Das Mildheimische Liederbuch (1935). – H. Schulz: Rudolph Zacharias Becker als Volkserzieher (1926). – R. Siegert: Aufklärung und Volkslektüre. Exemplarisch dargestellt an Rudolph Zacharias Becker und seinem „Noth- und Hülfsbüchlein". Mit einer Bibliographie zum Gesamtthema (1978); Wiederentdeckte Volksaufklärung (in: Zeitschrift für Volkskunde. 72. 1976. 2. 231–242). – A. Stölzel: Zacharias Beckers Freigabe durch Napoleon (in: Internationale Monatsschrift für Wissenschaft, Kunst u. Technik. Bd. 7. 1913). – G. Weissert: Das Mildheimische Liederbuch (1966).

Otto Brunken

Beckman, Gunnel

*Schwedische Jugendbuchautorin; *16. 4. 1910 Falköping/Schweden.*

B. erhielt 1932 den Grad eines Bachelor of Arts an der Universität Lund. Sie war danach bis 1940 als freie Journalistin tätig. Als Bewährungshelferin nahm sie sich jahrelang gescheiterter junger Menschen an und ist seit langem Schöffin am Jugendgericht. B.s erstes Buch erschien 1960. Für ihre Kinder- und Jugendbücher erhielt B. verschiedene Auszeichnungen und Preise, so unter anderem 1969 den „Bonniers-Children's-Book-Prize", 1975 die „Nils-Holgersson-Plakette" und 1978 „The Solna cultural Scholarship". „Tillträde till festen" (1969; dt. Ich, Annika, 1971) wurde 1972 in die Auswahlliste zum Deutschen Jugendbuchpreis aufgenommen.

Werk, Tendenzen, Wirkung. Als typische Vertreterin moderner schwedischer Jugendliteratur hat B. ausschließlich erzählende realistische Texte verfaßt. Ihre Bücher aus den sechziger Jahren sind zum Teil von ihrer privaten, idyllischen, mit Kinder- und Enkelkinderglück versehenen Welt geprägt („Medan katten var borta", 1960; „Unga fröken Tova", 1961, und „På galej med farmor", 1968). Mit ihrem Buch „Misstänkt" (1965), das eine Art Protest gegen die in Kinderkrimis oft üblichen Klischees bietet, macht sie sich davon frei, nur die eigenen Erlebnisse schriftstellerisch zu verarbeiten. In „Flickan utan namn" (1967; dt. Das Mädchen ohne Namen, 1977) erzählt B. von den Schwierigkeiten der Integration eines von Schweden adoptierten iranischen Kindes. Der Durchbruch als Jugendbuchautorin gelang B. mit „Tillträde till festen" (1969; dt. Ich, Annika, 1971). Annika, eine junge Schwedin, die unheilbar krank ist, schreibt ihre Eindrücke nieder. In der Brief-Erzählung sind nicht nur die Gedanken an Tod und Todesangst festgehalten, sondern auch die Auseinandersetzung mit dem Leben, das Nachdenken über Probleme der Gegenwart und das Bedürfnis, die eigene Identität zu finden. Das Buch mit der jugendlichen Heldin war ursprünglich für Erwachsene konzipiert. Die Botschaft dieses Buches wurde im Rahmen der Kinder- und Jugendliteratur als bahnbrechend empfunden. Psychologisch tiefgehend und feinfühlig, realistisch und unsentimental erzählt sind B.s weitere Werke, die als Mädchenbücher im modernen Sinn zu bezeichnen sind. Sie berichtet in ihnen von Freundschaften unter Jugendlichen, ersten Erfahrungen mit der Sexualität, Emanzipationsfragen, Angst vor ungewollter Schwangerschaft („Tre veckor över tiden", 1973; dt. Drei Wochen über die Zeit, 1974), Trennung der Eltern, Tod einer geliebten Großmutter („Våren då allting hände", 1974; dt. Mia, verstehst du?, 1977), Straffälligkeit von Jugendlichen („Ett slag i ansiktet", 1976; dt. Dreh mir nicht den Rücken zu, 1979) und Arbeitslosigkeit („Oskuld", 1978; dt. Unschuld, 1980).
Die neuere realistische Kinder- und Jugendliteratur verdankt den Anstößen, die von B. ausgingen, viel. Entsprechend wurden ihre Bücher vielfach übersetzt und in der Bundesrepublik, aber auch in den USA und England in preiswerten Ausgaben verlegt.

Werke: Medan katten var borta (1960); Unga fröken Tova (1961); Visst gör det ont (1963); Misstänkt (1965, bearb. NA. 1979; dt. Geheimnis um das blaue Mädchen, 1978); Flickan utan namn (1967; dt. Das Mädchen ohne Namen, 1977); På galej med farmor (1968); Tillträde till festen (1969, NA. 1974, [2]1975; dt. Ich, Annika, 1971, [3]1977); Försök att förstå (1971, NA. 1975, [2]1979); Tre veckor över tiden (1973; dt. Drei Wochen über die Zeit, 1974); Våren då allting hände (1974, [2]1975; dt. Mia, verstehst du?, 1977); M som i Maggan (1975, NA. 1979); Ett slag i ansiktet (1976; NA. 1979; dt. Dreh mir nicht den Rücken zu, 1979); Oskuld (1978; dt. Unschuld, 1980); Varför just Eva? (1978); Det här med Kärlek (1979).

Sekundärliteratur: Gunnel Beckman (in: Something about the author. 6. 1974. 14–16). – A. Y. Toijer-Nilsson: Gunnel Beckman (in: De skriver för ungdom. I. 1975. 7–15).

Lioba Betten

Und da das Fest
Zu Ende ging,
Da steckte der
Wichtel-Mann
Einen kleinen goldenen
Finger-Ring
Ihr an.

Die Spinnen hatten
Gewoben bei Nacht
Einen feinen weissen Schleier;
Denn sie hatten
In ihrem Sinn gedacht,
Dies giebt eine Hochzeit-Feier

Und der Morgentau
In das Schleier-Kleid
Wob ein blitzendes
Braut-Geschmeid.

Johanna Beckmann. Sowohl die Scherenschnitte wie auch die Texte aus dem Bilderbuch „Wichtel-Männchen“ (Berlin, 1906) stammen von der Künstlerin, die den Band „Ihrer Königlichen Hoheit, der Frau Grossherzogin Elisabeth von Mecklenburg Strelitz ehrerbietigst gewidmet“ hat.

Beckmann, Johanna

*Autorin, Illustratorin, Silhouettenschneiderin, Zeichenlehrerin; *3.5.1868 Brüssow in der Ukermark (Brandenburg), † um 1945 Berlin.*

B. wuchs als Tochter eines Gutsbesitzers in Stargard (Mecklenburg) auf. Schon früh zeigte sich ihr Talent zum Zeichnen. Am 1. April 1886 trat sie in das Königliche Kunstgewerbe-Museum in Berlin ein; im Oktober wechselte sie an die königliche Kunstschule über. In den Jahren 1888–1889 war sie Schülerin von Professor HOFFACKER an der Zeichenschule des Lettevereins, wo sie auch das Examen als Zeichenlehrerin ablegte. Nach Lehrtätigkeiten an der Kunstgewerbeschule in Stettin und im Berliner Kunstgewerbe-Museum trat sie auf Anregung des Direktors der Königlichen Porzellanmanufaktur, Prof. ALEXANDER KIPS, in diese ein und war dort bis ins hohe Alter künstlerisch tätig. Daneben wirkte B. als Zeichenlehrerin an Fortbildungsschulen und am Lyzeum des Westens. Eine Kollektivausstellung ihrer Scherenschnitte fand 1895 bei Schulte in Berlin statt.

Werk, Tendenzen, Wirkung. B. verfaßte zahlreiche Gedichte und kleine Erzählungen für Unterhaltungszeitschriften der Zeit. Weit bekannt wurde sie als Silhouettenschneiderin. Sie gab zahlreiche Bücher heraus, die sie mit Scherenschnitten versah und die sie zum großen Teil mit ihren eigenen Texten ausstattete. Als Silhouettenkünstlerin schnitt sie alle ihre Silhoutten mit der Schere, im Gegensatz zu anderen Künstlern, die sie mit Tusche malten wie etwa FRANZ VON POCCI (1807–1876). In ihrer Technik steht B. zwischen KARL FRÖHLICH (1821–1898) und PAUL EMIL VALENTIN KONEWKA (1840–1871). Während sie wie KONEWKA Figuren ohne Hintergrund und detaillierte Umwelt in deutlich-derber Charakterisierung darstellt, liebt sie bei der Darstellung von Blatt- und Pflanzenwerk die zierlich-filigranhafte Ausschmückung und Verästelung. Die meisten ihrer Bücher bewegen sich in einer fast religiös anmutenden Naturmystik. Während ihre Texte – meistens kurze Reime in Form von Spruchweisheiten oder kürzere lyrische Erzählungen – in ihrem Mystizismus für Kinder oft unverständlich sind, sprechen die Bildseiten, die häufig Wichtelmänner, Nixen und Elfen, aber auch Kleingetier und Pflanzenidylle vorstellen, eher den kindlichen Betrachter an. Die Autorin wußte selbst, daß Kinder ihre Texte nur schwer verstehen können. Dies geht aus den Versen hervor, die sie ihrem Silhouettenband „Von Stehmännchen und Gründlingen“ (1926) voransetzt und in denen das Kind so angesprochen wird: „Du bist nicht klein, o nein, / Du bist schon groß. / Doch immerhin, / Es kann ja möglich sein, / Du möchtest Dies und jenes / Nicht verstehn. / Dann bitt ich dich, / Mußt du zu Mutter gehn / Und mußt sie fragen: / Mutter, was ist das? / Sie weiß es ganz gewiß / Und wird dir's sagen“. Schon die Titel der Bildbände deuten ihre lyrisch-naturzentrierten Inhalte an: „Wenn Frühling wird“; „Von Stehmännchen und Gründlingen“; „Sternlein“; „Vom Zufrieden-Werden“; „Wald-Sagen“. Naturmystizismus als Religionsersatz wird sichtbar in den Versen, die B. dem Band „Wald-Sagen“ (1913) vorangestellt hat. Sie spricht davon, wie Kunst, Wissenschaft und Mitmenschen viele unserer Fragen beantworten könnten, kommt aber zu dem Schluß: „... aber denk' daran, / Das Allerletzte kann kein Mensch dir sagen“ und fährt dann fort: „Kehr heim in deinen Wald, den heilig stillen, / Und sag' ihm deiner Seele letzte Fragen, / So wird im tiefen Wald der gute Willen, / Wenn er das will, dir seine Antwort sagen“.
Weniger versponnen zeigt sich B. in ihren Silhouetten zu verschiedenen Märchenausgaben, an deren Auswahl und sprachlicher Umarbeitung sie selbst mitgewirkt hat. Den größten Erfolg errang B. mit ihrem Silhouettenband „Wichtel-Männchen“ (1906), in dem sie vom Leben und Treiben des Wichtelmannes in ihrer naturverbundenen, versponnenen Weise in Wort und Bild erzählt. In diesem Band hat die Autorin neben Text und Silhouetten, die in einem zarten lindgrün (nicht schwarz wie gebräuchlich) auf die Tafeln gedruckt sind, auch noch die Schrift des begleitenden Textes selbst mit dem Pinsel gemalt. B. hatte eine eigene Lesergemeinde, die sich sowohl für ihre Silhouetten wie für ihre die Natur mystifizierenden, philosophisch eingefärbten Texte und Gedanken begeisterte. Kinder waren dabei sicher in der Minderzahl.

Werke (Auswahl): Storch und Frauenfrage (1905); Wichtel-Männchen (1906); Jedem das Seine (1906); Sternlein (1907); Andersens Märchen (1909); Vom Zufrieden-Werden (1910); Die schwarze Kunst (1911); Wald-Sagen (1913); Deutsche Märchen (Bd. 1–2. 1917–1918); Wenn Frühling wird (1924); Pflanze und Mensch (1925); Von Stehmännchen und Gründlingen (1926); Bilderbuch (1928).

Helmut Müller

Beeg, Marie → M. Ille-Beeg

Bendemann, Eduard Julius Friedrich

*Historienmaler, Zeichner und Illustrator; *3.12.1811 Berlin, †27.2.1889 Düsseldorf.*

B., Sohn eines wohlhabenden Berliner Bankiers jüdischer Herkunft, wuchs in einem literarisch und künstlerisch aufgeschlossenen Hause auf, in dem er auch seinen Lehrer FRIEDRICH WILHELM VON SCHADOW (1789–1862) kennen lernte. Als dieser Direktor der Düsseldorfer Akademie wurde, folgte B. ihm 1827 nach Düsseldorf. Nach einer Italienreise wurde er durch die Bilder „Die trauernden Juden im Exil“ (1832) und „Jeremias auf den Trümmern Jerusalems“ (1834) sowie durch andere historisierende und Genrebilder rasch bekannt. B. schuf auch hervorragende Porträts. Nach weiteren Italienreisen wurde er 1838 Professor an der Dresdener Akademie, wo er zu dem Kreis um LUDWIG RICHTER in Beziehung trat und mit Wandgemälden im Königlichen Schloß beauftragt wurde. 1859 wurde er als Nachfolger seines Schwagers VON SCHADOW Direktor der Düsseldorfer Akademie (bis 1867), an der er als hervorragender Lehrer galt.

Werk, Tendenzen, Wirkung. B. wurde als „Idyllenmaler des alten Testaments" (MÜLLER VON KÖNIGSWINTER) kritisiert. Er blieb im wesentlichen Eklektiker, dem es an wirklich tragischen Zügen fehlte. Als Illustrator beteiligte er sich an mehreren repräsentativen Illustrationswerken, wobei er sich geschickt den jeweiligen Mitillustratoren anzupassen verstand. Zu ROBERT REINICKS (1805–1852) „Lieder eines Malers" (1838) trug er ein zartes Bild blumensuchender und spazierengehender Mädchen vor den Toren einer altertümlichen Stadt zum Gedicht „An den Sonnenschein" bei. Für die Prachtausgabe des „Nibelungenlied" (1840), das er

Eduard von Bendemann. Illustration zu den „Nibelungen". Die Zeichnung mit dem Künstlersignet und der Jahreszahl 1840 in der Rahmenleiste zeigt Sigfrid und Kriemhild im Aufbruch aus dem Nibelungenland „rheinwärts".

gemeinsam mit JULIUS HÜBNER (1806–1882) illustrierte – es kamen noch ALFRED RETHEL (1816–1859) und STILKE hinzu –, entwarf er 14 Bilder zu den einzelnen Abenteuern, die von FRIEDRICH LUDWIG UNZELMANN (1797–1854), HUGO BÜRKNER (1818–1897) und A. VOGEL in Holz geschnitten wurden. Sie erreichen nicht die Kraft und dramatische Wucht der Blätter RETHELS, wenn ihnen auch „mehr Ruhe und Größe" (RÜMANN) innewohnt als denen HÜBNERS, „doch stören Nebensächlichkeiten und die oberflächliche Behandlung des Hintergrunds". In den Gemeinschaftswerken der Dresdner Künstler findet man von B. in der „Ammenuhr" (1843) das innig empfundene Bild „Thu Butter nein", das eine Küche mit Frühstücksszene darstellt, und das Titelbild: Glockenstuhl mit Uhr und darunter eine Mutter mit Kind. Das „ABC-Buch für grosse und kleine Leute" (1845) enthält drei Beiträge B.s: eine nazarenisch empfundene Mutter mit Kind, das tirolerisch kostümierte „Tanz"-Bild und den zürnenden Xerxes mit der Kette. Dieses Motiv ist in zwei darunter befindlichen Vignetten, durch den mit der Rute die Kinder strafenden Lehrer abgewandelt, wieder aufgenommen. Auch an F. BÜLAUS „Deutsche Geschichte in Bildern" (1862) und an einer Bibelausgabe (1850) hat B. mitgearbeitet.

Werke: R. Reinick: Lieder eines Malers mit Randzeichnungen seiner Freunde (zus. mit anderen, 1838); G. O. Marbach (Übers.): Das Nibelungenlied (zus. mit anderen, 1840); Die Ammenuhr (zus. mit anderen, 1843); R. Reinick: ABC-Buch für kleine und große Kinder (zus. mit anderen, 1845); Fr. Bülau: Die deutsche Geschichte in Bildern (zus. mit anderen, Bd. 1–3. 1855–1858).

Sekundärliteratur: P. Horn: Düsseldorfer Graphik in alter und neuer Zeit (1928). – Fr. Pecht: Deutsche Künstler des 19. Jahrhunderts. Reihe 3 (1881). – A. Rümann: Das illustrierte Buch des XIX. Jahrhunderts in England, Frankreich und Deutschland 1790–1860 (1930; NA. 1975).

Eberhard Semrau

Bern, Maximilian

*Pädagoge, Schriftsteller; *11. 11. 1849 Cherson (Südrußland), †10. 9. 1923 Berlin.*

B. wurde als Sohn eines Arztes, der in seinem russischen Wohnsitz großes Ansehen genoß, geboren. Er verlor bereits im frühen Alter den Vater und mußte mit seiner Mutter nach Wien umsiedeln. Dort studierte B. an der Universität Philosophie. Als die Familie durch mehrere Unglücksfälle ihr Vermögen verlor, mußte B. 1873 das Studium aufgeben. Er schloß sich einer Kunstreitergesellschaft an, deren Kindern er als Wanderlehrer Unterricht erteilte. Nachdem schon seine erste Novelle „Auf schwankem Grunde" (1875) ein großes Echo fand, zog er nach Berlin und widmete sich fortan der schriftstellerischen Tätigkeit, die nur durch Reisen in verschiedene Städte wie Hamburg, Dresden, Leipzig, Frankfurt am Main und Paris unterbrochen wurde. Ab 1888 bis zu seinem Tod lebte er in Berlin.

Werk, Tendenzen, Wirkung. B. verfaßte eine Anzahl von Novellen und Essays, die ihm großes Lob einbrachten und von der literarisch interessierten Bevölkerung gern gelesen wurden. Als besonders anziehend fanden seine Leser den elegischen, südrussischen Volkston, der alle seine Novellen prägt und der auf einen intensiven Umgang B.s mit der russischen Volksdichtung zurückzuführen war. Vor allem die Volkslieder und Legenden der Steppenkosaken zogen B. an. Im Bereich der Kinder- und Jugendliteratur wurde B. weniger durch eigene Dichtungen als durch seine Fähigkeit, Anthologien für junge Leser zusammenzustellen und herauszugeben, bekannt. Am verbreitetsten waren die beiden Sammlungen „Anthologie für die Kinderstube" (1879) und „Illustrirter Hausschatz für die Jugend" (1880), die zahlreiche Auflagen bis weit ins 19. Jahrhundert hinein erlebten.

Die „Anthologie für die Kinderstube" sollte nach den Worten des Autors „die Kleinen bis zum Eintritt in die Schule" begleiten. Die Anthologie bringt eine „Auswahl der besten Ammenscherze, Spielverse, Puppengedichte, Räthsel, Fabeln, Neckmärchen, Kindergebete, altherkömmlichen Reime, sowie der neuesten Kinderlieder", die von B. „methodisch geordnet" wurden. Die zahlreichen Textzeichnungen von bekannten Illustratoren wie HUGO BÜRKNER, FEDOR FLINZER, CARL OFFTERDINGER oder LUDWIG RICHTER gaben dem Band Bilderbuchcharakter. Im Anschluß an die Tradition biedermeierlicher Kinderbücher zeigt die dem Titelblatt vorgeheftete Farbtafel von OFFTERDINGER eine in spätromantischer Manier entworfene Kindergruppe, die einer mit einem Lorbeerkranz bekränzten jungen Frau beim Vorlesen aus einem Buch lauscht. Der Autor unterteilt seine Sammlung in achtundzwanzig Gruppen, die er mit Titeln wie „Sag', liebes Kindchen", „Wiegenlieder", „Schaukellieder" oder „Handspiele" überschreibt. In der Sammlung sind Reime und Gedichte bekannter älterer wie zur Entstehungszeit des Buches „moderner" Autoren zusammengetragen, dazu vieles, was mit „Volksthümlich", „Wunderhorn" oder „Mündlich" gekennzeichnet ist und auf traditionelle Überlieferung hinweist. Als Autoren finden sich HOFFMANN VON FALLERSLEBEN, SIMROCK, FRÖBEL, TROJAN, RÜCKERT, OLDENBERG, HEY, STURM, aber auch GOETHE oder CHAMISSO. B. selbst hat auch einige Texte zu seinem Sammelband beigesteuert. Intention und Auswahlkriterien spricht der Autor im Vorwort an. So verwahrt er sich dagegen, daß sein Werk „die nüchterne Arbeit eines pedantischen Gelehrten" sei. Vielmehr hatte er bei der Zusammenstellung der Texte immer „in erster Linie den praktischen Werth der Anthologie im Auge". Er vertieft diese Intention mit den Worten: „... und bei jedem Liedchen, das ich dem unversiegbaren Quell volksthümlicher Poesie entnahm, bei jedem Vers, den ich den Schöpfungen der gefeiertsten Dichter entlehnte, sowie bei der Prüfung jeder Zeile, die erst auf meine Anregung eigens für dieses Werk geschrieben wurde, vergegenwärtigte ich mir die Wirkung auf's Kindergemüth, stand ich unwillkürlich als Horcher an fremden Thüren, andächtig lauschend, wie es der heilige Raum der Kinderstube bedingt, der uns eine für uns untergegangene Märchenwelt wieder vor die Seele zaubert". Aus diesen Äußerungen spricht die romantische Verbrämung, in der der Autor das Kind und „sein Reich" sieht und dem er eine Aura der Unschuld und Fröhlichkeit unterstellt, die seiner Meinung nach die Erwachsenen nicht mehr kennen.

So zeichnen auch die ausgewählten Texte in ihrer Gesamtheit eine heile, durch keinen Konflikt getrübte Kinderwelt, die mit der Wirklichkeit der Masse der Kinder in Deutschland um die Jahrhundertwende nichts gemein hatte.

Als Quellen seiner Sammlung nennt B. unter anderem den Band „Französische Kinderlieder" von OTTO KAMP, das „Deutsche Kinderbuch" von SIMROCK, die „Liederfibel" von ROCHHOLZ und LOHMEYERS Zeitschrift „Deutsche Jugend". Im letzten Abschnitt seines Vorwortes, in dem sich der Autor unter anderem auf HERDER bezieht, „dem die Pflege der Kindesseele als höchste und idealste Mission erschien", erscheint noch einmal der romantisierende Zungenschlag des Verfassers, wenn er feststellt: „Bei jeder Zeile, die Aufnahme gefunden hat, war ich mir dessen bewußt, daß es oft für das ganze Schicksal der Kleinen entscheidend ist, welche Gesänge zuallererst an ihr Ohr dringen, welche Poesien ihre jugendlichen Herzen erfüllen".

Zu den Texten, die nach Worten des Autors auf seine Veranlassung hin eigens für den Band geschrieben wurden, gehört auch das Gedicht „Zum Eingang", das die Sammlung eröffnet und in dem sich die Autorin WILHELMINE Gräfin WICKENBURG-ALMÁSY auf das Farbbild von OFFTERDINGER bezieht. Der erste Vers lautet: „O komm' herbei, gelockt vom Klang der Reime, / – So ruft der Kinderschaar die Muse zu – / Der Grund, dem ich am liebsten meine Keime, / Die schwellenden, vertrauen will, bist du". In ähnlich gestelzt-bemühtem Ton endet das Gedicht: „Mit meinem Arm will ich dich fest umschlingen, / Mein Feind ist der, der dich von mir entfernt, / Denn, was ich Lieblichstes vermag zu singen, – / Ich sag' es frei – hab' ich von dir gelernt". Der „Illustrirte Hausschatz für die Jugend", der ein Jahr nach der für die Kleinen bestimmten Sammlung erschien, zeigt ähnliche Tendenzen wie der vorhergehende Band. Neu ist jetzt im Hinblick auf das Alter der Sechs- bis Zwölfjährigen, denen der Band zugedacht ist, ein unverkennbar vaterländisch-patriotischer Ton und die Aufnahme von Texten aus Sachbereichen wie der Zoologie, der Geschichte und der Geographie. So finden sich in dem Kapitel „Aus dem Naturleben" Texte wie „Der Löwe" (nach BREHM) oder „Der Zug der Vögel" (Dr. KARL RUSS). Beide Autoren waren um 1900 in Deutschland als bedeutende Wissenschaftler und als Autoren populärwissenschaftlicher Werke berühmt.

Werke: Auf schwankem Grunde. Novelle (1875); Gestrüpp. Novellensammlung (1876); Sich selbst im Wege. Stimmungsbild (1877); Meine geschiedene Frau. Lustspiel (1878); Ein stummer Musikant. Erzählung (1879); Für kleine Leute (1886); Am eigenen Herd. Hausbuch (1886); Lustige Stunden. Märchen und Geschichten (1878); Heimatklänge (1892); Besonderer Umstände halber. Lustspiel (1895); Aus einem Leben (1899); Sonntagsglocken. Ein Dichter-Hausbuch (1899); Es sagen die Leute. Fremdländische Sinnsprüche (1905).

Hrsg.: Deutsche Lyrik seit Goethes Tod (1877); Anthologie für die Kinderstube (1879); Illustrirter Hausschatz für die Jugend (1880); Deklamatorium. Anthologie (1887); Himmelan! Anthologie christlicher Gedichte (1893); Evangelisches Deklamatorium (1859); Ahoi! Deutsche Meereslyrik ausgewählt (1899); Geleitworte für das Leben (1900); Die zehnte Muse (1901); Deutschland, Deutschland über alles. Anthologie (1915).

Helmut Müller

Bernhard-von Luttitz, Marieluise

*Schriftstellerin, Kinder- und Jugendbuchautorin; *11.2.1913 Oschatz (Sachsen).*

B.-v.L. ging in Dresden zur Schule und bestand hier auch die Abiturprüfung. Als Geschäftsführerin auf einem Dampfer der Südamerikalinie konnte sich B.-v.L. Geld für ein Psychologie-Studium in Berlin verdienen und eröffnete hier eine psychotherapeutische Praxis. Zur Veröffentlichung ihres ersten Romans

„Schwestern – Kameradin", der auf ihre Arbeit in einem norwegischen Soldatenwohnheim während des Zweiten Weltkrieges zurückgeht, kam es nicht. 1945 heiratete sie, wurde in Bremen Volkshochschul-Dozentin für Frauenfragen und schrieb weltanschauliche Betrachtungen in „Werde, der du bist" (1947). B.-v. L. hat zwei Kinder. 1952 verwitwet, begann sie aus Existenzsorgen erneut zu schreiben, vornehmlich für Kinder. Sie siedelte nach Prien über und lebt heute als freie Schriftstellerin in Bernau/Chiemsee.

Werk, Tendenzen, Wirkung. Schon als Kind schrieb B.-v. L. Theaterstücke und „träumte" Gedichte. Ferienerlebnisse wurden in den „Dresdner Nachrichten" abgedruckt. In ihrem jugendliterarischen Werk heben sich zwei Fortsetzungsserien ab: die zu Beginn der sechziger Jahre begonnenen „Billi-Geschichten" und die Mitte der siebziger Jahre entstandenen „Bumfidel"-Geschichten. In den „Billi-Geschichten" spiegeln sich Freud und Leid einer durch den Verlust des Vaters bedrängten Familie. Zentralfiguren sind, in Gestalt von Billi und Cornelia, die eigenen Kinder, die in den Büchern selbst zu Wort kommen, indem sie von ihren Alltagsnöten, Abenteuern und Ferienentdeckungen berichten. Mit „Bumfidel" schuf B.-v. L. eine Identifikationsfigur, die durch Eigenwilligkeit, Witz, Komik und Selbstsicherheit verblüfft. Schwächen und Stärken des Kindseins, Erfindungsgabe und Situationshumor, Schlagfertigkeit und Sprachspielerei gehen in die prägnant pointierten Kurzgeschichten ein, von denen es weit über hundert gibt. Das Kind wird hier als ein ichstarkes Wesen gekennzeichnet, das eigentümliche Logik besitzt, sich gegenüber Erwachsenen durchsetzt, aber auch Faxen macht und vergnüglich gestimmt ist. „Bumfidel" wurde durch seine Einbeziehung in die Fernseh-Vorschulserie „Sesamstraße" (1976) weithin bekannt, in Schulbücher aufgenommen, auf Schallplatte, Kassette und in sogenannten „sprechenden Büchern" (Schumm-Verlag) vermarktet. Mit „Bumfidel" gelang es B.-v. L. von einer nur-heiteren, durch glückhaftes Geschick bestimmten, fröhlich-sonnigen und Erinnerungen spiegelnden Kindergeschichtenwelt abzukommen. – In „Was mich weckte war kein Vogelruf" (1976), einem für Jugendliche konzipierten Roman um eine Entwicklungshelferin, die in ihrer eigenen Heimat auf sozialpädagogische Aufgaben gestoßen wird, zeigte B.-v. L. literarisches Gespür für Zeitprobleme. Wie sehr sie der Anthroposophie RUDOLF STEINERS (1861–1925) verbunden ist, beweist sie mit der Rolle der Großmutter in ihrem umfangreichen Buch „Wiwi und Willi" (1981), einem konfliktreichen Jugendroman mit sozialer Grundproblematik, voller Humor und religiöser Tönung. Zu den 1979 erschienenen Limericks für Kinder und Erwachsene („Nun schlägt es aber dreizehn") wurde angemerkt, sie verstünden Lyrik mit List zu verbinden.

Werke: Katharinchen (1957); Uns gibt's nur einmal (1958, NA. 1973); Billi ist an allem schuld (1959); Kauf uns einen Esel, Mutti (1960, NA. 1977); Meine Tochter, der Teenager (1961); Diesbezügliches (1961); Ferien wie noch nie (1961; NA. u. d. T. Ferien in den Bergen, 1968); Schwarzer Knirps gesucht (1962); Samuli (1962); Mischki (1963; NA. u. d. T. Alle lieben Mischki, 1978); Ottochen im Turm (1965, NA. 1977); Billi und Cornelia in Großbritannien (1965); Pinne im Bücherschrank (1967, NA. 1976); Nina, das klein-große Mädchen (1967, NA. 1974; auch u. d. T. Nina möchte anders sein, 1979); Karoline Tulpenzwiebel (1970); Es war einmal ein Purzelbaum (1972); Bumfidel lacht sich krank (1975); Bumfidel ist geplatzt (1976); Bumfidel ist nicht auf den Mund gefallen (1976); Was mich weckte war kein Vogelruf (1976, TB. 1980); Bumfidel bleibt Bumfidel (1977); Das Waldkind (1977); Karoline kann so bleiben (1978); Bumfidel ist klasse (1979); Nun schlägt es aber dreizehn (1979); Wiwi und Willi (1981); Autokarli (1981).

Hans Gärtner

Bernhardi, Karl

*Bibliothekar, Herausgeber eines Volks- und Jugendschriftenverzeichnisses; *5. 10. 1799 Ottrau b. Ziegenhain/Hessen, †1. 8. 1874 Kassel.*

B. stammte aus einer Pfarrersfamilie. Er studierte in Marburg Theologie, daneben befaßte er sich mit Geschichte (eine Zeitlang leitete er den Hessischen Geschichtsverein) und Geographie. B. legte 1819 seine theologische Fachprüfung ab. Er verzichtete auf eine weitere theologische Ausbildung und ging als Hauslehrer nach Brüssel. Vier Jahre später siedelte er mit den Söhnen des Grafen BYLAND nach Löwen um. Hier bot sich ihm erneut die Möglichkeit zu studieren (1823–1826). 1826 legte B. die philologische Doktorprüfung ab, und 1827 ernannte ihn die Marburger Universität zum Doktor honoris causa. Im Jahr seiner Promotion bot man B. eine Position als Bibliothekar in Löwen an. 1829 wurde er nach Kassel an die Kurfürstliche Landesbibliothek berufen, wo er als Nachfolger von JACOB und WILHELM GRIMM ab 1830 zunächst als zweiter (1830–1859), später als erster Bibliothekar tätig war.

B.s Haltung war geprägt durch seine Erfahrungen mit dem Liberalismus in Belgien. Konflikte mit der hessischen kurfürstlichen Regierung blieben nicht aus. Vor allem wurde B. daran gehindert, publizistisch aktiv zu sein, insbesondere seit er das Zensoramt innehatte. Man verbot ihm, im Landtag mitzuwirken. 1841 wurde B. aus dem Zensoramt entlassen. An den Ereignissen von 1848 in Kassel nahm B. aktiv teil. Er wurde in das Frankfurter Parlament gewählt. Hier trat er für einen deutschen Bundesstaat ein, „der politische Macht mit geistiger und bürgerlicher Freiheit vereinen sollte" (W. HOPF). Im Mai 1849 trat B. aus dem Parlament aus. Er setzte seine Hoffnungen jetzt auf Preußen. 1867 wurde B. in den Norddeutschen Reichstag und den preußischen Landtag gewählt. Hier schloß er sich der nationalliberalen Partei an.

In der Geschichte der Kinder- und Jugendliteratur hat B. einen Platz durch die Herausgabe seines „Wegweisers" (1852) zur Jugendliteratur. Zweck von B.s „Wegweiser" war es, „die auf Handarbeiten angewiesenen Stände" (Vorrede) über Literatur zu informieren. Dabei wollte er sich von keinen, weder politischen noch kirchlichen, „engherzigen Parteirücksichten" leiten lassen. Sein Grundsatz war: „Förderung der biblisch-christlichen Weltanschauung und einer in gesetzlicher Freiheit sich bewegenden Vaterlandsliebe" (Vorrede). Es ging B. darum, extreme Positionen auszuschließen, aber auch solche Texte nicht zu empfehlen, „welche durch Ton und Haltung feindselige Gesinnungen gegen Andersdenkende hervorrufen". Mitarbeiter an B.s „Wegweiser" waren unter anderem die Jugendschriftsteller GUSTAV NIERITZ und FERDINAND SCHMIDT.

B., der dem Lesen um der bloßen Unterhaltung willen ein gewisses Recht zuerkannte, wenn er auch vor „Vielleserei" warnt, stellt in einer ersten Abteilung „Jugend- und Volksschriften zur Unterhaltung und Belehrung" vor; in der zweiten Abteilung folgen belehrende Schriften populärwissenschaftlicher Art sowie Schriften über das sittlich-religiöse Leben. Im Anhang informiert der „Wegweiser" über die Programme der zahlreichen regionalen Traktatgesellschaften und stellt Verzeichnisse ihrer Produktionen vor.

Werke: Wegweiser durch die deutschen Volks- und Jugendschriften (1852).

Sekundärliteratur: W. Hopf: Carl Bernhardi (in: Lebensbilder aus Kurhessen und Waldeck 1830–1930. 1939. 23–27).

Winfred Kaminski

Bernstorff, Hans Nikolaus Ernst Graf von

*(Ps.: H. von Benno). Seeoffizier, Schriftsteller; *26. 9. 1856 Hanredder bei Elmshorn (Holstein), † um 1939 Berlin.*

B., drittes Kind des Grafen CHRISTIAN VON BERNSTORFF, erhielt zunächst Unterricht durch einen Hauslehrer, bevor er ab 1867 das Gymnasium zu Plön besuchte. Im Jahr 1873 verließ er als Obersekundaner die Schule und trat in die kaiserliche Marine ein. Während seiner Laufbahn als Seeoffizier nahm B. an mehreren Reisen nach Süd- und Nordamerika, nach Westafrika und Westindien, an Bord des Schiffes „Vineta" an einer Weltreise teil. B., der 1886 die Tochter des Professors GERSTENBERG in Plön geheiratet hatte, verlor seine erste Frau bereits nach fünf Jahren. Im Herbst 1896 nahm er als Korvettenkapitän seinen Abschied. Im Dezember 1897 zum zweiten Mal verheiratet, hielt er in den Jahren von 1897 bis 1899 in ganz Deutschland Vorträge über die Notwendigkeit einer deutschen Flotte. Ab 1900 bis zu seinem Tode wohnte er als freier Schriftsteller in Berlin-Wilmersdorf.

Werk, Tendenzen, Wirkung. B. hielt es zeit seines Lebens für eine vordringliche Aufgabe, Bedeutung und Notwendigkeit einer deutschen Flotte, vor allem einer Kriegsflotte, in seinen Schriften und Vorträgen herauszustellen. Seine Bücher wie „An Bord. Erinnerungen eines deutschen Marine-Offiziers" (1889) oder „Unsere blauen Jungen" (1899) richteten sich sowohl an Erwachsene wie an Jugendliche des breiten Bürgertums. Auch die speziellen Jugendschriften, die er verfaßte, fanden in den Kreisen der Mittelschicht ein gutes Echo und stellten die gleichen Ziele, die seine übrigen Werke auszeichneten, in den Vordergrund. Vor allem dienten die Jugendschriften der Begeisterung der Jungen für die Kriegsmarine. Bei der Abfassung seiner Schriften konnte der Autor auf die persönlichen Erfahrungen seiner langen Dienstzeit als Seeoffizier und die zahlreichen Reisen zurückgreifen. Seine Schriften zeichnen sich durch detaillierte und genaue Informationen zum Schiffahrtswesen und zur Kriegsmarine aus. Allerdings vermied er es, in seinen Jugendschriften auf die Beschwernisse und den eintönigen und harten Drill auf Kriegsschiffen hinzuweisen. Vielmehr stellt er den Dienst auf den Kriegsschiffen als eine ununterbrochene Kette erstrebenswerter Abenteuer dar, die „jedem wackeren deutschen Jungen das Herz höherschlagen" lassen sollten. Seine geographischen und ethnologischen Informationen dagegen beschränkten sich oft auf verwaschene Verallgemeinerungen. So stellt er Kuba als „das Land mit den schönen Zigarren" vor. Darin erschöpft sich auch schon die Information über diesen Staat.

Aufschlußreich für Intention und Sprachduktus seiner Bücher ist das Jugendbuch „Auf grosser Fahrt" (1905), das sich durch Lobhudelei auf den Kaiser und durch Einstimmung der jungen Leser auf eine imperialistische Eroberungspolitik auszeichnet. In dem Buch werden die Erlebnisse des Fähnrichs zur See Fritz Lienhard auf dem Schulschiff „Stein" geschildert. Ein Höhepunkt der Geschichte ist der Besuch des deutschen Kaisers auf dem Schulschiff. Nachdem der Kaiser einigen Exerzierübungen der Fähnriche beigewohnt hat, wendet er sich an die versammelte Mannschaft mit den Worten: „Es hat mich gefreut, von Ihrem Kommandanten nur Gutes über Sie gehört zu haben. Führen Sie sich so weiter. Denken Sie stets daran, daß Sie dieselbe Uniform tragen wie Ihr Kaiser und daß diese Uniform bekannt und geachtet ist auf der ganzen Erde. Nehmen Sie sich stets ein Beispiel an Ihren Vorgesetzten und seien Sie sich dessen bewußt, daß meine Marine eine hohe Aufgabe zu erfüllen hat, die Ehre der Flagge und das Ansehen des Vaterlandes in der ganzen Welt hoch zu halten!". Im Anschluß an diese Rede heißt es bei dem Autor: „Mit einer Stimme wie klingendes Glockenerz hatte der Kaiser gesprochen, während sein blitzendes Auge die Reihe der jungen Leute überflog". Die Jugendschriften von B. erschienen alle in der Reihe „Kamerad-Bibliothek" der „Union Deutsche Verlagsgesellschaft". Diese Buchreihe war die um die Jahrhundertwende beliebteste für Jungen aus mittelständischen Kreisen. Alle Bände der Reihe erlebten zahlreiche Auflagen und weite Verbreitung.

Werke (Auswahl): An Bord. Erinnerungen eines deutschen Marine-Offiziers (1889); Unsere blauen Jungen (1899); Auf großer Fahrt (1905); Jagdausflüge eines Marineoffiziers (1901); Blaujacken (1901); Im bunten Rock (1906); Hans Eisenhart. Ein deutsches Flottenbuch (1907); Deutsches Marineleben. Erzählungen aus dem Leben und Treiben an Bord deutscher Kriegsschiffe (1908); Deutschlands Flotte im Kampf (1908); Helgoland. Ballade (1908).

Helmut Müller

Berquin, Arnaud

*Journalist, Jugendschriftsteller; *1749 Bordeaux, †21.12.1791 Paris.*

Aus dem Leben B.s sind nur wenige Daten bekannt. In Paris war er als Redakteur des „Moniteur" tätig und arbeitete gemeinsam mit den beiden Literaten PIERRE-LOUIS GINGUENE und PHILIPPE-ANTOINE GROUVELLE an der Redaktion der „Feuille villageoise". 1791 gehörte B. zu den Kandidaten, die als mögliche Lehrer des Dauphins in Betracht kamen. Da man ihn verdächtigte, Girondist zu sein, wurde er abgelehnt. Sein Freund und Biograph J. N. BOUILLY (1763–1843) beschreibt B. als einen Menschen, „welcher das Vertrauen der Kinder so sehr zu verdienen und ihre zarten Neigungen so richtig zu leiten wußte", wodurch er sich „mit Recht den schönen Namen ‚Kinderfreund' durch seine zahlreichen Arbeiten erworben" habe. BOUILLY fährt fort: „Er wohnte zu Paris in einem einsam gelegenen Miethause, in einer kleinen Straße des Stadtviertels Montmartre gelegen. Wie oft sah ich diesen getreuen Dolmetscher der kindlichen Natur im Garten mit jenen, die er seine kleinen Kameraden nannte, umherlaufen, und sich bei ihren heiteren Spielen betheiligen, während er ihre Bewegungen, ihre Charaktere, ihre erwachenden Leidenschaften beobachtete, und die glücklichen Worte, welche ihrem naiven Munde entschlüpften, sorgsam einsammelte."

Werk, Tendenzen, Wirkung. B. hat ein umfangreiches Oeuvre hinterlassen. Zunächst verfaßte er Idyllen und Romanzen im Stile GESSNERS. 1774 erschien eine in Verse gesetzte Bearbeitung des „Pygmalion" von J. J. ROUSSEAU und 1775 veröffentlichte er die „Tableaux anglais", eine Sammlung philosophischer Abhandlungen, die in englischen Zeitungen, vornehmlich dem „Spectator", erschienen waren. Im Januar 1782 begann B. mit der Veröffentlichung des „L'Ami des Enfans", der von nun an für die Dauer von zwei Jahren an jedem Monatsersten in insgesamt 24 Heften erschien und B.s Erfolg als Kinder- und Jugendschriftsteller begründete. 1784 erklärte die Académie Française das Buch zur wichtigsten und nützlichsten Publikation des Jahres. Durch die positive Resonanz ermutigt, machte sich B. an die Herausgabe einer Fortsetzung unter dem Titel „L'Ami des Adolescents" (1784). Die Werke enthalten Lustspiele, Erzählungen, Dialoge und Briefe und dienten vorrangig der moralischen Belehrung und Unterhaltung. Deutlich wird B.s Nähe zu den Grundgedanken und Erziehungsvorstellungen ROUSSEAUs. B.s Jugendschriften sind von der Überzeugung getragen, daß der Mensch gut und Tugend seine natürliche Bestimmung sei.

Die Vorlagen zu beiden Werken lieferte CHRISTIAN FELIX WEISSE mit seinem „Kinderfreund" und dem „Briefwechsel der Familie des Kinderfreundes". G. KLINGBERG (1973) weist nach, daß allein 14 Lustspiele aus WEISSES „Kinderfreund" entnommen sind, darüber hinaus finden sich Bearbeitungen etlicher Texte von J. J. ENGEL, H. STEPHANI und J. H. CAMPE. B. übernahm weitgehend Thematik und Handlung der Originale, wählte jedoch als Protagonisten überwiegend Vertreter des Adels und suchte die angestrebte Wirkung zu verstärken, indem er die Texte und die hierin enthaltenen Morallehren mit empfindsamen, wenn nicht gar rührseligen bis melodramatischen Zügen versah. B.s Kritiker PAUL HAZARD (1952) führt hierzu aus: „Da er für das Wohl der Menschheit im allgemeinen war, aber unter Menschheit nur den Adel verstand, den er mit noch größerer Ehrerbietung als Madame de Genlis betrachtete, die ja wenigstens dazu gehörte, so hießen seine Personen Monsieur de Milford, Monsieur de Valcourt, Monsieur de Courcy, Mademoiselle Agathe de Saint-Felix, Mademoiselle Dorothe de Louvreuil. Die kleinen Herren verneigen sich ehrerbietig vor den kleinen Dämchen, und es folgen Handküsse und tiefe Knixe. Auf die Armen aber, die bei ihm auftreten und die den Auftrag haben, die Großmut des Geldbeutels der Reichen zur Geltung zu bringen, stürzt alles Unglück der Welt nieder ... Dann erscheinen die reichen Kinder: glanzumflossen und güteumstrahlt reichen sie feierlich ihre Almosen; Wohltäter und zu Dank Verpflichtete bilden eine schöne Gruppe wie auf einem Bild von Greuze, und die Rührung ist auf ihrem Höhepunkt."

Den beiden Hauptwerken B.s schlossen sich einige englische Übersetzungen an. Daneben veröffentlichte er weitere Werke, die auf gleicher Ebene mit seinen ersten Publikationen im Rahmen der Kinder- und Jugendliteratur lagen. Hier macht sich jedoch eine Veränderung insofern bemerkbar, als er zum einen nun der sachlichen Belehrung mehr Raum gibt, zum anderen auch Bevölkerungskreise außerhalb der Aristokratie anzusprechen sucht. In seinem letzten Werk „Le Livre de Famille ou Journal des Enfants" (1791) finden sich neben der Behandlung herkömmlicher sittlich-moralischer Begriffe auch Themen aus den Bereichen der Naturlehre und Naturgeschichte, dem gesellschaftlichen und gewerblich-ökonomischen Leben. Vermittelt werden diese Themen in Form von Gesprächen im Familienkreise, in die Fabeln und Beispielerzählungen eingebettet sind. P. HAZARD kommt zu folgendem Schluß: „Wenn man Berquin liest, glaubt man einem altmodischen und stets ein wenig falschen Gesang zu lauschen; nichts ist einfach, nichts ist natürlich, nichts klingt wahr. ... Alles, was er dort, wo er den meisten Erfolg hatte, zu tun vermochte, war, den Geist der Kinder zu verbilden, möglichst mühelos ihren Platz in einer Gesellschaft einzunehmen, die schon zum Untergang verdammt war". Gegen diese negative Kritik spricht allerdings der große Erfolg, den B. mit seinen Werken hatte. Sie wurden in der Folge nicht nur in Frankreich, sondern auch in England und Deutschland in zahlreichen Einzel- und Gesamtausgaben neu aufgelegt und übersetzt. Bis Ende des 19. Jahrhunderts erschienen Sonderdrucke, Volksausgaben und reich illustrierte Bände. In Deutschland erschienen Rückübersetzungen einzelner Teile des „L'Ami des Enfants" sowie Bearbeitungen speziell für den Fremdsprachenunterricht. Auch wurde B., der so vieles von WEISSE entliehen hatte, für CAMPEs „Kinderbibliothek" bearbeitet. BOUILLY suchte die Erinnerung an sein Vorbild wachzuhalten und verfaßte eine Komödie mit dem Titel „Berquin ou l'ami des enfants", die 1802 in Paris aufgeführt wurde. Er gehörte zu den bekanntesten der zahlreichen Nachfolger B.s, die in ihren Werken seinen Stil zu imitieren suchten. Aufgrund dieser nachhaltigen Wirkung entstand schließlich der Begriff der „Berquinades", der allgemein als Synonym für Erzählungen mit gefühlvoll-moralisierender Tendenz verstanden wird.

Werke: Idylles (1774); Pygmalion. Scene lyrique de J.-J. Rousseau, mise en vers (1774); Tableaux anglais choisis dans diverses galeries, traduits librement des meilleurs feuilles periodiques publiées en Angleterre (1775); Romances (1776); L'Ami des Enfans (1782–1783); L'Ami des Adolescents (1784); Lectures pour les Enfants, ou Choix de petits Contes et Drames également propres à les amuser et à leur inspirer le gout de la vertu (1784); Introduction familière à la connaissance de la nature (1787); Bibliothéque des villages (1790); Le Livre de Famille ou Journal des Enfants (1791).

Sekundärliteratur: C. Bravo-Villasante: Weltgeschichte der Kinder- und Jugendliteratur (1977). – P. Hazard: Kinder, Bücher und große Leute (1952). – G. Klingberg: Das deutsche Kinder- und Jugendbuch im schwedischen Raum (1973). – J. de Trigon: Histoires de la littérature enfantine (1950).

Susanne Hahn

Bertall

*(d. i. Charles Albert d'Arnoux). Illustrator und Karikaturist; * 18. 12. 1820 Paris, † Anfang Februar 1893 Paris.*

B. arbeitete für verschiedene Journale („L'Illustration", „Journal pour Rire", „Journal pour Tous", „Magasin Pittoresque", „La Semaine", „Grelot" usw.), glossierte in seinen Zeichnungen Tagesereignisse und kuriose Begebenheiten, schuf Karikaturen zu den Kunstausstellungen des ‚Salons'. B. erwarb sich besonderen Ruhm auf dem Gebiet der Vignettenillustration, mit der er Romane von JAMES F. COOPER (1789–1851), von PAUL DE KOCK (1793–1871), von ALPHONSE KARR (1808–1890) und anderen ausschmückte. Das Pseudonym BERTALL legte er sich auf Anraten HONORÉ BALZACS (1799–1850) zu. B.s Hauptschaffenszeit fällt in die Jahre 1840 bis 1860. Danach ließ seine schöpferische Produktivität nach.

Werk, Tendenzen, Wirkung. Als Kinderbuchillustrator hat B. Hervorragendes geleistet. 1845 erschien die von ihm illustrierte Kindergeschichte „La bouillie de la Comtesse Berthe" von ALEXANDRE DUMAS (1802–1870) und die Holzschnitte zu ALEXANDRE DUMAS' „Histoire d'un casse noisette", einer freien Übersetzung von E. T. A. HOFFMANNs (1776–1822) Märchen vom „Nußknacker und Mäusekönig". Letztere machten B. bekannt. Die Erzählung erschien 1846 im Teubner-Verlag in deutscher Übersetzung, ohne Hinweis auf die Quelle bei HOFFMANN. Dieses Buch mit den B.'schen Zeichnungen wurde in Deutschland ein Erfolg und diente dem russischen Komponisten PETER TSCHAIKOWSKIJ, der das HOFFMANNsche Original nicht kannte, als Vorlage für sein Ballett „Der Nußknacker" (1892).

Das Illustrieren von Märchen kam B.s Begabung entgegen. Sehr feine Schraffurenlagen in Verbindung mit harter Umrißkonturierung werden in meisterhafter Weise eingesetzt, um durch ein kontrastreiches Licht-Schatten-Spiel die Dramatik und das Dämonische des Märchens zu verbildlichen oder um den Eindruck der unwirklich-märchenhaften Atmosphäre zu steigern. Dazu kommt oft eine subtil karikierende Charakterisierung, die den Märchengestalten einen eigenen Reiz verleiht. 1855 kamen Textvignetten zu WILHELM HAUFFS (1802–1827) „La caravane" und zu GRIMMS Märchen in der Übersetzung von FRÉDÉRIC BAUDRY heraus. Besonders zu erwähnen sind noch seine Illustrationen zu CHARLES PERRAULTS (1628–1703) „Contes" (1851). An diesem Werk waren neben B. andere Illustratoren beteiligt (PAUL GAVARNI, 1804–1866; GÉRARD-SÉGUIN, 1805–1875; JEAN GIGOUX, 1806–1894; GRANDVILLE, 1803–1847 und ALCIDE J. LORENTZ, * 1813). In manchen Werken B.s glaubt man Einflüsse HONORÉ DAUMIERS (1808–1879) zu erkennen. B. selbst hat anregend auf den jungen GUSTAVE DORÉ (1832–1883) gewirkt. K. VOLL sieht B. in Verwandtschaft zu LUDWIG RICHTER und FRANZ VON POCCI. A. RÜMANN möchte ihn eher mit OTTO SPECKTER vergleichen. B.s Illustrationen bestechen durch die Sparsamkeit der Mittel und das intensive spielerische Element.

Werke: Musée comique (zus. mit anderen, 1840); H. de Balzac: La comédie humaine (zus. mit anderen, Bd. 1–20. 1842–1855); P. J. Stahl: Nouvelles et seules véritables aventures de Tom Pouce (1844); H. de Balzac: Petites misères de la vie conjugale (1845); A. Dumas: La bouillie de la comtesse Berthe (1845); P. H. C. Féval: Les contes des nos pères (zus. mit anderen, 1845); A. Dumas: Histoire d'un casse-noisette (1845, dt. 1846); J. H. B. de Saint-Pierre: Paul et Virginie (1845); Almanach du jour de l'an (zus. mit anderen, 1846); O. Feuillet: Vie de polichinelle et ses nombreuses aventures (1846); E. Souvestre: Le monde tel qu'il sera (zus. mit anderen, 1846); J. de La Fontaine: Fables (1850); Ch. Perrault: Contes (zus. mit anderen, 1851); H. de Balzac: Oeuvres illustrées (zus. mit anderen, Bd. 1–10. 1851–1853); J. und W. Grimm: Contes choisis (1855); W. Hauff: La caravane. Contes orientaux (1855); H. Chr. Andersen: Contes (1856); Ch. Perrault: Contes des fées (zus. mit anderen, 1856); N. Hawthorne: Le livre des merveilles (1858); J. J. Porchat: Contes merveilleux (1858); L. de Laujon: Contes et légends (zus. mit anderen, 1862); Douze histoires pour les enfants de quatre à huit ans par une mère de famille (1863); Les enfants d'aujourd 'hui (1863); N. Martin: Contes allemands, imités de Hebel et de Karl Simrock (1866); A. Houssaye: La pantoufle de cendrillon ou Souzanne au coquelicots, conte (1868); Chr. v. Schmid: Cent quatre vingt six contes pour les enfants (1868); E. Lépine: La princesse éblouissante (1870); H. Jousselin: Nos petits rois, fables et poésies enfantines (zus. mit anderen, 1877); Ch. A. d'Arnoux: Les contes de ma mère (1877).

Sekundärliteratur: I. Bang: Die Entwicklung der deutschen Märchenillustration (1944). – A. Rümann: Das illustrierte Buch des 19. Jahrhunderts in England, Frankreich und Deutschland (1930, NA. 1975). – M. Sander: Die illustrierten französischen Bücher des 19. Jahrhunderts (1924). – K. Voll: Frankreichs klassische Zeichner im XIX. Jahrhundert (1914).

Margund Claussen

Bettelheim, Bruno

*Psychiater, Professor für Erziehungspsychologie an der University of Chicago; *5.4.1913 Wien.*

B. studierte Literatur, Kunstgeschichte und Psychiatrie an der Universität Wien, wo er 1938 den Doktortitel erhielt. Wie viele andere Intellektuelle seiner Generation geriet er unter den Einfluß von SIGMUND FREUD und benutzte die Freudsche Theorie in den dreißiger Jahren, um die Ursachen und Behandlungsmethoden des Autismus zu erforschen. 1938 wurde er von den Nazis verhaftet, fast zwei Jahre in den Konzentrationslagern in Buchenwald und Dachau festgehalten, ehe er nach den USA emigrieren konnte, wo er durch die „Progressive Education Association" eine Stelle als Erziehungspsychologe an der University von Chicago bekam. Durch die Publikation des Aufsatzes „Individual and mass behavior in extreme situations" (1943), der seine Erfahrungen in den Konzentrationslagern darlegte, wurde B. international bekannt. Diese Studie wurde später erweitert und unter dem Titel „The informed heart" (1960) veröffentlicht. B.s Interesse galt aber seit seiner Ankunft in den USA mehr den Problemen von kranken und gestörten Kindern als den Schwierigkeiten von Erwachsenen in extremen Situationen. 1944 wurde er Professor für Erziehungspsychologie in Chicago und Leiter der Sonia Shankman Orthogenic School. Die Schule war gegründet worden, um gestörten Kindern, die intellektuell begabt waren, zu helfen.

*Bruno Bettelheim (*1913)*

Die meisten Bücher B.s wie „Love is not enough – The treatment of emotionally disturbed children" (1950) oder „Truants from life" (1955) – basieren auf seiner Arbeit mit autistischen und katatonischen Kindern an der Shankman-Schule. Außerdem schrieb er eine wichtige, wenn auch umstrittene Studie über die Wirkung von kollektiver Kindererziehung in den israelischen Kibbuzim: „The children of the dream" (1969). Nach weiteren Büchern über Kinderneurosen versuchte er, Märchen als psychologische Hilfsmittel in der Therapie gestörter Kinder zu nutzen. Aus dieser Erfahrung entstand sein Bestseller „The uses of enchantment: The meaning and importance of fairy tales" (1976; dt. Kinder brauchen Märchen, 1977). B. schrieb das Buch, weil er meinte, daß die meisten Bücher für Kinder die psychischen Fähigkeiten nicht förderten, die Kinder brauchen, um sich mit schwierigen innerseelischen Problemen auseinanderzusetzen. Vielmehr behauptet er, daß die klassischen Märchen für Kinder literarische Modelle darstellen, durch die Kinder mehr über die Bedürfnisse und Triebe von Menschen und über Lösungen für ihre geschädigten Beziehungen zu ihrer Umgebung lernen als durch andere Gattungen der Kinderliteratur. B.s These ist: Die Form und der Aufbau von Märchen stellen Bilder dar, die dem Kind helfen, seine Tagträume zu gestalten und dadurch sein Leben zu ordnen. Durch seine verfremdeten symbolischen Figuren befreit das Märchen das Unbewußte des Kindes, so daß es Konflikte und Erfahrungen, die sonst verdrängt blieben oder psychologische Störungen verursachen würden, ohne Angst verarbeiten kann. Märchen legen entwicklungsbedingte Schwierigkeiten so dar, daß das Kind die heimlichen Bedeutungen der Konflikte leicht begreifen kann. Die meisten Märchen sind phantastische Spiegelungen menschlicher Entwicklungsphasen und helfen Kindern, sowohl ihren Widerstand gegen ihre Eltern wie ihre eigenen Wünsche und Ängste zu verstehen. Das Märchengeschehen deutet darauf hin, welche Stadien durchlaufen werden müssen, um psychische Autonomie, moralische Reife und sexuelles Selbstvertrauen zu erlangen. B. bezieht sich fast ausschließlich auf die Märchen von CHARLES PERRAULT und den Brüdern GRIMM.

Sein Buch „Kinder brauchen Märchen" hat zwei Teile: Im ersten erklärt B. seine psychoanalytisch geprägten Begriffe, Methoden und Ziele; der zweite Teil analysiert klassische Märchen wie „Schneewittchen", „Dornröschen", „Hänsel und Gretel", „Hans und die Bohnenranke", „Rotkäppchen" und „Aschenputtel". Den Resultaten von B.s Märchenanalyse wurde vorgeworfen, daß sie aus einem verkürzten psychologischen Blickwinkel heraus entstanden seien. Offensichtlich ist, daß B. nur das in den Märchen findet, was seine therapeutischen Hypothesen bestätigt und was sich als nützlich für seine Arbeit mit autistischen Kindern erwiesen hat. Zum Beispiel argumentiert B., daß „Aschenputtel" die Rivalität zwischen Geschwistern zum Thema hat und gezeigt wird, wie ein Mädchen bestimmte psychologische Probleme lösen muß, bevor es seinen eigenen Wert erkennen und erfüllen kann. Nach B. ist es bedeutungsvoll, daß Aschenputtel „Dreckarbeit“ machen muß, denn sie fühlt sich schmutzig. Hier symbolisiert der Schmutz ihre Schuldgefühle, weil sie ihren Vater begehrt. Um selbständig zu werden und eine reife Sexualität zu entwickeln, muß sie ihre frustrierten ödipalen Wünsche überwinden und sich an die Wirklichkeit anpassen. Deshalb ist der Prinz als Liebesobjekt ein guter Ersatz. Die heile Welt am Ende des Märchens umreißt die Möglichkeiten für jedes Kind, auch eine heile Identität in der Realität zu finden. Obwohl psychoanalytische Interpretationen eines Märchens einleuchtend sein können, ist gegen B. festzustellen, daß er zu schnell zu Verallgemeinerungen neigt. B. wiederholt Thesen, die in den zwanziger Jahren konzipiert wurden. Er muß sich auch den Vorwurf gefallen lassen, daß er nicht die gesamte Breite psychoanalytischer Märchenforschung heranzieht, unter anderem geht er an dem von WILHELM LAIBLIN herausgegebenen Buch „Märchenforschung und Tiefenpsychologie“ (1969) vorbei. In seinen Beispielen übersieht B. häufig Unterschiede zwischen den Geschlechtern, Sozialklassen, Individuen und Kulturen. Er nimmt an, daß das Märchen überall dieselbe Wirkung hat. Gesellschaftliche und historische Faktoren, die die Rezeption der Märchen beeinflussen, werden kaum erwähnt. B. schabloniert die Märchen als klassische Fälle, um seine psychologischen Thesen zu rechtfertigen. Dabei verfälscht er das spezifische Wesen jedes Märchens. So bietet „Kinder brauchen Märchen“ zudem keinen fundierten Beweis für seine Behauptung, daß die Märchen für Kinder besser seien als realistische Literatur oder andere phantastische Geschichten, oder daß sie die Wirkung haben, die B. unterstellt.

Werke: Love is not enough – The treatment of emotionally disturbed children (1950); Dynamics of prejudice (zus. mit M. Janowitz, 1950); Symbolic wounds (1954); Truants from life (1955); The informed heart (1960); Dialogues with mothers (1962); The empty fortress (1967); Children of the dream (1969); Obsolete youth (1970); A home for the heart (1974); The uses of enchantment: The meaning and importance of fairy tales (1976; dt. Kinder brauchen Märchen, 1977); Surviving and other essays (1979).

Sekundärliteratur: D. Dempsey: Bruno Bettelheim is Dr. No (in: New York Times Magazine, vom 11.1.1980. 22–23). – J. W. Heisig: Br. Bettelheim and the fairy tales (in: Children's Literature. 6. 1977. 93–114). – J. Zipes: On the use and abuse of folk and fairy tales with children: Bruno Bettelheim's moralistic magic wand (in: J. Zipes: Breaking the magic spell: Radical theories of folk and fairy tales. 1979. 160–182).

Jack Zipes

Betz, Felicitas

*Religionspädagogin, Märchenerzählerin, Schriftstellerin; *23.5.1926 Ratibor/Oberschlesien.*

Nach dem Abitur 1944 mußte B. aus ihrer Heimat flüchten und wohnte von 1946 bis 1964 in München und Wolfratshausen; seit 1964 lebt sie mit ihren acht Kindern nahe Hamburg. 1948 wurde sie Katechetin und unterrichtete bis 1953 an Volks- und Hilfsschulen. 1952 heiratete sie den Theologen OTTO BETZ, der seit 1964 an der Hamburger Universität lehrt. B. leitet Fortbildungskurse für Erzieherinnen und führt meditative Seminare mit Kindern und Erwachsenen durch. Nachdem sie sich bei VILMA MÖNCKEBERG-KOLMAR als Märchenerzählerin ausbilden ließ, stellt sie seit Anfang der siebziger Jahre das Volksmärchen ins Zentrum ihrer interpretatorischen Bemühungen. Auf Tagungen im In- und Ausland verbindet sie den Märchenvortrag mit Imaginationsübungen, um an die innere Bilderwelt der Hörer anzuknüpfen und den Symbolgehalt der Märchen bewußt zu machen.

Werk, Tendenzen, Wirkung. B. hat seit 1949 eine Fülle religionspädagogischer Arbeiten verfaßt; die Zahl der Kinderbücher, deren Breitenwirkung unterschiedlich war, ist dagegen überschaubar. B. begann ihre Laufbahn als Kinderbuchautorin mit drei Legendenbüchern. In den exemplarischen Lebensläufen des FRANZ VON ASSISI und FRANZ XAVER („Franz“, 1964), der Mutter des heiligen AUGUSTINUS („Monika“, 1964), des Bruders GABRIEL von der schmerzensreichen Jungfrau und des Missionars GABRIEL LALLEMANT (in „Gabriel Gabriele“, 1966) verwirklicht sich Heiligkeit in ganz unterschiedlicher Weise. Das riskante Unternehmen, einen Erzengel in Erscheinung und Handeln darzustellen, ist auf überraschende Art in „Gabriel, Gabriele“ bewältigt worden. B. versteht es, theologischen Ernst und Rücksicht auf kindliches Aufnahmevermögen so miteinander zu verbinden, daß der Kindgemäßheit keine falschen Opfer gebracht werden. B. ist durchgängig darauf bedacht, Harmonisierungen zu vermeiden, teilt aber nicht die Konfliktbesessenheit vieler Zeitgenossen. Zugeständnisse an Unterhaltungs- und Ablenkungsbedürfnisse fehlen völlig. Alle Schriften sind geprägt durch den entschiedenen Willen, in religiösem Geist zu erziehen. Am erfolgreichsten war B. mit ihren beiden Bildergebetbüchern „Schau her, lieber Gott“ (1967) für Vorschulkinder und „Wir in unserer Stadt“ (1969) für Grundschulkinder, die von kindlichen Alltagserfahrungen ausgehen und das Kind lehren, die Umwelt „im Angesicht Gottes“ zu erleben. Lob und Dank an den wohlwollenden Vatergott bilden den Inhalt. Während das erste Buch die gelungene Schöpfung preist, läßt der Folgeband ahnen, daß heile Verhältnisse nicht selbstverständlich sind. Weniger Resonanz fand das mit abstoßend grellen Bildern versehene Buch „Wir in unserer Welt“ (1972), das die schmerzlichen Realitäten des Lebens (Tod, Krankheit, Aggression) stärker betont, wobei die Darstellung unter der Themenvielfalt und der Überbetonung des Kampfaspekts leidet. B.s sorgfältig ausgesuchte Sammlung von 12 Kindermärchen „Märchen als Schlüssel zur Welt“ (1977) – davon die Hälfte trotz heiteren Grundtons mit offenem oder traurigem Ende – geht von der Überzeugung aus, daß die bildhafte Märchensprache bei Kindern zwischen vier und sieben Jahren auf eine phasenspezifische Sensibilität stößt, der die moderne Pädagogik zu wenig Rechnung trage. Eine Tonkassette zu diesem Werk („Felicitas Betz erzählt aus ihrem Buch") gibt Zeugnis von B.s Vortragskunst.

Werke: Franz (1964); Monika (1964); Gabriel, Gabriele (1966); Schau her, lieber Gott. Bildergebetbuch für Kinder (1967, [9]1977); Wir in unserer Stadt. Bilderbuch zum Beten für sechs- bis achtjährige Kinder (1969); Wir in unserer Welt (1972); Märchen als Schlüssel zur Welt. Eine Auswahl für Kinder im Vorschulalter (1977).

Jutta Grützmacher

Beuchler, Klaus

*Journalist, Roman-, Hörspiel- und Kinderbuchautor der DDR; * 11.2.1926 Kattnitz bei Döbeln (Sachsen).*

B. besuchte die Oberschule und wurde sechzehnjährig zum Kriegsdienst eingezogen. Nach 1945 war er Landarbeiter bei Lüneburg, kehrte dann in die DDR zurück, wo er sich als Mitglied der FDJ und SED engagierte. Er studierte Germanistik, Kunst- und Wirtschaftsgeschichte in Halle und arbeitete anschließend als Journalist (Feuilletonist, Reporter, Kommentator, Rezensent) für Zeitung und Hörfunk. Drei Jahre lang war B. ‚Ständiger Vertreter des Rundfunks' der DDR beim Europabüro der Vereinten Nationen in Genf. Heute lebt B. in Berlin (Ost). 1956 wurde er mit dem Literaturpreis des FDGB ausgezeichnet.

Werk, Tendenzen, Wirkung. B. ist ein vielfach ermutigter Jugendschriftsteller der DDR. Er ist erst relativ spät zum Schreiben von Kinderbüchern gekommen. Mit seinem ersten Jugendbuch „Entscheidung im Morgengrauen" (1957) wollte B. nach eigenen Worten zeigen, „daß es in der Nacht des Faschismus auch standhafte Menschen gab, die mutig und ausdauernd für eine bessere Zukunft kämpften". Nach längerer Pause schrieb er das utopische Abenteuerbuch „Einer zuviel im Lunakurier" (1964), das später mit „Zepp und hundert Abenteuer" (1967) fortgesetzt wurde. Beide Bücher gewähren Einblick in eine klassenlose Gesellschaft des Jahres 2071. Der entscheidende Durchbruch als Kinderbuchautor gelang B. mit seiner humorvollen Kriminalerzählung „Die Sache mit Fliegenschnepper" (1969), in der er sich als Kenner des Berliner Jargons erweist. Indem B. nicht aus der Verfolgerperspektive argumentiert, sondern die Fehlentwicklung der Täter einfühlbar macht, durchbricht er gängige Muster. Auch in seinem Buch „Der Pirat mit Hindernissen" (1975) erprobt er neue Erzählhaltungen und findet dafür Anerkennung. B. neigt zum Moralisieren; er will durch Vorbild- und Distanzfiguren zu bewußtem Sozialismus in Haltung und Handlung erziehen. In „Parole Feuerstein" (1972) wird ein Schülerkollektiv durch einen Studienrat für gemeinnützige Aktivitäten begeistert; parallel dazu überwindet ein Elternpaar seine Entfremdung: der Vater unterzieht sich einer Bewährungsprobe, damit nach der Trennung ein Neuanfang ohne Kompromisse gelingt. Beide Handlungsstränge, ineinander verschränkt, werden allmählich erhellt durch den jugendlichen Ich-Erzähler, der seine schulischen und familiären Erfahrungen, teils erinnernd, zu einem mustergültigen Schultagebuch verarbeiten möchte. In „Typ mit Stacheln" (1979) werden Bindungen an hierarchisch aufgebaute Jugendgruppen, die zu individuellem Terror neigen und Spaß am Randalieren haben, aufgegeben zugunsten der Partnerbeziehung; dabei gewinnt das andere Geschlecht zunehmend an Bedeutung und wird als Quelle von Daseinsfreude und Schaffenskraft gepriesen. Traumatische Erlebnisse, die die Aktivität lähmen (Verkehrstod des Vaters), werden so verarbeitet, daß das Engagement für Gegenwart und Zukunft allmählich die Schatten der Vergangenheit verdrängt.

B.s unverhüllt erzieherische Absichten werden in spannende und humorvolle Geschichten gekleidet. Das Bemühen um eine jugendgerechte Darstellung verführt mitunter dazu, Abstriche bei der differenzierten Charakterzeichnung und bei der Problematisierung zwischenmenschlicher Konflikte in Kauf zu nehmen. Bemerkenswert ist die Bereitschaft des Autors, literarisches Neuland zu betreten. Von B. stammen auch zahlreiche Erzählungen für Erwachsene.

Werke: Entscheidung im Morgengrauen (1957, [7]1969); Weite Welt – ganz nah (zus. mit H. E. Schulze, 1961); Die Reise beginnt in Genf (1963); Einer zuviel im Lunakurier (1964); Zepp und hundert Abenteuer (1967); Die Sache mit Fliegenschnepper (1969); Parole Feuerstein oder Die zwölf Monde des Gwendolin Zeisig (1972); Pirat mit Hindernissen (1975); Das rote Etui (1976); Typ mit Stacheln (1979); Nach Babylon im Böhmerwald (1979).

Beiträge: Wie ich mich als Kinderbuchautor entdeckte (in: Beiträge zur Kinder- und Jugendliteratur. 1975. 35. 5–7); Über Jules Verne hinaus. Einige Gedanken beim Schreiben wissenschaftlich-phantastischer Erzählungen für jugendliche Leser (in: Beiträge zur Kinder- und Jugendliteratur. 1970. 14. 42–45).

Jutta Grützmacher

Beumer, Philipp Jakob

*Lehrer, Jugendbuchautor; * 31.8.1809 Homberg (Niederrhein), † 7.12.1885 Wackenbach bei Wesel.*

Nachdem B. von 1825 bis 1827 in Düsseldorf zum Lehrer ausgebildet worden war, arbeitete er als Hilfslehrer an einer Landschule, bis er 1830 in das von ADOLPH DIESTERWEG (1790–1866) geleitete Lehrerseminar in Moers eintrat. Von 1834 bis 1845 arbeitete er als Lehrer in Gartrop, anschließend in Obrighoven bei Wesel. 1835 lernte er den Verleger AUGUST BAGEL kennen, mit dem er sich zusammenschloß, um preiswerte Jugendliteratur herzustellen und zu verbreiten. Nachdem er mit siebzig Jahren in den Ruhestand getreten war, lebte er bis zu seinem Tod auf dem Landgut seines Verlegers.

Werk, Tendenzen, Wirkung. B. verfaßte eine große Zahl moralischer Erzählungen, nationalistisch gefärbter Abenteuergeschichten, das Idyllische preisende Gedichte sowie naturkundlich-belehrende Schriften und gab zahlreiche Anthologien unterschiedlicher Thematik heraus. Nach seiner überaus erfolgreichen Bearbeitung von GEORG CHRISTIAN RAFFS (1748–1788) „Naturgeschichte für Kinder", die erstmals 1841 unter dem Titel „Der kleine Raff" erschienen war, verfaßte B. weitere naturgeschichtliche Werke. Er berichtet auf vielfältige Weise über Alltäglichkeiten und Merkwürdiges aus der Tier- und Pflanzenwelt. Gemeinsam mit dem Pfarrer L. DICKE gab er „Das Buch der Natur, des Völker- und Menschenlebens" (1855) heraus, in dem in 200 Abschnitten über die Wüste und den Vesuv, die Geschichte des Kaffees und COPERNIKUS, die Affennatur, Fürst BLÜCHER und die Ameisen berichtet wird, denn: „Jede Kreatur (ist) ein Wörtlein aus der Grammatik Gottes". Naturerkenntnis, sei sie physikalischer, biologischer oder geographischer Art, bedeutete für B. immer ein Schritt auf dem Weg zur Erkenntnis und Lobpreisung Gottes. Gerade im 19. Jahrhundert bedürfe man größter Vertrautheit mit den Naturkräften, aber weniger, um die Natur besser beherrschen zu können, als vielmehr, um der „Genußsucht" und dem „überspannten Wesen und Treiben der Gegenwart" noch ausweichen zu können. In dem mit sorgfältig hergestellten Kupferstichen ausgestatteten Band befinden sich Auszüge aus Reisebeschreibungen, beispielsweise des französischen Erdumseglers JULES DUMONT D'URVILLE (1790–1842) und des Naturforschers ALEXANDER VON HUMBOLDT (1769–1859), nationalistische Gedichte, unter anderem des Lyrikers MAX VON SCHENKENDORF (1783–1817), und Ausschnitte aus Werken von

Philipp Jacob Beumer. Kolorierte Bildertafel aus dem Band „Der Thiergarten zu Lilienthal" (2. Auflage 1850). Affen, „Kamel", „Vampyr", Beutelratte, Vogel Strauß etc. werden auf mehreren Seiten beschrieben, zum Teil auch durch Fabeln charakterisiert. Das Werk hat den Untertitel „Ein unterhaltendes naturgeschichtliches Bilder- und Lesebuch für die Jugend".

CHARLES DICKENS und JOHANN GOTTFRIED HERDER. Auch zahlreiche weitere Bücher B.s enthalten Beiträge anderer Verfasser, so der mit 94 Farbabbildungen ausgestattete „Thiergarten zu Lilienthal" und „Die Mutter unter ihren Kindern", in der Gedichte und Geschichten zeitgenössischer Kinder- und Jugendbuchautoren versammelt sind, wie GEORG CHRISTIAN DIEFFENBACH (1822–1901), KARL ENSLIN (1819–1875), FRANZ POCCI (1807–1875), AMALIE SCHOPPE (1791–1858), KARL STÖBER (1796–1865) und andere. Verkündet B. in vielen Erzählungen die Gottgefälligkeit als oberste Tugend, so hindert ihn das nicht daran, zugleich militaristische, kriegsverherrlichende und chauvinistische Gedanken zu verbreiten. Auch bei der Zusammenstellung seiner Anthologien ließ er sich von diesen Vorstellungen leiten, so daß seine Sammelbände ein Spiegelbild biedermeierlich-restaurativen Denkens in der Mitte des 19. Jahrhunderts sind.

Werke: Pädagogische Gold- und Silberstreifen. Eine Sammlung klassischer Stellen aus den besten Schriften älterer und neuerer Zeit, in sachgemäßer Anordnung (1838); Liederbuch für Elementarschulen (1838); Das betende Kind (1838, ^{4}1855); Alphabetische Bilderlese (1838); Blätter für die Kinderstube. Eine Sammlung kleiner Erzählungen, Gedichte und Lieder für das zarte Jugendalter (1838); Biblische Dichtungen zum Gebrauch beim Unterricht (auch unter dem Titel: Fromme Harfenklänge, 1839); Das Haus Hohenzollern (1839); Erinnerungen an Friedrich Wilhelm III. den Standhaften, den Frommen, den Gerechten (1840); Königslieder, allen wahren Preußen gewidmet (1840); Vater Gottholds Unterhaltungen mit seinen Kindern über das Tierreich (1840); Der kleine Geograph (1841, ^{3}1845); Der kleine Raff, oder Vater Gottholds Unterhaltungen mit seinen Kindern über die Reiche der Natur (1841, ^{6}1869); Thirza, das fromme Judenmädchen, oder: gute Kinder sind ein Segen für ihre Eltern (1841, ^{3}1854); Borussia. 45 Lieder, allen Vaterlandsfreunden, namentlich aber Preußens Jugend gewidmet (1842, ^{3}1850); Biographien berühmter Männer, oder Heldensaal für Deutschlands aufstrebende Jugend (1844); Erstes Buch zur Selbstbeschäftigung für Elementarschüler (1844, ^{4}1849); Pädagogisches Taschenbuch für 1844 (1843); Vater Linhard und seine Kinder, oder: die Jahreszeiten (1844); Auswahl biblischer Geschichten für den ersten Unterricht. Ein freundliches Festgeschenk für gute Kinder mit 24 saubern Bildern (1845); Der fleißige Zeichner (1845, ^{3}1850); Charakterzüge und Anekdoten aus dem Leben der Könige von Preußen und deren Generale. Ein Schriftchen für Preußens Jugend (1846); Der kleine Schriftleser (1846, ^{8}1849); Kurze Beschreibung und Geschichte von Palästina (1847, ^{4}1854); Prämienbüchlein für fleißige Kinder (1–2. 1848–1851); Zwölf Arbeitshefte für fleißige Kinder (1852); Das neue Aschenbrödel (1854); Populäre Naturgeschichte der drei Reiche, mit besonderer Beziehung auf das praktische Leben (1854, ^{4}1863); Oberon, der König der Elfen (1854); Der gebesserte Verschwender (1854); Des Kindes erstes Fabelbuch (1855); Neuer Atlas über alle Teile der Erde (1856); Die Erde und ihre Bewohner (1856); Der wohlgeübte und beliebte Deklamator (1860, ^{2}1864); Elementar-Katechismus (1862, ^{6}1881); Kleine deutsche Sprachlehre in 150 Lektionen (1862, ^{12}1880); Aufgepaßt! Du kleines Volk! (zus. mit J. B. Sonderland, 1868); Die Mutter unter ihren Kindern, oder Wie Mama ihren Kindern schöne Märchen, und Geschichtchen erzählt, hübsche Liedchen lehrt und sie zu schönen Spielen anleitet (zus. mit J. B. Sonderland, 1868); Der Tiergarten zu Lilienthal. Ein unterhaltendes naturgeschichtliches Bilder- und Lesebuch für die Jugend (^{2}1850, ^{3}1874).

Hrsg.: Prämienbibliothek für die liebe Jugend (1. Band: Kleine Erzählungen zur Veredlung des Herzens und Bildung des Verstandes, 1838, ²1841; 2. Band: Charakterzüge aus dem Leben edler Menschen, 1838, ²1841; 3. Band: Schöne Märchen, Legenden und Sagen zur angenehmen Unterhaltung für brave Kinder, 1839, ²1841; 4. Band: Geographische Unterhaltungen, 1839; 5. Band: Des jungen Sängers Harfentöne. Eine Auswahl von Liedern und Gedichten, mit besonderer Rücksicht für Gedächtnis- und Deklamations-Übungen gesammelt und der Jugend gewidmet, 1839; 6. Band: Das Preußenbüchlein, oder: die schönsten Erzählungen aus der Brandenburgisch-Preußischen Geschichte. Ein Lesebuch für Preußen's Jugend, 1840); Bildungsblätter. Eine Unterhaltungsschrift für die Jugend (1843–1846); Unterhaltendes und belehrendes Allerlei für die heranwachsende Jugend (1844); Der kleine Sänger am Klaviere (1845); Heinrich August Müller: Bitte! Bitte! liebe Mutter! lieber Vater! guter Onkel! beste Tante! Schenke mir dies allerliebste Buch mit den schönen bunten Bildern und den vielen hübschen Erzählungen (⁸1845); Deutscher Jugendalmanach (1–6. 1846–1851. Neue Folge 1–5. 1852–1858); Das Buch der Erholung (1846); Prämien-Bibliothek für die liebe Jugend. Neue Folge (1. Band: Kleine Erzählungen, 1846; 2. Band: Neuester Fabelschatz der Jugend zur Lust und Lehr', 1846; 3. Band: Interessante Erzählungen aus dem Leben edler Menschen. Der Jugend zur Lehre und Erkenntnis mitgeteilt, 1847; 4. Band: Wanderungen in das Reich der Tiere, 1848; 5. Band: Goldperlen, 1849, ²1851; 6. Band: Wunderliches Lustwäldchen schöner Märchen, Legenden und Sagen, braven Kindern zur angenehmen Unterhaltung gewidmet, 1851); Das Buch der Belohnung (1848); Das Buch für die Abendstunden (1851); Das Buch für belehrende Unterhaltung (1851); (mit L. Dicke:) Das Buch der Natur, des Völker- und Menschenlebens (1855); Das Buch der Toaste (1860); Weihnachtsbuch für die reifere Jugend, zugleich ein Vorlesebuch für Schule und Haus (1869).

Klaus-Ulrich Pech

Bianco, Margery

*Schriftstellerin; *22.7.1881 London, †4.9.1944 New York.*

Im Alter von neun Jahren zog B. mit ihren Eltern von London nach New York, später auf eine Farm in Pennsylvania und schließlich nach Philadelphia. Dort kam es für B. zum erstenmal zu einem regelmäßigen Schulbesuch, der bis dahin durch die häufigen Wohnortwechsel wie durch zahlreiche Kurzaufenthalte in Europa unmöglich gewesen war. Mit 17 Jahren versuchte sich B. erstmals als Schriftstellerin, bereits vier Jahre später legte sie ihren ersten Roman vor. Nach ihrer Heirat kehrte sie nach Europa zurück und verbrachte mit ihrem Mann mehrere Jahre in Frankreich und Italien. Der geringe Erfolg ihrer Bücher ließ B. bis zum Ende des Ersten Weltkrieges von schriftstellerischen Arbeiten absehen. In dieser Zeit widmete sie sich der Erziehung ihrer beiden Kinder. Im Jahre 1922, nachdem sie mit ihrer Familie nach England zurückgekehrt war, erschien ihr erstes Kinderbuch. Der sich schnell einstellende Erfolg veranlaßte die Autorin, weitere Bücher für junge Leser zu schreiben. Kurz vor dem Ende des Zweiten Weltkriegs zog B. wieder in die USA, wo sie nach kurzer Krankheit verstarb.

Werk, Tendenzen, Wirkung. In ihrem ersten Kinderbuch „The velveteen rabbit" (1922) nahm B. die Tradition der „toy-stories" auf, die innerhalb der „fantasy-literature" Englands bereits einen festen Platz einnahm. Die Autorin erinnerte sich laut eigener Aussage angesichts des Spielzeugs ihrer beiden Kinder an die Gefährten aus ihrer eigenen Kindheit. In „Velveteen rabbit", aber auch in den Geschichten „Poor Cecco" (1925) oder „The skin horse" (1927) gelang es der Autorin, die Grenze zur totalen Vermenschlichung des Spielzeugs zu wahren, indem sie vorführte, wie die Mechanik und das Material der Puppen und Tiere immer wieder zu Handlungsbeschränkungen führen. Den verschiedenen Spielzeugfiguren verlieh sie eine eigene Sprache und ließ sie individuelle Standpunkte einnehmen. Als sehr glücklich erwies sich die Wahl der Illustratoren ihrer Spielzeuggeschichten. Neben dem berühmten Portraitmaler WILLIAM NICHOLSON erklärten sich ANTONY MAITLAND, ARTHUR RACKHAM und B.s Tochter PAMELA BIANCO bereit, die Geschichten mit Bildern zu versehen. Mit den Bändchen „Bright morning" (1942), „Winterbound" (1936), „Other people's houses" (1939) verfaßte B. Umweltgeschichten, in denen keine phantastischen Elemente vorkommen. Die moralische Aussage in den Büchern von B. scheint häufig überzogen. Kritiker haben eine zu große Lehrhaftigkeit moniert. Der neuerdings geringere Absatz von B.s Büchern hat viele Titel schon in Vergessenheit geraten lassen. Lediglich die Erzählung „Poor Cecco" hat in jüngster Zeit Neuauflagen zu verzeichnen. Dieses Buch ist auch gemeint, wenn im angelsächsischen Raum B. als „onebook woman" bezeichnet wird.

Werke: The veleteen rabbit (1922); The little wooden doll (1925); Poor Cecco (1925); The apple tree (1926); The adventures of Andy (1927); The skin horse (1927); The candlestick (1929); All about pets (1930); The house that grew smaller (1931); A street of little shops (1932); The hurdy-gurdy man (1933); More about animals (1934); The good friends (1934); Winterbound (1936; dt. Das Haus am Berghang, 1948); Green grows the garden (1936); Tales from a Finnish tupa (1936); Rufus the fox (1937); Other people's houses (1939; dt. Ein Mädchen in der großen Stadt, 1952); Franzi and Gizi (1941); Penny and the white horse (1942); Bright morning (1942); Forward commandos (1944); The five-and-a-half club (1946); Herbert's zoo and other favorite stories (1949); The new five-and-a-half club (1951); Comprehension cards (1959).

Sekundärliteratur: L. S. Bechtel: A tribute to Margery Bianco (in: The elementary English review. 12. 1935. 147–149, 165). – D. L. Kirkpatrick (Hrsg.): Twentieth century children's writers (1978). – A. Moore (zus. mit B. Miller, Hrsg.): Writing and criticism. A book for Margery Bianco (1951). – A. Moore: Margery W. Bianco 1881–1944 (in: The Horn Book. 21. 1945. 157–165).

Erhard Dahl

Biernatzki, Karl Leonhard

*Pädagoge, Theologe, Schriftsteller; *28.12.1815 Altona, †23.1.1899 Altona.*

Nach dem Studium der Theologie in Erlangen und Kiel war B. als Rektor in Friedrichstadt an der Eider tätig, bis er dieses Amt wegen des deutsch-dänischen Krieges

Anfang 1850 aufgeben mußte. Anschließend arbeitete er zwei Jahre in der Redaktion des „Altonaer Merkur". 1852 ging er nach Kassel zum Centralverein für chinesische Mission. Drei Jahre später wurde er als Generalsekretär des Centralausschusses für innere Mission nach Berlin berufen. Im Jahr 1859 kehrte B. nach Altona zurück, wo er bis zu seiner Pensionierung 1895 als Pastor tätig war. Neben seiner hauptamtlichen Tätigkeit kümmerte sich B. um lokale Enthaltsamkeitsvereine, gründete in Friedrichstadt eine Sonntagsschule und betreute während seiner letzten Lebensjahre die Armenanstalt Osdorf bei Altona. 1854 bekam er von der Universität Jena die Ehrendoktorwürde verliehen.

Werk, Tendenzen, Wirkung. Neben geschichtlichen, kulturhistorischen, theologischen und ethnologischen Schriften schrieb B. – beeinflußt von den überaus erfolgreichen Werken seines Halbbruders JOHANN CHRISTOPH BIERNATZKI (1795–1840) – für Jugendliche vor allem Reise-, Jagd- und Abenteuererzählungen sowie Werke mit historischen Themen. Seine Erzählungen, die den völkerkundlichen Reiseabenteuern von THEODOR DIELITZ (1810–1869) oder FRIEDRICH GERSTÄCKER (1816–1872) ähneln, spielen zumeist an der Nord- oder Ostsee und zeichnen sich sowohl durch kenntnisreiche Schilderung von Landschaft und Bewohnern aus als auch durch realistisch eingesetzte Spannungsmomente. B. erzählt von Zwischenfällen im Watt, Erlebnissen auf einer Hallig, von der Tierwelt und der Geschichte Norfrieslands und Schleswigs, gelegentlich auch von Abenteuern in Chile und China, auf hoher See, bei der Grönlandfahrt und beim Walfang. Auch in der Zeitschrift „Jugend-Album. Blätter zur angenehmen und lehrreichen Unterhaltung im häuslichen Kreise", die B. vom 10. bis zum 25. Jahrgang zusammen mit zahlreichen Kinder- und Jugendbuchautoren herausgab – unter anderem waren W. A. CORRODI, F. W. GÜLL, TH. v. GUMPERT, W. O. v. HORN, C. F. LAUCKHARD, G. NIERITZ und O. WILDERMUTH beteiligt – veröffentlichte er viele Reise-, Jagd- und Seegeschichten. Bemerkenswert ist B.s 1864 erschienenes Buch „Deutsche Befreiungskriege 1813, 1814, 1815", da er in ihm ohne chauvinistische Untertöne eine fast dokumentarische Darstellung der politischen und militärischen Auseinandersetzungen gibt. Sein Konzept, „fern von aller Tendenz" über jene für Deutschland und Europa so wichtigen Jahre zu berichten, erlaubt es ihm, auch auf die positiven Auswirkungen von NAPOLEONs Unternehmungen auf Verwaltung, Justiz, Handel und Verkehr hinzuweisen. Von 1844 bis 1851 gab B. ein „Volksbuch" betiteltes Jahrbuch heraus, in dem sich neben Beiträgen zeitgenössischer Autoren zur schleswig-holsteinischen und lauenburgischen Landesgeschichte auch belletristische Arbeiten befinden. So veröffentlichte THEODOR STORM im „Volksbuch" erstmals sein Märchenszenarium „Schneewittchen" (1845), das Märchen „Der kleine Häwelmann" (1849) und die Novelle „Immensee" (1850). Viele Beiträge B.s finden sich in Zeitungen und Zeitschriften, unter anderem in „Daheim" und im von FRANZ HOFFMANN herausgegebenen „Neuen Deutschen Jugendfreund".

Werke: Land und Meer, in Schilderungen und Erzählungen für die Jugend (1853); Seebilder. Erzählungen für die Jugend (1854); Die Länder und Völker der Erde. Geschildert in Reisen und Bildern (1856); Bilder aus der Weltgeschichte (Bd. 1–5. 1857–1861); Deutsche Befreiungskriege 1813, 1814, 1815. Der Jugend gewidmet (1864); Meer und Festland. Schilderungen und Erzählungen für die Jugend (1868, ²1880); Erzählungen (1871); Old Brown, der Sclavenfreund. Der Häuptling Ulivu (1881).

Hrsg.: Volksbuch mit besonderer Rücksicht auf die Herzogthümer Schleswig-Holstein und Lauenburg (Jg. 1–8. 1844–1851); Jugend-Album. Blätter zur angenehmen und lehrreichen Unterhaltung im häuslichen Kreise (zus. mit anderen. Jg. 10–25. 1859–1876).

Sekundärliteratur: E. Alberti: Lexikon der Schleswig-Holstein-Lauenburgischen und Eutinischen Schriftsteller von 1829–1866. Bd. 1 (1866. 56–58); Lexikon der Schleswig-Holstein-Lauenburgischen und Eutinischen Schriftsteller von 1866–1882 (Bd. 1–2. 1885). – Andersen: P. emer. Dr. Biernatzki: Ein Nachruf (in: Schleswig-Holstein-Lauenburgisches Kirchen- und Schulblatt, Nr. 12. 1899. 45–47).

Klaus-Ulrich Pech

Bildgeschichte

Die B. ist eine Darstellungs- und Erzählform, die auf der kontinuierlichen narrativen Bild-auf-Bild-Folge beruht. Die B. kann völlig auf Text verzichten, kann ihn aber auch als Dialog, Erläuterung, Ergänzung einbeziehen, wobei jedoch die Bildfolge primärer Handlungsträger bleibt..

Das Prinzip der B. Die trennende Zuordnung von Zeit zu Literatur, Raum zu Bild, wie sie G. E. LESSING (1729–1781) vornahm (Laokoon, 1766), findet in der B. zur Synthese. Die zeitlich fortschreitende Handlung (ebenso Rückblenden, Zeitparallelität) wird dem Betrachter in einer aufeinander bezogenen Folge von Bildern vermittelt, wobei das für die Einzelillustration bestimmende Postulat des prägnanten Augenblicks der darzustellenden Szene nur bedingte Gültigkeit hat, da die bildliche Darstellung nicht eine charakteristische Szene eines für sich unabhängigen Textes illustriert, sondern als Bildkette unterschiedlicher Montagemöglichkeiten handlungstragend ist. R. TOEPFFER (1799–1846) schrieb in seinem „Essai de physiognomie" (1845): „Geschichten kann man auf zweierlei Arten schreiben. Entweder in Kapiteln, Sätzen und Worten, das nennt man ‚Literatur'; oder in einer Folge von Bildern, und das nennen wir eine ‚Bildergeschichte'." Wesentlich für Aussage und Wirkung sind Wiederverwendung bzw. inhaltlich bedingte Veränderung miteinander kommunizierender Bildzeichen. Besonderen Stellenwert hat die Darstellung der Akteure, deren Mimik, Gestik und Pose narrative und emotionale Informationen veranschaulicht. Raum, Zeit, Bewegung, fortschreitende Handlung werden im Kontext der Bilderfolge zur Darstellung gebracht. FR. WICKHOFF nennt in „Wiener Genesis" (1895) drei Darstellungsweisen der Bildenden Kunst für die Erzählung. Die älteste, der asiatischen Kunst verbundene Form ist komplettierend; sie stellt alles für den Handlungsablauf Wichtige dar, ohne jedoch die handelnden Personen zu wiederholen. Hellenisch ist die distinguierende Form, die einzelne ausgezeichnete Momente wiedergibt, die zeitlich jedoch nicht kontinuierlich miteinander verbunden sein müssen. Die Wiedergabe der handlungsadäquaten Zeitfolge, Erzählweise der römischen Kunst, nennt WICKHOFF kontinuierend. Sie ist die Form der Bildgeschichte, wobei die Erzählschritte zeitlich unterschiedlich dicht aufeinanderfolgen können. Je nach Bildgestaltung und Aussageintention verzichtet die B. auf Text. Zieht sie ihn in die Gesamtaussage ein, so geschieht das vor allem als Dialog, der als Untertext oder als Sprechblase (in den Karikaturen des 18. Jahrhunderts ausgebildet, heute in den meisten Comics) dem Bild verbunden wird. Erläuterungen, Erklärungen (z. B. Zeit- und Ortswechsel, Daten, Kausalzusammenhänge) und Kommentare können als Interpretationshilfen Verwendung finden; nicht selten ist der Text in Reime gesetzt (Knittelvers). Das Bild bleibt in der Regel als Handlungsträger dominant. Ausnahmen sind B.n, deren Aussagewert im Dialog (oder Monolog) beruht, während das Bild durch die Wiederholung seiner Unbeweglichkeit inhaltlich durch den Kontrast Redesituation/Redeinhalt genutzt wird. Wo der Text nicht ausschließlich dienende Funktion hat, wie bei Verbalisierung und Visualisierung von Geräuschen (Onomatopöie), interferiert er mit dem Bild. Die B. als Darstellungs- und Erzählweise findet sich in diesem Sinne in unterschiedlichen Medien. Viele Bilderbögen und Bilderbücher bedienen sich der B., auch Grafikzyklen (in Buchform, als Mappen) können das Prinzip der B. erfüllen (vgl. BÄNFER, 1952, S. 26 f.). Ausgeprägt ist die B. in den Zeitungsstreifen (Comic-Strips), den Comicbooks und Comic-Alben. Die Comic-Novelle gibt dem Text mehr Raum und stellt oft nur ausgewählte Sequenzen als B. dar. Die formale Organisationform von B., z. B. Folge von Einzelblättern, kleinere Bilder (Panel) auf einer Seite in Leserichtung, Simultanbild, Mischformen, kennzeichnet unterschiedliche Realisationsformen der B., verlangt unterschiedliche Rezeption, aber alle diese Beispiele (auch die moderne Form des Photoromans) beruhen auf dem Prinzip der B.

Zur Geschichte der B. Wenn verschiedene Publikationen mit der Intention, die Comics salonfähig zu machen, deren Entwicklung mit der Höhlenmalerei, der römischen Trajanssäule oder dem Teppich von Bayeux ansetzen, so kann dem nicht vorbehaltlos zugestimmt werden. Die Comics in heutiger Form, Massenprodukt der Unterhaltungsindustrie, als Zeitungsstrip, Sonntagsbeilage, Comic-book und -album, sind Entwicklungen der US-amerikanischen Zeitungsindustrie, sie begannen 1892 mit SWINNERTONs „Little Bears and Tigers", setzten sich mit R. F. OUTCAULTs (1863–1928) „Yellow Kid" (1895) und R. DIRKS (1877–1968) „Katzenjammer Kids" (1897) durch. Die Schwierigkeit der Definition liegt darin, daß es *die* Comics

„Veränderungen". Bildgeschichte von Amrei Fechner aus dem von Hans-Joachim Gelberg herausgegebenen „Bilderbuch Nummer I" (1973).

nicht gibt, weder in Inhalt noch in Gestaltungsart und Qualität. Die nordamerikanische Form der „komischen" Streifen, serienmäßiger Kauf- und Leseanreiz der Tageszeitungen, wird heute durch eine Vielzahl anderer Formen und Aussagen begleitet, die den Namen Comic im Grunde zu Unrecht tragen. Die Definitionsungenauigkeit führt zu dem Mißverständnis, die Bilderbögen als Comic-Vorläufer zu bezeichnen. Abgesehen davon, daß diese Einblattdrucke, deren Blütezeit im 19. Jahrhundert liegt, zum Teil zeitlich mit den US-Comics parallel laufen, daß sie das Prinzip der Fortsetzungsserie nicht vertreten, daß sie ein eigenständiges Medium sind (was die Comics im Comic-book erst in den dreißiger Jahren wurde), ist die Gleichsetzung Bilderbogen und B. nicht durchgängig. Viele Bilderbögen benutzen das Prinzip der B. nicht, sondern zeigen Einzeldarstellungen oder sind Ausschneidebögen (vor allem als Papierfigurentheater für Kinder beliebt) und anderes mehr. Der Bilderbogen ist wie das Comic-book und das Buch ein Medium; die Bezeichnung B. dagegen meint ein Gestaltungsprinzip. Hier allerdings liegt der Zusammenhang von vielen Bilderbögen und Comics. Auch wenn inhaltlich, gestalterisch und medial Unterschiede zu verzeichnen sind, so liegt doch die B. als gemeinsame Gestaltungsweise zugrun-

Vier kurze Bildgeschichten aus dem Zyklus „Michelchen kann alles“ von Bohdan Butenko aus dem Band „Sieh mal einer guck!“ (1977), herausgegeben von Viktor Christen.

de. In seiner unterschiedlichen Prägung kann das Prinzip der B. auf eine lange historische Entwicklung verweisen. Wir finden es partiell in den Bilderschriften (Piktographie) der frühen Kulturen, in der antiken Kunst, z. B. in den mythologischen narrativen Folgen der attischen Vasen- und Schalenmalerei, in den Bildfolgen der römischen Kunst wie z. B. der Trajanssäule, die chronologisch den Feldzug Kaiser TRAJANUS gegen die Draker (106 n. Chr.) schildert. Nicht zuletzt die anschauliche, komprimierte und auch Analphabeten zugängliche Aussage der B. begründet ihre Verwendung in der frühchristlichen und mittelalterlichen Kunst unter anderem in Handschrift, Simultanbild und Relieffolge. Der Teppich von Bayeux (1080 n. Chr.) schildert die Schlacht von Hastings (1066 n. Chr.) als B. Bis in das 15. Jahrhundert werden Handschriften religiösen wie weltlichen Inhaltes so umfassend mit Miniaturen geschmückt, daß vielfach die Bildfolge eigenständigen Aussagewert bekommt und mehr zur B. als zur Illustration tendiert. Ein Beispiel ist die französische Übersetzung von G. BOCCACCIOs „Dekameron“ (1430–1440) der flämischen Künstler G. DE METS und J. MANSEL. Nicht als Unikat, sondern als Massenprodukt, das sich an das Volk als Publikum wendet, tritt das Flugblatt (Einblattholzschnitt) auf, das sich in großem Umfange auch der B. bedient. So werden unter anderem religiöse Legenden („Die Marter des Heiligen Erasmus“, 1455), oft mit Prosa- oder Reimtexten unterschrieben, vertrieben. Zur Zeit der Reformation nutzen die katholische wie die protestantische Seite die B. als Propagandamittel. Als Nachfahren der Zeitungssänger des 15./16. Jahrhunderts singen im 17. Jahrhundert die Bänkelsänger ihre Moritaten auf den Jahrmärkten. Liedtext und Bildfolge ihrer Schautafeln werden anschließend als Druck verkauft. Diese Blätter übernehmen bis ins 18. Jahrhundert die Funktion der heutigen Illustriertenpresse. Sensationsmeldungen, Mordgeschichten, Unglücksfälle (nicht selten mit moralisierender Belehrung) werden anschaulich als B. geschildert. Politische, wirtschaftliche und militärische Ereignisse werden durch die B. dokumentiert; zahlreiche Beispiele liegen aus dem Dreißigjährigen Krieg vor (CALLOT, „Die großen Schrecken des Krieges“, 1633; MERIAN, „Wallensteins Ermordung“, 1634). Auch Spielkarten sind beliebtes Medium, wie z. B. die Kartenfolgen „The Knavery of the Rumps“ von F. BARLOW (1682/1683). W. HOGARTH nutzt die B. zur satirisch-kritischen Aussage über gesellschaftliche und soziale Mißstände. 1732 erscheint als Bildroman in Einzelblättern, vervielfacht als Kupferstich, „The Harlot's Progress“. Weitere Bildromane, den großen Erfolg nutzend, folgen. „Die Heirat nach der Mode“ (Marriage à-la-mode, 1743/1745) ist der Titel der Erläuterungen zu diesem und anderen Bildromanen von G. CHR. LICHTENBERG (1794/1799), mit der HOGARTHs internationaler Erfolg dokumentiert wird. Unter den zahlreichen Nachahmern ist auch der deutsche Zeichner der Aufklärung DANIEL CHODOWIECKI (1726–1801) zu nennen, der 1774 im Berliner Almanach mit 12 Radierungen in der Manier HOGARTHs „Das Leben eines Lüderlichen“ erzählt. Auch das von J. H. RAMBERG auf 25 Blättern erzählte „Leben Strunks des Emporkömmlings“ (1822–1825) steht in dieser Tradition. Von England ausgehend nutzt die visuelle satirische Kritik an sozialen und politischen Vorgängen des In- und Auslandes die B., wobei der Zeichenstil karikaturhaft verzerrend vereinfacht wird. So zeichnet L. MARKS (1817) eine satirische B. über NAPOLEON mittels Strichmännchen. Die B. als Möglichkeit der Satire wird im 19. und 20. Jahrhundert vor allem in den zahlreichen satirischen Zeitschriften gepflegt. Als Mittel politischer Propaganda werden 1919–1922 in Rußland die Satire-Fenster der „Rosta“ eingesetzt; Großplakate, die zu politischen, militärischen und wirtschaftlichen Tagesthemen B.n mit Text verwenden. ČEREMNYCH, MAJAKOVSKIJ und MALJUTIN sind die führenden Künstler. Für viele Zeitschriften ist die satirische B. heute selbstverständlich geworden. Zeitgenössische Beispiele sind die B.n von C. BRETÉCHER, MARIE MARCKS oder F. WOLF.

1854, dem Jahr des Ausbruchs des Krimkrieges, zeichnet GUSTAVE DORÉ einen 500 Zeichnungen umfassenden Bildroman, der in bissig-satirischer Weise mit dem zaristischen Rußland abrechnet („Historie vom Heiligen Rußland“). Bereits 1833 war ein Bildroman, der wie bei DORÉ Wort und Bild als Einheit verbindet, erschienen, „Monsieur Jabot“ von RODOLPHE TOEPFFER. Ursprünglich nicht für die Öffentlichkeit gedacht, entschloß sich TOEPFFER, unter anderem durch GOETHE ermuntert, seine komischen B.n, Parodie des Heldenepos, zu veröffentlichen. Bis 1845 erschienen weitere sechs B.n. TOEPFFER hatte nachhaltige Wirkung. So nutzen DETMOLD/SCHRÖDTER für ihre satirische Kritik die B. in „Taten und Meinungen des Herrn Piepmeyer“ (1848/1849). Ab 1858 bringt WILHELM BUSCH seine volkstümlichen, humorvollen, oft auch bissig-zynischen Bildfolgen (die in der Regel mit den

Versen eine wechselseitig bezogene Gesamtaussage bilden) in den „Fliegenden Blättern" heraus. 1859 erscheint sein erster „Münchener Bilderbogen", „Die kleinen Honigdiebe". „Max und Moritz" (1865) ist direktes Vorbild für die Comic-Serie „Die Katzenjammer Kids". „Adamson" von O. Jacobson (1920ff.), „Vater und Sohn" (1934ff.) von E. O. Plauen (d.i. Erich Ohser), „Oskar der Familienvater" (1952–1962) von Cefischer sind neben der spezifischen Comic-Produktion populäre Beispiele für die unterhaltende B. im 20. Jahrhundert.

„1:0 für die Mäuse" ist der Titel dieser Bildgeschichte von CEFISCHER (d.i. Carl Fischer) mit jenem Kater Oskar, der in allen zwischen 1952 und 1962 entstandenen Abenteuerstreifen Mittelpunkt geblieben ist.

Kennzeichnend für eine künstlerische B., die das Epos nicht parodieren, sondern visuell adäquat schildern will, sind die Grafik-Zyklen von B. Genelli, die für sich Selbständigkeit haben und nicht mehr als Illustration angesehen werden können. Die Umrißzeichnungen seiner Bildfolgen (z.B. „Aus dem Leben einer Hexe", 1841/1843, oder zu „Homer", 1844) erinnern an die Darstellungskunst der Tarzanzeichner, H. Foster und B. Hogarth (1929 bzw. 1937). Bildromane nennt F. Masereel seine Holzschnittfolgen. „Mein Stundenbuch" (1919), „Geschichte ohne Worte" (1920) oder „Das Werk" (1928) sind eindrucksvolle Beispiele der künstlerischen B. C. Meffert (C. Moreau) nutzt die B. zur sozialen Kritik, so in seinen Linolschnittfolgen „Erwerbslose Jugend" (1928) und „Fürsorgeerziehung" (1929). Auch der Surrealist Max Ernst verwendet das Prinzip der B. in seinen historischen, mit Holzschnitten illustrierten Collage-Romanen „La femme 100 têtes" (1929) und „Une semaine de bonté" (1934), denen A. Breton in der „Anweisung für den Leser" die Wirkungsmöglichkeit zur Illusion des wahren Wiedererkennens zuschreibt, jenes Verborgenen, das zu vermitteln „jede Sprache, ob als Rede oder Aufzeichnung, gänzlich unfähig" sei.

B. und Kind. Die anschauliche Unmittelbarkeit der Bildinformation macht die B. besonders bei Kindern beliebt. Die Anstrengung und Abstraktion voraussetzende Textrezeption ist hier (zunächst) offener und freier, das Wiedererkennen von Bildzeichen und ihr Vergleich mit eigener und vermittelter Erfahrung ist rasch und spontan lustvoll nachzuvollziehen und ermutigt, weitere Informationen und Zusammenhänge zu entdecken. Das narrative Element im Bild spricht Kinder besonders an (vgl. H. Hinkel „Wie betrachten Kinder Bilder?", 1972), wird durch das Fortschreiten der Handlung in der B. verstärkt interessant und ohne Schwierigkeiten vom Kind verfolgt. Seit dem Barock wird die Bedeutung des Bildes für das Kind zu Kenntnisvermittlung und Erziehung genutzt, doch zielgerichtet für Kinder wird das Prinzip B. erst mit Heinrich Hoffmanns „Struwwelpeter" (1845) herangezogen. Die enge Verbindung von Wort und Bild (Prosa wie Reim) wird zur Erzählweise der meisten Bilderbücher. Während hier das seitenfüllende Bild dominiert, erzählen die B.n der Bilderbögen und Comics umfangreichere Geschichten mit kleineren und mehreren Bildern auf der Seite. Keinesfalls sind alle Bilderbögen und Comics intentional für Kinder gedacht. Doch gestattet der verständliche Informationsreichtum der visuellen Darstellung, daß das Kind auch an der dem Erwachsenen zugedachten Geschichte Gefallen finden kann. So können Folgen wie „Peanuts", „Asterix" oder „Lucky Luke" für Kinder und Erwachsene interessant sein, wobei ganz unterschiedliche Rezeptionsschwerpunkte gesetzt werden können. Diese prinzipiell positiv zu wertende Chance stößt aber da auf Kritik, wo B.n mit pädagogisch abträglichen Inhalten (z.B. Gewaltverherrlichung, Rassenhaß etc.) Kindern zugänglich sind. Zwar bleibt die Frage, ob

„Ich und Opa". Bildergeschichte aus dem textlosen Band dieses Titels von Friedel Schmidt und Waltraut Ranke (1976).

Kinder solche B.n tatsächlich ähnlich wie Erwachsene rezipieren und Schaden erleiden, offen; doch hat die aus Überlegungen der Jugendgefährdung resultierende Diskussion der fünfziger Jahre Ansätze einer Selbstkontrolle gezeitigt, andererseits aber auch zu einer pauschalen und oberflächlichen Pejorisierung der Comics geführt, was eine inhaltlich positive Entwicklung der B. für den kindlichen Leser über das Bilderbuchalter hinaus erschwerte. Mit bedingt durch die Sperrung des Buchhandels gegen Comics (eine vor allem ökonomisch bedingte, aber unzutreffende Sichtweise, die von einer falschen Einschätzung der Konkurrenz von Buch und Comic ausgeht) bleibt die Produktion von Comics für Kinder vorwiegend Großkonzernen überlassen, deren Profitinteresse nicht an inhaltlich und künstlerisch angemessenen B.n, sondern an schnellproduzierten, multimedial verwertbaren Serien orientiert ist. Inhaltlich und künstlerisch positive B.n für Kinder, wie sie unter anderem von WILHELM BUSCH, L. FEININGER („Kin-der-kids", 1906), WINSOR McCAY („Little Nemo", 1905ff.), C. MEFFERT („Tim, Tom und Mary", 1940) oder H. E. FISCHER (fis, vgl. seine simultanen Märchenbilder, 1961) vorgelegt wurden, konnten nur sehr zögernd entstehen und sich gegenüber der Billigproduktion behaupten.
Weil sie mit großem Interesse rechnen können, greifen Illustrierte auf die B. für Kinder zurück. Aus diesem Grunde zieht sie auch die Werbung heran. Strips in der Presse, in Jugendschriften, eigenständige Hefte wie „Lurchi" (herausgebracht durch die Salamander-Schuhfabrik) oder „Knax" (vertrieben vom Sparkassenverband) werben um das Kind als direkten oder indirekten Kunden. Zur Vermittlung von Verkehrsregeln, Informationen über Geschichte, technische und biologische Zusammenhänge usw. wird die B. immer stärker herangezogen (Education-comic, Sachcomic). Auch die Schule wird – nicht nur im Kunst- und Deutschunterricht, sondern im Fremdsprachenunterricht, in Geschichte, Naturwissenschaften etc. – mehr und mehr auf die Chancen der B., ihre anschauliche Verständlichkeit, aufmerksam.

→ Bilderbogen, → Bilderbuch, → W. Busch, → Comics, → Max und Moritz, → Münchener Bilderbogen, → Neuruppiner Bilderbogen, → R. Toepffer

Sekundärliteratur: C. Bänfer: Bild und Wort im illustrativen Schaffen der letzten hundert Jahre (Diss. 1952). – W. Brückner: Populäre Druckgrafik Europas: Deutschland (1969). – H. Cremer: Die Bildergeschichten Wilhelm Buschs (Diss. 1937). – Fr. Hahne: Vorläufer und Nachahmer Wilhelm Buschs (in: Mitteilungen der Wilhelm-Busch-Gesellschaft. 13./14. 1943. 12–38). – D. Kunzle: The early comic strip (1973). – C. Rosenkranz: Bilderliteratur des deutschen Volkes (in: C. Rosenkranz: Zur Geschichte der deutschen Literatur. 1836. 245–287). – H. Schneider: Münchener Bilderbogen in ihrer Wirkung auf Kinder (Diss. 1947). – E. Schur: Rudolph Töpffer (1912). – W. Ulrich: Das Bild als Sprech- und Schreibimpuls (1976). – Fr. Wickhoff (Hrsg., zus. mit W. von Hartel): Die Wiener Genesis (1895).

Dietrich Grünewald

Bilibin, Ivan Jakovlevič

*Buchkünstler, Illustrator, Bühnen- und Kostümbildner, Professor für Graphik und Komposition; *16. 8. 1876 Sankt Petersburg, †7. 2. 1942 Leningrad.*

B. verfaßte und illustrierte schon als Schüler Märchen. Seine erste Begegnung mit moderner Kunst waren Ausstellungen der Gruppe der „Peredvižniki". Als Gymnasiast besuchte er ab 1895 die Zeichenschule der Gesellschaft zur Förderung der Künste (IOPCH) in Sankt Petersburg. 1898 begann er ein juristisches Studium, faßte jedoch während einer Reise in die Schweiz und nach Italien im gleichen Jahr in München angesichts des westeuropäischen Jugendstils, auch der Werke von ARNOLD BÖCKLIN und FRANZ VON STUCK den Entschluß, sich der Kunst zuzuwenden. Er wurde Schüler von Il'JA EFIMOVIČ REPIN (1844–1930), dem prominenten Vertreter der Peredvižniki, dem er bis 1904 treu blieb. Gemälde mit Märchenmotiven von VIKTOR MICHAJLOVIČ VASNECOV (1848–1926) und die ersten modernen russischen Kinderbücher der ELENA DMITRIEVNA POLENOVA (1850–1898) gaben ihm den Anstoß, russische Volksmärchen zu illustrieren, die 1901–1903 erschienen und ihn berühmt machten. Von 1899 an war er Mitarbeiter der maßgeblichen russischen Kunstzeitschrift „Mir iskusstva", Organ des gleichnamigen, 1898 gegründeten Künstlerbundes in Sankt

Petersburg, dessen letzter Vorsitzender er 1916 wurde. 1902–1904 unternahm er mehrere volkskundliche Forschungsreisen in das Gouvernement Vologda, sammelte Ikonen und bäuerliche Gerätschaften und photographierte Bauernhäuser und Kirchen. B. illustrierte pädagogische Schriften und Zeitschriften, gestaltete Lehrbücher, Schaubilder der russischen Geschichte für die Schule, entwarf Titelblätter, Plakate, Briefmarken, ein Kartenspiel, Signets, Postkarten, wurde Mitarbeiter der Zeitschrift „Zolotoe runo" und versuchte in den satirischen Blättern „Župel" und „Adskaja počta", seinen Stil in der Karikatur einzusetzen. Seine buchkünstlerischen Vorstellungen hatten auf die russische Buchgestaltung bis in die zwanziger Jahre stilbildende Wirkung. Ab 1905 schuf B. Theaterdekorationen und -kostüme, unter anderem für SERGEJ DJAGILEVS (1872–1929) Inszenierung von MODEST P. MUSSORGSKIJS (1839–1881) „Boris Godunov" 1908 in Paris. 1910 begann er, sich intensiver mit reiner Malerei zu beschäftigen, nachdem er zum Lehrer für Graphik, später auch für Komposition an der Zeichenschule der IOPCh ernannt worden war. B. lehrte dort bis 1917 einen streng linearen Zeichenstil. Sein begabtester Schüler war GEORGIJ IVANOVIČ NARBUT (1886–1920), neben B. einer der bedeutendsten russischen Kinderbuchgestalter. Die Revolution überraschte ihn in seinem Besitz auf der Krim, er emigrierte 1919, verschwand in einem englischen Internierungslager, wurde für tot gehalten, tauchte aber 1920 in Kairo auf. 1925 ging er nach Paris, beteiligte sich an der Ausstattung der in Berlin und Paris erscheinenden Kunstzeitschriften „Zlatocvet" und „Zar-ptica", organisierte 1927 eine „Mir iskusstva"-Ausstellung und entwarf 1929–1931 Dekorationen für russische Opern. Mit russischen Märchenausgaben in Heftform und Illustrationen zu französischen Autoren hatte B. nicht den gewünschten Erfolg. Die sich in andere Richtung entwickelnde westeuropäische Kunst blieb ihm fremd. 1936 ging er in die Sowjetunion zurück. Er erhielt den Doktorgrad und eine Professur für Graphik am Leningrader Institut für Malerei, Skulptur und Architektur. Er arbeitete fürs Theater und als Illustrator. Als Leningrad im Zweiten Weltkrieg belagert wurde, lehnte er eine Evakuierung ab und starb am 7. Februar 1942 an Entkräftung.

Werk, Tendenzen, Wirkung. B. war von der Urwüchsigkeit der russischen Volkskunst in romantischer Weise fasziniert, ohne als Abkömmling städtischer Intellektueller tiefer in deren Wesen einzudringen. Dazu empfing er starke Eindrücke vom westeuropäi-

Ivan Jakovlevič Bilibin. Illustration aus dem Jahre 1907 zu Aleksandr Sergéevič Puškins „Das Märchen vom Zaren Saltan, von seinem Sohn, dem berühmten und mächtigen Fürsten Gwidon, und von der wunderschönen Schwanenprinzessin".

schen Jugendstil. Angeregt von Vorbildern wie MAURICE BOUTET DE MONVELS „Jeanne d'Arc" (1896), vereinigte er in seiner ersten Schaffensperiode, ohne zu historisieren, volkstümliche Elemente in Tracht und Gegenständen mit der flächig stilisierenden Landschaftsauffassung der Jahrhundertwende und schuf Märchenillustrationen von Frische und Unmittelbarkeit. Schon mit dem Erstlingswerk „Skazka ob Ivane-Careviče, Žar-ptice i o Serom volke" (1901) fand er seinen Stil, der im nächsten Märchen „Vasilisa Prekrasnaja" (1902) einen Höhepunkt erreichte. Ohne auf erzählerische Spannungsmomente abzuzielen, gelingen B. in seinen Büchern Bilder von seltener Eindringlichkeit. B. hatte als Verlag die Staatsdruckerei für Wertpapiere, die unter der Aufsicht von GUSTAV FRANK (* 1859) für eine bis dahin bei Kinderbüchern nicht gekannte Druckqualität sorgte. Dadurch trug sie zum Erfolg der preiswerten Hefte bei, die als Serie mit einheitlichen Umschlägen erschienen und einen neuen Kinderbuchtypus darstellten, der sich bis heute gehalten hat. B.s Zeichentechnik ist auf Reproduzierbarkeit ausgerichtet: Die Zeichnung wird mit einem Haarpinsel in strengen Linien angelegt, die Farben werden als Flächen nach japanischem Vorbild fast homogen aquarelliert, oft erst auf dem Andruck. B. war so sehr Buchkünstler, daß er sich kaum mit Originalgraphik befaßte. Trotzdem ist seinem Einfluß die Etablierung der Graphik als selbständiger Kunstgattung in Rußland zu verdanken.

In den Zeichnungen zu „Belaja utočka" (1901–1902) begann B. stärker zu abstrahieren, doch bleibt die Landschaftsauffassung noch natürlich. Die Illustration von PUŠKINs Märchen vom Zaren Saltan (1907) ist B.s reichste Arbeit, doch insgesamt uneinheitlich: einerseits an BOUTET DE MONVEL (Jeanne d'Arc) erinnernd, andererseits Elemente des Japonismus und der Volkskunst – B. verehrte HOKUSAI – aufgreifend. Mit den Illustrationen zu PUŠKINs „Skazka o zolotom petuške" (1910) ist B. ganz zur strengen Stilisierung der russischen Volkskunst übergegangen, wie sie vor allem in den „lubki" (lubok – Holzschnitt) ausgeprägt ist, die er selbst sammelte. Die Eindrücke seiner volkskundlichen Expeditionen, die ihren ersten Niederschlag in den Illustrationen zur Sage „Vol'ga" (1904) gefunden hatten, überlagern seine aus der Kunstbewegung der Jahrhundertwende geschöpfte Naturauffassung. Seine „stählerne Linie" weiter kultivierend, illustriert er nicht mehr direkt nach Naturskizzen aus Nordrußland wie früher, sondern beschränkt sich auf museale Vorbilder. So überlegt konzipiert und delikat gezeichnet seine Arbeiten sind, bewegen sie sich doch durch den Verlust der märchenhaften Direktheit vom Kinderbuch weg und wirken steif. Während andere russische Künstler, die sich vom Eklektizismus der Jahrhundertwende lösten, nach neuen, freieren Ausdrucksmöglichkeiten suchten, strebte B. im Gegenteil nach größerer Strenge und Zurückhaltung durch die Aufnahme historischer Stilelemente von der Volkskunst bis zur Ikonenmalerei. Nach den Aquarellen zu PUŠKINs „Skazka o rybake i rybke" (1908–1911), die erst 1938 als Buch erschienen, wandte sich B. vom Märchen ab. Seine in der Emigration und nach seiner Rückkehr erschienenen neuen Märchenbücher sind verflachte Wiederholungen der frühen Motive. Seit 1904 illustrierte B. vor allem russische Sagen. Sie entsprachen seiner Hingabe an die altrussische Vergangenheit und seinem Zug zu einem Heroismus, der sich auch in der Emigration hielt, nach seiner Rückkehr in die Sowjetunion gewisse nationale Tendenzen annahm und zu einer völligen Erstarrung seines buchkünstlerischen Ausdrucks führte. In einer autobiographischen Skizze schrieb der späte B., den sozialistischen Realismus in der Kunst verteidigend: „Ich begrüße zutiefst jene künstlerische Grundtendenz, die bei uns in der Sowjetunion als erwünscht gilt."

Illustrationen: Skazka ob Ivane-careviče, Žar-ptice i o Serom volke (1901); Carevna – ljaguška (1901); Vasilisa Prekrasnaja (1902); Peryško Finista Jasna-Sokola (1902); Mar'ja Morevna (1903); Sestrica Alenuška i bratec Ivanuška. Belaja utočka (1903); Byliny. Vol'ga (1904; dt. Eine russische Legende, 1975); A. S. Puškin: Skazka o care Saltane, o syne ego slavnom i mogučem bogatyre knjaze Gvidone Saltanoviče i o prekrasnoj carevne Lebedi (1907; dt. Das Märchen vom Zaren Saltan, von seinem Sohn, dem berühmten und mächtigen Fürsten Gwidon und von der wunderschönen Schwanenprinzessin, 1973); A. S. Puškin: Skazka o zolotom petuške (1910); A. Roslavlev: Skazki (1911); Bylina o Dobryne Nikitiče (1911); Bylina ob Il'e Muromce (1912); H. Chr. Andersen: La petit sirène (1927); Contes de l'Isba (1931); J. Roche-Mazon: Contes de la Couleuvre (1932); Fr. Carpenter: Tales of a russian grandmother (1933); R. Celli: Conte du petit poisson d'or (1933); Le tapis volant. Le tuyan d'ivoire et la pomme magique (1935); J. und W. Grimm: Contes (1935); A. S. Puškin: Skazka o Care Saltane. Skazka o rybake i rybke (1938); M. J. Lermontov: Pesnja pro carja Ivana Vasil'eviča, molodogo opričnika i udalogo kupca Kalašnikova (1941); Lisička-sestrička i volk (1941).

Sekundärliteratur: S. R. Ernst: I. J. Bilibin (in: Žar-ptica. 1926. 14. 2–8). – S. V. Golynec: Ivan Jakovlevič Bilibin. Stat'i, pis'ma, vospominanija o chudožnike (1970); Ivan Jakovlevič Bilibin (zus. mit G. Vladimirovna, 1972); Ivan Bilibin. Al'bom (1981). – U. Hann: Die Entwicklungsgeschichte des deutschsprachigen Bilderbuches im 20. Jh. (Diss. 1977). – M. P. Hearn: I. Y. Bilibin (in: W. Herdeg (Hrsg.): International survey of children's book illustration. 4. 1979. 472–481). – J. Kanoldt: Skaski. Russische illustrierte Kinder- und Volksmärchen (in: Kind und Kunst. 1904/05. 2. 55–60). – I. N. Lipovič: Ivan Jakovlevič Bilibin (1966). – G. Kr. Lukomskij: Kak živet i rabotaet J. Bilibin (in: Žar-ptica. 1921. 2. 33–35). – S. K. Makovskij: Narodnaja skazka v russkom chudožestve (in Žurnal dlja vsech. 1904. 2. 97–106); Russkaja grafika novogo veka (in: Žar-ptica. 1922. 8. 33–34). – N. Popova: I. J. Bilibin, 1876–1942. Izbrannye proizvedenija (1961). – H. Spielmann (Bearb., zus. mit anderen): Die Jugendstilsammlung (Bd. 1: Künstler A–F. 1979).

Andreas Bode

Biller, Emma

*(d. i. Emma Wuttke-Biller). Schriftstellerin; * 7. 5. 1833 Breslau, † 16. 4. 1913 Dresden-Blasewitz.*

B., Tochter eines Breslauer Stadtrates, erhielt eine gutbürgerliche Erziehung. Mit einundzwanzig Jahren heiratete sie ihren Vetter, den Geschichtsprofessor HEINRICH WUTTKE, der an der Universität Leipzig lehrte. Durch dessen Arbeit und Gespräche mit zahlreichen in der Familie verkehrenden Fachkollegen erhielt B. erste Anregungen zu ihren historischen Erzählungen. Nach dem Tode ihres Mannes im Jahr 1876 zog B. nach München zu ihrer ebenfalls als Schriftstellerin tätigen Schwester. Nach Reisen in die Schweiz, Frankreich und Italien verbrachte sie die letzten Jahres ihres Lebens im Hause ihres Sohnes, der an der Technischen Hochschule in Dresden lehrte.

Werk, Tendenzen, Wirkung. B. schrieb für das gehobene Bürgertum. Gute Erziehung sowie der Wille zu Bildung und Weiterbildung waren ihr ebenso selbstverständlich wie der nötige materielle Besitz, der zur Wahrung und Mehrung verpflichtete. Dabei zielte sie bei ihren Erzählungen für Mädchen mehr auf die Entwicklung des Gefühls und des Charakters auf der Grundlage recht oberflächlicher Allgemeinbildung, die allein dem Familienleben zugute kommen sollte. Die Buben hingegen sollten von solcher Grundlage aus zu vertieftem Spezialwissen und zu einem angesehenen und einträglichen Beruf ermuntert werden. B.s Mädchenbücher lieferten für jede Altersstufe die passenden Erzählungen. Für die Kleinen schrieb sie Puppengeschichten, für die Älteren Familiengeschichten mit vielen Beispielen für gutes und schlechtes Benehmen und mit handfesten Anleitungen für die große Tochter zur Mithilfe im Haushalt und bei der Kinderpflege. Ihre historisch-vaterländischen Erzählungen stehen in der Tradition von Walter Scott, Oskar Höcker und Brigitte Augusti. Auch in ihnen herrscht die erzieherische Absicht vor. Die jungen Leser sollten sich durch die Lektüre Geschichtskenntnisse aneignen. Neben der fiktiven Handlung spielen exakte Daten und Fakten eine große Rolle sowie die gewissenhafte Schilderung der Verhältnisse und Sitten vergangener Jahrhunderte. Nur scheinbar verfährt B. dabei unparteiisch. Ihre historischen Erzählungen spiegeln eine für das Bürgertum um 1870 typische streng deutschnationale Haltung. Die reizvollsten Bücher gelangen der Autorin dort, wo sie ein Einzelschicksal auf historischem Hintergrund erzählte. Fast alle Bücher der Autorin kamen in schön gebundenen und reich ausgestatteten Ausgaben auf den Markt.

Einband zu Emma Billers „Eine kleine Musterwirtschaft". Das in Stuttgart im K. Thienemann's Verlag 1894 in der 3. Auflage erschienene Buch ([1]1884) für „kleine Mädchen" wurde mit Farbendruckbildern nach Aquarellen von Eugen Klimsch illustriert.

Werke (Auswahl): Unsere Älteste (1873); Pfeffernüsse. Märchen (1876); Trinchen von Gantersheim. Lustspiel (1877); Elfengruß. Märchen (1878); Überlistet. Schwank (1878); Lieschens kluge Einfälle (1882); Die Puppenfamilie (1883); Im Reiche der Heinzelmännchen (1883); Das Haustöchterchen (1884); Heinz der Lateiner (1884); Eine kleine Musterwirtschaft (1884); Barbara Ittenhausen (1884); Feurige Kohlen (1885); Markgräfin Barbara von Brandenburg (1886); Ulli (1887); Aus vier Jahrhunderten (1887); Die gute Schwester Anna (1887); Die Macht des Goldes (1887); Unter dem Scepter der Hofmeisterin (1888); Glückliche Ferien (1889); Ein Mann ein Wort! (1889); Die Geschwister (1890); Die Konfusionstante (1892); Helenes Tagebuch (1892); Backfischchens Tagebuch (1892); Die liebe, liebe Großmama (1893); Im Puppenparadies (1896); Die Jüngste (1896); Die Pflicht (1896); Senorita Paz (1896); Lina Bodmer (1899); Im verwunschenen Schlößchen (1900); Zwei Cousinen (1902); Märchen einer Großmutter (1904).

Aiga Klotz

Binder, Helene

*Lehrerin, Kinderbuchautorin; *3.6.1855 Eisenach, † um 1915 Chemnitz.*

B., die ihre Jugend in Eisenach verbrachte, trat nach ihrer Konfirmation in das Lehrerinnenseminar in Köthen ein, an dem sie 1873 ihre Prüfung bestand. In den folgenden Jahren war sie als Lehrerin und Erzieherin an verschiedenen Schulen und Erziehungsanstalten in Deutschland und England tätig. Eine Zeitlang war sie Schulvorsteherin in Homberg. Von 1894 bis zu ihrem Tode leitete sie eine höhere Privattöchterschule in Chemnitz.

Werk, Tendenzen, Wirkung. B. hat die Texte zu über hundert Kinderbüchern verfaßt. Zumeist handelte es sich dabei um gereimte Begleittexte für reich illustrierte, auf der Grenze zum Bilderbuch stehende Ausgaben. Fast alle ihre Bücher erschienen in den Verlagen Stroefer (München/Nürnberg) und Nister (Nürnberg). Während einige Bücher vorwiegend religiös ausgerichtet sind (Osterklänge, 1892; Engelsstimmen, 1893; In Kreuzes Hut ist's allerweg' gut, 1899) sind die meisten ihrer Kinderbücher durch eine Mischung aus betulicher Sentimentalität, aufdringlicher Belehrung und aufgesetzter Frömmigkeit geprägt. Die Reimereien strotzen von Unebenheiten, Verkleinerungsformen und süßlichem Wortgeklingel. Trotz dieser Schwächen gehörte B. um die Jahrhundertwende zu den beliebtesten Autorinnen für das Kleinkind. Viele ihrer Bücher erlebten zahlreiche Auflagen. Sicher ist die Beliebtheit der Bücher auch auf die reiche Illustration zurückzuführen, die Behaglichkeit und Harmonie vorspiegelte, wie sie von den bürgerlichen Käufern gerne gesehen wurden.

In manchen ihrer Texte knüpfte B. an den „Struwwelpeter" an, so wenn sie zu einem Bild von Kleinmichel, das ein kleines Mädchen beim Schneidern von Puppenkleidern zeigt, „dichtet": „Gieb acht, klein Gretchen, gieb acht! / Schnipp, schnapp ist bald gemacht! / Schneidet die Scheere ins Fingerlein, / Weinen dann deine Aeugelein" (Kinderhort in Bild und Wort, 1910). Was bei Heinrich Hoffmann durch Handlung und Aktion für das Kleinkind unmißverständlich abläuft, gerät bei B. zur langatmigen Belehrung in einer künstlichen Kleinkindersprache.

Schon beim Kleinkind wird von der Autorin die Rollenfixierung auf Mann und Frau vorgeschrieben. So stellt der fünfjährige Hansel in der gereimten Geschichte „Allein spazieren" (Zu Haus' und Drauß', 1888), wenn er mit seiner vierjährigen Schwester spazieren geht, fest: „Ich bin ja groß, / ich gebe acht, / Daß Schwesterchen nichts Dummes macht". Er behält auf dem Spaziergang unentwegt die männliche Beschützerrolle bei, so wenn die kleine Schwester eine Blume pflücken will: „Eh' Schwester eine Blume pflückt, / So fragt sie: ‚Darf ich die?' / Da hält er erst sein Näschen dran / Und spricht sein wichtig Urteil dann". Auch in den Buchausgaben, die sie wie die Jahrgangsbände „Plauderstündchen" nur zusammengestellt hat, verstand es die Autorin, ausschließlich solche Texte und Illustrationen auszuwählen, die ihren Vorstellungen von Kindertümlichkeit entsprachen. Einige Bilderbücher der Autorin sind sogenannte Ausstanzbilderbücher, die sich der Grenze zum Spielzeug nähern; davon sind bis heute nur noch wenige erhalten geblieben.

Werke (Auswahl): Froehliche Stunden (1886); Zu Haus' und Drauß' (1888); Lustiges Allerlei. Mit Erzählungen, Versen, Rätseln und Spielen (1890); Blumen-Mägdlein's Auftrag. Ausstanzbilderbuch (1890); Der Elefantenritt. Mit Versen (1890); Auf Grauschimmels Rücken (1890); Wie geht's (1890); Osterklänge (1892); Unsere Hoffnung (1892); Naseweischen und die drei Bären. Ausstanzbilderbuch (1892); Was der Kuckuck ruft. Ein Bilderbuch mit Erzählungen und Versen (1892); Engelsstimmen (1893); Fürs kleine Volk. Ein lustig Bilderbuch für Kinder mit Texten (1893); In Gottes Hut (1895); Zeitvertreib. Ein Bilderbuch mit Geschichten, Märchen, Reimen und kleinen Aufführungen für Kinder (1895); Der lustige Zug durch das Bilderbuch. Erzählungen und Verse (1897); In Kreuzes Hut ist's allerweg' gut (1899); Im Bärenhäuschen und andere Geschichten (1909); Guck! Guck! Ein Bilderschatz für unsere Kleinen (1910); Kinderhort in Bild und Wort (1910).

Hrsg.: Plauderstündchen (Bd. 1–9. 1891–1899).

Helmut Müller

Binder, Lucia

*Österreichische Publizistin, Jugendbuchkritikerin, Direktorin des Wiener Internationalen Instituts für Jugendliteratur und Leseforschung; *30. 3. 1937 Wien.*

B. besuchte die Volksschule in Lunz am See und in Wien. Nach der Matura an einem Realgymnasium in Wien studierte sie Theaterwissenschaft, Germanistik und Kunstgeschichte an der Universität Wien und verfaßte eine Dissertation über „Hausdichter des Wiener Burgtheaters". Dem Studium folgte die Tätigkeit als Redakteurin und Lektorin beim Österreichischen Buchklub der Jugend. B. betreute dort unter anderem die Vorarbeiten für die Gründung des Internationalen Instituts für Jugendliteratur und Leseforschung, in dem sie seit seiner Errichtung im Jahre 1965 arbeitet und dem sie seit 1980 als Direktorin vorsteht. 1980 wurde B. als einer der drei Direktoren des Österreichischen Buchklubs der Jugend bestellt. Seit 1964 ist B. mit Ewald Binder, Mitarbeiter beim Österreichischen Rundfunk, verheiratet. B. lebt in Wien.

Neben der Leitung und Betreuung von Projekten der Leseforschung ist B. als Gestalterin von Tagungen und Ausstellungen hervorgetreten. B. ist Vorstandsmitglied des Österreichischen Buchklubs der Jugend, der Internationalen Forschungsgesellschaft für Kinder- und Jugendliteratur, Leitungsmitglied der Österreichischen Jugendschriftenkommission beim Bundesministerium für Unterricht und Kunst und Mitglied des Exekutivkomitees des Internationalen Kuratoriums für das Jugendbuch (IBBY). Von 1970 bis 1974 gehörte sie der Jury zum Hans-Christian-Andersen-Preis als Mitglied an, von 1974 bis 1978 als Präsidentin. B. ist Mitglied der Jury der Biennale der Illustrationen in Bratislava/CSSR. B. leitet die Redaktionen der Zeitschriften „Jugend und Buch" und „Bookbird".

Hrsg. (Auswahl): Lexikon der Jugendschriftsteller in deutscher Sprache (1968); Wege zum Buch (1970); Erfolg und Wirkung der Lektüre (1971); Analyse, Interpretation und Kritik des Jugendbuches (1973); 20 years of the International Board on Books for young People (zus. mit R. Bamberger u. B. Hürlimann, 1973); Leseerziehung und Jugendliteratur (1974); Jugendbuchautoren aus aller Welt (Bd. 1–2. 1975–1976); Neue Formen der Kinder- und Jugendliteratur und ihre Aufnahme durch die Jugend (1977); Zehnjährige als Buchleser (zus. mit R. Bamberger und E. Vanecek, 1977); Weltliteratur der Jugend (1978); Lesen in den Schulen der Zehn- bis Vierzehnjährigen (zus. mit P. Schneck, 1978); Jugendliteratur in Aktion (1979); Das Kind im Spiegel seiner Lektüre (zus. mit G. Pott, 1980).

Beiträge (Auswahl): Phantastische Erzählungen der Jugendweltliteratur (in: R. Bamberger (Hrsg.): Trends in der modernen Jugendliteratur. 1969. 76–92); „Vorläufer" der modernen phantastischen Erzählung (in: R. Bamberger (Hrsg.): Das Irrationale im Jugendbuch. 1969. 42–55); Der junge Leser (in: Kl. Doderer (Hrsg.): Jugendliteraturforschung international. 1970. 13–24); Nationale Unterschiede im Humor des Kinderbuches (in: Humor in der Kinder- und Jugendliteratur. 1970. 33–45); Wege zur kritischen Auswahl (in: L. Binder (Hrsg.): Wege zum Buch. 1970. 21–34); Aus der Arbeit des Internationalen Instituts für Kinder-, Jugend- und Volksliteratur (in: G. Pott (Hrsg.): Voraussetzungen und Grundlagen der Buchwirkung. 1972. 167–176); Die Wirkung des Kinder- und Jugendbuches auf die Steigerung des Bildungsertrages (in: R. Bamberger (Hrsg.): Moderne Leseerziehung im schulischen Bildungsprozeß. 1973. 46–57); Zur modernen Weltliteratur der Jugend (in: L. Binder (Hrsg.): Leseerziehung und Jugendliteratur. 1974. 19–34); Die phantastische Erzählung im Deutschunterricht (in: Der Deutschunterricht. 27. 1975. 5. 23–30); Jugendliteratur an den Pädagogischen Akademien in Österreich (in: R. Bamberger (Hrsg.): Jugendbuch und Jugendbuchtheorie heute. 1976. 82–90); Problemliteratur für Kinder und junge Menschen (in: L. Binder (Hrsg.): Neue Formen der Kinder- und Jugendliteratur und ihre Aufnahme durch die Jugend. 1977. 90–99); Die Illustration im Kinderbuch (in: W. Hartmann (Red., zus. mit anderen): Buch – Partner des Kindes. 1978. 129–145); Italienische Jugendliteratur heute (in: L. Binder (Hrsg.): Weltliteratur der Jugend. 1978. 79–95); Jugendliteratur heute. Problemstellungen, Rollenbilder, Strukturen (in: L. Binder (Hrsg., zus. mit P. Schneck): Lesen in den Schulen der Zehn- bis Vierzehnjährigen. 1978. 14–21); Spiele mit Sprache und Phantasie (in: W. Hartmann (Red., zus. mit anderen): Buch – Partner des Kindes. 1978. 107–127).

Peter Schneck

Birkel, Alfred

*Pädagoge, Kinderschriftsteller; * 9. 12. 1905 Heilbronn.*

B. besuchte das Lehrerseminar in Heilbronn und war im Württembergischen als Volksschullehrer tätig. Sein Interesse galt der musischen Förderung der Kinder. 1951 wurde B. Leiter einer Hilfsschule. Am Institut für Sonderpädagogik der Pädagogischen Hochschule Reutlingen lehrte B. als Dozent, wurde Professor und Leiter der schulpraktischen Ausbildung. Ab 1950 gehörte er dem Jugendschriftenprüfungsausschuß der Landesanstalt für Erziehung und Unterricht Stuttgart an. B. war Sachbearbeiter für Schülerbüchereifragen, veröffentlichte zahlreiche Jugendbuchrezensionen, leistete Büchereiaufbauarbeit und stellte Empfehlungslisten und Jugendbuchausstellungen zusammen.

Werk, Tendenzen, Wirkung. Noch als Volksschullehrer suchte B., die Anliegen und Möglichkeiten der graphischen Darstellung und Gestaltung bei Schülern kennenzulernen und Schülerzeichnungen auszuwerten. Es wurde ihm bewußt, daß in der Pflege der sprachlichen Gestaltungskräfte ähnliche pädagogische Grundsätze gelten wie im Zeichenunterricht. Deshalb widmete B. der Lesebetreuung besondere Aufmerksamkeit. 1956 erschien sein erstes Kinderbuch mit naiven Tiergeschichten: „Füchslein will fliegen". Als Schreibschriftausgabe erlebte es 1978 in überarbeiteter Form eine Wiederauflage. Es ist in mehr als 150000 Exemplaren verbreitet. Auf mehrere Auflagen brachten es die Erstleser-Büchlein „Die schlauen Hasen" (1957) und „Die entlaufenen Schweinchen" (1961). Für die Bereiche Kindergarten, Sonderschule und Erstunterricht haben die Ausgaben von Kindererzählungen („Der sonnige Baum", 1960) und von Sprach- und Lerngut des Kindergartenalters („Hänschenklein und Gernegroß", 1963) Bedeutung erlangt. B., der selbsterdachte Bildgeschichten oder Rätsel gern eigenhändig illustriert, versucht, Textgut für Kinder auf diese Weise mit dem Graphisch-Bildnerischen zu verbinden. Bei seiner Mitwirkung an Lesebuchausgaben für Grund- und Sonderschulen („Der rechte Weg", 1965 ff.; „Wort für Wort", 1975 ff.; „schwarz auf weiß", 1967) erweist sich B. als kenntnisreicher und umsichtiger Textsammler und einfallsreicher Verfasser von eigenen Texten. Seine Verse und Erzählungen, die einer Pädagogik „vom Kinde aus" verpflichtet sind, gehören zum Grundbestand vieler Lesebuchwerke.

Werke: Füchslein will fliegen und andere kleine Tiergeschichten (1956, NA. 1978); Die schlauen Hasen und andere kleine Tiergeschichten (1957); Die entlaufenen Schweinchen (1961); Schriftenpflege in den Unter-, Mittel- und Oberklassen der Volksschule (1961); Arbeitsheft zur Schriftpflege (1–3. 1967); Ein notwendiges Wort zu den Arbeitsheften zur Schriftpflege (1967); Gebundenes Zeichnen in allgemeinbildenden Schulen (1968); Leseunterricht und Leseerziehung (1968); Der sachkundliche Unterricht (1969); Aufsatz, Sprachkunde und Rechtschreiben in der Sonderschule für Lernbehinderte (1970); Richtig sprechen und schreiben. Ein Arbeitsbuch für den Sprachkunde- und Rechtschreibunterricht (zus. mit L. Bayer, Teil 1–2. 1974–1975).

Hrsg.: Der sonnige Baum (1960); Hänschenklein und Gernegroß (1963); Die Sonderschulpraxis (zus. mit W. Katein; Loseblatt-Ausgabe, 1970 ff.); Unterrichtsbeispiele für die Behandlung naturkundlicher Themen in der Sonderschule für Lernbehinderte (1972).

Hans Gärtner

Birne – Theater für Kinder

Berliner Kindertheater, das besonders die Entwicklung von Mitspielformen praktiziert.

Das Theater wurde 1970 von den Schweizern Rita Ziegler und Christoph Brändli als „Kindertheater mit Puppen" gegründet und trägt seit 1973 den Namen „Birne – Theater für Kinder". Die Theatergruppe arbeitet mit wechselnden Mitarbeitern und nutzt die vielfältigen Spielmöglichkeiten von Puppe und Maske neben dem Schauspieler. Sie spielt nur selbstgeschriebene Stücke zumeist für kleine Zuschauergruppen und versteht „pädagogische und künstlerische Arbeit als

Birne – Theater für Kinder, Berlin. Signet.

Einheit". Entwickelt wurden insbesondere Mitspiel-(Mitdenk-, Mitrede-, Mitentscheidungs-)formen. Beispiele für diese Spielform sind die Stücke: „Philipp Lämmerzahl" (hier agiert eine kindergroße Puppe inmitten der zuschauenden und mitspielenden Vorschüler als ein ‚Neuer'), „Tausend Kilo oder nichts" (eine Mitspielaktion, die für den Evangelischen Kirchentag mit 3500 Kindern entwickelt wurde) und „Luftballons" (eine Auftragsarbeit des Berliner Senats im Rahmen der Aufklärung über Drogen). Auf dem Spielplan standen 1970: „Die Bülpen" (ein Stück über Angst); 1971: „Bohne, Pups und Anneliese" (über Schwierigkeiten, miteinander zu spielen); 1972: „Philipp Lämmerzahl" (über die Schwierigkeiten eines ‚Neuen'); 1973: „Hau den Lukas" (über die Probleme von kleinen und größeren Kindern); 1974: „Moritz aus dem Sack" (über die Ablösung von der Mutter); 1975: „Langfinger" (über Kinder-‚Kriminalität'); 1976: „Kopf in Sand" (über Schule und Bauchweh); 1977: „Tausend Kilo oder nichts" (über Ansprüche und ihre Legitimation); 1977/78: „Familie Dampf, oder von vielen, die ausziehn, das Glück zu suchen" (über Familie und Konsum); 1979: „Luftballons" (über Drogen und Langeweile); 1980: „Neidhammel" (über Konkurrenzverhalten). Seit Beginn der Vorschulserie „Rappelkiste" im ZDF schreiben Birne-Mitglieder die Szenen für ‚Ratz' und ‚Rübe' und spielen auch die Figuren.

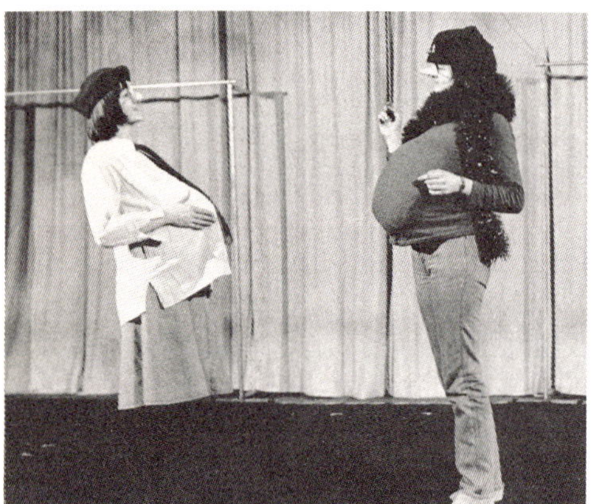

Birne – Theater für Kinder, Berlin. Szenenphoto aus „Neidhammel" (1980).

Folgende Stücke liegen gedruckt vor: „Philipp Lämmerzahl", „Hau den Lukas", „Familie Dampf", „Luftballons", erschienen im Birne-Verlag; „Langfinger", „Kopf in Sand" (Verlag der Autoren); „Langfinger" (Ellermann-Verlag: Dreimal Kindertheater, Bd. 5).

Sekundärliteratur: Kr. Brändli (zus. mit anderen): Mitspieltheater. Erfahrungen mit einer neuen Spielform oder der Biß in die Birne (1977).

Hans-Wolfgang Nickel

Blaich, Ute

*Lehrerin, Journalistin, Autorin und Moderatorin; *2. 1. 1939 Nürnberg.*

Bl. absolvierte von 1959 bis 1963 eine Ausbildung in den Fachbereichen Malerei, Pädagogik und Psychologie an der Landeskunstschule und an der Universität in Hamburg. Anschließend arbeitete sie bis 1976 als Lehrerin und beteiligte sich intensiv an den Aktivitäten der „Malschule" im Hamburger Kunstverein. Unter modernen museumspädagogischen Gesichtspunkten machte sie Kinder in aktiver, eigengestalterischer Auseinandersetzung mit bildender Kunst vertraut. Sie organisierte unter anderem die Ausstellung „Bilder & Bilder", in der Kinderaussagen mit denen Erwachsener zur Malerei in der Hamburger Kunsthalle konfrontiert wurden. Als Rezensentin und Kritikerin schreibt Bl. für mehrere Zeitungen und hat die redaktionelle Verantwortung für die Kinder- und Jugendbuchseite der Hamburger Wochenzeitschrift „Die Zeit". Bl. hat sich kritisch zu dem Medium Kinderschallplatte geäußert und 1977 selbst zusammen mit Gert Haucke eine Umsetzung von Jörg Müllers „Alle Jahre wieder saust der Preßlufthammer nieder" (1973) in dieses Medium vorgenommen. Ihr erstes Kinderbuch „Das Mäuse-ABC" erschien 1972. Bl., die außerdem noch für das Fernsehen als Moderatorin (unter anderem „Schaubude", „III nach 9") tätig ist und für den Rundfunk arbeitet, hat auch für das Buch „Homo Ludens. Vollständiges Verzeichnis der Collagen und Montagen Friedrich Mecksepers" (1978) drei erläuternde Beiträge verfaßt.

Werk, Tendenzen, Wirkung. Aus Bl.s täglichem Umgang mit Kindern als Lehrerin und Museumspädagogin entsprangen Impulse, die Kinder in ihren Büchern selbst zu Wort kommen zu lassen. In den Kinderprotokollen „Milchreis, Colt & Veilchenfänger" (1973) und „Zwonimirkas Zwiebelkiste" (1973) hat sie die Aussagen von Kindern zwischen 6 und 15 Jahren gesammelt und kurz analysiert. Dabei wird kenntlich, in welchem Maße Kinder und Heranwachsende von ihrer Umwelt betroffen werden. Thematisiert und im Bild festgehalten werden Konflikte mit Gleichaltrigen und Erwachsenen, die Brutalität in der Gesellschaft, Fragen der Sexualität und Schulängste, Weltorientierung, Probleme des Alterns, Rollenfixierung von Junge, Mädchen, Mann und Frau.
Gleichwertig zur kritischen Bewußtseinsbildung und zur Partnerschaft zwischen jung und alt bietet Bl. Anregungen, um die kindliche Imagination und Phantasiewelt zu fördern. Geschichten erfinden, sich etwas Neues ausdenken, etwas „spinnen" und ausschmücken, darüber in Kommunikation mit sich selbst und zum sozialen Umfeld zu treten, prägten Bl.s weitere Arbeiten. „Das Mäuse-ABC" (1972) ist als „Spiel-, Lern-, Lese- und Malbuch von Hamburger Kindern" konzipiert und „Das rosa Pferd. Geschichten zum Malen" (1974) soll zur sprachlichen und visuellen Sensibilisierung anregen. Alle diese Ansätze sind im Kontext der

Bereiche „Kunst für Kinder“ einerseits und der kontrovers geführten Diskussion um Vorschulerziehung, mangelnde Chancengleichheit und gesellschaftliche Ungerechtigkeiten in der Bundesrepublik Deutschland der siebziger Jahre zu sehen. Bl. hat in dieser Diskussion engagiert Stellung bezogen, um gegen triviale Buch-, Zeitschriften-, Schallplatten- und Fernsehangebote zu Felde zu ziehen. Ihre eigenen Arbeiten sieht sie individualisiert, „jenseits von Herzblättchen und Agitprop“. In realistischer Umwelteinschätzung publizierte sie Kinderaussagen, frei von jeglicher Verniedlichung aus der Perspektive der Befragten. Spontaneität, Eigenaktivität und ein ‚gesundes‘ Vertrauensverhältnis zwischen Erwachsenen und Kindern sind Bl.s Anliegen. Unbequemes, Schockierendes, Provokantes soll auch die Banalität und den trivialen Charakter vieler Medienprodukte einer auf Kinder abzielenden Bewußtseinsindustrie entlarven. Gegen ein „schimpansiertes Kind“ soll der beständige Lernprozeß die erwachsenen Vermittler zum Abstand von vorproduzierten, kitschigen und klischeehaften Konsumgütern für Kinder hin zu einer bewußt-kritischen und verantwortungsvollen Erziehungshaltung führen.

Werke: Das Mäuse-ABC (1972); Milchreis, Colt & Veilchenfänger (1973); Zwonimirkas Zwiebelkiste (1973); Das rosa Pferd (1974).

Horst Künnemann

Blake, William

*Dichter, Maler, Graphiker, Kupferstecher und Drukker; *28.11.1757 London, †12.8.1827 London.*

Bl. kam schon mit zehn Jahren auf die Zeichenschule von Henry Pars (1735–1806). 1772–1779 ging er zu dem Kupferstecher James Basire (1730–1802) in die Lehre. Wichtig für seine Entwicklung wurde die Beschäftigung mit Michelangelo (1475–1564) und anderen Meistern der Renaissance, die er allerdings nur durch Zeichnungen und Stiche kennenlernte. Daneben wurde sein Interesse an mittelalterlicher Skulptur geweckt. Er fertigte für Basire Zeichnungen nach gotischen Grabmälern der Westminsterabtei an und stellte verschiedene Stiche her. 1779 schrieb sich Bl. für kurze Zeit an der Kunstschule der Royal Academy ein. Das Zeichnen nach Modellen und Antiken lag ihm nicht. Zusammen mit James Parker (1750–1805) gründete er 1784 eine Drucker- und Stecherwerkstatt, ein finanzielles Verlustgeschäft. 1783 erschien Bl.s „Poetical sketches“, sein erster Gedichtband, dem, zusammen mit prophetischen Büchern, weitere folgten. 1791 zog er nach Lambeth (London) um, wo er die meisten seiner illustrierten mystischen Schriften schuf (Lambeth-Periode). Bl. fand zeit seines Lebens nur in einem sehr begrenzten Kreis Anerkennung und litt oft unter Geldmangel. Ein Mäzen gab ihm bis 1810 eine Serie von mehr als 50 kleinen Gemälden biblischen Sujets in Auftrag. 1800 verließ Bl. London und ging aufs Land nach Felpham (Sussex), um dort als Kupferstecher für den Dichter William Hayley zu arbeiten. Er begann seine beiden großen mystischen Epen „Milton“ und „Jerusalem“. Die Stiche dazu entstanden erst nach seiner Rückkehr nach London (1803). Aber auch jetzt blieb ihm der Erfolg versagt. Erst kurz vor seinem Tode wurde er Mittelpunkt einer kleinen Gruppe junger Künstler.

Werk, Tendenzen, Wirkung. Für Bl., einem Zeitgenossen der ausgehenden Aufklärung, kunsthistorisch gesehen des Spätrokoko und Klassizismus, blieben diese Richtungen fremd. Er war ein tief religiöser Künstler, dessen mystisch-phantastisches Weltbild in Form einer eigenen Kosmogonie unmittelbaren Ausdruck in seiner Malerei und seiner Lyrik fand. Sein Kampf galt der in seinen Augen verderbenbringenden Macht des Rationalismus und Materialismus. Sein Ziel war die Darstellung der schöpferischen Einbildungskraft, der Imagination, auf visionärem Wege. Nach der Überwindung des tiefen Pessimismus der sogenannten Lambeth-Periode (z.B. „The marriage of Heaven and Hell“, 1794; „Visions of the daughters of Albion“, 1793; „The first book of Urizen“, 1794; „The song of Los“, 1795; „The book of Ahania“, 1795 u.a.) gab er die Überzeugung auf, daß das Universum ausschließlich von teuflischen Kräften beherrscht sei. Er begann, an die Rettung des Menschen aufgrund der christlichen Heilslehre zu glauben und an einen Zustand der Vollendung, in dem die antagonistischen Prinzipien ‚imagination‘ und ‚reason‘ in harmonischer Synthese zusammenfinden sollten („Milton“, 1804–1808; „Jerusalem“, 1804–1820; „Illustrations of the book of Job“, 1825). Den einzigen Weg, die Wirklichkeit der Imagination bildlich festzuhalten, sah er im Mittel von Form und Umriß. Aus diesem Grund liebte er Dürer (1471–1528) und Michelangelo, lehnte Künstler wie P. P. Rubens (1577–1640), Rembrandt (1606–1669) und Tizian (um 1477–1576) ab und stand in offener Feindschaft zu dem großen Künstler-Exponenten seiner Zeit, Joshua Reynolds (1723–1792). Bl. entwickelte in seinen Zeichnungen und Gemälden einen höchst eigenwilligen Stil, der sich in zum Teil manieriert langgezogenen Gestalten ausdrückt, in ungebrochenen, häufig kurvig bewegten und stark fließenden Linien, in ungebrochenen Farben und Massen. Und immer ist es der Mensch, von dem er ausgeht.

Herausragende Bedeutung erlangte Bl. auf dem Gebiet der Buchillustration. Er stattete nicht nur eigene Werke, sondern auch die anderer (Edward Young, ca. 1683–1765; Robert Blair, 1699–1746; Dante, 1265–1321) aus und erfand eine eigene Drucktechnik, die seinen Büchern ihr besonderes Gepräge gibt und von der er behauptete, sein jung verstorbener Bruder habe sie ihm in einer Vision übermittelt. Bl. schrieb und zeichnete mit einer säureresistenten Lackfarbe direkt auf die Kupferplatte und ätzte alle Teile weg, die nicht drucken sollten. Was entstand, war eine Hochdruck-Ätzung, in der Text, Illustration und Ornamentik zu einer ineinander verwobenen Einheit verschmelzen konnten. Das erste voll ausgereifte Beispiel für den so ‚illuminierten

William Blake. Handkolorierter Kupferstich, Titelblatt der „Songs of Innocence", die 1789 entstanden sind. Heute sind von der kleinen Auflage noch 21 Exemplare bekannt. Blake arbeitete für seinen Freundeskreis, nicht für den anonymen Markt.

Druck' entstand 1789 in Form einer Gedichtsammlung für Kinder, „Songs of innocence". 1794 brachte er sie erneut heraus, erweitert um ihr literarisches Gegenstück, die „Songs of experience". Jeder Freude der Kindheit stellte er in ihnen ein Beispiel für Schmerz und Limitierung des heranwachsenden Menschen gegenüber. Die lyrischen, symbolisch befrachteten Verse übersteigen kindliches Fassungsvermögen. Dagegen waren die den Text dekorativ umfangenden farbigen Illustrationen und eine feine, vegetabile Ornamentik, die sich zwischen die Zeilen der Schrift schlängelt und diese zergliedert, auch für Kinder von hohem Reiz. Stilistisch nehmen diese Illustrationen Elemente des Jugendstils vorweg, der sich dann von Bl. inspirieren ließ (z. B. WALTER CRANE, 1845–1915). 1793 folgte ein kleines Bilderbuch für Kinder in herkömmlicher Kupferstichtechnik: „For Children: The gates of paradise". Bl. schildert in zum Teil sehr emphatischen Zeichnungen verschiedene Stationen des menschlichen Lebens von der Geburt bis zum Tod, ein schwieriges, Kindern wohl nicht zugängliches Buch, das in der Deutung vielfach unklar bleibt (1810–1820 erweiterte Fassung „For the sexes: The gates of paradise"). Wahrscheinlich ebenfalls ein Kinderbuch war „History of England", von dem sich keine Kopie erhalten hat (von Bl. 1793 in einem Werbeblatt beschrieben). Nur wenige Menschen seiner Zeit erkannten Bl.s Bedeutung. Eine direkte künstlerische Nachfolge fand er nicht. Um die Mitte des 19. Jahrhunderts entdeckten ihn die Präraffaeliten für sich (DANTE GABRIEL ROSSETTI, 1828–1882 u. a.). Bl.s Renommee als Vorläufer der Symbolisten, des Jugendstils und des Surrealismus ist erst in den letzten fünfzig Jahren entstanden. Die meisten Zeichnungen und Gemälde Bl.s befinden sich in der ‚Tate Gallery' London.

Werke: W. Blake: Poetical sketches (1783); W. Blake: Songs of innocence (1789); W. Blake: The book of Thel (1789); M. Wollstonecraft: Original stories from real life (1791); J. Gay: Fables (1793); W. Blake: For children: The gates of Paradise (1793); W. Blake: America. A prophecy (1793); W. Blake: Songs of innocence and of experience (1794); W. Blake: The marriage of Heaven and Hell (1794); W. Blake: The first book of Urizen (1794); W. Blake: Europe. A prophecy (1774); W. Blake: The book of Ahania (1795); W. Blake: The song of Los (1795); W. Hayley: Little Tom the sailor (1800); W. Blake: Milton, a poem (Bd. 1–2. 1804); W. Blake: Jerusalem, the emanation of the giant Albion (1804); R. Blair: The grave (1808); W. Blake: The Canterbury pilgrims (1809); W. Blake: Illustrations of the book of Job (1825); W. Blake: Illustrations of Dante (1826); D. Figgis (Hrsg.): The paintings of William Blake (1925).

Sekundärliteratur: David Bindman: Blake as an artist (1977). – D. Bindman (Hrsg.): The complete graphic works of William Blake (1978). – A. Blunt: The art of William Blake (1959). – D. V. Erdman: The illuminated Blake (1974). – J. H. Hagstrum: William Blake, poet and painter (1964). – M. D. Paley: William Blake (1978; dt. William Blake, 1978). – R. Todd: William Blake, the artist (1971). – M. Wilson: The life of William Blake (NA. 1971). – Th. Wright: The life of William Blake (1929).

Margund Claussen

Blasche, Bernhard Heinrich

*Theologe, Pädagoge, Schriftsteller; *9. 4. 1766 Jena, †26. 11. 1832 Waltershausen.*

Bl., Sohn des Magisters JOHANN CHRISTIAN BLASCHE, studierte in Jena Theologie und Philosophie. Seine Studien litten unter Bl.s häufigen Erkrankungen und wirtschaftlicher Not. Bereits während seines Studiums erwarb sich Bl. „außerordentliche Kunstfertigkeiten in allerlei Handarbeiten", wie sein Biograph rühmte. Am 6. 4. 1796 wurde Bl. von CHRISTIAN GOTTHILF SALZMANN (1744–1811) als Lehrer für Naturgeschichte, Technologie, Rechnen und Handfertigkeiten nach Schnepfenthal geholt. Bl. trennte sich 1810 von SALZMANN, um in Unterwirbach bei Saalfeld eine eigene Lehrmittelwerkstatt einzurichten. Ab 1817 stand Bl. mit FRIEDRICH FRÖBEL (1782–1852) in Verbindung. Im gleichen Jahr wurde er zum Schwarzburg-Rudolfstädtischen Edukationsrat ernannt.

Werk, Tendenzen, Wirkung. Bl. setzte sich mit den pädagogischen und philosophischen Strömungen seiner Zeit in zahlreichen Veröffentlichungen auseinander.

Seine philosophischen Aussagen waren vor allem durch Friedrich Schlegel (1772–1829) bestimmt und zeigten Beeinflussung durch Lorenz Oken (1779–1851) und Gotthilf Heinrich von Schubert (1780–1860). Bl. war an zahlreichen wichtigen Zeitschriften der Zeit als Mitarbeiter tätig, so an den Zeitschriften „Isis“ und „Hermes“, am „Allgemeinen Anzeiger“, an der „Allgemeinen Schulzeitung“ und an den „Blättern für literarische Unterhaltung“. Dabei setzte er sich auch mit den zeitgenössischen Erscheinungen des Mystizismus und des Mesmerismus auseinander.

Im Bereich der Kinder- und Jugendliteratur wurde Bl. vor allem durch sein Engagement für die Einführung der „Handfertigkeiten“ in Erziehung und Schule bekannt und kann als ein Vorläufer der Befürworter des Werkunterrichts gelten. Vor allem in seinen Werken „Der junge Papparbeiter“ (1797), „Werkstätte der Kinder“ (Bd. 1–4. 1800–1802) und „Der technologische Jugendfreund“ (Bd. 1–5. 1804–1810) setzt er sich für die Ausbildung der Fähigkeit der Kinder zu „Handfertigkeiten“ ein. So stellt er im Vorwort zur ersten Auflage des Buches „Der junge Papparbeiter“ fest, daß es „für jeden Menschen gut ist, wenn er wenigstens mit einer Art von Handarbeit sich gehörig zu beschäftigen weiß“.

Einband zu Bernhard Heinrich Blasches „Der junge Papparbeiter“. Diese fünfte „revidierte, verbesserte und vermehrte Auflage“ wurde fünfzig Jahre nach der ersten von 1797 von J. J. Schnerr in Stuttgart 1847 in der Hoffmann'schen Verlags-Buchhandlung herausgegeben.

Für die Jugend hält er die Handarbeit für besonders wichtig und begründet dies durch folgenden Passus: „Würde die Jugend durchgängig zu einem, der menschlichen Natur angemessenen Verhältnis zwischen körperlicher und geistiger Beschäftigung erzogen, der studirende Jüngling frühzeitig, außer seinem Hauptfache, in irgend einer, seinen Anlagen angemessenen Handarbeit unterrichtet, so würde ihn in der Folge die Gewohnheit vor allen den Übeln sichern, welche die meisten Gelehrten heimzusuchen pflegen; seine Werkstatt würde ihn, der gewohnt wäre, seine Körperkräfte in gleichem Maße wie seine Seelenkräfte zu brauchen, von Zeit zu Zeit, und ist er zur Ordnung gewohnt, zu bestimmten Stunden, von der sitzenden Beschäftigung ablocken. Er würde nie in die Nothwendigkeit gesetzt sein, bei zu schlechtem Wetter sich entweder dem Studirtische oder der Langeweile Preis zu geben und seinem Körper die nöthige Uebung zu versagen, wäre also auch nie der Gefahr unterworfen, durch zu anhaltendes Sitzen und Studiren seine Gesundheit zu zerrütten“. Neben dem Ausgleich zwischen geistiger und körperlicher Tätigkeit führt Bl. noch andere Argumente ins Feld. So meint er, man könne „die Anleitung zu dieser Kunst auch dazu benützen, den Kindern die ersten Anfangsgründe der Geometrie auf eine leichte und angenehme Art beizubringen“. Schließlich weist er darauf hin, „daß man mit dieser Kunst der Jugend eine Veranlassung mehr gibt, die Tugend der Gefälligkeit und Freigebigkeit zu üben“, und fährt fort: „Kann man wohl Kindern eine zweckmäßigere Beschäftigung für einen Teil ihrer Freistunden, besonders in den langen Winterabenden, geben, als eine solche, wodurch sie Gelegenheit bekommen, ihren Eltern, ihren Geschwistern, ihren Freunden von Zeit zu Zeit eine Freude zu machen, sie selbst aber das noch edlere Vergnügen zu empfinden, durch eigenen Fleiß und erworbene Geschicklichkeit Andern Freude gemacht zu haben“. Am Ende seines Vorwortes nennt Bl. noch ein letztes Argument für sein Buch, das im Bereich der philanthropisch-bürgerlichen Erziehungsvorstellungen immer auf Zustimmung stieß, wenn er vorträgt: „Der Sinn für solche Beschäftigungen, sobald er entwickelt ist, macht sie zu einer so anziehenden Erholung, daß dem Geschmack an mancherlei Zerstreuungen, die der Jugend gefährlich werden können, kein Raum übrig bleibt“.

Die Beschäftigungsbücher Bl.s für junge Leser wurden von den Pädagogen seiner Zeit geschätzt und erlebten bis in die zweite Hälfte des 19. Jahrhunderts hinein Auflagen und Nachahmungen.

Werke: Der junge Papparbeiter (1797, ^{5}1847); Werkstätte der Kinder (Bd. 1–4. 1800–1802); Der technologische Jugendfreund oder unterhaltende Wanderungen in die Werkstätten der Künstler und Handwerker (Bd. 1–5. 1804–1810); Sammlung neuer Muster von Papparbeiten (1809); Ein paar Worte an Eltern gebildeter Stände (1811); Der Papierformer (1819); Handbuch der Erziehungswissenschaften in zwei Abtheilungen (1828); Das Böse, im Einklang mit der Weltordnung dargestellt (1827); Philosophie der Offenbarung (1829); Kritik des modernen Geisterglaubens (1830); Philosophische Unsterblichkeitslehre (1831); Die göttlichen Eigenschaften in ihrer Einheit und als Prinzipien der Weltregierung (1831).

Sekundärliteratur: W. Osterheld: Bernhard Heinrich Blasche. Sein Leben und seine Lehre (1909).

Erich Strobach

Blech, Dietlind

*(d.i. Dietlind Karsunke) Graphikerin, Malerin; *16. 1. 1937 Berlin.*

Bl. machte 1957 das Abitur in Gevelsberg/Westfalen. Sie studierte anschließend vier Semester an der Werkkunstschule Wuppertal Gebrauchsgraphik, dann sechs Semester Malerei an der Akademie der bildenden Künste in München. Seither lebt sie als Graphikerin in München, wo sie als Kinderbuchillustratorin, auch als Pädagogin tätig ist. 1974 bis 1977 absolvierte Bl. ein Lehrerstudium und leitet seit 1979 eine „Malstube" für Kinder. Ihre Werke wurden wiederholt in Ausstellungen gezeigt (Mailand, München, Bratislava und Bologna). Auf der 12. Triennale in Mailand erhielt Bl. eine Silbermedaille. Die von ihr illustrierten Bilderbücher kamen zum Teil unter die „50 schönsten Bücher" und auf die Auswahlliste zum Deutschen Jugendbuchpreis.

Werk, Tendenzen, Wirkung. Bl. begann schon am Ende der fünfziger Jahre Bilderbücher zu gestalten. Sie gehört zu jenen, die damals und in den sechziger Jahren dem deutschen Bilderbuch neuartige und anspruchsvolle Akzente gaben. Das wurde zwar auch durch die Qualität der Texte von ELISABETH BORCHERS, YAAK KARSUNKE oder HANS STEMPEL und MARTIN RIPKENS bedingt, beruhte aber vor allem auf der freien Entfaltung bildnerischer Einfälle und Techniken. Mit Schablonen- und Walztechnik wurde die Geschichte von fünf kleinen Igeln thematisiert „Bi, Be, Bo, Ba, Bu, die Igelkinder" (1962). Sprach- und Vokalklang, rhythmisch überhöhte Sprachlichkeit kennzeichneten das jahreszeitlich orientierte Buch „Und oben schwimmt die Sonne davon" (1965), das in einer Mischtechnik aus Offsetfarben illustriert ist. Die nuancen- und stimmungsreichen Bildtafeln behaupten neben der Textstruktur ein souveränes Eigenleben. Im gleichfalls großformatigen Band „Hallo Irina" (1970) wird der dramatische Weg eines russischen Wildpferdes verfolgt, während mit „Der kleine König" (1970) und „Ich will" (1971) wieder phantastische Themen von Bl. behandelt wurden. Letzterer Band wurde im Aquarell mit Buntstifttechnik gefertigt. Diese Technik wurde auch in „Schnappsack" (1972) beibehalten. „Ich will" spielt das oft genutzte Thema der ständigen Metamorphose eines irrationalen Geschöpfes mit Namen „Schlumpf" durch, das sich vielfältig verwandeln kann. „Die Gartenuhr" (1980) ist der vierte Band einer Reihe, in der auch die allerdings nicht von Bl., sondern von IRMGARD LUCHT illustrierten Bände „Die grüne Uhr", „Die Vogeluhr", „Die Baumuhr" (Text: CHRISTA SPANGENBERG) erschienen sind. Bl. zeichnet und malt in der „Gartenuhr", einem Sachbilderbuch, nach intensiver Beobachtung äußerst penibel und in didaktischer Absicht Ausschnitte aus dem Leben der Pflanzen. Stilistisch folgt Bl. der Intention eines nüchternen, instruktiven Realismus.

Werke: E. Borchers: Bi-Be-Bo-Ba-Bu, die Igelkinder (1962, [7]1976); E. Borchers: Und oben schwimmt die Sonne davon (1965, [5]1975); Chr. Grote: Jakob, der Vogelfedermann (1969); G. Schneider: Der kleine König (1970); Y. Karsunke: Hallo, Irina (1970); H. Stempel (zus. mit M. Ripkens): Ich will (1971); H. Stempel (zus. mit M. Ripkens): Schnappsack (1972); Chr. Spangenberg: Die Gartenuhr (1980).

Horst Künnemann

Bletschacher, Richard

*Regisseur, Kinderbuchautor; *23. 10. 1936 Füssen/Allgäu.*

Bl. ist im Hauptberuf als Opernregisseur an der Wiener Staatsoper tätig. Außer in Österreich hat er auch in Deutschland, Italien, England und der Schweiz Opern inszeniert. Nebenbei hat Bl. Lyrik veröffentlicht, Dramen und Libretti verfaßt. Zum Schreiben von Kinderbüchern kam er durch das Erzählen bekannter und selbsterfundener Geschichten für seine beiden Töchter. Aufmerksamkeit erzielte Bl. durch seinen Kinderroman „Tamerlan" (1973).

Werk, Tendenzen, Wirkung. Bl. schrieb Kindergedichte, die in mehreren Anthologien Aufnahme fanden. Eigene Sammlungen sind die „Milchzahnlieder" (1970), lustige Gedichte aus dem Kinderalltag, in die das Phantastische hineinreicht, und die „Krokodilslieder" (1973), in denen der Nonsens ein noch größeres Gewicht bekommt. Witzige Wortspielereien von oft musikalischem Rhythmus haben starken Aufforderungscharakter. Einige Gedichte wurden vertont. Als Fortsetzung zu seinem Operntext für Erwachsene, „Seidenraupen" (1968), versuchte Bl. das Thema Gewalt und Unersättlichkeit in dem satirischen Kinderroman „Tamerlan" (1973) anzugehen. Er erzählt die Lebensgeschichte des brandschatzenden und mordenden, Furcht und Angst verbreitenden Mongolendespoten Timur-Leng („Tamerlan"; 1336–1405). Dabei erfand er das hinzu, was im Halbdunkel der Geschichtsschreibung verschwunden ist. Tamerlan ist für Bl. ein permanent negativer Held; jede Bewunderung für seine ruhmreichen Taten wird in diesem Anti-Heldenmythos unterlaufen. Unter Benutzung von Phantasie und Sagenelementen funktionierte Bl. die Historie um und verfremdete sie mit Anachronismen und unsinnvollen Verrücktheiten, die blindwütige Kraft durch Lächerlichmachen verurteilen. Das alles ist in einer Weise erzählt, die jede Gelegenheit zum Fabulieren nützt. Um den Text genießen zu können, bedarf es historischen und kulturellen Vorwissens. Kinder verstehen die ironischen Anspielungen, versteckten Zitate, Tüfteleien und Hintergründigkeiten wahrscheinlich nicht, aber sie werden durch die starke Bildhaftigkeit der Details gefesselt. In „Die 7 Probleme der Frau Woprschalek" (1973) veranlassen drei Kurzgeschichten zur sozialen

Problematik der Großstadt die Leser zum Nachdenken über Angst und Außenseiter unserer Gesellschaft. In den realistischen Erzählungen um eine isolierte alte Frau, einen sadistischen Hundehalter und einen Stadtstreicher schwingt trotz skurrilen Wortwitzes Bitterkeit mit.

Werke: Lebenszeichen (1970); Milchzahnlieder (1970); Krokodilslieder (1973); Die Seidenraupen und andere Theaterstücke für Musik (1973); Tamerlan (1973); Die 7 Probleme der Frau Woprschalek (1973); Augenblicke. Gedichte aus den Jahren 1955–1976 (1976).

Beiträge: Das Ende einer Kindheit (in: Jo Pestum (Hrsg.): Die Stunden mit dir. 1976. 61–72); Kirtag in Rottmannsreith (in: Jo Pestum (Hrsg.): Morgen beginnt mein Leben. 1977. 43–54).

Geralde Schmidt-Dumont

Blum, Lisa-Marie

*Schriftstellerin, Malerin, Kinder- und Jugendbuchautorin; *3. 10. 1911 Bremerhaven.*

Bl., die einer Kaufmannsfamilie entstammt, erlebte mit ihren drei Geschwistern eine unbeschwerte Kindheit. Nach der Mittleren Reife studierte sie Malerei und Graphik an einer Berliner Kunstschule, wo sie ihren späteren Mann, den Maler und Graphiker Fritz-Paul Blum († 1971) kennenlernte. Zuerst seine Mitarbeiterin (Wandmalerei, Graphik, angewandte Kunst), ging sie bald ihren eigenen Weg. Ihr Mann förderte ihre künstlerische Entwicklung und ermunterte sie, nicht nur „für die Schublade" zu schreiben. Im Zweiten Weltkrieg veröffentlichte Bl. Kinderpostkarten nach eigenen Aquarellen, schrieb dazu Kinderverse, die die Grundlage ihres ersten Bilderbuchs waren. In Berlin ausgebombt, zog die Familie in die Mark Brandenburg. 1945 erfolgte die Rückkehr nach Bremerhaven. 1950 siedelte Bl. nach Hamburg über. Auf Vorlese- und Vortragsreisen regte sie, selbst Mutter dreier Kinder, Eltern zum Umgang mit Kinderliteratur an. Für ihre Erzählung „Das Sternbild der Zwillinge" erhielt Bl. 1957 den Literaturpreis des Süddeutschen Rundfunks. Lyrisches und Erzählerisches wurde durch Anthologien, Zeitungen, Zeitschriften und vom Rundfunk verbreitet. Ihre Bilder- und Graphiken wurden auf Ausstellungen in Hamburg gezeigt. Bl. ist Mitglied des Literaturzentrums Hamburg, der Gedok und des Friedrich-Bödecker-Kreises. Bl. arbeitet freiberuflich.

Werk, Tendenzen, Wirkung. Angeregt durch die Fragen ihrer Tochter, entstand Bl.s erstes erzählendes Kinderbuch mit eigenen Aquarellen „Ringelblume – Nickkopf" (1949), die Geschichte einer Wiese im Jahreslauf. Es folgte der Auftrag des Deutschen Jugendherbergswerkes, die Text- und Bildgestaltung eines Kalenders für Kinder zu übernehmen. 1956 erschien die Jungengeschichte „Wittkopp". Die phantastische Erzählung mit eigenen Zeichnungen „Das geheimnisvolle Karussell" (1959) kam 1960 auf die Auswahlliste zum Deutschen Jugendbuchpreis.
In ihren Mädchenbüchern greift Bl. zeitnahe Themen auf; Pubertätsprobleme, frühe Partnerbeziehung, Minderwertigkeitsgefühle Jugendlicher, das behinderte Kind, Unfalltod des kleinen Bruders und anderes mehr. Fast alle Werke versieht sie eigenhändig mit Illustrationen und beteiligt sich zuweilen am Layout; sie illustriert auch Bücher anderer Autoren und gestaltet Titelblätter. Zahlreiche Erzählungen, Kurzgeschichten und Gedichte stehen in Anthologien wie z. B. in „Geh und spiel mit dem Riesen" (hrsg. von H.-J. Gelberg, 1971) oder „Auf der ganzen Welt gibt's Kinder" (hrsg. von J. Pestum, 1976) sowie in Schulbüchern. Große Beachtung fand die Sammlung für Erwachsene „Marionetten" (1978), die ihr Erzähltalent offenbart: Genauigkeit der Beobachtung, sparsamer Einsatz erzählerischer Mittel, Klarheit der Situationsschilderung, Einfühlungsvermögen in die Psyche der Figuren.

Werke: Das bunte Buch (1943); Der Geburtstagskuchen (1946); Ringelblume Nickkopf (1949); Kleiner Bruder – große Welt (1951); Der Wanderklaus (f. d. Jahre 1951–1968, 1952–1967); Der liebe gute Spielzeugmann (1953); Kommt spielt mit uns! (1953); Wittkopp (1956); Das geheimnisvolle Karussell (1959); Finchen (1960); Die Seejungfrau im Muschelhaus (1968); Die Ponyapotheke (1969, TB. 1976); Gruselchen (1971); Das Café an der Madeleine (1972, TB. 1975); Kommt hinaus, ich will Euch zeigen ... (1972); Die kleine Eule und andere Tiergeschichten (1973); Der kleine Fuchs kann fliegen und andere Rätselgeschichten (1974); Ausgerechnet Wasserflöhe (1974); Hamburg liegt nicht am Meer (1978); Marionetten (1978); Der geheimnisvolle Computer (1980); Regieanweisung (1980)..

Hans Gärtner

Blumauer, Carl

*Schauspieler, Kinderbuchautor; *1785, † 1840 Brünn.*

Bl. studierte in Leipzig zusammen mit dem späteren Neurologen Karl Friedrich Burdach (1776–1847) Medizin. Er wurde Schauspieler und war vor allem in Mannheim, Meiningen und Weimar am Hoftheater tätig. Als er den Plan einer Unterstützungskasse für Schauspieler, die diesen finanzielle Unabhängigkeit sichern sollte, entwickelte, schlossen die Direktoren der zeitgenössischen Theater ein stillschweigendes Kartell gegen Bl., der von da an keine Engagements mehr erhielt. Bl. wandte sich dann der Schriftstellerei für junge Leser zu, bis er 1840 in Brünn starb. Bl. ist nicht identisch mit dem Schauspieler Johann Gottfried Bernhardt, genannt Blumauer.

Werk, Tendenzen, Wirkung. Mit seinen Erzählungen für Kinder steht Bl. in der Nähe von Jacob Glatz (1767–1831), Johann A. Chr. Löhr (1764–1823) und Friedrich Philipp Wilmsen (1770–1831). Besondere Vorliebe zeigte Bl. für Erzählungen, die sich an kleinere Kinder wandten. Am verbreitetsten wurden seine Erzählbändchen „Der kleine Enkel am Knie des erzählenden Großvaters" (1830), „Die kleinen Enkel auf dem Schoß der erzählenden Großmutter" (1831), „Die kleine Stella und ihre Puppe" (1832) und „Der kleine Robert und sein Steckenpferd" (1833). Fast alle Erzählungen Bl.s sind durch zusammenhaltende Rahmenerzählungen und dialogartige Textaufbereitung gekennzeichnet. In manchen Büchern nehmen die Dialoge schauspielartige Aufbereitung an, indem jeweils in gesperrtem Druck der Name des Sprechenden erscheint und dahinter dessen Aussage. Im Gegensatz zu den Philanthropen seiner Zeit gab Bl. jedoch dem Unterhaltungswert und der poetischen Aufbereitung seiner Texte einen größeren Stellenwert. So stellt er in einem „Trutzwort an die Großen und Liebeswort an die Kleinen", das als Vorwort dem Büchlein „Stella und ihre Puppe. Ein ergötzliches und belehrendes Büchlein für kleine Mädchen" (1832) vorangestellt ist, fest: „Ich gebe hier bunte Szenen aus dem frühesten Jugendleben der Mädchenwelt, wie es sich in jener Zeit wohl gestaltet, und glaube, daß diese Kleinen, an solchem Leitfaden, ihr eigenes Leben nicht ohne Lust und Antheil durchspielen werden. Moral ist (Spruchweisheit ausgenommen) nicht darin gepredigt, aber gelebt". Eine solche „gelebte Moral" findet sich in dem Bändchen in der Form des Märchens „Frau Holle", das der Autor in modifizierter Form den Vater der kleinen Stella erzählen läßt und das der „moralischen Belehrung" dienen soll. Die Fleißigen werden belohnt, die Faulen bestraft. Im Vorwort versucht der Autor auch auf das Kind als eigenes Wesen einzugehen, wenn er, sicher nicht ohne romantische Verklärung, zu dem Schluß kommt: „Wer Kinder und deren Treiben aus Erfahrung kennt, wird es natürlich und mithin tadellos finden: daß das Kind, ein lebendiges, persönliches Mährchen, weder Zeit noch Raum kennt, und daß es Stunden, Tage, Zustände und Zeiten, wie Augenblicke nach Gefallen wechselt. Es ist der Glückliche, und ihm schlägt keine Uhr". In einem Seitenhieb auf andere zeitgenössische Kinderbuchautoren hebt Bl. hervor: „Kindliches Gemüth ist im Buche; kindischen Brei habe ich absichtlich vermieden, letztern eher poetisch gestellt". Das „Liebeswort an die Kleinen" erschöpft sich in der Aufforderung: „Ihr aber, meine lieben Kleinen, für die mein ganzes Vaterherz glüht, nehmt dieses Büchlein fleißig in Eure Hand; wandert es mit unbefang'nen, fröhlichen Sinne durch – es wird Euch gefallen, und Ihr werdet immer öfter und immer froher zu ihm zurückkehren".

Die Kinderbücher Bl.s waren durch ihre reiche Ausstattung mit handkolorierten Kupfern sehr beliebt und fanden auch Eingang ins Ausland.

Werke: Erichs Erzählungen im geselligen Abendkreise (1823); Medaillons, oder Gemälde aus der Gallerie des Lebens (1823); Legenden zur religiösen und sittlichen Bildung (1825); Naturbilder oder Parabeln (1826); Erzählungen (1826); Blumensprache (1826); Aphorismen (1828); Der kleine Enkel am Knie des erzählenden Großvaters (1830); Die Wunderbaren Rheinsagen (1830); Die kleinen Enkel auf dem Schoß der erzählenden Großmutter (1831); Unterhaltende, belehrende Erzählungen (1832); Leselust in Spielstunden (1832); Das Huhn und seine Küchlein (1832); Karl und Erdmuthe (1832); Der Kinderkreis in Trautmannshain (1832); Kleine Sittenlehre in 1000 zweizeiligen Denkreimen (1832); Die kleine Stella und ihre Puppe (1832); Rosaurens Strickkörbchen (1832); Der kleine Robert und sein Steckenpferd (1833); Gedanke mein (1833); Ferienreise der Frohmannschen Zöglinge (1834); Odo's und Rosa's Blumenkranz (1834); Dämmerstunden oder der neue Märchenerzähler unter Kindern (1835); Die Mutter an der Wiege (1835); Der Blumenstrauß (1836); Der Hase hat gelegt (1838); Tulpen, bunte Erzählungen (1838); Veilchen. Kleinere Genre-Bilder (1838); Theodor und Theresa (1838).

Erich Strobach

Bockemühl, Erich

*(Ps.: Eberhard Büren). Lehrer, Lyriker, Erzähler, Jugendbuch- und Laienspielautor; * 12.6.1885 Bickenbach (Oberb. Land), † 12.5.1968 Schermbeck.*

Aus einem Lehrerhaus stammend, wurde auch B. Lehrer. Er war zunächst in Drevenack bei Wesel tätig, ab 1941 in Mönchengladbach, später in Rheydt-Odenkirchen. B. schloß sich dem Charonkreis um OTTO ZUR LINDE an. Die dort vertretene geistige Linie prägte nachhaltig sein literarisches Werk.

Werk, Tendenzen, Wirkung. B. trat nachhaltig als Literaturpädagoge und Autor für jüngste Lesergruppen in Erscheinung. In diesen Bereichen stand er den Gedankengängen BERTHOLD OTTOs, vor allem dessen Verkündigung des Eigenwertes der kindlichen Sprache, nahe. Wir finden B. auf zwei verschiedenen Schaffensebenen tätig, die sich von der geistigen Grundlegung her berühren. Sowohl O. ZUR LINDE wie B. OTTO fühlten sich dem „organischen Wachstumswesen der Natur" (E. BOCKEMÜHL) verbunden. Bei LINDE und den Charonleuten mündete das Bekenntnis zum Ursprünglichen, Urtümlichen ins „Mystisch-Grenzenlose", in ein irrationales Prophetentum, in eine Art Metaphysik deutsch-christlicher Prägung. B. OTTO zwingt hingegen, die pädagogisch-psychologische Wirklichkeit an der Natur des Kindes auszurichten. Während die künstlerische Prosa B.s durch schwärmerisches Ästhetentum mit religiös-völkischem Akzent gekennzeichnet ist, seine stark formbewußte Lyrik um „weltewige" Fragen kreist, die jenseits der wirklichen Dinge liegen, bleibt der Literaturpädagoge B. „dem kindlichen Gemüt und seinem Erkenntnisbegehren" von seiner natürlichen Ausgangslage her verbunden. Seine literaturpädagogische Absicht, die er nie verleugnet, geht ein in das künstlerische Wollen, „aus innerem Drang, innerer Notwendigkeit und aus kindertümlichem Empfinden" ein- und nachfühlend so zu schreiben, daß „das Kind sich in seinem Buch daheimfühlen kann". In seiner Hinneigung zu Denkart und Ausdruckswillen des Kindes schuf B. Lesestoffe – zumeist in Marholds Jugendbücherei aufgenommen –, die das Leben „in jeder kleinsten Regung, im unscheinbarsten Ding entdecken und verehren" (W. LINDEN), so in „Ferienzeit", „Sonnenkringel", im „Büchlein vom Walde", im „Kleinen Bienenbuch" und dem Bändchen „Von allerlei Tieren". B.s nachempfundene Kindersprache zielt auch im „Kindergärtchen" auf eine arglos treuherzige Lebenswirklichkeit, die sich wiederum in der Textsammlung „Aus dem Kinderland" (von Kindern einer Volksschulklasse geschaffen) spiegelt. In den einleitenden Bemerkungen dazu kommt B.s stark idealisierende Auffassung von der Schöpferkraft und paradiesischen

Reinheit des Kindes zum Ausdruck. B.s Drang zum Mythischen hat in zwei Edda-Bearbeitungen Gestalt gefunden (Die Edda; Odhin und sein Werk).
In seinen Lebensbildern von GOETHE und SCHILLER sucht er deren vorgeblich kämpferischen Lebensstil herauszustellen. Seine bescheidenen Schulspiele und Spielszenen, die in ihrer Vorläufigkeit und Unfertigkeit die spielenden Kinder ausdrücklich zu entsprechendem Weitergestalten auffordern, hat E. COLBERG als Spielschöpfungen bezeichnet, „die gar nichts mit Literatur, aber sehr viel mit Erziehung, mit Entfaltung, mit Aufbruch zu eigenem Tun zu schaffen haben" (aus dem Vorwort zu „Christkind kommt gefahren").
B.s enge Verbundenheit mit der niederrheinischen Heimat ist gekennzeichnet von einer starken Daseinsfreude. Das daraus erwachsene „Niederrheinische Sagenbuch" gibt den gesammelten Beispielen literarischen Volksguts eine besondere sprachkünstlerische Eindringlichkeit und motivliche Verdichtung.

Werke (Auswahl): Aus dem Kindheitsland (1912); Von allerlei Tieren (1927); Das kleine Bienenbuch. Erzählungen für Kinder (1927); Die heilige Nacht. 2 Spiele (1928); Das Kindergärtchen. Geschichten (1928); Um das Kindlein Jesu. Spiel (1927); Die stille Nacht von Bethlehem. Spiel (1928); Das Büchlein vom Walde (1928); Oster-Szenen (1928); Die unvergängliche Weihnacht. Erzählungen (1928); Niederrheinisches Sagenbuch (1929); Vom Leid des Kindes (1929); Ferienzeit. Kindererzählungen (1929); Sei uns willkommen, Kindelein zart. Spiel (1930); Sonnenkringel. Kleine Geschichten für Kinder (1930); Und den Menschen ein Wohlgefallen. Spiel (1931); Drinnen und draußen. Kindererzählungen (1931, zus. mit F. Lichtenberger); Der Freiherr vom Stein. Sein Leben und Werk (1931); So durch das Jahr. Sprech- und Spielszenen (1931); Goethe. Sein Leben und sein Werk (1931); Schiller. Ein Dichterleben (1932); Des laßt uns alle fröhlich sein. Liederspiel (1933); Die Edda (1934); Odhin und seine Welt (1934); Flamme empor! Festspiel (1934); Sagen links und rechts der Lippe (1938); Christkind kommt gefahren. 3 kleine Spiele (1950); Vorweihnachtsschnack vom Nikolaus und seinem Sack. 4 Spiele (1950); Wenn Weihnachten ist und andere Kinderspiele (1950); Deutsche Sagen (1953); In der Stadt und auf dem Lande (1955); Das goldene Spinnrad. Sagen, Märchen, Legenden (1960); Das kleine Bienenbuch für Kinder (1961); Deutsche Sagen. Nach den Brüdern Grimm und anderen in Anlehnung an Franz Lichtenberger erzählt (1961).

Sekundärliteratur: W. Linden: Deutsche Dichtung am Rhein (1944). – H. Naumann: Die deutsche Dichtung der Gegenwart (1927). – O. Walzel: Die deutsche Literatur von Goethes Tod bis zur Gegenwart (1929).

Hermann Bertlein

Bodden, Ilona

*Schriftstellerin und Kinderbuchautorin; *8.2.1940 Hildesheim.*

B. lebt als freie Schriftstellerin in Hamburg und ist als Mitarbeiterin von Zeitungen, Zeitschriften, Rundfunksendern, unter anderem auch für den Kinderfunk tätig. Bekannt wurde B. als Lyrikerin. Sie hat bislang drei Gedichtbände vorgelegt; einige ihrer Texte sind in Anthologien veröffentlicht worden. Für ihre Übersetzungen italienischer Gedichte wurde B. 1971 mit der Medaille des „Premio Internazionale Poesia Gradara", 1972 mit einem der Preise des „Premio Picenum" ausgezeichnet. 1977 wurde ihr der italienische Literaturpreis „Premio Internazionale Tolentino Terme" verliehen.

Werk, Tendenzen, Wirkung. Auf dem Gebiet der Kinderliteratur schreibt B. vor allem Kinderlyrik und Erzählungen. In ihren humorvollen und unkomplizierten Geschichten für jüngere Kinder stehen fast immer Tiere im Mittelpunkt, die wie Menschen handeln und denken, mit kindlichem Humor ausgestattet und stets zu Streichen aufgelegt sind. Kinder sind meist nur Zuhörer oder Bewunderer der Tierabenteuer, eine realistische Beziehung zwischen Kind und Tier ist selten. Die Rollen zwischen männlichen und weiblichen Hauptfiguren und Tierhelden sind traditionell verteilt: Fast ausschließlich männliche Tiere – Maulwurf Julius, Igel Schraps, Hund Bello, Kater Wimmerkatz – machen die Späße, Streiche, Abenteuer und Erfindungen. Weibliche Tiere kommen dagegen selten vor, besitzen zwar Schläue, ziehen sich aber in den häuslichen Bereich zurück, kochen, putzen oder fertigen Handarbeiten an. B.s Intention dürfte sein, Kindern mit Humor eine heilere und phantasievollere Welt aufzuzeigen. Einige Verfremdungen und Anthropomorphisierungen erscheinen fragwürdig, und der Bereich der Phantasieanregung erreicht Grenzwerte, die auch die kindliche Freude am Fabulieren und an Tiergeschichten bisweilen zu übersteigen scheinen. So verwandelt sich z.B. in „Das Katzentischtuch" (1976) ein Tischtuch in eine Katze, die nun Junge in der Form von kleinen weißen Servietten mit Schnurrbart zur Welt bringt. Origineller sind B.s Gedichte, Reime, Wort- und Sprachspiele gestaltet, die von Situationskomik leben und vielfach geschickt durch zeichnerische Elemente der Illustratoren ergänzt sind. Rätsel, oft aus der Doppelbedeutung von Worten entwickelt, und einprägsame Verse zeichnen sich durch leichte Sprechbarkeit aus und können Eltern und Kinder zum Ausmalen, Weiterfabulieren oder zu eigenen Wortspielereien animieren.

Werke: Tom und Tina und der struppige Hund (1974); Maulwurf Julius und der Nudelbaum (1975); Die Wundertüte (1976); Das Katzentischtuch (1976); Da blies der Hund den Dudelsack (1977); Der Kater mit dem roten Schal (1980).

Margret Bode

Bodecker, Albrecht von

*Graphiker in der DDR; *27.4.1932 Dresden.*

Nach der Schulzeit in Ludwigslust (Mecklenburg) besuchte B. von 1951 bis 1954 die Fachschule für angewandte Kunst in Wismar und Heiligendamm. Von dort ging er an die Hochschule für bildende und angewandte Kunst in Berlin-Weißensee, wo er Schüler von BERT HELLER und G. MUCCHI war. Darauf folgten drei Studienjahre bei F. STABENAU an der Hochschule für bildende Kunst in Berlin-Charlottenburg (1958–

1961). Seit 1962 lebt B. freischaffend in Berlin. Zahlreiche seiner Buchgestaltungen, Umschläge und Plakate wurden als die „schönsten des Jahres" ausgezeichnet. 1967 erhielt er das Ehrendiplom der Bienále illustrácií Bratislava (BIB), 1977 die Bronzemedaille der Internationalen Buchkunstausstellung in Leipzig, 1977 den Hans-Baltzer-Preis des Kinderbuchverlags und 1980 die Verdienstmedaille der DDR. B. stellte in Berlin-Pankow (1974), Halle (1977), Schwerin (1978), Schönebeck/Elbe (1979) und Leipzig (1979) in Einzelausstellungen aus und war an Expositionen in Bratislava (ČSSR), Bologna (Italien) und Minsk (UdSSR) beteiligt.

Werk, Tendenzen, Wirkung. B.s Schaffensschwerpunkte liegen außer bei der Illustration von Kinder-, Jugend- und Erwachsenenbüchern auch noch beim Entwerfen von Katalogen und Plakaten für den Bereich Theater, Ausstellungen, Film und Kultur. Innerhalb der Buchgestaltung widmet sich B. fast ausschließlich der Belletristik. Er arbeitet für verschiedene DDR-Verlage, so z.B. für Volk und Welt, den Mitteldeutschen Verlag, Hinstorff, Junge Welt, Eulenspiegel und für den Kinderbuchverlag. In seinen Augen ist ein Kind ein „nicht unkritischer" kleiner Künstler, dem „alles, was es sich erdenkt und erträumt ... in seiner Vorstellung Wirklichkeit" wird. Deshalb empfindet er es als „das Schönste" seines Berufs, „für solche großen, stark empfänglichen und kritischen Kinderaugen zu gestalten, zu zeichnen und zu malen" (A. von Bodecker: Illustrieren für Kinder, S. 5). B. gehört zu denjenigen Kinderbuchillustratoren der DDR, die sich neben WERNER KLEMKE, HANS BALTZER und KLAUS ENSIKAT ein besonderes eigenwilliges Profil erarbeitet haben. Er ist außerordentlich phantasiebegabt und variationsreich in den von ihm verwandten Techniken. Die Linie – oft scheinbar unbeholfen, vielfach zittrig, den Formen und Figuren etwas Vages, aber auch Lebendiges verleihend – dominiert vor der Farbe, die bei B. gedeckt und zart (Aquarell) erscheint. Er neigt zur Collage und zu experimentellen Kombinationen, so wenn er schon Anfang der sechziger Jahre in dem historischen Roman von GOTTHOLD GLOGER „Rot wie Rubin" (1961) die Nachbildung eines alten Gemäldes quer auf die Seite setzt, sie mit seinem eigenwillig flotten Pinselstrich verziert und hingetupfte Figuren das Ganze tragen läßt, oder wenn er die leicht gehaltene Illusion eines geöffneten Fensters erzeugt, um in ihm den holzschnittartigen, antikisierenden Landschaftsausschnitt zu eröffnen. Damit erreicht er stets eine Verfremdung. Diese hat in der Regel einen Zug von „hintergründiger Fröhlichkeit", etwas „Skurril-Humorvolles" (EBERHARD BINDER: Albrecht von Bodecker, S. 77). Überall kann bei B. in der realistisch wiedergegebenen Welt der Figuren, Sachen und Landschaften eine phantastische Erscheinung – ein Mondgesicht, ein Fernsehapparat mit Hühnerfuß und Fühlern, ein Bäumchen mit verängstigtem Gesicht – erkennbar werden. Ein Junge am Schreibpult (M. MACOUREK: „Vom blauen Topf, der gern Tomatensoße kochte", 1967) hat eine zum Bleistift umstilisierte Nase, mit der er – am Pult sitzend – schreibt. Auf einer Katze, die Schellen am aufgerichteten Schwanz baumeln hat, läßt er eine etwas traurig-einfältige Gestalt reiten, die im Käfig auf dem Rücken eine Maus mitführt. So karikierend sieht er sich selbst (in: Für Kinder gemalt, 1975). Lausbübisch läßt er an anderer Stelle einen Jungen und ein Mädchen an den Zugschnüren einer alten Uhr hinaufklettern (G. HOLTZ-BAUMERT: „Menschen, liebe Menschen, laßt die Erde stehen", 1969). B. setzt stets mit äußerst sensiblen Mitteln die Wirklichkeit in eine ästhetisch interessante und oftmals phantastisch-verspielte Welt um.

Werke: G. Gloger: Rot wie Rubin (1961); G. Gloger: Der Bauerbacher Bauernschmaus (1963); G. Gloger: Frido, fall nicht runter (1965); M. Macourek: Vom blauen Topf, der gern Tomatensoße kochte (1967); G. W. Menzel: Der weiße Delphin (1967); G. Holtz-Baumert (Hrsg.): Menschen, liebe Menschen, laßt die Erde stehn (1969); S. Hamsch: Im Frühling, im Sommer, im Herbst und im Winter (1974); L. Fürnberg: Die Kinder haben ein schönes Land (1974); E. Strittmatter: Ich schwing mich auf die Schaukel (1974); A. Elias (Red.): Der Luftballonbaum. Fünf Märchen von wunderbaren und seltsamen Wünschen (1974); R. Klein: Mein Freund Karfunkel (1974); J. Verne: Meister Antifers Glücks- und Unglücksfahrten (1977); H. Hüttner: Eine Uhr steht vor der Tür (1978); E. Strittmatter: Die alte Hofpumpe (1979).

Beiträge: Illustrieren für Kinder (in: Beiträge zur Kinder- und Jugendliteratur. 40. 1976. 5).

Sekundärliteratur: E. Binder: Albrecht von Bodecker (in: Beiträge zur Kinder- und Jugendliteratur. 45. 1977. 77–79). – Für Kinder gemalt. Buchillustratoren der DDR (1975). – H. Pätzke: Albrecht von Bodecker: Buchgestaltung, Illustration und Plakat (in: Neue Werbung. 23. 1976. 2. 16–21).

Erich Gerhard

Bödecker, Hans

*Lehrer, Schulamtsdirektor, Vorsitzender des Friedrich-Bödecker-Kreises; *3.4.1928 Rüssen (Kreis Hoya).*

Durch seinen Vater FRIEDRICH BÖDECKER, der Vorsitzender der Vereinigten Jugendschriftenausschüsse (VJA) in Niedersachsen und einer der führenden Köpfe der Jugendschriftenbewegung in der Nachkriegszeit war, schien der Weg des Sohnes vorgezeichnet. Nach dem Abitur 1947 jedoch orientierte sich B. auf den verschiedensten Gebieten – als Musiker, Krankenpfleger, in der Sozialarbeit, ehe er 1950 an der Pädagogischen Hochschule Hannover zu studieren begann. Nach der Mitarbeit an einer Jena-Plan-Schule und der zusätzlichen Ausbildung als Sonderschullehrer am Heilpädagogischen Institut in Hannover unterrichtete B. zunächst an einer Sonderschule, wurde 1958 Assistent an der Pädagogischen Hochschule Hannover im Fach Deutsch, 1962 Leiter einer Hauptschule und 1977 Schulamtsdirektor.
Sowohl der plötzliche Tod des Vaters wie pädagogische Erfahrungen verstärkten und bestimmten B.s Hinwendung zu jugendliterarischer Arbeit. Dabei ließ bereits die erste Jugendbuchwoche, die er 1955 mit 60 Lesungen von 30 Autoren in Hannover, mit Referenten und Ausstellungen durchführte, erkennen, daß B. besonde-

res Geschick für organisatorische Fragen und Spürsinn für wirksame Öffentlichkeitsarbeit entwickelte. Er wurde Vorsitzender des nach seinem Vater benannten Friedrich-Bödecker-Kreises, einer gemeinnützigen Vereinigung, die Menschen verschiedenster Richtungen zu jugendkultureller Mitarbeit zusammenführt. Von 1964 ab organisierte B. das alle zwei Jahre stattfindende internationale Treffen von Jugendbuchautoren „Treffpunkt Hannover". Damit verbunden wird seit 1972 der aus privaten Spenden aufgebrachte Friedrich-Bödekker-Preis in Höhe von 4000 DM (1972 CHRISTINE NÖSTLINGER, 1974 GEROLD ANRICH/HEINRICH PLETICHA, 1976 WOLFGANG GABEL, 1978 RENATE WELSH, 1980 ACHIM BRÖGER und GISELA KALOW) verliehen. Die Idee und die Aktivitäten des Friedrich-Bödecker-Kreises wurden inzwischen von weiteren Bundesländern durch die Gründung eigener Kreise übernommen. Mit der Arbeit der Vereinigten Jugendschriftenausschüsse ist B. eng verbunden. 1955 wertete er die Untersuchung der Vereinigten Jugendschriftenausschüsse aus, in der 12000 Kinder anhand von fünfzig fiktiven Titeln zu ihren Leseinteressen befragt wurden (in: Jugendschriften-Warte. 1960. 3 und 4). Er wurde 1965 zum ersten, 1977 zum zweiten Vorsitzenden der Vereinigten Jugendschriftenausschüsse gewählt. Gerade durch die Verbindung von Vereinigten Jugendschriftenausschüssen und Bödecker-Kreis konnte B. erreichen, daß breite Schichten junger Menschen angesprochen wurden. Aufgrund seines Überblickes und seiner Sachkenntnis arbeitete er an Jugendbuch- („Buch der Jugend") und Schallplattenverzeichnissen, ebenso an der Herausgabe von Lesebüchern mit und gab selbst Reihen literarischer Schriften für die Schule heraus.

Werke: Die Kinderfähre (1972).

Beiträge: Dein Lieblingsbuch – Dein Lieblingsautor (in: Jugendschriften-Warte. N.F. 12. 1960. 3. 18–19 und 4. 25–26).

Hrsg.: Wir und unsere Welt. Lese- und Arbeitsbuch für Sonderschulen (zus. mit anderen. Bd. 1–5. 1967–1971; Neubearb. u.d.T.: Wir und unsere Welt. Lese- und Arbeitsbuch. 1973ff., NA. 1979ff.); Taschentexte. Reihe Sonderschule (zus. mit G. Dunkmann, 1978ff.).

Konrad Kallbach

Bødker, Cecil

*Dänische Lyrikerin, Verfasserin und Erzählerin von Kindergeschichten und Jugendromanen; *23.3.1927 Fredericia (Jütland).*

B. verbrachte ihre Kindheit auf dem Lande, wo sie mit fünf Brüdern aufwuchs, und ließ sich zur Silberschmiedin ausbilden. Ihr intensives Verständnis für die Psyche von Jungen entspringt dem Umstand, daß sie ihre Lehre als einziges Mädchen unter 50 männlichen Mitbewerbern absolvierte. B. war zunächst in ihrem erlernten Beruf tätig. Heute lebt sie als freie Schriftstellerin und ist Mutter von vier Töchtern. Nach ihrer ersten Buchveröffentlichung 1955 schrieb B. Lyrik, Kurzgeschichten, Romane und Stoffe für Hörfunk und Fernsehen. Das für jüngere Leser in mehreren Teilen konzipierte Romanwerk „Silas" (1967) wurde zu einem skandinavischen und internationalen Erfolg. Der Stoff wurde verfilmt. Eine viermonatige Studienreise führte B. 1969 nach Äthiopien, auch um durch eigene Lesungen die Kinder- und Jugendliteratur dieses Entwicklungslandes anzuregen.

*Cecil Bødker (*1927)*

B. wurde sowohl für ihre Bücher für Erwachsene als auch für ihre jugendliterarischen Arbeiten mit mehreren Preisen bedacht. 1967 erhielt sie den zweiten Preis beim Kinderbuchpreis des Dänischen Kulturministeriums, 1968 den Kinderbuchpreis selbst, und 1974 konnte sie die Hans-Christian-Andersen-Medaille in Empfang nehmen. Ihr Erwachsenenwerk wurde durch den Kritiker-Preis, das „Otto-Benzon"-Stipendium für Autoren und den „Louisiana"-Preis gewürdigt.

Werk, Tendenzen, Wirkung. In den „Silas"-Romanen behandelt die Autorin Grundmuster menschlichen Verhaltens. Angesiedelt in einem scheinbar zeitlosen Raum, ohne exakte Orts- und Landesbenennung, hebt B. eine vordergründig magisch-mythische Erzählweise in sehr konkrete, real erfaßbare Zusammenhänge. Die anspruchsvolle sprachliche Gestaltung bringt die Erzählung in die Nachbarschaft traditioneller Entwicklungsromane. Ungewöhnlich erscheint, wie der Held, ein vaterloser Halbwaise, sich auf eigene Faust durch das Leben schlägt, sich dabei wenig um Normen und herrschende Gesetze kümmert, gejagt und verfolgt wird und sich behaupten kann. An die Figur eines Einzelgängers und Außenseiters sind bei langer Wanderung und häufigen Flucht- oder Absetzbewegungen andere Randständige gebunden: Lahme und Blinde, Entwurzelte, Gaukler, Vaganten, Krüppel und Vereinsamte. Dem jungen Leser werden Gegenbilder und Alternativen zum eigenen Dasein angeboten; die parabolischen Schilderungen von Heimatlosigkeit und Ungebundenheit, die am Ende doch nach Sicherheit und Geborgenheit drängen, sind komprimierte Entwürfe menschlicher Existenz.

„Der Geisterleopard" (1971) und „Zwölf Uhr Mitternacht" (1973) basieren auf den Erfahrungen während

B.s Aufenthalt in Äthiopien und behandeln aktuelle Themen aus dem Leben junger Äthiopier. In diesen beiden Erzählungen ist es B. gelungen, modernes Denken und Naturmythen, Spannung und exotische Dramatik sowie die eigenständige Atmosphäre Äthiopiens miteinander zu verbinden. Mit den Kindergeschichten „Timmerlis" (1969) liefert sie den Nachweis, auch für jüngere Leser sensibel und vielschichtig schreiben zu können.

Werke: Silas og den sorte hoppe (1967; dt. Silas, 1970, auch u.d.T.: Silas und die schwarze Stute, 1975); Silas og Ben-Godik (1969; dt. Silas und Bein-Godik, 1971); Timmerlis (1969; dt. Timundlis, 1976); Leoparden (1970; dt. Der Geisterleopard, 1971); Dimma Gole (1971; Zwölf Uhr Mitternacht, 1973); Silas fanger et firspand (1972; dt. Silas in der Stadt, 1973); Jerutte fra Raeverød (1975; dt. Jerutte und das Fuchseisen, 1977); Jerutte redder Tom og Tinne (1975); Jerutte af bjørnen på Raeverod (1976); Silas stifter familie (1976; dt. Silas gründet eine Familie, 1978); Jerutte besøger Hundejens (1977); Robinson (1977); Silas på Sebastiansbjerget (1977); Silas og Hestekragen mødes igen (1978).

Sekundärliteratur: V. Edström: De översätts for ungdom (²1979. 36–48). – J. Gormsen: Elleve nordiske børnebogsforfattere (1979. 194–213).

Horst Künnemann

Boettger, Johann Gottlieb

*Kupferstecher, Illustrator; *9.12.1763 Leipzig (Dresden?), †10.3.1825 Leipzig.*

B. war vermutlich der Sohn des Kupferstechers Gottlieb Boettger sen., wie sich letzterer seit 1769 nannte. Er war Schüler von Christian Gottfried Schulze (1749–1819) in Dresden und ließ sich 1796 in Leipzig nieder, wo er als Stecher und Illustrator für Buchhändler hauptsächlich an Almanachen und Taschenbüchern arbeitete, aber auch in der „Zeitschrift für die elegante Welt". Daneben sind noch Vignetten nach Johann Eleazar Schenau (1737–1806), Hans Veit Schnorr von Carolsfeld (1764–1841) und Johann David Schubert (1761–1822) zu erwähnen.

Werk, Tendenzen, Wirkung. Von B. liegt ein umfangreiches, die aufklärerische und philanthropische Kinderliteratur des späten 18. Jahrhunderts begleitendes illustratorisches Werk vor. Allerdings ist häufig nicht mit Sicherheit auszumachen, ob die Arbeiten von Johann Gottlieb Boettger oder von dessen Vater stammen, da viele Blätter ungenau signiert sind. B. war ein handwerklich qualifizierter Kupferstecher, der meist in Punktiermanier stach und dem mehr an klassizistischer Klarheit und exakter Wiedergabe als an ausdrucksstarker Darstellung gelegen war. Die Gesichter der dargestellten Menschen sind einförmig, ihre Bewegungen verhalten und gemessen. Eine gewisse Eleganz und modische Kleidung sind bei schlichtem Bildaufbau und feiner Ausführung spürbar. B. steht am Anfang bürgerlicher Buchillustration, die einerseits durch ihren erklärenden und lehrhaften Charakter Züge der Aufklärung trägt, sich andererseits aber durch die selbstbewußte Darstellung einer gehobenen Bürgerschicht auszeichnet.

Werke (Auswahl): a) illustriert (und tw. gestochen): H. A. Kerndörffer: Anton oder der Knabe und Jüngling, wie er seyn sollte (Bd. 1–2. 1800); K. A. G. Seidel: Feierabende oder Erzählungen und Unterhaltungen über allgemeine Gegenstände des gemeinen Lebens für das zarte Kindesalter (Thl. 1. 1801; zus. mit anderen); G. K. Claudius: 60 kleine Geschichten und unterhaltende Gespräche für Kinder, die lesen können, und nun auch denken lernen wollen (zus. mit C. Schule, 1803); Chr. J. Dassel: Merkwürdige Reisen der Gutmannschen Familie (Thl. 1–4. 1805); Chr. A. Wickmann: Moralische Erzählungen aus Thier- und Menschenwelt. Eine Geschichte für Kinder (1804). *b) nur Kupfer gestochen:* J. Glatz: Moralische Gemälde für die gebildete Jugend (zus. mit W. Arndt, H. 2. 1803); G. K. Claudius: Kleine, leichte und angenehme Kinderspiele zur gesellschaftlichen Unterhaltung. Ein Taschenbuch für Kinder der gebildeten Stände (1811); A. B. Reichenbach: Blumengewinde in Vater Rosenfelds Lieblingslaube oder Unterhaltungen über Gegenstände aus dem Natur-, Kunst- und Menschenleben (1830); A. Kuhn: Die Familie Willmar (1833); A. Schoppe: Rosen und Dornen. Gesammelt auf dem Pfade des Jugendlebens. Oder: Belehrende und unterhaltende moralische Erzählungen für Deutschlands hoffnungsvolle Jugend beiderlei Geschlechts, vom 10. bis 14. Jahre (1834); H. Müller: Jugend und Tugend der Kinder auf dem Schlosse Rosenthal (1836).

Sekundärliteratur: A. Rümann: Alte deutsche Kinderbücher (1937). – A. Seebaß: Alte Kinderbücher und Jugendschriften (1957). – H. Wegehaupt: Alte deutsche Kinderbücher. Bibliographie 1507–1850 (1979).

Cornelia Schneider

Bofinger, Manfred

*(Ps.: Keins). Graphiker, Illustrator in der DDR; *5.10.1941 Berlin.*

B. machte, nach dem Abitur, von 1959 bis 1961 eine Schriftsetzerlehre durch. Seine künstlerischen Fähigkeiten erwarb er sich als Autodidakt. Er war Typograph, Karikaturist und Pressezeichner. Heute lebt er freischaffend in Berlin. Seine Schwerpunkte sind die Buchillustration, die Karikatur und Plakatgestaltung. Innerhalb der DDR fanden zahlreiche Ausstellungen seines graphischen Werkes statt (Berlin 1972, 1974, 1980; Cottbus 1977; Güstrow 1974, 1979; Saalfeld 1980; Neubrandenburg 1977; Havelberg 1978; Perleberg 1977; Weimar 1976, 1979). B. erhielt mehrere Auszeichnungen für seine Plakate, Büchergestaltungen und Schutzumschläge. 1980 erhielt B. den Kunstpreis der DDR.

Werk, Tendenzen, Wirkung. B.s Illustrationen haben durchweg eine humorvoll-fröhliche Tendenz, auch bei mehr sachlichen Themen, wie in dem Buch von Uwe Kant „Roter Platz und ringsherum" (1977), einem Reiseführer durch Moskau für Kinder. Dieser Spaß wird durch den comicartigen Stil unterstützt, der den Karikaturisten erkennen läßt. Comicelemente lassen sich überall bei B. finden, angefangen bei der kontrastreichen Farbgebung einer relativ kleinen Palette, über eine deutliche, mit einfachen Linien abgeteilte Flächenbehandlung bis zu den schlichten graphischen Abkürzungen des Hintergrunds. B. geht großzügig mit den Dimensionen der Wirklichkeit um, erlaubt sich Knautschautos, Wolken als ausgebuchtete schwarze Flächen, Nasen als kurzen gebogenen Strich und Augen als Punkte. Der Eindruck des Naiven, Kindertümlichen wird raffiniert vorgetäuscht. Die Themen der von B. illustrierten Bücher sind zwar vielfältig, aber stilistisch und illustrativ einheitlich. Zum Beispiel hat B. ein Sachbuch wie UWE KANTS „Roter Platz und ringsherum" ebenso bunt und humorvoll – mit knopfäugigen Verkehrspolizisten, Bäumen mit Gesichtern, einer Basilius-Kathedrale mit kunterbunten Farben usw. – ausgestattet wie die Geschichte für Leseanfänger von WERNER LINDEMANN „Sohn und Vater Rübesam" (1978), eine Darstellung von Alltagsproblemen im Zusammenleben mit anderen Menschen und Tieren – rosarote Schweinchen spielen eine illustrativ effektvoll ausgenützte Rolle –, oder auch moderne Märchen wie U. KANTS „Der kleine Zauberer und die große 5" (1974), wo beispielsweise gezackte Flächen in Manier der Comicsprache ernsthaftes Nachdenken signalisieren. In dem Band mit den Erzählungen „Die drei Frauen und ich" von GERHARD HOLTZ-BAUMERT ist die Reduzierung in Form und Farbe am weitesten getrieben. B. setzt glatte, schwarz umrandete Flächen gegen ebenso glatte rote und weiße scharf ab, vereinfacht die Bewegungen, reduziert Gesichter auf Punkte und Striche, streut Schäfchenwolken aus etc. Raffiniert setzt er gelegentlich einen Fuß oder Arm einer Figur über den Rahmen nach außen.

Werke: B. Gehrts: Der Wettkampf zwischen Esel und Auto (1973); G. Holtz-Baumert: Die drei Frauen und ich (1973); U. Kant: Der kleine Zauberer und die große Fünf (1974); M. Twain: Ein Yankee an König Artus Hof (1974); A. Könner: Ein Bagger geht spazieren (1975); M. Bofinger: Eierpampe (1976); M. Bofinger: Ich kann bauen (1976); M. Bofinger: Oben und Unten (1976); H. Brücher: Das Tangeltingel (1976, TB. 1977); G. Holtz-Baumert: Hasenjunge Dreiläufer (1976); H. Kahlau: Das Zangenbuch (1976); H. Bemmann (Hrsg.): Leute, höret die Geschichte (1976); M. Bofinger: Karl und Karlchen (1977); M. Bofinger: Paulchen klein (1977); M. Bofinger: Das bin ich (1977); U. Kant: Roter Platz und ringsherum (1977); M. Viertel: Kuckucksgarn (1977); O. J. Bierbaum: Zäpfel Kerns Abenteuer (1978); I. Baumert (Hrsg.): Der grüne Kachelofen und andere phantastische Geschichten (1978); P. Brock: Bine und die Parkoma (1978); W. Lindemann: Sohn und Vater Rübesam (1978); H. Horničec: Die verheimlichte Geige (1978); M. Viertel: Ticki Mumm (1978); Für Kinder geschrieben. Autoren der DDR (1979); A. Könner: Ich reise ins Blaue (1979); Kinderbücher vorgestellt. 30 Anleitungen für literarische Veranstaltungen mit Kindern (1979); H. Talke: Sebastian und der Spielplatz (1979); P. Brock: Das Zaubertelefon (1980).

Sekundärliteratur: R. Beune: Bofinger bürgt für Spaß am Kinderbuch (in: Börsenblatt für den Deutschen Buchhandel, Leipziger Ausg. 145. 1978. 22. 383–385). – M. Bofinger: Illustrieren für Kinder (in: Beiträge zur Kinder- und Jugendliteratur. 40. 1976. 6). – Für Kinder gemalt. Buchillustratoren der DDR (1975). – P. Rosié: Die Nasen des Herrn Bofinger (in: Die Weltbühne. 10. 1972. 314–316).

Erich Gerhard

Bogdanov, Aleksandr Aleksandrovič

*(d.i. A. A. Malinovskij) Russischer Philosoph, Naturwissenschaftler, Politiker, Arzt, Autor; *22.8.1873 Tula (Sokolka?), †7.4.1928 Moskau.*

B. studierte zunächst Naturwissenschaften an der Moskauer Universität und besuchte dann die Medizinische Fakultät der Universität von Char'kov, wo er 1899 sein Medizinstudium abschloß. Schon als Student nahm er am Kampf gegen den Zarismus teil. Nach anfänglicher Zugehörigkeit zur Bewegung der Volkstümler, die ihre Hauptaufgabe in der Aufklärung und Revolutionierung der russischen Bauern sahen, arbeitete er ab 1896 an der im Aufbau begriffenen sozialdemokratischen Partei mit. Nach deren Spaltung 1903 schloß er sich den Bolschewiki an und gelangte ins Führungsgremium der bolschewistischen Fraktion. Als ZK-Mitglied, als Leiter der technischen Kampfgruppe und als Redaktionsmitglied wichtiger Parteiorgane hatte er bedeutende Funktionen inne. Nach der gescheiterten Revolution von 1905 zeichneten sich zunehmend ideologische und praktisch-politische Meinungsverschiedenheiten mit VL. I. LENIN ab. In dieser Zeit entstand – den revolutionären Rückschlägen zum Trotz – B.s utopischer Roman „Krasnaja zvezda" (1908; dt. „Der rote Stern", 1923), der das Bild einer sozialistischen Gesellschaft auf dem Mars entwirft. 1909 wurde B. aus dem bolschewistischen Zentrum und später aus dem ZK ausgeschlossen und zog sich 1911 aus der politischen Arbeit zurück, die er erst nach der Oktoberrevolution als Ideologe und Mitorganisator des „Proletkult", einer Organisation, die sich mit Fragen der Schaffung einer proletarischen Kultur auseinandersetzte, wiederaufnahm. Ab 1921 wandte er sich ganz naturwissenschaftlichen Forschungen zu, vor allem der Gerontologie und Hämatologie, und wurde 1926 Direktor des von ihm gegründeten Instituts für Bluttransfusionen. Er kam bei einem medizinischen Selbstversuch ums Leben.

Werk, Tendenzen, Wirkung. B.s Werk umfaßt in erster Linie philosophische Schriften, daneben einige ökonomische Arbeiten und Abhandlungen über proletarische Kultur, sowie zwei wissenschaftlich-phantastische Romane. Obwohl er führendes Mitglied der bolschewistischen Partei gewesen war, hatte er sich vom Marxismus abgewandt und entwarf das Modell einer wissenschaftlichen Organisation der zukünftigen Gesellschaft, das auf exakten Wissenschaften, besonders der Mathematik, beruhte. Diese Organisationswissenschaft hat er in seinem Werk „Vseobščaja organizacionnaja nauka" (1913–1917) ausführlich dargelegt. Der 1908 erschienene wissenschaftlich-phantastische Roman „Krasnaja zvezda" kann als propagandistische Illustration zu seiner Organisationslehre verstanden werden und hatte für den Autor und seine damalige Leserschaft in erster Linie politisch-praktische Bedeutung. Jedoch hatte dieses noch in vorrevolutionärer Zeit geschriebene Werk, das die erste im engeren Sinn sozialistische Sozialutopie ist, gleichzeitig weitreichenden Einfluß auf die Entwicklung der gesamten sowjetischen wissenschaftlich-phantastischen Literatur – und damit der Kinder- und Jugendliteratur im Bereich der wissenschaftlichen Phantastik. Grundlage des von B. entworfenen Systems auf dem Mars ist ein Überschuß zur Verfügung stehender Arbeitskräfte, die vom zentralen statistischen Apparat verteilt werden, der stündlich Zahlen darüber herausgibt, wo Arbeitskräfte gebraucht werden und wo zu viele vorhanden sind. Die Menschen arbeiten freiwillig und wechseln ihre Arbeit den Neigungen entsprechend. Jeder nimmt sich, was er braucht. Der Roman enthält zum Teil recht genau technische Einzelheiten (etwa der zentralen Datenerfassung, der Produktion oder des Raumschiffs; die Menschen werden durch Bluttransfusionen ständig verjüngt usw.), die B. als Naturwissenschaftler und Mediziner interessierten. Grundzug der sozialistischen Marsgesellschaft ist Harmonie, und der Hauptwiderspruch, mit dem sie fertig werden muß, liegt in ihrem Kampf mit der Natur begründet: die Energiequellen drohen zu versiegen. Aus diesem Grund suchen die Marsbewohner neue Ressourcen auf anderen Planeten, unter anderem der Erde. Das Rahmengeschehen des Romans bildet die russische Revolution. Eine Expedition vom Mars auf die Erde nimmt einen russischen Revolutionär in ihrem Raumschiff zum Mars mit, um eine Verbindung zwischen Marsianern und Erdenmenschen zu schaffen, deren Ziel die Beschleunigung der sozialen Entwicklung auf der Erde ist. Wie Paul Behla dazu vermerkt, hat B. damit erstmals überhaupt ein revolutionäres Motiv in die wissenschaftlich-phantastische Weltliteratur eingeführt. B.s zweiter phantastischer Roman „Inžener Mènni" (1913), in dem er das Marsthema wieder aufgreift und die in „Krasnaja zvezda" nur angedeutete geschichtliche Phase des Übergangs vom Marskapitalismus zum -sozialismus beschreibt, erlangte nicht dieselbe Bedeutung wie der erste.

Werke: Kratkij kurs ėkonomičeskoj nauki (1897); Empiriomonizm (Bd. 1–3. 1904–1906); Krasnaja zvezda (1908; dt. Der rote Stern, 1923); Vseobščaja organizacionnaja nauka Tektologia (Bd. 1–2. 1913–1917; dt. Allgemeine Organisationslehre. Tektologie, 1926–1928); Inžener Mènni (1913); Filosofia živogo opyta. Materializm, empiriokriticizm, dialektičeskij materializm, empiriomonizm, nauka buduščego (1913); Nauka ob obščestvennom soznanii (1914; dt. Die Entwicklungsformen der Gesellschaft und der Wissenschaft, 1924); Čto takoe proletarskaja poėzija? (1918; dt. Was ist proletarische Dichtung?, 1920); Nauka i rabočij klass (1918; dt. Die Wissenschaft und die Arbeiterklasse, 1920); Iskusstvo i rabočij klass (1918; dt. Die Kunst und das Proletariat, 1919); Naša kritika, stat'ja vtoraja: Kritika proletarskogo iskusstvo (1918; dt. Kritik der proletarischen Kunst, 1969); O proletarskoj kul'ture. Stat'i 1904–1924 (1924).

Sekundärliteratur: P. Behla: Die wissenschaftlich-phantastische Erzählung (in: N. Ludwig (Hrsg., zus. mit W. Bussewitz): Sowjetische Kinderliteratur. 1974. 217–230). – D. Grille: Lenins Rivale. Bogdanov und seine Philosophie (1966). – G. Maschke: Bogdanovs Warnung (in: A. A. Bogdanov: Der Rote Stern (ND. 1972. 181–192). – J. Rjurikov: Bogdanov (in: Kratkaja literaturnaja enciklopedija. Bd. 1. 1962. Sp. 653). – B. Rullkötter: Die Wissenschaftliche Phantastik der Sowjetunion. Eine vergleichende Untersuchung der spekulativen Literatur in Ost und West (1974).

Susanne Schmidt

Bogdanov, Nikolaj Vladimirovič

*Sowjetrussischer Schriftsteller; *5.3.1906 Kadoma.*

B., Sohn eines Landarztes und einer Lehrerin, wuchs auf dem Lande auf und absolvierte die Sekundarstufe der allgemeinbildenden Schule in Sasovo, einer Kleinstadt im Bezirk von Rjazan', wo er in dem noch jungen und im Aufbau begriffenen Komsomol Mitglied war. Im Jahr 1923 delegierte ihn das Bezirkskomsomolkomitee zum Studium an das literarisch-künstlerische Brjusov-Institut in Moskau. Dort wurde er noch im selben Jahr Pionierleiter und begann, in der Redaktion der Kinderzeitschrift „Pioneer" mitzuarbeiten. In diese Zeit fällt der Anfang seiner schriftstellerischen Tätigkeit, die in erster Linie an Kinder und Jugendliche gerichtet ist. Im Jahr 1924 erschien seine erste Erzählung „Pioneer v derevne". B. gehört zu den Kommunisten, die sich in der unmittelbaren praktischen Parteiarbeit eingesetzt und bewährt haben. So wie er als junger Komsomolze in Sasovo in den sogenannten „Einheiten für besondere Verwendung" (CON) gegen die Kulaken, die dem Aufbau der sowjetischen Ordnung feindlich gegenüberstanden, kämpfte, ging er später im Zuge des großangelegten enthusiastischen Aufbaus der sowjetischen Industrie mit auf eine der Großbaustellen nach Magnitka und meldete sich 1939 als Freiwilliger im Krieg gegen Finnland, dessen nahe Grenze zu Leningrad von der Sowjetführung als möglicher Stützpunkt für die deutsche Wehrmacht gefürchtet wurde. Im Zweiten Weltkrieg war B. – wie viele seiner sowjetischen Schriftstellerkollegen – Korrespondent verschiedener Zeitungen und der Nachrichtenagentur TASS.

Werk, Tendenzen, Wirkung. B.s schriftstellerisches Schaffen ist unmittelbar aus seinen gesellschaftlichen Erfahrungen entstanden. Zentrale Stellung nehmen in seinem Werk die Pionier- und Komsomolerzählungen, die oft in ländlichem oder kleinstädtischem Milieu spielen, und die Kriegserzählung ein. Seine ersten Erzählungen waren den Pionieren gewidmet. Während noch „Pioner v derevne" (1924) einen unechten Pionierhelden schildert, der aus der Hauptstadt in ein Dorf kommt, die Lage gleich überblickt und eine einflußreiche Pionierorganisation aufbaut, wobei die tatsächlichen Probleme unbeachtet bleiben, lenkte er später den Blick gerade auf Schwierigkeiten und Rückständigkeiten, die es zu überwinden galt, und zeichnete seine jungen Helden in ihrer Begeisterungsfähigkeit und ihren Unzulänglichkeiten mit Humor, was in der Kinderliteratur der sechziger Jahre vor allem für Nikolaj Nikolaevič Nosov (*1908) charakteristisch wurde. In „Parteja slabodnych rebjat" (1925) steht nicht mehr der Einzelheld, sondern ein kleines Kinderkollektiv im Mittelpunkt der Erzählung, das schließlich die Gründung einer Pioniergruppe in ihrem Dorf erreicht. Das Thema der Pioniere aus den zwanziger Jahren hat B. später in seinem Werk „Kogda ja byl vozatym" (1961) und der Erzählung „Odin iz pervych" (1961), einer völligen Umarbeitung von „Pioneer v derevne" wieder aufgegriffen. Ende der zwanziger Jahre begann B. Bücher über den Komsomol zu veröffentlichen: den Erzählungszyklus „Večera na ukomovskich stolach" (1927) und die Romane „Pervaja devuška" (1928), von ihm als „romantische Geschichte" bezeichnet, und „Plenum druzej" (1934). Bekannt wurde B. vor allem durch das Werk „Pervaja devuška" (dt. Das erste Mädel, 1930), das ein großes Echo fand und innerhalb von drei Jahren mehrmals aufgelegt wurde. Dabei gab es sowohl begeisterte als auch völlig ablehnende Stimmen. Nicht nur die Literaturkritik setzte sich mit dem Werk auseinander, es wurde auch in Partei und Parteipresse lebhaft diskutiert. GORKI, dem B. sein Buch gezeigt hat, unterzog es einer scharfen Kritik sowohl wegen der sprachlichen Gestaltung (ungehobelte Umgangssprache mit Verwendung von Modewörtern, um volksnah zu wirken, und sprachliche Nachlässigkeit bis hin zu Fehlern), als auch wegen inhaltlicher Unstimmigkeiten, vor allem bei der Gestaltung der Titelheldin, die – einerseits vorwärtstreibende Kommunistin – wegen Liebschaften mit zweifelhaften Personen scheitert. In den fünfziger Jahren arbeitete B. das Werk, das seit 1930 nicht mehr erschienen war, grundsätzlich um und veröffentlichte es 1958 in der neuen Fassung. In der Erzählung geht es um die erste Komsomolgeneration auf dem Lande, die – noch unerfahren und theoretisch kaum geschult – nach Wegen sucht, um mit den Schwierigkeiten, die sich der jungen Sowjetmacht auf dem Lande entgegenstellen, fertig zu werden. Hauptfigur ist das erste Mädchen im Komsomol. Die Themenkomplexe Liebe, Heirat und Freundschaft spielen dabei eine zentrale Rolle. Das nach der Überarbeitung wieder neu entstandene Interesse an dem Werk liegt in der Echtheit und Ungeschminktheit, mit der die damaligen Komsomolzen auf dem Lande geschildert werden, wodurch ein Ausschnitt jener Zeit lebendig gemacht und gerade dem jugendlichen sowjetischen Leser das Wirken ihrer frühen Vorgänger anschaulich vor Augen geführt wird. B. zeichnet die Komsomolzen voll von jugendlichem Enthusiasmus und Hingabe sowie voller unbeholfen naiver, aber dennoch entschlossener Art.

Werke: Pioner v derevne (1924); Mit'ka za granicej (1925); Na okraine (1925); Parteja slabodnych rebjat (1925); Propavšij lager' (1925); Tri begleca (1926); Večera na ukomovskich stolach (1927); Pervaja devuška (1928; dt. Das erste Mädel, 1930); Retuvye medoviki (1929); Vysov (1931; dt. Dorf und Kommune, 1933); Plenum druzej (1934); Na vozdužnoj doroge (1942); O smelych i umelych (1950); Krjazonok (1956); Provodničok (1956); Kogda ja byl vožatym (1961); Odin iz pervych (1961); Ulybka Il'ica (1961); Čudesniki (1962); Den' slavy (1963); Izbrannoe v dvuch tomach (1966).

Sekundärliteratur: I. Lupanova: Polveka. Sovetskaja detskaja literatura 1917–1967 (1969). – A. M. Vitman (zus. mit L. G. Os'kina): Sovetskie detskie pisateli. Biobibliografičeskij slovar' 1917–1957 (1961. 49–50).

Susanne Schmidt

Bohm, Hark

*Filmregisseur und Schauspieler; * 18. 5. 1939 Hamburg.*

B. verbrachte seine Kindheit auf der Insel Amrum. Nach dem Abitur 1959 studierte er Jura und legte 1966 das Staatsexamen ab. Er wurde Rechtsreferendar und Anwaltsgehilfe. In München lernte er den Filmregisseur VOLKER SCHLÖNDORFF kennen, der ihn aufforderte, an einem Drehbuch mitzuwirken. 1970 wechselte B. den Beruf und wurde selbst Filmemacher. Er realisierte mit „Wie starb Roland S.?" (1970) und „Einer wird verletzt, träumt, stirbt und wird vergessen" (1971) seine ersten Filmprojekte. Zusammen mit WIM WENDERS, RAINER WERNER FASSBINDER, ULRICH SCHAMONI und PETER LILIENTHAL gründete B. den „Filmverlag der Autoren". B. hatte maßgebenden Anteil daran, dem jungen deutschen Film verstärkte öffentliche Anerkennung zu verschaffen. Seit 1972 dreht B. längere Spielfilme mit Jugendlichen als Hauptfiguren, z. B. „Tschetan der Indianerjunge". B. verfilmte 1974 CHRISTINE NÖSTLINGERS Kinderroman „Wir pfeifen auf den Gurkenkönig" (1974). Mit „Nordsee ist Mordsee" (1975) und „Moritz, lieber Moritz" (1978) gelangen B. weitere engagierte Spielfilme, die die Grenzen zwischen Jugend- und Erwachsenenfilm aufheben.

Werk, Tendenzen, Wirkung. Wie kein zweiter Filmemacher hat B. dem in Westdeutschland fast vergessenen Genre des Kinder- und Jugendfilms zu neuer Aktualität verholfen. Im Sinne einer kritisch-emanzipatorischen Zielsetzung vertritt er die These: „Filme für Kinder müssen Kinder stark machen". Über den Unterhaltungs- und Spannungswert abenteuerlich konzipierter Stoffe und Themen hinaus werden in B.s Filmen jüngeren Kinobesuchern Existenzalternativen aufgezeigt. „Tschetan der Indianerjunge" bietet ein charakteristisches Beispiel, den amerikanischen, klischeehaften Western- und den zumeist phantastisch-trivialen KARL-MAY-Verfilmungen eine realistisch konzipierte Alternative entgegenzustellen.
In „Ich kann auch 'ne Arche bauen!" (1973) sowie in „Nordsee ist Mordsee" (1975) und „Moritz, lieber Moritz" (1978) überzeugen sowohl die Darstellung des „heimatlichen" Hamburger Milieus, seiner Umgebung als auch die sprachliche Genauigkeit. Die Dialoge und Redeweisen der Schauspieler werden oft noch während der Dreharbeiten nach den Wünschen der mitwirkenden Kinder der eigenen Realität gemäß verändert. B. hat in seinen Filmen alters- und gesellschaftsspezifische Probleme junger Menschen der Bundesrepublik Deutschland eingefangen. Der Generationskonflikt, die besondere Lage der Arbeiterkinder, Vorurteile gegenüber Fremden und Gastarbeitern, Klassenunterschiede, Identitätskonflikte Pubertierender, solidarisches Verhalten von Kindern und Jugendlichen, um sich gegenüber Erwachsenen behaupten und durchsetzen zu können, sind seine bevorzugten Themen.
Die aktuelle Filmkritik rühmte B.s Arbeiten nach, sie würden das Tom-Sawyer- und Huckleberry-Finn-Abenteuer-Motiv über MARK TWAIN hinaus in unsere

Gegenwart transportieren. Hinter den Aktivitäten seiner Filmkinder, die sich z. B. gegen beschränkte Spielmöglichkeiten im Alltag ihren Freiraum erkämpfen und Träume vom „Abhauen“ in die Wirklichkeit umsetzen, liegen jedoch tiefergreifende Aspekte. Psychische Prozesse und soziologische Spannungen zwischen den Geschlechtern, zwischen unterschiedlichen Altersgruppen, zwischen Arbeiter- und Mittelschichtskindern werden ebenso deutlich wie etwa die Isolation von Kindern wohlhabender Schichten. Kinder und Jugendliche erhalten bei B. auf unterschiedlichen Rezeptionsebenen Identifikationsangebote und Entscheidungshilfen. Da B. auch vor provokativen Szenen wie Schlägereien, Verkehrsunfällen oder gewalttätigen Phantasien nicht zurückschreckt, gab es insbesondere um „Nordsee ist Mordsee“ und „Moritz, lieber Moritz“ Auseinandersetzungen mit der Freiwilligen Selbstkontrolle der Filmwirtschaft, der Kritik und mit weiteren Prüfstellen, die über die altersmäßige Zuordnung von Kinder- und Jugendfilmen mitbestimmen. In letzter Instanz wurde zugunsten B.s entschieden. Abenteuerlich-romantisch ist auch die Haupttendenz von B.s Film „Im Herzen des Hurricans“ (1980), in dem zwei Halbwüchsige einem Elch folgen, der sich in die Bundesrepublik verirrt hat. Poetisierende Akzente gewinnen B.s Filme nicht allein über die Kameraführung, den Schnitt und die Endmontage, sondern auch über die musikalische Komponente, die ausdrucksvoll mit zeitgenössischen Elementen des Pops und Jazz die Bilder untermalt; unter anderem steuerten Udo Lindenberg und Wolfgang Daunert Filmmusiken zu B.s Arbeiten bei.

Werke: Wie starb Roland S.? (1970); Einer wird verletzt, träumt, stirbt und wird vergessen (1971); Tschetan, der Indianerjunge (1972); Ich kann auch 'ne Arche bauen! (1973); Wir pfeifen auf den Gurkenkönig (1974); Nordsee ist Mordsee (1975); Moritz, lieber Moritz (1977); Im Herzen des Hurrican (1980).

Horst Künnemann

Bohny, Niklaus

*Schweizer Pädagoge, Kinderlehrbuchverfasser; *23. 6. 1815 Frenkendorf, †23. 8. 1856 Basel.*

B. stammte vermutlich aus Frenkendorf (Kanton Baselland). Von 1836 bis 1843 arbeitete er als Lehrer am Waisenhaus in Basel; danach wechselte er an die Kleinkinderschule in Klingental (Basel) über, wo er bis 1847 beschäftigt war. 1848 wurde er an der privaten Töchterschule von Marie Lehmann-Berger angestellt. Seit dem 15. November 1848 findet man ihn als Erzieher in den Unterklassen der Knabenschule einer Primarschule der Münstergemeinde in Basel. Dort blieb er bis 1851. Im gleichen Jahr begann er seine Tätigkeit als Unternehmer an der Knabenschule der Leonhardsgemeinde. Hier unterrichtete er bis zu seinem Tod 1856. B. verbrachte sein ganzes Leben in Basel, wo er 1844 das Bürgerrecht erhielt und im selben Jahr eine Baseler Bürgerin heiratete.

Werk, Tendenzen, Wirkung. Von B. sind drei Lehrbücher bekannt, die in ihrer Auffassung vieles übertreffen, was um 1850 an Lehrmaterial angeboten wurde. B.s Ruhm als Pädagoge ist hauptsächlich auf seinem „Neuen Bilderbuch zum Anschauen, Denken, Rechnen und Sprechen für Kinder von $2^1/_2$–7 Jahren“ begründet. Das als eine der ersten Mengenlehren geltende Buch, das gleichzeitig als Kleinkinder-Bilderbuch diente, erschien 1848 im Verlag von Schreiber & Schill (Esslingen und Stuttgart). Das Werk wurde bis in die zwanziger Jahre unseres Jahrhunderts in allen wichtigen Sprachen aufgelegt und fand in Europa sowie Nord- und Südamerika Verbreitung. Im Vorwort berief sich B. auf den Schweizer Pädagogen Johann Heinrich Pestalozzi (1746–1827) und dessen Schrift „Buch für Mütter“, das er als Anregung für sein „Neues Bilderbuch“ heranzog. Das „Buch für die Mütter, oder Verstandes- und Sprachübungen, die Kinder bemerken und reden zu lehren“ erschien 1803 als erstes Heft zu Pestalozzis „Elementarbücher“.

Im „Neuen Bilderbuch“ wird eine Lernmethode angewandt, welche auf das Erfassen von Maß- und Formverhältnissen abgestimmt ist: „Die Anschauung der Zahlen-, Form- und Maßverhältnisse, verbunden mit der Sprache, war von jeher und ist heute noch einer der sichersten Anhalts- und Stützpunkte eines gedeihlichen Unterrichts, einer entwickelnden geistigen Bildung. In diesen Verhältnissen liegen nicht nur die erregenden, bildenden und ordnenden Elemente des Denkgeschäftes; in ihnen liegen auch die Anfänge alles Lernens“ (Vorwort zu „Neues Bilderbuch ...“). B. wies im gleichen Text auf das Lernverhalten des Kindes hin: „Kinder wollen nun gerne über Gegenstände, welche man ihnen vorlegt, unterhalten sein. Veranschaulichungsmittel zum Zählen, wie Steinchen usw., das leuchtet wohl jedermann ein, haben jedoch viel zu wenig Interesse zu Besprechungen für Kinder, daher müssen wir ihnen solche Gegenstände vorweisen können, welche zur Unterhaltung vorzüglich geeignet sind. In diesen Unterhaltungen bilden und üben wir zugleich das Sprachvermögen. Denn die Sprache ist das Mittel, durch welches die Außenwelt den Kindern zum Verständnis gebracht werden kann. Die Kinder sollen vorerst anschauen, dann über das Angeschaute denken und das Gedachte, richtig aussprechen lernen.“ B. war bemüht, diese Kriterien im Bilderbuch didaktisch so umzusetzen, daß sich Lerneffekt wie Lernmotivation optimal darstellten. Deshalb unterscheidet sich sein Lehrbuch auch formal von vorher erschienenen. Anstatt einer vielfigurigen Szenerie wird die Seite in jeweils drei Zonen unterteilt, in denen das Kind vertraute Objekte erkennen kann. Jede Abbildung ist mit Fragen für den Unterrichtenden versehen, so daß der von B. beabsichtigte Lehrinhalt eingehalten werden konnte. Ein weiteres elementares Werk B.s war das 1849 ebenfalls bei Schreiber & Schill erschienene „Bilder-Lautirbuch“. In ihm brachte der Verfasser Neuerungen ein, welche die Schreiblesemethode mit Elementarschrift, die Entwicklung der Laute und ihrer Namen durch Bilder, die „Benützung der Jacotot'schen Metho-

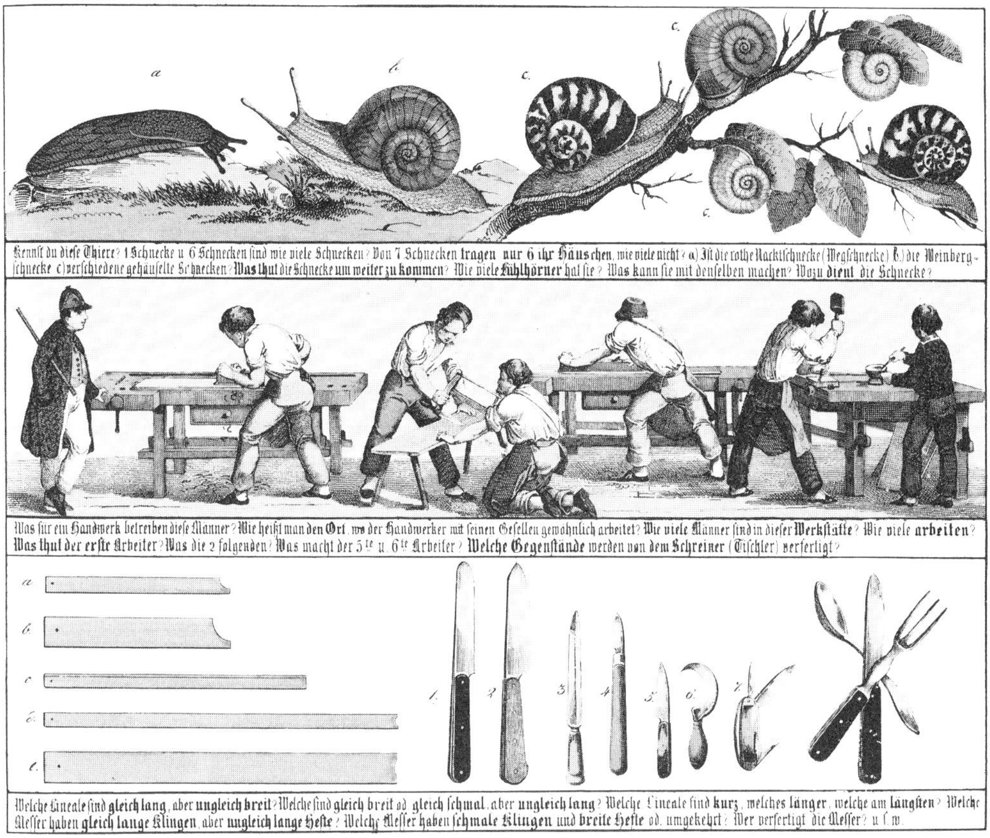

Niklaus Bohny. Seite aus „Neues Bilderbuch. Anleitung zum Anschauen, Denken, Rechnen und Sprechen für Kinder von 2½ bis 7 Jahren, zum Gebrauche in Familien, Kleinkinderschulen, Taubstummen-Anstalten und auf der ersten Stufe des Elementarunterrichts“ (Verlag Schreiber und Schill, 1848).

de“ (Vorwort) und die Behandlung des Lesestoffes in der Druckschrift berücksichtigten. Die Schreiblesemethode wurde von B. durch die Einführung einer reduzierten Elementarschrift vereinfacht. Zur Erlernung der Laute verwendete er zwar eine kompliziert anmutende Methode, die aber dennoch kindgemäß ausgerichtet war: „Zur Veranschaulichung der Laute sowohl als ihrer Namen, und zwar für Lehrende und Lernende, habe ich solche Bilder ausgewählt, welche einen Akt in der Natur vorstellen, bei dem der betreffende Laut hervorgebracht wird. Mit Hülfe dieser Bilder muß es nun den Kindern gar nicht mehr schwerfallen, die Lautnamen und ihre Zeichen zu behalten. Zur beliebigen Auswahl sind bei den meisten Lauten zwei oder drei Namen beigefügt, kürzere oder längere, solche, die sich mehr von den Sprachwerkzeugen herleiten, oder solche, welche mehr an die Hervorbringung des Lautes in der Natur erinnern“ (Vorwort zu „Bilder-Lautirbuch“).

Dieses Sinnlautverfahren wurde von B. mit der ganzheitlichen Leselernmethode des französischen Lesemethodikers J. J. Jacotot bzw. der Neufassung durch den Breslauer Lehrer K. Seltzsam verknüpft.

Nach diesen Lehrbüchern verfaßte B. die 1856 bei Fischer & Co. in Basel erschienene Schrift: „Vorübungen zur Schön- und Schnellschrift, zugleich als Uebungsheft zum Ueberziehen und Nachfahren mit trockner und nasser Feder“. Als Nachfolgeschrift, die sich auf B.s Methoden bezieht, veröffentlichte der Verlag J. F. Schreiber 1864 den Band „Bilderlust und Bilderlehre“, der dem „Neuen Bilderbuch“ nachempfunden ist, aber wegen seines zu kleinen Formats und der unübersichtlichen Abbildungen nicht an das Vorbild heranreichte. In den letzten Jahren hat der Schreiber-Verlag einen Nachdruck des „Neuen Bilderbuchs“ und des „Bilder-Lautirbuchs“ von B. herausgebracht.

Werke: Bohny's neues Bilderbuch. Anleitung zum Anschauen, Denken, Rechnen und Sprechen für Kinder von $2^1/_2$–7 Jahren. Zum Gebrauche in Familien, Kleinkinderschulen, Taubstummenanstalten und auf der ersten Stufe des Elementarunterrichts (1848); Bilder-Lautirbuch. Eine Anleitung kleine Kinder auf eine leichte und naturgemäße Art lesen und schreiben zu lehren.

Zum Gebrauche in Familien und Kleinkinderschulen und auf der ersten Stufe des Elementarunterrichts (1849); Vorübungen zur Schön- und Schnellschrift, zugleich als Uebungsheft zum Ueberziehen und Nachfahren mit trockner und nasser Feder (1856).

Sekundärliteratur: Buchhändler-Vereinigung (Hrsg.): Schöne alte Kinderbücher (1978. 31–32, 55). – Chr. Pressler: Schöne alte Kinderbücher. Eine illustrierte Geschichte des deutschen Kinderbuches aus fünf Jahrhunderten (1980).

Helmut Herbst

Bolivien

(República de Bolivia). Republik in Südamerika. Andenstaat ohne Anteil an der Meeresküste. B. grenzt im Norden und Osten an Brasilien, im Südosten an Paraguay, im Süden an Chile, im Westen an Chile und Peru. Staatsgebiet: 1089581 km^2; Einwohner: ca. 3,5 Millionen. Nach der Verfassung vom 17.11.1947 ist B. eine unitarische Republik. Staatsoberhaupt ist der Präsident, der wie der Vizepräsident auf vier Jahre gewählt wird. Die Legislative übt der Nationalkongreß aus, der aus dem Senat und den Abgeordnetenkammern besteht. Die Bevölkerung besteht zur Hälfte aus Hochlandindianern (Aymara, Quechua), die kaum Spanisch sprechen. Etwa 31 % der Bevölkerung sind Mestizen, Cholos genannt, der Rest Weiße, vor allem Nachkommen der spanischen Eroberer und später hinzukommende spanische Einwanderer. Amtssprache ist Spanisch.

Entwicklung der Kinder- und Jugendliteratur und gegenwärtiger Stand. Ähnlich wie in anderen Ländern Südamerikas behaupten in B. jahrhundertealte Mythen und magische Vorstellungen ihre Ausstrahlung bis in die Gegenwart. Teilweise sind sie mit christlichen Elementen verschmolzen, teilweise haben sie sich auch erfolgreich in entlegenen Siedlungen des Altiplano und in schwer erreichbaren Urwaldsiedlungen gegen alle Missionierungsversuche erhalten.

Ein verbreitetes historisches und zeitgenössisches Medium sind Sammelbilder und Bilderbogen. Hier wird in kurzer und einprägsamer Form thematisiert, was Analphabeten und Leseunkundige erfahren sollen. Im Vordergrund stehen heroisierende, oft nationale Inhalte, die Darstellung von Befreiungs- und Kriegshelden der Vergangenheit. Einzelmotive kommen als Wandbilder in den Handel, etwa die Darstellung eines Kinderhelden, der mit aufgepflanztem Bajonett während des Krieges gegen Chile einem unsichtbaren Gegner entgegenstürmt („Juancito Pinto, el niño heroe, glorioso colorado de Bolivia"). Weniger militant geben sich auf anderen Bilderbogen Darstellungen des menschlichen Körpers, von Landschaftsformen, aus der Kunst Altamerikas, aus Geschichte und Vergangenheit des eigenen Landes, aber auch von Pflanzen und Tieren. Auch wie die Menschen wohnen – gestern und heute – wird gezeigt; Kinderspiele, Mode, Kleidung und Verkehr sind Themengruppen. Oft finden sich auch in comicähnlicher Gestaltung Abbildungen der Nationalheiligen, der „Virgen de Copacabana".

In den Bilderbogen, die häufig aus Kolumbien und Peru importiert werden, reduziert sich die Geschichte berühmter Inkakönige, berüchtigter „Conquistadores" und das Leben SIMON BOLIVARs auf 6 bis 12 Bildepisoden pro Bogen. Die Verkürzung der Konflikte und die Freund-Feind-Bilder schaffen für den Betrachtenden die Voraussetzungen, ähnliche Strukturen auf den massenhaft verbreiteten Comics spontan zu erfassen. Gegenüber ausländischen Einflüssen aus Mexiko und den USA behaupten sich auch bolivianische Produktionen von Comics und comicähnlichen Illustrationen zu religiösen Themen: Hierher gehört das Leben Jesu („Vida de Jesú ilustrada") oder „Historia de Nuestra Señora de Copacabana" (1977). JOSE MARIA ULLOA CESPEDES hat mit seinen Bildgedichten „Historia verdadera grafica y dialogeda. Mamita de Copacabana" (1969) eine Mischung aus Comics, Photos und Liedertexten in der Sprache der Aymará vorgelegt, die zur Erbauung der Gläubigen angeboten wird.

Bolivianische Autoren haben immer wieder versucht, eine eigenständige Kinder- und Jugendliteratur zu entwickeln. Sie griffen dabei auf die Mythen der vorkolumbianischen Zeit, aber auch auf die Geschichte der nationalen Befreiung zurück. Beispiele dieser Literatur stammen von GUILLERMO FRANCOVICH („Los mitos profundos de Bolivia"), C. D. A. PORTADA („Poemas, rimas y pensamientos"), LUIS FUENTES RODRIGUEZ („Con la patria adentro. Poemas para niños"), PEGGY ANTELO AGUILAR („Simon Bolivar, niño", 1979), ANTONIO PAREDES CANDIA („Folklore de Potosí"), JAIME MENDOZA („En las tierras de Potósi", 1980), INRIQUE FINOT („Tierra adentro, 1980); JULIO CRESPO MACHICADO („Por los caminos de la aventura. Un boliviano en la legión extranjera", 1980), NICOLAS FERNANDEZ NARANJO („Enciclopedia Boliviana, diccionario de Bolivianismo", 1975), RENATO PRADO OROPELA („Los fundadores del Alba", 1979), J. RIESTER („Cancion y producción en la vida de un pueblo indigena", 1978), JOAQUIN AGUIRRE LAVAYEN („Más allá del horizonte"), LUIS CASASNOVAS MARQUÉS („Epopeyas Hispano-Americano", 1980), MANUEL VARGA („Simon Bolivar"; „Cuentos del Achachila", 1975; „El sueño del Picaflor", 1980).

Sozialkritische Akzente bringt CAMARLINGHI in der Erzählung „Cara sucia" (1963) ein, in der das Schicksal elternloser Straßenkinder aufgegriffen wird. Dieses Buch steht im Zusammenhang mit der sogenannten „Schwarzen Pädagogik", in der Ansätze entwickelt werden, um den „campesinos", den schlecht ausgebildeten Jugendlichen in den Provinzen, Minengebieten und Städten bessere Startchancen zu vermitteln. MARIANO BAPTISTA GUMUCIO ist ein engagierter Vertreter dieser Richtung. In seinen Schriften klagt er Schule und Gesellschaft an, mit dem Problem der Unterentwicklung des Landes nicht fertig geworden zu sein („Salvemos a Bolivia de la esculea", 1975; „La educación como forma de suicidio nacional", 1976). GUMUCIOs Schriften lassen eine Beziehung zu den Thesen von IVAN ILLICH erkennen.

Parallel zu den Versuchen, zeitkritische Texte für junge

In Bolivien verbreiteter Bilderbogen mit Belehrungen über die Landwirtschaft der Inkas.

Leser zu schreiben, laufen historische Bestrebungen, das in der Oraltradition überlieferte Volksgut zu erhalten (EDUARDO OCAMPO MOSCOSO: „Historia de la Bandera", 1979; CARLOS LOAIZA BELTRAN: „Biografia del libertador Simon Bolivar", 1979; JESUS LARA: „Queshwataki", 1975; BAPTISTA GUMUCIO: „Bolivia escribe", 1976; LINDAURA ANZCATEAU DE CAMPERO: „Huallparrimachiun. Hombre, un poeta, un guerillero", 1894, [4]1976).

Eine Möglichkeit, Zensur und Restriktionen zu unterlaufen, bietet der zeitkritische „cartoon". Solche karikaturistische Zeichnungen, vorwiegend für Erwachsene gedacht, werden auch von Jugendlichen konsumiert (RUTH CARDENAS PACHECO: „Telegramas a Fermin", 1979; RAMON ROGER MONROY: „Alla lexos", 1978; YOLANDA BEDREGAL: „El cantaro del Anelito", 1979; ROBERTO LASERNA: „La sombra que habita" und „Martina en balada corta"). LASERNA erhielt 1976 den seit 1968 jährlich vergebenen Preis „Premio Franz Tamayo".

In neueren Taschenbüchern thematisieren Autoren das Schicksal junger Leute, die vom Land in die Stadt kommen und dort entwurzelt werden. Im Mittelpunkt solcher Erzählungen steht der Kampf des Individuums für seine Selbstbehauptung (PROFIRO DIAZ MACHICHO: „El estudiante enfermo", [8]1978; FERNANDO RAMIREZ VELARDE: „Sacavones de angustia", [6]1978; ADOLFO COSTA DE RELS: „Tierras hechizadas", [4]1977; GASTON SUAREZ: „Las aventuras de Miquelin Quijano", 1979, und „Mallko", 1979). Auch diese Bücher wenden sich sowohl an erwachsene wie jugendliche Leser. Für Erwachsene, Jugendliche und Kinder verfaßte OSCAR ALFARO (1921–1963) Erzählungen, Gedichte, Anthologien, die auch im gegenwärtigen Lektüreangebot für Jüngere bis hin zu Kinderzeitschriften und Lesebuchtexten zu finden sind („Canciones de lluvia y tierra", 1948; „Bajo el sol de Tarija", 1949; „Cajita de musica", 1949; „Alfabeto de estrellas", 1950; „Cien poemas para niños", 1955, [9]1979; „Coleccion de cuentos infantiles", 1962; „La escuela de fiesta", 1963; „Cuentos Chapacos", 1963, [4]1978; „La copla vivida", 1966; „El circo de papel", [2]1970; „Colección: Cuentos Alfaro", 1971; „Caricaturas", 1976; „Coleccion cuentos Alfaros", Bd. 1–2, 1978).

Comics. Das Straßenbild Boliviens wird von den ambulanten Händlern beherrscht, die ihre Waren auf Decken, alten Mantas und Ponchos ausgebreitet anbieten. Unter ihren Angeboten finden sich zahlreiche Comics, bei denen spanische Versionen nordamerikanischer Comics dominieren. Es finden sich „Superman" (mit allen Folgeprodukten, die sich an die Übernahme der „Superman"-Verfilmung in La Paz und anderen Städten des Landes anschlossen, wie Aufklebebilder, „buttons", Anhänger, Anstecknadeln und Miniausgaben als Plastikspielzeug), „Batman", „Hurrican Ramirez", „Bruce Lee", „Jungla", „Intocable". Aber auch Comics, die militaristische Abenteuer aus dem Zweiten Weltkrieg zum Inhalt haben, sind anzutreffen: „El Sargento", „Furia y sur", „Commandos". Die amerikanischen Science-Fiction- und Western-Serien haben zu spanischen Versionen geführt, die, wie in ganz Südamerika, auch in Bolivien angeboten werden. Bolivianische Produktionen sind die Zeichenserien „Patoruzito"; der in Chile produzierte, in allen Andenstaaten vertriebene „Condorito", „Caer de Pie", „Aniceto", „Hermelinda", „Linda", „Isidoro", „Locuras de Isidoro". Auch Photobildromane voll Sentimentalität und von tragisch scheiternden Liebesaffairen bereichern das Angebot („Misterio", „Trauma", „Valla de Lagrimas", „Linda", „Casos de la Vida", „Contenta", „Pecado Morta"). All diese Massenerzeugnisse werden sowohl von Erwachsenen wie Jugendlichen gekauft und gelesen. Eine Scheidung zwischen erwachsenen und kindlichen Lesern kennt der Markt nicht.

Während die aus den USA kommenden Trivialprodukte den Comicmarkt in B. überschwemmen, gibt es als Kontrastströmungen in den Groß- und Universitätsstädten B.s ein schmales Angebot spanischer Übersetzungen von sowjetischen Best- und Longsellern der Kinder- und Jugendliteratur. Dazu gehören auch die Klassiker des sowjetischen Kinderbilderbuches in preisgünstigen Heften und Broschüren. Viele dieser Schriften werden von Kuba geliefert. Ähnlich verhält es sich mit chinesischen Bildgeschichten und Bilderbuchangeboten. Sie werden alle im chinesischen Verlag für fremdsprachige Literatur in Peking gedruckt und versuchen als preisgünstig hergestellte Massenprodukte den amerikanischen Comics Konkurrenz zu machen.

Eine eigenständige Kinderbuchproduktion ist in B. erst im Entstehen. Versuche in dieser Richtung unternimmt der Verlag „Ediciones Stock" mit Kulissen- und Verwandlungsbüchern wie „El sastriello valiente", „La Rarita Presumida", „Blancaneus" oder „El Flautista de Hamlin", Allerdings herrscht bei diesen Titeln der gängige Kaufhauskitsch vor. Wie fast überall in Südamerika besteht ein krasses Mißverhältnis zwischen den von Europa und den USA adaptierten Stoffen (z.B. Märchen der Brüder GRIMM und von ANDERSEN) und der trivialen Umsetzung in Bilderbuchmassenware. In diesem Umkreis gibt es auch die Bilderbuchserie „Keko en el zoo", „Keko en los cuentos clasicos", „Keko deportista", „Keko en vacaciones". Wichtige bolivianische Kinderbuchautoren waren OSCAR ALFARO (1921–1963) und ALCIDES ARGUEDA (1879–1946).

Indigene Tradition und Kinderfilm. In B. haben sich neben der Amtssprache (Spanisch) die ursprünglichen Idiome der Hochland- und Urwaldindianer bis auf die Gegenwart behauptet. In vielen Lebens- und Traditionsbereichen, in Kultpflege und bei geselligen Anlässen bestimmen diese Idiome den Alltag. Sie sind unter reformfreudigen und liberalen Regierungen in B. immer auch zu einem Politikum geworden. Auf dem Altiplano, der Hochebene B.s, trifft diese Problematik auf die Indiogruppe zu, die im Umfeld des Titicacasees und bestimmter Andenregionen Aymara und Quechua sprechen. Diese Sprachgruppen sind jahrhundertealte Mythen und orale Überlieferungen mit eigenständiger Märchen- und Legendenbildung, mit eigener Musik,

charakteristischer Poesie, originären Liedern und Tänzen erhalten geblieben, die auch unter spanischer Kolonial- und Religionsherrschaft nicht zu verdrängen waren.
Seit den sechziger Jahren haben sich in bestimmten Regionen, so in der Umgebung von Chochabamba, Literaten zusammengefunden, die im „Club de escritores en Quechua" ihre alte Sprache weiterpflegen. In Quechua, vereinzelt auch in Aymará, werden Wörterbücher und folkloristische Relikte gesammelt. In diesen Sprachen erschienen auch schon Erzählungen, Tierfabeln („Cuentoswan asiricuna", 1972), Reime, Rätsel und Legenden. Daneben werden Informationsschriften, erzieherische Leitfäden und praktische Hilfen für Haushaltsführung und Gartenpflege in Billigheften publiziert („Mamas yachanampaj", „Guia de la madre", 1971; „Koma jacabijjata", „Cartilla de higiene", „Wsipi huertasta chranamanta – huertos familiares", 1968, [2]1970). In vereinfachten Ausgaben wurden in beiden Indiosprachen das Alte und das Neue Testament mit den dazugehörenden Wörterverzeichnissen publiziert.
Offenkundiger und international mit nachhaltiger Wirkung aufgenommen wurde die Rückbesinnung auf die tradierten Sprachen B.s im politisch engagierten Film. Über Jahrhunderte hinaus und bis in die Gegenwart war und ist B. Hinterland für US-amerikanische Produktionen, die aus Hollywood mit spanischen Untertiteln oder in spanischer Synchronisation kommen. Die zahlreichen Importe aus Argentinien, Mexiko und Spanien ließen kaum eigene Produktionen B.s zu. Der Kinder- und Jugendfilm in B. ist mit wenigen neuen Ausnahmen gleichbedeutend mit Zeichentrick- und Puppenfilmen aus nordamerikanischen, spanischen oder mexikanischen Studios. Dominierend auf der Kinoleinwand und dem Fernsehschirm sind Abenteuer-, Western-, Gangster- und Agentenfilme.
Bemerkenswert am neuen bolivianischen Film ist die fehlende Trennung zwischen Kinder- und Jugendfilm und dem Film für Erwachsene. Hier zeigt sich eine ähnliche Situation wie bei den ernsthaften literarischen Versuchen bolivianischer Buchautoren. Zunächst muß einmal eine eigenständige bolivianische Produktion entstehen. Die Trennung zwischen Erwachsenen- und Kinderliteratur oder -filmen kann erst in einem späteren Stadium der Entwicklung vorgenommen werden. Die Produktionen der Gruppe „Ukamau", zuvor „Coya suvo", entstanden um 1960 unter JORGE SANJINES. Die Kurzfime „Revolucion" (1963), „Aysa" und „Ukamau" (1966) konnten durch die Existenz des staatlich geförderten Filminstituts „Instituto cinematografico boliviano" in La Paz realisiert werden. Bereits in diesen ersten Arbeiten sind Kinder und Jugendliche bei der Landarbeit, bei Bauernrevolten, dem Alltag eines Minenarbeiters in die Handlung integriert. Sie spielen auch in dem abendfüllenden Spielfilm „Yawar Mallku" (1969) einen wichtigen Part als Erleidende und Aufbegehrende, die sich ihrer Haut zu wehren beginnen. In einem Film, dessen Titel „Der Hauptfeind" zu übersetzen wäre, geht es um die widerrechtliche Sterilisation von Indiofrauen durch Mitglieder des nordamerikanischen „Peace corps" und um die Auseinandersetzung zwischen Grundbesitzern und rechtlosen Indios. In beiden Fällen erheben sich die Geschundenen und Beleidigten mit Unterstützung der Guerilleros. Die Indios finden in diesem Film ihre Identität und ihr scheinbar verloren gegangenes Selbstwertgefühl wieder. Sie erfahren erstmals, daß ihre Sprachen, Aymará und Quechua, im Film gesprochen werden, und daß das amtliche Spanisch nur in den Untertiteln erscheint. Die Filme der Gruppe „Ukamau" zogen wiederholt Protestaktionen und Studentendemonstrationen mit Straßenkämpfen mit antiimperialistischer Stoßrichtung nach sich. Wegen häufiger Militärputsche und der kurzfristigen Lebensdauer liberaler Regierungen waren sie ständiges Ziel von Zensurmaßnahmen, von Vorführungsverboten, von Schnittauflagen, ehe sie für die Öffentlichkeit freigegeben wurden. Nach dem Militärputsch vom Sommer 1980 wurden sie grundsätzlich verboten. Das gilt auch für den 1971 entstandenen Film, dessen Titel man mit „Der Mut des Volkes" übersetzen könnte. Minenarbeiter der Grube „Siglo XX" in Catavi waren bei Streiks und Demonstrationen im Jahre 1967 durch Soldaten niedergeschossen worden. Die Überlebenden spielten dieses Massaker im Film nach. Die progressiven Filmemacher wurden 1980 in den Untergrund gedrängt. Sie teilen das Schicksal vieler bolivianischer Künstler und Literaten, die auch für Kinder und Jugendliche realistische und progressive Texte schreiben wollen.

Organisationen und Förderungsmaßnahmen der Kinder- und Jugendliteratur. Von der Regierung wurde 1929 der 2. Februar zum „Tag des Kindes" („Dia del Niño") erklärt, verbunden mit Wettbewerben und Aktivitäten zur Förderung der Kinder- und Jugendliteratur. Im Jahr 1955 wurde der „Dia del Niño" auf den 12. April verlegt. 1962 wurde die „Comision Nacional" für die Erstellung von Schullesebüchern gegründet. Im Jahr 1963 wandten sich die Lehrer im Minengebiet von Oruno an die staatliche Minendirektion „Comibole" mit der Bitte, Tage der Kinder- und Jugendliteratur zu ermöglichen. Im Jahr 1964 waren mehr als 1000 Studenten am zweiten Feldzug gegen das Analphabetentum in B. beteiligt. Koordination und Organisation liefen über die Studentenverbände (COSEC) im Verbund mit der „International Student Union", die audiovisuelle Hilfen zur Verfügung stellte. Mehr als 10000 Textbücher kamen bei dieser Aktion zum Einsatz, ferner Übungshefte und Schreibmaterialien. 1961 hatten schon 400 besonders ausgebildete Studenten 1500 Erwachsenen in ländlichen Regionen B.s Schreiben und Lesen beigebracht. Die „Union de Poetas de la Niñez", in der Autoren und Lehrer gemeinsam aktiv werden, um anspruchsvolle Anthologien von Kindergeschichten zusammenzustellen, wurde 1964 ins Leben gerufen. Vom Erziehungsministerium in La Paz und vom pädagogischen Zentrum in Cochabamba werden von Zeit zu Zeit Wettbewerbe für Autoren und Graphiker zur Bekämpfung des Analphabetismus ausgeschrieben. Auch der Rundfunk beteiligt sich an solchen Aktionen. Die Wirkung dieser Aktionen blieb bisher begrenzt. Während des Nationalkongresses der Autoren im Jahr 1967 in Sucre wurde eine „Comision de literatura infantil" gegründet. In den Jahren 1968 und 1969 während der „Hornadas de Poetas" in Oruno und in Potosi wurden die Anstrengungen dieser Kommissionen verstärkt und durch den Hinzutritt der graphischen Künstler erweitert. Die Beschlüsse des Kongresses in Cochabamba (1969) blieben bisher ohne Rückwirkung auf die Buchproduktion und Distribution in B. Zusammen mit dem Schriftstellerverband organisierte die „Union feminina de educadoras" im März 1973 in La Paz ein Gespräch über Kinderliteratur. Die Schirmherrschaft übernahm die Stadtverwaltung und der Kulturausschuß. Während des 14. IBBY-Kongresses (1974) in Rio de Janeiro wurde B. als Mitgliedsland aufgenommen. Von da an gilt auch in B. der 2. April als „Dia internacional del libro infantil" (Internationaler Kinderbuchtag). Im September 1973 fand in Potosi das „Primer seminario nacional de literatura infantil-juvenil" statt. B. wurde Mitglied der Institution des „Centro regional para el fomento del libro en America Latina". Im „Centro Pedagogico y Cultural de Portales" in Cochabamba wurde 1973 eine Muster- und Wanderbibliothek zur Kinder- und Jugendliteratur zusammengestellt. Geplant ist der Aufbau einer Referenzbibliothek. Das Hauptgewicht dieser Bibliothek liegt bei Büchern, die aus Spanien stammen.

1975 fand in Tarija ein weiteres Seminar statt. Es hatte das Thema: „El libro como instrumento basico para la formacion de ninos y jovenes". Vereinzelt nehmen Rundfunk und Fernsehen von der Existenz der langsam entstehenden Kinder- und Jugendliteratur Kenntnis. 1979 fand vom 27. bis 30. April im Minengebiet von Catavi das dritte staatliche Seminar über Kinder- und Jugendliteratur statt. Danach sind ein Kinderpalast und Kulturzentren, in denen Autoren, Illustratoren und Adressaten zusammenkommen können, geplant. Santa Cruz soll eine „Kindergarten-ciudad" erhalten. Im Geburtshaus von O. ALFARO soll in Tarija eine Gedenkstätte für die Kinderlektüre entstehen. „SOS-Kinderdörfer", z.B. in San José de Chiquitos, sollen besonders gefördert werden. Vorgesehen sind verschiedene Kinderbüchereien in Feriensiedlungen und Erholungszentren.

Je nach den finanziellen Möglichkeiten, gepaart mit öffentlicher Unterstützung, wird der Ausbau von Schülerbüchereien in B. vorangetrieben. Einige, vornehmlich städtische Schulen, haben bereits eine eigene Bibliothek. Stärker verbreitet ist eine Art „öffentliche Schülerbücherei", die in Schulen untergebracht ist. Die „Banco del libro" als Zweigstelle des „Instituto de la cultura" hat eine erste Büchereibestandsliste und zugehörige Kataloge an zahlreiche Schulen verschickt. 1978 wurde ein weiterer, großzügig konzipierter Plan vorgelegt, nach dem in ganz B. neue Bibliothekssysteme für die Schulen geschaffen werden sollen. Als Modelle mit Pilotfunktion für ein Büchereinetz, das ganz B. überspannen soll, wurden vier staatliche Büchereien in den Städten Tarija, Sucre, Cobija und Trinidad vorgesehen. Eine zentrale Hauptbücherei in La Paz soll den weiteren Ausbau in den Provinzen koordinieren und mit entsprechendem Material versorgen. Erste Vorarbeiten zu diesen Plänen wurden durch die „Banco del libro" mit Buchspenden in verschiedenen ländlichen Regionen geleistet. Viele Schulen sind aber noch immer ohne Büchereien und ausgebildete Bibliothekskräfte.

Sekundärliteratur: C. C. Barrientos: Escritos y escritorios (1970); Sobre literatura (1971). – A. P. Barrientos: Nuestra historia en la poesia (1979). – C. Bravo-Villasante: Historia y antologia de la literatura iberoamericana (1966); Weltgeschichte der Kinder- und Jugendliteratur (1977). – E. de Cardenas: La poesis en la literatura infantil (1979); Litertura infantil (1969). – A. G. Daeron: Cine, censura y exilio en America Latina (1978). – M. Dütting: Kinder, Film und Dritte Welt (1979). – D. A. de Halushka: Ba tradicion oraz en Bolivia (1976). – V. V. Reyes: Breve historia de la poesia infantil y juvenil en Bolivia (1979).

Horst Künnemann

Bolliger-Savelli, Antonella

*Italienisch-schweizerische Illustratorin, Malerin; *24. 7. 1932 Genua.*

B.-S. ist Tochter eines Kapitäns. Sie arbeitete als Sekretärin in Florenz, studierte an der dortigen Kunstschule. 1955 übersiedelte sie in die Schweiz und war ab 1959 einige Jahre als Graphikerin tätig. Heute lebt B.-S. mit ihrem Mann als freischaffende Künstlerin in Zürich und in einem südfranzösischen Dorf. 1966 begann sie zu malen. Sie arbeitet als Bilderbuchillustratorin und freie Mitarbeiterin am Schweizer Fernsehen, wo sie viele „Spielhaus"-Geschichten illustriert hat. Ihre künstlerischen Originalwerke sind in der Schweiz, Italien und Frankreich gezeigt worden. 1972 erhielt sie den Preis des Kantons Zürich für „Pierino et la poulet" (dt. Pierinos Hühnchen). 1979 beteiligte sie sich an der Biennale in Bratislava (BIB).

Werk, Tendenzen, Wirkung. B.-S.s Bilderbücher weisen eine helle, kräftige, bunte Farbskala auf. Großzügig ist ihre Flächenbehandlung, die sie entweder mit Malerei oder mit Papierkollagen ausführt. Menschen, Tiere, Sachen und Landschaften sind stark stilisiert, teilweise an die Auffassungen naiver Malerei angelehnt. So geht sie relativ frei mit der Perspektive um, klappt in die Fläche, stellt Personen und Objekte nebeneinander und ordnet konstruktiv, gelegentlich ins Karikaturistische gewandt und auf Effekte bedacht, ihre Bildszene an. Phantastische kurze Geschichten bilden den textlichen Hintergrund, auf dem B.-S. zum Beispiel zeigen kann, wie die Fischer das Kind Olivia in die Luft blasen (Gute Reise, Olivia, 1979), wie ein blauer Papagei einen Ball über ein gespanntes Seil rollt (Pippo Pimpernuß, 1977), wie ein Huhn ein Krokodilsei ausbrütet (Gackitas Ei, 1979), oder wie Kinder im Zaubergarten auf einem rosaroten Elefanten reiten (Der Zauberelefant, 1974). Kuriose Spielereien mit Wünschen und Vorstellungen, zum Amüsement dargestellt, bieten immer wieder B.-S. die Möglichkeit, die Motive des Reisens zu Wasser und zu Lande zu realisieren.

Werke: Fr. Schäuffele: Herr Kaspar und der große Bär (1970); W. Bolliger: Der gestrickte Kater (1971); W. Bolliger: Der gestrickte Kater und die Maus Stanislaus (1973); E. Hasler: Der Zauberelefant (1974); M. Bolliger: Nimm mich mit (1975); R. Magarian: Reginli und Bärbeli (1975); B. Stahel: Pippo Pimpernuss (1977); A. Bolliger-Savelli: Bon voyage, Olivia (1978; dt. Gute Reise, Olivia, 1979); A. Bolliger-Savelli: Die Schildkröte und die Enten (1978); A. Bolliger-Savelli: Zeichne weiter! (1979); E. Stiemert: Gackitas Ei (1979); A. Bolliger-Savelli: Honigmund und Sonnenschön (1980); E. Hasler: Denk an den Trick, Nelly (1980).

Erich Gerhard

Bollwage, Max

*Graphiker, Illustrator; * 16. 10. 1927 Offenburg/Baden.*

B. erfuhr seine Ausbildung als Graphiker an verschiedenen Werkkunstschulen: 1947–1948 in Hildesheim, 1948–1950 in Hannover und 1950–1952 in Wiesbaden. Er ist freiberuflich tätig und Mitglied des Bundes Deutscher Graphiker sowie des Berufsverbandes bildender Künstler. Er illustrierte neben seiner Tätigkeit als Gebrauchsgraphiker vor allem in den sechziger Jahren auch Jugendbücher.

Werk, Tendenzen, Wirkung. B. hat vorwiegend Abenteuergeschichten für zehn- bis fünfzehnjährige in Schwarz-Weiß illustriert. Die breitstrichigen Federzeichnungen betonen mit skizzenhafter Flüchtigkeit Bewegung und Dramatik der dargestellten Ereignisse: zum Beispiel der Kampf Mann gegen Mann (HUGO KOCHER: Was keiner zuvor wagte, 1965; GUNHILD SEHLIN: Die Räuberburg am Hultasee, 1965), einen Unfall auf der Straße (G. SCHÄDLICH: Kennwort Schwarzer Brummer, 1968) oder die Bedrohung eines radfahrenden Jungen durch angriffslustige Hunde (KURT OSKAR BUCHNER: Das Geschenk der Eisscholle, 1965). Hintergrund und Detail bleiben nur angedeutet. B. versucht, sich dem Inhalt der Textvorlage formal stark anzupassen. Das führt je nach Vorlage zu recht unterschiedlichen stilistischen Auffassungen: Im Gegensatz zu den bei ihm sonst vorherrschenden schwunghaften, bewegten Szenen ist die historisch-orientalische Erzählung von JEAN BOTHWELL „Die Tochter des Großmoguls" (1966) mit kleinformatigen, unbewegt und geschlossen wirkenden, an persische oder indische Miniaturkunst erinnernden Abbildungen ausgestattet.

Werke: W. Lobsien: Klaus Störtebeker (1964); K. O. Buchner: Das Geschenk der Eisscholle (1965); H. Kocher: Was keiner zuvor wagte (1965); G. Sehlin: Die Räuberburg am Hultasee (1965); J. Bothwell: Die Tochter des Großmoguls (1966); B. Bradbury: An der Straße der großen Schiffe (1967); H. R. Fea: Tom und sein wilder Hund (1968); W. Macken: Auf der Spur des goldenen Ochsen (1968); G. Schädlich: Kennwort schwarzer Brummer (1968); M. Paice: Und dann fing der Alptraum an (1975).

Erich Gerhard

Bond, Michael

*Englischer Kinderbuch- und Kinderfilmautor; * 13. 1. 1926 Newbery (Berkshire).*

B. besuchte von 1934 bis 1940 das Presentation College von Reading und war 1943 bis 1947 Soldat. 1950 heiratete er BRENDA MARY JOHNSON. Bei der British Broadcasting Corporation arbeitete B. von 1947 bis 1966 als Kameramann, war selbst auch Autor und Produzent von Kinderfilmen. Mit der Figur des Bären „Paddington" gelang B. der Durchbruch zu einem der erfolgreichsten Kinderbuchautoren der letzten Jahre. Heute ist B. Direktor der Paddington Productions Limited. B. lebt in London.

Werk, Tendenzen, Wirkung. Seinen Erfolg verdankt B. in erster Linie der Gestalt des Bären Paddington, der, „aus dem finstersten Peru" kommend, angetan mit einem unmöglichen Hut, auf dem Paddington-Bahnhof in London herumsitzt und dann von seiner zukünftigen Patenfamilie, den Browns, mit nach Hause genommen wird. Paddington, dessen große Liebe Marmelade ist, der makelloses Englisch spricht, erlebt nun Buch auf Buch bei den Browns ein Mißgeschick nach dem anderen, ist in seiner Tolpatschigkeit aber immer unschuldig, so daß seine Streiche und Ungeschicklichkeiten bei allen, die „reinen Herzens" sind (nur der Nachbar Mr. Curry ist es nicht), auf verständnisvolles Augenzwinkern oder verzeihendes Lachen treffen. Dies, wie auch die beiden anderen Ingredienzen der Paddington-Bücher, Humor und Abenteuer, erklären den Erfolg dieser Reihe bei den Kindern. Zwischen Paddingtons Tun und dem, was Kinder gern tun würden, vor dessen Folgen sie sich aber fürchten, besteht eine große Affinität. Mit Paddingtons Verhalten kann sich das Kind identifizieren, von einer gleichermaßen von den Erwachsenen unabhängigen Existenz kann es jedoch nur träumen. Das dürfte erklären, weshalb Paddingtons Popularität größer ist als die seines Zeitgenossen „Teddy Robinson" (1953) JEAN G. ROBINSONS oder auch als die von ALAN ALEXANDER MILNES „Winnie-the-Pooh" (1926). In den letzten Jahren ist die Figur Paddington in Theaterstücken, Bilder-, Mal-, Schreibschrift- und Erstschreibbüchern umfassend kommerzialisiert worden.

Vergibt man der Paddingtonserie ihre stereotype Machart, weil der Held so liebenswürdig ist, so kann davon bei B.s weiteren Versuchen, Schoßtiere literarisch zu gestalten, kaum die Rede sein. Die Abenteuer des Meerschweinchens Olga da Polga rufen bei Kindern schnell Langeweile hervor; die Mausgeschichten um Thursday sind absurde Abenteuergeschichten, die den Einfluß von Thriller- und Agentenliteratur nicht verleugnen, sich wegen dieses Inhalts eigentlich an eine Altersgruppe richten, die ihrerseits an Mäusehelden keinen Geschmack mehr findet.

Werke: A bear called Paddington (1958; dt. Paddington, unser kleiner Bär, 1963; auch u. d. T.: Unser kleiner Bär, 1972, [9]1978; TB. 1976); More about Paddington (1959; dt. Neue Abenteuer des kleinen Bären, 1969; TB. 1978); Paddington helps out

(1960; dt. Der kleine Bär hilft, wo er kann, 1970; TB. 1979); Paddington abroad (1961; dt. Der kleine Bär macht Ferien, 1971); Paddington at large (1962; dt. Der kleine Bär weiß, was er will, 1972); Paddington marches on (1964; dt. Wirbel um den kleinen Bären, 1968); Here comes Thursday (1966; dt. Ich heiße Donnerstag, 1972); Paddington at work (1966; dt. Der kleine Bär in der Klemme, 1975); Paddington goes to town (1968); Thursday rides again (1968; dt. Donnerstag und Willibald, 1974); Parsley's good deed (1969); The story of Parsley's tail (1969); Thursday Ahoy! (1969); Herb's annual I und II (1969–1970); Paddington takes the air (1970; dt. Wer hilft dem kleinen Bären?, 1977); Parsley's last stand (1970); Parsley's problem present (1970); Thursday in Paris (1971); Michael Bond's book of bears (1971); The tales of Olga da Polga (Bd. 1–8. 1971; dt. Olga da Polga: Abenteuer eines Meerschweinchens, 1978); The Parsley annual I und II (1971–1972); Parsley the lion (1972); Parsley Parade (1972); Paddington bear (zus. mit Fr. Banbery, 1972); Paddington's garden (zus. mit Fr. Banbery, 1972); Michael Bond's book of mice (1972); The day the animals went on strike (1972); Olga meets her match (1973); Paddington at the circus (1973); Paddington goes shopping (1973; auch u.d.T.: Paddington's lucky day, 1974); Paddington on top (1974; dt. Der kleine Bär feiert Geburtstag, 1978); The adventures of a bear called Paddington (zus. mit Al. Bradley, 1974); Paddington on stage (zus. mit Al. Bradley, 1974); Paddingtons blue Peter story book (1974; auch u.d.T.: Paddington takes to T.V., 1974); Mr. Cram's magic bubbles (1975); Windmill (1975); The book of flying things (1975); Paddington at the seaside (1975); Paddington at the tower (1975); Olga carries on (1976); Paddington at the station (1976; dt. Bärchen Paddington auf dem Bahnhof, 1977); Paddington takes a bath (1976; dt. Bärchen Paddington in der Badewanne, 1977); Paddington goes to the sales (1976; dt. Bärchen Paddington geht einkaufen, 1977); Paddington's new room (1976; dt. Bärchen Paddingtons neues Zimmer, 1977); Paddington's loose-end book: An ABC of things to do (1976); Paddington's party book (1976); The great big Paddington book (1976); Fun and games with Paddington (1977); Paddington carpenter. A colouring book (1977); Paddington conjurer. A colouring book (1977); Paddington golfer. A colouring book (1977); Paddington cook. A colouring book (1977); Paddington's pop-up book (1977); Paddington's counting book: Learn the numbers, colour the pictures (1978); Paddington's first book: An object recognition book with pictures to colour (1978); Paddington's word book: Words to copy, pictures to colour (1978); Paddington's cartoon book (1979); Paddington takes the test (1979).

Sekundärliteratur: C. Jones: British children's authors. Interviews at Home (zus. mit O. R. Way, 1976); – Sh. G. Ray: Children's fiction (1970); – J. R. Townsend: Written for children (NA. 1974); – M. Walker: Bond, (Thomas) Michael (in: D. L. Kirkpatrick (Hrsg.): Twentieth-century children's writers. 1978. 156–158).

Wilfried Keutsch

Bone, Heinrich

*Philologe, Pädagoge, Schriftsteller; *25. 9. 1813 Drolshagen (Westfalen), † 12. 6. 1893 Hattenheim bei Erbach.*

B. besuchte in Attendorn, Arnsberg und Recklinghausen Gymnasien, bevor er von 1832 bis 1835 in Bonn Philologie studierte. Nach bestandener Prüfung kam er als Lehrer ab 1835 an das Gymnasium zu Düsseldorf, 1939 wechselte er als ordentlicher Lehrer an das katholische Gymnasium in Köln und kam 1842 als Oberlehrer an die neugegründete Ritterakademie zu Bedburg. Im Jahr 1850 erhielt B. den Titel eines Professors. Zu Ostern 1856 wurde er zum Direktor des Gymnasiums in Recklinghausen ernannt. 1859 wechselte er in gleicher Amtsstellung an das Gymnasium zu Mainz. Aufgrund seiner Teilnahme am Kulturkampf wurde B. 1873 vorzeitig in den Ruhestand versetzt. Er siedelte für einige Zeit nach Wiesbaden um, kehrte aber 1890 wieder nach Mainz zurück und starb 1893 in Hattenheim bei Erbach. Am 25. August 1864 wurde B. mit dem Verdienstorden Philipps des Großmütigen I. Klasse ausgezeichnet.

Werk, Tendenzen, Wirkung. B. war zu Lebzeiten als sittlich-religiöser Lyriker und Ästhetiker anerkannt. Seine schriftstellerischen Interessen galten der Zusammenstellung von Lesebüchern für die höheren Schulen, dem Sammeln von Liedern und Gedichten religiöser Thematik und der Abfassung eigener Gedichte und Lieder. Die von B. herausgegebenen Werke wandten sich wie auch seine eigenen schriftstellerischen Arbeiten an junge Leser oder waren für erwachsene und jugendliche Adressaten gemeinsam bestimmt. In seinen Lesebüchern legte B. den Schwerpunkt auf lyrische Texte, vor allem galt das für sein „Lesegärtchen" (1857), ein Lesebuch, das sich an die Mittelklassen der höheren Töchterschulen wandte. Seine eigenen Dichtungen waren durch eine einfache Frömmigkeit und einen naiv-kindlichen Ton gekennzeichnet. Dabei dienten seine Texte mehr einer religiösen Verinnerlichung, als daß sie handlungsbetonte Unterhaltung für Kinder anboten. Vor allem sein Gedichtband „Veilchen-Samen. Neue Lieder für Kinder" (1858) fand weite Verbreitung. Einige Gedichte dieses Bandes wie „Das Oefchen ist mein bester Freund" oder „Frühlingslust" können gleichberechtigt neben den Kindergedichten von FRIEDRICH GÜLL oder ROBERT REINICK bestehen. Der Großteil von B.s Gedichten und Liedern ist allerdings inhaltlich wie sprachlich durch eine Tendenz zum fröhlich-frommen Sichbescheiden und einem gottgefälligen, braven Verhalten gekennzeichnet. Deutlich wird diese Haltung in dem ersten Gedicht des Bandes „Veilchensamen", das mit „Das gute Kind" überschrieben ist und dessen erste Verse lauten: „Es war ein guter Vater, / Der hatt' ein gutes Kind; / Das Kind war immer fröhlich / Und fleißig und geschwind. / Am Morgen ging es beten / Zur Kirch' am stillen Ort; / Dem lieben Gott im Himmel / Gefiel ein jedes Wort." Das Gedicht endet mit den dankerfüllten Versen: „O lieber Gott im Himmel, / Ich dank', ich danke dir, / Daß meinen guten Vater / Du hast gegeben mir. / O laß mich immer besser, / Und fromm und fleißig sein, / Und meinen lieben Vater / Sein Leben lang erfreun".

Werke: Gedichte (1838); Legenden (1839); Deutsches Lesebuch für untere und mittlere Klassen höherer Lehranstalten (1840, ^{25}1865); Veilchensamen. Neue Lieder für Kinder (1840, ^{4}1867); Ueber den deutschen und philosophischen Unterricht an Gymnasien (1844); Cantate. Katholisches Gesangbuch nebst einem vollständigen Gebet- und Andachtsbuch (1851, ^{4}1858);

Orate. Katholisches Gebet- und Andachtsbuch (1853, [3]1865); Handbuch für den deutschen Unterricht in den oberen Klassen der Gymnasien (1853, [6]1865); Sonette (1856); Lesegärtchen oder deutsches Lesebuch für die Mittelklassen höherer Töchterschulen und ähnlicher Anstalten (1857, [2]1867); Veilchen-Samen. Neue Lieder für Kinder (1858); Dichterperlen. Eine Auswahl des Guten und Schönen aus deutschen Dichtern seit Haller (Bd. 1–2. 1860); Gaudeamus igitur! 100 auserlesene Volkslieder, zunächst für Gymnasien zu Turnfahrten und geselligen Festen (1860); Grammatische Grundlage für den deutschen Unterricht an höheren Lehranstalten (1862, [3]1868); Buch der Altväter, oder Bilder und Sprüche aus dem Leben der Einsiedler (1863); Vier Schulreden (1868).

Helmut Müller

Bonn, Franz

*(Ps.: Franz von Münchberg, Freiherr von Rachwitz, von Miris). Staatsanwalt, Humorist, Schriftsteller, Politiker; * 18. 7. 1830 München, † 7. 7. 1894 Regensburg.*

B. war der Sohn eines Domänenverwalters und Oberrechnungsrates. Er besuchte zusammen mit Hyazinth Holland (1827–1918) und Martin Schleich (1827–1881) das Gymnasium seiner Vaterstadt. B. studierte 1846 bis 1851 an der Universität München Philosophie und Jura. 1847 wurde er Mitbegründer der Studentenverbindung „Tafelrunde". Er bestand die Staatsprüfung mit Auszeichnung und wurde 1857 Substitut des Staatsanwalts in Donauwörth, 1862 zweiter Staatsanwalt in Ansbach, 1865 Bezirksgerichtsrat in Ansbach, 1868 erster Staatsanwalt am königlichen Bezirksgericht Bayreuth, 1872 zweiter Staatsanwalt am Appellationsgericht in München und mit Beginn des Jahres 1881 fürstlich Thurn und Taxisscher Präsident der Domänenkammer und Direktor des Zivilkollegialgerichts in Regensburg. 1881 bis 1886 gehörte er dem bayrischen Landtag als Mitglied an.

Werk, Tendenzen, Wirkung. Während B. mit seinen Versuchen „gehobener Dichtung" nur wenig Erfolg hatte, wurde er durch seine lustigen, zum Teil satirisch-bissigen Plaudereien zu einem der beliebtesten Autoren seiner Zeit. Obwohl diese Satiren für Erwachsene geschrieben waren, erfreuten sie sich gerade bei jugendlichen Lesern größter Beliebtheit.
In der Satire „Ein wichtiger literarischer Fund" (1880) lieferte der immer zu Scherzen aufgelegte B. angeblich den Nachweis, daß alle neueren Dichter von Goethe (1749–1832) und Schiller (1759–1805) bis Hermann Lingg (1820–1905) und Emanuel Geibel (1815–1884) das alte Volkslied „Jetzt gang i' an's Brünnele, trink' aber net" variiert hätten, wobei ihm dieser „Fund" so gut gelang, daß einzelne Gedichte daraus für Originale der genannten Dichter gehalten wurden. Beißende Satire enthält auch B.s „Pädagogisch verbesserter Struwwelpeter" (1880). Obwohl der Verfasser ausdrücklich bemerkte, es handele sich um „ein lustiges Bilderbuch für Kinder von 30–60 Jahren", wurde die Schrift von zeitgenössischen Kritikern allen Ernstes als „ächte Jugendschrift für unsere lieben Kleinen" empfohlen. Jugendliche lasen die Satire denn auch gern, doch mit einem anderen Stellenwert, als es die biederen Literaturkritiker vermutet hatten. Eine Satire auf die Wissenschaftsgläubigkeit der Zeit ist die „Lustige Naturgeschichte oder Zoologia comica" (1877), in deren Vorwort B. feststellt: „Das ist eine genaue Beschreibung aller in diesem Buche vorkommenden lebendigen Tiere der Welt." Im Jahr darauf erschien „Der lustigen Naturgeschichte zweiter Teil", nämlich die „Lustige Botanik und Mineralogie". In der „Vorrede" versicherte der Autor, „hie und da sogar mehr als wörtlich" aus gediegenen Abhandlungen geschöpft zu haben. Beide Bändchen erschienen unter dem Pseudonym „Miris" und sind mit zahlreichen Zeichnungen von Wilhelm Busch und Adolf Oberländer ausgestattet. 1878 kam „'s Nibelungenringerl" heraus, „Harmlose Schnadahüpfeln für 3 Tage und einem Vorabend", mit denen B. Richard Wagner (1813–1883) verspottete. Neben Volksschauspielen und Dramen verfaßte er auch Stücke für das Jugendtheater. So enthält der Band „Theaterstücke für die Jugend" (1880) Stücke wie „Der verzauberte Frosch. Ein Märchen-Lustspiel in zwei Akten", „Der arme Heinrich. Komisches Singspiel in zwei Aufzügen", „Ein Studentenstreich. Märchenlustspiel in einem Aufzuge", „Allwissend und unsichtbar. Märchenlustspiel in einem Aufzuge", „Gneisenau. Dramatische Dichtung für die Jugend" und „Mozart. Ein Lebensbild in zwei Aufzügen". Im „Vorwort" bemerkt B.: „Wenn ich hiermit eine Sammlung meiner ‚Theaterstücke für die Jugend' herausgebe, so hoffe ich damit einem in Familien, Schulen und Instituten vielfach hervortretenden Bedürfnisse nach leicht aufführbaren poetisch-heiteren Stücken zu entsprechen. Von den Stücken haben die meisten schon vielfach die Probe der Aufführung auf Instituts- und Familientheatern mit glücklichem Erfolg bestanden und werden dieselben bei halbwegs gelungener Darstellung ihre Wirkung nicht verfehlen. Auch sind sie wohl nach Form und Inhalt für die Jugend leicht verständlich und können ohne besondere Schwierigkeit von Knaben und Mädchen aufgeführt werden. Mögen sie dazu beitragen, in Haus und Schule heitere Stunden zu bereiten."
B. verfaßte zahlreiche Bilderbuchtexte, viele in Zusammenarbeit mit dem Illustrator Lothar Meggendorfer (1847–1925). Titel wie „Hausmütterchen" (1868), „Der Pelzmärtel oder heitere Geschichtchen in lustigen Bildern. Ein Bilderbuch für Kinder von 3–6 Jahren" (1874) oder „Neuer Bilderschatz. Ein Bilderbuch für die lieben Kleinen" (1878) fanden weite Verbreitung. Interessant sind die beweglichen und Szenen-Bilderbücher, zu denen B. Texte lieferte. Ein bemerkenswertes Bilderbuch ist das „Theaterbilderbuch" (1878) mit aufklappbaren Kulissen, einem kleinen Orchester und Spieltexten zu den vier Stücken „Das Rotkäppchen", „Hänsel und Gretel", „Die heilige Christnacht" und „Der Weihnachtsabend". Das 1879 erschienene „Militärische Bilderbuch. Soldaten-Spiel und -Leben. Mit Versen von F. Bonn" fand großen Anklang. Ein Nachdruck des „Theaterbilderbuches" ist 1979 erschienen.

B. fand mit einigen seiner Werke auch im 20. Jahrhundert noch Aufnahme. Seine Parodie „'s Nibelungenringerl" ([6]1890) wurde 1976 zum 100. Geburtstag von WAGNERS „Ring"-Zyklus neu herausgebracht.

Werke (Auswahl): Wolfram. Dichtung (1854); Schott von Grünstein, einer Rheinsage nacherzählt (1855); Hausmütterchen (1868); Die sieben Raben. Romantische Oper in 3 Aufzügen (1869); Der arme Heinrich. Komisches Singspiel in Versen für Kinder (1870); Jugend-Lust und -Leid. Gesammelte Erzählungen und Gedichte für die Jugend (Bd. 1–4. 1874); Märchenspiele. Prolog. Undine. Dornröschen (1874); Der Pelzmärtel oder heitere Geschichtchen in lustigen Bildern. Ein Bilderbuch für Kinder von 3–6 Jahren (1874); Lustige Naturgeschichte oder Zoologia comica. Das ist eine genaue Beschreibung aller in diesem Buche vorkommenden lebendigen Tiere der Welt-Wissenschaftlich bearbeitet von Miris (1877, [7]1890); Lustige Botanik und Mineralogie. Der lustigen Naturgeschichte zweiter Teil (1878); 's Nibelungenringerl. Harmlose Schnadahüpfeln für 3 Tage und einem Vorabend (1878, [6]1890); Neuer Bilderschatz. Ein Bilderbuch für die lieben Kleinen (1878); Gundel vom Königssee. Oberbayerisches Volksschauspiel in 4 Aufzügen nach der gleichnamigen epischen Dichtung von Julius Grosse für die Bühne bearbeitet von F. Bonn (1878); Theater-Bilderbuch. Mit vier dreidimensionalen Scenenbildern für das Kinderherz, mit ganz neuen Decorationen (1878); Militärisches Bilderbuch. Soldaten-Spiel und -Leben (1879); König Mammon. Roman aus der Gegenwart (1880); Ein Korb von Allerlei (1880); Der pädagogisch verbesserte Struwwelpeter. Ein lustiges Bilderbuch für Kinder von 30–60 Jahren. Frei nach Dr. Heinrich Hoffmann (1880, NA. 1900); Lebende Bilder. Vier perspektivische Szenen zur Ergötzung und Freude der Kinderwelt (1880); Ein wichtiger literarischer Fund (1880); Theaterstücke für die Jugend (1880); Die Kräutel-Lisi. Oberbayerisches Volksstück mit Gesang in 3 Akten (1881); Zwölf schöne Geschichten (1881); Der brave Hans und der böse Peter (1881); Die brave Bertha und die böse Lina (1882); Aus Händels Jugend. Lustspiel in 1 Akt (1883); Der Tilly kommt. Schwank aus der Zeit des 30jährigen Krieges in 3 Aufzügen (1883); Jacopone. Erzählendes Gedicht in 7 Gesängen (1884); Lebende Bilder. Vier perspektivische Szenen mit beweglichen Figuren zur Ergötzung und Freude der Kinderwelt (1884); Franz der Streber. Illustriert von Hans Schließmann (1887); Haus Turnhill. Drama in 4 Aufzügen (1887); Hagebutten. Hetschepetsch. Sammlung lustiger Balladen und Romanzen aus dem Rosengarten der Fliegenden Blätter (1888); Lustige Jagd. Mit einem Vorwort von v. Miris (1889); Von mir is's. Humoristische Gedichte von v. Miris (1890); Die heilige Caecilia. St. Elisabeth. Zwei Schauspiele für die Jugend (1890); Für Herz und Haus. Gedichte (1891, [5]1903); Lustiger Sport (1891); Lustige Ehegrammatik. Ein unentbehrliches Hilfsbuch für Eheleute und Solche, die es werden wollen. Aus dem deutschen Original der Einfachheit halber in's Englische und sodann aus dem Englischen wieder ins Deutsche zurückübersetzt (1892); Der letzte Sonntagsjäger. Humoristische Studie von Miris (1893); Die politische Drehkrankheit. Populär-wissenschaftlicher Vortrag von Miris (1894); Die heilige Caecilia. Oratorium für Soli und Chor mit Klavierbegleitung und verbindendem Text mit oder ohne lebende Bilder (1894); Der heilige Wolfgang. Oratorium für Bariton und Chor mit Klavierbegleitung und verbindendem Text mit oder ohne lebende Bilder (1894); Mozart. Ein Lebensbild in zwei Aufzügen (1904); Ein Tag aus dem Leben des jungen Mozart. Singspiel in zwei Aufzügen (1927).

Sekundärliteratur: J. E. Jörg: Der bayerische Dichter Franz Bonn (in: Historisch-politische Blätter für das katholische Deutschland. 88. 1881. 593–607).

Hans Eich

Born, Adolf

*Tschechischer Karikaturist, Trickfilmer, Graphiker und Illustrator; * 12.6.1930 Česke Veleniče (ČSSR).*

Von 1950 bis 1955 studierte B. an der Hochschule für Kunstgewerbe und an der Akademie der bildenden Künste in Prag. Er lebt als freischaffender Künstler in Prag. Seine Karikaturen, seine Zeichentrickfilme und seine Buchillustrationen sind mit zahlreichen Preisen ausgezeichnet worden. So erhielt er 1975 und 1976 die Goldmedaille der Internationalen Buchausstellung in Leipzig und 1979 den Goldenen Apfel auf der Bienále ilustrácií Bratislava (BIB) für seine Illustrationen zu JAN BRZECHWAS „Akademia pana Machul'u".

Werk, Tendenzen, Wirkung. B. ist in der ČSSR in erster Linie als Karikaturist bekannt. Ihn interessieren häufig Zirkusszenen, vermenschlichte Tierdarstellungen und komische Situationen. So läßt er etwa den Löwen als Dompteur auftreten, der den schnurrbärtigen Zirkusdirektor durch den brennenden Reif springen läßt, gibt einem Elefanten einen Rüssel mit Staubsaugerende oder einem Clown die Funktion des Rechenlehrers in der Schule. B.s Illustrationen haben trotz ihres Humors, der auf Effekte abzielt, auch surrealistisch-verträumte Züge. So läßt er z.B. die Vorstellungen und Ängste von Katzen in Blasen bildlich erscheinen oder einem Mann Blumen aus dem Gewand sprießen. B. hat Bücher mit einfachen Geschichten, Märchen und Kinderreimen von MILOS MACOUREK und FRANTIŠEK NECHVATAL ausgestattet.

Werke: W. Hauff: Pohádky (1963); J. Verne: Trosečnik z Cynthie (1963); V. Adlová: Mirka to ví najlup (1964); M. Bielicky: Lacho z rodu Ha (1964); J. Mareš: To chce chlapy (1966); Modrý květ. 5 pohádek světových klasiků (zus. mit anderen, 1967); D. Salinger: Kdo chytá v žitě (1967); M. Mach: Hvízdavý Dan (1968); L. Mülstein: Vlád'a klásí finale (1968); K. O. Borchardt: Kapitán (1969); A. u. H. Skoumal (Hrsg.): Orel z pobřeží (zus. mit anderen, 1969); J. Klapetek: Abrakadabra (zus. mit anderen, 1970); H. Kadečkova: Óli, tvůj kamarád z Islandy (1971); J. Sigsgaard: Mít'a sám na světě (1971); Z. K. Slaby: Nedokončené pohádky (1972); V. Steklač: Detekiv Bondybej 001 (1972); O. Syrovátka: Zatoulané písmenko (1972); B. Němcova: Čertův švagr (1973); E. Neville: Tak je to, Kocoure (1973); B. Říha: Jak jel Vítek do Prahy (1973); St. Rudolf: Kopretiny pro zámeckou pané (1973); V. Steklač: Boříkovy lapálie (1973); J. Borská: Komu zlatá brusle? (1974); I. Calvino: Smolar. Matěj aneb dvacet příběhů s neveslým koncem (1974); M. Macourek: Světe, div se (1974); B. Říha: Vítek je zase doma (1974); B. Říha: Vítek na výletě (1975); J. Vodňansky: Co kam patří (1975); N. Rolleczek: Má drahá rodinka a já (1976); J. Rysa: Podivuhodný pan Magnusek (1976); M. J. Saltykov-Ščedrin: Pohádky (1976); J. Vinar: Jedna zrzka navíc (1976); E. Horelová: Štěstí má jméno Jonáš (1977); S. Hrnčír: Únos krále hádanek (1977); N. Rolleczek: Škaredkovic rodina a já (1977); Veselé hrátky se zvířatky (1977); J. Brzechwa: Akadémia pána Machul'u (1978); J. Žáček: Aprilová škola (1978); J. Vinař: Ani v noci, ani ráno (1979).

Sekundärliteratur: Bl. Stehlikova: Zeitgenössische Illustration von Kinderbüchern (1979).

Erich Gerhard

Bossi Fedrigotti von Ochsenfeld, Anton Graf

*(Ps. Toni Herbstenberger). Österreichischer Roman- und Jugendbuchautor, Filmautor und -fachberater; *6. 8. 1901 Innsbruck-Wilten.*

Seine Kinderjahre verbrachte B.F. auf Schloß Herbstenberg (Toblach/Pustertal). Nach dem Schulbesuch im Jesuitenkolleg in Feldkirch erhielt er eine landwirtschaftliche Ausbildung auf preußischen Gütern. Von 1928 bis zum Beginn des Zweiten Weltkrieges war er in verschiedenen paramilitärisch-politischen Funktionen in Wien, Berlin und zuletzt in Innsbruck tätig. Nach Kriegsdienst und Gefangenschaft arbeitete B.F. vielseitig bei Funk und Film, als Fremdenverkehrsfachmann und Pressereferent. Seit 1969 lebt er als freier Schriftsteller in Lohwinden bei Wolznach (Oberbayern).

Werk, Tendenzen, Wirkung. B.F.s umfangreiches publizistisches Werk ist – hauptsächlich in der frühen Arbeitsphase – fest in der Südtiroler und Trientiner Landschaft verankert und ihren Menschen und Problemen verbunden. Ein kräftiges Traditionsbewußtsein, das die Realität nicht aus dem Auge verliert und sich nicht in utopische Träumereien verfängt, prägt B.F.s Schriften. Feststehende Vorstellungen vom „schönen Land Tirol", seinen Menschen und seiner Geschichte weiß B.F. thematisch-inhaltlich auszudifferenzieren und in formal unkomplizierter Weise zu fassen. Sein Schaffen steht im „Spannungsfeld nationaler Fragen und der politischen Gegensätze der Jahrhunderte" (Tiroler Tageszeitung, 10.8.1976); es befaßt sich wiederholt mit dem „Kampf der Nationalitäten und dem Konflikt der widerstreitenden Pflichten" (Frankfurter Allgemeine Zeitung, 22.3.1952). Die Reihe seiner größeren romanhaften Werke wie „Standschütze Bruggler" (1934, auch verfilmt), das „Vermächtnis der letzten Tage" (1937) oder „Die beiden Teraldi" (1951), die zumeist Episoden aus dem Kriegsgeschehen oder der Bergwelt zum Inhalt haben, wird von einigen Jugendbüchern unterbrochen, die die Tiroler Mentalität vor 1945 besonders zum Ausdruck bringen. Die spätere Jugendbuchproduktion – etwa ab 1953 – hat mit wenigen Ausnahmen nicht mehr die Kraft und Substanz der früheren Veröffentlichungen. Thematisch bewegen sich die neueren Arbeiten, in der Erscheinungsform dem Prinzip der lockeren Reihung folgend, in den Stoffbereichen der Berufsfindung, der zwischengeschlechtlichen Beziehungen und gesellschaftlich-modischer Hobbys (Reiten). Aktuelle „Probleme" werden kumulativ gebündelt und eher konversationsartig abgehandelt als von innen entwickelt. Dabei tritt ein recht unkompliziertes Rollenbewußtsein der Bezugspersonen in Erscheinung. Unter Verwendung mancher vertrauter Motive aus früheren Arbeiten und mit Hilfe einer geschickten, sensationelle Momente nicht ausschließenden und auf ein happy-end zielenden Stoffanordnung gelingen dem Verfasser zugkräftige Produkte, die nicht immer frei von trivialisierenden Effekten sind. Überzeugender wirken die Arbeiten immer dann, wenn die historische Komponente eine Rolle spielt oder die alten landsmännischen Bindungen spürbar werden. Das gilt vor allem für die erzählerisch anspruchsvollen Spätarbeiten „Der Triumphzug der Zarin" (1955) und „Die goldgestickte Kokarde" (1972), die jugendliche Leser nachhaltiger anzusprechen vermögen als die speziellen Jugendbücher.
B.F. hat sich ein auffallend einfühlendes Verhältnis zu seinen jugendlichen Buchpersonen bewahrt. Seine fachliche Integrität, vor allem auf militärgeschichtlichem Gebiet, konnte B.F. durch seine Mitarbeit an einer Reihe von Filmen italienischer und deutscher Produktion beweisen. Darüber hinaus genießt er als Kriegshistoriker und Landschaftskundler Ansehen. Nicht unerwähnt sollten B.s Beiträge für die „Landserhefte" des Pabel-Verlages (1958) sein.

Werke: Standschütze Bruggler (1934); Die Tiroler Kaiserjäger am Col di Lana (1934); Spionage und Verrat in den Karpathenkämpfen des Weltkrieges (1935); Andreas Hofer (1935); Spionage im Weltkrieg (1935); Tirol bleibt Tirol (1935); Die weiße Wand (1937); Das Vermächtnis der letzten Tage (1937); Wir kommen, Kameraden (1938); Österreichs Blutweg (1939); Die alte Fahne (1940); Vormarschtage (1941); Christian der Grenzgänger (1951); Das Bildschnitzerdorf (1951); Die beiden Teraldi (1951); Warum schweigt Bunker 403? (1953); Der Trimphzug der Zarin (1955); Woronesch war ihr Schicksal (1958); Reims – im Handstreich genommen (1958); Der Befehl zum Verrat (1960); Das Mädchen Sandra (1964); Marima und die Tänzerin (1953); Marima die Solotänzerin (1957); Lotte geht nicht zum Film (1958); Mannequin auf Probe (1958); Margot zwischen Licht und Schatten (1958); Marietta fliegt ins Abenteuer (1961); Soldat zwischen Befehl und Gewissen (1963); Vinschgau (1966); Pustertal (1967); Lotti will hoch hinaus (1968); Ein Mädel mit Talent (1968); Nur Mut, Margot (1968); Bleib im Sattel, Gundi (1971); Die goldgestickte Kokarde (1972); Kaiserjäger (1972); Der Kampf ums Matterhorn (1974); Col di Lana (1978); Kaiser Franz Joseph I. und seine Zeit. Bildband (1978); Hanni ist ein Naturtalent (1981); Hanni vertraut ihrem Hanko (1981); Gundi macht große Sprünge (1981).

Hermann Bertlein

Boston, Lucy M.

*Englische Kinderbuchautorin; *10. 12. 1892 Southport, Lancashire/England.*

B. stammt aus einer wohlhabenden Familie pietistisch-methodistischer Prägung und wurde dementsprechend streng erzogen. Nach kurzen klassischen Studien in Oxford (1914) war sie Krankenschwester in einem französischen Armeehospital. Von 1917 bis 1935 lebte sie, mit einem Fliegeroffizier verheiratet, in Cheshire. Seit diesen Jahren tritt sie aktiv für den Umweltschutz ein. Es folgten Kunst- und Musikstudien in Italien (Florenz) und Österreich (Wien, Salzburg). 1939 erwarb B. den Herrensitz „The Manor" in Hemingford Grey, Huntingdonshire, bei Cambridge. Das Haus mit normannischem (spätromanischen) Baukörper wurde fortan ihr Lebensmittelpunkt. In fast allen Werken erscheint es wieder. Über die zentrale Bedeutung des Hauses für ihr Leben und Werk berichtet B. in dem autobiographischen „Memory in a House“ (1973). 1962 erhielt sie die Carnegie Medal für „A Stranger at Green Knowe“ (1961).

Werk, Tendenzen, Wirkung. Die Erscheinungsdaten der Bücher B.s fallen zusammen mit der neuen Blüte der englischen Kinderliteratur seit den fünfziger Jahren. Kern von B.s Werk sind die sechs „Green Knowe“-Bücher, eine lose Folge von phantastischen Erzählungen. Die einzige nichtphantastische Erzählung in der Reihe ist „A Stranger of Green Knowe“ (1961), die Geschichte eines aus dem Kongo in den Londoner Zoo verbrachten Gorilla, der für drei Tage um das Haus „Green Knowe“ noch einmal frei leben darf. Die Thematik der Vereinsamung in der Fremde wird mit subtilem Einfühlungsvermögen im Tierschicksal des Gorilla Hanno und im Menschenschicksal des Chinesenjungen Ping vielfältig durchgespielt. Im Mittelpunkt der gesamten Reihe steht das geschichtsträchtige Haus Green Knowe. Vergangenes und Gegenwärtiges, repräsentiert durch sensible Kindergestalten und ihre ungewöhnlichen Schicksale, stehen in immerwährender Korrespondenz. In „The Children of Green Knowe“ (1954; dt. Die Kinder von Green Knowe, 1968) trifft der vereinsamte kleine Junge Tolly auf die geisterhaften Erscheinungen der Geschwister Linnet, Toby und Alexander aus der Zeit von Charles II. (1630–1685); in „The Chimneys of Green Knowe“ (1958; dt. Die Kamine von Green Knowe, 1969) begegnet er der blinden Susan und ihrem schwarzen Spielgefährten Jacob, die Ende des 18. Jahrhunderts lebten. Die Urgroßmutter Mrs. Oldknow, eine zeitlose Gestalt, ist verstehende Mitwisserin von Tollys magischen Begegnungen, bei denen Vergangenes und Gegenwärtiges, Reales und Irreales ineinandergreifen.
Das Geheimnis der Unvergänglichkeit alles Gelebten wird noch einmal zum beherrschenden Thema im letzten Band der Reihe, „The Stones of Green Knowe“ (1976), mit seinen mehrfachen Zeitverschiebungen. Der normannische Roger d'Aulneaux lebt im frühen 12. Jahrhundert und verfolgt den Neubau von Green Knowe. In einem Rückblick erfährt er, daß an gleicher Stelle schon zur angelsächsischen Zeit ein Haus stand, und in der Zukunft trifft er auf die Bewohner der späteren Jahrhunderte bis hin zu Tolly im Jahre 1970. Sie alle sind gleichzeitig zeitlos im Haus geborgen, das zu einem Symbol der Überwindung der Zeit wird. In B.s Büchern werden somit die bewahrenden Kräfte eindringlich beschworen: heimatlosen, modernen Kindergestalten schenkt ein geschichtsmächtiges Haus Zuflucht und Geborgenheit. Es bindet die Kinder in seine präsente Geschichte ein und erlöst sie damit aus ihrer Vereinsamung. Die Kräfte des Herzens, der Liebe verbinden Vergangenheit und Gegenwart. Sie sind es auch, die alte und neue Bedrohungen bestehen helfen. Der Sohn von B., PETER BOSTON, hat ihre Kinderbücher illustriert.

Werke: Yew Hall (1954); The children of Green Knowe (1954; dt. Die Kinder von Green Knowe, 1968); The chimneys of Green Knowe (1958; dt. Die Kamine von Green Knowe, 1969); The river at Green Knowe (1959; dt. Der Fluß bei Green Knowe, 1970); A stranger at Green Knowe (1961); An enemy at Green Knowe (1964); The castle of Yew (1965); The Sea-Egg (1967; dt. Das geheimnisvolle See-Ei, 1970); The house that grew (1969); Persephone (1969); The horned man (1970); Nothing said (1971); The guardians of the house (1974); The fossil snake (1975); The stones of Green Knowe (1976).

Sekundärliteratur: L. M. Boston: Memory in a House (1973); Perverse and Foolish. A Memoir of Childhood and Youth (1979); The Place that is Green Knowe (in: The Junior Bookshelf. 26. 1962. 295–301; überarbeitet als: A Message from Green Knowe, in: The Horn Book Magazine. 1963. 39. 259–264). – E. Cameron: The Green and Burning Tree: On the Writing and Enjoyment of Children's Books (1969). – A. Chambers: The Reader in the Book (in: Signal. 1977. 23. 64–87). – M. Crouch: Lucy Boston at 80 (in: The Junior Bookshelf. 1972. 36. 355–357); A Visit to Green Knowe (in: The Junior Bookshelf. 1962. 26. 303–305). – S. Robins: A Nip of Otherness, like Life: The Novels of Lucy Boston (in: Children's Literature in Education. 1971. 6. 5–16). – J. Rose: Lucy Boston (1965). – W. Scherf: Struktur und Funktion des erzählerischen Aufbaus in der Jugendliteratur (in: Revue d'Allemagne. 1976. 8. 369–384). – J. R. Townsend: L. M. Boston (in: J. R. Townsend: A Sense of Story: Essays on Contemporary Writers for Children. 1971. 28–38). – J. Wintle (zus. mit E. Fisher): Lucy Boston (in: The Pied Pipers: Interviews with the Influential Creators of Children's Literature. 1975. 277–284).

Wolfgang Schlegelmilch

Boysen, Friedrich Eberhard

*(Ps.: Johann Samuel Kühn). Pädagoge, Prediger, Schriftsteller; *7.4.1720 Halberstadt, †4.6.1800 Quedlinburg.*

Nach dem Schulbesuch in Halberstadt und Magdeburg ging B. mit 17 Jahren nach Halle und studierte dort Hebräisch, Chaldäisch, Syrisch, Arabisch und Äthiopisch, was unter anderem zu einer vielbeachteten Übersetzung des Korans direkt aus dem Arabischen führte. Ebenso begann er mit dem Studium der Theologie und der lateinischen Sprache, zu der er sich, wie er mitteilte, seit seiner Embryonalzeit hingezogen fühlte. Da B. eine universale Bildung anstrebte, beschäftigte er sich auch mit Pädagogik und Geschichte. Diese gehöre zum „unentbehrlichsten Hilfsmittel“, um „die Seelenkräfte des Menschen zu bearbeiten, und die innere und äußere Moralität aufzubauen“ („Eigene Lebensbeschreibung“, S. 226). Er sammelte Bücher und Handschriften und erwarb auf Nachlaßauktionen berühmte Bibliotheken, unter anderem die des Physikers OTTO VON GUERICKE (1602–1686), so daß er schließlich eine große, weithin bekannte und gerühmte Bibliothek besaß. 1741 wurde er Konrektor in Seehausen (Altmark), ein Jahr darauf Prediger in Magdeburg. Im Jahr 1760 ging er schließlich nach Quedlinburg. B. war Mitglied des königlichen Instituts der historischen Wissenschaften zu Göttingen und der Deutschen Gesellschaft in Helmstedt.

Werk, Tendenzen, Wirkung. B. verfaßte Schriften zu theologischen, historischen, naturkundlichen und pädagogischen Fragen. Für die Entwicklung der deutschen Kinder- und Jugendliteratur bedeutsam ist sein 1775 erstmals aufgelegtes „Elementarbuch für Kinder in deutschen Schulen". Zahlreiche Beiträge von ihm finden sich in Wochenblättern, so beispielsweise in „Der Theologe" (1754–1756), in den „Magdeburgischen gelehrten Merkwürdigkeiten" (1759–1762) und in dem „Reich der Natur und Sitten" (1758–1760). In seiner eigenen Lebensbeschreibung, die B. als Fünfundsiebzigjähriger zu verfassen begann, jedoch nicht mehr beenden konnte, kennzeichnet er die Gedanken J. B. BASEDOWS als wesentlich für das Fortschreiten einer aufgeklärten Erziehung. Doch obwohl B. die Entdekkung der Vernunft in der Erziehungstheorie der Aufklärung hervorhebt, bezeichnet er nach wie vor die Bibel „als das beste Bildungsbuch" („Eigene Lebensbeschreibung", S. 25). Mit vielen Aufklärern, die ihn wegen seiner theologischen „Starrköpfigkeit" angriffen, lag er in jahrelanger Fehde, besonders mit FRIEDRICH NICOLAI (1733–1811). B. fühlte sich von zeitgenössischen Pädagogen mißverstanden, weil sie sein bereits 1742 – also viele Jahre vor BASEDOWS Wirken – entstandenes Programm „Monita generalia de educatione doctrinaque puerili" nicht für beachtenswert hielten. Im Vorbericht zur ersten Auflage seines „Elementarbuchs" kritisierte B. die „alte träge Lehrart, die nur für das Gedächtnis der Kinder und nicht für die Bildung des Verstandes und Herzens sorgt". Sein Elementarbuch solle sowohl das automatische Lernen überwinden helfen als auch die Schulen – worauf B. großen Wert legte – endlich mit einer leicht faßbaren christlichen Sittenlehre versorgen. Den Titel „Elementarbuch" wählte er, „da mein Buch Anfangsgründe von Wahrheiten enthält, die zu den allerersten und unentbehrlichsten gehören". Außerdem bemerkt B.: „Von dem großen theuren Buche, welches unter diesem Titel berühmt ist und welches allein reiche Aeltern für ihre Kinder kaufen können, hab ich nur den Titel geborgt: ich habe es gelesen, und den Kopf bewundert, aus welchem es hervorgegangen ist, aber bey der guten Absicht es brauchen zu wollen, hab ichs wirklich nicht brauchen können". Sein Buch sei ein völlig eigenständiges Werk, wiewohl auch ein Auszug aus dem BASEDOWschen Elementarwerk sinnvoll wäre. „Aber daran müßte sich", so schreibt ein Rezensent von B.s Elementarbuch in NICOLAIS Allgemeiner Deutscher Bibliothek, „ein Mann machen, der die Bedürfnisse der Jugend besser kennte" als B. Das Elementarbuch B.s beginnt mit einer Darstellung der Buchstaben, erläutert dann das Buchstabieren und die Zusammensetzung einzelner Wörter, bis schließlich die Technik des Lesens beschrieben wird, woran sich Leseübungen und Lesestücke, die vor allem moralische Belehrungen enthalten, anschließen. An dieses „ABC-Buchstabier- und Lesebuch", das es auch gesondert und verbilligt zu kaufen gab, schließt sich ein „Unterricht von der heiligen Schrift" an – geordnet nach LUTHERS kleinem Katechismus –, der im gesamten Elementarbuch den weitaus größten Platz (mehr als 100 Seiten) einnimmt. Weitere Kapitel berichten – zumeist auf nur wenigen Seiten – „vom Maaße und Gewigte", von Pflanzen, Tieren und Mineralien und von den „Weltkörpern", worunter B. sowohl das Sonnensystem abhandelt als auch Naturerscheinungen wie Nebel und Wolken. Auch zur „Erdbeschreibung" und zur „Politischen Rechenkunst" (Bevölkerungsstatistik) gibt er kurze Erläuterungen. Abgeschlossen wird das Elementarbuch mit „Merkwürdigkeiten aus der Universalhistorie", die mit dem Jahre eins, in dem Adam und Eva entstanden sein sollen, beginnt und über Christi Geburt im 3973. Jahr bis zur Geschichte der Neuzeit führt, in der B. von allen bekannten Ländern kurze Mitteilungen macht, wobei sich Sachliches mit Kuriosem mischt. B.s Schrift, die nahezu gleichzeitig mit BASEDOWS Werk entstanden ist, enthält bereits alle wesentlichen Elemente, die bei späteren Ausgaben eines kurzgefaßten Elementarbuches aufgegriffen und weiterentwickelt wurden.

Werke: Monita generalia de educatione doctrinaque puerili (1742); Vernünftige Gedanken von der Zeit, dem Orte und dem Raume (1763); Philologische Bibliothek für die niedren Schulen (Bd. 1–4. 1766); Elementarbuch für Kinder in deutschen Schulen (1775, ^{2}1777); Eigene Lebensbeschreibung (1795).

Hrsg.: Die Allgemeine Welthistorie (1767); Allgemeines historisches Magazin (Bd. 1–6. 1767–1770).

Sekundärliteratur: Fr. Nicolai: Allgemeine Deutsche Bibliothek (Bd. 27. 2. Stück. 1775. 550). – J. Chr. Adelung: Allgemeines Verzeichnis neuer Bücher (2. Jg. 1777. 135–136).

Klaus-Ulrich Pech

Brand, Jürgen

*(d. i. Emil Sonnemann). Kinder- und Jugendbuchautor der deutschen Arbeiterbewegung; *24. 3. 1869 Peine, †2. 1. 1950 Bremen.*

Als Kind armer Eltern arbeitete Br. während seiner Schulzeit als Hütejunge und Kleinknecht, kam aber über die Präparandenanstalt in Diepholz auf das Lehrerseminar in Hannover und machte sein Volksschullehrerexamen. Wenig später wurde er aus dem Schuldienst entlassen, da er einen Vortrag über CHARLES DARWINS „Entstehung der Arten" gehalten hatte und dies die Schulbehörde unvereinbar mit den Aufgaben eines „christlichen Volksschullehrers" fand. Im liberaleren Stadtstaat Bremen bekam Br. zuerst eine Lehrerstelle an der Strafanstalt und wurde 1889 in den bremischen Schuldienst übernommen. Um die Jahrhundertwende trat er der SPD bei. Seine Erzählungen, Romane und Gedichte erschienen in sozialdemokratischen Verlagen, vor allem jedoch in der von CLARA ZETKIN redigierten Kinderzeitschrift „Für unsere Kinder" und der von der Zentralstelle für die arbeitende Jugend Deutschlands herausgegebenen Zeitschrift „Arbeiter-Jugend". Innerhalb der sozialdemokratisch-sozialistisch orientierten Arbeiterbewegung in Deutschland gehörte Br. vor 1933 zu den am weitesten verbreiteten Kinder- und Jugendschriftstellern; Br.s Briefesammlung „Ulenbrook" (1907) erzielte die höchsten Auflagen. Seine später vertonten Gedichte „Wir sind jung, die Welt ist offen" und „Wenn die Arbeitszeit zu Ende" sind bis heute in den Jugendorganisationen sozialdemokratischer Prägung bekannt. Im Jahr 1912 wurde Br. wegen seiner politischen Gesinnung aus dem Schuldienst entlassen. Von da an widmete er sich ganz der sozialistischen Bewegung als Wanderlehrer, Schriftsteller, Redakteur der „Bremer Bürgerzeitung" und SPD-Abgeordneter der Bremer Bürgerschaft. Nach dem Ersten Weltkrieg wurde Br. Direktor der Strafanstalt Oslebshausen in Bremen, 1933 von den Nationalsozialisten abgesetzt und nach 1945 für kurze Zeit erneut in dieses Amt berufen.

Werk, Tendenzen, Wirkung. In Br.s Werken verschränken sich sozialistische Grundeinstellung mit der für die deutsche Arbeiterbewegung vor 1914 typischen darwinistischen Rezeption des Marxismus, die Gesetzmäßigkeiten der Natur auch auf gesellschaftliche Vorgänge überträgt. Br.s Arbeiten entstanden fast alle vor 1914. Die ersten Naturschilderungen für Arbeiterkinder erschienen als kleine Erzählungen in der von CLARA ZETKIN redigierten Kinderbeilage „Für unsere Kinder" seit 1905. Vordergründig sollte den Arbeiterkindern in den lichtlosen und verengten Wohnghettos die Erfahrung und die Liebe zur Natur zumindest verbal möglich gemacht werden. Darüber hinaus wurde Natur als Modell einer Lebensbewältigung unter sozialistischer Perspektive verstanden. Vor allem in dem Band „Ulenbrook. Briefe aus der Heide an meine jungen Freunde", der eine Auflage von 30000 Exemplaren erreichte und in den Sammelbänden mit emphatisch-moralischen Aufsätzen wie „Das heilige Feuer" (1913) wird das „Modell Natur" gestaltet. Natur vermittelt dabei neben dem Gefühl für Schönheit zugleich die Erkenntnis und die naturwissenschaftliche Erklärung des Wachsens der Veränderung und des Vergehens. In seinem naturgesetzlichen Zusammenhang ist dieses Modell gegen Religion und kirchliche Erklärungszusammenhänge gerichtet. Danach gibt Natur nicht allein Kraft und Erholung, ihre Gesetzmäßigkeiten werden zugleich soziales Lernfeld für die gesellschaftlichen Auseinandersetzungen. Beispielhaft wird im „Kampf ums Dasein" in dem Briefband „Ulenbrook" diese Naturgesetzlichkeit auf die Gesellschaft übertragen. Wie in der Natur (bei den Pferden und den Ameisen) sind die Arbeiter auf Solidarität und gemeinsamen Kampf gegen ihre Unterdrücker angewiesen. Die Erzählung „Gerd Wullenweber" verknüpft romanhaft das Erlebnis der Natur als Basis von Erkenntnis und Kraft mit dem Erfahren des einzelnen als Teil der Gesamtheit des proletarischen Kampfes. Der in den Naturschilderungen, in „Ulenbrook" und „Gerd Wullenweber" latente symbolistische und irrationalistische Zug tritt in den Aufsätzen stärker hervor: Frühling und 1. Mai werden zu abgehobenen Symbolen der Zukunftsgewißheit des siegreichen Proletariats. Dieser Aspekt der symbolischen Überhöhung der Natur wurde nach dem Ersten Weltkrieg – parallel zur „Arbeiterdichtung" – von der in der Zeitschrift „Arbeiter-Jugend" repräsentierten Sozialistischen Arbeiterjugend rezipiert, die an die Stelle der ökonomisch-sozialistischen Begründung des Kampfes eine jugendgemäß stilisierte allgemeine Freiheit, Menschheits- und Gerechtigkeitssehnsucht setzte und in der Natur, Frühling und Sonne zu Insignien der Freiheit, des Aufbruchs zum Neuen und zur Sehnsucht nach einer besseren Zeit wurden. Gewürdigt wurde folgerichtig Br. nach seiner Entlassung aus dem Schuldienst in der „Arbeiter-Jugend" (6/1913. S. 86f.) nicht als Kämpfer für den Sozialismus, sondern als prächtiger und tapferer Mensch, der der Jugend Feiertagsfreude an der Natur und ihren unvergleichlichen Werken einflöße, sie für die Hochziele des Menschheitsfortschritts begeistere. In dieser reduzierten Form müssen auch die Neuauflagen der Werke Br.s gesehen werden, die alle in sozialdemokratischen Verlagen erschienen. Br.s Wirkung blieb auf die Zeit vor 1933 beschränkt, hier ausschließlich auf die sozialdemokratischen Jugendorganisationen. Einzig seine Gedichte haben als Lieder nach 1945 in den sozialdemokratisch orientierten Kinder- und Jugendorganisationen überdauert.

Werke: Ulenbrook. Briefe aus der Heide an meine jungen Freunde (1907, ^{4}1924); Eine Reihe nach Island und den Westmännerinseln (1909, ^{2}1924); Mit Rucksack und Wanderstab (1912); Das heilige Feuer (1913, ^{6}1922); Gerd Wullenweber (1915, ^{3}1925); Wir sind jung ...! Gedichte (1924, ^{2}1926).

Manfred Geiss

Brandes, Sophie

*(d.i. Sophie Kafka-Huber-Brandes). Kinderbuchautorin und -illustratorin; *30.3.1943 Breslau.*

Br. studierte Gebrauchsgraphik in München und begann nach ihrem Diplom mit Werbe- und Modezeichnungen, ehe sie ab 1971 Buchumschläge und Kinderbücher für verschiedene Verlage illustrierte.

Werk, Tendenzen, Wirkung. Mit kleinen Beiträgen in den GELBERGschen „Jahrbüchern der Kinderliteratur" begann Br.' Einstieg in die Kinderliteratur. 1974 erhielt Br. die Möglichkeit, ein erstes eigenes Bilderbuch im Comicstil zu gestalten: „Trinkmann's Traumreise". Ihr erstes selbstgeschriebenes Kinderbuch erschien 1976: „Hauptsache, jemand hat dich lieb". Mit ihrem zweiten Kinderbuch „Billie aus der Altstadt" (1977) konnte sich Br. als Kinderbuchautorin etablieren. Neben dem Schreiben ist sie weiterhin als Illustratorin von Bilderbüchern und Kindergeschichten tätig; so illustrierte sie unter anderem PETER HÄRTLINGS „Ben liebt Anna" (1979).

Br. lieferte in dem Bilderbuch „Trinkmann's Traumreise" einen kritisch-witzigen Beitrag zur Unterhaltungsliteratur für Kinder. Unbefriedigtes touristisches Konsumverhalten ist das detailreich und im Grundton humorvoll gestaltete Thema des abwechslungsvollen, farbigen Comics. Jedes Jahr lassen sich die Trinkmanns von einem anderen Reiseunternehmen verführen. So schön, wie sich die Familie ihre Traumreise vorstellt, wird erst die letzte: ein vom Computer zugewiesener, sensationsloser, aber erholsamer Landaufenthalt. – Die

Sophie Brandes (1943)*

Autorin bringt in ihren Büchern Sozialkritik ein. Immer wieder erzählt sie Selbsterlebtes, etwas wehmütig und in einem Tonfall, der an CHRISTINE NÖSTLINGER erinnert. Wie diese verknüpft Br. exakte Milieustudien mit realistischen Späßen. Br.' Erzählweise zeichnet sich durch die Genauigkeit, mit der Menschen porträtiert werden, und durch eine unkonventionelle Sprache aus. Weiter bekannt wurde sie durch ihr erstes, auch selbst illustriertes Kinderbuch: „Hauptsache, jemand hat dich lieb" (1976). Br. berichtet hier autobiographisch in einer Art Tagebuch von ihrem Flüchtlingsleben in den fünfziger Jahren in einem niederbayerischen Dorf und von der späten Liebe ihrer Großmutter. Die elfjährige Mene, die aus Schlesien kommt, kommentiert darin in einer naiv-trotzigen Sprache Alltäglichkeiten ihrer Umgebung. 1977 schrieb und malte Br. das Bilderbuch „Stiefelgasse 13" – eine lustige Geschichte von None, Ele und der Katze Minka, die in das Dachgeschoß eines alten Hauses eingezogen sind und von Kobolden tyrannisiert werden. Die großen leuchtenden und zum Teil grotesken Bilder erinnern an Arbeiten des Graphikers HEINZ EDELMANN. Das Kinderbuch „Billie aus der Altstadt" (1977) steht gleichwertig neben Geschichten von CHRISTINE NÖSTLINGER oder MARIA GRIPE. Br. erzählt von Billie, einem neunjährigen Mädchen von dunkler Hautfarbe. Da die deutsche ledige Mutter gezwungen ist, sich immer wieder einen neuen Job zu suchen, bleibt Billie meist sich selbst überlassen und gammelt durch die Heidelberger Altstadt. Die Erlebnisse des Kindes werden mit großem Einfühlungsvermögen in einer bildkräftigen Sprache, in der viele Jargonausdrücke dem Text Authentizität verleihen, sowie mit Sinn für Situationskomik erzählt. Auch diesen Kinderroman illustrierte die Autorin selbst. Br. sagt über ihr Schreiben: „... da mir selbst eine ziemlich einsame Kindheit beschert war, versuchte und versuche ich sie schreibend und malend zu bewältigen. Ich wünsche mir, daß es mir mit der Zeit gelingen wird, dazu beizutragen, etwas mehr Glanz in Kinderaugen zu bringen".

Werke: Trinkmann's Traumreisen (1974); Hauptsache, jemand hat dich lieb (1976); Billie aus der Altstadt (1977); Stiefelgasse 13 (1977).

Illustrationen: P. V. Kataev: Der kleine Robinson (1973); M. Mackay: Der Ritt auf dem Delphin (1974); M. und F. Mehling: Das kleine Osterbuch (1974); H. P. Richter: Ich war kein braves Kind (1974); J. Tate: Ben mag Annie oder Was Freunden geschehen kann (1975); A. Schweiggert (zus. mit anderen): Seht nur, wie die Zeit vergeht (zus. mit anderen, 1976); P. Härtling: Ben liebt Anna (1979).

Imma Wick

Bravo

„Bravo" ist eine kommerzielle Jugendzeitschrift, die spezifische Themenkreise der Zielgruppe Jugendliche anspricht und von einem privatwirtschaftlichen Verlagsunternehmen produziert und distribuiert wird.

Verlagsgeschichte. Die erste Ausgabe von „Bravo" erschien im August 1956 im Verlag Kindler & Schiermeyer, München. Im Juni 1965 wurde der Verlag samt „Bravo" an den Axel-Springer-Konzern verkauft. Am 1. August 1966 erwarb Springer vom Bauer-Verlag die „Bravo"-Konkurrenten „Wir" und „OK". Im April 1967 legte man bei Springer „Bravo" und die bereits zuvor unter dem Namen „OK" vereinigten Jugendzeitschriften „Wir" und „OK" zusammen. Der anfangs gewählte Doppeltitel „BRAVO-OKAY" mußte bald dem ursprünglichen „BRAVO" wieder weichen (vgl. R. STEFEN, 1976, und E. BEHA/H. M. BRODER, 1973).

Auflage, Reichweite, Struktur. „Bravo" ist die auflagenstärkste deutsche Jugendzeitschrift. Fast konkurrenzlos konnte sie sich bis zur Millionenauflage ausweiten. 1960 wurden von „Bravo" 476283, 1966 bereits 947790 Exemplare verkauft (Angaben lt. IVW, vgl. R. STEFEN, 1976). Zwischen 1970 und 1972 hatte „Bravo" einen Auflagenrückgang auf ca. 860000 Exemplare zu verzeichnen. Dies führte zum Wechsel in der Chefredaktion und zu einer Kurskorrektur im Themenangebot. Die sogenannte Lebenshilfe in sexuellen Fragen wurde erweitert, neue Serien wie die Foto-Love-Story und Beiträge, etwa über Drogenmißbrauch und Jugendkriminalität, die der Zeitschrift mehr Lebensnähe geben sollten, wurden eingeführt (vgl. E. BEHA/H. M. BRODER, 1973, und H. NEISSER, 1975). Im 3. Quartal 1973 überschritt „Bravo" mit 1033000 verkauften Exemplaren die Millionengrenze. 1980 konnte „Bravo" eine Druckauflage von 1796800 Exemplaren aufweisen (vgl. STAMM-Leitfaden, 33. Ausgabe 1980).
Die „Bravo"-Leserschaft rekrutiert sich schwerpunktmäßig aus Jugendlichen zwischen 14 und 19 Jahren.

Nach eigenen Angaben erreicht die Zeitschrift jedes dritte Mädchen und jeden vierten Jungen dieser Altersgruppe in der Bundesrepublik. Etwa 52 % des Leserpotentials sind weiblichen Geschlechts.
Inhaltliche Schwerpunkte bilden die Bereiche Film- und Gesangstars, Aufklärung, Leserberatung, Serien und Fortsetzungsgeschichten. Der Bildanteil der Zeitschrift überwiegt den Textteil und liegt nach einer Berechnung von D. BAACKE (1971, S. 224) bei etwa 65 % der bedruckten Fläche.

„Bravo“-Indizierung. Am 6. Oktober 1972 wurden auf Antrag des Bayerischen Staatsministeriums für Arbeit und Sozialordnung die „Bravo“-Ausgaben Nr. 6 und 7/1972 von der Bundesprüfstelle für jugendgefährdende Schriften als jugendgefährdend indiziert. In der Begründung wurde unter anderem aufgeführt, daß die näher bezeichneten Inhalte besagter „Bravo“-Hefte „normativ wirkten für resignative Realitätsabkehr, Minderwertigkeitsgefühle bis hin zur Lähmung der Leistungsmotivation und Leistungsidentität, Schulversagen und Schulflucht, Desintegration der Sexualität in die gesamtmenschliche Persönlichkeit und für Flucht in Drogen und Alkoholgenuß“. ... „Der Sozialisationsprozeß weiblicher Jugendlicher wird besonders beeinträchtigt, da sie als Objekte ‚zum Vernaschen‘ und mit negativen oder negativ belasteten Eigenschaften dargestellt werden“ (vgl. R. STEFEN, 1976).

„Bravo“, ein Sozialisationsmedium. In der Fachliteratur wird „Bravo“ nahezu einmütig als Einflußfaktor auf die sekundäre Sozialisation der jugendlichen Leser apostrophiert. ROLF GUTTE (1973) isoliert in „Bravo“ eine Reihe von „gesellschaftlichen Identifikationsangeboten“, die auf „bedeutsame bewußte und unbewußte Vorgänge der Identitätsbildung“ wirken können. So läßt sich das von „Bravo“ offerierte Starspektrum auf einige repräsentative, immer wiederkehrende Grundmuster reduzieren: Luxusstars (Funktion der Entlastung des Lesers von der alltäglichen, häufig konfliktbesetzten Realitätserfahrung); großer Junge, sauberes Mädchen (Suggestion eines mittelständischen Normalmenschen „wie du und ich“; Funktion der Relativierung der gegenüber dem Leser oft privilegiert erscheinenden Position der Stars); harte Männer (Aufbau einer Vaterfigur; Funktion der Identifikation mit einer durch Lebenserfolg und Selbstsicherheit gekennzeichneten Vaterautorität); zahme Wilde (gemeint sind die oft schockierend und unangepaßt auftretenden Pop-Gruppen. „Bravo“ zeigt eine durchgehende Tendenz, diese Musiker „in ein bürgerliches Gehege zu stecken“; ihre Unangepaßtheit bleibt auf die äußere Erscheinung reduziert. Sie stehen für Musikverrücktheit, Gefühl, Ungebundenheit, Enthemmung; die Identifikation mit ihnen fördert die kanalisierte Abfuhr von Aggressionen und eine nicht nach politischer Verwirklichung drängende, sondern eine auf den privaten Bereich beschränkte Haltung, vgl. R. GUTTE, 1973).
Weiteren Einfluß auf die jugendliche Identitätsbildung gewinnt „Bravo“ über eine ausgeprägte Leserberatung (Dr. Sommer: Was Dich bewegt; Dr. Korff), die sich vorwiegend auf Fragen der Sexualaufklärung und Probleme im zwischenmenschlichen Bereich beschränkt. Nach E. BEHA (1972) sehen „Bravos“ Moralvorstellungen durch die strenge Unterscheidung zwischen „enttäuschendem bloßem Sex“ und „wahrer Liebe“ die Vertagung vor. Sind Küssen, Onanie und Petting generell erlaubt, so soll Geschlechtsverkehr nur auf solche voreheliche Beziehungen beschränkt bleiben, die „also mit Gewißheit zur Ehe mit demselben Partner führen“ (vgl. E. BEHA, 1972, auch H. NEISSER, 1975). „Bravos“ wichtigste Konfliktlösungsstrategie ist, den Leser entweder auf sich selbst (vgl. R. GUTTE, 1973) oder an Pfarreien, Jugendberatungsstellen und Psychagogen zu verweisen (vgl. H. NEISSER, 1975). NEISSER kritisiert hier: „Was auf den ersten Blick ganz plausibel und vernünftig erscheint, wird zur Farce, wenn man die therapeutischen Versorgungsmöglichkeiten in der Bundesrepublik kennt“. „Bravo“ verstärkt im wesentlichen die traditionellen Rollenstereotypen von Mann und Frau. Ein Mädchen soll vor allem weiblich, charmant, romantisch, modebewußt, sexy, gefühlsbetont sein und ihre Bestimmung in der Familie sehen (vgl. R. GUTTE, 1973). Mit der Beschwörung der Familienidylle – Top-Stars werden zu treusorgenden Ehefrauen, Ehemännern, Müttern und Vätern stilisiert – setzt „Bravo“ eine Orientierung an familialen Wert- und Rollenmustern (vgl. H. HOLZER/R. KRECKEL, 1967).
Bedeutsam ist auch der Aufbau einer Arbeitsmoral nach dem Motto: „Wer richtig arbeitet, dem ist Erfolg beschieden, ...“ (R. GUTTE, 1973). Ein solcher Arbeitsbegriff „verschleiert fundamentale Unterschiede in der Qualität der Arbeit, in der sozialen Anerkennung und der materiellen Gratifikation“. Eine weitere, dem redaktionellen Bild- und Textteil immanente, ideologische Komponente „Bravos“ stellt die Verschränkung von Starruhm und materiellen Statussymbolen dar. Erfolg wird mit käuflichen, konsumierbaren Objekten demonstriert; Waren werden zum bestimmenden Faktor für die persönliche und soziale Identität und zeigen an, wer „in“ ist. Nach GUTTE enthält „Bravo“ über Leitbilder und Leitvorstellungen die Aufforderung „zur Identifikation mit einem auf Konsum ausgerichteten Leben ...“ und fördert „die Einübung in das Konsumieren“.

Sekundärliteratur: D. Baacke: Der traurige Schein des Glücks. Zum Typus kommerzieller Jugendzeitschriften (in: H. Ehmer (Hrsg.): Visuelle Kommunikation. 1971. 213–250); „Bravo“ – Portrait einer Jugendzeitschrift (in: deutsche jugend. 16. 1968. 4. 155–166). – E. Beha: Bravo (in: Kürbiskern. 1972. 2. 272–278); Die große Bravo-Familie: Stars im Glück für Fans im Unglück (zus. mit H. M. Broder in: H. D. Baroth (Hrsg.): Mit Politik und Porno. 1973. 67–97). – Kl. J. Fischer: Aufblicken und unten bleiben (in: D. Baacke (Hrsg.): Mediendidaktische Modelle: Zeitung und Zeitschrift. 1973. 89–150). – R. Fröhlich: Verhaltensdispositionen, Wertmuster und Bedeutungsstruktur kommerzieller Jugendzeitschriften (Diss. 1968). – Kl. Göbel: Jugendillustrierte im Deutschunterricht (in: Der Deutschunterricht. 26. 1974. 5. 69–78). – R. Gutte: Gesellschaftliche Identifikationsangebote – zum Beispiel „Bravo“ (in: H. Ide und das Bremer Kollektiv (Hrsg.): Massenmedien und Trivialliteratur. Projekt Deutschunterricht. 5. 1973. 42–75). – H. Holzer:

Jugend und Massenmedien (zus. mit R. Kreckel in: Soziale Welt. 18. 1967. 2/3. 199–215). – H. Müller: Das Elend der Jugendzeitschriften (1967). – H. Neißer: Die Jugendzeitschrift. Ihr Einfluß, dargestellt am Beispiel „Bravo" (1975). – M. Schibilsky: Redaktion und Reaktion. Zur Praxis deutscher Jugendzeitschriften (in: D. Baacke (Hrsg.): Mediendidaktische Modelle: Zeitung und Zeitschrift. 1973. 189–229). – R. Stefen: Massenmedien und Jugendschutz (Schriftenreihe der Bundesprüfstelle für jugendgefährdende Schriften. 7. 1976).

Klaus Ihl

Brechbühl, Beat

*Schweizer Lyriker, Erzähler, Dramatiker, Hörspielautor, Kinderbuchautor; *28.7.1939 Oppligen/Kanton Bern.*

Br. absolvierte eine Schriftsetzerlehre und arbeitete danach als Akzidenzsetzer. Er redigierte die Jugendzeitschrift „Clou", war in Schweizer Verlagen Druckereimitarbeiter und später Herstellungs- und Produktionschef. Zwischenzeitlich lebte Br. als freier Schriftsteller und „Bildermacher". Heute ist er Verlagsleiter im Zytglogge-Verlag in Gümligen bei Bern und lebt in dem Schweizer Ort Wald. Br. konnte für seine Bücher mehrere Preise in Empfang nehmen, darunter den Züricher Kinderbuchpreis 1978.

Werk, Tendenzen, Wirkung. Br. gilt als einer der wichtigsten Schweizer Lyriker der Gegenwart. Seine Themen, unter denen die Auseinandersetzung des Individuums und Intellektuellen mit dem bürgerlichen und dörflichen Alltag („Das Dorf", „Die Stadt" aus: „Die Litanei von den Bremsklötzen", 1969), die Person des Künstlers („Die Bilder und ich", 1968) und das politische Engagement („Allende inmortal", aus: „Draußen ein ähnlicher Mond wie in China", 1975) eine Rolle spielen, sind in eigenwilliger, schöpferischer, von Überraschung lebender Sprache gestaltet. In Br.s Werk nimmt die Kinderliteratur nur einen geringen Umfang ein. Zu ihr gehören die Lausbubengeschichten „Geschichten vom Schnüff" (1976), „Schnüff, Herr Knopf und andere Freunde" (1977), „Das Plumpsfieber" (1978) sowie die von Br. herausgegebene Anthologie „Der Elefant im Butterfaß" (1977). Unter diesen Texten sind dem Autor die „Schnüff"-Bücher am wichtigsten; sie gelten dem Adressatenalter von 9 bis 12 Jahren, „die intensivsten und konkretesten (Jahre) meiner eigenen Jugend" (Brechbühl).

Werke: Spiele um Pan (1962); Lakonische Reden (1965); Gesunde Predigt eines Dorfbewohners (1966); Die Bilder und ich (1968); Die Litanei von den Bremsklötzen (1969); Auf der Suche nach den Enden des Regenbogens (1970); Kneuss (1970); Der geschlagene Hund pißt an die Säulen des Tempels (1972); Meine Füße lauf ich ab bis an die Knie (1973); Branchen-Buch (1974); Nora und der Kümmerer (1974); Die Schrittmacher (1974); Draußen ein ähnlicher Mond wie in China (1975); Möhrmann und die Ängste der Genies (1976); Geschichten vom Schnüff (1976); Traumhämmer. Gedichte aus zehn Jahren (1977); Schnüff, Herr Knopf und andere Freunde (1977); Das Plumpsfieber (1978); Lady raucht Gras und betrachtet ihre Beine (1979).

Hrsg.: Der Elefant im Butterfaß. Schweizer Dichter erzählen für Kinder (1977).

Sekundärliteratur: E. Endres: Autorenlexikon der deutschen Gegenwartsliteratur 1945–1975 (1975. 76–77).

Wolfgang Biesterfeld

Brembs, Dieter

*Zeichner, Illustrator, Autor; *18.5.1939 Würzburg.*

Br. studierte Kunstpädagogik, Kunstgeschichte, Philosophie und Biologie an den Universitäten Würzburg und Mainz. Von 1966 bis 1971 arbeitete er als Kunsterzieher an einem Gymnasium. Seit 1971 ist Br. Professor im Fachbereich Kunsterziehung der Johannes-Gutenberg-Universität in Mainz. Br. lebt in Hofheim-Wallau.

Werk, Tendenzen, Wirkung. Sein Buch „Brembs' Tierleben" (1974), das 1975 auf der Auswahlliste zum deutschen Jugendbuchpreis stand und auf Ausstellungen in Krakau, Bratislava und Kiel gezeigt wurde, wendet sich ebenso an Kinder wie an Erwachsene. Aus der Thematik der Gefährdung der Umwelt heraus werden „mögliche und unmögliche Tiere" vorgestellt; skurrile, häufig aus Wortspiel und Worterfindung lebende Texte und Schwarz-Weiß-Zeichnungen in den verschiedensten Techniken ergänzen einander zu einem hintergründigen Gesamtkunstwerk. Seine Arbeit „Ein Krokodil zum Beispiel" (1975) besteht aus einer Mappe mit drei Postern in Schwarz-Weiß-Federzeichnungstechnik, die zur weiteren Ausgestaltung durch Kinder angelegt sind. Beide Publikationen zielen in Text und Bild auf Verfremdungseffekte durch Übertreibung des Normalen und Zusammenführung des Heterogenen. Sie haben die Absicht, über die Zwischenstufe des Sich-Wunderns zu freier Assoziation und zum Nachdenken über das Gewohnte anzuregen.

Werke: Brembs' Tierleben (1974, NA. 1981); Ein Krokodil zum Beispiel (1975).

Wolfgang Biesterfeld

Brinsmead, Hesba Fay

*Australische Jugendbuchautorin; *15.3.1922 Bilpin, Blue Mountains/Neusüdwales.*

Br. wuchs in einer abgelegenen Sägemühle als jüngstes von fünf Kindern auf. Später war sie in einem Internat in Sydney. Mit 20 Jahren heiratete sie. Sie übte Lehrtätigkeiten aus, trat als Schauspielerin auf und begann Erzählungen und Funksendungen zu schreiben. Als sie ihren ersten Roman verfaßte, waren ihre beiden Söhne Teenager; bei Büchern über und für diese Altersgruppe ist sie geblieben. Das erste, „Pastures of the blue crane" (1964; dt. Das Mädchen und der blaue Kranich, 1965), erhielt die australischen Preise „Mary Gilmore Medal" und „Book of the Year Award".

Werk, Tendenzen, Wirkung. Br. meint, ihr zentrales Thema sei, wie man mit dem Leben fertig wird, und damit würde sie zugleich Hoffnung vermitteln, die in unserer Zeit immer seltener werde (TOWNSEND, S. 46). In „Pastures of the blue crane“ enthüllt sich für Ryl, eine stolze Sechzehnjährige, die in einem Internat in Melbourne aufgewachsen ist, das Geheimnis ihrer Herkunft in fast viktorianischer Manier. Das Testament des ihr unbekannt gebliebenen Vaters bringt sie an der abgelegenen Nordostküste Australiens mit einem grantigen Großvater zusammen, dem sie eine kleine Landwirtschaft einrichtet. Ihr zuverlässiger Helfer Perry, Urenkel eines Südseeinsulaners, erweist sich schließlich als ihr Bruder. Ryl akzeptiert ihre Herkunft und beginnt, Architektur zu studieren. Elemente gängiger Mädchenliteratur sind unverkennbar: Heilung der Heldin von Eigenliebe, Kontrastierung von tüchtigem und oberflächlichem Freund, Asexualität, Traumberuf, Bevorzugung des Landes vor der Stadt, gefühlsbetonte Natursymbolik. Bemerkenswert aber sind die Aufnahme eines gesellschaftlichen Grundproblems, die Darstellung australischer Lokalität und deren Atmosphäre, die Authentizität der Dialoge vor allem der Jugendlichen und die emanzipatorischen Einzelzüge in einem traditionellen Mädchenbild.
Br.s erstes Buch, von manchen Kritikern für das beste gehalten, wurde fürs Fernsehen verfilmt. Eine Romantikerin, die durch einen Anflug von Modernität als Realistin erscheint (SAXBY, S. 133), bleibt Br. auch in den nachfolgenden Büchern. Doch entwirft sie eine Vielfalt von Themen, Charakteren und Schauplätzen. So erzählt sie von Studenten, die in ihren Ferien in Tasmanien Unkraut bekämpfen („Season of the briar“, 1965); von schwierigen Heranwachsenden im modernen Melbourne, denen es um das Glück zu tun ist („Beat of the city“, 1966); von der Suche nach Edelsteinen und dem Einsatz für alte Gebäude („A sapphire for September“, 1967); von der Erhaltung des Großen Barrier-Riffs und der Notwendigkeit, aufrichtig zu sein („Isle of the sea horse“, 1969); von dem Leben in einem Opal-Camp und der enttäuschten Sehnsucht nach der großen Stadt („The ballad of Benny Perhaps“, 1977) und in immer neuen Variationen von der Identitätsfindung und dem Miteinander Jugendlicher. Ihre eigene Kindheit und Jugend schildert Br. in dem Buch „Longtime passing“ (1971), das ein eindrucksvolles Bild australischer Landschaft vermittelt.

Werke: Pastures of the blue crane (1964; dt. Das Mädchen und der blaue Kranich, 1965); Season of the briar (1965; dt. Sommer der Heckenrosen, 1967); Beat of the city (1966; dt. Treffpunkt Paradies, 1970); A sapphire for September (1967; dt. Zeit der bunten Steine, 1969); Isle of the sea horse (1969); Listen to the wind (1970; dt. Das Lied der Fischer, 1971); Who calls from afar? (1971; dt. Ruf aus der Ferne, 1973); Longtime passing (1971); Echo in the wilderness (1972); Under the silkwood (1975); The ballad of Benny Perhaps (1977); The wind harp (1977); The honey forest (1977); Once there was a swagman (1978).

Sekundärliteratur: H. Anderson: The singing roads. A guide to Australian children's authors and illustrators (³1970). – M. Dahrendorf: Das Mädchenbuch und seine Leserin (⁴1980). – H. M. Saxby: A history of Australian children's literature. 1941–1970 (1971). – J. R. Townsend: A sense of story (1971).

Reinbert Tabbert

Bröger, Achim

*Kinder- und Jugendbuchautor; * 16. 5. 1944 Erlangen.*

Nach der Schulzeit absolvierte Br. eine Schriftsetzerlehre. Neben verschiedenen Tätigkeiten in Druckerei und Verlag, wo er als Korrektor, Hersteller, Werbetexter und -gestalter arbeitete, begann er 1971 mit dem

Achim Bröger (1944)*

Schreiben für Kinder. Das Bilderbuch „Raupengeschichten“ (1971) entstand zunächst auf Anregung der Illustratorin KATRIN BRANDT. Br. versuchte sich auch mit erzählender Literatur für Kinder. Nach anfänglich skurrilen, phantasievollen Büchern kamen später „alltäglichere“ Texte für Jugendliche hinzu. Schwerpunkt blieben aber, neben der Gestaltung von Kindersendungen für Fernsehen und Hörfunk, die Bilderbücher. Ein Lexikon für Kinder mit erzählenden Sachtexten rundet die Tätigkeit des Autors ab. Br. arbeitet neben der Schriftstellerei für einen Schulbuchverlag in Braunschweig, wo er mit Frau und drei Kindern lebt. Seit 1977 ist er Mitglied im Verband deutscher Schriftsteller, seit 1981 auch im PEN. Mehrmals waren Werke von Br. auf den Bestenlisten des Deutschen Jugendbuchpreises. 1980 erhielt er den Friedrich-Bödecker-Preis.

Werk, Tendenzen, Wirkung. Br. meint: „Geschichten für Kinder müssen lustig sein, sagen mir Kinder.

Spannend sollen sie natürlich auch sein. Recht haben sie, und ich unterhalte Kinder gern. Aber ich will und kann nicht nur immer lustig sein oder mir spannende Geschichten ausdenken. Manchmal möchte ich auch alltägliche Geschichten schreiben, dann wieder verrückte, phantasievolle, interessante. Und vor allem möchte ich Geschichten schreiben, die mir selbst gefallen." Bei allem Interesse für realistische, alltägliche Stoffe überwiegen bei Br. die phantastischen. In „Steckst du dahinter, Kasimir?" (1975) kann sich die Hauptfigur in andere Menschen verwandeln, so daß seltsame und verrückte Dinge geschehen. In den „Moritzgeschichten" (1979) gehen Wünsche in Erfüllung, im Bilderbuch „Wollen wir Freunde sein?" (1977) wird, dank der kreativen Kraft eines Kindes, aus einem Papierspielkameraden ein lebendiger Hund. In „Der Saurier aus der Heinrichstraße" (1976) und „Ich war einmal" (1980) treten Saurier auf, und dem Protagonisten aus „Bruno verreist" (1978) gelingt es, sich selbst mit der Post zu verschicken, um Freunde zu besuchen. Im Rahmen ihrer natürlichen Lebensumwelt zeichnen sich Br.s Kinderfiguren durch Einfallsreichtum und Schlagfertigkeit aus und finden für alle Schwierigkeiten Auswege. Br.s Geschichtensammlungen stimmen versöhnlich. In „Mensch, wär' das schön" (1977) erzählen die Kinder von eigenen Erlebnissen. Plädoyers für das Lesen, wo „jeder sich es so vorstellen kann, wie er es empfindet und will", und die Anregungen zum Selberschreiben kennzeichnen einige seiner Bücher, wenn er zum Beispiel in „Wie groß die Riesen sind?" (1978) zum letzten Bild von HELGA AICHINGER auffordert, dazu eine Geschichte zu erfinden.

Werke: Raupengeschichten (1971); Der Ausreden-Erfinder (1973); Guten Tag, lieber Wal (1974); Doppelte Ferien sind am schönsten (1974); Herr Munzel geht die Wand hoch (1975); Steckst du dahinter, Kasimir? (1975); Kurzschluß (1976); Der Saurier aus der Heinrichstraße (1976); 16 Was-wäre-wenn-Geschichten (1976); Das wunderbare Bettmobil (1976); Mensch, wär' das schön! (1977); Wollen wir Freund sein? (1977); Wie groß die Riesen sind (1978); Bruno verreist (1978); Moritzgeschichten (1979); Ich war einmal (1980); Meyers Großes Kinderlexikon (1981); So ein irrer Nachmittag (1981).

Wolfgang Schneider

Brüder-Grimm-Preis

Der Brüder-Grimm-Preis ist ein Preis des Landes Berlin zur Förderung des Kinder- und Jugendtheaters.

Seit 1961 wird der Brüder-Grimm-Preis des Landes Berlin regelmäßig alle zwei Jahre verliehen; er ist mit 10000 DM dotiert und soll ungeteilt vergeben werden. Ausgezeichnet werden Stücke, Inszenierungen und andere Arbeiten, die sich mit der Wirklichkeit der Kinder und Jugendlichen befassen. Über die Zuerkennung des Preises entscheidet ein Preisgericht von drei Personen, die mit den Bedingungen des Kinder- und Jugendtheaters vertraut sein sollen (Schauspieler, Regisseure, Dramaturgen, Autoren, Pädagogen, Psychologen). Sie werden vom Senat des Landes Berlin berufen.

In den ersten Jahren wurde der Preis an Autoren (GERD PRAGER, ERNST LANGE, AUREL VON JÜCHEN, GEORG ZIVIER, JAKOB LOREY, HELENE RAFALOVICS), Puppenspieler (P. K. STEINMANN, „Die Kullerköpfe"; MICHAEL ORTH, „De Poppenspeeler"; KURT und GERTRUD SEILER) sowie an Amateur- und Schultheatergruppen verliehen. Seit 1967 erhielt das Theater für Kinder im Reichskabarett, das spätere Grips-Theater, mehrfach den Preis („Kasper und der Löwe Poldi", „Stokkerlok und Millipilli", „Balle, Malle, Hupe und Artur", „Das hältste ja im Kopf nicht aus"), 1977 war die „Rote Grütze"-Theatergruppe Preisträger („Was heißt'n hier Liebe"). Bisher zweimal ging der Preis an Spiel- und Theatergruppen (1973 an das Kinder- und Jugendtheater im Märkischen Viertel, HELME EBERT, VOLKHARD PARIS, EVA RIESMEYER; 1979 an WILLY PRAML und HANS-JÖRG MAIER für ihre theaterpädagogische Arbeit mit Arbeiterjugendlichen).

Hans-Wolfgang Nickel

Brustat-Naval, Fritz

*(d.i. Fritz Brustat; Ps.e: Frederik Naval, Jack Tar). Kapitän und Seeschriftsteller; *25.11.1907 Eydtkuhnen.*

Bis 1934 befuhr Br.-N. auf Segelschiffen die Weltmeere. Er trat dann in die Seezeichenverwaltung ein und wurde zu Beginn des Zweiten Weltkrieges Kapitän von Nachschubschiffen. Später unterrichtete er an der Navigationsschule in Gotenhafen; nach dem Krieg gehört Br.-N. wieder der Seezeichenverwaltung an. Seit 1939 lebt er mit Unterbrechungen in Kiel. Br.-N. studierte Politische Wissenschaften und schrieb Jugend- und Erwachsenenbücher in Roman- und Berichtform, Hörspiele und Drehbücher für Dokumentarfilme. Einige seiner Titel standen auf den Auswahllisten zum Deutschen Jugendbuchpreis (1964, 1965, 1970).

Werk, Tendenzen, Wirkung. Erzählungen über Fahrten der Viermaster zwischen Hamburg und Chile, der Teeklipper nach Hongkong und der Kaperschiffe vergangener Jahrhunderte dominieren in Br.-N.s Büchern. Seine Jugenderlebnisse auf den letzten Kap-Hoorn-Seglern schlugen sich in „Otje und die Schöne Magelone" (1963) und „Greif" (1964) nieder. Spielt hier Traum, Sehnsucht und Fernweh eine große Rolle, eingebettet in stimmungsvolle Naturschilderungen in der Tradition JOSEPH CONRADS (1857–1924), so beschäftigen sich die anderen Bücher mit der Wirklichkeit, den Arbeitsbedingungen und dem Leben der Menschen an Bord, der fortschreitenden Entwicklung der Schiffstypen, bedingt durch ihre sich ändernden Aufgaben im Welthandel. Bei aufkommenden wehmütigen Erinnerungen an die Zeit der Segelschiffe bemüht sich Br.-N., verklärender Nostalgie durch realistische Darstellung der übermenschlich harten Bedingungen an Bord entgegenzuwirken. Er engagiert sich immer dann, wenn es in der Geschichte der Seefahrt um Menschenausbeutung geht. Dadurch, daß er in den Mittelpunkt seiner Bücher das Schicksal einer gesamten Schiffsbesatzung stellt, vermeidet Br.-N. Führerkult und falsches Pathos, für die Seeromane leicht anfällig sind. Spannung ergibt sich aus der Dramatik der Dinge: der Kampf gegen das Meer und die Stürme ist von sich aus aufregend genug. Br.-N. schildert die Abenteuer des Alltags, aber auch den Alltag der Abenteuer.

Werke: Lichter über dem Meer (1950, NA. 1969); Fischer vor Island (1953); Otje und die Schöne Magelone (1963); Greif. Geschichte einer Weltumseglung (1964); Zwischen Mast und Reeling (1966); Leb wohl, Vineta (1967); Unternehmen Rettung – Letztes Schiff nach Westen (1970); Jonny Brooks unter falscher Flagge (1970); Jonny Brooks auf gefährlichem Kurs (1971); Jonny Brooks und die verschwundenen Millionen (1971); Zwischen Ostsee und Ostasien (1973); Fünfmal 100000 Tonnen (1973); Windjammer auf großer Fahrt (1973); Die Kap-Hoorn-Saga (1975); China – Unterwegs im Reich der Mitte (1976); Segel, Silber und Kanonen (1978).

Geralde Schmidt-Dumont

Büchner, Luise

*Schriftstellerin; *12.6.1821 Darmstadt, †28.11.1877 Darmstadt.*

Als Tochter des Obermedizinalrates Dr. Ernst Karl Büchner (1786–1861) und seiner Ehefrau Luise, geb. Reuss (1791–1858) wuchs B. in einem geistig offenen, von den politisch-sozialen Bewegungen der Zeit nicht unberührten Elternhause auf. Sie war die jüngere Schwester Georg Büchners (1813–1837) und die ältere Schwester des philosophisch-politischen Schriftstellers Christian Ludwig Büchner (1824–1899). Nach Abbruch des Schulbesuchs erwarb sich B. durch private Lektüre eine für Mädchen der damaligen Zeit ungewöhnliche Geistesbildung, vor allem Geschichtskenntnisse. Sie machte Reisen in die Schweiz und durch Frankreich. B. blieb unverheiratet und wurde Miterzieherin ihrer Nichten und Neffen. Am stärksten und weit über die Grenzen bürgerlichen Familienlebens hinaus engagierte sie sich mit Schriften, Reden und praktischer Tätigkeit für die Besserung der sozialen und wirtschaftlichen Stellung der Frau, vor allem für eine gründliche Allgemeinbildung und spezielle Berufsausbildung der Mädchen. Sie wurde Mitbegründerin des Alice-Vereins für Frauenbildung und -erwerb in Darmstadt, über dessen Tätigkeit – und die seiner Tochtergründungen Alice-Bazar und Alice-Lyceum – sie bei der ersten Versammlung deutscher Frauenvereine 1873 berichtete.

Werk, Tendenzen, Wirkung. B. schrieb für politische Zeitungen und für die Zeitschrift „Deutscher Frauenanwalt". Ihre erste eigene Publikation „Die Frauen und ihr Beruf, ein Buch der weiblichen Erziehung" (1856) erschien anonym, die weiteren Auflagen mit Verfassernamen begründeten B.s Ruf als Vorkämpferin der bürgerlichen Frauenbewegung. Über „Praktische Versuche zur Lösung der Frauenfrage" schrieb sie 1870 und sprach mit der Schrift „Über weibliche Berufsarten – Was willst du lernen" (1871) unmittelbar junge Mädchen an. Sie schrieb auch Lyrik, Gedichte sozialer Thematik, Gelegenheitsgedichte sowie erzählende Prosa. 1859 gab sie eine Anthologie „Dichterstimmen aus Heimat und Fremde. Für Frauen und Jungfrauen ausgewählt" heraus. Ihre „Weihnachtsmärchen für Kinder" (1868) wurden mehrmals aufgelegt. B. hat die darin vereinigten acht Märchen den Kindern ihres Bruders an acht Abenden vor Weihnachten erzählt. Dem Druck stellte sie das Widmungsgedicht „An Georg und Mathildchen" voran. Bezugsrahmen der Erzählungen ist die Familiensituation der beiden Kinder, die lernen sollten, sich „gut", „bescheiden" und „wohltätig" zu verhalten. B. wollte Kinder aus wohlhabenden Häusern früh auf die Not ärmerer Schichten aufmerksam machen. Das Besondere der von B. erzählten Märchen liegt in der phantasievollen Verknüpfung alter Frau-Holle-Sagen um den Böllstein im Odenwald mit dem Glauben an das gabenbringende Christkind. B. machte es zum Adoptivtöchterchen von Frau Holle und läßt einen Odenwälder Besen- und Rutenbinder mit seinem Esel zum Nikolaus, dem Helfer des Christkindes, werden. B.s „Weihnachtsmärchen" fanden Aufnahme in die Reihe der Weltgeist-Bücher (Bd. Nr. 241, 1927). Eine bibliophile Ausgabe erschien 1938 im Roether Verlag Darmstadt, mit acht farbigen Bildern des Darmstädter Graphikers Hartmuth Pfeil, der heimatliche Motive dafür verwendete.

Werke: Die Frauen und ihr Beruf (1856); Frauenherz, Gedichte (1862, ^{2}1864); Das Schloß zu Wimmis (1864); Weihnachtsmärchen für Kinder (1868, NA. 1980); Praktische Versuche zur Lösung der Frauenfrage (1870); Über weibliche Berufsarten (1871); Über Verkaufs- und Vermittlungsstellen für weibliche Handarbeit, insbesondere den Darmstädter Alice-Bazar. Vortrag gehalten am 10. Oktober bei der Versammlung deutscher Frauenvereine zu Darmstadt (1873); Deutsche Geschichte von 1815–1870 (1875); Nachgelassene belletristische und vermischte Schriften (Bd. 1–2. 1878).

Hrsg.: Dichterstimmen aus Heimat und Fremde. Für Frauen und Jungfrauen (1859).

Sekundärliteratur: E. Mensch: Büchner, Luise (in: Hessische Biographien. Bd. I. 1918. 81–83). – Alice Großherzogin von Hessen und bei Rhein, Prinzessin von Großbritannien und Irland. Mitteilungen aus ihrem Leben und aus ihren Briefen (1884). – M. Jung: Vorkämpferin der menschlichen Frau (in: Darmstädter Tagblatt, 15.12.1977).

Margarete Dierks

Bürkner, Hugo

*Illustrator, Holzschneider und Radierer; *24.8.1818 Dessau, †17.1.1897 Dresden.*

Nach dem Besuch des Gymnasiums in seiner Vaterstadt und erstem Privatunterricht durch den Hofmaler Heinrich Beck (1788–1875) ging B. 1837 an die Düsseldorfer Akademie, um Maler zu werden. Daneben bildete er sich in der Kunst des Holzschnitts weiter und empfing während eines Aufenthalts in Berlin wertvolle Anregungen durch Friedrich Ludwig Unzelmann (1797–1854), der durch seine Schnitte nach Menzel berühmt geworden ist. 1840 folge B. seinen Düsseldorfer Freunden EDUARD BENDEMANN (1811–1889) und JULIUS HÜBNER (1806–1882) nach Dresden und trat in nähere Beziehung zu LUDWIG RICHTER (1803–1884). 1846 wurde er der erste Lehrer, ab 1855 Professor an dem neugegründeten Atelier für Holzschneidekunst an der Akademie der Künste. In seinem Atelier, das er bis kurz vor seinen Tode leitete, bildete er etwa 50 Schüler zu Holzschneidern aus. Daneben war er bis zuletzt als Radierer und Illustrator tätig.

Werk, Tendenzen, Wirkung. Obwohl man B. einen „Meister der Holzschneidekunst" genannt hat, hat er verhältnismäßig wenig Holzschnitte eigenhändig ausgeführt. Dennoch nannte ihn LUDWIG RICHTER, der ihm fast ein Fünftel seiner Illustrationen anvertraute, seinen „besten Aufzeichner". Nach 1851 stellte B. überhaupt keinen Druckstock mehr selbst her, aber von den 11000 Holzschnitten, die bis 1892 aus seinem Atelier hervorgingen, unterlagen wohl alle seiner Korrektur vor und nach der Ausführung. Durch diese vermittelnde und stilbildende Tätigkeit, die nach außen unmittelbar kaum in Erscheinung trat, entwickelte B. den Holzschnitt zu einem anspruchsvollen Mittel der Vervielfältigung, das bedeutende Künstler anzog und zum hervorragenden Rang der „Dresdner" Schule beitrug.

Das erste bedeutende Werk, für das B. eine größere Anzahl von Druckstöcken schnitt, war die Ausgabe des Nibelungenliedes (1840–1841) im Leipziger Verlag Wigand, dessen Illustrierung zunächst B.s Freunde BENDEMANN und HÜBNER übernommen hatten. Es folgten Holzschnitte zu den „Volksmärchen der Deutschen" von MUSÄUS (1842) nach den Vorlagen von LUDWIG RICHTER und zu den Gemeinschaftswerken des Dresdner Künstlerkreises, der „Ammenuhr. Aus des Knaben Wunderhorn" (1843) und dem „ABC-Buch für kleine und große Kinder" (1845) von ROBERT REINICK (1805–1852).

Aus der Zusammenarbeit mit dem künstlerisch vielseitigen REINICK und dem Verleger GEORG WIGAND (1808–1858) ging auch der „Deutsche Jugendkalender" hervor, den B. von 1846 bis 1858 herausgab, zunächst allein, ab 1849 zusammen mit REINICK bis zu dessen Tod 1852, schließlich auch mit LUDWIG BECHSTEIN (1801–1860) und OTTO ROQUETTE (1824–1896). In diesen Jahrbüchern gelang es B., die Vielfalt des Dresdner Künstlerkreises zur Geltung zu bringen. Sie beginnen jedesmal mit neuen Monatsbildern – für das Jahr 1851 steuerte B. selbst zwölf anmutige Kinderszenen bei – und enthalten neben Erzählungen, Märchen und Naturschilderungen vor allem eine Fülle lustiger, vignettenhafter Holzschnitte zu Sprichwörtern, Kinderreimen und -liedern von ROBERT REINICK oder FRIEDRICH RÜCKERT.

In B.s Werkstatt wurden auch seine eigenen Zeichnungen in Holz geschnitten. Schon 1844 hatte er BERNARDIN DE SAINT-PIERRES „Paul und Virginie", unter Verwendung einiger Zeichnungen von RICHTER, illustriert. 1855 kam KARL BÖTTGERS Bearbeitung des „Robinson Crusoe" mit B.s Illustrationen heraus, und 1859 erschien die zweite Gabe der „Kinderheimat" von FRIEDRICH GÜLL (1812–1879): „Scherz und Ernst für Jung und Alt" mit Holzschnitten nach B.s Zeichnungen. Alle diese Illustrationen zeichnen sich durch vignettenhafte Geschlossenheit aus. Sie haben nicht die schwungvolle Linienführung LUDWIG RICHTERS, aber sie leben von einer kontrastreichen Binnendifferenzierung, die die Textanordnung nicht stört, sondern ergänzt. Seine Figuren, vor allem die Kinder, haben bei aller Anmut nichts von der gewollten Niedlichkeit, die sich in der RICHTER-Nachfolge, etwa bei OSKAR PLETSCH (1830–1888), zunehmend bemerkbar machte. Bedeutende Dokumente nicht nur des Familienlebens, sondern auch der Auffassung kindlichen Wesens zu Beginn der Gründerzeit, sind die 14 Radierungen „Bilder aus dem Familienleben" (1874) mit Versen von FRANZ BONN. B. hatte sich bereits 1843 auch der Radierung zugewandt. Eine Auswahl der seit 1852 in seinem eigenen Familienkreis entstandenen Darstellungen, deren eindringlicher Realismus durch keine künstliche Naivität oder äußerliche Gefälligkeit gestört wird, legte er vor.

Hugo Bürkner. Illustration aus Rosalie Kochs „Stilleben und Weltleben. Ein Buch für die weibliche Jugend" (Breslau 1852). In der Erzählung „Die Gutsfrau" lautet die hier illustrierte Stelle: „Jener Mann näherte sich dem Menschen und sagte freundlich zu ihm: ‚Mein Freund, wollt Ihr nicht auch mit uns zur Kirche kommen? Ihr habt auf der See nicht oft Gelegenheit dazu.' – ‚Nein!' antwortete der Matrose kurz."

Schließlich hat B. einige Hundert aquarellierte Zeichnungen als Vorlagen für farbige Lithographien geliefert, zum größten Teil für die Bücher der Jugendschriftstellerin THEKLA VON GUMPERT (1810–1897). B. hatte auch die künstlerische Leitung der von ihr seit 1855 herausgegebenen Zeitschrift „Töchter-Album" und „Herzblättchens Zeitvertreib". Jedoch wurden B.s Zeichnun-

gen bei der Umsetzung von Lithographen und Drukkern oft verstümmelt.
B.s geschichtliche Leistung liegt auf dem Gebiet des Holzschnitts. Er hielt mit äußerster Gewissenhaftigkeit an der graphischen Auffassung dieses Druckverfahrens fest gegen die modischen Strömungen, die in die Richtung des malerischen Qualitäten imitierenden „Tonschnitts“ gingen. Er war „der letzte Klassiker des deutschen Holzschnitts“, wie G. PAULI in einem Nachruf sagte. Daß der Jugend Werke wie das „Deutsche Balladenbuch“ (1852), GUSTAV SCHWABS „Deutsche Volksbücher“ (1858), Zeitschriften wie der „Deutsche Jugendkalender“ oder noch die ersten Jahrgänge der „Deutschen Jugend“ (ab 1873) angeboten werden konnten, war zum guten Teil das Verdienst B.s und seiner Werkstatt.

Werke: K. G. Nieritz: Der Pauken-Doctor. Die Brüder. Der Exorcismusstreit. Drei Erzählungen für die erwachsene Jugend (1842); B. de Saint-Pierre: Paul et Virgine (zus. mit L. Richter, 1844); G. Keil: Neue Märchen für meine Enkel (zus. mit E. Hasse, 1850); Th. Mintrop (zus. mit W. Müller): Kinderleben in Liedern und Bildern (1850); H. Bürkner: Große Bilder-Fibel mit 50 neuen schönen Bildern und Reimen (1851, [4]1882); H. Bürkner: Kleine Bilder-Fibel mit 30 schönen Bildern (1851, [5]1882); R. Koch: Stilleben und Weltleben. Ein Buch für die weibliche Jugend (1852); O. Eschenbach: Mein Skizzenbuch für die Jugend und deren Freunde (zus. mit anderen, Bd. 1–3. 1852–1853); K. Böttger (Bearb.): D. Defoe: Robinson Crusoe (1855); Th. von Gumpert (Hrsg.): Herzblättchens Zeitvertreib (zus. mit anderen, Bd. 1–42, 1856–1897); G. Schwab: Die deutschen Volksbücher (zus. mit anderen, 1858); Fr. Güll: Kinderheimath in Liedern. 2. Gabe (1859; auch u. d. T.: Scherz und Ernst für Jung und Alt, 1859); Th. von Gumpert: Nach der Schule. Vaterwort und Mutterauge. Weihnachtsbuch für die Jugend (zus. mit C. Erhardt, 1861); F. Flinzer: Hänschen's Thierbude. Bilder und Reime für Knaben und Mädchen (1863); F. Flinzer: Große Thaten zweier kleiner Leute. Eine Geschichte in Bildern für Kinder von 4–7 Jahren (1865); F. Flinzer: Hänschen und Gretchen in der Menagerie (1865); Th. von Gumpert: Mutter Anne und ihr Hänschen. Ein Buch für Kinder von 6–9 Jahren und für deren Mütter. Auch zum Vorlesen in Kleinkinderschulen und Bewahranstalten (1869); M. Claudius: Für kleine Mädchen, welche lesen gelernt haben (Bd. 1–2. 1872–1873); Th. von Gumpert: Die Herzblättchen. Erzählungen aus dem Familienleben und der Natur für kleine Kinder (Bd. 3, 1872); J. Lohmeyer (Hrsg.): Deutsche Jugend. Illustrirte Monatshefte (zus. mit anderen. Bd. 1–27, 1873–1885); Gl. Dittmar: Der Kinder Lust (zus. mit anderen, 1873); Fr. Bonn: Bilder aus dem Familienleben (1874); Th. von Gumpert: Erzählungen für meine jungen Freundinnen (Bd. 5–6, zus. mit J. Scholz, 1876); Th. von Gumpert: Für die Kinderstube (Bd. 1–2, zus. mit anderen, 1879); M. Bern: Anthologie für die Kinderstube (zus. mit anderen, 1880); Th. vom Gumpert: Das Confirmationsjahr (zus. mit F. Bürkner, 1880); R. Loewenstein: Kindergarten (um 1880).

Hrsg.: Deutscher Jugendkalender (zus. mit anderen. 1. 1846 – 10. 1858).

Sekundärliteratur: K. Bürkner: Hugo Bürkner (in: Biographisches Jahrbuch I. 1897. 22–42). – K. J. Friedrich: Liebenswerte Künstlergestalten um Ludwig Richter (1940). – Hoff-Budde: A. L. Richter, Maler und Radierer ([2]1922 Anhang II). – C. v. Lützow (Hrsg.): Die vervielfältigende Kunst der Gegenwart. I. der Holzschnitt (1887). – A. Rümann: Das illustrierte Buch des XIX. Jahrhunderts in England, Frankreich und Deutschland (1930, ND. 1975).

Horst Mischke

Buno, Johannes

*Pädagoge, Theologe, Schriftsteller; *14. 2. 1617 Frankenberg (Hessen), †1. 4. 1697 Lüneburg.*

B., Sohn eines Frankenberger „Ratverwandten“ und einer Pfarrerstochter aus Münden an der Worre verlor früh beide Eltern. Er besuchte das Pädagogium in Marburg und ging dann an die Universität, wo er Philosophie und Theologie studierte, obwohl ihm mehr zum Studium der Medizin geraten worden war. In den Wirren des Dreißigjährigen Krieges wurde er zu Reisen durch Norddeutschland gezwungen. Er war zeitweise Hauslehrer, unter anderem begleitete er einen jungen Adeligen als wissenschaftlicher Berater auf Bildungsreisen, den er in Celle bei Hannover durch den Tod verlor. Durch seine wissenschaftlichen und pädagogischen Werke Mitgliedern der Lüneburger Ritterschaft bekannt geworden, wurde B. 1653 zum Rektor der Ritterakademie zu St. Michaelis in Lüneburg ernannt. Im Jahr 1672 wurde B. zum Professor für Geschichte und Geographie berufen. 1696 wurde er emeritiert.

Werk, Tendenzen, Wirkung. B. verfaßte eine Reihe in seiner Zeit hoch geschätzter Werke zum Lesenlernen, zum Erlernen der Grammatik, zu religiösen, geographischen und historischen Themen, die sich vorwiegend an Erwachsene und Studierende wandten. Soweit solche Schriften auch für junge Leser bestimmt waren, waren sie zugleich auch als Anleitung für Lehrer und Erzieher abgefaßt. In seinen „Historischen Bildern“ (1671) findet sich der Satz: „Der Historiker Polbus sagt: Universa mundi historia sub unum quasi intuim et unum corpus redactum, inuentium oculis subjicienda: also die ganze Geschichte zusammenlassen und dem Gesicht vortragen, damit das Auge dieselbe gleichsam auf einmal beschauen könne“. Hier spricht B. die Grundidee zu seinen Werken aus. Obwohl ein Zeitgenosse von COMENIUS, scheint er diesen nicht persönlich gekannt zu haben. Von der pädagogischen Intention her COMENIUS ähnlich, beschritt er jedoch einen ganz anderen Weg. Bei COMENIUS ist die „gemalte Welt“ (Orbis sensualium pictus) so dargestellt, wie wir sie sehen, aber mit einem beständigen Bezug auf Gott. Bei B. dagegen schwingt noch viel von der alten ars memorativa mit. Das Bild wird hier in den Dienst der Gedächtniskunst gestellt. So stehen in allen seinen Werken die symbolhaften Zeichen mit ihrer mnemotechnischen Funktion im Vordergrund. Besonders aufschlußreich für seine Arbeiten ist sein „Neues und also eingerichtetes ABC- und Lesebüchlein“ (1650), in dem B. der Anlautmethode huldigt und mit Leseübungen mit synthetischer Silbenbildung (Syllabieren) beginnt. Im Gegensatz zu den gängigen Fibeln der Zeit, deren Inhalte fast ausschließlich religiöser Natur waren, enthält B.s ABC-Büchlein außer einigen Bibelsprüchen nur Texte weltlicher Art. Wie V. ICKELSAMER war auch

M. Joh. Buno. Ausfaltbare Tafel zu „Neue Lateinische Grammatica in Fabeln und Bildern" (Danzig, 1651). Die Abbildung soll den Unterschied der Geschlechter veranschaulichen: links eine Männergestalt (Masculinum), in der Mitte eine Frau (Femininum), rechts ein Hermaphrodit (Neutrum).

B. der Ansicht, daß die Buchstabenformen nicht sinnlos gebildet seien, vielmehr als Nachformungen konkreter Gegenstände anzusehen seien. Er meint dazu: „Die Buchstaben selbst, ob sie wohl wunderseltsamen Ansehens und monstra seien, haben dennoch diese Gestalt nicht schlumpsweise oder von ohngefähr bekommen, sondern ihre Figuren sind von anderer Dingen Bildungen entlehnet". Vom Buchstaben O sagt er: „Es hat seine Gestalt von dem runden Mund, welchen man bei Aussprechung dieses Buchstabens muß, zweifelsohne bekommen." Sein ABC-Buch entfernt sich nicht nur in den Inhalten von den ABC-Büchern seiner Zeit, er versuchte auch den Drill des Lesenlernens zu beseitigen und das Lesenlernen zum Vergnügen der Lernenden werden zu lassen. So erläutert er zur weiteren Unterstützung der Einführung der Buchstaben seine Bilder durch eine zusammenhängende Erzählung, die er mit dem Titel „Das lustige Märlein vom dummen Knecht Hans" überschreibt. Der Buchstabe A wird in der Erzählung so vorgestellt: „Dieser Knecht Hans, wiewohl er nun groß, so hatte er doch großen Lusten das Lesen zu lernen, brachte aber lange Zeit zu über dem einigen und ersten Buchstaben a und konnt es doch nicht behalten, bis er die Köchin sah einen Aal abthun, der sich recht also krümmte und ein a machte, wie es hier abgemalt ist. Da sprach Hans: Das kommt mir eben recht. Aal und a lauten gleich, so macht mir der krumme Aal noch darzu mit seiner Krümme ein a, das werde ich nun wohl wissen. Dabei war auch ein kleiner Aal, der machte ein klein lateinisch a. Des freute sich Hans gar sehr, daß er auch lateinisch konnte". Auf diese Art prägt sich Hans die kleinen und großen Buchstaben des deutschen Alphabets ein. Problematisch wurde das Verfahren von B., als er versuchte, die gesamte Wissenschaft mnemotechnisch aufzubereiten und seine Methode auf Geschichte, Religion und Jurisprudenz auszudehnen. Zu einer Zeit, als COMENIUS schon längst einen anderen Weg beschritten hatte, propagierte B. noch immer, und dies bis zu seinem Lebensende, die mnemotechnische Methode.

Werke: Uralter Fußsteig Der Fabular und Bilder-Grammatic, Darauf zusehen I. Der Grammatic-Krieg / Zwischen dem Nomine und Verbo: II der Prozeß / Welchen der Buchstabe S als Kläger eines Theils / wider das T als beklagten andern Theil /

für den verordneten Richtern / den Vocalibus anstränget (1650); Neues und also eingerichtetes ABC- und Lesebüchlein / Daß vermittels der darinnen begriffenen Anleitung nicht nur Junge / sondern auch erwachsene innerhalb 6 Tagen / zu fertigem Lesen so wol Deutscher als Lateinischer: groß- und kleiner Schriften durch lustige Mährlein und Spiele können gebracht werden (1650); Bilder-Bibel / Oder Biblisches Memorial. Über Das Neue Testament unsers Herrn Jesu Christi / Darinn alle und jede desselben Capittel in annemlichen Bildern also fürgestellt sind (1674); Neue Lateinische Grammatica In Fabeln und Bildern. Den äußerlichen Sinnen vorgestellet / und also eingerichtet / daß durch solches Mittel dieselbe benebens etlich tausend darinnen enthaltenen Vocabulis in kurtzer Zeit mit der Schueler Lust und Ergetzung kan erlernet werden (1651); Historische Bilder / Darinnen Idea Historias Universalis. Eine kurtze Summarische Abbildung der fürnehmsten Geist- und weltlichen Geschichte / von Anfang der Welt (1671, [3]1705); Tabularum Mnemonicarum (1662); Memoriale Institutionum Juris (1672); Memoriale Corporis Juris Civilis Romani (1674).

Sekundärliteratur: R. Alt: Bilderatlas zur Schul- und Erziehungsgeschichte . 1. Bd. (1966). – F. Bünger: Entwicklungsgeschichte des Volksschullesebuches (1898). – L. F. Göbelbecker: Entwicklungsgeschichte des ersten Leseunterrichts (1933). – C. Kehr: Geschichte der Methodik des deutschen Volksschulunterrichts (Bd. 1–4. 1877–1882). – J. Muth: Fünf Fibeln aus 5 Jahrhunderten (1961). – J. Raue: Kurtzer Bericht / Welcher massen die von M. Johanne Bunone angelegte Grammatica ... (1649). – H. Rommel: Das Schulbuch im 18. Jahrhundert (1968). – K. Schaller: Die Pädagogik des J. A. Comenius ([2]1967). – E. Strobach: Johannes Buno (in: Die Schiefertafel. 2. 1979. 272–287).

Erich Strobach

Buresch, Wolfgang

*(Ps.: Wolf Orloff). Redakteur, Regisseur, Filmautor, Kinderbuchautor; * 4. 2. 1941 Kiel.*

B. hat als Schauspieler, Puppenspieler, Autor, Regisseur, Lehrbeauftragter, Dozent und Redakteur gearbeitet. Er war seit 1971 Redakteur des Kinderprogramms und seit 1977 Leiter des Familienprogramms im Fernsehen des Norddeutschen Rundfunks und lebt in Hamburg.

Werk, Tendenzen, Wirkung. Als Autor von Büchern, Schallplatten und über 300 Drehbüchern (seit 1961) ist B. vor allem durch seine Fernsehserien „Stoffel und Wolfgang", „Hase Cäsar", „Maxifant und Minifant", „Plumpaquatsch", „Der Wolf und die Frau" bekannt geworden, deren Figuren und Themen zum Teil auch in Buchform erschienen. Zahlreiche Texte B.s wurden in Lesebücher aufgenommen. Dem ersten Lesealter gelten Bücher in Schreibschriftausgaben wie „Der Hase Cäsar" (1967), „Der Räuberzirkus" (1970), „Neues vom Hasen Cäsar" (1971) und „Das Huhn am Band" (1979). Die beiden „Cäsar"-Bücher erschienen 1979 in Druckschrift. Nur in Druckschrift wurden „Stoffel und Wolfgang" (1972) und „Fantasiefutter" (1976) veröffentlicht. Für das Lesealter ab 10 Jahren schrieb B. Bücher, in denen das Geheimnisvolle und seine Enthüllung dominiert, so z. B. in „Zaubertricks und Hellsehen" (1979) und in „Detektiv Aha" (1980). Seine psychologisch geschickten, aufklärerisch-emanzipatorischen Texte gehen häufig über den Bereich der Unterhaltung in den der Sachinformation über; sie sollen Texte sein, „mit denen man mehr machen kann, als sie zu lesen".

Werke: Der Hase Cäsar (1967); Der Räuberzirkus (1970); Neues vom Hasen Cäsar (1971); Stoffel und Wolfgang (1972); Maxifant und Minifant (zus. mit A. Bollmann. Teil 1–3. 1974); Fantasiefutter (1976, zus. mit A. Bollmann); Sommersprossen sind keine Gesichtspunkte (1976, zus. mit A. Bollmann); Räuber und Gendarm (1977); Geheimnachrichten und -schriften. Tinten und Zeichen (1978); Der Fernsehhase Cäsar – Bitteschöööön! (1979); Das Huhn am Band (1979); Zaubertricks. Hellsehen (1979); Detektiv Aha (1980).

Sekundärliteratur: I. Wolkenhaar (Interview: Fernsehen. Betrifft: Kinder und Jugendliche (in: Blickpunkt Bildung. 1979. 8. 4–7).

Wolfgang Biesterfeld

Burger, Horst

*Redakteur, Kinder- und Jugendbuchautor; * 18. 2. 1929 Meiningen (Thüringen), † 10. 8. 1975 Wehr (Baden).*

B. besuchte in Vogelsang (Sonthofen), Finstingen und Achern (Baden) die nationalsozialistischen Bildungsanstalten. Mit dem Ende des Krieges brach er den Schulbesuch ab und absolvierte in Meiningen (1946) eine Theaterausbildung. Danach war er zwei Jahre in Eisenach engagiert. Auf Wunsch des Vaters arbeitete B. anschließend beim Zoll und ging bis 1954 unterschiedlichen Beschäftigungen nach. Er war Hilfsarbeiter bei Aufräumarbeiten am ehemaligen „Westwall", Zeitungsberichterstatter und seit 1954 Arbeiter in der Ätzerei des Burda-Verlages. B. wurde Korrektor und begann 1958 seine Tätigkeit als Redakteur bei der Neuen Verlagsgesellschaft in Karlsruhe. Von 1966 bis 1975 war er im Redaktionsteam der Zeitschrift „Ratgeber" in Wehr tätig. Das besondere Interesse B.s galt der Geschichte, dem Schicksal der nordamerikanischen Indianer sowie zeitgeschichtlichen Problemen. B. schied 1975 freiwillig aus dem Leben. Er wurde 1978 posthum für sein Jugendbuch „Vier Fragen an meinen Vater" (1976) mit dem Jugendmedienpreis der SPD-Charlottenburg („Das rote Tuch") geehrt.

Werk, Tendenzen, Wirkung. Das jugendliterarische Werk B.s ist schmal, fand aber aufgrund der gewählten Themen und der Art ihrer Behandlung Interesse. Weites Echo fand sein Buch „Vier Fragen an meinen Vater", das unter dem Titel „Warum warst du in der Hitlerjugend?" auch als Taschenbuch aufgelegt wurde. Die vier Fragen, die der Sohn dem Vater stellt, beziehen sich auf die Zeit der Nazi-Herrschaft und zielen auf die wunden Stellen im Selbstverständnis der Generation, die um 1930 geboren wurde. Der Autor beschönigt nichts. Er versucht zu erklären, indem er beispielhafte Erlebnisse erzählt. Von ähnlichen neueren Versuchen der Darstellung des Dritten Reichs im Jugendbuch unterscheidet sich B.s Buch dadurch, daß es nicht 1945 endet, sondern die fünfziger Jahre mit ihren restaurativen und antikommunistischen Tendenzen einbezieht. B.s Text stellt eine Mischung aus erzähltem Erlebnis und Reflexionen der Bedingungen, unter denen dieses Erlebnis stand, dar. In der Laudatio anläßlich der Preisverleihung stellte KLAUS DODERER fest: „Für ihn, den gewesenen Hitlerjungen und später überzeugten sozialistisch und radikaldemokratisch orientierten Schriftsteller, ist das Fragen nach seiner Vergangenheit zugleich ein Fragen nach der Gegenwart und der Zukunft unserer Gesellschaft".

Krieg ist auch das Thema von B.s Jugendbuch „Die Friedenspfeife ist zerbrochen" (1975). In dieser Erzählung mit historisch-dokumentarischem Hintergrund verknüpft B. das Kriegsgeschehen in Vietnam mit der Geschichte der Unterdrückung der Indianer in Nordamerika. Die Einbeziehung verschiedener Textsorten – Brief und Erzählung – erlauben es, historische Zusammenhänge zu konfrontieren, die zeitlich und geographisch weit auseinanderliegen. Wie in dem Band „Vier Fragen an meinen Vater" geht es auch diesmal um die schwierige Frage nach der Möglichkeit, solidarisch Widerstand gegen unterdrückende Herrschaft zu leisten.

Werke: Ganz Wildwest sucht Florian (1972); Hilfe, die Helden kommen (1975); Edgar Dempfle und die anderen (1975); Die Friedenspfeife ist zerbrochen (1975); Vier Fragen an meinen Vater (1976; auch u.d.T.: Warum warst du in der Hitlerjugend?, 1978).

Winfred Kaminski

Burger, Ludwig

*Maler, Illustrator; *19.9.1825 Krakau, †22.10.1884 Berlin.*

B. war der Sohn eines aus Schwabach stammenden Kaufmanns, der schon bald nach der Geburt des Sohnes mit seiner Familie nach Warschau zog. Hier erhielt B. seinen ersten Zeichenunterricht, bis er im Herbst 1842 die Berliner Akademie bezog. Die Mittel dazu erwarb er sich hauptsächlich durch Illustrationen, war aber auch 1846–1847 als Spielkartenzeichner in Stralsund tätig und konnte es sich leisten, 1851 nach Belgien und Frankreich zu reisen, wo er u.a. für einige Monate im Atelier THOMAS COUTURES (1815–1879) tätig war. 1853 nach Berlin zurückgekehrt, illustrierte er biblische Erzählungen, verzierte Titel von Kursbüchern, entwarf Randzeichnungen für Aktien und Banknoten. Dadurch erwarb er sich einen weitverbreiteten Ruf als Illustrator. 1857 begleitete B. im Auftrag der Leipziger Illustrierten Kaiser Franz Josef auf einer Reise durch Österreich und Ungarn, 1864 war er im deutsch-dänischen Konflikt wegen Schleswig-Holstein und 1866 im Krieg zwischen Preußen und Österreich als Zeichner für illustrierte Zeitungen tätig. Daneben entstanden Wand-, Decken- und Dekorationsmalereien, hauptsächlich aufgrund öffentlicher Aufträge. Darunter waren die Malereien im Festsaal des seinerzeit neuen Rathauses in Berlin, in denen B. Szenen und Figuren aus Märchen und Sagen darstellte. 1872 und 1873 reiste er nach Italien, lebte aber sonst als vielbeschäftigter Maler und Illustrator in Berlin.

Werk, Tendenzen, Wirkung. B. schuf Bilder zu zwei sehr verschiedenen literarischen Gattungen: Märchen und Reportage. Zur letzteren zählen auch die Illustrationen zu den Büchern kriegerisch-militärischen Inhalts, die einen starken Wirklichkeitsanspruch haben. Es handelt sich dabei neben den Porträts der Hauptpersonen – meist hoher Offiziere – um Darstellungen aus dem Soldatenleben, möglichst ohne emotionalen Unterton. Gefordert war in der Zeit nach der Mitte des 19. Jahrhunderts die Realität und „Objektivität" der Photographie; B. kommt ihr, so gut es geht, nach. Deshalb verweilte er nicht liebevoll im Detail und gab Stimmungen und Gesichter nur wenig nuanciert wieder. B. hat momentane Eindrücke möglichst in schnellem, spontanem Zeichenstil festgehalten. Umrißlinie und Binnenzeichnung sind fein und locker, vieles nur skizzenhaft angedeutet. Beim Porträtieren hat er die Züge mehr ausgeführt und eine individuelle Ähnlichkeit zu erreichen versucht. Im Stil der Gründerjahre liebte er reichhaltige Verzierungen, z.B. symboldurchsetzte Girlanden, aus deren malerischem Blattwerk der preußische Adler im Eichenlaub herausweht. Der Zwiespalt B.s zwischen romantisierendem Idealismus und gegenwartsbezogenem Realismus wird in seinen Bildern zu Märchen- und Sagenstoffen noch deutlicher. Sie sollen in eine gute alte Zeit entrücken, deshalb wird in nazarenischem Stil die Vergangenheit heraufbeschworen. Aber B. fehlt die Ruhe und Gelassenheit der romantischen Künstlergeneration und das Vertrauen auf eine intakte Innenwelt und Natur. So werden handlungsreiche Szenen, stark an seine Reportagezeichnungen erinnernd, mit gotisch-nazarenischen Stilelementen versetzt, aber in B.s nervösem, skizzenhaftem Strich. B. will keine Gegenwelt zur Realität schaffen. Daran scheitern letztlich seine Märchenillustrationen. Es entsteht ein Bruch, den er nicht in künstlerischen Ausdruck umsetzen kann.

Werke: M. Claudius: Tausend und eine Nacht. Für die Jugend bearbeitet (1852); H. Kletke: Das Buch der Betrachtung (1860); F. Schmidt: Preußens Geschichte in Wort und Bild (Thl. 1–17. 1861–1864); F. Schmidt: Der Siebenjährige Krieg (1863); F. Schmidt: Der dreißigjährige Krieg in vier Erzählungen (zus. mit G. Bartsch, Thl. 1–4. 1864); Unzerreißbares Bilderbuch. Mit Bildern, Geschichten und Reimen (zus. mit anderen, 1868); W. Hauff: Märchen (zus. mit Th. Weber und Th. Hosemann, 1871); E. Gräfin Groeben: Dramatisierte Märchen (1876); L. Burger (Hrsg., zus. mit anderen): Bausteine (1877).

Sekundärliteratur: I. Bang: Die Entwicklung der deutschen Märchenillustration (1944). – Th. Kutschmann: Geschichte der deutschen Illustration (Bd. 2. 1900). – A. Rosenberg: Geschichte der modernen Kunst (Bd. 3. 1889); Die Berliner Malerschule 1819–1879 (1879); Ludwig Burger (in: Zeitschrift für bildende Kunst. 21. 1886. 1–7). – A. Rümann: Das illustrierte Buch des 19. Jahrhunderts in England, Frankreich und Deutschland, 1790–1860 (1930, ND. 1975); Die illustrierten deutschen Bücher des 19. Jahrhunderts (1926).

Cornelia Schneider

Burhenne, Heinrich

*Lehrer, Schriftsteller; *26.6.1892 Kassel, †15.8.1947 Walsum/Niederrhein.*

Werk, Tendenzen, Wirkung. B. arbeitete als Lehrer in Walsum, wobei er sich besonders der Beobachtung der Sprachentwicklung seiner Schulkinder widmete. So hielt er schriftlich fest, was diese von ihren ein- bis dreijährigen Geschwistern zu berichten wußten. Auf diese Weise entstand „Das Büchlein von kleinen Kindern" (1918). Fast 40 Kinder im Alter von elf bis dreizehn Jahren kommen darin zu Wort, aber auch B. selbst. Die Kinder konnten – von Korrekturen ungestört – ihre eigene Sprache (Altersmundart) gebrauchen. Bei der Wiedergabe von Äußerungen der Kleinkinder erscheinen oft drollige Lautgebilde, die beim Nachahmen der Erwachsenensprache entstanden. Sie gewähren Einblicke in den sprachlichen Lernprozeß. In seinem Vorwort ermuntert B. die Leser, das gleiche bei eigenen Geschwistern zu tun. Es war B.s literaturpädagogische Absicht, schon im frühen Alter Kommunikation zu schaffen, die schriftlich aufbewahrt werden konnte. Damit verband er den persönlichen Einstieg schon des Grundschulkindes in das literarische Schaffen ganz allgemein und damit zugleich den Anreiz zum Lesen. B. schrieb für „Kinder und ihre Freunde" poetische „Geschichten" (z. B. „Der junge Garten", 1924), daneben Biographien und vor allem Märchen-, Sagen- und Legendenspiele, die das Gemüt und die Phantasie anregen und bereichern und die Schule zu einer Stätte sprachlich-musischer Begegnung machen sollten. Zusammen mit ERICH BOCKEMÜHL gab B. Heimatdichtung heraus.

Werke: Das Büchlein von kleinen Kindern (1918); Kinderherz (1921); Der junge Garten (1924); Der junge Fritz Schiller (1924); Die Myrtenprinzessin. Märchenspiel (1926); Die Gänsemagd. Märchenspiel (1926); Frithjof und Ingeborg. Sagenspiel (1926); Die Maienkönigin und andere Spiele (1927); Am Tor des Lebens. Spiel (1928); Das Erfinderbüchlein (1929); Gang in die Welt. Gedichte (1930); Maria und der Schmied. Weihnachtslegende (1933); Henni wird wieder froh. Spiel (1933); Legenden (1934); Das Mutterbüchlein (1934); Meister der deutschen Musik, Bilder aus dem Leben deutscher Musiker (1938); Hein Ohnefurcht. Märchenspiel (1939); Der Mühlenkönig (1942).

Hrsg.: Das rheinische Heimatland (zus. mit E. Bockemühl, 1927).

Velten Merz

Burmann, Gottlob Wilhelm

*Rezitator, Musiker, Komponist, Schriftsteller; *18.5.1737 Lauban (Oberlausitz), †5.1.1805 Berlin.*

B.s Vater war Schreib- und Rechenmeister. Der junge B. besuchte Schulen in Goldberg, Alzenau, Löwenberg, Öls, Breslau und Hirschberg. Seinen eigentlichen Namen Bormann änderte er auf der Lateinschule zu Hirschberg zu Ehren der beiden holländischen Philologen PETER BURMANN DER ÄLTERE (1669–1741) und PETER BURMANN DER JÜNGERE (1714–1778) in BURMANN um. B., von kleiner Statur und unansehnlichem Äußeren, hatte an der linken Hand nur vier Finger. Er erfand eine eigene Vorrichtung, die es ihm trotzdem ermöglichte, als Pianist gute Leistunen zu erbringen. Ende Oktober 1758 begab sich B. nach Frankfurt an der Oder, um Jura zu studieren. Nach Abschluß des Studiums kehrte er in seine Heimat Schlesien zurück, wo er eine Anstellung im öffentlichen Dienst zu finden hoffte. Da seine Versuche dazu fehlschlugen, wandte er sich nach Berlin und bewarb sich dort um eine Organistenstelle. Inzwischen war B. durch literarische und musikalische Veröffentlichungen bekannt geworden. Unter anderem redigierte er von 1773 bis 1785 die „Berlinische Nachrichten von Staats- und gelehrten Sachen" (Haude-Spenersche Zeitung) und gründete 1775 die Wochenschrift „Für Litteratur und Herz", in der er auch eigene Fabeln veröffentlichte. Seine Klavier- und Orgelkonzerte brachten ihm große Anerkennung. So rühmte man seine Kunst in der Fuge, im figurierten Choral und in der Improvisation. Etwa zehn Jahre vor seinem Tode erlitt B. einen Schlaganfall, der seine linke Körperseite lähmte. Er geriet bald in Vergessenheit und mußte die letzten Jahre seines Lebens kümmerlich durch gelegentlichen Musikunterricht durchbringen. Anfang Januar 1805 sandte er den „Berlinischen Nachrichten" ein Gedicht „An meine Gönner", in dem er seine Not schilderte. Am Nachmittag des 5. Januar 1805, zu dem Zeitpunkt, als sein Hilferuf in der Zeitung erschien, verstarb B.

Werk, Tendenzen, Wirkung. B.s Arbeiten sind größtenteils durch die musikalische Komponente geprägt. Von seinen eigenen Kompositionen wurden vor allem die Trauermusiken zum Tode von EWALD VON KLEIST (1759) und des Philologen ALEXANDER GOTTLIEB BAUMGARTEN (1762) bekannt. B. verfaßte zahlreiche Gedichte und Lieder, die er zum Teil selbst vertonte. Dabei griff er auf Alltagserlebnisse zurück (Briefe und Oden auf den Tod eines Kanarienvogels, 1764), nahm aber auch Ereignisse wie den Tod FRIEDRICHS DES GROSSEN oder des Reitergenerals ZIETHEN (beide 1786 gestorben) als Anlaß für seine Dichtungen. Im Rahmen der Kinderliteratur wurde B. einmal durch eine Reihe volkstümlicher Lieder, die weit bis ins 18. Jahrhundert hinein in Anthologien und Lesebücher aufgenommen wurden, von Bedeutung, zum anderen durch Liedersammlungen, die er speziell für Kinder verfaßt hatte.

B., der gern seinen Zeitgenossen J. W. L. GLEIM (1719–1803) nachahmte, gab sich anakreontisch. Zu seinen volkstümlich gewordenen Liedern gehören „Ein Bauer ist ein Ehrenmann" und „Arbeit macht das Leben süß". In der „Auswahl einiger vermischter Gedichte" (1783) findet sich B.s bekanntestes Gedicht, das „Lied an meine Quaterne, so gut als gewonnen". Für Kinder verfaßte B. die Gedichtbändchen „Kleine Lieder für kleine Mädchen" (1772), „Kleine Lieder für kleine Jünglinge" (1773), „Geschenke für die Herzen der Kinder" (1780) und „Kleine Lieder für kleine Mädchen und kleine Jünglinge" (1777). Im Vorwort zu dem letztgenannten Büchlein stellt B. fest, seine Lieder hätten „den Zweck, junge Seelen früh mit der feineren Bildung des Herzens vertraut zu machen, und dadurch das Werk der Tugend und Religion zu befördern". Auch eine Reihe von Liederbüchern mit beigegebenen Melodien gelangten in die Hände von Kindern. Dazu gehören: „Verschiedene neue Lieder mit Melodien fürs Clavier" (1766), das „Liederbuch für das Jahr 1787. Freunden und Freundinnen des Claviers und Gesangs zum Neujahrsgeschenk übergeben" und der Band „Winterüberlistungen und Frühlingsüberlistungen oder neueste Lieder der besten Dichter zum Singen und fürs Clavier in Musik gesetzt", in dem er Gedichte bekannter Autoren vertonte. Auch B.s „Epigramme" sollten nach seinem Sinn erzieherisch wirken. In der „Vorerinnerung" zu seinen „Spielmarken. Nr. 1" (1790), wie er eine Sammlung eigener Epigramme nannte, bemerkte B.: „Gern hätte ich diese handvoll Spielmarken Epigramme genennt; aber nicht Alle haben das Allumspannende, was zur äußersten Vollendung und Darstellung einer so großen Kleinigkeit erfordert wird. Lessing – unsterblichen Andenkens, schlug daher in Seinen lichtvollen Anmerkungen übers Epigramm vor: eine gewisse Klasse nicht ganz Vollendeter – wenigstens für so wert und so gut zu halten, als Spielmarken. – Dies veranlaßte den Namen der Meinigen."

In seinen Fabeln von 1763 bediente sich B. auch der mehrteiligen Fabelform LESSINGS. Diese Abhängigkeit beklagte B. im Vorwort dazu: „Meine prosaischen Fabeln sind leider den Lessingischen zu sehr nachgeahmt." Zu seinen späteren Fabeln von 1768 und 1773, die nicht mehr in Prosa, sondern in jambischen Reimpaarversen von ungleicher Länge abgefaßt sind, stellt B. fest: „Das Herz zu beschäftigen und vergnügen ist meine große Absicht gewesen", und er fährt fort: sie wären „ein trauriger Beweiß … wie unmöglich es sey: nach Gellert, Hagedorn und Lichtwer, neu zu erfinden, und schöne Fabeln zu schreiben." In Zeitungen, Musenalmanachen, Anthologien, Gesangbüchern, auch in J. H. CAMPES „Kleiner Kinderbibliothek" wurden B.s Gedichte und Lieder häufig nachgedruckt. B. hatte einige Jahrzehnte hindurch einen guten Ruf als Dichter und Komponist. Allerdings war er sein ganzes Leben hindurch als kauziger Sonderling verschrien.

Werke: Das Ziel. Eine Cantate (1758); Etliche Gedichte (1783); Fabeln und Erzählungen (1763); Jubel-Ode an den Frieden (1763); Briefe und Oden auf den Tod eines Kanarienvogels (1764); Spaziergänge bei Frankfurt an der Oder. Gedichte (1764); Verschiedene neue Lieder mit Melodien fürs Clavier (1766); Fabeln und Erzählungen in drey Büchern (Bd. 1–3. 1768); Kleine Lieder für kleine Mädchen (1772); Kleine Lieder für kleine Jünglinge (1773); Fabeln und Erzählungen in vier Büchern (Bd. 1–4. 1773); Lieder in drey Büchern (1774); Poetischer Mißwachs für 1774–1776 (Bd. 1–3. 1776); 6 Claviersonaten (1777); Kleine Lieder für kleine Mädchen und kleine Jünglinge (1777); Geschenke für die Herzen der Kinder (1780); Auswahl einiger vermischter Gedichte (1783); Fünf Huldigungslieder nach sehr bekannten Melodien am 2. October zu singen (1786); Friedrichs Urne (1786); Ziethen (1786); Liederbuch für das Jahr 1787. Freunden und Freundinnen des Claviers und Gesangs zum Neujahrsgeschenk übergeben (1787); Gedicht ohne den Buchstaben R (1788); Fünf Clavier-Ballette (1789); Spielmarken (1790); Harmonietten oder Stücke fürs Clavier (1793); Badinagen oder Beweise der Flexibilität der deutschen Sprache (1794); Winterüberlistungen und Frühlingsüberlistungen oder neueste Lieder der besten Dichter zum Singen und fürs Clavier in Musik gesetzt (1794).

Sekundärliteratur: K. H. Joerdens: Gottlob Wilhelm Burmann (in: Denkwürdigkeiten. Charakterzüge und Anekdoten aus dem Leben der vorzüglichsten deutschen Dichter und Prosaisten. 1. Bd. 1812. 66–82). – K. H. Joerdens: Etwas über den zu Lauban 1737 geborenen und zu Berlin 1805 verstorbenen Dichter Gottlob Wilhelm Burmann (in: Schulprogramm Lauban. 1805). – W. Wendler: Gottlob Wilhelm Burmann 1737–1805. Ein Beitrag zur Welt- und Lebensanschauung des Bürgertums in der zweiten Hälfte des 18. Jahrhunderts (1937).

Hans Eich

Burton, Hester

*Englische Kinder- und Jugendbuchautorin; *6. 12. 1913 Beccles (Suffolk).*

Nach dem Studium der englischen Literatur in Oxford war B. als Lehrerin tätig und arbeitete an der Herausgabe der Oxford Junior Encyclopedia mit. Seit 1960 hat sie eine Reihe von historischen Romanen veröffentlicht. Für „Time of Trial" (1963) erhielt B. die Carnegie Medal.

Werk, Tendenzen, Wirkung. B.s erstes zeitgeschichtliches Kinderbuch „The great gale" (1960) schildert die Sturm- und Hochflutkatastrophe 1953 am Beispiel eines Dammbruchs in einem kleinen Dorf in Suffolk. Die Dorfgemeinschaft einschließlich der Heranwachsenden zeigt einen exemplarischen Gemeinschaftsgeist, so daß man sich in idyllische Zeiten zurückversetzt glaubt. Während Handlung und Hintergrund sorgfältig ausgearbeitet sind, ist die Charakterisierung der Figuren simplizistisch und von fester Warte von außen gesehen. „Castors away!" (1962), ein historischer Roman des Jahres 1805, ist mit seinen wechselnden Schauplätzen (Suffolk, London, Portsmouth, Seeschlacht bei Trafalgar) und den verschiedenen sozialen Milieus komplexer, deskriptiv und handlungsstark angelegt. Die Gefahr der klischeehaften Charakterisierung wird auch hier nicht immer vermieden. „Time of trial" (1963), als B.s bestes Buch gewürdigt, spielt teils in Suffolk, teils in London. Hauptthema ist das Eintreten des Buchhändlers Pargeter für die Freiheit des Wortes und das Recht der Kritik an sozialen Mißständen. Ein Gefängnisaufenthalt des Vaters in Ipswich ist eine „Zeit der Prüfung" für seine siebzehnjährige Tochter Margret. Um sie rankt sich eine Liebesgeschichte mit komödiantischen, dramatischen und romantisierenden Zügen. Der zeitgeschichtliche Hintergrund ist sehr anschaulich dargestellt, und die Charakterisierung der Hauptgestalten ist hier – wie sonst kaum bei B. – differenziert. In „No beat of drum" (1966) werden die Verhältnisse zwischen 1829 und 1831 geschildert: Armut und Protest, Deportation aus geringfügigem Anlaß, Strafarbeit in Australien, aber auch die Chance eines neuen Anfangs. „In spite of all terror" (1968) berichtet vom Kriegsgeschehen 1940 (Rückzug von Dünkirchen und Luftschlacht über England), mit den Augen der fünfzehnjährigen Liz gesehen, die, aus beengten Verhältnissen stammend, als Evakuierungskind bei einer Oberklassenfamilie lebt. Tapferkeit wird in diesem Buch hochstilisiert bis hin zu unglaubwürdigem Pathos. „Thomas" (1969) geht zurück in die Wirren des Bürgerkriegs. Thomas ist ein Quäker, der bei dem schrecklichen Wüten der Pest in London (1665) seinem Rivalen Respekt abnötigt.

B. hat sich unter den Verfassern historischer Romane dank ihrer Detaillierungskunst und ihres sozialhistorischen Problembewußtseins etablieren können. Sie hat manchen dunklen Fleck englischer Geschichte ins Licht gerückt, bei klarem Festhalten an christlichen und nationalen Werten. Ihrem Werk abträglich ist die in Schwarzweißmanier vorgenommene Gegenüberstellung liebenswerter Protagonisten mit unsympathischen Antagonisten, sowie die oft unverkennbare didaktische Absicht, die zu klischeehafter Schilderung menschlichen Verhaltens führt. B. hat zugegeben, daß der Pluralismus und die Widersprüchlichkeit unserer Zeit sie verwirren und erst im Blick auf vergangene Zeiten die Dinge sich für sie klären, vielleicht als Rechtfertigung für ihre trotz aller historischen Mißstände optimistischen Haltung. In ihrer auktorialen Art sind B.s Romane selbst ein Stück ausklingender englischer Geschichte.

Werke: The great gale (1960; auch u.d.T.: The flood at Reedsmere, 1968; dt. Die Sturmflut, 1962); Castors away! (1962; dt. Heldin im Verborgenen, 1964); Time of trial (1963; dt. Zeit der Prüfung, 1968); No beat of drum (1966; dt. Kein Trommelschlag hat sie begrüßt, 1971); In spite of all terror (1968; dt. Auf der anderen Seite, 1972); Otmoor for ever! (1968); Thomas (1969; auch u.d.T.: Beyond the weir bridge, 1970); Through the fire (1969); The Henchmans at home (1970); The rebel (1971; dt. Der Rebell, 1978); Riders of the storm (1972; dt. Die Aufrechten, 1980); Kate Rider (1974); To Ravensrigg (1976); Tim at the Fur Fort (1977); A Grenville goes to sea (1977).

Beiträge: The writing of historical novels (in: Horn Book Magazine. 45. 1969. 271–277).

Sekundärliteratur: Time of trial (in: M. Crouch (Hrsg., zus. mit A. Ellis): Chosen for children. 1977. 124–127). – Z. Sutherland: The best in children's books 1966–1972 (1973). – Fr. Whitehead: Burton, Hester (in: D. L. Kirkpatrick (Hrsg.): Twentieth-century children's writers. 1978. 210–213).

Richard Kremer

Busch, Fritz Otto

*(Ps.: Peter Cornelissen). Seeoffizier, Sachbuch- und Jugendschriftsteller, Militärschriftsteller; *30. 12. 1890 Köln-Lindenthal, † Juli 1971 Limpsfield (England).*

Nach kurzem Hochschulstudium trat B., Sohn eines Bankdirektors, als Kadett in die Kaiserliche Marine ein, diente nach dem Ersten Weltkrieg in der neugeschaffenen Reichsmarine bis 1928 weiter (zuletzt als Korvettenkapitän) und war dann als freier Schriftsteller und als Schriftleiter mehrerer Marinezeitschriften tätig. Er lebte abwechselnd in Deutschland und England.

Werk, Tendenzen, Wirkung. B., dessen Werk bis auf wenige Ausnahmen der Seefahrt und Marine verbunden ist, wählte für seine Publikationen sowohl historische als auch aktuelle Stoffe. Zeitgeschichtliche Aspekte spielen bei ihm die Hauptrolle. Als aktiver Seeoffizier interessierte ihn in erster Linie die Kriegsmarine. In seinen frühen Werken suchte er Geist und Ehre der Kaiserlichen Marine und der späteren Reichsmarine zu beschreiben und zu schildern. Er wählte dazu unterschiedliche und unspezifische literarische Formen. Der Band „Kreuzerfahrten" (1926) enthält eine lockere Folge von Bildern und Skizzen aus dem Marineleben, die vor allem über die technischen Details an Bord informieren, über das Manövrieren, über den soldatischen Umgangston und die militärische Fachsprache Auskunft geben. Ein breiter, bereits interessierter Leserkreis wird angesprochen. Erzählerisch aufgelokkert und mit einigen aufregenden Begebenheiten garniert, werden ähnliche Sachverhalte für junge Leser in „Unsere blauen Jungen" (1927) und später in „Zwei Jungen bei der Reichsmarine" (1933) angeboten. Die friedensmäßige Information verläßt der Autor nach 1933. Er wendet sich nun heldischen Stoffen aus dem Seekriegsgeschehen von 1914–1918 zu, so in „Admiral Spees Sieg und Untergang" (1935). Ein reportageartiger Stil wird bevorzugt; der menschliche Umgangston wird härter; das „Heldentum" erfährt eine Glorifizierung, die oft unglaubwürdig wirkt (den ertrinkenden Matrosen muß das Singen des Flaggenliedes und das Hurrarufen untersagt werden). Auf ähnlicher Ebene liegen die Bände „U-Boots-Taten" (1934) und „Die Emden jagt" (1935). Eine wieder mehr der Sache verpflichtete repräsentative Publikation ist der aus Beständen der Kriegsmarinesammlung zusammengestellte und kommentierte Bildband „Unter der alten Flagge 1914–18" (1935), der nationalsozialistische Töne nicht zu vermeiden vermag. Der Zweite Weltkrieg lieferte B. neue Stoffe, die zumeist im Stil der Kriegsberichterstattung verfaßt wurden; große Verbreitung fanden die Bücher „Das war die Courageous" (1939), „Hilfskreuzer Meteor" (1939) und das Volks-Buch „Narvik" (1940). B. wollte darin „die Wikingerfahrt nach Norden" aufzeigen, „die sagenhafte Leistung" der Soldaten, die „den Seegermanen gleich" war, rühmen und damit „höchste Bewunderung und Stolz im ganzen Volk" wecken. – Nach 1945 wandte sich B. – unermüdlich produzierend – mehr abenteuerlichen, spektakulären Stoffen zu. So erschienen die Bände „Dampfer in Seenot" (1950), „SOS-Notlandung" (1951), „Der blinde Passagier" (eine schwach konstruierte Kriminalgeschichte, 1954), „Sturm auf See" (eine Reverenz vor der „Gesellschaft zur Rettung Schiffbrüchiger" und Werbung für diese).

Der Griff nach geschichtlichen Stoffen galt vornehmlich den Wikingern („Germanische Seefahrt", 1934; „Land voraus – Amerika", 1955). Hier herrscht das

geschichtspädagogische Prinzip der „erzählten Geschichte" vor, das „gestalterisch" eine Mischung aller Stilmittel zuläßt. Inhaltlich-thematische Akzente sind dabei die Lobrede der Mannesstärke und die Wahrung des Volkstums.
Als Autor spannend-anschaulicher Sachbücher für breite Leserkreise wandte sich B. schließlich historisch fernen Themenkreisen zu („Was begab sich aber zu der Zeit?", 1956; auch u. d. T. „Gold und Myrrhe", 1964; „Purpursegel der Kleopatra", 1960). Zwischenzeitlich verfaßte B. immer wieder Schiffsgeschichten für junge Leser mit Gegenwartsbezug. – Als Produzent mehrerer Titel für die anfechtbare „Landser-Reihe" im Pabel-Verlag tritt seine militaristische Neigung stärker als sonst in Erscheinung. Verschiedene Beiträge zur Marine-Historiographie dienen der Traditionspflege.
B. sieht sein Schaffen getragen von der „Liebe zur See und zur Seefahrt, die jeden Dienst verschönt, alle Unbill vergessen und das Herz höher schlagen läßt". Dabei münden Bekenntnis zum idealisierten Soldatentum, kämpferische Fairneß und nationaler Überschwang in eine publizistische Richtung, die nur noch historisch-kritisch zu bewerten ist.

Werke: Südwester und Stahlhelm (1926); Kreuzerfahrten (1926); Unsere blauen Jungen (1927); Frances May (1928); Die Hochseeflotte ist ausgelaufen (1930); Kreuzer in roter Flut (1931); Niobe (1932); Zwei Jungen bei der Reichsmarine (1933); Minen und Menschen (1933); Unter Flagge und Wimpel (1933); Die Meuterei der Flotte 1918 (1933); Wikinger (1934); Heut' geht es an Bord (1934); Germanische Seefahrt (1934); 7 Uhr 30 seeklar (1934); U-Boots-Taten (1934); Das Buch von Helgoland (1935); Admiral Spee's Sieg und Untergang (1935); Unter der alten Flagge (1935); Fritz Holtenkamp (1935); Die „Emden" jagt (1935); Drei kleine Kreuzer (1936); Flug nach England (1937); Das Volksbuch vom Skagerrak (1938); Das war die Courageous (1939); Hilfskreuzer „Meteor" (1939); Flieger gegen England (1939); Weiße Segel – weite Meere (1939); Narvik. Vom Heldenkampf deutscher Zerstörer (1940); Deutsche Seekriegsgeschichten. Fahrten und Taten in zwei Jahrtausenden (1943); Das Geheimnis der „Bismarck" (1950); Dampfer in Seenot (1950); Tragödie am Nordkap (1952); SOS-Notlandung (1951); Der blinde Passagier (1954); Land voraus – Amerika! (1955); Was begab sich aber zu der Zeit? (1956); Schwerer Kreuzer „Prinz Eugen" (1958); Drei Tage verschollen (1958); Orkan im Atlantik (1959); Strandung vor Borkum (1959); Zehn Zerstörer (1959); Ein großes Schiff läuft aus mit Harald und Monika und einem netten Kapitän (1960); Hood ist in die Luft geflogen (1960); Purpursegel der Kleopatra (1960); Marcus segelt nach Rom (1962); Ein Schiff versinkt im Sand (1963); Sturmflut bei Nacht (1964); Kampf um Norwegens Fjorde (1964); Wikingersegel vor Amerika. Die Saga von Gudrid und Freydis (1966).

Hermann Bertlein

Butzmann, Manfred

*Graphiker in der DDR; * 14. 9. 1942 Potsdam.*

B. begann 1961 nach dem Abitur eine Lehre als Offsetretuscheur und arbeitete in diesem Beruf bis 1964. Schon 1962 trat er dem Malzirkel bei MAGNUS ZELLER bei, studierte dann 1964 bis 1969 an der Kunsthochschule Berlin, u. a. bei WERNER KLEMKE, dessen Meisterschüler B. an der Akademie der Künste der DDR später (1974–1977) wurde. 1975 wurde er auf der Bienále ilustrácií Bratislava (BIB) mit der Goldenen Plakette ausgezeichnet. 1978 erhielt er den ersten Preis für Farbgraphik der DDR und außerdem die Silbermedaille der Ausstellung „Schönste Bücher aus aller Welt" in Leipzig. Ausstellungen seiner Werke fanden seit 1971 an verschiedenen Orten der DDR statt, darunter in Berlin (1971), Leipzig (1975), Halle (1979), Rostock (1980) und Dresden (1981). B. lebt in Berlin-Pankow.

Werk, Tendenzen, Wirkung. Die Schwerpunkte innerhalb seines künstlerischen Werkes liegen bis etwa 1975 hauptsächlich in der Buchillustration, danach überwiegend in der freien Graphik (Aquatintaradierungen, Offsetlithographie), auch in Aquarellen, bei Photoplakaten und Postkarten. B. hat in seinen Kinder- und Jugendbuchillustrationen den Realismus nie verlassen. Dieser ist durch die Absicht B.s, dem Gehalt der Vorlage gerecht zu werden, inhaltlich bestimmt. Wichtig sei in jedem Fall, so betont er, „nur das dem Text Gemäße dazuzugeben – und das kann bei der Arbeit an Kinderbüchern, genau wie bei jeder anderen Arbeit, viel Mühe und Freude bringen". Er arbeitet mit kräftiger Strichführung und starker Flächenfüllung, so daß außerordentlich schattenreiche und tiefenwirksame Bilder entstehen, in denen vor allem Gesichter, aber auch Landschaften plastisch herausgehoben sind. Im allgemeinen öffnet B. in seinen Illustrationen Szenen, in denen deutliche Symmetrie von Licht und Schatten, eine ausgeglichene Spannung und eine vom Inhalt her bestimmte Akzentuierung herrschen: Gesichter zeigt er gern en face oder läßt Personen aus dem Bild blicken, Interieurs wirken wie Entwürfe zu Bühnenbildern. Die theatralisch-monumentale Geste wie bei dem Bild des Abraham-Lincoln-Mausoleums in Washington (LEW RUBINSTEIN: Ein Pfad durch die Wildnis, 1972) liegt ihm ebenso wie die erschütternde Schilderung des Elends von Menschen im Konzentrationslager (GISELA KARAU: Der gute Stern des Janusz K., 1972). B. zeigt in seinem Bestreben, menschliche Regungen darzustellen, stets große Ernsthaftigkeit, was sich auch in dem außerordentlich vielfältigen Strichsystem und Pointilismus und dem Vorherrschen der Schwarz- und Grautöne ausdrückt. Die Kritik betonte, daß B.s Schabblätter zu KARAUS Buch sich durch „Verdichtung und Überhöhung von wirkungsvoller Eindringlichkeit und Wahrhaftigkeit" ausweisen. Die farbigen Bilder des Gedichtbandes „Die Kuckuckspfeife" (1973) gewinnen durch die Akribie der Zeichnung in der kleinsten Vignette wie in den ganzseitigen Illustrationen.

Werke: H. Ozogowska: Ein unruhiges Haus (1970); G. Karau: Der gute Stern des Janusz K. (1972; in der Bundesrepublik u. d. T.: Janusz K. oder viele Worte haben einen doppelten Sinn, 1974); L. Rubinstein: Ein Pfad durch die Wildnis (1972); Fr. Hart: Abenteuer in der Teufelsschlucht (1972); R. Bernhof: Die Kuckuckspfeife (1973); M. Gorkij: Abenteuer meiner Jugend (1974); N. Gesse (Hrsg. zus. mit S. Sadunaiskaja): Die Kranichfeder (1975); B. Bartos-Höppner (Hrsg.): Barbara Bartos-Höppner erzählt Zaubermärchen (1978).

Erich Gerhard

Buxtehuder Bulle

Der Buxtehuder Bulle ist ein jährlich in Buxtehude verliehener, seit 1971 bestehender Jugendbuchpreis.

Der B.B. wurde 1971 auf Initiative des Buchhändlers WINFRIED ZIEMANN erstmalig verliehen. Er ist mit 8000 DM und einer Stahlplastik des Bildhauers REINHARD GÜTHLING dotiert. Finanziert wurde der Preis ursprünglich durch die Buchhandlung Ziemann & Ziemann; 1981 übernahm die Stadt Buxtehude die Finanzierung. Der B.B. wird jährlich vergeben und zeichnet ein Jugendbuch aus, das in dem jeweiligen Jahr in deutscher Sprache erstveröffentlicht wurde. Die Jury wird aus Bewerbungen ausgelost, die auf Einladung des Norddeutschen und Westdeutschen Rundfunks (NDR/WDR) eingehen und setzt sich paritätisch aus elf Jugendlichen und elf Erwachsenen zusammen. Die produktive Auseinandersetzung jugendlicher Leser mit Literatur soll dadurch gefördert werden. Ausgezeichnet wurden 1971: ALEXANDER S. NEILL: Die grüne Wolke; 1972: CILI WETHEKAM: Tignasse Kind der Revolution; 1973: TILMAN RÖHRIG: Thoms Bericht; 1974: GAIL GRAHAM: Zwischen den Feuern; 1975: JOHANNA REISS: Und im Fenster der Himmel; 1976: JAAP TER HAAR: Behalt das Leben lieb; 1977: GUDRUN PAUSEWANG: Die Not der Familie Caldera; 1978: LEONIE OSSOWSKI: Stern ohne Himmel; 1979: MICHAEL ENDE: Die unendliche Geschichte; 1980: HERMANN VINKE: Das kurze Leben der Sophie Scholl.

H. D.

Die seit 1971 jährlich vergebene Auszeichnung „Buxtehuder Bulle".

C

Camphausen, Wilhelm

*Historien- und Militärmaler, Zeichner und Illustrator; *8.2.1818 Düsseldorf, †18.6.1885 Düsseldorf.*

C., zunächst Schüler von ALFRED RETHEL (1816–1859), besuchte von 1834 bis 1850 die Düsseldorfer Akademie, angeleitet von K. F. SOHN. Er malte vor allem historische Reiterszenen aus der englischen Geschichte des 17. Jahrhunderts und aus dem Dreißigjährigen Krieg. Später wandte er sich der preußischen Geschichte des 18. und 19. Jahrhunderts zu und malte den sehr bekannt gewordenen Rheinübergang BLÜCHERS bei Caub. An den Kriegen von 1864, 1866 und 1870/1871 nahm C. als Zeichner teil.

Werk, Tendenzen, Wirkung. ARTHUR RÜMANN nennt C. den „besten Schilderer des siebziger Krieges". C.s Kriegszeichnungen erschienen in den Werken „Ein Maler auf dem Kriegsfelde" (1865), das er selbst verfaßte, „Der deutsch-französische Krieg von 1870" (1871) von H. FECHNER, „1870 und 1871" (1872) von GUSTAV HÖCKER und in dem speziell für die deutsche Jugend herausgegebenen Band „Der große Krieg gegen Frankreich im Jahre 1870/71" (1871) von ROBERT KÖNIG. An den Gemeinschaftswerken der Düsseldorfer Künstler hat C. mitgewirkt, so am „Düsseldorfer Künstler-Album" (1851–1857), am „Neuen Düsseldorfer Künstler-Album" (1860), am „Düsseldorfer Lieder-Album" (1851), am „Düsseldorfer Jugendalbum" (1856–1859), sowie an BÜLAUS Werk „Die Deutsche Geschichte in Bildern" (1859–1862).
C.s zeichnerische Fähigkeit kommt früh in seinen drei Blättern für die „Deutschen Dichtungen mit Randzeichnungen deutscher Künstler" (1843–1846) zur Geltung, die alle das Reiter- und Pferdethema zum Gegenstand haben. Besonders das „Reiterlied", wo Hauptbild und Nebenbilder mit zarten Arabesken und mit Laubwerk umspielt werden, sei, so meinte P. HORN, „eine wundervolle graphische Leistung". Seine Illustrationen zu PUTLITZ' „Arabesken" (1854) sind dem Stil ALFRED RETHELS (1816–1859) verpflichtet. Für GUSTAV SCHWABS „Deutsche Volksbücher"

([4]1858), in denen sich hauptsächlich Zeichnungen Dresdener Künstler finden, die von HUGO BÜRKNER (1818–1897) in Holz geschnitten wurden, illustrierte C. „Robert der Teufel" und „Die vier Heymonskinder", in denen wieder Reiter- und Pferdedarstellungen überwiegen. Sie wirken gegenüber den mehr volkstümlichen Bildern etwa von OSCAR PLETSCH und KARL ADOLF EHRHARDT im gleichen Bande etwas steif und langweilig. Auch die Holzschnitte (1856) zu zwei Geschichten W. IRVINGS fallen im Vergleich zu denen des humorvollen, an englischen und französischen Mustern orientierten HENRY RITTER ab. Für die Prachtausgabe von LUDWIG UHLANDS „Gedichten" (1865) steuerte C. drei ganzseitige Bilder und einige Textzeichnungen bei, von denen zumindest „Der Schmied" mit seinen Anklängen an Illustrationen Dresdener Künstler neben den geistvoll-sprühenden Bildern A. SCHRÖDTERS bestehen kann.

Werke: Deutsche Dichtungen mit Randzeichnungen Deutscher Künstler (Bd. 1–2, zus. mit anderen, 1843–1846); G. von Pulitz: Arabesken (1854); L. Hahn: Friedrich der Große (1855); W. Irving: Auswahl aus seinen Schriften (zus. mit H. Ritter, 1856); G. Schwab: Die deutschen Volksbücher für Jung und Alt (zus. mit anderen, 1858); Fr. Bülau: Die Deutsche Geschichte in Bildern (Bd. 1–3, zus. mit anderen. 1859–1862); W. Camphausen: Ein Maler auf dem Kriegsfelde. Illustriertes Tagebuch (1865); R. König: Der große Krieg gegen Frankreich im Jahre 1870–1871. Der deutschen Jugend erzählt (Bd. 1–2, zus. mit anderen. 1870–1871); H. Fechner: Der deutsch-französische Krieg von 1870 (zus. mit anderen, 1871); G. Höcker: 1870 und 1871 (zus. mit anderen, 1872).

Sekundärliteratur: P. Horn: Düsseldorfer Graphik in alter und neuer Zeit (1928). – A. Rümann: Das illustrierte Buch des XIX. Jahrhunderts in England, Frankreich und Deutschland 1790–1860 (1930, ND. 1975).

Eberhard Semrau

Carle, Eric

*Deutsch-amerikanischer Bilderbuchkünstler; *25. 6. 1929 Syracuse/New York.*

C. wuchs bis zu seinem sechsten Lebensjahr in den USA, danach in Deutschland auf. Den Zweiten Weltkrieg und die Nachkriegszeit erlebte er in Württemberg, seine künstlerische Ausbildung erhielt er von 1946 bis 1950 an der Akademie der bildenden Künste in Stuttgart, besonders bei ERNST SCHNEIDER. Ab 1952 lebte er wieder in den USA und war zunächst als Graphiker für die New York Times und die pharmazeutische Industrie tätig. Seit 1964 ist C. freischaffender Graphiker und macht seit 1968 Kinder- und Bilderbücher. Anregungen, sich ausschließlich diesem Genre zuzuwenden, gingen von LEO LIONNI aus. C.s erste Bilderbucharbeiten richteten sich an das vernachlässigte Kind in ihm selbst. Den Bilderfahrungen aus früher Kindheit mit „Mickey Mouse", „Buck Rogers", „Struwwelpeter", „Max und Moritz" wollte er eigene Bildideen und Wünsche entgegensetzen. C. will den Kindern in seinen Bilderbüchern Schutz, Trost, Ermunterung und Freude schaffen. Seine Werke erreichten hohe Auflagen und wurden in mehrere Sprachen übersetzt. C. ist verheiratet, hat Kinder und lebt in West Hawley/Massachusetts.

Werk, Tendenzen, Wirkung. C.s Erfolg ist auf verschiedene Faktoren zurückzuführen: auf seine spürbare Zuneigung zum Kind, seine naive Neugierde, seinen Spieltrieb und seine Phantasie, aber auch auf die gegen Ende der sechziger Jahre anschwellende Vorschulbewegung in den USA und in Europa. C. vermag Lehr- und Lerninhalte spielerisch locker, spannend und zugleich herausfordernd darzustellen. So wird zum Beispiel in „1, 2, 3 ein Zug zum Zoo" scheinbar nebenbei der Zahlenraum von 1 bis 10 in konkret überprüfbaren Mengen, den Tieren, die im Güterzug zum Tierpark gefahren werden, vermittelt. „Die kleine Raupe Nimmersatt" läßt Kinder unaufdringlich nicht allein die Wochentage, sondern auch die Metamorphose eines Wurms zur Puppe und zum prächtigen Schmetterling erleben. Im „Pfannkuchenbuch" erfahren die Betrachter über den Helden des Bilderbuches, welche Zutaten und Vorbereitungen notwendig sind, um – hungrig und dennoch mitbeteiligt – den begehrten Leckerbissen aus der Pfanne zu erhalten. Im „Geheimnis der acht Zeichen" hat ein Geburtstagskind nach einem Suchbilderbrief bestimmte Etappen zu durchmessen, ehe es an die Überraschung gerät. Die Bilderbücher C.s werden zum Teil durch unterschiedlich geschnittene Seitenformate, Löcher zum Hindurchblicken, zum Hineingreifen, aufklappbare Seitenteile mit dahinterliegenden Gags, Stanzlöchern und Registerschnitt zu Spielgeräten. Spannung wird auch durch handlungsreiche, abwechslungsreiche Geschichten erreicht: So wird in „Die kleine Maus sucht einen Freund" die Maus, kaum wahrgenommen, von einer gefährlichen Schlange begleitet, die am Schluß der Handlung einen Angriff auf sie und ihren endlich gefundenen Gefährten unternimmt. Doch ähnlich wie in den Fabeln von LEO LIONNI ermöglichen Freundschaft und Kumpanei glückhafte Flucht und schließlich auch Geborgenheit.

C. hat synästhetische Versuche zum Zweck der Förderung des Denk- und Sinnesvermögens unternommen. So versucht „Ich hab die Geige klingen sehn" Töne, Klänge, Harmonien, die von einem Musikinstrument herrühren, in visuelle Abläufe, in Verwandlungen, farbige Kompositionen und sinnlich erfaßbare Prozesse umzusetzen.

C's. Tierfiguren, Katzen, Bären, Haustiere und andere exotische Geschöpfe, gestatten es Kindern, Fremdes und Bekanntes in interessanten Zusammenstellungen kennenzulernen. Dabei sind Konflikte, Spannungen und Konkurrenzverhalten mit abschließender Läuterung nicht ausgeklammert: „Der kleine Käfer Immerfrech" wird, ohne geduckt zu werden, in seine Grenzen verwiesen, und „Das kleine Chamäleon Kunterbunt" erfaßt am Ende seine wahre Bestimmung. Auch im Hinblick auf diese Wertideologie, nämlich seine eigene Begrenztheit zu erkennen und sich begnügen zu lernen,

Eric Carle. Seite aus dem Bilderbuch „Die kleine Raupe Nimmersatt" (1970; „The very hungry caterpillar", 1970).

berühren sich die Anschauungen C.s und L. LIONNIS („Das größte Haus der Welt", „Fisch ist Fisch").
Die weite Verbreitung der Bilderbücher C.s – von der „Kleinen Raupe Nimmersatt" waren 1979 mehr als 300000 Exemplare verkauft – ist nicht ohne ihren eingängigen Humor und die augenzwinkernde Ironie denkbar. C. arbeitet mit verschiedenen Techniken, vorwiegend mit einer Kombination von präparierten Blättern, die ausgeschnitten und zu heiteren Collagen kombiniert werden. Er legt Wert auf einprägsame Farbigkeit. Dies kommt besonders in den Illustrationen zu einem biblischen Stoff in „Noahs Taube" (Text von ISAAC B. SINGER) und noch stärker in den Bildern C.s zu Märchen der Brüder GRIMM und H. CHR. ANDERSENs zum Ausdruck. Der Band „Paßt auf, ein Riese!" (1978) will Kindern Ängste vor den Riesen und Ungeheuern der alten Mythen nehmen. C. betonte wiederholt, es komme ihm darauf an – sich erinnernd an eigene Kindheitserfahrungen –, den Übergang des Kindes von zu Hause in die Schule (preschool and first grade area) mit seinen Büchern zu erleichtern.

Werke: S. Engelbrektson: The sun is a star (1963); S. Engelbrektson: Gravity at work and play (1963); Aesop's fables, for modern readers (1965; dt. Der Affe und der Fuchs, 1980); S. S. Baker: The indoor and outdoor grow-it book (1966); E. Carle: The say-with-me ABC book (1967); W. J. Martin: Brown bear, brown bear, what do you see? (1967, NA. 1970); E. Carle: 1, 2, 3 to the zoo (1968; dt. 1, 2, 3 ein Zug zum Zoo, 1969); N. R. Wainer: The whale with a jail (1968); E. Carle: The very hungry caterpillar (1970; dt. Die kleine Raupe Nimmersatt, 1970); E. Carle: Pancakes, pancakes (1970; dt. Das Pfannkuchenbuch, 1970); E. Carle: The tiny seed (1970); E. B. Heady: Tales of the Nimipoo (1970); W. Knowlton: The boastful fisherman (1970); W. I. Martin: A ghost story (1970); E. Carle: Do you want to be my friend? (1971; dt. Die kleine Maus sucht einen Freund, 1971); A. L. Fisher: Faethered ones and furry (1971); G. Mendoza: The scarcecrow clock (1971); E. Carle: The secret birthday message (1972; dt. Das Geheimnis der acht Zeichen, 1971); E. Carle: Walter the baker (1972); E. Carle: The rooster who set out to see the world (1972; dt. Gute Reise, bunter Hahn!, 1972); E. Carle: A very long tail (1972); E. Carle: The very long train (1972); E. Carle: Have you seen my cat? (1973; dt. Wo mag nur meine Katze sein?, 1972); E. Carle: I see a song (1973; dt. Ich hab die Geige klingen sehn, 1973); I. B. Singer: Why Noah chose the dove (1973; dt. Noahs Taube, 1974); A. Fisher: Do bears have mothers too? (1973; dt. T. Michels: Wenn die Bärenkinder groß sind, 1973); E. Carle: All about Arthur (1974; dt. Abends aß Artur Ananas, 1974); E. Carle: My first book of colors (1974); E. Carle: My first book of numbers (1974); E. Carle: My first book of shapes (1974); E. Carle: My first book of words (1974); E. Carle: The mixed-up chameleon (1975; dt. Das kleine Chamäleon Kunterbunt, 1975); N. B. Green: The hole in the dike (1975); Eric Carle's Storybook: seven tales by the Brothers Grimm (1976; dt. Eric Carles Märchenbuch. 7 Grimmsche Märchen neu erzählt und illustriert, 1976); E. Carle: The grouchy ladybug (1977; dt. Der kleine Käfer Immerfrech, 1977); E. Carle: Seven stories by Hans Christian Andersen (1978; dt. Sieben Märchen von Hans Christian Andersen, 1978); E. Carle: Watch out! A giant! (1978; dt. Paßt auf, ein Riese!, 1978).

Sekundärliteratur: H. Künnemann: Die Bilder- und Spielzeugwelt des Eric Carle (in: Profile zeitgenössischer Bilderbuchmacher Nr. 2. Bulletin Jugend + Literatur. Beiheft 9. 1978. 42–54).

Horst Künnemann

Carpelan, Bo

*(d. i. Gustaf Bertelsson) Finnisch-schwedischer Schriftsteller; *25. 10. 1926 Helsinki.*

Seit 1950 arbeitet C. als Bibliothekar an der Stadtbibliothek von Helsinki, deren stellvertretender Direktor er 1964 wurde. Nach einem Studium der Philosophie in Helsinki promovierte er 1960. Neben seinen Jugendbüchern ist C. vor allem als Autor von Lyrik, Romanen, satirischen Theaterstücken, Fernsehspielen, Hörspielen und Literaturkritiken bekannt geworden. 1969 konnte er den Nils-Holgersson-Preis in Empfang nehmen.

Werk, Tendenzen, Wirkung. C.s frühe Gedichte – erste Veröffentlichungen erfolgten 1946 – vermitteln in emotional unterkühlter Sprache die Kontaktlosigkeit der Menschen. Sie sind Zeitdokumente einer desorientierten, im Zweiten Weltkrieg vom Untergang bedrohten Jugend. 1957 verlebendigt sich die bei C. vorher sterile Natur. Die „Seele" erwacht und staunt über alles, was sie zu sehen bekommt. In „Anders på ön" (1959) erlebt ein kleiner Junge einen Schärensommer. Er erfährt die Natur, spricht mit seinen Tierfreunden. Auch so „wichtige" Lebewesen wie Käfer und Würmer werden als lebendige Wesen akzeptiert. Die Fortsetzung „Anders i stan" (1962) schildert das Winterleben in der Stadt. Die Eltern vermitteln dem sensiblen Jungen Geborgenheit. Diese Umwelt befähigt Anders, Spielgefährte eines geistig behinderten Jungen zu werden. Auch in „Bågen" (1968) verbringt ein Junge einen Sommer auf den Schären. Er nimmt die Gerüche des alten Holzhauses und die sich mit Wetter und Tageslauf auf dem Wasser und im Wald verändernden Stimmungen wahr. Bewußt empfindet er die Beziehungen zu den wenigen Nachbarn, darunter ist wieder ein geistig Behinderter. Johann lernt, ihn zu akzeptieren und ihm selbst auch seinen Wert bewußt zu machen. Dieses Buch ist ein Plädoyer für die wechselseitige Verantwortlichkeit der Menschen.

Werke: Anders på ön (1959, dt. Andreas, 1962; NA. 1972 u.d.T. Andreas auf der Sommerinsel, in: Andreas auf der Sommerinsel und im Winterhaus. 1972. 5–104); Anders i stan (1962; dt. Andreas im Winterhaus, in: Andreas auf der Sommerinsel und im Winterhaus. 1972. 105–213); Bågen (1968, dt. Der Junge von der Insel. 1971); Paradiset (1973).

Geralde Schmidt-Dumont

de Cesco, Federica

*Schweizer Kinder- und Jugendbuchautorin; *23. 3. 1938 Pordenone (Italien).*

C. wurde als Tochter eines italienischen Mineningenieurs geboren. Durch den Beruf des Vaters bedingt, lebte die Familie viele Jahre im Ausland, so drei Jahre in Äthiopien, später in Deutschland, Frankreich, Spanien und Belgien. C. begann bereits als Fünfzehnjährige zu schreiben (1953). Sie studierte Psychologie in Lüttich (Belgien). Seit 1962 ist sie in der Schweiz ansässig, von wo aus sie immer wieder zu ausgedehnten Auslandsreisen aufbrach, u. a. zu einer mehrmonatigen Forschungsreise in die Sahara. Heute lebt sie mit ihrem Ehemann, dem japanischen Fotografen Kazuyuki Kitamura, in Chexbres am Genfer See. Sie schreibt in französischer Sprache.

Werk, Tendenzen, Wirkung. C. ist eine sehr produktive Autorin. Seit ihrem ersten, gleich erfolgreichen Erzählversuch „Der rote Seidenschal" (1957), der Abenteuergeschichte eines jungen Mädchens, das unversehens zu den Indianern verschlagen wird, liegen inzwischen dreißig ins Deutsche übersetzte Titel vor, wobei die Übersetzungen zum Teil direkt aus dem Manuskript erfolgen. Sie kreisen um junge Menschen, die sich in der Welt bewähren müssen. Wichtigste Eigenschaften ihrer jugendlichen Helden sind Tapferkeit und Edelmut gepaart mit Einfachheit des Wesens. C. verlegt häufig die Handlung ihrer Bücher in weit entfernte Länder und fremde Kulturen. So spielen „Das Mondpferd" (1963) bei den Mongolen, „Der Prinz von Mexiko" (1965) bei den Azteken und „Frei wie die Sonne" (1969) und „Sterne über heißem Sand" (1973) bei den Tuareg. Ein wichtiges Anliegen ist ihr die Verständigung der Völker untereinander. Gelegentlich unterliegt C. bei der Anlage ihrer Charaktere der Gefahr der Schwarz-Weiß-Malerei. Dazu tragen auch ihre als Zyklus angelegten Erzählungen aus der japanischen Mythologie und Frühgeschichte „Im Zeichen der roten Sonne" (1979) und „Im Zeichen des Himmlischen Bären" (1980) bei.

Werke: Der rote Seidenschal (1957); Streit um Kim (1958); Die Flut kommt (1960, NA. 1979); Nach dem Monsun (1960); Die Lichter von Tokio (1961, TB 1974); Pablo und die Cowboys (1962); Das Jahr mit Kenja (1962); Das Mondpferd (1963, TB. 1978); Manolo (1964); Der Prinz von Mexiko (1965, ^{8}1978); Söhne der Prärie (1965, NA. 1979); Die Wunder der Camargue (1966, ^{9}1979); Der Türkisvogel (1967, ^{8}1976); Die Klippen von Acapulco (1967); Frei wie die Sonne (1969, TB. 1973, ^{5}1979); Ein Pferd für mich (1970); Der Berg des Großen Adlers (1970); Was wißt ihr von uns? (1971); Zwei Sonnen am Himmel (1972); Die Spur führt nach Stockholm (1973, ^{5}1978); Sterne über heißem Sand (1973); Der Tag, an dem Aiko verschwand (1974); Der einäugige Hengst und andere Pferdegeschichten (1974); Das Geheimnis der goldenen Vögel (1974); Die goldenen Dächer von Lhasa (1974); Venedig kann gefährlich sein (1975); Das Geheimnis der indischen Perle (1975); Sami und das Schloßgespenst (1975); Mut hat viele Gesichter (1976); Ananda (1977); Kel Reda (1977); Achtung, Manuela kommt (1977); Pferde, Wind und Sonne (1978); Verständnis hat viele Gesichter (1978); Malika und das weiße Mehari (1978); Im Zeichen der roten Sonne (1979); Im Zeichen des Himmlischen Bären (1980).

Heinke Kilian

Chidolue, Dagmar

*Jugendbuchautorin; *29. 5. 1944 Sensburg/Ostpreußen.*

Ch. wurde in Ostpreußen geboren. Ihr Vater fand als Werkmeister in einer norddeutschen Kleinstadt nach Kriegsende eine neue Existenz. Ch. absolvierte nach Abschluß der Schule zunächst eine Lehre als Wirtschaftsprüferin. Auf einem Studienkolleg in Frankfurt

*Dagmar Chidolue (*1944)*

holte sie das Abitur nach und studierte Jura und Politische Wissenschaften. Seit 1976 schreibt Ch. Bücher für Jugendliche und junge Erwachsene. 1979 erhielt sie den Hans-im-Glück-Preis. Sie lebt in Frankfurt und hat zwei Kinder.

Werk, Tendenzen, Wirkung. In ihren Büchern arbeitet Ch. vor allem die Jahre der Studentenbewegung von 1966 bis 1969 auf. Sie verknüpft sie mit ihrer eigenen Lebensgeschichte. In „Das Fleisch im Bauch der Katze“ (1980) kommt die junge Hanna Veigel aus der Kleinstadt nach Frankfurt, um das Abitur nachzumachen und zu studieren. Obwohl sie Veränderungen bejaht, fällt es ihr schwer, politisch aktiv zu werden. Ebenso lehnt sie das kleinbürgerliche Scheinglück ihrer Verwandten ab. Parallel dazu läuft ihre Ablösung vom Elternhaus. In „Fieber oder der Abschied der Gabriele Kupinski“ (1979) schildert Ch. die Absicht, sich aus den Zwängen einer vorgegebenen Frauenrolle zu lösen. Von klein auf erlebt die Hauptfigur, wie zwischenmenschliche Probleme nicht offengelegt werden. Sie steigert sich allmählich in einen immer stärker werdenden Widerwillen gegen ihre Mitmenschen hinein. Ihre Befreiung setzt ein, als sie es schafft, eigene Entscheidungen zu treffen. In „Das Maisfeld“ (1976) und stärker noch in „Juls Haus“ (1980) wird der Versuch unternommen, Kindheit aus der Sicht der Betroffenen zu zeigen. Die drei Hauptpersonen sind einsam und müssen sich unter großen Mühen zwischen Geboten und Verboten, die ihnen die Erwachsenenwelt diktiert, zurechtfinden, von der sie sich ausgeschlossen fühlen. Sie flüchten sich in Tagträume und Ersatzbefriedigungen. Die Welt, die sich ihnen dabei auftut, bleibt den Erwachsenen verschlossen, sie ist ausgefüllt mit magischen Bezügen und Schutzvorrichtungen, die dem zuwiderlaufen, was Erwachsene sich unter Leben vorstellen.

Werke: Das Maisfeld (1976); Fieber oder der Abschied der Gabriele Kupinski (1979); Das Fleisch im Bauch der Katze (1980); Juls Haus (1980); Aber ich werde alles anders machen (1981).

Heinke Kilian

Chimani, Leopold

*Pädagoge, Verwaltungsbeamter; *21.2.1774 Langenzersdorf bei Wien, †22.4.1844 Wien.*

Als Sohn eines Lehrers studierte Ch. Pädagogik und Philosophie. Zwei Jahre unterrichtete er an der Schule seines Heimatdorfes, bis er eine Anstellung als Privaterzieher erhielt. Mit 24 Jahren übertrug man ihm die Direktorstelle der Haupt- und Industrieschule in Korneuburg (Niederösterreich), nebenbei erteilte er Privatunterricht. Diese Unterrichtstätigkeit entwickelte sich mit der Zeit zur Leitung eines großen und anerkannten Erziehungsinstituts. Wegen gesundheitlicher Schwierigkeiten mußte Ch. nach einigen Jahren seine pädagogische Tätigkeit aufgeben. Er erhielt 1807 eine Stelle als Rechnungsfaktor bei der „kaiserlich-königlichen Normal-Schulbücher-Verschleiß-Administration“ in Wien, wo er 1819 zum „Administrator des Schulbücher-Verschleißes“ befördert wurde. Gelegentlich arbeitete Ch. als Bücherzensor.

Werk, Tendenzen, Wirkung. Ch. verfaßte „in seinen Mußestunden“ weit über hundert Kinder- und Jugendbücher, die jedoch nur selten Romane oder längere Erzählungen, vielmehr zumeist eine große Anzahl kürzerer Geschichten und Berichte enthalten. Sein Werk gilt als Beginn der österreichischen spezifischen Kinder- und Jugendliteratur und ist dem des Deutschen Christoph von Schmid (1768–1854) vergleichbar. Unter Titeln, die wenig über den Inhalt des Buches aussagen und oft beliebig austauschbar sind (z.B. „Gemeinnützige Unterhaltungen“, „Sittengemälde“, „Vaterländische Merkwürdigkeiten“, „Gemüthliche Erzählungen“ oder „Anmutige Geschichten“) versammelte er in häufig wahlloser Reihenfolge Berichte von Naturkatastrophen und merkwürdigen Vorfällen, von wohltätigen Adligen und tapferen Soldaten, von alltäglichen, aber stets lehrreichen Begebenheiten, von Tierliebe, Vaterlandstreue, ungehorsamen Kindern und göttlicher Weisheit. Die sich bei der Lektüre aufdrängende Vermutung, viele Bücher Ch.s seien Ergebnis eifriger Zettelkastenarbeit, wird durch eine Bemerkung in einer Vorrede bestätigt: „Die Gewohnheit, in meinen freyen Stunden alles zu sammeln, was für die liebe Jugend von einiger Brauchbarkeit und vom Nutzen seyn könnte, und dieses der Jugend genießbar und angenehm zu machen, gab dieser kleinen Schrift ihre

Entstehung" (Sittengemählde, 1817). Viele Bücher wirken wie der direkte Niederschlag von Ch.s rastloser Zeitungslektüre, wenn Kuriosa und Sensationelles aneinandergereiht werden: „Eine Sängerin, die nicht sprechen kann", „Vom Kohlendampf Erstickte", „Sehr alte Menschen", „Fürchterlicher Sturmwind in Wien", „Zwei zusammgewachsene Menschen in Ungarn". Der Magazincharakter dieser Bücher wird noch verstärkt durch das Unterteilen der ohnehin kurzen Geschichten in mehrere Abschnitte, die – mit Untertiteln oder einfach auch nur mit der Überschrift „Fortsetzung" versehen – überschaubare und ohne Anstrengung zu bewältigende Leseeinheiten ergeben, wobei die Zwischenüberschriften noch einen zusätzlichen Lesereiz bieten; zahlreiche Geschichten enthalten Seite für Seite bis zu zwei Überschriften.

Ziel der Erzählungen sollte die „Veredelung des Herzens und Bildung des moralischen Gefühls" sein, die Geschichten sollen „die Tugend in ihrer liebenswürdigsten Gestalt, das Laster gräßlich und abschreckend darstellen, und eine sanfte Rührung im Gemüthe zurücklassen". Jede Geschichte, jeder kleine Vorfall diente der Erbauung und der moralischen Belehrung, was oft schon den Titeln zu entnehmen ist: „Auch der Geringste kann uns nützen", „Ein Dienst ist des anderen werth", „Der unglückliche Steinwurf", „Edelmuth und Menschenrettung". Sich der bestehenden gottgegebenen Ordnung, in der Adel und Klerus Stellvertreter Gottes sind, bedingungslos zu unterwerfen, ist Ch.s Maxime. Selbst aus den unwahrscheinlichsten Begebenheiten und gräßlichsten Unfällen leitet er voller Spitzfindigkeit noch die weise Vorsehung Gottes und den Nachweis ab, in der besten aller Welten zu leben.

Zwar sei das Lesen ein ausgezeichnetes Mittel der moralischen Bildung, doch warnt Ch. ganz entschieden vor der Lektüre falscher Bücher; das sind seiner Meinung nach „Geistergeschichten, Volksmärchen, Romane und derley Schriften, welche die Phantasie erhitzen". In der vom Handlungsablauf wie der Wortwahl typischen Geschichte „Die Lesesucht" (in „Gemüthliche Erzählungen", 1817) erzählt er von Helene, die „mit Heißbegierde über jedes Buch" herfiel, den Inhalt „mit gierigen Blicken" verschlang und darüber alle Arbeit vergaß. Helenes Eltern spielen ihr „andere Unterhaltungsbücher in die Hände, die eben so anziehend, aber viel nützlicher und lehrreicher" seien. Auch läßt Ch. die Eltern Lesestunden festsetzen und alle Bücher, die Helene noch von „gewissenlosen" Dienstboten erhält, „ohne Gnade und Barmherzigkeit confiszieren". Doch da Helene die angeblich lehrreichen Bücher nicht ebenso attraktiv findet wie Schauergeschichten und Romane, liest sie nun nachts die „verbothenen Bücher", vergißt „in ihrem Taumel" die Kerze zu löschen, schläft gequält „unter schrecklichen Traumbildern" und bemerkt den ausbrechenden Brand nicht. Nur knapp wird sie vor dem Tod bewahrt: „Das war eine eindringende Lehre für ihr ganzes Leben und eine belehrende Warnungstafel für alle ungehorsamen Kinder".

Zahlreiche Schriften Ch.s enthalten Nachrichten und Geschichten aus Österreich. Dazu zählen vor allem die sechsbändige Reihe „Vaterländische Merkwürdigkeiten", die „Gemeinnützige Unterhaltungen für die Jugend des österreichischen Kaiserstaates" und die „Vaterländischen Unterhaltungen für die Jugend". Wenn auch bei keiner Erzählung das nationalistische Element fehlt und oft aus belanglosen Begebenheiten der Chauvinismus noch Kapital schlägt, so enthalten diese Bände zugleich auch Informationen über Geographie und Bewohner, Handel und Verkehr, über Geschichte, Sitten und Trachten. Auch bei diesen Büchern ist eine zumeist wahllose Zusammenstellung aus unterschiedlichsten Gebieten zu bemerken. Die Massierung verschiedenartigster Mitteilungen wirkt in ihrer Konzeptionslosigkeit eher verwirrend als belehrend und schien kaum mehr bieten zu können als kurzatmige, oberflächliche Zerstreuung. Als Beispiel dafür kann „Das Portefeuille des Wißbegierigen" gelten, das „Sitten und Trachten verschiedener Völker; das Ritterthum; die Stephanskirche zu Wien und den Dom zu Mailand" in Beschreibungen und Bildern enthält.

Kriege, besonders die sogenannten Befreiungskriege, sind für Ch. wie geschaffen für abenteuerliche und stets belehrende Erzählungen, für Beispielgeschichten von Opfermut und Wohltätigkeit, für Berichte von denkwürdigen Begebenheiten und edlen Menschenfreunden. Weniger den großen Kriegsereignissen werden die Schilderungen gewidmet als den Randerlebnissen, den glücklichen und unglücklichen Folgen im Privatleben verschiedener Menschen; das Kriegsgeschehen bietet nur die attraktive Kulisse, vor der eindringlich auf die Weisheit Gottes hingewiesen wird. Bei allen kämpferischen Auseinandersetzungen steht Ch. immer auf der Seite der Herrschenden, er ergreift Partei für den österreichischen Adel und den katholischen Klerus. Wendet sich Ch. zeitgenössischen oder vergangenen Volksaufständen zu – bevorzugt der französischen Revolution und den Bauernkriegen –, so sind ihm die Aufständischen immer nur „diese Verblendeten". Das Jahr 1789 beschreibt er als ein Jahr unvorstellbarer Schrecknisse und Greuel, ein Jahr der gottlosen Empörung wider die alte Ordnung. So bemerkt er zum Jahr 1814: „Alte Regenten, von Napoleon vom Throne gestoßen, kehrten zu ihren frohlockenden Unterthanen wieder zurück, ... über all kam die alte Ordnung neu zurück, alles athmete freyer, überall waren Jubel, Dank und Gebethe" (Vaterländische Merkwürdigkeiten, Bd. 5, S. 51). Auch in den naturkundlichen Büchern (beispielsweise „Das Landleben oder Lustreisen der Familie Friedhelm", „Wunderbares Thierkabinett" und „Wunderbarer Schauplatz der Kunstfertigkeiten der Thiere") legte Ch. mehr Wert auf moralische Belehrung, den Nachweis von Gottes „Fürsehung" und die Mitteilung von Kuriosa als auf wirkliche Sachinformation. So beschreibt er die „Muttertreue der Lerche", berichtet über „das Veilchen, das Muster der Demuth und Bescheidenheit" und belehrt mit der Geschichte „Veilchenduft kann schädlich werden".

Eine große Anzahl von Ch.s Büchern ist mit zahlrei-

chen und sorgfältig hergestellten Illustrationen versehen. Neben kolorierten Kupfer- und Stahlstichen enthalten mehrere Bücher auch bewegliche Bilder oder beigelegte Szenen zum Aufstellen.
Ch.s Kinder- und Jugendbücher waren bis zum Ende des 19. Jahrhunderts verbreitet und bildeten beliebte Weihnachts- und Geburtstagsgeschenke; in den österreichischen Schulen wurden sie als Prämienbücher vergeben. Ihre unterschiedlich aufwendige Ausstattung kam den finanziellen Möglichkeiten verschiedener sozialer Schichten entgegen, wenn auch wohl die Hauptabnehmer in einer bildungsbeflissenen und kaufkräftigen Schicht zu finden waren. Ch.s Wirken für nationale und sittlich-religiöse Tugenden wurde auch von der Obrigkeit anerkannt, was ihm schließlich die Verleihung der „großen goldenen Verdienstmedaille" durch den österreichischen Kaiser einbrachte.

Werke: Prières a l'usage des enfans, ou exercices dans la pratique de s'entretenir en presance de Dieu (1798); Merkwürdigkeiten aus der Naturgeschichte: eine Leseübung für Kinder in den Unterhaltungs-Stunden (1799); Zweyhundert und fünfzig syntaktische Aufgaben, eingetheilt nach den Regeln der Wortfügung. Anleitung zur lateinischen Sprache zum Gebrauche der studierenden Jugend in den k.k. Staaten (1802); Dreyhundert und dreyßig syntaktische Aufgaben, eingetheilt nach den Regeln der Wortfügung in dem ersten Theile der Anleitung zur lateinischen Sprache zum Gebrauche der studierenden Jugend in den k.k. Staaten (1804); Neues Prüfungsgeschenk. Ein Buch zur Belohnung und Unterhaltung für fleißige und gutgesittete Kinder (1804); Volkslied, gesungen bey dem Dankfeste wegen der von seiner k. auch k.k. Majestät Franz dem zweyten angenommenen erblich österreichischen Kaiserwürde von den frohen Einwohnern der l.f. Stadt Korneuburg den 16. December 1804 (1804); Exercitia & colloquia latina & germanica: Lateinische und deutsche Sprachübungen und Gespräche, oder Versuch eines Stufenganges, die Anfänger in der lateinischen Umgangssprache zu üben (1806, [3]1821); Neue deutsche Aufgaben zum Übersetzen ins Latein als Übungen über die Regeln der in den Gymnasien der k.k. deutschen Erblande neu eingeführten Sprachlehre für Anfänger (Bd. 1–4. 1807–1808, [3]1821); Erzählungen und belehrende Unterhaltungen aus der Länder- und Völkerkunde, aus der Naturgeschichte, Physik und Technologie. Ein Geschenk für die Jugend (1809, [3]1834); Französisch-deutsches Wörterbuch zu Fenelons Telemaque, mit geographisch-historischen und mythologischen Erklärungen (1813); Vaterländischer Jugendfreund, ein belehrendes und unterhaltendes Lesebuch zur Veredlung des Herzens und Bildung des moralischen Gefühls für die Jugend (Bd. 1: Darstellungen aus dem Vaterlande, 1814; Bd. 2: Naturmerkwürdigkeiten der Länder und Völker des österreichischen Kaiserstaats, 1814; Bd. 3: Schilderungen zur Kenntnis des Vaterlandes, 1814; Bd. 4: Lesebuch für die Jugend meines Vaterlandes, 1814; Bd. 5: Unterhaltungen für die Jugend, 1814; Bd. 6: Der Freund des Vaterlandes, 1814); Vaterländische Unterhaltungen für die Jugend. Ein belehrendes Lesebuch für die Jugend (Bd. 1: Österreich über alles, 1816, [2]1827; Bd. 2: Beiträge zur Kenntnis des österreichischen Kaiserstaats, 1816, [2]1827; Bd. 3: Lesestücke zur Kenntnis des Vaterlandes, 1816; Bd. 4: Erzählungen und Geschichten aus dem Vaterlande, 1816; Bd. 5: Wanderungen auf vaterländischem Gebiete, 1816; Bd. 6: Züge und Geschichten aus dem österreichischen Kaiserstaate, 1816); Der junge Krieger. Ein militärisches Bilder- und Lesebuch für die deutsche Jugend (1816); Gemälde aus der Natur, Kunst, Völkerkunde und dem Menschenleben. Mit einem erklärenden Texte für die Jugend (Bd. 1–2. 1816); Die kleine ABC-Schule für Knaben und Mädchen, mit 126 Kupfern (1816); Neue Bildergalerie über Gegenstände der Natur, Völker- und Gewerbkunde, mit 145 Bildern (1816); Wilhelms und Linas Tagesbeschäftigungen (1816); Vaterländische Merkwürdigkeiten: Biographien berühmter und ausgezeichneter Männer; Erzählungen aus der österreichischen Geschichte; Schilderungen großer Städte, merkwürdiger Völker, der Sitten, Gebräuche und des Gewerbsfleißes derselben; Beschreibungen der Naturwunder und Naturerscheinungen, der Natur- und Kunst-Producte, wohlthätiger und gemeinnütziger Anstalten, schöner und edler Handlungen im österreichischen Kaiserstaate u.s.w. Ein belehrendes und unterhaltendes Lesebuch für die Jugend zur Bildung des Verstandes, Veredlung des Herzens, Belebung des sittlichen Gefühls, Beförderung der Vaterlandsliebe und Verbreitung gemeinnütziger Kenntnisse (Bd. 1: Lesestunden für die vaterländische Jugend, 1817, [2]1837; Bd. 2: Panorama des Österreichischen Kaiserstaats, 1817, [2]1837; Bd. 3: Sitten- und Naturgemählde aus dem Österreichischen Kaiserstaate, 1818, [2]1837; Bd. 4: Merkwürdigkeiten aus dem Österreichischen Kaiserstaate, 1818, [2]1837; Bd. 5: Merkwürdigkeiten aus dem Vaterlande, 1819, [2]1837; Bd. 6: Des jungen Staatsbürgers nützliche Beschäftigungen in den Erholungs-Stunden, 1819, [2]1837); Schule der Belehrung und Warnung. Eine Sammlung wahrer Geschichten für die Jugend (1817, [4]1838); Erholungen für die Jugend in freien Stunden (1817); Sittengemählde zur Veredlung jugendlicher Herzen (1817); Gemüthliche Erzählungen für die Jugend, zur Veredlung des Herzens und Bildung des moralischen Gefühles (1817); Fürchtegotts Lehren der Weisheit und Tugend, in kurzen und faßlichen Erzählungen für die zarte Jugend (1818); Tugendspiegel und Warnungstafel. Eine Sammlung lehrreicher und unterhaltender Geschichten. Zum Geschenk für fleißige und gutgesittete Kinder (1818); Vater Traugott im Kreise seiner guten Kinder. Ein religiöses und moralisches Lesebuch zur Veredlung jugendlicher Herzen und Verfeinerung des sittlichen Gefühls (1818); Wunderbares Thierkabinet, oder Sammlung merkwürdiger Anekdoten aus dem Thierreiche (1818); Wunderbarer Schauplatz der Kunstfertigkeiten der Thiere, oder unterhaltende Bilder und Erzählungen von ausgezeichneten Thieren (1818); Blumengewinde nützlicher und lehrreicher Erzählungen für gute Knaben und Mädchen (1820); Die Jagdlust. Ein unterhaltendes Bilderbuch für die Jugend, mit 12 colorierten Kupfern (1821); Wunder der Schöpfung in der menschlichen Natur, Biographien außerordentlicher Menschen (1821); Das alte Ritterthum. Eine Sammlung rührender Erzählungen aus dem Mittelalter (1821); Der guten Kinder Erzählungsstunden im trauten Familienkreise (1821); Das Landleben oder Lustreisen der Familie Friedhelm in ländlichen Gegenden, zur Betrachtung der Naturgegenstände und der Landwirthschaft. Ein Bilderbuch zur Belehrung und Unterhaltung für wißbegierige Kinder. Mit 12 colorierten Darstellungen ländlicher Gegenstände (1821); Ruhestunden. Ein lehrreiches Prüfungs-, Weihnachts- und Neujahrsgeschenke für Knaben und Mädchen (1822); Lebensbilder aus der wirklichen Welt (1823, [2]1864); Beispiel und Lehre, ein Lesebüchlein für Kinder zur Bildung und Unterhaltung (1823); Gottes weise Fügungen, oder wunderbare Schicksale eines Knaben in Europa und Amerika. Für Kinder lehrreich erzählt zur Belebung des religiös-moralischen Gefühles (1824); Anmuthige Geschichten für Kinder zur Veredlung des Herzens (1824); Eusebia, oder Frauengröße und weibliche Tugend. Ein Bildungsbuch für Töchter (1824); Erheiterungen. Ein lehrreiches Geschenk für Knaben und Mädchen (1824); Die Feyer kindlicher Liebe und Dankbarkeit, an Familien- und Schulfesten. Eine Sammlung von 250 Glückwünschen für Kinder nebst mehreren Prüfungsreden (1824); Festgeschenk für gute Söhne und Töchter. Eine Sammlung lehrreicher Erzählungen und merkwürdiger Begebenheiten zur Erweckung des religiösen und moralischen Gefühls (1824); Wanderungen durch das jugendliche Alter, in lehrreichen Geschichten und schönen Bildern, mit 12 illuminierten Bildern (1825); Die Milchbrüder, oder Gottes allweise, väterliche Fürsehung und strenge Gerechtigkeit in Leitung unserer Schicksale. Eine religiös-moralische Erzählung als Lehre und Beispiel für gute Kinder (1825, ^{2}1837); Recueil des contes moraux. Sammlung der neuesten und anziehendsten moralischen Erzählungen. Aus französischen Jugendschrifstellern. Für die Jugend. In deutscher und französischer Sprache (1826); Heitere Ansichten aus dem Leben guter Menschen. Eine Sammlung neuer und lehrreicher Erzählungen für die Jugend (1826); Ehren- und Sittenspiegel aus der alten und neuen Geschichte, in Lebensbeschreibungen und Charakterzügen großer und tugendhafter Männer. Zur Bildung, Ermunterung und Nachahmung für die Jugend dargestellt (1826); Ritter Landsberg, oder die wunderbaren Wege der göttlichen Fürsehung. Eine rührende Geschichte des Mittelalters. Lehrreich für die Kinder erzählt zur Belebung des religiös-moralischen Gefühls (1826, ^{2}1841); Die fromme Königin Mathilde. Eine Geschichte zur Verbreitung des religiös-moralischen Gefühls für fromme Söhne und Töchter (1826, ^{2}1837); Morgengabe in schönen Bildern und lehrreichen Erzählungen (1827); Schauplatz für das jugendliche Alter. Mit Scenen im Zimmer, in der Stadt, im Walde und auf der See, zur bildlichen Darstellung von 34 Erzählungen. Mit 12 illuminierten Kupfern zur Darstellung des Zimmers, der Stadt, des Waldes und der See (1827); Naturgemählde, Länder- und Völkermerkwürdigkeiten und Erzählungen aus den fünf Theilen der bewohnten Erde (1827); Toms und Zabi, die treuen Insulaner. Eine Erzählung für die Jugend (1827); Religion und Tugend, die Leitsterne zur innern Zufriedenheit in dem menschlichen Leben und zum Heile. Eine Sammlung neuer Erzählungen lehrreichen, religiösen und moralischen Inhalts. Zunächst für die Jugend, aber auch für Erwachsene, welche nach Glückseligkeit streben (Bd. 1–12. 1828); Bete und arbeite! Eine Sammlung neuer Erzählungen lehrreichen, religiösen und moralischen Inhalts, zunächst für die Jugend, aber auch für Erwachsene, welche nach Glückseligkeit streben (Bd. 1–6. 1828); Die Schiffbrüchigen unter den Wilden auf Newfoundland. Eine lehrreiche und unterhaltende Geschichte für Kinder (1828, ^{2}1837 unter dem Titel: Vertrauen auf Gott und Rettung. Oder wunderbare Geschichte eines Schiffbruches, einer verunglückten Schiffsgesellschaft, ihres Aufenthaltes auf wüsten Inseln, in den Urwäldern Floridas und ihrer glücklichen Wiedervereinigung. Für Jung und Alt lehrreich erzählt); Die verlassenen Kinder unter dem Schutze Gottes und der Obhut einer frommen und treuen Dienerin. Eine religiös-moralische Erzählung für die Jugend und Erwachsene (1828); Sechzig biblische Geschichten des alten und neuen Testaments (1828); Gute Kinder des Himmels reicher Segen. Eine Geschichte aus unserer Zeit, zur Belehrung für Aeltern, zur Lehre und Nachahmung für Kinder (1829); Die mächtige Hilfe Gottes in den Tagen der Trübsale, der Noth und Gefahr. Dargestellt in einer lehrreichen und rührenden Geschichte zur Belebung des religiösen Gefühls, zur Erbauung und Nachahmung für Jung und Alt (1829, ^{2}1843); Edelsinn und Herzensgüte. Eine Sammlung lehrreicher Erzählungen zur Veredlung der Jugend (1829); Die Prüfung durch Unglück, oder: Gott wendet die Leiden in Freuden. Eine moralisch-religiöse Erzählung für Jung und Alt (1830); (zus. mit J. S. Ebersberg, J. Glatz, G. C. Jerrer, A. Schoppe und J. F. Castelli:) Erzählungen für die Jugend (1830); Blüthen und Früchte aus dem Jugendleben und dem folgenden Alter, den Kindern zur Beherzigung und Nachahmung dargeboten (1830); Perlen aus der Tugendkrone edel und fromm gesinnter Menschen. Zur Beherzigung und Nachahmung der Jugend dargeboten (1830); Der erzählende Kinderfreund im Kreise guter und wißbegieriger Söhne und Töchter. Eine Sammlung neuer Erzählungen aus dem Leben und nach dem Leben gezeichnet. Der Jugend zur Lehre und Belebung des moralischen Gefühls, den Erwachsenen zur Beherzigung und Erbauung (Bd. 1–6. 1831); Der guten Kinder Erzählungsstunden im trauten Familienkreise. Ein Buch für Knaben und Mädchen zur Veredlung des Herzens (1831); Theoretisch-praktischer Leitfaden für Lehrer in Kinder-Bewahrungsanstalten. Enthaltend die Organisation derselben und die Gegenstände, welche und wie sie in derselben vorgenommen werden sollen. Mit einer Geschichte der Kinderbewahranstalten überhaupt und des Hauptvereins für Kinder-Bewahranstalten in Wien (1832); Biographien berühmter und verdienter Männer aller Zeiten und Nationen. Für die Jugend bearbeitet (1832); Ein Kränzchen von bunten Bildern mit einem erklärenden Texte. Zur Belehrung und Unterhaltung für wißbegierige Kinder. Mit 12 colorierten Bildern (1833); Bunte Bilder mit lehrreichen und unterhaltenden Erzählungen für gute Mädchen. Mit 12 illuminierten Kupfern (1833); Die Silberquelle des Guten und Schönen. Eine Sammlung lehrreicher und unterhaltender Erzählungen für Knaben und Mädchen edleren Sinnes (1833); Vorbilder eines frommen Sinnes und guter Handlungen. Zur Beherzigung und Nachahmung (1833); Die schwarze Frau. Eine lehrreiche Erzählung für Kinder und Kinderfreunde (1834); Die beweglichen Bilder mit der Beschreibung einiger schöner Umgebungen Wiens, der Vergnügungen der höheren und niederen Stände, der Volkssitte, und mit mehreren lehrreichen und unterhaltenden Erzählungen. Zum Nutzen und zur Erheiterung der Jugend bearbeitet. Mit sechs colorierten Bildern, die sich verändern lassen (1835); Bilder und Geschichten. Zum Nutzen und Vergnügen der Jugend. Mit sechs colorirten Kupfern (1835); Geschichte der Kreuzzüge und des Königreichs Jerusalem, von dessen Entstehung bis zum Untergange. Für die Jugend und ihre Freunde lehrreich erzählt. Mit einer Karte von Jerusalem (Bd. 1–2. 1835, ^{2}1843); Kinder-Schauspiele für den Familienkreis, welche sich gut lesen und leicht darstellen lassen. Mit zehn illuminierten Kupfern (1836); Bunte Scenerien aus dem Menschenleben. Ein Bilderbuch ganz neuer Art zum Nutzen und Vergnügen der Jugend. Mit vier in Kupfer gestochenen, colorirten und beweglichen Darstellungen (1836); Historischer Bildersaal, oder Darstellungen berühmter Männer und merkwürdiger Begebenheiten aus der Geschichte aller Völker und Zeiten. Zur Belehrung und zum Vergnügen der Jugend bearbeitet. Mit 17 illuminierten Kupfern (1837); Der guten Knaben und Mädchen neuestes Erzählungs- und Bilderbuch. Eine Sammlung lehrreicher und unterhaltender Erzählungen, für die Jugend bearbeitet (1837); Kleine Erzählungen und Märchen für die Jugend. Mit acht colorirten Bildern und einem Panorama, plastisch aufzustellen (1837); Angenehmer und nützlicher Gesellschafter für die Jugend in den freien Stunden. Zur Belehrung, Erheiterung und Warnung gesammelt (1837); Der Tugend die Krone, der Sünde folgt die Strafe. Eine Erzählung für die Jugend (1837); Gefahren und Unglücksfälle aus Unverstand, Unbedachtsamkeit und Leichtsinn, nebst einigen ermunternden Erzählungen. Eine Sammlung durchaus wahrer Ereignisse zur Belehrung und Warnung für die Jugend und für Erwachsene (1838); Jugend-Salon des Frohsinns, oder: bunte Conversationen munterer Knaben und Mädchen aus den gebildeten Ständen, mit Anekdoten, Gesellschaftsspielen und Räthseln, zur Erheiterung und Belebung des Scharfsinnes und Witzes (Bd. 1–6. 1838); Tugendglanz und Seelengröße guter Menschen im Handeln, Dulden und Leiden. Eine Sammlung lehrreicher und rührender Erzählungen für die Jugend (1838); Knabenfreude. Eine Sammlung kurzer Geschichten. Zur Belehrung und Unterhaltung der Knaben in freien Stunden (1838); Mädchenfreude. Eine Sammlung kurzer Geschichten. Zur

Belehrung und Unterhaltung der Mädchen in freien Stunden (1838); Samenkörner des Guten und Nützlichen, gestreuet in die zarten Kinderherzen. Ein neues Bilderbuch für wißbegierige Knaben und Mädchen (1840); Lichte Bilder aus dem Menschenleben, mit ihrer Schattenseite. Eine Sammlung lehrreicher und unterhaltender Erzählungen zur Belebung des moralischen Gefühls und Beförderung ächter Humanität für die Jugend bearbeitet (1840); Das kleine Belvedere oder: Mignon-Bilder-Gallerie. Eine Darstellung vorzüglicher Gemälde der k.k. Bildersammlung aus der neueren Zeit. Nebst erklärendem Texte und lehrreichen Erzählungen für die Jugend. Mit einem plastisch aufzustellenden Saal und 18 dazu gehörigen Gemählden (1840); Die Tugend im Kampfe mit den Widerwärtigkeiten des Lebens, oder: ein frommes, Gott ergebenes Herz geht siegreich und mit geläuterter Tugend aus den herbsten Prüfungen hervor. Für die Jugend zur Erbauung und Nachahmung in rührenden Beispielen dargestellt, denen auch ermunternde Geschichten beigegeben sind (1841); Das Portefeuille des Wißbegierigen. Ein Werk für die Jugend. Enthaltend: Sitten und Trachten verschiedener Völker; das Ritterthum; die Stephanskirche zu Wien und den Dom zu Mailand. Mit 24 sauber colorirten Stahlstichen (1841); Der Christen-Sclave in Algier und Jerusalem. Eine Erzählung für die fromm gesinnte Jugend und für Erwachsene. Mit einer Beschreibung der durch den Wandel Jesu geheiligten Örter in Palästina ([2]1841); 127 kurze und anmuthige Erzählungen mit goldenen Sprüchen erläutert. Für Knaben und Mädchen, die nach Tugend und Weisheit streben (1842); Kindergarten mit Blumen, Blüthen und Früchten. Eine Sammlung von 200 kurzen und anmuthigen Geschichten für Knaben und Mädchen (1843); Der kleine Vorleser. Eine Sammlung anmuthiger und lehrreicher Geschichten für die Jugend (1844); Vaters Erzählungen (1845); Erzählungen der Mutter (1845); Maaßlieben. Erzählungen für die Jugend (1845); Erzählungsbuch der Großmutter (1845); Großvaters Erzählungsbuch (1845).

Sekundärliteratur: K. v. Wurzbach: Biographisches Lexikon des Kaiserthums Österreich, enthaltend Lebensskizzen der denkwürdigen Personen, welche von 1750 bis 1850 im Kaiserstaat und in seinen Kronländern gelebt haben (Bd. 2. 1857. S. 342). – J. Kehrein: Biographisch-literarisches Lexicon der katholischen deutschen Dichter, Volks- und Jugendschriftsteller im 19. Jahrhundert (Bd. 1. 1868. S. 56–57). – M. Nigg: Leopold Chimani 1774–1844 (1895); Leopold Chimani (in: 70. Jahresbericht des Gymnasiums Hollabrunn. 1946–1947). – A. Starzer: Geschichte der Stadt Korneuburg (1899).

Klaus-Ulrich Pech

Christopher, John

*(d.i. Christopher Samuel Youd; Ps.e: Hilary Ford, William Godfrey, Peter Graaf, Peter Nichols, Anthony Rye). Englischer Romanschriftsteller und Jugendbuchautor; *16.4.1922 Knowsley bei Liverpool.*

Chr. arbeitete bis zu seinem Eintritt in die Armee (1942–1946) bei einer Gemeindeverwaltung. 1946 konnte er sich aufgrund eines Literaturstipendiums der Rockefeller Foundation ein ganzes Jahr dem Schreiben widmen. In der darauf folgenden Zeit war er hauptberuflich Angestellter der Diamond Corporation; seit 1958 ist Chr. freier Schriftsteller. Von 1959 bis 1976 lebte er auf der Kanalinsel Guernsey, jetzt in Rye (East Sussex). Chr. erhielt für sein Jugendbuch „The Guardians" den „1971 Guardian Award for Children's Fiction"; die deutsche Fassung „Die Wächter" (1975) wurde mit dem Deutschen Jugendbuchpreis 1976 ausgezeichnet.

Werk, Tendenzen, Wirkung. Chr., der Science Fiction in England jugendliteraturwürdig gemacht hat, wurde nach eigenen Angaben durch Zufall Jugendschriftsteller: Als er, bereits durch Science-Fiction-Romane bekannt geworden, sich mehr für Stoffe der Gegenwart und Vergangenheit zu interessieren begann, bat ihn ein Verleger, ein Jugendbuch dieses Genres zu schreiben. Beiden Interessen suchte er dadurch gerecht zu werden, daß er in seinem ersten Jugendbuch „The white mountains" (1967) die Welt von außerirdischen Wesen kontrollieren läßt, die die Menschen zwingen, zu einer mittelalterlichen Lebensform zurückzukehren. Auf ähnliche Weise sind die meisten seiner Jugendbücher konzipiert: die Lesergegenwart wird unmittelbar oder über gezielte Assoziationsangebote aktualisiert. Der Roman „Die Lotushöhlen" (1977), der im Jahre 2068 auf dem Mond spielt und Science Fiction weniger als technologische denn als biologische Zukunftsvision darstellt – Zentralgestalt ist eine intelligente, fast vergöttlichte Pflanze –, kann den Leser anregen, über Gefahren in seiner eigenen Welt (z.B. Zerstörung der Natur und des ökologischen Gleichgewichts, Faszination mystischer Versenkung, Drogenabhängigkeit) nachzudenken. Das Buch „Die Wächter" (1975) wurde nicht zuletzt deshalb preisgekrönt, weil man ihm die Qualität zusprach, nicht nur spannend geschrieben zu sein, sondern zugleich die kritische Reflexion des jugendlichen Lesers zu mobilisieren. Dies wird freilich dadurch erschwert, daß der Leser nicht erfährt, wie es zu den dargestellten inhumanen Gesellschaftsformen kommen konnte. Dieses Fehlen der historischen Dimension begünstigt, daß der Leser auch seine eigene Welt als statische begreift und hinnimmt. Als Wertvorstellungen und Verhaltensmaximen werden bürgerliche Ideale wie individuelle Freiheit, persönliche Verantwortung, Risikobereitschaft, Handeln auf eigene Faust, Pioniergeist, Tapferkeit und Durchhaltevermögen, andererseits Mißtrauen gegen alle Formen kollektiven Handelns, gegen revolutionäre Veränderungen, gegen unsaubere, unpünktliche und unzuverlässige Personen, also gegen jegliche Normabweichung, vermittelt, so daß dem Leser vor allem die eigene (abendländische) Welt im Vergleich mit den schlechten fiktiven Zuständen als ‚beste der möglichen Welten' erscheinen kann.

Werke: The white mountains (1967; dt. Dreibeinige Monster auf Erdkurs, 1971); The city of gold and lead (1967; dt. Das Geheimnis der dreibeinigen Monster, 1972); The pool of fire (1968; dt. Der Untergang der dreibeinigen Monster, 1972); The lotus caves (1969; dt. Die Lotushöhlen, 1977); The guardians (1970; dt. Die Wächter, 1975); The prince in waiting (1970; dt. Der Fürst von morgen, 1973); Beyond the burning lands (1971); The sword of the spirits (1972; dt. Das Schwert des Geistes, 1974); A figure in grey (1973); Dom and Va (1973); Wild Jack (1974; dt. Abenteuer zwischen zwei Welten, 1978); Empty World (1977; dt. Leere Welt, 1979).

Sekundärliteratur: A. Binder: „Gut, solide und schwungvoll erzählt". Kritische Bemerkungen zu der Begründung der

Verleihung des Deutschen Jugendbuchpreises 1976 für das beste Jugendbuch „Die Wächter" (in: Diskussion Deutsch. 1978. 43. 421–436); Zu Martin Selges Kritik: „Im Schatten der Wächter" (in: Diskussion Deutsch. 1979. 46. 212–213). – M. Selge: Im Schatten der Wächter. John Christophers „Die Wächter", der deutsche Jugendbuchpreis und Alwin Binders kritische Bemerkungen dazu (in: Diskussion Deutsch. 1979. 45. 95–102).

Alwin Binder

Cissarz, Johann Vincenz

*Maler, Graphiker; *22. 1. 1873 Danzig, †23. 12. 1942 Frankfurt am Main.*

C. absolvierte ein Studium an der Akademie in Dresden bei L. POHLE (1841–1908) und H. FREYE (* 1844) und war Meisterschüler bei F. W. PAUWELS (1830–1904). 1903 wurde er in die Darmstädter Künstlerkolonie berufen und erhielt 1906 einen Lehrauftrag für Buchausstattung an den Lehr- und Versuchswerkstätten in Stuttgart. C. wurde wiederholt ausgezeichnet, u. a. mit dem Großen Preis auf der Bugra Leipzig und mit der Goldenen Medaille auf der Weltausstellung St. Louis (beides 1914). Seit 1916 war C. Leiter der Meisterklasse für Malerei an der Kunstgewerbeschule in Frankfurt am Main. 1939 zeigte er sein Werk im Rahmen einer Kollektivausstellung im Kunstverein Frankfurt.

Werk, Tendenzen, Wirkung. C. wurde von der Kritik seiner Zeit als einer der Großen der Malerei gefeiert. Seine Bilder, viele davon Meer- und Dünenstücke, sind dekorative Flächenkunst mit monumental-pathetisch arrangierter Natur, die als Vorwand für eine auf die Spitze getriebene Farbästhetik (Beethovensymphonie für die Ausstellung St. Louis, 1907; Meerfahrt, Villa Frank, Murrhardt, 1909 u. a.) dient. C.s Bedeutung liegt auf dem Gebiet der Buchkunst, zu deren Renaissance er Entscheidendes beitrug. Von dem Verleger EUGEN DIEDERICHS (1867–1930) entdeckt und vielfältig beschäftigt, kam er zu graphisch eigenwilligen, individuellen Lösungen der ornamentalen und typographischen Buchgestaltung. In großem Phantasiereichtum schuf C. Dekorformen, die kalligraphisch sehr feinfühlig sowohl dem geometrischen wie dem vegetabilen Ornament verpflichtet sein können. Aus Kreisen, Wellen, Spiralen, Rauten und Ranken konstruierte er immer neue, die Schrift umspielende und gleichzeitig stabilisierende Liniengebilde. An die Stelle von anfänglich sehr reichen, komplizierten Motiven treten später einfachere und zurückhaltendere. Das Schriftbild gewinnt an Bedeutung. Wichtig sind C.s Zeichnungen zu „Der deutsche Spielmann", zu FERDINAND AVENARIUS' „Wandern und Werden", zu HELENE VOIGT-DIEDERICHS' „Unterstrom" und die von den Brüdern KLINGSPOR herausgegebenen Rhein- und Mosellandschaften. Auch auf dem Gebiet der Plakatkunst war C. richtungweisend. Daneben entwarf er Textilarbeiten (Webereien der Weberei Alsfeld), Glasgemälde (Kirche in Groß-Simmern, Odenwald; Jakobskirche, Stralsund), Möbel, Schrifttypen (Cissarz-Latein) und bestätigte sich als Innenarchitekt (Darmstadt, Blaues Haus, 1904).

Illustrationen: F. Avenarius: Stimmen und Bilder (1898); Fr. Avenarius: Wandern und Werden (1898); H. Voigt-Diederichs: Unterstrom (1901); Wanderer (1903); Meer (1904); Stadt und Land (1905).

Sekundärliteratur: H. H. Hofstätter: Jugendstil (1968). – Fr. Schmalenbach: Jugendstil (1935). – Fr. A. Schmidt-Künsemüller: William Morris und die neuere Buchkunst (1955).

Margund Claussen

Claudius, Georg Carl

*(d. i. Franz Ehrenberg; gelegentl. Georg Karl Cl.). Schriftsteller, Herausgeber; *21. 4. 1757 Zschopau, †20. 11. 1815 Leipzig.*

Werk, Tendenzen, Wirkung. Cl., der als Dreiundzwanzigjähriger seine schriftstellerische Laufbahn begann, verfaßte zahlreiche Schriften, die sich, thematisch weit gestreut, an Erwachsene wie, vor allem in den späteren Jahren, an Kinder wenden. Cl. war auch als Herausgeber vieler Almanache und Jahrbücher (Taschenbücher) bekannt. Eine besondere Vorliebe hatte der Autor für das Kinderschauspiel. Als literarische Vorbilder gab Cl. selbst JOHANN GOTTLIEB SCHUMMEL (1748–1813) und den Franzosen LOUIS FRANÇOIS JAUFFRET an. Allerdings zeigen Cl.' Texte weniger Originalität als die von SCHUMMEL, auf dessen „gebrochene Bahn" Cl. in einem seiner zahlreichen Vorwörter hinweist. Bei seinen Kinderschauspielen vertritt Cl. eine recht moderne Position. So legt er seine Stücke oft nur skizzenhaft vor und läßt den Kindern die Möglichkeit, die Stücke selbst auszugestalten. Er war der Meinung, daß die Rollenverteilung nicht durch Erwachsene vorgenommen werden sollte, vielmehr sollten die Kinder durch eigene Wahl und in friedlicher Aussprache zur Rollenverteilung gelangen. Daß die Schriften des Autors guten Absatz fanden, zeigt seine „Vorerinnerung" zur zweiten Auflage des ersten Bändchens der Schrift „Kleine Kinderwelt oder Neues Lesebuch zur ersten Bildung des Menschenverstandes für das Alter von fünf bis acht Jahren", in der er darüber informiert, daß „Vorliegende Kinderschrift sowohl von Eltern und Lehrern, als auch von der öffentlichen Kritik, günstig aufgenommen und empfohlen worden" sei. Und er fährt fort: „Die nicht unbeträchtlich gewesene erste Auflage ist gänzlich vergriffen, und die fortdauernde Theilnahme des pädagogischen Publikums hat eine zweyte Auflage nöthig gemacht". Zum Aufbau und Inhalt seines Buches sagt der Autor: „Es führt den Titel: kleine Kinderwelt. Ich darf überzeugt seyn, daß man hier also nichts anders, als Darstellungen von Kindercharakteren in ihren so mannichfaltigen Aeußerungen und Ansichten, Handlungen, Sitten und Gewohnheiten erwarten wird, und daß der Zweck dieses Buchs sogleich in die Augen springen muß, der Verfasser habe an Beyspielen, die keine Ideale des Guten, keine Uebertreibungen des Schlechten, Bösen oder Unartigen seyn dürfen, das Ueble und Schändliche so vieler Fehler und Vergehungen des Kindesalters, seinen kleinen Lesern zur Lehr und Warnung an das Herz legen wollen. Er hat dabey Licht und Schatten so vertheilt, wie sie ihm eine fast zwanzigjährige Erfahrung verthei-len hieß, um mit Vortheil auf seine Leser wirken zu können. Weckung, Richtung, Schärfung des Erkennt-nißvermögens ist und bleibt das erste Erforderniß eines Erziehers, der seinen Zögling für die Wohlthat des wahren gesunden Menschenverstandes empfänglich machen will". Was der Autor hier ausführt, trifft weitgehend auch auf seine anderen Kinderschriften zu. Auch im Hinblick auf das „richtige" Lesealter hat Cl. eine modern anmutende Meinung, die vor starren Festlegungen warnt. Er sagt dazu: „Zweytens ist dieses Büchlein für das Alter von fünf bis acht Jahren geschrieben worden. Daß man aber diesen Maßstab nicht allgemein annehmen könne, versteht sich ebenso-gut von selbst, als, daß das einzige Maß eines Huts nicht für alle Hüte, nicht für alle Köpfe passen wird".

Werke: Kleine Unterhaltungen. Ein Weihnachtsgeschenk für Kinder (Bd. 1–2. 1780–1783); Lieder für Kinder mit Melodien (Bd. 1–2. 1780–1785); Kindertheater (1782); Warbeck oder der falsche König von England (1782); Zollikofer (1783); Nachspiel zum Behuf des deutschen Theaters (1783); Das Rendezvous oder Untreue aus Liebe (1783); Juliane Dürbach (1784); Die verstörthe Wirtschaft (1784); Die beiden Freunde (1784); Frauenzimmerbibliothek aufs Jahr 1785 (1785); Taschenbuch für die Verdauungsgeschäfte (1785); Kleineres Handbuch für den Bürger (1786); Die Grafen Guiscardi (1787); Joseph Freeland. Eine wahre Geschichte zur Warnung und Belehrung für die Jugend (1787); Ernst und Laune. Eine periodische Schrift (Bd. 1–3. 1788–1790); Neues Wochenblatt für Kinder und Kinderfreunde (1789); Almanach für die erwachsene Jugend männlichen Geschlechts (1789); Leonore Schmidt (Bd. 1–2. 1789–1791); Der Laubthaler (Bd. 1–3. 1789–1792); Der Fürst und sein Volk (1791); Kleine Beschäftigungen für Kinder (1791); Neue Unterhaltungen für Kinder (Bd. 1–3. 1793–1800); Gemälde aus der Galerie des 18. Jahrhunderts (1794); Geschichte Ewalds von Tringenberg und seiner Freunde (Bd. 1–4. 1795–1796); Kleine Kinderwelt oder neues Lesebuch zur ersten Bildung des Menschenverstandes (Bd. 1–2. 1796); Fortunens Reise am Neujahrsmorgen (1796); Über die Kunst, sich beliebt zu machen (Bd. 1–3. 1797–1800); Nützliche und angenehme Zeitverkürzung für Kinder (1798); Peter der Große (Bd. 1–3. 1798–1800); Kinderalmanach auf das Jahr 1799 (1798); Tägliches Taschenbuch für Kinder (1799); Neue Kinderspiele (1799); Des alten Jacobs Reisebüchlein (Bd. 1–2. 1799); Kurze Anweisung zur wahren feinen Lebensart für Jünglinge (1800); Verschönerungskunst an der Toilette (1800); Philosophie der Toilette (1800); Eduard der Zögling der Natur (Bd. 1–2. 1800); Zeichnungen nach dem Leben (1800); Marianens Schäferstunden (1800); Erst Bildung der Kinder für den geselligen Umgang (Bd. 1–2. 1801); Kleine Romane und Erzählungen für die Jugend (1801); Fibel oder ABC-Buch für den ersten häuslichen Unterricht (1802); Neue Kinderbibliothek (1803); 60 kleine Geschichten für Kinder, die gern lesen, lernen und sich selbst üben wollen (Bd. 1–2. 1803); Karls und Emiliens vergnügte Spielstunden (Bd. 1–3. 1804); Jakob West oder Erfahrungen eines alten Mannes (Bd. 1–2. 1804); Nahrung für Geist und Herz, für Kinder von 5 bis 10 Jahren (1805); Kleine Erzählungen aus der Kinderwelt zur ersten Bildung des Verstandes und Herzens (Bd. 1–4. 1805–1807); Kleine Romane, historische Erzählungen (1806); Gedächtnisübungen für den Privatunterricht der Kinder von 6–12 Jahren (Bd. 1–2. 1806); Anweisung, die Pfänderspiele geschmackvoller einzurichten (1811); Kleine, leichte und angenehme Kinderspiele zur gesellschaftlichen Unterhaltung. Ein Taschenbuch für Kinder der gebildeten Stände (1811); Das Abendstündchen oder Kleine Erzählungen zur Bildung des Herzens für gute Kinder (1813); Ländliche Stunden aus Agathes Leben (1815); Der Kinderbesuch oder Das Betragen der Kinder in Gesellschaften (1819); Sammlung vollständiger, zweckmäßig-angenehmer und unterhaltender Spiele für größere und kleinere Zirkel (1824); Nützliche, auf alle fast erdenklichen Fälle, nach den Erfordernissen des gegenwärtigen Zeitalters eingerichteten Briefe (1825).

Sekundärliteratur: S. Köberle: Jugendliteratur zur Zeit der Aufklärung (1972).

Erich Strobach

Claudius, Wilhelm (Ludwig Heinrich)

*Illustrator, Porträt-, Genre- und Landschaftsmaler; *3. 4. 1854 Altona, †25. 9. 1942 Dresden.*

Durch seinen Vater, der Medailleur, Graveur und Holzschneider in Altona war, kam Cl. schon als Kind mit Kunst in Berührung und erlernte künstlerische Techniken wie Holzschnitt und Gravieren. Er besuchte neben der Schule die städtische Zeichenschule und die Hamburgische Gewerbeschule. Mit siebzehn Jahren erhielt er von der Stadt Altona ein Stipendium und finanzierte damit drei Jahre lang sein Studium an der Akademie in Dresden. Ab 1874 lebte er vom Verkauf von Bildern. Er verließ die Akademie, um in das Atelier von PAUL THUMANN (1834–1908) als Schüler einzutreten. Cl. folgte THUMANN 1876 nach Berlin, wo er Schüler CARL GUSSOWS (1843–1907) wurde. THUMANN und ANTON VON WERNER (1843–1915) vermittelten Cl. als Illustrator an den Verlag der „Gartenlaube" und an Velhagen & Clasing. Ende 1879 kehrte Cl. nach Dresden zurück, wo er zwei Jahrzehnte hauptsächlich als Illustrator arbeitete. Danach wandte er sich wieder der Malerei zu, erhielt 1903 den Professorentitel und 1909 eine Goldmedaille auf der Großen Kunstausstellung in München. Bis zu seinem Tode lebte Cl. als Maler in Dresden.

Werk, Tendenzen, Wirkung. Von 1878 bis 1903 produzierte Cl. fast ausschließlich und in großen Mengen Illustrationen. Darunter waren Bilder zu den Novellen HANS ARNOLDS, zu den Erzählungen HERMINE VILLINGERS, HEINRICH STEINHAUSENS, AUGUSTE SUPPERS, zu den Romanen EUGENIE MARLITTS und WILHELMINE HEIMBURGS und zu den Märchen von BECHSTEIN, ANDERSEN und der Brüder GRIMM. Hinzu kommen noch Arbeiten für Zeitschriften wie „Herzblättchens Zeitvertreib" und das „Töchteralbum". Cl. stellt in seinen Bildern alltägliche Begebenheiten dar. Eine freundliche, behagliche, idyllische Welt wird gezeigt, in der sich Cl.' Figuren bewegen. Dabei ist gleichgültig, ob sie in eine Kulisse des Biedermeier oder der Gründerzeit, in die einer Stadt oder die einer ländlichen Umwelt gestellt sind.

In seinen frühen Illustrationen aus den Jahren um und nach 1880 („Kindergarten", „Das Buch vom braven Mann"), besonders aber in J. D. GEORGENS „Mutter-Büchlein", huldigt Cl. seinem Vorbild LUDWIG RICHTER (1803–1884). Alle drei Werke enthalten Schwarz-Weiß-Illustrationen von verschiedenen Künstlern, darunter THEODOR HOSEMANN (1807–1875), FEDOR FLINZER (1832–1911) und LUDWIG RICHTER (1803–1884). Je nach Druckverfahren sind die Umrisse und Formen strenger und durch reichere Schattierung dunkler oder heller, einfacher und flächiger. Der romantische Einfluß klingt in Form von Wichtelmännchen, gotischen Häusern und Großvaterpfeifen nach. Im „Mutter-Büchlein" wird die Umrißlinie beweglich, der Schwarz-Weiß-Kontrast durch das Stehenlassen weißer Flächen erhöht. Die Gegenstände erhalten ihre Plastizität durch eine feine und sparsame Binnenzeichnung. Inhaltlich herrscht eine Idylle, in der vermenschlichte Tiere, kleine Kinder, alte Bauwerke, Städte und Dörfer zu sehen sind. Cl. liebte es, seine Genrebilder mit biedermeierlichen Ornamenten aus Flora und Fauna zu umgeben. Der sich seinerzeit breitmachende Farbdruck, wie er in „Das Kind und seine kleine Welt" und „Goldene Reime für die Kinderstube" erscheint, läßt die Beziehung zu L. RICHTER zurücktreten. In den „Goldenen Reimen für die Kinderstube" löst sich Cl. vom Holzschnitt. Die Farbdruckbilder nach Aquarellen weichen die harten Umrißlinien auf, die Plastizität wird nicht mehr durch Schraffur, vielmehr durch farbliche Abstufung erreicht. In den neunziger Jahren werden die Darstellungen immer modischer; die Szenen spielen in der Gegenwart, künstlerisches Ziel ist die Wirklichkeitsnähe. Die farbigen Illustrationen in A. STEINS „Tagebuch dreier Kinder" aus dem Jahr 1894 erinnern in Stil und Thematik stark an die Bilder des Schweden CARL LARSSON (1853–1919), der ebenfalls Szenen des damaligen bürgerlichen Lebens darstellte. Cl. hat eine große Zahl von Illustrationen bei relativ gleichbleibender Qualität geschaffen – die Qualitätsunterschiede gehen mehr zu Lasten der Reproduktionsverfahren (Öldruck) –, sie sind lebendig und plastisch, die Gesichter zwar nicht individuell, aber doch voneinander zu unterscheiden, die Bewegungen natürlich, wenn auch für den heutigen Betrachter leicht pathetisch. Cl. besitzt einen großen Fundus an künstlerischen und technischen Mitteln, die er auch bewußt einsetzt. Gerade im Zusammenhang mit dem Text sind Cl.' Illustrationen von kulturhistorischem Wert, da sie das Leben der Bürger in der Zeit des Wilhelminismus harmonisierend, aber detailreich widerspiegeln.

Werke: R. Löwenstein: Kindergarten (zus. mit anderen, um 1880); R. Roth: Das Buch vom braven Mann (zus. mit anderen, 1882); J. Trojan: Spiel und Leben (1883); J. Trojan: Das Kind und seine kleine Welt (1883); daraus: Im Sonnenschein, 1884); J. Lohmeyer: Wie's am Tage geht von früh bis spät (1884); H. Seidel: Wintermärchen (zus. mit anderen, 1885); Fr. Wiedemann: Hundert Geschichten für eine Mutter und ihre Kinder (zus. mit C. W. Müller, 1885); A. Stein: Die kleine Anna (1886); W. Claudius: Kinderlust. Alte Reime – neue Bilder (1887); A. Stein: Willkommen. Ein Bilderbuch zur Lust und Lehre für artige Kinder (1887); Fr. Schanz (Hrsg.): Lieder des Lebens (zus. mit anderen, 1888); C. Lechler (Hrsg.): Goldene Reime für die Kinderstube (1890); W. Heimberg: Aus dem Leben meiner alten Freundin (1890); J. D. Georgens: Georgens' Mutter-Büchlein (zus. mit anderen, 1892); B. Schumann: Was Großmutter erzählt (1894); A. Stein: 52 Sonntage oder Tagebuch dreier Kinder (1894); A. Stein: Tagebuch dreier Kinder. 2. Teil der 52 Sonntage (1894); H. Arnold: Novellen (1895); H. Arnold: Fünf neue Novellen (1896); H. Arnold: Aus alten und neuen Tagen (1897); H. Arnold: Einst im Mai! und andere Novellen (1897); H. Arnold: Neue Novellen (1898); A. Cosmar: Erzählungen der Puppe Wunderhold (1898); M. Giese: Heckenröschen (1898; NA. in: Giese, Für die Mädchenwelt, 1909); J. Trojan (zus. mit anderen): Für unsere Kleinen (zus. mit E. Voigt und K. Wagner, 1898); J. Trojan: Für unsere Lieblinge (zus. mit anderen, 1898); J. Trojan (zus. mit anderen): Lustiges Volk (zus. mit E. Voigt und K. Wagner, 1898); H. Arnold: Maskiert und andere Novellen (1899); H. Arnold: Ein neues Novellenbuch (1899); S. v. Niebelschütz: Robert und Almansor (1899, NA. 1921); J. Trojan (zus. mit anderen): Frohe Stunden (zus mit E. Voigt und K. Wagner, 1899); H. Arnold: Christel und andere Novellen (1900); H. Jäde: Fritzchens merkwürdige Abenteuer (1900); H. Arnold: Zwei Affen und andere Novellen (1902); H. Arnold: Perücke? Neue Novellen (1904); W. Claudius: Goldene Kindertage (1905); L. Gubalke (Hrsg.): Scherls Jungmädchenbuch (zus. mit anderen; 1. 1914. 12. 1927; auch u.d.T.: Scherls Mädchenbuch, 1916–1918); W. Claudius: Sechs farbige Bilder nach seinen Originalen (1925).

Sekundärliteratur: Th. Kutschmann: Geschichte der deutschen Illustration (Bd. 2. 1900). – P. Schumann: Wilhelm Claudius (in: Westermanns Monatshefte. 69. 1924. 820. 329–344). – A. Seebaß: Alte Kinderbücher und Jugendschriften (1957).

Cornelia Schneider

Cleary, Beverly

*Amerikanische Kinderbuchautorin, Jugendbibliothekarin; * 12. 4. 1916 McMinnville/Oregon (USA).*

Cl. verbrachte ihre Kindheit in dem kleinen Ort Yamhill, ehe sie auf die Grammar- und High-School in Portland kam. Nach dem Besuch des Chaffee Junior College in Ontario studierte sie an der Universität von Berkeley/Kalifornien (Bachelor of Arts 1938), anschließend in der „School of Librarianship" an der Universität von Washington/Seattle (Bachelor of Arts 1939). 1940 heiratete sie CLARENCE T. CLEARY; sie wurde Mutter von Zwillingen. Während des Zweiten Weltkrieges arbeitete sie als Bibliothekarin für ein Armee-Hospital; sie spezialisierte sich auf Kinder- und Jugendbibliotheken. Cl. lebt in Berkeley/Kalifornien.
Cl. erhielt viele Auszeichnungen, unter anderem den Charlie Mae Children's Book Award/Arkansas 1973, den Dorothy Canfield Fisher Award 1958 und 1966, den Georgia Children's Book Award 1970, den Oklahoma Sequoyah Children's Book Award 1971, den Laura Ingalls Wilder Award 1975; sie stand 1972 auf der Auswahlliste für den Deutschen Jugendbuchpreis.

Werk, Tendenzen, Wirkung. Cl.s zwei Dutzend Bücher zeichnen sich durch einen heiteren Grundton aus. Sie sorgt für eine problemlose, mehr oder weniger spannende Unterhaltung; gesellschaftskritische Ansätze fehlen. In ihren Umweltbüchern wird kurzweilig von Alltagsereignissen in Familie, Schule oder Ferienlager erzählt. Das Familienklima ist durch eine liberale Freundlichkeit gekennzeichnet, wirft deshalb kaum Autoritätskonflikte auf; in der Schule wird die Anpassung zielstrebig, aber nicht rigide durchgesetzt. Wegen der allseitigen Verständigungsbereitschaft bei Kindern und Erwachsenen wird die Harmonie nie ernsthaft getrübt. Freundschaften mit Tieren, vor allem Hunden, spielen mehrfach eine zentrale Rolle; der Leser wird durch die scheinrealistische Darstellung in seinem Wunsch nach einem tierischen Spielgefährten bestätigt. Originell und witzig ist das Kinderbuch „Die Maus und das Motorrad" (1971), das allein siebenmal ausgezeichnet worden ist. Sein Reiz beruht darin, daß es in dem angstfreien und erlebnishungrigen Mäuserich Ralf eine Identifikationsfigur anbietet, die unbekümmerte Daseinsfreude verkörpert und die Abenteuerlust steigert: Ralf unternimmt auf einem Spielzeugmotorrad tollkühne Fahrten durch ein Hotel. Die Kinderfiguren der übrigen Bücher – fast immer Seriengeschichten – zeichnen sich oft durch eine egozentrische Naivität aus, die einerseits geduldet, andererseits belächelt wird, wobei die Erwachsenen und älteren Geschwister eine fast engelhafte Geduld praktizieren. Zu den verbreitetsten Titeln gehören die Ramona-Bücher „Meine Schwester, das Biest" (1973) und „Renate, die Landplage" (1974).

Werke: Henry Huggins (1950; dt. Henry Huggins, 1969, ²1971); Ellen Tebbits (1951); Henry and Beezus (1952; dt. Henry und sein Fahrrad, 1970); Otis Spofford (1953); Henry and Ribsy (1954; dt. Immer dieser Ferdinand, 1974); Beezus and Ramona (1955; dt. Meine Schwester – das Biest, 1973, TB. 1978); Fifteen (1956; dt. Mit Fünfzehn, 1959); Henry and the paper route (1957); The luckiest girl (1958); Jean and Johnny (1959); The real hole (1960); The hullabaloo ABC (1960); Two dog biscuits (1961); Emily's runaway imagination (1961); Henry and the clubhouse (1962); Sister of the bride (1963); Ribsy (1964; dt. Stummelschwanz und lange Ohren, 1972); The mouse and the motorcycle (1965; dt. Die Maus und das Motorrad, 1971, TB. 1975); Mitch and Amy (1967); Ramona the pest (1968; dt. Renate, die Landplage, 1974); Runaway Ralph (1970; dt. Mäuserich Ralf haut ab, 1972); Socks (1973); Ramona the brave (1975); Ramona and her father (1977; dt. Renate fällt etwas ein, 1979); Ramona and her mother (1979).

Jutta Grützmacher

Clément, Bertha

*Mädchenbuchautorin; *25. 8. 1852 Ludwigslust (Mecklenburg), †22. 8. 1930 Ludwigslust (Mecklenburg).*

Cl., Tochter eines lange Zeit im Süden ansässigen Malers, erhielt ihre ersten Anregungen zur schriftstellerischen Tätigkeit durch die Reiseschilderungen und Erlebniserzählungen ihres Vaters. Wie sie selbst sagt, war „seit ihrer frühesten Jugend ihr größtes Vergnügen, sich Geschichten auszudenken und diese mit all dem Schönen auszuschmücken, das sie aus den Erzählungen ihres Vaters schöpfte". Später unternahm Cl. selbst ausgedehnte Reisen, um sich neue Anregungen für ihre Mädchenbücher zu verschaffen. Sie veröffentlichte ihr erstes Buch erst im Alter von vierzig Jahren.

Werk, Tendenzen, Wirkung. Bereits Cl.s erstes Buch („Tage des Glücks. Erzählung für Mädchen von 10 bis 12 Jahren", 1893) steht vom Titel wie vom Inhalt her programmatisch für das Gesamtwerk der Autorin. Cl. war in den Folgejahren sehr produktiv, in manchen Jahren erschienen gleich mehrere Bände von ihr, die bei den jungen Leserinnen gut ankamen und zum Teil Neuauflagen erlebten. In Cl.s Mädchenschriften wird immer wieder die Vorstellung von der „höheren Tochter" und ihrer Rolle in der Familie der bürgerlichen Gesellschaft der Wilhelminischen Ära sichtbar. Erst nach dem Ersten Weltkrieg, als sich die gesellschaftlichen Verhältnisse teilweise änderten, nahm die Wirkung ihrer Bücher ab, die aber noch bis zum Jahr 1928 in Neuauflagen erschienen. Nach dem Zweiten Weltkrieg wurde keines ihrer Bücher mehr aufgelegt. Die schriftstellerische Tätigkeit von Cl. steht in einer Reihe mit derjenigen der zahlreichen Mädchenbuchautorinnen des endenden 19. Jahrhunderts, die den Typ des literarisch anspruchslosen und inhaltlich auf bürgerliche Verhaltensnormen fixierten Backfischbuches prägten wie CLARA CRON (1823–1890), CLEMENTINE HELM (1825–1896), EMMY VON RHODEN (1832–1885), ELISABETH HALDEN (1841–1916), MARIE VON FELSENECK (1847–1926) oder ELSE URY (1877–1943). Cl.s Schriften erschienen vorwiegend im Stuttgarter Verlag Gustav Weise und im Union-Verlag, der vor allem durch seine Jugendzeitschriften „Das Neue Univer-

Bertha Clément: Libelle, Backfischzeit. Einband des in der „Kränzchen-Bibliothek" erschienenen Mädchenbuches (25. Auflage, um 1916)

sum", „Der Gute Kamerad" und „Das Kränzchen" sowie seine Buchreihen „Kamerad-Bibliothek", „Kränzchen-Bibliothek" und „Kränzchen-Theater" die größte Breitenwirkung im Bereich der Jugendlektüre in der Zeit vor dem Ersten Weltkrieg erzielte. Mehrere Mädchenbücher von Cl. erschienen im Rahmen der für Mädchen vorgesehenen „Kränzchen-Bibliothek".

Werke: Tage des Glücks (1893); Der Geigersepp und sein Enkel (1893); Seine kleine Frau (1894); Das Rebenhäusel (1895); Für brave Kinder (1896); Standdistel (1896); Hauptmann Puck (1896); Der silberne Kreuzbund (1897); Prinzeß Ilse (1897); Komteß Wally. Neues vom „Silbernen Kreuzbund" (1898); Unika (1898); Im Rosenhaus (1898); Die Rose von Jericho (1899); Engelsfittiche (1899); Am Klausenwasser (1899); Die Rosenkette (1899); Nur unser Fräulein (1900); Die Turmschwalbe (1900); Jung-Deutschland (1900); In den Savannen. Fortsetzung von „Im Rosenhause" (1900); Goldene Zeiten (1901); Ein Fürstenkind (1901); Glückliche Kinderzeit. Ein Bilderbuch mit Versen (1901); Libelle. Backfischzeit (1901); Jungfer Hochhinaus (1902); Der Kinder Welt in Wort und Bild (1902); Libelle. Lenz- und Brautzeit (1902); Im Schwalbenneste (1902); Sonnige Tage, wonnige Stunden. Ein Bilderbuch mit Erzählungen und Versen (1903); Deutsche Treue (1903); Amtsrichters Töchter (1903); Willkommen. Ein Mädchenbuch zur Unterhaltung und Belehrung (1903); Großvater und Enkel (1904); Weihnachtsüberraschungen. Eine Burengeschichte (1904); Die treuen Kameraden (1904); Von Engeln behütet (1904); Die Reise in die Welt (1904); Erblüht an einem Stamm (1904); Die Linde am Abersee. Nach einer wahren Begebenheit (1904); Der kleine Patriot (1905); Auf dem Ulmenhofe (1905); Mutters Kleeblatt (1905); Goldene Zeiten (1905); Kinderfüße (1905); Nachbarskinder (1906); Die Heimchen (1906); Auf der Eisscholle (1906); Schusters Hann (1906); Lebensziele (1907); Liselotte (1907); Sonnentage (1909); Fräulein Wildfang und andere Erzählungen (1909); Die Waldkinder (1910); Die nächste Pflicht (1910); Jörge Just. Erzählung aus den Harzer Bergen (1910); Das Siebengestirn (1910); Ins Leben hinaus (1911); Heimatboden (1912); Liesel ohne Sorgen (1912); Das Röseli vom Ötztal (1912); Susis Paradies (1913); Villa Trautheim (1913); Das Dreigespann (1914); Unter dem Holunderbaum (1915); Sturmgebraus. Erzählung aus dem Kriegsjahr 1914 (1915); Tante erzählt (1915); Neue Märchen aus dem Walde für die Kleinen (1916); Morgenrot. Eine Erzählung aus dem großen Krieg (1916); Trauts Sonnenjahre (1918); O du mein gülden Krönlein (1919); Im Glückshafen (1919); Professor Alver's Töchterlein (1920); Edelweiß (1920); Die Lilie von Eden (1922); Das Singerlein (1922); Wiltruds Werdegang (1926); Das singende Holz. Roman aus dem bayerischen Hochgebirge (1927); In Treue fest (1929); Die zwei Lieben des Grafen Ulrich (1932); Der Weg ins Glück (1930).

Sekundärliteratur: H. Kieser: Bertha Clément (in: Gedenktage des mitteldeutschen Raumes, 1980 (1979. 137–139).

Harro Kieser

Colberg, Erich

*Verfasser von Laien- und Schulspielen; *21.3.1901 Gelsenkirchen, †27.11.1966 Harber b. Soltau.*

C. wuchs in Pommern auf und war dort als Lehrer tätig. Er engagierte sich in der Wandervogel- und Jugendbewegung und befaßte sich mit den reformpädagogischen Initiativen zur Wiederbelebung des Schultheaters als ‚schöpferisches Schulbühnenspiel'. Anregung für seine Arbeit erhielt er von den ersten Protagonisten des neuen Schulspiels Paul Matzdorf, Kurt Riemann und Karl Hahn, in deren Tradition er sich versteht. Nach 1945 wanderte C. zunächst als Märchen- und Geschichtenerzähler durch Schleswig, bevor er als Dorfschullehrer in Harber in der Lüneburger Heide eine Anstellung fand. Seine schulpraktische Arbeit mit dem Theaterspiel schlug sich in der Veröffentlichung zahlreicher Spieltexte nieder. C. gab „Die Schulreihe" des Deutschen Laienspielverlags (Weinheim) und zusammen mit Margarethe Cordes die „Münchener Laienspiele" heraus. In den fünfziger Jahren konnte er Teile der Lehrerschaft für seine Auffassung vom Schulspiel gewinnen, die er 1959 in dem Band „Mein Weg ins Schulspiel" zusammenfaßte.

Werk, Tendenzen, Wirkung. C. gehört zu den Pionieren des neueren Schulspiels, das nach 1945 in der Phase des Neubeginns die Laienspielbewegung der Weimarer Zeit in ihrer bürgerlichen und christlich-nationalen Ausprägung reaktivierte. Dabei ist C. ebenso wie etwa Margarethe Cordes, Rudolf Mirbt oder Ignaz Gentges noch ganz von diesem Erbe geprägt, was sich in einer nahezu unmodifizerten Übernahme von Ideologie, Spielgut und Dramaturgie äußert. Mit Jahreszeiten-, Krippen- und Märchenspielen, Grotesken, Volks- und Luststücken hat C. zu den üblichen Motivgruppen Spieltexte verfaßt, die aus seiner Tätigkeit als Lehrer und Spielleiter erwachsen sind. Bereits seine ersten Stücke zeigen eine Vorliebe für das Stilmittel des Bewegungschors, wie er vor allem durch den Laienspielpädagogen Martin Luserke (1880–1968) entwikkelt worden war. Der Chor, der aktiv handelnd eingreift, Rollen unterstützt und Zustände darstellt, wurde zugleich als erlebte Harmonie des Gleichklangs einer Gruppe verstanden, den Gemeinschaftsgedanken verkörpernd. C. will mit seiner Schulspielarbeit den Lehrstoff in dramatisierter Form vermitteln, vor allem aber pädagogisch wirken. Mittels Spiel, Lied und Tanz will er „der kleinen Menschenknospe die Kräfte und Säfte zuführen, die zur Entfaltung notwendig sind". Für das erste Grundschulalter entwirft er betulich anmutende Reigen- und Kreisspiele, die mit ‚Wichtelmännern, Häschen und Blumenseelchen' an den Naturmythos von Ernst Kreidolfs „Blumen-Märchen" (1898) erinnern (Der glückliche Tag der kleinen Blume, 1950). Um den „Kleinen" die „ihnen gemäße Kost" zu verabreichen, wird vor allem die Märchenwelt bemüht und zu Singspielen bearbeitet, wobei die moralischen Implikationen voll ausgespielt, die Fleißigen belohnt, die Faulen verachtet werden (Das Hollehaus, 1949). Der Phasenlehre einer traditionellen Kinderpsychologie verpflichtet, wird die kindertümlich heile Welt der Kleinen in der Pubertät zugunsten der Abenteuersuche aufgebrochen: „Aus dem Menschenküken, das den Bannkreis des warmen Nestes nicht verlassen mochte, wird ein Kerl, der sich reckt und streckt und die Welt erobern will ..." (Mein Weg ins Schulspiel, S. 38). Die von C. für dieses Alter konzipierten Spiele über

Abenteuer und Entdeckungen (u.a.: Nordpolfahrt, 1931; Die große Stunde des Christoph Columbus, 1951) sind ausdrücklich als Jungenspiele deklariert. Den Mädchen bleiben Märchenspiele und religiös motivierte Stücke vorbehalten, um die Rolle als Ehefrau und das ‚Gefühl der Mütterlichkeit' zu entwickeln (Die Schnitterin, 1935; Geht einer durch die Felder, 1949; Die Hexe, die eine Heilige war, 1952). Die Jungen werden dagegen zunehmend zum Welterobern ermuntert und schon früh zu ‚echten Prachtkerls', die über feige Prahlhänse triumphieren, erzogen (Die sieben Prahlhänse, 1949; Der Weihnachtsmann ist doch gerecht, 1953). C.s Heroisierung tapferer Männlichkeit erfährt Höhepunkte in seinen Fliegergeschichten, die während des Dritten Reiches Verbreitung fanden (u.a.: Wir fliegen!, 1933; Steppke, der Segelflieger, 1933). In dieser Zeit hatte sich C. auch für den Gedanken des Luftschutzbundes stark gemacht (Luftangriff, 1936). Seine Leidenschaft für die Fliegerei läßt Flugzeuge und Raketen selbst in Märchenstoffen eine wichtige Rolle spielen (Huiwui, 1953; König Winter, 1931). C. glaubte, damit die Poesie der Technik vermitteln zu können. Als Librettist zweier Schulopern „Das große Ei" (1951) und „Der gestiefelte Kater" (1953), zu denen der Komponist WALTER GIRNATIS die Musik schrieb, konnte C. seine märchendramaturgischen Vorstellungen von Wechsel und Einheit singender, musizierender und tanzender Gruppen, chorischer und arioser Partien umsetzen. Wenn schon Legenden-, Krippen- und Weihnachtsspiele C.s religiöse Intentionen bezeugten, appelliert er mit dem Spiel „Luzifer steht am Weg" (1953) eindringlich an die Menschen, das Evangelium so ernst zu nehmen, wie es verkündet ist. Überraschend aus dem Rahmen fällt C.s kabarettistisches Zeitspiel „Der Lattenzaun" (1953), das als Plädoyer für eine europäische Gemeinschaft gegen ‚patriotische Schrebergärten', in denen jede Nation ihren eigenen Kohl anbaut, zu Felde zieht; vielleicht der Versuch, den belasteten völkischen Gedanken der Weimarer Zeit, der auch dem Laienspiel anhaftet, neu zu interpretieren und zu kosmopolitisieren.

Werke: Der Wind erzählt (zus. mit H. Ernst, 1924); Lustiges Volk (1927); Märchengeister (1929); Rund um Ostern (1930); Es schneit, es schneit! (1931); Der Morgen (1931); Nordpolfahrt (1931); König Winter (1931); Ein Kinderfest im Walde (1931); Heidideldumdei (1932); Episode am Äquator (1932); Heimat, Volk und Vaterland (1932); Wir grüßen das Leben (1932); Mutter (1932); Unsere Welt (Folge 1–3. 1932–1937); Ein lustiges Stücklein vom Wolf und den sieben Zicklein (1933); Purzelbäume durch die Welt (1934); Das Musikanten-Märchen (1934); Unsere Spielfibel (1934); Ein Tänzlein um die Krippe (1934); Schneewittchen (1935); Die Schnitterin (1935); Große und kleine Rosinen (1935); Radio (1935); Seeräuber (1935); Hoch lebe die Seeräuberei! (1935); Die Mutter und der Tod (1935); Das große Zeittheater (1936); Klamauk um Priem (1936); Kullerauge, der Osterhase (1936); Luftangriff. Werbespiel für den Gedanken des Reichsluftschutzbundes (1936); Die geheimnisvollen Tankstellen (1937); Die Jagd nach der grünen Mappe (1937, NA. 1952); Motorgebrumm und der Sausewind Rumpeldipum (1937); Die Söhne (1937); Das fröhliche Buch (1938); Der Kommandant (1938); Gudrun in der Normandie (1938, NA. 1952); Hagen (1939); Das Gesetz des Ritters (1939); Das Kind (1939); Uwes Heimkehr (1939); Die goldene Jungfrau (1939, NA. 1951); Weihnachtslegende (1940); Die wehrhafte Bruderschaft. Die freudevolle Geschichte vom starken Hansel (1940); König Ring (1942); Brunhild (1942); Der Prinz im blauen Mantel (1942); Ein Königreich zu vergeben (1943); Das Hollehaus (1949); Dornröschen (1949); Geht einer durch die Felder (1949); Stern überm Stall (1949); Der klingende Baum (1949); Die sieben Prahlhänse (1949); Herr Mi und Frau Ma und Herr Mu (1949); Der glückliche Tag der kleinen Blume (1950); Herodes steht draußen im Schnee (1950); Der goldene Wagen ist entzwei! (1950); Die große Stunde des Christoph Columbus (1951); Das große Ei (zus. mit W. Girnatis, 1951); Die mehreren Wehmüller (1952); Der große Stern (1952); Die Hexe, die eine Heilige war (1952); Peter Squenz (1953); Luzifer steht am Weg (1953); Lecker und Lecker, die Honigkuchenbäcker (1953); Der gestiefelte Kater (zus. mit W. Girnatis, 1953); Der Lattenzaun (1953); Huiwui (1953); Der Weihnachtsmann ist doch gerecht (1953); Das kleine Weihnachtsbuch (1954); Die letzte Zuflucht (1955); Revolte bei den Wettermachern (1955); Der große Maulwurf (1955); Wie soll ich dich empfangen (1956); Im Niemandsland (1957); Die Kaschemme im Urwald (1957); Der Gespenster-Wal (1957); Das Spielbuch von unseren Tieren (1957); Wir warten auf den Nikolaus (1958); Schnittpunkte (1958); Nicht wie bei armen Leuten (1958); Kennwort Mammon (1958); Mensch Gottesmann (1958); In der dunkelsten Nacht (1959); Begegnung. Ein Spiel im Advent (1959); Mein Weg ins Schulspiel (1959); Für die Kleinen erzählt (1960); Bis in alle Ewigkeit (1960); Der rechte und der falsche Sohn (1961); Am Morgen danach (1961); Menschen gesucht (1961); Einer hörte die Engel nicht (1961); Die Stunde seiner Gnade (1962); Teufelchens Erdenfahrt (1962); Wir leben das Jahr (1963); Wie der Heiner ehrlich wurde (1963); Spiel mit dem imaginären Partner (Folge 1–2. 1963); Solche Kerle! (1963); Der Bart muß ab (1963); Als die Zeit erfüllet war (1963); Zünd an dein Licht (1964); Vom Jungen, der immer mehr haben wollte (1964); Reise in die Geborgenheit (1964); Die beiden Tauben (1965); Der Stern am Rande der Straße (1965); Struppi (1965); Was sollen wir tun? (1965); Der Krämerskorb (1965); Die Nacht brennt über Bethlehem (1966); Kaspar Sonnenkringel (1966); Das Denkmal (1966); Rahels Berufung (1966); Die Kette (1967); Die Party (1967); Wir wollen zusammen die Weihnacht begehen (1967).

Bearb.: A. Setälä: Prinzessin Stupsnase und der fröhliche Schornsteinfeger (1951); H. Baumann: Der Drache von nebenan (1961); H. Sachs: Der tote Mann (1964).

Hrsg.: Münchener Laienspiele (zus. mit H. Cordes. 1941–1968); Die Schulreihe (1949ff.).

Sekundärliteratur: K. Dorpus (Hrsg.): Erich Colberg, der Pionier des deutschen Schulspiels (1961).

Detlef Ram

Colshorn, Theodor

*Lehrer, Sammler von Märchen und Sagen, Herausgeber von Anthologien; *13.1.1821 Ribbelsbüttel bei Hannover, †1.9.1896 Hannover.*

C., Sohn eines Lehrers und Kantors, besuchte das Lehrerseminar in Hannover, war Lehrer an verschiedenen Orten in Niedersachsen, ab 1848 in Hannover, wo er an der Höheren Töchterschule und am Realgymnasium unterrichtete und eine Privatschule gründete. 1895 trat er in den Ruhestand.

Werk, Tendenzen, Wirkung. Anregung zum Sammeln von Märchen und Sagen erhielt C., als er im Alter von 22 Jahren die „Deutsche Mythologie“ (1835) von JACOB GRIMM (1785–1863) las, mit dem er später in einem intensiven Briefwechsel stand. Helfer beim Sammeln und Herausgeben war CARL COLSHORN (1812–1855), C.s älterer Bruder. Ihr Buch „Märchen und Sagen“ (1854) enthält Märchen wie „Peter Bär“, „Der verwunschene Frosch“ oder „Der Zwerg mit der grünen Peitsche“. Mit seinen Anthologien, die in Verbindung mit C.s Berufsarbeit als Lehrer zu sehen sind, wollte er Grundlagen für Lese- und Deklamierübungen im Unterricht, aber auch Stoff häuslicher Lektüre und Beispielsammlungen zur deutschen Literaturgeschichte bieten. Eine gewisse Enge der Auswahlprinzipien ist nicht zu übersehen, wenn C. im Vorwort zu „Des Mägdleins Dichterwald“ (2. Aufl. 1854) darauf hinweist, daß er die „krankhaften Romantiker“ ebenso vermieden habe wie WIELAND, weil er „nichts gutes Geeignetes bei ihm vorgefunden“.

Werke: Des Mägdleins Dichterwald (1852); Deutsche Mythologie für's deutsche Volk (1853); Märchen und Sagen (1854); Wechselbilder. Ein doppeltes Bilderbuch (1856); Der Deklamator. 100 Gedichte zum Deklamieren (1860); Deutsche Balladen und Lieder (1879); Zum 22. März. Bilder aus dem Leben des deutschen Kaisers in Rede, Gesang und Deklamation (1887).

Alfred Clemens Baumgärtner

Cordes, Margarethe

*Verfasserin von Laien- und Schattenspielen; *23. 1. 1898 Hamburg.*

C. wuchs in einer angesehenen Hamburger Juristenfamilie auf. Die künstlerisch ambitionierte Mutter, eine Malerin, regte ihre Kinder schon früh zum Theaterspielen an, indem sie zu besonderen Anlässen kleine Stücke und Szenen aufführen ließ. C., die bereits mit zwölf Jahren ihr erstes Theaterstück schrieb, studierte Deutsch, Geschichte und Biologie und wurde Lehrerin. Während des Ersten Weltkrieges führte sie die Theaterarbeit im Lazarettdienst als Soldatenbetreuung fort und kam mit dem Geestländer Volkstanzkreis unter ANNA HELMS und HERMANN BLASCHKE in Verbindung. In dieser Zeit lernte sie auch die Schattenspielkunst kennen, deren Verbreitung und Ausgestaltung ihr Hauptanliegen werden sollte. C.s intensivste Schaffensperiode begann 1923, nachdem sie den Laienspielinitiator und -theoretiker RUDOLF MIRBT kennengelernt hatte. Der Verlag des einflußreichen Bühnenvolksbundes veröffentlichte ihre ersten Texte, denen eine umfangreiche Produktion von Märchenspielen und Theaterstücken folgte. C. führte zahlreiche Lehrgänge zum Laien- und Schattenspiel durch, war Leiterin einer Laienspielgruppe und eines Schattenspielerkreises, der später auch für das Fernsehen produzierte. Nach 1945 setzte sie sich für eine Wiederbelebung des Laienspiels in der Tradition der Weimarer Republik ein und gab zusammen mit ERICH COLBERG die Reihe Münchener Laienspiele neu heraus. Später hat der Deutsche Laienspielverlag (heute: Deutscher Theaterverlag) in Weinheim ihre Spieltexte übernommen, für den C. auch die Heftfolge „Das Schattenspiel“ edierte. C. ist Ehrenmitglied verschiedener Laienspielorganisationen und -bühnen und publizierte die Zeitschrift „Schattenbriefe“.

Werk, Tendenzen, Wirkung. C. hat Volks- und Lustspiele, Handpuppen-, Marionetten- und Schattenstükke für Kinder, Jugendliche und Erwachsene geschrieben. Ihre Arbeit steht in engem Zusammenhang mit der christlich-nationalen Richtung der Laienspielbewegung der zwanziger Jahre. Geprägt von der bürgerlichen Wandervogel- und Jugendbewegung und reformpädagogischen Ideen verpflichtet, wollte sie versuchen, mit ihrem Schaffen, die „schöpferische Phantasie und Gestaltungskraft der Heranwachsenden (zu) wecken“. Mit ihren Spielen will sie menschliche Lebenserfüllung durch ein harmonisches Zusammenleben bei „fröhlicher Arbeit“ propagieren. Dabei werden als Sujets vor allem die Märchenwelt, in der das Gute stets vorbildlich siegen kann, und eine idyllisierte Natur als Beispiel sozialer Harmonie benutzt. C.s Märchenbearbeitungen sind vielfach durch weitere phantastische Figuren und Episoden ausgeweitet und sprachlich durch die Verwendung von kindertümlichen Topoi stilisiert worden. So tauchen zum Beispiel in ihrer Fassung des Märchens „Hänsel und Gretel“ (1939) die guten und bösen Geister – Purlepuck, Ellerfrau, Bräxebräx, Quarrequak –, ein Rabe Schnorreschnapp und viele andere Waldtiere als zusätzliche Handlungsträger auf. Das Schattenspiel schien ihr prädestiniert, Geister, Feen, Elfen, Nixen, Fabelfiguren und Tiere zur Erhöhung des Illusions- und Phantasiecharakters einzubeziehen; auch tote Gegenstände, wie etwa eine Wendeltreppe und eine Königskutsche in „Das kluge Schneiderlein“ (1940) erfahren Beseelung und Verlebendigung, werden zu mitagierenden Figuren im Schonraum einer unbekümmerten Kinderwelt. Tänzerische Einlagen und Spiellieder sind immer wiederkehrende Elemente in C.s Dramatisierungen und finden ihre Höhepunkte in den Schlußszenen, zumeist anläßlich von Hochzeitszügen und -festen (Schwabenstreiche, 1929; Die Bettelhochzeit, 1954; Das verliebte Flötenspiel, 1949, u.a.m.). Bescheidenheit, Demut, hausfrauliche und religiöse Pflichterfüllung werden als erstrebenswerte weibliche Tugenden in C.s Märchenspielen vermittelt (Das gläserne Häuschen, 1941; Die heilige Elisabeth, 1955; Das Tanzlegendchen, 1925). Leidvoll überhöhte Mutterfiguren als Symbolgestalten göttlichen Handelns stehen im Mittelpunkt der religiösen Spiele (Marias Traum, 1925; Herzeleyde, 1933), die Lustspiele variieren zum Teil das Thema Ehefrieden (Der Pfannkuchenstreit, 1936; Ein Dutzend Eier, 1936). Krippenspiele, mittelalterliches Spielgut und Schwankepisoden ergänzen die Palette von C.s Texten, denen Anweisungen für Regie und Kostümierung bis ins Detail beigegeben sind. Die Noten der Lieder, die C. oft selbst vertont hat, und die Tänze, deren Choreographie sie schrieb, erschienen als Beilagen zu den Textheften, die Schattenspiele sind durch Figurenbeilagen und Szenenbilder-Scherenschnitte ergänzt. Eine Anleitung zur Herstellung und Gestaltung einer Schattenspielbühne hat C. mit dem Werkheft „Die Technik des Schattenspiels mit beweglichen Figuren" (1950) geschrieben.

Werke: Halewyn (1925); Das Märchen vom Trill-Trall (1925); Der Narr (1925); Das Tanzlegendchen (1925, NA. 1954); Marias Traum (1925); Spiele von Königen, Jungfrauen und Narren (1926); Die Spitzbubenkomödie oder: Wie des Kaisers neue Kleider geschneidert und verrissen wurden (1928; NA. u.d.T.: Eine Spitzbubenkomödie, 1941); Die natürliche Nachtigall (1928); König Drosselbart (1929); Schwabenstreiche (1929); Der unsterbliche Charles (1930); Herzeleyde (1933, NA. 1954); Das Spiel vom kleinen Rotkäppchen und dem bösen Wolf (1933); Der Riese Wellewatz (1934); Der Traum vom Osterhasen (1934); Die Prinzessin auf der Erbse (1935); Annke, die Erntebraut (1935); Drei Säcke voll Lügen (1935); Kampf um die Bückelnburg (1935); Rotkäppchen (1935); Bärbel und die Haulemännlein. Spiel für Kinder nach dem Grimmschen Märchen: Die 3 Männlein im Walde (1936); Ein Dutzend Eier (1936); Ein lustiges Frühlingsspiel (1936); Der Pfannkuchenstreit (1936); Sonne, wach auf! (1937, NA. 1953); Laßt uns ein Licht anzünden (1937); Die Stiefel von Büffelleder (1938); Die zertanzten Schuhe (1938); Des Esels Schatten (1939); Hänsel und Gretel (1939); Maleen (1939); Das kluge Schneiderlein (1940); Das gläserne Häuschen (1941); Frau Holle (1949); Schneewittchen (1949); Das Sternenkind (1949); Das verliebte Flötenspiel (1949); Hans im Glück (1950); Die heilige Nacht (1950); Der Nachtwächter. Ein Spiel nach Theodor Körner (1950); Die Sterntaler (1950); Schattenlieder (1950); Die Technik des Schattenspiels mit beweglichen Figuren (1950); Das Krippenspiel (1952); Das tapfere Schneiderlein (1952); Die Bettelhochzeit (1954); Die Haselmaushochzeit (1955); Die heilige Elisabeth (1955); Der Wolf und die sieben Geißlein (1956); Gute Nacht, Prinzessin (1957); Die Herberge zum Fliegenpilz (1960); Die drei Schwestern (1968).

Bearb.: Spiel mit! Eine Reihe geselliger Spiele (Folge 1–10. 1968).

Hrsg.: Münchener Laienspiele (zus. mit E. Colberg, 1941–1968); Das Schattenspiel, a) Spiele für bewegliche Figuren (1949–1960); b) Spiele mit den Schatten des Menschen (1949–1952); c) Spiele für unbewegliche Figuren (1952).

Detlef Ram

Courths-Mahler, Hedwig

*Unterhaltungsschriftstellerin; *18.2.1867 Nebra/Unstrut (Thüringen), †26.11.1950 Tegernsee.*

C.-M., Tochter des vor ihrer Geburt an Verwundungen und Cholera bei Königgrätz (1866) verstorbenen Korporals Ernst Friedrich Schmidt und der aus einer Kleinbauernfamilie stammenden Henriette Mahler, wuchs – von ihrem Stiefvater Max Brandt gemieden – ohne elterliche Liebe und häusliche Geborgenheit heran. Sie arbeitete zunächst als Dienstmädchen, war dann Vorleserin einer alten Dame, schließlich Verkäuferin. Seit ihrer Verheiratung (1888) mit dem Kunstmaler und Dekorateur Fritz Courths wohnte sie nacheinander in Leipzig, Chemnitz, Berlin und von den dreißiger Jahren an am Tegernsee. Angeregt durch die Lektüre der Romane von Eugenie Marlitt (1825–1887) und Wilhelmine Heimburg (1850–1912), in denen sie ihre Vorbilder sah, begann sie bereits als Siebzehnjährige, damals noch Verkäuferin, zu schreiben. Später haben sich auch ihre beiden Töchter schriftstellerisch betätigt. Friede Birkner (*1891) veröffentlichte zwischen 1918 und 1961 121, Margarete Elzer (1889–1966) von 1921 bis 1953 54 Bücher.

Werk, Tendenzen, Wirkung. C.-M., die 1905 mit dem Roman „Scheinehe" debütierte und ihre schriftstellerische Tätigkeit 1948 mit „Flucht in den Frieden" beendete, zählt mit über zweihundert Romanen, Novellen und Erzählungen, von denen sich nur drei ausdrücklich an „junge Mädchen" wenden („Mammsell Sonnenschein", 1915; „Vergib, Lori", 1920; „Armes Schwälbchen", 1919), zu den erfolgreichsten deutschen Autorinnen. Viele ihrer Bücher wurden in andere Sprachen übersetzt. Sie hat im Jahr durchschnittlich vier Werke geschrieben und eine Gesamtauflage von mehr als 40 Millionen erreicht. Von einigen ihrer trivialen Frauenromane wie z.B. „Ich will" (1915; 1951 unter dem Titel „Das Glück steht am Wege") oder „Die schöne Unbekannte" (1918) erschienen über eine Million, von zahlreichen anderen (z.B. „Die wilde Ursula", 1912; „Meine Käthe und andere Erzählungen", 1917; „Eine ungeliebte Frau", 1918; „Der Scheingemahl", 1919) über 500000 Exemplare. Gemeinsam mit ihrer Tochter Friede Birkner hat die Autorin etliche ihrer erzählenden Texte dramatisiert. Sie ernteten auf der Bühne, im Film, schließlich im Fernsehen („Die Kriegsbraut", „Griseldis" mit Sabine Sinjen in der Titelrolle) großen Applaus. Viele ihrer Romane lernten die Leser als Fortsetzungsdrucke in Frauen- bzw. Familienzeitschriften kennen. Nach 1948 wurden, z.T. mit neuem Titel, 95 ihrer Werke, also fast jedes zweite, zwischen 1973 und 1980 noch immer 47 neu aufgelegt und als preiswerte Taschenbücher angeboten.

Der einzigartige Erfolg der im Kern unwahren literarischen Massenware resultiert unter anderem daraus, daß es die Verfasserin verstand, die Gunst derjenigen zu gewinnen, die sich in ihrem Dasein als Zu-kurz-Gekommene fühlen und deshalb in den naiven Darstellungen von einem erfüllten Leben in einer heilen Welt Zuflucht suchten. Mit dem Klischee einer Heirat zwischen Arm und Reich als Voraussetzung für den Aufstieg des Kleinbürgers in die bewunderten Kreise des Adels oder der Großbourgeoisie und damit zu den Quellen des ersehnten Reichtums und vermeintlichen Glücks, gaukelte sie eine unproblematische Scheinwelt vor und lenkte damit nicht nur von der Realität der sozial Niedriggestellten, Wenigbesitzenden, Einsamen und Verlassenen ab, sondern vermittelte dem Leser Traumerfüllung. Zu ihren wichtigsten Darstellungsmitteln zählt deshalb neben der Typisierung der Gestalten, Schwarz-Weiß-Malerei, Spannung und Rührseligkeit das vom Märchen her bekannte Happy-End. In ihren Geschichten siegt stets das Gute über das Böse, Tugend wird belohnt, der zu Unrecht Degradierte und Diffamierte rehabilitiert, der Mittellose durch eine unerwartete Erbschaft gesellschaftsfähig, die rein und wahrhaft Liebende zur glücklichen Gattin. Es versteht sich, daß C.-M. trotz ihres schriftstellerischen Erfolgs nicht nur bei Literaturhistorikern und -kritikern auf schroffe Ablehnung stieß und zum Inbegriff des literarischen Kitschs im 20. Jahrhundert wurde. Einen großen Teil ihrer Lesergemeinde bildeten heranwachsende Mädchen, vor allem aus dem Kleinbürgertum und den unteren Volksschichten.

Werke (Auswahl): Scheinehe (1905); Es irrt der Mensch (1909); Des Anderen Ehre (1912; auch u.d.T.: Das Testament von Rochambeau, 1919); Gib mich frei (1912); Die wilde Ursula (1912); Ich lasse dich nicht! (1912); Aus erster Ehe (1913); Was Gott zusammenfügt (1913); Deines Bruders Weib (1915); Die schöne Miß Lilian (1915); Ich will (1915); Arme kleine Anni (1916); Prinzeß Lolo (1916); Die Pelzkönigin (1922); Des Schicksals Wellen! (1931); Da sah er eine blonde Frau (1932); Heimchen, wie lieb ich dich (1934); Nur wer die Sehnsucht kennt (1934); Wills tief im Herzen tragen (1935); Daniela, ich suche dich (1937); Wir sind allzumal Sünder (1938); Flucht in den Frieden (1948).

Sekundärliteratur: W. Krieg: Unser Weg hinaus. Hedwig Courths-Mahler und ihre Töchter als literarisches Phänomen. Ein Beitrag zur Theorie über den Erfolgsroman und zur Geschichte und Bibliographie des modernen Volkslesestoffes (1954). – H. Reimann: Hedwig Courths-Mahler. Schlichte Geschichten fürs traute Heim (1922). – G. Sichelschmidt: Hedwig Courths-Mahler, Deutschlands erfolgreichste Autorin. Eine literatursoziologische Studie (1967). – G. Willenborg: Adel und Autorität. Zu den Romanen der Courths-Mahler (in: G. Schmidt-Henkel (Hrsg., zus. mit H. Enders, F. Knilli und W. Maier): Trivialliteratur 1964. 192–217).

Christian Freitag

Cramer, Rie

*(d.i. Marie Verkade-Cramer) Niederländische Schriftstellerin und Illustratorin; *10.10.1887 Soekaboemi/ Niederländisch Indien, †18.9.1977 Laren/Niederlande.*

Als Tochter eines Kapitäns wuchs Cr. bis zum Alter von neun Jahren im damaligen Batavia (Jakarta), dann in Arnheim und Den Haag auf. Von 1905 bis 1907 besuchte sie die Haager Akademie bei W. A. van Konijnenburg (1868–1943), Th. van Hoytema (1863–1917) und J. G. Veldheer (1866–1954). Danach lebte und arbeitete sie in Amsterdam und Den Haag, zwischendurch in Italien. Zehn Jahre war sie mit dem Regisseur und Schauspieler E. Verkade verheiratet. Seit 1954 wohnte Cr. auf Mallorca.

Werk, Tendenzen, Wirkung. Cr. war eine Künstlerin, die mit zahllosen, rasch und leicht produzierten Büchern in den Niederlanden Erfolg hatte. Vielfach wiederholte sie das Prinzip ihres Erstlings „Van meisjes en jongetjes" (1906), in dem sie ihre eigenen einfachen Reime mit gefälligen Bildern versah. In ihren selbstkritischen Lebenserinnerungen („Flitsen", 1966) schreibt sie den Erfolg dieser Bücher dem ungezwungenen Tonfall ihrer Verse über Dinge des täglichen Lebens zu. Ihr zeichnerisches Talent sieht sie selbst als „wirklich nicht groß" an. Sie bekennt, in der Art Arthur Rackhams (1867–1939) und Edmund Dulacs (1882–1953) gearbeitet zu haben, „obschon nicht halb so gekonnt". Ihre Bücher erschienen erst bei dem Haan, später bei van Dishoeck und van Goor Zonen, nach dem Zweiten Weltkrieg bei Mulder. In Deutschland wurde Cr. vorwiegend als Illustratorin bekannt. Neuerdings hat Alfred Könner auch einige ihrer Versbilderbücher für den Carlsen-Verlag übersetzt. Deutsche, von Cr. illustrierte Ausgaben erschienen zunächst bei Kiepenheuer, Dieck, Thienemann und Weise, danach vor allem bei A. Anton. Da die deutschen Buchtitel und Texte mit den holländischen nicht immer identisch sind, ist eine Zuordnung der deutschsprachigen Ausgaben zu den holländischen Originalen nur schwer möglich. In späteren Jahren verfaßte Cr. auch erzählende Jugend- und Erwachsenenbücher, die bei Leopold in Den Haag herauskamen, sowie Theaterstücke („Gif", „Er viel en ster").

In ihren Märchenillustrationen war Cr. an einer Vertiefung des Stoffes nicht weiter gelegen. Sie brachte eine liebenswürdige Oberfläche, war aber nicht imstande, eine neuartige Bildwelt zu erschließen. Wie ihre Landsmännin H. Willebeek le Mair (1889–1966), deren

Rie Cramer. Illustration zu den Versen „Unter den Apfelbäumen, die Blüten sind wie Sterne groß, sitzt Lieschen still in Träumen, die Händchen in dem Schoß" aus „Kleine Lieder zum Singen" (Berlin um 1915).

Eleganz und Anmut sie nicht erreichte, widmete sie ihre Aufmerksamkeit verwöhnten Mädchen aus vornehmer Welt, denen in stilvoller Umgebung und modischer Kleidung das privilegierte Leben einer genießerischen Gesellschaftsschicht zu führen gestattet ist. Sie lieferte hierfür einen zwar unkritischen, aber für gewisse Lebensverhältnisse vor und nach dem Ersten Weltkrieg typischen Ausdruck. Während IRENE DYHRENFURTH 1966 Cr.s „kunstgewerblich billige und sentimentale Manier" tadelte, stellte D. WOUTERS 1913 einen positiven Einfluß Cr.s auf holländische Illustratorinnen wie N. SPOOR (1885–1950) und B. MIDDERICH-BOKHORST (1880–?) fest und lobt die Grazie und Feinheit ihrer Zeichnungen: „Es gibt keine Linie, die nicht das Auge reizen würde". Im Gegensatz zu WILLEBEEK LE MAIR liegen Cr.s Vorzüge mehr in den Schwarz-Weiß-Zeichnungen, unter denen die zu „Prins Peter" (1909) von BEARDSLEYscher Raffinesse sind. Wirkungsvoll vereinfacht korrespondieren Zeichnung und Farbflächen in ihrem ABC-Buch „A is een aapje" (1936). Die Illustrationen zu der Schullesebuchreihe „Piet en Nel" von L. ROGGEVEEN hielten sich mehr als 20 Jahre, bis A. V. D. BRANDELER 1962 hierfür eine neue Folge schuf. Die Illustratorinnen S. AAFJES (*1892) und JOHANNA COSTER (1893–1960) zeigen sich in gewisser Weise von Cr. beeinflußt. Mehrere von Cr.s Versbilderbüchern erschienen gleichzeitig unter leicht abgeändertem Titel mit Vertonungen von A. DE JONG, N. VAN DER LINDEN-VAN SNELREWAARD-BOUDEWIJNS und G. VAN VLADERACKEN. Cr. schuf außerdem Illustrationen für die Jugendzeitschrift „Zonneschijn", Kalender – vor allem in der Zeit von 1916 bis 1924 –, Wandtafeln holländischer Trachten (1932), Postkarten, Radierungen und Lithographien sowie Keramiken, Bühnenausstattungen und pretiöse, kostbar bekleidete Puppen unter Glasstürzen (einige davon im Kostümmuseum Den Haag). 1973 veranstaltete das Singer-Museum in Laren eine Ausstellung ihrer Werke, zu der ein Katalog erschien.

Werke: R. Cramer: Van meisjes en jongetjes (1906, NA. 1974); R. Cramer: Van jongetjes en meisjes (1907, NA. 1974); R. Cramer: Vriendjesboek (1908); R. Cramer: Kindjes boek (1909); R. Cramer: Kindjes nieuwe Boek (1909); I. Heijermans: Prins Peter (1909); R. Cramer: Het diamenten-prinsesje (1910); R. Cramer: Lente (1910, [14]1978); R. Cramer: Zomer (1910, [14]1978); R. Cramer: Herfst (1911); R. Cramer: Winter (1911, [14]1978); I. Heijermans: Olof de Vondeling (1912); R. Cramer: Prentjes bij versjes (1913); R. Cramer: Kinderliedjes (1913); R. Cramer: Lentebloemen (1914); J. Bles: De bruiloft van Rozemarijntje (1914); H. Chr. Andersen: Sprookjes (Teil 1–3. 1915, [17]1977); R. Cramer: Kijk, wat aardig! (1915); R. Cramer: Van ditjes en datjes (1915); R. Cramer: Vriendjes en vriendinnetjes (1915); R. Cramer: Van kleine kleuters (1915); R. Cramer: Rozemarijn en boonekruid ([2]1916); R. Cramer: Tire, lire, letje ([2]1916); R. Cramer: Douw, douw, deine (1916); R. Cramer: Mijn eigen tuintje (1916); R. Cramer: Het bloemenhuis (1916, [12]1972); Ch. Perrault: Sprookjes van Moeder de gans (1916); R. Cramer: Drie wiegenliedjes (1917); R. Cramer: Nieuw prentjes en versjes (1917); J. und W. Grimm: Sprookjes (1917; auch Teil 1–3. 1917, [10]1959); C. S. Adama van Scheltema: De wilgen (1918); R. Cramer: Kleurboeken (1918); Het kamen van den oceaan des tijds (Bd. 1–6. 1918–1920); R. Cramer: Le temps jadis (1919); R. Cramer: Rammelrijmpjes (1919); C. Doorman: Het paddestoelenbal (1919); R. Cramer: Nieuwe rijmpjes (1920); P. J. Cohen de Vries: Het druivejurkje. Een sprookje (1920); B. Vos: Het prentenbreh van Gijsbert-Jan (1920); R. Cramer: Het poppen a. b. c. (1921); N. van Hichtum: Vertellingen uit de duizend en een nacht (1921; auch Teil 1–3, 1921; Teil 1–9, 1921); R. Cramer: Kinderdeuntjes uit grootmoeders tijd (1922); N. van Hichtum: Het groot vertelselboek (1922; auch Teil 1–3, 1922; Teil 1–9, 1922); P. J. Cohen de Vried: Jan Jop (1922); W. Shakespeare: Treurspelen (Bd. 1–2, 1922); P. J. Cohen de Vries: Hoe't zonnetje haar dag besteedde (1923); P. J. Cohen de Vries: 't vacentie-vriendinnetje (1923); R. Cramer: Bij het vuur (1923); R. Cramer: Voor het raam (1923); A. A. M. Horsting-Boerma: Wim's wonderbere tis (1923); P. J. Cohen de Vries: Het sprookje van de witte hei (1924); D. A. Cramer-Schaap: Het duveltje en de prinses (1924); N. van Hichtum: Het nieuw vertelselboek (1924; auch Teil 1–3, 1924; Teil 1–6, 1924); P. J. Cohen de Vries: Vroolijke rijmpjes (1925); P. J. Cohen de Vries: Fleurige versjes (1925); J. Meyboom-Italiaander: Kerstvertellingen (1925); A. A. M. Horsting-Boerma: Edie, de droomster (1925); R. Cramer: Elfjesland (1926); R. Cramer: Wonderland (1926); R. Cramer: Kabouterland (1926); D. A. Cramer-Schaap: Fred in 't ooievaarsnest (1926); D. A. Cramer-Schaap (Hrsg.): Het gulden meisjesboek (Bd. 1–2. 1926–1928); N. van Hichtum: Het gulden sprookjes – en vertelselboek (1926; auch Teil 1–3, 1926; Teil 1–6, 1926); C. de Leeuw-Schönberg: Uit Kitty's leventje (1926); R. Cramer: Meiregen (1927); R. Cramer: Voor 't slapen gaan (1927); R. Cramer: Als 't haantje kraait (1927); R. Cramer: Zomerzon (1927); A. van Essen-Bosch: Kaboutertje Windvlaag (1927); R. Cramer: Op moeders schoot (1928); R. Cramer: Kinderliedjes uit Zonneland (1928); R. Cramer: Mijn liefste hoekje (1928); R. Cramer: Versjes van vroeger (1928); R. Cramer: Sprookjes uit de oude doos (Teil 1–7. 1928; auch in 2 Bden. u. d. T.: Aan grootmoeder's schoot; Op grootvader's knie, 1928); D. A. Cramer-Schaap: Dappere Koen (1928); N. van Hichtum: Het wereldsprookjesboek (1928; auch Teil 1–3, 1928; Teil 1–6, 1928); M. C. van Oven-van Doorn: Sven's avonturen in het verre Noorden (1928); R. Cramer: Vriendjes, waar ik graag naar kijk (1929); R. Cramer: Vriendjes, waar ik veel van hou (1929); R. Cramer: Ik en Artis (1929); R. Cramer: Tien kleine negertjes (1929); R. Cramer: Klein, klein kleutertje (1930); R. Cramer: O regen, o regen (1930); C. Collodi: De avonturen van Pinokkio (1930, NA. 1978); R. Cramer: De familie Van Muyzestein (1931); R. Cramer: De muizenmarkt (1931); R. Cramer: Het hazekind (1931); R. Cramer: De verjaardag (1931); R. Cramer: Kattenkermis (1931); R. Cramer: Babette Josselin genaamd Babs (1931); W. Hauff: De mooiste verhalen (1931; auch in 3 Bden. u. d. T.: De herberg in het Spessart woud; De wonderbare geschiedenes van Dwergneus; Kleine Moek; 1931); H. Kaal: Van drie tot zes jaar (1931); H. Chr. Andersen: Sprookjes en vertellingen (Bd. 1–2. 1931–1932, [9]1955); R. Cramer: Mijn liefste versjes (1932, [6]1979); R. Cramer: De reizen van Olle Patolle (1932); R. Cramer: Spelers (1932); M. C. van Oven-van Doorn: Pikkie Duimelot bij Oom Langejaap (1932); A. A. M. Horsting-Boerma: Verhalen uit Marokko (1932); A. A. M. Horsting-Boerma: Aghreb en de vogels (1933); A. A. M. Horsting-Boerma: De wonderlijke vangast (1933); A. A. M. Horsting-Boerma: Het molenaarsdochtertje (1933); L. Roggeveen: Russische sprookjes (1933); L. Roggeveen: Piet en Nel (1933); L. Roggeveen: Piet en Nel en hun vriendjes (1933); L. Roggeveen: Piet en Nel. Uitgave voor de school (Bd. 1–6. 1933–1936); L. Carroll: Alice's avonturen in wonderland (1934); R. Cramer: A. B. C.-Kleur-boek (1934); R. Cramer: Alle eendjes zwemmen in het water (1934); R. Cramer: De vier jaargetijden (1934); R. Cramer: Een-twee-drie (1934); R. Cramer: Pompijntje, het kabouterkind (1934); R. Cramer:

De poppen-bruiloft (1934); R. Cramer: Doktor Levertraan (1934); R. Cramer: Dommie-Dik (1934); R. Cramer: Luilekkerland (1934); R. Cramer: Pommie (1934); R. Cramer: Paradiso (1934); N. van Hichtum: De herder met de sterrenoogen (1934); N. van Hichtum: Fidou, de muzikant (1934); N. van Hichtum: Fenist, de schitterende valk (1934); M. C. van Oven-van Doorn: Allermerkwaardigste avonturen van de aardige aapjes van admiraal Adrianus Apekolio. Alfabeet voor allen (1935); R. Cramer: A is een aapje (1936, [7]1977); R. Cramer: Wat is dit? (1936); R. Cramer: De lachende Cupido (1936); R. Cramer: Hans wou nit naar school toe gaan (1937); R. Cramer: Het huis van Adriaan (1937); R. Cramer: Prijs heet mijn hennetje (1937); R. Cramer: Vrouw Hubbard en haar hondje (1937); R. Cramer: Otje de bas (1937); R. Cramer: Zij, wij en jij (1937); M. C. van Oven-van Doorn: Koko Duimelot bij Oom Korteknaap (1937); N. van Kol: Speelmakkers (1937); L. Roggeveen: Assepoester (1937); L. Roggeveen: De gouden gans (1937); L. Roggeveen: De schone slaapster in het bos (1937); L. Roggeveen: Hans en Grietje (1937); L. Roggeveen: Klein Duimpje (1937); L. Roggeveen: Roodkapje (1937); L. Roggeveen: Sneeuwwitje (1937); R. Cramer: Het engeltjesboek (1938, [5]1975); R. Cramer: Serie maandprentenboeken (Teil 1–12. 1938–1939; NA. Teil 1–4, 1974); R. Cramer: Het land van belofte (1938); L. Roggeveen: De gelaarsde kat (1938); R. Cramer: Katrientje (1940); N. van Hichtum: Mijn laatste vertellingen (1940; auch Teil 1–4. 1940); R. Cramer: Verzen van verzet (1945); R. Cramer: Rut Wijgant (1947); R. Cramer: An en Jan (1949); R. Cramer: Pop en ik (1949); R. Cramer: Katrientje woont buiten (1954); R. Cramer: Prins Ronald (Teil 1–5, 1955–1956); R. Cramer: Viva Mallorca (1956); R. Cramer: Katte belletjes (1958); R. Cramer: Zus en Jan (1959); R. Cramer: Meer van Zus en Jan (1960); R. Cramer: Mallorca, eiland van rust (1961); R. Cramer: Mallorcanen (1963); R. Cramer: Flitsen (1966); N. van Hichtum: Verhalen (1975); R. Cramer: Dansende Donna (1978); R. Cramer: Het jaar rond (1978).

Deutsche Ausgaben: R. Cramer: Kinder-Lieb und Leben (1914); D. A. Cramer-Schaap: Das Teufelchen und die Prinzessin (1925); J. und W. Grimm: Aschenputtel (1925); J. und W. Grimm: Dornröschen (1925); J. und W. Grimm: Rotkäppchen (1925); J. und W. Grimm: Sneewittchen (1925); A. A. M. Horsting-Boerma: Willis wunderbare Reise (1925); P. J. C. de Vries: Das Märchen vom weißen Heidekraut (1925); P. J. C. de Vries: Wie die liebe Sonne ihren Tag zubrachte (1925); W. Widmann: Das Blumenhaus (1925); W. Widmann: Mein Gärtchen (1925); J. und W. Grimm: Märchen (Bd. 1–2, 1926; auch Bd. 1–4, 1926; Bd. 1–8, 1926); L. Bechstein: Der kleine Däumling (1927); L. Bechstein: Die goldene Gans (1927); L. Bechstein: Hänsel und Gretel (1927); Der gestiefelte Kater. Märchen nach Grimm (1927); Tausend und eine Nacht. Märchen aus dem Morgenlande (Ausg. in 3 Bden. 1927; Ausg. in 6 Bden.: Bd. 6, 1927); N. van Hichtum: Die Artusritter (NA. 1927); N. van Hichtum: Klein Goldhaar und andere Geschichten (1927); N. van Hichtum: Schneewunder und andere Geschichten aus fernen Ländern (1927); N. van Hichtum: Umnandi und andere Geschichten aus fremden Ländern (1927); H. Chr. Andersen: Gesammelte Märchen (Bd. 1–6, um 1928); D. A. Cramer-Schaap: Fred im Storchennest (1928); D. A. Cramer-Schaap: Der tapfere Kurt (1928); A. v. Essen-Bosch: Zwerglein Windstoß (1928); C. de Leeuw-Schönberg: Aus Kittys Leben (1928); M. C. van Oven-van Doorn: Svens Abenteuer im fernen Norden (1928); O. Quellinus: Am Fenster (um 1928); O. Quellinus: So und so (um 1928); C. F. von Schlichtegroll: Aus dem Wunderlande (um 1928); C. F. von Schlichtegroll: Jugendglück (um 1928); C. F. von Schlichtegroll: Von Zwergen und Elfen (um 1928); H. Chr. Andersen: Märchen (Bd. 1–3, um 1929); Weltmärchen. Eine Sammlung der schönsten Erzählungen und Märchen aller Völker (1929; auch Bd. 1–6, 1929; Bd. 1–3, 1929); R. Cramer: Großmütterchen erzählt (1965); R. Cramer: Hanne Susanne (1978); R. Cramer: Im Frühling (1978); R. Cramer: Mein Püppchen und ich (1978); R. Cramer: Weißt du was? (1978).

Sekundärliteratur: J. Burgers: Rie Cramer, leven en werk. Diss. Amsterdam, 1974). – I. Dyhrenfurth-Graebsch: Geschichte des deutschen Jugendbuches (1951). – Kinderen lazen, kinderen lezen. Ausstellungskatalog (1958). – Rie Cramer. Ausstellungskatalog (1973). – D. Wouters: Over het illustreeren van leesboeken vor kinderen (1913).

Hans Ries

Cron, Clara

*(d.i. Clara Weise). Jugendschriftstellerin; *20. 11. 1823 Magdeburg, †18. 7. 1890 Straßburg.*

Cr., Tochter eines Magdeburger Provinzialarchivrats, erhielt auf Wunsch ihres Vaters eine Ausbildung als Lehrerin. Nach fünfjähriger Dienstzeit auf dem Lande kehrte sie zu ihrem verwitweten Vater zurück, um ihm den Haushalt zu führen und ihn während einer langdauernden Krankheit zu pflegen. In diesen Jahren begann Cl. mit ersten schriftstellerischen Arbeiten. Auf einer ihrer Reisen durch Thüringen und Süddeutschland lernte sie den Straßburger Kaufmann WILHELM WEISE kennen, den sie 1873 heiratete. Nach dem Tode ihres Mannes wohnte sie längere Zeit in Oberkirch im Schwarzwald. Im Jahr 1887 kehrte sie nach Straßburg, wo sie zusammen mit ihrem Mann gelebt hatte, zurück und wohnte dort bis zu ihrem Tod.

Werk, Tendenzen, Wirkung. „Mein Buch soll fesselnd sein, ohne allzusehr aufzuregen; wie ein Freund soll es von interessanten, der eigene Sphäre nicht allzufern liegenden Verhältnissen erzählen, und wenn es durch klare und warme Darstellung die verschiedensten Charaktere und Situationen zur Anschauung bringt, wenn es, wahr schildernd, die Wahrheit fördert, so wird sein Zweck erreicht sein." Mit diesen Sätzen aus der Vorrede zur dritten Auflage der Erzählung „Adelaide" (1888) trifft die Autorin den Tenor ihrer Jugendschriften. In Stoffwahl, Zielrichtung und Stil der berühmteren Zeitgenossin EUGENIE MARLITT (1825–1887) nahestehend, verfaßte Cr. Erzählungen, die im familiären Umkreis oder im gesellschaftlichen Milieu spielen und die sie an „junge Mädchen", an „erwachsene Mädchen" und an die „Mädchen- und Frauenwelt" adressierte. Zentrale Figur ist fast immer ein junges Mädchen, das innere (entwicklungsbedingte) und äußere (schicksalhafte) Schwierigkeiten überwindet, um am Ende der Erzählung als Ehefrau Ruhe und Erfüllung zu finden. Cr.s häufig aufdringlich moralisierende Bücher berichten nur ganz am Rande von historischen oder politischen Ereignissen. Auch haarsträubende fiktive Begebenheiten wie Mordanschläge, Unwetterkatastrophen, persönliche Unglücksfälle, schlimme Krankheiten oder Betrug und Intrigen werden so distanziert vorgetragen, daß die jungen Leserinnen kaum davon berührt wurden. Dagegen liegt das Hauptgewicht auf genauester

Beschreibung der jeweiligen Heldin, auf der Darstellung ihrer seelischen und charakterlichen Entwicklung vom Kind zur jungen Dame und schließlich zur Ehefrau und Mutter. Die erzählten Beispiele sollten das lesende Mädchen lehren, was einer zwar gebildeten aber selbstlosen Hausfrau der besseren Kreise ansteht. Von der Familie organisierte Geldheiraten empfindet die Autorin nicht als anstößig. Daß die Heldinnen ihrer Bücher in der Ehe auch Liebe finden, ist der Lohn für ihre Tugend. Gehäuft finden sich Phrasen wie „die reine Mädchenseele", „der edle Dulder", „Herzensbildung", „gemütlich, behaglich", „zur Jungfrau heranblühen". Arbeiter, Bauern und Hausangestellte haben in den Erzählungen der Autorin nur den Rang von Gebrauchsgegenständen.
Heutige Leser können diesen Werken allenfalls sentimental-historisches Interesse abgewinnen: als Zeugnis eines Versuchs, im späten 19. Jahrhundert Geschichte aufzuhalten und eine ohnehin nur eingebildete, noch ältere gute alte Zeit festzuhalten.

Werke (Auswahl): Mädchenleben (1860); Magdalenes Briefe (1861); Die Schwestern (1863); Das Vaterunser in Lebensbildern (1865); Mary (1867); Prüfungen (1868); Goldene Mitte (1869); Lebensbilder für Vierzehnjährige (1870); Aechte Kindergeschichten (1870); Licht und Schatten aus dem Leben junger Mädchen (1871); Wilstedt (1872); Adelaide (1873); Die Nachbarskinder (1873); Rosen und Dornen (1873); Unica (1874); Drei Kränze (1875); In der Schule des Lebens (1876); Eva oder Ein seltsames Vermächtniß (1877); Die Freundinnen (1877); Der Weg zum Glück (1880); Zwei Töchter (1880); Eugenie und ihr Schützling (1882); Lenora (1882); Lenoras Sorgen (1882); Mädchenleben (1883); Martina und Gertrud (1883); Die Geschwister (1884); Das Glückskind (1885); Der Liebling (1887); Im Hause des Herrn Geheimrat (1888); Die Erbin von Falkenhof (1889); Die Auserwählte (1890); Erwachen und Erblühen (1891).

Aiga Klotz

D

Dahl, Roald

*Englischer Schriftsteller und Kinderbuchautor; *13. 9. 1916 Llandaff (Südwales).*

D., Sohn norwegischer Eltern, arbeitete von 1932 bis 1939 in der Shell-Niederlassung in Daressalam. Während des Zweiten Weltkrieges wurde er Kampfflieger der Royal Air Force und 1942 Assistent des britischen Luftwaffen-Attachées in Washington. Als Schriftsteller wurde er durch seine amüsant-makabren Stories für Erwachsene (z.B. Kiss-Kiss, 1960; dt. Küßchen, Küßchen!, 1962) bekannt. Er trat auch als Bühnenautor (z.B. Chitty Chitty Bang Bang, 1967/68), Drehbuch- und erfolgreicher Kinderbuchautor hervor. D. konnte zweimal den „Edgar Allen Poe Award of Mystery Writers of America" in Empfang nehmen.

Werk, Tendenzen, Wirkung. Was Tomi Ungerer (*1931) für das Bilderbuch leistete, die Einführung des schwarzen Humors in diese Form Kinderliteratur, das tat D. im Bereich der Erzählung. 1961 begann D., Kinderbücher zu schreiben. Mit makabren Späßen verbreitete er Schauder und Schrecken, bislang ein Tabu im Kinderbuch. D.s Geschichten sorgten für eine schärfer akzentuierte Spannung, kritischere Zeitsatire, mit Spitzen gegen Medienhörigkeit durch skurrile Übersteigerung und Groteske. Hatte die Phantasie in „James and the giant peach" (1961) noch die Fluchtfunktion vor einer fürchterlichen Realität, so wird sie in „The magic finger" (1966) zum Moralisieren, zur Bekehrung zur Tierliebe benutzt und in „Charlie and the chocolate factory" (1964) zur Disziplinierung von gräßlichen Kindern. In dem Bilderbuch „The enormous crocodile" (1978) herrschen in lapidarer Märchenmoral latente Bosheit und stille Schadenfreue, ein grausiger Spaß bis an die Grenze des Vertretbaren. „Danny" (1975) dagegen ist eine Schelmengeschichte, in der sich wie in dem witzigen Reineke-Fuchs-Schwank „Fantastic Mr. Fox" (1970) der kleine Mann gegen die Macht der Großen listig behauptet. Voller verrückter Einfälle, ohne pädagogischen Zeigefinger und humorvoll erzählt, besticht die Schilderung einer liebevollen Beziehung zwischen Vater und Sohn. Alles, was in seinen anderen Büchern bedrohlich wirken konnte, hat D. hier sanfter angegangen. Die meisten seiner Kinderbücher wurden auch ins Deutsche übersetzt.

Werke: The Cremlins (1943); James and the giant peach (1961; dt. James und der Riesenpfirsich, 1968); Charlie and the chocolate factory (1964; dt. Charlie und die Schokoladenfabrik, 1969); The magic finger (1966; dt. Der Zauberfinger, 1971); Fantastic Mr. Fox (1970; dt. Herr Fuchs ist wirklich fabelhaft, 1972; auch u. d.T.: Der fantastische Mr. Fox, 1979); Charlie and the great glass elevator (1972; dt. Charlie und der große gläserne Fahrstuhl, 1974); Danny, the champion of the world (1975; dt. Danny oder die Fasanenjagd, 1977); The wonderful story of Henry Sugar and six more (1977; dt. Ich sehe was, was du nicht siehst, 1980); The enormous crocodile (1978; dt. Das riesengrosse Krokodil, 1978).

Geralde Schmidt-Dumont

Dahn, Felix

*Professor für Rechtsgeschichte und -philosophie, Schriftsteller; *9. 2. 1834 Hamburg, †3. 1. 1912 Breslau.*

D. entstammte einer renommierten Schauspielerfamilie. Seine Jugend verbrachte er in München; dort begann er auch zu studieren. Persönlicher Umstände wegen mußte er sein Studium für ein Jahr in Berlin fortsetzen. Hier erhielt er reiche künstlerische Anregungen, unter anderem als Mitglied des Dichterbundes „Der Tunnel über der Spree". THEODOR FONTANE als einer der führenden Köpfe dieser Vereinigung schätzte D.s erste dichterische Versuche und förderte sie. 1853 kehrte D. nach München zurück, schloß seine Studien ab und betätigte sich in künstlerischen Kreisen. Dabei fand er Zugang zur Dichtergesellschaft „Die Krokodile" und knüpfte Freundschaft mit EMANUEL GEIBEL und JOSEPH VICTOR VON SCHEFFEL. Seine wissenschaftlichen Leistungen und Erfolge öffneten ihm die Universitätslaufbahn. Er war nacheinander Juraprofessor in Würzburg, Königsberg und Breslau. In zweiter Ehe war er mit einer Nichte der ANNETTE VON DROSTE-HÜLSHOFF, THERESE VON DROSTE-HÜLSHOFF, verheiratet, die sich ebenfalls schriftstellerisch betätigte. D. schuf sowohl ein hochgeschätztes wissenschaftliches als auch ein umfangreiches, breitgestreutes poetisches Werk, das ihm in beiden Bereichen glänzende Erfolge sicherte. Selbstironisch behauptete D., er sei ein Dichter dritten Grades, dessen zahlreiche Verehrer unter den Backfischen und höheren Töchtern zu suchen wären. Als Jurist bereits promoviert, wurde ihm für seine historischen Arbeiten auch noch der Dr. med. et phil. hc. verliehen.

Werk, Tendenzen, Wirkung. Das in den Jahren 1861–1909 erarbeitete zwölfbändige Standardwerk „Die Könige der Germanen" und die grundlegende „Urgeschichte der germanischen und romanischen Völker" (Bd. 1–4. 1880–1889) boten die historisch-wissenschaftlichen Daten für D.s historische Romane. Als Schriftsteller wandte sich D. nicht ausdrücklich an die Jugend (eine Ausnahme bilden die beiden Sagenbände); auch ist er später nicht zum Jugendschriftsteller „herabgesunken". Ein ständiger Wechsel in den Leserschichten ist jedoch auffallend. Frühzeitig wurde sein erzählerisches Hauptwerk „Ein Kampf um Rom" (1876) von Jugendlichen der gebildeten bürgerlichen Kreise gelesen. Der Titel war gleichsam Leseprogramm. Als sogenannter Professorenroman beabsichtigte das Werk im Sinn der historischen Mode jener Zeit eine Bestätigung und Bekräftigung des epochalen Selbstverständnisses der politisch maßgeblichen Kreise der Deutschen. D.s „Kampf um Rom" – konzipiert aus der „Adventstimmung des kommenden Reiches" und „geladen vom Sedanserlebnis des Autors" (J. NADLER) – stellt im Gegensatz zur bürgerlichen Philistrosität GUSTAV FREYTAGs eine Apotheose germanischen Reckentums dar, jedoch umschattet von der heraufkommenden Untergangsstimmung der Goten, die wiederum dem Lebensgefühl D.s entsprach, das in einer Art tragischen Entsagungslehre bei gleichzeitiger Ablehnung christlichen Lehrgutes gipfelte. Versteckte Anspielungen auf den Kampf Österreichs um bzw. gegen Italien sicherten dem Buch eine erstaunlich breite, heute noch aufspürbare Leserschicht im Nachbarland. Die kompositorische Leistung im „Kampf um Rom" ist nicht originell. In einem weitgesteckten Rahmen werden die späten Ostgotenkönige der Reihe nach vorgeführt. Die Einheit der Handlung wird von der fiktiven Figur des Römers Cethegus bewirkt, der als „welsche Dunkelgestalt", als Ränkeschmied und charakterliche Negativfigur gegenideologische Tendenzen verkörpert. Was der Leser an episch-gestalterischer Meisterung vermißt, gleicht D. durch eine ihm eigene, heute jedoch weitgehend abgegriffene Charakterisierungsfähigkeit gegenüber den einzelnen Personen und durch die Brillanz der äußeren Spannung aus. „Dank einer natürlichen Gabe, spannend zu erzählen, verzweigte Handlungskomplexe mit sicherem Griff in einprägsame Szenen zu zerlegen und dialogisch aufzulockern, gelingt es ihm, seine Leser allein durch die Dramatik der Vorgänge zu fesseln" (D. BARBER, Kindlers-Literatur-Lexikon. Bd. IV). Zwar räumt E. BRENNING in seiner „Geschichte der deutschen Literatur" dem „Kampf um Rom" den ersten Rang unter den Dichtungen dieser Gattung ein, spricht aber vorsichtig bereits von gestalterischen Mängeln, die durch „die beängstigende Hast der Buchmacherei" in den späteren Jahren noch vermehrt worden sei. Selbst der kritische Naturalist M. G. CONRAD hält D. für eine bedeutende dichterische Kraft, jedoch nicht für eine vollkommen ausgeglichene Künstlernatur. Der Professor stehe dem Dichter oft im Wege. Deutlich zielen diese Stimmen auf die Diskrepanz zwischen künstlerischem Impetus und unzureichender Formungskraft. Immer stärker wird in der Folge hervorgekehrt, daß in D.s Werk in erster Linie die Gesamtpersönlichkeit des Autors von ausschlaggebender Bedeutung sei. Es wird von sittlichem Wert gesprochen, der aus der lauteren unverdächtigen Begeisterung für germanisches Reckentum hervorspringe (J. NADLER). Edles Menschentum in oft aussichtslosen Kampfsituationen bewirke die andächtige Hingabe einer nationalgesinnten gutbürgerlichen, für das Quasi-Abenteuer aufgeschlossenen Leserschicht, die „den Hohn des jungen Geschlechts" (J. NADLER), den dieses in jener Zeit bereits über den „Kampf um Rom" ausgoß, zu überhören vermochte. D. hat in einer Selbsteinschätzung die Bewertungsgrundlage für sein Werk gelegt: „Der deutsche Patriotismus, das Nationale, das Heldenhafte ist dauernd die treibende Kraft in mir geblieben". Die Mischung dieser Intention mit den Bräuchen des Pariser Feuilletonromans (E. SUE), die O. WALZEL (1929) als kennzeichnend für den „Kampf um Rom" hält, führt ihn zu der nachsichtigen Feststellung: „Erregen kann das immer noch!". Für andere ist D. ein Gelehrter mit „künstlerischem Infantilismus", der nur „die Phantasie oberer Gymnasialklassen zu befriedigen weiß" (H. BIEBER, 1928). Wohl aus nationalerzieherischen Gründen wurde der „Kampf um Rom" in Schrifttumsverzeichnissen für Oberschulen als Lektüre für Primaner empfohlen; später hielt man das Werk bereits für Tertianer geeignet. Die Jugendschriftenausschüsse und ihre Folgeinstitutionen nahmen dagegen von D. keine Notiz, sicherlich aus Gründen des WOLGASTschen Ressentiments gegen Patriotismus und Nationalismus. Lediglich die Kranz-Bücherei brachte nach 1933 das bearbeitete Schlußkapitel des „Kampfes um Rom" als Einzelschrift („Die letzten Goten") heraus. Grundsätzlich gilt wohl, daß der „Kampf um Rom" im Laufe der Jahrzehnte vom

Literaturgut zum reinen Bildungsgut überwechselte, das im Rahmen eines inoffiziellen Kanons als „klassisches Werk" bedenkenlos tradiert wurde, im Dritten Reich noch einmal eine besondere Aufwertung erfuhr und auch heute noch seine Leser in allen Altersgruppen findet. Der Grund dafür liegt wohl in den öfter sich wandelnden Interessenverlagerungen der Leser, zu denen die Anlage des Hauptwerkes von D. immer wieder Gelegenheit gab (wechselnde patriotische, abenteuerliche, ethnische, erzieherisch-sittliche Akzente).
Das weitere umfangreiche Romanschaffen (vor allem die Völkerwanderungsromane) steht in Gestaltung und Diktion im Schatten des Hauptwerks; es wurde bald vergessen. Noch stärker antiquiert wirken heute seine nordischen Erzählungen und Romane (z.B. „Sind Götter?"), in denen die subjektive altgermanische Götterdämmerungsstimmung des Autors besonders zum Ausdruck kommt.
D.s Anteil an der Balladendichtung seiner Zeit wurde weithin beachtet. Seine historisch-heroischen Erzählgedichte müssen heute jedoch als epigonale Produkte in STRACHWITZscher Manier bezeichnet werden, als Zeugnisse „einer dekorativen Lebensstimmung" (MARTINI), denen trotz neuerer Empfehlung (A. SPIELER/N. THAMM, 1968) kein Platz mehr im literarischen Unterricht einzuräumen ist. Zum Abgesang der historischen Ballade Ende des 19. Jahrhunderts hat D. mit seinem aufgesetzten Pathos und seiner unnatürlichen Begeisterung beigetragen.
Nicht unerwähnt dürfen D.s und seiner Frau Therese Bemühungen um die Edition germanischer Sagen bleiben. In gemeinsamer Arbeit legten beide die Werke „Walhall – Germanische Götter- und Heldensagen" und „Kaiser Karl und seine Paladine" vor. Die Herausgeberabsicht des Wissenschaftlers schlägt darin durch; THERESE DAHNs spätromantischer, süßlich-modischer Gefühlston („Reiner Frauen nasse Augen haben beredten Mund") sucht vergeblich auszugleichen.

Werke (Auswahl): Harald und Theano (1855); Die Könige der Germanen (Bd. 1–12. 1861–1909); Prokopius von Cäsarea (1865); Sind Götter? Die Halfred Sigskalsaga (1874); Zwölf Balladen (1875); Ein Kampf um Rom. Historischer Roman (Bd. 1–4. 1876); Balladen und Lieder (1878); Die Alamannenschlacht bei Straßburg (1880); Odhins Trost. Ein nordischer Roman aus dem elften Jahrhundert (1880); Urgeschichte der germanischen und römischen Völker (Bd. 1–4. 1880–1889); Felicitas (1882); Bissula (1883); Gelimer (1883); Die Kreuzfahrer (Bd. 1–2. 1884); Die schlimmen Nonnen von Poitiers (1885); Walhall. Germanische Götter- und Heldensagen (zus. mit Th. Dahn. 1884); Fredigundis (1886); Attila (1886); Die Bataver (1887); Kaiser Karl und seine Paladine (zus. mit Th. Dahn. 1887); Bis zum Tod getreu. Erzählung aus der Zeit Karl des Großen (1887); Friggas Ja (1888); Welt-Untergang. Geschichtliche Erzählung aus dem Jahr 1000 nach Christi (1889); Odhins Rache (1891); Julian der Abtrünnige (1893); Chlodowech (1895); Vom Chiemgau (1896); Ebroin (1896); Sigwalt und Sigridh (1898); An Hof Herrn Karls (1900); Stilicho (1900); Der Vater und die Söhne (1901); Herzog Ernst von Schwaben (1902); Armin der Cherusker (1909); Gesammelte Werke. Erzählende und poetische Schriften. Neue Gesamtausgabe (Bd. 1–16. 1912).

Sekundärliteratur: H. Bieber: Der Kampf um die Tradition (1928). – E. Brenning: Geschichte der deutschen Literatur (^{2}1903). – U. Klein: Rezeption (in: D. Krywalski (Hrsg.): Handlexikon zur Literaturwissenschaft. 1974. 409–413). – W. Kayser: Geschichte der deutschen Ballade (1936). – H. Meyer: Felix Dahn (1913). – J. Nadler: Literaturgeschichte – Band 4. (^{3}1932). – A. Soergel: Dichtung und Dichter der Zeit (1911). – A. Spieler (zus. mit N. Thamm): Literaturunterricht im 5.–11. Schuljahr (1968). – O. Walzel: Die deutsche Literatur von Goethes Tod bis zur Gegenwart (^{5}1929).

Hermann Bertlein

Dantz, Carl

*Lehrer, Schriftsteller; *3.10.1884 Oldenburg, †18.8. 1967 Bremen.*

D., Sohn eines Werftangestellten und einer aus großbäuerlichen Verhältnissen stammenden Mutter, verbrachte Kindheit und Jugend in Hamburg. Dort absolvierte er acht Jahre Volksschule und ein Aufbaujahr. Mit fünfzehn Jahren zog er mit der Familie nach Bremen. Für seine spätere Laufbahn als engagierter, reformpädagogisch beeinflußter Lehrer und Kinder- und Jugendbuchautor blieb die politische Geschichte der Stadt von großer Bedeutung. D. besuchte für zwei Jahre die ‚Präparanda', dann das Lehrerseminar. 1906 legte er sein Examen ab. Von da ab war er bis 1960 an verschiedenen Schulen als Lehrer tätig. Eng verknüpft mit seiner literarischen Arbeit sind die Erfahrungen in den Schulkämpfen und Lehrerbewegungen der Jahre vor dem Ersten Weltkrieg sowie seine Tätigkeit als Lehrer an der reformpädagogisch konzipierten Bremer Versuchsschule (Arbeiterschule) in der Helgoländer Straße (1926–1933). D. traf in Bremen mit bekannten Reformpädagogen wie FRIEDRICH AEVERMANN, FRITZ GANSBERG sowie HEINRICH und WILHELM SCHARRELMANN zusammen. 1918 trat er aus der SPD aus, blieb jedoch zeitlebens der Sozialdemokratie geistig verbunden. Seine Bücher, Sprechchöre, Gedichte, Lieder, Erzählungen und Aufsätze erschienen größtenteils in sozialdemokratischen Verlagen und Publikationsorganen. Obwohl die Schriften von D. während der nationalsozialistischen Ära zur ‚verbrannten Literatur' gehörten, wurde er nicht aus dem Schuldienst entlassen. Er schien trotz seiner erklärten Gegnerschaft zum Nationalsozialismus den Schutz eines versteckten Freundes zu genießen. Nach 1945 wurde D. Schulleiter an der ‚Helgoländer', 1952 ging er in den Ruhestand. Auch nach seiner Pensionierung arbeitete er bis 1960 freiwillig an einer Hilfsschule mit.

Werk, Tendenzen, Wirkung. Die Kinder- und Jugendbücher von D. sind der in Deutschland schmalen Tradition sozialistischer Kinderliteratur zuzuordnen, die den Blick auf die gesellschaftliche Wirklichkeit nicht durch Bild- und Erzählklischees einer besonders für Kinder angeblich heilen Welt verstellten. Sie können zu den politisch divergierenden Bemühungen gezählt werden, nach dem Ersten Weltkrieg und der gescheiterten Revolution eine sozialkritische Kinderliteratur zu

Dies ſchreckliche Auge voll roter Glut,
die Naſe, groß wie ein Zuckerhut,
das greuliche Maul, das ſcharfe Gebiß:
Ein Prachtkerl biſt du, das iſt gewiß,
ein richtiger Drache, feurig und wild —
Klara Meier nennt dich mein Ebenbild.
Sie will meine Braut ſein — das iſt ja zum Lachen —
was ſoll ich mit ihr, ich hab' ja den Drachen.

Alſo, mein Lieber, ſei nicht ſo dumm,
ſcharwenzel mir nicht um die andern herum.
Zwei Drachen zuſammen, das gibt Takelei!
Vor allem meide die Polizei!
Überall hat ſie mit liſtiger Hand
kreuz und quer ihre Drähte geſpannt;
über die Häuſer, die Plätze
gehen die tückiſchen Netze!
Biſt du gefangen, biſt du gehangen,
kann dich keiner herunterlangen.
Hilflos baumelt dein armes Gerippe
hoch an der Strippe . . .

Eigentlich, hör' mal, haſt du es noch gut,
weil dir da oben kein Menſch was tut.
Aber mich ſchreibt der Schutzmann auf —
er ſchnappt mich im Dauerlauf —
„Beſchädigung der Fernſprechleitung!" —
Morgen ſteht es ſchon in der Zeitung! —
Und die Strafe erſt, eine ſ o o große Summe! —
Ja, i c h bin der Dumme!

Max Schwimmer. Kolorierte Federzeichnung zu Versen aus Carl Dantz' „Vom glückhaften Stern, Geschichten und Verse aus Kinderland" (Berlin, 1927).

schaffen. Dabei läßt sich D. keiner der literaturtheoretischen und kulturpolitischen Linien innerhalb der Arbeiterbewegung eindeutig zuordnen. Bei ihm wechseln offene mit geschlossenen Formen, traditionelle mit experimentellen Erzählweisen. Auch kann er in seinen Werken nicht auf einheitliche parteipolitische Tendenzen festgelegt werden. Ein klassisch reformistisches Politikverständnis findet sich in den Schriften ebenso wie linkssozialistische Positionen.
Bekannt wurde D. vor allem durch die Erzählung „Peter Stoll, ein Kinderleben, von ihm selbst erzählt", die erstmals 1925 im sozialdemokratischen Dietz-Verlag in Berlin erschien. Das Buch erlebte bis 1930 insgesamt sechs Auflagen. Es war gegen Ende der Weimarer Republik außerordentlich bekannt. 1929 kam eine russische Übersetzung heraus. Fortgesetzt wurde die Geschichte 1930 mit dem Band „Peter Stoll, der Lehrling, erzählt von Flegel-, Lehr- und Wanderjahren" (ebenfalls im Dietz-Verlag). Der erste Teil des „Peter Stoll" wurde gleich nach dem Zweiten Weltkrieg als eines der ersten Kinderbücher in der damaligen sowjetisch besetzten Zone wieder aufgelegt. Im Westen wurde es 1949 vom Verlag „Das Neue Wort" in Stuttgart herausgebracht. 1961 erschien in Warschau eine polnische Übersetzung. 1978 gaben Johannes Merkel und Dieter Richter im Rahmen der Reihe „Sammlung alter Kinderbücher" einen kommentierten Reprint der ersten Ausgabe von 1925 im Weismann-Verlag München heraus.
„Peter Stoll, ein Kinderleben" kann als das bedeutendste Werk von D. angesehen werden. In der Form steht es der Kinderbiographie und der von D. selbst mitentwickelten Kinderreportage nahe. Die Romanform wird dabei zur offenen Szenenform hin aufgesprengt. In der losen Reihung biographischer Szenen, Reportagen, Anekdoten, auch märchenhafter Einschübe kommt das Leben des proletarischen Kindes Peter Stoll in den faktischen Lebensverhältnissen der Arbeiter in der Weimarer Republik in den Blick. Dabei wird der Erlebnishorizont des kindlichen ‚Helden' niemals durch erfahrungsmindernde parteipolitische Doktrinen eingeengt.
In diesem Zusammenhang muß auf die Tätigkeit von D. als Schriftleiter der Schulzeitung „Unsere Schule" an der Versuchsschule in der Helgoländer Straße hingewiesen werden. In dieser größtenteils von Schülern selbst produzierten Zeitschrift wurden jene kinderliterarischen Techniken (wie Reportage, biographische Skizze, Korrespondenz etc.) verwendet, die vorrangig im „Peter Stoll" benutzt werden.
Die literarische (Schul-)Praxis rückt die Schreibkonzeptionen von D. in die Nähe eines Celestin Freinet und in einigen Aspekten in die eines Sergej Tretjakov. Im zweiten Teil des „Peter Stoll" werden die Stationen der ‚Flegel-, Lehr- und Wanderjahre' des Lehrlings geschildert. Das Buch endet mit einem offenen Schluß. Es gibt keine große, politische Perspektive, der Lernprozeß des Lehrlings wird jedoch transparent. In ihm kommen die sozialen und politischen Probleme der Weimarer Republik zur Sprache.
1926 erschien ebenfalls im Berliner Dietz-Verlag D.s ‚zweites Kinderbuch': „Wollmieze. Ein Findelkind, das seine Mutter sucht". Zwar überzeugen die bildkräftigen Beschreibungen der sozialen Gegensätze und der Phantasien und Aktivitäten des mutterlosen Mädchens, die traditionelle Schreibweise aber und die Technik einer durchgehenden Romanform lassen das Buch gegenüber dem „Peter Stoll" als weniger bedeutsam erscheinen. Die Büchergilde Gutenberg brachte 1927 ein weiteres Kinderbuch heraus mit dem Titel „Vom glückhaften Stern. Geschichten und Verse aus Kinderland". Hier versuchte D., die Formen und Erzählweisen des Märchens auf den Alltag der Kinder zu beziehen. Er wollte „Geschichten von armen Leuten, Erzählungen vom heutigen Leben, Lieder und Gedichte von Straße und Spiel" erzählen. Trotz sozialkritischer Ansätze ist dieses Märchenbuch vorwiegend der pädagogischen Reformbewegung und ihrer Vorstellung von einer heilen und glücklichen Kindheit verpflichtet. Was D. außerdem noch für Kinder geschrieben hat, ist, unmittelbarer noch als seine Kinderbücher, dem Schulalltag, vor allem dem Laienspiel, dem Kinderlied, der Schulzeitung und dem Lesebuch verpflichtet: ein szenischer Sprechchor, mehrere Schulspiele aus der Zeit nach 1945, Lieder und Gedichte für Kinder, Beiträge für die Schulzeitung „Unsere Schule". Darüber hinaus schrieb D. in der Weimarer Republik Artikel für die sozialdemokratische Zeitung „Vorwärts", den „Simplizissimus", die Zeitschrift der Büchergilde Gutenberg, die „Arbeiter-Jugend", die linke „Bremer Bürgerzeitung" sowie für das „Jahrbuch in Stadt und Land" (Berlin, Vorwärts-Verlag).

Werke (Auswahl): Peter Stoll, ein Kinderleben, von ihm selbst erzählt (1925); Wollmieze. Ein Findelkind, das seine Mutter sucht (1926); Vom glückhaften Stern. Geschichten und Verse aus Kinderland (1927); Peter Stoll, der Lehrling, erzählt von Flegel-, Lehr- und Wanderjahren (1930).

Sekundärliteratur: H. Boehncke (zus. mit J. Merkel): Anhang (in: Carl Dantz: Peter Stoll, ein Kinderleben. Reprint 1978. 133–192).

Heiner Boehncke

Darnstädt, Helge

*(Ps.e: Sabine Hagen, Kathrin Thomas, Christl Burg) Kinder- und Jugendbuchautorin; *12.6.1925 Oker/Harz.*

D. schloß ihre Schulausbildung 1943 mit dem Abitur ab. Seit 1958 schreibt sie Kinder- und Jugendbücher. Sie ist verheiratet und hat drei Söhne.

Werk, Tendenzen, Wirkung. Die ersten Kinderbücher D.s erschienen um 1960. Mit Texten zu Bilderbüchern des Kreidolf-Epigonen Fritz Baumgarten (*1883), die von Teddys, Wurzelpurzel und einem Hochzeitsfest im Wiesengrund handeln, beginnt D. für Kinder zu schreiben. Es folgen kleine Tiermärchen und Geschichten für Leseanfänger aus den Bereichen Familie und Schulalltag, die mit Klischeevorstellungen eine heile

Welt illusionieren. Immer enden sie mit einer dick aufgetragenen Moral: wenn man immer nur artig, brav, verständnisvoll, hilfsbereit, still, opferbereit und sparsam ist, lösen sich alle Schwierigkeiten von alleine. Meist machen Kinder zuerst Fehler und gelangen dann zu besserer Einsicht, nachdem die „kleinen Sünder" noch einmal mit dem Schrecken davongekommen sind. Das erbauliche Grundthema „durch Leid zum Glück" erinnert in seiner naiven Weltfremdheit an Kinderbücher aus dem vergangenen Jahrhundert; auch die Sprache ist antiquiert, betulich und sentimental. Später wendet sich D. der Altersgruppe der 10–14jährigen zu, wird gewollt flott und betont lustig. Mittels der Nachahmung des Schülerjargons und hinsichtlich der Motive bemüht sie sich um Aktualität. Heimkindadoption, Wiederverheiratung geschiedener Eltern, Rauschgifthändler, Gastarbeiter sind die neuen Themen. Aber all die Zeitfragen werden nur knapp angerissen und einseitig beleuchtet. Die Durchführung bleibt unzureichend, ohne Anspruch auf Reflexion oder ernsthafte Auseinandersetzung. Zu schnell werden für dringende gesellschaftliche Probleme oberflächliche Lösungen angeboten und damit verharmlost und bagatellisiert. In ihren Detektivgeschichten beschränkt sich D. noch mehr auf bewährte Muster, bekannte Figuren und naive Schwarz-Weiß-Malerei. Bezeichnenderweise ist D.s Titel „Juli" (1973) die Fortsetzung eines Buches von ENID BLYTON (1896–1968). Mit D. haben wir eine Vertreterin derjenigen Autoren vor uns, die gezielt für den Trivialmarkt produzieren und dabei wenig Wert auf Individualität legen. Fast alle Bücher D.s sind im Titania-Verlag erschienen, der in billigen Reihen schablonierte Ware anbietet. Oft wird auf die Angabe eines Druckjahres verzichtet, um so über Jahrzehnte hinaus auf dem Niveau anspruchsloser Unterhaltung gleichartige Geschichten mit austauschbaren Figuren anbieten zu können.

Werke: Geschwister. Geschichten für Kinder (1958, Teilausg. 1973); Kinder und ihre Tiere (1958, NA. 1975); Strupp und Foxi (zus. mit Fr. Baumgarten, 1959); Teddys Schulausflug (zus. mit Fr. Baumgarten, 1959); Geschichten aus dem Kinderland (1959, NA. 1978); Geschichten aus dem Klassenzimmer (1959); Teddys große Fahrt (zus. mit Fr. Baumgarten, 1960); Neues aus dem Märchenreich (1961); Lustige Tiermärchen (1961); Unsere besten Freunde (1962, NA. 1976); Heut ist ein besonderer Tag (1962); Das Hochzeitsfest im Wiesengrund (zus. mit Fr. Baumgarten, 1962); Kinder im Zoo (1963); Neue Märchen (1963); Rund um die Sparbüchse (1963, NA. 1975); Wurzelpurzel (zus. mit Fr. Baumgarten, 1963); Aus einem fröhlichen Haus (1964); Kinder im Verkehr (1964, NA. 1977); Was habt ihr gegen Florian? (1965); Neues aus dem fröhlichen Haus (1965); Kinder, Hunde, Hundekinder (1966); Fröhliche Tage im fröhlichen Haus (1967); Der Herr aus Honululu (1967); Neue Tiermärchen (1967); So was gibt es (1968); Unglaubliche Geschichten (1969); Märchen aus dem Tierreich (1970); Kennwort Rumpelstilzchen (1971); Tauschen muß man können! (1972); Juli und das Geheimnis von Heißtatabumstei (1973); Bei uns zu Haus (1973); Ein Hund für zwei (1974); Ab Sonntag sind wir Geschwister (1975); Ein merkwürdiges Mädchen (1975); Der geheimnisvolle Mops (1976); Neues aus dem Klassenzimmer (1976); Um 8 Uhr fängt die Schule an (1976); Von Kindern und Autos (1976); Geschichten vom Schulhof (1977); Zauberei im Seehotel (1977); Jan und das schwarze Schaf der Familie (1978); Neues vom Stundenplan (1978).

Geralde Schmidt-Dumont

Dassel, Christian Konrad Jakob

*Theologe, Pädagoge, Jugendbuchautor; *16. 3. 1768 Harckesbüttel bei Gifhorn, †8. 1. 1845 Stadthagen (Schaumburg-Lippe).*

Aufgewachsen in einem armen Elternhaus und erzogen in einer kleinen Dorfschule, sollte D. nach Ende seiner Schulzeit in die Schneiderlehre gehen. 1782 erhielt er jedoch eine Freistelle in der Latein-Schule des Halleschen Waisenhauses, wo er bis zu seinem 19. Lebensjahr blieb. 1788 begann er, nachdem er wegen Geldmangels ein Jahr wieder bei seinen Eltern gelebt hatte, das Theologie-Studium in Halle und arbeitete gleichzeitig als Lehrer an der Latein-Schule des Waisenhauses. Nach drei Jahren ging er als Erzieher nach Ham bei Hamburg an das Institut der Pädagogin und Dichterin KAROLINE CHRISTIANE LUISE RUDOLPHI (um 1756–1811), die eng mit JOACHIM HEINRICH CAMPE (1746–1818) befreundet war. Über die Erziehungsmethoden an einem Institut für adelige und wohlhabend-bürgerliche Mädchen im ausgehenden 18. Jahrhundert unterrichtet ausführlich D.s 1795 erschienener Aufsatz „Etwas über das Institut der Dichterin L. Rudolphi in Ham bei Hamburg, mit Rücksicht auf öffentliche und Privat-Erziehung überhaupt" (in: Leipziger Monatsschrift für Damen. 11. und 12. Stück). 1796 wurde D. zum Prediger, zehn Jahre später zum Hauptpastor in Stadthagen ernannt. Wegen theologischer Auseinandersetzungen mußte er seit 1818 alle seine Schriften vor deren Veröffentlichung erst der Schaumburg-Lippeschen Regierung vorlegen.

Werk, Tendenzen, Wirkung. D. verfaßte neben theologischen Schriften mehrere Kinder- und Jugendbücher, die sich vor allem mit der Geographie befaßten. Spezielle Vermehrung der geographischen Kenntnisse und allgemeine Erweiterung der Verstandesmöglichkeiten stehen für D. in einem engen Zusammenhang: nach seinen Vorstellungen schulen topographische Erkundungen von natürlicher Landschaft die bei ihm struktural ähnlich gesehene Landschaft des menschlichen Gehirns. Neben Werken, die mehr für den geographischen Schul- und Privatunterricht gedacht waren, steht sein vierbändiges Erzählwerk „Merkwürdige Reise der Gutmannschen Familie", die in mehreren, stets überarbeiteten und erweiterten Auflagen erschien. Die Figur des Gutmann, die einen aufgeschlossenen, aber dennoch biederen Kinderfreund darstellt, wurde von KARL TRAUGOTT THIEME eingeführt und von zahlreichen zeitgenössischen Autoren weiter verwendet. In der „Vorerinnerung" schreibt D.: „Die Kinder sollen dadurch auf allerlei wissenswürdige Gegenstände in der Natur aufmerksam gemacht, und bisweilen plötzlich mit Etwas überrascht und in Verlegenheit gesetzt werden, aus der sie durch eigenes Nachdenken sich wieder heraus helfen müssen". Gutmann unternimmt mit seiner Familie eine Reise durch fast alle Regionen der Erde. Zeitgenössische Rezensionen kritisierten D.s Versuch einer erzählenden Natur- und Ländergeschichte: er lasse die Familie mit viel zu großer Eile von Ort zu Ort, von Land zu Land reisen, so daß der Erzählung kaum Zeit bleibt, intensiver auf Eigenheiten und Nachdenkenswertes einzugehen. Die ständig wie überstürzt wirkende Reise erlaubt es D. nur, daß mehr oder weniger bekannte Klischees über fremde Gebiete reproduziert werden. Insgesamt ist die Oberflächlichkeit und die Hektik des rastlosen Reisens der Gutmannschen Familie ein interessanter Vorgriff auf den modernen Ferntourismus. Als Quelle benutzte D. vor allem die gängigen Naturgeschichten des 18. Jahrhunderts, wobei es ihm auf deren Glaubwürdigkeit nicht immer unbedingt ankam, da er in seiner Reisebeschreibung ohnehin „Wahrheit und Dichtung" bewußt vermischte, wodurch das Unwahrscheinliche der Reise noch verstärkt wird. Auch dem „Geographischen Lesebuch zum Nutzen und Vergnügen für Kinder und Kinderlehrer" ist vorzuwerfen, daß es unkritisch die Quellen benutzte und deshalb manche Ungenauigkeit oder gar mystische Vorstellung mit aufnahm. In einer zeitgenössischen Rezension wurde kritisiert, daß in den Beispielen „der Verfasser zum Pöbelhaften" hin absinke, den guten Geschmack beleidige und zu sehr der „Neigung zum Niedrig-komischen und Possenhaften" nachgehe (Allgemeine Deutsche Bibliothek. Nr. 108. Bd. 2. S. 553). Besonderen Wert legte D. beim Verfassen seiner geographischen Lehrbücher auf die spezifisch naturkundliche Erziehung der Mädchen, so in seiner „Naturlehre für meine Elevin" und in dem Werk „Über den Nutzen und die Methode des geographischen Unterrichts für Frauenzimmer", beide noch im 18. Jahrhundert erschienen. Häufig nahm er in kleinen Aufsätzen zu pädagogischen Fragen Stellung („Über Weihnachts- und Geburtstagsgeschenke in pädagogischer Rücksicht", 1796, „Über das Kriechen der Kinder", 1801 im „Hannoveranischen Magazin" erschienen).

Werke: Vorschlag zu einer neuen Methode, sowohl des schriftlichen als mündlichen geographischen Unterrichts, um, neben der bloßen Anfüllung des Gedächtnisses, auch den Verstand aufzuklären und das Herz zu bilden (1790); Geographisches Lesebuch zum Nutzen und Vergnügen für Kinder und Kinderlehrer, in geographischer Ordnung abgefaßt und herausgegeben (1791); Naturlehre für meine Elevin. Ein Beitrag zur Bildung des Verstandes junger Frauenzimmer (1793); Über den Nutzen und die Methode des geographischen Unterrichts für Frauenzimmer, nebst den Plan eines eigenen geographischen Lehrbuchs fürs weibliche Geschlecht (1794); Merkwürdige Reise der Gutmannschen Familie. Ein Weihnachts- und Geburtstags-Geschenk für die Jugend (Bd. 1–4. 1795–1797, [5]1827); Inbegriff der Hauptwahrheiten des Christentums. Ein Lese- und Erbauungsbuch für Konfirmanden und Konfirmierte (1800); Reise der Gutmannischen Zöglinge um unsere Erde (Bd. 1–2. 1822).

Sekundärliteratur: H. W. Rotermund: Das Gelehrte Hannover (Bd. 1. 1823. 432–435).

Klaus-Ulrich Pech

DDR-Zentrum für Kinderliteratur

Seit seiner Gründung (1970) ist das DDR-Zentrum für Kinderliteratur eine Einrichtung des Ministeriums für Kultur zur Koordinierung verschiedener Aktivitäten auf dem Gebiet der Kinderliteratur. Sein Sitz ist in Berlin.

Zu den Aufgaben des „DDR-Zentrums für Kinderliteratur" gehören: 1. Literaturpropaganda auf dem Gebiet der Kinderliteratur (Ausstellungen, Veranstaltung von Seminaren, Konferenzen u. ä.), 2. Durchführung und Publikation literatursoziologischer und leserkundlicher Forschungen, 3. Dokumentation und Katalogisierung theoretischer Schriften zur Kinderliteratur und 4. Herausgabe von Publikationen. Das „DDR-Zentrum für Kinderliteratur" führt regelmäßig folgende Veranstaltungen durch: 1. Die „Tage der Kinder- und Jugendliteratur der DDR". Sie dienen vor allem der Begegnung von Schriftstellern, Illustratoren, Übersetzern und Verlegern mit den jungen Lesern, aber auch der Verständigung der Künstler untereinander über theoretische Probleme der Kinderliteratur (theoretische Konferenz des Schriftstellerverbandes der DDR zu den „Tagen der Kinder- und Jugendliteratur"). 2. Zweimal im Jahr finden Seminare des „DDR-Zentrums für Kinderliteratur" statt. Verleger, Lektoren, Bibliothekare, interessierte Pädagogen, Theoretiker und Kritiker diskutieren zu jeweils einem aktuellen Thema der Kinder- und Jugendliteratur. Themen waren u. a.: „Psychologische Probleme der Kreativität bei Kindern (insbesondere bei schreibenden Kindern)", „Darstellungen der Frau und des Mädchens in der Kinder- und Jugendliteratur der Gegenwart", „Lesegewohnheiten und Leseverhalten bei Schülern der 5. und 8. Klassen". 3. Zum „Tag des sowjetischen Kinderbuches" wird über Probleme der sowjetischen Kinderliteratur auf einer Weiterbildungsveranstaltung für Bibliothekare, Buchhändler, Pädagogen referiert.

Neben Wirkungsforschung zu einzelnen Werken der Kinderliteratur wurden in der letzten Zeit vom „DDR-Zentrum für Kinderliteratur" repräsentative soziologische Untersuchungen zu den Lesegewohnheiten und zum Leseverhalten von Schulkindern sowie Untersuchungen über die Heranführung von Vorschulkindern an das Buch durch Kindergarten und Elternhaus durchgeführt.

Zum „DDR-Zentrum für Kinderliteratur" gehört eine Arbeitsbibliothek, die ca. 1600 Bände der wichtigsten Kinderbücher der DDR, ca. 1000 Bände Sekundärliteratur und diverse Zeitschriften bereithält. Daneben werden Angaben zu den Kinderbuchautoren und -illustratoren sowie Rezensionen über Werke, Kinderbriefe und Kinderzeichnungen gesammelt. Außerdem gibt es einen Katalog über theoretische Schriften zur Kinderliteratur, der ständig ergänzt wird, sowie ein Verzeichnis von Dissertationsschriften.

Das „DDR-Zentrum für Kinderliteratur" ist Herausgeber verschiedener Veröffentlichungen. In der „Schriftenreihe zur Kinderliteratur", in der theoretische Arbeiten, vor allem Dissertation, publiziert wer-

den, sind bis 1980 acht Bände erschienen: H. HERMANN: Menschenbild und Perspektive im epischen Schaffen Benno Pludras (1975); H. SCHEIBE: Alex Weddings künstlerischer und literaturtheoretischer Beitrag zur Entwicklung der sozialistischen deutschen Kinderliteratur (1976); E. GEORGE: Zur Ästhetik und Leistung der sozialistischen deutschen Lyrik für Kinder (1976); JUTTA LEVENHAGEN (Red.): Sowjetische Kinderliteratur heute. Konferenzmaterialien (1977); H. HÜTTNER: Was lesen unsere Kinder? Ergebnis einer literatursoziologischen Studie zum Leseverhalten von Schulkindern der 1. bis 4. Klasse in der DDR (zus. mit J. LEVENHAGEN und M. MATTHIES, 1977); H. WEGEHAUPT: Bibliographie theoretischer Arbeiten zur Kinder- und Jugendliteratur. In der DDR von 1945–1975 erschienene Bücher und Aufsätze (1977); G. MEWES: Die Arbeit mit Bilderbucherzählungen im Kindergarten. Teil 1–2 (1979); H. HÜTTNER: Was lesen unsere Kinder? Eine literatursoziologische Studie zum Leseverhalten von Schulkindern der 1. bis 8. Klasse in der DDR 1977/1978 (zus. mit I. HARYCH, 1980).
Das „Bulletin zur Kinderliteratur" (seit dem zweiten Halbjahr 1980 „Kinderliteratur-Report") ist das Informationsblatt des „DDR-Zentrums für Kinderliteratur" und des „Kuratoriums sozialistische Kinderliteratur" der DDR. Es gibt Auskunft über das aktuelle Geschehen auf dem Gebiet der Kinderliteratur in der DDR und im Ausland.

Inge Harych

Degenhardt, Franz Josef

*Lieder- und Protestsänger, Romanschriftsteller, Rechtsanwalt; *3. 12. 1931 Schwelm/Westfalen.*

Nach dem Vorbild seines Vaters studierte D. an den Universitäten in Köln und Freiburg Jura, wurde dann wissenschaftlicher Assistent an der Universität in Saarbrücken und promovierte. Mit selbstverfaßten Liedern und einer eigenwilligen Vortrags- und Gitarrentechnik wurde D. zum Protagonisten der deutschen Folksong-Bewegung und nahm von 1964 bis 1967 regelmäßig an den Liedermachertreffen auf der Hunsrücker Burg Waldeck teil. Während der Studentenbewegung engagierte er sich zunehmend in der Außerparlamentarischen Opposition (APO) und zog sich für eine Weile von öffentlichen Auftritten als Liedersänger zurück. Als Rechtsanwalt arbeitet D. in einem Hamburger Anwaltskollektiv und wirkte als Verteidiger in Prozessen gegen angeklagte Demonstranten und Mitglieder der Linksopposition. 1973 erschien sein erster Roman „Zündschnüre", der durch REINHARD HAUFF für das Fernsehen verfilmt wurde. Neben der Veröffentlichung von weiteren Romanen („Brandstellen", 1975; „Die Mißhandlung", 1979) und Kindergeschichten („Petroleum und Robbenöl", 1976) wurde D. wieder als Sänger aktiv und konnte mehrere erfolgreiche Tourneen durch Deutschland durchführen. D. ist Mitglied des PEN-Clubs, war Mitglied der SPD, wurde aber 1971 aus der Partei ausgeschlossen. D. ist verheiratet und Vater dreier Kinder.

Werk, Tendenzen, Wirkung. In seinen frühen Liedern kritisierte und karikierte er die Enge (den ‚Mief') des deutschen Kleinbürgertums und idealisierte gesellschaftliche Außenseiter, Bohemiens und skurrile Individualisten. Er war stark von dem französischen Chansonier GEORGE BRASSENS beeinflußt, an dessen Vortragsart, einen melodiösen Sprechgesang, er sich anlehnte, aber im Zusammenhang mit seinen Texten einen ihm eigenen Stil entwickelte. D., der sich zunehmend schärfer politisch profilierte, kritisierte lange vor der Studentenbewegung die Schwächen der Bundesrepublik Deutschland. In Songs, Balladen und Moritaten ergriff er Partei für Wehrdienstverweigerer und bezog Stellung gegen die Politik der Wiederaufrüstung. Aus seinen Liedern lassen sich über anderthalb Jahrzehnte jene Etappen ablesen, die die studentische und auch die Arbeiterjugend zu Demonstrationen und Protesten auf die Straße und in politische Versammlungen brachten. Notstandsgesetze, Große Koalition, Antikommunismus, wachsender Neofaschismus, der Putsch der Militärs in Griechenland und Chile, der Krieg der Amerikaner in Vietnam finden in ihm einen vehementen und unerschrockenen Gegner. Nach seinem Ausschluß aus der SPD näherte sich D. zunächst der DKP, teilte aber in den späten siebziger Jahren liberalere Auffassungen.
Schon in seinen ersten Chansons und Liedern nutzte er Elemente aus der Folklore für Kinder und junge Rezipienten: Motive und Mythisch-Magisches aus den GRIMMschen Märchen und den alten deutschen Volksbüchern, Moritaten und Bänkelsongs, Motive aus dem Umfeld der Sieben Schwaben und der Schildbürger, die er jeweils an aktuelle Zeitströmungen knüpfte, um politische Vergeßlichkeit, Lethargie, reaktionäres Denken und Handeln, schlechte Behandlung von Gastarbeitern, gesellschaftliche Kurzsichtigkeit anzuprangern. Ähnlich wie die Protestsänger und Songpoeten WOLF BIERMANN, HANS-DIETER HÜSCH, HANNES WADER und DIETER SÜVERKRÜP nimmt er eindeutig Partei für Kinder und Jugendliche, solidarisiert sich mit Lohnabhängigen und Ausgebeuteten im eigenen Land wie mit den Unterdrückten in den Ländern der Dritten Welt.
Auch in seinen Romanen und Erzählungen für Kinder und Jugendliche variiert er die Motive seiner vorangegangenen Lieder: Anti-Imperialismus und Anti-Kolonialismus prägen seine handlungsgeladenen Geschichten. Auffallend an D.s Roman „Zündschnüre" über den kommunistischen Widerstandskampf gegen den deutschen Faschismus während des Zweiten Weltkriegs sind die in einer Kinderbande organisierten Helden. Der Roman „Brandstellen" über eine geglückte Bürgerinitiative gegen einen Truppenübungsplatz in einem einstigen Naturschutzgebiet ist stark mit autobiographischen Zügen versetzt. Er wurde in der DDR verfilmt. Der Roman „Die Mißhandlung (1979) hat wieder ein Kind im Mittelpunkt, das von der Außenwelt isoliert wie ein Kaspar Hauser aufwächst. Dieser

Fall geht auf ein tatsächliches Geschehen in Hamburg zurück. An D.s Roman „Zündschnüre" wurde von der Kritik ein romantisches Kommunismusbild und eine motivische Verwandtschaft zu MARK TWAINS Tom Sawyer und Huckleberry-Finn-Stoffen konstatiert. In D.s erstem Kinderbuch „Petroleum und Robbenöl" (1976) ist das exotische Moment der Eskimogeschichte Aufhänger für Zeitsatire und Kindern zugemuteter Gesellschaftskritik. Ein Industriemanager aus dem Ölgeschäft „flippt aus" und wendet sich aus seiner Übersättigung dem idyllisch-einfachen Dasein der Bewohner des hohen Nordens zu. Wie in vorangegangenen Romanen und Liedern tauchen vertraute Figuren auf, wird Dialektgefärbtes und Mundartliches in den Text einbezogen. Ein Fünfzehnjähriger Ich-Erzähler berichtet groteske Ereignisse: wie die Eskimos in das bundesrepublikanische Wohlstandsleben einbrechen und Kälte und Winter verbreiten, wie sie die Tiere im Wuppertaler Zoo schlachten. Kritik wird vom Autor über seine „Helden" an der hemmungslosen Ausbeutung natürlicher Rohstoffe geübt. In aktuellen Anspielungen werden von D. in seiner Kindergeschichte „Lauschangriffe", das rücksichtslose Konkurrenzverhalten großer Konzerne und Ölgesellschaften ebenso angegriffen wie Profitstreben und Korrumpierbarkeit. Rückblenden in die Zeit des Faschismus und des Widerstands binden dieses Kinderbuch an die vorangegangenen Romane. Die Aktualität dieses Buches bleibt ungebrochen und wird in dem Maße erhalten, wie die Diskussion um die Umweltzerstörung und Rohstoffverknappung anhält.
Texte und Songs von D. haben inzwischen Eingang in den Unterricht der Schulen gefunden, sei es als Nachdruck in Lesebüchern, als Klassenlektüre oder als Stoff für einen engagierten Politik- und Musikunterricht. D.s Lieder sind didaktisch geeignete Gegenmuster zur trivialisierten Unterhaltungs- und modisch-kommerziell gesteuerten Schlagerindustrie. Die Liedertexte von D. sind oft reich illustriert und mit beigefügtem Notensatz auch in Buchform erschienen.

Werke: Spiel nicht mit den Schmuddelkindern. Balladen, Chansons, Grotesken, Lieder (1967); Da habt ihr es! Stücke und Lieder für ein deutsches Quartett (zus. mit W. Neuss, H.-D. Hüsch, D. Süverkrüp, 1968); Im Jahr der Schweine. 27 Lieder mit Noten (1970); Zündschnüre (1973); Laßt nicht die roten Hähne flattern, ehe der Habicht schreit. Lieder mit Noten (1974); Brandstellen (1975); Petroleum und Robbenöl oder wie Mayak der Eskimo kam und mein verrückter Vater wieder gesund wurde (1976); Kommt an den Tisch unter Pflaumenbäumen. Alle Lieder (1979); Die Mißhandlung (1979).

Sekundärliteratur: L. Heinz-Arnold (Hrsg.): Franz Josef Degenhardt. Politische Lieder 1964–1972 (1972); Väterchen Franz. Franz Josef Degenhardt und seine politischen Lieder (1975); Politische Lyrik (in: Text und Kritik. 9/9a. 1973). – H. Künnemann: Franz Josef Degenhardt (in: Kinder- und Jugendschallplatten. Beiheft zum Bulletin Jugend und Literatur. 3. 1977. 31–32). – A. und U. Maske: Das werden wir schon ändern: Franz Josef Degenhardt und seine Lieder (1977). – P. Werres: Die Liedermacher Biermann und Degenhardt 1960–1976. Eine Zwischenbilanz (Diss. 1977).

Horst Künnemann/Detlef Ram

Degler-Rummel, Gisela

*Malerin, Illustratorin; *5. 4. 1940 Hamburg.*

D.-R. studierte von 1957 bis 1961 an der Werkkunstschule in Hamburg. 1963 begann sie als freischaffende Buchillustratorin tätig zu werden. Seit 1977 lehrt sie an der Fachhochschule für Gestaltung in Hamburg. 1979 war D.-R.s Werken eine Einzelausstellung im Hamburger „Haus der offenen Tür" gewidmet.

Werk, Tendenzen, Wirkung. D.-R. gestaltet vorwiegend Kinder- und Bilderbücher. Nur nebenher malt sie Stilleben und Projekte. Ihre Buchillustrationen zeichnen sich durch kräftige Farbigkeit aus. Große, grellbunte, teilweise über eine Doppelseite verteilte Flächen charakterisieren die Bilder zu „Mumpischell" (1973) von GERDA-MARIE SCHEIDL und zu EVA MARDERS „Der Igelspiegel" (1971), vor allem auch zu ihrem eigenen Bilderbuch „Jan und die Großmutter" (1978), in dem sie das Verhältnis von Kindern zur älteren Generation aufgreift. Kindlichem Auffassungsvermögen kommt sie durch einen an die naive Malerei angelehnten Stil der Gegenstandswiedergabe entgegen. Ihre künstlerischen Mittel haben sich im Laufe der Jahre verfeinert, und ihre Bildgestaltung wurde allmählich raffinierter strukturiert (großzügiger Umgang mit der Perspektive, statuarische Figurendarstellung, isolierte Wiedergabe von Gegenständen im Raum). D.-R.s Illustrationen zu Kinder- und Jugendbüchern sind zumeist Schwarz-Weiß-Graphiken oder kolorierte Pinselzeichnungen, wobei Zerfließeffekte kalkuliert auftreten, so in „Geschichten aus dem kleinen Haus" (1964) von ERIKA KLEIN, wo die Bilder abwechselnd mit rot, türkis oder braun abgesetzt sind. Humorvolle phantastische Erzählungen wie IRINA KORSCHUNOWS „Töktök und der blaue Riese" (1975), naive einfache Kindergeschichten oder auch phantasievolle Tiergeschichten wie „Der Igelspiegel" oder Ereignisse aus dem Alltag, neuerdings auch Probleme zwischenmenschlicher Beziehungen wie in „Jan und die Großmutter" (1978) sind die Inhalte der Bücher, die D.-R. vorzugsweise illustriert.

Werke: E. Klein: Geschichten aus dem kleinen Haus (1964); H. Köster-Ljung: Das Bronzerädchen oder das Geheimnis unter den Klippen (1964); H. Rodrian: Nanni stellt alles auf den Kopf (1964); D. v. Gersdorff: Die vertauschte Isabell (1965); E. Klein: Neue Geschichten aus dem kleinen Haus (1965); E. Klein: Noch mehr Geschichten aus dem kleinen Haus (1965); H. Rodrian: Guten Morgen, Mitchi! (1965); A. Rommel: Die gläserne Barke (1966); R. Degler: Sofiechen und der rote Schirm (1967); I. Korschunow: Der Stern, der Berg und die große Stadt (1967); G. Ruck-Pauquet: Paprika für ein Eselchen (1969); G. Ruck-Pauquet: Während du schläfst (1969); B. Bartos-Höppner: Die Laternenkinder (1970); I. Korschunow: Der kleine Clown Pippo (1971); E. Marder: Der Igelspiegel (1971); M. Bernhard von Luttitz: Es war einmal ein Purzelbaum (1972); M. Lloyd: Der verlorene Silberschilling (1972); I. Korschunow: Niki aus dem 10. Stock (1973); G. M. Scheidl: Mumpischell (1973); Chr. Sprenger: Weil Nina eine Macke hat (1974); I. Korschunow: Töktök und der blaue Riese (1975); E. Schaffarzyk: Als Fußlapp in der Klemme war (1975); G. Degler-Rummel: Kennst Du den Wind? (1977); G. Degler-Rummel: Jan und die Großmutter (1978); G. Degler-Rummel: Mose führt sein Volk aus Ägypten (1980).

Erich Gerhard

Deininger, Hans

*Graphiker, Illustrator; * 7. 6. 1926 Stuttgart.*

D. besuchte die Graphische Fachschule und die Kunstakademie in Stuttgart. Innerhalb der Kinder- und Jugendliteratur wurde er in den fünfziger und sechziger Jahren durch seine Illustrationen zu den deutschen Ausgaben der „Pünkelchen"-Bände des niederländischen Kinderbuchautors DICK LAAN (1894–1973) bekannt. D. ist in der Industrie als Designer tätig. Er lebt in Stuttgart.

Werk, Tendenzen, Wirkung. In D.s Kinder- und Bilderbuchillustrationen überwiegt thematisch die Charakterisierung einer harmlos-abenteuerlichen Kinderwelt, in der neben den Kindern selbst Käuze, Trolle und skurrile Gestalten ihren Platz haben. D. setzt die in Schwarzweißtechnik unkompliziert gezeichneten Figuren in eine möglichst bunte Reihe: Er läßt z.B. Pünkelchen im Schnabel eines Vogels zappeln oder eine Maus in der gläsernen Kanzel eines Hubschraubers fliegen (D. LAAN: Pünkelchen in der kleinen Stadt, 1965), läßt Igel, Hasen und Raben mit Trollen in einer Wohnstube zusammentreffen (D. LAAN: Wolkewittchen, 1968) oder den Osterhasen unter die Negerkinder geraten, die um ihn Ringelreihen tanzen (ADOLF HOLST: Osterhas auf Reisen, 1962). Die Pünkelchen-Bände handeln von einem Zwerg, der in der Stadt wohnt, diese von seiner Warte aus entdeckt, vor Menschen Angst hat und mit Tieren sprechen kann. Die Pünkelchen-Figur mit dem gepunkteten Hemd, der blauen Mütze, den schwarzen Schlappen, dem runden großen Gesicht und den abstehenden Ohren hat entscheidend zum Bekanntwerden dieses Buchhelden bei Kindern beigetragen. Die skizzenhaften Federzeichnungen mit knopfäugigen Kindergesichtern auf keß schiefgelegtem Hals, mit bärtigen, trotz struppigen Aussehens gutmütig blickenden Männern, stolz daherfahrenden Dampfschiffen oder sommersprossigen Mädchen, bleiben sich stilistisch weitgehend gleich, auch dort, wo D. versucht, ein wirklichkeitsnahes Thema zu illustrieren (MARGRET STÖCKLE, Hrsg.: Margrets Kinder. Kinderbriefe aus Kamerun, 1965) oder eine Kinderbibel auszustatten. In den frühen Bilderbüchern „Sandmännchen" (1961) von IRENE und H. DEININGER und „Osterhas auf Reisen" (1962, Text von A. HOLST) wich D. von seiner üblichen Illustrationstechnik (Schwarzweißzeichnung) ab und kombinierte Farbdruck, Federzeichnung, Spritztechnik und Papiercollage.

Werke: D. Laan: Pünkelchens Abenteuer (1955, TB. 1973); D. Laan: Pünkelchen und seine Freunde (1956, TB. 1974); D. Laan: Pünkelchen auf Reisen (1956); D. Laan: Pünkelchen im Zoo (1957); D. Laan: Pünkelchen in Afrika (1958); J. ter Haar: Saskia und Jeron, die Zwillinge (1958); A. de Vries: Hör mal zu – lies auch Du (1958); C. Brujn: Lasse Länta (1958); D. Laan: Pünkelchen und der Karfunkelstein (1959); D. Laan: Pünkelchen sucht den Sandmann (1960); L. Gast (Bearb.): Das Pünkelchen-Bilderbuch (1960); A. de Vries: Der gute Hirte (1960); A. de Vries: Der verlorene Sohn (1960); I. Deininger: Sandmännchen (1961); D. Laan: Pünkelchen und Wolkewittchen (1961); L. Hahn: Balduin, der Pinguin, und der Dackel Fridolin (1961); J. ter Haar: Saskia und Jeron an der See (1961); A. de Vries: Das Unser Vater. Für die Kinder erklärt (1961); A. de Vries: Die zehn Gebote. Für die Kinder erklärt (1961); A. Holst: Osterhas auf Reisen (1962); M. Eising: Kirsten und der Frühling (1962); D. Laan: Pünkelchen als Perlentaucher (1962); A. de Vries: David, der Hirtenknabe (1962); A. de Vries: Die Geschichte von Mose (1962); D. Laan: Pünkelchens Reise zum Mond (1963); L. Hahn: Balduin, der Pinguin, im Zoo und anderswo (1963); L. Hahn: Josephine Siebe. Kasperle-Bilderbuch (1963); A. de Vries: Mit Jesus im Boot (1963); A. de Vries: Der ungehorsame Jona (1963); D. Laan: Pünkelchen in der kleinen Stadt (1965); M. Stöckle (Hrsg.): Margrets Kinder. Kinderbriefe aus Kamerun (1965); D. Laan: Du hast gut lachen, Pünkelchen (1966); H. de Vries: Der barmherzige Samariter (1966); H. de Vries: Die Jugendbibel (1966); H. de Vries: Daniel und die drei Freunde (1966); D. Laan: Wolkewittchen (1968, TB. 1973); C. Bruijn: Tönnchen (1968); H. Vonhoff: Kunterbunte Kinderwelt (1968); H. Vonhoff: Mein Jahr ist Gottes Jahr (1969); A. de Vries: Jaaps Abenteuer (1969); A. de Vries: Hedu, die Geschichte eines Indermädchens (1969); A. de Vries: Das Kind in der Krippe (1969); A. de Vries: Die Weisen aus dem Morgenland (1969); D. Laan: Pünkelchen und die Autorakete (1970); D. Laan: Pünkelchen am Nordpol (1972); Kinderbibel (1973); D. Laan: Pünkelchen und der Kinderzirkus (1975); A. de Vries: Jaap und seine Freunde (1977); D. Laan: Pünkelchen und die Spitznasen (1979).

Erich Gerhard

Delafaye-Brehier, Julie

*Französische Kinder- und Jugendbuchautorin; * um 1780 Nantes, † um 1850 Nantes.*

D.-Br. wurde von ihrem Onkel, einem Pfarrer, in Dreffeac erzogen. Im Jahr 1793 verließ sie die Bretagne, um nach Saintonge in die Familie ihrer Mutter zurückzukehren. Dort konvertierte sie zum Protestantismus. Um 1812 heiratete sie den Arzt GRATIEN-CLAUDE DE LA FAYE (auch Delafaye) und begann mit der Veröffentlichung von Kinderbüchern, die das 19. Jahrhundert hindurch, besonders aber während der Julimonarchie, großen Erfolg hatten. Da ihr Todesdatum umstritten ist, muß auch die Verfasserschaft der posthum unter ihrem Namen erschienenen Titel angezweifelt werden. Unveröffentlichte Briefe an ihre kinderlose Schwester Nancy befinden sich im Stadtarchiv von Rouen.

Werk, Tendenzen, Wirkung. Das etwa 40 Romane und Erzählungen umfassende Werk der D.-Br. im Stil ARNAUD BERQUINS (1749–1791) erfreute sich großer Beliebtheit, so daß einzelne Titel sowohl als vollständige Ausgabe wie in Auszügen noch während des Second Empire und in der Dritten Republik Neuauflagen erreichten. Der Bibliograph R. KERVILER notiert, daß die späteren Auflagen im Sinne der katholischen Moral überarbeitet worden sind. Nach 1900 wurde keines ihrer Werke mehr neu aufgelegt, und die Autorin figuriert auch in keinem der großen Lexika des 19.

Jahrhunderts. Ein Grund hierfür dürfte in dem wachsenden Mißkredit zu suchen sein, in den eine erbauliche Kinder- und Jugendliteratur, die offiziell-kirchlicherseits nicht mehr empfohlen wurde, bei der neuen selbstbewußten Intellektuellengeneration um die Jahrhundertwende geriet (vgl. ANATOLE FRANCES vernichtendes Urteil über D.-Br.s „Collège incendié": „une niaiserie"). Für das Werk der D.-Br. bedeutete die neue Tendenz das Ende, weil ihr Erziehungsideal gerade die Formung eines auf Studium und eigene Arbeit gegründeten provinziell-kleinbürgerlichen Selbstbewußtseins war, das sich – in Selbstgenügsamkeit – von aristokratischen und großbürgerlichen Werten unabhängig machen sollte. Mit dem Aufstieg der Intelligenz zur politischen Macht und der Durchsetzung der allgemeinen Schulpflicht waren D.-Br.s Bücher um die Jahrhundertwende historisch überholt. Ihr Werk wurde ersetzt und weitergeführt durch die erfolgreichen Erzählungen der COMTESSE DE SÉGUR, die trotz charakteristischer Verschiebungen (z. B. von der dominanten Vaterrolle bei D.-Br. zum Überwiegen der weiblichen Figuren bei SÉGUR) in Form und Inhalt als ihre authentische, wenn auch aristokratische Nachfolgerin zu betrachten ist.

D.-Br.s erfolgreichste Bücher waren „Alice, ou la jeune sœur de famille" (1836, 5 Auflagen), „Le Collège incendié" (1821, 16 Auflagen), „Les Enfants de la Providence" (1819, 11 Auflagen) und „Les Petits Béarnais" (1816, 21 Auflagen). D.-Br. bietet zumeist eine mehr oder minder rührselige Rahmenerzählung, in die Berichte über kindliche Alltagssituationen – oft in Dialogform – sowie deren erfolgreiche oder abschreckende Lösung, ferner Abenteuer, Märchen, Gleichnisse und exotische Novellen eingeschoben sind. In der Erzählung „Les Petits Béarnais", in der die Autorin rousseauistische Motive verwendet, berichtet die Rahmenerzählung von einem durch den geschäftlichen Ruin erzwungenen Landaufenthalt bei den Großeltern, der erst durch eine geschäftliche Wiederbelebung beendet wird; die Familie kehrt in jedem Sinne bereichert wieder nach Bordeaux zurück. Im „Collège incendié" löst der Brand der Schule die gemeinsame Rückwanderung eines Freundesquartetts zu den Eltern aus; auf der Wanderung haben die verschiedenen Charaktere, die bis zu einem gewissen Grade ihre soziale Herkunft repräsentieren, ihre moralischen Schwächen zu überwinden. In „Les Enfants de la Providence" verlieren zwei mutterlose Kinder durch einen Unfall in der Schweiz den hingebungsvollen Vater und auch ihr Vermögen. Das Buch erzählt ihren Bildungsweg unter den völlig neuen sozialen Bedingungen, die ausführlich dargestellt und analysiert werden.

Das „Schicksal" löst in D.-Br.s Büchern Situationen aus, die die Kinder früh zur Autonomie zwingen, aber dabei in ihrer eigenen Hilflosigkeit verstärkt mit der Notwendigkeit konfrontiert werden, außerhalb des Elternhauses schützende Erwachsene zu finden. Selbständigkeit, Mut und Selbstdisziplin sind neben den traditionellen Tugenden wie Gehorsam, Geduld, Fleiß, Großzügigkeit und Nächstenliebe die Werte, zu denen D.-Br. unter Androhung von Liebes- und Lebensverlust sowie sozialem Ausschluß erziehen will. Zwar geraten ihre kindlichen Exempelfiguren wie ihre Werke insgesamt nur allzu oft zum altklugen Sprachrohr moralischer Maximen und aufgesetzter Gelehrsamkeit, doch finden sich auch lebhaft und realistisch geschilderte Szenen, die typische Konflikte der Kindheit zur Sprache bringen, wie dies auch ihr Vorbild ARNAUD BERQUIN forderte.

In Deutschland waren eine Reihe von Übersetzungen von Werken der französischen Autorin erfolgreich, so vor allem die 1835–1836 erschienene Erzählung „Die jungen Mädchen oder die Welt und die Einsamkeit", eine Übersetzung von „Les jeunes filles, ou le Monde et la solitude" (1822) und die dreibändige Ausgabe „Der kleine Reisende nach Griechenland oder Briefe des jungen Evarist und seiner Familie" (Bd. 1–3, 1827), die im Rahmen der von G. FRIEDRICH im Edler-Verlag in Hanau herausgegebene Reihe „Jugendbibliothek des Auslands" erschien. Die französische vierbändige Originalausgabe erschien ein Jahr zuvor unter dem Titel „Le Petit voyageur en Grèce, ou Lettres d'Evariste à sa famille" (1825). Das Werk ist in Briefen abgefaßt, in denen die Sehenswürdigkeiten Griechenlands beschrieben werden und gleichzeitig das Wissen um das antike Griechenland, seine Sagen, Mythen und Geschichte ausgebreitet wird. Die Intention der Autorin kommt in der „Vorrede der Verfasserin" zum Ausdruck, die dem ersten Band in deutscher Übersetzung vorangestellt ist. Hier heißt es: „... Unter den Bildungsgegenständen, welche man mit Nutzen dem jugendlichen Auge vorlegt, soll man meiner Ansicht nach die Ausbildung des Briefstyls nicht vernachlässigen. Kinder sind von Natur aus schreibträge, nicht aus Mangel an Ideen, sondern weil sie diese nicht auszudrücken wissen. Auch scheint es mir unerläßlich, sie zeitig mit der Lesung gutgeschriebner und solcher Briefe zu befreunden, deren Inhalt anziehend genug ist, sie zu fesseln ...". In einem Vorwort entschuldigt sich der deutsche Übersetzer, der Hanauer Lehrer H. G. ZEHNER, für die sehr freie Bearbeitung des Stoffes, die er beim Übersetzen vorgenommen habe und nimmt gleichzeitig kritisch Stellung zu der Schreibweise der französischen Autorin. So habe es „so manche Wiederholungen besonders im moralischen Raisonnement, so manches Gedehnte in den Schilderungen gegeben", daß er es für notwendig gefunden habe, das Ganze mehr zusammenzudrängen, „um mehr Handlung hineinzubringen". Er bittet auch die Leser, es ihm nicht übel zu nehmen, „wenn die Ansichten der Verfasserin hie und da etwas schwerathmig, dumpf und besonders fromm schielend" erscheinen. Die Autorin sei nun mal eine Frau, „die dem Fehler ihres Geschlechts, bisweilen mit dem Herzen und den Gefühlen zu urtheilen", nicht ganz entgehen könne.

Werke: Les six nouvelles de l'enfance (1812); Les nouvelles nouvelles de l'enfance (1813); La Nouvelle Antigone, suvie de Vive le roi (1814); Les Petits Béarnais, ou Leçons de morale convenables à la jeunesse (1816, dt. Der kleine Bearner, oder moralische Vorlesungen für die Jugend, 1827–1828); Les Soupers de famille, Nouveaux contes moraux (1817); Les Enfants de la Providence, ou Aventures de trois jeunes orphelins (1819); Le Collège incendié, ou les Ecoliers en voyage (1821); Bibliothèque d'Arthur, ou Petites nouvelles pour le premier âge (1822); Les Jeunes filles, ou le Monde et la solitude (1822; dt. Die jungen Mädchen oder die Welt und die Einsamkeit, 1835–1836); Le Petit prince de Cachemire, ou les Leçons de la vénérable Pari-Banou, contes moraux et féeries (1824); Le Petit voyageur en Grèce, ou Lettres d'Evariste à sa famille (1825; dt. Der kleine Reisende nach Griechenland oder Briefe des jungen Evarist und seiner Familie, Bd. 1–3, 1827); Conseils à l'enfance et à l'adolescence, ou Recueil de nouvelles appropriées a çes differents âges (1825); Le Pavillon de Caroline, ou la Petite société (1826); Robinson français, ou le Petit naufragé (1827, dt. Der französische Robinson oder Der kleine Schiffsjunge, 1828); Petit-Jules le sauteur, ou Histoire d'un enfant enlevé par les baladins (1828); Théâtre de l'enfance (1828); Sir Samuel, ou Mémoires sur la jeunesse d'un Anglais, recueillis par une dame de sa famille (1828); La Piété filiale, ou Histoire d'Angeline Molina (1833); Marguerite, ou la Puissance des affections domestiques (1834); Les Orphelins piémontais (1835); Alice, ou la Jeune sœur mère de famille, histoire morale (1836); Le Vieillard des eaux, contes et nouvelles pour la jeunesse (1836); L'Intérieur d'une famille, ou le Récit d'un voyageur (1836); Raoul, ou le Disciple reconnaissant (1836); Pauvre Jacques, ou le Frère adoptif (1837); Les Enfants des bords du lac, ou Six mois de séjour en Suisse (1838); Aristide et Idalie, ou les Vertus filiales (1838); Les Trois orphelines, nouvelles veillées du chateau (1838); Les deux familles, ou l'Hospitalité fraternelle, suivies de Euphémie (1839); Les Nouveaux petits Béarnais, ou les Charmes de la vertu (1840); La Petite compagne d'étude, ou les Dangers de la flatterie (1841); Le Verger des ècoliers, histoire morale, écrite pour la jeunesse (1841); Les Jumeaux de Saint-Cyr, ou l'Amour de l'étude (1842); Récits d'un vieillard, contes et nouvelles à l'usage de la jeunesse (1842); Natalie, ou les Dangers des préventions (1842); La Poupée bien élevée, suivi de la Lanterne magique des petits enfants (1843); Les Aventure de Roger, ou les Dangers des mauvaises compagnies (1844); Un Secret. Simple histoire d'une famille (1846); Les Portugais d'Amerique, souvenirs historiques de la guerre du Brésil en 1635 (1847); Histoire des ducs de Bretagne, racontée par un père à ses enfants (1851).

Monika Bosse

Deutsche Akademie für Kinder- und Jugendliteratur e.V.

Verein zur Förderung der deutschsprachigen Kinder- und Jugendliteratur mit Sitz in Volkach am Main.

Gründung und Organisation. Die Deutsche Akademie für Kinder- und Jugendliteratur e.V. wurde im Mai 1976 in Volkach am Main, dem Sitz der Akademie, gegründet. Gründungsmitglieder waren Autoren und Illustratoren, Verleger und Journalisten, Pädagogen und Vertreter einschlägiger Wissenschaften, die sich durch langjährige Arbeit auf dem Gebiet der Kinder- und Jugendliteratur qualifiziert hatten; als erster Präsident wurde ALFRED CLEMENS BAUMGÄRTNER gewählt. Die Akademie umfaßt Ordentliche Mitglieder, deren Zahl auf 25 begrenzt ist, Fördernde und Korrespondierende Mitglieder.

Zielsetzung und Aktivitäten. Ziel der Akademie ist es, die deutschsprachige Kinder- und Jugendliteratur zu fördern und Maßstäbe und Akzente für ihre Beurteilung und Weiterentwicklung zu setzen. Dies geschieht durch die jährliche Verleihung des Großen Preises der Akademie für herausragende Leistungen auf dem Gebiet der Kinder- und Jugendliteratur, durch die Vergabe von Förderungspreisen, von Sonderpreisen auf den Gebieten der Jugendbuchkritik und der Medien, für wissenschaftliche Verdienste um die Kinder- und Jugendliteratur sowie für Leistungen in den Bereichen der Kinderbuchgraphik, des Kinder- und Jugendtheaters und des Verlagswesens; ebenso können Übersetzer für ihre Verdienste bei der Verbreitung der Kinder- und Jugendliteratur über die Sprachgrenzen hinaus ausgezeichnet werden. Der Große Preis wurde bisher vergeben an: WALTER SCHERF (1976), BARBARA BONDY und SYBIL GRÄFIN SCHÖNFELDT (1977), WILLI FÄHRMANN und HANS GEORG NOACK (1978), ANNA KRÜGER und MAX LÜTHI (1979), MICHAEL ENDE (1980), RICHARD BAMBERGER und CESAR BRESGEN (1981); einen Übersetzerpreis erhielt ANTHEA BELL (1976), Sonderpreise gingen an WALTER DÖRR (1976) und MARLENE REIDEL (1977). Die Medaille der Akademie, den „Volkacher Taler", erhielten HUBERT GÖBELS (1980), HANNS KULMANN (1980) und HORST SCHALLER (1981).

Besonders förderungswürdige Werke aus der laufenden Produktion werden als Kinder-, Jugend- und Taschenbuch des Monats nominiert und erhalten damit zugleich das Gütesiegel der Akademie. Weitere Schwerpunkte der Arbeit liegen in der Veranstaltung von Tagungen und der Herausgabe einer Schriftenreihe zur Theorie der Kinder- und Jugendliteratur. Die Tagungen der Akademie waren bisher Wertungsfragen (1977), der Geschichtsschreibung der Kinder- und Jugendliteratur (1978), der Literaturrezeption bei Kindern und Jugendlichen (1980) und den Beziehungen zwischen Volksüberlieferung und Jugendliteratur (1981) gewidmet. In der Schriftenreihe erschienen bislang: KARL ERNST MAIER und MICHAEL SAHR: Sekundärliteratur zur Kinder- und Jugendbuchtheorie (1979); BETTINA HURRELMANN (Hrsg.): Kinderliteratur und Rezeption (1980); ALFRED CLEMENS BAUMGÄRTNER (Hrsg.): Ansätze historischer Kinder- und Jugendbuchforschung (1980).

Alfred Clemens Baumgärtner

Deutsche Bilderbogen für Jung und Alt

Bebilderte Einblattdrucke für Kinder und Erwachsene, von 1866 bis 1871 bei Gustav Weise in Stuttgart verlegt.

Bereits seit etwa 1810 bestanden in Stuttgart lithographische Anstalten, die Bilderbogen für den gehobenen wie für den populären Bedarf produzierten, darunter die Serie „Stuttgarter Bilderbogen", die im Verlag Friedrich G. Schulz herauskam. Die ebenfalls in Stuttgart verlegten „Deutschen Bilderbogen" umfassen insgesamt 250 Blatt, liegen also erheblich unter der Produktion der Neuruppiner oder der Münchener Bilderbogen, die freilich auch über einen wesentlich

Nr. 206.

Deutsche Bilderbogen für Jung und Alt.

Nord oder Süd. Gezeichnet von C. Scheuren.

Hoffmann'sche Buchdruckerei in Stuttgart.

Verlag von Gustav Weise in Stuttgart.

Preis 10 Pf., col. 20 Pf.

Druck der H

Deutsche Bilderbogen für Jung und Alt, Nr. 206. Der unter dem Motto „Nord oder Süd, wenn nur die Seele glüht" stehende, um 1870 in Stuttgart verlegte und gedruckte Bogen war für 10 Pfennige schwarz-weiß, für 20 Pfennige koloriert zu haben.

größeren Zeitraum hinweg gedruckt wurden. In der Art der Bildgestaltung ist die Nähe der „Deutschen Bilderbogen" zu den „Münchener Bilderbogen" nicht zu verkennen. Sie wurden wie diese im Holzstichverfahren nach den Entwürfen meist hervorragender Künstler hergestellt und sowohl schwarz-weiß als auch koloriert angeboten; Mitarbeiter waren u.a. THEODOR HOSEMANN (1807–1875), ADOLPH VON MENZEL (1815–1905), CARL REINHARDT (1818–1877) und OSCAR PLETSCH (1830–1888). Ebenso besteht zwischen beiden Serien eine gewisse inhaltliche Übereinstimmung. Auch in den „Deutschen Bilderbogen" nimmt die Darstellung heimatlicher und fremder Städte und Landschaften einen breiten Raum ein, werden folkloristische und idyllische Stoffe bildlich dargeboten und wird mit Folgen wie „Szenen aus der Ilias" und „Berühmte Frauen aus dem Alterthum" die Welt der Antike vergegenwärtigt; schließlich enthalten sie wie die „Münchener Bilderbogen" auch Sagen, Märchen und Volksbuchstoffe und lustige und ernste Bildergeschichten vor einem zeitgenössischen Hintergrund. Eine Besonderheit der „Deutschen Bilderbogen" ist in einer ausgeprägten Neigung zu literarischen Themen zu sehen. Neben den „Szenen aus der Ilias", die von den entsprechenden Zeilen des Epos begleitet werden, finden sich u.a. Bilder aus SHAKESPEARES Dramen und aus GOETHES „Faust", wiederum in Verbindung mit den Originaltexten, bzw. deren Übersetzung, die Faust-Geschichte in Anlehnung an das Volksbuch, eine Kurzfassung des „Don Quijote", die Geschichte vom Ritter Blaubart, die Fahrt der Nibelungen zu den Hunnen mit den dazugehörigen Strophen aus dem Nibelungenlied, Blätter zu Gedichten von BYRON, KOPISCH, SCHEFFEL usf. Überdies ist in den „Deutschen Bilderbogen" eine relativ große Zahl von Märchen der Brüder GRIMM vertreten. Die Erscheinungszeit der Serie in den Jahren zwischen der Gründung des Norddeutschen Bundes und der des Deutschen Kaiserreichs hat ihren Niederschlag in einem im Verhältnis zu anderen Serien erheblich stärkeren Anteil an Folgen gefunden, die Herrscher und Kriegshelden verschiedener Epochen, einschließlich des Deutsch-Französischen Krieges von 1870/81, darstellen; dem entspricht eine deutliche nationalistische Tendenz in den Texten. Der Titel „Deutsche Bilderbogen" war offensichtlich programmatisch gemeint. Wie bei den „Münchener Bilderbogen" dürften die Adressaten auch hier vornehmlich die Kinder gebildeter bürgerlicher Kreise gewesen sein. Das 19. Jahrhundert brachte nicht nur den Höhepunkt der Gattung, es brachte auch ihr Ende. Nur noch während des Ersten Weltkriegs erlebte das populäre Medium einen nochmaligen Aufschwung.

Sekundärliteratur: A. Cl. Baumgärtner: Der Bilderbogen für Kinder in Deutschland (in: Kl. Doderer (Hrsg.) zus. mit H. Müller: Das Bilderbuch. 1973, [2]1975. 67–98). – W. Brückner: Populäre Druckgraphik Europas. Deutschland (1969).

Alfred Clemens Baumgärtner

Deutsche Jugendburg → Hilf mit

Deutsche Lesegesellschaft e.V.

Die Deutsche Lesegesellschaft ist ein gemeinnütziger Verein zur Förderung von Buch und Lesen auf breiter Basis. Vereinssitz ist Bonn, eine Geschäftsstelle wird in Mainz unterhalten.

Gründung und Organisation. Die Gründung der Deutschen Lesegesellschaft erfolgte auf Initiative von Persönlichkeiten aus Kultur, Wissenschaft und Wirtschaft, die in der Förderung von Buch und Lesen eine bildungs- und gesellschaftspolitische Aufgabe sehen. Nachdem ein vorbereitender Ausschuß aus Verlegern, Buchhändlern und Journalisten das Konzept entwickelt hatte, konstituierte sich die Deutsche Lesegesellschaft am 9. September 1976 als eingetragener Verein in Bonn. Gründungsbeauftragter war der Generalsekretär der Deutschen Krebshilfe e.V. FRIEDRICH LUDWIG MÜLLER. Die Satzung der D.L. sieht drei Vereinsorgane (Vorstand, Mitgliederversammlung, Kuratorium) und zwei Einrichtungen (Förderkreis, Schiedsgericht) vor. Die Geschäftsleitung liegt bei den Vorstandsmitgliedern: dem Vorsitzenden PETER SCHNEIDER (Präsident der Universität Mainz), GÜNTHER PFLUG (Generaldirektor der Deutschen Bibliothek in Frankfurt am Main), GÜNTHER CHRISTIANSEN (Vorsteher des Börsenvereins für den Deutschen Buchhandel) und dem Bankier JOHANN PHILIPP FREIHERR VON BETHMANN. Die laufenden Geschäfte führt der Generalsekretär ROLF ZITZLSPERGER. Die Finanzierung der D.L. haben in der Anfangsphase die Bertelsmann AG, der Ernst Klett Verlag und die Stadt Mainz übernommen. Auf Dauer will sich die D.L. aus Beiträgen der Mitglieder des Förderkreises, aus Veranstaltungen und Spenden selbst finanzieren.

Zielsetzung. Die Deutsche Lesegesellschaft versteht sich als kulturelle Einrichtung, die alle Möglichkeiten nutzen will, um Buch und Lesen zur Bildung, Information und Unterhaltung intensiv und breit zu fördern. Dazu gehört unter anderem: die Verbesserung der Leseerziehung in Elternhaus und Schule, die Förderung der wissenschaftlichen Erforschung von Buch und Lesen, die Umsetzung von Forschungsergebnissen in die praktische Leseförderung, die Einrichtung und Unterstützung eines „Dokumentationszentrums Buch". Dabei soll sich die Förderung von Buch und Lesen nicht gegen die elektronischen Medien, sondern im Sinne einer Medienpartnerschaft vollziehen. Die D.L. sieht Bücher nicht als Ersatz für die ‚neuen' Medien, sondern als Bestandteil eines Mediensystems, in dem jedem Medium nur die Kommunikationsleistung abverlangt werden soll, die es am besten erbringen kann (Medienökologie).
Die D.L. versteht sich als „Agent fürs Lesen", d.h. als Vermittler zwischen öffentlichen und privaten Leseförderungsinitiativen, wobei vorhandene und bewährte Ansätze unterstützt werden sollen, um ihnen zur Breitenwirkung zu verhelfen.

Aktivitäten. Eines der ersten größeren Projekte (angelegt auf zwei bis drei Jahre) war der Mainzer Modellversuch zur Leseförderung von Kindern und Jugendlichen vom Vorschulalter bis zur Schulentlassung. Der Versuch sollte zeigen, ob sich durch die Kombination verschiedener schulischer und außerschulischer Leseförderungsmaßnahmen in einer Stadt ein Kumulationseffekt erzielen läßt und wie die Zusammenarbeit mit örtlichen Institutionen wie Schulen und Bibliotheken, Buchhandlungen, Jugendhäusern aussehen muß, um mehr Jugendliche als bisher zum Lesen zu motivieren. Die Aktion wird von intensiven Vor- und Nachuntersuchungen begleitet; die gewonnenen Erfahrungen sollen für ähnliche Projekte in anderen Städten genutzt werden.

Das bisher größte Projekt im schulischen Bereich ist das ‚Buchtestbuch', das im April 1978 in einer Startauflage von 100000 gedruckt wurde. Das ‚Buchtestbuch', ein „Leseverlockungsbuch", mit dem jugendliche Nicht- bzw. Wenigleser erreicht werden sollen, wurde für die Abgänger von Haupt- und Realschulen konzipiert und enthält Inhaltsangaben, Empfehlungen und Leseproben zu 61 Jugendbüchern, die von Fachleuten nach verschiedenen Interessengebieten der Jugendlichen ausgewählt und zusammengestellt worden waren, z.B. zu den Bereichen Beruf, Liebe, Sport, Hobbies usw. Die Testbücher wurden in mehreren Bundesländern kostenlos über die Schulen verteilt und den Bibliotheken und Buchhandlungen angeboten. Ergebnisse und Begleituntersuchungen lassen erste Erfolge dieser Maßnahme erkennen. Weitere Leseförderungsinitiativen für Kinder und Jugendliche sind: Erzähl- und Lesestunden für Kinder; seit Dezember 1977 veranstaltet die D. L. im Mainzer Gutenberg-Museum einmal wöchentlich Erzähl- und Lesestunden für Kinder. – Schülerbuchläden: Nach englischem Vorbild ist im April 1978 im westfälischen Internat Schloß Eringerfeld der erste Schülerbuchladen eröffnet worden. Lehrer, Schüler und ein Buchhändler führen eine Buchhandlung im Einzugsbereich des Schulzentrums. Trotz der Einschränkung, daß in der Bundesrepublik Deutschland kommerzielle Einrichtungen an öffentlichen Schulen nur mit Ausnahmegenehmigungen errichtet werden können und trotz anfänglicher Skepsis von seiten des Buchhandels sollen weitere Schülerbuchläden eröffnet werden. – Leseclubs: Ihr Zweck ist es, Kinder und Jugendliche außerhalb der Schule zum Lesen anzuregen. Die Leseclubs haben ihr Vorbild in Israel und sollen in Gegenden angesiedelt werden, in denen der Zugang zu Büchern eher schwierig ist, sei es in ländlichen Gebieten oder in Stadtteilen mit sozial und kulturell benachteiligter Einwohnerschaft. Der erste Leseclub wurde im Juli 1979 in der Obdachlosensiedlung München-Harthof gegründet. Unter Betreuung eines Sozialarbeiters treffen sich die Kinder und Jugendlichen der Siedlung regelmäßig zu verschiedensten Aktivitäten mit Büchern.

An Deutschlehrer wendet sich die Broschüre „Jugendtaschenbücher in der Schule", die 1980 zum ersten Mal herausgegeben wurde. Sie enthält Arbeitsblätter mit didaktisch-methodischen Hinweisen zum Gebrauch empfohlener Jugendtaschenbücher im Unterricht. Die Arbeitsblätter wurden unter Leitung des Literaturpädagogen KONRAD KALLBACH am Pädagogischen Zentrum Hannover erarbeitet und sollen künftig im halbjährigen Turnus erscheinen: jeweils im Herbst eine Nummer für die Sekundarstufe I, im Frühjahr eine Nummer für die Primarstufe.

Ein sehr erfolgreiches Projekt mit großer Breitenwirkung wurde 1979 im Rahmen der Medienpartnerschaft durchgeführt: Das Medienverbundprogramm „Buch – Partner des Kindes". Das Projekt wurde vom Österreichischen Bundesministerium für Unterricht und Kunst, Wien, unter Leitung von WALTER HEGINGER entwikkelt und auf Initiative der D.L. nach Westdeutschland importiert. Die Fernsehserie „Buch – Partner des Kindes" lief ab September 1979 im Zweiten Deutschen Fernsehen (ZDF) und gab in acht Folgen unter dem Motto „Hier erfahren Eltern, wie ihre Kinder mehr Spaß am Lesen bekommen" praktische Anregungen für Eltern und Erzieher. Mehr als 6000 Institutionen engagierten sich für das Thema Leseerziehung in den ersten acht Lebensjahren. Kindergärten, Grundschulen, Bibliotheken und Institutionen aus dem Bereich der Erwachsenenbildung beteiligten sich an den Vorbereitungs- und Begleitveranstaltungen, die die D. L. ausgearbeitet hatte. Die Sehbeteiligung war hoch, ebenso die Nachfrage nach dem Sendungsbegleitbuch, der begleitenden Buchempfehlungsliste und dem didaktischen Beibuch für die Begleitveranstaltungen.

Seit 1978 stellt die D.L. in Zusammenarbeit mit dem ZDF kommentierte Buchempfehlungslisten zu Themenbereichen zusammen, die in Fernsehsendungen behandelt werden. Dies geschah bisher vorwiegend für das Erziehungsmagazin „Kinder – Kinder" und soll auf weitere Sendungen ausgedehnt werden. Die Listen sind in Buchhandlungen, Bibliotheken und bei der D.L. kostenlos erhältlich.

Künftige Projekte der D.L. wollen die Zielgruppe der nicht- und weniglesenden Erwachsenen mehr als bisher erreichen. Es ist geplant, dem „gesteigerten Informations- und Orientierungsbedürfnis von Erwachsenen in beruflichen und privaten Umbruchsituationen" nachzukommen und mit darauf ausgerichteten Buchempfehlungen Hilfen zur Problembewältigung anzubieten.

Die D.L. veranstaltet Konferenzen und Fachtagungen zum internationalen Erfahrungsaustausch, wie z.B. im Frühjahr 1979 gemeinsam mit der ‚Deutschen Gesellschaft für Publizistik und Kommunikationswissenschaft' zu dem Thema „Auf dem Weg zum vollverkabelten Analphabeten?".

Die D.L. legte Publikationen zur Lese- und Buchforschung vor: „Leseförderung und Buchpolitik, eine Expertise", verfaßt von der „Wissenschaftlichen Kommission Lesen" (1977), „Buch und Lesen" (1978), „Bibliographie Buch und Lesen" (1979).

Sekundärliteratur: Deutsche Lesegesellschaft (Hrsg.): ‚Informationen' (1977); Lesen, Leseförderung, Lesegesellschaft – Argumente zur Leseförderung und Projektplanung (1980). – G. Krämer-Prein: Die Lese-Agenten (in: Börsenblatt für den Deutschen Buchhandel. 35. 1979/100, 2468–2470); Note: eins bis zwei. Eine Untersuchung über den Erfolg und Nutzung des

,Buchtestbuchs' (in: Börsenblatt für den Deutschen Buchhandel. 36. 1980. 14. 329). – Ungeliebter Förderer? (in: Buchmarkt 1979. 10. 74–76).

H. D.

Deutscher Taschenbuchverlag dtv junior

München. Taschenbücher für Kinder und Jugendliche.

Seit April 1971 gibt der Deutsche Taschenbuchverlag eine Kinder- und Jugendbuchreihe mit dem Namen dtv junior heraus. Verlagsleiter ist HEINZ FRIEDRICH, Leiterin von dtv junior ist MARIA FRIEDRICH.
Grundlage für das Kinder- und Jugendbuchprogramm war das Titelangebot von zehn Jugendbuchverlagen, die sich 1970 zusammengeschlossen hatten und dem Deutschen Taschenbuchverlag als zwölfter Gesellschafter beigetreten waren: Georg Bitter Verlag, Boje Verlag, Franckh'sche Verlagsbuchhandlung, Hoch-Verlag, Erika Klopp Verlag, Verlag Friedrich Oetinger, Hermann Schaffstein Verlag, K. Thienemanns Verlag, Union Verlag (bis 1978). 1975 schloß sich noch der Benziger Verlag dieser Gruppe an. Gleichzeitig wurde die Benziger/Sauerländer Taschenbuchreihe bt von dtv junior zunächst als selbständige Taschenbuchreihe übernommen, später dann in das dtv junior Programm integriert. Neben dem Titelangebot der Gesellschafter-Verlage bringt dtv junior auch Lizenzausgaben anderer Verlage heraus.
Die Schwerpunkte des Verlagsprogramms sind: Schreibschriftbände für das erste Lesealter (seit 1977), unter anderem mit Originalausgaben von JANOSCH, HANS BAUMANN, JOSEF GUGGENMOS, IRINA KORSCHUNOW; Bücher für Leser von acht bis zehn Jahren zum Themenbereich ,Wie Kinder ihre Schwierigkeiten bewältigen'; sozialkritische Themen für Leser von acht bis zwölf Jahren (z. B. PETER HÄRTLING ,Das war der Hirbel', FRITZ RAAB ,Ab mit dir ins Vaterland'); Detektiv- und Abenteuerbücher (z. B. die Hitchcock-Serie ,Die drei ???'); erzählte Geschichte für junge Leser. In der Reihe dtv pocket erscheinen zeitgeschichtliche und sozialkritische Titel für „junge Menschen, die mitdenken wollen"; mit Lizenzausgaben sind dabei u. a. vertreten: HANS PETER RICHTER, IRMELA BRENDER, MAX LUNDGREN. Im ,großen' Format (14,2 cm × 19,3 cm), das einen breiteren visuellen Spielraum zuläßt, werden Klassiker aus der Kinder- und Jugendliteratur sowie Sachbücher publiziert. Seit 1980 erscheint eine Ringbuchmappe mit Vorschlägen und Empfehlungen zum Einsatz der dtv junior Bücher im Unterricht. Herausgeber ist GERHARD HAAS (Reutlingen). 1981 wurde mit der Reihe ,Buch und Spiel' begonnen; jedes Buch ist eine Kombination aus Quizbuch und Quartett.
Zu den Autoren des Verlages gehören: HANS BAUMANN, MICHAEL BOND, MICHAEL ENDE, JEAN CRAIGHEAD GEORGE, JOSEF GUGGENMOS, PETER HÄRTLING, JANOSCH, IRINA KORSCHUNOW, JAMES KRÜSS, ASTRID LINDGREN, DAVID MACAULAY, CHRISTINE NÖSTLINGER, SCOTT O'DELL, OTFRIED PREUSSLER, AN RUTGERS, ROSEMARY SUTCLIFF und URSULA WÖLFEL. Als Illustratoren arbeiten für dtv junior: HERMANN ALTENBURGER, WILFRIED BLECHER, ETIENNE DELESSERT, HEINZ EDELMANN, ANNEGERT FUCHSHUBER, JANOSCH, CELESTINO PIATTI, MARY RAHN, EDITH SCHINDLER und FRANTZ WITTKAMP.

H. D.

Eugen Diederichs Verlag

Düsseldorf, Köln. Verlegt im Bereich der Kinder- und Jugendliteratur internationale Volksmärchen.

Der Verlag wurde 1897 von EUGEN DIEDERICHS in Leipzig gegründet, übersiedelte zwischenzeitlich nach Jena und ist seit 1949 in Düsseldorf und Köln ansässig. EUGEN DIEDERICHS leitete den Verlag bis zu seinem Tod im Jahre 1930 und fungierte auch weitgehend als Lektor. Nach seinem Tod übernahmen die Söhne NIELS DIEDERICHS und PETER DIEDERICHS die Verlagsleitung. Derzeitige Leiter sind EUGEN P. DIEDERICHS und ULF DIEDERICHS.
Das Verlagsprogramm der Nachkriegszeit umfaßt hauptsächlich Sachbücher, wissenschaftliche Publikationen und Romane. In den Bereich der Jugendliteratur fällt die Reihe „Diederichs Löwenbücher", eine Sammlung von Volksmärchen aus verschiedenen Ländern, die in ihren originalen Erzählformen präsentiert werden. Die „Löwenbücher" setzen die Tradition der 1912 von EUGEN DIEDERICHS gegründeten Reihe „Märchen der Weltliteratur" fort. Der Verlag legt Wert auf ansprechende Illustration der Märchenbände, die besonders für die Altersgruppe der Acht- bis Zehnjährigen empfohlen werden. Einige Titel der Reihe sind: „Märchen der Zigeuner – Von Wales bis Transsylvanien", illustriert von TILMAN MICHALSKI; „Märchen, die die Brüder Grimm nicht kannten", illustriert von MARIA GAMUNDI; „Bärenmann und Büffelgeist – Indianermärchen aus Nord- und Südamerika", illustriert von WILFRIED BLECHER; „Das Feuerpferd – Märchen aus der südlichen Sowjetunion", illustriert von GÜNTHER LAWRENZ; „Die Geister des gelben Flusses – Märchen aus China", illustriert von LEUTHOLD AULIG; „Kolomodumo – Märchen aus Afrika", illustriert von CATHERINE SCHLUNK.

H. D.

Dierks, Margarete

*Journalistin, Schriftstellerin, Jugendliteraturtheoretikerin; *7. 3. 1914 Metz.*

Nach dem Schulbesuch in Wilhelmshaven und Hannover und dem Abitur studierte D. Geschichte, Germanistik und Philosophie in Göttingen und Rostock. Sie promovierte 1938 zum Dr. phil. Während des Zweiten Weltkriegs war sie in kriegsbedingten Arbeitseinsätzen, auch sozialpädagogisch und als Vortragende im kulturellen Bereich tätig. Nach 1948 begann D. – aus ihrer Arbeit als Journalistin, Kritikerin und Dozentin an

Volkshochschulen heraus –, sich mit literaturpädagogischen Fragen zu beschäftigen, studierte 1957 bis 1959 am Pädagogischen Institut Darmstadt in Jugenheim, Bergstraße, – u.a. bei KARL LANGOSCH und KLAUS DODERER – und schloß mit dem Staatsexamen als Volks- und Realschullehrerin ab. D. übernahm anschließend Lehraufträge zu Fragen der Kinder- und Jugendliteratur (1960) am Pädagogischen Institut Darmstadt und von 1963 bis 1968 am Institut für Jugendbuchforschung der Universität Frankfurt. Außerdem war D. neben ihrer freiberuflichen journalistischen und schriftstellerischen Tätigkeit wiederholt bis 1976 mit Lehr- und Unterrichtsaufträgen für Jugendliteratur, Deutsch und Philosophie in der Lehrerbildung und Fachschulausbildung von Sozialpädagogen in Hessen und Schleswig-Holstein tätig. D. lebt in Darmstadt.

Werk, Tendenzen, Wirkung. In grundsätzlichen Essays begleitete D. die Kinder- und Jugendliteratur der sechziger und siebziger Jahre. So hat sie sich den Problemen der jeweils zeitgenössischen Jugendliteratur in ihren Beiträgen „Das Jugendbuch und die technische Welt" (1961) und „Emanzipatorische Tendenzen im Kinder- und Jugendbuch" (1974) zugewandt. Den frühen Versuch „Die deutsche Jugendliteratur seit 1945" darzustellen, unternahm sie in einem größeren Aufsatz, der der dritten neubearbeiteten Auflage des Buches von IRENE DYHRENFURTH „Geschichte des deutschen Jugendbuchs" (1967) angefügt wurde. D. bedauert dort am Schluß die von DYHRENFURTH gesetzte Beschränkung auf die „original deutschsprachige Prosa und Dichtung" und die Anwendung eines sehr engen Literaturbegriffs. Ihre Darstellung spart die Kinder- und Jugendliteratur in der DDR aus.
Mit dem Sachbuch für Kinder und seiner Geschichte beschäftigte sich D. in dem Band „Vom Bilderbuch zum Arbeitsbuch", den sie im Auftrag des Instituts für Jugendbuchforschung erarbeitete und 1965 herausbrachte. Diese Studie verfolgt die Entwicklung der Nachschlagewerke vom „Orbis sensualium pictus" (1657) des J. A. COMENIUS bis zu den Schüler- und Jugendlexika der sechziger Jahre. D.' besonderes wissenschaftliches Interesse gilt im historischen Bereich der Kinder- und Jugendliteratur den Epochen der Aufklärung und des Philanthropinismus und ebenso den Lebensgeschichten von Autoren der Vergangenheit und Gegenwart. D. hat redaktionell und durch mehr als hundert von ihr verfaßte Personalartikel über Autoren des 18. bis 20. Jahrhunderts und Sachartikel am Entstehen des „Lexikons der Kinder- und Jugendliteratur" mitgewirkt.
D. hat gedankenreiche Gedichte in einer bilderreichen Sprache geschrieben (Verwandelt werden, 1958; Zwischen Zenit und Nadir, 1970; Zeit überwölbt uns, 1979, u.a.), zwei Künstlermonographien (Elsa Schwarze von Arnim, 1958; Hermann Geibel, 1974), den Text der zwei Bildbände „Darmstadt, so wie es war" (1972/1973) gestaltet und eine umfangreiche Monographie zu Leben und Werk des Religionswissenschaftlers JAKOB WILHELM HAUER (1881–1962) verfaßt. Literarische Essays von D. erschienen u.a. in den „Studien zur Arbeit der Freien Akademie".

Werke: Sonnentau. Märchen im Jahreslauf (1950); Verwandelt werden (1958); Elsa Schwarze von Arnim (1958); Lerne der Botschaft vergängliche Schrift (1961); Noch sind wir begnadigt zu sein (1964); Vom Bilderbuch zum Arbeitsbuch (1965); Zwischen Zenit und Nadir. Gedichte (1970); Darmstädter Theaterjahre (zus. mit E. Büttner, 1970); Hermann Geibel (1974); Zeit überwölbt uns (1979); Aura de Flora (zus. mit A. Meissner-Grund, 1980); Jakob Wilhelm Hauer (1982).

Hrsg.: Antwort der Herzen. Frauendichtung aus dem Erlebnis unserer Not (1951).

Beiträge: Formen des Jugendbuchs biographischen Gehalts zwischen Mädchenalter und Adoleszenz (in: W. Asmus (Hrsg. zus. mit J. P. Ruppert): Erziehung als Beruf und Wissenschaft. Festgabe für Friedrich Trost. 1960. 143–150); Biographische Erzählungen und Lebensbilder für die Jugend (in: Der Deutschunterricht. 13. 1961. 6. 58–78); Das Jugendbuch und die technische Welt (in: K. Doderer: (Hrsg.): Studien zur Jugendliteratur und literarischen Bildung 7. 1961. 3–12); Erzählendes Jugendbuch und Roman (in: Der Deutschunterricht. 16. 1964. 2. 87–97); Die deutsche Jugendliteratur seit 1945 (in: I. Dyhrenfurth: Geschichte des deutschen Jugendbuches. [3]1967. 215–264); Leseerziehung in den pädagogischen Institutionen (zus. mit H. L. Matzat, in: A. C. Baumgärtner (Hrsg.): Lesen. Ein Handbuch. 1973. 513–553); Emanzipatorische Tendenzen im Kinder- und Jugendbuch (in: Theorie und Praxis der Sozialpädagogik. 4. 1974. 175–189).

Klaus Doderer

Diez, Julius

*Maler, Graphiker; *18. 9. 1870 Nürnberg, †13. 3. 1957 München.*

D., ein Neffe des Malers WILHELM VON DIEZ (1839–1907), studierte 1888–1892 in München, zunächst an der Kunstgewerbeschule, dann an der Kunstakademie als Schüler von R. SEITZ (1842–1910). 1907 wurde D. Lehrer an der Kunstgewerbeschule und erhielt 1925 einen Ruf an die Kunstakademie, wo er auf dem Gebiet der Plakatkunst und Gebrauchsgraphik unterrichtete.
Frühe große Erfolge erzielte D. mit seinen Illustrationen für die 1896 gegründete Wochenzeitschrift „Jugend", deren ständiger Mitarbeiter er wurde, und später mit der Ausführung von monumentaler Wandmalerei und Wandmosaiken (u.a. im Kurhaus zu Wiesbaden, in der Universität und im Deutschen Museum in München). Seit 1901 nahm D. mit seinen Bildern an Ausstellungen des Münchener Glaspalastes und der Münchener Sezession teil. 1904, 1906 und 1907 war er in der Großen Berliner Kunstausstellung vertreten. Er war Mitbegründer und Präsident der Münchener Sezession, Mitglied der Akademie der Schönen Künste und Ehrenmitglied des Bundes Deutscher Gebrauchsgraphiker.

Werk, Tendenzen, Wirkung. D. war ein vielseitiger Künstler. Neben Buchillustrationen entwarf er Exlibris, Warenzeichen, Einladungskarten, Plakate (hauptsächlich für Münchener Ausstellungen und Feste) und Spielkarten. Er lieferte Keramikentwürfe und schuf neben Tafelbildern auch graphische Zyklen (Traumhafte Reise, 1929; Jedermann, 1932). D.' künstlerische Entwicklung nahm ihren Ausgangspunkt vom Graphisch-Illustrativen. Auf diesem Gebiet, in seinen Illustrationen und in seinen Exlibris, spricht er auch heute noch am stärksten an. Wie andere Jugendstilkünstler der Jahrhundertwende engagierte er sich für die graphische Erneuerung der Buchgestaltung. In den frühen Illustrationen für die „Jugend", und hier besonders in Zierleisten und Vignetten, besticht D. durch leicht hingeworfenes, feinnerviges Linienspiel. Er schöpft aus dem Formenrepertoire altdeutscher Kleinmeister – der Betrachter fühlt sich z.B. an A. DÜRERS (1471–1528) Randzeichnungen zu Kaiser Maximilians Gebetbuch erinnert – und flicht aus dem Ornamentvokabular des Rokoko abgeleitete Motive ein. D.' Illustrationen zu dem Bilderbuch „Der kleine Nimmersatt" (1906) sind in ihrem großflächigen Farbauftrag und der klaren Formkonturierung kindgemäß. Kräftige, zum Teil harte Farben kennzeichnen die Bilder zu E. DANNHEISSERS Märchen „Miaulina" (1902). Später verfestigte sich bei D. der Strichduktus, wurde derber, steifer. Die Gesichter seiner Figuren erhielten zum Teil durch mimische Überzeichnung grotesk-karikierende Züge und scheinen im Ausdruck eingefroren. Das wirkte sich für die Bilder nachteilig aus, die D. für das „Dornröschen", einen im Verlag Scholz erschienenen Band der Reihe „Künstler-Bilderbücher", schuf. Seine Märchenfiguren scheinen in hölzernem Pathos Theater zu spielen. D.' späteres Schaffen zentriert in dekorativer Wandmalerei mit zum Teil mythologisch-allegorischem oder bukolischem Inhalt, mit der er viel Anklang fand. Besonders hervorzuheben sind seine phantasievollen Deckengemälde im Deutschen Museum in München und für Schloß Stein im Erzgebirge. Sie zeichnen sich durch gelungene, jugendstilmäßig beschwingte Kompositionen in starken, reinen Farben aus.

Werke: G. Hirth (Hrsg.): Jugend (Jg. 1. 1896ff.; zus. mit anderen); E. Dannheißer: Miaulina. Ein Märchenbuch für kleine Kinder (zus. mit anderen, 1902); H. Schaffstein (Hrsg.): Der getreue Eckart (zus. mit anderen, 1903); Schalk. Der deutsche Humor, wie er sich zu geben pflegt, wenn er weint und wenn er lacht (1903); J. u. W. Grimm: Dornröschen (1904); H. Schaffstein (Hrsg.): Der kleine Nimmersatt (1906); Gespenster (1907).

Sekundärliteratur: R. Braungart: Julius Diez (1920); Neuere Exlibris von Julis Diez (in: Exlibris 26. N.F. 10. 1916. 3/4. 149–156). – Kl. Doderer (Hrsg., zus. mit H. Müller): Das Bilderbuch (1973). – E. Hölscher: Julius Diez (in: Gebrauchsgraphik. 28. 1957. 5. 54). – H. H. Hofstätter: Jugendstil (1968). – Fr. Schmalenbach: Jugenstil (1935). – G. J. Wolf: Julius Diez (in: Velhagen & Klasings Monatshefte. 30. 1915/16. 1. 33–44). – W. von zur Westen: Julius Diez (in: Exlibris 19. 1909. 4. 138–145).

Margund Claussen

Julius Diez. Illustrationen zum Dornröschen-Märchen aus dem „Künstler-Bilderbuch" (Serie A: Märchen. Nr. 1 Dornröschen), das als Neue Ausgabe 1914 bei Jos. Scholz in Mainz erschien ([1]1904)

Diez, Wilhelm (von)

*Historienmaler, Zeichner und Illustrator; *17. 1. 1839 Bayreuth, †25. 2. 1907 München.*

D., Sohn eines evangelischen Pfarrers, besuchte die Gewerbeschule in Bayreuth und seit 1853 die polytechnische Schule in München. Kurze Zeit war er Schüler KARL VON PILOTYS (1826–1886) an der Münchener Akademie, sonst aber Autodidakt. D. war zuerst hauptsächlich als Zeichner und Illustrator tätig und arbeitete für die „Fliegenden Blätter" und die „Münchener Bilderbogen". Später galt D.' Interesse mehr der Malerei, für die er volkstümliche Szenen, meist im historischen Gewand, bevorzugte. Er malte mit Humor Raubritter, Landsknechte, Marodeure, Spitzbuben, zunächst noch in Abhängigkeit von den großen niederländischen Malern. 1870 wurde er Professor an der Münchener Akademie und begründete eine bedeutende Schule. Zu seinen Schülern gehörten unter anderem ADOLF HÖLZEL (1853–1934), MAX SLEVOGT (1868–1932) und WILHELM TRÜBNER (1851–1917). 1893 erhielt D. den persönlichen Adel.

Werk, Tendenzen, Wirkung. Als Illustrator, der D. nur in seinen jüngeren Jahren und wohl um des Verdienstes willen gewesen ist, war er nicht eigenständig, aber geschickt und produktiv. Er hat oft seine Illustrationen direkt auf den Holzstock gezeichnet. Bei den historischen Illustrationen waren MEISSONIER und ADOLF VON MENZEL (1815–1905) seine Vorbilder. D. illustrierte FRIEDRICH SCHILLERS „Geschichte des Dreißigjährigen Krieges" (1871), zusammen mit anderen GEORGE HESEKIELS (1819–1874) „Buch vom Grafen Bismarck" (1869) und H. FECHNERS „Deutsch-französischen Krieg" (1871). Daneben lieferte er Holzschnitte für humoristisch-satirische Schilderungen aus dem Soldatenleben wie „General Rockschössels Erinnerungen" (1869) und „Der Heedelberger Draguner-Wachtmeester" (1870), die aus den „Fliegenden Blättern" stammen, ebenso wie zwei in die Sammlung „Novellen-Pastete" (1873–1875) übernommene Erzählungen. D. wußte sich geschickt dem herrschenden Stil anzupassen. Auch in seinen Arbeiten für die „Münchener Bilderbogen" fand D. nicht, wie z. B. WILHELM BUSCH (1832–1908) oder ADAM ADOLF OBERLÄNDER (1845–1923), eine eigene Note. Für sie illustrierte er in den fünfziger und beginnenden sechziger Jahren dem Bürgergeschmack der Epoche entsprechend Märchen-, Sagen- und Volksbuchstoffe: die Bogen zu den Märchen „Von einem, der auszog das Gruseln zu lernen" und „Das tapfere Schneiderlein". Beide Märchen erschienen auch gesondert in der Reihe „Münchener Bilderbücher". In den Bilderbogen zum „Gehörnten Siegfried" und der Sage vom „Venediger-Manndl" verbinden sich volkstümliche Elemente mit Groteskem. In den Bildern zu AUGUST KOPISCHS „Heinzelmännchen" überwiegt das Groteske. In den „Bilderbogen" finden sich auch ein historischer Krönungszug und eine Gebirgshochzeit von ihm sowie historische Figuren für damals Mode gewordene sogenannte „Kindertheater", Papierbogen zum Ausschneiden und Zusammensetzen.

Werke: Der gehörnte Siegfried, Münchener Bilderbogen 223 (1857); Die Heinzelmännchen, Münchener Bilderbogen 228 (1857); Märchen von Einem, der auszog, das Gruseln zu lernen, Münchener Bilderbogen 241 (1858); Die Geschichte vom tapferen Schneiderlein, Münchener Bilderbogen 259 (1858); Der Krönungszug eines deutschen Kaisers, Münchener Bilderbogen 265 (1859); Eine Hochzeit im Gebirge, Münchener Bilderbogen 268 (1859); Das Venediger-Manndl, Münchener Bilderbogen 290 (1860); Figuren für Kindertheater. Bogen 1–3, Münchener Bilderbogen 299, 307, 318 (1861); Das tapfere Schneiderlein. Von Einem, der auszog, das Fürchten zu lernen, Münchener Bilderbogen Nr. 14 (1862); H. Dewils: Der Heedelberger Draguner-Wachtmeester (zus. mit anderen, 1870); Fr. Schiller: Geschichte des Dreißigjährigen Krieges (1871); H. Fechner: Der deutsch-französische Krieg von 1870 (zus. mit anderen, 1871); Novellen-Pastete (Bd. 2–3, zus. mit anderen, 1873–1875); Zur Geschichte der Costüme (zus. mit anderen, 1874).

Sekundärliteratur: H. Holland: Diez, Wilhelm von (in: Biographisches Jahrbuch. XII. 1907. 103–107). – Fr. Pecht: Geschichte der Münchener Kunst im 19. Jahrhundert (1888). – A. Rümann: Das illustrierte Buch des XIX. Jahrhunderts in England, Frankreich und Deutschland 1790–1860 (1930, ND. 1975).

Eberhard Semrau

Dinges, Ottilie

*Sozialpädagogin, Professorin für Jugendliteratur; *5. 6. 1918 Mönchengladbach.*

D. studierte nach dem Schulabschluß 1937 Germanistik, Romanistik und Geschichte, außerdem befaßte sie sich mit Volkskunde, Kunstgeschichte und Theologie. 1945 legte sie das Staatsexamen ab und promovierte 1948 im Hauptfach Germanistik. Danach war sie in der Jugendarbeit tätig. 1945 bis 1950 war sie Kulturreferentin einer Jugendorganisation. Von 1951 bis 1955 arbeitete sie im Landesstudio Mainz des Südwestfunks als Sachgebietsleiterin der Sendung „Kulturelles Wort". Anschließend war sie Studienrätin und Abteilungsleiterin im berufsbildenden Schulwesen, vor allem an Fachschulen und Höheren Fachschulen für Sozialpädagogik. Seit 1972 ist D. Fachhochschullehrerin mit dem Hauptfach Jugendliteratur an der Gesamthochschule Essen. Seit 1976 ist D. Vorstandsmitglied des „Arbeitskreises für Jugendliteratur" und leitet seit 1970 die Fortbildungsseminare für Sozialpädagogen des Arbeitskreises.
Das Interesse von D. richtet sich auf die kulturelle Jugendbildung und die außerschulische Jugendarbeit, wobei sie sich besonders dem Laienspel widmete. Neben ihrer Tätigkeit in der Lehre arbeitet D. aktiv in verschiedenen Juries zur Kinder- und Jugendliteratur mit. Sie war von 1971 bis 1974 Vorsitzende der Kinderbuchjury, dann zwei Jahre (1978 und 1979) Vorsitzende der Bilderbuchjury des Deutschen Jugendbuchpreises. Weiterhin arbeitet sie in der Kinderbuchjury des Deutschen Ärztinnenbundes und beim Katholischen Kinderbuchpreis mit.

Ihr didaktisches Interesse führte vor allem zur Beschäftigung mit Problemen des Bilderbuchs und des Märchens. In ihren Publikationen stehen Überlegungen zur vorschulischen literarischen Erziehung neben Aussagen zum Laienspiel („Spielgestaltung und Menschenbildung“, 1975), zu Kinderschallplatten und Versuchen, eine Didaktik des Kinderbuchs zu erarbeiten („Kinder lernen Bücher lieben“, 1977), die sie gemeinsam mit dem Jugendbuchautor WILLI FÄHRMANN verfaßte. Ein zusätzlicher Akzent ihrer Arbeit ist das religiöse Kinderbuch.

Werke: Spielgestaltung und Menschenbildung, für und von Ignaz Gentges (zus. mit H. Kaiser, 1975); Kinder lernen Bücher lieben (zus. mit W. Fährmann, 1977).

Beiträge: Die geschichtliche Behandlung des Jugendbuchs an den Fachschulen für Kindergärtnerinnen und Hortnerinnen (in: Zeitschrift für Jugendliteratur. 1. 1967. 4. 213–223); Wie werde ich erwachsen? (in: Das gute Jugendbuch. 25. 1975. 4. 163–165); Die Sterntaler oder brauchen Kinder noch Märchen (in: K. E. Maier (Hrsg.): Phantasie und Realität in der Jugendliteratur. 1976. 62–75); Nutzen und Vergnügen. Das pädagogische Interesse am Kinderbuch (in: H. Schaller (Hrsg.): Umstrittene Jugendliteratur. 1976. 11–27); Schwebendes Gleichgewicht von Wirklichkeit und Traum. Autorenporträt Tilde Michels (in: Das gute Jugendbuch. 28. 1978. 4. 170–176); Kategorien und Kriterien zur Erfassung von Sachbilderbüchern und Bildersachbüchern (in: Arbeitskreis für Jugendliteratur (Hrsg.): Der deutsche Jugendbuchpreis in der Diskussion. ^{2}1978. 36–37); Schallplatten für Kinder. Stiefkinder der Medienpädagogik (in: Jugend und Buch. 27. 1978. 4. 9–14 und 28. 1979. 1. 19–23); Chance und Herausforderung des Bilderbuches (in: Informationen des Arbeitskreises für Jugendliteratur. 1978. 3. 68–83); Bilinguale Erziehung im Kindergarten (in: J. Becker (Hrsg.): Bücher für ausländische Kinder. 1979. 75–85); Religiöse Elemente in erzählenden Kinder- und Jugendbüchern (zus. mit M. Born, in: R. Jacobi (Hrsg.): Kinderbuch und Religion. 1979. 109–112); Fragen über Fragen um das Bilderbuch und eine Spielregel dazu (in: H. Fischer (Hrsg., zus. mit R. Stach): Aspekte der Vermittlung von Jugendliteratur. 1980. 63–69); Die religiöse Dimension in der Kinder- und Jugendliteratur (in: Börsenblatt für den Deutschen Buchhandel. 36. 1980. 27. 798–800).

Winfred Kaminski

Dirx, Ruth

*Schriftstellerin, Sozialpädagogin; *25. 10. 1913 Siegen.*

D. besuchte zuerst die Schule in Langenberg, danach in Duisburg. Ihr Wunsch nach Ausbildung an einer Kunstakademie konnte nicht erfüllt werden. D. entschied sich für die Sozialpädagogik, blieb nach der Ausbildung auf diesem Gebiet am Kindergärtnerinnenseminar tätig und leitete zehn Jahre lang einen Kindergarten. 1942 heiratete sie den Maler und Graphiker WILLI DIRX und wurde Mutter zweier Söhne.
Seit 1950 ist D. schriftstellerisch tätig. Ihrer Arbeit liegt die Einsicht zugrunde, daß die Erziehung zur Demokratie bereits im Kindesalter beginnen müsse. Mit Aufsätzen in der Presse, in Zeitschriften und seit 1959 auch durch Funkbeiträge äußerte sie sich immer wieder zu diesem Themenkreis und seinen wechselnden aktuellen Einzelproblemen.

Werk, Tendenzen, Wirkung. 1960 erschien D.s Buch „Erziehung im Wandel zwischen Autorität und Partnerschaft“. Bei den Vorarbeiten zu diesem Werk war D. der Mangel an Literatur zur Sozialgeschichte des Kindes aufgefallen. Sie schuf mit dem Buche „Das Kind, das unbekannte Wesen. Geschichte, Pädagogik, Soziologie“ (1964) einen aus den Quellen erarbeiteten aktuellen Beitrag. D. zeigte darin den Wandel der „Kinderstube“ im Zusammenwirken historischer Gegebenheiten, sozialer Verhältnisse und der gesellschaftlich, konfessionell und weltanschaulich gefärbten pädagogischen Prinzipien und ihrer Umsetzungen in die Praxis. Eine Sozialgeschichte des Spiels schrieb D. in dem Buch „Gaukler, Kinder, kluge Köpfe. Das Spiel einst und jetzt“ (1968). D. hatte bereits vorher einen Sammelband Spiele mit kulturhistorischem Rückblick über dreitausend Jahre veröffentlicht, „Das Spiele-Buch“ der Büchergilde (1964), das 1965 als Neuauflage unter dem Titel „Das neue Spiel- und Bastelbuch“ erschien. Weitere Titel mit einer Fülle konkreter Vorschläge für Spiel- und Freizeitaktivitäten folgten, unter anderem „Spiele im Haus für klein und groß“. D. veröffentlichte auch Sammelbände zur Kinderlyrik („Alte Kinderreime“, 1958; „Kinderreime“, 1963). Einen eigenen Text für Kinder im Kindergarten- und Erstlesealter schrieb D. zu dem Bilderbuch „Mein schönes Kovačica“ (1970, illustriert von ZUZANA CHALUPOVA). Darin wird eine autobiographisch erlebte Dorfwelt in der Slowakei aus frühen Kindheitsjahren in Wort und Bild kindgerecht veranschaulicht.
Die Elternbücher („Kinder brauchen gute Eltern“, 1970; „Kinder brauchen gute Schulen“, 1971; und „Kinder brauchen Freunde“, 1973), die sie Anfang der siebziger Jahre publizierte, wurden von selbstkritischen und von im Erziehungsverhalten verunsicherten Eltern und Pädagogen als hilfreich angenommen. Psychologisch und pädagogisch bedeutsame Beziehungen zwischen der alten und der jungen Generation untersuchte D. in ihrem Buch „Die Wiederentdeckung der Großeltern“ (1976). Die Quintessenz der kontroversen Diskussion um die Schule faßte sie in dem Schülerroman „Eines Tages, als die Schule abgeschafft wurde“ (1975) zusammen. In diesem Zukunftsentwurf des Lernens in freier Wahl nach Neigung und Begabung als Grundlage für eine demokratische Kultur blendete die Autorin Pressenotizen und Kommentare zur gegenwärtigen Situation der Schulpädagogik und -praxis in der Bundesrepublik Deutschland ein. D.s Bücher sind zum Teil in mehrere Sprachen übersetzt worden, bei einigen Sammelbänden und Anthologien fungierte sie als Herausgeberin.

Werke: Alte Kinderreime (1958); Das Elternbuch. Erziehung zwischen Autorität und Partnerschaft (1960); Kinderreime (1963); Bastelbuch der Büchergilde (1964; auch u.d.T.: Das neue Spiel- und Bastelbuch, 1965; NA. 1970); Das Kind, das unbekannte Wesen. Geschichte, Pädagogik, Soziologie (1964); Das Spiele-Buch (1966; auch u.d.T.: Das neue Buch der Spiele, 1966; Teilausg. u.d.T.: Spiele im Freien für klein und groß, 1970; Spiel im Haus für klein und groß, 1970; Spielen und Knobeln, 1971); Gaukler, Kinder, kluge Köpfe. Das Spiel einst und jetzt (1968); Die Sonntagsmaler (1969); Das Kinderzauberbuch (zus. mit Fr. Mareck, 1969); Mein schönes Kovačica (zus. mit Z. Chalupova, 1970); Kinder brauchen gute Eltern (1970); Kinder brauchen gute Schulen (1971); Kinder brauchen Freunde (1973); Ferienspiele (1975); Eines Tages, als die Schule abgeschafft wurde (1975); Die Wiederentdeckung der Großeltern (1976).

Hrsg.: Was tun Sie, wenn Sie einen Menschen leihen? (1967); Das andere Weihnachten (1967); Von Friedrich Engels bis Heinrich Böll. Respektlose Stimmen aus dem Wuppertal (1968); Weihnachten feiern (1976); L. P. Broad (zus. mit N. T. Butterworth): Das Spielgruppenhandbuch für alle Monate des Jahres (1977); Gestern – heute – morgen. Eine Lesebuch aus 60 Jahrgängen der Zeitschrift „Frau und Mutter" (zus. mit R. Harbert und M. Dirks, 1979); J. Müller-Schneck: Indianische Hoffnungen (zus. mit U. Schulz, 1979); L. P. Broad (zus. mit N. T. Butterworth): Die Spielgruppe. Spaß für Kinder, Hilfe für Eltern (1980).

Margarete Dierks

Disteli, Martin

*Schweizer Karikaturist, Buchillustrator und Maler; *28. 5. 1802 Olten, †18. 3. 1844 Solothurn.*

D., Sohn eines begüterten, später verarmten Fabrikanten, erhielt früh Zeichenunterricht. Er studierte 1821 in Freiburg i. Br., 1822–1823 in Jena Philosophie. Mit satirischen Szenen, in denen er an den Wänden des Karzers das Universitätsleben verspottete, erregte er Aufsehen. Wegen politischer Aktivitäten im Kreise der Burschenschaften wurde er von der Universität relegiert (u. a. wegen einer Verunglimpfung GOETHEs) und konnte sich nur durch Flucht in die Schweiz einer Anklage wegen Hochverrates entziehen. D. verdiente sich in Olten seinen Lebensunterhalt mit Zeichnungen und Malereien. 1825/26 kam er zu Studienzwecken für einige Monate nach München und wurde von Werken des PETER CORNELIUS (1783–1867) nachhaltig beeindruckt. 1834 zog D. nach Solothurn; 1836 wurde er dort zum Zeichenlehrer der Kantonsschule gewählt. 1839–1844 gab er zusammen mit dem Regierungsrat PETER FELBER den „Schweizerischen Bilderkalender" heraus, den sogenannten Disteli-Kalender, dessen Auflage 30000 Exemplare erreichte, und der ihm mit seinen stark politisch-sozial engagierten, zum Teil mit ätzendem Spott karikierenden Illustrationen zu großer Popularität verhalf. Zu seinen Bewunderern gehörte GOTTFRIED KELLER (1819–1890).

Werk, Tendenzen, Wirkung. D.s Begabung lag ausschließlich auf zeichnerischem Gebiet. Seine Gemälde wirken dilettantisch und eklektisch und stehen in Abhängigkeit von den Nazarenern um PETER CORNELIUS (u. a. drei Altarbilder für die Kirche in Kappel bei Olten, 1837; ein Karton zum ‚Jüngsten Gericht' für die Kirche in Olten, 1843). Großen Erfolg hatte D. mit seinen Illustrationen zu den 1829 erschienenen Fabeln ABRAHAM EMANUEL FRÖHLICHS. Die Radierungen sind inspiriert von GRANDVILLES (1803–1847) ‚Metamorphose du Jour', gehen jedoch über dessen Gesellschaftskritik hinaus. Die Fabel gibt D. den Vorwand für beißende politische Satire. 1831–1833 folgten weitere Fabeldarstellungen zu dem Almanach ‚Alpenrosen', in denen der Künstler u. a. die Scheinheiligkeit des Klerus auf die Schippe nimmt (Heuschreckenpredigt, 1833). Möglicherweise hat ERNST KREIDOLF (1863–1956) Bil-

Martin Disteli. „Auch ein Institut", Zeichnung aus dem Band „Fabeln" (1829) von Abraham Emanuel Fröhlich.

dern wie diesen Ideen zu seinen versponnenen Blumen-Insekten-Personifikationen seiner Bilderbücher entnommen. D.s antiklerikale Tendenzen, hauptsächlich gegen die Jesuiten gerichtet, kommen noch in vielen weiteren Karikaturen zum Ausdruck, z. B. in der „Zelotenpredigt" (1834) mit einer Heuschrecke in exaltierter Predigerpose. Er arbeitete mit sehr sparsamen, aber treffsicher gesetzten Linien und gab in seinen politischen Karikaturen in grotesk-überspitzter Weise hervorragende Charakterisierungen menschlicher Physiognomie (‚Prof. Aloys Fuchs vor dem Ketzergericht', erschienen im ‚Republikaner-Kalender', 1834; ‚Chorgericht', 1834). Anregungen erfolgten wohl durch die englische Karikatur (THOMAS ROWLANDSON, 1756–1827; GEORGE CRUIKSHANK, 1792–1878). Daneben schuf D. Darstellungen zu Schlachten aus der Schweizer Geschichte (‚Schlacht am Mongarten', 1827; ‚Züriputsch', 1839 oder 1840). Ein Meisterwerk seiner Illustrationskunst gelang ihm mit den Umrißradierungen zu GOTTFRIED AUGUST BÜRGERS (1747–1794) „Abenteuer des berühmten Freiherrn von Münchhausen" (1841), in denen er sich anderen großen Münchhausen-Illustratoren wie GUSTAVE DORÉ (1832–1883) und THEODOR HOSEMANN (1807–1857) ebenbürtig erweist. Der in seinen Karikaturen entwickelte Stil hat sich hier zu einem nervös-vibrierenden Liniengefüge mit oft nur andeutenden Strichabbreviaturen noch weiter verfeinert. Häufig werden mehrere Phasen desselben Abenteuers in einem Bild dargestellt, indem früheres Geschehen in den Hintergrund verlegt wird. D. hat keine spezifischen Kinderbücher illustriert, aber auf jugendliche Betrachter ähnlich gewirkt wie THEODOR HOSEMANN, GUSTAVE DORÉ und GRANDVILLE. Heute ist D. gegenüber seinen bekannteren Zeitgenossen, dem Karikaturisten RODOLPHE TOEPFFER (1799–1846) oder WILHELM BUSCH (1832–1908), ein wenig in Vergessenheit geraten.

Werke: M. Disteli: Umrisse zu: A. E. Fröhlich: Fabeln (1829; NA. G. Wälchli (Hrsg.): M. Disteli: Romantische Tierbilder zu Fabeln und Versen von A. E. Fröhlich u. a., 1940); Alpenrosen. Ein Schweizer-Almanach (zus. mit anderen, 1831–1838; 1836–1838 mit dem Untertitel: Ein Taschenbuch für die Jahre 1837–1839); R. Meyer (Hrsg.): Charakteristische Thierzeichnungen zur unterhaltenden Belehrung für Jung und Alt (1833); Der Tante Selma Mährchenbuch (1833); Die Abentheuer des Freiherrn von Münchhausen (1839; erw. NA. u. d. T.: Abentheuer des berühmten Freiherrn von Münchhausen, 1841); A. Hartmann: Lebensschicksale eines Heuschrecken (1840); M. Disteli: Bilder zu Reineke Fuchs (1840); Die wahrhaftige Geschichte vom deutschen Michel und seinen Schwestern (1843).

Hrsg.: Schweizerischer Bilderkalender (1. 1839 – 6. 1844).

Sekundärliteratur: J. Coulin: Der Antiphilister. Distelis Kalender (1920). – Kl. Doderer: Fabeln. Formen, Figuren, Lehren (1970). – A. Hartmann: Martin Disteli (1861). – A. Rümann: Das illustrierte Buch des XIX. Jhs. in England, Frankreich und Deutschland 1790–1860 (1930, ND. 1975). – W. R. Schweizer: Münchhausen und Münchhausiaden (1969). – G. Wälchli: Martin Disteli und Ludwig Uhland (1928); Martin Disteli. Zeit, Leben, Werk (1943).

Margund Claussen

Dokumentarliteratur

Unter D. werden im engeren Sinne diejenigen Texte zusammengefaßt, die ausschließlich auf authentischen Materialien (Urkunden, Filme, Tonbandaufnahmen) basieren und kommentarlos, nach jeweils bestimmten Gesichtspunkten geordnet (chronologisch, systematisch) veröffentlicht werden. Eine Abgrenzung von D. für Kinder und D. für Erwachsene ist im Hinblick auf Intention und thematisches Angebot nicht möglich. Unter D. fällt in einem erweiterten Sinne Literatur, die in einem größeren Ausmaß mit dokumentarischem Material arbeitet, wobei die Grenzen zu anderen Literaturgattungen nicht eindeutig zu ziehen sind. Dazu zählen Interviews, Reportagen, aber auch ältere Literaturformen wie Autobiographien, Memoiren, Tagebücher, Briefsammlungen. Als Mischtypen sind zu nennen Sonderformen des historischen Romans oder der Biographie, sogar fiktive Texte, in die Dokumente eingeschoben sind; Überschneidungen mit dem „Sachbuch" sind nicht selten.

Geschichte und Definition der D. Mit D. wird häufig von den Autoren ein politischer und/oder sozialer Anspruch verbunden. Sie wollen dem Leser Einblick in für ihn fremde Bereiche, Denk- und Handlungsmechanismen liefern bzw. zu einem kritischeren und bewußteren Verständnis des eigenen sozialen Umfeldes hinführen.

Während Autobiographie, Brief- und Tagebuchliteratur im Rahmen einer langen Tradition zu sehen sind, setzt eine bewußte D. erst in unserem Jahrhundert, verstärkt nach 1945, ein. Davon ist D. mit emanzipatorischem Charakter, auch als Kinderliteratur, in Verbindung mit der Arbeiterbewegung und der Entwicklung der ihr eigenen Literaturformen anzutreffen. Frühe Beispiele treten uns in Form von Autobiographien entgegen. Solche Arbeiten verfolgen kein bloß „privates" Interesse an Selbstdarstellung, sondern wollen ein Einzelschicksal verallgemeinern, um aufzuklären und zur Bewußtseinsbildung beizutragen. Hier kann man etwa nennen: „Aus dem Leben eines Proletarierkindes" von ANNA ALTMANN, das schon 1895 in einem Sammelband des Vorwärts-Verlags „Buch der Jugend" erschienen ist, die „Jugendgeschichte einer Arbeiterin" (1909) von ADELHEID POPP oder auch der Beitrag von LUISE ZIETZ „Aus meinem Leben. Wie wir Kinder den Eltern beim Brotverdienen helfen mußten", abgedruckt 1919 in einer Zeitschrift für „Frauen und Mädchen des werktätigen Volkes" der USPD. In diesem Zusammenhang gehört auch das zuerst 1925 veröffentlichte Buch „Peter Stoll. Ein Kinderleben von ihm selbst erzählt" (NA. 1978) von CARL DANTZ (1884–1967). Es handelt sich um keine ‚echte' Autobiographie. Peter Stoll ist eine fiktive Gestalt, fiktiv aber nicht, was die Glaubwürdigkeit und Realistik der geschilderten Lebensverhältnisse eines Arbeiterkindes betrifft. CARL DANTZ hat als engagierter Lehrer einer Bremer Versuchsschule für Arbeiterkinder dieses Milieu gekannt. Sein Buch vermittelt stilistisch den Eindruck einer ‚echten' autobiographischen Erzählung.

Weitere Formen dokumentarischer Literatur kommen in Zusammenhang mit der Reformschulbewegung auf. Analog zur Arbeiterkorrespondentenbewegung gab es Kinderkorrespondenten, die über ihre Lebensverhältnisse berichteten und mit journalistischen Methoden ihre Umwelt und die Arbeitswelt der Erwachsenen untersuchten und darstellten. Solche Berichte und Reportagen erschienen z.B. in der Zeitschrift der Jungpioniere „Die Trommel" (zwischen 1921 und 1932) und anderen Organen der sozialistischen und kommunistischen Schülerpresse. Arbeiterkinder gestalteten den Band „Die Rote Kinderrepublik", der mit Tagebuchaufzeichnungen, Briefen und Gruppenbeiträgen über die „Kinderrepubliken", von den sozialdemokratischen „Roten Falken" organisierte Ferienzeltlager, informiert.
Erst nach 1945 setzt dann die Phase der D. ein, die sich bewußt als solche versteht. In der Erwachsenenliteratur beginnt diese Entwicklung Anfang der sechziger Jahre auf dem Theater mit dem Thema der Vergangenheitsbewältigung, insbesondere der Auseinandersetzung mit dem Faschismus (PETER WEISS, HEINAR KIPPHARDT). In der zweiten Hälfte des Jahrzehnts verlagert sich mit dem Einsetzen der neuen Form der dokumentarischen Prosa das Interesse von der Vergangenheit auf mehr gegenwartsbezogene Themen, oft ganz konkret auf die bundesdeutsche Wirklichkeit und erfährt somit eine weitaus stärkere politische Brisanz (GÜNTER WALLRAFF, „Wir brauchen Dich", 1966; „13 unerwünschte Reportagen", 1969). Dabei nimmt sich der Autor als Erzähler zurück und wird mehr und mehr zum Herausgeber nichtprofessioneller Texte (MARTIN WALSER, ERIKA RUNGE); es entsteht die „Literatur der Nicht-Autoren" (R. BAUMGART). Die von ihrem Selbstverständnis her überwiegend gesellschaftspolitisch engagierten Verfasser oder Herausgeber von D. haben es sich zur Aufgabe gemacht, unterprivilegierte Bevölkerungsgruppen zu Wort kommen zu lassen, denen weder Mittel noch Wege offenstehen, dies von sich aus zu tun. In der Kinder- und Jugendliteratur wurden diese Tendenzen mit beträchtlicher Verzögerung aufgegriffen – dokumentarische Literaturformen tauchen hier vorwiegend erst seit Anfang der siebziger Jahre auf –, und eine politische Perspektive tritt weniger offen zutage.
Nachdem es seit den sechziger Jahren einen Boom an dokumentarischen Arbeiten gegeben hat, ihnen inzwischen ‚Literaturfähigkeit' nicht mehr abgesprochen wird, haben solche Texte – nicht immer unwidersprochen aufgrund ihres politischen Engagements – Eingang in den Literaturunterricht an den Schulen gefunden. Im Geschichts- und Gemeinschaftskundeunterricht schon länger als didaktische Mittel eingesetzt, beschäftigt sich der Deutschunterricht mit dokumentarischen Schriften als einer eigenen Literaturgattung. Hier stützt man sich aber eher auf die ‚Klassiker' der D. wie GÜNTER WALLRAFF mit seinen „Industriereportagen" oder ERIKA RUNGES „Bottroper Protokolle", als auf speziell für Jugendliche bestimmte Texte. Erst in jüngster Zeit werden Versuche unternommen, gerade dokumentarische Jugendbücher durch didaktische Aufbereitung des Materials in begleitenden Lehrerheften für den Schulunterricht auszuwerten (z.B. in der rotfuchs-Reihe). Die Auseinandersetzung mit der D. soll mithelfen, ein nicht nur von Konsumverhalten geprägtes Verhältnis zur gesellschaftlichen Wirklichkeit herzustellen. Zudem bietet sie Stoff für eine Diskussion über die ‚Wahrheit' der Literatur.

Typologie. Eine Unterteilung der D. in verschiedene Arten kann nach mehreren Kriterien vorgenommen werden. Zum einen sind unterschiedliche Darstellungsformen festzustellen, die in vielen Fällen auf das jeweilige Ausgangsmaterial zurückführbar sind. Dementsprechend kommen dann verschiedene Typen zustande wie Interview, Reportage etc. Man kann aber auch eine Einteilung danach vornehmen, wer die entsprechenden Texte verfaßt hat (Betroffene selbst oder ein Autor, der über einen Fall oder eine Person berichtet) bzw. für welchen Leserkreis (Kinder oder Erwachsene) sie geschrieben worden sind. Danach ergeben sich in der Hauptsache drei Formen: 1. Erwachsene beschreiben Ereignisse, historische Perioden, Personen usw. für Kinder und Jugendliche: z.B. FREDERIK HETMANN „Ich habe sieben Leben" (1972). In dem Buch stellt der Autor ‚die Geschichte des Ernesto Guevara, genannt CHE' dar in einer Mischung aus erzählenden Abschnitten, Selbstzeugnissen GUEVARAS, Aussagen seiner Bekannten, eingeschobene Kurzbiographien für ihn wichtiger Personen und komprimierten Erklärungen historischer Entwicklungsprozesse. Ein anderes Beispiel ist HANS SCHULTE-WILLEKES „Schlagzeile. Ein ‚Bild'-Reporter berichtet" (1977). Der Autor versucht, anhand konkreter in ‚Bild' erschienener Artikel Konzeption, Arbeitsweise und Tricks dieses und anderer Blätter der Sensationspresse zu analysieren. 2. Kinder schreiben für Kinder, meist über ihren eigenen Erlebnis- und Erfahrungsbereich: Diese Art der D. ist in der Regel durch Erwachsene ‚vermittelt', von ihnen nach Protokollen oder Tonbandaufnahmen aufgezeichnet und damit mehr oder weniger stark verändert, z.B. KATHARINA BAUDACHS (Hrsg.) „Wir Kinder Europas. Interviews" (1979). In diesen Interviews geben Kinder – jeweils stellvertretend für ihr Heimatland – Auskunft auf Fragen nach Schule, Berufswünschen, Freizeitverhalten, Alltagsleben und ihren Vorstellungen zum Jahr des Kindes. Ein weiteres Buch dieser Art ist HEIKE HORNSCHUHS „Ich bin 13 – Eine Schülerin erzählt" (1974) aufgeschrieben von SIMONE BERGMANN. Hier berichtet ein Mädchen über ihr tagtägliches Leben, erste Freundschaften mit Jungen, Probleme in der Schule und über das Verhalten der Erwachsenen. 3. Kinder schreiben für Erwachsene (zumeist von Erwachsenen initiiert): Gemeint sind hier besonders Aufsatzsammlungen und ähnliches zu bestimmten Themenkomplexen, die in erster Linie Erwachsenen Aufklärung über Denkstrukturen, Gefühle oder Wissensstand geben sollen, z.B. DIETER BOSSMANNS (Hrsg.) „Was ich über Adolf Hitler gehört habe ..." (1977). Das Buch enthält das Ergebnis eines

Projekts, für das der Herausgeber 1976/1977 in 121 Klassen des ganzen Bundesgebiets Aufsätze unter der oben genannten Überschrift hat schreiben lassen. Die in thematische Kapitel geordneten Auszüge aus diesen Aufsätzen sollen ein systematisches Bild von dem Wissen bzw. Nichtwissen zehn- bis dreiundzwanzigjähriger Schüler über Hitler-Deutschland vermitteln.

Eine Abgrenzung nach thematischen Schwerpunkten gibt einen Überblick darüber, mit welchen Problemkreisen sich die D. im Kinder- und Jugendbereich beschäftigt. Geschichtliche Themen: hierher gehören z.B. Sammlungen von Augenzeugenberichten, wie z.B. HEINRICH PLETICHAS „Zeitgeschichte aus erster Hand" (1975), wo überwiegend politische Ereignisse der letzten 35 Jahre – z.B. der Bau der Berliner Mauer oder die Flugzeugentführung von Mogadischu – in Berichten oder Schilderungen daran Beteiligter in die Erinnerung gerufen oder überhaupt erst bewußt gemacht werden sollen. Bücher dieser Art wenden sich oft nicht ausschließlich an Jugendliche, sondern an die ganze Familie, gehören gleichermaßen in die Reihe der populärwissenschaftlichen Sachbücher. Einen größeren Anteil innerhalb der historischen Themenstellung nehmen aber eher erzählende Texte ein, z.B. FREDERIK HETMANNS „Rosa L. Die Geschichte der Rosa Luxemburg und ihrer Zeit" (1976). Eine eigene Gruppe innerhalb dieses Bereiches bilden Bücher, die sich mit der Aufarbeitung des Faschismus beschäftigen, z.B. MAX VON DER GRÜNS „Wie war das eigentlich" (1979). Hier versucht der Autor eine Darstellung des Dritten Reichs zu geben, teilweise berichtend, teilweise anhand dokumentarischer Unterlagen, aber immer wieder veranschaulicht an autobiographischen Passagen, in denen er von seiner Kindheit und den Auswirkungen des Nationalsozialismus auf sie erzählt. – Berichte von ‚fremden Ländern und Völkern': in diesem Bereich gibt es unterschiedliche Ausformungen von meist reportageförmigen Reiseberichten bis hin zu politisch engagierten Stellungnahmen für unterdrückte Gruppen oder Völker. Zur Rubrik der Reiseberichte, die ein Land oder eine Gegend möglichst in ihrer Gesamtheit darstellen wollen, zählt etwa RENÉ WAGNERS „Durch China" (1978). Der Autor hatte aufgrund eines Stipendiums die Möglichkeit zu einem längeren Chinaaufenthalt und beschreibt in seinem Buch Erfahrungen und Beobachtungen in diesem Land. „Reine" D. trifft man in dem Band von STEPHEN M. JOSEPH (Hrsg.) „In den Elendsvierteln von New York" (1973), wo sieben- bis achtzehnjährige Kinder und Jugendliche ihre Umgebung und den Haß auf ihre Lebenssituation schildern. Diese Texte, manche in Gedichtsform, entstanden größtenteils auf Anregung des Herausgebers, wurden jedoch kommentarlos aneinandergereiht. Eminent politisch erscheint der ‚dokumentarische Roman' über einen Schüleraufstand in Südafrika von HANS-MARTIN GROSSE-OETRINGHAUS „Wird Feuer ausbrechen?" (1980). Darin wird nicht nur Südafrikas Unterdrückungspolitik gegenüber der schwarzen Bevölkerungsmehrheit entlarvt, sondern anhand von Zitaten die heuchlerische Haltung westlicher Industrienationen Südafrika gegenüber aufgezeigt. Zu dieser Gruppe kann man auch solche Bücher zählen, die sich um ein besseres Verständnis der Situation der Gastarbeiter und ihrer Kinder bemühen, z.B. RENATE WELSHS „Ülkü, das fremde Mädchen" (1973). Hier wird gar nicht der Versuch unternommen, dokumentarische und erzählende Teile miteinander zu verschmelzen, sie stehen vielmehr als deutlich voneinander getrennte Blöcke da. Neben der fiktiven Erzählhandlung, die Integrationsschwierigkeiten eines türkischen Mädchens schildert, finden sich auf andersfarbigen Seiten allgemeine Informationen zur gesellschaftlichen Lage von Gastarbeiterkindern durch Zeitungsartikel, Interviews mit Sozialarbeitern und Soziologen, zufällig mitangehörten Gesprächen von ‚Normalbürgern' über Ausländer etc. MICHAEL HÖHN verpackt in seinem Buch „Verdammt und zugenäht" (1976) tatsächliche Ereignisse in eine Erzählhandlung, an der die beteiligten Personen mitgearbeitet haben. Thematisiert wird hier die miserable Wohnsituation und Ghettobildung im Zusammenhang mit Wohnraumzerstörung und Bodenspekulation. Für den Bereich der Familien- und gesellschaftlich bedingten Konflikte gibt es noch wenige Beispiele von D., z.B. MANUEL O./INGEBURG KANSTEIN „Abhauen – die letzte Chance?" (1977). Manuel und seine spätere Pflegemutter, die Autorin, schildern abwechselnd, wie sie die Flucht vor dem autoritären Vater des Jungen erlebt haben, und rekonstruieren die Ursachen. Was eine Scheidung der Eltern für Kinder bedeutet und wie eine solche Situation bewältigt werden kann, zeigt ein anderes Buch auf: HEIKE MUNDZECKS „Scheiden tut weh" (1977). Neben die Erzähldichtung eines fiktiven Scheidungsfalls, die teilweise konstruiert wirkt, treten Ausschnitte aus dem Scheidungsrecht, Erfahrungsberichte geschiedener Eltern, aber auch Aussagen von Kindern verschiedenen Alters, wie sie die Scheidung ihrer Eltern empfunden haben.

Zum Problemkreis Schule und erste Berufserfahrungen sind eine Reihe von Sammlungen mit Erfahrungsberichten junger Leute erschienen, z.B. RAIMUND SCHOOPS (Hrsg.) „Was soll man machen? Schüler, Lehrlinge, Gesellen erzählen" (1976). Auch im „Werkkreis Literatur der Arbeitswelt" sind Bücher mit dieser Themenstellung herausgekommen, z.B. „Mit 15 hat man noch Träume ... Arbeiterjugend in der BRD" (1975). Die – meist autobiographischen – Skizzen von Jugendlichen, aber auch Lehrern und anderen Erwachsenen, zu Themen wie ‚Berufserwartungen' oder ‚Berufswirklichkeit' sind hier oft mit der direkten Aufforderung zu gewerkschaftlicher oder politischer Arbeit verbunden.

Für kleinere Kinder kommen an D. vor allem Photobilderbücher in Frage, die bei ihnen Verständnis und Auseinandersetzung mit Familie und Umwelt fördern sollen, z.B. BERNHARD WOLFS „Anne kann nicht hören" (1980). Das Buch beschreibt anhand der Photos, wie ein sechsjähriges taubes Mädchen seine Umwelt erfährt. Auch die Bildserien von JÖRG MÜLLER „Alle Jahre wieder saust der Preßlufthammer nieder" (1973)

und „Hier fällt ein Haus, dort steht ein Kran und ewig droht der Baggerzahn" (1976) können der D. zugerechnet werden.
In Funk und Fernsehen beanspruchen dokumentarische Sendeformen einen immer größeren Platz. Im Kinder- und Jugendprogramm haben sie sogar in besonderem Maße zugenommen. Hierbei stehen in regelmäßigen Abständen gesendete Magazine an erster Stelle. „Direkt" (ZDF), seit 1971 zwölfmal pro Jahr im Programm, bringt weitgehend von Jugendlichen selbst hergestellte und kommentierte Beiträge zu Problemen der Freizeitgestaltung, Lehrstellenknappheit, Jugendkriminalität etc. Der „Schülerexpreß" (ZDF), den es seit 1974 gibt, hat die Anzahl seiner Sendefolgen von zwölf auf zwanzig pro Jahr erhöht; „Alles klar" (ARD) bringt aktuelle Diskussionen zwischen Schülern, Eltern und Lehrern „live" und eine Reihe wie „1001 Meile" (ARD) versucht, andere Länder, Landschaften und Menschen näherzubringen. Neben solchen Magazinen sind immer wieder einzelne Beiträge in den Programmen zu finden, wie z. B. „Wiebke Thormann" (ARD, 1980), ein dokumentarischer Fernsehfilm über den Entwicklungsweg einer Leistungssportlerin oder „Was sich Kinder wünschen" (ARD, 1980), wo Träume und Sehnsüchte zehn- bis zwölfjähriger Kinder geschildert werden.

Zur theoretischen Diskussion der D. Die theoretische Diskussion um die D. schließt die Kinder- und Jugendliteratur mit ein, da sie mit den gleichen formalen und inhaltlichen Problemen konfrontiert ist. Am Beginn der Auseinandersetzung stand die nach Meinung ihrer Vertreter allein authentische und damit zugleich allein glaubwürdige und wahrhaftige D. gegen eine scheinbar immer unglaubhafter werdende Belletristik. Doch die Anhänger der dokumentarischen Methode wurden bald darauf aufmerksam gemacht, daß auch die reine Form der D. eine „manipulierte" Wiedergabe der Wirklichkeit darstellt. Manipuliert insofern, als die ‚Hersteller' und Herausgeber solcher Texte aus dem Ausgangsmaterial auswählen, kürzen, es von einem Medium in ein anderes, z. B. vom gesprochenen ins geschriebene Wort – übertragen. Der absolute Objektivitäts- und Authentizitätsanspruch ist nicht haltbar. Die Frage, welche Literaturform, dokumentarische oder fiktive, ‚wahrer' sei, ist weiterhin strittig. Gegner der D. sehen in ihr außerdem einen Ausdruck von Resignation: wenn man die Verhältnisse schon nicht ändern kann, sollte man sie wenigstens dokumentieren. Es ist zudem zweifelhaft, inwieweit ein kommentarloser Abdruck dokumentarischen Materials für junge Leser sinnvoll sein kann. Derartige Textsammlungen mögen beim Kind – je nach Inhalt – Erstaunen, Empörung, Mitleid bewirken, werden aber nur selten das für ein Verständnis nötige Hintergrundwissen mit vermitteln und das um so weniger, wenn es sich um Zeugnisse selbst Betroffener handelt. So werden z. B. bei einem Buch wie „Um 6 steh ich auf. Kinder aus der DDR erzählen" (DDR 1979, BRD 1980) viele Informationen (stereotype Ausdrucksformen, ‚typisch sozialistische' Klischees, trotz sozialistischer Gesellschaftsordnung durchaus gutbürgerliche Wunschvorstellungen) von einem jugendlichen Publikum gar nicht wahrgenommen, weil auf sie nicht aufmerksam gemacht wird. Deutlich zeigt sich, wie wichtig eine Offenlegung der Vorgehensweise des Herausgebers ist, um Näheres über Zustandekommen der Texte (Gespräch, Interview, Schulaufsatz oder ähnliches) und Bearbeitungsgrad zu erfahren. Einige Theoretiker gehen noch weiter und sprechen der D. einen Wert nur unter der Voraussetzung zu, daß Betroffene an der Herstellung der Texte beteiligt werden, und dies allein stellt für sie schon einen Wert dar, denn der Prozeß der Herstellung wirkt in Richtung auf Emanzipation und Politisierung.

Sekundärliteratur: H. L. Arnold (Hrsg., zus. mit St. Reinhard): Dokumentarliteratur (1973). – R. Baumgart: Theorie einer dokumentarischen Literatur (in: R. Baumgart: Aussichten des Romans oder Hat Literatur Zukunft?. 1968. 48–68). – H. Boehnke: „Peter Stoll" und die Kinderliteratur der Arbeiterbewegung in den zwanziger Jahren (in: J. Merkel, zus. mit D. Richter (Hrsg.): C. Dantz: Peter Stoll. Ein Kinderleben von ihm selbst erzählt. 1978. 153–169). – W. Emmerich (Hrsg.): Proletarische Lebensläufe. Autobiographische Dokumente zur Entstehung der zweiten Kultur in Deutschland (Bd. 1–2. 1974–1975). – R. H. Thomas und K. Bullivant: Literatur und Dokumentation (in: R. H. Thomas und K. Bullivant: Westdeutsche Literatur der sechziger Jahre. 1975. 116–156). – D. Richter (Hrsg.): Das politische Kinderbuch (1973). – H. Riebe: Dokumentarische Literatur (1972); Die „sogenannte" dokumentarische Literatur (in: G. Böing (Hrsg.): Die Literatur. 1973. 105–114). – D. E. Zimmer: Die sogenannte Dokumentar-Literatur. Zwölf einfache Sätze sowie eine notwendigerweise provisorische Bibliographie (in: Die Zeit. vom 28. 11. 1969).

Petra Jäschke

Dolz, Johann Christian

*Pädagoge, Jugendbuchautor; *6. 11. 1769 Golßen (Niederlausitz), †1. 1. 1843 Leipzig.*

Nach dem Besuch des Lyzeums in Lübben studierte D. in Leipzig Philosophie, Geschichte und Theologie. 1793 trat er in die ein Jahr zuvor von dem Pädagogen und Jugendschriftsteller Johann Gottlieb Plato (1757–1833) gegründete Rathsfreischule in Leipzig ein, in der vor allem „Kinder von Nichtgelehrten" eine sorgfältige Erziehung bekommen sollten. 1800 wurde D. Vizedirektor, 1833 Direktor dieser Schule, für die er sich ein halbes Jahrhundert lang unermüdlich einsetzte. Er wurde Ehrenbürger der Stadt Leipzig und war Mitglied verschiedener wissenschaftlicher Gesellschaften, unter anderem der Deutschen Gesellschaft zur Erforschung vaterländischer Sprache und Altertümer.

Werk, Tendenzen, Wirkung. D. nahm in zahlreichen Büchern zu pädagogischen Fragen Stellung, wobei er sich besonders mit sittlich-religiösen, literaturpädagogischen und geschichtlichen Themen beschäftigte. Er gab in überarbeiteten Fassungen verschiedene Schriften Karl Traugott Thiemes (1745–1802) heraus, dessen Schüler er gewesen war und mit dem er viele Jahre in

engem Kontakt stand. Bei seinen Bearbeitungen kam es ihm vor allem darauf an, „das Anstößige durch einige kleine Änderungen zu mildern", wodurch er die spätaufklärerische Tendenz THIEMES beseitigte. D. führte in THIEMES Schriften restauratives Gedankengut – wie absolute Gottgefälligkeit und unterwürfigen Gehorsam gegenüber der Obrigkeit – ein.
Nach dem Vorbild von CHRISTIAN FELIX WEISSES (1726–1823) „Kinderfreund" gab D. unter drei verschiedenen Titeln von 1806 bis 1823 (mit einer Pause von 1808 bis 1810 wegen „ungünstiger Zeitumstände") eine dreimal wöchentlich erschienene Jugendzeitschrift heraus. Auf bezeichnende Weise wandte er sich in einer programmatischen Äußerung im ersten Heft, die Gültigkeit für alle folgenden Jahrgänge besitzt, an seine zukünftigen Leser: „Wir erblicken ... in Ihnen nicht blos Menschen, die eine kleinere Anzahl von Jahren gelebt haben, als wir; nein, wir sehen in Ihnen die schönste Hoffnung guter Aeltern, des Vaterlandes und der besseren Menschheit. Wir sehen Sie schon im Geiste, in verschiedenen Verhältnissen des bürgerlichen Lebens als unsre künftige Zeitgenossen wirken" („Bildungsblätter", 2.1.1806, S. 1). Von der Ausstattung wie vom Inhalt her wandte sich die Zeitschrift an Kinder gebildeter und wohlhabender Stände. Die Sprache aller Beiträge unterscheidet sich nur wenig von der in Zeitschriften für Erwachsene; der jugendliche Leser wird als nahezu vollwertiges Glied der Gesellschaft angesehen. Die Zeitschrift enthält, ohne daß zwischen 1806 und 1824 eine auffällige Änderung in ihrem Aufbau einträte, Berichte über bemerkenswerte Charakterzüge junger Menschen, „nekrologische Denkmäler" zu früh verstorbener „hoffnungsvoller junger Menschen", Unglücksgeschichten, Reiseberichte, Vorschläge zur Gestaltung privater und öffentlicher Feiern, außerdem „Nachrichten von politischen, auch für die Jugend in geographischer, statistischer, historischer, technologischer und moralischer Rücksicht wichtigen Zeitereignisse; allgemein wichtige Entdeckungen und Erfindungen im Gebiete der Natur, Kunst und gemeinnützlichen Wissenschaften, mit den dazu nöthigen Erläuterungen". Darüber hinaus enthielt jede Nummer Verse, Rätsel, Spiele und Fabeln, gelegentlich auch Rezensionen neuerschienener Jugendbücher. Ab und zu erschienen Berichte über bedeutende Erzieher und Jugendschriftsteller wie JOHANN CHRISTOPH ADELUNG (1732–1806), JOHANN BERNHARD BASEDOW (1724–1790), KARL FRIEDRICH BECKER (1777–1806) und CHRISTIAN FELIX WEISSE. Beigelegt wurde der Jugendzeitschrift ein „Begleitungsblatt", das für Eltern und Erzieher gedacht war und Hinweise zu Erziehungsfragen gab. Monatlich wurden zwei bis drei Kupfertafeln mitgeliefert, davon eine koloriert, sowie eine Musikbeilage. Die sorgfältig hergestellten Kupferstiche (von I. C. BÖHME, C. SCHULE und anderen) zeigen Szenen aus der griechischen Mythologie, Naturereignisse, Landkarten, Stadtansichten, Bildnisse berühmter Persönlichkeiten (beispielsweise von NAPOLEON, JAKOB GLATZ, MARTIN LUTHER), Exotisches und Stickmuster. Mitarbeiter der Zeitschrift waren viele zeitgenössische Kinder- und Jugendschriftsteller, darunter KARL GRUMBACH (1790–um 1853), JOHANNES ANDREAS CHRISTIAN LÖHR (1764–1823), MORITZ THIEME (1799–1849) – Sohn von K. T. THIEME – und JOHANN GOTTLIEB ZIEHNERT (1780–1856). Insgesamt enthielt diese Jugendzeitschrift Belehrendes, nur gelegentlich – „als Nebensache gar nicht zu verachten", wie D. anmerkt – auch Unterhaltendes.
D.' Grundsatz, der Jugend so viel Bildung wie möglich zu vermitteln, um sie für das spätere Leben zu rüsten, zeigt sich in all seinen Schriften. Im „Lehrbuch der notwendigen und nützlichen Kenntnisse", einer enzyklopädischen Zusammenfassung des gesamten damaligen Wissens auf knapp 500 Seiten, schreibt er emphatisch: „Wie reich wird der Mensch durch Bildung! und wie edel und gut kann er durch sie werden!" (S. 468). Doch nur sorgfältig vorbereitete Lektüre führe zum Bildungserfolg. So enthält das „Lehrbuch" auch ein Kapitel „Einige Winke zum zweckmäßigen Bücherlesen" (S. 459–464), in dem D. vor schädlichen Büchern warnt, insbesondere vor solchen, die schädlich für das Herz seien, weil sie „mit Gleichgültigkeit, Verachtung oder Spott" über religiöse und sittliche Tugenden sprechen. Auch prangert er „Gassenlieder" und „sogenannte ältere Volksbücher" an, in denen durch „pöbelhafte Scherze" und Zweideutigkeiten „das Gefühl der Schamhaftigkeit und die guten Sitten beleidigt werden". Vor allem aber warnt D. vor den meisten Romanen, weil durch sie die Phantasie eine Welt erbaue, die, so sie nicht unsittlich, doch allemal „chimärisch" sei. Nützliche Bücher dagegen seien jene, die bildend im religiösen, moralischen und ästhetischen Sinne seien, also „gute Gedichte", „moralische Schriften" und „gute Erbauungsbücher oder asketische Schriften". Auch die Art und Weise, wie man die nützlichen Bücher lesen soll, beschreibt D. detailliert, wobei er besonderen Wert darauf legt, daß niemals unüberlegt nur zum Zeitvertreib oder aus Vergnügen gelesen werde. Daß jede Handlung und jeder Gedanke einer ständigen und genauen Kontrolle bedarf, beschreibt er in seiner „Anstandslehre für die Jugend". D. entwickelt ein exaktes, nach Paragraphen geordnetes Lernprogramm, damit die Jugendlichen – vor allem die männlichen – nicht nur durch Bildung, sondern auch durch Anstand zu anerkannten Mitgliedern der bürgerlichen Gesellschaft werden können.

Werke: Grundriß einer allgemeinen Religionsgeschichte für Schulen (1794, [2]1826); Katechetische Unterredungen über religiöse Gegenstände (Bd. 1–4. 1795–1798. [2]1798–1818); Anleitung zu schriftlichen Aufsätzen über Gegenstände des gemeinen Lebens (1796, [6]1826); Leitfaden zum Unterricht in der allgemeinen Menschengeschichte (1797, [7]1825); Leitfaden zum Unterricht in der sächsischen Geschichte (1799, [3]1823); Katechetische Anleitung zu den ersten Denkübungen der Jugend (Bd. 1–2. 1799–1800, [6]1826–1837); Denksprüche nach den Hauptwahrheiten der Pflichten- und Religionslehre geordnet (1. Sammlung: 1800, [5]1826; 2. Sammlung: 1809, [2]1817); Anhang zu den christlichen Religionsgesängen für Bürgerschulen (1804); Christian Felix Weißes Todesfeyer in der Rathsfreischule zu Leipzig (zus. mit J. G. Plato, 1804); Katechetische Jugendbelehrung über moralische und religiöse Wahrheiten

(Bd. 1–5. 1805–1818); Kleine Denklehre (1807, ²1824); Anstandslehre für die Jugend (1810, ³1825); Abriß der allgemeinen Menschen- und Völkergeschichte (Bd. 1–3. 1813); Lehrbuch der notwendigen und nützlichen Kenntnisse, besonders für eine, nach weitrer Bildung strebende Jugend (1815, ²1819); Die neuesten Ereignisse von 1812–1820. Ein Beitrag zu dem Abrisse der allgemeinen Menschen- und Völkergeschichte (1821); Die neuesten Ereignisse von 1820–1835 (1836); Die Rathsfreischule in Leipzig während der ersten fünfzig Jahre ihres Bestehens (1841).

Hrsg.: Bildungsblätter. Zeitung für die Jugend (Jg. 1–3. 1806–1808; u.d.T.: Neue Jugendzeitung. Jg. 1–11. 1810–1820; u.d.T.: Neue Zeitung für die Jugend, ihre Aeltern, Lehrer und Freunde. Jg. 1–3. 1821–1823); Taschenbuch für die Jugend (zus. mit M. Rothe, Bd. 1–3. 1811–1813).

Bearb.: Karl Traugott Thieme: Der alte Erdmann, ein Hausspiegel für Eltern, Erzieher und Lehrer und die es zu werden gedenken (²1812); Karl Traugott Thieme: Erste Nahrung für den gesunden Menschenverstand (⁷1812, ¹⁰1840); Karl Traugott Thieme: Gutmann oder der Sächsische Kinderfreund. Ein Lesebuch für Bürger- und Landschulen (⁶1813, ¹¹1836); Heinrich Philip Konrad Henke: Auswahl biblischer Erzählungen für die erste Jugend (⁶1816).

Klaus-Ulrich Pech

Donnelly, Elfie

*Kinderbuchautorin, Journalistin; *14.1.1950 Edmonton/London.*

*Elfie Donnelly (*1950)*

Als Tochter eines Engländers und einer Österreicherin in Wien aufgewachsen, begann D. sehr jung bei der österreichischen Nachrichtenagentur APA ihre Laufbahn als Journalistin. Sie arbeitete in Presseagenturen, Zeitschriftenredaktionen und als Mitarbeiterin bei Hörfunk und Fernsehen. D. lebt in Berlin, sie hat zwei Kinder.
Für „Servus Opa, sagte ich leise" (1977) erhielt D. den Deutschen Jugendbuchpreis und den „Hans-im-Glück-Preis", eine Prämiierung für Erstlingswerke. Das Buch kam ferner auf die Auswahlliste zum Preis „Die Silberne Feder". Das Drehbuch zum gleichnamigen Fernsehspiel wurde 1979 mit dem Adolf-Grimme-Preis in Silber ausgezeichnet.

Werk, Tendenzen, Wirkung. D. verkörpert einen in der Kinder- und Jugendliteratur neuen Typ von Autoren. Während die Mehrzahl der Verfasser ausschließlich für Kinder schreibt, oft nebenberuflich und meist im Zusammenhang mit pädagogischer Ausbildung oder Beruf, brachte D. eine breitgefächerte Praxis im Journalismus und Kenntnisse aus dem Medienbereich in die Kinderbuchszene ein. Die Sicherheit im Aufbau einer Story – nicht zuletzt in der Brotarbeit für die Regenbogenpresse erworben – und die Kenntnis des Literaturbereichs waren nicht allein Ursache für den Erfolg ihres ersten Kinderbuches. Mit „Servus Opa, sagte ich leise", einem Buch, das vom Sterben des geliebten Großvaters erzählt, von seinem Enkel erlebt, beschrieben und mühsam verstanden, brachte D. ein lange tabuisiertes Thema in die neuere realistische Kinderliteratur ein. Dies gilt sicherlich auch für die positive Schilderung der Großelterngeneration. Maßgeblich war D.s Sensibilität für die Gefühlswelt und Bedürfnisse von Kindern, mit der sie in diesem Buch den frühen Tod der eigenen Mutter literarisch aufarbeitet. Auffallend ist die Fähigkeit der Autorin, sich in den audiovisuellen Medien ebenso kompetent auszudrücken wie im herkömmlichen Medium Kinderbuch. D. produzierte gleichzeitig mit dem Text von „Servus Opa" eine Fernsehfassung, später eine Schallplatte. Zu ihrem zweiten Kinderbuch, „Der rote Strumpf" (1979), wurde ebenfalls „synchron" eine Kinofilmfassung geschrieben. Hier schildert D. die Begegnung eines sensiblen Kindes mit einer psychisch kranken alten Frau. Das Verhalten der Alten stellt vieles in Frage, was das Kind und seine Eltern für selbstverständlich halten und führt zum Umdenken und zur kritischen Bewertung der eigenen, scheinbar normalen Situation. Diesem Thema kommt ein aktuelles öffentliches Interesse an einer Neuordnung unserer Psychiatrie und die Bemühung um einen besseren Umgang mit älteren Menschen, die von der üblichen Norm abweichen, entgegen. D. hat dieses spröde Thema für Kinder mit Humor und Einfühlungsvermögen gestaltet. Doch dürfte gerade das letztere Buch die Schwierigkeit verdeutlichen, die in der Spannung zwischen der Zumutbarkeit der Probleme für den jungen Rezipienten und ihrer adäquaten Darstellung liegt.

Werke: Servus Opa, sagte ich leise (1977); Der rote Strumpf (1979).

Ottilie Dinges

Donovan, John

*Amerikanischer Jugendbuchautor, Direktor des Children's Book Council in New York; *1.9.1928 Lynn/ Massachusetts (USA).*

D. studierte Jura an der University of Virginia. Er arbeitete als Anwalt, ehe er 1961 das Bilderbuch „The little orange book", illustriert von MAURO CAPUTO, veröffentlichte. Zunächst als Verlagsmitarbeiter tätig, leitet D. seit 1967 den Children's Book Council in New York. Als Verfasser von realistischen und zeitkritischen Jugendromanen konnte er sich als engagierter Autor der Jeansgeneration etablieren. Sein Theaterstück „Riverside Drive" (1964), das in mehrere Sprachen übersetzt wurde, kam auch auf deutschen Bühnen zur Aufführung.

Werk, Tendenzen, Wirkung. Die jugendlichen Hauptfiguren D.s sind keine Helden im idealtypischen Sinn, sondern repräsentieren das Problembewußtsein und die Schwierigkeiten Jugendlicher in einer konfliktbeladenen Welt. In ihrer kritischen Auseinandersetzung mit den Erwachsenen und Erziehern verweisen sie auf die Schwachstellen der gegenwärtigen Gesellschaft und leben alternative Formen vor, die ihrer Individualität entsprechen. Ein in fein differenzierten Nuancen geschilderter Loslösungsprozeß in „I'll get there. It better be worth the trip" (1969) greift ein für die sechziger Jahre noch streng tabuisiertes Thema auf. Der junge David kommt über eine homosexuell gefärbte Freundschaft zur vertieften Persönlichkeitsentfaltung. Erst sieben Jahre später erschien eine deutsche Übersetzung dieser realistischen Erzählung (Du sagst ja, ich sag nein, 1976). Bereits im Erscheinungsjahr hatte dieses Buch neben zahlreichen anderen Preisen von der New York Times Book Review die Auszeichnung ‚bedeutendstes Jugendbuch des Jahres' erhalten. Auch „Wild in the world" (1971; dt. Wild ist das Leben, 1973) provoziert durch seinen Inhalt. D. beschreibt hier das Sterben in einer abgelegenen Gegend im ländlichen New Hampshire, an dessen Ende nur noch ein streunender Hund übrig bleibt, der in das leere Bett seines toten Herrn steigt. In dieser makabren Geschichte werden zwar Lesegewohnheiten erschüttert und verwirrt, gleichzeitig aber solch existentielle Gefühle wie Einsamkeit und Todesangst angesprochen. Sensiblere Töne ergreift D. in der Erzählung „Remove protective coating a little at a time" (1973; dt. Die Schutzschicht ist behutsam zu entfernen, 1975). Hier wird gleichermaßen distanziert und einfühlsam die freundliche Zuneigung eines Halbwüchsigen zu einer älteren Frau thematisiert. Der jugendliche Harry, ein Held in der Tradition von JEROME D. SALINGERS Holden Caulfield (The catcher in the rye, 1951), vermittelt den defekten und desolaten Zustand der amerikanischen Mittelschicht und Wohlstandsgesellschaft. Seine Beziehung zu einer gesellschaftlichen Außenseiterin, der Stadtstreunerin Amelia, konfrontiert ihn, aus gutbürgerlichem Hause kommend, mit einer Randexistenz und bringt einerseits seiner emotionalen Leere die fehlende menschliche Wärme, offenbart auf der anderen Seite die Unmenschlichkeit der gesellschaftlichen Bedingungen, die Humanität verschütten und an den Rand drängen. Langsam löst sich die Schutzschicht, die über Harrys Kindheit lag.

Werke: The little orange book (1961); I'll get there. It better be worth the trip (1969; dt. Du sagst ja, ich sag nein, 1976; TB. 1979); Wild in the world (1971; dt. Wild ist das Leben, 1973); Remove protective coating a little at a time (1973; dt. Die Schutzschicht ist behutsam zu entfernen, 1975); Good old James (1975); Family (1976).

Wolfgang Schneider

Dorn, Käthe

*(d. i. Rosa Springer). Schriftstellerin; *17.4.1866 Großschönau (Sachsen), † um 1925 Dresden.*

D., viertes Kind eines Apothekers, besuchte nach dem Schulabschluß das Lehrerseminar. Aufgrund lang andauernder Krankheit mußte sie den Wunsch, Lehrerin zu werden, aufgeben. Für einige Zeit wohnte sie bei einer Pfarrersfamilie und bei ihrem Oheim, wo sie im Haushalt mithalf. Nach dem Tod des Vaters zog sie nach Saalendorf-Waltersdorf in Sachsen zu ihrer Mutter. In dieser Zeit begann sie mit ersten schriftstellerischen Versuchen. Im Jahr 1899 richtete sie sich, nun schon als Autorin christlicher Schriften bekannt, eine Wohnung in Zittau ein. 1904 siedelte sie nach Dresden über, wo sie bis zu ihrem Tod wohnte.

Werk, Tendenzen, Wirkung. D. verfaßte rund vierzig Schriften, die in protestantisch-pietistischen Kreisen Deutschlands und auch Amerikas verbreitet waren. Es handelte sich überwiegend um kleine, fromm erbauliche Geschichten. Sie erschienen in christlichen Heftchenreihen sowie in Sammelbänden und Familienblättern und wurden vornehmlich von Sonntagsschülern des evangelischen Kindergottesdienstes in Württemberg gelesen. So fanden Erzählungen D.s Aufnahme in den Heftchen des Hirsch-Verlages (Konstanz), in die „Goldkörner" und „Christrosen" (Holland und Josenhans, Stuttgart) und in die kleinen Bände von Ensslin und Laiblin (Reutlingen). Träger der Handlung sind fast immer gottesfürchtige und gehorsame Kinder, die eben darum mancherlei Anfechtungen und Abenteuer zu bestehen haben. Sie gehen siegreich aus diesen „Kämpfen" hervor und überzeugen die zweifelnden Widersacher durch ihr gutes Beispiel. Neben den christlichen Beispielerzählungen schrieb D. eine Reihe frommer Romane („Leuchtendes Glück") und Jungmädchenbücher („Haustöchterchen"). Ihre stilistische Dürftigkeit sucht die Autorin durch schmückende Beiwörter und biblische Wendungen wettzumachen: „Auch eine muntere Kinderschar blühte wie die Oelzweige um seinen Tisch her – er war in der Tat ein gesegneter Mann" („Belohntes Gottvertrauen", in: „Goldkörner". Sammelbd. IV. S. 100). Derartige Titel von D.s Schriften sind bezeichnend für die missionarische Absicht der Autorin. Kinder, Jugendliche und

Erwachsene sollten weniger durch literarische Qualität als durch aufdringlich dargestellte Beispielfälle für den seit 1875 in der Gemeinschaftsbewegung wiederaufgelebten Pietismus eingenommen werden. So verkündete die Autorin immer wieder die Botschaft: Wer „seinem" Gott und „seinem" Heiland bis zur Selbstaufgabe vertraut, wer den Mitmenschen „in Jesu" liebt, wer auf weltliche Vergnügungen verzichtet, statt dessen in der Bibel liest und fleißig arbeitet, der wird mit Sicherheit belohnt; schon zu Lebzeiten wird ihm geistiges und körperliches Wohlbefinden zuteil, aber auch materieller Besitz. Heute spielt D. in Kirche und Buchhandel keine Rolle mehr. Sie hat indes in konservativen evangelischen Kreisen Nachahmer gefunden und deren Stil mitgeprägt.

Werke (Auswahl): Das heilige Vaterunser in neun Erzählungen (1898); Festgrüße (1902); An Gottes Hand (1902); Zu hoch hinaus (1903); Auf Glaubenspfaden (1903); Zum Guten gelenkt (1903); Das tat ich für dich, was tust du für mich? (1904); Segenskinder (1904); Zwischen zwei Mächten (1905); Das Waldwaislein (1905); Ein Weihnachtsabend (1905); Weihnachtssterne, Osterglocken, Pfingstsegen (1905); In Mammons Fesseln (1905); In der Ferien Kolonie (1906); Ein treuer Freund (1906); Ein jugendlicher Held (1906); Opfergaben (1908); Das Vaterunserläuten (1908); Es sei denn (1908); Ein gefährlicher Freundschaftsdienst (1909); Das rechte Postamt (1909); Weihnachtsbotschaft (1909); Ausgelöscht (1910); Großvaters Sonnenschein (1911); Weihnachtsfreude (1911); Zu Gleichem berufen (1911); Im Gärtnerhäuschen (1912); Die Macht des Gewissens (1914); Sturmverschlagen (1914); Efeuranken und Lorbeerblätter. Gedichte und Erzählungen (1917); Der Kleinen Glück (1917); Musik der Seelen. Geschichten und Gedichte wie das Leben sie bringt (1923).

Aiga Klotz

Drabsch, Gerhart

*Erzähler, Lyriker, Jugendbuchautor, Kunsthandwerker; *11.9.1902 Potsdam, †gefallen 30.4.1945 bei Moldenhütten (Brandenburg).*

Nach dem Besuch des humanistischen Gymnasiums studierte Dr. Philologie in Heidelberg. Er war in der Jugendbewegung bei den Potsdamer Neupfadfindern tätig. Dr. wohnte zuletzt auf Schloß Teupitz in der südlichen Mark Brandenburg und betrieb dort parallel zu seiner Schriftstellerei eine bedeutende kunstgewerbliche Werkstatt. Gegen Ende des Zweiten Weltkrieges ist Dr. gefallen. Er wurde auf dem Soldatenfriedhof in Halle (Brandenburg) beigesetzt. Im Zuge der Besetzungsmaßnahmen nach dem Krieg wurde sein Besitz beschlagnahmt und sein umfangreiches Manuskriptmaterial wahrscheinlich vernichtet. Eine umfassende Darstellung über die Jugendbewegung unter dem Arbeitstitel „Die Gegenwärtigen" hatte er bereits vor 1933 selbst verbrannt.

Werk, Tendenzen, Wirkung. Dr.s schmales Werk hat für die Jugendliteratur originale Bedeutung. Nach lyrischen Versuchen, vor allem in der Wandervogel- und Pfadfinderzeitschrift „Der weiße Ritter" und nach einer frühen novellenartigen Erzählung („Manfred", 1925), legte Dr. eine ungewöhnliche und eigenwillige Variante der Indianerliteratur vor: Die „Indianergeschichte" (1938). Sie berichtet außerhalb einer realethnologischen Fixierung gleichsam archetypisch und zeitlos von einer „frühen Stufe menschlicher Entwicklung" im indianischen Lebensraum. In „streng-lapidarer, zeitraffender Fügung" gestaltet Dr., vornehmlich in der Person des Indianerjungen, symbolhaft und exemplarisch „das kindliche Heranwachsen und Heranreifen, wie es ‚göttlich' gemeint ist" (A. Bodensohn). Es geht in der Darstellung nicht um einzelne Abenteuer in der Art der herkömmlichen Indianerkämpfe, sondern um das Abenteuer des geistigen Seins der indianisch-kindlichen Weltauffassung an sich. In der „Indianergeschichte" werden menschliche Urerfahrungen in äußerster Verdichtung dargestellt und ins Bild gesetzt. Die Handlung reduziert sich auf eine Kette von Geschehenseinheiten, in denen das Prinzip „Ordnung" als Lebensgrundlage erkannt wird. Dr.s Stilform ist die protokollarische Kürze. Er beschreibt in sinnermittelnder Lakonik und erhebt sich zur bindenden Strenge der Einzigartigkeit. Das durchgehaltene Stilmittel der Parataxe – durch die kraftvollen, ähnlich konzipierten Holzschnitte von Alfred Zacharias unterstrichen – entspricht in adäquater Weise der Idee des Werks.
Ein mehr idealtypisches Gestaltungsprinzip verwirklicht Dr. in seinem späteren Werk „Die Burg". Auch hier befaßt sich der Autor nicht mit erzählerisch komponierten historischen Einzelheiten, sondern mit dem Aufweis kulturanthropologischer Wesentlichkeit, hier auf dem Boden der alten Welt. Zum Schutze des „Reiches" – gegenüber dem potentiellen Feind aus dem Osten – wird der bergende Raum geschaffen, das feste Haus, das dem Menschen in nichtprovozierender Absicht Sicherheit gewährt. Der Burgenbau verdeutlicht auch hier die elementaren Bedürfnisse des Menschen. Die Ursprünglichkeit wird – gegenüber der „Indianergeschichte" – jedoch eingeschränkt zugunsten eines geschichtlich abgeleiteten Bedarfssystems. Der Bürger ruft den Ritter zur Erfüllung der Ordnungsaufgabe, die hier „Teilen und Grenzen" heißt. Planen und Vollbringen angesichts einer noch unberührten Natur in der Ahnung möglicher Gefahren mutet fast versöhnlich und friedfertig an, wenn nicht zum Schluß der schrille Fanfarenton erschallte: „Blut bleibt der ewige Wall!". Hier folgte Dr. der Ideologie des „Mythos vom Reich". Eingestreute Hymnen bekräftigen diese Annahme. Für „Die Burg" erhielt Dr. 1942 den Hans-Schemm-Preis. In anderen kleineren Arbeiten zeigte Dr. jedoch eine bündisch-völkische Gesinnung eigener Prägung, die sich den zeitbedingten Gleichschaltungstendenzen widersetzte.

Werke: Goten (Schauspiel, 1925); Manfred. Novelle (1925); Langemarck-Gedächtnis (1934); Die Indianergeschichte (1938, [9]1950; NA. 1965); Die Burg (1942).

Sekundärliteratur: A. Bodensohn: Abenteuer. Rothaut und Bleichgesicht (1967).

Hermann Bertlein

Drachenbücherei

Die Dr. (1949–1961) war eine der ersten und ambitioniertesten Taschenbuchreihen für Jugendliche im deutschen Sprachraum. Sie erschien im Sauerländer Verlag (zeitweise auch im Verlag Kurt Desch) und wurde von Kurt Kläber (Ps. Kurt Held, 1897–1959) herausgegeben. Die Dr. war als Beitrag des Verlags im Kampf gegen „Schmutz und Schund" gedacht. Es erschienen 88 Bände.

Geschichte und Gestalt der Dr. Die Reihe war Teil einer von KLÄBER geplanten „Juventus-Bücherei", in der Jugendschriften aller Sprachräume und Altersstufen im internationalen Rahmen herausgegeben werden sollten. Ihr ursprünglicher Name „Salamanderbücher" mußte auf starken Druck der Salamander-Schuhwerke in „Drachenbücher" geändert werden (1950, ab Band 21). Die Dr., gedacht für die schulentlassene Jugend von 14 bis 20 Jahren, sollte die „schönsten und spannendsten Erzählungen der Weltliteratur umfassen und jedermann zugänglich sein" (KLÄBER). Durch preiswerte Ausgaben und Anpassung der Umschlaggestaltung an die (zu bekämpfenden) Heftchen und Comics hoffte man die Jugendlichen in großer Zahl zur „guten" Literatur (ver-)führen zu können. Dazu schwebten KLÄBER, aufbauend auf seiner verlegerischen Tätigkeit vor 1933, auch neuartige Vertriebsformen vor, wie Fabrikbüchereien, Kioske, Büchereien von Gewerkschaftsschulen und Jugendherbergen. Trotz allem Engagement KLÄBERS – er nannte die Dr. „mein ein und alles" – blieb der erhoffte Erfolg aus. Die Reihe kam über „eine schmale Basis von 8–10 Tausend pro Band" (KLÄBER) nicht hinaus. Am erfolgreichsten war sie noch in der Schweiz. Mit Band 88 wurde sie 1961 eingestellt. Trotz der Textauswahl (vertreten waren unter anderem Erzählungen von H. DE BALZAC, W. HAUFF, E. T. A. HOFFMANN, J. LONDON, C. F. MEYER, E. A. POE, A. PUSCHKIN, R. L. STEVENSON, A. STIFTER) scheiterte sie zum einen wegen des beginnenden Taschenbuchbooms und zum anderen aufgrund des Trugschlusses, man könne durch die reißerischen, an die Aufmachung der Kolportage-Schundliteratur erinnernden Umschläge die Schundliteratur mit ihren eigenen Mitteln schlagen. Eine – wenn auch eingeschränkte – Fortsetzung fand die Dr. in der Trio-Reihe der Verlage Sauerländer, Jugend und Volk und Weiss (ab 1960) und in den bt-Taschenbüchern von Sauerländer und Benziger (1972–1975).

→ K. Held, → Schmutz und Schund

Sekundärliteratur: H. Sauerländer: Hundertfünfzig Jahre Haus Sauerländer in Aarau (zus. mit anderen, 1957). – Zehn Jahre Verlag Kurt Desch (1955).

Erich Eberts

Dritte Welt in der Kinder- und Jugendliteratur

Unter der „Dritten Welt" werden im europäischen Sprachraum die Länder Afrikas, Asiens und Lateinamerikas verstanden. „Dritte Welt" löste im Lauf der sechziger Jahre den Begriff der „unterentwickelten Länder" oder der „Entwicklungsländer" ab. Auch der neue Ausdruck wirkt diskriminierend, da er eine „erste" (die westlichen Industrieländer) und eine „zweite" Welt (die sozialistischen Industrieländer) voraussetzt. Der Begriff „Dritte Welt" ruft seit einiger Zeit eher die Vorstellung der armen und ärmsten Bevölkerungen in den dortigen Ländern hervor. In der Kinder- und Jugendliteratur ist meist von „Dritter Welt" im Zusammenhang mit Menschen die Rede, die nicht der weißen Rasse angehören, also auch Schwarze in Nordamerika, Indianer und Eskimos sowie Ureinwohner Australiens sein können. Bis gegen Ende der sechziger Jahre treten die Menschen der Dritten Welt in der Kinder- und Jugendliteratur fast nur in bezug und im Zusammenhang mit Weißen und stets in untergeordneten Positionen auf. Seit den siebziger Jahren bemühen sich Kinder- und Jugendbuchautoren darum, sie als eigenständige Persönlichkeiten in ihren eigenen Kulturkreisen zu zeigen.

Neuere Tendenzen in der Darstellung der Dritten Welt. Erst in den siebziger Jahren unseres Jahrhunderts werden Menschen der „Dritten Welt" mit ihren wirklichen Lebensumständen und ihrer Umgebung vermehrt Haupt- und wichtige Nebenfiguren von Kinder- und Jugendbüchern. Für das Vorschulalter entstehen Photo- und Bilderbücher, die das Leben der Kinder in der Dritten Welt schildern. Für die älteren Kinder behelfen sich entwicklungsgeographisch bewußte Autoren oft mit Tagebüchern und Dokumentarberichten oder sie ergänzen Romane und Erzählungen mit Sachteilen. Thematisch stehen in diesen Büchern Armut, Elend, Entfremdung und der Kampf um die eigene Identität im Mittelpunkt. Geographisch gesehen nimmt das Interesse an den nordamerikanischen Indianern und den Indios Lateinamerikas, so wie sie heute leben, stark zu. Von den 120 Büchern zum Thema Dritte Welt, die der Katalog „Dritte Welt. Empfehlenswerte Kinder- und Jugendbücher" (^{5}1980) verzeichnet, spielt die Hälfte in Nord- und Südamerika. Am wenigsten Beachtung finden Australien und Ozeanien.
Oft ist nicht zu erkennen, ob ein Buch zum Verständnis für die Dritte Welt beiträgt oder ob es europazentrierte Haltungen verstärkt. Gerade wohlmeinende Bücher, die sich in der Vorstellung der Verlage und Autoren um ein realistisches Bild und um Toleranz bemühen, lassen immer wieder paternalistische und ethnozentrische Grundhaltungen durchblicken. Menschen und Umgebung der Dritten Welt werden viel stärker klischeehaft beschrieben als z.B. die europäische Welt. Die Industrieländer bleiben das heimliche Maß für Fortschritt und Entwicklung.
Bis zu Beginn der siebziger Jahre drückte sich auch in der Kinder- und Jugendliteratur die allgemeine Haltung der Europäer gegenüber der Dritten Welt aus: sie und ihre Bewohner wurden als „unterentwickelt" eingeschätzt, man konnte die dortigen Menschen geringschätzen, ausbeuten, bekämpfen oder aber ihnen helfen, damit sie möglichst bald so werden wie die Weißen. In

jedem Fall blieben sie den Europäern untergeordnet. Die Haltung der Autoren der ersten Kategorie ist eine mehr rassistisch-europazentrierte, diejenige der letzteren eine mehr paternalistisch-karitative. So treten vor allem Afrikaner und Asiaten im Kinder- und Jugendbuch weiterhin als Diener und Helfer der weißen Abenteurer, Siedler, Missionare und auch der Entwicklungshelfer und deren Kinder auf. Ausgewählte, mit „europäischen" Eigenschaften ausgestattete Afrikaner und Asiaten werden vor allem in der Missionsliteratur und in den frühen Entwicklungshelferromanen Objekte weißer Nächstenliebe und europäischer Bildungswut. Solche „Superschwarze" dürfen manchmal Partner der Erwachsenen werden. Als höchst erstrebenswerte Ziele erscheinen dabei der Besuch von Schulen und eine Ausbildung in Europa. Diese Afrikaner und Asiaten werden im Laufe solcher Romane immer europäischer, sie haben keine eigenen Gefühle und treffen selten eigene Entscheidungen. Jene Bewohner der Dritten Welt dagegen, die sich weder als Dienstboten „zähmen" noch „ausbilden" lassen, geben weiter Bösewichter und gefährliche Feinde ab, z.B. schwarze „Wilde", Indianer, Araber. Die Indios Lateinamerikas, die sich den Weißen bis heute weitgehend entziehen, kamen in der Kinder- und Jugendliteratur vor den siebziger Jahren selten vor. In den Bilderbüchern sind die Klischees unverändert: dem kleinen, lieben „Negerlein" stehen böse Indianer und gefährliche Schwarze gegenüber. Ein große Rolle spielen die exotische Tierwelt und die gefährliche Natur.

Einzelaspekte der Dritten Welt im zeitgenössischen Kinder- und Jugendbuch. Nach dem Zweiten Weltkrieg finden sich unter den Neuerscheinungen der Kinder- und Jugendliteratur immer weniger Bücher, in denen farbige Menschen als minderwertig dargestellt werden. Die rassistische Tendenz setzt sich am ehesten in den Comics fort. Allerdings verschwinden die Klischeevorstellungen aus den früheren Jahrhunderten nicht ganz aus der Kinder- und Jugendliteratur (vgl. z.B. die in der Schweiz seit 1935 erscheinende Serie der Globi-Bücher). Sie bleiben vor allem erhalten durch unveränderte oder wenig überarbeitete Neuauflagen alter Bücher, darunter natürlich die berühmten Indianerromane KARL MAYS und J. F. COOPERS oder – als Beispiel – die aus Belgien übernommenen „Tim-und-Struppi-"Bücher. Die Menschen in der Dritten Welt werden in der Kinder- und Jugendliteratur der Nachkriegszeit bestenfalls als „Auch-Menschen" einer „Restwelt" begriffen, wie JÖRG BECKER und CHARLOTTE OBERFELD feststellten, und zwar vor allem als dienstbare Geister der Weißen oder unzivilisierte, feindliche Eingeborene in den Kolonialländern. Die Haltung vieler Autoren ist ethnozentrisch; sie sind überzeugt vom Glauben an die Überlegenheit der Weißen. Auffallend ist, daß Rassismus und Ethnozentrismus in der Kinder- und Jugendliteratur häufig Hand in Hand gehen mit sexistischen Vorstellungen.

In der Kinder- und Jugendliteratur, die in den letzten zwanzig Jahren erschienen ist, besteht eine häufige Mißachtung der Bewohner darin, daß die Menschen dieser Länder in den Büchern überhaupt keine Rolle spielen. BRIGITTE BENZING, die für die Zeitspanne von 1967 bis 1977 400 Kinder- und Jugendbücher über Afrika ermittelt hat, berichtet, „daß fast ein Drittel des gesamten afrikabezogenen Leseangebotes für Kinder und Jugendliche nur die afrikanische Tierwelt zum Inhalt hat". In den Büchern über die Südsee treten die Bewohner kaum in Erscheinung, es sei denn als „braune Teufel", „Kannibalen", „Wilde" oder „feindliche Eingeborene". Und nur wenige Bücher über Australien erwähnen die Aborigines, die Ureinwohner des Kontinents, und das dortige Minoritätenproblem: „Nur zwei der 46 Bücher über Australien stellen die Ureinwohner des Kontinents als autonome Menschen vor" (GERDA KRÖBER). Die beiden Bücher sind: „Die Kinder" (1961) und „Unterwegs zu den Traumbergen" (1973) von J. V. MARSHALL.

In Kinderbüchern für kleine Kinder wird häufig dem Klischee vom Negerlein, das einem Affen oder einem Spielzeug ähnlicher ist als einem Menschen, durch das Zusammenrücken von „Negerlein" und Tieren Vorschub geleistet. Bewohner der gesamten Dritten Welt müssen in der europäischen Kinder- und Jugendliteratur in weitem Maße als üble Bösewichte herhalten, als Diebe, Wilderer, Feinde schlechthin. Solche Bücher gehören meist in die Kategorie der Jugendbücher, in denen die Dritte Welt und ihre Bewohner lediglich die Kulisse abgeben für die Abenteuer der Weißen.

Falls sie einmal gemeinsam mit Weißen und nicht als deren Feinde vorkommen, treten Afrikaner und Asiaten in der Kinder- und Jugendliteratur fast immer in untergeordneten Stellungen auf, als Diener, Untergebene, Abhängige, im besten Fall als Spielkameraden ihrer Kinder. In solchen Büchern dreht sich die Handlung nur um das Schicksal der Weißen; von ihnen wird der Ablauf bestimmt, ihre Gefühle und Überlegungen werden mitgeteilt, mit ihnen kann sich der Leser identifizieren. Die Farbigen benehmen sich nach stereotypen Vorstellungen. Sie bestimmen selten oder nie die Handlung. Sie erscheinen als Menschen, die von Zauber und Magie bestimmt sind, ihr Denken und Fühlen wird vordergründig und plakativ dargestellt. Da selbstverständlich Normen und Wertmaßstäbe der Weißen gelten, wird beim Leser der Eindruck erweckt, daß die Bewohner der Dritten Welt dumm, simpel oder blöde sind. Dies kommt selbst bei Autoren vor, deren Ziel es ist, mit ihren Büchern Verständnis für die Angehörigen anderer Völker zu schaffen. Eine Form, wie das immer wieder geschieht, ist, Afrikaner oder Asiaten eine europäische Sprache radebrechen zu lassen, z.B. bei MARGIT HELBLING in „Barbi fliegt nach Afrika" (1965): „Ich hoffen, gut schmecken und zufrieden, ich viel gut kochen und Ente dick und fett. Miss gern Ente?".

Afrikaner, Asiaten, Indianer, Araber kommen bisweilen auch in der Rolle des „Superedlen" vor. Die nach europäischen Wertmaßstäben übermäßig guten Eigenschaften der Supermänner in der Dritten Welt lassen die weiße Hauptfigur dann in um so interessanterem Licht erscheinen. In den modernen Indianerbüchern findet sich sowohl das Klischee vom „edlen Indianer" wie auch dasjenige von den wilden, feigen, abergläubischen „Rothäuten" wieder. In den Büchern, die in Lateinamerika spielen, werden die „Eingeborenen" entweder als wilde Unzivilisierte beschrieben, die den weißen Forschern, Missionaren und Beamten Böses wollen, oder aber als Wesen, die gleichsam auf der Vorstufe zum vollen Menschsein stehen. Davon, daß es in Lateinamerika viele Schwarze und Mischlinge gibt, hat die Kinder- und Jugendliteratur lange keine Notiz genommen.

In der Verachtung und Verunglimpfung der Kulturen und damit der Menschen in der Dritten Welt haben sich besonders ältere und neuere Missionsbücher hervorgetan. In ihnen und in manchen Jugendbüchern werden andere Glaubensformen als Zauber und Aberglaube abgetan, andere Sitten und Bräuche als fremd, wild, seltsam charakterisiert. Der christliche Glaube wird (wie bei E. Willies-Nanz „Pelicula", 1973) als der allein richtige hingestellt.

Die paternalistische Haltung, wonach der weiße Herr, Sahib, Siedler, Missionar für „seine Eingeborenen oder Angestellten oder Anbefohlenen" sorgen muß wie für Kinder oder Haustiere, hat in der modernen Kinder- und Jugendliteratur in einigen der sogenannten Entwicklungshelferromanen ihre Fortsetzung gefunden. Die andersrassigen Menschen werden nicht mehr gehaßt oder verachtet oder „gut gehalten", ihnen soll nun geholfen werden, damit sie bald so fortschrittlich sind wie die Weißen (z. B. Franz W. Wurm, „Greg und Florian erleben eine neue Welt", 1973). Autonome Traditionen der fremden Völker erscheinen in diesen Romanen als rückständig, andere religiöse Überzeugungen werden als Aberglauben abgetan. Kultur und vor allem Fortschritt werden mit Europa gleichgesetzt. Gerade in wohlmeinenden Büchern, die von gutem Willen voll sind, kommt häufig die ethnozentristische Haltung zum Ausdruck, wonach die Lebensformen, die Technik, die Medizin, die Religionen der Weißen die richtigen und zukunftsweisenden sind.

In den Entwicklungshelferromanen haben die Farbigen weiterhin untergeordnete Positionen inne. Je ähnlicher sie den Weißen werden, desto größer ihre Chance, als vollwertige Partner anerkannt zu sein. Die Eigenart der farbigen Menschen kommt zu kurz; solange sie anders sind, wirken sie stereotyp, erst wenn sie europäisches Benehmen und Denken annehmen, bekommen sie eine eigene Persönlichkeit. Die Handlung geht von den Weißen aus, aus ihrer Optik wird erzählt. Dieses Muster gilt auch für wohlmeinende Bücher, in denen Verwandte in der Dritten Welt besucht werden (Evelyne Kolnberger „Tortillas für Veronika", 1974), für Begegnungen zwischen Touristen und Farbigen (E. Lange „Flug zur Zikadeninsel", 1974), auch für historische Romane wie Ingeborg Bayers „Yamba", 1976).

Erst in den siebziger Jahren gelingt es weißen Autoren vermehrt, die Bewohner der Dritten Welt in der Kinder- und Jugendliteratur als gleichwertige, eigenständige Menschen darzustellen. Sie kennen die Orte und die Bewohner aus eigener Anschauung und bemühen sich, ein realistisches und auch im Detail genaues Bild zu vermitteln, sei es durch ein sorgfältig gestaltetes Bilderbuch mit Zusatzinformationen (Kathrin und Christoph Lutz „Muraho. Zu Besuch bei der Familie Sibomana", ²1979), sei es mit Hilfe von Photographien, zu denen einheimische Kinder selber den Text liefern (Ursula Krebs „Wir lieben unser Land", 1979), sei es durch Erzählungen, Romane, Texte, in denen Afrikaner, Asiaten, Indianer, Eskimos die Hauptfiguren sind (Rüdiger Siebert „Roter Reis im Paradies", 1976; Walter Weiss „Der Tod der Tupilaks", 1973; Günther Feustel „Rico", 1974).

Kommen Weiße vor, so setzen sie sich mit den Farbigen auf gleicher Ebene auseinander. Diese Erzählungen und Berichte sind nicht irgendwo in Afrika oder Asien angesiedelt, sondern in ganz bestimmten, lokalisierbaren Gegenden. Vermehrt versuchen weiße Autoren, die Ursachen von Not und Elend in der Dritten Welt und die Zusammenhänge der globalen Fehlentwicklung auch im Kinder- und Jugendbuch darzustellen (Gudrun Pausewang „Die Not der Familie Caldera", 1977; Reinhardt Jung „Gita"; „Stimmen aus dem Berg", 1979; Sven Wernström „Flieh vor Sonnenaufgang", 1974) und zu zeigen, wie sich Unterdrückte wehren (Sven Wernström „Sie kamen aus den Bergen", 1974; Leif Jørgensen „Brennende Felder", 1977).

An aktuellen Problemen werden in der Kinder- und Jugendliteratur vor allem die Unterdrückung der armen Bevölkerung in Lateinamerika (Herbert Wendt „Schwarze Schatten über dem Amazonas", 1970) und die Spannungen zwischen alten Traditionen und westlichem Lebensstil im Nahen Osten und Vorderen Orient behandelt (Helen Keiser, „Die kleine Beduinenfrau", 1975). Bezeichnenderweise fand der Befreiungskampf der afrikanischen Völker vom Kolonialismus überhaupt keinen Widerhall in der Kinder- und Jugendliteratur.

Immer mehr Jugendbuchautoren interessieren sich jetzt für das tatsächliche Schicksal der nordamerikanischen Indianer, und zwar sowohl für ihre Geschichte als auch für ihre heutige Lage. Dabei kann es vorkommen, daß die Indianer verklärt werden und ihre Welt als eine heile Welt dargestellt wird wie in Gerhart Drabschs „Die Indianergeschichte", die bereits 1938 herauskam, oder daß die Weißen und Reichen in umgekehrter Verketzerung als die bösen Teufel und die Armen oder Farbigen als die per se Guten, Klugen auftreten (Jan Balet „Der Zaun", 1969). Ganz wenige weiße Autoren schreiben bisher Kinder- und Jugendbücher, die überhaupt ohne Weiße auskommen (Herbert Kaufmann „Roter Mond und heiße Zeit", 1972; Cecil Bødker „Der Geisterleopard", 1971). Ein neuer Versuch, die Realität der Kinder in der Dritten Welt gerecht zu werden, stellt das Buch Utta Wickerts „Im Jahr der Schlange" (1977) dar, in dem die Autorin tagebuchartig das Alltagsleben eines indonesischen Jungen in kurzen Szenen wiedergibt. Immer häufiger, vor allem in Anthologien, wird die Dritte Welt größeren Kindern und Jugendlichen durch Übersetzungen afrikanischer,

asiatischer und lateinamerikanischer Autoren gezeigt (PETER KECKEIS „Die Welt ist groß und gehört den andern“, 1979; KAY-MICHAEL SCHREINER (Hrsg.): „Sklave im eigenen Land“, 1974; RENATE WELSH „Ich verstehe die Trommel nicht mehr“, 1979).
Wie die Dritte Welt und ihre Bewohner wirklich sind, erfährt der Leser in jenen wenigen Büchern, die von einheimischen Autoren als Kinder- und Jugendbücher geschrieben worden sind (KIM YONG IK „Kleiner Sohn der stillen Insel“, 1976; JOSÉ MAURO DE VASCONSELOS „Wenn ich einmal groß bin“, 1970; JORGE AMADO „Herren des Strandes“, dt. 1954).

Sekundärliteratur: Arbeitskreis für Jugendliteratur (Hrsg., zus. mit dem Bundesministerium für wirtschaftliche Zusammenarbeit): Das Jugendbuch und die Dritte Welt (1979). – J. Becker: Alltäglicher Rassismus. Die afro-amerikanischen Rassenkonflikte im Kinder- und Jugendbuch (1977); Die Menschen sind arm, weil sie arm sind. Die Dritte Welt im Spiegel von Kinder- und Jugendbüchern (Hrsg., zus. mit Ch. Oberfeld, 1977); Die Dritte Welt im deutschen Kinderbuch 1967–1977. Analysen und Katalog zu der Ausstellung während der 30. Frankfurter Buchmesse 1978 (Hrsg., zus. mit R. Rauter, 1978). – A. Dorfmann: Walt Disneys „Dritte-Welt“. Massenkommunikation und Kolonialismus bei Micky Maus und Donald Duck (zus. mit A. Mattelart, 1977). – K. Fohrbeck: Heile Welt und Dritte Welt. Medien und politischer Unterricht. I. Schulbuchanalyse (zus. mit A. J. Wiesand und R. Zahar, 1971). – R. Renschler: Dritte Welt. Empfehlenswerte Kinder- und Jugendbücher (zus. mit anderen, [5]1980).

Regula Renschler

dtv-junior → Deutscher Taschenbuchverlag

Dulac, Edmund

*Französisch-englischer Maler, Illustrator, Bühnenbildner und Designer; *22.10.1882 Toulouse, †15.5.1953 London.*

D., aus einer Textilkaufmannsfamilie stammend, fiel während der Schulzeit wegen seiner ausgeprägten zeichnerischen Begabung auf. Seine Eltern jedoch bestanden darauf, daß er Jura studierte. Nebenbei besuchte er die Kunstschule in Toulouse und lieferte Entwürfe für Toulouser und Pariser Zeitschriften. Der spätere Besuch der Academie Julian in Paris unter JEAN PAUL LAURENS (1838–1921) enttäuschte ihn wegen der von LAURENS vermittelten Historienmalerei. Bedeutsamer wurden für D. das Studium von Sprachen (Chinesisch, Persisch, Hebräisch) und die englische Buchkunstbewegung. Seine Hinwendung zu allem Englischen veranlaßte ihn 1904 zur Änderung seines Vornamens „Edmond“ in „Edmund“. Bevor er 1905 nach London übersiedelte, arbeitete er schon für englische Verleger. D. erwarb 1912 die englische Staatsbürgerschaft.

Werk, Tendenzen, Wirkung. D.s Begabung für das Aquarell, für die Karikatur und das Dekorative schlechthin ist der von ARTHUR RACKHAM (1867–1939) verwandt, von dem er Anregungen empfing. Die 1907 erschienenen Illustrationen zu den „Arabischen Nächten“, mit denen D. seinen Durchbruch als Illustrator in England erzielte, erhellen Verwandtschaft und Unterschied in der Handschrift beider Künstler: Ähnlichkeiten ergeben sich durch das Arbeiten in gebrochenen Farbtönen, deren Reproduktion 1906 verbessert worden war und durch die zeitbedingte Vorliebe für Märchenstimmungen. Während sich RACKHAM stärker der Linie bedient und mit seinen Braun-in-Braun-Illustrationen im heimischen Märchenbereich bewegt, bevorzugt D. exotische Märchenstoffe. Durch seine reiche Erfindungsgabe und das meisterhafte Herausarbeiten nächtlicher Stimmungen in Blautönen entrückt er den Betrachter in fremde Welten. Die Betonung der Texturen und des Kostbaren ist ihm wichtig. Bei den Illustrationen zu europäischen Märchen (ANDERSEN, GRIMM, PERRAULT) kommt D.s Ironie stärker zum Tragen als bei den orientalischen Märchen; die Charaktere werden genauer gezeichnet. Den Band „Lyrics, pathetic and humorous from A–Z“ (1908), in dem jeweils ein Buchstabe mit einer Karikatur und einem Limerick kombiniert wurde, gestaltet er mit Spaß am ‚Nonsense‘. Das Vorbild der persischen Miniaturmalerei führt (seit „Princess Badura“, 1913) zu einer aufgehellten Palette und strengen Flächigkeit in D.s Illustrationen. Im zweiten Jahrzehnt seines Schaffens widmete sich der Künstler stärker der Gebrauchsgraphik und dem Entwerfen von Kostümen und Bühnenbildern. Die Anregung durch andere Kulturen und Epochen (Ägypten, Mittelalter, Folklore) wechselt häufiger, die Illustrationen werden glatter. In Deutschland waren Jugendausgaben mit den Illustrationen D.s zu arabischen Märchen, zu solchen von HANS CHRISTIAN ANDERSEN und zu denen der Brüder GRIMM bis in die dreißiger Jahre hinein verbreitet. In den letzten Jahren ist das Interesse an D.s Illustrationen wieder erwacht, was sich in gestiegenen Preisen „alter“ D.-Ausgaben und in Nachdrucken äußert. Die Reproduktionen dieser Bände sind nicht ganz so gelungen wie die (eingeklebten) der Originalausgaben.

Illustrationen: L. Housman (Bearb.): Stories from the Arabian nights (1907); M. M. Stawell: Fairies I have met (1907); E. Dulac: Lyrics, pathetic and humorous from A–Z (1908); The Rubàiyàt of Omar Khayyàm (1909); Th. Quiller-Couch: The sleeping beauty, and other fairy tales (1910); H. Chr. Andersen: Stories (1911); E. A. Poe: The bells and other poems (1912); L. Housman (Bearb.): Princess Badura. A tale from the Arabian Nights (1913; dt. E. v. Hollander (Bearb.): Prinzessin Badura, 1920); Sindbad the sailor and other stories from the Arabian Nights (1914; dt. Sindbad der Seefahrer, 1920); Princess Mary's gift book (zus. mit anderen, 1914); Edmund Dulac's fairy-book. Fairy tales of the allied nations (1916); Princess Marie-José's children's book (1916); N. Hawthorne: Tanglewood tales (1918); E. A. Poe: The poetical works (1921); R. L. Stevenson: Treasure Island (1927); A fairy garland (1928); A. Puškin: The golden cockerel (1950).

Sekundärliteratur: E. Dal: Udenlandske H. C. Andersen-illustrationer (1969). – H. H. Hofstätter: Geschichte der europäischen Jugendstilmalerei ([3]1969); Jugendstil. Druckkunst (zus. mit anderen, 1968). – C. White: Edmund Dulac (1976).

Karin Schmidt

Duller, Eduard

*Journalist, Prediger, Schriftsteller; *9.11.1809 Wien, †24.7.1853 Wiesbaden.*

D., Sohn eines aus Krainburg in Krain stammenden Arztes, verlor den Vater schon wenige Tage vor seiner Geburt. D.s Mutter verheiratete sich in zweiter Ehe mit dem Ratsprotokollbeamten ANTON SCHWARZ, der am Oberappellationsgericht tätig war und den Pflegesohn erzog. D. studierte an der Universität Wien Jura und Philosophie. Bereits mit 17 Jahren verfaßte er das Drama „Meister Pilgram", das auf die Sage vom Bau des Stephansdomes zurückgeht. Das Stück wurde 1826 in Wien uraufgeführt. 1830 verließ D. wegen der österreichischen Zensurverhältnisse Wien und begab sich nach München, wo er am „Zeitspiegel" und an „Spindlers Damenzeitung" mitarbeitete. Im Jahr 1834 zog er nach Frankfurt, wo er den „Phönix. Frühlingszeitung für Deutschland" herausgab, eine Zeitschrift, die eine bedeutende Rolle in der jungdeutschen Bewegung spielte. Ab 1836 wohnte er in Darmstadt, wo er einen Kreis literarisch interessierter Persönlichkeiten um sich versammelte. D. setzte sich mit Leidenschaft für eine freiheitliche Entwicklung ein und nahm großen Anteil an der Erscheinung des Deutschkatholizismus, dessen Verfechter er zwischen Rhein und Main wurde. In der Zeit der Reaktion wich D. nach Wiesbaden und Mainz aus. Im Jahr 1846 zum Katholizismus übergetreten, wurde er 1849 deutschkatholischer Priester in Mainz. Im Juli 1853 erlag D. einem Nervenleiden.

Werk, Tendenzen, Wirkung. D. setzte sich zeitlebens für liberale Reformen und für die Zusammengehörigkeit aller Deutschen ein. Seine liberale Haltung und sein Einsatz für ein nationales Gemeinschaftsgefühl spiegeln sich in seinen zahlreichen Schriften, die zum großen Teil nicht für junge Leser geschrieben wurden, in ihrer deutsch-nationalen, liberalen Tendenz aber, vor allem soweit es seine historisch ausgerichteten Werke betraf, gerade die Heranwachsenden ansprachen. So wurden seine „Geschichte des deutschen Volkes" (1840) und sein Werk „Deutschland und das deutsche Volk" (Bd. 1–2. 1845–1846) von Schülern und Studierenden geschätzt. In beiden Werken stellte er weniger kriegerische Ereignisse und nationale Heldentaten in den Vordergrund, als Charakterstärke und nationales Gemeinschaftsgefühl, Eigenschaften, die er an Persönlichkeiten der Geschichte vorführte. Nach dem Zusammenbruch der Revolution von 1848 verfaßte er zum Gedenken an den in Wien erschossenen ROBERT BLUM das Büchlein „Robert Blum's Leben und Tod. Dem deutschen Volke erzählt" (1849). Nicht zuletzt aufgrund dieser Veröffentlichung mußte D. Darmstadt verlassen.

Für junge Leser speziell verfaßte D. seine „Geschichten und Mährchen für Jung und Alt" (Bd. 1–2. 1834–1835), die 1846 unter dem Titel „Märchen für die Jugend" in einer einbändigen Ausgabe neu aufgelegt wurden und den Band „Blüthen für die Jugend und Früchte für das Leben" (1851). In seinen Märchen greift D. teilweise Elemente und Motive des Volksmärchens auf, bringt aber auch gleichnishafte und parabelähnliche Geschichten, die in ihrer Aussage das politische Engagement D.s widerspiegeln. Besonders deutlich wird dies in der Geschichte „Der schlaflose Sultan" (in: Blüthen für die Jugend ...). Darin wird von einem Sultan aus dem Morgenland erzählt, der im Überfluß schwelgt und letzten Endes vor Verdruß und Langeweile über sein sinnloses Drohnendasein nicht mehr schlafen kann. Als ihm die Ärzte nicht helfen können, kommt schließlich ein geheimnisvoller alter Mann, der den Sultan darüber aufklärt, daß er erst wieder schlafen kann, wenn er arbeitet wie die zahlreichen Untertanen, die im Schweiße ihres Angesichts für das üppige Leben des Sultans ihr Brot verdienen müssen. Als der Sultan den alten Mann ergreifen lassen will, verwandelt sich dieser in einen machtvollen Jüngling, der „den Zauber der Wahrheit" verkörpert und schließlich den Sultan dazu bringt, die in seinen Kerkern Gefangenen, die sich gegen seine Tyrannei auflehnen wollten, freizugeben und laut zu verkünden: „Alle Sklaven sollen frei sein! Es fühle Jeder, daß er Mensch ist, daß er als Mensch seine ureingeborenen Rechte besitzt." Der Sultan legt schließlich die Krone nieder und will sich in Zukunft nur noch an „der Arbeit, der Wahrheit und der Liebe" erfreuen. Diese Geschichte, die freiheitlich-reformerische Züge trägt, kann als Vorläufer der späteren proletarischen Märchen von HERMYNIA ZUR MÜHLEN gesehen werden.

Werke (Auswahl): Meister Pilgram (1826); Franz von Sickingen (1833); Erzählungen und Phantasiestücke (Bd. 1–2. 1834); Geschichten und Mährchen für Jung und Alt (Bd. 1–2. 1834–1835; auch u.d.T.: Märchen für die Jugend, 1846); Kaiser und Pabst (1838); Die Geschichte des deutschen Volkes (1840); Geschichte der Jesuiten. Ein Büchlein fürs deutsche Volk (1840); Maria Theresia und ihre Zeit (Bd. 1–2. 1843–1844); Historische Novellen (1844); An die Fürsten. Stimme eines deutschen Katholiken (1845); Deutschland und das deutsche Volk (Bd. 1–2. 1845–1846); Das deutsche Volk in seinen Mundarten, Sitten und Gebräuchen (1847); Robert Blum's Leben und Tod. Dem deutschen Volke erzählt (1849); Gedächtnisfeier für Johann Hus (1851); Blüthen für die Jugend und Früchte für das Leben (1851); Vaterländische Geschichte von der ältesten Zeit bis zur Gegenwart (Bd. 1–3. 1852–1853).

Hrsg.: Deutsches Stammbuch (1837); Deutsch-Katholisches Gesang- und Erbauungsbuch (1847); Die Männer des Volks dargestellt von Freunden des Volks (1847–1850).

Helmut Müller

E

Eberhard, Christian August Gottlob

*(Pse.: Ehrich Gärtner, Ysop Lafleur, Hilarius Reimbold, Ernst Scherzer). Theologe, Redakteur, Schriftsteller; *12.1.1769 Belzig (Sachsen), †13.5.1845 Dresden.*

E., der schon früh seine Eltern verlor, wuchs in Halle auf, wo er Zögling der Franckeschen Stiftungen war. Er studierte in Leipzig Theologie, wandte sich aber bald dem Studium der Malerei in Dresden zu. Seit 1792 war er literarisch tätig. Er arbeitete als Redakteur an verschiedenen Zeitschriften mit, so der Monatsschrift „Salina" (1812–1816) und der Zeitschrift „Flatterrosen" (1817). Gut befreundet mit dem Besitzer der Rengerschen Buchhandlung, übernahm E. nach dessen Tode (1807) die Buchhandlung und heiratete einige Jahre danach die Witwe des Verstorbenen. In der von E. geführten Rengerschen Buchhandlung erschien auch die Erstausgabe des Büchleins „Hanchen und die Küchlein" (1822), das E. seinen Stieftöchtern ADELHEID und ANGELIKA SCHIFF widmete. Im Jahre 1835 siedelte E. nach Hamburg über, von wo aus er eine Italienreise unternahm, deren Eindrücke er in seinem Reisebuch „Italien, wie es mir erschienen ist" (Bd. 1–2. 1839) niederlegte. Von dem großen Hamburger Brand (1842) in Mitleidenschaft gezogen, verzog E. 1842 nach Dresden, wo er im Mai 1845 verstarb.

Werk, Tendenzen, Wirkung. E. verfaßte eine größere Anzahl von Prosawerken und Gedichtbänden, die wenig originell und an klassische Vorbilder, vor allem an JOHANN WILHELM LUDWIG GLEIM (1719–1803), angelehnt waren und nach dem Tod von E. schnell vergessen wurden.
Einen großen Erfolg dagegen hatte der Autor mit seiner Idylle „Hanchen und die Küchlein" (1822), die im Bereich der Jugendliteratur zum Longseller avancierte. Der wenig handlungsbetonte Inhalt enthält die Alltagserlebnisse der Pfarrerstochter Hanchen, die nach zahlreichen kleinen Konflikten die Küchlein, ihren liebsten Besitz, verschenkt und als Belohnung für ihren Großmut den jungen Gotthold zum Bräutigam erhält. In Hanchen wurde den Lesern das Muster eines Menschen vorgeführt, der die biedermeierlichen Verhaltensweisen mit ihrer genügsamen Häuslichkeit verkörpert. Während der Widerspruch der feierlich-getragenen Verse zu dem banalen Inhalt der Geschichte – im Grunde geht es um Hühnerzucht – für heutige Leser streckenweise komisch wirken muß, fanden die Leser im ersten Drittel des 19. Jahrhunderts in dieser Idylle ihr Lebensgefühl gespiegelt. In der Zeit zwischen 1822 und 1834 erschienen sieben Auflagen, die jeweils ein Titelbild und ein Titelblatt mit gezeichneter Vignette enthielten. Im Jahr 1838 erschien die erste Ausgabe mit den Illustrationen von OTTO SPECKTER (1807–1871), die dem Bändchen zu neuem Erfolg verhalf. Die einerseits biedermeierlich-gemütvollen, andererseits eine gewisse Distanz zum tränenreichen Text erzeugenden Illustrationen SPECKTERS führten zu weiteren Auflagen. In den Jahren 1859 und 1860 erschienen im Gegensatz zu den bis dahin kleinformatigen Ausgaben zwei großformatige Ausgaben mit 10 Chromolithographien nach Zeichnungen von GUSTAV SÜS (1823–1882) und Goldprägedruck auf dem Einbanddeckel. Eine ähnliche Prachtausgabe kam 1865 mit 10 Holzschnitten nach Zeichnungen von GUSTAV BARTSCH heraus. Noch in den neunziger Jahren des 19. Jahrhunderts erschien in der „Bibliothek der Gesamt-Literatur des In- und Auslandes" als Band 339 eine Neuausgabe der Idylle, die in dieser Form 1897 ihre zehnte Auflage erlebte.

Werke (Auswahl): Wundersames Abenteuer, welches einem Musensohne allhier in diesen Tagen begegnet. Von ihm selbst zur Erbauung seiner Brüder in Versa gebracht (1791); Poetische Herzensergießungen oder Freimüthige Gedanken über die Vortrefflichkeit in der natürlichen, der poetischen und der gelehrten Welt (1797); Gesammelte Erzählungen (Bd. 1–4. 1802–1809); Prinz Fet-Elof, oder der Streit mit den Mohren. Kein Mährchen, sondern ein Räthsel (1804); Hanchen und die Küchlein (1822); Der erste Mensch und die Erde. Gedichte (1828); Italien, wie es mir erschienen ist (Bd. 1–2, 1839); Gesammelte Schriften (1830–1831).

Sekundärliteratur: H. Göbels: Nachwort (in: A. G. Eberhard: Hanchen und die Küchlein. Faksimiledruck 1979).

Helmut Müller

Ebersberg, Josef Sigmund

*(gelegentlich auch: Joseph Sigismund; im Kirchenbuch: Ebersperger) Pädagoge, Jugendbuchautor, Zeitschriftenredakteur; *22.3.1799 Steinabrunn (Niederösterreich), †27.10.1854 Hernals bei Wien.*

E.s Vater arbeitete auf dem Fürstlich Sinzendorfschen Schloß zu Steinabrunn und führte ein streng patriarchalisches Familienleben. Mit sechs Jahren verließ E. das Elternhaus, um für drei Jahre bei einem Oheim und einem Pfarrer in einer weit entfernten Gemeinde unterrichtet zu werden. 1808 wurde er in das Piaristen-Gymnasium in Nikolsburg im südlichen Mähren aufgenommen, wo ihm jedoch die militärische Zucht so mißfiel, daß er im folgenden Jahr nach Wien ging und am dortigen k. k. akademischen Gymnasium die Schulausbildung fortsetzen wollte. Auch dort gefiel es ihm nicht, so daß er immer häufiger der Schule fern blieb und sich lieber auf dem Prater herumtrieb, bis ihn nach wenigen Monaten sein Vater nach Hause holte. Erst um 1812 kehrte E. zum Nikolsburger Gymnasium zurück, das er 1815 nach erfolgreichem Abschluß verließ, um im gleichen Jahr in Wien mit dem Studium der Philosophie zu beginnen. Nebenher hörte er juristische und medizinische Vorlesungen und arbeitete, um seinen Lebensunterhalt zu verdienen, als Lehrer. Von 1819 bis 1827 war er als Hofmeister bei verschiedenen Familien angestellt, mit denen er teils in Breslau, teils in Warmbrunn/Niederschlesien und in Berlin lebte und längere Reisen durch Norddeutschland unternahm. Als er von zwei

Seiten ein lebenslängliches Gehalt für seine Hofmeisterdienste ausgesetzt erhielt und durch die inzwischen begonnene Schriftstellerei seinen Lebensunterhalt verdienen konnte, gab er den Beruf des Erziehers auf und widmete sich bis zu seinem Tode ganz dem Schreiben und dem Herausgeben von Zeitschriften. Mit dem Blatt „Österreichischer Zuschauer" nahm er intensiv an den Ereignissen des Jahres 1848 teil. Er verteidigte die Stellung von Kaiserhaus und Kirche, wandte sich scharf gegen die „Anarchie des Pöbels" und das Zersetzende der „jüdischen Presse" und war schließlich so als Erz-Reaktionär bekannt, daß in den Straßen Wiens Hauswände mit Galgen und seinem Namen bemalt waren. Erleichtert begrüßte er 1848 den Sieg der Reaktion und setzte seine Überzeugung in Reime: „Meine Treue Gott, dem Vaterland, dem Thron! ... Meinen Haß und Grimm der Revolution". E. erhielt für seine patriotische Gesinnung, die sich in seinem jugendliterarischen Schaffen zeigte, zahlreiche Auszeichnungen, u.a. vom König von Hannover und von Kaiser Franz Joseph (1830–1916), der ihm das „Goldene Verdienstkreuz mit der Krone" verlieh. Fast alle seine Bücher hat E. Adligen gewidmet. In seinen Zeitschriften versäumte er nie, ihm zuteil gewordene Ehrungen durch europäische Herrscherhäuser bekanntzugeben. Nach 1848 wurde er Mitglied zahlreicher Ausschüsse und Vereinigungen, unter anderem bei der „Preßjury" und einer Versicherungsanstalt. Während einer Cholera-Epidemie starb er nach kurzer Krankheit. Sein Sohn Julius Karl Ebersberg (1831–1870), Professor der Artillerie-Akademie, veröffentlichte in Anlehnung an die erfolgreiche Tätigkeit seines Vaters ebenfalls mehrere Jugendschriften. Ein anderer Sohn, Otto Franz Ebersberg (1833–1886), der unter dem Pseudonym O. F. Berg zahlreiche, zu ihrer Zeit populäre Theaterstükke schrieb, verfaßte eine kurze Biographie seines Vaters.

Werk, Tendenzen, Wirkung. E.s Werk umfaßt nahezu zweihundert moralische Erzählungen, eine große Zahl von Fabeln und Gedichten, Ratgeber für Jugendliche und zahlreiche, der Förderung der Allgemeinbildung dienende Bücher. Außerdem gab er zwei Zeitschriften heraus und sammelte und bearbeitete 23 Kinderschauspiele von Christian Felix Weisse, die er in einer achtbändigen Ausgabe erscheinen ließ. E.s Hauptschaffensperiode auf jugendliterarischem Gebiet fiel in die Jahre zwischen 1825 und 1835. Später veröffentlichte Werke sind zumeist Neuausgaben oder neue Zusammenstellungen von bereits früher Publiziertem. Schon 1835 erschien eine Gesamtausgabe seiner moralischen Erzählungen in acht Bänden („Erzählungen für meine Söhne").

Jede seiner moralischen Geschichten fordert zur kritiklosen Anpassung an die bestehende, „gottgegebene" Ordnung auf, worunter E. trotz der unruhigen Zeiten des beginnenden 19. Jahrhunderts das Österreich Metternichs und des Hauses Habsburg verstand. Keine Geschichte wird um ihrer selbst willen erzählt, schon gar nicht wegen eines möglichen Vergnügens des Lesers, auch wenn manche Buchtitel dies vorgeben (z.B. „Nutzen und Vergnügen" und „Vergnügen ohne Reue"). Das Vergnügen beim Lesen einer moralischen Geschichte besteht darin, mindestens ebenso tugendhaft zu sein wie der Held. Zugleich zeigt sich jedoch auch, daß die Geschichten in ihrem Bestreben, den jungen Leser zur absoluten Untertanen-Treue und gesellschaftlichen Verwertbarkeit – so ist der Begriff der Nützlichkeit zu lesen – zu erziehen, oft auch noch anderes bewirken, indem das Abenteuerliche, das Sensationelle und Schauerliche, das als Abschreckung und zur warnenden Belehrung dienen soll, durch den Lesereiz die Moral der Geschichte überdeckt. So ist unter anderem zu verstehen, warum die moralischen Geschichten trotz ihrer Steifheit überhaupt junge Leser fanden. Deutlich ist bei E. zu erkennen, wie die Idee des moralischen Belehrens überraschend umschlagen kann: wenn nicht in ihr Gegenteil, so doch in ungewollt Provokantes. Die dogmatisch gesetzte Monokausalität aller Erzählungen versperrte E. den Blick auf das gesellschaftlich Gegebene der Moral, auf die Heteronomie der scheinbar fest geschlossenen sozialen Ordnung. Fassungs- und begrifflos steht er vor gesellschaftlichen Umwälzungen, so daß er die französische Revolution und die Eroberungen Napoleons nur als Werk des Bösen deuten kann.

Populär wurden E.s moralische Geschichten vor allem durch die von ihm herausgegebene Zeitschrift „Feyerstunden", die mit wechselnden Untertiteln von 1826 bis 1835 erschien, bis sie sich von einer reinen Jugendzeitschrift über ein Belehrungs- und Unterhaltungsblatt zu einer literarisch-politischen Zeitschrift wandelte, die unter dem neuen Titel „Österreichischer Zuschauer" (kurzzeitig auch „Wiener Zuschauer") von 1836 bis zu E.s Tod 1854 kommentierend und meinungsbildend in das politische Leben Österreichs eingriff. Die „Feyerstunden", die anfangs einmal im Monat, seit 1829 zweimal wöchentlich, ein Jahr später sogar dreimal in der Woche erschienen, wurden zum Forum der moralischen Geschichte des Biedermeier. Zahlreiche bekannte Kinder- und Jugendbuchautoren schrieben für diese seinerzeit weit verbreitete Zeitschrift, unter ihnen L. Chimani – E.s ausdrücklich genanntes Vorbild –, Ph. W. Körber, Fr. A. Krummacher, J. Chr. L. Niemeyer und A. Schoppe. Der Zeitschrift entnommene Beiträge E.s erschienen in besonders aufwendig ausgestatteten Geschenkbänden (z.B. „Lohn der fleißigen und gesitteten Jugend" und „Preis der Sittsamkeit"). Im Jahr 1851 versuchte E. mit den „Fliegenden Blättern und Bildern für die Jugend" noch einmal, an die „Feyerstunden" anknüpfend, die Herausgabe einer Jugendzeitschrift, in der er aus allen Bereichen des Wissens zumeist sehr kurze Artikel versammelte. Nach zwölf Heften mußte jedoch das Erscheinen wegen fehlenden Interesses eingestellt werden.

Wie im gesellschaftlichen Bereich die sozialen Rollen, so sind auch die geschlechtsspezifischen Rollen genau definiert. Dies zeigt sich in vielen Erzählungen E.s, vor allem aber in den beiden Ratgeber-Büchern „Der junge Mann in der Welt" und „Luise" (auf dieses Buch ist wohl das bibliographische Mißverständnis zurückzuführen, E., dessen Vornamen selten in seinen Werken erscheinen, habe viele Schriften unter dem Pseudonym Luise Ebersberg veröffentlicht). In beiden Büchern, die sich zur Verstärkung der Belehrung direkt an einen Jungen und an ein Mädchen wenden, wobei im ersten Fall der Vater im Sterben liegt, im zweiten die Mutter gerade verstorben ist, wird das Bild des vollkommenen Erwachsenen entworfen. Die Frau soll sich durch Tugenden wie Bescheidenheit, Grazie, Natürlichkeit, Häuslichkeit und Anspruchslosigkeit auszeichnen, der Mann durch Klugheit, Standhaftigkeit und eine gewisse Geschäftstüchtigkeit. Beim Vergleich beider Schriften zeigt sich, daß die weibliche Rolle weitaus festgelegter ist als die männliche, daß ein Mädchen weniger Möglichkeiten zur individuellen Entfaltung besaß als ein Junge. Doch eigen war beiden – das führen E. wie viele andere zeitgenössische Jugendbuchautoren immer wieder vor –, daß sie im Leben nur vor einer Alternative standen: absolute Konformität oder extremes Außenseitertum, das heißt: Verbrechen, Wahnsinn, Tod.

Werke: Fabeln und kleine Gedichte (1824, ²1825 u.d.T.: Die Wahrheit im Blumenkleide. Klugheitslehren, Lebensregeln und moralische Sätze in allegorischen Bildern. Zur sittlichen Veredlung, zur geistigen Bildung, zur freundlichen Erheiterung besserer Menschen); Veilchenblätter, zur Erheiterung in trüben, zur Unterhaltung in freien, zur Beschäftigung in müßigen Stunden (1825); Eduard der Verliebte (1825); Der Schüler wie er sein soll: oder der Schüler in seinen häuslichen Verhältnissen, in der Schule, im Gotteshause, bei Festen und Vergnügungen; nebst einem Anhang: der kleine Deklamator und des Schülers Korrespondenz (1825); Was macht uns glücklich? Dem Glücklichen zur Warnung, um glücklich zu bleiben, dem Unglücklichen zur Lehre, um glücklich zu werden – zur Erkenntnis, zum Troste, zur Beruhigung für Alle (1825); Der junge Mann in der Welt. Eine freundliche Anleitung leicht, glücklich und angenehm mit Menschen aus allen Ständen zu leben. Zunächst zum Besten junger Leute verfaßt (1825, ²1828); Der Mensch und das Geld. Nützliche Ratschläge Geld redlich zu erwerben, es klug zu erhalten und weise zu verwenden. Zur ernstlichen Beherzigung für junge und alte Leute, für niedere und höhere Stände (1825); Lebensspiegel. Neue Erzählungen für die reifere Jugend zur Beförderung der Menschen- Tugend- und Vaterlandsliebe (1827); Alle Hilfe kommt von Oben. Fünf Erzählungen für die edlere Jugend (1827, ²1828); Luise. Freundlicher Rath für die reifere weibliche Jugend, im geselligen Leben zu gefallen und zu beglücken (1827); Sey gut, das Glück kommt dann von selbst. Erzählungen und Skizzen für junge Leute, welche bei einem ernsten Blick in die Zukunft Ermunterung und Trost finden wollen (1828, ³1830); Des Lebens Sturm und Sonnenschein. Erzählungen und Skizzen aus dem Leben guter und entarteter Menschen, der reiferen Jugend zur Ermunterung und Lehre (1828); Die Tugend lohnt, das Laster straft sich selbst. Dreißig neue und wahre Geschichten, zur Ermunterung zum Guten, zur Warnung vor dem Bösen, der edleren Jugend erzählt (1829); Das Conzept des Lebensklugen (1829); Nur das Gute besteht, oder Geständnisse des Meisters Sigismund. Gemälde und Szenen menschlicher Freuden und Leiden aus der wirklichen Welt, für die reifere Jugend, für edlere Menschen jedweden Alters und Standes (1830); Herzensblüth und Lebensdorn. Erzählungen und Skizzen als Ernst und Scherz für müßige Stunden im Leben, zur Erheiterung des Geistes, zur Veredelung des Herzens (1830); Prüfet alles, und das Gute behaltet. Hundert edle Züge, Anekdoten, witzige Einfälle berühmter Menschen zur Erweckung der Geisteskräfte, zur Förderung des Selbstdenkens und Verbreitung edler Gesinnung, aus dem Gebiete der Geschichte und der Zeitereignisse gesammelt für die Jugend (1830); (gemeinsam mit Chimani, Glatz, Jerrer, Schoppe, Castelli:) Erzählungen für die Jugend (1830); Preis der Sittsamkeit. Ein Prüfungsgeschenk für wohlgesittete Knaben und Mädchen (1830); Der Mensch, selbst Schöpfer und Zerstörer seines Glücks. Züge und Skizzen aus den Leben und Scheiden berühmt gewordener Menschen, der edleren Jugend zur Ermunterung und Warnung vorgetragen (1831); Aus Unglück keimt die Freude; oder Gefahren, Drangsale und Befreiung eines Jünglings aus der Gefangenschaft der Seeräuber in Algier, für die Jugend erzählt (1831); Die letzten Worte eines guten Vaters an seinen Sohn. Lehren und Ermunterungen für Jünglinge, voll schöner Hoffnungen, um zufrieden, gemeinnützig, glücklich zu leben. Aus den Papieren eines edlen Vaters (1831); Erzähler für die vaterländische Jugend (1831); Alphabetisch geordnetes Belehrungs- und Unterhaltungsbuch der Naturgeschichte. Inbegriff des Merkwürdigsten aus dem Thier- Pflanzen- und Mineralreiche, mit steter Rücksicht auf Wissenschaft, Kunst, Nutzen und Anwendung im gemeinsamen Leben. Für die erwachsene Jugend aus bewährten Quellen gesammelt und herausgegeben (Bd. 1–4. 1832); Der Studirende auf gutem Wege zum Ziele. Winke für Jünglinge auf Akademien und Hochschulen, um nach weiser Berufswahl ernst, gemeinnützig und glücklich in ihrem Kreise zu leben. Mit einer offenen Darstellung der ersten Lebenshälfte des Verfassers, und lehrreichen biographischen Skizzen von Männern, welche aus dem Jugendkampfe mit den Bedrängnissen des Lebens siegreich hervorgetreten (1833); Das Buch vom guten geselligen Ton (1834, ²1845); Die zwölf Monate, oder: Leben und Natur im steten Wechselkreise. Ein Kranz von zwölf Erzählungen (1835); Erzählungen für meine Söhne. Ausgewählte Sammlung der moralischen Geschichten und Novellen (Bd. 1–8. 1835, ³1845); Vergnügen ohne Reue. Erheiterungslektüre für die edlere Jugend (1838); Fröhliche Abendstunden oder das Manuskript des Vorlesers (1839); Tagebuch des Naturfreundes. Zur Veredelung jugendlicher Gemüther (1840); Beschäftiger zu Nutzen und Vergnügen. Ein Jahrbuch im Vereine mit Gelehrten und Erziehern. Praktische Anleitung zur Thätigkeit, körperlichen Übung, Geschicklichkeit und wissenschaftlichen Ausbildung für die reifere Jugend (1841); Wissen ist Leben. Streifzüge in das Gebiet des Schönen und Nützlichen (1841, ²1842); Neue Stammbuchaufsätze. Inschriften und Devisen für Denkmäler der Liebe und der Freundschaft (1843, ⁶1890); Die Kunst, sich vor dem Übel der Armuth zu bewahren; oder die ernsten Drei: erwirb, erhalte, verwende. Das Vermächtnis eines Vaters an seinen Sohn (1844); Die glücklichen Feierabende der Familie Friedberg; oder Bildung des Geistes und Herzens im Vaterhause. Ergötzliches und Belehrendes für die edlere Jugend (Bd. 1–8. 1845–1847); Poetische Fabeln. Erinnerungen an die stürmischen Tage des Revolutionsjahres 1848 (1848, ²1849); Ein und Fünfzig Zeichen der Zeit (1851).

Hrsg.: Feyerstunden der edleren Jugend. Eine Sammlung der besten Erzählungen und Novellen zur Veredelung des Herzens, zur Erheiterung des Geistes der vaterländischen Jugend (Jg. 1–10. 1826–1835; seit 1828 unter dem Titel: Feyerstunden der edleren Jugend. Erzählungen, Novellen und Skizzen zur Erheiterung und Belehrung; seit 1829 unter dem Titel: Feierstunden der edleren vaterländischen Jugend; zur Verbreitung gemeinnütziger Kenntnisse, zur Ermunterung zum Guten, zur Beförderung des Nützlichen, für ihre Freunde und jeden Gebildeten; seit 1830 unter dem Titel: Feierstunden der edleren vaterländischen Jugend, für ihre Freunde und jeden Gebildeten; seit 1832 unter dem Titel: Feierstunden für Freunde der Kunst, Wissenschaft und Literatur. Zeitschrift für die edlere vaterländische Jugend, für ihre Freunde und jeden Gebildeten;

fortgesetzt 1836 bis 1840 unter dem Titel: Österreichischer Zuschauer; 1841–1849 unter dem Titel: Wiener Zuschauer; 1850 bis 1854 unter dem Titel: Österreichischer Zuschauer); Christian Felix Weiße, des Kinderfreundes Jugendtheater, der geselligen Freude und sittlichen Veredelung guter Kinder bestimmt, den Zeitbedürfnissen gemäß eingerichtet und durchaus verbessert (Bd. 1–8. 1827); Fliegende Blätter und Bilder für die Jugend, eine Jugendschrift für Lehre, Unterricht und Unterhaltung (1851).

Sekundärliteratur: A. Adler: Kinder des Biedermeier. Kommentar zu den „Feyerstunden der edleren Jugend", III, 1828 (in: A. Adler: Möblierte Erziehung. 1970. 46–81). – M. Dohnal: Feyerstunden. Eine vormärzliche Jugendzeitschrift, herausgegeben von Josef Sigismund Ebersberg (Diss. 1937). – Fr. Pietznigg: J. S. Ebersberg (in: Mitteilungen aus Wien. 1834. Bd. 1. 111–112). – E. Waas: Josef Sigmund Ebersberg. Beiträge zu einer Monographie (Diss. 1950). – E. V. Zenker: Geschichte der Wiener Journalistik des Jahres 1848 (1893).

Klaus-Ulrich Pech

Ebert, Johann Jakob

*Naturwissenschaftler, Jugendbuchautor; *20. 11. 1737 Breslau, †18. 3. 1805 Breslau.*

Nach dem Besuch der Schule in Wurzen und Breslau studierte E. ab 1756 in Leipzig. Mit der Verleihung des Magistertitels (1760) erwarb E. die Berechtigung, mathematische und philosophische Vorlesungen an der Universität Leipzig abzuhalten. Daneben führte er Übungen in der Stillehre und in der Disputation durch. Er hatte Umgang mit Christian Fürchtegott Gellert (1719–1769), Johann Heinrich Martin Ernesti (1755–1836) und dem in Wittenberg lehrenden Johann Mathias Schröckh (1733–1806). Nach einer 1764 begonnenen größeren Reise durch Deutschland und Frankreich übernahm E. 1768 eine Hofmeisterstelle in Rußland, kehrte aber schon 1770 nach Wittenberg zurück, wo er als Professor der Mathematik wirkte.

Werk, Tendenzen, Wirkung. E. entfaltete eine umfangreiche Tätigkeit als Autor mathematisch-wissenschaftlicher Schriften sowie als Herausgeber von Zeitungen und Kompendien. Von seinen für junge Leser bestimmten Werken fanden vor allem seine dreibändige „Naturlehre für die Jugend" (1776–1778) und seine „Fabeln und Erzählungen für Kinder" (1798) Verbreitung und erlebten hohe Auflagen. Mit seiner Naturlehre versuchte E. als einer der ersten, schon Heranwachsende mit den Erkenntnissen der Naturwissenschaft vertraut zu machen. Aus seinem Vorwort zu den „Fabeln und Erzählungen" geht hervor, daß E. es für richtig hielt, diesen Band zu verfassen, obwohl „es heut zu Tage nicht an Schriften fehlt, welche Fabeln und Erzählungen für die Jugend beyderlei Geschlechts enthalten", da diese oft „für die kleinere Jugend, theils in Ansehung ihres Inhalts, theils in Ansehung des Ausdrucks, ganz und gar unbrauchbar sind". Aus dem Vorwort wird ersichtlich, daß E. seine „Fabeln und Erzählungen" vorwiegend als Lehrgut verstand, das Lehrer bei der Arbeit mit den Kindern einsetzen sollten. So läßt er als genaue Anweisung für den Gebrauch seines Buches die Sätze folgen: „Ich habe kürzere mit ausführlichen Erzählungen abwechseln lassen, damit man bey dem Gebrauch des Büchleins zweyerley Uebungen mit der Jugend anstellen kann, die ich immer für sehr nützlich bey meinen ehemaligen Beschäftigungen mit der Jugend befunden habe. Die kürzeren mußten mir die Kinder, wenn sie hierzu nicht noch zu jung waren, erst vorlesen oder von mir anhören, und hernach mir wiederum etwas ausführlicher erzählen. Von den längeren Erzählungen hingegen ließ ich sie einen kurzen Auszug machen, vornehmlich, wenn sie schon im Stande waren, mit der Feder umzugehen". Im Vorwort zu E.s deutscher Bearbeitung des „Kleinen Katechismus der Natur von Martinet" (1780) wird etwas über die Lebensverhältnisse von E. sichtbar, wenn es dort heißt: „Gold und Silber hat er nicht und dieses werden Sie auch nicht bei einem Professor der niedern Mathematik zu Wittenberg, dessen Einnahme in dem wohlfeilen 16. Jahrhundert festgesetzt worden ist, dessen Aufgaben aber alle in das teure 18. Jahrhundert fallen, gar nicht vermuten".

Werke: Von der wechselweisen Vereinigung der Philosophie und der schönen Künste (1760); Nähere Unterweisung in den philosophischen und mathematischen Wissenschaften für die oberen Klassen der Schulen (1773); Sammlung kleiner Romane und moralischer Erzählungen (1773); Kurze Unterweisung in den Anfangsgründen der Vernunftlehre (1774, [5]1790); Kurze Unterweisung in den Anfangsgründen der Naturlehre, zum Gebrauch der Schulen (1775); Naturlehre für die Jugend (Bd. 1–3. 1776–1778); Unterweisung in den Anfangsgründen der vornehmsten Teile der praktischen Philosophie, zum Gebrauch der Schulen (1784); Der Philosoph für Jedermann (1784); Biographien merkwürdiger Geschöpfe aus dem Thierreiche (1784); Unterweisung in den vornehmsten Künsten und Wissenschaften zum Gebrauche der Jugend (1786); Nebenstunden eines Vaters, dem Unterrichte seiner Tochter gewidmet (1790); Verbesserter Kalender zum Gebrauch der Landleute (1793); Jahrbuch zur belehrenden Unterhaltung für junge Damen auf das Jahr 1795 (1796); Fabeln und Erzählungen für Kinder (1798); Physikalische und technologische Mannigfaltigkeiten zur belehrenden Unterhaltung für die Jugend (1800); Unterhaltungen eines Hofmeisters mit seinen Zöglingen über die vornehmsten Merkwürdigkeiten der Natur (1804).

Bearb.: J. F. Martinet: J. F. Martinets kleiner Katechismus der Natur, zum Gebrauch der teutschen Jugend eingerichtet (1780).

Hrsg.: Fidibus. Eine Wochenzeitschrift (1768–1769); Tapeten. Eine Wochenschrift (zus. mit anderen. 1771–1776); Wittenbergische gelehrte Zeitung (1778–1781).

Sekundärliteratur: E. Strobach: Alte deutsche Kinderbücher. Katalog (1978); Ungedruckte Kinderbücher (1979).

Erich Strobach

Echtermeyer, Theodor

*Gymnasiallehrer, Schriftsteller, Kritiker; *12. 8. 1805 Liebenwerda (Sachsen), †6. 5. 1844 Dresden.*

E. studierte zunächst Jura in Halle und wechselte dann nach Berlin, wo er Philosophie, Geschichte und Literaturgeschichte studierte. Prägend für E. waren dort die

Vorlesungen HEGELS. Nach dem Studium wurde E. Lehrer in Zeitz und ab 1831 Oberlehrer am Pädagogium in Halle. Ab 1841 lebte er als freier Schriftsteller in Dresden.

Werk, Tendenzen, Wirkung. E. gab von 1838 bis 1840 zusammen mit ARNOLD RUGE die an HEGELS Philosophie orientierten „Hallischen Jahrbücher" heraus, in denen die kritischen Geister der Zeit ihre Artikel publizierten.
E. ist der geistige Urheber des vieldiskutierten antiromantischen Manifestes: „Der Protestantismus und die Romantik". Für die gleichfalls mit RUGE unternommene Herausgabe des „Deutschen Musenalmanachs" von 1840 bis 1841 lieh der von Krankheit und schwerer wirtschaftlicher Not belastete Kritiker nur noch seinen Namen. Seine erfolgreichen Vorlesungen in Dresden im Jahre 1841 ersetzten nicht mehr die gescheiterten Pläne.
Nachhaltige Wirkung übte seine berühmte 1836 erschienene Anthologie aus, die aus dem Deutschunterricht am Pädagogium in Halle erwachsen, sehr bald und länger als ein Jahrhundert zum einflußreichen lyrischen Schul- und Hausbuch wurde: die „Auswahl deutscher Gedichte". Der „Echtermeyer" wurde nach dem Tode seines ersten Herausgebers mehrmals umgestaltet und mit Zugabe zeitgenössischer Gedichte immer wieder neu aufgelegt; die Bearbeiter waren bekannte Schulmänner: Der Greifswalder Gymnasialprofessor ROBERT HEINRICH HIECKE, der Rektor der Latina zu Halle FRIEDRICH AUGUST ECKSTEIN, der Provinzialschulrat FERDINAND BECKER, der Kondirektor der Fränkischen Stiftungen ALFRED RAUSCH und andere.
E.s Vorrede zur ersten Auflage verrät mit der zeittypischen nationalliberalen Tendenz ein jungdeutsches Kulturbewußtsein, das getragen ist von den kulturpolitischen Hoffnungen des Vormärz. Die Gedichtsammlung enthält 171 Gedichte von 46 Autoren auf 300 Seiten; am Ende steht ein Register mit biographischen und literarhistorischen Hinweisen. Die Gedichtauswahl erfolgte vorrangig nach dem Prinzip ästhetischer Qualität, zugleich aber berücksichtigt sie in didaktischer Absicht einfachere Gedichte zur Lektüre für die Unter- und Mittelstufe am Gymnasium. Erst die zweite Auflage (1839) wurde durch einen Anhang für die Oberstufe erweitert. Spätere Ausgaben haben den ästhetisch-didaktischen Takt nicht gewahrt und die Gedichte zusätzlich nach gängigen und gängelnden Lesebuchkategorien geordnet. Der Anhang, der ein pädagogisches Stufensystem zu suggerieren scheint, wurde sicherlich mit Recht aufgegeben, andererseits haben die letzten Auflagen die ursprüngliche didaktische Rücksicht zu wenig respektiert und die Auswahl lyrischen Moden unterworfen. Die Sammlung wurde dadurch mit manieristischen und allzu rasch vergänglichen Gedichten beschwert.
Der „Echtermeyer" hat durch seine Auswahl und durch seine weite Verbreitung entscheidend zur Bildung des Kanons deutscher Gedichte beigetragen: GOETHE, SCHILLER, KLOPSTOCK, UHLAND waren von Anfang an am stärksten vertreten; von der vierten Auflage an trat HÖLDERLIN und seit der fünften NOVALIS hinzu; die späteren Auflagen haben jeweils die Dichter ihrer Zeit aufgenommen, gelegentliche Mißgriffe konnten in später folgenden Auflagen wieder ausgeglichen werden.
Der „Echtermeyer" erreichte bereits im Jahre 1861 die 11., im Jahre 1903 die 34. und bei seinem hundertjährigen Bestehen im Jahre 1936 die 48. Auflage; er kann noch heute als für Schule und Haus zuständige Standardanthologie deutscher Lyrik gelten.

Werke: Quellen des Shakespeare in Novellen, Märchen und Sagen (Bd. 1–3, zus. mit L. Henschel und K. Simrock, 1831); Carmina aliquot Goethii et Schilleri latine reddita (zus. mit M. Seyffert, 1833); Palaestra Musarum, Materialien zur Einübung der gewöhnlichen Metra und Erlernung der poetischen Sprache der Römer in 4 Abteilungen (Thl. 1–2, 1834–1835); Anthologie aus neueren lateinischen Dichtern (Bd. 1–2, zus. mit M. Seyffert, 1834–1835); Auswahl Deutscher Gedichte (1836, ^{34}1903, ^{48}1936).

Sekundärliteratur: E. von Eck: Die Literatur-Kritik in den Hallischen und Deutschen Jahrbüchern 1838–1842 (1926). – G. Grötzschel: Aus der Geschichte des ‚Echtermeyer' (in: Zeitschrift für den deutschen Unterricht. 20. 1906. 114–126). – A. Stuhr: Kleine Schriften zur Literattur und Kunst (1871).

Dieter Arendt

Eckartshausen, Karl von

*Hofrat, Bücherzensor, Schriftsteller; *28. 6. 1752 Schloß Haimhausen (Bayern), †13. 5. 1803 München.*

E., geboren als uneheliches Kind des Grafen Karl von und zu Haimhausen und von Maria Anna Eckart, der Tochter des Schloßverwalters, studierte auf der Jesuitenuniversität in Ingolstadt Philosophie, Physik und Rechtswissenschaften, wurde 1776 Hofrat, 1777 (oder 1778) Mitglied der Bayrischen Akademie der Wissenschaften, später Bücherzensor und Geheimer Hausarchivar. Zunächst Mitglied des bayerischen Illuminatenordens, spielte er seit 1784 eine entscheidende Rolle bei der Verfolgung der Illuminaten. E. verstand sich als Vertreter der neuen oder „wahren" Aufklärung, die wahre Religion mit wahrer Philosophie in sich vereinigen wollte. Er war von der Aufklärung geprägt, aber zugleich antiaufklärerisch und politisch konservativ eingestellt. Seine Hinwendung zu christlicher Theosophie, zu Magie und Okkultismus (seit 1788) machte ihn zum Träger vorromantischer Ideen. E. stand in Briefwechsel mit JUNG-STILLING und J. G. HERDER. NOVALIS hat die Schriften von E. gekannt und scheint von ihm beeinflußt. Selbst bei GOETHE und SCHILLER finden sich Erwähnungen von E.s palingenetischen Künsten.

Werk, Tendenzen, Wirkung. Neben Arbeiten aus dem Bereich des Gerichtswesens, politischen Reden und Romanen hat E. vor allem erbaulich-religiöse Schriften, Abhandlungen zum Okkultismus und zur Magie, Schauspiele und moralische Erzählungen verfaßt, die vom Typ her den moralischen Erzählungen seiner Zeitgenossen ähneln (SOPHIE HELMINE WAHL, SOPHIE VON LA ROCHE, A. G. MEISSNER). Sie verstehen sich zum Teil als Jugendliteratur. Die Grenze ist allerdings fließend, da dieselben Geschichten öfters unter einem Titel erscheinen, der Jugendliche anspricht, wie auch als Buch, das sich ans allgemeine Publikum wendet. So enthalten z.B. die „Sittenlehren für alle Stände der Menschen, zur Bildung junger Herzen“ (1784–1785) im ersten Band zahlreiche Texte aus dem „Sittenblatt. Eine Wochenschrift“ (1784), und der vierte Band der „Beleidigten Rechte der Menschheit, oder Richtergeschichten aus unserm Jahrhundert, zur Bildung junger Leute, die sich richterlichen Geschäften weihen“ (1785) erschien auch als „Tagebuch eines Richters, oder Beiträge zur Geschichte des menschlichen Elendes“.

Die Erzählungen, die „zur Bildung junger Leute“ bestimmt sind, „die sich richterlichen Geschäften weihen“ („Ein Bändchen Erzählungen“; „Die beleidigten Rechte der Menschheit“) zeigen sozialkritische Ansätze, indem sie insbesondere das Elend der unteren Schichten darstellen. So wird von hungernden Bettlern erzählt, die wegen Krankheit nicht arbeiten können und trotzdem wegen Bettelei bestraft werden; von Bauern, die von ihrer gräflichen Herrschaft rücksichtslos zu Fuhrdiensten gezwungen werden, auch wenn dabei das hochschwangere Pferd des Bauern tot zusammenbricht; oder es wird der Tageslohn eines Knechtes der weit höheren Summe, die ein junger Baron an einem einzigen Tag fürs Essen verpraßt hat, gegenübergestellt. Hoffnung auf eine Verbesserung der Zustände wird allein von einer veränderten Einstellung der Menschen erwartet, von der „Bruderliebe“, die der Mensch selbst dem Ärmsten der Armen entgegenbringen solle. Diese „Bruderliebe“, zu der E. seine jungen Leser im Einleitungsteil zu „Ein Bändchen Erzählungen“ mit pathetischen Worten aufruft und die für ihn den Inbegriff der wahren Aufklärung darstellt (vgl. „Ueber Religion, Freydenkerey und Aufklärung. Eine Schrift zu den Schriften unsrer Zeiten, der Jugend geweiht“, 1785), erschöpft sich häufig in bloßem Mitleid. So wird „Der Räuber aus Umständen“ – ein armer Mann, der trotz seiner Arbeitsamkeit seine hungernde Familie nicht ernähren kann und deswegen einen Diebstahl begeht – von der Erzählerfigur, einem Richter, zwar zutiefst bemitleidet, das Todesurteil jedoch für rechtens befunden: „Der Ausspruch der Richter war gerecht. Er verdiente nach dem Gesetz den Tod; aber der Uebelthäter bleibt doch Mensch, der Ansprüche auf unser Mitleiden hat“ („Ein Bändchen Erzählungen“, S. 32). An einer anderen Stelle heißt es, daß nicht die Gesetze Schuld an „Unordnungen“ seien, sondern „die Bosheit der Menschen, Mangel an Philosophie“. „Man verbessere die Sitten und Herzen: und die Gesetze werden wieder in ihre ursprüngliche Rechte eingesetzt“ („Tagebuch eines Richters“, vierter Band, S. 150). Als bestes Mittel gegen alle „Unordnung“ wird die Religion angesehen („Was trägt am meisten zu den Revolutionen itziger Zeiten bei?“, 1791).

Die anonym erschienene dreibändige „Bibliothek für Mädchen“ bringt moralische Beispielgeschichten, Fabeln, szenische Dialoge, Gedichte, Lieder, sachlich-belehrende und moralisch-belehrende Texte in lockerer Mischung. Vorbild ist CAMPES „Kleine Kinderbibliothek“, aus der zahlreiche Stücke übernommen sind. Das erste und zweite Bändchen wenden sich an Mädchen der mittleren Altersstufe und gehören so zu den ersten Lesebüchern, die speziell für jüngere Mädchen zusammengestellt wurden. Das dritte Bändchen, das sich an Mädchen von 14 bis 15 Jahren wendet, enthält eine Abhandlung „Über die Bestimmung des weiblichen Geschlechtes“, die sich eng an J. H. CAMPES „Väterlichen Rath für meine Tochter“ (1789) anlehnt; im Unterschied zu CAMPE wird die Pflicht der Frau gegenüber der Religion jedoch an die erste Stelle gesetzt. Ein weiteres Stück enthält einen wörtlichen Auszug aus dem „Väterlichen Rath“, und zwar aus dem Kapitel über Schamhaftigkeit und Keuschheit. Die Veränderungen, die E. vornimmt, sind symptomatisch. So erklärt der ratgebende Vater bei E. – im Gegensatz zu dem Vater bei CAMPE, der sich ausdrücklich gegen eine solche Haltung verwahrt –, daß es nicht nötig sei, der Tochter darzustellen, worin Keuschheit und Laster bestehen; was dies sei, wisse sie bereits durch ihr Gefühl.

E.s Schriften sind häufig neu aufgelegt worden, teilweise unter neuen Titeln. E. „ist fast der einzige bayerische Schriftsteller der Zeit, dessen Werke auch außerhalb Bayerns regelmäßig gedruckt und verlegt wurden, über Jahrzehnte hinweg immer wieder Neuauflagen erlebten und auch in viele andere Sprachen übersetzt wurden“ (METZGER 1979, S. 16). Mit seiner (Jugend-)Schrift „Die beleidigten Rechte der Menschheit“, die ins Niederländische, Tschechische und Ungarische übersetzt wurde, soll E. „im kleinen denselben beispiellosen Erfolg wie Goethes Werther für Deutschland und über Deutschland hinaus“ erzielt haben (zit. nach FAIVRE 1969, S. 68). Besonders auffällig sind die zahlreichen Übersetzungen ins Russische. Am erfolgreichsten war E.s Erbauungsschrift „Gott ist die reinste Liebe“ (1790), die allein im deutschsprachigen Raum unzählige Male aufgelegt wurde (zuletzt 1883). Andere mystisch-religiöse Schriften wurden noch im 20. Jahrhundert neu herausgegeben; so erschien „Die Wolke über dem Heiligthum“ (1802) 1930 in einer deutschen und 1948 in einer französischen und einer niederländischen Ausgabe.

Werke: Ein Bändchen Erzählungen zur Bildung junger Leute, die sich richterlichen Geschäften weihen, aus alltäglichen Handlungen gezogen (1782); Die beleidigten Rechte der Menschheit, oder Richtergeschichten aus unserm Jahrhundert, zur Bildung junger Leute, die sich richterlichen Geschäften weihen (Bd. 1–4. 1782–1785; Bd. 3 auch u.d.T.: Erzählungen für empfindsame Herzen an Sonnabenden nach der Arbeit, 1784; Bd. 4 auch u.d.T.: Tagebuch eines Richters, oder Beiträge zur Geschichte des menschlichen Elendes, 1785); Sittenlehren für alle Stände der Menschen, zur Bildung junger Herzen (Bd. 1–2. 1784–1785; auch u.d.T.: Erzählungen und Geschichten, allen Edeldenkenden gewidmet); Ueber Religion, Freydenkerey und Aufklärung. Eine Schrift zu den Schriften unsrer Zeiten, der Jugend geweiht (1785); Beyträge und Sammlungen zur Sittenlehre für Baierlands Bürger (1785); Aglais oder gesammelte Bruchstücke der Schwärmerey aus wahren Menschengeschichten (1786); Die Folgen der Tugend und des

Lasters, oder moralische Grundsätze anwendbar gemacht aufs Herz durch Erzählungen (1789); Der Prinz und sein Freund, ein Buch für Fürstenkinder (1789; auch u.d.T.: Wahrheit und Menschenliebe am Hofe, oder Unterhaltungen eines Prinzen mit seinem Freunde über die wichtigsten Lehren im Menschenleben, 1790); Die zehn Gebote des Herrn, in sittlichen Erzählungen geschildert (1790); Gott ist die reinste Liebe. Mein Gebeth und meine Betrachtung (1790); Bibliothek für Mädchen, nach den Stuffen des Alters eingerichtet (Bd. 1–3. 1791); Was trägt am meisten zu den Revolutionen itziger Zeiten bei? Und welches wäre das sicherste Mittel, ihnen künftig vorzubeugen? Eine Schrift zur Beherzigung für Fürsten und Völker (1791); Ueber die Gefahr, die den Thronen, den Staaten und dem Christenthume den gänzlichen Verfall droht, durch das falsche System der heutigen Auflärung und die kecken Anmaßungen sogenannter Philosophen, geheimer Gesellschaften und Sekten. An die grossen der Welt von einem Freunde der Fürsten und der wahren Aufklärung (1791); Mistische Nächte oder der Schlüssel zu den Geheimnissen des Wunderbaren. Ein Nachtrag zu den Aufschlüssen zur Magie (1791); Briefe an Lyda über die Liebe edler Seelen (1795); Kostis Reise von Morgen gegen Mittag. Eine Reisebeschreibung aus den Zeiten der Mysterien, mit wichtigen Bruchstücken der Wahrheit belegt, und anwendbar gemacht für die Gegenwart und die Zukunft (1795); System der Kindererziehung nach den Grundsätzen des trefflichen von Kramers (1797); Die Wolke über dem Heiligthum, oder Etwas, wovon sich die stolze Philosophie unsers Jahrhunderts nichts träumen lässt (1802).

Hrsg.: Das Sittenblatt, eine Wochenschrift (H. 1–2. 1784).

Sekundärliteratur: Th. Brüggemann: Geschichte der Kinder- und Jugendliteratur 1750–1800. Werkstattbericht über ein Forschungsprojekt (in: A. C. Baumgärtner (Hrsg.): Ansätze historischer Kinder- und Jugendbuchforschung, 1980. 29–36). – A. Faivre: Eckartshausen et la théosophie chrétienne (1969). – R. Fürst: Die Vorläufer der modernen Novelle im 18. Jahrhundert (1897). – B. Gorceix: Karl von Eckartshausen. 1752–1803 (in: Etudes Germaniques. 27. 1972. 243–246). – L. Kleeberg: Studien zu Novalis. Novalis und Eckartshausen (in: Euphorion. 13. 1921. 603–639). – H. Metzger: Aufklärung und Restauration in Bayern im ausgehenden 18. Jahrhundert (in: Kaldewey's Lese-Kabinett. Literatur des achtzehnten Jahrhunderts. Bd. 12. 1979. 14–17). – G. O. Schmid: Marmontel, seine moralischen Erzählungen und die deutsche Literatur (1935).

Dagmar Grenz

Ecke, Wolfgang

*Kinder- und Jugendbuchautor; *24. 11. 1927 Radebeul.*

E., der Sohn eines Kapellmeisters, absolvierte eine musikalische Ausbildung an einem militärischen Internat in Bückeburg und studierte nach dem Krieg an der Hochschule für Musik und Theater in Dresden. Er wurde 1946 von der Hochschule relegiert, weil er nicht aus einer Arbeiter- oder Bauernfamilie stammte. E. siedelte in den Westen über, arbeitete in verschiedenen Berufen, u.a. als Seemann, Kellner, Schlagzeuger, Werbemanager und Behördenangestellter. Nach zahlreichen Kurzgeschichten und Erzählungen schrieb E. 1955 sein erstes Kinderhörspiel, dem über 600 weitere Hörspiele, Funkerzählungen und -beiträge, Kinderschallplatten, Dokumentationen und Fernsehsendungen folgten. 1964 erschien sein erstes Kinderbuch „Der Mann mit dem roten Zylinder". Mit der Erfindung der

*Wolfgang Ecke (*1927)*

Detektivfiguren Perry Clifton und Balduin Pfiff konnte sich E. als einer der erfolgreichsten und produktivsten Serienautoren von Kriminalgeschichten für junge Leser etablieren. Durch die Gründung des ‚Clubs der Detektive' in der Zeitschrift ‚Bild und Funk', deren Vertragsautor E. ist, initiierte er außerdem einen der größten „Detektivclubs" (1979: 50000 Mitglieder). E., der sich seit 1968 hauptberuflich dem Schreiben widmet, wurde 1975, 1977 und 1980 mit dem ‚Goldenen Taschenbuch' des Otto-Maier-Verlags ausgezeichnet. Die Auflage seiner Taschenbücher überschritt die Dreimillionengrenze. Sein dokumentarischer Jugendroman „Flucht" (1966) wurde 1970 von der „New York Times" zum besten Jugendbuch des Jahres erklärt. E.s Bücher wurden vielfach übersetzt, werden als Lektüre im Fremdsprachenunterricht eingesetzt und haben Eingang in Schullesebücher gefunden. E. ist heute ständiger Mitarbeiter bei verschiedenen europäischen Rundfunkstationen. Er lebt mit seiner Frau und zwei Kindern in Oberbayern.

Werk, Tendenzen, Wirkung. E. schreibt in erster Linie Kriminalerzählungen für junge Leser. Zur Aufrechterhaltung der Realistik und um nicht zu verniedlichen, bleiben die kriminellen Handlungen – zumeist kleinere Delikte – und die Täter im Erwachsenenbereich angesiedelt. Mit den beiden Hauptfiguren Perry Clifton und Balduin Pfiff konnte E. die Palette der Detektivgeschichten erweitern und vielfältig vermarkten. Perry Clifton, ein Londoner Warenhausdetektiv, schlank,

groß, sportlich und glatt rasiert, trifft klischeehafte Vorstellungen und bleibt mit seiner Freundlichkeit und zielbewußten Handlungsweise stets Sympathieträger. Eigentliche Identifikationsfigur der „Perry Clifton-Geschichten" ist der ihn begleitende dreizehnjährige Dicki Miller, der, in der Tradition von ERICH KÄSTNERS „Emil und die Detektive", als jugendlicher Detektiv mitwirkt und Perry Clifton auf die richtige Spur führt. Vor der für Kriminalgeschichten bewährten Kulisse des oftmals nebelverhangenen Londons oder ähnlich ‚typischer' Schauplätze gelingt es den beiden, die aufgetragenen Fälle zu lösen und die Täter Scotland Yard zu übergeben.
Der Meisterdetektiv Balduin Pfiff ist als komischer Held konzipiert. Mit der Darstellung seiner rundlichen Figur, seiner Eß- und Schlafleidenschaft, ist er vordergründig zum Antihelden und zur Karikatur stilisiert. Mit einem exzellenten Geruchssinn und den Requisiten Lupe, Zigarre und dem Revolver Kunigunde, der sich als Feuerzeug erweist, ausgestattet, wird er jedoch von vornherein als überlegen und unerreichbar gestaltet.
Zielgruppe von E.s Erzählungen sind Leser zwischen 8 und 14 Jahren, wobei Balduin Pfiff für die jüngeren und Perry Clifton für die älteren Rezipienten angelegt ist. Die Kriminalgeschichten sind nach gängigem Muster angelegt: der Detektiv übernimmt einen schwierigen Fall, erste Beweisstücke führen auf die Spur von Verdächtigen, nach einigen Irrwegen gelingt die Überführung der Täter. Die konstruierten Fälle sind mit komisch-grotesken Situationen durchsetzt und beinhalten phantastische und realistische Elemente; humorige Einfälle und Wortspiele begleiten die abenteuerlichen Handlungen. Die Auflösungen beruhen in der Regel weniger auf den Kombinations- und Denkleistungen der Detektive, vielmehr führen Zufälle, Überraschungen, erpreßte oder freiwillige Geständnisse zum Ziel. Eine tiefere Psychologisierung der Figuren fehlt ebenso wie eine Aufklärung über soziale Umstände. E. kommt kaum über triviale Muster hinaus; sein Anspruch, Kinder ernst zu nehmen, endet mit der Vermeidung der Diskussion von gesellschaftlichen Ursachen krimineller Verhaltensweisen. Seine Geschichten reduzieren sich auf unterhaltsame und spaßige Verfolgungsjagden, wobei in traditioneller Schwarz-Weiß-Manier die guten Detektive den bösen Übeltätern das Handwerk legen. Ohne Zweifel ist es E. gelungen, mit einer Mischung von Abenteuer, skurrilem Humor, lebhaften Dialogen und kriminalistischen Details eine breite Leserschicht anzusprechen. Etwas aus dem Rahmen fällt E.s Jugendroman „Flucht. Die Geschichte einer Reise von Deutschland nach Deutschland" (1966), in dem er die Flucht des zehnjährigen Peter Weise aus dem brennenden Breslau 1945 schildert. Mit dokumentarischen Photos, informativen Details und basierend auf einem Tatsachenbericht wird hier exemplarisch das Flüchtlingsschicksal eines Jungen vorgeführt, der Vater und Mutter durch Kriegseinwirkungen verloren hatte und sich kurz nach Kriegsende unter Gefahren in den Westen durchschlägt. Dieses Buch wurde auch als Hörspiel gesendet und für das Fernsehen verfilmt.

Werke: Der Mann mit dem roten Zylinder (1964, TB. 1973, [8]1979; auch u.d.T.: Das Gespenst mit dem roten Zylinder, 1976); Der Herr in den grauen Beinkleidern (1964; auch u.d.T.: Perry Clifton oder der Herr in den grauen Beinkleidern, 1970, [11]1979); Die Dame mit dem schwarzen Dackel (1965; auch u.d.T.: Perry Clifton und die Dame mit dem schwarzen Dackel, 1973, [14]1980); Die Jagd nach dem gelben Krokodil (1965, TB. 1974, [7]1979; auch u.d.T.: Geheimnis um das gelbe Krokodil, 1976); Das Geheimnis der weißen Raben (1966; auch u.d.T.: Perry Clifton und das Geheimnis der weißen Raben, 1973, [12]1979); Flucht (1966); Wer knackt die Nuß? (Bd. 1–3. 1966–1975); Notlandung auf Takanawe und fünf weitere Geschichten (1969, TB. 1975; auch u.d.T.: Notlandung und andere Zwischenfälle, 1978); Die Insel der blauen Kapuzen (1969; auch u.d.T.: Perry Clifton und die Insel der blauen Kapuzen, 1971, [11]1980); Das Schloß der roten Affen (1971, [9]1979); Der Mann in schwarz (1972; auch u.d.T.: The man in black, 1979); Das Gesicht an der Scheibe (1972; auch u.d.T.: The face at the window, 1979); Solo für Melodica (1972, [8]1979); Das Geheimnis der alten Dschunke (1973, [9]1979); Das Haus der 99 Geister (1974, [9]1980); Das unheimliche Haus von Hackston (1974); Kichergeschichten (1975); Das geheimnisvolle Gesicht (1975); Schach bei Vollmond (1976); Die Schatzjäger (1976); Das Geheimnis der Spieluhr (1976); Spuk nach Mitternacht (1976); Im Tal der Affen (1977); Das große Wolfgang Ecke-Buch (1977); Der silberne Buddha (1977); Der Schrecken aller Geister (1977); Knautschgesicht und Fidelfranz (1978); Das Schloß der dicken Geister (1978); Auf heißer Spur (1978; auch u.d.T.: Hände hoch oder ich lache, 1980); Kriminalistisches Schmunzelkabinett (1979); Da legte sich Balduin Pfiff auf den Bauch und macht sich flach wie eine Flunder (1979); Spionagering Rosa Nelke (1979); Mäusegeschichten (1980); Glatze mit Sommersprossen (1980).

Hrsg.: Erben auf schottisch (1974); Wolfgang Eckes Kriminalmagazin (Bd. 1–4. 1976–1978); Wolfgang Eckes Kriminalbibliothek (1978 ff.).

Detlef Ram

Edgeworth, Maria

*Irische Romanschriftstellerin; * 1. 1. 1767 Black Bourton (Oxfordshire), † 22. 5. 1849 Edgeworthtown (Irland).*

E. verlebte ihre Jugend in England. Sie war das zweite von insgesamt 22 Kindern des angloirischen Landedelmannes RICHARD LOVELL EDGEWORTH (1744–1817), der sich 1793 auf dem Familiengut in Irland niederließ. E. lebte in einem partnerschaftlichen Verhältnis zu ihrem Vater – sie schrieben mehrere Bücher zusammen –, das auch durch die vier Ehen des Vaters nicht merklich getrübt wurde. E.s letzte Stiefmutter war einiges jünger als sie selbst. Die E.s hatten die Ideale ihrer Zeit absorbiert: ROUSSEAUS Vorstellungen von Erziehung, die Wertschätzung der Natur, des Landlebens und die politische Liberalität der frühen französischen Revolution. E.s Vater vertrat diese Ideale mit dogmatischem Eifer, und E. mußte ihm bei der Verwaltung des Landgutes behilflich sein. Erziehung und die spezifisch irische natürliche und soziale Landschaft sind daher auch die Themen von E.s Romanen, Erzählungen und Dramen.

Werk, Tendenzen, Wirkung. 1795 trat E. erstmals mit ihren „Letters for literary ladies" an die Öffentlichkeit. Darin plädierte sie für eine bessere Ausbildung der Frauen. Zusammen mit ihrem Vater verfaßte sie das Erziehungshandbuch „Practical education" (1798) und später die „Essays on professional education" (1809). In diesen Schriften werden die ROUSSEAUschen Vorstellungen der jugendlichen Psyche als „tabula rasa", die ausschließlich durch die Erziehung geformt werde, zum Ausdruck gebracht. Zur Erziehung gehört für die E.s auch das Spiel, das Eigeninitiative und Aktivität erfordert, also eine unmittelbare Vorwegnahme des verantwortlichen Handelns des Erwachsenen sowie die Ausbildung in Technik und Naturwissenschaft.

ROUSSEAUs „Émile" hat auch Pate gestanden für die didaktischen Erzählungen, die E. in regelmäßigen Abständen veröffentlichte.

Ihr erster Roman „Castle Rackrent" (1800), der ein voller Erfolg wurde, schildert das Leben auf einem irischen Landgut aus der Perspektive des Steward. Irisches Kolorit, präzise Beschreibung des Sozialgefüges und eine humorvolle Schilderung des irischen Nationalcharakters haben WALTER SCOTT angeregt, in ähnlicher Weise seine schottische Heimat als literarisches Sujet in den „Waverley"-Romanen zu verarbeiten. SCOTT und E. verband eine lange Freundschaft. So hielt sich E. 1823 bei SCOTT in Abbotsford auf, SCOTT kam 1825 nach Edgeworthtown. „Bellinda" (1801), ein Gesellschaftsroman, häufig als ihr bestes Werk bezeichnet, regte die englische Schriftstellerin JANE AUSTEN zu weiteren Arbeiten an. Die beschreibend-erzählende Gesellschaftsanalyse, die ernsthafte soziale Kritik vermissen läßt – E. gehörte ja selbst der eigentlich landfremden angloirischen Herrschaftsschicht an –, wurde mit „Tales of fashionable life" (Bd. 1–3. 1809) fortgesetzt. Die Erzählung „The Absentee" (1812) ist literarisch und inhaltlich bemerkenswert, da sie die Problematik der Bewirtschaftung der Landgüter für in England lebende Großgrundbesitzer anspricht. Die Erzählungen für Jugendliche begannen mit der Anthologie „The parent's assistant" (Bd. 1–3. 1795), wurden mit „Early lessons" (Bd. 1–5. 1801–1803) und „Moral tales for young people" (Bd. 1–5. 1801) bis hin zu „Harry and Lucy" (1825) fortgesetzt. Die Erzählungen mit ihrer zwingenden Rationalität waren auch eine Reaktion gegen das Märchenerzählen als Instrument der Erziehung. Die markantesten der Geschichten sind so angelegt, daß die jugendlichen Hauptfiguren weitgehend autonom handeln, ein erwachsener Mentor sich beobachtend im Hintergrund hält, am Ende aber der Jugendliche selbst die Lehre aus seinem gescheiterten Verhalten zieht und damit die Erzählung zum Exempel wendet. Beispielhaft dafür ist „The purple jar" aus „The parent's assistant". Rosamund wünscht sich so sehr ein rosa Kristallgefäß, das sich natürlich als wertlos herausstellt, daß sie lieber auf die dringend notwendigen neuen Schuhe verzichtet. Ihre Schuhe sind bald so abgetragen, daß sie nicht einmal mehr im Freien spielen kann. Praktischer Realismus und vorausschauende Entscheidungen werden hier gegen spontane Wunscherfüllung gesetzt. Rosamund faßt die Absicht der Erzählung zu einem Lehrsatz zusammen: „Oh mother ... how I wish that I had chosen the shoes! They would have been of so much more use to me than the jar. However ... I shall be wiser another time".

Lazy Lawrence und sein Pferd, Simple Susan und ihr Lamm stellen ein weiteres Grundmuster der Jugenderzählung dar, das bis heute Gültigkeit behalten hat: Die emotionale Bindung von Kindern zu Tieren, die Angst, ihre vierbeinigen Lieblinge zu verlieren, als Ansatzpunkt für selbständige Aktionen, für Initiative und Autonomie in der Organisation des eigenen Lebens. Gewissermaßen als Nebenprodukt dieses schnellen Reifungsprozesses können die Kinder die Probleme ihrer Eltern mitlösen, wozu diese aus eigener Kraft nicht fähig sind. Die erzieherische Absicht ist für E. der Antrieb zur schöpferischen Tätigkeit gewesen. Die zweckfreie Freude am Lesen und Fabulieren akzeptierte sie nicht als Rechtfertigung für Jugendliteratur. Ihr gelang es jedoch, ihr pädagogisches Anliegen mit einem präzisen, bisweilen auch doppelbödig humorvollen Erzähltalent zu verquicken, so daß noch heute, wo ihre erzieherische Absicht obsolet ist, die erzählerische Qualität unvermindert geschätzt wird.

Werke: Letters for literary ladies (1795); The parent's assistant (Bd. 1–3. 1795; auch Bd. 1–6. 1800); Practical education (zus. mit R. L. Edgeworth, 1798; dt. Erziehungssystem. 1. Thl., 1803); Castle Rackrent, an Hibernian tale (1800; dt. Meine hochwohlgeborene Herrschaft, 1957); Belinda (Bd. 1–2. 1801; dt. Belinda, 1809); Moral tales for young people (Bd. 1–5. 1801); Early lessons (Bd. 1–5. 1801–1803; dt. Erziehungskunst in Beyspielen, oder practischer Unterricht für Kinder von 3–7 Jahren, Bd. 1–3. 1808; auch u.d.T.: Erste Nahrung für Geist und Herz, Bd. 1–4. 1827); Popular tales (1804; dt. Erzählungen, 1807); Leonora (Bd. 1–2. 1806; dt. Leonore, 1809); Essays on professional education (zus. mit R. L. Edgeworth, 1809); Tales of fashionable life (Bd. 1–3. 1809); Rosamund, a sequel to Early lessons (Bd. 1–2. 1821); Frank, a sequel to Frank in Early lessons (Bd. 1–2. 1822); Harry and Lucy concluded, being the last part of Early lessons (Bd. 1–3. 1825); Little plays for children (1827); Garry Owen (1829); Helen, a tale (Bd. 1–3. 1834).

Sekundärliteratur: M. Butler: Maria Edgeworth: A literary biography (1972). – O. E. Harden: Maria Edgeworth's art of prose fiction (1971). – M. Hurst: Maria Edgeworth and the public scene (1969). – E. Inglis-Jones: The great Maria (1959). – J. Newcomer: Maria Edgeworth, the novelist, 1767–1849. A bicentennial study (1967); Maria Edgeworth (1973). – A. Paterson: The Edgeworths: A study of later 18th century education (1914).

Eckhard Breitinger

Effel, Jean

*(d.i. François Lejeune). Französischer Cartoonist, Illustrator, Schriftsteller; * 12.2.1908 Paris.*

E., Sohn eines Großkaufmanns und einer Deutschlehrerin, eines von sieben Kindern, wurde von Hauslehrern unterrichtet und studierte dann Philologie, Philosophie und Musik. Eine spezielle künstlerische Ausbildung hat er nicht durchlaufen. Erste Karikaturen erschienen 1933. Seitdem hat er Zehntausende von Cartoons, Plakaten und Blättern gezeichnet und viele Bücher als Illustrator oder als Gestalter eigener Bildsequenzen veröffentlicht. E. hat in französischen Zeitungen wie „Françe Soir", „L'Express", „L'Humanité", „L'Humanité-Dimanche", „Les lettres français" Karikaturen zu Tagesproblemen und zu politischen Fragen publiziert. Auch Werbezeichnungen und Werbetrickfilme gehen auf ihn zurück. Weiterhin war er als Keramiker und Stoffdesigner, als Graphiker für Fernsehproduktionen und als Porzellanmaler tätig. Nach seinem Buch „La création du monde" wurde ein tschechoslowakischer Zeichenfilm hergestellt, der 1958 auf der Biennale in Venedig eine „Silberne Gondel" gewann. Ausstellungen seiner Werke wurden u.a. 1954 in Prag, 1955 in Berlin, 1956 in Warschau, 1957 in Budapest, 1961 in Moskau, 1978 in Hamburg gezeigt. Bis Ende der siebziger Jahre erschienen E.s Hauptarbeiten in mehreren Millionen Exemplaren und in mehr als zwanzig Sprachen. Wegen seiner marxistischen Einstellung ist E. in den sozialistischen Ländern ebenso bekannt wie in den westlichen.

Werk, Tendenzen, Wirkung. E. zeichnet stark vereinfacht und mit einer bewußten Naivität. Farbe setzt er nur gelegentlich ein, dann jedoch ohne Schattierungen und in umrandeten Flächen; die schwarzweiße Federzeichnung dominiert. E. hatte seine nachhaltigsten Erfolge mit humorvollen, charmanten und pointenreichen Variationen zur biblischen Schöpfungsgeschichte, zur tradierten Tierfabel und zu märchenhaften Stoffen. Die Darstellung der Erschaffung der Menschen vollzieht sich bei E. wie der Einblick in eine Werkstatt, zugleich auch als grandioses Kinderfest. Gottvater begegnet dem Betrachter glatzköpfig, immer geduldig, diskussionsbereit und für neue Ideen aufgeschlossen. Nach E.s Aussage ist er „der Vetter des Weihnachtsmannes, ein Freund der Kinder". Engel in Kindergestalt sind bei allen Schöpfungsentwürfen und bei ihrer Realisierung beteiligt. In der „Heiteren Schöpfungsgeschichte" begegnet Gott als Tüftler, Bastler, Designer, als solider Handwerker. E. läßt zwischen „Großen" und „Kleinen" echte Partnerschaft gelten; religiöse Gehalte, auch der Teufel, erscheinen säkularisiert. Gott plant, debattiert und gestaltet immer zusammen mit seinen Engeln in Kindergestalt. Er beteiligt sich an ihren Arbeitsprozessen, wie er – umgekehrt – sie gleichrangig an seinen Handlungen teilhaben läßt. Auch im „Kleinen Engel" sind „himmlische Wesen" mit einem Menschenkind konfrontiert. In E.s Bildern zu LA FONTAINES „Fabeln" oder der Sammlung „Als die Tiere noch sprachen. Ein Bilderbuch für die Jugend von 8 bis 80 Jahren" wird die Perspektive der Tiere eingenommen, um die menschliche Umwelt als närrisch zu entlarven. E. kultiviert dabei eine Mischung von Situationskomik und Bildwitz. In einzelnen Bildfolgen bevorzugt er Phaseneinteilungen, die eine Nachbarschaft zu Comic und Zeichenfilm verraten.

Jean Effel. Illustration zu der Fabel „Der Fuchs und der Storch" aus dem Band „Jean Effel's La Fontaine" (Hamburg, 1954).

Werke (Auswahl): J. Effel: Le colonel de la Rocque (1936); A. Wurmser: Variations sur le renégat (1937); J. Effel: Ritournelle, 1937–1938 (1938); J. Effel: Deuxième Ritournelle (1939); J. Effel: Le petit ange (1943; dt. Der kleine Engel, 1953, [5]1977; Teilausg. u.d.T.: Lustige Bildgeschichten, 1964); J. Effel: Turelune de cornepipeux (1943; dt. Der Spielmann im Himmel, 1955); J. Effel: La vie naive d'Adam et d'Eve (1943; dt. Adam und Eva im Paradies, für die fröhlichen Nachkommen aufgezeichnet, 1967, [9]1975); J. Effel: Jours sans Alboches (1945); J. Effel: Tambour, pastis et orgue (1946); J. Effel: Rassemblement de petites facéties, recueil de 1947 (1948); G. Soria: Comment vivent les Russes? (1949); J. de La Fontaine: Fables (1949; dt. Jean Effels La Fontaine, 1954); J. Effel: La genèse (1950); J. Effel: Ma langue aux chiens (1950); J. Effel: La création du monde (1951; dt. Die Erschaffung der Welt, 1951; auch in: Die Erschaffung der Welt, Bd. 1. 1954); J. Ph. Hesse: Silence, on raconte (1951; dt. Geschichten aus der Arche, 1954); J. Effel: Le diable et son train (1951; dt. Der Teufel auf Reisen, 1956); J. Effel: La terre (1952; dt. in: Die Erschaffung der Welt. Bd. 1: Sonne, Mond und Sterne; die Erde. 1954); J. Effel: Les eaux (1953); J. Effel: La création de l'homme (1953; dt. Die Erschaffung des Menschen, 1953); J. Effel: Le Roman de Adam et d'Eve (1953; dt. Das Tagebuch von Adam und Eva, 1953, NA. 1964); J. Effel: Le ciel (1954; dt. Der Himmel. Die Erschaffung der Welt. Bd. 2. 1955); J. Effel: L'école paternelle (1954; dt. Die Erziehung Adams, 1956); J. Effel: Toujours occupés (1955); J. Effel: Le jardin d'Eden (1956; dt. Der Garten Eden, 1958); J. Effel: Seul maître à bord (1958); J. Effel: La vie privée du bon Dieu (1958); J. Effel: De la mollarchie à l'empire mongaulle (1959); J. Effel: Opération Eve (1960; dt. Die Erschaffung Evas, 1960); J. Effel: La genèse ingénue (1966); J. Effel: Il créa l'homme et la femme (1967).

Deutsche Teilsammlungen: Als die Tiere noch sprachen (1953); Jean Effels Bilderbuch der ersten Liebe (1957); Himmelswerkstatt (1960); Heitere Schöpfungsgeschichte für fröhliche Erdenbürger (1965, [18]1977); Das dicke Effel-Buch (1979).

Horst Künnemann

Egner, Thorbjørn

*Norwegischer Autor, Komponist und Zeichner; *12.12.1912 Oslo.*

E. ließ sich als Zeichner und bildender Künstler ausbilden und absolvierte eine kaufmännische Schule. Seit 1945 produziert er als Mitarbeiter am Norwegischen Rundfunk Kinderprogramme, schrieb Hörspiele, Erzählungen und Lieder mit eigenen Melodien für Kinder. Hier wurde – erstmalig 1948 als Hörspiel – auch „Karius og Baktus" (1949; dt. Karius und Baktus, 1960) gesendet. In Norwegen, Dänemark und Schweden erhielt E. sowohl für sein Gesamtwerk als auch für einzelne Bücher Auszeichnungen und Preise.

Werk, Tendenzen, Wirkung. E. veröffentlichte zwei Bücher für Erwachsene, in Zusammenarbeit mit Pädagogen Schulbücher für 8- bis 16jährige („Thorbjørn Egners lesebøker 1–16; 1950–1968), Übersetzungen und Textbearbeitungen von Werken von Hugh Lofting (1886–1947), Alan Alexander Milne (1882–1956) und Herbert George Wells (1866–1946), viele Zeichen-, Mal-, Lieder- und Bilderbücher sowie eine Reihe von Büchern für 6- bis 16jährige Leser. Sein international bekanntestes, in vielen Ländern aufgelegtes Kinderbuch, von dem auch eine Bühnenbearbeitung verbreitet ist, ist „Folk og røvere i Kardemommeby" (1955; dt. Die Räuber von Kardemomme, 1959). Im Städtchen Kardemomme sind die Leute immer vergnügt, sie streiten sich nicht und ärgern sich nur selten. Sie werden mit den drei Räubern Kasper, Jesper und Jonathan fertig, die mit ihrem Löwen am Rande der Stadt wohnen und Unruhe stiften. E. hat diese phantastische Geschichte einfallsreich und spannend gestaltet und mit humorvollen Bildern, Versen und Melodien versehen. Zwei weitere bekannte Titel von ihm sind: „Klatremus og de andre dyrene i Hakkesbakkeskogen"

Thorbjørn Egner. Illustration aus der deutschen Ausgabe seines Buches „Folk og røvere i Kardemommeby" (1955; dt. „Die Räuber von Kardemomme, 1959).

Thorbjørn Egner. Illustration aus seinem Kinderbuch „Karius und Baktus" (1960; norw.: Karius og Baktus, 1949).

(1953) und „Karius og Baktus" (1949; dt. Karius und Baktus, 1960). In dem letzteren witzig-lehrreichen Buch hämmern und klopfen sich zwei kleine Kerle „Karius" (= Karies) und „Baktus" (= Bakterien) in den Zähnen des Jungen Jens solange ein gemütliches Zuhause, bis dieser die Zahnbürste benutzt, zum Zahnarzt geht und keine Schleckereien mehr ißt. Die an Barbara von Johnsons spätere Zeichnungen zu Ellis Kauts „Pumuckl"-Geschichten erinnernden kleinen Phantasiefiguren im Gebiß des Jungen sowie der handlungsreiche, spaßige und versteckt pädagogisierende Text machen die Bekanntheit dieses Kinderbuches verständlich.

Werke: Barneboka (1940); Malermester Klattiklatt dypper kosten og tar fatt (1940); Klattiklatt (Nr. 1–2. 1941–1942); Den nye barneboka (1941); Truls og Kari (1941); Malermester Klattiklatt (1942); Malermester Klattiklatt gjør vinter til sommer (1942); Truls og Kari kommer til den store byen (1942); Klattiklatt drar til negerland (1943); 1-2-3 Telleboka (1943; NA. 1949, 1976); Jumbo som dro ut i verden (1943, NA. 1976); Lilleput-bøkene 1–4 (1943); Lystige historier (1943); Truls og Kari i den store, digre skauen (1943); Gamle hus i Vågå (1943); Klattiklat i hjemmefronten (1944); Gamle hus i Rauland (1945, NA. 1970); Hesten, kua og de andre (1945); Da Per var ku (1946, NA. 1976); Stormen (1946); Karius og Baktus (1949; NA. 1958, [11]1977; dt. Karius und Baktus, 1960); Ole Jakob på bytur (1949, NA. 1976); Småskolens tegnebøker 1–4 (1949); Thorbjorn Egners leseboker 1–16 (1950–1968); Tretten viser fra barnetimen (1951); Nye viser fra barnetimen (1952); Klatremus og de andre dyrene in Hakkesbakkeskogen (1953, [9]1973; NA. 1978); Folk og røvere i Kardemommeby (1955, [10]1977; NA. 1980; dt. Die Räuber von Kardemomme, 1959); Bamsefar og andre viser fra barnetimen (1971); Kaptein Sorte Bill og andre viser (1973); Musikantene kommer til byen (1978).

Sekundärliteratur: En bok om Th. Egner (1972).

Lioba Betten

Ehrhardt, Adolf (Carl Ludwig)

*Historien- und Porträtmaler, Illustrator; *21. 11. 1813 Berlin, † 19. 11. 1899 Wolfenbüttel.*

E., Sohn einer Berliner Kaufmannsfamilie, besuchte nach dem Abschluß des Gymnasiums seit 1830 die Berliner Akademie, die unter der Leitung GOTTFRIED SCHADOWS (1764–1850) stand. 1832 wechselte er nach Düsseldorf, wo er bei dessen Sohn FRIEDRICH WILHELM VON SCHADOW (1788–1850) studierte und sowohl freundschaftlichen als auch künstlerischen Umgang mit EDUARD BENDEMANN (1811–1889) und JULIUS HÜBNER (1806–1882) pflegte. 1838 folgte er BENDEMANN nach Dresden. Er blieb dort im Kreis der Dresdner Künstler um LUDWIG RICHTER, schuf hauptsächlich Altargemälde für Kirchen und profane Historienbilder, zum Teil als Wand- und Deckenschmuck. Auch der Hauptteil seiner Illustrationen entstand hier. 1846 erhielt er eine Professur an der Dresdner Akademie, die er bis 1889 innehatte. Seit 1892 lebte er, immer mehr erblindend, bei seinem Sohn in Wolfenbüttel.

Werk, Tendenzen, Wirkung. E. hat allein oder mit anderen (L. RICHTER, E. BENDEMANN, O. WAGNER, TH. R. VON OER, JULIUS HÜBNER, C. G. PESCHEL, E. RIETSCHEL u. a.) volkstümliche und klassische Werke der deutschen Literatur illustriert. Bis in sein an ALBRECHT DÜRER erinnernde Monogramm hinein ist die Intention erkennbar, „altdeutsche" Formen wiederzugeben und die vergangenen Zeiten zu verlebendigen. Wie sein Freund, der „Malerpoet" ROBERT REINICK, wandte sich E. in seinen Buchillustrationen Stoffen zu, welche besonders Kindern und naiven Menschen zugänglich sind (Sagen, Volksbücher, Balladen, Kinderreime, Kinderlieder). Er bevorzugte wie viele der konservativen, romantischen Künstler der Jahrhundertmitte die Reproduktion seiner Zeichnungen auf dem Weg des Holzschnitts. E. gehört zu dem Kollektiv Dresdner Künstler, das 1843 „Die Ammenuhr", eines der frühen Bilderbücher, schuf.

E.s Illustrationen, deren Großteil in und nach den fünfziger Jahren und damit in seiner Dresdner Zeit entstanden, sind deutlich dem Stil der Düsseldorfer Malerschule verbunden. Weder die Freundschaft mit LUDWIG RICHTER (1803–1884), mit dem zusammen er Illustrationen zu R. REINICKS „ABC-Buch" (1845) und dem „Deutschen Balladenbuch" (1852/53) lieferte, noch die Distanz zum Nazarenertum des JULIUS SCHNORR von CAROLSFELD (1794–1872) konnten daran etwas ändern. So gehen E.s Illustrationen eine Verbindung mit dem Text ein und werden erst durch ihn sinnvoll. Häufig besitzen sie einen im Stile des Biedermeier gestalteten und dem Inhalt entsprechenden Rahmen. E. scheint mitunter Anleihen bei der Arabeskenkunst seines Düsseldorfer Kollegen ADOLF SCHROEDTER (1805–1875) gemacht zu haben. Bilder mit religiösen Themen erinnern an Altartafeln, gezeichnet in der Manier RAFFAELS, volkstümliche Szenen lehnen sich dagegen mehr an DÜRERS Holzschnitte an. Insgesamt verfügt E. über den Formenkanon des Düsseldorfer Kolorismus: starke Umrißlinien, einen gekonnten Bildaufbau, geschickte, dramatisierende Verteilung von Licht und Schatten und hohes, an zahlreichen Stilen geschultes technisches Können. Die Bewegungen und Gesichtszüge der Menschen sind ausdrucksstark. Die Illustrationen E.s möchten auf schlichte Weise dem Kind und Erwachsenen nationale Quellen (Sagen und Balladen) bewußt machen und damit den Stolz auf die gemeinsame Kultur und Vergangenheit wecken. E. kommt der Bildungsidee einer Bürgerschicht nach, der er selbst entstammte und die versuchte, diese historische, politische und ästhetische Idee ihren Kindern weiterzugeben.

Werke: R. Reinick: Lieder eines Malers mit Randzeichnungen seiner Freunde (zus. mit anderen, 1838; Bd. 2 u. 3 u. d. T.: Lieder und Bilder; auch u. d. T.: Deutsche Dichtungen und Randzeichnungen deutscher Künstler, Bd. 1 u. 2. 1843–1846); R. Reinick: ABC-Buch für kleine und große Kinder (zus. mit anderen, 1845); Deutsches Balladenbuch (zus. mit anderen, Thl. 1–2. 1852–1853); L. Bechstein: Deutsches Sagenbuch (1853); Th. Day: The history of Sandford and Merton, intended for the use of children (1858); G. Schwab: Die deutschen Volksbücher für Jung und Alt wieder erzählt (zus. mit anderen, 1858); Bilder zur deutschen Geschichte. Ein Hülfsmittel zur Unterstützung und Belebung des geschichtlichen Unterrichts (zus. mit anderen, 1874); A. Ehrhardt: Die Kunst der Malerei. Eine Anleitung zur Ausbildung für die Kunst (1885).

Sekundärliteratur: E. Kalkschmidt (Hrsg.): Ludwig Richter an Georg Wigand (1903). – W. Kaulen: Freud' und Leid im Leben deutscher Künstler (1878). – H. A. Müller: Biographisches Künstlerlexikon der Gegenwart (1882). – A. Rümann: Das illustrierte Buch des 19. Jahrhunderts in England, Frankreich und Deutschland 1790–1860 (1930, ND. 1975); Die illustrierten deutschen Bücher des 19. Jahrhunderts (1926).

Cornelia Schneider

Eich, Hans

*(Ps. e: Armin Ossa, Piet Karsten, Dr. Matthias Quercu). Schriftsteller, Übersetzer, Kritiker, Lektor; * 14. 1. 1903 Dahlewitz (Kreis Teltow).*

E., ein Bruder des Lyrikers und Hörspielautors GÜNTER EICH (1907–1972), studierte nach dem Abitur (1924) Germanistik, Philosophie, Psychologie, Pädagogik und Zeitungswissenschaften. In Leipzig wurde er Fachreferent des Instituts für Lese- und Schrifttumskunde und war im Bereich des Volksbildungswesens tätig. 1935 ging E. nach Königsberg, wo er für den Funk schrieb. Von 1939 bis 1944 war E. Soldat. Gegen Ende des Krieges geriet er in Gefangenschaft. Nach 1945 mußte er sich mit Hilfsarbeiten durchschlagen, bis er als Mitarbeiter des Bayrischen Rundfunks in München und an der Volkshochschule neue Aufgaben fand. 1950 griff E. sein Universitätsstudium wieder auf und promovierte 1958 über Sprache und Stil der deutschen Presse. E. war von 1960 bis 1979 Lektor des Signal-Verlags Hans Frevert, Baden-Baden. Er veröffentlichte seit 1930 eigene Gedichte, von denen einige vertont wurden. Als Herausgeber, Bearbeiter und Übersetzer ist E. seit 1960 im Bereich der Kinder- und Jugendliteratur bekannt geworden.

Werk, Tendenzen, Wirkung. In manchen seiner frühen Hörspiele hat E. Stoffe für die Jugend gestaltet (Paul und Peter reißen aus, 1929; Eppelein von Gailingen, 1929; Die Fabeltiere, 1930), aber erst in den sechziger Jahren wandte er sich vorrangig der Jugendliteratur zu und verband damit spracherzieherisches Wirken. Er bearbeitete „Die großen Sagen der Welt" (1960) und gestaltete die Auswahlbände „Tausend und eine Nacht" (1963) und „Grimms Märchen" (1963). Einige Sagen aus E.s Sammlung wurden in Schullesebücher übernommen. E. übersetzte moderne Autoren (u.a. NAOMI MITCHISON: Judy und Lakschmi, 1961; JAN SERRAILLIER: Das silberne Messer, 1964; C. S. LEWIS: Die Tür auf der Wiese, 1974) und übertrug literarische Klassiker wie JULES VERNES „Reise zum Mittelpunkt der Erde" (1967) ins Deutsche, ebenso eine Sammlung irischer Märchen, „Königin der Kesselflicker", die JOHANNES GRÜGER illustrierte. E. zeichnet auch als Mitarbeiter bei den von HANS FREVERT herausgegebenen Sammelbänden (Jugend in Selbstzeugnissen, 1960; Weltmacht Hunger, 1966; Masken des Krieges, 1970), die einen neuartigen Anthologietyp in der Jugendliteratur repräsentieren. Die beiden Bücher von E. „Jugend der Welt. Biographische Erzählungen aus den Jugendjahren berühmter Männer und Frauen" (1961) und „Falsch aus der Feder geflossen. Lug, Trug und Versteckspiel in der Weltliteratur" (1964) gelten als informative Hilfsmittel für Schule und Studium.

Werke: Einfaches Leben (1930); Heimkehr im Herbst (1931); Jugend der Welt. Biographische Erzählungen aus den Jugendjahren berühmter Männer und Frauen (zus. mit anderen, 1961); Falsch aus der Feder geflossen (zus. mit G. Matthias, 1964); Windlos (1964).

Bearb.: Die großen Sagen der Welt (1960, NA. 1968); Grimms Märchen. Ein Märchenbilderbuch (1963); Tausend und eine Nacht. Ein Märchenbilderbuch (1963); J. Verne: Die Reise zum Mittelpunkt der Erde (1967).

Hrsg.: Freunde in aller Welt (zus. mit H. Frevert, Folge 1–2. 1963–1966); Bürger auf Zeit. Junge Ausländer unter uns (zus. mit H. Frevert, 1967).

Beitr.: Sachbücher im Signal-Verlag (zus. mit H.-G. Noack in: 10 Jahre Signal-Verlag. 1969. 35–41)..

Margarete Dierks

Eichrodt, Ludwig

*(Ps.: Rudolf Rodt). Jurist, Verfasser, Herausgeber vorwiegend humoristischer Gedichte; *2.2.1827 Durlach (Baden), †2.2.1892 Lahr (Schwarzwald).*

E., Sohn des späteren badischen Innenministers LUDWIG FRIEDRICH EICHRODT, der auch als Dichter hervorgetreten ist, und Enkel eines Generals, studierte Rechtswissenschaften. Nach dem Studium in Heidelberg und Freiburg (Breisgau) trat er als Jurist in den Staatsdienst ein, wurde 1851 Aktuar in Durlach, 1864 Amtsrichter in Bühl und 1871 Oberamtsrichter in Lahr. Schon als Gymnasiast in Karlsruhe hat E. Gedichte geschrieben. E., der mit VIKTOR VON SCHEFFEL (1826–1886) befreundet war, war Burschenschaftler.

Werk, Tendenzen, Wirkung. Während E.s dramatische Versuche („Die Pfalzgrafen oder Eine Nacht auf den Heidelberger Gassen", 1859) wie auch seine ernste Lyrik, die sich nie aus epigonaler Abhängigkeit von klassischen und romantischen Vorbildern (GOETHE, HEINE, SCHEFFEL, UHLAND) zu lösen vermochte, zu seinen Lebzeiten nur wenig Resonanz gefunden hatten und heute weitgehend vergessen sind, machte er sich mit „Wanderlust" schon als Zweiundzwanzigjähriger einen Namen als humoristischer Dichter. Dieses aus je sieben Versen bestehende vielstrophige Gedicht, dem später „Akademische Wanderlust", „Neue Wanderlust" und „Allerneueste Wanderlust" mit weiteren 106 Strophen folgten, erschien 1849 zunächst in dem humoristisch-satirischen Münchner Wochenblatt „Fliegende Blätter", im gleichen Jahr aber auch in der taschenbuchartigen Ausgabe burlesker anonymer Lieder „Musenklänge aus Deutschlands Leierkasten" (1936 neu herausgegeben von ADOLF THIMME) und 1853 unter dem Titel „Das Wanderlied" in E.s Sammlung „Gedichte in allerlei Humoren". Ebenfalls zuerst in den „Fliegenden Blättern" veröffentlichte E. zusammen mit dem Heidelberger Internisten ADOLF KUSSMAUL (1822–1902) „Weiland Gottlieb Biedermaiers, Schulmeister in Schwaben, Auserlesene Gedichte nebst Beigaben des Buchbinders Horatius Treuherz". Bei diesen Texten handelt es sich um die von E. und

Ludwig Eichrodt. Titelblatt zu „Deutsches Knabenbuch" (1862–64), das in dem symbolträchtigen Rahmen u.a. links die Frauengestalt „Geschichte" mit offenem Blick in die Weite und rechts die halbverhüllte „Sage" zeigt.

KUSSMAUL entdeckten und durch ihre eigenen parodistischen Versifizierungen ergänzten naiv-biederen, autoritätsgläubigen, oft unfreiwillig komisch wirkenden Gedichte des schwäbischen Dorfschullehrers SAMUEL FRIEDRICH SAUTER. Der von den beiden Herausgebern geprägte Begriff „Biedermeier", nach dem später eine ganze Epoche benannt wurde, hat hier seinen Ursprung.
Ausdrücklich an die Jugend, und zwar – wie schon aus dem Titel ersichtlich – allein an die männliche, wendet sich nur E.s „Deutsches Knabenbuch. Hundert Gestalten in Wort und Bild" (1862–1864, Illustrationen von WILHELM CAMPHAUSEN, ADOLF SCHRÖDTER und FRIEDRICH SODER). In heiterer Bildungsbeflissenheit und verbalem Ulk werden Taten und Schicksale berühmter Frauen und Männer in aller Welt, die zwischen 5000 vor Christi und der Mitte des 19. Jahrhunderts gelebt haben, wie auch Gestalten aus der Mythologie, versifiziert. In einigen gereimten Laudationes wird direkt an die jugendlichen Leser appelliert, sich die Besungenen zum Vorbild zu nehmen (z.B. GEORGE WASHINGTON) oder ihnen zumindest ein ehrendes Gedenken zu bewahren (z.B. FREIHERR VOM STEIN). Bei dem launigen Spiel mit Bildungswissen seiner Zeit ließ E., der sich im Vorwort mit den Worten an die Knaben wendet, sich „die Sprüchlein wohlgefallen" zu lassen, „diesem Bilderbuche gut" zu sein und sich „drin wie in Ruhmeshallen" zu ergehen, in manche Verstexte auch kritische Passagen einfließen, so z.B. in „Gustav Adolf" („... Man focht um den Glauben, / mit Morden und Rauben, ..."), „Louis XIV" („... Das Schmeicheln und Bücken, / Krümmen den Rücken, / Und andere Moden / Wurden auch heimisch auf Deutschlands Boden. / Freier Mannessinn / Schwand damals dahin, ...") oder „Der letzte Mohikaner" („... Im Namen der Civilisation / Erschießt man sie oder jagt sie davon, / Als wären sie Wölfe die Indianer, / Bis auf den Letzten der Mohikaner ..."). Bekannt wurde E. auch als zeitweiliger Herausgeber des unter musikalischer Redaktion von FRIEDRICH ERK und FRIEDRICH SILCHER stehenden Lahrer „Allgemeinen Deutschen Kommersbuches", scherzhaft auch „Lahrer Bibel" genannt, und des „Hortus deliciarum für deutschen Humor" (1.–6. Spaziergang, 6 Hefte, 1877–1879). Im „Schlüssel" (Vorwort) zu dieser von ihm als „Ergänzungskommersbuch" bezeichneten Anthologie, die neben zwanzig eigenen Beiträgen, einem lateinischen Gedicht aus der Carmina Burana, Texten von KONFUZIUS, FISCHART, FREILIGRATH, GEIBEL, GOETHE, HEINE, NOVALIS, SCHEFFEL und vielen anderen auch einige von den als Kinderlieddichter bekannt gewordenen Autoren AUGUST KOPISCH (1799–1853) und HEINRICH SEIDEL (1842–1906) bringt, nennt er seine Intention klar und unmißverständlich: „War beim Kommersbuch mehr auf das Liedhafte zu sehen, so setzt der Hortus dem dichterischen Sturm und Drang weiter keine Schranken." Um „einem sehr feuchtfröhlichen ‚Humor' Genüge zu verschaffen", wird aufgenommen, was „einst nicht gut zum Druck zu übergeben" war und „unsere Tagesblätter ... meist nicht bieten" dürfen. Texte „philiströsen Spaßes, ... der Unpoesie ... nebst anderem ordinären Schlinggewächs" jedoch aussparend, soll das „Tollste und Vollste ..., was ... im Übermuth der Jugend, im Schwung der Manneskraft, in seniler Jovialität" gelungen ist, „das Ewiglustige, das gereimte Ungereimte" mit seinem „herrlichen Unsinn" offeriert werden.
In dieser als höherer Blödsinn bekannt gewordenen Art Unsinnpoesie, die nicht eigentlich volkstümlich ist, sondern an den Stammtischen alter und junger Akademiker blühte, kann mit ALFRED LIEDE, für den E. „unzweifelhaft der sympathischste Vertreter dieser Poesie" ist, „ein Stück Diätetik des bürgerlichen Geistes" gesehen werden: „Verbürgerlichte Romantik, romantisierte Wissensgläubigkeit und Verherrlichung des Unsinns aus Langeweile über eine wohlgeordnete, wunderlose Welt, das sind die Quellen dieser Bierpoesie, ..." (Band 1, S. 146f.).

Werke: Schneiderbüchlein (1853, zus. mit H. Goll); Die Pfalzgrafen oder Eine Nacht auf den Heidelberger Gassen (1859); Deutsches Knabenbuch. Hundert Gestalten in Wort und Bild (1862–1864); Rheinschwäbische Gedichte in mittelbadischer Sprechweise (1869); Lyrische Karikaturen (1869); Lyrischer Kehraus (Bd. 1–2. 1869).

Hrsg.: Gedichte in allerlei Humoren (1853); Hortus deliciarum für deutschen Humor (Bd. 1–6. 1877–1879).

Sekundärliteratur: A. Kennel: Ludwig Eichrodt. Ein Dichterleben (1895). – A. Liede: Dichtung als Spiel. Studien zur Unsinnspoesie an den Grenzen der Sprache (Bd. 1–2. 1963). – A. Michlüsowa: Die Lyrik Eichrodts und ihre Bedeutung für das Biedermeier (Diss. 1945). – E. Müller: Das Buch Biedermeier (1911).

Christian Freitag

Eisgruber, Mathilde

*(auch: Tilde Eisgruber) Graphikerin und Illustratorin; *20. 9. 1889 Nürnberg, †9. 7. 1974 Neresheim b. Nördlingen.*

Zusammen mit ihrer älteren Schwester, der Kinderbuchillustratorin ELSA EISGRUBER (1887–1968), wuchs E. in einer Nürnberger Künstlerfamilie auf. Der Großvater war Freskenmaler, der Vater, SEBASTIAN EISGRUBER (* 1860), Glasmaler. Sie erhielt ihre Ausbildung an der Nürnberger Kunstgewerbeschule bei den Professoren HERMANN GRADL (* 1883) und RUDOLF SCHIESTL (1878–1931). Die Kriegswirren zwangen die in Nürnberg lebende und arbeitende Künstlerin 1944 zum Umzug nach Neresheim, wo sie bis zu ihrem Tode ansässig war.

Werk, Tendenzen, Wirkung. Die Darstellung religiöser Themen durchzieht als Leitmotiv das Schaffen von E., sei es als Holzschnitt, als Aquarell oder auch in Entwürfen zu Illustrationen und Postkarten. Blumen- und Portraitdarstellungen nehmen demgegenüber einen geringen Raum ein. Wenn E. Heiligengeschichten für Kinder illustriert wie „Die fünfzehn Geheimnisse des Rosenkranzes" (1927), „An ewigen Brünnlein" (1928),

„Das Buch der Gottesfreunde" (1931), greift sie selten dramatische Ereignisse daraus auf, sondern bildet die Heiligen im Zustand der Kontemplation ab. Der klare, einfache Umriß, gesenkte Köpfe und Blicke verstärken die Abgeschlossenheit der Gestalten gegenüber der Realität. Plastizität erreicht sie durch zartfarbige Tönung. Der Duktus ihrer Illustrationen ist schlichter als der ihrer Schwester ELSA EISGRUBER, wenn sich auch die Figuren ähnlich unbeholfen bewegen. Die Gesichtszüge ihrer Gestalten wirken durch vielfach wiederholtes Schema monoton.

Werke: M. Claudius: Weihnachtslied (1926); B. Hermann: Das Vaterunser und Ave Maria (1926); B. Hermann: Die fünfzehn Geheimnisse des Rosenkranzes (1927); E. Doerfler: Peter Siebenklug und andere Märchen (1927); M. Meyer: Als Jesu klein war. Legenden und Geschichten (1927); H. Schmetz: An ewigen Brünnlein. Heiligengeschichten (1928); S. Rüttgers: Das Buch der Gottesfreunde (1931); Zuck-Zuck Reiterlein. Ein Buch mit alten lieben Reimen (1939); G. von Stotzingen: Die Geschichte vom langen Weg (1951).

Sekundärliteratur: Eine Ausstellung Neresheimer Künstler (in: Aalener Volkszeitung. 10.12.1953). – Unser Portrait. Die Malerin Tilde Eisgruber (in: Aalener Volkszeitung. 18.11.1959).

Karin Schmidt

Engel, Johann Jakob

*Schriftsteller, Direktor des Hof- und Nationaltheaters in Berlin, Verfasser populärphilosophischer, ästhetischer und kritischer Schriften; *11.9.1741 Parchim (Mecklenburg), †28.6.1802 Parchim.*

Als Sohn eines Predigers erhielt E. seine Ausbildung zunächst in Parchim, dann in Rostock, wo er seit 1750 bei seinem Onkel, einem Professor der Philosophie, lebte. 1757 nahm er das Studium der Theologie an der Universität Rostock auf, das 1760 nach der Auflösung der Hochschule für zwei Jahre unterbrochen wurde. 1762–1765 studierte er an der neugegründeten Universität Bützow und promovierte zum Dr. phil. Er siedelte nach Leipzig über und lebte dort von Privatunterricht, öffentlichen Vorlesungen und schriftstellerischen Arbeiten. In diese Zeit fällt seine Freundschaft mit CHR. F. WEISSE (1726–1804) und GARVE (1742–1798). 1776 wurde E. Lehrer am Joachimsthalschen Gymnasium in Berlin, 1786 Mitglied der preußischen Akademie der Wissenschaften. Aufgrund der Erfolge seiner Dramen, besonders aber seiner philosophisch-ästhetischen Abhandlungen („Ideen zu einer Mimik", 1785) wurde E., der sich auch als Prinzenerzieher einen Namen gemacht hatte, 1787 zum Oberdirektor des Hof- und Nationaltheaters in Berlin ernannt. Seit 1790 neben K. W. RAMLER (1725–1798) künstlerischer Mitdirektor, gab er 1794 aus persönlicher Verbitterung die Leitung des Theaters ab und zog sich privatisierend für vier Jahre nach Schwerin zurück. 1798 kehrte er auf Wunsch seines früheren Zöglings, FRIEDRICH WILHELM III., nach Berlin zurück und widmete sich, unterstützt durch ein stattliches Jahresgehalt des Königs, seiner literarischen Tätigkeit.

Werk, Tendenzen, Wirkung. Als Kinder- und Jugendschriftsteller wurde E. vor allem durch seine beiden Lustspiele „Der dankbare Sohn" (1771) und „Der Edelknabe" (1774) bekannt. Beide entstanden in E.s Leipziger Zeit unter dem Einfluß WEISSEs und LESSINGs. In seinem wahrscheinlich 1770, frühestens jedoch 1769 entstandenen Erstlingswerk dramatisiert E. einen anekdotischen Vorfall aus dem Siebenjährigen Krieg. Im Mittelpunkt dieses ländlichen Lustspiels mit rührendem Charakter steht die Liebe eines aus bäuerlichen Verhältnissen zum Rittmeister aufgestiegenen Sohnes zu seinen Eltern. „Der dankbare Sohn" repräsentiert das erwachte Selbstbewußtsein des Bürgertums; nicht die adelige Herkunft begründet Verdienste und Ehre des Helden, sondern sein tugendhafter Charakter: die dankbare Bescheidenheit, die Rechtschaffenheit, der Patriotismus. Das Lustspiel kann als ein Seitenstück zu LESSINGs „Minna von Barnhelm" (1767) bezeichnet werden. In der Figur des Rittmeisters sind Züge des Majors Tellheim zu erkennen, und im Charakter eines Küsters spiegeln sich die Schwächen des Bedienten Just. Die straffe Sprache und die klare Struktur des Stückes deuten ebenfalls auf LESSING hin. WEISSEs Einfluß zeigt sich dagegen in der Konzeption des Stückes als ländlichem Lustspiel, der kontrastiven Gegenüberstellung Stadt/Land und Gut/Böse, vor allem in der starken Typisierung der Gestalten, die weitgehend entindividualisiert sind, und der Tendenz zur Personifizierung von Charaktereigenschaften. Das Stück, später von G. G. GERVINUS (1805–1871) als ein „höchst elendes Ding" bezeichnet, stieß bei seinem Erscheinen auf begeisterte Zustimmung. 1772 in der „Wochenschrift zum Besten der Erziehung der Jugend" mit deutlichem Bezug auf einen jugendlichen Rezipientenkreis gedruckt, erlebte es zahlreiche Übersetzungen, darunter drei ins Französische, sogar eine ins „Illyrische". Das Stück gehörte bald zum Repertoire der großen Theatergruppen, u.a. der ABEL SEYLERS (1730–1801), HEINRICH GOTTFRIED KOCHs (1703–1775) und THEOPHIL DÖBBELINs (1727–1793). Die Figur des Vaters des Rittmeisters wurde zu einer Paraderolle KONRAD EKHOFs (1702–1778).

„Der Edelknabe", 1772 geschrieben, ist den „beyden liebenswürdigen Kindern meines Freundes, des Herrn Weiße" gewidmet und wurde ursprünglich „Lustspiel für Kinder" genannt. Auch dem „Edelknaben" liegt ein anekdotischer Vorfall zugrunde: Ein Fürst wird durch einen Zufall auf die herzliche Güte und tugendhafte Reinheit seines neuen Pagen aufmerksam, dessen kindliche Unschuld ihn rührt. Er hilft der Mutter des Pagen aus ihrer unverschuldeten Armut und übernimmt die Erziehung des Knaben. Ähnlich dem „Dankbaren Sohn" sind die Personen ohne individuelle Charakteristik. Der Edelknabe und seine Mutter sind Muster wahrer Herzensgüte, unschuldiger Einfalt und echter Frömmigkeit; in der Person des Fürsten finden sich alle Eigenschaften eines gütigen, weisen und aufgeklärten Herrschers. Auch hier zeigen sich Anklänge an LESSING, vor allem in der Person des Fürsten, der einen positiven Gegenentwurf zum Prinzen in „Emilia Galotti" (1772) darstellt. Der Fürst soll – so KOBERSTEIN (1866, Bd. III. S. 3055) – dem Herzog von Gotha nachempfunden sein, trägt aber auch Züge Friedrichs II. Das Stück wurde u.a. ins Französische, Schwedische und Englische übersetzt und übertraf noch den Erfolg des „Dankbaren Sohnes". 1789 wurde eine Bearbeitung des Lustspiels unter dem Titel „Auguste et Théodore ou les deux pages" in den Spielplan des Théâtre français aufgenommen; die Person des Fürsten wurde in der Maske Friedrichs II. gespielt.

Thematisch eng verwandt mit beiden Stücken ist das dritte größere Werk E.s für Kinder und Jugendliche, der „Fürstenspiegel" (1798), eine Morallehre für junge Prinzen „und besonders solche, die zum Regieren bestimmt sind". In 33 kurzen Abhandlungen, deren Aussagekraft durch eine Fülle von Beispielen historischer und tugend- bzw. lasterhafter Handlungen und Eigenschaften verschiedener Herrscher unterstrichen wird, entwirft E. das Idealbild eines aufgeklärten, sparsamen, auf das Wohl des Volkes bedachten Fürsten, der seinen Untertanen in allem ein Vorbild sein und dessen ganzes Wirken einem Ziel dienen soll: „Thätigkeit, Sparsamkeit, Sitten, Gemeingeist". In unausgesprochener Ablehnung der französischen Revolution geißelt E. in offenen Worten den Duodezabsolutismus in Deutschland und die Willkür herrschsüchtiger Potentaten ebenso wie die Gallomanie an deutschen Höfen und ergreift Partei für Menschenwürde und „Denkfreiheit".

Werke (Auswahl): Der Dankbare Sohn (1771); Der Edelknabe (1774); Über die musikalische Malerei (1780); Versuch einer Methode, die Vernunftlehre aus Platon's Dialogen zu entwikkeln (1780); Ideen zu einer Mimik (1785); Herr Lorenz Stark (1795–1796); Fürstenspiegel (1798); Versuch über das Licht (1800); Schriften (12 Theile, 1801).

Hrsg.: Philosoph für die Welt (Thl. 1–3. 1775–1777).

Sekundärliteratur: H. Daffis: Johann Jakob Engel als Dramatiker (1898). – G. Gervinus: Geschichte der poetischen National-Litteratur der Deutschen (1844). – F. Hoffmann: Johann Jakob Engel als Ästhetiker und Kritiker (1922). – A. Koberstein: Grundriss der Geschichte der deutschen National-Litteratur (Bd. 1–3. 1866). – F. Nicolai: Ehrengedächtniss des Herrn Professor Engel (1806). – C. Schröder: Johann Jakob Engel (1897). – E. Wagner: Johann Jakob Engels Dramatik und Theorie der Schauspielkunst (1954).

Otto Brunken

Enslin, Karl Wilhelm Ferdinand

*(Ps.: Dr. Franklin von Ensfurt). Lehrer, Kinderbuchautor; *21.9.1819 Frankfurt am Main, †14.10.1875 Frankfurt am Main.*

Nach dem Besuch eines Lehrerseminars in Eßlingen war W. seit 1843 als Lehrer in Frankfurt am Main tätig, wo er 1863 heiratete.

Werk, Tendenzen, Wirkung. E.s Werk für Kinder umfaßt neben Kurzformen wie Parabel, Fabel und Spruch vor allem Lieder, Gedichte, kleine Geschichten und Rätselbücher. Seine Kinderlieder und -gedichte, die zum Teil von zeitgenössischen Komponisten vertont wurden, sind gelegentlich mit denen von FRIEDRICH WILHELM GÜLL (1812–1879) und ROBERT REINICK (1805–1852) verglichen worden, ohne daß sie jedoch deren Rang oder Verbreitung erreichten. Durch nahezu alle Werke E.s zieht sich ein bewußt einfach gehaltener religiöser Ton. So sollten beispielsweise durch den Band „Moosblüthen" (1857) – ein Teil des Verkaufserlöses für dieses Buch ging an den Frankfurter Pestalozzi-Verein – die Kinder lernen, warum und auf welche Weise an Gott zu glauben sei. Das in diesem Band veröffentlichte Gedicht „Der Finger" erreichte einige Popularität und wurde, zusammen mit einigen anderen Gedichten E.s, in verschiedene Lesebücher und Anthologien auf genommen. Auch in dem von FRANZ FRIEDRICH ALEXANDER HOFFMANN (1814–1882) herausgegebenen „Neuen Deutschen Jugendfreund" finden sich Gedichte von E. Den Stoff für seine Lieder und Gedichte nahm E. aus der stets nur als Idylle verstandenen Natur und aus dem trauten Familienkreis, der für ihn das Zentrum des menschlichen Lebens bedeutete. Geschildert werden besinnliche Stunden, kleine Begebenheiten und tugendsames Verhalten; in zahlreichen Erzählungen wird vorgeführt, wie durch gottgefälliges Verhalten auch der Arme zu seinem stillen Glück kommen könne. Trotz der ausgeprägten Realitätsferne der Gedichte und Lieder verweisen die häufig beschriebenen Träume, in denen von einem noch zu verwirklichenden Leben in vollendeter Harmonie geschwärmt wird, auf die wohl unbewußt empfundene Enge und Härte des biedermeierlichen Lebens. Trotz der formalen und sprachlichen Schlichtheit kann es E. häufig nicht vermeiden, ins Betuliche oder Kitschige abzugleiten.

Mit seinen Rätselbüchern wollte E. nicht nur eine „Geisteskräft'gung und Herzerweiterung" erreichen, sondern sie sollten auch der „Sprach- und Stoff- und Selbstmeisterung" dienen. Für das „Neckräthselbuch" (1854) zog E. vor allem alte Volksbücher und mündliche Überlieferungen heran. Er fühlte sich jedoch verpflichtet, alles für Kinder und Jugendliche Unpassende auszuscheiden, insbesondere religiöse, politische, soziale und sexuelle Anspielungen und „Unlauter-Zweideutiges", wodurch die Rätsel, wesentlicher Themen und Gestaltungsformen beraubt, nur noch auf äußerst biedere und kaum noch witzige Weise unterhalten konnten. E. verstand diese Rätselsammlung als einen „Versuch, ein der Jugend etwas schwer zugängliches Gebiet volksthümlicher Lebensanschauung in *ungefährlicher*, lehrhaft übersichtlicher Weise vorzuführen" (aus: Neckräthselbuch, S. 216f.). Er hoffte, durch die Rätsel einen Erkenntnistrieb in der Jugend zu wecken und den Ratenden zum weiteren Nachdenken anzuregen. In der Schule sollte nach E.s Vorstellung aus dem Neckrätselbuch gelegentlich ein „scherzhafter Nachtisch" gereicht werden, um die „geistige Verdauung" des Unterrichtsstoffes zu fördern. Auch die „Räthselgespräche" (1850), bei denen die Rätsel und die Lösungsversuche in Form eines Dialoges gekleidet sind, legen großen Wert auf das Nützliche im scheinbar

Spielerischen. So lobten auch zeitgenössische Rezensionen die Einführung in das „Natur- und Menschenleben" vermittels der Rätsel und kennzeichneten E.s „Räthselgespräche" als „bildende Unterhaltungsschrift" von bleibendem Wert.

Werke: Lebensfrühling. Gedichte für die Jugend (1846, ³1859); Unterhaltungen zwischen Eltern und Kindern in Rätselgesprächen (auch u.d.T.: Räthselgespräche für die Jugend, 1850, ²1865); Lebensfrühling. Kinderlieder für Schule und Haus (1854); Lieder eines Knaben. Gedichte für die Jugend (1855); Neckräthselbuch. Räthselfragen und Volksräthsel zur Lust und Lehr' für das reifende, begreifende Jugend-Alter von 10 bis 1000 Jahren. Mit vielen unsichtbaren Stichen und Schnitten (1854, ²1856); Lichtbilder aus dem Kindesleben. Erzählungen für die Jugend (1855, ³1870); Lieder eines Kindes. Gedichte für die Jugend (1855); Fromm und frei (1856); Frankfurter Sagenbuch (1856, ²1861); Moosblüthen. Poetische Erzählungen, Parabeln für die Jugend (1857); Lustige Geschichten für Kinder von sieben bis zehn Jahren. Belehrend und erheiternd (1865, ²1871); Das große Räthselbuch für die reifere Jugend (1872).

Sekundärliteratur: Jahresbericht der Liebfrauenschule Frankfurt am Main (1876).

Klaus-Ulrich Pech

Ernst, Otto

*(d.i. Otto Ernst Schmidt). Schriftsteller, Lehrer; *7.10.1862 Ottensen (Hamburg), †5.3.1926 Flottbek (Hamburg).*

E., Sohn eines Zigarrenmachers in Heimarbeit, wurde als begabter Schüler der Volksschule für die Ausbildung zum Lehrer vorgeschlagen. Er bezog 1877 die Präparandenanstalt, erhielt ein Stipendium für das Lehrerseminar in Hamburg und trat 1883 in den Schuldienst ein. E. ging von pädagogischen Idealvorstellungen aus, die er als junger Lehrer in Rede und Schrift vertrat. 1896 hielt er einen Vortrag bei der deutschen Lehrerversammlung, 1902 auf dem Zweiten Kunsterziehertag in Weimar. Nach achtzehn Jahren legte er sein Lehramt nieder. Seit 1887 mit HENNY SCHARGE verheiratet, zog er mit seiner wachsenden Familie (fünf Kinder) 1901 nach Elmsbüttel, 1903 ins eigene Haus nach Flottbek. Von 1901 an konnte er als freier Schriftsteller leben. 1891 hatte er die „Literarische Gesellschaft" in Hamburg gegründet und blieb durch mehrere Jahre ihr erster Vorsitzender. 1894 wurde er Mitherausgeber der Hamburger Halbmonatszeitschrift für Kunst, Literatur und Leben, die den Titel „Der Zuschauer" trug.

Werk, Tendenzen, Wirkung. Seit 1882 schrieb E. Beiträge für literarische Zeitschriften. 1888 veröffentlichte er seinen ersten Band eigener Gedichte, für die er 1889 mit dem Augsburger Schiller-Preis ausgezeichnet wurde. 1890 erschienen seine „Gesammelten Essays aus Literatur, Pädagogik und öffentlichem Leben" mit dem Haupttitel „Offenes Visier!". Eine neue Folge solcher Essays kam in zwei Bänden 1896–1897 unter dem Titel „Buch der Hoffnung" heraus. Nach Veröffentlichung des Bandes „Aus verborgenen Tiefen. Novellen und Skizzen" (1891) und seinen „Neuen Gedichten" (1892) galt E. als anerkannter Lyriker, Erzähler und Essayist. Vor allem seine humorvollen und satirischen Schilderungen (z.B. „Narrenfest. Satiren und Burlesken", 1895; „Karthäusergeschichten. Novellen und Skizzen", 1896) trugen dazu bei, daß E. einer der beliebtesten Volksschriftsteller seiner Zeit wurde und fast drei Jahrzehnte hindurch blieb. Mit mehreren Komödien, in denen er groteske Übertreibungen, Fehler in der Erziehung und das berufliche Machtkampf- und „Zeitgeist"-Denken bloßstellte, gehörte er um die Jahrhundertwende zu den meistgespielten Bühnenautoren in Deutschland („Jugend von heute. Eine deutsche Komödie", 1899; „Flachsmann als Erzieher", 1901; „Die Gerechtigkeit", 1902; „Bannermann", 1905).

Volkspädagogischer Idealismus ist in vielen seiner Werke spürbar und bestimmte vor allem seine Essays zur Pädagogik in Elternhaus und Schule. Er trat für die Anerkennung der Rechte des Kindes ein („Des Kindes Freiheit und Freude", 1907; „Laßt uns unsern Kindern leben! Ein Buch für Eltern und Erzieher", 1912) und würdigte unter Heranziehung von Vorbildern die Arbeit in der Volksschule („Der deutsche Schulmeister und sein Werk. Gesammelte pädagogische Aufsätze und Reden", 1926).

E. gilt als einer der spätbürgerlich-liberalen Realisten. Seine gemütvollen Schilderungen beruhen auf Menschenkenntnis, auf Beobachtung und Erfahrung des Alltags im Volke und im Familienleben. Auch in niederdeutscher Sprache schrieb er viele Erzählungen, Anekdoten und Plaudereien. Sie erschienen gesammelt 1925 in dem Bande „Niederdeutsche Miniaturen. Vertell! Vertell! Schwänke und Schnurren von der Waterkant, neu erzählt".

Leser im jugendlichen Übergangsalter griffen zwischen 1904 und 1920 vor allem zu den ersten beiden Bänden von E.s autobiographischem Romanwerk, in dem er aus dem eigenen Leben in der elterlichen Familie und der sozial Schwachen erzählt, von seinen Erfahrungen als Kind in der Schule, als Seminarist und als Lehrer in der Schule („Asmus Sempers Jugendland. Roman einer Kindheit", 1904, 190. Tsd. 1932; „Semper der Jüngling. Ein Bildungsroman", 1908, 95. Tsd. 1923). In ihrer realistischen Erzählweise haben diese Bücher Quellenwert für die Sozialgeschichte in den Jahrzehnten der Landflucht und zunehmenden Industrialisierung, der Lebensreformbewegungen und der Nationalisierung des politischen Denkens nach 1871 und im Ersten Weltkrieg. An dem 3. Band „Semper der Mann. Eine Künstler- und Kämpfergeschichte", 1916, übte KARL KRAUS schneidend satirische Kritik durch eine Sammlung fingierter Dank- und Lobesbriefe dazu von den „Feldgrauen" an den Fronten des Ersten Weltkrieges.

Waren „Kind" und „Kindheit" in E.s Schaffen von Anfang an oft bearbeitete Themen, so dominierten sie in den Jahren seiner Erfahrungen mit den eigenen Kindern. Als „Appelschnut" wurde die jüngste Tochter Zentralgestalt und Titelfigur von Erzählungen, Plaudereien und feinsinnigen psychologischen Skizzen

von der Entwicklung eines Kindes, beschrieben in lockerer, heiterer Familienatmosphäre. Das Buch „Appelschnut. Neues und Altes von ihren Taten, Abenteuern und Meinungen" wurde 1907 mit dem Jugendstil nahestehenden Bildern und Vignetten in kostbarer Ausstattung mit Titeldruck in Gold veröffentlicht. Der Band erlebte schnell mehrere Auflagen. Im Jahr 1932 erschien das Buch als „Gedenkausgabe zum 70. Geburtstag des Dichters". Zuletzt wurde es 1968 mit Zeichnungen von WILHELM M. BUSCH neu aufgelegt.
Die Bücher E.s, in denen er die Entwicklung des Enkels festgehalten hat („Heidéde! Eine neue Liebe", 1923; „Buzi oder Morgenstunden einer Menschenseele", 1925) und das dreibändige Werk „Appelschnut und Sohn" (1926) erreichten nicht die Beliebtheit des ersten „Appelschnut"-Buches.
Neben „Appelschnut" und einigen Erzählungen aus dem Leben junger Leute lernten junge Leser vor allem in Schulbüchern und Anthologien Balladen von E. kennen (z.B. „Nis Randers", „Die Geister von Änglistal"). Ausdrücklich der Jugend wandte sich E. mit der Neubearbeitung des „Robinson Crusoe" (1911; neue Ausgabe 1922 mit Bildern von LUDWIG BERWALD) und des „Gulliver" (1916) zu. Für Kinder hat E. Märchen, Versdichtungen und Lieder geschrieben, die als Bilderbücher erschienen und in der „Jugendschriftenwarte" empfohlen wurden (Nr. 9, 1912). „Hinaus ins Freie! Ein heiteres Bilderbuch" (1910) enthielt von E. verfaßte liedhafte Gedichte mit Illustrationen von KARL MÜHLMEISTER. Versdichtungen von E. brachte das Buch „Im Wunderwald, ein Märchen", für das ARTHUR HEYER zeittypische jugendstilhafte Bilder schuf (1909). Weiter bekannt wurde das Bilderbuch „Der Kinder Schlaraffenland", das in der Reihe der Künstlerbilderbücher des Josef Scholz Verlages, Mainz, erschien (1910) und als fünfter Band der Reihe „Neue Märchenbücher" 1921 im Verlag Datterer & Cie. (Sellier) in Freising bei München in neuer Auflage herauskam, beide Male mit Illustrationen von HANS SCHROEDTER. Das Buch enthält zwei Märchen von E., „Der Kinder Schlaraffenland", eine Traumgeschichte, und das jahreszeitliche „Märchen vom König Winter". In beiden werden die tradierten geschlechtsspezifischen Rollen sichtbar: Puppenstuben- und Kleiderparadies stehen für Mädchen, Indianerschlacht und Piratenjagd richten sich an Jungen; der Kampf zwischen Frühling und Winter findet als Kriegsspektakel statt. Zwei Märchen der Brüder GRIMM bearbeitete E. für die Bühne, für Kinder „Marienkind", mehr für Erwachsene das Märchen „Vom Fischer und siner Fru", das er zu der Märchenkomödie „Ortrun und Ilsebill" (1906) umarbeitete.
Während des Ersten Weltkrieges und in der Zeit danach vertrat E. stärker als zuvor einen nationalen Standpunkt, zeigte sich aber auch für revolutionäre Bewegungen aufgeschlossen („Mann der Arbeit, aufgewacht! Ein Weckruf", 1919). Im Jahr 1922 gab E. ein „Internationales Arbeiterlesebuch. Kommunismus in Südamerika" heraus. Der Verleger Staackmann, Leipzig, brachte 1922/23 E.s „Gesammelte Werke" in 12 Bänden heraus. Daneben gab es Sammelbände mit Geschichten E.s.

Werke: Gedichte (1888); Offenes Visier. Gesammelte Essays aus Literatur, Pädagogik und öffentlichem Leben (1890); Aus verborgenen Tiefen. Novellen und Skizzen (1891); Narrenfest. Satiren und Burlesken (1895); Der süße Willy. Humoristisches Erziehungsidyll (1895); Karthäusergeschichten. Novellen und Skizzen (1896); Jugend von heute. Eine deutsche Komödie (1899); Flachsmann als Erzieher. Komödie (1901); Stimmen des Mittags. Neue Dichtungen (1901); Die Gerechtigkeit. Komödie (1902); Vom ruhigen Leben. Humoristische Plaudereien von großen und kleinen Kindern (1903); Asmus Sempers Jugendland. Der Roman einer Kindheit (1904); Bannermann (1905); Ortrun und Ilsebill. Eine Märchenkomödie (1906); Appelschnut. Altes und Neues von ihren Taten, Abenteuern und Meinungen (1907, NA. 1968); Siebzig Gedichte. Neue und alte Verse (1907); Des Kindes Freiheit und Freude (1907); Semper der Jüngling (1908); Im Wunderwald. Ein Märchen (1909); Hinaus ins Freie! Ein heiteres Bilderbuch (1910); Der Kinder Schlaraffenland. Ein lustiger Schwank für Jung und Alt (1910); Laßt uns unsern Kindern leben! (1912); Nietzsche, der falsche Prophet (1914); Sankt Yoricks Glockenspiel. Satiren, Humoresken, Fabeln, Schwänke (1914); Semper der Mann (1916); Humoristische Plaudereien (Bd. 1–4. 1919); Hermannsland. Ein Roman aus der Kindheit des Jahrhunderts (1921); Heidéde! Eine neue Liebe (1923); Buzi oder Morgenstunden einer Menschenseele (1925); Gottes rechte Gunst. Geschichten vom Wandern und Reisen (1925); Niederdeutsche Miniaturen. Vertell! Vertell! Schwänke und Schnurren von der Waterkante, neu erzählt (1925); Appelschnut und Sohn (Bd. 1–3. 1926); Der deutsche Schulmeister und sein Werk. Gesammelte pädagogische Aufsätze und Reden (1926).

Sekundärliteratur: O. Enking: Otto Ernst und sein Schaffen (1912). – K. Kraus: Die Feldgrauen. Über Otto Ernst (in: Karl Kraus: Werke. Bd. 13. 1965. 101–107). – A. Latwesen: Otto Ernst, ein deutscher Lyriker (1912). – A. Volquardsen: Otto Ernst. Ein Blick in sein Leben und Schaffen (1927).

Margarete Dierks

Ernsting, Walter

*(Ps.e: Clark Darlton, Frank Haller). Science-Fiction-Autor, Verfasser von Westernromanen; *13.6.1920 Koblenz.*

Schon als Kind interessierte sich E. für Zukunftsromane und „verschlang" Science-Fiction-Geschichten. Später gehörte er selbst zu den Autoren, die im deutschsprachigen Raum nachhaltig an der Verbreitung und Etablierung der Science-Fiction-Literatur beteiligt waren, vor allem durch seine aktive Mitarbeit an den Serien „Perry Rhodan", „Atlan" und „Dragon". Die Herausgabe von mehr als 250 Romanen in Heft-, Fortsetzungs- und Buchform ist Zeugnis von E.s Produktivität. E., der neben seiner schriftstellerischen Arbeit als Übersetzer, Redakteur und Lektor tätig ist, gründete einen Science-Fiction-„Fan"-Club, den SFCD, dessen Ehrenpräsident er wurde.

Werk, Tendenzen, Wirkung. Gemeinsam mit acht weiteren Verfassern gehört E. zu den Autoren der „Perry Rhodan"-Heftreihe, die wiederholt von der Kritik wegen ihrer Gewalttätigkeit und ihres faschistoiden Gedankenguts angeprangert wurde. E. führt den anhaltenden Erfolg dieser Serie als Heftroman, als Comicstrip und später (ab 1978/1979) auch als „hardcover“-Roman auf die geschlossene Konzeption der über 800 Hefte zurück.

Speziell für Jugendliche hat E. zukunftsorientierte Abenteuergeschichten wie etwa „Das Marsabenteuer“ (1964), „Das Weltraumabenteuer“ (1965) oder „Das Planetenabenteuer“ (1966) geschrieben, denen er wissenschaftliche Informationsqualität beimißt. Gerade den jugendlichen Lesern traut E. eine beweglichere und konkretere Vorstellungsgabe hinsichtlich zukünftiger Ereignisse zu als den Erwachsenen. Für sie berücksichtigt er auch in stärkerem Maße Momente der Spannung, der sprachlichen Zugänglichkeit und der interessanten Themenwahl. E. benutzt die gängigen Motive der Zeitreise, der Überschreitung von Zeitgrenzen, der Zeitmaschine, des Raketenflugs zu fernen Gestirnen und Galaxien und setzt oft dort mit seinen Geschichten ein, wo seine angloamerikanischen Vorbilder ihre Erzählungen und Romanzyklen enden lassen. Dabei mischen sich technologische Innovation mit phantastischer Spekulation. E., der auch Westernromane verfaßt hat, sieht in der Science-Fiction-Literatur Strukturen des Kampfes zwischen Gut und Böse, zwischen Konservatismus und Fortschritt. Der Autor bekennt sich dazu, eine unterhaltsame und ‚triviale‘ Verbrauchsliteratur produziert zu haben.

Werke: Das Marsabenteuer (1964, NA. 1975); Das Weltraumabenteuer (1965, NA. 1972; auch u.d.T.: Der geheimnisvolle Asteroid, 1974); Das Planetenabenteuer (1966, NA. 1972; auch u.d.T.: Mit Lichtgeschwindigkeit zu Alpha II 4 zwei, 1974); Das Rätsel der Marsgötter (1974); Das Rätsel der Milchstraße (1974); Das Rätsel der Urwaldhöhlen (1974); Das Geheimnis im Atlantik (1976); Der verzauberte Planet (1978); Begegnung im Weltraum (1978); Der Tempel der Götter (1978).

Mitarbeit an Reihen: Perry Rhodan, der Erbe des Universums (1961ff.); Perry-Rhodan-Planetenromane (1964ff.); Perry-Rhodan-Serie (1960ff.); Terra. Utopische Romane, Science Fiction (1956ff.); Terra. Utopische Romane Science Fiction-Sammelband (1966ff.); Terra. Utopische Romane, Science Fiction-Sonderbände (1. 1958ff.); Terra. Extra. (1. 1962ff.); Terra-Taschenbuch (1965); Utopia-Science-Fiction-Großband (1. 1954 – 205. 1965); Utopia. Romane aus dem Jahr 2200 (1952–1954); Utopia-Kriminal-Zukunftsromane (1. 1957ff.); Atlan: König von Atlantis (1. 1969ff.); Dragon: Söhne von Atlantis (1. 1973ff.).

Sekundärliteratur: Cl. Hallmann: Perry Rhodan. Analyse einer Science-Fiction-Romanheftserie (1979). – B. und J. Ellerbrock: Perry Rhodan. Untersuchung einer Science-Fiction-Heftromanserie (zus. mit Fr. Thieße, ^{2}1977). – P. Hasselblatt: Grüne Männchen vom Mars. Science Fiction für Leser und Macher (1974).

Horst Künnemann

Eschenbach, Olga von

*(d.i. Johanna Hering). Erzieherin, Jugendbuchautorin; *29. 1. 1821 Memel, † um 1880 Südfrankreich.*

E., Tochter eines Apothekers, wuchs bei einem Onkel auf, nachdem ihr Vater sein ganzes Vermögen verloren hatte. Nach einer Ausbildung als Erzieherin trat E. schon mit fünfzehn Jahren den Dienst in einer fremden Familie an. Da ihr die vorhandene Lektüre für junge Leserinnen nicht zusagte, begann sie bald selbst mit dem Schreiben von Erzählungen für Mädchen. Fast alle ihre Schriften entstanden vor dem Jahr 1857. Nachdem sie bei einigen Familien als Erzieherin tätig gewesen war, ging sie für zwei Jahre als Gesellschaftsdame nach England. Danach zog sie nach Königsberg zu einer Freundin. Nach dem frühen Tod der Freundin heiratete E. deren Gatten, mit dem sie, vor allem wegen ihres labilen Gesundheitszustandes, nach Südfrankreich verzog, wo sie um 1880 starb. Einige ihrer Erzählungen erschienen erst nach ihrem Tod.

Werk, Tendenzen, Wirkung. Bei E.s Werken handelt es sich um Erzählungen und Novellen, in die gelegentlich Verstexte mit und ohne Titel eingeflochten sind. So findet sich in der Erzählung „Schwarzort“ neben der gereimten Einleitung, sechs vielstrophigen balladesken Gedichten und drei Liedtexten auch der Kinderreim „Kleine Mary, Du / Hörst nur immer müßig zu; / Könntest wohl den Strickstrumpf nehmen: Kleine Mary, mußt Dich schämen!“ Dieser knappe Vierzeiler läßt die Grundtendenz des Gesamtwerkes wie auch seine Adressaten erkennen: es will erzieherisch auf Mädchen einwirken. So ist auch zu verstehen, daß fast alle Werktitel entweder die Zielgruppe nennen („... für junge Mädchen“; „... für die weibliche Jugend“; „... für die reifere weibliche Jugend“), den Namen des

Olga von Eschenbach. Titelblatt zu „Erholungsstunden, Erzählungen und Novellen für die weibliche Jugend“ (Berlin, 1851). Die „illuminierte“ Illustration ist von Theodor Hosemann (1807–1875).

Mädchens, dessen Schicksal vorgeführt werden soll, beinhalten („Maria", „Angela") oder ein Sprichwort aus dem pädagogisch-religiösen Bereich als Motto zitieren („Die Nachbarn oder: Sich selbst bezwingen ist der schönste Sieg"). Evelina und Sarah (in „Die Nachbarn") wie auch Angela und Maria in den gleichnamigen Erzählungen, Victorine (in „Nur eine Tochter"), Emma (in „Die Kinder des Grafen Zaluski"), Naemi (in „Schwarzort") und Anna (in „Ein armes Mädchen") sind „lieb und gut", fügsam, gütig, fleißig, hilfsbereit, voller Liebe, Dankbarkeit und Fürsorge den Eltern oder der Ziehmutter gegenüber und werden – wie Victorine – zum „treuesten Ebenbild ihrer Mutter". Gelegentlich kommt es auch in E.s Erzählungen vor, daß diese Eigenschaften, weil als lästig empfunden, zeitweilig abgelegt oder nicht widerspruchslos angenommen werden. So ist die wohlerzogene und behütete Maria plötzlich nicht mehr willens, gemeinsam mit der Mutter den Lebensunterhalt der durch den unerwarteten Tod des Vaters verarmten Familie durch harte Arbeit zu sichern; sie geht auf die Suche nach einem bequemeren Leben und kehrt reumütig zur Mutter zurück, als dieser Verstoß gegen die festgelegten Normen ihr Gewissen belastet.Die wilde, ungebärdige, lernunlustige und sprunghaft reagierende Evelina wird erst nach längerem Anpassungsprozeß zum Idealbild eines bürgerlichen Mädchens, das „Geduld und Sanftmuth ..., diese schönsten weiblichen Tugenden" verkörpert („Die Nachbarn"). Daß sie den Eltern gegenüber einen eigenen Standpunkt vertritt, indem sie sich trotz der antisemitischen Vorurteile von Vater und Mutter nicht von ihrer jüdischen Freundin Sarah abwendet, sondern ihr die Treue hält und dadurch schließlich einen Sinneswandel bei den Eltern bewirkt, zeugt von einer toleranten Auffassung der Autorin. E. übt auch Kritik am Verhalten der Reichen. In der Erzählung „Ein armes Mädchen" sagt eine alte Frau zu der jungen Anna: „So hast Du lange in den Häusern der Großen dieser Welt gelebt. ... Richtig, das dachte ich gleich, wie mein Enkel mir von Dir erzählte. Gewiß hat Dich eine reiche Frau verlockt, in ihr Haus zu kommen, damit Du ein Spielzeug für ihre Kinder werdest, und nun die Kinder herangewachsen sind und kein Spielzeug mehr brauchen, schicken sie Dich fort, mit derselben Gleichgültigkeit, mit der sie ihren Ball und ihre Puppen weggeworfen haben. Ha, ich kenne das! Und das nennen sie den Kindern der Armen Wohlthaten erweisen!" (S. 169f.). Kritik an der Einstellung Wohlhabender gegenüber abhängigen Mädchen und Frauen scheint sich auch in der Antwort auf die Frage nach einem passenden Broterwerb zu artikulieren: „‚Was soll aus ihr alsdann werden?' sagt sie. ‚Gesellschaftsmamsell? – da wollte ich lieber Holz hauen und Wasser tragen, als fortwährend die gehorsame Dienerin irgend einer launenhaften Dame sein. Ich denke mir nichts schrecklicher, als stets lächeln, stets einen Scherz auf den Lippen haben zu müssen, während das Herz zu brechen droht vor innerer Quel. Oder Lehrerin? Bah! das ist noch schlimmer! Da hat man statt eines Tyrannen ihrer mehrere ...'" („Angela"). Solche Äußerungen bleiben in E.s Erzählungen jedoch Ausnahmen. In der Regel werden vollangepaßte Frauen und Mädchen dargestellt, die sich demutsvoll in ihre vorbestimmte Rolle als „gehorsame Dienerin" fügen.

E.s Werke erreichten in der zweiten Hälfte des 19. Jahrhunderts einen größeren Leserkreis. Viele von ihnen erschienen in der beliebten und weitverbreiteten Reihe „Aus Ferdinand Hirt's kleiner Sammlung illustrierter Familien-Bücher".

Werke: Der Seele Schönheit. Erzählungen und Novellen für die weibliche Jugend (1845); Gertrudens Erzählungen für die weibliche Jugend (1846; auch u.d.T.: Gertruds Erzählungen für junge Mädchen, 1877); Festgabe. Erzählungen für die reifere weibliche Jugend (1847); Erholungsstunden. Erzählungen und Novellen für die weibliche Jugend (1851); Bilder aus alter Zeit oder: Treue über Alles (1853); Die Ansiedler in der Steppe oder: Wer Eltern ehrt, den ehrt Gott wieder (1853); Die Nachbarn oder: Sich selbst bezwingen ist der schönste Sieg (1853); Drei Sommertage oder: Wenn es Gott gefällt, wird es Tag (1853); Hoch und niedrig oder: Liebe ist stärker als der Tod (1853); Mein Skizzenbuch für die Jugend und deren Freunde (Bd. 1–3. 1853); Fern von der Heimat. Eine Erzählung für junge Mädchen (1854); Elisabeths Winter und Frühling in Rom. Briefe eines jungen Mädchens in die Heimat (1855); Cousine Gänseblümchen. Eine Erzählung für junge Mädchen (1882); Verloren und gefunden. Eine Erzählung für junge Mädchen (1884).

Christian Freitag

Ewald, Johann Ludwig

*Pfarrer, Schriftsteller; * 16.9.1748 Dreieichenhain (Hessen), † 19.3.1822 Karlsruhe.*

Nach einem Theologiestudium in Marburg wurde E. 1773 in Offenbach als Pfarrer eingestellt. Von 1781 bis 1796 war E. Generalsuperintendent in Detmold. Ab 1796 bis 1805 war er in der gleichen Eigenschaft in Bremen tätig. Nach 1805 wurde er als ordentlicher Professor für Moral und Pastoraltheologie nach Heidelberg berufen.

Werk, Tendenzen, Wirkung. Der mit GOETHE und LAVATER befreundete E. war zeit seines Lebens ein engagierter Vertreter der pädagogischen Ideen von PESTALOZZI. So weihte er 1781 das im Sinne PESTALOZZIS begründete erste Lippische Lehrerseminar ein. Von dem umfangreichen schriftstellerischen Werk E.s erlangten für den Bereich der Kinder- und Jugendliteratur vor allem seine Schriften „Die Kunst ein gutes Mädchen, eine gute Gattin, Mutter und Hausfrau zu werden. Ein Handbuch für erwachsene Töchter, Gattinnen und Mütter" (1798) und „Der gute Jüngling, gute Gatte und Vater, oder Mittel, um es zu werden. Ein Gegenstück zu der Kunst, ein gutes Mädchen zu werden" (1804) Bedeutung. Beide Schriften gehörten zu den Sittenbüchern, die für heranwachsende Jungen und Mädchen empfohlen wurden. Der Unterschied, der Ende des 18. Jahrhunderts zwischen der Erziehung von Mädchen und der von Jungen gemacht wurde, zeigt sich sehr deutlich in dem Band „Der gute Jüngling, gute Gatte und Vater, oder Mittel, um es zu werden". Hier

So erscheine uns wieder!

Der
gute Jüngling,
gute
Gatte und Vater,
oder
Mittel, um es zu werden.

Ein Gegenstück
zu
der Kunst
ein
gutes Mädchen
zu werden.

Von
Johann Ludwig Ewald.

Zweiter Band.

Mit Kupfern von Jury.

Frankfurt a. M. 1804
bei Friedrich Wilmanns.

Frontispiz und Titelblatt des zweiten Bandes von Johann Ludwig Ewalds Erziehungsbuch „Der gute Jüngling, gute Gatte und Vater oder Mittel, um es zu werden“ (Frankfurt, 1804). Das Titelkupfer verfertigte Wilhelm Jury.

schreibt der Autor, der sein Werk „Dem Allerdurchlauchtigsten, Großmächtigsten, menschlichsten Fürsten und Herrn Alexander, dem Ersten, Kaiser und Selbstherrscher aller Reussen“ gewidmet hat, unter Bezugnahme auf das vorausgegangene Buch „Die Kunst, ein gutes Mädchen, eine gute Gattin, Mutter und Hausfrau zu werden“ in der „Vorrede“: „Zu jener Schrift wolt' ich ein Seitenstück für Jünglinge liefern. Ich muß zwar offen gestehen, daß ich eine zeitlang keinen Muth dazu hatte, weil Jünglinge nicht so leicht Belehrung annehmen, und weil ein gewisser Stolz auf eigene Weisheit, der ziemlich unbelehrbar macht, zu den Verirrungen heutiger Jugend gehört. Aber ich sah doch manche Jünglinge, die sich von diesem Stolz frei erhalten hatten, die mir überhaupt noch belehrbar zu seyn schienen. Dies gab mir den Muth, die mehrmals geäußerten Wünsche meines Verlegers zu erfüllen, und bescheidenen, für Wahrheit offenen Jünglingen meine Erfahrungen mitzutheilen, und meinen Rat zu geben“. Zum Sprachduktus stellt E. fest: „Die Sprache ist etwas derber, männlicher, als in der Schrift für Frauenzimmer. Mir schien's, als müsse sie bei Jünglingen so seyn“. In dem ersten Kapitel des Buches, das er „Erste Vorlesung. Für wen ich schreibe, was ich verspreche und wünsche“ überschreibt, spricht E. die „Jünglinge“ direkt an: „Ich habe Sie um mich her versammelt, Jünglinge, die ich ehre, die jeder Menschenfreund ehren muß, als die Blüte einer künftigen Generation; als die künftigen Gesetzgeber, Lehrer, Vertheidiger, Wohlthäter Ihres Vaterlandes; als die Beglücker des weiblichen, und die Väter eines künftigen Geschlechts. Ich kann Ihnen keine Gesetze geben; und ich wolte nicht, wenn ich auch könnte. Der Jüngling muß sich selbst ein Gesetz seyn; sonst wird er nie ein Mann. Aber was er sich zum Geseze machen solte, das darf ein erfahrender Mann rathen und das nimmt der gute Jüngling an“. Aus diesen Worten spricht die Hochachtung, die der Autor vor den „Jünglingen“ hat, allerdings wird daraus auch klar, daß er sich ausschließlich an die Kreise des Adels und des gehobenen Bürgertums wendet. Großen Wert legt E. auch darauf, daß er den jungen Lesern keine „fiktiven Beispiele“ anbietet, sondern solche, die aus dem wirklichen Leben genommen sind. Dazu meint er: „Wenn ich mich auf Beispiele berufe; es sollen keine erdichtete aus der Romanenwelt, oder der Welt eigener Fantasie seyn, sondern lauter wahre Beispiele! Keine Grandisons, sondern Franklins, Bernstorfs, Ziethens, Sievekings, Fischers, Lavaters! Nicht Richter, la Fontaine, Engel, sondern Biographien sollen meine Quellen seyn. Ich denke, eine wahre Erzählung von den glücklichen Folgen gut durchlebter Jünglingsjahre wirkt mehr, als zehen Fantasiegemälde von Herrmanns und Albano's, mit so glühenden Farben sie auch hingeworfen seyn mögen". E. stellt seine Sittenlehre für Jünglinge unter die Grunddevise: „Der gesunde, vollständige Mensch liebt die Wahrheit. Der durch Sinnlichkeit geschwächte, wird gleichgültig gegen die Wahrheit. Der Lasterhafte hasset sie". Die beiden Sittenbücher E.s erlebten bis zur Mitte des 19. Jahrhunderts mehrere Auflagen.

Werke: Fünf Predigten von der Natur der Liebe (1781); Die Erziehung des Menschengeschlechts nach der Bibel (1783); Lesebuch für die Landschulen (Bd. 1–3, 1788–1793); Predigten über Naturtexte (1789); Über Immanuel Kants Philosophie mit Hinsicht auf die Bedürfnisse der Menschheit (1790); Lazarus für gebildete Christusverehrer (1790); Über Volksaufklärung, ihre Grenzen und Vorteile (1790); Predigten für Untertanen und Eltern (1792); Über Revolution, ihre Quellen und die Mittel dagegen (1792); 50 auserlesene Lieder, bei Sonnenschein, Regen und Heumachen (1792); Glaubensbekenntnis und Vorsätze des Prinzen Kasimir August zur Lippe (1792); Über Regieren und Gehorchen (1792); Die letzten Scenen vor der Wiederkunft Jesu (1794); Vermischte christliche Ideen und Empfindungen (Bd. 1–2, 1794–1795); Abschiedpredigt an meine liebe Detmolder Gemeinde (1796); Wahrheit, Gerechtigkeit, Liebe oder Erklärung an Stolz (1797); Fantasien auf der Reise und bei der Flucht vor den Franken (1797); Die Kunst, ein gutes Mädchen, eine gute Gattin, Mutter und Hausfrau zu werden (Bd. 1–2, 1798); Wie nützt man am besten den Geist seines Zeitalters (1799); Fantasien auf einer Reise durch Gegenden des Friedens (1799); Erklärung über die Schrift des Herrn Hübbe (1799); Salomo. Versuch einer psychologisch-biographischen Darstellung (1800); Ist es noch ratsam die untern Volksklassen aufzuklären? (1800); Kleine vermischte Schriften (1800); Gemeingeist. Ideen zur Aufregung des Gemeingeistes (1800); Beweis daß manche Recensenten in der allgemeinen Litteraturzeitung Unwahrheiten sagen (1801); 6 Lieder (1801); Neuer Kalender auf das Jahr 1802 (1802); Erbauungsbuch für Frauenzimmer aller Confessionen (Bd. 1–2, 1803); Der gute Jüngling, Gatte und Vater, oder Mittel, um es zu werden (1804); Worte eines Vaters an gute Mädchen (1805); Geist und Tendenz der christlichen Sittenlehre (1805); Frohsinn und Religion (1805); Erbauungsbuch für die Jugend beiderlei Geschlechts (1808); Mehala, die Jephtaidin (1808); Einige leitende Ideen über das richtige Verhältnis zwischen religiöser, sittlicher, intellectueller und ästhetischer Bildung (1808); Über Declamation und Kanzelvortrag (1809); Vorlesungen über die Erziehungskunst und Erziehungslehre für Vater, Mutter und Lehrer (Bd. 1–3, 1809–1810); Eheliche Verhältnisse und eheliches Leben (Bd. 1–4, 1810–1813); Ehestandscenen (Bd. 1–2, 1813–1814); Predigten und Reden an feierlichen Tagen (1814); Biblische Erzählungen des alten und neuen Testamentes (Bd. 1–2, 1816–1821); Beispiele des Guten (1813); Menschenbestimmung und Lebensgenuß (1814–1815); Leben und Tod eines christlichen Ehepaars, Dr. J. H. Jung-Stilling und dessen Gattin (1817); Der fürstliche Menschenfreund Friedrich, Markgraf von Baden (1817); Christentumsgeist und Christensinn (1819); Eleusis oder über den Ursprung und die Zwecke der alten Mysterien (1819); Briefe über alte Mystik und den neuen Mysticismus (1821); Schule der Weisheit (Bd. 1–2, 1813, [3]1819).

Erich Strobach

F

Faber du Faur, Irmgard von

*(d. i. Irmgard Mannheimer). Schriftstellerin, Pädagogin, Kinderbuchautorin; *4. 7. 1894 München, †26. 1. 1955 Rüschlikon b. Zürich.*

F. verbrachte die Jugendjahre in Paris und erhielt ihre pädagogische Ausbildung in Genf, Zürich und Berlin. Nach dem Examen war sie als Lehrerin in deutschen Landschulheimen tätig. 1930 heiratete F. den Schriftsteller und Theologen FRANZ MANNHEIMER, mit dem sie 1933 in die Schweiz emigrierte. Zuvor hatte sie für die Kinderstunden des Berliner und Münchner Rundfunks gearbeitet und Beiträge in Kinderzeitschriften veröffentlicht. Nach 1933 erschienen F.s Kindergeschichten zunächst im Schweizer Jugendschriftenwerk, in der Schülerzeitung „Kinderfreund" und im Züricher „Sylvesterbüchlein". Von 1936 an lebte F. in Rüschlikon bei Zürich.

Werk, Tendenzen, Wirkung. F.s schriftstellerische Arbeit wurde durch den Kieler Psychologen JOHANNES WITTMANN bekannt. Er gab ihre Erzählungen und Gedichte mit dem Titel „Kind und Welt" (1929) heraus. Zahlreiche Texte dieses Buches, das wiederholt aufgelegt wurde (zuletzt 1958), sind in Schullesebücher und Sammelbände übernommen worden. 1931 erschienen die Erzählungen und Gedichte dieses Buches thematisch aufgegliedert für Schulanfänger in drei Heften: 1) Sonne, Mond und Sterne; 2) Große und kleine Leute; 3) Märchen. F.s Anliegen war es, der Jugend die Realisierbarkeit friedlicher Beziehungen zwischen den verschiedenen sozialen Gruppen und Völkern zu zeigen. In ihrer historischen Erzählung „Die Kinderarche" (1935) leben die Kinder verfeindeter Ritter und Bauern den Erwachsenen das Ideal eines friedvollen Einvernehmens vor. Die Erzählung „Die Pilgerkinder" (1940), die in der Zeit der Mayflower-Pilgerväter in Amerika spielt, verwirklicht beispielgebend die Verständigung zwischen Weißen und Indianern. F., die auch geistliche Spiele, Märchen-, Laien- und Funkhörspiele schrieb, beschäftigte sich mit der Sammlung und Übersetzung von Kinderreimen aus dem Englischen,

Französischen und Spanischen. Unter dem Titel „Kinderreime der Welt“ (1951) konnte eine erste Teilsammlung erscheinen. Im Nachwort teilt F. darin einige ihrer Untersuchungsergebnisse mit. So erkannte sie wiederkehrende Formen wie Kinderballade, Ketten- und Zahlengedicht und stellte für viele Reime eine erst späte Niederschrift nach oft sehr langer mündlicher Überlieferung fest. Sie sah in den Kinderreimen „Bruchstücke einer Urdichtung“, die sich in allen Völkern ähnele und eine „eigentliche Sprachschule der im Kinde sich immer wieder erneuernde Menschheit bilde“.

Werke: Kind und Welt. Ein Buch für Kinder (1929; NA. u.d.T.: Liebe Welt. Ein Buch für Kinder, 1958); Ein Tag des kleinen Tom (1932); Die Kinderarche (1935, NA. 1949); Die Pilgerkinder (1940); Geschwister. Zwei Kindergeschichten (1942); Die rote Mütze (1949); Die große Reise (1953).

Hrsg.: Kinderreime der Welt (1951).

Bearb.: Von Arab und anderen Pferden. Zusammengestellt von der Interkantonalen Arbeitsgemeinschaft für die Unterstufe (1952).

Margarete Dierks

Fahringer, Karl

*Tier-, Landschafts-, Historienmaler und Illustrator; *25. 2. 1874 Wiener-Neustadt, Todesdatum unbekannt.*

F. bildete sich an der Wiener Akademie unter S. Allemand (* 1840) und A. Eisenmenger (1830–1907), an der Münchener Akademie unter C. v. Marr (* 1858) aus. Er unternahm zahlreiche Studienreisen (Holland, Italien, Frankreich, Ägypten, Türkei, Bosnien, Albanien, Sundainseln). Im Ersten Weltkrieg malte er als Frontoffizier das Kriegsgeschehen auf dem Balkan und im Zweiten Weltkrieg das in Frankreich und Griechenland (Bilder im Heeresmuseum in Wien). F. nahm an Wiener Sezessionsausstellungen teil und wurde 1944 mit der Goldenen Ehrenmedaille des Wiener Künstlerhauses ausgezeichnet.

Werk, Tendenzen, Wirkung. F.s besonderes Interesse an Tieren, insbesondere an exotischen Tieren, war für die Thematik vieler Bilder ausschlaggebend und führte zu seinen künstlerisch eindrucksvollsten Leistungen (Tiger und Schlange, 1908; Flamingos, 1908; Junge Löwen am Wasser, 1914, u. a.). Tierdarstellungen widmete er ebenso viele Aquarelle und Skizzen, die auf seinen Reisen in den Orient entstanden. Sie finden sich auch in seinen Kinderbuchillustrationen. F. zählt mit zu den besten Illustratoren der ‚Gerlachschen Jugendbücher‘ (seit 1901). Er bebilderte unter anderem „ Lustige Märchen aus aller Welt“ (1904), Hauffs Märchen (1926), Brehms „Tiere des Waldes“ (1927). F. bevorzugte eine sehr feine Strichführung und arbeitete seine Zeichnungen bis ins Detail aus. Das führte zu lebendigen und realistischen Tierdarstellungen, so zum Beispiel der Ausgabe von J. W. von Goethes „Reineke Fuchs“ (1902). Originell sind in diesem Buch die den Text nach oben abschließenden dekorativen Randleisten, die von zahlreichen Tieren in Ausschnittform bevölkert werden. Die Farbe spielt in den Illustrationen F.s eine eher untergeordnete Rolle. Gelegentlich werden einzelne Flächen leicht getönt.

Werke: L. Bechstein: Märchen-Sammlung. Bd. 3 (1901); J. W. v. Goethe: Reineke Fuchs (1902); J. u. W. Grimm: Kinder- und Hausmärchen (1902); Lustige Märchen aus aller Welt (1904); W. Hauff: Ausgewählte Märchen (1912); D. Defoe: Robinson Crusoe (zus. mit E. Liebermann, 1913); W. Hauff: Die Geschichte vom Kalif Storch (1926); K. Fahringer (zus. mit Fr. Wacik): Für's Kind (1926); H. Probst: Bei allerlei Tieren (1926); K. Fahringer: Die Tiere des Waldes (1927); H. L. Linkenbach: Im Zoologischen Garten (1927); K. Fahringer: Gut Freund (1928); Im Tierpark (1928).

Margund Claussen

Falkenhorst, C.

*(d.i. Stanislaus von Jezewski). Reiseschriftsteller, Jugendbuchautor, Redakteur der „Gartenlaube“; *5. 2. 1853 Zakrzewo (Westpreußen), †27. 10. 1913 Jena.*

F. studierte Naturwissenschaften und lebte ab 1904 als Redakteur und freier Schriftsteller in Jena.

Werk, Tendenzen, Wirkung. F. schrieb neben seiner Tätigkeit als Redakteur der „Gartenlaube“ Reiseerzählungen und kolonialistische Jugendgeschichten. Bevorzugte Handlungsorte waren die deutschen Kolonien in Südwest- und Ostafrika. Schilderungen von Nord- und Südamerika oder der Südsee nehmen einen vergleichsweise geringen Raum ein. Neben seiner „Bibliothek denkwürdiger Forschungsreisen“, in der er unter anderem die Schicksale berühmter Forschungsreisender wie Emin Pascha und H. M. Stanley wiedererzählte, fanden seine Kolonialerzählungen der Serie „Jung-Deutschland in Afrika“, die sich an junge Leser wandte, weite Verbreitung.

F. wollte mit seinen Geschichten bei den jungen Lesern das Interesse an Deutschlands Kolonialbesitzungen wecken und zugleich Kenntnisse fremder Länder und Völker vermitteln. Das erste Bändchen enthält die Pflanzengeschichte „Der Baumtöter“ (1894). Wie F. im Vorwort zu „Der Baumtöter“ erklärt, wollte er keine märchenhaften Abenteuererzählungen liefern, sondern zur Belehrung und Vermehrung geographischer Kenntnisse beitragen. Hinter dieser harmlos anmutenden Absichtserklärung verbirgt sich F.s Auffassung, daß Afrika als Tätigkeitsfeld „deutschen Fleißes und deutscher Thatkraft“ ohne Rücksicht auf Recht und Interesse der eingeborenen Bevölkerung anzusehen sei. So formuliert er: „Es gilt nunmehr jene Länder zu erschließen, sie, die in Barbarei versunken sind, zu lichteren Höhen der Gesittung emporzuführen.“ F. betrachtet es als eine Aufgabe der Deutschen, die „von Natur aus faulen“ Eingeborenen in den Kolonien, die der leitenden und schützenden Hand bedürften, zur Arbeit zu erziehen. Die Erzählung „Der Baumtöter“ beginnt als einfache Pflanzergeschichte – sie berichtet von den Erlebnissen Hans Ruhls, der zum Kautschuksammler wird –, um sich immer mehr den Kämpfen gegen Eingeborene zuzuwenden, weil „die Straßen in den Kautschukwäldern" sicherer werden müssen. In den Afrikanern sollten „Bedürfnisse ... nach den Gütern gebildeter Menschen geweckt werden, und endlich sollten sie der Arbeit zugeführt werden". Lehnten sich die Eingeborenen gegen die aufgezwungene Lebens- und Arbeitsweise auf, mußte mit militärischer Gewalt nachgeholfen werden. In dem Bändchen „Der Sklave der Haussa" (1894) veranschaulicht F., wie er sich das „ideale" Verhältnis zwischen Deutschen und Eingeborenen dachte. Er beschreibt es paternalistisch als das eines Vaters zu seinen unmündigen Kindern und versteigt sich zu der Aussage, daß in Afrika „deutsche Männer thätig sind, um den Menschenrechten Achtung zu verschaffen und den Samen der Kultur auszustreuen". Eine wichtige Hilfe für diese Menschen sieht F. in einer engen Zusammenarbeit von Handel und christlicher Missionierung. In den Erzählungen „Unter den Palmen von Bagamojo" (1904) stehen nicht zufällig „Gottesfurcht und Arbeit" als Ideale nebeneinander.

Werke (Auswahl): In Kamerun. Zugvogels Reise- und Jagdabenteuer (1887); Sturmhaken. Franz Sturms Abenteuer im Bismarck-Archipel (1889); Abenteurer. Bunte Bilder aus der Geschichte der Entdeckungsreisen (1890); Der Ostafrikaner. Eine deutsche Kolonialgeschichte aus vergangener Zeit (1890); Eldoradofahrer. Eine deutsche Kolonialgeschichte aus vergangener Zeit (1890); Aus der Zeit der Entdeckung Amerikas (1891); Am Victoria-Njansa. Eine ostafrikanische Kolonialgeschichte (1893); Jung-Deutschland in Afrika. Kolonialerzählungen für jung und alt (Bd. 1–11; 1894–1897); Die Helden vom Vaal. Eine Geschichte aus dem südafrikanischen Kriege (1900); Leonida Harpyia. Eine Geschichte aus Venezuela (1903); Jung-Deutschland in der Südsee Bd. 1–2 (1903); Unter den Palmen von Bagamojo (1904); Bahnbrecher im Kameruner Urwalde (1904).

Winfred Kaminski

Fechner, Clara

*Jugendschriftstellerin; *1810 Zschartau (Erzgebirge), †21.6.1900 Leipzig.*

F., geborene Volkmann, war seit 1833 mit dem Leipziger Physikprofessor Gustav Theodor Fechner (1801–1887) verheiratet, der sich später der Philosophie zuwandte und unter dem Pseudonym „Dr. Mises" auch belletristische Schriften – vor allem Satiren, allegorische Märchen und Gedichte – veröffentlichte.

Werk, Tendenzen, Wirkung. F.s einzige Publikation ist die Sammlung „Die schwarze Tante" (1848, [10]1922; auch Übersetzung ins Englische), die anonym erschien und mit 48 Holzschnitten nach Ludwig Richter illustriert war. Wie in der Titelgeschichte angedeutet wird, ist F. durch das mündliche Erzählen für die Kinder von Verwandten zum Schreiben gekommen. Fast alle der – abgesehen vom letzten Text, „Nußknakker und Zuckerpüppchen" – durchweg kurzen Geschichten haben den Charakter von Kunstmärchen; nur „Die Roßtrappe" und „Prinzessin Unka" lassen Eigentümlichkeiten der Ortssage erkennen. F.s Kunstmärchen erinnern in Stoff und Thematik mitunter an die von Hans Christian Andersen (1805–1875), ohne jedoch deren literarischen Rang zu erreichen.

Werke: Die schwarze Tante. Märchen und Geschichten für Kinder (1848, [10]1922).

Alfred Clemens Baumgärtner

Feddersen, Jakob Friedrich

*Theologe, Pädagoge, Verfasser religiös-moralischer Schriften für Kinder und Jugendliche; *31.7.1736 Schleswig, †31.12.1788 Altona.*

Nachdem F. sein Theologiestudium in Jena beendet hatte, trat er 1760 eine Stellung als Cabinetsprediger des Herzogs von Holstein-Augustenburg an. 1765 wurde er Pfarrer der evangelisch-lutherischen Gemeinden von Ballenstädt, Bernburg und Harzrode, zugleich Hofprediger der Fürstin von Anhalt. In dem Zeitraum von 1769 bis 1788 hatte F. verschiedene Ämter inne. Zunächst wirkte er als dritter Prediger an der Johanneskirche zu Magdeburg, wurde 1777 als Domprediger nach Braunschweig berufen und 1785 zum Hofprediger der Herzogin von Braunschweig bestellt. Drei Jahre später erhielt F. seine Ernennung zum dänischen Konsistorialrat, Probst der Kirchen und Inspektor der Schulen zu Altona und beendete sein Leben als Gymnasiarch des Christianums und Ephorus des königlichen Pädagogiums zu Altona.

Werk, Tendenzen, Wirkung. F.s bedeutendste Werke für Kinder und Jugendliche entstanden in den siebziger und achtziger Jahren des 18. Jahrhunderts. 1775 erschien „Das Leben Jesu für Kinder", eine Christusvita, in der am Beispiel des Lebens und der Lehren Jesu praktische Anweisungen zur Gestaltung des eigenen Lebens vermittelt werden. F. war der Auffassung, daß die Beschreibung der „Denkungs-, Lehr- und Lebensart Jesu" einen „gesegneten Einfluß" auf die „Erziehung der Kinder zum Guten" habe. So sollte die Lektüre dieses Werkes ein erster Schritt im Rahmen der Erziehung sein, und er weist ausdrücklich darauf hin, daß die „aus diesem Büchlein erlangte Erkenntnis von Jesu Christo, nur der Anfang der rechten Erkenntnis von ihm ist". So sei auch die wiederholte Lektüre der Bibel unerläßlich, und er ermahnt seine Leser eindringlich: „Wenn ihr zu einem reifern Alter und Verstande werdet gekommen seyn: so denket selbst weiter nach über die Lehren, Tugenden, Thaten und Schicksale Jesu!" Die einzelnen Kapitel werden stets mit Gebeten und Sittenlehren abgeschlossen, die Anleitungen zur Gewissenserforschung enthalten und Konsequenzen für das eigene Leben aufzeigen. Im Anschluß hieran erschien 1776 die Historienbibel „Lehrreiche Erzählungen für Kinder aus der biblischen Geschichte", die F. als Fortsetzung des „Leben Jesu" verstanden wissen wollte. Diese Sammlung enthält Bearbeitungen von Bibeltexten des Alten und des Neuen Testamentes in chronologischer Folge, denen ausführliche Sittenlehren beigefügt sind. 1777 und 1780 veröffentlichte F. das moralische Exempelbuch in 2 Teilen „Beyspiele der Weisheit und Tugend aus der Geschichte“, in dem, meist in Form von kurzen Anekdoten, Persönlichkeiten aus verschiedenen Jahrhunderten vorgestellt werden, deren Lebenswandel die Kinder zur Nachfolge ermuntern soll, wie aus den beigefügten Auslegungen, Ermahnungen und Gebeten des Verfassers hervorgeht. Es folgten im Rahmen der religiösen Erbauungsliteratur biblische Lese- und Sittenbücher und religiöse Spruchsammlungen, wie die „Sittensprüche des Buchs Jesus Sirach für Kinder und junge Leute“ (1782). F. wollte mit seinen Werken die Kinder zur „christlichen Weisheit und Frömmigkeit“ führen (Lehrreiche Erzählungen) und zu der Menschen „Belehrung, Warnung und Besserung“ beitragen. Er ist denn auch bestrebt, sich bei der Aufbereitung des Stoffes dem kindlichen Fassungsvermögen und seinem Erfahrungsbereich anzupassen. So werden beispielsweise die Gebote Gottes an Moses speziell für Kinder ausgelegt, und die Vorbildfunktion der Werke in besonderem Maße auf das Verhältnis zwischen Eltern und Kindern konzentriert. Der Tugendkatalog, den F. aufstellt, entspricht weitgehend dem Gedankengut der Aufklärung. So weist er häufig darauf hin, daß der Wert eines Menschen nicht durch die Geburt bestimmt werde. Er stellt Verstand, Lernen, Fleiß, Menschen- und Gottesliebe über Reichtum und Abstammung, dennoch hält er die Standesunterschiede für gottgewollt und daher legitim: „Genieße, was dir Gott beschieden, / Entbehre gern, was du nicht hast. / Ein jeder Stand hat seinen Frieden, / Ein jeder Stand auch seine Lust. // Gott ist der Herr, und sein Segen / Vertheilt er stets mit weiser Hand; / Nicht so, wie wirs zu wünschen pflegen, / Doch so, wie ers uns heilsam fand“ (Beyspiele der Weisheit und Tugend). Auch der Toleranzgedanke der Aufklärung klingt häufig bei F. an; eindringlich ermahnt er seine Leser: „Hütet euch von Jugend auf vor allem Religionshaß! das ist, seyd deswegen keinem Menschen feind, weil er nicht euren Glauben hat“ (Lehrreiche Erzählungen). Die zeitgenössische Rezeption der Werke F.s war überwiegend positiv. SAMUEL BAUR (1790) hebt in seinem Rezensionsorgan hervor, daß F. die Materie „so ganz ohne Schultheologie behandelt, und so recht in den Gesichtskreis der Kinder gebracht“ hatte. Er empfiehlt allen Eltern, „die ihren Kindern nützliche Bücher schaffen können, und den großen Nuzen, die sie durch biblische Geschichte auch zur Gottseligkeit zu bilden, einsehen“, das „Leben Jesu“, die „Lehrreichen Erzählungen“ und das „Biblische Lesebuch“ anzuschaffen. Das „Leben Jesu“ wurde bis 1827 mehrfach aufgelegt, wobei die dritte verbesserte Auflage von 1781 sich laut Vorrede ausschließlich „an die Kinder in der Hof- und Domgemeinde zu Braunschweig“ wendet. 1790 erschien das Werk in einer Bearbeitung von P. W. HÜFFER als Lehrbuch „für katholische Kinder und Schulen“ mit einer Einteilung in Lektionen und hinzugefügten spezifisch katholischen Glaubensgegenständen. Sie enthält einige zusätzliche Gleichnisse, eine „Unterweisung von dem katholischen Beichtgebote“ und „vom heiligen Abendmahle“ und ein Kapitel über die „Sünde einer unwürdigen Kommunion“. Die neuere Kritik richtete sich überwiegend gegen die stark moralisierende Tendenz der Werke. So führt GÖHRING aus (1904, S. 65), F. habe „viel zu viel den Beichtvater gespielt, dem die Gebetsformeln, Ermahnungen und Tröstungen etwa so geläufig vom Munde fließen, wie dem Advokaten die Paragraphen der Gesetzesbücher“ und kritisierte sodann die Ausführlichkeit der moralischen Belehrungen: „Wie in seinen profanen Erzählungen, so fügte er auch hier (gemeint sind die Lehrreichen Erzählungen, d.V.) zu einer Tatsache von vier Zeilen seitenlange Betrachtungen etc., worin er sich schließlich den Ruf eines Spezialisten erwarb, die sich aber anhören, wie der Verlauf der Bibelkatechese eines Neulings von Predigtamtskandidaten in einer Dorfkirche.“ EGON SCHMIDT (1974) geht ausführlich auf die „Beyspiele der Weisheit und Tugend“ ein und hebt das an der bürgerlichen Ethik orientierte Verständnis von Christentum hervor.

Werke: Die Beredsamkeit, als die prächtige Heroldin des Schönen und Nutzbaren in den Wissenschaften (1756); Beredsamkeit und Dichtkunst sind die vertrautesten Freundinnen der Gottesgelahrtheit (1758); Lehren der Weisheit für Frauenzimmer (1760); Der Lebenswandel Jesu ist das schönste Muster der Sittenlehre (1762); Würden und Glückseligkeiten des Christen (1766); Predigten bei Veränderungen seines Amtes gehalten (1767); Die öffentliche Erneuerung des Taufbundes, als eine segensreiche Handlung für das ganze zukünftige Leben (1768); Nachricht von dem Zustand der lutherischen Gemeinde im Anhalt-Bernburgischen (1768); Andachten im Leiden und auf dem Sterbebette (1772); Unterhaltungen mit Gott, bei besonderen Fällen und Zeiten (1774, [6]1816); Über den Trost eines rechtschaffenen Predigers (1775); Leben Jesu für Kinder (1775, [7]1827); Lehrreiche Erzählungen für Kinder aus der biblischen Geschichte (1776, [5]1825); Nachrichten von dem Leben und Ende gutgesinnter Menschen (1776–1790); Abschieds- und Antrittspredigt (1777); Betrachtungen und Gebete über Arndts wahres Christenthum (Bd. 1–2. 1777–1779); Beyspiele der Weisheit und Tugend aus der Geschichte (Bd. 1–2. 1777–1780); Dreimal drei Reden über die Übereinstimmung der Freimaurerei mit der Religion (1777–1780); Christliche Vorschriften bei den Freuden und Widerwärtigkeiten dieses Lebens (1780); Christliches Sittenbuch für den Bürger und Landmann (1782); Sittensprüche des Buchs Jesus Sirach für Kinder und junge Leute (1782); Biblisches Lesebuch für Kinder von reiferm Alter (1782); Heinrich Sanders gutes Leben und Ende (1784); Maximilian Jul. Leopold, Herzog zu Braunschweig (1785); Jesus Sirach für Kinder (1786); Leben und Charakter Chr. F. Sturms (1786); Confirmationsreden (1787); Reden bei der Confirmation der drei Prinzen von Braunschweig und Lüneburg (1787); Braunschweigische Abschieds- und Altonaer Antrittspredigt (1788); Kleines biblisches Sittenbuch für Kinder von reiferm Alter, darin Salomins Bücher zu ihrer Erbauung angewandt sind (1789).

Sekundärliteratur: S. Baur: Charakteristik der Erziehungsschriftsteller Deutschlands (1790). – H. Doering: Die deutschen Kanzelredner des 18. und 19. Jahrhunderts (1830). – L. Göhring: Die Anfänge der deutschen Jugendliteratur im 18. Jahrhundert (1904). – S. Köberle: Jugendliteratur zur Zeit der Aufklärung (1972). – H. Rommel: Das Schulbuch im 18. Jahrhundert (1968). – E. Schmidt: Die deutsche Kinder- und Jugendliteratur von der Mitte des 18. Jahrhunderts bis zum Anfang des 19. Jahrhunderts (1974).

Susanne Hahn

Feige, Emilie

*(d.i. Sabine Eberhardt). Kinderbuchautorin; *15.3.1801 Preußisch-Minden, † um 1860 Dresden.*

Werk, Tendenzen, Wirkung. F. war eine der Hauptlieferanten von Beiträgen für das „Berliner Kinderwochenblatt", das der Berliner Verleger GEORGE GROPIUS herausgab. Daneben verfaßte sie eine Anzahl von Kinderbüchern mit kleinen Erzählungen und Versen. Neben moralischen Geschichten aus dem Alltag von Kindern gebildeter Kreise schrieb sie für ihre Sammelbände auch Beiträge belehrender Natur, wie Reisebeschreibungen oder naturkundliche Artikel. In ihren Beiträgen zeigte die Autorin oft Ansätze zur Illustrier tenberichterstattung. Waren ihre Geschichten auf der einen Seite moralisch-sentimental angelegt, so zeigten sie andererseits eine Vorliebe für Sensationelles oder bekräftigten bestehende Vorurteile. Sehr deutlich wird dies in der Erzählung „Die Reise nach dem St. Bernhard", die sich in dem dritten Band der dreibändigen Buchreihe „Der Berliner Jugendfreund. Eine Sammlung von Erzählungen für die Jugend beiderlei Geschlechts", die von 1837 bis 1840 im Gropius-Verlag erschien, findet. Die Geschichte erzählt von einem Ausflug, den der Erzieher Wilfort mit seinen Zöglingen in den Sommerferien als Belohnung für ihr gutes Benehmen unternimmt. Auf ihrem Weg kommen die Jungen auch nach dem Städtchen Martigny, das „jedem eine unbehagliche Empfindung" einflößte. Hier erblikken die Jungen zum ersten Mal geistig Behinderte. Aus den Worten, mit denen F. diese Begegnung schildert, klingt einmal der Abscheu vor solchen „Cretins", zum anderen aber auch das Vorurteil, daß solche geistigen und körperlichen Mißbildungen als Strafen Gottes für unrechtes Tun seien. „Ueberall lagen diese mißgestalteten Wesen auf dem Dünger und Kehrigthaufen vor den Thüren der Häuser, sahen die Fremden mit stieren, neugierigen Blicken an, warfen ihnen Kußhände zu und bettelten um eine Gabe. Einige Münzen, die Herr Wilfort unter sie auswarf, machten ihre stumpfen Sinne so viel wie möglich rege, dennoch blieben sie mehr dem gedankenlos vor sich hinglotzenden Thiere gleich, als daß sie das edle Bild denkender und fühlender Wesen wieder gaben.". Wie sehr die Autorin an Stelle exakter Information Sensationelles in ihren Bericht einbaute, zeigt sich bei der Erzählung einer angeblichen Augenzeugin, die von der Untat eines Königsadlers berichtet, der ein Kind davongetragen habe. Der Vater des Kindes, ein Gemsenjäger, habe mit seinem Gewehr den Adler erschossen, dabei den Adler zwar getötet, aber auch sein Kind durch den Kopf getroffen. Die Mutter sei vor Kummer darüber rasch gestorben, der Vater schleiche seitdem wie ein Schatten umher. Und die Erzählerin der blutrünstigen Schauergeschichte endet ihre Erzählung mit den Worten: „Lassen Sie die Eier nicht kalt werden; kosten Sie meine Butter und das Brot".

Am bekanntesten wurde die Autorin durch ihre Texte zu dem Bilderbuch „Der kleine Gesellschafter für freundliche Knaben und Mädchen von 5 bis 10 Jahren", das 1836 in Berlin erschien. Die Anregung zu diesem Bilderbuch ging von dem Verleger GROPIUS aus, der dem erfolgreichen Bilderbuch „Fünfzig Fabeln für Kinder", das mit Versen von WILHELM HEY und Illustrationen von OTTO SPECKTER 1833 bei dem Hamburger Verleger FRIEDRICH PERTHES erschienen war, ein ähnliches Berliner Kinderbuch an die Seite stellen wollte. Dafür gewann er F. als Textautorin, den jungen ADOLF MENZEL (1815–1905) als Illustrator. In der äußeren Anordnung des Büchleins mußten sich F. und MENZEL genau an das Hamburger Vorbild halten: Jedes der dreißig zwölfzeiligen, in fetter Fraktur gedruckten Gedichte mußte mit einer vignettenartigen Zeichnung geschmückt werden. Sicher ist es mehr den künstlerisch anspruchsvollen Federzeichnungen MENZELS als den oft recht läppischen Versen der F. zu verdanken, daß das Buch noch heute als ein Kunstwerk der Kinderliteratur des frühen 19. Jahrhunderts angesehen wird, obwohl in der Erstausgabe zwar der Name der Autorin, aber nicht der des Künstlers genannt wurde. Während die Verse von F. im Vergleich zu denen von HEY in der Kritik schlecht wegkommen, werden die Zeichnungen von MENZEL als ebenbürtig zu denen von SPECKTER angesehen, manche Kritiker, wie HEINRICH SCHWARZ, der 1924 einen Faksimiledruck des Buches herausbrachte, finden „die Speckterschen Illustrationen neben denen Menzels arm und kümmerlich".

Werke: Der kleine Gesellschafter für freundliche Knaben und Mädchen von 5 bis 10 Jahren (1836); Der Berliner Jugendfreund. Eine Sammlung von Erzählungen für die Jugend beiderlei Geschlechts (Bd. 1–3. 1837–1840; zus. mit anderen); Der Veilchenstrauß. Eine Sammlung kleiner Erzählungen für die Jugend beiderlei Geschlechts (1838); Drittes Berliner ABC- und Lese-Buch. Allen artigen und fleißigen Kindern zum Nutzen und Vergnügen gewidmet (1841); Ende gut, alles gut. Eine Reihe unterhaltender Erzählungen und merkwürdiger Begebenheiten (1841); Scherz und Ernst. Kleine Erzählungen und Gedichte für Kinder (1841, zus. mit G. Holting); Festgabe in 12 illuminierten Bildern mit Text (1844); Kinderfreuden in 12 illuminierten Bildern mit Text (1844); Hebe. Eine Sammlung von Erzählungen, Gedichten, Rätseln und Charaden für die Jugend beiderlei Geschlechts (1844).

Helmut Müller

Fekete, István

*Ungarischer Schriftsteller, Lehr- und Fachbuchautor; *25.1.1900 Gölle, †23.6.1970 Budapest.*

F., Sohn eines Volksschullehrers, erwarb ein Diplom an der Akademie für Landwirtschaft. Ende der dreißiger Jahre begann er zu schreiben, nachdem er mit seinem Jugendroman „A koppányi aga testamentuma" (1937) literarische Preise gewonnen hatte. In der Folge veröffentlichte F. Erzählungen, Romane, wissenschaftliche und didaktische Werke. Einige seiner Bücher wurden in fremde Sprachen übersetzt, verfilmt, für Funk und Fernsehen bearbeitet. Für das Jugendbuch „Tüskevár" (1957) erhielt F. 1960 den József Attila-Preis; 1970 wurde er mit dem Verdienstorden für Arbeit ausgezeichnet.

Werk, Tendenzen, Wirkung. F., der zu den meistgelesensten Jugendschriftstellern Ungarns zählt, wurde durch seine Tierbücher bekannt (Kele, 1955; Lutra, 1955; Bogáncs, 1957; Vuk, 1965; Hu, 1966). Er verbindet naturgetreue Schilderung und wissenschaftliche Exaktheit bei der Darstellung der Lebensbedingungen und Verhaltensweisen der Tiere. Die Jugendromane „Tüskevár" (1957) und „Téli berek" (1959) beweisen F.s Einfühlungsvermögen in die Probleme Heranwachsender. F. zeichnet ein differenziertes Bild der sozialen und psychischen Spannungen, die sich zwischen Kindern und ihren Eltern, Erziehern und anderen Erwachsenen entwickeln können. Im Vergleich zu seinen Naturdarstellungen wirken die Schilderungen gesellschaftlicher Verhältnisse eher blaß und unzulänglich. F. bleibt hier in der Methode anekdotisch und ist konservativen Ansichten verhaftet.

Werke: A koppányi aga testamentuma (1937); Csi (1940); Lutra. Egy vidra regénye (1955; dt. Lutra. Die Geschichte eines Fischotters, 1973); Kele (1955); Tüskevár (1957; dt. Im Bannkreis der Dornenburg, 1965); Bogáncs (1957; dt. Hund der Hirten und Herden, 1963); Téli berek (1959); Vuk (1965); Hu (1966); Ballagó idő (1970).

Sekundärliteratur: F. Vati Papp: Fekete István (in: M. Balázs-F. Vati Papp: Írók, képek. 1975. 65–77). – M. Csulák: Százezrek írója (in: Könyv és Nevelés. 1974. 4–5. 160–167).

Béla Tóth

Felseneck, Marie von

*(d.i. Maria Luise Mancke; andere Pseudonyme: William Forster, M. Weißenburg). Jugendschriftstellerin; *29. 11. 1847 Leipzig, †29. 8. 1926 Berlin.*

F. wurde als Tochter eines sächsischen Oberstabsarztes geboren und erhielt ihre erste Ausbildung in der Bürgerschule von Leipzig. Später siedelte sie mit der Familie nach Dresden über. Durch die Bekanntschaft mit zahlreichen Künstlern und Schriftstellern, die im väterlichen Hause verkehrten, wurde F. zur schriftstellerischen Arbeit angeregt. Nachdem sie zunächst eine Reihe von naturhistorischen Aufsätzen für verschiedene Zeitschriften verfaßt hatte, wandte sie sich ab 1893 der Jugendschriftstellerei zu. Ab 1896 hatte F. ihren Wohnsitz in Berlin.

Werk, Tendenzen, Wirkung. Seit 1893 veröffentlichte F. in rascher Folge ihre zahlreichen Schriften, die schwerlich mit der Zielsetzung des „Vereins zur Reform der Jugendliteratur" übereinstimmten, dessen Schatzmeisterin sie zeitweilig war. Bekannt wurde sie als Mädchenbuchautorin vor allem unter dem mit Adelsprädikat ausgestatteten Pseudonym Marie von Felseneck. Ihre kulturhistorischen Aufsätze dagegen erschienen unter dem fremdländisch klingenden Pseudonym William Forster. Der primitiven Aufmachung ihrer vielgelesenen Bücher, die vorwiegend in dem Berliner Weichert-Verlag erschienen, entspricht der Inhalt, aber auch die Publikationsstrategie des Verlages. So erschienen Neuauflagen des gleichen Buches oft unter einem neuen Titel. Obwohl die Autorin auch traditionelle historische (Porträts historischer Personen) und abenteuerliche Stoffe (Expeditionen) heranzog, waren ihre verbreitetsten Erzählungen im Bereich des üblichen Mädchenbuches zu finden. Gehäuft brechen in diesen Schriften schreckliche Katastrophen über meist junge Mädchen oder ganze Familien herein. „Schicksal, Schicksal, Deine Hand lastet schwer auf mir und meinem Hause"; dieser Seufzer des Grafen Harry in der Erzählung „Heimatlos" (S. 233) charakterisiert die Mädchenbücher der Autorin. Trotz aller Anstrengungen und Aufopferung der jeweiligen Romanheldin bleibt deren Lage bis kurz vor Schluß fast aussichtslos. Dann aber hat die Vorsehung ein Einsehen, und alles endet gut. So wird häufig sehr abrupt die bis dahin energisch und tatkräftig gezeichnete Heldin mit einem wohlsituierten älteren Ehemann belohnt, dem sie die angepaßte „kleine Frau" sein darf. Stil und Sprache der Autorin nähern sich den heutigen Heftchenromanen. Die Autorin sah sich selbst wohl eher in der Nähe der vielgelesenen AGNES GÜNTHER. Mentalität und Ton der Geschichten der Autorin sind auf Berlin und dessen Umgebung abgestimmt, wo sie auch massenhaft gelesen wurden. Im süddeutschen Raum konnten sich die Schriften von F. weniger durchsetzen.

Werke (Auswahl): In Freud und Leid. Erzählungen (1893); Die schönsten Sagen und Märchen der Inseln Usedom und Wollin (1895); Draußen und Daheim. Erzählungen (1896); Aus dem Wunderlande Indien. Sagen und Märchen (1896); Aus eigener Kraft (1896); Aus der Pension ins Leben (1896); Heideröschen (1896); Liesa und Lieschen (1896); Muttersegen baut den Kindern Häuser (1896); Königin Luise. Lebensbild (1897); Die kleine Wilde (1897); Heimatlos (1898); Bis an den Nordpol. Aus dem Tagebuch eines Seemanns (1898); Fräulein Doktor. Ringen und Streben eines deutschen Mädchens (1898); Kaiser Friedrich III. Lebensbild (1899); Fürst Bismarck. Lebensbild (1899); Die Schriftstellerin. Forderungen, Leistungen, Aussichten in diesem Beruf (1899); Was die rote Suse erzählt (1899); Eine unverstandene Frau (1900); Unschuldig angeklagt und andere Kriminalnovellen (1900); Was Gertrud erlebte (1900); Der Wildfang von Wulkow (1901); In Untreue treu (1902); Drei Freundinnen (1903); Aus verklungenen Tagen. Memoiren eines Sonderlings (1903); Elternlos (1904); Försters Töchterlein (1904); Um Ehre und Leben (1904); Des Hauses Sonnenstrahl (1905); Heidekomteßchen (1905); Heimgefunden (1905); Die Schwestern (1905); Marienglück (1905); Ein Recht auf Glück (1906); Die blonde Monika. Eine Pensionsgeschichte (1907); Aus Pommerns Vergangenheit. Sagen und Erzählungen (1908); Als der Flieder blühte. Sagen (1908); Frühlingsstürme. Unseren Töchtern erzählt (1908); Ohne Talent (1909); Das zweite Gesicht (1910); Fräulein Studentin (1910); Fräulein Kobold (1910); Der Weg ins Leben (1910); Im Stieglitznest. Die Jagd nach dem Glück (1911); Frau Majors Töchterchen (1912); Amtmanns Älteste (1913); Märchen und Sagen (1913); Pensionsmädel (1913); Aus Erdmutes Jugendzeit (1914); Dem Leben entgegen (1914); Ein Schwesternabend (1914); Landwehrmanns Einzige (Bd. 1–3. 1915–1916); Trotzkopfs Erlebnisse im Weltkrieg (1916); Elfriede (Bd. 1–2. 1918–1919); Trotzkopf heiratet (1919); Das lustige Kleeblatt (1920).

Aiga Klotz

Felsing, Otto

*Literaturwissenschaftler, Zeitschriftenredakteur, Schriftsteller; *12. 1. 1854 Berlin, † um 1920 Berlin.*

F. erhielt seine Schulausbildung in Berlin. Er studierte seit 1872 in Halle und seit 1874 in Jena Philologie, Kunst- und Literaturgeschichte. Sein Interesse für englische Literatur führte ihn 1875 zu einer Studienreise nach England. Nach der Rückkehr wurde er 1876 Redakteur bei der „Saalezeitung" in Halle. Nachdem F. den Militärdienst abgelegt hatte, ging er 1878 als Redakteur des „Braunschweiger Tageblatts" nach Braunschweig. Im Jahr 1885 siedelte er wieder in seine Heimatstadt Berlin über, wo er als Redakteur der „Berliner Presse" tätig war. Im Jahr 1887 heiratete F. die Schriftstellerin HELENE PICHLER (1848–1906).

Werk, Tendenzen, Wirkung. Nachdem F. mit seinem Schauspiel „Die Tochter des Präsidenten" (1882) einigen Erfolg zu verzeichnen hatte, schrieb er in der Folgezeit Schauspiele, Romane und Essays aus der Theaterwelt. Weiter bekannt wurde er mit seinen Jugenderzählungen, die er um die Jahrhundertwende zu schreiben begann. Sein verbreitetstes Jugendbuch führte in die Südsee, einen Schauplatz, den er für zahlreiche weitere Jugenderzählungen wählte (Sturmvogel, Fahrten und Abenteuer in der Südsee, 1903). Daneben verlegte er seine abenteuerlichen Erzählungen nach Afrika, vor allem in die Gebiete, die gegen Ende des 19. Jahrhunderts von dem deutschen Kaiserreich als Kolonien erworben wurden. Die meisten seiner Erzählungen sind in Deutsch-Ostafrika angesiedelt.
In einem Band mit dem Titel „Professor Robinson. See- und Insel-Abenteuer" (1906) setzt sich der Autor in einem zweiseitigen Vorwort, das sich an erwachsene Leser richtet, mit der Frage der richtigen Jugendliteratur auseinander. So weist er darauf hin, daß es sein Bestreben sei, „nicht nur der jugendlichen Lesewelt das Beste zu geben, was ich überhaupt zu geben vermag – ‚für die Jugend ist das Beste gerade gut genug!' – sondern damit auch, soweit es an mir ist, eine Brücke zu schlagen zwischen der Jugendliteratur und der Literatur für Erwachsene, die Scheidung zwischen der Art beider aufzuheben" und er fährt fort: „Das kann nur geschehen, wenn das der heranreifenden Jugend in die Hand zu gebende Buch auch das Interesse des gereiften Mannes zu erwecken und festzuhalten, seiner in der Lebensarbeit gewonnenen prüfenden Einsicht standzuhalten vermag". Diese sicher auf WOLGAST zurückgehenden Gedanken F.s, der seine Abenteuerbücher in offener Unbescheidenheit zu „dem Besten" rechnete, finden allerdings keineswegs ihre Entsprechung in den vorgelegten Abenteuererzählungen. Vieles, was WOLGAST verurteilte, findet sich in F.s Erzählungen wieder. In seiner einseitigen Betrachtung der Welt der Weißen gegenüber den Eingeborenen der Kolonien, in seinem nationalistischen Hochmut, der die militaristisch-imperialistischen Abenteuer des Wilhelminischen Kaiserreiches als für den jungen Deutschen nachvollziehbare hehre Abenteuer hochstilisiert, verfaßte F. jene „Tendenzliteratur", die WOLGAST ablehnte. In der Aneinanderreihung sensationeller Abenteuer und gefährlicher Erlebnisse, die lediglich durch die dauernde Aufrechterhaltung einer äußeren Spannung ohne einsehbare Logik begründet wird, schuf F. jene seichte, allein auf Spannung angelegte Unterhaltungsliteratur, die WOLGAST streng verurteilte. Auch in dem Band „Professor Robinson", in dem ein deutscher Professor auf Abenteuer nach Borneo und den Südseeinseln auszieht und dessen Titel lediglich durch die kurze Episode begründet wird, in der der Professor nach einem Schiffbruch einige Zeit allein auf einer Südseeinsel hausen muß, finden sich alle Merkmale eintönig aufregender Abenteuerlektüre. Der Autor versucht sein Buch durch den Wahrheitsanspruch aufzuwerten, wenn er im Vorwort bemerkt: „Auch im ‚Professor Robinson' baut sich Ereignis nach Ereignis auf wirklichen Erlebnissen auf". Ganz klar kommt seine kolonialistische Einstellung zum Durchbruch, wenn F. am Ende des Vorwortes auf „die Strafexpeditionen, die unsere kleine ‚Möve' gegen die mörderischen Kanaken der Admiralitäts-Inseln unternehmen mußte", hinweist.

Werke (Auswahl): Chinafahrten (1901); Der blaue Diamant. Kolonial-Erzählung aus Deutsch-Ostafrika (1902); Sturmvogel. Fahrten und Abenteuer in der Südsee (1903); Mit Büchse und Falle. Kriegs- und Jagdzüge durch Kamerun zum Tsad-See (1904); Rote Männer in Ruanda. Kolonial-Erzählung aus Deutsch-Ostafrika (1905); Die goldene Schlange (1907); In Sturm und Wettern. Erzählung aus der Südsee (1908); Gefahrvolle Fahrten (1909).

Helmut Müller

Felten, Wolfgang

*Maler, Graphiker, Schriftsteller; *5. 8. 1914 Grimma (Sachsen), †13. 11. 1963 München.*

Nach dem Besuch des humanistischen Gymnasiums in Dresden und Zwickau studierte F. von 1934 bis 1935 an der Kunstgewerbeschule in Zwickau, 1936 bis 1939 an der Staatlichen Akademie für Kunstgewerbe in Dresden. Von 1939 an lebte er in München und arbeitete freiberuflich als Illustrator und Buchgraphiker für zahlreiche deutschsprachige Verlage, Periodika und öffentliche Institutionen.

Werk, Tendenzen, Wirkung. F. bevorzugte die Illustration märchenhafter Tiererzählungen und schuf Bildgeschichten zu gereimten Texten in der Tradition WILHELM BUSCHs, außerdem witzig-anspielungsreiche Karten von Phantasiegegenden – wie „Notenmeer" oder „Liebesgarten" –, wo in den Einzelheiten der Darstellung die Sprache beim Wort genommen und in spielerisch umgesetzter Kartographie veranschaulicht wird. F. war bekannt als Tierzeichner, ein genauer Beobachter, der sachlich zutreffend, dabei künstlerisch zugespitzt Besonderheit und Typik in Bewegung, Aussehen, Ausdruck und Verhalten der Tiere traf. Seinem Sinn für überlieferte Werte kam die Thematik der Volksmärchen und Sagen aus Deutschland und aus aller Welt entgegen. F. versuchte mit seinen künstlerischen Mitteln die historischen und kulturellen Umstände seiner Vorlagen jeweils angemessen graphisch darzustellen, wobei er mit verschiedenen Techniken experimentierte. So arbeitete F. mit Feder, Pinsel, Kohle, Stiften, ebenso mit Schneide- und Schabtechniken auf verschiedenen Materialien wie Holz, Karton oder beschichteten Papieren.

F.s Schaffen kennzeichnet ein lebhafter Sinn für Komik, verschmitzter Humor, Wirklichkeitsnähe, aber auch Gemüt sowie ein Hang zum Skurrilen. Anpassungsfähigkeit an das gegebene Thema und liebevolle und detailreiche Bildgestaltung machten F.s Qualität in der Kinderbuchillustration aus. Unveröffentlicht blieben die „Suddelbücher", ein „gezeichnetes Tagebuch" von mehr als zwanzig Bänden, in denen sich das stilistische und inhaltliche Lebenswerk des Künstlers und seine überquellende Phantasie in Tausenden von Zeichnungen spiegelt.

Werke: J. u. W. Grimm: Der gestiefelte Kater (1940); J. u. W. Grimm: Der Wettlauf zwischen Hase und Swinegel (1941); P. Alverdes: Mauz, die verlorene Katze (1943); P. Alverdes: Schlupp, der böse Hund (1943); K. Miethe: Das ferne Ziel (1943); R. O. Wiemer: Die Räuber von Ukkelow (1943); K. Miethe: Zur rechten Stunde (1944); P. Gerhard: Geh aus mein Herz (1946); W. Felten: Der brave Esel (1947); W. Felten: Vogelhochzeit (1947); H. v. Gebhardt: Freundinnen (1948); H. v. Gebhardt: Die Rosengretel (1948); P. Fleig (zus. mit Fr. Hirtler u. A. Ries): Wir lernen lesen (1949); A. Kern: Wer liest mit? (1949); J. Faselhans: Schnipsel, der Elefantenfänger in Afrika (1950); E. Lesch (Hrsg.): Wir lernen malen, schreiben und lesen (1951); W. Felten: Woher kommen all die Sachen, die den Kindern Freude machen? (1952); W. Felten: Karte des Notenmeeres (1953); W. Felten: Schnurre, der Kater, als Igelvater (1953); L. Martin: Peter und sein Freund Bulli (1954); W. Felten: Der Postsparuhu (1954); H. Hoffmann: Der Struwwelpeter oder Lustige Geschichten und drollige Bilder (1954); W. Felten: Das anmutige Liebesgärtlein (1955); W. Felten: Stachelblüten (1955); W. Felten: Bastelt mit uns! (1957); W. Felten: Spielt mit uns! (1957); H. Schmidt: Das tapfere Schneiderlein (1958); R. Schwarz: Geschichten in Bildern (1958; NA. u.d.T.: 16 Geschichten in Bildern, 1960); M. Vogel: Renates Geheimnis (1959); W. Felten: Pumpernick mit der Zwitschermusik (1962); M. Mac Gavin: Sarabel und die fünf Puppenmütter (1962); A. Ph. Pearce: Ben und sein kleiner Hund Chiquitito (1964).

Anton Baumeister

Ferry, Gabriel

*(d.i. Eugene-Louis-Gabriel de Bellemare). Französischer Kaufmann, Versicherungsfachmann, Reiseschriftsteller; * November 1809 Grenoble, †3.1.1852 an Bord des Schiffes „Amazône".*

F., der mit acht Jahren seine Mutter verlor, absolvierte seine Schul- und Studienzeit bis 1830 im Collège de Versailles. Sein Vater, unter Napoleon „conservateur des eaux et des forêts", hatte sich während der Restauration als Kaufmann in Mexiko niedergelassen, wohin sich F. 1831, zehn Jahre nach dem ersten Sieg der mexikanischen Unabhängigkeitsbewegung, begab. Als Teilhaber des Vaters bereiste F., zumeist nur in Begleitung eines Dieners, das Land zu Schiff und zu Pferde. Seine längste Reise (1400 Meilen in 14 Monaten) führte ihn bis nach Kalifornien, wo er die damals noch armselige Siedlung San Francisco besuchte, die während des Goldrausches zu weltweitem Ruhm gelangen sollte. 1837 kehrte er nach Europa zurück und erlebte – ebenfalls auf Geschäftsreisen – den spanischen Bürgerkrieg. 1840 erwarb er eine Agentur für Seeversicherungen und stieg 1844 zum Direktor der Versicherungsgesellschaft „L'Espérance" auf. Im selben Jahr veröffentlichte er in den Zeitschriften „L'Illustration" und „Courrier français" die Berichte „Les Révolutions du Mexique" und 1845 in der „Revue des Deux Mondes" die Erzählung „Le Pêcheur des Perles", die erste der späteren „Scènes de la vie sauvage au Mexique" (1856). Der große Durchbruch gelang F. 1850 mit seinem Roman „Le Coureur des bois" (dt. Der Waldläufer, 1851), der in Fortsetzungen im Feuilleton der Zeitschrift „L'Ordre" herauskam. In den Jahren 1850/51 erschienen die „Scenes de la vie militaires" in der „Revue des Deux Mondes". Den nur mittelmäßigen Geschäftsmann F. zog es indes zurück in die mexikanische Wildnis. Am 2. Januar 1852 verließ er Frankreich an Bord des Schiffes „Amazône", um sich im Auftrag der Regierung mit der Rückführung der französischen Goldsucher aus San Francisco zu befassen. Das Schiff geriet nur wenige Stunden nach der Abfahrt in Brand, den F. aus eigenem Entschluß nicht überlebte. Seine überlieferte stoische Haltung verstärkte den Mythos einer authentischen Einheit von Leben und Werk, von dem der wachsende Erfolg seiner erst posthum veröffentlichten Bücher nicht unerheblich getragen wurde. F.s Sohn Gabriel de Bellemare, Bankangestellter, Theater- und Romanschriftsteller, bediente sich desselben Pseudonyms wie der Vater.

Werk, Tendenzen, Wirkung. F.s Werk ist historisch wie thematisch der Epoche des beginnenden Imperialismus und der Kämpfe um die Neuaufteilung des amerikanischen Kolonialreiches, der Zeit des kalifornischen Goldrausches und der Eroberung des amerikanischen Westens zuzurechnen. F.s früher Tod begünstigte unkontrollierte Überarbeitungen, Neuzusammenstellungen und Kürzungen, die insbesondere für seinen anhaltenden Erfolg als Jugendbuchautor entscheidend wurden. Von den Zeitgenossen wurde vor allem seine scharfe Beobachtungsgabe und die stilistische Kraft seiner Landschafts- und Personendarstellung, die schnelle Handlungsabfolge, sein nüchterner, präziser Stil und sein Humor gerühmt, auch wenn ihm literarische Originalität abgesprochen wurde. Seine historischen Skizzen „Les Révolutions du Mexique" (1864) – „Biographien à la Plutarch", wie sie George Sand nannte, – zeichnen die „lebendige Geschichte der Männer, die zwischen 1817 und 1843 die Geschicke Mexikos gelenkt haben". Seine Romane werden im allgemeinen in die Nachfolge J. F. Coopers, W. Scotts und in die Nähe Pr. Merimées gerückt. Sie wurden von Anfang an von einem breiten Publikum rezipiert

und ausdrücklich zum Vorlesen für Jungen und Mädchen empfohlen. Faszinierend wirkte die ihnen eigene Mischung von Zufallsintrige im Stil der Feuilletonromane und einer Reportagetechnik, die den Leser zum Augenzeugen einer exotischen, durch die politischen und persönlichen Konflikte spannungsgeladenen Realität machte. In den drei Serien seiner „Scènes de la vie mexicaine" (1. Scènes de la vie mexicaine, 1855; 2. Scènes de la vie sauvage au Mexique, 1856; 3. Scènes de la vie militaire au Mexique, 1858) entfaltet sich nicht nur die Geschichte der mexikanischen Revolution, sondern – wie in seinen Romanen – das bunte Panorama, das der Feuilleton-Leser des 19. Jahrhunderts erwartete: Hier jagen sich Abenteuer und Intrigen, die Gold- und Spurensucher, Cowboys und Jäger, Schmuggler und Straßenräuber, Matrosen und Perlenfischer, Soldaten, Hacienderos und Revolutionäre; die verlorenen Söhne der europäischen Zivilisation tauchen als rächende Engel oder ruchlose Verbrecher auf – und den Veteranen der Revolution und ihren vergeblichen Opfern wird ein Denkmal gesetzt, das der grausamen Schönheit der geschilderten Landschaft entspricht.
F.s bekanntester Roman ist der sofort in die meisten europäischen Sprachen übersetzte Band „Le Coureur des bois, ou les chercheur d'or" (1850, dt. Der Waldläufer, 1851), der bis 1901 vierzehnmal aufgelegt wurde. M. SORIANO nannte das Buch den ersten französischen Western. M. TOPIN rühmte es als „das Epos der Wildnis". In Deutschland wurde dieser Roman vor allem durch die Bearbeitung von KARL MAY bekannt, die noch heute im Karl-May-Verlag angeboten wird. Obwohl sich F.s Überzeugung von der politischen und wissenschaftlichen Überlegenheit der europäischen Zivilisation bereits in der Anlage der komplizierten Fabel niederschlägt, spiegelt sich die tiefe moralische Skepsis, die F. diesem ‚Import' entgegenbringt, schon hier, allerdings stärker noch in seinem zweiten großen Roman „Costal l'Indien, ou le dragon de la reine" (1852; dt. Costal der Indianer, 1855). Dieser Roman spielt während der mexikanischen Revolution und erzählt teilweise die Geschichte des Generals Morelos. Der während des Krimkrieges posthum erschienene Roman „La Chasse aux Cosaques" (1853; dt. Die Kosakenjagd, 1853) thematisiert die Verschwörung gegen Napoleon I. von 1812.

Werke: Souvenirs du Mexique et de la Californie (1838; dt. Amerikanische Reisenovellen, 1847); Le Coureur des bois, ou les chercheurs d'or (1850; Bd. 1–2. 14. 1901; dt. Der Waldläufer, Bd. 1–8. 1851); La Clairière du bois des Hogens (1851; auch n.d.T.: Les Squatters. La Clairière du bois des Hognes, 1858; dt. Die Squatter oder Erlebnisse eines jungen Auswanderers in Virginien und Californien, 1860); Costal, l'Indien (1852; dt. Costal der Indianer, Bd. 1–4. 1855); La Chasse aux Cosaques (1853; dt. die Kosakenjagd, Bd. 1–7. 1853); Le dragon de la Reine, ou Costal, l'Indian (Bd. 1–4. 1855); Scènes de la vie mexicaine (1855); Le Capitaine Pallavidas (Bd. 1–3. 1856); Scènes de la vie sauvage au Mexique (1856; 4 1860); Scènes de la vie militaire au Mexique (1858).

Sekundärliteratur: J. Barbey d'Aurevilly: Voyageurs et romançiers (3 1908). – G. Sand: Vorwort zu L. G. Bellemare: Les ‚Révolutions du Mexique' (1864). – M. Soriano: Guide de la litterature enfantine (1975). – H. P. Thieme: Bibliographie de la litterature française de 1800 à 1930 (Bd. I. 1933). – M. Topin: Vorwort zu: ‚Coureur des bois' (NA. 1881).

Monika Bosse

Fischer Taschenbuchverlag Fischer Boot

Frankfurt. Taschenbücher für jugendliche Leser.

Der heutige Fischer Taschenbuchverlag, der 1886 als S. Fischer Verlag von SAMUEL FISCHER in Berlin gegründet wurde, besteht als Taschenbuchverlag seit 1952. Verlagsleiter ist IVO FRENZEL. 1980 wurde unter dem Namen ‚Fischer Boot' eine eigene Taschenbuchreihe für junge Leser in das Verlagsprogramm aufgenommen. Verantwortlich für das Jugendlektorat ist CHRISTEL SCHÜTZ. Die Konzeption der Reihe sieht keine Sonderliteratur für junge Leser vor, sondern möchte mit Texten, die den Interessen- und Erfahrungsbereich der jugendlichen Leser bereichern, die Grenze zwischen Jugend- und Erwachsenenliteratur aufheben. Schwerpunkte der Reihe sind erzählende Sachbücher und ‚Literatur für junge Leser'. Die erzählenden Sachbücher verbinden aktuelle Themen mit historischer Dokumentation, wie z.B. die Bücher „Frauen – die Geschichte des Paragraphen 218" von INGRID ZWERENZ und WOLFGANG KÖRNERS „Drogenreader". Der literarische Programmbereich enthält Anthologien mit Erzählungen, Essays, Gedichten, Satiren, Kurzgeschichten usw. Die Unterabteilung ‚Fischer Boot Phantasie' will mit spannenden, originellen und witzigen Texten jüngere Leser bis zu 13/14 Jahren ansprechen. In der Fischer-Boot-Reihe, die zu 80% aus Originalausgaben bestehen soll, erscheint zur Zeit ein Band im Monat.
Mit Originalausgaben sind u.a. vertreten: KARLHANS FRANK, FREDERIK HETMANN, WOLFGANG KÖRNER, HEIKE KRAFT, MARGOT LANG, MELCHIOR SCHEDLER und INGRID ZWERENZ.

H. D.

Fix, Philippe

*Französischer Cartoonist, Bilderbuchkünstler; * 1.5.1937 Grendelbruch/Elsaß.*

F. erlebte den Krieg als Kind im besetzten Frankreich. Er begann früh, eigene Geschichten zu erfinden und zu bebildern. Seine Ausbildung erfuhr er an der Kunstgewerbeschule in Straßburg und an der „École des Beaux Arts" in Paris.

Werk, Tendenzen, Wirkung. Auf F. übten naive und romantische Maler und Graphiker der Zeit zwischen 1820 und 1860 künstlerischen Einfluß aus. Er wurde als junger Künstler der Erfinder der in Frankreich beliebten Comicfigur „Chou-Chou". Zwischen 1963 und 1966 erschien sie im Teenager-Magazin „Salut les

Philippe Fix. Ganzseitige farbige Illustration aus dem Bilderbuch „Riesen sind nur halb so groß“ (1972).

Copains!". Ihre Wildwesterlebnisse wurden in einem besonderen Bildband publiziert (1966). Daneben stehen Bildgeschichten um seltsame Tiere, Geschichten, die in der Vergangenheit angesiedelt sind und in die Nachbarschaft zur Science-Fiction-Literatur gehören (Mumps und Tilli reisen mit der Zeitmaschine, 1977; Mumps und Tilli kehren zurück, 1978). Die Ideen und Texte zu diesen Bildergeschichten sind von WERNER SCHMIDMAIER und HANS MANZ. Im deutschsprachigen Raum wurden drei Bilderbücher mit den Abenteuern des kleinen Serafin wegen ihrer zivilisationskritischen und zugleich phantastischen Konzeption bekannt. In der altertümelnden Geschichte „Riesen sind nur halb so groß" (1972; Text von DAVID L. HARRISON) versucht F. in altertümelndem Zeichenstil, den Lesern und Betrachtern die Angst vor Riesen zu nehmen.
F. gelingt es, in handwerklich solide gezeichneten und detailreichen Geschichtenabläufen eine Mischung zwischen Bilderbuch und Comics herzustellen. Mit seinen karikaturhaften Übertreibungen und Zuspitzungen erweist sich F. in seinen Büchern als kritischer Humorist. In den „Serafin"-Geschichten geht es um die Probleme der Zersiedlung der Landschaft und das unaufhaltsame Anwachsen der Großstädte. F. wendet sich in „Serafin gegen Serafin" (1968) gegen das Übermaß an Reklame. Die Betroffenen, ein kleiner Junge, sein Freund und ein winziger Hamster, können sich der Gefahr nur durch Flucht in den Himmel, mit einer Wundertreppe oder in einem Freiballon entziehen. Diese utopischen Fluchtbewegungen nehmen den Geschichten den Ernst. Motivisch sind sie denen in den Bilderbüchern von LUIS MURSCHETZ (Der Maulwurf Grabowski, 1972; Der Hamster Radel, 1975) verwandt. Noch stärker als in den Serafin-Geschichten sind die phantastischen Aspekte in den Fortsetzungsgeschichten von „Mumps und Tilli". Nicht allein, daß vom deutschsprachigen Texter die Grundidee aus H. G. WELLS Roman „Die Zeitmaschine" entlehnt wurde, die Anspielungen auf LEONARDO DA VINCI und Zitate aus GOETHES „Faust" fordern dem Leser Kenntnisse der Kunst- und Literaturgeschichte ab. Das serielle Moment läßt hier die graphische Qualität zudem ins Klischeehafte absinken. Kontrastierend zu F.' Arbeiten sind die themenverwandten Bilderbögen JÖRG MÜLLERS (*1942) „Alle Jahre wieder saust der Preßlufthammer nieder" und „Hier fällt ein Haus, dort steht ein Kran und ewig droht der Baggerzahn".

Werke: Ph. Fix: Chou-Chou au Far-West (1966); A. Grée (zus. mit J. Ast): Le merveilleux chef-d'œuvre de Séraphin (1967; dt. Serafin und seine Wundermaschine, 1970); A. Grée: Séraphin contre Séraphin (1968; dt. Serafin gegen Serafin, 1971); A. Grée: Défense de lire Séraphin (1970; dt. Serafin lesen verboten, 1972); R. Fix: L'éléphant rose à pois d'or (1970; dt. Der rosarote Elefant, 1973); R. Fix: Le kangourou à la poche de percée (1970; dt. Das vergeßliche Känguruh, 1973); D. L. Harrison: Le livre des géants ingénus (1972; dt. Riesen sind nur halb so groß, 1972); R. Fix: Popcorn, L'hippoporhinos (1973); Ph. Fix: Felix et Juli voyagent dans le temps (1977; dt. Mumps und Tilly reisen mit der Zeitmaschine, 1977); Ph. Fix: Mumps und Tilli kehren zurück (1978); Ch. de Marolles: Les amis du prince Nicolai (1978).

Horst Künnemann

Flora, Paul

*Österreichischer Zeichner, Cartoonist, Illustrator; *20. 6. 1922 Glurns (Glorenza)/Vintschgau, Italien.*

Fl., Sohn eines Gemeindearztes, wuchs zunächst in Glurns, dann in Innsbruck auf, wo er 1942 seine Matura machte. Von 1942 bis 1944 studierte er an der Münchner Akademie in der Klasse von OLAF GULBRANSSON und hatte Kontakt mit dem Widerstandskreis der Geschwister HANS und SOPHIE SCHOLL. Nach einjährigem Militärdienst (1944/45) kehrte er nach Innsbruck zurück und wurde als Künstler tätig, veröffentlichte sein erstes Buch 1947 „Herr Huber im Wilden Westen" und seit 1953 im damals neugegründeten Diogenes Verlag (Zürich) mehr als zwanzig Werke. Von 1957 an war Fl. vierzehn Jahre lang politischer Karikaturist der Wochenzeitung „Die Zeit" (Hamburg). Seit dem Ende der siebziger Jahre lebt er als freier Künstler zurückgezogen und naturverbunden in Innsbruck. Professuren an den Kunsthochschulen in Hamburg und Wien lehnte er ab. Seiner ersten Einzelausstellung in Wien (1947) und der ersten in Westdeutschland (1949, München) folgten viele in Europa und in beiden Amerikas. Kinder- und Bilderbücher haben innerhalb seines Gesamtwerkes nur eine nebensächliche Bedeutung. 1956 erhielt Fl. den Österreichischen Nationalpreis (Staatspreis für Graphik), außerdem wurde ihm vom österreichischen Unterrichtsminister der Professorentitel verliehen.

Werk, Tendenzen, Wirkung. Seit Beginn der fünfziger Jahre ist Fl. mit seinen witzigen, ironischen und nur selten sarkastischen Federzeichnungen in Magazinen, als Buchillustrator, als Gestalter eigener Sammelwerke und Graphikmappen im deutschsprachigen Raum und international hervorgetreten. Wie viele politische Karikaturisten hat er von dem amerikanischen Graphiker und Cartoonisten SAUL STEINBERG gelernt, aber sich auch wiederholt zu ALFRED KUBIN bekannt. Er hat sehr rasch einen eigenwilligen Stil entwickelt. Dieser besteht aus einem sehr präzis umrandenden Strich und einer unverwechselbaren, zunehmend strenger werdenden Schraffur, mit der er sowohl Köpfe und Gestalten als auch Bauten, Räume, Gegenstände und Hintergründe einfängt. Mit Vorliebe hat Fl. absurde und groteske Themen behandelt, Drachen- und Gespenstergeschichten ins Bild gesetzt, Beispiele des „schwarzen Humors" in seiner „Trauerflora" (1973) und in kriegerischen Aktionen eingefangen, Drachenkämpfe und immer wieder bodenständige Variationen zur Geschichte und Gegenwart seiner Tiroler Landsleute thematisiert. Für viele jugendliche wie auch erwachsene Betrachter gehörten seine politischen Graphiken in der Wochenzeitung „Die Zeit" zwischen Mitte der fünfziger bis Ende der sechziger Jahre zum festen Bestandteil dieser Publikation. Sie wurden zum Teil in den zwei Bänden „Ach du liebe Zeit" (1962, 1964) zusammengefaßt. Illustrationen zu Drachen- und Spukthemen, Mord- und Kriminalgeschichten, ironisch und kritisch gebrochene Darstellungen zu unüblichen Reiseführern zeigten Fl.s Gabe, Texte witzig auszulegen.

Paul Flora. Das kleine Männchen auf der Gartenbank. Illustration aus dem mit einem Text von Hilde Janzárik herausgegebenen Buch „Die Männchen" (1964).

Für Kinder und Jugendliche hat Fl. nur gelegentlicht gezeichnet, z.B. in F. WÜRTHLEs „Schwarz ist der Himmel in Turkestan" (1958) und in O. WILDEs „Gespenst von Canterville" (1957). In seinem Hauptbeitrag zur Kinderliteratur „Die Männchen" (1964) zu einem Text von HILDE JANZÁRIK macht er keine Konzessionen an jüngere Rezipienten. Dargestellt werden in einer grotesken Märchenvariante sprechende Katzen, Hunde, Ratten, zwergenhafte Menschenwesen und kontrastierende Riesengeschöpfe, die aneinander geraten, Konflikte durchstehen und schließlich heiraten. Nonsense-Elemente sind an angelsächsischem Humor orientiert. Moderne Erfindungen wie Autos und Raketen sind in den phantastischen Märchenstoff des originellen Bilderbuchs von Fl. integriert.

Werke (Auswahl): J. Lepmann: Wer ist Lux? (1950); M. Hottinger (Hrsg.): Gespenster. Englische Gespenstergeschichten von Daniel Defoe bis Elisabeth Bowen (1956; NA. u.d.T.: Die besten englischen Gespenstergeschichten, 1968); O. Wilde: Das Gespenst von Canterville (1957); K. Moldovan: Vom Umgang mit Drachen (1958); Fr. Würthle: Schwarz ist der Himmel in Turkestan. Ein Abenteuerbuch (1958); H. Janzárik: Die Männchen (1964; NA. u.d.T.: Die Männchen und die Fräuchen, 1974).

Horst Künnemann

Florian, Jean-Pierre Claris de

*Französischer Offizier, Romancier, Theaterautor, Fabeldichter, Übersetzer; *6.3.1755 Schloß Florian bei Sauve (Basses-Cevennes), †13.9.1794 Sceaux.*

Fl., ältester von zwei Söhnen aus der Ehe eines verarmten adeligen Offiziers und einer Spanierin, verlor schon früh seine Mutter. Er wuchs zunächst auf dem väterlichen Schloß auf. Die Zeit von 4 bis 10 Jahren verbrachte er im nahen Hippolyte-du-Fort bei einem alten Fräulein, das ihm Lesen und Schreiben beibrachte. Im Sommer 1765 war er für drei Monate in Ferney Gast von VOLTAIRE, mit dem er weitläufig verwandt war, und ging anschließend mit seiner Tante nach Paris. 1768 wurde er Page des Herzogs von Penthièvre in Versailles. Er besuchte die Militärakademie und wurde im Jahr 1777 Sous-lieutenant im Kavallerieregiment PENTHIÈVREs. Er brachte es bis zum Hauptmann, trat aber Anfang der achtziger Jahre als Privatsekretär und ständiger Begleiter ganz in die Dienste seines herzöglichen Gönners und Freundes. Die ersten literarischen Arbeiten entstanden in den siebziger Jahren. Fl. schrieb Komödien, die privat und im Théâtre Italien aufgeführt wurden, Novellen, von SALOMON GESSNER beeinflußte

Schäferromane mit pseudohistorischen Einschlägen („Galatée", 1783, nach der „Galatea" von CERVANTES; „Numa Pompilius, second roi de Rome", 1786; „Estelle", 1787; „Gonzalve de Cordoue ou Grenade reconquise", 1791) und Fabeln („Les Fables de Monsieur de Florian", 1792). 1782 bzw. 1784 erhielt er für einen „Discours en vers libres" über VOLTAIRE („Voltaire et le Serf du Mont Jura") und die biblische Ekloge „Ruth" den Preis der Académie Française, die ihn 1788 zu seinem 33. Geburtstag als Nachfolger BUFFONS in ihre Reihen aufnahm. Während der Revolution kommandierte Fl. vom 22. 8. 1789 bis 26. 9. 1792 die Bürgermiliz in Sceaux. Er plante ein umfangreiches Geschichtswerk, mit dem er sich den neuen Machthabern als politisch zuverlässig zu empfehlen hoffte und besuchte in Paris häufig Jakobiner-Clubs. Dennoch ließ ihn der Wohlfahrtsausschuß, als er einen Antrag auf „Freizügigkeit" stellte, am 14. 7. 1794 verhaften und ins Gefängnis Port-Libre bringen: Man mißtraute der republikanisch-revolutionären Gesinnung des „ci-devant" und hielt ihm insbesondere vor, daß er 1786 seinen Roman „Numa Pompelius" der Königin Marie-Antoinette gewidmet hatte. Nach 25 Tagen, am 9. 8. 1794 wurde Fl. befreit, starb aber bald, seelisch und körperlich gebrochen. Während der Revolutionswirren hatte er den „Don Quijote" von CERVANTES übersetzt (publiziert 1798) und im Gefängnis in aller Eile ein Werk über den Schweizer Freiheitshelden WILHELM TELL („Guillaume Tell ou la Suisse libre", 1802) fertiggestellt.

Werk, Tendenzen, Wirkung. Mehr als seiner „Galatée", die ihn schlagartig berühmt machte, hat es Fl. seinen auf fünf Bücher verteilten knapp 100 Fabeln zu verdanken, daß sein Name über seine Zeit hinaus bekannt blieb. Sie wurden im 19. Jahrhundert in mehr als 150 verschiedenen Teil- und Gesamtausgaben in Frankreich verbreitet, etwa 50 davon waren speziell für die Jugend bestimmt und in etliche Sprachen übersetzt. So haben GRANDVILLE und BERTALL Illustrationen, CH. NODIER und P.-J. STAHL (d.i. P.-J. Hetzel) Vorworte dazu geliefert.

In der französischen Fabulistik rangieren Fl.s Fabeln gleich hinter denen von LA FONTAINE. In ihnen finden sich Einflüsse, Anregungen, Motive von fast allen zur damaligen Zeit bekannten Fabeldichtern; eingewirkt haben insbesondere neben AESOP, PHÄDRUS und LA FONTAINE die Deutschen LESSING, LICHTWER, GELLERT, GLEIM, der Engländer JOHN GAY und der Spanier TOMÁS DE IRIARTE („Fabulas litterarias", 1782). Nur etwa ein Drittel der Fabeln Fl.s gilt als eigene Schöpfung.

Was diese Fabeln im 19. Jahrhundert so beliebt machte, ist, neben der „einfachen", im Vergleich zu LA FONTAINE und den französischen Fabulisten des 18. Jahrhunderts natürlicheren Sprache, eine menschliche, von leidvoller Erfahrung geprägte Moral, die sich zu pädagogisch-erbaulichen Zwecken „ausbeuten" ließ. Unmittelbar vor und während der Französischen Revolution entstanden, sind Fl.s Fabeln eine persönliche Reaktion auf die bedeutenden, politischen, gesellschaftlichen und weltanschaulichen Umbrüche der Zeit. Obwohl Fl. die Notwendigkeit bestimmter sozialer und politischer Reformen nicht leugnete – er plädierte im wesentlichen, und bezeichnenderweise noch nach der offiziellen Abschaffung der Monarchie und der Enthauptung des Königs, für einen aufgeklärten Absolutismus und ein paternalistisches Herrscherideal –, ist in seinen Fabeln allenthalben die große Angst vor einer radikalen, lebensvernichtenden Umwälzung, deren Opfer er schließlich selber wurde, zu spüren. Einen Ausweg aus der Angst findet Fl. in einer regressiven Ideologie der „retraite profonde" (der tiefen Zurückgezogenheit), in der der Rückzug aus dem gefährlichen gesellschaftlichen Bereich und ein verstecktes, ländlich-idyllisches Leben selbstgenügsamer Tugendhaftigkeit, engen Familienzusammenhalts und praktischer, nützlicher Arbeit zum Ideal erhoben werden. (Vgl. „La colombe et son nourisson", V, 4; „Le paysan et la rivière", V, 6; „Le Léopard et l'ĕcureuil", V, 9; „La sauterelle", V, 15; „L'aigle et la hibou", V, 21; „Le grillon, II, 11; Epilog.) Es versteht sich, daß eine allen politischen Radikalismen abholde, in ihrer aufklärerischen Zaghaftigkeit von der historischen Entwicklung zur Zeit der Publikation der Fabeln bereits überholte und sich auf die „wahren", inneren Werte zurückziehende Ideologie im bürgerlichen 19. Jahrhundert auf große Resonanz stoßen mußte, vor allem auch bei den Pädagogen. Wertvoll für den heutigen Betrachter sind Fl.s Fabeln als authentisches Dokument der Ohnmacht und Angst, auch der (Selbst-)Rettungsversuche eines Menschen während der Französischen Revolution. Der erste deutsche Herausgeber von Fl.s Fabeln war 1796 SAMUEL HEINRICH CATEL.

Werke: Théâtre italien (Bd. 1–2. 1784); Les six nouvelles (1784; dt. Novellen des Ritters von St. F., 1786); Galatée, roman pastoral imité de Cervantès (1783; dt. Galatea. Ein Schäferroman nach dem Cervantes, 1787); Théâtre (1786); Numa Pompilius, second roi de Rome (1786; dt. Numa Pompilius, König von Rom, 1786); Mélanges de poèsie et le littérature (1787); Estelle, roman pastoral (1787; dt. Estelle. Schäferroman, 1790); Gonzalve de Cordoue ou Grenade revonquise (Bd. 1–2. 1791; dt. Conzalvo von Cardova oder die Wiedereroberung von Granada. Bd. 1–2, 1793); Nouvelles nouvelles (1792; dt. Neue Novellen, 1793); Fables (1792; dt. Florians Fabeln, franz. und deutsch, hrsg. v. S. H. Catel. Bd. 1–2. 1796–1797).

Sekundärliteratur: L. Claretie: Florian (1888). – W. Schwenke: Florians Beziehungen zur deutschen Literatur (Diss. 1908). – E. Spiero: Florians Fabeln in ihrem Verhältnis zu den Fabeln La Fontaines (Diss. 1912). – G. Saillard: Florian, sa vie, ses œuvres, sa correspondance (Diss. 1912); Essai sur la Fable en France au XVIIIe siecle (1912). – A. Rauchfuß: Der französische Hirtenroman am Ende des 18. Jahrhunderts und sein Verhältnis zu Salomon Gessner (Diss. 1912). – H. W. Müller: Der Fabeldichter Florian (1925). – R. André: Florian España (1955). – W. Engler: J.-P. C. de Florian, Estelle, roman pastoral (in: Zeitschrift für französische Sprache und Literatur. 78. 1968. 302–316). – R. Godenne: Florian Nouvelliste (in: Revue d'histoire littéraire de la France. 1969. 218–225). – H. Hudde: Florians Fabeln. Regression angesichts der Revolution (in: Zeitschrift für französische Sprache und Literatur. 87. 1977. 99–141).

Gérard Carau

Fox, Paula

*Amerikanische Schriftstellerin, Kinderbuchautorin; *22.4.1923 New York.*

F. war im Verlagswesen, für ein Nachrichtenbüro und als Lehrerin tätig, bevor sie in den sechziger Jahren als Kinderbuchautorin hervortrat und Anerkennung fand. 1974 erhielt sie die Newbery Medal und 1978 den Hans-Christian-Andersen-Preis.

Werk, Tendenzen, Wirkung. Von ihren Kinderbüchern werden die für jüngere Leser geschriebenen nicht so gut beurteilt wie die übrigen. Das gilt für das Bilderbuch „Hungry Fred" (1969), die Phantasiegeschichte „Dear Prosper" (1968), die Erzählung „Good Ethan" (1973) und in gewissem Umfang für den Sammelband „The little swineherd and other tales" (1978). Ihre beiden ersten, schmalen Bücher, „Maurice's room" (1966) und „A likely place" (1967) zeugen jedoch von Sensitivität, Humor und besonderem Gespür und Darstellungsvermögen für die spannungsreichen Beziehungen zwischen Kindern und Erwachsenen. Maurice, acht Jahre alt, sammelt in den Augen seiner Eltern wertlose Dinge, und ihre Versuche, ihn davon abzubringen, scheitern auf komisch-unschädliche Weise. Der neunjährige Lewis in „A likely place" hat das Glück, daß in der Abwesenheit seiner Eltern die unkonventionelle Miss Fitchlow ihm den Spielraum gibt, den er zu seiner Entwicklung braucht. „How many miles to Babylon?" (1967) bezieht intensive soziale und psychologische Realitäten ein. Der zehnjährige James lebt in einem Slumviertel von New York, ohne Vater und wird während eines langen Krankenhausaufenthaltes seiner Mutter von drei Tanten betreut. In dieser Situation beginnt er zu phantasieren und sieht sich als Abkömmling eines afrikanischen Prinzen. Ein Trio von Straßenjungen hält ihn eine Zeitlang fest, um ihn für kleine Gaunereien vorzuschicken, aber James erwacht endlich aus seinen Träumen, entflieht und findet zu Hause seine Mutter, nicht sein Traumbild, aber real. Auch wenn der „plot" nicht überzeugt, so sind doch das Bewußtsein des Jungen, seine Wunschträume, Ängste und Entscheidungskämpfe feinfühlig ausgeleuchtet. Slums, Armut und Gewalttätigkeit sind eindringlich beschrieben. „The stone-faced boy" (1968) und „Portrait of Ivan" (1969) zeigen, daß es gewisser Anstöße von außen bedarf, damit Zehn- bzw. Elfjährige, die von ihrer Umgebung eingeengt werden, lernen, sich freier zu bewegen. In „Blowfish live in the sea" (1970) erzählt die zwölfjährige Carrie die Geschichte ihres Kummers um ihren achtzehnjährigen Halbbruder Ben, der plötzlich lustlos und unansprechbar geworden ist. Scharfsichtig in ihrer Liebe und doch hilflos, fährt Carrie mit Ben nach Boston, wo er seinen Vater kennenlernt, der trinkfreudig, verarmt, geregelte Arbeit verachtend, aber auf seine Weise charmant und lebensfroh ist. Ben beschließt, ihm zu helfen, wobei offen bleibt, ob es ihm gelingt. Carries Ichperspektive ist teils kindlich begrenzt, teils von einem Humor durchtränkt, der die Paradoxien des Lebens erhellt und erträglich macht. „The slave dancer" (1973) ist – Menetekel für unsere Zeit mit ihren Holocausts – ein erschütterndes Dokument der Leiden, die durch den Sklaventransport von Afrika nach Amerika verursacht wurden. Aus der Sicht eines Jungen aus New Orleans, der an Bord geschleppt wird, zeigt F. die Skrupellosigkeit und moralische Degeneration von Kapitän und Mannschaft, die die Schwarzen nicht als Menschen sondern als Ware betrachten. F. hat hier ein engagiertes Buch geschrieben.

Werke: Maurice's room (1966; dt. Maurice sammelt einfach alles, 1971); A likely place (1967); How many miles to Babylon? (1967); Dear Prosper (1968); The stone-faced boy (1968); The king's falcon (1969); Portrait of Ivan (1969); Hungry Fred (1969); Blowfish live in the sea (1970); Good Ethan (1973); The slave dancer (1973; dt. Sklavenfracht für New Orleans, 1979); The little swineherd and other tales (1978).

Sekundärliteratur: V. J. Scheinmann: Paula Fox (in: D. L. Kirkpatrick (Hrsg.): Twentieth-century children's writers. 1978. 470–472). – Z. Sutherland: The best in children's books, 1966–1972 (1973. 130–132). – J. Townsend: A sounding of storytellers (1979. 55–65).

Richard Kremer

Franz, Agnes

*(d.i. Luise Antoinette Eleonore Konstanze Agnes Franzky). Schriftstellerin; *8.3.1794 Militsch (Schlesien), †13.5.1843 Breslau.*

Fr. verlor mit sieben Jahren ihren Vater, einen Regierungsrat. Seit ihrem 13. Lebensjahr litt sie an einer durch einen Unfall verursachten Rückgratverkrümmung. Sie lebte zunächst bei ihrer Mutter, nach deren Tod 1822 bei ihrer Schwester in Wesel, wo sie eine Arbeitsschule für arme Mädchen gründete. 1826 zog sie nach Brandenburg, 1837 nach Breslau, wo sie die Armenschule leitete. Seit 1823 veröffentlichte sie Gedichte, Erzählungen und Romane; durch ihre erzieherische Arbeit veranlaßt, wandte sie sich in den dreißiger Jahren des 19. Jahrhunderts der Kinder- und Jugendliteratur zu. Sie war mit der Jugendbuchautorin Julie Grossmann (1790–1860) befreundet, die den literarischen Nachlaß von Fr. herausgab.

Werk, Tendenzen, Wirkung. Fr. ist eine Autorin von einigem literarischem Anspruch. Sie verfaßte für Erwachsene wie für Kinder Erzählungen, Märchen, Sagen, Parabeln, Mythen, Rätsel, Schauspiele, Gedichte, Gebete und Denksprüche. In den Vorbemerkungen einiger Herausgeber ihrer Bücher wird Fr. als vielgelesene und beliebte Autorin bezeichnet. In der Wahl ihrer Bilder und Themen steht Fr. deutlich in der Tradition der Klassik; selbst christliche Gefühle werden mit einer Art heidnisch-antikisierender Naturfrömmigkeit artikuliert, so in der Parabel „Der Charfreytag". Ihr Stil ist gepflegt und gewandt, manchmal feierlich, er zeigt Originalität und Phantasie bei metaphernreicher Sprache, die selten ins Pathetische abgleitet.
Die gewählten Milieus sind vielfältig; neben zeitlosen klassischen Bildern wird in den Prosatexten und Thea-

terstücken häufig das wohlsituierte Bürgertum portraitiert. Die Verserzählungen stehen deutlich in der Tradition der moralischen Erzählungen. Für alle Texte charakteristisch ist ein Katalog protestantisch-bürgerlicher Tugenden, die in dem Gedicht „Die Perlenschnur" exemplarisch aneinandergereiht werden: Bescheidenheit, Frömmigkeit, Kindesliebe, Familiensinn, Fleiß, Geduld, Besonnenheit, Selbsterkenntnis, Pünktlichkeit, Heiterkeit, Unschuld, Zufriedenheit. Dabei ist ein Ton von Resignation und biedermeierlicher Bescheidung unverkennbar. Immer wieder treten Streben nach Ruhm, Besitz und Wissen zurück hinter ruhiger und bescheidener Pflichterfüllung. Interessant ist die Rolle der Kunst und das Selbstverständnis des Künstlers, so in der Parabel „Fanny und Malwine". Vor der Kraft und unmittelbaren Anschauung der Natur muß die Kunst zurücktreten, die Poesie bleibt unverbindlich als „Trost einer unsichtbaren Welt". Der Dichter ist zwar der „erhabene Verkünder Gottes", aber doch nur „ein fremder Dolmetscher". In zeittypischer Weise zeigt sich hier eine Vermischung von Elementen der Klassik und Romantik.

Werke: Parabeln (1826, [4]1862); Deutsche Volkssagen (1838); Buch für Kinder (Bd. 1–2. 1840); Kinderhort (1841); Kinderschatz (1841); Kindertheater (1841); Neue Sammlung von Parabeln (1841); Zauberblüthen. Original-Märchen (1842); Mein Vermächtniß an die Jugend (1845); Buch für Mädchen (1850).

Sekundärliteratur: H. Palm: Agnes Franz (in: ADB. Bd. 7. 1878).

Inge Wild

Freihofer, Johann Georg

*Pfarrer, Pädagoge; * 10. 7. 1806 Althengstett, † 6. 9. 1877 Nagold.*

Fr. besuchte in Althengstett, Nördlingen und Stuttgart die Schule und trat 1825 in das Stift in Tübingen ein, das er nach fünfjährigem Studium der Theologie verließ, um zunächst als Vikar in Walddorf, anschließend als Pfarrverweser, dann als Pfarrer in Neuhengstett zu arbeiten. In dieser armen und moralisch verwahrlosten Gemeinde, die zum überwiegenden Teil aus Nachfahren eingewanderter Waldenser bestand und in der Gottesdienst und Schulunterricht in französischer Sprache gehalten wurden, gelang es Fr. nicht nur, die Seelsorge und den Schulunterricht zu verbessern, sondern auch die materielle Not der Gemeindemitglieder zu lindern, die er als Ursache aller Schwierigkeiten erkannt hatte. Er gründete ein kleine Lehranstalt und errichtete eine Industrieschule, in der leichte handwerkliche Tätigkeiten ausgeübt wurden, wodurch über hundert Personen Arbeit und Verdienst fanden. Fr. versuchte, die sächsische Strumpfweberei einzuführen, erteilte Unterricht in einer Obstbaumschule, um die Baumzucht zu verbessern und kümmerte sich um Einführung neuer, wirkungsvollerer landwirtschaftlicher Geräte. Zugleich widmete er sich noch dem Volksschulwesen, veranstaltete Lehrerkurse und schrieb Aufsätze und Rezensionen über Volkserziehung. Im Jahre 1840 verließ er Neuhengstett und ging nach Kayh, wo er bis 1851 wohnte und sich neben seiner kirchlichen Tätigkeit mit Fragen des Schulunterrichts und der Landwirtschaft weiterbeschäftigte. 1851 wurde Fr. Dekan in Nagold, wo er bis zu seinem Tode lebte. Auch dort kümmerte er sich um die Förderung des Bildungswesens und der gewerblichen Wohlfahrt, sorgte für den Bau neuer Schulhäuser, leitete einen Verein zur Fürsorge verwahrloster Kinder und stand dem Bezirkswohltätigkeitsverein vor. 1870 wurde er Ehrenbürger der Stadt Nagold. Fr. war seit 1837 verheiratet und hatte neun Kinder.

Werk, Tendenzen, Wirkung. Aufgrund von Wünschen des Württembergischen Volksschul-Vereins gab Fr. 1845 das „Kinderbuch" heraus, das zahlreiche erweiterte und verbesserte Auflagen erlebte und vielen zeitgenössischen Herausgebern und Pädagogen als Anregung und Vorbild diente. Diese Anthologie, die hauptsächlich für den häuslichen Gebrauch gedacht war, sollte „dazu beitragen, daß wir immer besser es lernen, unsere theuren Kinder zu uns und dadurch zu Christo kommen zu lassen"; auch sollte es „kindlichen Sinn bei Jung und Alt pflegen". Das „Kinderbuch" richtete sich besonders an Kinder bis zum achten Lebensjahr, die jedoch nicht nur religiös unterwiesen, sondern auch in ihrem Denkvermögen gestärkt und in ihrer Spielfreude bestätigt werden sollten. So bemerkt Fr., der auch in diesem Werk Seelsorge und praktische Belehrung miteinander zu verbinden verstand, in seinem Geleitschreiben, Angriffe gegen die weltlichen Teile des „Kinderbuches" vorwegnehmend: Wenn die meisten Beiträge „nur von Dingen dieser Erde handeln, so kann man's ihnen doch anmerken, daß auch bei ihnen über der Erde der Himmel sich wölbt". Fr. sammelte Gedichte, Lieder, Gebete („Das Gebet ist die edelste Thätigkeit bei deiner Kinderzucht, liebe Mutter!"), biblische Geschichten, Wiegenlieder, Fabeln, Märchen, Denksprüche, Rätsel und Spiele. Die Beiträge sind inhaltlich, nach Altersgemäßheit oder nach jahreszeitlichem Gebrauch geordnet. Fr. kannte auch die Auseinandersetzungen um das sogenannte Verführerische und Verderbende von Märchenhaftem und Phantasievollem, meinte jedoch in einer für die damalige Zeit überraschend souveränen Bemerkung: „Vor eiteln Träumereien darf Dir für Deine Kinder nicht bange werden, die alltägliche Wirklichkeit ist mächtig genug, sie nüchtern zu machen." Auch bei seinen Vorschlägen zu Spielen und Spielsachen zeigt er einen überraschenden Wirklichkeitssinn, stets verbunden mit einer niemals angezweifelten Gottesgläubigkeit. So sollten Kinder, um ihre Umwelt spielerisch kennenzulernen, viel mit Holzklötzchen und vorgefertigten Gegenständen bauen, wobei zur Ausstattung eines Spieldorfes auch der Kirchhof mit Kreuzen nicht fehlen dürfte.

Fr.s Plan des „Kinderbuches" hatte zunächst vorgesehen, möglichst viele Beiträge aus überliefertem oder neu entstandenem Volksgut zu gestalten. Eine „öffentliche Bitte um Mittheilung guter Volkspoesien" hatte jedoch

wenig Resonanz. So griff er auf teils bekannte, teils unbekanntere literarische Werke zurück. Vieles sei, wie Fr. betonte, „in Schwaben geboren". Das „Kinderbuch" enthält – zum Teil in Bearbeitungen – ebenso Beiträge von GOETHE, BRENTANO, HEBEL, CLAUDIUS, GELLERT und UHLAND wie von BERTUCH, HEY, GÜLL und anderen Kinder- und Jugendbuchautoren. Beigefügt sind Musikbeilagen sowie Illustrationen, deren Anzahl je nach Auflage schwankte und die von verschiedenen Künstlern hergestellt wurden; die vierte Auflage beispielsweise ist mit handkolorierten Lithographien von WILHELM AUGUST CORRODI (1826–1885) ausgestattet.
Neben verschiedenen kleineren Schriften veröffentlichte Fr. noch eine „Biblische Geschichte zunächst für mittlere Schulklassen", die – seit der fünften Auflage neu bearbeitet von WILHELM MOSAPP – ebenso wie das „Kinderbuch" bis in das 20. Jahrhundert aufgelegt worden ist. Noch 1931 heißt es von beiden Büchern, daß sie im schwäbischen Raum noch immer weit verbreitet seien; besonders das „Kinderbuch" sei „in vielen Häusern heute noch zu finden" (DIETERLE: Die Stadt Nagold, S. 284).

Werke: Kinderbuch für Kinder bis zum achten Jahre (1845, [9]1925); Biblische Geschichte zunächst für mittlere Schulklassen (1856, [6]1907); Lehrgang für den populären Sprachunterricht in der Volksschule (1868).

Sekundärliteratur: G. Dieterle: Die Stadt Nagold (1931). – Th. Kiefner: Die Einführung der feinen sächsischen Strumpfweberei in Neuhengstett durch Pfarrer J. G. Freihofer (in: Der Deutsche Waldenser. Juli 1980, Neue Folge 140. 7–8).

Klaus-Ulrich Pech

Frenssen, Gustav

*Evangelischer Pfarrer, Schriftsteller; * 19. 10. 1863 Barlt (Holstein), † 11. 4. 1945 Barlt.*

Fr. entstammte einer Tischlerfamilie, studierte Theologie und war bis 1902 Pfarrer. Nach Kontroversen mit der Kirche legte er das Pfarramt nieder. Seit dem Erfolg seines Buches „Jörn Uhl" (1901) konnte Fr. als freier Schriftsteller leben. 1933 wurde Fr. in die Deutsche Akademie der Dichtung aufgenommen und mehrfach literarisch geehrt. Früh schon trat Fr. dem „nationalsozialen Verein" bei. In seinem „Lebensbericht" (1940) bekannte er sich zum Dritten Reich.

Werk, Tendenzen, Wirkung. Die Bücher Fr.s erlebten zahlreiche und hohe Auflagen: Bereits 1940 waren 2,5 Millionen Exemplare verbreitet. Einen größeren Bekanntheitsgrad verschaffte dem Autor erstmals seine Geschichte von Jörn Uhl, einem holsteinischen Bauern, der durch ein von schweren Schicksalsschlägen gezeichnetes Leben hindurch doch sein Ziel findet. Er wird – ein erfüllter Kindertraum – Landvogt. Übertroffen wurde dieser Erfolg von dem Roman „Hilligenlei". Hier erzählt Fr. den Lebensweg einer Gruppe von Menschen einer kleinen Stadt. Im Zentrum steht der Arbeitersohn Kai Jens. Charakteristisch für „Hilligenlei" ist die Glorifizierung des nordischen Menschen und des „Völkischen"; eine Tendenz, die sich in den meisten Romanen Fr.s wiederfindet. Die neuere Kritik wirft Fr. jedoch nicht nur die Affinität zur nationalistischen Ideologie vor, sondern bemängelt zudem die fehlende sprachliche Disziplin, ein Zuviel an Episoden und den gedehnten Handlungsverlauf.
Jugendliterarisch relevant wurde Fr. durch seine Kolonialerzählung „Peter Moors Fahrt nach Südwest" (1906). Fr. läßt seine Hauptfigur selbst erzählen. Peter Moor ist Schmiedelehrling. Er träumt von der Seefahrt. Gegen den Willen der Mutter mit Unterstützung des Vaters geht er zur Kriegsmarine. Als Grund für den Krieg gegen die aufständischen Hereros in Südwestafrika erklärt Fr., daß die deutschen Soldaten dorthin gingen, „um an einem wilden Heidenvolke vergossenes deutsches Blut zu rächen". Über die Hintergründe, die zum Aufstand der Hereros führten, vor allem die Versuche, den Eingeborenen die für diese absolut unverständliche preußische Disziplin und „Ordnung" mit Gewalt aufzupfropfen, erfährt der Leser nichts. Vielmehr verharmlost Fr. den Krieg durch Hinweise auf die „interessante Fahrt" und die „angenehmen und schönen Erinnerungen". Die Hereros werden als Bestien geschildert und mit Katzen und Schlangen verglichen. Sie sind die heimtückischen Angreifer, während das als „fast wehrlos" beschriebene deutsche Bataillon unter dem ungewohnten Klima, der Hitze und der Trockenheit zu leiden hat. Der „Leidenszug" der deutschen Soldaten wirkt um so heroischer, als das Bataillon mit nur 400 Soldaten gegen angeblich 60 000 Aufständische kämpfen muß. Im Vordergrund der Erzählung Fr.s steht die Darstellung der „germanischen Lust an der Fremde und am Krieg", sowie das Lob der Härte: „Es ist wunderbar, wieviel der Mensch ertragen kann." Wie selbstverständlich werden auf diesem Kriegszug keine Gefangenen gemacht, und das mit kirchlichem Segen, der diesen Feldzug legitimiert: „Ein Naturvolk hat sich gegen die Obrigkeit erhoben, die Gott ihm gesetzt hatte." Einen Offizier läßt Fr. sogar sagen: „Die Schwarzen haben vor Gott und den Menschen den Tod verdient ..., weil sie keine Häuser gebaut und keine Brunnen gegraben haben." Diese menschenverachtende, vorurteilsvolle Ansicht wird übertroffen von Fr.s Aussage: „Gott hat uns hier siegen lassen, weil wir die Edleren und Vorwärtsstrebenden sind". Neben diese „Gottgefälligkeit" tritt die Forderung nach Ordnung und Sauberkeit: „Wer in äußerlichen Dingen auf sich hält, der wird dadurch vorwärtsgetrieben, daß er es auch in allen anderen Dingen weiterbringt." Fr.s „Peter Moor" hatte die Aufgabe, die Jugend intellektuell und emotional auf kriegerische Handlungen vorzubereiten, indem er den Gegner als Untermenschen diskriminierte, ihn als feige charakterisierte und ihm jedes eigene Recht absprach. Fr. stand damit in der Tradition der völkisch-nationalen Jugenderzählungen des 19. Jahrhunderts und wirkte mit an der Verbreitung rassistischer Vorurteile, die im Antisemitismus des Nationalsozialismus ihren grausigen Höhepunkt erreichten.

Werke (Auswahl): Jörn Uhl (1901); Hilligenlei (1905); Peter Moors Fahrt nach Südwest (1906); Lebensbericht (1940).

Sekundärliteratur: E. Loewy: Literatur unterm Hakenkreuz (1966). – M. Christadler: Kriegserziehung im Jugendbuch (1978). – A. Schmidt: Die Ritter vom Geist (1965).

Winfred Kaminski

Friedrich, Ernst

*Rezitator, Publizist, Schriftsteller, Verleger; *25.2.1894 Breslau, †2.5.1967 Le Perreux.*

Der aus ärmlichen Verhältnissen stammende Fr. mußte als Vierzehnjähriger die Schule verlassen und eine Druckerlehre beginnen. Er fand Anschluß an die Arbeiterjugendbewegung und trat 1911 der SPD bei. In Abendkursen nahm er Schauspielunterricht und wurde nach ausgedehnter Wanderschaft durch Europa Schauspieler. 1914 verweigerte er den Kriegsdienst, gehörte 1916 zu den Organisatoren der antimilitaristischen Jugendopposition und nahm 1918/19 an den Revolutionsereignissen in Berlin teil. Er war Mitglied der „Freien Sozialistischen Jugend" (FSJ) und begann nach deren Überschwenken zur KPD mit dem Aufbau einer „herrschaftlosen" Jugendbewegung. In den zwanziger Jahren förderte er proletarische Künstler und Schriftsteller, trat als Rezitator antimilitaristischer Dichtung auf, veranstaltete internationale Begegnungen und eröffnete ein Antikriegsmuseum in Berlin. Ständig von Prozessen bedroht, mußte er 1931 eine Festungsstrafe wegen „Hochverrat" antreten. Nach einer sechsmonatigen Haft (1933) gelang es ihm, seine wichtigsten Dokumente ins Ausland zu schmuggeln. Er emigrierte über Prag in die Schweiz, wo er wegen Beleidigung Hitlers ausgewiesen wurde, und ging dann nach Belgien, 1940 nach Frankreich. Während der Vichy-Regierung interniert, gelang ihm die Flucht. Er schloß sich der französischen Widerstandsbewegung an und wurde 1944 französischer Staatsbürger.

Werk, Tendenzen, Wirkung. Fr. war eher Moralist – beeinflußt durch LEO TOLSTOI – denn Politiker oder theoretisch fundierter Anarchist. Für FR. LINSE zählt er neben GUSTAV LANDAUER und ERICH MÜHSAM zu den „größten deutschen Libertären" (1977, S. 2). Kennzeichnend für Fr. ist seine „impulsive Menschlichkeit" (W. G. OSCHILEWSKI, S. 219), seine Unbeirrbarkeit, der Elan, mit dem er immer wieder daran geht, die Menschen zum Frieden zu erziehen. Dabei galt der „Erziehung" der Kinder und Jugendlichen sein Hauptinteresse. Ohne eine starke Organisation hinter sich zu haben, gab er in wirtschaftlich schwerster Zeit den „Proletarischen Kindergarten" heraus, eine gut zusammengestellte Sammlung mit Texten von G. E. LESSING bis M. GORKI und einer Umschlagzeichnung von KÄTHE KOLLWITZ, die immerhin 20000 Exemplare erreichte. Im Jahr 1925 kam eine gleich große zweite Auflage im Verlag „Internationales Anti-Kriegsmuseum" heraus. Eine geplante Billigreihe (Kinderbibliothek) zur Aufklärung der Ärmsten scheiterte aus finanziellen Gründen, nur ein Band konnte erscheinen. Auch die weitere journalistische und verlegerische Arbeit galt vor allem den Jugendlichen, die er stärker noch durch Vorträge und Führungen in seinem Museum zu erreichen suchte. ROBERT JUNGK (*1913) wurde nachhaltig von Fr. beeinflußt. Sein wichtigstes Werk „Krieg dem Kriege", ein mit Kommentaren in vier Sprachen versehener Photoband, sollte vor allem junge Menschen auffordern, den Anfängen eines neuen Krieges zu wehren, die er im Kinderspiel, im Kindervers, in den Lesebüchern angelegt sah. Das Buch – von KURT TUCHOLSKY empfohlen – fand große, auch internationale Verbreitung dank der Unterstützung der Gewerkschaften. Das 1924 erstmals aufgelegte Werk kam bereits 1926 in 8. bis 10. Auflage (36.–50. Tausend) im Verlag „Internationales Anti-Kriegsmuseum" heraus. Daß das Buch noch viel weiter verbreitet war, zeigt der Hinweis, der auf der ersten Seite des zweiten Bandes steht und in dem es heißt: „Der wiederholte Mißbrauch und unerlaubte Nachdruck der Bilder zwingt den Verlag, sich in Zukunft schadlos zu halten und nötigenfalls die Betreffenden mit allen Mitteln zur Rechenschaft zu ziehen". Noch mehr als andere Emigranten blieb Fr. nach 1945 in Deutschland vergessen, trotz vieler origineller pazifistischer Aktivitäten.

Werke (Hrsg.): Freie Jugend. Jugendzeitschrift für herrschaftslosen Sozialismus (Jg. 1–8. 1919–1926); Proletarischer Kindergarten. Ein Märchen- und Lesebuch für Kinder und Erwachsene (1921); Die schwarzen Hefte. Eine Sammlung antimilitaristischer Literatur (Bd. 1–7. 1923); Krieg dem Kriege! Guerre à la Guerre! War against War! Oorlog aan den Oorlog! (Bd. 1–2. 1924–1926); Die schwarze Fahne. Krieg dem Kriege (Jg. 1–5. 1925–1929); Das Antikriegsmuseum (1926).

Sekundärliteratur: E. Eberts: Vergessenes. Ernst Friedrichs ‚Krieg dem Kriege' (in: Bulletin Jugend und Literatur. 1980. 8. 25–26). – H. Jacoby: Von des Kaisers Schule zu Hitlers Zuchthaus. Geschichte einer Jugend links-außen in der Weimarer Republik. Erlebnisse und Begegnungen (1980). – Fr. Linse (Hrsg.): Ernst Friedrich zum 10. Todestag (1977). – W. G. Oschilewski: Friedenskämpfer, Wahrheitssucher (in: Vom Friedensmuseum zur Hitler-Kaserne. 1978. 213–237).

Erich Eberts

Friedrich-Bödecker-Preis

Mit dem Preis des Friedrich-Bödecker-Kreises werden besondere Leistungen auf dem Gebiet der Kinder- und Jugendliteratur ausgezeichnet.

Der mit 4000 DM dotierte und aus privaten Mitteln finanzierte Preis wird seit 1972 in unregelmäßiger Folge verliehen. Mit ihm will der Friedrich-Bödecker-Kreis e.V. nicht in erster Linie einzelne Bücher würdigen, sondern besonders hervorragende Leistungen aus dem gesamten Bereich der Kinder- und Jugendliteratur.
Es können ausgezeichnet werden: Autoren, die durch ihr Schaffen zur Weiterentwicklung der Kinder- und Jugendliteratur beitragen, indem sie neue Inhalte und Formen entwickeln; Übersetzer, die in hervorragendem Maße Anteil an der Internationalität der Kinder-

und Jugendliteratur haben; Illustratoren, denen eine überzeugende Verbindung von Literatur und graphischer Gestaltung gelingt; Verleger oder Lektoren, die in ihrem Programm wesentliche Entwicklungen auf jugendliterarischem Gebiet einleiten; Kritiker, die im besonderen Maße die kritische Auseinandersetzung mit der Jugendliteratur pflegen; Wissenschaftler, die durch ihre Arbeiten zur Weiterentwicklung der Kinder- und Jugendliteratur beitragen; Verbände, Organisationen, Ausschüsse, die sich auf diesem Gebiete besondere Verdienste erwerben.
Neben Büchern sollen auch audiovisuelle Verbreitungsmedien von Kinder- und Jugendliteratur bei der Preisvergabe berücksichtigt werden. Bisher wurden fünf Preisträger ausgezeichnet: Gerold Anrich für sein Verlagsprogramm, Heinrich Pleticha für seine Tätigkeit als Wissenschaftler und Herausgeber und die Autoren Boy Lornsen, Christine Nöstlinger und Wolfgang Gabel.

H. D.

Friedrichson, Sabine

*(d.i. Sabine Mauer) Illustratorin; *13.11.1948 Hamburg.*

Fr. absolvierte von 1965 bis 1969 ihr Studium an der Fachhochschule Hamburg, Fachbereich Gestaltung, in der Illustrationsklasse von Wilhelm M. Busch und schloß mit dem Diplom ab. Danach war sie für ein Jahr dort Selectanerin. Seit 1970 ist sie freischaffende Illustratorin. Ihre Buchillustrationen widmen sich von Anfang an hauptsächlich der Kinder- und Jugendliteratur. Daneben ist sie Mitarbeiterin bei Zeitschriftenverlagen und Werbeagenturen. Für das Buch „Fundevogel und andere Lieblingsmärchen" erhielt Fr. 1979 den Oldenburger Kinder- und Jugendbuchpreis. Sie lebt in Hamburg.

Werk, Tendenzen, Wirkung. In Fr.s frühen Kinderbuchillustrationen („Viel Wirbel um ein Ding auf Rädern", 1971) hat sie momentane Bewegung und Alltagswirklichkeit (Begrüßung auf dem Bahnhof, Lausbuben am Schlüsselloch, Straßenszenen mit vielen Menschen u.a.m.) eingefangen. Ihre Herkunft von W. M. Busch ist deutlich zu erkennen. Danach bekommen ihre Bilder, die fast alle schwarz-weiße Zeichnungen sind, einen mehr statuarischen Charakter. Durch Rahmungen der Illustrationen, durch eine ruhige Linienführung und ornamentale Füllung größerer Flächen ist schon die Bebilderung von Edith Nesbits „Psammy sorgt für Abenteuer" (1972) gekennzeichnet. Dies gilt auch für die folgenden Werke, in denen die jeweiligen Texte der Kinder- und Jugendbücher verziert, aber nicht eigenwillig interpretiert werden. Bisheriger Höhepunkt ihrer Kunst ist „Fundevogel und andere Lieblingsmärchen" (1979), eine von ihr zusammengestellte und nun auch farbig illustrierte Märchensammlung. Fr. gelingt hier, in vielen ganz- oder auch doppelseitigen Abbildungen dekorativ und eindringlich

Sabine Friedrichson. Illustration zu dem finnischen Märchen „Ein Kopf" aus dem Band „Fundevogel und andere Lieblingsmärchen, ausgewählt und bemalt von Sabine Friedrichson" (1979).

den Märchenstoff zu interpretieren und durch buchgestalterische, abwechslungsreiche Ideen visuell zu gliedern, ohne daß der Betrachter das Gefühl bekommt, er würde durch die Illustrationen erdrückt. „Es sind Illustrationen im eigentlichen Wortsinn, das heißt: Erläuterung", meint Irmela Brender in ihrem Vorwort zu „Fundevogel". Fr. hat die Märchen gegen alle „philologischen Märchenordnungen" ausgewählt und produktive „Unordnung" walten lassen. Sie betont in ihren Bildern oft unausgeführte Motive der Märchen und verleiht den Dingen des alltäglichen Gebrauchs eine andere, magische Bedeutung; „hinterher ist nichts mehr wie zuvor". Das Märchenbuch ist trotz der Farbe im Grunde ein Werk mit kolorierten Zeichnungen. Fr. hat in ihm ihre Fähigkeit, Bücher dekorativ zu illustrieren, belegt.

Werke: Fr. Hetmann (Hrsg.): Weißes Pferd, schwarzer Berg. Kindergeschichten aus Irland (1971); H. Jork: Viel Wirbel um ein Ding auf Rädern (1971); E. Nesbit: Psammy sorgt für Abenteuer (1972); Cl. R. Bulla: Weißer Rabe (1973); H. Barüske (Hrsg.): Märchen der Eskimo (1975); S. Friedrichson (Hrsg.): Fundevogel und andere Lieblingsmärchen (1979).

Sekundärliteratur: I. Brender: Vorwort (in: S. Friedrichson (Hrsg.): Fundevogel und andere Lieblingsmärchen. 1979. 6–9).

Erich Gerhard

Frischmuth, Barbara

*Österreichische Schriftstellerin, Übersetzerin, Kinderbuchautorin; *5. 7. 1941 Altaussee (Steiermark).*

Fr. studierte Türkisch und Ungarisch an der Universität Graz, in Erzurum (Türkei) und Debrecen (Ungarn).

Barbara Frischmuth (1941)*

Von 1964 bis 1967 absolvierte sie ein Orientalistik-Studium in Wien. Anschließend lebte Fr. als freie Schriftstellerin und Übersetzerin, seit 1977 wieder in Wien. Für ihr literarisches Werk erhielt sie zahlreiche Preise, darunter 1972 den Österreichischen Staatspreis für Kinderliteratur.

Werk, Tendenzen, Wirkung. Fr. schuf unter anderem gemeinsam mit verschiedenen Künstlern Bilderbücher, schrieb Puppenspiele und Texte für Jugendliche. Sie zeigt die Fähigkeit, sich in die psychische Lage von Kindern und Jugendlichen einzufühlen. Ihre Sprache und Gedankengänge stellt sie häufig unkommentiert als eigenständige Aussage in den Vordergrund (Grizzly Dickbauch und Frau Nuffl, 1975). Die Textgestaltung der Bilderbücher ist geprägt durch die Vorliebe für skurrile Einfälle und witzig-mutwillige Wortspiele. Fr.s Intention ist die Erweiterung des sprachlichen Horizontes. Der manchmal surreale Charakter – besonders auffällig in „Philomena Mückenschnabel" (1969) – verdichtet sich in der engen Verbindung zu den Illustrationen. Diese verdeutlicht auch die gesellschaftskritische Aussage von „Der Pluderich" (1969) und „Polsterer" (1970). In scheinbaren Widersprüchen zwischen Text und Bild verbergen sich ironische Absichten, so z.B., wenn einem schlafenden König süße Ruhe bescheinigt wird, im Hintergrund des Bildes aber aufgebrachte Demonstranten zu sehen sind („Polsterer"). Seitenhiebe auf herkömmliche Erziehungsmaximen kennzeichnen Fr.s pädagogischen Standort. Das Jugendbuch „Ida – und Ob" (1972), von Fr. als „Psychogramm" und „Rückenstärkung" verstanden, die dazu fähig machen soll, über sich selbst lachen zu können, ist eine Sommergeschichte auf einem Reiterhof. Sie überschreitet jedoch die traditionelle Kategorie der sogenannten „Pferdebücher". Fr. nimmt sich hier – ähnlich wie in „Wenn die Mutter mit der Tochter", ihrem Beitrag zum „Mädchenbuch – auch für Jungen" (1975) – spezifischer Identitäts- und Entwicklungsschwierigkeiten von Mädchen an, wobei sie ihre emanzipatorische Intention humorvoll „an die Frau" zu bringen versteht.

Werke: Die Klosterschule (1968, ND. 1978); Amoralische Kinderklapper (1969); Geschichten für Stanek (1969); Der Pluderich (zus. mit W. Schmögner, 1969); Philomena Mückenschnabel (zus. mit R. Dorax, 1969); Polsterer (zus. mit R. Zeppel-Sperl, 1970); Ida – und Ob (1972); Die Prinzessin in der Zwirnspule. Der Mäuseschreck. Der grasgrüne Steinfresser. Das Frühstück. Vier Spiele für Kinder (1970; auch u. d. T.: Die Prinzessin in der Zwirnspule und andere Puppenspiele für Kinder, 1972); Tage und Jahre. Sätze zur Situation (1971); Rückkehr zum vorläufigen Ausgangspunkt (1973); Das Verschwinden des Schattens hinter der Sonne (1973); Haschen nach Wind (1974); Grizzly Dickbauch und Frau Nuffl (1975); Die Mystifikationen der Sophie Silber (1976); Amy oder die Metamorphose (1978); Entzug, ein Menetekel der zärtlichsten Art (1979); Die Ferienfamilie (1981).

Beitr.: Wenn die Mutter mit der Tochter (in: Mädchenbuch, auch für Jungen. 1975. 21–25).

Almut Prieger

Fröhlich, Roswitha

*Rundfunkredakteurin, Kinder- und Jugendbuchautorin; * 13. 6. 1924 Berlin.*

Fr. wurde als Tochter eines Juristen in Berlin geboren. Später übersiedelte die Familie nach Heidelberg. Dort machte Fr. das Abitur und begann Germanistik zu studieren. Daneben setzte sie ihre Ausbildung als Malerin fort, anfangs bei Else Marcks, der Mutter von Marie Marcks, in Berlin und später an der Städelschule in Frankfurt. Im letzten Kriegsjahr heiratete Fr. den Medizinstudenten Felix Fröhlich. Nach ihrer Rückkehr aus französischer Kriegsgefangenschaft 1946 arbeitete sie als Portraitmalerin und Illustratorin. Mit ihrem Mann zusammen beteiligte sich Fr. an einem Studentenkabarett. Beruflich war sie in der Arztpraxis ihres Ehemanns tätig. 1949 und 1955 wurden ein Sohn und eine Tochter geboren. Erst 1966 kam Fr. wieder dazu, mit eigenen Beiträgen an die Öffentlichkeit zu treten. Sie arbeitete als Mitarbeiterin der Unterhaltungsabteilung des Süddeutschen Rundfunks und ist heute dort als Redakteurin angestellt. Fr. lebt in Mannheim.

*Roswitha Fröhlich (*1924)*

Werk, Tendenzen, Wirkung. Fr. möchte vor allem Wirklichkeit beschreiben. Ihre Themen sind weit gefächert; sie läßt nach Möglichkeit die Betroffenen selbst zu Wort kommen. Von Einfühlungsvermögen zeugt ihr erstes Buch „Probezeit" (1976), in dem sie die Schwierigkeiten der vierzehnjährigen Tini beschreibt, nach einem schweren Unfall wieder ins normale Leben zurückzufinden. Es ist zugleich eine sorgfältige Erarbeitung der Pubertätskrise, die schließlich zur Ablösung von den Bezugspersonen führt.
„Ich konnte einfach nichts sagen – Tagebuch einer Kriegsgefangenen" (1979) rekonstruiert das damalige Lebengefühl der heutigen Elterngeneration während der letzten Kriegstage. Fr. zieht das Fazit, daß es darauf ankommt, gegen politische Ideologien persönliche Ideale zu verwirklichen. Mit „Ich und meine Mutter – Mädchen erzählen" (1980) thematisiert die Autorin die Generationsfrage, indem sie junge Mädchen über ihr Verhältnis zu ihrer Mutter berichten läßt und dabei der Frage der Verwirklichung des einzelnen innerhalb der Familie nachgeht, wirbt sie für mehr Verständnis der Menschen untereinander, bietet neue Identifikationsmuster an und ermutigt zur eigenen Entscheidung. Eine weitere Begabung von Fr. kommt in dem Band „Na hör mal!" (1980) zum Tragen. Illustriert von MARIE MARCKS (*1922) stellte sie zeitgemäß-witzige Kinderreime zusammen, die zum Nachdenken und Selbermachen anregen.

Werke: Probezeit (1976); Ich konnte einfach nichts sagen – Tagebuch einer Kriegsgefangenen (1979); Ich und meine Mutter – Mädchen erzählen (1980); Na hör mal! (1980, zus. mit Marie Marcks).

Heinke Kilian

Fuchs, Ursula

*Kinderbuchautorin; *6.4.1933 Münster/Westfalen.*

F. besuchte eine Handelsschule, die sie mit der Mittleren Reife abschloß. Von 1953 bis 1959 war sie als Sekretärin tätig. F., die verheiratet ist und zwei Kinder hat, schreibt seit 1971. Seit 1978 ist sie hauptberufliche Autorin. 1980 wurde ihr Kinderbuch „Emma oder die unruhige Zeit" (1979) mit dem Deutschen Jugendbuchpreis ausgezeichnet.

Werk, Tendenzen, Wirkung. Nach Veröffentlichung zahlreicher Kurzgeschichten erschien 1974 F.' erstes Kinderbuch „Die Vogelscheuche im Kirschbaum", 1976 folgte „Was wird aus Bettina?". Weiterhin schrieb F. für verschiedene Anthologien, z.B. für HANS-JOACHIM GELBERGS Jahrbuch der Kinderliteratur „Menschengeschichten" (1975). F. versteht ihre Bücher als Lebenshilfe und weltanschauliche Aufklärung. Sie bevorzugt nach eigener Aussage Themen, die Kinder anregen, sich mit bestehenden Normen und Werten auseinanderzusetzen. Zwei Titel sind es, die auf F. aufmerksam machten: das preisgekrönte Buch „Emma oder die unruhige Zeit" und ihre Erzählung „Reinhold, reg dich nicht auf" (1980). Im ersteren versucht F., das Kriegsgeschehen des Zweiten Weltkriegs aus der Sicht eines kleinen Mädchens darzustellen. Dabei erzählt sie von den Erlebnissen, der persönlichen Entwicklung und der Reifung des Kindes. Das äußere historische Geschehen bleibt recht zufällig. Es gelingt der Autorin nicht immer, individuelle Erfahrung und historisches Bewußtsein zu vermitteln. In einigen Aspekten zeigt sie jedoch Einfühlungsvermögen in die kindliche Psyche, vor allem im Kapitel „Lügengeschichte". Formal stellt sich F.' Buch als ein stark autobiographischer Text dar. Sie reiht Episoden aneinander, die allein durch die Hauptperson miteinander verbunden sind. Auch in ihrer realistischen Familiengeschichte „Reinhold, reg dich nicht auf" erzählt F. aus der subjektiven Sicht eines Kindes. In diesem Buch geht es um Wohnprobleme, kleinliche Vermieter und Arbeitslosigkeit.

Werke: Die Vogelscheuche im Kirschbaum (1974); Was wird aus Bettina? (1976); Emma oder die unruhige Zeit (1979); Der kleine grüne Drache (1979); Reinhold, reg dich nicht auf (1980); Die kleine Bärin stinkt nicht (1981).

Winfred Kaminski

Fuchshuber, Annegert

*Graphikerin, Bilderbuchautorin und -illustratorin; *6.5.1940 Magdeburg.*

F. besuchte nach dem Abitur die Werkkunstschule in Augsburg und machte anschließend eine Schriftsetzerlehre. Von 1962 bis 1964 war sie als Graphikerin bei einer Werbeagentur in München tätig. 1966 wandte sie sich der Buchgestaltung zu. Neben Bilderbüchern – darunter auch Sachbüchern für Kleinkinder – illustrierte sie Zeitschriften und Kochbücher. Seit 1969 ist F. als Kinderbuchautorin hervorgetreten. 1971 stand F.s „Die

Prinzessin auf der Erbse" (1970) auf der Liste der besten Jugendbücher. F. lebt in Augsburg.

Werk, Tendenzen, Wirkung. F. läßt in ihren Bilderbüchern vor dem kindlichen Auge eine heitere, buntfarbige Welt entstehen, die in liebevoller Detailtreue zum Verweilen einlädt. In naivisierender Wiedergabe von Menschen, Häusern und Bäumen stellt sie sich stilistisch auf die optischen Fähigkeiten des kleinen Kindes

Annegert Fuchshuber. Fidibus (Stuttgart 1980). Die farbigen Illustrationen und Texte des Bilderbuchs stammen von der Künstlerin.

ein. Ihre Bilder zeichnen sich durch z.T. suggestiv leuchtende Farben aus, die in klar begrenzten, großen Flächen aneinanderstoßen. Besonders ansprechend und einfallsreich sind ihre Bildideen dann, wenn der phantastische Bereich angesprochen wird, wie z.B. in MICHAEL ENDES (* 1929) „Das Traumfresserchen" (1978). Die dem Geschehen immanenten Stimmungen verdeutlichen entsprechende Farbintensitäten. So verweisen tiefdunkle und violette Farbwerte in die Welt des Traumes. F.s Vielseitigkeit zeigt sich auch in einer Reihe von Bilderbüchern, in denen der Text topographisch genaue und doch kindgemäße Architekturdarstellungen verlangt (R. A. KREWERTH: „Türmer Tons und die Geister von Lamberti", 1976; H. GOTTANKA: „Ferdi reist mit seinem Kasperl durch die Münchner Stadt", 1975). In den von F. selbst verfaßten Bilderbüchern entspricht die sprachliche Kapazität der bildnerischen. Klare, leicht verständliche Formulierungen charakterisieren die unkompliziert angelegten Geschichten, die häufig aus der Sicht der Kinder geschrieben sind und von Kinderwünschen ausgehen. So erträumt sich in „Das Land in der Seifenblase" (1972) ein Junge das Land seiner Träume, ein Land mit schlaraffesken Zügen, in dem alles möglich ist, was sonst verboten ist. In „Der Floh" (1973) erhält eine simple Erzählidee aus dem Zirkusbereich ihren besonderen Reiz durch den Einfall, kleine Rechtecke aus der Textseite auszuschneiden. Wie durch ein Fenster bietet sich der Ausblick auf ein Stück der folgenden Darstellung. Nach dem Umblättern dagegen erscheint im Fenster noch einmal ein Detail der vorhergehenden Bildszene, das aber erst jetzt – ein besonderer Kunstgriff – in Großformat auf der gegenüberliegenden Seite vorgestellt wird. Damit führt F. das Kind auch mit bildnerischen Mitteln sukzessiv in die Erzählung ein, die in einer lustigen Pointe kulminiert.

Werke: M. Horvath: Wenn ich groß bin (1968); A. Fuchshuber: Vom Osterhasen, der im Sommer kam (1969); A. Fuchshuber: Der allerschönste Stern der Welt (1969); H. Chr. Andersen: Die Prinzessin auf der Erbse (1970); L. Hille-Brandts: Das Böckchen im Röckchen (1970); A. Fuchshuber: Das Land in der Seifenblase (1972); A. Fuchshuber: Dreierleispaß (1972); A. Fuchshuber: Der Floh (1973); A. Fuchshuber: Miezekatze (1973); A. Fuchshuber: Mir ist eine Maus entlaufen (1973); A. Fuchshuber: Vom Punkt zum Bild (1973); A. Fuchshuber: Wenn mein Kind nicht essen will (1973); E. Emmerich: Hallöle such das Turamichele (1973); R. Majonica: Bauer und Bäcker (1973); R. Majonica: Gärtner und Tischler (1973); R. Majonica: Maurer und Schlosser (1973); A. Fuchshuber: Tiere der Urwelt (1974); A. Fuchshuber: Mein Geburtstags-Buch (1975); H. Gottanka: Ferdi reist mit seinem Kasperl durch die Münchner Stadt (1975); A. Fuchshuber: Korbinian mit dem Wunschhut (1976); Th. Troll: Das schwäbische Hutzelmännlein (1976); R. A. Krewerth: Türmer Tons und die Geister von Lamberti (1976); A. Fuchshuber: Die Geschichte vom Bombardon (1977); A. Fuchshuber: Fahr mit aufs Land (1977); A. Fuchshuber: Fahr mit in die Ferien (1977); A. Fuchshuber: Fahr mit in die Stadt (1977); M. Naumann: Fleißige Handwerker (1977); M. Naumann: Nah und fern (1977); H. Gottanka: Susanna in Salzburg (1977); M. Ende: Das Traumfresserchen (1978); H. Baumann: Ein Stern für alle (1978); A. Fuchshuber: Fidibus (1980); A. Fuchshuber: Das Schildbürger-Buch (1980); J. Guggenmos: Das & Dies. Nimm und Lies (1980).

Sekundärliteratur: H. Krahé: Bilderbücher in Deutschland – Lichtblick in einer kinderfeindlichen Zeit? (in: W. Herdeg (Hrsg.): International survey of children's book illustration. 4. 1979. 526–541)..

Margund Claussen

G

Gabel, Wolfgang

*Jugendbuchautor, Journalist, Lektor; *22.10.1942 Königsberg.*

G. wuchs in Königsberg, Halle an der Saale und Freiburg im Breisgau auf und verbrachte fünf Jahre in einem katholischen Heim. Nach dem Besuch des Gymnasiums bis zur Mittleren Reife absolvierte er eine Lehre als Schriftsetzer, volontierte an einer Zeitung und war kaufmännischer Angestellter. Das Abitur holte er an einem Abendgymnasium nach und studierte anschließend Publizistik. Seit 1963 veröffentlicht G. Prosa und Lyrik. Er war Mitbegründer des Kellertheaters Neuss, wo er Theater mit Lehrlingen, Schülern und Studenten machte, und war für den Südwestfunk und den Westdeutschen Rundfunk als Hörspielautor tätig.

*Wolfgang Gabel (*1942)*

Seit 1972 ist G. freier Autor und Journalist – mit einjähriger Unterbrechung als Lektor und PR-Mann im Arena-Verlag. Er arbeitet aktiv in der Gewerkschaft IG Druck und im Schriftstellerverband (VS) mit. Zwischen 1972 und 1981 veröffentlichte G. dreizehn Jugendbücher, dazu eine größere Anzahl kleinerer Prosabeiträge in Anthologien, unter anderem in der von JO PESTUM herausgegebenen Reihe „Neue Texte für junge Leute", sowie in verschiedenen literarischen Zeitschriften, z.B. „Tintenfisch", „Kursbuch" und „Kürbiskern". Er produzierte ca. 80 Hörspiele für Erwachsene und Kinder und schrieb für Schulfunksendungen. Auf Lesungen in und außerhalb von Schulen überprüft er regelmäßig die Wirkung seiner Texte. G.s Bücher erschienen mehrfach auf der Auswahlliste zum Deutschen Jugendbuchpreis. 1976 erhielt er den Bödecker-Preis und 1979 für „Fix und fertig" (1978) den Zürcher Kinderbuchpreis „La vache qui lit".

Werk, Tendenzen, Wirkung. G.s Jugend wurde stark durch die Unsicherheit und die Aufbaumoral der Nachkriegszeit und durch seinen mehrjährigen Heimaufenthalt geprägt. Er beginnt mit der Jugendschriftstellerei in einem Augenblick, als in Westdeutschland der Jugendprotest aufbricht und die sich im Bestehenden einrichtende, selbstzufriedene Gesellschaft für viele, gerade junge Leute immer fragwürdiger wird. G. macht sich in seinen Texten zum Sprachrohr dieses Protestes. Er markiert in ihnen die „realistische Wende" in der Jugendliteratur der siebziger Jahre, indem er die scheinbar intakte Welt (Familie, Arbeitsleben) als unheil entlarvt, für die kritische Jugend Partei ergreift und sich besonders Problemen von Jugendlichen und Randgruppen in der Konsumgesellschaft zuwendet. Er erweist sich dabei als ein ebenso kritischer wie genauer Beobachter seiner Umwelt und als äußerst sensibel gegenüber Ungerechtigkeit, Benachteiligung und Vorurteil. Die Schärfe seines Blickes verbindet sich mit starker persönlicher Anteilnahme. Bei seinen Produktionen arbeitet er häufig mit Jugendlichen und „Betroffenen" zusammen.
Seine Hauptthemen sind die Situation von „Randgruppen" der Gesellschaft, z.B. Außenseitern oder Behinderten, und die damit zusammenhängende Existenz von Vorurteilen, die Probleme der Jugend, Generationskonflikte und der Ausbruch junger Menschen aus einer bürgerlich-saturierten Ordnung. Er zeichnet dabei ein kritisches Bild der älteren Generation, die von Leistungsdenken und Aufstiegsstreben in Anspruch genommen ist, so daß humane Gesinnung, menschliches Verstehen und gegenseitige Zuwendung auf der Strecke bleiben. Dabei führen Zorn und Sensibilität manchmal zu Pauschalurteilen und Schwarzmalerei. Auf der anderen Seite bewahrt er bei aller Anteilnahme an seinen an den Verhältnissen leidenden Protagonisten einen Rest von kritischer Distanz, besonders dann, wenn sie den Verhältnissen zu erliegen drohen („Immer zusammen frühstücken", 1977; „Der Aufsteiger", 1978) oder wenn sie sich gegen gestörte zwischenmenschliche Beziehungen nicht genügend zur Wehr setzen („Musik & Co KG", 1980). Der Protest G.s richtet sich gegen den Normendruck der Gesellschaft und ihrer Institutionen und daraus resultierendem autoritären Gehabe, das in die Familie hineinragt und deren Struktur bestimmt („Der Anfang vom Ende", 1976; „Der Aufsteiger", 1978, und „Fix und fertig", 1978).

Drei Lösungswege lassen sich aus seinen Erzählungen herauslesen: 1. „Negative" Entwicklungen, die im scheinbaren Aufstieg den Abstieg, im gesellschaftlichen Erfolg den moralischen Niedergang herausarbeiten („Der Aufstieg der Familie Kohlbrenner", 1976; „Der Aufsteiger", 1978); 2. Erfolg- und Hilflosigkeit trotz aller – im Grunde aussichtsloser – Gegenwehr, jedoch mit kleinem Hoffnungsschimmer am Ende („Der Anfang vom Ende", 1976; „Ab nach draußen oder: Ende einer Strafzeit", 1979); 3. Lösung durch Entschluß zu einem „neuen Leben" in christlicher Nächstenliebe: „Fluchtversuche oder Vom Laufen wohin" (1979), eine angesichts des Kontextes der übrigen Erzählungen G.s überraschende Wende, die den gesellschaftskritischen Impetus des Verfassers relativiert.

G.s Bücher stellen die traditionelle Positivität und den „Lebenshilfe"-Anspruch der Jugendliteratur nicht nur durch eine Kennzeichnung der Welt als unheil und unfähig zur Integration der jungen Generation in die Gesellschaft auf den Kopf, sondern auch durch seine Bevorzugung „negativer Entwicklungen". Dies geschieht einmal durch gezielte Herausarbeitung eintretender Verluste im Menschlichen („Der Aufstieg der Familie Kohlbrenner", 1976), zum anderen in der Form der Satire („Der Aufsteiger", 1978), die an Vorbilder wie HEINRICH MANNS „Der Untertan" (1911) oder MARTIN WALSERS „Ehen in Philippsburg" (1957) anknüpft, ohne daß es G. gelingt, das Satirische genügend zu verdeutlichen und mißverständliche Rezeptionen zu verhindern.

G. hat, infolge des hohen Maßes an emotionaler Teilnahme an seinen Hauptfiguren, eine Vorliebe für die Ich-Form, deren Verwendung allerdings bei ihm recht problematisch erscheint. Fast nirgends hält er sich an die Beschränkungen, die diese Form auferlegt, wie G. überhaupt seine Schwierigkeiten mit der „epischen Gerechtigkeit" hat und seine Geschehnisse immer stark subjektiv eingefärbt sind. Das zeigt sich dann, wenn er seine Geschichte aus wechselnder Ichperspektive erzählt („Fix und fertig", 1978; „Fürs Leben lernen", 1980); dort gelingt es dem Verfasser nicht, sprachlich zu differenzieren. G.s Fähigkeiten liegen eher in einem knappen, treffenden, dramatischen Dialog und in einer lapidaren, eindringlichen und genauen Erzählsprache. Dabei benutzt er gekonnt milieugerechte Subsprachen. Immer wieder bricht G.s Sprache lyrisch aus, wird zornig-pathetisch, geht in Stakkatoform und Reihung gleicher Stilelemente über.

G. möchte mit seinem Schreiben Vorurteile sichtbar machen, zu ihrer Überwindung beitragen, die Leser aus ihrem „Schlaf" wecken, sie sensibilisieren gegen ungerechte Verhältnisse und für den Nächsten. Für ihn selber bedeutet Schreiben eine Möglichkeit der Selbstverwirklichung und Selbstbestimmung.

Werke: Orte außerhalb (1972); Valentins Traum (1975, TB. 1978); Der Aufstieg der Familie Kohlbrenner (1976); Der Anfang vom Ende (1976, TB. 1979); Immer zusammen frühstücken (1977); Der Aufsteiger (1978); Fix und fertig (1978); Fluchtversuch oder Vom Laufen wohin (1979); Ab nach draußen oder: Ende einer Strafzeit (1979); Das Wunder in der Makkabäerstr. (1979); Fürs Leben lernen (1980); Musik-&-Co-KG (1980); Einfach in den Arm nehmen (1981).

Beiträge: Elke und Angst auch (in: J. Pestum (Hrsg.): Die Stunden mit dir. 1976. 16–26); Strafe muß sein (in: J. Pestum (Hrsg.): Morgen beginnt mein Leben. 1977. 131–143); Dann hau ich ab, anderswohin (in: J. Pestum (Hrsg.): Einsamkeit hat viele Namen. 1978. 10–15); Besuch bei dem (in: M. Mai (Hrsg.): Keine Angst vor der Angst. 1980. 33–34).

Malte Dahrendorf

Gäfgen, Hans

*(Ps.e: Franz Lächler, Jucundus, Beatus, Historicus, Karl Hage). Schriftsteller; *3.6.1894 Wiesbaden, †28.9.1939 Wiesbaden.*

Nach juristischen Studien war G. anfänglich als Rechtsanwalt tätig. Er gab seinen Beruf aber bald auf, um – bedingt durch wirtschaftliche Unabhängigkeit – als freier Schriftsteller in Wiesbaden zu leben.

Werk, Tendenzen, Wirkung. Der Beitrag G.s zur Jugendliteratur erschöpft sich in der Darstellung von Lebensbildern bedeutender Männer der deutschen, vornehmlich der preußischen Vergangenheit. Eine Ausnahme macht das Bändchen, das STEPHENSON gewidmet ist. Hier hat sich der Verfasser infolge der programmatisch festgelegten Machart seiner Lebensbilder einmalige Aussagemöglichkeiten entgehen lassen. Sämtliche biographische Bilder weisen gleichbleibende Strukturmerkmale auf: bei den herangezogenen Personen handelt es sich um gesellschaftliche Aufsteiger in höchste Ämter und Funktionen. Eine pathetische Glorifizierung der Helden, obwohl es sich bis auf einen um Soldaten und Feldherren handelt, findet indessen nicht statt. Dafür werden Willensmenschen vorgestellt, deren unbändige Lebenskraft die Voraussetzungen für ihre Erfolge liefert. Widrigkeiten wie Mißgunst, Neid oder Verleumdung, die meist von Rivalen ausgehen, werden durch äußere Bedingtheiten überwunden. Die Dargestellten sind von ihrer Aufgabe, ihren Fähigkeiten und Leistungen überzeugt. Die Leistungen begründet der Autor nicht aus dem Geistigen, sondern von den Gesinnungen her und durch die Wirkung regulierbarer Konstellationen. Die Dargestellten stehen bei G. für einen Heldentypus, wie ihn seine Zeit zu sehen wünschte: ohne geistigen Tiefgang repräsentieren sie Mut, Tapferkeit, Treue, Standhaftigkeit, Entscheidungsspontaneität und Pflichtbewußtsein. Dazu kommt noch Mäßigung in den persönlichen Ansprüchen. Sie pflegen ein solides Familienleben, sind hilfsbereit gegen Arme und Benachteiligte; sie zeigen sich gottesfürchtig, ohne tiefgläubig zu sein und sie sterben allseits bewundert und verehrt. Dabei erhebt sich, so G., die „Seele aus Kampf und Erdennot in den lichten, unendlich sich wölbenden Himmel". Auffällige Konstruktionsmerkmale sind: Gefechts- und Schlachtenbeschreibungen, Rededuelle mit entwaffnender Wirkung, episodenhafte Reihung der Handlung mit viel anekdotischem Beiwerk. Neben einer unverhohlenen Preußenideologie („Was ein Preuße will, das kann er auch – es ist

preußisch, das Unmögliche zu versuchen") schlägt vor allem die jungenhafte Verharmlosung des Soldatenhandwerks durch: Soldatenleben heißt ungebunden sein, bedeutet ein freies Leben. In der Förderung eines nicht sonderlich riskanten Kampfgeistes liegt das „Richtungsweisende" von G.s Leitbildparade. Die im Dritten Reich empfohlenen Bücher stießen auf eine breite Resonanz bei Pädagogen und Eltern, nicht zuletzt durch die Farbholzschnitte von FRITZ KREDEL, der die Bändchen ausstattete.
Die schriftstellerischen Anfänge weisen den Autor als Romantiker-Epigonen aus, dessen „Faltermärchen" und sonstige literarische Kleinkunst („Orgel der Wiesen") einer mit mittelmäßigem Erfolg bemühten erträumten Welt entsprossen sind. Sein späterer „Gluck"-Roman kann als breit angelegtes Präludium – nicht frei von Deutschtümelei und durchzogen von Rührseligkeiten der modischen Illustriertenreißer – für seine historische Bildergalerie angesehen werden.

Werke: Faltermärchen (1916); Orgel der Wiesen (1932); Das Jahr der Bauern. Deutsche Gedichte aus drei Jahrhunderten (1933); Kampf um Iphigenie. Ein Gluckroman (1935); Zieten (1936); Das eiserne Pferd. Erzählung um Stephenson (1936); Dorfflinger (1936); Blücher (1937); Prinz Eugen (1937); Frundsberg (1938).

Hermann Bertlein

Galin, Dagmar

*(d.i. D. Ruh-Galin). Ethnologin, Dozentin, Schriftstellerin; *1931 Berlin.*

Den größten Teil ihrer Kindheit verbrachte G. mit der elterlichen Familie in Westpreußen, Pommern und Schlesien. In ihre Geburtsstadt kam sie im Flüchtlingstreck als Vierzehnjährige zurück. Nach Kriegsende arbeitete sie in der Landwirtschaft und der Industrie und gehörte dann zu den ersten Immatrikulierten an der Freien Universität Berlin. Sie studierte Völkerkunde, Orientalistik, Archäologie und austronesische Sprachen und war in diesen Jahren zugleich als Journalistin sowie in verschiedenen anderen Berufen tätig. G. promovierte 1955 und trat nach einem Zusatzstudium als Grundschullehrerin in den Schuldienst ein, verließ ihn aber bald wieder und ging als Dozentin an das Goethe-Institut in Paris, anschließend als Leiterin der Sprachabteilung an das Goethe-Institut in Lausanne. Danach übernahm sie einen Lehrauftrag an der Pariser Universität. Studienreisen führten G. in außereuropäische Länder, mehrmals nach Französisch-Guayana und Algerien. Nach ihrer endgültigen Übersiedlung nach Frankreich lebte sie längere Zeit in der Camargue in engem Kontakt mit Zigeunern, bevor sie ihren Wohnsitz in der Vaucluse nahm. Während ihrer Ehe adoptierte G. zwei Kinder aus Bogotá, von denen sie in ihren Büchern erzählt. Im Jahre 1977 wurde sie in Frankreich mit zwei Preisen ausgezeichnet, dem „Grand Prix Littéraire des Lectrices d'Elle" und dem „Prix Littéraire Pouchard" der „Académie Française", für die französische Ausgabe von „Drei auf der Landstraße".

Werk, Tendenzen, Wirkung. Während der Jahre in Berlin begann G. neben wissenschaftlichen Arbeiten auch erzählende Prosa zu veröffentlichen. Ihre Vorbilder waren französische Autoren wie GUY DE MAUPASSANT (1850–1893) und SIDONIE-GABRIELLE COLETTE (1873–1954). Schon bald fand G. zur einfachen Form und anschaulichen Sprache, die ihre Erzählungen als besonders geeignet für junge Leser auszeichnen. Ihre ersten Bücher erschienen unter ihrem Doppelnamen RUH-GALIN: „Mario und der graue Wolf" (1957), „Eine unmögliche Klasse" (1962), „Ich heiße Paprika" (1959). Unter dem Verfassernamen GALIN wurde sie mit Büchern bekannt, in denen Kinder außereuropäischer Herkunft durch eine westlich-moderne, gutbürgerliche Familie adoptiert werden. In ihrem Buch „Ana und Blanca" (1974) berichtet G. von ihren Erfahrungen mit den zwei von ihr selbst adoptierten Indiomädchen. Den gleichen Stoff hatte sie zuvor als Jugendbuch unter dem Titel „Kinder, die vom Himmel fielen" (1973) gestaltet. Hauptfiguren sind indianische Kinder, die mit dem Flugzeug nach Frankreich gebracht werden, wo ihre Adoptionseltern sie erwarten. G. schildert ein Stück des langen Weges der Eingewöhnung. Mit dem Titel „Zwei Kinder finden ein Zuhause" wird 1977 in der Neuauflage dieser Geschichte die glückliche Wendung für die Kinder angezeigt. In der abenteuerlichen Erzählung aus Brasilien „Nibuka und der Weiße Mann" (1978) macht G. auf das tragische Schicksal der letzten frei lebenden Indianersippen am Amazonas aufmerksam. Die junge Nibuka zeigt sich lernwillig und anpassungsfähig, als sie zwangsläufig einige Zeit bei den Weißen leben muß. Die Zustimmung der Autorin gehört der Gestalt des Paters Josef; er bringt Nibuka, wie versprochen, zu ihrem Stamm zurück, und ihre Rückeingliederung erfolgt kindgemäß „ursprünglich" als „Heimkehr". Sie finden den Stamm im Aufbruch. Die Indianer weichen aus in die Tiefe der Wälder, um der Zivilisation nie wieder zu begegnen. Eine Schulkindergeschichte aus französischen Landlebensverhältnissen der Gegenwart schuf G. mit der Erzählung „Der verschwundene Schulbus" (1977). G.s Kritik an den Schattenseiten der europäischen Gesellschaft wird deutlich in der heiteren Erzählung „Drei auf der Landstraße" (1974, franz. Les coentures d'un chien perdu, 1976). Im Urlaubsgebiet und auf den abseits gelegenen Wegen Südfrankreichs finden ein ausgesetzter Hund, ein davongelaufener Junge und ein wandernder Hippie-Jüngling zusammen und schließen Freundschaft mit Zigeunern.

Werke: Mario und der graue Wolf (1957); Ich heiße Paprika (1959; bearb. NA. u.d.T.: Kleine Hexe Paprika, 1971); Sechs verhexte Tage (1959); Eine unmögliche Klasse (1962, NA. 1975); Die Ausreißer von Martinique (1963); Der Traum ihres Lebens (1970); Kinder, die vom Himmel fielen (1973; auch u.d.T.: Zwei Kinder finden ein Zuhause, 1977); Drei auf der Landstraße (1974); Ana und Blanca. Die Geschichte einer Adoption (1974); Das Mädchen von nebenan (1976); Von den sieben Arten eine Katze zu lieben (1977); Der verschwundene Schulbus (1977); Nibuka und der Weiße Mann (1978); Ein Hund reist 1. Klasse (1978).

Margarete Dierks

Gampp, Josua Leander

*Graphiker, Illustrator, Holzschneider; *26.8.1889 Buch (Baden), †8.12.1969 Karlsruhe.*

G. war Zeichenschüler von W. GEORGI in München, dann an der Unterrichtsanstalt des Berliner Kunstgewerbemuseums; 1915 Meisterschüler von E. R. WEISS. Ab 1933 war er Lehrer an der Hochschule für bildende Künste in Karlsruhe.

Werk, Tendenzen, Wirkung. G. war Graphiker, vornehmlich aber Holzschneider, der sich besonders durch seine kleinformatigen, oft vignettenhaften Holzschnitte einen Namen machte. So trug er häufig zum Ausschmücken von Kalendern und Liederbüchern bei und schuf zahlreiche Exlibris. Den bewußt einfach, mitunter karg gehaltenen Holzschnitten, die vielfach auch handkoloriert wurden, stehen zartere, oft auch von

Ein Kinder-ABC · In Holz geschnitten und koloriert von Josua Leander Gampp · Lindauer Bilderbogen · Herausgeber Friedrich Böer · Jan Thorbecke Verlag

Josua Leander Gampp. Ein Kinder-ABC. Kolorierter Holzschnitt. Lindauer Bilderbogen (um 1948).

Aquarellfarben umspielte Zeichnungen gegenüber. Aus seinen zahlreichen, für verschiedene Verlage geschaffenen Illustrationen ragen die für Kinderbilderbücher hervor. Themen G.s sind Märchen und phantasievolle Menschen- und Naturdarstellungen, wobei der seit dem Jugendstil bis in die dreißiger Jahre anhaltende Zug, in Bilderbüchern möglichst allen Dingen menschliche Züge zu verleihen, auch bei G. erkennbar ist. Nicht nur die Sonne und der Mond, sondern auch Weidenkätzchen und Kartoffeln erhalten Gesichtszüge, die allerdings zum Teil nur schwach angedeutet oder klischeehaft ausgezeichnet sind. Die Tendenz, durch die Illustrationen eine gemütvolle, heitere Kinderwelt hervorzurufen und die Leichtigkeit des Strichs sowie die helle Farbgebung verbinden G. mit Illustratoren wie KARL F. VON FREYHOLD (1878–1944), ELSE EISGRUBER (1887–1968), TOM SEIDMANN-FREUD (1892–1930), ALINE STICKEL und BEATRICE BRAUN-FOCK, die in den zwanziger und dreißiger Jahren die künstlerische Entwicklung des Bilderbuches in Deutschland mitbestimmt haben.

Werke: Chr. Morgenstern: Klein-Irmchen (1921); M. Koch: Das Märchen vom Traumengel (1923); J. L. Gampp: Das Eisenbahn-Bilderbuch (zus. mit A. E. Gampp, 1926); J. L. Gampp: Kleines Bilderbuch (1943).

Sekundärliteratur: G. Haupt: Josua Leander Gampp (in: Zeitschrift für Bücherfreunde. 3. Folge, 38. 1934. 147–153).

Hans A. Halbey

Gardi, René

*Schriftsteller, Photograph, Dokumentarfilmer; *1.3.1909 Bern.*

G. lebt in Bern, wo er auch seine Kindheit verbrachte. Er engagierte sich stark in der Pfadfinderbewegung, deren Zeitschrift „Allzeit bereit" er kurze Zeit redigierte. An der Universität Bern bildete sich G. zum Sekundarlehrer der mathematisch-naturwissenschaftlichen Richtung aus. Diesen Beruf übte er bis 1945 aus, seither arbeitet er als freier Schriftsteller und Dokumentarfilmer. G. wurde vor allem als Reiseschriftsteller bekannt. Seine wichtigsten Reisen führten ihn nach Lappland, in verschiedene Länder Afrikas und nach Neuguinea, wo er sich sechs Monate als Begleiter einer völkerkundlichen Expedition aufhielt. Über diese Reisen berichtete G. in zahlreichen Büchern für Jugendliche und Erwachsene, in Filmen und Radiovorträgen. Durch eine rege Vortragstätigkeit, besonders auch an Schulen, wurde er einer der populärsten Jugendbuchautoren der deutschsprachigen Schweiz. Für sein Werk erhielt er Auszeichnungen der Schweizerischen Schillerstiftung und des Kantons Bern, 1948 und 1954 einen Literaturpreis der Stadt Bern, 1963 den Jugendbuchpreis des Schweizerischen Lehrer- und Lehrerinnenvereins für sein Gesamtschaffen, 1980 eine Ehrengabe des Kantons Bern. 1967 verlieh ihm die Universität Bern die Ehrendoktorwürde für seine völkerkundlichen Forschungen.

Werk, Tendenzen, Wirkung. Aus G.s Verbundenheit mit der Pfadfinderbewegung und seiner Lehrertätigkeit entstanden die Jugendbücher „Schwarzwasser" (1943), „Gericht im Lager" (1944) und „Das verschwundene Steinbeil" (1958). Der Hauptakzent dieser Erzählungen liegt auf der Darstellung des Sozialverhaltens in einer relativ festen, männlichen Gruppe. Kameradschaftsgeist, Bereitschaft zur Unterordnung unter ein gemeinsames Ziel, gleichzeitig aber auch zur Übernahme von Verantwortung sind die Eigenschaften, die gefordert sind in einer Gesellschaft mit einer durch stillen Konsens oder durch demokratiches Ritual anerkannten Hierarchie, deren oberste Plätze tatkräftige Männer einnehmen.

An den beiden Helden von „Schwarzwasser“ und „Hans, der junge Rheinschiffer“ (1950) wird dieses Entwicklungsziel exemplarisch dargestellt. Sie erkämpfen sich gegen den Willen ihrer kleinbürgerlich-konventionellen Väter eine Ausbildung als Maler bzw. als Matrose. Gerade an diesen, nicht ganz integrierten Berufen wird nun die Notwendigkeit gezeigt, der Gemeinschaft nützlich zu sein, seinen Platz, wo auch immer, möglichst gut auszufüllen.

Dieses Thema findet sich auch in den Büchern, deren Schauplätze Lappland, Westafrika oder Neuguinea sind. In diesen noch nicht so durch eine bürokratische Ordnung geregelten fremden Gesellschaften können sich traditionelle Tugenden noch eher bewähren. Die positiven Helden der Reisebücher G.s sind denn auch männlich-kraftvolle Gestalten, die sich in der jeweiligen Gesellschaft durchsetzen.

Äußerungen über die einheimische Bevölkerung der beschriebenen Länder sind paternalistisch gefärbt. Gleichzeitig vermittelt G. ethnologische Sachinformationen sowohl in den eigentlichen Reisebeschreibungen wie „Tambaran“ (1956) oder „Kiligei“ (1964) wie in seinen Erzählungen (z.B. „Der Fremde am Tana“, 1945). Das Bild von Westafrika war in der deutschsprachigen Schweiz bis in die siebziger Jahre weitgehend von den Büchern und Filmvorträgen G.s geprägt.

Werke: Mit Rucksack, Zelt und Kochtopf. Wanderbuch (1936, [5]1959); Die Uebeltäter (1936); Puoris Päivä (1939; NA. in: Unter dem Polarkreis, 1961); Schwarzwasser (1943); Finnland, allerlei über Land und Volk (1940); Gericht im Lager (1944); Der Fremde am Tana (1945, NA. 1965); Nordland (1946; NA. in: Unter Walfängern und Eismeerfischern, 1954, und in: Unter dem Polarkreis, 1961); Walfischjagd (1947; NA. in: Unter Walfängern und Eismeerfischern, 1954, und in: Unter dem Polarkreis, 1961); Blaue Schleier, rote Zelte (1950); Hans, der junge Rheinschiffer (1950); Bergvolk der Wüste (1951); Mit der Windrose im Knopfloch (1951); Tschad (1952); Propeller über den Wolken (1952); Vom glückhaften Wandern (1952); Spitzbergen (1952); Mandara (1953); Fische, die ertrinken (1954); Der schwarze Hephästus (1954); Kirdi (1955); Von frohgemuten Ferien (1955); Von Lappen und Rentieren (1955); Tambaran (1956, bearb. gek. NA. 1967); Pfahlbauer von heute (1958); Der Stern von Afrika (zus. mit H. Schiffers und W. Correll, 1958); Sepik – Land der sterbenden Geister (1958); Das verschwundene Steinbeil (1958); Von der Sahara zum Tschad – aus meinen Reisebüchern (1959); Unter schwarzen Fischern (1960); Wiedersehen mit Lappland (1961); Schwarzes Arkadien (zus. mit V. Surbek, 1962); Sardinien (1963); Kiligei (1964); Sahara (zus. mit anderen, 1967); Von Kerlen und Käuzen (1967); Unter afrikanischen Handwerkern (1969); Heiteres aus Afrika (1969); Cram Cram (1971); Auch im Lehmhaus läßt sich's leben (1973); Sehr verehrte Damen und Herren! (1974); Weisheiten und Narrheiten (1975).

Sekundärliteratur: Berner Schriftenverein (Hrsg.): Berner Schrifttum der Gegenwart 1925–1950 (1949). – Dichter und Schriftsteller der Heimat. Autoren des Berner Schriftsteller-Vereins und ihre Werke (1943). – D. Larese: René Gardi (in: ders. (Hrsg.): Schweizer Jugendschriftsteller der Gegenwart. 1963. 40–43). – Lexikon des Berner Schriftstellervereins (1962). – Schweizerischer Schriftstellerverband (Hrsg.): Schweiz – Svizzera – Svizra. Schriftsteller der Gegenwart (1978). – Schweizerischer Lehrerverein (Hrsg.): 20 Jahre Jugendbuchpreis in der Schweiz (1963).

Verena Heintz-Rutschmann

Gárdonyi, Géza

*Ungarischer Schriftsteller und Dramatiker; *3.8.1863 Agárd, †30.10.1922 Eger.*

G. war seit 1881 als Dorfschullehrer und in verschiedenen Städten als Journalist tätig, bevor er sich 1897 in Eger niederließ, um sich ganz der Schriftstellerei zu widmen. Er gilt als Klassiker der ungarischen Literatur. Seinen Ruf hatte er bereits 1890 mit seinen im „Magyar Hirlap“ veröffentlichten humoristischen Briefen begründet. G.s Jugendbuch „Egri csillagok“ (1901) wurde mit dem Péczely-Preis ausgezeichnet.

Werk, Tendenzen, Wirkung. Schon die ersten beiden Bücher „Novellák“ (1894) und „Tárcák“ (1894) zeigen die charakteristischen Züge von G.s Schriften: realistische Menschendarstellung und ausgeprägter Humor. Die Zuneigung zur ungarischen Landschaft und Volk wird in seinen Schriften deutlich (A Pöhölyék életéből, 1895; A lámpás, 1895; Az én falum, 1898). In dem historischen Jugendroman „Egri csillagok“ schildert G. eine Episode aus dem Kampf Ungarns gegen die osmanische Macht im 16. Jahrhundert. Den Rahmen von „A láthatatlan ember“ (1902) bildet die Regierungszeit des Hunnen-Königs Attila. „Isten rabjai“ (1908) berichtet detailgetreu vom mittelalterlichen Leben im ungarischen Raum. G.s poetischer Realismus kennzeichnet auch seine Novellen (u.a. Hosszúhajú veszedelem, 1912). G.s gesammelte Werke wurden 1926–1929 in vierzig Bänden veröffentlicht.

Werke: Novellák (1894); Tárcák (1894); A Pöhölyék életéből (1895); A lámpás (1895; dt. Die Lampe, 1954); Az én falum (1898); Egri csillagok (1901, [16]1978; dt. Sterne von Eger, 1958, [7]1977 auch u.d.T.: Tödlicher Halbmond (1966, [4]1975); A bor (1901); A láthatatlan ember (1902, [11]1979; dt. Ich war den Hunnen untertan, 1959, [6]1970); Az a hatalmas harmadik (1903); A zöld erszény (1903, [4]1946); Ábel és Eszter (1907); Isten rabjai (1908); Hosszúhajú veszedelem (1912); Szunyoghy miatyánkja (1916).

Sekundärliteratur: S. Sik: Gárdonyi, Ady, Prohászka (1929). – J. Gárdonyi: Az élő Gárdonyi. (Bd. 1–2. 1934). – L. Bóka: A hazaszeretet regénye (in: Csillag. 1952. 1–2). – J. Reményi: Géza Gárdonyi. Hungarian novelist and playwright (in: The Slavonic and East European Review. 1954. 17–24). – A. Kispéter: Gárdonyi Géza (1970).

Béla Tóth

Garner, Alan

*Englischer Kinder- und Jugendbuchautor; *17.10.1934 Congleton/Cheshire.*

Nach dem Besuch der Manchester Grammar School und des Oxforder Magdalen College diente G. in der

Royal Artillery und lebte dann als freier Schriftsteller. Für den Roman „The owl service" (1967) erhielt er die Carnegie Medal und den Guardian Award.

Werk, Tendenzen, Wirkung. G. gehört trotz des verhältnismäßig geringen Umfangs seines Werks zu den am meisten diskutierten Autoren. Vier Schaffensperioden G.s lassen sich unterscheiden: In der ersten schreibt er phantastische Romane, in denen Kinder dank ihrer besonderen Sensibilität für die magisch-mythische Welt in Kämpfe zwischen guten und bösen Zaubermächten verstrickt werden. In „The weirdstone of Brisingamen" (1960) und „The moon of Gomrath" (1963) läßt G. das gesamte Arsenal der magisch-mythischen Welt in Erscheinung treten (Zauberer, Hexen, Elfen, Zwerge, Trolle, Ungeheuer, Zaubersprüche, Verwandlungskünste, Wunderwaffen, Tarnkappe u.a.). Unter Verwendung dieser traditionellen Mittel und Scheinwelten erzählt G. intensiv und topographisch exakt in der realen wie in der imaginären Welt sowie mit Verlebendigung der Spuk- und Zaubergestalten. In „Elidor" (1965) dominiert auf weiten Strecken die reale Welt, in die eine irreale Welt bedrohlich hineinwirkt. Diese Wechselwirkung erscheint vielfach konstruiert. Auch die zweite Periode ist noch durch Interdependenzen zwischen realer und magisch-mythischer Welt gekennzeichnet, wie z.B. in „The owl service" (1967). Hier liegt der Akzent auf der Ebene der Realität, den Konflikten der drei jugendlichen Hauptgestalten untereinander und mit ihren Eltern, bedingt durch ihre jeweils unterschiedliche Klassenzugehörigkeit. Der Versuch, die Spannung durch Einbindung in archetypische, mythisch fixierte Verhaltensmuster zu verstärken, wird durch einen Verlust an Wahrscheinlichkeit und Menschlichkeit erkauft. „Red shift" (1973) verzichtet auf magische Elemente und hat durch seine komplizierte Struktur eine lebhafte kritische Diskussion entfacht. Auf drei Zeitebenen wird die Handlung ausgetragen (römisch-britische Zeit, Bürgerkriegszeit im 17. Jahrhundert und Gegenwart), ohne Einleitung, ohne Erklärungen, fast nur im Dialog. Äußeren Zusammenhang bieten der gleiche landschaftliche Raum und eine Steinaxt, an die abergläubische Vorstellungen geknüpft werden. Maskuline Gewalttätigkeiten, feminine Undurchschaubarkeit, Hysterie und Raserei gegenüber Liebe und Geduld sind die durchgängigen Themen. Es entsteht ein komplexes Sinngefüge, eine Art literarisches Puzzle. G. betont, daß er darstellen wolle und nicht erklären: „It is my job to show, not tell". Es entstanden Diskussionen, ob „Red shift" noch als Jugendbuch gelten kann. Mit dem Erscheinen des „Stone book" (1976), dem ersten eines Quartetts von vier schmalen Büchlein, beginnt G.s vierte Periode. Die Erzählungen umspannen fünf Generationen von jungen und alten Menschen, die traditionsverwurzelt auf dem Lande leben. Väter und Großväter sind Handwerker, die ihren Beruf mit Leidenschaft und Meisterschaft ausüben, ihre Kinder und Enkel haben in ihnen Helfer und Vorbilder. Charaktere werden holzschnittartig eindringlich, handwerkliche Tätigkeiten oder kindliche Erlebnisse konkret präzis geschildert, knappe Dialoge klären kindliche Fragen. Im „Stone book" wird die kleine Mary durch ihren Vater, den Steinmetz, in die Höhen und Tiefen der Erde geführt, in schwindelerregende Kirchturmhöhe und in die unterirdische Welt der Gesteine. In „Granny Reardun" (1977) entscheidet sich der Enkel des Steinmetz in einem dramatischen Ablösungsprozeß für eine Schmiedelehre. In „Tom Fobble's day" (1977) baut der Schmied seinem Enkel einen Schlitten, der über alle anderen triumphiert; „The Aimer gate" (1978) variiert die bekannten Motive. Allen Büchern gemeinsam ist eine Hingabe an die Forderungen gediegener Handwerksarbeit, Güte und Großmut, die das Leben lebenswert machen, und eine starke, mitunter ausgelassene Lebensfreude. In diesen Erzählungen hat G. auf eine realistische, klassisch einfache Weise erzählerisches Talent bewiesen, das ihn auf eine Stufe mit LUCY M. BOSTON und PHILIPPA PEARCE stellt. G.s Quellen sind das Mabinogion sowie keltische und germanische Mythologien.

Werke: The weirdstone of Brisingamen (1960; dt. Feuerfrost und Kadellin, 1963); The moon of Gomrath (1963, NA. 1979); Elidor (1965, NA. 1979; dt. Elidor, 1969); The old man of mow (1966); The owl service (1967); Red shift (1973); The breadhorse (1975, zus. mit A. Trowski); The stone book (1976); Tom Fobble's day (1977); Granny Reardun (1977); The Aimer gate (1978).

Hrsg.: The Hamish Hamilton book of goblins (1969; auch u.d.T.: A cavalcade of goblins, 1969); The Guizer. A book of fools (1975).

Sekundärliteratur: L. Aers: Alan Garner: An Opinion (in: The use of English. 22. 1970. 2. 141–147). – V. Alderson: Red shift. Some aspects considered (in: Children's book review. IV. 1974. 2. 49). – M. Cadogan: You're a brick, Angela. A new look at girl's fiction from 1839 to 1975 (zus. mit P. Craig, 1976). – A. Garner: A bit more practice (in: M. Meek (Hrsg., zus. mit A. Warlow u. Gr. Barton): The cool web. 1977. 196–200). – P. Hollindale: Choosing books for children (1974). – W. Mc Vitty: Alan Garner (in: D. L. Kirkpatrick (Hrsg.): Twentieth-century children's writers. 1978. 499–502). – Ph. Pearce: The owl service (in: M. Meek (Hrsg. zus. mit A. Warlow u. Gr. Barton): The cool web. 1977. 291–293). – J. R. Townsend: A sense of story (1971); A sounding of storytellers (1979).

Richard Kremer

Gehrts, Barbara

*Kinder- und Jugendbuchautorin, Übersetzerin, Lehrerin; *5. 6. 1930 Duisburg.*

G. verlebte ihre Kindheit in Berlin. Ihr Vater wurde 1943 als Widerstandskämpfer in Plötzensee hingerichtet. G. hat von 1951 bis 1957 Germanistik, Kunstgeschichte, Philosophie und Anglistik in Kiel, Innsbruck, München und Freiburg studiert und promovierte in neuerer Literaturgeschichte. Anschließend arbeitete sie freiberuflich als Schriftstellerin; seit 1975 ist sie im Schuldienst. Zwei Titel G.' haben bisher auf der Auswahlliste für den Deutschen Jugendbuchpreis gestanden: 1976 „Nie wieder ein Wort davon?" (1975) und 1977 „Kaiser, König, Edelmann, Bürger, Bauer,

Bettelmann“ (1976), eine Neubearbeitung von Volksbüchern.

Werk, Tendenzen, Wirkung. G.' Kinder- und Jugendbücher sind schwer auf einen Nenner zu bringen. Heiter und problemlos ist der in Italien spielende Kinderroman „Der Wettlauf zwischen Esel und Auto“ (1973); wie im Volksmärchen gewinnt der, dem niemand eine Chance gibt. Einprägsame Landschaftsschilderungen ergeben sich zwanglos aus der Handlung; die Menschen werden typisiert oder grotesk überzeichnet. Die anfänglich vermutete Kriminalgeschichte bleibt aus, der Sensationshunger unbefriedigt. Der moralische Impuls G.' tritt deutlicher hervor in dem Kinderroman „Die Höhle im Steinbruch“ (1973). Die Darstellung der Schwierigkeiten eines buckligen Jungen, der von dem arbeitsscheuen Vater und der trunksüchtigen Mutter abgelehnt wird und auch außerhalb der Familie auf Verachtung und Haß stößt, weckt beim Leser Empörung und Mitleid. G. bildet die Oberfläche realistisch ab und überzeugt durch lebensechte Dialoge und genau beobachtetes menschliches Verhalten. Sie gibt Einblikke in die emotionale Not des Opfers, spürt aber kaum den Ursachen der Konflikte nach und bleibt in der Charakterzeichnung undifferenziert. Indem sie das Schicksalhafte in ihrer unheilen Welt zu stark betont, leistet sie der Resignation Vorschub. Vorbildliches Verhalten dokumentiert sich als Mut im Geiste eines individuellen Widerstandes gegen Unmenschlichkeit. Aufsehen erregte der autobiographische Roman „Nie wieder ein Wort davon?“ (1975), in dem G. sich an die vierziger Jahre erinnert: die halbjüdische Schulfreundin wird mit allen Angehörigen in den Freitod getrieben, der Jugendfreund fällt an der Ostfront, der Vater wird „wegen Wehrkraftzersetzung“ hingerichtet, der Bruder stirbt im Arbeitsdienst, das Wohnhaus wird von Bomben getroffen. G.' Erfahrungen zeigen die vernichtenden Auswirkungen der Nazi-Diktatur auf das Privatleben. Die subjektive Darstellung ermöglicht eine Einfühlung in Zustände einer permanenten Bedrohung und läßt exemplarisch – unter Aussparung analytischer Ansätze – Geschichte lebendig werden. Der Vorwurf fehlender Reflexion über den Nationalsozialismus hat seit dem Film „Holocaust“ an Bedeutung verloren: fiktionale und authentische Menschengeschichten – auch die von G. – scheinen den höchsten Grad an Betroffenheit auszulösen.
Neben dem eigenen schriftstellerischen Schaffen hat G. Fabeln, Märchen, Volksbücher und Romane der Jugend- und Weltliteratur bearbeitet und herausgegeben.

Werke: Von der Romanik bis Picasso. Tausend Jahre europäische Kunst in Geschichte und Dokumenten (1968); Der Wettlauf zwischen Esel und Auto (1973); Die Höhle im Steinbruch (1973); Wasser, Schilf und Vogelfisch (1974); Nie wieder ein Wort davon? (1975).

Bearb.: Charles Dickens: Oliver Twist (1969); Fritz Steuben: Der Fliegende Pfeil (1969); Fortunatus: Ein Volksbuch (1970); Fritz Steuben: Ruf der Wälder (1970); Wilhelm Hauff: Das Gespensterschiff und andere Geschichten (1971); Wer ist der König der Tiere? Fabeln aus aller Welt (1973); Kaiser, König, Edelmann, Bürger, Bauer, Bettelmann (1976).

Hrsg.: Kunst im Druck (KID) – Weltliteratur. Eine Sammlung für die Jugend. Bd. 36–56. 1961–1964.

Jutta Grützmacher

Geifrig, Werner

*Dramaturg, Theater- und Kommunikationswissenschaftler; *9.4.1939 Holzminden.*

G. studierte in Göttingen und München Literaturwissenschaft und Psychologie. 1968 promovierte er mit einer Sprachuntersuchung zu expressionistischen Dramen. Danach arbeitete er als wissenschaftlicher Mitarbeiter am Internationalen Zentralinstitut für das Jugend- und Bildungsfernsehen in München sowie als Lehrbeauftragter für Drama und Theater an der Wayne State University. Seit 1972 ist er Mitglied des wissenschaftlichen Beirats des Theaters der Jugend in München und arbeitet dort seit 1975 als ständiger Dramaturg. G. hat seit 1971 fünf Theaterstücke für Jugendliche geschrieben, inszeniert und veröffentlicht. In verschiedenen Zeitschriften und wissenschaftlichen Büchern hat er Aufsätze zur politischen Jugendarbeit, Fernsehen und Theater veröffentlicht.

Werk, Tendenzen, Wirkung. G. schreibt seine Stücke in erster Linie für Schulabgänger, Lehrlinge und junge Arbeiter, zum Teil in direkter Zusammenarbeit mit Jugendlichen. Ziel der vielfach aufgeführten, zum Teil umstrittenen Stücke ist nicht nur, unbefriedigende gesellschaftliche Zustände, sondern auch Möglichkeiten zur Veränderung zu zeigen. In „Stifte mit Köpfen“ (1973) schildert G. die Ausbeutung und Unterdrückung von Jugendlichen in Betrieben, weist auf zustehende Rechte hin und gibt Beispiele praktischer Solidarität; „Bravo, Girl“ behandelt die Realität von jungen Arbeiterinnen, insbesondere die Problematik überkommener Rollenbilder. Andere Themen sind das Geschäft mit der Musik und die Jugendarbeitslosigkeit. Trotz der kritischen Inhalte verzichtet G. bei seinen Stücken und Inszenierungen im Interesse seines Publikums nicht auf Humor und vielfältige Show-Effekte.

Werke: Stifte mit Köpfen (1973); Bravo, Girl (1975); Nachwahl (1977); Abgestempelt (1978); Hit Show Live (1979).

Beiträge: Das Gängige durch systematisches Experimentieren überwinden. Überlegungen zu einem Modell zeitgemäßen Kinder- und Jugendtheaters (in: V. D. Laturell (Hrsg., zus. mit N. J. Mayer): Kinder- und Jugendtheater als Sozialisationsagentur. Emanzipation oder Manipulation?. 1974. 18–21); Das Selbstverständliche als Methode (in: N. Kühne (Hrsg.): Wir arbeiten mit Jugendlichen! Praktische Hinweise und Erfahrungsberichte. 1975. 39–54); Das Jugendtheater kommt (in: M. Bosch (Hrsg.): Kulturarbeit. 1977. 214–221); Kinder- und Jugendtheater in der Sowjetunion – Theater als pädagogische Instanz (zus. mit E. Gram in: betrifft: erziehung. 13. 1980. 1. 80–84).

Hartmut Euler

Geiger-Hof, Anni

*(Ps.: Hanne Menken; publizierte auch unter den Namen Anni Hof und Anni Geiger-Gog). Verlagslektorin, Jugenbuchautorin; *7. 11. 1897 Stuttgart.*

Werk, Tendenzen, Wirkung. G.-H. begann ihre schriftstellerische Laufbahn mit der Herausgabe von Märchen und Legenden. Ihre zahlreichen Kinderbücher erschienen zumeist in der Reihe „Sonne und Regen im Kinderland", die im Gundert-Verlag erschien und bei Pädagogen und Literaturkritikern großen Anklang fand. Die Umweltgeschichten der Autorin erinnern in ihrer Gefühlsbetontheit, in Stil und Aufbau an JOHANNA SPYRIS „Heidi". Dies trifft vor allem auf das Bändchen „Kordula. Ein heller Lebensmorgen" (1950) zu. Wie Heidi ist auch Kordula ein elternloses Stadtkind, das in die sorgende Obhut des auf einem einsamen Bergbauernhof wirtschaftenden Großvaters genommen wird, dann in eine wohlsituierte Familie Aufnahme findet und erfährt, wie deren gelähmtes Kind in der gesunden Höhenluft in der Obhut von Kordulas Großvater geheilt wird. Daneben veröffentlichte die Autorin eigene Gedichte, bearbeitete klassische Jugendbücher und einige Erzählungen von LAURA FITINGHOFF neu und übersetzte Werke von ERNEST THOMPSON SETON ins Deutsche („Katug, Lebensgeschichte eines Polarfuchses", 1937). In den fünfziger Jahren erschienen zum Teil bearbeitete Neuauflagen von einigen ihrer zwischen 1923 und 1942 erschienenen Bücher. Die alten Titel wurden beibehalten, leicht verändert oder durch neue ersetzt. So handelt es sich bei dem 1958 veröffentlichten Buch „Das Mädchen Urd" um keine Neuproduktion, sondern lediglich um die verkürzte Fassung der 1939 unter dem Pseudonym „Hanne Menken" publizierten Erzählung „Anja". In der Neuauflage wurden alle Kapitel und Passagen, die sich auf das nationalsozialistische Regime bezogen, weggelassen. Um Neuproduktionen aus den Jahren nach 1945 handelt es sich hingegen bei den Jugendbüchern „Kordula. Ein heller Lebensmorgen" (1950), „Jan Ellerbusch. Ein Jungenschicksal aus dem Kohlenrevier" (1952) und „Die Fischerkinder" (1957).
Noch heute sind im Buchhandel ihre Erzählungen „Nickel läuft ins Leben. Die Geschichte von Dorothees Kindheit" (1937, NA. 1958) und „Schlamper. Eine Hundegeschichte" (1928, NA. 1951 und 1963) erhältlich.

Werke: Himmelschlüssel. Ein Märchenbuch für kleine und große Kinder (1923); Der Heilige und das Blümlein. Neue Legenden vom heiligen Franz (1925); Im Lande des „Heiligen Kreuzes". Franziskuslegenden aus Brasilien (1926); Ich und Du (1926); Maidi. Die Geschichte eines Kindes (1927; NA. u. d. T.: Das Maidi vom Brunnenhof, 1951); Schlamper. Eine Hundegeschichte (1928, NA. 1963); Heini Jermann. Der Lebenstag eines Jungen (1929); Schulschluß – Sommerferien!. Ein kleines Geschichtenbuch für Kinder (1930); Musikantenkinder. Geschichte von fahrenden Leuten (1931); Fiete, Paul & Kompanie. Die von der Webergasse (1932; NA. u. d. T.: Fiete, Paul & Co. Die blaue und die weiße Bande, 1955); Nickel läuft ins Leben. Die Geschichte von Dorothees Kindheit (1937, NA. 1958); Mutters Sorgenkind. Der Weg eines blinden Kindes zu Freude und Arbeit (1933); Moskauer Skizzenbuch (1933); Marli. Von einem kleinen Mädchen und seiner großen Freude (1934); Sonnenblumen und Radieschen. Ein frohes Jahr mit einer Familie im Garten (zus. mit P. Schütze, 1935); Christnacht im Schnee. Eine Weihnachtsgeschichte (1936); Anja (1939; NA. u. d. T.: Das Mädchen Urd, 1958); Anja auf dem Sonnenberg (1940); Das stille Feuer. Aus dem Lebenstag einer Krankenschwester (1941); Die Kinder von Au (1942); Kordula. Ein heller Lebensmorgen (1950); Jan Ellerbusch. Ein Jungenschicksal aus dem Kohlenrevier (1952); Die Fischerkinder (1957).

Hrsg.: Peterle und andere Märchen (1924, NA. 1951); Marienlegenden (1927).

Bearb.: L. Fitinghoff: Sieben kleine Heimatlose. Eine Kindergeschichte aus Schweden (1935); D. Defoe: Robinson Crusoe. Neuerzählt (1939).

Christian Freitag

Geißler, Peter Carl

*Aquarellmaler, Zeichner, Illustrator, Verleger; *2. 1. 1802 Leipzig, †27. 2. 1872 Nürnberg.*

G. war Sohn des Kupferstechers und Illustrators CHRISTIAN GOTTFRIED HEINRICH GEISSLER, der als „Zeichner der Völkerschlacht" und anderer Leipziger Szenen bekannt geworden ist und Vater des Illustrators RUDOLF GEISSLER (1834–1906). Er wurde Schüler von ALBERT REINDEL in Nürnberg und begründete dort einen Verlag mit Illuminieranstalt.

Werk, Tendenzen, Wirkung. G. zeichnete Ansichten aus Italien und vor allem aus Nürnberg und schuf u. a. Aquarelle aus LUTHERS Leben. Insbesondere entfaltete er eine reiche und kaum überschaubare Tätigkeit als Zeichner für Buchillustrationen. So lieferte er Illustrationen zu Werken, zum Teil auch für Taschenbücher, von WIELAND, GOETHE, SCHILLER, ZSCHOKKE, SHAKESPEARE und BYRON.
Am umfangreichsten ist sein zeichnerisches Schaffen zur Illustration von Jugendbüchern. Dabei können zwei nicht immer streng voneinander zu trennende Gruppen unterschieden werden. Die eine umfaßt die zahlreichen kleineren Jugendschriften mehr oder weniger erbaulich-moralischen oder auch historischen Charakters, vornehmlich von Autoren wie CHRISTOPH VON SCHMID (1768–1854), dem fruchtbaren FRANZ HOFFMANN (1814–1882) oder PHILIPP KOERBER (1811–1873). Sie haben meist einen nach G.s Zeichnung in der Carl Mayerschen Kunstanstalt in Nürnberg gedruckten, nicht kolorierten Stahlstich als Titelbild, manchmal auch noch zwei weitere Bilder und sind bei den Augsburger Verlagen Rieger bz. Wolff, bei Schmidt & Spring in Stuttgart, bei zwei volkstümlichen Verlagen in Wriezen a. d. Oder oder im eigenen Verlag erschienen. Die einfachen Bilder, die in der Regel nur noch zwei oder drei Figuren vor einen landschaftlichen oder architektonischen Hintergrund gestellt zeigen und, entsprechend ihren Sujets, einen sentimentalen Charakter tragen, unterscheiden sich kaum von denen anderer

Illustratoren derartiger Bücher. Selten, so z.B. bei GOTTHOLD KURZ' „Jacob Fingerlang" (1837), gelingen G. phantastische und vielfältige Darstellungen. Gelegentlich findet sich ein komplizierter Aufbau, wo sich um ein Hauptbild mehrere kleinere oder kleinste ordnen, die durch Leisten und um diese sich herumschlingendes Blatt- bzw. Blumenwerk vom Mittelbild abgesetzt werden, wie beim Titelbild der Liedersammlung „Kinder-Frühling" von F. R. MÜHLBACH (1843). In der „Bilder-Bibel für die Jugend" (1842) werden dagegen die über und unter das Mittelbild gesetzten kleinen Bilder nur durch die Bezeichnungen von jedem getrennt.

Hier ist der Übergang zu einer zweiten Gruppe von Illustrationen G.s, die auf Kolorierung angelegt ist. Darunter sind auch solche mit einfacher Struktur wie die Bilder zum „Vater Unser" (1842), die auch in der Farbgebung im Schlicht-Volkstümlichen bleiben und ein bäuerliches Milieu, das von zahlreichen Figuren belebt ist, zeigen. Die „fein illuminierten Kupfertafeln" zum „Rübezahl" (1843) führen dagegen in eine meist ritterlich-höfische Umgebung. In den charakteristischen Werken dieser Gruppe wird freilich die komplizierte Komposition weiter entwickelt. Dabei kommt der für G. typische kunstvolle Stil ganz zur Geltung. Der „Neueste Orbis pictus" (1841) gruppiert rings um ein sehr großes, koloriertes Bild herum, das die mit den betreffenden Buchstaben anfangenden Gegenstände und Figuren in einer Szenerie geschickt zusammenfaßt, eine ohne Farben gebrachte zweite Gruppe von Einzelobjekten des gleichen Buchstabens. In „Lebenslust und Lebenslehre" (1853) werden die einzelnen Gegenstände und kleinen Szenen der Umrahmung mittels Rankenwerk graziöser voneinander abgesetzt. Bei G. F. MÜLLERS Erzählungen „Perlen" (1838) erscheint das Mittelbild, meist rot, grün oder blau in den Figuren koloriert, als Medaillon, um das oben und unten in Halbrund oder Achteck kleine Szenen in Grisaille gestellt sind, die jeweils rechts und links durch hauptsächlich exotische Mensch- bzw. Tierfiguren flankiert werden. In zwei Büchern der vierziger Jahre erreicht dieser Stil seinen Höhepunkt: im „Mährchenkranz für gute Kinder" (1843) und in den „Volks-Mährchen" (1847) des JOHANN KARL AUGUST MUSÄUS (1735–1787). In dem von G. selbst zusammengestellten „Mährchenkranz" ist jedem der achtzehn Märchen verschiedener Herkunft eine Tafel gewidmet, die einen deutlich akzentuierten Mittelsektor hat, um den sich wie ein Rahmen die anderen Darstellungen herumgruppieren. Zur Gliederung werden Girlanden, Baum- und Blattwerk, auch Balken, Mauerwerk, Vorhänge und dergleichen benutzt. In den „Volks-Mährchen" von MUSÄUS ist das sparsam kolorierte Mittelbild meist kleiner, und die besonders fein durchgezeichneten kleinen Randszenen, wieder in Grisaillemanier, werden durch zierlicheres Rankenwerk abgesetzt. Hauptverlage waren bei diesen Büchern Zeh in Nürnberg und Schmidt & Spring in Stuttgart. Für seinen eigenen Verlag illustrierte G. u.a. ein Puppenbuch (1855) und einen „Froschmäusekrieg" (1858) mit einfachen, zart kolorierten Bildern, sowie ein Lutherbuch (1858). Den zuerst mit Illustrationen von GEORGE CRUIKSHANK (1792–1878) erschienenen „Peter Schlemihl", dessen Bilder KUGLER zu „diabolisch" fand, illustrierte G. später (zuerst 1842) mit Stahlstichen, bei denen die Rahmenbildchen mit ihren gespenstischen kleinen Figuren deutlich von dem Engländer übernommen sind, während die Mittelstücke, wenn auch mit romantischen Zügen, deutsch-biedermeierlich erscheinen und neben den Illustrationen ADOLF SCHRÖDTERS nicht bestehen können.

Werke: Kleine Technologie, oder Beschreibung der Künste und Handwerke für die wißbegierige Jugend (1825); L. Hölder: Unterhaltende Fabeln und Erzählungen aus der Naturgeschichte der Fische, Käfer, Insekten (1830); H. Müller: Bilder der Jugend (1831); W. K. Schultheiss: Ährenlese auf dem Gebiethe des Nützlichen und Schönen (1831); G. R. Schilling: Historische Anthologie für Deutschlands Söhne und Töchter (Th. 1–2, 1835); Chr. v. Schmid: Das Blumenkörbchen (1835); G. Kurz: Die Fahrten und Abentheuer des kleinen Jacob Fingerlang (1837); A. Schoppe: Erzählungen für meine Töchter (1837); G. F. Müller: Perlen (1838); G. Fr. E. Crusius: Der Besuch in Hainthal (1839); K. Fr. W. Wander: Wanderungen im heiligen Lande (um 1840); Bilderlust des kleinen Reiters (1841); E. Th. A. Hoffmann: Nußknacker und Mausekönig (1841); Neuester Orbis Pictus für die Jugend (1841); Chr. v. Schmid: Gesammelte Schriften (zus. mit anderen, 1841–1844); Liederfibel. Das ganze Kinder- und Familienleben nach seinen verschiedenen Stufen dargestellt in einem vielstimmigen Chore deutscher Dichter (1841); Bilder-Bibel für die Jugend (1842); A. v. Chamisso: Peter Schlemihl's wundersame Geschichte (1842, Prachtausg. 1860); Der Jugend Lieb' und Lust; dargestellt in Bildern aus den zwölf Monaten des Jahres (1842); Das Vater-Unser (1842); F. R. Mühlbach (Hrsg.): Kinder-Frühling. Eine Sammlung von Sprüchen und Liedern für das zarte Kindesalter (1843); Ansichten über erste Erziehung und das Regiment in der Kinds-Stube (1843); P. C. Geißler: Mährchenkranz für gute Kinder (1843); Mährchen von Rübezahl (1843); Fr. Delitzsch: Das Vater Unser (1843); Aesops Fabeln für die Jugend. In deutscher, französischer und englischer Sprache (1844, NA. 1846); A. L. Grimm: Mährchen der alten Griechen und Römer (1844); Ph. Körber: Der Zögling des Invaliden (1844); J. H. Wolf: Das Haus Wittelsbach (1844–1845); A. Lewald (Bearb.): Deutsche Volks-Sagen (1845); Th. Day: Die Geschichte des Sandford und Merton (1846); Ph. Körber: Kunz von Kaufungen oder der sächsische Prinzenraub (1846); Ph. Körber, Th. Mügge: Toussaint l'Ouverture oder der Negeraufstand in Hayti (1846); Fr. Güll: Systematische Bilderschule für das zarte Kindesalter (1847); Fr. Hoffmann (Bearb.): J. K. Musäus: Volks-Mährchen (1847); Fr. Hoffmann: Unverhofft kommt oft (1848); F. Hoffmann: Land- und Seebilder in Erzählungen für die reifere Jugend (Bd. 1–2. 1848–1849); F. Hoffmann: Treue Kindesliebe (1849); F. Hoffmann: Die Macht des Goldes (1849); F. Hoffmann: Die mit Thränen säen, werden mit Freuden ärndten (1849); F. Hoffmann: Heute mir, morgen dir (1849); Lebenslust und Lebenslehre in Wort und Bild für die liebe Jugend (1853); F. C. Wild: Geschichten, Sagen uns Sprüche (1854); Die Puppenwelt. Spielfreude für kleine Mädchen in Reimen und Bildern (1855); H. Hönncher: Vielliebchen. Kinderleben und Jugendlust in Erzählungen, Schilderungen und Gedichten (1857); Das Leben und Wirken D. Martin Luther's (1858); Der kleine Aesop. Neuestes Fabelbuch in Bild und Reim (1858); R. Hase: Der Froschmäusekrieg (1858).

Sekundärliteratur: Kl. Doderer (Hrsg. zus. mit H. Müller): Das Bilderbuch (1973, [2]1975). – R. v. Rettberg: Nürnberger Briefe zur Geschichte der Kunst (1846).

Eberhard Semrau

Geißler, Rudolf Carl Gottfried

*Maler, Illustrator; *15. 1. 1834 Nürnberg, †15. 9. 1906 Nürnberg.*

G. stammt aus einer bekannten Nürnberger Illustratorenfamilie, die sich besonders auf dem Gebiet der Kinderbuch- und Märchenillustration hervorgetan hat. Er war zunächst Schüler seines Vaters PETER CARL GEISSLER (1802–1872) und ging 1851–1857 an die Kunstschule Nürnberg, die von A. C. REINDEL (1784–1853) und A. v. KRELING (1819–1876) geleitet wurde. Anschließend besuchte er die Akademie in Dresden, an der LUDWIG RICHTER (1803–1884) eine Professur für Landschaftsmalerei hatte. RICHTER prägte stark G.s stilistische Entwicklung. Nach Nürnberg zurückgekehrt (1861), spezialisierte sich G. auf die Illustration von Kinderbüchern und Märchen und gab Radierfolgen, Zeichnungen und Aquarelle heraus.

Werk, Tendenzen, Wirkung. G. adaptiert für sein Werk die Vorstellung der kleinbürgerlichen Welt des Biedermeier. Er vertritt die Richtung der Buchillustration, wie sie sich bei seinem großen Vorbild, dem Maler und Illustrator L. RICHTER, präsentiert und die auch sonst in der Buchillustration des 19. Jahrhunderts sehr stark zum Ausdruck kommt, so bei seinen bekannteren Zeitgenossen OTTO SPECKTER (1807–1871), GUSTAV SÜS (1823–1881), FEDOR FLINZER (1832–1911), FRANZ GRAF POCCI (1807–1876). Den Bilderbuchmarkt beherrschten, besonders in der zweiten Hälfte des Jahrhunderts, Anthologien, in denen vor den Augen des kindlichen Lesers eine oft sentimental verniedlichte, von Konflikten unbehelligte heile Welt in Szene gesetzt wird. „Glückliche Zeiten" (1869) und „Aus dem Kinderleben" (1870) schmückte G. mit ganzseitigen Illustrationen, die in ihrer genrehaften Detailtreue und Verspieltheit der dargestellten Szenen besonders stark an L. RICHTER erinnern. Um 1885 entstehen die Illustrationen zu „Gold'ne Jahre" (Verse von JOHANNES TROJAN, 1837–1915). Hier wird eine kompositorisch ausgewogene Einheit von Text und Bild erreicht, indem der Text dem Bild unmittelbar integriert wird, so z. B. auf einem sich an den Rändern einrollenden oder auch leicht eingerissenen Papierbogen, der, in die bildliche Darstellung hineingehängt, ein in dieser Zeit sehr geläufiges Motiv ist. G. gelingt es nicht ganz – es war auch sicher nicht seine Intention –, die inhaltliche Lauheit und Oberflächlichkeit des Textes zu überspielen.

Außer poetischen Bilderbüchern und Märchen illustrierte G. Bücher für die ‚reifere Jugend', Geschichten mit stark moralisierendem Unterton, z. B. „Erziehung und Leben" von FRANZ HOFFMANN. G.s Illustrationen dazu wirken steif und trocken, die Dramatik der Gesten scheint nur aufgelegt. Möglicherweise liegt das aber auch an der hier angewandten Technik des Stahlstiches. Sehr lebendig und voll liebevoller Interieur-Schilderung sind G.s Illustrationen zu „Eine Tante" (1859) von M. MINDERMANN, die vielleicht die Kenntnis von Werken D. CHODOWIECKIS (1726–1801) zur Voraussetzung haben. G.s Kunst zeichnet sich nicht durch Originalität aus. In seinen Darstellungen will er keine kritischen Töne anschlagen oder Konflikte aufdecken, wie es z. B. R. TOEPFFER (1799–1846) oder W. BUSCH (1832–1908) taten. Sein Werk, angepaßt hauptsächlich an die Kunst L. RICHTERs und die rückwärts gerichteten Tendenzen seiner Zeit, erhält seine Relevanz als typisches Zeugnis der populären Illustrationskunst in der zweiten Hälfte des 19. Jahrhunderts.

Werke: R. Koch (Hrsg. zus. mit M. Hutberg): Aus der Jugendzeit (1856); M. Mindermann: Feldblumen. Erzählungen für die reifere Jugend (Bd. 1–6, zus. mit anderen, 1859–1862); K. Stöber: Waldblumen. Erzählungen für Jung und Alt (1860); Fr. Hoffmann: Erziehung und Leben (1863); R. Geißler: Puppen-Bilderbuch (1864); R. Geißler: Rosamunde. Ein Puppen-Bilderbuch (1867); R. Geißler: Kleine Welt (1868); Das deutsche ABC-Buch (1869); G. Mandel: Glückliche Zeiten (1869); J. Trojan: Aus dem Kinderleben (1870); J. Trojan: Kinderlust (1873); Aus der Kinderzeit (1873); A. Godin: Märchenbuch (zus. mit anderen, 1874); J. u. W. Grimm: Kinder- und Hausmärchen (Bd. 1–8, 1875–1877); H. Jäde: Hans Hänschen, das etwas werden wollte (zus. mit L. Venus, NA. 1880); A. Völckerling: Mutter und Kind (zus. mit anderen, 1882); Fr. Büchner: Deutsche Märchen (1884); Neues ABC-Buch (1884); J. Trojan: Goldene Jahre (1887).

Sekundärliteratur: Kl. Doderer (Hrsg. zus. mit H. Müller): Das Bilderbuch (1973). – G. K. Nagler (zus. mit anderen): Die Monogrammisten (Bd. IV. 1876. 1033/1034). – E. Probst: Die Deutsche Illustration der Grimmschen Märchen im 19. Jh. (1935)..

Margund Claussen

Gelberg, Hans-Joachim

*Herausgeber, Lektor und Verleger von Kinder- und Jugendbüchern; *27. 8. 1930 Dortmund.*

Nach dem Schulbesuch und einer buchhändlerischen Lehre war G. Buchhändler in Dortmund und Düsseldorf, zeitweilig Fachlehrer für Buchhandelskunde in Dortmund. Danach arbeitete er als verantwortlicher Lektor im Paulus- bzw. Georg Bitter Verlag (Recklinghausen). Seit 1971 ist er Verlagslektor beim Beltz-Verlag in Weinheim und leitet das unter dem Namen Beltz & Gelberg erscheinende belletristische Kinder-, Jugend- und Erwachsenenbuchprogramm. G. ist verheiratet, hat zwei Kinder und lebt in Weinheim an der Bergstraße.

Werk, Tendenzen, Wirkung. Im deutschsprachigen Raum hat sich G. als einer der ideen- und zugleich erfolgreichsten Lektoren auf dem Gebiet der Kinder- und Jugendliteratur profiliert. Zahlreiche der von ihm lektorierten und edierten Titel wurden mit Preisen und Prämien bedacht, erlebten Übersetzungen in Fremdsprachen und Adaptionen für Film- und Fernsehfassungen. Mit dem von ihm entwickelten ‚Beltz & Gelberg' Verlagsprogramm wurde G. zum Schrittmacher der engagierten zeitgenössischen Kinderbuchszene der siebziger Jahre. In seinen in zweijährlichem Rhythmus herausgegebenen „Jahrbüchern der Kinderliteratur", von denen gleich das erste „Geh und spiel mit dem

Riesen" (1971) den Deutschen Jugendbuchpreis 1972 erhielt, spiegeln sich in hervorragender Weise Entwicklungen und Trends jeweiliger literarischer Angebote für Kinder und Jugendliche. Viele der heute weithin bekannten und längst etablierten Kinderbuchautoren verdanken G. eine Startchance bzw. eine breitere Öffentlichkeit.

Anfangs trat G. durch die Publikation von Anthologien mit Erzählungen und Gedichten hervor. Sein wichtigster Autor dieser Zeit wurde JOSEF GUGGENMOS, dessen Gedichtsammlung „Was denkt die Maus am Donnerstag" (1966) 1968 mit dem Deutschen Jugendbuchpreis ausgezeichnet wurde. Auffallend war schon damals G.s Tendenz, neue, unveröffentlichte Texte zu publizieren, junge Leser mit interessanten, originären Stoffen in eigenwilliger Gestaltung vertraut zu machen („Bunter Kinderreigen", 1966; „Kinderland – Zauberland", 1967; „Die Stadt der Kinder", 1969).

G.s Möglichkeiten, nach eigenen Ideen und Wunschvorstellungen Bücher zu publizieren, kamen ab 1971 voll zum Zuge, als er – ein Novum in der deutschen Verlagsgeschichte – seinen Namen mit dem eines renommierten pädagogischen Verlages mit ehrgeizigem Bilder- und Kinderbuchangebot zum „Beltz & Gelberg-Programm" kombinierte. Während der „kritischen" und „antiautoritären" Welle brachte er neben Arbeiten der schon länger mit ihm wirkenden Autoren JOSEF GUGGENMOS und JANOSCH provozierende Diskussionsbücher unter anderem von IRMELA BRENDER, SUSANNE KILIAN, PETER HÄRTLING, Bildsequenzen von GÜNTHER STILLER und vor allem die Arbeiten von CHRISTINE NÖSTLINGER heraus. Markenzeichen des jährlich rund 20 Titel umfassenden Verlagsprogramms wurde in den siebziger Jahren der orangefarbene Einband. Während G. zu Beginn schon bekannte Autoren darin bestärkte, noch intensiver für Kinder zu arbeiten, ermunterte er später Verfasser von Erwachsenenliteratur, auch für jüngere Leser aktiv zu werden. So entstanden ungewöhnliche neue Versuche wie z. B. CHRISTA REINIGS „Hantipanti" (1972), GÜNTHER BRUNO FUCHS' „Wanderbühne" (1976) und besonders nachhaltig wirkende Arbeiten wie die von PETER HÄRTLING („Oma", 1975; „Theo haut ab", 1977; „Ben liebt Anna", 1979). Umgekehrt hat G. auch „reine" Kinderbuchautoren zum Schreiben von Erwachsenenliteratur animiert: z. B. CHR. NÖSTLINGER „Die unteren sieben Achtel des Eisbergs" (1979).

Die Innovationsfreude G.s dokumentiert sich in seinen „Jahrbüchern der Kinderliteratur", in denen Arbeiten bekannter und noch unbekannter Autoren und Illustratoren zu jeweils einem bestimmten Thema zusammengestellt sind. So wird z. B. im vierten Jahrbuch „Der fliegende Robert" (1977) die Struwwelpeter-Episode gleichen Titels von rund 200 Autoren und Künstlern in Texten, Bildern, Szenen und Collagen in enormer Vielfalt variiert. Das in ähnlicher Aufmachung gestaltete Buch „Janosch erzählt Grimms Märchen" (1972) ermuntert zum unbefangenen Umgang mit tradierten Texten. Hinsichtlich formaler Gestaltungsmittel versucht G. immer wieder die Möglichkeiten des Kinder- und Jugendbuchs zu erweitern, sei es durch ungewöhnliche Umschläge, Typographien und Seitenaufteilungen oder durch Neuentwicklungen, wie z. B. den Wandbilderbüchern (JÜRGEN SPOHN, FR. K. WAECHTER). Die verschiedensten Text-Bild-Kombinationen werden von ihm ausprobiert, wobei eine Vorliebe für photorealistische Repräsentationen zutage tritt: „Eine Stadt geht über Land" (1980).

G., für den die Grenzen zwischen Kinder- und Jugendbüchern und der Erwachsenenliteratur fließend sind, hat mit seinem Programm zur weiteren Aufhebung dieser Trennung beigetragen. Seine Paperback-„Reihe Broschur ab 14" richtet sich an Heranwachsende und junge Erwachsene. Bücher wie CHRISTINE NÖSTLINGERS „Stundenplan" (1978) oder LEONIE OSSOWSKIS „Die große Flatter" (1977) waren beispielgebend. Dem Umstand, daß seine Autoren mit den sie umgebenden Kindern wie auch „seine" Leser mit ihm älter werden, trägt G. durch eine ständige Erweiterung seiner Zielgruppe in die Generation der 18- bis 30jährigen hinein Rechnung, um die Leser seiner Kinderbücher nicht zu verlieren. Dabei will er, stets mit literarisch wachsamem Auge, Ausdrucksformen und Möglichkeiten des Schreibens, wie z. B. die der zeitgenössischen Frauen- und Männerliteratur für sein Programm verwerten.

Beiträge: Augenblicke des Spiels. Humor in der Kinderpoesie (in: Humor in der Kinder- und Jugendliteratur. Bericht über die 16. Internationale Jugendbuchtagung. 1970. 47–58); Das Kindergedicht Anno dazumal und heute (in: Arbeitskreis für Jugendliteratur (Hrsg.): Jugendliteratur in einer veränderten Welt. 1972. 121–142); Joachim Braatz (in: Illustration 63. 4. 1976. 1. 11–13); Realität und Kinderbuch. Aus der Sicht eines „Programm-Editors" (in: Revue d'Allemagne. 8. 1976. 3. 398–404); Zur neuen Form des Kindergedichts (in: L. Binder (Hrsg.): Neue Formen der Kinder- und Jugendliteratur. 1977. 27–38).

Bearb.: J. Guggenmos: Ich hab's mit eigenen Ohren gesehen. Geschichten und Gedichte für Kinder (1970).

Hrsg.: Bunter Kinderreigen (1966); Kinderland, Zauberland (1967, ²1971; NA. 1974); Die Stadt der Kinder. Gedichte für Kinder in 13 Bezirken (1969, TB. 1974); Geh und spiel mit dem Riesen. 1. Jahrbuch der Kinderliteratur (1971); Janosch (H. Eckert): Janosch erzählt Grimms Märchen (1972, ⁵1978); Am Montag fängt die Woche an. 2. Jahrbuch der Kinderliteratur (1973); Bildgeschichten und Comics für Kinder (1973); Werkstattbuch. Almanach zur Kinderbuchszene (1974); Menschengeschichten. 3. Jahrbuch der Kinderliteratur (1975); Neues vom Rumpelstilzchen und andere Haus-Märchen (1976); Der fliegende Robert. 4. Jahrbuch der Kinderliteratur (1977); Orte, innen und außen (zus. mit I. Brender, 1977); Das achte Weltwunder. 5. Jahrbuch der Kinderliteratur (1979); Wie man Berge versetzt. 6. Jahrbuch der Kinderliteratur (1981).

Horst Künnemann/Detlef Ram

Gentges, Ignaz

*(Ps.: Peter Thomas Bundtschuch). Professor für Deutschdidaktik, Laienspieltheoretiker und -pädagoge; * 10. 6. 1900 Krefeld, † 10. 12. 1957 Münster.*

Bereits als Schüler des Kölner Apostelgymnasiums übernahm G. Statistenrollen am Stadttheater von Köln.

Er absolvierte eine Theaterausbildung und wurde Regieassistent. An der Universität von Bonn begann er anschließend ein Germanistikstudium, wurde Assistent bei OSKAR WALZEL und promovierte 1923 mit einer Arbeit über LUDWIG TIECK.
Seit Anfang der zwanziger Jahre engagierte sich G. in der Laienspielbewegung, gründete die ‚Rheinische Spielschar' und war Referent für Laien- und Volksspiel beim Bühnenvolksbund. 1924 übernahm G. die Schriftleitung der „Blätter für Laien- und Jugendspieler". Während des Dritten Reiches war er Referent für katholische Familienerziehung am Bischöflichen Ordinariat in Berlin, gab die Zeitschrift „Geweihte Gemeinschaft" heraus und arbeitete am Berliner Rundfunk mit. Nach seiner Entlassung aus dem Internierungslager Ludwigsburg konnte G. eine Professorenstelle für Deutschdidaktik an der Pädagogischen Akademie von Emsdetten, später in Münster, antreten. Intensiv widmete er sich der Wiederbelebung des Laienspiels und war die treibende Kraft in der 1947 gegründeten katholischen Arbeitsgemeinschaft für das Laienspiel. 1948 gehörte er zu den Mitbegründern der Landesarbeitsgemeinschaft für Spiel- und Amateurtheater in Nordrhein-Westfalen, deren Vorsitzender er bis zu seinem Tode blieb.

Werk, Tendenzen, Wirkung. Zusammen mit MARTIN LUSERKE, LEO WEISMANTEL und RUDOLF MIRBT gehört G. zu den prominentesten Vertretern des bürgerlichen Laienspiels der Weimarer Zeit. Als einer der Hauptaktivisten des ursprünglich als Theater- und Kulturverband gegründeten Bühnenvolksbundes gab er diesem eine katholisch-nationale Ausprägung. G. verfaßte theoretische Schriften zum Laienspiel, organisierte zahlreiche Lehrgänge und versuchte seine Vorstellungen als Spielleiter der ‚Rheinischen Spielschar' umzusetzen. Philosophische, anthropologische und theologische Ideen durchdringen sein Werk. Vor allem war ihm die religiöse Einbindung des Laienspiels bedeutsam, das Musische verstand er als zentralen Aufgabenbereich katholischer Jugendbildung. Mit der christlichen Grundtendenz seiner Spielauffassung sah er sich im Gleichklang mit den Erneuerungsbestrebungen der katholischen Liturgie jener Zeit. Er stellte seine Laienspielarbeit in die Tradition mittelalterlicher Volks- und Mysterienspiele. G. edierte vorwiegend Stoffe und Spieltexte dieses Hintergrunds. Seine eigenen Stücke (u.a. „Ein Totentanz", 1928, und „Das Stegreifspiel vom Narren Tuvielgut", 1928) benutzen symbolhaft Bilder historischer Volksspiele. „Spiele die Wirklichkeit deiner Gottverbundenheit" war G.s Maxime für die Spielarbeit. Er sah im Laienspiel die Möglichkeit zweckfreier, sinnvoller Verwirklichung der eigenen Existenz und verstand es als Spiegel-, Gegen- und Sinnbild eines weitgehend fremdbestimmten Alltags. Die „festliche Überhöhung des Alltags durch das Spiel" sollte nicht nur kompensatorische Funktionen erfüllen, sondern über das Erleben einer ‚freien Welt' die Sehnsucht nach einem ‚ursprünglichen Dasein' wecken und somit Kräfte stärken, die den Alltag bewältigen helfen und auf ihn einwirken. Mit der Überbetonung des Theaterspielens als „organische und ursprünglich schöpferische Gestaltung" geriet G. in die Nähe mystisch anmutender Vorstellungen. Pragmatischer sind seine auf die konkrete Spielarbeit bezogenen Ansichten. Im Gegensatz zu anderen Laienspielern setzte er sich, beeinflußt vom Berufstheater, den Theaterwissenschaften und der Germanistik, für eine hohe künstlerische Qualität des Spiels ein und forderte von seinen Mitspielern schauspielerische Perfektion. Damit stellte er sich auch gegen RUDOLF MIRBTs Auffassung von der „eigenen Gebärde", was zu einer Kontroverse der beiden ‚Laienspielpäpste' führte. G.s Ziel war, im Verlaufe von Laienspielerfahrungen eine weitgehende Identität von der jeweiligen Rolle und der eigenen Person bei seinen Spielern zu erreichen. Dafür entwikkelte er einen Spielplan, der aus einer Stufenfolge von Stücken bestand, die, ausgehend von ersten spiellokkernden Rüpelspielen über die Vertiefung der Rollenarbeit in chorischen Werken bis hin zu ausgestalteten Tragikkomödien führte.
Gemeinschafts- und Volksgedanke prägten seine Spielarbeit. Das Spiel sollte Modell einer harmonischen Lebensgemeinschaft sein, verantwortlich geleitet von einem Spielführer, der als Treuhänder der Gruppe die Kräfte einer „wahren Menschwerdung" entfalten hilft. Nach dem Zweiten Weltkrieg versuchte G. mit missionarischem Eifer, die Vergangenheit des Laienspiels zu beleben und mit neuen Ansätzen zu verbinden. Er orientierte sich jetzt an den Theorien KONSTANTIN STANISLAWSKIJS (1863–1938) und glaubte, die Schauspieltechnik auch Laien als eine Art Handwerk vermitteln zu können. G. forderte und praktizierte ein Programm mit körperlicher Lockerungs- und Ausdrucksschulung, trainierte Sprechweisen und Raumauffassung und suchte die Theaterspielarbeit zu institutionalisieren. Trotz einiger Inszenierungserfolge mit Laiengruppen der katholischen Jugend gelang es G. in den fünfziger Jahren zu wenig, sich von überholten Positionen zu lösen. Er verharrte in einer unkritischen Tradierung seiner Gemeinschafts- und Spielführerideologie und entfernte sich von einer zeitgemäßen Dramaturgie, was u.a. auch zum Mißerfolg und vorzeitigen Abbruch seiner letzten Inszenierung, des „Mummenschanzes" aus GOETHES „Faust II", bei den ‚Festlichen Tagen Deutscher Jugend' in Münster 1957 führte.

Werke: Die Geste als Wort und Gebärde im Drama Ludwig Tiecks (Diss. 1923); Der dumme Teufel Poltrioh (1928, NA. 1950); Das Stegreifspiel vom Narren Tuvielgut (1928); Ein Totentanz (1928); Das Sprechchorbuch (1929; NA. u.d.T.: Das kleine Sprechchorbuch, 1933); Der große Opfergang (zus. mit anderen, 1934); Der Engel des Herrn (1934); Führerweihe (zus. mit E. Klawitter, 1936); Gegrüßet seist du Königin (1936); Laienspiel-Ratgeber (zus. mit O. Dinges u. G. Bernet, 1949); Familien-Merk-Büchlein mit immerwährendem Kalender (zus. mit J. Diewald, 1950).

Hrsg.: Das deutsche Theater (zus. mit anderen, Bd. 1–3. 1923–1928); Blätter für Jugendspielscharen und Puppenspieler (zus. mit anderen, Jg. 1. 1925); Die Blätter für Laien- und Jugendspieler (Jg. 2–4. 1925/26–1927/28); Tanz und Reigen

(1927); Das Laienspielbuch (zus. mit R. Leibrandt, A. Mirbt und Br. Sasowski, 1929); Sprechchöre (1931); Der Weihnachtsfestkreis (zus. mit Br. Sasowski, 1932); Religiöse Spiele der katholischen Jugend (1–4. 1933–1934); Heilige Feier (zus. mit anderen, 1-37. 1934–1936); Spiele der Arbeitsgemeinschaft katholischer Dichter Sankt Georgen (zus. mit E. Reisch, 1934–1937); Christbaumschmücken, Christbaumplündern und was dazwischen liegt (zus. mit anderen, 1935); Adventsgang und Weihnachtsgabe. Ein Weckheft (1937); Einkehrtage (1937); Kinderstube und Kinderfest (1937); Kirchweih (1937); Ring des Lebens. Das Buch der christlichen Familie (1946); Ruf an die Familie (1-7. 1949–1952); Das neue Volksschauspiel (Neue Folge, 1951–1955); Sprechkunde und Sprecherziehung (zus. mit anderen. Bd. 1-3. 1951–1957); Das gesprochene Wort (zus. mit P. Tack, 1. 1952); Handbuch des Deutschunterrichts an den Pädagogischen Hochschulen (zus. mit H. Lentz. Teil 1-3. 1955).

Sekundärliteratur: O. Dinges (zus. mit H. Kaiser): I. Gentges. Spielgestaltung und Menschenbildung (1975).

Detlef Ram

Gerlach's Jugendbücherei

G. J. war der Titel einer buchkünstlerisch und literarisch anspruchsvollen Buchreihe für die Jugend. Sie umfaßt 34 Bändchen, die durch den Verlag Martin Gerlach (Wien und Leipzig) – von Band 10 an Verlag Gerlach und Wiedling – in den Jahren zwischen 1901 und 1920 herausgebracht wurden. Neuauflagen der ersten Bändchen erfolgten bereits nach dem Ersten Weltkrieg. Der Verlag Parkland, Stuttgart, hat 1977 mit dem Nachdruck der historischen Ausgaben begonnen. 18 der Originalausgaben standen zur Verfügung.

Charakteristik und Inhalt. Die 34 Bücher von G. J. bringen aus der Literatur verschiedener Epochen zwischen Mittelalter und poetischem Realismus eine Auswahl aus Volksdichtung, Lyrik und Novellen, Sagen, Märchen und international klassisch gewordener Jugendliteratur. Im Sinne HEINRICH WOLGASTs und nach den Maßstäben der Jugendschriftenbewegung mußte diese Auslese für junge Leser als besonders wertvoll gelten. Für die Auswahl aus Gedichten und die Textbearbeitung zeichnete HANS FRAUNGRUBER verantwortlich. Auf die typographische Gestaltung der fast quadratischen kleinen Bände (15 × 14 cm) wurde große Sorgfalt verwendet. Namhafte Künstler, Maler und Graphiker, die dem Wiener Jugendstil verbunden waren, schufen Bilder, Schmuckleisten, Vignetten. Die Wahl der Schrift und Komposition der Satzspiegel waren aufeinander abgestimmt, ebenso die Farbskala. Die Bändchen gelten heute als Beispiele der Buchkunst des Anfangs des 20. Jahrhunderts, die anstrebte, dem geistigen Gehalt des Textes die entsprechende Form zu schaffen. Mehrere der Künstler hatten Entwürfe für die Buchreihe auf der XIII. und XVII. Ausstellung der Wiener Secession gezeigt. Einige arbeiteten in der Buchgestaltung für Gerlach zusammen. Es erschienen die folgenden Titel (jeweils mit dem Namen des gestaltenden Künstlers): 1. Brüder GRIMM, „Kinder- und Hausmärchen I"/IGNAZ TASCHNER (1874–1913);

„Gerlach's Jugendbücherei". Schmuckleiste der Bändchen.

2. LUDWIG BECHSTEIN, „Märchensammlung"/KARL FAHRINGER (1874–1952); 3. Brüder GRIMM, „Kinder- und Hausmärchen II"/ALBERT WEISGERBER (1878–1913); 4. „Des Knaben Wunderhorn"/BERTHOLD LÖFFLER (1874–1960); 5. Brüder GRIMM, „Kinder- und Hausmärchen III"/KARL FAHRINGER; 6. „Till Eulenspiegel"/ALBERT WEISGERBER; 7. JOSEF FREIHERR VON EICHENDORFF, „Gedichte"/HORST SCHULZE; 8./9. JOHANN WOLFGANG GOETHE, „Reineke Fuchs"/KARL FAHRINGER; 10. NIKOLAUS LENAU, „Gedichte"/HUGO STEINER-PRAG (1880–1945); 11. J. K. A. MUSÄUS, „Die Nymphe des Brunnens"/IGNAZ TASCHNER; 12. Brüder GRIMM, „Kinder- und Hausmärchen IV"/OTTO TAUSCHEK (* 1881); 13. AUGUST KOPISCH, „Ausgewählte Gedichte"/FERDINAND ANDRI (1871–1956); 14. JOHANN PETER HEBEL, „Erzählungen und Schwänke"/OTTO CZESCHKA (1878–1960); 15. HANS CHRISTIAN ANDERSEN, „Märchen I"/HUGO STEINER-PRAG; 16. Die Blume im Lied/RUDOLF SIECK (* 1877); 17. ADALBERT STIFTER, „Bergkristall/OTTO BAURIEDL (1879–1961); 18. J. K. A. MUSÄUS, „Rübezahl, der Herr des Riesengebirges"/HANS SCHWAIGER (1854–1912) und JOSEF L. LOUKOTA; 19. Münchhausen, Reisen und Abenteuer/FRANZ WACIK (1883–1938); 20. CLEMENS BRENTANO, „Gockel, Hinkel und Gackeleia"/FRANZ WACIK; 21. Deutsche Gedichte mit Schattenbildern/FERDINAND STAEGER (* 1880); 22. F. KEIM, „Die Nibelungen/OTTO CZESCHKA; 23. E. T. A. HOFFMANN, „Nußknacker und Mausekönig"/OTTO BAURIEDL und ERNST KUTZER; 24. „Deutsche Wiegen-Lieder"/ROBERT DAENERT; 25. HANS CHRISTIAN ANDERSEN, „Märchen II"/FRANZ WACIK; 26. „Die Schildbürger"/ERNST LIEBENAUER; 27. LUDWIG UHLAND, „Gedichte"/FERDINAND STAEGER; 28./29. WILHELM HAUFF, „Märchen"/KARL FAHRINGER; 30. Brüder GRIMM, „Deutsche Sagen"/ERNST LIEBENAUER; 31. „Deutsche Schwänke"/SIEGMUND VON SUCHODOLSKI (1875–1950); 32. DANIEL DEFOE, „Robinson Crusoe"/ERNST LIEBENAUER; 33. CHRISTOPH VON SCHMID, „Die Ostereier – Der Weihnachtsabend"/FERDINAND STAEGER; 34. HANS CHRISTIAN ANDERSEN, „Märchen III"/NORBERTINE BRESSLERN-ROTH (* 1891). Die gleiche, den Titel „Gerlach's Jugendbücherei" rahmende Vignette mit einer Eule links und rechts im Seitenflügel weist sämtliche Bände der Reihe aus. Sie sind als bibliophile Besonderheit vor allem von Sammlern des Wiener Jugendstils begehrt.

Sekundärliteratur: R. Waissenberger: Gerlachs Jugendbücherei (in: Profile und Blickpunkte. Sonderausgabe aus Anlaß des fünfzigjährigen Bestehens 1921–1971 der Jugend und Volk Verlagsgesellschaft Wien-München. 1971. 67–76).

Margarete Dierks

Gerok, Karl Friedrich

*Evangelischer Theologe, Erbauungsschriftsteller; *30.1.1815 Vaihingen (Württemberg), †14.1.1890 Stuttgart.*

G. entstammte einer alten württembergischen Theologen- und Beamtenfamilie. Sein Vater wirkte in verschiedenen kirchlichen Ämtern, zuletzt als Dekan und Prälat, besaß zeitweise aber auch ein Mandat als Landtagsabgeordneter. Nach dem Besuch des Gymnasiums in Stuttgart (1823–1832), dem Studium der Theologie in Tübingen (1832–1836) und Tätigkeiten als Vikar in Stuttgart (1837–1840) , Repetent am Tübinger Stift (1840–1843) sowie Diakon in Böblingen (1844–1849) wirkte G. von 1849 an in Stuttgart als Pfarrer. Gleichzeitig stand er dem dortigen Diakonissenhaus vor und leitete die Kommission für die Erziehungshäuser. Seit 1868 Oberhofprediger und Oberkonsistorialrat mit Titel und Rang eines Prälaten, zählte er zu den hervorragendsten Kanzelrednern seiner Zeit, erhielt die Ehrenbürgerschaft von Stuttgart (1866) und den württembergischen Personaladel (1868), wurde Ehrenmitglied und Meister des Freien Deutschen Hochstifts in Frankfurt am Main (1875) und aus Anlaß des vierhundertjährigen Jubiläums der Universität Tübingen Ehrendoktor der Theologie (1877). Künstlerische Neigungen äußerten sich schon früh. So versuchte er als Gymnasiast, dramatische Werke, die ihn besonders beeindruckt hatten, zu illustrieren und verfaßte kleine Gedichte.

Werk, Tendenzen, Wirkung. G. veröffentlichte neben vielen Predigten, erbaulichen Schriften, seinen Jugenderinnerungen sowie patriotischer Versliteratur in der Hauptsache religiöse Lyrik, wurde aber auch als Herausgeber einer Auswahl von MATTHIAS CLAUDIUS' Werken und geistlicher Lieder bekannt. Er verfaßte „Vierundsechzig Confirmations-Denksprüche" (1868). Eingang in die Kinder- und Jugendliteratur fand G. – ähnlich seinem Kollegen in Oberhessen, dem Schlitzer Pfarrer GEORG CHRISTIAN DIEFFENBACH (1822–1901) – in erster Linie als Verfasser von Gedichten, die wegen ihrer erzieherischen Tendenz in Fibeln und Lesebüchern abgedruckt wurden. Während in dem Gedicht „Was hab' ich dir getan?" aus der Sammlung

Illustration zu Karl Geroks Gedicht „Des deutschen Knaben Tischgebet" von J. Füllhaas aus dem „Album für Deutschlands Töchter. Lieder und Romanzen" (8. Auflage, Leipzig o.J., um 1890, S. 113). Der Knabe endet anläßlich des „Sedan-Tages" sein Tischgebet mit den Worten: „Lieber Gott, magst ruhig sein, fest steht und treu die Wacht am Rhein. Amen!"

„Palmblätter“ (1857), die seinen Ruf als bedeutender geistlicher Dichter begründete und als Reclam-Bändchen schon zu seinen Lebzeiten weite Verbreitung fand (7., vermehrte Auflage 1863; Neufassung 1880; 7., vermehrte Auflage der Neufassung 1882), Tierquälerei angeprangert und „Barmherzigkeit“ für die „arme Kreatur“ gefordert wird, lobt das dem Band „Blumen und Sterne“ entnommene Gedicht „Wie Kaiser Karl Schulvisitation hielt“ Fleiß und tadelt Faulheit. In der Ballade „Das Kind des Steuermanns“ wird Unerschrockenheit als Ausdruck festen Vertrauens gepriesen und ängstlichem Verzagen gegenübergestellt. Andere Lesebuchgedichte erzählen von Jesus und dem Christfest. Zusammen mit dem Illustrator PAUL MOHN (1842–1911) gab G. die Sammlung „Christkind. Bilder und Lieder“ (1887) heraus. Wurde in der Ballade „Gott will es“, die eine Episode aus der Zeit der Kreuzritter schildert, ein religiös motivierter Krieg besungen, so spiegelt das Gedicht „Des deutschen Knaben Tischgebet“ eine Haltung, in der sich religiöses Ritual mit nationalem Pathos mischen. Das Gedicht spielt zur Zeit des Deutsch-Französischen Krieges (1870/71) und erzählt von einem kleinen Jungen, der in seinem Heimatort die Siegesfeiern nach der Schlacht bei Sedan miterlebt, deshalb verspätet zum Mittagessen erscheint und, überwältigt von dem Gehörten und Geschauten, als Tischgebet spricht: „Lieber Gott magst ruhig sein / Fest steht und treu die Wacht am Rhein. Amen!“ Ebenfalls auf eine Begebenheit jenes Krieges bezieht sich die Ballade „Die Rosse von Gravelotte“. Sie schildert Gehorsam, Zuverlässigkeit und Treue der im Kampf reiterlos gewordenen und zumeist verletzten Kavalleriepferde („Rosse wie Reiter verstehn den Appell / Ruft die Trompete, so sind sie zur Stell!“) und endet mit dem Mahnruf: „Wenn ihr die Tapfern von Gravelotte nennt / Denkt auch der Rosse vom Leibregiment!“. Das an FERDINAND FREILIGRATHS „Trompete von Vionville“ erinnernde Gedicht zählte zum Lektürekanon vieler Lesebücher der Kaiserzeit und des Dritten Reiches und wurde auch in die während des Zweiten Weltkriegs von WILHELM VON SCHOLZ veröffentlichte Balladensammlung „Menschen und Mächte, Schicksale und Taten“ (Berlin 1942, Wien 1944) übernommen.

Obwohl GUSTAV SCHWAB, der als Stuttgarter Gymnasiallehrer schon früh das poetische Talent seines Schülers erkannte und förderte, G.s Verse neben die von LUDWIG UHLAND und EDUARD MÖRIKE stellte, kann G.s Gedichten kein bleibender literarischer Wert zugesprochen werden.

Werke: Das Gebet des Herrn in Morgen- und Abendgebeten (1854, [3]1864); Predigten auf alle Fest-, Sonn- und Feiertage des Kirchenjahres (Bd. 1–2. 1855–1857); Palmblätter (1857); Zeit, Welt und Haus in Christi Licht (1859); Evangelienpredigten (1860); Epistelpredigten (1861); Pfingstrosen (1864, [5]1873); Pilgerbrod (1866); Vierundsechzig Confirmations-Denksprüche (1868); Die Apostelgeschichte (Bd. 1–2. 1868); Blumen und Sterne (1868); Eichenlaub (1871); Deutsche Ostern (1871, [8]1893); Ein Friedensgruß unsern Kriegern (1871); Lebensabriß Ihrer Majestät der verewigten Königin Mutter Pauline von Württemberg (1873); Aus ernster Zeit. Predigten (1873); Jugenderinnerungen (1876, [4]1890); Vom christlichen Hausstand (1878); Moses und die Tochter Pharaos (1878); Albert Knapp als schwäbischer Dichter (1879); Hirtenstimmen (1879/80); Passion und Ostern (1880); Von Bethlehem nach Golgatha (1880); Von Jerusalem nach Rom (Bd. 1–2, 1882); Unter dem Abendstern (1886); Brosamen. Predigten (1887); Christkind. Bilder und Lieder (1887); Vor Feierabend. Predigten (1890).

Sekundärliteratur: F. Braun: Erinnerungen an K. F. v. Gerok (1891). – S. A. Buss: The world as presented in the poetry of K. F. v. Gerok (Diss. 1972). – G. Gerok: K. F. v. Gerok. Ein Lebensbild (1892). – A. Otto: K. F. von Gerok (1898).

Christian Freitag

Ghana

(Republic of Ghana). Republik in Westafrika. Gh. grenzt im Süden an den Golf von Guinea, im Westen an die Elfenbeinküste, im Norden an Obervolta, im Osten an Togo. Hauptstadt ist Accra. Staatsgebiet: 238537 km²; Einwohner: ca. 8,1 Millionen. Die Mehrheit der Bevölkerung besteht aus Negern, die stammesgeschichtlich den Akan (44%), den Mosi (16%) und den Ewi (13%) zuzuordnen sind. Die wichtigsten Sprachengruppen sind die Kwa-Sprachen im Süden und die Gur-Sprachen im Norden. Amtssprache ist Englisch.

Zur Situation der Kinder- und Jugendliteratur in Gh. Wie in den meisten anderen Ländern Zentralafrikas nehmen die Kinder von jeher Anteil an einer ausgeprägten Oralliteratur, die sich in Legenden, Märchen, Liedern und Sprechgesängen mit Tänzen präsentiert und die von jeher keinen Unterschied zwischen erwachsenen und kindlichen Zuhörern macht. Die aufgrund der zahlreichen verschiedenen Sprachen und Dialekte von unterschiedlichen Traditionen und religiösen Mythen gespeisten Darbietungen beziehen häufig die Zuhörer selbst mit ein, die bestimmte Refrains mitsingen, mittanzen oder in Dialoge ausbrechen. Da die Amtssprache das von der englischen Kolonialherrschaft übernommene Englisch ist, das für die meisten der Eingeborenen immer noch eine Fremdsprache darstellt, die höchstens von der schmalen Führungsschicht gesprochen und gelesen werden kann, hat der Großteil der Bevölkerung kaum Anteil an der gedruckten Literatur, die vorwiegend in Englisch angeboten wird.

Von Schulbüchern abgesehen, gibt es bis zur Gegenwart kaum Kinder- und Jugendbücher in Gh. Das Hauptproblem ist die Schwierigkeit, geeignete Kinder- und Jugendbücher für die ghanaesischen Kinder zu schaffen. Obwohl in den Schulen Englisch schon vom vierten Schuljahr an gelehrt wird, sprechen die meisten Kinder außerhalb der Schulzeit ihren heimatlichen Dialekt. Aus diesem Grund werden von den Kindern, die nie oder nur unvollkommen das Englische erlernen, in erster Linie Bücher bevorzugt, die durch ein Maximum an Illustrationen und ein Minimum an dazu noch sehr vereinfachter Sprache ausgezeichnet sind. Comicserien und Bildhefte, die aus dem Ausland importiert und auf Märkten verkauft werden, machen zur Zeit einen Großteil derjenigen Lektüre aus, die von Kindern

und Jugendlichen konsumiert wird, obwohl es sich dabei um keine spezifische Kinder- und Jugendliteratur handelt, vielmehr um triviale Erscheinungsformen, die ebenso von den Erwachsenen gelesen und betrachtet werden. In den letzten Jahren hat sich allerdings gezeigt, daß ein wachsendes Interesse bei den Schulkindern zu bestehen scheint, in angebotenen Schriften nicht nur die Bilder zu betrachten, sondern auch die Texte lesen zu können. Das könnte zu einem vorsichtigen Optimismus im Hinblick auf die Bereitschaft junger Ghanaesen, besser lesen zu lernen, hindeuten.
Anfang 1955 wurde der erste Versuch gemacht, durch eine Befragung herauszufinden, welche Lesegewohnheiten und Lesevorlieben bei Kindern und Jugendlichen in Gh. bestehen. Mit Hilfe des Unterrichtsministeriums wurden insgesamt 10295 Fragebogen zur Auswertung gebracht. Dabei zeigte sich schon bald, daß sowohl im Hinblick auf Altersstufen wie im Hinblick auf Titelpräferenzen kein eindeutiges Bild erzielt werden konnte. Auch die Buchlisten der nach englischen Vorbildern geführten öffentlichen Bibliotheken waren dazu wenig hilfreich, finden sich doch dort zu dem größten Teil der aufgelisteten Bücher die Hinweise „Geeignet für Zwanzigjährige". Es sieht so aus, als ob es weitgehend von Zufälligkeiten abhänge, was von welchem Kind oder Jugendlichen gelesen wird. Die meisten der von den Befragten angegebenen Buchtitel bezogen sich auf ausgesprochene Schulbücher. Ein anderer größerer Themenbereich sind christlich-religiöse Schriften, die vor allem im Zuge von Missionierungsversuchen durch europäische und amerikanische Gesellschaften und Kirchen ghanaesischen Kindern angeboten werden. Am wenigsten beliebt sind offensichtlich Bücher, die über Erlebnisse und Zustände in anderen Ländern berichten, da die darin dargestellte Umwelt und Verhaltensweisen für Kinder in Gh. völlig unverständlich sind.
Auf dem Markt finden sich vor allem englische Titel der Verlage Blunt, Harper, Blackie, Chatto, Boyd und Oliver. Meistens müssen solche Bücher, da sie in Gh. selbst nicht vorrätig sind, erst im Ausland bestellt werden. Die Auslieferung eines Buches dauert mindestens drei, nicht selten sechs Monate. Dazu sind solche Bestellungen mit hohen Unkosten verknüpft, die sich nur die Angehörigen der reichen Oberschicht leisten können. Im Jahr 1965 wurde erneut eine Untersuchung der Leseinteressen und Lesegewohnheiten ghanaesischer Kinder und Jugendlicher vorgenommen. Man ging davon aus, daß sich infolge des Wandels der politischen, sozialen und ökonomischen Verhältnisse in Gh. auch im Bereich der Lesegewohnheiten von Kindern und Jugendlichen ein neues Bild ergeben könnte. Vor allem hatten sich im Gegensatz zu früheren Jahren die Schulverhältnisse positiv verändert. Mehr Kinder und Jugendliche besuchten nun bessere Schulen. Auch gibt es inzwischen ein Netz von Rundfunk- und Fernsehsendern, die vielen Kindern den Zugang zu diesen neuen Medien ermöglichen. Die Auswertung der Untersuchung ergab allerdings, daß sich kein nennenswerter Wandel gegenüber der Untersuchung von 1955 vollzogen hatte. Höchstens konnte man konstatieren, daß jetzt mehr zur persönlichen Information gelesen wird, weniger zur Unterhaltung. So stieg das Interesse für Sach- und Lehrbücher jeder Art, aber auch für Hobbybücher wie solche für Briefmarkensammler, Photographie, Ballettanz oder Vogelzucht.
In den letzten Jahren wurden zahlreiche Versuche unternommen, die Kinder selbst dazu zu bringen, ihre Erlebnisse, Bedürfnisse und Erfahrungen schriftlich niederzulegen. Die Resonanz auf die Versuche, die vor allem von den Bibliotheken des Landes ausgingen, waren sehr ermutigend. Hinter dem Unternehmen stand die Hoffnung, daß ghanaesische Autoren aus diesen Äußerungen von Kindern und Jugendlichen erfahren könnten, welche Themen und Stoffe die kindlichen und jugendlichen Leser in Gh. interessieren könnten. Das Unternehmen führte zur Herausgabe eines Bandes mit ausgewählten Beiträgen von Kindern und Jugendlichen, der im Jahr des Erscheinens bereits in einer Auflage von 500 Exemplaren erscheinen konnte, die sich dann bis auf 600 Exemplare erhöhte. Die Bände wurden an Bibliotheken und Schulen des Landes verteilt, auch in andere Länder wie Kanada, die USA, Großbritannien und westafrikanische Länder im Austausch gegen ähnliche Materialien versandt.
Bisher haben sich lediglich das Büro für die Sprachen Gh.s, die Ghana Publishing Corporation und wenige private Verlage mit der Herausgabe eigentlicher Kinder- und Jugendbücher befaßt. Die meisten der wenigen Titel sind in Englisch, einige auch in Eingeborenenidiomen abgefaßt. Soweit man aus Verlautbarungen und Statistiken ersehen kann, bildet das Verlegen von Kinder- und Jugendbüchern bisher mehr eine Geste zum Beweis der Aufgeschlossenheit für dieses Feld als eine ernstgemeinte Verlagsinitiative oder gar einen ökonomischen Zweig. Andererseits gibt es Grenzen in der Herstellung, die einen Druck von Kinder- und Jugendbüchern noch rentabel machen. Die Unkosten für Material und Arbeitskräfte sind so hoch, daß die Verlage, zumal bei den niedrigen Auflageziffern, Kinderbücher nur zu Preisen herstellen können, die die Zahlungsfähigkeit der überwiegenden Mehrheit der Bevölkerung überschreitet. In den letzten Jahren wurden auch einige Versuche unternommen, die das Schreiben von Kinder- und Jugendbüchern anregen sollten. So fand 1976 durch die Bibliotheksabteilung und das Universitätsarchiv von Accra ein Seminar für Autoren zur Frage der Kinder- und Jugendliteratur statt. Bisher allerdings konnten noch keine positiven Ergebnisse verzeichnet werden, die sich im Erscheinen neuerer Kinder- und Jugendbücher niedergeschlagen hätten.

Der Anteil der Bibliotheken an den Bemühungen um eine eigenständige Kinder- und Jugendliteratur. In Gh. ist die Geschichte der Entstehung von Bibliotheken eng verbunden mit der Entstehung ghanaesischer Kinder- und Jugendbücher. Bereits 1930 versuchte die Schulabteilung der damaligen Verwaltung die Schaffung von Wanderbibliotheken. Obwohl zahlreiche Lehrer diesen

Versuch willkommen hießen, mußte der Leiter der Erziehungsabteilung das Unternehmen als wenig erfolgreich abbrechen. Achtzehn Jahre später trat die Bibliothekarin EVANS an die Regierung mit dem Vorschlag heran, eine Kinderbibliothek in Accra einzurichten. Trotz Bedenken wegen der anfallenden Unkosten und der schwierigen Frage der Buchauswahl konnte 1948 in einem Teil der Aglonby-Bibliothek eine Kinderbibliothek eingerichtet werden. Neben vorwiegend englischsprachigen Büchern erhielt die Bibliothek auch schon einige in Eingeborenensprachen abgefaßte Schriften. Allerdings handelte es sich bei den Schriften mit Texten in den Eingeborenensprachen ausschließlich um Pamphlete oder schmale Hefte von Missionsgesellschaften. Die Inhalte waren durchweg christlich-religiöser Natur. Die neueingerichtete Kinderbibliothek erwies sich als ein Erfolg und zeigte bald, wie sehr die Kinder und Jugendlichen der Hauptstadt nach Bücher hungerten. Aufgrund des großen Interesses stiftete der Commonwealth Education and Welfare Trust die Summe von 3000 englischen Pfund für die Einrichtung von drei eigenständigen Kinderbibliotheken in Accra. So wurden neben der schon bestehenden Bibliothek zwei weitere in den Vorstädten Kaneshie und Christiansborg eingerichtet. Sie bestanden aus jeweils einem Raum mit Buchregalen, die an den Wänden aufgestellt waren. In den weiteren Jahren wurden noch einige neue Kinderbibliotheken in Accra eingerichtet. Die Benutzung der Bibliotheken geschieht über die Schule und die jeweiligen Klassenlehrer, die die Buchausleihe ihrer Schüler beobachten und registrieren. 1980 gab es in ganz Gh. 30 Zweigstellen der Zentralkinderbibliothek in Accra. Die in diesen Büchern zur Verfügung stehenden Schriften sind vorwiegend für das erste Lesealter bis hinauf zu siebzehn Jahren bestimmt.

Juliana V. Sackey

Giehrl, Emmy

*(Ps.: Tante Emmy) Katholische Jugend- und Volksschriftstellerin; *1.11.1837 Regensburg, †15.10.1915 München.*

G., deren Vater der wohlhabende königlich-bayerische Staatsminister der Finanzen JOSEPH VON ASCHENBRENNER war, erfuhr eine strenge, religiös gefärbte Erziehung; ersten Unterricht erhielt sie durch einen Hauslehrer, der zugleich der Lehrer der Kinder König LUDWIGS I. von Bayern war. 1858 heiratete sie den Bezirksamtsassessor RUDOLPH GIEHRL. G., die schon früh kränkelte, war durch ein Rückenmarks- und Nervenleiden von 1864 bis an ihr Lebensende (1915) ans Bett gefesselt. Seit 1849 versuchte G. sich als Schrifstellerin, intensiv jedoch erst nach dem Tode ihres Gatten. Auf ihre erbaulichen Jugend- und Volksschriften, die G. in der Tradition CHRISTOPH VON SCHMIDS (1768–1854) sah, gab es ein lebhaftes Echo. G. wurde mit dem päpstlichen Orden „Pro ecclesia et pontifice" geehrt.

Werk, Tendenzen, Wirkung. Der erste Band der „Gesammelten Jugend- und Volksschriften" (1894–1907) von G. enthält die Weihnachtserzählung „Die Sternsänger". Es ist das Ziel dieser kleinen Geschichte, kleine Leser zur Frömmigkeit anzuhalten. G. bemüht dazu eine aufwendige, an Verwicklungen reiche Ereignisfolge, in der der jüngste und ärmste von drei Jungen einen Raubüberfall verhindern kann. Als Dank nimmt die gräfliche Familie ihn und seine Mutter in ihr Haus und gibt den beiden Arbeit und Wohnung. Ebenfalls eine Weihnachtserzählung ist „Meister Fridolin". Hier erzählt G. von einer armen Schreinerfamilie, die zur Weihnacht vor ihrem Haus ein ausgesetztes Kind findet und es aus christlicher Nächstenliebe bei sich aufnimmt. Das Findelkind kann zehn Jahre später seinen wahren Eltern, einer gräflichen Familie, zugeführt werden. Nach dem Motto „Wohltat bringt Zinsen" wird die Armut, die auf der Schreinerfamilie lastet, beendet, als Meister Fridolin als Dank auf das Schloß geholt wird, um dort mit seiner Familie zu leben und zu arbeiten. Traktathaft-belehrende Tendenzen kennzeichnen auch die anderen Erzählungen G.s. In der Geschichte „Des Bruders Schutzgeist" geht es um die Entwicklung eines Kindes zu einem „frommen Künstler"; in dem Bändchen „eine Lüge und ihre Folgen" wird von einem Diebstahl und einer ungerechtfertigten Verdächtigung erzählt. Andere Bändchen zeichnen sich durch schicksalhafte und unvermutete Fügungen und den rechtzeitigen Eingriff des „gütigen Gottes" aus. Wiederholt findet sich in G.s erbaulichen Texten die Anforderung an den Leser, sich in Gottesfurcht zu üben, die Obrigkeit zu ehren und auf die Wohltaten der Höhergestellten zu hoffen.

Werke: Neue Märchen für große und kleine Kinder (1880); Kinderbüchlein der Tante Emmy (Bd. 1–2, 1880–1888); Rudolf, ein Vorbild für Kinder oder Von der Wiege ins frühe Grab (1880); Meister Fridolin oder die belohnte Nächstenliebe (1880); Bilderbuch für brave, kleine Kinder (1883); Märchen der Tante Emmy (1883); Meinen lieben Kleinen! (1888); Aus meiner Kindheit. Jugenderinnerungen (1891); Allerlei Geschichten. Der lieben Kinderwelt geboten (1893); Meinen Lieblingen. Erzählungen und Märchen für Kinder von 8–14 Jahren (1894); Vier Erzählungen für die liebe Jugend (1895); Aus Nah und Fern. Erzählungen für die Jugend (1896); Kindergeschichten für kleine Knaben und Mädchen (1897); Klein Röschen und ihre Lieblinge (1897); Die Dorfhexe. Erzählung für die Jugend (1898); Erinneringen aus meiner Jugend (1899); Aus der goldenen Jugendzeit (1899); Plauderstunden. 12 Geschichten für die liebe Jugend (1898); Zum Zeitvertreib. Erzählungen für die Kinderwelt (1899); Rätselbuch. Eine Auswahl von Rätseln aller Art (1899); Ernst und Scherz fürs Kinderherz (1902); Ein bunter Märchenkranz, der lieben Kinderwelt geboten (1902); Immergrün. Erzählungen für die Kinderwelt (1904); Zum Ehrentage. Ein Geschenk für vorbereitete Kommunionkinder (1908); Gesammelte Jugend- und Volksschriften (Bd. 1–15. 1894–1907).

Hrsg.: Kinder-Kalender (1877–1915); Tierschutzkalender (1885–1905).

Sekundärliteratur: Prinzessin H. v. Bingen: Erinnerungen an Emmy Giehrl (1916). – M. Müller: Emmy Giehrl. Ihr Leben, Leiden, Lieben (1917).

Winfred Kaminski

Giehrl, Hans Eberhard

*Literatur- und Sprachdidaktiker, Professor für Didaktik der deutschen Sprache und Literatur an der Universität Regensburg; *29.2.1928 Münchsmünster (Oberbayern).*

G. studierte Germanistik, Geschichte, Geographie, Pädagogik und Psychologie an den Universitäten Regensburg und München; 1952 promovierte er mit einer Arbeit über die Leseinteressen Jugendlicher. Nach der Tätigkeit als Lehrer an Gymnasien von 1952 bis 1965 war G. bis 1970 Dozent an der Pädagogischen Hochschule München; seit 1970 ist er Professor für Didaktik der deutschen Sprache und Literatur an der Universität Regensburg.
Schwerpunkte von G.s Arbeit, der auch als Herausgeber von Lese- und Sprachbüchern für den Deutschunterricht tätig ist, sind Jungleserkunde, Jugendliteratur, einschließlich der Tradition und Rezeption einfacher Formen (vor allem des Märchens), schulische wie außerschulische Literaturpädagogik, Lese- und Sprachförderung.
In seinem Buch „Der junge Leser" entwickelt G. auf anthropologisch-sprachphilosophischer Grundlage eine Einführung in die Jungleserkunde und die Literaturpädagogik. Was die literarische Entwicklung der Heranwachsenden angeht, unterscheidet er fünf Abschnitte, die er jedoch „nicht als Stufen, auch nicht als feste Altersbegrenzung" verstanden wissen will, „sondern als Durchgangsbereiche auf dem Wege zum erwachsenen, zum ‚fertigen' Leser": 1. die „Vor-Lesezeit" (bis etwa 5 Jahre); 2. die „Zeit des ersten freien Lesens" (etwa 2. Schuljahr bis 8/9 Jahre); 3. die „Entwicklung in den folgenden Jahren der Kindheit" (bis etwa 12 Jahre); 4. die „Differenzierung des Lesens im Jugendalter" (etwa 13/14 bis 17 Jahre); 5. der „Übergang zum erwachsenen Leser". Wichtig für die Literaturdidaktik ist weiter G.s Unterscheidung der „Hauptarten des Lesens". Ausgehend von drei Lesemotiven (Streben nach „Welt- und Daseinserhellung", nach „Überwindung oder zumindest Lockerung der menschlichen Gebundenheiten" und nach „Sinndeutung der Welt und des menschlichen Lebens"), unterscheidet er: 1. Das „informatorische Lesen" (Motiv 1), 2. das „evasorische Lesen" (Motiv 2), 3. das „kognitive Lesen" (Motiv 1 und 3) und 4. das „literarische Lesen" (Motiv 3 und 2), das nicht Texten schlechthin, sondern dem sprachlichen Kunstwerk gilt.
Für die Praxis des Literaturunterrichts fordert G., nach Mitteln und Wegen zu suchen, „über alle Schichten hinweg das Buch als Erziehungsfaktor und Lebensbereicherung wirksamer zu machen, Motivationen zu begründen, die einen dauerhaften Buchbezug bewirken, zu erkennen, daß gerade das Buch ein Medium ist, das wie kaum ein anderes die Chancengleichheit ermöglichen hilft und vielen Menschen Zugang zu entscheidenden Kenntnissen, Einsichten und Erlebnissen gewähren kann". Als Voraussetzungen dazu nennt er eine stärkere Einbeziehung der Kinder- und Jugendliteratur in den Unterricht, die Verbesserung des öffentlichen und des schulischen Bibliothekswesens, eine Einschränkung der immer noch dominierenden Funktion des Lesebuchs auf der Sekundarstufe I zugunsten der Lektüre umfangreicherer Texte und schließlich eine Verbindung zwischen Freizeitlektüre und Schularbeit: „Mindestens die Hälfte der Zeit des sogenannten Lese- und Literaturunterrichts sollte auf der Grundlage der selbstgewählten nebenschulischen Lektüre aufgebaut und in den geforderten ‚Bücherstunden' planvoll in den schulisch gesteuerten Literarisierungsprozeß eingebaut werden" („Das Problem der Effektivität im Literaturunterricht").

Werke: Der junge Leser. Einführung in Grundfragen der Jungleserkunde und der literarischen Erziehung (1968, ^{3}1977); Volksmärchen und Tiefenpsychologie (1970); Gedichte, Balladen, Songs in der Hauptschule. Interpretationen und Analysen (zus. mit E. P. Müller, 1971); Das Vaterbild im Kinder- und Jugendbuch. Von Vätern und anderen Ungeheuern (1980).

Hrsg.: Didaktik der deutschen Sprache und Literatur an der Universität (zus. mit K. Stocker, 1973); Muttersprache (Bd. 1–8, 1971–1973, bearb. NA. 1979/80); denken – sprechen – handeln (Bd. 1–6. 1978–1980); Ehrenwirth-Lesebuch (Bd. 1–8, 1973/74).

Beiträge (Auswahl): Das Problem der Effektivität im Literaturunterricht (in: Pädagogische Welt 12. 1977. 713–719).

Alfred Clemens Baumgärtner

Ginzkey, Franz Karl

*Österreichischer Offizier, Archivar, Schriftsteller; *8.9.1871 Pola, †11.4.1963 Wien.*

Seine Kindheit verbrachte der Sohn eines sudetendeutschen K. und k.-Marinetechnikers in Istrien. Er besuchte Marineakademie und Kadettenschule, war dann Fähnrich und Leutnant, arbeitete schließlich am Militärgeographischen Institut und im Kriegsarchiv in Wien. Im Jahr 1920 ließ sich G. pensionieren, um als freier Schriftsteller zu leben. Die Kulturpolitik in der austrofaschistischen Ersten Republik kam dem altösterreichischer Tradition verpflichteten katholischen Dichter sehr zugute: 1932 wurde er durch ein Ehrendoktorat der Universität Wien geehrt; 1934–1938 war er Staatsrat im österreichischen Ständestaat.

Werk, Tendenzen, Wirkung. In die „Gesammelten Werke", die Karl Eibl 1960 unter Mithilfe des fast neunzigjährigen G. herausgegeben hat, sind die Kinderbücher nicht aufgenommen. Im Gegensatz zur „hohen Dichtung" seiner historischen Romane, von denen das mittelalterliche Kulturbild „Der von der Vogelweide" am bekanntesten wurde, seiner Künstlernovellen, seiner Lyrik und seiner Sinnsprüche, die häufig von Verzicht und Sehnsucht nach Harmonie handeln, waren für ihn die Kinderbücher Nebenwerke. „Hatschi Bratschis Luftballon. Eine Dichtung für Kinder" erschien als eines der ersten Bücher des von Peter Rosegger geförderten Autors bereits 1905; es erlebte mehrere Auflagen in verschiedenen Verlagen (Seemann, Pustet, Rikola, Forum) und wurde von mehreren

Illustratoren ausgestattet (MOR VON SUNEGG, E. TINTNER, E. DOMBROWSKI, G. HARTMANN, W. ZELLER-ZELLENBERG, R. RETTICH). KLAUS HEYDEMANN, der im Rahmen eines größeren Forschungsvorhabens den Nachlaß von G. aufarbeitet, ist der Meinung, daß eine werkgeschichtliche Wurzel des „Hatschi Bratschi" in den vom Schüler der Kadettenanstalt verfaßten Bierzeitungsversen und -illustrationen zu finden sei. Die Geschichte vom kleinen Fritz, der „an nichts denkt", vor allem nicht „an der Mutter Wort", vergnügt im Sonnenschein spielt und dann vom bösen Hatschi Bratschi, der kleine Kinder in seinen Luftballon „fängt und beißt", erwischt wird, erinnert an Struwwelpetergeschichten. Den heimtückischen Hatschi Bratschi stößt Fritz freilich bald aus dem Luftballon, so daß der Leser auch Zeuge einer abenteuerlichen Ballonreise wird: Fritz befreit schließlich die von Hatschi Bratschi entführten Kinder. Mit ähnlichen Argumenten wie beim „Struwwelpeter" lassen sich auch hier konservative Erziehungsmuster kritisieren. Eine Neuauflage mit Illustrationen von R. RETTICH ist an besonders krassen Stellen „gereinigt": Die Menschenfresser, über die sich Fritz schadenfroh freut, weil sie im Meer ersaufen müssen, sind zu Affen geworden. Auch ein Klapperstorch fliegt nun nicht mehr mit drei frischgeborenen Kindern im Korb an Fritzchens Luftballon vorbei. Mit „Florians wundersame Reise über die Tapete" versuchte G. gut zwanzig Jahre später (1928) an seinen frühen Kinderbucherfolg anzuschließen. Dies ist ihm kaum gelungen: Das Thema – die Phantasien, die der Anblick einer Kinderzimmertapete auslösen kann – ist wenig einfallsreich durchgeführt. Sein Märchenspiel „Das verlorene Herz", eine freie Nachdichtung eines norwegischen Spiels, wurde zwar einige Male an großen Bühnen aufgeführt und darüber hinaus auch noch von G.s Frau STEFANIE für ein Märchenbuch nacherzählt, aber auch hier handelt es sich um ein unambitioniertes Nebenprodukt. Die Brücke von den Kinderbüchern zu G.s „eigentlichem" Werk läßt sich am ehesten über seine humorigen Balladen schlagen, die Themen der Wiener Sagen behandeln (Augustin, Keglerkönig Simon Gnu), die in Österreich kaum in einem Lesebuch fehlen.
Als Beiträge für eine Geschichte der literarischen Sozialisation können G.s autobiographische Schriften („Der Heimatsucher", „Die Reise nach Komakuku") gelesen werden, da sie wiederholt – wenn auch meistens in Anekdotenform – darüber Auskunft geben, welche wichtige Funktion der Akt des Lesens für den jugendlichen Einzelgänger G. hatte und welche Rolle Literatur in einer altösterreichischen militärischen Schulausbildung spielen konnte.

Werke (Auswahl): Hatschi Bratschis Luftballon. Eine Dichtung für Kinder (1905); Der von der Vogelweide (1912); Es war einmal. Alt-Wiener Balladen (1922); Balladen aus dem alten Wien (1923); Die Reise nach Komakuku (1923); Bunte Welt (1925); Florians wundersame Reise über die Tapete (1928); Das verlorene Herz. Märchenspiel. Freie Nachdichtung nach dem norwegischen Spiel von Barbra Ring (1931); Balladenbuch (1931); Das verlorene Herz. Dem norwegischen Märchenspiel von Barbra nacherzählt (zus. mit Stefanie Ginzkey, 1933); Taniwani. Ein fröhliches Fischbuch (1942); Zeit und Menschen meiner Jugend. Autobiographie (1942); Der Heimatsucher. Autobiographie (1948); Der Träumerhansl (1952); Wege zum Buch. Geschichten um Bücher (1956).

Bernhard Doppler

Godin, Amélie

*(d.i. Amelie Linz, geborene Speyer). Schriftstellerin; *22.5.1824 Bamberg, †24.4.1904 München.*

Als Tochter eines vielseitig interessierten Arztes und einer umfassend gebildeten Mutter – einer geborenen Baronin von Godin, unter deren Namen G. aus Gründen der Diskretion ihre Werke veröffentlichte – erhielt sie schon früh Unterstützung ihres literarischen Interesses. Nach dem Tod des Vaters lebte sie längere Zeit in München, wo sie mit Künstlerkreisen Kontakt bekam und besonders von WILHELM VON KAULBACH (1805–1879), FRANZ KOBELL (1803–1882), FRANZ VON POCCI (1807–1876) und FRIEDRICH WILHELM THIERS (1784–1860) angeleitet und gefördert wurde. 1844 heiratete sie den preußischen Ingenieuroffizier FRANZ LINZ und lebte während der folgenden Jahre in verschiedenen Städten Deutschlands. Wegen eines „nervösen Leidens" zog G. mit ihrer Mutter und ihren drei Kindern nach Walluf im Rheingau, wo sie ihre ersten Märchen verfaßte, denen Erzählungen und Novellen folgten, die vornehmlich in illustrierten Zeitschriften wie der „Gartenlaube" und „Über Land und Meer" abgedruckt wurden. Nach dem Tode ihres Mannes 1870 arbeitete sie zunächst während des deutsch-französischen Krieges als Krankenpflegerin in Trier, bis sie nach München übersiedelte. Ihr Salon wurde berühmter Treffpunkt literarischer und gesellschaftlicher Münchner Größen. PAUL HEYSE (1830–1914) und HERMANN VON LINGG (1820–1905) gehörten ebenso zu ihren Freunden wie russische Adelige und süddeutsche Hofdamen.

Werk, Tendenzen, Wirkung. In ihrem ersten Kinderbuch, den in vielen Auflagen erschienenen „Märchen, von einer Mutter erdacht", griff G. Motive alter Volksmärchen auf und verarbeitete sie in ihren Geschichten. Obwohl Feen und Zauberer, lebende Spielsachen und sprechende Tiere auftreten, ähneln ihre Märchen eher moralischen Erzählungen als Volks- oder Kunstmärchen. Wegen des Erfolges dieses Buches gab sie in den folgenden Jahrzehnten weitere Märchenbücher heraus, die jedoch zumeist nur Bearbeitungen bekannter Märchen enthalten. Mit ihren Bearbeitungen beeinflußte G. für lange Zeit – ihre Bücher wurden bis in die Mitte des 20. Jahrhunderts aufgelegt – die Märchenrezeption gerade im von ihr besonders angesprochenen Bildungsbürgertum. Sie wollte nur „holde Bilder" veröffentlichen, die sie einzig „für's Kindergemüt" geeignet hielt: „Keine Gestalt des Schreckens wird aus diesen Blättern die heiter verklärte Phantasie mit Grauen erfüllen, nirgend behält das Böse recht, nirgend wird Lüge als Klugheit gepriesen" (Märchenbuch, Vorwort). Bei ihren Märchenbearbeitungen unterlag G. zwei Fehleinschätzungen. Zwar ist der Handlungsablauf scheinbar durchgehend geglättet worden, doch hat sie damit wichtige Motive verstümmelt, so daß Brüche und gelegentlich absurde Handlungssprünge entstanden sind. Gerade solche Nahtstellen lassen den Leser oder Zuhörer auf Verschwiegenes und Verdrängtes aufmerksam werden. Zum zweiten hat G., der angeblich absoluten Reinheit und Unschuld der Kinder zuliebe, Böses, Grauenvolles und Lügnerisches im Märchen beseitigt und damit voreilig charakteristische Momente zerstört bzw. die Wandlung von der Lüge zur List eliminiert. Die gerade für Kinder vorhandene Ambivalenz von Schreckensgestalten ist in den Bearbeitungen G.s vorschnell beseitigt worden. Kennzeichnend für ihre Auswahl in den Märchensammelbänden ist auch, daß wenige Märchen der Brüder GRIMM aufgenommen sind, viele jedoch von LUDWIG BECHSTEIN und dem Unterhaltungsschriftsteller FRIEDRICH WILHELM HACKLÄNDER (1816–1877). Neben den zahlreichen Märchenbänden verfaßte G. auch einige Erzählungen und Romane für Jugendliche, die sich alle – wie auch ihre Schriften für Erwachsene – der sogenannten leichten Unterhaltungslektüre nähern.

Werke: Märchen. Von einer Mutter erdacht (1857, [4]1897); Märchen aus Feld und Wiese. Von einer Mutter erdacht (1860, [2]1886); Eine Katastrophe und ihre Folgen (1862, [2]1884); Der Magdborn. Eine Sage aus dem Rheintale (1863); Neue Märchen von einer Mutter erdacht (1869, [3]1881); Frau Therese. Erzählung aus dem Elsaß nach dem Französischen von Erckmann-Chatrian für die reifere Jugend bearbeitet (1872); Auch aus großer Zeit! Schelmstücklein unserer Helden, in schöne Reime gebracht (1873); Märchenbuch (1874, [4]1889; NA. mit neuer Rechtschreibung, 1908); Märchenbuch. Auszug (1876, [2]1878); Slavische Volksmärchen. In deutscher Bearbeitung (1878); Polnische Volksmärchen. Deutsch nach der Original-Sammlung von Glinski (1877, [2]1883); Freudvoll und leidvoll. Erzählungen für junge Mädchen (1884); Weihnachtsgrüße. Erzählungen und Märchen für die Jugend (1884, [2]1901); Fahr wohl! (1886); Der Braut! (1888); Kleine Geschichten (1889); Neue Märchen und Erzählungen (1890); Aus der Jugendzeit (zus. mit Cl. Gerlach, 1892); Geschichten für kleine Leute. Französischen Texten frei nacherzählt (1893); Märchen aus aller Herren Ländern. Für Kinder neu bearbeitet (1893); Märchenkranz. Neue Märchen für die liebe Jugend (1894, [3]1906); Märchen (1895, [2]1930); Märchen-Reigen aus Heimat und Fremde (1896); Dora Reval. Erzählung für Mädchen (1901, [2]1929); Neue Märchen (1904); Der Leibschneider der Zwerge (1924, in: Der Kinderkranz. Ein Sammlung schöner Kindergeschichten und Kindermärchen, Heft 3); Prinz Liebling, ein Feenmärchen. Das Patenkind Kamilla (1925, in: Der Kinderkranz, Heft 20); Aus dem Märchenbuch (zus. mit G. Gast und L. Pichler, ca. 1930, [5]1944); Vom Löwen, Pferd und Fuchs und andere Tiermärchen (zus. mit L. Pichler und R. Reinick, 1932, [4]1944).

Hrsg.: Blumengrüße (1884); Flora. Lieder und Weisen (1892).

Sekundärliteratur: P. Sirano: Münchener Dichterheim. Skizzen. Teil II. Im Salon Amélie Godin's (in: Über Land und Meer. 1877. 38. 918–919). – D. Theden: Amélie Godin. Ein Literaturbild (in: Die Gartenlaube. 1882. 10. 159–162). – G. Westenberger: Zum siebzigsten Geburtstag von Amélie Godin (in: Neueste Nachrichten. 1894. 233. 17–18).

Klaus-Ulrich Pech

Göbels, Hubert

*Pädagoge, Jugendbuchautor, Kinderbuchsammler; *17.7.1905 Werden/Ruhr.*

G., Sohn einer Industriearbeiterfamilie, besuchte nach der Volksschule von 1919 bis 1925 Präparandie und Lehrerseminar in Essen. Nach vierjähriger Tätigkeit als Jugendreferent und Schriftleiter in volkspädagogischen Verbänden war er ab 1929 im Volksschuldienst des Landes Oldenburg, an der Akademieschule Vechta, der zweiklassigen Landschule Langförden und der Volksschule Delmenhorst tätig. Von 1940 bis 1945 war er Soldat. 1946 wurde G. Dozent an der Pädagogischen Akademie Vechta, 1947 Rektor in Neviges, 1950 Schulrat in Essen, 1956 Dozent an der Pädagogischen Akademie Essen, dort 1958 Professor für Allgemeine Didaktik und Schulpädagogik. Von 1961 bis 1963 war er Rektor der Pädagogischen Hochschule Essen und bis zu seiner Emeritierung 1973 Professor an der Gesamthochschule Essen.
Zum 65. Geburtstag wurde G. eine Festschrift „Die Schule im Wandel der Gesellschaft" (1972) gewidmet. Er wurde zudem mit der Ehrendoktorwürde der Gesamthochschule Essen ausgezeichnet.
Als junger Lehrer redigierte G. die Kinderzeitschriften „Kinderland", „Frohmut", „Die Aufrechten" und „Oldenburgische Kinderzeitung". Zwischen 1930 und 1965 erschienen eigene Kinder- und Jugendbücher sowie Sammelwerke. 1942 wurden seine bis dahin erschienenen Jugendschriften verboten. Nach 1945 wandte sich G. in Zeitschriftenbeiträgen und Büchern neben schulpädagogischen Aufgaben verstärkt jugendliterarischen Fragestellungen zu. Er redigierte die „Ausfahrt. Zeitschrift für die Abschlußklassen der Volksschule", die Zeitschrift „lehren und lernen. Handreichungen für die Volksschule" und ist Mitherausgeber der Zeitschrift „Pädagogische Rundschau". Seit 1974 ist G. Redakteur der Zeitschrift „jugendbuchmagazin". Er war Mitherausgeber der Lesewerke „Der bunte Garten", „Unser Lesebuch" und der Fibel „Moni und Udo". Für seine Studien über die älteste deutschsprachige Kinderzeitschrift „Das Leipziger Wochenblatt für Kinder, 1772–1774" wurde G. 1972 mit dem Christian-Felix-Weiße-Preis ausgezeichnet. 1974 erhielt er einen Preis des Thienemann-Verlages für seine Arbeit „Periodica als Sammelbände und Jahrbücher". Seine Publikationen dokumentieren Sachkompetenz und ein nach 1965 immer deutlicher hervortretendes Interesse an der historischen Jugendbuchforschung. Seit 1978 beteiligt sich G. durch die verantwortliche Betreuung und kritische Herausgabe alter Kinder- und Jugendbücher in der Reihe „Die bibliophilen Taschenbücher" an der Aufarbeitung und Vermittlung historisch bedeutsamer Jugendliteratur.

Werke: Rulala, Rulala, Kasperle ist wieder da (zus. mit J. Jünemann, 1929); Jugend voran! Den Jungen und Mädchen ein Büchlein vom Aufrechtsein mit auf den Lebensweg (1931); Das Laub fällt von den Bäumen (1932); Jungenspiele (1933); Zwei Jungen und ein Hund (1934); Lagerspuk (1934); Jörg schreibt sein Hitler-Tagebuch (1935); Es kommen sechs Propheten

(1935); Die Moritat von Treuenbietzen (1935); Uns kommt ein Schiff geladen (1935); Urdeutsche Chronik (1935); Der Brezelbusch. Märchenbuch (1936, NA. 1953); Das Lied von der Mutter (1936, [4]1940); Wir feiern den Sommer (1936); Hier steht die frohe Schule (1937, NA. 1940); Ludger und Gertrud (1937, NA. 1952); Rund um den Eierberg. Frohes Märchenbuch (1937); Die Sterntaler (1937); Wir sprechen Deutsch. Arbeitsbogen (1–2, 1937); Kinder erleben den Weltkrieg (1938); Das Märchen vom Sonnwendland (1938); Vaterländische Gedichte (1938); Deutsches Frauentum (zus. mit G. Vogel, [2]1939); Das Haus mit den 12 Kindern. Eine Kommuniongeschichte für Jungen und Mädchen (1939, [8]1966); Heiko im Karwendel (1940, [4]1952); Weltfahrt in sieben Tagen (1940); Das goldene Gloria (1941); Sieben unter Segel (1943; auch u. d. T.: Sieben im Faltboot, 1954); Heiliger Wagemut (1947); Johann Peter Hebel in der Schule (1949); Das neunte Schuljahr (zus. mit Fr. X. Hug, 1959); Bildergalerie für groß und klein (1962); Das Häuslein Siebenbein (1962); Tazz und die Rotröcke (1962, [2]1965; TB. 1966); Pieps, Söhn, Knübbelchen und ich. Eine heitere Familiengeschichte (1963); Das Leipziger Wochenblatt für Kinder: 1772–1774. Eine Studie über die älteste deutschsprachige Kinderzeitschrift (1973); Hundert alte Kinderbücher aus dem 19. Jahrhundert. Eine illustrierte Bibliographie (1979); Hundert alte Kinderbücher aus Barock und Aufklärung (1980).

Beiträge: Periodica als Sammelbände und Jahrbücher (in: K. E. Maier (Hrsg.): Historische Aspekte zur Jugendliteratur. 1974. 92–102, 140–141); Gesellschaftlich wirksame Jugendbücher der Vergangenheit (in: Arbeitskreis für Jugendliteratur (Hrsg.): Jugendliteratur und Gesellschaftliche Wirklichkeit. 1974. 78–97); Vom Bilder-lesen in der Bilder-Bibel (in: Das gute Jugendbuch. 26. 1976. 4. 163–165); Weihnachtsbaum für arme Kinder (in: Jugendbuchmagazin. 29. 1979. 4. 178–180).

Bearb.: Fr. A. W. Diesterweg: Didaktische Regeln und Gesetze (1970).

Hrsg.: Hohenecker Singbuch (zus. mit E. Veltgens, 1926); Brücke zum Volk. Jungkreuzbund-Bundestagung (zus. mit A. Dahlkamp, 1928); Deutsches Lesegut. Von deutschen Dichtern. Von deutscher Dichtung (1934–1939, 30 Hefte); Jungdeutsche Buchreihe (Bd. 1–4. 1935–1940); Deutsche Gaben (1936–1955. 52 Hefte); Unsere Welt. Ein Buch der Jungen (Bd. 1–3. 1938–1939); Das kunterbunte Geschichtenbuch (1938); Frisch und fromm. Religiöse Geschichten für Jungen und Mädchen (1939); Das schnelle Schiff. Abenteuerliche Geschichten (1940); Ulkige Sachen. Das lachende Geschichtenbuch für die Jugend (1940, [2]1943); Von tapferen Herzen. Geschichten von der Tapferkeit, wie sie gelebt wurde und vom deutschen Jungen erstrebt werden soll (1941); Ch. v. Schmid: Fünfzig schöne Geschichten (1948); Der weiße Sonntag (Bd. 1–12, 1950); Wir jungen Christen. Werkblätter für den katholischen Religionsunterricht (zus. mit E. Schmücker u. A. Reiermann. Bd. 1–12, 1956); Hellweg-Bücherei (Bd. 1–20. 1958–1964); Chr. v. Schmid: Fünfzig Lehrreiche Geschichten (1958); Moderne Kurzgeschichten (1962); Festschrift für Bernhard Bergmann zum 70. Geburtstag (zus. mit Fr. Pfeiffer, 1963); A. Kolping: Ausgewählte pädagogische Schriften (1964); Erziehung in der Wirklichkeit. Festschrift zur Übergabe des Neubaus der PH Essen (zus. mit anderen, 1965); Fr. Güll: Kinderheimath in Bildern und Leben (ND. 1978); G. Scherer: Alte und neue Kinderlieder, Fabeln, Sprüche und Räthsel (ND. 1978); H. Chr. Andersen: Sämtliche Märchen (ND. 1979); Fr. J. Bertuch: Bilderbuch für Kinder. Eine Auswahl (1979); J. H. Campe: Abeze- und Lesebuch (ND. 1979); Cürieuse Bilder-Bibel (ND. 1979); A. G. Eberhard: Hanchen und die Küchlein (ND. 1979); J. E. Gailer: Neuer Orbis pictus für die Jugend (ND. 1979); Kl. Groth: Voer de Goern (ND. 1979); J. P. Hebel: Schwänke des Hebel'schen Rheinländischen Hausfreundes (ND. 1979); J. A. Chr. Loehr: Erstes Bilder- und Lehrbuch zur zweckmäßigen Beschäftigung des Verstandes und zur angenehmen Unterhaltung (ND. 1979); Fr. E. v. Rochow: Der Kinderfreund (ND. 1979); Chr. v. Schmid: Zweiundfünfzig Bilder für die Jugend (ND. 1979); K. Simrock: Das deutsche Räthselbuch (ND. 1979); Bilder zum ersten Anschauungsunterricht für die Jugend (ND. 1980); Neu erfundener Lustweg zu allerley schönen Künsten und Wissenschaften (ND. 1980).

Reinhard Stach

Göhre, Frank

*Schriftsteller; *16. 12. 1943 Tetschen-Bodenbach (ČSSR).*

G. wuchs in Bochum auf und arbeitete nach verschiedenen Berufsausbildungen (technischer Großhandel, Buchhandel) zehn Jahre als Buchhändler und Bibliothekar. Von 1973 bis 1976 lebte er als Mitarbeiter des Norddeutschen Rundfunks und freier Schriftsteller in Soltau/Lüneburger Heide. Seit 1977 ist er Mitarbeiter, Lektor und Gesellschafter des Weismann-Verlages in München. G. schreibt Bücher für Jugendliche und Erwachsene sowie Hörspiele. Er wurde 1976 mit dem Förderpreis des Landes Nordrhein-Westfalen für Literatur sowie 1977 mit dem Preis des Roten Elefanten ausgezeichnet.

Werk, Tendenzen, Wirkung. G.s bisher erschienene Jugendbücher behandeln die Geschichte einer Gruppe Jugendlicher und deren Entwicklung. In der Form einer Collage beschreibt G. in „Gekündigt“ (1974), wie es zum Selbstmord der siebzehnjährigen Marianne, einem Buchhändlerlehrling, gekommen ist. Er läßt den Chef, Kollegen und Freunde zu Wort kommen und fügt diese Aussagen zu atmosphärisch dichten Beschreibungen des Alltags und der Berufswelt von Jugendlichen zusammen. Dabei wird der Selbstmord für Mariannes Freunde Anlaß, sich der eigenen Situation bewußt zu werden und nach Möglichkeiten der Veränderung zu suchen. In „So läuft das nicht“ (1976) schildert G. am Beispiel der schon aus „Gekündigt“ bekannten Jugendlichen aus deren jeweiliger Perspektive ihre Probleme in und mit der Gesellschaft. Schule, Arbeit, Liebe, Diskussionen, politisches Engagement, Chefs und Bundeswehr sind die Themen, von denen in authentischer, sehr direkter Sprache berichtet wird. Den Abschluß der Trilogie stellt „Schnelles Geld“ (1979) dar. Hier erzählt G. von Charly, der seine Arbeit in der Bücherei aufgibt, um ebenso wie einige seiner Freunde ‚schnelles Geld‘ durch Geschäfte mit gestohlenen Autos zu verdienen. G. versucht dabei, die Orientierungslosigkeit und – letztendlich – Kriminalisierung der Jugendlichen nicht als rein individuelles Fehlverhalten, sondern als Reaktion darzustellen.

Werke: Gekündigt (1974); So läuft das nicht (1976); Wenn Atze kommt (1976); Schnelles Geld (1979).

Sekundärliteratur: Collage zu einem ungemütlichen Buch (in: H. Künnemann (Hrsg.): Omnibus. Jahrbuch zur Kinder- und Jugenbuchszene. 1. 1979. 201–206).

Hartmut Euler

Görlich, Günter

*Autor von Kinder- und Jugendbüchern, Romanen, Fernsehfilmen und Schauspielen in der DDR; *6. 1. 1928 Breslau.*

Kindheit und Jugend verbrachte G. bei seinen Großeltern. Mit 16 Jahren eingezogen, geriet er ein Jahr später in sowjetische Kriegsgefangenschaft. Nach seiner Entlassung war G. in verschiedenen Berufen tätig, u. a. als Bauarbeiter, Volkspolizist, FDJ-Sekretär und Heimleiter. Seine ersten schriftstellerischen Versuche unternahm er 1951 mit der Aufzeichnung eines Erlebnisses in der Kriegsgefangenschaft. Er wurde Mitglied der Arbeitsgemeinschaft Junger Autoren in Potsdam. 1958 wurde G. für drei Jahre an das „Literaturinstitut Johannes R. Becher" in Leipzig delegiert, wo er sich u. a. mit Literaturtheorie, Gesellschaftswissenschaften, Musik und bildender Kunst befaßte. G. lebt heute als Schriftsteller in Ost-Berlin; er ist Mitglied des Präsidiums des Schriftstellerverbandes der DDR und Kandidat des Zentralkomitees der SED. G. wurde 1960 und 1961 mit dem Literaturpreis des Freien Deutschen Gewerkschaftsbundes ausgezeichnet, 1962 erhielt er die Erich-Weinert-Medaille, 1971 einen Nationalpreis und 1978 den Nationalpreis Erster Klasse. Außerdem wurde er mehrfach mit Auszeichnungen beim Preisausschreiben des Ministeriums für Kultur zur Förderung der Kinder- und Jugendliteratur bedacht.

Werk, Tendenzen, Wirkung. G.s Interesse gilt Fragen und Problemen der Jugend und der Erziehung. Seine beiden ersten Jugendbücher (Der schwarze Peter, 1958; Die Ehrgeizigen, 1959) behandeln die Situation von Jugendlichen, die sich für den Aufbau des Sozialismus einsetzen sollen, aber durch die kapitalistische Gesellschaftsordnung, die sie über West-Berlin erreicht, negativ beeinflußt und zu kriminellen Handlungen verleitet werden. G. greift damit ein Thema auf, das sich in der Kinder- und Jugendliteratur der DDR in den fünfziger Jahren wiederholt findet. Mit dem Kinderbuch „Der Fremde aus der Albertstraße" (1966) und mit „Der verschwundene Schiffskompaß" (1969) will G. eine Verbindung zwischen Gegenwart und historischen Ereignissen erzielen. Abenteuerliche Handlung, wie z. B. die Verfolgung eines Diebes und die Aufklärung eines Diebstahls, verknüpft er mit Rückblenden in die Vergangenheit. Einmal erzählt ein Widerstandskämpfer von seinem Schicksal während der Zeit des Nationalsozialismus, im anderen Buch wird an eine Episode beim Aufstand der Matrosen in Kiel 1918 erinnert. Taten einzelner, die sich im Widerstand und im revolutionären Kampf bewährt und, wie der Matrose Buchholz 1918 in Berlin, ihr Leben für ihre Überzeugung geopfert haben, stehen im Mittelpunkt. G. analysiert nicht die historischen Ereignisse, sondern er benutzt einen Anlaß in der Gegenwart, um Lehrern aus der Geschichte an die jungen Leser zu vermitteln. Die Erzählung „Eine Sommergeschichte" (1969) beschreibt die Liebesgeschichte zwischen einem Brigadier und einer Abiturientin, die sich für ein Auslandsstipendium entscheidet, anstatt eine feste Bindung einzugehen.
Seit dem Erscheinen des Buches „Den Wolken ein Stück näher" (1971) nimmt G. eine besondere Stellung in der Kinder- und Jugendliteratur der DDR ein. Durch den Berufswechsel seines Vaters wird der Junge Klaus Herper zum Verlassen seiner gewohnten kleinstädtischen Umgebung gezwungen und muß sich auf das Leben in der Großstadt einstellen und mit neuen Mitschülern zurechtkommen. Parallel zu dieser Handlung werden die Konflikte des Vaters in der neuen Arbeitsumgebung beschrieben. Als Parteisekretär ist er in einem Betrieb für die Verbesserung der Arbeitsqualität zuständig, seine Neuerungsvorschläge stoßen jedoch auf Hindernisse. Eine Lösung wird durch die Kombination der beiden Handlungsbereiche erreicht: Den Kindern des Parteisekretärs und eines Brigadiers gelingt es, durch ihre Freundschaft die Väter zu einem klärenden Gespräch zusammenzubringen. Die Brigade wird sich bemühen, den Titel „Brigade der sozialistischen Arbeit" zum zweiten Mal zu erhalten. Die Schüler leisten einen Beitrag zu diesem Wettbewerb, indem sie ihren „Unterrichtstag in der Produktion" wirksamer gestalten. Die Wechselbeziehung zwischen den Lebensbereichen der Jugendlichen und der Erwachsenen trägt dazu bei, daß beide Generationen die Schwierigkeiten der anderen akzeptieren und Gemeinsamkeiten entdecken. Die Notwendigkeit einer ständigen Weiterentwicklung in allen Bereichen des gesellschaftlichen Lebens wird deutlich gemacht.
Im Gegensatz zu den meisten Büchern der DDR-Kinder- und -Jugendliteratur, die auf dem Dorf und in der Kleinstadt spielen, ist hier der Schauplatz der Handlung in die Großstadt verlegt. Die Bedeutung des Buches liegt darin, daß hier – neben der Familie und der Schule – ein Wirklichkeitsbereich geschildert wird, der sonst von den Autoren nahezu ausgespart bleibt: der Bereich des Industriebetriebs. Zum ersten Male wird in die Probleme der Arbeiter Einblick gegeben. Die Rolle der Arbeit bei der Entfaltung der Persönlichkeit und die Beziehung untereinander wird betont. Der Autor weist zugleich auf die Bedeutung des Individuums innerhalb des Kollektivs hin. Er stellt die individuelle Entwicklung des Jungen Klaus Herper dar, der durch die Probleme, mit denen er konfrontiert wird, wächst, Erkenntnisse über sich selbst und seine Umwelt gewinnt und zu Einsichten fähig wird, die ihn selbst verändern und auf seine Umgebung einwirken. Diese Wechselwirkung zwischen dem Einzelnen und der Gesellschaft, die eine Weiterentwicklung des Individuums erst ermöglicht, ist die Voraussetzung für eine Selbstverwirklichung des Menschen. Literaturkritiker der DDR konstatieren eine Entsprechung zu den Forderungen des VIII. Parteitages von 1971: „Die bejahende Gestaltung des Großen und Schönen in unserer Zeit und die kritische Darstellung auch ihrer zu überwindenden Widersprüche" (M. ALTNER, a.a.O., 1972).

Werke: Der schwarze Peter (1958, [10]1977); Die Ehrgeizigen (1959); Das Liebste und das Sterben (1963); Unbequeme Liebe

(1965); Der Fremde aus der Alberstraße (1966); Autopanne (1967); Eine Sommergeschichte (1969, [10]1979); Der verschwundene Schiffskompaß (1969, TB 1978); Den Wolken ein Stück näher (1971); Vater ist mein bester Freund (1972); Heimkehr in ein fremdes Land (1974, [4]1979); Der blaue Helm (1976); Eine Anzeige in der Zeitung (1978, [4]1980).

Hrsg.: Der erste Start (1962).

Beiträge: Jedes Leben steckt voller Geschichten (in: Deutsche Lehrerzeitung. 18. 1971. 49. 6); Schreiben für Kinder (in: Beiträge zur Kinder- und Jugendliteratur. 37. 1975. 9).

Sekundärliteratur: M. Altner: Görlich, Günter: Den Wolken ein Stück näher (in: Der Bibliothekar. 25. 1971. 12. 884–887); Das sozialistische Menschenbild in der Kinder- und Jugendliteratur der DDR (1972). – R. Drenkow: Günter Görlich: „Der blaue Helm" (in: Beiträge zur Kinder- und Jugendliteratur. 44. 1977. 74–77); Erziehung der Erzieher (in: Neue deutsche Literatur. 26. 1978. 5. 127–133). – K. Pieper: Die künstlerische Gestaltung der sozialistischen Wirklichkeit in der Gegenwartsprosa für Kinder (Diss. 1972). – Fr. Rodrian: Ein unbändiger Geschichtenerzähler. Notizen über Günter Görlich (in: Der Pionierleiter. 22. 1971. 20. 6).

Gisela Goldbach

Görner, Carl August

*Schauspieler, Theaterspielleiter, Autor zahlreicher Lustspiele und Kinderkomödien; *29. 1. 1806 Berlin, †9. 4. 1884 Hamburg.*

Durch Bekanntschaften seines im Finanzministerium beamteten Vaters kam G. schon als Vierjähriger ans Theater. Nach dem Schauspielunterricht bei LUDWIG DEVRIENT erhielt er 1822 ein Engagement nach Stettin. Bereits zwei Jahre später war er Direktor des Hoftheaters in Köthen. Ab 1827 arbeitete sich G. vom ersten Charakterschauspieler zum Oberregisseur und Direktor des Strelitzer Theaters empor. Nach Gastspielen in Breslau, Hamburg und Dresden und nach der Schließung des Strelitzer Theaters in den Revolutionswirren 1848, wechselte er 1855 zum Friedrich-Wilhelm-Städtischen-Theater nach Berlin. In dieser Zeit entstanden seine dramatischen Produktionen mit insgesamt 160 Komödien für Erwachsene, die zum Teil hohe Aufführungsziffern nachweisen können. 1857 siedelte er nach Hamburg über und nahm abwechselnd zwischen Stadt- und Thaliatheater verschiedene Funktionen wahr, bis er 1869 zum Oberregisseur und wichtigsten Autor des Thaliatheaters avancierte. Von diesem Zeitpunkt an widmete er sich ausschließlich den Vorstellungen für Kinder, schrieb Märchen zu Kinderkomödien um und entwickelte die bis in unser Jahrhundert reichende Aufführungspraxis des „Weihnachtsmärchens".

Werk, Tendenzen, Wirkung. G.s literarische Produktion entstammte den Erfahrungen seiner praktischen Tätigkeit als Schauspieler im Berliner Unterhaltungstheater, wonach vor allem den Bedürfnissen der vergnügungssüchtigen Zuschauer Rechnung zu tragen war. Er verwertete dabei gängige Sujets, erprobte neue Formen und berief sich auf eine lange Lustspieltradition. M. SCHEDLER bezeichnet ihn als Epigonen: „Oft ist er auch nur Adapteur und Aufbereiter, aber einer, der einen treffsicheren Instinkt für theatralische Wirkungen wie für Erwartungen des Publikums hat". Seine Stücke tragen Gattungsbezeichnungen wie „Lustspiel", „Posse mit Gesang und Tanz" „Parodistische Posse mit Gesang", „Originalscherz in einem Aufzug" oder „Schwank" und „Scherz". M. JAHNKE meint dazu: „In seinen Benennungen reproduziert Görner die allgemeine Unsicherheit der Autoren des ‚bürgerlichen Realismus' in der Frage der Gattungsbezeichnungen." G.s bürgerliche Lustspiele und die kleinen einaktigen Formen wurden an allen großen Bühnen nachgespielt, seine mit Lokalkolorit gespickten Possen und Schwänke blieben dagegen auf Berlin beschränkt. G. durchwanderte in seinen Funktionen als Schauspieler, Spielleiter, Bühnenbildner, Autor und Theaterdirektor die drei vorherrschenden Theaterformen des 19. Jahrhunderts: Hofbühne, Stadttheater und Privatbühne. Aufgrund von Eingriffen in seine Direktionstätigkeit wandte sich G. nach 1848 von den Hofbühnen ab. Angespornt durch die Erfolge seiner Erwachsenenstücke verfaßte G. auch für Kinder Stücke. Seine zunächst „Kinderkomödien" betitelten Stücke, zur Aufführung durch Kinder gedacht und erstmalig 1855/56 in einer sechsbändigen Ausgabe erschienen, waren eine Synthese des didaktisch-aufklärerischen Sozialisationsdramas, wie sie vor allem von CHRISTIAN FELIX WEISSE im 18. Jahrhundert veröffentlicht wurden, und der für damaliges Kindertheater üblichen Kinderpantomime. „An die Stelle von Weisses dramatische Beweisführung ist nun aber blinde Affirmation getreten, das noch immer obligate moralisierende Schlußresumee wird nicht mehr aus einer vorhergehenden Modellbehandlung zwingend abgeleitet, sondern als finale Doktrin gesetzt", schreibt SCHEDLER. Dabei tritt G. für das bedingungslose Akzeptieren einer vorgegebenen Klassenordnung und die Unterwerfung des Bürgertums unter Thron und Altar ein, wie etwa in der Schlußapotheose des „Rosen-Julerl", wo dem jungen Publikum der Merksatz mit nach Hause gegeben wird: „Genieße was dir Gott beschieden, entbehre gern was du nicht hast, ein jeder Stand hat seinen Frieden, ein jeder Stand hat seine Last." Meist steckt auch bereits in den Untertiteln der Stücke die moralisierende Absicht. So weiß man schon zu Anfang des Märchenstücks „Prinzessin von Marzipan und der Schweinehirt ...", worauf G.s pädagogischer Zeigefinger abzielt, wenn es im Untertitel heißt: „... oder Hochmut kommt zu Fall". Dreißig Jahre nach der ersten Grimm-Edition entzog sich auch G. nicht der zunehmenden Märchenrezeption durch das Bildungsbürgertum. Drei Jahre vor seinem Tod begründete er in „Hamburgs Musenalmanach" von 1881 seine reichlich naive Lebensphilosophie: „Ich ritt zügellos oft den Pegasus, befasse mit Märchen mich gern, wie ihr wißt, weil's ganze Leben ein Märchen ist." Bei G. wandelte sich die Komödie für Kinder zur Weihnachtskomödie. Dazu H. TORNAU: „Abgesehen von seiner großen Kunst der Regieführung ... ist er der Erfinder eines ganz neuen Genres von Stücken, die den Schauspieldirectionen die Kasse zu einer Zeit ansehnlich zu füllen pflegen, welche früher die verrufensten der ganzen Theatersaison gewesen ist: nämlich die kahlen Wochen vor Weihnachten." Immer mehr diente der Märchenrahmen nur noch als Gestell für szenische Imposanz. So verlor selbst der stark umgearbeitete Märchenstoff vom ‚Aschenbrödel' in der ersten Fassung von 1864 die dialogisch konstruierte Handlung in der zehn Jahre späteren Inszenierung. Einzig eine Scheinwelt wird vorgeführt, szenische Aktionen beherrschen das Geschehen und die Figuren sind selbst nur noch Bestandteile der Dekoration. G. ist bis ins Detail den französischen Salon- und Bühnenvorbildern verpflichtet, lehnt sich an die großen Feerien an und setzt auf die Opulenz der szenischen Mittel. Stilmittel bleiben noch die ironische Komik der Hofwelt, eine infantile Skurrilität der Namen und der parodistische Einsatz von bekannten Theaterfiguren. So wurde die Ästhetik durch die Verkäuflichkeit bestimmt, auch weil 1869 das Gesetz für die Gewerbefreiheit in Kraft trat und Investoren ihr Kapital in die Unterhaltungsindustrie fließen ließen, was viele Neugründungen von Theatern zur Folge hatte. Diese mußten Kulinarisches für ihr Publikum bieten und bedienten sich der aufwendigen und optisch attraktiven G.schen Weihnachtsmärchen. Auf diese Weise gelangte zum Beispiel das „Aschenbrödel" – 1872, 1878 und 1883 von G. noch selbst am Hamburger Thalia inszeniert – nach der Veröffentlichung des Textbuches zu überdurchschnittlichen Aufführungserfolgen und wurde bis ins 20. Jahrhundert hinein die meistgespielte Weihnachtskomödie auf den Bühnen des Deutschen Reiches. Obwohl sich permanent Kritiker gegen die „bereits an der Geschichte der Jugendliteratur explizierte herrschende Auffassung ..., daß die Manifestation kindspezifischer Kultur dem Primat der ‚Belehrung' zu unterstehen habe" (JAHNKE) wandten, andere sich gegen die skrupellosen Märchenadaptationen mit der Verselbständigung der artistischen Mittel unter Ausschöpfung der Möglichkeiten der Bühnentechnik wehrten und wie E. L. STAHL G. „getrost einen der gemeingefährlichsten Schädlinge des deutschen dramatischen Schrifttums" nannten, stehen auch in den achtziger Jahren unseres Jahrhunderts Weihnachtsmärchen im Stile von G. auf den Spielplänen der Theater der Bundesrepublik Deutschland.

Werke: Die drei Haulemännchen oder das gute Liesel und's böse Gretel (1855, NA. 1864); Die Prinzessin von Marzipan und der Schweinehirt vom Zuckerland (1855); Schneewittchen und die Zwerge (1855; NA. zus. mit d.T.: Apfelbaum, Erdmännchen und Flöte, 1864); Auf dem Hühnerhofe und im Walde (1856, NA. 1864); Apfelbaum, Erdmännchen und Flöte (1856, NA. 1864); Die Geschichte vom Rosen-Julerl, das gern Königin wollte sein (1856; NA. zus. mit d.T.: Auf dem Hühnerhofe und im Walde, 1864); Das Binsenmännchen und der Binsenmichel. Dornröschen (1864; Teilausg. unter d.T.: Prinzessin Dornröschen, 1874); Rübezahl, der Berggeist und der lustige Schneider. Lügenmäulchen und Wahrheitsmündchen (1864; Teilausg. u.d.T.: Der Geist der Berge, 1874); Einäuglein, Zweiäuglein, Dreiäuglein (1868); Aschenbrödel oder Der gläserne Pantoffel (1873); Klein-Däumling, Rapunzel mit dem langen Haar und Riquet mit dem Schopf (1874); Drei goldene Äpfel (1874); Prinzessin Immergrün und Prinz Eiszapfen (1875); Frau Holle oder Das fleißige und das faule Mädchen (1877); In Hamburg und Bagdad oder Der Mann mit der langen Nase (1877; NA. u.d.T.: Der Mann mit der langen Nase, 1879); Prinz Papagei (1877); Der Rattenfänger von Hameln (1877); Rotkäppchen (1880); Fingerhut (1880); Der gestiefelte Kater (1880); Allerlei (1881); Die Hexe vom Süllenberg (1883); Belli und Elli oder zwei Wünsche (1884).

Sekundärliteratur: M. Jahnke: Von der Komödie für Kinder zum Weihnachtsmärchen (1977). – M. Kober: Das deutsche Märchendrama (Diss. 1925). – M. Schedler: Kindertheater. Geschichte, Modelle, Projekte (1972). – E. L. Stahl: Das Märchenspiel (1921). – H. Tornau: Anfänge und Entwicklung des Weihnachtsmärchens auf der deutschen Bühne (Diss. 1958).

Wolfgang Schneider

Götz, Barbara

*(d.i. Helga Rodrian). Autorin von Kinderbüchern und -hörspielen; *13.11.1929 Mainz.*

G. absolvierte die Höhere Handelsschule und arbeitete anschließend im Verlagsbuchhandel. Seit 1960 veröffentlicht G., die schon als Schülerin Geschichten schrieb, ihre Bücher in verschiedenen Verlagen. In den letzten Jahren hat sie sich dem Hörfunk zugewandt und Kinderhörspiele verfaßt (unter anderem „Olle Droll", „Prinzessin Achduliebezeit", „Pony Nudeldick" und „Der große und der kleine Riese" in 16 Folgen).

Werk, Tendenzen, Wirkung. G. will nach eigener Aussage „mit gemeinsamem Lachen viel erreichen". In ihren Erzählungen herrscht eine heitere Grundstimmung, sei es durch merkwürdige Begebenheiten wie etwa in „Der seltsame Mister Popp" (1967) oder durch liebenswerte, lustige Figuren. Ihre fiktiven Helden entstammen mitunter der Märchenwelt („Hoppla, kleiner Riese", 1969) oder erwachsen aus dem Erlebnis- und Erfahrungsbereich der Kinder („Bunte Regentropfen", 1965). In anderen Geschichten agieren oft reine Phantasiegestalten („Dreimal Stern und fünfmal Schnuppe", 1971). G. bevorzugt Schauplätze, in denen kindliches Spiel und Vergnügen noch ungestört stattfinden können. Die Aufrechterhaltung eines freien Handlungs- und Spielraums für Kinder scheint ein wesentliches Kriterium für G.s Erzählungen zu sein, die sich damit ihren Vorbildern ASTRID LINDGREN (*1907) und URSULA WÖLFEL (*1922) verpflichtet fühlt. In ihrem Sprachduktus nähert sie sich in den zum Teil nur kurzen Geschichten einer kindgemäßen Erzählweise. Besonders humorvoll gelingt ihr dies in dem fehlerhaften Wortgebrauch eines japanischen Mädchens in „Guten Morgen, Mitchi" (1965).

Werke: Es kommt ganz anders, Monika! (1960); Alles für Sindbad (1964); Nanni stellt alles auf den Kopf (1964); Irgend etwas stimmt hier nicht (1964); Peter und die Traumkiste (1964); Zwei und zwei und ein Geheimnis (1965); Guten Morgen, Mitchi! (1965); Tom, Till und Kasimir (1965); Bunte Regentropfen (1965); Der große und der kleine Riese (1965); Herr Kunterbunt aus Kunterland (1966); Wolkenschiff und Feuerleiter (1966); In Bolle ist immer was los (1967); Der kleine Ben und seine drei Väter (1967); Der seltsame Mister Popp

(1967); Die Reise mit Apeldag Spuk (1968, TB. 1973); Jonathan und Mucko Murr (1968, TB. 1974); Hoppla, kleiner Riese (1969); Der kleine Herr Pamfino (1970); Zwischen Siebenberg und Sechsenthal (1970); Dreimal Stern und fünfmal Schnuppe (1971, TB. 1975).

Karl-Heinz Klimmer

Götz, Georg Friedrich

*Theologe, Pädagoge, Schriftsteller; *9. 4. 1750 Hanau, †3. 2. 1813 Hanau.*

G., Sohn eines Handwerkers und einer Pfarrerstochter, wurde von seinem fünften bis zum zehnten Lebensjahr von einem Onkel in Michelstadt/Odenwald erzogen. Von 1760 bis 1767 besuchte er die lateinische Schule in Hanau und verdiente sich von seinem dreizehnten Lebensjahr an einen Teil seines Lebensunterhalts durch Privatunterricht. 1767 begann er in Halle mit dem Studium der Theologie, Kirchengeschichte, verschiedener orientalischer Sprachen, Philosophie und Naturlehre, mußte aber schon ein Jahr später wegen Geldmangels die Universität verlassen. Als Kandidat des Predigtamtes verbrachte er die folgenden Jahre in mehreren hessischen Ortschaften, bis ihm zu Beginn des Jahres 1775 die Erziehung der Prinzessinnen zu Hessen in Hanau übertragen wurde. 1786 kam er als Prediger nach Kassel, sechzigjährig promovierte er schließlich zum Doktor der Theologie.

Werk, Tendenzen, Wirkung. G. gab Volkskalender, Predigten über die „häusliche Erziehung der Kinder" und über „Familienwohl und Bürgerglück" heraus und veröffentlichte naturkundliche, biographische und historische Schriften, die nur für den engeren hessischen Raum Bedeutung hatten. Er war Mitarbeiter zahlreicher Periodika, unter anderem bei den „Beschäftigungen der Berliner Gesellschaft naturforschender Freunde", der „Nürnberger Kinderzeitung", dem „Nürnberger Kinderalmanach", den „Oberrheinischen Unterhaltungen für Kinder" und dem „Hanauischen Magazin", dessen Herausgeber er 1784 wurde. G. gehört zu den ersten in Deutschland, die eine regelmäßige Beurteilung der zeitgenössischen Kinder- und Jugendschriften versuchten. Von 1781 bis 1784 erschien seine „Kinderbibliothek", die weniger „belehrende Kritik für den Schriftsteller" als vielmehr „Anzeige für Aeltern und Erzieher" sein sollte. Für notwendig hielt er das Rezensieren von Kinder- und Jugendbüchern nicht nur, weil das Angebot immer unüberschaubarer wurde, sondern auch, weil „jede Messe unter den schönsten anlockendsten Titeln" Kinderschriften zum Vorschein kommen ließ, „die alle aus andern längst bekannten guten Kinderschriften ausgeschrieben und zusammengestoppelt" waren (Bd. 3, Vorbericht). G. führte zahlreiche Beispiele solcher weit verbreiteten, nachlässigen Kompilationen an. In vier Klassen, bezogen auf das Alter der Kinder, stellte er neuerschienene Bücher vor, wobei er weder „schlechte" Schriften noch ausgesprochene Lehrbücher berücksichtigte, sondern vor allem Bücher, die Kinder „ohne die beständige Beihülfe eines Erwachsenen selbst lesen können", worin auch die Furcht vor unkontrollierter Lesesucht mitschwingt. Neben Rezensionen bekannter Kinderbücher und -zeitschriften von Christian Felix Weisse (1726–1804), Ernst Christian Trapp (1745–1818) und Joachim Heinrich Campe (1746–1818) – darunter auch ein Beitrag zu den Auseinandersetzungen um Johann Karl Wezels Robinsonbearbeitung – finden sich Besprechungen von Werken heute unbekannter Autoren wie Christian Gottlieb Steinberg (1738–1781), Christoph Christian Sturm (1740–1786), Johann Georg Sulzer (1720–1779) und Joseph Ignatz Zimmermann (*1737). Insgesamt legte G. besonderen Wert auf die Rezension von Sittenlehrbüchern und religiös orientierten Schriften.

In dem Wochenblatt „Hanauisches Magazin", das, wie das Verzeichnis der Subskribenten ausweist, in ganz Deutschland verbreitet war und auch von einigen Kinder- und Jugendbuchautoren gelesen wurde, rezensierte G. Kinder- und Jugendschriften – vor allem von Campe und Johann Siegmund Stoy (1745–1808) – und berichtete über Erziehungsgedanken der Aufklärung. So veröffentlichte er 1782 einen Bericht über das Erziehungsinstitut in Dessau, verbunden mit der Aufforderung, zur Unterstützung des Philanthropins auch in Hanau eine Gesellschaft für Menschenfreunde zu gründen. 1784 ließ er eine gekürzte Fassung von Campes „Plan zu einer allgemeinen Revision des gesamten Erziehungswesens" erscheinen und beteiligte sich mit Bemerkungen und kurzen Abhandlungen an den Debatten über kindgemäße Erziehung und die Bedeutung entsprechender Kinderliteratur.

Werke: Kinderbibliothek für Aeltern und Erzieher, oder Nachrichten von den neuesten guten Kinderschriften (Bd. 1–4. 1781–1784); Leben Heinrich Sanders (1782); Naturgeschichte einiger Vögel (1782); Leben Herrn Johann Christoph Stockhausens (1784); Die Vorteile einer frühen Gottesfurcht (1787).

Hrsg.: Hanauer Hausvater (1780); Hanauisches Magazin (Jg. 7–8. 1784–1785); Predigten über die häusliche Erziehung der Kinder (Bd. 1–2. 1791–1792); Familienwohl und Bürgerglück (1796).

Sekundärliteratur: F. W. Strieder: Grundlage zu einer hessischen Gelehrten- und Schriftstellergeschichte (Bd. 5. 1785. 22–30); Über Georg Friedrich Götz (in: J. G. Hassel (Hrsg. zus. mit K. Murhard): Westfalen unter Hieronymus Napoleon. 1812. Bd. 2. 43–45).

Klaus-Ulrich Pech

Goeze, Johann August Ephraim

*(auch: Götze). Theologe, Naturwissenschaftler, Schriftsteller; *28. 5. 1731 Ascherleben, †27. 6. 1793 Quedlinburg.*

G., Sohn eines Königlich-Preußischen Inspektors und Oberpredigers und Bruder des durch seine Fehden und Polemiken mit Aufklärern – unter anderem mit G. E. Lessing – bekannten Johann Melchior Goeze (1717–1786), besuchte anfangs nur eine dürftig ausgestattete Schule, erhielt dann jedoch von seinem vierzehn

Jahre älteren Bruder Unterricht in den verschiedensten Wissensgebieten. Um 1747 ging G. nach Halle, studierte Theologie und Philosophie und las nebenher zu seinem Vergnügen physikalische und naturhistorische Schriften. Mit zwanzig Jahren kehrte er nach Aschersleben zurück, wo er vier Jahre seinen Vater beim Predigen unterstützen mußte, ehe er 1755 eine eigene Predigerstelle in Quedlinburg erhielt. Kurz darauf nahm er seine verwitwete Schwester und deren Kinder zu sich, die er während vieler Jahre versorgte und erzog. Erst nachdem Neffen und Nichten selbst für ihren Lebensunterhalt sorgen konnten, heiratete G. und bekam eigene Kinder. G., den Zeitgenossen als geistreichen, aufgeschlossenen und phantasievollen Menschen beschreiben, interessierte sich, soweit er neben seiner kirchlichen Tätigkeit Zeit fand, für naturwissenschaftliche Fragen aller Art. Eine entscheidende Wende erfuhr sein Leben, als er 1772 anläßlich eines Besuchs durch ein Mikroskop sah und so begeistert von dem Erblickten war, daß er noch am gleichen Abend dieses Mikroskop kaufte. Von nun an forschte er unermüdlich auf mikroskopisch-naturkundlichem Gebiet und bildete sich autodidaktisch anhand der Schriften von Henry Baker (1698–1774), Charles Bonnet (1720–1793) und Jan Swammerdan (1637–1680). Eine ausführlich kommentierte Übersetzung von Schriften Bonnets war G.s erste Buchveröffentlichung; mit dem 1783 erschienenen Werk „Versuch einer Naturgeschichte der Eingeweidewürmer" war er als Naturforscher anerkannt. Er ließ nach eigenen Entwürfen Mikroskope anfertigen, erwarb zahlreiche naturwissenschaftliche Instrumente, legte eine umfangreiche und vielgerühmte Sammlung von Präparaten an und besaß eine große naturwissenschaftliche Bibliothek. Auch wenn er sich weiterhin seinem theologischen Beruf widmete – seit 1787 als Erster Hofdiakon am Quedlinburger Stift –, sind gegen Ende seines Lebens, bedingt durch seine naturwissenschaftlichen Arbeiten, gewisse Distanzierungsversuche vom Wahrheitsanspruch der Bibel zu beobachten. Bei einer Auseinandersetzung um ein erdgeschichtliches Problem äußerte er, gegen theologische Positionen argumentierend: „Die Fakta liegen indes vor Augen und die Bibel ist keine Physik." Er korrespondierte mit zahlreichen europäischen Gelehrten über helminthologische und entomologische Probleme, war Mitglied vieler wissenschaftlicher Vereinigungen und gab zu zahlreichen ungeklärten Fragen originelle Lösungen oder weiterführende Hinweise.

Werk, Tendenzen, Wirkung. In G.s Werk besteht ein enger Zusammenhang zwischen seinen naturkundlichen Forschungen und seinen Kinderschriften wie seinen Werken für „allerley Leser", worunter er sowohl das der Aufklärung bedürftige Volk als auch Kinder und Jugendliche verstand. G. wollte seine Erkenntnisse nicht nur in wissenschaftlichen Publikationen der Öffentlichkeit zugänglich machen, sondern auch in allgemeinverständlichen Werken für die Verbreitung der Naturerkenntnis sorgen. So erwiderte er auch auf Kritiken, daß sein Sprachgebrauch zu leichtfertig und wissenschaftlich nicht immer korrekt sei, er habe dies mit Absicht getan: „Ich glaubte, in einer Schrift für allerley Leser könne man sich solchen Ausdruck erlauben. Er sey sinnlicher, und trage die Sache leichter in die Seele" (Nützliches Allerley, Bd. 1, S. IV–V). In zahllosen Berichten, Geschichten und Anekdoten hat er die Vermittlung von speziellen Ergebnissen wissenschaftlicher Forschung und allgemeinen Notwendigkeiten des Alltagslebens versucht. Letztlich ging es dem Autor in allen popularisierenden Schriften um die Verbreitung des urteilsfähigen, also vernünftigen Denkens. An alltägliche Begebenheiten anknüpfend, machte er auf oft drastische Weise deutlich, wohin Aberglaube und Unaufgeklärtheit die Menschen führen kann; besonders wandte er sich gegen die Geschäfte von „Quacksalbern, Afterärzten und Urinpropheten". Aber auch gegen theologischen Dogmatismus setzte er sich zur Wehr: beispielsweise erläuterte er ausführlich, warum die Erfindung des Blitzableiters (1752 durch Benjamin Franklin) „nicht gegen göttliche Vorsehung" sei, sondern weitere Verbreitung verdiene.

In dem sechsbändigen Werk „Nützliches Allerley", besonders aber in dem ebenso umfangreichen, als dessen Fortsetzung anzusehenden Werk „Natur, Menschenleben und Vorsehung" zeigt sich die für G. kennzeichnende Mischung von naturkundlicher Aufklärung und moralischer Belehrung. In bunter Reihenfolge erzählt er von Hausmäusen, Selbstmord, übertriebener Frömmelei, Kometen, Gehorsam, vom kalten Winter 1786 auf 1787 und über fremde Tiere. Während in den moralischen Belehrungen der für das ausgehende 18. Jahrhundert typische Tugendkatalog vorgestellt wird, enthalten seine naturkundlichen Berichte, die entweder Lektüreergebnisse oder eigene Forschungsdarstellungen sind, zahllose exakt wiedergegebene Beobachtungen und originelle Gedanken. Da diese Bände nicht nur von Kindern und Jugendlichen gelesen wurden, sondern auch von Fachgelehrten, konnte es geschehen, daß über Details einer naturkundlichen Kindergeschichte bekannte Wissenschaftler einen Disput führten; die Trennung von Wissenschaft und allgemeiner Aufklärung war noch kaum vollzogen. Neben seinen hauptsächlich den mitteldeutschen Raum betreffenden Abhandlungen und Erzählungen berichtete G. auch aus fernen Ländern, so beispielsweise über Unterdrückungen und grausame Folterungen in den Kolonien europäischer Staaten, wobei er sich entsetzt über die Unmenschlichkeit und Unchristlichkeit der Weißen äußerte.

Da der Anlaß für G.s Kinder- und Jugendschriften seine naturkundlichen Forschungen waren, tritt das religiöse Moment, das er eigentlich von Berufs wegen in den Vordergrund hätte stellen können, stark zurück. Dies ist auch dann der Fall, wenn er sich, wie im „Vermächtnis für meine Kinder" (erschienen als eigenständige Schrift und als Teil von „Natur, Menschenleben und Vorsehung", Bd. 2, S. 495–576), über Gott, den Tod und den christlichen Glauben äußert. Schnell fügt er hinzu, daß man über die Frömmigkeit nicht das praktische Leben vergessen dürfe. Zudem hätte man die

Möglichkeit, im vernünftigen Umgang mit der Natur Leben und Glauben miteinander zu verbinden. Zugleich weist G. auch darauf hin, daß Äußerlichkeiten wie freie Sitten und extravagante Kleidung niemals schon Zeichen aufgeklärten Denkens seien; Vernunft arbeite immer auf ruhigen Pfaden.
Um zu informieren und zu unterhalten, wählte G. bewußt auch die Form des Reiseberichts: „Liebe Kinder. Nützlich und angenehm nennt man das, was zugleich unterrichtet und belustigt. Beydes erreicht man durch Reisen, wenn sie in dieser Absicht angestellt werden" (Die Harzgegend, S. 1). Sowohl in dem Band „Kleine Reisebeschreibung zum Vergnügen der Jugend", in dem er eine Reise zu F. E. v. ROCHOW schildert – und die auch unter dem Titel „Reise ins Thüringische" in der damals beliebten „Sammlung kurzer Reisebeschreibungen", herausgegeben von JOHANN BERNOULLI (1744–1807), erschienen ist (Bd. 10, 1783, S. 225–332) –, als auch in den verschiedenen „Harzreisen" beschreibt G. die Natur, berichtet aus der Lokalgeschichte, von Handwerk, Handel und Verkehrsformen, von der Lebensweise der Menschen und über seltsame Ereignisse. Alle Reiseberichte enthalten eine Fülle kulturhistorischer wie sozialgeschichtlicher Details.
In den letzten Jahren seines Lebens schrieb er zahlreiche Rezensionen in FR. NICOLAIS Allgemeiner Deutscher Bibliothek, die auch sein eigenes Schaffen kritisch verfolgte und sein in Kupfer gestochenes Bildnis enthält (Titelbild zum 102. Band, 1791), so daß G., bis zu seinem 42. Lebensjahr ein unbekannter Prediger, zwischen geistesgeschichtlichen Größen vom Range eines MOSES MENDELSSOHN (1729–1786) und ADOLF VON KNIGGE (1752–1796) seinen Platz einnehmen kann.

Werke (Auswahl): Zeitvertreib und Unterricht für Kinder in ihren ersten Lebensjahren in kleinen Geschichten, Gesprächen und Briefen (Bd. 1–5. 1783–1785, [2]1788–1799); Geschichte Joseph's, in Gesprächen für Kinder (1784); Eine kleine Reisebeschreibung zum Vergnügen der Jugend (1784); Die Harzgegend, oder eine kleine Reise von drey Tagen zum Unterricht und Vergnügen der Jugend (1785); Nützliches Allerley, aus der Natur und dem gemeinsamen Leben für allerley Leser (Bd. 1–6. 1785–1788, [2]1788); Zwote kleine Harzreise zum Unterricht und Vergnügen der Jugend (1786); Dritte kleine Harzreise zum Unterricht und Vergnügen der Jugend (1786); Vierte Harzreise zum Unterricht und Vergnügen der Jugend (1786); Fünfte Reise ins Thüringische zum Unterricht und Vergnügen der Jugend (1787); Eine pure Dorfreise, zum Unterricht und Vergnügen der Jugend (1788); Sechste Harzreise zum Nutzen und Vergnügen der Jugend (1788); Natur, Menschenleben und Vorsehung, für allerley Leser (Bd. 1–6. 1789–1792); Vermächtnis für meine Kinder (1789); Cornelius, ein Lesebuch fürs Volk (Bd. 1–3. 1789–1792); Europäische Fauna, oder Naturgeschichte der Europäischen Thiere, in angenehmen Geschichten und Erzählungen für allerley Leser, vorzüglich für die Jugend (Bd. 1–3. 1791–1793).

Hrsg.: Monatsschrift für allerley Leser (H. 1–12. 1787).

Sekundärliteratur: H. M. A. Cramer: Zum Andenken des seligen Pastor Goeze, erster Hofdiakonus an der Stiftkirche St. Servatii in Quedlinburg an Herrn Consistorial-Rath Hermes in Quedlinburg (1793). – H. A. Hagen: Bibliotheca Entomologica (Bd. 1. 1862. 289–291). – F. Schlichtegroll: Nekrolog, enthaltend Nachrichten von dem Leben merkwürdiger verstorbener Deutscher in den Jahren 1790 bis 1800. Nekrolog auf das Jahr 1793 (1794. 182–226); Denkwürdigkeiten aus dem Leben ausgezeichneter Deutscher aus dem 18. Jahrhundert (1802. 135–137).

Klaus-Ulrich Pech

Goldsmith, Oliver

*Irischer Schriftsteller; *10. 11. 1730 (?) Pallas bei Ballymahon (Irland), †4. 4. 1774 London.*

Als Sohn eines armen Landpfarrers war G. von Anfang an gezwungen, mit geringen Mitteln auszukommen. Auf den Besuch des Trinity College in Dublin mit Hilfe eines entwürdigenden Stipendiums folgten Gelegenheitsarbeiten und ein Studium der Medizin in Edinburgh und Leyden. Der mittellose Student bereiste 1755/56 Frankreich, die Schweiz und Italien und begann, nach einem mißglückten Versuch als Schiffsarzt, 1757 seinen Lebensunterhalt durch Beiträge zu verschiedenen Zeitschriften zu verdienen. Die finanziellen Verhältnisse des gutherzigen, in Gelddingen unbeholfenen G. besserten sich erst, als sich der berühmte Dr. JOHNSON (1709–1784) seiner annahm und für seinen Roman „The vicar of Wakefield" (1766; dt. Der Dorfprediger von Wakefield, 1767) einen vorteilhaften Vertrag mit dem Verleger JOHN NEWBERY (1713–1767) vermittelte. Dennoch war G. bis zu seinem Tode gezwungen, von immer neuen Erzeugnissen seiner Feder ein eher kümmerliches Leben zu fristen.

Werk, Tendenzen, Wirkung. Von G.s zahlreichen Schriften sind seine Geschichtswerke, Biographien und Essays heute weitgehend vergessen; doch bleibt genug, was bleibenden literarischen Wert beanspruchen kann: außer dem erwähnten Roman vor allem die satirische Sammlung fiktiver Briefe „The citizen of the world" (1762; dt. Der Weltbürger, 1781); die Dichtungen „The traveller" (1764; dt. Der Reisende, 1796) und „The deserted village" (1770; dt. Das verödete Dorf, 1772); sowie das Lustspiel „She stoops to conquer" (1773; dt. Irrthum auf allen Ecken, 1784).
Die Bedeutung G.s für die Geschichte der Kinder- und Jugendliteratur beruht in erster Linie auf seinen engen Geschäftsverbindungen mit dem Kinderbuchverleger JOHN NEWBERY und auf seinem Roman „The vicar of Wakefield". Letzterer wurde, obwohl keineswegs für Kinder geschrieben, sehr bald auch von einem jugendlichen Publikum angenommen; so gehörte er z. B. zu den Lieblingsbüchern des jungen CHARLES DICKENS. Die Titelfigur des Romans, zugleich Ich-Erzähler, ist der wohlhabende Landpfarrer Dr. Primrose. Obwohl er einen Schicksalsschlag nach dem anderen hinnehmen muß (unter anderem verliert er sein Vermögen, eine Tochter läuft ihm davon, sein Haus brennt nieder und sein Sohn gerät unter Mordanklage), verliert er niemals sein frommes Gottvertrauen und wird am Ende prompt mit einer (für den heutigen Leser reichlich unwahr-

scheinlichen) Wendung zum Guten belohnt. Daß man das Buch auch Kindern in die Hand gab, liegt wohl an seiner erbaulichen Grundhaltung und an der liebevollen Schilderung der Familienidylle; wichtiger noch für den tatsächlichen Erfolg bei jugendlichen Lesern dürften der relativ klare und einfache Erzählstil, die spannenden Handlungsepisoden und der trotz einer gewissen Beschränktheit und Selbstgefälligkeit liebenswerte Charakter der Hauptfigur sein.
Da G. eine Zeitlang eng mit NEWBERY zusammenarbeitete, ist immer wieder vermutet worden, er könne der Autor einiger der von NEWBERY publizierten Kinderbücher sein, doch ist ein zwingender Nachweis noch in keinem Fall geglückt. Es scheint heute wahrscheinlicher, daß „The history of little Goody Two Shoes" (1765), wohl das beliebteste Kinderbuch NEWBERYS, nicht von G., sondern eher von NEWBERY selbst stammt. Hingegen sprechen einige biographische Details dafür, daß G. die berühmte Sammlung von Kinderreimen „Mother Goose's melody, or, sonnets for the cradle" (1765 oder 1766) wenn nicht selbst zusammenstellte, so doch mit einem Vorwort und ironisch-unsinnigen Kommentaren versah. Daß G. Kinder mochte und Kinderreime kannte, ist gesichert; daß er in der Lage war, Reime zu schreiben, deren einfache Komik auch Kinder anspricht, zeigen seine Gedichte „An elegy on that glory of her sex Mrs. Mary Blaze" (1759) und „An elegy on the death of a mad dog" (1766), die verschiedentlich (erstmals 1808 und um 1810) als Textgrundlage für Bilderbücher dienten.

Werke (Auswahl): The citizen of the world; or letters from a Chinese philosopher, residing in London, to his friends in the last (Bd. 1–2, 1762; dt. Der Weltbürger oder Briefe eines chinesischen Philosophen aus London an einen Freund im Orient, 1781); An history of England in a series of letters from a nobleman to his son (Bd. 1–2, 1764); The traveller, or a prospect of society (1765; dt. Der Reisende, 1796); The vicar of Wakefield. A tale (Bd. 1–2, 1766; dt. Der Dorfprediger von Wakefield, 1767); The good natur'd man. A comedy (1768); The deserted village (1770; dt. Das verödete Dorf, 1772); The history of England, from the earliest time to the death of George II (Bd. 1–2, 1771); She stoops to conquer: or, the mistakes of a night. A comedy (1773; dt. Irrthum auf allen Ecken, 1784); An history of the earth, and animated nature (Bd. 1–8, 1774).

Sekundärliteratur: N. Jeffares: Oliver Goldsmith (1959). – M. Emslie: Goldsmith: The vicar of Wakefield (1963). – C. M. Kirk: Oliver Goldsmith (1967). – R. Quintana: Oliver Goldsmith (1967). – R. H. Hopkins: The true genius of Oliver Goldsmith (1969). – L. Sells: Oliver Goldsmith. His life and works (1974).

Dieter Petzold

Gorey, Edward

*Zeichner, Illustrator, Buchgestalter, Autor; * 22. 2. 1925 Chicago/Illinois (USA).*

G., einziges Kind von Eltern irischer Abkunft, verbrachte seine Kindheit in Chicago. Er studierte an der Harvard University, die er 1950 mit dem B. A. verließ. Danach war er Graphiker, Book-Designer und Art Director in einem New Yorker Verlag und zeichnete für die Zeitschriften „Esquire", „Evergreen" und „Playboy". Neben seinem Buchschaffen (rund 200 Titel) ist G. als Bühnenausstatter (Dracula-Inszenierungen) hervorgetreten. G., Junggeselle und Ballettliebhaber, lebt in New York und Barnstable, Cape Cod/Massachusetts. Er bediente sich verschiedener scherzhafter Pseudonyme, wie D. Awdrey-Gore, Eduard Blutig, Regera Dowdy, Raddory Gewe, O. Müde, Hyacinthe Phipps, Edward Pig, Ogdred Weary, Dreary Wodge.

Werk, Tendenzen, Wirkung. In G.s graphischem Werk nehmen die Kinderbücher an Zahl und Bedeutung nur einen untergeordneten Platz ein; seine Eigenart ist in ihnen am wenigsten ausgeprägt. Ein einziges Kinderbuch verfaßte er selbst (Fletcher and Zenobia save the circus. 1967, ^{2}1971), ließ dieses jedoch von VICTORIA CHESS illustrieren. G.s Künstlertum manifestiert sich nicht nur in der Illustration, sondern bereits im Ersinnen der Stoffe und Vorstellungswelten. Die Beurteilung von G.s Kinderbuchschaffen kann daher von seinem übrigen Oeuvre nicht absehen, zumal auch dort häufig Kinder die Hauptrolle spielen.
Schon in den Illustrationen seiner ersten Kinderbücher zu Versen von JOHN CIARDI fällt die Kinderperspektive auf, in der sich hoffnungsloses Kleinsein gegenüber der Erwachsenenwelt ausdrückt, was als Thema in „Schorschi schrumpft" wieder auftaucht. Aber auch in G.s Bildergeschichten, die ein angelsächsischer Sinn für black humour charakterisiert, spricht sich die Verlorenheit der Kinder in der Welt aus, die mitleidlos droht, die Kinder zu verschlingen. Allerdings zielt G. nicht auf die Darstellung des Schrecklichen. Eine entsprechende Erwartungshaltung des Lesers wird regelmäßig entlarvt und desavouiert. In einer subtilen Inanspruchnahme gibt G. dem Betrachter vielmehr auf, den Schreckensmoment selbst zu vollziehen, indem er dicht an die Katastrophe heranführt und sie dann offen läßt und überspringt (Rotkäppchen, Schrekelhuck u. a.). Damit steht G. in völligem Gegensatz zur Blutrünstigkeit und Sensationsgier der amerikanischen Comic- und Fernsehproduktion. Selbst die nicht für Kinder bestimmten Bildergeschichten können so Material für eine pädagogisch bewußte Aufarbeitung von Ängsten und Schrekken liefern. Das Zurückverlegen der Handlung in eine vergangene Zeit, dokumentiert durch altertümliche Gewänder, Interieurs etc., stellt dabei einen Abstand her. In ihrer zeitlichen und situativen Unerreichbarkeit bleiben die Ereignisse fiktiv. Auftauchendes abstrusphantastisches Getier und sonstige fabelhafte Umstände entrücken darüber hinaus im Verein mit der dezenten Ironie von G.s graphischem Vortrag die Bilderfolgen ins Traumhaft-Unwirkliche. Die Kunst des Versteckens, des Ausklammerns und Weglassens wird von G. trickreich und gekonnt eingesetzt. Andererseits scheut er sich nicht, ereignisarme Szenen Bild für Bild abzuwickeln (z. B. in der feinsinnigen Fabel von „Samuel und Emma").
Häufig ist in G.s Büchern der Text nicht gesetzt, sondern von ihm geschrieben. Ein Zugeständnis an das

Edward Gorey. Rumpelstilzchen-Illustrationen zu Grimms gleichnamigem Märchen aus dem Band „Rumpelstiltskin" (amerikanische Nacherzählung von Edith Tarcov) (New York, 1974).

Kinderbuch ist die Verwendung von Farben, obwohl sie nicht zu den genuinen Ausdrucksmitteln des Künstlers gehören, der vor allem im Schwarz der Federzeichnung eine Atmosphäre des Abgründigen und Geheimnisvollen zu suggerieren vermag. G.s vielfach abgestufte, zart strichelnde Zeichentechnik kommt am besten in „Zuckerträume" zur Geltung sowie in den Illustrationen zu den Nonsense-Gedichten EDWARD LEARS (1812–1888), in denen G. die Versform zeichnerisch reflektiert und die unter all seinen Kinderbüchern der Qualität seiner Bildergeschichten am nächsten kommen. Besonders erfolgreich war „Schorschi schrumpft" (Deutscher Jugendbuchpreis 1977) mit seinen starken, teils linearen, teils flächigen Schwarz-Weiß-Kontrasten.

Nur einige der von G. illustrierten Kinderbücher wurden bisher ins Deutsche übertragen. Jedoch liegen viele der von ihm verfaßten und gezeichneten Werke in sorgfältig betreuten, teilweise bibliophil aufgemachten Ausgaben des Diogenes-Verlages, zum Teil auch in Sammelausgaben und Kassetten und in oft sehr inspirierten Übersetzungen (u.a. von W. HILDESHEIMER, U. WIDMER, H. WOLLSCHLÄGER und D. E. ZIMMER) vor.

Werke: J. Ciardi: The man who sang the sillies (1961); J. Ciardi: You read to me, I'll read to you (1962); J. Ciardi: You know who (1964); J. Ciardi: The king who saved himself from being saved (1965); J. Ciardi: The monster den (1966); E. Rees: Brer Rabbit and his tricks (1967; dt. Meister Lampe und seine Tricks, 1971); Rh. Levine: He was there from the day we moved in (1968; dt. Er war da und saß im Garten, 1970); H. Mazzeo (Hrsg.): Hauntings. Tales of the supernatural (1968); E. Rees: More of Brer Rabbits tricks (1968); M. Spark: The very fine clock (1968; dt. Die sehr gute Uhr, 1971); J. Wahl: Cobweb Castle (1968; dt. Schloß Spinnweb, 1978); E. Lear: The Jumblies (1968; dt. Die Jumblies, 1970); E. Lear: The dong with a luminous nose (1969); P. F. Neumeyer: Donald and the ... (1969); D. Orgel: Merry, Rose, and Christmas-Tree June (1969); J. Ciardi: Someone could win a polar bear (1970); E. B. Fenton: Penny candy (1970; dt. Zucker-Träume, 1979); F. Holman: At the top of my voice and other poems (1970, [2]1976); P. F. Neumeyer: Donald has a difficulty (1970); P. F. Neumeyer: Why we have day and night (1970); Fl. P. Heide: The shrinking of Treehorn (1971; dt. Schorschi schrumpft, 1976); D. Nelsen: Sam and Emma (1971; dt. Samuel und Emma, 1973); E. Rees: Lions and lobsters and foxes and frogs. Fables from Aesop (1971; dt. Katz und Fuchs und Hund und Hummer, 1976); B. Schenk de Regniers: Red Riding Hood, retold in verse for boys and girls to read (1972; dt. J. und W. Grimm: Rotkäppchen, 1974); B. Schenk de Regniers: The enchanted forest (1974); E. Tarcov (Bearb.): J. and W. Grimm: Rumpelstiltskin (1974; dt. J. u. W. Grimm: Rumpelstilzchen, 1977).

Sekundärliteratur: M. Gasser: Edward Gorey (in: Graphis. 163. 1972/73. 424–431). – Gorey, Edward (in: Current biography yearbook. 1976. 162–165). – W. Hildesheimer: Dem Edward Gorey in die Falle gegangen (in: Die Zeit. Nr. 12 v. 16.3.1973. 68). – R. Karrer-Kharberg: Wer zeichnet wie? (1963). – L. Kingman (zus. mit J. Foster u. R. G. Lontoft): Illustrators of children's book, 1957–1966 (1968). – Th. M. Mc Dade: Edward Gorey: An American gothic (in: The American book collector. 21. 1971. 7. 12–17).

Hans Ries

Goßmann, Gerhard

*Maler, Graphiker in der DDR; *1.11.1912 Guben.*

G., Sohn eines Schlossers, machte von 1928 bis 1932 eine Lehre als Lithograph in Berlin mit. 1932 begann er sein Studium an der Höheren Graphischen Fachschule der Stadt Berlin. Von 1935 bis 1939 lebte er als freischaffender Illustrator und Buchgestalter in Berlin, war während des Zweiten Weltkriegs Soldat, danach bis 1955 Kunsterzieher und Geschichtslehrer in Fürstenwalde, wo er heute als freischaffender Maler, Graphiker, Zeichner und Buchillustrator lebt. Zahlreiche Studienreisen führten ihn nach Korea, China, auf den Balkan, nach Kuba und in die Sowjetunion. Schon vor dem Krieg beteiligte er sich an internationalen Ausstellungen. Seit 1951 sind seine Werke in Einzelausstellungen in der DDR und verschiedenen sozialistischen Ländern zu sehen gewesen. G. wurde mit zahlreichen Auszeichnungen geehrt, z.B. mit Silber- und Bronzemedaillen der Internationalen Buchkunstausstellung, Leipzig (IBA). Sechzehnmal waren die von G. ausgestatteten Werke unter den „Schönsten Büchern der DDR".

Werk, Tendenzen, Wirkung. G.s künstlerisches Schaffen umfaßt neben der Buchillustration Gemälde, Montagen und Wandbildgestaltungen, letztere vorwiegend an Schulen. Seit den dreißiger Jahren arbeitet er an

Graphiken. Die ersten waren thematisch dem Bauernkrieg und der Arbeiterbewegung gewidmet. Insgesamt sind mehr als 250 Buchgestaltungen, beginnend mit Illustrationen zu HARRIET BEECHER-STOWES „Onkel Toms Hütte", von G. geschaffen worden. Die meisten Illustrationen sind Beiträge zu Werken der Belletristik. So illustrierte G. Erzählungen und Romane der Klassiker E. T. A. HOFFMANN, MIGUEL DE CERVANTES, CHARLES DICKENS, HEINRICH VON KLEIST. Auf dem Gebiet der Kinder- und Jugendliteratur hat er Märchenbücher, historische Erzählungen und einige Kinderklassiker ausgestattet, sich auch gelegentlich populärwissenschaftlichen Büchern („Neue Horizonte – Ferne Welten") zugewandt. G. hat in der Zeit nach dem Zweiten Weltkrieg, vor allem in den fünfziger Jahren, in vielen Schwarzweißzeichnungen – z. B. zu JAMES FENIMORE COOPERS „Der Lotse" (1956), FRIEDRICH GERSTÄCKERS „General Franco" (1954), GEORGE SANDS „Die sprechende Eiche und andere Erzählungen" (1958), EDWARD BULWER LYTTONS „Das Geisterhaus in London" (1956) und zur Prachtausgabe von DANIEL DEFOES „Robinson Crusoe" (1957) – ältere Werke veranschaulicht, wobei er mit feinem, schwungvollem Strich romantische stimmungsvolle Natursenen mit und ohne Menschen oder Interieurs in einer an MAX SLEVOGT erinnernden Weise zeichnete. Er bevorzugt Kompositionen, in denen sich tiefe Räume auftun – Schluchten, Felsenlandschaften, Wüsten, aber auch Schiffe oder Bäume, die sich weit in den Raum neigen, Innenräume, Blicke durch Tore – und eine strenge Konstruktion bzw. Raumaufteilung vorherrscht. Der Betrachter wird auf den bedeutsamen Punkt hingelenkt und hat dem bühnenartigen, auf Pose bedachten Aufbau zu folgen. Dabei erzeugt die Technik der durchbrochenen Linie und der Andeutung eine gewisse Zurückhaltung. In Illustrationen aus den sechziger und den siebziger Jahren ist gelegentlich eine unruhigere, damit aber nicht weniger theatralische Strichführung zu bemerken (GÖTZ GODE: Nik in dunklen Gängen, 1966). Auch eine karikaturistische Auffassung des Themas gibt es bei G. (V. A. KAVERIN: Drei Märchen und noch eins, 1967). Aus jüngster Zeit stammende farbige Illustrationen wirken trotz ihrer gedämpften, zarten (Aquarell) Farben erstaunlich expressiv im Hinblick auf die Formen, sie zeigen einen freieren Umgang mit der Wirklichkeit als seither und bearbeiten die Flächen großzügig (GÖTZ R. RICHTER: Die Hütte am Milin Kamak, 1978; HELMUT PREISSLER: Da sagte Fips, das war nicht schlecht, 1979). G.s Illustrationen muten nicht an, als seien sie speziell für kindliche Betrachter geschaffen worden. G. ist sich als Illustrator in allen Werken treu geblieben, ob sie für erwachsene oder jugendliche Leser bestimmt sind. In einer Stellungnahme aus dem Jahr 1976 gibt G. zu erkennen, daß nach seiner Auffassung der Illustrator in einer nüchternen Zeit, „die uns auf die ‚Romantik' vergangener Jahrzehnte neidisch macht", die Aufgabe hat, etwas „zurückzugeben", was lebensnotwendig sei: „Ich meine die Beziehung zu der gesamten Natur mit der Fülle des Lebens" (Beiträge, a. a. O.).

Werke: H. Beecher-Stowe: Onkel Toms Hütte (1952); J. F. Cooper: Der Spion (1953); H. Wulff: Die jungen Jäger (1953); E. T. A. Hoffmann: Knarrpanti (1953); J. F. Cooper: Der letzte Mohikaner (1954); J. F. Cooper: Wildtöter (1954); Fr. Gerstäkker: General Franco (1954); H. Wulff: Der Teufelsgrund (1955); J. F. Cooper: Die Ansiedler (1955); J. F. Cooper: Pfadfinder oder Das Binnenmeer (1955); J. F. Cooper: Die Prärie (1955); K. König: Die unvergängliche Kette (1955); Die Wunderblume und andere Märchen der Völker der Sowjetunion (1955); J. F. Cooper: Der Lotse (1956); A. Geelhaar (Bearb.): Der gehörnte Siegfried (1956); B. Balázs: Das goldene Zelt. Kasachische Volksepen und Märchen (1956); Th. Storm: Pole Poppenspäler und andere Erzählungen (1956); Th. Storm: Der Schimmelreiter und andere Erzählungen (1956); E. L. Bulwer: Das Geisterhaus in London (1956); D. Defoe: Robinson Crusoe (1957); G. Hemzal (Bearb.): Die Zauberkappe (1957); P. Castex: Bürger Jeantet (1957); H. Wulff: Die blaue Glücks-Forelle (1957); G. Sand: Die sprechende Eiche und andere Erzählungen (1958); W. Hauff: Märchen (1958); Der blanke Schild. Kabardinische Heldensagen (1958); H. Wulff: Das Geheimnis der Jägerinsel (1958); M. de Cervantes: Don Quijote (1959); M. J.Ševerdin: Die Märchenkarawane. Aus dem Usbekischen Märchenschatz (1959); M. Gorkij: Das Lied vom Falken (1960); L. A. Kassil': Schwambranien (1960); H. Kitzing: Zwei Jungen in der Drachenbucht (1960); K. Berger: Der Bruderbund (1961); T. Chang: Der große und der kleine Lin (1961); H. Klemm: Noc und der große Drache (1961); W. Durian: Ich war im wilden Westen (1962); G. Gode: Nik auf der Wasserburg (1962); R. Greuner: Iattis Traum (1962); A. Marshall: Ich bin dabei (1962); Nach sieben Tagen und sieben Nächten. Tschechische Märchen (1963); R. Kahl: Das Sühneopfer (1964); W. Püschel: Robin und die Häuptlingstochter (1964); G. Gode: Nik in dunklen Gängen (1966); V. A. Kaverin: Drei Märchen und noch eins (1967); H. Bräutigam: Der Drachenpalast. Sagen aus China über den Handwerksmeister Lu Ban (1967); W. Durian: Fangt den Seeräuber Bonito (1967); G. Gode: Nik auf gefährlichen Wegen (1968); Ch. Dickens: David Copperfield (Bd. 1–2. 1968); B. Wolff: Manne Forschtrat (1968); F. Marryat: Peter Simpel (Bd. 1–2. 1969); A. I. Nemirovskij: Die Elefanten Hannibals (1969); Ch. Dickens: Weihnachtsgeschichten (1970); W. Hauff: Das kalte Herz und andere Märchen (1970); W. Durian: Der Mann im Biberbau (1973); Kr. Humbsch: Lockvögel (1973); W. Zeiske: Starke Schwingen (1974); W. Zeiske: Heimliche Fährten (1975); H. u. G. Cwojdrack (Hrsg.): Die Rache des Häuptlings. Indianer- und Abenteuergeschichten (1975); G. R. Richter: Die Hütte am Milin Kamak (1978); H. Preißler: Da sagte Fips, das war nicht schlecht (1979).

Beiträge: Illustrieren für Kinder (in: Beiträge zur Kinder- und Jugendliteratur. 40. 1976. 8–9).

Sekundärliteratur: Für Kinder gemalt. Buchillstrationen der DDR (1975). – Fr. Funke: Gerhard Goßmanns Kunst, Bücher zu illustrieren (in: Marginalien. Zeitschrift für Buchkunst und Bibliophilie. 62. 1976. 27–32). – W. Richter: Wir stellen vor: Gerhard Goßmann (in: Börsenblatt für den Deutschen Buchhandel, Leipziger Ausg. 123. 1956. 105–106).

Erich Gerhard

Grabein, Paul

*Philologe, Journalist, Schriftsteller; *28. 5. 1869 Posen, †4. 11. 1945 Berlin.*

Gr. erhielt seine Schulbildung in Berlin, wohin sein Vater als städtischer Beamter versetzt worden war. Ab

1887 studierte er in Jena Philosophie und neuere Philologien. Wegen einer Kehlkopferkrankung mußte er sein Studium unterbrechen und zur Heilung längere Zeit im Süden verbringen. Nach seiner Rückkehr promovierte er in Halle und wandte sich dann dem Journalismus zu. Ab 1895 war er Redakteur des „Niederschlesischen Tageblatts" in Grünberg, 1896–1897 Chefredakteur der „Nord-Ostseezeitung" in Kiel, 1898–1900 Redakteur der „Nationalzeitung" in Berlin und von 1900 bis 1904 Redakteur der Familienzeitschrift „Daheim". Seit 1909 lebte G. als freier Schriftsteller in Grafenberg bei Düsseldorf.

Werk, Tendenzen, Wirkung. Gr. hatte als Redakteur und Journalist eine völkisch-nationale Einstellung, die sich in seinen zahlreichen Romanen und Erzählungen widerspiegelt und die er auch nach dem Ersten Weltkrieg die zwanziger Jahre hindurch und während der Zeit des Nationalsozialismus vertrat. Seine Romane, die sich an Erwachsene wandten, aber auch von Jugendlichen gelesen wurden, zeigen in oft pathetisch-verklärter Sprache die aufrechte Haltung deutscher Menschen, die durch Fährnisse und Not hindurch ihren hehren Idealen von Vaterlandsliebe und sittlichem Tun treu bleiben. Eine besondere Vorliebe entwickelte der Autor, wohl in einer Art verklärter Rückschau auf die eigene Studienzeit, für die Einbeziehung von Szenen aus dem Studentenmilieu, wie er überhaupt als Leser seiner Jugendschriften vorwiegend Gymnasiasten und spätere Studenten im Auge hatte. Sehr deutlich wird dies in seinem Band „In Jena ein Student" (1908), der den Untertitel „Eine Erzählung für die reifere männliche Jugend" trägt. In einer Anzeige des Buches in einem Prospekt des Verlags „Union deutsche Verlagsgesellschaft", in dessen Jugendbuchreihe „Kamerad-Bibliothek" die Erzählung erschien, heißt es: „Im Herzen wohl aller Gymnasiasten lebt der Wunsch, einmal ein flotter Student zu werden. Obige spannende Erzählung, welche das akademische Leben in passender Art schildert, den Werdegang des künftigen Mannes und Staatsbürgers im Widerscheine des der Jugend besonders eigenen Idealismus und vaterländischer Gesinnung vor Augen führt, ist deshalb eine der vortrefflichsten Festgaben". Die große Masse der Arbeiter und kleinen Angestellten nimmt in den Erzählungen Gr.s höchstens eine Statistenrolle ein. Wie bei vielen seiner schriftstellernden Zeitgenossen begann für Gr. der Mensch erst beim Akademiker. Die meisten Erzählungen, die Gr. speziell für junge Leser verfaßte, berichteten von heldenhaften Abenteuern mutiger Deutscher in exotischen Ländern. Oft geht der unerschütterliche Heldenmut der deutschen Handlungsträger einher mit einer imperialistisch-kolonialistischen Haltung und der Verächtlichmachung von Angehörigen anderer Nationen. Insbesondere kommen bei Gr. neben den schwarzen Eingeborenen Afrikas die Engländer schlecht weg. Alle diese Tendenzen zeigen sich deutlich in seiner Erzählung „Die Diamantensucher vom Dorstveldrand" (1911). Eine der Hauptpersonen der Geschichte ist Kurt Hartmann, der „einst eine Reihe von Semestern in Jena studiert hatte", bevor er die Offizierslaufbahn einschlug. Mit dem Ausbruch des Aufstands in Deutsch-Südwestafrika hatte er sich, „vom kriegerischen Drang beseelt", zur Schutztruppe gemeldet und den Feldzug gegen die Hereros mitgemacht. Milieu und Denkweisen, in denen sich die Figuren von Gr.s Büchern bewegen, werden sichtbar, wenn der Autor von dem ehemaligen Offizier Hartmann erzählt: „Aber nachdem er dann auch in Friedenszeiten noch eine Zeitlang in der Kolonie Dienst getan hatte, vertauschte er schließlich doch das Schwert mit dem Pflug; er war Farmer in der Kolonie geworden. Es ging ihm wie allen alten Afrikanern. Er war trotz aller Gefahren und Leiden mit Leib und Seele mit dem Lande dort drunten verwachsen; es deuchte ihn nun die schönste Aufgabe, nachdem er eine Reihe von Jahren dem Vaterland mit dem Schwert gedient hatte, ihm als Pionier der Kultur nicht minder wertvolle Dienste zu leisten".

Die Einstellung des Autors zu den Eingeborenen Südwest-Afrikas wird sichtbar, wenn er in einer „lustigen" Episode von den Eingeborenen erzählt, die beim Schürfen nach Edelsteinen eingesetzt werden: „So tönte beständig die Stimme des wackeren Aufpassers, der denn in der Tat auch die Schwarzen dahin brachte, daß sie, tadellos Richtung und Abstand haltend, immer in gerader Linie beim Suchen vorrückten. Als weitere Vorsichtsmaßregel hatte Herr Fricke noch angeordnet, daß die Schwarzen keine überflüssigen Kleidungsstücke tragen durften, also keinen Fund darin verstecken konnten. Um den Hals trugen sie einen kleinen Lederbeutel, in den sie die gefundenen Steine zu legen hatten. So war wirklich jede erdenkliche Vorsichtsmaßregel getroffen, um das Verheimlichen oder ein gegenseitiges Zustecken eines Diamanten zu verhüten. Frikkes Maßregeln schienen aber dem Greiner-Franz nicht ausreichend. Des Sonnenbrandes nicht achtend, lief er beständig die Reihen der schwarzen Sucher ab und belauerte argwöhnisch jeden Griff, den sie taten. Es wäre ja doch möglich gewesen, daß sich einer trotz aller Vorsicht des Herrn Fricke einen Diamanten ins Ohr oder Nasenloch steckte. Den geriebenen Schwarzen war alles zuzutrauen!" Den Höhepunkt der „lustigen" Episode bringt die Szene, in der der Aufseher einen Eingeborenen erwischt, der einen gefundenen Diamanten verschluckt hat und der nun von den zwei Weißen durch Drohung und Gewaltanwendung zum Trinken eines Abführmittels gezwungen wird, das den verschluckten Stein unter wilden Verrenkungen des Eingeborenen wieder auf natürlichem Weg zum Vorschein bringen soll. Auch die Verteufelung der Engländer hat in das Buch Eingang gefunden, denn die zwei Halunken, die sich nachts ins Lager schleichen, um Diamanten zu stehlen, sind ein Engländer und sein Komplize, ein Eingeborener.

Werke: O alte Burschenherrlichkeit! Bilder aus dem deutschen Studentenleben (1901); Du mein Jena! In der Philister Land. Im Wechsel der Zeit (1903); Frei ist der Bursch (1904); Das stille Leuchten (1905); Firnenrausch (1906); Die Moosschwaige (1907); Der König von Thule (1907); Ursula Drenck (1908); In Jena ein Student (1908); Dämonen der Tiefe (1909); Herren der

Erde (1910); Aus dem Reich der schwarzen Diamanten. Bilder aus dem Bergmannsleben (1910); In Tropenglut und Urwaldsnacht (1910); Das neue Geschlecht (1911); Die Diamantensucher vom Dorstveldrand (1911); Hüter des Feuers (1912); Der Wille zum Leben (1912); Gestürzte Altäre (1913); Die Flammenzeichen rauchen! (1913); Die vom Rauhen Grund (1914); Im Auto durch Feindesland (1915); Briefe der Sibylle Brand (1919); Der Ruf des Lebens (1924); Nomaden (1926); Eckarts Sendung (1927); Jugendstürme (1930); Ewiges deutsches Volk. Geschichte der deutschen Führung (1934); Rätsel um Schloß Frossaert (1936); Kapitän Larsens Versuchung (1941).

Helmut Müller

Graf, Andreas Christoph

*Theologe, Pädagoge, Kinderbuchautor; *1701 Augsburg, †1776 Augsburg.*

Gr., zumeist als Magister Graf bekannt, studierte Theologie und Philologie. Nach Beendigung seines Studiums versuchte er lange Zeit, eine Pfarre zu erhalten; während vieler Jahre konnte er sich als Kandidat des Predigtamtes nur notdürftig ernähren. Schließlich gab er die Hoffnung auf die kirchliche Laufbahn auf und trat eine Stelle als Lehrer am Gymnasium in Augsburg an. Er beschäftigte sich ausführlich mit Buchdruck und Typographie und versuchte anläßlich des dreihundertsten Jahrestages der „Erfindung der Typographie“, die Bedeutung des Buchdrucks dem einfachen Volk deutlich zu machen („Drittes Buchdrucker-Jubiläum“, 1740, und „Augspurgische Kinderreden von der Buchdruckerkunst“, 1740). Er schrieb zahlreiche Gedichte, die in zeitgenössischen Periodika weit verbreitet waren und für die er den Titel „Kaiserlicher gekrönter Poet“ erhielt.

Werk, Tendenzen, Wirkung. Gr.s bekannteste Schrift ist das Tugendbüchlein „Der höfliche Schüler“. Es erschien erstmals 1735 und wurde bis in die zweite Hälfte des 19. Jahrhunderts immer wieder, teilweise mit umfassenden Überarbeitungen und mit geänderten Untertiteln, von Gr. selbst und anonymen Nachahmern neu herausgegeben. Der vollständige Titel der Ausgabe von 1768, der sowohl Inhalt wie Aufgabe des Büchleins umreißt, lautet: „Der höfliche Schüler, wie er sich vor, in und nach der Schule, zu Hause, über Tische, in der Kirche, beym Besuch und in Gesellschaft, wie auch in den Recreations-Stunden, bey dem Spazieren-Gehen, Fahren und Reiten gebührend, höflich und geschickt aufzuführen, und was er bey Verfertigung, Absendung und Empfang eines Briefes in Ansehung des Wohlstandes und der Höflichkeit, nach seinen Umständen zu beobachten hat, der lieben Schuljugend zu Gefallen, ehedessen zum bessern Behalt der mündlichen Anweisung zur Höflichkeit abgefaßt und herausgegeben von M. Graf“. Gr.s Schrift steht an der Übergangsstelle vom Zuchtbüchlein, das christlicher Tradition verpflichtet ist, zum Sittenlehrbuch, das bürgerliche Tugenden beschreibt, die sich der neu entwickelnden Gesellschaftsform anpassen. Nicht mehr von außen kollektiv an die Kinder herangetragene Zucht ist Grundlage der Erziehung, sondern die Erweckung der Selbstkontrolle, der Aufbau eines reglementierenden Über-Ichs, wodurch die Erziehungsarbeit in jedes einzelne Kind hineinverlagert wird. Teilweise ist die phasenweise Entwicklung einer zunehmend wirtschaftsorientierten Ethik und der bürgerlichen Erziehungsgedanken auf äußerst informative Weise an den unterschiedlich überarbeiteten Auflagen des „Höflichen Schülers“ ablesbar. Die Verhaltensregeln für den höflichen, also vom Über-Ich kontrollierten Schüler sind explizit formuliert und noch nicht, wie dies erst Ende des 18. Jahrhunderts der Fall ist, in Geschichten gekleidet (wie beispielsweise das 1792 erschienene „Sitten- und Historienbüchlein“ von Johann Friedrich Adloff). Zur leichteren Eingängigkeit sind die Regeln in zumeist zweizeilige Reime gefaßt. Zahlreiche Verse sind Zeichen einer sich verstärkenden sexuellen Verdrängung und einer allgemeinen Sinnenfeindlichkeit: „Lauf ohne Kleider nicht zur Stuben-Thür hinein, zumal wenn andre schon vor dir im Zimmer seyn“ oder „Im Spiegel darffst du zwar dein Angesicht besehn, doch bleibe nicht aus Stolz davor zu lange stehn“. Mehrfach wird auf die ungebildete, im weniger reglementierten Verhalten den Kindern näherstehende Landbevölkerung warnend hingewiesen: „Tritt in die Schule nicht, als wie ein Baur, hinein, und laß ein Compliment dir angelegen seyn“, oder „Lieg auf der Stütze nicht, wie Bauren in den Schenken, die an die Höflichkeit zu keiner Zeit gedenken“ und „Die Bauren schneuzen sich gleich in die Hand hinein, und wer kein Schnuptuch nimmt, wird wohl ihr Vetter seyn“. Auch die körperliche Entspannung und das Verhalten während der Freizeit, ohnehin nur für einen kleinen, privilegierten Teil der Bevölkerung Gegenstand des Überlegens, wird bei den Ratschlägen zum korrekten Verhalten nicht übersehen: „Erwehle dir so was zu deiner Motion, das dir nicht schädlich ist, und brauch es mit Raison.“ Selbst traditionell sanktionierte Vergnügen werden mit den neuen Sittenregeln abgelehnt: „Mit Narren mach dich nicht gemein zur Fastnachtszeit, die Höflichkeit steckt nicht vermummt im Narrenkleid.“ Ständige Ermahnungen zum Fleiß und zur nützlichen Tätigkeit sind zu sehen im Zusammenhang der Emanzipation des Bürgertums vom Adel, dem die faule und üppige Lebensweise zum Vorwurf gemacht wurde. Gr.s Regelbüchlein, von Sittenlehrbüchern für Erwachsene noch kaum zu unterscheiden, ist Dokument der Selbstdisziplin und Selbstzensur des bürgerlichen Standes auf seinem Wege zur herrschenden Klasse: „Wer von den Büchern rennt zum Fischen und zum Jagen, wird schwerlich großen Ruhm von seiner Arbeit tragen.“

Werke: Der höfliche Schüler (1735, ^{4}1751; NA. 1854); Der geplagte Schulmann (1741); Heilsame Hausmittel, der verdorbenen Kinderzucht bey Zeiten zu begegnen (1769).

Sekundärliteratur: L. Balet: Die Verbürgerlichung der deutschen Kunst, Literatur und Musik im 18. Jahrhundert (zus. mit E. Gerhard, 1936, ^{2}1973). – H. Müller: Vom Sittenbüchlein zur moralischen Erziehung (in: Das gute Jugendbuch. 26. 1976. 3. 121–128).

Klaus-Ulrich Pech

Grahame, Kenneth

*Sekretär der Bank von England, Schriftsteller; *8.3.1859 Edinburgh, †6.7.1932 Pangbourne (Berkshire).*

Da Gr.s Eltern früh starben, mußte er mit seinen Geschwistern von Schottland nach Oxford übersiedeln. Seinen Wunsch, in Oxford zu studieren, konnte er sich aus finanziellen Gründen nicht erfüllen. So trat er in die Dienste der Bank von England, gab aber 1907 aus gesundheitlichen Gründen seine Stelle in der Führungsspitze der Bank auf. Inzwischen hatte Gr. sich als freier Mitarbeiter bei den Zeitschriften „St. James Gazette", „National Observer" und „Yellow Book" bereits einen Namen als Autor gemacht.

Werk, Tendenzen, Wirkung. Gr.s Skizzen, Essays und Kurzgeschichten erschienen in den Anthologien „Pagan papers" (1894), „The golden age" (1895) und „Dream days" (1899). Dabei handelt es sich zwar meist um Erinnerungen aus seiner eigenen Kindheit, die Gr.s Einfühlungsvermögen in kindliche Mentalität und Wahrnehmung dokumentieren, doch wandte sich der Autor mit seinen Anthologien an Erwachsene. Mit der Erzählung „The wind in the willows" (1908) hat Gr. einen der großen Klassiker der englischen Jugendliteratur geschrieben. Diese Erzählung entstand aus einer Gute-Nacht-Geschichte für Gr.s Sohn Alastair, die später in Briefen fortgesetzt wurde, als Alastair ein Internat besuchte. Die Illustrationen der Buchausgabe sollte ursprünglich ARTHUR RACKHAM gestalten. A. A. MILNE brachte „The wind in the willows" unter dem Titel „Toad of Toadhall" 1930 mit großem Erfolg auf die Bühne. Hinter „The wind in the willows" steht ein gewisser Zivilisationspessimismus, heute könnte man von einem ökologischen Bewußtsein sprechen. Die Hauptfiguren der Erzählung, die Kröte, der Maulwurf, die Wasserratte und der Dachs tragen erkennbar menschliche Züge (sie sind „ourselves in fur") in Anlehnung an die Fabel- und Bestiarientradition sowie an die Temperamentenlehre des 17. und 18. Jahrhunderts. Die Kröte ist der extrovertierte, laute Leichtfuß, der Maulwurf der Introvertierte, Bodenständige, der Dachs der Aktive, Arbeits- und Organisationsfreudige. Ihnen werden drei Handlungsräume zugeordnet: die Idylle unmittelbar am Fluß, auf die sich der Maulwurf und die Ratte begrenzen, der benachbarte wilde Wald, wo die natürlichen Feinde der Tiere lauern, also die Welt des alltäglichen Existenzkampfes, und jenseits davon liegt die weite Welt der Sehnsüchte, Wünsche und Träume. Gr. verdeutlicht seine Konzeption einer Harmonie mit der Natur, die er im menschlichen Leben offenbar vermißt, über seine Tiergestalten: Tiere leben in Einklang mit ihrer Natur, sie verleugnen ihre Natur nicht. Sie bleiben sich selbst treu: Besonders in dem Abschnitt „The piper at the gates of dawn", wo der Gott Pan als Beschützer der Tiere auftritt, wird die Religiosität einer pantheistisch fundierten Naturmystik erkennbar, die auch formal in Anlehnung an die Bibelsprache der „authorized version" zum Ausdruck kommt. Der Grundtenor des Buches liegt in einer gewissen Resignation über den Verlust des Gleichgewichts zwischen Aktion und Kontemplation, wobei Gr. in der Präsentation durchaus eine Balance zwischen direkter Situationskomik und Entsagung erzielt.

Werke: Pagan papers (1894); The golden age (1895; dt. Das goldene Zeitalter, 1900); The headswoman (1898); Dream days (1899; dt. in: Kinder oder Auf der Suche nach der goldenen Stadt, 1971); The invention of fairyland (1900); The wind in the willows (1908; dt. Die Leutchen um Mister Dachs, 1951; NA. u.d.T.: Der Wind in den Weiden oder Der Dachs läßt schön grüßen, möchte aber auf keinen Fall gestört werden, 1973); Toad of Toadhall (1929); Bertie's escapade (in: E. Grahame (Hrsg.): First whisper of „The wind in the willows", 1944);

Hrsg.: E. Field: Lullaby-land. Songs of childhood (1897); The Cambridge book of poetry for children (1916).

Sekundärliteratur: P. R. Chalmers: Kenneth Grahame. Life, letters and unpublished writings (1933). – E. Grahame: First whisper of „The wind in the willows" (1944). – E. Graham: Kenneth Grahame (1963). – P. Green: Kenneth Grahame: A study of his life, work and time (1959). – G. Macy: Arthur Rackham and „The wind in the willows" (in: The Horn Book. 16. 1940. 153 ff.). – A. A. Milne: A household book (in: ders.: Not that it matters. 1920).

Eckhard Breitinger

Griechenland

(Helliniki Demokratia). Republik in Südeuropa. 131 986 km²; Einwohner: ca. 9 Millionen. Nach der Verfassung vom 11.6.1975 ist Gr. eine republikanische und parlamentarische Demokratie. Die Bevölkerung besteht zumeist aus Griechen, die der griechisch-orthodoxen Kirche angehören. Daneben gibt es als Minderheiten: Türken 180 000; Slawen 41 000; Wlachen 40 000; Albaner 23 000; Pomaken 18 700; Armenier 9000; Zigeuner 7400. Amtssprache ist Neugriechisch.

Geschichte der neugriechischen Kinder- und Jugendliteratur bis 1821. Das Jahr 1821 wird als Beginn einer spezifischen neugriechischen Kinderliteratur angesehen. Man darf jedoch die Werke nicht vergessen, die viele Generationen hindurch zum traditionellen Erziehungsgut junger Griechen gehörten, die zahlreichen Volkslieder, Volksmärchen, Wiegenlieder, Heldenepen und die religiöse Dichtungen der vorhergehenden Jahrhunderte.

Im byzantinischen Mittelalter war das Heldenlied des Grenzwächters „Wassilios Digenis Akritas", der in einem Epos von über 4000 Versen besungen wurde, weit verbreitet. Schon früh an Kinder wandte sich die Übersetzung des Lebens ALEXANDERS DES GROSSEN aus dem Alt-Griechischen, die im Volk als „Fillada tou Meg-Alexandrou" bekannt wurde. Ein anderes Werk, das auch bei der Erziehung von Kindern eine Rolle spielte, war die Tierfabel „Diigisis paidiophrastos peri ton tetrapodon zoon". Seit der Eroberung von Konstantinopel wurden die Griechen rund 400 Jahre zu Sklaven gemacht. Nur die Kirchen und die Klöster mit den Priestern als Lehrern versuchten heimlich, die

Jugend über die Geschichte, die Liebe zur Freiheit und zum Vaterland zu belehren. Der Patriarch GENADIOS (1405–1472) errichtete die „Megali S-choli tou Genus" in Konstantinopel, wo einige griechische Kinder studieren durften. Um das Patriarchat bildete sich ein Gelehrtenzirkel, die Fanarioten, die allmählich bedeutende Positionen im Osmanischen Reich errangen. Sie wurden Dolmetscher, Botschafter, Minister oder Regenten in den Donaubereichen. Ihre Kinder besuchten, trotz des türkischen Verbots, griechische Schulen. Fehlende geschichtliche Bildung versuchten in den 400 Jahren der türkischen Herrschaft das Volkslied und das Heldenepos zu ersetzen. Charakteristisch ist das Lied über den Mond, der den Kindern auf dem Weg zur geheimen Schule leuchten soll, mit dem Titel: „Feggaraki mou lampro". Die Volkslieder drückten die Verfolgung, die Trauer, den Schmerz, die Liebe, den Kampf der Griechen, die Ängste und die Schwierigkeiten der Partisanen (Kleften) aus. Man kennt heute etwa 25000 mündlich überlieferte Volkslieder.

Ende des 18. Jahrhunderts entstand eine neue Liedform, der „Thurios", eine Art Kriegslied, das die Griechen zum Aufstand aufrief. Der Verfasser war RIGAS O VELESTINLIS. Sein „Thurios" wurde nicht nur mündlich weitergegeben, sondern diente auch als Kinderlektüre in den ersten Lesebüchern.

Zum Volkslied sind auch die Wiegenlieder zu rechnen, die von dem Traum der Mütter von einer freien und besseren Zukunft ihrer Kinder sprachen („Nanourismata").

Die neugriechischen Volksmärchen sind von orientalischen Märchen und von den volkstümlichen Grenzliedern beeinflußt. Sie handeln von Drachen, Meernixen, Tieren mit Menschenstimmen, Helden mit übermenschlichen Kräften. Diese frühe Kinderliteratur war überwiegend eine patriotisch-religiöse Oralliteratur. Sie verfolgte das Ziel, in den Kindern und Jugendlichen die Liebe zum griechischen Vaterland, zum griechisch-orthodoxen Glauben und zum tugendgemäßen Leben einzupflanzen.

Entwicklung der Kinder- und Jugendliteratur in Griechenland von 1821–1880. Nach dem zehnjährigen Befreiungskampf begann eine neue Epoche für die politische und geistige Geschichte des neugegründeten griechischen Staates. Die ersten Jahre nach der Befreiung waren charakterisiert von einem „Befreiungstaumel", der jede andere geistige Bewegung an die zweite Stelle rückte. Träger des kulturellen Lebens blieben die Fanarioten, die die „Katharevussa" als die Sprache der Literatur und Politik bestimmten. In den fünfzig Jahren bis 1880 ist zu beobachten, daß die anfangs mäßige „Katharevussa" immer archaistischer wurde und sich immer mehr von der Sprache des Volkes entfernte. Dies erschwerte die Entstehung der Kinderliteraur und den Kampf gegen den Analphabetismus.

Erste Ansätze zur Entwicklung einer eigenständigen Kinderliteratur kamen von ADAMANTIOS KORAIS (1748–1833), der sein Leben der erzieherischen Arbeit widmete. Er verfaßte die erste echte Erzählung für Kinder („O Papatrechas"). In dieser knappen Erzählung wird das Kind durch das Mißgeschick des armen Pfarrers Papatrechas belehrt und erheitert. KORAIS betonte, daß die Erziehung griechischer Kinder von erfahrenen Lehrern und nicht von ungebildeten und halbwissenden Geistlichen vorgenommen werden sollte. Von ihm stammen auch eine Reihe von Übersetzungen altgriechischer Texte von PLUTARCH, ISOKRATES, ARISTOTELES und der Fabeln ÄSOPS, die als Kinderlektüre in den Schulen benutzt wurden. Diese Werke sind nicht in der Volkssprache „Dimotiki" geschrieben, obwohl KORAIS von Anfang an gegen das „Katharevussa" der Fanarioten war. Die ersten Schulbücher für Kinder waren die „Laika Anagnosmata" (Lehrstücke für das Volk). Sie enthielten Geschichten aus der Mythologie, Geschichtstexte und Gebete. Fünfzig Prozent der alten Schulbücher waren Chrestomathien mit religiösen und charakterbildenden Erzählungen, zwanzig Prozent Alphabetarien und Grammatiken, ein Prozent Geschichtsbücher und der Rest Kalligraphien.

Die Bildungsreform scheiterte in Gr. an dem Gegensatz der Fanarioten und der Bewegung der „Eptanisiaki S-choli", die auf den ionischen Inseln entstanden war. Dort bediente man sich bereits der Volkssprache „Dimotiki". Die Eptanisiaki S-choli, die von der italienischen Dichtung beeinflußt war, führte das Kind durch kurze und vom Aufbau und der Sprache her leicht verständliche Verse an die Dichtung heran. Durch die Arbeit dieser neuen Bewegung ergaben sich Kontakte zu der ausländischen Kinderliteratur, den Märchen und Fabeln anderer Länder. Eine der wichtigsten Persönlichkeiten der Bewegung war DIONYSIOS SOLOMOS (1798–1857), der als Kinderbuchautor tätig war, jedoch nicht ausschließlich für Kinder schrieb. Seine Hymne zur Freiheit „O Ymnos pros tin Eleutherian" wurde später die Nationalhymne. Ein anderer wichtiger Autor des 19. Jahrhunderts war ARISTOTELIS WALAORITIS (1824–1879) aus Leukada. Seine Dichtung „O Wrachos kai to Kima" ist eine Allegorie auf den Griechen, der vierhundert Jahre lang versuchte, sich aus der Sklaverei zu befreien. Der große Erfolg dieses Werkes, das der Eptanisiaki S-choli nahestand, verringerte den Einfluß der Athener Schule und zwang sie zur Anerkennung der zuvor verpönten Volkssprache.

IAKOVOS POLILAS (1826–1896) aus Korfu übersetzte die „Ilias" und „Odyssee" in die Volkssprache ‚Dimotiki'. GERASIMOS MARKORAS (1826–1911) schrieb zahlreiche Kindergedichte, die von großem Verständnis für die kindliche Psyche geprägt sind. ALEXANDROS KATAKUSINOS (1824–1892) verfaßte Gedichte für Kinder im Vorschulalter. ACHILLEAS PARAS-CHOS (1838–1895) traf in seinen Gedichten gut die Empfindungen des armen kleinen Griechenjungen aus dem einfachen Volk. ANGELOS WLACHOS (1838–1920) schrieb Gedichte, die noch heute von Kindern gern zitiert werden wie das Frühlingsgedicht „O Maios mas erchetai" oder das Naturgedicht „Is to wouno psila eki".

1868 entstand der „Sillogos pros diadosi ton ellinikon grammaton" (Verein zur Vorbereitung griechischer

Literatur), der sich zur Aufgabe machte, Kinderbücher herauszugeben, die schnelle Verbreitung finden und wegweisend für die Kinderliteratur dieser Epoche werden sollten. Neben den in Gr. verfaßten Kinderbüchern kamen nun auch zunehmend Übersetzungen aus dem Ausland nach Gr.

Entwicklung der neugriechischen Kinder- und Jugendliteratur von 1880 bis 1917. Die Athener- und die Eptanisiaki S-choli versuchten gemeinsam, eine „Sprache des Volkes" zu schaffen. Das „Neugriechische" wurde in den Gymnasien eingeführt. Im Jahr 1882 wurden die ersten Schulbücher für Volksschüler in der Volkssprache genehmigt. Bereits 1879 wurde die erste Kinderzeitschrift „Diaplasis ton Paidon" veröffentlicht, die wöchentlich erschien und zu einem wichtigen Mittel im Kampf gegen den Katharevussianismus wurde. Die ersten in reiner „Dimotiki" geschriebenen Kindertexte waren Lieder für Kinder, „Tragoudakia gia Paidia" (1889) von ALEXANDROS PALLIS (1851–1935). Andere Werke von ihm sind die Übersetzungen der „Ilias" (1892) und des Neuen Testaments (1902) in die Volkssprache. In diese Periode gehört auch LEON MELAS (1812–1897), der „Vater des Kinderbuches", der vor allem mit dem für die Schule bestimmten Werk „Gerostathis" (1858) berühmt wurde. DIMITRIOS WIKELAS (1835–1909) schrieb Kindererzählungen, Gedichte und Kinderromane. 1879 veröffentlichte er das historische Kinderbuch „Loukis Laras", 1907 gründete er in Athen einen Verein zur Vorbereitung nutzbringender Bücher „Sillogos pros diadosin ofelimon wiwlion". Er übersetzte H. CHR. ANDERSENS Märchen ins Neugriechische. Auch GEORGIOS WISIINOS (1849–1896) aus Ost-Thrakien gehört zu den Bahnbrechern der neugriechischen Kindererzählung. Seine Umweltbücher handeln vom Alltag des griechischen Kindes, sind von Einfachheit und Menschlichkeit geprägt, zeigen aber auch eine realistische Tendenz, die im Gegensatz zu den romantizistischen Vorstellungen seiner Vorgänger stand. 1884 verfaßte WISIINOS die Erzählung „Tromaras", in der er den Typ eines zwar schlauen, aber sehr furchtsamen Kindes vorstellt, das seine Ängste schließlich durch Selbstdisziplin und Selbstvertrauen bewältigt. Außer Erzählungen schrieb er auch Kindergedichte, die Beispiele für Menschlichkeit und christliche Nächstenliebe sind. GEORGIOS SOURIS (1853–1919) gab 1883 als erster eine satirische Zeitung für junge Leser heraus, die „Romios", in der er die politischen, gesellschaftlichen und kulturellen Ereignisse der Zeit verspottete. Seine Texte wurden in Schulbücher aufgenommen. ALEXANDROS PAPADIAMANTIS (1851–1911) schrieb Kinderromane und Erzählungen mit religiös-ethischem Charakter, die das Leben und die religiösen Sitten seiner Heimat, der Insel Skiathos darstellen. ARISTOTELIS KOURTIDIS (1858–1928) verfaßte ausschließlich Kinderbücher. Er war Autor einer Reihe von Lesebüchern, vieler Kindererzählungen und Theaterstücke. Seine bekanntesten Werke sind „Paidika diigimata", „Paidika dramata kai komodiae" und „Paidiki Chara". Auch KOSTIS PALAMAS (1859–1943) schrieb Gedichte und Erzählungen für Kinder, wie „O Dodekalogos tou Gyftou" (1907) oder „I Flogera tou Wasilia" (1910). PALAMAS war bemüht, die Bevölkerung über die Wichtigkeit richtiger Erziehung aufzuklären. Charakteristisch für ihn ist das folgende Zitat: „Ein ungebildeter Mensch ist in den Händen des Lehrers wie der formlose Ton in den Händen des Töpfers: er kann durch einen Künstler zum Kunstwerk geformt werden". IOANNIS POLEMIS (1862–1924) schrieb schon dreizehnjährig Gedichte für junge Griechen, von denen viele in Schulbüchern enthalten sind wie „To krifo S-cholio" oder „O Psaras". 1918 wurde er für sein kinderliterarisches Werk mit dem Preis für Literatur der „Akadimia Athinon" ausgezeichnet. GRIGORIOS XENOPOULOS (1867–1951) wurde als Vierzehnjähriger bei einem Wettbewerb der Zeitschrift „Diaplasis ton paidon" für die beste Erzählung ausgezeichnet. Er schuf als einer der ersten griechischen Kinderbuchautoren Geschichten, die eine fröhliche, optimistische und abenteuerliche Kinderwelt vorstellen. Unter dem Pseudonym „Phaidon" wurde er der beliebteste Kinderschriftsteller.

Entwicklung der neugriechischen Kinder- und Jugendliteratur von 1917 bis 1940. Diese Epoche war von Kriegen und gesellschaftspolitischen Problemen erfüllt und daher wenig günstig für eine Weiterentwicklung der griechischen Kinderliteratur.

PINELOPI DELTA (1874–1941) strebte die Erneuerung der Kinderliteratur an. Sie schrieb Märchen, Kindererzählungen und Romane. Ihre Werke haben einen streng nationalen Charakter. In ihren „Stochasmoi" erklärt sie, sie habe zwei Lieben, die eine sei „das Kind" und die andere „Griechenland". Alle ihre Werke haben didaktischen Anspruch und sind in einer einfachen und ausdrucksvollen Sprache gehalten. Ihr erstes, 1909 in London gedrucktes Kinderbuch, war das patriotische „Gia tin Patrida". 1910 veröffentlichte sie die Märchensammlung „Paramythi choris onoma", 1911 die geschichtliche Erzählung „Ton kairo tou Woulgaroktonou". Ein berühmter Kinderroman von P. DELTA ist „O Trellantonis", ein 1932 veröffentlichter Roman, der die Kinder mit Hilfe komisch-realistischer Zwischenfälle belehren will. 1935 verfaßte sie den Kinderroman „O Mangas", die Geschichte eines „patriotischen" Hundes aus der Zeit des Makedonischen Kampfes.

ZACHARIAS PAPANTONIOU (1877–1940) veröffentlichte 1919 seine Gedichtsammlung „Chelidonia", in der viele neuzeitliche Tendenzen enthalten sind. PAPANTONIOU war der Vertreter einer ästhetisch ausgerichteten Bewegung. Unter Verzicht auf didaktische Ziele und patriotische Einstimmung förderte er eine Kinderliteratur, die sich als Kunstwerk verstand. Seine Kinderschriften waren in einer einfachen, für Kinder leicht verständlichen Sprache gehalten. Vor allem das Volksschullesebuch „Ta Psila Wouna" (1918) zeugt von PAPANTONIOUS' Fähigkeit, lebendig, leicht verständlich und doch auf erzählerischem Niveau für Kinder zu schreiben. Das Lesebuch verursachte einen Aufruhr unter den Pädagogen und Politikern. Der Staatsausschuß ließ es wegen seines „antipädagogischen" Inhalts verbieten. Heute gilt es als eines der klassischen Bücher der neugriechischen Kinderliteratur. SOTIRIS SKIPIS (1879–1952) schrieb Kindergedichte, die von den nationalen und religiösen Ereignissen in Gr. inspiriert scheinen. 1930 erhielt er den Preis der „Akadimia Athinon" für sein literarisches Werk. GALATEIA KASANTZAKI (1886–1962) verfaßte neben Schulbüchern Sachbücher, Theaterstücke und Erzählungen für Kinder. Ihre Schwester, ELLI ALEXIOU (* 1896), veröffentlichte die Kinderbücher „O Chondroulis kai i pidichti" (1939), eine Prosaerzählung, für die sie ausgezeichnet wurde, sowie das Buch „Roto kai mathaino" (1970), das sich an Kinder ab 12 Jahre wendet. KOSTAS WARNALIS (1883–1974) schrieb Märchen („Dodeka dialechta paramythia"), die erst nach seinem Tod veröffentlicht wurden. Von STELIOS SPERANTZAS (1888–1962), Mediziner und Professor an der Athener Universität, erschienen 1925 und 1926 Gedicht- und Liedersammlungen, „Paidikes Psyches" und „San ta poulia". Seine Erzählung „Taxidewondas me ton Kontorewithouli" wurde in der Kinderzeitschrift „Paidikos Kosmos" im Jahr 1936 veröffentlicht. Kurz vor Ausbruch des Zweiten Weltkrieges trat THEMOS POTAMIANOS (1895–1973) mit Sachbüchern für Kinder hervor.

An Kinderzeitschriften erschienen in diesem Zeitraum „O Paidikos Kosmos", ab 1930 von G. WLESSAS, die 22 Jahre lang erschien, „To Ellinopoulo" ab 1928 und „O Ellinikos Erythros Stavros" seit 1924.

Die Entwicklung der neugriechischen Kinder- und Jugendliteratur von 1945 bis zur Gegenwart und Förderungsmaßnahmen zur Kinder- und Jugendliteratur. Die Nachkriegsjahre waren gekennzeichnet von gesellschaftlicher und politischer Unsicherheit. Es war notwendig, auch im Bereich der Kinderliteratur einen neuen Anfang zu finden. Die Kinderbücher nach 1945 befassen sich vorwiegend mit historischen Themen (Geschichte Alt-Griechenlands, von Byzanz, die Freiheitskämpfe von 1821) und Themen aus der griechischen Mythologie. Meistens handelt es sich um kürzere Erzählungen und Märchen, von denen viele aus der griechischen Laographie stammen. Auch mehrten sich die Übersetzungen ausländischer Kinderbücher. Im Jahr 1956 begann ein Versuch der „Literarischen Damengesellschaft" (Gynaikia Logotechniki Syntrofia), das Kinderbuch durch jährliche Preisausschreiben zu fördern. 1969 gründeten eine Reihe von Schriftstellern den literarischen Verein „Zirkel des griechischen Kinderbuchs", der gleichzeitig die griechische Sektion des Internationalen Kuratoriums für das Kinder- und Jugendbuch (IBBY) darstellt. Zu der modernen Kinderliteratur hat nur ein kleiner Teil der Kinder der bessergestellten Kreise Zugang. Die meisten Kinder lesen nur das, was in den Schulen angeboten wird. Dort sind sie oft gezwungen, schwierige Sprachbücher als Lektüre zu nehmen, die weder von der Sprache noch vom Inhalt her die Lebenswirklichkeit der einfacheren Kinder trifft. Dies trifft auch auf die meisten Schullesebücher zu.

Aus der statistischen Analyse eines Lesebuchs der 6. Klasse (1972) ergibt sich, daß 46,2 % der Texte nationalistische Tendenz zeigen, 19 % befassen sich mit religiösen, 4,8 % mit Themen aus dem Familienleben. Die übrigen Texte wollen Sachkenntnisse vermitteln oder haben einen moralischen Anspruch. Das Inhaltsverzeichnis trennt die Texte in Nationales, Religiöses und Kulturelles. Erst nach 1976 wurde die Umgangssprache des Volkes, die „neoelliniki-dimotiki" als offizielle Sprache in Volksschulen und höheren Schulen eingeführt.

Zu den fruchtbarsten Kinderbuchautoren gehört die Pädagogin ANTIGONI METAXA-KPONTIRA (1906–1971). Sie gründete 1933 das „Theater des Kindes" und leitete während der Besatzung durch die deutsche Wehrmacht die Kinderprogramme beim Rundfunk. METAXA schrieb zahlreiche Märchen, kürzere Erzählungen und romanhafte Biographien, las für Kinder, organisierte Kunstausstellungen und Theatervorstellungen und wurde bald zur „guten Fee" der griechischen Kinder. Sie verfaßte 53 Kinderbücher allein und weitere 200 in Zusammenarbeit mit anderen Autoren. Die Athener Akademie zeichnete die Autorin für ihre vierzigjährige Tätigkeit auf dem Gebiet der Kinderliteratur im Jahre 1965 mit einem Preis aus. Ihr letztes Kinderbuch „Symposio ton epta Sophon" wurde erst nach ihrem Tod (1973) veröffentlicht.

STELIOS SPERANTZAS (1888–1962) und WASILIS ROTAS (1889–1977) beschäftigten sich ausschließlich mit Kinderlyrik und Kindertheater. Das lyrische Werk der beiden Autoren ist in den letzten Jahren immer wichtiger geworden, denn das Angebot an Kindergedichten ist spärlich. Reichhaltiger dagegen ist das Angebot von erzählenden Kinderbüchern durch zeitgenössische Autoren. ALKIS TROPAIATIS (* 1909) verfaßte neben historischen auch zeitgeschichtliche Erzählungen für Kinder, die ästhetischen Anspruch haben und nicht belehren oder moralisieren wollen. Von 1956 bis 1970 veröffentlichte er eine siebenbändige „Anthologie der griechischen Kinderliteratur", 1962 bis 1965 das fünfbändige Werk „Megalous tis Anthropotitos", das romanhafte Biographien wichtiger Persönlichkeiten enthält, und 1975 die Sammlung „Megalo Eikosiena". An den drei Werken war auch DIMITRIOS GIAKOS (* 1914) beteiligt, der ebenfalls zahlreiche Kinderbücher verfaßte und 1970 für sein Werk „Megales Morphes tou Ellinismou" ausgezeichnet wurde. Die Kinderbücher von TAKIS LAPPAS (* 1904) enthalten die Geschichte seiner Heimat und beschreiben das Leben von Freiheitshelden aus der Zeit der Türkenherrschaft („Roumeliotes stin epanastasi", „Thanasis Diakos" und den „Megali Exodos"). Eine neue Form der Kinderliteratur bilden die kleinen Erzählungen von MICHALIS STASINOPOULOS „I syntrofia mas" und von PETROS CHARIS „Galasii Angeli", die die jungen Leser zum Nachdenken anregen wollen und daher von fertigen Lösungen absehen. GEORGIA TARSOULI (* 1916), Mitarbeiterin im Kinderfunk des Senders Athen, schreibt Märchen und kleinere Erzählungen und übersetzt Kinderbücher aus dem Englischen und Französischen. Für ihren Geschichtsroman „Dio ellinopoula sta chronia tou Neronos“, der in der Zeit Neros spielt, kam sie 1970 auf die Ehrenliste für den Hans-Christian-Andersen-Preis. Auch ANGELIKI VARELA (* 1930), die vor allem Reiseerzählungen schreibt, kam mit ihrem „I Ellada ki emeis“ 1968 auf die Ehrenliste für den Andersen-Preis. GALASTIA SURELI (* 1932) schreibt Erzählungen, Märchen und Kinderromane. 1980 erhielt sie den Preis der Akademie Athinon für ihr jugendliterarisches Gesamtwerk. PIPINA TSIMIKALI, KALLIOPI SFAELOU und MARIA GUMENOPULOU verfassen Umwelterzählungen und phantastische Geschichten für kleinere Leser. ALKI GULIMIS (* 1926) schreibt Kinderbücher mit abenteuerlichen oder märchenhaften Inhalten. Sie arbeitet auch am Kinderfunk mit und gestaltet die Kinderseiten verschiedener Zeitschriften. 1964 wurde sie mit ihrem Abenteuerroman „O chamenos thisavros“ auf die Ehrenliste des Andersen-Preises gesetzt. Eine Reihe der zahlreichen Kinderschriften der Autorin wurden unter anderem auch ins Deutsche übersetzt. CHARIS SAKELARIOU (* 1923), Philologe und Pädagoge, verfaßt Erzählungen, Sagen, Romane, Theaterstücke und Gedichte für Kinder, von denen die meisten in Lesebücher aufgenommen wurden. Ein Talent im Bereich der Kinderliteratur ist ELENI SARANTIDI-PANAGIOTOU mit ihrem 1977 erschienenen Buch „O kipos me ta agalmata“. Dieses Werk wurde verfilmt und stellt die erste griechische Fernsehserie für Kinder dar, die 1981 ausgestrahlt wurde. Das Buch handelt von einer Gruppe Kinder, die während ihrer Ferien neun Statuen auf dem Meeresgrund entdecken, diese bergen und eine Art Freundschaftsverhältnis zu den Statuen entwickeln, bis Archäologen die Statuen fortholen. Das Buch will die Beziehung der jungen Griechen von heute zu ihrer Vergangenheit deutlich machen.

Um den Kindern einen besseren Zugang zur Kinder- und Jugendliteratur zu ermöglichen, wurden in jüngster Zeit vom Kultusministerium „Circulating libraries“ eingerichtet, die die Kinder auch in den entfernten Provinzen mit Literatur versorgen sollen. Das Erziehungsministerium hat rund 150 sogenannte „Basisbüchereien“ sowohl in verschiedenen griechischen Provinzen wie auch im Ausland für die dort lebenden griechischen Kinder eingerichtet.

Sekundärliteratur: P. Antonopoulos: S-choliki grammatologia. Tis enoseos ellinon logotechnon (1974). – A. P. Benekos: Z. Papantoniou. Enas stathmos sta paidika grammata (1972). – D. Giakos: Istoria tis ellinikis paidikis logotechnias ([2]1979). – N. Kontrarou: Neolliniki paidiki logotechnoa (1978). – L. Politis: Synoptiki istoria tis neas ellinikis logotechnias ([3]1979).

Efpraxia Andronis

Grimm, Albert Ludwig

*Theologe, Lehrer, Abgeordneter, Schriftsteller; * 19.7.1786 Schluchtern bei Heilbronn, † 1.12.1872 Baden.*

Gr., Sohn eines Pfarrers, studierte in Tübingen und Heidelberg Theologie und Philologie. Nach beendetem Studium wurde er Hauslehrer bei dem Heidelberger Kirchenrat FRIEDRICH HEINRICH CHRISTIAN SCHWARZ. Im Jahr 1807 kam Gr. als Lehrer an das Pädagogium in Weinheim an der Bergstraße. Nach der Erweiterung des Pädagogiums wurde Gr. zu dessen Vorstand ernannt und blieb in diesem Amt, bis er 1854 wegen Krankheit in den Ruhestand trat. Nach seiner Pensionierung zog Gr. nach Baden und starb dort nach langer schwerer Krankheit. Gr. nahm aktiven Anteil am kommunalen Leben. Er wurde zweimal zum Bürgermeister von Weinheim gewählt, war 1825 und 1828 Abgeordneter der zweiten württembergischen Kammer und zeitweilig deren Sekretär.

Werk, Tendenzen, Wirkung. Neben dem biblischen Drama „Davids Erhöhung“ (1811), das dem Autor großes Lob einbrachte, wurde Gr. durch seine zahlreichen Kinderbücher bekannt. Die meisten seiner Kinderbücher enthalten Märchen, Sagen und Legenden. Nur wenige davon entstammen Gr.s eigener Erfindung, die meisten hatte er aus schriftlichen Quellen übernommen, zum Teil auch durch mündliche Überlieferungen erhalten. Sein erstes Märchenbuch für Kinder, das auch einige Märchen enthielt, die später bei den Brüdern GRIMM auftauchten, legte Gr. im Jahr 1809 unter dem Titel „Kindermährchen“ vor. Anders als die Brüder GRIMM, hielt sich der Autor nur in groben Umrissen an die vorgefundenen Fassungen. Er erweiterte sie nach eigenem Gutdünken, reicherte sie mit Details an und ließ die darin enthaltenen moralischen Lehren oder Erfahrungen breit ausgewalzt hervortreten. Neben Märchen, die dem europäischen Kulturraum entstammen, gab Gr. auch Ausgaben mit Märchen aus orientalischen Quellen (Mährchen der Tausend und Einen Nacht, Bd. 1–5, 1820–1824), solche mit biblischem Ursprung (Geschichten aus dem Alten Testamente für Knaben und Mädchen erzählt, 1817) und andere aus der griechisch-römischen Mythologie heraus. In allen Ausgaben verlieh Gr. seinen Märchen in Sprache, Form und inhaltlicher Ausgestaltung den Anstrich des europäischen Volksmärchens. Dies war ebenso bei den biblischen Geschichten wie den Erzählungen aus der römisch-griechischen Mythologie der Fall. Auch seine Texte, die er orientalischen Quellen entnommen hatte, wie seine „Mährchen aus dem Morgenlande für die Jugend“ (1843), mußten sich diese Umstilisierung gefallen lassen. So enthält der Band „Mährchen der alten Griechen und Römer für die Jugend bearbeitet“ Kapitel wie „Das Mährchen von Faethon und seinen trauernden Schwestern“, „Das Mährchen von des Theseus Befreiung“ oder „Das Mährchen von dem Ringe des Gyges“. Das „Mährchen von Faethon“ beginnt mit den an den deutschen Märchenton angenäherten Worten: „Es war einmal ein Jüngling – Faethon hieß er – eine kecker, rüstiger Bursche“. Da Gr. seine Schwierigkeiten hatte, den deutschen Kindern die griechisch-römische Götterwelt nahezubringen, stilisierte er die Götter zu sogenannten „Genien“ um, die die Rolle von übersinnlichen Wesen wie Feen, Riesen, Zwergen oder kleinen Männchen spielen.

Gr. nahm es den Brüdern GRIMM übel, daß sie den Ruhm in Anspruch nahmen, die ersten gewesen zu sein, die das deutsche Märchen kindlichen Lesern zugänglich gemacht hätten, war seine erste Märchensammlung doch schon 1809, also drei Jahre vor der Sammlung der Brüder GRIMM erschienen. Er hielt nicht viel von der schlichten, volksnahen Art, in der die Brüder GRIMM ihre Märchen vorlegten. So kritisierte er im Vorwort zu „Lina's Mährchenbuch" (1816) deren 1812 erschienene „Kinder- und Hausmärchen": „Die meisten ihrer übrigen Mährchen tragen noch das Gepräge eines ganz gewöhnlichen Erzählers aus dem Volke mit allen seinen Fehlern, wie es denn überhaupt an der übrigen so sehr verdienstlichen Sammlung zu bedauern ist, daß nicht sorgfältiger davon abgeschieden wurde, was doch augenscheinlich durch die Länge der Zeit, während diese Mährchen Volkseigenthum waren, von verschiedenen Erzählern Schlechtes und Unpoetisches in Form und Stoff zugemischt ist, woher es auch kommt, daß man unter verschiedener Form dasselbe Mährchen oft zwey oder dreymal in demselben Buche findet".

Werke: Kindermährchen (1809); Davids Erhöhung. Schauspiel in fünf Akten (1811); Lina's Mährchenbuch. Eine Weyhnachtsgabe (1816); Geschichten aus dem Alten Testamente für Knaben und Mädchen erzählt (1817); Mährchen der Tausend und Einen Nacht (Bd. 1–5. 1820–1824); Mährchen der alten Griechen und Römer (Bd. 1–2. 1824–1826); Fabel-Bibliothek für die Jugend (Bd. 1–3. 1827); Bunte Bilder aus der Feen- und Mährchenwelt der Tausend und Einen Nacht. Zur angenehmen Unterhaltung und Erweckung des Geistes für fleißige Kinder bearbeitet (1834); Mährchen aus dem Morgenlande für die Jugend (1843); Deutsche Mährchen und Sagen für die Jugend bearbeitet (1867); Mährchen des Tausend und Einen Tages (1869); W. Hauffs Mährchen. Für die Jugend durchgesehen (1870).

Helmut Müller

Gripe, Maria

*Schwedische Kinder- und Jugendbuchautorin; *25. 7. 1923 Vaxholm.*

Gr. wuchs in Örebro auf. Sie beendete 1943 ihren Schulbesuch und begann, an der Stockholmer Högskola zu studieren. 1946 heiratete sie den Maler HARALD GRIPE, der hernach alle ihre Bücher illustrierte. Ihr Debüt als Kinderbuchautorin erfolgte 1954 mit dem Kleinkinderbuch „I vår lilla stad". Einfluß auf Gr.s Werk hatten JOHN DONNE, H. C. ANDERSEN, F. DOSTOJEWSKI und GUNNAR BJÖRLING. Wichtig waren auch die psychologischen Theorien von C. G. JUNG und RONALD D. LAING.

Werk, Tendenzen, Wirkung. In ihrem Buch über Gr. „Maria Gripe. Hennes verk och hennes läsare" (1977) kommt GUDRUN FAGERSTRÖM zu dem Schluß, daß es ein dominierendes Motiv in Gr.s Büchern gibt: Nur dadurch, daß das Individuum einen starken Sinn für seine Identität entwickele, könne es seine Möglichkeiten verwirklichen. Zum Ausdruck kommt diese Ansicht besonders in den Büchern „Glasblåsarns barn", „I klockarnas tid", „Glastunneln" und in „Landet utanför". In letzterem wendet sich Gr. gegen Materialismus, rigiden Rationalismus und Unselbständigkeit im Denken. In diesen Attributen sieht Gr. die Haupthindernisse, ein harmonisches Leben zu führen. Positiv bewertet Gr. Einbildungskraft, Sensibilität und den Glauben ans Jenseits, ohne die diesseitige Welt zu verleugnen. In späteren Werken kommt die Autorin immer mehr von der bloßen Ereignisschilderung zur Darstellung innerseelischer Prozesse. Ein religiöser Unterton in den Büchern Gr.s ist nicht zu leugnen.

Zu ihren mehr psychologisch-realistischen Erzählungen wie den frühen „Josefine"-Geschichten gehören auch die in den siebziger Jahren erschienenen „Elvis"-Bücher. Hier berichtet Gr. von den Erfahrungen eines Jungen mit der suspekten Welt der Erwachsenen. Elvis erlebt, wie die nach außen gezeigte Besorgtheit seiner Mutter in krassem Gegensatz zu ihrer mangelnden inneren Anteilnahme für ihn steht. Er wehrt sich dagegen, daß ihn sein Vater zum Fußballspieler erziehen will. Die Großmutter von Elvis sieht in ihm lediglich das Abbild eines ihrer verstorbenen Söhne und möchte ihn zu dessen Ebenbild erziehen. Gr. stellt die Erwachsenen keineswegs als böswillig dar, vielmehr versucht sie aufzuzeigen, wie es zu solchen negativen Haltungen kommen konnte. Eine wichtige Rolle spielt dabei der Wechsel vom Land in die Stadt und die damit verbundene Wurzellosigkeit. Die Eltern verlieren jeden Sinn für humane Werte, die sich nicht in Geld ausdrükken lassen.

Ein Motiv für die Autorentätigkeit von Gr. ist der Versuch, in ihren Büchern einer Haltung entgegenzuwirken, die sich darin dokumentiert, „daß wir einander immer weniger zu sagen haben, je größer das Bestreben nach perfekten Kommunikationsmitteln wird". Das gilt gleichermaßen für ihre historisch-mythisierenden wie ihre Umweltgeschichten; in denen sich eine Haltung andeutet, die das anthropomorphe Gottesbild kritisiert, das den Kindern vorgegaukelt wird.

Werke: I vår lilla stad (1954); När det snöade (1955); Kung Laban kommer (1956; Kvarteret Labyrinten (1956); Sebastian och skuggan. Tre sagor (1957); Stackars lilla Q (1957); Tappa inte masken! (1959); De små röda (1960; dt. Sommer mit Metta und Mulle, 1974); Josefin (1961; dt. Josefine, 1963); Hugo och Josefin (1962; dt. Hugo und Josefine, 1968); Pappa Pellerins dotter (1963; dt. Pappa Pellerins Tochter, 1968); Glasblåsarns barn (1964; dt. Die Kinder des Glasbläsers, 1977); I klockornas tid (1965); Hugo (1966; dt. Hugo, 1969); Landet utanför (1967); Nattpapan (1868; dt. Der Nachtpapa, 1971); Glastunneln (1969; dt. Der Glastunnel, 1976); Tanten (1970; dt. Meine Tante, die Geheimagentin, 1974); Julias hus och nattpappan (1971; dt. Was wird aus Julias Haus, 1973); Elvis Karlsson (1972; dt. Evis und die Sonnenblumen, 1975); Elvis! Elvis! (1973; dt. Elvis der kleine Pechvogel, 1978); ... ellen, dellen, ... (1974; dt. Der grüne Mantel, 1975); Den ‚riktiga' Elvis (1976); Den grönne frakke (1976); Att vara Elvis (1977); Bara Elvis (1979).

Sekundärliteratur: G. Fagerström: Maria Gripe. Hennes verk och hennes läsare (1977). – J. Gormsen: Elleve nordiske børnebogsforfattere (1979. 78–113).

Winfred Kaminski

GRIPS Theater

Deutsches Kinder- und Jugendtheater, gegründet als „Theater für Kinder im Reichskabarett" 1966, seit 1972 „GRIPS Theater Berlin".

Vorgeschichte. 1966 gründete das Berliner „Reichskabarett" ein ständig spielendes Kindertheater. Es begann auf seiner winzigen Bühne im Juni bereits mit einem selbstgeschriebenen Stück, dem kabarettistisch bearbeiteten Märchen „Der Teufel mit den drei goldenen Haaren". Ihm folgte „Reinecke Fuchs". Ab 1967 wurde das Theater vor allem durch Brillanz, Temperament und Spielwitz der Schauspielerin und Regisseurin SIEGRID HACKENBERG geprägt. Dabei unterstützten sie die Musik des Kabarettkomponisten HORST A. HASS und die Texte des Schauspielers HORST JÜSSEN. „Dieses Kindertheater war aus purer Lust am Theaterspielen entstanden, naiv, autodidaktisch, pädagogisch unbeleckt, theoriefern. Die Nähe zum Kabarett machte es kurzweiliger, vielleicht auch perfekter als auf diesem Sektor gewohnt. Doch der Inhalt war wenig mehr als Anlaß, sich vergnüglich zu produzieren". So erinnert sich VOLKER LUDWIG (*1937) an die Anfänge. Die unkindliche Parodie „In Wilmersdorf ist Wilder Westen" führte 1969 „zum lautstarken Bruch zwischen dem Kabarett und seiner Kindertheatergruppe", die ohnehin in die größere ‚Tribüne' umziehen wollte. VOLKER LUDWIG übernahm die Leitung des Kindertheaters und wurde, zunächst zusammen mit seinem Bruder RAINER HACHFELD, Hauptautor. Schon 1968 hatten sie das Stationen-Märchen-Musical „Die Reise nach Pitschepatsch" beigesteuert. In diesem Stück war ein Mädchen tatkräftig handelnde Hauptheldin. Sie wurde zur Titelfigur in „Stokkerlok und Millipilli", einem Stück, mit dem 1969 das neue, politisch-pädagogisch verantwortliche Kindertheater der alltäglichen Erfahrungen beginnt. „Kindertheater ist von nun ab wie das Kabarett ein Mittel, auf gesellschaftliche Zustände einzuwirken" (V. LUDWIG, S. 11).

*Volker Ludwig (*1937)*

Entwicklung. Das Reichskabarett stellte im Juni 1971 seine Arbeit ein; die Kabarettisten konzentrierten sich fortan ausschließlich auf das Theater für Kinder. Den programmatischen Namen GRIPS („Grips ist Vernunft mit Witz; Denken, das Spaß macht", so im Vorstellungspapier der Gruppe) nahm das Theater mit seinem Umzug auf die Raumbühne des Berliner Forum-Theaters im Mai 1972 an. Im September 1974 konnte es ein eigenes Haus am Hansaplatz beziehen, eingerichtet als Arenatheater (Leitung: VOLKER LUDWIG, Verwaltung: INGRID PFEFFER, Dramaturgie: WOLFGANG KOLNEDER; zu den Schauspielern zählen vor allem DIETRICH LEHMANN, RENATE KÜSTER, JÖRG FRIEDRICH; die Musik schreibt seit „Stokkerlok" fast ausnahmslos BIRGER HEYMANN). Finanziell getragen wurde das Kindertheater zunächst vom Reichskabarett. Es erhielt Platzzuschüsse über das ‚Theater der Schulen', Subventionen des Landes Berlin seit Herbst 1971 (zunächst 130000 DM pro Jahr); 1979 betrugen die Subventionen 850000 DM.

Werke. Als Aufklärungstheater mit politisch-pädagogischem Anspruch begnügt sich das GRIPS Theater nicht mit einmal gefundenen Lösungen, sondern entwickelt in den fast ausnahmslos selbstgeschriebenen Stücken immer neue Anstöße: fortschreitend reichere Altersdifferenzierung, ständige Erweiterung der theatralischen Mittel parallel zur Vergrößerung des Spielraums (Musik, Ausstattung, Personenzahl, Spielstil), präzisere und mutigere Themenstellung, genauere Realitätserkundung (wobei in jüngster Zeit im Dienst der Aufklärung auch wieder nichtrealistische Mittel genutzt werden, vgl. „Wasser im Eimer", 1977). Fast jede Inszenierung wurde zu einem Erfolg: „Kannst du zaubern Opa?" (Kinder entdecken die Probleme von Großeltern und verbünden sich mit ihnen, ab 4); „Banana" (ein Lehrstück über die Dritte Welt, das als erstes GRIPS-Stück über die Alltagserfahrungen der Zuschauer hinausgeht, ab 10); „Vatermutterkind" (als ‚Familienstück' bezeichnet: Probleme der Eltern, Ehe und Scheidung, ab 9); „... und raus bist du" (der nicht ganz gelungene Versuch, das Thema Kriminalität für Kinder ab 5 zu erklären); „Wasser im Eimer" (Umweltverschmutzung, ab 8); „Die schönste Zeit im Leben" (das zweite Jugendstück, ab 13: Arbeitssuche und Partnerprobleme von Hauptschülern); „Max und Milli" (zum Thema Angst, ab 5); „Spaghetti mit Ketchup" (Schwierigkeiten mit dem Selbständigwerden, ab 5); „Stärker als Superman" (ein aus dem Englischen übersetztes Stück zum Thema Behinderung, ab 8); „eine linke Geschichte" (ab 16: also eher ein Stück für Erwachsene. Die Geschichte der APO-Generation von 1968 bis in die Gegenwart; als eine Art von Autobiographie des GRIPS-Theaters, eine Kombination aus neu geschriebenen Theaterszenen und historischen Kabaretteinlagen aus der Zeit des Reichskabaretts, gewidmet HELMUT GOLLWITZER).

Tendenzen. Die grundsätzlich vom GRIPS Theater selbst geschriebenen Stücke basieren auf genauen Untersuchungen. Sie werden in oft jahrelanger Arbeit gemeinsam mit Zielgruppen entwickelt. An den ausführlichen Feldforschungen sind auch Schauspieler beteiligt. Produziert werden die Aufführungen schließlich arbeitsteilig mit deutlich unterschiedenen Funktionen für Autoren, Regisseure, Schauspieler. Nach zaghaften Versuchen mit Mitspielformen beschränkt sich GRIPS bewußt auf reines Vorführtheater. Die pädagogischen Intenionen führen zu einer intensiven Zusammenarbeit mit Eltern, Lehrern, Erziehern; sie wird seit „Doof bleibt doof" stimuliert durch ausführliche Nachbereitungshefte zu jedem Stück (besonders aufwendig zu „Banana").

Wirkung. GRIPS wurde durch seine Arbeitsmethode, seinen Spielstil und seine selbstgeschriebenen Stücke zur modellbildenden Theaterwerkstatt. Es regte die Gründung einer Fülle von Truppen vor allem in der Bundesrepublik Deutschland an. Bis Ende 1980 gab es fast 400 professionelle Nachinszenierungen in 21 Sprachen; fast alle GRIPS-Stücke wurden im Fernsehen gezeigt.
Mehrfach erhielt das Theater bzw. seine Autoren den Brüder-Grimm-Preis des Landes Berlin, 1977 den Kulturpreis des DGB. 1979 führte GRIPS das erste Internationale Kinder- und Jugendtheatertreffen in Berlin durch.

Sekundärliteratur: W. Kolneder (Hrsg. zus. mit V. Ludwig und Kl. Wagenbach): Das GRIPS Theater. Geschichte und Geschichten, Erfahrungen und Gespräche aus einem Kinder- und Jugendtheater (1979).

Hans-Wolfgang Nickel

Grossmann, Julie Florentine von

*Kinderbuchautorin; *8. 1. 1790 Freistadt (Mähren), †21. 12. 1860 Dresden.*

Gr. war die Tochter des Akzise-Inspektors Christian Friedrich Menzel. Sie heiratete 1812 Max von Grossmann, der zuerst sächsischer Offizier, später Professor am Elisabethaneum in Breslau war. Gr. war mit der Kinderbuchautorin Agnes Franz (1794–1843) befreundet, mit der sie einige Erzählungen gemeinsam verfaßte und deren Nachlaß sie 1845 herausgab.

Werk, Tendenzen, Wirkung. Gr. schrieb eine Reihe von Erzählungen für kleinere und größere Mädchen, die der moralischen Erzählung des 19. Jahrhunderts verpflichtet waren. In den Geschichten sollten die jungen Leserinnen nachahmenswerte Vorbilder finden oder durch die Handlungsweise negativer Mädchenfiguren von einem ähnlichen Verhalten abgehalten werden. Um ihren Tugendappellen größeren Nachdruck zu verleihen, malte die Autorin die Folgen tugendloser Verhaltens in grellen Farben. Obwohl christliche Gesinnung in Gr.s Erzählungen betont wird, ersetzt die Autorin christliche Vergebung durch ein hartes Vergeltungsdenken. Deutlich zeigt sich diese Tendenz in der Erzählung „Was eine Schwalbe der andern erzählt. Ein Mährchen" (1859), die ein Jahr zuvor bereits in der „Neuen Deutschen Jugendzeitung" abgedruckt worden war und zahlreiche Auflagen erlebte. Obwohl die Autorin ihre Geschichte Märchen nennt, hat diese mit der Gattung Märchen wenig gemein. In dem Bändchen werden die Gespräche von zwei Schwalben vorgeführt, die sich ihre Erlebnisse und Erfahrungen mitteilen. In einer der Geschichten, die sich die Schwalben erzählen, erfährt die junge Leserin von einer Frau, die sich durch eine Wanze gestört fühlte, von der sie annahm, daß sie aus einem Schwalbennest, das vor ihrem Schlafzimmerfenster angebracht war, den Weg in ihr Bett gefunden hätte. Deshalb gab sie ihrem Knecht den Befehl, das Nest mit dem Besen hinunter auf die Straße zu stoßen. Dabei wird das Nest zerstört, und fünf junge Schwalben kommen zu Tode. In dramatischen Ausführungen schildert nun die Autorin, wie die Schwalbenmutter die Frau umkreist und dabei Laute ausstößt, die von der Frau als „Fluch Dir, Fluch Dir!" verstanden werden. Nachdem Magd und Knecht entsetzt das Haus der Frau verlassen haben, wird diese von der Schwalbenmutter in den Wahnsinn getrieben. Am nächsten Morgen wird sie tot in ihrem Bett gefunden. Damit nicht genug, lastet der Fluch der Schwalbe auch noch über den Nachkommen der Frau. Als ihr Sohn in dem ererbten Haus nach verborgenen Schätzen seiner geizigen Mutter sucht, gerät er auf den Dachboden und stürzt durch eine Falltür in die Tiefe und kommt dabei zu Tode. Schließlich wird das verödete Haus von einem Blitzstrahl getroffen und brennt bis auf die Grundmauern ab. „Das ist der Fluch der Schwalbe", läßt die Autorin die Leute, die von der schauerlichen Geschichte hörten, in ihrer Erzählung sagen. Sprachduktus, Intention und Handlungsführung der Erzählung, mit der Gr. die lesenden Kinder zur Tierliebe anhalten wollte, stehen exemplarisch für die weiteren Geschichten der Autorin.

Werke: Feierabende für gute Kinder (1844, zusammen mit A. Franz); Das bin ich und das bist du. Spiegelbilder für Kinder von 5–14 Jahren (1846); Aus Vorzeit und Neuzeit. Sechs Erzählungen (1847); Schulhaus und Edelhof. Die Warnung (1852); In der Stadt und auf dem Lande (Bd. 1–2. 1853); Die Waschfrau und ihr Pflegekind (1858); Freud und Leid (Bd. 1–2. 1858); Was eine Schwalbe der andern erzählt. Ein Mährchen (1859); Moralische Erzählungen für kleine Mädchen von 4–6 Jahren (1861); Sommer- und Wintersaat in Gedichten (1861).

Helmut Müller

Grube, August Wilhelm

*Lehrer, Erzieher, pädagogischer Schriftsteller; *16. 12. 1816 Wernigerode, †28. 1. 1884 Bregenz.*

Nach dem Besuch des Lyceums in Wernigerode (1825–1833) ging Gr. an das Schullehrer-Seminar zu Weißenfels, das damals unter der Leitung des bekannten Geographen Wilhelm Harnisch stand, von dem Gr. Anregungen für seine späteren geographischen Veröffentlichungen empfing. Ab 1836 war Gr. Lehrer an der

Bürgerschule zu Merseburg. Graf ARNIM BOYTZENBURG berief Gr., nachdem er ihn während einer Schulvisitation kennengelernt hatte, als Hauslehrer in sein Haus. Mit der Familie des Grafen unternahm Gr. zahlreiche Reisen. Er folgte ihm nach Posen und Berlin, als der Graf als Oberpräsident und später als Minister des Inneren dorthin versetzt wurde. Als Hauslehrer war Gr. auch bei dem Baron VON KLEIST in Karlsbad tätig, wo er dessen einzige Tochter unterrichtete. Im Jahr 1850 kam Gr. wieder in die Bodenseegegend zurück, wo er zunächst im Hause des Fabrikbesitzers Jenny lebte, dessen Sohn er unterrichtete. Eine Ohrenkrankheit, die sich mit den Jahren verschlimmerte, machte Gr. die Ausübung des Erzieherberufs immer schwerer. In den letzten Jahren war er bis zu seinem Tode als freier Schriftsteller in Bregenz tätig.

Werk, Tendenzen, Wirkung. Gr. gehörte zu den fruchtbarsten und einflußreichsten Jugendbuchautoren seiner Zeit. Seine zahlreichen Schriften, die vorwiegend als erzählende Sachbücher angelegt sind, beschäftigen sich schwerpunktmäßig mit geographischen und historischen Themen. Neben diesen Jugendschriften verfaßte er eine Reihe pädagogischer Arbeiten, die vor allem dem Ziel dienten, den Lehrer von dem auf das Abstrakte gerichteten Unterricht abzuhalten und ihn dazu zu veranlassen, das „ästhetische Prinzip" anzuerkennen. In all seinen Werken predigt Gr. eine Abwendung von dogmatischer Enge, abstrakter Methodik und zu großer Stoffülle. Gr. wollte „das Individuelle in seinem Gattungscharakter" fassen, das „Generelle aber individuell" behandeln. Vor allem seine Charakterbilder versuchen, an ausgewählten Beispielen „in die Tiefe zu arbeiten" und der extremen Vernunft- oder Schriftgläubigkeit die „Auseinandersetzung mit dem Stoff" entgegenzuhalten.

So bieten seine „Charakterbilder aus der Geschichte und Sage" (1852) keine zusammenhängende Darstellung der Geschichte, sondern versuchen durch ausgewählte Beschreibungen historischer Persönlichkeiten gleicher Epochen, die er in sich abgeschlossen nebeneinanderstellt, den jungen Leser zum eigenen Vergleichen und Werten anzuregen.

In der Überzeugung, daß der „international geistige Verkehr uns frisch erhält und vor Einseitigkeit bewahrt", stellte Gr. in seinem Band „Charakteristische Scenen und Geschichten" solche aus französischen und englischen Werken zusammen, wie „Eine Heirath im Jahre 1794. Scene aus der französischen Revolution" oder „Eine Robinsonade auf den Aucklands-Inseln aus der neuesten Zeit", die er lebendig, spannend und zugleich belehrend erzählt, dem vielen „Steifen, Schulmeisterlichen, Unlebendigen" der Jugendschriften seiner Zeit entgegenstellen wollte.

Daß Gr. in seinen Sachbüchern versuchte, „überall nur das Thatsächliche" mitzuteilen, auch „die tiefen Schatten des Menschenlebens" den jungen Lesern nicht vorzuenthalten und sie vor Vorurteilen abhalten wollte, zeigt das Kapitel „Die Zigeuner in Ungarn und Siebenbürgen" in dem Band „Federzeichnungen aus dem sittlichen und religiösen Leben der Völker" (1863), in dem der Autor Leben und Wesen der Zigeuner sehr realistisch beschreibt.

Zahlreiche Auszüge aus den Schriften Gr.s fanden den Weg in Lese- und Lehrbücher des 19. Jahrhunderts. Sein Prinzip des „exemplarischen Lernens" wurde sogar durch die Preußischen Regulative empfohlen, im Gegensatz zu den kritischen Stimmen von Pädagogen, die Gr. flüchtige und oberflächliche Darstellung sowie unpädagogisches Verhalten vorwarfen.

Werke: Das psychologische Studium des Volksschullehrers (1847); Charakteristische Scenen und Geschichten. Aus dem Französischen und Englischen, nach pädagogischen Rücksichten bearbeitet (1849); Geographische Charakterbilder in abgerundeten Gemälden aus der Länder- und Völkerkunde (Bd. 1–2. 1850); Deutsche Geschichten in deutschen Gedichten (1850); Biographien aus der Naturkunde, in ästhetischer Form und religiösem Sinne (1851); Das Buch der Naturlieder für junge und alte Freunde der Natur (1851); Charakterbilder aus der Geschichte und Sage, für einen propädeutischen Geschichtsunterricht gesammelt, bearbeitet und gruppirt (Bd. 1–3. 1852); Bilder und Scenen aus der Natur und dem Menschenleben in den fünf Hauptteilen der Erde (Bd. 1–4. 1852); Der Robinson der Wildnis (1852); Charakterbilder aus der heiligen Schrift, im Zusammenhange einer Geschichte des Gottesreiches dargestellt (Bd. 1–2. 1852–1853); Von der sittlichen Bildung der Jugend in dem ersten Jahrzehend des Lebens (1855); Indischer Dichterhain. Ein Lesebuch für die Jugend, besonders als Festgabe für die Zöglinge der Gymnasien, Real- und höheren Töchterschulen (1856); Biographische Miniaturbilder. Zur bildenden Lektüre für die reifere Jugend verfaßt (Bd. 1–2. 1856–1857); Natur- und Kulturleben in vergleichenden Bildern (Bd. 1–2. 1859–1860); Pädagogische Studien für Lehrer und Erzieher (1860); Federzeichnungen aus dem sittlichen und religiösen Leben der Völker. Eine Festgabe für die reifere Jugend (1863); Der welsche Nachbar. Lebensbilder aus dem großen Kriege 1870/71 (1871); Kulturgeschichtliche Bilder (1882).

Hrsg.: Taschenbuch der Reisen für Freunde der Geographie insbesondere für die Jugend und ihre Lehrer bearbeitet und herausgegeben (Jg. 1–3. 1858–1860).

Helmut Müller

von der Grün, Max

*Schriftsteller, Jugendbuchautor; *25. 5. 1926 Bayreuth.*

Nach Abschluß der Hauptschule und Ablegung der Kaufmannsgehilfenprüfung wurde v. d. G. zum Reichsarbeitsdienst (RAD) und anschließend zur Wehrmacht eingezogen. Er geriet 1944 in amerikanische Kriegsgefangenschaft, verbrachte drei Jahre in den USA und arbeitete nach seiner Entlassung 1948 zunächst als kaufmännischer Angestellter, dann als Bauarbeiter. Nach halbjähriger Arbeitslosigkeit zog v. d. G. ins Ruhrgebiet, wo er bis heute lebt, und von 1951 bis 1963 als Bergmann unter Tage arbeitete.

Zwischen 1957 und 1960 schrieb v. d. G. seinen ersten Roman „Männer in zweifacher Nacht" (1962). Er war Mitinitiator der „Gruppe 61". Der Vorabdruck seines zweiten Romans „Irrlicht und Feuer" (1963) führte zu Kontroversen mit v. d. G.s Arbeitgeber, schließlich zu

Max von der Grün (1926)*

seiner Kündigung. Seitdem lebt er als freier Schriftsteller. V. d. G. schreibt hauptsächlich Romane und Erzählungen, die z.T. für das Fernsehen verfilmt wurden; außerdem verfaßte er Hörspiele und Drehbücher, ein Theaterstück sowie eine Reihe essayistischer Arbeiten. V. d. G., 1964 aus der IG Bergbau und Energie ausgeschlossen, trat 1966 nach fünfzehnjähriger Mitgliedschaft aus der SPD aus. 1973 erfolgte sein Eintritt in die IG Druck und Papier und die Veröffentlichung des Romans „Stellenweise Glatteis", der von den Gewerkschaften heftig attackiert wurde. Als Jugendbuchautor wurde er durch seine Erzählung „Vorstadtkrokodile" (1976) bekannt.

Werk, Tendenzen, Wirkung. In v. d. G.s Werk gibt es zwei zentrale Themenkomplexe: zum einen die aus intensiver Anschauung resultierende Schilderung der Arbeit und der Arbeiter, ihres Handelns, Denkens und Empfindens, der vielfältigen Bedingungen und Hindernisse bei der Entwicklung von Klassenbewußtsein, zum anderen die kämpferische Auseinandersetzung mit den Überresten des alten und den Keimen eines neuen Faschismus.
Sieht man von einigen Erzählungen und Romanauszügen ab, die meist als Beispiele für die ‚Literatur der Arbeitswelt' in eine Reihe von Schullesebüchern aufgenommen wurden, so sind bislang zwei Bücher v. d. G.s dem Bereich der Kinder- und Jugendliteratur zuzurechnen. In dem 1977 vom WDR verfilmten Kinderroman „Vorstadtkrokodile. Eine Geschichte vom Aufpassen" (1976) erzählt er von den Schwierigkeiten eines gelähmten Jungen, in die Straßenbande seines Viertels aufgenommen zu werden, und von den Schwierigkeiten der ‚normalen' Kinder, durch die Behinderung hindurch die Fähigkeiten Kurts zu erkennen und zu akzeptieren. Der eigentliche Gegenstand der spannenden Geschichte sind die gesellschaftlichen Vorurteile, die, von den Eltern an die Kinder weitergegeben, Einsicht verhindern. Erst ihre allmähliche Überwindung ermöglicht den „Krokodilern" – das ist der Name der Kinderbande – solidarisches Handeln und die erfolgreiche Lösung ihrer Probleme.
„Wie war das eigentlich? Kindheit und Jugend im Dritten Reich" (1979) ist der Titel einer speziell auf die Informationsbedürfnisse jugendlicher Leser zugeschnittenen autobiographischen Skizze. Das Thema war bereits in dem frühen Roman „Irrlicht und Feuer" vorgezeichnet: „Denk bitte daran, daß ich alt genug bin, ich will es von dir wissen, du warst damals dabei, du hast mitgemacht", bedrängt die siebzehnjährige Rosi den Ich-Erzähler, und in seinem Roman „Flächenbrand" (1979) zeichnet v. d. G. eine Achtzehnjährige, die durch ihre sozialdemokratisch eingestellten Eltern nicht ‚immunisiert' werden kann und sich einer neofaschistischen Gruppe anschließt. Der Verführbarkeit Jugendlicher will der Autor entgegenarbeiten, indem er das Eindringen des Nationalsozialismus in sein Leben während der Jahre 1926 bis 1945 darstellt. Während er die widersprüchlichen Gefühle offenlegt, die der Kontakt mit der ‚Bewegung', mit ihren Anhängern und Gegnern in ihm verursachte, ermöglicht er zumindest ansatzweise den jugendlichen Lesern, Zusammenhänge mit eigenen Erfahrungen herzustellen.
Gemessen aber an Horst Burgers hierin vergleichbarem Unternehmen „Vier Fragen an meinen Vater" (1976) wird die autobiographische Ergründung der emotionalen Anziehungskraft des Faschismus auf den jugendlichen Zeitgenossen doch sehr von der – sicherlich ebenfalls nottuenden – Vermittlung historischer Fakten in den Hintergrund gedrängt: Etwa achtzig Prozent des Textumfangs nimmt eine von Christel Schütz zusammengestellte Dokumentation ein. Parallel zum chronologischen Bericht v. d. G.s klärt sie durch Bilder und Textquellen, darunter erschütternde Dokumente, den Leser über die Wirklichkeit des Nationalsozialismus auf.

Werke (Auswahl): Männer in zweifacher Nacht (1962); Irrlicht und Feuer (1963); Zwei Briefe an Pospischiel (1968); Stellenweise Glatteis (1973, [7]1980); Vorstadtkrokodile (1976); Wie war das eigentlich? Kindheit und Jugend im Dritten Reich (1979); Flächenbrand (1979); Etwas außerhalb der Legalität und andere Erzählungen (1980).

Hrsg.: Aus der Welt der Arbeit. Almanach der Gruppe 61 und ihrer Gäste (zus. mit Fr. Hüser und W. Promies, 1966).

Sekundärliteratur: A. Lenhard: Kritik der Kasernierungs-Ideologie. Interview mit Max von der Grün (in: Jugendbuchmagazin. 29. 1979. 2. 50–53). – St. Reinhardt (Hrsg.): Max von der Grün. Materialienbuch (1978).

Hans-Gerd Claßen

Matthias-Grünewald-Verlag

Mainz. Religiöse Kinder- und Jugendbücher.

Die Matthias-Grünewald-Verlags GmbH wurde 1918 von Richard Knies gegründet und war ein führender

Verlag der Liturgischen Bewegung und der Bibelbewegung. Derzeitiger Verlagsleiter ist JAKOB LAUBACH (*1917). Die Kinder- und Jugendbuchproduktion begann nach 1945. Seit 1976 sind etwa zwanzig erzählende Bücher und Sachbücher mit religiösem Inhalt für junge Leser erschienen. Unter den Sachbüchern finden sich Titel wie „Du gibst uns Leben", „Starthilfen für dich", „Glaube trägt", „Von heiligen Menschen" und „Unter uns ist Gottes Geist". Beispiele für das erzählende religiöse Kinder- und Jugendbuch sind: „Was uns fröhlich macht", „Schwarzfeuer", „Beim ersten Mal gelingt nicht alles", „Stundenbuch für Kinder". Zu den Autoren und Illustratoren des Verlages gehören SOFIE FRENZEL, SIGRID HEUCK, KURT HOCK, JOHANN HOFFMANN-HERREROS und JOSEF SEUFFERT.

H. D.

Edelmuth unter dem Strodache.

Sittenverderbniss durch böse Beispiele.

Abbildungen aus Karl Grumbachs „Das Morgenstündchen", Erzählungen „zur Veredlung des Verstandes und Herzens" (Meißen, 1830). Die Tafel III veranschaulicht den Inhalt zweier moralischer Geschichten. In „Edelmuth unter dem Strodache" helfen gütige Menschen einem sterbenden französischen Soldaten, in „Sittenverderbniss durch böse Beispiele" geht es um die „verderblichen Künste der Schmeichelei" eines Mädchens, das einen Knaben zu betören versucht.

Grumbach, Karl Heinrich

*Pädagoge, Pfarrer, Jugendbuchautor; *20. 1. 1790 Merseburg, † um 1853 Mühlberg.*

Nach dem Theologiestudium arbeitete Gr. zunächst als Privatlehrer in Merseburg, dann als Diakon in Ortrand (Oberlausitz). 1832 wurde er Prediger in Staritz bei Mühlberg, 1851 Pfarrer in Mühlberg.

Werk, Tendenzen, Wirkung. Gr.s Werke für Kinder – vor allem Gedichte, Fabeln, Lieder und kleine Erzählungen – sollten sowohl der Unterhaltung wie der „Veredlung von Geist und Herz" dienen; mit ihnen wollte er dem Ausspruch des HORAZ Genüge leisten: utile dulci miscere. In einfacher, oft biederer Weise beschrieb Gr. den Alltag und die kleinen Aufregungen des menschlichen Lebens, in dem sich Kummer und Leid durch demütiges und gottesfürchtiges Verhalten stets in Glück verwandeln. Seine Kinderschriften sollten für die „Verdrängung" aller „Ausgeburten der Phantasie" arbeiten, worunter er hauptsächlich „Kartouche, Rinaldo Rinaldini, Schinderhannes und anderes mehr" verstand, aber auch all jene Werke, die von Kindern und Jugendlichen „mit heißer Gier verschlungen" werden (in: Das Morgenstündchen, Vorerinnerung). Zeigte sich Gr. in den meisten seiner Bücher voller Zurückgezogenheit, so in den von ihm herausgegebenen Reisebänden von erstaunlicher Weltoffenheit. Wie auch bei anderen Autoren zu beobachten, diente die Beschäftigung mit der Reisebeschreibung als Möglichkeit, während der Restaurationszeit auf fiktionale Weise aus der Abgeschlossenheit auszubrechen. Mit der „Reisemappe" wollte Gr. der Jugend „nicht nur gut geschriebene Beschreibungen einzelner Völker und Länder, sondern auch wahrhafte, gedrängte Schilderungen merkwürdiger Entdeckungen auf Reisen und authentischer Begebenheiten treu und ohne allen Wortprunk" anbieten (vgl. Bd. 1. Vorerinnerung). Um sich nicht dem Vorwurf auszusetzen, manche Berichte aus fernen Ländern seien von ihm völlig frei erdichtet, gab Gr. für jeden Beitrag die genaue Quelle an. Seine Geschichten und Mitteilungen entnahm er Reiseberichten damals populärer Weltreisender, aber auch der von AUGUST EHRENSTEIN bearbeiteten und 1816 veröffentlichten „Chronik des Abenteuerlichen, Seltsamen und Wundervollen in den Schicksalen berühmter Reisender zu Wasser und zu Lande" von PIERRE BLANCHARD. Gr. nahm zwar in seine Reisebücher vornehmlich Berichte von fremden Völkern und unbekannter Natur auf, ergänzt durch „Städteräthsel und Sinngedichte", widmete aber auch einige Abschnitte den Darstellungen von technischen Entwicklungen und industriellen Errungenschaften. So findet sich beispielsweise in der „Reisemappe" eine Beschreibung des 1825 begonnenen Tunnelbaus unter der Themse in London – „mancher sah' es als einen Versuch an, der die Ausgeburt des Tollsinns sey" –, in der, ungewöhnlich für ein 1831 erschienenes Jugendbuch, ausführlich die Funktion und der segensreiche Nutzen einer „geistlosen“ Dampfmaschine vorgestellt wird (vgl. Bd. 2. S. 54–55). Auch in der Beschreibung der Londoner Gasbeleuchtung, des Wasserleitungssystems und des Brückenbaus zeigt sich unverstellte Bewunderung des technischen Fortschritts und der nun anbrechenden Zeit, in der für gemütvolle Idylle immer weniger Platz war. Verse, Lieder und kleine Beiträge Gr.s finden sich in vielen zeitgenössischen Anthologien und Kinder- und Jugendzeitschriften.

Werke: Dichterische Proben (1818); Der Jugendspiegel. Ein Lehr- und Sittenbuch für die deutsche Jugend (1820); Gymnasion, oder das Buch der Lehre und Unterhaltung (1820, [2]1827); Der Führer durch das Tal, oder Geschichten und Lieder für Kinder und Jugend (1825); Glaube, Liebe und Hoffnung (1826); Kinderreisen oder des wißbegierigen Willibalds Durchzüge merkwürdiger Länder und Völker der Welt, auf seiner Stube gemacht und an das Licht gezogen (1827); Mitteilungen aus der Bilderwelt, oder Vater Siegfried im Kreise seiner Kinder (1827); Der Garten der Jugend (1829); Scherz und Ernst in heiteren und belehrenden Erzählungen, Gedichten und Rätseln für Kinder (1829, [2]1847); Siona, der Weg zu Gott (1829, [2]1836); Das Morgenstündchen; oder unterhaltende und belehrende Erzählungen, zur Veredlung des Verstandes und Herzens wißbegieriger, guter Kinder; nebst Schilderungen aus der Geschichte, Gedichten und Räthseln (1830); Immortellen (1830); Unterhaltungen für Kinder, zur Bildung ihres Geistes und Herzens (1830); Kinderlieder (1831); Die Reisemappe. Enthaltend Auszüge aus Reisebeschreibungen, Städteräthsel und Sinngedichte zur angenehmen und nützlichen Unterhaltung für die mittlere Jugend (Bd. 1–2. 1831); Sulamith. Kleine Sammlung zweckmäßiger Sprüche und Liederverse (1832); Vacuna, oder der Liebe Gaben und Opfer (1832); Novellen und Erzählungen aus dem Gebiete der Wirklichkeit und der Phantasie (1834); Bilderfreuden (1835); Geschenk für artige und fleißige Kinder (1836); Kleine Jugendbibliothek (1836); Sionas Blumenkörbchen, oder: Neue Fabeln und Kindergedichte (1836); Unterhaltungsbibliothek für Söhne und Töchter gebildeter Familien (1836); Das Buch für Leidende (1839); Die Schicksale der Familie Dietrich (1839).

Hrsg.: Mnemosyne. Sammlung vorzüglicher Gedanken der besten Schriftsteller (Bd. 1–3. 1811–1813); Opferblüten. Oder Originalsammlung von Gedichten für Feste und Trauertage (1832); Sulamith. Christliches Taschenbuch zur Erhebung häuslicher und öffentlicher Erbauung (Bd. 1–2. 1836–1837).

Klaus-Ulrich Pech

Grund, Josef Carl

*Kinder- und Jugendbuchautor, Reiseschriftsteller, Verfasser von Theaterstücken; *18.2.1920 Dürnberg/ CSSR.*

Gr. wurde als Sohn eines Bergmannes, der in einem Radium-Bergwerk arbeitete, geboren. Der Vater starb früh. Die Erzählgabe der Mutter weckte Gr.s Interesse für Literatur. Nach dem Besuch des Gymnasiums wurde Gr. Lehrer und war zuletzt als Konrektor und Ausbildungslehrer für Deutsch und Geschichte an der Erziehungswissenschaftlichen Fakultät der Universität Erlangen-Nürnberg tätig. Seit 1974 lebt er als freier Schriftsteller.

Für „Du hast einen Freund, Pietro“ (1961) wurde Gr. mit der Selection der Junior Literary Guild New York ausgezeichnet. Zum 60. Geburtstag erhielt er das „Goldene Schneiderbuch“. Seine Bücher sind in elf Sprachen übersetzt; von einigen gibt es Schallplattenfassungen. Gr. ist Mitglied des Friedrich-Bödecker-Kreises und des Fränkischen Schriftstellerverbandes.

Werk, Tendenzen, Wirkung. Gr. hat seit 1950 über ein halbes Hundert Kinder- und Jugendbücher geschrieben. Spaß und Spannung sind ihm in seinen knappen und handlungsreichen Erzählungen, in denen er häufig Dialoge einsetzt, wichtig. „Pädagogischer Optimismus“ bestimmt die Art, wie er in seinen Büchern mit Konflikten und Problemen umgeht. Die Jugendbücher beruhen vielfach auf wirklichen Begebenheiten. Für jüngere Kinder hält er sich an Stoffe voller Gespenster, abenteuernder Kinder und freundlicher Sonderlinge. Die Themen, Gattungen und Handlungsorte seiner Bücher sind vielseitig. Den gesellschaftlichen und politischen Gegenwartsproblemen widmet Gr. eine Sammlung von Erzählungen: „So endete Eden“ (1978). Kriegsteilnehmer, Vertriebene und Verfolgte des NS-Staates erscheinen gleich in mehreren seiner Werke („Jenseits der Brücke“, 1961; „Flakhelfer Briel“, 1965; „Der Mann aus Prag“, 1968; „Nachruf auf Harald N.“, 1973). Das Thema Blutrache („Du hast einen Freund Pietro“, 1961; „Der Mann mit der Narbe“, 1971), Mafia („Verschwörung des Schweigens“, 1964), Landarbeiterprobleme in Italien („Du hast Freunde, Angelina“, 1965), Zigeunerleben („Rosita, das Zigeunermädchen“, 1957) zeigen seine Vorliebe für den Mittelmeerbereich als Handlungsraum. Aktuelle Probleme wie das Schicksal von Außenseitern („Die Rache des Herrn Egerli“, 1975), durch Katastrophen Geschädigte („Kleines Glück für Carolina“, 1980), Managerprobleme („Das Mädchen vom Trevi-Brunnen“, 1976), Prominentenkinder („Unsere Klasse schwärmt für Freddy“, 1978) sind ebenso wie eine „Antidetektiv“-Geschichte („Inspektor Naseweis“, 1977) und die Wildwestreihe um den Cowboy Harry von der Büffel-Ranch in den gängigen und traditionellen Formen der Abenteuergeschichte und des Mädchenbuches verarbeitet und dadurch geprägt. Die zahlreichen Kinderbücher, wie z.B. seine Geschichten von den Pollinger-Kindern für das erste Lesealter, sind nach erfolgversprechenden Mustern geschrieben, meist als phantastische Erzählungen mit Elementen der Science Fiction.
Der Hang, ein einmal gewähltes Milieu und einen Kreis beliebter Akteure beizubehalten, ist erkennbar. Gr. hat seine Bücher, die zum Teil hohe Auflagen erreichten, vielfach umgearbeitet und unter neuen Titeln herausgebracht. In seinen Stücken zum Kindertheater hat Gr. dramatisierte Bearbeitungen der GRIMMschen und HAUFFschen Märchen vorgelegt.

Werke: Lucia, der Fratz (1956, NA. 1969); Kleine Terrona aus Napoli (1957); Rosita, das Zigeunermädchen (1957, NA. 1970); Fjodor (1959, NA. 1973); Jenny und ihr Pony (1959, NA. 1973); Oh, diese Zwillinge (1959); Bravo, Peng (1960); Du hast einen Freund, Pietro (1961, NA. 1979); Eva. Geschichte eines musikbegabten Mädchens (1961); Jenseits der Brücke (1961); Vendetta. Eine Erzählung aus Sardinien (1961; auch u.d.T.: Tod dem Thun, TB. 1968); Das Mädchen im blauen Kleid (1962); Die Büffel-Ranch (1964); Verschwörung des Schweigens. Sizilien und die Macht der Mafia (1964); Du hast Freunde, Angelina (1965); Flakhelfer Briel (1965, TB. 1973); In der Prärie (1965); Das Kind der Madonna (1965); Ruf aus dem Dunkel (1965); Cowboy Harry (1965); Harry kehrt zurück (1966); Eine Gondel für Enrico (1966); Der Sohn des Verbannten (1967); Hi, der Poltergeist (1967); Tschip, der Klabautermann (1968); Der Mann aus Prag (1968); Wo steckt Zacharias? (1968, TB. 1973); Die Abenteuer des Tobbi Murkser (1969); Brigitte und die silberne Spinne (1971); Das Gespenst mit der roten Nase (1971); Krach auf der Rollmopsinsel (1971); Knacks ist immer dabei (1971); Der Mann mit der Narbe (1971); Purzel (1971); Tick, der Wieselwicht (1971); Der Froschkönig. Ein Märchenspiel in 3 Aufzügen sehr frei nach den Brüdern Grimm (1972); Pfifferlein und Pfiffikus (1972); Fabian Flunkerstein und der 32. März (1973); Fabian Flunkerstein und der kleine Clown (1973); Karin und die 12 Gestreiften (1973); Nachruf auf Harald N. (1973); SOS von der Rollmopsinsel (1973); Fabian Flunkerstein und das Schluckauf-Gespenst (1974); Hilfe für Castor (1974); Die Rache des Herrn Egerli (1975); Das Mädchen vom Trevi-Brunnen (1976); Inspektor Naseweis (1977); Max Mogelmeier und die Hellseher (1977); Alarmstufe I auf der Rollmopsinsel (1978); Die Pollinger-Kinder und der Poltergeist mit dem Holzbein (1978); So endete Eden (1978); Unsere Klasse schwärmt für Freddy (1978); Die Pollinger-Kinder und die Piep-Gespenster (1979); Die Pollinger-Kinder und die Geister vom Flatterstern (1979); Silber für Mona Lisa (1979); Dackel mit Stammbaum und andere Viechereien (1979); Der Christstollen. Eine heitere Weihnachtsepisode (1979); Kleines Glück für Carolina (1980); Die Pollinger-Kinder und die Roboter von Blechheim (1980).

Ottilie Dinges

„Der gute Kamerad"

Die illustrierte Knabenzeitschrift „Der gute Kamerad", gegründet 1887 von dem Stuttgarter Verlag W. Spemann, erschien zunächst als Wochenzeitschrift (bis 1933), dann monatlich (bis 1944), schließlich von 1951 (Bd. 59) bis 1970 als Jahrbuch. Die Bände 76 und 77 erschienen 1969 und 1970 unter dem Titel „Kamerad. Ein Jahrbuch für Jungen".

Geschichte. „Der gute Kamerad" steht in der Tradition der Jugendzeitschriften des 19. Jahrhunderts. Neben Erzählungen, Gedichten und Reiseberichten stehen Artikel mehr belehrenden Inhalts. Was den Erfolg dieser Zeitschrift mitbegründet hat, ist einmal das Zurücktreten religiös-erbaulicher Inhalte zugunsten von Informationen aus Naturwissenschaft und Technik, zum anderen spannende Abenteuererzählungen, die in Fortsetzungen jeweils ein Heft einleiteten. Besonders anziehend wurde die Zeitschrift bei jungen Lesern vor allem wegen der Beiträge, die FRANZ TRELLER (1839–1908) und KARL MAY (1842–1912) dazu beisteuerten. Zu dem großen Erfolg des ersten Jahrgangs trug KARL MAYs Erzählung „Der schwarze Mustang" bei. Die attraktive, jugendgerechte Aufmachung der Zeitschrift war sicher durch die Erfahrungen bestimmt, die der Verleger mit populären Veröffentlichungen gemacht hatte. So war im Jahre 1880 in seinem Verlag erstmals „Das Neue Universum" erschienen, und die Monatsschrift „Vom Fels zum Meer" machte der „Gartenlaube" Konkurrenz. „Der gute Kamerad" erschien parallel zu der Mädchenzeitschrift „Das Kränzchen".
Der Sohn ADOLF SPEMANN schreibt in der Biographie seines Vaters: „So kam denn durch ‚gute Kameraden' und ‚Kränzchen-Freundinnen' eine Menge froher Jugend in Haus und Garten; zwischen den hohen Tannen, Platanen und Blutbuchen wurden wilde Indianerschlachten ausgetragen ..." (ADOLF SPEMANN: „Wilhelm Spemann. Ein Baumeister unter den Verlegern", Stuttgart 1943, S. 177). Das verlegerische Konzept änderte sich nicht, als „Der gute Kamerad" im Jahre 1890 vom neu gegründeten Union Verlag übernommen wurde. Neben dem ständigen Leseanreiz durch die Fortsetzungsgeschichten, die dann in Buchform in der bis 1935 erschienenen „Kamerad-Bibliothek" gesondert herauskamen (nach 1945 wurde versucht, diese durch Nachdrucke wiederzubeleben), tendierte die Zeitschrift zur Bildung von Lesergemeinden. Die Leser – Zielgruppe waren zehn- bis vierzehnjährige Jungen – wurden mit ‚Kameraden' angeredet. Experimentier-, Bastel- und Spielanleitungen dienten der Freizeitgestaltung von Jugendgruppen. In einem Briefkasten beantwortete die Redaktion Leserfragen aus den Bereichen Technik, Wissen, Beruf. In einem solchen Brief heißt es z.B.: „Die Leserschaft des ‚Guten Kameraden' stellt, ebenso wie die des ‚Kränzchen', eine Gemeinschaft dar; jeder Leser kann sich ohne weiteres am Briefkasten beteiligen. Außerdem gibt es an einzelnen Orten auch ‚Gute-Kamerad-Ortsgruppen', die den Zusammenhalt der Kameraden untereinander fördern sollen. Hättest Du nicht Lust, eine solche in Eupen zu gründen?" (41. Folge, nach S. 176). Wie vielen ähnlichen Jugendzeitschriften bzw. -jahrbüchern war dem Neuanfang nach dem Zweiten Weltkrieg nicht der gleiche Erfolg beschieden. Nach einem Experiment mit neuem Titel („Kamerad") wurde das Erscheinen 1970 eingestellt.

Strukturen. Von Anfang an bemühte sich die Redaktion um Anschaulichkeit und ausreichende Gestaltung der Hefte. Die attraktiven Umschläge, die beim Binden verlorengingen, wurden – wie Leserbriefe zeigen – zum Teil in Mappen gesammelt. Eine besondere Rolle spielte die Bebilderung und die Bevorzugung reportageartiger und narrativer Textformen, auch da, wo es um die Vermittlung von Informationen ging. Durch alle Bände zieht sich ein ungetrübter Fortschrittsoptimismus, verbunden mit der jeweils herrschenden Ideologie, wobei die große Rolle auffällt, die bis zum Ende des Ersten Weltkrieges und nach 1933 militärische Themen spielten. An die Stelle erbaulicher Tendenz ist Leistungsstreben getreten. Neben vielen Lebensbildern dienten diesem Ziel auch Erzählungen und andere kurze Texte, z.B. eine Empfehlung, sich schon früh im Schießen auf die Scheibe zu üben: „Diese jugendliche Meisterschaft wird dem Knaben im späteren Leben zugute kommen, so beim Dienst in des Königs Rock; aber auch abgesehen davon ist dieses Vergnügen, ..., eine treffliche Übung für die Schärfe des Auges, die Sicherheit der Hand und die Entschlossenheit der Tat. Denn auch beim Handeln im menschlichen und täglichen Leben heißt es ja: ins Zentrum treffen" (17. Folge, S. 16). Die Jahrbücher nach 1945 haben die nationalistischen Tendenzen zurückgenommen. Die Grundstruktur der Bände hat sich aber kaum geändert. Nach wie vor spielen Bastel- und Experimentieranleitungen eine große Rolle. Die Darstellung legt noch mehr Wert auf Anschauung und affektive Wirkung. Kürzere Artikel und Informationen treten zugunsten ausführlicher storys zurück. Der technische Fortschritt, neben Naturkunde, Sport- und Expeditionsberichten nach wie vor Hauptthema, schlug sich hauptsächlich quantitativ nieder, z. B. „Rekordfahrten", „Was kostet eine Lokomotive?", „Die zehn Teuersten", „Die längsten Rallyes der Welt"(Bd. 76). Mit der Umwandlung in ein Jahrbuch verlor „Der gute Kamerad" allerdings einen seiner wichtigsten Anziehungspunkte, den Fortsetzungsroman. Dies und vor allem auch der Umstand, daß dieses Jahrbuch, obschon für Jungen konzipiert, nirgends Probleme der Jugendlichen thematisiert, dürfte das nachlassende Interesse der jungen Leser und das schließliche Ende des „Guten Kameraden" erklären.

Sekundärliteratur: A. Spemann: Wilhelm Spemann. Ein Baumeister unter den Verlegern (1943). – E. Diesel: 75 Bände Das Neue Universum (1958).

Martin Hussong

Der gute Kamerad. Einband der 40. Folge (1926) der „Illustrierten Knaben-Zeitung", die seit 1887 erschien.

H

Haas, Gerhard

*Literaturtheoretiker mit dem Schwerpunkt Kinder- und Jugendliteratur, Professor für deutsche Sprache und Literatur und ihre Didaktik an der Pädagogischen Hochschule Reutlingen; * 12. 4. 1929 Weiden bei Horb.*

Nach acht Jahren Volksschule besuchte H. ab 1944 die Lehrerbildungsanstalt in Eßlingen und ab 1947 die Lehreroberschule in Nagold. Im Anschluß an die Erste und Zweite Dienstprüfung war er bis 1957 Lehrer an Volks- und Realschulen. Von 1957 bis 1963 studierte H. Germanistik, Geschichte und Wissenschaftliche Politik an den Universitäten Tübingen und München und war dann Studienassessor. Er promovierte 1965 und wurde 1966, nach der Tätigkeit als Assistent an der Pädagogischen Hochschule Stuttgart/Ludwigsburg, Dozent und 1970 Professor für deutsche Sprache und Literatur und ihre Didaktik an der Pädagogischen Hochschule Reutlingen.

Neben literaturwissenschaftlichen Publikationen, vornehmlich zur Gattung des Essays, hat H., was die Theorie der Kinder- und Jugendliteratur betrifft, vor allem Arbeiten zu den Formen der Volksdichtung sowie zur phantastischen Literatur, einschließlich Science Fiction, vorgelegt; dazu kommen Beiträge zum Tierbuch oder zur Darstellung der Dritten Welt im Jugendbuch. Seine Position innerhalb der Kinder- und Jugendbuchforschung wird in der Einleitung des von ihm herausgegebenen, einflußreichen Bandes „Kinder- und Jugendliteratur. Zur Typologie und Funktion einer literarischen Gattung" (1974) besonders deutlich. Ausgehend von den Defiziten bisheriger Forschung und von aktuellen Auseinandersetzungen um die Jugendliteratur, kommt er zu der Forderung, um einer besseren Erfassung und Interpretation der Phänomene willen, die „Vorgaben und Vorentscheidungen im Interpreten selbst ... interpretatorisch zu reflektieren" und den „Beobachterstandort als Teil der Beobachtung mit darzustellen": „Viele scheinbare Sachkontroversen ließen sich dann als ideologische Selbstdarstellungen aufdecken, die, weil sie das Diskussionsobjekt – im speziellen Fall das Objekt ‚Kinderliteratur' – nur als Medium wählen, letztlich auch von der Sache aus argumentativ nicht angehbar sind."

Auch in seinen im engeren Sinne literaturdidaktischen Publikationen setzt H. bei der Reflexion aktueller Konzeptionen an, ehe er vor diesem Hintergrund seine eigene Position entwickelt. Sein Hauptvorwurf ist: „Anstatt die Schüler zunächst zu Lesern zu erziehen, produziert der Literaturunterricht weithin den aufgeklärten Nichtleser." Es käme indessen darauf an, „Lesefreude, Leselust, Lust am Text" als „Basis eines lebenslangen Selbstverständigungs- und Mündigkeitsprozesses" nicht zu zerstören, sondern aufzubauen („Lesen: In der Schule – nicht [nur] für die Schule"). H. zielt auf eine „Literaturdidaktik, die den Menschen in den Bedingungen seines sozialen und gesellschaftlichen Seins ernstnimmt, aber darüber nicht übersieht, daß das unauslöschliche Verlangen nach Glück, Lebenserfüllung, Genuß nicht völlig in diesen sozialen Bedingungen aufgeht, sondern sich rückbezieht auf ein je einmaliges und unverwechselbares individuelles Sein"; sie hätte daher „textuelle Analysestrategien anzubieten, die der Befriedigung dieser Bedürfnisse dienen: zu nützen und zu erfreuen; durch Erfreuen zu nützen; durch Nützen zu erfreuen." („Gegenideologie oder kritisches Bewußtsein.")

In H.s Entwürfen für die Arbeit mit Texten im Unterricht dominieren Formen des „tätigen Umgangs", auch auf der Basis der Textlinguistik („Textlinguistische Arbeitsformen im Schulversuch") anstelle der meist üblichen „erzwungenen Gespräche" über Literatur. Für den von ihm angestrebten „offenen" Leseunterricht, der die Auseinandersetzung mit Kinder- und Jugendbüchern einschließt, fordert er, die individuellen Lesebedürfnisse und Leseweisen der Schüler möglichst weitgehend zu berücksichtigen, was zur Textauswahl durch die Schüler führen kann, und auch die jeweilige „Reaktion auf Texte" (sprechen, schreiben, bildlich darstellen, spielen, rezensieren usf.) freizustellen. „Damit ist nicht einem leistungslosen Laissez-faire-Unterricht das Wort geredet – wohl aber einem Unterricht, der nicht alles mit der zähen Soße des ‚Sinns' und der ‚Bedeutung' übergießt, der Freiräume kennt, Freiheiten realisiert und der genauer als bisher weiß, wo sinnvollerweise strikt Leistungen eingefordert werden können, und wo der übliche Leistungsbegriff dem Wesen der anzugehenden Sache zuwiderläuft." („Lesen: In der Schule.")

Werke: Studien zur Form des Essays und zu seinen Vorformen im Roman (1966); Essay (1969).

Hrsg.: Kinder- und Jugendliteratur. Zur Typologie und Funktion einer literarischen Gattung (1974).

Beiträge: Hermann Hesse und Calw (in: K. Ziegler (Hrsg.): Calw. 1963. 8–15); Lyrik. 37 Unterrichtsmodelle (in: J. Bauer (Hrsg.): Handbuch zu „schwarz auf weiß". 1969. 31–86); Textkombination als Form der Interpretation (in: Westermanns Pädagogische Beiträge. 9. 1971. 473–481); Interpretation durch Schreibgestaltung (in: Westermanns Pädagogische Beiträge. 10. 1971. 540–548); Gegenideologie oder kritisches Bewußtsein (in: Westermanns Pädagogische Beiträge. 7. 1973. 367–374); Textlinguistische Arbeitsformen im Schulversuch (in: Westermanns Pädagogische Beiträge. 12. 1973. 647–656); Märchen, Sage, Schwank, Legende, Fabel und Volksbuch als Kinder- und Jugendliteratur (in: G. Haas (Hrsg.): Kinder- und Jugendliteratur. 1974. 144–177); Das Tierbuch (in: G. Haas (Hrsg.): Kinder- und Jugendliteratur. 1974. 335–367); Jugendliteraturforschung und Jugendliteratur in der DDR (zus. mit H. Künnemann; in: G. Haas (Hrsg.): Kinder- und Jugendliteratur. 1974. 61–70); Texttheorie als Fundierungskategorie des Deutschunterrichts auf der Primarstufe (in: Halbfas/Maurer/Popp (Hrsg.): Sprache, Umgang und Erziehung. 1975. 117–141); Lesen: In der Schule – nicht [nur] für die Schule (in: Westermanns Pädagogische Beiträge. 10. 1976. 585–591); Mit Texten umgehen – auf Texte reagieren (zus. mit J. Burann; in: Westermanns Pädagogische Beiträge. 11. 1977. 443–448); Struktur und Funktion der phantastischen Literatur (in: Wirkendes Wort. 5. 1978. 340–356); Dritte Welt im Jugendbuch (in: Arbeitskreis für Jugendliteratur (Hrsg.): Das Jugendbuch und die 3. Welt. 1979. 27–34); Phantastische Kinderbücher im Unterricht der Primarstufe (in: Th. Karst (Hrsg.):Kinder- und Jugendlektüre im Unterricht. Bd. 1. 1977. 25–50); Science Fiction – Gegenwart von der Zukunft aus gesehen (in: Th. Karst (Hrsg.): Kinder- und Jugendlektüre im Unterricht. Bd. 2. 1979. 65–75).

– *Alfred Clemens Baumgärtner*

Haas, Meno (Johann)

*Kupferstecher, Miniaturist, Illustrator; *30.5.1752 Hamburg, †16.10.1833 Berlin.*

H. verbrachte seine Jugendzeit in Kopenhagen, wohin seine Familie im Jahr seiner Geburt gezogen war. Sein Vater, der Kupferstecher Jonas Haas, lehrte ihn und seine Brüder schon früh dieses Handwerk. Später wurde H. Schüler Johann Martin Preislers (1715–1794) und der Königlichen Akademie der bildenden Künste in Kopenhagen, die ihn 1772 und 1774 auszeichnete. 1782 setzte H. seine Ausbildung in Paris unter Nicolas de Launay (1739–1792), „einem der glänzendsten Vertreter der französischen Reproduktionsgraphik des 18. Jahrhunderts", fort und wurde 1786 von der Königlichen Galerie als Kupferstecher nach Berlin berufen und 1793 zu deren Mitglied gewählt.

Werk, Tendenzen, Wirkung. Obwohl die von H. illustrierten Bücher Untertitel wie „zur Bildung des Geistes und des Herzens" oder „zur Aufklärung des Verstandes" tragen, sind ihre didaktischen Ziele nicht die der Aufklärung, sondern verpacken Wissen in eine unterhaltende Form. So dienen die Illustrationen weniger zur Erklärung oder Darstellung von Unbekanntem, haben vielmehr schmückende Funktion: Eine im Text beschriebene Situation wird bildnerisch wiedergegeben. Schon deshalb liegt das Hauptinteresse des Illustrators bei der Handlung und den Handelnden. H. entwickelt ein besonderes Vermögen, agierende Menschen und Tiere darzustellen, sie gelingen ihm eher als Idyllen und Alltagsszenen. So wird zum Beispiel die Übergabe einer Geschenkschatulle an den Feldherrn Curius Dentatus in einem kahlen, detailarm gestalteten Raum (Friedrich Selbiger: Neues Lese- und Unterhaltungsbuch, 1818), die Ermordung Herrmanns des Cheruskers am Fuße eines Denkmals als eine monumentale Umstellungsszene (F. P. Wilmsen: Der Mensch im Kriege, 1816) oder der „Schiffbruch der

Fregatte Medusa" in Sturm und einem etwas schematisch gezeichneten Wellengebirge (F. P. WILMSEN: Euphrosyne, 1820) zum Thema genommen. H. kann auf seine Erfahrung als Stecher aufbauen. Die Körper sind plastisch und die Schraffur beweglich. Sollen zu starke Kontraste vermieden oder innerhalb der Binnenzeichnung abgestuft werden, läßt er die Umrißlinie fort oder lockert sie auf.
Stilistisch tragen die Bilder spätbarocke und klassizistische Züge: runde, schwellende Formen, eine Freude an Exotischem und Buntem, die Figuren in pathetischer Haltung, dennoch bewegt, in freier Landschaft oder im Rahmen antikisierender Architektur. Nicht zuletzt daher rührt beim Betrachter der Eindruck von Theater, von einer Bühne. Die Handlung spielt sich im Vordergrund ab, die Figuren sind dramaturgisch geschickt plaziert, der Hintergrund, gleich Kulissen, bedeutungslos und deshalb kaum behandelt und nur schematisch angedeutet. Durch diese Frontalität, aber auch die Bewegung und H.s willkürlich gewähltem Bildausschnitt, der Personen anschneidet, wirken die kolorierten Stiche nah und unmittelbar, als suchten sie Kontakt zum Leser. Diese Art der Illustration erfüllt trotz ihres künstlerischen Mittelmaßes die Funktion, den Inhalt der Textvorlagen dem Leser näher zu bringen.

Werke: D. Fr. Schaeffer: Der Weltumsegler (Bd. 1–7. 1801–1817, zus. mit anderen); J. Chr. Vollbeding: Ariston oder Schilderung menschlicher Geistesgröße und Herzensgüte zur Belebung der Frömmigkeit und Vaterlandsliebe in jugendlichen Herzen (1815); Fr. Ph. Wilmsen: Die glücklichen Familien in Friedheim (zus. mit anderen, 1815); Fr. Ph. Wilmsen: Der Mensch im Kriege oder Heldenmuth und Geistesgröße in Kriegsgeschichten aus alter und neuer Zeit (1816); H. Rockstroh: Der Thiergarten zu Lilienthal (1817); Fr. Selbiger: Neues Lese- und Unterhaltungsbuch zur Aufklärung des Verstandes und zur Veredlung des Herzens (1818); C. Fröhlich: Ein Hundert und dreißig kleine unterhaltende Geschichten und moralische Erzählungen für die Jugend (1820); Fr. Ph. Wilmsen: Euphrosyne, oder Deutsches Lesebuch zur Bildung des Geistes und Herzens, für die Schule und das Haus (Th. 1–2. 1820; zus. mit L. Meyer); W. Gottschalk (d.i. J. H. Meynier): Titania oder moralische Feenmährchen für Kinder (1821); J. Freudenreich (d.i. J. H. Meynier): Hugo's und Lina's Erholungsstunden, oder kleine Erzählungen zur Bildung des Herzens und der Sitten für Kinder von 4 bis 9 Jahren (1826); F. Sternau (d.i. J. H. Meynier): Palamedes. Oder erweckende, belehrende und warnende Erzählungen für Söhne und Töchter von 6 bis 12 Jahren (1826).

Sekundärliteratur: J. G. Meusel: Teutsches Künstler-Lexicon (Bd. 1. [2]1808). – A. Rümann: Alte deutsche Kinderbücher (1937); Das illustrierte Buch des 19. Jahrhunderts in England, Frankreich und Deutschland, 1790–1860 (1930, ND. 1975). – H. Wegehaupt: Alte deutsche Kinderbücher. Bibliographie 1507–1850 (1979).

Cornelia Schneider

Habberton, John

*Journalist, Schriftsteller; *24.2.1842 Brooklyn (New York), †24.2.1921 Glen Ridge (New Jersey).*

Nach dem Tod seines Vaters verließ H. im Alter von sechs Jahren New York, um bei seinem Onkel in Illinois zu leben. Einer kurzen Schulzeit folgten Anstellungen in einem Kaufhaus und in einem Telegraphenamt. Im Jahre 1859 kehrte er nach New York zurück und erlernte den Beruf des Druckers. Von 1862 bis 1865 diente er in der Unionsarmee und erhielt nach Beendigung des Bürgerkriegs eine Beschäftigung beim New Yorker Verlagshaus Harper & Brothers. Der Versuch, einen eigenen Verlag zu gründen, schlug fehl (1872). H. übernahm als Herausgeber den literarischen Teil der Zeitschrift „Christian Union", später umbenannt zu „Outlook". Von 1876 bis 1893 war er als Literaturkritiker beim „New York Herald" tätig. In der Nachfolgezeit gehörte H. zu den Herausgebern verschiedener Zeitschriften („Godey's Magazine", 1893; „Collier's Weekly", 1897–1899; „Floral Life", 1903–1908). Schon während seiner Tätigkeit als Journalist legte H. 1876 nach anfänglichen Schwierigkeiten mit den Verlegern anonym sein Jugendbuch „Helen's Babies" vor. Bis zu seinem Tod verfaßte er weitere 24 Bücher, das Theaterstück „Deacon Crankett" und eine Biographie von GEORGE WASHINGTON.

Werk, Tendenzen, Wirkung. „Helen's Babies" ist die humorvolle Geschichte eines Junggesellen, Onkel der beiden Jungen Budge und Toddie, der sich bereit erklärt hat, während der Abwesenheit ihrer Eltern den Haushalt zu führen und den Streichen der Kinder ausgesetzt ist. H. erinnert sich in diesem Buch an die Wochen, in denen er mit seinen eigenen zwei Söhnen allein war, während seine Frau einen Besuch bei Verwandten machte. Das Buch hatte großen Erfolg bei Erwachsenen wie jugendlichen Lesern und wurde bis in die Gegenwart in regelmäßigen Abständen neu aufgelegt. Zeit seines Lebens versuchte H., den überraschenden Erfolg seines ersten Jugendbuchs mit anderen Werken zu wiederholen. In rascher Folge schrieb er eine Vielzahl von Büchern, die nicht zuletzt aufgrund der banalen Handlungen und des hausbackenen Stils in Vergessenheit geraten sind. Auch die beiden Fortsetzungen zu „Helen's Babies", die Bände „Other people's children" (1877) und „Budge and Toddie" (1908) konnten den Verkaufserfolg von „Helen's Babies" nicht wiederholen. Lediglich das Theaterstück „Deacon Crankett" (1880) fand einen vergleichbaren Anklang in den Vereinigten Staaten. Neben den Jugendbüchern steht ein recht umfangreiches Erzählwerk für Erwachsene, das jedoch heute so gut wie unbekannt ist. H. zählt heutzutage zu den Jugendbuchautoren, deren Namen nur noch mit einem einzigen Werk in der Erinnerung geblieben sind.

Werke (Auswahl): Helen's Babies (1876; dt. Helene's Kinderchen, 1883); Some folks (1877; dt. Allerhand Leute, 1877); Other people's children (1877; dt. Anderer Leute Kinder oder Bob und Teddi in der Fremde, 1883); The worst boy in town (1880); Well out of it (1892; dt. Großgewordene Kinder, 1893); Phil Fuzzytop (1900); Some boy's doing (1901); The tiger and the insect (1902; dt. Der Tiger und das Insekt – Geschichten von kleinen Mädchen, 1903); Budge and Toddie (1908).

Sekundärliteratur: F. H. Hastings: Family Record of Dr. Seth Hastings, Sr. (1899).

Erhard Dahl

Hachfeld, Rainer

*Pressezeichner, Illustrator, Journalist, Kindertheaterautor, Mitarbeiter des Grips-Theaters Berlin; *9.3.1939 Ludwigshafen.*

H., Bruder von VOLKER LUDWIG (d.i. ECKART HACHFELD), dem Gründer und Leiter des Grips-Theaters, kam ebenfalls über das Kabarett zum Kindertheater. Schon der Vater, der Schriftsteller Dr. ECKART HACHFELD, war Kabarett-Autor, der vor allem für das Düsseldorfer „Kom(m)ödchen" schrieb.
H. lebt seit 1952 in Berlin und studierte dort Zeichenfilm und Bühnenbild an der Meisterschule für Kunsthandwerk. Zeitweise war H. als Pressezeichner und politischer Journalist tätig. Bekannt wurde er als Autor von Kindertheaterstücken; für „Stokkerlok und Millipilli" (Erstaufführung 1968) erhielten E. und R. HACHFELD 1969 den Brüder-Grimm-Preis.

Werk, Tendenzen, Wirkung. Gemeinsam mit VOLKER LUDWIG prägte H. die Frühzeit des Kindertheaters im Reichskabarett, dem späteren „Grips-Theater", die sich in der allmählichen Ablösung von den üblichen Märchenstoffen zu einer immer deutlicheren und entschiedeneren Aufnahme kindlicher Realität hin entwickelte. Schon das erste, noch durchweg märchenhafte Stück machte ein Mädchen zum Hauptheldén („Die Reise nach Pitschepatsch", 1968). Die antiautoritären Elemente werden verstärkt im zweiten Stück, das zwar noch als Stationenmärchen zu bezeichnen ist, sich aber schon mit Alltagsproblemen von Kindern auseinandersetzt. Tragend ist hierbei die Grundidee des Bühnenbildners H.: das von dem Verbotsschilder malenden Kratzwurst zerteilte und versteckte Lokolieschen wird von Millipilli mit Hilfe des kinderfreundlichen Lokführers Stokkerlok nach vielem Suchen unter garstigen Erwachsenen Stück für Stück (= Szene für Szene) wieder aufgefunden und zusammengesetzt (Stokkerlok und Millipilli, 1969).
Die „Mugnog-Kinder!" (1970) spielen ganz in der Alltagsrealität, nützen aber noch den Zauber – die gewöhnliche Holzkiste Mugnog mit ihren phantastischen Spielmöglichkeiten und sinnvollen Anordnungen –, um sich gegen die erwachsenen Eltern, Bürgermeister, General und Minister behaupten zu können. Hier wird H.s verkürzender Karikaturstil besonders deutlich: wie im Comic-Strip sind die negativen Erwachsenen auf wenige Züge reduziert, die Kinder dagegen reicher und differenzierter ausgeführt.
1970/1971 drehte H. drei Fernsehfilme für Kinder (Südwestfunk, Reihe „Na und"), schrieb 1972 das Stück „Hans und Grete ziehen um", das nicht vom Grips-Theater gespielt wurde, dessen Thema 1979 mit „Blöder wohnen" als Auftragswerk für die Berliner Ausstellung „und wie wohnst du?" noch einmal aufgenommen wurde.
Zum Grips-Theater kehrte H. 1976 wieder zurück mit „Kannst du zaubern, Opa?". In diesem Stück wird die Erkundung der kindlichen Welt auf die Generation der Großeltern ausgedehnt, die nicht als bedrohende Erwachsene gesehen werden, sondern sich in ihrer gesellschaftlichen Randstellung mit den Kindern zusammentun. „Banana" (1976) beruht auf eingehenden Südamerika-Studien. „Spaghetti mit Ketchup" (1979) beschränkt sich wieder auf den unmittelbaren Lebensbereich der Kinder. Da die Mutter ins Krankenhaus muß, können Axel und Dieter, sechs und acht Jahre alt, endlich selbständig werden, indem sie z.B. kochen lernen.
Außerdem zeichnet H. mit klaren, harten Formen, figuren- und aktionsreich für das Kindertheater. Er entwarf Plakate, Programmhefte und das Wandbild an der Außenfront des Grips-Theaters. Mehrere Stücke H.s erschienen mit eigenen Zeichnungen als Kinderbuch.

Werke: Die Reise nach Pitschepatsch (1968, zus. mit V. Ludwig); Stokkerlok und Millipilli (1969, zus. mit V. Ludwig); Der Struwwelpeter neu frisiert oder Lästige Geschichten und dolle Bilder (zus. mit E. Hachfeld, 1969); Marx und Maoritz (zus. mit Kl. Budzinski, 1969); Mugnog-Kinder! (1970, zus. mit V. Ludwig); Hans und Grete ziehen um (zus. mit U. J. Jensen, 1972; auch u.d.T.: Die sagenhafte Sache mit dem Zimmer, 1972); Die bunten Kinder von Kloacker (zus. mit U. J. Jensen, 1973); Kannst du zaubern, Opa? (zus. mit St. Reisner, 1976); Banana (zus. mit R. Lücker, 1976); Blöder wohnen (1979); Spaghetti mit Ketchup (zus. mit D. Lehmann, 1979).

Sekundärliteratur: V. Ludwig (Hrsg. zus. mit W. Kolneder): Kindertheater mit Grips. Bericht über ein Modell (1978). – W. Kolneder (Hrsg., zus. mit V. Ludwig und K. Wagenbach): Das GRIPS Theater (1979).

Hans-Wolfgang Nickel

Hageni, Alfred

*Kinder- und Jugendbuchautor; *8.2.1917 Frankenthal/Rheinpfalz.*

H. verbrachte seine Kindheit in der Pfalz und lebt heute in Kaiserslautern. Nach dem Besuch der Oberrealschule begann er in München mit dem Studium der Germanistik, dessen Abschluß jedoch durch Wehrdienst, Krieg und Gefangenschaft verhindert wurde. Kriegserlebnisse führten zu dem Entschluß, in Zukunft für Kinder und Jugendliche zu schreiben. H. hat bisher mehr als 20 Kinder- und Jugendbücher veröffentlicht. Für einige Jahre war er Mitarbeiter der Zeitschrift „Jugend in Schule und Beruf". Gelegentlich schreibt H. Beiträge für den Rundfunk.

Werk, Tendenzen, Wirkung. 1955 veröffentlichte H. das Buch „Fünfzig Tage kanadischer Urwald". Es beschäftigt sich mit der Frage, ob der „nackte Mensch" in der Lage sei, in der Natur zu überleben, wenn er durch eine Katastrophe (Atomexplosion) ohne die Hilfsmittel der Zivilisation auskommen müßte. Die Verantwortung des Stärkeren für den Schwächeren – insbesondere im Verhältnis von „Wilden" und „Zivilisierten" – ist Leitthema der Abenteuerbücher „Unter Perlenfischern und Piraten" (1962) und „Zauber im australischen Busch" (1964) sowie der geschichtlichen Erzählung „Die Paxton-Boys" (1967), einer Episode aus dem Leben BENJAMIN FRANKLINS (1706–1790). Daneben schrieb H. eine Reihe heiterer Erzählungen für jüngere Leser (unter anderem „Safari am Teufelstisch“, 1963). In der Folgezeit befaßte sich der Autor vor allem mit den Entdeckungsfahrten der Portugiesen und Spanier im 15. und 16. Jahrhundert, denen er vier geschichtliche Sachbücher widmete („Ich will nach Indien“, 1969; „Herren über Wind und Meer“, 1971; „Segel am Horizont“, 1972; „Karavellen Kurs West“, 1977). Es gelingt ihm, erzählerische Elemente und genau informierenden Bericht miteinander zu verbinden. Hervorzuheben ist das Bemühen des Autors, die bedeutenden Entdecker und ihre Leistungen nicht isoliert darzustellen, sondern auch das historische Umfeld und die Auswirkungen bis zur Gegenwart einzubeziehen. Anders angelegt sind die im kolonialen und nachkolonialen Südamerika spielenden Erzählungen („Gefangen im Dschungel“, 1975; „Gefährliche Fracht“, 1976; „Der Raub des Chinabaums“, 1978; „Aufstand am Rio Negro“, 1979). Die abenteuerliche Handlung steht hier im Vordergrund. Doch beruhen auch diese Erzählungen auf historischen Tatsachen und vermitteln eine Fülle von Informationen über Landschaft, Natur und Geschichte der Andenländer und des Amazonasraumes. – Als Kinderbuchautor ist H. zuletzt durch eine Reihe heiter-phantastischer Geschichten für Leseanfänger (unter anderem „Verflixt und zugenäht“, 1977) hervorgetreten.

Werke: Schnabelwitz (1946); Die Mondfinsternis (1949); 50 Tage kanadischer Urwald (1955); Unter Perlenfischern und Piraten (1962, TB. 1974); Safari am Teufelstisch (1963); Zauber im australischen Busch (1964, TB. 1974); Onkel Puck mit der Posaune (1965); Alles für Schneeblume (1965, TB. 1972); Sonntagskinder (1966); Die Paxton-Boys (1967); Ich will nach Indien (1969, TB. 1976); Herren über Wind und Meer (1971, TB. 1978); Segel am Horizont (1972); Zauber der Ferne (1973); Gefangen im Dschungel (1975); Gefährliche Fracht (1976); Karavellen Kurs West (1977); Verflixt und zugenäht (1977); Der Raub des Chinabaums (1978); Aufstand am Rio Negro (1979); Leselöwen Räubergeschichten (1979); Der Riesenschnurrbart und andere spaßige Geschichten (1979).

Sekundärliteratur: J. Seubert: Die Zeit der Entdeckungen und der europäischen Kolonisation im geschichtlichen Jugendbuch (in: Th. Karst (Hrsg.): Kinder- und Jugendlektüre im Unterricht. Bd. 2. Sekundarstufe. 1979. 158–173).

Josef Seubert

Haggard, Henry Rider

*Englischer Kolonialbeamter in Südafrika, Landwirtschaftsexperte, Schriftsteller; *22. 6. 1856 Bradenham Hall (Norfolk), †14. 5. 1925 London.*

H. war das achte von zehn Kindern eines englischen Landedelmannes, der für seinen Sohn eine Laufbahn im diplomatischen Dienst vorgesehen hatte. 1875 wurde H. mit dem neuernannten Gouverneur Sir Henry Bulwer als Privatsekretär ohne Gehalt nach Südafrika geschickt, wo die politischen Spannungen zwischen der britischen Kapkolonie und dem jungen Transvaalfreistaat der Vortreck-Buren einem neuen Höhepunkt entgegengingen, insbesondere da die Buren dem Druck der Zulu und Mtabele-Krieger ausgesetzt waren. H. war an der Annektion des Burenfreistaats direkt beteiligt – er hißte die britische Flagge in der Transvaalhauptstadt Pretoria am 12. 4. 1877. Danach siedelte er sich als Farmer in Natal an. In seinem Hause wurden die Friedensverhandlungen zur Beendigung des ersten Burenkrieges geführt. 1881 kehrte H. nach England zurück und nahm ein Jurastudium auf. Aus dieser Zeit datieren seine ersten literarischen Versuche. In späteren Jahren bewarb sich H. um einen Sitz für die konservative Partei im britischen Unterhaus und war Vorsitzender einer königlichen Untersuchungskommission zur Situation der Landwirtschaft.

Werk, Tendenzen, Wirkung. H.s erstes und erfolgreichstes Buch, „King Salomon's mines“ (1885), geht auf eine Wette mit seinem Bruder zurück. Beeindruckt von dem Verkaufserfolg von STEVENSONS „Treasure island“ hänselte der Bruder den literarisch dilettierenden H., er wäre nie imstande, ein so publikumswirksames Buch zu schreiben. H. nahm die Herausforderung an und schrieb innerhalb kurzer Zeit sein Abenteuerbuch. Aus dem Erfolg des Erstlings ergab sich der Zwang zur Fortsetzung der Geschichte des Allan Quatermain. In einem beinahe automatischen Schreibstil (automatic writing) brachte H. ein Buch nach dem andern auf den Markt. Seinen zweiten Bestseller, die Erzählung „She“, hatte er innerhalb von vier Wochen fertiggestellt. Als die afrikanischen Themen sich zu erschöpfen drohten, griff H. neue Abenteuerthemen aus dem Ägypten der Pharaonen, aus Mexiko und Peru zur Zeit der spanischen Eroberung, aus der Zeit der Kreuzzüge und dem Jerusalem des Kreuzritterstaates und aus der englischen Geschichte auf. Die literarische Qualität hat von dieser Vielschreiberei nicht profitiert. Stereotype Handlungsmotive, exotischer Schauplatz, historisch Verbürgtes oder doch historisch Mögliches wird mit einem Schuß Magie, Zauber oder Übersinnlichem zu einer Abenteuerstory montiert.

C. S. LEWIS urteilte über H.s Werk: „Haggard's best work will survive because it is based on an appeal well above high water mark. The fullest tides of fashion cannot demolish it. A great myth is relevant as long as the predicament of humanity lasts.“ Dies gilt insbesondere für H.s „afrikanische“ Romane, die „Allan Quatermain“-Reihe („King Solomon“, 1885; „Allan Quatermain“, 1887; „Sheba's ring“, 1909; „The Holy Flower“, 1915), die „She“-Reihe („She“, 1886; „Ayesha, the Return of She“, 1905; „She and Allan“, 1920; „Wisdom's daughter“ 1923) und die Romane über die Zulus unter Chaka, Cetewayo und Dingaan („Nada the lily“, 1892; „Marie“, 1912; „Child of storm“, 1913; „Finished“, 1916). Alle diese Romane basieren auf einer mitreißenden Handlungsfülle, mythisch fundierten Geheimnissen, einem geschickten Arrangement romantisierender Landschaftsschilderungen, heroisierender Personen- und Schlachtenszenen und Entlastung bringende Enträtselungsszenen. H.s Abenteuerromane sind

Dokumente des Zeitgeistes eines in kolonialer Expansion begriffenen Englands.
H.s Romane dokumentieren die europäische Superioritätsmentalität. Zwar hat er einige herausragende afrikanische Führer als wichtige, aber nicht als Hauptfiguren in seine Handlungen eingebaut, insgesamt aber herrscht der Eindruck von den Afrikanern als einer nicht individualisierbaren Masse vor. „King Solomon's mines" greift offensichtlich die Entdeckung (1871) der Ruinen vom Simbabwe durch den Deutschen KARL MAUCH auf und befestigt die These, eine Kultur mit Monumentalarchitektur könne nur außerafrikanischen Ursprungs sein. In dem von Wissenschaftlichkeit geprägten 19. Jahrhundert wurde ernsthaft die biblische Legende von König Salomon, der Königin Sheba (Saba) und dem Goldland Ophir als Erklärung herangezogen, denn die zu unterwerfenden Afrikaner durften nicht als Kulturschöpfer ausgewiesen werden. So sind bei H. die Afrikaner inkompetente Sachwalter des ihnen überlassenen fremden kulturellen Erbes. Auch bei den „She"-Romanen spielt die Vorstellung einer in Afrika noch fortlebenden abendländischen Restkultur aus einer früheren Kolonialepoche (die die koloniale Besitzergreifung rechtfertigen sollte) eine zentrale Rolle, verbunden mit spiritistischen und asiatischen religiösen Vorstellungen von einer Liebe, die mehrere Reinkarnationen überdauert. Unterlegt ist dieser fernöstliche Mystizismus mit viktorianisch-doppelbödigen Moral- und Sexualvorstellungen. Die ewig der Erfüllung ihrer Liebe harrende Ayesha und ihr Feuer der Verjüngung – das Feuer von Kor – scheinen Sexualität entsprechend der offiziellen viktorianischen Moral zu tabuisieren, andererseits sind die Beschreibungen dieser Zauberin von einer schwülen Sinnlichkeit geprägt. H.s Mischung aus exotischen Wunschbildern und gesicherten kritischen Ordnungskategorien trug nicht unwesentlich zu dem anhaltenden Verkaufserfolg bei. Die Erzählungen H.s gaben zu zahlreichen Verfilmungen Anlaß, so wurde die Verfilmung von „King Solomon's mines" zu einer der machtvollsten Demonstrationen des Filmimperiums von Hollywood.

Werke: King Solomon's mines (1885; dt. König Salomo's Schatzkammer, 1888; NA. 1971); The witch's head (Bd. 1–3, 1885); She, a history of adventure (1886; dt. Sie, 1911); Allan Quatermain (1887; dt. Das unerforschte Land, 1896); Allan's wife (1887; dt. Der Zauberer im Sululande, 1897); A tale of three lions (1887); He, a companion to She (1887); Jess (1887; dt. Eine neue Judith, Bd. 1–2. 1887); Beatrice (1888; dt. Beatrice, 1891); Colonel Quaritch, V.C., a tale of country life (1888; dt. Oberst Quaritch, Bd. 1–2. 1891); Cleopatra (1888; dt. Kleopatra, 1898); Maiwa's revenge (1888); Mr. Meesson's will (1888); My fellow laborer (1888); The world's desire (zus. mit A. Lang, 1890); Eric Brighteyes (1891); Montezuma's daughter (1892); Nada the lily (1892; dt. Nada, die Lilie, 1980); Joan Haste (1894); The people of the mist (Bd. 1–2. 1894; dt. Volk des Nebels, 1979); Heart of the world (1895; dt. Das Herz der Welt. Eine Erzählung aus dem Landleben, 1898); The wizard (1896); Doctor Therne (1898); Swallow; a tale of the Great Trek (1898); Black heart and white heart and other stories (1900); Lysbeth, a tale of the Dutch (1901); A winter pilgrimage (1901); Pearl-maiden, a tale of the fall of Jerusalem (1902); Stella Fregelius, a tale of three destinies (1903); The brethren (1904); Ayesha, the return of She (1905); Tress; a novel (1905); The spirit of Bambatse (1906); The way of the spirit (1906); Benita (1906); Fair Margaret (1907); The ghost kings (1908); The lady of the heavens (1908); The yellow god (1908); The Lady of Blossholme (1909); Queen Sheba's ring (1909); Morning star (1910); The mahatma and the hare; a dream story (1911); Red Eve (1911); Marie (1912); Child of storm (1913); The wanderer's necklace (1914); Allan and the holy flower (1915); Finished (1916); The ivory child (1916; dt. Das Elfenbeinkind, 1925); Love eternal (1918); Moon of Israel (1918); When the world shook; being an account of the great adventure of Bastin, Bickley and Arbuthnot (1919); She and Allan (1920); The ancient Allan (1920); Smith and the Pharaohs, and other tales (1920); The missionary and the witchdoctor (1920); The virgin of the sun (1922); Hen-Hen; or The monster (1923; dt. Hen-Hen, oder Das Ungeheuer, 1925); Wisdom's daughter (1923); Queen of the dawn; a love tale of old Egypt (1925); The days of my life, an autobiography (1926); The treasure of the lake (1926); Allan and the ice-gods (1927); Belshazzar (1928); Mary of Marion Isle (1929; auch u.d.T.: Marion Isle, 1929); M. N. Cohen (Hrsg.): Rudyard Kipling to Rider Haggard. Letters (1965).

Sekundärliteratur: M. N. Cohen: Rider Haggard. His life and work (^{2}1968). – P. B. Ellis: Henry Rider Haggard. A voice from the infinite (1978). – N. Etherington: Rider Haggard's imperial romances (in: Meanjin. 36. 1977. 189–199). – R. L. Green: Henry R. Haggard (in: Times Literary Supplement vom 4.8.1972). – R. F. Patteson: „King Solomon's mines": Imperialism and narrative structure (in: Journal of Narrative Technique. 8. 1978. 2. 112–123).

Eckhard Breitinger

Hahn, Karl Heinrich August

*Theologe, Pädagoge, Jugendschriftsteller; *17.1.1778 Zeitz (Sachsen), †10.4.1854 Groß-Wanzleben (Sachsen).*

H. studierte zunächst in Wittenberg Theologie und Philosophie. Im Jahre 1801 erhielt er eine Anstellung als Lehrer am Gymnasium zum Grauen Kloster in Berlin. Ein Jahr später wurde er Rektor an der Garnisonsschule. 1805 ging er als Erzieher des Prinzen WILHELM ZU SOLMS-BRAUNFELS nach Neustrelitz. Durch seine praktische Tätigkeit und sein schulnahes Schrifttum bekannt geworden, erhielt H. 1817 das Amt des Regierungs- und Schulrates in Erfurt, wo er zugleich Direktor des dortigen Lehrerseminars war. Von 1826 bis 1850 wirkte er neben CARL CHRISTOPH GOTTLIEB ZERRENNER (1780–1825) als Schulrat in Magdeburg. Im Jahr 1850 trat H. in den Ruhestand. JOHANN CHRISTOPH KRÖGER (1792–1874) beschreibt ihn als einen „kräftigen und lebendigen Mann", der „einen heilsamen Einfluß auf das Schulwesen der Provinz Sachsen" ausgeübt habe (S. 23f.).

Werk, Tendenzen, Wirkung. H. wirkte in der Tradition der philanthropistischen Erziehungsbewegung. Wie ZERRENNER ist er ein Vertreter der zweiten Generation. Verstandesbildung und moralische Erziehung bilden die Grundintentionen seiner Schriften. Sie besitzen ihre Vorbilder in den Arbeiten von FRIEDRICH EBERHARD VON ROCHOW (1734–1805), JOACHIM HEINRICH CAM-

PE (1746–1818) und JOHANN BERNHARD BASEDOW (1724–1790). Neben Büchern zum Gebrauch bei der häuslichen und schulischen Erziehung verfaßte H. Romane und romanhafte Darstellungen von Lebens- und Erziehungssituationen als moralische Allegorien, wie sie auch JOHANN HEINRICH PESTALOZZI (1746–1827) und CHRISTIAN GOTTHILF SALZMANN (1744–1811) vorlegten. Seine „Stoffe zur Bildung des Geistes und des Herzens" wurden als Lehrbücher in den Schulen benutzt und fanden teilweise große Resonanz. Während seine Romane und romanhaften Darstellungen wenig originell sind, verdient H. Beachtung als einer der ersten Pädagogen, der sich besonders um die Erziehung und Lektüre für das Kleinkind bemüht hat. So enthält das zweibändige Werk „Kinderfreuden" (1805–1806) im ersten Teil des ersten Buches das Kapitel „Erzählungen für Kinder bis zum achten Jahr". Dazu stellt H. im Vorwort fest: „Die erste Abteilung enthält leichte Erzählungen für das frühe Kindesalter. Daß schwere Wörter in derselben mit vorkommen, muß erwünscht sein; die Kinder sollen sich nicht in dem Kreise ihrer Begriffe herumdrehen, sie sollen diesen erweitern ...". Der ganze erste Teil des zweiten Bandes ist sogar „Kindern bis zum sechsten Jahr" gewidmet. Offensichtlich stieß H. mit seinen Geschichten für ganz Kleine auf Kritik bei seinen Standesgenossen, denn im zweiten Band hält er es für notwendig, eine längere „Bitte" mit dem Untertitel „Ein Wort an die Lehrer" vorauszuschicken. Hier rechtfertigt er sich vor allem dafür, daß er in diesem zweiten Band Geschichten für noch jüngere Kinder bringt. Die Geschichten H.s, deren Stoffe und Sprache er in der engen Erfahrungswelt des Kleinkindes sucht, erinnern im Sprachduktus wie in der Themenwahl an den späteren „Struwwelpeter" des Frankfurter Arztes HEINRICH HOFFMANN (1809–1894). Im Stil der Aufklärungsliteratur werden Vernunft und Moral verbunden und in belehrende Einheiten zusammengefügt. Die großen Vorbilder erreicht H. allerdings nicht.

Werke: Die Familie Bendheim (Bd. 1–2. 1800); Stoff zur Bildung des Geistes und des Herzens (Bd. 1–3. 1803–1810); Kinderfreuden. Ein Seitenstück des Stoffes zur Bildung des Geistes und Herzens (Bd. 1–2. 1805–1806); Kommt mit mir oder Vademecum für Kinder eine Übung der Geisteskräfte (1806); Angenehme Schulstunden. Gedichte und gereimte Erzählungen für die Jugend (1807); Therese oder das Buch für Mütter zum Selbstunterricht der Kinder (1808); Theresens Hülfsbuch für Mütter geschrieben (1808); Wilhelmine oder Das erste Buch für Mütter, die auf den Verstand ihrer Kinder von der frühesten Zeit an wirken wollen (Bd. 1–2. 1809); Omar. Ein Andachtsbuch für die Jugend und das Alter (Thl. 1–2. 1800); Parabeln (1811); Der Sylvesterabend. Eine Begebenheit in der Familie Hellwang (1812); Meine Reisen durch einen Theil der Preußischen Staaten, damals Schlesien, Galizien, Mähren, Böhmen, Sachsen und Mecklenburg (Bd. 1–3. 1812–1837).

Sekundärliteratur: J. Chr. Kröger: Reise durch Sachsen nach Böhmen und Oesterreich, mit besonderer Beziehung auf das niedere und höhere Unterrichtswesen (Bd. 1. 1840). – A. Merget: Geschichte der deutschen Jugendliteratur (^{3}1882). – B. C. L. Natorp: Kleine Schulbibliothek. Ein literarischer Wegweiser für Lehrer an Volksschulen (1820).

Reinhard Stach

Haller, Adolf

*Schriftsteller, Pestalozziforscher; *15. 10. 1897 Muhen/ Aargau (Schweiz), †21. 9. 1970 Luzern.*

H., Sohn eines Kleinbauern und Bäckers, absolvierte das Lehrerseminar und arbeitete danach vierzig Jahre als Bezirksschullehrer. Im Nebenamt war er Schulinspektor. Seine schriftstellerische Tätigkeit ist geprägt durch die intensive Beschäftigung mit dem Leben und Werk JOHANN HEINRICH PESTALOZZIS (1746–1827). H. verfaßte ein Lebensbild PESTALOZZIS sowie Erzählungen für Jugendliche und Erwachsene. Außerdem gab H. zahlreiche Schriften von PESTALOZZI heraus. Zusätzlich stammen von H. historische Jugendbücher, Theaterstücke und Hörspiele mit Themen aus der Geschichte seiner engeren Heimat. H. erhielt Auszeichnungen der Schweizerischen Schillerstiftung (1944), des Kantons Aargau (1957), zweimal den Jugendbuchpreis des Schweizerischen Lehrer- und Lehrerinnenvereins – 1947 für sein Gesamtschaffen, 1967 für die CHURCHILL-Biographie „Der Mann unseres Jahrhunderts" (1966).

Werk, Tendenzen, Wirkung. Die Helden von H.s Erzählungen für die Jugend sind häufig Jugendliche, die durch ihre soziale Herkunft benachteiligt sind, die sich aktiv mit ihrer Umgebung auseinandersetzen und sich einen Platz in der Gesellschaft erkämpfen. In „Kamerad Köbi" (1933) muß sich ein Jugendlicher nach dem Tod seiner Mutter in eine neue Gemeinschaft einfügen. In „Ein Mädchen wagt sich in die Welt" (1936) setzt ein Mädchen trotz Krise und Arbeitslosigkeit ihren Anspruch auf eine Ausbildung und auf Unabhängigkeit durch. Die Parteinahme für die Benachteiligten und das Aufzeigen der Möglichkeiten zur Verbesserung ihrer Lage zeigt den Einfluß PESTALOZZIS, im besonderen dessen Werks „Gertrud und Lienhard" (1781). In „Heiri Wunderli von Torlikon" (1944) zeichnet H. PESTALOZZI als Kämpfer für die Würde des Menschen und als Erzieher zum selbstverantwortlichen Staatsbürger, dessen oberste Autorität das eigene Gewissen ist. Unter dem Eindruck der Auseinandersetzung mit dem Nationalsozialismus und des Weltkrieges entstanden die historischen Jugendbücher „Heini von Uri" (1942), „Tanz um den Freiheitsbaum" (1954) und „Beresina" (1956). Hintergrund von „Heini von Uri" ist der Befreiungskampf der Innerschweiz gegen den Herzog von Österreich im 14. Jahrhundert. In „Tanz um den Freiheitsbaum" wird die Zeit der Besetzung der Eidgenossenschaft durch die französischen Revolutionstruppen beschrieben. Der junge Beat Vögeli, der sich zunächst von der neuen Ordnung viel verspricht, lernt, daß sozialer Fortschritt nicht von außen gebracht wird, sondern daß ihn jeder selbst erkämpfen muß. Die Erzählung „Beresina" beruht auf den Aufzeichnungen eines Schweizer Offiziers über seine Erlebnisse während des Rußlandfeldzuges von Napoleon. Der Bezug zur Vorkriegs- und Kriegszeit läßt sich bei allen drei Erzählungen leicht herstellen. H. setzte der Bedrohung durch den Nationalsozialismus die Besinnung auf traditionelle Werte entgegen: Ablehnung jeder Unterordnung unter eine fremde Macht, auch wenn sie als Schutzmacht auftritt, und Verantwortlichkeit jedes einzelnen für sein Tun. Das Weltbild, das H. vermittelt, ist in dem Sinne konservativ, als soziale Mißstände zwar kritisiert werden, ihre Behebung aber als im Rahmen der gegebenen Gesellschaft möglich dargestellt wird. In seinen späteren Erzählungen verließ H. den nationalen Rahmen, zentrales Thema blieb aber das Problem der sozialen Ungerechtigkeit, sowohl in seinem Buch über die spanische Conquista, „Der Page Orteguill" (1959), wie auch in den Biographien ABRAHAM LINCOLNS (Der Sklavenbefreier, 1963), WINSTON CHURCHILLS (Der Mann unseres Jahrhunderts, 1966) und JOHN F. KENNEDYS (Die Fackel, 1968), die als „Trilogie angloamerikanischer Freiheitskämpfer" bezeichnet wurden. Obwohl H. in seinen Büchern immer erzieherische Absichten vertrat, verstand er es, einen allzu didaktischen Ton zu vermeiden. H.s Sprache wirkt heute oft etwas pathetisch und betulich, wozu die zahlreichen Helvetismen beitragen, die sich vor allem in den Erzählungen zur Schweizer Geschichte finden. Trotzdem werden diese Erzählungen auch heute noch gelesen, während die frühen Werke und seine letzten Erzählungen vergessen sind.

Werke: Heinrich Pestalozzi (1926); Fratello! (1928); s Hürotäxame (1930); Der Sturz ins Leben (1930); In Bergnot (1931); Kamerad Köbi (1933); Das Spiel von Bruder Tod (1933); Wozu leben wir? Ein Wort an junge Menschen (1933); Chronik von Turgi (1934); Ein Mädchen wagt sich in die Welt (1936); Die Schlüsseljungfrau (1936); Begegnung in Hallwil (1937); Der Schatz auf dem Bühel (1939); Der Bärenhäuter (1940); Freiheit, die ich meine (1941); Heini von Uri (1942); Albrecht von Haller (1944); Heiri Wunderli von Torlikon (1944); Königsfelden (1945); Das Pestalozzidorf (1945); Peter Rosegger (1947); Der verzehrende Brand (1948); Die Schmugglerin und ihr Sohn (1948); De Wunderdokter (1948); Der Gezeichnete (1949); Wie Tankred seinen Vater fand (1950); ... und gebe uns Frieden (1951); Einer von der großen Armee (1954); Der Meisterdieb (1954); Tanz um den Freiheitsbaum (1954); Albrecht von Hallers Leben (1954); Das rettende Kind und andere Erzählungen (1955); Beresina (1956); Der verschwundene Schatz (1957); Mireille und der Fahnenflüchtige (1959); Der Page Orteguill (1959); Widewau. Ein heiteres Spiel nach einem alten Volksmärchen (1961); Der Sklavenbefreier. Das abenteuerliche Leben Abraham Lincolns (1963); Zwischen zwei Fronten (1966); Der Mann unseres Jahrhunderts. Das Leben Winston Churchills der jungen Generation erzählt (1966); Die Fackel. Das leuchtende Leben John F. Kennedys (1968); Todesmut und Heiterkeit. Aus dem Leben des Sklavenbefreiers Abraham Lincoln (1968); Mahatma Gandhi, der Befreier Indiens (1969); Am Steuerrad der Weltgeschichte: Winston Churchill (1970); Held der Jugend: John F. Kennedy (1970).

Hrsg.: Pestalozzis Leben in Briefen und Berichten (1927); Heinrich Pestalozzis lebendiges Werk (Bd. 1–4. 1946).

Sekundärliteratur: A. Haller: Törichter Lebenslauf (in: Badener Neujahrsblatt. 33. 1958. 8–12). – D. Larese: Adolf Haller (in: ders. (Hrsg.): Schweizer Jugendschriftsteller der Gegenwart. 1963. 45–47). – R. Mächler: Das schriftstellerische Werk Adolf Hallers (in: Badener Neujahrsblatt. 33. 1958. 3–7). – H. Meng: Adolf Haller. 1897–1970. Ein Blick zurück (in: Badener Neujahrsblätter. 46. 1971. 81–100). – P. Schuler (Hrsg.): Adolf Haller. Freundesgabe zum 70. Geburtstag (1967).

Verena Heintz-Rutschmann

Hannover, Heinrich

*Rechtsanwalt, Erzähler und Autor von Kindergeschichten; *31. 10. 1925 Anklam.*

H., Sohn eines Arztes, studierte nach seiner Schulausbildung von 1947 bis 1950 Jura in Göttingen. Auf sein Referendariat folgte 1954 eine Tätigkeit als Rechtsanwalt. Innerhalb der Studentenbewegung und ihrer Auswirkungen in den siebziger Jahren wurde H. durch seine wesentliche Rolle als Strafverteidiger in politischen Prozessen bekannt. Auch als Redner und Publizist hat er sich in den Auseinandersetzungen in der Bundesrepublik Deutschland zur Atomaufrüstung, zur Kriegsdienstverweigerung, zu den Notstandsgesetzen und zu den ‚Berufsverboten' zu Wort gemeldet. Zu nennen sind hier vor allem seine Gedanken über die „Politische Diffamierung der Opposition" (1962), „Zur Frage einer Notstandsverfassung" (1963) und sein Gegenentwurf zum Notstandsverfassungsgesetz, „Der totale Notstandsstaat" (1964) sowie „Politische Justiz 1918–1933" (1966) und sein Buch über den Mord an ROSA LUXEMBURG und KARL LIEBKNECHT (1967), 1978 erschienen seine Gedanken zum Verhältnis von „Klassenherrschaft und politischer Justiz".

*Heinrich Hannover (*1925)*

Als Vater von sechs Kindern kam H. vom Geschichtenerzählen zum Schreiben. Seine Erzählungen gewinnen im Umfeld der antiautoritären und emanzipatorischen Bewegung eine nachhaltige Resonanz. Einige haben Eingang in Schullesebücher gefunden.

Werk, Tendenzen, Wirkung. H. entwickelt seine Geschichten aus der Fülle dialogischer Möglichkeiten: eine zündende Idee, ein phantastischer Einfall wird vom zuhörenden Gegenüber aktiv aufgegriffen und bis zu einem bestimmten Punkt hin „weitergesponnen". H. sieht bei seinen Erzählungen, die ursprünglich im familiären Rahmen und im Umgang mit den eigenen Kindern entstanden, ein wesentliches Medium, kind-

liche Autonomie zu realisieren, sprachliche und gesellschaftliche Aktivität und Kreativität anzuregen. In seinen Büchern für Kinder gelingt es ihm, durch Verknappung, spielerischen Umgang mit der Sprache, durch flexible Übergänge zwischen Prosa und Poesie eine Fülle gängiger, oft auch schon erstarrter Formen der Kindererzählung aufzubrechen. Aus Kurzgeschichten werden Kürzestgeschichten mit offenem Ausgang. Märchen, Räuber- und Westerngeschichten werden humorig und mit ironischer Brechung aus ihrer hermetischen Geschlossenheit herausgeführt. Autoritäten – mythische wie staatliche – werden hinterfragt, Riesen, drohende Erwachsene, Polizisten auf ein kindliches Maß reduziert. Eine besondere Zuwendung H.s gilt den behinderten Kindern. In Vor- und Nachworten an Lehrer, Vorschulpädagogen und vermittelnde Eltern gibt H. Hinweise auf die Zielsetzungen seiner Erzählungen. Er möchte „dem Hier und Heute eine phantastische Dimension" abgewinnen, „Kinder an der gedanklichen und sprachlichen Produktion von Geschichten teilnehmen lassen"; er möchte auch Kinder anregen, die Geschichten „zu spielen und Fortsetzungen zu erfinden". An anderer Stelle hat H. unmißverständlich seinen sozialistischen Standpunkt zum Ausdruck gebracht. Ziel sei, „Menschen zu erziehen, die ihre Position in dieser Klassengesellschaft kritisch reflektieren und eines Tages dafür gerüstet sind, an ihrer Überwindung mitzuarbeiten" (1972).
In seinen Büchern differenziert er die oft plakativ und indoktrinierend wirkenden Versuche einiger antiautoritärer Verlagskollektive und der Kinderladenbewegung. In der Überzeugung, daß die moralisierende Kindergeschichte von vorgestern ‚tot ist', geht H. davon aus, daß man die sozialistische Moral nicht in lehrhafter Direktheit vermitteln kann. Mit Humor, Ironie, Parodie, Improvisation, Rollenflexibilität, erkennbarer Übertreibung und dem Stilmittel der ‚verkehrten Welt' werden Reformbedürftigkeit und Veränderbarkeit der Umwelt und Gesellschaft aufgezeigt.

Werke: Das Pferd Huppdiwupp und andere lustige Geschichten (1968, TB. 1972); Die Birnendiebe vom Bodensee (1970, TB. 1973); Der müde Polizist (1972, TB. 1975); Riesen haben kurze Beine (zus. mit U. Fürst, 1976); Der vergeßliche Cowboy und andere Mitmach-Geschichten (1980); Das Huppdiwupp-Bilderbuch (1980); Wadewitz und Wadewutzel (1981).

Horst Künnemann

Hans-im-Glück-Preis

Der Hans-im-Glück-Preis ist ein seit 1977 jährlich verliehener Förderpreis für ein Erstlingswerk der Kinder- und Jugendliteratur.

Der 1977 durch den Schriftsteller HANS CHRISTIAN KIRSCH initiierte Preis wird vom „Verein zur Förderung der Kinder- und Jugendliteratur e.V." vergeben und zeichnet Autoren für ihr erstes oder zweites Werk der Kinder- und Jugendliteratur aus, das entweder im Manuskript vorhanden oder bereits erschienen ist. Ausgenommen sind Bilderbücher und Bilderbuchtexte. Der Preis will vor allem Neulinge unter den Autoren fördern. Er besteht aus einer Geldsumme von mindestens 2000 DM, gestiftet vom Verein zur Förderung der Kinder- und Jugendliteratur (dieser Beitrag kann sich um die Einreichgebühren der Verlage und durch Stiftungen erhöhen). Außerdem erhält der Preisträger ein Stück Westerwälder Steingut und ist eingeladen, eine Woche bei H. CHR. KIRSCH zu wohnen und zu arbeiten.
Die Jury besteht aus dem Schriftsteller HANS CHRISTIAN KIRSCH, einer Buchhändlerin, einem Verleger, einem Funkredakteur und einem Wissenschaftler.
Bisher ausgezeichnet wurden: 1978 ELFIE DONNELLY für „Servus Opa, sagte ich leise"; 1979 DAGMAR CHIDOLUE für „Fieber oder der Abschied der Gabriele Kupinski"; 1980 HELMA FEHRMANN und PETER WEISMANN für „und plötzlich willste mehr – Die Geschichte von Paul und Paulas erster Liebe".

H. D.

Hansjakob, Heinrich

*Katholischer Pfarrer, Gymnasiallehrer, Politiker, Volksschriftsteller; *19.8.1837 Haslach (Baden), †23.6.1916 Haslach.*

H., Sohn eines Bäckers und Gastwirts, studierte in Freiburg im Breisgau katholische Theologie und erhielt 1863 die Priesterweihe. Im selben Jahr bestand er auch die philologische Staatsprüfung in Karlsruhe. Im Jahr 1864 wurde H. Gymnasiallehrer in Donaueschingen. Von 1865 bis 1869 war er an der Höheren Bürgerschule in Waldshut tätig. Anschließend amtierte er 15 Jahre lang als Dorfpfarrer in Hagnau, nachdem er wegen politischer Differenzen mit vorgesetzten Stellen sein Lehramt niedergelegt hatte. Seit 1864 war H. Stadtpfarrer in Freiburg. Sein kulturpolitischer Einsatz brachte ihm zweimal wegen „politischer Unbotmäßigkeit" Gefängnisstrafen ein. Die letzten Jahre seines Lebens verbrachte er wieder in Haslach (Hofstetten). Seine offene, unerschrockene Art, öffentliche Mißstände zu rügen, verschaffte ihm das Vertrauen der Bevölkerung: Er wurde 1871 in den Landtag gewählt. Die große Wertschätzung seines Werkes, das schon zu seinen Lebzeiten eine Auflage in Millionenhöhe erreichte, ließ ihn zum Erfolgsschriftsteller werden.

Werk, Tendenzen, Wirkung. H. ist als eigenwilliger Erzähler und Schilderer der meist ländlichen Menschen und Verhältnisse seiner Heimat in die Literaturgeschichte eingegangen. „Ich hab' in meinen Schriften die Menschen der guten, alten Zeit und ihre gemütvolle Ursprünglichkeit festzuhalten gesucht. Ich habe was heute noch an Poesie und Gemüt, an Sitte und Glaube im Volk des Kinzigtales lebt, geschildert", bekannte er von sich. Er war Heimat- und Volksschriftsteller. Seine historischen Erzählungen begnügten sich mit einem Minimum an erfundenen stoffreichen Einzelheiten. H. nannte seine Schriften ausdrücklich „keine Kunstleistungen". Er verstand sich auch nicht als Jugendschriftsteller. Da aber seine Diktion, geprägt durch „die epische Sachlichkeit und die Geschichtsgabe des Alamannen" (J. NADLER), seine Biederkeit, sein soziales Verständnis und sein versöhnlicher Humor in etwa den Anforderungen entsprachen, die die Kunsterzieher um 1900 an die literarisch wertvolle Lektüre für die Jugend stellten, erinnerte man sich bei der „Durchforstung der moderneren Erzählungsliteratur" (H. WOLGAST) des Heimatschriftstellers H. und bot den jungen Lesern aus seinem Werk eine Reihe von Erzählungen, wie „Valentin der Nagler", „Im Schwarzwald", „Der Theodor" (entnommen aus den Erzählsammlungen seiner Spätzeit), als empfehlenswerte Lektüre an. Sicher ist, daß H. auch ohne Empfehlungen der Jugendschriftenausschüsse von Jugendlichen des Badener Landes gelesen wurde. Als Klassenlektüre waren die genannten Erzählungen indessen offiziell bereitgestellt. „Der Valentin" ist ein Mustermensch, „Der Theodor" ein Sonderling: H. stellt die beiden, wie auch die ähnlich zu klassifizierenden Personen in seinen anderen Werken, nicht als Typen dar, sondern als Charaktere, deren Naturell und Verwirklichung im Leben schlicht als erzählenswert erschienen. Auch kleine alltägliche Begebenheiten sind H. keineswegs nebensächlich. Leben ging ihm vor Lehre. Der auktoriale Erzähler steht stark im Vordergrund; er drängt sich immer wieder vor und weiß damit dem Erzählten den höchsten Grad der Glaubwürdigkeit zu geben und die Nachdenklichkeit des Lesers anzuregen. „Ich mache meine Bücher nicht, wie ein Schreiner seine Kasten und Kommoden, ich will auch dabei und darin sein", heißt es im Vorwort zu der Geschichte „Bauernblut". Die Ursprünglichkeit und Fülle der Erzählkraft des Autors zeigt sich in seinen von der Handlung oft abweichenden Plaudereien, die indessen bei der Lektüre als Beweismittel seiner erstaunlichen psychologischen Beobachtungsgabe dienen. Als „üppiges Rankenwerk" wurden oft seine in den Erzählablauf eingebauten kulturgeschichtlichen Exkurse bezeichnet bzw. kritisiert. Sie kennzeichnen jedoch den volkskundlich erfahrenen Autor, der nicht schulmeistern, sondern das Volksleben in seiner natürlichen Tradition aufzeigen will. Die frische, herzhafte Erzähl- und Schreibart machten H. zum erklärten Autor für naive, literarisch nicht anspruchsvolle Leser. Mehrere seiner Werke werden heute noch aufgelegt, nicht zuletzt wohl auch für neuzeitliche literarische Spurensucher, die einen sichtbaren Zugang zu den Schauplätzen ihrer ortsgebundenen Ferienlektüre finden wollen.

Werke (Auswahl): Das Narrenschiff unserer Zeit (1873); Aus meiner Jugendzeit. Erinnerungen (1880); Schneeballen (Bd. 1–3. 1892–1893); Der Vogt auf Mühlstein (1895); Der Leutnant von Hasle (1895); Bauernblut (1896); Erinnerungen einer alten Schwarzwälderin (1897); Der steinerne Mann von Hasle (1897); Waldleute (1897); Erzbauern (1899); Aus dem Leben eines Unglücklichen (1900); Meine Madonna. Eine Familienchronik (1903); Kleine Geschichten (1907); Allerlei Leute und allerlei Gedanken (1913); Ausgewählte Schriften (Bd. 1–10. 1911).

Sekundärliteratur: O. Floeck: Heinrich Hansjakob (1922). – M.-P. Stintzi: Heinrich Hansjakob (1966). – M. Weber: Heinrich Hansjakob (1956).

Hermann Bertlein

Hasler, Eveline

*Schweizer Schriftstellerin, Verfasserin von Bilder-, Kinder- und Jugendbüchern; *22.3.1933 Glarus.*

Nach dem Besuch eines Lehrerinnenseminars und Studium der Psychologie, Geschichte und Literatur in Freiburg und Paris ergriff H. den Beruf der Sekundarlehrerin, den sie heute noch zeitweise ausübt. Sie ist Mitglied des Friedrich-Bödecker-Kreises. Ihre Bücher sind in viele Sprachen übersetzt worden. H. stand 1968 auf der Ehrenliste des Internationalen Hans-Christian-Andersen-Preises und konnte 1976 den Schweizer Jugendbuchpreis in Empfang nehmen. H. lebt in St. Gallen, ist verheiratet und hat drei Kinder.

Werk, Tendenzen, Wirkung. H. hat sich weder einem bestimmten Buchtyp, einem festen Thema, noch einem besonderen Leserkreis verschrieben. Aber ihre verschiedenen Bücher stehen unter einer Leitidee: Immer will sie Verständnis wecken für Kinder, die „anders" sind, z.B. für das Schlüsselkind in „Ferdi und die Angelrute" (1963) oder für den Bergbauernjungen in „Denk an mich, Mauro" (1975). Um Probleme des Massentourismus und um den Abbau von Vorurteilen fremden Menschen gegenüber geht es in „Die Insel des blauen Arturo" (1978). Bei H. ergänzen und bedingen sich häufig Phantasie und Wirklichkeit. In jedem ihrer Bücher findet sich ein Stück Wirklichkeit, das sie selbst „als kleines Mädchen, als Jugendliche oder als Erwachsene und Beobachterin der Kinderwelt" erlebt hat. In „Adieu Paris, adieu Catherine" (1966). hat sie ihre Neigung zum Malen und ihre Erlebnisse als Au-pair-Mädchen in Frankreich festgehalten. In „Ein Baum für Filipo" (1973) erfährt ein Junge, daß man nicht alles für Geld haben kann. H.s Glaube an die Veränderbarkeit der Welt mündet in Phantasie als einer Grundkraft menschlichen Seins. So können Zaubersprüche Kräfte verleihen, die sich jeder Leser wünscht („Der Buchstabenkönig und die Hexe Lakritze", 1977; „Rino Rhinozeros", 1979), und der Schwache wird aus sich heraus stark, gewinnt Selbstbewußtsein und Anerkennung („Dann kroch Martin durch den Zaun", 1977). Am wichtigsten ist H. eine soziale Phantasie, die sie in ihren Erzählungen zu verwirklichen sucht. In dem Sammelband „Der Sonntagsvater" (1973) sind zunächst alle Kinder Opfer ihrer Umwelt, müssen es aber nicht bleiben. In „Unterm Neonmond" (1974) wird klar, „was durch Mangel an zwischenmenschlichen Beziehungen und Mangel an Zärtlichkeit entsteht". H.s Suche nach immer neuen Gestaltungsmöglichkeiten und deren Bewältigung findet Ausdruck im Spaß an der Sprache, der sie vor allem mit den Erstlesern verbindet; denn „die haben in sich / noch eine Wiesenzone" (Bänkellied vom modernen Menschen). Ihnen fühlt H. sich besonders verantwortlich durch einfühlsame Sprachhaltung und sprachfördernde Stilmittel. Hier treten die pädagogischen Intentionen der Autorin klar hervor.

Werke: Stop, Daniela! und andere Erzählungen (1962); Ferdi und die Angelrute (1963); Adieu Paris, adieu Catherine (1966,

TB. 1976); Komm wieder Pepino (1967, ^{7}1979); Die seltsamen Freunde (1970); Der Sonntagsvater (1973, TB. 1978); Ein Baum für Filippo (1973); Unterm Neonmond (1974); Der Zauberelefant (zus. mit A. Bolliger-Savelli, 1974); Denk an mich, Mauro (1975, ^{2}1976); Der Buchstabenkönig und die Hexe Lakritze (1977, ^{2}1978); Dann kroch Martin durch den Zaun (zus. mit D. Desmarowitz, 1977); Die Insel des blauen Arturo (1978); Die Hexe Lakritze und Rino Rhinozeros (1979); Novemberinsel (1979); Denk an den Trick Nelly (1980).

Beiträge: Das Schreiben für Kinder (in: Börsenblatt für den Deutschen Buchhandel. 34. 1978. Sondernummer: Kind und Buch S. 78).

Sekundärliteratur: Eveline Hasler (in: Jugend und Buch. 28. 1979. 1. 13–15). – Eveline Hasler (in: R. Bamberger (Hrsg.): Jugendschriftsteller deutscher Sprache. 1980. 69 74).

Karl-Heinz Klimmer

Hassencamp, Oliver

*Schriftsteller, Jugendbuchautor; * 10. 5. 1921 Rastatt (Baden).*

Nach dem Studium der Rechtswissenschaft, Kunstgeschichte und Psychologie besuchte H. die Schauspielschule. Als Schauspieler, Kabarettist und Texter wirkte er bei den Münchner Kammerspielen und in den literarischen Kabaretts „Schaubude" und „Kleine Freiheit" mit. H., der auch für Film, Funk und Fernsehen arbeitet, lebt als freier Schriftsteller in München. Er veröffentlichte Romane, Jugendbuchserien, Satiren, Erzählungen, Aphorismen, schreibt und überarbeitet Drehbücher. Sowohl seine Bücher für Erwachsene als auch die für Jugendliche erreichten z.T. sehr hohe Auflagen, allein von der Serie „Die Jungens von Burg Schreckenstein" waren bis 1980 über drei Millionen Exemplare verkauft worden. 1967 erhielt H. für den Roman „Ich liebe mich" (1967) den Tukan-Preis der Stadt München.

Werk, Tendenzen, Wirkung. Die unterhaltende Grundtendenz H.s, die u.a. mit den amourösen „Bekenntnissen eines möblierten Herrn" (1960) Bestsellerverbreitung fand, ist auch in der überwiegend für Jungen zwischen zehn und dreizehn Jahren geschriebenen „Schreckenstein"-Serie zu finden: das Bemühen um Spannung und Unterhaltung, um Witz und Ironie. Während der Abenteuer und Streiche, welche eine Jungengruppe im Umkreis ihrer als Schule eingerichteten Burg Schreckenstein erlebt und selbst auslöst, geht die gute Laune der Beteiligten selten aus. Die Abenteuer dieser durch ‚Tapferkeit', ‚Einfallsreichtum', ‚Wagemut' und ‚Kumpelhaftigkeit' zusammengehaltene Gruppe enden stets glücklich. Die in allen Serienfolgen als Grundmotiv wiederkehrenden, häufig an Pubertätsprobleme anknüpfenden etwas rigiden Tugenden und Wertvorstellungen werden durch eine witzige, mit Wortspielen und Situationskomik arbeitende, vorwiegend dialogische Sprache gemildert. In den beiden „Florian"-Büchern (1979 und 1980) nimmt H. die Themen Telepathie, Hellseherei und Geistergeschichte so auf, daß die beiden Bände leicht zu einer Serie weiter entwickelt werden können.

Werke (Auswahl): Burg Schreckenstein (Bd. 1–15. 1959–1980); Florian der Geisterseher (1979); Florian auf Geisterreise (1980).

Sekundärliteratur: Kl. Budzinski: Die Muse mit der scharfen Zunge (1961). – A. Hölder: Das Abenteuerbuch im Spiegel der männlichen Reifezeit (1967). – Kl. Kastner: Jugendbücher vom Fließband (in: Börsenblatt des deutschen Buchhandels. 26. 1970. 87. 2421–2426). – W. v. Schack: Das Abenteuerbuch (in: M. Dahrendorf (Hrsg. zus. mit W. v. Schack): Das Buch in der Schule (1969. 90–106). – H. J. Wehnert: Humor und Satire in einigen klassischen Kinderbüchern (in: Beiträge zur Kinder- und Jugendliteratur. 13. 1969. 7–21).

Klaus Dieter Lenzen

Haugen, Tormod

*Norwegischer Kinderbuchautor; * 12. 5. 1945 Trysil.*

H. studierte in Oslo Literaturwissenschaft, Deutsch und Kunstgeschichte. Nach Studienabschluß arbeitete H. zwei Jahre im Munch-Museum in Oslo. In dieser Zeit begann er zu schreiben und lebt jetzt als freier Autor. H. wurde für „Nattfuglene" und „Zeppelin" mit dem Literaturpreis des norwegischen Unterrichtsministeriums ausgezeichnet; 1979 erhielt er für die deutsche Ausgabe von „Nattfuglene", „Die Nachtvögel" (1978), den Deutschen Jugendbuchpreis.

Werk, Tendenzen, Wirkung. H. debütierte mit „Ikke som i fjor" (1973). Schon hier erzählt er von der Auseinandersetzung mit der Angst und ihrer Überwindung durch befreiende Phantasie und Intellekt. Immer wieder stellt er heraus, daß die Erwachsenen häufig verkennen, wie sehr Kinder zu seelischem Erleben fähig sind und daß mit ihren Gefühlen nicht achtlos umgegangen werden darf, wenn man sie nicht schädigen will. Variiert taucht dieses Thema in „Til sommeren – kanskje" (1974) auf. Britt ist voller Lebensüberdruß und leidet unter dem Gefühl, nicht dazuzugehören. Erst als sie einer Person begegnet, die wie sie ausgestossen ist, überwindet sie langsam ihre Kontaktarmut. Dennoch wird sie von ihrer Angst überwältigt und muß ins Krankenhaus. Die Besuche ihrer Familie werden zur Qual, weil Britt spürt, daß sie sich nichts zu sagen haben.

Durch einen offenen Schluß zeichnet sich H.s „Zeppelin" (1976) aus. Der Autor erzählt wiederum von Angst- und Verlassenheitsgefühlen. Bei der zwölfjährigen Hauptfigur steigern sich diese Gefühle bis zu Selbstmordgedanken. – Ein achtjähriger Junge, Joachim, steht im Mittelpunkt von H.s „Nattfuglene" (1975, dt. Die Nachtvögel, 1978). Joachim erlebt das Zusammensein der Kinder seiner Straße als Kampf aller gegen alle. Er fühlt sich verfolgt und spürt hinter den Wohnungstüren der Mietskaserne, in der er wohnt, Feindschaft und Aggression. Probleme mit dem Vater, der mit dem Lehrerberuf nicht zurechtkommt und unter Depressionen leidet, verstärken Joachims Konflikte, die er rational nicht mehr verarbeiten kann. Als Gestalt gewordene Angst sieht er in seiner Phantasie

„Nachtvögel", die ihn bedrohen. Mühsam gelingt es ihm, sich von den Schreckfiguren wieder zu befreien. Eine Fortsetzung erfährt diese Erzählung in „Joakim" (1979, dt. Geheimnisse hinter Türen, 1980). Joachim muß damit fertig werden, daß sein Vater in eine Psychiatrische Klinik eingeliefert wurde und zuletzt die Eltern sich scheiden lassen wollen.
Nach eigener Aussage schreibt H. in seinen Büchern über Kinder und Erwachsene. Er gibt sich nicht damit zufrieden, lediglich einen „Sachkatalog" zu liefern, der nur aufzählt und ohne Gefühl und Bedeutung bleibt. Eine Aufreihung nur äußerlicher Eigenschaften hält H. für ungenügend. Kinderbücher brauchen seiner Meinung nach psychologische Tiefe.

Werke: Ikke som i fjor (1973); Til sommeren – kanskje (1974); Nattfuglene (1975; dt. Die Nachtvögel, 1978, [2]1979); Zeppelin (1976); Synnadröm (1977); Joakim (1979; dt. Geheimnisse hinter Türen, 1980).

Winfred Kaminski

Hauptmann, Tatjana

*Graphikerin, Bilderbuchkünstlerin; *1.2.1950 Wiesbaden.*

H., Tochter eines adeligen russischen Emigranten und einer Tänzerin, nahm schon als Schülerin an Abendkursen der Werkkunstschule Offenbach teil (1963), machte von 1964 bis 1967 eine Lehre in Gebrauchsgraphik mit, besuchte 1967 bis 1968 die Werkkunstschule Wiesbaden, war eine Zeitlang Trickfilmzeichnerin und arbeitet seit 1972 als freie Graphikerin. Das Offenbacher Klingspor-Museum förderte sie, indem dort ihre ersten Kinderbücher „Arne, der kleine Wikinger" und „Pony, komm wir kaufen was" ausgestellt wurden. 1973 begann H. im photorealistischen Stil zu zeichnen, ehe sie ihre Kinderbuchprojekte in Angriff nahm. H. hat in Zürich, Bologna und in verschiedenen Städten der Bundesrepublik Ausstellungen gehabt. Sie erhielt mehrere Auszeichnungen: für ihr Bilderbuch „Ein Tag im Leben der Dorothea Wutz" (1978) den Criciti in erba

Tatjana Hauptmann. Einband zu dem Bilderbuch „Hurra, Eberhard Wutz ist wieder da!" (1979).

(Bologna, 1979), beim Wettbewerb „Die schönsten Schweizer Bücher" (Zürich, 1979) und den „Weißen Raben" der Internationalen Jugendbibliothek in München (1979).

Werk, Tendenzen, Wirkung. H. hat mit ihren figurativ beschnittenen Blättern bei Kindern wie bei Erwachsenen Anerkennung gefunden. Dem scheinbar abgegriffenen Thema, des Schweins in Menschenrollen – zuvor schon von HELME HEINE, HELEN OXENBURY, TOMI UNGERER u.a. variiert – hat sie in „Ein Tag im Leben der Dorothea Wutz" (1978) weitere komische und groteske Züge abgewonnen. Auf großformatigen Doppelseiten, die auf jede Textbeigabe verzichten, werden durch ausgestanzte Partien und Seitenteile Durchblicke auf nachfolgende oder zurückliegende Handlungsstränge frei. Im altertümelnden Federzeichnungsstrich und mit sanft pastellfarbener Aquarellierung werden kleinbürgerliche Wohlstandsidyllen ironisiert. Der Tagesablauf dieser wohlsituierten Mutter mit Kind über Aufstehen, Kuchenbacken, Telefonieren, Kaffeetrinken, harmlosem Scherzchen bis zum Zubettgehen läuft in Dimensionen ab, durch die dem Betrachter der ironische Spiegel des eigenen Lebens vorgehalten wird. Neben dem Leben der Erwachsenen zeichnet H. das des Kindes, das sich die Zeit durch Scherze verkürzt, indem es zum Beispiel Besucher mit dem Pusterohr beschießt, ein Schaumvollbad in der Kloschüssel anrichtet oder sich anderweitig bemerkbar macht.
Im Fortsetzungsband „Hurra, Eberhard Wutz ist wieder da!" (1979) – ebenfalls dem älteren Kulissenbuch und Papiertheater verpflichtet – wird die herkömmliche Rollenverteilung zwischen Mann und Frau karikiert: Ein aus Ägypten und Tunesien von abenteuerlicher Reise heimkehrender Vater packt seine Souvenirs aus, verteilt seine Mitbringsel und zeigt einen aufregenden Reisefilm von Löwenjagd und vorgeführten Bauchtanz. In dieser Paraphrase auf A. DAUDETS „Tartarin de Tarascon" (1862–1869) mischt sich die Tücke der Technik: Die hell/dunkel gehaltene Idylle wird jäh durch Filmriß unterbrochen.
In H.s drittem Bilderbuch „Adelheid Schleim" (1980) – u.a. PATRICIA HIGHSMITH gewidmet – wird das Leben von (Weinberg-)Schnecken mit geringer Textbegleitung anthropomorphisiert ausgemalt und zur Karikierung menschlichen Familienlebens benutzt. Adelheid Schleim ist Opernsängerin, ihr Schneckenmann Direktor einer Kleisterfabrik, und der Sohn Norbert bringt Aufregung vor dem Auftritt seiner Mutter in die Geschichte, da er verschwunden ist. Wiederum macht sich H. mit bewußt gewählten einfachen Mitteln – biederes Genre mit vielen phantasievollen Einfällen charakterisierend – über allzu hohe Ansprüche lustig.

Werke: T. Hauptmann: Ein Tag im Leben der Dorothea Wutz (1978); T. Hauptmann: Hurra, Eberhard Wutz ist wieder da! (1979); T. Hauptmann: Adelheid Schleim (1980); K. Bracharz: Wie der Maulwurf beinahe in der Lotterie gewann (1981); U. Timm: Die Zugmaus (1981).

Horst Künnemann

Hausius, Carl Gottlob

*Evangelischer Pfarrer, Schriftsteller; *31.3.1754 Fremdiswalde bei Mutzschen (Kr. Leipzig), †7.6.1825 Battgendorf (Bez. Magdeburg).*

H., Sohn eines Pfarrers, besuchte die Thomasschule in Leipzig, studierte an der Universität Leipzig Theologie und Philologie und wurde 1780 Magister. Er trat mit verschiedenen literarischen Kreisen in Verbindung, fand Unterstützung durch den Verleger J. GOTTLIEB EMANUEL BREITKOPF, für den er auch kompositorisch und redigierend tätig war und dem er eine Biographie widmete, und schrieb für die „Allgemeine Litteratur-Zeitung". Noch bevor er 1793 in den kirchlichen Dienst in Altenbeichlingen eintrat, verfaßte er zwei anonym herausgebrachte Arbeiten über IMMANUEL KANT, die Anerkennung fanden. Seit 1809 war H. als Pfarrer in Backleben und Battgendorf tätig. Er widmete sich nebenbei landwirtschaftlichen, medizinischen und allgemein volkserzieherischen Fragen. Von aufklärerischem Eifer beflügelt, erteilte er praktisch verwertbare Ratschläge an die Bauern und eröffnete Lesezirkel für die benachbarte Schullehrerschaft. Diese lebenspraktische, diesseitig-humanisierende Einstellung war charakteristisch für weite Kreise der evangelischen Pfarrerschaft zu Beginn des 19. Jahrhunderts.

Werk, Tendenzen, Wirkung. Sämtliche jugendbezogenen Publikationen von H. dienten der teils eingekleideten, teils unmittelbaren Belehrung. Er beschränkte sich dabei in erster Linie auf die Vermittlung des naturwissenschaftlichen Weltbildes seiner Zeit in alltagsbezogener Projektion. Dazu sagt er: „... auf eine unterhaltende Art zu unterrichten, ist mein hauptsächlichster Zweck". Unterhaltend, in weiterem Sinn als erzählend zu verstehen, heißt für H., Sachverhalte aus einem persönlichen Erfahrungsfeld heraus beschreibend-erläuternd in gefälligem Sprachton zur Kenntnis bringen und zugleich der nutzbringenden Anwendung anheimstellen. Er holt in seinen mit Plaudereien angereicherten Darstellungen weit und umständlich aus und bedient sich der unterschiedlichsten epischen Gestaltungsmittel. Dies gilt namentlich für „Die vier Jahreszeiten in bildlicher und erzählender Darstellung für Kinder" (1798–1800), in denen Botanisches, Zoologisches, Anthropologisches und Volkskundliches, durch ausgezeichnete farbige Kupferstiche unterstützt, zur Anschauung gebracht wird. Wie hier, so steht auch in seinem früher erschienenen „Neuen ABC- und Lesebuch in Bildern mit Erläuterungen aus der Natur-Geschichte" (1791–1794) der Sachanspruch im Vordergrund. Nach einer stärker didaktisch-methodisch ausgerichteten Vermittlung des ABC durch die „Buchstabiermethode" (später wandte sich H. der STEPHANIschen Leselernmethode zu) erfolgt die „Anwendung" von Wörtern in aufsteigender Schwierigkeit unter dem Motto: nicht nur zur Aufmerksamkeit anhalten, sondern auch das Nachdenken angewöhnen. Leseübungen werden an sprichwörtlichen Redensarten vorgenommen. Tier- und Pflanzenbelehrungen anhand von Kupferstichtafeln beschließen das Lehrwerk. Die Vermittlung von „Moral" im Sinne eines aufklärerisch-vernünftigen Handelns geht nebenher. Ein Musterbeispiel literarisch niedergelegter Pädagogik ist „Der kleine Pferdeliebhaber – ein Lesebuch für Knaben" (1800). Unter Verwendung der beliebten katechetischen Darbietungsform läßt der auktoriale Erzähler den jungen Leser spielend Einsichten in naturkundliche Zusammenhänge gewinnen; zugleich gibt er ihm methodische Anweisungen zum geistigen Selbsterwerb „der Dinge", und vor allem spart er nicht mit pastoral getönten Ermahnungen, allen Leidenschaften und Vorurteilen auf einer zur Glückseligkeit führenden Lebensbahn zu entsagen. Daß die hier belegte Hauslehrerpädagogik mit ihrer Überbetonung von altkluger Einsichtsfähigkeit des Zöglings die sozialen Wirklichkeiten aus dem Auge verlor, macht das Utopische des Philanthropismus HAUSIUSscher Prägung aus.

Werke (Auswahl): ABC oder Unterricht der Christen (1774); Neues ABC-Buch, welches das Angenehmste und Interessanteste aus der Naturgeschichte zum Grunde hat (1791); Die vier Jahreszeiten oder Angenehme Belustigung für Kinder durch die Abwechslung der Natur (1794); Kleine Bilderschule für die Jugend (1794); Handbuch der Geographie für die Jugend und Liebhaber der Geographie (1795); Der kleine Pferdeliebhaber, ein Lesebuch für Knaben (1800); Neueste Lese-Schule für Kinder beiderlei Geschlechts (1804); Neueste Leseschule für Mädchen (1804).

Hermann Bertlein

Hearting, Ernie

*(d. i. Ernst Herzig) Schweizer Autor; *31. 7. 1914 Langenthal/Schweiz.*

Nach dem Schulbesuch absolvierte H. eine journalistische Ausbildung. Im Anschluß daran war er als Reklamechef und Redakteur tätig und unternahm mehrere Reisen, die ihn unter anderem in den Nahen Osten, nach Kanada und in die USA führten. H. befaßt sich seit mehr als 30 Jahren intensiv mit der Geschichte der Indianer. Er verfügt über eine umfangreiche Bibliothek, zahlreiche Dokumente, Schallplatten und anderes Quellenmaterial zu diesem Spezialgebiet. Er ist Mitglied des Schweizer Bundes für Jugendliteratur.

Werk, Tendenzen, Wirkung. Seit 1949 veröffentlicht H. Lebensbilder bedeutender indianischer Häuptlinge der Vergangenheit. Motiviert durch den Willen, begangenes Unrecht an den Indianern literarisch gutzumachen, versucht er die Geschichte der Indianer anhand der Biographien der Stammeshäuptlinge, so authentisch wie möglich, nachzuzeichnen. Sein Ziel ist es, dem trivialen Indianerbuchmarkt durch realistische, an der historischen Wahrheit orientierte Bücher entgegenzuwirken.
Mit dieser Tendenz verfolgt H. Absichten, die ähnlich FRITZ STEUBEN (1898–1981), FREDERIK HETMANN (*1934) und vor allem CHRISTOPHER S. HAGEN (*1926) und LIESELOTTE WELSKOPF-HENRICH (1901–1979) thematisierten.

Werke: Rote Wolke. Ein Lebensbild des großen Häuptlings der Sioux-Indianer (1949); Sitting Bull. Der große Führer im Freiheitskampf der Sioux-Indianer (1950; auch u.d.T.: Der große Führer im Freiheitskampf der Sioux-Indianer, 1955); Stumpfes Messer: Führer der Cheyenne-Indianer in ihrem letzten Kampfe um Heimat und Freiheit (1951); Allmächtige Stimme. Geschichte eines Indianers (1952); Geronimo. Die Geschichte der Apachen in ihrem Kampfe um Freiheit und Unabhängigkeit (1952); Rollender Donner: Kriegshäuptling Joseph. Die Geschichte seines Lebens und seines Volkes (1953); Kleinkrähe. Die Geschichte eines Sioux-Häuptlings (1954); Minito. Die Geschichte eines Indianermädchens (zus. mit Gr. Herzig, 1954); Kriegsadler. Die Geschichte des Comanchenhäuptlings Quanah Parker (1955); Wildes Pferd. Die Geschichte eines großen Kriegshäuptlings der Teton-Dakota (1956); Osceola. Häuptling der Seminole-Indianer (1957); Moxtaveto. Genannt „Schwarzkessel". Das tragische Schicksal dieses großen Häuptlings der Cheyenne-Indianer (1958); Einsamer Wolf. Die Geschichte eines Kriegers der Apachen-Indianer (1959); Schwarzer Falke. Die Geschichte eines Häuptlings der Sauk-Indianer (1960); Pontiac. Sendung und Schicksal eines großen Indianerhäuptlings (1961); Häuptling Jack. Kintpuash. Anführer der Modoc-Indianer im Kampf um ihre Heimat (1962); Jack Gregor (1963); Metacomet. Sendung und Schicksal eines großen Indianerhäuptlings (1963); Die großen Indianerhäuptlinge. So lebten sie wirklich (1964); Der Indianer-Oberst. Vom Genfersee in den nordamerikanischen Urwald. Leben und Abenteuer des Schweizers Henri Bouquet, Offizier in englischen Diensten (1965).

Horst Künnemann

Hebsaker, H. Grit → H. Grit Seuberlich

Hechelmann, Friedrich

*Maler, Illustrator, Filmemacher; *28. 2. 1948 Isny (Allgäu).*

H. besuchte vier Jahre lang die Höhere Graphische Lehr- und Versuchsanstalt in Wien. Danach studierte er von 1969 bis 1973 an der Wiener Akademie für Bildende Künste am Schillerplatz. Dort war er Schüler von RUDOLPH HAUSNER. H.s Interessen gelten neben dem Illustrieren von Büchern für Kinder und ebenso für Erwachsene der Tafelmalerei und dem Filmemachen. Seit 1973 waren H.s künstlerische Werke in München, Stuttgart, Weingarten, Tuttlingen, Bonn und andernorts in Ausstellungen zu sehen. 1972 erhielt H. den Preis der Wiener Akademie.

Werk, Tendenzen, Wirkung. H.s Vorliebe richtet sich zu gleichen Teilen auf die Farbe und die detailreiche Zeichnung. Seine Illustrationen wirken monumental und sind außerordentlich farbenreich. Die realistische Malweise der Einzelpartien führt durch Übertreibungen in der Darstellung von Gesichtern, durch die Häufung von Formen und Dingen auf den einzelnen Bildseiten und vor allem durch die Verzerrung der Proportionen und der Perspektive, die oft an Weitwinkelphotographie erinnert – z. B. in der Küchenszene in „Zwerg Nase" – zu märchenhaften, gespenstischen oder traumhaften Darstellungen. H.s außergewöhnlich reiche Phantasie erzeugt eine surreale Szenerie voll

Friedrich Hechelmann. „Das Riesenspielzeug" (1976). Ausschnitt aus einer doppelseitigen farbigen Illustration zu Versen von Adalbert von Chamisso.

barocker Fülle. Zum Beispiel taucht über einem überfetten, breit ausladenden Hals ein winziges Gesicht auf, oder Zwerg Nase kriecht mit Spinnenfingern aus dem finsteren Wald hervor. Die Prinzessin auf der Erbse in HANS CHRISTIAN ANDERSENs Märchen ruht auf einem riesigen, bunten, kreuz und quer gestapelten Kissenturm, der nach statischen Gesetzen zusammenstürzen müßte. Das nach vorn gehobene Bein und das angehobene Gewand des puttengleichen Riesenfräuleins zu ADELBERT VON CHAMISSOs „Das Riesenspielzeug" (1976) bedeckt fast ganz eine liebevoll ausgemalte mittelalterliche Stadt. H. hat in seinen Bilderbüchern bisher fast ausschließlich märchenhafte Stoffe illustriert, dabei eine besondere Kraft in formaler, farblicher und inhaltlicher Hinsicht entwickelt. Seine Illustrationen und Poster sind erzählerische Interpretationen traumhafter Welten.

Werke: W. Hauff: Zwerg Nase (1974, TB. 1978); Fr. Hechelmann: Vier Andersen-Märchen (1975); A. v. Chamisso: Das Riesenspielzeug (1976); E. T. A. Hoffmann: Klein Zaches, genannt Zinnober (1978); Deutsches Märchen (Bd. 1–2. 1979); M. Mummenschanz: Justus Suppenstroh (1980).

Sekundärliteratur: J. Muschik: Die Wiener Schule des Phantastischen Realismus (1974). – Im Reich der Verzauberung (in: Jugendliteratur. Littérature de la jeunesse. 1980. 4. 13–15).
Erich Gerhard

Hegedüs, Géza

*Ungarischer Hochschulprofessor, Schriftsteller, Jugendbuchautor; *14. 5. 1912 Budapest.*

H. studierte Jura und promovierte 1935 über historische Rechtsprobleme. Anschließend war er in einer Anwaltskanzlei tätig, wurde Beamter und arbeitete als Dramaturg. Seit 1945 bis zu seiner Pensionierung war H. Professor für Theater- und Filmkunst. Er verfaßte mehr als siebzig Bücher, schrieb zahlreiche Theaterstücke, Hör- und Fernsehspiele. Dreimal wurde er mit dem József-Attila-Preis ausgezeichnet. H. erhielt den Verdienstorden für Arbeit.

Werk, Tendenzen, Wirkung. H. hat Gedichte, Romane, Novellen, publizistische Bücher und Essays veröffentlicht. Für Jugendliche schrieb er vor allem historische Romane, die die Antike (Az írnok és a fáraó, 1960; A milétoszi hajós, 1957) und die ungarische Geschichte (u. a. Megkondulnak a harangok, 1951; Az erdőntúli veszedelem, 1950) zum Thema haben. In den einzelnen Bänden des Romanzyklus „Európa közepén" (Bd. 1–4, 1975–1978) skizziert H. die historisch-gesellschaftlichen Ereignisse im Ungarn der dreißiger Jahre. H., der außerdem auch einen Roman über OLIVER CROMWELL (1599–1658) geschrieben hat (Vasbordàjú szentek, 1963), war als Dramatiker für Jugendliche erfolgreich (Mátyás király Debrecenben, 1954). Fast alle seine Bücher sind belehrend und vermitteln kulturgeschichtliches Wissen. Die psychologisierende Tendenz der modernen Literatur ist ihm fremd. Seine Popularität beruht auf der Vielfalt der Themen und detaillierter Beschreibung.

Werke: Budai Nagy Antal (1946); Az óceán vándora (1946); Az istentelen Kulin bán (1947); A mindentudás városa (1949); Az erdőntúli veszedelem (1950, [12]1978); Megkondulnak a harangok (1951); Az aranypecsét (1953); A fekete ember históriája (1953); Mátyás király Debrecenben. Schauspiel (1954); Az irnok és a faraó (1960); A milétoszi hajós (1957; dt. Fremde Segel vor Salamis, 1959); Vasbordájú szentek (1963; dt. Die gepanzerten Heiligen, 1969); Európa közepén (Bd. 1–4, 1975–1978); Az olvasás gyönyörüsége (1978).

Sekundärliteratur: I. Hermann: Egy regényfolyam margójára (in: Új Írás. 1974. 7. 121–124). – G. Garai: Írószobám. Beszélgetés Hegedüs Gézával (in: Kortárs. 1976. 7. 1136–1145).
Béla Tóth

Heichen, Walter

*(Pse.: Walter Eichner, Lothar Helfenstein, Gerd Kühnwald). Verlagsredakteur, Jugendbuchautor; *22. 6. 1876 Stuttgart, †24. 3. 1970 Stuttgart.*

H. wurde als Sohn des Schriftstellers und Übersetzers PAUL HEICHEN in Stuttgart geboren. Aufgrund des häufigen Wohnungswechsels der Familie besuchte er Schulen in Leipzig, Frankfurt an der Oder und Berlin. Er verließ das Gymnasium vorzeitig und war seit 1894 als freier Schriftsteller tätig. Zeitweise wohnte er als Redakteur in Bad Kösen, seit 1903 in Kleinzschachwitz bei Dresden, wo er die „Deutschen Buchhandelsblätter" und den „Graphologischen Universal-Anzeiger" herausgab. Seit 1909 wohnte er in Lankwitz bei Berlin.

Werk, Tendenzen, Wirkung. Neben wenigen Romanen zu Beginn seiner schriftstellerischen Laufbahn verfaßte H. vorwiegend abenteuerliche Erzählungen für junge Leser. Der „Kürschner" nennt über 60 Titel, die allerdings lediglich eine Auswahl aus seinem Gesamtschaffen darstellen. Die abenteuerlichen Erzählungen zeigen Verwandtschaft zu den bekannten Abenteuerbuchautoren des ausgehenden 19. Jahrhunderts wie ERNST FRIEDRICH WILHELM MADER (1866–1947) oder FRANZ TRELLER (1839–1908) und sind nicht frei von aufdringlichen Belehrungen, wobei die sensationelle Verpackung der dem jungen Leser zugedachten Information deren Wert häufig schmälert. H.s Bücher spielen in exotischen Gegenden (Unter den Kannibalen der Südsee, 1910; Deutsche in Kongoland, 1908), führen zum Teil in die historische Vergangenheit (Der Goldmacher in Brandenburg, 1912; Maria Stuart, 1913) und zeigen eine besondere Vorliebe für das Thema Luftfahrt und für utopische Handlungen, die als Vorläufer der Science-Fiction für junge Leser angesehen werden können. Allerdings hat H. mit seinen utopischen Geschichten deutliche Anleihen bei JULES VERNE (1828–1905) genommen. So ist seine Erzählung „Der U-Boot-Pirat" (1929) auf weite Strecken identisch mit VERNEs Erzählungen „20000 Meilen unter dem Meer" (1873) und „Die geheimnisvolle Insel" (1875). Wie dort wird auch in H.s Erzählung der geheimnisvolle U-Boot-Kapitän mit seinem Schiff durch ein Seebeben vernichtet, dem der junge Held der Geschichte, ein amerikanischer Pilot, gerade noch mit seinem Flugzeug entrinnen kann. Erzählstruktur und

Handlungsführung gleichen sich in allen Erzählungen des Autors. Die Buchhelden bestehen sensationelle Abenteuer, werden dabei durch unwahrscheinliche Zufälle begünstigt und erfahren mit Genugtuung die Vernichtung der durchweg radikal böse gezeichneten Gegenspieler durch das Auftreten gewaltiger Katastrophen wie Erdbeben, Vulkanausbrüche oder Feuersbrünste. Eine zwingende Logik ist in den aneinandergereihten Abenteuern nur selten zu erkennen.
H., der von der Kaiserzeit über zwei Weltkriege hinweg bis in die sechziger Jahre hinein fast ohne Unterbrechung seine Jugendbücher geschrieben hat, verstand es immer, sich der gerade herrschenden Staatsideologie anzupassen. So verfaßte er 1910 den Band „Unseres Kronprinzen Fahrt nach Indien“, in dem er der kaiserlichen Familie seine Huldigung darbringt; 1914 verfaßte er nationalistisch-pathetische Schriften, die den jungen Leser für den Krieg begeistern sollten (z. B.: Vaterland, dir wolln wir sterben, 1914) und während des Dritten Reiches vertrat er einen nationalistisch gefärbten Patriotismus. So schrieb er 1938 den Band „Helden der Luft“, der mehr als erzählendes Sachbuch angelegt ist und in dem HERMANN GÖRING ein Kapitel gewidmet ist, der es „mit eiserner Tatkraft fertigbrachte, noch 1918 aus jungen Fliegern und neuen Maschinen wieder eine geschlossene Einheit zusammenzuschweißen, die sich dem Feind entgegenwerfen konnte, und die dann auch bis zum letzten Schuß unbesiegt geblieben ist“. Der junge Leser erfährt in dem Kapitel weiter „in jener bösen Zeit, da allerorts die Mannschaften gegen die Offiziere aufgehetzt wurden und die Soldatenräte sich als die Herren aufspielten, hat keiner unter Görings Leuten seinen Führer im Stich gelassen“. Im Vorwort zu dem Band beschwört H. die Erfindungsgabe deutscher Techniker und die Überlegenheit deutscher Industrieerzeugnisse: „Während eine todesmutige Jugend den motorlosen Flug mit Eifer und Begeisterung betrieb, arbeiteten in den Werken die Techniker, und als dann die hemmenden Bestimmungen allmählich aufgehoben wurden, konnten bald danach neue großartige Maschinen hergestellt und in Betrieb genommen werden, um dem deutschen Arbeiter der Stirn und der Faust von neuem die Achtung einer staunenden Welt zu erringen“.
In dem 1964 erschienen Buch „Der unheimliche Fremde“, in dem die Abenteuer eines Amerikaners geschildert werden, der miterlebt, wie Indios unter der Führung eines geheimnisvollen Nachkommen der letzten Inkaherrscher einen verborgenen Inkaschatz gegen spanischblütige Hazienderos verteidigen, und bei dessen Lektüre man zu Beginn der Meinung sein könnte, daß H. auf der Seite der ausgebeuteten Indios stehe, werden diese zum Ende hin insgesamt als mörderische Räuberbande verteufelt. Die aufständischen Indios finden dann auch zusammen mit ihrem Anführer durch einen gewaltigen Vulkanausbruch den Tod.

Werke (Auswahl): Der Sang an Aegir (1895); Ein polnischer Pastor (1896); Das Salz der Erde (1905); Die Stiefkinder der Alma mater (1905); Die Pompadour (1905); Die Spielzeugstadt (1905); Auf See und in Kamerun (1906); Geo der Flieger (1906); Die Blume der Katakomben (1907); Ellak der Steppenwolf (1908); Deutsche in Kongoland (1908); Um Freiheit und Glaube (1908); Unter den Kannibalen der Südsee (1910); Der Todesgang der Karawane (1910); Unter der Guillotine (1910); Der kleine Tiger (1911); Der Goldmacher in Brandenburg (1912); Maria Stuart (1913); Vaterland, dir wolln wir sterben (1914); So hat sie Gott geschlagen (1914); Mit Zeppelin und Flugzeug (1914); Unter den Fahnen Hindenburgs (1915); Madho Singh, der Maharadscha (1916); Mit U-Boot und Schlachtschiff (1930); Kampf um die Dardanellen (1930); Helden in Tirol und am Isonzo (1931); Die Hölle von Verdun (1931); Ilona und ihre Freier (1931); Die Frauen vom hohen Dom (1931); Der U-Bootpirat (1929); Jenseits der Stratossphäre (1931; auch u. d. T.: Luftschiff im Weltenraum, 1939); Im Faltboot auf dem Amazonenstrom (1933); Das Amulett der tausend Wunder (1933); Armin, der Cherusker (1934); Schill (1934); Germanische Götter- und Heldensagen (1934); Thumelicus (1935); Helden der Front (1936); Helden der See (1937); Helden der Luft (1938); Helden der Kolonien (1938); Klaus Störtebeker (1938); Andreas Hofer (1939); Die Entdeckung Amerikas (1940); Cortez, der Eroberer (1941); James Cook, der Weltumsegler (1947); Die Heinzelmännchen (1952); Vorstoß nach Kentucky (1957); Der unheimliche Fremde (1964); Gefährliche Erbschaft (1965); Weltumsegler auf großer Fahrt (1965).

Helmut Müller

Heine, Helme

*Illustrator, Bilderbuchmacher, Autor, Kabarettist; *4. 4. 1941 Berlin.*

H. studierte Wirtschaftswissenschaft und Kunst in Berlin und unternahm Reisen durch Europa, Asien und Afrika. Er war zunächst am Theater als Regisseur, Schauspieler und Bühnenbildner tätig. Mehrere Jahre verbrachte er in Johannesburg (Südafrika), wo er das Kabarett „Sauerkraut“ gründete und eine gleichnamige satirische Zeitung herausgab. H. arbeitete als Cartoonist und Illustrator für verschiedene englische Zeitschriften. Er kehrte nach zwölfjähriger Abwesenheit in die Bundesrepublik zurück. Seit 1975 ist H. Kinderbuchautor und -illustrator. H.s erstes Bilderbuch, das „Elefanteneinmaleins“ (1976) kam 1977 in Bologna auf die Ehrenliste des Premio Grafico und ebenso auf die Ehrenliste der „Schönsten Deutschen Bücher“ (1976). Sein zweites Bilderbuch „Das Leben der Tomanis“ (Text CHRISTINE NÖSTLINGER) wie auch die folgenden wurden für das Fernsehen bearbeitet. H. macht Cartoons, Fernsehfilme und politisches Kabarett für junge Erwachsene. Seine Arbeiten sind zum Teil in Lizenzausgaben in verschiedenen europäischen Ländern, in den USA, Japan und Südamerika erschienen. H. lebt in Seebruck.

Werk, Tendenzen, Wirkung. H.s Durchbruch auf dem internationalen Bilderbuchmarkt fällt in der zweiten Hälfte der siebziger Jahre in eine Zeit der Zurückhaltung gegenüber Neuerungen und Experimenten. In nur wenigen Jahren hat er viele Bücher publiziert, die meisten davon mit eigenem Text. In seinem zweiten Bilderbuch „Das Leben der Tomanis“ (1976) gesellt sich zu seiner Bildwelt die Phantastik CHRISTINE

Helme Heine. Illustration aus dem Bilderbuch „Das Leben der Tomanis" nach einem Text von Christine Nöstlinger (1976).

NÖSTLINGERS. Eine vormals sehr „normale" Familie bricht aus der gewohnten Lebensbahn aus und beginnt eine freiere Existenz durch die Verwandlung in lustige dickbäuchige Phantasiewesen. H. kultiviert eine einfallsreiche und witzige Szenerie, in der die Tiere der vertrauten Witz- und Fabelwelt – Schwein, Rabe, Hase, Elefant – in neue, ungewöhnliche, Kinder wie Erwachsene erheiternde Situationen gestürzt werden. H. benützt verschiedene Darstellungstechniken: Federzeichnungen, Aquarelle, Collagen und Mischungen von Arbeitsweisen. Genutzt werden groteske Elemente der Karikatur, der „verkehrten" und Phantasiewelt sowie des Nonsense, in den hinein der erzählende Zeichner und Maler eigene Erlebnisse mit den Tieren der afrikanischen Wildbahn oder mit heimischen Geschöpfen projiziert. In „Tante Nudel, Onkel Ruhe und Herr Schlau" (1979) läßt H. ein Ferienmädchen seine Verwandten und erwachsene Freunde ihre gewohnten Tätigkeiten zugunsten lustvollen Spaßes im Freien und am Strande aufgeben. Erwachsene erweisen sich als beweglich, lernfähig und ansteckbar für kindliche Vergnügen. Im totalen Rollentausch werden den Benutzern nachahmenswerte Verhaltensmuster angeboten. „Fantadu" knüpft an PETER BICHSELS und HEINRICH HANNOVERS Verwandlungsgeschichten und Tauschmöglichkeiten an, sich als Kind in ein Tischbein, Gestirne, verschiedene Tiere, Wind und Wetter zu verwandeln. H.s internationaler Erfolg läßt sich auf verschiedene Anlässe zurückführen: auf die gleichzeitige Produktion fürs Kinderfernsehen („Sesamstraße", „Sandmännchen", „Sendung mit der Maus"), auf den Büchermarkt und auf seine Fähigkeit lebendiger Vermittlung in Kinderkabaretts und auf Lesereisen.

H. gehört zu den phantasievollen Humoristen unter den Bilderbuchmachern der siebziger Jahre, die sich – wie TOMI UNGERER, FRIEDRICH KARL WAECHTER, JANOSCH und TATJANA HAUPTMANN – oftmals ganz in der Nähe von Karikaturisten befinden.

Werke: H. Heine: König Hupf der I. (1976); H. Heine: Raupelchen (1976); H. Heine: Elefanteneinmaleins (1976); Chr. Nöstlinger: Das Leben der Tomanis (1976); H. Heine: Billy Biber (1977); R. Ritter (zus. mit H. Heine): Na warte, sagte Schwarte (1977); H. Heine: Ruprecht der Rabe (1978); H. Heine: Der Superhase (1978); H. Heine: Richard. Wer dich besiegt, der ist dein Freund (1978); H. Heine: Fantadu (1979); H. Heine: Der innere und der äußere Otto (1979); H. Heine: Tante Nudel, Onkel Ruhe und Herr Schlau (1979); H. Heine: Der Hund Herr Müller (1979); G. Middelhauve (Hrsg., zus. mit G. von Radowitz): Ich und du und die ganze Welt. Die schönsten Geschichten Lieder und Gedichte für Kinder (1979); K. von Radowitz: Schuppe Rotfisch (1979); Fr. Vahle: Der Katzentatzentanz (1980).

Sekundärliteratur: H. Künnemann: Witz mit doppeltem Boden – Helme Heine (in: Profile zeitgenössischer Bilderbuchmacher Nr. 2. 1978. 91–98).

Horst Künnemann

Heiss, Lisa

*(d.i. Elisabeth Heiss). Schriftstellerin, Jugendbuchautorin; *2.2.1897 Stuttgart, †15.3.1981 Mainz.*

Nach dem Besuch des Königin-Katharina-Stifts in Stuttgart studierte H. Land- und Forstwirtschaft. Während eines siebenjährigen Aufenthaltes in den USA verfaßte sie in New York Hörspiele für den Rundfunk. Wieder in Deutschland begann H., Erzählungen zu schreiben. Seit dem Ende der dreißiger Jahre hat sie vorwiegend Bücher für junge Leser vorgelegt.

Werk, Tendenzen, Wirkung. Mädchen, deren Persönlichkeitsentfaltung von Konflikten begleitet ist, stehen im Mittelpunkt der meisten Bücher H.s. Trotz kritischer Einstellung blieb H. mit einem Teil ihrer Erzählungen bei zeitbedingt veränderter Kulisse doch weitgehend dem Typus des traditionellen Mädchenbuchs verhaftet. Einige Bücher zeigen eine aktuellere realistisch-problemorientierte Aufarbeitung und die Aufnahme von bislang im Mädchenbuch ausgesparten Themen. In „Das Kopftuch mit den roten Tupfen" (1959) gerät eine Achtzehnjährige in den Verdacht, mit ihrem Freund einen Raubüberfall verübt zu haben und muß eine längere Untersuchungshaft durchstehen. Die Erzählung „Das Mädchen im Feuer" (1964) schildert die psychischen und sozialen Folgen einer frühen Schwangerschaft. Auch die Situation für den jungen Vater, ein Schüler, wird differenziert beschrieben. Die familiären Konflikte von Stiefgeschwistern werden in dem Buch „Röttger. Wohnblock D, 5. Stock" (1972) dargestellt. Eifersucht und Vorurteile gefährden die Gemeinschaft einer zweiten Ehe, in die der Mann eine Tochter, die Frau einen Sohn eingebracht hatten. Um

ein behindertes Kind geht es in dem Kinderbuch „Ein Glück, daß sie so lustig ist" (1970), und die Fürsorgeerziehung ist Thema des Jugendromans „Der Schlußstrich" (1976). In einer Reihe von Jugendkrimis führt H. die Leser nicht nur in die Aufgaben einer Kriminalassistentin ein, sondern gibt auch Einblick in Routinearbeit und Berufsalltag (Simone und der Leopardenmantel, 1965). In „Zum Frühstück eine rote Nelke" (1972) geht es um ein Spionagenetz. Unter Vermeidung von happy-ends läßt H. in ihren Büchern zuweilen den Schluß offen, zeigt Kompromißlösungen auf oder deutet alternative Lösungen an.
In biographischen Erzählungen vermittelt H. jungen Lesern mit der historischen Gestalt und ihrem Wirken lebendige Eindrücke aus den sozialen, politischen, wirtschaftlichen und kulturellen Verhältnissen der Zeit. Nach ihren ersten beiden Erzählungen dieser Art, „Der Schwefelkönig von Louisiana", 1941, und: „Hirth, Erfinder, Rennfahrer, Flieger", 1949, wurde ihr Buch „Rosen für Angelika. Die Geschichte der Angelika Kauffmann", 1959, am meisten bekannt. In ihrer letzten biographischen Erzählung wandte sie sich SCHILLER zu: „Beweisen Sie, daß Sie ein Genie sind. Schillers Jugendjahre, 1773–1782". Kenntnis der historischen Quellen, der politischen, ethnologischen und ökonomischen Zusammenhänge liegen der Familienchronik zugrunde, die H. von Rußlandauswanderern im 19. Jahrhundert schrieb: „Plötzlich jagt ein Sturm daher. Die Schicksale eines Geschlechts" (1960). Ihre Erlebnisse in den USA hat H. autobiographisch in dem Buch „Große Welt – Kleine Welt. Ein Mädel erlebt Amerika" (1949) verarbeitet.

Werke: Die große Kraft. Frauenschaffen für Deutschlands Weltgeltung (1939); Cornelia (1940); Cornelia und das Kind Nell (1941); Der Schwefelkönig von Louisiana. Erzählung vom Kampf um ein Weltmonopol (1952); Sommerwolken überm Tegernsee (1949); Große Welt – Kleine Welt. Ein Mädel erlebt Amerika (1949); Hirth, Vater, Helmuth, Wolf. Erfinder, Rennfahrer, Flieger (1949); July am Start (1951); Sepp, das Adlerauge (1952); Das blaue Taftkleid (1953); Georgia Falck (1953); Die seltsame Geschichte der Veronika, die zwei Mütter hatte (1954; 2. Aufl. u.d.T.: Veronika oder Die vertauschten Zwillinge, 1957); Kathrin bleibt in Afrika (1955); Helis großes Camping (1955); Margot in Amerika (1957); Anruf aus Alaska (1958); Rosen für Angelika. Die Geschichte der Angelika Kauffmann (1959); Das Kopftuch mit den roten Tupfen (1959); Plötzlich jagt ein Sturm daher. Die Schicksale eines Geschlechts (1960; NA. u.d.T.: Das Paradies in der Steppe. Der abenteuerliche Weg nach Askania Nova, 1970); Der Frühling beginnt im Herbst (1961); Sundri, ein indisches Mädchen zwischen gestern und morgen (1962); Das Bild mit dem blauen Rahmen (1963); Das Mädchen im Feuer (1964); Satya (1965); Simone und der Leopardenmantel (1965; NA. u.d.T.: Der 1. Fall für Nicole: Die gestohlenen Leopardenfelle, 1978); Morgen blüht der Lotos. Ein indisches Mädchen zwischen gestern und morgen (1966); Simone und der Mandarin (1966; NA. u.d.T.: Der 2. Fall für Nicole: Die Spur führt nach Hongkong, 1978); Uns bläst der Wind so schnell nicht um (1968); Ein Glück, daß sie so lustig ist (1970; NA. u.d.T.: Michaela setzt sich durch, 1976); In den Händen der Guerillas (1971); Kleiner Delawarenhäuptling (1971); Röttger, Wohnblock D., 5. Stock (1972; NA. u.d.T.: Gitte kommt klar, 1979); Zum Frühstück eine rote Nelke (1972); Ein Schäferhund für Claudia (1973); Das Paparuda-Lied: Vom Zigeunermädchen zur Schlagersängerin (1973); Die Entscheidung auf Bahn eins (1974); Der Wurm im Apfel (1974); Der Schlußstrich (1976); Sie heißt Julia (1976); Beweisen Sie, daß Sie ein Genie sind. Schillers Jugendjahre 1773–1782 (1977); Das Kaninchen auf der Autobahn (1978); Die Ente zwischen den Geranien (1979); Der Überraschungshund (1980); Der 3. Fall für Nicole: Die Jagd nach den Brillianten (1980).

Margarete Dierks

Hendschel, Albert Louis

*Maler, Zeichner und Illustrator; *8.6.1843 Frankfurt am Main, †22.10.1883 Frankfurt am Main.*

Als Sohn des Verlegers und Kartographen M. HENDSCHEL verlebte H. mit seinem zwei Jahre jüngeren Bruder und späteren Genremaler OTTMAR HENDSCHEL (*1845) eine unbeschwerte Jugend in Frankfurt am Main. Am Städelschen Kunstinstitut, das H. vom dreizehnten Lebensjahr an besuchte, war er Schüler von JAKOB BECKER (1810–1872). Er verließ Frankfurt vorübergehend, um Studienreisen nach Paris (1861) und nach Italien (1870 und 1882) zu unternehmen.

Werk, Tendenzen, Wirkung. Nach anfänglicher Beschäftigung mit der Ölmalerei ging H. bald zur Illustrierung von Klassikern über. Nur wenige seiner Entwürfe wurden gedruckt, da der Künstler mit den damaligen Reproduktionsmöglichkeiten (Holzstich, Chromolithographie) recht unzufrieden war. In „Silberblicke", einem Buch, in dem WILHELM OTTO VON HORN (1798–1867) „Züge aus dem Leben ausgezeichneter Menschen" darbot, versuchte H. den biographischen Schilderungen durch historisch genaue Bilder gerecht zu werden. Die Illustrationen dazu wirken ebenso steif wie die sechs Holzstiche zu „Aschenbrödel". Von der Faszination und Symbolik des ursprünglichen Aschenputtel-Märchens ist weder in der langatmigen Reimfassung WOLFGANG MÜLLERs von KÖNIGSWINTER noch in den das Interieur betonenden spannungslosen Bildern H.s etwas zu spüren.
H.s ausgezeichnete Beobachtungsgabe, mit der er Kinder und Frankfurter Originale gleich trefflich erfaßte, wurde einer breiteren Öffentlichkeit erst durch den fotomechanischen Nachdruck seiner Skizzen in den siebziger Jahren bekannt (aus Albert Hendschels Skizzenbuch, 3 Bde. 1871–1875). Mit lebendigem, schnellem Strich hat der Künstler spielende Kinder, die kleinen Zwischenfälle des Alltags und Straßenszenen teils beschaulich, teils ironisch festgehalten. Er erfaßte damit – den volkstümlichen Romantikern durch seine poetische Betrachtungsweise verwandt – sowohl ein Stück Kindheitsgeschichte als auch ein Stück regionaler Kulturgeschichte.

Illustrationen: W. O. von Horn: Silberblicke (Teil 1–2. 1859–1861); W. Müller von Königswinter: Aschenbrödel (1863); Aus Albert Hendschels Skizzenbuch (Teil 1–3. 1871–1875); A. Hendschel: Ernst und Scherz (1879).

Sekundärliteratur: P. Beitlich (Hrsg. zus. mit J. Giessen): Hendschel's Kinder. Aus Albert Hendschel's Skizzenbüchern

(1977). – Fr. Schanz: Das kleine Albert-Hendschel-Buch (zus. mit A. Hendschel. 1921).

Karin Schmidt

Henry, Marguerite

*Amerikanische Kinder- und Jugendbuchautorin; *13. 4. 1902 Milwaukee (Wisconsin).*

H. veröffentlichte bereits mit elf Jahren ihre erste Erzählung in einer Frauenzeitschrift. Nach der Schule und dem Besuch der University of Wisconsin/Milwaukee ließ sie sich mit ihrem Mann auf dem Lande nieder und hat seitdem über 50 Bücher, meist Pferdebücher, verfaßt. H. konnte mehrfach Preise – u. a. die Newbery Medal – in Empfang nehmen. Viele ihrer Titel wurden in amerikanische und internationale Auswahllisten aufgenommen (Young Reader's Choice, Auswahlliste zum Deutschen Jugendbuchpreis). H. zählt zu den erfolgreichsten Kinder- und Jugendbuchautoren Amerikas: Viele ihrer Bücher erscheinen immer wieder in hohen Auflagen, wurden in alle Weltsprachen übersetzt, in Braille-Schrift für Blinde hergestellt, und einige Titel wurden verfilmt.

Werk, Tendenzen, Wirkung. Bevor H. sich mit ihren Pferdegeschichten einen Namen machte, veröffentlichte sie von 1941 bis 1946 sechzehn Titel in einer beliebten kleinen Sachbuchreihe für Kinder („Pictured Geographies"), zu denen sie jeweils vor Ort Informationen einholte.

H.s Pferdebücher lassen sich in zwei Grundtypen einordnen: Erzählungen von Pferden in einer bestimmten Umgebung und Erzählungen bestimmter historischer bzw. aktueller Begebenheiten, bei denen Pferde eine entscheidende Rolle spielen. Zum ersten Typus sind u. a. die Bücher „Justin Morgan had a horse" (1945), „Misty of Chincoteague" (1947), „Stormy" (1963) zu zählen. Bevor sie „Misty" schrieb, erkundete H. auf der Insel Chincoteague Geschichte und Landschaft sowie die Lebensbedingungen von Menschen und wilden Ponies. Zu den Büchern, in denen Pferde vor dem Hintergrund interessanter Begebenheiten charakterisiert werden, gehört „King of the wind" (1948). Beschreibungen aus Marokko, Frankreich und England im 18. Jahrhundert vermitteln dem Leser neben den Abenteuern der Hauptfigur ein Stück Geschichte. Sehr bekannt wurde auch „Gaudenzia – Pride of the Palio" (1960), in dem ein kleiner Junge auf seinem arabischen Pferd Sieger des Pferderennens von Siena wird.

Wesley Dennis, ein bekannter Illustrator von Kinder- und Jugendbüchern, arbeitete regelmäßig mit H. zusammen und illustrierte viele ihrer Bücher.

Werke: Auno and Tauno (1940); Dilly Dally Sally (1940); Alaska in story and pictures (1941); Argentina in story and pictures (1941); Brazil in story and pictures (1941); Canada in story and pictures (1941); Chile in story and pictures (1941); Mexico in story and pictures (1941); Panama in story and pictures (1941); West Indies in story and pictures (1941); Birds at home (1942, NA. 1972); Geraldine Belinda (1942); Their first igloo on Baffin Island (1943); A boy and a dog (1944); Justin Morgan had a horse (1945, NA. 1954; dt. Der kleine Hengst, 1956); The little fellow (1945, NA. 1975); Robert Fulton, boy craftsman (1945, NA. 1962); Australia in story and pictures (1946); The Bahamas in story and pictures (1946); Bermuda in story and pictures (1946); British Honduras in story and pictures (1946); Dominican Republic in story and pictures (1946); Hawaii in story and pictures (1946); New Zealand in story and pictures (1946); Virgin Islands in story and pictures (1946); Always Reddy (1947); Benjamin West and his cat Grimalkin (1947; dt. Benjamin West und sein Kater Grimalkin, 1948); Misty of Chincoteague (1947, NA. 1967; dt. Misty, das Pony von Chincoteague, 1955); King of the wind (1948, NA. 1968; dt. König des Windes, 1953); Little-or-Nothing from Nottingham (1949); Sea Star, orphan of Chincoteague (1949, NA. 1976; dt. Seestern, das verwaiste Fohlen von Chincoteague, 1957; NA. 1969); Born to trot (1950, NA. 1964; dt. Zum Traben geboren, 1955); Album of horses (1951); Brighty of the Grand Canyon (1953; dt. Burri, 1954; NA. 1967); Wagging tails (1955); Cinnabar, the one o'clock fox (1956; dt. Zinnober, der Mittagsfuchs, 1958); Misty, the wonder pony. By Misty herself (1956); Black Gold (1957; dt. Schwarzer Blitz, 1961; NA. 1970); Muley-Ears, nobody's dog (1959); Gaudenzia, pride of the Palio (1960; NA. u.d.T.: The wildest horse race in the world, 1976; dt. Der Sieger von Siena, 1962; NA. 1977); All about horses (1962); Five o'clock Charlie (1962); Stormy (1963; dt. Pony Stormy, 1965, ^{2}1971; NA. 1978); White stallion of Lipizza (1964; dt. Borina, der weiße Lipizzanerhengst, 1979); Mustang, wild spirit of the west (1966; dt. Wildpferd-Annie und die Mustangs, 1968; NA. 1975); Dear readers and riders (1969); Album of dogs (1970); Birds at home (1972); San Domingo, the medicine hat stallion (1972; auch u.d.T.: Peter Lundy and the medicine hat stallion, 1976; dt. San Domingo, das Geschenk des Häuptlings, 1974); A pictoral life story of Misty (1976).

Sekundärliteratur: Marguerite Henry (in: St. J. Kunitz (zus. mit H. Haycraft): The Junior Book of Authors. 1951. 156–157). – J. E. Higgins: Henry, Marguerite (in: D. L. Kirkpatrick (Hrsg.): Twentieth-century children's writers. 1978. 589–591).

Lioba Betten

Herburger, Günter

*Schriftsteller, Lyriker, Essayist, Kinderbuchautor; *6. 4. 1932 Isny/Allgäu.*

H. studierte Philosophie und Sanskrit in München und Paris, begann 1964 mit der Veröffentlichung von Romanen und Erzählungen für Erwachsene und erhielt 1972 den Bremer Rudolf-Alexander-Schröder-Preis. 1966 veröffentlichte er seine erste Kindererzählung „Helmut in der Stadt" in der Anthologie „Dichter erzählen Kindern" (hrsg. von G. Middelhauve). Sein wichtigster Beitrag zur Kinderliteratur wurden jedoch die seit Ende der sechziger Jahre entstandenen „Birne"-Geschichten (Birne kann alles, 1971; Birne kann noch mehr, 1971; Birne brennt durch, 1975), die aus dem Umgang des Verfassers mit seinem Sohn Daniel hervorgegangen sind. Zeitgeschichtlicher Hintergrund der „Birne"-Geschichten sind die Studenten- und APO-Bewegung der sechziger Jahre, an der sich der damals in Berlin lebende Autor aktiv beteiligte.

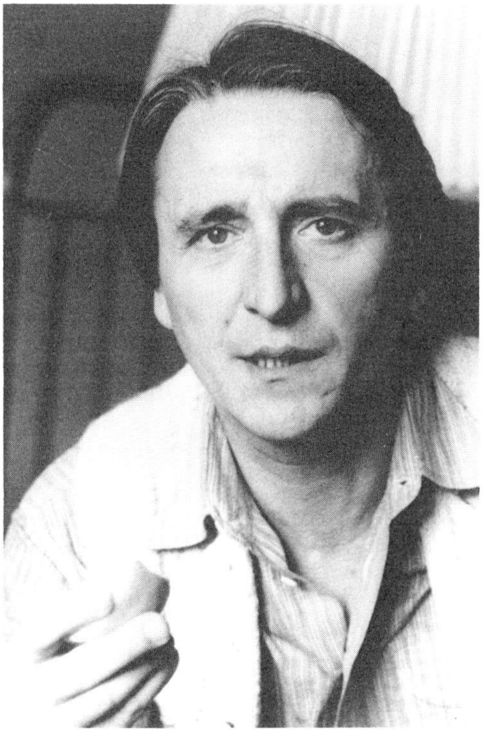

*Günter Herburger (*1932)*

Werk, Tendenzen, Wirkung. Schon mit „Helmut in der Stadt" (1966) wandte sich H. einem seiner Hauptthemen zu: der Großstadt als kindlichem Erfahrungsraum und der Technik als Faszinosum. Hier fand er auch seine Form: eine lapidare, scheinbar sachliche Sprache, eine Er-Erzählposition, die dem Leser auch schwierigere Sachverhalte ohne Rücksicht auf traditionelles Schonraumdenken erklärt. Mit den aus der Zusammenarbeit mit seinem Sohn Daniel, der auch die Hauptfigur erfand und die Illustrationen beisteuerte, entstandenen – dreimal 26 – „Birne"-Geschichten lieferte H. einen der eigenwilligsten Beiträge zur jüngeren deutschen Kinderliteratur. Mit ihnen distanzierte er sich sowohl von der traditionellen „abgeschirmten Kinderbuchwelt", an deren Stelle er die „moderne Kinderumwelt" setzte, als auch vom überkommenen Lesealterschema. Hier liegt der Versuch vor, bereits kleineren Kindern die gegenwärtige Welt mit ihrer Technologie, ihrem gesellschaftlichen Entwicklungsstand und ihren Widersprüchen und Konflikten zu vermitteln. H.s Kunstgriff besteht darin, eine tagsüber arbeitslose Glühbirne auf phantastische Art lebendig werden und die unwahrscheinlichsten Abenteuer erleben zu lassen. „Birne" vereinigt in sich das Moment des Technischen, soziales Engagement und die Fähigkeit, auf Mängel der modernen Gesellschaft verändernd zu reagieren. „Birne" ist neugierig, erfahrungsversessen, erfinderisch, phantasievoll, fröhlich, tatkräftig, hilfsbereit, sensibel gegenüber Ungerechtigkeiten und Unterdrückung, ein Organisationsgenie, versessen auf Veränderungen, nicht festgelegt und unbeschränkt verwandlungsfähig. Erstarrte Verhältnisse bringt sie wieder in Bewegung, eingespielte Ordnungen werden auf den Kopf gestellt. H. knüpft an die Erfahrungen, Bedürfnisse und Wünsche der Kinder an, um mit „Birnes" Hilfe die Welt kinderfreundlich zu machen, was bei H. gleichbedeutend mit „menschenfreundlich" ist. „Birne" bezieht sich zugleich auf die Comicfigur Superman, die jedoch umfunktioniert wird zu einer Figur mit Gefühl und sozialem und demokratischem Engagement: „Birne" möchte den Menschen helfen, sich selber zu helfen, zur Initiative anregen, soziale Problemlösungsphantasie freisetzen, Schwache stärken und selbstbewußter machen, den Anspruch auf Selbstbestimmung verwirklichen helfen, Entfremdung nicht nur bewußt machen, sondern Möglichkeiten zu ihrer Überwindung aufzeigen. Mit „Birne" unternehmen die Leser eine ebenso phantastische wie realistische Reise durch alle Regionen unserer Welt, der irdischen, der außerirdischen, der vergangenen und der zukünftigen. Dabei werden überall die gegebenen Ordnungen und Normen, wie Besitz, Hierarchie, Ungleichheit usw., in Frage gestellt und eingespielte Rollen verändert. Die eingesetzten literarischen Mittel sind raffende Kurzform, die das Problem knapp benennt, „Birne" in Handlung versetzt und das Problem zur Lösung bringt. Eingestreut sind Verfasserinformationen und -erklärungen. Die Geschichten, handlungsbetont und bei aller Phantastik der Hauptfigur konkret fabulierfreudig, witzig und voller Schabernack und oft auch Klamauk, wie Kinder ihn schätzen, sind von einer „wissenden Erzählposition" aus geschrieben.

In den Folgebänden von „Birne kann alles" wird der Erfahrungsraum systematisch ausgeweitet; zuerst in den Weltraum, dann in die Zeiten. In „Birne brennt durch" werden die Aussagen nachdenklicher und „philosophischer". „Birne" stößt an die „Grenze des Machbaren" nicht nur im Biologischen (Geburt und Tod), sondern auch im Politischen: Geschichte läßt sich nicht verändern, die Macht der Ölmultis kann „Birne" nicht brechen. Der technische Fortschritt zeigt seine Kehrseiten und wird problematisiert. Der alte unbeschwerte Optimismus und die ungehemmte Spontaneität erscheinen gebrochen. „Birnes" Art und Handlungsweisen können, so heißt es jetzt, „auf die Dauer nicht gutgehen" (S. 88). Die Eindeutigkeit der beiden ersten Bände ist hier der Vieldeutigkeit gewichen.

An H.s „Birne"-Geschichten wurde kritisiert, daß die Lösungen der Probleme vielfach zu einfach sind und fast konfliktlos erreicht werden. „Birne" müsse nie mit Enttäuschungen fertig werden. Die oft mühelos wirkenden Wendungen zum Besseren könnten auch kompensatorisch konsumiert werden, da die Kinder genau wüßten, was sie zu gewärtigen hätten, falls sie „Birne" nachahmen wollten. Das von „Birne" kritisierte Leistungsprinzip käme durch ihr eigenes Verhalten durch die Hintertür wieder ins Spiel. Didaktisch erwiesen sich die „Birne"-Geschichten als sehr wirksam und verwendbar, sie machen Kindern Spaß und regen zur Eigenproduktion analoger Geschichten an. Das Erzählkonzept der „Birne"-Geschichten wurde von anderen Autoren bisher nicht aufgegriffen und weiterentwickelt.

Werke (Auswahl): Helmut in der Stadt (in: G. Middelhauve (Hrsg.): Dichter erzählen Kindern, 1966. 117–135; NA. zus. mit D. M. Marcovicz, TB. 1972); Birne kann alles (1971, [6]1978; TB. 1974); Birne kann noch mehr (1971, [4]1976; TB. 1975); Birne brennt durch (1975, TB. 1977); Birne-Geschichten. Auswahl aus Birne kann alles, Birne kann noch mehr, Birne brennt durch (1978; erw. NA. u.d.T.: Birne. Sonderausgabe. 1980).

Sekundärliteratur: M. Dahrendorf: Moderne Kinderbücher auf der Primarstufe (in: Chr. Hannig (Hrsg.): Deutschunterricht in der Primarstufe. 1978. 155–171).

Malte Dahrendorf

Herchenbach, Wilhelm

*Lehrer, Jugend- und Volksschriftsteller; *13.11.1813 Neunkirchen/Siegkreis, †16.12.1889 Düsseldorf.*

H., der sich nach dem Willen seines Vaters der Landwirtschaft widmen sollte, kam nach dem Tode der Mutter als Achtjähriger zu seinem Onkel, einem Elementarschullehrer, nach Düsseldorf. In Neunkirchen besuchte er dann unter großen Schwierigkeiten bis zu seinem zwölften Lebensjahr die Elementarschule. H. mußte seinen Wunsch, Lehrer zu werden, gegen seinen Vater durchsetzen. Zunächst arbeitete H. als Schreiber beim Bürgermeister von Neunkirchen und später bei einem Gerichtsvollzieher in Hennef. Nebenbei trieb er wissenschaftliche Studien und übernahm mit fünfzehn Jahren eine Schulklasse. Im Alter von siebzehn Jahren rief sein Onkel ihn wieder nach Düsseldorf, um dort zu unterrichten. Nachdem H. zwischenzeitlich eine Gehilfenstelle in Pempelfort bei Düsseldorf versah, fand er Aufnahme am gerade eröffneten Lehrerseminar in Kempen. Anschließend wurde er in Pempeldorf und Düsseldorf als Lehrer angestellt. – 1846 heiratete H., seine Frau gebar ihm neun Kinder. Ebenfalls 1846 verließ er die Elementarschule, um an einer katholischen höheren Töchterschule zu unterrichten. 1850 gründete H. ein Erziehungsinstitut für Knaben mit angeschlossenem Pensionat. Seit 1849 war H. Mitglied im Gemeinderat.

Werk, Tendenzen, Wirkung. H.s Schriftenverzeichnis ist umfangreich. Von ihm stammen mehr als 200 Titel. Auffallend ist die Verschiedenartigkeit der Genres, in denen er sich versuchte. So verfaßte er Rittergeschichten, Sagenbearbeitungen, Kriegserzählungen, religiöse Traktate, Piratengeschichten, Gespenstergeschichten, die Monarchie verherrlichende Schriften, moralische Erzählungen mit kriminalistischem Einschlag und andere, in denen die sozialen Verhältnisse im Sinne christlicher Nächstenliebe und Bescheidenheit verklärt werden. Außerdem versuchte sich H. als Heimathistoriker. Seine Geschichten spielen häufig vor exotischer Kulisse in Afrika, Amerika, Mexiko oder im Orient. Zweimal hat er sich des Robinsonstoffes angenommen („Robinson's Colonie und ihre ferneren Schicksale", 1875; „Robinson's weitere Schicksale", 1895). Die zeitgenössische Kritik, so ENGELBERT FISCHER in seinem Werk „Die Großmacht der Jugend- und Volksliteratur" (1877), stellte H.s Schriften neben die von FRANZ OTTO SPAMER und hob hervor, daß H. es verstehe, das „sittliche Walten der göttlichen Vorsehung" zur Darstellung zu bringen und führt als Beispiel die Erzählung „Bruno und Lucy oder die Wege des Herrn sind wunderbar" (1869) an. Wie durch Gottes Fügung die kleinste Wohltat Zinsen trägt, zeigt die Geschichte „Der Millionär und der Straßenkehrer" (1869). Als Warnung vor der Auswanderung ins „gelobte Land" Amerika ist das Bändchen „Nach Amerika" zu verstehen. Der Autor ruft dem Leser zu: „Bleib im Lande und nähre dich redlich". Als nützlich-warnende Erzählung ist die Geschichte „Geld ist des Teufels Helfer" (1876) gedacht. H. versucht darin nachzuweisen, daß die Sucht nach Geld und das Streben nach Reichtum die Menschen auf Abwege bis hin zum Mord führt. Genügsamkeit und Heimatliebe predigt er in „Ein verlorenes Leben". Sozialromantische Züge trägt die Erzählung „Der Sohn vom Eisenhammer" (1870). H. erzählt die Geschichte eines Mannes, der sich durch Fleiß emporarbeitet und endlich eine eigene kleine Fabrik gründen kann. Obwohl H. die exotische Kulisse und historische Themen bevorzugt, nutzt er diese weniger zur völkerkundlichen oder historischen Belehrung, als vielmehr zum Vorführen christlich gefestigter Frauen und Männer, die Schicksalschläge und Not in Bescheidenheit und Gottesfürchtigkeit überstehen. Darin, sowie in der Breite der herangezogenen Themen, ist H. dem unter dem Pseudonym W. O. VON HORN schreibenden Pfarrer und Volksschriftsteller FRIEDRICH WILHELM PHILIPP OERTEL (1798–1867) sowie dem Pfarrer OTTOKAR WILHELM SCHUPP (1834–1911) verwandt. In der Vorliebe für sensationelle Übersteigerungen steht er SCHUPP näher als OERTEL. Diese Vorliebe kritisierte auch E. FISCHER, der feststellt: „Es ist nicht abzusehen, warum viele der neueren Jugendschriftenverfasser gerade die Schattenseiten des menschlichen Lebens, das Laster in seiner ganzen Nacktheit und Verworfenheit, Charaktere wahrer Scheusale und des echten Abschaums der Menschheit, alle möglichen Kniffe, Gaunerstücke und Schurkereien mit Vorliebe vorführen".

Werke (Auswahl): Kinderlieder (1852); Schreib-Lese-Fibel oder Erstes Lesebuch für deutsche Schüler (1852); Zweites Lesebuch für deutsche Elementarschüler (1855); Erzählungen für Volk und Jugend (1865–1867); Der gehörnte Siegfried, der Drachentödter (1866); Zar Iwan Wassiljewitsch, der Schreckliche (1867); Ewald Moor, der Schiffsjunge (1868); Der Perlenfischer im rothen Meer (1868); Ein Weißer unter den Wilden Afrika's (1869); Der Millionär und der Straßenkehrer (1869); Die beiden Handwerksburschen, oder Gauner und brave Leute (1869); Bruno und Lucy, oder: die Wege des Herrn sind wunderbar (1869); Der Gaißbub (1870); Paul Knacker oder die Folgen einer schlechten Erziehung (1870); Moorhannes und die Waisenkinder (1870); Der Schwanenritter von Cleve (1870); Der Sohn vom Eisenhammer (1870); Aus dem

Wunderlande Mexiko (1870); Eine Sünde gebiert die andere (1872); Unrecht Gut gedeihet nicht, oder: Was Gott tut, das ist wohlgethan (1872); Die Fabrikarbeiter (1873); Sieglinde, die verzauberte Königstochter (1874); Das geraubte Kind (1874); Robinson's Colonie und ihre ferneren Schicksale (1875); Die Kinder des Besenbinders (1875); Geld ist des Teufels Helfer (1876); Eine Mutter und sieben Kinder (1885); Neue Erzählungen für Volk und Jugend (1885–1886); Robinson's weitere Schicksale (1895).

Winfred Kaminski

Herfurth, Egbert

*Graphiker in der DDR; *5.4.1944 Wiese (Schlesien).*

H. schloß 1960 die Mittelschule ab und begann eine Lehre als Offsetretuscheur. Nach Beendigung dieser Ausbildung arbeitete er von 1962 bis 1964 als Wertpapiertechniker. Von 1964 bis 1969 besuchte er die Fachklasse für Gebrauchsgraphik bei WOLFGANG MATHEUER an der Hochschule für Graphik und Buchkunst in Leipzig. Nach zweijähriger Aspiranten- und Assistententätigkeit an der Kunsthochschule Berlin (1972 bis 1974) wurde er Meisterschüler von ALBERT KAPR an der Hochschule für Graphik und Buchkunst in Leipzig. H. erhielt die Bronzemedaille der Ausstellung „Schönste Bücher aus aller Welt" (1979) und 1980 die Bronzemedaille der Biennale für Gebrauchsgraphik in Brno/ČSSR. 1980 kam er auf die Honour List der IBBY. Mit RENATE HERFURTH hat H. 1974 in Erfurt, 1976 in Neustrelitz und 1980 in Plauen ausgestellt; alleine in Halle (1975) und Erfurt (1976), Jöhstadt (1977) und Eisenach (1979).

Werk, Tendenzen, Wirkung. Die von H. bevorzugten Schaffensschwerpunkte sind außer der Buchillustration die Plakat- und Postergestaltung sowie die freie Graphik. Er nennt als von ihm besonders gepflegte Techniken den kolorierten Holzstich und den Kupferstich. H. hat Mitte der siebziger Jahre begonnen, Kinderbücher zu illustrieren. Er setzt klar und akkurat gezeichnete Gegenstände deutlich von ihrer Umgebung ab. Dadurch entsteht eine nüchterne, auf Sachlichkeit abzielende Atmosphäre. Nicht von ungefähr hat er in dem Bilderbuch „Ein Wandertag mit Pauken und Trompeten" (1976) in didaktischer Absicht Musikinstrumente scharf und präzis so wiedergegeben, daß ihre Bauart und Funktion zu erkennen ist. Sein Humor ist dort durchsichtig, wo er in seine akkurate und betont einfach konstruierte Gegenstandsdarstellung (Schatten erzeugt er durch exakte Parallelschraffur, Augen können kreisrund sein, Ohren wie Löffel) ebenso einfache Abweichungen bzw. Umfunktionierungen anbringt: z.B. gibt er eine Schreibmaschine mit einer Tastatur wieder, auf der keine Buchstaben, sondern Beißzange, Brezel, Fahrrad, Maus usw. abgebildet und zu drücken sind (UWE KANT: „Wie Janek eine Geschichte holen ging", 1980), oder er zeigt den Oboisten mit schwarzem Anzug, der anstatt eines Kopfes ein Zifferblatt auf der Schulter trägt, auf dem es gerade vier Uhr ist (REINHOLD ANDERT: „Ein Wandertag mit Pauken und Trompeten", 1976). In einer Vignette zu GERHARD HOLTZ-BAUMERTS „Sieben und dreimal sieben Geschichten" (1979) gibt eine sich verbeugende Pappel einem Mann die Hand, und auf dem Schutzumschlag zu FRANZ FÜHMANNS mit Sprachspielen angefüllten Anthologie „Die dampfenden Hälse der Pferde im Turm von Babel" (1978) sieht man im Vordergrund fünf Kinder und ein winziges Hündchen in einen riesigen Buchstabenwald hineinspringen. Für seine betont hölzerne, steife Spielzeug- und Puppenwelt, in der eine humorvolle skurrile Atmosphäre herrscht, kommen ihm als literarische Vorlagen Märchen, Nonsense und Phantastik gelegen. In dem Band „Die Traumreise, 12 Dichter, 12 Maler, 12 Märchen" (hrsg. von REGINA HÄNSEL, 1979) illustrierte H. das Märchen „Der Sandmann" von HANS CHRISTIAN ANDERSEN.

Werke: R. Hetsch: Viele Räder überall (1976); R. Andert: Ein Wandertag mit Pauken und Trompeten (1976); K. Müller: Der schnelle, gelbe Autobus (1978); Fr. Fühmann: Die dampfenden Hälse der Pferde im Turm von Babel (1978); Fr. Rodrian: Der Prinz mit den schwarzen Füßen (1979); R. Hänsel (Hrsg.): Die Traumreise (zus. mit anderen, 1979); G. Holtz-Baumert: Sieben und dreimal sieben Geschichten (1979); U. Kant: Wie Janek eine Geschichte holen ging (1980).

Sekundärliteratur: M. George: Der Illustrator Egbert Herfurth (in: Marginalien. 1978. 3. 8–16). – L. Lang: Herfuthiana (in: Die Weltbühne. 1979. 35. 1119). – W. U. Schütte: Verlage sind ihm wichtige Partner (in: Börsenblatt für den Deutschen Buchhandel, Leipzig. 145. 1978. 5. 94–97).

Erich Gerhard

Herfurtner, Rudolf

*Schriftsteller, Journalist; *19.10.1947 Wasserburg/Inn.*

Das Studium der Germanistik, Anglistik und Theaterwissenschaften (1969–1973) schloß H. mit einer Magisterarbeit zum Thema „Der Außenseiter im Jugendbuch der BRD nach 1945" ab. Parallel zur Universitätsausbildung begann er, journalistisch tätig zu werden. Sein erstes Jugendbuch erschien 1973. Heute lebt H. als freier Schriftsteller und Journalist mit den Schwerpunkten Film, Theater, Popmusik und Kinder- und Jugendbuch in München.

Werk, Tendenzen, Wirkung. Während die ersten beiden Bücher H.s eigene Jahre in einem Schülerheim und die anschließende Integration in das gesellschaftliche Leben aufarbeiten, stellt er in zwei darauffolgenden Romanen die enttäuschte Rockgeneration der sechziger und siebziger Jahre in den Mittelpunkt. In der Erzählung „Hinter dem Paradies" (1973), zugleich der Titel eines nach biblischen Motiven gestalteten Fresko, herrscht die strenge Ordnung eines Kinderheims. Aus der Sicht des Neulings Qualle werden Zwänge und Fehlverhalten innerhalb der Anstalt angeprangert. Aber auch Schwierigkeiten eines aufsichtführenden Pädagogikstudenten werden vorgeführt. Die Integrationsschwierigkeiten eines Heimzöglings in das gutbürgerliche Kleinstadtleben ist Inhalt von „Die Umwege des

Bertram L." (1975). H. schildert darin das Verhältnis des Außenseiters Bertram zu seiner neuen, oft feindseligen und vorurteilsbeladenen Umwelt. H.s kritische Anmerkungen zur Vermarktung eines auch politischen Musikstils in „Hard Rock" (1979) tragen ebenso autobiographische Züge, wie das zum 10. Todestag des Rockmusikers Jimmy Hendrix erschienene Buch „Brennende Gitarre" (1980). In beiden Büchern greift die Resignation über Kommerzialisierungserscheinungen unserer Gesellschaft Platz. In „Hard Rock" ist es ein junger Musikjournalist, der aus der Rockszene auszusteigen versucht, in „Brennende Gitarre" ist es ein Großkonzern, der ehemalige Freunde von Jimmy Hendrix zu einem Konsumspektakel einlädt. H.s Abenteuerroman „Simon Frasers lange Reise zum Pazifik" (1981) hat, aus der historischen Distanz gesehen, die Macht der Weißen gegenüber unterentwikkelten Eingeborenen zum Thema. In der Form einer Tagebuchaufzeichnung wird spannend und kritisch zugleich der Eingriff einer Expedition zur Schaffung neuer Handelswege für eine Pelzgesellschaft beschrieben. Engagement für jene mit der schwächsten Lobby, das ist H.s literarisches Anliegen.

Werke: Hinter dem Paradies (1973); Die Umwege des Bertram L. (1975); Hard Rock (1979); Brennende Gitarre (1980); Simon Frasers lange Reise zum Pazifik (1981).

Hrsg.: Das Bayerische Kinderbuch (zus. mit H. Chr. Kirsch, 1979); Das Rheinische Kinderbuch (zus. mit H. Chr. Kirsch, 1980).

Wolfgang Schneider

„Herzblättchen's Photographie". Titelbild des ersten Bandes der Reihe „Herzblättchen's Zeitvertreib. Unterhaltungen für kleine Knaben und Mädchen zur Herzensbildung und Entwicklung der Begriffe" (Glogau, 1856), welche Thekla von Gumpert (1810–1897) bis zu ihrem Tod herausgab.

Herzblättchen's Zeitvertreib → rechte Spalte

„Herzblättchen's Zeitvertreib". Einband des ersten Bandes der Neuen Folge (Glogau, 1898) der Reihe, welche seit 1856 erschien und nun von Berta Wegner-Zell herausgegeben wurde. Das Bild ist von Richard Ernst Kepler.

Hesse, Hermann

*(Ps.: Emil Sinclair) Schriftsteller; *2.7.1877 Calw/Württemberg, †9.8.1962 Montagnola/Tessin.*

H., dessen Vater Missionar war, besuchte die Klosterschule in Maulbronn. Er arbeitete später als Mechaniker, Buchhändler und Antiquar in Tübingen und Basel. Seit 1904 lebte H. als freier Schriftsteller. Er war Mitherausgeber der Zeitschrift „März" und arbeitete aktiv unter anderem an den Zeitschriften „Simplizissimus" und „Neue Rundschau" mit. 1919 übersiedelte er nach Montagnola und erwarb 1923 die Schweizer Staatsbürgerschaft. H. erhielt 1949 den Nobelpreis für Literatur, 1947 ernannte ihn die Universität Bern zum Ehrendoktor und 1955 wurde er mit dem Friedenspreis des Deutschen Buchhandels ausgezeichnet.

Werk, Tendenzen, Wirkung. Eine Untersuchung der faktischen Jugendlektüre zu Anfang der siebziger Jahre erbringt die Feststellung, daß die Romane und Erzählungen H.s ihren Platz im jugendlichen Lesekanon dieser Jahre hatten. H.s Kindheits- und Jugendbildnisse wurden in Wellen immer neu rezipiert. Vor allem in Zeiten der Depression, so in Deutschland nach dem Ersten und Zweiten Weltkrieg, in den USA während und nach dem Vietnamkrieg, waren H.s Bücher gefragt. Interessanterweise bilden die eine Hälfte seiner Leser die Vierzehn- bis Dreißigjährigen, die andere Hälfte Leser im Rentenalter. Die Fünfunddreißig- bis Sechzigjährigen – das „establishment" – lesen H. nur selten. Die H.-Renaissance in den sechziger und siebziger Jahren ist verknüpft mit H.s Parteinahme für den Einzelnen, mit seiner Suche nach einer Alternative zur Massengesellschaft. Er stellt die Schutzlosigkeit der Nichtgleichgeschalteten dar. Antikonventionell orientiert, wehren sich H.s Helden gegen politische und persönliche Nivellierung. H.s Verdienst ist es, den Einzelnen in der Trennung von den Normen zu bestärken und ihm den Sinn dieser Trennung einsichtig zu machen. Für die Studentenbewegung war H. bedeutsam, weil er pazifistisch-antimilitaristische Momente mit revolutionären verband, wie z. B. in „Zarathustras Wiederkehr. Ein Wort an die deutsche Jugend von einem Deutschen" (1919). Inhaltlich steht H. der rebellierenden Jugend auch dadurch nahe, daß er für die Überwindung des Egoismus eintritt. Sein Ziel ist eine „überparteiliche Menschlichkeit" (V. MICHELS). Dabei fordert H. den Leser auf, mit der Änderung bei sich selbst zu beginnen. Die Betonung dieses „Selbst" war es, die H.s „Steppenwolf" (1927) so erfolgreich werden ließ. Der „Steppenwolf" schildert keine Flucht aus Gesellschaft und Natur, sondern enthält die Aufforderung, mit der Umkehr bei sich anzufangen. Das antimaterialistische Ferment bei H. machte ihn, wie TIMOTHY LEARY es formulierte, zum „poet of the inner journey". H.s Anziehungskraft resultiert aus der Rolle, die er der Innerlichkeit zuweist, die bei ihm als Ansporn zur Selbstkritik fungiert, aber ebenso als „Anstiftung zum humanen Ungehorsam". Die amerikanische Jugendbewegung der sechziger Jahre ist ohne die H.-Rezeption in den USA nicht denkbar. H. galt als „Heiliger der Hippies". Eine gewichtige Rolle spielen dabei seine Orientromane wie „Siddharta" (1922) oder die „Morgenlandfahrt" (1932). H.s Einfluß auf die amerikanische Jugend, ebenso wie der HERBERT MARCUSES (1898–1979), wurde in einem Aufsatz des Yale Review als „germanisation of american youths" beschrieben. H.s Bücher wurden in mehr als 40 Sprachen übersetzt. Die Weltauflage betrug 1977 über 40 Millionen Exemplare. In japanischer Sprache waren 1977 mehr als 12 Millionen Bände verbreitet, in den USA mehr als 14 Millionen. Zwischen 1970 und 1977 wurden in der Bundesrepublik Deutschland knapp 4 Millionen Exemplare ausgeliefert. Der New Yorker Bantham Verlag vertrieb seit 1966 allein von „Demian", „Siddharta" und „Steppenwolf" 4,8 Millionen Exemplare.

Werke (Auswahl): Peter Camenzind (1904); Unterm Rad (1906); Roßhalde (1914); Demian. Die Geschichte einer Jugend von Emil Sinclair (1919); Siddhartha. Eine indische Dichtung (1921); Der Steppenwolf (1927); Narziß und Goldmund (1930); Die Morgenlandfahrt (1932); Das Glasperlenspiel (1943).

Sekundärliteratur: A. Hsia (Hrsg.): Hesse im Spiegel der zeitgenössischen Kritik (1975). – V. Michels (Hrsg.): Hermann Hesse. Leben und Werk im Bild (1973). – M. Pfeifer: Hesse-Bibliographie (1973). – S. Unseld: Hermann Hesse. Eine Werkgeschichte (1973); Begegnungen mit Hesse (1977). – Chr. Völpel: Hermann Hesse und die deutsche Jugendbewegung (1977). – Th. Ziolkowski: Der Schriftsteller Hermann Hesse (1979).

Winfred Kaminski

Hey, Paul

*Maler, Graphiker, Illustrator; *19. 10. 1867 München, †14. 10. 1952 Gauting bei München.*

H. studierte an der Münchener Akademie bei RAUPP, HERTERICH und LOEFFTZ. Studienreisen führten ihn nach Italien, Griechenland, Ägypten, England und Schottland. Bilder von H. wurden um die Jahrhundertwende in den Ausstellungen im Münchener Glaspalast (seit 1896) und auf der Großen Berliner Kunstausstellung (seit 1903) gezeigt. H. verbrachte den größten Teil seines Lebens bis zu seinem Tode als Maler und Zeichner in Gauting bei München.

Werk, Tendenzen, Wirkung. H. hat neben seiner Tätigkeit als Landschafts-, Genre- und Historienmaler in der ersten Hälfte des 20. Jahrhunderts jahrzehntelang viele Bücher illustriert, darunter vor allem Kinderbücher. Außerdem wurden die seit 1906 entstandenen großformatig reproduzierten Bilder zu deutschen Märchen „zur Förderung der ästhetischen Erziehung der Jugend" in Schulen und bürgerlichen Kinderstuben als Wandschmuck und Demonstrationsmittel benutzt. H. hat mehrere Märchenausgaben illustriert, so GRIMMS Märchen, die von HANS CHRISTIAN ANDERSEN, JOHANN KARL AUGUST MUSÄUS und WILHELM HAUFF. Weiterhin hat er auf farbigen Blättern im Bilderbuchformat Kinderlieder, die der Komponist ENGELBERT HUMPERDINCK herausgab, veranschaulicht und ebenso Erzählungen mit heimatlichem Hintergrund wie GUSTAV FALKES „Das Schützenfest" (1911) und eine Ausgabe von JOHANNA SPYRIS „Heidi", gelegentlich auch mit exotischer Kulisse (ELSE MODEL: Li-Lo. Aus dem Wunderland Indien zur Nürnberger Großmutter, 1927) künstlerisch mit Stift, Pinsel und Farbe gestaltet. Bekannt wurde H. besonders durch seine Märchenillustrationen in Büchern und auf Wandbildern. In ihnen hat er auch die seiner Vorstellungswelt entsprechende Thematik gefunden. Auf den farbigen Blättern, auf denen weite Blicke ins Tal wie bei HANS THOMA, Wege durch Wiesen und Felder, Kirchlein im Tal und Burgen auf den Bergen wiederholt zu finden sind, herrschen helle, luftige Farben vor, den Eindruck von vorausgegangener Naturstudie hinterlassend. H. liebt Szenen, die eine liebevoll traute Atmosphäre im Betrachter wecken: etwa ein grasbewachsener Garten mit spielenden Kindern im Vordergrund und kaffeetrinkender Familie im Hintergrund, die Begrüßung des heimkehrenden Sohnes am Gartentor, die Ankunft des Weihnachtsmannes vor dem schneebedeckten Häuschen, der gemütliche Plausch eines greisen Paares im sonnigen Hof eines Fachwerkhauses. Biedermeierliche Genrezüge sind deutlich erkennbar, selbst noch, wenn es um die

Schilderung indischer Verhältnisse geht. H. setzt durch die Behandlung des Lichts, durch sehr starke Hell-Dunkel-Kontraste – etwa wenn er einen Reiterzug aus dem dunklen Wald ins Sonnenlicht ziehen läßt, warm erleuchtete Fenster gegen das sonst kalte Mondlicht in einem Schloßhof absetzt oder ein Lagerfeuer die Helme, Gesichter, Waffen und Kleider einer Menschengruppe anstrahlen läßt – dramatische Akzente. H. ist im Laufe der Jahrzehnte seinem auf Landschaft und Genre beschränkten harmlosen, theatralisch-sentimentalen Realismus treu geblieben. Seine Schwarz-Weiß-Illustrationen weisen ebenfalls keine weitreichenden Entwicklungslinien auf. Durch schwächere oder stärkere (Kreuz-)Schraffur erzeugt H. ebenfalls Licht und Schatten und Atmosphäre. Ländliche und häusliche Szenen, in welchen Kinder zumeist von einer fröhlich optischen Seite ins Bild rücken, herrschen vor.

Werke: C. Gurlitt: Die Hochzeitsreise (1891); E. Humperdinck (Hrsg.): Sang und Klang fürs Kinderherz (1909); P. Hey: Für Freunde der Natur (1909); P. Hey: Landschafts-Malbuch, der Jugend gewidmet (1909); P. Hey: Natur und Kunst (1909); J. Trojan (Hrsg.): Die 12 Handwerker (1910); G. Falke: Das Schützenfest (1911); P. Hey: Bilderbuch (1912); H. Chr. Andersen: Märchen (1914); J. u. W. Grimm: Märchen (1914); W. Hauff: Märchen (1920); W. Jansen (Hrsg.): Die Märchen (1921); K. Henninger (Bearb.): J. K. A. Musäus: Volksmärchen der Deutschen (1925); M. Thiele: Häschen. Ein Frühlingsmärchen (1926); J. Spyri: Heidi kann brauchen, was es gelernt hat (1926, TB. 1971; NA. in: Heidi, 1978); J. Spyri: Heidis Lehr- und Wanderjahre (1926, TB. 1970; NA. in: Heidi, 1978); P. Hey: Liebe alte Kinderlieder (1927); E. Model: Li-Lo (1927, NA. 1942).

Sekundärliteratur: Kl. Doderer (Hrsg. zus. mit H. Müller): Das Bilderbuch (1973).

Erich Gerhard

Heydner, Georg

*Volksschullehrer, Literaturpädagoge; *9. 11. 1862 Altdorf, †12. 4. 1924 Nürnberg.*

H. war Volksschullehrer in Nürnberg. Seit dem Beginn der neunziger Jahre wurde er in Fachkreisen durch seine Arbeiten zur Lesebuch- und Jugendschriftenfrage, vor allem durch sein Eintreten für das „poetische" an Stelle des „gesinnungsbildenden" Lesebuchs bekannt. Das 1894/1895 entstandene Lesebuch für das zweite und dritte Schuljahr erhielt allerdings die Genehmigung zur Einführung in Bayerns Schulen nicht. H. war längere Zeit Schriftleiter der „Freien Bayerischen Schulzeitung" und verantwortete die Abteilung „Jugend- und Volksschriften" im „Pädagogischen Jahresbericht". Als Mitarbeiter der „Jugendschriften-Warte" ergriff er in den Auseinandersetzungen verschiedener Jugendschriftenausschüsse mit den Hamburger Kunsterziehern für die Hamburger Partei. Dabei versuchte er, die Positionen Ernst Lindes (1864–1943), Otto Ernst Schmidts (1862–1926) und Heinrich Wolgasts (1860–1920) zu vermitteln. Nach dem Ersten Weltkrieg entwickelte H. eine scharf nationale Tendenz.

Als einer der ersten Literaturpädagogen hat H. die kulturkritische Perspektive und die didaktisch-methodischen Grundsätze Rudolf Hildebrands (1824–1894) auf Probleme der Kunsterziehung, speziell auf die Jugendschriftenfrage und auf die Lesebuchfrage anzuwenden versucht. Hildebrand sind auch die „Beiträge zur Kenntnis des kindlichen Seelenlebens" (1894) gewidmet, die u.a. ausgedehnte Überlegungen zum Lesen im Unterricht enthalten. Schon vor Wolgast bekannte sich H. in seiner Schrift über „Das Lesebuch in der Volksschule" (1891) zum Stormschen Paradoxon „Wenn du für die Jugend schreiben willst, so darfst du nicht für die Jugend schreiben". Er lehnte die mit den Philanthropen sich durchsetzende spezifische Jugendliteratur und mit ihr ein Lesebuch ab, das der Vermittlung von Belehrungen, Patriotismus und Moral dienen sollte. Zumal im Hinblick auf die Ausdifferenzierung der Unterrichtsfächer in der Volksschule könne das Lesebuch kein „Generalmagazin für alle Unterrichtsbedürfnisse" (1899) mehr sein. Wenn sich H. auch als „geschworener Feind der Hintertreppenliteratur" verstand und nur „unbedingt Wertvolles" als Jugendlektüre gelten lassen wollte, so sollte diese Lektüre doch mit der „seelischen Verfassung" des Kindes und mit den Grundlagen seiner Lesefreude übereinstimmen. Dazu gehörten für ihn das Interesse des Kindes, seine Phantasie zu betätigen, seine Hinneigung zum Detail, sein Interesse, die eigene Welt in der Literatur wiederzufinden. Aus diesen Überlegungen leitet H. die Grundzüge seines Lesekanons ab. Bedeutender Ausgangspunkt sind – entsprechend anderer zeitgenössischer Positionen – Grimms Märchen, bedeutender Zielpunkt sind die „Klassiker".

Werke: Das Lesebuch in der Volksschule. Naturgemäße Forderungen (1891); Beiträge zur Kenntnis des kindlichen Seelenlebens (1894); Zur Theorie des Unterklassen-Lesebuches (1895); Die Scheidung der Schüler nach ihrer Begabung (1904).

Beiträge: „Die Jugendschrift in dichterischer Form muß ein Kunstwerk sein" (in: Jugendschriften-Warte. 6. 1898. 1–3); Zur Geschichte und Theorie des Lesebuches (in: Die deutsche Schule. 1899. 65–82).

Sekundärliteratur: E. Grimm: Georg Heydner (in: Bayerische Lehrerzeitung. 1924. 227–228). – G. Wilkending: Georg Heydner (in: Volksbildung und Pädagogik „vom Kinde aus". 1980. 352–353).

Gisela Wilkending

Heyne Jugendtaschenbücher Wilhelm Heyne Verlag

München. Jugendtaschenbuchreihe, Bilderbücher.

Der Wilhelm Heyne Verlag wurde 1934 von Wilhelm Heyne (1888–1968), dem Vater des jetzigen Inhabers Rolf Heyne (*1928) in Dresden gegründet. 1958 begann der Verlag in München mit der Taschenbuchproduktion, die Herausgabe der Jugendbuchreihe folgte 1972 mit zwei Titeln im Monat. Der Verlag vermittelt in der Jugendbuchreihe unterhaltende und spannende

Literatur. Seit 1978 erscheinen außerdem in der Reihe „Das besondere Bilderbuch" Reprints alter Kinderbücher aus Deutschland und dem Ausland. Seit 1979 wird jeden zweiten Monat ein Sachbuch – meistens historisch fundiert – herausgegeben. Etwa siebzig Prozent der Titel des Verlagsprogramms sind Lizenzausgaben aus dem In- und Ausland, etwa dreißig Prozent sind Originalausgaben.

Zu den Autoren des Verlages gehören: ENID BLYTON, BERTE BRATT, NICOLE CIRAVEGNA, UTTA DANELLA, THOMAS JEIER, JAMES KRÜSS, OTHMAR FRANZ LANG, CHRISTINE NÖSTLINGER, BARBARA SPECHT (d. i. B. VAN POORTVLIET). Zu den Illustratoren gehören: ULRIKE HEYNE, BORIS KAIP, HORST LEMKE, TRAUDL und WALTER REINER, ULRIK SCHRAMM.

H. D.

van Heyst, Ilse

*Schriftstellerin, Übersetzerin, Lektorin; *11.5.1913 Marienberg.*

v. H., Tochter eines Möbelfabrikanten und Sägewerksbesitzers, wuchs in ländlicher Umgebung (Erzgebirge, Sudetenland) auf. Schon als Mädchen erfand sie Theaterspielstoffe, widmete sich dem Gesang, Klavierspiel und der Malerei. Über Krakau zog v. H. nach Zakopane, wurde von der Gestapo ausquartiert, kam nach Krynica in den Beskiden und 1945 nach Holland, wo sie in zweiter Ehe den Journalisten R. VAN HEYST heiratete, von dem sie 1955 wieder geschieden wurde. Sie war in der Gastronomie, der Konfektion und in einem Verlagslektorat tätig, bis sie 1952 Redakteurin einer Zeitschrift in Düsseldorf wurde. 1955 bis 1958 führte v. H. eine buchwissenschaftliche Bibliothek in München, übersetzte nebenher aus dem Holländischen und Englischen, verfaßte Kurzgeschichten und Erzählungen für Zeitschriften und Tageszeitungen. Sie studierte Sozialpsychologie und Verhaltensforschung. Von 1963 an freie Schriftstellerin, publizierte sie vor allem Kinder- und Jugendbücher. v. H. unternahm ausgedehnte Auslandsreisen; seit 1968 lebt sie in Baden-Baden.

Werk, Tendenzen, Wirkung. Das vielfältige und umfangreiche schriftstellerische Schaffen steht im Zusammenhang mit einer bewegten Biographie, in der die Suche nach neuen Lebensformen erkennbar wird. Von Kindheit an gegen Unaufrichtigkeit und alle Verengungen, etwa im Hinblick auf die Rolle der Frau, die Einschätzung der Sexualität und des Eros durch die Kirche, eingestellt, lehnt sie jede Ideologisierung ab. Eine aufgeschlossene Grundhaltung bestimmt ihr Gesamtwerk. In ihrem ersten Roman „Begegnung in Amsterdam" (1963), von ausländischen Zeitungen als „Weltjugendbuch" vorgeschlagen, versuchte sie, die deutsche Vergangenheit und den Antisemitismus aufzuarbeiten. Auf marxistischer Basis steht ihr „Einmaleins der Aufklärung" (1969), das die sexuelle als Teil der allgemein emanzipatorischen Aufklärung behandelt. Weder auf eine Zielgruppe noch auf ein Genre festgelegt, wendet sich v. H. mit Hörspiel, wissenschaftlichem Aufsatz, Feuilleton und Gedicht, Rezension und Roman auch an Erwachsene. Für Kinder und Jugendliche begann die bereits Fünfzigjährige in mehreren Verlagen zu veröffentlichen: u. a. Erzählungen für das Erstlesealter (Der grasgrüne Briefkasten, 1978), Schreibschriftbände (Sonne, Wind und Seifenblasen, 1976), Bearbeitungen der Weltliteratur (Eulenspiegel und anderes Narrenvolk, 1973) und Tiergeschichten. In ihren Jugendbüchern schildert v. H. die Probleme der Selbstfindung von Heranwachsenden; ihre Mädchenfiguren haben Konflikte oder Krisen durchzustehen, die sich entweder aus ihrer Persönlichkeitsentwicklung oder aus Umweltwidrigkeiten ergeben. Aus der Kenntnis fremder Länder, Kulturen und Gesellschaftsordnungen entstanden Beiträge zu Problemen der Dritten Welt (Idris, 1977), der „Gastarbeiterkinder" (Alles für Karagöz, 1976) oder des Einlebens in einem fremden Land (Nächstes Jahr in Ägypten, 1980). Die Kritik bestätigt v. H. eine unsentimentale Darstellung, Wekkung von Verständnis für das Anderssein, Anregung zu kritischer Auseinandersetzung, Verzicht auf Harmonisierung und eine Hilfestellung zur Überwindung von Identitätskrisen.

Werke: Im Schatten der Flügel. Gedichte (1963); Begegnung in Amsterdam (1963); Dally (1964); Tü Malusch und Janina (1966); Die geheimnisvolle Flöte (1967); Der Zauber aus der Streichholzschachtel (1968); Einmaleins der Aufklärung (1969); Lucie oder die Reise ins Ungewisse (1969); Nächstes Jahr 9 Uhr 13 (1970; NA. als TB. u.d.T.: Nächstes Jahr in Ägypten, 1980); Seifenblasen für Veronika (1970); Von Klaus, einem Pferd und der Feuerwehr (1972); Das riesenrunde Riesenrad (1973); Myra (1973, TB. 1978); Eine Wunderblume für Veronika (1973); Eulenspiegel und anderes Narrenvolk (1973); Kartoffelpuppen für Veronika und Carlo (1974); Heike bricht aus (1974, NA. 1980); Endstation Ich (1975, TB. 1978); Gabi und ihre Katze (1974, [3]1979); Die Pferde vom Gröllhof (1974); Station 4, Zimmer 11 (1975); Eine Stallaterne für Veronika (1976); Alles für Karagöz (1976); Aufregung um Bobby (1976); Sonne, Wind und Seifenblasen (1976); Leselöwen-Zoogeschichten (1977); Idris, Geschichten aus Ägypten (1977); Der grasgrüne Briefkasten (1978); Wehr dich doch, Jessica (1978); Kasper, die Glückskatze und elf andere kunterbunte Geschichten (1978); Elke vom Gröllhof und ihre Pferde (1979); Jeder hat seine Träume (1979); Isis und Osiris an der Oos (1979).

Hans Gärtner

Hilf mit

Die Schülerzeitschrift „Hilf mit. Illustrierte deutsche Schülerzeitung" wurde vom Nationalsozialistischen Lehrerbund von 1933 bis 1940 in sieben Jahrgängen herausgegeben. „Hilf mit" erschien monatlich, wurde durch die Schulen vertrieben und erreichte eine Auflage von drei Millionen Exemplaren.

Gestalt und Inhalt. Im Geleitwort zum Abschluß des ersten Jahrgangs 1933 forderte der damalige Reichsamtsleiter HANS SCHEMM, der für das Bildungswesen im Dritten Reich zuständig war, als Zielsetzung von „Hilf mit", „dem deutschen Schüler durch die Hand des Lehrers den Lese- und Bildungsstoff zu geben, den er zum Verständnis der Maßnahmen der nationalsozialistischen Regierung und zur Erziehung im nationalsozialistischen Sinne benötigt".

Häufig wiederkehrende Themen in „Hilf mit" waren neben Verkehrsunterricht, Naturkunde und Gesundheitserziehung („Deine Gesundheit gehört dem Volk") Berichte über die ehemaligen deutschen Kolonien (Deutsch-Ostafrika, Südwestafrika), Wappenkunde und die „Großtaten deutscher Technik". Breiten Raum nahm auch der Erste Weltkrieg ein, der als Ort männlicher Bewährung den Schülern nahegebracht wurde. In der Ablehnung der Versailler Verträge durch die Nationalsozialisten wurde bereits das Revanchedenken sichtbar, das dann zum Zweiten Weltkrieg führen sollte. Wiederholt wurden die Schüler durch „Hilf mit" aufgefordert, Ahnenforschung zu betreiben. Damit verbunden waren ausführliche Abhandlungen, die die nationalsozialistische Rassenkunde verbreiteten und Vorurteile gegen andere Völker und Rassen weckten und nährten. Antisemitische Texte waren häufig. Dabei spielte die Aufarbeitung der germanischen Geschichte und ihre Heroisierung eine entscheidende Rolle.

Eingestreut in die „Hilf mit"-Hefte waren Berichte und Darstellungen über die führenden Persönlichkeiten des Dritten Reiches, deren Lebenswege und Anschauungen. Diese Schilderungen waren von der Vorstellung getragen, daß „große Männer" Geschichte machen. So

„Hilf mit". Titelseite der August-Ausgabe 1935.

schreckten die Autoren von „Hilf mit" auch nicht davor zurück, jede wichtige historische Persönlichkeit der deutschen Geschichte zu einem Vorreiter der nationalsozialistischen Bewegung zu machen. Einen besonderen Charakter zeigte das erste Heft des siebenten Jahrgangs (1939/1940), dessen Aufgabe es sein sollte, „zum erlebnisgetreuen Unterrichtsgut für unsere Schuljugend beizutragen". Nachdem in den vorhergehenden Jahrgängen die Sowjetunion verleumdet worden war, fanden sich jetzt – nach Abschluß des HITLER-STALIN-Paktes – positive Berichte über die UdSSR. Zugleich wurden die Engländer als die eigentlichen Kriegstreiber hingestellt.

Eine der Funktionen von „Hilf mit" war der Versuch, die Schüler davon zu überzeugen, daß die „Volksgemeinschaft" zugleich eine „Bluts-, Wehr- und Schicksalsgemeinschaft" sei. Zu diesem Zweck wurden auch unterhaltende Beiträge in die Zeitschrift aufgenommen. So stammten von JOHANNES VON LEERS sagenähnliche Geschichten kriegerischen Inhalts und Kriegserzählungen, CLEMENS LAAR schrieb unter anderem Sacherzählungen, FRANZ Graf ZEDTWITZ schrieb Tiergeschichten für „Hilf mit". Er wurde dafür in einem von „Hilf mit" veranstalteten Autorenwettbewerb ausgezeichnet. Von ihm stammte die in Fortsetzungen in „Hilf mit" erscheinende Erzählung „Der Pelzjäger. Abenteuer im hohen Norden". Der vierte Jahrgang brachte die Erzählung „Mietskasernen irgendwo" von PETER OSTEN, die auch unter dem Titel „Junge Rebellen" 1938 als Buch herauskam. OSTEN berichtete von dem Werdegang eines Berliner Jungen, der anfangs Mitglied der Kommunistischen Jugend war, sich dann zur nationalsozialistischen Bewegung bekannte und aktiv in der Hitler-Jugend zu arbeiten begann. Er beteiligte sich bei Propagandaaktionen und demonstrierte gegen die Weimarer Republik. Die Erzählung umfaßt den Zeitraum von 1929 bis 1932, dem Jahr, in dem der erste große Reichsjugendtag der NSDAP stattfand. OSTENs Erzählung ist von antidemokratischen, rassistischen und antijüdischen Parolen beherrscht und trägt einen deutlich antibürgerlichen Akzent. In epigonaler Weise orientierte sich OSTEN an erfolgreichen nationalsozialistischen Jugendschriften wie KARL A. SCHENZINGERS „Der Hitlerjunge Quex" (1932) und ALFRED WEIDENMANNS „Jungzug 2" (1936). Wie in diesen Büchern steht auch in „Mietskasernen irgendwo" die Forderung nach völkisch-idealistischer Gesinnung im Vordergrund. Pathetische Züge stehen neben scheinbar realistischen Schilderungen.

„Deutsche Jugendburg". War „Hilf mit" für die schon älteren Schüler bestimmt (12–17jährige), so richtete sich die Zeitschrift „Deutsche Jugendburg", die ebenfalls vom Nationalsozialistischen Lehrerbund herausgegeben wurde, an die jüngeren Schüler (8–11jährige). Die „Deutsche Jugendburg" erschien ebenfalls monatlich und brachte es ebenfalls zu sieben Jahrgängen (1933/34–1939/40). Ähnlich „Hilf mit" vermittelte die „Deutsche Jugendburg" Themen aus der Technik, der Landwirtschaft, der Ahnenforschung sowie Anleitun-

gen zum Basteln, Rätsel und Informationen zu Sport und Spiel. Vertreten waren ausführliche Berichte über die Fliegerei und Kriegsberichte aus dem Ersten Weltkrieg. Geschichtliche Abhandlungen hatten zumeist die germanische Vergangenheit zum Thema. Der unterhaltende Teil wurde von Märchen und Sagen bestritten, unter anderem wurden Neufassungen von Heldensagen wie „Dietrich von Bern" oder „Wieland, der Schmied" abgedruckt. Auch Kasperlespiele wurden in die Hefte aufgenommen. Der Ton der „Deutschen Jugendburg" war gegenüber „Hilf mit" gemilderter. Allerdings enthielt die „Deutsche Jugendburg" genau wie „Hilf mit" antisemitische Darstellungen und ausführliche Informationen über die politischen Führer des Dritten Reiches.

Die Mitarbeiter der „Deutschen Jugendburg" waren zum Teil dieselben, die auch für „Hilf mit" schrieben wie CLEMENS LAAR, PETER OSTEN und FRANZ Graf ZEDTWITZ. Texte von GUSTAV FRENSSEN, HANS FRIEDRICH BLUNCK, WILL VESPER, WALTER FLEX und RUDOLF OTTO WIEMER, der von „Hilf mit" mit einem Literaturpreis für Kinderlyrik ausgezeichnet wurde, finden sich in der „Deutschen Jugendburg".

Unterschiede zwischen „Hilf mit" und „Deutsche Jugendburg" lassen sich durch einen Vergleich der Fortsetzungsgeschichten „Mietskasernen irgendwo" von PETER OSTEN und „Die Rächer der Höfe" von GERHARD DABEL zeigen. Während OSTEN für die schon Älteren eine explizit politisch gemeinte Erzählung verfaßte, in der das zeitgeschichtliche Geschehen nicht nur Hintergrundkolorit bleibt, die handelnden Personen vielmehr aktiv Position beziehen und sich für den Nationalsozialismus entscheiden, bleibt G. DABELS Kindererzählung ganz im Rahmen herkömmlicher Geschichten von den Kämpfen unter Jugendbanden und erschöpft sich in dem Bericht über die kämpferischen Vorbereitungen und Aktionen der Jungen. Kindheit wird hier noch als eine von der Politik unberührte Zeit gesehen. Charakteristischerweise endet DABELS Erzählung damit, daß die Jungen ihre Bande auflösen, damit ihre Kindheit beenden und sich nun ernsteren Dingen widmen wollen.

„Hilf mit" und die „Deutsche Jugendburg" waren bis 1939/1940 zusammen in mehr als 150 Ausgaben erschienen und in 170 Millionen Exemplaren verbreitet worden. Zusätzlich erschienen noch eine „Hilf mit"-Schriftenreihe und eine Reihe von „Hilf mit"-Büchern.

Winfred Kaminski

Himmel, Adolf

*(Pse.: Gustav Adolf Himmel, Felix Rackwitz). Schriftsteller, Übersetzer, Architekt; *9. 8. 1928 Moers.*

H. wuchs im Rheinland auf, machte eine Schreinerlehre und war nach dem Abitur zunächst Chemiewerker. In Bonn und Durham (England) studierte er Anglistik, Germanistik, Psychologie und promovierte 1953 zum Dr. phil. Er war Universitätslektor in St. Andrews (Schottland), Redakteur, fuhr drei Jahre zur See und lebte längere Zeit im Ausland. Seit 1959 ist H. als freier Schriftsteller, Übersetzer und Architekt in Portugal ansässig. 1974 übernahm er die Leitung des dortigen Deutschen Instituts (Goethe-Institut) in Porto. H. ist mit der Übersetzerin, Kinderbuchkritikerin und Kriminalschriftstellerin ILSE HIMMEL verheiratet und hat zwei Söhne.

Werk, Tendenzen, Wirkung. 1959 begann H. für Kinder zu veröffentlichen. 1971 erschien sein bisher letztes Kinderbuch, so daß sich als Hauptschaffensperiode die sechziger Jahre erweisen. Die Kinderbücher H.s präsentieren sich in drei Gruppen: Abenteuererzählungen, realistische Umweltgeschichten und Kinderkrimis. Die Schauplätze der kindlichen Erlebnisse, Streiche und Gruppenunternehmungen spielen meist in südeuropäischen Ländern. Landschaft, Lebensstil und Denkweise der Länder und Menschen werden detailliert beobachtet, dargestellt und ohne pädagogisierenden Anspruch vermittelt. Im „Haus unter den schwarzen Zypressen" (1964) geht es um ein spannendes Ferienabenteuer an der Küste Portugals, wo vier Jungen eine Verbrecherbande stellen helfen. Um Verständnis irischer Mentalität, aber auch um das Recht auf Fabulieren wird in dem humorvollen Kinderroman „Fauler Zauber auf Schloß Fionn" (1962) geworben. 1961 kam „Joaquim muß nach Casablanca" – ein Junge sehnt sich nach seinem Vater und ergreift die Flucht vor seiner gestrengen Tante – auf die Auswahlliste zum Deutschen Jugendbuchpreis. „Frederico Oktopod" (1967) heißt ein kleiner Tintenfisch, der zum besten Freund des sechsjährigen Antonio wird. Phantasie und Realität sind in dieser Nonsense-Story, die H. selbst zu den gelungensten seiner Bücher für die Kleineren zählt, eng verknüpft. Die Geschichte kam auch als farbige Schattenspiel-Fernsehserie des Westdeutschen Rundfunks (WDR) heraus. Fips, Mumps und Köpfchen sind die Titelhelden zweier Kinderkrimis, in denen Schulkinder als Amateurdetektive erfolgreich sind. Unter den Pseudonymen GUSTAV ADOLF HIMMEL bzw. FELIX RACKWITZ sind zwei Erwachsenenromane und ein Portugal-Buch erschienen. H. ist Autor von Hörspielen für Erwachsene und übersetzt aus dem Englischen und Amerikanischen. Der von H. übersetzte Jugendroman von MAIA RODMAN „Der Sohn der Toreros" (1967) erhielt 1968 den Deutschen Jugendbuchpreis. H. will vor allem unterhalten. Er schreibt humorvoll, anschaulich und einfallsreich. H. hat auch mit den Hörspielbearbeitungen seiner Kinderbücher Erfolg.

Werke: Heimlich auf hoher See (1959); Joaquim muß nach Casablanca (1961); Fauler Zauber auf Schloß Fionn (1962); Überfahrt (1962); Jojo und Nikolaus (1964; auch u.d.T.: Auf Schatzsuche in der Römerheide, 1968); Das Haus unter den schwarzen Zypressen (1964); Jojo und Nikolaus und das Martinsfest (1965); Fips, Mumps und Köpfchen und der Mann mit der blauen Weste (1965); Fips, Mumps und Köpfchen und der Perlendieb (1966); Frederico Oktopod (1967); Bettinin oder die Ehre der Nation (1967, zus. mit Ilse Himmel); Tünne Tintenfisch (1971)..

Hans Gärtner

Hinderks-Kutscher, Rotraud

*Journalistin, Graphikerin, Jugendbuchautorin; *14. 12. 1908 München.*

H.-K., Tochter des Theater- und Literaturprofessors ARTHUR KUTSCHER (1878–1960) und ihrer schriftstellerisch tätigen und musizierenden Mutter fing schon früh an zu zeichnen. 1923 besuchte sie die Graphische Gewerbeschule München, 1924 begann sie eine Töpferlehre. Von 1926 bis 1931 studierte H.-K. an der Kunstgewerbeschule in München mit den Schwerpunkten Bühnendekoration und Gebrauchsgraphik bei Professor EMIL PRAETORIUS. Über Kinderbilderbücher und illustrierte Zeitungsberichte kam sie zum Jugendbuch. Bereits ihr erstes Buch „Zöpfle bei den Sommereltern" (1940) erreichte eine Auflage von mehr als 100000. Heute erstellt H.-K. journalistische und graphische Reiseberichte.

Werk, Tendenzen, Wirkung. Schwerpunkte des literarischen Schaffens von H.-K. sind die Musikerbiographien JOSEPH HAYDNs, WOLFGANG AMADEUS MOZARTs und FRANZ SCHUBERTs, die beim Leser Kunst- und Geschichtsverständnis wecken wollen. Neben Detailkenntnissen dominiert ein Geschichtsverständnis, das streckenweise personalisiert, an „großen Namen" orientiert ist, aber damit die Voraussetzung der Lesbarkeit von komplizierten Vorgängen schafft. Besonders die Biographien MOZARTs „Donnerblitzbub Wolfgang Amadeus" (1943) und „Unsterblicher Wolfgang Amadeus Mozart" (1959) erreichten bis in die jüngste Zeit stetige und zahlenmäßig beachtliche Popularität. Ähnlicher Beliebtheit erfreute sich „Franzl aus dem Himmelspfortgrund" (1955), der Lebensbericht von FRANZ SCHUBERT. H.-K. illustrierte ihre Jugendbücher weitgehend selbst. Ihr Bemühen um detailgetreue Wiedergabe wird neben den Musikerbiographien noch deutlicher in den Büchern, die die Vermittlung heimatbezogenen Brauchtums, besonders des süddeutschen und österreichischen Raums, zum Inhalt haben (Der Krampus von Trollberg, 1941).
H.-K. zielt im Bereich der Jungmädchenerzählung auf ein unproblematisches, asexuelles Verhältnis zum Mann. Ihre Sprache ist dabei unsentimental und forsch.

Werke: K. Hobrecker: Das Reisegepäck (1929); Hänsel und Gretel (1937); Rotkäppchen (1937); Fr. Peltzer (Hrsg.): Klippklapp. Buntes Allerlei (1937); H. Chr. Andersen: Der standhafte Zinnsoldat (1938); R. Hinderks-Kutscher: Zöpfle bei den Sommereltern (1940); R. Hinderks-Kutscher: Tönjes von Null bis Drei (1941); R. Hinderks-Kutscher: Der Krampus von Trollberg (1941); R. Hinderks-Kutscher: Donnerblitzbub Wolfgang Amadeus (1943; NA. in: Wolfgang Amadeus Mozart, 1976); Fr. Lüddecke: Hähnchens Abenteuer (1944); Fr. Lipp: Art und Brauch im Lande ob der Enns (1952); H. Soerensen: Karen-Anna (1954); R. Hinderks-Kutscher: Franzel aus dem Himmelspfortgrund (1955; auch u. d.T.: Ein Leben voll Musik, 1966); Kamerad Annett (1956); Papa Haydn (1957); Unsterblicher Wolfgang Amadeus Mozart (1959; NA. in: Wolfgang Amadeus Mozart, 1976).

Almut Prieger

Hirschmann, Julie

*Lehrerin, Jugendbuchautorin; *1.2.1812 Berlin, †8. 8. 1908 Berlin.*

H. wurde als Tochter eines Wachtmeisters bei den Ziethen-Husaren in Berlin geboren und besuchte als Freigängerin die Schule des Direktors SPILLEKE. Schon 1822 starb der Vater und ließ acht Kinder unversorgt zurück. Deshalb mußten diese auf eine weitere Ausbildung verzichten und schon früh für den Unterhalt mitarbeiten. Im Jahr 1831 heiratete H. den Optiker HIRSCHMANN, der schon 1845 starb und H. mit vier Kindern mittellos zurückließ. Sie bereitete sich autodidaktisch auf das Lehrerinnenexamen vor, das sie 1848 ablegte. Ab 1850 war sie als Lehrerin an einer höheren Privattöchterschule in Leer (Ostfriesland) tätig. Als die Schule 1877 in städtische Regie überging, zog sich H. mit einer kleinen Rente nach Potsdam zurück, wo sie bei ihrer verwitweten Tochter lebte.

Werk, Tendenzen, Wirkung. H. verfaßte eine große Anzahl Kinder- und Jugendschriften, vor allem Erzählungen, die sich an junge Mädchen wandten. Die meisten ihrer Bücher erschienen im Winckelmann-Verlag in Berlin und erhielten durch die Farbillustrationen von THEODOR HOSEMANN zusätzliche Anziehungskraft. Das Grundmotiv für ihre schriftstellerische Tätigkeit, die H. in den fünfziger Jahren begann, war, einen zusätzlichen Verdienst für den Unterhalt ihrer Familie zu finden. Daneben war es ihr Bemühen, „wahre Weiblichkeit, Gottvertrauen und häuslichen Sinn in den jugendlichen Herzen zu wecken" (Vorwort zu „Blüthenjahre", 1856). Mit einem erzählerischen Talent begabt, das sie aus der Masse ihrer schriftstellernden Zeitgenossinnen heraushob, war sie in ihren Geschichten der Jugendbuchautorin JULIE RUHKOPF (1799–1880) verwandt. H. erzählte häufig von Kindern und Erwachsenen, die durch gute Begabung, Fleiß und glückliche Umstände zu Wohlstand und Bedeutung gelangten. Obwohl auch ihre Handlungsträger fast immer gutbürgerlichen Kreisen angehören, verschweigt sie nicht die Armut und Not der einfachen Arbeiter, die in vielen Erzählungen im Kontrast zu den Wohlhabenden vorgeführt werden. Allerdings nimmt sie die bestehende Gesellschaftsordnung als gottgegeben und unveränderlich hin und versucht die Not und das Elend der Armen durch mitleidsvolle Wohltätigkeit und gottgelenkte Fügungen zu mildern. So ist es auch eines ihrer Hauptanliegen, die jungen Leserinnen schon früh zur Mildtätigkeit zu erziehen. Typisch für diese Absichten ist die Erzählung „Der blinde Knabe" in dem Bändchen „Nach Feierabend. Erzählungen für Kinder von 10 bis 12 Jahren" (1863), in der die mit großem Aufwand gefeierte Kindtaufe eines Jungen in der Familie des Kreiseinnehmers der Taufe eines blind geborenen Jungen in einer armen Familie kontrastierend gegenübergestellt wird. Durch die mitleidvolle Haltung der kleinen Tochter des Kreiseinnehmers werden er und seine Gattin dazu bewogen, dem blinden Jungen, der schon als Siebenjähriger violinespielend

Geld erbettelt, eine Ausbildung geben zu lassen, aufgrund deren er sich als Musiklehrer etablieren kann. In allen Bücher der Autorin wird eine streng eingehaltene geschlechtsspezifische Teilung der Tätigkeiten von Mädchen oder Jungen eingehalten. Dazu stellt die Autorin im Vorwort des Bandes „Blüthenjahre“ tief überzeugt fest: „Darum führen wir das Mädchen in die engen Räume des Hauses, dort soll sie schalten, diese soll sie schmücken; nicht weltbewegende Thaten sind ihr Werk. Dem Manne ist die Welt zum Kampfplatz gegeben, dem Weibe das Haus als Friedensstätte“.
Schon AUGUST MERGET bemängelte in seiner „Geschichte der deutschen Jugendliteratur“ (1867), H.s Erzählungen glichen zu sehr „den französischen Bildern, indem über Alles ein gewisser künstlicher Zauber der Eleganz gegossen“ sei. Die Erzählungen von H., die häufige Neuauflagen erlebten, wurden von den Kritikern und Pädagogen der Zeit allgemein empfohlen.

Werke: Blüthenjahre. Novellen für die reifere weibliche Jugend (1856); Familienfreuden. Erzählungen und Schilderungen für die reifere weibliche Jugend (1859); Bunte Blumen. Novellen für die reifere weibliche Jugend (1860); Guckkastenbilder. Erzählungen für Kinder (1862); Histörchen. Erzählungen für artige Kinder (1862); Der Großonkel. Erzählungen und Novellen für die reifere weibliche Jugend (1863); Nach Feierabend. Erzählungen für Kinder von 10 bis 12 Jahren (1865); Lebensmai. Novellen für die reifere weibliche Jugend (1865); Mädchenspiegel. Erzählungen und Novellen für die weibliche Jugend (1866); Spiegelbilder. Erzählungen für Kinder (1869); Plauderstündchen. Erzählungen (1870); Onkel Gustav im Kreise seiner kleinen Freundinnen und Freunde. Erzählungen (1871, zus. mit G. Holting); Im Abendrot. Novellen für junge Mädchen (1886); Märchenstrauß (1876); Was der Teekessel sang (1891).

Helmut Müller

Historische Kinderbuchgesellschaft München

Die H. K. ist eine Vereinigung ohne strenge Organisationsform, in der sich Liebhaber des historischen Kinderbuchs mit dem Ziel zusammenfinden, den fachlichen Kontakt untereinander zu pflegen sowie Forschung und sonstige Bemühungen um das historische Kinderbuch voranzutreiben.

Die Gesellschaft wurde 1967 gegründet und hat ihren Sitz bei der „Internationalen Jugendbibliothek“ in München. Nach den ungeschriebenen Statuten der Vereinigung kann die Mitgliedschaft von jedem erworben werden, der über das alte Kinderbuch arbeitet oder sich darum verdient gemacht hat. Die Aufnahme erfolgt durch einen Vortrag vor der Gesellschaft oder durch Einreichung einer Arbeit über ein Thema des historischen Kinder- und Jugendbuchs. Der Begriff „historisch“ gilt dabei für den Zeitraum von den Anfängen des Kinderbuches bis 1950. Die H. K. ist bestrebt, die ihr übergebenen Arbeiten in den Fachorganen zu veröffentlichen. Alle Arbeiten sind außerdem in der Referenzabteilung der „Internationalen Jugendbibliothek“ einzusehen. Neben einer Jahresversammlung und weiteren Quartalsveranstaltungen mit Vorträgen und Diskussionen gibt die H. K. in lockeren Abständen ein Such- und Frageblatt heraus, in dem Fragen, Nachforschungen und Suchwünsche im Bereich des alten Kinderbuchs sowie deren Ergebnisse veröffentlicht werden, die entweder an die „Internationale Jugendbibliothek“ oder an die Gesellschaft selbst gerichtet wurden. Das Such- und Frageblatt erschien 1980 in der 12. Folge. Seit 1971 ist HEINRICH PLETICHA Präsident der Gesellschaft. Seine Vorgängerin war SOPHIE KÖBERLE (1895–1971). Die Aufgabe des Sekretärs übernahm 1979 HANS RIES. Vor ihm hatte sie seit Gründung der Gesellschaft WALTER SCHERF wahrgenommen. 1980 betrug die Zahl der internationalen Mitglieder 112.

Hans Ries

Hitchcock, Alfred

*Englischer Filmregisseur und Kriminalschriftsteller; Herausgeber von Detektivgeschichten für Kinder, Jugendliche und Erwachsene; *13. 8. 1899 Leystone/Essex, †29. 4. 1980 Los Angeles (USA).*

Nach seiner Ausbildung am St. Ignatius College von London, einem Jesuiten-Internat, studierte H. an der Londoner Universität. Seine Interessen galten dem Theater, der Kunst und dem Ingenieurwesen. Neben dem Studium arbeitete H. bei der „Henley Telegraph Company“. Die Filmfirma „Famous Player-Lasky“ engagierte ihn als Mitarbeiter in der Drehbuchabteilung und später als Regieassistent. H.s erster Filmversuch „Number Thirteen“ (1922) blieb unvollendet. In dem Film „Pleasure Garden“ (1925) nahm er erste Regieaufgaben wahr und 1926 folgten „The Mountain Eagle“ und „The Lodger“. Nach weiteren Filmen wurde „Blackmail“ (1928), H.s erster Tonfilm, ein großer Erfolg. Jährlich produzierte H. nun mindestens einen Film. 1940 holte der amerikanische Produzent DAVID O. SELZNIK für den Film „Rebecca“ H. nach Hollywood, weniger ein Thriller als eine psychologische Geschichte. Von den nun folgenden Filmen gilt „Psycho“ (1960), der auf einer wahren Begebenheit beruht, als der bekannteste und spannendste. In den sechziger Jahren produzierte H. Filme wie „Die Vögel“ (1962), „Marnie“ (1964) oder „Topaz“ (1969). Neben CHARLIE CHAPLIN, SERGEJ EISENSTEIN, FRITZ LANG, FEDERICO FELLINI und INGMAR BERGMAN gehörte H. zu den prominentesten Filmregisseuren der Welt. Er war Oscar-Preisträger und wurde 1980 geadelt. Unter seinem Namen wurden einige Bücher für junge und erwachsene Leser und die Kinder-Detektiv-Serie „Die drei ???“ veröffentlicht, die zu Bestsellern avancierten.

Werk, Tendenzen, Wirkung. Der Erfolg der mehr als 50 Filme H.s beruht auf einer Mischung von psychologisch genau kalkulierter, optisch zwingend umgesetzter Spannung und der Konsequenz der Handlungsführung. „Suspense“ und „thrill“, nur unzureichend mit „Spannung“ übersetzbar, werden bei H. zu einem dramatischen, detektivischen Moment, das nicht nur die Helden seiner Filme betrifft, sondern auch den Zuschauer in seinen Bann zieht. H. gelingt es, neben die vorhandene, alltägliche Wirklichkeit eine filmische Realität zu setzen und sie vermittels überraschender Effekte, selbst über Zufälle und unglaubwürdig erscheinende Ereignisse hinweg, überzeugend auf den Betrachter wirken zu lassen. H. operiert mit inhaltlichen und visuellen Fallstricken, mit Irritationen und Möglichkeiten, die aus Angst, Gehetztsein, Verfolgung, Spurensuche und den vielfältigen Variationen der Problemlösung sowie der Aufdeckung von Verbrechen und der Überführung des jeweiligen Täters entstehen.

H., der sich oft selbst in Nebenrollen und beiläufig erscheinenden Zuschauersituationen als Mitspieler in viele seiner Filme einbringt, hat im breiten Umfeld der Unterhaltungsliteratur seinen Namen als Herausgeber und als scheinbarer Verfasser von Krimi-, Grusel- und Agentenserien zur Verfügung gestellt. Diese Reihen kommen sowohl als Erwachsenen- wie auch als Kinder- und Jugendliteratur in Umlauf und erreichten weite Verbreitung. Die Buchidee für die im deutschsprachigen Raum unter dem Sammelbegriff „Die drei ???" firmierende Buchreihe wurde Anfang der sechziger Jahre bei Random House (USA) geboren und erreichte mit Verspätung von über zehn Jahren Europa. Der Name H.s dient dabei in den meisten Fällen als Kaufanreiz und publikumswirksames Aushängeschild. Zu Beginn der sechziger Jahre publizierte H.s „Ghostwriter" ROBERT ARTHUR sehr erfolgreiche eigene Kurzkrimis sowie „Mike Shanes Mystery Magazine". Seine Motivmischung aus Spannung, sanftem Grusel- und Überraschungseffekt, eingebettet in eine nächtliche Horrorkulisse, schien geeignet, ein Erfolgsrezept für kinder- und jugendgemäße Spannungs- und Unterhaltungsliteratur abzugeben. Mit mehreren Millionen verkauften Exemplaren ist in über 20 Jahren diese Erfolgsrechnung aufgegangen: Drei Jungen, Justus Jonas, Peter Shaw und Bob Andrews ermöglichen den Verzicht auf einen alleskönnerischen Supermann und vermitteln die Suggestion eines arbeitsteiligen, gut aufeinander eingespielten Teams. Mit erheblicher Freizeit und sehr viel Eigeninitiative ausgestattet, lösen sie diffizile Aufgaben, vor denen die Polizei und selbst gewiefte Detektive versagen. Oft erhalten sie die Aufträge direkt vom ‚Altmeister' H. zugespielt, der persönlich mit Kopf- und Paßbild und erhobenem Zeigefinger zwischen den Einzelkapiteln, oft auch am Anfang und am Schluß der mit reißerischen Titeln versehenen Bücher auftritt. Wie in seinen Filmen hält er auch hier alles unter Kontrolle. Er scheint der Magier und Marionettenführer zu sein, der die Spannung temperiert, erhöht oder abflachen läßt.

Bezüge zwischen H.s filmischem Schaffen und seiner literarischen „Mittäterschaft" sind unter anderem die detektivische Spannung, das Mitwirken von irrationalen, psychologisch fein gefädelten Momenten, seine gestische Mitwirkung, die Funktion des Verbrechens als „agens" einer Handlung, Überraschungseffekte, das Stellen von Rätseln, die in einer besonderen Gruppe der Kinderkrimis den Mitbeteiligten zum Selberlösen einladen („Alfred Hitchcocks Krimi-Box"), die enge Beziehung zwischen Opfer und Täter.

Nach dem Tode von ROBERT ARTHUR schreibt inzwischen ein Team von Autoren die Erfolgsreihen weiter, die über das Buch hinaus durch eigenständige Klubmitteilungen und Zeitschriften, Schallplatten, Aufkleber und Kassetten ihre Rezipienten finden. Die Käufer- und Leserbindung wird dabei durch eine direkte Ansprache, dem – scheinbaren – Dialog mit dem Klubmitglied und ‚Krimi'-Kenner zu optimieren versucht.

Werke: Solve-them-yourself-mysteries (1963; dt. Wer war der Täter? Jugendkrimis zum Selberlösen, 1966; auch u.d.T.: Alfred Hitchcock's Krimi-Box. 4 spannende Jugendkrimis zum Selberlösen, 1975); Alfred Hitchcock and the three investigators in The mystery of the stuttering parrot (1964; dt. Alfred Hitchcock, die drei ??? und der Super-Papagei, 1972); Alfred Hitchcock and the three investigators in The Secret of Terror Castle (1964; dt. Alfred Hitchcock, die drei ??? und das Gespensterschloß, 1968); Alfred Hitchcock and the three investigators in The mystery of the Green ghost (1965; dt. Alfred Hitchcock, die drei ??? und der grüne Geist, 1975); Alfred Hitchcock and the three investigators in The mystery of the whispering mummy (1965; dt. Alfred Hitchcock, die drei ??? und die flüsternde Mumie, 1969); Alfred Hitchcock and the three investigators in The mystery of the vanishing treasure (1966; dt. Alfred Hitchcock, die drei ??? und der verschwundene Schatz, 1973); Alfred Hitchcock and the three investigators in The secret of Skeleton Island (1966; dt. Alfred Hitchcock, die drei ??? und die Geisterinsel, 1973); Alfred Hitchcock and the three investigators in The mystery of the fiery eye (1967; dt. Alfred Hitchcock, die drei ??? und der Fluch des Rubins, 1970); Alfred Hitchcock and the three investigators in The mystery of the screaming clock (1968; dt. Alfred Hitchcock, die drei ??? und der seltsame Wecker, 1970); Alfred Hitchcock and the three investigators in The mystery of the moaning cave (1968; dt. Alfred Hitchcock, die drei ??? und der Teufelsberg, 1974); Alfred Hitchcock and the three investigators in The mystery of the talking skull (1969; dt. Die drei ??? und der sprechende Totenkopf, 1971); Alfred Hitchcock and the three investigators in The mystery of the laughing shadow (1969; dt. Alfred Hitchcock, die drei ??? und der lachende Schatten, 1971); Alfred Hitchcock and the three investigators in The secret of the crooked cat (1970; dt. Alfred Hitchcock, die drei ??? und die schwarze Katze, 1971); Alfred Hitchcock and the three investigators in The mystery of the coughing dragon (1970; dt. Alfred Hitchcock, die drei ??? und der unheimliche Drachen, 1972); Alfred Hitchcock and the three investigators in The mystery of the nervous lions (1971; dt. Alfred Hitchcock, die drei ??? und der rasende Löwe, 1974); Alfred Hitchcock and the three investigators in The mystery of the flaming footprints (1971; dt. Alfred Hitchcock, die drei ??? und der flammende Speer, 1979); Alfred Hitchcock and the three investigators in Thy mystery of the singing serpent (1972; dt. Alfred Hitchcock, die drei ??? und die singende Schlange, 1975); Alfred Hitchcock and the three investigators in The mystery of the shrinking house (1972; dt. Alfred Hitchcock, die drei ??? und die rätselhaften Bilder, 1976); Alfred Hitchcock and the three investigators in The secret of Phantom Lake (1973; dt. Alfred Hitchcock, die drei ??? und der Phantomsee, 1977); Alfred Hitchcock and the three investigators in The mystery of Monster Mountain (1973; dt. Alfred Hitchcock, die drei ??? und das Bergmonster, 1976); Alfred Hitchcock and the three investigators in The mystery of the dead man's riddle (1974; dt. Alfred Hitchcock, die drei ??? und die gefährliche Erbschaft, 1978); Alfred Hitchcock and the three investigators in The secret of the haunted mirror (1974; dt. Alfred Hitchcock, die drei ??? und der Zauberspiegel, 1977); Alfred Hitchcock and the three investigators in The mystery of the invisible dog

(1975; dt. Alfred Hitchcock, die drei ??? und der Karpatenhund, 1978); Alfred Hitchcock and the three investigators in The mystery of the dancing devil (1976; dt. Alfred Hitchcock, die drei ??? und der tanzende Teufel, 1979); Alfred Hitchcock and the three investigators in The myster of death trap mine (1976; dt. Alfred Hitchcock, die drei ??? und die Silbermine, 1980); Alfred Hitchock and the three investigators in The mystery of the magic circle (1978); Alfred Hitchcock, and the three investigators in The mystery of the sinister scarecrow (1979).

Hrsg.: Haunted houseful (1961; dt. Teilausg.: Hitchcocks Gruselkabinett. Der alte Trödelladen, 1975); Ghostly gallery (1962; dt. Teilausg.: Alfred Hitchcocks Gruselkabinett: Der alte Trödelladen, 1975; Alfred Hitchcocks Gruselkabinett: Die Bronzetür, 1976; Alfred Hitchcocks Gruselkabinett: Die Insel der Stimmen, 1979); Alfred Hitchcock's monster museum (1965); Alfred Hitchcocks witches' brew (1965; dt. Alfred Hitchcocks Gruselkabinett: Hexengebräu, 1979); Alfred Hitchcock's sinister spies (1966; dt. Teilausg.: Alfred Hitchcocks Gruselkabinett: Das verschwundene Dokument, 1977); Spies and more spies (1967; dt. Teilausg.: Alfred Hitchcocks Gruselkabinett: Das verschwundene Dokument, 1977); Alfred Hitchcock's supernatural tales of terror and suspense (1973; dt. Teilausg.: Alfred Hitchcocks Gruselkabinett: Die Bronzetür, 1976).

Sekundärliteratur: H. Künnemann: Oh Alfred, schlimmer Alfred (in: H. Künnemann (Hrsg.): Abenteuer! Abenteuer? Beihefte zum Bulletin Jugend + Literatur. 11. 1979. 93–96).

Horst Künnemann

Hodann, Max

*Arzt, Sexualwissenschaftler und -pädagoge, Schriftsteller; *30. 8. 1894 Neisse, †17. 12. 1946 Stockholm.*

H. wirkte entscheidend mit an der Politisierung der bürgerlichen Jugendbewegung, war mit LEONARD NELSON (1882–1927) Gründungsmitglied des Internationalen Jugendbundes (IJB) und hatte vielfältige Kontakte zur Arbeiterjugendbewegung. Neben seinem Wirken in vielen kleineren Verbänden der Linken war er vor allem auch Mitglied der Entschiedenen Schulreformer. Als Berliner Stadtarzt arbeitete er in der Jugend- und Eheberatung und hielt Vorträge zur Sexualaufklärung an Schulen. Ergänzt wurde diese Tätigkeit durch wissenschaftliche Beschäftigung mit sexualwissenschaftlichen und -pädagogischen Fragen, so am Institut von MAGNUS HIRSCHFELD (1868–1935). 1933 gelang es H., der seit Mitte der zwanziger Jahre zunehmend von reaktionärer und nationalsozialistischer Seite angegriffen und in seiner Arbeit behindert worden war, nach monatelanger Haft zu emigrieren. Er nahm als Arzt am Spanischen Bürgerkrieg teil, ging 1938 nach Norwegen und 1939 nach Schweden.

Werk, Tendenzen, Wirkung. Mit WILHELM REICH (1897–1957) gehörte H. zu den ersten, die die FREUDschen Erkenntnisse mit sozialistischen Ideen zu verbinden suchten. Heute weit weniger bekannt als der durch die Studentenbewegung wiederentdeckte REICH, war H. im Berlin der zwanziger Jahre sehr populär. Dies weniger seiner wissenschaftlichen Beiträge wegen, als aufgrund der aus seiner lebendig gestalteten Vortragsarbeit heraus entstandenen Aufklärungsschriften für Kinder, Jugendliche und Erwachsene. Die verständlich geschriebenen Bücher – oft in Dialogform – gingen die vom Puritanismus auch in der Arbeiterschaft und ihren Organisationen verdrängten Fragen offen und konkret an. Seinem gesellschaftsbezogenen Ansatz entsprechend, ging H. weit über eine exakte biologische Erörterung der Sexualität – schon dies war den Kritikern von rechts zu weitgehend – hinaus und schloß auch tabuisierte Themen wie Abtreibung ein. Er suchte exemplarisch zu zeigen, daß die geltende Norm nicht ohne ihren gesellschaftlichen Hintergrund verstanden werden kann. Daher könne auch die individuelle Befreiung von „Sexualnot" nur Teil sein einer an den gesamtgesellschaftlichen Bedürfnissen orientierten neuen Ethik. Die umfangreichste und auflagenstärkste seiner Schriften, „Bub und Mädel" (auch in russisch, ukrainisch, jiddisch, hebräisch, dänisch, ungarisch erschienen), widmete er „meinen Freunden in der proletarischen Jugendbewegung". Sie war, wie andere Schriften auch, oft Arbeitsgrundlage in den Gruppen der Arbeiterjugend und konnte dementsprechend weit stärker wirken, als die Auflagenhöhen vermuten lassen. H.s vielfältiges politisches Engagement zeigte sich auch in anderen Veröffentlichungen, so in Reisebeschreibungen, einem Buch über den Spanischen Bürgerkrieg und biographischen Schriften, die zum Teil während des Exils entstanden.

Werke (Auswahl): Bub und Mädel: Gespräche unter Kameraden über die Geschlechterfrage (1924, [7]1929); Woher die Kinder kommen. Ein Lehrbuch für Kinder lesbar (1926, NA. u.d.T.: Bringt uns wirklich der Klapperstorch? Ein Lehrbüchlein, für Kinder lesbar, 1930); Onanie weder Laster noch Krankheit (1929); Sexualelend und Sexualberatung (1928); Sowjetunion gestern, heute, morgen (1930); Magnus Hirschfeld zum Gedächtnis (1935).

Sekundärliteratur: F. Koch: Sexualpädagogik und politische Erziehung (1975). – W. Link: Geschichte des Internationalen Jugendbundes IJB und des Internationalen Sozialistischen Kampf-Bundes ISK. Ein Beitrag zur Geschichte der Arbeiterbewegung in der Weimarer Republik und im Dritten Reich (1964). – E. E. Noth: Erinnerungen eines Deutschen (1971).

Erich Eberts

Hölder, Louise

*(Ps.: Luise Hold). Schriftstellerin, Erzieherin; * um 1790 Fürth (Bayern), † um 1850 Nürnberg.*

Obwohl H. eine große Anzahl in ihrer Zeit beliebter Kinderschriften verfaßte, ist Biographisches über ihre Person nur spärlich zu finden. Daß sie als Erzieherin tätig war, geht aus ihrer Vorrede zum ersten Bändchen des Werkes „Neues Kindertheater, zur Unterhaltung und Belehrung durch Beispiele" (1820) hervor. Sie bezeichnet sich darin als eine „Kinderfreundin, die Gelegenheit hatte, viele Züge der Natur abzulauschen", und führt aus: „Wirklich war mein ganzes Leben der Erziehung der Jugend gewidmet; und Namens-, Geburts- und andere Feste gaben mir sehr oft Veranlassung, mich meiner Neigung zur dramatischen Dichtkunst zu überlassen, und sie zur Besserung und Bildung meiner Zöglinge zu benutzen".

Werk, Tendenzen, Wirkung. Wie aus ihren Werken und mehr noch aus den Vorreden dazu hervorgeht, hatte H. sich die pädagogischen Prinzipien der Aufklärung in deren philanthropinischen Ausprägung zu eigen gemacht. So hielt sie Anschauung und Selbsttätigkeit erzieherisch für wirksamer als das bloße Lesen; daher auch ihre Hinwendung zum Kindertheater. Sie war davon überzeugt, „daß die lebendige dramatische Darstellung so mancher Fehler und Unarten der Kinder" einen „tieferen und bleibenderen Eindruck" hinterlasse als die Erzählung. Vorbild für H. waren die Kinderschauspiele von CHRISTIAN FELIX WEISSE, denen sie die ihren gerne an die Seite gestellt gesehen hätte. Schon in den Titeln ihrer Stücke für Kinder zeigt sich die pädagogisch-moralisierende Intention der Autorin. Die beiden ersten Lustspiele des ersten Bändchens ihres „Kindertheater" nannte sie „Die Neugierige" und „Die bestraften Wildfänge". Im dritten Lustspiel dieses Bändchens, „Das Vogelschießen" betitelt, werden militaristische Vorgänge auf die Kinderebene hin verniedlicht. So tritt ein Schützenkorps auf, Kriegsrat wird gehalten, Straffällige müssen spießrutenlaufen, die Mädchen schreiten bei den mutigsten Knaben zur Ordensverleihung, und Sprüche rufen zum Waffendienst für das Vaterland auf („So wie heute den Vogel, treffe dereinst Ihre Waffe den Feind des Vaterlandes").

Neben dem moralischen Nutzeffekt sieht H. einen zweiten pädagogischen Effekt ihrer Kinderstücke in der Übung von „Gedächtnis und Deklamation". Neben WEISSE war auch JOACHIM HEINRICH CAMPE Vorbild für die Autorin. So verfaßte sie unter dem Titel „Rückreise Robinsons des Jüngeren nach seinem Eilande, in Begleitung seiner Kinder. Ein moralisches und naturhistorisches Lesebuch für die Jugend" (1821) eine Fortsetzung zu CAMPES „Robinson der Jüngere". Die Erzählung sollte die Fragen von Kindern, wie es Robinson und Freitag weiter ergangen sei, beantworten. In Anlehnung an CAMPE setzt sich auch ihre Erzählung aus Abendunterhaltungen im Rahmen einer Gruppe von Kindern zusammen. Wie schon im Untertitel angedeutet, wollte die Autorin aber auch das Nützliche mit dem Angenehmen verbinden und besonders manches Wissenswürdige aus der Geographie und Naturgeschichte einweben", wie sie in der Vorrede mitteilt. In der Darstellung der Kinder Robinsons, die nach dessen Tod auf der „Prüfungsinsel" ein eigenes Gemeinwesen gründen, Freundschaft mit Indianern schließen und eine Erziehungsanstalt schaffen, in die zwölf Indianer aufgenommen werden, zeigen sich Anklänge an die Staatsutopien des 18. Jahrhunderts.
Auch in ihren belehrenden geschichtlichen und naturwissenschaftlichen Kinderbüchern blieb die Autorin den philanthropinischen Vorbildern verhaftet. Neben Unterhaltungsbüchern mit kurzen Erzählungen, Anleitung zu Gesellschafts-, Rätsel- und pantomimischen

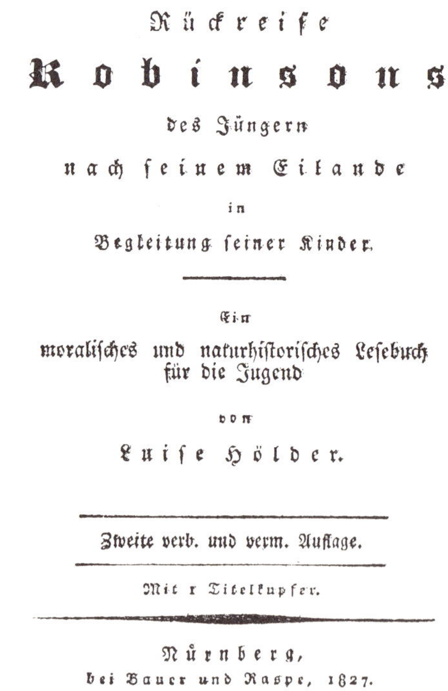

Rückreise
Robinsons
des Jüngern
nach seinem Eilande
in
Begleitung seiner Kinder.

Ein
moralisches und naturhistorisches Lesebuch
für die Jugend
von
Luise Hölder.

Zweite verb. und verm. Auflage.

Mit 1 Titelkupfer.

Nürnberg,
bei Bauer und Raspe, 1827.

Louise Hölder. Frontispiz und Titelblatt der „Rückreise Robinsons des Jüngeren nach seinem Eilande in Begleitung seiner Kinder" (Nürnberg 1827, [1]1821). Auf dem Titelkupfer, gezeichnet von Volz und gestochen von Martin Esslinger, ist die zum didaktischen Gespräch versammelte Familie zu sehen.

Wörterspielen schrieb H. einige Bände mit religiös-moralischen Erzählungen für verschiedene Altersstufen und folgte damit, als Zeitgenossin auch von J. GLATZ, einer dritten Tendenz in der Entwicklung des Jugendschrifttums vom Philanthropinismus zum Biedermeier.

Werke: Neues Kindertheater, zur Unterhaltung und Belehrung durch Beispiele (Bd. 1–2. 1820); Rückreise Robinson's des Jüngeren nach seinem Eilande, in Begleitung seiner Kinder. Ein moralisches und naturhistorisches Lesebuch für die Jugend (1821); Die Familie Edmund, oder die Weltgeschichte im Kleinen, zur Belehrung für Kinder von 6–12 Jahren (1823); Die Erziehungsschule, in anziehenden, muntern und lehrreichen Unterhaltungen. Ein Lesebuch zum Vergnügen und zur Belehrung für Schulen und zum Selbstgebrauch (1824); Kleine Weltgeschichte von den ältesten bis auf die neuesten Zeiten (Bd. 1–2. 1824); Neue Gesellschaftsspiele und Unterhaltungen zum Vergnügen für die Jugend (1824); Geschichtlicher Erntekranz für Kinder von 6 bis 12 Jahren in ausgesuchtesten Weltbegebenheiten der mittlern und neuern Zeit (1825); Kurze naturhistorische Fabeln und Erzählungen, zur belustigenden Unterhaltung kleiner Kinder (1826); Die Familie Lindorf. Eine unterhaltende Jugendschrift, zur Belehrung aus der Welt- und Naturgeschichte, der Völker- und Sternenkunde, für Erdbeschreibung, Mythologie (Bd. 1–4. 1828); Fromme Erzählungen. Ein Familiengemälde zur Erweckung religiösen Sinnes (1829); Kurze naturhistorische Erzählungen zur angenehmen Unterhaltung kleinerer Kinder. Als erste Vorbereitung zur Naturgeschichte (1829); Unterhaltende Fabeln und Erzählungen aus der Naturgeschichte der Fische, Käfer, Insekten, des Gewächs- und Mineralreichs, für kleinere Kinder (1830); Allerlei. Ein ergötzliches Weihnachts- und Geburtstagsgeschenk zur Unterhaltung und Bildung der Jugend durch Schauspiele, Erzählungen, Mährchen (1832); Euthymia. Erheiternde und gemüthliche Erzählungen für die Jugend beiderlei Geschlechts (1832).

Margarete Dierks

Hölle, Erich

*Graphiker, Maler, Illustrator; *21. 11. 1925 Nürnberg.*

H. war nach autodidaktischer Ausbildung ab 1951 als Pressezeichner, Porträtmaler und Werbegraphiker mehrere Jahre in der Industrie tätig. Seit zwei Jahrzehnten arbeitet er freiberuflich für Verlage, Presse und Fernsehen. H. ist Mitglied des Berufsverbandes bildender Künstler. Sein Schaffensschwerpunkt liegt in der Gestaltung von Kinder- und Jugendbüchern. Viele der von ihm entworfenen und gemalten Figuren sind in den sechziger und siebziger Jahren im Fernsehen aufgetaucht.

Werk, Tendenzen, Wirkung. H. zeichnet temperamentvoll und mit spritziger Feder. Seine Ausdrucksmöglichkeiten reichen von dünnen zarten Strichen bis zu sehr kraftvollen breiten Linien und randlos sich auflösenden, zerrissenen schwarzen Flächen, so z. B. in WILLIAM STEVENSONS „Buschbaby" (1968). In Einzelheiten verliert er sich nur, wo er Pointen setzen möchte. Menschen und auch Gegenstände – wie das Auto „Lila Lottchen" (1963) in dem von H. auch getexteten Bilderbuch – erhalten humorvolle, karikaturistische Züge. Pfiffige Jungen mit Himmelfahrtsnasen und großen, weit auseinanderliegenden runden Augen sind in beinahe allen Büchern zu finden. Ein Beispiel ist das Bilderbuch „Hein Schlotterbüx aus Buxtehude" (1966) von BARBARA BARTOS-HÖPPNER. Kleine Mädchen und Damen mit grazilen Beinen und Füßchen, würdige gutmütige Herren mit gezwirbelten Schnurrbärten und gestreiften Westen geben den Bildern eine leicht altertümelnde Atmosphäre. H. hat auch eine Reihe von Mädchenbüchern illustriert (ENID BLYTON: „Hanni und Nanni sind immer dagegen", 1965; EVELYNE KOLNBERGER: „Carin sucht das Abenteuer", 1972, u. a.), bei denen er auf karikaturistische Elemente verzichtet hat. Der Großteil der von H. illustrierten Werke sind Kinder- und Jugendbücher phantastischen Inhalts. Sein Humor und seine Phantasie werden bei der Gestaltung skurriler Geschöpfe von anderen Sternen und aus anderen Zeiten deutlich. Am bekanntesten dürften die Abbildungen zu MAX KRUSES drolligem Geschichtenzyklus „Urmel aus dem Eis" (1969) und den zahlreichen Fortsetzungsbänden sein.

In dem farbig illustrierten Bilderbuch „Ich heiße Brummi" (1976) mit Texten von BARBARA BARTOS-HÖPPNER hat sich der Stil H.s gewandelt. Mit großflächig angelegten kräftigen Farben und deutlichen Übertreibungen im Figürlichen illustriert er das tägliche Leben eines Fernlastzuges und seines Fahrers. Der Unterschied von H.s Mal- und Zeichenstil wird bei den Illustrationen zu TILDE MICHELS „Ich und der Garraga" (1972) besonders deutlich. Die Ängste und Träume eines kleinen Mädchens malt H. in kräftigen großflächigen Farben in Aquarelltechnik ohne Umrandung aus; im Kontrast dazu stellt er das kleine Mädchen in einer Federzeichnung daneben.

Werke: H. P. Richter: Karussell und Luftballon (1958); E. Hölle: Die dicke Dora (1959); H. P. Richter: Das Pferd Max (1959); H. P. Richter: Wie Heinz und Inge sich verlaufen haben (1959); J. Krüss: Der Reisepudel Archibald (1960); E. Hölle: Das lila Lottchen (1963); B. M. Brothers: Ein Leben mit Delphinen (1964); G. Household: In der Höhle eingeschlossen (1964); L. Hahn: Frühstück im Zoo (1964); L. Meurer: Blanke Herzen. Eine Vorbereitung auf die Erstbeichte (1964); H. Höfling: Ein Extralob für Klaus (1965); E. Hölle: Kunterbunte Zeichenstunde (1965); E. Blyton: Hanni und Nanni sind immer dagegen (1965); A. Hublet: Das Geheimnis der alten Mühle (1965); L. Meurer: Das kleine Meßbuch. Zur neuen Feier der heiligen Messe in Wort und Deutung für Kinder (1965); B. Bartos-Höppner: Hein Schlotterbüx aus Buxtehude, wo die Hunde mit dem Schwanze bellen (1966); E. Hölle: Wir zeichnen allerlei Menschen (1966); J. Krüss: Das rote Auto und der Peter (1966); R. St. Lambert: Verheißung des Nordens (1966); R. Reggiani: Morgen, übermorgen, oder nie (1966); I. Korschunow: Die Wawuschels mit den grünen Haaren (1967); R. Ulrici: Wir sind alle Sonntagskinder (1967); B. Willard: Sturm in Kilmorah (1967); J. F. Cooper: Der rote Freibeuter (1968); E. Hölle: Wir zeichnen durch das ganze Jahr (1968); Fr. Langer: Der silberne Schlüssel (1968); R. Sander: Das Geheimnis des kleinen Bobo (1968); W. Stevenson: Buschbaby (1968); R. Ulrici: Diane aus dem Försterhaus (1968); R. Ulrici: Diane und ihre Freundin Sabine (1968); R. Ulrici: Diane wird Schützenkönigin (1968); H. Baumann: Redleg. Der Piratenjunge im Schottenrock (1969); I. Korschunow: Neues von den Wawuschels mit den grünen Haaren (1969); M. Kruse: Urmel aus dem Eis (1969); R. Ulrici: Diane gibt eine Klassenparty (1969); B. Witter: Schwupp und das Rätsel im Gewölbe (1969);

P. Dubina: Der schwarze Mustang (1970); E. Hölle: Wir zeichnen Tiere im Zoo (1970); M. Kruse: Urmel fliegt ins All (1970); M. Kruse: Urmel taucht ins Meer (1970); E. Hölle: Wir zeichnen Autos und noch mehr (1971); J. R. Townsend: Der Piratenschatz (1971); M. de Jong: Das Pferd, das im Sturm kam (1972); Kl. Fröba: Wuhu aus dem großen Nichts (1972); E. Hölle: Wir zeichnen rund um den Sport (1972); E. Kolnberger: Carin sucht das Abenteuer (1972); I. Korschunow: Die Wawuschels feiern ein Fest (1972); H. Hartung: Mein Apfelbaum, mein Dackel und ich (1972); M. Kruse: Urmel spielt im Schloß (1972); M. Kruse: Urmel zieht zum Pol (1972); T. Michels: Ich und der Garraga (1972); B. Gehrts: Die Höhle im Steinbruch (1973); E. Hirche: Der König der wilden Hunde (1973); E. Hölle: 1:0 für Tüftelzapf (1973); E. Hölle: Erich Hölles lustige Zeichenspiele (1973); D. Jannausch: Rixi vom Regulus (1973); E. Kolnberger: Das Glück kommt mit zwei Eselsohren (1973); M. Kruse: Urmel im Vulkan (1973); E. S. Marzell: Von der Töpferscheibe zur Mondrakete (1973); Z. K. Snyder: Amanda und der Poltergeist (1973); A. Sommerfelt: Die gefährliche Nacht (1973); D. Jannausch: Rixi bitte kommen (1974); M. Kruse: Urmels großer Flug (1974); M. Kruse: Urmels toller Traum (1974); M. Kruse: Lord Schmetterhemd: Besuch aus dem Jenseits (1974); E. Hölle: Ein Nilpferd kommt geflogen (1975); E. Hölle: Kein Problem für Tüftelzapf (1975); M. Kruse: Lord Schmetterhemd. Der tödliche Colt (1975); M. Kruse: Die Schnurfe in der goldenen Stadt (1975); B. Bartos-Höppner: Ich heiße Brummi (1976); W. Ecke: Das Geheimnis der Spieluhr (1976); W. Ecke: Spuk nach Mitternacht (1976); M. Kruse: Lord Schmetterhemd. Der Geist des Großen Büffels (1976); M. Kruse: Kasper Lari in der Klemme (1976); M. Kruse: Kasper Laris neue Kleider (1976); A. Beckert: Die Spur führt zur Insel (1977); W. Ecke: Der Schrecken aller Geister (1977); F. Huby: Einbruch im Labor (1977); M. Kruse: Die Schnurfe bauen sich ein Haus (1977); A. Beckert: Die Spur führt zum Spukhaus (1978); W. Ecke: Knautschgesicht und Fiedelfranz (1978); E. Marder: Tim und die Kinder aus der Dachstraße (1978); L. Streblow: Ein Eierkuchen aus Blech (1978); M. Kruse: Kasper Laris Abenteuer. Die Zaubertruhe (1979); U. Scheffler: Abenteuer am Adlerfels (1979); W. Ecke: Glatze mit Sommersprossen (1980); M. Kruse: Kasper Laris Abenteuer. Die Räuberbande (1980).

Angela Voß

Hoernle, Edwin

*(Ps.e: Oculi, Georgi). Theoretiker und Begründer der kommunistischen Kindergruppenbewegung, Erzähler, Publizist, Lyriker; *11.12.1883 Canstatt (Württemberg), †27.1.1952 Bad Liebenstein (DDR).*

Edwin Hoernle (1883–1952)

Als Sohn eines Pfarrers und Missionars verlebte H. einige Kinderjahre in Ostindien, besuchte das Gymnasium in Ludwigsburg und Stuttgart und war nach dem Studium der Theologie 1909 für drei Monate Landvikar. Nach dem Bruch mit der christlichen Weltanschauung gab er den Beruf auf, arbeitete als Privatlehrer in Berlin und machte die Bekanntschaft von Clara Zetkin, Franz Mehring und Rosa Luxemburg. 1910 trat er in die SPD ein und wurde auf Vorschlag Zetkins zweiter politischer Redakteur der „Schwäbischen Tagwacht". Er arbeitete mit Zetkin an der sozialistischen Frauenzeitung „Die Gleichheit" und deren Kinderbeilage „Für unsere Kinder" mit. Während des Ersten Weltkrieges erschienen H.s erste Gedichte und die „Oculi-Fabeln". 1916 und 1917 wurde er verhaftet, danach an die Front geschickt. Im Jahr 1918 wurde H. Mitglied des Groß-Stuttgarter Arbeiter- und Soldatenrates. Am Aufbau der KPD in Württemberg maßgeblich beteiligt, wurde er zuerst Landesvorsitzender, dann Mitglied des Zentralkomitees der KPD und zuständig für die Landabteilung, ab 1924 KPD-Abgeordneter des Deutschen Reichstages. Wesentlich beteiligt am Aufbau der Freien Sozialistischen Jugend (der späteren Kommunistischen Jugendbewegung) und der kommunistischen Kindergruppenorganisation, arbeitete er an den verschiedenen Schulprogrammen der KPD mit, leitete die Zeitschriften „Das proletarische Kind" und „Der junge Genosse" und verfaßte die grundlegenden Arbeiten kommunistischer Pädagogik der Weimarer Republik („Die Arbeit in den kommunistischen Kindergruppen", 1923; „Die Grundfragen der proletarischen Erziehung", 1929). Im Jahr 1933 emigrierte H. über die Schweiz in die UdSSR und arbeitete dort am Internationalen Agrarinstitut und am Weltwirtschaftsinstitut. Als Mitglied des Nationalkomitees „Freies Deutschland" kehrte er 1945 nach Berlin zurück, wurde Präsident der Zentralverwaltung für Land- und Forstwirtschaft, Vizepräsident der Deutschen Verwaltungsakademie Forst Zinna und Professor und Dekan der Agrarpolitischen Fakultät.

Werk, Tendenzen, Wirkung. Neben seiner Bedeutung als führender Pädagoge der KPD der Weimarer Republik gilt H. zugleich auch als einer der „frühesten

Repräsentanten der proletarisch-revolutionären Literatur". Seine „Oculi-Fabeln" und Gedichte galten während des Ersten Weltkrieges und der ersten Jahre der Weimarer Republik als „Brücke von der revolutionären Arbeiterdichtung der Sozialdemokratie zur proletarisch-revolutionären Literaturbewegung" (Lexikon sozialistischer deutscher Literatur, Halle 1963, S. 227). Die unter dem Pseudonym „Oculi" und unter den Bedingungen der Kriegszensur 1915/16 erstmals in dem von JULIAN BORCHARDT herausgegebenen Band „Lichtstrahlen" veröffentlichten kleinen Fabeln wenden sich kaum verhüllt, so in den Bildern des Sklaven, des gefesselten Riesen, des Chamäleons, Käfers und Hundes, gegen die Burgfriedenspolitik der Sozialdemokratie. Sie demonstrieren in der Anpassung an die herrschende kapitalistische Kriegsmacht die faktische Ohnmacht der SPD, die zum Aufgeben proletarischer Interessen und zur Selbstvernichtung führte. An die Stelle von Passivität und Verhandeln wollte H. aktives und solidarisches Handeln als einzig mögliche Verhaltensweise der Arbeiterbewegung gesetzt sehen. Seine Gedichte von der Front und vor allem die lyrischen Beschreibungen revolutionärer Situationen der ersten Jahre der Weimarer Republik (z.B. das Gedicht „Karl Liebknecht") sind in den Publikationen der KPD weit verbreitet. Das zum Lied vertonte Gedicht „Brüder, seht, die rote Fahne" ist bis heute eines der bekanntesten Lieder der Arbeiterbewegung geblieben. Wichtiger noch waren die schulpolitischen und pädagogischen Arbeiten H.s, die ihn zum bedeutendsten Theoretiker und Initiator der Kinderbewegung und Schulpolitik der KPD in der Weimarer Republik werden ließen. Neben seiner redaktionellen Verantwortung für das erste Schulprogramm der Freien Sozialistischen Jugend Deutschlands („Die kommunistische Schule", 1919) und die Zeitschriften „Das proletarische Kind" und „Der junge Genosse" wurden vor allem die Abhandlungen „Die Arbeit in den kommunistischen Kindergruppen" (1923) und „Die Grundfragen der proletarischen Erziehung" (1929) grundlegend für die Pädagogik der KPD. Gegen die behütet-bürgerliche Kindheit wurde von H. die strikte Identität von Kindern und erwachsenen Arbeitern in der Klassenauseinandersetzung postuliert. Das Kind – verstanden als Teil des Proletariats seit seiner Geburt und objektiv in den Klassenkampf gestellt – mußte den ihm gemäßen Kampfauftrag erfüllen, beispielsweise Wahlzettel austragen oder rote Schulvorposten bilden. Unter Anleitung der Partei wurde die kommunistische Kindergruppe und Kinderbewegung „Energiezentrale" der politischen Erziehung. Diese Erziehung sollte nach H. nicht abstrakt von oben geschehen, sondern sollte an den Erfahrungen und Kenntnissen der Kinder ansetzen und allmählich aufsteigen zu verallgemeinernden Forderungen, politischen Postulaten und Kampfeinsichten. Die von ihm als progressiv angesehenen Methoden des bürgerlichen Scoutismus seien dabei für eine kommunistische Erziehung zu nutzen, die dem kindlichen Drang nach Spiel, Aktivität, Abenteuern und Heroenkult entspreche. Stärker als O. F. KANITZ (dem bedeutenden Theoretiker der sozialdemokratischen „Kinderfreundebewegung") konnte dies nach H. nicht in der Arbeiterfamilie mit ihrem kleinbürgerlichen Zuschnitt, sondern einzig in der von jungen Proletariern geleiteten kommunistischen Kindergruppenbewegung geschehen. Da die bürgerlichen Helden zum „Schund" herabgesunken seien, sollten in einer neu zu entwikkelnden Kinder- und Jugendliteratur neue proletarische Helden geschaffen werden. „Heldentypen aus dem revolutionären Kampf der unterdrückten und ausgebeuteten Klassen und Rassen aller Zeiten und Länder", wobei die proletarisch-revolutionäre Kinderliteratur ihre „Romantik", ihre „Abenteuer" aus den „großen Spannungen und gewaltigen Umwälzungen der proletarischen Revolution" nehmen und neue literarische Formen, z.B. das „proletarisch-industrielle Märchen" schaffen sollte. Die Thesen H.s galten auch nach dem Zweiten Weltkrieg in der DDR als theoretische Prinzipien kommunistischer Pädagogik, wobei in den politisch-pädagogischen Arbeiten in der DDR die negative Ansicht H.s von der Arbeiterfamilie mittlerweile als falsch angesehen wird. Die in der Konstruktion H.s prinzipiell unproblematische Differenz, die Kindergruppenbewegung müsse sich orientieren an kindlichen Erfahrungen und Bedürfnissen, andererseits Teil des proletarischen Klassenkampfes unter Anleitung der kommunistischen Partei sein, führte in der Weimarer Republik in der Praxis zu unterschiedlichen Phasen der kommunistischen Kinderbewegung, ähnlich den Veränderungen der im Umfeld der KPD sich bildenden Kinder- und Jugendliteratur. Auch diese Literatur erfüllte nur in Einzelbeispielen die Forderungen H.s nach einer kindgemäßen und zum Klassenkampf motivierenden Gestaltung. Nur wenige Märchen HERMYNIA ZUR MÜHLENS können als proletarisch-industrielle Märchen angesehen werden, lediglich die aus dem Sowjetischen übernommenen Beispiele am Ende der Weimarer Republik (beispielsweise „Die Rache des Kabunauri" von H. BOBINSKA, 1931) entsprechen dem von H. als wichtig erachteten Erlebnis- und Tatendrang durch die Schilderung spannender Erlebnisse und übertragbarer kindlicher Konflikte. Wie die grundlegenden pädagogischen Einsichten H.s begründend und bestimmend in den pädagogischen Theorien der DDR wirkten, so auch seine prinzipielle Sicht von der Schule als praktisches Bindeglied zur Produktion, die erst damit Mittel zur allseitigen Entwicklung und Bildung des Menschen werden könne. In der Bundesrepublik Deutschland haben nach der Studentenbewegung, etwa seit 1970, die Arbeiten H.s für kurze Zeit zu einer Rückbesinnung auf die pädagogischen und an der besonderen Situation des Arbeiterkindes orientierten Notwendigkeiten geführt.

Werke: Aus Krieg und Kerker. Gedichte (1918); Sozialistische Jugenderziehung und sozialistische Jugendbewegung (1919); Die Oculi-Fabeln (1920); Arbeiter, Bauer und Spartakus. Agitationsstück (1921); Die Arbeit in den kommunistischen Kindergruppen (1923); Rote Lieder. Gedichte (1924); Die Grundfragen der proletarischen Erziehung (1929); Bauern unterm Joch. Erziehungen (1936).

Sekundärliteratur: W. Mehnert: Edwin Hoernle. Lebensbilder großer Pädagogen (1963). – L. v. Werder: Sozialistische Erziehung in Deutschland 1848–1973 (1974).

Manfred Geiss

Hohler, Franz

*Schweizer Kabarettist, Schriftsteller, Kinderbuchautor; *1.3.1943 Biel/Schweiz.*

Nach dem Schulbesuch in Olten und Aarau studierte H. an der Universität Zürich einige Semester Philologie. 1965 trat er erstmalig mit einem literarisch-kabarettistischen Ein-Mann-Programm auf. Seitdem arbeitet H. als freier Kabarettist (1973: Deutscher Kleinkunstpreis) und Schriftsteller (1968: Preis der Conrad-Ferdinand-Meyer-Stiftung), veröffentlicht Theaterstücke, Hörspiele und Schallplatten und macht regelmäßig Kinder-

*Franz Hohler (*1943)*

sendungen im Schweizer Fernsehen und Radio. Mit dem Kinderroman „Tschipo" (1978), für den er den Oldenburger Jugendbuchpreis bekam, dem Bilderbuch „In einem Schloß in Schottland lebte einmal ein junges Gespenst" (1979), der Parabelgeschichte vom „Dr. Parkplatz" (1980) sowie den Verschen der Yok-Yok-Bildergeschichten machte er sich einen Namen als Kinder- und Jugendbuchautor.

Werk, Tendenzen, Wirkung. Zunächst waren es Kurzgeschichten, die H. in verschiedenen Anthologien bekannt machten. In ihnen steckt der Schalk des Kabarettisten. Seine Kurzprosa ist skurril, voller Kritik, aber immer humorvoll. Ob es die Verworrenheit des menschlichen Daseins in „Das verlorene Gähnen" (1967), die hintergründig einfachen „Idyllen" (1970) oder die beunruhigenden Lachgeschichten in „Der Rand von Ostermundigen" (1973) sind, immer wird der Leser mit Alltäglichem konfrontiert, das durch H.s Schreibweise verfremdet zum Nachdenken anregt. Aus Wirklichem wird Unwirkliches, das allzu Bekannte geheimnisvoll. Seine knappen Mittel setzt H. wie in seinen Kabarettprogrammen gezielt ein, um Leser und Publikum dem festgefahrenen Blick zu entziehen und ihn für seine Realität zu schärfen. Seine „Wegwerfgeschichten" (1974) sind dabei selbst kreative Publikumsschöpfungen bei öffentlichen Auftritten oder Improvisationen während seiner Rundfunksendungen, bei denen Hörer den Rahmen vorgaben, denn „solche Geschichten kann jeder schreiben". Seine Kinderbücher enthalten phantasievolle, durchschaubare Geschichten, die jeweils am Schluß die jungen Leser noch einmal belehren. In „Tschipo" ist es ein kleiner Junge, der so intensive Träume hat, daß immer etwas davon in der Realität übrigbleibt. Auch das junge Gespenst „In einem Schloß in Schottland" vermag zunächst mit gekonnt unheimlichen Bildern lustig-gruseln, lernt aber, daß Angst und Schrecken die Fröhlichkeit und Freundlichkeit unterdrücken und überzeugt mit neuem Verhalten seinen Gespenster-Clan. H. zeigt in der Kindergeschichte vom „Dr. Parkplatz", der ein feindselig eingestelltes Dorf vom Wert sozialer Verhaltensweisen überzeugt, sprachliches Können, Einfallsgabe und Humor.

Werke: Das verlorene Gähnen und andere nutzlose Geschichten (1967); Idyllen (1970); Der Rand von Ostermundigen (1973); Fragen an andere (1973); Wegwerfgeschichten (1974); Wo? (1975); Mani Matter. Ein Portraitband (1977); Drei Reisen (1977); Der Wunsch, in einem Hühnerhof zu leben (1977); Darf ich Ihnen etwas vorlesen? (1978); Tschipo (1978); Yok-Yok-Serie (1978); Franz und Rene auf dem Ausflug (1978); Franz und Rene als Spediteure (1978); Sprachspiele (1979); Zoologische Findlinge. Ein Tierbuch (zus. mit A. Loosli, 1979); Die Amsel, und drei weitere Geschichten (zus. mit A. van der Essen und E. Delessert, 1979); Der Frosch, und drei weitere Geschichten (zus. mit A. van der Essen und E. Delessert, 1979); Die Nacht, und drei weitere Geschichten (zus. mit A. van der Essen und E. Delessert, 1979); Die Raupe, und drei weitere Geschichten (zus. mit A. van der Essen und E. Delessert, 1979); Der Zauberer, und drei weitere Geschichten (zus. mit A. van der Essen und E. Delessert, 1979); Der Hase, und drei weitere Geschichten (zus. mit A. van der Essen und E. Delessert, 1979); Ein eigenartiger Tag (1979); In einem Schloß in Schottland lebte einmal ein junges Gespenst (zus. mit W. Maurer, 1979); Dr. Parkplatz (1980); Der Granitblock im Kino (1981).

Beitr.: Ichduersiees (in: P. A. Block (Hrsg.): Zwischen Angst und Aggression. 1975. 55–78); Grüß Gott, Herr Meier! (in: P. A. Block (Hrsg.): Zwischen Angst und Aggression. 1975. 193–205).

Wolfgang Schneider

Holting, Gustav → K. G. Winckelmann

Hopf, Angela

*Malerin, Cartoonistin, Autorin; *5.1.1941 Göttingen.*

H. ist an der Hochschule der Bildenden Künste in Berlin als Kunstpädagogin ausgebildet worden. Seit 1968 ist sie als Illustratorin und Gestalterin eigener

Kinderbilderbücher tätig. Mit ihrem Mann ANDREAS HOPF (* 1940) arbeitet sie zusammen. H. lebte zunächst in Hamburg, jetzt in München. Sie ist Mitglied des VS und des PEN-Zentrums.

Werk, Tendenzen, Wirkung. H. benutzt in ihren Arbeiten unterschiedliche Techniken: pastose Malerei, Klebe- und Collagetechniken. In ihren Bildergeschichten in Fortsetzungen variiert sie die Form der Comics. Anfangs wurde sie durch die eigenen Kinder angeregt, heitere und witzige Handlungen zu erfinden. Im „Fabeljan" (1968), in „Pling, Plang, Plung" (1969) und „Der rote Apfel ist kein Apfel" (1971) dominieren ländliche Idyllik, doppelbödiger Humor und eine aufgelockerte Mitteilungsweise, wenn zum Beispiel Kinder mit dem Phänomen des Regens vertraut gemacht werden sollen. In Verbindung mit der „rororo-Rotfuchs"-Taschenbuch-Reihe schlug sie zu Anfang der siebziger Jahre einen kritischeren Kurs ein. In der „Großen Elefanten-Olympiade" (1972) wird mit ironischer Distanzierung und in vielen witzigen Episoden das Prinzip des hemmungslosen Leistungsstrebens, des Konkurrenzverhaltens, des Siegenwollens um jeden Preis zugunsten fröhlichen Miteinanders, des kooperativen Gesamtvergnügens aller Beteiligten unterlaufen. Kritisch im Ansatz gibt sich auch „Der Feuerdrache Minimax" (1973), wo die vorurteilsbehafteten Menschen vor dem Hintergrund ausgeschnittener mittelalterlicher Stadtansichten in Holzstichmanier ihre Ängste erst überwinden, als der gefürchtete Drache ihnen zu Hilfe eilt und seine Freundlichkeit kenntlich macht. Auffallend an den weiteren Bildgeschichten und Comics mit dem Elefanten Ele, dem Bären Bogo und dem gleichfalls wieder auftretenden Feuerdrachen Minimax,

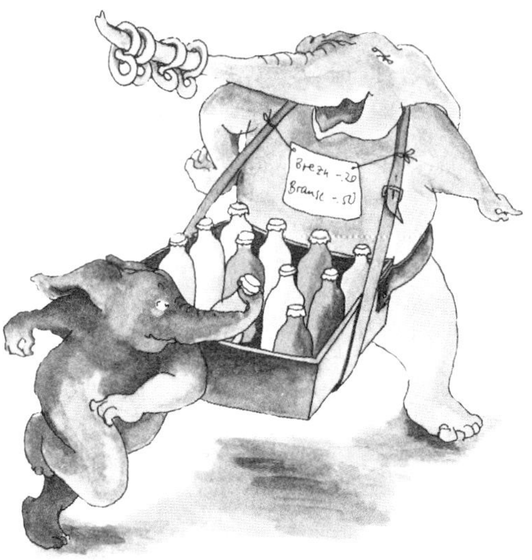

Angela Hopf. Illustration aus „Die große Elefanten-Olympiade" (1972), eine Bildergeschichte, zu der die Künstlerin auch den Text schrieb.

der zum Hausdrachen gezähmt wird, ist der Seriencharakter und der episodenhafte Fortsetzungsstil. Ehe die Bände „Der Feuerdrache Minimax" (1973 zus. mit ANDREAS HOPF) und „Minimax und seine Freunde" (1977) erschienen, waren sie Teil einer fortlaufenden Serie in der Zeitschrift „spielen + lernen", sowie im Kinderteil der Frauenzeitschrift „Brigitte". Die Elefanten- und Drachencomics erschienen auch in englisch, schwedisch, japanisch, französisch und italienisch. Ihr Stoff ist auch für Schallplatte, Rundfunksendung und Fernsehfilm bearbeitet worden.

Werke (Auswahl): A. Hopf: Fabeljan, eine Geschichte ohne Ende (1968); A. Hopf: Die Regentropfen Pling, Plang, Plung (1969); G. Schneider: Der rote Apfel ist kein Apfel (1971); A. Hopf: Die große Elefanten-Olympiade (1972); A. Hopf: Der Feuerdrache Minimax (1973); A. Hopf: Minimax-Comics (1974); A. Hopf: Minimax und seine Freunde (1977); A. Hopf: Die fidele Landpartie (zus. mit U. Hinze, 1979).

Horst Künnemann

Hopf, Georg Wilhelm

*Lehrer, Herausgeber von Jugendschriftenverzeichnissen; *5.1.1810 Obernzenn bei Ansbach, †19.8.1883 Nürnberg.*

H., Sohn eines Lehrers, besuchte Schulen in Augsburg und Kempten und war seit 1827 an der Universität Erlangen eingeschrieben. Er studierte Philologie. In München legte H. 1830 die Prüfung für das Gymnasiallehramt ab, daran schloß sich ein Studium der Theologie in Tübingen an. Es folgten Anstellungen als Lehrer und Rektor in Roth, Schwabach und ab 1843 am Gymnasium in Nurnberg, wo er Hebräisch unterrichtete. 1846 trug der Magistrat H. das Rektorat der Nürnberger Handelsgewerbeschule an, das er bis zu seinem Tode versah. H. war verheiratet und hatte einen Sohn.

Von H. stammen verschiedene schul- und unterrichtspraktische Schriften zum Realschulwesen, über die Aufgaben einer Handelsgewerbeschule und außerdem ein Lesebuch zur Handelsgeographie. Jugendliteraturhistorisch relevant wurde H. durch seine Buchempfehlungslisten „Über Jugendschriften. Mittheilungen an Aeltern und Lehrer" (Bd. 1–2, 1849–1851) und die „Mittheilungen über Jugendschriften an Eltern und Lehrer" (1861). H. will in diesen Texten Empfehlungen zur Freizeitlektüre der Kinder machen, deshalb schließt er Lesebücher, Mustersammlungen, Volksbücher und „Schriften, welche mit trivialen Späßen angefüllt sind" – wie Eulenspiegel, Münchhausen, Don Quichotte usw. – aus. Außerdem verzichtet H. auf Bücher, die „auf extreme oder krankhafte Ansichten über Religion" zielen, und auf Bücher politischen Inhalts. Als Lektüre empfiehlt H. die Fabeln von W. HEY/O. SPECKTER, die „Kinderheimath in Bildern und Liedern" von FR. GÜLL/FR. POCCI, die „Ammenuhr", mit Einschränkungen H. HOFFMANNS „Struwwelpeter", die Schriften CHR. VON SCHMIDS, GRIMMS Märchen, W. HAUFFS Märchen und die Märchen H. CHR. ANDERSENS. Zu den empfohlenen Autoren zählen außerdem G.

SCHWAB, CHR. G. BARTH und G. H. VON SCHUBERT. H. verzichtet nicht darauf, vor Vielleserei und Lesesucht zu warnen, und erklärt „das Lesen ohne Maß und Wahl" für unheilbringend. Seine Empfehlungslisten haben die Funktion, hier lenkend einzugreifen.

Werke: Über Jugendschriften. Mittheilungen an Aeltern und Lehrer (Bd. 1–2, 1849–1851); Mittheilungen über Jugendschriften, an Eltern und Lehrer (1861).

Winfred Kaminski

Hübner, Johann

*Pädagoge, Hochschullehrer, Rektor des Johanneum in Hamburg; *15.4.1668 Türchau (sächsische Oberlausitz), †21.5.1731 Hamburg.*

H., Enkel eines aus Böhmen ausgewanderten Protestanten, besuchte das Gymnasium in Zittau und ging 1689 an die Universität Leipzig, wo er das Theologiestudium aufnahm. H. interessierte sich daneben für die Fächer Geographie und Geschichte und erhielt vor allem durch den Historiker OTTO MENKEN Anregungen zur gründlichen Beschäftigung mit diesen Fachgebieten. Bereits 1691 wurde H. zum Magister ernannt und hielt nun selbst Vorlesungen über Poetik, Rhetorik, Geographie und historische Wissenschaften. Da er versuchte, Pedantisches und Unnötiges bei dem von ihm angebotenen Stoff zu vermeiden, erhielt sein Lehrstuhl großen Zulauf. Im Jahr 1694 wurde H. als Rektor an das Gymnasium in Merseburg berufen. Durch seine zahlreichen Schriften bekannt geworden, holte Anfang 1711 der Rat der Stadt Hamburg H. als Nachfolger von J. A. FABRICIUS als Rektor an das Hamburger Johanneum. Seine Versuche, das in finanzielle Bedrängnis geratene Institut und die machtlose Stellung des Rektors durch Reformen zu verbessern, gelangen ihm nur teilweise, so durch Einrichtung eines „Schul-Fiscus". Im Jahr 1731 starb H. an den Folgen eines Schlaganfalls. Sein Sohn JOHANN HÜBNER (1703–1758), der als Jurist in Hamburg lebte, hat einige Werke seines Vaters neu herausgegeben oder ergänzt und trat selbst als Verfasser geographischer und genealogischer Schriften hervor.

Werk, Tendenzen, Wirkung. H. verfaßte zahlreiche umfangreiche Compendien zu Fragen der Rhetorik, der Geographie und der Geschichtswissenschaften (Genealogie). Sein Ruhm als pädagogischer Autor drang weit über die Grenzen seines Heimatlandes und führte zu Übersetzungen seiner Werke ins Holländische, Französische, Italienische, Schwedische und Russische. Vor allem um den geographischen Unterricht erwarb sich H. große Verdienste. So gab er zusammen mit dem Verleger HOMANN in Nürnberg Schulatlanten und Landkarten heraus, bei denen er das „Illuminieren" mit großem Erfolg einführte („Museum geographicum oder Verzeichniß der besten Landcharten und wie daraus große und kleine Atlantes können formiret werden", 1712). Die von H. angewandte Fragemethode fand so große Anerkennung, daß sie in zahlreiche wissenschaftliche Werke übernommen wurde. Zu dem „Realen Staats- Zeitungs- und Konversations-Lexikon" (1704) und dem „Curieusen Natur-Kunst- und Handels-Lexikon" (1704), die beide immer eng verknüpft mit dem Namen von H. genannt werden, schrieb er lediglich die Vorwörter. Ein Jahr vor seinem Tod brachte H. die Schrift „Die ganze Historie der Reformation in funfzig kurzen Reden, nebst einem Schauspiele von Bekehrung der Sachsen zum Christenthume" (1730) heraus.

Die größte Breitenwirkung und einen langandauernden Erfolg erzielte H. mit seinem Werk „Zweymahl zwey und fünfzig auserlesenen Biblische Historien aus dem Alten und neuen Testamente der Jugend zum Besten abgefasset", die erstmals 1714 in Hamburg erschienen. Bis zur Mitte des 19. Jahrhunderts erschienen mehr als hundert Neuauflagen, Bearbeitungen und Nachahmungen des Werkes, das auch in das Lateinische, Französische, Italienische, Schwedische und Polnische übersetzt wurde. Das „nach den Grundsätzen der Reformirten Religion eingerichtete" Werk war im 18. Jahrhundert sehr häufig in evangelischen Familien anzutreffen. In einer langen Vorrede geht H. auf die Intentionen seines Werkes ein und erläutert ausführlich, wie er sich den Gebrauch seines Buches vorstellt. Zwar hält er LUTHERS Kinder-Katechismus für wertvoll und nützlich, ist aber der Meinung, daß er fast immer „von den Kindern nur überhin auswendig gelernet, aber denselben nicht gründlich erkläret wird". Darum hält H. es für notwendig, den Katechismus durch „Biblische Historien" zu erläutern. Zwar könne man dazu auch die Bibel selbst verwenden, doch sei sie zu umfangreich und vieles darin für kleine Kinder zu schwierig. Wer es aber „mit etlichen wenigen auserlesenen Historien versuchen" wolle, „demselben wird verhoffentlich dieses von mir abgefaßte Schul-Buch gute Dienste thun können". Daß er zweimal zweiundfünfzig Geschichten aufgenommen hat, erklärt er damit, daß so „zarte Kinder, die wöchentlich nur eine Historie lernen können, zwey Jahre damit zubringen". Erwachsene Kinder dagegen, die zwei Historien pro Woche aufnehmen könnten, wären in einem Jahr mit dem Buch zu Ende.

H. macht deutlich, daß es mit der bloßen Erzählung der Biblischen Geschichte nicht getan sei. Vielmehr habe er eine Methode entwickelt, mit deren Hilfe man die Historien Kindern deutlich und verständlich machen könne. Dabei geht er von „drey herrlichen Talenten" aus, die jedes Kind mitbringe: „Ein jedwedes Kind hat von seinem Schöpfer empfangen erstlich ein Gedächtniß, daß es etwas auswendig lernen kan: Darnach einen Verstand, daß es einer Sache nachdencken kan; und endlich einen Willen, daß es sich einen Vorsatz fassen kan".

Den Aufbau seiner Geschichten und die genaue Anwendung seiner Methode macht H. an der „zwey und dreißigsten Historie aus dem Neuen Testamente" von dem verlorenen Sohne deutlich. Zu Beginn einer jeden Historie wird die biblische Geschichte selbst so erzählt, wie sie in der Bibel anzutreffen ist, wobei Hinweise am Rand auf die entsprechenden Bibelstellen verweisen.

Darunter folgen „Deutliche Fragen", im oben genannten Kapitel sind es sechsundzwanzig, die jeweils zu einem kurzen numerierten Abschnitt der Historie Bezug nehmen (z. B. 1. Was hatte ein Mann vor Söhne? 2. Was forderte der Jüngste? 3. Gab ihm der Vater sein Erbtheil? usw.). Nach H.s Ansicht kann sich dann jedes Kind selbst Antwort auf die Fragen holen, wenn es die angegebenen Ziffern aufsucht. Außerdem kann der Lehrer oder Erzieher mit Hilfe dieser Fragen herausfinden, ob und inwieweit das Kind die Historie verstanden hat. Zusätzlich gäbe es den Eltern die Möglichkeit, herauszufinden, ob ihre Kinder die jeweilige Tageslektion gelernt haben. Als dritter Komplex schließen sich an die Fragen „Nützliche Lehren" an. Am Beispielkapitel sind es drei numerierte, kurze feststellende Sätze, die durch kurze, auf den Inhalt der Historie verweisende Texte ergänzt werden (z. B.: „I. Die Sünde stürtzet den Menschen ins größte Unglück". – Erläuternder Text dazu: „Das siehet man an dem verlohrenen Sohne, mit demselben kam es soweit, daß er nicht einmahl Sau-Treber zu fressen kriegte"). Die Historie wird abgeschlossen mit in Verse gefaßten „Gottseligen Gedancken", die zuerst in Deutsch und dann in Latein gebracht werden und in ihrer LUTHER verwandten deutlichen Sprache noch einmal recht drastisch die ganze Historie und die daraus zu ziehende Lehre zusammenfassen („Der ungerathne Sohn muß endlich Treber fressen, / Nachdem er Haab und Gut mit Huren hat verpraßt: / So läuft's mit Kindern ab, die das Gebott vergessen, / Das Gott den Eltern hat zu Ehren abgefaßt. / Ach Gott! wie will ich mich vor dieser Sünde hüten, / Daß ich den Schweinen mich nicht darf zu Gaste bitten").

Kritiker von H. warfen ihm vor, daß er seine Fragemethode zu schematisch einsetze und sie auch auf Gebieten und in Werken, die dafür ungeeignet seien, verwende. In dem „Hamburgischen Gelehrtenlexikon" (1783) heißt es dazu: „Er hatte dabey die erotematische Lehrart gewählt, und er brauchte sie allenthalben, sie mogte sich schikken oder nicht". Im gleichen Lexikon wird auch festgestellt, daß seine geschichtlichen Werke „Wahres und Falsches, Nüzliches und Unnüzzes" enthielten und kritisiert, daß man seine Werke „mit Begierde" las, „weil sie so viel Anekdötchen und Mährchen als Geschichte ausgaben". Die kritischen Stimmen konnten der Beliebtheit und Verbreitung der „Biblischen Historien" keinen Abbruch tun.

Werke (Auswahl): Kurze Frage aus der alten und neuen Geographie, auf den ryswickischen Friedensschluß gegründet (1693); Gründliche Vertheidigung der kurzen Fragen aus der alten und neuen Geographie (1696); Poetisches Handbuch, das ist eine kurzgefaßte Anleitung zur deutschen Poesie, nebst einem vollständigen Reimregister, den Anfängern zum Besten zusammengetragen (1696); Kurze Fragen aus der politischen Historie, bis auf jetzige Zeit continuiret, nebst einer nützlichen Einleitung vor die Anfänger (Bd. 1–10. 1697–1707); Kurze Fragen aus der Oratorie, zur Erleichterung der Information abgefasset und mit einem Anhange vom Gebrauche derselben vermehrt (1701); CCCXXXIII genealogische Tabellen zur Erläuterung der politischen Historie, mit sonderbarem Fleiße zusammengetragen und von Anfang der Welt bis auf diesen Tag continuiret, nebst dazu dienlichen Registern (1708); Kurze Einleitung, oder Genealogische, zu den Tabellen gehörige, Fragen (Bd. 1–4. 1708); Museum geographicum oder Verzeichniß der besten Landcharten, und wie daraus große und kleine Atlantes können formiret werden (1712); Zwey mahl zwey und fünfzig auserlesene Biblische Historien aus dem Alten und neuen Testamente, der Jugend zum Besten abgefasset (1714, ^{100}1828); Centuria sententiarium vor die Anfänger in der lateinischen Sprache (1715); Die ganze Historie der Reformation, in 50 kurzen Reden; sammt einem Schauspiele von Bekehrung der Sachsen zum Christenthume (1730).

Hrsg.: Hamburgische Bibliotheca historica (Bd. 1–10. 1715–1729).

Helmut Müller

Hübner, Oskar

*Volksschullehrer, Literaturpädagoge; *4. 3. 1876, † unbekannt.*

H. war seit 1896 Volksschullehrer und in der Weimarer Republik Oberschulrat in Berlin. Vor und besonders nach dem Ersten Weltkrieg nahm er in der Lehrervereinsarbeit eine herausgehobene Stellung ein. Zunächst Mitglied des „Deutschen Lehrervereins" gehörte er später zugleich dem „Verband sozialistischer Lehrer" und der „Arbeitsgemeinschaft sozialistischer Lehrer" an. 1920 wurde er Mitglied der „Freien Lehrergewerkschaft Deutschlands". Während dieser Zeit trat er von der SPD zur USPD und zur KPD über. Später kehrte er zur SPD zurück.

Werk, Tendenzen, Wirkung. Schon vor dem Ersten Weltkrieg war H. Mitglied der Berliner „Literarischen Vereinigung". In den Auseinandersetzungen um den Hamburger Jugendschriftenausschuß trat er als Parteigänger HEINRICH WOLGASTs (1860–1920) hervor. Dabei leitete seine Kritik an WILHELM KOTZDEs (1878–1948) „Stabstrompeter Kostmann" die letzte Phase der Auseinandersetzungen mit der „Hamburger Bewegung" ein. H. versuchte, die politische Dimension der WOLGASTschen Jugendschriftenkritik gegen das Konzept der „Vereinigten Jugendschriftenausschüsse" (VJA) weiterzuentwickeln. Er ging davon aus, daß die „gesamte Jugendschriften-Kritik, auch die der Sozialisten" auf Vorarbeiten beruhe, die „deutsche Volksschullehrer unter Führung des kürzlich verstorbenen Heinrich Wolgast durch Jahrzehnte geleistet haben" (1920).

Erstmals im Streit zwischen ERNST LINDE (1864–1943) und HEINRICH WOLGAST um die Priorität von „Kunstwert" und „Kindertümlichkeit" ergriff H. für die Hamburger Partei. LINDEs Standpunkt, seine Bevorzugung des Kriteriums der Kindertümlichkeit für die Auswahl von Texten, hielt er für „gefährlich". Gleichzeitig forderte aber auch H. kinderpsychologische (auch soziologische) Untersuchungen der Leseinteressen und der Leseentwicklung (1902). Schien diese frühe Parteinahme zunächst noch ohne eine politische Dimension zu sein, so wurde der politische Charakter der Auseinandersetzungen um die literarische Erziehung mit den Angriffen deutsch-völkischer Gruppierungen gegen die „Hamburger Bewegung“ und „Herrn Hübner in Berlin“ bald offenkundig, denn Erziehung zur „Genußfähigkeit“ und die darin implizierte Ablehnung der Tendenzliteratur konnte für diese Gruppierungen nur Ausdruck „vaterlandsloser“, d.i. „sozialdemokratischer“ Gesinnung (KOTZDE/SCHOLZ, 1912) sein. Gegen diesen Angriff setzte sich H. vor allem in seinem Aufsatz über „Die geschichtliche Erzählung für die Jugend“ (1912) zur Wehr, der zugleich noch einmal der Erläuterung des Hamburger Grundsatzes der Tendenzfreiheit jeder Literatur für Kinder und Jugendliche und damit der Ablehnung jeder Parteiliteratur dienen sollte, sei sie von links oder rechts. Denn im Sinne des Dichters gebe es nur eine Tendenz, die „Wahrheit“. Dieses Urteil schloß für ihn – entsprechend den Münchener Beschlüssen der VJA aus dem Jahr 1906 – die Anerkennung patriotischer Wirkung hochwertiger Geschichtserzählungen ein. H. lehnte daher die gleichzeitig von HEINRICH SCHARRELMANN (1871–1940) formulierte These, jede „patriotische Regung“ sei „im tiefsten Sinne unmoralisch“ (1912) entschieden ab. In diesen Jahren bildete sich auch H.s eigener Schwerpunkt der Jugendschriftenarbeit aus, die Untersuchung der Bedeutung vornehmlich zeitgenössischer Großstadt- und Arbeiterdichtung für die Jugend. 1910 hatte er im Verlag „Hilfe“ des Liberalen FRIEDRICH NAUMANN zusammen mit JOHANNES MOEGELIN „Großstadtgedichte“ herausgegeben (u.a. von RICHARD DEHMEL, OTTO ERNST, GUSTAV FALKE, JULIUS HART, OTTO ERICH HARTLEBEN, HEINRICH HEINE, ARNO HOLZ, LUDWIG JACOBOWSKI, OTTO KRILLE, DETLEV VON LILIENCRON, BORRIES VON MÜNCHHAUSEN, JOHANNES SCHLAF, THEODOR STORM, BRUNO WILLE – Vorwort von THEODOR HEUSS). In der Weimarer Republik interessierte ihn besonders die „Arbeiterdichtung“ als Dichtung von „Lohnarbeitern unserer Tage“ (vor allem GERRIT ENGELKE und HEINRICH LERSCH). H. ging – indem er sich noch einmal von ERNST LINDES Begriff der „Kindertümlichkeit“ distanzierte – davon aus, daß die zeitgenössische Arbeiterlyrik von dem „Großstadtkind“, das die „soziale Not“ kennt, verstanden und geschätzt werden kann, und daß die Schule überhaupt verpflichtet sei, die Augen für das „Leben“, für die eigene Zeit zu öffnen. Als Kriterium der Qualität galt ihm dabei nicht deren mögliche kämpferische Tendenz, sondern die Feststellung, daß viele Gedichte „über die Kampfstimmung hinausgekommen“ sind (1928). – Den Gedanken, daß in den Literaturunterricht zumindest an Berliner Volksschulen unbedingt Großstadtgedichte gehörten, hat H. bereits in seiner Kampfschrift „Das Lesebuch der Republik“ formuliert, durch die seine Position im „Lesebuchskandal“ zu Beginn der Weimarer Republik öffentlich werden sollte. Anläßlich der Neueinführung unveränderter oder kaum veränderter kaiserzeitlicher Lesebücher griff er in dieser Schrift noch einmal auf die Prinzipien der älteren Jugendschriftenkritik zurück und urteilte, daß das „Lesebuch der Republik ... ein Hemmnis für die Überführung des Autoritätsstaates in den freien Volksstaat“ sei. Die damals formulierte These, dem Lesebuch komme im Literaturunterricht der Schule neben der „Ganzschrift“ überhaupt keine Berechtigung mehr zu, zog er allerdings später mit seiner Mitarbeit an dem von HANS BALUSCHEK (1870–1935) illustrierten Lesebuch „Berliner Kinder“ (1926) und den grundsätzlichen Überlegungen dazu (1927) zurück. In diesem Lesebuch hat H. seine Vorstellungen zur Bedeutung der Großstadtdichtung für Volksschüler zur verwirklichen versucht.

Werke: Das Lesebuch der Republik (1922).

Beiträge: Der Kunstwert oben an! (in: Jugendschriften-Warte. 10. 1902. 5–6); Jugendschriftenkritik und Kinderpsychologie (in: Jugendschriften-Warte. 10. 1902. 25–27); Die geschichtliche Erzählung für die Jugend (in: Pädagogische Zeitung 41. 1912. 997–1001); Arbeiterdichtung und Volksschuljugend (in: Kind und Kunst. Beiträge zur Jugendschriftenbewegung. 1928. 248–287).

Hrsg.: Im steinernen Meer. Großstadtgedichte (1910; zus. mit J. Moegelin); Berliner Kinder. Lesebuch für das 4. Grundschuljahr der Berliner Sammelschulen (1926).

Sekundärliteratur: W. Stöhr: Oskar Hübner (in: ders.: Lehrer und Arbeiterbewegung. Bd. 2. 1978. 19). – G. Wilkending: Volksbildung und Pädagogik „vom Kinde aus“ (1980).

Gisela Wilkending

I

Ibach, Ilse

*Kinder- und Jugendbuchautorin; *12.4.1921 Hamburg.*

I. konnte nach dem Abitur 1939, bedingt durch die Kriegs- und Nachkriegszeit, ihre Berufsausbildung nicht abschließen. Nach der Übersiedlung ihrer Familie von Hamburg nach Neckarsulm engagierte I. sich in sozialen Bereichen, Elternbeiräten und Bürgerinitiativen. I., die auch maltherapeutische Versuche an der Psychiatrischen Landesklinik durchführte, hat seit 1958 Kinder- und Jugendbücher veröffentlicht sowie einige Hörspiele geschrieben.

Werk, Tendenzen, Wirkung. I. schreibt über die Probleme von Kindern und Jugendlichen, wobei sie auf selbst durchlebte Konflikte im Entwicklungsalter und auf Erfahrungen mit den eigenen Kindern und deren Freundeskreis zurückgreift. Die Erzählung „Ich heiße Holle“ (1958), aus der Perspektive eines Vorschulkindes geschrieben, gehört ebenso wie „Die Mädchen aus dem Sperlingshaus“ (1959) zum Typus der Umwelt-

und Geschwistergeschichte. I.s Schilderung der Erlebnisse in Familie, Nachbarschaft, Schule und Ferienaufenthalt vermitteln unaufdringlich altersentsprechende Informationen und Verhaltensdispositionen. Die Zuneigung eines Jungen zu einem etwas älteren Mädchen aus gestörten Familienverhältnissen ist Thema der Erzählung „Florian sucht Caroline" (1965). Um ein behindertes Kind geht es in dem Jugendbuch „Keine Angst vor morgen" (1961). Bereits Mitte der sechziger Jahre informierte sich I. über die Gefährdung Jugendlicher durch Drogen und bezog diese Problematik in das Buch „Das Trio" (1968) ein, in dem eine enge Freundschaft sich löst, als die drei Mädchen sich mit männlichen Partnern befreunden.

Intensiv beschäftigte sich I. mit der schwierigen Lage deutscher Rücksiedler aus Polen und der Sowjetunion nach Westdeutschland. Sie gewann aus Kontakten mit Rücksiedlerfamilien und der Kenntnis von deren sozialen und sprachlichen Integrationsprobleme, vor allem bei Kindern und Jugendlichen, den Stoff für ihr Jugendbuch „Ich will die rote Katze suchen" (1978). I. schildert darin das Leben Katjas und ihrer Familie im Dorf in Moldawien, die Rücksiedlung und die durch Vorurteile und Lieblosigkeiten erschwerte Eingliederung in die neue Umwelt. Katjas Verlangen, in die alte Heimat zurückzukehren, drückt sich in dem Wunsche nach einer Katze aus, die der zurückgelassenen gleicht. Daß Schul- und Sprachschwierigkeiten türkischer Kinder überwunden werden können, zeigt I. in der heiteren Erzählung für Leseanfänger „Gülan mit der roten Mütze" (1981).

Werke: Ich heiße Holle (1958); Die Mädchen aus dem Sperlingshaus (1959, NA. 1973); Keine Angst vor morgen (1961); Der Weg zurück (1963, Hörspiel); Florian sucht Caroline (1965); Das Trio (1968, TB. 1971); Der Koffer (1970); Ich will die rote Katze suchen (1978); Gülan mit der roten Mütze (1981).

Margarete Dierks

Ille-Beeg, Marie

*(Ps.: Marie Beeg, M. Abeg). Jugendschriftstellerin, Illustratorin; *14. 9. 1855 Fürth (Bayern), †28. 11. 1927 München.*

I.-B. ist eine jener Schriftstellerinnen des ausgehenden 19. Jahrhunderts, die aufgrund der Lebensumstände zum Schreiben gekommen sind: Die künstlerische Betätigung stellte für sie eine modische Kompensation zur Bewältigung besonderer Widrigkeiten des Lebens dar. I.-B. verlebte eine sorglose, materiell unabhängige Jugend in ihrer Vaterstadt und besuchte acht Semester lang die Kunstschule in Nürnberg. Auf einem langen Krankenlager schuf sie zur psychischen Selbsttherapie Bilder und Texte für Kinder. Ihre spätere Ehe mit dem Akademieprofessor Eduard Ille bekräftigte ihre Absicht, der „Kunst und Poesie" auf ihre Weise zu dienen und sie zu „Leitsternen ihres Lebens" zu machen.

Werk, Tendenzen, Wirkung. I.-B. versuchte sich in allen Sparten des spezifischen Jugendbuches einschließlich der Illustrierung. Sie verfertigte Texte, insbesondere Reime, zu Bildergeschichten, verfaßte neue Märchen und Umweltgeschichten für Kinder vornehmlich gehobener sozialer Schichten und schrieb Jungmädchenerzählungen. Ihre „Bubenstreiche" schwanken zwischen Busch-Imitation und Gartenlauben-Späßen. Die „Märchen" wollen nach den Worten der Verfasserin das herkömmliche Märchengut ergänzen. Sie präsentieren sich indessen als Sammelbecken von Tendenzen und Motiven der bekannten einfachen literarischen Formen. Dabei hat die sorgsam gebaute „Beispielgeschichte" den Vorzug mit der Darstellung unglaubwürdiger Phantastereien und läppischer Kleinigkeiten aus dem Familienleben. Die „Umweltgeschichten" – belegt durch „Sonnenscheinchen" – bieten nicht die erwartete Darstellung natürlicher kindlicher Verhältnisse und Vorkommnisse, sondern die Spiegelung einer wirklichkeitsfremden Idyllik, gespeist aus wirtschaftlicher Sorglosigkeit und häuslicher Behaglichkeit. Kindliche Untugenden finden zunächst Verständnis, werden aber sofort durch nachdrückliche erzieherische Beeinflussung entschärft und in ein ordentliches sittsames Verhalten gelenkt. Ein versteckter Antisemitismus („Schulmädelgeschichten") blickt manchmal durch. Letztlich aber führt der liebe Gott durch Prüfungen und Irrwege alles zum glücklichen Ziel. Die „Backfischgeschichten" (dazu ist auch „Otholie das Polenmädchen" zu rechnen) erfüllen alle Bedingungen dieser Buchkategorie: die Harmonisierung und Entproblematisierung des Familienlebens speziell in gehobenen gesellschaftlichen Kreisen bei gleichzeitiger wohlwollender persönlicher und materieller Zuwendung an ärmere Bevölkerungsgruppen (Kontrastfamilien), die in den Genuß dieser Gunst jedoch nur durch Wohlanständigkeit, Sauberkeit, Strebsamkeit und zusätzlicher Begabung gekommen sind. In der Darstellung von Bildungseinrichtungen, der „Institute", spielt die Pflege der Intellektualität nur eine geringe Rolle. Lediglich künstlerische Fähigkeiten werden geschätzt. Das gleichbleibende Ziel der literarischen Produktion von I.-B. ist die Verklärung einer entrealisierten Kinder- und Jugendzeit auf der Grundlage „erträumter Märchen". Dazu gehört die Verwendung eines gleichförmigen Motivreservoirs und das Einblenden literarischer Genrebilder von einfältiger Sterilität. Der Literaturhistoriker Adolf Stern stellte bereits zu Lebzeiten der Autorin an ihrem Werk „alle Fehler und Unzulänglichkeiten einer oberflächlichen Belletristik" fest.

Werke: Die Kinderstube zur Dämmerstunde (1878); Lust und Leid der Kinderzeit (1879); Aus dem Kinderleben (1879); Schulmädelgeschichten (1887); Mädchenjahre (1888); Otholie das Polenmädchen (1889); Die Vierblättrigen (1889); Für Kindesaug und Kindesherz (1889); Vermächtnis der Tante (1891); Neue Kinder- und Hausmärchen (1892); Auf der Hochschule des Lebens (1893); Glück auf! (1896); Das Kränzchen in der Küche (1900); Mit frohem Mut (1904); Goldene Kinderzeit (1904); Segen der Freundschaft (1904); Sonnenscheinchen (1904); Backfischgeschichten (1905); Auf der Sonnenalp (1906); Tage der Rosen (1907); Glückliche Kinder (1907); Geschichten aus der Tierkinderstube (1908); Wie Helmut und Irmgard ihren Vater fanden (1911); Die

Bergkinder (1912); Edeljugend (1913); Auf dem Flügelschifflein durch die Wunderwelt (1913); Lina Ramann (1914); Die wilde Taube (1918); Die sieben Blumenschwestern (1919); Sonnenkinder (1919).

Hermann Bertlein

Illustration im Kinder- und Jugendbuch

Das Kinder- und Jugendbuch ist traditionell ohne I. kaum denkbar. Bilder begegnen bereits in den ältesten für junge Leser bestimmten Büchern und breiten sich in Verbindung mit einer sich entfaltenden Reproduktionstechnik immer mehr aus. Die Bedeutung der Bildwelt im Kinder- und Jugendbuch wurde spätestens seit Beginn dieses Jahrhunderts von Pädagogen und Verlegern erkannt. Die Kunstgeschichte hat das Gebiet bisher nur ausnahmsweise behandelt, auch die volkskundliche, sozial- und rezeptionsgeschichtliche Aufarbeitung dieses Problembereichs steht erst in den Anfängen. Biographische, bibliographische und andere grundlegende Daten fehlen besonders von jenen Künstlern, die überwiegend als Illustratoren von Kinder- und Jugendbüchern tätig waren.

Zur Psychologie der Bildwahrnehmung. Umstritten ist, ob I.en in Büchern die Phantasie des Kindes stimulieren oder sie einengen. Jeder Leser entwickelt während der Lektüre automatisch eigene, auf seinen Erfahrungen beruhende bildliche Vorstellungen, die unkontrolliert entstehen, so daß ein konkret vorliegendes Bild sie sogleich beeinflußt oder gar verdrängt. Andererseits liefert die I. viele Anhaltspunkte, an denen die Phantasie des Kindes ansetzen kann. Antipathien oder Sympathien gegenüber gewissen Farben oder Bildinhalten sind zum Teil aufgrund verschlungener Assoziationen wirksam. Je kleiner das Kind, desto stärker wird seine Betrachtung durch Gefühle bestimmt, desto weniger ist es in der Rezeption des Bildes unmittelbar zu beeinflussen. Erst aufgrund hinreichend gefestigter Vorstellungen von Erzählinhalten oder eines entschiedenen ästhetischen Empfindens kommen Kinder auch zu einer bewußten Ablehnung von Bildern. Die Bildwahrnehmung entwickelt sich stufenweise vom Ablesen der Konturen über das Erfassen einfacher Farbflächen bis hin zur Bewältigung tiefenräumlich-plastischer Darstellungen mit Hell-Dunkel-Werten sowie abschattierten und gebrochenen Farbtönen. Fassungskraft und Urteilsvermögen für ungegenständliche Bildinhalte, vor allem für Psychisch-Emotionales, sind kaum vor dem Schulalter zu erwerben. Bewertungen wie „kitschig, süßlich, sentimental" ebenso wie andere künstlerische Kriterien entstammen der Seh- und Urteilsweise der Erwachsenen und können von Kindern meist nicht nachvollzogen werden. Fast alle ästhetischen Bemühungen im Bereich der I. fußen daher nicht auf kindlicherseits artikulierten Bedürfnissen und Wünschen, sondern verwirklichen Postulate der Erwachsenen. Die wenigen gezielten Untersuchungen darüber, welche I.en Kinder besonders ansprechen (z.B. R. Bamberger, G. Otto) erlauben noch keine weiterreichenden Schlüsse auf Ursachen und Zusammenhänge.

Funktionen. Die Funktionen der I. sind verschieden, sie sind einmal schmückend und gliedernd, dann erzieherisch (indem entscheidende Höhepunkte und vor allem moralische Pointen verdeutlicht, Textinhalte interpretiert und deren Tendenz verstärkt werden), lehrhaft und Kenntnis durch Anschauung vermittelnd (demonstrierende Abbildung, so schon 1658 im „Orbis sensualium pictus" des Johann Amos Comenius: das Bild soll das Lernen erleichtern, es wird mnemotechnisches Hilfsmittel), sodann unterhaltend und zugleich das Leseerlebnis intensivierend (das Bild soll die Textmasse auflockern, den Lesevorgang durch Abwechslung beleben, aber auch den Eindruck der Lektüre vertiefen), daneben auch animierend-werbend (das Bild soll noch vor der Lektüre des Buches etwas vom Inhalt vorführen und damit zum Lesen bzw. zum Kauf verlocken, so in den Umschlag- und Titelbildern). Schließlich werden in den Bilderbögen und Bilderbüchern die Bilder gegenüber dem Text dominant und übernehmen nun auch die erzählende Funktion, eine Rollenänderung, die in den Bildergeschichten und Comics kulminiert. Deren unerhörte Anziehungskraft erklärt sich aus der entwicklungsgeschichtlich älteren optischen Wahrnehmung im Vergleich zum denkerisch-abstrahierenden Lesevorgang. In Jugendzeitschriften und Jahrbüchern tauchen, vorwiegend um die Jahrhundertwende, auch künstlerische Bildbeigaben (Kunstblätter, Kunstbeilagen) auf. Sie stehen ohne Textbezug für sich und bezwecken mehr als andere I.en eine Begegnung mit dem Kunstwerk im Sinne der „Kind und Kunst"-Bestrebungen. Andere Bilder verfolgen eine perfektionierte Illusion, etwa durch dreidimensionale szenische Veranschaulichung, wie 3-D-Bilder, die mit Zweifarbenbrillen zu betrachten sind, oder Bilder mit Aufklapp- oder Ausfaltmechanik (Pop-up-Bücher). Sie bilden den Übergang zu Verwandlungsbildern und zu den entweder durch Abblättern (movie-books) oder durch Züge zu bedienenden Bewegungsbildern, die daneben eine ausgesprochene Spielfunktion erfüllen. Hierher gehören auch mechanische Sonderfälle wie die Sprechenden Bilderbücher des Spielzeugfabrikanten T. Brand in Sonneberg, von ca. 1880 bis etwa zum Ersten Weltkrieg in deutschen und fremdsprachigen Ausgaben hergestellt, zum Teil durch Wahnschaffe in Nürnberg vertrieben, die eine verborgene Stimmenmechanik enthalten, die durch Züge ausgelöst werden kann. Bei duftenden Bilderbüchern werden durch Kratzen an der Bildoberfläche Geruchsstoffe freigesetzt. Spielfunktionen besitzen auch Ausschneidebücher sowie Such- (sogenannte Vexier-)Bilder und Bilderrätsel (Rebus).

Formen der I. Die Formen der I. wechseln je nach der Funktion des Bildes. Schmückend erscheinen sie als Vignetten (auch auf dem Titel), Cul-de-lampes (Schlußstücke), Kopf- und Randleisten oder Initial-I.en und erfüllen dabei zugleich die Aufgabe einer Gliederung des Buches. Bedeutsamer sind die in den Text gedruckten I.en (Textzeichnungen, Streubilder, eingedruckte

Bilder), die entweder einen begrenzenden Rand halten oder im Umriß offen sind und dabei den Textsatz mitunter zu umständlichem Ausweichen nötigen. Ihr Vorzug ist die Verzahnung mit der Erzählung: das Bild wird vom Leser mühelos während des Lesens wahrgenommen, es spricht in die Lektüre hinein. Buchästhetisch sind sie besonders befriedigend, weil sie durch das enge Miteinander von Text und Bild und die gewöhnlich gleichartige Drucktechnik (Hochdruck) ganz in die Einheit des Buches integriert sind. Anders als die Tafeln stellen sie keine Beigabe dar, sondern bilden einen festen Bestandteil des Buches, aus dem sie nicht entfernt werden können. Die schlichte, bescheiden-dienende Rolle solcher Text-I.en ging dabei manchmal mit künstlerischen Höchstleistungen einher (Hans Holbein, 1497–1543; Ludwig Richter, 1803–1884; Adolph von Menzel, 1815–1905). In der Gegenwart ist diese zurückhaltende I.s-Form in den Hintergrund getreten.

Füllt eine I. eine ganze Seite, so spricht man von einem Vollbild. Eine weitere Form stellt die Marginal-I. dar, die allerdings breite Ränder (Stege) erfordert. In den Tafel-I.en (Einschaltbilder) erreicht die I. schließlich ihre repräsentativste Form. Sie sind durch die vom Textdruck abweichenden, aufwendigeren Drucktechniken und die hierfür erforderlichen Spezialpapiere bedingt. Mit Ausnahme der sogenannten Phototafeln, die seit den zwanziger Jahren vor allem in Sach- und Reisebüchern verbreitet sind, erscheinen sie einseitig bedruckt. Sie werden bei der Seitenzählung (Paginierung) nicht berücksichtigt, vielmehr gesondert gezählt. Um bei empfindlichen, farbintensiven Drucken (Tiefdrucke, vor allem aber Chromolithos) auf der gegenüberliegenden Seite Bildschatten und ein Festkleben zu verhindern, wurden den Tafeln oft im Format leicht reduzierte, schützende Blätter aus Seidenpapier, sogenannte Hemdchen, vorgeklebt, die sich im Kinder- und Jugendbuch vielfach nicht durch die Zeitläufe hin erhalten haben. Am häufigsten erscheinen Tafeln gegenüber dem Titel als Frontispiz, oft auch bei weiter nicht illustrierten Büchern. Darüber hinaus gibt es sie mehr oder weniger zahlreich zwischen die Textseiten geschaltet oder, bei Sachbüchern, am Ende des Buches gesammelt. Als Doppeltafeln können sie in doppelter Blattgröße die ganze Breite des aufgeschlagenen Buches einnehmen und sind dann im Bund meist gefalzt. Farbige Autotypien erscheinen manchmal als Vollbilder oder auch als Textbilder fest oder flatternd eingeklebt. Die Kostspieligkeit von Tafeln führte hin und wieder dazu, daß eine Auflage preislich abgestuft ohne Tafelschmuck, dann mit einigen („Volksausgabe") oder voll mit Tafeln bestückt („Prachtausgabe") in den Handel kam. Mitunter setzen sich I.en aus mehreren, gegeneinander abgegrenzten Motiven zusammen. So werden in romantischen I.en (z.B. bei Peter Carl Geissler, 1802–1872) bevorzugt Nebenmotive um ein zentrales Hauptbild gruppiert, wobei Rankenwerk und anderer Dekor den kompositionellen Zusammenhalt sichern. Um 1900 erscheinen zuweilen nach dem Vorbild der Radierungen Max Klingers Bildleisten

Romantische Bildkomposition. Der Kupferstich „Der Kinderkreuzzug" von Peter Carl Geissler mit Randzeichnungen zum Thema „Gott und der Mensch" ist der „Liederfibel" (Eßlingen, 1841) entnommen und zeigt, wie um das Hauptmotiv im Mittelbild im Rahmen Nebenmotive aufgenommen worden sind.

unter oder neben dem Hauptbild. Als Rahmen-I.en können sie sogar eine größere Fläche als die Haupt-I. einnehmen (z.B. bei Heinrich Vogeler, 1872–1942). Eigenwillig dekorative Bildumrisse (vierpaß-, tropfenförmig u.a.) begegnen vor allem im Bilderbuch des Jugendstils. Bildreihungen erscheinen schon im „Orbis pictus" und auch später aus Platzökonomie auf Tafeln, sind aber meist lehrhaften, weniger erzählenden Inhalts. Untereinander zeigen diese Bilder keinen Zusammenhang. Erst die Bilderbogen beginnen, in horizontalen oder vertikalen Bildfolgen Erzählungen abzuwickeln. Die Comics endlich bedienen sich der Horizontalzeilen, in denen Bild an Bild stößt, dabei meist in der Breite, manchmal in der Höhe und im Umriß variierend (viereckig, rund, halbrund, gewellt). Die Erzählweise wird so geändert, gedehnt oder gerafft. Der Dynamisierung des Bildformats entspricht der raffinierte Einsatz weiterer typographischer Mittel nach Maßgabe einer äußerst flexiblen Bildregie. Diese Aktivierung des gedruckten Bildes als eigenes erzählerisches Medium ist sicher die folgenschwerste Entwicklung in der gesamten Kinder- und Jugendbuch-I. gewesen. Ein Kennzeichen der Bildergeschichten ist unter anderem das Repetieren des Schauplatzes, das bei I.-Zyklen sonst peinlich

Farblithographien (Algraphien) zum Märchen „Der Froschkönig" von Ernst Liebermann (1868–1960) aus dem gleichnamigen „Scholz' Künstler-Bilderbuch" (Mainz, 1908). Die Doppelseite gehört zum Typ der Folgebilder, die zum vergleichenden Betrachten anregen.

vermieden wird, ausgenommen bei Folgebildern, die den Zustand des Davor und Danach zeigen und aus der Lust am vergleichenden Betrachten leben (z.B. in L. RICHTERS I.en zu dem Volksbuch „Griseldis", 1838, oder in ERNST LIEBERMANNS Bildern zum „Froschkönig", 1908). Im Bilderbuch wird schließlich das Bild gegenüber dem Text vorrangig. Bilderbücher ohne Text sprengen sogar den Begriff der I., die, wörtlich genommen, einen Text zu erhellen hat (lat.: illustrare). Rein formal kann das Bilderbuch definiert werden als ein durchillustriertes Werk für junge Betrachter, bei dem jedes Blatt ein- oder auch beidseitig I.en trägt, wobei die Bildfläche die Textfläche überwiegt. Das Gewicht liegt dabei nicht auf der Vermittlung des Textes, sondern auf den Bildern, die sich beim Durchblättern mitteilen. Das Bilderbuch wird daher vom Kind rascher bewältigt und entsprechend häufiger frequentiert. Mit der illustrativen Inanspruchnahme der ganzen Seite geht oft eine wechselnde Plazierung des Textes einher, wie bereits im „Struwwelpeter", einem der frühesten Bilderbücher in Deutschland. In den für Kleinkinder gedachten Bilderbüchern ohne Text, die aber – Erkennen heißt Benennen – auf sprachliche Bewältigung zielen, erobert das Bild zuerst die Buchseite restlos und füllt sie bis zum Rand hin aus. In den sechziger Jahren unseres Jahrhunderts wird dies in allen Bilderbüchern und für ganzseitige I.en üblich. Das Bild überschwemmt dabei die Seite, der Blattrand schneidet die I. an und scheint sie nur zufällig zu begrenzen. Sie wirkt damit wie ein Ausschnitt aus einer größeren Welt. Erst Ende der siebziger Jahre kommen wieder auf Rand komponierte Bilder auf, bei denen die Gestaltung des Randes oft bewußt und auf witzige Weise erfolgt. Sonderformen der I. bilden die Vorsatz-I.en, die erst der Jugendstil als künstlerisches Betätigungsfeld entdeckt. Sie sind häufig dekorativen Charakters und bringen figürliche oder ornamentale Muster im Rapport. Mitunter weisen sie instruktive Darstellungen auf. Die Umschlag-I. begegnet zuerst in der Romantik, wo schwarze oder einfarbige Zeichnungen auf getöntem Papier überwiegen. Wirkliche Bedeutung gewinnt sie aber erst bei den Bilderbüchern. Bezeichnend für englische und niederländische Verlegereinbände in der Zeit von etwa 1880 bis 1930 ist die Illustrierung auch des Buchrückens, der seit der Verwendung stark auftragender Papiere im Kinder- und Jugendbuch erheblich breiter ausfiel und damit Platz für vertikal komponierte Bilder bot. Der Schutzumschlag, der noch um 1900 lediglich schützendes Papier war, ohne eigene Gestaltung oder höchstens die Einband-I. einfarbig wiederholend, wird im Verlauf der zwanziger Jahre selbständiger I.s-Träger und im Kinder- und Jugendbuch erst verdrängt durch die abwaschbaren Einbände, die ihrerseits mit leuchtenden Farbbildern illustriert sind.

Techniken. Grundsätzlich ist zu unterscheiden zwischen der künstlerischen Technik, in der die Originalvorlage gearbeitet ist, und der Drucktechnik, in der ihre Reproduktion erfolgt. Der gesamte künstlerisch-technische Prozeß zerfällt in vier Stadien: 1. das Schaffen der Originalvorlage durch den Künstler; 2. die Übertragung dieser Vorlage auf die Druckplatte (auch der Holzstock ist hier als Platte zu betrachten); 3. die Behandlung der Platte, um die auf sie übertragene Zeichnung druckbar zu machen (Gewinnung der Druckform); 4. das Drucken des Bildes von der Platte. Die ersten beiden Stadien sind mehr künstlerische Vorgänge, die teilweise, vor allem bei sogenannter Originalgraphik, zusammenfallen können; die letzten beiden sind eher technische Prozesse. Der Künstler kann, besonders bei Originalgraphik, mehrere, im Extremfall alle Stadien eigenhändig bewerkstelligen; sie können aber, was die Regel ist, auch arbeitsteilig von bis zu vier und mehr verschiedenen Händen vorgenommen werden, wobei (2) Aufgabe des Aufzeichners, des Xylographen bzw. des Lithographen oder des Umdruckers ist, später auch unter Einbeziehung des Reproduktionsphotographen und des Kopierers, (3) dem Stecher, Ätzer (Chemigraphen) bzw. dem Holz- oder Formschneider und (4) dem Tief- oder Kupferdrucker, dem Buch-, Stein- oder dem Offsetdrucker obliegt. Bei allen Stadien ist eine Wechselwirkung von künstlerischen Absichten und technischen Möglichkeiten gegeben. So kann jedes nachfolgende Stadium die künstlerische Arbeit vergröbern und verfälschen oder sie verwirklichen und steigern. Je mehr sich mechanische Verfahren, vor allem in Verbindung mit der Photographie, entwickeln, desto getreuer wird die Wiedergabe der Vorlage, desto mehr aber verliert der handwerklich-technische Prozeß den Rang künstlerischer Mitsprache. Wesentlich ist, ob und wie weit der Künstler den Reproduktionsvorgang und dessen Bedingungen in seine Arbeit mit einbezieht, er gar selbst daran teilhat und sich von den technischen Möglichkeiten stimulieren läßt, oder ob er es dem Verleger und den reproduzierenden Handwerkern überläßt, wie sie seine Vorlage ins Buch bringen. Die Erfolge eines THOMAS BEWICK (1753–1828), WALTER CRANE (1845–1915), EUGÈNE GRASSET (1841–1917), ERNST KREIDOLF (1863–1956) und anderer gehen auch auf deren intensives Bemühen um eine technisch adäquate Wiedergabe zurück.

Die Originalvorlagen sind entweder Zeichnungen (in Tusche mit Feder oder Pinsel, nur ausnahmsweise in Bleistift, Farbstift oder Kreide), Malereien (in Aquarell- und Gouachetechnik, nur selten in Tempera, Öl oder in trockener Technik als Pastell) oder es sind Kombinationen von beiden (z.B. lavierte Federzeichnungen). Im Kinder- und Jugendbuch ist am verbreitetsten die Tusche- und Federzeichnung für Schwarz-Arbeiten, die Gouache-(Deck- oder Plakatfarben-)Malerei für farbige Bilder. Ermöglicht durch die moderne Reproduktionstechnik, die auch farbschwächere Vorlagen reich nuanciert wiederzugeben vermag, wird neuerdings auch den Aquarellfarben oder stark differenzierenden Farbstift- und Tuschetechniken (so bei NANCY EKHOLM-BURKERT, * 1933; SUSAN JEFFERS, * 1942) der Vorzug gegeben. Eine Besonderheit bilden Silhouetten (Schattenrisse, Scherenschnitte), die freihändig oder nach Vorzeichnung aus vorderseits schwarzem Papier geschnitten oder auch (so häufig bei PAUL KONEWKA, 1841–1871) mit Tusche auf Papier oder direkt auf den Holzstock gezeichnet sein können. Sie wurden früher als Holzschnitt, später als Zinkotypien (Strichätzungen) reproduziert. Im 20. Jahrhundert tritt auch die Photographie als I.s-Vorlage hinzu, doch beschränkt sich ihre Verwendung zumeist auf Sach- und Tierbücher. Bei erzählerischen Stoffen kommt es vor, daß Photographien einer Verfilmung des betreffenden Buches entstammen. Den I.en im Stil des Photorealismus, wie er sich vor allem in den USA entwickelt hat, liegen häufig photographische Aufnahmen zugrunde. I.sgeschichtlich dominieren beim Kinder- und Jugendbuch im 16./17. Jahrhundert der Holzschnitt, im späten 18. Jahrhundert und bis etwa 1830 der Kupferstich, danach Lithographie und Xylographie, diese etwa ab 1870/1880 meist als Tonschnitt, daneben die Chromolithographie. Seit etwa 1900 treten die photomechanisch-chemigraphischen Reproduktionsverfahren (Zinkotypie und Autotypie) in den Vordergrund. Beim Bilderbuch bewährt sich auch weiterhin der Flachdruck. Seit den zwanziger Jahren setzt sich allmählich der Offsetdruck durch, der heute in der Kinder- und Jugendbuch-I. bei weitem überwiegt. Die gleichzeitige Anwendung verschiedener Techniken der Bildreproduktion in ein- und demselben Buch kann man vor allem zwischen 1870 und 1930 beobachten. Andererseits gibt es auch Nachahmungen anderer Techniken, z.B. Kupferstich durch Federlithographie.

Der Holzschnitt, die älteste graphische Drucktechnik, bekannt seit dem 15. Jahrhundert, wird ursprünglich mit dem Messer geschnitten. Das Holz ist (Birnbaum-) Langholz (längs des Stammes gesägt). Die druckenden Teile bleiben stehen (Hochdruck); die Arbeitsweise erfolgt also vom Dunklen ins Helle. Die Zeichnung wird spiegelverkehrt auf das mit weißem Kreidegrund versehene Holz aufgepaust oder aufgezeichnet, im besten Fall aber vom Künstler direkt auf den Stock aufgetragen (so schon bei ALBRECHT DÜRER). Seit 1870/1880 wird die Zeichnung auch photographisch auf den Stock kopiert (Photoxylographie). Das Schneiden selbst ist ein langwieriger, manchmal Wochen dauernder Prozeß, der früher nur selten, im 20. Jahrhundert aber, nachdem PAUL GAUGUIN (1848–1903) den flächenhaften Langholzschnitt wiederbelebt hat, fast nur vom Künstler besorgt wird. An der Blütezeit des Holzschnitts im 16. Jahrhundert hat das Kinder- und Jugendbuch unter anderem mit JOST AMMANS „Kunst- und Lehrbüchlein" (1580) teil. Die kräftige Plastizität der Form wird dort durch verfeinerte Schraffuren erzielt. Kreuzschraffuren sind beim alten Holzschnitt jedoch selten. Im 18. Jahrhundert gilt der Holzschnitt als roh. Doch begegnet er noch häufig in billigen Kinderbüchern (etwa den englischen chap-books), die unbekümmert ein herzhaftes Aussehen bewahren und in Wollen und Können, Zweck und eingesetzten Mitteln durchaus übereinstimmen. Gegen 1775 hatte TH. BEWICK mit der Entwicklung des Holzstichs (Xylographie) dem Holzschnitt eine neue Zukunft eröffnet. Dabei werden mit dem Werkzeug des Kupferstechers, dem Stichel, aus dem harten (Buchsbaum-) Hirnholz (quer zum Stamm gesägt) die Zeichnung (Faksimileschnitt) bzw. mit Hilfe von Strichlagen (Linienschnitt) oder mit der Roulette, einem gezahnten Rädchen, die Halbtöne (Tonschnitt) herausgearbeitet. Mit dem Tonschnitt, der auch Kreuzschraffuren zuließ, war die Wiedergabe gestuft schattierter, lavierter oder sonstiger gemalter Vorlagen möglich geworden. Wegen des Hirnholzes müssen für den größeren Stock kleine Stücke zusammengeleimt werden, was sich manchmal, vor allem bei späteren Auflagen nach unsachgemäßer Lagerung der Stöcke (so etwa bei den Ausgaben der Bücher WALTER CRANES oder der KATE GREENAWAY, 1846–1901) durch Fugenrisse abzeichnet. Insgesamt ist zu beobachten, daß beim älteren Holzschnitt der mit Rand geschlossene Umriß der Bildfläche, bei der Xylographie dagegen der offene Umriß vorherrscht. Seit der Mitte des 19. Jahrhunderts setzte sich durch, die Auflagen nicht mehr vom Holzstock selbst, sondern von einem galvanoplastisch vom Stock erstellten Me-

Holzschnitt aus einem englischen Chap-book des 18. Jahrhunderts. Die Illustration zeigt „Robinson Crusoe" bei seiner Landung auf der Insel.

tallklischee (Galvano) zu drucken. Auch in diesem Fall kann von einem Originalholzschnitt gesprochen werden, wenn der Künstler den Holzstock selbst bearbeitet hat.
Xylographen wie Stecher signieren gewöhnlich ihre Arbeiten. Dabei steht hinter ihrem Namen sc. (sculpsit = hat gestochen) oder fec. (fecit = hat gemacht), wohingegen hinter dem Künstlernamen Vermerke wie inv. (invenit = hat erfunden), del. (delineavit = hat gezeichnet) oder auch pinx. (pinxit = hat gemalt) erscheinen. Ist lediglich fec. und der Künstlername angegeben, so hat der Künstler selbst gestochen. Später trat auch noch der Name des xylographischen Unternehmers zusätzlich oder anstelle des Stechers, z.B. H. KAESEBERG XI (Xylographisches Institut), X. A. W. AARLAND (Xylographisches Atelier). In Deutschland wurden bedeutende Holzschneider durch JOHANN FRIEDRICH UNGER (1755–1804) und FRIEDRICH WILHELM GUBITZ (1786–1870), beide seit 1800 bzw. 1812 Professoren für Holzschneidekunst in Berlin, und auch dank MENZELS Initiativen herangebildet. Für das Kinderbuch arbeiteten unter anderem AUGUST HERMANN BOSSE (1824–nach 1854), KASPAR BRAUN (1807–1877), HUGO BÜRKNER (1818–1897), AUGUST GABER (1823–1894), EDUARD KRETZSCHMAR (1807–1858), ALBERT VOGEL (1814–1886), in England vor allem die Brüder DALZIEL, in Frankreich ANTOINE BERTRAND (1823–?), HENRI THÉOPHILE HILDIBRAND (1824–1897) und ADOLPHE FRANÇOIS PANNEMAKER (1822–?), der nach GUSTAVE DORÉ (1832–1883) und HORACE CASTELLI (1825–1889) schnitt. Aber schon TH. BEWICK und sein Bruder JOHN BEWICK (1760–1795) hatten für das Kinderbuch bedeutende I.en geschaffen. Sie arbeiteten als Künstler direkt am Holz. Mehr als in Frankreich und England wurde in Deutschland ein zeichnerisch-linearer Stil gepflegt, wie ihn vor allem LUDWIG RICHTER und seine Schule vertraten. Doch setzte sich daneben mit ADOLPH VON MENZEL auch in Deutschland die virtuos-malerische Auffassung durch, die nach 1880 im Tonschnitt verbindlich wurde.
Die weitere technische Entwicklung dokumentiert die Wiedergabe der Zeichnungen von WILHELM BUSCH (1832–1908), die zunächst im Holzschnitt, seit 1876 aber photomechanisch durch Zinkotypien erfolgte. W.

Sommernacht.

Der laute Tag ist fortgezogen,
Es kommt die stille Nacht herauf,
Und an dem weiten Himmelsbogen,
Da gehen tausend Sterne auf,

Und wo sich Erd' und Himmel einen
In einem lichten Nebelband,
Beginnt der helle Mond zu scheinen
Mit mildem Glanz in's dunkle Land.

Xylographischer Tonschnitt nach einer Vorlage von W. Georgy, angefertigt im Xylographischen Atelier (X. A.) von W. Aarland. Die Abbildung ist dem „Album für Deutschlands Töchter. Lieder und Romanzen" (7. Auflage, Leipzig 1870) entnommen und gehört zu dem achtstrophigen Gedicht „Sommernacht" von Robert Reinick.

CRANE hatte selbst eine Holzschneider-Ausbildung durchgemacht. Im 20. Jahrhundert griffen einige Künstler bewußt auf den Messerholzschnitt zurück, unter ihnen FRITZ LANG (1877–1961), FRITZ KREDEL (1900–1973) und ALFRED ZACHARIAS (* 1901). Der bedeutendste deutsche Holzstecher der Gegenwart ist OTTO ROHSE (* 1925).

Beim Kupferstich (Tiefdruck) werden die druckenden Teile eingetieft; man arbeitet also vom Hellen ins Dunkle. Mit dem Grabstichel graviert man die Zeichnung in die Platte, wobei diese unter dem Stichel bewegt wird. Die einfachsten Arten, die im Kinder- und Jugendbuch am häufigsten begegnen, sind der Umriß- oder Konturstich und der mit dürftiger Schattierung arbeitende Kartonstich. Stiche mit mehr Tiefe werden seit dem 18. Jahrhundert gewöhnlich mit Salzsäure vorgeätzt. Dazu wird die Platte mit einem dunklen Ätzgrund aus Mastix und Pech überzogen, die Zeichnung mit Rotsteinstaub aufgepaust und mit der Nadel eingekratzt (radiert). An den bloßgekratzten Stellen greift im Säurebad die Ätzflüssigkeit die Platte an und frißt die druckenden Vertiefungen in das Metall. Wird die Platte nicht mehr mit dem Stichel nachgearbeitet, so handelt es sich um eine Radierung, die unter der Lupe an dem unscharfen, angefressenen Verlauf der Linienränder zu erkennen ist. Auch sind kombinierte Techniken oder Spezialverfahren wie etwa Kaltnadel, Aquatinta, Punktier-, Kreidemanier und Schabkunst (Mezzotinto) möglich, doch haben sie für das Kinder- und Jugendbuch keine Bedeutung. Kupfer-I.en haben zumeist geschlossenen Bildumriß. Sie sind zu erkennen an dem ins Papier eingetieften, mitunter geschrägten Plattenrand, der, sofern nicht durch Beschneiden entfernt, der Bildfläche knapp folgt und der sich auch auf der stets unbedruckten Rückseite des Bogens abzeichnet. Mitunter zeigen die Kupfer auch Plattenton oder einen Wischton, mit dem die Helligkeit modelliert wird. Die Glätte der Platte führt auf dem Papier zu einem mehr oder weniger ausgeprägten Glanz.

Im 18. Jahrhundert hat man besonders Frontispiz und Titel (zum Teil in gestochener Schrift) mit Kupferschmuck gestaltet. Ferner sind es vor allem die großen Anschauungswerke des späten 18. Jahrhunderts (BASEDOW, STOY, SALZMANN und BERTUCH), die Bildergalerien und -enzyklopädien, die mit reichem Kupfertafelwerk aufwarten und an denen die bedeutendsten Künstler und Stecher – hier oft in ein und derselben Person – (z. B. DANIEL CHODOWIECKI, 1726–1801; JOHANN RUDOLF SCHELLENBERG, 1740–1806) mitarbeiten. Aber noch GEORGE CRUIKSHANK (1792–1878) ätzte die Platten zu seinen GRIMM-I.en (1823/1826) eigenhändig. Bis etwa 1890 taucht im Kinder- und Jugendbuch auch der Stahlstich auf. In England um 1820 erfunden, hatte er seine Hauptverbreitungszeit zwischen 1840 und 1870. Er war in der Herstellung teurer, ließ aber höhere Auflagenzahlen zu als der Kupferstich. Im Vergleich zu diesem sind seine Linien feiner, er druckt spröder und härter und tendiert dadurch eher zu grauer als zu schwarzer Farbwirkung. Der Plattenrand erscheint bei ihm überhaupt nicht.

Die gestochene Prägnanz der Kupfer wurde allmählich abgelöst von der weicheren Technik der Lithographie

Die „Überraschung". Stahlstich von Otto Speckter (1807–1878), entnommen dem Bändchen „Hanchen und die Küchlein" (10. Auflage von 1844) von A. G. Eberhard.

Federlithographie von Franz Graf Pocci (1807–1876), entnommen dem „Festkalender in Bildern und Liedern, geistlich und weltlich", der in München und Wien 1835 im 1. Jahrgang herauskam und von Franz Graf Pocci, G. Görres und ihren Freunden zusammengestellt war.

Kreidelithographie aus dem Band „Kinder-Mährchen" (Stuttgart, 1862) von Ludwig Kies. Die zwischen 1830 und 1870 häufig gebrauchte Reproduktionstechnik erzeugte zurückhaltende Farbtöne und eine gewisse Leichtigkeit und Luftigkeit der Bilder.

(Steindruck, 1796–1799 von ALOIS SENEFELDER entwickelt; Flachdruckverfahren). Bei der Federlithographie erfolgt die Zeichnung mit Feder oder Pinsel und fetter Lithographentusche auf den glattgeschliffenen Stein. Oft weist die Zeichnung die Spuren des Federzugs auf. So werden unter der Lupe mitunter Tuschespritzer erkennbar. Bei der Kreidelithographie wird die Zeichnung mit der fetten Lithographenkreide auf einen Stein mit künstlich gekörnter Oberfläche aufgetragen. Bei der gemischten Lithographie werden beide Techniken kombiniert. In allen Fällen bleibt die gleichfalls fette Druckfarbe nur an den Stellen haften, wo die Zeichnung den präparierten („geätzten") Stein dafür aufnahmebereit gemacht hat, wobei man sich des Prinzips der gegenseitigen Abstoßung von Wasser und Fett bedient. Der Künstler kann entweder direkt – allerdings dann seitenverkehrt – auf den Stein zeichnen (Originallithographie, Künstlersteinzeichnung) oder aber seine Zeichnung (gegebenenfalls auch, als Ersatz für Kreidelithographie, auf gekörntem Papier: Papierlithographie) wird vom Lithographen mittels Umdruck auf den Stein gebracht. Auf die gleiche Weise können auch bereits gedruckte oder photographische (auch autotypische) Bilder auf den Stein übertragen werden. Vor allem größere Auflagen werden meist nicht vom Originalstein gedruckt, den man als Träger des Kunstwerks schont und für spätere Auflagen aufbewahrt, sondern von einem Auflagenstein (Maschinenstein) oder einer Metallplatte, auf die das Bild durch Umdruck übertragen wurde. Unter der Lupe (dem hierfür gebräuchlichen achtfach vergrößernden sogenannten Fadenzähler) liegt die Farbe beim Flachdruck völlig eben und gleichmäßig verteilt auf dem Papier, im Gegensatz zum eher hügeligen, unterschiedlich dicken Farbrelief des Tiefdrucks und dem mehr ins Papier gegrabenen, an den Rändern durch Quetschung aufgestauten Farbauftrag des Hochdrucks, der auch auf der Bogenrückseite ein Druckrelief hinterläßt. Das romantische Kinder- und Jugendbuch erhält durch die oft duftige, schwebende und stimmungsreiche Zeichnung der Kreidelithographie, die besonders in Frankreich verbreitet war, ein eigenes Gesicht. Dabei herrscht der offene Umriß der Bildfläche vor. Die Federlithographie liefert dagegen eine scharfe und präzise Zeichnung. Mit dem Pinsel ausgeführt, vermag sie tiefschwarze Flächen zu geben. Sie ist in der Handhabung einfacher als die teureren Verfahren des Holzschnitts und des Kupferstichs, deren Wirkungen sie öfter nachahmt.

Die schwere, empfindliche und teure Steinplatte aus dem kohlensauren Solnhofener Kalkschiefer ersetzen später Zink- (Zinkographie, schon vor 1835 von SENEFELDER versucht) und Aluminiumplatten (Algraphie, vom Mainzer Bilderbuchverleger und -drucker J. SCHOLZ 1892 entwickelt), so daß nach 1900 das Drucken vom Stein zurückgeht. Doch werden auch diese Drucke von Metallplatten, die sich gegenüber dem poröseren Stein durch einen viel satteren Druck auszeichnen, meist als Lithographien bezeichnet. Vor allem die federleichten Aluminiumplatten konnte der Künstler mühelos original bezeichnen. Daneben entstehen die photomechanischen Reproduktionsverfahren. 1852 war die Photographie bereits in der Lithographie und im Tiefdruck angewandt worden. Besondere Bedeutung erlangte sie dann für die Hochdruckverfahren, bei denen chemigraphisch (durch Ätzen) ein Druckklischee erzeugt wird: Die Zinkotypie (Zinkätzung, Phototypie, früher manchmal auch wie das Zink-Flachdruckverfahren Zinkographie, in Frankreich Typogravure, Zinkogravure, heute meist Strichätzung genannt, erfunden um 1850 von C. GILLOT) ist eine Hochätzung von Linien und Flächen ohne Halbtöne. Es entstehen Drucke von schärfster Zeichnung, doch ist auch eine Kornstruktur durch aufgeschmolzenen Asphaltstaub möglich. Mit Asphaltlack kann auch direkt auf die Platte gezeichnet werden. Die Hochdruck-Autotypie (Rasterätzung, Netzätzung, französisch Photogravure) ist ein von GEORG MEISENBACH 1881 erfundener Rasterhochdruck von Zink- oder Kupferplatten zur Erzielung von Halbtonbildern, hergestellt mittels photographischer Aufnahme durch Glasplatten mit einem mehr oder weniger dichten Liniennetz (Raster). Dieses zerlegt das Bild und führt einerseits zu einer Aufhellung der Tiefen, andererseits zu einem Grauschleier in den Lichtern. Künstlerisch steht die Autotypie weit unter den xylographischen und lithographischen I.s-Techniken oder auch der Strichätzung mit ihrer exakten Wirkung.

Die Zinkotypie hat als Buch-I. häufig offenen, die Autotypie dagegen fast stets geschlossenen Bildumriß. In Bilderbüchern werden allerdings auch autotypisch gedruckte Motive öfter „freigestellt“ oder mit verlaufendem Rand gebracht. Beides wirkt wegen der unvermittelt einsetzenden Tiefenräumlichkeit des Bildes bei Textillustrationen manieriert, bei farbigen Bilderbüchern dagegen oft sehr dekorativ. Der Kupfertiefdruck, in dem sich höchste Auflagenzahlen drucken lassen, kam beim Kinder- und Jugendbuch allenfalls im Sachbuch zur Anwendung. Aber auch die Autotypie hat sich lange im Sachbuch behauptet. Die Zinkotypie lieferte auch später noch die meisten Schwarz-I.en im Textsatz. Seit den zwanziger Jahren erscheint im Kinder- und Jugendbuch auch der Offsetdruck (Gummidruck; Einführung in Deutschland 1907 durch C. HERMANN). Mit der Ausbreitung des Lichtsatzverfahrens in den siebziger Jahren ist er zu umfassendem Einsatz gelangt. Dieses aus der Lithographie hervorgegangene Flachdruckverfahren arbeitet indirekt. Schrift und Bild werden auf eine Folie oder Platte aufgetragen. Sie bestand früher aus Zink oder war gar der lithographische Stein. Heute ist sie meist aus Aluminium, das biegbar und auf den Schnellpressenzylinder aufmontierbar ist. Die Übertragung des Bildes auf die Platte erfolgt heute fast ausschließlich photographisch (auch heute noch Photolithographie genannt). Beim Druck wird das Bild von der Platte zunächst auf einen gummituchbespannten Zylinder abgesetzt (off-set) und erst von diesem auf das Papier übertragen. Dadurch erlaubt die Platte die seitenrichtige Zeichnung. Wegen der Schmiegsamkeit des Gummis kann das Papier im Gegensatz zu den Kunstdruckpapieren für Hoch- und Tiefdruck rauh sein. Unter der Lupe liegt die Farbe fast schwebend auf der Papierfaser. Lange Zeit hat der Offsetdruck aber nicht die Schärfe und Brillanz der Autotypie erreicht. Selbst I.en in charakteristischen graphischen Techniken werden heute auf Flachdruck umgedruckt (z.B. Radierungen in SUSI BOHDAL: „Kater Valentin“, 1977). Der Einsatz der Photographie in der Reproduktionstechnik ermöglichte mühelos Vergrößerungen und Verkleinerungen des Originalformats. Gewöhnlich wird deshalb die Vorlage vom Künstler um ein Viertel oder Drittel größer angelegt, womit ihm die Arbeit erleichtert wird. Durch die Verkleinerung gewinnt sie dann im Druck an Schärfe.

Einsatz von Farbe. Neben der eigentlichen Druckfarbe konnte Farbe in der Buch-I. zunächst nur nach dem Druck als Kolorierung von Hand aufgebracht werden. Die Druckfarbe ist in den allermeisten Fällen Schwarz. Schwarz gedruckte I.en als schwarz-weiß zu bezeichnen ist nicht sinnvoll, da Weiß nicht als Farbe aufgetragen wird, sondern lediglich als Farbton des Bildträgers mitspricht, sofern dieser weiß ist. Gelegentlich kann der Papiergrund aber auch einen anderen Farbton aufweisen, etwa Zitronengelb, Lindgrün, Blaßblau und andere; bei Umschlag-I.en der Biedermeierzeit Grau, Dunkelrot, Beige und andere bei Büchern des Jugendstils. Bis weit ins 18. Jahrhundert hinein ist die Buch-I. beim Kinder- und Jugendbuch nicht primär auf Farbe hin angelegt. Allerdings lassen die leeren Binnenflächen der stark konturierten Holzschnittbilder Farbe gut zur Geltung kommen. Anders die Kupfer. Arbeitet der Stecher nach gemalten Vorlagen, die der Maler für die Stichreproduktion oft Ton in Ton (Camayeutechnik, meist in Grau als sogenannte Grisaille) ausführt, so ist es sein Bestreben, durch den Einsatz von Hell und Dunkel tiefenräumlich-plastische Wirkung zu erzielen. Solche tonreichen Kupfer verboten eine Kolorierung. Nur wo, wie im Kinder- und Jugendbuch allerdings häufig, lineare Zeichnungen mit geringer Schraffierung die Vorlagen bilden, in denen mehr auf hellen Grund hin gearbeitet ist, konnte auch Farbe hinzutreten. Grundsätzlich sollten die bei der Kolorierung verwendeten Farben lasierend sein, damit das graphische Element der gedruckten Zeichnung nicht verdeckt wird. Doch wird dagegen gerade im Kinder- und Jugendbuch oft verstoßen. Die Kolorierung erfolgte gewöhnlich als Auflagenkolorierung vom Verleger aus, der entweder die gesamte Auflage oder, häufiger, einen Teil durch Buchmaler, später durch Kolorieranstalten mit einer Vielzahl von Beschäftigten, nach einem für die Auflage festgelegten Farbenprogramm bemalen ließ. Manchmal wurde die Kolorierung auch auf Wunsch des Käufers vorgenommen, wobei ein solcher Einzelauftrag sorgfältiger ausgeführt wurde als die Auflagenkolorierung, zumal wenn es sich um Auftraggeber des Hofes und des Adels handelte. Ein aristokratischer Zug verblieb besonders dem französischen Kinder- und Jugendbuch, das auch im 19. Jahrhundert noch ungewöhnlich feine Kolorierungen aufweist. Im Gegensatz zur Einzelkolorierung aus freier Hand erfolgte die Auflagenkolorierung über Schablonen, die je für die einzelnen Farbtöne aus gewachstem Papier geschnitten wurden (Wachsschablonen-, Pochoir-Verfahren). Dabei war es nicht üblich, mehrere Farben übereinander zu legen. Der Farbauftrag ist bei der Schablonenkolorierung gleichmäßiger, da der breite und stumpfe Pinsel in raschem Strich über die Papierfläche geführt wird. Noch einheitlicher und mehr gewischt arbeitete das Bürstwerk der seit der Jahrhundertwende bei größeren Auflagen eingesetzten Koloriermaschine (Schablonendruck, Patronierdruck, Aquatypie). Ansatz- und Abhebspuren des Pinsels, die sich immer in einem wenn auch noch so geringen Mehr an Farbe niederschlagen, fehlen bei ihr völlig. Bei der Handarbeit wiederum kann durch unachtsames Auflegen der Schablone oder durch ein Verrücken der Umriß gleichtoniger Farbflächen gegenüber dem Umriß des Druckbildes leicht verschoben erscheinen. Dagegen sprechen ungleichmäßige Konturüberlappungen, einzelne Ausfahrer des Pinsels oder versprengte Farbtropfen eher für Einzelkolorierungen. Zu unterscheiden sind nachträgliche Kolorierungen, die von Liebhabern, oft genug auch von Kinderhand vorgenommen wurden. Ob eine qualitätvolle Einzelkolorierung „original" ist, d.h. aus der Entstehungszeit des Buches stammt, oder ob sie erst später und wenn ja, wann sie erfolgt ist, läßt sich kaum je zweifelsfrei entscheiden, solange das Kolorit nicht auffallend vom Zeitgeschmack abweicht. Da der lithographische Druck das Schwarz der Druckfarbe weniger stark auf dem Papier absetzt als der Tiefdruck, erfordert die Lithographie auch eine entsprechend zartere Kolorierung als die Kupfer. Dabei ließ gerade die geringere Körperlichkeit der kreidelithographischen Zeichnung eine Verschmelzung mit den zurückhaltendsten Farbtönen zu. So entstanden zwischen ca. 1830 und 1870 I.en von subtilster Farbwirkung. Ein besonderer Vorzug der Kolorierung insgesamt war, daß die Farben auf die ungeglätteten Buchdruckpapiere aufgetragen werden konnten. Die Leuchtkraft war zudem stärker als die von Druckfarben und hatte nicht deren unnatürlichen Glanz. Die Kolorierung blühte im Kinder- und Jugendbuch vor allem seit Ende des 18. Jahrhunderts. Sie bestimmt wesentlich das Erscheinungsbild der romantisch-biedermeierlichen Produktion. Besonders kräftig, ja schreiend fiel sie mitunter in den Bilderbögen aus. Um 1900 und in den zwanziger Jahren wird die Kolorierung im künstlerischen Bilderbuch wieder beliebt, z.B. in den Bilderbüchern von CARL HOFER (1878–1955), K. F. E. VON FREYHOLD (1878–1944), JOSUA LEANDER GAMPP (1889–1969), TOM SEIDMANN-FREUD (1892–1930). Ein sehr spätes Beispiel bietet HANNS LANGENBERG in FRIEDRICH FORSTERS „Hampelmann und Hampelfrau", 1940. Heute ist die Koloriertechnik für die Buchherstellung zu teuer geworden.

Beim Mehrfarbendruck (Buntdruck) bedient man sich für jede Druckfarbe einer eigenen Platte, auf der nur die im jeweiligen Ton zu bedruckenden Partien erscheinen. Dabei ist zu unterscheiden zwischen dem lediglich kolorierenden Einsatz von Druckfarben, die nebeneinander gedruckt werden, und der farbigen Reproduktion bunter Vorlagen, bei der man diese durch das mischende Übereinanderdrucken mehrerer Farbteilplatten nachahmt.

Der erste Vorgang steht am Beginn des Mehrfarbendrucks im Kinder- und Jugendbuch. Mit Hilfe weniger Tonplatten hat man gegen Mitte des 19. Jahrhunderts zuerst in der Lithographie eine Druckkolorierung – oft nur einiger Bildpartien – vorgenommen. Häufig war es nur eine Chamois-(Sämisch-)Tonplatte, die man als geschlossene Tonfläche unter Lithos oder auch Xylographien druckte, wobei deren offener Bildumriß zur rechtwinkligen Form ergänzt werden konnte. Blieben dabei in der Tonplatte einige Stellen ausgespart (sogenanntes Clair-obscure-Verfahren), so wirkten diese als Lichter und übernahmen die Funktion von Weißhöhungen (z.B. in GUSTAV SÜS: „Het Wettloopen tüschen den Haasen un den Swinegel", 1855). Auch im Holzschnitt, bei dem im Vergleich zur Lithographie der Farbendruck technisch schwieriger ist, hat man zunächst nur Farbflächen nebeneinandergesetzt. Bald aber begann man auch mit dem Übereinanderdruck. Dies erfordert durchscheinende (lasierende) Farben sowie eine Feinstrukturierung des Farbauftrags (Punktierung, Parallel-, Rauten-, Wellenschraffuren). Voraus geht dabei stets eine Konturenplatte, die die eigentliche Zeichnung, meist in Braun oder Schwarz, druckt und nach deren Abklatsch die Teilbilder auf den Farbplatten (im Kinder- und Jugendbuch meist 4–6) geschnitten werden. Ein Vorzug des Farbholzschnitts war, daß er auf das Textpapier gedruckt werden konnte. Der englische Drucker EDMUND EVANS (1826–1905) brachte es hierin seit etwa 1870 gerade im Kinderbuch zu einer viel bewunderten Meisterschaft. Ihm sind die Bücher von RANDOLPH CALDECOTT (1846–1886), K. GREENAWAY und W. CRANE mit ihren zarten Farbtönen und ihrem Nuancenreichtum zu verdanken. Er hat diese Künstler an die drucktechnischen Möglichkeiten herangeführt und seine Druckfarben mit den Originalfarben der Künstler sorgfältig abgestimmt. Über das Kinder- und Jugendbuch hinaus stellen EVANS' Drucke wichtige Leistungen der I.s-Geschichte dar.

Bei der sich gleichzeitig entwickelnden Chromolithographie, die bis in die neunziger Jahre des 19. Jahrhunderts im Kinder- und Jugendbuch üblich war, wurde die Erstellung von Farbteilplatten (bis zu 20, im Kinder- und Jugendbuch jedoch meist weniger) über Klatschabzüge der Konturplatte manuell vom Lithographen – häufig genug ohne jede Mitwirkung des Künstlers – vorgenommen. Farbabstimmung, Bildretusche etc. erfolgten so rein handwerksmäßig und führten gerade im Kinder- und Jugendbuch zu teilweise verstümmelten, flauen und soßigen Farbbildern. Da bei der

„Geheilt". Chromolithographie. Robert Sterl (1867–1932) illustrierte die Erzählung „Geheilt" von Martha Eitner im „Töchter-Album" der Thekla von Gumpert (XLII. Jahrgang, 1895). Das Chromolithographieverfahren, das bis in die neunziger Jahre üblich war, führte oftmals zu schlechter Wiedergabe des Bildes.

Chromolithographie die dunkleren Stellen durch Übereinanderdruck mehrerer Farben entstehen und die einzelnen Farbflächen nicht gerastert, sondern vollflächig aufgetragen werden, können die oberen Farbschichten nicht mehr ins Papier schlagen. Sie verharzen und entwickeln die Neigung zu kleben. Zugleich bildet sich auf den dunklen Partien der für die Chromolithos typische speckige Glanz, dessen fleckenhafte Verteilung mit einem Glanzfirnisüberzug ausgeglichen werden konnte. Hin und wieder unterzog man die Druckfläche auch einer Gränierung. Dabei wurde mittels einer gekörnten Walze das Papier nach dem Druck mit einem feinen Prägekorn strukturiert und so eine weichere, matte Oberfläche gewonnen. Einige Bilderbücher der achtziger Jahre des 19. Jahrhunderts (z.B. VICTOR P. MOHN, JULIUS LOHMEYER „Die Fahrt zum Christkind", 1888) zeigen dagegen nicht nur eine völlig glanzfreie Druckoberfläche, sondern auch bereits die Tendenz zu warm-gedeckten, erdtönigen Farben, wie sie dann vor allem im Jugendstil bevorzugt wurden. Durch Einführung der photomechanischen Übertragung war damals bereits eine hohe Originaltreue möglich geworden. Die photographischen Farbauszüge mit Linien- oder Emulsionsraster verminderten die Anzahl der Teilplatten auf etwa sechs bis acht und stellten zugleich korrektere Farbzusammenstellungen her. Vor allem aber arbeitete der Künstler nunmehr in engem Kontakt mit der Druckwerkstätte. So konnte er noch anhand der Andrucke Korrekturen veranlassen. Entscheidend aber war die neue, flächenhafte Auffassung von Bild und Farbe, wobei man bevorzugt wieder auf die Tonplatten-Kolorierung zurückgriff. Volle Tonflächen hat man dabei auf der Platte durch das Decken mit Pinsel und lithographischer Tusche erreicht. Daneben aber gab es zahlreiche Verfahren zur lebendigen Strukturierung der Tonflächen. Einen gleichmäßigen helleren oder dunkleren Punkt- oder Strichton, ja ganze Dessins hat man mit der Tangierplatte (gehärtete Gelatine- oder Filmfolie mit Prägestruktur, sogenanntes Tangierfell) erzeugt (Tangiermanier, Carreaugraphie, seit etwa 1890). Dabei ist durch Falzbein oder Fingerdruck auch eine Modellierung der Farbabgabe und damit der Intensität des Musters möglich. Freibleibende Stellen werden zuvor auf dem Stein mit Gummi arabicum abgedeckt. Abschattierte Korntöne wurden – bereits seit SENEFELDER – mit der Spritzmanier erzielt. Die Farbe wird hierbei mit dem Pinsel durch das Spritzgitter aufgetragen und bildet auf der Platte einen mehr oder weniger dichten, variablen, punkt- und tropfenförmigen Niederschlag (Spritzton). Freibleibende Stellen werden mit Schablonen abgedeckt. Schließlich konnte mit dem Luftpinsel oder Zerstäuber (Aerograph, Airbrush) Farbe in zartester, gleichmäßiger Verteilung aufgesprüht werden. All diese Verfahren kamen gleichermaßen auch im Hochdruck zur Anwendung. Strukturierte Tonplatten wurden hochgeätzt, nachdem die Musterung mit Farbe oder Firnis aufgetragen bzw. als Asphaltstaub oder Harzkorn aufgeschmolzen war. Glatte Tonplatten konnten auch aus Karton, Linoleum, Zelluloid, Holz oder aus den sogenannten Mäserplatten (Spezialkarton mit aufgebrachter Kreideschicht) geschnitten werden.

Einen Meilenstein in der rasterlosen photomechanischen Farbreproduktion bildet E. GRASSETS „Histoire

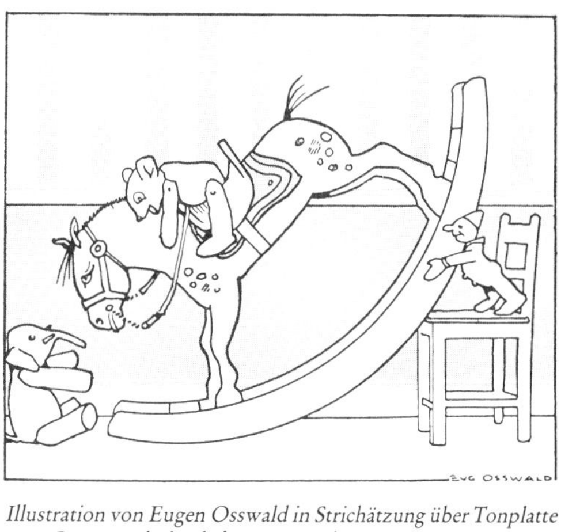

Illustration von Eugen Osswald in Strichätzung über Tonplatte aus „Das Wunderbuch für unsere Kleinen" (Stuttgart, 1926).

des Quatre Fils Aymon" (1883). Die „Chromotypogravuren" (Farbzinkotypien) entstanden in engster Zusammenarbeit mit dem Drucker C. GILLOT. Dieses über alle 244 Seiten hin illustrierte Werk setzt das Material flächiger, vielfach mit Staubkorn versehener Tonplatten aufs Verschwenderischste ein und benutzt zugleich das Weiß des Papiers als Farbelement. Die I.s-Kunst des Jugendstils baut hierauf entscheidend auf. Seitdem hat man Tonplatten nicht nur für den Grund (Fond) verwendet, sondern aus ihnen auch Figuren geschnitten oder geätzt und auf diese Weise betont flächige Farbbilder gedruckt, deren prägnanten Umriß allenfalls eine geringe Binnenzeichnung, oft rein negativ durch Aussparung, ergänzt. Oder es trat eine Konturplatte in Strichätzung hinzu, wobei sich flächenhafte Farbe und flächig konzipierte Zeichnung in gegenseitiger Steigerung verbanden. In gleicher Weise konnte man auch bei Farbholzschnitten verfahren (z. B. I.en von F. LANG). Besonders für die I.en zwischen 1900 und 1930, aber auch noch danach, ist die Kombination von ein oder zwei glatten oder strukturierten Farbplatten mit einer Konturplatte kennzeichnend. Auch heute bedient man sich noch manchmal dieses Mittels (z. B. EDWARD GOREY, * 1925). Für den Druck der Tonplatten waren keine Kunstdruckpapiere nötig. Farbiges Bild und Textdruck konnten nebeneinander auf dem gleichen Bogen stehen, was den Büchern Einheitlichkeit und Geschlossenheit gab. Die plakathaft-einfachen I.en in leuchtkräftigen Tönen, bevorzugt auch für Umschlagbilder der Zeit angewandt, stellen eine der nachhaltigsten Errungenschaften des auf Flächenkunst bedachten Jugendstils dar. Sie bilden in ihrer Art eine buchkünstlerische Vollendung, insofern sie nicht wie autotypische Drucke die Vorlage imitierend abbilden, sondern eine originale Form- und Farbenwirkung im Buch entfalten, auf die hin der Künstler seine – oft nur monochrome – Arbeit anlegt, die somit lediglich die Anweisung für das intendierte farbige Druckbild darstellt. Die Festlegung der im Druck zu verwendenden Farbtöne erfolgt dabei durch den Künstler. In den Comics ist dieses Verfahren schließlich verflacht. Weniger geglückt wirken die sogenannten Tonbilder (meist Duplexdrucke), wie sie seit den neunziger Jahren des 19. Jahrhunderts üblich wurden. Diese autotypischen Drucke in Halbtonabstufung kombinierten eine Schwarzplatte mit einer Tonplatte, doch sprachen sie in ihrer verschwommen-malerischen Haltung gerade junge Betrachter nur wenig an. Der autotypische Drei- (Gelb, Rot, Blau) und Vier- (Schwarz) Farbendruck (Chromotypie) hat sich seit 1885 entwickelt. Wegen seines feinen Rasters auf Kunstdruckpapier (gestrichenes Papier) gedruckt, bestritt er seitdem die farbige Tafel-I. schlechthin. Mit ihm wurden die farbigen Bilder beispielsweise eines EDMUND DULAC (1882–1953) oder ARTHUR RACKHAM (1867–1939) reproduziert. Der Offsetdruck lieferte in den zwanziger Jahren zunächst mehr gedämpfte Farben von etwas verwaschener Schärfe, womit er sich jedoch gut zur Wiedergabe lichter, zarttöniger Aquarelle eignete. Nach dem Zweiten Weltkrieg wurde seine Technik so vervollkommnet, daß sich heute so gut wie alle Vorlagen der Kinder- und Jugendbuch-I. einwandfrei in ihm wiedergeben lassen.

Stile und Darstellungsweisen in der Kinderbuch-I. Die Anwendung der kunsthistorischen Stilbegriffe und -phasen auf das Kinder- und Jugendbuch ist nicht immer sinnvoll, sondern führt bei dem Versuch, die künstlerischen Eigenarten dieser Gattung zu umreißen, leicht zur Simplifizierung oder Vergewaltigung. Gleichwohl sind auch im Kinder- und Jugendbuch Tendenzen festzustellen, die mit der jeweiligen Stilkunst parallel gehen. Doch lassen sich die Erscheinungsformen nicht in allen Fällen zwingend aus der zeitgenössischen Kunst heraus erklären, etwa die bewußte Vereinfachung und antisentimentale Haltung der Struwwelpeter-I.en oder auch der Bilderbücher einer MARIE VON OLFERS (1826–1924) und E. KREIDOLFS. Der absichtlich „primitive" Zug in CARL HOFERS „Rumpumpel" (1903) etwa geht der Entdeckung der Kinderkunst durch die bildenden Künstler des 20. Jahrhunderts voraus. Die Naivität der Chap-book-I.en wiederum ist ein volkskünstlerischer Zug. Viele Kinder- und Jugendbuch-I.en der ersten Hälfte des 19. Jahrhunderts sind dagegen durch eine Schlichtheit und Zurückhaltung geprägt, die neben dem Ziel klarer Anschaulichkeit keine stilkünstlerischen Ambitionen verrät. Insgesamt erfordern die vielfältigen Darstellungsweisen im Kinder- und Jugendbuch eine detaillierte Charakterisierung, z. B. gefühlvoll-beschauliche (L. RICHTER, 1803–1884; OTTO SPECKTER, 1807–1871), romantisch-phantastische (G. DORÉ, 1832–1883), karikierende (RODOLPHE TOEPFFER, 1799–1846; WILHELM BUSCH, 1832–1908), naturalistische (ALBERT RICHTER, 1845–1898; ANTON HOFFMANN, 1863–1938), bühnenpathetische und stimmungspoetische (WOLDEMAR FRIEDRICH, 1846–1910; PAUL HEY, 1867–1952), impressionistische der Zeichnung (HEINRICH KLEY, 1863–1945; MAX SLEVOGT, 1868–1932) oder in der Malweise (KARL MÜHLMEISTER; HANNS PELLAR, 1886–1971), flächig-dekorative (GERTRUD CASPARI, 1873–1948; CARL OTTO CZESCHKA, 1878–1960), gefällig-elegante nach Art der Modezeichner (ROBERT SEDLACEK, ILSE LUNGERSHAUSEN-WENDE), expressionistische (ALINE STICKEL, ADOLF UZARSKI, 1885–1970), konstruktivistische (KURT SCHWITTERS, 1887–1948; EL LISICKIJ, 1890–1941), um nur einige zu nennen.

Die in den sechziger und siebziger Jahren des 20. Jahrhunderts ausgeprägte Tendenz, Bilderbücher unter Vermeidung jeder künstlerisch-technischen Fertigkeit wie von Kinderhand zu illustrieren, was in Kinderbüchern von Kinder gipfelte, ist inzwischen zugunsten sehr konkret-anschaulicher, oft minutiös-ausgefeilter Darstellungen zurückgetreten. Der Photorealismus begegnet vor allem bei amerikanischen Zeichnern (BERNARD COLONNA, ANN STRUGNELL). Insgesamt aber fällt ein gewisser retrospektiver Zug auf, dokumentiert durch zahllose Reprints alter Kinderbücher, die teilweise von den Originalvorlagen neu reproduziert werden (so S. VON OLFERS: „Etwas von den Wurzelkindern", die Anlehnung an alte Techniken und Stile (z. B. bei

Nancy Ekholm Burkert. „Schneewittchen und die sieben Zwerge" (Aarau und Frankfurt am Main, 1972). Beispiel einer modernen zarten, sensiblen Farbzeichnung.

EVA JOHANNA RUBIN an Holzschnitte, bei KLAUS ENSIKAT an Kupferstiche) oder an vergangene Zeitumstände (bei E. GOREY an viktorianische, bei K. ENSIKAT an biedermeierliche) oder Bildwelten (bei N. EKHOLM-BURKERT unter anderem an die der spätgotischen Kunst, bei MICHAEL HAGUE an die RACKHAMS und E. DULACS, bei ANNE HESELER an Milieu und Stil der Bilderbücher von G. CASPARI). Nur zum Teil gehört die I. des Kinder- und Jugendbuchs in den Bereich der sogenannten Hochkunst. Darüber hinaus ist sie der Trivialkunst zuzuzählen, die sich nicht mit den gleichen Kriterien fassen läßt. Einige I.en haben an beiden Bereichen teil. Ihre formal-künstlerischen Mittel entstammen zum Teil durchaus ernsthaft-künstlerischer Schulung, wenn nicht sogar akademischer Tradition, die süßlich-kitschige Behandlung dagegen verweist sie mehr oder weniger in den Bereich der sentimentalen Trivialkultur. Hierher gehören auch die Maler von Heiligenbildchen und religiösen Andachtsbüchern für Kinder (z.B. MATHÄUS SCHIESTL, 1869–1939; BERTA HUMMEL, 1909–1946; MARIA SPÖTL, 1898–1953).

Der Illustrator. In der allgemeinen Einschätzung galt die I. früher als eine Kunstübung minderen Ranges. Daher blieben die I.s-Künstler im Kinder- und Jugendbuch bis ins erste Drittel des 19. Jahrhunderts und noch darüber hinaus meist anonym. Nur besonders namhafte Künstler werden im Buch genannt und auch dies nur von Verlegern, die der künstlerischen I. Gewicht beimessen. Doch sind anonyme Reproduktionen selbst noch im 20. Jahrhundert bei einigen Verlagen üblich. Auch gibt es aufgrund von Schludrigkeit des Verlags hin und wieder Falschzuschreibungen im Titel, verursacht besonders durch die unkorrigierte Übernahme von Angaben bei Neuauflagen. Es kam vor, daß sich der Künstler im Buch selbst vorstellte (OSCAR PLETSCH, 1830–1888, in: „Wie's im Hause geht, nach dem Alphabet", 1862; CARL RÖHLING, 1849–1922, in HEINRICH SEIDEL: „Die Jahreszeiten", 1886) oder gar karikiert erschien (CHAM, d.i. AMEDÉE DE NOÉ, 1819–1879; durch JEAN PIERRE DANTAN jeune, 1800–1869, in: „Odyssée de Patau et de son chien Fricot", 1877). Für die Entwicklung der Kinder- und Jugendbuch-I. sind auch die Jugendzeitschriften von Belang. Unter ihnen führte in Deutschland J. LOHMEYERS „Deutsche Jugend", 1872f., deren künstlerische Leitung O. PLETSCH übernommen hatte. Bei ihr war der gewissenhafte Nachweis der künstlerischen Autorschaften üblich, was für andere Zeitschriften erst später verbindlich wurde. Mehr und mehr finden sich heute vor allem in englischen und amerikanischen Produktionen genaue Angaben des Künstlers zur Technik seiner Bilder und ein biographischer Bericht (illustrator's note).

Bei der Beurteilung von I.en dürfen die Produktionsbedingungen, unter denen der Künstler arbeitet, nicht übersehen werden. In den meisten Fällen handelt es sich bei der I. um Auftragskunst, wobei der Stoff, manchmal sogar der Bildinhalt, dem Künstler vorgegeben sind. Der Verleger fragt dabei meist nicht, wie weit sich der Künstler, der sich in den Text einzulesen hat, persönlich damit identifiziert. Über die Auftragserteilung entschied dagegen oft die Fähigkeit und Bereitschaft des Künstlers, das vom Verleger und vom Publikum Erwartete zu geben. Mitunter war auch die Nachahmung dessen verlangt, was anderswo schon erfolgreich war. Mehr aber noch entschied die Höhe der Honorarforderung oder vielmehr die Einwilligung in das vom Verleger festgesetzte Honorar. Dieser wirtschaftliche Aspekt hat dazu geführt, daß neben genuinen I.s-Talenten auch eine große Zahl „billiger" Kräfte tätig war. So kam auch immer wieder ausgesprochenes Dilettantentum zum Zug, das man einem für unkritisch erachteten jugendlichen Publikum glaubte zumuten zu dürfen. Oder aber der Auftrag wurde vom Künstler selbst nicht als ernsthafte Aufgabe gesehen und angegangen. Manche Künstler haben ihr ursprüngliches Talent mehr oder weniger rasch der Routine geopfert, so daß ihre Eigenart mit der Zahl der Aufträge verflachte. Bei anderen wieder sind sorgfältig durchgeführte, inspirierte Höhepunkte neben lustlos oder oberflächlich erledigten Arbeiten, manchmal in demselben Buch, festzustellen. Weitere Einengungen kann die künstlerische Entfaltung durch zu großen Zeitdruck oder eine zu hohe Zahl übernommener Aufträge erfahren. Die Honorarbemessung ließ aber oftmals einen größeren Zeitaufwand und damit sorgfältig ausgereifte Arbeiten nicht zu. Überdies beeinträchtigt die künstlerische Leistung oft genug noch eine schlechte Druckqualität, die meist Folge knapper verlegerischer Kalkulation ist.

Das gedruckte Buch hat vielleicht häufiger als man weiß die Mißbilligung des Illustrators gefunden. Von O. SPECKTER ist bekannt, daß er beide Bände der von ihm illustrierten HEY-Fabeln aus Verärgerung über die Wiedergabequalität ins Feuer geworfen hat. Die Verarbeitung von Vorbildern – bis hin zum Zitat oder Plagiat – ist über Zeiten und Länder hinweg immer wieder zu beobachten; beispielsweise wurden Einzelheiten aus WILHELM VON KAULBACHS I.en zu „Reineke Fuchs" (1846) von vielen späteren Illustratoren dieses Stoffes mehr oder weniger direkt übernommen. Allerdings legt die Motivgleichheit oft verwandte Lösungen nahe, die nicht schon deshalb voneinander abhängig sein müssen. Vielfach haben Kinder- und Jugendbuchautoren, besonders im angelsächsischen Raum, ihre eigenen Werke gekonnt illustriert (z.B. THACKERAY, 1811–1863; ERNEST THOMPSON SETON, 1860–1946; RUDYARD KIPLING, 1865–1936; BEATRIX POTTER, 1866–1943; HUGH LOFTING, 1886–1947) wie andererseits Illustratoren zu ihren Werken auch die Texte verfassen konnten (z.B. ARPAD SCHMIDHAMMER, 1857–1921; E. KREIDOLF, 1863–1956; BERTHOLD LÖFFLER, 1874–1960; LEO LIONNI, *1910; K. ENSIKAT, *1937; WALTER SCHMÖGNER, *1943). O. SPECKTER wiederum mußte sich dagegen verwehren, auch für den Autor der zunächst auf Wunsch WILHELM HEYS anonym publizierten Fabeln gehalten zu werden. Schließlich gibt es auch den Autor und Illustrator gleichen Ranges in einer Person (z.B. FRANZ VON POCCI, 1807–1876; HEINRICH HOFFMANN, 1809–1894; WILHELM AUGUST CORRODI, 1826–1885; W. BUSCH, 1832–1908; HOWARD PYLE, 1853–1911; JANOSCH, *1931). Ausnahmsweise wurde zu bereits vorliegenden I.en nachträglich ein Text geschrieben (z.B. FRITZ VON OSTINI zu H. PELLAR: „Der kleine König", 1909, sowie zu L. VON ZUMBUSCH: „Fröhliche Kindheit", 1921) oder es wurde eine neue Textfassung erarbeitet (J. SCHMIDT: „Das Märchen vom Hänschen im Blaubeeren- und Preiselbeerenreiche", 1909, zu dem Bilderbuch von ELSA BESKOW: „Puttes äventyr i blåbärsskogen", 1901). Ebenso selten war es, daß der Autor selbst einen Künstler für die I. beauftragt und beaufsichtigt hat, wie LEWIS CARROLL (1832–1898) den Zeichner JOHN TENNIEL (1820–1914), für seine „Alice"-Bücher.

Datierung. Für die I.s-Geschichte ist die Datierung der künstlerischen Arbeiten von Belang. Dabei ist zwischen der Entstehungszeit und dem Zeitpunkt der Veröffentlichung zu unterscheiden. Vielfach muß man die Entstehungszeit oder zumindest die Vorarbeiten zu einer I.s-Folge ein bis zwei Jahre vor dem Erscheinungsjahr ansetzen. In Verbindung mit den Künstlersignaturen, wie sie im Verlauf des 19. Jahrhunderts in der I. üblich werden, erscheint häufig auch eine Jahreszahl. Schon innerhalb eines I.-Zyklus tauchen dabei mitunter Spannen von einem oder gar mehreren Jahren auf. Darüber hinaus werden die I.en zum Teil über Jahrzehnte hin in Auflagen und Neuausgaben beibehalten, wobei sie auch Abänderungen in Bildmotiv und Gestaltung, in Abfolge, Rahmung, Umriß und Format erfahren können (z.B. H. HOFFMANN: „Struwwelpeter", 1845ff.; S. VON OLFERS: „Etwas von den Wurzelkindern", 1906ff.). Dabei wurden manchmal vorhandene Jahreszahlen getilgt (z.B. bei H. PELLAR: „Der kleine König", 1909ff.; EUGEN OSSWALD: „Der Wolf und die sieben Geißlein", 1910ff.). Verbreitet ist das Wandern von I.en durch spätere Ausgaben, durch Zeitschriften, Anthologien und Sammlungen, wobei die Bilder aus ihrem ursprünglichen Zusammenhang gerissen und oft noch in einer anderen Reproduktionstechnik wiedergegeben werden. Besonders gern werden heute alten Texten die I.en der Erstausgabe oder überhaupt ältere I.en, zum Teil aus ganz verschiedenen Quellen beigegeben. Um falsche Schlußfolgerungen zu vermeiden, ist es wichtig, I.en stets auf das Ersterscheinungs- sowie auf das Entstehungsjahr zurückzuführen. Nicht notwendig deckt sich dies mit dem Ersterscheinungsjahr des illustrierten Textes.

→ Ausstattung, → Bilderbuch, → Comics, → Typographie

Sekundärliteratur: K. Bachler: Bruckmann's Handbuch der modernen Druckgraphik (zus. mit H. Dünnebier, 1973). – J. Bass: Das Buchdruckerbuch (1930). – A. Cl. Baumgärtner (Hrsg.): Aspekte der gemalten Welt (1968). – Ph. Cate: The color revolution. Color lithography in France 1890–1900 (zus. mit S. Hitchings, 1978). – P. J. Cianciolo: Illustrations in children's books (²1976). – Fr. Ebenböck (Hrsg., zus. mit A. Brugger, E. Preiss): Handbuch für Papier, Schrift und Druck (1941). – G. Gottlieb: Early children's books and their illustration (zus. mit J. H. Plumb, 1975). – H. Hiller: Wörterbuch des Buches (⁴1980). – L. Kingman (Hrsg.): The illustrator's notebook (1978). – Klimsch's Jahrbuch: Jg. 1/1900–33/1940. (1900–1940). – O. Fr. W.: Krüger: Die Technik der bunten Akzidenz (³1907); Die Illustrationsverfahren (1914); Satz, Druck, Einband und verwandte Dinge (⁸1962). – H. Kunze: Schatzbehalter (1965). – H. Th. Musper: Der Holzschnitt in fünf Jahrhunderten (1964). – H. C. Pitz: Illustrating children's books (1963). – E. Quayle: The collector's book of children's books (1971). – A. Rümann: Das illustrierte Buch des 19. Jahrhunderts in England, Frankreich und Deutschland 1790–1860 (1930, ND. 1975). – J. A. Smith: Children's illustrated books (1948). – Bl. Stehlikova: Illustrations in Czech and Slovak books for children (1977). – E. D. Stiebner: Bruckmann's Handbuch der Drucktechnik (zus. mit anderen, ²1978). – B. Tóth: Experimente mit Lesebüchern über die Beziehung von Text und Illustration (in Bertelsmann Briefe 79. 1973. 19–25). – A. W. Unger: Die Herstellung von Büchern. Illustrationen, Akzidenzen usw. (1910).

Hans Ries

Indonesien

(Republik Indonesia). Inselstaat mit dem Schwerpunkt in Südostasien. I. umfaßt den größten Teil des Malaiischen Archipels mit den vier großen Sundainseln Borneo (Kalimantan), Sumatra (Sumatera), Celebes (Sulawesi) und Java (Djawa). Dazu kommen die kleinen Sundainseln, die Molukken und einige Tausend weiterer Inseln. Seit 1963 gehört auch Westneuguinea (Irian Barat) zu I. Einwohner: ca. 122 Millionen. Die Repu-

blik I. ist heute ein unitarischer Staat, der aus dem Kolonialreich Niederländisch-Indien hervorgegangen ist. Das gegenwärtige Regierungssystem basiert auf der Verfassung vom 5.8.1959. Oberstes Verfassungsorgan ist der Volkskongreß. Staatsoberhaupt ist der vom Volkskongreß gewählte Präsident der Republik. Das Parlament besteht aus Repräsentanten der Parteien sowie berufsständischer und gesellschaftlicher Gruppen. Die Bevölkerung besteht vorwiegend aus Indonesiern, die sich in verschiedene Sprachgruppen aufteilen (Javanen, Atjeher, Lampunger, Djakarta-Malaien, Bandjaresen, Maduresen, Balinesen u.a.). Amtssprache ist Indonesisch (Bahasa Indonesia). Handelssprache und erste Fremdsprache im Bildungsbereich ist Englisch.

Entwicklung der Kinder- und Jugendliteratur und gegenwärtiger Stand. Die erste Lektüre für Kinder waren Fabeln, Sagen und Legenden, die als Lesebücher für die ersten zwei Klassen der holländisch orientierten Grundschule gelten. Neue Autoren kamen vorwiegend aus einfachen Verhältnissen und beschrieben das, was in ihrer Umgebung geschah. Charakteristisch für diese Zeit stellten Erzählungen wie „Si Noni" von S. SANIN (1920) einen Typ des Indonesiers dar, den die Werte der Kolonialzeit prägten: Er ist Untertan, Besenkehrer oder Kutscher. Er beherrscht die Zauberei und schwarze Magie, doch da die Holländer nicht daran glauben, wirkt sie ihnen gegenüber nicht. Ab 1921 erschienen hauptsächlich Übersetzungen aus dem Holländischen, oft Texte, die wieder aus anderen Sprachen ins Holländische übersetzt worden waren wie „Cerita Simbad" (1924), eine Version von „Sindbad der Seefahrer" von A. T. V. DEWALD oder „Putri Fajar" (1926) von T. B. BAIN. Auszüge aus „Tausendundeine Nacht" und „Grimms Märchen" waren weit verbreitet. Die Übersetzungen aus dem Ausland regten die Schaffung einer eigenständigen indonesischen Kinderliteratur an. Zeitungen und Zeitschriften fügten schon bald ihren Ausgaben Leseseiten für Kinder bei.

Die Erzählung „Anak Desa" (1924) von M. KASIM, später in „Si Samin" geändert, erhielt den ersten Literaturpreis 1924, der von der „Comissie voor de Volkslectuur" ausgeschrieben war. Sie gilt bis heute als beispielgebend. Heute erscheint diese Erzählung bereits in der siebenten Auflage. Sie handelt vom Alltag eines indonesischen Kindes, von seinen Erlebnissen mit Freunden im Dorf und am Fluß. Das Buch „Si Doel Anak Betawi" (1941) von A. DT. MODJOINDO wurde mit großem Erfolg verfilmt. „Si Kumbang Jadi Hakim" (1950) von KAK ALIF wurde als beste Erzählung 1954 preisgekrönt. Die Breitenwirkung, die diese Bücher erreichten, wurde bis heute nicht wieder erreicht.

UMAR KAYAM (*1932), ein bedeutender zeitgenössischer Autor, nennt als wichtigste indonesische Kinderbücher von nur zwei hervorragenden die Erzählung „Si Doel Anak Betawi", die im Jakarta-Dialekt verfaßt wurde und „Botjah ing Gunung" (1929), eine Geschichte von M. S. SASTRADIARDJA, die auf Javanisch erzählt wird.

Die Chefredakteure heute verbreiteter Kinderzeitschriften, SUDJATI SA von „Si Kuncung" und TOHA MOHTAR (*1926) von „Kawanku", nannten auf dem internationalen Sprachkongreß 1978 „Robinson Crusoe" von DANIEL DEFOE und „Gullivers Reisen" (Petualangan Gulliver) von JONATHAN SWIFT als die gelungenste und bisher unerreichte Form einer Kinder- und Jugendliteratur, die indonesische Heranwachsende zum Lesen motivieren könnte.

Eine spezielle Jugendliteratur entwickelt sich erst seit kurzer Zeit. Die Probleme der Heranwachsenden waren bis vor wenigen Jahren durch frühe Heirat (mit 14 Jahren) und Arbeit geprägt. Nur Kinder einer sehr privilegierten Schicht hatten die Möglichkeiten, durch längere Schulbildung und durch Studium über einen längeren Zeitraum hindurch „Jugendliche" zu bleiben.

Die heute gelehrte indonesische Literaturgeschichte zeigt ein verfälschtes Bild der Kinder- und Jugendliteratur, da alle kritischen und kommunistischen Veröffentlichungen aus der Zeit vor dem Regierungsumsturz 1965 unterschlagen werden. Sie sind allerdings noch in einigen Bibliotheken zu finden. Heute gilt in I. kritische Literatur als politische Agitation. Befürwortet wird eine Unterhaltungsliteratur, die kleine, humorlose Begebenheiten wiedergeben soll und die Kinder und Jugendliche auf die von der Staatsführung geforderten Werte hin erzieht.

Comics, sowohl aus dem Westen, als vor 1965 auch aus China importiert, breiteten sich rasch aus. Zum Teil haben Comics Sagen, Volkserzählungen, Mythen und Legenden zum Inhalt. Bilder können von allen betrachtet werden und die in Sprechblasen übernommene Form der Wechselrede bot den Leseunkundigen leichten Zugang zur Sprache. Heute dominieren im Lektüreangebot für junge indonesische Leser jene Comics, die vorwiegend Darstellungen von Gewalt und unglücklicher Liebe zum Inhalt haben.

Auf dem „Kongreß zur Förderung der indonesischen Sprache" (1978) wurde von den regierungstreuen Verlagen das Recht für uneingeschränkte Korrektur von Kinder- und Jugendbuchmanuskripten gefordert. Die Hauptrolle der indonesischen Literatur bildeten die durch die verschiedenen Formen der Oralliteratur überlieferten Stoffe, die besonders durch Puppenspiel, Theater und Märchenerzähler weitergegeben wurden. Für Erwachsene und Kinder wurden die Geschichten der verschiedenen Fürstentümer in Ostjava, Sumatra und der anderen Inseln in den jeweiligen Regionalsprachen aufgeführt. Mit dem Hinduismus war aus Indien das Wayangtheater gebracht worden, das mit Holzpuppen oder Lederfiguren den Inhalt der Epen „Mahabarata" und „Ramayana" darstellt. Die eigene indonesische Ausgestaltung dieser Epen wird heute in Form von Comics, aber auch in Erzählform von Kindern und Jugendlichen gelesen. Die berühmtesten Sagen und Legenden wie zum Beispiel „Hang Tuah" (Malaysia/Sumatra) und „Ken Arok" (Java) liegen heute in mehreren Fassungen gedruckt vor. Schon Anfang des 19. Jahrhunderts übertrug ABDULLAH BIN ABDUL KADIR MUNSYI, ein klassischer malayischer Schriftsteller, ein Sanskrit-Epos ins Malayische. Gedruckt in Singapur erreichte dieses Buch fast alle Intellektuellen und Kirchenfürsten I.s. „Panca Tandra" war die Geschichte eines Fürsten, der seinen Sohn von einem Brahmanen erziehen ließ. Dieser vermittelte dem Heranwachsenden in Form von Geschichten soziales Verhalten und gesellschaftliche Werte.

Eine Satire, die großen Einfluß auf die Erziehung von Kindern und Jugendlichen gewann, wurde ebenfalls von ABDULLAH BIN ABDUL KADIR MUNSYI geschrieben (Hikayat Pelanduk Jenaka), Ende des 19. Jahrhunderts von PADOMO DISASTRO ins Javanische und später ins Indonesische übersetzt („Dongeng Dongeng Kanchil"). Diese Fabeln sind bis heute allgemein bekannt und beliebt. Ein schlauer Tierheld überlebt und besiegt mit List die mächtigsten Gegner. Allerdings wird die Figur von Pädagogen kritisiert, da sie einen schlechten Charakter habe, lüge und betrüge und somit nicht die Gesetze der Religion befolge.

Bis heute sind einzelne regionale Heldenfiguren beliebt, die besonders den Kampf gegen die holländische Kolonialherrschaft repräsentieren. Anfangs mündlich überliefert, tauchen sie heute in den Comics, in Romanen, Zeitungsbeilagen und Theateraufführungen auf. Zu ihnen gehörte Toha, ein Held aus West-Java, der organisierten Widerstand gegen die Holländer leistete, und Jampang, ein Held aus Batavia, dem heutigen Jakarta, der als Einzelkämpfer der Bevölkerung gegen Ungerechtigkeiten der Kolonialherren half. PATI MARAH MALUKU kämpfte im 19. Jahrhundert auf den Molukken für die Unabhängigkeit. 1916 begann der staatliche Verlag Belai Pustaka mit der Herausgabe von Lesestoffen in den Regionalsprachen für Kinder der ersten zwei Grundschulklassen. In den zwanziger Jahren erschienen die Erzählung „Cerita Seekor Kucing Yang Cerdik" (1921), ein Buch in Anlehnung an die holländische Geschichte „Gelaarsde Kat", Übersetzungen wie „Dik Trom" (1923) von J. KIEVIET, „Kemerdekaan Anak Anak" (1928) von CHARLES KRIENEN und die Tiergeschichte „Dua Sahabat" (1928) von J. VAN DEUN. Weite Verbreitung fanden Comics und kleine Erzählungen in Heftform, die von Autoren im Selbstverlag verlegt und in Buchläden und an Kiosken in den Großstädten verkauft wurden. In den renommierten Verlagen erschienen hauptsächlich Übersetzungen klassischer Kinderbücher aus dem Ausland wie „Tom Sawyer Anak Amerika" (1928), „Pinokio" oder KIPLINGS „Cerita Mowgli Anak Didikan Rimba" (1934). Kritische Zeitschriften und Zeitungen wie „Shin po", „Pemandangan", „Berita umun", „Suara umun", „Sin tit poh" oder „Panji Postaka" förderten während der dreißiger Jahre in gesonderten Besprechungen Kinder- und Jugendliteratur. Von vielen dieser Zeitungen kann man heute keine Belegexemplare mehr finden, da die kritischen Verlage und Zeitschriften verboten wurden und das Archivmaterial vernichtet wurde.

In den vierziger Jahren schrieb AMAN DATUK MODJOINDO eine Serie von Erzählungen für Kinder, denen er Blumennamen als Titel gab („Pak Janggut", 1938; „Cempaka biru", 1940; „Kuntum Delima", 1940).

Während der japanischen Besatzungszeit wurde kaum Kinder- und Jugendliteratur veröffentlicht. Nur ein Liederbuch für Kinder ist aus dieser Zeit geblieben. Es ist das Bändchen „Mari Kita Bernyanyi" von IBU SUD, das Kinder zum Singen auffordert. Nach der Unabhängigkeit wurden 1948 Werke zweier Autoren öffentlich besonders herausgestellt: Es waren die zwanzig Kindermärchen von ZUBER USMAN, die unter dem Titel „20 Dongeng Anak Anak" erschienen und „Penangkap Ikan" (1949) von DA KACA. Jetzt begannen auch Autoren für Kinder zu schreiben, die vorher nur Erwachsenenliteratur verfaßt hatten, wie MOHAMMED RUSTANDI KARTAKUSUMA mit „Heddie Dan Tutie" (1951), einem Drama für Jugendliche, oder NASYAH JAMIN mit der Erzählung „Si Pa'i Bengal" (1951), für die der Autor 1952 mit einem Literaturpreis ausgezeichnet wurde. Die ersten Bücher, die sich ausschließlich an Jugendliche wandten, waren „Gadis Remaja" (1951) von S. DERMAWAN, der Geschichtsroman „Hang Tuah" von A. RAHIM MUFTI und „Bunga Panca Warna" (1956) von S. SASTRAWINATA.

Neben diesen bis heute staatlich anerkannten Autoren begann sich in den fünfziger Jahren eine kritische Kinder- und Jugendliteratur durchzusetzen, die sich gegen die Vorherrschaft des Kolonialismus wehrte, deren Autoren aber 1965 in den Gefängnissen landeten und die bis heute nicht genannt werden dürfen. Hierher gehört die Erzählung „Koobangan" (1953) von M. R. DAJOH, eine fiktive Heldengeschichte, in der die Armut des Menschen nicht als individuelles Schicksal, sondern als Ergebnis von ungerechten sozialen Verhältnissen dargestellt wird. Das Buch „Bangun" (1959) von M. R. DAJOH zeigt als Sozialutopie eine weise, unkorrupte, gerechte Regierung, unter der Frau und Mann die gleichen Rechte haben. In dem Buch werden die Probleme des Analphabetismus überdeutlich aufgezeigt, um so die jugendlichen Leser zur Mitarbeit in Partei und Staatsführung aufzurufen. „Masa Kanak Kanak" (1955) wurde von Mitgliedern des Kunstzentrums Peking herausgegeben, in China auf Indonesisch gedruckt und hauptsächlich auf Java vertrieben. In Bildern und Texten wird das Leben von Jugendlichen aufgezeigt, das von Informationen über Arbeitssuche, Entlassungen und der stupiden Arbeit in Fabriken geprägt ist. „Sehelai Gambar Berokat" von SIAN KAN NIU wurde ebenfalls in Peking gedruckt und handelt von dem frühen Einsatz von Kindern für die Gesellschaft und ihrer Verantwortung für die Eltern. Der staatliche Verlag „Balai Pustaka", der die offiziell anerkannte Kinder- und Jugendliteratur veröffentlichte, druckte zur gleichen Zeit mehrere Bücher von R. GAZALDUN („Dua Hati Yang Tak Pernah Puas", 1956; „Di Seberang Jembatan Emas", 1956; „Babi Yang Sombong", 1957). Keine dieser anspruchslosen Erzählungen ging im Umfang über 16 Seiten hinaus. Sie sollten zur Zerstreuung und Ablenkung des jungen Lesers von seiner gesellschaftlichen Wirklichkeit dienen. Nach dem blutigen Regierungsumsturz von 1965 erschienen neue Comics auf dem Markt, die an die Stelle der alten Legenden und Volksdichtungen amerikanisch beeinflußte Serien voll Brutalität, Gewalt und Grausamkeit setzten, daneben auch solche, die sentimentale Liebesgeschichten enthielten. Im Volk leben noch heute die Fabeln und Legenden der verschiedenen Regionen und Inseln I.s weiter, in denen Einzelkämpfer, Tiere, Kinder und Erwachsene durch Klugheit und Schläue den ungerechten Regeln und Gesetzen Widerstand leisten. So schrieben Y. CHANDRA 1971 „Si Kontet Jago Pasar Ikan", die Geschichte von dem Helden des Fischmarktes, und TH. GANES „Jampang, Jago Betavi" (1971, dt. Die Abenteuer des Helden Jampang). GANES gibt viele seiner Bücher im Selbstverlag heraus.

Ab 1972 wurden mit Hilfe des Erziehungsministeriums Preise für Jugendliteratur vergeben. Die Erzählungen „Remaja Industrie" (1972) von ALIF MARTADI und „Lembah Hijau" (1972) von N. B. NASUTION wurden 1972 ausgezeichnet. Für die Jahre 1973 und 1974 stellte die Jury fest, daß kein Buch ausgezeichnet werden könne, da keines dem internationalen Standard gleichkäme. Bücher, denen man Beachtung schenkte, waren „Tati Tak Kan Putus Asa" (1955, NA. 1973) von L. PRINGGOADISURYO, „Empat Kuntum Melati" (1974) von SURTININGSHI, „Popo maruto" (1974) und „Dunia Penuh Tawa" (1975) von SOEKANTO SA. Ein viel gelesenes Buch ist der Jugendroman „Si Imung" (1974) von ARSWENDO ATMOWILOTO. Der Autor hat hier die Figur eines Jugendlichen geschaffen, der von seiner Umwelt als schwach angesehen wird, aber trotzdem seine Interessen durchsetzt. Im Jahr 1975 erschien der Band „Harimau Harimau" von MOCHTAR LUBIS. Er wurde noch im gleichen Jahr preisgekrönt. 1976 erschien der viel gelesene Roman „Sebuah Cinta Sekolah Rakyat" (1976) von T. TJITRAWARSITA, der ebenso ausgezeichnet wurde wie „Tentang Bermain Drama" (1976) von W. S. RENDRA, der als der bedeutendste lebende indonesische Schriftsteller (* 1935) gilt.

Fast alle Zeitschriften und Zeitungen haben heute Rubriken für Kinder und Jugendliche. Ab 1956 erschien die Kinderzeitschrift „Si kuncung", die hauptsächlich Novellen und Kurzgeschichten veröffentlicht. Herausgeber ist der Journalist SUDJATI SA, der auch eine Literaturzeitschrift herausgegeben hat. Die Auflage von 225 000 Exemplaren im Jahr 1965 sank auf heute 25 000 Exemplare. Grund dafür dürfte der immer deutlicher hervortretende nationalerzieherische Trend der Zeitschrift sein. Unter den heute erscheinenden weiteren sechs Zeitschriften „Kawanku" (ab 1971), „Bobo" (ab 1973, Herausgeber AER. TIENKE LATUMETEN), „Cermelang" (ab 1973, Herausgeber ALI ACHMAD), „Kucica" (ab 1977, Herausgeber UPI SUNDARI AZIM), „Ananda" und „Bimba" (Herausgeberin YUS KAYAM) pflegt sicher „Kawanku", unter der Leitung des Novellenschreibers TOHA MOHTAR, am deutlichsten die Sprache einer eigenen indonesischen Kinderliteratur. „Bobo", mit Bildgeschichten und kurzen Erzählungen zur reinen Unterhaltung, liegt heute mit einer Auflage von 150 000 Exemplaren an der Spitze aller Kinderzeitschriften. In der Jugendzeitschrift „Hai" schreibt JUDISTHIRA ADI NUGRAHA, der mit seinem Jugendroman „Arjuna Menori Cinta" (1977) einen großen Leserkreis gewann. Auch TEGUH ESHA ALI, der im Jahr 1977 einen vielgelesenen Roman für Jugendliche, in dem das Motorradfahren verherrlicht wird („Topan Anak Jalannan"), veröffentlichte, schreibt für diese Jugendzeitschrift.

Viele der privaten Radiostationen I.s, vor allem der Radiosender Kayu Manis (Radio Zimt), Jakarta, senden an einem Abend in der Woche historische Erzählungen, Sagen und Legenden für Kinder, die durch eingeblendete Werbung für Seife, Gewürze oder Tee finanziert werden und bei Kindern, Jugendlichen und Erwachsenen sehr beliebt sind.

Puppenspiele, Tänze und traditionelle Theateraufführungen werden von Kindern und Erwachsenen besucht. Spezielles Kindertheater gibt es kaum. Dafür ist das moderne Theater bei Jugendlichen zum Mitspielen wie zum Anschauen in den letzten Jahren beliebt geworden. Die Autoren sind meist heute lebende Zeitungsredakteure oder Feuilletonschreiber. Die Schauspieler sind Jugendliche. Allein in Jakarta gibt es 142 Jugendtheater mit insgesamt 3550 Mitgliedern. Seit 1973 werden Festivals für Jugendtheater veranstaltet und Preise vergeben. Die bekanntesten Gruppen sind „Theater Kecil", „Theater Populer", „Mandiri", „Remaja Jakarta Dirkes", „Bengkel Theater Rendra". Bearbeitungen von GOGOL, IONESCO, TENNESSE WILLIAMS und SOPHOKLES wurden häufig gespielt. Die bedeutendsten indonesischen Autoren für Jugendtheater sind: PUTU WIJAYA, WISRAN HADI, NOORCA MARENDRA, YUDHISTIRA ARDHI NUGRAHA. Sie stellen Wünsche, Träume und den Alltag der Jugendlichen dar. Eine Reihe preisgekrönter Stücke sind richtungsweisend für das heutige Jugendtheater („Aduh", 1973, von PUTU WIJAYA; „Topeng Kayu", 1973, von KUNTOWIJOYO; „Dig Dag Dug", 1974, von PUTU WIJAYA; „Anu", 1974, von PUTU WIJAYA; „Perjalanan Kebahagiaan", 1975, von NOORCA MARENDRA; „Edan", 1976, von PUTU WIJAYA; „Terbit Bulan Tenggelam Bulan", 1976, von NOORCA MARENDRA; „Anggun Nan Tongga", 1977, von WISRAN HADI; „Penguruan", 1978, von WISRAN HADI; „Ke", 1978, von YUDHISTIRA ARDHI NUGRAHA). Öffentliche Diskussionen anläßlich der Aufführungen werden von Regisseuren und Dramaturgen wie SARDONO W. KUSUMO, DANARTO oder ROEDJITO geleitet.

Die Förderungsmaßnahmen der Kinder- und Jugendliteratur beschränkten sich anfangs hauptsächlich auf die Hauptstadt Jakarta. In den fünfziger Jahren konzentrierte sich die Arbeit der Sozialistischen Partei Indonesiens besonders auf die Förderung von Kunst und Literatur allgemein. 1950 wurde „Lembaga Kebudayaan Rakyat", ein „Volkskulturinstitut", gegründet, um als Gegengewicht zu der durch die holländische Besatzung bedingten Ausrichtung nach Europa, Literatur und traditionelle Kulturformen aus dem sozialistischen Ausland zu importieren (Korea, China, Vietnam, Polen, Sowjetunion). Damit wurde die Volkskunst in den Vordergrund gehoben. Das Kulturinstitut wurde geleitet von BUYUNG SALEK, PRAMUDYA ANANTA TUR und RIVAI APIN.

Mit dem Regierungsumsturz 1965 veränderten sich auch die Inhalte und Tendenz der indonesischen Kinder- und Jugendliteratur. Aufklärende oder gar kritische Literatur durfte nicht mehr gedruckt werden. Der staatlich gelenkte Schriftstellerverband (OPI) veröffentlichte einen Katalog aller Kinderbücher, die vom Staat anerkannt wurden, um dieser Literatur einen festen Platz im Bewußtsein der Öffentlichkeit zu sichern. Ab 1968 wurden staatlich geförderte Seminare über Kinder- und Jugendliteratur abgehalten. In der Stadt Jakarta wurden 1000 Schulbibliotheken eingerichtet. Im gleichen Jahr gab die Stadtverwaltung Jakarta Bücher an die Bezirksverwalter in allen Stadtteilen für den öffentlichen Leihverkehr aus. Doch die Bücher verschwanden und für neue Ankäufe war kein Geld vorhanden. In Zusammenarbeit mit dem regierungseigenen Verlag Balai Pustaka wurde eine zentrale Kinderbibliothek mit insgesamt 7100 Büchern in Jakarta eröffnet. Bei einer Einwohnerzahl von 6 Millionen wurden 1972 7777 Bücher, 1974 12238 Bücher und 1976 5232 Bücher ausgeliehen.

Im Jahr 1972, dem indonesischen Jahr des Buches, wurden Untersuchungen über Lesegewohnheiten der verschiedenen Bevölkerungsschichten durchgeführt, Preisausschreiben für Kinder- und Jugendliteratur ausgeschrieben und allgemeine Bewertungskriterien von Literatur und Illustration in Zeitschriften publiziert. Viele der öffentlich ausgezeichneten Manuskripte wurden nie veröffentlicht. Seit 1972 fördert die Regierung mit Hilfe der Vereinten Nationen Kinder- und Jugendliteratur. Das Ministerium für Kultur und Bildung trifft jährlich eine Auswahl von einhundert Titeln, die dann für die Bibliotheken der ca. 70000 Grundschulen gedruckt und verteilt werden.

Ende 1973 wurde die „Stiftung zur Förderung hervorragender Bücher" gegründet, mit einem festen Grundkapital, dessen Zinsen als jährliche Preise für Belletristik und Schulbücher für junge Leser vergeben werden.

Während des Jahres 1975 wurden Vorträge, Seminare, Pressekonferenzen und Fernsehsendungen durchgeführt, um die Vorstellungen und Ziele der Stiftung zu verbreiten, in der Hoffnung, dadurch weitere Autoren zum Schreiben von Kinder- und Jugendliteratur zu bewegen. Aus den Buchlisten des Verlegerverbandes geht hervor, daß 1975 der Verlag P. T. Nunia Pustaka Java mit insgesamt 170 Kinder- und Jugendbüchern an der Spitze aller Verlage lag; bis 1977 veröffentlichte Balai Pustaka, der bekannteste indonesische Verlag, 120 Titel. Das Verhältnis solcher Zahlen zur Bevölkerungsdichte I.s zeigt die geringe Resonanz und den Entwicklungsstand der öffentlich anerkannten Kinder- und Jugendliteratur in einem Land mit noch immer vorherrschender oraler Tradition. Es gibt nur wenige Verlage in den Großstädten, hauptsächlich in Jakarta. Das tropische Klima des Landes mit besonders hoher Luftfeuchtigkeit führt dazu, daß Fotografien und Bücher ohne besondere Pflege nur begrenzt haltbar sind. Lange Anfahrtswege zu zentral gelegenen Buchläden in der Stadt und die Scheu vor dem Betreten eines solchen Geschäftes werden nur von Angehörigen des neu aufsteigenden Mittelstands überwunden. Die Preise der Kinder- und Jugendbücher sind für das überwiegend geringe Einkommen der Bevölkerung zu hoch.

Sekundärliteratur: E. Darwis: Peranan carita Anak Anak Dalam Pendidikan di Sekolah Dasar (o.J.). – D. R. K. Sarumpaet: Bacaan Anak Anak (1976).

Utta Wickert

Inkiow, Dimiter

*(Ps.e: Velko Verin, Dimiter Janakiev). Kinderbuchautor; * 10. 10. 1932 Haskowo/Bulgarien.*

I. besuchte das Technische Gymnasium in Pernik in Bulgarien. Er schloß seine Studien 1951 als graduierter Bergwerksingenieur ab. Von 1952 bis 1958 war I. an der Akademie für Schauspielkunst und Theaterwissenschaft in Sofia. Diese Ausbildung beendete er mit dem

Dimiter Inkiow (1932)*

Regisseurdiplom. Danach war I. Redakteur verschiedener Zeitungen und Zeitschriften in Sofia. 1963 emigrierte er aufgrund politischer Unzufriedenheit in die Bundesrepublik Deutschland. I., der in Bulgarien großen Erfolg hatte, war es „satt, jemand zu sein". I. lebt in München und schreibt seit 1973 seine Bücher in deutscher Sprache.

Werk, Tendenzen, Wirkung. Bekannt wurde I. im deutschen Sprachraum vor allem durch seine heiteren Geschichten um das Mädchen Klara, die seit 1977 erschienen sind und zusätzlich auf Schallplatten und

Tonkassetten Verbreitung fanden. Andere Genres, in denen I. sich versuchte, sind Räubergeschichten („Miria und der Räuber Karabum", 1974), Puppen- und Traumgeschichten. Charakteristisch für viele seiner Texte ist ein antiutopisches, satirisches Moment. In „Der grunzende König" (1979), der Geschichte eines Dementis, erzählt I. voller Ironie von dem vergeblichen Versuch eines Herrschers, das Gerücht, daß er im Schlafe grunze, zu widerlegen. Mit jedem neuen Dementi sind seine Untertanen nur um so gewisser, daß er wirklich grunzt. Die „Reise nach Peperonien" (1977) bedient sich des Schlaraffenlandmotivs als eines Mittels politischer Satire. I. gibt sich sehr skeptisch gegenüber den Vorstellungen gesellschaftlicher Gleichheit, wenn er zeigt, daß es in der fabelhaften „Glücksprovinz" Peperonien sehr wohl Unterdrückung und staatliche Gewaltmaßnahmen gibt. Er veranschaulicht den Zwangscharakter des „Gefängnisses für glückliche Sträflinge", der „halbstündigen Lachgymnastik" und der „rosa Brillen", die jeder tragen muß. Neben diesen gesellschaftskritischen Aspekten enthält I.s Text alle Momente einer Abenteuergeschichte mit Flucht, Verfolgung und Entkommen.

Werke: Miria und der Räuber Karabum (1974); Die Puppe, die ein Baby wollte (1974); Der kleine Jäger (1975); Transi Schraubenzieher (1975); Transi hat 'ne Schraube locker (1976); Ich und meine Schwester Klara (1977); Reise nach Peperonien (1977); Ich und Klara und der Kater Kasimir (1978); Ich und Klara und der Dackel Schnuffi (1978); Planet der kleinen Menschen (1978); Kunterbunte Traumgeschichten (1978); Klub der Unsterblichen (1978); Ich und Klara und das Pony Balduin (1979); Geheimnis der Gedankenleser (1979); Der grunzende König (1979); Das fliegende Kamel (1979); Der versteckte Sonnenstrahl (1980); Fünf fürchterliche Räubergeschichten (1980); Ich und Klara und der Papagei Pippo (1981).

Winfred Kaminski

Irland

(Poblacht na hÉireann; englisch: Irish Republic). Republik in Westeuropa. Sie nimmt den größten Teil der Insel Irland ein. Staatsgebiet: 70280 km²; Einwohner: ca. 3 Millionen. Hauptstadt ist Dublin. Die Verfassung vom 29. 12. 1937 lehnt sich an das britische Vorbild an. Danach ist die ganze Insel „nationales Territorium", auch das jetzt noch von Großbritannien beanspruchte „Nordirland". Der Name Republic of Ireland beruht auf dem Act von 1948, durch den I. aus dem Commonwealth ausschied. Die Bevölkerung besteht zu 95 % aus Iren, die mit wenigen Ausnahmen der römisch-katholischen Kirche angehören. Aufgrund der jahrhundertelangen Besetzung durch England wurde die irische Sprache sehr zurückgedrängt. Obwohl Irisch seit 1922 in der Schule gelehrt werden muß und seit 1921 Amtssprache ist, sprechen nur etwa 30 % der Bevölkerung irisch. Erste Amtssprache ist Irisch, zweite Amtssprache und weitgehend Umgangssprache ist Englisch.

Entwicklung der Kinder- und Jugendliteratur in I. und gegenwärtiger Stand. Eine Betrachtung der Geschichte der irischen Kinder- und Jugendliteratur muß die zwei Kulturbereiche des Irischen sowie des Anglo-Irischen einbeziehen. Diese beiden Kulturen vermischten sich häufig, sind in manchen Epochen gar nicht auseinanderzuhalten und zu anderen Zeiten wieder deutlicher getrennt. Heute gibt es Ansätze für eine eigenständige Literatur in der irischen Sprache, die jedoch gegenüber der englischsprachigen Literatur bisher kaum Bedeutung erlangt haben. Seit Beginn des 17. Jahrhunderts war Englisch als ausschließliche Amts- und Handelssprache dominierend und führte dazu, daß von da an Schriften fast gänzlich in englischer Sprache gedruckt wurden. Das benachbarte England mit seinen größeren ökonomischen Mitteln und dem größeren Absatzgebiet veranlaßte die irischen Autoren, ihre Werke in Englisch in England erscheinen zu lassen. Auch die irischen Drucker übernahmen die englische Sprache und druckten häufig schon in England erschienene Werke nach. Diese Entwicklung prägte auch die Anfänge der irischen Kinder- und Jugendliteratur.

So waren die sentimentalen Erziehungsromane von SAMUEL RICHARDSON, voran seine „Clarissa", in zahlreichen in Irland entstandenen Drucken in I. verbreitet, der erste irische Nachdruck erfolgte 1751 in Dublin. Lediglich JOHN BUNYANS „Pilgrim's Progress" erschien neben englischsprachigen Ausgaben auch in einer irischen Übersetzung, die 1837 in Dublin gedruckt wurde.

Eine frühe Dichtung in irischer Sprache, die den Titel „Pangur Bán" trägt, wurde Anfang des neunten Jahrhunderts von einem Mönch verfaßt. Diese Verse wurden über Jahrhunderte hinweg gesungen und zitiert und in zahlreiche Sammlungen aufgenommen. Die Dichtung erzählt von den Erlebnissen des Mönches mit einer weißen Katze, die er als Gefährtin in seine Einsiedlerzelle aufgenommen hatte. Auch in den Gedichten von KATHERINE TYNAN („All in the April evening") oder WILLIAM ALLINGHAM („Up the airy mountain") spiegelt sich noch etwas von der Landschaft und den Legenden des alten I., die sich in zahlreichen Sagen und Liedern mit zauberhaft-phantastischem Gepräge niedergeschlagen haben und die bis in die Gegenwart hinein englische, aber auch andere europäische Autoren zu ihren Dichtungen angeregt haben. Viele dieser Sammlungen und Gedichte wenden sich auch an Kinder. Frühe Anthologien, die zum Teil noch heute aufgelegt werden, waren „Gems for the Young", 1885 in Dublin von KATHERINE TYNAN herausgegeben, und „Flowers from Many Gardens", eine Anthologie, die im Jahr 1934 in Dublin von einem der „Christian Brother" vorgelegt wurde. Die letztere Sammlung hat auch Eingang in Schulen gefunden und wurde sehr gelobt.

Zu den ersten Texten für junge Leser, die in I. gedruckt wurden, gehören vor allem die zahlreichen Fibeln und Lesebücher, die zum Teil aus England übernommen wurden, zum Teil in I. selbst nach den englischen Vorbildern erstellt wurden. Das erste Buch, das in I. selbst gedruckt wurde, erschien im Jahr 1551. Leselernbücher und Elementarbücher, die über die damals bekannte Welt informierten, waren wie auch Schulbücher über Mathematik, die Wissenschaften, griechische und lateinische Autoren, als Lektüre für die Heranwachsenden sehr gesucht, da den breiten Schichten der Iren von den englischen Besetzern lange Zeit eine Schulausbildung vorenthalten wurde. Noch im Jahr 1850 waren 50% der Bevölkerung über 5 Jahren Analphabeten.

Weit verbreitete Elementarbücher waren die Bände „A Museum for Young Gentlemen and Ladies" (Dublin, 1790) oder „The Mental Magazine, or Young Lady's Repository of Arts and Sciences" (Dublin, 1801). Allerdings konnten diese Bücher nur von den begüterten Iren für ihre Kinder angeschafft werden. Auch die PESTALOZZIschen Lesetafeln („Reading Lessons"), die 1827 in Dublin und Wicklow gedruckt wurden, blieben den wohlhabenden Bürgern vorbehalten. Bereits im 19. Jahrhundert gab die „Society for Promoting the Education of the Poor" (1811–1831), eine Vereinigung, die von der protestantischen Kirche getragen wurde, Schulbücher und Schriften zur Kunst, Ökonomie und Naturgeschichte heraus. Auch die mit Hilfe der „Commissioners of National Education" erstellten Schulbücher hatten einen so guten Ruf, daß sie in 12 Länder exportiert wurden. Diese Wertschätzung irischer Lehrbücher hat sich bis heute erhalten; auch noch heute werden zahlreiche ins Ausland, vor allem in überseeische, englischsprechende Länder exportiert.

Für die kleine Schicht der irischen Kinder, die im 18. Jahrhundert bereits lesen konnte, gab es eine erstaunlich große Anzahl von Kinderbüchern. So wurden „Gulliver's Travels" (1726) in immer neuen Ausgaben gedruckt, in denen man versuchte, die politisch-satirische Veröffentlichung SWIFTs für Kinder zurechtzustutzen. Es existierten sowohl teure, illustrierte Ausgaben wie auch billige „Chapbook"-Exemplare. Auch die zahlreichen Kinderbücher, die der Verleger JOHN NEWBERY herausbrachte, waren in I. verbreitet. Spitzenreiter war das Bändchen „Little Goody Two-Shoes", dessen Autorschaft OLIVER GOLDSMITH (1728–1774) zugeschrieben wird, der auch die Erzählung „Vicar of Wakefield" verfaßte, ein Buch, das noch heute zur Lektüre irischer Jugendlicher gehört.

In Dublin wie auch in anderen größeren Orten I.s entstanden auch die billigen chapbooks, die in Krämerläden und durch herumziehende Händler verkauft wurden und die teilweise die Lektüre der ärmeren Landbevölkerung darstellten. Wie auch in England, enthielten sie abenteuerliche, romantisch-historische und auf Legenden beruhende Geschichten wie „St. Mary of Egypt", „The Seven Champions of Christendom", „The Battle of Aughrim" oder „The Life of the King of Sweden". Im Gegensatz zu den chapbooks, die in England hergestellt wurden, zeigten die irischen eine deutliche Nähe zu christlich-katholischen Tendenzen. Auf dem Land hielten sich diese chapbooks bis weit ins 19. Jahrhundert hinein. Sie wurden sogar in den sogenannten „hedge-schools", den während der englischen Besatzung verbotenen, im Verborgenen eingerichteten Schulen neben den ABC-Büchern benutzt. Die in I. geborene Autorin MARIA EDGEWORTH (1767–1849), die zu den meistgelesenen Jugendbuchautorinnen ihrer Zeit in den englischsprechenden Ländern gehörte, verfaßte zahlreiche Schriften, von denen in I. vor allem die Erzählungen „The Parent's Assistant, or, Stories for Children" (1796), „Early Lessons" (1801) und ihre „Popular Tales", die sich im Gegensatz zu den vorgenannten Titeln an jüngere Kinder wendet, verbreitet waren. Noch 1909 erschienen ihre Erzählungen mit dem Hinweis, daß „sie noch immer wie vor hundert Jahren die jungen Leser bezaubern" würden. Ihre Erzählungen „Forgive and Forget" und „Rosanna" wurden noch 1933 in Belfast und Dublin in irischer Sprache herausgebracht.

Das 19. Jahrhundert war für I. ein Jahrhundert der Unruhen, des wirtschaftlichen Niedergangs und der politischen und kriegerischen Auseinandersetzungen. Das Buch „Castle Rackrent" (1800) von MARIA EDGEWORTH zeigt deutlich die Ungerechtigkeiten und die Brutalität auf, mit denen die englischen Landbesitzer die ländliche Bevölkerung unterdrückten und von ihnen hohe Steuern und Abgaben erpreßten. Diese Geschichte ist bis heute Bestandteil schulischer Lektüre. Um die Mitte des 19. Jahrhunderts waren es vor allem Lehrer, die in I. alte Sagen, Heldenmythen und Legenden in Kinderbücher einbrachten. In der zweiten Hälfte des 19. Jahrhunderts und vor allem gegen dessen Ende hin mehrten sich die Schriften irischer Kinderbuchautoren, die patriotisch-historische und auch zeitkritische Bücher vorlegten. So gab CHARLES KICKHAM (1828–1882) in seiner Erzählung „Knocknagow" (1879) eine realistische Beschreibung des ländlichen Lebens im I. des 19. Jahrhunderts, in seiner Geschichte „Sally Cavanagh" (1869) beschrieb er die Unterdrückung durch die Landbesitzer und das Elend der Emigration. Auch STANDISH O'GRADY (1846–1929) schrieb patriotische Erzählungen wie das Buch „The Flight of the Eagle" (1897) oder „The Coming of Cuchulain" (1894). Das Buch „Glenanaar" (1905) von P. A. SHEEHAN (1852–1913) berichtet von dem Freiheitskämpfer DANIEL O'CONNELL, der Hungersnot von 1848 und der Aufstandsbewegung von 1867.

Die wohl berühmteste irische Verfasserin phantastischer Erzählungen für Kinder ist FRANCES BROWNE (1816–1879), deren Erzählungen internationale Anerkennung fanden. Der Band „Granny's wonderful Chair, and the stories it told" (1856) wurde wiederholt nachgedruckt. Im Jahr 1901 wurde eine Ausgabe des Buches in den USA als Lesebuchergänzung gedruckt und in fast allen Staaten in die Schulen übernommen.

ROSA MULHOLLAND (1841–1921), KATHERINE TYNAN (1861–1931), L. T. MEADE (1856–1915) und M. E. FRANCIS (1855–1930) schrieben vorwiegend Erzählungen für junge Mädchen. Auch ANNIE SMITHSON (1873–1948) verfaßte Mädchenbücher, doch sind ihre Erzählungen von einem starken patriotischen Akzent geprägt. Ihr Buch „Irish heritage" (1915) wurde ein Bestseller. Eine weit verbreitete Erzählung schrieb MAIRIN CREGAN (1891–1975) unter dem Titel „Rathina", die aus dem Alltag der ländlichen Bevölkerung I.s berichtet.

Entwicklungstendenzen der irischen Kinder- und Jugendliteratur im 20. Jahrhundert. Im 20. Jahrhundert verbreitete sich das Angebot an Kinder- und Jugendbüchern in I. außerordentlich. Besonders hervorzuheben ist „A Boy in Eirinn" (1915), von PADRAIC COLUM (1881–1972) verfaßt und mit Illustrationen von J. B. YEATS; auch die Bände „The King of Ireland's son" (1916) und „The Golden Fleece" (1961) stammen von diesem Autor. PATRICIA LYNCH (1898–1972) schrieb über 50 Kinderbücher, von denen „The Turf-Cutter's Donkey" (1934) und „The grey Goose of Kilnevin" (1941) am bekanntesten wurden. WALTER MACKEN (1915–1967) schrieb zwei Kinderbücher, die heute in I. schon zu den Kinderbuchklassikern gezählt werden. Es sind die Erzählungen „Island of the Great Yellow Ox" (1966) und „Flight of the Doves" (1967). Der 1928 geborene EILIS DILLON hat mehr als 30 Kinderbücher geschrieben, davon einige in irischer Sprache. Die meisten seiner Erzählungen spielen im Westen I.s. Am bekanntesten sind die Bände „A family of foxes" (1964) und „The island of horses" (1956). Wichtige Autoren sind LIAM O'FLAHERTY, MARY FLYNN, MARY LAVIN, JAMES JOYCE, J. S. ANDREWS, META MAYNE REID und MADELEINE POLLAND. Die junge Autorin PATRICIA FINNEY (*1958) hat drei bemerkenswerte Erzählbände, die auf alten irischen Legenden basieren, vorgelegt.

Irische Volksmärchen fehlen in keiner Liste mit Angeboten irischer Kinderbücher. Die weltbekannten Autoren solcher Märchen sind EDMUND LEAMY, W. B. YEATS, OSCAR WILDE oder SINÉAD DE VALERA. Vor allem die märchenhafte Figur des Bösewichts, der einen Schatz hütet, gehört zur altirischen Folklore. Zwei Bücher darüber sind bereits zu Klassikern geworden, „The crock of gold" (1913) von JAMES STEPHENS (1882–1951) und „The leprechaun of Kilmeen" (1920) von SEAMUS O'KELLY (1881–1918).

Eine interessante Zusammenstellung irischer Gedichte für junge Leser, die Gedichte von 69 irischen Dichtern enthält und bis ins 7. Jahrhundert zurückgeht, wurde 1975 in Dublin unter dem Titel „The Wolfhound book of Irish poems for young people" herausgebracht. Die frühen Gedichte dieser Sammlung wurden aus dem Irischen ins Englische übersetzt.

Als Illustrator von Kinderbüchern ist vor allem JACK B. YEATS (1870–1957), der Bruder des bekannten Dichters W. B. YEATS hervorgetreten. Neben eigenen Kinderbüchern illustrierte er solche von PATRICIA LYNCH, PADRAIC COLUM und STANDISH O'GRADY. EILEEN COUGHLAN hat Kinderbücher von PATRICIA LYNCH und die Erzählungen um das Kaninchen Cornelius von MARY FLYNN illustriert. FERENCE O'CONNELL ist durch ihre zarten Auqarellzeichnungen zu LIAM O'FLAHERTYs Erzählungen berühmt geworden. Zu den jüngeren Talenten auf dem Gebiet der Kinderbuchillustration gehören PAT WALSH, PAULINE DEVINE und RONNIE BAIRD.

Schon früh erschienen in I. Kinder- und Jugendzeitschriften. Die ersten, die mehr lehrhafte, moralisierende Inhalte hatten, waren „The monthly gleaner, or youth magazine designed to promote the moral and religion improvement of youth" (Belfast, 1833–1837) und „The Catholic Children's magazine" (Dublin, 1879–1882). Die ab 1914 erscheinende Jugendzeitschrift „Our Boys" hat einen großen Leserkreis. Sie enthält eine Mischung aus unterhaltenden Erzählungen, allgemeiner Information, Rätseln, Sport und comicähnlichen Bildgeschichten. Die Zeitschrift „Young citizen", die monatlich erscheint, ist vor allem auf Technik und Erfindungen ausgerichtet. Sie besticht durch erstklassige Illustrationen. Die Monatsschrift „Newsletter" hat sich zum Ziel gesetzt, Kinder zum Kennenlernen ihrer eigenen Heimat anzuregen und sie dazu zu bringen, ihre Erfahrungen in eigenen Texten einzubringen.

Die Kinder- und Jugendzeitschriften „Gealan", „Gaire", „Gliondar" und „Greann" erscheinen monatlich in irischer Sprache. Englische Übersetzungen davon erscheinen unter anderen Titeln. Sie werden vom Erziehungsministerium unterstützt und sollen auch in Schulen als das Lesebuch ergänzende Lektüre eingesetzt werden. Seit 1979 erscheinen „The Irish girls annual" und „The Irish boys' annual", die sich an Kinder im Alter von 9–13 Jahren richten. Die Zeitschrift „The Wanderly wagon annual" richtet sich an Vorschulkinder, die Zeitschrift „The Peter Murphy quizz annual" an schon ältere Jugendliche.

Das Verlagswesen in I. war lange Zeit durch die englische Vormachtstellung überschattet, obwohl in Dublin und anderen größeren Städten seit dem 18. Jahrhundert Bücher verlegt werden. Im 19. Jahrhundert waren die Verlage Gill, Duffy und Browne und Nolan führend. Seit der Unabhängigkeit I.s von 1922 zeigt sich ein stetiger Anstieg in der Anzahl der Verlage wie der der Buchproduktion. Der regierungseigene Verlag An Gúm nimmt sich vor allem der Herausgabe von Kinderbüchern an und hat 1979 eine umfangreiche Liste von Neuerscheinungen vorgelegt. Die „Irish Association of school libraries" wurde 1962 gegründet mit dem Ziel, Lehrer bei der Einrichtung von Schulbibliotheken zu beraten und in ihnen Anleitungen für den Einsatz von Kinder- und Jugendbüchern im Unterricht zu geben. Ein Informationsblatt erscheint in unregelmäßigen Abständen. Im Jahr 1970 wurde in der Bibliotheksschule des University College von Dublin ein neuer Jahreskurs für Schulbibliotheken eingerichtet, der mit dem Erwerb eines Zertifikats als ausgebildeter Schulbibliothekar abgeschlossen wird.

Ende des 18. Jahrhunderts wurden in I., vor allem durch kirchliche Vereinigungen, erste Bibliotheken ins Leben gerufen. Gemeindebüchereien wurden in den Kirchen, den Pfarrhäusern oder den Schulen eingerichtet. Bücher, die aus solchen Büchereien ausgeliehen werden, dienten weitgehend zur Lektüre für die ganze Familie. Oft lasen die Eltern vor, und die übrigen Familienmitglieder hörten zu. Die „Society for the Education of the Poor" stiftete Schulen und anderen Bildungseinrichtungen Bücher aus ihrem Besitz; bereits 1831 waren in I. rund 11 000 Büchereien bekannt, die Bücher der Gesellschaft beherbergten. Der Public Library Act von 1855 gab den städtischen Behörden das Recht, Gemeindebibliotheken einzurichten. Heute gibt es in allen Orten I.s gut eingerichtete Bibliotheken, die vor allem Kinder- und Jugendbücher an junge Leser ausleihen. Auch die Ausstattung von Volksschulen mit Schülerbüchereien wird seit 1963 von der Regierung vorangetrieben.

Sekundärliteratur: M. Brenan: Schools of Kildare and Leighlin, A.D. 1775–1835 (1835). – S. J. Brown: Ireland in fiction (NA. 1919). – B. Cleeve: Dictionary of Irish writers (Bd. 1–3. 1966–1971). – P. J. Dowling: A history of Irish education (1971). – A. R. Eager: Guide to Irish bibliographical material (1964). – A. Ellis: History of children's literature and reading (1968). – M. Harmon: Modern Irish literature. 1806–1967 (1967). – V. Haviland: Children's literature: Ax guide to reference sources (1966). – H. K. Moore: An unwritten chapter in the history of Irish education (1904). – P. Muir: English children's books, 1600–1900 (1954). – F. Wall: The sign of Dr Hay's head (1958). – C. Welsh: On some books for children of the last century (1886).

Ellen Power

J

Jacob, Max

*Puppenspieler, Begründer der ‚Hohnsteiner Puppenbühne', Autor zahlreicher Puppenspiele; *10. 8. 1888 Bad Ems, †8. 12. 1967 Hamburg.*

Angeregt durch die Wandervogelbewegung anfangs der zwanziger Jahre in Deutschland, wandte sich der Kaufmann J. dem Puppenspiel zu und schuf in Hartenstein (Erzgebirge) eine Puppenbühne, die 1928 nach dem Umzug in eine Jugendburg als ‚Hohnsteiner Puppenbühne' internationalen Ruf gewann. 1937 erhielt J. auf der Weltausstellung in Paris eine Goldmedaille für sein Puppenspiel, in dem die traditionelle Figur des Kaspers dominierte. Während des Krieges stand die ‚Hohnsteiner Puppenbühne' als Truppenbetreuung an vielen Fronten zur Verfügung. Seit 1936 produzierte J. auch Puppenfilme, die nach 1945, als er in Hamburg seßhaft wurde, zum festen Bestandteil seiner Arbeit gehörten. 1953 löste er aus Altersgründen seine Bühne auf, avancierte aber noch 1957 zum Präsidenten der internationalen Puppenspielervereinigung, der UNIMA, und übte das Ehrenamt bis zu seinem Tode aus.

Max Jacob (1888–1967)

Werk, Tendenzen, Wirkung. Schon 1921 prägte J. die Kaspergestalt neu, veränderte nicht nur das Äußere dieser Traditionsfigur, indem er den Gips entfernte und den holzgeschnitzten Kopf wirken ließ, ihm eine lange Zipfelmütze verpaßte und den breiten Mund und die hervorstehende Nase durch Farben betonte. Der Stammvater aller späteren ‚Hohnsteiner Kasper' bekam auch einen veränderten Charakter angepaßt. „Der ist nun kein fader Spaßmacher mehr, kein Zotenreißer oder Raufbold aus Naturveranlagung. War sein Ahne – der Hanswurst der deutschen Bühne – wirklich eine alberne Person, so läßt der Hohnsteiner Kasper diese Eigenschaft gänzlich vermissen" (R. Schimmrich, 1937). Im Gefolge der eher unpolitischen Richtung der Wandervogelbewegung wurde J.s Kasper ein tugendhafter Kritiker, der mit seinem Humor dort hilft, „wo die großen Unzulänglichkeiten dieses Lebens sich zeigen, wo sich die Menschen gegenseitig das Leben erschweren". Ausgehend von Stegreifspielen und einzelnen von J. allein bestrittenen Aufführungen für den Wandervogel, entwickelten sich auch die anderen Figuren, fielen, entsprechend der zeitbedingten Laienspieldramaturgie, die gemalten Kulissen einfachen Vorhängen als Hintergrund zum Opfer, um schließlich den Grundstock für die Hartensteiner Bühne zu bilden. Mit jenem zunächst herumreisenden Handpuppentheater formte J. einen Stil, den er so beschrieb: „Im Grunde genommen spielte ich mich selbst, durch die Kasperfigur sagte ich all das, was zu sagen ich mich gezwungen fühlte. Ich wußte ja Bescheid, wie man so schön sagt.

Mir waren alle positiven und negativen Eigenschaften meiner Zuhörer bekannt: das Geltungsbedürfnis vieler, das Getue, die Geistreicheleien, das Besserwissenwollen, die Arroganz". J. war davon überzeugt, daß es nur eines schöpferischen Spielers bedurfte, der sich selbst einbringt, der nicht seine Stimme verstellen muß, um überzeugend zu wirken. So schrieb J. auch die Rollen der Stücke mit viel Einfühlungsvermögen seinen Spielern auf den Leib. Höhepunkt seiner Puppentheaterlaufbahn war der Zusammenzug aller Mitarbeiter auf der Jugendburg Hohnstein (Sächsische Schweiz), die der Bühne auch fortan als Name diente. Eine Puppenwerkstatt wurde eingerichtet, in der THEO EGGINK (1901–1965) die Puppen schnitzte und ELISABETH GRÜNWALDT die Kleider schneiderte. Gastspielreisen auch ins Ausland machten die ‚Hohnsteiner Puppenbühne' international bekannt; Lehrgänge, Treffen und Publikationen ergänzten den Spielbetrieb. Nach dem Krieg spielten die Hohnsteiner regelmäßig noch bis 1953. Kritik vorwegnehmend, verabschiedete sich J.: „Es ist klüger und mir lieber, wenn das Publikum ‚Schade' sagt und nicht: ‚Was, er spielt immer noch?'" Gleich drei Bühnen griffen J.s Arbeit in der Folgezeit auf und führten den ‚Hohnsteiner Stil' weiter. Neben ERICH KÜRSCHNER und HARALD SCHWARZ war FRIEDRICH ARNDT der wohl erfolgreichste.

Werke: Kleinigkeiten. Erzählungen (1928); Kasper beim Zauberer (1929); Kasper als Kammerdiener. Kasper als Arzt (1929); Ritter Elfenbein (1930); Kasper und Seppel auf Reisen (1930); Die Reise nach Afrika (1930); Die Räuber Kribs und Krabs (1939); Die Zauberinsel (1939); Die kluge Bauerntochter (1941, NA. 1954); Die blaue Blume im Zauberland (1941); Die goldene Halskette (1941); Kasper kauft ein Haus (1941, NA. 1954 u. 1966); Kasper und der Waldgeist (1941); Die neuen Kleider des Kaisers (1941); Die Prinzessin hat Geburtstag. Der Zauberer Mumpitzi-Dollores (1941, NA. 1954 u. 1966); Die Prinzessin und der Schweinehirt (1941, NA. 1954 u. 1966); Wollt ihr Kasper spielen? (1948, NA. 1957 u. 1971); Der Kasper geht einkaufen. Die Wunderkiste (1954, NA. 1966); Schneider Ziegenbart (1954); Großmutters neues Kleid (1955); Die alte Mühle (1959); Mein Kasper und ich (1964); Großmutters kurioser Besen (1966); Der grüne Luftballon (1966); Kasper und Seppel im Zoo (1966); Die feuerrote Blume (1966); Das geheimnisvolle Paket (1966); Ein Zimmer zu vermieten (1966).

Sekundärliteratur: Deutsches Institut für Puppenspiel (Hrsg.): Die Hohnsteiner Bühne (1960). – H. Just: Puppenspieler. Mensch, Narr, Weiser. Festgabe Max Jacob zum 70. Geburtstag (1958). – M. Schedler: Schlachtet die blauen Elefanten (1973). – R. Schimmrich: Das Hohnsteiner Handpuppenspiel (1937).

Wolfgang Schneider

Jank, Angelo

*Maler, Graphiker, Illustrator; *30. 10. 1868 München, †9. 10. 1940 München.*

J. studierte von 1891 bis 1896 bei F. LOEFFTZ (1845–1910) und P. HÖCKER (1854–1910) an der Münchener Akademie. Er stand der Künstlervereinigung „Scholle" nahe. 1896 wurde er graphischer Mitarbeiter der Münchener Wochenzeitschriften „Jugend" und „Simplizissimus" und begann, seine Bilder regelmäßig auf den Ausstellungen der Sezession zu zeigen. Von 1899 bis 1907 lehrte J. an der Damenakademie der Münchener Künstlerinnen-Vereinigung und seit 1907 an der Münchener Akademie. J. erhielt mehrere Ehrungen: 1900 das Diplom Paris, 1901 die zweite Goldene Medaille und 1905 die erste Goldene Medaille München. Er war Mitglied des Deutschen Künstlerbundes (Weimar), des Deutschen Werkbundes und des Reichsverbandes bildender Künstler Deutschlands (Berlin).

Werk, Tendenzen, Wirkung. J. gehörte zu der biedermeierlich-romantischen Illustratorengruppe, die in den 1890iger Jahren den typischen Jugendstil der Münchener Wochenschrift „Jugend" prägte. In oft weichen, tonig-körnigen Kreidezeichnungen kleidet J. Darstellungen aus Märchen und Allegorien sowie humoristische Szenen des Soldatenlebens in starke, fließende Konturen ein, die ein oft expressives Liniennetz umschwingen und zusammenhalten. Seine besondere Stärke ist das Festhalten von Momenten extremer Bewegung. Dazu kommt eine starke Affinität zum Jagd- und Reitsport. Beides zusammen prädestiniert ihn zum Tier- und insbesondere zum Pferdedarsteller und erklärt in seinen Bildern die motivische Konzentration auf Jagd- und auf militärische (kavalleristische) Szenen. J.s Bilder enthalten impressionistische Elemente und fallen durch ihre schwere, altmeisterliche Farbenpracht auf. Sein Interesse am Pferd veranlaßte ihn wohl auch zur Illustration von patriotisch-tendenziösen Kriegsbüchern wie „Im Granatfeuer der Schlachtfelder" (1915) von G. GELLERT oder wie das „Soldatenbilderbuch" „Die Wacht am Rhein" (1910) von N. HENNINGSEN. In „Die Wacht am Rhein" gelangen ihm bewegungsgeladene Darstellungen von reitenden Soldaten, die sich durch wild züngelnde Konturen und tief schwarze, unruhige, an den Rändern zackige Schattenpartien auszeichnen. Neben solchen Arbeiten beteiligte sich J. an den Illustrationen zu der ab 1899 im Schaffstein-Verlag erschienenen Reihe „Knecht Ruprecht". Er schuf Plakate, Exlibris, Schulwandbilder und Wandgemälde (z. B. für den Münchener Justizpalast). Drei monumentale Historienbilder, die er für das Berliner Reichstagsgebäude anfertigte (1908), riefen bei der Kritik wohl ihrer ungewöhnlichen Koloristik wegen – dunkle, düstere Farben mit wenigen Aufhellungen in Rot – ein starkes, vorwiegend negatives Echo hervor und wurden umgehängt. Portraits (Reiterbildnis Herzog Eduards von Sachsen-Coburg, Gotha; Kaiser Wilhelm der II. u. a.), Bildnisse mit Titeln wie „Hetzjagd" (1902), „Halali" (1905), „In der Reitbahn" (1911) – Alte Pinakothek, München – und bei Voigtländer verlegte Lithographien, die sehr populär wurden, stekken J.s Schaffensradius ab.

Werke: G. Hirth (Hrsg.): Jugend (1. 1896ff., zus. mit anderen); A. Langen (Hrsg., zus. mit Th. Th. Heine): Simplizissimus (1. 1896ff., zus. mit anderen); E. Brausewetter (Hrsg.): Knecht Ruprecht. Illustriertes Jahrbuch für Knaben und Mädchen (1. 1899ff., zus. mit anderen); N. Henningsen: Die Wacht am Rhein (Bd. 1–2. 1910); H. L. Linkenbach: Unsere Feldgrenzen

(1915); G. Gellert: Im Granatfeuer der Schlachtfelder (zus. mit anderen, 1915); A. Jank: 12 Kunstdrucke aus der „Jugend" (1921).

Sekundärliteratur: Kl. Doderer (Hrsg., zus. mit H. Müller): Das Bilderbuch (1973). – R. Hamana (zus. mit J. Hermand): Stilkunst um 1900 (1973). – H. H. Hofstätter: Jugendstil (1968). – H. L. Köster: Geschichte der deutschen Jugendliteratur in Monographien ([4]1927, ND. 1968). – Fr. Schmalenbach: Jugendstil (1935). J. L. Sponsel: Das moderne Plakat (1897).

Margund Claussen

Jannausch, Doris

*(d.i. Dorothea Maria Schmidt) Schauspielerin, Schriftstellerin, Kinder- und Jugendbuchautorin; *30. 8. 1925 Teplitz-Schönau.*

Nach dem Schulbesuch begann J. eine Ausbildung an der Schauspielschule in Aussig (Sudetenland) und studierte dort Dramaturgie. Nach Kriegsende gelangte J. zusammen mit Schauspielkollegen nach Dresden, wo sie sich zur „Sächsischen Landesbühne" zusammenschlossen. J. ging mit auf Tournee durch die Schweiz, kehrte aber nach zwei Jahren zurück und ging nach Glauchau in Sachsen, dann nach Greifswald. Anfang der fünfziger Jahre arbeitete J. freiberuflich als Reporterin und schrieb auch Revuen und Spiele für die Bühne. Mit ihrem Mann zusammen wirkte sie an verschiedenen Varietés in der DDR mit, von 1956 an in Ost-Berlin. Nach einem Urlaub 1962 blieben beide in der Bundesrepublik Deutschland und erarbeiteten sich im Bereich von Bühne und Funk erneut eine Existenzgrundlage. J. begann wieder mehr zu schreiben und wandte sich seit 1970 besonders der Literatur für Kinder zu. 1974 wurde sie Mitglied im Friedrich-Bödecker-Kreis (Hannover).

Werk, Tendenzen, Wirkung. Als Kind schrieb J. bereits für eine Kinderzeitung, später verfaßte sie einige Bühnenspiele für Kinder, unter anderem entstand eine Bearbeitung des Märchens „Das tapfere Schneiderlein" für das Theater in Greifswald. In Stuttgart schrieb J. zunächst Sandmännchengeschichten, Musicals und Hörspiele für die Kinderfunkstunden verschiedener Sender. Als Kinderbuchautorin wurde sie erfolgreich im Bereich der Kriminalgeschichte und der phantastischen Erzählung. Literarisches Vorbild waren für sie die Kinderbücher von ERICH KÄSTNER. J. gestaltet ihre Geschichten mit Humor; ihr gelingt die Kinder ansprechende Mischung von Phantasie und Realität, von Spaß und Ernst. In ihrem ersten Buch, einer Kriminalgeschichte für Kinder (Blauer Rauch, 1970), beweist das Mädchen Katrin, von gleichaltrigen Jungen mit dem Spottnamen „Miß Ponybiß" bedacht, detektivischen Spürsinn und Logik. J. macht in ihren Büchern ernst mit der emanzipatorischen Gleichstellung von Mädchen und Jungen im Kindesalter. So wird die erst mißachtete „Miß Ponybiß" zur erfolgreichen Detektivin in verschiedenen Kinderkrimis, die J. mit abwechslungsreichem Szenarium erzählt. Auch gibt es für J. keinen Grund, daß nur Klabautermänner spuken. Sie erfindet das übermütige Klabauterlottchen, das Spukministerin im Staate des Klabautervolkes wird, sich aber ihrer männlichen Widersacher erwehren muß, wobei ihr Menschenjungen und -mädchen helfen. Klabauterlottchen fordert sie dabei zu selbständigem Handeln, zu Mutproben und in schwierigen Situationen zum Ausdenken von Lösungen heraus. Sie attackiert auch traditionelle Verhaltensmuster, die vor allem mit den weiblichen Gestalten der älteren Märchen weiter überliefert werden (Das Klabauterlottchen, 1975; Klabauterlottchen ahoi, 1976). In den Fortsetzungsgeschichten von „Meffi" und von „Rixi" erfand J. weitere Phantasiegestalten, die auf der Erde Kinder und Erwachsene in abenteuerliche Erlebnisse verstricken und sich dabei menschlichem Verhalten anzupassen lernen. Illustrationen verschiedener Graphiker veranschaulichen in J.s Büchern das Witzige und Phantastische der Figuren und der erzählten Situationen. Mehrere illustrierte Sammelbände humorvoller, z.T. auch besinnlicher Kurzgeschichten von J. erschienen in Schreibschrift und Großdruckschrift für Leseanfänger (u. a. Die Luftballonapfelsine, 1973; Guten-Morgen-Geschichten, 1975; Gruselgeschichten, 1975; Willibald im Wald, 1979). Eigene Erfahrungen von Theatertourneen mit ihren Anstrengungen, Schwierigkeiten und seltenen Glücksmomenten verarbeitete J. in dem Buch „Nina und Ninette auf Tournee" (1980).

Werke: Blauer Rauch (1970); Meffi, der kleine feuerrote Teufel (1971; NA. in: Meffi. Die lustigsten Abenteuer des kleinen feuerroten Teufels, 1979); Meffi lebt sich ein (1972; NA. in: Meffi. Die lustigsten Abenteuer des kleinen feuerroten Teufels, 1979); Meffi spielt verrückt (1973; NA. in: Meffi. Die lustigsten Abenteuer des kleinen feuerroten Teufels, 1979); Mr. Brown taucht auf (1972); Miß Ponybiß und die alte Villa (1973); Miß Ponybiß und das verhexte Schiff (1974); Die Spur führt zu Herrn Schmollenbeck (1973); Julia im alten Turm (1973); Die Luftballonapfelsine und andere Geschichten um Stina (1973); Rixi vom Regulus (1973, TB. 1979); Rixi bitte kommen (1974, TB. 1979); Meffi lacht sich ins Fäustchen (1974); Lorbeer ist nicht immer grün (1974); Meffi im Zirkus (1975); Meffi und der Papagei (1975); Guten-Morgen-Geschichten (1975); Leselöwen-Gruselgeschichten (1975); Miß Ponybiß und der Leuchtturm (1975); Miß Ponybiß und die heiße Spur (1975); Das Klabauterlottchen (1975); Klabauterlottchen ahoi (1976, TB. 1980); Rätsel um Burg Silbereck (1977); Kopfsalat und Liebeskummer (1977); Annabell und die tanzenden Puppen (1978); Willibald im Wald (1979); Leselöwen-Gutenachtgeschichten (1979); Nina und Ninette (1979); Nina und Ninette auf Tournee (1980); Gaby (Bd. 1–6. 1980).

Margarete Dierks

Janusz-Korczak-Literaturpreis

Mit dem Janusz-Korczak-Literaturpreis zeichnet die polnische Sektion des Internationalen Kuratoriums für das Jugendbuch (IBBY) Bücher von besonderem humanistischen und künstlerischen Wert aus.

Zur Wahrung des Andenkens an den polnischen Pädagogen, Arzt und Schriftsteller JANUSZ KORCZAK (1878–1942) stiftete die polnische Sektion des IBBY am 6. Mai 1979 den Janusz-Korczak-Literaturpreis. Mit ihm sollen Bücher ausgezeichnet werden, die einen wesentlichen Beitrag leisten zur Freundschaft und Verständigung von Kindern und Jugendlichen in aller Welt. Berücksichtigt werden Kinder- und Jugendbücher sowie Bücher über Kinder und Jugendliche oder die Darstellung ihrer Probleme in der modernen Welt. Dabei können bis zu sieben Bücher ausgezeichnet werden: Maximal fünf aus der Gruppe der Kinder- und Jugendbücher und höchstens zwei aus dem Bereich der Literatur über Kinder und Jugendliche. Die beiden Preisträger erhalten je 50000 Polnische Zloty, weitere Autoren werden mit Janusz-Korczak-Medaillen geehrt. Darüber hinaus stellt die internationale Jury eine Ehrenliste mit empfehlenswerten Büchern zusammen. Die Jury wird von der polnischen Sektion des IBBY berufen und setzt sich aus Autoren, Pädagogen, Literaturkritikern und anderen Experten auf dem Gebiet der Kinder- und Jugendliteratur zusammen. Der Janusz-Korczak-Preis wurde 1979 zum ersten Mal verliehen und wird alle zwei Jahre vergeben. Vorschläge für die Preisvergabe können jeweils über die nationale IBBY-Sektion des eigenen Landes von Verlagen, Bibliotheken und Ausbildungsinstitutionen bzw. -organisationen eingereicht werden. Die Preisträger 1979 waren ASTRID LINDGREN für „Die Brüder Löwenherz“ und BOHUMIL ŘIHA für „Nový Gulliver“. Aus der Bundesrepublik Deutschland wurde das Buch „Die Vorstadtkrokodile“ von MAX VON DER GRÜN in die Ehrenliste aufgenommen und 1981 wurde MICHAEL ENDE für „Die Unendliche Geschichte“ (1979) mit dem Preis ausgezeichnet.

H. D.

Jazdzewski, Ernst

*(signiert: „Eja“) Zeichner und Illustrator in der DDR; * 14. 8. 1907 Berlin.*

J. begann 1921 eine Lehre als Elfenbeinschnitzer. Von 1922 bis 1928, teilweise in Abendkursen, studierte er an der Berliner Kunstgewerbeschule an der Andreasstraße. Von 1925 bis 1933 arbeitete er bei verschiedenen, zumeist kommunistischen Betriebs- und Wohngebietszeitungen mit. Es entstanden seine ersten politischen Graphiken für die Pionierzeitschriften „Die Trommel“ und das Organ der Kommunistischen Jugend „Die junge Garde“. J. gestaltete politische Plakate und illustrierte Bücher für den „Verlag der Jugendinternationale“ und „Junge Garde“. 1928 wurde J. Mitglied der „Assoziation revolutionärer bildender Künstler Deutschlands“. Seine politischen Aktivitäten führten im Mai 1933 zu seiner Verhaftung durch die Gestapo, zu Gefängnis und Polizeiaufsicht. Nach dem Zweiten Weltkrieg, in dem er Soldat war, arbeitet er als politischer Zeichner am Zentralorgan der SED „Neues Deutschland“ als Graphiker und Karikaturist. Seit 1947 ist J. Dozent und seit 1956 Professor für Graphik, Illustration und figürliches Zeichnen an der Kunsthochschule Berlin, Weißensee. Er illustrierte Jugendbücher, gestaltete politische Plakate und veröffentlichte Reiseskizzen. J. erhielt 1971 den Nationalpreis der DDR.

Werk, Tendenzen, Wirkung. J. hat – vor allem in den fünfziger und sechziger Jahren – Kinder- und Jugendbücher im Stile des sozialistischen Realismus illustriert. Ein 1961 erschienener Aufsatz über J. trägt den Titel „Ein Höchstmaß an Parteilichkeit“. J. wird als „Biograph des Neuen“, befreiter, selbstbewußter Menschen, des Lebens des werktätigen Volkes gepriesen. Er hat eine Vorliebe für sich bewegende, kämpfende und arbeitende Menschengruppen, wobei er optimistisch dreinblickende Jugendliche oder ernst und überlegt schauende Männer und Frauen darzustellen bevorzugt. Theatralik ist ihm nicht fremd. J. versteht es – mit dem Pinsel viel Schwarz auftragend – Schatten- und Lichteffekte zu erzeugen („Abschied von Karl Liebknecht“, 1948; „Streik“, 1949). Seine Karikaturen erinnern gelegentlich in ihrer makabren Symbolik an die von GEORGE GROSZ (1893–1959). In J.s Kinderbuchillustrationen sind realistische Menschen- und Situationszeichnungen durchweg in Schwarz-Weiß (Pinsel, Kohle, Tusche) zu finden.

J. bereiste 1955 China und brachte etwa 200 Skizzen mit. Sein Stil scheint sich danach etwas gelockert zu haben, obwohl er stets dem sozialistischen Realismus der fünfziger Jahre verbunden geblieben ist.

Werke: U. Baer: ... und Heiner ist auch dabei (1951); L. Katz: Tamar (1952); W. Meinick: Henri, der tapfere Matrose (1952); E. O. Vygodskaja: Flamme des Zorns (1952); A. Görtz: Mein Bruder Hans und seine Freunde (1953); B. Pludra: Gustel, Tapp und die anderen (1953); M. Zimmering: Die Jagd nach dem Stiefel (1953); E. Ichenhäuser: Wenn einer eine Reise tut (1954); B. N. Polevoj: Petja über dem Strom (1954); A. Ichenhäuser: Der verborgene Schatz (1955); W. Meinck (zus. mit anderen): Wie Mutter in den Wunderwald fuhr (ill. zus. mit anderen, 1955); K. Veken: Vier Berliner Rangen (1955); K. Beuchler: Entscheidung im Morgengrauen (1957); L. M. Pařizek: Elefanten, Tamtams und silberne Nächte (1956); M. Zimmering: Die unfreiwillige Weltreise (1956); S. Graham: Die Geschichte der Phillis Wheatley (1957); A. Wellm: Igel, Rainer und die anderen (1958); A. Fiedler: Der Amazonas ruft (1959); A. v. Humboldt: Die Wiederentdeckung Amerikas (1959); H. Beseler: Die Moorbande und andere Erzählungen (1959); M. Andersen-Nexö: Fliegender Sommer (1960); N. P. Pečerskij: Tagebuch eines Lausejungen (1960); P. L. Schäfer: Ein Junge segelt um die Welt (1961); P. Theek: Tims Fahrt ins Land der Känguruhs (1961); Der erste Start (1962); N. P. Pečerskij: Genka haut ab (1967).

Sekundärliteratur: Für Kinder gemalt. Buchillustratoren der DDR (1975). – H. Grunert: Agitationsgrafik und Karikatur. Zum künstlerischen Schaffen von Professor Ernst Jazdzewski (in: Bildende Kunst. 1959. 7. 488–491); Ein Höchstmaß an Parteilichkeit. Zu einigen Arbeiten von Ernst Jazdzewski (in: Bildende Kunst. 1961. 4. 268–271).

Erich Gerhard

Jeansliteratur

Unter J. werden seit den siebziger Jahren sowohl erzählerische wie dramatische und lyrische Texte verstanden, die deutlich die Vorstellungs- und Empfindungsweise junger Menschen zwischen dreizehn und dreißig Jahren zum Ausdruck bringen. Die Werke der J. schildern in der Regel den Ausstieg der Zentralfigur aus der etablierten Gesellschaft, die Suche nach einer menschlicheren Umwelt und einem natürlichen, unkonventionellen, spontanen Leben in Gemeinschaft mit Gleichgesinnten. Der Beginn der J. wird im allgemeinen in den USA in dem Erscheinen von JEROME D. SALINGERS „The catcher in the rye" (1951; dt. Der Fänger im Roggen, 1954) gesehen. Seitdem ist J. in westlichen und östlichen Industriegesellschaften vorhanden. Der Ausdruck J. ist darauf zurückzuführen, daß Buchhelden und Leser dieser Werke sehr oft Jeans tragen und dies als äußeres Zeichen ihres Lebensgefühls empfinden (ULRICH PLENZDORF: „Jeans sind eine Einstellung und keine Hosen"). Im Laufe der letzten drei Jahrzehnte haben sich innerhalb der J. Veränderungen und Verzweigungen im Hinblick auf ihre Inhalte und ihre Formen ergeben. Die „Helden" der J. sind meist Jugendliche oder junge Erwachsene, welche die übliche, weithin fremdbestimmte Lebensführung in der modernen leistungsorientierten Industrie- und Massengesellschaft ablehnen, an ihr scheitern oder sich aus ihr zurückziehen. Sie sind insofern „Antihelden" und haben bessere Kontakte zu Outcasts, Sonderlingen, Stadtstreichern, Greisen und Kindern als zu der im Arbeitsprozeß stehenden mittleren Generation ihrer Eltern. Die Autoren entwerfen in der Regel ein dichothomisches Weltbild: hier die funktionierende etablierte Gesellschaft in Werkstätten, Büros, Ämtern, komfortablen Wohnungen, in Großstätten und Produktionszentren, dort das ungebundene, zwanglose, auf spontanen Entschlüssen und emotionalen Bindungen beruhende einfache Leben in einsamer Natur, unter Gleichgesinnten, in Wohngemeinschaften, auf dem Lande. Die Autoren der J. wie J. D. SALINGER, JOHN DONOVAN, ULRICH PLENZDORF, ROLF SCHNEIDER, OTTO F. WALTER, VERENA STEFAN, PETER SCHNEIDER, HEINAR KIPPHARDT u. a. ergreifen Partei für diejenigen, welche an bürgerlichem Fortkommen nicht mehr interessiert sind, vielmehr auf Gewinn und Erfolge verzichten möchten, um dafür ein Leben mit mehr Möglichkeit der Selbstbestimmung zu führen. In den Werken der J. – wie zum Beispiel in dem von HEINRICH BÖLL in der deutschen Fassung überarbeiteten „Der Fänger im Roggen", in „Die neuen Leiden des jungen W." (1973), in „Die Reise nach Jaroslaw" (1974) oder „Wie wird Beton zu Gras" (1979) – werden jeweils das Scheitern der jugendlichen Zentralgestalt, ihr Aufschrei, die Verweigerung oder die Flucht gezeigt. Der Thematik der J. entsprechend, reden die Autoren ihre Leser bzw. Hörer und Zuschauer möglichst direkt an. Sie gebrauchen häufig deren lässige Alltagssprache oder formulieren ihre Texte als offene oder versteckte Bekenntnisse. Autoren wie Leser der J. stehen der Hippiebewegung, der studentischen Bewegung, der Alternativbewegung oder auch der feministischen Bewegung (V. STEFAN) nahe. Viele Werke der J. sind nicht in Jugendbuchverlagen, sondern in solchen, die Erwachsenenliteratur produzieren, erschienen. Aber junge Leute, also auch Jugendliche, sind zum großen Teil die Rezipienten. Vergleichbares gilt für die Filme und Theaterstücke mit ähnlicher Thematik. Jedoch werden das Motiv des Ausstiegs und die Problematik der Jugendkultur als Gegenkultur auch in Jugendbüchern behandelt. BARBARA WERSBAS Buch „Run softly, go fast" (1970; dt. Ein nützliches Mitglied der Gesellschaft, 1972), das 1973 den deutschen Jugendbuchpreis erhielt, gehört ebenso dazu wie JOHN DONOVANS „Remove protective coating a little at a time" (1973; dt. Die Schutzschicht ist behutsam zu entfernen, 1975), DAGMAR KEKULES' „Ich bin eine Wolke" (1978) und einige Bücher von CHRISTINE NÖSTLINGER, RENATE WELSH, INGEBORG BAYER und anderen.

Sekundärliteratur: A. Flaker: Modelle der Jeans Prosa. Zur literarischen Opposition bei Plenzdorf im osteuropäischen Romankontext (1975). – G. Deluca: Unself-conscious voices: Larger contexts for adolescents (in: The Lion and the Unicorn. 2. 1978. 2. 89–108). – W. Kaminski: Regression als Utopie. Zur ästhetischen Sensibilität junger Leute (in: Kl. Doderer (Hrsg.): Ästhetik der Kinderliteratur. 1981. 36–47).

Klaus Doderer

Jubu-Crew

Die „Jubu-Crew", Arbeitsgemeinschaft Jugendbuch Göttingen, ist eine Gruppe von Jugendlichen, die sich mit der Rezension von Jugendbüchern beschäftigt und einmal monatlich ein „Buch des Monats" wählt.

Die Jubu-Crew wurde 1972 von dem Autor HANS GEORG NOACK und dem Schüler JAN SCHÜNEMANN gegründet. Sie besteht aus etwa zehn Jungen und Mädchen im Alter von 11 bis 17 Jahren, die sich mit der Beurteilung von Büchern beschäftigen, die für ihre Altersstufe geschrieben sind. Die Mitglieder der Gruppe sind der Meinung, daß vielfach Jugendbücher Preise und Auszeichnungen erhalten, obwohl sie die jungen Leser selbst nicht ansprechen. Ihre Aktion will die Meinung derjenigen repräsentieren, die mit den Jugendbüchern erreicht werden sollen. Grundlage für die Auswahl und Beurteilung der Bücher bilden Rezensionsexemplare, die der Gruppe von Verlagen zur Verfügung gestellt werden. Bei einem wöchentlichen Treffen wird über die Bücher diskutiert, und einmal monatlich wählt die Gruppe das sogenannte „Buch des Monats", ein Buch, von dem die Mitglieder annehmen, daß es Jugendliche ihres Alters besonders ansprechen wird. Der gewählte Titel wird in der Presse veröffentlicht, die Beurteilungen gehen an Schulen und private Interessenten. Die Rezensionsexemplare werden an Schulen, Krankenhäuser und andere öffentliche Einrichtungen verschenkt. Auch in öffentlichen Veranstaltungen (z.B. vor Weihnachten) macht die Gruppe auf lesenswerte Bücher aufmerksam. Die Kontakte zu den Verlagen und Autoren stellen die Jugendlichen in den meisten Fällen auf der Frankfurter Buchmesse her.

Die Jubu-Crew arbeitet unparteiisch. Sie finanziert sich durch Spenden. 1981 waren u.a. die Autoren BARBRO LINDGREN-ENSKOG, COLIN DANN, TONKE DRAGT, MYRON LEVOY und MIRJAM PRESSLER mit „Büchern des Monats" vertreten.

H. D.

Jugendschriftenausschuß des BLLV

Institution des Bayerischen Lehrer- und Lehrerinnenverbandes (BLLV) zur Förderung der Kinder- und Jugendliteratur.

Der J. des BLLV entstand, wie andere vergleichbare Einrichtungen, in der zweiten Hälfte des 19. Jahrhunderts, als man die Flut der häufig stark nationalen und übertrieben moralisierenden Jugendliteratur sichten wollte. Schon in den Jahren 1874 bis 1878 gab eine Sektion des Münchner Bezirkslehrervereins Verzeichnisse empfehlenswerter Jugendschriften heraus. 1896, im Erscheinungsjahr von HEINRICH WOLGASTs Buch „Das Elend unserer Jugendliteratur", veranstaltete der Münchner Lehrerverein zu Weihnachten eine vielbeachtete Jugendbuchausstellung. Am 14. Januar 1897 bildete sich aus der Sektion der Münchner Jugendschriftenausschuß, der bald den Vereinigten Jugendschriftenausschüssen (Hamburg) angegliedert wurde. Allmählich wurden in Bayern weitere Ausschüsse gegründet, so in Augsburg, Regensburg, Nürnberg und Würzburg. Der Münchner Ausschuß gab nicht nur Empfehlungslisten, sondern auch Auswahlbände wie „Gülls Kinderheimat", „Kopischs lustige Geschichten", „Altbayerische Sagen", das „Münchner Stadtbüchlein" oder das „Kaulbach-Güll-Bilderbuch" heraus. Von 1926 bis 1945 leitete JOSEF PRESTEL (1888–1969) den Ausschuß. Von 1945 bis 1969 stand WILLI TÜRK dem J. des BLLV vor. Unter ihm als Landesvorsitzendem arbeiteten etwa dreißig Ausschüsse in ganz Bayern. Für Studienzwecke wurden eine umfassende Jugendbücherei und eine Sammlung von Jugendzeitschriften angelegt. Den Vorstand des J.es des BLLV, der teilweise eng mit den Vereinigten Jugendschriftenausschüssen (VJA) zusammenarbeitet, bilden FRANZ OTTO SCHMADERER, FRANZ HUTTERER und HILDEGARD TIEBEL. Mitglieder sind nicht nur Lehrer, sondern Angehörige verschiedenster Berufsgruppen. Die Ziele des J.es des BLLV, seit 1977 Mitglied im Arbeitskreis für Jugendliteratur, manifestieren sich in seinen mannigfachen Aktivitäten. Der J. des BLLV vereinigt an Jugendliteratur interessierte oder beruflich damit befaßte Personen, er gibt ihnen Gelegenheit zum Erfahrungsaustausch und zur Zusammenarbeit, er hat beratende und informierende Funktion, indem er Veranstaltungen (Vorträge, Lesungen, Diskussionen) mit Verlegern, Bibliothekaren, Autoren, Illustratoren, Lehrern und Wissenschaftlern durchführt. Die Hauptaufgabe der Mitglieder besteht in der regelmäßigen Rezension der neuesten Kinder- und Jugendliteratur für die zentrale Sammelstelle in Hannover. Zur Fundierung dieser Arbeit werden periodisch in Sitzungen Bücher und Rezensionen vorgestellt, sowie allgemeine Kriterien für eine angemessene Beurteilung diskutiert.

Sekundärliteratur: K. Franz: Der Jugendschriftenausschuß des Bayerischen Lehrer- und Lehrerinnenverbandes. BLLV (in: Schulreport 1977. 1. 22–23). – J. Guthmann: Der Bayerische Lehrer- und Lehrerinnenverein. Seine Geschichte Bd. II Ein Jahrhundert Standes- und Vereinsgeschichte (1961. 431–433).

Kurt Franz

Jugendschriftenzentrale des Verbandes Bildung und Erziehung

Die Jugendschriftenzentrale des Verbandes Bildung und Erziehung (VBE) ist eine Zentralstelle für die Koordination, Auswertung und Weitergabe der Arbeit aus den Jugendschriftenausschüssen der einzelnen Landesverbände. Die Zentrale hat ihren Sitz in Neuss.

Zu den Aufgaben der Jugendschriftenzentrale gehört die kritische Sichtung und Wertung der laufenden Jugendbuchproduktion. Sie gibt Anregungen zur Didaktik der Leseerziehung und arbeitet an öffentlichen Maßnahmen zur Förderung guter Jugendliteratur mit, so z. B. bei der Durchführung von Vorlesewettbewerben, durch beratende und aktive Hilfe bei der Veranstaltung von Tagungen zur literarischen Erziehung, durch Anregungen zu Jugendbuchausstellungen, Vortragstätigkeit innerhalb der Lehrerfortbildung und Elternbildung und durch die Mitarbeit an Auswahlverzeichnissen für Jugendbücher, wie z. B. dem Verzeichnis „Das Buch der Jugend". Die Jugendschriftenzentrale ist im Bereich des Jugendschutzes tätig und arbeitet mit der Bundesprüfstelle für jugendgefährdende Schriften sowie anderen öffentlichen Organisationen zusammen.

Eine weitere Aufgabe sieht die Jugendschriftenzentrale in der Förderung von Schülerbüchereien an allen Schulformen und Schulstufen durch die Beratung über deren Einrichtung, Auf- und Ausbau. Hierzu gehört auch der Versuch, im Rahmen der Lehrerfortbildung die Lehrerschaft des eigenen Berufsverbandes für Fragen des Jugendbuchs und der Schulbibliotheken zu interessieren.

H. D.

Jury, Wilhelm (Johann Friedrich)

*Maler, Kupferstecher, Illustrator; *3. 5. 1763 Berlin, †21. 6. 1829 Berlin.*

J. studierte ab 1779 an der Berliner Akademie, begann aber bald darauf eine Lehre an der dortigen Porzellanmanufaktur. 1788 wurde er Schüler des Kupferstechers DANIEL BERGER (1744–1824). Bei ihm blieb er jedoch nicht lange, sondern versuchte sich durch Ölkopien nach PHILIPS WOUWERMANN (1619–1668) und anderen Niederländern fortzubilden. 1794 und 1795 stellte er diese Bilder auf der Berliner Akademie-Ausstellung aus, verlegte sich jedoch immer mehr auf die Buchillustration und auf das Stechen von Kupfern nach Vorlage anderer Illustratoren, so z. B. von JOHANN HEINRICH RAMBERG (1763–1840).

Werk, Tendenzen, Wirkung. J.s Illustrationen finden sich hauptsächlich in Romanen oder in erzieherisch-unterhaltsamen Jugendbüchern. Sie geben meist großbürgerliches Genre, mitunter rokokohaft-galant formuliert, wieder: Damen und Herren, der Mode entsprechend gekleidet, bewegen sich in eleganten Interieurs. Belebt werden die Szenen durch Accessoires wie Vögel (lebend oder präpariert), Blumen (Blumenstöcke, Lauben, Girlanden, Kränze) und andere Bestandteile höheren Bürgerlebens. Das künstlerische Ambiente wird in Form von Instrumenten, Noten, Bildern, Skulpturen und Stickereien, die Bildungsvorstellungen in Schmetterlingssammlungen, Globen und Büchern sichtbar. Die Personen, ohnehin in häuslich-gesellschaftlichen und deshalb nicht sehr bewegungsreichen Situationen dargestellt, erstarren in ihren Posen, obwohl sie in Kleidung, Haartracht und anderen Details plastisch herausgebracht sind. Durch J.s Technik – abgestufte Grauwerte, feine Linien, einen klassischen Bildaufbau und Sparsamkeit der Bildelemente – wirken die Stiche elegant und exquisit, aber nicht verspielt, romantisch oder überladen. Die Räume sind ohne Bruch komponiert, der Hintergrund ebenso fein ausgeführt wie der Vordergrund. ERNST L. HAUSWEDELL (1977) meint zu J., es sei ihm gelungen, „handwerkliche Schematisierung zu vermeiden und sich feinfühlend dem graphischen Charakter der Vorlagen anzupassen". Die Funktion der Illustrationen ist dekorativ und dient zugleich der Selbstdarstellung von Lebensformen und Werten. J.s Bilder schildern Situationen aus dem bürgerlichen Milieu und dürften von der didaktischen Implikation begleitet sein, daß Lernen sich durch Anschauung und Anpassung, nicht durch Kritik und Auseinandersetzung vollzöge.

Werke: K. Ph. Funke (Hrsg.): Neues Elementarbuch zum Gebrauche bei dem Privatunterrichte (1. Th., 1. Hälfte, 1797); P. Leberecht (d. i. L. Tieck, Hrsg.): Volksmährchen, Bd. 2: Der gestiefelte Kater (1797); K. Ph. Funke (Hrsg.): Sittenspiegel für die Jugend (1800); J. L. Ewald: Der gute Jüngling, gute Gatte und Vater oder Mittel, um es zu werden (Bd. 1–2. 1804); J. L. Ewald: Die Kunst, ein gutes Mädchen, eine gute Gattin, Mutter und Hausfrau zu werden (1807); Th. Heinsius (Hrsg.): Der Bardenhain für Deutschlands edle Söhne und Töchter (Th. 1–3. 1809–1810); A. Schoppe: Eugenie. Eine Unterhaltungsschrift für die Jugend (1824).

Sekundärliteratur: E. L. Hauswedell (Hrsg., zus. mit Chr. Voigt): Buchkunst und Literatur in Deutschland 1750–1850 (Bd. 1–2. 1977). – J. G. Meusel: Teutsches Künstler-Lexicon (Bd. 1. ²1808). – H. Wegehaupt: Alte deutsche Kinderbücher. Bibliographie 1507–1850 (1979).

Cornelia Schneider

K

Kaestner, Christian August Leberecht

*Hauslehrer, Pfarrer, Schriftsteller; * 19. 6. 1775 Nepperwitz bei Wurzen, † 10. 3. 1832 Gollme bei Landsberg.*

K., Sohn eines Predigers, wurde zunächst von Hauslehrern unterrichtet. Im Jahr 1788 kam er auf die Fürstenschule zu Grimma. Er studierte Theologie in Leipzig, wurde 1798 Lehrer der Kinder des Herrn von Schoenfeld in Lützen und später Hauslehrer im Hause des Pfarrers Hering in Selitz bei Rochlitz, dem er auch in der Amtsführung beistand. In dieser Zeit trat K. zum ersten Mal mit seiner mnemonischen Methode an die Öffentlichkeit. Während er als Pastorsubstitut bei Eilenburg tätig war, legte er sein erweitertes System in der Schrift „Mnemonik, oder die Gedächtnißkunst der Alten, in systematischer Form" (1801, ²1805) vor. Vor geladenen Gästen, darunter auch Vertretern der Leipziger Literaturzeitung, gab K. 1804 Proben seiner mnemotechnischen Fähigkeiten, die allgemeines Erstaunen erregten. Nach dem Tod seines Schwiegervaters wurde K. zu Behlitz bei Eilenburg dessen Nachfolger; diese kärgliche Stelle mußte er bis 1813 behalten. Erst dann erhielt er eine einträglichere Pfarre zu Doberschütz und Strelln bei Eilenburg und schließlich 1825 die zu Gollme bei Landsberg im Herzogtum Sachsen.

Werk, Tendenzen, Wirkung. Die meisten Arbeiten K.s beruhen auf dem von ihm erweiterten System einer Mnemotechnik. Er versuchte vor allem, sein System auf den Sprachunterricht anzuwenden. In seiner „Kunst in zwey Monaten griechisch zu lernen" (1820) schreibt K. in der „Vorrede": „Ich übergebe hiermit dem Publicum meine griechische Grammatik, welche nach denselben Grundsätzen bearbeitet ist, die von mir in der hebräischen, lateinischen und französischen, von dem Herrn Pastor Weigand aber in den italienischen und englischen Sprachlehren schon längst befolgt worden sind, und die ich in der Vorrede zu den Weigandschen Sprachlehren deutlicher ausgesprochen habe." Damit spielte K. auf die von GEORG HEINRICH FRIEDEMANN WEIGAND 1808 herausgegebenen Bücher „Kunst in zwei Monaten italienisch lesen, verstehen, schreiben und sprechen zu lernen mit C. A. L. Kästners Vorrede, und nach dessen beliebten Grundsätzen bearbeitet" und „Kunst in zwei Monaten englisch lesen, schreiben und sprechen zu lernen, mit C. A. L. Kästners Vorrede" an. In einem Aufsatz in der „Jugendzeitung" berichtete K. von der „Kunst, einem zehnjährigen Knaben von nur mittelmäßigen Talenten in acht Stunden die vier lateinischen Conjugationen leicht und gründlich beizubringen". Auch das von K. 1809 herausgegebene „Buchstabirbüchlein" geht auf die „400jährige Methode" zurück. In seinen „Briefen über die Mnemonik. Noch ein Versuch die Ehre einer Verkannten zu retten" (1828) kommt K. auf die Bedeutung von Abbildungen in Kinderbüchern zu sprechen: „In dem kleinen Bilder-ABC, mit 264 Abbildungen, lasse ich Kinder nicht allein Figur, Namen und Laut der Buchstaben an darin abgebildeten Gegenständen … ergreifen, und versüße ihnen das Lesen durch das Vergnügen, die Namen abgebildeter Gegenstände zu lesen, und hernach von den dargestellten Dingen etwas zu erfahren, sondern es ist auch dieses Buch noch in anderer Hinsicht ein Bilder-ABC. Das Alphabet ist der Anfang aller Wissenschaften, und hier werden die Anfangsgründe der Erdbeschreibung, der Menschengeschichte, der Naturgeschichte, der Seelenlehre usw. mitgeteilt, indem sie an Bilder geknüpft werden. Wie sehr in diesem Buche die Mnemonik benützt werde, fällt von selbst in die Augen. In mehreren meiner Schriften ist die Sittenlehre paradigmatisch vorgetragen. Die paradigmatische, allegorische, änigmatische, symbolische, parabolische Vortragsart der Sittenlehre ist bekanntlich sehr alt. Nachdem ich bereits in meinem Andachtsbuche, ‚Gott und Ewigkeit' betitelt, mich jener Vortragsart … bedient hatte, gab ich 1826 eine Jugendschrift heraus: Der Bildermann, oder Lehren der Weisheit und Tugend, in Bildern. Auch für Erwachsene nützlich. Mit 48 Abbildungen. In der ersten Abbildung erscheint ein sich zur Sonne erhebender Adler; in der zweiten die sich in der Flut spiegelnde Sonne; in der dritten ein Hirsch, der zur Winterszeit einem Gehöfte sich genähert hat; in der vierten ein Meerstrudel, der ein Schiff mit sich hinabreißt; in der fünften eine Gegend, auf die Schnee herabfällt; im sechsten die untergehende Sonne usw. Im Buche selbst unterhält ein Lehrer sich mit seinen Kindern über diese Bilder, und, nachdem er über die darin vorkommenden Gegenstände eins und das andere zur Erklärung gesagt hat, gibt er ihnen eine moralische Deutung. Auf solche Art wird jedem Bilde ein moralischer Sinn untergelegt. Am Ende des Buches ist eine kurze Wiederholung des über die Bilder zur Besserung des Herzens und Lebens Gesagten in Versen."

Auch die weiteren für Kinder verfaßten Schriften K.s lassen seine mnemotechnischen Grundvorstellungen durchscheinen.

Werke: Mnemonik, oder die Gedächtnißkunst der Alten, in systematischer Form (1801, ²1805); Erläuterungen über meine Mnemonik (1804); Übersetzungen und Erklärung der berühmten drey Stellen bei den Alten von der Gedächtnißkunst. Nebst noch einigen Beispielen von dem Gebrauch, den ich von dieser Kunst machte. Als ein Anhang zur Mnemonik (1805); Kunst in zwei Monaten französisch lesen, verstehen, schreiben und sprechen zu lernen (1807, ⁵1831); ABC-Buch nach der alten 400jährigen Methode. Anleitung zum nützlichen Gebrauche desselben (1809); Buchstabirbüchlein (1809); Lateinische Etymologie (1809); Erklärung der vornehmsten grammatischen Kunstausdrücke (1810); Kunst in 4 Wochen hebräisch lesen und verstehen zu lernen (1810); Predigttexte des Jahres 1811, zum Vorlesen bei dem Nachmittags-Gottesdienste auf dem Lande zur häuslichen Erbauung und als Grundlage zu Predigt-Entwürfen bearbeitet (1811); Französische Sprachlehre nach einer ganz neuen äußerst faßlichen Methode, vorzüglich für den deutschen Bürger und Landmann bei französischen Einquartierungen (1810); Französische Sprachübungen oder praktische Anleitung, ohne daß man mit Jemandem spricht, die Eigenheiten im Mechanismus der französischen Sprache sich bald geläufig zu machen (1812); Kunst in zwei Monaten Lateinisch lesen, verstehen, schreiben und sprechen zu lernen (1812, ³1820); Die Kunst in 20 Stunden Geschriebenes zu lesen, die Buchstaben nachzubilden usw. (1812); Neue Anweisung, die am häufigsten vorkommenden Wörter und abweichenden Redensarten der französischen Sprache sich bald und leicht geläufig zu machen, auch auf andere Sprachen anwendbar (1813); Auszug aus meiner Mnemonik (1813); Topik oder Erfindungswissenschaft, aufs Neue erläutert und in ihrer vielfachen Anwendung auf die Bildung des menschlichen Geistes und auf den mündlichen Vortrag gezeigt (1816); Lehrbuch der christlichen Religion in der bildlichen Lehrart ihres Stifters (1818); Kunst in zwey Monaten Griechisch zu lernen (1820, ²1828); Lateinische Sprachlehre. Nach den Grundsätzen der Mnemonik oder Gedächtnißkunst (1821); Kunst die Regeln der deutschen Sprache geschwind zu lernen, gut zu behalten und leicht auszuüben; nebst einem Sprachkatechismus und einer Wandtafel für den Selbstunterricht (1822); Französische Sprachlehre nach der Naturmethode. Oder Anleitung der französischen Sprache durch Beispiele, aus denen die Regeln sokratisch entwickelt werden, zu lernen (1822); Kleines Bilder-ABC. Mit 264 Abbildungen (1823, ³1832); Das Reich Gottes. Ein Leitfaden beim Religionsunterricht, besonders der Confirmanden (1823); Gott und Ewigkeit. Ein Gebet- und Andachtsbuch für Christen aller Confessionen (1824); Anweisung zum guten schriftlichen Vortrag in der deutschen Sprache (1825); Unterhaltendes Allerlei. Ein angenehmes und nützliches Geschenk für die Jugend (1825); Anleitung zum schnellern und sichern Memoriren der Predigten. Erläutert durch eine Predigt über das Thema: wie demüthigend und wie erhebend zugleich für alle Menschen das Gebot Jesu von der Liebe zu Gott ist. Mit Vorwort von Fr. A. C. Nietzsche (1826); Der Bildermann, oder Lehren der Weisheit und Tugend in Bildern. Auch für Erwachsene nützlich (1825); Fabel- und Lesebuch für Kinder von 6 bis 10 Jahren (1826); Briefe über die Mnemonik. Noch ein Versuch, die Ehre einer Verkannten zu retten (1828); Anleitung die allgemeine Geschichte schneller und sicherer zu behalten. Zur Vorbereitung auf C. W. Böttiger's „Allgemeine Geschichte für Schule und Haus" (1829); Kleine französische Sprachlehre ohne Regeln und Paradigmen für die ersten Anfänger. Eine Einleitung in meine frühere französische Sprachlehre, besonders in die nach der Naturmethode (1829); Weisheit in Bildern aus der heidnischen Umwelt. Oder die heidnische Götterlehre nach ihrem tiefsten Sinne. Für Erwachsene und Kinder (1830); Heinrichs frohestes Lebensjahr. Eine Schrift für gute Kinder und die es werden wollen (1831).

Hans Eich

Kamphoevener, Elsa Sophia von

*(Ps. Else Marquardsen-Kamphoevener). Schriftstellerin, Märchenerzählerin, Lektorin; * 14. 6. 1878 Hameln, †27. 7. 1963 Traunstein/Oberbayern.*

K. wuchs in der Türkei auf, erhielt Privatunterricht und erlernte früh die arabische und die türkische Sprache, auch einige ihrer Dialekte. Sie wurde stark von ihrem Vater, Louis von Kamphoevener, geprägt, der vierzig Jahre mit militärischem Auftrag in der Türkei lebte. Als Junge verkleidet, konnte K. während vieler Jahre die Türkei durchreiten und altorientalische Traditionen kennenlernen. Auf Karawansereien hörte sie die Märchen nomadisierender Hirten, die sie später veröffentlichte. Nach Deutschland zurückgekehrt, wurde K. seit 1916 als Autorin von Romanen aus der türkischen und ägyptischen Geschichte bekannt. Sie begann, das Märchenerzählen als Beruf auszuüben, und verfaßte Erzählungen für Jugendliche über das Leben in der Türkei.

Werk, Tendenzen, Wirkung. Mit der Niederschrift und Übertragung der türkischen Nomadenmärchen „An

Nachtfeuern der Karawan-Serail" (Bd. I–II, 1956/57) schuf K. ihr Hauptwerk. Ihre Erzählkunst hatte sie von türkischen Märchenerzählern erlernt. Die Bedeutung der Erzähltradition in den alten Kulturen läßt K. in dem Buch „Am alten Brunnen des Bedesten. Von Allahs Tieren" (1958) hervortreten. Sie schrieb es zur Erinnerung an den ältesten Teil des Bazars von Istanbul. Die Märchen dieses Buches sowie die Bücher „Anatolische Hirtenerzählungen" (1960) und „Islamische Christuslegenden" (1963) wecken Verständnis für das religiöse Eigenleben und für soziale Bindungen und Werte der alten orientalischen Kulturen. Mit ihren für Jugendliche geschriebenen Erzählungen will K. den Lesern Lebensbilder aus den Landschaften Kleinasiens, Sitten und Bräuche der in der Wüste beheimateten Stämme und ihr besonderes Verhältnis zu ihrem kostbarsten Besitz, dem Pferd, nahebringen (Der weiße Scheich, 1957; Die Pferde des weißen Scheichs, 1958). Allen ihren Erzählungen aus der Türkei fügte K. jeweils ein Verzeichnis mit der Übersetzung der von ihr verwendeten türkischen Wörter und Redewendungen an, die sie, ebenso wie bei ihrem mündlichen Erzählen, zur intensiveren Vermittlung orientalischer Atmosphäre und völkerkundlicher Anschaulichkeit beibehalten hatte.

Werke: Der Smaragd des Scheichs (1916); Das Wesen des Osmanen (1916); Die Pharsonin (1926); Tscherwonez (1930); Mungo Holm (1936); Pionier für Deutschland (1937); Niemals besiegt (1937); An Nachtfeuern der Karawan-Serail. Türkische Nomaden-Märchen (Bd. I–II. 1956–1957); Der weiße Scheich (1957); Die Pferde des weißen Scheichs (1958); Am alten Brunnen des Bedesten. Von Allahs Tieren (1958); Damals im Reiche des Osmanen (1959); Anatolische Hirtenerzählungen (1960; NA. u.d.T.: Der schwarze Ziegen-Zauber, TB. 1970); Islamische Christuslegenden (1963); Mohammed. Die Legende des Islams (1968).

Bearb.: Die Liebesrhythmen aus den tausend Nächten und der einen Nacht (1965).

Margarete Dierks

Karikatur

K. meint die visuelle Satire, die menschliche Schwächen und kuriose Situationen u. a. durch Verzerrung, Vereinfachung oder Übertreibung ironisch-witzig bloßlegt. Kinder und Jugendliche sind in der Regel aufnahmebereite Rezipienten von K.en. In der Kinder- und Jugendliteratur erscheinen K.en vor allem als Illustrationen, wenn sie auch nicht so häufig wie in der Erwachsenenliteratur auftreten.

Zur Bestimmung der K. und ihrem Adressatenkreis. Unter K. ist die visuelle, primär graphisch realisierte Form der Satire zu verstehen. Ihre gebräuchlichste Technik ist die veränderte, verfremdete Darstellung der Wirklichkeit, die üblichen Sehgewohnheiten zuwiderläuft und damit Aufmerksamkeit, Denkanstöße, Kritik provozieren will. Vom Standpunkt des parteilichen Kritikers aus versucht die K. durch Verzerrung, durch Reduktion, durch Übertreibung, durch entsprechende symbolische Einbindung das Typische, Charakteristische einer Person, einer Situation, eines Vorgangs sichtbar zu machen, wobei die inhaltliche Qualität ihrer Aussage deskriptiv, kommentierend, analytisch oder auch agitatorisch-propagandistisch sein kann. Wie jede Satire will auch die K. durch Lachen die Wahrheit sagen. Dabei kann das Lachen vom gutmütigen Schmunzeln über menschliche Torheiten bis zum zynischen, höhnisch-verspottenden, verletzenden Lächerlichmachen reichen.

Das Verstehen einer K. verlangt eine Rückübersetzung des satirischen Bildes, das Erfassen des Aussagekerns, dessen Wahrheitsgehalt in seinem Verhältnis zur reflektierten Wirklichkeit zu messen ist. Der kritische Betrachter wird prüfen, ob die satirische Kritik auf einer belegbaren Analyse oder lediglich auf ideellen Prämissen, auf Vorurteilen, auf Ideologie beruht.

Die K. bietet die Chance einer anschaulichen, eingängigen und einprägsamen Aussage, so daß die Kritisierten betroffen reagieren und nicht selten in unverhältnismässiger Reaktion Zensor und Gericht bemühen. Andererseits schränken die Rezeptionsanforderungen den Kreis der verstehenden Betrachter vielfach ein, so daß die satirische Kernkritik oft nicht verstanden, die Zeichnung zu wörtlich genommen oder auf die graphischen Elemente, z. B. „Verhäßlichung", beschränkt wird. Die K., die ihrem Anspruch nach mehr als eine bloße Witzzeichnung darstellt, ist so in besonderer Weise von ihrem Betrachter und dessen Rezeptionsfähigkeit abhängig.

„Vorsicht, schlecht geschlafen!" Poster von Dietl aus dem Schülermagazin „treff" (Mai 1981).

Hier ist der Grund zu sehen, daß K.en als eigenständige Aussage für die Zielgruppe der Kinder und Jugendlichen – gemessen an der Fülle des ihnen zugedachten Bildmaterials – relativ selten sind. Die politische, gesellschaftskritische K. findet sich zum Teil in Schülerzeitschriften, häufiger in Jugendzeitschriften mit gewerkschaftlicher oder parteipolitischer Intention. Hier zielt sie auf einen Leserkreis, der für die Hintergrundaussagen, die parteiliche Folie und die Kriterien der Kritik sensibilisiert ist. Die K. wird häufig zur programmatischen Aussage, die mit der Bestätigung der Leser rechnen kann, zur Festigung ihrer Meinungen und Einschätzungen beiträgt. Anspielungen und Einkleidungen, z. B. Mensch-Tier-Verfremdungen, sind verständlich.

Im allgemeinen wird im K.-Angebot für Kinder und Jugendliche, wie es im Bilderbuch, im Comic und als Illustration im Kinderbuch Verwendung findet, auf eine hintergründig satirische Aussage weniger insistiert. K. meint hier meist die Reduzierung der visuellen Aussage auf eine ihrer möglichen Techniken, die gegenüber der veristisch-realistischen oder idealisierten Wiedergabe veränderte, zeichnerisch verzerrte, verkürzte, oft übertriebene Darstellung.

Historische Entfaltung der K. Weniger als intendierte Kunstaussage, denn als spielerische Zeichenfertigkeit, als Ulk, verstanden die italienischen Gebrüder AGOSTINO und ANNIBALE CARRACCI ihre skizzenhaften Porträts im 17. Jahrhundert. Schon bald erkannte man, daß in dieser vereinfachenden, witzig wirkenden Darstellung die Potenz zur Charakterisierung und zur Kritik liegt. GIAN LORENZO BERNINI, PIER LEONE GHEZZI und andere Nachfolger der CARRACCIS wußten durch Betonung spezifischer Details, durch gezieltes Weglassen, durch Übertreiben, durch bewußte Entstellung allgemein postulierter Schönheitsideale ihren Zeichnungen eine erkennbare intentionale Aussage zu geben. In der englischen K. des ausgehenden 18. Jahrhunderts wird der skizzenhafte, verzerrende Strich eines THOMAS ROWLANDSON und JAMES GILLRAY unter anderem zur treffenden politischen und gesellschaftlichen Kritik. Die Erfindung der Lithographie setzte eine wichtige Voraussetzung für das Entstehen satirischer Zeitschriften mit umfangreichem K.-Anteil. Künstler wie HONORÉ DAUMIER fanden im Frankreich des Bürgerkönigs LOUIS-PHILIPPE in der K. ihr Medium. Die Verzerrung, die scheinbar unkorrekte, aber bei näherer Betrachtung beabsichtigte zeichnerische Veränderung der sichtbaren Wirklichkeit wird dominant und im Bewußtsein vieler mit K. schlechthin gleichgesetzt. Karikieren wird zum „Entstellen“, wobei hier der Spielraum weit gesteckt ist, vom bösartigen Pasquille bis zur eher sympathisch humorigen Zeichnung, wie sie unter anderem MAX BEERBOHM präsentiert, reicht. KARL ROSENKRANZ („Ästhetik des Häßlichen“, 1853) verteidigt die K. auf der Basis der HEGELschen Ästhetik, indem er in ihr den Gegenpol zum Ideal-Schönen sieht, das eben durch dieses Negativbild bestätigt und gewertet werde. Tatsächlich muß für einen Betrachter, der sich im Besitz festgefügter ästhetischer Idealnormen glaubt, die verzerrende Darstellung provokativ wirken, wobei die Chance der Kritik der Darstellung bereits äußerlich inhärent ist: das Ideal wird zeichnerisch vom Podest der Unangreifbarkeit geholt und damit erst mögliches Objekt einer Auseinandersetzung. Äußerliches „Verhäßlichen“ weist symbolisch auf Kritik, wenn nicht auf Ablehnung des vom Kritisierten postulierten Anspruches der Unangreifbarkeit, der Unfehlbarkeit, der Autorität. Nicht das Aussehen ist somit häßlich bestimmt, sondern ein Fehlverhalten, ein falscher, übertriebener Anspruch. Entsprechend meint der Begriff K., übertragen auf Literatur, den lächerlich wirkenden, weil extrem überzogenen Typus.

Es ist nicht verwunderlich, wenn Herrscher von jeher bereits in der verzerrten Darstellung ihres Porträts eine Beleidigung, eine versteckte Kritik an ihrer Person, an ihrem Machtanspruch argwöhnen und dagegen vorgingen. Autoritäre Gesellschaftssysteme haben in der Regel die karikierende Wiedergabe ihrer führenden Persönlichkeiten verboten.

K. und Kinder- und Jugendliteratur. Was für den politischen Bereich gilt, trifft ebenso für die Autoritätspersonen zu, die ihre Unanfechtbarkeit dem Kinde gegenüber behaupten. Im Zeitalter der Aufklärung, dem Beginn einer bewußten, zielorientierten und spezifischen Kindererziehung wie dem eigentlichen Beginn einer Kinder- und Jugendliteratur, galt das schlechterdings für jeden Erwachsenen, insbesondere für Eltern, Lehrer und Pfarrer. Es finden sich daher in jener Zeit keine karikierenden, verzerrenden Darstellungen von Erwachsenen in Medien, die für Kinder gedacht sind. Es war primär weniger der intentionalen satirischen Absicht als den zeichnerischen Qualitäten des Autors und Illustrators zuzurechnen, daß eines der berühmtesten Kinderbilderbücher mit Illustrationen ausgestattet war, die Verwandtschaft zur K. zeigten. Noch GRANDVILLE und GUSTAVE DORÉ, zwei führende französische K.isten des 19. Jahrhunderts, verzichteten in ihren Illustrationen für Kinder bewußt auf die Technik der Verzerrung. HEINRICH HOFFMANNS „Struwwelpeter“ (1845) jedoch enthält Figuren, die im Aussehen wie in ihren Bewegungen als Beispiele einer kritischen K. angesehen werden können. HOFFMANNS Erfolg zeigt einerseits, wie empfänglich Kinder für den karikierenden Zeichenstil sein können, verdeutlicht zum anderen aber auch, daß eine pädagogische Intention die K. keineswegs ausschließt, daß vielmehr in dieser Darstellungsweise die Chance der Typisierung, der betonten Charakterisierung liegt, verbunden mit dem jetzt auch für Kinder visuell genutzten Erkennen und damit Erziehen durch Lachen, das den inhaltlichen Grausamkeiten zum Teil die Schärfe nimmt. Auch das Handpuppentheater nutzt die übertriebene Karikierung des „Bösen“ (Hexe, Teufel) und ihre lächerliche Häßlichkeit als Gegengewichte zu ihrer angstauslösenden Bösartigkeit. FR. K. WAECHTERS „Antistruwwelpeter“ (1973), der starke karikaturistische Elemente aufweist und durch graphische und narrative Übertreibungen die falsch verstande-

Walter Schmögner. Prudence beim Friseur. Karikierende Illustration aus dem Bilderbuch „Mrs. Beestons Tierklinik" (1970). Den Text schrieb Renée Nebehay.

ne Erwachsenenautorität und ihre kinderfeindlichen Normen der Lächerlichkeit preisgibt, basiert auf den HOFFMANNschen Zeichnungen. Daß auch HEINRICH HOFFMANN selbst die satirische Potenz seiner Zeichenarbeit erkannte, deutet sich versteckt in seinem Bilderbuch „König Nußknacker und der arme Reinhold" (1851) an, in dem er in Wort und Bild die autoritäre Königsmacht und ihre Schergen verspottet.

Wenn auch die K. für Kinder in der Regel auf die verzerrende, vereinfachende, „lustige" zeichnerische Darstellung reduziert ist, bleiben Elemente der satirischen Qualität in vielen Fällen haften. So sind WILHELM BUSCHs Bildergeschichten für Kinder nicht nur witzig gezeichnete und erzählte Streiche; den Erwachsenen wie in Teilen sicher auch den Kindern vermitteln sie ironisch bis sarkastisch bissige Kritik; insbesondere in „Max und Moritz" (1865) werden kleinbürgerliche Norm- und Wertvorstellungen lächerlich gemacht. Das Lachen über den so komisch aussehenden Lehrer, den Onkel oder den Schneider schafft zumindest die Möglichkeit einer veränderten, nicht mehr allein ehrfurchtsvoll und gläubig bestimmten Sichtweise.

Ähnliches gilt für die Zeichnungen, die OLAF GULBRANSSON, einer der führenden Karikaturisten des „Simplicissimus", für LUDWIG THOMAS „Lausbubengeschichten" (1906 und 1907) geschaffen hat.

Viele bekannte Karikaturisten haben Illustrationen für Kinder- und Jugendbücher gezeichnet, und meist korrespondiert ihr karikaturistischer, vom Grotesken bis zum Humorvoll-Witzigen reichender Stil mit der Aussagetendenz der Bücher. Der Betrachter der Illustrationen von JOHN TENNIEL zu LEWIS CARROLLS „Alice's Adventures in Wonderland" (1865) ahnt die verborgenen skurril-satirischen Anteile des Werkes, und es verwundert nicht, daß TENNIEL in seiner Gestaltung der Königin auf eine Zeichnung von H. LIEFRINCK aus dem 16. Jahrhundert Bezug nimmt, der „Die Gräfin von Tirol" in häßlich-abstoßender bis ironisch-lächerlicher Weise porträtiert hat.

Ähnliche inhaltliche Beziehungen zwischen karikaturistischer Illustration und Textaussage lassen sich unter anderem bei WALTER TRIER in den Kinderbüchern von ERICH KÄSTNER, bei JEAN JACQUES SEMPÉ, in RENÉ GOSCINNYS „Abenteuer von Nicolas" (1963–1970), bei WALTER SCHMÖGNER, unter anderem in RENÉ NEBEHAYS „Mrs. Beestons Tierklinik" (1973), bei WOLFF in Doktor GORMANDERS „Als die Kinder die Macht ergriffen" (1971) feststellen. Comic und Bilderbuch nutzen die K. entsprechend. So versuchen P. GEWESSLER, H. GEBERT, MARIE MARCKS und andere durch karikaturistische Qualität nicht nur Unterhaltung zu

„Seine Mutter war sehr groß und dick...". Zeichnung von Michael Wolff aus dem 1971 deutsch erschienenen antiautoritären Kinderbuch „Als die Kinder die Macht ergriffen" (schwed.: När barnen tog makten, Stockholm 1969) von Doktor Gormander (d.i. Gunnar Ohrlander).

bieten, sondern auf Probleme, Widersprüchlichkeiten und falsche Autoritäten aufmerksam zu machen und sie der Lächerlichkeit preiszugeben (vgl. unter anderem „Bilderbuch I.", Auswahl von HANS-JOACHIM GELBERG, 1973). Auch R. STOLTE nutzt Verzerrung und Übertreibung in der literarischen und zeichnerischen Aussage, um über das Lächerlichmachen die scheinbar unangefochtene Autorität eines Sultans in Frage zu stellen („Sultan Hatschibum", 1976). TOMI UNGERER setzt seinen karikaturistischen Stil in seinen Kinderbüchern bewußt ein, um falsche Idyllen und Glattheiten zu durchbrechen, um durch Details scheinbar Harmonisches boshaft wieder aufzuheben, um auch Grausames – freilich in seiner Entsetzlichkeit durch die ironische Zeichnung gebrochen – Kindern nicht vorzuenthalten (z.B. „Zeraldas Riese", 1970).

Die K. bietet in der Regel die Chance, daß ihr Aussageangebot so differenziert, so unterschiedlich gewichtet sein kann, daß der erwachsene wie der kindliche Betrachter, jeder aus seiner Sicht, ihren Rezeptionserfahrungen entsprechend Anregungen und Genuß finden können (vgl. z.B. GUILLERMO MORDILLOS „Crazy Cowboy", 1972).

Die Qualität der satirischen Intention in ihren möglichen Techniken wird je nach Rezeptionserfahrung und Leseinteresse partiell oder umfassend erfaßt. Aufgabe der Kontextbindung der K. wie der Ausbildung einer kritisch-wertenden Rezeption in der Schule ist es, den Gefahren der mißverstandenen K., der Reduktion auf

Kurt Halbritter. Illustration zu der Erzählung „Wie man ein Gedicht liquidiert" aus Alexander Wolffs „Zur Hölle mit den Paukern" (1966).

Reiner Stolte. Karikaturistische Einbandillustration des Bilderbuchs „Sultan Hatschibum" (1976).

äußerliche Typendarstellung und damit verbunden der Bildung und Festschreibung von Vorurteilen, vorzubeugen.

Sekundärliteratur: Th. Fecht (Hrsg.): Politische Karikatur in der BRD und Westberlin (1974). – E. Fuchs: Die Karikatur der europäischen Völker (Bd. 1–3. 1901–1904). – D. Grünewald: Karikatur im Unterricht (1979). – M. Melot: Die Karikatur. Das Komische in der Kunst (1975). – G. Piltz: Geschichte der europäischen Karikatur (1976).

Dietrich Grünewald

Kassil', Lev Abramovič

*Sowjetischer Schriftsteller, Journalist; *10.7.1905 Pokrovskaja (heute: Engels), †22.6.1970 Moskau.*

K., Sohn eines Arztes und einer Musiklehrerin, wuchs in einer russischen Kleinstadt auf, wo er das Gymnasium besuchte. Danach studierte er an der Physikalisch-Mathematischen Fakultät der Moskauer Universität. 1925 schrieb er seine ersten Erzählungen. Die persönliche Bekanntschaft mit WLADIMIR MAJAKOVSKIJ (1893–1930) übte starken Einfluß auf seinen literarischen Werdegang aus. Ab 1927 war K. als Journalist tätig und bereiste die Sowjetunion und das Ausland. Im Zweiten Weltkrieg arbeitete er als Frontberichterstatter und später u.a. als Sportjournalist. Sein eigentlich schriftstellerisches Schaffen widmete er seit Anfang der dreißiger Jahre der Kinder- und Jugendliteratur; daneben hat er populärwissenschaftliche und publizistische Bücher verfaßt. K., der sich um die Organisation der sowjetischen Kinder- und Jugendliteratur verdient gemacht hat, erhielt für sein Werk „Velikoe protivostojanie" (1941) den ersten Preis des Volksbildungsministeriums der Russischen sozialistischen Republik für das beste Kinderbuch. Die Erzählung „Ulica mladšego syna" (1949), die er gemeinsam mit M. POLJANOVSKIJ herausgab, wurde mit dem Staatspreis der UdSSR ausgezeichnet.

Werk, Tendenzen, Wirkung. Mit einem reichen Spektrum an Themen, einer Fülle von Einfällen und Witz im Detail hat K. lebensnahe und genau beobachtete Erzählungen für Kinder geschrieben. Sein „Vermögen, unterhaltsam von ernsten Dingen zu erzählen, dafür spannende Geschichten zu finden, einen sprühenden Humor wie auch lyrisch weiche Töne einzusetzen, gewann ihm die uneingeschränkte Sympathie eines sehr großen jugendlichen Leserkreises", schreibt A. LATCHINIAN. K. zeichnet lebensfrohe Gestalten, die dem Aufbau des Sozialismus in der Sowjetunion positiv gegenüberstehen und ihr Vaterland lieben. Sein erstes größeres Werk „Konduit" (1930), das 1935 mit „Švambranija" zu einem Buch vereinigt wurde, spielt im Schulmilieu vor, während und nach der Revolution und zeigt die Entwicklung des stark autobiographisch geprägten jugendlichen Helden, der langsam das Neue verstehen lernt. 1937 veröffentlichte K. den Sportroman „Vratar' respubliki". In der Erzählung „Čeremyš, brat geroja" (1938) steht wiederum das Schulleben im Mittelpunkt, „Velikoe protivostojanie" (1941) hat die Entstehung eines Filmes über den Widerstand der Russen gegen Napoleon zum Thema, und seine Fortsetzung, die 1947 auf Anregung der Leser entstanden ist, zeigt die Bewährung der Heldin im Moskauer Kriegsalltag. „Dorogie moi mal' čiški" (1944) spielt im Krieg, ebenso die Dokumentarerzählung „Ulica mladšego syna" (1949). Das Thema des Kunstschaffens greift K. in der biographischen Erzählung „Rannij voschod" (1953) wieder auf und das Sportthema in seinem Roman „Chod beloj korolevy" (1956). Zum 10. Todestag von MAJAKOVSKIJ schrieb K. 1940 eine Abhandlung über dessen Leben und Schaffen („Majakovskij-sam"). Von publizistischen Arbeiten für Kinder wurde besonders die Schrift „Pro žizn' sovsem chorošuju" (1959) bekannt.

Werke: Konduit (1930); Konduit i Švambranija (1935; dt. Schwambranien, 1960); Vratar' respubliki (1937); Čeremyš, brat geroja (1938; dt. Sein großer Bruder, 1949); Majakovskij – sam (1940); Velikoe protivostojanie (1941; dt. Das Mädchen Ustja, 1949); Tvoi zaščitniki (1942); Dorogie moi mal' čiški (1944); Velikoe Protivostojanie (Teil 1–2, 1947; Teil 2; dt. Das Mädchen Sima, 1949); Ulica mladšego syna (zus. mit M. Poljanovskij, 1949; dt. Die Straße des jüngsten Sohnes, 1956); Rannij voschod (1953; dt. Ein früher Aufstieg, 1956); Chod beloj korolevy (1956; dt. Die Spur führt nach Cortina, 1958); Pro žizn sovsem chorošuju (1959; dt. Was ist Glück?, 1964); Čaša gladiatora (1962); Bud'te gotovy, Vaše Vysočestvo (1964); Sobranie sočinenij (1965).

Sekundärliteratur: J. A. Černjavskaja: L. A. Kassil' (in: J. A. Černjavskaja: Sovetskaja detskaja literatura. 1971. 261–293). – I. Krotova: Lev Kassil' i ego povest' „Velikoe protivostojanie" (in: Kassil', Lev: Velikoe protivostojanie. 1964. 406–413). – A. Latchinian: Kinder- und Jugendliteratur, 1941–1967 (in: H. Jünger (Hrsg.): Geschichte der russischen Sowjetliteratur 1941–1967. 1975. 345–364). – Vl. Nikolaev: Dorogami mečty i poiska. Tvorčeskij put' L'va Kassilja (1965). – I. Rachtanov: Polpred sovetskich bolel' ščikov (in: Kassil', Lev: Dva kubka. Vratar' respubliki. Chod beloj korolevy. 1965. 536–541).

Susanne Schmidt

Katholischer Kinderbuchpreis

Der Katholische Kinderbuchpreis der Deutschen Bischofskonferenz soll der Förderung religiöser Kinderbücher dienen.

1977 wurde der Katholische Kinderbuchpreis von der Deutschen Bischofskonferenz gestiftet. Er ist mit 10000 DM dotiert und soll alle zwei Jahre vergeben werden. Die Erstverleihung fand 1979 statt. Ausgezeichnet werden Arbeiten, die als Erzählungen oder als Sachdarstellungen beispielhaft und altersgemäß religiöse Erfahrungen vermitteln, Glaubenswissen erschließen und christliche Lebenshaltungen verdeutlichen. Es können unveröffentlichte Manuskripte und neuerschienene Bücher eingereicht werden, die sich an Kinder bis zum Alter von vierzehn Jahren wenden. Eine siebenköpfige Jury ermittelt die Preisträger und stellt eine Empfehlungsliste zusammen. Durch die Initiierung des Wettbewerbs will die Deutsche Bischofskonferenz Autoren ermutigen, die religiösen Bezüge der Menschen verstärkt sichtbar zu machen, und damit dem Mangel an religiöser Kinderliteratur abhelfen.
Der Preis wurde 1979 zu gleichen Teilen an ELSE BREEN für „Warte nicht auf einen Engel" (1977) und KURT HOCK für „Telat sucht den Regenbogen" (1978) verliehen; 1981 wurden LENE MAYER-SKUMANZ und WILLI FÄHRMANN ausgezeichnet.

H. D.

Kauka, Rolf

*Comicverleger, Cartoon-Zeichner, Erfinder von „Fix und Foxi"; *9. 4. 1917 Leipzig.*

Schon als Siebzehnjähriger hatte K. für die „Leipziger Neuesten Nachrichten" und das „Weissenfelser Tageblatt" Cartoons angefertigt. Der Versuch, zusammen mit H. ULLSTEIN nach dem Kriege einen Verlag zu gründen, scheiterte. K. besann sich auf sein Hobby, das Zeichnen, hatte die Idee zu einem Zeichentrickfilm, die sich jedoch mangels eines finanzkräftigen Verleihs nicht realisieren ließ. Das erarbeitete Konzept führte zur Produktion von Comics. Im Frühjahr 1952 erschien die erste Ausgabe des „Eulenspiegel", Text von K., Zeichnung von DORUL VAN DER HEIDE. K. gelang es, in Zusammenarbeit mit dem Pabel-Verlag (Rastatt), die einzige deutsche Comic-Produktion aufzubauen, die auf dem Markt Bestand hat und unter anderem nach Italien, Schweden und Spanien exportiert wird. K., der einige Figuren mitentworfen hat, fungierte primär nicht als Zeichner, schrieb aber einen Großteil der Geschichten. Als Zeichner verpflichtete er vor allem Jugoslawen und Italiener. K. lehnte 1961 ein Angebot WALT DISNEYS zur Mitarbeit ab. Er arbeitete bis 1965 mit dem Pabel-Verlag (Rastatt) zusammen, seitdem mit Gevacur (Schweiz). 1973 verkaufte er seinen Verlag, behielt aber das Copyright, jedoch ohne inhaltliches Mitspracherecht.

Werk, Tendenzen, Wirkung. Die Figur des Till Eulenspiegel, auch wenn sie in unser technisches Zeitalter versetzt wird, sollte im Konzept K.s zu Beginn der fünfziger Jahre den Akzent auf eine Tradition legen, die eigenständige deutsche populärkulturelle Entwicklungen aufnimmt und sich nicht als Adaption des DISNEY-Stiles versteht. Die Figur des Barons von Münchhausen, die ab Band 2 auftrat, unterstrich dieses Programm. Die realistisch gezeichneten Füchse Fix und Foxi sowie die Kontrastfigur, der Wolf Lupo, wurden zunächst mehr der Tierfabel à la Reineke Fuchs, wie er in Band 5 auftritt, verbunden, als der Welt der modernen anthropomorphen DISNEYschen Tiergestalten. Die Füchse Fix und Foxi, die ab Band 6 auftreten, überflügelten schnell die Popularität Eulenspiegels, bekamen ab Nummer 10 ihr wöchentliches Heft. Fix und Foxi, in ihrem Aussehen mehr und mehr stilisiert, eroberten hinter WALT DISNEYS „Micky Maus" den Comic-Markt in Westdeutschland. Bereits 1957 erreichten Fix und Foxi eine Auflage von 100000 Exemplaren pro Woche, die in den sechziger Jahren auf 300000 gesteigert wurde. In den siebziger Jahren sank die Auflage auf 200000. In den zahlreichen Sonderheften (Fix und Foxi mit Schallplatte, FF-Extra, Fix und Foxi Super Tip Top, Lupo, Lupo modern, Primo u.a.m.) entwickelte K. ständig neue Serien und übernahm andere europäische Spitzencomics, u.a. Lucky Luke und Jo-Jo. Als „Siggi und Barbarras" brachte er erstmals deutsch UDERZO/GOSCINNYS „Asterix" heraus. Allerdings zeigte sich hier wie in anderen Serien („Pichelsteiner") der sechziger Jahre der Versuch, mit Hilfe von Comic-Geschichten, die zum Teil durch rechtslastige Inhalte gekennzeichnet waren, eine politische Beeinflussung von Kindern zu erreichen. Die heftige Reaktion der Öffentlichkeit führte zur Zurückdrängung solcher Tendenzen. Der französische Lizenzgeber zog die Lizenz für diese „Asterix"-Bearbeitung zurück.

K. gebührt das Verdienst, das Medium Comic im deutschen Kulturraum nach 1945 etabliert zu haben. Er hat versucht, den Comics das Odium „Schund" zu nehmen und sie salonfähig zu machen. Während andere deutsche Comic-Verlage primär auf Lizenzbasis arbeiteten, bemühte sich K. um eigene Entwicklungen. Von den wenigen deutschen Comicserien (u.a. in Illustrierten erschienen „Taro", „Jimmy das Gummipferd", „Nick Knatterton", „Mecki") sind es nur die Comics von K., die dem Konkurrenzdruck standhalten können. Sein Bemühen um die Comic-Entwicklung spiegelt sich auch in dem allerdings gescheiterten Versuch, eine Comic-Akademie zu gründen (1975), die Zeichner und Texter ausbilden sollte. Die Produktion von Zeichentrickfilmen, einige kurze Fix-und-Foxi-Filme sowie der Full-Animation-Film „Maria d'Oro" (1972), wurde 1973 wieder eingestellt. Die Produktionen unter dem Kauka-Signum – Comic-Heft, Alben, Taschenbücher, die Kinderzeitschrift „Bussi Bär", das Teenagermagazin „Mädchen" – werden nach 1973 nicht mehr von K. selbst betreut. Fix und Foxi bleiben aber wie Lupo nach wie vor populäre Comicfiguren mit hoher Anziehungskraft.

Sekundärliteratur: H. Becher: Interview mit Rolf Kauka (zus. mit A. C. Knigge in: Comixene. 7. 1980. 31. 5–15). – W. Gerlach: Völlig eigenständiges Medium? Die Kauka-Story (in: Börsenblatt für den Deutschen Buchhandel. 1978. 44. 1079–1080). – A. C. Knigge: Asterix in Deutschland (in: Comixene. 4. 1978. 17. 27–29). – U. Pohl: Von Max und Moritz bis Fix und Foxi (1970). – R. Reitberger: Verlagsportrait. Rolf-Kauka-Verlag (zus. mit W. J. Fuchs in: Panel. 1. 1972. 43–47).

Dietrich Grünewald

Kautsky, Minna

*(Ps.: Eckert) Schauspielerin, Schriftstellerin; *11.6.1837 Graz, †20.12.1912 Berlin.*

K., die älteste Tochter eines begabten, in ständigen finanziellen Schwierigkeiten steckenden österreichischen Theatermalers, war von Kindheit an lebhaft an Kunst, Literatur und Theater interessiert. Bereits als Vierzehnjährige trat sie an einer Prager Liebhaberbühne auf. Dort lernte sie JOHANN KAUTSKY kennen, einen jüngeren Kollegen ihres Vaters, den sie 1854 heiratete. Ihre Schauspielerkarriere – zeitweise ernährten ihre Engagements die Familie – wurde durch die Geburten ihrer vier Kinder immer wieder unterbrochen und mußte wegen eines Lungenleidens 1862 endgültig aufgegeben werden. In sich allmählich bessernden finanziellen Verhältnissen verbrachte sie seit den sechziger Jahren des 19. Jahrhunderts den größten Teil ihres Lebens in Wien. K. begann ihre literarischen Interessen auszuweiten, befaßte sich mit philosophischen, politischen und sozialen Fragen (verstärkt nach 1866) und gewann dabei im ältesten Sohn KARL einen kompetenten Diskussionspartner. KARL KAUTSKY (1854–1938), der spätere Theoretiker der deutschen Sozialdemokratie, konnte sie von ihrem Talent als Erzählerin überzeugen, nachdem gemeinsame dramaturgische Versuche gescheitert waren. Nach dem Tod des Ehemanns (1896) zog K. zu ihrem Sohn nach Berlin, wo sie als „Granny" Mittelpunkt eines regen geistigen Lebens im Umkreis der deutschen Sozialdemokratie war.

Werk, Tendenzen, Wirkung. K. schrieb Gedichte für den Hausgebrauch, veröffentlichte 1870 unter dem Pseudonym Eckert novellistische Skizzen über „moderne Frauen" und entwickelte sich seit Mitte der siebziger Jahre zur Erzählerin und erfolgreichen Autorin sozialer Romane. K. war Mitarbeiterin der „Neuen Zeit" und vieler anderer sozialdemokratischer Blätter in Österreich und Deutschland. Sie hielt freundschaftlichen Kontakt zu den führenden Köpfen der deutschsprachigen Arbeiterbewegung. Ihre Romane und Erzählungen, fast ausnahmslos in den Feuilletons von Zeitungen und Zeitschriften erstveröffentlicht, erreichten viele Nachdrucke und wurden in sozialdemokratischen Familien begeistert gelesen, so daß sie den als Kompliment gemeinten Beinamen „die rote Marlitt" gewann. K.s Veröffentlichungen waren häufig Gegenstand von Erörterungen über sozialistische Literatur. In diesen Zusammenhang gehört FRIEDRICH ENGELS' Brief vom 26.11.1885, in dem er sie vor aufgesetzter

Tendenz warnt. Dieser, wie andere Kritikpunkte (schablonenhafte Handlung, zu positive Helden, oft nur mittelbare Einbeziehung der meist erleidend dargestellten Arbeiter) kann für die meisten ihrer Romane gelten, hat aber ihrer Popularität nicht schaden können. Eine Ursache ihres Erfolgs ist sicherlich zu sehen in „eindrucksvollen Schilderungen von kleinbürgerlichen und proletarischen Lebensverhältnissen", die möglich waren durch Selbstbeschränkung auf ihr bekannte österreichische Verhältnisse, „die Nähe zum Vertrauten, Einfachen, Erbaulichen" (F. TROMMLER).
Obwohl keine ausgesprochene Jugendschriftstellerin, befanden sich ihre „Werke fast alle in der Nähe von Jugendliteratur" (G. HOLTZ-BAUMERT). So bildeten auch die Heranwachsenden sozialdemokratisch orientierter Kreise einen großen Anteil ihrer Leserschaft. K. arbeitete auch am „Deutschen Jugendschatz" mit, der 1879 von WILHELM LIEBKNECHT und BRUNO GEISER herausgegeben wurde.

Werke (Auswahl): Moderne Frauen (in: Stimmen aus Mähren. 21 u. 28. 1870); Ein Proletarierkind. Novelle (in: Neue Welt. 1876); Stefan vom Grillenhof. Roman (in: Neue Welt. 1879); Die Alten und die Neuen. Roman (in: Neue Welt. 1884); Victoria. Roman (in: Illustriertes Unterhaltungsblatt. 1887); Helene. Roman (1894).

Sekundärliteratur: F. Engels: Brief an M. Kautsky vom 26.11.1885 (in: Marx/Engels. Werke Bd. 36. 1967. 392–394). – C. Friedrich: Minna Kautsky. Beitrag zur Entstehungsgeschichte der sozialistischen deutschen Literatur (Diss. 1963). – C. Friedrich (Hrsg.): Minna Kautsky. Auswahl aus ihrem Werk (1965). – G. Holtz-Baumert: „Überhaupt brauchen wir eine sozialistische Literatur ...". Skizzen vom Kampf um eine sozialistische deutsche Kinderliteratur (1972). – B. Kautsky (Hrsg.): K. Kautsky: Erinnerungen und Erörterungen (1960). – G. Stieg (zus. mit B. Witte): Abriß einer Geschichte der deutschen Arbeiterliteratur (1973). – Fr. Trommler: Sozialistische Literatur in Deutschland. Ein historischer Überblick (1976).

Erich Eberts

Keller, Agathe

*Schweizer Schriftstellerin, Journalistin; *4. 4. 1937 Bern.*

K. wuchs in Bern auf. Ihr Studium an der Universität schloß sie als Sekundarlehrerin ab und unterrichtete danach 15 Jahre an verschiedenen Schulen. Daneben schrieb sie regelmäßig Beiträge für eine Berner Zeitung. K. lebt als freie Journalistin und Schriftstellerin in Basel. Neben ihrer Haupttätigkeit als Rezensentin behandelt sie in ihrer publizistischen Arbeit häufig gesellschaftspolitische Fragen. Für Kinder und Jugendliche veröffentlichte sie verschiedene Kurzgeschichten in Zeitschriften und Anthologien, Mädchenromane und -erzählungen. 1978 erschien „Was ist", ein Gedichtband für Erwachsene. Für ihr Mädchenbuch „Happy End mit Skarabäus" (1971) erhielt K. 1972 den Jugendbuchpreis des Schweizerischen Lehrer- und Lehrerinnenvereins.

Werk, Tendenzen, Wirkung. Abgesehen von einigen kurzen, sprachspielerischen Texten in berndeutscher Mundart, sind K.s Erzählungen für Kinder und Jugendliche realistische Darstellungen von gesellschaftlichen oder psychischen Zuständen, geprägt von einem zurückhaltenden gesellschaftlichen Engagement. Ihre Erzählungen für Mädchen vertreten den neuen, emanzipatorischen Typus des Mädchenbuches. Der Hauptakzent liegt auf der Darstellung der Suche des heranwachsenden Mädchens nach seiner Identität. Diese Suche äußert sich einerseits als Widerstand gegen die Autorität der Eltern, besonders des Vaters, andererseits als Bestreben, sich in neuen Beziehungen selbst zu behaupten. K.s Heldinnen sind Mädchen aus der Mittelschicht. Mit der Loslösung von den Eltern ist zugleich eine ablehnende Haltung zu den kleinbürgerlichen Wertvorstellungen des Elternhauses verbunden. Über den Rahmen der Familie hinaus geht die Auseinandersetzung mit gesellschaftlichen Wertvorstellungen in „Flöten für Pascale" (1974), wo eine siebzehnjährige Schweizerin in Indien mit Hunger und Elend konfrontiert wird und dadurch lernt, ihr Verhältnis zu ihrer eigenen Umgebung genauer zu bestimmen.
„Happy End mit Skarabäus" (1971) und „Eine Handvoll Luft" (1976), eine Sammlung von Kurzgeschichten, geben ein genaues Bild der Probleme heranwachsender Mädchen, ihrer Unsicherheiten, Selbstzweifel und Auseinandersetzungen mit der Umwelt. Erste Liebesbeziehungen werden in der Abhängigkeit vom Druck durch die Familie und vor allem durch die Verhaltensnormen der Gleichaltrigen gezeigt. Die traditionelle Rollenverteilung zwischen Mann und Frau wird angezweifelt, erstrebt wird eine partnerschaftliche Beziehung. Die Mutter, die für ihre Familie die eigenen Interessen aufgegeben hat, erscheint als ebenso fragwürdiges Vorbild wie der Vater, dem vor allem Sicherheit und Erfolg ein Anliegen sind. Entwicklungsziel ist eine Persönlichkeit, die gegen kleinbürgerliche Moral- und Erfolgsvorstellungen ihre Interessen vertritt, ohne aber andere zu verletzen. Die Erzählungen sind zum Teil in Ich-Form geschrieben, zum Teil reportagehaft distanziert. Durch die realistische Darstellung von entwicklungsbedingten Problemen und ihrer Verarbeitung bieten sie sich als Lebenshilfe an, mit der – nie aufdringlich zum Ausdruck kommenden – Absicht, das Selbstbewußtsein der Leserin zu stärken. Allerdings vermitteln die Bücher kaum einen Einblick in größere gesellschaftliche Zusammenhänge, da alle angesprochenen Probleme spezifische Mittelschichtprobleme sind, insbesondere in den Mädchenbüchern.

Werke: Happy End mit Skarabäus (1971); Flöten für Pascale (1974); Eine Handvoll Luft (1976); Was ist (1978).

Beiträge: Längwilig (in: A. K. Ulrich (Hrsg.): En Elefant vo Äntehuse. 1975. 78–80); Ischlafzouber (in: A. K. Ulrich (Hrsg.): En Elefant vo Äntehuse. 1975. 103–104); Schwarzer Wolf und Roter Fuchs (in: H. J. Gelberg (Hrsg.): Menschengeschichten. 1975. 42–44); Emmental, 1130 Meter über Meer (in: R. Renschler (Hrsg.): Wer sagt denn, daß ich weine. 1977. 208–217).

Verena Heintz-Rutschmann

Kerndörffer, Heinrich August

*Pädagoge, Schriftsteller; *16. 12. 1769 Leipzig, †23. 9. 1846 Reudnitz/b. Leipzig.*

K. entstammte vermutlich einer protestantischen Pfarrersfamilie. Er studierte in Leipzig Philosophie und erhielt den Magistertitel. K. nannte sich in einigen seiner Bücher „Doktor der Philosophie“ und wirkte als „Docent“ und „Lector publ.“ an der Universität Leipzig und der dortigen Nicolai-Schule. 1804 wurde K. Mitherausgeber des „Leipziger Mode-Magazins“. K. war Anhänger der Freimaurerei und mehrere Jahre „Meister vom Stuhl“ der Leipziger Freimaurerloge „Apollo“.

Werk, Tendenzen, Wirkung. K. schrieb Familienromane, Rittergeschichten, Räuberromane und „gesellschaftskritische“ Erzählungen. Daneben verfaßte er eine Anzahl pädagogisch-belehrender Schriften. H. Weidemeier kommt in seiner Dissertation über K. zu dem Ergebnis, daß sich K.s Texte im Vergleich mit der zeitgenössischen Unterhaltungsliteratur „durch Ärmlichkeit in Erfindung und Gestaltung“ auszeichneten, selbst ihre Unterhaltungsqualität sei gering und begnüge sich mit der Wiederholung des immer schon Bekannten. Hinzu kommt ein schulmeisterlicher Ton, der die moralisch-pädagogische Tendenz noch vermehrt. In dem „Familiengemälde“ „Der Fluch des Leichtsinns“ (1798) zeigt sich diese Tendenz deutlich in der Figur des Vaters Rollo, von dem es heißt: „Wo die Unschuld weinte oder die Tugend verkannt wurde, da erschien Rollo als Helfer und Beschützer“. K. vertrat eine Form der Glückseligkeit, die moralisch-trübsinnigen Puritanismus ebenso ablehnte wie Libertinage. Er berief sich auf die Werte der Innerlichkeit und die Intimität der Familie und erlaubte Geselligkeit nur im kleinen Freundeskreis, fernab von den Zirkeln der „feinen Welt“.

Neben diesen Werken stammen von K. auch Schriften unmittelbar belehrenden Inhalts wie die „Materialien für den ersten Unterricht in der Deklamation“ (^{2}1820). Diese Beispielsammlung stellte Texte u. a. von Gleim, Herder, Hagedorn, Krummacher, Lichtwer, Rassmann, Weisse, Wieland nebeneinander. K. lieferte im Anschluß an die zumeist versifizierten Fabeln ausführliche Kommentare zum richtigen Vortrag dieser Texte. Außerdem war K. Mitherausgeber des „Leipziger Mode-Magazins“ und des „Magazins schrecklicher Ereignisse und fürchterlicher Geschichten“ (1803–1811). Von K. rührt eine 1802 erschienene Bearbeitung des „Magasin des enfants“ der Marie Leprince de Beaumont her.

Die Eigenart der Kinderschriften K.s zeigt sich deutlich in seinem „Kleinen Fabelbuch für Kinder edler Erziehung“ (1802). K. erzählt darin Fabeln, die er in die Unterhaltungen „Treumanns mit seinen Zöglingen“, den Kindern eines begüterten Kaufmanns, einbaut. In der Vorrede macht K. den Leser darauf aufmerksam, daß er „bei den Anwendungen dieser Fabeln etwas länger verweilen mußte“. Bei K. wird die traditionell

Kleines Fabel-Buch für Kinder edler Erziehung von H. A. Kerndörffer mit Kupfern.

Heinrich August Kerndörffer. Titelseite von „Kleines Fabel-Buch für Kinder edler Erziehung“ (Leipzig 1802).

knapp gefaßte Moral der Fabel pedantisch ausgewalzt und umständlich erläutert. Der bemüht lehrhafte Gestus K.s zeigt sich ebenso in seinem „Wirtschaftlichen ABC- und Bilderbuch für Mädchen“. Der erste Teil dieses Bändchens liefert eine Art Leseunterrichtanleitung. K. bedient sich dabei umfangreicher typographischer Hilfen, wenn er z. B. die jeweiligen Wortsilben getrennt setzen läßt oder schwierige Wörter hervorhebt. K.s Unterricht beginnt mit dem kleinen und großen ABC, gefolgt von kurzen Texten belehrend-moralischen Inhalts. Im Anschluß an diesen in Fraktur gesetzten Abschnitt befaßt sich K. mit der Zahlenkenntnis und geht dann weiter zur Unterrichtung des lateinischen Alphabets. Der zweite Hauptteil ist den „Unterhaltungen für gute Töchter über verschiedene Gegenstände der Hauswirtschaft“ gewidmet. K.s Gedankengang leitet sich von der Prämisse her, „nur das ist ein wahres Vergnügen, was man mit dem Nützlichen verbindet“. Doch nicht mit dieser dem Philanthropinismus verwandten Verbindung von „Nutzen und Vergnügen“ bleibt K. in der Tradition seiner Zeit, sondern auch mit seinen starren Rollenzuweisungen für Jungen und Mädchen, die in den beigegebenen Illustrationen noch bekräftigt werden. Mädchen spielen mit Puppen, um sich auf ihre Hausfrauen- und Mutterpflichten vorzubereiten, Jungen dagegen beschäftigen sich mit Trommel, Trompete und Steckenpferd, den Attributen männlicher Wehrhaftigkeit. Diesen Ausführungen folgen dann lange Erörterungen und Kommentare K.s zur

Hausarbeit. So unterrichtet er die Leser über Kaffee-Erzeugung, Gartenbau, die Leuchterherstellung und die Produktion von Seife.

Werke (Auswahl): Kleines Fabelbuch für Kinder edler Erziehung (1802); Kinderbibliothek, oder Anleitung zu mancherlei nützlichen und angenehmen Beschäftigungen für Kinder (Bd. 1: Der kleine Papparbeiter, 1809; Bd. 2: Der kleine Taschenspieler und Magiker, 1810); Gallerie der Stände. Ein unterhaltendes Lese- und Bilderbuch für die Jugend (1811); 60 kleine Geschichten und Erzählungen für Kinder (1812); Wirtschaftliches ABC- und Bilderbüchlein für die Jugend (1813); Lese- und Declamir-Übungen, zunächst für das frühere Kindesalter (1820); Naturgeschichte der Haustiere zur Unterhaltung für die Jugend (1825); Guido und Minona oder Unterhaltungen zweier Freunde mit ihren Kindern (1827).

Sekundärliteratur: H. Weidemeier: Heinrich August Kerndörffer. Untersuchungen zum Trivialroman der Goethezeit (Diss., 1966).

Winfred Kaminski

Kibu Verlag

Menden/Sauerland. Kinder- und Jugendbücher, Sachbücher.

Die Kibu Verlag GmbH wurde 1975 gegründet. Verlagsleiter sind KUNIBERT BIRNKRAUT (* 1932) und ERHARD TAMM (* 1934). Die Schwerpunkte des Verlagsprogramms liegen auf erzählenden, spannenden Jugendbüchern, Beschäftigungsliteratur (z.B. Bastelbüchern) und Sachbüchern. Seit Gründung des Verlages wurden fast zwei Millionen der preiswerten Bücher verkauft.
Zu den Autoren des Verlages gehören: PETER BERGER, WILLI FÄHRMANN, LISA HEISS, SIGRID HEUCK, HELMUT HÖFLING, FRANZ KUROWSKI, RODERICH MENZEL, TILDE MICHELS, ANNEMARIE NORDEN, FRIED NOXIUS, HERBERT PLATE, MARGOT POTTHOFF, BARBARA SCHWINDT, ROLF ULRICI, ERIKA ZIEGLER-STEGE.

H. D.

Kinder- und Jugendbuchabteilung der Deutschen Staatsbibliothek Berlin

Die Kinder- und Jugendbuchabteilung der Deutschen Staatsbibliothek in Ost-Berlin ist eine wissenschaftliche Spezialabteilung für das Studium der deutschen und ausländischen Kinder- und Jugendliteratur.

Die Kinder- und Jugendbuchabteilung der Deutschen Staatsbibliothek wurde 1951 mit der Absicht gegründet, das Versäumnis anderer wissenschaftlicher Bibliotheken nachzuholen, die der Kinder- und Jugendliteratur keinen Raum zugestanden hatten. Leiter der Abteilung ist HEINZ WEGEHAUPT. „Die Abteilung sieht ihre wichtigste Aufgabe darin, das Kinder- und Jugendbuchschaffen in der DDR zu unterstützen und wendet sich in erster Linie an alle, die Kinderbücher schreiben und gestalten (Autoren, Illustratoren, Verleger) oder mit dem Kinderbuch arbeiten (Pädagogen, Bibliothekare, Literaturwissenschaftler)." Gesammelt wird für Kinder und Jugendliche geschriebene, bearbeitete und herausgegebene Literatur. Dabei wird die Verlagsproduktion der Gegenwart besonders berücksichtigt. Um Vollständigkeit bemüht sich die Abteilung bei der gesamten Kinder- und Jugendbuchproduktion der DDR und den vor 1860 erschienenen deutschsprachigen Werken. Daneben enthält die Sammlung einen großen Teil der Kinder- und Jugendliteratur der Bundesrepublik Deutschland und eine Auswahl inhaltlich und graphisch bemerkenswerter Bücher des Auslands. Einen Schwerpunkt der Arbeit stellt die Ergänzung des Bestandes an alten Kinderbüchern dar. Mit Hilfe der Antiquariate, durch Presseaufrufe an Besitzer alter Kinderbücher und die Übernahme alter Kinderbücher aus Bibliotheken, Archiven und ähnlichen Einrichtungen wird die Sammlung ständig erweitert. Die Abteilung besitzt zur Zeit ca. 90000 (1981) Kinder- und Jugendbücher, davon sind etwa 36000 Bände vor 1945 erschienen, allein 5000 Bücher stammen aus der Zeit von 1537 bis 1860.
Neben Primärliteratur wird theoretische Literatur über Kinder- und Jugendbücher, über Kinderbibliotheken und die Arbeit mit dem jungen Leser gesammelt. Zur Zeit enthält diese Handbibliothek etwa 4000 Werke und Bibliographien, daneben werden laufend 30 theoretische Fachzeitschriften und 80 Kinder- und Jugendzeitschriften gehalten.
Seit 1978 baut die Abteilung eine Sammlung von Originalen der Kinder- und Jugendbuchillustration der DDR auf, die auch theoretische Äußerungen der Künstler sowie Literatur über die Illustratoren selbst enthält.
Neben der systematischen Sammlung und Erschließung der Kinder- und Jugendliteratur bemüht sich die Abteilung auch um Propagierung empfehlenswerter Kinder- und Jugendbücher. Hierzu dienen in erster Linie die zahlreichen Ausstellungen. Allein zwischen 1956 und 1975 wurden 32 Ausstellungen veranstaltet, von denen ein Teil als Wanderausstellungen außer Landes ging. Zu den wichtigsten Ausstellungen in den letzten Jahren gehörten: 1976 „Schätze der Kinder- und Jugendbuchabteilung. Alte Bilderbogen und kostbare Kinderbücher vom 16. Jahrhundert bis zur Gegenwart"; 1979 „Die Märchen der Brüder Grimm". Die Kinder- und Jugendbuchabteilung ist eine Präsenzbibliothek, deren Bestände allen Benutzern zur Verfügung stehen, die sich zu wissenschaftlichen und beruflichen Zwecken mit Kinder- und Jugendliteratur befassen. Die Altersgrenze liegt bei 16 Jahren.

Sekundärliteratur: H. Kunze: Warum in der Staatsbibliothek eine Kinderbuchabteilung aufgebaut wurde (in: Börsenblatt für den Deutschen Buchhandel. Leipzig. 126. 1959. 567–570). – H. Wegehaupt: Die Kinder- und Jugendbuchabteilung der Deutschen Staatsbibliothek (in: Beiträge zur Kinder- und Jugendliteratur. 8. 1965. 151–154); The section for children's and young adult's books. Deutsche Staatsbibliothek. Berlin (in: UNESCO Bulletin Libraries. 22. 1968. 6. 297–299).

H. D.

Kinderbuchladen

Ein K. ist eine Buchhandlung, in der – im Gegensatz zur allgemeinen Sortimentsbuchhandlung – vor allem oder ausschließlich Kinderliteratur angeboten wird, also Bilderbücher, Kinderbücher, Jugendbücher. Dieses Angebot kann ergänzt werden durch eine Auswahl von Spielen und pädagogischer Literatur. Häufig bestehen in K. Lese- und Spielecken. K. können entweder selbständige, wirtschaftlich unabhängige Einrichtungen sein oder Filialen bereits bestehender Buchhandlungen.

Zur Geschichte der K. Der erste K. im deutschsprachigen Raum wurde 1965 eröffnet. Eine größere Verbreitung fand diese Ladenform aber erst seit 1970 im Zusammenhang mit der sich neu definierenden Kinder- und Jugendliteratur. In Berlin, Hamburg und Zürich kam es zuerst zu Gründungen derartiger Läden. 1973 ergab eine Recherche von J. Radel, daß in Westdeutschland mehr als dreißig Firmen den Namen K. für sich in Anspruch nahmen. Diese Zahl dürfte sich noch erhöht haben, zumal wenn man für den deutschsprachigen Raum die Schweiz und Österreich mit einbezieht. Was zunächst als Modetrend nur vorübergehend von Belang zu sein schien, hat sich im allgemeinen Buchhandel als feste, wenn auch zahlenmäßig wenig bedeutende Einrichtung etabliert. In der Euphorie der frühen siebziger Jahre wurden viele K. von Personen gegründet, die sich engagiert für die Kinder- und Jugendliteratur einsetzten, aber oft weder das notwendige Kapital, noch das notwendige kaufmännische Rüstzeug besaßen. So kam es anfangs zu häufigen Neueröffnungen und zu Schließungen von K.
Daß ein Buchhändler sich auf die Gattung Kinder- und Jugendliteratur spezialisiert, hat seine Berechtigung. Denn zum einen erscheinen im deutschen Sprachraum jährlich etwa 1000–2000 Neuerscheinungen. Hinzu kommt, daß entsprechende Untersuchungen ergeben haben, die Zeit vom 9. bis 14. Lebensjahr sei die intensivste Lesephase. Außerdem hat die Kinder- und Jugendliteratur eine allgemeine Aufwertung erfahren.
Ein K. wird im wesentlichen in gleicher Weise geführt wie ein allgemeines Sortiment. Betriebswirtschaftlich wirkt es sich nachteilig aus, daß Kinder- und Jugendbücher im Schnitt preiswerter sind als andere Bücher; im allgemeinen kosten sie zwischen zehn und zwanzig Mark, dies erfordert bei fixen Unkosten eine hohe Lagerumschlagsgeschwindigkeit. Zudem gibt es ein Bestsellergeschäft, das problemlose Umsätze garantiert und schwierige Titel mitfinanzieren hilft, nur in sehr beschränktem Ausmaß.
Unterschiede zum allgemeinen Sortiment ergeben sich in der Ladengestaltung. Die Bücher sollen so angeordnet sein, daß sie von Kindern erreicht werden können, wobei der Präsentation der Bilderbücher ein besonderes Augenmerk geschenkt werden muß. Bewährt hat sich das Einstellen – thematisch gegliedert – in Krippen, wie es auch für Schallplatten üblich ist.
Achtzig Prozent der Käufer sind Erwachsene. Somit sind Käufer und Leser nicht identisch. Beim Taschen-

Autorenbesuch von Rolf und Margret Rettich im Kinderbuchladen Zürich.

buch liegt dagegen der Prozentsatz der selbstkaufenden Kinder höher. Der Grund dafür ist in der Tatsache zu suchen, daß die Erwachsenen im Gegensatz zu den meisten Kindern über das Geld zum Ankauf des Buches verfügen, andererseits ist aber auch sicher der gewollte Einfluß von Eltern auf die Lektürewahl ihrer Kinder dafür bestimmend. Aus diesem Grunde ist Beratung praktisch immer nötig. Dies setzt nicht nur Belesenheit voraus, sondern auch Kenntnisse in Entwicklungspsychologie und Pädagogik. Das Verkaufsgespräch kann einfach verlaufen, wenn der Kunde das Kind gut kennt; es kann aber auch kompliziert werden, weil gerade Eltern oder Verwandte dazu neigen, bei engagierter, kritischer Literatur unbewußt Barrieren aufzubauen. Wichtig wird die Beratung, wenn es sich um Lektüre für Erstleser, sogenannte ‚schlechte' Leser, Nichtleser oder Legastheniker handelt. Hier müssen oft mit subtiler Aufklärung und Überredungskunst falsche bis verschrobene Erwartungshaltungen von Erwachsenen kontra produktiver Förderwille relativiert und korrigiert werden. Es gilt aber auch, Unsichere und Ratlose zu beruhigen und ihnen Hilfe zu leisten. Gerade bei umstrittenen Literaturformen kommt es darauf an, sich unter Umständen zum Anwalt des Kindes und seiner Lesewünsche zu machen.
Neben der Verkaufstätigkeit im Laden sind weitere Aktivitäten möglich. In Katalogen, Kinderbuchtelegrammen usw., die sich an Kinder und Erwachsene oder beide Zielgruppen richten, werden Neuheiten angezeigt. Der Aufbau einer Kartei und deren peinliche Nachführung ist dazu unerläßlich. Es können Lesungen an Schulen organisiert werden, mit einer zusätzlichen Vorstellung des Autors im K. für interessierte Eltern und Bibliothekare. Vielfach wird die Möglichkeit genutzt, an Ausbildungsstätten von Kindergärtnerinnen oder Lehrern oder bei Bibliothekars-Veranstaltungen Bücher vorzustellen. Daneben werden Aktionen mit und für Kinder durchgeführt, oft im Zusammenhang mit der Neuerscheinung eines Titels. So kann ein Kinderkochbuch dazu anregen, ein Kochfest zu veranstalten.
Ein besonderes Problem stellt die Fluktuation der Leser dar. Wen man als Vierjährigen als ‚Leser' gewinnt, verliert man mit etwa vierzehn Jahren wieder; er wechselt dann – wenn überhaupt – ins allgemeine Sortiment.

Sekundärliteratur: J. Radel: Diese verschwiegenen Individualisten (in: Buchmarkt. 8. 1973. 9. 59–82); Kinder, Bücher und Läden (in: Buchmarkt. 14. 1979. 9. 110–127). – J. Schatzmann: Unsere Kunden von morgen (in: Buchmarkt. 14. 1979. 9. 160–164).

Jürg Schatzmann

Kinderbuchmesse Bologna

Die Kinderbuchmesse Bologna ist die einzige auf Kinder- und Jugendliteratur spezialisierte Buchmesse der Welt. Sie ist eine Veranstaltung der Messegesellschaft Bologna zur Förderung des Marketings und der internationalen Zusammenarbeit auf kulturellem Gebiet.

Die Kinderbuchmesse wurde 1964 gegründet und findet jährlich im Frühjahr – meistens in der ersten Aprilwoche – in Bologna statt. Sie dauert vier Tage und umfaßt die gesamte Kinder- und Jugendbuchproduktion. Bisher haben insgesamt 53 Länder teilgenommen. Ziel der Messe ist die Verbesserung der Verlagsproduktion, die intensive Förderung des Lesens und der internationalen kulturellen Zusammenarbeit. In diesem Sinne sind die Rahmenveranstaltungen zu verstehen, die die Messe begleiten und von denen sich viele zu regelmäßigen Einrichtungen entwickelt haben. Dazu gehören die Illustratorenschau (ihre Teilnehmer werden von einer internationalen Kommission ausgewählt), eine Comicausstellung und die Vergabe der Preise „Premio Grafico Fiera di Bologna" und „Critici in Erba". Der „Premio Grafico" ist ein Graphikpreis, der nach ausschließlich künstlerischen und graphischen Gesichtspunkten jeweils für ein Kinder- und ein Jugendbuch vergeben wird. Mit dem Preis „Critici in Erba" zeichnet die Messegesellschaft das am besten illustrierte Buch aus. Die Entscheidung trifft eine Jury aus neun Bologneser Schülerinnen und Schülern im Alter von sechs bis neun Jahren. An den Wettbewerben können sich alle Verlage beteiligen, die an der Messe teilnehmen.
Zum Rahmenprogramm der Messe gehören auch Tagungen zu speziellen Themen, Illustratorenschau bestimmter geographischer Regionen und Veranstaltungen zu aktuellen Anlässen, zum Beispiel zum „Internationalen Jahr des Kindes". Die Illustratorenschau und auch andere Veranstaltungen von besonderer Bedeutung können nach Abschluß der Messe als Wanderausstellungen eingesetzt werden. Zu den Ausstellungen erscheinen Kataloge, die wegen ihrer graphischen und dokumentarischen Qualität in anderen Ländern auch losgelöst von den Ausstellungen herausgegeben werden.
Besonderes Interesse finden die Entwicklungsländer. Die Messegesellschaft fördert ihre Teilnahme mit verschiedenen Maßnahmen: So wurde 1979 zusammen mit der UNESCO ein Studienkongreß über die Möglichkeiten einer verlegerischen Zusammenarbeit mit Ländern der Dritten Welt durchgeführt. 1980 veranstaltete die Messe – ebenfalls in Zusammenarbeit mit der UNESCO – eine Tagung der arabischen Verleger, um die Möglichkeiten einer Koproduktion von Jugendlichen in den arabischen Ländern zu prüfen.

H. D.

Kingsley, Charles

*Englischer Erzähler; *12.6.1819 Holne (Devonshire), †23.1.1875 Eversley (Hampshire).*

Nach dem Studium in London und Cambridge wurde K. wie sein Vater anglikanischer Pfarrer. Er führte in seiner Gemeinde soziale Reformen durch, gründete mit

Gleichgesinnten die Bewegung des christlichen Sozialismus und weckte als Schriftsteller – besonders durch seinen Roman „Alton Locke" (1850) – das Bewußtsein des Bürgertums für das Elend der Arbeiter. Doch trat er ebenso für einen kämpferischen Protestantismus ein, und seine Schriften sind nicht frei von patriotischen und imperialistischen Tendenzen. 1859 war er Kaplan der Königin, ab 1860 Professor für Geschichte in Cambridge. 1869 wurde er Domherr von Chester und 1873 von Westminster. Die Landschaft seiner Kindheit, Devonshire, regte nicht nur seine Begeisterung für Geschichte an, sondern auch ein nachhaltiges Interesse an der belebten und unbelebten Natur.

Werk, Tendenzen, Wirkung. K.s phantastisches Kinderbuch „The water-babies" (1863; dt. „Wasserkinder", 1947) hat sich in England als sein dauerhaftestes Werk erwiesen. Es wurde auch in Drama-, Film-, Funk- und Fernsehversionen verbreitet. Zusammen mit LEWIS CARROLLS „Alice im Wunderland" (1865) hat es der phantastischen Kinderliteratur in England zum Durchbruch verholfen, bleibt aber weit mehr als jenes dem Viktorianismus verhaftet. Angeregt von seiner Frau, schrieb K. „The water-babies" für sein jüngstes Kind, nachdem er für seine drei älteren Kinder schon eine Nacherzählung griechischer Sagen verfaßt hatte („The heroes", 1856). Es wurde die Geschichte von dem armen Schornsteinfegerjungen Tom, der in das Schlafzimmer eines reichen, schönen Mädchens gerät, fliehen muß, in einem Fluß zum Wasserkind wird, auf der Reise ins Meer vielerlei natürlichen und märchenhaften Geschöpfen begegnet, schließlich kleinere Verfehlungen durch die Erlösung seines gewalttätigen Meisters sühnt und mit dem schönen Mädchen in den Himmel ziehen darf. Die offene Form mit unterhaltsamen und lehrhaften Abschweifungen, humorvollen Namen und Wortlisten ist von RABELAIS beeinflußt. Was das Buch heute nur noch in gekürzter Form genießbar macht, sind die moralischen Ermahnungen und zeitgenössischen Anspielungen. In seiner Zeit bewirkte es ein Verbot der Beschäftigung von Kindern als Schornsteinfeger und trug mehr als andere Bücher zur Popularisierung DARWINscher Ideen bei. Wesentlich für seine Intensität ist eine archetypische Bildlichkeit, in der sich das Schuldgefühl des Autors gegenüber der Sexualität und eine damit zusammenhängende Reinlichkeitsobsession äußern.

Jugendlektüre, obwohl nicht als solche entstanden, sind bis heute K.s historische Romane „Westward Ho!" (1855; dt. „Westward Ho!", 1885) und „Hereward the wake" (1865; dt. „Hereward, der Wachsame", 1867). Die Helden beider Romane, ein elisabethanischer Seefahrer und ein angelsächsischer Gegner Wilhelm des Eroberers, zeichnen sich durch jene „muscular Christianity" aus, mit der ein anonymer Rezensent 1858 K. etikettierte. „Westward Ho!" feiert mit blutrünstigen Abenteuern und farbigen Landschaftsschilderungen die Männer, die nach Westen segelten, „um ein anderes, größeres England zu kolonialisieren". Was GEORGE ELIOT von diesem Buch gesagt hat, gilt für den Autor überhaupt: „Kingsley sees, feels and paints vividly, but he theorises illogically and moralises absurdly" (zit. nach S. CHITTY, S. 173).

Werke: Glaucus, or The wonders of the deep (1855); Westward Ho! (1855; dt. Westward Ho!, 1885); The heroes (1856); The water-babies (1863; dt. Wasserkinder, 1947); Hereward the wake (1865; dt. Hereward, der Wachsame, 1867); Madame How and Lady Why, or first lessons in earth lore for children (1868); Life and works (Bd. 1–19. 1901–1903).

Sekundärliteratur: C. Chitty: The beast and the monk. A life of Charles Kingsley (1975). – R. P. Chope: The historical basis of Kingsley's „Westward Ho!" (1912). – D. Colemann: Rabalais and „The water-babies" (in: Modern language review. 66. 1971. 511–521). – B. Colloms: Charles Kingsley (1975). – M. Duffy: The erotic world of faery (1972). – H. R. Harrington: Charles Kingsley's fallen athlete (in: Victorian studies. 21. 1977. 73–86). – J. Henkin: Darwinism in the English novel 1860–1910 (1963). – J. Howarth: Charles Kingsley: „Westward Ho!" (1938). – A. Johnston: The water-babies: Kingsley's debt to Darwin (in: English. 12. 1958–1959. 215–219). – C. N. Manlove: Modern fantasy: five studies (1975). – R. B. Martin: The dust of combat: A life of Charles Kingsley (1959). – D. Petzold: Das englische Kunstmärchen im 19. Jahrhundert (1981). – U. Pope-Hennessy: Canon Charles Kingsley (1948).

Reinbert Tabbert

Kingston, William Henry Giles

*Englischer Schriftsteller; *28.2.1814 London, †5.8.1880 London.*

Als Sohn eines Kaufmanns lebte der junge K. längere Zeit in Portugal und unternahm ausgedehnte Seereisen. Seinen Traum, Matrose zu werden, mußte er aufgeben, um das väterliche Geschäft zu übernehmen. Er trat zunächst mit Schriften über Portugal an die Öffentlichkeit, die ihm einen portugiesischen Adelstitel einbrachten. Um 1850 gab er sein Geschäft auf, um nur noch zu schreiben und zu reisen.

Werk, Tendenzen, Wirkung. Das „Supplement to Allibone's critical dictionary of English literature" (1891) führt – unter dem Vorbehalt, es könnten auch mehr sein – 171 Titel K.s auf. K.s erstes Buch, ein Roman für Erwachsene, war „The Circassian chief" (1843; dt. Der Tscherkessen-Häuptling, 1844–1845). Sein erstes und zugleich erfolgreichstes Jugendbuch erschien 1851 unter dem Titel „Peter the whaler" (dt. Peter der Wallfischfänger, 1852). Der Ich-Erzähler Peter, ein junger Mann aus Irland, berichtet darin von seinen Abenteuern auf See. Ein Tunichtgut in jungen Jahren, muß er fünfzehnjährig wegen Wilddiebereien außer Landes gehen und heuert zunächst auf einem Auswandererschiff an. Obwohl er dort sehr schlecht behandelt wird, gewinnt er doch Geschmack am Seemannsleben, dessen Gefahren und Härten er auf einer ganzen Reihe von Schiffen kennenlernt. Besonders in den ersten Kapiteln hält K. nicht mit Kritik an realen Mißständen hinter dem Berg, doch bleibt der Grundtenor optimistisch: auch in einer Welt voller Selbstsucht und Bosheit kann sich behaupten, wer lern-

und arbeitswillig ist, in Gefahren nicht verzagt, auf Gott vertraut und ein anständiger Mensch bleibt. Am Ende hat Peter zwar nicht viel mehr gewonnen als diese Einsicht, doch sie scheint ihm mehr wert als alle Reichtümer.
Von den späteren Büchern K.s waren besonders „The three midshipmen“ (1862) und seine drei Folgen beliebt. Drei Schulfreunde erlernen gemeinsam den Seemannsberuf und bringen es bis zum Admiral. Gemeinsam oder getrennt erleben sie zahllose Abenteuer. Von K.s Übersetzungen ist seine erweiterte Version von JOHANN WYSS' „Der Schweizerische Robinson“ („The Swiss Family Robinson“, 1879) zu erwähnen, die sich bis weit ins 20. Jahrhundert hinein auf dem Markt gehalten hat. Von 1859 bis 1862 gab K. eine eigene Jugendzeitschrift heraus, „Kingston's magazine for boys“. Er arbeitete auch in den Redaktionen anderer Zeitschriften und schrieb unter anderem für die berühmte englische Jugendzeitschrift „The boy's own paper“.
Die viktorianischen Eltern, die K.s Bücher kauften, konnten sicher sein, daß diese die rechte Mischung aus Patriotismus, religiöser Erbauung und einwandfreien moralischen Prinzipien enthielten; die jugendlichen Leser konnten spannende Abenteuer und ausführliche Informationen über das Leben auf See und in fremden Ländern erwarten. Hieraus erklärt sich der beträchtliche Erfolg K.s im 19. Jahrhundert, aber auch die Tatsache, daß seine Werke heute nahezu vergessen sind.

Werke (Auswahl): The Circassian chief: A romance of Russia (Bd. 1–3, 1843; dt. Der Tscherkessen-Häuptling, Bd. 1–3, 1845); Peter the whaler: his early life and adventures in the Arctic regions (1851; dt. Peter der Wallfischfänger, sein Jugendleben und seine Abenteuer in den Nordpol-Regionen, 1852); Mark Seaworth (1852; dt. Markus Seefest und seine Abenteuer im Indischen Ocean, 1857); Salt-Water: or, The sea life and adventures of Neil D'Arcy (1857); Round the world: a tale for boys (1859); The three midshipmen (1862); The three lieutenants: or, a naval life in the nineteenth century (1875); The three commanders (1875); The three admirals and the adventures of their young followers (1877).

Sekundärliteratur: M. Kingsford: The life, work and influence of William Henry Giles Kingston 1814–1880 (1947). – J. F. Kirk: A supplement to Allibone's critical dictionary of English literature and British and American authors (Bd. 2. 1891).

Dieter Petzold

Kleinmichel, Julius

*Genremaler und Illustrator; *5.3.1846 Rodzome (Graudenz), †12.8.1892 München.*

Kl., Sohn eines Oberförsters, studierte an der Kunstakademie in Königsberg. 1871 ging er nach Berlin, später nach Düsseldorf. In den siebziger Jahren malte Kl. seine ersten Genrebilder. Ende der siebziger Jahre wandte er sich – durch ein Beinleiden behindert – der Illustration zu. Das Jahr 1878 brachte seine Ernennung zum künstlerischen Leiter der Zeitschrift „Daheim“ und die Übersiedlung nach Leipzig. Hier entstanden die Beiträge zu JULIUS LOHMEYERS „Deutscher Jugend“. 1882 siedelte der Künstler nach München über, wo er Mitarbeiter der „Fliegenden Blätter“ wurde.

Werk, Tendenzen, Wirkung. Das beschauliche und humorvolle Genre, das Kl. in seinen Gemälden zu Beginn seiner künstlerischen Laufbahn pflegt, behält er in den meisten seiner Kinderbuchillustrationen bei. Kinder sind die Hauptfiguren seiner Bilderbücher, zu denen die Reime von namhaften Kinderbuchautoren seiner Zeit, wie JOHANNES TROJAN (1837–1915), FRIDA SCHANZ (1859–1944), JULIUS LOHMEYER (1834–1903), VICTOR BLÜTHGEN (1844–1920), gehören. Oft wurden die Texte erst nach seinen Entwürfen geschrieben. In einer heilen Umwelt, aus der Technik, Großstadt und soziale Problematik ausgeklammert sind, tummeln sich seine Kindergestalten, die sich in ihrer herzhaften Art von den etwas farblosen und gezierten Kindern OSCAR PLETSCHS (1830–1888) unterscheiden. Stilistisch ist das Illustrationswerk von Kl. sehr uneinheitlich: In seinem ersten Bilderbuch „Im Flügelkleide“ (1881) sind die Anregungen durch KATE GREENAWAYS „Under the window“ (deutsche Erstausgabe 1880) sehr ausgeprägt; sowohl von der dekorativen floralen Rahmung der Buchseite her, als auch durch die viktorianische Bekleidung der Kinder. Vom Historismus und der Romantik erhält Kl. weitere wichtige Impulse zu seinen Bilderbüchern. Im Gegensatz zu den meist lebendig und humorvoll inszenierten Bildern in Einzelausgaben wirken die Beiträge des Künstlers zur „Deutschen Jugend“ (1879–1882) recht steif, was wohl mit der einheitlichen Ausstattung der Zeitschrift in Holzstichtechnik zusammenhängt.

Werke: V. Blüthgen: Im Flügelkleide. Bilder und Reime (1881); B. Augusti: Mädchenlose (1882); E. Biller: Lieschens kleine Einfälle. Hänschens Reise durch die Stube. Mariele und die sieben Puppen. Wie es Fritzchen auf seiner Schwester Hochzeit erging. Vier Erzählungen (1882); H. Binder: Kinderhort in Bild und Wort (1882); B. Augusti: Haus und Welt (1883); B. Augusti: Knospen und Blüten (1884); J. Lohmeyer (zus. mit J. Trojan): Kinderhumor (1885); J. Kleinmichel: Kinderwelt. 230 Lieder, Sprüche und Reime (zus. mit C. Röhling, 1886); J. Lohmeyer: Mein Vaterhaus. Ein heiteres Kindertagebuch (1887); J. Lohmeyer (zus. mit Fr. Schanz): Eine Prinzenreise. Mit heiteren Reimen (1888); J. Trojan: Die Welt vom Fenster aus (1891).

Karin Schmidt

Klemm, Johanna Henriette Catharina

*(Ps.: Hanna Clemens). Mädchenbuchautorin; *13.11.1856 Bützow (Mecklenburg), †13.4.1924 Rostock.*

Kl., Tochter des Kaufmanns WILHELM AUGUST KLEMM, verbrachte die meiste Zeit ihres Lebens in Schwerin. Ab 1895 begann sie sich schriftstellerisch zu betätigen. Als Schwerbehinderte blieb sie unverheiratet. Die letzten Jahre lebte sie in Rostock.

Werk, Tendenzen, Wirkung. Die zahlreichen Mädchenbücher der Autorin, die vorwiegend in Kreisen des Adels und des gehobenen Bürgertums spielen, erlebten hohe Auflagen und weite Verbreitung. Der Erfolg ihrer Schriften ist darauf zurückzuführen, daß die Autorin verstand, das Selbstverständnis der bürgerlichen Gesellschaft vor dem Ersten Weltkrieg durch ihre Schriften zu bestätigen und die jungen Mädchen durch ihre Internatsgeschichten an die bürgerlichen Erziehungsideale heranzuführen. In den auflagestarken Blättern der Wilhelminischen Ära erhielten die Schriften von Kl. durchweg eine gute Kritik. So rühmen die „Hamburger Nachrichten" an der Erzählung „Die beiden Schwarzbraunen" (1909) „die vornehme, prächtige Sprache" und den „gesunden Konservatismus, der leider manchem modernen Jugendwerk fehlt". Der „Dresdner Anzeiger" lobt das Buch „Seine kleine Schwester" (1910) mit den Worten: „Aus diesem Buche spricht eine warmherzige Freundin junger Mädchen, die es versteht, den jugendlichen Interessen und Wünschen bis auf den Grund zu blicken. Sie macht dabei aber auch recht glückliche Versuche, diese Wünsche zu läutern und das, ohne irgendwie moralisierend zu werden. Viel Nützliches und Belehrendes bekommen die jungen Mädchen auf zwanglos herbeigeführte Weise zu hören". Aus diesen und zahlreichen ähnlichen Rezensionen spricht die Befriedigung darüber, daß die Autorin mit ihren Schriften einen Beitrag dazu geleistet hat, das lesende Mädchen in die enggezogenen Schranken eines bürgerlich-konservativen Verhaltenskodex, wie er für die „anständige" Frau des deutschen Kaiserreiches vorgeschrieben war, einzuweisen.

Werke (Auswahl): Kloster Usingen. Erzählung für junge Mädchen (1899); Das kleine Klosterfräulein. Erzählung für junge Mädchen (1899); Heros Lampe und andere Novellen (1902); Nellys Notizbuch (1903); Nina (1903); Muttersprache und andere Novellen (1906); Eva König (1906); Drei Reislein von einem Stamm (1907); Die beiden Schwarzbraunen. Erzählung für junge Mädchen (1909); Seine kleine Schwester. Erzählung für junge Mädchen (1910); Monika. Eine Erzählung für junge Mädchen (1910); Ein moderner Paris. Spiel für die Jugend (1910).

Helmut Müller

Klens Verlag

Düsseldorf. Kinderzeitschrift „spatz", Kinderbuchreihe „spatz-Buch".

Der Klens Verlag ist 1972 aus der 1932 gegründeten Verlagsabteilung der Katholischen Frauengemeinschaft Deutschlands hervorgegangen. Verlagsgeschäftsführer ist VIKTOR NOLDEN (* 1934). Seit 1969 gibt der Verlag die Kinderzeitschrift „spatz" heraus. Sie ist für das Kindergarten- und Grundschulalter konzipiert und erscheint einmal im Monat. Mit Bastelanregungen, kurzen Geschichten, Beobachtungsaufgaben, Text- und Bilderrätseln, Malimpulsen, Liedern und ähnlichem sollen die jungen Leser zur unterhaltsamen und fördernden Beschäftigung angeregt werden. Die Abonnentenauflage liegt zur Zeit bei ca. 90000 Exemplaren. Für das Grundschulalter gibt der Verlag die Kinderbuchreihe „spatz-Buch" heraus. 1971 ist das erste von bisher fünf „spatz-Büchern" erschienen. Diese von MILLY NICOLIN herausgegebene Reihe gibt in erster Linie vielseitige Beschäftigungsimpulse, so z.B. „Wir spielen und basteln", „Wir sehen, suchen, denken", „Geschichten, Bilder, Puzzle-Spiele". Zu den Autoren des Verlages gehören: ROSEMARIE BOTTLÄNDER-HARBERT und MILLY NICOLIN, zu den Illustratoren: JUPP PALM, RENATE TRILTSCH, RAINER TRILTSCH und IRENE SCHARWÄCHTER.

H. D.

Knötel, Richard

*Historienmaler, Lithograph, Illustrator und Schriftsteller; * 12. 1. 1857 Glogau, † 27. 4. 1914 Berlin.*

Kn. verbrachte seine Kindheit und Jugendzeit in Glogau. Durch seinen Vater AUGUSTIN KNOETEL, Lehrer am dortigen Gymnasium und ebenfalls Maler, wurde Kn. früh mit künstlerischen Techniken vertraut. Die kriegerischen Handlungen auf der Festung Glogau 1866 und 1870/71 beeindruckten ihn so nachhaltig, daß er bis zu seinem Lebensende das Militär zum Inhalt seines illustratorischen und sonstigen künstlerischen Werks machte. Als Kn. 1880 die Berliner Akademie bezog, war er schon erfolgreich als Illustrator für Zeitschriften tätig („Illustrierte Zeitung", „Daheim", „Schorers Familienblatt"). 1890 begann Kn. die Arbeit an seiner „Uniformenkunde", losen Blättern zur Geschichte der militärischen Kleidung, die bis zu seinem Tode einen Umfang von 17 Bänden erreichte. Daneben war er Lehrer an der Artillerie- und Ingenieurschule in Berlin, illustrierte Bücher geschichtlich-militärischen Inhalts, wurde selbst Autor („Der Totentanz von 1812", „Die eiserne Zeit vor hundert Jahren", 1906). Er wurde Professor an der Akademie in Berlin und schuf eine große Anzahl Schlachtenbilder, häufig im Auftrag WILHELMS II.

Werk, Tendenzen, Wirkung. Kn.s gesamtes Werk wird inhaltlich vom Militärwesen und der Kriegsgeschichte getragen. Noch heute gilt sein „Handbuch der Uniformenkunde" als Standardwerk, weil in ihm die Geschichte der Uniformen aller europäischer Heere bis 1914 zu verfolgen ist. Seine Ölbilder mit Schlachtenszenen, Siegesfeiern und Momentaufnahmen aus dem Soldatenleben schmückten bis zum Ende des Ersten Weltkrieges Offizierskasinos und repräsentative Gebäude des Kaiserreiches.
In seinen Buchillustrationen ist Kn. nicht nur durch die thematische Festlegung, sondern auch durch den geringen Einsatz künstlerischer Mittel eingeengt. Den Soldaten und ihren Uniformen gilt sein Hauptinteresse, was sich schon an ihrer sorgfältigeren technischen und farblichen Behandlung feststellen läßt. Das Ambiente, Städte und Landschaften, werden nur flüchtig und großflächig ausgeführt und durch Typisches gekennzeichnet (z.B. Holland – Windmühlen). Da Kn.s Illustrationen den Anspruch auf Abbildung der Wirklichkeit erheben, sind die Personen meist in Aktion

gezeigt. Sie wirken jedoch gestellt und steif, ihre Bewegungen stereotyp und gekünstelt, die Gesichter undifferenziert. Er verwendet die damals gängigen Vervielfältigungstechniken: Stich und meist lavierte Lithographie. Vom künstlerischen Standpunkt aus ist Kn. ein Opfer dieser Reproduktionstechniken, die es ihm ermöglichten, sehr viel sehr weit zu verbreiten. Die weite Verbreitung des Inhalts entsprach dem Wunsch der Herrschenden im Zweiten Kaiserreich: Der zukünftige Staatsbürger und Unteran sollte zur Vaterlandsliebe und Bejahung der bestehenden Gesellschaftsordnung und des preußischen König- und Kaisertums und zur Bereitschaft kriegerischer Taten erzogen werden.
Sowohl in farbigen wie auch in schwarzweißen Illustrationen zu abenteuerlichen, historischen und Kriegsromanen wie z.B. FRANZ OTTO SPAMERS „Der Große König und sein Rekrut" (1895) und OSKAR HÖCKERS „Husarenkönig und Kürassiergeneral" ([8]1909) und zu textarmen Bilderbüchern wie „Der Alte Fritz in 50 Bildern für Jung und Alt" (1895, zusammen mit CARL RÖCHLING) und „Die eiserne Zeit vor hundert Jahren 1806–1813" (1906) – letzteres Werk „Seiner Königlichen Hoheit, dem Prinzen Eitel-Friedrich von Preussen in tiefster Ehrerbietung gewidmet" – stellt Kn. genrehaft-theatralisch Augenblicke aus der deutschen Geschichte dar, zum Beispiel wie König Friedrich unter den Hurra-Schreien der siegreichen, teilweise verwundet am Boden liegenden Soldaten nach der Schlacht bei Thorgau auf General Ziethen zugeht, um ihn zu umarmen. Die Verehrung der Helden ist Kn.s durchgehendes Thema. Dazu leistet er auch in den Details im Hinter- und im Vordergrund Hilfen, indem er alle Blicke auf das zentrale Ereignis richten, den Kerzenschein nur das versonnene Gesicht des Königs erhellen oder den Verhafteten durch eine deutlich markierte Menschengasse aus dem Haus auf den Betrachter zugehen läßt. Die Bilder sind voller Erzählung, beabsichtigen sachliche Informationen, sind jedoch bei aller posenhaften Heroik voller Sentimentalität.

Werke: Fr. Krippenstapel: Die preußische Armee von den ältesten Zeiten bis zur Gegenwart (1883; NA. u.d.T.: Die preußischen Husaren von der ältesten Zeit bis zur Gegenwart, 1893); H. Vogt: Das Militärbilderbuch (1887); F. v. Köppen: Preußens Heer in Bild und Wort (1888); R. Knötel: Soldaten-Humor (1888); O. Höcker: Preußens Heer – Preußens Ehr! (Bd. 1–3. 1889–1893); R. von Werner: Das Buch von der deutschen Flotte (zus. mit anderen, 1889); F. von Köppen: In des Königs Rock. Ein illustriertes Jugendwerk (1890); R. Knötel: Uniformenkunde (H. 1–18. 1890–1914); F. v. Köppen: Heerschau über die Kriegsvölker Europas (1891); H. Pilz: König Albert's Ruhmesbahn (1893); R. Knötel: Der Alte Fritz in 50 Bildern für Jung und Alt (zus. mit C. Röchling, 1895; auch u.d.T.: Friedrich der Große, 1906); Fr. O. Spamer: Der große König und sein Rekrut (1895); R. Knötel: Die Königin Luise in 50 Bildern für Jung und Alt (zus. mit C. Röchling und W. Friedrich, 1896); R. Knötel: Handbuch der Uniformenkunde (1896); R. Knötel: Die deutsche Armee (1896); R. Knötel: Die türkische Armee und Marine und ihre gegenwärtigen Uniformierungen (1897); R. Knötel: Die Uniformen der deutschen Armee (1897); R. Knötel: Frisch auf, Kameraden (1897); P. Knötel: Im Kampf um die Heimat (1904); P. Knötel: Schlesisches Bilderbuch (1906); R. Knötel: Die eiserne Zeit vor hundert Jahren (1906); R. Knötel: Unser Kaiserpaar (zus. mit anderen, 1906); A. Lobedanz (Bearb.): E. Lehmann: Peter Koch in Port Arthur (1907); R. Knötel: Der Totentanz von 1812 (1912); W. Rosteutscher: Deutschlands Herz im Frühling 1813 (1913); H. Müller-Bohn: Kaiser Friedrich Gedächtniswerk (zus. mit anderen, 1914).

Sekundärliteratur: Fr. Jansa: Deutsche bildende Künstler in Wort und Bild (1912). – Th. Kutschmann: Geschichte der deutschen Illustration (Bd. 2. 1900).

Cornelia Schneider

Knorr, Ruth

*Graphikerin, Illustratorin in der DDR; *27.7.1927 Glauchau, †18.11.1978 Berlin.*

Kn. war nach dem Abitur von 1948 bis 1951 als Lehrerin in Glauchau tätig. Dann studierte sie von 1951 bis 1957 an der Hochschule für bildende und angewandte Kunst in Berlin-Weißensee. Ihre Lehrer waren ARNO MOHR und WERNER KLEMKE. Nach dem Studium lebte sie freischaffend in Berlin.
Kn.s Werke waren 1978 in Berlin in einer Einzelausstellung und 1980 in einer Gedenkausstellung zu sehen. Ihre Illustrationen wurden auf der Internationalen Buchausstellung in Leipzig (1977) ausgezeichnet, ebenso waren ihre Kinderbuchillustrationen auf der Bienále ilustrácií Bratislava (BIB) 1973 und 1977 und innerhalb der Illustratorenschau in Bologna (1976, 1980) zu sehen.

Werk, Tendenzen, Wirkung. Kn. hat in den sechziger und siebziger Jahren Bücher von H. CHR. ANDERSEN, CHARLES DE COSTER, J. W. GOETHE, ARNOLD ZWEIG, N. GOGOL, E. T. A. HOFFMANN und vielen anderen illustriert, ehe sie in den siebziger Jahren auch Kinderbücher ausstattete. Sie begann mit Bildern zu CHARLES DICKENS' „Weihnachtserzählungen" (1959). Kn.s Druckvorlagen entstanden, indem sie mit Bleistift, Feder und Pinsel auf einen Film zeichnete, auch mit der Radiernadel in geschwärztes Glas ritzte. Collagen photographierte sie und bearbeitete die Photographie mit Bleistift und Tusche weiter. Kn. hat in ihren Illustrationen zu Kinderbüchern durch graphische Formen die Flächen deutlich abgegrenzt, auch wiederholt zu effektvoller und leuchtender Farbgebung gegriffen. Die Landschaften und Figuren sind im Stil naiver Malerei voller nebeneinandergesetzter Details und in ihren Proportionen der Wirklichkeit nicht immer entsprechender Gegenstände. Eine phantastische Szenerie mit Märchenfiguren im Zauberwald, die überlange, schmale Körper und große Mandelaugen in blassen Gesichtern haben und mit fratzenhaften, massiven Riesen und Teufeln gibt Kn. in der Ausgabe der Märchen GIAMBATTISTA BASILES „Die verzauberte Hirschkuh" (1978) wieder. Ebenso voll von Zauber und Wunder sind ihre Illustrationen zu HANNES HÜTTNERS Nacherzählung des „Beowulf" (1975) und zur deutschen Ausgabe von NIKOLAJ CHAJTOVS „Der Drache" (1975). Kn. versteht es, Phantastik mit scheinbar naivem

Stil effektvoll ins Bild zu bringen. Ihre Illustrationen muten oft wie von Kinderhand gemacht an, sind von großer Ausdruckskraft durch die Betonung wichtiger Merkmale wie Mund, Nase oder Augen.

Werke (Auswahl): Ch. Dickens: Weihnachtserzählungen (1959, NA. 1972); H. Chr. Andersen: Mein Leben ist ein schönes Märchen (1961); Ch. de Coster: Flämische Märchen (1963); B. Schulze (Hrsg.): Norwegische Märchen (1968); G. u. J. Braun: Der Irrtum des großen Zauberers (1972); A. Marshall: Windgeflüster (1973); Du alter Riesenhupf! Schwedische Märchen (1974); N. Chajtov: Der Drache (1975); H. Hüttner: Beowulf (1975); B. Jentzsch: Ratsch und ade! (1975); R. Kirsch: Streit um die Null (1975); R. Kirsch: Die Perlen der grünen Nixe (1975); G. Basile: Die verzauberte Hirschkuh und andere Märchen (1978).

Sekundärliteratur: W. Fraenger: Charles Dickens' Weihnachtserzählungen, neu illustriert von Ruth Knorr (in: Bildende Kunst. 1960. 12. 842–844). – Für Kinder gemalt. Buchillustratoren der DDR (1975). – H.-J. Schauss: Zur Erinnerung an Ruth Knorr (in: Marginalien. 79. 1980. 3. 19–30).

Erich Gerhard

Koch, Henny

*Schriftstellerin, Übersetzerin; *22. 9. 1854 Alsfeld (Oberhessen), †13. 6. 1925 Jugenheim an der Bergstraße.*

Werk, Tendenzen, Wirkung. K. bewegte sich mit dem Großteil ihrer Schriften, die sich vor allem an junge Mädchen der besseren Kreise wandten, im Umkreis der gängigen Backfischliteratur. Daneben verfaßte sie auch gelegentlich Schriften für jüngere Leser, zum Teil auch solche, die für Mädchen und Jungen gedacht waren („Allerlei Lustiges für unsere Mädels und Buben“, 1907; „Kleine Geschichten für kleine Leute“, 1910). Ihre Mädchenromane wurden auch häufig von erwachsenen Frauen gelesen. K.s anspruchslose Geschichten spielen häufig in Adels- und gutbürgerlichen Kreisen. Ihre Heldinnen sind meist lustige Backfische mit noch kleinen Unarten, die im Laufe der „Reifung“ zur jungen Dame verschwinden. Am bekanntesten wurden die Bände „Das Heiterlein“ (1924), „die Geschichte eines sonnigen Menschenkindes“ und „Hochgeborene“ (1925), vier Erzählungen, in denen „die seltsamen Lebenswege von vier prächtigen jungen Menschenkindern“ vorgeführt werden.
So weit sich die Autorin an zeitgeschichtliche Ereignisse wagte, kam sie im Gegensatz zu GERHART HAUPTMANNS „Die Weber“ (1892) in der Erzählung „Das Komteßchen“ (1911) über Andeutungen von „gewöhnlichen Arbeitern“ und „unheilvollen Ereignissen um eine Fabrik“ nicht hinaus. Zwar ergreift sie in ihrem letzten Buch „Wir fünf. Wie Ilse zum Wandervogel bekehrt wurde“ (1930) Partei für den „Wandervogel“, doch erschöpft sich ihre Fortschrittlichkeit in den Worten, die sie zwei „greisen Herren“ in den Mund legt: „Eine lobenswerte Einrichtung, dieser Wandervogel ... Er weckt die Liebe zur Natur und damit den Sinn für alles Große, Gute und Schöne in unserer Jugend. Er macht sie genügsam und anspruchslos in ihren Freuden und stärkt Leib und Seele. Alle meine Enkel sind dabei, Mägdlein und Buben. Ich bin unbedingt für den Wandervogel.“
Mit ihren Werken hatte K. großen Erfolg. Noch zu ihren Lebzeiten waren weit über eine Million Bände ihrer Schriften verbreitet. Zu der großen Popularität ihrer Schriften half sicher auch mit, daß viele ihrer Bücher in der „Kränzchen-Bibliothek“ der „Union Deutsche Verlagsgesellschaft“ erschienen, die die populärste Mädchenbuchreihe in den Jahren von 1910 bis 1930 war. So kam der Band „Aus sonnigen Tagen“, der kurze Geschichten enthielt, die „Heiteres und Ernstes aus Schule und Haus“ schildern, von 1917 bis 1927 auf dreiundzwanzig Auflagen; „Die verborgene Handschrift“ mit „Bildern von Venedigs Pracht und Herrlichkeit in vergangenen Tagen“ erlebte in 12 Jahren vierundzwanzig Auflagen. Die Erzählung „Friedel Polten und ihre Rangen“, ein „humorvoller Bericht über das Ergehen Friedel Poltens als Frau“ erreichte von 1908 bis 1937 dreiundsiebzig Auflagen, „Papas Junge“ brachte es von 1900 bis 1939 sogar auf einundneunzig Auflagen.

Werke: Vater Jansens Sonnenschein. Erzählung für Mädchen. Autorisierte, freie Bearbeitung von Richards „Capitain Jennery“ (1899, [11]1937); Papas Junge. Eine Erzählung für junge Mädchen (1900, [91]1939); Mein Sonnenstrahl. Eine Erzählung für erwachsene junge Mädchen (1901); Das Mägdlein aus der Fremde. Erzählung für junge Mädchen (1902); Rose Maries Weg zum Glück. Eine Erzählung für junge Mädchen (1904, [2]1912); Die Traut. Eine Erzählung für junge Mädchen (1905, [4]1928); Mütterchen Sylvia (1906, [39]1928); Allerlei Lustiges für unsere Mädels und Buben. Erzählungen (1907, [10]1925); Irrwisch. Eine Erzählung für junge Mädchen (1907, [50]1939); Aus großer Zeit. Eine Erzählung aus der Zeit des Krieges 1870/71 für junge Mädchen (1907, [22]1922); Die ins Leben lachen. Vier Erzählungen für junge Mädchen (1908, [36]1933); Friedel Polten und ihre Rangen. Eine Erzählung für junge Mädchen (1908, [73]1937); Kleine Geschichten für kleine Leute (1910, [4]1925); Evchen, der Eigensinn. Eine Erzählung für junge Mädchen (1910, [42]1933); Das Komteßchen. Eine Erzählung für junge Mädchen (1911); Im Lande der Blumen (1912, [24]1926); Ein tapferes Mädchen (1914, [24]1925); Die Vollrads in Südwest. Eine Erzählung für junge Mädchen (1915, [20]1926); Die verborgene Handschrift (1916, [24]1928); Die Patentochter des alten Fritz. Eine Erzählung für Mädchen (1916); Aus sonnigen Tagen. Kurze Geschichten für Mädchen im Alter von 9–14 Jahren (1917, [23]1927); Klein-Großchen. Eine Erzählung für junge Mädchen (1919, [29]1939); Glory. Eine lustige deutsche Mädelgeschichte (1921); Von der Lach-Else und anderen. Lichte Mädchengeschichten aus trüber Zeit (1922, [10]1930); Jungfer Ursel. Eine Erzählung aus dem 30jährigen Krieg (1922, [10]1939); Das Heiterlein (1924, [11]1929); Hochgeborene. Vier Erzählungen (1925, [5]1927); Wir fünf. Wie Ilse zum Wandervogel bekehrt wurde. Zwei Erzählungen für junge Mädchen (1930, [5]1937).

Hans Eich

Köhler, Johann David

*(auch: Köler). Historiker; *18. 1. 1684 Colditz, †10. 3. 1755 Göttingen.*

K. erhielt in Annaberg und Meißen eine erste Ausbildung, bevor er ab 1703 in Wittenberg Theologie,

Geschichte und die „schönen Wissenschaften" studierte. Von 1710 an erhielt er einen Lehrauftrag für Logik und Politik in Altdorf. Im Jahr 1735 wurde er als Hochschullehrer nach Göttingen berufen, wo er bis zu seinem Tode lebte.

Werk, Tendenzen, Wirkung. K. verfaßte eine große Anzahl wissenschaftlicher Werke, die sich vorwiegend mit Geschichte oder Münzkunde befassen. Sehr fruchtbringend war K.s Zusammenarbeit mit dem Nürnberger Verleger und Kupferstecher CHRISTOPH WEIGEL (1654–1725). Für eine Reihe von Werken, die von WEIGEL herausgebracht und mit zahlreichen Kupferstichen versehen wurden, verfaßte K. den Text. Darunter befanden sich vorwiegend Werke, die für Heranwachsende bestimmt waren. Am bekanntesten wurde K. durch seinen Text zu der häufig aufgelegten und weitverbreiteten kleinformatigen Neuausgabe des Großbandes „Sculptura Historiarum et temporum memoratrix. Das ist Gedächtnis-hülfliche Bilderlust", der 1697 mit einem Text von GREGORIUS ANDREAS SCHMIDT erschienen war. Die von K. bearbeitete kleinformatige Ausgabe trug den Titel „Orbis Terrarum in Nuce sive Compendium Historiae Civilis

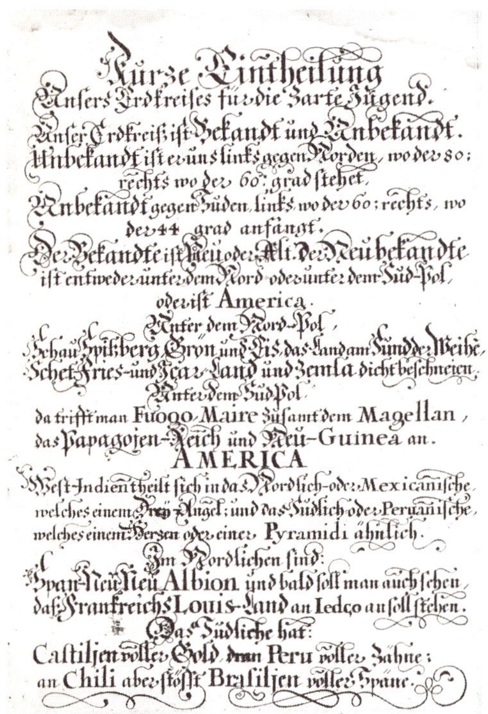
Kürze Eintheilung
Unsers Erdkreises für die Zarte Jugend.
Unser Erdkreiß ist Bekandt und Unbekandt.
Unbekandt ist er uns links gegen Norden, wo der 80; rechts wo der 60. grad stehet.
Unbekandt gegen Süden, links wo der 60; rechts, wo der 44 grad anfängt.
Der Bekandte ist Neu oder Alt. Der Neu bekandte ist entweder unter dem Nord oder unter dem Süd-Pol, oder ist America.
Unter dem Nord-Pol,
Schau Spitzberg, Grön und Eis, das Land am Sund der Weihe,
Schet-Fries- und Scar-Land und Zemla dicht beschneien.
Unter dem Süd Pol
da trifft man Fuogo, Maire zusamt dem Magellan,
das Papagojen-Reich und Neu-Guinea an.
AMERICA
West-Indien theilt sich in das Nordlich- oder Mexicanische, welches einem Drey Angel; und das Südlich oder Peruanische, welches einem Herzen oder einer Pyramidi ähnlich.
Im Nordlichen sind:
Span-Neu, Neu Albion und bald soll man auch sehen,
daß Frankreichs Louis-Land an Iedço an soll stehen.
Das Südliche hat:
Castiljen voller Gold, dann Peru voller Zähne:
an Chili aber stößt Brasiljen voller Späne.

Johann David Köhler. „Die Welt in einer Nuß oder Die Historien vom Anfang der Welt...". Die Abbildung ist einer in Nürnberg bei Christoph Weigel „neu hervorgebrachten" Ausgabe entnommen. Thema des hier wiedergegebenen Teils der dem Werk beigefügten Falttafel ist eine Lagebeschreibung Amerikas.

Chronologicum in sculptura memoriala. Die Welt in einer Nuß oder Kurtzer Begriff der merckwürdigsten Welt-Geschichte in einer Gedächtnis-hülfflichen Bilderlust" und erschien erstmals im Jahr 1722. Wie der Autor angibt, hat er den Titel gewählt, „weil auch die Welt-Geschichte so kürtzlich in denselben entworffen, so hat man es mit allen Recht die Welt in einer Nuß betitult". Das Werk versucht die Geschichte der Welt auf 48 Tafeln vorzustellen, deren jede wieder in 12 kleine, quadratische Bildchen unterteilt ist. Zu jedem kleinen Kupferstich gibt es eine darunterstehende, in Latein und Deutsch gehaltene Bildlegende. Die Tafeln sind nach Zeitepochen bzw. nach historischen Geschehnissen geordnet. Die Bildtexte der einzelnen Tafeln reimen sich. So bringt die erste Tafel – die Weltgeschichte beginnt wie im 17. und 18. Jahrhundert üblich mit der biblischen Schöpfungsgeschichte – die Zeit von der Erschaffung der ersten Menschen bis zu Adams Tod. Die Texte – jeweils eine Zeile pro Bildchen – lauten dazu: „In neu erschaffner Welt, / Raumt Cain schon das Feld. / Seth kan den Emos schauen, / Un Cain Städte bauen. / Die Frömmkeit baut das Land, / wann Bosheit Bögen spannt. / Dort wird im Haus studiret, / hier Saiten Stahl gerühret. / Mathusalem kriegt Erben, / Und Adam lehrt im Sterben". Das Geschichtswerk steht in der Nähe der mnemotechnischen Bücher von JOHANNES BUNO.

Werke (Auswahl): Orbis terrarum in nuce sive Compendium historiae civilis chronologicum in sculptura memoriala. Die Welt in einer Nuß oder Kurtzer Begriff der merckwürdigsten Welt-Geschichte in einer Gedächtnis-hülfflichen Bilder-Lust (1722); Memorabilia facta belli ac pacis in seculo P. C. N. XVIII. per tabulas annales aeri in incisas exhibita. Denkwürdige Kriegs- und Friedens-Begebenheiten (1722); Bequemer Schul- und Reiseatlas, in 130, in 60, in 40, in 30, in 25, in 20, und in 7 Landkarten bestehend (1734); Historischer Zeitatlas in 25 Tafeln (1734); Anweisung für reisende Gelehrte (1762).

Erich Strobach

Körner, Wolfgang

*Schriftsteller, Kinder- und Jugendbuchautor; *26. 10. 1937 Breslau.*

Als Sohn eines Industriekaufmanns verbrachte K. seine Kindheit teils in der DDR, teils in der Bundesrepublik. Nach der Schule war er in der Verwaltung tätig und arbeitete längere Zeit als Geschäftsführer einer Werkkunstschule und der Volkshochschule Dortmund. K. begann erst zu photographieren, dann zu schreiben. Er veröffentlichte Erzählungen, Kinderbücher, Hörspiele, Romane und Drehbücher und ist Mitarbeiter mehrerer Zeitschriften und Rundfunkanstalten. 1967 erhielt er den Förderpreis für Literatur des Landes Nordrhein-Westfalen und 1973 den als Förderpreis vergebenen Annette-von-Droste-Hülshoff-Preis.

Werk, Tendenzen, Wirkung. Ein Teil der Werke K.s ist autobiographisch geprägt. Das gilt insbesondere für die als Trilogie veröffentlichte Erzählung einer Jugend in beiden Teilen Deutschlands. In drei Phasen (Der Weg nach Drüben, 1976; Und jetzt die Freiheit?, 1977; Im Westen zu Hause, 1978) wird die Entwicklung des vierzehnjährigen Ich-Erzählers vom integrierten DDR-Bürger und Jungpionier zum kritischen Gegner des sozialistischen Gesellschaftssystems geschildert. Dramatische Zwischenstationen wie Flucht, Lagerleben, Einbrüche, Krankheit, Lehre, Liebe und erneute Flucht in die DDR und Rückkehr in den Westen werden dabei zu neuralgischen Punkten jugendlicher Auseinandersetzung mit Begriffen wie Freiheit, Glück, Heimat oder Gerechtigkeit. K. beschränkt sich auf die Perspektive des Vierzehnjährigen und vermeidet prinzipielle Aussagen und Wertungen über ein Thema, dessen Brisanz nach den fünfziger Jahren nachließ, so daß es heutigen Jugendlichen schwerfallen mag, die dargestellten Konflikte und Reflexionen des Helden nachzuvollziehen. Der kritische Blick auf die bestehenden Verhältnisse, beispielsweise auf das Dickicht der Bürokratie im Verwaltungsapparat (Versetzung, 1966) oder auf die Verlorenheit und Anonymität des Einzelnen im politischen und sozialen Alltag einer westdeutschen Großstadt (Nowack, 1969), beruht auf eigenen Erfahrungen als Verwaltungsangestellter und als Photograph. Beide Male manövrieren sich die Helden direkt oder indirekt ins gesellschaftliche Abseits. Die Benennung von Mißständen bleibt ohne Konsequenz oder wird satirisch aufgelöst, wie in „Nowack", wo symbolisch durch den Spiegel-Reflex der Kamera die unzureichenden Glücksmöglichkeiten in einer übertechnisierten, beziehungslosen Umwelt am Beispiel eines Photoreporters gezeigt werden, dessen Privatleben jede Sekunde von der Angst durchsetzt ist, eine Photo-Chance zu verpassen. K.s Erzählweise ist charakterisiert durch eine Mischform von stark reflektierenden und dialogisierenden Passagen, die ästhetische und gestalterische Kategorien gelegentlich in den Hintergrund drängen, nicht immer zugunsten der Plausibilität. Sein Appell zu einer vernünftigen Anpassung an das ‚kleinere Übel' bleibt ambivalent.

Werke: Versetzung (1966); Nowack (1969, TB. 1973); Die Zeit mit Harry (1970); Ein Ham-Ham und das i (1973); Der ausgedachte Vater (1974, TB. 1976); Der Weg nach Drüben (1976); Und jetzt die Freiheit? (1977); Ich gehe nach München (1977); Im Westen zu Hause (1978); Die Zeit mit Michael (1978); Drogen-Reader (1980).

Hrsg.: Kindergeschichten aus Skandinavien (1978); Gespenstergeschichten aus Skandinavien (1979).

Elke Liebs

Kolnberger, Evelyne

*(Ps.: Eva Marcus). Schriftstellerin, Journalistin, Lektorin; *5. 11. 1941 München.*

K. begann schon während ihrer Schulzeit mit literarischen Arbeiten. Ihr erstes Mädchenbuch „Andrea im Lande der Minarette" (1965) entstand im Anschluß an eine mehrwöchige Reise in die Türkei. K. studierte Romanistik in München und Paris; nach dem Examen schrieb sie weitere Mädchenbücher. Mehrere Reisen führten die Autorin u.a. nach Mexiko, Ceylon, Ostafrika und Kanada; ihre Eindrücke verbreitete sie in Reisefeuilletons, Reiseführern, in Romanen und Jugendbüchern. K. lebt heute als Journalistin, Lektorin und Schriftstellerin in München.

Werk, Tendenzen, Wirkung. Geschwister- und Freundinnenrivalität, Liebesprobleme mit Jungen und Auseinandersetzungen mit Vaterfiguren sind Themen von K.s Mädchenbüchern, die sich an Leserinnen zwischen acht und achtzehn Jahren wenden. Das Abenteuer in den oft als Serie angelegten Erzählungen entsteht meist dadurch, daß die besonderen Probleme von heranwachsenden Mädchen in eine unbekannte, neu bereiste Umwelt verlegt werden. Die ungewohnte Umgebung fremder Kinder und Ferienaufenthalte dienen dabei als Kulissen, in denen die psychischen Konflikte, oft rührselig und abenteuerlich verbrämt, ausgetragen werden. Informationen über fremde Länder und Völker werden nur am Rande vermittelt. Die nach Muster von Mädchen-Reise-Abenteuer-Büchern gestalteten Erzählungen K.s haben eher trivialen Charakter.

Werke: Andrea im Land der Minarette (1965); Pariser Frühling (1965); Tapfere kleine Sandra (1970); Flug ins Abenteuer (1971, TB. 1979); Carin sucht das Abenteuer (1972); Der fliegende Holländer, neu erzählt (1973); Das Glück kommt mit zwei Eselsohren (1973); Die Reisen des Kapitän Cook (1973; bearb. NA. u. d. T.: Abenteuer des Kapitän Cook, 1976); Marco Polo, neu erzählt (1973); Moby Dick, neu erzählt (1973); Tortillas für Veronika (1974, TB. 1980); Susanne und das Kätzchen (1974); Der Sommer als Nixe kam (1975); Freundschaft mit Nixe (1976); Ist alles aus für Sandra? (1976); Jung sein hat so seine Tücken (1976); Sandra gibt nicht auf (1976); Mein Glück macht große Sprünge (1978); Er nannte sie Eichhorn (1978); Anja und das vergessene Dorf (1978); Constanze will kein Zwilling sein (1978); Ein Zwilling schafft es auch allein (1979); Andreas aufregende Entdeckung (1979); Zwei Zwillinge in einem Boot (1979); Julia auf der Wildnis-Ranch (1980); Unser Hund heißt Mausekatze (1980); Der Wunsch (1980).

Sekundärliteratur: M. Dahrendorf: Das Mädchenbuch und seine Leserin. Jugendlektüre als Instrument der Sozialisation ([3]1978). – G. Neumann: Das Portrait der Frau in der zeitgenössischen Jugendliteratur (1977).

Klaus-Dieter Lenzen

Kolumbien

(República de Colombia). Republik im Nordwesten Südamerikas. K. grenzt im Norden an den Atlantischen Ozean, im Westen an den Stillen Ozean, im Osten an Venezuela und Brasilien, im Süden an Peru und Ecuador. Hauptstadt ist Bogotá. Staatsgebiet: 1138914 km²; Einwohner: ca. 20 Millionen. Nach der Verfassung vom 5. 8. 1886, zuletzt geändert 1957 und 1959, ist der für vier Jahre gewählte Präsident Staatsoberhaupt. Die Legislative besteht aus zwei Kammern, dem Senat und der Abgeordnetenkammer. Die Bevölkerung setzt sich zu 68 % aus Mestizen, zu 20 % aus Weißen (vor allem spanischer Herkunft), dazu aus Negern, Mulatten und Zambos zusammen. Der Anteil der Indianer beträgt nur noch etwa 2 %. Amtssprache ist Spanisch.

Entwicklung der Kinder- und Jugendliteratur. Während die große Masse der Bevölkerung weiterhin an der vielfältigen Oralliteratur, die sich aus den Legenden und Mythen der Ureinwohner speiste, teilhatte, wobei es keinen Unterschied zwischen erwachsenen und kindlichen Zuhörern gab, gab es für die Kinder der spanisch sprechenden Oberschicht schon im 18. und 19. Jahrhundert Kinderbücher, vor allem aus Spanien oder Frankreich importierte moralische Erzählungen. Von den Überlieferungen der Urbevölkerung nahm man lange Zeit keine Kenntnis, man verdrängte sie als „heidnisch", nannte sie „primitiv" oder „naiv". Erste Ansätze für die Einbeziehung traditionellen Volksgutes in die Lektüre für Kinder zeigten sich erst spät. Unter anderem sind sie im Fabelschaffen von JOSÉ MANUEL MARROQÜIN (1827–1908) zu sehen. Es waren vor allem Lehrer und Politiker, die sich als Volkserzieher und Kinderbuchautoren erzählerisch betätigten und dabei auch auf indigene Elemente, vor allem Legenden, Fabeln und Parabeln, zurückgriffen. JOSÉ CAICEDO ROJAS (1816–1897) mit „Poesia" (1870) oder der Fabelautor RICARDO CARRASQUILLA gehören dazu. Bis in die Gegenwart haben sich Geschichten und Fabeln von RAFAEL POMBO (1833–1912) erhalten („Fabulas y verdales", NA. 1975). POMBOs Lebenslauf und seine jugendliterarischen Arbeiten können als typisch für ähnliche Schicksale lateinamerikanischer Autoren gelten. In Bogotá geboren, studierte er Ingenieurwissenschaften in England. Eine Zeitlang war er kolumbianischer Gesandtschaftssekretär in den USA. Im Auftrag des Verlages Appleton übersetzte er eine Reihe illustrierter moralischer Geschichten, die anschließend in ganz Südamerika verbreitet wurden. Zeitweilig arbeitete er auch als Hauslehrer. Er schrieb knappe, heitere, mit sprechenden Tieren ausgestattete Verserzählungen, die er als Lesestoffe für Anfänger benutzte. Wegen seines politischen Engagements verbrachte er einige Jahre im Ausland im Exil. Wie die meisten Autoren seiner Zeit gehörte er der kleinen Oberschicht an. Die in spanischer Sprache abgefaßten Texte von POMBO und seinen Zeitgenossen blieben auf die Leser aus der Oberschicht beschränkt und konnten die Masse des Volkes nicht erreichen. Viele Geschichten von POMBO sind bis auf die Gegenwart erhalten geblieben. Sie finden sich in Sammelwerken wie „Poetas, fábulas y cuentos" (1936); „El sembrador colombiano" (1970); „Libro de lecturas selectas" (1929); „Sonata" (1967); „Invitación a la lectura" (1971); A. MARIN: „Mi cuarto libro de lectura" (1973); O. CASTILLA BARRIOS: „Breve bosquejo de la literatura infantil colombiana" (1954). Die Mehrzahl der kolumbianischen Autoren, die Kinder- und Jugendschriften verfaßten, standen allerdings ganz in der Tradition der europäischen Kinderliteratur, deren Themen, Stilformen und Absichten sie weitgehend kopierten. Vor allem das spanische Mutterland galt als Vorbild. So verfaßte JORGE ISAACHS (1837–1895) einen in K. spielenden empfindsam-romantischen Liebesroman „Maria", der auch jugendliche Leser ansprach. Religiöse Lyrik verfaßte JOSÉ ASUNCIÓN SILVA (1867–1896), der unter dem Einfluß von RICARDO CARRASQUILLAS (1827–1886) stand. Romanzen wurden im 19. Jahrhundert in K. als geeignete Literaturgattung für junge Leser angesehen. Sie erzählten von hehren Gefühlen und reflektierten in ihren balladesken und narrativen Anteilen die Zeit der kolonialen Durchdringung K.s durch die Spanier. JOSÉ JOAQUIN CASA (1866–1951) war Lehrer, Erziehungsminister und Mitbegründer der kolumbianischen Akademie für Sprache. Er verfaßte Romanzen und Erzählungen für junge Leser. Um die Mitte des 19. Jahrhunderts wurden vermehrt folkloristische Motive, Lieder, Gesänge, die sogenannten „Coplas", jahreszeitliche und zum Kirchenjahr gehörige Überlieferungen von Autoren wie ANTONIO JOSÉ RESTREPO, OTERO MUNEZ, OCTAVIO PARDO QUINONES oder JOSÉ ANTONIO LEÓN REY zusammengestellt. Den größten Anteil daran hatten Überlieferungen aus der spanischen Folklore. Auch Formen eines vornehmlich religiös orientierten Kindertheaters wurden aus Spanien übernommen. RUPERTO S. GOMEZ und FRANCISCO DE PAULA CORTEZ (* 1850) verfaßten kurze Szenen und Weihnachtsspiele, die moralisierende Inhalte hatten und vornehmlich zur Aufführung in Schulen bestimmt waren. Für das Kindertheater schrieben auch ANTONIO ALVAREZ LLERAS (* 1892) und OSWALDO DIAZ (* 1910), der maßgeblich an der Gründung von Kindertheatern in Bogotá beteiligt war und der für den seit 1940 bestehenden staatlichen Rundfunk Bearbeitungen märchenhafter und phantastischer Stoffe besorgte.

Held vieler Kinderbücher ist „Onkel Kaninchen", eine Fabelfigur, die aus den überlieferten Legenden stammt. „Onkel Kaninchen" steht für den Schwachen, der mit List den Kampf gegen eine feindliche Umwelt siegreich besteht. EUCLIDES JARAMILLO ARANGO machte „Onkel Kaninchen" zum Titelhelden eines bis auf die Gegenwart nachwirkenden Buches. Tier- und Naturidyllik, behütete Kindheit und national erhöhte Darstellungen aus der kolumbianischen Geschichte prägen die Arbeiten der Autoren, die vom Ende des 19. bis zur Mitte des 20. Jahrhunderts die kolumbianische Kinderbuchszene bestimmten. ECO NELY (* 1905), OSWALDO DIAZ (* 1910), LILIA SENIOR DE BAENA MARIA EASTMAN (1901–1947) und EDUARDO CABALLERO CALDERON (* 1910) gehören zu diesen Autoren. Sie arbeiteten gelegentlich für die Kinderbeilagen der Tages- und Wochenzeitungen und stellten Sammlungen von Erzählungen zusammen. Den Versuch, dem kolumbianischen Kind die Geschichte seines Heimatlandes in gereimter Form näherzubringen, unternahm der Pädagoge und Diplomat RAIMUNDO RIVAS (1889–1947). Auch RODOLFO BERNAL (* 1891) und VIKTOR EDUARDO CARO (1875–1944) verfaßten Kindergedichte. CARO begründete auch die Kinderzeitschrift „Chanchito".

Derzeitige Situation. In den historischen und geographischen Schulbüchern K.s werden die geschichtlichen Ereignisse, die geographischen Gegebenheiten deutlicher dargestellt, als dies in der Kinder- und Jugendliteratur der Fall ist. Allerdings sind die Darstellungen oft von einem überzogenen Nationalismus geprägt. Vielseitig und interessant erscheint, was der „Circulo juvenil" im Rahmen des „Circulo de lectores", einem kolumbianischen Lesering, anbietet. Es gibt „Klassiker"-Ausgaben wie den „Robinson", die Märchen von ANDERSEN und GRIMM (z.B. eine spanische Übersetzung der Ueberreuter-Ausgabe mit Illustrationen von J. GRABIANSKI), „Gullivers Reisen" von J. SWIFT, eine Übersetzung von M. ENDEs „Momo" und ein gut sortiertes Angebot an Sach- und Nachschlagewerken. Auch ein „disco"-Titel über JOHN TRAVOLTA und E. BLYTON-Serien finden sich im Angebot. Diese Auswahl scheint sich kaum von dem Angebot europäischer und nordamerikanischer Buchgemeinschaften zu unterscheiden. Der internationale Zuschnitt sollte aber nicht darüber hinwegtäuschen, daß mit diesem Angebot kolumbianischen Kindern Lebensmodelle und durch den Wohlstand bedingte gesellschaftliche Verhaltensweisen vorgeführt werden, die mit ihrem eigenen Alltag und dem unterschiedenen soziokulturellen Hintergrund ihrer Umgebung kaum etwas zu tun haben. Diese Diskrepanz wird besonders bei den modern ausgestatteten Hobbybüchern offenkundig, die jugendliche Leser zum Photographieren, zum Malen oder zu anderen kreativen Tätigkeiten anregen wollen. Wenn es auch Malkurse und Kurse für anderes kreatives Schaffen im Rahmen des Angebots des „Centro piloto de educacion artistico infantil" oder in einigen privaten oder kirchlichen Schulen gibt, so bleibt dieses Angebot auf die dünne Oberschicht in den großen Städten beschränkt, die Masse der kolumbianischen Kinder wird davon nicht erreicht.

Verglichen mit anderen Anden-Staaten wie Bolivien, Ecuador oder Peru hat K. dennoch ein recht gut entwickeltes Verlagswesen. Mehrere Verlage produzieren auch Kinderschriften (u.a. „Carvajal", „Bedout" und „Editorial Norma"). Auch der Lesezirkel „Circulo de Lectores" und „Colcultura" (d.i. das Kolumbianische Kulturinstitut) geben Kinderschriften heraus. In den Jahren 1978 bis 1979 gab es in K. rund 214 Bücherläden. Der Großteil der Produkte der Verlage wird allerdings im Straßenhandel, in Gemischtwarenläden und auf offenen Märkten oder in „supermercados" (Supermärkten nach nordamerikanischem Vorbild) verkauft. Auch die etwa 200 öffentlichen Büchereien des Landes sind Abnehmer der Verlagsprodukte. Bei den Verlagsprodukten, die in größeren Mengen erzeugt werden, handelt es sich weitgehend um sogenannte „Kaufhausliteratur". Man findet darunter Ausmalbücher, kitschige Idyllen und Tiergeschichten in Heftform, aber auch teure Verwandlungsbilderbücher („Pop-up"-Bücher), die auch für den Export in weniger produktionsintensive Länder des lateinamerikanischen Raumes vorgesehen sind. Dazu kommen Importe aus Spanien und den USA, vor allem gekürzte und verkitschte Kinder- und Jugendbuchklassiker und Produkte aus dem Walt-Disney-Konzern. Die Entwicklung und Produktion des Verlages „Editorial Norma" (Cali, Bogotá) kann als typisch für die lateinamerikanische Buchproduktion angesehen werden. Der Verlag wurde 1960 in Cali als Zweigunternehmen des Verlagshauses „Carvajal S.A." gegründet. Er setzte sich zum Ziel, wissenschaftlich fundierte, kulturell belangvolle Titel zu publizieren. Schon bald aber zwangen die ökonomischen Verhältnisse das Familienunternehmen, seine Produktion vorwiegend auf die gut absetzbare und exportfähige Kaufhausliteratur abzustellen. Heute sind die Erzeugnisse des Verlages in hohen Auflagen über ganz Lateinamerika verbreitet. Im Oktober 1973 wurde die Verlagszentrale von Cali nach Bogotá verlegt. Neben Schul- und Lehrbüchern ist eines der ertragreichsten Verlagsgebiete die Umsetzung bekannter Fernsehserien in grellfarbig illustrierte Bildbände. Häufig kommen die Lizenzen und Vorlagen dazu aus den USA. Auch aufwendige Sachbücher für wohlhabendere Käufer werden angeboten. Allerdings dominieren in ihnen weniger die sachliche Information als das Sensationelle und Imponierende. Einen wesentlichen Anteil an dem Erfolg des kolumbianischen Großverlages haben die routiniert hergestellten Kulissen- und Verwandlungsbilderbücher. In der Serie „Colección panorama" werden Märchen der Brüder GRIMM und Geschichten aus Tausend-und-einer-Nacht angeboten. Auch die Serien „Colección carrusel" und „Collección escenario" nutzen das dramatisierende und stimulierende Moment des beweglichen dreidimensionalen Bilderbuches. Diese Kombination aus Buch und Spielzeug, die mehr zum Betrachten und zum aktiven Umgang als zum Lesen anregt, ist gerade in den unteren sozialen Schichten bei Erwachsenen wie bei Kindern besonders beliebt. Für Kinder im Vorschulalter und Erstleser konzipierte Titel bringen den Umgang mit Zahlen und Wörtern, berichten von Autos und Eisenbahnen und übernehmen auch Teile aus der Fernsehserie „Sesame Street" („Plaza Sesamo"). Die Abenteuer der Helden Ernie und Bert werden auch wieder in beweglichen Bilderbüchern vorgeführt. In der Serie „Colección anteojos mágicos" wird durch eine dem Buch beigelegte Farbbrille der Eindruck der Dreidimensionalität verstärkt.

Religiöse Bilderbücher bringt die Serie „Colección religiosas", die vor allem dramatische Episoden wie den Kampf zwischen David und Goliath, dem barmherzigen Samariter, Jonas im Bauch des Wals oder Daniel in der Löwengrube vorführt. Das Verlagshaus „Carvajal S.A." bietet den Kindern dabei vorwiegend nichtssagende Idyllen und süßlich-kitschige Bilder an. Der Alltag des kolumbianischen Kindes, seine wirkliche Umwelt, seine Erfahrungen, Bedürfnisse und Probleme haben in diesem Verlagsangebot keinen Platz. Ein ähnliches Programm bietet auch der Verlag „Editorial Sigmar".

Der Reichtum der kolumbianischen Folklore wird in den verbreiteten Schriften für junge Leser nur selten als Motiv oder als Inhalt benutzt. Soweit auf überkommene gestalterische Traditionen und kunsthandwerkliche Überlieferungen zurückgegriffen wird, beschränkt sich dies auf die Herstellung von Artikeln für den Fremdenverkehr. Ein Grund für den Verzicht auf die eigenen Traditionen ist in den innerkolumbianischen Vorurteilen zu suchen, die spanische sowie europäische und nordamerikanische Kultur- und Zivilisationsvorbilder höher einzustufen als die eigenen Traditionen.

Die gesellschaftlichen Probleme, mit denen K. zu ringen hat, schlagen sich nur vereinzelt in der Kinder- und Jugendliteratur oder in verwandten Medien nieder. Drogenschmuggel, eine hohe Kriminalitätsrate, Menschenhandel, Kinder- und Jugendarbeit unter mittelalterlichen bis frühindustriellen Bedingungen, Rassenkämpfe gegen Indios und Bergstämme, die sich bis auf die Gegenwart nicht der Zentralregierung in Bogotá unterwerfen wollen, scheinen eher Material für ausländische Berichterstattungen abzugeben, als daß sie Thema in der kolumbianischen Literatur würden.

Einen wichtigen Beitrag zur Darstellung des Lebens kolumbianischer Kinder der Gegenwart lieferte der kolumbianische Photojournalist NEREO in seinem Bildband „Rostros colombianos tras el lente de Nereo" (1978). Er erfaßte mit der Kamera alle Aspekte kolumbianischen Kinderlebens. So demonstrierte er die vielfältigen Lebensformen im Urwald, auf dem Lande, in den Großstädten, zeigt Kind und Tier, Kinder im Haushalt und die große Gruppe der elternlosen Kinder, die sich in den Städten als bindungsloses Proletariat durch Betteln ernähren oder kriminelle Kinderbanden bilden. Auch die zahlreichen Kinder, die schon früh durch Gelegenheitsarbeiten zum Lebensunterhalt der oft kinderreichen Familien beitragen müssen, werden in dem Band vorgestellt. Dieser erste Ansatz, das Schicksal von Kindern realistisch vorzuführen, wurde inzwischen von anderen Autoren aufgegriffen und vertieft. Allerdings wendet sich der Band in erster Linie an erwachsene Leser.

Religiöse Schriften machen in K. wie in den anderen Ländern Lateinamerikas einen Großteil der angebotenen Kinder- und Jugendschriften aus. Es dominieren katholische Verlage mit Heftchen zum Leben der Heiligen, Legenden und biblischen Episoden, mit Kirchenliedern („Cantos sagrados"), Bilderbüchern und comicähnlichen Geschichten zum Leben Jesu und zu dramatischen Ereignissen aus dem Alten Testament. Der Absatz erfolgt über Vertriebsstellen in den Kirchen oder durch konfessionell gebundene Ladengeschäfte. Daneben werden Traktätchen aller Art, Gebets- und Andachtsbüchlein, Erinnerungsbücher an die Erste Kommunion, katholische Zeitschriften oder auch Sammelbilder, Kassetten und Schallplatten mit religiösen Inhalten angeboten. Ein Großteil dieser Schriften kommt aus Spanien oder von Sekten aus England, aus den USA und von einflußreichen Bibelgesellschaften. Kirchen- und Missionsgesellschaften sehen neben karitativen und pädagogischen Zielsetzungen Lateinamerika auch als Betätigungsfeld für unterschiedliche Missionierungsaufgaben an. In vielen Lebensbereichen bedeutet die Kirche für die Reichen einen Stabilisierungsfaktor. Familie und Schule sind konfessionell ausgerichtet. Persönlichkeiten wie der Hochschullehrer und Priester CAMILO TORRES, der sich den revolutionären Bewegungen seines Landes anschloß, haben Ausnahmecharakter.

In einige Filme hat das Schicksal der Straßenjungen Eingang gefunden. Allerdings fanden solche Filme, die für erwachsene Zuschauer bestimmt sind, im Ausland größeres Interesse als in K. selbst. In dem Dokumentarfilm „Gamines" spielen die Straßenjungen von Bogotá ihr eigenes Leben vor der Filmkamera. Der Kolumbianer CIRO DURAN wandte anderthalb Jahre auf, um den Film über die Kinderbanden von Bogotá in einer Mischung aus Liveaufnahmen und nachgestellten Szenen, Interviews und Kommentaren zu schaffen (1978). Der Kolumbianer ERNESTO FRANC variiert das

Ausschnitt aus einer biblischen Kleinschrift in Comicstil. Thema: Das Jüngste Gericht. In Kolumbien sind viele Hefte dieser Art – importiert aus den USA – in Umlauf. Themen sind zumeist die Bestrafung Lasterhafter und die Umkehr der Sünder.

Thema in seiner realistisch gehaltenen Comicserie „Copetin", in der sich die „Galladas", die Kinder- und Jugendbanden der Sieben- bis Vierzehnjährigen, durch das Leben schlagen.

Organisationen, Förderungsmaßnahmen, Literatur zur Kinder- und Jugendliteratur. In K. gibt es große Anstrengungen, die Produktion von Kinder- und Jugendschriften durch privatwirtschaftliche und staatliche Impulse zu fördern. Privatwirtschaftlicher Natur sind die Radio- und Fernsehschule. Im Jahr 1947 wurden über „Radio Sutatenza" (Bogotá) Lernprogramme gesendet, die das oft unbewegliche Schulsystem unterstützen sollten. Diese Form kompensatorischer Ausbildung diente als Modell für ähnliche Unternehmen, die seit Ende der siebziger Jahre unter dem Sammelbegriff „Accion Cultural Popular" durchgeführt werden. Neben der Vermittlung zusätzlichen Wissens wollen diese Sendungen auch die Lesefähigkeit und die Lesebereitschaft fördern. Staatlich verankert ist die Institution CERLALC („Centro regional para el fometo del libro en America Latina y e Caribe"). CERLALC kooperiert mit der UNESCO und anderen lateinamerikanischen Staaten und versucht, im mittel- und südamerikanischen Raum den Buchvertrieb zu verbessern, Copyrights zu erwerben und zu vergeben, öffentliche und Schulbüchereien zu unterstützen, technische und verwaltungsrechtliche Hilfen zu geben und regionale und überregionale Bibliographien zusammenzustellen. K. hat eine Reihe spezieller und gründlicher Bibliographien vorzuweisen.

Die „Corporacion colombiana de téatro" unterstützt vor allem das Puppen- und Figurentheater, Schultheater und Spielgruppen des Freizeitbereichs, organisiert regionale und überregionale Treffen („Festival nacionál del nuevo téatro"; „Festival latinamericano de téatro"), bei denen über hundert Gruppen ihre Spielkonzepte vorführen. Überregional wirkt das „Instituto colombiano de cultura". Es regt Autorenwettbewerbe und Preisausschreiben, Ausstellung von Büchern und Kinderzeichnungen an. So wurden unter dem Motto „La alegria de leer" und „Literatura infantil" jeweils im Dezember 1975 und 1979 Ausstellungen durchgeführt. Ähnliche Aktivitäten führt das Erziehungsministerium („Ministerio de educación") durch.

Durch Regierungsbeschluß im Jahre 1976 soll die Unterrichtsqualität mit Hilfe der Gründung zahlreicher pädagogischer Zentren verbessert werden, die auch modellhafte Schülerbüchereien erhalten sollen. CERLALC ist bemüht, durch audiovisuelle Kurse Fachpersonal auszubilden. Im Rahmen des verbesserten Ausbaus von Schülerbüchereien sind fahrbare Modellbüchereien mit jeweils tausend Titeln für die Versorgung entlegener Gebiete im Entstehen. An diesem Projekt, an dem sich auch die öffentlichen Büchereien beteiligen, ist auch „COLCULTURA" („Columbian Cultural Institute") beteiligt.

Im Jahr 1976 fand unter anderem der Wettbewerb „Concurso de autores infantiles" statt, der neben Texten bildnerische Arbeiten von Kindern und Jugendlichen auszeichnete und für die Veröffentlichung erwarb. Als Ergebnis erschienen die Anthologien „El libro de los niños" (1978) und „Cuentos de niños para niños" (1977), in denen die Arbeiten von Kindern vorgestellt werden. Im „Jahr des Kindes" kam eine weitere Textsammlung unter dem Titel „El porqué de los animales" (1979) heraus, in der von Kindern verfaßte phantastische Geschichten vereint sind. 1979 verlieh das Enka-Verlagshaus C. ROMAN einen Kinderbuchpreis für sein Buch „Los amigos del hombre". Im „Jahr des Kindes" fand in Bogotá ein lateinamerikanisches Seminar für Kinder- und Jugendbuchspezialisten, vornehmlich Verleger und Herausgeber, statt. Im Februar des gleichen Jahres wurde in Bogotá der erste lateinamerikanische Wettbewerb für Kinder- und Jugendbücher durchgeführt, bei dem kolumbianische Autoren den zweiten und vierten Preis errangen (F. BUITRAGO: „La casa de abuelo"; E. DIAZ: „Y murieron muy felices").

All diese Aktivitäten, zu denen auch die Bemühungen des „Centro Piloto de educación artistica infantil" zu rechnen sind, die auf die Förderung kindlicher Kreativität hinzielen, dürfen nicht darüber hinwegtäuschen, daß der Großteil kolumbianischer Kinder von diesen Bemühungen bisher nicht erreicht wurde.

Sekundärliteratur: O. Castilla Barrios: Breve bosquejo de la literatura infantil colombiana (1954). – C. Bravo-Villasante: Historia y antologia de la literatura infantil iberoamericana (1966). – E. Caballero Calderón: Sin literatura infantil (1953). – Exposición del libro infantil de America Latina y en el Caribe (1979). – J. Hurtaba: Bibliografia de la literatura infantil colombiana (1974); La literatura infantil en la biblioteca (1970); Narraciones infantiles basada en el folclór colombiano (1979). – Los niños en el museo (1978). – L. E. Pachon: Cómo leer un libro (1975). – A. Pellowski: The world of children's literature (1968). – J. A. Ramirez: El ,Comic' femenino en España (1975); Las historietas de las ,Escuela Bruguera', un enfoque estructural (1974).

Horst Künnemann

Kordon, Klaus

*Jugendbuchautor; *21. 9. 1943 Berlin.*

Nach Tätigkeiten in verschiedenen Berufen holte K. das Abitur an der Abendschule nach und studierte anschließend Volkswirtschaft. Er arbeitete zehn Jahre als Exportkaufmann und unternahm Reisen nach Asien, Afrika und in Europa. 1973 wurde er aus DDR-Haft in die Bundesrepublik Deutschland entlassen. Bereits als Jugendlicher machte K. Schreibversuche; sein erstes Buch wurde 1977 veröffentlicht. Seit 1980 ist K. freiberuflicher Autor; er lebt in Schwalbach am Taunus. Seine Bücher erschienen mehrfach auf der Auswahlliste zum Deutschen Jugendbuchpreis und wurden in mehrere Sprachen übersetzt.

Werk, Tendenzen, Wirkung. K. legte in kurzer Zeit engagierte Kinder- und Jugendbücher vor, die im wesentlichen drei Schwerpunkte seiner Arbeit erkennen lassen: Kinder und Jugendliche in der Dritten Welt, nach dem Zweiten Weltkrieg und in unserer Zeit.

*Klaus Kordon (*1943)*

„Tadaki“ (1977) erzählt den Lebenslauf eines Jungen aus Indonesien. „Monsun oder Der weiße Tiger“ (1980) spielt in Indien. Zwei Jungen, Gopu und Bapti, aus sehr armem und sehr reichem Elternhaus, versuchen, Freundschaft zu schließen. Jeder lernt die Lebensbedingungen des anderen kennen. Beide finden sich jedoch in dem jeweils anderen Lebensumfeld nicht zurecht. Gopu bleibt das Leben in Armut, aber in emotionaler Geborgenheit wichtiger als ein bequemeres Leben unter den Reichen, geprägt von ständiger Abhängigkeit und ohne soziale Bezüge. Er baut sich eine Existenz auf, die ihm zwar keinen Wohlstand garantiert, dafür aber Unabhängigkeit, den Schutz der Familie und das Zusammenleben mit Freunden. Beide Romane sprechen aufgrund der Fülle der dargestellten Probleme eher jugendliche und erwachsene Leser an. Sie enthalten aufschlußreiche Informationen über das Leben von Kindern in anderen Ländern, deren Chancen und die Bedeutung eines intakten sozialen Gefüges. K. vermeidet es, Lösungsmöglichkeiten anzubieten, die europäisch anmuten. Es gelingt ihm, spannend und überzeugend, ohne Wertungen oder Hilfsappelle sachneutral zu schreiben.

Lebensumstände und Konflikte von Kindern und Jugendlichen der Nachkriegszeit sind Thema der Erzählung „Brüder wie Freunde“ (1978), die 1950 in Berlin spielt.

Aktuelle Probleme, mit denen Kinder und Jugendliche sich heute auseinandersetzen müssen, wie Schule, Scheidung der Eltern, alleinerziehende Mütter und Außenseiter sind Schwerpunkte weiterer Bücher. In „Schwarzer Riese, 5. Stock“ (1979) ergeben sich durch einen Umzug für alle Familienmitglieder Schwierigkeiten, beruflich, in der Schule, innerhalb der Familie selbst und im Umgang mit ungewohnten Nachbarn und einer fremden Umgebung. Behutsam und realistisch werden für Kinder, die sich in ähnlichen Situationen befinden, Lösungsmöglichkeiten angeboten. In „Henner – oder 10 Tage wie ein Jahr“ (1978) wird die Freundschaft mit alten Menschen und in „Möllmannstraße 48“ (1978) die Situation und Integration eines behinderten Kindes dargestellt. „Die Einbahnstraße“ (1979) behandelt die Drogenszene und das Problem jugendlicher Aussteiger, während „Eine Stadt voller Bäume“ (1980) ein mehr für jüngere Leser konzipiertes Buch ist, das sich mit Fragen des Umweltschutzes sowie der Einsamkeit alter Menschen auseinandersetzt.

K.s realistische und problembezogene Texte, die nicht ohne Spannung erzählt werden, sind bisweilen wenig optimistisch, obwohl stets eine Wende zum Positiven aufgezeigt wird. K. versucht, Vorurteile und Stereotypen abzubauen, die die Wirklichkeit von Kindern und Jugendlichen einschränken. Er fordert zu mehr Verständnis auf und will für Konflikte sensibilisieren, gleichzeitig Fähigkeiten zu individuellen und kollektiven Konfliktlösungen entwickeln. Eine Dominanz männlicher Hauptfiguren ist feststellbar, wodurch sich ein stärkeres Identifikationsangebot für männliche Leser ergibt. Die Hauptfiguren sind Einzelgänger, die jedoch im Verlauf der Geschichte lernen, daß soziale Kommunikation für sie wichtig ist. Auch die weiblichen Figuren sind realitätsbezogen und entfernt von Rollenklischees dargestellt. K. benutzt eine der jeweiligen Situation angemessene, ausdrucksstarke und vielseitige Sprache, verwendet häufig umgangssprachliche Elemente, wodurch sein Bemühen um erzählerische Realistik deutlich wird.

Werke: Tadaki (1977); Henner oder 10 Tage wie ein Jahr (1978); Möllmannstraße 48 (1978); Brüder wie Freunde (1978); Schwarzer Riese, 5. Stock (1979); Die Einbahnstraße (1979); Monsun oder Der weiße Tiger (1980); Eine Stadt voller Bäume (1980).

Margret Bode

Koska, (Louis) Ferdinand

*Zeichner, Lithograph, Illustrator; *26. 10. 1808 Brieg (Schlesien), †25. 5. 1862 Breslau.*

K. wurde bei dem Lithographen GRÜSON in Breslau ausgebildet und war dann bei J. H. CHR. KÖNIG tätig. Von 1845 bis 1862 wirkte er als Zeichenlehrer am Breslauer Gymnasium zum Heiligen Geist.

Werk, Tendenzen, Wirkung. K. trat als Feder- und Bleistiftzeichner hervor und schuf insbesondere Portraitminiaturen sowie Lithographien schlesischer Landschaften, die im Sudetenalbum (48 Bl. 1846–1862) und im Schlesischen Album (49 Bl. 1854–1862) gesammelt sind. Er entwarf auch Vorlagen für Graveure und Glasmaler. Seine Zeichnungen fallen durch ihren feinen, minuziösen Strich auf. Als Illustrator hat er für die Verlage Ferdinand Hirt und Eduard Trewendt in Breslau gearbeitet. Bekannt wurde er durch die Illustrationen für die frommen Erzählungen, Gedichte und kleinen Dramen der Schlesierin AGNES FRANZ (1794–1843), eines gebrechlichen Fräuleins, das von GUSTAV FREYTAG (1816–1895) in seinen „Erinnerungen aus meinem Leben" (1887) erwähnt wird. FRANZ' Bücher für Kinder sind seit 1840 in verschiedenen Zusammenstellungen mit K.s Lithographien erschienen. So stellte K. dem zweibändigen „Buch für Kinder" (1840) jeweils ein den Titel rahmendes Bild voran, das in mehreren kleinen Szenen die Welt der spielenden, lesenden und handarbeitenden Kinder darstellt und durch vegetative Elemente zusammengehalten wird. Die übrigen Bilder charakterisieren auf ähnliche Weise die einzelnen Kapitel, etwa durch eine Kinderbühne, wenn es sich um „Dramatische Spiele" handelt. In den späteren Sonderausgaben nach Gattungen kommen weitere Einzelbilder hinzu. Die letzten Ausgaben nach dem Tode von A. FRANZ zeigen – nun koloriert – ebenso wie die gleichzeitigen „Erzählungen aus der Kinder-Welt" (1847–1849) der THEKLA VON GUMPERT, konkrete Szenen, freilich nicht ohne die zeitspezifische Sentimentalität. Für Trewendt hat K. Bilder zu Jugendbearbeitungen exotischer Romane geliefert, die damals in der Nachfolge J. F. COOPERS beliebt wurden. K.s speziell an der heimatlichen Landschaft geschulte Zeichenkunst hat sich dabei nicht voll entfalten können, seine Bilder streifen oft das Süßliche; zudem werden sie durch den Farbdruck, wenn auch aus der bedeutenden Lithographischen Anstalt von Loelliot in Berlin, verfälscht. Am stärksten wirken Szenen, die von mächtigen Bäumen beherrscht sind, unter denen die menschlichen Figuren mehr oder weniger zur Staffage werden. In den Holzschnitten zur 5. Auflage von MORITZ VON STRACHWITZ' „Lieder eines Erwachenden" (1854) dagegen kommt K.s „zarter Strich" (E. SCHEYER) in den von NEUREUTHERS Stil geprägten Vignetten und Ranken wieder voll zur Geltung.

Werke: A. Franz: Buch für Kinder (Bd. 1–2. 1840); A. Franz: Kinderlust (1841); A. Franz: Kinderschatz (1841); A. Franz: Kindertheater (1841); A. Franz: Vermächtnis an die Jugend (1845); Th. von Gumpert: Erzählungen aus der Kinder-Welt (Bd. 1–10. 1847–1849); A. Franz: Buch der Kindheit und Jugend (1850); A. Franz: Buch für Mädchen (1850); P. Berg: Ein Tag aus dem Leben der Familie Reinhardt und ihrer Nachbarn (1850); Aus dem Buch des Lebens und der Natur. Th. 1: In's Riesengebirge (zus. mit H. Bürkner, 1852); G. Ferry: Der Waldläufer (Bd. 1–2. 1852); M. Strachwitz: Lieder eines Erwachenden (1854); W. Stein (Bearb.): Ch. A. Murray: Prairieblume unter den Indianern (1854); E. Merx: Schloss und Hütte (1856).

Sekundärliteratur: E. Scheyer: Schlesische Malerei der Biedermeierzeit (1965). – E. Semrau: Ferdinand Koska als Buchillustrator (in: Der Oberschlesier. 21. 1939. 5. 280–286). – E. Wiese: Biedermeierreise durch Schlesien (1966).

Eberhard Semrau

Kotzebue, August von

*Jurist, Schriftsteller, Bühnenautor; *3.5.1761 Weimar, †23.3.1819 Mannheim.*

K., Sohn eines Weimarer Legationsrates, studierte in Jena und Duisburg Jura. Nach dem gescheiterten Versuch, in Weimarer Staatsdienste zu gelangen, ging K., der sich schon während seiner Schul- und Studienzeit mit dem Theater beschäftigt hatte, als Sekretär an das Deutsche Theater in Petersburg. 1783 wurde er Gerichtsassessor in Reval, 1785 Präsident des Gouvernementsmagistrats von Estland; durch diese Stellung wurde ihm der russische Dienstadel verliehen. In den folgenden Jahren wechselte er häufig seinen Wohnsitz und hielt sich unter anderem in Pyrmont, auf seinem Landgut Friedenthal bei Reval und als Theaterdichter in Wien auf. Im Frühjahr 1800 wurde er auf einer Reise nach Rußland an der russischen Grenze als vermeintlicher Jakobiner verhaftet und nach Tobolsk in Sibirien deportiert. Vier Monate später rief ihn jedoch Zar Paul I. (1754–1801) aus der Verbannung zurück, beschenkte ihn mit einem Krongut in Livland und ernannte ihn zum Theaterdirektor und Hofrat in Petersburg. Kurz darauf kehrte K. nach Weimar zurück, wo er heftige Fehden mit GOETHE und mit den Romantikern austrug. 1803 ging er nach Berlin, von wo aus er unter anderem nach Paris und nach Italien reiste. 1806 mußte er sich als Gegner Napoleons nach Rußland zurückziehen. Im Jahr 1813 wurde K. zum russischen Generalkonsul in Königsberg, 1816 zum Staatsrat in Petersburg ernannt. Ein Jahr später – K. war inzwischen zum rigorosen Verteidiger des Absolutismus geworden – schickte ihn Zar Alexander I. (1777–1825) nach Deutschland, von wo aus er über die politischen, militärischen und finanziellen Verhältnisse nach Petersburg berichtete. Dies brachte ihm den Ruf ein, russischer Spion zu sein. Mit dem von ihm herausgegebenen antiliberalen und burschenschaftsfeindlichen „Literarischen Wochenblatt", in dem er beispielsweise die deutschen Universitäten „Brutstätten der Revolution" nannte, zog er sich den Zorn der Burschenschaften zu. Als ihn KARL LUDWIG SAND (1795–1820), Theologiestudent und Mitglied der Jenaer Burschenschaft, in Mannheim erdolchte, nahm die politische Restauration die Tat zum Anlaß, mit den Karlsbader Beschlüssen des Fürsten KLEMENS METTERNICH (1773–1859) und der „Demagogenverfolgung" gegen das liberale Deutschland vorzugehen.

Werk, Tendenzen, Wirkung. Wie bei seinen Theaterstücken ging es K. auch bei seinem Prosawerk weniger um das ausgefeilt Ästhetische oder das wohldurchdacht Sittliche als vielmehr um den Publikumserfolg. Er wollte unterhalten und Vergnügen bereiten. So waren beispielsweise seine Geschichtensammlungen wie „Die Biene" (1809), „Clio's Blumenkörbchen" (1810) oder die „Chroniken" (1816), in denen er von „Feuers- und Wassersnoth, Belagerungen, Mordthaten, Gespenstermärchen, Schiffbrüchigen u. s. w." berichtete, nicht nur beliebte Lektüre bei Erwachsenen, sondern auch, wie autobiographischen Kindheitsberichten zu entnehmen ist, bei Jugendlichen. K.s Devise, die er allen Kritikern, die ihm fehlende Kunstideale vorwarfen, entgegenhielt: man solle von einem Himbeerstrauch nicht begehren, „daß er wie ein Spalierbaum wachse", gilt auch bei seinen zwei jugendliterarischen Werken, den 1811 erschienenen „Geschichten für meine Tochter" – nach JEAN NICOLAS BOUILLYs (1763–1842) „Contes à ma fille" (1809) – und den 1812 veröffentlichten „Geschichten für meine Söhne". Auch die Erzählungen dieses Bandes – die zuvor im „Morgenblatt für gebildete Stände" (1811–1812) und in „Die Grille" (1811–1812) publiziert worden waren – gehen zum Teil auf Geschichten BOUILLYs zurück, mit dem K. befreundet war. Kurz nach ihrem Erscheinen wurden die „Geschichten für meine Söhne" ins Niederländische, Französische und Tschechische übersetzt, etwas später auch ins Russische, Ungarische, Italienische und Portugiesische.

In diesen Geschichten distanziert sich K. auf für die Kinder- und Jugendliteratur um 1800 einmalige Weise von der – wenigstens institutionell – dominierenden moralischen Erzählung. Viele Geschichten seien „zu trocken, mit Moral überladen, die doch nur der Knabe selbst aus den Begebenheiten ableiten sollte. Die Lehre: meide diesen oder jenen Fehler! wird ihm selten vorschweben, wohl aber das Bild des Jünglings, der diesen oder jenen Fehler beging und dafür büßte" („Geschichten für meine Söhne", Vorwort). In dieser Feststellung steckt nicht nur eine entschiedene Verteidigung der Phantasie, womit K. sich im strikten Gegensatz zu den der Spätaufklärung verpflichteten Kinder- und Jugendbuchautoren befindet, denen nichts ferner lag als die Erregung der Einbildungskraft, sondern K. hat damit eine tiefere Einsicht in den Wirkungsmechanismus von Literatur bewiesen als seine pädagogisierenden Zeitgenossen: Kunst sagt etwas aus durch Gestaltung, nicht indem sie es mitteilt. So besteht K. darauf, daß seine Geschichten die jungen Leser fesseln müssen, denn „ohne diesen Zauber darf man sich keine Wirkung versprechen". Zwar geht er davon aus, daß eine Geschichte für Kinder und Jugendliche im Endeffekt moralisch belehren solle, doch kommt er zugleich – als ausgezeichneter Kenner des Publikumsgeschmackes – der von den Literaturpädagogen so gefürchteten Lesesucht auf verschiedene Weise entgegen. Er handhabt den gewählten Stoff geschickter, besitzt originellere Ideen und ist dem Spannenden, Abenteuerlichen und Sensationellen eher zugeneigt als die von der Kinderliteraturkritik geschätzten Autoren. Schnell und unkompliziert schreiten seine Erzählungen voran, sind routiniert geschrieben, selten langweilig und oft von Wortwahl und Satzbau auf angenehme Weise wenig „kindgemäß". Freiheit und Leichtigkeit der Form korrespondieren mit dem Inhalt: viele Geschichten sind Kritik an der moralisierenden und maßlos übertriebenen Kinderliteratur, sind Kritik am banausischen Übertragen von aufklärerischer Gesinnung auf ein Produkt der Kunst. In der Erzählung „Reise nach Köln" findet sich dazu eine kennzeichnende Bemerkung: „Hinweg von dem traurigen Bild des hart bestraften Lügners! Die Folgen dieses Lasters sind nicht immer so schrecklich, oft nur lächerlich; sie schaden nicht immer Andern, oft nur dem Lügner selbst." K. entwirft in der daran anschließenden Geschichte ein harmloses, darum aber glaubwürdigeres Bild von den Leiden eines Aufschneiders und kann deshalb auf jede Strafandrohung und auf brutales Eingreifen einer rächenden Gerechtigkeit verzichten. Für eine Geschichtsschreibung des Lesebedürfnisses Jugendlicher um 1800 markieren K.s Geschichten einen wichtigen Punkt des Untersuchungsfeldes.

Werke (Auswahl): Geschichten für meine Tochter (1811); Geschichten für meine Söhne (1812; NA. 1830, 1839).

Sekundärliteratur: H. O. Burger (Hrsg.): Studien zur Trivialliteratur (1968). – G. Collins: Empfehlung einer Lektüre für Frauenzimmer (in: Livländisches Schulblatt, Nr. 8 vom 22.2.1813. 58–60). – F. Cramer: Leben August von Kotzebue's. Nach seinen Schriften und nach authentischen Mittheilungen dargestellt (1820). – H. Döring: August von Kotzebue's Leben (1830). – M. Greiner: Die Entstehung der modernen Unterhaltungsliteratur. Studien zum Trivialroman des 18. Jahrhunderts (1964). – F. Stock: Kotzebue im literarischen Leben der Goethezeit. Polemik – Kritik – Publikum (1971).

Klaus-Ulrich Pech

Krenzer, Rolf

*Kinderbuchautor, Schulbuchautor, Sonderschulrektor, Didaktiker in der Behindertenpädagogik; *11.8.1936 Dillenburg.*

Nach dem Abitur 1956 absolvierte Kr. eine Lehrerausbildung und war bis 1965 im Schuldienst. Mit einem aufbauenden Studium in Marburg qualifizierte er sich zum Sonderschulpädagogen. Seit 1968 ist er Rektor der Otfried-Preußler-Schule in Dillenburg, einer Ganztagsschule für geistig Behinderte. Daneben nimmt Kr. einen Lehrauftrag für Behindertenpädagogik an der J. W. Goethe-Universität in Frankfurt am Main wahr.

Werk, Tendenzen, Wirkung. Kr. begann seine Autorenlaufbahn mit der Erstellung von Unterrichtsmaterialien (Lesehefte, Arbeitsblätter, Vorlesebücher; später Bilder-/Fotomappen) für lernbehinderte Kinder. In betont einfacher Sprache informiert er über die Umwelt (Sachkunde), stellt historische Persönlichkeiten (z.B. Ärzte, Erfinder) vor und leistet über Bearbeitungen von Volksprosa einen Beitrag zur literarischen Erziehung. Seine Lesehefte erlebten zahlreiche Auflagen, wurden verschiedentlich überarbeitet und werden in Sonder-, Grund- und Hauptschulen (auch bei ausländischen Kindern) eingesetzt. Ihr Ziel, Leseanreize für Leseschwache zu bieten, bestimmt auch Inhalt und Gestaltung der von Kr. herausgegebenen Zeitschrift „Columbus" (seit 1978) und der einschlägigen „Kindermagazin-Reihe für Grundschüler und Lernbehinderte" (seit 1980), die stärker an Freizeitgewohnheiten orientiert sind und ein breit gestreutes Text- und Bildangebot machen.

Rolf Krenzer (1936)*

Methodisch-didaktische Ansichten zur Behindertenpädagogik legte Kr. in Fachbüchern und -aufsätzen nieder, unter anderem zur literarischen, musikalischen, spieltherapeutischen, religiösen und sexuellen Erziehung; sämtliche Veröffentlichungen zeichnen sich durch Praxisnähe aus und propagieren eine Erlebnispädagogik mit Betonung musikalischer Aktivitäten.
Seine Vorstellungen von einer idealen Schule, die Freude am Lernen ohne Leistungsdruck vermitteln soll, verwirklicht exemplarisch die literarische Figur „Der kleine Lehrer" in dem gleichnamigen Jugendroman (1977). Mit übernatürlichen Fähigkeiten begabt, greift dieser in das lieblos funktionierende Räderwerk einer modernen Mammutschule ein und übt konstruktive Kritik an der unheilen Welt einer einseitig auf intellektuelle Bildung programmierten Pädagogik. Hierarchische Strukturen werden in diesem humanen Gegenmodell durch partnerschaftlichen Umgang – auch mit Eltern – ersetzt; Unterricht findet in heiterer Spielatmosphäre statt. Neben kleinen und großen Erzählungen hat Kr. Lyrik, vor allem Lieder, und Theaterstücke für Kinder verfaßt. In seinem Hausbuch „Heute scheint die Sonne" (1978) macht er ein vielseitiges Angebot an Gebrauchslyrik, die Gespräche, Spiele und gemeinsames Singen unter Kindern, auch zwischen Erwachsenen und Kindern, in Gang bringen soll. „Frieder und Fridolin" (1978) ist eine emotional ansprechende, spannende und belustigende Umweltgeschichte, in der eine Familie durch eine Maus in der Vorratskammer in Aufregung versetzt wird. Kr. hat sich besonders verdient gemacht durch über hundert Spiellieder, die er, mit Noten versehen, in mehreren Bänden gesammelt hat; eine Auswahl davon (Vertonung: Inge Lotz, Peter Janssens) liegt in Schallplattenaufnahmen vor, unter anderem besungen von den Dillenburger Spatzen, zu denen auch geistigbehinderte Kinder gehören. Kr. hat sich für seine Spiel- und Lernpädagogik verschiedenster Medien bedient; er hat Kalender, ein Bilder-Quiz, Dia-Ton-Reihen, einen Rhythmik-Koffer herausgegeben, mit Tonband und Film experimentiert, zwei Kindermusicals geschrieben, Schallplatten kommentiert und sechs Drehbücher für die Fernsehsendereihe „Sesamstraße" beim NDR Hamburg (Sendetermin 1980) verfaßt.

Werke: Dorfgeschichten für die Heimatkunde (1965; auch u.d.T.: Geschichten vom Dorf, 1968); Stadtgeschichten für die Heimatkunde (1965; auch u.d.T.: Geschichten von der Stadt, 1968; Stadtgeschichten für die Sachkunde, 1972); Schlau wie der Fuchs (1965); Helfer in der Not (1966); Kleine Tierwelt (1966); Apfel bis Zwiebel (1967); Erfinder (1967); Forscher und Ärzte (1967); Die Post (1968; auch u.d.T.: Die Bundespost, 1968); Die Bahn (1971; auch u.d.T.: Die Bundesbahn, 1971); Spiele mit behinderten Kindern (Bd. 1–2. 1971–1980); Tiere, die jeder kennt (1971); Hörspiele in der Schule. Experimente mit dem Tonbandgerät (1972); Märchenrätsel, Rätselmärchen (1972); Die Stadt (1972); Gespenster, Gespenster. Fast unheimliche Spukgeschichten (1973); Spiel und Beschäftigung im Kleinkind- und Vorschulalter (1973); Feste und Feiern mit Behinderten (1974); Kinder hören Schallplatten (1974); Kriemhild und Siegfried. Die Sagen von den Nibelungen (1974); Sprachtraining Wörterbuch. Bd. 1: Substantive (zus. mit H. Weber, 1974); Basteln mit Behinderten (1975); Kommt alle her! Neue Spiellieder für behinderte Kinder (zus. mit I. Lotz, 1975); Freizeit mit Geistigbehinderten (1975); Handbuch der Unterrichtspraxis mit Geistigbehinderten (zus. mit E. Jung und I. Lotz, 1976); Hilfen zur Sexualerziehung Geistigbehinderter (zus. mit E. Jung, 1976); Hast du unsern Hund gesehen? Neue Spiellieder für 3–8jährige (zus. mit I. Lotz, 1976); Elternfibel „Unser geistigbehindertes Kind geht zur Schule" (zus. mit E. Jung, 1977); Information. Arbeitsbuch für Sozialkunde (Bd. 1–2. 1977–1979, zus. mit anderen); Der kleine Lehrer (1977); Spiele zum Gesundwerden (1977); Wir fahren mit dem Karussell. Neue Spiellieder (1977); Heute scheint die Sonne. Ein Hausbuch mit Geschichten, Liedern und Spielen und vielen Bildern (zus. mit J. Bartsch, 1978); Elternfibel „Unser behindertes Kind geht in den Kindergarten (zus. mit E. Jung und R. Kunz, 1978); Frieder und Fridolin. Eine komische Mausegeschichte (1978); 100 einfache Lieder Religion (1978); Methodik der religiösen Erziehung Geistigbehinderter (zus. mit anderen, 1978); Spieltherapeutische Liederfibel (zus. mit anderen, 1978); Deine Hände klatschen auch (1979); Peter und seine Freunde (1979); Thomas und der Vogel (1979); Wir sind die Musikanten. 40 neue Spiellieder für ein ganzes Jahr (1979); Wir spielen Theater. Krenzers großes Theaterspielbuch für Kindergarten, Grundschule und für das Spielen mit Behinderten (Bd. 1–2. 1979); Zweiundfünfzig Sonntagsgeschichten (zus. mit R. Baars, 1979); Und was kommt nach der Schule? (zus. mit W. Weber, 1980); Elternfibel „Unser behindertes Kind kommt aus der Schule" (1980).

Bearb.: Sagen aus Deutschland (1965; NA. u.d.T.: Die Höhle im Altkönig und andere deutsche Sagen, 1971); Schelmen und Narren. Schwänke von lustigen und listigen Leuten (1966); Zaubermärchen aus Europa (1968); Wie Hund und Katze.

Tiermärchen aus aller Welt (1971); Vorsicht, Rätsel! (1972); Spieltherapeutisches Märchenbuch „Die goldenen Lilien" und 22 andere Geschichten (1977); Spieltherapeutisches Märchenbuch für Geistigbehinderte (1977; auch u. d. T.: Spieltherapeutisches Märchenbuch in einfacher Sprache, 1977); Die dumme Augustine. Fröhliches Zirkusspiel mit vielen Liedern nach dem gleichnamigen Bilderbuch von O. Preußler und H. Lentz (1979).

Hrsg.: Arbeitshefte für den Anfang (1971–1977; 1971 auch u. d. T.: Arbeitshefte für Sonderschulen für Praktisch Bildbare (geistig Behinderte), Anfangsphasen der Grundschulen und Sonderschulen, Vorschulklassen und Abgangsgruppen der Kindergärten); Geschichten zu fünf Bereichen (zus. mit E. Jung, 1973); Erste Arbeitsblätter Religion (zus. mit R. Rogge, 1974–1977); Kurze Geschichten. Zum Vorlesen und Nacherzählen im Religionsunterricht (Bd. 1–2. 1975–1980, zus. mit A. Pokrandt u. R. Rogge); Geschichten und Bilder zum Kirchenjahr (zus. mit anderen, 1978); Magazin-Reihe für die Schule (1978–1980); Columbus. Zeitschrift in einfacher Sprache (1978–1980); Kindermagazin-Reihe für Grundschüler und Lernbehinderte (1980); Nun rate, wer ich bin. Einfache Rätsel und Bilder für die Vorschule, für Kindergarten und behinderte Kinder (1980); Märchen, Sagen und Legenden für Deutschlands Kinder (1980).

Beiträge: Bücher für Behinderte (in: Schulbibliothek aktuell. 1975. 4. 13–40); Freizeiterziehung in der Schule für geistig Behinderte (in: J. Zielniok (Hrsg. zus. mit D. Schmidt-Thimme): Gestaltete Freizeit mit geistig Behinderten. 1977. 46–55); Möglichkeiten des Spiels mit geistig Behinderten (in: J. Zielniok (Hrsg. zus. mit D. Schmidt-Thimme): Gestaltete Freizeit mit geistig Behinderten, 1977. 119–137); Bildnerische Techniken (in: J. Zielniok (Hrsg. zus. mit D. Schmidt-Thimme): Gestaltete Freizeit mit geistig Behinderten. 1977. 153–158); Theaterspiel (in: J. Zielniok (Hrsg. zus. mit D. Schmidt-Thimme): Gestaltete Freizeit mit geistig Behinderten. 1977. 168–175); Volkshochschule für Behinderte (in: J. Zielniok (Hrsg. zus. mit D. Schmidt-Thimme): Gestaltete Freizeit mit geistig Behinderten. 1977. 303–308).

Sekundärliteratur: W. Sünkel: Der kleine Mythos und die pädagogische Vernunft (in: Pädagogische Rundschau. 31. 1977. 12. 1082–1086).

Jutta Grützmacher

Kroeger, Johann Christoph

*Pädagoge, Theologe, Schriftsteller; *4. 2. 1792 Hamburg, †24. 6. 1874 Hamburg.*

Kr., Sohn eines Krämers, erhielt nach privater Vorbereitung 1813 eine Stelle als Lehrer am Hamburger Waisenhaus. Durch den Besuch der Vorlesungen am akademischen Gymnasium seiner Vaterstadt bildete er sich weiter. Im Jahr 1815 ging er nach Heidelberg, um Theologie zu studieren. Von hier aus unternahm er Reisen nach Baden, Württemberg, Frankfurt, Straßburg, Basel, Solothurn, Neuchâtel, um das Schulwesen kennen zu lernen. In Neuchâtel machte Kr. die Bekanntschaft von J. H. PESTALOZZI (1746–1827). 1818 wurde Kr. am Waisenhaus in Hamburg erster Lehrer und Kandidat des Predigtamtes, 1820 Katechet (Prediger). 1825 verlieh ihm die philosophische Fakultät der Universität Heidelberg den Doktortitel. Seit 1828 hielt er in seinem Haus Vorträge über Pädagogik und Methodik für angehende Lehrer. Im gleichen Jahr erließ Kr. eine Aufforderung zur Gründung von Warteschulen. Die völlige Umgestaltung der Hamburger bürgerlichen Verhältnisse, die der Brand des Jahres 1842 hervorrief, berührte auch das Waisenhaus empfindlich, so daß Kr. seine Stelle dort nicht behalten wollte. Nach dem Tod seiner ersten Frau heiratete Kr. die Vorsteherin einer höheren Mädchenschule und übernahm deren Leitung. An Ostern 1862 gründete Kr. eine Privatschule für Knaben und Mädchen in Reinbek im Herzogtum Lauenburg. 1874 starb er in Hamburg an den Folgen eines unglücklichen Sturzes.

Werk, Tendenzen, Wirkung. Über Kr.s Denken und Handeln gibt seine „Selbstbiographie", die 1834 erschien, Auskunft. Von bleibendem Wert sind Kr.s Werke „Archiv für Waisen- und Armenerziehung" (1825–1828) und „Die Waisenfrage oder die Erziehung verwaister und verlassener Kinder in Waisenhäusern und Privatpflege. Aus dem Gesichtspunkt der Humanität und der Staatsökonomie nach Thatsachen und eigenen Erfahrungen" (1848). Neben pädagogischen Veröffentlichungen verfaßte Kr. für Schüler eine Reihe von Schriften, die bis zum Ende des 19. Jahrhunderts häufig in Schulen eingesetzt wurden und den jungen Lesern zum Teil auch als Freizeitlektüre dienten. Religiöse Themen, aber auch historisch-patriotische und „moralische" standen dabei im Vordergrund.

Werke (Auswahl): Reise durch Deutschland und die Schweiz mit besonderer Rücksicht auf Schule, Erziehungs- und Kirchenwesen, Schullehrer-Seminare, Waisen- und Armen-Erziehung, Blinden-, Taubstummen- und andere Wohlthätigkeitsanstalten (Bd. 1–2. 1833–1836); Biblische Geographie und Alterthümer nebst geschichtlichen und anderen Tabellen für Lehrer in Bürgerschulen, hervorgegangen aus des Verfassers Vorträgen für angehende Lehrer (1836); Lehr- und Lesebuch für Elementarschulen, oder geordneter Stoff aus der Natur und dem Menschenleben in tiefer Beziehung auf Gott zur Bildung des Geistes und Herzens, zum Besten der Hamburger Warteschule (1839, ^{2}1848); Reise durch Sachsen nach Böhmen und Österreich mit besonderer Beziehung auf das niedere und höhere Unterrichtswesen (Bd. 1–2. 1840); Abriß einer vergleichenden Darstellung der Indisch-Persischen und Chinesischen Religionssysteme (1842); Bausteine zu einer Hamburger Schulordnung (1848); Die Waisenfrage oder die Erziehung verwaister und verlassener Kinder in Waisenhäusern und Privatpflege. Aus dem Gesichtspunkt der Humanität und der Staatsökonomie nach Thatsachen und eigenen Erfahrungen (1848, ^{2}1852); Bemerkungen über die neuen Schulverbesserungsvorschläge in Hamburg (1849); Über die schiefe Stellung, in welche die Schule gegen Staat und Kirche zu gerathen droht. Eine Rede, gehalten in der Gesellschaft der Freunde des vaterländischen Schul- und Erziehungswesens (1851); Die moderne Erziehung in Schule und Haus und das Christentum (1854); Norddeutsche Freiheits- und Heldenkämpfe. Zur Kenntniß deutschen Lebens und zur Beförderung vaterländischen Sinnes bei Jung und Alt (Bd. 1–3. 1854–1856).

Hrsg.: Deutschlands Ehrentempel. Eine geordnete und mit Anmerkungen begleitete Auswahl der vorzüglichsten älteren und neueren Gedichte, welche das deutsche Land und Volk verherrlichen (Bd. 1–3. 1833–1835); Gedichte auf das deutsche Land und das deutsche Volk. Auszug für Schulen (1837).

Hans Eich

Kuba

(República de Cuba). Republik in Westindien. Größte Insel der Großen Antillen, zwischen dem Golf von Mexiko und dem Karibischen Meer. Staatsgebiet: 114524 km²; Einwohner: ca. 8,2 Millionen. Die Verfassung vom 10.10.1940, die auf die vom 21.2.1901 zurückgeht, wurde von Fidel Castro durch das Grundgesetz vom 7.2.1959 abgelöst. Es sieht einen Präsidenten der Republik vor, ohne die Form seiner Wahl oder Ernennung allgemein festzulegen. Der Ministerialrat ist sowohl Gesetzgebungs- wie unter dem Präsidenten Regierungsorgan. Die Mitglieder des Ministerrats einschließlich des Ministerpräsidenten werden vom Präsidenten ernannt und abgerufen. Eine gewählte Volksvertretung ist nicht vorgesehen. Die ursprünglich indianische Bevölkerung (Aruak, Ciboneyes) wurde schon bald nach der Kolonisation durch die Spanier ausgerottet. Heute sind etwa 73% der Bevölkerung Weiße, zumeist spanischer Herkunft. Daneben gibt es 15% Mischlinge (vor allem Mulatten und Mestizen) und 12% Neger (Nachkommen der seit 1526 aus Afrika verschleppten Sklaven). Amtssprache ist Spanisch.

Entwicklung der Kinder- und Jugendliteratur und gegenwärtiger Stand. Von den mehr als fünf Millionen schwarzafrikanischen Sklaven, die bis zur Mitte des 19. Jahrhunderts nach Lateinamerika deportiert wurden, kamen ca. eine Million nach K. Aus der Mischung ihrer Erzähltradition, ihres Liedgutes mit dem der einheimischen Indianer und der herrschenden Spanier entwikkelte sich eine vielfältige Literatur. Diese spezifisch kreolische, vorwiegend orale Literatur, existierte im 18. und 19. Jahrhundert neben der von Europa geprägten. Im 20. Jahrhundert und vermehrt nach der Revolution von 1959 wurden aus der Erzähltradition stammende Texte in Anthologien und Sammelbände für junge Leser aufgenommen.

Ansätze einer für Kinder konzipierten Lektüre waren im 19. Jahrhundert durch spanische Einflüsse geprägt. Die Fabeldichter IRIARTE und SAMANIEGO fanden in K. Nachahmer. Vereinzelt wurden die Dichtungen variiert oder ins Groteske und Komische abgebogen, wobei die moralisierende Zielrichtung eine neue Bestimmung gewann. GABRIEL DE LA CONCEPCIÓN VALDES (d.i. PLACIDO, 1809–1844) gehörte zu den Autoren, die eine eigenständige kubanische Kinderliteratur aufbauten. CINTIO VITIER brachte seine kubanischen Fabeln heraus. Im 19. Jahrhundert traten weiterhin der Fabeldichter JOSÉ MARIA HEREDA, der unter französischem Einfluß stand, sowie FRANCISCO JAVIER BALMASEDA, JOSÉ MARIA DE CARDENAS und AURELIA CASTILLO DE GONZALEZ mit Texten für Kinder hervor.

Von entscheidender Bedeutung für die moderne kubanische Kinder- und Jugendliteratur wurde die Arbeit von JOSÉ MARTI (1853–1895). MARTI war Schriftsteller, Journalist und Revolutionär. Seine Schulzeit absolvierte MARTI in seiner Heimatstadt La Habana, Ausbildung und Studien führten ihn nach Europa. Er absolvierte juristische und philosophische Studien. Nach Aufenthalten in Paris und Mexiko (1875–1878) nahm er seit 1878 im Untergrund am Kampf um K.s Unabhängigkeit teil. MARTI wurde verbannt und führte ein unruhiges Wanderleben in Frankreich, Mexiko, Guatemala und Venezuela. Er lebte zeitweise auch in Madrid und New York. Mit 42 Jahren starb er im Kampf für die Freiheit seines Landes. Im literarischen Schaffen von MARTI vereinen sich einfache Bildhaftigkeit mit idealistischem Schwung. In seinen Arbeiten für Kinder nutzte MARTI umgangssprachliche Direktheit. Neben seinen Gedichten und Schriften für Kinder und Jugendliche blieb die Erinnerung an ihn besonders durch seine Kinderzeitschrift „La edad de oro" lebendig, die er vom Juli bis Oktober 1889 als Korrespondent, Redakteur und Ideengeber mit Leben erfüllte. Neben Themen aus Technik und Natur waren in den wenigen Nummern der Zeitschrift Bearbeitungen europäischer Märchen, Geschichten aus der einheimischen Erzähltradition, Fabeln und politische Texte zu finden. M. gehörte zu den ersten Schriftstellern in Lateinamerika, die Jungen und Mädchen gleichwertig behandelt wissen wollten. Die für seinen Sohn verfaßten Gedichte (1882) werden neben seinen anderen Arbeiten im K. der Gegenwart immer wieder aufgelegt. Nach M.s Tod wurden zwischen 1900 und 1919 seine gesammelten Werke publiziert.

Nach MARTI beherrschten wieder Übersetzungen und Bearbeitungen aus Europa, spanische Versionen der „Klassiker" der Kinder- und Jugendliteratur und didaktisch zubereitete Bearbeitungen für schulische Zwecke den Markt für junge Leser. Erwähnenswert sind in dieser Zeit HERMINIO ALMENDROS und RENÉ POTTS, die historische Erzählungen und Romanzensammlungen für Kinder vorlegten. Gelegentlich fanden ausgewählte Legenden und Mythen der Vergangenheit in Lesebüchern Aufnahme. CONCEPCIÓN TERESA ALZOLA ließ in ihren Sammlungen traditioneller Stoffe erkennen, in welchem Maße sich die Folklore der Insel, ihre negroiden und indianischen Elemente mit den importierten Motiven spanischer Kolonialliteratur zu interessanter Einheit verbunden haben. EMILIO MOREAU BACARDI und HILDA PERERA SOTO verfaßten phantastische und realistische Texte für Kinder.

Die Kinder- und Jugendliteratur nach der Revolution. Noch vor dem revolutionären Umschwung kam es 1955 zur Gründung eines nationalen Puppentheaters in der Hauptstadt. CARUCHA CAMEJO, PEPE CAMEJO und PEPE CARRIL gehörten zu seinen Direktoren. Anfangs wurden europäische Themen bevorzugt, so etwa „The selfish giant" nach dem Märchen von OSCAR WILDE oder „Die Bosheit des Schmetterlings" von GARCIA LORCA. Neben älteren spanischen Autoren schrieben jetzt auch jüngere Kubaner für die Puppenbühne. Nach kurzer Unterbrechung wurde im März 1963 das Nationale Puppentheater neu gegründet. Stärker als vor der Revolution wurde jetzt die nationale Folklore bevorzugt. In den Provinzen des Landes wurden durch staatliche Förderungsmaßnahmen professionelle Puppenspielkollektive in ihrer Arbeit unterstützt. An die

Stelle privatwirtschaftlicher Interessen rückte nach der Revolution ein Erziehungs- und Bildungsprogramm mit staatlicher Lenkung und zentralistischer Planwirtschaft, die auch Produktion und Vertrieb von Literatur einbezog.
Noch 1953 besuchten weniger als 50% der schulpflichtigen Kinder die Schule. Kaum 17% der 15–19jährigen erhielten eine Ausbildung, Tausende von Lehrern waren arbeitslos.
Nach der erfolgreichen Revolution (1958) wurden Anstrengungen unternommen, den Analphabetismus zu bekämpfen. 1959 und 1961 gab es erste Programme und Arbeitsprojekte zur Beseitigung der Klassenschule und zur Einführung der Schulgeldfreiheit. Durch „Literatur-Campagnen" versuchte man, die Lese- und Schulfreudigkeit zu steigern. Inzwischen besuchen alle Kinder zwischen 6 und 12 Jahren die Schule. Weiterführende Ausbildung ist für alle vorgesehen.
Die vor der Revolution vorhandenen öffentlichen Bücherei- und Schulbuchsysteme wurden systematisch ausgebaut. Bis Ende der siebziger Jahre gab es ca. 3000 Schulbüchereien auf K. Schulen in ländlich entlegenen Distrikten werden mit Bücherblöcken im Leihverkehr versorgt. In den Jahren 1976/77 wurden bei über elf Millionen Büchereibesuchen mehr als acht Millionen Titel ausgeliehen. Heute gibt es rund 200 öffentliche Büchereien. Zusätzliche Aktivitäten sind Buchdiskussionen in den Schulen und in den Medien, Lesewettbewerbe in den Pionierorganisationen, Gespräche mit Autoren und Illustratoren, Ausstellungen, Vorlesestunden sowie Diskussionsrunden zwischen Autoren und Verlegern, Erziehern und Lehrern. Die gegenüber dem Battista-Regime gewandelte Lebensweise von Kindern und Jugendlichen, die Mischung schulischer und nachschulischer Ausbildung, die Verbindung zwischen Tätigkeit in Schule und Universität und gleichzeitiger Aktivität in der Produktion, in der Landwirtschaft und der entstehenden Industrie, findet ihren Niederschlag in der modernen Jugendlektüre. Themen, Stoffe, Motive und Schwerpunkte haben sich gewandelt. Die Akzentuierung der eigenen Geschichte, der verbindlichen Leitbilder, der Normen und menschlich-gesellschaftlichen Wertmaßstäbe hat sich verändert. Wiederbelebte Folklore findet sich in den „Primitivos relatos vontados otra vez" (1978) von HUGO NIÑO, mit Illustrationen von UMBERTO PENA und in „Renanco y los ultimos huemules" (1976) von JOSÉ MURILLO und AÑA MARIA RAMB. JOSÉ MARTIS Werke erlebten Neuauflagen („La edad oro", 1975; „Ismaelillo", 1977; „Mi verso…"; 1977). An die bereits mehr als zwei Jahrzehnte zurückliegende Revolution und ihre Helden gemahnen Erzählungen und biographische Darstellungen wie „Asi vemos el Moncada" (1973); „Episodios de la revolución cubana" (1977); „Antonio Maceo, la protesta de Baragúa" (1977); „Moncada, epopeya heróica" (1973); „Camilo. Cronologia de un héroe" (1976) oder „Los combates de Playa Larga" (1977).
Eine Reihe von Autoren prägen die gegenwärtige kubanische Kinder- und Jugendliteratur. MARTA AGUIRRE (*1912), Universitätsprofessorin, Autorin und Essayistin, publiziert Gedichtsammlungen für Jüngere und Ältere („Juegos y otras poemas"). Auch als Theoretikerin ist sie mit einem Interpretationsversuch über JOSÉ MARTI (1953) hervorgetreten. ONELIO JORGE GARDOSO (*1914) hat verschiedene Tiererzählungen verfaßt, in denen sich Realität und Phantasie mischen. Krabben, kleine Vögel, eine Zikade und ein weißes Pferd spielen die Hauptrolle in „Caballito blanco" (1974). NERSYS FELIPE (*1936) erhielt in zwei Jahren drei Preise für Erzählungen aus Guana, Romane und kritisch-realistische Darstellungen („Para que ellos canten", 1974; „Roman Ele"; „Cuentos de Guane"). ANISIA MIRAND (*1932) ist die Autorin eines preisgekrönten Buches, in dem eine Grille als Erzählerin auftritt („Los cuentos de Coay Grillo", 1973). Weitere Arbeiten von ihr sind „Mitos y leyendos", „Becados", „La primera aventura" und „Viet Nam y tu". EDWIGES BARROS (*1932) hat die Kuh Mathilde erfunden, die sich großer Beliebtheit bei kubanischen Kindern erfreut. Außerdem hat sie Liederbücher und eine Seriengeschichte über den Hasen Pompy verfaßt („Cantos del bosque"; „Conejita Pompy"). Ihre Arbeiten richten sich an Vorschulkinder. DORA ALONSO (*1910) erarbeitete im Auftrag des Erziehungsministeriums ein modernes Lesebuch für Grundschüler. Sie verfaßte zur jüngsten kubanischen Geschichte Stücke für das Puppentheater, die teilweise auch im Ausland aufgeführt wurden. 1964 kamen „Giles Abenteuer" heraus, der erste Versuch, eine eigenständige kubanische Abenteuergeschichte zu erzählen. Mit der vierten Auflage erreichte der Titel mehr als 360000 Exemplare. Er erschien in russischer, vietnamesischer und polnischer Übersetzung. 1967 kam zusammen mit einer Schallplatte das Buch „Das Pferd als Zwerg" heraus. Mit über 200000 Exemplaren wurde „Der blaue Vichtiribu" ein weiterer Bestseller. 1978 erschien der Band „Menschen der Meere".
RENÉ M. CAPUCE (*1901) veröffentlichte nach 1958 Erinnerungen einer Kubanerin, ein Buch, das ursprünglich von Erwachsenen, dann aber von vielen Jugendlichen gelesen wurde. Ein interessantes Buch ist „Lectura Campesino" ([4]1975), das von MARINA GARCIA herausgegeben wurde. Es enthält nach dem Eingangsmotto von FIDEL CASTRO in Großschrift Kurztexte über die neue Rolle der kubanischen Frau, Beiträge in Lyrik und Prosa über Kampf und Sieg der kubanischen Rebellen, über Geschichte und Gegenwart, über Land und Leute sowie über die Leitbildgestalten LENIN und JOSÉ MARTI.
Nach dem Hauptwerk JOSÉ MARTIS wurde das 1960 neu begründete Kinder- und Jugendtheater „Teatro de la edad de oro" benannt. Schirmherr ist die Kulturabteilung des Erziehungsministeriums. Durch den 1961 gebildeten nationalen Kulturrat (CNC) erhielt das Kinder- und Jugendtheater in K. zusätzliche Impulse. Hier sollten Kinder jeder Hautfarbe miteinander agieren und für andere Kinder spielen. Das Repertoire der überall entstehenden Vereinigungen von Schauspielgruppen bestand aus einer Mischung von „klassischen", europäisch übernommenen und eigenen neu entwickel-

ten Stoffen, in denen gesellschaftliche Prozesse thematisiert wurden. DORA ALONSO trat mit ersten Versuchen hervor. 1965 wurde durch den Kulturrat und die Pionierorganisation das erste nationale Festival des Puppen-, Kinder- und Jugendtheaters veranstaltet. Im Jahr 1969 entstand eine Schule, an der Regisseure, Schauspieler und Dramaturgen für das Kinder- und Jugendtheater ausgebildet wurden. Vorbild dieser Einrichtung sind Institutionen in der UdSSR und ČSSR. 1975 fand in La Habana das dritte Theaterfestival statt. Im Mai 1980 zeigten 21 professionelle Gruppen Proben ihrer Arbeit. Zu den seit Jahren schon tätigen Gruppen zählen „Guignol nacional de Cuba", „Teatro nacional da Parque Almendares" aus La Habana, das „Teatro el galpon" aus der Region „10. Oktober" sowie fest etablierte Gruppen aus Camaguey Cienfuegos, Santa Clara, Matanzas und Oriente. Von der Vorschule an wird in der Kinder- und Schulerziehung gestalterisches Rollenspiel, Improvisation, Pantomime und die Eigenaktivität in Improvisations- und Straßentheater gefördert.

Zahlreiche jüngere Autoren beleben die Szene mit neuen Stücken wie „Bonbon y casbabel" von JORGE MARTINEZ, „Los cuentos de T. Cawdela" von ONELIO JORGE CARDOSO oder „La cucarachita Martina" von GREEM.

Mit in- und ausländischen Stücken wird an die unterbrochene Tradition des Kinder- und Jugendtheaters angeknüpft. Von der Hauptstadt aus wirkt die Initialzündung in die Provinzen des Landes, wo sich Gruppen von Berufs- und Laienschauspielern organisieren. Diese Aktivitäten werden durch staatliche Förderungspreise gestützt. Phantasie- und Tiergeschichten, realistische und fiktionale Stoffe werden für die Kinder- und Jugendbühne geschaffen („Cómo el trompo aprendió a bailar"; „Espantajo y los pájaros"; „El frutero Pelusin"; „Bombon y Cascabel"; „Donita Abeja y Donita Bella"). Die Dramaturgin TERESITA RODRIGUEZ-BAZ erhielt für ihre Adaptionen „El chivo carambolero" und „Cuando cantan las lechuzas", die der Fabel verwandt sind, 1974 den Preis „Premio 26 de Julio". RAMÓN RODRIGUEZ BOUBÉN erhielt für „La muneca de trapo" den Preis „La Edad de Oro" (1974) und für „Había una vez un jardín", ein märchenhaftes Thema, den Preis „Premio Ismaelillo" (1975), der vom staatlichen Schriftsteller- und Künstlerverband ausgeschrieben wurde. Die Vereinigung der „Union de Escritores y Artistas" zeichnet alljährlich Nachwuchsarbeiten aus. Verlegerische Aktivitäten gingen zwischen 1963 und 1968 vor allem von dem Verlag „La Editoria Juvenil de la Editorial Nacional de Cuba" und seinem Leiter HERMINIO ALMENDROS aus. 1969 wurde „La Editorial Gente Nueva" zusammen mit dem „Instituto Cubano del Libro" gegründet, doch erst 1972 begann die eigentliche Arbeit dieses Staatsverlages. „Gente Nueva" produziert gemäß den Parteirichtlinien für Kinder und für Jugendliche. Es werden Werke von kubanischen und anderen lateinamerikanischen Autoren und Übersetzungen von Verfassern aus den sozialistischen Ländern publiziert. Ähnlich wie nach der Revolution in Rußland wird ein Verlagsprogramm aufgebaut, in dem historische und aktuelle Leitbildfiguren, Helden der Aufstände und der Revolution und vorbildliche Menschen thematisiert werden. Zusammen mit sozialistischen Ländern werden Koproduktionen in Angriff genommen. Aus dem Bereich des Zeichenfilms und des Kinderfilms der Sowjetunion werden preisgünstige Ausgaben als Billigbilderbücher, die in spanischen Versionen, aber in der UdSSR produziert werden, angeboten.

1959 kam es zur Gründung eines zentralen kubanischen Filminstituts, das Planung, Produktion, Verleih und Auslandsgeschäfte organisiert. Das ICAIC ist politisch organisiert und ausgerichtet. Die Produktionen sind vornehmlich Medium propagandistischer und agitatorischer Einflußnahme. Inhalte vieler Kinder- und Jugendfilme sind die Geschichte K.s (u.a. die Serie „100 anos de lucha"), das Leben bedeutender Vorkämpfer der kubanischen Befreiung (JOSÉ MARTI, CHÉ GUEVARA, FIDEL CASTRO) sowie K.s Gegenwart (der Kampf gegen den Analphabetismus, der Einsatz der Jugend bei der Zuckerrohrernte), aber auch Liebesfilme mit historischem Hintergrund: „Lucia" (1968/69) und andere, die die gewandelte Rolle der Mädchen und Frauen unter revolutionären Bedingungen aufzeigen wollen („Manuela", 1966).

Organisationen, Förderungsmaßnahmen der Kinder- und Jugendliteratur. Maßnahmen zur Vorbereitung

„Nichts ist wichtiger als ein Kind". Sonderausgabe der kubanischen Zeitschrift „revolucion y cultura" vom Mai 1979 zum Jahr des Kindes.

von Kinder- und Jugendliteratur waren schon vor der Revolution vereinzelt durch nordamerikanische Bibliothekare und Spezialisten angeregt worden. Sie wurden nach der Revolution verstärkt nach dem Vorbild der sozialistischen Staaten ausgebaut und durchorganisiert. Zuständig für die genannten Aktivitäten ist das Erziehungsministerium, das auch Wettbewerbe unter Nachwuchsautoren und bekannten Verfassern anregt. Verstärktes Interesse wird darauf verwandt, Kinder und Jugendliche selbst zu aktivieren. Kinder- und Jugendbuchabteilungen in größeren Büchereisystemen greifen die von Schulen und Pionierorganisationen vorbereiteten Methoden des Umgangs mit dem Buch auf und erweitern sie. Über das Kulturministerium verbreiten Verlage wie „Gente Nueva" oder „Pueblo y Educación" Buchprogramme, die vom Vorschulalter bis an die Schwelle zum Erwachsenenalter reichen. Hohe Buchauflagen werden durch ein über die Insel verbreitetes Verkaufssystem sehr rasch umgesetzt.

Im Jahr 1971 wurde der Dachverband „Instituto de la Infancia" ins Leben gerufen, der sich um die Verbreitung und Nutzung von Bilderbüchern und Lektüre für Kinder im Alter bis zu 5 Jahren kümmert. Für Kinder, die bereits zur Schule gehen, ist die „José Marti"-Jugendpionier-Organisation zuständig. Wettbewerbe wie „La edad de oro" umspannen neben der engeren Kinder- und Jugendliteratur auch Kindertheater und Musik. Tages- und Wochenzeitungen bieten neben etablierten Kindermagazinen besondere Seiten und Schwerpunktteile für jüngere Benutzer.

1967 wurde ein Institut zur Förderung der Kinderliteratur gegründet. Drei Redaktionen für den Vorschulbereich, für Kinder im Alter bis zu 12 Jahren und für Jugendliche beraten die Jugendbuchverlage. Bis Mitte der siebziger Jahre kamen rund 400 neue Kinder- und Jugendbücher heraus. Anfängliche Massenauflagen werden immer mehr von kleineren, thematisch und im Hinblick auf die Zielgruppe abgestimmten Buchauflagen abgelöst. Einzeltitel erreichen Auflagenhöhen zwischen 100000 und 200000 Exemplaren. Seit 1973 ist bei den Kinder- und Jugendbuchautoren eine zunehmende Spezialisierung zu beobachten. Durch differenzierte Planung wird diese Tendenz gefördert.

Theoretische und praktische Fragen der Produktion, des Vertriebs und der Rezeption von Kinder- und Jugendliteratur werden auf Kongressen und öffent i-chen Veranstaltungen erörtert. So wurden auf dem „Primer Congreso Nacional de Educación y Cultura" (1971) und beim „Primer Forum Nacional de Literatura Infantil y Juvenil" (1972) Informationsstände geschaffen und allgemeine und spezielle Interessen sowie Aktivitäten im Rahmen des „Internationalen Jahres des Buches" diskutiert. Als Themen standen zur Debatte: Kind und Jugendlicher als Leser; Literatur und Ideologie; Literatur und Schule; Verlagspolitik; Zeitungen und Zeitschriften. In der Fachzeitschrift „Boletin para las Bibliotecas Escolares" wurden die Beiträge zur Kinder- und Jugendliteratur publiziert.

Im März 1973 beschloß das Erziehungsministerium die Einrichtung der „Grupo asesor permanete de literatura infantil y juvenil". Dieser Arbeits- und Studiengruppe obliegt es, landesweit das Studium der Kinder- und Jugendliteratur zu vertiefen, Schulbüchereien und ihre Träger zu unterstützen, bei der Auswahl von Lektüre behilflich zu sein, Vorschläge zu unterbreiten, wie die Arbeit zu intensivieren und für alle Schulaltersstufen zu verbessern sei.

Die „Biblioteca Nacional José Marti" erhielt 1959 eine eigenständige Kinder- und Jugendbuchabteilung, das „Departamento juvenil", ab 1963 zusätzlich das „Departamento de literatura y narraciones infantiles".

Seit zehn Jahren gibt es in K. verschiedene Kinder- und Jugendbuchpreise. Der Preis „La Edad de Oro" wird seit 1972 vom „Consejo Nacional de Cultura" ausgeschrieben. Weiter gibt es den Preis der „Union de Pionieros de Cuba" (seit 1972), den Preis „Ismaelillo", ausgeschrieben von der „Union de Escritores y Artista" (seit 1973) und den Preis „26 de Julio", den seit 1974 das Ministerium der Streitkräfte ausschreibt. In der Regel sind die genannten Preise nach folgenden Schwerpunkten unterteilt: Poesie und Lyrik, Theaterstücke, Erzählungen, Sonderpreise, ehrenhafte Nennung und Aufnahme in eine Auswahlliste.

Die theoretische Aufarbeitung der Kinder- und Jugendliteratur steht noch am Anfang. Herminio Almendros veröffentlichte eine Studie über den Wegbereiter der kubanischen Kinder- und Jugendlektüre („A proposito de La Edad de Oro de José Marti") und Aufsätze („Notas sobre literatura infantil", 1956). Der Schriftsteller- und Künstlerverband gab 1974 das Heft „En torno a la literatura infantil" heraus. In Zeitschriften, Fachblättern und Magazinen haben sich theorie- und praxisbezogen geäußert: Eliseo Diego, Mirta Aguirre, Fina Garcia Marruz, Francisco Mota, Denia Garcia Ronda, Salvador Arias und Waldo Ginzalez Lopez. In einigen Zeitungen und Fachzeitschriften wird zu Fragen der Kinderkultur Stellung genommen.

Sekundärliteratur: I. u. J. Bach (Hrsg.): Massenkunst in Kuba (1978). – Beiträge zur Kinder- und Jugendliteratur. Heft 8 (1973); Heft 55 (1980). – C. Bravo-Villasante: Historia y antologia de la literatura infantil iberoamericana (1966). – A. M. Elizagaray: En Torno a la literatura infantil (1975); Books for young children and young people (in: Granma Havanna, March 1, 1981). – Chr. Hoffmann (Hrsg.): Kinder- und Jugendtheater der Welt (1978). – A. M. Radaelli: Children and young people's literature a subliterary genre? (in: Granma Havanna. Sept. 23, 1979). – P. B. Schumann (Hrsg.): Kino und Kampf in Lateinamerika. Zur Theorie und Praxis des politischen Kinos (1976); Kino in Kuba 1959–1978 (1980).

Horst Künnemann

Kühner, Karl

*Lehrer, Jugendbuchkritiker; *26. 4. 1804 Hildburghausen, †11. 9. 1872 Frankfurt am Main.*

K., Sohn eines Pfarrers und Hofpredigers, beendete in Hildburghausen das Gymnasium. Anschließend studierte er in Jena und Leipzig Theologie und war als

Lehrer an der Leipziger Bürgerschule unter LUDWIG FR. G. E. GEDIKE (1761–1838) und an der Rathsfreischule unter CARL GOTTLIEB PLATO (1757–1833) tätig. Hier unterrichtete auch der Jugendschriftsteller JOHANN CHRISTIAN DOLZ (1769–1843). Nach Tätigkeiten an verschiedenen Schulen wurde K. 1836 Rektor der gesamten Schulanstalten in Saalfeld a.d. Saale. 1851 trat er die Stelle des Direktors der Musterschule in Frankfurt a.M. an. K. trat 1867 in den Ruhestand. Er war verheiratet und hatte acht Kinder.
Von K. stammen Schriften unterschiedlicher Art. Neben unterrichtspraktischen Texten verfaßte er einen „Thüringischen Kinderfreund" (Bd. 1–2, 1844–1850, [7]1857) und im Jahre 1865 die „Einladungsschrift zu der öffentlichen Prüfung der Musterschule in Frankfurt a.M.". Bereits 1862 war der Beitrag K.s „Jugendlectüre, Jugendliteratur" im dritten Band der von K. A. SCHMID herausgegebenen „Enzyklopädie des gesammten Erziehungs- und Unterrichtswesens" erschienen.
In seinem Beitrag unterscheidet K. zwischen Jugendlektüre und Jugendliteratur. Zur ersteren zählt er jene Geschichten, die lange, bevor es eine intentionale Jugendliteratur gab, kursierten. Beispiele dafür findet er schon im alten Griechenland, in Rom sowie im fernen China und Indien. HOMER zählt für ihn ebenso dazu wie SOLON und HESIOD. Mit Skepsis steht K. der „Entwickelung der modernen Jugendliteratur" gegenüber. Bis auf wenige Ausnahmen scheint sie ihm unzulänglich. Er unterscheidet philanthropisch-realistische Schriften, moralische Kinderschriften, Fabeln, christliche Jugendschriften und didaktische Unterhaltungsschriften. Als Lesestoff läßt K. die Odyssee, Volksmärchen, die Nibelungensage, Volksbücher, Sagen überhaupt, Legenden, Fabeln, Anekdoten und Schwänke gelten; Stoffe, die er „kindlichen Culturepochen" zuordnet.
In den gängigen Jugendschriften sieht K. vor allem die „Speculation auf den Phantasiereiz" und möchte nur zwei „gute Jugendschriften" davon ausnehmen: „Campes Robinson und Grimms Märchen", und die nur „mit dem Vorbehalt, daß der erstere anders geschrieben, und die zweiten nicht geschrieben sein sollten". K. zählt zu jenen, die vor „Uebermaß und Unordnung des Lesens" warnen. Er fürchtet „Lesewut" und „Lesesiechthum". Gegenmittel sind ihm das Erzählen, von dem er sich eine positive pädagogische Wirkung verspricht, und das gemeinsame Lesen: „Der Sohn las sich mit dem Buche hinauf in den Gedankenkreis des Vaters (...). Das Buch ward beiden eine gemeinsame Heimat, führte zur Verknüpfung und zum Austausch der Gedanken. Es war ein Theil des Familienlebens."

Werke: Jugendlectüre, Jugendliteratur (in: K. A. Schmid (Hrsg.): Enzyklopädie des gesammten Erziehungs- und Unterrichtswesens, 3. Bd. 1862. 802–840; NA. in: A. C. Baumgärtner (Hrsg.): Ansätze historischer Kinder- und Jugendbuchforschung. 1980. 99–160).

Sekundärliteratur: Fr. Eiselen: Dr. Carl Kühner. Ein Lebensbild (in: Einladungsschrift zu der öffentlichen Prüfung der Musterschule in Frankfurt. 1873).

Winfred Kaminski

Kunz, Fritz (Johann Friedrich)

*Schweizer Maler, Illustrator und Kupferstecher; *30.4.1868 Einsiedeln, †5.5.1947 Zug.*

K., Sohn des Altarbauers und Dekorationsmalers EMIL KUNZ (1841–1890), arbeitete mit Ausnahme eines halben Jahres, das er an der Kunstgewerbeschule in Zürich verbrachte, bis zum Tode des Vaters 1890 in dessen Werkstatt. Von 1890 bis 1898 studierte er an der Akademie der Bildenden Künste in München unter G. VON HACKL, A. VON LIEZENMAYER und C. VON MARR. In den Jahren von 1898 bis 1903 hielt er sich in Rom und Anticoli auf, wo er sich besonders mit den Malern der italienischen Renaissance GIOTTO (1266–1337) und FRA ANGELICO (1401–1455) beschäftigte. In Monte Cassino geriet er in den Bann der Form- und Farbenmystik der Beuroner Schule. Ab 1903 arbeitete er bis 1919 in München, wo er Einflüsse FERDINAND HODLERS (1853–1918) aufnahm. Seit 1919 wohnte er in Zug.

Werk, Tendenzen, Wirkung. Das Werk von K. besteht in der Hauptsache aus Wand- und Glasmalereien in Kirchen und Kapellen. Auch in seinen Buchillustrationen greift er häufig zu religiösen Themen: „Der heilige Franz von Assisi" (1908), „Franziskanisches Leben" (1934). Jugendbuchillustrationen sind nur wenige bekannt. K. hat BERTHOLDS „Illustrierte Kinderlegende" mit zwölf farbigen Bildern ausgestattet und zu JAKOB und WILHELM GRIMMS „Frau Holle", einem bei Josef Scholz erschienenen Band, mehrfarbige Blätter geschaffen. Das querformatige Bilderbuch fand in der seinerzeit wegen ihres hohen künstlerischen Anspruchs bekannten Reihe „Das deutsche Bilderbuch" des Mainzer Verlages Aufnahme. K.' Bildauffassung, basierend auf den Erfahrungen seiner Münchener Zeit, enthält typische Jugendstilelemente wie eine eigenwillige Bildaufteilung und Rahmung, eine flächige Behandlung der Körper und des Raums und eine Betonung des Ornaments. Ihren besonderen Reiz erhalten die Bilder von K., indem er umrahmte und konturlose Flächen zusammensetzt. Faszinierend an den Illustrationen ist ihre intensive Farbigkeit und die ungewöhnlichen Farbkombinationen. Die Farben orientieren sich nicht an der Realität, vielmehr werden durch sie bestimmte Stimmungen ausgedrückt, die dem Text eine neue Komponente hinzufügen, ihn mit den Mitteln der Illustration interpretieren und erklären. HANS RIES beurteilt „Frau Holle" als „typisches Jugendstilprodukt, dessen festlichdekorative und symbolistische Note in der ganzen Reihe hervorsticht". In dem meist religiöser Kunst verpflichteten Werk des Schweizer Künstlers K. stellt diese Illustrationsfolge eine Ausnahme dar.

Werke: Th. Berthold: Illustrierte Kinder-Legende (1899); J. und W. Grimm: Frau Holle (1905).

Sekundärliteratur: H. Aellen: Schweizerisches Zeitgenossen-Lexikon (1932). – E. Plüss (Red.): Künstlerlexikon der Schweiz. 20. Jahrhundert. Bd. 1 (1958–1961). – G. J. Wolf: Kunst und Künstler in München (1908).

Cornelia Schneider

Kurt-Lütgen-Sachbuchpreis

*Mit dem seit 1971 bestehenden Kurt-Lütgen-Sachbuchpreis für ein noch nicht veröffentlichtes Manuskript würdigt der Arena Verlag die literarischen Verdienste des Autors Kurt Lütgen (*1911).*

Der Kurt-Lütgen-Sachbuchpreis wurde erstmalig aus Anlaß des 60. Geburtstages von K. LÜTGEN im Jahre 1971 ausgeschrieben. Damals wurde er an den Autor FRANZ KUROWSKI vergeben. Zum 70. Geburtstag von K. LÜTGEN 1981 wurde der Preis erneut ausgeschrieben. Der Preis besteht aus einer Geldsumme von 7500 DM und wird in der Regel ungeteilt zugesprochen, kann aber nach Ermessen der Jury auch aufgeteilt werden. Ausgezeichnet wird ein lebender Schriftsteller deutscher Sprache für ein bisher unveröffentlichtes Manuskript, das in fesselnder und sachlich fundierter Darstellung ein Thema aus dem Bereich der Geschichte, Kultur- und Entdeckungsgeschichte oder aus den Bereichen Naturwissenschaft und Technik behandelt. Über die Preisvergabe entscheidet eine Jury, der neben K. LÜTGEN Fachleute aus dem Bereich der Kinder- und Jugendliteratur angehören. Mit der Verleihung des Preises ist zugleich auch die Veröffentlichung des Manuskriptes im Arena Verlag verbunden.

H. D.

Kurzgeschichte

Unter K. wird im literarischen Alltag eine kürzere Erzählung verstanden, die sich auf die Wiedergabe eines einschneidenden Ereignisses und die Beschreibung seiner Umstände beschränkt. Im engeren Sinne ist K. die Bezeichnung für eine durch direkten Einstieg, realistischen Stil, lineare Handlungsführung und offenen Schluß charakterisierte Gattung des Erzählens. Die K. unterscheidet sich von der geschlossenen Form der Novelle, von der pointierten der Anekdote und der zur Breite neigenden der Erzählung und durch ihren ausgesprochenen Realitätsbezug von den anderen Kurzformen wie Märchen, Sage, Legende und Fabel. K. und short story sind nicht dasselbe: die angelsächsische short story umfaßt im allgemeinen alle Erzählformen kürzerer Art. Die K. wurde in Deutschland nach dem Zweiten Weltkrieg zu einer häufig genutzten literarischen Kleinform, die in der Lage ist, schicksalsbestimmende Momente realistisch zu beschreiben und hat sich dadurch „zu einem der sensibelsten Seismographen der sozialen, politischen und allgemein menschlichen Verhältnisse" (W. Schnurre) herausgebildet. Bevorzugte Schullektüre wurde die K. seit den fünfziger und sechziger Jahren. Erst um 1970 begannen Kinderschriftsteller sich dieser Form zu bedienen und K.n für Kinder zu schreiben.

Zur Form und Geschichte. Abgesehen von Vorläufern der deutschen K. im 19. Jahrhundert bei E. T. A. HOFFMANN, FR. HEBBEL, TH. STORM und aus der Zeit des Naturalismus bei G. HAUPTMANN, A. HOLZ und J. SCHLAF und der zwanziger Jahre (FR. KAFKA, TH. MANN, E. KÄSTNER, A. PAQUET, A. SCHNITZLER, FR. WEDEKIND, R. M. RILKE u.a.), außerdem ihren ausländischen Vorläufern und Anregern wie EDGAR ALLAN POE, MARK TWAIN, ANTON TSCHECHOW, GUY DE MAUPASSANT, ERNEST HEMINGWAY und vielen anderen, beginnt die Geschichte der K. in Deutschland mit den Werken von WOLFGANG BORCHERT, HEINRICH BÖLL, GÜNTER EICH, ELISABETH LANGGÄSSER, WOLFDIETRICH SCHNURRE u.a. nach dem Ende des Zweiten Weltkriegs. Die Kurzgeschichte erhob seinerzeit den Anspruch, ohne Umschweife, realistisch und ehrlich die (Trümmer-)Welt ausschnittweise zu beschreiben. Wenn sich auch in den vergangenen Jahrzehnten die Thematik geändert hat, das Grundmotiv der Darstellung von schicksalshaften Momenten, in denen die Isoliertheit, Einsamkeit, Vorurteilsbehaftetheit, Verständnislosigkeit, Sprach- und Fühllosigkeit den Menschen sichtbar wird, trägt die Form der K. weiterhin bis heute. HEINRICH BÖLLS Feststellung von der „geröntgten Wirklichkeit" in der K. gilt nach wie vor, wenn sich auch inzwischen mehrere formale Spielarten herausgebildet haben, so etwa die der surrealistischen K. bei ERNST KREUDER, PETER BICHSEL, CHRISTA REINIG, WOLF BIERMANN oder PETER HACKS, in der die Wirklichkeit mit Phantastik gemischt wird wie in W. BIERMANNS „Der kleine Herr Moritz", die reportagehafte K. bei GÜNTER WALLRAFF, BEN WITTER, ROSWITHA FRÖHLICH u.a., die größtmöglichste Authentizität durch nachprüfbare Fakten, Interview- und Dokumentarstil erzielen und soziale Verhältnisse aufdecken möchte. Schon älter ist die Unterscheidung in stimmungshafte, skizzenhafte K. (TH. STORM, A. HOLZ, J. SCHLAF, H. HESSE u.a.) und ereignishafte K. (FR. HEBBEL, W. SCHÄFER, S. LENZ u..a). Der Anteil der humoristischen Texte innerhalb der K. ist größer als erwartet, denkt man vor allem an ausländische Autoren wie MARK TWAIN, O'HENRY und ANTON TSCHECHOW.

Innerhalb der Geschichte der K. werden neuerdings mehrere Generationen von K.-Autoren unterschieden (L. ROHNER, 1973), wobei zu einer älteren, um 1900 geborenen ELISABETH LANGGÄSSER, MARIE LUISE KASCHNITZ, ERNST KREUDER, GÜNTER EICH, WOLFGANG WEYRAUCH, zu einer zweiten, der zwischen 1913 und 1925 geborenen, ALFRED ANDERSCH, HEINRICH BÖLL, WOLFDIETRICH SCHNURRE, WOLFGANG BORCHERT, ILSE AICHINGER, HANS BENDER u.a. und zu einer jüngeren, nach 1925 geborenen, GÜNTER KUNERT, SIEGFRIED LENZ, HERBERT HECKMANN, GABRIELE WOHMANN und PETER BICHSEL gehören. In den siebziger Jahren haben sich keine auffälligen neuen Anstöße von seiten jüngerer Autoren ergeben, auch die Flut der Interpretationshilfen und Schulausgaben hat keinen neuen Impuls erfahren.

K. als Jugendlektüre und Kinderliteratur. In den späten fünfziger, dann in den sechziger und siebziger Jahren wurde die K. insofern Jugendlektüre, als sie eine der bevorzugtesten literarischen Gattungen im Deutschunterricht wurde. Aufgrund ihrer Kürze paßte sie in die

Schulstunden und durch ihren zumeist offenen Schluß kann sie zu Unterrichtsgesprächen motivieren. Sie löste weithin die Novelle als Schullektüre ab. Durch sie wurden Schüler der höheren Schulen, aber auch der Haupt- und Realschulen vorwiegend in den höheren Klassen (Sekundarstufen I und II) mit Schreib-, Denk- und Empfindungsweisen der Gegenwartsliteratur und ihrer einzelnen Vertreter bekannt. K.n-Texte fanden Aufnahme in Lesebücher; spezielle Textsammlungen und didaktisch-methodische Lehrbücher erschienen in größerer Zahl (siehe die Zusammenstellung in den „Bibliographischen Ergänzungen 1951–1979" bei DODERER, Die Kurzgeschichte in Deutschland, [6]1980). Aber erst seit etwa 1970 rückte die K. als Lektüre auch in die Grundschulen vor.
Die K. als Kinderliteratur beginnt mit der Sammlung von URSULA WÖLFEL „Die grauen und die grünen Felder" (1970). WÖLFEL entspricht darin der Form der Gattung und thematisiert aus der Perspektive der Kinder deren Probleme innerhalb einer (defekten) sozialen Wirklichkeit. Die K. „Mannis Sandalen" beschreibt zum Beispiel Szenen der Kontaktsuche eines geistig behinderten Jungen, ohne am Schluß ein glückliches Ende der Isolation gegenüber anderen Kindern zu zeigen. Die Thematik bei K.n für Kinder ist nicht unbedingt auf das Kinderleben, auf die hiesige Umwelt und die Gegenwart beschränkt, sie kann auch etwa das Schicksal alter Menschen, Kriegs- und Nachkriegsverhältnisse, soziale Zustände in anderen Erdteilen und unter anderen Völkern zum Gegenstand haben. SUSANNE KILIAN, PETER HÄRTLING, PETER BICHSEL, IRINA KORSCHUNOW, GINA RUCK-PAUQUET, CHRISTINE NÖSTLINGER, RENATE WELSH, BENNO PLUDRA, IRMELA WENDT, EVELINE HASLER, FREDERIK HETMANN, IRMELA BRENDER, ROSWITHA FRÖHLICH und viele andere haben inzwischen realistische, phantastische und reportagehafte kurze Erzählungen für Kinder geschrieben, welche nach Struktur und Thematik der literarischen Form der K. entsprechen. Offensichtlich ist die K. in dem Moment von Kinder- und Jugendschriftstellern aufgegriffen worden, in dem – um 1970 – ein deutlicher Wandel der Auffassungen über Kinder- und Jugendliteratur eintrat: von der Theorie einer harmonischen Weltvorgabe in der Literatur für die Jugend zu der des sozialkritischen Neorealismus. Die K. konnte aufgrund der von ihr bevorzugten Thematik und ihrer offenen, realistischen Form eine geeignete Hülle für notwendig erachtete Aussagen werden. Zwischen der K. für Erwachsene und der für Jugendliche und Kinder bestehen keine grundsätzlichen Unterschiede, allenfalls in der den jeweiligen Adressaten angenäherten Sprache.

Sekundärliteratur: K. Doderer: Didaktische Überlegungen zur Fabel und Kurzgeschichte (in: A. Cl. Baumgärtner (zus. mit anderen): Literarische Erziehung in der Grund- und Hauptschule. 1965. 15–25); Die Fragwürdigkeit der menschlichen Existenz als Thema der modernen Kurzgeschichte (in: Der Evangelische Erzieher. 23. 1971. 9. 356–364); Die Kurzgeschichte als literarische Form (in: Wirkendes Wort. 1957/58. 90–100); Die Kurzgeschichte in Deutschland (1953. [6]1980); Kurzgeschichten als Jugendlektüre? (in: Jugendliteratur. 8. 1962. 1. 45–47); Literaturdidaktische Bemerkungen zur Kurzgeschichte (in: H. Helmers (zus. mit anderen): Moderne Dichtung im Unterricht. 1967. 31–34). – M. Durzak: Die deutsche Kurzgeschichte der Gegenwart (1980). – R. J. Kilchenmann: Die Kurzgeschichte. Formen und Entwicklung (1967, [5]1978). – H. Künnemann: Short story und Kurzgeschichten (in: Jugendliteratur. 7. 1961. 8. 340–357). – H. Chr. v. Nayhauss (Hrsg.): Theorie der Kurzgeschichte für die Sekundarstufe (1977). – L. Rohner: Theorie der Kurzgeschichte (1973).

Klaus Doderer

Kutzleb, Hjalmar

*Gymnasiallehrer, Hochschulprofessor, Roman- und Jugendbuchautor; *23.12.1885 Gotha, †19.4.1959 Celle.*

K. besuchte das Gymnasium in Gotha, studierte in Leipzig und Marburg Geschichte und Germanistik und legte das Staatsexamen für das höhere Lehramt ab. 1912 wurde er Oberlehrer in Berlin. Als Student gehörte er der Wandervogelbewegung an. Nach dem Ersten Weltkrieg wurde K. Studienrat (1919) in Minden und 1934 Professor für Geschichte an der Hochschule für Lehrerbildung in Weilburg. Im Dritten Reich zeitweilig nach Koblenz versetzt, übte er die gleiche Tätigkeit auch an dem Pädagogischen Institut in Weilburg nach 1945 aus.

Werk, Tendenzen, Wirkung. K. begann seine schriftstellerische Tätigkeit mit erzählenden Werken für erwachsene Leser, ehe er sich der Jugend zuwandte, für die er in den späteren Jahren – vor allem nach 1945 – nahezu ausschließlich schrieb. Seine Romane und Erzählungen lassen einerseits den Vertreter eines konservativen Realismus erkennen, der mit jugendbewegter Vitalität und kämpferischer Leidenschaft offenkundige Zerfallserscheinungen der bürgerlichen Gesellschaft nach dem Ersten Weltkrieg bloßstellte („Die Hochwächter", 1927; „Das Haus der Genesung", 1932; „Morgenluft in Schilda", 1933), zum anderen zeigen sie den fabulierenden Chronisten zumeist historisch belangloser Episoden, in denen handfestes, kerniges Menschentum in bescheidenen Lebensbereichen dargestellt ist. Kulturgeschichte und Zeitkolorit geben eine bunte Folie für den Handlungsablauf (u. a. „Die Söhne der Weißgerberin", 1925; Herzog Sterngucker", 1935). Größer und anspruchsvoller angelegt ist sein bereits 1928–1930 geschriebener, aber erst 1934 erschienener Arminius-Roman „Der erste Deutsche", in dem militärstrategische und -taktische, geopolitische und schicksalsträchtige Themen verarbeitet werden. Dieses Werk sollte der geschichtlichen Wahrheit dienen; eingehende historische Studien gingen voraus; vorsichtige aktuelle Zeitbezüge sind jedoch herauslesbar.
Im Literaturbetrieb seiner Zeit wies die Kritik K. einen mittleren Platz zu. Das natürliche Erzähltalent erfahre nicht die straffe und überlegene Gestaltungskraft; ihm ermangele die epische Ausdrucksfähigkeit, die „große" Literatur zu beanspruchen habe. „Gesunde Ehe und

gesundes Volk" (W. STAPEL), von K. als literarische Themen bis 1940 besonders bevorzugt, genossen vor und nach 1933 in der Literaturkritik wechselndes Ansehen. K.s Beitrag zur Jugendlektüre weist dagegen eindeutige und fest umrissene Züge auf. Ausgang und Ziel seines Schreibens ist sein erzieherischer Hang zur Menschenführung nach unverrückbar moralischen und ethischen Prinzipien. Dabei setzte er zwei Schwerpunkte: 1. Verlebendigung der germanischen Frühzeit als Grundlage der Besinnung auf die seinerzeit aktuellen völkischen „Daseinswerte"; 2. Nachweis schlicht-menschlicher Lebensinhalte mit leicht abenteuerlichem Risiko, in denen „das Glück und die Gefahr der Entscheidungen aus Freiheit" außerhalb sozialer Abhängigkeiten tragbar gemacht werden. Die Produkte aus dem ersten Konzeptionsbereich („Steinbeil und Hünengrab", 1929; „Speerkampf und Jagdzauber", 1934), die sich einseitiger rassistischer Fixierung weitgehend enthielten, haben ihre einstige Aktualität und Wirkungskraft verloren. Die Publikationen aus dem zweiten Bereich zeigen stoff- und sprachgestalterische Züge, an denen die üblichen zeitbedingten literarischen Abnützungserscheinungen nur wenig spürbar sind. Seine vornehmlich geschichtlichen, locker gefügten Erzählungen, die von wackeren, zuweilen kauzigen, oft aber heiter-versponnenen Personen bevölkert sind, zeigen Verwandtschaft zu HEBEL, AUERBACH, ROSEGGER oder SOHNREY. Als ferne Idealgestalt mag W. RAABE angesehen werden. Eine autobiographische Rarität aus dem frühen 18. Jahrhundert (Meister Johann Dietz, des großen Kurfürsten Feldscher: Mein Lebenslauf) hat K. zu einer vereinfachten, aber nicht entleerten Nacherzählung angeregt: „Meister Johann Dietz, Der abenteuerliche Feldscher und Barbier" (1938). Damit ist ihm ein buntes, amüsantes Bild vom kleinen Mann jener Zeit gelungen, der die große Welt von der Kehrseite, aber doch nicht teilnahmslos sah. Ohne Vorlage, aber in ähnlicher Absicht ist die Erzählung aus der Barockzeit „Die Teufelsmüller. Zweierlei Leute Schicksal" (1939) gestaltet: unverdrossener Lebensmut bewältigt irdisches Geschick und Mißgeschick – bei Verzicht auf gesellschaftliche Aspekte.

In „Bittendubel" (1943) läßt K. mitten im Krieg eine Art Taugenichtsrepublik nachromantischer Manier entstehen, in der eine „heile" Welt dargestellt wird, „wo das Gute auf die Letzt die Oberhand behält". Im „Kesselbacher Brautlauf" (1950) erzählt K. in altfränkisch verschnörkeltem, humorigem Sprachduktus ein Romeo- und Julia-Geschick, das trotz aller Tragik der Versöhnlichkeit zum Durchbruch verhilft. In der letzten Arbeit K.s, der Erzählung „In den blauen Montag" (1954), kommt noch einmal (diesmal eindringlicher, konsequenter als in der ähnlich konzipierten, ebenfalls in der Gegenwart spielenden „Rabenschanz" von 1949) die Wandervogelromantik und -idyllik zum Durchbruch: ein unkonventioneller Lehrer geht mit einer ausgesuchten Schar Jugendlicher auf ziellose Fahrt und läßt seine ihm bedingungslos ergebene Gefolgschaft Einsichten in die Hintergründe des Lebens gewinnen, deren religiöse Verankerung mehr und mehr an Boden gewinnt. Die 1942 mit dem Hans-Schemm-Preis ausgezeichnete kriegskriminalistische Erzählung „Ein Paar Reiterstiefel oder Die Schlacht bei Minden" wirkt auf heutige Leser befremdend: Kriegsverherrlichung und Landsknechtsrüpelei, Antisemitismus, welsch-deutscher Schlagabtausch und Preußendevotion füllen das Thema auf. Das anekdotisch unterlegte Männliche behält die Oberhand. Die blutige Ernte des Krieges wird nicht verschwiegen, „... aber der Preis ist nicht zu hoch"!

Die Schuldidaktik nach 1945 hat K. einiges zu verdanken: So erschienen seine Ganzschriften für den Deutschunterricht bei Schaffstein und seine „Lese- und Arbeitsstoffe für den Geschichtsunterricht" (in Form von Leseheften „Aus der Vergangenheit") bei Klett. Nach K.s eigenen Worten wollten die vorgelegten Texte „den eigentümlichen Gefühlston" anschlagen, den sich das lesende Kind vom verlebendigten Vergangenen erwünsche, und der Enthusiasmus für das Unmeßbare im Gang der Geschichte erwecken solle.

Die für K. charakteristische Mischung aus Weitschweifigkeit, Lehrhaftigkeit, Preziosität und schalkhafter Bildlichkeit findet ihre Begründung in einem inhaltsbezogenen Sprachpurismus, für den er in seiner Schrift „Die arme Muttersprache" (1956) plädierte.

Werke: Landfahrerbuch (1921); Der Zeitgenosse mit den Augen eines alten Wandervogels gesehen (1922); Die Söhne der Weißgerberin (1925); Die Hochwächter (1927); Mord an der Zukunft (Bd. 1–3. 1929); Steinbeil und Hünengrab (1929); Schule und Erziehung (1931); Haus der Genesung. Sanatoriums-Roman (1932); Morgenluft in Schilda. Roman einer kleinen Stadt (1933); Was der Spaten von der deutschen Vorzeit erzählt (1933); Der erste Deutsche. Roman Hermanns des Cheruskers (1934); Speerkampf und Jagdzauber (1934); Arminius, Held der Teutoburger Schlacht (1935); Herzog Sterngukker. Roman (1935); Dirk Winlandfahrer (1936); Jost van Loyen (1936); Ein Paar Reiterstiefel oder die Schlacht bei Minden (1936); Die natürliche Tochter (1936); Der Turm des Zänkischen. Deutsche Geschichten (1936); Von Heerkönigen und Heerfahrten der Germanen (1937); Das ewig närrische Herz. Erzählungen (1937); Der Raub des heiligen Hammers (1937); Das letzte Gewehr (1938); Meister Johann Dietz, der abenteuerliche Feldscher und Barbier (1938); Bernger und Albheide. Abenteuerliche Geschichte von Göttern und Menschen (1939); Grimmenstein. Roman (1939); Die Teufelsmüller. Zweierlei Leute Schicksal (1939); Zeitgenosse Linsenbarth. Roman (1940); Fritz Vorchtenit. Die Geschichte einer Jugend (1941); Pfingstweide. Roman (1942); Der Liebenborn (1943); Der Ritt nach Ohrdruf (1943); Das gefrorene Hörnlein (1949); Rabenschanz (1949); Der Kesselbacher Brautlauf (1950); Die Flucht aus Schwartenberg (1951); Geschichtserzählungen (1952); Von der schwarzen Kunst (1952); Selim, der Goldschmied. Märchen von Morgen und Abend (1952); Mutter Sprache (1952); Die Lücke im Stammbaum oder Creutzberg mit dem Span. Ein humoriger Roman (1953); In der Morgenröte (1953); Wanderschaft und Herberge (1953); In den blauen Montag (1954); Die arme Muttersprache (1956).

Hermann Bertlein

L

Ladiges, Ann

*Verfasserin von Fernsehserien und Drehbüchern, Fernseh-Moderatorin, Jugendbuchautorin; *14. 2. 1935 Hamburg.*

L. kam als Tochter eines Rechtsanwaltes zur Welt. Während des Krieges wurde die Familie nach Schlesien evakuiert. Nach dem Abitur studierte L. Germanistik und Erziehungswissenschaften und schloß mit dem Staatsexamen als Lehrerin für Grund-, Haupt- und Realschulen ab. Erste Berufserfahrungen erwarb L. in einem Obdachlosenlager, danach war sie als Lektorin für Fernsehspiele tätig. Seit 1965 arbeitet L. als freie Mitarbeiterin beim Fernsehen, zunächst als Ansagerin und Moderatorin beim Norddeutschen Rundfunk, später verfaßte sie eigene Beiträge über Schul- und Erziehungsprobleme. 1970 hielt sich L. zur Sichtung der Vorschulreihe „Sesamstraße" längere Zeit in den USA auf. Seit 1974 schreibt sie Jugendbücher, betätigt sich als Verfasserin von Fernsehserien zu aktuellen Problemen und ist Moderatorin einer Ratgeber-Sendung und eines Wochenmagazins. 1981 erhielt L. den Fernsehpreis in Silber der Deutschen Angestellten-Gewerkschaft für ihr Drehbuch zu dem Film „Kaiserhofstr. 12" nach dem Roman von VALENTIN SENGER. L. lebt in Frankfurt und hat zwei Söhne.

Werk, Tendenzen, Wirkung. L. greift mit Vorliebe aktuelle Probleme auf. In gelegentlich komplizierter, moderner Erzählform wird in „Mann, du bist gemein!" (1974) vom vierzehnjährigen Chris, der seiner berufstätigen und geschiedenen Mutter davonläuft, berichtet. In Rückblenden versucht sich die Mutter über ihren Sohn klar zu werden. Sie kommt zu der Erkenntnis, daß sie eigentlich kaum noch etwas über das Bewußtsein und die Lebensumstände ihres Sohnes weiß und beschließt, dies zu ändern und einen neuen Zugang zu ihm zu finden. Als Chris wieder auftaucht, nimmt sie ihn ohne Vorwürfe in Empfang. L.' Geschichte ist an den Fragen aufgehängt, die die Kriminalpolizei ihr zur Auffindung des Jungen stellt. Auch in ihrem zweiten Buch „Hau ab, du Flasche!" (1978) geht es L. darum, die Vorstellungen von der Allmacht der Erwachsenen abzubauen und deren Ansprüche als ungerechtfertigt zu entlarven. Wie kommt es, daß der sechzehnjährige Roland trinkt? Wie kann gelegentlicher Alkoholgenuß zur Sucht werden? L.' realistische Einschätzung der Heilungschancen macht das Buch geeignet zur Lektüre an Schulen. Spannend und altersgemäß wird eine Geschichte erzählt, die dem jugendlichen Leser Raum läßt, sich selbst einzubringen. L.' drittes Jugendbuch „Blaufrau" (1981) richtet sich an Mädchen und will Mut machen zur Berufsfindung.

Werke: Mann, du bist gemein! (1974); Hau ab, du Flasche (1978); Blaufrau (1981).

Heinke Kilian

Laimgruber, Monika

*Graphikerin, Illustratorin und Buchgestalterin; *25. 5. 1946 Klagenfurt.*

L., Tochter eines österreichischen Bühnenmalers, wuchs seit 1956 in Hamburg auf, erhielt dort ihre Schulausbildung und studierte 1963 bis 1968 an der Hamburger Hochschule für Bildende Künste bei den Professoren H. THIEMANN, P. WUNDERLICH und R. VON SICHOWSKY. Nach einem einjährigen Verlagspraktikum in Bern (1969) arbeitet sie dort seit 1970 als selbständige Illustratorin und übernimmt auch Ausstattungen von Märchenstücken am Stadttheater. Seit 1975 hat sie einen zweiten Wohnsitz in Salzburg.

Werk, Tendenzen, Wirkung. Angeregt durch ihren Vater, zeichnete L. schon als Kind gerne. In ihren Hamburger Studienjahren hatte sie sich auch mit der Radierung beschäftigt, was zur Illustration ihres ersten Buches führte. Es waren die für die Maximilian-Gesellschaft in Hamburg als deren Jahresgabe 1968 herausgegebenen „Antiken Tierfabeln". Die an Radierungen erinnernden Federzeichnungen haben ein minutiöses graphisches Gerüst, dessen zierlich genaue Bildung sich gut mit dem von L. selbst angeordneten Satzbild verbindet. Besteht die kleinteilig-ornamentale Feinstruktur noch aus einer Menge von Strichelchen, Kringeln und Punktketten, so setzt sich die Zeichnung in L.s zweitem Buch, dem „Schneemann" (1970), einem farblich delikaten Werk, bereits aus einer Aura von Punkten zusammen. Auch in allen späteren Büchern verdichtet sie den Anflug von Punkten zu zeichnerischen Linien. In den Farbillustrationen, die bald überwiegen, wird dieses graphische Netz mit Tusche aufgebracht, nachdem die Farben aufgetragen sind. Dabei handelt es sich um Aquarelle, die L. mit Farbstiften nacharbeitet. Mit Hilfe dieser Methode erreicht sie, daß auch in den farbintensivsten Bildern graphische Struktur und zeichnerische Präzision erhalten bleiben.

L. ist eine narrative Begabung, mit einer besonderen Vorliebe für phantasievoll märchenhafte Themen. Sie schafft Bilderbücher, in denen die Illustrationen eine Geschichte in aller Ausführlichkeit und texttreu begleiten, sie optisch miterzählen und mit einer Vielzahl lebensvoller Einzelbeobachtungen und ausgesponnener Details anreichern. L. folgt den Erzählungen witzig und einfallsreich zugleich. Es gelingt ihr, Stoffe, etwa ANDERSENS Märchen, frei von Sentimentalität und Süßlichkeiten zu illustrieren. Bildaufbau und Perspektive, Arrangement und Ausdruck der Figuren handhabt sie naiv. Darüber hinaus hat L., die sich selbst mit alten Puppen und verspielt-altmodischem Hausrat umgibt, ein sorgfältiges Augenmerk auf kulturhistorische Einzelheiten. Bezeichnend für ihre erzählerische Eigenart ist, daß sie bisher nur Illustrationen und Bilderbücher zu literarischen Texten, sei es von älteren Autoren

(Märchen von H. Chr. Andersen, W. Hauff), sei es von neueren Kinderbuchschriftstellern (K. Recheis, M. Bolliger, F. Senft, Fr. Hofbauer), geschaffen hat. Durch das Festhalten an ihrer subtilen Technik und die Zuwendung zu nuancenreichen Märchenstoffen wuchs ein erstaunlich geschlossenes Werk heran. Ihre Bücher erschienen in deutschen, englischen, französischen, holländischen, afrikanischen, dänischen, schwedischen, finnischen und japanischen Ausgaben. Auch ihre gebrauchsgraphischen Arbeiten (Schutz- und Schallplattenhüllen, Plakate, Prospekte etc.) geht L. mit Poesie und Witz an.

Werke: Antike Tierfabeln (1968); H. Chr. Andersen: Der Schneemann (1970); H. Chr. Andersen: Der standhafte Zinnsoldat (1970); M. Kyber: Das Pantoffelmännchen (1971); K. Recheis: Martin und die Regengeister (1971); H. Chr. Andersen: Des Kaisers neue Kleider (1973); Fr. Hofbauer: Von allerlei Leuten (1973); W. Hauff: Der kleine Muck (1974); K. Recheis: Kleiner Bruder Watomi (1974); M. Bolliger: Das Riesenfest (1975); M. Bolliger: Frau Eulalia und der neue Hut (1975); F. Senft (Hrsg.): Eule du, Eule ich. Die schönsten Märchen aus der Schweiz (1976); I. van Heyst: Sonne, Wind und Seifenblasen (1976); H. Chr. Andersen: Die Hirtin und der Schornsteinfeger (1977); Fr. Hofbauer: Links vom Mond steht ein kleiner Stern (1977); Die Greifenfeder. Die schönsten Märchen und Sagen aus der Schweiz (1978); J. u. W. Grimm: Von dem Fischer und seiner Frau (1978); E. Uspenskij: Tscheburaschka und das Krokodil (1978); B. Bartos-Höppner: Meine allerliebsten Bäume (1979); M. Laimgruber: Komm, spiel mit mir Theater (1980).

Sekundärliteratur: L. Kingman (zus. mit Gr. A. Hogarth und H. Quimby): Illustrators of children's books, 1967–1976 (1978). – E.-Br. Schindler: Monika Laimgruber und ihre Märchenbücher (in: Librarium. Zeitschrift der Schweizerischen Bibliophilen-Gesellschaft. 21. 1978. 2. 94–101).

Hans Ries

Lamb, Charles

*Buchhalter bei der Ostindischen Kompagnie, Schriftsteller; *10.2.1775 London, †27.12.1834 Edmonton.*

L. war der Sohn eines Rechtsanwalts am Inner Temple. Wegen eines Sprachfehlers mußte er seinen Plan, Pfarrer zu werden, aufgeben. 1792 begann er eine Lehre als Buchhalter bei der Ostindischen Kompagnie, bei der er bis zu seiner Pensionierung 1825 arbeitete. Seine Schwester Mary Ann Lamb (1764–1847) war psychisch krank. 1796 tötete sie ihre Mutter in einem Anfall von geistiger Verwirrtheit. L. konnte seine Schwester vor der Einweisung in eine Anstalt bewahren, indem er selbst ihre Pflege übernahm. Zugleich war Mary seine Mitarbeiterin und Mitautorin bei zahlreichen Publikationen. Die Geschwister pflegten regen sozialen und intellektuellen Kontakt mit den führenden Köpfen der englischen Romantik, so mit den Geschwistern Wordsworth, mit Coleridge, Southey, Hunt und Hazlitt.

Werk, Tendenzen, Wirkung. L.s erste Gedichte wurden in Coleridges Anthologie „Poems on various subjects" (1796) veröffentlicht. Weniger erfolgreich waren L.s Versuche als Dramatiker. Im Auftrag des Verlegers Longman besorgte er eine kritische Ausgabe elisabethanischer Dramen, „Specimen of English dramatic poets who lived about the time of Shakespeare" (1808). L. trug damit entscheidend zu der neuen Wertschätzung Shakespeares und der Elisabethaner durch die Romantiker bei. Seine literarisch-kritischen Essays über Shakespeare und den sozialkritischen Maler Hogarth sind Marksteine in der Formgeschichte des englischen Essays geworden. Zugleich sind sie Dokumente des Geschichtsbilds und der Ästhetik der Romantik. Seit der Gründung des „London Magazine" (1820) hat L. regelmäßig die später in Buchform veröffentlichten „Essays of Elia" geschrieben. Damit etablierte er eine neue Form des Essay: eine autobiographisch-individualistische Darstellung scheinbar trivialer Situationen oder Begebenheiten in humoristischem Plauderton, jedoch mit literarischem Anspruch und ästhetischen Qualitäten. Im Auftrag des radikalen Philosophen und Publizisten William Godwin (1756–1835) verfaßte L. zusammen mit seiner Schwester für Kinder Nacherzählungen der Dramen Shakespeares, „Tales from Shakespear" (1807). Seine Schwester schrieb vierzehn dieser „Novellen", vorwiegend die Komödien, L. bearbeitete die Tragödien. Den L.s gelang es, das Dramengeschehen in epische Erzählweise umzusetzen und dennoch Atmosphäre, Tonlage, Charakterprofil und Problemstellung der Vorlage zu bewahren. Auf der Grundlage von Chapmans Homerübersetzung setzte L. die Bearbeitung von Klassikern mit „The adventures of Ulysses" (1808) fort. Obwohl L. sich selbst gegen das Didaktisieren und Moralisieren in der Jugendliteratur aussprach, unterlag er doch den Zwängen der Verleger und des Buchmarktes. Mit „Mrs. Leicester's school" (1809), einer Sammlung von Internatsgeschichten, die jeweils aus der Perspektive der Schülerinnen erzählt werden, und mit „Poetry for children" (1809), einer Sammlung von Gedichten, die noch heute die Grundlage für das „Oxford book of children's verse" bildet, paßten sich die Geschwister den pädagogisierenden Vorgaben ihrer Auftraggeberin, Mrs. Godwin, an. Auch in den späteren Publikationen „Prince Dorus" (1811) und „Beauty and the beast" (1811) wird deutlich, daß das Verdienst der Geschwister L. weniger in den originalen schöpferischen Beiträgen, als vielmehr in der handwerklich-erzählerisch perfekten und der ästhetisch-psychologisch sensiblen Aufarbeitung von Klassikern liegt. Die „Tales from Shakespear" gehören noch heute zum Repertoire der englischen Jugendliteratur.

Werke: A tale of Rosamund Gray and old blind Margaret (1798); The king and queen of hearts (1805); Tales from Shakespear. Designed for the use of young persons (zus. mit M. Lamb, Bd. 1–2. 1807; dt. Erzählungen nach Shakespeare, 1842; NA. 1969; auch u.d.T.: Shakespeare-Erzählungen, 1843; Shakespeare-Novellen, 1928; NA. 1977); The adventures of Ulysses (1808; dt. Die Abenteuer des Odysseus. Für die Jugend erzählt, 1923); Poetry for children, entirely original (zus. mit M. Lamb, Bd. 1–2, 1809); Mrs. Leicester's school, or: The history of several young ladies related by themselves (zus. mit

Fritz Lang. Ganzseitige Illustration aus dem 1913 erschienenen Band „Die Gründorfer“ von Julius Lerche mit Geschichten von Bauersleuten, Tieren und Blumen „für fünf- bis achtjährige Naturfreunde“.

M. Lamb, 1809; dt. Teilausg.: Mein erster Kirchgang, 1947); The Beauty and the beast (1811); Prince Dorus; or, Flattery put out of countenance (1811); R. H. Shepherd (Hrsg.): Complete works in prose and verse (1874); Fr. B. Pinion (Hrsg.): A Lamb selection. Letters and essays (1965).

Sekundärliteratur: G. L. Barnett: Charles Lamb (1976). – E. Blunden: Charles Lamb (1954). – Fr. J. H. Darton: Children's books in England ([3]1970). – E. V. Lucas: The life of Charles Lamb (Bd. 1–2. 1905). – C. L. Meigs (zus. mit anderen): A critical history of children's literature ([2]1969). – J. Ch. Thomson: Bibliography of the writings of Charles and Mary Lamb (1908, NA. 1971).

Eckhard Breitinger

Lang, Fritz

*Holzschneider, Maler; *15.3.1877 Stuttgart, †26.10.1961 Stuttgart.*

Nach der Lehre bei einem Dekorationsmaler und dem Besuch der Stuttgarter Kunstgewerbeschule studierte L. 1894 bis 1896 in Stuttgart an der Kunstschule bei GRÜNENWALD, IGLER und KAPPIS, danach bis 1899 an der Karlsruher Akademie bei WEISHAUPT. Seit 1900 lebte er als freier Maler in Stuttgart. Auf einer Studienreise nach Ostafrika (1928) erhielt er für sein weiteres Schaffen entscheidende Anregungen.

Werk, Tendenzen, Wirkung. L.s Tätigkeit als Illustrator für Jugendbücher liegt vor seiner afrikanischen Reise. Sie beginnt 1913 mit den Holzschnitten zu JULIUS LERCHEs naturverbundenen Erzählungen „Die Gründorfer", denen 1916 der „Waldhof" desselben Autors folgt. Die Tiergeschichten von CLARA HEPNER, die 1922 unter dem Titel „Arachne" erschienen, wurden 1926 in zwei Bänden („Lux, der Leithund" und „Seine letzte Nuß") erneut herausgebracht. L.s Rolle als Illustrator war insofern begrenzt, als er figürlich-erzählerische Sujets zeitlebens mied. Seine Naturschilderungen sind prägnant und flächig verknappt, worin er dem Vorbild japanischer Kunst und dem des Jugendstils folgt. Dem Betrachter erschließt er unmittelbar aus der Natur kommende Stimmungen. Die Geschlossenheit der von L. ausgestatteten Bücher entspricht den in der Stilkunst um 1900 geforderten buchkünstlerischen Vorstellungen. Neben den kräftig konturierten und mit leuchtenden Farben kolorierten Holzschnitten steht ein mustergültiger Fraktursatz. Auch Papier, Vorsatz und der ebenfalls von L. entworfene Einband sind bei den frühen Ausgaben der ersten beiden Bücher auf den Charakter der Holzschnitte abgestimmt. Außer L.s letztem Buch „Von Hennig dem Hahn und Kratzefuß der Henne" (1927) sowie verschiedenen Holzschnittfolgen, wie „Das Blumenbuch", „Das Schnauzerbuch", „Das Vogelbuch" und das „Buch vom Wolf und den sieben Geißlein" (alle vor 1920), erschienen die von L. illustrierten Werke im Thienemann-Verlag (Stuttgart), der auch 1976 in der Neuauflage von „Wunderfitzchen" unter veränderten Bedingungen (Antiquasatz) den Einklang wieder angestrebt hat. In seinen Gemälden blieb L. der einmal von ihm eingeschlagenen Richtung einer ebenso dekorativ-farbigen wie konkret-gegenständlichen, flächenhaften Darstellung treu und beschränkte sich auch hier auf Landschafts-, Pflanzen- und Tiermotive.

Werke: J. Lerche: Die Gründorfer (1913; gekürzte NA. 1925); J. Lerche: Waldhof (1916; gekürzte NA. 1925); W. Niethammer: Wunderfitzchen (1914; NA. 1922, [5]1976); Fr. Lang: Das Schnauzerbuch (1918) Cl. Hepner: Arachne und andere Tiergeschichten (1922); Cl. Hepner: Lux, der Leithund und andere Tiergeschichten (1926); Cl. Hepner: Seine letzte Nuß (1926); Von Hennig dem Hahn und Kratzefuß der Henne (1927).

Sekundärliteratur: M. Diez (in: J. Baum (Bearb., zus. mit anderen): Die Stuttgarter Kunst der Gegenwart. 1913. 95). – H. W. Singer: Die moderne Graphik (1914. 222). – F. Schneider: Der Maler Fritz Lang. Zu seinem 75. Geburtstag (in: Württemberg. 1952. 2). – V. Orasch: Fritz Lang (1972).

Hans Ries

Lavater, Johann Kaspar

*Protestantischer Geistlicher und Schriftsteller, Verfasser der „Physiognomischen Fragmente"; *15.11.1741 Zürich, †2.1.1801 Zürich.*

L. wuchs als Sohn eines Arztes in Zürich auf. 1754 trat er in das „Collegium Humanitatis" ein, an dem BODMER und BREITINGER als Lehrer wirkten. Hier schloß er Freundschaft mit dem späteren Maler HEINRICH FÜESSLI und den drei Brüdern HESS. Zur Vorbereitung auf den geistlichen Beruf besuchte L. ab 1759 die theologische Klasse und wurde nach Absolvierung der Studien 1762 ordiniert. Wenig später machte er von sich reden, als er zusammen mit FÜESSLI eine Klageschrift

Johann Kaspar Lavater (1741–1801)

gegen den Junker FELIX GREBEL aufsetzte und verteilte, der sich als Züricher Landvogt von Grüningen Ungerechtigkeiten hatte zu Schulden kommen lassen. Die Affaire erregte großes Aufsehen; L. und FÜESSLI sahen sich gezwungen, Zürich vorübergehend zu verlassen. Anfang 1763 traten sie eine Reise nach Deutschland an, die sie unter Führung von JOHANN GEORG SULZER über Leipzig, Magdeburg und Berlin nach Barth (Pommern) zu dem Prediger JOHANN JAKOB SPALDING führte, wo sie bis Mitte 1764 blieben. Auf der Hin- und Rückfahrt lernten die jungen Schweizer zahlreiche Vertreter der norddeutschen Aufklärung kennen. In Zürich fand L. nicht sogleich eine geistliche Anstellung und widmete sich vorerst verschiedenen schriftstellerischen und publizistischen Arbeiten. 1768 gründete L. das „Collegium theologico-casuisticum", die spätere „ascetische Gesellschaft"; dieser Zusammenschluß Züricher Geistlicher widmete sich zunächst der Gefangenenbetreuung, erweiterte später aber sein Aufgabenfeld und kümmerte sich auch um das Erziehungswesen. 1769 erhielt L. eine Anstellung als Diakon an der Waisenhauskirche. Hier war er Prediger, Leiter des Waisenhauses und Zuchthausgeistlicher, bis er 1775 zum Pfarrer an der Waisenhauskirche ernannt wurde. 1778 erhielt L. eine Diakonstelle an der Züricher St. Peterskirche, wo er noch im gleichen Jahr zum ersten Prediger befördert wurde. Er erhielt damit zum erstenmal eine Gemeinde zu seinem Wirkungskreis. 1787 erst wurde er Pfarrer an St. Peter, wobei er zu seinem Nachfolger als Diakon JOHANN KONRAD PFENNINGER (1747–1792) bestimmte, der gleichfalls durch einige Kinderbücher hervorgetreten ist. L. verblieb in dieser Stellung bis zu seinem Lebensende. Ende der siebziger Jahre wurde L.s religiöse Haltung unduldsamer: 1779 richtete er auf der Synode der Züricher Stadt- und Landgeistlichkeit heftige Angriffe gegen die rationalistische und deistische Aufklärungstheologie. Hatte L. schon vorher bei allem Sinn für Toleranz durch aufsehenerregende Bekehrungsversuche etwa an MOSES MENDELSSOHN von sich reden gemacht, so versteifte sich seine Haltung nun zu einer unduldsamen und strengen Schriftgläubigkeit. Gegen Ende der achtziger Jahre rückte L. von seiner schroffen und überzeugungssüchtigen Glaubenshaltung ab. Durch den Philosophen FRIEDRICH HEINRICH JAKOBI (1743–1819) wurde er zu glaubensphilosophischen Spekulationen veranlaßt und zugleich toleranter gestimmt. Im Zentrum seiner Reflektionen stand jetzt der Begriff der Magie, worunter L. die Kraft verstand, Ideen zu Gestalten zu realisieren.
L. begrüßte den Ausbruch der Französischen Revolution, distanzierte sich aber ab 1792 von den Auswüchsen und der zunehmenden „Schreckensherrschaft" der Jakobiner. Als die Franzosen 1798 in die Schweiz einfielen, machte sich L. zum mutigen Ankläger der Fremdherrschaft. Noch im gleichen Jahr erschienen zwei politische Pamphlete aus seiner Feder: „Ein Wort eines freyen Schweizers an die französische Nation. Beytrag zum Sünden-Register der Franzosen in der Schweiz" und „Johann Kaspar Lavater, Pfarrer in Zürich, an das Directorium der Französischen Republik". Als 1799 die ehemaligen Ratsmitglieder Zürichs deportiert wurden, verstärkte L. seine Proteste, was schließlich ihn selbst in Deportation und Haft nach Basel brachte. Er verfertigte hierüber einen ausführlichen Bericht an: „Freymüthige Briefe über das Deportationswesen und seine eigene Deportation nach Basel" (Bd. 1–2. 1800–1801). In den anschließenden Kriegswirren in Zürich erhielt L. eine schwere Brustverletzung, die ihm ein französischer Soldat zufügte und von der er sich nicht mehr erholen konnte. Er starb unmittelbar nach Neujahr 1801 in Zürich.

Werk, Tendenzen, Wirkung. L. war in die erzieherischen Bestrebungen des „pädagogischen Jahrhunderts" auf eine stärkere Weise eingebunden, als es zunächst den Anschein haben mag. Hierbei war er weniger ein Erziehungstheoretiker und -reformer, als ein Praktiker, dessen erzieherisches und jugendliterarisches Engagement eng mit seiner geistlichen und seelsorgerischen Arbeit verbunden war. So widmete sich die von ihm gegründete „ascetische Gesellschaft" sehr bald auch erzieherischen Fragen: Eine ihrer Bemühungen ging dahin, neue, dem aufgeklärten Zeitalter gemäße Lehr-, Lese- und Erbauungsbücher für Kinder und Jugendliche zu verfassen und herauszugeben. L. war an der Entstehung einiger dieser Kinderbücher der „ascetischen Gesellschaft" beteiligt.
Charakteristisch für L.s aufklärerische Frühphase ist sein intensives Engagement für BASEDOWs philanthropische Erziehungsreform seit Ende der sechziger Jahre. 1768 richtete der Baseler ISAAC ISELIN ein Schreiben an die „helvetische Gesellschaft" zu Schinznach, der L. seit 1764 angehörte, in der die Mitglieder zur Unterstützung der BASEDOWschen Pläne aufgefordert wurden. L. war sofort bereit, die Rolle des Propagandisten, Geldsammlers und Subskribentenwerbers für das Elementarwerk in Zürich und Umgebung zu übernehmen. Ab 1769 befand er sich in einem intensiven Briefwechsel mit BASEDOW selbst, in dem neben pädagogischen auch theologische Fragen angeschnitten wurden. Nach Erscheinen des „Methodenbuches" 1770 entschlossen sich ISELIN und L., einen Briefwechsel zu führen und zu veröffentlichen, um das Unternehmen publizistisch zu unterstützen. So erschienen 1771 in Zürich „Einige Briefe über das Basedowische Elementarwerk von Isaak Iselin und J. Casp. Lavater". Hier aber traten schon Differenzen zum philanthropischen Erziehungsprogramm zutage: Für L. enthielt das „Elementarbuch" zu viel Natur- und zu wenig „Sittenlehre". Der gesamte, das Elementarwerk betreffende Briefwechsel zwischen ISELIN und L. wie auch einige zwischen BASEDOW und L. gewechselte Schreiben erschienen 1775 in Offenbach bei ULRICH WEISS unter dem Titel „Gesammelte Briefe über die Basedowsche Erziehungsmethode".
Die religiöse Unterweisung von Kindern und Jugendlichen gehörte lange Zeit zu den beruflichen Obliegenheiten L.s. Als Diakon an der Waisenhauskirche ab 1769 unterstand ihm das Unterrichtswesen am Waisenhaus, über dessen Einrichtung er sich in einem unveröffentlicht gebliebenen Manuskript, betitelt „Unmaßgeb-

licher Vorschlag in Ansehung der Schuleinrichtung im Waysenhaus", äußerte.

L.s Kinder- und Jugendschriften bilden einen Teil seines umfangreichen religiös-erbaulichen und sittlich-belehrenden Schrifttums, das sich an die verschiedensten Adressatengruppen wendete. Hierbei ist L.s Schriftstellerei – zumindest was die Erbauungsschriften angeht – eng mit seiner seelsorgerischen Praxis verbunden: Zu ihr gehörten nicht nur eine umfangreiche Korrespondenz, sondern auch die Abfassung zahlreicher Ermahnungen, Ratschläge, Regeln und Sendschreiben, die jeweils an einzelne Personen gerichtet waren. Auch die religionsunterrichtlichen Schriften waren stets für einen konkreten Anlaß und eine bestimmte Person gedacht. Häufig wurde erst sehr viel später hieraus eine Publikation, wie denn auch L.s Bücher oft nichts anderes als eine Zusammenstellung solcher im Alltag seines Seelsorgeramtes entstandenen Manuskripte darstellen. Sein kinder- und jugendliterarisches Werk läßt sich in drei Gruppen einteilen: Es handelt sich zum einen um Gebetbücher und Liedersammlungen geistlichen und patriotischen Inhalts, zum anderen um religiöse Erbauungsschriften und religionsunterrichtliche Werke, schließlich um moralisch belehrende Schriften, um Sittenlehren und Klugheitsregeln. L.s erste Liedersammlung für Jugendliche erschien 1769 unter dem Titel „Moralisches Neu-Jahrs-Geschenk". Eine weitere Liedersammlung befand sich am Ende des „Christlichen Handbüchleins für Kinder" von 1771 und ist 1776 auch selbständig unter dem Titel „Gebether und Lieder für Kinder" erschienen. Es handelt sich um 25 Gebete in Vers und Prosa zu den verschiedensten Anlässen des Tages und des Kirchenjahres und um einige Gebete, die allgemeine Glaubenslehren beinhalten.

Die ersten patriotischen Lieder L.s, die „Schweizerlieder", waren nicht ausdrücklich an Kinder und Jugendliche gerichtet. Ende der siebziger Jahre aber übernahm L. die Abfassung der Texte für die Neujahrsblätter der Züricher Musikgesellschaft. L. besorgte 1778–1783 insgesamt sechs Stücke dieser Neujahrsgeschenke „ab dem Musiksaal an die Zürcherische Jugend", die jeweils Szenen aus der schweizerischen Geschichte behandelten.

Das „Christliche Handbüchlein für Kinder" von 1771 stellt ein religiöses Handbuch dar, das verschiedenes in sich vereinigt: Biblische Erzählungen, Glaubens- und Sittenlehren, Betrachtungen, Gedenksprüche, Lieder und Gebete. Es ist ein Erbauungs- und Andachtbuch für den privaten und häuslichen Gebrauch und trägt noch ganz und gar aufklärerisches Gepräge. Von L.s besonderer Religionsauffassung und seinem Christusbewußtsein sind hier kaum Spuren zu finden. Auffallend ist lediglich eine stärkere Betonung von Gefühl und Herz, hinter der eine empfindsame Gefühlsreligiosität deutlich wird. Voll und ganz „lavaterisch" ist dagegen die religiöse Jugendschrift „Brüderliche Schreiben an verschiedene Jünglinge" von 1782. Es handelt sich um eine Sammelpublikation von acht zwischen 1773 und 1782 enstandenen Schreiben an verschiedene Jugendliche im Konfirmandenalter. L. hat den individuellen Charakter aller Schreiben beibehalten, denn die Schrift sei um so gemeinnütziger, je individueller sie sei. Das Werk wird ganz durchatmet einerseits von dem Kraft- und Individualitätsbewußtsein des Sturm und Drang, andererseits von der gefühlsinnigen Religiosität und dem emphatischen Christusbewußtsein, wie sie für L. seit Mitte der siebziger Jahre charakteristisch sind. Besondere Bedeutung kommt hierbei dem dritten Schreiben aus dem Jahre 1775 zu: Es ist an einen Jugendlichen gerichtet, der sich als „Kraftgenie" gebärdet. L. bewundert seine Stärke, sucht ihn aber von einer falschen Kraftmeierei abzubringen und auf die wahre Größe des Genies hinzulenken. Diese aber besteht in einer umfassenden Güte, wie denn auch für L. das Urbild des Genies niemand anders als Christus ist.

L.s dritte religiöse Schrift für Jugendliche ist ein Dokument seiner nachstürmerischen, streng schriftgläubigen Phase. Der „Christliche Religionsunterricht für denkende Jünglinge" von 1788 geht auf den Religionsunterricht zurück, den L. 1781 einem jungen Grafen erteilt hatte. Das Manuskript wurde für den Druck umgearbeitet und erweitert. Nach einer philosophischen Einleitung, die zeigen soll, in welcher Weise die christliche Religion die tiefsten Bedürfnisse des Menschen befriedigt, entwickelt L. seine streng biblizistische Gottesvorstellung. Alle biblischen Berichte von Gottes Erscheinen, von Wundern, Wahrsagungen und Gebetserhörungen seien wortwörtlich zu nehmen. Der sich offenbarende Gott sei ein Gott in vermenschlichter Gestalt. – Die drei größeren religiösen Jugendschriften L.s spiegeln damit in bedeutsamer Weise die wichtigsten Abschnitte von L.s intellektueller Entwicklung wider: den aufklärerisch-empfindsamen, den der Teilnahme am Sturm und Drang, schließlich den der strengen Schriftgläubigkeit.

Zu der Gruppe der Sittenschriften sind vier Werke zu rechnen: 1783 gab L. „Lebensregeln" für Jünglinge heraus. Die 1785 erschienene Spruchsammlung „Salomo, oder Lehren der Weisheit" sind dem jungen Erbprinzen Friedrich von Anhalt-Dessau gewidmet. Die 1793 publizierten „Regeln für Kinder" enthalten zunächst 34 kleine Aufsätze über einzelne Tugenden und Laster; sodann folgen 36 „vermischte Lehren für Kinder in kurzen Sprüchen". Da das Werk in seiner gedrängten, zu aphoristischer Kürze neigenden Gestalt für jüngere Kinder nicht anschaulich genug erschien, gab J. M. ARMBRUSTER (1761–1814) eine Neuauflage heraus, in der jeder der Aufsätze durch eine Reihe von Beispielgeschichten veranschaulicht wurde. Die Entstehung der „Vermischten Lehren an seine Tochter, Anne Louise" von 1796 geht darauf zurück, daß die sechzehnjährige Tochter L.s ihrem Vater ein leeres Büchlein mit der Bitte überreichte, „es mit guten Lehren zu erfüllen". L. hat insgesamt 700 in Hexametern verfaßte Sprüche in unsystematischer Folge aneinandergereiht. Ein unter L.s Namen 1773 in Homburg und 1789 in Frankfurt erschienenes „Sittenbüchlein für Kinder des Landvolks" stammt von J. G. SCHLOSSER.

Dem kinder- und jugendliterarischen Werk L.s liegt keine ausformulierte pädagogische Theorie zugrunde. L. ist auch nicht als ein ausgesprochener Erziehungsreformer anzusehen. In einem zentralen Punkt stimmt er denn auch mit dem seit der Reformation geltenden Erziehungssystem überein: Gemeint ist die Vorrangstellung, die der Religion auf allen Stufen des Erziehungs- und Bildungsprozesses eingeräumt wird. Die aufklärerische Erziehungsform ging wesentlich darauf hinaus, diese Vorherrschaft der Religion zu brechen, um der religiösen oder gar konfessionellen Unterweisung zunächst eine vernünftige bzw. natürliche Erziehung und Bildung vorausgehen zu lassen. Eine solche Säkularisation der Erziehung war L. allenfalls in seiner aufklärerischen Frühphase zuzulassen bereit. Aber schon sein ABC-Buch von 1772 zeigt das erneute Vordringen der Religion auch schon auf den ersten Stufen des Unterrichts. Hierbei ging L. keineswegs konform mit der protestantischen Orthodoxie. Die Religiösität, deren Vorrangstellung L. wieder installierte, war eine neue schwärmerische Gefühlsreligiösität, die den Sturm und Drang in sich aufgenommen hatte und die in vielen Punkten auf die romantische Religiosität vorauswies. Damit ist die geistesgeschichtliche Stellung des jugendliterarischen Werks von L. angezeigt: Es stellt gleichsam die Brücke dar zwischen der voraufklärerischen Vorrangstellung der Religion in der Kinder- und Jugendliteratur und ihrem erneuten Vordringen im Zeichen der Romantik nach der Jahrhundertwende. Zusammen mit den Kinderbüchern J. G. SCHLOSSERs widerlegt es zugleich die Annahme, daß die Kinder- und Jugendliteratur des 18. Jahrhunderts ausschließlich aufklärerisch-philanthropisch sei. Auch wenn sie umfangmäßig gering ist und nicht die vorherrschende Strömung darstellt: Es gibt eine durch den Sturm und Drang wie durch die neue präromantisch-irrationalistische Religiosität bestimmte Jugendliteratur im 18. Jahrhundert. L. ist einer ihrer wichtigsten Vertreter.

Werke (Auswahl): Schweizerlieder. Von einem Mitgliede der helvetischen Gesellschaft zu Schinznach (1767); Christliches Handbüchlein, oder auserlesene Stellen der Heiligen Schrift, mit Versen begleitet (1767); Moralisches Neu-Jahrs-Geschenk (1769); Einige Briefe über das Basedowische Elementarwerk von Isaak Iselin und J. Casp. Lavater (1771); Fünfzig Christliche Lieder (1771); Christliches Handbüchlein für Kinder (1771); Von der Physiognomik (Bd. 1–2. 1772); ABC oder Lesebüchlein. Zum Gebrauche der Schulen der Stadt und Landschaft Zürich (1772); Biblische Erzählungen für die Jugend. Altes Testament. Neues Testament (Bd. 1–2. 1772–1774); Lieder zum Gebrauche des Waysenhauses zu Zürich (1772); Christliche Lieder der Vaterländischen Jugend, besonders auf der Landschaft, gewiedmet (1774); 60 Biblische Geschichten des alten Testamentes in Kupfer geäzt von Johann Rudolf Schellenberg (1774); ABC oder Lesebüchlein. Für deutsche, latein- und französische, wie auch geschriebene Schriften. Zum Gebrauche der Schulen der Stadt und Landschaft Zürich (1775); Physiognomische Fragmente, zur Beförderung der Menschenkenntniß und Menschenliebe (Bd. 1–4. 1775–1778). Gebether und Lieder für Kinder. Neue Auflage (1776); Neujahrsgeschenk ab dem Musiksaal an die Zürcherische Jugend auf das Jahr MDCCLXXVIII–MDCLXXXIII. Schweizerscenen (Bd. 1–6. 1778–1783); Tägliches Gebeth eines in die Fremde reisenden Jünglings (1778); 60 Biblische Geschichten des neuen Testaments in Kupfer geäzt von Joh. Rud. Schellenberg (1779); Sechzig Lieder nach dem Zürcherschen Catechismus. Der Petrinischen Jugend zugeeignet (1780); Reimen zu den biblischen Geschichten des Alten und Neuen Testamentes. Für die Jugend (1781); Brüderliche Schreiben an verschiedene Jünglinge (1782); Lebensregeln für Jünglinge, besonders für diejenigen, welche die hohe Schule besuchen wollen (1783); Salomo, oder Lehren der Weisheit (1785); Christlicher Religionsunterricht für denkende Jünglinge (1788); Gesänge zur Beförderung der Vaterländischen Tugend. Neujahrsgeschenk ab dem Musiksaal an die Zürcherische Jugend. Auf das Jahr 1790–1801 (Bd. 1–12, 1790–1801); Regeln für Kinder (1793); Vermischte Lehren an seine Tochter Anne Louise (1796); Schreiben an seine Tochter Anna Louisa Lavater. Welches eine Anweisung zum Briefschreiben enthält. Nebst einem vollständigen Briefsteller (1800).

Sekundärliteratur: A. Angst: Die religions- und moralpädagogische Jugendschrift in der deutschen Schweiz von der Reformation bis zur Mitte des 19. Jahrhunderts (Diss. 1947). – S. Baur: Charakteristik der Erziehungsschriftsteller Deutschlands (1790). – E. v. Bracken: Die Selbstbeobachtung bei Lavater. Ein Beitrag zur Geschichte der Subjektivität in Deutschland (1932). – Denkschrift zur 100. Wiederkehr von Lavaters Todestag. Herausgegeben von der Stiftung von Schnyder von Wartensee (1902). – H. H. Ewers: Johann Kaspar Lavater als Autor von Kinderbüchern (in: Die Schiefertafel 3. 1980. 3. 104–125). – Fr. Fischer: Basedow und Lavater in ihren persönlichen und literarischen Beziehungen zueinander auf Grund ihres unveröffentlichten Briefwechsels und Tagebuchaufzeichnungen Lavaters (Diss. 1912). – J. Forssman: J. K. Lavater und die religiösen Strömungen des 18. Jahrhunderts (1935). – H. Funck (Hrsg.): Goethe und Lavater. Briefe und Tagebücher (1901). – K. Gierig: Lavater und der junge Pestalozzi. Ihre persönlichen und gedanklichen Beziehungen bis 1782 (Diss. 1932). – O. Huppert: Humanismus und Christentum. Goethe und Lavater, die Tragik einer Freundschaft (1949). – Chr. Janentzky: J. C. Lavaters Sturm und Drang im Zusammenhang seines religiösen Bewußtseins (1916); Johann Caspar Lavater. Die Schweiz im deutschen Geistesleben. Bd. 53 (1928). – A. Johannes: Johann Kaspar Lavater als Pastor (Diss. 1976). – Lavater der Kinderfreund. Ein Neujahrsgeschenk für die vaterländische Jugend auf das Jahr 1802. Von einem dankbaren Verehrer des Seligen (1802). – Fr. Muncker: Johann Kaspar Lavater. Eine Skizze seines Lebens und Wirkens (1883). – K. Radwan: Die Sprache Lavaters im Spiegel der Geistesgeschichte (1972). – H. Schnorf: Sturm und Drang in der Schweiz (1914). – R. Schostack: Wieland und Lavater. Ein Beitrag zur Geistesgeschichte des 18. Jahrhunderts (1964).

Hans-Heino Ewers

Lebenshilfe

Der Begriff L. versucht, die „pädagogischen Funktionen" des Literaturkomplexes Kinder- und Jugendliteratur zu umschreiben: Erziehung durch Literatur (neben Erziehung zur Literatur, der zweiten Hauptfunktion der Kinder- und Jugendliteratur).

Definitorische Aspekte der L. Gegen die Unterscheidung der beiden Hauptfunktionen von Kinder- und Jugendliteratur (Erziehung durch und Erziehung zur Literatur) ist nichts einzuwenden. Das Problem liegt in den Konnotationen des Begriffes L. Man meinte damit zumeist die Aufgabe der Kinder- und Jugendliteratur, die herrschenden Verhaltensnormen an die nachwachsenden Generationen zu vermitteln, um damit zur Anpassung bzw. zur Einpassung in die bestehende Gesellschaft zu erziehen. L. meinte nicht die Tatsache von Wirkung der Kinder- und Jugendliteratur auf ihre Leser überhaupt, sondern war inhaltlich durch ihren Bezug auf diejenigen „Tugenden“ und Verhaltensmuster bestimmt, die die vorhandene Gesellschaft benötigte, um ihren Bestand zu sichern. Die in dem Begriff scheinbar zum Ausdruck kommende Interessenlage des Lesers – Was muß ich tun, um in dieser Gesellschaft „lebensfähig“ zu werden, um im Leben zurechtzukommen? – war dazu angetan zu kaschieren, daß es in Wahrheit um ein Überlebensinteresse der Gesellschaft mit ihren Herrschafts- und Abhängigkeitsstrukturen ging. Eine weitere Problematik des Begriffes liegt in seiner Vagheit und Vieldeutigkeit. Gerade diese bedingen die Verwendbarkeit des Begriffes zum Zwecke der Ideologisierung. Der Begriff L. ist jedoch nicht nur im Zusammenhang mit der Kinder- und Jugendliteratur geprägt worden, sondern er bot sich einer Reihe von Wissenschaften zur Umschreibung von „Erziehungsfunktionen“ an: a) der Pädagogik selber, b) der Literaturwissenschaft (E. STAIGER, H. SEIDLER), neuerdings der Rezeptionsforschung, c) der Literaturdidaktik (ULSHÖFER, W. HELMICH, K. REUMUTH/A. O. SCHORB u.a.), d) der Massenkommunikationsforschung. Ihnen war gemeinsam der Bezug auf ein normativ geprägtes Menschenbild und auf die verhaltenssteuernde Funktion von „Vorbildern“ und „Leitbildern“, sei es in der sozialen Realität, sei es in der Literatur. In der Literaturwissenschaft blieb die „Leitbildfunktion“ der Literatur nicht unwidersprochen. Als Vertreter der „werkimmanenten Interpretation“ kritisierte W. KAYSER 1959 diese Auffassung scharf. In der Literaturdidaktik kam es zu einer Distanzierung in deren ideologiekritischer Phase Anfang der siebziger Jahre (Bremer Kollektiv, Zeitschrift Diskussion Deutsch), parallel dazu in der kritischen Massenkommunikationsforschung (R. ZOLL/E. HENNIG, D. PROKOP u. v. a. m., im Anschluß an die Kritische Theorie der Frankfurter Schule, vor allem TH. W. ADORNO). L. wird seitdem mehr und mehr in pejorativer Absicht als Anpassungsmanipulation charakterisiert. Selbst in der Pädagogik vollzog sich eine Abkehr von einer unkritischen Verwendung des Begriffes (G. BITTNER, 1964; H. KUPFFER, 1977; Kritische Didaktik). Jedoch gibt es seit 1979 mit der Aktion „Mut zur Erziehung“ eine Gegenbewegung.

Historischer Exkurs. Die neuzeitliche Kinder- und Jugendliteratur verband schon im 18. Jahrhundert, wie z.B. B. HURRELMANN (1974) nachgewiesen hat, von vornherein den Gesichtspunkt „Erziehung zum Lesen“ („Literarisierung“) mit dem des sozialen Lernens, d.h. mit der Vermittlung von Verhaltensnormen. Diese Normen wurden in der geschichtlichen Phase der Emanzipation des Bürgertums vom Feudaladel anfangs offen propagiert: Pflicht, Gehorsam, Leistung, Selbstkontrolle, Lustversagung, Sauberkeit usw., und zwar in der Form der moralischen Beispielgeschichte bzw. in deren Variationen „positives Beispiel“ und „negatives Beispiel“ („Warn- und Abschreckungsgeschichten“). Im 19. Jahrhundert ging man dann mehr und mehr zu indirekten und verschlüsselten Formen der Normvermittlung über (bekanntestes Beispiel: H. HOFFMANNS „Struwwelpeter“, 1845). H. WOLGAST unterzog 1896 diese Art pädagogischer Leitbildliteratur, die gegen Ende des Jahrhunderts nationalistisch-chauvinistische Züge annahm, einer vernichtenden Kritik und erklärte „Tendenz“ als unvereinbar mit Erziehung zur Literatur, womit er die Vereinbarkeit der beiden Grundfunktionen in Frage stellte.

Legt man einen weiteren Begriff von L. zugrunde, so hat Kinder- und Jugendliteratur auch nach WOLGAST eine (nun in einem weiteren Sinne) pädagogische Funktion, ohne daß jedoch völlig klar wird, ob sie im „ästhetischen“ Charakter des Kunstwerks gesehen wird oder ob WOLGAST lediglich eine angemessene ästhetische Einkleidung der pädagogischen Absichten verlangte.

Während im Nationalsozialismus versucht wurde, die Ideologie des Systems mit den ästhetischen Prinzipien der Jugendschriftenbewegung als vereinbar zu erklären, kam es nach 1945 zu einer unreflektierten Restauration der Jugendschriftenkritik der Zeit vor 1933 samt deren pädagogischen Implikationen. Erst durch die soziologisch-ideologiekritische Phase der Kinder- und Jugendliteraturkritik seit etwa 1970 wurde es möglich, den Aspekt L. der Kinder- und Jugendliteratur auf neue Weise anzugehen; die vermittelten Normen wurden kritisierbar. Die Kritik deckte zugleich den Zusammenhang zwischen (traditioneller) L. und „heiler Welt“ auf, ein Zusammenhang, den – aus DDR-Sicht – 1961 bereits G. HOLTZ-BAUMERT herstellte.

Zur gegenwärtigen Situation. Aufgrund der heute, nach Ablauf der soziologisch-ideologiekritischen Diskussion der siebziger Jahre, möglichen Kritik an der Kinder- und Jugendliteratur empfehlen sich zwei Unterscheidungen: ein engerer und weiterer Begriff von L., sowie der Blick vom Produzenten und der Blick vom Leser aus. Der engere Begriff meint L. als Anpassungspädagogik im skizzierten Sinne: soziale Kontrolle, starre Rollenzuweisung (vgl. LIEBHART 1973, S. 275), Abbau gesellschaftlich verursachter Dissonanzen im Interesse einer Stabilisierung und Absicherung des Bestehenden. Im weiteren Sinne umschlösse L. auch all diejenigen literaturvermittelten Impulse, für die sich das Wort „emanzipatorisch“ eingebürgert hat: Erweiterung der Wahrnehmungsmöglichkeiten, und zwar sowohl der Fremd- als auch Selbstwahrnehmung, Identitätsförderung, Kennenlernen neuer Handlungsmöglichkeiten und Konfliktlösungen (DAHRENDORF 1980, S. 194ff.). „Perspektive des Produzenten“ hieße Akzentuierung derjenigen literarischen Aspekte, die eine möglichst bequeme Rezeption und dadurch hohe Auflagezahlen und weite Verbreitung der Produkte sicherstellen („Waren“-

Aspekt). Diese Perspektive korrespondiert mit dem engeren L.-Begriff, da mühelose Rezeption nach aller Erfahrung eher dadurch bewirkt wird, daß die Texte eine „heile Welt" mit leicht lösbaren Konflikten und weitestgehenden Vereinfachungen sozialer und interaktioneller Tatbestände (Klischees, Schwarz-Weiß-Malerei) darstellen.

Vom Leser aus gesehen, stellen sich die Dinge deshalb komplizierter dar, weil soziale Bedingungen und individuelle Konfliktdispositionen eine aktuelle Bewußtseinslage schaffen, aus der heraus das Interesse an kompensierendem Lesestoff verständlich, wenn nicht legitim ist. Doch wäre es verfehlt, Lesen ausschließlich auf Kompensations- und Fluchtbedürfnisse zurückzuführen. Zu nennen wären: Suche nach Informationen in Interessens- und Hobbybereichen; eigene diffuse Gedanken und eigene Erfahrungen verbalisiert, „ausgedrückt", formuliert finden und dadurch eigene Erfahrungen besser verarbeiten können; Entdecken neuer (alternativer) Handlungsmöglichkeiten (Literatur als „kommunikatives Handlungsspiel" und Simulation), Erweiterung der „interaktiven Kompetenz" (KREFT 1977, vgl. auch SCHULTE-SASSE 1976, S. 203f.); Auseinandersetzung mit und Überprüfung der eigenen Handlungsnormen; symbolisch-indirekte Befriedigung tabuisierter Bedürfnisse wie Aggressivität und Sexualität, aber auch deren Entdeckung und Integration; Kompensation von Leiden an den Verhältnissen, Unzufriedenheit und Zwängen zur Selbstunterdrückung; Beruhigung und Tröstung („Konsolation", vgl. SCHENDA 1977, S. 481ff.); Erfahren, daß es anderen auch nicht besser geht; Literatur zur Unterhaltung anderer und für sich selber, d.h. situativ verwenden, entsprechend: zur Situationsüberhöhung (Feste und Feiern), zur Freizeit- und Feriengestaltung, zur Information, zum Gewinn kritischer Maßstabe gegenüber der Wirklichkeit und zur Aufklärung, zur Befriedigung literarischer und ästhetischer Bedürfnisse, als Geschenkartikel (Buch) usw.

In der doppelten Perspektive wird die Ambivalenz von Lesehaltungen deutlich: während kompensatorisch-evasorischer Gebrauch von Lektüre vom Leser aus legitim ist, weil sich darin aktuelle Bedürfnisse und Konfliktkonstellationen niederschlagen, wird dadurch – objektiv gesehen – Energie absorbiert und „unschädlich" gemacht, die zur Situationsveränderung eingesetzt werden könnte (LIEBHART 1973, S. 291).

Man kann davon ausgehen, daß freiwillige Lektüre immer mit Suche nach L. im weiteren Sinn verbunden ist. Die Erwartung von L. kann so als Motivationsbasis von Lektüre angesehen werden.

Sekundärliteratur: Literarischer Unterricht heute – Versuch eines Umrisses (in: A. Cl. Baumgärtner (Hrsg., zus. mit M. Dahrendorf): Wozu Literatur in der Schule?. 1970. 12–26). – G. Bittner: Für und wider die Leitbilder (1964). – M. Dahrendorf: Literarische Wirkung und Literaturdidaktik (in: A. Cl. Baumgärtner (Hrsg.): Lesen. Ein Handbuch. 1973. 313–352). – M. Dahrendorf: Kinder- und Jugendliteratur im bürgerlichen Zeitalter (1980). – G. Holtz-Baumert: Heile Welt und positive Haltung. Skizzen zum Bild der Kinderliteratur in Westdeutschland (in: Deutscher Schriftstellerverband (Hrsg.): Realismus – Reaktion – Resignation. 1961. 141–157). – B. Hurrelmann: Jugendliteratur und Bürgerlichkeit (1974). – W. Kayser: Die Wahrheit der Dichter (1959). – M. L. Könneker: Kinderschaukel. 1–2 (1976). – J. Kreft: Grundprobleme der Literaturdidaktik (1977). – H. Kupffer: Pädagogische Praxis und die Theorie (1977). – E. Liebhart: Ergebnisse, Probleme und Methoden der Wirkungsforschung (in: A. Cl. Baumgärtner (Hrsg.): Lesen. Ein Handbuch. 1973. 231–312). – D. Riesman: Die einsame Masse (dt. 1956). – R. Schenda: Volk ohne Buch (1970, TB. 1977). – J. Schulte-Sasse: Literarische Wertung (^{2}1976). – H. Wolgast: Das Elend unserer Jugendliteratur (1896, ^{7}1950).

Malte Dahrendorf

Le Guin, Ursula

*Amerikanische Verfasserin von Science-Fiction-Romanen und Jugendbüchern; *21.10.1929 Berkeley (Kalifornien).*

Nach dem Studium war L. G. an verschiedenen Universitäten tätig. Für ihre Science-Fiction-Romane erhielt sie mehrfach Auszeichnungen. Bekannt wurde sie durch die Earthsea-Trilogie, der Kritiker klassischen Rang zubilligen. Für „The farthest shore" (1972), den dritten Teil der Trilogie, erhielt sie 1973 den National-Book-Award.

Werk, Tendenzen, Wirkung. In dem phantastischen Land ‚Earthsea', einer Inselwelt mit mittelalterlichen Zügen, in der kulturelles Erbe in Ehren gehalten wird, heldische Dichtung jedermann geläufig ist, nimmt Magie den Platz eines öffentlichen Kults ein. Der hohe Magier als der Weise ist mit Geduld, der höchsten Tugend, darauf bedacht, das Gleichgewicht der ungeheuren Kräfte gegensätzlicher Natur, die im Universum pulsieren, nicht zu zerstören. In „The wizard of Earthsea" (1967) muß der begabte, aber ungeduldige Ged als zukünftiger Erzmagier lernen, den Weg der Selbstüberwindung zu gehen. Er muß schwere Kämpfe mit einem dunklen, schattenhaften Ungeheuer bestehen, das sich als „seine andere Seite" entpuppt, mit der er leben kann, wenn er den Tod nicht fürchtet und nichts für sich eigennützig begehrt. Als Allegorie ist dieses vieldeutige, mystische Buch auch unter philosophischen, psychoanalytischen und kulturanthropologischen Gesichtspunkten nicht ganz befriedigend. Bei der religiösen Durchdringung verwundert, daß der Name Gottes unausgesprochen bleibt. Als Erzählung bleiben die Szenen der Herausforderung und Versuchung, der Verfolgung und Suche ebenso haften wie der Ernst der hohen Magier und die Kraft ihrer Liebe bis zur Selbsthingabe. In „The tombs of Atuan" (1969) kann das Mädchen Arha mit Hilfe Geds einen schweren Ablösungskampf gewinnen, der sie aus einer unterirdischen Welt befreit, in der Priesterinnen in lebenslangem Dienst barbarischer Götter der Dunkelheit stehen. In „The farthest shore" (1972) versucht Ged mit Unterstützung des jungen Prinzen Arren, das Unheil abzuwenden, das ein frevelnder Magier in die Welt gebracht hat. Nur Arrens Beistand und der Opfertod eines Drachen lassen Ged mit dem Leben davonkommen;

Prinz Arren wird zukünftig über ‚Earthsea' regieren. Wenn auch nicht alle Episoden der Trilogie gleich bedeutsam sind, so liegt doch insgesamt eine dichte, vielschichtige Textur vor.
Der Kurzroman „A very long way from anywhere else" (1976) schildert aus der Perspektive eines siebzehnjährigen amerikanischen Jungen den Versuch, mehr von sich zu fordern, als oberflächliche Konventionen und schnelle Bedürfnisbefriedigung nahelegen. Owen trifft in der etwas älteren Natalie, die Komponistin werden will, einen willensstarken Menschen, der ihm hilft, seinen eigenen Weg zu gehen. Die beiden Protagonisten spüren die Probleme mehr, als daß sie sie zu artikulieren verstehen; eine Reflexion der Beweggründe wird so dem Leser erschwert.

Werke: The wizard of Earthsea (1967; dt. Der Magier der Erdsee, 1979); The tombs of Atuan (1969; dt. Die Gräber von Atuan, 1979); The farthest shore (1972; dt. Das ferne Ufer, 1979); Very far away from anywhere else, 1976 (auch u. d. T.: A very long way from anywhere else, 1976).

Sekundärliteratur: F. J. Molson: Ursula Le Guin (in: D. L. Kirkpatrick (Hrsg.): Twentieth-century-children's writers. 1978. 755–757). – R. Scholes/S. Rabkin: Science Fiction (1977. 76–78).

Richard Kremer

Lehnert, Johann Heinrich

*Schriftsteller, Prediger; *1792 Berlin, †1848 Potsdam.*

Nach einer Ausbildung als Theologe war L. als Prediger in Falkenrehde bei Potsdam tätig. Für sein Lebenswerk wurde L. zum Ritter des Eisernen Kreuzes II. Klasse ernannt.

Werk, Tendenzen, Wirkung. Wie viele seiner Zeitgenossen, wollte L. mit seinen Kinderschriften zugleich unterhalten wie auch moralisch belehren. Seine Bücher zeigen diese Tendenz im Titel, wenn es heißt: „Bildende Erholungsstunden für fleissige Kinder" (1823) oder „Erzählungen für Kinder, zur Bildung des sittlichen Gefühls" (1828). Der „Mährchenkranz für Kinder" (1829) sollte „der erheiternden Unterhaltung" dienen. In den „Wanderungen im Gebiete deutscher Vorzeit" (1831) wurde „eine Auswahl lehrreich und angenehm unterhaltender Volkssagen" dargeboten. Zur Entstehung seiner ersten Schrift „Allwins und Amaliens erstes Lese- und Bilderbuch nebst Anleitung zum Gebrauch desselben" (1817) berichtet der Verfasser im Vorwort: „Eine zärtliche Mutter, welche den ersten Leseunterricht ihrer Kinder selbst besorgen wollte, und sich nach einem einfachen, zweckmäßig eingerichteten Elementarbuch umsah, ersuchte mich, ihr, in der Wahl eines

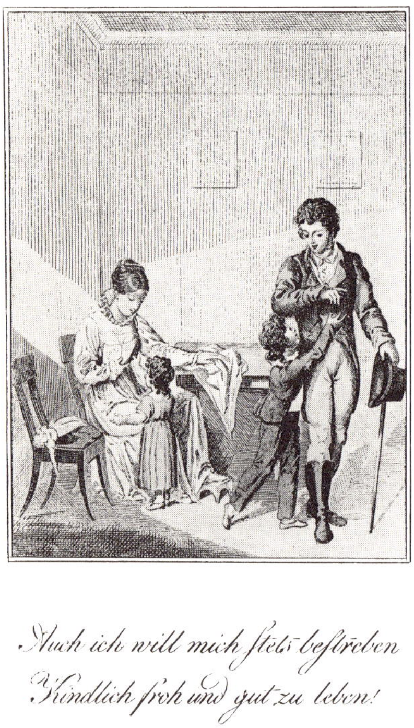

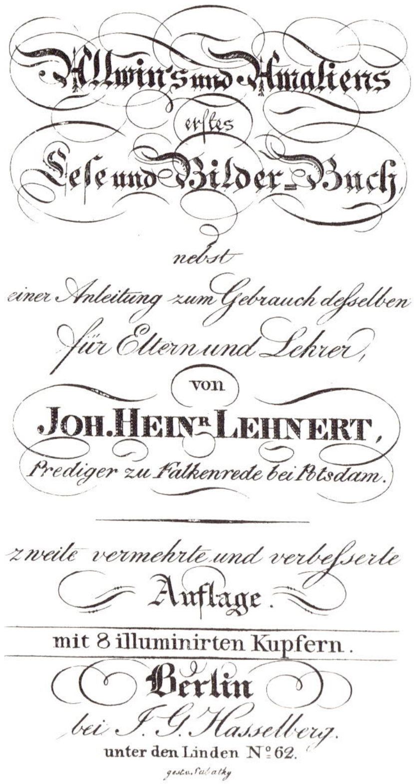
Allwins und Amaliens
erstes
Lese und Bilder-Buch
nebst
einer Anleitung zum Gebrauch desselben
für Eltern und Lehrer,
von
JOH. HEINR. LEHNERT,
Prediger zu Falkenrede bei Potsdam.
zweite vermehrte und verbesserte
Auflage.
mit 8 illuminirten Kupfern.
Berlin
bei J. G. Hasselberg.
unter den Linden N° 62.

Johann Heinrich Lehnert. Frontispiz und Titelseite von „Allwins und Amaliens erstes Lese- und Bilder-Buch, nebst einer Anleitung zum Gebrauch desselben für Eltern und Lehrer" (Berlin [2]1822).

solchen Büchleins behilflich zu sein. So entstand gar bald der Entschluß in mir, selbst ein Büchlein der Art auszuarbeiten, wie es besonders pflichtgetreuen Müttern oder deren Stellvertretern im häuslichen Kreise willkommen seyn möchte." Der „Märchenkranz für Kinder, der erheiternden Unterhaltung, besonders im Familienkreise geweiht" (1829) enthielt 28 Volksmärchen. Im „Vorwort" kommt L. auf seine Auffassung von „guten" Märchen zu sprechen: „Nur von guten Mährchen kann hier die Rede seyn, von solchen, die mit Beseitigung alles Abentheuerlichen, Fratzenhaften und Gespensterartigen, die Phantasie und das Gemüt des Kindes durch reine, heitere Bilder und Begebenheiten angenehm beschäftigen, und wegen ihres moralischen Inhalts zugleich auch das sittliche Gefühl mannichfaltig wecken und beleben ... Erzählt, oder doch frei vorgelesen müssen die Mährchen werden, wenn sie Reiz behalten und Wirkung thun sollen." In einer Fußnote schreibt L., er habe für die erwachsenen Kinder eine eigene Sammlung gleichzeitig herausgegeben („Lehrreiche und unterhaltende Mährchen für die erwachsenere Jugend", 1830). Über seine Arbeitsweise berichtet er: „Übrigens habe ich nicht bloß gesammelt und abgeschrieben, sondern mit mehrern der vorliegenden Mährchen, wie ich glaube, zweckmäßige Veränderungen vorgenommen, und mich bemüht, den Vortrag möglichst leicht, einfach und gemüthlich zu machen, worin die Gebrüder Grimm und ihr Namensverwandter, Albert Ludwig Grimm, musterhaft sind." Der Band „Ein sorgfältig gewundener Kranz von Volksmährchen, Sagen und Legenden, zunächst der Jugend und ihren Freunden dargeboten" (1832) widmete L. „Seiner Königlichen Hoheit dem Kronprinzen von Preußen Friedrich Wilhelm, dem erhabenen Freund und Beförderer alles Guten und Schönen". Im „Vorwort" kommt L. noch einmal auf seine Wertschätzung der „Volkspoesie" zu sprechen: „In der menschlichen Seele findet sich, neben der Liebe zum Wahren, ein unverkennbarer Hang zum Außerordentlichen und Wunderbaren. Diese beiden, einander scheinbar entgegengesetzten, Neigungen erklären die große Vorliebe für jene lieblichen Erzeugnisse der Volkspoesie, welche unter dem Namen der Mährchen, Sagen und Legenden bekannt sind. In ihnen ist Wahrheit und Dichtung, das Natürliche und Übernatürliche so innig mit einander verwebt, daß sie dadurch einen ungemein anziehenden Reiz für jedes Alter und Geschlecht erhalten ..." Allerdings geht aus L.s Äußerungen auch klar hervor, daß er auch die Volksmärchen als belehrende Schriften eingesetzt sehen möchte. „Die hier mitgeteilten Stücke werden, ohne allen Nachtheil, angenehm unterhalten, und durch den überall festgehaltenen moralischen Gesichtspunkt und durch die beständige Berücksichtigung des Historischen, nicht nur wohlthätig auf das Gemüt wirken, sondern auch mannigfaltig belehren. Unter der großen Menge von Schriften, die ich zu Rathe gezogen und benutzt habe, und von welchen keine der Jugend angehörte, erwähne ich nur der Grimm'schen Sammlungen, denen ich auch in zweifelhaften Fällen gefolgt bin."

Der Band „Theofrid, oder Vorbilder des Vertrauens, der Geduld und Standhaftigkeit unter großen Unfällen und Gefahren. Für Freunde einer bildenden Unterhaltung, besonders zur lehrreichen Ermunterung für die Jugend aufgestellt" fand auch die Anerkennung FRIEDRICH WILHELMS III., Königs von Preußen (1770–1840), der an L. schrieb: „Schreiben fleißig und mit Erfolg für die Jugend, lese auch Ihre Bücher, Ihr ‚Theofried' insbesonderheit enthält viel Interessantes; bewundere, wo Sie das Alles hernehmen."

Werke: Allwins und Amaliens erstes Lese- und Bilderbuch nebst Anleitung zum Gebrauch desselben (1817, ²1822); Blätter der Liebe und Freundschaft. Eine aus den vorzüglichsten deutschen Dichterwerken gezogene Sammlung schöner Gedanken über Liebe, Freundschaft, Leben und Lebensbestimmung, zum Gebrauch für Stammbücher (1817); Handbuch für Freunde der Tugend und des Vaterlandes. Auf alle Tage des Jahres. Mit einem Vorworte begleitet von G. A. L. Hanstein (1818); Führe uns nicht in Versuchung! Predigt am Tage der Einsegnung seiner Schülerin gehalten (1819); Bildende Erholungsstunden für fleissige Kinder (1823); Erzählungen für Kinder, zur Bildung des sittlichen Gefühls (1828); Lehrreiche und unterhaltende Mährchen für die erwachsenere Jugend (1830); Mährchenkranz für Kinder, der erheiternden Unterhaltung, besonders im Familienkreise geweiht (1829); Unterhaltung und Lehre, in Beispielen aus der wirklichen Welt. Bildungsbuch für die reifere Jugend (1830); Wanderungen im Gebiete deutscher Vorzeit. Eine Auswahl lehrreich und angenehm unterhaltender Volkssagen, zunächst für die wißbegierige Jugend (1831); Mairöschen. Ein sorgfältig gewundener Kranz von Volksmährchen, Sagen und Legenden, zunächst der Jugend und ihren Freunden dargeboten (1832); Theofrid, oder Vorbilder des Vertrauens, der Geduld und Standhaftigkeit unter großen Unfällen und Gefahren. Für Freunde einer bildenden Unterhaltung, besonders zur lehrreichen Ermunterung für die Jugend aufgestellt (1834); Eunomia, oder die Pflichtenlehre des Christenthums in ermunternden und warnenden Beispielen aus der Geschichte und dem täglichen Leben. Für den Familien- und Schul-Gebrauch bearbeitet (1835); Das Leben Friedrich Wilhelms III. Königs von Preußen in Paretz. Nach eigener Anschauung und Erfahrung dargestellt (1845).

Hans Eich

Lenk, Margarete

*Lehrerin, Jugendbuchautorin; *29.8.1841 Leipzig, †31.10.1917 Dresden.*

L., Tochter des Gymnasiallehrers LUDWIG KLEE, erhielt ihre schulische Ausbildung im Gymnasium zu Dresden, als dessen Direktor ihr Vater 1849 berufen worden war. Noch während ihrer Schulzeit betätigte sich L. als Erzieherin, indem sie ihre Geschwister, aber auch Kinder von Verwandten und Bekannten unterrichtete. Im Jahr 1863 legte sie das Lehrerinnenexamen ab und gründete eine eigene Erziehungsanstalt, der sie bis 1868 vorstand. In diesem Jahr heiratete sie den Pfarrer EMIL LENK, der in Siebenlehn (Sachsen) als Prediger tätig war. Als ihr Mann im Jahr 1873 das Pfarramt niederlegte, ging L. mit ihm in die Vereinigten Staaten von Nordamerika, wo er in verschiedenen Gemeinden Seelsorgerstellen bekleidete. Im Jahr 1889 kam sie mit ihrem Gatten nach Deutschland zurück, wo dieser zum Pfarrer der Gemeinde Niederplanitz bei Zwickau berufen wurde. Als ihr Gatte 1907 starb, kehrte L. nach Dresden zurück, wo sie bis zu ihrem Tode lebte.

Werk, Tendenzen, Wirkung. Nach der Rückkehr aus Amerika begann L. ihre schriftstellerische Tätigkeit. Sie verfaßte über fünfzig Jugendschriften, die vor allem in evangelischen mittelständischen und einfacheren Kreisen Widerhall fanden. L. verlegte ihre Erzählungen häufig in die Vergangenheit, wobei sie besonders die Zeit der Reformation und des Dreißigjährigen Krieges bevorzugt. So ist ihr bekanntestes Werk, „Des Pfarrers Kinder" (1896), eine Erzählung aus dem Dreißigjährigen Krieg, in der die Schicksale der Kinder eines durch die Soldateska zu Tode gekommenen Pfarrers eines kleinen Dorfes im Sachsenlande aufgezeichnet sind. In vielen Handlungssträngen und Details durch GRIMMELSHAUSENs „Simplicissimus" beeinflußt, beschreibt die Autorin mit historischer Treue und Sympathie für die evangelische Partei die Leiden der kleinen Leute, die durch den Krieg und die damit verbundenen Wirren und Seuchen Gut und Leben verloren. Dabei schreckt sie auch nicht vor der Darstellung harter Geschehnisse zurück. In anderen Erzählungen wie „Siegmund" (1913) greift sie auf die römische Besatzung in Germanien zurück, in der Geschichte „Auf Seekönigs Thron" (1913) erzählt sie von schottischen Edelleuten des 15. Jahrhunderts. Allerdings stehen trotz einer historisch getreuen Schilderung die historischen Ereignisse selbst und die sich daraus ergebenden politischen und gesellschaftlichen Umwälzungen nicht im Vordergrund ihrer Erzählungen. Die Historie bildet lediglich die Kulisse für die Darstellung einfacher, aber charaktervoller Christenmenschen, die auch in Zeiten größter Not ihr Gottvertrauen behalten und in persönlicher Anständigkeit und christlicher Nächstenliebe ihr Schicksal bestehen. In den meisten Geschichten sind Kindergestalten die eigentlichen Handlungsträger, die mit ihrem oft schweren und bitteren Los die Sympathie der jungen Leser suchen und finden. Alle Geschichten sind durch eine tiefe Frömmigkeit geprägt, ohne jemals in aufgesetzte Religiosität oder bigotte Dogmatik zu verfallen. Eine einfache, schlichte Sprache, der liebenswürdige Humor und die episch behagliche Erzählweise erinnern an BERTHOLD AUERBACH oder PETER ROSEGGER. Psychologisch geschickt versteht es die Autorin, die handelnden Personen differenziert zu charakterisieren. In dem kleinen querformatigen Bändchen „Des Kindes Tageslauf" (1907), das zu sechs ganzseitigen Federzeichnungen von RUDOLF SCHÄFER im Stile LUDWIG RICHTERs jeweils ein zehnzeiliges Gedicht bringt, beweist die Autorin ihre Fähigkeit zur Schaffung dem Kinderreim nahestehender, recht einfühlsamer und sprachlich gelungener Kinderverse.

Werke (Auswahl): Ein Kleeblatt, Erzählung für die reifere Jugend (1895); Des Pfarrers Kinder. Eine Erzählung aus der Zeit des Dreißigjährigen Krieges (1896); Der Findling. Erzählung aus der Zeit der Reformation (1898); Im Dienst der Friedefürsten. Drei Erzählungen aus alter Zeit (1899); Drei Wünsche. Eine Erzählung für die reifere Jugend (1900); Seemövchen und andere Erzählungen (1902); Im fernen Westen. Deutsche Ansiedler in Amerika (1905); Licht und Schatten. Zwei Erzählungen für die reifere Jugend (1906); Sturm und Sonnenschein. Zwei Erzählungen für die Jugend (1907); Des Kindes Tageslauf (1907); Gottes Wege. Erzählungen (1907); Die Geschwister. Erzählungen (1908); Thomas der Leutepriester. Erzählung aus der Reformationszeit (1909); Man bittet, stark zu klingeln! Erzählungen (1909); Schwarz und weiß und andere Erzählungen (1910); Aus meiner Kindheit. Erinnerungen (1910); Siegmund. Auf Seekönigs Thron. Zwei Erzählungen für die reifere Jugend (1913).

Helmut Müller

Georg Lentz Verlag

München. Hauptsächlich Bilderbücher und Jugendromane.

Der Georg Lentz Verlag wurde 1953 von GEORG LENTZ (*1928) gegründet und publizierte Kinderbücher der Autoren und Illustratoren JANOSCH, TILDE MICHELS, MARLENE REIDEL, GINA RUCK-PAUQUÈT und TOMI UNGERER. 1964 wurde die Produktion eingestellt und 1977 innerhalb der Verlagsgruppe Langen-Müller/Herbig wieder aufgenommen. Leiterin der heutigen Georg Lentz Verlags GmbH ist Brigitte Fleissner (*1955), die Geschäftsführer sind Georg Lentz und seine Frau Mischa (*1941), die eigene Erfahrungen als Autoren in die Verlagsarbeit einbringen.
Die Schwerpunkte des Verlagsprogramms liegen bei anspruchsvollen Bilderbüchern, wie „Tim in Gefahr" von EDWARD ARDIZZONE, „Lotte macht alles" von SIEGFRIED LENZ, „Der Krieg der Knöpfe" von LOUIS PERGAUD und literarischen Jugendromanen wie „Die Tochter des Riesen" von RACHEL FIELD (übersetzt von ANNEMARIE BÖLL). Daneben gibt der Verlag u.a. auch „Leckerbissen der Trivialliteratur" heraus. Hierzu gehört die aus den dreißiger Jahren stammende Serie „Rolf Torrings Abenteuer" vom Groschenheftautor HANS WARREN.
Zu den Autoren und Illustratoren des Verlages gehören heute: EDWARD ARDIZZONE, GÜNTHER BLUM, MILO DOR, MARLIES und HEINRICH DRIMMEL, JÖRG DRÜHL, RACHEL FIELD, KALLE FREYNIK, JÖRG GREIF, INGEBORG HAUN, EPHRAIM KISHON, FRIEDRICH KOHLSAAT, JAMES KRÜSS, MARTIN LEMANN, MISCHA LENTZ, SIEGFRIED LENZ, LOUIS PERGAUD, MARLENE REIDEL, HANS WERNER RICHTER, GINA RUCK-PAUQUÈT, BARBARA RÜTTING, PETER SCHIMMEL, KLAUS WINTER und HELMUT BISCHOFF, INGE WOLF.

H. D.

Lentz, Herbert

*Maler, Illustrator; *3.4.1919 Mannheim.*

L. studierte Malerei an der Akademie der bildenden Künste in Karlsruhe. Nach dem Krieg lebte er bis 1950 als freischaffender Maler. Danach war er zehn Jahre

Kunsterzieher an einer Privatschule in Triberg im Schwarzwald. Seit 1960 lebt er wieder freischaffend als Maler- und Buchillustrator in der Nähe von München. L. gestaltet Kinder- und Jugendbücher, auch Schulbücher. Sein malerisches Werk fand auf mehreren Ausstellungen – u. a. in München, Mannheim und Hannover – Beachtung. L.' Illustrationen für Kinderbücher waren auf der Bienále ilustrácií Bratislava (BIB) 1967 und 1973 sowie auf der ersten Internationalen Kinderbuchmesse in Bologna zu sehen.

Werk, Tendenzen, Wirkung. L. hat seit Beginn der sechziger Jahre zum Teil vielgelesene Bilder- und Kinderbücher, auch einige Jugendbücher illustriert. Er bevorzugt Themen, bei denen er phantasievoll und humorvoll ausgestalten kann. So nimmt er sich Clownsfiguren wie in dem Bilderbuch von OTFRIED PREUSSLER „Die dumme Augustine" (1972), volkstümliche Narren – wie im „Till Eulenspiegel"-Bilderbuch – (1980) oder Kasperlpuppen und schwankhafte Märchenfiguren zum Thema. L. hat J. F. COOPERS Lederstrumpf-Romane, HERMANN MELVILLES „Moby Dick" (1972) und Schullesebücher für den Elementarschulbereich ausgestattet. Tiere, Phantasiewesen und Menschen bringt er in einem stark stilisierten Realismus ins Bild, rückt dabei alle figürlichen Wesen in eine gemeinsame Farb-, Gestaltungs- und Verständnisebene, so daß bei L. eine Kinderfigur mit Leichtigkeit auf einem Pferd stehen und ein Krokodil ebenso leichthin auf dem Schoß eines Orientalen im Schiffchen fahren kann. Marionettenhaft-verspielte, einfache, oft humorvoll fiktive Welten und Landschaften, zumeist mit bunten, fröhlichen Farben illuminiert, zeichnen seine Kinderbücher aus, deren Texte von JOSEF GUGGENMOS, HANS BAUMANN, OTFRIED PREUSSLER, JAMES KRÜSS, MAX KRUSE, GINA RUCK-PAUQUET u. a. stammen.
L. greift zum Holzschnitt oder zu ähnlichen Verfahren (z. B. J. F. COOPER: Die Prärie, 1967; HANS BAUMANN: Der große Elefant und der kleine, 1966). Dann bekommen die Illustrationen eine etwas grobe, aber durch starke schwarze Flächen und Linien markante Ausdruckskraft. Andererseits benutzt L. den Stift oder die Feder, um seine Flächen sorgsam zu umgrenzen. Seine Gestalten, oft ohne Hintergrund auf die Fläche gesetzt, sind wenig individuell, allenfalls karikaturhaft originell gezeichnet. Eine manchmal schematische, gelegentlich steife symmetrische Flächenbehandlung, bei der Wellen durch Girlandenlinien angedeutet, Sonnenstrahlen durch Striche markiert werden, läßt die Phantasie des Betrachters immer wieder auf die Einzelheiten innerhalb der Oberfläche achten.

Werke: K. Sättele: Peter und Ria auf dem Jahrmarkt (1963); G. Strohbach: Der Ziegenbock hat Hörner (1963); Chr. Süßmann: Sieben lust'ge Kasperlpuppen (1963); J. Krüss: Die Kinderuhr (1963); J. F. Cooper: Der Lederstrumpf (Bd. 1–5. 1964–1967; TB. 1973–1975); G. M. Scheidl: Das kunterbunte Königreich (1964); T. Michels: Ein Zirkuspferd für Isabell (1964); N. Dale: Das Vermächtnis des Piraten oder Kinder erobern ein Schloß (1965); G. Ruck-Pauquèt: Die Tante und der Seehund (1965); G. M. Scheidl: Das himmelblaue Holzpferdchen (1965); H. Baumann: Der große Elefant und der kleine (1966); A. O. Klaussmann (Bearb.): Die Nibelungen (1966); T. Michels: Die Jagd nach dem Zauberglas (1966); T. Michels: Die Storchenmühle (1966); I. M. Fehrensen: Kathrins erstes Kochbuch (1967); R. Guillot: Tipiti, das Rotkehlchen (1967); A. Kopisch: Die Heinzelmännchen (1967); R. Guillot: Rex und Mistigri (1968); H. Hoefling: Verschwiegen wie Winnetou (1968); B. Gehrts (Bearb.): Die abenteuerliche Geschichte des Lazarillo (1969); H. Erdmann: Der Fall „Blaue Tasche" (1969); R. Guillot: Der Prinz der blauen Berge (1969); E. I. Čarušin: Petja in der Krähenschule (1969); H. Baumann: Ein Brief nach Buxtehude (1970); R. Ainsworth: Minni und ihre Kinder (1970); H. Baumann: Das gekränkte Krokodil (1970); Kr. Bendová: Vom gefräßigen Kamel und anderen wunderlichen Tieren (1970); J. Guggenmos: Seid ihr alle da? (1970); M. Kruse: Großer Spaß im kleinen Zoo (1970); E. Kaut: Nikolaus braucht zwanzig Mark (1970); G. Ruck-Pauquèt: Ich kenne viele Tiere (1970); H. Baumann: Ein Stern für alle (1971); J. Guggenmos: Sieben kleine Bären (1971); E. Meinerts (Hrsg.): Ich wünsch Dir so viel gute Zeit (1971); M. Kaléko: Wie's auf dem Mond zugeht und andere Verse (1971); R. Künzler-Behncke: Der Lokführer Wendelin (1971); L. Gast: Ein Sommer mit Tieren (1971); I. Rodrian: Das Abenteuer mit der rosaroten 7 (1971); H. Baumann: Schorschi, der Drachentöter (1972); K. Heintz: Von der Stadt, die den Drachen fing (1973); S. Joslin: Vorsicht Spione! (1972); J. Krüss: Der Sängerkrieg der Heidehasen (1972); H. Melville: Moby Dick (1972); R. Neumann: Fräulein Stin und Fräulein Trin (1972); O. Preußler: Die dumme Augustine (1972); W. Preuss: Alle gehen schlafen (1972); J. Glanz (Bearb.): H. J. Chr. v. Grimmelshausen: Die Abenteuer des Simplizissimus (1973); O. Preußler: Jahrmarkt in Rummelsbach (1973); H. Wacker: Meine bunte Bilderfibel (1973); G. Snegirev: Die Polarfuchs-Insel (1973); Trillevip. Märchen aus dem Norden (1973); E. I. Čarušin: Petja und seine Freunde (1975); O. Preußler: Das Märchen vom Einhorn (1975); H. Lentz: Was versteckt sich da? (1975); H. Lentz: Eins, zwei, die Henne legt ein Ei (1976); H. Lentz: Das Rätselzelt (1979); J. Bergmann: Rate rasch, wer raten kann (1979); H. Lentz: Till Eulenspiegel (1980).

Hrsg.: Einhundert Jahre Reginoschule. Festschrift 1952 (1952).

Erich Gerhard

Lerche, Julius

*Technischer Ministerialbeamter, Jugendbuchautor; *29. 10. 1867 Köslin, †30. 11. 1929 Berlin.*

L. war Ministerialrat im Reichspostministerium in Berlin. Im Rahmen des technischen Entwicklungsdienstes hatte er unter anderem auch an der Frühphase der Radioentwicklung Anteil. Sein ausgeprägtes Öffentlichkeitsbewußtsein führte ihn zur Publizistik, die vom Thienemann Verlag gefördert wurde.

Werk, Tendenzen, Wirkung. L. trat unverwechselbar als Autor einer eigenwilligen Form des belehrenden Jugendbuches im ersten Viertel des 20. Jahrhunderts in Erscheinung. In den Vorworten zu seinen Büchern trägt er seine „leitende Idee" vor: auf fiktivem Erzählhintergrund will er exemplarische Wisseneinblicke in biologische, technologische und auch gesellschaftsbezogene Bereiche vermitteln; dabei sind ihm die Entwicklungsschritte zu den jeweiligen Sachbezügen wichtiger als die Ergebnisse. Zugleich tritt L. als Erzieher und Moralist auf, der den jugendlichen Lesern zu

verantwortlichem Tun und Handeln im Haushalt der Natur, im Umgang mit den technischen Errungenschaften und im menschlichen Miteinander aufruft. Modern gesprochen war L. ein früher Verfechter eines ökologisch begründeten Umweltschutzes. „Waldhof“ und „Gründorf“ sind Orte nirgendwo und überall, in denen zerstörerische Elemente am Werk sind, die den Frieden, die Ruhe und das natürliche Gleichgewicht der Umwelt zu vernichten drohen. „Als Feind“, so bezeugt L., „erkannte ich eigentlich nur den Menschen“. Der junge Leser wird beschworen, sich der Zerstörung seiner Umwelt entgegenzustellen. „Arbeiter unter Tarnkappen“ – von L. modisch als „ein Buch von Werkleuten und ihrem Schaffen“ bezeichnet – vermittelt Einblicke in technologische Vorgänge, die den zivilisatorischen Fortschritt vornehmlich im 19. Jahrhundert verdeutlichen sollen. Im „Güterberg“ gelingt es L. „in nicht hoch genug zu schätzender Weise“ (W. FRONEMANN), „volkswirtschaftliche Belehrungen in eine kindertümliche Form zu kleiden“, bis dahin kaum versucht und auch späterhin wenig praktiziert.
Formal bedient sich L. keiner einheitlichen Aussageweise. In seine Plaudereien baut er sorglos alle möglichen darstellerischen Mittel ein; dabei anthropomorphisiert er – oft in märchenhaft oder fabulös unzuträglicher Überschreitung – Pflanzen und Tiere. Sein Stil wirkt zum Teil großväterlich-betulich. Die Diktion erinnert teils an W. BONSELS, teils an BR. BÜRGEL. Seine literarischen Personen, oft gruppenhaft stilisiert, rekrutieren sich zumeist aus der sozialen Unterschicht, die zufrieden mit den gegebenen Verhältnissen ist. Die Erfinder stellt L. als Wohltäter der Menschen dar.
Die Lauterkeit seiner Haltung, die Klarheit der Sprache und die Eindringlichkeit seiner erzieherischen Absicht charakterisieren L. als einen beispielhaften Vertreter der sachbezogenen Jugendliteratur seiner Zeit. Anteil an dem Erfolg seiner Veröffentlichungen hatte auch FRITZ LANG, der einige von L.s Büchern mit ausgezeichneten Farbholzschnitten ausstattete.

Werke: Die Gründorfer. Geschichten von Bauersleuten, Tieren und Blumen, für 5–8jährige Naturfreunde erzählt (1913); Waldhof. Geschichten seiner Freunde und Feinde (1916); Arbeiter unter Tarnkappen (1919); Der Güterberg. Briefe aus dem Lande der Arbeiter und der Arbeitsfreunde (1921).

Sekundärliteratur: W. Fronemann: Das Erbe Wolgasts (1927).

Hermann Bertlein

Lesage, Alain-René

*Französischer Romancier, Theaterautor, Übersetzer; *8.5.1668 Sarzeau (Morbihan), †17.11.1747 Boulogne-sur-Mer.*

Mit vierzehn Jahren, nach dem Tod der Eltern, wurde der Notarssohn L. von seinem Vormund ins Jesuitenkolleg nach Vannes abgeschoben. Um 1690 studierte er in Paris Jura. 1694 heiratete er MARIE-ELISABETH HUYARD und hatte mit ihr vier Kinder. Zwei der Söhne wurden Schauspieler, einer Priester.

Werk, Tendenzen, Wirkung. Richtungweisend für L. wurde um die Jahrhundertwende die Begegnung mit der spanischen Literatur, die er wohl über den Abbé de Lyonne, der ihn lange Jahre finanziell unterstützte, kennenlernte und um deren Vermittlung in Frankreich sich L. verdient machte. So übersetzte und bearbeitete er Stücke von FRANCISCO DE ROJAS-ZORILLA, LOPE DE VEGA und CALDERÓN. Seine eigentliche Leistung lag in der Weiterentwicklung der „spanischen Materie“, vor allem der „novela picaresca“ (Schelmenroman), hin zu einem eigenständigen, „französischen“ Romanwerk mit frühaufklärerischem Charakter. Mit „Le diable boiteux“ (1707 und, erweitert, 1726; frei nach „El diablo cojuelo“ von LUIS VELEZ DE GUEVARA, 1641; dt. Der Hinkende Teufel, 1711), mehr noch mit der selbständigeren „Histoire de Gil Blas de Santillane“ (12 Bücher. 1715–1735; nach Motiven von VICENTE ESPINEL; dt. Der Spanische Robinson oder Sonderbahre Geschichte des Gil Blas von Santillana“. Bücher 1–9. 1726) – beides Bestseller zu ihrer Zeit – sind ihm Romane gelungen, die, das Spanische mehr als verfrem-

„Hier“, sagte er, „Frau Salome, bringen wir euch einen neuen Gehülfen.“ Illustration aus einer deutschen Ausgabe des Gil Blas von Alain René Lesage's „Abentheuer des wohl berühmten Gil Blas von Santillana“ (Nürnberg, 1824).

dendes, leicht exotisches Dekor benutzend, auf eine Kritik aktueller französischer Gesellschaftszustände abzielten. Im „Diable boiteux" entspricht die Perspektive noch stark der des Moralisten LA BRUYÈRE (vgl. „Les caractères", 1688): Der Teufel Asmodée lüftet die Dächer von Madrid/Paris und „deckt" die sonderbarsten Verhaltensweisen, Laster, geheimen Wünsche der Bewohner „auf". Der Schelmenroman „Gil Blas" geht in einem wichtigen Punkt über das spanische Modell hinaus: Der Held durchmißt die verderbte Gesellschaft zwar wie der traditionelle pícaro, erfährt dabei aber einen sozialen Aufstieg, der nicht mehr nur dem Zufall, sondern vielmehr seiner – moralisch oft fragwürdig erscheinenden – Anpassungsfähigkeit zu verdanken ist. Die „moralisierende Komponente" dieser Romane, die besonders in den letzten Büchern des „Gil Blas" manifest wird, aber auch ihre bewegte, abwechslungsreiche Handlung und ihre klassisch-präzise Sprache ließen sie als Lektüre für Kinder und Jugendliche geeignet erscheinen. So gab es vor allem in der zweiten Hälfte des 19. Jahrhunderts eine ganze Anzahl von Adaptionen „pour la jeunesse" (u.a. in der „Bibliotheque rose" ab 1861). Der „Gil Blas" wurde häufig in zahlreiche Sprachen übersetzt, diente auch außerhalb Frankreichs als nicht immer empfohlene, aber gern gelesene Lektüre Heranwachsender und erlebte auch in anderen Ländern spezielle Jugendbearbeitungen, in denen neben der Kürzung des Stoffes vor allem versucht wurde, die von den Pädagogen als anstößig empfundenen Stellen herauszunehmen oder zu mildern.

Von 1707 bis 1712 überarbeitete und edierte L. zwei von PETIS DE LA CROIX übersetzte Sammlungen orientalischer Märchen („Histoire de la Sultane de Perse et des Vizirs" und „Les mille et un jours"), mit denen er dem Geschmack der Zeit nach Fremdländisch-Phantastischem (vgl. die zeitlich parallele Übersetzung der „1001-Nacht"-Geschichten durch ANTOINE GALLAND) Rechnung tragen wollte und die 1785 ins „Cabinet des Fées" aufgenommen wurden.

Eine unorthodoxe Karriere machte L. als Theaterautor. Für das Théâtre Français schrieb er einige erfolgreiche sozialkritische Komödien, in denen er die Position MOLIÈRES und REGNARDS überschritt (so „Crispin rival de son maître", 1707), brach aber nach dem Skandal um seinen „Turcaret" (1709) mit der „seriösen Bühne" und wandte sich ganz dem Jahrmarktstheater zu, für das er (meist in Zusammenarbeit mit anderen Autoren) etwa 100 Stücke lieferte.

Neben MARIVAUX und PRÉVOST war L. der bedeutendste französische Romancier und Theaterautor des frühen 18. Jahrhunderts. Von ihm ging nach WERNER KRAUSS ein „gewaltiger Anstoß" zum realistischen Roman aus. Sein Werk ist zugleich ein nicht ganz widerspruchsfreies Dokument bürgerlicher Emanzipationsbewegung.

Werke: Théâtre espagnol ou les Meilleures comédies des plus fameux auteurs espagnols (1700); Nouvelles Avantures de Don Quichotte de la Manche, composes par le licencié Alonso Fernandez de Avellaneda (Bd. 1–2. 1704); Crispin rival de son maître (1707; dt. Der Nebenbuhler seines Herrn. Lustspiel, 1772); La tontine (1708); Histoire de la Sultane de Perse et des Vizirs, contes turcs (1707); Le diable boiteux (1707; dt. Der lahme Teufel, 1711; auch u.d.T.: Der Hinkende Teufel des berühmten Mons. Le Noble, 1711); Turcaret (1709; dt. Der Schieber, 1933); Les mille et un jours, contes persans (Bd. 1–5. 1710–1712); Histoire de Gil Blas de Santillane (Bd. 1–4. 1715–1735; dt. Der spanische Robinson oder Sonderbahre Geschichte des Gil Blas von Santillana, Bd. 1–3, 1726); Le Théâtre de la foire ou l'opéra comique (Bd. 1–10. 1721–1737); Histoire de Guzman d'Alfarche, nouvellement traduite et purgée de moalités superflues (Bd. 1–2, 1732; dt. Gusmann von Alfaraches lustige Lebensgeschichte, 1782); Les Aventures de M. Robert Chevalier, dit de Beauchêne, capitaine de flibustiers dans la Nouvelle-France (Bd. 1–2. 1732); Histoire d'Estévanille Gonzalez, surnommé le garçon de bonne humeur (Bd. 1–2. 1734–1741; dt. Geschichte des lustigen Estevanille Gonzalez, Bd. 1–2, 1762); Le Bachelier de Salamanque, ou les Memoires de D. Chérubin de la Ronda (Bd. 1–2. 1736–1738); Recueil des pièces mises au Théâtre Français (Bd. 1–2. 1739).

Sekundärliteratur: V. Barberet: Lesage et le théâtre de la foire (1887, NA. 1970). – L. Claretie: Lesage romancier (1890, NA. 1970). – H. Heinz: „Gil Blas" und das zeitgenössische Leben in Frankreich (in: Romanische Forschungen. 25. 1916. 778–953). – M. Spaziani: Il teatro minore di Lesage (1957). – F. Brun: Strukturwandlungen des Schelmenromans. Lesage und seine spanischen Vorgänger (1962). – Ch. Dedeyan: Lesage et histoire de Gil Blas (Bd. 1–2. 1965). – U. Holtz: Der hinkende Teufel von Guevara und Lesage. Eine literatur- und sozialkritische Studie (1970). – R. Laufer: Lesage ou le metier de romancier (1971). – W. Wehle: Zufall und epische Integration. Wandel des Erzählmodells und Sozialisation des Schelms in der ‚Histoire de Gil Blas de Santillane' (in: Romanistisches Jahrbuch. 23. 1972. 103–129).

Gérard Carau

Le Scanff, Jacques

*Maler, Illustrator; * 17. 2. 1932 Paris.*

Le Sc. übte nach einem kurzen Kunststudium mehrere Berufe aus, hat aber neben der Bildhauerei, der Photographie und dem Film stets gemalt und gezeichnet. Seit Anfang der sechziger Jahre illustriert Le Sc. Kinderbücher. Durch Zeichenkurse mit Kindern und Beteiligung an der Kindertheaterarbeit seiner Frau JOCELYNE LOLIN hat er Erfahrung mit Kindern gesammelt. Le Sc. erhielt verschiedene Auszeichnungen. So waren die von ihm illustrierten Bücher auch unter den „schönsten Büchern" des „Cercle de la librairie" (Paris).

Werk, Tendenzen, Wirkung. Le Sc.s Illustrationen widmen sich vorwiegend religiös-biblischen Themen. Eine Ausnahme sind die Bilder zu katalanischen und bretonischen Volkserzählungen, die er für eine englische Buchreihe schuf. Le Sc. arbeitet mit großflächiger, kräftiger Farbgebung, wobei frohe, leuchtende Töne, meistens allerdings abgetönte Braun- und Gelbtöne auftreten. Starke Kontraste sind möglich. Körperformen und Bewegungen sind stark vereinfacht; lange, faltenlos dargestellte Gewänder und der flächige Hintergrund – meistens ohne differenzierte Gestaltung von Landschaft oder Architektur – erhöhen den Eindruck des Pathetisch-Archaischen. Die ovalen Köpfe der Propheten, der Jünger Jesu und anderer biblischer

Gestalten mit zumeist schwarzen Haaren oder dunkelbraunen Augen sind wenig ausgeformt, ihre Schritt- und Armbewegungen betont simplifiziert. Die Perspektive wird wenig genutzt, vieles in die Fläche geklappt. LeSc. ist der Meinung, daß der Illustrator Kinder als Betrachter respektieren müsse, daß aber ein Unterschied zwischen Illustrieren für Erwachsene und Illustrieren für Kinder nicht zu machen sei.

Werke: A.-M. Cocagnac: Die Geschichte von Jonas (1963); A.-M. Cocagnac: Die Geschichte von Zachäus, dem Zöllner (1963); A.-M. Cocagnac: Die Geschichte vom blinden Mann, der wieder sehend wurde (1964); A.-M. Cocagnac: Die Geschichte vom lahmen Mann, der geheilt wurde (1964); A.-M. Cocagnac: Die Taufe Jesu im Jordan (1964); A.-M. Cocagnac: Saulus wird Paulus (1964); Chrétiens d'aujourd'hui (1965); A.-M. Cocagnac: Pour comprendre ma messe (1965); dt. Die Geschichte von unserer heiligen Messe, 1965); A.-M. Cocagnac (Hrsg.): Evangile pour les jeunes (1965); J. M. Georgeot: Abraham (1965); J. M. Georgeot: Jakob (1965); P. A. Lesort: Tabakou à Jerusalem (1965; dt. Tabaku in Jerusalem, 1965); B. Aafjes: L'histoire du petit roi Isar (1966); A.-M. Cocagnac: La Bible pour les jeunes (Teil 1–2. 1966–1967); A.-M. Cocagnac: Ce que Jésus a fait pour moi (1966); A.-M. Cocagnac: Die Geschichte von den Emmausjüngern (1966); J. M. Georgeot: Joseph und seine Brüder (1966); H. Hoffmann: Lasset die Kindlein zu mir kommen (1966); A.-M. Cocagnac: Jesus weckt seinen Freund Lazarus auf (1967); K. Speidel: Kinder reden mit Jesus (1967); J. Le Scanff: Die Stillung des Sturmes (1968); A.-M. Cocagnac: Les mots de la Bible (1968; dt. Was sagt uns die Bibel?, 1969); A. Y. Daniel: Chrétiens partout (1968); A.-M. Cocagnac: Das Buch vom Heiligen Geist (1969); Fr. Hoffmann: Jesus stillt den Sturm (1969).

Erich Gerhard

Leserbiographie

L.n beschreiben als einzelfallorientierte Längsschnittstudien die Entwicklung des Leseverhaltens einer Person im Zusammenhang mit ihrer individuellen Lebensgeschichte. Dabei werden Genese und Entwicklung des beobachtbaren Leseverhaltens, der damit verbundenen Einstellungen und zugrundeliegender Motiv- und Bedürfnisstrukturen im komplexen Wirkungsgefüge ihrer vielfältig wechselnden individuellen, sozialen und situativen Einflußfaktoren rekonstruiert. Die systematische Gewinnung und Analyse von L.n kann als ein neuer Forschungsansatz im Bereich der (Jung)-Leserforschung dann angewandt werden, wenn das Erkenntnisinteresse einer Untersuchung über die Erfassung des vordergründig feststellbaren Leseverhaltens hinaus auf die Kenntnis von Ursachen und Erklärungszusammenhängen gerichtet ist. Die Ergebnisfindung wird durch den interdisziplinären Forschungszusammenhang erschwert.

Qualitativ-interpretative Verfahren wie Fallstudien vor dem Hintergrund ganzer Lebensläufe wurden bisher im Bereich der (Jung)-Leserforschung selten angewandt (z.B. in HANS BÖDECKERs Untersuchung „Die Leseentwicklung in ihrer Abhängigkeit von Umwelt- und Erziehungsbedingungen", veröffentlicht in: DAHRENDORF/V. SCHACK: Das Buch in der Schule (1969) und von MICHAEL KAISER „Zur Frage der Leserentwicklung", in: BETTINA HURRELMANN (Hrsg.): Kinderliteratur und Rezeption, Baltmannsweiler 1980). Man geht bei der Erstellung von L.n von der Prozeßhaftigkeit und Komplexität des Leseverhaltens und seiner Bedingungsfaktoren aus: Das aktuelle Leseverhalten ist ein vorläufiges Ergebnis vorausgegangener Leseerfahrungen, und seine Einflußfaktoren sind so komplex, vielschichtig und interdependent, daß sie sich nur dann realitätsgerecht erfassen lassen, wenn man sie nicht aus ihrem lebensgeschichtlichen Wirkungsgefüge isoliert (wie es für quantitativ-statistische Verfahren erforderlich ist), sondern im Ablauf biographischer Stationen und den damit verbundenen Veränderungen von Umweltbezügen und Einflußbereichen erfaßt.

Hannelore Daubert

Leutemann, Heinrich

*Zeichner, Illustrator; *8. 10. 1824 Großzschocher b. Leipzig, †14. 12. 1905 Wittgensdorf b. Chemnitz.*

L., Sohn armer Eltern, besuchte von 1838 bis 1846 die Leipziger Akademie als Schüler von BRAUER, G. A. HENNIG und besonders B. VON NEHER. Dieser ließ ihn an den Fresken im Weimarer Schloß und an den Kartons für die Glasfenster der Stuttgarter Stiftskirche mitarbeiten. Seit 1850 wirkte L. in Leipzig als Bleistiftzeichner und Aquarellist für Illustrationen, die in der „Gartenlaube", der „Leipziger Illustrierten Zeitung" und in „Über Land und Meer" erschienen. Für die „Münchener Bilderbogen" lieferte er die sehr erfolgreichen Serien „Die Welt in Bildern" (46 Bogen) und „Bilder aus dem Alterthume" (24 Bogen), die später auch gesammelt erschienen. Als er auf einem Auge erblindete, eröffnete er eine Schule für Zeichenunterricht. Seit 1895 völlig erblindet, mußte er sich von der Arbeit zurückziehen. Er lebte dann bei seinem Sohn.

Werk, Tendenzen, Wirkung. L.s Spezialität waren Tierbilder, von denen er unzählige Serien für Bilderbücher und zu pädagogischen Zwecken schuf. L. war ein unermüdlicher, gewandter und feiner Zeichner und Aquarellist, was die seit den sechziger Jahren des 18. Jahrhunderts üblichen Farbdrucke und Chromolithographien leider häufig nicht erkennen lassen. Zu vielen seiner Zeichnungen schrieb L. auch die Texte. Bekannt wurde er zunächst durch die 36 von PAYNE gestochenen Stahlstiche zu J. E. HARTMANNs Nachdichtung des „Reineke Fuchs" (1855). Sie stehen, zumal wo die gleichen Szenen dargestellt sind, allzu stark unter dem Einfluß und im Schatten der KAULBACHschen Stiche zu GOETHES „Reineke Fuchs", deren boshaften Witz und aggressive aktuelle Anspielungen sie mehr im Sinne der üblichen Fabelbilder abschwächen. Auch L.s Holzschnitte zu CHR. F. GELLERTs Fabeln (1861) bleiben konventionell. In den farbigen Bildern zu ALBERT LUDWIG GRIMMS Bearbeitungen deutscher Sagen und deutscher oder orientalischer Märchen, die im Verlag Gebhardt in Leipzig erschienen sind, ragt L. kaum aus

„Ein gebildeter Orang-Utang". Heinrich Leutemann. Kolorierte, ganzseitige Illustration zu Franz Wiedemanns Jugenderzählung „Wenn Jemand eine Reise thut, so kann er 'was erzählen" (Dresden, ^{2}1882). Die Abbildung gehört zu dem Kapitel „Ein seltener Gast Europas", in dem von der Begegnung mit einem „Orang-Utang" in der „großen Stadt London" berichtet wird.

der Schar ähnlicher Illustratoren seiner Zeit, wie etwa Carl Offterdinger (1829–1889), mit dem er öfter zusammengearbeitet hat, hervor. L.s Tierbilder und ebenso seine völkerkundlichen, geographischen und historischen Darstellungen fallen durch die auf sorgfältigen Studien beruhende Sachtreue auf, mit der Tiere und menschliche Figuren in ihrem jeweiligen Milieu, ob landschaftliches oder kulturelles, hineingestellt sind. Dabei steht der lehrhafte Zweck meist im Vordergrund. So hatten diese Bücher Erfolg und erlebten oft mehrere Auflagen oder Bearbeitungen. Viele der Bilder wurden als Wandtafeln oder als Anschauungsmaterial für den Unterricht verwandt. L. konnte von sich sagen, er sei „in volksbildnerischem Sinne tätig" gewesen und habe „anregend und belehrend vor allem auf die deutsche Jugend und damit auf das deutsche Volk gewirkt" (nach Eichler, S. 58).

Werke: H. Leutemann: Zehn Thiergeschichten mit Bildern für kleine Knaben und Mädchen (1850); Schillers Lied von der Glocke in 40 Blättern bildlich dargestellt (1855); J. E. Hartmann: Reineke Fuchs (1855); Th. Bade (Hrsg.): Der Scalpjäger (1858); Münchener Bilderbogen Nr. 244ff.: Die Welt in Bildern. 1–46 (1858–1895; NA. als Buch, 1875); Münchener Bilderbogen Nr. 334ff.: Bilder aus dem Alterthume. 1–24 (1862–1887; NA. als Buch, 1875); H. Jäde: Aus dem Morgenlande (1859); Fr. Hofmann: Neues Thierbilder-Buch für kleine brave Kinder (1860); Chr. F. Gellert: Sämmtliche Fabeln und Erzählungen (Buch 1–3, 1861); G. Chr. Fr. O. Spamer: Das Buch merkwürdiger Kinder (Bd. 1–2. 1862–1866); Th. Griesinger: Im hohen Norden (zus. mit anderen, 1864); Chr. F. A. Lehrer: Stuttgarter Bilderbuch (zus. mit anderen, 1865); H. Wagner: Zonen-Bilder (1867); H. Göll: Illustrierte Mythologie (zus. mit anderen, 1867); J. H. Campe: Die Entdeckung von Amerika. Für die reifere Jugend bearb. von A. Hummel (1869); K. Fr. Becker: Erzählungen aus der alten Welt (Bd. 1–3. 1868); H. Leutemann: Unsre Thiere in Hof und Haus (1869); A. L.

Grimm (Bearb.): Märchen der 1001 Nacht (1869, [8]1879); A. Hummel (Bearb.): G. Ferry: Der Waldläufer (1869); H. Leutemann: Die Hausthiere (1871, NA. 1884); A. L. Grimm: Märchenbuch (1871); A. Hummel (Bearb.): F. Marryat: Sigismund Rüstig (1872); J. H. Campe: Robinson der Jüngere (1872); A. L. Grimm: Deutsche Sagen und Märchen (1872); J. H. Campe: Fabeln und Erzählungen für ein früheres Kindesalter zusammengestellt (1874); A. Lehmann: Zoologischer Atlas (1876, 1888); H. Wagner: Wilde Thiere (1876); H. Leutemann: 12 Thierbilder (1876); H. Wagner: Thierbilderbuch und Thiergeschichten (zus. mit anderen, 1877); H. Wagner: Charakterbilder aus der Thierwelt (ill. zus. mit E. Schmidt. Ser. 1–3. 1878); D. F. Weinland: Rulaman (zus. mit anderen, 1878); H. Wagner: Unzerreissbares Thierbilderbuch (1878, NA. 1884 und 1892); D. F. Weinland: Kunig Hartfest (zus. mit anderen, 1879); H. Leutemann: Erstes Bilderbuch für kleine artige Kinder (1879); H. Leutemann: Völkertypen (1880); H. Leutemann: Bilder und Studien aus dem Thierreich (1882); Fr. Wiedemann: Wenn Jemand eine Reise thut, so kann er was erzählen (1882); F. Kamberg: In's Zauberland (1883); H. Leutemann: Kleiner Thiergarten (1885); H. Leutemann: Illustrierte Naturgeschichte der 3 Reiche für die Jugend (1887); H. Leutemann: Leporello-Album (1887); Mein erstes Märchenbuch (zus. mit L. Offterdinger, 1887; [7]1897); A. Kirchhoff: Bilder aus dem Völkerleben (1888); H. Leutemann: Lebensbeschreibung des Thierhändlers Carl Hagenbeck (1888); A. Lehmann: Bilderbuch (1890); L. F. Goebelbecker: Lernlust (1893); Märchenzauber (zus. mit anderen, 1893); H. Leutemann: Große Menagerie (zus. mit anderen, 1896).

Sekundärliteratur: U. Eichler: Münchener Bilderbogen (1974). – H. A. Lier (in: Biographisches Jahrbuch. 10. 1905. 193–194). – A. Rümann: Das illustrierte Buch des XIX. Jahrhunderts in England, Frankreich und Deutschland 1790–1860 (1930, ND. 1975).

Eberhard Semrau

Lewis, Clive Staples

*Englischer Literaturwissenschaftler, Schriftsteller und Kinderbuchautor; *29.11.1898 Belfast, †22.11.1963 Oxford.*

L. studierte in Oxford klassische Philologie und unterrichtete später am Magdalene College. Er kämpfte im Ersten Weltkrieg an der Westfront. 1954 wurde er auf den berühmten Lehrstuhl für Literatur des Mittelalters und der Renaissance in Cambridge berufen. Wie sein Professorenkollege JOHN R. R. TOLKIEN (1892–1973), mit dem er eng befreundet war, war L. engagierter Katholik, Kenner und Verehrer mittelalterlicher Literatur und Theologie. Die Freundschaft zu TOLKIEN wurde durch L.s Gewandtheit im Schreiben und Publizieren belastet. Die Grundkonzeption eines religiös fundierten Reiches, in dem stellvertretend für die wirkliche Welt der Kampf zwischen Gut und Böse ausgetragen wird, wie sie in TOLKIENS Middle Earth und L.s Narnia dargelegt ist, war von beiden in gemeinsamen Gesprächen entworfen worden. Als L. in schneller Folge seine Narnia-Bücher publizierte, TOLKIEN aber mit „The lord of the rings" nicht vorankam, hat dies TOLKIEN als Vertrauensbruch und Diebstahl an seiner ureigenen Idee empfunden.

Werk, Tendenzen, Wirkung. L.s Bedeutung liegt zunächst bei seinen literaturwissenschaftlichen und theologischen Arbeiten. „The allegory of love. A study of medieval tradition" (1936) ist eine epochemachende kritische Darstellung mittelalterlicher Philosophie, Theologie und Literatur, die auch noch heute Gültigkeit hat. Die Verbindung zu dem ebenfalls zum Katholizismus konvertierten GILBERT KEITH CHESTERTON (1874–1936), zu DOROTHY SAYERS (1893–1957) und zum Oxforder Kreis engagierter Katholiken, hat L. zu theologischen Publikationen ermuntert. Mit „The problem of pain" (1940) etablierte er sich als d e r Laientheologe des englischen Katholizismus. Die „Screwtape letters" (1942), in denen ein alter, erfahrener Teufel einen Neuling in die Kunst der Versuchung einführt, zeigen die humorvolle Art, mit der L. ernsthafte theologische Probleme erörtern konnte. Bereits 1936, bevor Science Fiction populär war, schrieb L. als Reaktion auf die Antiutopien von ALDOUS HUXLEY (1894–1963) und GEORGE ORWELL (1903–1950), den Science Fiction-Roman „Out of a silent planet" mit einem christlich positiven Erklärungsmodell.

Religiosität und mittelalterliche allegorische Erzähltradition bilden auch den Hintergrund für die sieben Narnia-Bücher für Kinder. In dem ersten Buch der Reihe, „The lion, the witch and the wardrobe" (1950) führt L. die Kinder Peter, Susan, Edmund und Lucy durch die sich öffnende Rückwand eines Kleiderschranks in das magische Reich Narnia, das von den Kräften des Bösen in Gestalt der weißen Hexe beherrscht wird, aber in der Hoffnung einer Prophezeiung auf Erlösung durch den Löwen Aslan lebt. Der Kampf zwischen den Mächten der Finsternis und denen des Lichtes wird bis zum letzten Buch der Reihe, „The last battle" (1956) fortgesetzt. Offenkundig ist im Opfer und der Wiederauferstehung Aslans die Variation der christlichen Heils- und Erlösungsgeschichte zu erkennen. Dazu gehören auch Analogien zum Verrat des Judas und zum letzten Abendmahl. L. läßt die Kinder die Heilsgeschichte als handelnde, beteiligte Figuren nacherleben. MARCUS CROUCH kritisierte 1962, daß die jugendlichen Helden von ihrem Autor intellektuell-moralisch überstrapaziert werden und dadurch altklug und unglaubwürdig wirkten. Neben den Verbindungen von biblischer und moderner Thematik verknüpft L. auch allegorische Erzählweisen mit modernem Erzählstil und bringt das Inventar mittelalterlicher Literatur, etwa der Bestiarien ebenso in die Erzählung mit ein wie Anspielungen auf spätmittelalterliche Malerei, Emblematik und Ikonographie. Besonderes Geschick beweist L. in der Gestaltung des Schlußtableaus, in denen göttliche Gerechtigkeit, Belohnung und Strafe, aber auch Verzeihung geübt wird. L.s Bücher reflektieren nicht unmittelbar die soziale Realität, aber mit der Betonung von Tugenden wie Treue, Liebe, Vertrauen, Hingabe und Pflichterfüllung und mit ihrer allegorischen Realisierung in der auch nicht perfekten Wunschwelt von Narnia suggeriert L., daß diese Werthaltungen auf die reale Welt übertragbar bleiben müssen.

Werke (Auswahl): The pilgrim's regress (1933); The allegory of love (1936); Out of the silent planet (1938; dt. Der verstummte Planet, 1948; auch u.d.T.: Jenseits des schweigenden Sterns, 1957; NA. 1976); The problem of pain (1940; dt. Über den Schmerz, 1954; NA. 1978); The Screwtape letters (1942; dt. Dämonen im Angriff, 1944; auch u.d.T.: Dienstanweisung für einen Unterteufel, 1944; NA. 1958, [20]1979); Perelandra (1943; dt. Perelandra, 1957; NA. 1976); That hideous strength (1945; auch u..d.T.: The tortured planet, 1946; dt. Die böse Macht, 1954; NA. 1977); The lion, the witch and the wardrobe (1950; dt. Die Abenteuer im Wandschrank; oder: Der Löwe und die Hexe, 1957; auch u.d.T.: Der König von Narnia, 1977); Prince Caspian (1951; dt. Die unverhoffte Wiederkehr oder Prinz Kaspian, 1959; auch u.d.T.: Wiedersehen in Narnia, 1977); The voyage of the Dawn Treader (1952); The silver chair (1953); The horse and his boy (1954; dt. Der Ritt nach Narnia oder Das Pferd und sein Junge, 1958); The magician's nephew (1955; dt. Die geheimnisvolle Tür oder Die Gründung von Narnia, 1957); The last battle (1956; dt. Die Tür auf der Wiese, 1974).

Sekundärliteratur: A. Arnott: The secret country of C. S. Lewis (1974). – J. R. Christopher: An introduction to Narnia (in: Mythlore. 1. 1970. u. 2. 1971). – M. S. Crouch: Chronicles of Narnia (in: Junior bookshelf. 20. 1962). – R. L. Green: C. S. Lewis. A biography (zus. mit W. Hooper, 1974). – G. Kranz: C. S. Lewis. Studien zu Leben und Werk (1974). – K. A. Lindskoog: The lion of Judah in never-never-land (1973). – C. S. Lewis: On three ways of writing for children (The Hornbook. 39. 1963). – G. Meleander: The taste for the other: Social and ethnical thoughts in C. S. Lewis (1978). – R. L. Purtill: Lord of the elves and eldils. Fantasy and philosophy in C. S. Lewis and J. R. R. Tolkien (1974). – G. Urang: Shadows of heaven. Religion and fantasy in the writing of C. S. Lewis, Charles Williams and J. R. R. Tolkien (1971). – Ch. Walsh: The literary legacy of C. S. Lewis (1979).

Eckhard Breitinger

Lichtenberger, Franz

*Volksschullehrer, Literaturpädagoge, Schriftsteller; *31. 8. 1881 Dame, †7. 11. 1942 Magdeburg.*

L. war Lehrer, später Rektor an einer Hilfsschule in Magdeburg. Schon nach der Jahrhundertwende beteiligte er sich intensiv an den Auseinandersetzungen um die Jugendschriften. Dabei ergriff er als Mitglied des von Otto zur Linde (1873–1938) und Rudolf Pannwitz (1881–1969) gegründeten „Charon-Kreises" („Berliner Dichterschule") und als Mitglied des „Berthold-Otto-Kreises" in den Kontroversen um Dichtung „vom Kinde aus" und um Dichtung in „Altersmundart" gegen Heinrich Wolgast (1860–1920) für Berthold Otto (1859–1933) Partei. Mit der Übernahme der Jugendschriftenarbeit der „Vereinigten Jugendschriftenausschüsse" durch den Nationalsozialistischen Lehrerbund (NSLB) im Jahre 1933 wurde er Mitarbeiter im Gau Magdeburg-Anhalt. 1939 übernahm er die Leitung der Hauptstelle Schrifttum und der darin einbezogenen Jugendschriftenstelle. Jugendschriftenfragen hat L. vor dem Ersten Weltkrieg in der „Jugendschriften-Warte" und in der von ihm herausgegebenen Zeitschrift „Beiträge zur Jugendschriftenfrage" (1905, weitergeführt als „Der heilige Garten") diskutiert. Dabei ging es vornehmlich darum, die alternative Diskussion um die Priorität von „Kunstwert" und „Kindertümlichkeit" der Jugendschrift zu vermitteln im „Versuch einer Festlegung der Gesetze der Ästhetik des Kindesgeistes". In seiner theoretischen Hauptschrift „Der neue Weg der deutschen Jugendschrift" (1930) hat L. alle früheren Überlegungen zusammengefaßt: Bestätigung und grundlegende Vorarbeiten für den seit 1905 geforderten Versuch fand L. in der Charon-Bewegung mit ihrer Anerkennung der ästhetischen Qualität der Sprache von Kindern („Ein Kind, das unbeeinflußt und ganz in seiner Sprache spricht, spricht schönste Poesie" – Otto zur Linde, 1911) und mit ihrer Anerkennung der „Sprechstunde von Erwachsenen" als Literatursprache (Märchen von Verena zur Linde), weiter in den parallel laufenden, um die „Altersmundart" konzentrierten Hauslehrer-Bestrebungen Berthold Ottos. Zur Bereitstellung von Materialien in diesem Versuchsfeld forderte er das „Experiment". Dabei müßten die Kinder „Führer" sein. Ihnen seien die „Gesetze ihres künstlerischen Sehens" abzulauschen. L. ging davon aus, daß es für den erwachsenen Jugendschriftsteller kein Schreiben in „reiner Kindesmundart", sondern nur in einer Art „Sprechsprache der Erwachsenen" geben kann. Heinrich Wolgasts Grundsatz, jede Literatur für Kinder und Jugendliche müsse ein Kunstwerk sein, erkannte er wohl an, wollte ihn sogar auf das Sachbuch angewendet wissen; Wolgast habe aber mit seiner Ablehnung des „Kindertümlichen" der Jugendliteratur einen schweren Schaden zugefügt. Im Nationalsozialismus hat L. gegen den zeitweiligen Widerspruch der Hitler-Jugend den Grundsatz, die Literatur für Kinder und Jugendliche müsse „kindertümlich" bzw. „jugendtümlich" sein, zur offiziellen Anerkennung gebracht.

L.s theoretische Versuche zur Vermittlung der Bewertungsgrundsätze für die Jugendliteratur wurden von Anfang an von eigener schriftstellerischen Praxis als Lyriker (Gedichte 1904; einzelne Veröffentlichungen im „Charon") und später als Jugendschriftsteller begleitet. Vor allem als Jugendschriftsteller hat er die eigene Sprache auf ein „einfaches kindertümliches Deutsch" auszurichten versucht, besonders in den zunächst (1906–1908) in Berthold Ottos „Hauslehrer" erschienenen, von namhaften Schriftstellern wie Richard Dehmel (1863–1920) und Johannes Schlaf (1862–1941) positiv bewerteten Aufsätzen über das „Leben der Pflanzen", später in den „Klein-Susel"-Geschichten (1923–1925) und in seinen Bearbeitungen älterer Literatur (Grimms Märchen und Sagen, Reinekke Fuchs, Nibelungen-Sage, Gudrun-Sage, Simplizissimus u.a.). Als Mitarbeiter und Herausgeber von „Marholds Jugendbüchern" (Mitarbeiter seit 1921, Herausgeber seit 1925) konnte er sich über die eigene schriftstellerische Arbeit hinaus für die Realisierung seiner Ziele einsetzen.

Werke: Allerlei vom Leben der Pflanzen (Bd. 1–2. 1907–1908; Teilausg. u.d.T.: Was wir uns von Pflanzen erzählt haben, 1927); Deutsche Sagen nach den Brüdern Grimm und anderen neu erzählt (1922); Klein Susel (T. 1–2, 1923–1925); Held Siegfried (1926); Kriemhilds Rache (1927); Gudrun (1928); Das

Lumpengesindel. Die schönsten Tiermärchen aus den „Kinder- und Hausmärchen“ der Gebrüder Grimm (1929); Der neue Weg der deutschen Jugendschrift (1930); Graf Zeppelin. Sein Leben und sein Werk (1933); Magdeburger Sagen (1935); Preußisches Heldentum (1937).

Bearb.: Reineke Fuchs (1921); H. J. Chr. v. Grimmelshausen: Der abenteuerliche Simplizius Simplizissimus (1935).

Beiträge: Die „kindertümliche“ Jugendschrift (in: Jugendschriften-Warte. 35. 1930. 69–72); Die geschichtliche Entwicklung der Idee der Kindertümlichkeit im Jugendschrifttum (in: Jugendschriften. Warte. 45. 1940. 65–70).

Hrsg.: Beiträge zur Jugendschriftenfrage. 1. 1905/06; Jg. 2. 1906/1907 u.d.T.: Der heilige Garten.

Sekundärliteratur: E. Bockemühl: Nachruf (in: Jugendschriften-Warte. 48, 1943. 2–3). – W. Matthias: Franz Lichtenberger (in: Jugendschriften-Warte. 48. 1943. 1–2).

Gisela Wilkending

Liebermann, Ernst

*Maler, Illustrator; *9.5.1869 Langemüß (Sachsen-Meiningen); Todesdatum unbekannt.*

L. erhielt seine erste Ausbildung auf der Kunstgewerbeschule in Nürnberg, dann auf der Kunstschule und am Kunstgewerbemuseum in Berlin. Von 1890 bis 1893 studierte er an der Berliner Akademie bei F. Skarbina (1849–1910) und J. Scheurenberg (1846–1914). 1893 wurde L. mit der Großen Silbernen Medaille ausgezeichnet. In der Folgezeit führten ihn Studienreisen nach München, Paris, Nordfrankreich und Italien, bis er sich 1897 in München niederließ. In München war er vier Jahre lang in der lithographischen Druckerei von W. Hagelberg beschäftigt und entfaltete eine rege Illustrationstätigkeit. L. war Vorsitzender des Bundes zeichnender Künstler Münchens und Mitglied des Reichsverbandes bildender Künstler Deutschlands (Berlin).

Werk, Tendenzen, Wirkung. Lange bevor L. sich der Malerei zuwandte, entwickelte er beachtliche Fähigkeiten auf dem Gebiet der Zeichnung und Illustration. Die Wahl seiner Sujets verrät romantische Tendenzen. Deutsche Schlösser, Burgen, Kirchen, idyllische Stadtwinkel und Landschaften finden ihren bildlichen Niederschlag in zahlreichen Zeichnungen. L. illustrierte zwei Bände des „Jungbrunnen“ (1900) und drei Bände des Sammelwerks „Teuerdank“ (1901). Er arbeitete für die Münchener Wochenzeitschrift „Jugend“ und für den „Thüringer Kalender“. Seinen künstlerischen Ruf begründen Lithographien, die – bei Fischer und Franke herausgegeben – in ihren Motiven meist an deutsche Volkslieder anknüpfen. Viele Illustrationsaufträge, besonders für Kinderbücher, folgten. L. arbeitete für die Zeitschrift „Kind und Kunst“, für Friedrich Lienhards (1865–1929) „Thüringer Tagebuch“ und für „Kindersang-Heimatklang“ (1906–1907). Für die Reihe des Scholz-Verlags „Das deutsche Bilderbuch“ illustrierte er den „Froschkönig“ (1908), „Rapunzel“ (1922) und „Rumpelstilzchen“ (1929). Seine Märchenfiguren bringt L. teilweise als monumentalisierte, ausdrucksvolle Gestalten in klaren Farben und festgefügten Flächen. Gelegentlich adaptiert L. Elemente des Jugendstils: bewegte, in fließende Konturen gekleidete Körper oder sich unruhig verästelnde vegetabile Bildrahmungen, wie für „Der getreue Eckart“ oder für „Der Wolkenkönig“. Ohne das spielerische Moment dagegen sind seine Illustrationen zu „Herzog Wittekind“, schwer und voll von heroisierendem Pathos. Später verlagerte L. den Schaffensaspekt von der Graphik auf die Malerei. Neben die früheren Themen traten Interieurbilder, Portraits und Aktbilder. Dabei interessierte ihn besonders der optische Reiz des Farbenspiels von Sonnen- oder Mondlicht auf der Oberfläche; das läßt an impressionistische Einflüsse denken. Als große, dekorative Aufgabe ist sein Historienbild „Der Astronom Weigel und das alte Kollegiengebäude“ für das neue Universitätsgebäude in Jena zu nennen. Hier kommt seine Vorliebe für dramatische Lichtverhältnisse zum Tragen. Andere Themen seiner Malerei sind „Mondnacht“ (1901), „Blick ins Land“ oder „Interieur aus dem Goethehaus in Weimar“.

Werke: E. Liebermann: Aus deutscher Märchenwelt (1901); E. H. Straßburger: Lieder für Kinderherzen (1901); H. Moser (Hrsg., zus. mit U. Kollbrunner): Jugendland (Bd. 1–3. 1901–1903; zus. mit anderen); Fr. Lehmensick: Thüringer Sagen (1902); H. Schaffstein (Hrsg.): Der getreue Eckart (zus. mit anderen, 1903); Deutscher Balladenborn für jung und alt (zus. mit anderen, 1904); Lieder und Bilder für jung und alt (zus. mit anderen, 1904); Kindersang-Heimatklang (Bd. 1–4. 1906–1907; NA. 1919); Weihnachtsklänge (1907); J. u. W. Grimm: Der Froschkönig oder der eiserne Heinrich (1908); E. König: Ums heilige Grab (1908); W. Kotzde: Wode Brausebart (1909, NA. 1923); W. Kotzde: Herzog Wittekind (1910); E. König: Der Dombaumeister von Prag (1911); Fr. Lehmensick: Märchen- und Robinson-Lesebuch (1911); D. Defoe: Robinson Crusoe (zus. mit K. Fahringer, 1913); J. u. W. Grimm: Rapunzel (1922); A. Sixtus: Der Wolkenkönig (1925); R. Münchgesang (Bearb.): G. Schwab: Fortunat und seine Söhne und andere deutsche Sagen (1928); J. Svensson: Auf Skialpón (1928); J. u. W. Grimm: Rumpelstilzchen (1929).

Sekundärliteratur: O. Doering: Ernst Liebermann (in: Der Burgwart. 17. 1916. 7. 122–128). – H. L. Köster: Geschichte der deutschen Jugendliteratur in Monographien (⁴1927, ND. 1968). – Fr. v. Ostini: Ernst Liebermann und seine Kriegsbilder (in: Velhagen und Klasings Monatshefte. 30. 1915/16. 2. 193–204). – Fr. Tr. Schulz: Ernst Liebermann (in: Westermanns Monatshefte. 56. 1912. 7. 1–17). – W. Zils (Hrsg.): Geistiges und künstlerisches München in Selbstbiographien (1913).

Margund Claussen

Liebesgeschichte

Unter L.n werden im folgenden epische Texte verstanden, in denen heftige Sympathiegefühle, auch einseitige, zwischen Menschen meist unterschiedlichen Geschlechts, unter denen es zum Austausch sexueller Zärtlichkeiten kommt oder kommen könnte, dargestellt werden. Texte, die nur von Zuneigungen zu Verwandten, Tieren oder Gegenständen handeln, scheiden aus. In den Texten geht es zentral um Liebe/Part-

nerschaft/Sexualität und deren Folgen. Die Abgrenzung zu anderen problemorientierten Büchern ist nicht immer eindeutig. Da Jugendliche durch Liebesszenen zum Lesen/Weiterlesen motiviert werden und ihre selektive Wahrnehmung oft vorrangig auf diese „Stellen" gerichtet ist, gelten ihnen auch solche Texte als L.n, die daneben oder primär andere Aufklärungsabsichten haben.

L.n in der Geschichte der Kinder- und Jugendliteratur. Den Pädagogen des 18. Jahrhunderts waren L.n als Jugendlektüre ein Greuel; ausdrücklich warnten sie vor dem Lesen von Volksbüchern wie „Tristan", vor dem Singen sogenannter Buhllieder und vor dem Anschauen entblößter Körper auf Bildern. L.n bedrohten die von JOHANN BERNHARD BASEDOW (1724–1790), CHRISTIAN FELIX WEISSE (1726–1804) oder JOACHIM HEINRICH CAMPE (1746–1818) vertretene Erziehung zu Schamhaftigkeit und Keuschheit. In liberalen Bürgerhäusern wurde gleichwohl die Lektüre der in billigen Ausgaben vertriebenen Volksbücher, die abenteuerliche L.n enthalten, geduldet; GOETHE berichtet 1811 (in: Dichtung und Wahrheit, 1. Buch), daß die Hefte zerlesen, „wieder angeschafft und aufs neue verschlungen" wurden. In den für Schule und Freizeit herausgegebenen Kinderzeitschriften (seit 1726) und -lesebüchern (seit 1771) waren L.n nicht zu finden. Die Abneigung gegen L.n in der öffentlichen Erziehung wurde im 19. Jahrhundert insofern modifiziert, als das Mädchenbuch, das vorrangig der Vorbereitung auf die Rolle als Hausfrau, Gattin und Mutter diente, die weibliche Entwicklung oft bis zur Eheschließung und darüber hinaus zeigte. Dieser Buchtyp fand bis ins 20. Jahrhundert hinein weite Verbreitung und hatte – was die L. angeht – etwa folgendes Schema: Die von männlichen Jugendlichen isoliert aufgewachsene Heldin verliebt sich aus der Ferne; ihr Schwarm hält dann um ihre Hand an, ein Kuß besiegelt das Bündnis fürs Leben; im Schlußbild steht die glückliche Mutter an der Wiege (so in „Käthe's Pensionsjahre" von MARIE VON FELSENECK). Die Jugendschriftenbewegung um die Jahrhundertwende brachte keine Liberalisierung. HEINRICH WOLGAST (1860–1920), erklärter Feind des Mädchenbuches, plädierte zwar 1906 für künstlerische „Geschichten mit Liebe" als Jugendlektüre (THEODOR STORMS Darstellung einer innigen Kinderliebe in „Pole Poppenspäler", 1877 erschienen, galt ihm als beispielhaft), reagierte aber äußerst allergisch auf „Liebesgeschichten", die für ihn „immer auszuschließen sein werden". Er konnte mit ihnen nur die Vorstellung von Trivialliteratur verbinden. In der deutschen Jugendliteratur blieb die L. tatsächlich lange ein pädagogisch fragwürdiges, für triviale Darstellung besonders anfälliges Produkt.

Abgesehen davon, daß die Behandlung des Themas Liebe weitgehend auf die Gattung Mädchenbuch beschränkt blieb, erschöpfte sich die Absicht der meist weiblichen Autoren in der Regel darin, die Leserinnen vor sexueller Verführung zu warnen. Bezeichnend dafür ist der Titel „Sag ja oder nein ..." von INGE OTT (1966). In diesem Jugendroman verliebt sich eine Siebzehnjährige in einen überheblichen Mann, der sie mit eindeutigen Angeboten verwirrt und ihre Widerstandskraft auf eine harte Probe stellt. Ihr halbherziges Nein erweist sich später als klug. An einer Schulfreundin wird abschreckend gezeigt, was aus leichtfertigen Jasagerinnen wird. Moral: Spare dich sexuell für den Ehemann auf! Ähnlich argumentiert LISA HEISS in „Das Mädchen im Feuer" (1964), wo in angstmachender Weise die Folgen einer flüchtigen Bekanntschaft mit einmaligem Geschlechtsverkehr geschildert werden: die Siebzehnjährige, die sich vergeblich gegen ihre Schwangerschaft wehrt, wird von der Umwelt gezwungen, die Schande geheimzuhalten und den Säugling in Pflege zu geben. Als Studentin wagt sie es endlich, sich zu ihrem Kind zu bekennen; der Mann, der sie heiraten wollte, verläßt sie daraufhin. Verräterisch im Hinblick auf das Programm ist schon der Titel „... und ich warte" (1963) von SABINE HORNEMANN. Dieser überaus reaktionäre Roman führt der Leserin die masochistische Haltung als beispielhaft vor; die Heldin übt sich – in der vagen Hoffnung auf Errettung und Erhöhung durch den schicksalhaft vorbestimmten Mann – in der Rolle der Wartenden. L.n im herkömmlichen Mädchenbuchstil werden noch immer in großer Anzahl produziert und von weiblichen Jugendlichen gelesen; Autorinnen wie SUSANNE BARDEN, HELEN T. BOYLSTON, BERTE BRATT, GITTA VON CETTO, MARIE LOUISE FISCHER oder MARGOT KREUTER zeigen nur geringe Neigung, sich den veränderten Normen der Gesellschaft anzupassen oder durch konstruktive Kritik auf sie zu reagieren.

Lange haben auch die Verlagslektoren die „Sauberkeit" der Darstellung in Jugendbüchern überwacht und jede freimütige Stelle im Hinblick auf frühen Sexualverkehr ausmerzen lassen, was zu einer Selbstzensur der Autoren führte. Das wurde erst um 1970 anders. Nun tauchten auch Jugendbücher auf, die bei der Darstellung junger Liebender keine Tabus mehr kannten.

Formale und inhaltliche Aspekte neuer L.n. Das veränderte Angebot auf dem Markt deutschsprachiger Jugendbücher seit etwa 1970 ist eine Reaktion auf die öffentliche und fachinterne Literaturkritik, läßt sich aber auch auf die Ermittlung empirischer Daten über Lesewünsche Jugendlicher zurückführen: so ergab die Auswertung von 30000 Zuschriften an den Signal-Verlag aus den Jahren 1958–1978 (37,9% männliche und 62,1% weibliche Einsender mit einem Durchschnittsalter von 14.5 Jahren), daß viele junge Leser verstärkt Bücher mit dem Thema Liebe/Sexualität wünschten; nach Häufigkeit der Nennung erreichten L.n den dritten von insgesamt 20 Plätzen (in: Die Leseprobe '79).

Die thematische Öffnung führte dazu, daß die L. für Jugendliche den konventionellen Rahmen des Mädchenbuches sprengte. Die neuen Texte gewinnen zunehmend männliche Leser, weil sie auch – zunächst vereinzelt, später ausgewogen – in „Liebeslust und -leid" verstrickte Jungen als Helden und Identifikationsfiguren anbieten (Beispiele: HERBERT GÜNTHER, „Unter Freunden", 1976; RENATE WELSH, „Einmal sechzehn und nie wieder", 1978; ANGELIKA KUTSCH, „Liebe Malin oder Nie wieder Dein Hänschen", 1980; JO PESTUM, „Fang niemals einen Stern", 1980). Daß gleichzeitig das Monopol der weiblichen Autorenschaft bei L.n gebrochen wurde, läßt sich an zwei Anthologien ablesen: von den insgesamt 31 stammen 18 von männlichen Autoren (JO PESTUM, Hrsg.: „Die Stunden mit dir", 1976; HANSJÖRG MARTIN, Hrsg.: „Herzklopfen", 1979). Noch deutlicher ist das Übergewicht männlicher Autoren in Jugendanthologien mit klassischen und modernen L.n der Weltliteratur (HELGA NIEMEYER, Hrsg.: „Geschichten von der Liebe. Ein Lesebuch für junge Erwachsene", 1967; SYBIL Gräfin SCHÖNFELDT, Hrsg.: „Augenblicke der Liebe", 1978): 26 der 35 Beiträger sind männlich. Auffallend ist, daß im Zuge dieser Wandlung auch bereits vor Jahrzehnten im Ausland verfaßte und veröffentlichte L.n ins Jugendbuchprogramm aufgenommen werden; das gilt für RUWIM FREIERMANS „Der wilde Hund Dingo oder Die Geschichte der ersten Liebe" (dt. 1977; „Dikaja sobaka Dingo ili Roskass dlja pervoj ljubvi", 1939) oder OLIVER LAFARGES „Laughing Boy" (1929; deutsche Erstveröffentlichung unter dem Titel „Der große Nachtgesang" 1933, Neuausgabe unter dem Titel „Indianische Liebesgeschichte ‚Laughing Boy'", 1977).

In den meisten modernen Jugendromanen werden die Beglückungen und Enttäuschungen junger Liebender aus der Distanz des erwachsenen Autors dargestellt, jedoch in der Regel ohne Ironie. Exemplarisch ist ULF MALMGRENS „Den blå tranan" (1968; dt. Joel und Lena, 1980), eine diskrete L., in der eine scheue Beziehung zwischen Vierzehnjährigen gezeigt wird. Der Autor dringt nicht in die Innenwelt seiner Figuren ein, sondern läßt die gegenseitige Anziehung und das emotionale Einverständnis an Gesten und Bemerkungen erkennen. Um den Eindruck betroffenen Ernstes zu verstärken, wird häufig die Ich-Form verwendet, die rhetorisch eine Anpassung an den altersspezifischen Jargon erlaubt (z.B. in MARGOT SCHROEDERS „Das kannst du laut sagen, Hannes", 1978) oder – was seltener ist – zu befremdend feierlicher und metaphernreicher Ausdrucksweise führt (z.B. CLAIRE FRANCE: Les enfants qui s'aiment; dt. Zauber eines Sommers, 1960). Die unverhüllt subjektive Darstellung ist dem Thema angemessen; sie äußert sich auch in Briefen, die nicht immer abgesandt werden, in Tagebuchaufzeichnungen und in fingierten oder echten Protokollen (z.B. NORMA MAZER: „Dear Bill, remember me?", 1976; dt. Lieber Bill, weißt Du noch?, 1978; URSULA K. LEGUIN: „Very far away from anywhere else", 1976; dt. Nächstes Jahr im September. Protokoll einer Begegnung, 1978; KARIN Q.: Wahnsinn, das ganze Leben ist Wahnsinn. Ein Schülertagebuch, herausgegeben von der Projektgruppe Jugendbüro, 1978). Verschiedentlich wird die Liebesproblematik aus der Sicht beider Geschlechter dargestellt; eine wechselnde Erzählperspektive findet sich in ESTHER GALLWITZ' „Unter dem Wetterengel um acht" (1963), in GINA RUCK-PAUQUÈTS Sammlung von Emanzipationsgeschichten „Wie in einer Seifenblase" (1978) oder in der gemeinschaftlich von INGEBORG BAYER und HANS-GEORG NOACK verfaßten Liebesgeschichte „David und Dorothee" (1977). Ausnahmsweise wird auch die auktoriale Erzählweise verwendet, so in DIETER SCHUBERTS „Papierblume" (Erstveröffentlichung in der DDR 1973, Nachdruck in der Bundesrepublik Deutschland 1979). Formal ungewöhnlich ist HANNELORE VALENCAKS „Das Treueversprechen" (1978), indem sich die beiden Romanfiguren gegen den Erzählplan wehren und eigene Wege zu gehen versuchen. Das Happy-end ist nicht mehr die Regellösung. Häufig haben die L.n einen offenen Schluß (z.B. ELISABETH MALCOLM: Ehe es tagt, singen die Vögel, 1978; CHRISTINE BRÜCKNER: Komm wieder, Catarina; Neubearbeitung von „Wie Sommer und Winter", 1971). Manchmal enden die L.n – mehr oder weniger tragisch – mit Abschied und endgültiger Trennung (z.B. INGEBORG BAYER: Begegnung mit Indira, 1970; GUNNEL LINDE: Om livet är dig kärt, 1977; dt. Wie eine Hecke voll Himbeeren, 1977). Auch die meisten Erzählungen aus AGATHE KELLERS Buch „Eine Handvoll Luft" (1976) gehören hierher. Liebesschicksale werden auch in phantastischer Literatur dargestellt. In Sagen, Märchen oder modernen Science Fiction-Erzählungen hat das Lieben oder Geliebtwerden häufig erlösende, befreiende oder heilende Kraft (z.B. RENÉ GUILLOT: „Der Prinz der blauen Berge", Manuskriptübersetzung aus dem Französischen 1969; PAUL BIEGEL: „De Tuinen van Door", 1969; dt. Die Gärten von Dorr, 1973; OTFRIED PREUSSLER: Krabat, 1971; LISA-MARIE BLUM: Der geheimnisvolle Computer, 1980).

Das Thema „Erste Liebe" nimmt in Jugendbüchern den breitesten Raum ein; dabei kommt es in neueren Veröffentlichungen oft und rasch zu intensiven Körperkontakten. Hervorhebenswert ist PETER HÄRTLINGS Darstellung einer Kinderliebe in „Ben liebt Anna" (1979). Viertkläßler tauschen hier bereits schüchterne Zärtlichkeiten aus, wobei das frühreife Mädchen, das Beglückungen und Verwundungen zufügt, die überlegene Lehrmeisterin spielt. Untreue, Vertrauensbruch, Eifersucht und Liebeskummer werden mit Vorrang thematisiert (z.B. STIG MALMGREN: Ligga bra till, 1972; dt. Tage der Freundschaft, 1977; KLARA JARUNKOVA: Jediná, 1963; dt. Die Einzige, 1968; MARY STOLZ: To tell your love, 1950; dt. Liebe hat Zeit, 1958, ^{5}1970). Unter der Qual der Wahl zwischen zwei Partnern leiden Jugendliche verschiedentlich (z.B. GUNNEL BECKMAN: Oskuld, 1978; dt. Unschuld, 1980; UTTA WICKERT: Immer im Januar. Saras' Geschichte, 1979). Schwangerschaft und uneheliche Geburt werden erörtert, dazu unterschiedliche Problemlösungen gefunden (z.B. IRENE RODRIAN: Viel Glück, mein Kind, 1975; RENATE WELSH: Johanna, 1979; JOSEPHINE KAMM: Young mother, 1965; dt. Sag, daß es nicht wahr ist, 1971; ANNIKA SKOGLUND: dt. Ich will das Kind behalten, 1976). Einen ungewöhnlichen Ausweg zeigt GUN JACOBSON in „Peters Baby" (gleichnamiges schwedisches Original, 1971, dt. 1976, TB. 1979); der

jugendliche Vater, zunächst überrumpelt, behält das Kind.
Wie problematisch verfrühte Sexualität mit lieblosen Partnern sein kann, stellt JANA ČERVENKOVA in „Ctyrlistek pro stesti" (1969) dar: die dreizehnjährige Heldin, die sich aus sozialer Misere in die Traumwelten trivialer Liebesromane geflüchtet hat, klammert sich an einen Zigeuner, der ihre realitätsblinden Erwartungen nicht erfüllen kann und will. Die Gefahr einer Hörigkeit aus Liebe deutet sich auch an in VÁCLAV CTVRTEKS „Malá letni romance" (1966; dt. Der Fels am Strom, 1970). In RUDOLF HERFURTNERS „Die Umwege des Bertram L." (1975) wird ein Junge das Opfer einer sexuellen Verführung durch eine Minderjährige und gerät dadurch mit dem Gesetz in Konflikt, was seine Außenseiterposition verstärkt. Daß der erfahrene Liebhaber einen starken Reiz ausübt und vorgezogen wird, weil in Anfängerbeziehungen das Versagen im Liebesvollzug ernüchternd wirkt, stellt CHRISTINE NÖSTLINGER in „Pfui Spinne" (1980) sehr offen dar. Unverfrorene Schilderungen von Intimszenen finden sich in letzter Zeit häufiger; als Beispiel sei JUDY BLUMES „Forever ..." (1975) angeführt. In M. E. KERRS „If I love you, am I trapped forever?" (1973; dt. Rettet die Zärtlichkeit, 1975) wird das Thema Liebe breit gefächert dargestellt, wobei es primär um die emotionalen Aspekte geht: eheliche, vor- und außereheliche Verhältnisse enthüllen banale, abgründige, achtunggebietende, lächerliche und ernüchternde Seiten. Die Problematik der Wilden Ehe greift WOLFGANG GABEL in „Immer zusammen frühstücken" (1977) auf. Heirat und Frühehe werden mit unterschiedlicher Akzentuierung behandelt; Eheschwierigkeiten und -krisen kommen dabei ins Bild (MAX LUNDGREN: „Ole kallar mej Lise", 1969; dt. Ole nennt mich Lise, 1972; ANGELIKA KUTSCH: „Rosen, Tulpen, Nelken ...", 1978). Sexuelle Liebesbeziehungen zwischen gleichgeschlechtlichen Partnern werden verschiedentlich enttabuisiert. In INGEBORG BAYERS „Dünensommer" (1977) wird das lesbische Verhältnis einer Schülerin zu ihrer Lehrerin dargestellt; JOHN DONOVANS „I'll get there. It better be worth the trip" (1969; dt. Du sagst ja, ich sage nein, 1976) zeigt eine homosexuelle Liebe zwischen zwei Jungen, die an den verständnislosen Reaktionen der Umwelt zerbricht. In beiden Fällen dienen die Erlebnisse der Jugendlichen der Einübung in partnerschaftliche Liebe und stellen eine Vorstufe der heterosexuellen Beziehung dar. In KARIN BOLTES „Ulla, 16, schwanger" (1979) und WOLFGANG GABELS „Fix und fertig" (1978) dagegen erwächst die Neigung zu gleichgeschlechtlichen Partnerschaften aus Enttäuschungen im heterosexuellen Umgang und erscheint – einmal in einer Frauen-Wohngemeinschaft, einmal zwischen Schüler und Lehrer – als Alternative, in der mehr Verständnis erfahren wird. In Liebesgefühlen Jugendlicher für ältere Personen ist das Liebesobjekt auffallend häufig der Lehrer bzw. die Lehrerin; diese Beziehungen gehen fast ausnahmslos nach kurzer Zeit auseinander. Die erste Liebe junger Mädchen zu erwachsenen Männern bleibt oft auf schwärmerische Gefühle beschränkt; so gilt die Verliebtheit der Heldin in LISE GASTS „Wohin, Christiane?" (1953) einem alternden Schriftsteller, die der elfjährigen Jitka in JAN PROCHÁZKAS gleichnamiger Erzählung (tschechisches Original in dem Sammelband „Tři panny a Magdaléna", 1966; dt. 1972) einem Schwerkranken im Rollstuhl. Bei der Darstellung von Liebesbeziehungen zwischen Angehörigen verschiedener Nationalitäten/Kulturen fällt auf, daß der tragische Ausgang überwiegt. Prostitution tritt mehrfach in Verbindung mit der Rauschgiftproblematik, aber nur am Rande auf (z.B. ANNIKA SKOGLUND: „Glaube, Hoffnung und Liebe der Marie L.", 1975; CHRISTIANE F.: „Wir Kinder vom Bahnhof Zoo", nach Tonbandprotokollen aufgeschrieben von KAI HERMANN/HORST RIECK, 1978, [12]1980). Darstellungen von Autoerotik begegnen nur andeutungsweise und bleiben auf männliche Jugendliche beschränkt. Die Themen Vergewaltigung und Geschlechtskrankheit sind weiterhin tabu, obwohl entsprechende Erfahrungen in der Realität oft traumatische Wirkungen haben. Es ist zu vermuten, daß Jugendbuchautoren und -verleger den Vorwurf triebfeindlicher Miesmacherei fürchten, was dem Trend, zu sexueller Bedürfnisbefriedigung zu ermutigen, zuwiderliefe.
Weitere L.n für junge Leser sind: VERA ADLOVÁ: „Blues pro Alexandru, Státní nakladatelství dětské knihy" (1969; dt. Blues für Alexandra, 1969); GUNNEL BECKMAN: „Tre veckor over tiden" (1973; dt. Drei Wochen über die Zeit, 1974); GUNNEL BECKMAN: „Våren då alting hände" (1974; dt. Mia, verstehst du?, 1977); CHRISTINE NÖSTLINGER: „Ilse Janda, 14" (1974); SCOTT O'DELL: „Sing down the moon" (1970; dt. Geh heim, Navaho-Mädchen, 1973); IVA HERCÍKOVÁ: Alena-Trilogie (1966–1973); MIRJAM PRESSLER: „Bitterschokolade" (1980); JAN PROCHÁZKA: „Tri panny a Magdaléna" (1966; dt. Milena spielt nicht mit, 1973); GÜNTER KARAU: „Schülerliebe" (DDR, 1972); ANGELIKA MECHTEL: „Kitty und Kay" (1978); OLE MATTSON: „Talejten väntar i väst" (1975; dt. Gefährlicher Weg nach Westen, 1980); AIMÉE SOMMERFELDT: „Morten og Monika" (1954; dt. Martin und Monika, 1968); PAUL ZINDEL: „Pardon me, you're stepping on my eyeball" (1976; dt. Pardon, du drückst mir die Luft ab, 1977).

Jutta Grützmacher

Liebeskind, August Jakob

*Pfarrer, Hauslehrer, Schriftsteller; *1758, †1793 Oßmannstädt.*

L. war Pfarrer in Oßmannstädt und Erzieher im Hause von JOHANN GOTTFRIED HERDER (1744–1803). Als Schwiegersohn CHRISTOPH MARTIN WIELANDS (1733–1813) kam er mit FRIEDRICH HILDEBRAND VON EINSIEDEL (1750–1828) in Berührung. Er war dessen Mitarbeiter bei der Neuausgabe des zweibändigen Werkes „Dschinnistan oder Auserlesene-Feen und Geister-Märchen. Theils neu erfunden, theils neu übersetzt und umgearbeitet" (1786–1789). Der dritte Band, der 1789 anonym erschien und der stets WIELAND allein zugeschrieben wurde („Dschinnistan, oder auserlesene Feen- und Geister-Mährchen. Theils neu erfunden, theils neu übersetzt und umgearbeitet. Mit 13 Vignetten von Schellenberg") scheint auch zum Teil von L. zu stammen.

Werk, Tendenzen, Wirkung. Von HERDER angeregt, verfaßte L. den Band „Palmblätter. Erlesene morgenländische Erzählungen für die Jugend", der 1786 anonym, aber mit einem auf den 25. Februar 1786 datierten Vorwort von HERDER erschien. HERDER stellt darin fest, er habe die Anleitung gegeben, die Erzählungen stammten aber von einem anderen Verfasser, der sie für die Jugend eingerichtet habe und der sie „von jenem falschen Schwulst entladet, den die Europäer lange Zeit für morgenländische Erhabenheit hielten". Im zweiten Band des Werkes, das 1788 herauskam, wird der Übersetzer und Bearbeiter vorgestellt als AUGUST JACOB LIEBESKIND, Prediger zu Oßmannstädt. L. betont im Vorwort, er habe nichts aufgenommen, was nicht als Lehre oder als Beispiel nachgeahmt werden könne: auch habe er „nicht immer bloß übersetzt, sondern sei auch eigener Erfindung gefolgt". Ein dritter Teil der „Palmblätter" erschien 1796. Dieser Teil stammt von HERDER allein. Da HERMANN LEOPOLD KÖSTER (1872–1957) in seiner „Geschichte der deutschen Jugendliteratur. In Monographien" (1906) fälschlicherweise angibt, L. sei erst 1800 gestorben, vermutete HERMANN HESSE (1877–1962) im Nachwort seiner von ihm 1957 herausgegebenen Auswahl „Morgenländische Erzählungen Palmblätter", daß alle Texte der drei Bände von L. stammten und HERDER nur das Vorwort verfaßt habe. Im Jahr 1831 gab F. A. KRUMMACHER eine „durchgesehene und verbesserte" Auflage des ersten Bandes der „Palmblätter" heraus. KRUMMACHER sagte zur Intention der morgenländischen Erzählungen: „Die Palmblätter sollen zunächst der jugendlichen Phantasie, dieser göttlichen Schwungkraft des Geistes, zur heilsamen Nahrung und Ausbildung gereichen; nicht also bloß ein Mittel seyn, moralische Lehren und Wahrheiten zu veranschaulichen ... Eine weislich geleitete und erhöhte Phantasie dienet, ohnehin, eben so wie jede andere wohlgebildete Geisteskraft, dem höchsten Zwecke der Wahrheit." So rät er auch, der Jugend die „Palmblätter" „zur Bildung nicht aber zum Zeitvertreib und zur Belustigung in die Hände zu geben. In letzterm Fall wird der junge Leser, dem nichts so sehr zusagt, als solch kühne Dichtung aus der Phantasiewelt, das Buch vielleicht – wie man sagt – verschlingen, aber eben darum nicht verdauen. Sein Gemüth wird dadurch, so wie durch alle Vielleserey, zerstreut, und die Phantasie durch einen solchen Zustand der Passivität nicht gestärkt werden, sondern erschlaffen. Also gebe man der Jugend diese Geistesnahrung zu rechter Zeit und nach gerechtem Maß". KRUMMACHER hatte mit seiner Ausgabe so großen Erfolg, daß er 1857 in einer neuen Ausgabe alle drei Teile der „Palmblätter" in einem Band mit Bildern von THEODOR HOSEMANN herausbrachte. Die Kritiker und Literaturpädagogen beurteilten das Werk weitgehend positiv, das bis in die Mitte des 19. Jahrhunderts ein beliebtes Jugend- und Volksbuch blieb. Von den kürzeren Erzählungen haben sich einige noch lange in Sammlungen und Lesebüchern gehalten (Der Hirtenknabe; Der kluge Richter; Der gewissenhafte Kaufmann; Der hungrige Araber; Die ewige Bürde; Das Mittel, die Toten zu erwecken; Das Paar Pantoffeln).

Werke (Auswahl): Palmblätter. Erlesene morgenländische Erzählungen für die Jugend (Bd. 1–2. 1786–1788).

Hans Eich

Linde, Gunnel

*Schwedische Kinderbuchautorin, Journalistin; * 14. 10. 1924 Stockholm.*

Nach der Schulzeit besuchte L. Kunsthochschulen in Schweden, studierte in England und wurde Journalistin. Sie ist Mitglied verschiedener Organisationen, die sich für Kinderrechte einsetzen. L.s erstes Kinderbuch wurde 1958 veröffentlicht. Sie erhielt zahlreiche Auszeichnungen und Literaturpreise, die ihr internationale Geltung verschafften. L. arbeitet für Tageszeitungen, Rundfunk-, Fernseh- und Schallplattenproduktionen. Nach ihrem Buch „Fröken Ensam Hemma åker gungstol" (1963; dt. Die Reise im Schaukelstuhl, 1965) verfaßte L. eine Kinderoper, die 1969/70 in der Königlich Schwedischen Oper in Stockholm gespielt wurde.

Werk, Tendenzen, Wirkung. L. gehört zu den Kinderbuchautoren, die bereits Anfang der sechziger Jahre tabuisierte Themen (Konflikte zwischen Kindern und Erwachsenen, Angst, Einsamkeit u.a.) in die Kinderliteratur einbrachten. Sie nimmt die Kinder als Individuen mit ihren Ideen und Problemen ernst und bricht für sie eine Lanze. Sie bietet den kindlichen Lesern die Möglichkeit, sich mit den „positiven" Figuren zu identifizieren. L.s Stärke liegt dabei in der genauen Beschreibung von Gedanken und Gefühlen und in der Verwendung einer lebendigen, dialogreichen Sprache. Sie versteht es in besonderer Weise, realistische und phantastische Handlungsebenen miteinander zu verknüpfen. Viele ihrer Erzählungen beginnen in einem problembeladenen kindlichen Alltagsmilieu und werden in eine faszinierende Phantasiewelt überführt. In dem Buch „Den vita stenen" (1964; dt. Der weiße Stein, 1966) ist die Welt nicht mehr in Ordnung, seit Kinder und Erwachsene nicht mehr miteinander reden. Fia und Hampus jedoch, zwei vereinsamte und verspottete Kinder, nehmen Zuflucht zu einem „Troststein", mit dem sie sich verzaubern können, der Kontaktlosigkeit entfliehen und wunderbare Dinge erleben.

Die „Mamm- och pappsagor" (1976; dt. Mami-und-Papi-Geschichten, 1979) schildern auf vergnügliche und spielerische Weise Konflikte des täglichen Zusammenlebens. Dabei erfindet L. Handlungen, die aus einer zunächst schwierig anmutenden und für Kinder kaum zu bewältigenden Situation zu einer annehmbaren Lösung führen. Sowohl in den drei Büchern von „Eva-sjams" (1967 bis 1968) als auch in L.s bisher letzten Büchern spielt die Darstellung des kindlichen Alltags die Hauptrolle, wobei immer wieder Platz für die oftmals rettende Phantasie bleibt. „Om livet är dig kärt" (1977; dt. Wie eine Hecke voll Himbeeren, 1979) liefert die glaubhafte Darstellung einer ersten, keineswegs konfliktfreien Liebe von zwei Dreizehnjährigen. Erzählt wird in der Ich-Form aus der Sicht Sylvias, die sich intensiv mit der Entwicklung und dem Ende ihrer Beziehung zu Pelle auseinandersetzt. Eine Art Fortsetzung schreibt L. aus der Perspektive der jüngeren Geschwister Sylvias in „Lita på det oväntade (1979; dt. Ein Fahrrad auf dem Rand der Wolken, 1980).

Werke: Osynliga klubben och hönshusbåten (1958, NA. 1970; dt. in: Der unsichtbare Club, 1963); Lurituri (1959); Tacka vet jag Skorstensgränd (1959; dt. Die Kinder aus der Schornsteingasse, 1962; TB. 1973); Osynliga klubben och kungliga spöket (1960, NA. 1969; dt. in: Der unsichtbare Club, 1963); Lurituri reser bort (1961); Till äventyrs i Skorstensgränd (1962; dt. Neue Abenteuer in der Schornsteingasse, 1963); Fröken Ensam Hemma åker gungstol (1963, NA. 1969; dt. Die Reise im Schaukelstuhl, 1965); Den vita stenen (1964, NA. 1969; dt. Der weiße Stein, 1966; NA. 1975); Med Lill-Klas i kappsäcken (1965; dt. Kläuschen reist im Koffer, 1968); Den olydiga ballongen (1966); I eviga Skogen (zus. mit H. Malmberg, 1966); Eva-sjams land (1967; dt. Eva-sjam Land, 1974); Eva-sjam och Nalle (1968; dt. Eva-sjam und Nalle, 1975); Eva-sjam och Lua (1968); Pellepennan och Suddagumman (zus. mit U. Löfgren, 1968); Pellepennan, Suddagumman och kluddabarnen (zus. mit U. Löfgren, 1969); Löjliga familjerna (1971); Jag är en varulvsunge (1972; dt. Vollmondwolf, 1977); Om man misstänker barnmisshandel och är läkare ... eller en person vilken som helst som förstår att barn måste skyddas. Vad gör man? (1975); Mamm- och pappsagor (1976; dt. Mami- und Papi-Geschichten, 1979); Om livet är dig kärt (1977; dt. Wie eine Hecke voll Himbeeren, 1979); Lita pa det oväntade (1979; dt. Ein Fahrrad auf dem Rand der Wolken, 1980).

Sekundärliteratur: H. Söderblom: Gunnel Linde (in: De skriver för ungdom. I. 1975. 92–104).

Lioba Betten

Linke, Siegfried

*Graphiker in der DDR; *5. 1. 1934 Rüdersdorf.*

L. besuchte von 1949 bis 1955 die Fachschule für angewandte Kunst in Berlin-Oberschöneweide. Danach war er sechs Jahre (1955–1961) als Gebrauchs- und Werbegraphiker in Berlin bei der DEWAG tätig. Während dieser Zeit begann er zu illustrieren, u. a. für einen Märchenkalender aus Reichenbach. Außerdem gestaltete L. Spielkarten. Die anerkennende Kritik, besonders zu den Illustrationen einer Gartenfibel, gaben ihm die Möglichkeit, seit 1961 als freischaffender Graphiker von den Aufträgen zur Ausgestaltung vorwiegend von Kinderbüchern in Berlin zu leben. Seine Werke wurden auf Ausstellungen in Berlin, Bratislava, Bologna und in Japan gezeigt.

Werk, Tendenzen, Wirkung. L. schafft mit seinen knopfäugigen Kindergestalten, schwarz-weiß gescheckten Kühen, die wie Holzfiguren rechts- oder linksläufig in eine grün-gelbe Wiese gestellt sind, oder mit dem Blick in die engen Gassen einer alten Stadt, in Bilder- und Kinderbüchern insgesamt eine unproblematisch einfache, einleuchtend dargestellte und zumeist kindertümlich fröhliche Atmosphäre. Seine realistischen Bilder sind allenfalls aus Gründen klarerer Aufnahmefähigkeit durch kleinere Kinder im Detail vereinfacht. Viele seiner Bilderbücher sind Sachbilderbücher, in denen szenisch Teilbereiche des täglichen Lebens veranschaulicht werden, wie z. B. in „Was wird daraus" (Text W. Gestell, 1966), in dem der Weg der Milch von der Kuh bis auf den Eßtisch und in die Milchprodukte in farbigen und klischeehaft einfachen Abbildungen gezeigt wird. In den meisten Illustrationen, auch denen zu fiktionalen Texten, zeichnet L. eine harmlose, brave, biedere Kulisse, bei der viele rotbäckige blonde Kinderköpfe in Erscheinung treten. Auch in dem Sachbuch von Hans Müller „Die Stadt, gestern und heute" (1979) wird von L. die Linie schlichter Kennzeichnung der realen Umwelt nicht verlassen. Insofern hat L.s Illustration einer modernen Stadt kaum etwas gemein mit den neorealistischen, aggressiven Bildtafeln des Schweizer Graphikers Jörg Müller „Alle Jahre wieder saust der Preßlufthammer nieder oder Die Veränderung der Landschaft" (1973). Der als Sachbuchillustrator in den sechziger Jahren zunächst in Erscheinung getretene L. hat sich im darauf folgenden Jahrzehnt mehr und mehr der Ausgestaltung von phantasievollen poetischen Kinder- und Jugendbüchern zugewandt. Damit ist auch eine teilweise Veränderung seines Stils verbunden gewesen. L., der nach wie vor zur intensiven farbigen Behandlung großer Flächen neigt, hat in dem Band mit Heldensagen aus dem alten Rußland „Ilja Muromez und der Räuber Nachtigall" (ausgewählt von Annelies und Helmut Grasshoff, 1980), vor allem auf den ganzseitigen Tafeln, mit Hell-Dunkel-Effekten, impressionistischen Raumdarstellungen, kühnen Behandlungen der Perspektive und der Wiedergabe ausgesprochen dramatischer Szenen eine sehr stark aufgetragene theatralische Bildauffassung hinzugewonnen.

Werke: W. Gestell: Was fährt? (1962); W. Gestell: Was läuft und springt? (1962); W. Gestell: Was schwimmt? (1962); W. Gestell: Was fliegt? (1963); S. Linke: Bilderbuch Bausteine (1963); S. Linke: Bilderbuch Ente (1963); S. Linke: Bilderbuch Krug (1963); S. Linke: Bilderbuch Schuh (1963); W. Gestell: Petzi, der Ausreißer (1964); S. Linke: Für kleine Maler (1964); W. Gestell: Was wird daraus? Obst (1965); W. Gestell: Was wird daraus? Milch (1966); S. Linke: Wir zählen im Zirkus (zus. mit E. Nitsche, 1973); E. Sonntag: Familie Meise (1973); H. Kahlau: Wenn Karolin Geburtstag hat (1974); Fr. Gröger: Gartenfibel (1976); S. Linke: Eins, zwei, drei, vier, wieviel sind es hier? (1976); D. Mucke: Ich blase auf dem Kamm (1977); A. Könner: Warum denn weinen? (1977); S. Linke: Mal Regen und mal Sonnenschein (1978); H. Müller: Die Stadt, gestern und heute (1979); A. u. H. Graßhoff: Ilja Mumorez und der Räuber Nachtigall (1980).

Sekundärliteratur: E. Gürtzig stellt vor: Siegfried Linke (in: Berliner Zeitung. 13.7.1979. 6).

Erich Gerhard

Lisickij, Lazar' (Eliezer) Markovič

*Architekt, Typograph, Maler; *23.11.1890 Počinok, †30.12.1947 Kračavy b. Moskau (UdSSR).*

L., einer jüdischen Familie aus Vitebsk entstammend, begann nach dem Schulabschluß in Smolensk (1909) in Darmstadt Architektur zu studieren, unter anderem bei JOSEPH MARIA OLBRICH. Reisend lernte er die westeuropäische Kunst kennen. 1914 ging er nach Rußland zurück und arbeitete als Architekturgehilfe. In Weißrußland und der Ukraine studierte er jüdische Kunst und Kultur und wurde zu Illustrationen jiddischer Kinderbücher angeregt. 1916 und 1917 stellte L. bei den Künstlervereinigungen „Mir iskusstva" und „Bubnovyj Valet" aus. Nach der Revolution wurde er Mitglied der Kunstkommission in Moskau und Kiev. 1919 berief ihn MARC CHAGALL an die von ihm gegründete Kunstschule des Volkes (Narodnaja chudožestvennaja škola) in Vitebsk als Lehrer für Architektur und Graphik. 1921 wurde L. Leiter der Architekturabteilung des VChUTEMAS in Moskau, hielt sich aber von 1922 bis 1925 in Warschau, Berlin, Hannover und wegen eines Lungenleidens in der Schweiz auf. In Berlin erschienen die ersten typographischen Werke seines neuen konstruktivistischen Stils, den er auch in der zusammen mit ILJA EHRENBURG (1891–1967) herausgegebenen Zeitschrift „Vešč" propagierte. In Hannover schuf er für die Kestnergesellschaft zwei Lithographienfolgen, arbeitete mit KURT SCHWITTERS (1887–1948) und HANS ARP (1887–1966) zusammen und entwarf Reklame für die Pelikanwerke. Wegen Paßschwierigkeiten aus der Schweiz ausgewiesen, kehrte er 1925 nach Moskau zurück und wurde Professor für Innenarchitektur und Möbelentwürfe am VChUTEMAS. 1926 begann seine nach eigenen Worten wichtigste künstlerische Tätigkeit als Gestalter sowjetischer Ausstellungen im Ausland. Daneben gestaltete L. Bücher, Alben, Zeitschriften und Plakate. Nach der Gleichschaltung der Kunst im Sozialistischen Realismus durch den Beschluß des ZK der KPdSU vom 23.4.1932 konnte L. bis zu seinem Tod fast nur noch seine typographisch-buchkünstlerischen Projekte verwirklichen.

Werk, Tendenzen, Wirkung. Interesse an Buchgestaltung zeigte L. schon als Schüler, als er 1905 das Typoskript eines „Revolutionsalmanaches" illustrierte. Vorbild war ihm damals der Maler MICHAIL ALEKSANDROVIČ WRUBEL'. Das Studium jüdischer Volkskunst und Kalligraphie regte ihn zu erster buchkünstlerischer Arbeit für den sich national formierenden jüdischen Kulturkreis an. 1917 erschien „Sihas hulin", eine Prager Legende, in Form einer Thorarolle mit seinen Randzeichnungen zu einem Text, der von einem Kalligraphen geschrieben worden war. 1919 entstand die Lithographiemappe „Had Gadya" (Anfangsworte eines aramäischen Liedes vom Zicklein), beides bibliophile Kostbarkeiten, die trotz ihrer kindlichen Thematik nicht als Kinderbücher bezeichnet werden können. Unverkennbar ist im Aufbau der Illustrationen zu „Had Gadya" der Einfluß CHAGALLS, mit dem L. in Vitebsk kurz zusammenarbeitete, den er aber schon früher über den gemeinsamen Lehrer, den Maler JURIJ MOISEEVIC PEN, kennengelernt hatte. Ein leicht kubistischer Einschlag erinnert an ARISTARCH VASIL'EVIČ LENTULOV, das Haupt der Gruppe „Bubnovyj Valet". Auch in den weiteren Kinderbüchern jiddischer Sprache ist noch etwas von der phantastischen Naivität Chagallischer Graphiken zu spüren, obwohl sie zum Teil nach L.s Hinwendung zum Konstruktivismus entstanden. Fundamentalen Einfluß hatte auf L. nach seinem eigenen Bekenntnis jedoch die revolutionäre Kunsttheorie („Suprematismus") von KAZIMIR SEVERINOVIČ MALEVIČ, der 1920, von L. gerufen, CHAGALL als Leiter der Vitebsker Kunstschule verdrängt hatte. MALEVIČ gab L.s Kunstauffassung die entscheidende Richtung zu einem kompromißlosen Konstruktivismus, die seinem architektonisch beeinflußten graphischen Empfinden weit mehr entsprach als CHAGALLS national-jüdisch orientierte volkstümliche Malweise. Ergebnis dieses Umschwungs waren 1921 seine ersten Lithographien des „Proun" (Proekt utverždenija novogo – Projekt zur Behauptung des Neuen) – der von ihm gebildete Begriff für eine neue künstlerische Zielrichtung, die architektonische Präzision mit künstlerischer Konstruktion verbinden will. 1923 erschienen zwei weitere Lithographieserien als Mappenwerke der Kestnergesellschaft: „Proun" und „Figurinen ...". Sein erstes Kinderbuch des neuen Stils „Suprematičeskij skaz pro dva kvadrata ..." (1922), ein suprematistisches Märchen von den zwei Quadraten, entwarf L. schon 1920 in Vitebsk. In ihm fanden seine konstruktiv-räumlichen Vorstellungen in Illustration und Typographie ihre erste Umsetzung. Der Titel verrät noch den Lehrmeister MALEVIČ, doch hat L. schon seinen eigenen Stil gefunden. Das Buch bietet keinen „Lesestoff", sondern Bild und typographische Verfremdung des spärlichen Textes zwingen das Auge, Bild und Schrift als Einheit zu erfassen. L. verstand seine Kunst als Instrument zur Propagierung des Kommunismus. Kompromißlos und aufrichtig in der Wahl der künstlerischen Mittel, spiegelt er doch eine allzu optimistische, realitätsferne Fassade des glücklichen Sowjetmenschen vor. In diesem Buch vereinfacht L. die Aussage gerade durch die starke Abstrahierung zu einer deutlichen politischen Tendenz: das Rote zerschlägt das Schwarze, Beunruhigende und baut darauf das Neue. 1922 erschien in Warschau das zweite moderne Kinderbuch „Cztery kozły" (Vier Ziegenböcke).

Ein Nebenprodukt seiner Gestaltung des sowjetischen Pavillons der Ausstellung „Pressa" in Köln 1928 war der Entwurf eines Rechenbuches, seiner letzten Arbeit für Kinder, die jedoch nicht zum Druck gelangte. In der zunehmend reaktionären Atmosphäre des sowjetischen Regimes konnten sich L.s Neuerungen in der Konzeption von Kinderbüchern nicht weiterentwickeln. Nachfolger fand er nur noch in den Illustratoren VERA ERMOLAEVA, VLADIMIR LEBEDEV und DAVID STENBERG.

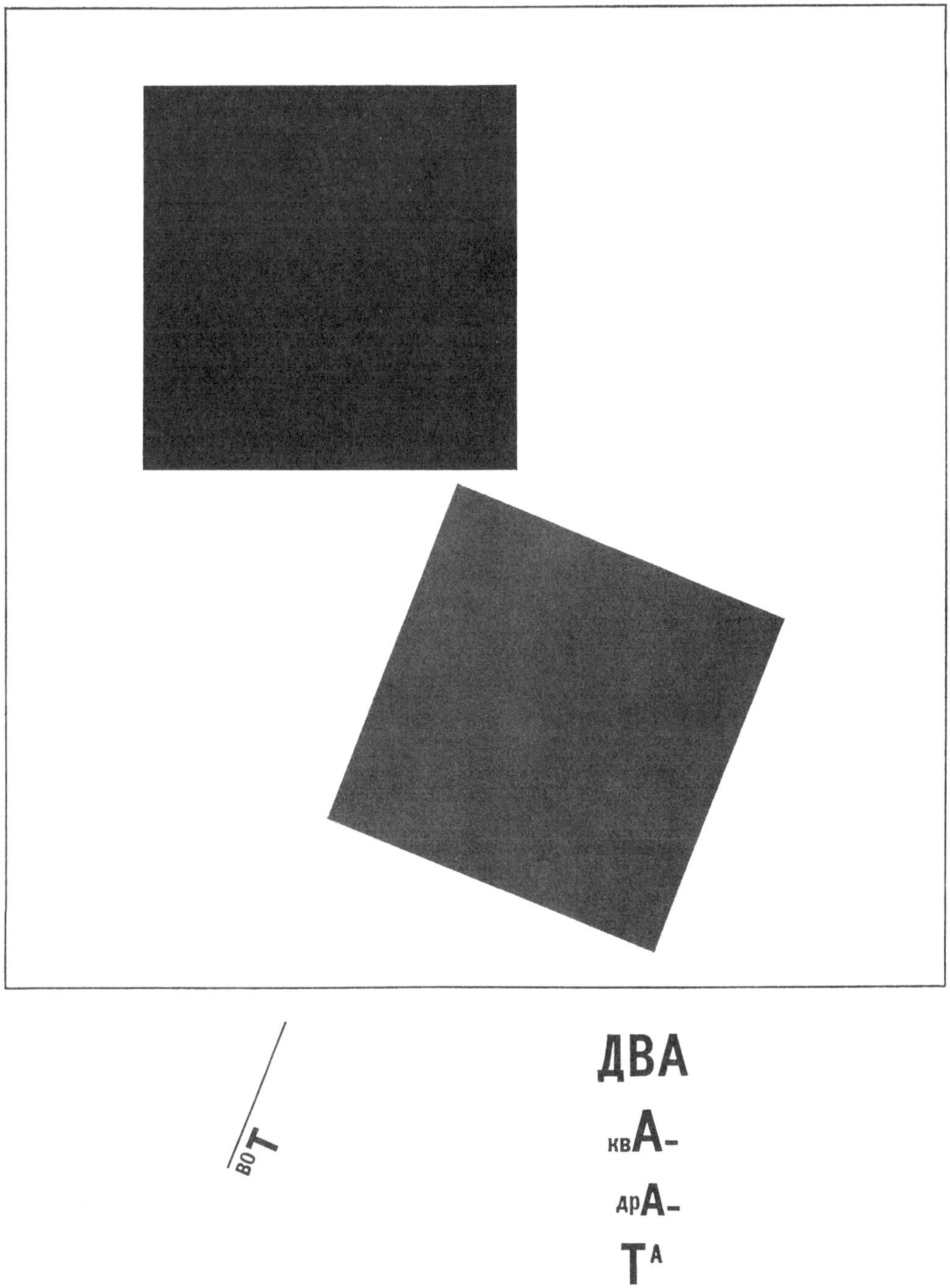

Lazàr (Eliezer) Markovič Lisickij. „hier sind – zwei – qua – dra – te“ lautet die deutsche Übersetzung des russischen Textes unter dem Rahmen mit dem oberen schwarzen und dem schräggestellten, im Original von 1922 roten Quadrat. Bild und Schrift ergeben in diesem expressionistischen Bilderbuch eine Gesamtkomposition über eine Seite hinweg.

Werke: M. Broderson: Sihas hulin (1917); Kunstring. Literarish kinstlerisher Almanah (Buch 1–2. 1917–1919); A. Daudet: Di weiße Zig (1918); H. Chr. Andersen: Maiselah (1919); Mani Leib (d.i. M. L. Brahinsky): Ingl, Zingl, Hwat (1919); D. Dolgopolski: Dem Zeidn's Kloles (1919); J. Fichman: Shabes in Wald (1919); L. M. Lisickij: Had Gadya (1919; Faksimile in: H. Heine: Der Rabbit von Bacharach, NA. 1978); B. Z. Raskin: Der Ber. Ax Maisele (1919); B. Z. Raskin: Di Hun, vos hot gewolt hobn a kom (1919); B. Z. Raskin: Der Milner, di Milnern un di Milshteiner (1919); Cztery kozly (1922); J. G. Erenburg: Šest povestej o legkich koncach (1922); Hob ih mir a Lidele (1922); L. M. Lisickij: Suprematičeskij skaz pro dva kvadrata v šesti postrojkach (1922, ND. 1969); Ukrainische Folk Maises (1922); Vl. Vl. Majakovskij: Dlja golosa (1923, ND. 1973); B. Z. Raskin: Hatohen, Hatohenet, Veavnei Hareihaim (1923); Četyre dejstvija (1928, unveröffentlicht).

Sekundärliteratur: Ch. Abramsky: Eliezer Lissitzky (in: Jewish quarterly. 9. 1962. 1); El Lissitzky as Jewish illustrator and typographer (in: Studio international. 172. 1966. 182–185). – H. Berlewi: Yiddische kunstler in der heintiger russischer kunst (in: Milgroim. 1923. 3). – A. C. Birnholz: El Lissitzky and the Jewish tradition (in: Studio international. 186. 1973. 130–136). – N. Chardžiev: Pamjati chudožnika Lisickogo (in: Dekorativnoe iskusstvo SSSR. 1961. 2. 29). – El Lissitzky. Ausstellungskatalog Galerie Gmurzynska (1976). – J. Gerčuk (zus. mit V. O. Roskin): O Lisickom: k 75-letiju so dnja roždenija (in: Dekorativnoe iskusstvo SSSR. 1966. 5. 28–30). – Kestner-Gesellschaft (Hrsg.): El Lissitzky (Ausstellungskatalog 4. 1966). – S. Lissitzky-Küppers (Hrsg.): El Lissitzky. Maler, Architekt, Typograph, Fotograf. Erinnerungen, Briefe, Schriften ([2]1976); (Hrsg., zus. mit J. Lissitzky): El Lissitzky. Proun und Wolkenbügel. Schriften, Briefe, Dokumente (1977). – V. Rakitin: Dva èksperimenta Lisickogo (in: Detskaja literatura. 1976. 2). – H. Richter: El Lisstizky. Sieg über die Sonne. Zur Kunst des Konstruktivismus (1958). – J. Tschichold (Hrsg.): El Lissitzky: Werke und Aufsätze 1890–1941 (1971).

Andreas Bode

E. Lissitzky → L. E. M. Lisickij

Literaturbarriere

L. bezeichnet die oft schwer zu überschreitende Grenzlinie, die im Hinblick auf Literaturhaushalt und Leseverhalten zwischen Kindern, Jugendlichen und Erwachsenen unterschiedlicher sozialer, regionaler, nationaler und ethnischer Gruppen besteht. Tauchen L.n unter jugendlichen Lesern innerhalb des deutschen Sprachgebietes auf, so sind sie unter anderem durch Differenzen der sozialen Schichtzugehörigkeit, der schulischen Sozialisation, der Identifizierung mit subkulturellen Erscheinungen und auch der angeeigneten Rezeptionsweisen von Texten verursacht.

Schichtbedingte Unterschiede. Der Heranwachsende ist von der ihn umgebenden Umwelt stark abhängig. Durch seine Sozialisation verinnerlicht er tradierte Normen, imitiert er erlebtes Verhalten. Wenn zum Beispiel die Lektüre von Büchern von vierzig Prozent der westdeutschen Bevölkerung kaum als lebensnotwendig eingeschätzt wird (SCHMIDTCHEN, 1974), führt das auch beim Jugendlichen zu einer prägenden Disposition. Die empirischen Untersuchungen der Jugendliteraturforschung, in denen das Leseverhalten Jugendlicher mit Sozialdaten wie Beruf und Schulbildung der Eltern, Alter, Konfession und Geschwisterzahl verbunden wurden, belegen, was durch die Freizeit-, Bildungs- und Familiensoziologie als schichtspezifischer Sozialisationseffekt festgestellt wurde: zumindest die Wertschätzung des Lesens im Bewußtsein des Jugendlichen steht in statistischem Zusammenhang mit der sozialen Herkunft. Meßtheoretische Bedenken gegenüber diesen Untersuchungen können den Befund der L. als einer Sozialbarriere allenfalls einschränken, nicht aber widerlegen.

Schulartbedingte Unterschiede. In den Lehrplänen und Richtlinien aller Schularten drückt sich eine hohe Übereinstimmung in der Funktion von Literatur als Mittel der Wirklichkeits- und Selbsterkenntnis und als Beitrag zur Erziehung und Bildung eines humanen Menschen aus. Diese Möglichkeit, Humanität im Medium des ästhetischen Scheins zu verwirklichen, verschaffte der Literatur Eingang in die Schulen (FRANK, 1973) und begründet den Literaturunterricht in allen Schularten. Trotz der Übereinstimmungen in solchen allgemeinen Zielformulierungen läßt sich feststellen, daß bei deren Realisation infolge der Konstruktion des Schulsystems L.n aufgebaut wurden (HELMERS, 1969). Eine Pilotuntersuchung legte offen, daß Gymnasiasten weit über die Hälfte mehr Literaturunterricht haben als Hauptschüler, daß sie in diesem Unterricht doppelt so viele Texte behandeln und dabei über mehr Textsorten und literaturgeschichtliche Zeugnisse zu einem größeren literarischen Wissen kommen (KIRSCH, 1978).
So wird zum Beispiel, bedingt durch die höhere Anzahl schriftlicher Arbeiten, der Deutschunterricht in der Hauptschule vor allem für Rechtschreiben und Aufsatz benutzt. In ihm ist der Anteil nonfiktionaler Texte höher, vermutlich um Vorbilder und Muster für den Aufsatzunterricht zu gewinnen. Weitgehend fehlt im Deutschunterricht der Hauptschule eine zusammenhängende Darstellung der literarischen Tradition und damit ein wichtiger Zugang zum Verständnis gegenwärtiger Literatur.

Subkulturell bedingte Unterschiede. Nach der oben genannten Pilotuntersuchung läßt sich sagen, daß das schulisch vermittelte Wissen in der Phase der Adoleszenz fast gänzlich ohne Bedeutung für die Leseinteressen ist. Ob nach der bevorzugten Buchgattung oder nach dem beeindruckendsten Buch gefragt wird, immer dominiert das Abenteuerbuch, gleich welcher Schulart, gleich welcher sozialer Schicht Jugendliche dieser Altersstufe angehören.
Gelesen wird fast ausschließlich das Abenteuerbuch für Erwachsene und nicht mehr das, was der Jugendbuchmarkt bereithält. Es sind Bestseller wie die der Angelique-Reihe, wie die von JOHANNES MARIO SIMMEL und die von HEINZ G. KONSALIK, die genannt werden. Dadurch wächst die Diskrepanz zwischen der schulischen und der privaten Lektüre erheblich. Deutlicher als bei den Leseinteressen zeigt sich bei den Empfehlungen lesenswerter Literatur, daß der soziale Faktor der

Schicht nicht ausreicht, Unterschiede im Leseverhalten zu erklären. Faßt man dazu erhobene Daten zusammen, so wird deutlich, daß außer dem Jugendlichen selbst nur noch seine Freunde und Gleichaltrige nennenswerten Einfluß auf die Auswahl des Lesestoffes haben. Erwachsene, hier vor allem Buchhändler und Bibliothekare und dann erst Eltern, dienen höchstens als Gesprächspartner über das Gelesene. Als am wenigsten kompetente Sachkenner schätzen Jugendliche ihre Lehrer ein. Auch Eltern werden kaum bei der Auswahl eines Buches zu Rate gezogen.
Der Faktor „soziale Schichtung", vor allem in seinem vereinfachenden Gebrauch als dichotomisches Modell von Unter- und Mittelschicht, muß ergänzt werden durch die Sozialisationsinstanz der Subkultur altershomogener Gruppen von Jugendlichen. Dieser von EISENSTADT (1965) in die Jugendsoziologie eingebrachte Erklärungsansatz ist im Bereich der Kinder- und Jugendliteraturforschung bisher allein bei der Analyse des Leseangebotes genutzt worden (NAUCK, 1977).

Rezeptionsbedingte Unterschiede. Erste empirische Befunde über schulische Textrezeption (u.a. KIRSCH, 1978) zeigen deutlich, daß der Deutschunterricht eine eigene Umgangsweise mit Literatur entwickelt hat. Ein Text wird als Unterrichtsgegenstand vom Lehrer herausgegriffen und vorgedeutet. Aufgrund dieser Deutung plant er seinen Unterricht, stellt er Arbeitsaufgaben zusammen, wählt er Schülerbeiträge aus, um möglichst reibungslos zum vorher festgelegten Unterrichtsziel zu kommen.
Textadäquater liefe Rezeption dagegen so ab: Literatur als ästhetisches Produkt eines Autors vermittelt dessen tatsächliche oder vorgegebene Weltsicht in ästhetischen Zeichen. Literatur wird damit vergleichbar einem Kaleidoskop, das der Leser in die Hand nimmt, durch das er blickt und dessen Bilder er auf eine subjektive Weise deutet. Im Lesevorgang dreht der Leser das Kaleidoskop. Die Steinchen ordnen sich zu neuen, oft überraschenden und unerwarteten Bildern. Des Lesers Sicht verändert sich. Er erfährt nicht nur sich selbst in der Erfahrung des Autors, er kommt durch solches sinnliche Tun auch zu neuen Erfahrungen oder wird befähigt, neue Erfahrungen machen zu können. Derartigem sinnlichen Textgebrauch, bei dem Emotionalität, Rationalität und Aktionalität des Lesers gleichermaßen beteiligt sind, steht die Institution Schule im Wege, da sie ausgeht vom Unterrichtsgegenstand Literatur und damit zwangsläufig Literatur kanonisiert und hierarchisiert. Es ist aber keineswegs nur die Planlosigkeit und Eigenmächtigkeit, die die private Lektüre des Jugendlichen von der schulischen trennt. Die L., die beide Bereiche so scharf markiert, läßt sich feststellen im Vergleich der Rezeption desselben Textes in der Schule und in der Freizeit. Der Deutungsspielraum, die Identifikationslust und die Spontanreaktion Jugendlicher liegen bei der privaten Lektüre deutlich höher. Das bedeutet keineswegs, daß die außerschulische Rezeption als ideal gesetzt werden kann. Die für sie notwendige ästhetische Kompetenz ist natürlich auch in den primären Sozialisationsinstanzen unterschiedlich vertieft worden. Die aufgezählten Faktoren machen aber klar, daß sie textadäquater ist. Sollte die Sozialisationsagentur Schule beabsichtigen, hier kompensatorisch zu wirken, so darf sie nicht mehr das ästhetische Produkt allein, sondern müßte den ästhetischen Mitvollzug in das Zentrum ihres Literaturunterrichts stellen. Sie müßte von der Kopflastigkeit des in ihr betriebenen literarischen Umgangs abgehen.

Sekundärliteratur: H. Brackert: Reform des Literaturunterrichts. Eine Zwischenbilanz (zus. mit W. Raitz, 1974). – M. Dahrendorf: Texte – Lesen – Unterricht (in: Westermanns Pädagogische Beiträge. 28. 1976. 10. 547–549). – S. N. Eisenstadt: Altersgruppen und Sozialstruktur (in: L. von Friedeburg (Hrsg.): Jugend in der modernen Gesellschaft. 1965. 49–81). – W. Dehn (Hrsg.): Ästhetische Erfahrung und literarisches Lernen (1974). – H. J. Frank: Geschichte des Deutschunterrichts (1973). – H. Fend: Sozialisation durch Literatur (1979). – D. Gerlach: Lesen und soziale Herkunft (zus. mit anderen, 1976). – H. Helmers: Zehn Thesen zur literarischen Bildung (in: Westermanns Pädagogische Beiträge. 21. 1969. 5. 250–256). – O. Hoppe (Hrsg.): Kritik und Didaktik des literarischen Verstehens (1976). – D. Kirsch: Literaturbarrieren bei jugendlichen Lesern (1978). – B. Nauck: Jugendbuch und Sozialisation (1977). – L. Rosenmayr: Kulturelle Interessen von Jugendlichen (zus. mit E. Köckeis und H. Kreutz, 1966). – J. Schilling: Freizeitverhalten Jugendlicher (1977). – G. Schmidtchen: Lesekultur in Deutschland 1974 (in: Börsenblatt für den Deutschen Buchhandel. 1974. 39. 707–896). – H. Weinrich: Literatur für Leser (1971).

Dieter Kirsch

Lööf, Jan

*Schwedischer Cartoonist, Comiczeichner, Bilderbuchillustrator; *30. 5. 1940 Trollhättan (Schweden).*

Nach der Reifeprüfung studierte L. an mehreren Kunstschulen, u.a. an der Kunstfachschule in Stockholm. Er war Lehrer an der Lehrerfortbildungsstätte in Malmö, ehe er als Pressezeichner und Cartoonist in skandinavischen Tages- und Wochenzeitungen tätig wurde. Kontakte zu Kindern und Jugendlichen führten 1964 zu seinem ersten Buch „En trollkarl i Stockholm". Für die schwedische Zeitung „Politiken" entwarf L. eine Seriengeschichte mit dem bebrillten Kinderhelden „Felix", aus dem später eine ganze Reihe von „Comic-Books" zusammengestellt wurde. „Felix" erschien in deutscher Übertragung unter dem Namen „Paul". Bis Mitte der siebziger Jahre erschienen sieben Folgebände. Daneben kamen klein- und großformatige Bilderbücher heraus, für die L. u.a. mit dem „Heffaklump" der Stockholmer Abendzeitung „Expressen" für „Sagan om det röda äpplet" (1974; dt. „Die Geschichte von dem roten Apfel") und der „Elsa Beskow-Medaille" für „Skrotnisse" (1976; dt. „Schrottnickel") ausgezeichnet wurde. Übersetzungen von L.s Arbeiten erschienen in allen skandinavischen Sprachen, in Großbritannien, den USA, im deutschsprachigen Raum, in spanischer und in färingischer (Faröer-Inseln) Sprache.

*Jan Lööf (*1940). Selbstkarikatur.*

Werk, Tendenzen, Wirkung. L.s Arbeiten sind humorvoll und zugleich kritisch. Seine Stärken liegen darin, ungewöhnliche Tag- und Wunschträume von Kindern in Bild und Wort umgesetzt zu haben: So vollzieht sich in „Großvater ist Seeräuber“ eine einschneidende Verwandlung und anschließende Rückverwandlung, während die nichtsahnende Großmutter schläft. L. gestaltet den Drang nach ungebundener Freiheit; er beschreibt das Fernweh, das zwei alte Männer in Gesellschaft eines kleinen Jungen in ein ungewisses Reiseabenteuer mit verblüffendem Ende treibt. Das Verbindende der Generationen hat L. betont. Im Gegensatz zu seinen farbigen Bilderbüchern sind in den Comicgeschichten überwiegend schwarzweiße Zeichnungen und ein beinahe strenger, asketischer Stil zu finden. Durch die meist ernsthaften Gesichter der Beteiligten steigert sich noch die komische Wirkung auf den Betrachter.

L. hat in seinen lang ausgesponnenen Comicabenteuern zunächst die Handlungsfülle und den raschen Wechsel der Schauplätze mit den konventionellen Massenproduktionen vornehmlich amerikanischer Herkunft gemeinsam. Daneben bestehen aber wichtige Momente, den Betrachter gegen die trivialen Handlungsmuster und ihre Klischeegestalten zu immunisieren, ihn zu irritieren und zu geschärfter Aufmerksamkeit zu ermuntern. Die Schwächen und Symptome der Abnutzung in Reiseabenteuern, in gängigen Krimis und Westerngeschichten werden erfaßbar. Leitbildfiguren der Bewußtseinsindustrie wie Tarzan, King Kong, die obligaten Roboter der Science Fiction-Literatur werden ihres Nimbus entkleidet und an realen Umweltbedingungen heutiger Kinder gemessen. Die erstaunten Augen des Jungen Felix, seine Blicke hinter den Brillengläsern hervor, sind auch die des langsam aufgeklärten, bisher naiven Rezipienten.

Während in den skandinavischen und englischsprachigen Ländern diese pädagogisch fruchtbar zu nutzende Chance eines positiv zu wertenden Comics erkannt wurde, stießen L.s Arbeiten in deutschsprachigen Ausgaben auf Voreingenommenheit.

In dem politisch-satirischen Comic „Ville“ (dt. „Ville, Palme und SM“) ging L. noch einen Schritt weiter als in „Felix och det stora upproret“ (1973; „Paul und die große Revolution“, 1975), wo die konkreten Möglichkeiten einer Revolution in Lateinamerika mit Sympathie für die Aufständischen gegen Unterdrückung und Ausbeutung gezeigt werden. Der Held in „Ville“ ist wiederum Brillenträger (wie L. selbst) und arbeitslos. In Stockholm begegnet er den Schattenseiten der Wohlstandsgesellschaft: Alkoholismus, Prostitution, Stadtstreicherei und dem Wirken unbekannter Gangster. Diese entführen erfolgreich den vormaligen schwedischen Premierminister OLAF PALME und SM (d.i. „seine Majestät“ König Gustaf). Natürlich werden sie nach dramatischer Aktion von Ville gerettet. Die Bildergeschichte „Ville“ wurde zuerst in dem Magazin „Vi“ veröffentlicht und führte zu heftiger Kritik.

Werke: Morfar är sjörövare (1966, NA. 1974; dt. Großvater ist Seeräuber, 1966; NA. 1974); En trollkarl i Stockholm (1966); Sagan om den flygande hunden (1967; dt. Die Jagd nach dem fliegenden Hund, 1967); Viktor bygger en bro (1972; dt. Viktor baut eine Brücke, 1972); Felix och det flygande tefatet (zus. mit Kr. Broberg, 1972); Felix och tidsmaskinen (1973; dt. Paul und die Zeitmaschine, 1975); Felix och det stora upproret (1973; dt. Paul und die große Revolution, 1975); Felix och varulven (1973; dt. Paul und die Werwölfe, 1975); Felix och Cecilia samt Felix i Vilda västern (1973; dt. Paul und der Detektiv, 1975); Födelsedagspresenten (1974); Sagan om det röda äpplett (1974; dt. Die Geschichte von dem roten Apfel, 1974); Felix i Afrika samt Felix och de flygande tefaten (1975); Felix och Ben Hassans skatt samt Felix på Stora apön (1976); Skrot-Nisse (1976; dt. Schrottnickel, 1976); Bergtrollens nya hem (1977); Ville (1976; dt. Ville, 1977);

Sekundärliteratur: U. Hagen: En series väg från dags tidning till album (1976). – H. Künnemann: Comic- und Bilderbuchmacher: Lööf, Jan (in: Bilderbücher-Bilderbücher. Beiheft zum Bulletin Jugend und Literatur. 5. 1977. 91–94).

Horst Künnemann

Lohss, Hedwig

*(d.i. Hedwig Staiger-Lohss). Schriftstellerin, Kinder- und Jugendbuchautorin; *4.3.1892 Stuttgart.*

L. besuchte eine Mädchenschule in Stuttgart. Sie wollte Zoologie studieren. Da ihr dieser Berufsweg verschlossen war, erwarb sie sich durch private Studien und praktische Tierpflege Kenntnisse, die ihr erlaubten, sich als Gasthörerin bei dem Zoologen ERNST H. ZIEGLER (1858–1925) einzuschreiben. Mit eigenen Photographien, Bildlegenden und Erzählungen begann L. schon früh, in Zeitungen und Zeitschriften über die Tierwelt zu berichten. Zwischenzeitlich als Sekretärin beim Evangelischen Presseverband tätig, widmete sich L.

nach ihrer Heirat ganz der Schriftstellerei. Die Beziehung und das Zusammenleben zwischen Kindern und Tieren blieben ihr Hauptthema. Mit verschiedenen Essays, Betrachtungen, kurzen Erzählungen und dem Roman „Der Vogel Jakob" (1950) trat sie auch als Autorin für Erwachsene hervor.

Werk, Tendenzen, Wirkung. L. schrieb zunächst nicht speziell für Kinder, sondern für Leser aller Altersstufen, um ihnen aus dem Leben der Tiere zu berichten. Ihr Erstling war „Die Arche Noah. Geschichten für große und kleine Leute, die Tiere lieb haben" (1920). Erzählungen für Kinder aus der Natur, vom Leben der Pflanzen und Tiere, verfaßte sie anfangs in Märchenform, wie z.B. „Peterles Pate. Ein Märchen vom Wald und von allem, was drin ebt und webt" (1925). Einen Sammelband, in dem sie aus eigenen Beobachtungen und Erfahrungen mit Tieren erzählte, aber auch Gedichte und Prosa des Themenkreises Pflanzen- und Tiererlebnisse anderer Autoren einbezog, veröffentlichte sie 1928 unter dem Titel „Das Wunderbuch. Zoologischer Garten für unsere Kleinen. Die erste Einführung in die Tierwelt". Wurden auch ein „Wunderbuch der Kinderspiele" (1930) und zahlreiche Weihnachtsmärchen für Kinder (u. a. Der Schneemann, 1939) bekannt, so hatte L. die nachhaltigsten Erfolge mit ihrer Verbindung der Tiererzählung mit Familien-, Geschwister- und Kinderfreundschaftsgeschichten (u. a.: Womba, die Schildkröte. Geschichten aus Urwald und Kleinstadt, 1931; NA. u.d.T.: Ursels Liebling, 1951). L. vermittelte sachgerechte Informationen über Haltung, Pflege und Aufzucht auch exotischer Tiere. Einige der Bücher sind mit eigenen Tierphotographien ausgestattet. Ihre für Zeitschriften verfaßten kürzeren Erzählungen und Essays wurden in Sammelbänden zusammengefaßt (u.a. Das Regenbogenschüsselchen, 1933; Die goldene Wiese, 1950; Bruder Tier. Tiergeschichten, 1952).
L. hat sich intensiv mit der Stuttgarter Stadtgeschichte befaßt (Durchs Guckefenster. Jugenderinnerungen aus dem alten Stuttgart, 1972) und historische Geschichten und Sagen dieser Stadt gesammelt und neu bearbeitet.

Werke: Die Arche Noah. Geschichten für große und kleine Leute, die Tiere lieb haben (1920); Ursels Abenteuer (1920); Hans Martin und sein Dorle (1922, NA. 1949); Aus des lieben Gottes Buch (1924); Gute Fahrt (1925); Peterles Pate (1925); Das Wunderbuch für unsere Kleinen. Die erste Einführung in Welt und Weltall (1926); Das Wunderbuch Zoologischer Garten für unsere Kleinen. Die erste Einführung in die Tierwelt (1928); Zeichenspiele mt Versen für die Kleinen (1928, NA. 1935); Sabine, die Ente (in: G. Holz: Die goldene Nuß, 1928); Träumerle. Die Hofbäuerin. 2 Erzählungen für junge Mädchen (1928); Das Wunderbuch der Kinderspiele (1930); Womba, die Schildkröte (1931; NA. u.d.T.: Ursels Liebling, 1951); Aus meim Schwalbanescht (1932, NA. 1976); Heiners Ferien (1932); Das Regenbogenschüsselchen (1933); Benedikt, der Geißbub (1934); Von Blumen, Bäumen und fröhlichen Gesellen (1934); Der blinde Weidenhofbauer (1935); Alt-Stuttgarter Geschichten und Sagen (1936, NA. 1960); Wo ist Isolde (1937); Hildegund und Hildulf (1938); Stuttgart, du Heimatstadt im Tale ... Bilderbuch (1938, NA. 1973); Der Schneemann (1939, [6]1954); Weihnachtslichter (1939); Die Kameraden (1940); Konrad, der Narr (1940); Weihnachtsgewitter (1940); Schimmele (1941); Große Freud' am kleinen Tier (1941, erw. NA. 1953); Vom Christele, das gern ein Christoph werden wollte (1941); Der Geißbub von Tanöben (1941); Vom Peter und seinem Schnauzel (1941); Vom Heimfinden und andere Erzählungen (1946); Im Lichterglanz der heil'gen Nächte. Ein Weihnachtsbuch für Kinder (1948); Die Geschichte vom Hund Treff (1948); Lore. Eine Geschichte aus der Zeit des 30jährigen Krieges (1949); Das Schäflesdorle (1949); Eine Geschichte aus den Bergen (in: A. Bach: Erich Jung und seine Freunde, 1950); Die goldene Wiese (1950); Der Vogel Jakob (1950); Hansel (1951); Die Spinne (1951); Die Fahrt nach Weissenfels (1952); Bös begonnen, gut geendet (in: M. L. Roon: Tapfere Christa, 1952); Bruder Tier (1952); Licht in der Dunkelheit (1954); Viere aus einem Nest (1954); Armes, kleines Peterle! (1955); Dick und seine Katze (1957); Unser Affe Koko (1957); Ein Mädchen unterwegs (1959); Der Bärenjunge (1960); Diana und die Leute vom sonnigen Winkel (1961); Augustle oder der Wortbruch und andere Tiergeschichten (1962); „Zum Goldenen Bären" und andere Erzählungen (1963); Mach's gut, Uli! (1965); Die Sonne bringt es an den Tag (1965); Der Hansel vom Heckenweg (1969); Der Hirte und sein Hund (1969); Für die Katze (1970); Durchs Guckefenster – Jugenderinnerungen aus dem alten Stuttgart (1972); Tiere in meinem Leben (1974); Kreuz und quer durch acht Jahrzehnte (1976).

Hrsg.: Das Kinderjahrbuch (1949).

Margarete Dierks

Lorenzer, Gabriele

*Photographin; *23.10.1937 Leipzig.*

L. erhielt ihre Ausbildung in der Photographie-Abteilung der „Lette-Schule" in Berlin. Danach war sie in einem Graphik-Photo-Atelier in Zürich tätig. Ein Studienaufenthalt führte sie nach Paris. Seit 1965 hat L. in Frankfurt ein eigenes Photoatelier. Im Kinderbuchbereich ist sie durch ihre im Ravensburger Otto-Maier-Verlag erschienenen Photobilderbücher bekannt geworden.

Werk, Tendenzen, Wirkung. L. versucht in ihren Büchern durch Bilder, die keine Ergänzung durch Worte benötigen, Geschichten zu erzählen oder Gedankenzusammenhänge darzustellen. Dabei erscheint ihr die Photographie als geeignetes Mittel, Realitätserfahrung und Phantasie zusammenzubringen. L. photographiert jedoch nicht einfach „naturalistisch" ab, sondern inszeniert und montiert und macht dadurch die Bilder erst realitätshaltig.
Der Frankfurter Soziologe und Medienwissenschaftler Dieter Prokop hat dies unter der Überschrift „Das Objektive und das Geheime" zusammengefaßt. L.s Pappbilderbücher haben seit ihrem ersten Erscheinen 1974 bis 1980 eine Auflage von 130000 Exemplaren erreicht. Ein besonderer Erfolg war L.s „Junior Memory", das 1971 auf den Markt kam und von dem 2,7 Millionen Exemplare verkauft wurden. Dieses Spiel ist in der selben photographischen Technik erarbeitet wie L.s Photobilderbücher.

Werke: Drei Äpfel (1974); Eingepackt – ausgepackt (1974); Emma (1975); Dümpel (1976); Das Efeuhaus (1978); Etwas – Nichts (1980).

Sekundärliteratur: D. Prokop: Das Geheime und das Objektive. Zu den Photobilderbüchern Gabriele Lorenzers (in: ders. (Hrsg.): Massenkommunikationsforschung. 3. Produktanalysen (1977). – B. Scharioth: Optische Inszenierungen (in: Börsenblatt für den Deutschen Buchhandel. 27. 1980. 815–816).

Winfred Kaminski

Lucht, Irmgard

*Malerin, Illustratorin; * 10. 5. 1937 Bonn.*

L. ließ sich als Kindergärtnerin ausbilden und arbeitete ein Jahr in einem Frankfurter Kinderhort. 1957 war sie Volontärin für Bühnenbild und Kostüm an den Städtischen Bühnen Frankfurt. Von 1958 bis 1961 studierte sie an der Kölner Werkschule in der Klasse Freie Graphik und Malerei bei ALFRED WILL. Während und nach ihrer Ausbildung beschäftigte sie sich hauptsächlich mit Porträtmalerei. 1961 heiratete sie. Nach der Geburt ihres ersten Kindes trat für sie eine fast siebenjährige „Malpause" ein. Danach trat sie mit ihrem Bilderbuch „Alle meine Blätter ..." hervor. Es erhielt 1971 den ersten Preis „Critici in Erba" auf der internationalen Kinderbuchmesse in Bologna, 1978 war die „Vogeluhr", 1979 „Die Baumuhr" auf der Auswahlliste zum Deutschen Jugendbuchpreis, und 1980 erhielt L. den Österreichischen Förderungspreis für Illustration. Abbildungen der Natur haben bei L.s Kinderbuchillustrationen besonderes Gewicht.

Werk, Tendenzen, Wirkung. L.s Werk hat nach ihrer eigenen Aussage zwei Schwerpunkte: das freie Malen, dem Motive aus der Natur zugrunde liegen, die aber nur Ausdrucksmittel für Stimmungen und Gefühle sind, und die Kinderbuchillustrationen. L. verwandte in „Alle meine Bäume ..." noch eine Naturdrucktechnik, griff danach zu freieren Zeichen- und Maltechniken. Dies gilt vor allem für das aufdringlich theatralische „Die Vögel auf den Stangen" (Text: MARTIN BERG, 1972). Die folgenden – „Die grüne Uhr" (mit CHRISTA SPANGENBERG, 1974), „Die Vogeluhr" (1976) und „Die Baumuhr" (1978) – kann man naturkundliche Bilderbücher nennen. Die Illustrationen geben kleinste Details der Pflanzen- und Tierwelt exakt wieder. L. möchte bei Kindern, aber auch bei Erwachsenen, Aufmerksamkeit für die Vorgänge und Schönheiten der Natur vermitteln. Mit der „Grünen Uhr" begann die Phase ihres naturalistischen Stiles sich voll bemerkbar zu machen. L. meint, je genauer sie das lebendige Modell erkenne, desto mehr berühre sie auch „die Schönheit und auch die Zweckmäßigkeit jeder kleinen Einzelheit". Sie benutzt während ihrer Arbeit das Hilfsmittel der Photographie und auch naturkundlicher Bücher. „Die Baumuhr", „Die grüne Uhr", „Die Vogeluhr" stellen die Pflanzen und Tiere in ihren zeitlichen Zusammenhang. Die Uhr führt den Betrachter durch die Monate des Jahres und jeder Monat offenbart neue Details und Funktionen der beschriebenen Pflanzen und Tiere.

Werke: J. Guggenmos: Alle meine Blätter ... (1970); M. Berg: Die Vögel auf den Stangen (1972); Chr. Spangenberg: Die grüne Uhr (1974, [9]1979); I. Lucht: Die Vogeluhr (1976, [6]1979); I. Lucht: Die Baumuhr (1978).

Sekundärliteratur: Aus dem Staunen geboren (in: Jugendliteratur. Litterature de la jeunesse. 1978. 2. 2–3).

Erich Gerhard

Lucky Luke

*L. L. ist eine parodistische Wild-West-Comic-Serie, die von dem Belgier Morris (d. i. Maurice de Bevére, * 1923) begründet und von 1955 bis 1977 von René Goscinny getextet wurde. In deutscher Sprache erscheint L. L. als Fortsetzungsgeschichte und in Albenform.*

Geschichte und Wirkung. Die erste abgeschlossene L. L.-Geschichte, „Arizona 1880", erschien 1947 im Almanach der belgischen Comic-Zeitschrift „Spirou". Ihr Texter und Zeichner war MORRIS. Mit zwanzig Jahren begann MORRIS als Zeichner in einem belgischen Zeichentrickfilmstudio zu arbeiten. Die Figur des L. L., die er 1946 erfand, war zunächst für den Trickfilm gedacht. Doch der Film wurde nicht realisiert; statt dessen setzte sich L. L. als Comic-Held durch. 1948 ging MORRIS für sechs Jahre in die USA, wo er authentisches Material zur Geschichte des „Wilden Westens" studierte und sammelte. Orientiert an seinem Vorbild HERGÉ (d. i. GEORGES RÉMI, Autor von „Tintin"), wurde MORRIS vor allem durch seine Zusammenarbeit mit den amerikanischen Könnern der Parodie, wie H. KURZMAN („MAD"), geprägt. In New York traf er mit R. GOSCINNY (dem Texter von „Astérix" und „Isnogud" und zudem Chefredakteur des französischen Comic-Magazins „Pilote") zusammen. Seit 1955 bis zu seinem Tod 1977 schrieb GOSCINNY die Stories zu L. L. Bis 1968 blieb die allmählich Welterfolg erzielende Serie bei „Spirou" und wechselte dann zu „Pilote" über. 1974 erschien ein eigenes L. L.-Magazin, dessen Nullnummer auch in deutsch (Koralle-Verlag) herausgebracht wurde. Es erschienen zwölf Nummern. Die Heftfolgen wurden bisher in über 30 Alben zusammengefaßt, die in Belgien bei Dupuis, in Frankreich bei Dargaud erscheinen. In Deutschland gibt es L. L. seit 1959. L. L. erschien zuerst in „Der heitere Fridolin" (Semrau), ab 1965 bei Kauka (Heftserie, Album, Taschenbuch), ab 1972 bei Koralle (Heftfolge in „Zack", Alben 1–14, die jedoch nicht chronologisch sind). Ab Nr. 15 (1977) erscheinen die Alben bei Ehapa. Die Rechte für die Heftausgabe erwarben 1979 Gruner & Jahr („Yps"). Die Popularität, die L. L. bei Jugendlichen wie bei Erwachsenen gewann, wird durch zahlreiche Parodien dieser Western-Parodie dokumentiert. L. L. inspirierte Schallplatte und Musical-Komödie, 1971 erschien bei Belvision der 76minütige Zeichentrickfilm „Lucky Luke". Der zweite Film, „La Ballade des Daltons" (dt. „Sein größter Trick") wurde 1978 vom Studio Idefix herausgebracht. Die Comic-Version dieses Filmes erschien in der Fernsehzeitschrift „Gong" 1979.

Inhalt und kritische Bewertung. L. L., als „witzigster Cowboy der Welt" bezeichnet, will primär zum Lachen

Lucky Luke. Einband zu dem Fix- und Foxi-Album „Lucky-Luke. Vier Greenhorns" von Morris und Goscinny (Zug/Schweiz, o.J.).

bringen. Von dem veristischen bis idealisierenden Stil üblicher Wild-West-Comics hebt sich der zum Karikaturistischen neigende Zeichenstil und die oft witzige Wortspiele nutzende Sprache in L. L. deutlich ab. Zwar wird in den L. L.-Geschichten häufig geprügelt und geschossen, es kommt jedoch nie jemand ernsthaft zu Schaden. Die L. L.-Geschichten gehören zum „Funny"-Bereich, ohne daß sie auf Aktion und Spannung verzichten. Signifikanter noch ist eine weitere, in der Werbung gebrauchte Kennzeichnung: „Lucky Luke, der Mann, der schneller zieht als sein Schatten". Diese Übertreibung deutet den satirischen Unterton der Serien an. So ist L. L., der „Ritter des Wilden Westens", als parodistische Synthese der literarischen Westernhelden Tom Mix, Hopalong Cassidy und der Filmhelden GARY COOPER und JOHN WAYNE zu verstehen, „die Perfektion einer Karikatur der Perfektion" (GOSCINNY). Was der „Western" in Literatur und Film von den „Edelwestern" der dreißiger und vierziger Jahre bis hin zum Italo-Western SERGIO LEONEs an Standards zu bieten hat, findet sich – übersteigert und durch die penetrante Wiederholung als Klischee ausgewiesen – in dieser Serie. L. L. ist zum Gefangenen seiner Rolle geworden. So reitet der immer tugendhafte, moralisch einwandfreie, siegende Held, der so gern „Mensch" sein möchte, es aber nicht sein darf, im immer wieder auftauchenden Schlußpanel als „poor lonesome cowboy, far away from home" der sinkenden Sonne entgegen, Symbol einer sich wiederholenden Unendlichkeit des Mythos und seiner nur wenig variierten Gestaltung. Da ist Jolly Jumper, L. L.s Pferd, schon eher „menschlich". Zwar gehört es ebenfalls zu den „Siegern", doch kann es sich auch atypisch verhalten, vor Angst auf Bäume klettern, mürrisch sein, sich über L. L. lustig machen, wenn er dem Leser seine geheimen Gedanken verrät. Die Wüste mit bleichen Schädeln und Kakteen, die Holzhäusersiedlungen der Pioniere, die Saloons, die Amtsstuben der Sheriffs, dank MORRIS' Kenntnissen mit einer Fülle von Details ausgestattet, signalisieren eindeutige Westernkulisse. Eine Galerie bekannter Westernakteure tummelt sich in den Geschichten. Wir begegnen dem whiskyverfallenen Indianer, dem Totengräber, dem Revolvermann, dem Greenhorn, dem Spieler, den resoluten Pionierfrauen, den Saloon-Mädchen, aber auch den stets in letzter Minute rettend erscheinenden Kavallerietrupps. Ursprünglich war die Serie weniger als Parodie, eher als schlicht witzige Wild-West-Serie konzipiert. Die aus Handlungsfülle und Situationskomik, aus der Charakterisierung der Typen erwachsene Unterhaltungsfunktion ist den Geschichten geblieben. Dies ist auch der Grund, warum jüngere Leser, die zwar die Persiflage, die für den Kenner zum primären Lesevergnügen wird, nicht erfassen, Spaß an der Serie finden. Die Kritik, daß für jüngere Leser die übertriebene, klischeehafte Typisierung (z. B. der dumme Negersklave mit den wulstigen Lippen, der hinterlistige und charakterschwache Mexikaner, der edle US-Soldat, der grundweg verdorbene wie auch der durch und durch edle Weiße) rassistische Vorurteile nähren und festigen könne, verdient Beachtung. Im Rahmen der Parodie bekommt diese Typisierung allerdings spezifischen Charakter. Sie entlarvt das Klischee und zerstört das Muster durch seine Aufdekkung. Der Schritt zur Satire des Wild-West-Mythos selbst, nicht nur seine Literarisierung, wird dort vorgenommen, wo MORRIS nicht allein Filmhelden parodiert (die fiktiven Daltons sind Synthese aller Roman- und Filmgangster des Genres, Rantanplan ist das ins Lächerliche übertragene Bild des Wunderhundes Rintintin), sondern authentische Figuren wie Billy the Kid, Richter Roy Bean, Calamity Jane, Black Bart und andere in seine Geschichten einbaut. Der respektlose Umgang mit den Figuren und Komponenten, die dem historischen „Wilden Westen" entstammen (von Wells Fargo, dem Bau der Pacific-Bahn oder der Ost-West-Telegrafenverbindung bis hin zum Auftreten ABRAHAM LINCOLNs), ist durchaus geeignet, die kitschige Wildwest-Legende zu entlarven. Daß die Serie den engen Rahmen sprengen kann und Gegenwartsbezüge herstellt, ist der Grund für ihre Aktualität und Beliebtheit.

Sekundärliteratur: W. J. Fuchs: Lucky Luke. Interview mit Zeichner Morris (in: Comixene. 1978. 19. 41); Interview mit Morris (in: Comic Forum. 1979. 3. 31). – M. Tschernegg: Lucky Luke, der arme einsame Cowboy (in: Comic Forum. 1979. 2. 22); Lucky Luke. Comicographie (in: Comic Forum. 1980. 4. 23).

Dietrich Grünewald

Luxemburg

(Luxembourg, mundartlich Letzeburg). Großherzogtum in Westeuropa. L. gehört seit 1949 zu den Benelux-Ländern. Staatsgebiet: 2586 km²; Einwohner: ca. 365000. L. ist nach der Verfassung vom 7.10.1868 mit Änderungen und Ergänzungen von 1919, 1948, 1956, 1972 und 1979 eine konstitutionelle Erbmonarchie. Gesetzgebungsorgan ist die Abgeordnetenkammer, deren Mitglieder auf fünf Jahre gewählt werden. In der vorwiegend römisch-katholischen Bevölkerung sind 25% Ausländer; davon 7,6% Portugiesen, 6,4% Italiener, 3,0% Franzosen, 2,4% Deutsche, 2,1% Belgier und 0,8% Holländer. Amtssprache ist Französisch, Umgangssprache Letzeburgisch, eine moselfränkische Mundart. Unterrichtssprachen sind Deutsch und Französisch.

Entwicklung der Kinder- und Jugendliteratur und gegenwärtiger Stand. Die Dreisprachigkeit L.s spiegelt sich in der Kinder- und Jugendliteratur wider. Ein eigentliches Jugendbuch ist nicht vor 1800 in L. gedruckt worden. Davor begnügte man sich damit, Werke aus Deutschland, Frankreich und Belgien zum Gebrauch der Jugend nachzudrucken oder zum Lesen zu empfehlen.

Zu Beginn des 19. Jahrhunderts legte KARL MERSCH (1853–1884) „Die Luxemburger Kinderreime" vor, in die er die von DICKS, d.i. EDMOND DE LA FONTAINE (1823–1891), 1877 veröffentlichte Sammlung aufnahm. Es war eher ein wissenschaftliches Buch denn ein Kinderbuch, doch blieb durch dieses Werk wertvolles Volksgut erhalten, das auch junge Leute zum Lesen anspornen konnte. Aus den Werken der Erwachsenenliteratur sind manche Texte für Kinder und Jugendliche geeignet. Die von DICKS in Reimen geschriebene Tierfabel „De Wöllefchen an de Fìsschen" gehört bis heute zur beliebten Kinderlektüre. In den Gedichtbänden „Spaß an Ierscht", „Hierschtblumen" und „Wantergreng" des Verfassers der Nationalhymne von L., MICHEL LENTZ (1820–1893), findet der Heimatgedanke einen ersten Ausdruck in heiterem oder sinnigem Inhalt. Wenn auch MICHEL RODANGE (1827–1876) seinen „Renert, oder de Fuss am Frack an a Mansgre'ßt" nicht als Kinderbuch schrieb, so lesen viele Jugendliche dieses Luxemburger Nationalepos, das ein Stück Heimatgeschichte aus den Jahren 1866–1872 dichterisch gestaltet und den Volkscharakter hervorhebt. Historisches spiegelt sich auch im „Sagenschatz des Luxemburger Landes" (1885) von NIC GREDT. Bei GREDT gehen Sagen, Märchen und Legenden ineinander über.

Zu Beginn des zwanzigsten Jahrhunderts verfaßte HARY GODEFROID (1877–1942) das erste Bändchen seiner „Wakelterkieren" für Kinder. Eine Reihe seiner Gedichte, wie „De klenge Giergroß", sind von kindgemäßem Humor getragen. Der bedeutendste Mundartlyriker der Jahrhundertwende war WILLY GOERGEN (1867–1942). Manche seiner Kinderlieder sind zu echten Volksliedern geworden.

In „Hein Loser und andere Geschichten" führt der Lehrer ARTHUR HARY (1892–1925) seine jungen Leser in eine heitere Umwelt und in ein phantasievolles Märchenland. Für seine monatlich erscheinende „Zeitung für kleine Leute" (1915–1921) verfaßte er selbst viele Beiträge. Seine ständigen Mitarbeiter waren fast durchweg Lehrer. Wenn ausländische Autoren L. besuchten, bat er sie, für die Leser seiner Zeitschrift ihre Erinnerungen über L. zu schreiben. Nach der Übernahme der Zeitschrift durch HARY TRAUFFLER erhielt die Kinderzeitschrift den neuen Namen „Morgenglokken". Bewußt wurde ihr Inhalt nun von religiösen Themen bestimmt. In den dreißiger Jahren wurde die Zeitschrift schulnäher gestaltet und erschien in dieser Form bis zum Ausbruch des Zweiten Weltkrieges. Von HARY TRAUFFLER (1890–1971), dem Pionier des mundartlichen Kindertheaters, erschienen gesammelte Szenen für die Kinderbühne als „Letzebuerger Kannertheater".

THEODOR ZENNER (1890–1948) war der erfolgreichste Jugendschriftsteller zwischen den beiden Weltkriegen. Trotz des lehrhaften Charakters finden seine Erzählungen wie „Häse und Hosi" oder „Häslein Schlitzohr" großen Beifall bei den Acht- bis Zwölfjährigen. Seine religiösen und historischen Schriften finden weniger Anklang bei den jungen Lesern.

Nach dem Zweiten Weltkrieg erhielt das von Luxemburgern geschriebene Kinderbuch großen Aufschwung. Literaturpädagogen legten nun Wert auf heimatgebundene Stoffe. Die vierjährige Besetzung des Landes durch die Deutsche Zivilverwaltung und das damit verbundene Verbot des Französischen schmälerte die Sprachkenntnisse einer ganzen Generation. Dem Luxemburgischen wurde daher wieder mehr Beachtung geschenkt. Bekannte Sagen und Fabeln wurden auf „Letzeburgisch" geschrieben und für Kinder illustriert. PIERRE SCHNEIDER gab 1952 eine hektographierte Anthologie unter dem Titel „Allerhand Reimercher a Sprechelcher, Gebieder, Lidder a Gedichter fir kleng a grouss Leit" heraus. AUGUST LIESCH (1879–1949) hatte mit seiner Geschichte „D'Maus Ketty", die von Feldmaus und Stadtmaus erzählt, großen Erfolg, vor allem, weil er die Alltagssprache des Volkes benutzte und die Handlung der heimischen Umgebung angepaßt ist. WILHELM WEIS (1894–1964), einer der besten luxemburgischen deutschsprachigen Erzähler, hat für die Kinder die Sage des „Klautje vun Itzig" und die Zwergengeschichte „Bib" verfaßt. Seine anderen Schriften, feinfühlige Gedichte und Erzählungen, richten sich an Erwachsene.

FRANZ BINSFELD (1891–1956), der schon vor dem Krieg mit einzelnen Kinderliedern hervorgetreten war, gab nach 1945 seine Gedichte und Lieder als Sammelband unter dem Titel „Kanner sitt fro" heraus. Seine historischen Gedichte erschienen als „Hemechslant, meng Gottesburch".

Als Jugendbuchautoren traten nach 1945 vor allem Lehrer hervor. Der katholische Lehrer PAUL NOESEN schrieb belehrende Geschichten, die nie ins Moralisierende geraten. Seine besten Werke sind jene mit geschichtlichem Hintergrund (z.B. „Zwischen Strom und Stadt"; „Das geheimnisvolle Läuten"; „Job, der Baumeister"). Kürzere Erzählungen des Autors wurden auch in die Lesebücher der Volksschulklassen aufgenommen. FELIX MERSCH (*1911) verfaßt vorwiegend abenteuerliche Umweltgeschichten. Seine Jungen in der Erzählung „Franz und seine Geheimen" sind keine braven Kinder, sondern Lausbuben, die gut in die genau beschriebene luxemburgische Landschaft passen. Ebenso verhält es sich mit den Hauptfiguren des Buches „Die Brücke", das auf dem geschichtlichen Hintergrund der dramatischen Ereignisse während des Zweiten Weltkrieges spielt und in dem das Zusammenleben von Luxemburgern, Franzosen, Juden und Deutschen aufgezeigt wird.

Wesentlich gemütvoller, ohne sich dem Kitschig-Sentimentalen zu nähern, sind die Erzählungen der Lehrerin HELENE FOURNELLE. Die Erzählung „Sieben aus der Häregaß" schildert Lustiges und Ernstes aus einer Dorfjugend. Einen anderen Typ von Erzählungen für junge Leser stellten die Pfadfindergeschichten dar, die von UGEN WEBER („Drei onhemlech Nuechten") und ALBERT GRICIUS („Das Geheimnis der Schieferburg") geschrieben wurden. Die Hauptfiguren verkörpern hier eine Jugend, die noch von Pfadfinderidealen erfüllt ist.

EMILE MARX ist es in der Erzählung „Die Kinder vom grauen Rand" (1966) gelungen, das Kind im Bergarbeitermilieu zu schildern. Von ganz anderer Art ist das Werk von RY BOISSAUX (*1900), die aus Anlaß ihres achtzigsten Geburtstages in das Institut grand-ducal, section de linguistique (Großherzogliches Institut, Sektion Sprachwissenschaft) aufgenommen wurde. Sie schreibt meistens in letzeburgerischer oder französischer Sprache. Ihre erste Publikation „Madame Molitor & Cie" (1945) ist dem Leben der Kinder abgeschaut, ebenso ihr einziges in deutscher Sprache erschienenes Buch „Köpfchen". Phantasievolle Erlebnisse aus der Natur erzählt sie in „De Vullenzirk am Wantergart". In „Niki Chat" und in den „Contes d'enfants et d'animaux" sind Tiere die Hauptfiguren. Ihr Werk ist charakterisiert durch Erinnerungen an eine frohe, behütete Kindheit. Die Natürlichkeit, mit der sie häufig im Kinderfunk plaudert, weckt bei den kleinen Hörern das Interesse für das Buch.

JEAN MILLMEISTER (*1938) stellt abenteuerliche Indianerspiele zweier Jungengruppen in den Mittelpunkt seiner Erzählung „Old Knatterhand und die Plattfußindianer". Eine Reihe von Erzählungen, auch solche geschichtlichen Inhaltes, veröffentlichte der Autor in Jugendzeitschriften. So in der im November 1945 zum ersten Mal erschienenen Zeitschrift „Kannerfrönn", die von der Action Catholique Enfantine Luxembourgeoise herausgegeben wird. Im Jahr 1958 wurde die Zeitschrift in „Benni und Jenni" umbenannt. Sie erscheint noch heute unter dem Namen „Zack" zweimal monatlich. Eine andere monatlich erscheinende Jugendzeitschrift ist „Revue de la Jeunesse", die seit 1949 im Verlag des Roten Kreuzes erscheint. Die drei Grundgedanken dieser Zeitschrift sind: Dienst am Nächsten, Hygiene, Internationale Freundschaft. Ein ständiger Mitarbeiter dieser Zeitschrift ist JEAN HAAN, der besonders die Sagen den Jugendlichen näher bringen will. Seine Veröffentlichungen „Von Tieren und Tierspuk", „Von Hexen und wildem Gejäg" oder „Aus alten Tagen" schließen auch Spuk- und Gespenstergeschichten ein.

ALOYSE STEINMETZ (*1920) hat zwei Schriften veröffentlicht, „Das Geisterhäuschen" und „Spuk an der Sauer". Es ist sein Anliegen, seine Schüler zum Selberschreiben zu bewegen. So regte er sie an, die Schulzeitung „La Source" herauszugeben und gemeinsam Geschichten zu verfassen. Hektographiert erschienen die Gemeinschaftsarbeiten „Petz fährt Motorrad" und „Klub der 12 auf heißer Spur".

Als Teamarbeit einer Lyzeumsklasse bzw. von Volksschulklassen erschienen auch „Zirkus als Wegweiser" (1975) und „Drei Freunde im Weltraum" (1980). Die Bewegung „Art à l'École" befürwortet in Zusammenarbeit mit „Radio Luxemburg" diese Tendenz. Im Herbst 1980 erschien das Bändchen „De letzebuerger Struwwelpeter". PE'L SCHLECHTER hat hier HEINRICH HOFFMANNS „Struwwelpeter" in die luxemburgische Mundart übertragen und lustig illustriert. Das Buch wurde von mehreren Druckereien kostenlos gedruckt, da der Erlös behinderten Kindern zukommen sollte.

GUY REWENIG (*1947), der schon mehrere Theaterstücke für Kinder geschrieben hat, berichtet in Gedichtform über die Alltagserlebnisse und Sorgen von Kindern („Sonndes därf ee Wolleke fänken"). Kritisch sieht REWENIG die oft kinderfeindliche Umwelt in seinen Theaterstücken, die in der Stadt Esch, wo er Lehrer ist, und an anderen Plätzen aufgeführt wurden („Keng Plâtz am Haus", „Kanner sin och Leit", „Naischt fir Méderchen", „Ollimimischnulli").

In sehr moderner Aufmachung gab die Vereinigung „Erwachsenenbildung" ein religiöses Buch unter dem Titel „Lauschter emol" heraus, das mit farbenfrohen Bildern die Kinder anspricht und auf Gespräche der Erwachsenen mit ihren Kindern abzielt. „Ech a meng Famill" (1981) von COLETTE DELCOURT (*1951) erzählt in Luxemburger Mundart das Leben einer Hundefamilie.

Selten wagen es Jugendbuchautoren aus L., an einen ausländischen Verlag heranzutreten. FERDI HILBERT versuchte es, nachdem er in den fünfziger Jahren den Jugendbuchpreis der damaligen Lehrervereinigung erhalten hatte. Seine Bücher „Pitter Spatz" und „Das leuchtende X" erschienen in der Schweiz. 1976 kam ERNA FUNCK-NEUVILLES Erstlingswerk „Himbeereis und weiße Mäuse" in Deutschland heraus. FERNAND SALENTINI (*1931), dessen Sachbücher für ältere Jugendliche und Erwachsene bestimmt sind, fand seine Verleger in Deutschland („Durchs Packeis zum Nordpol", „Piraten", „Machu Pichu", „Santiago"). Als Illustrator für Märchen, religiöse Geschichten und Biographien für Kinder hat sich EMILE PROBST einen Namen gemacht.

Organisationen, Förderungsmaßnahmen. Seit 1912 gibt es in L. ein Schulbibliotheksgesetz. Danach muß jede

Volksschule eine Bibliothek besitzen, aus der Schüler Bücher entleihen können. Die Dreisprachigkeit in L., wo jedes Kind schon mit sechs oder sieben Jahren zwei Fremdsprachen zu erlernen beginnt (Deutsch oder Französisch), beeinflußt auch stark den Kinder- und Jugendbuchmarkt. Während zahlreiche Kinder- und Jugendbücher aus Frankreich und den deutschsprachigen Ländern importiert werden, sind die in Letzeburgisch abgefaßten Bücher ausschließlich auf L. beschränkt.

Ein „Comité de Lecture", das von sechs Lehrern gebildet wird und das der Unterrichtskommission des Ministeriums untersteht, empfiehlt jene Neuerscheinungen auf dem Büchermarkt, die von der Sprache wie vom Thema her besonders geeignet erscheinen, wobei es sich um inländische wie um ausländische Bücher handeln kann. Zweimal jährlich erscheint eine solche Empfehlungsliste im „Courier de l'Education Nationale", dem offiziellen Blatt des Unterrichtsministeriums.

Stadtbibliotheken und Pfarrbibliotheken führen meistens eine Jugendschriftenabteilung.

Die Nationalbibliothek in Luxemburg-Stadt hat alle luxemburgischen Publikationen in ihrem Bestand, somit auch diejenigen, die für Kinder und Jugendliche bestimmt sind. Der Kinderbuchautor PAUL NOESEN verfaßte die bisher einzige „Geschichte der Luxemburgischen Jugendliteratur" (1951).

Sekundärliteratur: Bibliothèque Nationale (Hrsg.): Livres et périodiques pour enfants et adolescents, écrits par des auteurs luxembourgeois. Bibliothèque sèlective (1972). – Courrier de l'éducation nationale. Numero special. Livres pour enfants et adolescents, ecrits par des auteurs luxembourgoise de 1944–1978 (1978). – P. Noesen: Die Geschichte der Luxemburger Jugendliteratur (1951). – F. Hoffmann: Geschichte der Luxemburger Mundartdichtung (1967). – N. Welter: Das Luxemburgische und sein Schrifttum (1914); Letzebuergesch an der Schoul (1974).

Adeline Pellegrino

Lyser, Johann Peter

*(d.i. Johann Peter Theodor Burmeister. Weitere Ps.e: Luca fa presto, Kapellmeister Wahrlieb, Hilarius Paukenschläger, Vetter Paukenwirbel, Hieronymus Paukenwirbel, Isidorus Paukenwirbel, Karl von Albau, Oskar Schütz, Wilhelm Otto, Karl von Brandt, E. W. Hoffmann, Friedrich Beck, Bernhard Müller, Victor Savello, Salvator Rosa, Salvatorelli, Der Gemütliche, A. Bierglas, J. Leser). Schauspieler, Musiker, Schriftsteller, Journalist, Kritiker, Illustrator, Zeichenlehrer; *2. 10. 1804 Flensburg, †29. 1. 1870 Altona.*

L.s Vater war der königlich sächsische Hofschauspieler FRIEDRICH BURMEISTER (1771–1851), der sich bald nach der Geburt des Knaben von seiner Frau scheiden ließ. Sie heiratete einen Schauspieler und Theaterdirektor in Schwerin, FRIEDRICH VON MERTENS, der wegen eines Duells mit tödlichem Ausgang seinen Familiennamen ablegte und sich LYSER nannte. So nannte sich auch der junge Stiefsohn. L. ging in Hamburg zur Schule (1810–1815). Schon als Kind war er in Kinder-, besonders Mädchenrollen, am Altonaer Stadttheater schauspielerisch tätig. Das erste Auftreten erfolgte 1811 in dem seinerzeit vielgegebenen Charaktergemälde von FRIEDRICH LUDWIG SCHMIDT „Der Vetter aus Lissabon". Im Jahr 1815 reiste der Stiefvater mit seiner Familie ins Rheinland. In Köln erhielt L. Unterricht in der Tonkunst und sang auch als Chorknabe in Kirchenmusiken. Mit vierzehn Jahren spielte L. Violine, Flöte und Klavier, las Partituren und dirigierte daraus. In Paderborn war er auch als Dekorationsmaler und Kapellmeister tätig. Kurz vor seinem 16. Lebensjahr erlitt L. einen Gehörschaden und mußte sich nach einer anderen Tätigkeit umsehen. Von 1819–1923 lebte er in Schwerin und Rostock, erhielt Unterricht im Zeichnen und beschäftigte sich mit der Anatomie. Von 1823 bis 1828 war L. als Zeichenlehrer in Flensburg tätig. Mit vierundzwanzig Jahren begann er mit dem Schreiben von Musikkritiken. Damit fand er Zugang zu ROBERT SCHUMANN (1810–1856). Zeitweilig war er Redakteur und Mitarbeiter der 1834 von SCHUMANN gegründeten und noch heute bestehenden „Neuen Zeitschrift für Musik", an der auch FRIEDRICH WIECK (1785–1873), LUDWIG SCHUNKE, JULIUS KNORR und CARL BANCK mitwirkten. Sie alle gehörten wie L. zu den sogenannten „Davidsbündlern". L. war mit dem aus Böhmen geflüchteten Schriftsteller KARL BORROMÄUS SEBASTIAN HERLOSSOHN (1802–1849) und WALTHER VON GOETHE (1818–1885), dem Enkel des Klassikers, befreundet.

1836 heiratete L. in Dresden die Schriftstellerin KAROLINE LEONHARDT (1814–1899), die von 1836 bis 1838 zahlreiche Beiträge zu den von L. herausgegebenen Sammelwerken „Abendländische Tausend und eine Nacht" (Bd. 1–15, 1838–1839) und „Abendländische Einhundert und eine Nacht" (Bd. 1–4, 1840) beisteuerte. Die Ehe, der zwei Töchter entstammten, wurde 1842 getrennt. Die letzten Jahre L.s (1867–1870) waren von Armut und Erniedrigung gekennzeichnet. In dieser Zeit mußte er, wie er in seinem Tagebuch ausführt, jede sich bietende Tätigkeit annehmen. So verfaßte er für einen Groschen Briefe und Zeitungsanzeigen, schrieb Hamburger Lokalpossen für Vorstadttheater und lebte zeitweilig vom Schildermalen.

Werk, Tendenzen, Wirkung. Unter den Schriften von L. finden sich zahlreiche, die speziell für junge Leser abgefaßt wurden. Andere, vor allem aus dem Bereich der abendländischen und niederdeutschen Märchen- und Volksüberlieferung waren zwar für erwachsene Leser gedacht, wurden aber zur beliebten Kinderlektüre. L. illustrierte nicht nur viele seiner Schriften selbst, er lieferte auch Illustrationen zu Schriften seiner Zeitgenossen. In L.s erstem Buch, einer biographischen Darstellung seiner Jugend „Benjamin in 12 Charakterbildern, erfunden und redigiert vom Herausgeber" (1830) wählte der Autor das Motto: „Er war ein Kind seiner Zeit. Sie hob ihn, sie trug ihn, sie ließ ihn fallen." Von seinen Illustrationen wurden vor allem die Karikaturen zu den Büchern seiner Freunde AUGUST LEWALD

(1792–1871), CARL LEBRUN (1792–1842) und FERDINAND JOHANNES WIT, genannt VON DÖRRING (1800–1863), bekannt, die er alle um 1830 schuf.

1853 erschien L.s „De Swienegel als Wettrenner. Ein plattdeutsches Märchen. Neu illustriert und mit einem Nachwort versehen!". Zur Erklärung der Illustrationen sind acht Blatt Text beigegeben. L. nimmt in seinem Nachwort zur Erstausgabe Stellung zur bildnerischen Tierdarstellung: „Bei weitem die Mehrzahl unserer modernen Illustratoren, wenn sie ähnliche Sachen zu illustrieren haben, geben entweder Thier-Partien oder auch menschliche Figuren mit Thierköpfen. Beides ist völlig unkünstlerisch, und letzte Manier nicht selten geradezu widerlich." L. zeichnete zuerst wirkliche Tierfiguren, bemühte sich, so viel menschlichen Ausdruck in die Tierphysiognomien zu legen, wie möglich war, und zog den Tieren Kleider an. Dazu äußerte er: „Ich halte das für die einzige mögliche Art, eine feine, ausdrucksvolle, wirklich drollig und dem künstlerischen Geschmack nicht unwidere Thier-Charicatur hervor zu bringen". Offensichtlich kam seine Darstellungsweise den kindlichen Beschauern entgegen, die das Bändchen als Kinderbilderbuch annahmen. In dem „Musikalischen Bilder-ABC" (1842) zeigte L. seine Fähigkeit, Kinder auf leicht faßliche Weise – nach Art der lateinischen Genusregeln – in die Notenschrift einzuführen.

Titelblatt zu dem von Johann Peter Lyser erzählten und illustrierten plattdeutschen Märchen „De dree Jungfern un de dree Rathsherrn, oder datt groote Karkthorn-Knopp-Schüüern to Altona" (Hamburg 1855).

Von L.s Veröffentlichungen sind seine Märchensammlungen am bekanntesten geworden. Die Märchen L.s suchen die Kluft zwischen dem Kunstmärchen der Romantiker und dem Volksmärchen der Brüder GRIMM zu überwinden. Er erfand in den seltensten Fällen neue Stoffe; gewöhnlich nahm er Gehörtes und Gelesenes, das er neu verarbeitete. Im Gegensatz zu der oft altklugen Sprache der Kinderschriften seiner Zeit war L. bemüht, durch die Wiederbelebung der alten Märchen die kindliche Phantasie anzuregen. Er hatte eine glückliche Hand bei der Auswahl und verstand es, kindgemäß zu erzählen. Als Negativbeispiel zeigt er in der „Zaubernuß", einem „Kontroversmärchen", die sentimental-lehrhafte Art der AMALIE SCHOPPE (1791–1858) in Hamburg, die er heftig bekämpfte. L. bemühte sich, die Manier der SCHOPPE treffsicher nachzubilden. In einer Einleitung warnt er die Kinder davor, den Büchern, die immer nur von tugendsamen Kindern sprächen, zu trauen. Solche Bücher verführten die Kinder dazu, die Wirklichkeit zu verkennen. Allerdings hat L. gelegentlich Geschichten geschrieben, die an Sentimentalität den Erzählungen der SCHOPPE nicht nachstehen. Es sind die Bändchen „Erzählungen" (1839) und „Neue Erzählungen für das jugendliche Alter" (1840).

Die umfangreichste Sammlung hat L. mit dem Werk „Abendländische Tausend und eine Nacht oder die schönsten Märchen und Sagen aller europäischen Völker. Zum ersten Male gesammelt und neu bearbeitet. Mit 30 Bildern nach Originalzeichnungen des Herausgebers" vorgelegt. Während dieses Werk für Erwachsene gedacht war, richteten sich die Bände „Fabel- und Märchenbuch" (1838, ²1845) und „Märchen, Fabeln und Parabeln für gute Kinder" (1847) an junge Leser.

Werke: Benjamin. Ein Roman. Aus der Mappe eines tauben Malers in 12 Charakterbildern (1830, NA. 1920); Anleitung zum Caricatur-Zeichnen, das Höhere dieser Kunst; dargestellt und durch Beispiele erläutert (1832); Cäcilia. Ein Taschenbuch für Freunde der Tonkunst (1833); Des Knaben Wunderhorn. Mährchen und Lieder (1834); Das Buch der Mährchen für Töchter und Söhne gebildeter Stände (1834); Das Buch vom Rübezahl. Eine vollständige Sammlung aller Volksmährchen aus dem Riesengebirge gesammelt und neu erzählt (1834); Nanette, die junge Waise. Gesammelte Mährchen und Erzählungen für Kinder gebildeter Stände (1834, ²1842); Lieder eines wandernden Malers. Mit Kompositionen von Becker, Dom, Friedericke Hesse, Krug, Poley, Rastrelli und Clara Wieck (1834); Novellen und Fresko-Sonette (1834); Don Juan in Leipzig. Ein Capriccio in zwanglosen Heften (1835); Kunstnovellen (1835); Umrisse zu Schillers Werken (1835); Leipzig, wie es geht und steht, lebt und liebt, oder Spaziergänge in und um Leipzig (H. 1–4. 1835); Liederkranz. Allen treuen Sachsen am 27. Dezember 1835 gewidmet (1835); Umrisse nach Darstellungen von Emil Devrient (1836); Neue Kunstnovellen (Bd. 1–2. 1837); Polichinell. Dramatisches Feen-Mährchen für kleine und große artige Kinder (1837); Salvator Rosa oder zwei Nächte in Rom. Komische Oper in 2 Aufzügen (1837); Giacomo Meyerbeer. Sein Streben, sein Wirken und seine Gegner, für Freunde der Tonkunst (1838); Abendländische Tausend und eine Nacht oder die Schönsten Mährchen und Sagen europäischer Völker. Zum ersten Male gesammelt und neu bearbeitet (1838–1839); Fabeln- und Mährchen-Buch (1838–1841, ^{2}1845); L. van Beethoven. Nach einer Originalzeichnung (1839); Erzählungen für das jugendliche Alter. Aus dem Französischen (1840); Neue Erzählungen für das jugendliche Alter. Aus dem Französischen (1840); Einhundert und eine Nacht. Ein Mährchen- und Sagenstrauß (Bd. 1–4. 1840); Der fahrende Münchhausen oder neue Reisebilder. Von Hieronymus Freiherr von Münchhausen. Aus dem Französischen (1840); Musikalisches Bilder-ABC zum Lesenlernen der Noten, Vorzeichen und Schlüssel (1842); Ludwig Pauli (1842); Naturgeschichte des Musikanten (1843); Deutschland und Johannes Ronge. Ein ernstes Wort zu rechter Zeit (1845); Lyser und Ronge (1845); Tordenscjøld (1845); Der letzte Hohenstaufer (1845); Giacomo Meyerbeer. Jenny Lind. Fragmente aus dem Tagebuch eines alten Musikers. Für Freunde der Tonkunst (1847); Hundert und eins! Mährchen, Lieder und schöne Geschichten mit schönen Bildern für gute Kinder (1847); Mährchen, Fabeln und Parabeln für gute Kinder (1847); Erzherzog Johann, der Freund des Volkes. Biographische Skizze (1848); Die Würde der freien Presse in Österreich. Ein herzliches Wort an Österreichs Volk, seine Schriftsteller und Buchhändler (1848); Österreichs Parole (1848); Ein Frühlingstag vor dem Denkmale Joseph des Zweiten (1848); An den Kaiser! Bei seiner Rückkehr nach Wien (1848); Dem guten Kaiser Ferdinand I. von Österreich bei seiner Rückkehr nach Wien, dargebracht von seinem treuen Volke (1848); Die Wiener Ereignisse vom 6. Oktober bis 12. November 1848, geschildert von einem Augenzeugen. Mit allen während dieses Zeitraums erschienenen Kundmachungen und Proclamationen (1849); De Swienegel als Wettrenner. Ein plattdeutsches Märchen (1853); De dree Jungfern un de dree Rathsherrn, oder datt groote Karkthorn-Knopp-Schüüern to Altona. Een plattdütsches Mährchen (1855); General-Übersicht der Geschichte der Musik in Europa, namentlich, in bezug auf Deutschland seit dem Jahre 1791 bis zum Schlusse des Jahres 1855 (1856); Mozarts Sterbehaus (1856); Die letzte Stadt-Theater-Krise in Hamburg. Einfache Wahrheit (1858); Die Schiller-Tage in Hamburg-Altona. Gedenkblätter für spätere Tage (1859); Linorah, oder: Die Wallfahrt nach der Ölmühle. Hamburger Lokalposse in 2 Bildern. Dem humorliebenden Publikum Hamburgs ist dieser flüchtig eingeworfene Scherz gewidmet (1860); Spaziergänge eines kleinen Teufels in Hamburg, Altona und Umgebung (1860); Sylvester-Zeitung (1860); De Geschicht von de olle Frou Beerbosch un eeren lütten Swien-Peter. Ein plattdeutsches Märchen (1861); Vetter Kirchhof, wie er leibte und lebte (Bd. 1–3. 1861–1862); Melkman Clas sin Fastnach in Hamborch. En bannigen Fastnachtsspas mit Gesang (1861).

Sekundärliteratur: J. Dyhrenfurth-Graebsch: Geschichte des deutschen Jugendbuches (^{3}1967). – J. Heckscher: Johann Peter Theodor Lyser (1906). – L. Hirschberg: Johann Peter Theodor Lyser. Mit 53 Abbildungen (in: Zeitschrift für Bücherfreunde. 10. 1906–1907. 297–352). – Fr. Hirth: Johann Peter Lyser. Der Dichter, Maler und Musiker (1911). – H. Kunze: Schatzbehalter. Vom Besten aus der älteren deutschen Kinderliteratur (1964).

Hans Eich

M

Mac Donald, George

*Geistlicher, Schriftsteller; *10. 12. 1824 Huntley (Schottland), †18. 9. 1905 Ashstead.*

M. D. wuchs als Sohn eines Bauern im streng schottisch-calvinistischen Milieu von Aberdeen auf. Aus diesen Jugenderfahrungen erklären sich seine – in Reaktion auf den Calvinismus – undogmatische Religiosität, seine Hinwendung zu der reichen Mythen- und Folkloretradition an Zaubermärchen, Sagen, Balladen der keltischen Schotten, die bereits WALTER SCOTT bearbeitet und über die Grenzen Schottlands hinaus bekannt gemacht hatte, und die in M. D.s Werk immer wieder auftretenden dominierenden Mutterfiguren, die einerseits aus der keltischen Mythologie der Urmutter, andererseits aus der realen Familiensituation zu stammen scheinen. M. D. wirkte zunächst als Geistlicher der „Congregationalist Church" (Independisten) in Arundel, Manchester und London. Seine Londoner Gemeinde wählte ihn jedoch wegen seiner undogmatischen Haltung ab; eine Entscheidung, die M. D. nicht verwinden konnte, denn er fühlte sich zeitlebens als Prediger und Lehrer. Dies kommt in den nach Ende seines geistlichen Amtes verfaßten Predigten „Unspoken sermon" (1867–1889) und in dem immer mitschwingenden lehrhaften Ton zum Ausdruck. M. D. bemühte sich, mit literarischen Arbeiten seinen Lebensunterhalt zu verdienen.

Werk, Tendenzen, Wirkung. Mit „David Eglinbrod" (1863) gelang ihm ein erster Erfolg, dem er eine Reihe gleichartiger Romane folgen ließ, mit denen er zum Vorläufer einer Romanschule wurde, die offensichtlich in der zweiten Hälfte des 19. Jahrhunderts, als die schottischen Lowlands und die englischen Midlands zu öden Industrierevieren verkamen, ein breites Lesepublikum fand: der historische oder realistische schottische Heimatroman. Neben den realistischen Romanen, die literarisch zweitklassig und heute zu Recht vergessen sind, schrieb M. D. phantastische Erzählungen für Kinder und Erwachsene und theoretische Arbeiten zum Märchen und zur Folkloreliteratur. Mit dieser Hinwendung zur Magie der Folklore, zum Märchen, zum Übersinnlichen, steht M. D. nicht allein. Die englischen Präraffaeliten nahmen das Thema zur selben Zeit in der Malerei, aber auch in der Ballade und in synästhetischen Gesamtkunstwerkskonzeptionen auf. ANDREW LANG sammelte englische und keltische Märchen, die Architektur pflegte die Neugotik, und die Psychologie wie die Theologie befaßten sich mit Irrationalismus und

Mystik. Die Hinwendung zum Zaubermärchen, zur Folklore, erfolgte zu einem Zeitpunkt, zu dem die offizielle Gesellschaftsdoktrin dem Fortschrittsglauben und der Idolatrie der Technik huldigte. Neben der unmittelbaren Reaktion gegen die industrielle Revolution enthält diese Verweigerungshaltung der spätviktorianischen Phantastiker auch ein Gutteil historischer Reminiszenz an die Romantik. So fühlte sich M. D. dem Mystizismus NOVALIS' verpflichtet, dessen Werke er übersetzte. Für seinen „Phantastes: A faerie romance for men and women" (1858), einer Traumvision, wählte er ein Motto von NOVALIS: „Unser Leben ist kein Traum, aber es soll und wird vielleicht einer werden." Mit den Erwachsenenmärchen „Phantastes" und „Lilith" und den ‚fantasies for children' „At the back of the north wind" (1871), „The princess and the goblin" (1872) und „The golden key" (1867) erwarb sich M.D. den Ruf des Begründers des Autorenmärchens in England, vergleichbar mit HANS CHRISTIAN ANDERSEN in Dänemark. Zwar gab es mit WILLIAM M. THACKERAYS „The rose and the ring" und JOHN RUSKINS „The king of the golden river" Experimente etablierter Autoren im Bereich des Kunstmärchens, für die Entwicklung dieses englischen Genres der phantastischen Erzählung waren jedoch die „Märchen" M.D.s prägend.

Bezeichnend für die Erzählungen M.D.s ist die enge Verzahnung der realen sozialen Umwelt mit der magischen Überwelt; es ist sozialkritische Reportage im Stile von CHARLES DICKENS, überlagert von keltischen Zaubermärchen. In „At the back of the northwind" muß der Droschkenkutschersohn Diamond nach einem Unfall seines Vaters selbst für den Familienunterhalt sorgen. Da bieten sich zahlreiche Möglichkeiten, die Tierliebe, aber auch die Verbundenheit mit der Stadt London, Konkurrenz- und Kooperationsverhalten unter den Kutschern, vor allem aber soziale Kontraste zwischen Diamonds Schlafstelle am Heuboden und den Wohnpalästen seiner Fahrgäste aufzuzeigen. Entscheidend ist jedoch die über dieses irdisch-materielle Dasein weit hinausgreifende Dimension, die der Nordwind vermittelt. Nordwind ist ein komplexes psychologisches Symbol. Es vereint in sich eine lebensspendende mütterliche Allmacht, sie verkörpert die Sehnsucht nach mystischer Vereinigung mit dem Überirdischen, in ihrer Zwiespältigkeit als beinahe Geliebte und Mutter ist Nordwind aber auch mit destruktiven Kräften assoziiert, mit Krankheit und Tod. Nordwind tritt erstmals in Diamonds Leben, als er schwer krank ist. Als er stirbt, heißt es „he is at the back of the northwind". Nordwinds eisiges Reich am Pol ist phantastisch in seiner Schönheit und Klarheit der Formen, aber es ist ein Totenreich.

M.D.s Märchenlandschaften sind immer symbolische, innerseelische Landschaften, seine Handlungsgefüge religiöse Allegorien. In „The princess and the goblin" werden wiederum reale-soziale Welt und Märchen gegeneinandergestellt. Curdie, der Bergmannssohn, der selber unter Tage arbeitet, verkörpert die Arbeitswelt frühindustrieller Grundstoffindustrien, aber er knüpft auch an die Tradition der mysteriösen Bergwerkserzählungen von E. T. A. HOFFMANN an. Für den heutigen Leser kann es kein Zufall sein, daß das väterliche Schloß der Prinzessin Irene, von dem der gütige Herrscher sein Reich mit der lichten Ratio der (Natur-)Gesetzlichkeit regiert, auf dem Gipfel eines Berges liegt, daß der Kampf zwischen den reinen Lichtkindern Curdie und Irene und den bösen, wollüstigen Bergkobolden im Dunkel weit verzweigter Unterwelt (dem Unbewußten) stattfindet, daß Irene's Großmutter ambivalent als Verkörperung eines weiblichen Schönheitsideals und als undurchsichtige alte Zauberin auftritt. In der Fortsetzung „The princess and Curdie" (1883), die mit dem Zusammenbruch der Hauptstadt von Irene und Curdies Reich endet, bringt M. D. seinen Zivilisationspessimismus zum Ausdruck.

M.D. war mit LEWIS CARROLL eng befreundet, seine Verwendung des Phantastischen geht aber nie den Weg CARROLLS ins Groteske, zum Nonsense. Seine Phantasiewelten sind geprägt von religiösem Ernst und pädagogischem Eros. M.D.'s Zaubermärchen gehören auch heute noch zum festen Lesekanon englischer Kinder. Als Literat ist M.D. der Durchbruch zu den führenden Autoren seiner Zeit nicht gelungen, er nimmt jedoch literaturhistorisch für das Genre der Phantastischen Erzählung eine Schlüsselstellung ein, die zu einer Neubewertung in jüngster Zeit geführt hat.

Werke (Auswahl): Within and without (1855); Phantastes: a faerie romance for men and women (1858); David Elginbrod (Bd. 1-3. 1863; dt. David Elginbrod, 1873); Adela Cathcart (Bd. 1-3, 1864); Alec Forbes of Howglen (Bd. 1-3, 1865); Annals of a quiet neighbourhood (Bd. 1-3, 1867); Dealings with the faeries (1867; Teilausg. (u.a.): The golden key, 1906; dt. Der goldene Schlüssel, 1976; The light princess and other fairy stories, 1890; dt. Die Lachprinzessin, 1976); The disciple, and other poems (1867); Guild court, a story (1868); Robert Falconer (Bd. 1-3, 1868); The seaboard parish (Bd. 1-3, 1868); At the back of the north wind (1871); Ronald Bannerman's boyhood (1871); Works of fancy and imagination (Bd. 1-10, 1871); The princess and the goblin (1872; dt. Die Prinzessin und die Kobolde, 1974); Wilfrid Cumbermede, an autobiographical story (Bd. 1-3, 1872); The vicar's daughter (1872); The wise women, a parable (1875); Paul Faber, surgeon (1878); Sir Gibbie, a novel (1879); Mary Marston (1881); Castle Warlock, a homely romance (Bd. 1-3, 1882); Weighed and wanting (1882); The gifts of the child Christ and other tales (1882); The princess and Curdie (1883); Stephen Archer and other tales (1883); What's mine's mine (Bd. 1-3, 1886); A rough shaking (1890); The flight of the shadow (1891); There and back (Bd. 1-3, 1891); Heather and snow, a novel (1893); Lilith, a romance (1895; dt. Lilith, 1977); C. S. Lewis (Hrsg.): George Mac Donald. An anthology (1947, NA. 1978).

Sekundärliteratur: A. S. Faben: Folklore in the fantasies and romances of George Mac Donald (in: Dissertation abstracts international. 39. 1978/79. 1. 294-A). – A. Freemantle: The visionary novels of George Mac Donald (1954). – R. Jackson: Fantasy (1981). – J. Johnson: MacDonald. A biography and critical appreciation (1906). – M. Lockhead: The renaissance of wonder in children's literature (1977). – C. N. Man ove: Modern fantasy (1975). – St. Prickett: Victorian fantasy (1979). – R. H. Reis: George MacDonald (1972). – R. L. Wolff: The golden key. A study of the fiction of George Mac Donald (1961).

Eckhard Breitinger

Märchenerzähler

M. bezeichnet eine Person, die im öffentlichen oder privaten Raum Geschichten zu Gehör bringt, unter denen Märchen den Schwerpunkt bilden. Geschlecht, soziale Herkunft und Prestige verschiedener Gruppen von M.n variieren zwischen den Kulturen und sind historischen Veränderungen unterworfen. Grundsätzlich lassen sich drei Typen unterscheiden: Menschen, die das Märchenerzählen als Beruf betreiben, solche, die zur Unterhaltung und Erbauung anderer in bestimmten Situationen erzählen und als Experten hierfür anerkannt sind, und letztlich Gelegenheitserzähler.

Soziale Herkunft und Funktionen des M.s. Nachdem im 19. Jahrhundert der Märchentext eindeutig im Mittelpunkt der Forschung gestanden hatte, begannen erst die Märchensammler und -forscher des 20. Jahrhunderts sich verstärkt für die Person des Erzählers zu interessieren. Zu zentralen Fragen wurden die regionale und soziale Herkunft der M., deren Repertoire, kreative Leistung beim Erzählen und Verhältnis zu den Zuhörern, spezifische Erzählgemeinschaften und -situationen. Mit wachsender Beachtung des Erzählvorgangs („Performanz") und der Erzählerpersönlichkeit schwanden ältere romantische Vorstellungen vom kollektiv-anonymen Schöpfungsvorgang und vom Märchen als fertigem Text, der sich durch die Erzähler hindurch gleichsam von selbst verbreitete. Leider sind die Angaben über die M. in früheren Sammlungen zumeist spärlich oder fehlen gänzlich. Gleichzeitig aber stirbt das öffentliche Märchenerzählen in immer mehr Kulturen aus, ist also nur noch selten zu beobachten. Dadurch bleibt unsere Kenntnis über Herkunft und Leistung des M. lückenhaft.

Bereits in Zeugnissen der griechisch-römischen Antike lassen sich zwei Stränge der Märchentradierung feststellen, die sich in Beobachtungen des 20. Jahrhunderts (und zwar im europäischen wie im islamisch-orientalischen Raum) wiederfinden. Auf der einen Seite gelten Märchen als Stoff zur Unterhaltung und Erziehung von Kindern; erzählt wird innerhalb der Familie (oder im Harem) von Großmüttern, Müttern und Ammen. Daneben existiert der professionelle M., der an Fürstenhöfen, im Hause reicher Herren, in einem religiösen Zentrum oder aber auf öffentlichen Plätzen auftrat (und im orientalischen Raum gelegentlich noch auftritt): ein „Lobredner", ein gebildeter Sklave, ein Priester oder Derwisch, ein Spielmann oder Schausteller. Zwischen den professionellen M.n und den häuslichen M.innen bilden eine dritte Gruppe die anerkannten Experten, die bei der Ausübung ihres Berufes oder aber im halböffentlichen Raum einer feierabendlichen Erzählgemeinschaft Märchen erzählen. Dabei erzählen sowohl die „Professionellen" als auch die „Experten" zumeist nicht nur Märchen, sondern ebenso Legenden, Schwänke, Sagen, Anekdoten oder vermitteln aktuelle Nachrichten; die mittelalterlichen Spielleute, aber auch manche dörfliche M. des beginnenden 20. Jahrhunderts sind auch als Sänger bekannt und begehrt; allerdings gibt es Individuen und Gruppen, in deren Erzählrepertoire das Märchen den eindeutigen Schwerpunkt bildet. Von nur relativer Gültigkeit – wie die Unterscheidung zwischen den Erzählgattungen – ist die Trennung zwischen literarischer und oraler Überlieferung. Einerseits stehen die M. in einer lebendigen mündlichen

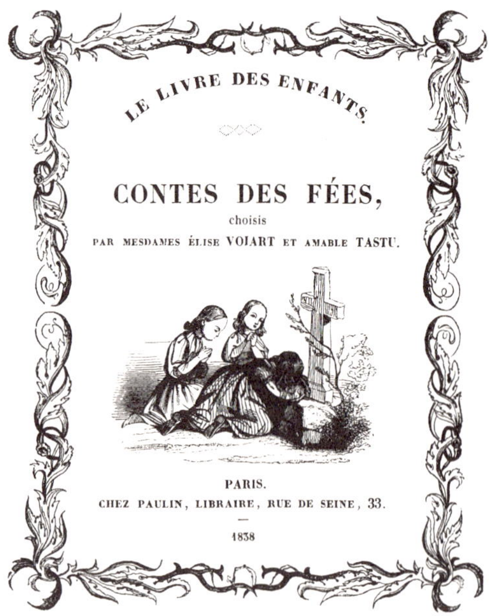

Märchenerzählerin des 19. Jahrhunderts. Illustration aus dem französischen Kinderbuch „Contes des Fées", herausgegeben von Élise Volart und Amable Tastu in Paris 1838.

Tradition; andererseits gibt es verschiedene Wege, wie literarische Vorlagen in das Repertoire der M. gelangen können: entweder durch eigene Lektüre oder (für frühere Zeiten bedeutsamer) durch das Zuhören (bei der Predigt des Priesters oder beim Vorlesen eines Volksbuchs durch einen Alphabetisierten). Seit dem 19. Jahrhundert, im deutschsprachigen Raum vor allem seit der Herausgabe der „Kinder- und Hausmärchen" durch die Brüder GRIMM, übt das Buchmärchen direkt und indirekt großen Einfluß auf das Märchenerzählen aus.

Generalisierende Aussagen über die Berufszugehörigkeit der „Märchenexperten" (die für die Märchentradierung im europäischen Raum wichtigste Erzählergruppe) sind widersprüchlich. Nach den verstreuten literarischen Zeugnissen scheint sich der gesellschaftliche Bereich, aus dem die M. und ihre Zuhörer stammen, im Laufe der Jahrhunderte eingeengt zu haben. Bereits vor dem 19. Jahrhundert überwiegen Hinweise auf Berufsgruppen, die zwei gemeinsame Charakteristika aufweisen: Sie zählen zu den „unteren" Sozialschichten, und sie zeichnen sich durch regionale Mobilität aus. Das sind im dörflichen Bereich z.B. Tagelöhner, Hirten oder Waldarbeiter; daneben Kleinhandwerker, vor allem Wanderhandwerker, die zur Arbeit ihre ländlichen Kunden aufsuchen; in der Stadt finden sich entlassene Soldaten und Dienstboten usw. Diese soziale Herkunft der M. hat ihren Niederschlag im Inhalt der Märchen hinterlassen: Besonders die Zaubermärchen lassen sich als Ausdruck der Erfahrungen und als Wunschträume der „unteren" Sozialschichten verstehen. Sind die regionale Mobilität und der Kontakt zu vielen Menschen eine Voraussetzung dafür, daß M. ihre Erzählstoffe sammeln und ihr Talent erproben können, so mag darin auch der Grund liegen, weshalb die meisten Sammler feststellen, daß sich unter den anerkannten Erzählern sehr viel mehr Männer als Frauen finden.

Die M., ihr Repertoire und ihr Publikum. Daß M. im Laufe des 20. Jahrhunderts immer seltener werden, hat mit dem Aussterben vieler der genannten Berufe zu tun und mit dem Verschwinden typischer Erzählsituationen. Gelegenheiten zum Erzählen ergaben sich während Arbeiten, bei denen mehrere Menschen versammelt waren, oder im Zusammenhang damit; beim Besuch des Wanderhandwerkers auf dem Hof, bei gemeinsamen abendlichen Arbeitsvorbereitungen, beim Spinnen in der Spinnstube oder aber bei gemeinsamen Reisen von Gesellen zu einer neuen Arbeitsstelle, bei Übernachtungen der Waldarbeiter in einer abgelegenen Hütte usw. Verschiedentlich finden sich Belege, daß Gesellen oder Arbeiter gerade wegen ihres Rufs als M. eingestellt wurden; sie sollten durch ihr Erzählen die anderen während eintöniger Arbeiten bei Laune halten. Auch für den Wegfall regulärer „Erzählgemeinschaften" gibt es soziale und wirtschaftliche Gründe. Noch im 20. Jahrhundert fanden in einzelnen ländlichen Gebieten regelmäßige Treffen am Feierabend (besonders im Winter) statt, in deren Mittelpunkt ein oder mehrere anerkannte M. standen. Mit der beruflichen Differenzierung wuchs die Privatisierung auch der Freizeit. Hinzu kommt der Einfluß der Massenmedien: Druckmedien und Rundfunk, von isolierten Einzelpersonen oder Familien empfangen, ersetzen den M. Das bedeutet, daß die M. aussterben, weil ihnen die Zuhörer fehlen. Denn Märchenerzählen bedarf eines Zuhörerkreises. Dieser beeinflußt Inhalt und Ablauf des Erzählens durch aktuelle Kommentare und ganz allgemein durch Erwartungen, die gemeinsamen Alltagserfahrungen und der gemeinsamen Kenntnis der Märchentradition entspringen. Diese Kenntnis läßt Zuhörer selbst zu Gelegenheitserzählern und damit auch zu Gewährsleuten vieler Märchensammler werden. Die Zuhörer stellen somit das kollektive Element im Prozeß der Märchentradition dar. Die Bedeutung eines M.s bemißt sich daran, wie er mit den tradierten Stoffen und den Erwartungen der Zuhörer umgeht. Er kann ein Märchen möglichst wortgetreu wiedergeben, er kann es in der sprachlichen Darstellung variieren, es durch Mimik und Gestik dramatisieren, er kann Details einfügen oder Motive neu verknüpfen. Berühmte M. zeichneten sich nicht nur durch ein großes Repertoire aus, das sie aufgrund eines erstaunlichen Gedächtnisses gesammelt und jahrelang vor Zuhörern erprobt hatten; sie schufen „ihre" Märchen bei jedem Erzählvorgang neu. Dabei adaptierten sie fremde Stoffe, indem sie die „Requisiten" der regionalen und sozialen Umgebung ihrer Zuhörer anpaßten; und sie ließen ihre eigenen – auf abwechslungsreichen Lebenswegen gesammelten – Erfahrungen und ihre eigenen persönlichen Wünsche in die Märchen einfließen (bis hin zum Erzählen in der ersten Person). Der Vorgang der Neuschöpfung eines Märchens unterschied sich somit nur graduell von seiner jeweiligen Wiederschöpfung im Erzählen.

In der Gegenwart sind nicht alle der früheren Erzählsituationen verschwunden. Erzählt wird weiterhin, z.B. bei Wirtshausrunden, Familienfeiern, Arbeitspausen, Zwangsaufenthalten im Krankenhaus; und es gibt weiterhin Individuen, die in ihrem sozialen Umkreis wegen ihres Erzähltalents beliebt sind. An die Stelle des Märchens sind aber realitätsnähere und zumeist kürzere Geschichten getreten: Erlebnis- und Arbeitsberichte, Anekdoten, Witze, Sagen. Das Märchenerzählen lebt weiter im Kinderzimmer, wo manche Mütter Märchen aus Büchern nacherzählen, und in isolierten Auftritten von Märchenerzählerinnen (vor allem in der Vorweihnachtszeit) vor Schulklassen oder Volkshochschulbesuchern.

Sekundärliteratur: M. Asadowskij: Eine sibirische Märchenerzählerin (1926). – J. Bolte (Bearb., zus. mit G. Polivka): Anmerkungen zu den Kinder- und Hausmärchen der Brüder Grimm (Bd. 1–5. 1913–1932. ND. 1963). – L. Dégh: Märchen, Erzähler und Erzählgemeinschaft. Dargestellt an der ungarischen Volksüberlieferung (1962). – K. Haiding: Träger der Volkserzählungen in unseren Tagen (in: Österreichische Zeitschrift für Volkskunde. 56. 1953. 1/2. 24–36). – G. Henßen: Überlieferung und Persönlichkeit. Die Erzählungen und Lieder des Egbert Gerrits (1951). – F. von der Leyen (Hrsg., zus. mit anderen): Die Märchen der Weltliteratur (1912ff. Nachworte).

– M. Lüthi: Märchen (1962, [7]1979). – S. Neumann (Hrsg.): Eine mecklenburgische Märchenfrau. Berta Peters erzählt Märchen, Schwänke und Geschichten (1974). – J. Pentikäinen (Hrsg.): Folk Narrative Research (1976). – L. Röhrich: Märchen und Wirklichkeit (1956, [3]1974). – A. Scobie: Storytellers, Storytelling, and the Novel in Graeco-Roman Antiquity (in: Rheinisches Museum für Philologie NF 122. 1979. 3/4. 229–259). – L. Uffer: Märchen, Märchenerzähler und Märchensammler in Romanisch Bünden (in: Schweizerisches Archiv für Volkskunde. 57. 1961. 3/4. 129–147).

Klaus F. Geiger

Malbuch

Das M. oder Ausmalbuch enthält im Unterschied zum Zeichenlehrbuch im allgemeinen auf einer Seite ein oder mehrere farbig gestaltete Motive, auf der Gegenseite nur deren Umriß. Da damit zum Kolorieren und Nachgestalten aufgefordert wird, ist es nicht nur Bilderbuch, sondern gehört im weiteren Sinne zu den Beschäftigungsbüchern. Bis weit über die Mitte des 19. Jahrhunderts hinaus wird es häufig auch als Zeichen- oder Zeichnenbuch bezeichnet.

Formen und Geschichte des M.s. Das M. geht einerseits auf Zeichenlehrbücher, andererseits auf die seit dem Mittelalter gebräuchlichen Vorlagen- oder Musterbücher zurück. Handelt es sich bei den einen um Zeichenanleitungen in Text und Bild, so vermitteln letztere Handwerkern und Bauhütten einen Bilderfundus zum Nacharbeiten.

Für den bürgerlichen Bildungsbegriff, der sich an der Wende vom 18. zum 19. Jahrhundert verfestigte, gehörte zu den erstrebenswerten Tugenden auch die Ausbildung zeichnerischer Fertigkeiten. Solche Ideen haben bei der Herausgabe von M.ern für Kinder in den dreißiger Jahren des 19. Jahrhunderts mitgewirkt. So edierte der Winckelmann-Verlag eine ganze Reihe von Ausmalbüchern für „den kleinen Zeichner" und „die kleine Zeichnerin" mit unterschiedlicher Thematik. THEODOR HOSEMANN (1807–1875), der Hausillustrator dieses Verlages, gestaltete eines dieser Malhefte („Der kleine Zeichner", 1839). Auch HUGO BÜRKNER (1818–1897), der unter anderem Holzschneider LUDWIG RICHTERS war, gab eine Sammlung „Heimischer Vögel. Zum Nachzeichnen und Ausmalen" (1856) heraus.

Angeregt durch die Kunsterziehungsbewegung und begünstigt durch technische Verbesserungen in der Bildreproduktion erfuhr die Herstellung von M.ern eine starke Belebung in den achtziger und neunziger Jahren des 19. Jahrhunderts. Ältere Verlage, wie J. F. Schreiber in Eßlingen und Josef Scholz in Mainz, nutzten zu diesen Zwecken ihren Bilderfundus mehrfach – einmal für die Bilderbücher, sowie für Bilderanschauungs- und -ausschneidebögen und dann für ihre M.er. Aber auch jüngere und kleinere Unternehmen wandten sich um diese Zeit dem Genre zu: so die Firmen Otto Maier in Ravensburg, A. Jaser und Theodor Stroefer in Nürnberg, Wilhelm Düms in Wesel, Molling in Hannover und Hirsch in Konstanz. Bis zum Ersten Weltkrieg produzierten diese und andere Verlage mit unterschiedlicher Kapazität und Intention M.er, die thematisch kein Genre ausließen: Der Bogen reichte von der nahen und fernen, der natürlichen und technischen Umwelt über literarische Stoffe und Gestalten, die Jahreszeiten und -feste, bis hin zu Abenteuern und Humoristischem, zu Spielzeugdarstellungen und dem Soldatenleben. Angeboten wurden die M.er in einfacher Ausführung, als Leporello, zum Aufstellen und in allen möglichen ausgestanzten Formen. Es gab sie als Einzelblätter in Etuis oder Mappen; mit und ohne Zutaten (wie Schablonen, Farben, Pinsel und Palette). Auch als Postkartenbuch konnte man sie kaufen. Kaufanreiz sollte darüber hinaus das Erscheinen in Folgen bieten. Die Kinder wurden vertraulich als „kleine Künstler" und „geschickte Zeichner" angesprochen. Den „guten, braven und fleißigen Kindern, den lieben Kleinen" wurde in den M.ern „lustiges, leichtes, praktisches und schnelles Zeichnen und Malen" versprochen. In dieser Zeit folgte der künstlerische Stil des M.s dem des Bilderbuches und unterlag dessen stilistischen Tendenzen.

Verlage, die im Zuge der kunstästhetischen Reformbestrebungen engagiert moderne Künstler zur Gestaltung von Bilderbüchern heranzogen, taten dies auch gleichzeitig für ihre M.er. THEODOR STROEFER bemühte sich schon seit den achtziger Jahren um die Mitarbeit englischer Künstler an seinen M.ern. KATE GREENAWAYS (1870–1935) „Malbuch für das kleine Volk" übernahm er 1880 in seinen Verlag, später dann M.er von CECIL ALDIN (1870–1935). Weiterhin arbeiteten für ihn die Blumenmalerin CATHARINA KLEIN (1861–1929) und PAUL HEY (1867–1952).

Der Scholz-Verlag in Mainz zog zu Beginn unseres Jahrhunderts zur Gestaltung seiner künstlerischen Bilderbuchreihen bekannte Künstler heran, die ebenso für seine Serie „Das deutsche Malbuch" verantwortlich zeichneten: HANS THOMA (1839–1924) gestaltete Landschafts-M.er und -postkarten, FRANZ STASSEN (1869–1949), EUGEN OSSWALD (*1879), RICHARD SCHOLZ (*1860) und ARPAD SCHMIDHAMMER (1857–1921) lieferten die Entwürfe für Märchen-M.er und anderes. Im J. F. Schreiber-Verlag lag die Betonung zum Teil auf humorvollen M.ern, deren Motive von LOTHAR MEGGENDORFER (1847–1925) und JOSEF MAUDER (1854–1920) stammten. LEO KAINRADL bemühte sich dort um klassische Märchenmotive. Die M.er von GERTRUD CASPARI (1873–1948) und von K. F. FREYHOLD (1878–1944) waren vom Künstlerischen und Pädagogischen her anspruchsvoll gestaltet, bildeten aber innerhalb der vorwiegend am Bilder- und Kinderbuch orientierten Verlagsprogramme von Hahn und Schaffstein eher die Ausnahme.

Kritik der M.er. Alle diese Bestrebungen können nicht darüber hinwegtäuschen, daß die große Menge der M.er von durchschnittlicher und schlechter Qualität ist. Die Entwürfe stammten meist von weniger bekannten Künstlern. Wichtige kunstpädagogische Ziele bei der Herausgabe von M.ern waren immer wieder die Schulung der Formvorstellung, des Farbempfindens und der Handfertigkeit durch nachahmendes Üben, wobei die Qualität der Malvorlagen recht unterschiedlich ist. Die Begleittexte sind oft genaue Anweisungen zur Farbwahl und -mischung. Zuweilen werden die M.er aber auch von Versen und kurzen Texten begleitet.

Zwischen den beiden Weltkriegen wurde mit ähnlicher Thematik das M. in großer Anzahl weiterproduziert. Nach 1933 nahmen die traditionellen nationalen Stoffe (deutsche Trachten, deutsche Burgen) zu, und es flossen ideologisch bedingte Themen (Reichsautobahnen, Sudetenland, Ostmark) in das M. ein. Vor diesem Profil heben sich nur ganz wenige M.er wie die von ELSA MOESCHLIN (1879–1950) und BEATRICE BRAUN-FOCK (1898–1973) durch ihre künstlerisch anspruchsvolle Aussage ab.

Die Herstellung von M.ern nach 1945 folgte mit der Aufnahme bewährter Themen zunächst ähnlichen Tendenzen wie die Bilderbuchproduktion. Beim M. setzt jedoch – im Gegensatz zum Bilderbuch – ein starker Qualitätsverfall ein. Es wird in den letzten drei Jahrzehnten als Billig- und Billigstware zumeist in Kaufhäusern angeboten und dient als Werbeträger, wobei vielfach DISNEY-Bildgeschichten als Vorlagen dienen. Kaum ein renommierter Verlag kann da preislich und vom Anspruch her mithalten.

Entsprechend bescheiden nehmen sich Phantasie-M.er und solche, die zum freieren Gestalten auffordern, dagegen aus (Maier, Ravensburg).

Sekundärliteratur: U. Eichler: Esslinger Bilderbogen aus der Graphischen Sammlung der Staatsgalerie Stuttgart. Katalog (1978). – D. Krebs (Red., zus. mit E. Siepmann): Kind und Kunst. Eine Ausstellung zur Geschichte des Zeichen- und Kunstunterrichts. Katalog ([2]1977). – Chr. von der Marwitz: 175 Jahre Jos. Scholz-Verlag-Mainz (1968). – Zur Geschichte des Zeichen- und Kunstunterrichts (in: Kunst und Unterricht. 39. 1976. 35–58).

Karin Schmidt

Marder, Eva

*Kinder- und Jugendbuchautorin; *10. 8. 1916 Königsberg/Ostpreußen.*

M., Tochter eines Arztes, verließ mit den Eltern ihre Geburtsstadt und verbrachte den größten Teil ihrer Kindheit in einer thüringischen Bergarbeiterstadt. Mit siebzehn Jahren ging sie nach Berlin, um dort eine Schauspielschule zu besuchen. Hier heiratete sie und brachte drei Kinder zur Welt. Während des Krieges zog M. mit ihrer Familie nach Bayern. Sie schreibt seit 1947 für den Münchener Kinder- und Schulfunk, daneben beschäftigt sie sich mit Buchkritiken und Fernsehproduktionen.

Werk, Tendenzen, Wirkung. M.s erstes Kinderbuch „Diogenes und der ganz schwarze Tom" (1963) handelt von Vorurteilen der Bevölkerung gegenüber einem Negerjungen, der als Gast auf eine kleine Nordseeinsel kommt. Trotz der ernsten Problematik – an einer Stelle soll der Junge sogar gelyncht werden – gelingt M. ein überwiegend heiterer Erzählton, der auch fast alle ihre weiteren Bücher charakterisiert. M. wendet sich in ihrem Werk hauptsächlich an jüngere Kinder. Neben Texten zu zwei Bilderbüchern hat sie eine Reihe von Bänden mit einzelnen in sich abgeschlossenen Geschichten verfaßt, die nur durch die Figur des Titelhelden miteinander verknüpft sind („Der alte Drehorgelmann", 1969; „Der kleine Straßenkehrer", 1967; „Sandro, der Landstreicher", 1976). Diese Bücher sind ähnlich konstruiert: immer steht im Mittelpunkt des Geschehens ein Außenseiter der Gesellschaft, der – herausgenommen aus seinem realen sozialen Umfeld – ein fröhliches, idyllisches Leben auf der Landstraße oder anderswo führt. M. versucht, das überwiegend negative Image solcher Randgruppen in unserer Gesellschaft aufzubessern, indem sie diese Figuren durchweg als sympathisch, ehrlich und hilfsbereit darstellt. Als Erklärung für solches Außenseitertum gibt die Autorin lediglich ein besonders stark ausgeprägtes Bedürfnis nach individueller Selbstverwirklichung an. Es ist allerdings zu bezweifeln, ob eine Figur wie etwa der Landstreicher Sandro, der, wenn es kalt wird, eine warme Jacke in einer Mülltonne findet, und auf den, wenn er Hunger verspürt, gute Taten und die selbstverständlich darauf folgende Belohnung warten, bei Kindern ein realistisches Verständnis für die Probleme sozialer Randgruppen entstehen lassen kann. Inwieweit M. damit den eigenen Anspruch, mit ihren Büchern gesellschaftliche Verhältnisse verbessern zu wollen, einlösen kann, erscheint fraglich.

Eine andere Richtung, der M. sich mit mehreren Büchern gewidmet hat, sind phantastische Stoffe, wie z.B. in „Der Bär auf dem fliegenden Teppich" (1971) oder in „Der himmelblaue Elefant" (1965). Recht eindrucksvoll gelungen ist das Buch „Eine Wärmflasche für den Wassermann" (1968), das sich durch phantasievolle Sprache und Bilderreichtum auszeichnet.

In den letzten Jahren hat sich M. aktuellen Themen zugewandt. In „Heute nacht" (1977) setzt sie sich mit dem Problem des Terrorismus auseinander, bleibt in ihrer Interpretation jedoch auf einer privaten Ebene stehen. Terroristen werden als brutale Jugendliche gezeigt, die sich wahllos ihre Opfer suchen. Dieser Stigmatisierung des „Bösen" wird auf der anderen Seite die Moral des privaten Anstands, die Hilfsbereitschaft und die selbstlose Nachbarschaftshilfe entgegengesetzt. Hierin tritt deutlich eine in allen Büchern M.s auftretende Harmonisierungstendenz gesellschaftlich bedingter Konfliktsituationen hervor.

Werke: Diogenes und der ganz schwarze Tom (1963, TB. 1975); Der himmelblaue Elefant (1965); Die Nibelungen sind an allem schuld (1966); Der kleine Straßenkehrer (1967); Eine Wärmflasche für den Wassermann (1968); Der alte Drehorgelmann (1969); Ein Bahnhof zieht um (1970); Der Igelspiegel (zus. mit G. Degler-Rummel, 1971); Der Bär auf dem fliegenden Teppich (1971); Tausche Bären gegen Hund (1972); Eine Nuß aus Caracas (1972); Der Hasentiger (zus. mit E. Meier-Albert, 1974); Taxifahrer Seehund (1974); Sandro, der Landstreicher (1976); Heute nacht (1977); Die Taschen voller Luftballons (1978); Tim und die Kinder aus der Dachstraße (1978).

Hrsg.: Kindergeschichten aus England (1977).

Beiträge: Für Kinder geschrieben (in: Gebt uns Bücher, gebt uns Flügel. 6. 1968. 9–10).

Sekundärliteratur: M. Dahrendorf: Aspekte des Kinderbuchs in der Bundesrepublik (in: A. Cl. Baumgärtner (Hrsg.): Deutsches Jugendbuch heute. 1974. 61–86). – Kl. Doderer: Thema Terrorismus – so nicht (in: Informationen Jugendliteratur und Medien. 1978. 2. 27–28). – H.-G. Noack: Man kann's auch anders sehen (in: Informationen Jugendliteratur und Medien. 1978. 2. 28–29).

Petra Jäschke

de la Mare, Walter

*(Ps.: Walter Ramal). Schriftsteller; *25.4.1873 Charlton (Kent), †22.6.1956 Twickenham (Middlesex).*

Nach seiner Londoner Schulzeit wurde d. l. M. im Alter von 16 Jahren Angestellter der Anglo-American Oil Company. Im Jahre 1908 verließ er diese Firma, um sich ganz der schriftstellerischen Tätigkeit zu widmen, die bereits 1902 unter dem Pseudonym Walter Ramal zur ersten Publikation geführt hatte. Nach weiteren Erfolgen erhielt er eine Civil List Pension und wurde 1948 zum Companion of Honour ernannt. Im selben Jahr wurde d. l. M. die Carnegie Medal für sein jugendliterarisches Werk verliehen. 1956 verstarb der Autor, nachdem er kurz zuvor noch mit dem Order of Merit ausgezeichnet worden war.

Werk, Tendenzen, Wirkung. Imagination, kunstvolle poetische Sprache und ein Feingefühl für kindliche Sehnsüchte, Ängste und Traurigkeit bestimmen das lyrische Werk d. l. M.s, das zu Beginn des 20. Jahrhunderts in England große Wertschätzung fand. Schon seine ersten Gedichtsammlungen „Songs of childhood" (1902) und „Peacock pie" (1913) zeigten seine Vorliebe für das Thema „Kindheit". Auch in weiteren Sammlungen, wie „This year: next year" (1937) oder „Bells and grass" (1941), bewies d. l. M. eine außergewöhnliche Fähigkeit, sich in die Psyche des Kindes zu versetzen. D. l. M.s Geschichte von den drei königlichen Affen, „The three mulla mulgars" (1910), stellt das bekannteste jugendliterarische Prosawerk des Autors dar. Auch spätere Erzählungen, die einzeln oder in Sammlungen erschienen, gehören zu den bedeutenden Beispielen der englischen „fantasy literature" für Kinder. Mythische Gestalten, Motive der Volksdichtung und teilweise beängstigende phantastische Welten werden durch d. l. M.s poetische Sprache aufs tiefste miteinander verwoben, so daß die Lektüre große Anforderungen an den jugendlichen Leser stellt. Das Prosawerk d. l. M.s umfaßt auch Neubearbeitungen traditioneller Stoffe. Der Band „Told again" (1927) und andere Bände zeigen den geglückten Versuch, altbekanntes Volksgut sprachlich neu zu gestalten. Auch d. l. M.s Tätigkeit als Herausgeber von Lyrik- und Prosa-Anthologien für Kinder und Jugendliche, von denen insbesondere der anspruchsvolle Band „Come hither" (1923) einen bis heute andauernden Verkaufserfolg zeigte, nimmt einen hohen Stellenwert in der englischen Kinderliteratur ein. Die Illustration seiner Jugendbücher durch anerkannte Künstler wie Edward Ardizzone, W. Heath Robinson, Harold Jones oder Irene Hawkins unterstützte noch deren Beliebtheit. Im Bereich der Erwachsenenliteratur lieferte d. l. M. mehrere Romane, Essays und literaturkritische Schriften.

Werke: Songs of childhood (1902); The three mulla mulgars (1910); A child's day (1912); Peacock pie (1913); Collected poems (1920); Down-adown derry (1922); Broomsticks and other tales (1925); Miß Jemima (1925); Told again (1927); Lucy (1927); Old Joe (1927); Poems for children (1930); The Dutch cheese and the lovely Myfanwy (1931); The Lord Fish and other tales (1933); This year: next year (1937); Animal stories (1939); Bells and grass (1941); The old lion and other stories (1942); The magic jacket and other stories (1943); Collected rhymes and verses (1944); The scarecrow and other stories (1945); The Dutch cheese and other stories (1946); Collected stories for children (1947; dt. Teilausg. Seltsame Geschichten, 1962); Rhymes and verses (1947); Selected stories and verses (1952); A penny a day (1960); Poems (1962).

Sekundärliteratur: M. Bianco: De la Mare (in: The Horn Book. 18. 1942. 141–147). – R. Brain: Tea with Walter de la Mare (1957). – D. Cecil: The prose tales of Walter de la Mare. The fine art of reading and other literary studies (1957); Walter de la Mare (1973). – K. Clark: A child of mature years: Walter de la Mare 1873–1956 (in: The Junior bookshelf. 37. 1973. 89–93). – L. Clark: Walter de la Mare (1961). – Fr. Collingwood: The Walter de la Mare centenary (in: Library review. 24. 1973. 2–7). – M. Crouch: Farewell to Walter de la Mare (in: Junior Bookshelf. 20. 1956. 187–191). – H. Duffin: Walter de la Mare; A study of his poetry (1949). – E. Farjeon: Walter de la Mare (in: The Horn Book Magazine. 33. 1957. 197–205). – J. E. Gardner: Walter de la Mare's stories for children: An analysis of variant texts (in: The Private Library. 1978. 101–118). – E. Graham: The riddle of Walter de la Mare: An appreciation of his work for children (in: Junior Bookshelf. 12. 1948. 59–65). – L. R. Megroz: Walter de la Mare: A biographical and critical study (1924). – F. Reed: Walter de la Mare: A critical study (1929).

Erhard Dahl

Marlitt, Eugenie

*(d. i. Eugenie John). Autorin zahlreicher Unterhaltungsromane; *5.12.1825 Arnstadt (Thüringen), †22.6.1887 Arnstadt.*

M., Tochter eines Kaufmanns, der sich nach seinem geschäftlichen Bankrott als Kunstmaler durchschlug, erhielt in Sondershausen, wo sie die höhere Töchterschule besuchte, durch Vermittlung und mit finanzieller Unterstützung der Fürstin Mathilde von Schwarzburg-Sondershausen zunächst Musikunterricht (1841-1844), dann am Wiener Konservatorium eine Ausbildung als Opernsängerin (1844–1846). Daneben erlernte M. die italienische Sprache und ließ sich in Rhetorik und Deklamation unterweisen. Nachdem sie 1846 erstmalig in Linz, dann als „Fürstliche Kammersängerin" in Sondershausen, Leipzig, Wien und Olmütz aufgetreten war, beendete ein Gehörschaden ihre Bühnenlaufbahn. Von 1853 bis 1863 blieb sie bei ihrer Gönnerin als Vorleserin, Gesellschaftsdame und Reisebegleiterin. Anschließend ließ sie sich in Arnstadt als freie Schriftstellerin nieder.

Werk, Tendenzen, Wirkung. M. debütierte 1865 mit der Erzählung „Die zwölf Apostel" in der „Gartenlaube". Ihr Erstlingswerk „Schulmeisters Marie" wurde erst nach ihrem Tode veröffentlicht. In rascher Folge erschienen in der „Gartenlaube" ihre weiteren Romane „Goldelse" (1866), „Das Geheimnis der alten Mamsell" (1867), „Reichsgräfin Gisela" (1870), „Das Heideprinzeßchen" (1871. Bd. 1–2), (später in die exklusive englische Tauchnitz-Edition aufgenommen), „Die zweite Frau" (Bd. 1–2. 1874), „Im Hause des Kommerzienrates" (Bd. 1–2. 1877) und nach einer längeren Pause „Die Frau mit den Karfunkelsteinen" (Bd. 1–2. 1885). Mit ihren Romanen verhalf M. der „Gartenlaube" zur Verdoppelung ihrer Auflage. Es war der Autorin bewußt, daß sie ihre Popularität dieser Zeitschrift und deren Herausgeber Ernst Keil, in dessen „Geist und Sinn" zu schreiben sie bemüht war, verdankte (siehe Widmung in „Reichsgräfin Gisela"). Die Fortsetzungsromane, die später in Buchform erschienen und auch in Heftchenform auf den Markt kamen, wurden ins Französische, Englische, Italienische, Polnische, Russische, Spanische, auch ins Chinesische und Japanische übersetzt, etliche auch dramatisiert, später verfilmt und im Fernsehen gesendet. Sie erlebten ausnahmslos Ende der vierziger und während der fünfziger Jahre in der Bundesrepublik sowie in Österreich eine zumeist mit dem Vermerk „zeitgemäß bearbeitet" versehene Neuauflage; noch heute bietet der Buchhandel fast alle diese Titel an. Der große Erfolg ihrer Werke ist vor allem darauf zurückzuführen, daß sie wichtige Voraussetzungen für eine auf ein breites Lesepublikum zielende Unterhaltungslektüre erfüllten: Anschaulichkeit, Spannung, polare psychologische Differenzierung aussparende Charakterisierung der Handlungsträger, Sentimentalität. Dabei bezog die Autorin bisweilen politische Zeitereignisse ein (so nahm Goldelses Vater 1848 seinen Abschied als Offizier, weil er nicht „auf seine deutschen Brüder" schießen wollte), vertrat für die damalige Zeit liberale Positionen (gegen Dogmatismus, Sektierertum, Antisemitismus und die „Wiederkehr alter verrotteter, menschenfeindlicher Institutionen") und ging durchaus von einem sozialen Anliegen aus, indem sie in immer neuen Varianten das Aschenputtel-Dasein bedrängter Mädchen und Frauen, denen ihr besonderes schriftstellerisches Interesse galt, beschrieb und – in freilich illusionärer Weise – zu schildern suchte, wie diese zu Glück und Wohlstand gelangen könnten, wären sie nur selber tugendsam, liebreizend und gottesfürchtig: durch den Sieg der Tugend über Hochmut, Kaltherzigkeit und Geiz. Trotz oder gerade wegen dieses hohen Anspruchs und ungeachtet des großen Publikumserfolgs erfuhren die Romane der M. schon zu Lebzeiten der Autorin keinesfalls nur Anerkennung (so von Gottfried Keller und Levin Schücking), sondern wurden vielfach vor allem von Literaturhistorikern als Kitsch abgetan. Zu den eifrigsten Leserinnen der auch als „Dienstmädchen-Literatur" bezeichneten Romane der M. gehörten von Beginn an Mädchen ab zwölf Jahren, vor allem solche aus kleinbürgerlichen Verhältnissen.

Werke (Auswahl): Die zwölf Apostel (1865); Goldelse (1866); Das Geheimnis der alten Mamsell (1867); Reichsgräfin Gisela (1870); Das Heideprinzeßchen (Bd. 1–2. 1871); Die zweite Frau (Bd. 1–2. 1874); Im Hause des Kommerzienrates (Bd. 1–2. 1877); Im Schillingshof (Bd. 1–2. 1879); Die Frau mit den Karfunkelsteinen (Bd. 1–2. 1885); Das Eulenhaus (Bd. 1–2. 1888).

Sekundärliteratur: R. Horovitz: Vom Roman des Jungen Deutschland zum Roman der Gartenlaube (Diss. 1937). – M. Kienzle: Der Erfolgsroman. Zur Kritik der poetischen Ökonomie bei Gustav Freytag und Eugenie Marlitt (1975). – E. Kohn-Bramstedt: Aristocracy and the middle class in germany. Social types in German-literature 1830–1900 (1937). – M. Necker: E. John-Marlitt (in: Die Gartenlaube. 47. 1899. 136ff., 156ff., 170ff., 197ff.). – B. Potthast: Eugenie Marlitt. Ein Beitrag zur Geschichte des deutschen Frauenromans (Diss. 1926).

Christian Freitag

Masefield, John

*Englischer Seemann, Journalist, Schriftsteller; *1.6.1878 Ledbury, †12.5.1967 Abington.*

Nach dem frühen Tod seiner Eltern wuchs M. bei seiner Tante auf. Mit vierzehn Jahren ging er zur See. In seiner Autobiographie „In the mill" (1941) schilderte er, wie er sich als Achtzehnjähriger in New York als Gelegenheitsarbeiter durchschlägt und schließlich in einer Teppichweberei in Yonkers eine Anstellung findet. 1898 kehrte M. nach England zurück und schrieb ab 1902 für den „Manchester Guardian". 1930 wurde M. als Nachfolger seines Freundes Robert Bridges Poet Laureate; 1935 wurde er mit dem Verdienstorden ausgezeichnet.

Werk, Tendenzen, Wirkung. 1902 erschien M.s erster Gedichtband „Salt-water ballads", erzählende Gedichte aus seiner Fahrenszeit, oft im Stil der Shanties. Die frühen Romane „Jim Davis" (1911), „Captain Margaret" (1908), „Multitude and solitude" (1909) verarbeiten ebenfalls seine Erlebnisse auf See. M. reihte sich damit ein in die lange Tradition der englischsprachigen Seefahrerautoren von Melville, Marryat, Conrad und Forester. Seine Kriegserfahrungen verarbeitete er in journalistischen Büchern (Gallipoli, 1916; The old front line, 1917). M.s literaturgeschichtliche Bedeutung beruht auf seiner Erneuerung der Verserzählung, wie sie in der Romantik und in der frühen Viktorianischen Periode gepflegt wurde, und auf seinen religiösen Mysteriendramen und historischen Studien. Die Verserzählungen „The everlasting mercy" (1909) und „The widow in the Bye Street" (1912) wurden zu literarischen Sensationen. Neben Robert Bridges und William Butler Yeats wurde er als bedeutendste dichterische Begabung seiner Zeit angesehen. Die spätere Kritik anerkannte seine formale Perfektion, vermißte aber tragende Ideen und intellektuelle Tiefe.

Seine Erzählungen für Kinder gehen meist auf seine Seemannszeit zurück. „Dead Ned" (1938) und „Jim Davis" (1911) und „The bird of dawning" (1933) sind aktionsreiches Seemannsgarn, in das Abenteuer und Geheimnisvolles, Schatzsuche, Meuterei, Verbrechen und Magie eingeflochten sind. „Martin Hyde" ist ein historischer Abenteuerroman aus der Zeit des Bürgerkrieges und der Monmouthrevolte im 17. Jahrhundert. Wie in den meisten anderen Erzahlungen gibt M. das Geschehen aus der Perspektive eines jugendlichen Icherzählers wieder, ganz im Stil des Bildungsromans und der Adoleszenzgeschichte. Damit erzeugte er den Eindruck persönlicher Erfahrungen und Betroffenheit, aber auch den Charakter der „confessional story", des Bekenntnisses, mit dem ihr spezifischen Zwang zum Erzählen als Akt der Selbstreinigung und Selbstfindung.
Seine bekanntesten Jugendbücher sind „The midnight folk" (1927) und dessen Fortsetzung „The box of delights" (1935). Diese Erzählungen bieten handlungsreiche Mischungen aus Detektiv-, Abenteuer- und Zaubergeschichten. Kay Harker, der Held beider Erzählungen, wird jeweils unversehens aus einer ganz normalen Situation in einen kriminellen Anschlag hineingezogen. Die Kriminalstory wird darin mit „time travelling", dem Überspringen großer Zeitblöcke, aufgelöst, aber die eigene Zeitstruktur und die innere Logik der beiden Realitätsebenen wird erkennbar getrennt gehalten. Wie C. S. LEWIS nutzt M. für die phantastischen Passagen die „pockets in time", also Umschichtungen in der Erzählchronologie, wo sich Jahre der phantastischen Handlung in nur wenigen Minuten der Realhandlung abspielen. Damit hat M. in die Kindererzählung ein Element eingefügt, das in seiner formalen Gestaltung zwar der durchgängigen Erzählweise des herkömmlichen Romans entspricht, das aber in seiner Bedeutungsstruktur die damals neuen Erkenntnisse der Psychoanalyse über das Zeitverhältnis von Bewußtsein und Traum/Unbewußtsein und die eben durch JAMES JOYCE eingeführte Ablösung der reinen Episodenstruktur des Erzählens durch den inneren Monolog aufnimmt.

Werke (Auswahl): Salt-water ballads (1902; dt. Salzwasserballaden, 1951); A mainsail haul (1905); A tarpaulin muster (1907); Captain Margaret (1908); Multitude and solitude (1909); The everlasting mercy (1909); A book of discoveries (1910); Martin Hyde. The duke's messenger (1910; dt. Der Spion des Herzogs, 1955); Lost endeavour (1910); Jim Davis or The captive of the smugglers (1911; auch u.d.T.: The captive of the smugglers, 1918); The street of to-day (1911); The widow in the Bye Street (1912); Sard Harker. A novel (1924; dt. Traum von Juanita, 1948); Odtaa, a novel (1926); The midnight folk (1927); The hawbucks (1929); The bird of dawning; or, The fortune of the sea (1933; dt. Der Goldene Hahn; ein Seeabenteuer, 1936); The box of delights (1935); The Conway; from her foundation to the present day (1933); The taking of the Gry (1934); Eggs and baker, or The days of trial (1936); Dead Ned (1938); Live and kicking Ned (1939); Basilissa, a tale of the Empress Theodora (1940); In the mill (1941); Wonderings, between one and six years (1943); So long to learn; chapters of an autobiography (1952); Grace before ploughing; fragments of autobiography (1966).

Beiträge: The joy of story-telling (in: The Atlantic monthly. 187. 1951. 3. 21–30; 4. 61–70).

Sekundärliteratur: The centenary of John Masefields birth. An exhibition (1978). – F. Br. Fraser: John Masefield's England (1973). – M. Fisher: John Masefield (1963). – M. Spark: John Masefield (1953, NA. 1962). – S. Sternlicht: John Masefield (1977).

Eckhard Breitinger

Mauder, Josef

*Illustrator und Karikaturist; *19.3.1884 München, † 24.7.1969 Pullach/Isartal.*

M., Sohn eines aus Unterfranken stammenden, für das bayerische Königshaus tätigen psychiatrischen Pflegers, wuchs im damals ländlichen Münchener Stadtteil Sendling auf und besuchte nach einer dreijährigen Glasmalerlehre die Kunstgewerbeschule in München unter MAXIMILIAN DASIO (1865–1954), der als Illustrator von Kinderbüchern hervorgetreten ist. 1926 ließ sich M. in Pullach nieder. Abgesehen von wenigen Reisen in deutsche Städte blieb er zeitlebens in seiner Heimat.

Werk, Tendenzen, Wirkung. Bevorzugt zur Illustration von Lied-, Spruch- und Gedichtsammlungen herangezogen, begriff M. seine Bilder meist als Vignettenkunst, die er in knapper, witziger-dekorativer Weise gestaltet. Sie erfüllen den Begriff des figürlichen Buchschmucks in einer für die beiden ersten Jahrzehnte des 20. Jahrhunderts zeittypischen Art. Der allgemeine Charakter seiner Motive ließ es auch zu, daß sie, wie mitunter geschehen, von einem Buch ins andere wechseln. Auch großformatige Bilder werden von M. nicht mit Einzelheiten angefüllt, sondern durch wenige, wirkungsvoll in der Fläche verbleibende Bildelemente in klarer Anschaulichkeit gehalten.
In seiner Frühzeit scheint M. Anregungen aus den Illustrationen in Gerlachs Jugendbücherei (seit 1901) bezogen zu haben, namentlich in „Schöne alte Kinderreime", in dessen Vorwort HEINRICH WOLGAST die „schönen Farben" und den „drolligen Humor der Zeichnung" lobt. Witzige Einfälle, oft ins Grotesk-Komische getrieben, kuriose Perspektiven, Ausschnitte, Bildformate und -stellungen verraten einen komödiantischen Geist. Dieser drückt sich auch in der eckig-knorrigen, absichtsvoll ungelenken Linienführung aus, wie sie ähnlich bei dem Wiener BERTHOLD LÖFFLER (1874–1960) zu beobachten ist. Anklänge zeigen sich auch an das Schaffen der bayerischen Brüder AUGUST GEIGENBERGER (1875–1909) und OTTO GEIGENBERGER (1881–1946). Vielfach verarbeitet M. Motive aus der Volkskunst. Ein bayerischer Zug äußert sich in dem herzhaften, temperamentvoll geführten Strich, in einer gewissen Drallheit der Formen und in fröhlich-bunten Farben. Einige seiner Bücher hat M. mit Schattenbildern illustriert. Seit etwa 1920 verstärkt sich bei ihm die Tendenz zur Karikatur, der er sich seit 1930 unter dem Namen Sepp M. fast ausschließlich zuwendet, zumal im Bereich der von ihm in Deutschland eingeführten

Josef Mauder. Farbige Illustration aus dem von Heinrich Wolgast zusammengestellten Bändchen „Schöne alte Kinderreime. Für Mütter und Kinder" (München, 1904).

Sportkarikatur. Die dabei üblichen stereotypen Kürzel wirken sich trotz ihrer schwungvollen und schalkhaften Art in den späteren Büchern verflachend aus.
Die meisten von M.s Büchern erschienen im Verlag der Jugendblätter, deren illustratives Gesicht er über Jahre hin mitbestimmt hat. Außerdem arbeitete er für die Verlage Braun & Schneider, Schreiber und Dietrich und hat unter anderem an den Meggendorfer Blättern, den Fliegenden Blättern und verschiedenen Illustrierten mitgewirkt.

Werke: H. Wolgast: Schöne alte Kinderreime (1904); F. Feldigl: Fromm' und fröhlich Jahr (Buch 1–4. 1905–1912); H. Wolgast: Alte Fabel zur Lust und Lehr (1906); W. Lehnhoff: Schöne alte Singspiele (1907); K. Henniger: Sonnenschein fürs deutsche Haus. Alte liebe Lieder (Bd. 1–3. 1908–1912); J. Mauder: Eia popeia. Lustige Bilder zu alten Versen (1908, NA. um 1927); Cl. Hepner: Neue Märchen (1908); J. Mauder: Münchner Kindl-Malbuch (1908, NA. 1928); J. Mauder: Münchner Leben (1909); A. Frietinger: Blaue Blumen (Bd. 1: Ein Buch für Mütter und Kinder, Bd. 2: Eine Ergänzung zum Lesebuch, 1909, NA. 1914, 1926); J. Mauder: Jugendklang. Alte deutsche Kinderlieder (1909, NA. 1921); J. Mauder: Lustige Leute (1910); J. Mauder: Juvivallera. Ein lustig Bilder- und Malbüchlein (1910, NA. 1928); J. Siebe: Im Hasenwunderwald (1910, NA. 1963, 1980); Fr. Güll: Kinderheimat in Liedern (1910); Fr. Güll: Kinderlust (1910); J. Mauder: Zehn Wandbilder für die Kinderstube (1912); E. Weber: Die Himmelsleiter (1912, NA. 1923); J. Mauder: Allerhand durcheinander (1914); J. Mauder: Bilderbüchlein (1914); J. Mauder: Schau, schau. Ein lustiges Malbuch (1914); Sonne, Sonne scheine! (1914); J. Mauder: Wer will malen (1914); J. Mauder: Die gute alte Zeit (1914); J. Mauder: Allerlei Soldaten (1915); J. Mauder: Kleine Kriegsbilder (1915); J. Mauder: Frohe Kindheit (1916); R. Eichacker und J. Mauder: Goldfrätzchen, Herzschätzchen (1919); J. Mauder: Die Heulliese und andere Sachen, halb zum Weinen und halb zum Lachen (1920); J. Peter: Der Wuwu, ein Ungeheuer und ein anderes Abenteuer (um 1920); J. Mauder: Fli Fla Flederwisch (1921); H. Lohss: Die Arche Noah (1921); J. Mauder und H. Schieder: Ein Kindertag (1922); K. Meitner-Heckert: Hoppla! (1925); J. Mauder: Was ihr haben wollt (1926); H. Holdermund: Das Märchen vom Schneider Schnirbelzwirn (1926); H. Schmid-Dimsch: Lustige Begebenheiten (1928); L. Brand: Der Hemdenmatz (1930); J. Mauder: Der kleine ABC-Schütze (1930); J. Mauder: Pass auf! Lieschen und Klickerbuben (um 1930); J. Mauder: Ringel, Ringel, Reihe (um 1930); J. Mauder: Schau-Schau. Bild und Scherz fürs Kinderherz (um 1930); J. Mauder: Bei den sieben Zwergen (1948); F. A. Hopfer: König Fußball (1948); J. Mauder: Lustige Sportviechereien (1949); S. Mauder: Freddy sucht die deutschen Märchen (1964).

Hans Ries

Mechtel, Angelika

*Schriftstellerin, Kinderbuchautorin; * 26. 8. 1943 Dresden.*

Bereits während ihrer Gymnasialzeit in Würzburg veröffentlichte M. erste Gedichte und Kurzgeschichten in Zeitungen und Zeitschriften. M. ist Mitglied der Dortmunder „Gruppe 61" und gehört dem Herausgeberteam der Autorenfachzeitschrift „Publikation" an. Für ihren Roman „Kaputte Spiele" (1970) erhielt sie drei Literaturpreise: 1970 den Förderpreis der Stadt Nürnberg, 1971 den Förderpreis des Kulturkreises im Bund Deutscher Industrieller und den Tukan-Literaturpreis der Stadt München. Ihr erstes Buch für Kinder, „Hallo, Vivi" (1975), stand auf der Auswahlliste zum Deutschen Jugendbuchpreis. Heute lebt M. mit ihrem Mann und zwei Töchtern auf einem Bauernhof in der Nähe von München.

Werk, Tendenzen, Wirkung. Im Mittelpunkt der Romane und Erzählungen M.s stehen Frauen, auch die Helden ihrer Kinderbücher sind Mädchen. Ihr besonderes Interesse gilt den Möglichkeiten weiblicher Selbstverwirklichung. Daneben stehen auf die unmittelbare Vergangenheit bezogene gesellschaftskritische (Das gläserne Paradies, 1973) und gesellschaftspolitische Romane (Friß, Vogel, 1972). Authentische Ereignisse und Berichte werden von M. aufgegriffen und zu weitverzweigten Romangefügen ausgearbeitet. In der

Nacherzählung ihrer eigenen Jugend „Wir sind arm, wir sind reich" (1977), in der M. ihr eigenes Erwachsenwerden mit dem Scharfblick der reifen Frau nachzuzeichnen versucht, gelingt der Autorin überzeugend ein zwar individuelles, aber trotzdem generalisierbares Portrait einer Kindheit und Jugend. Ihre Kinderbücher kennzeichnet ein Ton fröhlicher Unbekümmertheit, der auch durch auftretende Probleme kaum beeinträchtigt wird. Soziale Probleme wie Jugendkriminalität, Neigung zum Selbstmord (Kitty Brombeere, 1976), ungewollte Schwangerschaft (Kitty und Kay, 1978) oder das Außenseiter-Syndrom bei Gastarbeiterkindern (Hallo, Vivi, 1975) betreffen immer nur die anderen: der Heldin bleibt die Rolle der Helferin und Retterin vorbehalten. Ihre Ängste, Experimente und Risikobereitschaft können die Protagonistinnen innerhalb eines geschützten Freiraums ausagieren, ohne ihre bürgerliche Geborgenheit aufs Spiel zu setzen. Der sonst für M. charakteristische, kritische, gelegentlich scharf satirische Unterton wird hier zugunsten einer ‚positiven' Identifikationsfigur völlig ausgespart bzw. weicht einer mitunter leicht forcierten Komik des Kinderjargons. Mit dem Stilmittel des Wechselgesprächs und des inneren Dialogs vermag M. bezüglich schulischer und familiärer Beziehungen und Konflikte einfühlsame Nuancen innerer und äußerer Entwicklungsprozesse von etwa Zwölfjährigen zu beschreiben. Gleichaltrigen Lesern kann hier die Beruhigung vermittelt werden, daß sie mit ihren Gefühlen nicht allein sind.

Werke: Gegen Eis und Flut. Gedichte (1963); Lachschärpe. Gedichte (1965); Die feinen Totengräber. Erzählungen (1968); Kaputte Spiele (1970); Hochhausgeschichten (1971); Alte Schriftsteller in der Bundesrepublik – Gespräche und Dokumente (1972); Friß, Vogel (1972); Das gläserne Paradies (1973); Die Blindgängerin (1974); Hallo, Vivi! (1975); Ein Plädoyer für uns. Frauen und Mütter Strafgefangener berichten. Gespräche und Dokumente (1975); Keep Smiling. Reportagen, Erzählungen (1976); Kitty Brombeere (1976); Die Träume der Füchsin. Erzählungen (1976); Das Puppengesicht. Geschichten (1977); Wir sind arm, wir sind reich (1977); Kitty und Kay (1978); Die andere Hälfte der Welt oder Frühstücksgespräche mit Paula (1980); Maxie Möchtegern (1981).

Elke Liebs

Meil, Johann Wilhelm

*Zeichner, Radierer, Buchillustrator; *23. 10. 1733 Altenburg (Thüringen), †2. 2. 1805 Berlin.*

M. ist der Sohn des Hofbildhauers von Sachsen-Altenburg JOHANN CHRISTOPH MEIL (1698–1734) und Bruder des JOHANN HEINRICH MEIL (1730–1820), der als Zeichner und Medailleur Mitglied der Berliner Akademie war, ebenso wie M. auch als Illustrator von Kinderbüchern bekannt wurde und eine kleine Schrift „Unterricht im Zeichnen für Kinder" (1789) verfaßte. 1749 nahm M. ein Studium – vermutlich der schönen Künste – in Leipzig auf, beendete es 1752 und siedelte nach Berlin über. Autodidakt im Zeichnen und Kupferätzen, radierte M. seit 1751 Entwürfe zu Möbeln und Einrichtungsgegenständen nach Vorlagen von J. W. HOPPENHAUPT (*1709), einem Dekorateur Friedrichs II. Er wurde zuerst vornehmlich durch Titelblätter und Vignetten zu verschiedenen Stücken bekannt. Durch HOPPENHAUPT fand M. Zugang zum Berliner Montagsclub, dessen siebzehntes Mitglied er wurde. 1766 wurde M. Mitglied der Berliner Akademie, 1787 auf Anregung DANIEL CHODOWIECKIS (1726–1801) Lehrer für Ausdruck und Komposition, ein Jahr später Rektor. 1798 zum Vizedirektor berufen, übernahm er nach dem Tode CHODOWIECKIS das Direktorat.

Werk, Tendenzen, Wirkung. M. wurde in erster Linie als Illustrator des Lessingkreises bekannt. Zu Beginn seiner Tätigkeit illustrierte er Werke Berliner Autoren, u. a. von G. E. LESSING, C. E. v. KLEIST, K. W. RAMLER, J. J. ENGEL, A. L. KARSCH, M. MENDELSSOHN, F. NICOLAI und P. VILLAUME sowie die „Poésies diverses" FRIEDRICHS II. (1760). Darüber hinaus schuf er Kupfertafeln und Vignetten zu Schriften von GOETHE, GESSNER, GLEIM, WIELAND, JACOBI, K. PH. MORITZ, FR. LOGAU, POPE, DIDEROT, CREBILLON d. J., FONTENNELLE und anderen. Im Gegensatz zu CHODOWIEKKI (1726–1801), der in seinen Arbeiten als realistischer Schilderer des bürgerlichen Lebens in Erscheinung trat, gilt M. gemeinhin als „Vertreter der allegorischen Illustration und der dekorativen Vignette" (RÜMANN, 1930, S. 11), der in seinen Werken das Dekorative betonte. Diese Einschätzung trifft auf M.s Arbeiten für die Kinderliteratur weniger zu. Zwar finden sich auch hier Werke allegorischen und dekorativen Charakters (Titelvignetten zu LESSINGS „Fabeln", 1759; LINDNERS „Beitrag zu Schulhandlungen", 1762), sie datieren jedoch recht früh und sind kaum typisch. Bereits 1761 lieferte M. 30 großformatige Kupfertafeln zum ersten, 1765 weitere 20 zum zweiten Teil des „Spectaculum Naturae & Artium", einem enzyklopädischen Bilderlehrbuch mit praktischer Ausrichtung. Neben Gegenständen aus dem Naturbereich werden Erfindungen und besonders Handwerksberufe dargestellt. Die Tafeln zeigen eine deutliche Annäherung M.s an den realistischen Stil CHODOWIECKIS, der die „gefällige saubere Manier" der Arbeit lobte. Sie sind Ausdruck einer genauen Beobachtungsgabe und lebendigen Darstellungsweise. M. gelingt es, in kompositorisch ausgewogenen und künstlerisch ansprechenden Bildern die Alltagswirklichkeit auch der niederen Stände detailgetreu und präzise festzuhalten. Hervorzuheben sind die realistischen Holzschnittvignetten am Ende der Texte, häufig schnell skizzierte Milieuskizzen, in denen Humor und Witz des Künstlers zum Ausdruck kommen. In ähnlich realistischer Prägung sind die 24 Kupfertafeln für den 2., 3. und 4. Teil der „Allgemeinen Weltgeschichte für Kinder" (1779–1794) von JOHANN MATHIAS SCHRÖCKH (1733–1806) gehalten, deren Aufgabe es sein soll, eine „sinnreiche Täuschung für die Einbildungskraft der Kinder hinzusetzen". Erste Einflüsse des Zopfstils zeigen sich in M.s Titelvignette zu M. DE MOISSYS „Les jeux de la petite Thalie" (1772), die durch einen Louisseize-Rahmen begrenzt wird. Die Vignette illustriert die entscheidende Szene der Hand-

lung in genauer Zeichnung des Standesunterschiedes der beteiligten Personen. Ein ebenso treffendes Bild des bürgerlichen Lebens bietet die Titelvignette zu FR. H. UNGERS Pensionsgeschichte „Julchen Grünthal" (1784); sie erinnert in der Form stark am CHODOWIECKI. Einflüsse des Vorklassizismus zeigen sich in neun Kupfertafeln und der Titelvignette (nach A. C. KIRSCH gestochen) des ersten Bandes von G. A. SCHEPPACHS „Mythologisches Lesebuch für die Jugend" (1785).
Der Wandel M.s vom Rokoko zu einer realistischen Darstellungsweise und zum Zopfstil des Louisseize kann in bezug auf seine Illustrationen zu Werken der Erwachsenenliteratur für die späten siebziger und frühen achtziger Jahre konstatiert werden, liegt aber in seinen Illustrationen zu Werken der Kinder- und Jugendliteratur erheblich früher. Bedingt durch die Themen, die vor allem nach einer realistischen, überschaubaren und leicht verständlichen Darstellung verlangten, sind seine Kinderbuchillustrationen Vorbereiter für einen künstlerischen Stilwandel, der sich in seinem Gesamtwerk erst später durchsetzt.
Die von HOBRECKER („Alte vergessene Kinderbücher", 1924, S. 136 und 157) M. zugesprochene Urheberschaft für die Illustrationen in „Nachtgedanken über das A-B-C-Buch von Spiritus Asper, für alle, welche buchstabiren können" (Bd. 1 u. 2, 1809) scheint problematisch: das Werk erschien vier Jahre nach dem Tode des Künstlers. Die bei RÜMANN („Alte Deutsche Kinderbücher", 1937, Katalog-Nr. 97) verzeichneten Illustrationen zu PHILIPPINE ENGELHARDTS „Neujahrs-Geschenk für liebe Kinder" (1787) stammen nicht von M., sondern von seinem Bruder JOHANN HEINRICH MEIL.

Werke: G. E. Lessing: Fabeln (1759); Spectaculum Naturae & Artium, in vier Sprachen, Deutsch, Lateinisch, Französisch und Italiänisch (1.–2. Lfg., 1761–1765); J. G. Lindner: Beitrag zu Schulhandlungen (1762); M. de Moissy: Oeuvres Dramatiques (Bd. 1. 1773); J. M. Schröckh: Allgemeine Weltgeschichte für Kinder (zus. mit anderen. Bd. 2–4. 1779–1784); Fr. H. Unger: Julchen Grünthal (1784); G. A. Scheppach: Mythologisches Lesebuch für die Jugend (Bd. 1–2. 1785–1786); Neue Fibel mit neuen Figuren (1788); Gallerie der Welt, in einer bildlichen und beschreibenden Darstellung von merkwürdigen Ländern, von Völkern nach ihrem körperlichen, geistigen und bürgerlichen Zustande, von Thieren, von Natur- und Kunsterzeugnissen von Ansichten der schönen und erhabenen Natur ... (Bd. 1–5. 1798–1802).

Sekundärliteratur: Th. Brüggemann: J. W. Meil als Illustrator von Büchern für Kinder und Jugendliche (zus. mit O. Brunken, in: Die Schiefertafel. 3. 1980. 2. 51–75). – W. Dorn: Verzeichnis der von dem Radierer J. W. Meil illustrierten Bücher und Almanache (1928). – F. L. Hopffer: Verzeichnis sämtlicher Titelkupfer und Vignettenabdrücke von J. W. Meil, Direktor der Königl. Preuß. Akademie zu Berlin von seinen ersten bis zu seinen letzten Arbeiten (1808). – M. Lanckorońska: Die Buchillustration des XVIII. Jahrhunderts in Deutschland, Österreich und der Schweiz. Bd. 2 (zus. mit R. Oehler, 1933). – Fr. Nicolai: Beschreibung der Königlichen Residenzstädte Berlin und Potsdam, Bd. 2 und 3 (^{3}1786). – A. Rümann: Das illustrierte Buch des XVIII. Jahrhunderts (1931); Das illustrierte Buch des XIX. Jahrhunderts in England, Frankreich und Deutschland 1790–1860 (1930, ND. 1975). – I. Wirth: J. W. Meil, Zeichner und Radierer in Berlin 1733–1805 (1970).

Otto Brunken

Mensch, Gottlieb

*(Ps.e: C. Bogumil. Th. Lanth). Jugend- und Volksschriftsteller, Pädagoge; *25. 3. 1819 Angerburg, †1889 Kolbergermünde.*

Nach einer pädagogischen Ausbildung war M. zuerst als Lehrer, dann bis zu seiner Pensionierung als Rektor in Kolbergermünde tätig.

Werk, Tendenzen, Wirkung. M. schrieb zahlreiche abenteuerliche Erzählungen, die sich vor allem mit der Polarforschung befaßten. Daneben verfaßte er „Lebens- und Charakterbilder" berühmter Persönlichkeiten und gab zahlreiche Jugendbearbeitungen klassischer Stoffe heraus, die in ihrer sehr freien Bearbeitung als eigenständige Arbeiten M.s angesehen werden können. Sein erstes Werk (1868) widmete M. JOACHIM NETTELBECK (1738–1824), der zusammen mit AUGUST GRAF NEITHARDT VON GNEISENAU (1760–1831) und FERDINAND VON SCHILL (1776–1809) in den Jahren 1806 bis 1807 die Festung Kolberg gegen die französischen Belagerungstruppen verteidigte. Im Jahr 1869 erschien die erste Reisebeschreibung, die sich mit der Erforschung des Nordpols befaßte und in deren Mittelpunkt der amerikanische Nordpolfahrer ELISHA KENT KANE (1820–1857) steht, der Teilnehmer der ersten und Führer der zweiten Grinnel-Expedition war. In der „Vorrede" zu diesem Buch schreibt M.: „Die Natur der Polarzone, in ihren Wirkungen so zerstörend und verderblich und zugleich so schön und erhaben, wie keine Phantasie zu erinnern vermag; der Mensch daselbst, halb verwildert und entartet und dennoch bewunderungswürdig durch seine Energie im Kampfe mit Kälte, Finsterniß und Hunger; die kühnen Polarfahrer, welche im Dienste der Wissenschaft den unsäglichen Gefahren des Polarwinters trotzen und sie mit eiserner, durch eine höhere Kultur gereifter Willenskraft besiegen – solche Bilder, wie sie in der vorliegenden Schrift zusammengestellt sind, mögen wohl Jung und Alt erfreuen. Aber ungleich erhebender und wahrhaft begeisternd tritt uns hier das Bild eines Mannes entgegen, der in einem schwachen Leibe doch einen Heldengeist entwickelte, der kühn, kräftig und andauernd unter Todesgefahren und den härtesten Strapazen doch eine kindliche und fromme Seele bewahrte; ein wahrer Mensch, das heißt ein Held und ein Kind zugleich ... Das ist der Held unserer Reisebeschreibung. Was sagt der liebe Leser zu einem solchen Manne? Er darf schon einigen Respekt vor ihm haben und wird, wie ich glaube, einen solchen Polarfahrer mit Interesse auf der Expedition begleiten, welche er selbst im Jahre 1853 anführte und nach drittehalb Jahren beendigte." Auch die weiteren Schriften M.s, die sich mit Reisen in die Polargegenden befassen, sind von der Hervorhebung des krassen Gegensatzes zwischen der wilden, erbarmungslosen Natur und dem heldenhaften

Einsatz selbstloser Forscher getragen. In einer weiteren Reisebeschreibung für „Jung und Alt" (1871) berichtet M. von dem englischen Nordpolfahrer JOHN FRANKLIN (1786–1847), der auf der Suche nach der Nordwestlichen Durchfahrt im Melvillesund scheiterte. In dem Band „Nach dem Nordpol. Natur- und Sittenbilder von jenseits des nördlichen Polarkreises. Für die Jugend bearbeitet" (1873) erzählt M. auch von deutschen Expeditionen und hebt hervor, auch die deutsche Nation „wollte an dem Ruhm Theil nehmen, welchen andere Nationen im hohen Norden gesucht und erworben hatten."

In dem 1871 herausgekommenen „musikalischen Charakterbild" LUDWIG VAN BEETHOVENS spricht M. von seiner Intention in diesem Werk: „Der Verfasser hat zwei Gesichtspunkte ins Auge gefaßt. Er will den großsinnigen, großherzigen und sittlich reinen Charakter des Menschen schildern und die Bedeutung des Künstlers von rein ästhetischem Standpunkte aus beleuchten. Möchte die Gabe, welche er der Muse Beethovens zu Füßen legt, ihrer nicht ganz unwürdig sein."

Von den von M. bearbeiteten und für die Jugend neu herausgegebenen klassischen Stoffen fanden vor allem der „Froschmäuseler", der „Reineke Fuchs" und der „Robinson Crusoe" weite Verbreitung. In seinem „Froschmäusekrieg" (1891) mit Illustrationen von G. SÜS stellt der Autor fest: „In der vorliegenden Arbeit hat der Verfasser den Versuch gemacht, den ‚Froschmäuseler' von Rollenhagen einem größeren Leserkreise, besonders aber der vorgeschrittenen Jugend zugänglich zu machen. Denn es nimmt ihn Wunder, daß dieses Fabelepos, welches nebst Reineke Fuchs ein einziger und auszeichnender Schatz unserer Literatur ist, so wenig gelesen und geschätzt wird. In unsere Lesebücher hat nur hin und wieder die Fabel von Murner, dem listigen Katzenpatron, Eingang gefunden und die neueren Bearbeitungen des ‚Froschmäuseler' sind noch weniger bekannt. Der Verfasser hat geglaubt, die anschauliche und lebensvolle Schilderung des Dichters, seine treffende Charakteristik und Satyre, wie seine sittliche Würde und pädagogische Kraft nirgend antasten zu dürfen. Er hat nur die Form modernisiert, ohne die, das deutsche Ohr anheimelnde alterthümliche Färbung zu verwischen, und die Handlung theils durch Auslassung des Unwesentlichen, theils durch eigene Erfindung abgerundet." In der 1874 erschienenen Neubearbeitung des „Reineke Fuchs" führt M. aus: „Reineke Fuchs, dieses unvergleichliche Thierepos, erscheint hiermit zum ersten Male in einer metrischen Bearbeitung, welche auch der Jugend in die Hand gegeben werden kann. Ein auszeichnender Schatz unserer Literatur, ist dieses Volksbuch seit länger als drei Jahrhunderten das beliebteste von allen seinesgleichen, es wird denselben Rang auch bei der Jugend einnehmen, wenn es ihr in würdiger Gestalt entgegentritt. Der Verfasser hofft, wenigstens einen Schritt zu diesem Ziele hin gethan zu haben, und der Verleger ist hinter ihm nicht zurückgeblieben." M. gab 1873 seine Jugendfassung des „Robinson" heraus, die den Titel „Robinson Crusoe oder wunderbare Abenteuer eines Schiffbrüchigen. Nach dem ersten und echten Robinson des Defoe für die Jugend neu bearbeitet" trägt und im Anhang die Abschnitte „Defoe, der Verfasser des Robinson", „Robinsons Vorbilder", „Hans Staden oder der Robinson unter den Kannibalen", „Vier nordische Robinsons" und „Die Meuterer auf Pitcairn" enthält.

Werke: Joachim Nettelbeck. Ein Lebens- und Charakterbild für Jung und Alt (1868); Elisha Kent Kane, der Nordpolfahrer. Eine Reisebeschreibung für Jung und Alt (1869, [2]1899); Ludwig van Beethoven. Ein musikalisches Charakterbild (1871); Der Froschmäusekrieg. Nach Rollenhagens „Froschmäuseler". Für Jung und Alt frei bearbeitet (1871); Der kühnste Nordpolfahrer John Franklin. Reisebeschreibung für Jung und Alt (1871, [2]1901; NA. 1908); Die Bienenjäger. Eine Erzählung für die reifere Jugend. Frei nach Cooper bearbeitet (1872, [4]1907); Nach dem Nordpol. Natur- und Sittenbilder von jenseits des nördlichen Polarkreises. Für die Jugend bearbeitet (1873); Die beiden ersten deutschen Nordpolfahrer auf der Germania und Hansa 1868–1870. Für die reifere Jugend und das Volk (1873); Robinson Crusoe oder wunderbare Abenteuer eines Schiffbrüchigen. Nach dem ersten und echten Robinson des Defoe für die Jugend neu bearbeitet (1873); Reineke Fuchs. Für Jung und Alt neubearbeitet (1874); Woodstock. Charakter- und Sittenbilder aus der Zeit Oliver Cromwells. Nach Walter Scott (1874); Mexico. Von Cortez bis Maximilian. Ein Trauerspiel der Geschichte. Nach den neuesten und besten Quellen für Jung und Alt bearbeitet (1875); Haus-Orthographie für Buchdruckereien. Nach den Grundsätzen der Berliner „Orthographischen Konferenz" verfaßt und mit einer Rechtschreibungslehre versehen (1876); Norna, die Seherin von Shetland. Für Jung und Alt nach Walter Scott frei bearbeitet (1876); Wörterbuch der Rechtschreibung für alle Schreibenden und Lesenden. Nach den Grundsätzen der Berliner „Orthographiekonferenz" verfaßt und mit einer Rechtschreibungslehre versehen (1876); Jakob Ehrlich, der Sohn der Themse, oder Überwinde das Böse mit Gutem! Nach Marryat für die reifere Jugend bearbeitet (1878); Die Goldgräber oder In den Goldminen und unter den Buschkleppern und Wilden Australiens. Natur- und Culturbilder aus dem fünften Welttheil (1878); Kongo der Löwentödter. Ein abenteuerlicher Jagdzug in Süd-Afrika. Nach Mayne Reids Erzählung „Die jungen Jäger" für die reifere Jugend bearbeitet (1878); Augustus oder die Schlacht bei Cherbourg. Für Jung und Alt nach dem Englischen bearbeitet (1879); Der Kabaka oder der weiße Zaubermann unter den Negern (1880); Auf hoher See oder die Majestät des Gesetzes. Heitere und ernste Seegeschichten für Jung und Alt bearbeitet (1880).

Hans Eich

Merget, August

*Lehrer, Lehrerausbilder, Literaturpädagoge; *17.12.1801 Berlin, †11.7.1877 Bad Wildungen.*

M. war nach seinem Theologiestudium zunächst Hauslehrer, seit 1834 Ausbilder an verschiedenen Berliner Lehrerbildungsstätten. Nach der Amtsenthebung ADOLF DIESTERWEGS (1790–1866) war er von 1847 bis 1850 dessen Nachfolger am Berliner Stadtschullehrerseminar. Ab 1850 wurde er Leiter des Lehrerinnenseminars und der Königlichen Augusta-Schule in Berlin. M. war Mitglied der Gesellschaft für deutsche Sprache.

Im engen inhaltlichen Zusammenhang mit der eigenen Ausbildung und beruflichen Tätigkeit hat M. als Jugendschriftsteller vorwiegend religiös gefärbte Geschichtserzählungen für die Jugend verfaßt und als Jugendbuchkritiker gearbeitet. Seine früheste Beschäftigung mit der Jugendliteratur geht auf die Mitarbeit am „Berliner Kinder-Wochenblatt" (1832–1836) zurück, dessen Herausgeber er 1836 war. Für diesen Jahrgang hat er nicht nur die allerdings in einem größeren Zeitraum einzulösende Programmatik entwickelt, sondern auch einen großen Teil der Beiträge (biblische Geschichte, Geschichte der Ägypter und Perser) selbst verfaßt. Die Kinderzeitschrift, heißt es da, solle die „Geschichten der Menschen" vorführen, „wie sie von Anfang der Welt an unter des ewigen Gottes Leitung sich zugetragen" haben. Entsprechend dieser Zielrichtung dominieren Geschichtserzählungen und möglichst empirisch belegte Geschichten aus dem Kinderalltag der Gegenwart mit eingestreuten geographischen, ethnographischen, soziologischen, naturgeschichtlichen, moralischen und religiösen Erörterungen und Belehrungen.
Seine literaturpädagogischen Vorstellungen hat M. in seinem Hauptwerk, der 1867 zuerst erschienenen „Geschichte der deutschen Jugendliteratur", der ersten größeren Literaturgeschichte dieser Art vor den Arbeiten von LUDWIG GÖHRING (1860–1942), HERMANN LEOPOLD KÖSTER (1872–1957) und HEINRICH WOLGAST (1860–1920) zusammengefaßt. Eine theoretische Grundlegung bzw. Vorstellung seiner hauptsächlichen Wertungsgesichtspunkte findet sich darin allerdings nicht. Die Arbeit enthält durchgängig mit biographischen Hinweisen angereicherte kritische Berichte über einzelne Schriftsteller und Werke. Dabei hat die spezifische Mädchenliteratur, entsprechend dem Berufsfeld des Autors, ein unverhältnismäßig großes Gewicht. Die Geschichte der Jugendliteratur ist nach den drei Hauptperioden untergliedert: die erste Periode („Die Philanthropisten, die Moralisten und die klassischen Poeten") umfaßt die Phase der Herausbildung einer spezifischen Jugendliteratur seit dem letzten Drittel des 18. Jahrhunderts, die zweite Periode („Die christlich-frommen Schriftsteller, die Märchen- und Sagenerzähler") beginnt mit der Zeit um die Befreiungskriege und die dritte Periode („Die Kinderromanschreiber, die Jugendschriftstellerinnen, die Poeten für Kinder und die realistischen Autoren") führt in die Gegenwart über. Werden von M. auch keine durchgängigen Wertungskriterien benannt, so gilt doch als primäres positives Kriterium der Jugendliteratur – dies wird auch von WOLGAST und KÖSTER kritisch vermerkt – deren „religiöse" oder „christlich-fromme" Tendenz. M.s äußerst strenge moralische Bewertung der Jugendliteratur läßt für ihn die seinerzeit durchaus noch gängige Identifikation von Volksschriften und Jugendschriften nicht zu.

Werke: Das Leben Jesu in 55 neutestamentlichen Geschichten. Ein Erbauungsbuch für die Jugend (1845); Über Erzieherinnen: Ein Wort zur Verständigung über Beruf, Ausbildung und Leistungen derselben (1853, NA. 1863); Heimatskunde von Berlin und Umgegend. Ein Lehr- und Lesebuch (1858); Geschichte der deutschen Jugendliteratur (1867, erw. NA. 1877 u. 1882); Nachtrag zur der Geschichte der deutschen Jugendliteratur (1873).

Hrsg.: Berliner Kinder-Wochenblatt (Jg. 1–5. 1832–1836, zus. mit G. Gropius).

Beiträge: Weihnachten. Ein ländliches Gedicht (in: F. Schmidt (Hrsg.): Jugend-Bibliothek. Jg. 2. 1852. Bd. 1).

Sekundärliteratur: A. Böhme: A. Merget, weil. Direktor des Kgl. Lehrerinnen-Seminars und der Augusta-Schule zu Berlin (1877). – August Merget (in: Sie wirkten in Berlin. Erinnerungsschrift des Kongresses der Lehrer und Erzieher in Berlin, 1952).

Gisela Wilkending

Merkel, Johannes

*(d. i. Hans Mathes Merkel). Jugendliteraturtheoretiker, Mediendidaktiker und Jugendschriftsteller; * 13. 9. 1942 bei Nürnberg.*

Nach dem Studium der Germanistik und Romanistik in Erlangen, Barcelona und Freiburg i. Br., wo er 1971 promovierte, war M. seit 1973 als Lehrbeauftragter für Kindermedien an der Universität Bremen tätig. Seit 1977 hat er dort eine Professur mit diesem Schwerpunkt. M. ist Mitbegründer des Basis-Verlages (1970) sowie Mitinitiator des Arbeitskreises „Roter Elefant – Arbeitskreis Kinder – Bücher – Medien e.V." (1975) und von dessen gleichnamiger Empfehlungsliste „Der rote Elefant. Kinder- und Jugendbücher zum Thema Soziales Lernen" (1975 ff.). M. war zeitweise zusammen mit DIETER RICHTER Herausgeber der „Sammlung alter Kinderbücher".
M.s wissenschaftliche Arbeiten zur Kinder- und Jugendliteratur gelten deren Erziehungsfunktionen im jeweiligen sozialgeschichtlichen Kontext seit dem späten 18. Jahrhundert (z. B. „Sentimentalität und Geschäft. Zur Sozialisation durch Kinder- und Jugendliteratur im 19. Jahrhundert", zusammen mit ANDREA KUHN, 1977). M. ging diesen Problemen besonders am Beispiel des Märchens als einem klassischen Medium bürgerlicher literarischer Sozialisation im Kindesalter nach („Märchen, Phantasie und soziales Lernen", zusammen mit DIETER RICHTER, 1974). Der Historiker und Theoretiker der Kinder- und Jugendliteratur M. ist ohne die zusätzliche Funktion des ständig experimentierenden, aus seinen Erfahrungen lernenden Autors von Erzähl- und Theaterspieltexten für Kinder und Jugendliche undenkbar. Die beiden ersten Erzählungen „Zwei Korken für Schlienz" (1970) und „Die kleine Ratte kriegt es raus" (1972; zusammen mit einem Autorenkollektiv) versuchen, ausgehend von der Marxismusrezeption der Studentenbewegung, die gesellschaftlichen Grundlagen der unbefriedigenden, unterdrückenden Lebensverhältnisse hierzulande für Kinder einsehbar zu machen. Diese „antiautoritären" Erzählversuche wurden für M. vor allem wegen der nicht erreichten Wirkungsabsichten bei Kindern zu einem produktiven Scheitern, aus dem er neue Konzeptionen entwickelte. So nimmt der Jugendroman „Das gute

Recht des Räubers Angelo Duca" (1977) am historischen Beispiel des neapolitanischen Sozialrebellen den gesellschaftskritischen Impuls der frühen Erzählungen auf. Er durchzieht auch M.s nun verstärkte Spieltextproduktion. Sie ist bereits durch eine Reihe kleinerer Beiträge aus den frühen siebziger Jahren für „Die Sendung mit der Maus" sowie zwei längere Kinderfilmdrehbücher („Käse und der schöne Peter", 1973; „Bonbons umsonst", 1974) vorbereitet. „Das Märchen vom starken Hans" (1977) betont in einer für Kinder interessanten, alternativen Spielform, die sich unter Verwendung epischer Dramaturgieelemente gegen die eingefahrene Praxis des Märchentheaters für Kinder wendet, den sozialkritischen Gehalt des bekannten GRIMM-Märchens. Auf dieser Linie bewegen sich auch die drei Oma-Stingl-Stücke: „Oma Stingl auf Safari" (1976); „Oma Stingl schwimmt in Geld" (1977) und „Oma Stingl macht krumme Touren" (1979). Sie sind lustvolles Lehrtheater für Kinder und Erwachsene, das an deren alltägliche Konflikterfahrungen anknüpft und sie unter Einbeziehung volkstümlicher Spielweisen des Straßentheaters und der commedia dell'arte darstellt. M. experimentiert in jüngster Zeit mit Formen direkten mündlichen Erzählens für Kinder im Vorschulalter. Er nennt diese Kommunikationsform aktionsreichen, gestischen Erzählspiels zur Förderung der sozialen Phantasie des Kindes „Theater aus der Hosentasche" (so auch der Name einer von ihm gegründeten Spielgruppe).

Werke: Zwei Korken für Schlienz (1970); Die kleine Ratte kriegt es raus (1972; zus. mit anderen); Märchen, Phantasie und soziales Lernen (1974; zus. mit D. Richter); Das gute Recht des Räubers Angelo Duca (1977); Oma Stingl auf Safari (1976); Das Märchen vom starken Hans (1977); Oma Stingl schwimmt in Geld (1977); Sentimentalität und Geschäft. Zur Sozialisation durch Kinder- und Jugendliteratur im 19. Jahrhundert (1977; zus. mit A. Kuhn); Oma Stingl macht krumme Touren (1979).

Hrsg.: Sammlung alter Kinderbücher (1977ff.; zus. mit D. Richter).

Beiträge: Wirklichkeit verändernde Phantasie oder Kompensation durch phantastische Wirklichkeiten? Zur Rolle der Phantasie in der Kinder- und Jugendliteratur (in: D. Richter (Hrsg., zus. mit J. Vogt): Die heimlichen Erzieher. 1974. 64–90); Die Abenteuerinsel. Wie eine Schulklasse eine Robinsonade schreibt (in: betrifft: erziehung. 8. 1975. 4. 34–40); Die Toleranz der Unterdrücker. Zur Darstellung der „Wilden" im Abenteuerbuch (in: K. W. Bauer (Hrsg., zus. mit J. Vogt): Kinder – Bücher – Massenmedien. 1975. 31–40); Schillers „Die Räuber" (zus. mit R. Steinlein in: W. Raitz (Hrsg., zus. mit E. Schütz): Der alte Kanon neu. 1976. 109–135); Die heimlichen Gefilde des Abenteuers. Zur Funktion von Indianer-Büchern am Beispiel von Karl Mays „Winnetou" (in: Ch. Oberfeld (Hrsg., zus. mit J. Becker): Die Menschen sind arm, weil sie arm sind. Die Dritte Welt im Spiegel von Kinder- und Jugendbüchern. 1977. 27–59); Robinson – Der Bürger als Abenteurer (in: J. Merkel (Hrsg., zus. mit D. Richter): Joachim Heinrich Campe: Robinson der Jüngere. Ein Lesebuch für Kinder. Sammlung alter Kinderbücher. NA. Bd. 1. 1977. 417–446; 473–475); Kinderunterhaltungsmedien. Annäherungen an einen undeutlichen Begriff (in: Ästhetik und Kommunikation. 8. 1977. 27. 5–12); Abenteuerliteratur (in: K. W. Bauer (Hrsg., zus. mit H. Hengst): Kritische Stichwörter zur Kinderkultur. 1978. 17–24); Den Kindern Geschichten mit Händen und Füßen erzählen (in: päd. extra. 1980. 2. 22–26).

Rüdiger Steinlein

Meseck, Felix

*Maler, Graphiker, Illustrator; * 11.6.1883 Danzig, † 17.6.1955 Holzminden an der Weser.*

M. war Schüler von L. DETTMANN und HEINRICH WOLFF in Königsberg. Von 1924 bis 1930 hatte er eine Professur an der Kunstakademie in Weimar inne. Er war in Berlin tätig, seit 1940 in Danzig und seit 1946 in Holzminden. In seinem graphischen Werk bediente er sich vorzugsweise der Radierung, des Holzschnitts, der Lithographie und der Federzeichnung. Während seiner Weimarer Zeit versuchte M., neben WALTHER KLEMM, ein Gegengewicht zu dem dort 1919 gegründeten Bauhaus zu setzen. M. schuf Illustrationen zu zahlreichen Werken der Weltliteratur – darunter zu J. SWIFTS „Gullivers Reisen", HEINRICH VON KLEISTS „Penthesilea", GOETHES „Faust" und NOVALIS' „Heinrich von Ofterdingen" –, die teilweise in graphischen Blättern herausgegeben wurden.

Werk, Tendenzen, Wirkung. M. ist zeitlich dem Expressionismus zuzuordnen, wenn auch seine frühen Malereien und Graphiken von Zeitgenossen als Fortführung des Impressionismus und der verspäteten Romantik angesehen wurden und nach dem Ersten Weltkrieg seine Abhängigkeit im Konstruktiv-Gegenständlichen von HANS VON MARÉES betont worden ist. Die Werke, die M. illustrierte, sind bis auf eine Ausnahme nicht ausdrücklich der Kinder- und Jugendliteratur zuzuordnen. Diese Ausnahme ist das 1925 erschienene Bilderbuch „Seifenblasen", bei dem sowohl die ganzseitigen, kolorierten Abbildung als auch die holpernden Reime von M. stammen. Auf 15 Doppelseiten läßt er mit subtiler Ironie Traum- und Märchenklischees wie Seifenblasen zerplatzen. Den sechzehn Vierzeilern mit Überschriften wie „Seifenblasen", „Abenteuer", „Der Held", „Die Riesen", „Der Zauberwald", „Die Hexen" und „Rotkäppchen" stehen sparsam und in matten Pastelltönen aquarellierte Zeichnungen gegenüber. In eckiger Strichführung und karikierender Übertreibung entromantisiert M. die Phantasie- und Märchenwelt. So zeichnet er zu dem letzten Vers „Ende gut, alles gut" die Karikatur einer königlichen, repräsentativen Hochzeitsgesellschaft: ein tatkräftiger Prinz mit breitem Brustkorb und kühnem Blick, an seinem Arm die liebliche, mädchenhafte und langweilige Prinzessin, daneben das greise, erlöst lächelnde Königspaar. Vor den Personen liegen die vom Prinzen überwundenen Ungeheuer wie ausgestopfte Jagdtrophäen. In den Illustrationen zu CLEMENS BRENTANOS „Die Märchen vom Rhein" (1923) ist stellenweise die Nähe zur expressiven, kantigen, symbolhaltigen Zeichenkunst von GEORGE GROSZ spürbar, jedoch bei M. kaum mit sozialkritischem Inhalt gefüllt.

Werke (Auswahl): Der Affe Sun Wu Kung. Ein chinesisches Märchen (1923); Cl. Brentano: Die Märchen vom Rhein (1923); F. Meseck: Seifenblasen. Träume und Märchen (1925).

Sekundärliteratur: P. Fechter: Felix Meseck (in: Zeitschrift für bildende Kunst. N.F. 30. 1919. 9. 215–218); Ein Erbe des Impressionismus. Zum Tode von Felix Meseck (in: Tagesspiegel vom 24.6.1955. S. 4).

Angela Voß

Metzker, Otto

*Lehrer, Literaturpädagoge, Herausgeber; * 12.9.1884 Liegnitz (Schlesien), † 1.3.1964 Erbach (Odenwald).*

Nach dem Schulbesuch in Luckenwalde und der Ausbildung zum Lehrer in Delitzsch war M. im Schuldienst in Naundorf (Thüringen) und Halberstadt tätig. Von 1912 bis 1944 war er Lehrer in Frankfurt am Main und anschließend bis zur Versetzung in den Ruhestand Leiter einer einklassigen Schule in Momart (Odenwald). Er übernahm nach dem Ersten Weltkrieg den Vorsitz des Jugendschriftenausschusses des Lehrervereins in Frankfurt am Main. Seine darin entwickelten Aktivitäten befruchteten die literaturpädagogische Arbeit weiter Kreise der Lehrerschaft im Rhein-Main-Gebiet in den zwanziger Jahren.

Werk, Tendenzen, Wirkung. M.s literaturpädagogischer Enthusiasmus schlug sich in unterschiedlichen Publikationen nieder. Zu nennen sind: Die Kranzbücherei (als Schul- und Privatlektüre gedacht), die seit 1924 in lockerer Mischung erzähl- und sachbezogene Hefte brachte (238 Nummern bis 1940), mit teils lizenzierten, teils Originalbeiträgen, sämtlich von M. redigiert, zumeist auch von ihm angeregt und vielfach mit informierenden Nachworten versehen. Die neue Folge der Kranz-Bücherei, die seit 1951 wieder erscheint, wurde von M. nicht mehr betreut. M. verantwortete die jährlich erscheinenden Bücherverzeichnisse „Lesen und Schauen", die kommentierend älteres und auch das jeweils neueste Schrifttum jungen Lesern vorstellten, dabei aber auch Eltern und Erzieher als Vermittler ansprachen. Im Dritten Reich übernahm der Nationalsozialistische Lehrerbund die Weiterführung dieser Verzeichnisse („Das Buch der Jugend"). M. war Mitherausgeber des Lesewerks „Der bunte Kranz" (ab 1924/25) für die verschiedenen Stufen der Volksschule. Seine Gedichtanthologie „Vom Blütenbaum" wurde mehrfach aufgelegt. M. trug auch Originalveröffentlichungen zur „Kranz-Bücherei" bei. Es handelt sich bei diesen Schriften zu je 32 Seiten um Lebensbilder in positivistisch-beschreibender Form, in denen das rein Biographische vorherrscht. Zeitschriftenaufsätze literaturdidaktischer Art und die Mitwirkung an einem seinerzeit geschätzten „Quellenbuch zur deutschen Geschichte" (1925–1929) runden das Werk M.s ab.

Werke: Der junge Goethe (1932); Doktor Martin Luther (1933); Der junge Schiller (1934); Der große König. Lebensbild Friedrichs des Großen (1936); Des großen Königs Vater (1936).

Hrsg.: Die Kranzbücherei (Nr. 1–238. 1924–1940); Aus deutschen Herzen. Eine Auslese aus deutscher Dichtung und Bildkunst für Zehn- bis Zwölfjährige (zus. mit anderen, 1924); Vom Blütenbaum (zus. mit anderen, [3]1925, [10]1931; auch u.d.T.: Der Blütenbaum, 1937, [7]1964); Aus deutschem Leben. Deutsche Prosa aus 5 Jahrhunderten (zus. mit anderen, [2]1925); Das Garbenfeld. Eine Auswahl deutscher Prosa-Dichtung (zus. mit anderen, [2]1928); Von drinnen und draußen (zus. mit anderen, 1935).

Beiträge: Die Gestalt des Tieres in der Literatur, besonders im Jugendschrifttum (in: Das gestaltete Sachbuch und seine Probleme. Enßlin & Laiblin-Jahresgabe. 1955. 57–80); Die wertvolle und die minderwertige Tiergeschichte (in: Der Deutschunterricht. 9. 1957. 4. 33–50).

Hermann Bertlein

Mexiko

(Estados Unidos Mexicanos). Bundesrepublik in Mittelamerika, zwischen dem Golf von Mexiko und dem Stillen Ozean. M. grenzt im Norden an die USA, auf der zentralamerikanischen Landbrücke an Guatemala und Britisch-Honduras. Staatsgebiet: 1972546 km²; Einwohner: ca. 50 Millionen. Hauptstadt ist Mexiko. M. ist seit 1857 eine Bundesrepublik. Nach der Verfassung vom 5.2.1917, die bis auf wenige Änderungen noch heute gilt, ist der auf sechs Jahre gewählte Präsident das Staatsoberhaupt. Die Legislative besteht aus dem Bundeskongreß, der sich aus der Abgeordnetenkammer und dem Senat zusammensetzt. Den Hauptanteil der Bevölkerung bilden Mestizen, bei denen die mit europäischem Erbteil überwiegen. Indianer gibt es noch rund 5 Millionen (Maya, Otomi, Zapoteken, Mixteken, Totobaken, Tarasken). Lediglich etwa 3,8 % der Bevölkerung sprechen indianische Dialekte, rund 90 % sprechen ausschließlich Spanisch. Der Anteil der Weißen (Kreolen), Neger, Mulatten und Zambos ist gering. Amtssprache ist Spanisch.

Entwicklung der Kinder- und Jugendliteratur und gegenwärtiger Stand. Die in M. am weitesten zurückzuverfolgenden Anfänge einer oralen Literatur finden sich in Mythen und Legenden der Mayas und Azteken. Ihre Spuren lassen sich in ständig variierten und erweiterten Überlieferungen bis auf die Gegenwart verfolgen. Die von den Priestern und Alten vorgetragenen Gesänge mit meist religiös-mythischen Inhalten hatten Erwachsene wie Kinder und Jugendliche gleichermaßen als Zuhörer. Reste dieser vergangenen Oralkulturen lassen sich noch in den später als „cuentos", „leyendas" und „historias" aufgeschriebenen Texten nachweisen. Erste Ansätze schriftlicher Fixierung in der präkolumbianischen Epoche kann man in den „piktografischen" Bilddarstellungen sehen, die vielfach im Zuge der Eroberung durch die Spanier von christlichen Fanatikern vernichtet wurden. Nach der Eroberung durch die Spanier und im Zuge der einsetzenden Christianisierung vermischten sich in den verschiedenen Provinzen M.s die Erzähltraditionen der vorspanischen Ära mit christlichen Elementen und ließen eigenartige Varianten zur christlichen Schöpfungsgeschichte entstehen.

Märchen- und Legendenmotive, mythisch-magische Stoffe, in denen Tiere, Pflanzen und Steine sprechen, haben sich in die heute noch lebendige Folklore hinübergerettet. Teilweise tauchen solche Elemente auch in Schriften auf, die mexikanischen Kindern heute als Lektüre dienen. Der Großteil der Überlieferungen bildet auch heute noch in Form von Balladen, „corridos", erzählenden Liedern und Rätseln den Inhalt einer lebendigen Erzähltradition. Auch Maskeraden bei den zahlreichen Festen in den verschiedenen Regionen des Landes tragen zur Weiterführung dieser Tradition bei. Trotz Unterdrückung behaupteten sich bis ins 20. Jahrhundert hinein Kräfte, die das aufgezwungene Christentum in die ältere Mythenwelt integrierten. Diese Mythen wurden auch in die mexikanische Volks- und Massenliteratur der Bilderbogen und Einblattdrukke mit ihren kruden Holzschnittillustrationen aufgenommen. Die alten Motive bleiben neben den Passionsstücken und Theatertexten der „coloquios" und „pastorales", die an vielen religiös geleiteten Schulen gepflegt wurden, erhalten. Bauernführer und Revolutionsgeneräle wurden zu Objekten neuer Legenden- und Balladendichtung. Nach ihrem Tod lebten ihre Taten in der Volksliteratur weiter.

Obwohl M. im Vergleich zu den ärmeren Entwicklungsländern Lateinamerikas eine gut entwickelte Infrastruktur hat, gute Verkehrs- und Kommunikationsmöglichkeiten besitzt, ist die Entstehung einer eigenständigen Kinder- und Jugendliteratur kaum vorangekommen.

Für Erzieher und Lehrer, die in ihrem Arbeitsbereich Kinderschriften einsetzen wollen, fehlt es sowohl an geeigneten Texten wie an der notwendigen Ausbildung und Fachliteratur. Soweit pädagogische Fachliteratur vorhanden ist, stammt diese aus Argentinien oder Kolumbien oder kommt in spanischer Übersetzung aus den USA und Europa. Eigenständige Untersuchungen sind in limitierten und kostspieligen Auflagen lediglich zu Fragen der Massen- und Comiclektüre erschienen.

Im 18. und 19. Jahrhundert wurden die wenigen Kinder der führenden Oberschicht mit Kinder- und Jugendschriften aus Spanien, anderen europäischen Ländern oder den USA versorgt. Die Masse der Kinder war auf die überlieferte Erzähltradition beschränkt oder nahm teil an den naiven Massenprodukten, die als Bilderbogen oder Heiligenbilder mit kurzen Texten auf den Märkten angeboten wurden.

José Joaquin Fernandez Lizardi (1776–1827) war mit seinem Entwicklungs- und Erziehungsroman „Periqillo Sarniento" Schrittmacher für eine eigenständige mexikanische Literatur. Lizardi versuchte in Anlehnung an europäische Vorbilder Schwächen und Stärken der Gesellschaft anzuprangern, allerdings nicht ohne jedem Abenteuer seines Helden ein moralisierendes Ende anzufügen. Der Erziehungsroman, der eigentlich für Erwachsene geschrieben war, wurde auch von jungen Lesern konsumiert. Den Regierenden schien selbst diese Form nicht tragbar; Lizardis Arbeiten wurden bald Opfer der strengen Zensur. Lizardi und José Ignacio Basurto publizierten unter spanischem Einfluß in den Jahren 1802 und 1817 auch Fabelsammlungen. Eng an La Fontaine lehnte sich José Rosas Moreno (1838–1883) mit seinen Fabeln an. Daneben schrieb er kleine Dramen, Allegorien und kurze Szenen für das Kindertheater. Auch rief er die erste Kinderzeitschrift ins Leben. Bei angemessener Würdigung der aus Spanien übernommenen Literatur verwies der volkstümliche Autor Altamirano auf die Möglichkeit, das eigene Land, seine Besonderheiten, seine Menschen und deren Probleme zum Thema zu machen. Altamirano stammte selbst vom Lande und machte sich als aufklärerischer Volkserzieher verdient. Trotz Studium und gesellschaftlichem Aufstieg blieb er immer bemüht, für Kinder einfache, verständliche Texte zu schreiben, die den jungen Lesern helfen sollten, ihre eigene Welt zu verstehen. So regte er Juan de Dios Peza (1858–1910) zu Sammlungen mexikanischer Überlieferungen und Legenden an.

In der ersten Hälfte des 20. Jahrhunderts begannen Autoren damit, aus der mexikanischen Folklore Rätsel, Reime, kurze Geschichten, volkstümliche Lieder, die besonders zur Weihnachtszeit gesungen wurden, zusammen mit knapp gefaßten Auszügen aus altamerikanischen Legenden und Fabeln der Maya- und Aztekenzeit in für junge Leser bestimmte Sammlungen aufzunehmen.

1941 gab Alfredo Ibarra mexikanische Geschichten und Legenden für junge Leser heraus. Pascuala Coronoa (d.i. Teresa Inturbide Castelo) schrieb Geschichten für Kinder mit mexikanischem Hintergrund (1945), Blanca Lydia Trejo sammelte Geschichten und Legenden der Eingeborenen. Auch Romanzen, wie die von José Peón y Contreras (1845–1907) oder José Maria Ros Bárcena, wurden in solche Sammlungen aufgenommen.

Die wenigen in M. in Buchform erschienenen Kinderschriften zeigen eine Tendenz zur Idyllik und Harmonisierung, zum sentimentalen, zumeist zeit- und gesellschaftsenthobenen Kindergedicht oder zur rückwärtsgewandten Bearbeitung internationaler klassischer Kinderbücher. Typisch für diese Entwicklung ist José Vasconcelos (1881–1959). Als Minister für Öffentlichkeitsarbeit machte er sich in einer Studie „Von Robinson bis zur Odyssee" über Schülerbibliotheken und Jugendlektüre Gedanken. Dem Mangel an geeigneten Schriften wollte er mit Übersetzungen der von ihm bewunderten englischen und amerikanischen Kinder- und Jugendbuchklassiker abhelfen und schwelgte in Erinnerung an die eigene Lektüre der klassischen Epen „Ilias" und „Odyssee". Im Jahr 1924 versuchte die Nobelpreisträgerin Gabriela Mistral (d.i. Lucile Godoy Alcayaga, 1889–1957), an der Entstehung der Kinderliteratur mitzuwirken. Zusammen mit Alfonso Reyes gab sie einen Band klassischer Lektüre für Kinder heraus, in dem wiederum auf die europäischen Traditionen zurückgegriffen wurde. Auch diese Texte konnten nur von den europäisch erzogenen Kindern der Oberschicht „genossen" werden. Die Bemühungen von Vasconcelos, bei aller Bewunderung der angloamerikanischen Kinder- und Jugendliteratur ihren Ein-

Blanca Lydia Trejo. Illustration aus dem mexikanischen Kinderbuch „El raton panchito roe-libros" (1957).

fluß in M. zugunsten eigenständiger Kinderschriften zurückzudrängen, zeitigten nur bedingte Erfolge, wie in den Arbeiten von BENJAMIN JARNÉS, einem in M. lebenden Spanier. Die verhältnismäßig große Anzahl theoretischer Schriften zu Problemen der Kinder- und Jugendlektüre in M. steht in keinem Verhältnis zu dem Angebot an speziellen Kinder- und Jugendschriften.

Der Mangel an Kinder- und Jugendlektüre in M. spiegelt sich in dem desolaten Zustand des Schulbibliothekswesens wider. Nach den Angaben des „Directorio de Bibliotecas de la República Mexicana" hatten 1979 von 30000 Grundschulen des Landes 92 eine eigene Schulbibliothek. Lediglich 380 Sekundarschulen besitzen einen für schulgebundene oder freizeitorientierte Lektüre bestimmten Buchbestand. Nur selten verfügen selbst große Schulen über mehr als 5000 Bücher. Die meisten sind in schlechtem Zustand und zudem veraltet. Dazu handelt es sich bei vielen Titeln um ausgesprochene Schul- oder Lehrbücher. Am besten sind noch die Schulen im Einzugsbereich der Bundeshauptstadt Mexiko und der sie umgebenden Region ausgestattet. Die Büchereien leiden unter Mittelknappheit für Neuanschaffungen. Es gibt keinen verbindlichen Grundbestand.

Bildgeschichten und Comics. Nachdem die vornehmlich religiös orientierten Bilderhandschriften der Mayas und Azteken vernichtet worden waren, gewannen die aus Spanien importierten, später auch in M. selbst gedruckten Bilderbogen an Bedeutung. Die Einblattdrucke des 16. bis 18. Jahrhunderts („aleluyas") waren nicht mehr ausschließlich religiösen Motiven gewidmet, sondern wurden mit weltlichen Motiven angereichert. Für den hohen Prozentsatz von Analphabeten blieben sie das einzig zugängliche Druckmedium. Für viele Mexikaner sind Bildgeschichten bis auf die Gegenwart die einzige Lektüre. Heutige Bilderbogen umfassen ein großes Motivangebot (Der menschliche Körper – Der Kreislauf des Lebens – Große Entdecker – Nationalgeschichte – Bedeutende Gestalten der Weltgeschichte – Schöne Landschaften – Sitten und Gebräuche des In- und Auslandes – Kostüm- und Anziehpuppen – Jahreszeiten – Feste und Feiern – Tierarten – Leben der Kinder – Spiele). Ähnliche Motive hatten schon die gängigen deutschen und französischen Bilderbogen des 18. und 19. Jahrhunderts (z.B. Neu-Ruppin und Épinal).

Die wichtigste Persönlichkeit im Umfeld einer mit der aufblühenden Massenpresse verbundenen Volkskunst war JOSÉ GUADALUPE POSADA (1851–1913). Im Gegensatz zu den bildungstragenden Mestizen, den Nachfahren spanischer Kolonialisten und Eroberer, ging POSADA aus der Unterschicht der indianischen Bevölkerung hervor. Als Holzschneider, Lithograph und Graveur betrieb er eine eigene Werkstatt und entwickelte eine umfangreiche Produktion. Für den Verlag Arroyo hat er mehr als 15000 Druckvorlagen geschaffen, von denen der größte Teil als verschollen gilt. Viele seiner Bilder erreichten Auflagenhöhen von über 100000 Exemplaren. Er bevorzugte eine naiv anmutende, expressiv stilisierte Darstellung, in der sich Folkloristisches, Religiöses, Abergläubisches und Politisches mischten. Zahlreiche Bilder POSADAs thematisierten in den „calaveras" die Beziehung des Mexikaners zum Tod. Neben der Mehrzahl für Betrachter jeden Alters vorgesehenen Blätter lieferte POSADA auch solche für das Kindertheater, vor allem das Papiertheater mit ausschneidbaren Figuren und Szenerien. Seine Vorlagen für Zirkusdarstellungen wurden in M. schon im letzten Drittel des 19. Jahrhunderts „cómicos" genannt. Daneben hat der Illustrator für Kinder wie für Erwachsene zahlreiche Einzelblätter und Illustrationen zu Zucht- und Erziehungsbüchern geschaffen. Aus seinen drastischen, konzessionslosen, mit grimmigem Humor entworfenen Zeichnungen konnten die Betrachter geschichtliche Tatsachen, sensationelle Begebenheiten und politische Ereignisse im eigenen Lande kennenlernen. Seine Bilder waren Kommunikationsmittel, Sensationspresse, Unterhaltungsinstrument und Aufklärung in einem. POSADA bezog eindeutig Stellung und ließ seine Betrachter an seiner Parteilichkeit teilnehmen.

Einband zu dem Bändchen „El Niño de un Jeme". Die Illustration von José Guadalupe Posada (1851–1913) zeigt den Knaben, der nur eine Spanne groß ist.

Wie in den meisten süd- und mittelamerikanischen Ländern, dominieren auch in M. im Lektüreangebot die aus Spanien, anderen europäischen Ländern und den USA importierten oder in M. selbst nach ausländischen

Vorbildern hergestellten Comics und Heftchenreihen. Sie werden vorwiegend auf den Märkten und von ambulanten Händlern vertrieben und von Erwachsenen ebenso wie von Kindern und Jugendlichen gekauft und gelesen. Die mexikanische Eigenproduktion an Comicreihen ist erheblich. Es finden sich Serien wie „Agente especial", „Heroes del karate", „Posesión diabolica", „Historias verdicias", „Fort Navajo", „Arizona Sheriff", „Corazones apasionados" oder „Reportajes policiacos". Die Titel verraten schon, daß es sich vom Inhalt wie von den tragenden Figuren her um Comics handelt, die denen aus den USA eng verwandt sind. Abenteuer internationaler Agenten, fernöstliche Karate- und Kung-Fu-Taten, Photocomics, Western- und Indianerstories und Krimis wechseln sich ab. Der Affinität der Mexikaner zu Tod und Untergang entsprechend makabre und todessüchtige Comicproduktionen wie „Sensacional de terror", „Ultratumba" oder „Micro misterio". Seit ein paar Jahren sind Serien mit magisch-phantastischen und den Aberglauben bestärkenden Geschichten mit Hexen und Zauberern zu finden, die ihre Vorbilder wohl in den italienisch-spanischen Horrorcomics haben. Es gibt für die Mehrzahl der mexikanischen Comics keine altersspezifische Rezipientengruppen. Die Bildstreifen in den Tageszeitungen, die mehrfarbigen Wochenendausgaben, die wöchentlich und vierzehntägig erscheinenden Fortsetzungen werden von allen Altersgruppen konsumiert. Der Kaufpreis zwischen 4 und 6 Pesos und der verbilligte Erwerb schon gelesener Exemplare auf Märkten und bei Straßenhändlern machen diese Massenzeichenware auch der armen Bevölkerung zugänglich. Monatlich erschienen etwa 70 Millionen Comic-Hefte auf dem mexikanischen Markt. An ihrem Vertrieb sind rund 7000 Kioske und Ladengeschäfte beteiligt. Dazu kommen die zahllosen ambulanten Händler, die gebrauchte Comics in den Städten aufkaufen und in den abgelegenen Dörfern billig verkaufen. Als Exportartikel erreichen mexikanische Comics die südlichen und südwestlichen Bundesstaaten der USA und dort die illegal eingewanderten spanisch sprechenden Gastarbeiter. Auch in die Karibik sowie die Länder Mittel- und Südamerikas werden mexikanische Comics geliefert. „Kaliman, el hombre increible", eine Mischung aus Superman, Tarzan und Kara Ben Nemsi, stellt mit 1,3 Millionen Exemplaren pro Monat den Spitzenreiter dar. Seine märchenhaft-phantastischen Heldentaten werden durch Film- und Fernsehserien weiter vermarktet. Die Kritik lastet den Comics die gleichen Schwächen an, die auch nordamerikanischen und europäischen Trivialprodukten vorgeworfen werden: Abgehobensein vom Alltäglichen, vom Politischen und Realgeschehen; Schwarz-Weiß-Malerei; Lösung von Konflikten ausschließlich durch Gewalt; Vorherrschaft des Mannes über die Frau; undifferenzierter Aufbau von Feindbildern; rührselige Sentimentalität; faschistoide Tendenzen; Rassismus.

Einer der wenigen Autoren und Illustratoren, die sich der Comicflut entgegenstellen, ist RIUS (d.i. EDUARDO DEL RIO, *1934). Er nutzt die Möglichkeiten der Karikatur, der Übertreibung für politische Propaganda und Agitation. Kapitalisten werden bei ihm bewußt als dickbäuchig, alt, häßlich, als hochmütige Zigarrenraucher gezeigt, während Bauern und Arbeiter leicht idealisiert geraten. Dem jugendlichen Benutzer sind die von ihm genutzten Comicelemente vertraut: Die untergliederte und lebendig aufgeteilte Seite, der Dialog im Blasentext, die witzige Übertreibung in Gestik, Mimik und Redeweise. Lebendig und anregend sind RIUS' typographische Wechsel, Collage- und Montageprinzip. Bekannte Comic-Helden werden kritisiert. „Superman" erhält seine Lektion im Klassenkampf. Mit Gags und ironischer Drastik geht RIUS auch ernsthafte Themen und Probleme an, wie das Schicksal der Millionen mexikanischer Gast- und Wanderarbeiter, der „chicanos" in den USA. In Form theatralischer Aktionen, durch Rollentausch und zupackenden Bildwitz, verdeutlicht er, welcher Diskriminierung, welchem Identitätsverlust und welcher Entfremdung sie unterworfen sind.

Kinderfilm, Kinderfernsehen, Kindertheater. Von allen Ländern Lateinamerikas hat M. die zahlenstärkste und expansionsfreudigste Filmindustrie. Dabei kamen neben Marriachi- und Schlagerfilmen, neben Abenteuer- und Geschichtsproduktionen immer wieder auch Arbeiten für Kinder zum Zuge. Um den spanischsprechenden Markt Mittel- und Südamerikas mit adäquaten Importen zu versorgen, waren besondere Anstrengungen erforderlich, denn die USA haben über Jahrzehnte mit ihrer übermächtigen Konkurrenz den Filmmarkt beherrscht. Anstrengungen, speziell für Kinder geeignete Filme zu produzieren, wurden in M. seit 1972 nach dem Vorbild Argentiniens unternommen. Die Gruppe „C.I.N.E." („Cine infantil educativo") arbeitet mit Zeichentrick-, Marionetten- und Puppenfilmen, aber auch mit Dokumentartechnik. Im Kurzfilm „Die Schiffsfabrik" werden gewerkschaftliche Probleme der Überproduktion und der Auseinandersetzung zwischen Arbeitnehmer und Arbeitgeber mit satirischen Mitteln behandelt. Im Zeichenfilm „Der Zirkus" werden Kinderzeichnungen als Rohmaterial für filmische Geschehen genutzt. „Das Konzert" thematisiert den Tango. Ein Film von Tito, dem kleinen Elefanten (45 Min. Länge) erzählt von einem besessenen Fernsehkonsumenten, der auf der Suche nach noch mehr technischem Fortschritt in die Stadt geht und dort mit den Problemen von Geldbesitz und Armut konfrontiert wird. Die Versuche der C.I.N.E. bilden gegenüber den Medien- und Fernsehgiganten allerdings nur Randerscheinungen. Serien wie „Sesame Street" oder die „Muppet Show" mit ihren Folgeprodukten auf dem Textil-, Spielzeug- und Buchmarkt eröffnen ein unbegrenztes Spielfeld privatwirtschaftlicher Interessen, hinter denen alternative Gegenmodelle und pädagogische Zielsetzungen verblassen.

Schon 1898 kam es zur ersten Gründung eines Theaters für Kinder, das die älteren Versuche aus der Kolonialzeit, die von religiösen und didaktischen Themen gekennzeichnet waren, ablösen sollte. Kinder und Jugendliche zwischen 9 und 15 Jahren der „Kindergesellschaft Austin-Palacios“ (benannt nach den Gründern und Initiatoren) traten als Darsteller in Märchen und phantasievollen Spielen oder für Jüngere bearbeiteten Klassiker- und Erwachsenenstücken auf. Zwischen 1908 und 1912 unternahmen MANUEL und FELIPE J. HARO einen weiteren Vorstoß, ein eigenständiges Kindertheater zu gründen. Wieder waren es spanische Autoren – MAGDA DONATO und BARTOLOZZI –, die Märchen- und Klassikerbearbeitungen für die Bühne lieferten, unter anderem eine „Pinocchio“-Version, die 1942 in der „Academia de bellas artes“ uraufgeführt wurde. Die Versuche blieben ohne Breitenwirkung. Von moderneren Stücken sind erwähnenswert das Märchen „El maravilloso pàjaro del desierto“ (1977), „Rosario de la Parra“ (1978) und die in Spanien gedruckte, nach M. exportierte Reihe „Téatro“ (1974/75f.). In O. LEDELMAS Stück „El niño y la luna“ finden sich Ansätze, herkömmliche und gängige Märchenfiguren wie Rotkäppchen, Aschenputtel, Aladin, den standhaften Zinnsoldaten, Schneewittchen oder den Gestiefelten Kater mit realistischen Gestalten und Science-Fiction-Figuren zu konfrontieren (1978). Wichtiger noch sind Spiel- und Aktionsgruppen des „Teatro Nacional“, die bekannte nordamerikanische Comic-Helden kritisieren und ihnen Gestalten aus der lateinamerikanischen Umwelt gegenüberstellen. In „Rebelión de las ratas“ wird das Schicksal von Bauern geschildert, die in der Großstadt verelenden.

Sekundärliteratur: A. Azurbide: Apuntes sobre literatura infantil (1940). – S. H. Bustamente: Historia de la literatura mexicana (1961). – G. G. Basurto: Téatro infantil (1966, [10]1978). – C. Bravo-Villasante: Historia y antologia de la literatura infantil iberoamericana (Bd. 1–2. 1966); Weltgeschichte der Kinder- und Jugendliteratur (1977). – P. Camargo: Téatro para niños (1946, [4]1978). – E. Carballida: Téatro joven de Mexico (1979). – C. Gonzalez: Historia de la literatura mexicana (1966). – I. Herner: Mitoy y monitos. Historias y fotonovela en Mexico (1979). – V. T. Mendoza: Lirica infantil de Mexico (1951). – J. G. Posada: Illustrador de la vida mexicana (1963). – A. Pellowski: The world of children's literature (1968). – J. J. Rudeda: Historia de la literatura mexicana (1957). – L. Trejo: La literatura infantil de Mexico (1951). – B. Zuniga: El cuento en la literatura infantil (1962, NA. 1979).

Horst Künnemann

Michaelis, Karin

*(d.i. Katharina Michaelis, geb. Bech, auch Michaelis-Stangeland). Dänische Schriftstellerin; *20.3.1872 Randers (Jütland), †11.1.1950 Kopenhagen.*

M. war die Tochter eines Telegraphenbeamten. Sie studierte Musik, war zweimal verheiratet, in erster Ehe mit dem dänischen Schriftsteller SOPHUS MICHAELIS, in zweiter mit CH. E. STANGELAND. Sie führte ein unruhiges Leben, hielt sich abwechselnd in Europa und den USA auf, wo sie durch ihre Vortragsreisen 1903 bis 1913 und 1920 bis 1925 sehr bekannt wurde. 1930 zog sie sich auf die dänische Insel Thurø zurück. Dort bildete sie Haustöchter aus und versorgte in den Jahren 1933–1939 politische Flüchtlinge aus Deutschland, dabei auch BERT BRECHT. Vom Ausbruch des Zweiten Weltkrieges wurde sie auf einer Besuchsreise in den USA überrascht und kehrte erst 1946 nach Dänemark zurück.

Werk, Tendenzen, Wirkung. M. widmete sich in ihren Romanen besonders der Problematik der Frau im Zeitalter der Bemühungen um Gleichberechtigung und schilderte häufig die psychische Entwicklung in Ehe- und Emanzipationskonflikten. Auch Erziehungsfragen, die Situation des Kindes und junger Mädchen wählte sie als Themen. Von ihrem Engagement und Einfühlungsvermögen zeugt der in Deutschland von ihr initiierte und herausgegebene bebilderte Sammelband „Das Antlitz des Kindes“ (1931), in dem sich Beiträge von OTTO FLAKE, KLAUS MANN, WALTER VON MOLO, CLARA VIEBIG und ERNST ZAHN finden. Als „ein Buch für die Jugend“ erschien 1933 zunächst in deutscher Sprache M.s phantastische Geschichte von der Insel Thurø unter dem Titel „Die grüne Insel“. Erst 1937 kam das Buch (Den grønne Ø, 1937) auch in Dänemark heraus. Die Hauptfigur der Inselerzählung ist ein kleiner Junge, der mit den anderen Bewohnern der Insel eines Tages erkennen muß, daß das der Insel gegenüberliegende Festland „verschwunden“ ist. Die Inselleute erkennen bald, daß sie die letzten Überlebenden einer Naturkatastrophe sind. Mit Hilfe einer Gruppe anderer Kinder gelingt es dem Jungen, die Inselbewohner zu einer Handlungsweise zu bringen, die ihnen das Weiterleben in einer aufeinander angewiesenen Gemeinschaft bei harmonischen zwischenmenschlichen Beziehungen ermöglicht.

Das Buch ist mit Zeichnungen von HEDVIG COLLIN ausgestattet, die Atmosphäre und Problematik des Insellebens vermitteln. Die gleiche Illustratorin stattete auch das Hauptwerk der Autorin, die siebenbändige „Bibi“-Reihe, mit farbigen Illustrationen aus. Die in der Zeit zwischen 1929 und 1939 entstandene Reihe um die Gestalt des dänischen Mädchens „Bibi“ brachte M. internationale Anerkennung. Auch im deutschen Sprachraum waren einzelne „Bibi“-Geschichten weit verbreitet. Nach dem Zweiten Weltkrieg wurden die ersten vier Bände der Reihe im Herbert-Stuffer-Verlag, der schon die deutsche Erstausgabe herausgebracht hatte, neu aufgelegt (1951–1953). Das Mädchen Bibi, dessen Vater Stationsvorsteher bei der dänischen Eisenbahn ist, hat auf allen Bahnstrecken freie Fahrt und nutzt diese Möglichkeit weidlich aus. So unternimmt sie ausgedehnte Reisen, vor allem auch nach Deutschland, nicht zuletzt ein Grund für die Beliebtheit der Bücher im deutschsprachigen Raum. Das abenteuerlustige, offenherzige Mädchen, das in freimütigem Verhalten für manche Erwachsene der bürgerlichen Gesellschaft schockiert, bedeutete ein Novum in der zeitgenössischen Mädchenliteratur. Die ersten vier Bände der Reihe wurden im Laufe von zehn Jahren in 23 Sprachen übersetzt und brachten es in diesem Zeitraum zu 25 Auflagen. Auch die autobiographischen Erzählungen und Erinnerungen von M. (Lille Troll, 1946; dt. Der kleine Kobold, 1948; Vidunterlige verden, 1948; dt. Die wunderbare Welt, 1950) fanden in Deutschland nach dem Zweiten Weltkrieg einen breiten Leserkreis, vor allem unter den Heranwachsenden.

Werke (Auswahl): Højt Spil (1898); Barnet (1902; dt. Das Kind, 1902); Lillemor (1902; dt. Das Schicksal der Ulla Fangel, 1903); Sonnen (1903; dt. Der Sohn, 1904); Gyda (1904; dt. Gyda, 1905); Backfische (1904; dt. Backfische, 1905); Tommelise (1906; dt. Däumelinchen, 1909); Betty Rosa (1908; dt. Betty Rosa, 1908); Den farlige alder (1910, NA. 1924; dt. Das gefährliche Alter. Tagebuch-Aufzeichnungen und Briefe, 1910); Elsie Lindtner (1912; dt. Elsie Lindtner, 1911); Mette Trap og hendes Unger (1922; dt. Mette Trap, 1925); Syv Søstre sad (1923, NA. 1938; dt. Die sieben Schwestern, 1924); Pigen med Glasskaarene (1924; NA. zus. mit „Lille Lognerske" u.d.T.: Vidunderlige Verden, Bd. 1. 1948; dt. Das Mädchen mit den Scherben – Gunhilds Kindheit, 1925; NA. zus. mit „Die kleine Lügnerin" u.d.T.: Die wunderbare Welt, 1950); Lille Løgnerske (1925; dt. Die kleine Lügnerin, 1926); Hemmeligheden (1926; dt. Das Geheimnis – Gunhilds Wanderjahre, 1927); Perlerne (1927; dt. Die Perlenkette, 1927); Synd og Sorg od Fare (1928; dt. Sünden, Sorgen und Gefahren – Gunhild heiratet, 1929); Pigen, der smilede (1929; dt. Herr und Mädchen, 1930); Bibi. En lille Piges Liv (1929; dt. Bibi, Leben eines kleinen Mädchens, 1929); Følgerne (1930; dt. Eine Frau macht sich frei – Gunhilds Reife, 1931); Bibi's store Rejse (1930; dt. Bibis große Reise, 1929); Hjertets Vagabond (1930; dt. Vagabundin des Herzens, 1932); Bibi og Ole (1931; dt. Bibi und Ole, 1931); Justine (1931; dt. Justine, 1933); Bibi og de Sammensvorne (1932; dt. Bibi und die Verschworenen, 1931); Familien Worm (1933; dt. Familie Worm, 1928); Mor (1935; dt. Nielsine, die Mutter, 1936); Bibi paa Ferie (1935; dt. Bibi in Dänemark, 1935); Lotte Ligeglad (1936; dt. Die Gormsenkinder, 1936; NA. 1961); Den grønne Ø (1937; dt. Die grüne Insel, 1933); Bibi bliver Landmand (1939; dt. Bibi lernt Landwirtschaft, 1938); Bibi og Valborg (1939); Lille Troll (1946; dt. Der kleine Kobold. Die Lebenserinnerungen der Dichterin, 1948); Farlige Famlen. Vidunderlige Verden, Bd. 2 (1949); Lys og skygge. Vidunderlige Verden, Bd. 3 (1950).

Hrsg.: Das Antlitz des Kindes. Bilder und Studien aus der Welt unserer Kinder (1931).

Margarete Dierks

Mönckeberg-Kollmar, Vilma

*Märchenerzählerin und -sammlerin, Sprecherzieherin; *29.7.1892 Wien.*

M., Tochter eines Kaufmanns, verbrachte ihre Kindheit in Wien, bestand nach Schulbesuchen in Bromberg, im katholischen Kloster von Nürnberg und in Düsseldorf die Prüfung für die Schauspielschule in Berlin und besuchte ein Jahr lang die Seebachschule. Nach kurzen Auftritten in Berlin – sie stand unter anderem neben JOSEF KAINZ (1858–1910) auf der Bühne – zog M. nach Hamburg und heiratete den Sohn des Bürgermeisters MÖNCKEBERG. Schon mit 22 Jahren wurde sie Witwe, als ihr Mann nach Ausbruch des Ersten Weltkrieges in Flandern fiel. 1919–1920 durfte M., obwohl ohne Abitur, als eine der ersten Frauen ein Studium an der Universität Hamburg aufnehmen. Dort übernahm sie später das Lektorat für Sprecherziehung und Phonetik und unterrichtete 56 Jahre lang Generationen Hamburger Lehrerstudenten, unterbrochen durch die fristlose Entlassung 1933. M.s Vorliebe galt schon früh dem gesprochenen Wort und später vor allem dem Märchenerzählen. In öffentlichen Auftritten trug sie Lyrik vor oder inszenierte Sprechchöre. Vortrags- und Rezitationsreisen, zumeist vermittelt durch Goethe-Institute, führten sie nach Österreich, Dänemark, Holland, Norwegen, Großbritannien, in die Tschechoslowakei und in die Sowjetunion.

Werk, Tendenzen, Wirkung. M. sammelte Märchen, die sie in den zwanziger Jahren in dem Band „Die Märchentruhe" und erneut 1968 mit Illustrationen von LILO FROMM veröffentlichte. M. hatte wesentlichen Anteil daran, Märchen als wichtige Form der mündlichen Überlieferung wiederzuerwecken. Der lebendige Vortrag bedeutete ihr Ausdrucksgestaltung, bei der die Sprache beim Zuhörer ‚Bilder' entstehen läßt und eine differenzierte Mimik und Gestik die Möglichkeiten des erzählten Textes verstärken hilft. M. hat mehr den Erwachsenen und weniger den Kindern erzählt, da ihr die Mehrzahl der GRIMMschen Märchen eher für ältere Zuhörer geeignet erschien.
In Zeitschriften und in Funksendungen hat M. wiederholt über die Bedeutung des Märchens als ‚orale' Literatur und die Notwendigkeit seines Fortbestehens referiert. Eltern, Erzieher und Lehrer wollte sie dazu ermuntern, Kindern geeignete Märchen zu erzählen. Einer kommerzialisierten Vermarktung der Märchenstoffe, etwa als Weihnachtsmärchen im Theater, als Comics, Fernsehserien oder auf Kinderschallplatten und -kassetten steht sie ablehnend gegenüber. Einen Teil ihrer engagiert-kämpferischen Argumente hat M. in den Sammelband „Das Märchen und unsere Welt" (1972) einfließen lassen.

Werke: Die Märchentruhe (^{2}1925, NA. 1968); Die neue Märchentruhe (1930); Märchen aus aller Welt (1968); Das Märchen und unsere Welt (1972); Das goldene Schloß. Der Märchentruhe zweiter Teil (1981).

Bearb.: Cl. v. Brentano: Das Märchen vom Gockel, Hinkel und Gackeleia. Für die Bühne bearbeitet (zus. mit H. Stein, 1933); L. Tetzner: Aus der Welt des Märchens (1965).

Horst Künnemann/Detlef Ram

Mohn, (Victor) Paul

*Maler, Zeichner, Illustrator; *17.11.1842 Meissen, †17.2.1911 Berlin.*

M., Sohn eines Meissener Ratsmaurermeisters, bekam frühzeitig Zeichenunterricht und besuchte seit 1858 die Dresdner Akademie. Von 1861 bis 1866 war er Meisterschüler LUDWIG RICHTERS (1803–1884), dessen älteste Enkelin er später heiratete. 1866/67 war er mit Künstlerfreunden in Italien, 1868/69 in Rom. 1869 wurde er Stellvertreter RICHTERS in der Landschaftsklasse der Akademie, 1880 Professor. 1883 zog M. nach Berlin, wo er 1895 Professor an der Königlichen Kunstschule und 1905 deren Direktor wurde.

Werk, Tendenzen, Wirkung. M. malte Landschaften in der Schweiz und in Italien, seit 1870 auch in seiner sächsischen Heimat. Mit anderen RICHTER-Schülern bekam er den Auftrag, die Hofoper in Dresden mit Landschaften und Szenen aus der Literatur und aus antiken Mythen auszumalen. Für eine Frankfurter Villa schuf er Märchen- und Sagenbilder. Später lieferte er zahlreiche Kartons für religiöse Wandbilder in Berliner Kirchen und malte eine Berliner Schule aus. Für die Weltausstellung in Chicago 1893 schuf er einen großen Karton mit dem Märchen von den Sterntalern. M. konnte und wollte die Schule RICHTERS, der er sich eng verbunden fühlte und deren Meister er eine zuerst 1896 erschienene Monographie gewidmet hat, nicht verleugnen. Sein erstes von ihm illustriertes und ganz durchgestaltetes großformatiges Buch waren die 1881 bei Stilke erschienenen „Kinder-Lieder und Reime". Zwei ganzseitige Illustrationen, auf denen Landschaftliches vorherrscht, stehen zwischen Bilderseiten, deren größere oder kleinere Bilder die Texte der Lieder und Verschen, oft zusammen mit deren Melodien, umschließen bzw. auf einer oder zwei Seiten umranden oder als Ranken und Vignetten verzieren. In den Darstellungen sind die Kinder, Hunde, Katzen und Vögel wie bei RICHTER in bäuerliches oder romantisch-kleinstädtisches Milieu hineingestellt. Die blassen Farben des guten Drucks geben freilich die wohl kräftigeren Vorlagen M.s nicht ganz wieder. Der Band „Kinder-Lieder und Reime" ist bis in die Initialen hinein von einer künstlerischen Qualität, wie sie im ausgehenden 19. Jahrhundert selten ist. Das gilt auch für den ein Jahr danach, ebenfalls bei Stilke, herausgekommenen „Märchenstrauss für Kind und Haus", den KLAUS GROTH (1819–1899) als das „schönste aller Kinderbücher, die mir je vor Augen gekommen" bezeichnete. Es enthält zehn der bekanntesten Märchen aus der Sammlung der Brüder GRIMM, deren Texte, ähnlich wie bei den „Kinder-Liedern", mit den Bildern, die hier sogar zuweilen über zwei Seiten gehen, verbunden sind. Neu ist die Kombination mit farblosen Zeichnungen, die vor allem als zierliche Leisten und Vignetten erscheinen. Der spätromantische Charakter ist auch hier bestimmend, gekennzeichnet durch einen Reichtum an Figuren, der zur Überfülle neigt, freilich ganz ohne die prunkvolle, historisierende Leere anderer Märchenillustrationen der achtziger und neunziger Jahre bleibt. M. hat auch für die Große Ausgabe der GRIMM-Märchen (1893) vier ganzseitige Aquarelle geschaffen, auf denen Wald und Gebirge vorherrschen, und die die freundliche Seite der ausgewählten Kindermärchen betonen, etwa beim Rotkäppchen durch den eher „lieb" wirkenden Wolf auf der Waldwiese. Die ganzseitigen Bilder zu FRIEDRICH KARL VON GEROKS (1815–1890) schwachen, von Christi Geburt bis hin zur Flucht handelnden Gedichten bestätigen das Urteil, das M. einen Spätnazarener genannt hat. Sie sprechen am meisten an, wenn Scharen deutscher Kinder mit den Hirten zur Krippe ziehen oder in den Stall mit der Krippe wie auf eine Bühne schauen. Auch da, wo die beiden Kinder in JULIUS LOHMEYERS (1835–1903) Weihnachtsmärchen „Die Fahrt zum Christkind" (1889) vor ihrer Hütte oder im verschneiten Wald erscheinen, wirkt M. innig und das kindliche Gemüt entsprechend, während seine pathetischen großen Engel den Geschmack der Gründerjahre, der das Üppige und Pompöse liebte, nicht verleugnen können. M. war auch Mitarbeiter von JULIUS LOHMEYERS Zeitschrift „Deutsche Jugend" (1873 ff.).

Werke: P. Mohn: Kinder-Lieder und Reime (1881); P. Mohn: Märchenstrauss für Kind und Haus (1882, NA 1910); P. Mohn: Christkind (1884; NA. mit Text von K. Gerok, 1887; NA. 1904); R. Baumbach: Abenteuer und Schwänke (1884); R. Baumbach: Sommermärchen (1885); Der Kinder-Engel (1885); G. Chr. Dieffenbach: Nesthäkchens Zeitvertreib (1888); J. Lohmeyer: Die Fahrt zum Christkind (1889, NA. 1920); J. u. W. Grimm: Kinder- und Hausmärchen (1893).

Sekundärliteratur: I. Bang: Die Entwicklung der deutschen Märchenillustration (1944). – K. J. Friedrich: Ludwig Richter und sein Schülerkreis (1956). – E. Semrau: Die Illustrationen zu Grimms Märchen im 19. Jhdt. (in: Illustration 63. 14. 1977. 1. 15–25).

Eberhard Semrau

Moll, Georg Philipp

*Pädagoge, Jugendschriftsteller, Autor; *1774 Nördlingen, †1833 Weissenburg (Bayern).*

M. arbeitete zunächst als Hauslehrer, dann als Rektor und Inspektor des Hochfürstlichen Seminariums in Oettingen. 1801 wurde er zum Rektor in Nördlingen ernannt.

Werk, Tendenzen, Wirkung. Bereits Ende des 18. Jahrhunderts beschäftigte sich M., der einige Schriften zu vornehmlich pädagogischen Fragen veröffentlichte, mit Kriterien zur Beurteilung der ständig ansteigenden Zahl von Kinder- und Jugendbüchern. Er kritisierte, daß viele Autoren wohl gar nicht wüßten, für welches Alter sie ihre Kinderbücher verfaßten; sprachlich wie inhaltlich seien viele Schriften nicht kindgemäß. Für sechs- bis zehnjährige Kinder hielt M. einige Kupferstiche mit bekannten Gegenständen und Tieren für ausreichend, obwohl er eigentlich für dieses Alter Bücher für noch völlig überflüssig erklärte. Eltern müßten, so M. in „Über Kinder- und Jugendschriften", ständig Vorsicht walten lassen, damit ihre Kinder keine „Geist und Herz verderbende Nahrung" bekämen, nicht das „reine Gefühl für das wahre Schöne" verlören und vom „Weg der Tugend abgeführt" würden. Hinter diesen Warnungen stand die Furcht, die zukünftigen Bürger könnten aus den zunehmend enger werdenden Normen ausbrechen und sich unnützen Beschäftigungen hingeben. Nicht zufällig verwendet M., wie später zahlreiche andere Literaturpädagogen, eine Metapher aus dem pathologischen Bereich: Lesesucht als Folge unkontrollierter Lektüre. Auch eine spezifische Furcht vor der Bildung der Frau ist in M.s Traktat mehrfach zu erkennen, so wenn er beispielsweise schreibt, das Weib werde heutzutage zu einer „gelehrten Amazone". Ohne die geringsten Zweifel ordnete M. die Literatur in für Kinder und Jugendliche nützliche und für sie schädliche ein, wobei ihm ein Buch um so wertvoller erschien, je belehrender es auf moralische Weise war, je größer seine pädagogische Ausbeute sein konnte. Da ästhetisch-literarische Qualitäten bei der Beurteilung kaum eine Rolle spielten, setzte M. Werke von FRIEDRICH SCHILLER, CHRISTOPH MARTIN WIELAND und GOTTFRIED AUGUST BÜRGER neben „ein ganzes Waarenlager von Ritterromanen und jämmerlichen Theaterstücken". Dem Ästhetischen wirft er bezeichnenderweise vor, alles zu sehr zu „versinnlichen". Lobend äußert sich M. nur über WEISSE und CAMPE, selbst schon an Werken von THIEME und PAPST hat er Kleinigkeiten auszusetzen, heftig kritisiert er jedoch verschiedene Schriften CARL LANGS. Aus einigen verstreuten Bemerkungen M.s läßt sich schließen, daß ihm alles Aufklärerische und Republikanische, besonders aber die französische Revolution, ein Dorn im Auge waren. So ruft er schließlich auch aus: „Möchten doch unsere Regenten und die Gesetze der Staaten einem Übel steuren können, das, so verborgen es schleicht, doch die Ruhe und das Glück der Nationen unterdrückt? Könnte doch das Wohlthätige der Preßfreiheit ohne den schrecklichen Mißbrauch bestehen?" Um Eltern einen Überblick über die Kinder- und Jugendliteratur zu geben, die M. in manchen Punkten sicherlich zu Recht kritisierte, schlug er vor, ein Volksblatt herauszugeben, in dem von Zeit zu Zeit die Neuerscheinungen beurteilt werden sollten. Er dachte besonders an Eltern „aus den mittleren Ständen" als Leser dieses Blattes. Auch in den „Briefen an Selmar" trennt M. die Kinder- und Jugendschriften eindeutig in brauchbare und unbrauchbare. Neben CAMPE und WEISSE läßt er hier zur Lektüre auch noch andere Autoren wie SALZMANN, THIEME und TRAPP zu. Entschieden wandte er sich gegen alles Erdichtete, das ohnehin nur die Phantasie errege. Die Angst vor der Phantasie, ein in der Spätaufklärung häufig anzutreffendes Phänomen, war die Angst vor der Vorstellung, jemand könnte sich auch für ein anderes als das vorgezeichnete Verhalten entscheiden.

Werke: Über Kinder- und Jugendschriften. An Aeltern und Jugendfreunde von einem Jugenderzieher (1798); Briefe an Selmar als Vater über jugendliche Unterhaltung (1798); Cornelia, oder Beiträge zur Beförderung der häuslichen Glückseligkeit (1800); Über die Notwendigkeit der gegenseitigen Achtung zwischen jüngeren und älteren Personen (1810).

Sekundärliteratur: J. J. Gradmann: Das gelehrte Schwaben (1802).

Klaus-Ulrich Pech

Momma, Wilhelm

*Volksschullehrer, Rektor, Jugendbuchautor; *26. 11. 1880, Rheydt (Rheinland), †23. 5. 1930 Velbert (Rheinland).*

Nach Schulbesuch und Ausbildung an einer Präparandenanstalt wurde M. zunächst Volksschullehrer, später Rektor einer Volksschule in Velbert.

Werk, Tendenzen, Wirkung. M., der kurz vor dem Ersten Weltkrieg mit der Abfassung seiner nationalistisch-kriegerischen Jugenderzählungen begann, steht in der Gruppe der Autoren, die die Heranwachsenden auf den kommenden Krieg einstimmten und dann, nach Ausbruch des Weltkriegs, zur Begeisterung für den Dienst mit der Waffe anhielten und zur Ausdauer und Heldenhaftigkeit auffordern wollten. M.s Bücher wurden in den Jahren vor und während des Ersten Weltkrieges von Schulbehörden wie von patriotisch gesinnten Kritikern den Eltern, Lehrern und jungen Lesern als besonders geeignet angepriesen.

Die Verherrlichung und zugleich Verharmlosung der kriegerischen Ereignisse, aber auch die Aufforderung zum Durchhalten im Blick auf eine „lichte Zukunft" spricht aus dem Vorwort, das M. seinem Band „Wir halten aus!" (1914), dessen Titel programmatisch für den Anspruch des Autors sein kann, mitgegeben hat. So verkündet der Autor: „Der Gang der Weltgeschichte ist rasend schnell geworden. Die Ereignisse kommen über uns wie Hagelschloßen, die um unsere Ohren sausen und uns nicht zu Atem und Besinnung kommen lassen. Wer wollte da prophezeien, wie und wo es hinaus will?". In dieser Einleitung zum Vorwort schwingt allerdings ein neuer Ton mit, in Rücksicht auf die Tatsache, daß der zu Beginn des Krieges schnell versprochene Sieg ausgeblieben war und der Bevölkerung die Opfer und Härten des Krieges immer deutlicher vor Augen traten. Allerdings findet M. schnell wieder zu seinem Stil zurück, wenn er fortfährt: „Aber daß es endlich in eine lichte Zukunft hineingehe, darauf hoffen wir, dafür beißen wir die Zähne zusammen. So will dies Büchlein keine Geschichte des hinter uns liegenden Kriegsabschnittes sein. Nur will es jenen Glauben fest in jedes Herz hineinpressen, jenen Glauben, der überall wie keimendes Grün hervorsproßt, wenn deutsche Männer zähneknirschend schwören: ‚Wir halten aus!'".

M. zeichnet in seinem Buch z. B. das Verhalten eines Arbeiters, der zur Musterung geht und vom Stabsarzt als untauglich abgelehnt wird: „Karl Stemberg hat geweint, als er aus dem Mund des Stabsarztes die Worte hörte: ‚Sie können wir nicht mitnehmen'". Auch die Zuweisung von Kriegsschuld macht sich der Autor leicht. Als in einer Viehhalle frisch eingezogene Soldaten gesammelt werden, läßt der Autor die Versammelten in Wut geraten, wie sie sahen, daß so ungeheuer viel Menschen von Weib und Kind, von allem, was ihnen lieb war auf der Welt, losgerissen wurden. Und ihre Wut richtete sich hier im Westen gegen die Franzosen als die Schuldigen. Den Auszug der abmarschierenden Soldaten gestaltet M. so: „Zeiget ihm, zeigt der Welt, / Daß wir fest zusammenstehn, / Daß sich unsre alte Kraft erprobt, / Wenn der Schlachtruf uns entgegentobt. / Haltet aus im Sturmgebraus!' So scholl es tausendstimmig an den hohen Häuserfronten hinauf, fest, trotzig, wie der Schwur eines Volkes, das entschlossen ist, zu siegen oder zu sterben".

In M.s Texten werden Empfindungen und Vorstellungen laut, die dann in der Katastrophe des Zweiten Weltkrieges in den Durchhalteparolen der nationalsozialistischen Führung ihren makabren Höhepunkt erreichten.

Werke: Helden. Erzählung (1912); Morgenrot. Erzählung (1913); Wir halten aus! Erzählung (1914); Der jüngste Rekrut. Erzählung (1915); Waffenbrüder. Erzählung (1915); Wider die halbe Welt (1915); Die Regentrude. Märchenspiel (1927); Zwischen den Rädern der Zeit (1930).

Helmut Müller

Moßner, G. Ruth

*Malerin, Graphikerin in der DDR; *28.2.1947 Berlin-Charlottenburg.*

Nach dem Abitur machte M. eine Ausbildung als Krankenschwester. Danach war sie von 1965 bis 1969 im Archiv des Verlags „Volk und Welt" tätig. 1969 begann sie ein Studium der Graphik an der Kunsthochschule Berlin, das 1974 mit dem Diplom abschloß. Ihre Lehrer waren WERNER KLEMKE und WITTKUGEL. Seit 1974 lebt sie freischaffend in Berlin. M. sieht die Schwerpunkte ihrer Arbeit in der Buchherstellung und der Graphik. Sie beteiligte sich an nationalen und internationalen Ausstellungen. Seit 1976 waren von ihr illustrierte Werke mehrmals unter den „Schönsten Büchern", so 1976 „Honig holen" von MANFRED STREUBEL, 1976 „Stunde zwischen Hund und Katz" von ANGELA STACHOWA, 1978 „Trauermantel und Birke" von BENNO PLUDRA und 1979 „Reglindis" von RAINER KIRSCH.

Werk, Tendenzen, Wirkung. M. nimmt unter den jüngeren Illustratoren der DDR eine Sonderstellung ein. Sie hebt sich auf eigentümliche Weise von realistischer Darstellungsart ab und bringt Träumerisches und Ausflüge in einer ganz eigenen Phantasie ins Bild. Die Illustrationen sprengen gelegentlich den Rahmen des im Text Vorgezeichneten, so zum Beispiel in „Nicky oder Die Liebe einer Königin" (1978) von JENS BAHRE, wo märchenhafte, skurrile Zeichnungen, in denen kleine Punkte und zarte, dünne, unregelmäßig gebrochene Linien beherrschende Technik sind, eine alltägliche Jugenderzählung in eine andere Dimension überführen. Die Verwendung von Punkten, gestrichelten Linien und krakeligen Konturen gilt auch dort, wo M. aquarelliert. So ist das Bilderbuch „Die Güterlok aus Jüterbog" (1978, Text WALTHER PETRI) voller bunter willkürlich gesetzter Farbkleckse, die humorvoll und zart mit Strich und Punktzeichnung verbunden sind. In diesem Werk ist die Typographie der Illustration angepaßt, indem die herkömmliche Zeilenanordnung vielfach aufgelöst ist und mit stets wechselnder Schriftgröße gearbeitet wurde. Große, kleine, fette und dünne Schrifttypen wechseln und unterstreichen die Dramatik des Textes: Eine alte Güterlok soll ausrangiert werden. Die Technik der Klecksographie findet sich ebenso in „Trauermantel und Birke" (1978, Text BENNO PLUDRA), wo Grau- und Brauntöne die sanften, aber dennoch kräftigen, immer etwas verschwommenen Farben bestimmen. Alle diese Bilder sind in Medaillons und Rechtecke wie Schmuckstücke eingefaßt. M. hat in dem Märchenbuch „Der kleine Riese" (1976, Text GERT PROKOP) auch Materialreliefs, in denen ganz unterschiedliche Objekte wie Muscheln, Gräser, Kiesel, Spitzendecken, Baumrindenstücke, Hühnerfedern, Fischbein, Glühbirnen usw. zusammengesetzt und teilweise mit figürlichen Bemalungen versehen sind, als Vorlagen benutzt.

Bei M., die erst in der zweiten Hälfte der siebziger Jahre begonnen hat, Kinder- und Jugendbücher zu illustrieren, ist eine deutliche Akzentuierung märchenhaft-phantastischer Thematik erkennbar, wobei manches an MARC CHAGALLS Hintergründigkeit und auch einiges im Strich und in der verschmitzt und humorigen Naivität an JANOSCH (besonders in „Leberecht am schiefen Fenster" (1979) von PETER HACKS) erinnert. M. fällt es leicht, Menschenfiguren durch die Luft fliegen, eine Katze sich auf hochgesatteltem Fahrrad fortbewegen zu lassen, Vögeln wie Würmern Menschengesichter zu geben oder ihre vielen Kleckse und Punkte halbwegs oder gänzlich zu Lebewesen werden zu lassen, indem sie ihnen hier zwei Beine, dort einen Kopf anhängt. M.s eigenwilliger Stil ist auf verspieltes Erzählen ausgerichtet.

Werke: M. Streubel: Honig holen (1976); G. Prokop: Der kleine Riese und andere Märchen (1976); A. Stachowa: Stunde zwischen Hund und Katz (1976); D. Mucke: Freche Vögel (1977); J. Bahre: Nicky oder Die Liebe einer Königin (1978); W. Petri: Die Güterlok aus Jüterbog (1978); B. Pludra: Trauermantel und Birke (1978); R. Kirsch: Reglindis (1979); P. Hacks: Leberecht am schiefen Fenster (1979); E. Strittmatter: Tinko (1979); Der Baum der Geheimnisse und andere alte Geschichten aus Frankreich (1979); B. Wogatzki: Der ungezogene Vater (1980).

Angela Voß

Motjašov, Igor

*Sowjetischer Jugendbuchtheoretiker, Schriftsteller und Kritiker; *7.10.1932 Moskau.*

1954 beendete M. das Studium an der philologischen Fakultät der Moskauer Staatlichen Hochschule „Lenin" und lehrte während der nachfolgenden zwei Jahre in Sibirien und Burjatien. Während seiner Tätigkeit in Burjatien veröffentlichte er seit 1955 in den Lokalzeitungen Reportagen, Artikel, Rezensionen, Erzählungen und Übersetzungen von Gedichten burjatischer Dichter. Danach nahm er eine Aspirantur an der Staatlichen Moskauer Pädagogischen Hochschule wahr. Nach ihrer Beendigung im Jahre 1959 und seiner Promotion arbeitete M. am Lehrstuhl für sowjetische Literatur als Dozent. Zu dieser Zeit wandte er sich vermehrt der Kritikertätigkeit zu.

M. schrieb Aufsätze über den Zusammenhang von Klassenkampf und Kinderliteratur, veröffentlichte Überlegungen zum Schaffen GEORGI MARKOVS, über die Rolle Sibiriens in der sowjetischen Kinderliteratur, über die Gedichte AGNIJA BARTOS, zu Erzählungen S. BEJŠENALIEVS, zu S. A. BARUSDIN. Die Rolle der Parteilichkeit des Autors diskutiert M. in „Partijnost' i masterstvo pisatelja", weiterhin befaßte er sich mit E. MOŠKOVSKAJA und V. RAZUMNEVIČ. Als Buch erschien

1960 „Žiznennaja pravda i chudožnestvennyj vymysel", über Lebenswahrheit und Dichtung. Monographische Studien M.s setzen sich mit MICHAIL PRIŠVIN (1965), SONJA VOSKRESENSKAJA (1971), SERGEJ MICHALKOV (1975) und SERGEJ ALEKSEEV (1976) auseinander.

Werke: Masterskaja dobroty. Očerki sovremennoj detskoj literatury (1969); Avtoritet dobrogo slova. Zametki o meždunarodnom sotrudničestve v detskoj literature (1975); Ščastlivyj trud duši; Besedy s vožatymi o detskoj literature (1974); Sergej Alekseev. Očerk tvorčestva (1976).

Beiträge: Er gehört den Kindern (in: Beiträge zur Kinder- und Jugendliteratur. 21. 1971. 40–42); Es geht um die Literatur für die Jüngsten (in: Beiträge zur Kinder- und Jugendliteratur. 18. 1971. 14-22); Über Kritik und Forschung in der Sowjetunion (in: Beiträge zur Kinder- und Jugendliteratur. 23. 1972. 73–77); Schöpfung des Menschen (in: Beiträge zur Kinder- und Jugendliteratur. 28. 1973. 46–52).

N. N.

Müller-Münster, Franz

*Historien- und Genremaler, Illustrator; *13. 11. 1867 Münster in Westfalen, †9. 6. 1936 Hohenwiese.*

M.-M., Sohn eines Bankdirektors, studierte 1886–1894 an der Berliner Akademie. Seine Lehrer waren HUGO VOGEL (1855–1934), C. L. BOKELMANN (1844–1894) und W. FRIEDRICH (1846–1910). Bis 1896 hatte er ein Atelier in Berlin, dann zog er nach Steglitz um. M.-M. war Mitglied des Reichsverbandes bildender Künstler Deutschlands (Berlin), der Allgemeinen Deutschen Kunstgenossenschaft und des Vereins Berliner Künstler.

Werk, Tendenzen, Wirkung. M.-M. zeichnete für die Jungbrunnenhefte, für Märchenbilderbücher (Brüderchen und Schwesterchen, 1910; Dornröschen und Hänsel und Gretel, 1911; u. a.), außerdem für Jugendbücher. Unter dem Eindruck des Ersten Weltkrieges und später der Ideen des Hitler-Reiches illustrierte er vor allem Kriegsbücher (W. MOMMA: Waffenbrüder, 1915; I. H. SCHÖNHOFF-RIEM: Trutz, Feind und Not, 1936; u. a.); auch zwei Kriegsbilderbücher sind darunter („Im Feindesland" und „In Treue fest", 1915).
In Stil und Qualität wirkt M.-M.s Werk uneinheitlich. Die Illustrationen geraten ihm gelegentlich akademisch-trocken, wie z. B. in „Brüderchen und Schwesterchen" (1910), wo unlebendige große Flächen farbig stark gegeneinander abgesetzt werden. Die Gesichter seiner Figuren sind häufig nichtssagend und ohne Ausdruck. In „Goldene Kindertage" (um 1910) findet ein von unechter Kindlichkeit triefender Text sein Äquivalent in M.-M.s Zeichnungen. Dem Jugendstil entnommene vegetabile Rahmenmotive, die Bild und Text umfangen und gleichzeitig trennen, verstärken die süßliche Note. Lebendige Darstellungen gelingen M.-M. im „Kränzchen-Bilderbuch" (1917), wo besonders Tierdarstellungen – auch sonst M.-M.s Stärke – geglückt sind („Ein Fund") und das Märchenhafte einzelner Szenen („Ein Riese kommt ins Städtchen") erfaßt

Franz Müller-Münster. „Ein Riese kommt ins Städtchen". Ganzseitiges Farbbild zu dem Märchen von Hermine Mörike „Der Riese und die kluge Hökerin".

wird. Die Farben sind hell und dem Bildgeschehen untergeordnet. Ansprechend sind M.-M.s Zeichnungen zu „Die Treue von Pommern" (1912) und „Der Kraftsucher" (1914). Sie imitieren Holzschnitt-Technik und heben sich vorteilhaft von den farblich unschönen Bildern zu „Waffenbrüder" (1915) und „Wir halten aus" (1914) ab.
Neben vielen Bildern mit Titeln wie „Unter Rosen", „Aus meines Vaters Garten", „Landsknechte im Gefecht", „Ziehende Landsknechte", „Wilde Jagd", „Märchen im Zauberwald" schuf M.-M. im Stile der Monumentalmalerei u. a. ein Wandgemälde im Real-Reformgymnasium zu Naumburg a. S. („Die Hussiten vor Naumburg", 1905) und ein Altar- und Emporenbild für die Markuskirche in Steglitz (1912).

Werke: J. u. W. Grimm: Marienkind und andere Märchen (1901); Allerlei Märchen für Jung und Alt (zus. mit anderen, 1902); Fr. Müller-Münster: Roß und Reiter in Sage und Legende (1902); Fr. Müller-Münster: Stürmen und Drängen (1903); H. Fraungruber (Bearb.): J. K. A. Musäus: Die Nymphe des Brunnes (zus. mit anderen, 1903); Deutscher Balladenborn für jung und alt (zus. mit anderen, 1904); I. Romundt: Goldene Kindertage (zus. mit E. Voigt, um 1910); J. u. W. Grimm: Brüderchen und Schwesterchen (1910); W. Hey: Gute Lehren (1910); H. Hey (zus. mit Fr. Güll): Scherz und Ernst (zus. mit M. Hohneck, 1910); J. u. W. Grimm: Dornröschen. Hänsel und Gretel (1911); J. Höffner: Die Treue von Pommern (1912); W. Arminius: Der Kraftsucher (1914);

A. Holst: Im Feindesland (1914); A. Holst: Gloria Victoria (1914); W. Momma: Wir halten aus (1914); W. Kotzde: Vaterländisches Bilderwerk. Der Große Kurfürst (1915); Fr. Müller-Münster: In Treue fest. Kriegsbilder aus Ost und West (1915); W. Momma: Waffenbrüder (1915); W. Momma: Wider die halbe Welt! (1915); A. Holst: Soldatenleben im Frieden und Krieg (1916); W. Kotzde: Die Musik kommt! Bilder aus dem Soldatenleben (1916); Kränzchen-Bilderbuch (zus. mit anderen, 1917); Der Jugendgarten (Bd. 43. 1918, zus. mit anderen); Das schönste Bilderbuch (zus. mit anderen, 1919); I. H. Schönhoff-Riem: Trutz, Feind und Not! Von König Heinrichs Tat und Werk (1936).

Sekundärliteratur: Kl. Doderer (Hrsg., zus. mit H. Müller): Das Bilderbuch (1973). – H. L. Köster: Geschichte der deutschen Jugendliteratur in Monographien ([4]1927, ND. 1968).

Margund Claussen

N

Nast, Bernhard

*Graphiker in der DDR; * 10. 4. 1924 Berlin.*

N. studierte nach dem Besuch der Volks- und Oberschule in den Jahren 1941 und 1942 an der Meisterschule für Graphik und Buchgewerbe in Berlin. Der Krieg unterbrach seine künstlerische Ausbildung, die er von 1945 bis 1949 fortsetzte. Paul Rosié (* 1910) und Hans Baltzer (1900–1972) gehörten zu seinen Lehrern. Seit 1949 lebt N. freischaffend in Berlin. In den fünfziger Jahren war er zunehmend auf dem Gebiet der belletristischen Buchillustration und -ausstattung für zahlreiche Verlage tätig. Seit dem Ende der sechziger Jahre liegen seine Schwerpunkte bei Kinder-, Jugend-, Schul- und Bilderbuchillustrationen. 1958 erhielt N. den zweiten Preis vom Ministerium für Kultur für Karl Neumanns „Frank“. Verschiedentlich wurden seine Bücher als die schönsten des Jahres geehrt, so 1969, 1971, 1975 und 1976. 1980 erhielt N. den Hans-Baltzer-Preis (DDR).

Werk, Tendenzen, Wirkung. N.s Illustrationen sind durch die Skizzenhaftigkeit und den großzügigen Strich der Federzeichnungen, weniger durch die Farbgebung charakterisiert. Selbst in dem reich kolorierten Bilderbuch zu dem von Maxim Gorki erzählten russischen Volksmärchen „Vom dummen Iwanuschka“ (1971) beherrscht die dicke, schwarze Linie Umriß und Binnenraum der Seiten bzw. Doppelseiten; unschattierte blaue, grüne, braune oder gelbe Farbflächen sind auf stark umrandete Felder beschränkt. N. ist als Zeichner gern bereit, humorvoll zu übertreiben, etwa die Fußstellung und den Gang einer versammelten Familie, die Schreckreaktionen verschiedener Leute, wenn ein Bär die Straße daherkommt oder das Verhalten der Männer während des Kugelwettspiels (Leone Mahler: „Geheimnis der Goldinsel“, 1958). N.s Illustrationen können mit kühnen Verkürzungen – etwa wenn ein Schläfer vom Fußende des Bettes über die Bettdecke hinweg perspektivisch dargestellt wird – Atmosphäre erzeugen und Momentaufnahmen sein. N. trifft dann, wenn er mit dünner Feder arbeitet, am besten und leichtesten seine Aufgabe. Diese Technik hat er in seinen früheren Arbeiten (Ende der sechziger Jahre) häufiger verwandt als neuerdings. Sie erinnert an die seiner Lehrer, aber auch an die Werner Klemkes, Josef Hegenbarths und Heiner Rothfuchs'. Seine Themen sind südliche Landschaften mit Sonne, Wind, Schiffen, sind Menschen beim Spiel, auf dem Jahrmarkt, bei der Arbeit. Kecke Gestalten wie Lausbuben, Tage- und Strauchdiebe scheint er besonders zu mögen. Seine Figuren sind zumeist in Bewegung, oft in theatralischer, komödiantischer Positur.

Werke: M. Hussejn: Ein Turm im Meer (1950); W. Ananjan: Am Ufer des Sewan (1950); T. Chadkevič: Frühlingslied (1952); N. V. Gogol: Phantastische Geschichten (1952); L. Mahler: Geheimnis der Goldinsel (1958); K. Neumann: Frank (1958; veränd. NA. 1978); R. Krenn: Der Sagenschatz (1959); Märchen von großen und kleinen Tieren (1959); B. Pludra: Popp muß sich entscheiden (1959); J. Koplowitz: Glück auf, Piddl (1960); K. Neumann: Das Geheimnis im schwarzen Berg (1960); W. Menzel: Der Clown Pallawatsch (1960); H. Friedrich: Assad und die brennenden Steine (1961); G. Hardel: Jenny (1961); G. Herold: Der berühmte Urgroßvater (1961); K. Neumann: Sebastian, der Raketenflieger (1961); K. Neumann: Sebastian und die Blindschleiche Laura (1961); H. Friedrich: Strupp auf dem Damm (1962); J. W. Goethe: Die neue Melusine (1962); J. u. W. Grimm: Der Riese und der Schneider (1962); H. Scherenschmidt (Hrsg.): Die Uferwiese (1962); I. Feustel: Antonio und Großvater Autobus (1963); L. Hardel: Das Mädchen aus Wiederau (1964); K. M. Moiseeva: Sarinas Schwert (1964); K. Neumann: Frank und Irene (1964); R. Strahl: Zirkus Tusch (1964); S. Vl. Michalkov: Wie die Vögel das Zicklein retteten (1965); P. Gamarra: Capitaine Frühling (1967); F. Fühmann: Shakespeare-Märchen (1968); W. Meinck: Untergang der Jaguarkrieger (1968); J. u. W. Grimm: Das Waldhaus (1969); W. Meinck: Der Pfefferschotenhändler (1969); M. Gor'kij: Vom dummen Iwanuschka (1971); H. C. Andersen: Märchen (1972); A. Čechov: Wanka und andere Geschichten (1972); J. u. W. Grimm: Märchen (1973); G. Herold: Männer mit großen Ohren (1974); R. Bernhof: Als die Pappel zur Sonne wuchs (1975); H. Beseler: Tiefer blauer Schnee (1975); G. Görlich: Der blaue Helm (1976); J. Korn (Hrsg.): Königin im Leinenkleid. Internationale Märchen (1977); K. H. Berger: Robin Hood, der Rächer vom Sherwood (1979); K. Beuchler: Nach Babylon im Böhmerwald (1979); V. Goljawk in: Boba und Boboscha (1980).

Sekundärliteratur: Buchkunst für die junge Generation. Redaktionsgespräch mit Leitern und Illustratoren des Kinderbuchverlages (in: Bildende Kunst. 1970. 6. 283–288). – A. Hartmann: Drei Kinderbuchillustratoren der DDR (in: Bildende Kunst. 1980. 4. 186–192). – Illustration wozu? Redaktionsgespräch mit dem Graphiker Bernhard Nast (in: Bildende Kunst. 1968. 12. 638–641). – I. Meyer-Rey: Laudatio für B. Nast (in: Beiträge zur Kinder- und Jugendliteratur. 1981. 58. 37–41). – Fr. H. Wills: Kinderbücher aus der DDR (in: Gebrauchsgraphik. 41. 1970. 11. 34–43).

Erich Gerhard

Nast, Clara

*(Ps. e.: Franziska Mainau, Herbert Fohrbach). Schriftstellerin; *30. 4. 1866 Insterburg, † um 1925 Tilsit.*

N., geborene Seyffert, erhielt eine höhere Schulbildung an Privatschulen in Insterburg und Tilsit. Seit 1883 mit einem Lehrer verheiratet, lebte sie in Tilsit und zeitweilig in Rußland. Neben Erzählungen für junge Leser verfaßte sie vorwiegend Familienromane und historische Romane.

Werk, Tendenzen, Wirkung. N. hat eine Reihe von Mädchenbüchern, Erzählungen und Märchen verfaßt. Die Figurenzeichnung erweist sich als konventionell. Im Mittelpunkt der Fortsetzungsbände steht jeweils das impulsive kleine Mädchen, das im Laufe seiner Entwicklung zunehmend dem weiblichen Idealbild angepaßt wird. Die Heldin ist fast immer ein Einzelkind, Geschwister sind nicht vorhanden oder schon gestorben („Wie es unserm Ännchen erging", 1906). Auch der Vater spielt nur eine untergeordnete Rolle in den Mädchenbüchern, obwohl seine Autorität durchscheint. Der Gestalt der sanften Mutter wird jeweils ein älteres, brummiges, aber gutherziges Kindermädchen, das durchaus mit Humor und Originalität gestaltet ist, gegenübergestellt, wie überhaupt N. einige skurrile Nebenfiguren gut gelingen. Der Gefahr, verwöhnt zu werden, entgehen die kleinen Mädchen durch ihre Gutherzigkeit und Neugier, die auch zur Begegnung mit unterschiedlichen sozialen Schichten führt. Der Gegensatz zwischen gepflegter großbürgerlicher Atmosphäre des Elternhauses und ärmeren Milieus (Waschfrau, Drehorgelmann, alter Rentenempfänger in den „Hummelchen"-Bänden) wird anschaulich, aber ohne Sozialkritik geschildert. Immerhin ist bemerkenswert, daß die Sympathie der Erzählerin bei der kleinen Heldin liegt, wenn diese versucht, sich aus allzu drückender Behütung und Bevormundung zu lösen und ihre Umwelt zu erforschen; dennoch bleibt die Haltung gegenüber Fremden ambivalent.

Bei der Erziehung der jungen Mädchen spielt der Grundsatz des autonomen Hauswesens eine wichtige Rolle. Die Erlernung der Hauswirtschaft ist wichtiger Bestandteil der Erziehung, doch werden auch andere weibliche, zumeist „dienende" Berufe positiv dargestellt (Lehrerin, Ärztin); allzu hochfliegende weibliche Pläne werden jedoch gebremst.

Die Erzählungen von N. spielen vorwiegend in Ostpreußen und sind mehr oder weniger von ostpreußischem Lokalpatriotismus geprägt, der ein Minderwertigkeitsgefühl gegenüber dem übrigen Reichsgebiet deutlich kompensieren muß. Die Situation des Grenzlandes wird häufig thematisiert. Dagegen ist auffällig, daß das Thema des Krieges – auch in den Bänden, die während oder nach dem Ersten Weltkrieg erschienen – nur am Rande berührt wird. Die Bände vermitteln so die Atmosphäre der bürgerlichen Idylle der Vorkriegszeit. N. erzählt lebendig und anschaulich, häufig amüsant; doch stehen den Fortsetzungsbüchern, die einige progressive Elemente enthalten, Erzählungen gegenüber, die überaus konservative Vorstellungen zur weiblichen Rolle vermitteln.

Werke: Wie es unserm Aennchen erging (1906); Unseres Aennchens Schuljahre (1907); Was unserm Aennchen erblühte (1908); Ilses Backfischjahre (1909, [2]1926); Pension Lustig (1910); Von der Pension ins Leben (1916); Lottchens Kinderzeit (1911); Lottchens Jugendzeit (1912); Lottchens Lehr- und Wanderzeit (1913); Ib der Märchenerzähler (1913); Micks und Malde (1914; auch u. d. T.: Strandkinder, 1919); Tanzstundengeschichten (1917); Hummelchen (1917); Hummelchen geht in die Schule (1918); Hummelchen will studieren (1919); Hummelchen will heiraten (1921); Die Puppendoktorin (1919); Christines Traumland (1920); Christines Freud und Leid (1921); Christines Sonnentage (1922); Christines letzte Reise (1924); Peterchen Tunichtgut (1924); Peterchen Tunichtguts Flegeljahre (1925); Tante Minchens Wunderschrank (1925); Tante Minchens Kaffeekränzchen (1926).

Inge Wild

Nelk, Theophilus

*(d. i. Alois Adalbert Waibel. Weiteres Ps.: A. M. Veilch). Theologe, Schriftsteller; *27. 5. 1787 Seyfriedsburg bei Immenstadt (Allgäu), † 1. 6. 1852 Immenstadt.*

N. besuchte das Gymnasium in Immenstadt, nahm am ersten Kurs der Philosophie zu Innsbruck teil und trat am 15. Oktober 1805 in den Franziskanerorden zu Schwatz in Tirol ein, wo er am 3. Mai 1809 die Ordensgelübde ablegte. N. erhielt am 16. Juni 1810 die Priesterweihe und arbeitete in der Seelsorge. Daneben suchte er sich weiterzubilden. Nachdem der Orden die Erlaubnis erhalten hatte, die Zöglinge selbst auszubilden, wurde N. als Lehrer der theologischen und praktischen Philosophie und der Religionswissenschaft eingesetzt. Im Jahr 1827 wurde er Guardian des Klosters zu Gall und ein Jahr später Lektor der Philosophie und Theologie in München. 1831 sollte N. zum Provinzial der bayerischen Ordensprovinz gewählt werden, mußte aber wegen Krankheit zu Verwandten in Staufen übersiedeln und lebte dort bis zu seiner Genesung. In den letzten Lebensjahren zog er sich als Benefiziat in seine Heimatstadt Immenstadt zurück.

Werk, Tendenzen, Wirkung. N. war ein äußerst fruchtbarer Schriftsteller, der Erbauungsschriften und Bücher für die Jugend sowie wissenschaftliche Werke wie seine „Moral-Philosophie" (1820) oder die „Auslegung der Offenbarung des heiligen Apostels Johannes" (1834) verfaßte. Seinen Jugendschriften gab N. gern neben einem schlichten Titel Untertitel, die den angesprochenen Leserkreis bezeichneten, wie „Eine Erzählung für die Jugend und Jugendfreunde", „Eine Erzählung für Alle, besonders für die reifere Jugend", „Eine neue Erzählung für Eltern und Kinder". Andere Bücher richteten sich auch vorzüglich an „edle Töchter". Die Untertitel zeigen, daß N. zwischen Kindern und Erwachsenen „aus dem einfachen Volk" keinen Unterschied machte. Mit seinen naiven, religiös-moralischen Geschichten wollte er „Alt und Jung" ansprechen.

Viele seiner Schriften spielen in der Vergangenheit. In der Vorliebe für das Mittelalter und ritterliche Kreise zeigt N. Verwandtschaft zu CHRISTOPH VON SCHMID. Obwohl religiös motiviert, schreckt N. in seinen Jugendschriften nicht vor der Darstellung von Mord und Brandstiftung zurück. In der Vorrede zu den „Denksprüchen und Erzählungen" (1828), die „Liebhabern des Guten und Schönen" gewidmet sind, sagt der Verfasser: „Was ich da erzähle, sind wieder Begebenheiten, nicht Gedichte. Keine Gedichte sprechen wie das an, was uns die Geschichte erzählt."
Interessant ist N.s Lebensgeschichte des Theologen HERKULAN OBERRAUCH (1728–1808), den der Autor als Vorbild der Jugend hinstellt.
Das „Schatzkästlein. Schönen Seelen zur Ergötzung" (1830) widmete N. „Seiner Excellenz dem Königlich Bayerischen Staats- und Konferenz-Minister des Innern, Herrn Eduard von Schenk, des Civil-Verdienst-Ordens der Bayerischen Krone Kommandeur". „Ich nenne es so", schreibt N. im Vorwort zu dieser Schrift, „weil die Wahrheiten selbst zu den Schätzen der Weisheit und zu den Schätzen unserer göttlichen Religion gehören. Da aber schöne Seelen nichts Schöneres wissen, als den Umgang mit Gott, so richtete ich das gegenwärtige Schatzkästlein so ein, daß es ihm auch zu diesem Schönsten dienen möchte". In die Tradition der „wahren Geschichten" reiht sich N. ein, wenn er in der „Vorrede" zu den fiktiven Erzählungen „Blumenbeet kleiner lehrreicher Geschichten. Vorzüglich der Jugend gewidmet" (1833) hervorhebt: „Diese kleinen Geschichten sind nicht erdichtet, und sollen deshalb um so mehr zur Belehrung geeignet seyn. Ist auch manche dieser kleinen Geschichten ein wenig ausgemalt, so geschah die Ausmalung so, daß dennoch nichts in dieselben hineingedichtet wurde. Die Ausmalung ist nur dazu, daß die Darstellung etwas lebhafter werden sollte. Viele dieser kleinen Geschichten fand ich in alten Büchern, die nicht in allen Händen seyn dürfen, und in welchen die Jugend auch Anstößiges fände. Übrigens lasse ich auch manchmal Andere, z. B. einen Vater, oder eine Mutter erzählen. Gott gebe, daß dies Blumenbeet meinen Lesern zu einer Aufmunterung sey: das Edle und Schöne immer mehr zu lieben und die Reitze zum Bösen stets mehr zu verachten und zu fliehen."
N.s Geschichten wurden von katholischen Geistlichen jungen wie erwachsenen Lesern gleichermaßen empfohlen und fanden, vor allem in den einfachen Kreisen der katholischen süddeutschen Bevölkerung, große Verbreitung, um so mehr, als die häufig schmalen Bändchen recht anspruchslos ausgestattet waren und daher zu niedrigen Preisen angeboten wurden.

Werke: Moral-Philosophie (1820); Philiberts Philosophie der Aeltesten, für denkende Philosophen der neuesten Zeit kompendirt und ausgearbeitet (1820); Verehrung der Gottes-Mutter und heiligsten Jungfrau Maria. In Gebeten für Gebildete (1820, [2]1825); Andacht an 6 Sonntagen zur Ehre des heiligen Aloysius (1821); Reliquien aus den Schriften der Heiligen, zu Andachtsübungen und zur Erbauung (1821); Sophie und Theophila, oder Seelenlehre für die lieben Kinder, die sich wohl auch der Jugend empfielt (1821); Erzählungen, vorzüglich edeln Töchtern gewidmet (1822); Schätze aus den Schriften des heiligen Augustinus. Zu Andachtsübungen und zur Erbauung gewählt und herausgegeben (1824); Die Weisheit in Sprüchen der Heiligen. Mit Beylagen und Reliquien, zu Andachtsübungen und zur Erbauung gewählt und übersetzt (1824); Perlen aus den Schriften von Heiligen. Zur Andachtsübung und Erbauung gewählt (1825); Das Eine Evangelium, oder die vier heiligen Evangelien im geschichtlichen Zusammenhange. Sammt der Geschichte der Apostel. Mit den nöthigsten Erklärungen (1826); Kurze Predigtskizzen von allerheiligstem Sakrament des Altars, die wohl auch Allen zu frommen Betrachtungen dienen (1826); Die gesegnete Treue. Eine Geschichte aus dem 5. christlichen Jahrhundert, neu erzählt (1826, [5]1834); Die Waldhöhle. Eine Erzählung für die Jugend und Jugendfreunde (1826, [6]1838); Afra von Augsburg (1827); Gratia, Königin von Tango. Eine Erzählung für Alle, besonders für die reifere Jugend (1827, [2]1832); Lebensgeschichte heiliger Jünglinge. Ein Lesebuch zur Belehrung und Erbauung christlicher Jünglinge erzählt (1827, [3]1835); Nothburga von Rottenburg. Eine Erzählung (1827, [4]1834); Das Täfelchen. Eine Erzählung für Alle, vorzüglich für die Jugend (1827, [5]1834); Die Wiege. Eine Erzählung für Alle, vorzüglich für die reifere Jugend (1827, [4]1834); Denksprüche und Erzählungen. Liebhabern des Schönen und Guten gewidmet (1828); Erklärung der heiligen Regel der mindern Brüder (1828); Neue Erzählungen für Alle, vorzüglich für die Jugend und Jugendfreunde (1828, [2]1833); Die höchste Freude. Ein kleines Handbüchlein für reine Seelen (1828, [2]1833); 60 Gleichnisse in Erzählungen vorgetragen zur Unterhaltung für schöne Seelen, die nach Weisheit und Tugend streben (1828, [4]1840); Lebensgeschichten heiliger Dienstboten beiderlei Geschlechts. Ein Lesebuch zur Belehrung und Erbauung christlicher Dienstboten (1828, [2]1834); Lebensgeschichten heiliger Jungfrauen. Ein Lesebuch zur Belehrung und Erbauung christlicher Jungfrauen (1828, [3]1835); Der Stern, oder: die selige Johanna Prinzessin von Portugal. Ein Muster großmüthiger Liebe. Neu dargestellt (1828); Der Thurmknopf. Eine Erzählung für die Jugend und Jugendfreunde. Mit einem Titelkupfer (1828, [5]1838); Dogmatik der Religion Jesu Christi (Bd. 1–8. 1829–1831); Der Faden, oder: Die heilige Lioba von Bischofsheim. Guten Christen zur Ermunterung neu erzählt (1829, [2]1832); Siebenzig Gleichnisse in Erzählungen vorgetragen zur Unterhaltung für schöne Seelen, die nach Weisheit und Tugend streben (1829, [3]1857); Herkulan Oberrauch. Eine merkwürdige Lebensgeschichte (1829); Kurze Lebensgeschichten des Heiligen Gottes, auf jeden Tag des Jahres. Für alle katholischen Christen verfasset (1829); Das Wichtigste von der Philosophie (1829); Die schöne Seele. Für Alle, vorzüglich für die reifere Jugend neu erzählt (1829, [2]1834); Das Weih-Wasser. Abend-Erzählung eines Vaters vor seinen Kindern (1829, [2]1836); Die Aepfel. Eine neue Erzählung für Kinder und Kinderfreunde (1830, [4]1838); Der Geldbeutel. Eine neue Erzählung für Eltern und Kinder (1830, [2]1832); Die heilige Katharina von Schweden. Zur Erbauung vorzüglich für die reifere Jugend neu erzählt (1830, [2]1832); Oswald von Mülser von Schloßberg. Eine Geschichte aus dem 14. Jahrhundert; für Alle, vorzüglich für die reifere Jugend neu erzählt (1830, [2]1834); Der Papagei. Eine neue Erzählung für Kinder und Kinderfreunde (1830, [4]1845); Schatzkästlein. Schönen Seelen zur Ergötzung (1830); Dogmatik der Religion Jesu Christi in 28 Abhandlungen (1831); Der Hut. Eine neue Erzählung für Alle, besonders für die reifere Jugend (1831, [2]1832); Der Staar. Eine neue Erzählung für Eltern und Kinder (1831, [3]1841); Der heilige Ulrich, Bischof von Augsburg. Zur Erbauung für Jung und Alt (1831); Der Anker der Seele, oder: Die Hoffnung des Christen. Den Frommen gewidmet (1832); Die Freude am Herrn. Ein Gebetbuch der katholischen Jugend (1832, [5]1847); Bleibet in meiner Liebe. Ein Gebet- und Andachtbuch für gebildete katholische Christen (1832, ³1843); Das Vergißmeinnicht. Eine neue Erzählung für die Jugend und Jugendfreunde (1832, ²1836); Blumenbeet kleiner lehrreicher Geschichten, vorzüglich der Jugend gewidmet (1833); Neue Erzählungen für alle (1833); Philiberts Leben, Weisheit und Leid (1833); Das Rumpelkämmerlein. Eine neue Erzählung für die Jugend und Jugendfreunde (1833); Auslegung der Offenbarung des heiligen Apostels Johannes. Eine Zugabe zu seiner „Dogmatik der Religion Jesu Christi" (1834); Erzählungen für Kinder und Kinderfreunde (Bd. 1–4. 1834–1835); Der Glanz des Thrones, oder: Leben heiliger Könige. Allen, vorzüglich der reiferen Jugend zur Erbauung (1834); Frohlocket im Herrn! Ein Gebetbuch für gebildete katholische Christen (1834); Das Kleinodien-Kästchen. Eine neue Erzählung für die Jugend und Jugendfreunde (1834); Lichtstrahlen vom Felsen der Kirche Jesu Christi, oder: Edle Züge aus dem Leben der Päbste. Der reiferen Jugend zur Belehrung und Erbauung gewidmet (1834); Die Mystik. Auch als Zugabe zu seiner „Dogmatik der Religion Jesu Christi" (1834); Der selige Tagelöhner Heinrich von Botzen (1834); Die Zierde der Fürsten im siebenzehnten Jahrhundert oder die Tugenden Ferdinand II. römischen Kaisers (1834); Die Fahne des Aufruhrs. Oder: Vier merkwürdige Geschichten aus dem 7. Jahrhundert. Vorzüglich für die reifere Jugend neu erzählt (1835); Die Jungfrau von Orleans. Eine der schönsten Geschichten aus dem 15. Jahrhundert. Neu erzählt und vorzüglich der reiferen Jugend gewidmet (1835, ²1886); Das Altarblatt. Eine neue Erzählung, der Jugend und den Jugendfreunden gewidmet (1836); Das Bildnis. Eine Erzählung (1836); Geschichte der Kirche Jesu Christi. Dem katholischen Volk, besonders auch der Jugend gewidmet (1836); Maria Stuart, Königin von Schottland. Eine wichtige Lebensgeschichte, neu erzählt und der reiferen Jugend und allen Gebildeten gewidmet (1836); Der strenge Oheim. Eine neue Erzählung für Alle, besonders für die reifere Jugend (1836); Heilige Perlen-Schnur von hundert kleinen Erzählungen aus dem Leben frommer, gottseliger und heiliger Personen. Allen, vorzüglich aber der reiferen Jugend gewidmet (1836); Gallerie von hundert kleinen Erzählungen. Allen, vorzüglich der reifern Jugend gewidmet (1837); Lehrreiche Geschichten aus frühern Jahrhunderten. Für edle Menschen, vorzüglich auch für die reifere Jugend neu erzählt (1837, ²1858); Irene, die griechische Kaiserin. Allen, vorzüglich der reiferen Jugend zur Belehrung (1837); Honigsein. Oder: Einige kleine Erzählungen von Wunderbarem, das sich auf das heiligste Altargeheimnis bezog. Allen gewidmet (1839); Der Hunger nach dem Brode der Engel; oder: Die geistliche Kommunion in Beispielen von Heiligen und Frommen. Gottseligen gewidmet (1839); Moraltheologie nach dem Geiste des heiligen Alphons Maria Ligusori mit reichlicher Kasuistik bearbeitet (Bd. 1–8. 1839–1844); Eine Rose von hundert kleinen Erzählungen. Vorzüglich der reifern Jugend gewidmet (1840); Beispiele der Huld Gottes gegen seine Lieblinge. Neu erzählt zu Abend-Unterhaltungen. Für die Jugend und Jugendfreunde (1840); Der Käfig. Eine Erzählung unserer Tage für Jung und Alt neu erzählt (1840); Der Nelkenstock von hundert kleinen Erzählungen. Vorzüglich der reifern Jugend gewidmet (1840); Der Traum. Eine Erzählung (1841); Wunderbare Einweihung der Gottesmutterkirche zu Einsiedeln (1842); Der Götze. Eine neue Erzählung für Alle, besonders für die Jugend und für Jugendfreunde (1842); Die heilige Filomena. Jungfrau und Märtyrin, die Wunderthäterin des neunzehnten Jahrhunderts. Für Alle in kurzer Erzählung dargestellt. Nebst Morgen-, Abend-, Meß-, Beicht-, Kommunion- und mehrern andern Gebeten (1843); Eine Hortensie von hundert kleinen Erzählungen. Vorzüglich der reifern Jugend gewidmet. Mit einem Stahlstiche (1843); Bleibet in meiner Liebe. Gebetbuch (1843); Die Seligkeit im Himmel (1843); Eine Tulpe von sechs neuen Erzählungen. Der Jugend und Jugendfreunden gewidmet (1843); Ein Veilchen von fünf neuen Erzählungen (1843); Eine Aurikel von hundert kleinen Erzählungen. Allen, vorzüglich der Jugend und Jugendfreunden gewidmet (1844, ²1851); Die Bittschrift. Eine neue Erzählung. Sammt vier andern neuen Erzählungen. Der Jugend und Jugendfreunden gewidmet (1844, ²1851); Die drei seligen Geschwister Merboth, Diedo und Ilga (1844); Eine Hyacinthe von vier neuen Erzählungen. Allen, vorzüglich der Jugend und Jugendfreunden gewidmet (1844, ²1855); Ein Lustgärtlein von dreihundert kurzen possierlichen Erzählungen. Für Alle, und sogar für Kinder (1844); Pabst Innocentius III. (1845); Christliches Krankenbuch (1846); Flammen anbetender Liebe. Gebetbuch (1846); Der Katechismus als Andachtsbuch oder das nach dem Katechismus betende Kind. Ein Gebetbüchlein für die katholische Schuljugend (1846); Der Regenbogen. Eine neue Erzählung. Sammt fünf andern neuen Erzählungen der Jugend und Jugendfreunden gewidmet (1847); Predigt-Entwürfe über die sonntäglichen Episteln (1848); Christkatholisches Kommunionbuch (1850); Die Reichsgrafschaft Königsegg-Rothenfels und die Herrschaft Staufen (1851).

Hrsg.: Historische Volks-Bilder-Bibel aus dem alten und neuen Testamente für katholische Christen (1839).

Hans Eich

Nesbit, Edith

*Englische Kinderbuchautorin, Romanschriftstellerin, Lyrikerin; *15. 8. 1858 London, †4. 5. 1924 Jesson St. Mary's, bei Dymchurch (Sussex).*

N.s Kindheit ist gekennzeichnet durch den frühen Tod ihres Vaters (1862), des Leiters einer privaten Landwirt-

Edith Nesbit (1858–1924)

schaftsschule in London, und durch unruhige Schuljahre in Südengland, Deutschland und vor allem Frankreich (bis 1870). Später (1896/1897) brachte N. ihre Erinnerungen darüber zu Papier („Long ago when I was young“, 1966). 1880 heiratete sie HUBERT BLAND, den Mitbegründer der sozialistischen Fabian Society (1884), einen der bedeutendsten Redner und Essayisten dieser Gesellschaft. Nach Jahren finanzieller Nöte und unermüdlichen Schreibens unter kommerziellem Aspekt kam für N. 1898/1899 der entscheidende Durchbruch als Kinderbuchautorin mit „The story of the treasure seekers“ (dt. Die Schatzsucher, 1948). Mit wachsendem Wohlstand kauften die BLANDs 1899 ein Landhaus, Well Hall in Eltham (Kent). Hier sowie im Ferienhaus in Dymchurch (Sussex) traf sich in den folgenden Jahren ein großer Freundeskreis von Künstlern, Politikern und Autoren, in deren Mitte die Gastgeberin stand im avantgardistischen Bohème-Look der Zeit mit kurzgeschnittenem Haar, langem wallenden Gewand und Zigarette. Zu den Besuchern zählten die Schriftsteller G. B. SHAW, H. G. WELLS, G. K. CHESTERTON, H. BELLOC, E. M. FORSTER und J. CONRAD. Mit R. KIPLING, dessen Werk N. bewunderte, korrespondierte sie. Nach dem Tod von HUBERT BLAND (1914) und mit dem Ausbruch des Ersten Weltkriegs brach der großzügig geführte Haushalt zusammen. Eine zweite Ehe, 1917 mit dem Marineingenieur THOMAS TERRY TUCKER geschlossen, brachte N. ruhige letzte Lebensjahre, die sie ab 1922 in Jesson St. Mary's bei Dymchurch verbrachte.

Werk, Tendenzen, Wirkung. N. schrieb viele Kurzgeschichten, Romane und Gedichte für Erwachsene. In lebenslanger Selbsttäuschung glaubte sie sich besonders für Lyrik talentiert. Ihre Begabung lag aber zweifellos beim Kinderbuch. Ihr Werk steht am Ende der viktorianischen Epoche und zugleich am Beginn eines neuen Zeitalters: So geschieht etwa die traditionelle Belehrung des jungen Lesers durch den auktorialen Erzähler nur noch beiläufig, während vergnügliche Unterhaltung oberstes Ziel der Lektüre wird. Man muß unterscheiden zwischen ihren komisch-realistischen Familiengeschichten (vor allem „The story of the treasure seekers“ mit seinen Fortsetzungen) und den phantastischen Erzählungen, deren erste wichtige „Five children and it“ (1902; dt. Psammy sorgt für Abenteuer, 1972) war, gefolgt von „The Phoenix and the carpet“ (1904; dt. Feuervogel und Zauberteppich, 1975) und „The story of the amulet“ (1906; dt. Geheimnisvolle Reisen mit Psammy, 1974). Die realistische Familiengeschichte für Kinder wurde im England des ausgehenden 19. Jahrhunderts durch Autorinnen wie CH. M. YONGE (1823–1901, L. M. ALCOTT (1832–1888), M. L. MOLESWORTH (1839–1921) und J. H. EWING (1841–1885) populär. Auch CH. DICKENS (1811–1870) ist zu nennen, denn in der Nachfolge seiner „Holiday Romance“ gab N. der Familiengeschichte in der Gestalt des Erzählers Oswald Bastable einen eigenen, unmittelbaren Ton und eine überwältigende Komik. Weithin unbeachtet blieb die Beobachtung der N.-Biographin D. L. MOORE, der ironische Humor und die Lebensweisheit vieler N.-Bücher seien für das Verständnis von Kindern zu subtil, die Geschichten seien aber trotzdem hervorragende Kinderbücher.

N.s phantastische Geschichten stehen eindeutig in der Tradition der „viktorianischen Phantasie“, die als Neben- und Gegenströmung zum Realismus des 19. Jahrhunderts ihre hervorragendsten Vertreter in E. LEAR (1812–1888), L. CARROLL (1832–1898), CH. KINGSLEY (1819–1875), G. MACDONALD (1824–1905) und R. KIPLING (1865–1936) fand (Prickett, 1979). N.s zukunftsweisende Leistung liegt vorab in der gültigen Ausformung der „time fantasy“ (Cameron, 1969). „The story of the amulet“ ist der Klassiker dieses Subgenres. Unvergeßlich sind auch die magischen Helfer ihrer phantastischen Geschichten, allen voran das Psammead, ein kauziger, eitler, übellaunig-schmollender und doch liebenswerter Sand-Elf; ferner der Phönix und der weiße Maulwurf Mouldiwarp.

Die größeren Erzählungen der N. haben in der Regel eine episodische Handlungsstruktur. Sie erklärt sich aus dem ursprünglichen Veröffentlichungsmodus als Fortsetzungsgeschichten in Zeitschriften. Die von der Forschung neu gewürdigten Bücher „The enchanted castle“ (1907; dt. Das verzauberte Schloß, 1958) und „The magic city“ (1910) weichen davon ab. Auch kennen sie nicht das beliebte Motiv des magischen Helfers. In ihnen werden vielmehr andere Welten entworfen, die wohl auf die unsere einwirken, aber eine größere Realität haben. Sie sind Teil eines umfassenden metaphysischen und moralischen Ganzen, das letztlich jenseits menschlichen Begreifens liegt (PRICKETT, 1979). Dieses platonisch-christlicher Philosophie verpflichtete Konzept beeinflußte spätere Autoren, so etwa C. S. LEWIS mit seinen „Narnia-Büchern“.

Trotz des sozialen Engagements von N. blieben sozialkritische Einlassungen in ihrem Werk relativ selten. Gerade die phantastische Erzählung, die Welten kontrastieren kann, ist dafür geeignet. So zieht z. B. am Ende von „Harding's luck“ (1909; dt. Der Traum von Arden, 1960) der Held Dickie das Leben im England des frühen 17. Jahrhunderts einer ausgebeuteten Existenz in der Gegenwart vor. In „The story of the amulet“ staunt die Königin des alten Babylon über die entwürdigenden Lebensbedingungen der englischen Arbeiter, und die Kinder dürfen sich in eine Zukunft wünschen, die alle Züge einer Sozialutopie im Sinne der Fabian Society trägt – mit H. G. WELLS als dankbar erinnertem Reformer.

Die von N. in ihrem Werk artikulierten Werte sind nicht lediglich einem viktorianischen Verhaltenskodex verpflichtet, obgleich mittelständisch gutes Benehmen eine Rolle spielt. Ihre Kindergestalten genießen eine bis dahin nicht dargestellte Freiheit. Auch sind Ehre und Aufrichtigkeit, Fairneß, Loyalität und Liebe, Opferbereitschaft und Versöhnungswille eher zeitlose, zum Teil religiös begründete Wertvorstellungen.

Der bedeutendste Illustrator von N.s Büchern ist H. R. MILLAR (1869–1939), Freund und kongenialer Künstler, mit dem N. eng zusammenarbeitete. In seinen

Zeichnungen sah sie vollkommene Entsprechungen ihrer Vorstellungen.

Die Kinderbücher von N. wurden in viele Sprachen übersetzt. Es gibt Hörspiel-, Film- und Fernsehfassungen verschiedener Titel. Besonders erfolgreich war „The railway children" (1906; dt. Die Eisenbahnkinder, 1959) als MGM-Spielfilm 1970.

Von den über 100 Büchern der N. sind etwa die Hälfte für junge Leser. Von ihrem Werk haben nur eine Reihe Kinderbücher überlebt. Sie gehören zum Bedeutendsten, was die englische Kinderliteratur hervorgebracht hat. Dabei hat sich eine Art „Nesbit-Kanon" herausgebildet (GREEN, 1969).

Werke (Auswahl): The story of the treasure seekers (1899; dt. Die Schatzsucher, 1948); The book of dragons (1900); Nine unlikely tales for children (1901); The wouldbegoods (1901); Five children and it (1902; dt. Psammy sorgt für Abenteuer, 1972); The Phoenix and the carpet (1904; dt. Der Phönix und der Teppich, 1962; Neuübersetzung u.d.T.: Feuervogel und Zauberteppich, 1975); The new treasure seekers (1904); Oswald Bastable and others (1905); The story of the amulet (1906; dt. Geheimnisvolle Reisen mit Psammy, 1974); The railway children (1906; dt. Die Eisenbahnkinder, 1959); The enchanted castle (1907; dt. Das verzauberte Schloß, 1958); The house of Arden (1908; dt. Die Kinder von Arden, 1959); Harding's luck (1909; dt. Der Traum von Arden, 1960); The magic city (1910); The wonderful garden (1912); The magic world (1912); Wet magic (1913); Five of us – and Madeline (1925).

Sekundärliteratur: A. Bell: E. Nesbit (1960, NA. 1968). – E. Cameron: The green and burning Tree. On the writing and enjoyment of children's books (1969). – M. Crouch: The Nesbit tradition (in: The junior bookshelf. 22. 1958. 195–198). – R. L. Green: E. Nesbit: Treasure Seeker (in: The junior bookshelf. 22. 1958. 175–185). – R. L. Green: Tellers of tales: Children's books and their authors from 1800 to 1968 (1969). – D. L. Moore: E. Nesbit: A biography (1933, NA. 1967). – E. Nesbit: Long ago when I was young (1966). – S. Prickett: Victorian fantasy (1979). – N. Streatfeild: Magic and the magician: E. Nesbit and her children's books (1958); The Nesbit influence (in: The junior bookshelf. 22. 1958. 187–193).

Wolfgang Schlegelmilch

Neven du Mont, Dietlind

*(d. i. Dietlind Goltz). Kinderbuchautorin und Illustratorin; *1.5.1926 München.*

N. ist gelernte Buchhändlerin. Durch die eigenen Kinder, denen sie Geschichten erzählte, kam sie zum Schreiben für Jüngere. Mit den großformatigen Bilderbüchern „Ich bin Tiger" (1957) und dem Fortsetzungsband „Großer Preis für Tiger" (1958) konnte N. erste Erfolge erzielen. Nach diesen anthropomorphisierenden Tiergeschichten fanden ihre Erzählungen über „Das Getüm" (1970) und „Ein Getüm kommt selten allein" (1974) große Verbreitung. N. ist seit 1971 Mitglied im Verband deutscher Schriftsteller (VS). Sie wohnt in Erlach, bei Dietramszell.

Werk, Tendenzen, Wirkung. N. schafft mit ihren Kindergeschichten problemlose Phantasiewelten, in denen kindliche Ängste, etwa vor wilden Tieren („Ich bin Tiger") oder vor Schrecken verbreitenden Geschöpfen („Das Getüm") abgebaut werden. Im Gegensatz zu feuerspeienden Drachen entpuppt sich z. B. das „kleine Getüm" als ein keineswegs furchteinflößendes phantastisches Wesen, das zu allerlei Späßen und Streichen aufgelegt ist. Mit dieser Motivwahl reiht sich N. in eine Linie mit ähnlichen Arbeiten der sechziger und siebziger Jahre ein, so z. B. ANGELA HOPFS „Der Feuerdrache Minimax" (1973) oder HEIDRUN PETRIDES' „Der Drache von Avignon" (1968). Wechselnde Ich-Erzählungen, die Einbettung kleiner Erzählepisoden in eine umfassende Rahmenhandlung, Perspektivenwechsel und Zeitsprünge werden schon jüngeren Rezipienten zugetraut. N.s Kinderbüchern kommt nur ein bedingt aufklärerischer Zug zu, wenn in gemäßigten Parodien und mit Ironie die herkömmlichen Erzählweisen der Umwelt- und Familiengeschichte, der exotischen Reise-, Wander-, Seeräubergeschichte und vor allem der landläufigen Tiergeschichte umspielt werden. Die Verbreitung ihrer Arbeiten, die N. auch den Bearbeitungen in Funk, Fernsehen und auf Schallplatte verdankt, kann nicht darüber hinwegtäuschen, daß die Erzählerin dort ihre Grenzen erreicht, wo Motivwahl und Erzähldramaturgie beliebig und allzu sorglos verwendet, wo unverbindliche und klischeehafte Strukturen austauschbar erscheinen.

Werke: Ich bin Tiger (1957, NA. 1968); Großer Preis für Tiger (1958); Der kleine Harlekin (1959); Max Pim (1960); Badehose für Klein-Eskimo (zus. mit C. Wethekam, 1962); Das Getüm (1970, TB. 1972); Ein Getüm kommt selten allein (1974); Mit Susi fing's an (1976); Wenn die Eulen schaurig heulen (1981).

Horst Künnemann/Detlef Ram

Niebelschütz, Sophie von

*(Ps.: E. v. Werner). Jugend- und Romanschriftstellerin; *27.5.1850 Beschine (Kreis Wehlau, Schlesien), †30.8.1911 Schweidnitz (Schlesien).*

N. wuchs als Tochter eines Gutsbesitzers in Beschine auf. Von früher Jugend an kränkelnd, war sie auf ein zurückgezogenes Leben angewiesen. Um Befriedigung zu finden, wandte sie sich seit 1887 schriftstellerischer Tätigkeit zu. Nach 1900 verlegte sie ihren Wohnsitz nach Schweidnitz.

Werk, Tendenzen, Wirkung. Unter den vielgelesenen Jugendbuchautorinnen des Verlags Enßlin & Laiblin in Reutlingen nahm um die Jahrhundertwende N. eine besondere Stellung ein. Durch phantasievolle Stoffwahl, durch Einfühlungsvermögen in die Psyche des Kindes und durch gehobene literarische Qualität geprägt, können ihre Werke neben denen von JOHANNA SPYRI oder AGNES SAPPER bestehen. Ausgehend von einer als selbstverständlich erachteten Religiosität, verfällt N. nie der frömmelnden Tonart, die viele ihrer schreibenden Zeitgenossinnen für erzieherisch hielten. Nicht einmal in ihren Beiträgen zu christlichen Sonntagsblättern und Jugendheftchen („Goldkörner", „Blumen und Sterne") ist dies der Fall. Mit ihren

Erzählungen wollte die Autorin Jungen wie Mädchen eine unterhaltsame und spannende Lektüre bieten. Sie berichtet von verlassenen Waisenkindern und armen Leuten, denen am Ende geholfen wird. Gefährliche Erlebnisse in arabischen Wüsten oder im wilden Westen Amerikas, Naturkatastrophen, Seuchen, Unglücksfälle durch scheuende Pferde oder wildgewordene Rinder bringen Spannung in die Erzählungen. Fremde Sitten werden im Kontrast zu den heimatlich-gewohnten vorgestellt. Zwar beginnen auch N.' Erzählungen oft nach der Regel zeitgenössischer Mädchenbücher mit einem breit ausgemalten Idyll. Früher oder später jedoch bricht die Fabulierfreude der Autorin durch, die dann erst am Ende der Erzählung wieder zur obligatorischen Endmoral zurückfindet: Nur wer seine Entscheidung auf Gottes Wort gründet, handelt recht im Sinn der vorgegebenen Ordnung. Romantisierende Naturbeschreibungen wechseln bei N. mit aufregenden Situationen und sachlichen Berichten. Die handelnden Personen werden nicht in grober Schwarz-Weiß-Zeichnung vorgeführt, sondern individuell charakterisiert. N. scheint durchaus vertraut mit der psychologisierenden Schreibweise ihrer Zeitgenossen RAABE, SPIELHAGEN oder FONTANE gewesen zu sein. Zahlreiche ihrer Bücher zeichnen sich durch sorgfältige Farbillustrationen aus.

Werke (Auswahl): Das Mauerschwälbchen (1892); Die Wacht am Rhein (1892); Aus der Jugend goldenen Tagen (1892); Bunte Bilder (1893); Rosen aus Dornen (1894); Der Engel von Waldhof. Grünthal (1895); Schloß Ulmenhorst (1895); Ella Mercedes (1896); In Sturm und Sonnenschein (1896); Die Spitzenrosel (1896); Im Lebensfrühling (1897); Die drei Waisen (1897); Nur ein Wiesenblümchen (1897); Ein Veilchenstrauß (1897); Für Herz und Gemüt (1898); Robert und Almansor (1899); Die Auswanderer (1900); Tapfer und treu (1900); Die Zigeunerprinzessin (1900); Das arme Bärbel (1901); Zwei Weihnachtsabende (1901); Der erste Christbaum (1901); Der alte Birnbaum (1901); Ruths Lieblingswunsch (1901); Buchenhof einst und jetzt (1902); In der Taubenhöhle (1902); Herrn Norberts Laufbursche (1904); Den Aufrichtigen läßt Gott es gelingen (1905); Das Glück der Heimat (1905); Die Waldfrau (1905); Die mit Tränen säen werden mit Freuden ernten (1906); Ziegenhansel (1906); Im Kleinen treu (1909); Großmutters warmes Stübchen (1910); In der Kirschenhütte (1910); Der Frühling kommt (1910); Die kleine Milchfrau (1911); Pilzmütterchen (1911); Der alte Postschimmel (1912); Fräulein Herwigs Ferienkolonie (1913); Eine Landpartie (1914); Ellas Pensionszeit (1914).

Aiga Klotz

Nis(s)le, Julius

*Zeichner, Illustrator, Modelleur; *8.4.1812 Stuttgart, †1895 Stuttgart.*

N. besuchte die Stuttgarter Kunstakademie und betätigte sich mit HERMANN KURZ (1813–1873) und anderen freiheitlich gesinnten Schriftstellern und Künstlern politisch. Unter seiner Mitarbeit erschien 1848 das von LUDWIG PFAU herausgegebene politisch-satirische Blatt „Eulenspiegel", dem ARTHUR RÜMANN „bissigen Humor" bescheinigte. Mit dem Kupferstecher ADOLF GNAUTH war er Inhaber der Artistischen Anstalt von GNAUTH und NISLE in Stuttgart, in der auch seine Illustrationen gedruckt wurden.

Werk, Tendenzen, Wirkung. N. steuerte einen Kupferstich zu E. MÖRIKES und W. ZIMMERMANNS „Jahrbuch schwäbischer Dichter und Novellisten" (1836) und eine Zeichnung zu MÖRIKES „Iris" (1839) bei. Er lieferte für das „Album der Boudoirs" (1838 ff.) Illustrationen zu klassischen Dichtern und arbeitete an dem in den vierziger Jahren erschienenen „Almanach für die Jugend, Weihnachtsblüthen" sowie am „Berliner Jugendfreund" (1844/45) mit. Vor allem aber illustrierte er seit Mitte der dreißiger Jahre zahlreiche deutsche Dichtungen mit Umrißzeichnungen, die – etwa im Gegensatz zu denen von RETZSCH – „gefüllt" sind, d. h. auch Binnenzeichnung haben und dadurch lebendiger wirken, so zunächst J. P. HEBELS „Alemannische Gedichte" (1837) mit 27 Umrissen (in späteren Auflagen zu 30 erweitert), später die Gedichte von L. UHLAND und N. LENAU sowie die Werke GOETHES und SCHILLERS. Auch zu CHRISTOPH VON SCHMIDS „Jugendschriften" schuf er 30 Umrißzeichnungen (1838); zu dessen Gesamtausgabe (1841 ff.) trug er für den zweiten Band einen Stahlstich bei. Für die Umrisse zu HEBELS Gedichten machte N. eigens im Schwarzwald Studien über Landschaft, Trachten und Physiognomien. Dementsprechend getreu sind seine sehr sorgfältig ausgeführten Umrißzeichnungen, die in späteren Ausgaben nicht zu ihrem besten verändert wurden, doch – anders als die schlichten und mehr volkstümlichen Holzschnitte LUDWIG RICHTERS zu diesen Gedichten – führen sie in ein wohlhabend-großbäuerliches Milieu. Ein für N. typisches Motiv, das sich auch in anderen seiner Werke findet, sind die Schlapphüte mit Federn, die die Jäger, Landsknechte, Freiheitskämpfer und auch die Spitzbuben tragen. In den Holzschnitten der Sammlung „Wehrmanns-Lieder" (1849), die freiheitliche Lieder von E. M. ARNDT, TH. KÖRNER, FR. SCHILLER, H. HOFFMANN VON FALLERSLEBEN, G. SCHWAB und anderen enthält, schlägt sich deutlich N.s Engagement für die Bewegung von 1848 und ihre Kämpfer nieder. Sie sind keine Umrißzeichnungen mehr, ebenso wie die späteren Illustrationen zu W. HAUFFS „Lichtenstein" (1855), die im historischen Stil ihrer Zeit bleiben.
Von den ausdrücklich für Kinderbücher geschaffenen Illustrationen N.s sind die von GNAUTH als Steinradierungen gedruckten zu FR. GÜLLS „Kinderheimath" (1836) von zartem Reiz, vor allem das Titelbild, auf dem ein Kind inmitten von Vögeln, Blumen und Rankenwerk umgeben ist, welches an den Seiten, oben wie unten, vier kleine Szenen mit Kindern und Vögeln medaillonartig umrahmt, oder auch ein Spinnennetz mit Weintraubenranken. Diese kleinen Bilder wurden – offensichtlich als zu wenig kindertümlich – in der vermehrten Ausgabe von 1846 durch die lustigen Holzschnitte von FR. POCCI ersetzt. Auch in den Umrißzeichnungen zu den Erzählungen CHR. VON SCHMIDS erweist sich N.s graziöse Zeichenkunst, besonders im liebevoll ausgeführten Landschaftlichen.

Demgegenüber sind die späteren Umrißzeichnungen zu L. UHLANDs Gedichten und zu GOETHE steif und „ziemlich unbedeutend“ (RÜMANN).

Werke: F. Güll: Kinderheimath in Bildern und Liedern (1836); J. Nisle: XXVII Umrisse zu Hebel's Alemannischen Gedichten (1837; NA. u.d.T.: 30 Umrisse zu J. P. Hebels alemannischen Gedichten, 1845; [5]1862); J. Nisle: Umrisse zu Chr. von Schmids Jugendschriften (1838); J. Nisle: Illustrationen zu Uhlands Gedichten in 36 Umrissen (1838, NA. 1845); Schiller-Gallerie. Illustrationen zu Schillers dramatischen Meisterwerken (1840); Goethe-Gallerie. Stahlstiche zu Goethe's Meisterwerken (1840); J. Nisle: Umrisse zu den Gedichten von Nicolaus Lenau (1841); B. de Saint-Pierre: Paul et Virginie (1841); J. Fr. Klarenaar: Lieder- und Mährchenschatz (zus. mit anderen, 1842); S. Sailer: Sämmtliche Schriften in Schwäbischem Dialekte (1843); Alte und neue Wehrmanns-Lieder (zus. mit anderen, 1849); J. Nisle: Das Büchlein Himmelblau. Lieder und Bilder für die Kinderwelt (1850); W. Hauff: Lichtenstein (zus. mit J. Schnorr, Bd. 1–2. 1855).

Sekundärliteratur: A. Rümann: Das illustrierte Buch des XIX Jahrhunderts in England, Frankreich und Deutschland 1790–1860 (1930, ND. 1975). – A. Wintterlin: Württembergische Künstler in Lebensbildern (1895).

Eberhard Semrau

Norton, Mary

*Englische Kinder- und Jugendbuchautorin; *1903 London.*

Nach dem Besuch von Konventschulen trat N. kurze Zeit als Schauspielerin am ‚Old Vic‘ in London auf. 1927 heiratete sie ROBERT C. NORTON. Sie lebte in Portugal und später in New York. Nach ihrer Rückkehr nach England (1943) wurde sie zunächst wieder als Schauspielerin tätig, konnte sich aber bald als Schriftstellerin etablieren. Seit 1972 lebt N. mit ihrer Familie in County Cork (Irland). Für ihr Buch „The borrowers“ (1952) konnte N. 1952 die Carnegie Medal in Empfang nehmen, 1960 erhielt sie den Lewis-Carroll-Shelf-Award. N. ist Mitglied des PEN-Clubs.

Werk, Tendenzen, Wirkung. Die zumeist phantastischen Erzählungen N.s haben ihren Ausgangspunkt in der uns umgebenden Wirklichkeit. Der realistischen britischen Erzähltradition verpflichtet, stehen bei N. spezifisches Detail und individueller Charakter im Vordergrund, aber anders als in der ‚high-fantasy‘-Literatur vermeidet sie übermenschliche allegorische Figuren. N.s Phantasiewelt soll immer noch Modell unserer Realität bleiben. Wenn auch die äußeren Einzelheiten unrealistisch werden, sind doch die aufgezeigten Mechanismen, Verhaltensweisen und Zwänge übertragbar. Dementsprechend beginnt in dem Buch „The borrowers“ (1952), das zu den klassischen Erzählungen der britischen Kinderliteratur gezählt und in seinem Rang mit KENNETH GRAHAMES „Wind in the willows“ (1908) verglichen wird, die Rahmenhandlung in der Wirklichkeit. N. erzählt von den ‚borrowers‘, kleinen, menschenähnlichen Wesen, die unter den Dielen oder in Winkeln leben, die all die kleinen Dinge, die uns ständig verloren gehen, zur Ausgestaltung ihrer Existenz entleihen. In ihrer Abhängigkeit von Zufall und Umständen führen diese Wesen eine Art Leben aus zweiter Hand, das durchaus menschliche Züge aufweist.

Die Erzählung „Bedknob and broomstick“ (1957) schildert die Begegnung dreier Geschwister mit Miss Price, die sich mit Lehrbriefen zur Hexe fortbildet und die Kinder durch die Zeit zu den Kannibalen der Südsee und zu einem Hexer im London des 17. Jahrhunderts bringt. Mit Poesie und verhaltenem Humor wird die Geschichte der ältlichen Miss Price, die schließlich zu ihrem recht lebensuntüchtigen Hexer zurückkehrt, zu Ende geführt.

„Are all the giants dead?“ (1975) beruht auf der Idee, daß der Junge James zu einer Zeit, zu der alle Märchen schon vorüber sind, von Mildred, einer Gestalt seiner Phantasie, doch noch in die Welt des Märchens versetzt werden kann. Hier überzeugen eine differenzierte Charakterisierungskunst und ein feiner Humor von N.s erzählerischem Können.

Werke: The magic bed-knob; or, How to become a witch in ten easy lessons (1943; dt. Das Zauberbett, 1949); Bonfires and broomsticks (1947); The borrowers (1952; dt. Die Borgmännchen, 1955; TB. 1972); The borrowers afield (1955; dt. Die Borgmännchen in Busch und Feld, 1957; NA. 1973); Bedknob and broomstick (1957; dt. Eine tolle Hexe, 1970); The borrowers afloat (1959; dt. Die Borgmännchen zu Schiff, 1962); The borrowers aloft (1961); The borrowers omnibus (1966, auch u. d. T.: The complete adventures of the borrowers, 1967); Poor Stainless (1966); Are all the giants dead? (1975; dt. Traumfahrt zu den letzten Riesen, 1976).

Sekundärliteratur: C. Field: Writers for Children: Mary Norton (in: The School Librarian. 11. 1963. 5). – M. Fisher: Intent upon reading. A Critical appraisal of modern fiction for children ([2]1964). – A. Home: Norton, Mary (in: D. L. Kirkpatrick (Hrsg.): Twentieth-century children's writers. 1978. 944–946). – H. Steuer: Mary Norton (in: L. Binder (Hrsg.): Jugendbuchautoren aus aller Welt. 1975. 166–172). – J. R. Townsend: Written for children (NA. 1974).

Wilfried Keutsch

Novelle

Mit N. wird gewöhnlich eine kürzere Erzählung bezeichnet, in der um ein real vorstellbares Ereignis eine Handlung gelegt ist. Diese Handlung ist zumeist dramatisch, kann Höhe- und Wendepunkte enthalten und kommt am Ende zur Ruhe. Die N., schon in der italienischen Renaissance bekannt, wurde besonders im 19. Jahrhundert und der ersten Hälfte des 20. Jahrhunderts in der deutschen Literatur kultiviert und seit etwa 1850 zu einer gebräuchlichen Form in der Jugendliteratur, jedoch nicht in der Kinderliteratur. Im Deutschunterricht waren N.n bevorzugte Lektüre, besonders in der ersten Hälfte des 20. Jahrhunderts.

Zur Form und Geschichte. Innerhalb der kürzeren Erzählformen (Anekdote, Fabel, Kurzgeschichte, Legende, Märchen etc.) hat sich sowohl in der Alltagssprache wie auch in der Literaturwissenschaft der Begriff der N. als Gattungsbezeichnung zum Teil bis heute gehalten. Umschreibungsversuche liegen von Dichtern wie JOHANN WOLFGANG GOETHE, PAUL HEYSE und THEODOR STORM vor, und Germanisten wie JOHANNES KLEIN, JOSEF KUNZ, BENNO VON WIESE u.a. haben umfängliche N.n-Theorien entwickelt. Sie zielen im allgemeinen darauf ab, die strukturellen und inhaltlichen Eigenschaften und die historischen Entwicklungen zu bestimmen. Dabei wird in der Regel – teilweise unter Hinweis auf den „Decamerone" des BOCCACCIO (PAUL HEYSEs sogenannte „Falkentheorie") – auf die „geschlossene Form", das zentrale Ereignis (GOETHE: „eine sich ereignete unerhörte Begebenheit") und die realistische epische (in den seltensten Fällen auch rapsodische) Darstellung hingewiesen. Die ästhetische Geschlossenheit der N. in Verbindung mit dem zum stillen, lesenden Mitvollzug inszenierten dramatischen Geschehen zielt auf ein kunstbeflissenes literaturverständiges Publikum hin. Dieses war und ist vor allem im Bürgertum zu finden. In Deutschland kam im 19. Jahrhundert in Romantik und Realismus die N. zur Blüte. In diesen Epochen gebrauchten fast alle Schriftsteller von Rang ihre Form (J. VON EICHENDORFF, H. VON KLEIST, CL. BRENTANO, A. STIFTER, E. MÖRIKE, A. VON DROSTE-HÜLSHOFF, C. F. MEYER, G. KELLER, TH. STORM, W. RAABE u.v.a.). Auch im 20. Jahrhundert genoß die N. als epische Form bis zum Ende des Zweiten Weltkriegs hohes Ansehen (TH. MANN, R. G. BINDING, J. WASSERMANN, W. SCHÄFER, W. BERGENGRUEN, I. SEIDEL, ST. ZWEIG, G. VON LE FORT u.v.a.). Sie wurde als Schullektüre auch noch nach dem Zweiten Weltkrieg in Beispielen behandelt. Lehrpläne und Lektürelisten nennen besonders häufig: HEINRICH VON KLEISTS „Michael Kohlhaas", JOSEF VON EICHENDORFFS „Aus dem Leben eines Taugenichts", ANNETTE VON DROSTE-HÜLSHOFFS „Die Judenbuche", EDUARD MÖRIKES „Mozart auf der Reise nach Prag", THEODOR STORMS „Der Schimmelreiter" und THOMAS MANNS „Tod in Venedig". In der Zeit nach dem Zweiten Weltkrieg kehrte sich die Schriftstellergeneration der Kriegsteilnehmer (W. BORCHERT, H. BÖLL, W. SCHNURRE u.a.) von der N. ab und fand zu der ihrem Aussagestil und -gehalt angemesseneren Kurzgeschichte hin. GÜNTER GRASS' N. „Katz und Maus" blieb eine Ausnahme.

N. als Kinder- und Jugendliteratur. In der Kinder- und Jugendliteratur taucht der Begriff der N. um die Mitte des 19. Jahrhunderts auf. So erschienen ROSALIE KOCHS „Maiblumen" 1849 mit dem Untertitel „Erzählungen und Novellen für die weibliche Jugend". Gleiche oder ähnliche Angaben sind in der Folgezeit häufig. Es sind vorwiegend Schriftstellerinnen, welche die Form der N. in der zweiten Hälfte des 19. Jahrhunderts nutzten. Sie stellten sich auf ein vorwiegend weibliches jugendliches Publikum ein: so z.B. OLGA ESCHENBACH („Erholungsstunden. Erzählungen und Novellen für die weibliche Jugend", 1853), JULIE HIRSCHMANN („Blüthenjahre. Novellen für die reifere weibliche Jugend", 1856), JULIE RUHKOPF („Jugendnovellen", 1854), danach auch AMALIE SCHOPPE, OTTILIE WILDERMUTH, THEKLA VON GUMPERT u.a. Die N.n-Form wurde häufig verwendet, wenn die „reifere" Jugend angesprochen werden sollte. Mit „reiferer Jugend" ist die Spanne zwischen der Pubertät und dem Eintritt in die Erwachsenenwelt (Heirat, Beruf) gemeint (13./14. bis 18./21. Lebensjahr). Eine solche Altersstufenzuordnung für die „Jugend-N." korrespondiert mit den zum Teil noch heute vertretenen Vorschlägen der Schulen, die N. in der „Reifezeit" als Lektüre zu gebrauchen. HERM. L. KÖSTER schildert (Geschichte der deutschen Jugendliteratur, 1906), wie im Zuge der Jugendschriftenbewegung um 1900 von den fortschrittlichen Pädagogen die „neuere Literatur" durchforstet wurde und dabei „eine Anzahl Novellen von Theodor Storm" entdeckt wurde, voran „Pole Poppenspäler". Am Ende seiner Aufzählung von seinerzeit modernen Epikern bekennt KÖSTER: „Aber es zeigte sich doch, daß die Ausbeute für Leser im Alter von 11, 12, 13 Jahren nicht allzu groß war, die meisten Werke kamen erst für die reifere Jugend in Betracht" (S. 329). Noch 1960 macht KARLHEINZ BECKER den Vorschlag („Moderne Novellen im Unterricht"), gerade Jugendliche im 7. bis 9. Schuljahr, also 13- bis 16jährige, aber nicht jüngere, mit N.n zu konfrontieren. Die Begründungen für die didaktische Nutzung der N. dürften vor allem auf einen Punkt zurückführbar sein: die N. eröffne dem Rezipienten einen Einblick in „menschliche Grundkonflikte" (K. BECKER), in „Grenzsituationen der Existenz des Handelnden" und mache den „Blick ins Höhere, Wesentlichere, Außergewöhnliche, ja ins Transzendente möglich" (MARX-MECHLER, 1977). Insofern biete sie Lebenshilfe an. Es ist jedoch zu fragen, ob solche Begründungen die literarische Form der N. kennzeichnen oder ob sie nicht auch auf andere Dichtungen zutreffen. Die N. ist eine historisch bedingte Erzählform, welche in der zweiten Hälfte des 20. Jahrhunderts von lebenden Autoren kaum mehr genutzt wird. Die heutige Schule konserviert bei der Lektüre von N.n ein bestehendes literarisches Bewußtsein bzw. hält in der Behandlung von N.n in den jugendlichen Rezipienten das literarische Erbe lebendig. Neuerdings wird auch innerhalb der Literaturdidaktik bei der N. der Charakter einer klar erkennbaren Gattung bezweifelt: „Die Novelle ist keine selbständige Gattung. Für die didaktische Analyse empfiehlt es sich, sie als Erzählform zu betrachten" (W. PSAAR, 1969).

Sekundärliteratur: K. Becker: Moderne Novellen im Unterricht (1960). – J. Klein: Geschichte der deutschen Novelle von Goethe bis zur Gegenwart (1954). – J. Kunz: Die deutsche Novelle im 19. Jahrhundert (1970); Die deutsche Novelle im 20. Jahrhundert (1977); Die deutsche Novelle zwischen Klassik und Romantik (1966). – D. Marquardt: Erzählung und Novelle im Unterricht (in: E. Wolfrum (Hrsg.): Taschenbuch des Deutschunterrichts. [2]1976. 394–406). – G. Marx-Mechler: Novellen im Unterricht (1977). – K. K. Polheim: Novellentheorie und Novellenforschung. Ein Forschungsbericht 1945–1964 (1965). – W. Psaar: Novellistische Erzählformen im Unterricht. Probleme und Aufgaben (1969). – Th. Rutt: Anekdote und Novelle – Fragen der Stoffauswahl und der Begegnung mit dem heranwachsenden Menschen (in: A. Cl.

Baumgärtner (zus. mit anderen): Literarische Erziehung in der Grund- und Hauptschule. 1965. 26–44). – O. Schober: Roman – Novelle – Erzählung (in: D. Boueke (Hrsg.): Deutschunterricht in der Diskussion. Bd. 2. [2]1979. 268–304). – A. Weber: Deutsche Novellen des Realismus. Gattung, Geschichte, Interpretationen, Didaktik (1975). – B. v. Wiese: Novelle (1963).

Klaus Doderer

O

Österreichische Jugendschriften-kommission

Die Österreichische Jugendschriftenkommission ist eine Organisationsform der Jugendbucharbeit in Österreich.

Gründung und Organisation. 1947 vom damaligen Bundesminister für Unterricht ins Leben gerufen, wurde die Österreichische Jugendschriftenkommission 1980 vom Bundesminister für Unterricht und Kunst neu konstituiert. Der Kommission gehören bis zu 50 vom Minister bestellte Personen an, und zwar Vertreter des Unterrichtsministeriums und der Schulbehörden des Bundes in den Ländern, der Jugendorganisationen, des Verbandes der Österreichischen Volksbüchereien, des Hauptverbandes der Buchhändler, der Einrichtungen der Jugendbucharbeit, der Schriftstellerorganisationen sowie einzelne Fachleute. Die Bestellung erfolgt auf vier Jahre. Organisatorisch an die Abteilung für außerschulische Jugenderziehung des Unterrichtsministeriums geknüpft, ist deren Leiter ex officio Vorsitzender (seit 1957 Josef Finder) und deren entsprechender Konzeptbeamter (seit 1972 Heinz Steuer) Geschäftsführer. Exekutivorgan ist der rund 20 Personen umfassende Leitungsausschuß. Er ist der jährlich wenigstens einmal zusammentretenden „Gesamtkommission" verantwortlich. Die Mitglieder können für Buchbesprechungen bis zu drei „Lektoren" nominieren, so daß zusammen mit einem entsprechenden Kontingent des Leitungsausschusses rund 220 Personen für die Kommission tätig sind.
Mit der Neukonstituierung der Kommission wurden auch die Aufgaben neu formuliert: Erarbeitung von Grundsätzen der Jugendschriftenkritik und Diskussion aktueller Fragen; Beurteilung und Prädikatisierung von Jugendschriften sowie Erarbeitung von Empfehlungslisten, Buchtips u.ä.; ideelle Förderung neuer Initiativen für die Verbreitung guter Kinder- und Jugendliteratur; Wahrnehmung der österreichischen Interessen in den internationalen Gremien für das Kinder- und Jugendbuch; Durchführung von Bildungs- und Informationsveranstaltungen für Mitarbeiter und Interessierte sowie Initiativen für solche bei anderen Institutionen.

Tätigkeiten. Die Kommission versucht, ideelle wie praktische Förderungsmaßnahmen zu setzen, etwa im Zusammenhang mit der Vergabe der Österreichischen Kinder- und Jugendbuchpreise oder im Rahmen der Lehrerfortbildung. Haupttätigkeit ist die Buchbeurteilung (über 800 Titel pro Jahr) aufgrund freiwilliger Einreichungen durch die Verlage. Positiv beurteilte Bücher (rund 300 pro Jahr) werden im „Jugendbuchratgeber", einer Beilage der Zeitschrift „Die Jugend", herausgegeben vom Unterrichtsministerium, vorgestellt. Die Kommission ist weiter für den im österreichischen Fernsehen wöchentlich gesendeten Buchtip der Woche verantwortlich und gibt den Pressedienst „Jugendbuchreport" heraus. Sie veranstaltet regelmäßig allgemein zugängliche buchpädagogische Seminare sowie Vorträge und Exkursionen.

Sekundärliteratur: L. Obermann: 30 Jahre Österreichische Jugendschriftenkommission (in: Die Jugend. 19. 1977. 5. 1–6).

Heinz Steuer

Österreichischer Buchklub der Jugend

Der ÖBJ ist ein gemeinnütziger Verein zur Förderung der Jugendlektüre. Er wurde 1949 auf Initiative Richard Bambergers gegründet und umfaßt Mitglieder und ehrenamtliche Mitarbeiter aus allen österreichischen Bundesländern (Mitgliederstand 1980: 650000).

Aufgaben und Ziele. Der ÖBJ bemüht sich, alle in österreichischen Verlagen erschienenen Kinder- und Jugendbücher, die empfehlenswert sind, an die Kinder und Jugendlichen heranzubringen und das Interesse für das Lesen zu wecken. Jährlich werden drei illustrierte Auswahllisten erarbeitet („Bücher für die Jüngsten", „Bücher – Bücher – Buchklubbücher", „Bücher für junge Menschen"), in die rund 180–200 österreichische Kinder- und Jugendbücher aufgenommen werden, die sowohl von der österreichischen Jugendschriftenkommission beim Bundesministerium für Unterricht und Kultur als auch von der Lektorenkommission des Buchklubs positiv beurteilt wurden. Aus diesen Büchern können die Mitglieder auswählen und sie in jeder Buchhandlung zu einem um 25% ermäßigten Preis kaufen. Außerdem bekommt jedes Buchklubmitglied ein Jahrbuch, das Erzählungen, Gedichte und Auszüge und Bilder aus empfohlenen Kinder- und Jugendbüchern enthält. Dadurch wird den Mitgliedern das Kennenlernen guter Bücher erleichtert. In der Regel werden die Jahrbücher – beginnend beim Kindergarten gibt es für jede Altersstufe ein anderes – in der Schule als zusätzlicher Lesestoff verwendet. Sie helfen so, eine Brücke zwischen Schullektüre und Privatlektüre zu schlagen. Um auch die Eltern zu informieren und sie für die Lektüre ihrer Kinder zu interessieren, gibt der

Buchklub ein Elternjahrbuch heraus, das Artikel zu Erziehungsfragen, Hinweise auf empfehlenswerte Bücher und Hilfen beim Leseunterricht sowie eine umfassende annotierte Kinderbuchliste bringt. Für die Lehrer wird das Lehrerjahrbuch „Die Barke“ herausgegeben, das Beiträge aus der Kinderliteratur und literaturpädagogische Abhandlungen bringt (Inhalt der „Barke“ 1980: Anthologie von Kindergedichten; 2. Teil: Jugendschriftsteller deutscher Sprache).
Zusätzlich zu den Leistungen für die Mitglieder und Mitarbeiter fördert der ÖBJ das österreichische Buchwesen und die Leseerziehung im allgemeinen. Aktivitäten zum Aufbau der Schülerbüchereien, die Kassettenaktion „Zum Lesen verlocken“, in deren Rahmen an die Schulen Buchkassetten mit je 35 Kinder- und Jugendbüchern verliehen werden, sowie die Buchklublotterie, deren Prämien den Schul- und Klassenbüchereien zugute kommen, tragen dazu bei, die Lektüre anzuregen und den privaten sowie kollektiven (Schulen, Büchereien) Buchkauf zu stützen. Durch Tagungen, Ausstellungen und Fachpublikationen wird für die Jugendbucharbeit wichtiges Wissen verbreitet. Der Buchklub arbeitet eng mit dem Internationalen Institut für Jugendliteratur und Leseforschung zusammen, das die literaturpädagogischen Aufgaben im Auftrag des Buchklubs durchführt.
Fachpublikationen sind die „Schriften zur Jugendlektüre“, die gemeinsam mit dem Wiener Internationalen Institut für Jugendliteratur und Leseforschung herausgegeben werden. Es existieren weiterhin eine Reihe von Büchern und Broschüren über Fragen der Leseerziehung und der Jugendbucharbeit. 1980 umfaßt diese Reihe 30 Bände. Die Vierteljahreszeitschrift „Jugend und Buch“, die gemeinsam mit dem Internationalen Institut für Jugendliteratur und Leseforschung erarbeitet wird, wird jeder Schule kostenlos zur Verfügung gestellt.

Sekundärliteratur: R. Bamberger (Hrsg., zus. mit W. Jambor): Zehn Jahre Österreichischer Buchklub der Jugend 1948–1958 (1958); Vor neuen Aufgaben. Überlegungen zu „30 Jahre Buchklub der Jugend“ (in: Jugend und Buch. 27. 1978. 3. 1–6); (Hrsg., zus. mit W. Jambor): 25 Jahre Österreichischer Buchklub der Jugend (1974). – W. Jambor: Buchklub und Gesellschaft. Im (Zahlen) Spiegel der vergangenen dreißig Jahre (in: Jugend und Buch. 27. 1978. 3. 7–16). – Österreichischer Buchklub der Jugend (Hrsg.): 30 Jahre Österreichischer Buchklub der Jugend (1979). – S. Ziegler: 30 Jahre Buchklub der Jugend. Ein österreichisches Phänomen (in: Anzeiger des österreichischen Buchhandels. 113. 1978. 21. 179–181).

Lucia Binder

Ognev, Nikolaj

*(d.i. Michail Grigor'evič Rozanov). Sowjetischer Schriftsteller; *26.6.1888 Moskau, †22.6.1938 Moskau.*

O. wuchs in Moskau als Sohn eines Anwalts auf. Schon früh schloß er sich der revolutionären Bewegung gegen den Zarismus an und wurde nach der Revolution von 1905 wegen der Herausgabe einer illegalen Zeitschrift verhaftet. Nach der Flucht aus dem Gefängnis lebte er im Untergrund. Er arbeitete unter verschiedenen Pseudonymen an Zeitschriften mit und veröffentlichte Erzählungen. 1910 begann er als Pädagoge zu arbeiten und setzte diese Tätigkeit nach der Oktoberrevolution bis 1925 in Kinderkolonien, Schulen und Klubs fort. In den zwanziger Jahren begann er, sich ganz der Literatur zuzuwenden. Als Schriftsteller wurde er hauptsächlich durch sein 1927 erschienenes Werk „Dnevnik Kosti Rjabceva“ (dt. Das Tagebuch des Schülers Kostja Rjabzew, 1927) bekannt.

Werk, Tendenzen, Wirkung. In der Zeit vor der Revolution schrieb O. Erzählungen über die unterprivilegierten Schichten. In der nachrevolutionären Zeit spielte der Themenkreis Jugend – Schule – Erziehung eine große Rolle in seinem literarischen Schaffen, wozu seine pädagogische Tätigkeit reichliches Material lieferte. Obwohl O. nur ein eigens für Kinder verfaßtes Märchen veröffentlichte (Jaška iz karmaška, 1924), das zudem völlig unbeachtet blieb, erlangte er doch Bedeutung für die Kinder- und Jugendliteratur mit seinem eigentlich an Erwachsene gerichteten erfolgreichen Buch „Dnevnik Kosti Rjabceva“, das zu den wenigen Werken der frühen sowjetischen Literatur gehört, in denen Kinder und Jugendliche eine Rolle spielen. Darüber hinaus ist es eines der ersten literarischen Werke über die sowjetische Schule, die in jenen Jahren durch Umbruch und Suche nach neuen Wegen gekennzeichnet war. Vl. Glocer vermerkt zu diesem Werk, es habe so genau die Atmosphäre und Gewohnheiten der Schule der Jahre 1923/24, die Psychologie des Heranwachsenden und die Beziehungen zwischen Schülern und Lehrern lebendig gemacht, daß die ersten Kritiker es als echtes Dokument gewertet hätten. Die Frische und Lebendigkeit, in der die Schulwirklichkeit dieser Jahre vor den Augen des Lesers entstand, erzielt O. durch die Tagebuchform, indem er den fünfzehnjährigen Schüler Kostja Rjabcev berichten bzw. seine Erlebnisse reflektieren läßt. Er versetzt damit den Leser in die Sicht des betroffenen Jugendlichen, der witzig und geistreich, dabei aber auch suchend und fragend die schulpolitischen Neuerungen kritisiert, für sein Leben wichtige Erscheinungen mit angelernten ideologischen und moralischen Grundsätzen vergleicht und seinen Platz in und außerhalb der Schule zu bestimmen versucht. Hierin liegt auch der Grund, daß das Buch sofort von der Kinder- und Jugendliteratur übernommen wurde, und zwar auch im Ausland. So erschien es noch im selben Jahr in deutscher Sprache im Verlag der Jugendinternationale.
1928 veröffentlichte O. den Band „Ischod Nikpetoža“ (bei der Erstveröffentlichung unter dem Titel „Kostja Rjabcev na VUZe“; dt. Kostja Rjabzew auf der Universität, 1929), der eine Fortsetzung des ersten Kostja-Bandes darstellt und die Studienbedingungen und studentischen Lebensweisen um die Mitte der zwanziger Jahre beschreibt. Einen wichtigen Stellenwert nimmt in diesem Buch die Rolle der alten, aus dem zaristischen Rußland übernommenen Intelligenz ein,

die an der Gestalt des ehemaligen Lieblingslehrers von Kostja erörtert wird. Die Tagebuchform, die äußerlich beibehalten ist, wird hier völlig gesprengt, da die einzelnen Eintragungen meistens aus Betrachtungen bestehen, die sich über viele Seiten erstrecken. Drittes Buch in diesem Zusammenhang ist der Roman „Tri izmerenija" (1933), der in der Zeit der Revolution spielt und durch die Person Kostjas mit den beiden anderen Werken verbunden ist, dessen Kindheit der Leser in einigen Episoden kennenlernt.

Werke: Jaška iz karmaška (1924); Rasskazy (1926); Dnevnik Kosti Rjabceva (1927; dt. Das Tagebuch des Schülers Kostja Rjabzew, 1927); Kostja Rjabcev na VUZe (1928; auch u. d. T.: Ischod Nikpetoža; dt. Kostja Rjabcev auf der Universität, 1929); Sledy dinozavra (1928); Komsomol'cy (1933); Krušenie antenny (1933); Načalo žizni (1933); Tri izmerenija (1933).

Sekundärliteratur: M. Bočačer: M. Ognev (in: Literaturnaja Enciklopedija. Bd. 8. 1934. Sp. 233–236). – Vl. Glocer: Ognev (in: Kratkaja Literaturnaja Enciklopedija. Bd. 5. 1968. Sp. 386–387). – L. Kassil': Iz škol'nich let oktjabr'skogo pokolenija (in: N. Ognev: Dnevnik Kosti Rjabceva. 1966. 3–11). – A. M. Vitman (Hrsg., zus. mit L. G. Os'kina): Sovetskie detskie pisateli, biobibliografičeskij slovar'. 1917–1957 (1961).

Susanne Schmidt

Oldenburger Kinder- und Jugendbuchpreis

Der Oldenburger Kinder- und Jugendbuchpreis wird von der Stadt Oldenburg für literarische und künstlerische Erstlingswerke auf dem Gebiet der Kinder- und Jugendliteratur jährlich vergeben.

Im Rahmen der Oldenburger Kinder- und Jugendbuchmesse (KIBUM) vergibt die Stadt Oldenburg seit 1977 jährlich den Oldenburger Kinder- und Jugendbuchpreis an deutschsprachige Schriftsteller und an Illustratoren, die mit Texten oder Illustrationen auf dem Gebiet der Kinder- und Jugendliteratur erstmals an die Öffentlichkeit treten. Berücksichtigt werden dabei Manuskripte und Illustrationen, die bisher unveröffentlicht oder gerade im Druck sind, sowie Kinder- und Jugendbücher, die im laufenden Jahr erschienen sind. Der teilbare Preis ist mit 10000 DM dotiert und soll in der Regel an zwei Preisträger vergeben werden. Die unabhängige Jury wird vom städtischen Kulturausschuß für ein Jahr berufen und besteht aus jeweils einem Literaturwissenschaftler oder Schriftsteller, einem Kunstwissenschaftler oder Künstler, einem Kritiker (Presse oder Hörfunk), einem Lektor oder Pädagogen und einem Jugendlichen im geeigneten Alter.

Bisher wurden ausgezeichnet: 1977: Leonie Ossowskis „Die große Flatter", Hanni Schaafs „Plötzlich war es geschehen", Dietlof Reiches „Der Bleisiegelfälscher". – 1978: Dagmar Kekules „Ich bin eine Wolke", Franz Hohlers „Tschipo", Wolfgang Fischbachs „Vorgestern hat unser Hahn gewalzert" (Illustrationen). – 1979: Monika Pelz' „Anna im anderen Land", Sabine Friedrichsons „Fundevogel und andere Lieblingsmärchen (Illustrationen). – 1980: Mirjam Presslers „Bitterschokolade".

H. D.

Opiz, Georg Emanuel

*Maler, Zeichner, Stecher, Lithograph und Illustrator; *1775 Prag, †12. 7. 1841 Leipzig.*

O. war Schüler Francesco (François-Joseph) Casanovas (1727–1802) in Dresden. Als Portraitmaler reiste er durch Deutschland und kam 1801 nach Wien, wo er seine Fähigkeiten in der Darstellung charakteristischer Volksszenen entdeckte und vervollkommnete. 1814 begleitete er die Herzogin von Kurland nach Paris, danach nahm er sein Wanderleben durch Deutschland wieder auf. Er hielt sich u. a. zeitweise in Altenburg und Heidelberg auf, bis er 1820 in Leipzig die Stelle eines Professors erhielt und dort bis zu seinem Tode lebte. Er war zu seinen Lebzeiten zunächst vor allem als Portraitmaler (Öl und Miniatur) und dann als Schilderer von Volksszenen des Leipziger Biedermeier bekannt.

Werk, Tendenzen, Wirkung. Zu Beginn seiner Illustrationstätigkeit im zweiten Jahrzehnt des 19. Jahrhunderts – z. B. bei den sechs Kupfern zu Ernst Schulzes „Die bezauberte Rose" (1818) – steht O. noch in der Almanachtradition des Rokoko, dekoriert den Rahmen mit Girlanden und setzt Putten in die Szenerie. Diese überwindet er jedoch bald zugunsten einer realistisch-biedermeierlichen Auffassung, die dem zum großen Teil erzieherischen Inhalt der Bücher eher gerecht wird. Er schildert Szenen aus dem Alltagsleben, in denen auch unwichtigere Dinge liebevoll dargestellt werden. Ob die Kulisse ein Garten, ein Innenhof oder ein Salon ist, stets wird eine noch geschlossene und intakte Welt sichtbar. Ein Hund döst, Schaukelpferd und Trommel stehen in der Ecke; eine freundliche behütete Welt wird gezeigt, in der man friedlich leben kann, wenn man sich an die Regeln hält.

Die Handlung – häufig werden Kinder ermahnt – ist durch die eindeutigen Gesten und Haltungen der auftretenden Personen deutlich zu verstehen. Die Gesichter sind meist freundlich-ausdruckslos, die Haltung elegant, die Füße zierlich; Einrichtung, Kleidung und Frisuren entsprechen der Zeit.

O., der als amüsant-ironischer Schilderer des biedermeierlichen Volk-, Soldaten- und Studentenlebens gilt und dessen Aquarelle und Stiche kulturgeschichtlich aufschlußreich sind, verzichtet in seinen Illustrationen für Kinder- und Jugendschriften fast ganz auf einen humoristischen Tonfall. Diese Illustrationen sollen bürgerliche Verhaltensweisen veranschaulichen und Exempel moralischer Lebensführung wiedergeben.

Die didaktische Absicht von O. dürfte sein, dem jugendlichen Betrachter ein Gefühl der Geborgenheit zu vermitteln und zur Erhaltung der harmonischen, braven Bürgerwelt durch eine Erziehung zur Ehrlichkeit und Freundlichkeit gegenüber Mensch und Tier beizutragen.

Werke: Fr. Kind: Von Dycks Landleben (1817); E. Schulze: Die bezauberte Rose (1818); M. A. v. Thümmel: Der heilige Kilian und das Liebespaar (1818); E. Hold: Erzählungen aus der Fremde zur Kunde der Lebensweise, der Sitten, Meinungen und Gebräuche fremder Völker (1819); J. A. Chr. Löhr: Das Buch der Bilder, Geschichten und Lehren für Kindheit und Jugend (Th. 1–3. 1819–1821); Die ernsten und lustigen Dinge der Familie Ehrthal (Bd. 1–3. 1821); E. Schulze: Cäcilie. Ein romantisches Gedicht (Th. 1–2. 1822); G. H. Rosenmüller: Mitgabe für das ganze Leben beim Austritt aus der Schule und Eintritt in das bürgerliche Leben, am Tage der Confirmation der Jugend geheiligt (1826); M. Edgeworth: Erste Nahrung für Geist und Herz (Bd. 1–4. 1827); H. Müller: Das neue Bildungsbuch zum Unterricht und Vergnügen für die lieben Kinder (1829); Bilder für Geist und Herz aus der biblischen Geschichte (1837); J. Sporschil: Die Schweizer-Chronik (1840); M. F. Schmaltz: Erbauungsstunden für Jünglinge und Jungfrauen nach ihrem feierlichen Eintritte in die Mitte reiferer Christen. Ein Confirmationsgeschenk und Beitrag zur häuslichen Andacht (1840); G. W. Becker: Die Fahrten und Abenteuer des Lieutnant Ferdinand v. Wrangel auf der Reise von Petersburg nach der Nordostküste von Sibirien zu Wasser und zu Lande (1841); J. Chr. K. Förtsch: Lehrreiche Bilder aus dem Familienleben (1842).

Sekundärliteratur: E. Bock: Staatliche Museen zu Berlin. Die deutschen Meister (1921). – Th. Kutschmann: Geschichte der deutschen Illustration (Bd. 1. 1899). – G. E. Opiz. Ein Zeichner der Leipziger Messe (1965). – A. Rümann: Alte deutsche Kinderbücher (1937); Das illustrierte Buch des 19. Jahrhunderts in England, Frankreich und Deutschland 1790–1860 (1930, ND. 1975); Die illustrierten deutschen Bücher des 19. Jahrhunderts (1926). – H. Wegehaupt: Alte deutsche Kinderbücher. Bibliographie 1507–1850 (1979).

Cornelia Schneider

Ossowski, Leonie

*Schriftstellerin, Autorin von Hör- und Fernsehspielen; * 15. 8. 1925 Röhrsdorf (heute: Osowa Sien/Polen).*

O. absolvierte eine landwirtschaftliche Berufsausbildung. 1945 flüchtete sie aus dem damaligen Niederschlesien. Ihre ersten literarischen Versuche waren Kurzgeschichten, die über eine Agentur an Metzger-, Apotheker- und Reformhauszeitschriften vertrieben wurden. Anfang der fünfziger Jahre bekam sie erste Drehbuchaufträge für die Spielfilmproduktion der DEFA in Ost-Berlin. In dieser Zeit entstand auch „Stern ohne Himmel“ (1956). 1958 zog O. nach Mannheim. Nach längerer Schreibpause entstanden Ende der sechziger Jahre der Roman „Wer fürchtet sich vorm schwarzen Mann“ (1967), das Drehbuch zum Tatortkrimi „Auf offener Straße“ und das Hörspiel „Autoknacker“. Aus einer Tätigkeit im Mannheimer Jugendgefängnis erwuchsen engagierte Berichte. Die 1972 entstandene Dokumentation „Zur Bewährung ausgesetzt“ fand sowohl als Dokumentarfilm wie als Theaterstück „Mitschuldig“ zusätzliche Verbreitung. 1974 erschienen die „Mannheimer Erzählungen“ und 1977 der mit dem Jugendbuchpreis der Stadt Oldenburg ausgezeichnete Roman „Die große Flatter“, dessen Fernsehverfilmung 1979 den Adolf-Grimme-Preis in Silber erhielt. Der nach einem dreimonatigen Aufent-

Leonie Ossowski (* 1925)

halt in ihrer Heimat veröffentlichte Roman „Weichselkirschen“ (1976) wurde ebenfalls für das Deutsche Fernsehen verfilmt. 1978 schrieb O. den Erzählband „Blumen für Magritte“. Die Überarbeitung ihres Frühwerkes „Stern ohne Himmel“ zum Jugendroman 1978 wurde mit dem Jugendbuchpreis ‚Buxtehuder Bulle‘ (1979) ausgezeichnet. O. lebt in Berlin.

Werk, Tendenzen, Wirkung. O.s Werk wird durch Engagement im sozialen und politischen Bereich charakterisiert. Probleme unserer Gesellschaft werden von ihr aufgegriffen, Schwachstellen aufgezeigt. So standen für O. nach zwanzigjähriger Schreibpause, in der sie sich bis 1968 ihrer Familie widmete, zwei Alternativen für den weiteren Lebensweg zur Diskussion: Sozialarbeit oder Schriftstellerei. Nach den Funktionen als ehrenamtliche Bewährungshelferin, Leiterin einer Gefängnisjugendgruppe und aktives Mitglied im Mannheimer Gefängnisbeirat, gibt sie dem Beruf der Schriftstellerin den Vorrang, weil sie sich als Vermittlerin begreift, die „über gesellschaftsbezogene Situationen unserer Zeit informieren will“. Drei Bücher sind die Folge ihrer praktischen Bemühungen in der Resozialisierung jugendlicher Strafgefangener. Schonungslos spricht sie in „Zur Bewährung ausgesetzt“ die Schwierigkeiten der Bewährungshilfe an und zieht schließlich Bilanz ihres privaten Experiments, einem Wohnkollektiv für strafentlassene Jugendliche. In elf kurzen Geschichten und Berichten stellt O. in der Milieuschilderung „Mannheimer Erzählungen“ Schlüsselepisoden im Leben jugendlicher Außenseiter dar. Ein Bestseller wurde der Roman

„Die große Flatter". Das Buch berichtet von zwei Fünfzehnjährigen, die in einer Obdachlosensiedlung leben und kriminell werden. Detailgetreu vermittelt O. ihre in der Sozialarbeit gewonnenen Erfahrungen aus einer verdrängten Lebensumwelt. Im Nachwort zur zweiten Auflage des in der dreiteiligen Fernsehfassung ins Berliner Milieu übertragenen Buches bestätigt O. ihren vermuteten Verdacht, über etwas zu schreiben, was gesellschaftlich tabuisiert wird. 1976 besuchte O. mit Hilfe des deutschen und polnischen Schriftstellerverbandes erstmals wieder für drei Monate ihr Geburtsdorf im ehemaligen Niederschlesien. „Nach meiner Rückkehr schrieb ich einige Rundfunkbeiträge und den Roman ‚Weichselkirschen'. Mit diesem Buch hatte ich das Ziel, am Beispiel eines Dorfes und dem Schicksal seiner ehemaligen und jetzigen Bewohner unser heutiges deutsch-polnisches Verhältnis, ohne den Aufhänger Tourismus, darzustellen und zu durchleuchten." Der stark autobiographische Roman macht den Leser in der Figur der Journalistin Anna mit den alltäglichen Problemen in Polen vertraut, indem er die Hauptakteurin, niemand anderes als O. selbst, im Netz der Erinnerungen und Kinderängste begleitet. Bekannt wurde O. vor allem auch durch den bereits zwanzig Jahre vor der bundesdeutschen Erstauflage in der DDR und ČSSR erschienenen und in Greifswald als Theaterstück auf die Bühne gebrachten Roman „Stern ohne Himmel". Die gekürzte und überarbeitete Fassung von 1978 erzählt die Geschichte von fünf Jugendlichen in den letzten Jahren der Naziherrschaft. Am Beispiel der ihr selbst zugetragenen Erzählung, geprägt in Stil und Handlung von ihren unmittelbaren Erinnerungen und dem Berührtsein durch die eigenen Kriegserlebnisse, gelingt O., die Inhumanität des nationalsozialistischen Systems aufzuzeigen. Die Intention zum Schreiben dieses Buches war für O. „von der Thematik her notwendig und für mich wichtig, weil es eine versöhnliche Diskussionsbasis zwischen Jugendlichen und den Eltern über die Nazizeit anbietet". Sie schrieb auch das Drehbuch zur Verfilmung dieses Buches (1981).

Werke: Stern ohne Himmel (1956; bearb. NA. 1978, [4]1980); Wer fürchtet sich vorm schwarzen Mann? (1967); Zur Bewährung ausgesetzt (1972); Mannheimer Erzählungen (1974); Weichselkirschen (1976); Die große Flatter (1977); Blumen für Magritte. Erzählungen (1978); Liebe ist kein Argument (1981).

Wolfgang Schneider

Ott, Pepperl

*(d.i. Franz Josef Ott, auch: Beppo Ott) Graphiker, Kinderbuchillustrator; *9. 1. 1929 München.*

Nach dem Besuch des Gymnasiums studierte O. an der Akademie der bildenden Künste in München bei JOSEF OBERBERGER. Sein Schaffensschwerpunkt liegt bei der Illustration von Kinderbüchern, in den letzten Jahren vor allem von Schulbüchern. O. arbeitete an der Schulbuchserie „Uli der Fehlerteufel" (List-Verlag) mit. Daneben entwarf er zahlreiche Plakate, hauptsächlich Theaterplakate, von denen mehrere mit Preisen ausgezeichnet wurden.

Werk, Tendenzen, Wirkung. O. hat vor allem in den sechziger und siebziger Jahren viele Bilderbücher und Kinderbücher ausgestattet. Dabei kamen ihm Textvorlagen mit fröhlich-harmlosem Inhalt, in Prosa oder in Reimform, besonders gelegen. Zu GÜNTER SPANGS Text „Clelia und die kleine Wassernixe" (1962) malte O. farbenfrohe, erzählende Bilder, 1963 erschien „Till und Tina im Gebirge" mit Versen von EVA RECHLIN als „Künstlerbilderbuch" bei Stalling, 1966 die von RODERICH MENZEL erzählte Zirkusgeschichte „Leo der Löwe" und sein schönstes und einfallsreichstes Bilderbuch zu sieben Geschichten von TANKRED DORST „Die mehreren Zauberer". O. bevorzugt die Darstellung kecker oder drolliger Figuren: Rotnäsiger, bebrillter, schnauzbärtiger Männer, schwarzer Schornsteinfegerchen, alter Frauen mit Knotenfrisur, rotwangiger, rundgesichtiger Kinder usw. Für ihn ist die Kinderwelt voller Unsinn – so malt er Kühe in Baumkronen, läßt einen gelben Zauberer mit grünen Haaren in einem hingezauberten Fluß angeln und einen befrackten Diener zur Begrüßung seinen Kopf abnehmen – und ebenso voll von altmodischem Gerät: Kulissen mittelalterlicher Städte, historische Automodelle, Dampflokomotiven und ein Hochrad für den Briefträger. O. strukturiert trotz großer Beweglichkeit der einzelnen Figuren insgesamt seine Illustrationen so, daß sie geordnet und symmetrisch gebaut erscheinen. Der flotte, bewegte Strich und die lebhaften, frischen Farben passen zu den harmlos lustigen Themen. O. kann gelegentlich üblichen Klischees nicht entgehen, wenn er z.B. Chinesen gleich dutzendweise schlitzäugig und in einheitlicher Kleidung auftreten läßt („Der kleine Stationsvorsteher und die Chinesen", 1966) oder einen Bösewicht schwarz und häßlich mit langer Nase und Stockzähnen karikierend darstellt.

Werke: G. Spang: Clelia und die kleine Wassernixe (1962); E. Rechlin: Till und Tina im Gebirge (1963); T. Dorst: Die mehreren Zauberer (1966); R. Menzel: Leo, der Löwe (1966); G. Müller-Kirchberg: Bald nun ist Weihnachtszeit (1966); G. Ruck-Pauquèt: Der kleine Stationsvorsteher und die Chinesen. Der kleine Stationsvorsteher und der Traum. 2 Geschichten (1966); G. Ruck-Pauquèt: Sandmännchen erzählt von seinen kleinen Freunden (1966); G. Spatz: Die Rettung des Teddies. Die Premiere (1966); H. P. Thiel: Hopsi, das Eichhörnchen (1966); E. Rechlin: Eine Schneckenreise. Mäuse schlafen (1967); H. Baumann: Der Kindermond (1968); G. Spang: Der Millionär in der Seifenblase (1968); H. Baumann: Das Everl und der Aff (1969); Rätselpeter (Bd. 1-3. 1970–1971); E. Kaut: Fehlerteufelgeschichten (1973).

Erich Gerhard

Overberg, Bernhard Heinrich

*Theologe, Pädagoge; *1.5.1754 Bauerschaft Höckel (bei Osnabrück), †9.11.1826 Münster (Westfalen).*

O.s Vater war als Hausierhändler unterwegs, die Mutter unterhielt einen kleinen Kramladen, deshalb wurde O. als Knabe „Krämers Bernd" genannt. Da er fortwährend kränkelte, erhielt er zunächst eine recht unzureichende Erziehung. Bereits sechzehn Jahre alt, kam er 1770 nach Rheine in das von den Franziskanern geleitete Landgymnasium Dionysianum und wurde mit Rücksicht auf sein vorgeschrittenes Alter in die zweite Klasse aufgenommen. Im Herbst 1776 begann O. in Münster mit dem Studium der Theologie. Am 20. Dezember 1779 wurde O. in Rheine von dem Münsterischen Weihbischof WILHELM D'ALHAUS zum Priester geweiht. Im Herbst 1780 wurde er Kaplan in Everswinkel, unweit Münster. O.s Befähigung zum Unterrichten wurde bald bekannt, und er wurde im Frühjahr 1783 von dem Generalvikar FREIHERR FRANZ FRIEDRICH WILHELM VON FÜRSTENBERG (1728–1810) nach Münster berufen, um in einer neu einzurichtenden Normalschule den Unterricht für angehende oder bereits angestellte Lehrer und Lehrerinnen in der münsterischen Diözese zu übernehmen. 1785 wurde O. Rektor und Beichtvater des unter französischer Herrschaft aufgehobenen Klosters der lothringischen Chorjungfrauen und Vikar an ihrer Kirche. In ihrer Freischule und in ihrem Mädchenpensionat erteilte er 27 Jahre lang regelmäßig Unterricht, namentlich in der biblischen Geschichte und im Rechnen. Sonntags hielt er in ihrer Kirche Katechesen, die auch von Erwachsenen besucht wurden. 1786 wurde er auf die dringende Empfehlung FÜRSTENBERGS zum Synodalexaminator ernannt. Von 1789 an wohnte O. fast zwanzig Jahre im Haus der Fürstin ADELHEID AMALIA VON GALLITZIN, geb. GRÄFIN VON SCHMETTAU (1748–1806), die ihn zu ihrem Beichtvater und Gewissensrat gewählt hatte. Im Jahr 1801 wurde O. Mitglied der „Land- und Trivialschulen-Commission". Nach dem Tode der Fürstin GALLITZIN behielt er noch einige Jahre seine Wohnung in ihrem Haus. Er verließ diese erst, als er 1809 zum Regens des Priesterseminars und gleichzeitig zum Dechanten in Überwasser ernannt wurde. Im Jahr 1816 wurde die Schulkommission zu einer Abteilung der königlich preußischen Regierung umgestaltet, und O. wurde zum Konsistorialrat und Mitglied der Regierung für Schulangelegenheiten ernannt. 1818 verlieh ihm der König von Preußen den roten Adlerorden Dritter Klasse. 1816 ernannte er ihn zum Oberkonsistorialrat und Ehrenmitglied des Provinzial-Schulkollegiums. Zwei Jahre nach seinem Tod wurde O. in einem Hof des Priesterseminars ein Denkmal gesetzt.

Werk, Tendenzen, Wirkung. Mit wenigen Ausnahmen hat O. seine Werke zur Hebung des Volksschulwesens geschrieben. Am verbreitetsten war sein „Neues A-B-C, Buchstabir- und Lesebuch, nach der im Hochstift Münster eingeführten Lehrart" (1788, NA. 1822). Den Zusatz „Neues" wählte O., weil er von der veralteten Art jener ABC-Bücher abwich, mit denen er selbst in seiner Schulzeit geplagt wurde. 1793 erschien die „Anweisung zum zweckmäßigen Schulunterricht für die Schullehrer im Hochstift Münster", in der er die Lehrer zu pädagogischen Reformen veranlassen wollte. Seine „Biblischen Geschichten" (1799) und „Anweisungen zum zweckmäßigen Schulunterricht" fanden von seiten der Pädagogen und Behörden gute Aufnahme und gehörten zur Standardlektüre von Schülern und Lehrern im Münsterland. Von der „Anweisung" wurden 1793 auf Kosten des Landes 500 Exemplare, von dem „Religionsbuch" auf Kosten der preußischen Regierung eine Anzahl von Exemplaren an Lehrer und Lehrerinnen verteilt. Die „Biblische Geschichte" wurde durch die Fürstenbergsche „Schulverordnung" von 1801 zum ausschließlichen Gebrauch vorgeschrieben; auch seine Katechismen wurden in den Münsterschen Schulen eingeführt. Noch 1873 und 1891 wurden O.s Bücher neu herausgegeben. Die Schulbücher von O. wurden auch in den katholischen Schulen in anderen Gegenden von Deutschland, in Übersetzungen auch in Holland benutzt. Von der „Anweisung" erschien in Lüttich eine französische Übersetzung in zwei Auflagen. Sie fand auch bei protestantischen Pädagogen Anerkennung.

Werke: Neues A-B-C-, Buchstabir- und Lesebuch, nach der im Hochstift Münster eingeführten Lehrart (1788, NA. 1822); Anweisung zum zweckmäßigen Schulunterricht für die Schullehrer im Hochstift Münster (1793); Geschichte des alten und neuen Testamentes zur Belehrung und Erbauung besonders für Lehrer, größere Schüler und Hausväter. Aus der heiligen Schrift gezogen und mit einigen Anmerkungen begleitet (Bd. 1–2. 1799, NA. 1817); Christkatholisches Religionsbuch (Bd. 1–2. 1804, [7]1854); Katechismus der christkatholischen Lehre zum Gebrauche der kleinern Schüler, nach Anleitung des dritten Theiles der Anweisung zum zweckmäßigen Schulunterricht für die Schullehrer (1804, [12]1819); Katechismus der christkatholischen Lehre zum Gebrauche der größern Schüler, nach Anleitung des dritten Theiles der Anweisung zum zweckmäßigen Schulunterricht für die Schullehrer (1804, [14]1824); Katechismus für die Stadt- und Landjugend (1806, NA. 1840 u. 1843); Kleiner Haussegen oder gemeinschaftliche Hausandacht, welche besonders nützlich ist, den Segen Gottes zu erhalten (1807); Über die Moden. Gespräche einer Lehrerin mit ihren Pensionären (1807).

Sekundärliteratur: N. Gengler: Das Bild des Lehrers bei Overberg (Diss. 1923). – P. Krüger: Bernhard Overberg über das Amt und die Persönlichkeit des Religionspädagogen (1936). – J. Reinermann: B. Overberg, in seinem Leben und Wirken dargestellt von einem seiner Angehörigen (1830). – W. Sahner: Overberg als Pädagoge und Katechet und das Arbeitsschulprinzip (1848). – H. Schubert: Erinnerungen an B. Overberg und G. M. Wittmann (1835). – R. Stapper (Hrsg.): Bernhard Overberg als pädagogischer Führer seiner Zeit. Festschrift zum Hundertjahrgedächtnis seines Todestages im Auftrage des Deutschen Instituts für wissenschaftliche Pädagogik zu Münster (1926).

Hans Eich

P

Pagés, Helene

*Lehrerin, Kinderbuchautorin; * 14. 12. 1863 Sauerbrunnen bei Boppard (Rhein), †23. 11. 1944 Reit im Winkl.*

Aus einer hugenottischen Familie stammend, stand P. bis zu ihrer Pensionierung im Lehrerberuf.

Werk, Tendenzen, Wirkung. Die Erzählungen P.' gehören zu den wenigen aus der Zeit vor und kurz nach dem Ersten Weltkrieg, die bis in die Gegenwart hinein Neuauflagen erlebten. Vor allem ihre Nanni-Bücher, die eine deutliche Verwandtschaft zu AGNES SAPPER (1852–1929) und deren „Familie Pfäffling" zeigen, wurden zu einem Longseller der deutschsprachigen Kinderliteratur.
In der Nanni-Trilogie (Großmutters Jugendland. Die Geschichte von Klein-Nanni, 1920; Großmutters Mädchentage. Die Geschichte von Jung-Nanni, 1920; Mutter Nanni und ihre Kinder, 1921) begleiten die jungen Leserinnen Nanni von ihrer frühen Kindheit bis ins Alter. Im Mittelpunkt der Geschichten stehen weitgehend kleine Begebenheiten aus dem Alltag, die nichts Aufregendes und Außergewöhnliches bringen, aber mit epischem Talent voller Warmherzigkeit und Natürlichkeit erzählt werden, ohne je aufgesetzt oder gekünstelt zu wirken. Die Autorin zeigt ein Gespür für kindliche Eigenarten und Entwicklungskonflikte. Stellenweise spannungslos, aber immer ohne Sentimentalität, fließt die Erzählung geradlinig dahin, wobei alle Schwierigkeiten auf dem Hintergrund eines unerschütterlichen Optimismus und eines naiven Glaubens an die Kraft und Harmonie der Familie überwunden werden und auch schwere Schicksalsschläge, wie der Tod der ältesten Tochter von Nanni, als Teil einer gütigen Vorsehung selbstverständlich hingenommen werden. Sehr deutlich kommt die Grundhaltung der Autorin in den Schlußworten des Bandes „Mutter Nanni und ihre Kinder" (1921) zum Ausdruck, wenn es dort im Hinblick auf den Tod ihrer ältesten Tochter heißt: „Aber weil Mutter Nannis Zauberspruch: Mut und Gottvertrauen, nichts von seiner Wunderkraft eingebüßt hatte, fand sie bald ihr gütiges Lachen wieder, und als mit den Jahren vierundzwanzig Enkel kamen und um sie blühten, sah sie mit stolzen Augen auf diesen neuen Gottessegen und war die heiterste und gütigste aller Großmütter".
In ihren Erzählungen, die sich bereits an Ältere wandten und einen historischen Bezug aufweisen wie „Von Godefried und Mechthildis, die kreuzfahren gingen" (1924), einer Erzählung von dem mittelalterlichen Kinderkreuzzug, reicht die erzählerische Kraft der Autorin nur selten aus, um durch Meisterung des dargestellten seelischen Erlebens die Jugend zu fesseln. In Schulen fanden vielfach Bändchen Eingang, in denen die Autorin unter einem bestimmten Thema Gedichte und Erzählungen bekannter Autoren und Autorinnen zusammenstellte. Vor allem ihr Band „Unser Weihnachtsbuch für klein und groß" (1927), mit dem P. „die fromme deutsche Weihnachtsstimmung aufwecken und vertiefen" wollte und in dem sich „Lied, Gedicht, Legende, Skizze, Erzählung um die Krippe des Welterlösers ranken", wurde zu einem echten Familienbuch. Auch die mehr fröhlichen Geschichten und Gedichte in dem Büchlein „Weißt du, wie die Tiere leben? Eine lustige Naturgeschichte" (1929), in dem auch eigene Gedichte der Autorin zu finden sind, wurden in den Grundschulen als Lesestoffe verwandt.

Werke: Marthas Tagebuch (1903); Marthas Ferien (1907); Ehrenpreis. Eine Festgabe für Erstkommunikanten (1912); Kleine Buben und der große Krieg (1915); Deutsche Mädchen (1917); Aus Gottes Garten. Kurze Begebenheiten aus dem Leben der lieben Heiligen (1918); Die Liebe drängt (1919); Großmutters Jugendland. Die Geschichte von Klein-Nanni (1920); Großmutters Mädchentage. Die Geschichte von Jung-Nanni (1920); Mutter Nanni und ihre Kinder (1921); Komm, heiliger Geist! Eine Festgabe für Firmlinge (1922); Von Godefried und Mechthildis, die kreuzfahren gingen. Eine Erzählung aus dem Kinderkreuzzug (1924); Reihum. Geschichten von Mädchen und Buben (1924); Rodrigo, der Schiffsjunge des großen Kolumbus (1926); Das kleine Mädchen. Ein Kinderbuch (1928); Christel geht zur Schule (1931); Christel und der Wald (1932); Die Geschichte der heiligen Rosa von Lima (1933); Die klingende Kette. Erinnerungen (1935); Matz, der Bub. Geschichten um einen kleinen Jungen herum (1935); Fernes Läuten. Ein Buch der Begegnung (1939); Das Geheimnis um Monika (1940).

Hrsg.: Unser Weihnachtsbuch für klein und groß (1927); Weißt du, wie die Tiere leben? Eine lustige Naturgeschichte (1929).

Helmut Müller

Papiertheater

Das P. (mit leichter begrifflicher Verschiebung auch Kindertheater in engerem Sinne, Modelltheater, Heimtheater, Kleintheater genannt) ist ein Spielwerk, das seit Ende des 18. Jahrhunderts im europäischen Kulturkreis belegt ist. Es zeigt nachahmend die Guckkastenbühne des „großen" Theaters in handlich verkleinertem Format – zum Aufstellen auf Tischen – und ermöglicht mit eigens entwickelten Mitteln bühnenmäßige Aufführungen.

Definitionsmerkmale und Verbreitung. Vom Puppentheater (Marionetten- und Kasperletheater) unterscheidet sich das P. durch die ausschließliche Verwendung von Papier und Pappe als die charakteristischen Mittel in rein flächiger Aufbereitung zur Ausrichtung des szenischen Geschehens. In seiner ursprünglichen Form verwendet das P. keine plastischen Figuren und auch keine gegenständlich räumlichen Kulissen und Requisiten. Spätere räumliche Wirkungen werden durch perspektivische Zurichtungen erreicht. Das Darstellungsmaterial umfaßt den Bühnenkasten mit Proszeniumsverkleidung, die Dekorationen und die Figuren (in Figurinenform). Die Betriebsfertigkeit sollte nach Absicht der Initiatoren aus den Bauelementen und vor allem aus Vorlage- oder Bilderbogen vom Spieler selbst

erst hergestellt werden. Dazu kommt das Textbuch, das als fertige Verlagsgabe geliefert wurde. In je einzelnen Fällen (vor allem in der Spätzeit des P.s gegen Ende des 19. Jahrhunderts) wurden auch Anregungen zum Selbstverfassen des Textes gegeben, besonders für Inszenierungen von speziellen Kindertheaterstücken.
Sicher ist, daß das P. seinen Ausgang vom Bilderbogen nahm. Als spielerisch gegenständliche Vorläufer können die Guckkästen bzw. Dioramen angesehen werden. Das P. stellt ein Kapitel in der Geschichte der volkstümlichen Druckgraphik dar. Dies ist zu belegen durch die Angebote der rührigsten deutschen Verleger auf diesem Gebiet: durch Gustav Kühn sowie Oehmigke und Riemschneider in Neuruppin, Braun & Schneider in München, Scholz in Mainz und Schreiber in Esslingen. Während der ältere Kühn Ende des 18. Jahrhunderts für seine Bilderbögen noch den Holzschnitt verwendete, ließ sein Sohn die Blätter schon als (Feder-)Lithographien drucken und hatte damit ein billigeres und elastischeres Vervielfältigungsverfahren eingeführt. Ältere Kupferstichreproduktionen konnten aus Preisgründen nicht mehr konkurrieren. Zudem war die Lithographie kurzfristig herzustellen. Dies war notwendig, wenn die P.-Angebote in zeitlichem Zusammenspiel mit den Neuinszenierungen der großen Bühnen auftreten wollten. Während die Neuruppiner Firma auf billiges Papier druckte, sich keine leistungsstarken Kopisten und Koloristen hielt, wurde bei den Münchener Bogen mehr auf graphische Qualität geachtet. Für sie arbeiteten namhafte Künstler (FRANZ VON POCCI, 1807–1876; WILHELM BUSCH, 1832–1908; und vor allem LOTHAR MEGGENDORFER, 1847–1925). Den Anfang mit der Beschäftigung tüchtiger Mitarbeiter machte bereits die Firma J. Chr. Winckelman in Berlin (1828), die den Graphiker THEODOR HOSEMANN (1807–1875) für sich gewann. Auch Scholz in Mainz hielt sich gute Verlagszeichner (z. B. den Bühnenmaler KARL BEYER aus Darmstadt), die zum Teil die großen Bühnenentwürfe auswerteten. Andere Hersteller beauftragten weniger profilierte Theatermaler unmittel-

Papiertheater-Figuren zu dem englischen Stück „The Battle of Waterloo". Hersteller war Benjamin Pollock. Die einzelnen Charaktere sollten bemalt werden, ehe sie ausgeschnitten wurden.

bar zur Mitarbeit an ihren Blättern. Der erst später auf den Plan tretende Verlag J. F. Schreiber aus Esslingen (ab 1877) besticht in seinen Blättern durch einen ausgeglichenen Farbdruck. Die Handkolorierung tritt in den Hintergrund, oder sie wurde noch als Schablonenarbeit durchgeführt. Als Zeichner wurde der Münchener Künstler THEODOR GUGGENBERGER beschäftigt. Die große Zeit der Angebote von Bilderbogen mit Theaterfiguren und nicht lang danach mit Dekorationsmaterial lag in der ersten Hälfte des 19. Jahrhunderts. Man glaubt als erste P.-Fabrikanten die Verleger J. RAAB, die Brüder SCHMITT, C. SCHRAMM und N. CAMPE in Nürnberg um 1830 benennen zu können. Die Freude am aufgeklärten Kindertheater, wie es z.B. CHR. F. WEISSE in seinem „Kinderfreund" vorschlägt und in dem die Kinder persönlich als Akteure auftreten, hat sich auf den intimeren Bereich des P. übertragen. Dabei ist eine fortschreitende Ausfächerung der theatralischen Wirkung und des szenischen Apparates zu vermerken. Das Angebot der Figurenblätter, auf denen die Personen nur in einer charakteristischen Pose und einem Kostüm abgebildet waren, mit deren Hilfe meist nur eine statische Spielszene aufgebaut werden konnte, wurde bald erweitert. Nun erschienen Blätter mit mehreren Posen und Kostümen der Figuren und vor allem mit variablen Dekorationen. Damit wurde das P. auf eine natürliche Weise voll funktionsfähig. Die anfänglich festgeklebten Figuren und Dekorationsteile erhielten im Bühnenraum eine Führungsmöglichkeit (in Rillen und mit Stäben); dazu kommt ein Angebot an technischem Beiwerk, das eine gewisse barocke Theatralik ermöglichte und oft im wahren Sinn des Wortes umwerfende Wirkungen im Zuschauerkreis zeitigte. Mit zunehmender Industrialisierung und Kommerzialisierung des P. machte man es dem Freund dieses Spieles bequemer: fertige Figuren, montierte Dekorationen wurden jeweils für eine Inszenierung in einem handlichen Theaterkasten griffbereit geliefert. Bekannt sind die Schreiber'schen „Theatermappen". Die Aktivität der Spielbeflissenen wurde damit allerdings wesentlich eingeschränkt: das vorgefertigte Spiel war im Vormarsch.

Das Repertoire des P.s. Das Repertoire des P.s bestand – in Parallele zu den Verwirklichungen der großen Bühnen – aus klassischen Dramen und zeitgenössischen Opern, mit denen spektakuläre Effekte zu erzielen waren. Dabei traten nationale Unterschiede deutlich in Erscheinung. England wahrte „Originaltreue und Tradition" und ließ sich weitgehend auf SHAKESPEARE ein. Unbestrittener Schlager des englischen P.s war das Räuber- und Rührstück (à la mode) „The Miller and his men" (in 40 verschiedenen Ausgaben). Deutschland bevorzugte „Tell", „Freischütz" (diesen übernahmen 16 Verlage mit 25 Fassungen!). Dazu kamen „Hamlet", „Minna von Barnhelm", die „Zauberflöte", „Zar und Zimmermann", gelegentlich auch WAGNER-Opern; weiterhin Werke zweiter Garnitur, Komödien, Possen und Rührstücke. Das Wiener P. wurde von H. KAUT beschrieben und in seinen Varianten verdeutlicht. Der Schöpfer des Wiener P.s war der wendige Verleger J. TRENTSENSKY. Auch seine Produktionen stehen im Zusammenhang mit den Spielplänen der Stadt. Er beschäftigte den renommierten Theatermaler TH. JACHIMOWICZ für die Dekorations- und J. SCHMUTZER für die Figurenentwürfe. TRENTSENSKY schuf als Neuheit „die sich nach hinten verjüngende Perspektivform der Bühne", wie dies S. METKEN durch Abbildung einsichtig machte. Als typisch wienerisch bezeichnete S. METKEN auch „die Freude an raffinierten Setzstücken und spektakulären Verwandlungsdekors". Damit steht diese Variante des P.s in der Tradition des österreichischen barocken sogenannten Maschinentheaters, das ohne klassisches Intermezzo unmittelbar in die Biedermeiertheaterwelt der Zauberpossen mündete. Die laufende Anpassung an modernistische Tendenzen ist ein weiterer Zug des Wiener P.s. Hervorzuheben ist auch sein reger Export nach England, wo es allerdings mit Mißtrauen aufgenommen wurde. Neben dem Juvenile Drama oder Toy Theatre, der englischen Variante des P.s, von G. SPEAIGHT umfassend beschrieben, muß auch auf die dänische Tradition hingewiesen werden, die sich heute noch großer Lebendigkeit erfreut und eine auffallende Vorliebe für technische Finessen und Effekte zeigt. Die Dänen haben annehmbare Textbücher herausgebracht, aus denen eine umfangreiche Produktion an speziell für das P. erstellten Stücken hervorgeht. W. RÖHLER verweist noch auf das P.-Interesse in Belgien, Frankreich, Italien, Spanien und der Tschechoslowakei, von denen letztere zur Zeit das regste und dauerhafteste aufweist. Im deutschsprachigen Raum wurden die verlegerischen Aktivitäten für das P. in der zweiten Hälfte des 19. Jahrhunderts geringer. Initiative, Schwung und Begeisterung ließen nach. Man ging mehr und mehr zum reinen „Kindertheater in Papier" über, legte sich auf Märchenspiele und weitere kindliche Themen und Motive fest. Das beginnende 20. Jahrhundert lebte noch von den Restbeständen der früheren Produktion. Gegenwärtig bemühen sich einige Verlage, Reprints von besonders schönen alten Stücken erwachsenen Liebhabern vorzulegen. In der Kinderwelt ist das Echo dafür gering.
Die einstige Nähe des P. zu den Repertoires der großen Bühnen läßt das verlegte Material zu einer wichtigen theatergeschichtlichen Quelle der Vergangenheit werden, wie umgekehrt die Theatergeschichte, weil viele P.-Bogen im zeitlichen Nebeneinander zu den großen Premieren entstanden sind, zur Datierung und näheren Einordnung der P.-Produktion Beiträge leisten können.

P. als Kindertheater. Der kinder- und erlebnisspezifische Momentan- und Nachwirkungseffekt der P.-Welt kann nicht hoch genug eingeschätzt werden. In nicht wenigen Fällen beschäftigt sich das Kind allein mit dem P. Akteur und Zuschauer, Bühnenbildner und -techniker sind in einer Person vereinigt. Dabei erfährt der Spielende durch sein hingebungsvolles Tun über Verwandlung und Verzauberung „vor dem kleinen Geviert des Kindertheaters das Abbild kühnen Lebens" (A.

GOES) und damit eine „Einheit des Drinnen und Draußen, die das spätere Leben nur in ganz wenigen, kostbaren Augenblicken zu bieten imstande" ist (H. KAUT). Von vielen Persönlichkeiten des geistigen und künstlerischen Lebens wissen wir aus autobiographischen Äußerungen von der unauslöschlichen Bedeutung des P.s für deren geistigen Werdeprozeß (vgl. W. RÖHLER). Dazu gehören allerdings auch die zwiespältigen literarischen Einflüsse, die von den Textbüchern ausgegangen sind. Diese enthielten entschärfte, verkindlichte und oft verkümmerte Auszüge bzw. Zusammenstriche aus den dramatischen Originalwerken oder den Libretti der Opern. Dabei wurde höchstens die stoffliche Einheit gewahrt und vermittelt. Die literarische Qualität ging zumeist verloren. Die Zweitautoren waren durchweg unbekannte Literaten, oder sie ließen sich überhaupt nicht nennen. Der Däne ERICKSEN war ein Glücksfall. Häufig erfolgten im Eifer der Popularisierung literarische Fehltritte unverkennbar trivialer Observanz, die von Fall zu Fall parodistische Wirkungen erzielten. So fordert ATTINGHAUSEN in einem für das P. bearbeiteten „Tell" „ein donnernd Hoch" auf den Retter. Im Textbuch zur „Weißen Dame" (BOIELDIEU) wird ein ursprüngliches Sehnsuchtspathos in folgende Worte gekleidet: „... ich bin Offizier und habe Mut bei mir. Komm darum nur, weiße Frau, mir ist nicht flau!" Schreibers Textbücher wurden – auch im Blick auf Regieanweisungen – als die brauchbarsten angesehen. Da der Schwerpunkt des P.s auf dem optischen Sektor liegt, die Bildwirkung also im Vorder-

Papiertheater-Bearbeitung von „Max und Moritz". Der im Verlag J. F. Schreiber in Eßlingen erschienenen Ausgabe lag ein Bogen mit vorgezeichneten kolorierten Figuren bei, die auszuschneiden und mit Draht zu versehen waren, ehe mit ihnen auf der kleinen Bühne hantiert werden konnte.

grund steht, sollte die schwächere Belegung im Bereich des Wortes nicht allzu kritisch gesehen werden. Interessant ist, daß die Praxis des P.s im männlichen Spieler (zumeist) den aktiven und im Mädchen den passiven, stets zuschauenden Teil sah.
In einer gewissen Verwandtschaft zum P. stehen die beweglichen Weihnachtskrippen, die Aufstell- und Ziehbücher (Verwandlungsbücher). Beispielhaft dafür sind das „Theaterbuch" und das Verwandlungsbilderbuch „Die lustige Tante" (beide Schreiber, Esslingen) zu nennen. Auch das Schattentheater läßt manche Beziehungen zum P. zu.
Nationale Varianten sind feststellbar und verschiedentlich vertreten worden, so z. B. die auffallende porträtartige Wiedergabe von Person und Rolle berühmter Schauspieler in den Figuren des P.s im englischen Raum – gegenüber der stärker in Erscheinung tretenden Kostümvariationen im deutschsprachigen Raum. Kaum erforscht ist das Textbuchproblem. Weiterhin ist noch ungeklärt, ob das P. einem wachsenden Theaterenthusiasmus bürgerlicher Kreise um die Wende vom 18. zum 19. Jahrhundert entgegengekommen ist und diesen Anregungen zur Freizeitbeschäftigung gegeben hat, oder ob das P. als ausschließlich kindbezogen unter anthropogenen Gesichtspunkten konzipiert wurde. In der Spätzeit (vom Beginn des 20. Jahrhunderts bis heute) ist das P. mit der Übernahme technischen Raffinements in der Bühnentechnik mehr und mehr Erwachsenenhobby geworden und nahm damit spezifischen Modellcharakter an (wie ähnlich bei der Modelleisenbahn). Es gibt gegenwärtig eine lockere Vereinigung der Liebhaber, Sammler und Spieler auf nationaler und internationaler Ebene durch Gilden und Zeitschriften. W. Röhlers Darstellung sind entsprechende Hinweise und Informationen zu entnehmen.

P.-Forschung. Die P.-Forschung hat außerhalb der rein beschreibenden Leistungen (chronologische Aufzählung der Verlagsangebote und Aufschlüsselung der technischen Einzelheiten bzw. Voraussetzungen für die Aufführungen) noch kaum begründende und koordinierende Zusammenhänge über die Ansätze und die Fortführung des Phänomens P. im übernationalen Bereich erkundet. Es ist noch nicht geklärt, ob das P. eine Erfindung im deutschsprachigen oder englischen Raum ist, die sich dann vornehmlich über die mitteleuropäischen Nachbarländer ausgebreitet hat, oder ob das Bedürfnis danach in mehreren Ländern gleichzeitig und unabhängig voneinander entstanden ist.

Sekundärliteratur: G. Böhmer (Bearb.): Papiertheater. Katalog zur Ausstellung der Puppentheatersammlung im Münchener Stadtmuseum (1977). – A. Fraser: Spielzeug. Die Geschichte des Spielzeugs in aller Welt (1966). – G Garde: Theatergeschichte im Spiegel der Kindertheater (1971). – A. Goes: Von Mensch zu Mensch (1949). – H. Kaut (Hrsg.): Alt-Wiener Spielzeugschachtel (1961); – S. Metken: Geschnittenes Papier (1978). – W. Röhler: Große Liebe zu kleinen Theatern (1963). – G. Speaight: Juvenile Drama. The history of the English toy theatre (1946).

Hermann Bertlein

Papst, Johann Georg Friedrich

*(gelegentlich auch: Pabst). Pädagoge, Pfarrer, Jugendbuchautor; *21. 10. 1754 Ludwigsstadt (Bayreuth), †7. 6. 1821 Zirndorf (Mittelfranken).*

P. sollte den väterlichen Beruf des Schmiedes erlernen, wurde jedoch 1766 auf Veranlassung eines Schulrektors auf das Gymnasium und Alumneum in Hof geschickt. 1774 ging er an die Universität in Leipzig, wo er Philosophie, Griechisch, Latein, Theologie und Geschichte studierte. Drei Jahre später setzte er das Studium in Erlangen fort, wo er die Magisterwürde erlangte. Von 1779 bis 1782 arbeitete er als Erzieher der beiden Reichsgrafen zu Castell-Remlingen, mit denen er 1780 eine Reise durch Norddeutschland unternahm, auf der er vermutlich auch Joachim Heinrich Campe (1746–1818) besuchte. 1783 kehrte er nach Erlangen zurück, wo er an der Universität zunächst philosophische und theologische Vorlesungen hielt. Im Jahr 1790 wurde er ordentlicher Professor der Philosophie, ein Jahr später auch der Politik. Trotz einer erfolgversprechenden akademischen Laufbahn übernahm P. 1796 eine „sehr einträgliche" Pfarrstelle in Zirndorf und wurde einige Jahre später zum Dekan und Schulinspektor ernannt.

Werk, Tendenzen, Wirkung. P. hatte es sich zur Aufgabe gemacht, im Sinne der Aufklärung für eine allgemeine, wissenschaftlich fundierte Bildung zu arbeiten. Deshalb gab er Bildungsbücher heraus, die sich vor allem mit geographischen und historischen Themen beschäftigten. Angeregt durch die Ende des 18. Jahrhunderts zahlreich erschienenen Bücher über Entdeckungsreisen, vor allem durch Campes 1781 veröffentlichte „Entdeckung von Amerika", begann P. 1783 mit der Herausgabe seines fünfbändigen Werkes „Entdekkungen des fünften Welttheils", das er ausdrücklich als Fortsetzung von Campes Schrift verstanden wissen wollte. Durch Reisebeschreibungen sollten die jugendlichen Leser ihre Vorstellungen von „Wasser, Gefahren, Rettungsmitteln, Erde, Pflanzen, Thieren und Menschen" erweitern und berichtigen, zu einer „stillen Anbetung ihres erhabenen Schöpfers" gelangen und „ihre indianischen Brüder lieb" gewinnen (Bd. 1. Vorrede). Gerade die Jugend sei das richtige Alter, wo „noch unverkünstelte Herzen mit der kunstlosen Natur noch am meisten sympathisiren" (Bd. 5. Vorrede). Nach dem Vorbild der Werke Campes schrieb P. zunächst in Dialogform, bis er dann aufgrund von kritischen Bemerkungen vom dritten Band an nach und nach auf den Dialog zwischen Vater und Kindern verzichtete. Als Quellen benutzte er vor allem die „Meisterwerke" von Johann Reinhold Forster (1729–1798) und Georg Forster (1754–1794). In allen fünf Bänden erzählt P. auf umfassende, mal spannende, mal langatmige Weise von den ersten Reisen zu jenem „sagenhaften Südkontinent" bis zu den wissenschaftlich durchgeführten Fahrten James Cooks (1728–1779).

Weit weniger der Weltoffenheit und der Toleranz verpflichtet als vielmehr traditionellen, konservativen Anschauungen zeigt sich P. in dem zweibändigen, mit Kupfern von ABRAHAM WOLFGANG KÜFNER ausgestatteten Werk über das Leben FRIEDRICHs II., das 1791 auch ins Schwedische übersetzt wurde. Beginnend mit FRIEDRICHs Kindheit über eine Darstellung der im 18. und 19. Jahrhundert sehr populären „Katte-Tragödie" bis hin zu allen wichtigen politischen Auseinandersetzungen unter FRIEDRICH II. wollte P., der sich auf zeitgenössische Geschichtsdarstellungen und Briefe FRIEDRICHs II. stützte, der Jugend ein Vorbild „deutscher Mannesgröße" geben.

Gemeinsam mit dem Lehrer und Jugendschriftsteller JOHANN GOTTLIEB CUNRADI gab P. das fünfbändige Werk „Die Reisenden für Länder- und Völkerkunde" heraus, das sich zwar nicht direkt an die Jugend wandte, aber als Ergänzung, auch was den weltoffenen und vorurteilsfreien Ton angeht, der „Entdeckungen" anzusehen ist.

Werke: Die Entdeckungen des fünften Welttheils, oder Reisen um die Welt. Ein Lesebuch für die Jugend (Bd. 1–5. 1783–1790); Predigt über den Werth der Bildung des Geistes (1784); Leben Friedrichs II. König von Preußen, für deutsche Jünglinge bearbeitet (Bd. 1–2. 1788–1789).

Hrsg.: Die Reisenden für Länder- und Völkerkunde (zus. mit J. G. Cunradi. Bd. 1–5. 1788–1791).

Sekundärliteratur: H. Döring: Die gelehrten Theologen Deutschlands (Bd. 3. 1833. 213–216). – C. W. Bock: Sammlungen von Bildnissen gelehrter Männer und Künstler, nebst Biographien (1791. 4). – G. W. A. Fikenscher: Gelehrtes Fürstenthum Baireuth (1792–1795. Bd. 7. 19–26); Vollständige akademische Gelehrten Geschichte der königlich preußischen Friedrich-Alexanders Universität zu Erlangen von ihrer Stiftung bis auf gegenwärtige Zeit (Bd. 2. 1806. 279–286).

Klaus-Ulrich Pech

Paraguay

(República del Paraguay). Republik in Südamerika. Binnenstaat zwischen Argentinien, Brasilien und Bolivien. Staatsgebiet: 406 753 km²; Einwohner: ca. 2,3 Millionen. Nach der Verfassung vom 26. 8. 1967 wird der Staatspräsident für fünf Jahre vom Volk gewählt. Die Legislative besteht aus dem Senat mit 30 Senatoren und der Abgeordnetenkammer mit 60 auf fünf Jahre gewählten Abgeordneten. Etwa 95 % der Bevölkerung sind Mestizen, etwa 2 % Indianer (vor allem Guaraní). Die restliche Bevölkerung setzt sich aus Europäern verschiedener Herkunft (etwa 20 000 Deutsche) zusammen. Amtssprache ist Spanisch.

Entwicklung der Kinder- und Jugendliteratur und gegenwärtiger Stand. Trotz permanenter Bedrohung durch innere Konflikte der miteinander konkurrierenden Indianerstämme und der Übermacht der Mestizen und der Weißen hat sich bis zur Gegenwart in P. eine eigenständige Folklore der Guaraní-Indianer erhalten. Ihre Sprache ist seit 1967 als Verkehrssprache neben dem Spanischen anerkannt. Auch ein großer Teil der Mestizen hat an der mündlichen Überlieferung der Guaraní-Indianer teil und spricht nur deren Sprache. Nach der Volkszählung von 1962 sprachen 43 % der Bevölkerung Guaraní, 52 % wurden als zweisprachig erfaßt und nur 5 % sprachen ausschließlich Spanisch. Trotz dieser eindeutigen Verhältnisse ist Spanisch die verbindliche Amtssprache. Auch die gedruckte Literatur erscheint fast ausschließlich in Spanisch.

Spanische Missionsgesellschaften grundeten erste Schulen und begannen mit der Verdrängung der indianischen Kulturen. Lediglich die Jesuiten, die in P. im 18. Jahrhundert einen eigenen, auf christlich-kommunistischer Gesellschaftsordnung beruhenden Staat gegründet hatten, versuchten die Sprache der Guaraní in einem Wörterbuch festzuhalten. Sie unternahmen erste Versuche, christliche Texte in die Eingeborenensprache zu übersetzen und sie den Indianerkindern, die Jesuitenschulen besuchten, anzubieten. Nach der Vertreibung der Jesuiten gingen diese Ansätze verloren.

Soweit bis etwa 1870 in P. Kinder- und Jugendbücher vorhanden waren, handelte es sich um Importe aus Spanien oder anderen europäischen, später auch amerikanischen Ländern, die lediglich in die Hände von Kindern der kleinen Oberschicht gelangten. Von der seit 1870 bestehenden allgemeinen Schulpflicht wurden bis in die sechziger Jahre unseres Jahrhunderts nur etwa 50 % der Kinder erfaßt, da es sowohl an Schulen als auch an geeigneten Lehrern mangelte.

Der Beginn einer eigenständigen Kinderliteratur in P. zeigte sich nur zögernd. Am Anfang waren es überwiegend Lehrer, Geistliche und Erzieher, die mehr oder minder auf schulische Zwecke ausgerichtete Folkloresammlungen und Lesewerke vorlegten.

HECTOR L. BARRIOS publizierte 1906 ein vaterländisches Lesebuch und gab die Kindersonntagszeitung „Kavurei" (1917) heraus. Neben wenigen eigenen Texten sind es vornehmlich Bearbeitungen von Werken europäischer und nordamerikanischer Autoren, die von JUAN E. O. LEARY, NATALICO RIVERA, SILVANO MOSQUEIRO, ROSA VENTRE, RICARDO MARRERO und ELOY FARINE für Kinder herausgebracht wurden.

RAMON CARDOZO INDALECIO gab 1930 eine für Leseanfänger geeignete Textsammlung heraus. CONCEPCIÓN LEYES DE CHAVES erweiterte diese Sammlung durch die Erstellung von fünf Lesebüchern. Sie versuchte dabei, auch Märchen, Legenden und anderes altes Volksgut, das von ihren Kollegen und den meisten heute Spanisch schreibenden Verfassern als abgesunkenes Kulturgut vernachlässigt wurde, einzubeziehen. Lesebücher, die Texte aus der modernen Umwelt beinhalten, wurden von UGARTA CENTURION und CARMEN NAVARRO DE DOMINGUEZ verfaßt. MARIA LUIZA ARTECONA betreute die Kinderseiten der Tageszeitung „La Tribuna" und der Wochenzeitschrift „Comunidad". Die von ihr bevorzugte Mischung aus erzieherischen und ästhetisch anspruchsvollen Texten hat es schwer, sich gegen die Übermacht der Kinderseiten und Wochenbeilagen zu behaupten, die mit amerikanischen Comicserien gefüllt sind. 1950 wurde eine in der Sprache der Guaraní-Indianer abgefaßte Lyriksammlung („Ayvu rapyta") mit Texten aus den Mythen der Maya-Guaraní von LEON CADOGAN zusammengestellt. Die von JOSÉ ASUNCION FLORES begründeten Volksgesänge, die „Guaranía", wurden als subversiv von den offiziellen Stellen unterdrückt. Ihr Urheber starb 1972 im Exil in Buenos Aires, wohin er wegen seiner Zugehörigkeit zur Kommunistischen Partei vertrieben worden war. Auch die in Guaraní verfaßten Theaterstücke von JULIO CORREA (†1953), die sich zum Teil auch an Jugendliche richten, sind seit General Stroesners Machtantritt von 1954 verboten. Im Gegensatz zu älteren, meist religiös orientierten Stücken, bestimmt für Feiern des Kirchenjahres, hatte CORREA in seinen Versuchen auf Ungerechtigkeit, Machtmißbrauch, Ausbeutung der Besitzlosen verwiesen. RUBEN BAREIRO SAGUIES nennt die agitatorischen Stücke „Yvy Yara" („Der Großgrundbesitzer"), „Caru Poca" („Nichts zu fressen"), „Terehe jhey frentepe" („Zurück zum Kampf"), „Sandiy yvyvy" („Gelbe Bäuche") und das Antikriegsstück „Guerra ayá" („Während des Krieges"), in dem Privilegienwirtschaft und Feigheit der „latifundistas" angeprangert werden.

Da in P. über Jahrzehnte und Generationen hinweg durch Restriktionen, Verbote und unterschiedliche Zensurmaßnahmen eine eigenständige, zur Selbstfindung geeignete Kinder- und Jugendliteratur niedergehalten wurde, hat sich der Einfluß von unverfänglicher, angepaßter und entpolitisierter Unterhaltungs- und Zerstreuungsliteratur geltend gemacht. Comics kommen aus den USA, aus Spanien, Mexiko und Chile. Beliebte Serien sind „Tribilin", „Donald Duck", „Tio Rico", „Daniel el Travieso". In der Serie „El Tony" sind neben phantastischen und abenteuerlichen Themen und historischen Figuren auch stark militaristisch gefärbte Geschichten zu finden. Heitere Comicstrips und sogenannte „Fotonovelas" sind fester Bestandteil der meisten Tageszeitungen und ihrer Wochenendausgaben. In Sonder- und Mehrfachheften sind das Comicmagazin „D'Artagna" und das humoristische Fortsetzungswerk „Condorito" zu finden. Aus Mexiko wurden „Novelas immortales" und im Comicstil gehaltene „Klassiker" der Weltliteratur importiert. In diesen Klassikerreihen sind in trivialisierter Form J. LONDON, R. L. STEVENSON, E. SALGARI, H. RIDER HAGGARD, E. A. POE, A. DUMAS und J. VERNE vertreten. Besonders häufig sind Westerncomics wie „Coral", „Extra neste", „Gordón Lumas", „Kansas", „Colorado", „Salvaje Texas" oder „Tex Taylor". Alle diese Comic- und Photogeschichten sind kaum als eigentliche Kinder- und Jugendliteratur zu verstehen. Die Hefte richten sich vorwiegend an Erwachsene, werden aber auch von den Heranwachsenden, die des Lesens kundig sind, konsumiert. Anspruchsvolle Bilderbücher für das Vorschulalter und Erstleser sind kaum vorhanden. Es dominieren Sammelbilder im „Oblaten"-Stil, zu den Themen Eisenbahn und Verkehr, Menschen- und Tierleben, Jahresablauf und Kinderspiele, zumeist stark verkitscht und harmonisierend verniedlicht. Auch die Angebote mit religiöser Thematik sind von inhaltlicher und gestalterischer Anspruchslosigkeit gekennzeichnet. So wird den Heranwachsenden Süßliches und Kitschiges zum Kirchenjahr, den religiösen Festen, zum Geburtstag und zur Firmung oder Kommunion angeboten.

Von anonym bleibenden Autoren und Illustratoren sind Poesiealben mit entsprechender Aufmachung im Handel. Kulissenbilderbücher, Silhouettenspiele des spanischen Verlags „Colección Flequillo" (Barcelona) gehen nicht über abgegriffene Motive der europäischen Märchenfolklore hinaus. Formal ähnlich und auf internationalen Massenabsatz konzentriert sind Ausmalbücher der „Colección Grana", in denen Automodelle, Pflanzen und Tiere, aber auch Seeräuber und Darstellungen zum Raumflug angeboten werden. Ausschneidebogen und Anziehpuppen aus Kartonvorlagen vervollständigen das triviale Angebot. Internationale Kinderbuchklassiker werden im Medienverbund vermarktet. Fernsehfilme, Schallplatten und Trickfilme aus den USA wurden dazu genutzt. Auch hier dominiert die amerikanische WALT-DISNEY-Cooperation mit „Cinderella" oder der Bearbeitung des „Dschungelbuches" nach R. KIPLING und anderen bekannten Stoffen. Neben wenigen gebundenen Büchern bringt der Verlag „Editorial Vasco Americano" vor allem Billigangebote in Umlauf. Auch hier handelt es sich um Märchenstoffe wie „El castillo misterioso", GRIMMsche Märchen wie „Das tapfere Schneiderlein" oder COLLODIS „Pinocchio". In den 24 Heften dieser Serie ist kein einziges lateinamerikanisches Motiv zu finden. Vertrieben wird vorwiegend in Europa, vor allem in Spanien, aber auch in den USA angefertigte Massenware.

Horst Künnemann

Parodie

Die P. ist eine sekundäre Gattung, die sich gegen Stil, Struktur und Sinn einer Vorlage (primäre Gattung) wendet, indem sie die dort gestalteten Verhaltensweisen und Bewußtseinseinstellungen verlacht (komische P.) bzw. kritisch zersetzt (kritische P.). Bevorzugte parodistische Darstellungsmittel sind die Ersetzung der primären Inhalte bzw. Strukturen durch unangemessene sekundäre Strukturen bzw. Inhalte (Substitution), die Vergrößerung (Augmentation), die Verkleinerung (Diminution) sowie die Zusammenfügung heterogener Teile aus unterschiedlichen Vorlagen (Cento-Technik). Entscheidend ist die Intention, die Vorlage im Bewußtsein des Lesers herabzusetzen. Die Kinder- und Jugendliteratur ist reich an parodistischen Beispielen.

Formen und Gegenstände der P. In der Literaturgeschichtsschreibung ist die P. kaum beachtet worden. Sie galt vielen als Ausdruck fehlenden originellen Dichtertums oder als Mittel bloßer Verulkung. Ein Blick auf häufig parodierte Vorlagen zeigt jedoch, daß der literarische Parodist sich vornehmlich gegen solche Verhaltensweisen und Einstellungen wendet, die entweder in sich fragwürdig oder von der geschichtlichen Entwicklung überholt worden sind. In diesem Sinne sind unter anderem die Gedankenlyrik FRIEDRICH

SCHILLERS (1759–1805) wegen ihrer unwirklichen idealistischen Überhöhung, STEFAN GEORGES (1868–1933) artifiziell gespreizte Verssprache, das Heldenepos und die Heldenballade wegen der übermenschlichen Heroisierungen und der gewaltsamen Konfliktlösungen und der blinde Fatalismus des Schicksalsdramas parodiert worden. Ebenso fiel die Trivialliteratur dem Parodisten aufgrund ihrer verlogenen Ersatzbildungen zum Opfer, und BERTOLT BRECHT (1898–1956) wandte sich in scharfen parodistischen Attacken gegen die Dokumentationen faschistischen Unwesens. Unter den Gebrauchstexten verspottete man vor allem die in indoktrinierender und manipulierender Absicht angelegten Zweckformen wie den Schulaufsatz, die politische Rede und Pressetexte. Noch immer steht jedoch die Produktion gelungener parodistischer Texte von HANS REIMANN, KURT TUCHOLSKY, KARL KRAUS und ROBERT NEUMANN bis hin zu FRIEDRICH TORBERG und PETER RÜHMKORF in einem Mißverhältnis zum wirklich vorliegenden Rezeptionsinteresse.

Erst in neuerer Zeit hat die P. in breitem Umfang Eingang in die Kinder- und Jugendliteratur gefunden. Offenbar mißtraute man aufgrund einseitiger pädagogischer Orientierung an positiven Leitbildern den betont destruktiven Verfahrensweisen der P., ohne zu bedenken, daß gerade die P. auf literarischer Ebene imstande ist, dem Wunsch des Heranwachsenden nach komischer Aufhebung des bedrückend Ernsthaften sowie nach der Befreiung von starren Normsetzungen und überholten Verhaltensmustern entgegenzukommen. PETER RÜHMKORF (* 1929) wagte die Behauptung, daß die Jugendlichen seit jeher versucht hätten, durch spontane Parodierung sich dem institutionalisierten, literarisch vermittelten Bildungskanon zu entziehen und zugleich dem Klischee einer schönen und gemütvollen Kindheit parodistisch entgegenzuwirken. In seinem Buch „Über das Volksvermögen. Exkurse in den literarischen Untergrund“ (1969) hat er eine Fülle parodistischer Verse gesammelt, in denen literarische „Dauerwaren“ wie der „Erlkönig“ und „Der Taucher“, sentimentale Volksweisen und Weihnachtslieder, gestelzte und abgeleierte Opern- und Operettenarien, Schlager- und Reklametexte schonungslos verspottet werden, und der parodistische Einfall die Tabuierung des Kreatürlichen und des Sexuellen durch die Erwachsenen sowie die angemaßte Erwachsenenautorität verlacht und in Frage stellt.

Zunehmende Verbreitung in Fibeln und Lesebüchern finden die P.n volkstümlicher Erzählformen, unter ihnen insbesondere die Märchen-P. PAUL MAAR (* 1927) erzählt „Die Geschichte vom bösen Hänsel, der bösen Gretel und der Hexe“ (in: „Der tätowierte Hund“, 1968), indem er die moralische Wertung des Märchens einfach umkehrt und sie dadurch als erstarrtes Schema entlarvt. JANOSCH (d.i. HORST ECKERT, * 1931) variiert „Grimm's Märchen“ (1972). In ironischen Brechungen erscheinen Märchen wie das vom „Hans im Glück“ als kompensatorische Anweisungen zu einem angepaßten, unkritischen Verhalten. Das Glück des Märchenhelden stellt sich nur bei völliger Entsagung und Anspruchslosigkeit ein. Solches für das Märchen typische Verhalten ironisiert MARTIN WALSER in seiner „Auskunft über Dornröschen“ (Neue Zürcher Zeitung Nr. 302, 1977) und zieht die Schlußfolgerung: „Alle Märchen sind von Unterdrückten für Unterdrückte. Befreite Menschen hätten keine Märchen“. In FRITZ DEPPERTS (* 1932) grausamer Sterntaler-P. („Satire und Parodie“, 1972) wird der naive Märchenglaube an die Güte der göttlichen Schöpfung mit der Brutalität moderner Welt konfrontiert. Nicht Sterne sind es, die vom Himmel fallen, sondern Bomben, die aller Märchenhoffnung ein Ende bereiten. FRIEDRICH KARL WAECHTER (* 1937) entlarvt in seiner Version des Märchens „Tischlein deck dich und Knüppel aus dem Sack“ (1972) die auf Anpassung an die ungleichen sozialen Machtverhältnisse hinauslaufenden Märchenlektionen. Zum Schluß sind nicht nur wenige, sondern alle im Besitz des Wundertischleins und seiner Gaben. Beachtung hat IRING FETSCHER (* 1922) mit seinem „Märchen-Verwirrbuch“ „Wer hat Dornröschen wachgeküßt“ (1974) gefunden. Die P. „Die Geiß und die sieben jungen Wölflein“ nach dem bekannten GRIMMschen Volksmärchen stellt die Aggression des Wolfs als Reaktion auf die vorausgehende Aggression der Geiß dar und problematisiert auf diesem Wege die im Märchen häufig anzutreffenden Schilderungen grundlos aggressiven Verhaltens. An diesen Beispielen wird deutlich, wie die moderne Märchen-P. naive Bewußtseinshaltungen entlarvt und der Erkenntnis realer Umweltbedingungen und gesellschaftlicher Herrschaftsverhältnisse den Weg zu ebnen versucht.

Gelegentlich verfallen auch volkstümliche Erzählformen wie die Fabel und die Sage der parodistischen Kritik. So stellt PAUL MAAR in der Tierfabel-P. „Wie der Kater Traugott Bürgermeister wurde“ (in: „Der tätowierte Hund“, 1968) den faulen Traugott seinem streberischen Bruder Raff gegenüber und läßt entgegen gewohnter Fabelmoral den Faulpelz zum Erfolg kommen, während der Fleißige das Nachsehen hat. HANS CHRISTOPH BUCH (* 1944) entwirft „Neue Geschichten von Rübezahl“ (in: „Bilderbogengeschichten“, 1974), die den ebenso schauerlichen wie neckischen Berggeist zu einem Wohltäter des Volks machen, dem man nicht länger in ehrfürchtigem Schauer ergeben ist, sondern dessen Aufruf zu eigenen Aktivitäten man folgt und sich selbst von den politischen Unterdrückern befreit. Parodistisch aufs Korn genommen werden einmal mehr die naive Heroisierung und Mystifizierung, wie sie gerade für die Sagenüberlieferung typisch sind.

Moralische Mystifizierungen treten gelegentlich in der Gattung der Teufelssagen entgegen, die sowohl von DORIS JANNAUSCH (* 1925) als auch von CHRISTINE NÖSTLINGER (* 1926) parodiert werden. Bei D. JANNAUSCH ist der kleine feuerrote Meffi mit dem Nachnamen Stofeles („Meffi, der kleine feuerrote Teufel“, 1971; „Meffi lebt sich ein“, 1972; „Meffi spielt verrückt“, 1973) kein abstoßender, abgrundtief böser Teufel, sondern ein liebenswerter Schelm, der seinen Auftrag, jemanden höllenreif zu ärgern, bald vergißt, sich in der Menschenwelt behaglich einrichtet und in seinem Verhalten die Emanzipation des Kindes demonstriert. Schlecht ist nicht der Teufel oder was man dafür hält, sondern schlecht sind die einengenden erzieherischen Normen, denen man mit Teufels- und Höllenvorstellungen Nachdruck zu verleihen sucht. Entmythologisierung mit den Mitteln der P. betreibt auch CHRISTINE NÖSTLINGER. In ihrer Erzählung „Der liebe Herr Teufel" (1975) parodiert sie den Teufelsmythos, indem sie ihn als plumpe, der Differenziertheit menschlicher Verhältnisse unangemessene Fiktion entlarvt. Die parodistische Verulkung führt zu einem possenhaft-phantastischen Teufelskehraus mit dem Ziel, den Heranwachsenden von angstauslösenden Vorstellungen zur Unterstützung restriktiver Moral zu befreien.

Ein Kinderbuch, das wie kaum ein anderes restriktive Moralnormen spiegelt, ist HEINRICH HOFFMANNS (1809–1894) „Der Struwwelpeter" (1845). Bereits 1914 legte FRIED STERN mit „Der Struwwelpeter von heute. Ein Bilderbuch für die Großen" einen Antistruwwelpeter vor, der auf dem Titelblatt eine zerbrochene Schere, Sinnbild des Endes einer passend zurechtgeschnittenen Welt, zeigt. FRIEDRICH KARL WAECHTERS „Antistruwwelpeter" (1970) stellt noch greller autoritäre Verhaltensweisen heraus und gibt ihre Vertreter der Lächerlichkeit preis. Nicht das Kind muß sich dem starren Tugendkanon der Älteren anpassen, vielmehr sollten die Erwachsenen zur schöpferischen Freiheit des Kindes zurückfinden. In einigen Aspekten kann ASTRID LINDGRENS (* 1907) „Pippi Langstrumpf" (Pippi Langstrump, 1945; dt. 1949) als P. auf das traditionelle Mädchenbuch aufgefaßt werden. Pippis Freizügigkeit und Selbständigkeit und ihr respektloses Verhalten den Konventionen und Tugendschablonen gegenüber machen sie zu einem genauen Gegenbild des wohlanständigen Mädchens im Stile der Nesthäkchen-Tradition. Um falsche Autorität bloßzustellen, greift CHRISTINE NÖSTLINGER in ihrer Erzählung „Wir pfeifen auf den Gurkenkönig" (1972) auf die auch als Fernsehserien beliebte Gattung der Familiengeschichte zurück und verweist mit den Mitteln parodistisch-kritischer Phantastik auf die Brüchigkeit des Familienfriedens. Zerstört wird die verlogene Idylle der heilen Familie auf der Grundlage einer unkritisch hingenommenen Vaterautorität.

Im Zuge parodistischen Erzählens hat sich gerade in den letzten Jahren ein neuer Typ des Kinder- und Jugendbuchs entwickelt, der sich anschickt, das angestaubte Repertoire vertrauter, in der Regel trivialer Erzählformen zu entrümpeln und die damit verknüpften Leseerwartungen ad absurdum zu führen. Auf diesem Wege ist beispielsweise das Räuberklischee parodiert worden. Der Räuber von Robin Hood, über Rinaldo Rinaldini bis hin zum Schinderhannes war vor allem Projektions- und Kompensationsfigur. Entweder bestaunte man in ihm den großen, von einengenden Normen freien, aber doch edlen Räuber, oder den Bösewicht, auf den man die eigenen unerwünschten Triebimpulse folgenlos projizieren konnte. Die unweigerlich nachfolgende Sanktion hatte Abschreckungseffekt. Bereits 1962 parodierte OTFRIED PREUSSLER (* 1923) in seiner Geschichte „Der Räuber Hotzenplotz" in mehreren Fortsetzungen das Klischee vom Bösewicht, indem er die Kinder im Stile der Kasperlegeschichte die gar nicht so finsteren, eher banal-komischen Räuberpläne und -taten regelmäßig durchkreuzen und aufheben läßt. JOSEF GÖHLEN stellt seinen Räuberhauptmann in „Bill Bo und seine sechs Kumpane" (1968) als Versager dar, der von einer Falle in die andere tappt, und RUDOLF OTTO WIEMERS (* 1905) „Der gute Räuber Willibald" (1965) ist trotz bösen Willens unfähig, Böses zu tun. Seine Taten schlagen jeweils zum Guten aus. JANOSCH verweist die Gestalt des Räubers dann endgültig in das Reich der Fiktion in „Der Räuber und der Leiermann" (1972). Der Traum des Besenbinders, ein großer Räuberhauptmann zu werden, zerschlägt sich angesichts der realen Verhältnisse, und so zieht er es vor, zum Leierkasten die „ungeheuerliche Geschichte von dem berühmten Räuber im finsteren Wald" zu singen. Sowohl als trivialer Ersatz für erträumtes antibürgerliches Heldentum als auch als Blitzableiter für unerlaubte Aggressionswünsche erweist sich der Räuber zunehmend als unbrauchbar. Der Parodist zerstört das gängige Klischee, um den Heranwachsenden dazu anzuhalten, mit seinen Problemen auf reale Weise selbst fertig zu werden.

Nicht viel besser als dem Räuber ergeht es der Gestalt des Ritters, dessen aggressives Verhalten schon als

Franz Josef Tripp. Illustration aus „Erik und Roderik. Eine Rittergeschichte" (1977) von W. J. M. Wippersberg. Einem Hinweis neben der Abbildung ist zu entnehmen: „Einzig wahrhafte Abkonterfeiung des edlen Ritters."

Gegenstand einer Reihe von P.n auf die Heldenballade herhalten mußte. Sein Ehrenkodex schreibt ihm vor, Konflikte prinzipiell im Kampf Mann gegen Mann zu lösen. Nach den klamaukhaften Verulkungen MAX KRUSES (* 1911) in seinen Büchern um den komischen Ritter Don Blech in „Don Blech und der goldene Junker" (1971) nimmt W. J. M. WIPPERSBERG (* 1945) innerhalb der Jugendliteratur dieses ritterliche Konfliktlösungsmodell in „Erik und Roderik. Eine Rittergeschichte" (1977) aufs Korn. Nicht mit Schwertern geht man gegeneinander an, sondern mit Witz, Phantasie und schwankhaften Einfällen. Der Teilnahme an einer Schlacht entzieht man sich dadurch, daß man die Pest vortäuscht. König Artus, das leuchtende Vorbild wahren Rittertums, erhält große Ähnlichkeit mit Heinrich VIII. von England und erscheint als beleibter und trunksüchtiger Mann. FRANZ SALES SKLENITZKA setzt in seinem Buch „Drachen haben nichts zu lachen" (1979) die parodistische Kritik am dummen, trunk- und streitsüchtigen Ritter fort. Der verrohten Welt ritterlicher Raufbolde stellt er einen Bücher- und Drachenfreund entgegen, der versucht, die von der Ausrottung bedrohten Drachen zu schützen. Mit einem Seitenhieb auf aktuelle Zustände gewinnt hier der seine eigene Lebenswelt bedrohende, egoistische Gewaltmensch Gestalt. Mit Nachdruck verwehrt die P. dem Heranwachsenden jegliche Form identifizierender Annäherung.

Überhaupt scheint die Entheroisierung eine zentrale Intention der P. in der Kinder- und Jugendliteratur zu sein. Der zu einem verschwommenen Edelmenschentum hochstilisierte, in seiner Perfektion unerträgliche Alleskönner „Old Shatterhand" zog bereits das Interesse des Parodisten HANS REIMANN auf sich. In seiner P. „Joe und Charlie" entlarvt er die Abenteuerfiktion KARL MAYS (1842–1912) als Inszenierung eines bloßen Klamauks („Von Karl May bis Max Pallenberg in 60 Minuten", 1923). Parodistischem Gelächter wird der autoritätsheischende, sächsische Edelmensch als Lord Schmetterhemd auch bei MAX KRUSE ausgesetzt („Lord Schmetterhemd: Besuch aus dem Jenseits", 1974; „Lord Schmetterhemd: Der tödliche Colt", 1975). Als beliebt erwiesen sich ganz allgemein die P.n auf den großsprecherischen Westernhelden, wie er vor allem durch den amerikanischen Film und die Serienproduktionen im Fernsehen Verbreitung fand. JANOSCH schreibt in parodistischer Verkleinerungstechnik die Lügengeschichte „Der Mäuse-Sheriff" (1969), in der ein winziger Mäuserich sich in die Rolle eines allseits gefürchteten, großsprecherischen Westernhelden hineinlügt. Der Gattungsrahmen zusammen mit der diminutiven, ironisierenden Erzähltechnik machen heldisches Verhalten in der Nachfolge JOHN WAYNES und anderer zutiefst fragwürdig. Die ebenfalls als erlogen kenntlich gemachte Geschichte „Eine Million für Krawall City" (1978) von HELMUT HÖFLING (* 1927) beschreibt eine für den Wilden Westen typische Konfliktkonstellation. Parodiert wird jedoch vor allem das gewohnte Lösungsschema. Nicht wilde Verfolgungsjagden und Schießereien stehen am Ende, sondern das

Erich Hölle. Parodistische Einbandillustration zu Ursel Schefflers Kinderbuch „Abenteuer am Adlerfels" (1979).

einfallsreiche Verprellen der Banditen. Wichtiger als der Colt erweist sich der Intellekt. Drei Wildwest-Possen hat URSEL SCHEFFLER (* 1938) vorgelegt („Abenteuer am Adlerfels", 1979; „Der Schatz im alten Bergwerk", 1979; „Der schwarze Reiter", 1980). Parodiert wird das Sheriffsklischee durch die mit dem Primat des Männlichen gründlich aufräumende, nicht mehr ganz junge Molly Colt auf der schnellsten Kuh des Wilden Westens, bewaffnet mit dem gefürchteten mit blauen Bohnen oder Kürbiskernen geladenen Wundercolt, bei dessen Anblick den Banditen das Lachen vergeht. Besonders herausgehoben wird ihr Erfindungsreichtum. Im Rahmen einer völlig auf den Kopf gestellten Wildwest-Szenerie entfaltet sich ein furioser Schwank. Lachend führen die Geschichten das Genre ad absurdum. Als gelungene Western-P. kann auch die Comic-Serie um den etwas schmächtigen „Lucky Luke" auf seiner Schindmähre „Jolly Jumper" gelten. In Einzelheften mit Titeln wie „Das Greenhorn", „Die Postkutsche" und „Die Daltons brechen aus" erscheint das gesamte überstrapazierte Motivarsenal des Westerns karikiert.

Die parodistische Demontage der Heldenfiguren hat auch vor der Gestalt des Detektivs nicht Halt gemacht. Neben MANFRED SCHMIDTS (* 1913) Karikaturen des scharfsinnigen Kriminalisten Nick Knatterton (1971 und 1972) ist es für den Bereich der Kinder- und

Jugendliteratur vor allem NILS-OLOF FRANZÉN mit seiner Serie „Agaton Sax der Meisterdetektiv" (ab 1963) gelungen, die Gestalt des detektivischen Alleskönners mit den Mitteln parodistischer Übertreibung zu relativieren. Ihm folgt auf originelle Weise WOLFGANG ECKE (* 1927) mit dem kleinen, etwas fettleibigen Balduin Pfiff, der nicht nur Meisterdetektiv, sondern ein von Rezepten übersprudelnder Meisterkoch ist. Verulkt werden die intellektuelle Arroganz des Detektivs, die künstlich eingebauten Verrätselungen, der Schematismus der Tataufklärung, die Monotonie der sich aneinanderreihenden Verhöre und die pedantischen Untersuchungsmethoden einschließlich der plumpen Fangfragen und der scheinbar schlauen, in Wirklichkeit jedoch nur unbeholfenen und verwirrenden Fragetechniken („Das Geheimnis der Spieluhr", 1976; „Knautschgesicht und Fiedelfranz", 1978; „Da legte sich Balduin Pfiff auf den Bauch", 1979 u. a.).
W. J. M. WIPPERSBERG parodiert den Detektiv in seiner Erzählung „Herr Sokrates und die veilchenblaue Dame" (1979), indem er ihm den sprechenden Hund Sokrates als Kriminalassistenten an die Seite stellt, der den Detektiv im Lösen des betont banalen Falls und in den bekannten detektivischen Attitüden einschließlich der Selbstbeweihräucherung noch bei weitem übertrifft.
Wie man nicht nur die Heldengestalten, sondern auch die Strukturen des Abenteuerbuchs parodieren kann, belegt eindrucksvoll die Erzählung „Die Abenteuer des Katers Lucky Lex" (1975) von E. W. HILDICK. Durch ironische Fiktionsaufhebungen wird die Spannung jeweils durchbrochen, das Abenteuerklischee entlarvt und der desillusionierte Leser in die Lage versetzt, das triviale Abenteuermuster als wohlfeile Konfektionsware zu erkennen.
Entmythologisierung und Angstbefreiung streben P.n der traditionellen Gespenstergeschichte an. Bereits Laban, „ein süßes, kleines Gespenst", in INGER und LASSE SANDBERGS (* 1930 und * 1924) „Laban will nicht Geistern" (1965) und OTFRIED PREUSSLERs liebenswertes kleines Gespenst (1966) werden mit betont positiven Affekten besetzt, um jegliche Angstauslösung zu vermeiden. DIETER GRIMMs elternloses Gespensterkind Archi ist „spukunbegabt" und äußerst zart-besaitet („Archi das Gespensterkind", 1973). Durch einen Schloßverkauf gerät es an einen amerikanischen Millionär, der es in das sensationslüsterne Amerika mitnimmt, wo es sich zuletzt nur mit Mühe der Vermarktung als Werbegag entziehen kann („Archi spukt in Amerika", 1975). Unheimlich ist weniger das Gespenst als die Entäußerung der modernen Welt. Mehr schwankhaft ist NORTRUD ERLIS „Bei Pfefferkorn spukt ein Gespenst" (1972). Der Spukgeist entpuppt sich zuletzt als der Besitzer einer Geisterbahn. Einen regelrechten Gespensterklamauk inszeniert WOLFGANG ECKE in „Das Duell der Gespenster" und „Die Gespenster-Ballade" (in: „Kichergeschichten", 1975). Auf die unter jugendlichen Lesern sich verbreitende Horrorliteratur reagiert das seriöse Jugendbuch nur zögernd. Eines der wenigen Beispiele einer Horror-P. für Heranwachsende bietet RENATE WELSH (* 1937) mit der Geschichte „Das Vamperl" (1979). Der kleine Vampir saugt kein Blut, sondern den Leuten, die sich streiten und Unfrieden stiften, das Gift aus der Galle. RENATE WELSH macht durch die parodistische Enttäuschung der Lesererwartung deutlich, daß der Vampir in den Geschichten im Stile BRAM STOKERs vor allem eine fiktive Projektionsfigur für menschliche Aggressionen darstellt. Die Vampir-P. kann dazu beitragen, über die Ursachen des eigenen aggressiven Verhaltens nachzudenken.
Eine letzte Gruppe parodistischer Kinder- und Jugendbuchtexte wendet sich gegen eine die Welt der Technik glorifizierende Science Fiction-Literatur. NORMAN HUNTER („Die geheime Geheim-Maschine", 1976; engl.: „Professor Branestawm up the Pole", 1972) nimmt das Motiv des verrückten Erfinders auf, der Maschinen erfindet, die bestenfalls überflüssig sind, in der Regel jedoch unkontrollierbare Verwirrung stiften. Aus der P. von Science Fiction-Visionen entwickelt CHRISTINE NÖSTLINGER originelle Erzählansätze. In „Mister Bats Meisterstück oder die total verjüngte Oma" (1963) stellt sie in phantastischem Stil die Fragwürdigkeit von Verjüngungskuren bloß, die dem Menschen nicht das erhoffte Glück, sondern die Zerstörung seiner Identität bescheren. Lächerlich gemacht werden zugleich in den Gestalten von Mr. Bat und seiner Schwester, die sich gegenseitig als Fledermaus beschimpfen, die Superhelden-Comics mit ihren trivialen Omnipotenz-Mythen. Die parodistische Kritik an der inhumanen Technokratie moderner Welt nimmt in CHRISTINE NÖSTLINGERS „Konrad oder Das Kind aus der Konservenbüchse" (1975) makabre Formen an. Hier wird ein Junge als technisch hoch entwickeltes, leicht handhabbares Fertigprodukt in einer Nährlösung verschickt. Über die Schreckensvision des technisch total manipulierten und manipulierbaren Menschen siegt zum Schluß menschliche Zuneigung.
Die P. in der Kinder- und Jugendliteratur hat insbesondere neue Formen des Erzählens entwickelt. Blickt man auf die jüngsten Publikationen auf dem Jugendbuchmarkt, so scheint sich die parodistische Erzählweise mehr und mehr auszubreiten. Das Ziel der P. ist die ästhetisch vermittelte intellektuelle Selbstbefreiung von schematisierten Bewußtseinsinhalten, seien es nun erstarrte Moralnormen, Autoritätsgläubigkeit, Heldenmythen, unbewältigte Ängste und Aggressionen, die Sucht nach fiktiven Surrogaten oder die Glorifizierung technischen Fortschritts.

Sekundärliteratur: E. Bornemann: Das Bild des Geschlechtlichen in den Liedern, Reimen, Versen und Sprüchen deutschsprachiger Großstadtkinder (in: Jahrbuch für Volksliedforschung. 17. 1972. 181–207. – W. Freund: Zur Theorie und Rezeption der Parodie (in: Sprache im technischen Zeitalter. 62. 1977. 182–194); Der parodierte Balladenheld (in: Blätter für den Deutschlehrer. 1978. 1. 16–24). – W. Hempel: Parodie, Travestie und Pastiche (in: Germanisch-Romanische Monatsschrift N.F. XV. 1965. 2. 150–176). – H. Kuhn: Was parodiert die Parodie? (in: Neue Rundschau. 85. 1974. 4. 600–618). – A. Liede: Parodie (in: Reallexikon der deutschen Literaturgeschichte, Bd. 3, Lfg. 1. [2]1966. 12–72). – E. Rotermund: Die Parodie in der modernen deutschen Lyrik (1963). – Th.

Verweyen: Die Parodie in der neueren deutschen Literatur (zus. mit G. Witting, 1979).

Winfried Freund

Pederzani-Weber, Julius

*Katholischer Priester, Schriftsteller, Gesellschaftskritiker; *17.5.1836 Klagenfurt; † 2.12.1921 Ludwigsburg.*

P.-W., Sohn eines österreichischen Juristen, war Ordens- und Weltpriester in Wien. Er wurde infolge seiner freisinnigen kirchlich-katholischen Anschauungen seines Amtes enthoben, verstand sich aber weiterhin als reformkatholischer Christ. P.-W. arbeitete in Österreich und Deutschland als Journalist und später als Redakteur liberaler Blätter. Ab 1885 lebte er als freier Schriftsteller in Berlin und Stuttgart. P.-W. gilt als eine Zentralfigur des österreichischen Kulturkampfes. Sein konsequentes gesellschaftskritisches Engagement, unter anderem für die Frauenemanzipation, findet in seinem späteren eher konservativ ausgerichteten Erzählwerk keinen Niederschlag mehr.

Werk, Tendenzen, Wirkung. P.-W.s Beitrag zur Jugendliteratur, der in seine dritte Schaffensperiode fällt, ist charakteristisch für den Zustand der Kinder- und Jugendliteratur der zweiten Hälfte des 19. Jahrhunderts. Thematisch bewegt sich der Autor in den Bereichen der patriotischen historischen und zeitgeschichtlichen Erzählung, der moralischen, tendenzgesteuerten Umweltgeschichte, der Abenteuergeschichte und der Jungmädchenerzählung. Die von ihm bevorzugten historischen Stoffe dienten ihm zur „Darstellung deutscher Herrlichkeit" (Heinrich Wolgast) und zur Mobilisierung patriotischer, herrschaftsstabilisierender Gefühle. So heißt es in der Erzählung „Der große Kaiser und sein Jugendfreund" (1891): „Ein Hohenzoller bricht niemals Wort und Treue" und an anderer Stelle: „Er hat den richtigen Blick, der den Hohenzollern eigen ist". In den meist „der reiferen Jugend, dem Volk und dem Heer" gewidmeten Erzählungen sollen die jugendlichen Identifikationsfiguren von der Untertanenmittelmäßigkeit zur werteverkörpernden Größe der historischen Glanzgestalten Brükken schlagen. Auffällig ist dabei, daß sich zahlreiche jener literarischen Gestalten zeitweilig noch in einer Protesthaltung zu den „Großen" befinden. Dies könnte als entwicklungspsychologischer Zug ausgelegt werden. Doch wandelt sich meist recht schnell und nicht immer logisch zwingend der Protest zum Bekenntnis. Vielfach stellt der Autor in seinen historischen Erzählungen der leuchtenden Größe deutschen Menschentums dunkle Feindbilder entgegen. Als „Erbfeind" gilt „der Welsche", als Feind aus dem Osten wird der „grausame Pole" angeprangert. Die von H. L. Köster 1906 gerügte „herrschende Ansicht, geschichtliche Belehrung sei am besten in der Form einer Erzählung zu kleiden", vertritt P.-W. ausdrücklich. Bedenklich ist dabei sein Bekenntnis, im grausigen Kriegsbilde offenbare sich das Walten der Vorsehung, die oft das Schlimmste zum Guten wendet. Gestalterisch schwächer als seine historischen Erzählungen sind P.-W.s moralische Umweltgeschichten, denen das noch relativ glaubhafte, faktenbezogene Stützkorsett der Historie nicht mehr zu Hilfe kommt. Die Umweltgeschichten kranken am Übermaß erzieherischer Absichten. Die literarischen Figuren gleichen darin Puppen, die jeweils mit den gewünschten Tugendgewändern ausstaffiert sind. Im Vorwort zu der Erzählung „Auf rauhen Pfaden" (1891) formuliert der Autor seine pädagogische Maxime: „Wer ein unerschütterliches Gottvertrauen und einen frohen Mut im Herzen trägt, einen starken Willen besitzt und in allen Lagen des Lebens seine Pflicht tut, gelangt zu einem guten und glücklichen Ziele." P.-W. erweist sich damit als Vertreter eines epochal überschätzten pädagogischen Optimismus.

Werke (Auswahl): In Acht und Bann (1874); Die Marienburg (1886); Kynstudt (1888); Großstadtkinder oder der Segen guter Sitten (1888); Der Einsiedler von St. Michael (1889); Die geheime Feme (1891); Der große Kaiser und sein Jugendfreund (1891); Auf rauhen Pfaden (1891); Erzherzog Karl und sein Grenadier (1892); Die verlorene Tochter (1894); Götz von Berlichingen (1900); Unter den Adlern Napoleons (1902); Treu für Kaiser und Reich (1902); Das Thorner Blutgericht (1906); Das Goldland am Klondike (1904); Das Buch von der Mutterliebe (1906); Der Treuschwur des Kunrat Letzkau (1909); Kleine Knaben, große Helden (1909); Junge Helden (1910).

Hermann Bertlein

Pelikan AG

Hannover. Neben Schul- und Bürobedarfsartikeln, Spielen, Sport- und Hobbyartikeln produziert die Pelikan AG auch Buchserien für Kinder.

Seit 1980 bringt die Pelikan AG – bekannt als Hersteller von Schreibwarenartikeln – auch Kinderbücher auf den Markt. Verantwortlich für das Verlagssortiment sind Helgard Steuber, Erik Bock und Wolfgang Kosanke. Alle Buchreihen werden in Verkaufspackungen mit Ausstelldisplays angeboten, die über die Serieninhalte informieren. Zum Originalprogramm gehören die Jugend-Hardcover-Reihe „TKKG" (bezeichnet nach den Namen ihrer vier Hauptfiguren), in der mehr als zehn Titel erschienen sind, die Bilderbuchreihe „Rosinchen und Manschu" und ein fünfbändiges Schülerlexikon in Ganzleinenausführung, das in Kombination mit einem Schreibtischständer mit Notizblock und Utensilienfach angeboten wird.

Daneben umfaßt das Pelikan-Buch-Programm Serien, die sich auf dem Markt bereits gut verkauft haben, so z. B. Hobby-Buch-Serien, Denksport-, Witz- und Rätselbücher, Mini-Buch-Bestseller aus der Reihe „Tramp", eine Mini-Lexikon-Reihe („Pelikan Schnelles Wissen"), Mini-Wörterbuch sowie Mini-Reiseführer.

H. D.

Pellar, Hanns

*Österreichischer Maler, Illustrator; * 17. 3. 1886 Wien, † 9. 7. 1971 Wien.*

P. begann seine Studien 1901 bei J. E. Hörwarter an der Graphischen Lehr- und Versuchsanstalt in Wien, besuchte 1905 die Wiener Akademie unter Heinrich Lefler (1863–1919) und studierte von 1906 bis 1908 bei Franz von Stuck (1863–1928) an der Akademie in München. Dort blieb er bis zu seiner Berufung 1911 an die Künstlerkolonie Darmstadt, der er bis 1917 angehörte. 1925 zog er nach Frankfurt a. M. und ging 1933 zurück nach Wien.

Werk, Tendenzen, Wirkung. P.s Kunst verrät Wiener Vorbilder, etwa Gustav Klimts Malereien, vor allem aber den Einfluß seiner Lehrer, indem er Leflers farbenflimmernde, strichelnde Technik auf der Basis von Tempera- und Wasserfarbenmalerei übernahm und auf sie den bei Stuck gelernten Bengalismus der Farben und Hell-Dunkel-Kontraste sowie dessen dekorative Kompositionsprinzipien übertrug. Damit ersetzte er die zeichnerischen Konturen durch das Aneinanderstoßen vielfach gebrochener vibrierender Farbflächen. Diese Technik kennzeichnet auch die Bilderfolge zu „Der kleine König", die, 1908/09 nach einem Aufenthalt P.s in Versailles entstanden, in einer märchenhaften, durch Skurriles erweiterten Rokokowelt spielt. Fritz von Ostini (1861–1927) hat auf Anregung des Verlegers G. W. Dietrich nachträglich einen mehr erklärenden als erzählenden Text dazu verfaßt. Das Buch erschien 1909 als achtes in der Reihe von Dietrichs Künstlerbilderbüchern zugleich auch in einer Vorzugsausgabe. Es gehört mit seiner aufwendigen Drucktechnik – Steindruck in zwölf Farben unter reichlicher Verwendung von Gold – zu den luxuriösesten Druckwerken für Kinder und begründete P.s frühe Anerkennung. 1910 erschien es in einer holländischen Ausgabe (De kleine koning), 1911 in 2. Auflage unter dem Titel „Die goldene Schlange oder das Märchen vom kleinen König". Es wurde 1921 in neuer Aufmachung und Typographie unter dem ursprünglichen Titel und ebenso 1977 wieder aufgelegt. Dennoch blieb das Werk ein Einzelgänger. In den acht Farbillustrationen P.s zu „Die schönsten Geschichten aus Tausend und eine Nacht" (1926), ausgewählt von Wilhelm Fronemann (1880–1954), reichen weder der autotypische Farbdruck noch das Format aus, um die schillernde Differenzierung der süßlichen Originale befriedigend wiederzugeben. P. hatte seinen größten Erfolg in den Münchener und Darmstädter Jahren, wo er auch als – zumeist kostümierender – Bildnismaler geschätzt war. Damals wegen der „märchenhaften Buntheit" (F. v. Ostini) und der „neuen reizvollen Phantasiewelt" (O. Stockhausen) gerühmt, erweist sich P. heute als Ausläufer einer prunkhaft dekorativen, phantastisch historisierenden Kunstauffassung, deren Ausprägung im Kinderbuch ganz im Gegensatz zu den gleichzeitigen Bestrebungen einer flächenhaft-ruhigen, schlichten und unmittelbaren Wirkung steht.

Werke: Fr. v. Ostini: Der kleine König (1909, NA. 1921, 1977; auch u.d.T.: Die goldene Schlange oder das Märchen vom kleinen König, 1911); W. Fronemann (Hrsg.): Die schönsten Geschichten aus Tausend und eine Nacht (1926).

Sekundärliteratur: Fr. v. Ostini: Hanns Pellar (Vorwort in: Katalog Galerie Thannhauser München. 1909). – Fr. v. Ostini: Hanns Pellar (in: Deutsche Kunst und Dekoration. 26. 1910. 3–14). – O. Stockhausen: Hanns Pellar (in: Velhagen & Klasings Almanach. 1915. 33–53). – G. J. Wolf: Hanns Pellar (1924). – Ein Dokument deutscher Kunst – Darmstadt 1901–1976 (Ausstellungskatalog. Band 4. 1976. 197–201).

Hans Ries

Pelot, Pierre

*(Ps.: Pierre Suragne). Französischer Schriftsteller und Jugendbuchautor; * 13. 11. 1945 Saint-Maurice-sur-Moselle (Vogesen).*

Nach dem Hauptschulabschluß begann P. eine Mechanikerlehre, die er bereits nach drei Monaten abbrach. Er belegte einen Fernlehrkurs in Zeichnen, versuchte sich in Comicgeschichten und arbeitete als Bühnenbildner, bevor er sich, knapp zwanzigjährig, professionell aufs Bücherschreiben verlegte. In rascher Folge veröffentlichte er Abenteuergeschichten und zeitgenössische, problemorientierte Romane, die in Kinder- und Jugendbuchprogramme aufgenommen wurden, parallel dazu Science-fiction- und Kriminalromane. Auf dem Gebiet der Science-fiction gilt er als einer der interessantesten Nachwuchsautoren; 1978 erhielt er den „Grand Prix de la Science-fiction française" für „Dilirium circus" (1977). Für seine Jugendromane konnte er u. a. das „Diplôme meilleur livre loisirs jeunes 1970" für „La drave" (1970), den „Prix jeunesse 1971" für „L'unique rebelle" (1971), den „Aiglon d'or du Festival du livre de Nice 1973" für „Les etoiles ensevelies" (1972; dt. „Sternsuche", 1978) und den Europäischen Jugendbuchpreis 1975 für „Le cœur sous la cendre" (1974; dt. „Herz unter der Asche", 1978) in Empfang nehmen. „Les étoiles ensevelies" (1972) und „Le pain perdu" (1974) sind für das französische Fernsehen verfilmt worden. Übersetzungen seiner Jugendbücher liegen in elf Sprachen vor, die französische Gesamtauflage beläuft sich bereits auf über eine Million.

Werk, Tendenzen, Wirkung. P. möchte sich als „von Jugendlichen gelesener Autor" verstanden wissen, der ohne jegliche pädagogische Ambitionen und ohne sich anbiedern zu wollen, seine persönliche Sicht von Dingen mitteilen möchte. Der gewichtigste Teil seines Werkes sind denn auch Romane, bei denen die Grenze zur Erwachsenenliteratur nur schwer zu ziehen ist, und in denen sich die „rebellisch-sensible" Persönlichkeit des Autors artikuliert. Vor dem geographischen und sozialen Hintergrund seiner engeren Heimat, den Vogesen, erzählt P. Geschichten von gesellschaftlichen Außenseitern und marginalen Gestalten, an deren „Schicksalen sich die Träume und Hoffnungen, die Widersprüche und Unzulänglichkeiten, nicht zuletzt auch die vielfältige Gewalttätigkeit der modernen Zeit spiegeln". In „Le pain perdu" (1974) kehrt ein entlassener Strafgefangener in sein Vogesendorf zurück, scheitert aber beim Versuch des Neubeginns an seiner Vergangenheit, der Feindlichkeit der Bewohner und der veränderten Situation. „Le ciel fracassé" (1975) ist die Geschichte eines Deserteurs, der mit seiner Freundin nach Südfrankreich flieht, um dort ein bescheidenes Glück zu realisieren: Das Paar wird zum Schluß in einer wilden Jagdszene „zur Strecke gebracht". Ähnlich gewalttätig endet auch der Roman „Le pantin immobile" (1976), in dem ein „Landstreicher" von einem anderen, der sich von ihm in seinen legitimen Träumen betrogen fühlt, im Streit erschlagen wird. Besonders eindringlich schildert P. in „Le cœur sous la cendre" (1974) das Schicksal eines pensionierten Arbeiters. Der Alte, nun zu nichts mehr nütze, aus der Werkswohnung hinausgeworfen, kommt in seiner neuen Umgebung nicht mehr zurecht und „verendet" schließlich, vom Leben enttäuscht. Gelegentlich ist P. allerdings versöhnlicher, so z.B. in „Les étoiles ensevelies" (1972), wo ein kleiner Junge sich mit einem spanischen Gastarbeiter, der sich auf dem langen Weg zurück in seine Heimat befindet, anfreundet. P.s Bücher leben aus einer Grundhaltung der Revolte heraus, die dem Lebensgefühl weiter Teile der Jugend entgegenkommt. Bei aller Einfühlung in die Psyche seiner „Helden" und bei allem Bemühen um Realistik ist jedoch eine gewisse Tendenz zur Auflösung der komplexen Thematik ins Abenteuerhafte zu beobachten. Das sind möglicherweise Auswirkungen, die von dem anderen Teil seiner „Produktion", den vielen „Western"-Geschichten, herrühren, die zwei Drittel seines Gesamtwerkes ausmachen (u.a. Sierra brûlante, 1971; L'unique rebelle, 1971; La révolte du Sonora, 1972; La drave, 1970).

Werke (Auswahl): La piste du Dakota (1966); Black Panache (1966); Comme se meurt un soleil (1966); La tourmente (1966); La longue chasse (1966); Les croix de feu (1966); La nuit du diable (1967); Le hibou sur la porte (1967); Les irréductibles (1967); Les loups sur la piste (1967); Les loups dans la ville (1967); La horde aux abois (1967); La couleur de Dieu (1967); Quatre hommes pour l'enfer (1967); Un jour, un ouragan (1968); Quand gronde la rivière (1968); Deux hommes sont venus (1968); La peau du nègre (1968); La marche des bannis (1968); La loi des fauves (1969); Le tombeau de Satan (1969); La drave (1970, NA. 1977; dt. Stromabwärts gegen Zeit und Tod, 1980); Sierra brûlante (1971; dt. Die Haut des Indianers, 1980); L'unique rebelle (1971; dt. Aik, der Rebell, 1973); La guerre du Castor (1971); Les étoiles ensevelies (1972; dt. Sternsuche, 1978); La révolte du Sonora (1972); Les épaules du diable (1972); Une autre terre (1972); Le pays des rivières sans nom (1973); Les légendes de terre (1973; dt. Der Flug zur vierten Galaxis, 1976); Le vent de la colère (1973); L'ile aux enragés (1973); Le pain perdu (1974; dt. Verlorenes Brot, 1977; auch u.d.T.: Lous Rückkehr, 1978); Le train ne sifflera pas trois fois (1974); Le cœur sous la cendre (1974; dt. Herz unter der Asche, 1978); La poussière de la piste (1975); Je suis la mauvaise herbe (1975; dt. Junikäfer, 1979); Le ciel fracassé (1975; dt. Gesucht wird ..., 1977); Le pantin immobile (1976; dt. Der Zug endet hier, 1980); Les aventures de Victor Piquelune (1977); Les neiges du coucou (1976; dt. Kuckucksschnee, 1978); Le renard dans la maison (1977; dt. In der Falle, 1978); Le mauvais coton (1978); Les canards boiteux (1979); Fou comme l'oiseau (1980).

Gérard Carau

Petersen, Carl Olof

*Maler, Holzschneider, Kinderbuchillustrator; *19.9.1881 Malmö, †18.10.1939 Dachau (Bayern).*

P. verließ mit zweiundzwanzig Jahren Schweden, um sich im Oktober 1903 in Dachau, damals eine Künstlerkolonie, niederzulassen. Er wurde Mitglied der Künstlervereinigung. P. heiratete und erwarb das Haus „Moosschwaige" in Dachau, das später (1932) auch den Titel für das zusammen mit seiner Frau Elly verfaßte Erinnerungswerk „Moosschwaige" abgab. Als Zeichner arbeitete P. am „Simplicissimus" mit.

Werk, Tendenzen, Wirkung. Das Illustrationswerk P.s im Bereich der Kinderliteratur umfaßt in erster Linie Bilderbücher für das Vorschulalter, die eine heile, verharmloste Welt schildern. Immer sind Tiere die Handlungsträger. Sie sind stark vermenschlicht und verniedlicht und nicht immer in ihrer natürlichen Umgebung dargestellt. Inhaltlich werden banale Übertragungen von menschlichen, besonders kindlichen Verhaltensweisen und Situationen vorgenommen. In dem Bilderbuch „Die Abenteuer des Putiput" (1927, Verse von HANS PROBST) ist z.B. die Geschichte eines Kükens erzählt, das etwas kleiner und frecher als seine Geschwister geraten ist. Sein Draufgängertum treibt es vom heimischen Hühnerhof. Es erlebt einige gefährliche Abenteuer. Nach Hause zurückgekehrt, soll es sich am fleißigen Bruder ein Beispiel nehmen. Mit Hilfe weniger, vereinfachender Striche und klar umrandeter farbiger Flächen werden die verschiedenen Bewohner des Hofes charakterisiert: die flüchtig mit aufwärts oder abwärts gebogener Linie skizzierten Augen drücken Hochmut, Witz, Strenge und Stolz aus, die Schnäbel der Hühner und Hähne werden zu Nasen umfunktioniert, was nötig macht, ihnen auch ab und zu noch Mund und Wangen zu zeichnen. Den Tieren werden, ihrer Erscheinungsform entsprechend, Rollen zugedacht: die Henne als gluckige Mutter, der Hahn als stolzer Vater, der sich nicht um die Kinder kümmert. Die verschiedenen besserwissenden Anverwandten, darunter eine Truthahntante, die ständig Ratschläge parat hat, erinnern an die Tierkarikaturen P.s im „Simplicissimus". Durch die Zuordnung von Gegenständen aus der menschlichen Umwelt zu der Ente Schnatt – sie zieht, mit Hut und Koffer ausgestattet, in die weite Welt – ist in dem Band MARIANNE SPEISEBECHERS „Schnatts abenteuerliche Reise" die Anthropomorphisierung erreicht. Naive Verniedlichung ist auch in dem zuerst 1931 unter dem Titel „Bei Tante Gruh" erschienenen Bilderbuch mit Versen von SPEISEBECHER zu erkennen: Ein Tag „Im Kindergarten der Tiere" (d.i. der Titel einer veränderten Auflage, 1935) mit Spielen, Turnen und Lernen wird geschildert. Die „Kinder" sind Spieltiere mit rosa und blauen Schleifchen um den Hals, beim Essen mit Schlapperlätzchen bekleidet, fröhlich Ringelreihen tanzend in bunter Reihenfolge von Elefant bis Teddybär, Häschen, Schäfchen, Kätzchen oder Küken. Gewisse stilistische Verwandtschaften zu JEAN DE BRUNHOFFS „Babar"-Bilderbüchern, auch zu WAL-

TER TRIERS Illustrationen in ERICH KÄSTNERS „Die Konferenz der Tiere" sind festzustellen.

Werke: G. Falke: Das sind meine Freunde (1913); C. O. Petersen: Tiere aus Haus und Hof (1925); C. O. Petersen: Tripp, Trapp, Troll (1925); H. Probst: Die Abenteuer des Putiput (1927); C. O. Petersen: Tiere herbei! (1927); Die Reise der Tiere (1928); C. O. Petersen: Schaut her! Neue Tierbilder mit Versen (1929); C. O. Petersen: Bei den guten Tieren (1929); C. O. Petersen: Das lustige Tier-Malbuch (um 1929); H. Probst: Osterhase, komm doch bald (1929); H. Probst: Die verkehrte Welt (1929); A. Uzarski: Hopp, mein Pferdchen! (1929); A. Uzarski: Bunte Schau. Ein Tier- und Anschauungsbuch (1929); H. Kranz: Lampes Wochenende (1930); C. O. Petersen: Tierbilderbuch (1930); A. Holst: Schnurr-Murr-Miau (1931); M. Speisebecher: Bei Tante Gruh. Ein lustig Buch vom Kindergarten (1931; auch u.d.T.: Im Kindergarten der Tiere, 1935); C. O. Petersen: Freunde aus der Tierwelt (1932); E. u. C. O. Petersen: Die Moosschwaige (1932, NA. 1953); C. O. Petersen: Mein Tierbilderbuch (1933); Die kleine braune Henne (1933); C. O. Petersen: Tierbilder (1933); C. O. Petersen: Rein und raus. Lustige Mäusejagd (1933); M. Speisebecher: Klein Häsi (1933); C. O. Petersen: Das Märchen vom Eismeer (1934); C. O. Petersen: Mein Lebens-Lexikon (1934; Teilausg. u.d.T.: Tiergeschichten, 1937); C. O. Petersen: Unseres Kindes Tierbilderbuch (1936); M. Speisebecher: Schnatts abenteuerliche Reise (1936); W. Hey: Fabeln (1937); C. M. Pay: Die Waldschnepfe (1937).

Angela Voß

Pfeilstücker, Suse

*Gymnasiallehrerin, Kunsthistorikerin, Schriftstellerin; *12.2.1885 Berlin, †19.9.1960 Bad Godesberg.*

Werk, Tendenzen, Wirkung. Nach frühen wissenschaftlichen Publikationen im Bereich der Kunst und Germanistik und nach der Veröffentlichung mehrerer Romane und Erzählungen wandte sich die Verfasserin erst gegen Ende ihrer Schaffenszeit ausschließlich dem Jugendbuch zu. Ihr Interesse galt dem Mädchenbuch, der Umwelterzählung für Heranwachsende und der historisch-biographischen Darstellung. Ihre Grundeinstellung zum Schreiben für junge Leser ist gekennzeichnet durch eine unproblematische Lebenszuwendung auf traditionell bildungsbürgerlicher Ebene. Die Pädagogin Pf. weiß psychologisch geschickt auf die zeitbedingten Verhaltensformen junger Menschen einzugehen und deren Mentalität sprachlich treffend zu fassen. Ihre Erzählungen reichert die Autorin mit Bildungswissen an. Mit ihrer Pubertätsgeschichte „Hannelies und Wiltrud" setzt Pf. die Backfischtradition mit äußerlich modernisierten Mitteln fort. In dem Essayband „Reichtum des Lebens" (1949), der sich an Frauen und Mädchen wendet, spielt der Lobpreis der schönen und guten Seele eine große Rolle. In der mehrbändigen „Waldhaus"-Reihe wird das Lebensgefühl einer Gruppe von Oberschülern nach dem Zweiten Weltkrieg in einem überaus harmonischen Licht dargestellt: Die Schule ist intakt, die Lehrer sind verehrenswert und kameradschaftlich; die Umwelt ist hilfsbereit und das Familienleben voller Eintracht. Es besteht eine Diskrepanz zwischen dem Reifestatus der Dargestellten und der umständlichen Diktion der Autorin. Zum Nachdenken bleibt dem Leser kaum etwas übrig. Die Krisenmomente der Heranwachsenden werden zwar erkannt, führen jedoch nicht zu einer angemessenen Darstellung. Die historischen Frauenportraits stellen Freud und Leid der bereits ins Legendäre erhobenen Heldinnen in den Vordergrund, wobei das Gemüt der jungen Leserinnen bewegt und das Interesse am gemeisterten Schicksal höchster Persönlichkeiten befriedigt werden mag. Die Biographien der Dargestellten, die unter einer Überbewertung privater Details leiden, beabsichtigen zu zeigen, wie belastbar der Mensch ist. Die Autorin versucht zwar, die Verhaltensweisen und Aufgaben der dargestellten Persönlichkeiten zu motivieren, stößt dabei aber selten zu den Quellen fundamental menschlicher Bedeutung vor. Mit ihren Lebensbildern bekennt sich die Verfasserin zu der klassischen Vorbildpädagogik, die ein humanitär-elitäres Lebensgefühl erzeugen will, das zu einer idealisierenden Zukunftseinstellung führen soll.

Werke (Auswahl): Wege zur Bildung des Kunstgeschmacks (1916); Das Wesen der Plastik (1924); Parzival der Ewige (1926); Spätantikes und germanisches Kunstgut in der frühangelsächsischen Kunst (1936); Luginsland (1939); Neue Geschichten aus Luginsland (1940); Anna Luise Karschin (1942); Eine Schubkarre voll kleiner Freuden (1947); Drei Wochen Sturmeck (1949); Hannelies und Wiltrud (1949); Reichtum des Lebens (1949); Die 5 und ihr Waldhaus (1950); Liselotte von der Pfalz (1956); Maria Theresia (1958); Marie Antoinette (1959); Luise (1957).

Hermann Bertlein

Pflanz, Dieter

*Pädagoge, Kinder- und Jugendbuchautor; *10.8.1934 Witten/Ruhr.*

Pfl. wuchs in Vlotho (Ostwestfalen) auf, wo er das Abitur bestand. Er studierte in Göttingen einige Semester Zoologie und Naturwissenschaften, später in Freiburg i.Br. Germanistik und Philosophie. Pfl. arbeitete in einer Pädagogischen Forschungsstelle und war an der Entwicklung pädagogischer Planspiele beteiligt. Im Rahmen eines Modellversuchs des Bundeswissenschaftsministeriums nahm er an der pädagogischen Arbeit mit Kindern teil.

Werk, Tendenzen, Wirkung. Von Pfl. stammen Reiseberichte, Kinder- und Jugendbücher. Häufiger Handlungsort seiner Kinderbücher ist Skandinavien (z.B. in „Die Kinder von Östenshus", 1973; „Ein Mädchen und drei Jungen", 1974; „Ein Nordlandsommer", 1976). Der jüngsten deutschen Vergangenheit, Krieg und Faschismus, nähert sich Pfl. in dem Buch „Vierzehn" (1972), in dem er die Lebenssituation eines vierzehnjährigen Jungen, der unter der Unbelehrbarkeit seiner Mutter und seiner Umwelt leidet, kurz nach Ende des Zweiten Weltkrieges schildert. In „Probeläufe" (1979) stellt Pfl. den Prozeß der Persönlichkeitsentfaltung eines Jugendlichen dar. Pfl. fühlt sich der rationalen Aufklärung verpflichtet. Er möchte als eine Art ‚Fallensteller' wirken. Dazu bewegt er sich mit seinen Geschichten im vorhandenen Wissen des Lesers, verfremdet es, läßt Diskrepanzen klar werden und gibt Denkanstöße. Die Mittel dieser Entlarvungstechnik sind Humor, Komik und Ironie.

Werke: Auf südfranzösischen Wildflüssen (1962); Pimm und Frettchen (1964; NA. u.d.T.: Ein Mädchen und drei Jungen, 1974); Vierzehn (1972); Die Kinder von Östenshus (1973); Ein Nordlandsommer (1976); Probeläute (1979).

Winfred Kaminski

Planck, Willy

*Maler, Illustrator; *12.12.1870 Stuttgart, †17.3.1956 Herrenberg.*

Pl. studierte an der Stuttgarter Akademie unter GRÜNEWALD und GUSTAV IGLER, danach in Karlsruhe unter CASPAR RITTER (1861–1923), CLAUS MEYER (1856–1919) und LEOPOLD KARL WALTER GRAF VON KALCKREUTH (1855). Bis zur Zerstörung seines Ateliers 1944 lebte und arbeitete er als Porträtist und stimmungsvoller Landschaftsmaler in Stuttgart, dann zog er nach Herrenberg (Württemberg), wo er bis ins hohe Alter künstlerisch tätig war.

Werk, Tendenzen, Wirkung. Pl. schuf fünf Jahrzehnte lang Bilder zu allen Sparten des Kinder- und Jugendbuchs. Einen großen Teil seines umfangreichen Werks, das fast genau in die erste Hälfte des 20. Jahrhunderts fällt, machen Illustrationen zu Kriegs- und Abenteuerbüchern aus. Pl. begann um die Jahrhundertwende bis zum Ausbruch des Ersten Weltkriegs mit der Ausstattung von klassischen Werken der Kinder- und Jugendliteratur (G. SCHWAB: Sagen des klassischen Altertums, 1897; MARK TWAIN: Prinz und Bettelknabe, 1905; WILHELM HAUFF: Märchen, 1908; H. BEECHER-STOWE: Onkel Toms Hütte, 1909; J. H. CAMPE: Robinson Crusoe, 1912; u.a.m.). Das Erlebnis des Ersten Weltkriegs brachte seine Mitarbeit an einer Reihe von Kriegsbüchern (FR. RECK-MALLECZEWEN: Mit Admiral Spee, 1915; W. ARMINIUS: Der Russenschreck, 1915; D. DARENBERG: Im Kampf um Bagdad, 1917; u.a.m.), darunter auch Pl.s eigener Band „Haltet aus im Sturmgebraus, Bilder aus dem großen Kriege 1914/15" (1915). Vor allem in den dreißiger Jahren stattete Pl. wiederum Jugendbücher mit kriegerisch-nationalistischer Thematik aus (E. G. E. LORENZ: Feldgraue Helden, 1934, und: Kameraden der Front, 1936; JOSEF S. VIERA: Deutsch-Ostafrika kämpft, 1936; u.a.m.). Daneben widmete sich Pl. fast in allen Schaffensperioden der Illustration abenteuerlicher Berichte aus fernen Ländern und vergangenen Zeiten (A. SPERL: Konradin, der Grafensohn. Eine Geschichte aus dem Bauernkriege, den Kindern erzählt, 1916; CH. C. FRASER: In 10 Tagen um den Äquator, 1927; K. KÖSTER: Wie ich Amerika erlebte, 1937). Ebenso finden sich Mädchenbücher (K. VAN BEEKER: Die wilde Hummel, 1905; J. SIEBE: Ellen und die lustige Ursel, 1932; J. WESSEL: Das neue Buch für Mädels, 1934/35; u.a.m.). Pl. griff wiederholt auf die Gestaltung von Märchen und Tiergeschichten zurück. 1932 illustrierte er JOHANNA SPYRIS „Heidi". Sein Illustrationsstil wird von der jeweilig herrschenden Kunstrichtung beeinflußt und erfährt über die Jahre hinweg eine der Zeit entsprechende Wandlung. Seine frühen Bilder sind der bürgerlichen Auffassung der wilhelminischen Ära oder der impressionistischen Malweise verwandt. Später nehmen sie andeutungsweise auch Elemente des Art déco auf; nach dem Ersten Weltkrieg ist eine expressive Vergröberung und dann ein klischeevoller Realismus zu erkennen. Trotz aller Stiländerungen kristallisieren sich einige für Pl. charakteristische Merkmale heraus, obwohl kaum von einer individuellen Illustrationsweise gesprochen werden kann. An der Realität orientiert, aber nur wenn notwendig, so beim Sachbuch (D. WEBER: Ein Sommerbuch, 1919), naturalistisch, geben die Illustrationen Szenen aus dem Text wieder. Pl. verwendet unruhige, aufgebrochene Umrißlinien und arbeitet mit groben Schattierungen und Schraffuren. Daneben bedient er sich auch eines knappen, eher karikierenden Stiles, der fast ohne Schraffuren auskommt, so daß nur weiße Flächen um schwarze Umrißlinien bestehen bleiben. In ihn kleidet er die Schilderung komischer Situationen und Personen. Pl.s tatsächliches Talent tritt bei der Darstellung humorvoller und spontaner Ereignisse hervor. Die Gelegenheit dazu ist nur selten genutzt. So bleiben die Schwarz-Weiß-Illustrationen meistens in der Menge der Massenproduktionen ihrer Zeit stecken. Seine häufig auf Glanzpapier eingelegten Farbdrucktafeln gehen großzügig mit Farben und der Charakterisierung von Landschaft, Interieur und Figuren um, erinnern in Aufmachung und Großflächigkeit an die Plakatkunst der zwanziger, dreißiger und vierziger Jahre.

Werke: Deutsches Mädchenbuch (zus. mit anderen, 1. 1892 – 29. 1927; 1927 u.d.T.: Thienemann's Mädchenbuch); E. Engelmann (Bearb.): G. Schwab: Sagen des klassischen Altertums (zus. mit A. Zick, 1897); K. Matthias: Im Eise des Nordens (1902); S. La Chapelle-Roobol: Trotzkopf als Großmutter (1905); M. Twain: Prinz und Bettelknabe (1905); K. van Beeker: Die wilde Hummel (1905); R. Reichhardt (Bearb.): Fr. H. Burnett: Der kleine Lord (1907); T. Schumacher (Hrsg.): W. Hauff: Märchen (1908); E. Anders (Bearb.): H. Beecher-Stowe: Onkel Toms Hütte (1909); W. Planck: ABC. Die 25 Buchstaben auf ihrer Reise durch die Welt (1909); K. Ewald: Der Zweifüßler und andere Geschichten (1911); J. H. Campe: Robinson Crusoe (1912); K. Ewald: Vier feine Freunde und andere Geschichten (1913); Fr. Reck-Malleczewen: Mit Admiral Spee (1915); W. Arminius: Der Russenschreck. Eine Erzählung für die Jugend aus den Tagen der Schlacht bei Tannenberg (1915; auch u.d.T.: Der Spion von Tannenberg, 1927); W. Planck: Haltet aus im Sturmgebraus. Bilder aus dem großen Kriege 1914/15 (1915); A. Sperl: Konradin der Grafensohn. Eine Geschichte aus dem Bauernkriege, den Kindern erzählt (1916); D. Darenberg: Im Kampfe um Bagdad (1917); Fr. Reck-Malleczewen: Der Admiral der roten Flotte (1917; auch u.d.T.: Der Admiral der Schwarzen Flotte, 1939); D. Weber: Ein Sommerbuch (1919); P. Moritz (Bearb.): J. D. Wyss: Der Schweizerische Robinson (zus. mit W. Hoffmann, 1920); J. Siebe: Im trauten Winkel (1922); J. F. Cooper: Lederstrumpf – Erzählungen (Bd. 1–2. 1923); Wundersame

Geschichten aus dem Reich der Natur (1925); Fährst du auch mit? Ein neuzeitliches Verkehrsbilderbuch (1926); Arbeit bringt Freude! Worte großer Denker (1927); A. Holst: Neues Tierbilderbuch (1927); H. Eckert (Bearb.): Ch. C. Fraser: In 10 Tagen um den Äquator (1927); A. Sixtus: Der faule Teddybär (1928, NA. 1949; auch u.d.T.: Lustige Tierbilder, 1947); E. Lang: Aber Tedi! (1928, NA. 1957); Märchenwelt. Kindermärchen für die ganz Kleinen (1929); E. Lang: Noggel und Joggel (1930); A. Sixtus (zus. mit F. Clar): Von den beiden Dackeln und dem Teddybär (1931); Viele schöne Sachen, zum Lesen und Lachen (zus. mit E. v. Kager, 1931); H. Eckert (Bearb.): Ch. C. Fraser: In 8 Tagen um den Äquator (1932); Fr. Strauß: Auf gefahrvollem Flug (1932); J. Siebe: Ellen und die lustige Ursel (1932); J. Spyri: Heidi (1932); J. Kniese: Ein halb Dutzend in Freiheit (1933); E. G. Lorenz: Feldgraue Helden (1934); G. Riek: Die Mammutjäger vom Lonetal (1934); J. Wessel (Hrsg.): Das neue Buch für Mädels (Bd. 1–2. 1934–1935; zus. mit anderen); K. Köster: Die Fahrt in den Osten (1936); E. G. E. Lorenz: Kameraden der Front (1936); E. G. E. Lorenz: Vier von Stube 17. Ernste und heitere Rekrutenerlebnisse (1936); J. S. Viera-Segerer: Deutsch-Ostafrika kämpft! (1936); J. S. Viera-Segerer: Deutsch-Ostafrika lebt! (1936); J. S. Viera-Segerer: Deutsch-Ostafrika unverloren! (1936); K. Köster: Wie ich Amerika erlebte (1937; NA. in: Nordamerika querdurch, 1938); Unseren Jungen. Ein Buch zur Unterhaltung, Belehrung und Beschäftigung (zus. mit anderen, 1937); W. Hauff: Die Geschichte vom kleinen Muck und andere Märchen (1946); Lustige Tierbilder (zus. mit A. Weczerzick, 1947); F. Clar: Schlackel und Wackel, die beiden Dackel (1948; Teilausg. von: Lustige Tierbilder, 1947); W. Planck: Für unser Kind (1948).

Sekundärliteratur: J. Baum (Bearb., mit anderen): Stuttgarter Kunst der Gegenwart (1913). – Th. Kutschmann: Geschichte der deutschen Illustration (Bd. 2. 1900).

Cornelia Schneider

Plump, Nikolaus

*Graphiker, Maler, Illustrator; *9.8.1923 Berlin, †26.7.1980 Basel.*

Pl., dessen Eltern beide Maler waren, begann mit sechzehn Jahren seine Ausbildung an der Staatlichen Hochschule für Bildende Künste in Berlin-Charlottenburg (Zeichenklasse GERHARD ULRICH). Von 1942 bis 1945 war er Soldat, von 1946 bis 1949 studierte er Malerei an der Staatlichen Hochschule für Bildende Künste in München und Weimar. Danach arbeitete Pl. als Graphiker im Atelier von GOTTLIEB und ASTA RUTH. Seit 1949 hatte er seinen Wohnsitz als freischaffender Künstler in Stuttgart, erhielt 1966 einen Lehrauftrag für Malen und Zeichnen an der Fachhochschule für Gestaltung in Schwäbisch-Gmünd und wurde 1974 zum Professor ernannt.

Werk, Tendenzen, Wirkung. Pl. war nach eigenen Worten ein „Illustrator aus Neigung und Überzeugung", der überwiegend Kinder- und Jugendbücher ausstattete. Insgesamt sind von ihm annähernd 600 Werke illustriert worden, darunter mehr als 30 durchgehend farbig. Thematisch sind sie weit gestreut: Kindergeschichten und Märchen, Umwelterzählungen, Sport, Historisches, Sachbücher und Jugendklassiker. Lizenzausgaben erschienen in Österreich, der Schweiz, Holland, England, Schweden, Finnland, Italien, Malaysia, Indien, Südafrika und den USA.

Schwerpunkte von Pl.s Illustrationsarbeit sind die Bilder zu Märchen von ANDERSEN (1970), GRIMM (1962), Tausendundeine Nacht (1965), zu Deutschen Heldensagen (1963) und Deutsche Volksbüchern („Käuze, Schelme, Narren", 1961). Die mit äußerster Genauigkeit und Sorgfalt gestalteten Originale der Illustrationen hat Pl. nicht als „Kunstwerk" für sich, vielmehr als Teil eines Herstellungsprozesses verstanden, an dessen Ende das fertige Buch steht. Dies gilt auch für seine Arbeiten zu Bilderbüchern wie „Die krumme Treppe" (mit ELFI LANGE, 1972), „Der Rabe und der Fuchs" (1975) und „Der Riesenstuhl" (1977). Pl. arbeitete vorzugsweise mit Pinsel und Feder und legte sowohl auf die Darstellung wesentlicher Einzelheiten wie auf großflächige Komposition wert. Die Spannung zwischen klein und groß, nah und fern, Vordergrund, Mittelgrund und Hintergrund zeigt seine Beherrschung der Perspektive und überlegte Bildgliederung, welche dem Betrachter starke räumliche Vorstellungen und den Eindruck lebhafter Bewegung vermitteln. Gewissenhafte Wiedergabe der Sachverhalte aus Natur, Technik und Kulturgeschichte geben den Illustrationen konkreten Inhalt und dichte Atmosphäre.

In den Farbbildern werden kräftige und entschiedene Töne bevorzugt. Farbigkeit dient bei Pl. sowohl als Mittel der Stimmung wie der Information. Kennzeichnend dafür ist das Bilderbuch „Die krumme Treppe", das anhand einfacher Verse die Wesenszüge der Landschaft und Pflanzenwelt des Tessins und der Tiere rings um ein altes Bauernhaus lebendig werden läßt mit humorvoll übertreibenden Elementen ebenso wie mit Respekt vor der gewachsenen Natur. In dem Fabelbilderbuch „Der Rabe und der Fuchs" und dem Kunstmärchen „Der Riesenstuhl" stattet Pl. auch gelegentlich Figuren aus Überlieferung und Phantasie mit Attributen der gegenwärtigen Welt aus. Ob seine Themen aus geographischer Ferne – etwa dem Orient – oder aus der sagenumwobenen Geschichte (Dietrich von Bern, u.a.) genommen sind, Pl. zeigt Sinn für einen schwungvollen und theatralischen Realismus. Eine Vorliebe für dramatische Szenen (Kampfessituationen) ist erkennbar. Seine Schwarz-Weiß-Illustrationen aus den fünfziger und sechziger Jahren (EVA RECHLIN: Tonki soll leben, 1955; KURT HONOLKA: Magellan, 1958; EILIS DILLON: Die Irrfahrt der Santa Maria, 1968, u.a.) weisen teilweise eine subtilere Auffassung auf als seine farbigen Bilderbücher für die Kleinen. „Deutliche Erinnerungen aus einer glücklichen Kinderzeit" waren für Pl. nach eigener Überzeugung für sein Schaffen wesentlich.

Werke (Auswahl): E. Rechlin: Tonki soll leben (1955); H. Wyss: Pflaumenblüte und Kai Lin (1955); L. Künemund (Hrsg., zus. mit C. Lück): Stoffele, Pantöffele. Alte und neue Kinderreime (1957); K. Honolka: Magellan (1958); Fr. Westphal: Tongatabu (1958); A. Viksten: Die Bärin Gunilla (1959); Käuze, Schelme, Narren. Das große Buch deutscher Volkserzählungen (1961); M. Pietsch (Hrsg.): J. u. W. Grimm:

Kinder-Märchen (1962); R. Weitbrecht: Deutsche Heldensagen (1963); R. Weitbrecht: Dietrich von Bern (1964); R. Weitbrecht: Die Nibelungen (1964); H. Schrader (Hrsg.): Die schönsten Märchen aus 1001 Nacht (1965); R. Jacobs: Abenteuer im Treibeis. Mit Robbenfängern in der Arktis (1965); J. F. Cooper: Lederstrumpf-Erzählungen (1967); H. R. Hecke: Wie die Welt entdeckt wurde (1968); E. Dillon: Die Irrfahrt der Santa Maria (1968); E. Dillon: Seehunde SOS (1970); H. Chr. Andersen: Märchen (1970); E. Lange: Die krumme Treppe (1972); N. Plump: Der Rabe und der Fuchs (1975); N. Plump: Der Riesenstuhl (1977).

Anton Baumeister

Polko, Elise

*Konzert- und Opernsängerin, Schriftstellerin; *31.1.1823 Wackerbartsruhe (Dresden), †15.5.1899 München.*

P., Tochter des seinerzeit bekannten Pädagogen JOHANN KARL VOGEL, studierte in Leipzig, Berlin und Paris Musik, trat dem Kreis um F. MENDELSSOHN-BARTHOLDY nahe und war später als dramatische Sängerin in Frankfurt am Main tätig. Nach ihrer Heirat entsagte sie der künstlerischen Laufbahn und lebte, durch die beruflichen Tätigkeiten ihres Mannes bedingt, nacheinander in Duisburg, Minden, Wetzlar und Deutz. Schon in ihren Ehejahren, in verstärktem Maße aber nach dem Tod ihres Mannes (1887), widmete sie sich der Schriftstellerei „mit großem Fleiß und ersichtlicher Fruchtbarkeit" in Wiesbaden, Frankfurt und München. Literaturverzeichnisse ihrer Zeit führen weit über 100 Titel aus ihrer Feder auf. Sie gehörte zu den wirtschaftlich unabhängigen, künstlerisch begabten Frauen des gehobenen Bildungsbürgertums mit leicht liberaler Prägung. P. schuf zumeist literarische Genrebilder ihrer gesellschaftlichen Schicht.

Werk, Tendenzen, Wirkung. P.s Publikationen umfassen Romane, Novellen, Skizzen, Plaudereien, Anthologien und Erzählungen. Obwohl nicht speziell als Jugendschriften bezeichnet, wenden sich einige ihrer Schriften an junge Leser. Fast alle ihre Schriften wurden auch von heranwachsenden Mädchen gelesen. Einer ihrer größten Erfolge, der in zahlreichen Auflagen erschienene Band „Unsere Pilgerfahrt von der Kinderstube bis zum eignen Herd" (1862) wurde von vielen Pädagogen als geeignete Lektüre für junge Mädchen empfohlen. P.s Hauptanliegen war, „Bilder" aus der musikalischen Künstlerwelt zu gestalten. Dabei liebte sie es, im Plauderton lange Bildungsdialoge führen zu lassen, in denen Künstlerlob und -schwärmerei zum Ausdruck kommen (z.B. „Du Heiligenschein der hehren Tonkunst, wie gesegnet ist das Haupt, das du umziehst mit deiner leuchtenden Glorie" über CHR. W. GLUCK in „Musikalische Märchen", I., S. 27). Bei den wenigen Werken, die vom Thema Musik abweichen, treten die strukturellen Mittel der Autorin als Schwachpunkte offen zutage: aufgesetzte Konstruktion von Nebenhandlungen, auffallend viele epische Lückenfüller (Briefe, „Billets", Tagebucheintragungen). Damit wird deutlich, daß sie eher beschreiben als erzählen konnte. Ihre literarischen Äußerungen, Zeugnisse einer gesteigerten Sensibilität, lassen sich auf weite Strecken als Ausdruck wehmütiger Klage über den Verlust der künstlerischen Aktivitäten ihres eigenen Lebens verstehen. Aus der Geborgenheit ihres „Traumeckchens" läßt sie dann „Blätter aus längst vergangener Frühlingszeit" flattern, die Erinnerungen einer Einsamen „aus versunkenen Gärten" gleichen. Ihr Sendungsbewußtsein ermutigte sie dazu, immer wieder für „die naturgemäße Bestimmung ihres Geschlechts" (BRÜMMER) einzutreten, für eine weibliche Eigenständigkeit, die sie „eine Welt des Herzens" nennt, in der allein das Weib glücklich und wahrhaft zu Hause sei („Pilgerfahrt"). Ähnliche Platitüden ließen ihre Werke zu ihrer Zeit zu einer Art „Schwellenliteratur" für heranwachsende Mädchen werden, in der der Jargon des Bildungsbürgertums geschätzt, Konversation gemacht, Idyllik und Herzenskummer gepflegt und harmlose Konflikte schnell gelöst, weil kaum motiviert wurden. Die „Jungmädchenseele" sah sich in der Erfolgsliteratur der P. gespiegelt und bestätigt, zumal aus dem Werk auch ein gewisser emanzipatorisch angelegter Modernismus zu entnehmen war.

Die kommentierende Literaturgeschichtsschreibung ihrer Zeit registrierte ihr Werk mit unterschiedlicher Einschätzung. Während F. BRÜMMER die Autorin für „eine Meisterin der Charakterschilderung in fließendem Feuilletonstil" hielt und „ihre farbige Anschaulichkeit" unterstrich, spricht E. BREUNIG von einem gezierten Stil, von einer „geringen Kraft der Darstellung" und von „Schablonenarbeit". W. LINDEMANN meint, sie „beplaudere" ihre Musikergestalten.

Die von P. vorgenommene Romantisierung des künstlerischen Schaffens entspricht einem zeitgebundenen, aber auch damals bereits als überholt belächelten Originalitätsverständnis. Jedoch heben sie ihre geistige Ausgangsposition und ihre thematischen Ansprüche über die der billigen Unterhaltung verpflichteten Schriftstellerinnen ihrer Tage hinaus.

Werke: Musikalische Märchen, Phantasien und Skizzen (Reihe 1–3. 1852–1872); Ein Frauenleben. Roman (Bd. 1–2. 1854); Kleine Malereien für die Kinderstube (Bd. 1–2. 1854–1855); Mädchenspielzeug (1856); Aus der Künstlerwelt (Bd. 1–2. 1858–1863; NA. u.d.T.: Künstlermärchen und Malernovellen, 1879); Sabbathfeier. Roman (Bd. 1–2. 1858); Dichtergrüße. Neuere deutsche Lyrik (1860, [18]1905); Erzählungen für den Sylvester-Abend (zus. mit O. Wildermuth u. L. Esche, 1860); Faustina Hasse. Musikalischer Roman (Bd. 1–2. 1860); Neue Novellen (Bd. 1–18. 1861–1879); Unsere Pilgerfahrt von der Pilgerstube bis zum eignen Herd (1862, [9]1892); Erinnerungen an einen Verschollenen. Aufzeichnungen und Briefe von und über Ed. Vogel (1863); Notizen und Briefe über und von Dr. Carl Vogel (1863); Die Bettler-Oper. Ein Lebensbild aus der Dichter- und Musikerwelt der Zeit Georg I. (Bd. 1–3. 1864); Genzianen. Skizzen-Blätter (1865); Am Theetisch einer schönen Frau. Erinnerungen an den Kaiser Alexander I. (1866); Verklungene Akkorde (1867); Erinnerungen an Felix Mendelssohn-Bartholdy (1868); Auf dunklem Grund (1869); Sie schreibt. Roman (1869); Eine deutsche Fürstin. Pauline zur Lippe (1870); Hausgarten. Sammlung von Citaten und Gedichten über das Leben der Frau (1871); Kinderstube. Sammlung von Citaten und Gedichten über Mütter, Kinder und Erziehung (1872); Plaudereien (Folge 1–2. 1872–1873); Aus dem Jahre 1870. Briefblätter und Skizzen (1873); Im Fluge. Reiseblätter und Skizzen (Bd. 1–2. 1874); Vom Gesange. Musikalische Winke und Lebensbilder (1876); Weder Glück noch Stern (1876); Selam (1876); Nicolo Paganini und die Geigenbauer (1876); Aus Vergangenheit und Gegenwart (1877); Stephanie. Novelle (1878); Umsonst (1878); In der Villa Diodatti (1878); Aus der Fremde. Neue Dichtergrüße (1879); Neue Novellen (1879); Poetische Albumsprüche (1879); Miniaturen und Novellen (1880); Unsere Musikklassiker (1880); Ein Familienideal (1880); Stimmungsbilder. Novellen und Skizzen (1881); Blumen und Lieder (1881); Getrennt (1882); Freundschafts-Album (1882); Mitgeholfen. Ein Dombau-Märchen (1882); Unsere Mama. Novelle (1883); Am stillen Herd. Gedichte und Sprüche aus dem deutschen Dichterschatz (1884); Herzensfrühling und Rosenzeit. Novellen (1884); Neues Märchenbuch (1884); Ein Vergißmeinnichtstrauß. Novellen und Skizzen-Blätter (1884); Aus meiner Welt (1887); Im Banne der Erinnerung (1888); Gesammelte Novellen (1890); Ins deutsche Heim. Grüße aus der neuen Heimat (1890); Ohne Sang und Klang (1891); Unser Glauben, Lieben, Hoffen (1891); Con amore! Neueste Novellen (1892); Unsere Kinder (1892); Blauveilchen (1894); Klingende Geschichten (1894); Glück und Leid. Romane und Skizzen (1894); Hell und dunkel. Neue Novellen (1895); Bedeutende Menschen (1895); Verwehte und frische Spuren (1897); Meister der Tonkunst (1897); Lavinia (Bd. 1–2. 1903).

Hrsg.: Deutscher Mädchen-Kalender für das Jahr 1890 (1889); Deutsches Mädchen-Jahrbuch (1891).

Hermann Bertlein

Portugal

(República Portuguesa). Republik im Südwesten Europas auf der Pyrenäenhalbinsel. Einschließlich der Azoren und Madeiras (Ilhas adjacentes) 92082 km²; Einwohner: ca. 9,6 Millionen. Nach der Verfassung vom 19.3.1933, die zuletzt am 9.8.1971 ergänzt wurde, ist der auf fünf Jahre gewählte Präsident das Staatsoberhaupt. Die Legislative liegt bei der „Assembleía da Republica" mit 250 auf vier Jahre gewählten Abgeordneten. Die fast durchweg katholische Bevölkerung besteht aus den romanischen Portugiesen. Amtssprache ist Portugiesisch.

Entwicklung der Kinder- und Jugendliteratur und gegenwärtiger Stand. Um die portugiesische Kinderliteratur international einzuordnen, ist der Vergleich mit den benachbarten europäischen Ländern notwendig. Während JOHN NEWBERY in England die erste Bücherei für Kinder gründete, versuchte P. die ersten Schritte der Gesetzgebung über den Elementarunterricht (1772). Im Jahr 1838, als in Frankreich das „Journal des enfants" veröffentlicht wurde und die Erzählungen NODIERS weite Verbreitung fanden, lernte man in P. noch mit Hilfe handgeschriebener Texte lesen, etwas später mit Hilfe des Neuen Testaments. Während in Frankreich die Werke der Comtesse DE SÉGUR und von JULES VERNE, in England die von LEWIS CARROLL veröffentlicht wurden, begann die Arbeiterschaft in P. erst das Recht auf Ausbildung ihrer Kinder zu fordern; die Analphabetenrate war außerordentlich hoch; nur die höhere Schule, ein Privileg des Großbürgertums, zog zu jener Zeit die Aufmerksamkeit der Regierenden auf sich. Um 1830 sorgte sich der Dichter JOAO DE DEUS um den Leseunterricht und die Lesegewohnheiten der Kinder, zu einer Zeit, als das Verbot der Kinderarbeit vorgeschlagen und eine Reform des Elementarunterrichts ausgearbeitet wurde.

Als erstes Kinderbuch in P. erschien um 1776 „Thesouro das meninas; diálogo entre uma sábia aia e as suas discípulas de primeira distincão", die Übersetzung eines Werks von MARIE LEPRINCE DE BEAUMONT. Es folgten die Bücher „O Livro dos Meninos" (1778) von JOÃO ROSADO VILLAS-BOAS, die Sammlung „Contos filosóficos para a instrucão e recreiro da mocidade portuguesa" (1793) von FRANCISCO LUIZ CABRAL und das „Livro de ouro dos Meninos" (1844) von JOSÉ IGNACIO ROQUETE. 1856 erlebte das Buch von M. LEPRINCE DE BEAUMONT bereits die achte Auflage; im gleichen Jahr erschien die dritte Auflage des Werkes „Ramilhetinho de puericia" von LUÍS FILIPPE LEITE. Alle diese Schriften für junge Leser waren von moralischer Belehrung und Anleitung zu vernünftigem, tugendhaftem Verhalten bestimmt.

Nach 1870 interessierten sich eine Reihe bekannter Schriftsteller für das Schreiben von Kinderbüchern, aber Konzeptionen und Ziele blieben unverändert; das Kind wurde weiterhin als ein kleiner Erwachsener gesehen, der zu seiner Entwicklung nützliche und moralische Belehrung erhalten sollte. Obwohl auch für die Unterhaltung der jungen Leser gedacht, sollten solche Kinderschriften immer eine ausdrückliche und direkte Moral enthalten.

Im letzten Viertel des 19. Jahrhunderts veröffentlichte MANUEL PINHEIRO CHAGAS seine „História Alegre de Portugal" (1880). Die Pädagogin MARIA AMÁLIA VAZ DE CARVALHO und ihr Ehemann CONCALVES CRESPO, ein angesehener Autor, verfaßten die „Contos para os nossos filhos" (1882). Der angesehene Schriftsteller ANTERO DO QUENTAL gab eine Lyrikanthologie für Kinder mit einem bemerkenswerten Vorwort über Lyrik und Kinder mit dem Titel „Thesouro poético da infância" (1883) heraus. Auch ADOLFO COELHO veröffentlichte die Erzählsammlungen „Contos nacionais para as crianças" (1882) und „Jorgos e rimas infantis" (1883).

Nach wie vor überwogen jedoch Übersetzungen, vor allem aus dem Französischen. Die Werke der SÉGUR und von LOUISE COLET sind besonders zu erwähnen. Nach und nach erhöhte sich auch die Anzahl der portugiesischen Kinderbuchautoren, die ihren Werken ein nationales Gepräge zu geben suchten, aber doch weitgehend von der ausländischen Kinderliteratur abhängig blieben. Neu erschienen jetzt Kinderschriften von MARIA RITA CHIAPPE CADET, ALICE PESTANA, VIRGINIA DE CASTRO E ALMEIDA und ANA DE CASTRO OSÓRIO. Gleichzeitig aber wuchs die Zahl der Übersetzungen an. Vor allem die Erzählungen von DE AMICIS und die Märchen von PERRAULT erlebten zahlreiche Neuauflagen. Im Jahr 1897 begründete ANA DE CASTRO OSÓRIO, die man als Begründerin einer eigenständigen

portugiesischen Kinderliteratur ansehen kann, die Kinderbuchreihe „Para crianças“, das erste qualitätsvolle Kinderbuchunternehmen P.s. Auch ein Bändchen mit Texten für das Kindertheater („Teatro para criancas“) erschien um die Jahrhundertwende. Mitherausgeber war HENRIQUE MARQUES JÚNIOR, der schon durch seine Übersetzung von LEWIS CARROLLS „Alice“-Büchern bekannt geworden war.
Die ersten Jahre des 20. Jahrhunderts brachten neue Kinder- und Jugendbücher, bei denen namhafte Illustratoren die Ausstattung übernahmen. Obwohl die Buchillustration mehr als Ausschmückung des Textes angesehen wurde, wandten sich dem Kinderbuch bekannte Künstler wie RAQUEL ROQUE GAMEIRO, VALENCA, ALFREDO MORAIS, SANTOS E SILVA, MILLY POSSOZ, LEAL DA CÂMARA, EDUARDO MALTA, CARLOS CARNEIRO und STUART DE CARVALHAIS zu. Auch Übersetzungen ausländischer Kinderbücher wurden nun immer mehr von bekannten Autoren vorgenommen. So legte PINHEIRO CHAGAS um 1910 eine Neuübersetzung des „Robinson Crusoe“ für junge Leser vor. Sowohl in der inländischen Produktion wie bei den übersetzten Texten dominierte um die Jahrhundertwende die traditionelle Erzählweise. Bekannte Autoren bemühten sich, kindgemäß zu schreiben. Dazu gehörten JOÃO DE DEUS mit seinen Kinderreimen, ALFONSO LOPOS VIEIRA mit seinen Tiergeschichten und Kinderliedern. Ihre Kinderbücher finden noch heute in P. Interesse.
Generationen hinweg war Lesen, Schreiben und Rechnen in P. das ausschließliche Ziel des Pflichtunterrichts. Zu Beginn des 20. Jahrhunderts zeigt das portugiesische Kinderbuch jetzt deutlich eigenständige Tendenzen, die Abhängigkeit von ausländischen Kinder- und Jugendbüchern läßt nach. So zeigt sich jetzt ein portugiesisches „ambiente“, das heißt, das neue Kinderbuch ist geprägt durch das Kolonialreich P.: afrikanische Fauna, Themen, die den kolonisierenden Weißen und den kolonisierten Schwarzen beinhalten. Während AQUILINO RIBEIRO noch die europäischen Fabeln von Fuchs und Esel heraufbeschwor, die durch einen ländlichen und oft regionalistischen Wortschatz gekennzeichnet waren, so zeigten andere Schriftsteller das Kolonialleben in ihren Büchern und ließen die Helden ihrer Geschichten Abenteuer in Afrika und auf den zahlreichen Inseln erleben.
Im ersten Jahrzehnt des 20. Jahrhunderts fand der Übergang von der Monarchie zur Republik statt: eine neue Gesetzgebung über den Elementarunterricht und eine gewisse Euphorie erbrachten in den folgenden Jahren, vor allem im Jahr 1924, einen neuen Abschnitt in der portugiesischen Kinderliteratur. Wenn auch die ausländischen Werke weiterhin ihren Platz behaupteten, so zeigten sich doch Anstrengungen für ein qualitativ und quantitativ reicheres Angebot eigenständiger Kinder- und Jugendbücher. Jetzt erhielten Grundschulen erste Kinderbüchereien, verschiedene Zeitungen veröffentlichten Beilagen für junge Leser oder Kinderseiten.
Es erschienen Werke von AQUILINO RIBEIRO, ANTÓNIO SÉRGIO, CARLOS SELVAGEM, HENRIQUE MARQUES JÚNIOR, JOAO DE BARROS und ANTONIO BOTTO.
Nach Entstehung der Diktatur wurde in den dreißiger Jahren die Schulpflicht auf drei Jahre reduziert. Der Unterricht in allen zugänglichen Schulen sollte sich auf die elementaren Fertigkeiten des Lesens, Schreibens und Rechnens beschränken. Im Zuge dieser Bildungspolitik ging die Produktion von Kinderbüchern merklich zurück. Trotzdem traten in dieser Zeit eine Reihe von Kinder- und Jugendbuchautoren hervor. Zu ihnen gehören ADOLFO SIMÕES MÜLLER, FERNANDA DE CASTRO, VIRGÍNIA LOPES DE MENDONÇA, AUGUSTO DE SANTA-RITA, LEYGUARDA FERREIRA und ODETTE DE SAINT-MAURICE. Als Illustratoren wurden in dieser Zeit MILLY POSSOZ, EDUARDO MALTA, OFÉLIA MARQUES und SARAH AFONSO bekannt.
Die Zensur griff auch in die Kinder- und Jugendbuchproduktion ein. Als Konsequenz erschienen viele anspruchslose Geschichtensammlungen, die eine fröhliche Kinderwelt ausmalten und die oberflächlich geschrieben waren. Die mangelnde Qualität war nicht zuletzt auch auf die Notwendigkeit, billige Bücher herzustellen, zurückzuführen. Der Großteil der Bevölkerung in P. neigte wenig zum Lesen, und die Schulen taten nichts, um den Leseeifer von Kinder anzufachen. Einige wenige Schriftsteller kämpften trotzdem mutig für qualitätvolle Texte, und einige Lehrer begannen damit, anspruchsvolle Kinderbücher in den Unterricht zu nehmen.
In den fünfziger und sechziger Jahren unseres Jahrhunderts erschien eine Reihe von Biographien, Sachbüchern und historischen Büchern von ADOLFO SIMÕES MÜLLER. Auch ODETTE DE SAINT-MAURICE, NOEL DE ARRIAGA, LÍLIA DE FONSECA, ALICE GOMES, ESTHER DE LEMOS, PATRÍCIA JOYCE, ALVES REDOL, MATILDE ROSA ARAÚJO, SOPHIA DE MELLO BREYNER ANDRESEN, ILSE LOSA, MARIA ISABEL MENDONCA SOARES und ISABEL MARIA VAZ RAPOSO legten neue Kinderbücher vor. Einige dieser Schriftsteller verzichteten auf die herkömmliche Betulichkeit und gaben ihren Büchern einen realistischen Anstrich und legten Wert auf eine gediegene Sprache. Dies war der Fall bei ALVES REDOL, MATILDE ROSA ARAÚJO, RICARDO ALBERTY, SOPHIA DE MELLO, BREYNER ANDRESEN, PATRÍCIA JOYCE oder MARIA ISABEL MENDONÇA SOARES, die zur Neuorientierung der portugiesischen Kinder- und Jugendliteratur am Ende der sechziger Jahre beitrugen.
Die fortgeschrittene Technologie, die an Industriearbeiter höhere Anforderungen als früher stellt, aber auch der Vergleich mit den anliegenden Staaten, führten zur Einführung einer sechsjährigen Schulpflicht. Dies wirkte sich auch auf die Lesefähigkeit und Leseneigung der Schulkinder aus. Die Produktion von Kinderbüchern stieg an. Gleichzeitig nahm das Übergewicht der aus anderen Sprachen übersetzten Kinder- und Jugendbücher ab. Das Prestige des portugiesischen Kinder- und Jugendbuchautoren wuchs an, neue Autoren tauchten auf. Schon in Schullesebüchern wurden jetzt Kinder mit den Namen und Werken von MATILDE ROSA ARAÚJO, SOPHIA DE MELLO BREYNER ANDRESEN, ALICE GOMES,

MADALENA GOMES oder MANUEL FERREIRA bekannt.
Das Ende des Kolonialkriegs am Ende der sechziger und zu Beginn der siebziger Jahre und später die Revolution vom 25. April 1974, die die Diktatur beseitigte, brachten neue Inhalte und Themen in die Kinderliteratur. Jetzt setzten sich auch Schriftsteller einer Generation durch, die das Schreiben von Kinderbüchern zu ihrem Hauptanliegen machten. Der Kinderschriftsteller erhielt ein klareres Profil, er wurde ernstgenommen. Namen wie ANTÓNIO TORRADO, MARIA ALBERTA MENÈRES, LUÍSA DUCLA SOARES, SIDÓNIO MURALHA, LEONEL NEVES, MARIA CÂNDIDA DE MENDONÇA, MARIA CECILIA CORREIRA oder MARIA ISABEL ANJO stehen für diese Entwicklung. Bisher in der Kinderliteratur tabuisierte Themen und Probleme wurden aufgegriffen, avantgardistische literarische Formen entstanden auch im Kinder- und Jugendbuch, die Vorstellung von Aufnahmefähigkeit und Aufnahmebereitschaft des jungen Lesers wurde erweitert. Auch in der Buchausstattung spürte man die stärkere Beteiligung namhafter Illustratoren wie LEONOR PRAÇA, MARIA KEIL, NORONHA DA COSTA, LUIS FILIPE ABREU, ANTÓNIO SANTOS, MANUELA BACELAR oder JOÃO MACHADO.

Luis Filipe de Abreu. Illustration aus dem portugiesischen Kinderbuch von António Sérgio „Os dez anõezinhos da tia Verde-Água e outros contos" (Lissabon, 1978).

Leonor Praça. Illustration aus dem portugiesischen Bilderbuch „Rama, o elefante azul" zu einem Text von Isabel da Nóbrega (Lissabon, 1978).

Überblickt man die portugiesische Kinder- und Jugendliteratur der letzten Jahre, so lassen sich eine Reihe von Entwicklungen ausmachen. Das Bilderbuch für das Vorschul- und Grundschulalter wird vor allem von CRISTINA MALAQUIAS gepflegt. Es erscheinen einfühlsame Neuauflagen der Werke von Autoren der ersten Hälfte des 20. Jahrhunderts, so von ANTÓNIO SERGIO, ANTÓNIO BOTTO und AQUILINO RIBEIRO. Immer mehr Bücher greifen ökologische Probleme auf. Vor allem EURICO BAPTISTA, ILSE LOSA, SÍLVIA MONTARROYOS, SIDÓNIO MURALHA und ISABEL NOBREGA nehmen sich dieser Thematik an. Zum 400. Geburtstag (1980) des portugiesischen Dichters LUÍS DE CAMÕES sind Werke von MATILDE ROSA ARAÚJO, ADOLFO SIMOES MÜLLER und ANTONIO MANUEL COUTOVIANA erschienen, die das Werk des Dichters heutigen Kindern nahebringen wollen. Auf zeitgeschichtliche Vorgänge und das Leben in den Familien nach der Diktatur gehen die Erzählungen von ALICE VIEIRA ein.

Kinder- und Jugendzeitschriften. Nach ESTÉVÃO DE ANDRADE (Zeitschrift „Rumo", Nr. 21, Nov. 1928) unterscheidet man drei Phasen in der Entwicklung der Kinderpresse in P.: Eine im Wesen erzieherische, die mit der Zeitschrift „ABC-Zinho" von COTINELLI TELMO zu Ende geht; eine zweite, in der zu der unterhaltenden und national gefärbten Tendenz die Mitarbeit ausländischer Zeichner hinzukommt; schließlich eine dritte, in der der Text hinter den dominierenden Illustrationen zurücktritt.
Um 1935 fand ein Eindringen von Comicserien und Illustrationsreihen nach WALT DISNEYschen Zeichentrickfilmen in der portugiesischen Kinderpresse statt. Am Anfang dieser Entwicklung stand die Zeitschrift „Mickey" (nach der Figur der Micky-Maus). Während die andere große Kinderzeitschrift der Zeit „O Mosquito" phantastische Bildgeschichten brachte, die recht traditionell waren, führte „Mickey" den jungen Betrachter immer mehr in die Ideologie und Darstellungswelt amerikanischer „Funnies" ein. Die früheste Kinderzeitschrift in P. war „O Amigo da infância", ein Organ der Evangelischen Kirche P.s. 1883 erschien das

„Journal da infância", ein illustriertes Wochenblatt, an dem bekannte Schriftsteller und Illustratoren der Zeit mitarbeiteten (z. B. ALBERTO PIMENTEL, PINHEIRO CHAGAS, CONDE DE MONSARAZ, RAFAEL BORDALO PINHEIRO). Die Illustrationen in dieser Zeitschrift dienten lediglich zur Ausschmückung der Texte, hatten aber noch keinen eigenen Aussagewert. Die Texte hatten einen ernsthaften Ton mit erzieherischer Absicht. Phantastisches und humorvolles wurde ausgespart.
1898 erschien das „Jornal das crianças" unter der Leitung von H. SILVEIRA. Es stellte eine Neuheit dar, nämlich Hefte im Querformat, mit kurzen, reich illustrierten Texten und einer Farbseite pro Nummer.
„A Gaivota", von A. A. PEREIRA geleitet, ging der „Revista Branca" von ALICE PESTANA voraus, deren erste Nummer von 1899 stammt. Illustrationen waren darin selten. Mitarbeiter waren aus der portugiesischen und der ausländischen Literatur bekannte Autoren, jedoch waren die Texte für Kinder oft zu anspruchsvoll. Mitarbeiter waren u. a. GONCALVES CRESPO, JOÃO DE DEUS, ALEXANDRE HERCULANO, aber auch CHARLES DICKENS und LEO TOLSTOI. Eine dem Alltagsleben nachempfundene Figur – der Herr Procópio – gab der Zeitschrift eine neue humoristische Note. Die Zeitschrift versprach im Vorwort zur ersten Nummer, sie werden „von den Ereignissen berichten, die Kinder am meisten beeindrucken und Lehren anbieten, die dem Gemisch von Lachen und Weinen, in dem sich das soziale Leben widerspiegelt, zu entnehmen seien". 1903 erschien „O Gafanhoto", von HENRIQUE LOPES DE MENDONÇA und M. T. BORDALO PINHEIRO herausgegeben. Sie bildete einen Meilenstein in der Geschichte der portugiesischen Kinderzeitschriften, denn zum ersten Mal wurde das Kind in seiner Eigenständigkeit ernstgenommen. Die Umschlagseite wurde von FRANCISCO VALENÇA gestaltet. An der Zeitschrift arbeiteten Autoren und Illustratoren mit, die heute als Bahnbrecher einer anspruchsvollen Kinderliteratur angesehen werden. 1907 veröffentlichte ANA DE CASTRO OSÓRIO das „Jornal dos Pequeninos", das sich auch schon an Vorschulkinder richtete. Die Zeitschrift enthielt unter dem Titel „A pequena florista" sentimentale Fortsetzungsgeschichten. 1911 erschien eine neue Jugendzeitschrift, die von AMARAL FRAZAO herausgegeben wurde. Es war eine Zeitschrift mit einer von sozialen Vorstellungen erfüllten Tendenz und entsprach dem gesellschaftlichen Geschehen der Zeit. 1933 wurde die Zeitschrift „O senhor Doutor" veröffentlicht, deren Hauptfigur ein Zylinder tragender, mit Büchern beladener Esel war, der ihr das Gesicht gab. Ihre graphische Aufmachung war gekonnt, die Texte von bemerkenswerter Qualität. An dieser Zeitschrift arbeitete auch der Dichter JOSÉ GOMES FERREIRA mit. Seine Beiträge vereinte der Autor später in dem Jugendbuch „Aventuras maravilhosas de Joao Sam Medo", das sich auch an Erwachsene wandte.
Ab 1952 wurde die Kinderzeitschrift „O Cavaleiro andante" herausgegeben, deren Leitung ADOLFO SIMÕES MÜLLER hatte. Zwei Zeitschriften der „Mocidade Portuguesa, der Jugendorganisation der Regierungen Salazar und Marcelo Caetano „Lusitas" waren weit verbreitet. Einige portugiesische Tageszeitungen brachten viele Jahre hindurch glänzend gemachte Kinderseiten (z. B. „O seculo" (Pim-Pam-Pum), „Diario de Noticias" (Noticias Miudinho), „O Comercio de porto", „Diario de Lisboa", „Diario popular"). Ab 1978 erschien eine Kinderzeitschrift, die früher unter dem Namen „Alvorada" verbreitet war, neu. Sie wird von MARIA LUÍSA CALDAS DE ALMEIDA herausgegeben.

Comics. Zu den Vorläufern der Comics gehören in P. die Zeichnungen von RAFAEL BORDALO PINHEIRO, der durch seine Karikaturen Berühmtheit erlangte. Vor allem sein Bildband „Apontamentos sobre a Picaresca Viagem do Imperador Rasib pela Europa" (1872) mit den Aufzeichnungen über die pikareske Reise des Herrschers Rasib durch Europa kann als comicverwandte Bildgeschichte angesehen werden. Auch die Bildgeschichten in der Zeitschrift „O Gafanhoto", die 1903 begründet wurde und an der MANUEL GUSTAVO (der Sohn von RAFAEL BORDALO PINHEIRO) und FRANCISCO VALENCA mitarbeiteten, gehören zu den Vorläufern.
Die große Zeit der eigentlichen Comics begann 1936 mit dem Erscheinen der Zeitschrift „O Mosquito". Für diese Zeitschrift zeichneten VÍTOR PÉON und JOSÉ GARCÊS Comics. Auch EDUARDO TEIXEIRA COELHO, der heute international bekannt ist, begann seine Karriere als Zeichner von Comics in dieser Zeitschrift. Die Zeitschrift „O Mundo de Aventuras", die 1949 zum ersten Mal amerikanische Abenteuercomics brachte, führte zu widersprüchlichen Meinungen über ihren pädagogischen und literarischen Wert. In den fünfziger Jahren wurden die Comics scharf kritisiert. Vor allem die Kritik aus den USA wurde nach P. getragen. Sie schlug sich in einer Vorschrift der Zensurbehörden nieder, die unter dem Titel „Anweisungen für die Kinderliteratur" 1950 wirksam wurde. Viele Zeitungen und Zeitschriften waren davon betroffen. Es überlebte lediglich die Zeitschrift „Falcão", die sich aufgrund ihrer literarischen Qualität durchsetzen konnte.
Die modernen portugiesischen Comics folgen dem internationalen Trend und richten sich eher an erwachsene Leser. Der portugiesische Zeichner STUART CARVALHAIS verwendete als erster (1915) Sprechblasen und übernahm damit für Europa eine Pionierrolle. Heute bilden „Asterix", „Spirou" und „Tin-Tin" die verbreitetsten Comics für junge portugiesische Leser. Allerdings sind auch andere Serien von geringerer Qualität auf dem Markt.

Kinderbuchpreise und Förderungsmaßnahmen. Verschiedene staatliche und private Institutionen befassen sich in P. mit der Förderung der Kinder- und Jugendliteratur: Ministèrio de Educacão e Cultura, Direcção-General do Ension Básico (DGEB); Fundação de Apoio aos Organismos Juvenis (FAOJ); Instituto de Tecnologia Edudativa (ITE); Biblioteca da Universidade do Minho; Delegação do IBBY em Portugal; Associacão Portuguesa de Educacão pela Arte; Biblio-

teca Museu de Castro Guimarães em Cascais; Grupo de Bibliotecas Infantis do Funchal-O Jardim Museu João de Deus; Escola de Educadoras da Infancia.
Seit 1976 verfügen die Lehrerausbildungsanstalten über ein erneuertes Programm, das das neue Fach „Kinderliteratur" enthält. Auch Kindergärtnerinnen kennen in ihrer Ausbildung das Fach Kinder- und Jugendliteratur. Die Generalverwaltung für die Grundschulen führt jährlich eine Verteilung von Kinderbüchern an alle Grundschulen des Landes durch. Die Generalverwaltung hat auch eine Arbeitsgruppe für die pädagogische Bewertung aller neu erscheinender Kinderbücher eingerichtet.
Als private Initiative ist die Arbeit der Stiftung „Calouste Gulbenkian" hervorzuheben. Sie richtete ein Netz von Fahrbüchereien ein, die vor allem auf dem Land Kinder mit Büchern versorgen sollen. Die von diesen Büchereien mitgeführten Bücher werden von einer ständigen Kommission ausgewählt. Neben den Fahrbüchereien hat die genannte Stiftung auch eine Reihe Büchereien in verschiedenen Ortschaften eingerichtet.
Der Verlag Editorial Caminho vergab 1979 einen einmaligen Preis zur Erinnerung an das Internationale Jahr des Kindes, der ALICE VIEIRA für ihr Buch „Rosa minha irmã Rosa" (1979) zugesprochen wurde. Die Stiftung „Calouste Gulbenkian" schrieb mehrere Preise aus. Der „Große Preis" wird seit 1980 jährlich dem Gesamtwerk eines Schriftstellers zugesprochen. Ausgezeichnet wurden MATILDE ROSA ARAUJO und RICARDO ALBERTY. Einen Preis der Stiftung für den besten im Zeitraum 1978/79 veröffentlichten Text erhielt 1979 ANTONIO TORRADO. Den Preis für die besten Illustrationen erhielt für die Jahre 1978–1979 JOÃO MACHADO. Ein Nachwuchspreis wurde einem Manuskript von CARLOS CORREIA zugesprochen. Sein Preisbuch „A locomotiva Tchaf" erschien 1980. Den Preis der portugiesischen Sektion von IBBY für das beste Buch des Jahres erhielt 1980 SIDÓNIO MURALHA. Den Preis für die besten Illustrationen bekam 1979 ANA LEÃO. Auch der portugiesische Schriftstellerverband und das Staatssekretariat für Umwelt und Ökologie sowie das Staatssekretariat für Kultur hatten für die Jahre 1979 bzw. 1980 Preise ausgeschrieben.

Sekundärliteratur: H. Margues Junior: Algumas achegas para una bibliographia infantil (1928).

Matilde Rosa Araujo/Natércia Rocha/ Maria J. Sottomayor Rosa da Silva

Postma, Lidia

*Niederländische Illustratorin; *2. 4. 1952 Hoorn (Niederlande).*

P. absolvierte von 1969 bis 1974 ihr Studium an der „Gerrit Rietveld Academy" in Amsterdam. Ihre Lehrer waren LEX METZ, AB SOK, HERMAN GORDJIN und PIET KLAASSE. P. schuf Graphiken und Malerei, ehe sie Bücher zu illustrieren begann. 1976 erhielt sie für Illustrationen zu Märchen von H. CHR. ANDERSEN und für ihr Buch „De gestolen spiegel" (dt. Da stieg Micha auf sein rotes Rad, 1976) die höchste Illustratorenauszeichnung der Niederlande, den „Gouden Pensel". 1979 wurde sie mit dem „Goldenen Apfel" der Bienále ilustrácií Bratislava (BIB) für „De heksentuin" (1978; dt. Ich weiß doch, daß ihr da seid!, 1980) ausgezeichnet. P. lebt in ihrer Geburtsstadt Hoorn.

Werk, Tendenzen, Wirkung. P. löste mit ihren wenigen Bilderbüchern besondere ästhetische Reize aus. Ihr technisches Können und ihre versponnene Phantasie sprechen Erwachsene und Kinder gleichermaßen an. In „Da stieg Micha auf sein rotes Rad" wird die Geschichte eines kleinen Jungen erzählt, der mit seinem Fahrrad aus dem Alltag hinaus und in eine Märchenwelt hinein gelangt. Dort muß er einen Drachen besiegen, ehe er vom „Herrn des Waldes" sein Fahrrad zurückerhält und gestärkt nach Hause fährt. Die phantastische Erzählung – sowohl Text wie Illustration sind von P. – ist mit viel zeichnerischer Genauigkeit – besonders bei der Physiognomie der Personen –, lyrischer Einfühlung in Landschaft und städtische Ansichten angefaßt. In den realistischen Rahmen setzt P. neben die Personen aus der Wirklichkeit ihre phantastischen Wesen: Gnome, Kobolde, Grasgeister, den „Herrn des Waldes", Drachen etc., wobei sie vor der Ausgestaltung des Häßlichen, Grauen- und Furchterregenden nicht zurückscheut, ja dies besonders akzentuiert. Am Ende des Weges durch die Traum- und phantastische Bewährungswelt steht für den Helden die Anerkenntnis des von der Mutter erwarteten Babys. Insofern liegt – ähnlich wie bei MAURICE SENDAK – eine psychoanalytische Ausdeutung der Bilderbücher nahe. Dies gilt ebenso für „Ich weiß doch, daß ihr da seid!", wo eine Gruppe von Kindern dazu gebracht wird, Vorurteile gegenüber ihrer Umwelt – sie halten eine alte Frau für eine Hexe – abzubauen. P. baut die Realität in Illustration und Text als eine letztlich friedvolle, verspielte, harmonisch nostalgische auf, auch wenn sie skurrile Bedrohungen in außerordentlich einprägsamer Weise Figur werden läßt. P.s Stil erinnert an den der englischen Illustratoren der Jahrhundertwende, vor allem an ARTHUR RACKHAM (1867–1939), bei dem ähnlich skurrile, grausigschöne Elfenwesen und Erdgeister in unwirklich gefärbter Landschaft erscheinen. Bei P. können dem Betrachter Traum und Phantasie ein Filter für die Ängste im täglichen Kampf sein. Sie nimmt stilistisch wie thematisch an der in jüngster Zeit in vielen Ländern wachsenden Strömung unter Bilderbuchkünstlern teil, welche die surreale Welt als einen ästhetisch vermittelbaren Bereich der Vorstellung ansieht und schon im frühen Lebensalter Kinder daran teilnehmen lassen möchte.
Die Übersetzungen der holländischen Originaltexte sind von IRINA KORSCHUNOW (*1925).

Werke: L. Postma: De gestolen spiegel (1976; dt. Da stieg Micha auf sein rotes Rad, 1976); L. Postma: De heksentuin (1978; dt. Ich weiß doch, daß ihr da seid!, 1980).

Erich Gerhard

Preis der Leseratten

Der ‚Preis der Leseratten' ist ein Kinder- und Jugendbuchpreis, den die Redaktion des Fernsehmagazins „Schülerexpress" vergibt.

Seit April 1980 wird in der ZDF-Sendung „Schülerexpress" zweimal im Jahr der „Preis der Leseratten" für Kinder- und Jugendbücher verliehen. Ausgezeichnet werden Autoren bzw. Illustratoren und Verleger von jeweils höchstens fünf Büchern. Eine Vorjury, die aus Mitgliedern der Redaktion „Schülerexpress" und anderen erwachsenen und jugendlichen Mitarbeitern besteht, trifft eine Vorauswahl von maximal 40 Büchern. Die Hauptjury setzt sich aus sieben Schülerinnen und Schülern verschiedener Schularten im Altern zwischen 10 und 16 Jahren zusammen, die unter Ausschluß der Erwachsenen über die Preisträger abstimmen. Die Bücher werden nach folgenden Gesichtspunkten ausgewählt: Sie sollen fesseln und Vergnügen bereiten, die Inhalte sollen klar und anschaulich vermittelt werden und die sprachliche und graphische Gestaltung soll ansprechen und überzeugen. Jeweils im Frühjahr und Herbst eines Jahres werden die preisgekrönten Bücher in einer Sendung des „Schülerexpress" vorgestellt, wobei die Jurymitglieder ihre Entscheidung begründen. Autor und Verlag erhalten eine Urkunde.
Bisher wurden ausgezeichnet: (Frühjahr 1980) JOAN AIKEN: Geh, zügle den Sturm; ELFIE DONNELLY: Der rote Strumpf; MICHAEL ENDE: Die unendliche Geschichte; WALTER HANSEN: Tomahawk und Friedenspfeife; HARRY MAZER: Allein in endlos weißer Wüste. – (Herbst 1980): HANS BRUNNER: Robert der Fischer; WILLI FÄHRMANN: Der lange Weg des Lucas B.; CHRISTOFFER PAGG und FRANCES HAMILTON: Atlas der Geschichte; KATHERINE PATERSON: Gilly Hopkins; DIETRICH SEIFFERT: Verlier nicht dein Gesicht. – (Frühjahr 1981): KLAUS KORDON: Monsun oder der weiße Tiger; GEROLF ALSCHNER: 100 × Tierwanderungen; OTTO STEIGER: Lornac ist überall; MARIA GRIPE: Käfer fliegen in der Dämmerung; KARL ROLF SEUFERT: Pfad der Tränen.

H. D.

Press, Hans Jürgen

*Karikaturist, Illustrator, Kinderbuchautor; * 15. 5. 1926 Klein Konopken/Masuren.*

Pr., Sohn eines Ladners und Gastwirts aus einem Dorf in Masuren, besuchte das Gymnasium in Lötzen/Ostpreußen, bevor er 1944 Soldat wurde und anschließend vier Jahre in Algerien, USA und England in Kriegsgefangenschaft war. 1948 zurückgekehrt, war er als Karikaturist, ab 1950 als freier Graphiker in Hamburg tätig. Er studierte daneben an der dortigen Hochschule für Bildende Künste (Prof. TITZE). Seit 1953 ist Pr. ständiger Mitarbeiter der Illustrierten „Stern" und besonders an der Gestaltung der Kinderbeilage „Sternchen" beteiligt. Seit 1964 erscheinen von ihm ausgestaltete Kinderbücher, von denen einige auch in England, Frankreich, Spanien, Holland, Dänemark, Schweden, Norwegen, Finnland, Italien, Israel, USA, Südafrika und Japan erschienen sind. Pr. ist verheiratet, hat zwei Söhne und lebt in Hamburg.

Werk, Tendenzen, Wirkung. Pr. hat sich früh auf das Zeichnen und Schreiben für Kinder spezialisiert. Cartoons und Bildergeschichten, Rätselbilder (Suchbilder), instruktive Sachzeichnungen zu Themen der Alltagsbiologie und -physik zeigen ihn als einen, der auf einfachen Handlungen und kurzen Spannungen mit pointenhaftem Ende und klaren Umrißzeichnungen seine Serien und Einzelbilder aufbaut. In seinen Sachbüchern, wie „Geheimnisse des Alltags, Entdeckungen in Natur und Technik" (1977) oder „Der Natur auf der Spur" (1972), aber auch in den Detektivgeschichten „Die Abenteuer der ‚schwarzen hand'" sind Bild-Text-Kombinationen entstanden, welche Pr. als kurz und klar formulierenden Schriftsteller erkennen lassen. Er will Interesse am genauen Beobachten der Natur in der engeren Umgebung der Kinder wecken: z. B. widmet er dem Abflug eines Maikäfers, der Vermehrung von Ameisenhaufen oder dem Schlaf der Blumen jeweils ganz kurze halbseitige Text-Bild-Abschnitte, regt zu einfachem Experimentieren mit der Ausdehnung von Luft in einer Flasche, mit Schallübertragung, mit Wasserverdrängung usw. an. Pr. zeigt in seinen Texten und Bildern, daß er die kindlichen Leser und Betrachter an einem auf Entdeckungen ausgerichteten Spiel beteiligen und zu einleuchtenden Erkenntnissen führen möchte. Seine Cartoons zeigen eine entfernte Verwandtschaft mit denen von E. O. PLAUEN, den er schon als Schüler neben HEINRICH ZILLE und EMMERICH HUBER bewunderte. Bekannt geworden ist vor allem die Figur des „kleinen Herrn Jakob", der von Abenteuer zu Abenteuer in stets neue Bedrängnis gerät, sei es, daß der schwere Fisch, den er fangen möchte, den Angler am Ende im leck gewordenen Kahn sinken läßt, sei es, daß das an Land schwimmende Faß mit der Aufschrift „Wein" am Ufer die volle Angabe mit der Aufschrift „Wein-Essig" enthüllt, sei es, daß er sich eine Muschel ans Ohr hält, aber dabei von einem Krebs gezwickt wird. In gewisser Weise ist Jakob mit der Melone auf dem viel zu großen Kopf, der riesigen Knollennase und dem borstigen Schnurrbart mit dem Pechvogel Charlie Brown aus CHARLES M. SCHULZ' „Peanuts" verwandt. Im Gegensatz zu dem jugendlichen Versager Charlie Brown gelingt es dem „kleinen Herrn Jakob" mit Hilfe seiner Pfiffigkeit, am Ende doch noch der Gewinner zu sein.

Werke: Spiel, das Wissen schafft (1964, NA. 1967); Die Abenteuer der ‚schwarzen hand' (1965, [16]1980); Spiel und Spaß beim Kinderfest (1966); Rothäute und Bleichgesichter (1966); Mein kleiner Freund Jakob (1967); Katz und Maus. Was paßt zusammen? (1967); Mit 1000 Punkten – Im Zoo (1966); In der großen Stadt (1966); Im Zirkus (1967); Auf dem Bauernhof (1968); Aus der Wundertüte (1969); Schatzsuche (1970); Auf Safari (1971); Der Natur auf der Spur (1972, TB. 1978); Für Filzstiftfreunde (1973); Mit kleinen Bären (1974); Geheimnisse des Alltags (1977); Der kleine Herr Jakob (1981).

Erich Gerhard

R

Rabier, Benjamin

*Französischer Zeichner, Karikaturist; *30. 12. 1864 La Roche-sur-Yon, †10. 10. 1939 Paris.*

R. arbeitete zunächst in den Markthallen seiner Vaterstadt als Aufseher und trieb die städtische Steuer auf Geflügel und Wild ein. Später war er in den Ateliers Pelegrin in Epinal als Zeichner beschäftigt. Im letzten Jahrzehnt des 19. Jahrhunderts war R. bereits ein gesuchter Karikaturist. Er arbeitete für die Zeitschriften „Journal Amusant", „Rire" und „Pêle-Mêle" und entwarf Plakate. Die Markenzeichen für die Käsesorte „Baby Bel" („La vache qui rit") geht auf eine Zeichnung von ihm im „Géneur évince" (1901) zurück.

Werk, Tendenzen, Wirkung. Schon in den „Hallen" galt R.s Vorliebe den Tieren, die er beobachtete und zeichnete. In seinen Zeitschriftenkarikaturen verwandelte er dann berühmte Zeitgenossen (SARAH BERNHARDT, EDMOND ROSTAND, JULES CLARETIE) in Tiere und setzte damit die französische Tradition auf diesem Gebiet im Sinne von GRANDVILLE (1803–1847), BERTALL (1820–1882) und GUSTAVE DORÉ (1832–1883) fort. Zu Beginn des 20. Jahrhunderts wandte er sich der Illustration von Kinderbüchern zu und griff zunächst auf die Fabeln von LA FONTAINE (1621–1695) und BUFFON (1707–1788) zurück. Doch bald erfand er eigene Tiergestalten, deren Abenteuer er in vielen Bilderbüchern (mit eigenem Text) schilderte: Paquet, den Bären, Coco, den Schimpansen, den Hahn Chantecler und schließlich 1923 die berühmt gewordene Figur Gédéon (dt. Gidéon).
Gidéon, die Ente, die wie alle anderen Tiere R.s durch menschliche Mimik und menschliches Verhalten charakterisiert ist, wird der Held von immer neuen Büchern, die in den zwanziger und dreißiger Jahren erscheinen. Als der Häßliche, Unbeholfene und Benachteiligte, der aber doch durch List und mit Hilfe der Tiere siegt, wird Gidéon der Vorläufer der DISNEY-Figur Donald Duck, die 1934 entstand. R. wiederum knüpfte mit seinen klar umrissenen Einzelbildern an die europäische Bilderbogentradition an. In ihrer Turbulenz und dem Einfallsreichtum erinnern seine Bildgeschichten insbesondere an WILHELM BUSCH (1832–1908), LOTHAR MEGGENDORFER (1847–1925) und ADOLF OBERLÄNDER (1845–1923). Einmal gefundene Tiercharaktere behält er in allen Büchern bei. Auch die Farben (im Sinne von Kolorierung) und Texte bleiben über Jahrzehnte hinweg gleich klar und schlicht. In den zwanziger Jahren nimmt R. manche „filmische Naheinstellung" in den Bildablauf mit hinein. 1976 werden viele seiner Geschichten von MICHEL OCELOT und HÉLÈNE RATYE in einem Zeichentrickfilm zusammengefaßt. Während es in Frankreich nach 1945 schon wieder zahlreiche Neuauflagen sehr vieler R.-Titel gibt, bemühte sich im deutschsprachigen Raum der Diogenes-Verlag leider ohne großes Echo um die Vorstellung von R.s Zeichenkunst (Gideon im Wald, 1977).

Werke: Fr. Isly: Tintin-Lutin (1898); B. Rabier: Pages folles, album humoristique (1898); B. Rabier: Les aventures de cadet-paquet (1899); Fr. Isly: Les petits katapans de reine Ortie (1900); G. Tremisot: Maman Cabas (1900); F. Joly: Bob et Rémy en vacances (1901); Fr. Isly: Fifi dégourdi (1902); B. Rabier: Caramel, histoire d'un singe (1904, NA. 1927); B. Rabier: Écoutez-moi (1905); B. Rabier: Maurice en nourrice (1905); B. Rabier: Le fond du sac (1906, NA. 1921); B. Rabier: Pierre et Lisette (1906); B. Rabier: Drôl's de bêtes, drol's de gens! Pour égayer petit et grands (1906); B. Rabier: Les mésaventures d'un chien (1907); B. Rabier: Ses meilleurs dessins, ses meilleures légendes (1907); B. Rabier: Les cent bons tours (1907); B. Rabier: Les petites misères de la vie des animaux (1908); B. Rabier: Les tribulations d'un chat (1908); B. Rabier: Scènes de la vie privée des animaux (1909); B. Rabier: Chantecler (1909); A. Theulot: Dites-nous votre fable (1909); B. Rabier: Les animaux en liberté (1910); B. Rabier: Le cirque Harry Koblan (1910); B. Rabier: Le bonhomme de neige (1910); B. Rabier: Alphabet (1911, NA. 1925); B. Rabier: Azor et Mistigris (1911); B. Rabier: Martin Jocko. Album pour la jeunesse (1912); B. Rabier: Le buffon (1913); J. de La Fontaine: Les fables de La Fontaine en action par Maurice Bizeau, instituteur (1914); B. Rabier: Chocolat ou le chimpanzé valet de chambre (1916); B. Rabier: Flambeau, chien de guerre (1916); B. Rabier: Crétinot (1922); B. Rabier: Gédéon, sportsman (1923); B. Rabier: Nos frères infèrieurs (1926); B. Rabier: Placide et Gédéon (1926); B. Rabier: Gédéon mecano (1927); B. Rabier: Gédéon s' amuse (1927); B. Rabier: Les contes du Lapin vert (1927); B. Rabier: Le premier livre de l'enfance (1927); B. Rabier: Les contes du Renard blanc (1928); B. Rabier: Charlot est un phénomène (1928); B. Rabier: Clémentine (1928); B. Rabier: Fables comiques (1928); B. Rabier: Gédéon en Afrique (1928; dt. Gideon in Afrika, 1978); B. Rabier: Oscar, roi du desert (1928); Fr. Isly: Un rêve (1928); B. Rabier: Aristide et Bobino (1929); B. Rabier: Gédéon comédien (1929); B. Rabier: Rabougri, chat de gouttière (1929); B. Rabier: Rouquinot le lutin en bois (1929); B. Rabier: Un rude lapin (1929); B. Rabier: Bobin et son chien Bricol (1930); B. Rabier: Les contes de la souris bleue (1930); B. Rabier: Gédéon dans la forêt (1930; dt. Gideon im Wald, 1977); B. Rabier: Isidore (1930); B. Rabier: Mademoiselle Fleur de champs (1930); B. Rabier: Le terrible Boby (1930); B. Rabier: Bobine chez les fauves (1931); B. Rabier: Gédéon, chef de brigands (1931); B. Rabier: Coco, chimpanzé (1931); B. Rabier: Paquet, petit ours mal léchè (1931); B. Rabier: Tintin, petit poussin (1931); B. Rabier: Gédéon, roi de Matapa (1932); B. Rabier: Le grand pélican blanc (1932); B. Rabier: Josephine (1932); B. Rabier: Trottemenu (1932); B. Rabier: Les aventures d'un blaireau (1933); B. Rabier: Gédéon traverse l'Atlantique (1933); B. Rabier: Histoire d'un chien perdu (1933); B. Rabier: Le petit père Mutot (1933); M. Somville: Poils et plumes (1933); B. Rabier: Aglai, la chevre prétentieuse (1934); B. Rabier: Arthur (1934); B. Rabier: Gédéon est un bon garçon (1934); B. Rabier: Gédéon se marie (1934); B. Rabier: Caraco plongeur (1934); B. Rabier: Les contes de la tortue mauve (1934); B. Rabier: Maitre Renard (1934); B. Rabier: Caraco touche-à tout (1935); B. Rabier: Perpétue (1935); B. Rabier: Marius, coq du clocher (1935); B. Rabier: No-No petit moineau (1935); B. Rabier: Le roman de Siméon (1935); J. P. Cl. de Florian: Fables (1936); B. Rabier: Le furet du bois (1936); B. Rabier: Le loup-garou (1936); B. Rabier: Un bon petit veau (1936).

Karin Schmidt

Ramsay, Tamara

*Schriftstellerin, Jugendbuch- und Hörspielautorin; *15. 9. 1895 Kiew.*

R. wuchs in Deutschland, der Heimat ihrer Mutter, auf und lebt zurückgezogen in Stuttgart. Durch die Familie ihres Vaters ist sie dem früheren Baltikum verbunden. Die eigenen Erfahrungen im Lebensraum unterschiedlicher Bevölkerungsgruppen und sich überlagernder Kulturen im Grenzland verwiesen sie auf das Studium der Geschichte, das sie auch ins Vorgeschichtliche erweiterte. R. ist Mitglied des Verbandes deutscher Schriftsteller und der Teilhard-de-Chardin-Gesellschaft.

Werk, Tendenzen, Wirkung. R. schrieb Romane, Erzählungen für die Jugend und Hörspiele. Mit einer ANNETTE VON DROSTE-HÜLSHOFF-Biographie trat sie 1938 hervor. Ihren stärksten und nachhaltigsten Erfolg hatte sie als Autorin des dreibändigen Werkes „Wunderbare Fahrten und Abenteuer der kleinen Dott“ (1938, 1941, 1951), ausgestattet mit Federzeichnungen von ALFRED SEIDEL und Übersichtskarten der Landschaften, die das in der Johannisnacht verzauberte kleine Mädchen Dott in dem Bestreben, wieder erlöst zu werden, durchwandert und überfliegt. R. führt in diesem Werk, das den Einfluß von SELMA LAGERLÖFS „Wunderbare Reisen des kleinen Nils Holgersson mit den Wildgänsen“ (1907/1908) erkennen läßt, die jungen Leser durch die Landschaften, die Sagenwelt und Geschichte der Provinzen Mark Brandenburg, Sachsen und Schlesien. Mit Verwandlungsmotiven, der Aufhebung von Zeitgrenzen und dem Zauber des Tiersprachеverständnisses bettet R. die Unterrichtung über die erd- und menschengeschichtliche Wirklichkeit märchenhaft-abenteuerlich ein. Die Freundschaft der kleinen Dott mit Tieren, denen sie hilft und die ihr helfen, spielt eine entscheidende Rolle in der Abfolge der Erlebnisse des Kindes und in der moralischen Bewertung von Verhaltensweisen, so daß auch Züge der Fabel dieser Erzählung zum Thema „Heimatgeschichte im Kinderbuch“ eigen wird. Das zweite umfangreiche Werk für junge Leser, das im Sprachduktus wie in der ideologischen Aussage an die „Edda“ anschließende Buch „Eliwagar, das Eiszeitbuch“ (1939), mit dem die Autorin das Leben unserer Vorfahren in der letzten Eiszeit schildern wollte, wurde im Dritten Reich sehr geschätzt. Einige Kapitel daraus wurden nach 1945, jetzt allerdings mehr mit Sachbuchtendenz, neu aufgelegt (z. B. „Kel bei den Eiszeitjägern“, 1958). Weder in dieser Eiszeitgeschichte noch in dem Märchen „Die goldene Kugel“ (1931) hat R. die Geschlossenheit von Form und Sprache erreicht, die ihr in den Bänden von der kleinen Dott gelungen ist. R.s Übersetzung einiger Märchen von HANS CHRISTIAN ANDERSEN („Märchen“, 1952) erlebte mehrere Auflagen.

Werke: Die goldene Kugel (1931); Wunderbare Fahrten und Abenteuer der kleinen Dott (Bd. 1–3, 1938–1951; NA. Bd. 1–3, 1960–1962; Bearb. NA. 1971, TB. 1977); Annette von Droste-Hülshoff (1938); Eliwagar. Das Eiszeitbuch (1939; Teilausg. u. d. T.: Kel. Bei den Eiszeitjägern zwischen Steppe und Tundra, 1958).

Hrsg.: H. Chr. Andersen: Märchen (1966).

Sekundärliteratur: W. Bender: Tamara Ramsay. Wunderbare Fahrten und Abenteuer der kleinen Dott (in: Bücherei und Bildung. 4. 1952. 9. 994–995). – O. Preußler: Wunderbare Fahrten im Land zwischen Elbe und Oder (in: Jugendliteratur. 4. 1958. 11. 502–503).

Margarete Dierks

Ransome, Arthur

*Englischer Kinderbuchautor, Verlagslektor, Journalist; *18. 1. 1884 Leeds, †3. 6. 1967.*

Als Sohn eines Universitätsprofessors wuchs R. im Lake District im Norden Englands auf, wo auch die meisten seiner Kinderbücher spielen. R. besuchte die Internatsschule in Rugby und studierte in Leeds. Zunächst arbeitete R. bei verschiedenen Londoner Verlagen, u. a. als Bürogehilfe, Cheflektor und Ghostwriter. 1905 wurde er Redakteur des Temple Bar Magazines. Während des Ersten Weltkrieges war R. Kriegsberichterstatter an der russischen Front, wo er nebenbei russische Märchen sammelte („Old Peter's russian tales“, 1916; „The soldier and death: A russian folktale“, 1920). Während der russischen Revolution berichtete R. für die Daily News und The Observer, reiste später als Korrespondent für den liberalen Manchester Guardian nach Ägypten, dem Sudan und China. Als er 1930 das erste der zwölf Kinderbücher der Reihe „Swallows and Amazons“ veröffentlichte, war R. bereits ein renommierter Autor, Kritiker und Kolumnist. „Pigeon post“ (1936) wurde als erstes Kinderbuch mit der Carnegie-Medaille ausgezeichnet. 1953 wurde R. zum Commander of the Order of the British Empire ernannt.

Werk, Tendenzen, Wirkung. Nach dem im Spätviktorianismus und der Zeit Edwards dominierenden Genre der „fantasies“ hat R. mit seinen „realistischen“ Erzählungen in der englischen Kinderliteratur neue Wege eingeleitet. Seine Fähigkeit zur Faktentreue im Detail, Präzision der Beobachtung und Wiedergabe von Situationen, Stimmungen und Beziehungen der Charaktere zueinander resultieren aus der langjährigen journalistischen Praxis. Die Verwandtschaft zu ERICH KÄSTNER glaubten manche Kritiker in der ernsthaften Auseinandersetzung mit Problemen von Kindern zu erkennen. R. schildert das Verhalten seiner jugendlichen Hauptfiguren ohne Herablassung, indem er sie Souveränität und Autonomie in ihren Entscheidungen, Selbständigkeit in ihren Werthaltungen demonstrieren läßt. Allerdings geschieht dies in einer weitgehend konfliktfreien Ferienatmosphäre, in der Interventionen der Erwachsenenwelt in den Hintergrund treten. Lediglich die Figur des Captain Flint, mit der R. ein Wunschbild seiner selbst zu zeichnen versuchte, greift als Stimulator und Nothelfer in die Kinderwelt ein. Drei Gruppen von Kindern bestreiten die Handlung der zwölf Kinderbü-

cher. Die Walkerkinder, nach ihrem Segelboot ‚Swallows' genannt, die Blackett-Kinder – ihr Boot heißt ‚Amazon' – und die Callyums. Handlungsorte sind der Lake District oder die Küste von East Anglia, wo die Kinder ihre Ferienabenteuer erleben. Zwei der Bücher, „Peter Duck" (1932) und „Missee Lee" (1941) sind Geschichten, die von den Kindern selbst erdacht wurden. R. läßt hier die Handlung auf zwei Ebenen der Fiktionalisierung ablaufen.
R.s Erfolg beruht zum einen auf dem Identifikationsangebot mit seinen durch den von ihren Eltern gewährten Freiraum beneidenswerten und doch alltäglichen Hauptfiguren. Andererseits passen die Inhalte seiner Bücher zu den Erziehungsidealen der aufgeklärten Mittelschicht: Ideale selbstverantwortlichen Handelns und der Rücksicht auf die Gemeinschaft verweisen auf R.s bürgerlich liberale Herkunft und Denkweise, die sich durch seine Public School-Erziehung in Rugby und die Kolumnistentätigkeit für den liberalen Manchester Guardian verfestigt hat.

Werke (Auswahl): The child's book of the seasons (1906); Nature books for children (1906); The things in our garden (1906); Highways and byways in fairyland (1906); The imp and the elf and the ogre (1910); Old Peter's Russian tales (1916); The soldier and death (1920); Swallows and Amazons (1930; dt. Der Kampf um die Insel, 1933; NA. 1966); Swallowdale (1931; dt. Im Schwalbental, 1968); Peter Duck (1932); Winter holiday (1933; dt. Weihnachtsferien, 1948); Coot Club (1934); Pigeon post (1936); We didn't mean to go to sea (1937; dt. Die unfreiwillige Seefahrt, 1948); Secret water (1939); The big six (1940); Missee Lee (1941; dt. Seeräuberkönigin, 1979); The picts and the martyrs or: Not welcome at all (1943); Great northern? (1947).

Sekundärliteratur: G. Avery: Ransome, Arthur (in: D. L. Kirkpatrick (Hrsg.): Twentieth-century children's writers. 1978. 1022–1025). – G. Bott: Ransome (in: Schoollibrarian. 10. 1960). – H. Shelley: Arthur Ransome (1960, NA. 1968). – S. Simsova: In search of Swallowdale (in: Children's book news. 5. 1970).

Eckhard Breitinger

Reid, Thomas Mayne

*Irischer Journalist und Schriftsteller; *4. 4. 1818 Ballyroney (Nordirland), †22. 10. 1883 London.*

R. wanderte 1839 nach Nordamerika aus und lernte den „Wilden Westen" aus eigener Anschauung kennen. Als Freiwilliger nahm er 1847 bis 1848 am Krieg gegen Mexiko teil, in dem er zum Hauptmann befördert wurde. R. betätigte sich als Kriegsberichterstatter. 1849 kehrte er nach England zurück und begann Abenteuerbücher zu schreiben; 1853 heiratete er die fünfzehnjährige Elizabeth Hyde. Sein aufwendiger Lebenswandel brachte ihn trotz des großen Erfolges seiner Bücher in finanzielle Schwierigkeiten; ein Versuch, in Amerika eine neue Existenz als Schriftsteller aufzubauen (1867–1870), scheiterte. So war R. bis zu seinem Tode gezwungen, durch Groschenromane und Zeitschriftenbeiträge seinen kärglichen Lebensunterhalt zu verdienen.

Werk, Tendenzen, Wirkung. Die genaue Zahl der von R. verfaßten Bücher läßt sich schwer bestimmen, da er unter dem Druck der finanziellen Verhältnisse manche seiner Werke mehrfach in veränderter Form veröffentlichte und umgekehrt in Amerika Produkte unbekannter Autoren unter seinem Namen erschienen. Die Bibliographie von Steele umfaßt 61 Buchtitel; hinzu kommen neun Werke von zweifelhafter Autorenschaft sowie ungezählte Beiträge in Zeitschriften. R.s Ruhm beruht vor allem auf den Romanen, die er zwischen 1850 und 1866 schrieb. Zu den erfolgreichsten zählen: „The rifle rangers" (1850; dt. Die Freischaar, 1852), „The scalp hunters" (1851; dt. Die Skalpjäger, 1852) und „The headless horseman" (1866).
Ursprünglich für Erwachsene geschrieben, wurden diese Bücher wegen ihrer abenteuerlichen Handlung und der Fülle an Informationen über fremde Länder sehr bald zu bevorzugten Jugendbüchern; ihre melodramatischen Liebeshandlungen, romantischen Naturschwelgereien und politisch-philosophischen Exkurse scheinen der Begeisterung des jugendlichen Publikums keinen Abbruch getan zu haben. Daneben schrieb R. eine große Zahl von Büchern speziell für Jugendliche. Man kann sie in drei Gruppen einteilen. Die erste besteht aus Robinsonaden, wie z. B. „The desert home" (1852; dt. Die Heimath in der Wüste, 1852). Reise- und Jagderzählungen, in denen besonders viele Sachinformationen in die spannende Handlung eingebracht sind, bilden eine zweite Gruppe; der Prototyp ist „The boy hunters: or, adventures in search of a white buffalo (1853; dt. Am Lagerfeuer, oder: Die Büffeljäger, 1854). Als dritte Gruppe sind die Groschenromane zu nennen; häufig sind dies Bearbeitungen früherer Werke R.s. Allen Werken R.s gemeinsam ist eine Verquickung von realistischer Detailgenauigkeit mit phantastischen Abenteuerhandlungen. Man muß wohl beides als Ausdruck der Persönlichkeit des Autors sehen, der sich einerseits auf seine eigenen Erfahrungen stützen konnte, andererseits aber niemals bereit war, die Wirklichkeit des Alltags zu akzeptieren und sich statt dessen in das heroische Dasein seiner Helden hineinträumte. Ein bemerkenswerter Zug, durch den er sich deutlich von seinen Kollegen Frederick Marryat, W. H. G. Kingston und R. M. Ballantyne unterscheidet, ist seine radikalliberale, republikanische Einstellung. Zwar vermag er nicht ganz, sich bei der Darstellung von Negern und Indianern von Klischees zu befreien, doch ist sein leidenschaftliches Eintreten gegen die Sklaverei und die Dezimierung der Indianer sowie sein gänzlicher Verzicht auf religiöse Erbauung in den Augen des heutigen Lesers sicherlich ein Positivum. Wohl aus diesem Grund scheint er in den sozialistischen Staaten geschätzt zu werden, doch wurden seine Werke in nicht weniger als zwanzig Sprachen übersetzt, und auch 1982 sind in der Bundesrepublik noch Bearbeitungen seiner Bücher im Handel.

Werke (Auswahl): The rifle rangers; or: adventures of an officer in Southern Mexico (Bd. 1–2. 1850; dt. Die Freischaar, Bd. 1–3, 1852); The scalp hunters: or, Romantic adventures in Northern Mexico (Bd. 1–3. 1851; dt. Die Skalpjäger, Bd. 1–4, 1852); The desert home; or, The adventures of a lost family in the wilderness (1852; dt. Die Heimath in der Wüste, Bd. 1–2. 1852); The boy hunters: or, adventures in search of a white buffalo (1853; dt. Am Lagerfeuer, oder: Die Büffeljäger, Bd. 1–3. 1854); The bush boys; or, The history and adventures of a cape farmer and his family in the wild karoos of Southern Africa (1856; dt. Die Buschknaben, Bd. 1–3, 1858); The quadroon; or, A lover's adventures in Louisiana (Bd. 1–3. 1856; dt. die Quadrone, Bd. 1–4. 1857; auch u.d.T.: Die Quadronin, Bd. 1–3. 1857); The headless horseman: A strange tale of Texas (Bd. 1–2. 1866).

Sekundärliteratur: E. Reid (zus. mit H. Coe): Captain Mayne Reid: His life and adventures (1900). – R. W. Meyer: The western American fiction of Mayne Reid (in: Western American Literature. 3. 1968. 115–132). – J. D. Steele: Mayne Reid: A revised bibliography. 29. 1972. 95–100); Captain Mayne Reid (1978).

Dieter Petzold

Reimmichl

*(d.i. Sebastian Rieger). Katholischer Priester, Volksschriftsteller; *28.5.1867 St. Veith (Osttirol), †2.12.1953 Heilig-Kreuz bei Hall (Tirol).*

R., Sohn eines Tiroler Bauern, trat als Dreizehnjähriger in das Seminarium Vinzentinum in Brixen ein. Im Herbst 1888 ging er an das Priesterseminar in Brixen. Im Juni 1891 zum Priester geweiht, kam R. als Hilfspfarrer nach Stilfes bei Sterzing. Nach Tätigkeiten als Hilfspfarrer und Kooperator in Sexten, Dölsach und Brixen erhielt er 1898 als Seelsorger seine Einweisung nach Gries am Brenner, wo er sechzehn Jahre (1898–1914) amtierte. Am 1. November 1914 wurde R. nach Heilig-Kreuz bei Hall versetzt, wo er bis zu seinem Tode wirkte.

Werk, Tendenzen, Wirkung. R. verfaßte im Laufe seiner schriftstellerischen Tätigkeit mehr als 80 Schriften, die sich zumeist an die bäuerliche Bevölkerung seiner Tiroler Heimat wandten. Daneben gab er Volkskalender heraus und wirkte an zahlreichen Heimatzeitschriften mit. Bis zu seinem Tode erreichte die Gesamtauflage seiner Schriften über eine Million. In seiner Tätigkeit und Wirkung war R. den Volksschriftstellern PETER ROSEGGER (1843–1918) und BERTHOLD AUERBACH (1812–1882) vergleichbar. Das Gesamtwerk R.s war für junge Leser gut zugänglich und wurde von Lehrern und Pfarrern als Jugendlektüre empfohlen.

Schon als Student begann R. mit dem Abfassen kleiner Novellen, die noch seinen literarischen Vorbildern verpflichtet waren. Seinen eigenen Stil als Tiroler Volksschriftsteller fand R. erst während seiner priesterlichen Tätigkeit in Gries. Während seiner Zeit als Hilfspfarrer in Sexten lernte er einen originellen, alten Bauern kennen, der es gut verstand, aus den Erinnerungen seines bäuerlichen Lebens zu „fabulieren". Von ihm erhielt R. den ersten Anstoß für die Abfassung einer Reihe von Volksgeschichten, die unter der Überschrift „Was der Reimmichl erzählt" im „Tiroler Volksboten" erschienen. Diese Arbeiten, die R. zunächst nur mit „S.R." zeichnete, machten ihn einem größeren Leserkreis bekannt und waren der Grundstein zu einer fünfundzwanzigjährigen Mitarbeit am „Tiroler Volksboten", den er später auch redigierte und dessen Gesicht weithin durch R. bestimmt wurde. Die in vierzehntägigen Abständen erscheinenden Geschichten R.s im „Volksboten" fanden unter den Tiroler Bauern eine breite Lesergemeinde. Wie GEORG HARRASSER in einer Würdigung des Autors zu seinem sechzigsten Geburtstag feststellt, war eine Artikelreihe über die Sozialdemokratie von ganz besonderer Bedeutung, „worin er als einer der ersten im Lande des Tiroler Bauernstands über die rote Gefahr aufklärte und ihn dagegen feite".

Nach der Gründung des in Innsbruck verlegten katholischen Tagblatts „Tiroler Anzeiger" nahm R. die Einführung des Blattes in die Hand und war für eine Reihe von Jahren als Chefredakteur tätig. Von 1920 bis 1953 gab R. den „Tiroler Volkskalender" heraus, der ab 1925 unter dem Titel „Reimmichls Kalender" erschien. Der Kalender hatte eine jährliche Auflage zwischen 60000 und 100000 Exemplaren.

R.s großer Erfolg als Volksschriftsteller ist vor allem auf seine besondere Erzählgabe zurückzuführen, die bei den einfachen Bergbauern auf Verständnis und Zustimmung traf. Neben einer reichen Erfindungsgabe und großer Gestaltungskraft war R., nicht zuletzt durch seine langjährige Tätigkeit als Seelsorger, ein guter Kenner der Tiroler Volksseele. Er war mit ihren Bräuchen und ihrer Denkweise vertraut und beherrschte die Umgangssprache seiner Mitbürger. Obwohl er nie reine Dialektstücke schrieb, verstand er es, Wendungen und Ausdrücke aus dem Tiroler Dialekt in seine Geschichten einfließen zu lassen, die dem Leser die Vertrautheit seines eigenen Alltags vermittelten. Im Vorwort zu dem für jugendliche Leser entworfenen Band „Lirum, larum Löffelstiel. Zum Weinen, zum Lachen, zum Lernen nicht viel" (1935) finden sich noch einmal auf engem Raum die Intentionen, die R. beim Schreiben seiner volkstümlichen Geschichten für Kinder und Erwachsene bewegten: „Der Reimmichl hat in seinem langen Leben schon viele Geschichten erzählt: lustige und ernste, kurze und lange. Von seinen Wanderungen hat er berichtet und wie schön die Gotteswelt ist. Allerhand Leute sind seine Zuhörer gewesen, und sie haben es gern gehört, was er ihnen von nah und fern, aus Stadt und Land, von Berg und Tal und von großen und kleinen Menschenkindern zu sagen wußte. Was er auf seinen Wegen fand und in seiner stillen Welt erlauschte, hat er für alle niedergeschrieben, die es gerne lesen wollen. Zahllosen Menschen hat er damit schon eine Freude gemacht. Dieses Buch aber soll ganz euch Kindern gehören. Quellfrisch und klar ist sein Inhalt wie das Wasser des Bergbrünnleins. Das plaudert am liebsten mit den jungerwachten Blumen an seinen Ufern. Und weil der Reimmichl meint, daß ihr in eurer frischen, blühenden Jugend auch wie Blumen aus des Herrgotts großem Garten seid, ihr frisch heranwachsenden Buben und Mädeln, macht er es wie das Bergbrünnlein, und plaudert für euch. Kommt und hört, was er euch zu erzählen weiß!".

Werke (Auswahl): Aus den Tiroler Bergen (1898); Im Tirol drin (1901); Bergschwalben (1904); Der Frauenbichler (1905); Mein Herz ist im Hochland (1906); Die schwarze Frau (1909); Weihnacht in Tirol (1911); Die Glocken von Hochwald (1917); Auf unseren ewigen Bergen (1917); Heimweh (1920); Alpenglühen (1921); Das Geheimnis der Waldhoferin (1922); Stille und laue Wasser. Geschichten (1922); Der Wetzsteinhans. Erzählungen (1922); Der Bergnarr und andere Geschichten aus Tirol (1923); Das Auge der Alpen. Erzählungen (1924); Der Tuifelemaler. Erzählungen (1924); Esau und Jakob. Erzählungen (1925); Der Kreuzkaspar. Geschichten (1925); Der Nant. Geschichten (1925); Bergblumen (1926); Die Schürzen. Geschichten (1926); Der Fahnlbua und andere Erzählungen (1928); Maria Schnee. Erzählungen (1928); Das Schwarzblattl (1928); Der Geizkragen (1929); Der Judas von Haldernach (1929); Ritter Namenlos (1929); Bruder und Schwesterlein (1930); Das Heimchen (1930); Prinzeß Wirbelwind (1930); Das Kapuzinerbübl (1933); Der Sonnenring (1933); Bergbüchlein (1934); Der Gemsenhirt (1934); Schellunter – Herzober. Geschichten (1934); Heinrich der Stolze (1925); Lirum, Larum Löffelstiel – zum Weinen, zum Lachen, zum Lernen nicht viel (1935); Die Zigeunerin (1935); Die gestohlene Braut (1937); Köpfe und Zöpfe. Geschichten (1938); Wo Tag und Nacht die Sonne scheint. Eine Nordlandschaft (1938); Hans, der Zaunkönig (1939); Ein lediger Bub und keiner. Erzählungen (1941); Die Wetterhexe. Erzählungen (1942); Eine Frau und ihr Schatten. Erzählungen (1943); Die Wintersennin (1946); Florian (1947); Die Großglocknermaid (1948); Brüderlein und Schwesterlein. Erzählungen (1950); Der Pfarrer von Hohental (1951); Das Lied der Königin. Ein Liebfrauenbuch (1953); Menschen im Walde (1953); In Liebe und Leid (1954); Bräutigam in Nöten. Geschichten (1957).

Hrsg.: Tiroler Volkskalender (1920–1924); Reimmichls Volkskalender (1925–1953).

Sekundärliteratur: J. G. Oberkofler (zus. mit anderen): Reimmichl. Eines Volksdichters Leben und Schaffen. Zum 60. Geburtstag Reimmichls gewidmet von der Verlagsanstalt Tyrolia (1927).

Helmut Müller

Reiniger, Lotte

*Herstellerin von Silhouettenfilmen und Schattenspielen; *2. 6. 1899 Berlin, †19. 6. 1981 Dettenhausen.*

R. wuchs in Berlin als einziges Kind von ELEONORE und KARL REINIGER auf. Schon während der Schulzeit spielte sie Theater und schnitt Silhouetten. In den Jahren 1916/17 besuchte sie die Schauspielschule MAX REINHARDTS (1873–1943) am Deutschen Theater in Berlin und bekam Kontakt zu dem Schauspieler PAUL WEGENER (1847–1948), der sie förderte. Zwischen 1918 und 1920 wirkte sie als Statistin in einigen Filmen mit. Ab 1919 schnitt sie Zwischentitel für Filme und begann eigene Silhouettenfilme zu gestalten. 1921 heiratete sie den Filmemacher CARL KOCH († 1963), der gemeinsam mit ihr in den folgenden Jahren die meisten Silhouettenfilme herstellte. Seit dem Zweiten Weltkrieg arbeitete R. fast immer in England. Sie lebte in London. 1955 wurde ihr der Silver Dolvin (Erster Preis für Fernsehkurzfilme) auf der Biennale di Venezia verliehen, 1972 das Filmband in Gold.

Lotte Reiniger während der Arbeit an ihrem Silhouettenfilm ‚Aûcassin and Nicolette' (1975).

Werk, Tendenzen, Wirkung. Nach einigen Trickfilmversuchen wurde R. 1926 mit dem Streifen „Die Abenteuer des Prinzen Achmed" bekannt, einem Animationsfilm, dem ersten abendfüllenden Silhouettenfilm, der Geschichten aus „Tausend und einer Nacht" zusammenfaßt. Zusammen mit CARL KOCH und anderen Filmemachern arbeitete sie drei Jahre an seiner Herstellung. Mit der Schere geschnittene bewegliche Figuren wurden auf dem von unten beleuchteten Tricktisch bewegt und von der Kamera in Einzelbildern aufgenommen. Die vielfältigen Gestaltungsmöglichkeiten der Künstlerin – der märchenhafte Reichtum des Details und die anmutige Bewegung ihrer Figuren – werden deutlich sichtbar. An R.s lebendiger Gestaltung der Silhouettenfilme änderte sich bis zu ihren letzten Arbeiten nichts. Erstaunlich ist die Synthese aus Handfertigkeit, Geduld und technischer Präzision bei allen ihren Filmen; ganz gleich, ob es sich um klassische literarische Gestalten wie Dr. Dolittle und Aucassin und Nicolette oder um Märchengestalten handelt. Mit Vorliebe verfilmte sie seit dem Aufkommen des Tonfilms auch Opernstoffe (Carmen, 1933; Zauberflöte, 1935). Nach dem Kriege drehte R. die meisten ihrer Filme in Farbe. In den sechziger Jahren wendete sich R. verstärkt dem Schattenspiel zu, das sie an englischen Schulen aufführte. Orientiert am Vorbild asiatischer Schattenspielkunst hat sie auch auf diesem Gebiet Meisterliches erreicht. Der Vermittlung ihrer Kenntnisse dienten sowohl die Veröffentlichung ihres Buches „Shadow puppets, shadow theatre, shadow films" (1970) als auch der Kurzfilm „Ein Scherenschnittfilm entsteht" (1953/1971) sowie ihre Workshops und Vorträge.

Lotte Reiniger. Szenenbild aus dem Film: „Das tapfere Schneiderlein" (1954), der auf der Biennale in Venedig 1955 einen Ersten Preis erhielt.

Anläßlich ihres 80. Geburtstages 1979 wurde R. in Deutschland mit Ausstellungen (die umfangreichste im Münchner Stadtmuseum) und Filmvorführungen recht spät geehrt.

Werke: Das Ornament des verliebten Herzens (1919); Der fliegende Koffer (1921); Aschenputtel (1922); Dornröschen (1922); Die Abenteuer des Prinzen Achmed (1923–1926); Dr. Dolittle und seine Tiere (1928); Die Jagd nach dem Glück (1929–1930); Die Abenteuer des Dr. Dolittle (1930); Harlekin (1931); Das gestohlene Herz (1934); Kalif Storch (1935); Der kleine Schornsteinfeger (1935); Die goldene Gans (1945); Mary's birthday (1951); Aladdin (1953); Snowwhite and Red Rose (1953); The grasshopper and the ant (1953); The frog prince (1954); The gallant little tailor (1954); The three wishes (1954); Hansel and Gretel (1955); Thumbelina (1955); Jack and the beanstalk (1955); The lost son (1974); Aucassin and Nicolette (1976); The rose and the ring (1979).

Sekundärliteratur: M. v. Boehn: Puppenspiele (1929). – W. Dutsch (Red.): Lotte Reiniger. Eine Dokumentation (1969). – G. Schnorr (Hrsg.): Lotte Reiniger (Meister des Puppenspiels. 34. 1978). – Silhouettenfilm und Schattentheater. Lotte Reiniger Katalog des Puppentheatermuseums im Münchner Stadtmuseum (1979).

Karin Schmidt

Reportage

R. umfaßt vielfältige Formen der journalistischen Berichterstattung. Im Umfeld der Kinder- und Jugendliteratur dient die R. der anschaulichen Wirklichkeitsvermittlung und Informationsweitergabe, Personen und Ereignisse betreffend. Die R. ist eine Spielart des „gestalteten" Sachbuches.

Geschichte und Entwicklung. Mit dem Aufkommen der Massenpresse in der zweiten Hälfte des 19. Jahrhundert entsteht die Zeitungs-R. und mit der Ausbreitung der elektronischen Medien im 20. Jahrhundert die Funk- und Fernseh-R. Sie verfügt, insbesondere in den für Kinder und Jugendliche konzipierten Programmen, über zahlreiche Formen, z.B. die der abenteuerlich gefärbten R. aus fernen Ländern oder über vergangene Zeiten sowie die der Sport- und Gerichts-R. und die Kriegsberichterstattung. Immer geht es darum, aktuell und packend zu berichten. Der Reporter begibt sich dabei stellvertretend in die Rolle eines Mitbeteiligten und Beobachters oder eines kritisch-distanziert

Analysierenden. Seine Beobachtungen sollen dem Lesenden das Gefühl des Authentischen geben. Viele für junge Leute konzipierte R.n bemühen deshalb zusätzlich zu den Aussagen des Reporters noch Quellentexte und Dokumente als Beleg.
Mit der Photographie und dem Film wurden weitere Formen der Bild-R. zu den vorhandenen, zuvor am Text orientierten Gestaltungen gewonnen. Nach 1945 gewann eine neue Form der R., der „Report", als eine politisch engagierte Methode zur Wahrheitsfindung im Umkreis der Jugendlektüre an Gewicht.
Ähnlich wie zeitgenössische Sachbuchautoren für Kinder und Jugendliche als Reporter in eine andere Rolle schlüpfen, war schon nach dem Ersten Weltkrieg an deutschen Versuchsschulen die „Reporter-Methode" verbreitet (siehe R. MÜNCH „Mein frohes Völkchen", „Vögel aus dem Nest"). Das Verfahren, Kinder für Kinder als Reporter in Schulprojekten (mit Kassetten-Recordern) und auch für Kinder- und Jugendzeitschriften sowie im Funk und Fernsehen agieren zu lassen, wurde später verstärkt aufgegriffen. R.n dienten dabei der Kommunikation von Kindern und Jugendlichen mit dem Ziel, soziale Kontakte herzustellen, selbständig zu werden, Partner zu gewinnen. Vor dem Zweiten Weltkrieg gab sich die R. für Kinder wertfrei und systemstabilisierend. FRIEDRICH BÖER (* 1904) läßt in Vorformen des modernen Sachbilderbuches Kinder in die Reporterrolle schlüpfen, um ihre Umwelt zu erkunden („Drei Jungen erforschen eine Stadt", 1933; „Klaus, Herr der Eisenbahn", 1933; Krischan der Bauernjunge. Leben und Arbeit auf dem Lande", 1934). Interessant ist der veränderte Ansatz BÖERS nach dem Zweiten Weltkrieg, so in dem Buch „Die Reise in die Wirklichkeit oder: Jeder weiß mehr als er weiß" (1973, Taschenbuchausgabe 1977). In geschickter Mischung von Text- und Bild-R. gerät ein König der Vergangenheit in die überzivilisierte Gegenwart. Die Wissens- und Autoritätsverhältnisse haben sich nun ins Gegenteil verkehrt, denn der König, der Erwachsene, ist diesmal der Unwissende, der durch Interviewfragen an einen Jungen unserer Zeit erfährt, was in der Vergangenheit noch nicht vorstellbar erschien.
R.n, die der aufgesuchten und selbsterlebten Wirklichkeit entnommen sind, hat F. L. NEHER (* 1896) für junge Leser verfaßt. „Der brennende Strom" (1951) berichtet von Ölbohrungen, während „Fließband, alle 3 Minuten ein Auto" (1953) in industrielle Produktionsweisen einführt.
Ähnliche Ansätze sind in den R.n von H. G. PRAGER (* 1925) festzustellen. Er nimmt seine Themen aus der Hochseefischerei, dem Öltransport, dem Seenotrettungsdienst. In einigen Werken benutzt er auch die dramatisch zugespitzte Form der Berichterstattung. In Büchern wie „Orkan in Höhe Bäreninsel" (1953) oder dem preisgekrönten Titel „Florian 14: Achter Alarm. Das Buch der Feuerwehr" (1965) hat PRAGER den Typ der R. aus der Arbeitswelt geschaffen, frei von romantisch-idealistischem Zuschnitt. Erst Ende der sechziger Jahre mit dem Aufkommen der „Werkkreise", treten nach den Vorbildern MAX VON DER GRÜN (* 1926) und GÜNTER WALLRAFF (* 1942) gesellschaftskritische und politische Neuorientierungen hervor. Jetzt kommen die Betroffenen selbst zu Wort. Sie recherchieren vor Ort und liefern so R.n, die geeignet sind, Hintergründe aufzuhellen und gesellschaftliche Zusammenhänge kenntlich zu machen. Die unter dem Sammelbegriff „Literatur der Arbeitswelt" erscheinenden Berichte, Erzählungen und R.n sind zum Teil von jungen Leuten und Jugendlichen im Ausbildungs- und Lehrverhältnis geschrieben worden (z. B.: „Mit 15 hat man noch Träume", 1975; „Schulgeschichten", 1977; „Weg vom Fenster. Über Entlassungen und Disziplinierungen, Berufsverbote und Jugendarbeitslosigkeit", 1976).
G. WALLRAFF nutzt die politische R. als moralische Instanz. Er will Schwächen der Industriegesellschaft bloßlegen, aktiven Anteil an der Verbesserung der herrschenden Zustände nehmen und an der Beseitigung sozialer Ungerechtigkeiten mitwirken. Seine R.n fanden vielfach Eingang in den Unterricht der Schulen der Bundesrepublik Deutschland, wurden aber wiederholt Anlaß für Zensurmaßnahmen von Kultus- und Schulbehörden.
Vorbilder einer kämpferisch und gesellschaftlich orientierten R. schufen KURT TUCHOLSKY (1890–1935), EGON ERWIN KISCH (1885–1948), JULIUS FUČIK (1903–1948), dessen „Reportagen unter dem Strang geschrieben" 1976 in Neuauflage erschienen, und CARL VON OSSIETZKY (1889–1938), dem in der Reihe „Menschen" im Oetinger Verlag eine für junge Leser konzipierte Lebensdarstellung gewidmet wurde (1978).
HANS-CHRISTIAN KIRSCHS (* 1934) Arbeiten über CHÉ GUEVARA „Ich habe 7 Leben" (1972), „Rosa L." (1976), „Freispruch für Sacco und Vanzetti" (1978) oder sein kritischer Bericht über Amerika konnten nur durch das R.-Prinzip realisiert werden.
Die unterschiedlichen Tendenzen der jüngsten Zeit werden in den „Reporter-Büchern" der Deutschen Verlagsanstalt (1972–1975), den verschiedenartigen „reports" von ERNST KLEE (* 1942), der Photo-Bilderbuch-Reihe „Ich und die Welt" von ANTOINETTE BECKER und ELISABETH NIGGEMEYER, der „Zeit-Bild"-Geschichtsreihe des Ueberreuter Verlags sowie den verschiedenen R.-Varianten im Krimi für Kinder sichtbar.
Die Deutsche Verlagsanstalt brachte ihre „Reporter-Bücher" zu Themen wie Vulkanismus, Geburt, das Rad, die Farbe, die Kamera, die Zeitung, die Uhr, das Pferd, das Brot, der Hund heraus. R.-mäßig an dieser Reihe ist die lebendige, abwechslungsreiche Darbietungsweise, bei der gelegentlich Kinder selbst berichten.
Zweifelhaft erscheint das pseudojournalistische Prinzip der Sach- und Menschenerkundung in der Ueberreuter-Reihe, die Weltgeschichte in Form rückwärtsgeblendeter, im Nachhinein simulierter R.n vom Mittelalter bis zum Ende des Zweiten Weltkrieges vorstellt. Der Zeitungsstil, die journalistisch vorgetäuschte Objektivität und scheinbare Zeugenschaft erscheinen künstlich aufgesetzt, um das jugendliche Leseinteresse zu erhalten.

Parodistisch verfremdete R.n und die Figur des komischen Reports spielen in den „Agathon Sax"-Büchern von NILS OLOF FRANZÉN eine Rolle, vereinzelt auch in den Detektivgeschichten von W. ECKE (* 1927), A. HITCHCOCK (1899–1980) und W. SCHRADER (* 1928). Ernster zu nehmen sind die Berichts-R.n von R. WELSH (* 1937) (z.B. „Der Staatsanwalt klagt an", 1975). Die Manipulation durch Bild-Text-R.n in der aktuellen Presse will INGRID BACHER (* 1930) mit „Erzähl mir nichts" (1974) entlarven. Ähnliche Absichten hat die „Zeitungsfibel". Reporter als witzige Zeitkritiker und unbestechliche Beobachter sind die Titelfiguren einer zehn Bände umfassenden Comic-Serie des DDR-Zeichners HANNES HEGEN. Die ursprünglich in Fortsetzungen veröffentlichten, erstmals in der Kinderzeitschrift „Mosaik" publizierten Abenteuer der „Digedags" im Nordamerika und Mexiko des vergangenen Jahrhunderts wurden in der zweiten Hälfte der siebziger Jahre in Sammelbände gebracht und vom Weltkreis-Verlag in Dortmund herausgegeben.
KURT VETHAKE (* 1919) hat der R. und dem Beruf der Zeitungsleute die Jugenderzählung „Der Nachtkurier meldet" (1965, NA. 1977) gewidmet.

Sekundärliteratur: P. Fischer: Die Praxis verläßt das Klassenzimmer: Günter Wallraff zum Beispiel (in: Der Deutschunterricht. 23. 1971. 2. 134–144). – H. Hoffacker: Reportagen im Deutschunterricht (in: H. Ide (Hrsg.): Projekt Deutschunterricht. Bd. 3. 1972. 28–48). – G. Kleinschmidt: Bericht und Reportage (in: Praxis Deutsch. 1976. 19. Sonderheft. 23–24 und 85–100). – K. Koszyk (zus. mit K. H. Pruys): Wörterbuch zur Publizistik (1969). – E. Mittelberg: Die Gerichtsreportage als Unterrichtsgegenstand im Deutschunterricht und Gesellschaftslehre (in: Diskussion Deutsch. 6. 1975. 25. 440–453). H. Nannen (Hrsg.): Schreib das auf. Deutsche Reportagen. Die besten Stories aus dem Jahr 1977 (1978). – R. Radler (Hrsg.): Die deutschsprachige Sachliteratur (1978). – E. H. Schütz (Hrsg.): Reportagen und Reporter. Beiträge zu Theorie und Praxis der Reportage in den zwanziger Jahren (1973). – Chr. Siegel: Die Reportage (1978). – K. Wünsche: Schüler schreiben Schulreportagen (in: Akzente. 17. 1970. 4. 344–346).

Horst Künnemann

Resewitz, Friedrich Gabriel

*Evangelischer Theologe und Pädagoge; * 9. 3. 1729 Berlin, † 29. 10. 1806 Magdeburg.*

R. besuchte das Joachimsthalsche Gymnasium zu Berlin und nahm 1747 sein Theologiestudium in Halle auf. 1750 wurde er Reiseprediger des Fürsten von Zerbst. 1755 kehrte er nach Berlin zurück und gründete hier, gemeinsam mit FR. NICOLAI und MOSES MENDELSSOHN eine literarische Gesellschaft. Durch die Äbtissin des Quedlinburger Stifts ANNA AMALIA VON PREUSSEN, der Schwester FRIEDRICHS DES GROSSEN, erhielt er 1757 eine Stellung als Prediger und Inspektor des Gymnasiums in Quedlinburg. 1767 folgte er einem Ruf als zweiter Prediger an die deutsche St. Petrikirche in Kopenhagen, wo er sich besonders mit dem Problem der Armenversorgung befaßte und seine ersten pädagogischen Reformen durchführte. Ein Ergebnis dieser Arbeit war 1771 die Gründung einer Realschule für Waisen- und Bürgerkinder. 1775 erhielt R. seine Ernennung zum Abt des Klosters Berge und Generalsuperintendenten des Herzogtums Magdeburg durch den Minister von Zedlitz, der in Berge eine Musterschule der Aufklärung errichten wollte. R. wirkte hier 22 Jahre, konnte jedoch letztendlich den gewünschten Erfolg nicht erzielen. Er wurde 1797 als Vorsteher der Schule entlassen und 1805 der Verwaltung des Klostergutes enthoben.

Werk, Tendenzen, Wirkung. In seiner Quedlinburger Zeit war R. gleichzeitig Mitarbeiter an den Berliner Literaturbriefen, von denen sich G. E. LESSING zurückgezogen hatte, und arbeitete ebenfalls an J. H. CAMPEs Revisionswerk mit. Von 1765–1780 war er Rezensent bei der „Allgemeinen Deutschen Bibliothek". Besonders während seiner Tätigkeit am Kloster Berge verfaßte R. eine Fülle theoretischer Erziehungsschriften. Zu den bekanntesten zählen „Die Erziehung des Bürgers zum Gebrauch des gesunden Verstandes und zur gemeinnützigen Geschäftigkeit" (1773), die mit maßgebend für seine Anstellung in Berge war, „Gedanken, Vorschläge und Wünsche zur Verbesserung der öffentlichen Erziehung" (1777–1787) und „Versuch über die Lehrart und den Inhalt des Schulunterrichts für Kinder" (1800). In seiner „Erziehung des Bürgers", die zeitlich mit FR. E. VON ROCHOWs Reformbestrebungen zusammenfiel, forderte R. eine dreigliedrige bürgerliche Erziehungsanstalt, und zwar eine Landschule für den Bauernstand, eine Handwerksschule für die Provinzstädte und die niederen Stände in der Hauptstadt und eine Realschule für die „gesittete Jugend", die neben dem Gymnasium bestehen sollte.
1779/1782 veröffentlichte R. eine zweiteilige Sammlung von Predigten für die Jugend, die er und andere Mitglieder des Klosters Berge in einem vierzehntägigen Rhythmus speziell für die Schüler gehalten hatten. Diese Einrichtung habe das Ziel gehabt, „die Empfindungen der Religion bey der hier studirenden Jugend mehr anzuregen, und dadurch mehr sittliche Gesinnungen und Liebe zum Guten bey ihr zu bewirken" (1. Sammlung). In den Predigten wird besonders die Ausrichtung auf den konkreten Erfahrungsbereich der Jugendlichen deutlich. R. bezeichnet diese Vorgehensweise als die „subjectivische" Predigtform, die er gegen die „objectivische" Vortragsweise – das sind für ihn „moralische oder dogmatische Abhandlungen" – abgrenzt. Seine der Aufklärung nahestehende Sichtweise zeigt sich in der deutlichen Ablehnung jeglicher Dogmatik und Orthodoxie bei der Behandlung von Glaubensgegenständen. Eindringlich verweist er auf die „große Uebereinstimmung der Vernunft und Erfahrung mit den Lehren und Forderungen des Christenthums" (2. Sammlung). Die in den Predigten abgehandelten Themen stehen unter der Prämisse der Nützlichkeit, die die individuelle Lebensführung für die Allgemeinheit haben müsse, wobei die enge Verknüpfung von Religion und moralischer Unterweisung deutlich hervortritt. Die Predigten befassen sich mit Gottes-

furcht und christlichem Lebenswandel, wobei ein Hauptthema die Bewahrung der Keuschheit ist, indem stets auf den Schaden hingewiesen wird, „der aus der Nachhängung sinnlicher Begierden entsteht" (2. Sammlung). Weitere Vorträge behandeln Arbeitsamkeit, Friedfertigkeit und Freundschaft und enthalten die Ermahnung an die Jugendlichen, ihre Talente „zum Nutzen der Mitmenschen und der Gesellschaft" anzuwenden (1. Sammlung). Christliche Nächstenliebe, die wiederum darauf hinausläuft, „gut und nützlich zu werden und Nutzen zu stiften", ist ein weiteres Thema, sowie eine Gesundheitslehre, die vor Unmäßigkeit im Essen und Trinken warnt. Auch das Verhältnis zu den Eltern wird eingehend behandelt, wobei besonderer Wert auf den kindlichen Gehorsam gelegt wird, da „Gott durch seine Offenbarung diese Pflicht dem Menschen eingeschärft" habe.
Ähnlich wie in den Predigten verfährt R. bei seinen „Reden an die Jugend", die 1798 in Magdeburg erschienen. Auch hier formuliert er als Ziel einer jeden Erziehung die „künftige Tugend und Gemeinnützigkeit des Zöglings". Es handelt sich hierbei um eine Sammlung von 21 Ansprachen, die sich direkt an die Jugendlichen wenden. Das letzte Kapitel enthält „Erziehungs-Beobachtungen" und ist für Eltern und Erzieher bestimmt. R. plädiert für eine vernunftgemäße Erziehung, die auf Einsicht beruhen sollte. In diesem Sinne wendet er sich sowohl gegen eine zu strenge als auch zu gelinde Erziehung und weist darauf hin, daß es vorrangig darauf ankomme, bei jeder Erziehungsmaßnahme die Neigungen des Kindes zu berücksichtigen. Die abgedruckten Reden, die zunächst ebenfalls vor der Schuljugend des Klosters Berge gehalten wurden, sollen dazu dienen, „bey andern Jünglingen auch Rührungen und gute Vorsätze" zu erwecken, „außerdem auch vielleicht manche Eltern und Erzieher, welchen die gute Bildung des auf uns folgenden Geschlechts am Herzen liegt, veranlassen, über die sittliche Bildung der Jugend mit mehrerm Interesse nachzudenken, und manche herrschende Grundsätze darüber genauer zu berichtigen". Der Themenkatalog befaßt sich vorwiegend mit der frühzeitigen Ausbildung nicht nur der geistigen, sondern auch der seelischen und körperlichen Fähigkeiten in der Jugend im Hinblick darauf, wie „man allein in der Welt nützlich und brauchbar werden könne". Gleichzeitig wird stets die wichtige Funktion der Erziehung für das spätere Leben betont. Hierzu sollten Fleiß, Betriebsamkeit, Bescheidenheit und die Übung der Verstandestätigkeit gehören, woraus schließlich das Bewußtsein für Sittlichkeit, Gerechtigkeit und Humanität im Zusammenleben erwüchsen, denn „fast alles, was der Mensch ist, ist er durch seine Erziehung".
R. hat seine pädagogischen Vorstellungen während seiner Tätigkeit im Kloster Berge letztendlich nicht erfolgreich in die Praxis umsetzen können, obwohl seine theoretischen Überlegungen ein überwiegend zustimmendes Echo fanden. So sieht sich S. BAUR (1790) zu der Feststellung veranlaßt: „So lange Deutschland noch Resewitze unter seinen Erziehern aufzählen kann, darf es sich getrost den Ausländern an die Seite stellen". Den Schriften – speziell den Predigten – bescheinigt er „Gründlichkeit im Denken, Bestimmtheit und Würde im Ausdruck". K. A. KÜTTNER (1781) spricht R. einen hohen Rang zu: „Seine neuen Vorschläge sind alle reif durchdacht, seine Pläne mit Mäßigung und Weisheit entworfen. Alles, was auf Verfeinerung und Veredelung des menschlichen Geistes und der Sitten abzielt, umfaßt er mit wohlwollendem Eifer." S. KÖBERLE (1972) bezeichnet R. als einen „unentwegten Rationalisten" und hebt die starke Betonung des Nützlichkeitsprinzips in seinen Schriften hervor.

Werke: Sammlung einiger Predigten (1766, ^{3}1799); Über die Versorgung der Armen (1769); Predigt auf das Absterben der verwittweten Königin von Dänemark, Sophie Magdalena (1770); Nachricht an das Publikum, von einer neuen Verfassung der Armenpflege in Kopenhagen und von der Einrichtung einer damit verbundenen Königlichen Realschule (1771); Die Erziehung des Bürgers zum Gebrauch des gesunden Verstandes (1773, ^{2}1776); Vormittagspredigten, in einem vollständigen Auszuge (1775); Letzte Predigten in der Petrikirche 1775 gehalten (1775); Nachricht von der gegenwärtigen Einrichtung im Unterricht auf dem Pädagogium zu Kloster Berge (1776); Gedanken, Vorschläge und Wünsche zur Verbesserung der öffentlichen Erziehung (Bd. 1–5. 1777–1787); Predigten für die Jugend, zu Klosterbergen gehalten (Bd. 1–2. 1779–1782); Zweite Nachricht von der gegenwärtigen Einrichtung in Unterricht, Lehrart etc. auf dem Pädagogium zu Kloster Berge (1784); Reden an die Jugend, nebst einigen Erziehungsbeobachtungen (1798); Versuch über die Lehrart und den Inhalt des Schulunterrichts für Kinder in den kleinen Städten (1800).

Sekundärliteratur: S. Baur: Charakteristik der Erziehungsschriftsteller Deutschlands (1790). – H. Doering: Die deutschen Kanzelredner des 18. und 19. Jahrhunderts (1830). – W. Kawerau: Fr. Gabr. Resewitz. Ein Beitrag zur Geschichte der deutschen Aufklärung (1885). – S. Köberle: Jugendliteratur zur Zeit der Aufklärung (1972). – K. A. Küttner: Charaktere deutscher Dichter und Prosaisten (1781). – H. Rommel: Das Schulbuch im 18. Jahrhundert (1968). – E. Schöbel: Die pädagogischen Bestrebungen von Friedrich Gabriel Resewitz. Ein Beitrag zur Geschichte der Pädagogik des 18. Jahrhunderts (1911).

Susanne Hahn

Ritter, Heinz

*Schriftsteller, Pädagoge; *3. 6. 1902 Greifswald.*

R. verbrachte seine Kindheit in Greifswald. Er studierte zunächst Medizin in Tübingen und Erlangen, später Germanistik in Freiburg und Bonn, wo er mit einer Arbeit über NOVALIS (1772–1801) promovierte. Schon früh kam R. in die Wandervogelbewegung, die seinen Lebensstil mitprägte. Nach dem Studium arbeitete er in verschiedenen Heil- und Erziehungsinstituten und konnte so den ärztlichen und den pädagogischen Impuls verbinden. 1931 gründete er im Schwarzwald zusammen mit einem Freund ein Heim für behinderte Kinder, 1936 ein eigenes heilpädagogisches Kinderheim in Schaumburg bei Rinteln, dessen Leitung er bis 1968 innehatte.

Werk, Tendenzen, Wirkung. R.s erste Veröffentlichung hat das Fahrtenerlebnis der Wandervogelzeit zum Gegenstand (Wind- und Sonnenlieder eines Wandervogels, 1927). Die Begegnung mit den Oberuferer Weihnachtsspielen und das Mitwirken in geistlichen Laienspielen erschlossen ihm einen Schaffensbereich, in dem er seine Erfahrungen im heilpädagogischen Umgang mit Kindern anwenden konnte. Die Laienspiele, die er zwischen 1950 und 1970 publizierte, sind aus seiner Spielpraxis mit Heimkindern entstanden. Den meisten liegen bekannte Sagen und Legenden zugrunde, wie z. B. „Die Sterntaler", „Die Bremer Stadtmusikanten", „König Drosselbart", „Der Kampf mit dem Untier", „Das Herodesspiel" und das „Martinsspiel". R. nahm mit zahlreichen Aufsätzen an der Diskussion von Erziehungsfragen und an der Erörterung von Spiel, Sprache, Rhythmus und ihrer Bedeutung für die Entwicklung des Kindes teil. In „Liebe Erde. Gedichte und Sprüche für Kleine und Große" (1932) und „Der goldene Wagen" (1953), sowie in einzelnen Faltblattdrucken hat R. zur Kinderlyrik beigetragen. Viele seiner Gedichte sind zum Sprechen bestimmt, andere sind persönlicher Zuspruch oder dienen der Phantasieanregung, manche begleiten das Kind durch den Tageslauf oder das Jahr mit seinen Festen. Zu Klecksbildern von Kindern fand R. humorvoll phantastische Erzähl- und Situationsgedichte (Das Maulwurf-Igelchen. Klexographien und Verse, 1954).
Intensiv beschäftigte sich R. mit Sagen verschiedener Kulturkreise. Er tastete sich durch Überlieferungen und Varianten zurück bis zu den ursprünglichen Formen. Eine erste Auswahl, „Die schönsten Sagen. Nach ältesten Quellen neu erzählt" erschien 1959, eine neue, erweiterte Fassung mit dem Titel „Sagen der Völker" 1976. Als Literaturhistoriker blieb R. auf den Spuren von NOVALIS (Der unbekannte Novalis, 1967). Als Sagenforscher ging R. besonders den Überlieferungen der Nibelungen- und der Thidreksage nach. Für beide Sagenkreise kam er für die Lokalisierung zu überraschend neuen Ergebnissen, die er in Fachaufsätzen und in dem Buch „Der Zug der Niflungen nach Soest" (1966) veröffentlichte.

Werke (Auswahl): Astralis. Die Wind- und Sonnenlieder eines Wandervogels (1927); Liebe Erde. Gedichte und Sprüche für Kleine und Große (1932, NA. 1951; Teilausg. u.d.T.: Am Waldrandrasen hupfen die Hasen, 1958); Der Hase und der Igel (1933; NA. u.d.T.: Der Wettlauf zwischen dem Hasen und dem Swinegel, 1950); Rotkäppchen (1933); Sankt-Martin-Spiel (1934; NA. u.d.T.: Das kleine Sankt-Martin-Spiel, 1962); Vom Wolf und den sieben jungen Geißlein (²1934, NA. 1949); Die Sterntaler (²1934, NA. 1950); Die Eule (²1935, NA. 1950); Der Froschkönig (²1935, NA. 1950); Die fünf Gesellen (²1935, NA. 1949); Sneewittchen (1935, NA. 1953); Drei-König-Spiel (1935; NA. u..T.: Wir heilgen Drei König (1951; auch in: Das kleine Sankt-Martin-Spiel, 1962); Das Meerhäschen (1949); Die Bremer Stadtmusikanten oder Der philosophische Esel (1949); Maria durch ein Dornwald ging (1952); König Drosselbart (1953); Der goldene Wagen (1953); Wenn der Hammer schellt oder Der Griesgram (1953); Das Maulwurf-Igelchen (1954); Das Kinderspiel von Hans im Glück (1955); Die sieben Raben (1955); Das Spiel vom Lügenhirten (1955); Das Märchen von der Unke. Ein Singspiel für Mädchen (1956); Ich will ein Ritter sein (1957); Das Geißleinspiel (1962); Der Kampf mit dem Untier (1962); Rotkäppchen und der Wolf (1962); Das Spiel vom blauen Schlänglein (1962); Das Herodes-Spiel oder Herodes und die Weisen (1964); Die goldene Kugel (1966).

Hrsg.: Eins und Alles. Gedichte für Kindheit und Jugend (1948, ⁷1979); Das Oberuferer Christgeburt- und Hirtenspiel (1950); Das Oberuferer Dreikönigsspiel (1950); Das Oberuferer Paradeisspiel (1951); Die schönsten Sagen (1959; erw. NA. u.d.T.: Sagen der Völker, 1976).

Sekundärliteratur: H. Jantzen: Heinz Ritter. Freundesgabe (1963).

Margarete Dierks

Riwkin-Brick, Anne

*Schwedische Bildreporterin, Verfasserin von Photobilderbüchern; *23. 6. 1908, †22. 12. 1970.*

R.-Br. emigrierte als Kind jüdischer Eltern 1915 aus Rußland nach Schweden. Dort besuchte sie eine technische Schule, studierte von 1926 bis 1929 Tanz und wurde 1927 Lehrling des Hofphotographen BENKOW. Sie unternahm Studienreisen durch Frankreich, Großbritannien und Deutschland. 1928 eröffnete sie ein eigenes Photostudio in Stockholm, nahm 1933 an einer internationalen Photoausstellung „Le dance et le mouvement" in Paris teil und hatte 1936 ihre erste Photoausstellung, der weitere folgten. 1955 beteiligte sich R.-Br. an der internationalen Wanderausstellung „Familiy of man", die in New York begann und ihren Weg durch viele Länder nahm. Die UNESCO zeigte während der Weltausstellung in Brüssel „Expo 1958" ihre Kinderphotos. Schon Anfang der dreißiger Jahre erschienen ihre ersten Bildbände, kurz nach dem Zweiten Weltkrieg erste Photobilderbücher mit Darstellungen des Kinderlebens aus aller Welt. Zahlreiche Reisen führten sie nach 1945 in viele Länder Europas, Afrika, in die Südsee, nach Fernost und immer wieder nach Israel, ihrer zweiten Heimat. R.-Br. war mit DANIEL BRICK, dem Redakteur der Zeitschrift „Judisk Krönika", verheiratet. In Schweden entstand mit ihrer Hilfe eines der umfangreichsten Photoarchive.
R.-Br. errang nationale und internationale Preise, u. a. die Elsa-Beskow-Medaille (als erste und einzige Photographin, die mit diesem eigentlich für Maler und Zeichner konzipierten Preis geehrt wurde). Als Preisbegründung wurde 1963 über ihr Gesamtschaffen gesagt, es sei geeignet, „die nationale und internationale Verständigung von Kindern zu vertiefen und zu vergrößern", weil ihre Bücher sowohl Unterschiede als auch Gemeinsamkeiten im Leben der Kinder kenntlich machten und sie Menschen in charakteristischen Situationen überaus lebendig darstellten. „Ihre menschliche Wärme und ihr menschliches Mitgefühl" wurden hervorgehoben. Schon 1959 hatte sie gemeinsam mit A. LINDGREN für ihr Buch „Sia wohnt am Kilimandscharo" den „New York Herald Tribune Spring Festival Award" erhalten. In Jugoslawien entstand im Herbst 1960 zusammen mit A. LINDGREN „Marko in Jugosla-

wien". Texte schrieben für R.-Br. weiterhin ihre Schwester EUGENIE SÖDERBERG, ELLY JANNES und LEA GOLDBERG.

Werk, Tendenzen, Wirkung. R.-Br. wurde nach dem Zweiten Weltkrieg in der westlichen Welt eine der erfolgreichsten Photographinnen, deren Arbeiten nachhaltig den Typ des Photobilderbuches für Kinder geprägt haben. Von ihren mehr als 25 Büchern sind nur wenige für Erwachsene konzipiert – diese zu den Themen: Tanz, Griechenland, Korea, Zigeuner, Palästina –, der Hauptanteil ihres Schaffens sind Kinderbilderbücher mit Photographien.
R.-Br. ist in ihren seit den fünfziger und sechziger Jahren weitverbreiteten Photobilderbüchern über das Leben der Kinder in fremden Ländern nicht der Gefahr entgangen, die abgelichtete Realität aufzuschönen und zu harmonisieren. Sind in ihren frühen Arbeiten über den Alltag der Lappen („Elle Kari", „Nomaden des Nordens") noch Härte der Lebensbedingungen, gerade auch für Kinder kenntlich gemacht, so idyllisieren die späteren Werke häufiger die Wirklichkeit. Dann sind Streit und kurze Mißhelligkeiten, Verstimmungen zwischen Kindern und Spielgefährten nur Vorwand, sich in Friede und Freundlichkeit zu einigen. Die Welt der Kinder scheint in der Auffassung von R.-Br. ein konfliktarmer Schonraum zu sein. Das gilt insbesondere für die Kinderphotobücher über Israel, die Sowjetunion, Jugoslawien und die „Dritte Welt" (Afrika, Asien). Politische Gefährdungen und Konflikte bleiben unerwähnt, ebenso die Themen Unterentwicklung, Abhängigkeit, wirtschaftliche Ausbeutung, mangelhafte medizinische Betreuung, Armut, Krankheiten, Analphabetismus, Ausgesetztheit bei Naturkatastrophen. Bei aller Hinneigung zum betrachteten Kind hat R.-Br. kaum die überlegene Position des wohlhabenden europäischen Touristen durchbrochen, der Momentaufnahmen einfängt, ohne tiefer in soziokulturelle Besonderheiten, in fremde Sprachen und Religionen einzudringen.

Werke: A. Riwkin-Brick: Svensk danskonst pa scen och i skola (1932); D. Brick: Palestina (1948); E. Jannes: Vandrande by (1950; dt. Nomaden des Nordens, 1961); E. Jannes: Elle Kari (1951; dt. Elle Kari, 1952); K. A. Arvidsson: Millesgården (1953); G. Säflund: Det eviga Grekland (1954); J. Lo-Johannssen: Zigenarväg (1955); D. Brick: Israel (1965); M. De Laval: Trulsa hos mormor (1955); A. Lindgren: Eva möter Noriko-San (1956, NA. 1970; dt. Noriko-San, 1956); A. Ljungström: Korea, ofredens Land (1956); A. Lindgren: Sia bor pa Kilimandjaro (1958; dt. Sia wohnt am Kilimandscharo, 1958); A. Lindgren: Mina svenska kusiner (1959; dt. Lasse aus Dalarna, 1959); J. Tobiasson: Mamma fyller år (1959); K. A. Arvidsson: Carl Milles och Millesgården (1960; dt. Carl Milles und Millesgården, 1960); A. Lindgren: Lilibet, cirkusbarn (1960; dt. Lilibet, das Zirkuskind, 1960); E. Söderberg: Mokihana bor pa Hawaii (1961; dt. Mokihana, 1962); A. Lindgren: Marko bor i Jugoslavien (1962; dt. Marko in Jugoslawien, 1962); A. Riwkin-Brick: Medmänniskor (1962); E. Söderberg: Hawaii (1962); A. Lindgren: Jackie bor i Holland (1963; dt. Japie wohnt in Holland, 1963); L. Goldberg: Eli bor i Israel (1964; dt. Eli aus Israel, 1964); A. Lindgren: Randi bor i Norge (1965; dt. Randi aus Norwegen, 1965); A. Lindgren: Noy bor i Thailand (1966; dt. Wanthai aus Thailand, 1967); V. Forsberg: Gennet bor i Etiopien (1967; dt. Gennet aus Äthiopien, 1968); C. Edvardson: Miriam bor i en Kibbutz (1969; dt. Mirjam aus Israel, 1970); V. Forsberg: Salima bor i Kashmir (1970; dt. Salima aus Kaschmir, 1971).

Horst Künnemann

Röchling, Carl

*Historienmaler, Illustrator; *18. 10. 1855 Saarbrücken, †6. 5. 1920 Berlin.*

R.s Vater Friedrich war Notar und Justizrat in Saarbrücken. Dort und in Zweibrücken besuchte er das Gymnasium. Von 1875 bis 1880 studierte er an der Kunstschule Karlsruhe bei DES COUDRES und E. HILDEBRANDT, dann an der Kunstakademie in Berlin bei A. V. WERNER. Nach dem Studium blieb er in Berlin, wo er mit dem Malen von Panoramen und Plakaten, im Kunstgewerbe und als Landschaftsarchitekt und Illustrator sein Geld verdiente. Daneben nahm er auch als Kunstmaler an Ausstellungen teil, war Mitglied der „Berliner Künstler" und der „Kunstgenossenschaft" und später Professor der Akademie in Berlin. Er schuf Geschichts-, Landschafts- und Genrebilder.

Werk, Tendenzen, Wirkung. In den auf anschauliche Sachvermittlung hinzielenden Bilderbüchern R.s herrschen geschichtlich-militärische Themen vor. Dabei werden hauptsächlich Schlachten, kriegerische Handlungen und sonstige, für den Krieg wichtige Ereignisse dargestellt, es fehlt aber auch nicht an friedlichen Episoden aus dem Soldaten- und Zivilleben mit freudiger oder auch trauriger Grundstimmung. So lauten z. B. zwei Untertitel ganzseitiger Illustrationen R.s aus dem zusammen mit RICHARD KNÖTEL (1857–1914) und W. FRIEDRICH 1896 in Berlin herausgebrachten Bilderbuch „Die Königin Luise, in 5 Bildern für Jung und Alt": „Besuch der Prinzessen Luise und Friederike bei ihren Verlobten, dem Kronprinzen und dem Prinzen Ludwig, im Feldlager zu Bodenheim (29. Mai 1793)". Gezeigt wird eine ins „Feld" verlegte Szene höfischer Galanterie, bei der junge, flotte Offiziere hübschen Damen Blumen überreichen und Konversation treiben. Auf dem Bild der gegenüberliegenden Seite zu dem Untertitel „Französische Revolutionssoldaten in der Pfalz raubend und plündernd" (1793) sind zerlumpte Marodeure, die betrunken und sengend durch deutsche Lande ziehen, zu sehen. In der Bildkonstellation allein wird der von R. mitverantwortete Chauvinismus durchsichtig.
Meist handelt es sich um Lithographien, zuweilen auch um Stiche. Dabei kommt es R. mehr auf eine realistische Darstellung als auf künstlerischen Ausdruck an. Der Hintergrund – Landschaft oder Interieur – ist in der Regel nur angedeutet, und auch im Vordergrund gibt es häufig große, unbehandelte Flächen. Gesicht und Gestik der Menschen sind starr und konventionell, das Detail vernachlässigt. Besser als RICHARD KNÖTEL (1857–1914), mit dem R. häufiger zusammenarbeitete

(„Der Alte Fritz“, „Königin Luise“), weiß er um die Wirkung von Farben, mit deren Hilfe er Lichtwirkungen zu erzielen oder Stimmungen, auch Tages- und Jahreszeiten, auszudrücken versucht. Wenn es ihm gelingt, sich von seiner akademischen Starrheit zu lösen, können seine Bilder humorvoll sein, so eines aus dem „Alten Fritz“, wo der französische Abgesandte die Treppe hinuntergeworfen wird. GUSTAV PAULI bemerkte schon 1902 zum Werk R.s: „Boutet de Monvel und Job haben es verstanden, mit hervorragenden Bilderbüchern den Geschichtsunterricht zu ergänzen und den Patriotismus in den Kinderherzen zu entflammen. Ihrem Beispiel ist unser Karl Röchling in seinen Büchern vom Alten Fritz und der Königin Luise mit redlichem Bemühen, wenn auch mit minderer Kunst, gefolgt“.

R.s Illustrationen geben dem heutigen Betrachter Einblick in das herrschende historische Verständnis der Epoche, welche die Geschichte als Sache hervorstechender Persönlichkeiten und der mit ihnen verbundenen Ereignisse und Kriege begriff, zu der einzelne, vor allem die Kinder, nur durch patriotische Gesinnung und das Festhalten an den Idealen der Tapferkeit und Treue beitragen können.

Werke: C. Röchling: Unser Heer (1892); C. Röchling: Der Alte Fritz in 50 Bildern für Jung und Alt (zus. mit R. Knötel, 1895; auch u.d.T.: Friedrich der Große, 1906); A. Ruppersberg: Saarbrücker Kriegs-Chronik (1895); C. Röchling: Die Königin Luise in 50 Bildern für Jung und Alt (zus. mit R. Knötel und W. Friedrich, 1896); H. Müller-Bohn: Kaiser Friedrich Gedächtniswerk (zus. mit anderen, 1914).

Sekundärliteratur: Fr. Jansa: Deutsche bildende Künstler in Wort und Bild (1912). – Th. Kutschmann: Geschichte der deutschen Illustratoren (Bd. 2. 1900). – G. Pauli: Das Bilderbuch (in: Dekorative Kunst. 8. 1902. S. 273–296). – W. Spemann (Hrsg. zus. mit anderen): Spemann's goldenes Buch der Kunst (1901). – J. L. Sponsel: Das moderne Plakat (1897). – W. v. Zur Westen: Reklamekunst (1903).

Cornelia Schneider

Roeder-Gnadeberg, Käthe von

*(d.i. Käthe Feurstein), Schriftstellerin, Kinder- und Jugendbuchautorin; *5.6.1912 Reval (Estland).*

R.-G. wuchs auf dem väterlichen Landgut am Finnischen Meerbusen dreisprachig auf. Sie besuchte das Revaler Deutsche Mädchengymnasium. Nach dem Abitur (1931) wurde sie Volksschullehrerin, studierte in Reval („Palucca-Schule“) Gymnastik und in Paris Klavier. Von Estland gelangte R.-G. 1939 nach Polen („Warthegau“). Nach kurzer medizinischer Schulung war sie als Fürsorgerin im Kriegseinsatz, floh 1945 und studierte anschließend in Heidelberg Psychologie, Philosophie, Pädagogik und Soziologie. Studienreisen führten sie in den Orient und nach Asien. 1951 bis 1958 war R.-G. Sekretärin und Werkslehrerin in Mannheim. Hier heiratete sie 1952 und lebt seit 1960 in Baden-Baden als freie Schriftstellerin.

Werk, Tendenzen, Wirkung. Die Geschichten der Fischer am Strand, der Knechte und Mägde des heimatlichen Gutshofes motivierten R.-G. zum Schreiben. Für einen Schulaufsatz erhielt sie bereits als Achtzehnjährige einen Preis, in der Folge entstanden Essays, Kurzgeschichten und Märchen für Zeitschriften in Estland, ab 1936 für Berliner Verlage. Eine erste Märchensammlung mit eigenen Illustrationen kam 1946 heraus, ein Jahr später die Schilderung des Nachkriegsschicksals einer sechsjährigen Flüchtlingswaise („Das Niemandskind“). In ihren Erzählungen befaßt sich R.-G. mit Einzelschicksalen junger Mädchen verschiedener Länder: „Andschana“ (1951) ist Inderin, „Ayshe“ (1960) Türkin, „Mondlicht“ (1979) heißt eine Waise aus dem Norden Thailands. R.-G. will zeigen, daß Kinder aller Länder gleich denken und fühlen, und möchte die Fremdartigkeit ferner Kulturen und Völker ihren Lesern nahebringen, geleitet von dem Gedanken des MATTHIAS CLAUDIUS (1740–1815): „Es ist leicht zu verachten, leicht zu verurteilen, verstehen aber ist besser“. Daneben geht es der Autorin nach eigener Aussage darum, „das Gemüthafte zu fördern, die Seelen zu weiten, damit ein Kraftquelle als Gegenpol zum Nur-Rationalen in unserer technisierten Wissenschaftswelt lebendig wird“. Die Bücher von R.-G. entstehen aus dem engen Kontakt mit Kindern und Jugendlichen und verarbeiten Auslandsreisen. Viele Titel von R.-G. gelangten auf Auswahl- und Bestlisten, einige wurden in andere europäische Sprachen übersetzt.

Werke: ... so nebenbei erlauscht (1946); Das Niemandskind (1947); Franzl (1950; NA. u.d.T.: Wenn ein Mädchen Franzl heißt, 1956); Andschana (1951, [20]1979); Jeder baut sich seine Welt (1955; NA. u.d.T.: Matthias und Ursula, 1965); ... und Liebe gehört auch dazu (1981); Ayshe (1960, [8]1978); Vito, Püm und Angela (1963; NA. u.d.T.: Vito und der klingende Berg (1972); Mondlicht (1979).

Sekundärliteratur: K. v. Roeder-Gnadeberg (in: R. Bamberger: Jugendlektüre. 1965. 315–318). – S. Schmitz: Das Portrait: K. v. Roeder-Gnadeberg. Eine Begegnung in Baden-Baden (in: Kultur und Leben. 17. 1979. 11. 36–37).

Hans Gärtner

Röding, Johann Hinrich

*Pädagoge, Kinder- und Jugendbuchautor; *20.11.1732 Hamburg, †27.12.1800 Hamburg.*

R. entstammte einer Handwerkerfamilie und wuchs in bedrückenden Verhältnissen auf. Da sein Vater früh starb, wurde er in eine fremde Familie gegeben. Hier mußte er vom siebenten Lebensjahr an sein Brot selbst verdienen, was ihn an einem regelmäßigen Schulbesuch hinderte. Mit 16 Jahren trat er eine Lehre an; sein Wunsch, Theologie zu studieren und Prediger zu werden, ließ sich nicht realisieren. Seine Bildung hatte er autodidaktisch soweit vorangetrieben, daß er 1750 eine Schulstelle im Alten Land erhielt. Nach einem Jahr holte ihn ein Lehrer der Hamburger Nicolai-Schule zurück und bestellte ihn zu seinem Unterlehrer. 1755 erhielt er eine Rektorstelle in dem kleinen Tellingstädt in Norderdithmarschen, die er bis 1757 innehatte. Seine Heirat führte ihn wieder nach Hamburg zurück, wo er 1763 eine Lehrerstelle an der St. Jacobi-Schule angeboten bekam. In dieser bescheidenen Stellung verharrte er bis an sein Lebensende. Neben seinem schulischen und privaten Unterricht entfaltete er bald eine reiche schriftstellerische Aktivität, in deren Mittelpunkt Werke für Kinder und Jugendliche standen. Seine Schriftstellerei brachte ihm die Ehrenmitgliedschaft in der Fürstlich Anhaltischen Deutschen Gesellschaft in Bernburg und der Herzoglich deutschen Gesellschaft in Helmstedt ein. In einer Lebensbeschreibung, die einem seiner Gedichtbände beigefügt ist, heißt es über ihn: „Man suche indess keine gelehrte, oder künstlich ausgesponnene pädagogische Plane bey ihm – kein scientifische Erziehung, sondern den ganz simplen Weg der Natur, im Stillen und ohne Aufsehen, junge Herzen für Tugend und Religion zu gewinnen und ihnen die ersten allgemeinen Kenntnisse beyzubringen."

Werk, Tendenzen, Wirkung. R.s literarische Produktion setzte zu Beginn der siebziger Jahre des 18. Jahrhunderts ein. Er verfaßte religiöse Erbauungsschriften, Gelegenheitsgedichte, Lieder und Gebete, moralische Wochenschriften, lehrreiche Gespräche, Dramoletts und Schauspiele. Weit mehr als die Hälfte seiner Werke sind für Kinder und Jugendliche bestimmt. Von seinen Gebet- und Gedichtbüchern sind zwei ausdrücklich an Kinder gerichtet: „Lieder über den Catechismus nebst Gebethen für Kinder" (1772) und „Vermischte Gedichte für jugendliche Leser" (1783). Doch enthält auch sein Gedichtband von 1789 zahlreiche Gedichte für Kinder und Jugendliche, die zuvor separat als Gelegenheitslieder auf einem viertel oder halben Bogen erschienen sind.

Die größte Breitenwirkung hat R. mit seinen Kinder- und Jugendzeitschriften erlangt, die sämtlich die Gestalt der moralischen Wochenschriften besitzen. Am Anfang steht das „Hamburgische Wochenblatt für Kinder", das von März 1775 bis Dezember 1777 wöchentlich herauskam und es auf insgesamt 156 Stücke brachte. Die Buchausgabe zählt sechs Bände. Die einzelnen Stücke enthalten Lieder, Gedichte, Fabeln, Rätsel, moralische Beispielgeschichten, lehrreiche Gespräche, historisch-moralische Nachrichten in Gestalt einer „Kinderzeitung" und eingestreute pädagogische Ratschläge für die Eltern. Die Stücke sind aus den verschiedensten Quellen zusammengetragen, wobei auch plattdeutsche Texte mit aufgenommen wurden. Nach dem gleichen Muster ist die zweite moralische Wochenschrift R.s verfertigt, die sich jedoch stärker an ältere Kinder und Jugendliche wendet. Das „Leseblatt für die Jugend" ist von Januar bis Dezember 1786 in 50 Stücken geliefert worden. Die zweibändige Buchfassung aus dem gleichen Jahr hat den Titel: „Leseblatt für die Jugend, wovon man in Schulen Gebrauch machen kann". 1790 erschien eine neue Auflage dieser Wochenschrift unter dem Titel: „Beschäftigungen für junge Leute zum Nutzen, zur Lehre und zum Vergnügen". In dieser zweiten Wochenschrift R.s sind zwischen die Gedichte, Briefe, Gespräche und Rätsel verschiedene Aufsätze zur Religion, Mythologie, Naturgeschichte und Historie eingefügt. Ähnlich angelegt ist auch das vierbändige belehrende wie auch unterhaltende Lesebuch „Der Zögling", das 1778–1779 erschien. Hier unterhält ein Zögling sich mit seinem Mentor und führt einen Briefwechsel mit seinen Freunden, wobei Themen der Naturgeschichte und Geographie angesprochen werden. Eingestreut sind wiederum Gedichte, Rätsel und kleine Komödien.

Die 1777 erschienenen „Kleinen Spiele und Gespräche für Kinder" knüpfen an den Erfolg an, den CHRISTIAN FELIX WEISSES Kinderschauspiele aus dem Kinderfreund gehabt haben. Weil WEISSES Zeitschrift so teuer sei, habe er eine wohlfeile Ausgabe von Kinderschauspielen besorgen wollen. Das Werk enthält Gesprächsszenen, Dramoletts und Kinderschauspiele in einem Akt, so etwa „Der entlarvte Ruprecht" und „Durch Fleiß und Tugend erwirbt man sich Nutzen und Ehre". Das Werk ist 1780 noch einmal aufgelegt worden; ein versprochener zweiter Band ist nicht erschienen. 1777 sind drei weitere Kinderschauspiele separat erschienen: „Der schuldlose Knabe; ein Spiel für Kinder", „Die Mädchenschule. Ein Spiel für kleine Schönen" und „Der großmüthige Bauernknabe; ein Spiel für Kinder". Bemerkenswert ist das letzte Stück, dessen Held, ein gewitzter und selbstbewußter Bauernjunge, plattdeutsch spricht. Gezeigt wird, wie dieser Bauernjunge im Bewußtsein seiner Natürlichkeit den Verlockungen der vornehmen Gesellschaft widersteht und sich zu seinem Stand bekennt; er ist der wahrhaft Überlegene.

R.s Werke beanspruchen keine Originalität. Sie richten sich vornehmlich an die mittleren Schichten der Kaufleute und Handwerker und wollen Gebrauchsliteratur sein. R. sucht hierbei, die sich verschiedenen pädagogischen Strömungen nutzbar zu machen, ohne sich einer Richtung ausschließlich zu verschreiben. Dem Philanthropismus steht er fern; maßgebend sind für ihn vielmehr die moralpädagogischen Aufklärungsmaximen, wie sie etwa von CHR. F. GELLERT formuliert wurden. ROUSSEAU scheint keinen Einfluß auf R. gehabt zu haben. Neben seinen schriftstellerischen Schwächen mag auch dies ein Grund dafür sein, daß R. scharf kritisiert wurde. In BAURS Handbuch von 1790 heißt es: „Herr Röding muß sehr wenig Achtung von dem deutschen Publikum haben, oder glauben, nichts sei leichter, als für die Jugend zu schreiben, sonst müßte er schon längst die Feder weggelegt, und sich bemüht haben, erst selbst was rechtes zu lernen, ehe er es wagen wollte, dem Publikum vor die Augen zu treten." Bei ihm sei „der Kinderton verfehlt, die Moral fehlerhaft, der Ausdruck läppisch auch wohl undeutsch, und die Gedichte sind die elendsten Verse, die man sich nur denken kann".

Werke: Lieder über den Catechismus nebst Gebethen für Kinder (1772); Die Leidensgeschichte Jesu mit untermengten Betrachtungen und Liedern poetisch entworfen (1773); Hamburgisches Wochenblatt für Kinder (Bd. 1–6. 1775–1777); Kleine Spiele und Gespräche für Kinder (1777, NA. 1780); Der schuldlose Knabe, ein Spiel für Kinder (1777); Die Mädchenschule, ein Spiel für kleine Schönen (1777); Der großmüthige Bauernknabe, ein Spiel für Kinder (1777); Der Zögling (Bd. 1–4. 1778–1779); Vermischte Gedichte für jugendliche Leser (1783); Erbauungsblatt zur Beförderung eines vernünftigen häuslichen Gottesdienste für alle Stände (Jg. 1–3. 1784–1786); Leseblatt für die Jugend, wovon man in Schulen Gebrauch machen kann (Bd. 1–2. 1786; NA. u.d.T.: Beschäftigungen für junge Leute zum Nutzen, zur Lehre und zum Vergnügen, 1790); Taschenbuch für Schreibschüler (1788); Gedichte (1789); Meine Gedanken uber die Mittel, die Jugend in den deutschen Schulen auf eine leichte Art mit nützlichen Wissenschaften ausser den Kenntnissen der Religion, des Rechnens und Schreibens zu bereichern (1791); Passionsbetrachtungen (1792); Der Jugendlehrer (Bd. 1–2. 1793); Gedanken und Vorschläge über die Verbesserung der deutschen Schulen. Allen guten Menschen, die für das Wohl der Jugend sorgfältig bemüht sind, zugeeignet (1794); Auswahl meiner Gedichte (1800).

Sekundärliteratur: S. Baur: Charakteristik der Erziehungsschriftsteller Deutschlands (1790). – L. Göhring: Die Anfänge der deutschen Jugendliteratur im 18. Jahrhundert (1904). – G. Kaldewey: Das ‚Hamburgische Wochenblatt für Kinder' von Johann Hinrich Röding (in: Die Schiefertafel. 1. 1978. 2. 79–84). – M. Schlosser: Das ‚Hamburgische Wochenblatt für Kinder'. Plattdeutsch in einer Kinderzeitschrift des 18. Jahrhunderts (in: Quickborn. Zeitschrift für plattdeutsche Sprache und Dichtung. 69. 1979. 184–189).

Hans-Heino Ewers

Rolfus, Ludwig Hermann

*Katholischer Theologe und Pädagoge, Herausgeber eines Jugendschriftenverzeichnisses; *24.5.1821 Freiburg/Breisgau, †27.11.1896 Offenburg.*

R. wurde als Sohn des Geometers MELCHIOR ROLFUS geboren. Er absolvierte das Gymnasium in Freiburg, studierte von 1840 bis 1843 Theologie und wurde 1844 zum Priester geweiht. 1851 war er Kaplan in Thiengen, seit 1855 Pfarrer einer Schwarzwaldgemeinde. In diese Zeit fällt die Arbeit an der Herausgabe der „Realenzyklopädie des Erziehungs- und Unterrichtswesens nach katholischen Prinzipien", deren erster Band 1863 und deren letzter Band 1885 erschien. In Anerkennung seiner Verdienste verlieh ihm die Theologische Fakultät der Universität Freiburg die Doktorwürde. 1884 wurde R. zum Geistlichen Rat ernannt.

R. trat in seiner Enzyklopädie für christliche Erziehungsgrundsätze ein. Daneben forderte er die gründliche pädagogische und methodische Ausbildung für Volksschullehrer, Geistliche und Lehrer an höheren Schulen. R. veröffentlichte außerdem historische Texte, war Herausgeber des „Süddeutschen katholischen Schulwochenblatts" und eines „Literarischen Handweisers", der Referate zu Neuerscheinungen der Pädagogik und im Jugendbuchbereich bot.

Relevant für die Geschichte der Kinder- und Jugendliteratur ist R. durch sein „Verzeichnis ausgewählter Jugendschriften", das erstmals 1866 herauskam. R. traf darin eine Auswahl „aus katholischem Geiste". Dabei bemühte er sich jedoch, auch solche Texte vorzustellen, die anderen als der katholischen Tradition entstammten. „Schöne Schriften" hat R. in das Verzeichnis nur begrenzt aufgenommen, denn sein Grundsatz war, keine „Schriften aufzunehmen, welche nur unterhalten, ohne zu bilden". Deutlich sprach er sich gegen Autoren wie GUSTAV NIERITZ und FRANZ HOFFMANN aus. Lobend erwähnte er ISABELLA BRAUN, WILHELM BAUBERGER, CHRISTOPH VON SCHMID, WILHELM HERCHENBACH, LOUISE PICHLER und HERMANN WAGNER.

R.s älterer Bruder KARL JOSEF ROLFUS (1819–1907), der ebenfalls die Priesterlaufbahn einschlug und der 1879 eine Irrenanstalt gründete, veröffentlichte vielgelesene Jugendschriften.

Werke: Verzeichnis ausgewählter Jugendschriften (1866).

Hrsg.: Realenzyklopädie des Erziehungs- und Unterrichtswesens nach katholischen Prinzipien (Bd. 1–5., zus. mit A. Pfister. 1863–1885).

Winfred Kaminski

Rosié, Paul

*Graphiker, Illustrator in der DDR; *23.10.1910 Berlin.*

R. begann nach dem Abschluß der Schule (Mittlere Reife) eine kaufmännische Lehre in der Textilbranche und wollte Modegraphiker werden. Nach Beendigung der Lehre (1930) war er arbeitslos bzw. Gelegenheitsarbeiter. 1936 bis 1939 studierte R. an der Meisterschule für Graphik und Buchgewerbe in Berlin unter ULI HUBER, JOHANNES BOEHLAND (Schrift) und OTTO ARPKE (Graphik). Nach Rückkehr aus dem Krieg wurde er freischaffend tätig und schloß sich dem Maleraktiv „Wedding" an. 1946/1947 lehrte er an der Fachschule für Graphik und Buchgewerbe in Berlin. Von 1955 bis 1980 war er Professor an der Kunsthochschule in Berlin-Weißensee. Seine Schaffensschwer-

Paul Rosié. Illustration zu Kurt Davids Erzählung aus dem Zweiten Weltkrieg „Der erste Schuß" (1959).

punkte liegen in der Buch- und Presseillustration, der Karikatur, der Plakatgestaltung für Theater, Konzert, Film und der freien Graphik. Nebenher hat R. Gedichte und Prosatexte verfaßt. Seit 1946 waren seine Werke in vielen Ausstellungen in Berlin und anderen Städten der DDR zu sehen. Von ihm ausgestattete Bücher und Schutzumschläge wurden seit 1954 verschiedentlich als „schönste Bücher" und „schönste Buchumschläge der DDR" ausgezeichnet. R. erhielt 1975 den Titel Honorarprofessor und 1978 den „Vaterländischen Verdienstorden" in Bronze. R., Abkömmling einer Hugenottenfamilie, lebt in Berlin (Ost).

Werk, Tendenzen, Wirkung. R. hat seit Anfang der fünfziger Jahre Bücher illustriert, darunter Werke von HEINRICH MANN (Der blaue Engel, 1950), BENNO PLUDRA (Die Jungen von Zelt 13, 1952), GOTTFRIED KELLER (Kleider machen Leute, 1957), LUDWIG RENN (Auf den Trümmern des Kaiserreichs, 1961), EDGAR ALLAN POE (Der Goldkäfer und andere phantastische Geschichten, 1979). Seine detailreichen Schwarz-Weiß-Zeichnungen charakterisieren genau und mit schnellem, oft kräftigem Strich besonders eindrucksvoll markante Männergesichter, originelle, manchmal skurrile Szenen in Innenräumen. In der Übertreibung von Ausdruck und Bewegung drückt sich sein Hang zur Satire und Karikatur aus. R. wurde als Nachfahre von HEINRICH ZILLE im Hinblick auf dessen Berliner Zeichentradition angesehen, aber auch als Verwandter von GEORGE GROSZ bezeichnet, den er selbst besonders schätzt und mit dem ihn der „trockene Strich" und die „unsentimentale Linie" verbinden. R. hat in Arbeiten aus den siebziger Jahren (LORE MALLACHOW: Es war einmal. Aus dem Leben der Brüder Grimm, 1973; E. A. POE: Der Goldkäfer, 1979) durch Rahmungen der ganzseitigen Illustrationen und sorgfältige Ausarbeitung von Vorder- und Hintergrund eine dem jeweiligen Thema entsprechende altertümelnd realistische Bildauffassung betont, die seine ursprünglich flotten, manchmal bittersatirischen Züge in den Hintergrund drängt. R. hat in seinen für Kinder und Jugendliche geschaffenen Buchillustrationen keine „kindertümlichen" Züge entwickelt, ist vielmehr seinem von kritischer Menschenbetrachtung geprägten Realismus verpflichtet geblieben.

Werke: H. Mann: Der blaue Engel (1950); W. D. Brennecke: Erich und das Schulfunkstudio (1952); B. Pludra: Die Jungen von Zelt 13 (1952); W. Bauer: Eine Freundin wie Gerda (1956); R. Fischer: Dem Unbekannten auf der Spur (1956); A. Kocialek (Hrsg.): G. Keller: Das Fähnlein der sieben Aufrechten (1957); A. Kocialek (Hrsg.): G. Keller: Kleider machen Leute (1957); A. I. Panteleev: Die Uhr (1958); A.-Chr. Settgast: Ein Junge aus Berlin (1958); K. H. Berger (Hrsg.): Die Heuschlacht im Heidedorf (1959); K. David: Der erste Schuß (1959); W. Bauer: Franzl und Jana (1960); A. Wellm: Die Partisanen und der Schäfer Piel (1960); J. R. Becker: In München bin ich geboren (1961); L. Renn: Auf den Trümmern des Kaiserreichs (1961); P. Körner-Schrader: Berlin, Andreasstraße (1962); Kl. Beuchler: Die Reise beginnt in Genf (1963); W. Bauer: DM – 1563 sofort landen (1964); Chr. Vogel: Hanna und Stenz (1965); K. Steininger: Der unausstehliche Opa (1966); S. Schollack: Joshua oder Der Mord in Detroit (1969; auch u.d.T.: Mord in Detroit, 1975); S. Schollack: Joshua oder Das Rattennest (1971; auch u.d.T.: Enkel der Sklaven, 1975); S. Schollack: Joshua oder Der heiße Sommer (1972; auch u.d.T.: Der Gejagte, 1975); A. L. Crosby: Winchester wacht auf (1973); L. Mallachow: Es war einmal. Aus dem Leben der Brüder Grimm (1973); H. Meyer: Franziska und der Student aus Trier (1973); G. u. H. Petersen (Hrsg.): E. A. Poe: Der Goldkäfer und andere phantastische Geschichten (1979); H. Beseler: Käuzchenkuhle (1980).

Sekundärliteratur: E. Krull: Paul Rosié: Eine Ausstellung zum Sechzigsten (in: Neue Werbung. 18. 1971. 2. 17–21). – L. Kusche: Hommage à Paul Rosié (in: Die Weltbühne. 1975. 42. 1339–1340). – L. Lang: Ein Berliner Zeichner (in: Die Weltbühne. 1975. 51. 1630–1631). – W. Rouvel: Paul Rosié – Meister des Milieus (in: Neue Werbung. 10. 1963. 6. 26–31).

Erich Gerhard

Rote Grütze

Die „Rote Grütze" ist ein Kinder- und Jugendtheater in Berlin.

Der erste Spielversuch der später eigenständigen Theatergruppe „Rote Grütze" fand noch im Rahmen des GRIPS-Theaters statt; es war das schwedische Mitspielstück zur Sexualerziehung „Du der Samen, ich das Ei", das jedoch nur einmal in einem Zehlendorfer Jugendheim gespielt wurde. 1972 machte die Gruppe sich selbständig und entwickelte aus schwedischen Anregungen das Kinderstück „Darüber spricht man nicht.

Das Kinder- und Jugendtheater „Rote Grütze" in Berlin produzierte 1972 das sexualaufklärerische Kinderstück „Darüber spricht man nicht".

Ein Spiel vom Kindermachen und Kinderkriegen, vom Liebhaben und Schämen und was noch alles vorkommt", das 1973 Premiere hatte. Die „Rote Grütze" sah sich aber auch Angriffen ausgesetzt, insbesondere aus Kreisen der katholischen Kirche, die zu Spielverboten führten. 1976 folgte das Jugendstück „Was heißt hier Liebe? Ein Spiel um Liebe und Sexualität für Leute in und nach der Pubertät". Das Stück erhielt 1977 den Brüder-Grimm-Preis des Landes Berlin für „eine Theaterarbeit, die geeignet ist, Traditionen leichter zu überwinden und neue Aufgaben einfallsreich zu lösen" und wurde mit Hilfe des Filmverlages der Autoren

Rote Grütze-Theater (Berlin). Szenenphoto aus dem Stück „Was heißt hier Liebe?"

verfilmt. Das dritte Stück, „Mensch ich lieb Dich doch", wurde im Auftrag und mit finanzieller Förderung des Berliner Senats im Rahmen der Drogenprophylaxe entwickelt und 1980 zum ersten Mal gespielt und vom Fernsehen aufgezeichnet: „Ein Stück für Leute, die das Leben suchen. Ein Spiel vom Leben, Träumen, Machen, Lieben, Lernen, Versauern, Verkümmern, Verkommen, Schlucken, Drücken, Paffen, Dröhnen, Schreien, Verstummen, Lachen, Streiten." Kennzeichnend für die „Rote Grütze" ist die Einbeziehung der eigenen, persönlichen Betroffenheit (biographische Erfahrungen der Spieler werden in den Stücken verarbeitet). Die Mitglieder lassen sich ein auf ausführliche, gruppendynamisch betonte Erarbeitungsprozesse, die immer auch Selbsterfahrung umfassen. Sie unternehmen umfangreiche Feldstudien bei den Betroffenen und versuchen die Übernahme der authentischen Sprache der Jugendlichen. Die Gruppe erzielt dadurch eine außergewöhnliche emotionale Ansprache beim Zuschauer und Leichtigkeit der Darstellung.
Der starke Mitspielcharakter des Kinderstücks wird in den Jugendstücken zurückgenommen; es bleibt jedoch bei einem Kontakttheater in offener Art unter Nutzung vieler Medien (insbesondere Musik, aber auch Dias, Film). Dem kommunikativ-persönlichen Anspruch entspricht die kollektive Arbeit der Gruppe, die Musiker, Spieler, Autoren, Organisatoren nicht trennen will.
Als Buch erschienen „Darüber spricht man nicht" (1973, [4]1978), „Was heißt hier Liebe?" (1977, [6]1980) und „Mensch ich lieb Dich doch" (1980). Helene Fehrmann, Holger Franke, Günter Brombacher und Alfred Cybulska waren zusammen mit anderen an der Niederschrift beteiligt.

Hans-Wolfgang Nickel

Das rote Tuch

‚Das rote Tuch' ist ein Jugendmedienpreis, den die SPD Berlin-Charlottenburg an Werke vergibt, die antifaschistisch aufklärend wirken.

Aus Besorgnis über die in den siebziger Jahren zunehmende Zahl unkritischer Publikationen über den deutschen Faschismus und die Hinwendung von Jugendlichen zum Rechtsradikalismus wurde der Preis ‚Das rote Tuch' 1978 von der SPD Charlottenburg ins Leben gerufen und seither jährlich verliehen. Es sollen Werke ausgezeichnet werden, in denen der deutsche Faschismus kritisch dargestellt, demoraktisches Denken und Handeln in der jungen Generation gefördert und zur Immunisierung der Jugend gegen antidemokratische Tendenzen beigetragen wird. Der Preis ist nicht an ein bestimmtes Medium gebunden: Buch, Film, Fernsehen, Hörfunk, Tonband, Tonkassette und Schallplatte wer-

den gleichermaßen berücksichtigt, sofern sie sich an Jugendliche im Alter von 12 bis 16 Jahren wenden und für diese Gruppe zugänglich sind. Vorschläge für die Auszeichnung können Autoren, Verlage, Sendeanstalten, gesellschaftliche Gruppen und Einzelpersonen machen, die die Zielsetzung des Preises unterstützen. Der Preis ist mit 3000 DM dotiert und wird aus Spenden finanziert. Die Jury besteht aus sieben Personen, die jeweils für ein Kalenderjahr von der SPD Charlottenburg berufen werden. Zu den Juroren gehören drei Wissenschaftler aus dem Bereich der Kinder- und Jugendliteratur, ein Jugendbibliothekar, zwei Charlottenburger Schüler und ein Mitglied des Kreisvorstandes der SPD Charlottenburg.
Bisher wurden ausgezeichnet: 1978 Horst Burger „Warum warst du in der Hitlerjugend?"; 1979 „Kinder im KZ", eine Ausstellung, die von Dorothea Stanić für die Elefanten Press Galerie und Verlag aufgebaut wurde; 1980 „Die Kinder aus Nr. 67", ein Film nach der Romanreihe von Lisa Tetzner.

H. D.

Rothbart, Ferdinand

*Maler, Illustrator, Graphiker; *3. 10. 1823 Roth am Sand, †31. 1. 1899 München.*

Bald nach R.s Geburt zog seine Familie nach Nürnberg, wo er nach dem Tod des Vaters in einem Waisenhaus erzogen wurde. Bei Heinrich Ludwig Petersen (1806–1874) erwarb er sich Kenntnisse im Kupferstechen und Radieren und somit eine Möglichkeit, seinen Lebensunterhalt zu bestreiten. Er arbeitete für verschiedene Buchhändler und Verleger, aber auch als Stecher, Wandmaler und Konservator für Herrscherhäuser (Königin Olga in Stuttgart, Herzog Ernst von Coburg, König Maximilian II. von München). Seit 1885 wohnte er in München. Von diesem Zeitpunkt an bestand seine Zusammenarbeit mit der Jugendschriftstellerin Isabella Braun (1815–1886) und darüber hinaus eine engere Beziehung zu dem Verlag Braun & Schneider, in dessen „Jugendblättern" und „Fliegenden Blättern" R. veröffentlichte. Von 1860 bis 1863 reiste er als Stipendiat der Martin-von-Wagner-Stiftung nach Italien, wo er sich hauptsächlich in Rom aufhielt. Nach seiner Rückkehr arbeitete er wieder als Illustrator, aber auch als Graphiker für Glasfenster, bis er 1871 die Stelle eines Konservators im Graphischen Kabinett in München antrat, die er bis 1885 innehatte. In seinen letzten Lebensjahren, in denen er wegen eines asthmatischen Leidens häufig Kurorte besuchte, wandte er sich der Malerei von Landschaften und Städteansichten zu.

Werk, Tendenzen, Wirkung. R.s Kinderbuchillustrationen – die ersten entstanden Anfang der fünfziger Jahre – lassen ein gemeinsames Konzept erkennen. Zwischen den Text sind Blätter mit ganzseitigen Bildern eingebunden. Jedes Blatt ist mit einem Zierrahmen versehen, wodurch eine stilistische Verbindung zwischen den einzelnen Bildern erreicht wird und insgesamt der dem Biedermeier entsprechende Bucheindruck entsteht. In diese Rahmen sind die schwarz-weißen Kreidelithographien gedruckt. Wichtige Bildelemente, hauptsächlich die handelnden Personen, sind zum Teil zart mit Hand koloriert. Es entsteht so ein weicher, aber dennoch eigenwilliger Bildeindruck. Dargestellt werden Kinder in ihrer Umwelt, im Haus, im Garten, beim Spiel, bei kleinen Arbeiten, zusammen mit der Familie und mit Tieren. Eine heile Welt wird präsentiert, in der es zwar Freud und Leid gibt, an der aber alles noch am rechten Platz steht. Die Kinder wirken durch die Kreidetechnik weich und auch oft – mit Schmachtblick – wie verklärt, aber dennoch mit kindlichen Gebärden und Bewegungen.
Stilistisch sind R.s Illustrationen in ihrer Idylle und Beschaulichkeit, aber auch in ihrem eher schlichten und ausgewogenen Kunstwollen dem Biedermeier zuzuordnen. R. schlägt einen poetischen, gelegentlich auch süßlichen Ton an. Manche Werke, z. B. Ottilie Wildermuths „Aus der Kinderwelt", sind nachlässiger und überladener ausgefallen.
In R.s Illustrationen manifestiert sich die Vorstellung einer bürgerlich-romantischen Pädagogik. Kindergestalten sind für ihn Symbole der Naivität, Unverbildetheit und reinen Einfalt. R. läßt sie in einer zwar einfachen, aber harmonischen und natürlichen Umwelt aufwachsen und sich bewegen. R.s Arbeiten zu den Klassikern Goethe, Schiller, Wieland u. a., die in der zweiten Hälfte des 19. Jahrhunderts Hauptbestandteil einer ästhetischen bürgerlichen Erziehung waren, folgten stilistisch und in ihrer inhaltlichen Ausrichtung ebenso dem Muster spätromantisch-biedermeierlicher Idyllik. Koseszenen zwischen Kindern und Tieren in milder Landschaft, Genre in Haus und Hof, mittelalterliche Stadtkulissen oder stimmungsvolle Berg- und Talblicke sind immer wieder anzutreffen.

Werke: W. O. Horn: Hand in Hand. Eine Reihe von Geschichten für Reich und Arm in jedem Stande (1852); J. P. Hebel: Ausgewählte Erzählungen des Rheinländischen Hausfreundes (zus. mit anderen, 1853); O. Wildermuth: Aus der Kinderwelt (zus. mit G. Süß, 1853); W. Th. Sehring: Die Altersstufen (1853); G. Scherer (Hrsg.): Deutscher Dichterwald (1853); I. Braun: Frühlings-Bilder für liebe Kinder (1854); I. Braun: Das Vater Unser (1854); I. Braun: Erwin's Bilderbuch (1854); I. Braun: Das liebe Brod (1854); I. Braun: Mutterliebe und Muttertreue (1854); G. Scherer (Hrsg.): Deutsche Volkslieder mit ihren eigenthümlichen Singweisen (zus. mit anderen, H. 1–2. 1854–1855); I. Braun: Im grünen Wald (1856); O. Wildermuth: Von Berg und Thal (1862).

Sekundärliteratur: H. Holland: Rothbart, Ferdinand (in: Biographisches Jahrbuch. 4/1899. 1900. 169–171). – A. Rümann: Die illustrierten deutschen Bücher des 19. Jahrhunderts (1926).

Cornelia Schneider

Rothfuchs, Heiner

*Kinderbuchillustrator; *18. 6. 1913 Wünschendorf/Elster (Thüringen).*

R. ist als Zeichner Autodidakt. Seit 1930 illustrierte er Zeitschriften der Bündischen Jugend. Dadurch kam er zum Voggenreiter-Verlag (damals Potsdam), für den er zahlreiche Jugendbücher bebilderte. Außerdem illustrierte R. für Rütten und Loening (W. HAUFF: Der kleine Muck, 1941). Nach der Rückkehr aus dem Krieg (1946) wurde er Zeichenlehrer an der Werkkunstschule in Wiesbaden. Von 1959 bis 1967 war R. freiberuflich tätig. Das Gros seiner Jugendbuchillustrationen entstand in diesen Jahren. Von 1967 bis zu seiner Pensionierung 1978 arbeitete er wieder als Lehrer an der Fachhochschule in Wiesbaden (ehemalige Werkkunstschule). Gleichzeitig illustrierte R. weitere Jugend- und Schulbücher. Heute lebt er in Hünstetten-Kettern-schwalbach.

Werk, Tendenzen, Wirkung. Mit Vorliebe illustriert R. Jugendbücher, die in fernen Ländern spielen (Abenteuerbücher, Indianerbücher), deren Landschaft und Tierwelt er in Federzeichnungen einfängt (H. BAUMANN: Steppensöhne, 1954; D. DEFOE: In tausend Gefahren durch Afrika, 1955; H. VON GOTTBERG: Der Indianerpauker und die Goldene Horde, 1968 u.a.). Die dem Erzählgenre angepaßte Spannung und Dramatik erhalten seine Bilder, in denen besonders die sehr lebendigen Tierdarstellungen durch starke Hell-Dunkel-Kontraste auffallen. Als Binnenzeichnung benutzt R. oft Parallelschraffuren, die sich stellenweise zu tief schwarzen Flächen verdichten und häufig von dicken Federstrichen umfaßt und akzentuiert werden. Ein unruhiges, z.T. kalligraphisches Liniengewirr charakterisiert Pflanzen und Bäume. In seinen Märchenillustrationen (z.B. Kinder- und Hausmärchen der Brüder GRIMM, 1968) paßt er sich dem veränderten Stimmungsgehalt an. In schönfarbigen Aquarellen, häufig in verschiedenen Dunkelblau- und Violett-Tönen und in harmonisch geschlossenen Umrißformen erreicht er sehr lyrische und dem Märchenhaften adäquate Ausdrucksformen.

Werke: A. Fritzsche: Die Vier vom Brandhof (1938); A. Weidenmann: Kanonier Bracke Nr. 2 (1938); M. Twain: Die Abenteuer des Tom Sawyer (1939); M. Twain: Huckleberry Finn (1939); W. Hauff: Der kleine Muck (1941); H. Hollriede: Fiete und seine Schiffe (1941); K. Friedrichs: Bille und die Holtermänner (1949); A. Gjems-Selmer: Schwesterchen (1949); H. Rothfuchs: Wir sind elf Jungen (1950); M. Holst: Abenteuer in den Diamantbergen (1952); K. Knaak: Der schwarze Ritter (1952); M. Fenger: Reiter und Steppenbrand (1952); P. Alverdes: Amundsens Fahrt zum Südpol (1953); H. Baumann: Steppensöhne (1954); P. P. Hilbert: Jan aus dem Busch (1954; auch u.d.T.: Der Diamantenpfad, 1965); D. Defoe: In tausend Gefahren durch Afrika (1955); A. Mingott: Schliemann, der Schatzsucher (1955; NA. in: A. Mingott: Große Männer unserer Welt, 1961); A. E. Brehm: Brehms Weltreisen (1956); A. Mingott: Ein Junge mit tausend Ideen (1956); A. Mingott: Vom Pelzjäger zum Millionär. Das abenteuerliche Leben von Johann Jakob Astor (1957); H. Radau: Großer Jäger Little Fox (1957; NA. in: H. Radau: Little Fox, 1963); H. Radau: Illampu. Abenteuer in den Anden (1958); M. de Jong: Tien Pao, ein Chinesenjunge (1958); Fr. Dietrich: Seefahrer und Piraten (1959); H. Radau: Letzter Häuptling Little Fox (1959; NA. in: H. Radau: Little Fox, 1963); H. Radau: Notlandung im Urwald (1959); O. Mattson: Die Brigg „Drei Lilien" (1961); O. Mattson: Seefahrer und Piraten (1961); A. Denis: Traumland der Tropen (1964); U. Bruns: Hindernisse für Huberta (1964); A. Hageni: Zauber im australischen Busch (1964); P. P. Hilbert: Zoo im ersten Stock (1964); J. R. Johnson: Der Berglöwe von Utah (1964); J. Kiddell: Der Riese aus dem Busch (1964); O. Mattson: Michel, der Seefahrer (1964); H. Weiss-Sonnenburg: Taffara (1964); P. P. Hilbert: Der Diamantenpfad (1965); U. Wölfel: Joschis Garten (1965); A. Denis: Zu Besuch bei Buddha (1966); D. Defoe: Robinson Crusoe (1967); L. Gebert: Der Vogel aus Erz (1967); J. R. Johnson: Wolfsbruder (1967); H. v. Gottberg: Der Indianerpauker und die Goldene Horde (1968); J. u. W. Grimm: Kinder- und Hausmärchen (1968); J. R. Johnson: Inselkinder (1968); Fr. Baumann: Feuerzeichen am Biberfluß (1968); Fr. Baumann: Wer vom Calafatestrauch ißt (1969); R. E. Alter: Wasser, rot wie Blut (1971); K. R. Seufert: Einmal China und zurück (1971).

Margund Claussen

S

S., Svend Otto → *Sørensen, Svend Otto*

Salten, Felix

*(d. i. Siegmund Salzmann). Österreichischer Schriftsteller; *6. 9. 1869 Budapest, †8. 10. 1947 Zürich.*

Für KARL KRAUS ist S. eines der beliebtesten Objekte seiner Kritik gewesen, sei es, daß KRAUS in der „Demolierten Literatur", seiner Satire über das Jung-Wiener Literaturzentrum im Café Griensteidel, S. als den „Parvenü der Gesten" skizziert, sei es, daß er in der „Fackel" S.s Burgtheaterkritiken für die „Neue Freie Presse" aufs Korn nimmt, sei es, daß er ihn als den mutmaßlichen Autor der anonym erschienenen „Josefine Mutzenbacher. Lebensgeschichte einer Wiener Dirne von ihr selbst erzählt" behandelt. S. war in erster Linie Journalist. Daneben hat er nach einigen theatralischen Versuchen Gesellschaftsromane und historische Novellen verfaßt. Bis 1933 war er Präsident des österreichischen PEN-Klubs. Als Jude emigrierte er 1938 in die USA nach Hollywood und kehrte nach dem Zweiten Weltkrieg nach Europa in die Schweiz zurück.

Werk, Tendenzen, Wirkung. Bekannt wurde S. seit den zwanziger Jahren vor allem durch seine zahlreichen Tiergeschichten, die teilweise in der „Neuen Freien Presse" vorabgedruckt wurden. Der Weltruhm von „Bambi" (1923) ist durch die Verfilmung von WALT DISNEY (1942) noch verstärkt worden. S. verfaßte noch

die Fortsetzungsgeschichte „Bambis Kinder“ (1940). Die weitere Fortsetzung „Bambi unter den Menschen“ (1960) stammt von dem Dänen JOHN HARTMANN.
Bambi ist ein Erziehungsroman. Er schildert, wie Bambi zuerst von seiner Mutter umsorgt und geschützt wird, dann aber immer selbständiger die Gefahren des Lebens zu bestehen weiß und schließlich über seinen Vater lernt, „reif für das Alleinsein“ zu sein. Neben diesem Bildungsprozeß ist aber auch – genauso wie in anderen Tierbüchern S.s, etwa in „Fünfzehn Hasen“ (1929) oder in „Freunde aus aller Welt“ (1931), einem Zooroman – das soziale Leben der Tiere, ihre Freund- und Feindschaften, vor allem aber auch das unterschiedliche Verhalten zum Menschen, um den die Gedanken der Tiere ständig kreisen, Thema von „Bambi“. Erzähltechnisch wird „Er“ ausschließlich aus der unterschiedlichen Perspektive der einzelnen Waldtiere sichtbar. Während Bambis Cousin Gobo sich von „Ihm“ während eines strengen Winters beschützen und pflegen läßt und „Ihm“ dafür dankbar ist, verabscheuen Bambi und sein Vater eine derartige Abhängigkeit. Gobo wird auch – durch die Hilfe von „Ihm“ unselbständig und degeneriert – schnell erlegt, als er sich im Frühjahr wieder in freier Wildbahn befindet.
Das Motto des Buches „Fünfzehn Hasen. Schicksale in Wald und Feld“ scheint für alle Tierbücher S.s zu gelten: „Suche nur immer das Tier zu vermenschlichen, dann hinderst du den Menschen am Vertieren.“ S. geht es um die Darstellung menschlicher Empfindungen und Wertvorstellungen, die als „Tierverhalten“ naturgesetzlich vertieft und schicksalsschwer erscheinen. Es ist eine Tierpsychologie, die dazu dient, menschliches Verhalten merkwürdig zu beseelen. Gegenüber den sentimentalen Bildern des DISNEY Filmes ermöglicht die Lektüre allerdings keinen glatten Eindruck, ein dialektischer Widerspruch zwischen Tier und Mensch bleibt erhalten. Neben der unterschiedlichen Bewunderung, aber auch Distanzierung der Tiere von „Ihm“ wäre das solidarische, aber oft auch gleichzeitig äußerst feindselige Verhalten der Tiere gegeneinander zu nennen. Tierliebe und eine meist unnachsichtige Jagdlust, die die Tiere beständig in Angst hält und der S. selbst gefrönt hat, stellen einen spannungsreichen Gegensatz dar. Auch „Er“ wird übrigens vom alten Hirsch tödlich verletzt, nicht nur die Tiere sterben. Insofern sind S.s verklärende Tiergeschichten durchaus realistisch, vor allem dann, wenn man sie auf gesellschaftliche Auseinandersetzungen, wie sie S. als Jude in den zwanziger Jahren erlebte, zu aktualisieren versucht. S.s Tiergeschichten, vor allem die Erzählungen von Bambi, sind noch heute gern gelesene Lektüre von Kindern und in zahlreichen Sprachen verbreitet.

Werke (Auswahl): Der Gemeine. Drama (1901); Die Gedenktafel der Prinzessin Anna (1902); Der Schrei nach Liebe (1904); Gustav Klimt (1904); Wiener Adel (1905); Vom anderen Ufer. Dramen (1908); Künstlerfreuden (1908); Olga Frohgemuth. Roman (1910); Die klingende Schelle (1914); Prinz Eugen (1915); Kinder der Freude. Drei Einakter (1917); Schauen und Spielen. Studien zur Kritik des modernen Theaters (1921); Das Burgtheater. Geschichte eines alten Hauses (1922); Der Hund von Florenz (1923); Bambi. Eine Lebensgeschichte aus dem Walde (1923); Fünfzehn Hasen. Schicksale in Wald und Feld (1929); Freunde aus aller Welt. Roman eines zoologischen Gartens (1931); Florian. Pferd des Kaisers (1933); Gute Gesellschaft. Begebenheit mit Tieren (1935); Kleine Brüder. Tiergeschichten (1935); Bambis Kinder. Eine Familie im Wald (1940); Renni, der Retter. Das Leben eines Kriegshundes (1941); Die Jugend des Eichhörnchens Perri (1942); Djibi, das Kätzchen (1945).

Bernhard Doppler

Sammelserienbild (Sammelalbum)

Von einem S. kann man reden, wenn es durch eine Numerierung gekennzeichnet oder durch andere signifikante Merkmale in einen Ordnungszusammenhang gestellt ist, den herzustellen und zu vollenden sich der Sammler gehalten sieht. Das tat und tut er meist durch die Verlockung der Reklame. Durch den Ausgangspunkt der Bildchen in der Wirtschaftswerbung – zunächst als beiläufiges Geschenk einzelner beliebiger Bilder von seiten der Einzelhändler und Kaufhäuser – wurden die S.er zunächst häufig „Reklamekärtchen“ genannt. Ihnen folgte die sogenannte Reklamemarke, im Aussehen einer Motivbriefmarke ähnlich. Sie war – da meist auf Gelegenheitswerbung aus – nur dann ein S., wenn sie als ein Bildchen innerhalb einer genau festgesetzten Serie gekennzeichnet war. Besonders beliebt waren Sechserserien und deren Vervielfachungen. Sammelalben hierfür wurden erst später – beginnend etwa um 1900 – entwickelt; wie übrigens ebenso die großen durchgehenden Serien mit mehreren hundert Nummern.

Merkmal und Herkunft der S.er. S.er wurden zunächst als eine Art Rabatt beim Einkauf abgegeben. Ein Doppeleffekt war hierbei das Nota-Bild: vorn das lockende Motiv (aus Natur oder Geschichte), auf der Rückseite: Firmenadresse und Empfehlungen und als Nota die handschriftliche Auflistung der gekauften Posten.
Da nicht immer motivgleiche Bilder genommen werden konnten, um die Kinder nicht zu langweilen, kam es zur Serie. Es zeigte sich, daß durch den Vervollständigungszwang ein selbständiger Kaufanreiz ausgeübt wurde.
Die Bilder lagen erst von der späten Gründerzeit an den Packungen direkt bei, vorher mußte man sie manchmal von den Packungen ablösen. Ihr Format wurde wegen des Automatenverkaufs standardisiert. Etwa visitenkartengroße Bildchen wurden üblich, die den Kindern entgegenkamen. Die relativ kleine Packung sollte sich auch in der Zeit der Weltwirtschaftskrise wieder bewähren, wo es z.B. schon für drei Zigaretten ein Schächtelchen (mit eigenem Bild) gab.
Die immer größere Zahl der Bilderserien etwa ab 1890 erforderte neue Aufbewahrungsmöglichkeiten, die über das textlose Einsteckalbum hinausgingen und das Photoalbum nicht länger kopierten. So wurde der Text (plus Werbung) in das Album gleich eingedruckt. Durch das Einbringen der Bilder in die Einsteckalben verschwand der rückseitige Text.

Im „Palmin"-Sammelalbum (um 1910) findet sich die Bilderserie „Berühmte Feldherren", innerhalb deren Alexander der Große, Hannibal, Julius Caesar, Friedrich der Große, Napoleon und Moltke abgebildet wurden.

Die Konkurrenz der Firmen untereinander hatte schon bald das Prämiensystem kreiert: Bilder wurden gegen Gutscheine eingelöst bzw. gegen Bilder konnten Alben oder andere Waren eingetauscht werden. Der Höhepunkt der „Bilder-Schecks" fiel in die dreißiger Jahre, veränderte allerdings die Qualität des Sammelns, weil nun nicht mehr das Bild in der Schachtel oft wie ein Glückslos gefunden wurde, sondern es nun, wenn auch im Format wesentlich größer als vorher, im eingetauschten Bilderpäckchen geliefert wurde. Auch heute gibt es noch Werbefirmen, die gegen gesammelte Punkte Bilder abgeben, zu denen allerdings nicht gerade billige Alben hinzugekauft werden müssen. Spezialformen des S.s haben sich hinsichtlich des Vertriebswegs entwickelt: z.B. das Tütchenbild, wovon vier bis sechs Stück in einem Tütchen (für etwa 20 Pfennige) z.B. am Kiosk gekauft werden können, sowie das Ausschneidebild, welches die Kinder scheinbar kostenlos, Woche für Woche aus Zeitschriften ausschneiden können. Verkaufsbilderbogen für Schulzwecke sind schon alt und hatten vor dem Ersten Weltkrieg einen Höhepunkt. In den dreißiger Jahren tauchte der Typ der Zeitschriftenbilder auf. Aus abonnierten Blättern wurden in regelmäßigen Abständen einzelne Bilder aus bestimmten Feldern ausgeschnitten und auch in Sammelalben eingebracht, bis die Serien komplett waren. Bezugsquittungsbilder, Zahlungsbescheinigungen mit Bildseiten hatten die Aufgabe, den Weiterbezug der Blätter mitzugarantieren.

Drei Glanzperioden für S.er ragen hervor: ab etwa 1870 die der Fleischextrakt-Bildchen der Firma Liebig und ab 1900 Stollwerck-(Schokoladen-)Bilder sowie in und nach der Weltwirtschaftskrise vor allem Zigarettenbilder. Anfang der fünfziger Jahre tauchten sie wieder auf, dazu vor allem auch Margarinebilder. Heute gibt es kaum mehr verschenkte Bilder, auch wenig Beipack- und nicht viel Ausschneidesammelserien, dafür aber Punktebilder (Bilderpäckchen, die gegen eingesandte Sammelpunkte zugeschickt werden) neben gekauften Tütchenbildern.

Das S. gehört insbesondere seit etwa 1872 zu den gehüteten und im Tausch umgesetzten Schätzen der Kinder (und auch zur Alltagskultur etlicher erwachsener Sammler). Trotz des Erfolges von Film und Fernsehen, der „lebendigen" Bilder, hat sich das gedruckte Bild behauptet. Es darf überdies als Vorstufe von Film und Fernsehen aufgefaßt werden, sowohl was Themata als auch Gestaltungselemente anbelangt (Reklameserienbildchen wählten den dramaturgischen Aufbau in der Serie, bevorzugten angenehme „Einstellungen" und brachten viele Jahre Inserts in Bildern, die in sich bereits „multivisionelle" Details vereinigten). Das gesammelte Bild hat überdies den Reiz, daß es sich durch Diaphanie (durchscheinendes Bild) und Flüchtigkeit nicht wieder entzieht, wie die Bilder auf Leinwand und Bildschirm. Das Bildchen gehört einem auch selbst, so daß man es zu jeder Zeit anschauen kann.

Vorläufer des S.s, der Bilderserien und des Sammelalbums waren die Einblattdrucke. Sie waren häufig „Versammlungsbilder", insofern sich eine Reihe von Einzelbildern, oft um ein Zentrum, auf einem einzigen Blatt unterbringen und in Abfolgen ordnen ließen. Die Augen wurden also immer mehr in Bewegung gesetzt. Die Verweildauer auf einem Bildteil verkürzte sich.

Vor der Zeit der Massendrucke konnten allenfalls ausgeschnittene Einzelbilder verschenkt werden. Die Konzeption von Bilderserien für Sammler unter den Kindern, gezielt von der Reklame auf dem Markt eingesetzt, bedurfte etlicher Vorstadien. Zunächst sind wohl Holzschnittbildteile als begehrter Rabatt von Lumpensammlern an die Kinder abgegeben worden. Heiligenbildchen hatten stets den Rang einer besonderen Prämie. Die sogenannten „Konditordevisen" waren schon ein gezielter Beipack einer bestimmten Branche, die auch später tonangebend sein sollte, nämlich die der Back- und Süßwarenhersteller. Freundliche Aufkleber auf Backwerk und schließlich auf Verpackungen führten einerseits zu Grußkärtchen und Oblatenbildern, andererseits zu Geschenkbildchen auch der Kolonialwarenhändler und schließlich – besonders in Frankreich – auch der Kaufhäuser.

Die Nachfrage erzwang schließlich eine stärkere Modifikation der zunächst mehr oder minder zufälligen Einzelbildchen, auch um der mit ihnen verbindbaren Selbstdarstellung der Firmen willen. Die produktbezogene Gelegenheitsedition wurde schließlich, zusammen mit dem Aufkommen der Ansichtskarte, also ca. ab 1870, gezielter und qualitativ hochwertiger produziert. Das durch eine Seriennummer gekennzeichnete Bild verwies schließlich auf einen Vorrat ähnlicher Bilder, die ein ganzes Sammelwerk intendierten. Die Konkurrenz dieser Werke untereinander steigerte die Einfälle. Zu den Firmierungen auf den Bildern traten erläuternde Texte zu den Bildern bzw.

Im „Liebig-Bilder-Album" (um 1910) findet sich die sechs Bildkarten umfassende Serie „Glückliche Jugend". Auf jedem Genrebildchen taucht eine Büchse von „Liebigs Fleisch-Extract" auf.

den Teilbildern auf einem Kärtchen, womit das lehrhaft-didaktische Element die Unterhaltungseffekte ergänzte. Der Bildungsgedanke – „Für Freud und Lehr" – wurde in den Vorworterklärungen stets gern betont.
Ein Werbemittel wie das S. sollte vor allem altersgemäßen Unterhaltungswert haben, Spaß bereiten und zur Kommunikation untereinander tauglich sein, vor allem zu Tausch und Austausch in der Gruppe. Belehrt wurden die Kinder aber trotzdem, wenn auch indirekt und gewöhnlich neben dem Schulstoff. Mit dem erworbenen Detailwissen aus den S.ern wollte der Bildchensammler auch renommieren, vor sich, seiner Mitwelt und der Schule gegenüber.

Zu Inhalt und Form. Hauptinhalte der zu komplettierenden S.er und Bilderserien waren Szenen des Kindergenres, oft produktbezogen, vor allem aber Sammelsurien: die bunte, weite Welt, Tiere, Umsetzungen des Sports und der Geschichte, Kunst, aber auch der Traum vom Fortschritt der Technik. Aberdutzende Automodelle mit kaum zu entdeckenden Unterschieden bewiesen alten und jungen Sammlern ihre Kennerschaft, ebenso wie z. B. die Differenzierung der Tiergattungen lernbegierigen Kindern ihre wachsende Beobachtungsgabe zeigte.
Daneben gab es eine Reihe weniger häufig auftretender Inhalte, wie beispielsweise Märchen, Sagen oder lustige Szenen bzw. Situationskomik. Zeitströmungen beeinflußten die Wahl bestimmter Themen, wie etwa der Nationalismus Deutschland- und Heimatalben bzw. der Nationalsozialismus die Militär- und Kolonialalben.
Für die Zeit der Weltwirtschaftskrise war bezeichnend, daß es auf den Zigarettenschachteln „Filmbilder" gab, die sich nicht immer auf Filmstars beziehen mußten, sondern etwa auch „Galerien schöner Frauen", Tänzerinnen und Tänzer brachten. Diese Filmbildchen sollten Tendenzen der Weltflucht entgegenkommen. Bestimmte Themen blieben ausgespart, wenn sie geeignet gewesen wären, durch gesteigerte existentielle Relevanz den von der Reklame angezielten Mittelstand zu beunruhigen. So wurden sexuelle Anzüglichkeiten, harte Wahrheiten aus der Arbeitswelt vermieden; religiöse Themen bewegten sich mehr abseits im Gefolge der Fleißbildchen. Letztere waren ohnehin wenig für Serien geeignet, da sie ihren Wert aus dem relativ seltenen Gewinn dieser Belobigung bezogen.
Die Gestaltung der S.er war stets auf klare Übersichtlichkeit hin konzipiert. Das war schon wegen der verhältnismäßig kleinen Formate nötig. Als künstlerische Stilrichtungen boten sich sowohl der Historismus wie später der Jugendstil und vereinzelt auch die art-déco an. Impressionistische und expressionistische Bilder gab es nicht, weil sie vor allem durch ihre „ungenaue" Gestaltung der naiven Wahrnehmung, insbesondere von Kindern, nicht genügend entgegenzukommen schienen. So ergab sich eine natürliche Verwandtschaft der S. zu den gelehrigen und unterhaltsamen Bildergalerien des 19. Jahrhundert.
Ein Hauptgestaltungsmittel war die Lithographie. Nicht selten wurde mit sechs bis neun Steinen gedruckt, was z. B. den Liebig-Bildern einen eigentümlich zarten Farbschmelz verlieh. Die Entwicklung der Reproduktionstechniken kann an den Serienbildern abgelesen

Im „Stollwerck"-Sammel-Album Nr. 12. „Humor in Bild und Wort" (1911) findet sich die von Franz Franke in sechs Bildern erzählte Schildbürgergeschichte.

werden. Seit der Erfindung des Photodruckes 1881 richtete sich das Augenmerk auf das Photo. Es trug aber weniger, als man vermuten möchte, zur Aktualisierung der Themen bei. Erstaunlicherweise wurden in vielen Sammelalben Original-Brom-Silberphotos bevorzugt. Wegen des Formats von etwa 3 × 5 cm hatten sie gestochen scharf zu sein, zumal sie trotz der Kleinheit in der Einstellung meist auf die Totale aus waren. Da die Mehrzahl der S.er ein Produkt der Reklame war, beugten sie sich schon aus diesem Grund dem gängigen gebrauchsgraphischen Diktat. Das hatte unter anderem zur Folge, daß bis heute die meisten Illustratoren unbekannt sind; erst recht die Texter. Bis zum Ersten Weltkrieg war für die Texte die Gedichtform recht beliebt, vielleicht weil sie für besonders eingängig gehalten wurde.

Im Hinblick auf Künstler hatte die Firma Stollwerck eine Ausnahmestellung, da sie zeitgenössische Größen (z.B. Adolf von Menzel für Uniformbilder) zu gewinnen verstand. Durch eine immense Produktion fielen manche Künstler doch auf, wie etliche Tiermaler oder z.B. Paul Hey, der durch die Umsetzung von Volksliedern bekannt wurde.

Für die Ausstattung der Sammelalben war der Einfluß des Photoalbums unübersehbar. Der Bedarf an Texten und an großformatigen Bildseiten, um wenigstens so die Kleinheit der gesammelten Bilder zu kompensieren, veränderte das Aussehen der Sammelalben. Die Bilderserien auf einer Seite unterzubringen, ergab relativ voluminöse Alben. Die Verwandtschaft des Serienbildes mit der Ansichtskarte, die selbst – wenn auch viel weniger – serienweise gesammelt wurde, begünstigte

Im Album mit „Palmin-Post-Sammelbildern" (um 1930) findet sich als 140. Folge die Serie „Schulhumor". Auf der Rückseite der Bilder steht jeweils der erklärende Witz-Text.

ebenfalls stattliche Sammelalbenformate. Mäppchen und Mappen wurden eher als Behelf aufgefaßt. Vergoldungen sollten Pracht und Glanz symbolisieren, um einen gehobenen Lebensstandard zu suggerieren.

Kommunikative und kommerzielle Aspekte. Sammler waren und sind vor allem die 8–12jährigen Jungen. Die Versuche, an die Mädchen etwa durch Stickereibilder und Beipackapplikationsblümchen in Damenzigarettenpackungen heranzukommen, führte nur zu vorübergehenden Erfolgen. Insgesamt gesehen war jedoch den Serienbildern ein durchschlagender Erfolg mit Auflagen in Millionenhöhe beschieden. Die Gesamtzahl der deutschsprachigen Sammelalben kann annähernd auf etwa 2000 bis 3000 verschiedene Titel geschätzt werden. Der Kern der heute tatsächlich über Antiquariate, Archive und Flohmärkte überschaubaren Alben bzw. Serien von wichtigen Herausgeberfirmen (wie Liebig, Aecht-Frank, Palmin, Erdal und andere) umfaßt allerdings kaum die Hälfte.

Sekundärliteratur: E. Wasem: Sammeln von Serienbildchen – Entwicklung und Möglichkeiten eines beliebten Mediums der Reklame und der Alltagskultur (1981).

Erich Wasem

Sander, Christian Friedrich

*(auch: Levinus Christian Sander, Ps. Dr. Eckstein) Schriftsteller, Lehrer am Philanthropin in Dessau, Professor für Pädagogik und deutsche Sprache am Schullehrerseminar in Kopenhagen; *13.11.1756 Itzehoe (Holstein), †29.7.1819 Kopenhagen.*

S., Sohn eines Schneiders, studierte mit Unterstützung Trapps und Ehlers in Kiel. 1778 ging er als Lehrer und Erzieher an das Philanthropin in Dessau, das er 1783 wieder verließ. Ein Jahr darauf nahm er eine Hauslehrerstelle beim Grafen Reventlow in Kopenhagen an und widmete sich nebenbei dem Studium der dänischen Sprache und Literatur. 1789 wurde er Bevollmächtigter bei der Königlichen Kreditkasse und ab 1791 Sekretär der Königlich Dänischen General-Wegekommission. Im Jahre 1800 folgte er einem Ruf als Professor für Pädagogik und deutsche Sprache an das neu errichtete Schullehrerseminar in Kopenhagen.

Werk, Tendenzen, Wirkung. S.s schriftstellerische Tätigkeit umfaßte verschiedene Formen und Gattungen. Neben einer Reihe von Beiträgen in den „Pädagogischen Unterhandlungen" des Philanthropins und anderen pädagogischen Zeitschriften verfaßte er unter anderem das Lustspiel „Der kleine Herzog" (1781) und das Schauspiel „Pusillana" (1783). Beide Stücke haben Kinder als Adressaten, wenngleich S. sie nicht ausdrücklich als Kinderschauspiele deklariert hat. Das Lustspiel „Der kleine Herzog" stellt Kinder in den Mittelpunkt der Handlung. Es wurde im zweiten Teil von Sartorius' „Theater für die Jugend" (1782–1785) abgedruckt. „Pusillana" enthält Bühnenanweisungen des Autors, die eine Aufführung durch Kinder vorsehen. Das Stück wurde bereits am 27. Dezember 1782 im Dessauischen Erziehungsinstitut aufgeführt und in der zeitgenössischen „Charakteristik der Erziehungsschriftsteller Deutschlands" von SAMUEL BAUR als „Schauspiel für Kinder" bezeichnet. Die beiden Dramen sind für das Kinderschauspiel der Epoche untypisch. Es handelt sich im Gegensatz zu der in dieser Zeit üblichen Form der Lesedramen um ausgesprochene Bühnenkonzeptionen. Zwar stimmen beide Stücke in ihrer moralisch-belehrenden Tendenz mit den zeitgenössischen Kinderschauspielen überein, vermitteln aber im Gegensatz zu diesen die beabsichtigte Moral über einen phantastischen Stoff. Auch treten bei S. moralisierende und belehrende Dialoge hinter die dramatische Handlung zurück. Die beiden Stücke lassen die aufklärerische Grundhaltung des Autors und seine Orientierung an philanthropischen Erziehungsgrundsätzen erkennen. Offenbar haben die beiden Schauspiele nicht den gleichen Anklang bei S.s Zeitgenossen gefunden wie andere Kinderschauspiele der Epoche. Sie sind in keiner der bekannten Wochenzeitschriften für Kinder abgedruckt worden. In die Zeit von S.s Tätigkeit am Philanthropin fallen unter anderem noch seine „Prosaische Dichtungen" (1783); sie enthalten neben den Schauspielen für Kinder (Der Sohn, ein Nachspiel für Kinder; Der kleine Herzog. Ein Lustspiel in fünf Aufzügen) Dialoge, Erzählungen und Fabeln. 1784 brachte S. fast gleichzeitig mit J. H. CAMPE und J. K. WEZEL eine dritte Bearbeitung des Robinsons unter dem Titel: „Friedrich Robinson, ein Lesebuch für Kinder" heraus, die er den Schülern der Erziehungsanstalt in Dessau widmete. Es handelt sich hierbei um einen in Briefform abgefaßten, eher unterhaltenden als belehrenden Roman, der gegenüber CAMPES Robinson einige kleine Neuerungen enthält.

Unter dem Pseudonym „Dr. Eckstein" arbeitete S. RABELAIS' „Gargantua und Pantagruel" nach FISCHART um und lieferte verschiedene Übersetzungen dänischer Lustspiele. Seine Bemühungen, die dänische Literatur in Deutschland bekannt zu machen, blieben ohne den gewünschten Erfolg. Breitere Anerkennung fand er mit seinen satirischen und humoristischen Schriften „Papiere des Kleeblatts, oder Ecksteiniana, Brandiana und Andresiana" (1787), „Salz, Laune und Mannichfaltigkeit in komischen Erzählungen" (1790) und „Komische Erzählungen oder Scenen aus dem menschlichen Leben alter und neuerer Zeiten" (1792). Für seine Abhandlung über „Deutsche Synonyme oder sinnverwandte Wörter" (1794) erhielt er einen Preis der Deutschen Gesellschaft in Mannheim.

Nachdem S. 1800 einem Ruf als Professor nach Kopenhagen gefolgt war, wandte er sich in seinen Schriften wieder verstärkt pädagogischen Fragen zu. Er verfaßte unter anderem Beiträge zur Geschichte der Pädagogik und war Mitarbeiter der „Egeria", einer Quartalsschrift für das Erziehungs- und Unterrichtswesen in Dänemark und Norwegen. Daneben schrieb er Schauspiele, Gedichte und Balladen.

Werke: Der kleine Herzog. Ein Lustspiel in fünf Aufzügen (1781); Pusillana, ein Schauspiel in vier Aufzügen (1783); Prosaische Dichtungen (1783); Friedrich Robinson, ein Lesebuch für Kinder (1784); Gargantua und Pantagruel, zusammengeschmolzen und umgearbeitet nach Rabelais und Fischart von Dr. Eckstein (Bd. 1–3. 1785–1787); Papiere des Kleeblatts, oder Ecksteiniana, Brandiana und Andresiana (1787); Salz, Laune und Mannichfaltigkeit in komischen Erzählungen (1790); Komische Erzählungen oder Scenen aus dem menschlichen Leben alter und neuerer Zeiten (1792); Deutsche Synonyme oder sinnverwandte Wörter (1794).

Sekundärliteratur: S. Baur: Charakteristik der Erziehungsschriftsteller Deutschlands. Ein Handbuch für Erzieher (1790). – S. Köberle: Jugendliteratur zur Zeit der Auklärung (1972).

Carola Cardi

Schäffer, Daniel Fr.

*Theologe, Pädagoge; *1765 Berlin, †1835 Berlin.*

Sch. war nach dem Studium der Theologie in Berlin zunächst Kandidat des Predigeramtes und wurde dann zum Gouverneur des königlichen Pageninstitutes in Potsdam ernannt. Um 1810 wurde Sch. als geheimer Sekretär der königlichen Regierung nach Berlin-Cölln berufen.

Werk, Tendenzen, Wirkung. Sch. entwarf seine zum Teil mehrbändigen Werke vor allem für die private Unterrichtung Heranwachsender. Neben allgemeinen Beiträgen „zur Erweckung des Nachdenkens edler und sanfter Gefühle" verfaßte er Einführungen in die Geschichte und die Geographie auf dem Hintergrund des Wissens seiner Zeit. Besonders verbreitet war das siebenbändige Werk „Der Weltumsegler. Oder Reise durch alle fünf Theile der Erde", das den Untertitel „Zum Selbstunterricht der Jugend zweckmäßig abgefaßt" trägt. Abweichend von der sonst üblichen Schreibweise seines Namens wird der Name des Autors im ersten Band des Werkes nur mit einem f geschrieben (Schäfer). Die ersten fünf Bände des Werkes erschienen im Verlag Oehmigke, die Bände 6 und 7 nach Auseinandersetzungen mit dem bisherigen Verleger im „Neuen Societätsverlag" in Berlin. Von den sieben Bänden behandelt der erste „America und Westindien", der zweite „Africa", der dritte „Australien, Süd- und Mittelasien", der vierte „Nordasien und die kaukasische Landenge", der fünfte „Das europäische Rußland", der sechste „Finnland, Schweden" und der siebente Band „Großbritannien und Irland". Bereits 1817, dem Erscheinungsjahr des siebenten Bandes, wurde gleichzeitig mit dem siebenten Band eine neue „wohlfeile" zweite Auflage herausgegeben.

Zur Intention, die Sch. mit seinem umfänglichen geographischen Werk verfolgte, nimmt er in der „Vorrede" zum ersten Band Stellung. Er sagt dort: „Der erwachsenen Jugend ein geographisches Werk in die Hände zu liefern, das zwischen einem Compendio und einer vollständigen Geographie, zwischen dem Zuviel und dem Zuwenig das Mittel hielte, das Trockenheit vermiede, Unterhaltung mit Belehrung verbände, ist die Idee, von der ich ausgegangen bin".

Zur weiteren Konzeption des Werkes stellt der Autor fest: „Ich wünschte vielmehr meine Leser auf das aufmerksam zu machen, was in Erfolg ihres geographischen Fleißes ihre Aufmerksamkeit verdient. Daher lag die Anführung aller bekannten Gegenden, Berge, Gewässer, und Örter außer meinem Plane". Den großen Wert, den Sch. auf die Darstellung der Lebensweise und Gewohnheiten der verschiedenen Völkerschaften legte, begründete er mit dem Hinweis: „Die Beschreibung und Characterisierung der Einwohner ist mehrenteils umständlicher ausgefallen, als die der übrigen Materien: denn der Mensch interessirt den Menschen vor allen übrigen Dingen, und die Kenntniß von ausländischen Sitten, Gebräuchen, Denk- und Handlungs-Arten, nebst und dadurch veranlassten Vergleichung mit den unsrigen, gefällt und belehrt". Daß er sein Werk mit der Darstellung Westindiens beginnen läßt, begründet Sch. mit der Feststellung: „Westindien macht aus dem Grunde den Anfang, weil dieser Theil Amerikas zuerst bekannt geworden, und es gleichgültig ist, welcher Theil zuerst unsere Aufmerksamkeit beschäftigt".

Werke: Allgemeine Weltgeschichte. Ein Lehrbuch für Kinder (Bd. 1–3. 1789–1790); Der Lehrmeister, oder Beiträge zur Erweckung des Nachdenkens edler und sanfter Gefühle. Ein Buch für Kinder und Jünglinge (1790); Der Weltumsegler. Oder Reise durch alle fünf Theile der Erde mit vorzüglicher Hinsicht auf ihre Bewohner, auf die Schönheiten und Merkwürdigkeiten der Natur und Kunst. Zum Selbstunterricht der Jugend zweckmäßig abgefaßt (Bd. 1–7. 1801–1817, [2]1817).

Erich Strobach

Schanz, Pauline

*Erzieherin, Kinderbuchautorin; *10. 9. 1828 Leipzig, †18. 4. 1913 Berlin.*

Sch., Tochter des wohlhabenden Buchhändlers JOHANN FRIEDRICH LEICH, verlebte ihre Kindheit in Leipzig, wo sie auch die Schule besuchte. Nachdem ihr Vater 1840 sein Vermögen verloren hatte, mußte Sch. einen Beruf ergreifen. Sie erhielt eine Ausbildung als Erzieherin und war zwei Jahre in Chemnitz tätig. Nach dem Tode ihres Vaters kehrte sie zur Pflege der kranken Mutter nach Dresden zurück, wohin die Familie nach dem Tod des Vaters übergesiedelt war. In Dresden lernte sie den Schriftsteller JULIUS SCHANZ (1828–1902) kennen, den sie 1853 heiratete. Als ihr Mann 1865 nach Italien ging, folgte ihm Sch. nicht, sondern blieb in Dresden zurück, wo sie zu schreiben begann. Von ihrem Mann geschieden, verlegte Sch. in ihren letzten Lebensjahren den Wohnsitz nach Berlin, wo sie bei ihrer Tochter FRIDA SOYAUX, die unter ihrem Mädchennamen FRIDA SCHANZ als Kinderbuchautorin bekannt wurde, lebte.

Werk, Tendenzen, Wirkung. Sch. verfaßte eine große Anzahl größerer und kleinerer Geschichten für Kinder, Erzählungen für größere Mädchen und Verse für Bilderbücher, unter anderem zu solchen von OSCAR PLETSCH (z.B. Mancherlei aus des Lebens Mai, 1869). Ihre Verse und Erzählungen, die sich in die Masse der zeitgenössischen Kinderbuchmanufaktur einpaßten, stellen eine Mischung aus lehrhaftem Ton und Sentimentalität dar. Sehr deutlich wird diese Mischung aus aufgesetztem Kinderton und strenger Belehrung in dem Bändchen „Ein Tag aus dem Kinderleben" (1866), in dem der Tageslauf in einer bürgerlichen Familie geschildert wird. In elf Kapiteln, vom Aufstehen bis zum Schlafengehen, ziehen die kleinen Verrichtungen, die der Tag von den Kindern fordert, an dem kleinen Leser vorüber. Dabei läßt die Autorin keine Möglichkeit aus, die Kinder mit erhobenem Zeigefinger auf ihre Pflichten hinzuweisen. Zu jedem der 12 Kapitel gibt es eine ganzseitige Farblithographie, die die Lehren des entsprechenden Kapitels noch einmal zusammenfassend verdeutlichen und dies noch durch einen in das Bild aufgenommenen Vers von Sch. verstärken. So findet sich zu dem ersten Kapitel (1. Aufgestanden!) ein Farbbild, das in einem reich mit Blumengirlanden dekorierten Rahmen die Mutter mit ihren drei Kindern beim Morgengebet zeigt. Der mit „Das Kind betet am Morgen" überschriebene Vers lautet dazu: „Lieber Gott, ich danke Dir, / Daß Du mich in dieser Nacht / Hast behütet und bewacht! / Vater, sei auch heut' mit mir, / Laß mich fleißig, fromm und rein / Dir stets wohlgefällig sein". Wenn hier die Hilfe Gottes für die Aufrechterhaltung der bürgerlichen Tugenden gefordert wird, so bringt der Vers „Das Kind in der Schule", der in dem Bild zu dem Kapitel „Zur Schule gehen" eingedruckt ist, die Ermahnung: „Fleißig wie die Bienelein, / Thätig wie die Ameis' klein / Müssen auch die Kinder sein! / Thätig in der Jugend schon / Bringt, ist sie dereinst entflohn, / Euch im Alter reichen Lohn". Auch die Verse zu den PLETSCH-Bilderbüchern, denen man oft die Mühe anmerkt, die der Verfasserin das Reimen gemacht hat, bewegen sich in ähnlichen Bahnen. Der große Erfolg dieser Bilderbücher läßt sich wohl nur durch die Wirkung der Illustrationen erklären. Obwohl die Schriften von Sch. weite Verbreitung fanden, erreichten sie nie die Beliebtheit, die den Kinderbüchern ihrer Tochter FRIDA SCHANZ zuteil wurden. Sch. lieferte auch zahlreiche Beiträge für THEKLA VON GUMPERTS „Töchteralbum".

Werke: Das Rosenmärchen (1854); Liande. Märchendichtung (1855); In der Dämmerstunde. Märchen (1863); Für junge Herzen. Erzählungen (1863); Kleine Welt. Erzählungen für Kinder (1865); Herzblättchens Kurzweil (1865); Ein Tag aus dem Kinderleben (1866); Ferientage (1867); Erzählungen für das Volk (Bd. 1–3. 1866–1870); Madeira. Gedichte (1868); Mancherlei aus des Lebens Mai (1869); Unter uns Kleinen. Gedichte (1872); Wunderblumen. Märchen (1872); Deutsche Sagen (1872); Die sieben Raben. Nach Grimm frei bearbeitet (1875); Gesammelte Erzählungen aus dem Töchteralbum (1873); Tischchen deck' dich! Märchen (1875); Erzählungen für die reifere weibliche Jugend (Bd. 1–2. 1887); Für brave Mädchen. 12 Erzählungen (1888); Gedichte (1885); Das Engelchen und andere Erzählungen für die Jugend (1889); Schloß Rotensee und andere Erzählungen für Knaben (1890); Mädchenschicksale. Fünf Erzählungen für die Jugend (1892); Drolly, oder: Wenn man etwas gelernt hat, und andere Erzählungen (1892); Mädchentage. Erzählungen für die Jugend

(1895); Geschichten für Mädchen (1896); In der Pension und anderes. Erzählungen (1896); Im Lebenslenz. Erzählungen (1900); Der Jugend liebste Stunden (1900); Felice. Verloren und gewonnen. Novellen (1903); Kinder und Tiere. 22 Erzählungen für die Jugend (1903).

Helmut Müller

Schellenberg, Johann Rudolph

*Maler und Kupferstecher; *4. 1. 1740 Basel, †6. 8. 1806 Töß bei Winterthur.*

Als Sohn des Malers und Radierers JOHANN ULRICH SCHELLENBERG und Enkel des Malers JOHANN R. HUBER wurde Sch. schon als Kind mit dem Metier vertraut. Nach dem Tod des Großvaters (1748) zog die Familie von Basel nach Winterthur, wo der Vater eine Malschule gründete und Sch. die Schule beendete. Er ging nach Basel zurück, wo er hauptsächlich Schäferidyllen malte und seinen Lebensunterhalt mit dem Verkauf von Studien zu Motiven mit einheimischen Landschaften und Bauernszenen verdiente. Eine Gelegenheit, nach Italien zu gelangen, konnte er nicht nützen. Sch. kehrte nach Winterthur zurück, das er, abgesehen von ein paar kleineren Reisen innerhalb der Schweiz, nicht mehr verließ. Er lebte dort als angesehener Bürger, heiratete 1766 und wurde Vater von sechs Kindern. Seinen Lebensunterhalt bestritt er hauptsächlich mit der Kupferstecherei und als Illustrator.

Werk, Tendenzen, Wirkung. Sch. arbeitete z. B. an JOHANN BERNHARD BASEDOWS „Elementarwerk" mit DANIEL CHODOWIECKI (1726–1801) zusammen, mit dem ihn dann eine anhaltende Freundschaft verband. Es entstanden aber auch eigenständige, satirisch-humoristische Werke, die „Railleries" oder „Freund Heins Erscheinungen".
Sch. war, wie viele seiner Zeitgenossen, an der Naturgeschichte besonders interessiert. Dies schlägt sich in seinem illustratorischen Werk vielfach nieder. Ein Großteil der Stiche entstand zu Büchern der Insektenkunde und anderer biologischer Themen. Die Radierungen zu LAVATERS „Physiognomischen Fragmenten" (1775–1778) wie auch seine Raum- und Landschaftsdarstellungen erheben den Anspruch möglichst genauer Naturwiedergabe.
Auch in Büchern für Kinder hat Sch. häufig illustriert. Er stellte seine Kunst willig in den Dienst belehrender und moralisierender Absichten. Er gab selbst ein Sittenlehrbuch in Fabeln heraus und theoretisierte über den Wert von Fabeln für Kinder. Zu biblischen Geschichten und Szenen der schweizerischen Nationalgeschichte (z. B. Tell-Sage) entwarf er Platten. Er ist auch in JOHANN SIEGMUND STOYS „Bilder-Akademie für die Jugend" (1784) und in LEONHARD MEISTERS für die „vaterländische" Jugend zusammengestellte „Helvetische Galerie großer Männer und Taten" (1786) vertreten. Entsprechend ihrem Inhalt sind die Illustrationen realistisch. Menschen werden gern in Aktion gezeigt, so daß dramatische Szenen entstehen, wobei oft Sch.s Freude an Pose und Pathos spürbar ist. Gesichter und Personen wirken zum Teil stereotyp, die Binnenzeichnung ist eher konventionell als einfallsreich, auch wenn sich Sch. durch verschiedene Dichte der Schraffur um Kontraste und damit Plastizität bemüht. Als Illustrator hatte Sch., wie viele seiner Zeitgenossen, bei einer guten handwerklichen Grundlage aufklärerische Ambitionen, mit denen die künstlerischen Fähigkeiten nicht immer ganz Schritt hielten.

Werke: Fabeln von Hagedorn, Gleim und Lichtwer (1777); Neujahr Stück ab der Chorherren. An die sittsame und lernensbegierige Zürcherische Jugend. Nr. 1–42 (1779–1820, zus. mit anderen); J. S. Stoy: Bilder-Akademie für die Jugend (zus. mit anderen, 1784); Nationalkinderlieder für die Zürcherische Jugend (1784–1800); J. B. Basedow: Elementarwerk (1785, zus. mit anderen); L. Meister: Helvetische Galerie großer Männer und Taten; für die vaterländische Jugend (1786); J. M. Armbruster: Erzählungen für Kinder und Kinderfreunde. Nach dem Französischen der Frau La Fite (1789); J. R. Schellenberg: Sittenlehre in Fabeln und Erzählungen für die Jugend. Dazu den Aufsatz: Sind die Fabeln eine Übung für Kinder oder sind sie es nicht? (1794).

Sekundärliteratur: A. Rümann: Das deutsche illustrierte Buch des 18. Jahrhunderts (1931).

Cornelia Schneider

Schleusing, Thomas

*Graphiker, Illustrator in der DDR; *18. 12. 1937 Chemnitz.*

Nach dem Abitur (1956) begann Schl. sein Studium an der Hochschule für bildende und angewandte Kunst in Berlin-Weißensee. 1961 schloß er mit dem Diplom für Gebrauchsgraphik ab. Von 1961 bis 1963 war er dort als Aspirant tätig. Seine Lehrer waren WERNER KLEMKE, MOHR, VOGENAUER und WITTKUGEL. Seit 1963 lebt Schl. freischaffend in Berlin. Er ist Mitglied der „Gruppe Vier", einer Arbeitsgemeinschaft von vier Künstlern, die sich auf Plakat- und Buchgestaltung spezialisiert hat. Schl.s Schwerpunkte sind Plakatgestaltung, Signet, Piktogramm, Illustration und Cartoon. Seit 1968 wurden seine Werke in Berlin, Weimar und Wittgendorf ausgestellt. Seine Plakate waren unter den „Besten Plakaten der DDR" und seine Bücher unter den „Schönsten Büchern der DDR". 1976 erhielt Schl. den Kunstpreis der FDJ und 1978 den Kunstpreis der DDR.

Werk, Tendenzen, Wirkung. Schl. begann in den sechziger Jahren, Kinder- und Jugendbücher zu illustrieren. Zwei Stilrichtungen lassen sich bei ihm unterscheiden: Einmal seine textlosen farbfrohen Bilderbücher wie „Guten Morgen" (1974), „Hemd und Hose" (1975) oder „Mach mit" (1975). In ihnen reduziert Schl. die dargestellten Gegenstände auf die einfachsten Umrißformen, stellt auf blankem Hintergrund einfarbig grell Kleidungsstücke fast perspektiv- und schattenlos vor, gibt den Kinderfiguren Mondgesichter mit Punktaugen und Strichmündern. Es entsteht eine bewußt vereinfachte, ein wenig an Karikatur erinnernde Sachwelt für das Kleinkind. Diese Erstbilderbücher dienen dazu, den Kleinen Begriffe und Erscheinungen ihrer Umwelt möglichst klar vor Augen zu führen (z.B. Spielplatz, Tiere, Kleidung). Dagegen versucht Schl. in den Illustrationen zu Jugendbüchern wie z. B. „Jemand kommt“ (1972) von HORST BESELER oder „Der Bachstelzenorden“ (1979) von WOLF SPILLNER, mit Farbe und Schattierung die Empfindungen seiner Figuren zu unterstreichen bzw. Stimmungen, auch in der Landschaft, hervorzurufen. Insgesamt bleibt er im großflächigen Wiedergeben der Wirklichkeit befangen. In „Trampen nach Norden“ (1975) von GERHARD HOLTZ-BAUMERT versucht er, den Comicstil – Aufteilung des Bildes in Segmente – zu paraphrasieren, mit einfachen zeichentechnischen Mitteln und simpler Gegenständlichkeit symbolhaft den Text zu begleiten. Wie seine Freunde aus der „Gruppe Vier“ will Schl. „nicht eine selbstgefällige, persönliche Hand entdecken oder entwickeln“.

Werke: H. Bastian: Wegelagerer (1967); A. Geelhaar: Es geschah in Marianow (1969; auch u.d.T.: Helga und Helsza, 1979); P. Wiens: Der Rabe bläst Trompete (1969); J. Ret: Der Sieger von Squaw Valley (1970); B. Némcová: Der Nimmersatt und andere Märchen (1970); H. Beseler: Jemand kommt (1972); W. Spender: Kuno, der fliegende Elefant (1972); G. Herold: Die himmelblaue Sommerbank (1973); Th. Schleusing: Ausreißer (1973); Th. Schleusing: Ein Apfel vom Baum (1973); Th. Schleusing: Nimm mich mit (1973); Th. Schleusing: Der Ausflug (1974); Th. Schleusing: Guten Morgen! (1974); Th. Schleusing: Ich muß nicht! (1974); Th. Schleusing: Das Bäumchen (1975); G. Holtz-Baumert: Trampen nach Norden (1975); W. Krumbach: Zur Oma fährt Kathrin (1975); Th. Schleusing: Hemd und Hose (1975); Th. Schleusing: Mach mit! (1975); Th. Schleusing: Allerlei mit Tieren (1979); Th. Schleusing: Das ist mein Teddy (1979); Th. Schleusing: Regenmax (1979); W. Spillner: Der Bachstelzenorden (1979).

Sekundärliteratur: Für Kinder gemalt. Buchillustratoren der DDR (1975). – B. Nowak: Grafikerkollektiv „Gruppe 4“ (in: Bildende Kunst. 1969. 12. 652–655). – H. Sandberg: Der freche Zeichenstift (in: Das Magazin. 1966. 1. 50–52). – R. Wunderlich: Bildgeschichten auf dem Titel (in: Neue Werbung. 24. 1977. 2. 13–16).

Erich Gerhard

Schlez, Johann Ferdinand

*Theologe, Pädagoge, Schriftsteller; *27. 6. 1759 Voit bei Ippesheim (Mittelfranken), †7. 9. 1839 Schlitz (Oberhessen).*

Schl., der Sohn des Ippesheimer Pfarrers JOHANN CONRAD SCHLEZ, besuchte die Volksschule. Er trat 1773 in das Gymnasium Windsheim ein und erhielt ab 1776 Privatunterricht bei dem Pfarrer BARCHEWITZ in Herrnbergtheim. Ostern 1778 bezog Schl. die Universität Jena, wo er Theologie, Philosophie und Literaturgeschichte studierte. Im Jahr 1781 kehrte er nach Voit zurück und wurde ein Jahr später dem kränklichen Vater als Adjunktus beigegeben. 1783 übernahm er das Amt der Pfarrei Ippesheim.
Schl. führte einen regen Briefwechsel mit bedeutenden Persönlichkeiten, wie u.a. J. W. GLEIM (1719–1803), J. CH. FR. GUTS MUTHS (1759–1839), F. E. VON ROCHOW (1734–1805), der Schl. wegen seines „rühmlichen Eifers bei der Vorbereitung besserer Erkenntnis“ Beifall zollte, CH. G. SALZMANN (1744–1811), CH. F. D. SCHUBART (1739–1791) und J. P. UZ (1720–1796).
Aufgrund seiner 1795 veröffentlichten Schrift „Gregorius Schlaghart und Lorenz Richard oder die Dorfschulen von Langenhausen und Traubenheim. Ein Erbauungsbuch für Landschulen.“, in der Schl. seine Reformideen für eine „moderne“ Schule vorstellte, wurde er von dem regierenden Grafen KARL VON SCHLITZ 1799 als Oberpfarrer, Konsistorialrat und Inspektor der Kirchen und Schulen der gräflichen Standesherrschaft nach Schlitz in Oberhessen geholt. Zum Inspektorat gehörten außer der Stadt Schlitz noch vierzehn Dörfer. Schl. führte seine Reformen im Schlitzer Land ein und erarbeitete in diesem Zusammenhang ein neues Gesangbuch, das 1801 in allen Kirchen und Schulen der Grafschaft eingeführt wurde und fast ein Jahrhundert lang unter dem Namen „Schlitzer Gesangbuch“ in Gebrauch blieb.
Im Jahr 1808 wurde Schl. Mitglied des neu konstituierten Gräflichen Konsistoriums, 1810 erhielt er vom Großherzog von Hessen den Titel Kirchenrat. 1831 feierte er sein fünfzigjähriges Amtsjubiläum, das mit vielen Ehrungen verbunden war. So verlieh ihm die Universität Gießen den Ehrendoktortitel, und der Großherzog von Hessen zeichnete ihn mit dem Ritterkreuz I. Klasse des Ludwigordens aus. Mit 72 Jahren legte Schl. sein Amt in die Hände seines Schwiegersohnes, des Stadtpfarrers LUDWIG CHRISTIAN DIEFFENBACH. Ein Enkel Schl.s war der spätere Kinderbuchautor GEORG CHRISTIAN DIEFFENBACH (1822–1901).

Werk, Tendenzen, Wirkung. Als Student schrieb Schl. bereits Gedichte, die in Musenalmanachen und Zeitschriften gedruckt wurden. Seine „Gedichte“ (1784) sind zwar heiter, aber doch nur Ausdruck einer utilitaristischen Tendenz. Auch seine „Fabeln und Sinngedichte“ (1787) und „Parabeln“ (1822) betonten stark die lehrhafte Seite. Schl.s Dichtungen fanden bei seinen Zeitgenossen Anklang und führten dazu, daß ihm Werke zur Begutachtung und möglichen Herausgabe zugesandt wurden. Nur in einem Fall war Schl. auch als Herausgeber tätig (Fabeln und andere Gedichte einer Dame von Stande, 1792); Verfasserin war SOPHIE AMALIE CHARLOTTE GRÄFIN CASTELL-REMLINGEN (1771–1797).
Für die Schule verfaßte Schl. zahlreiche Schriften. Während ROCHOW und SALZMANN noch Anhänger der alten Buchstabiermethode waren, trat Schl. entschieden für die reine Lautiermethode ein. Davon zeugen seine „Bilderfibel zur Beförderung der Lautiermethode“ (1809) und „Der ABC-Schüler, Handfibel zur ABC-Schule“ (1825).
Am verbreitetsten wurde Schl.s „Denkfreund. Ein lehrreiches Lesebuch für Volksschulen“ (1811, [12]1837), der auf ROCHOWS „Kinderfreund“ zurückgeht. Schl. brachte darin selbstverfaßte Gespräche und Erzählungen, die noch lange in Lesebüchern anzutreffen waren.

So sind die Erzählungen „Meister Hämmerlein" und „Gebückt! Gebückt!" noch in R. O. WIEMERS Erinnerungswerk „Liebes altes Lesebuch" (1966) vertreten. Schl. wollte durch den „Denkfreund" das verständige, ausdrucksvolle Lesen bei Kindern erreichen. Dazu unterschied er zwischen dem fragenden, ausrufenden, bittenden, strafenden, mutigen, spottenden, gebrochenen und vermischten Redeton. Der „Denkfreund" enthielt auch nüchterne Informationen aus verschiedenen Sachgebieten wie Anthropologie, Psychologie, Naturgeschichte, Geographie und Geschichte. Über die Benutzung des „Denkfreundes" im Unterricht hat Schl. in seinem fünfbändigen „Handbuch für Volksschullehrer" (1815–1824) berichtet. Die Stoffe sollten zunächst von den Kindern gelesen und dann vom Lehrer mit ihnen besprochen werden. Auch Schl.' Bearbeitung des ROCHOWschen „Kinderfreundes" (1813) fand weite Verbreitung. „Ein Lesebuch für Mädchenschulen" schuf Schl. mit der Schrift „Sittenlehren in Beispielen" (1807, [4]1824). Neben seinen für Schulen und junge Leser bestimmten Veröffentlichungen, verfaßte Schl. auch eine Reihe von Volksschriften, die sich an „Alt und Jung" wandten. So veröffentlichte er 1786 seine „Vorlesungen gegen Irrthümer, Aberglauben und Mißbräuche in Betstunden, dem Landvolk gehalten". In den Jahren 1791 und 1792 erschien die „Geschichte des Dörfleins Traubenheim. Für's Volk und Volksfreunde geschrieben". Unter dem Namen Traubenheim verstand Schl. seine Heimat Ippesheim. Auf 580 Seiten legt er in erzählender Form die Ursachen der Verwahrlosung des Volkes dar und wies auf die Mittel hin, wie durch Aufklärung und Erziehung das Volk aus seiner Lage befreit werden könnte. Die von Schl. herausgegebene Monatsschrift „Der Volksfreund" (1798–1800) brachte Schl. Ehrungen ein, so bekam er dafür von König FRIEDRICH WILHELM III. die goldene Huldigungsmedaille und Königin LUISE überbrachte ihm in einem Kabinettschreiben großes Lob.

Werke: Salomos Lieder, metrisch übersetzt (1782); Gedichte (1784); Vorlesungen gegen Irrthümer, Aberglauben und Mißbräuche in Betstunden, dem Landvolk gehalten (1786); Fabeln und Sinngedichte (1787); Der Kinderfreund, ein lehrreiches Lesebuch für Landschulen. Nach F. E. von Rochow frei bearbeitet für einen Teil Oberdeutschlands, besonders für Franken, auch für die Würzburger Schulen (1789, [3]1795); Der Schreibschüler, oder Vorübungen im Briefschreiben und in anderen bürgerlichen Aufsätzen, zum Gebrauche in Landschulen (1790, [5]1825); Geschichte des Dörfleins Traubenheim. Für's Volk und für Volksfreunde geschrieben (Thl. 1–2. 1791–1792); Des jungen Wilhelm Denkers Hauskalender für seine lieben Nachbarsleute (1792–1794); Briefmuster für das gemeine Leben, besonders für Bürgerschulen (1793, [7]1839); Leitfaden beim ersten Unterricht in der christlichen Religion (1795, [2]1796); Gregorius Schlaghart und Lorenz Richard, oder die Dorfschulen von Langenhausen und Traubenheim. Ein Erbauungsbuch für Landschulen (1795, [3]1813); Lorenz Richards Unterredungen mit seiner Schuljugend über den Kinderfreund des Herrn von Rochow. Ein Beitrag zur Katechetik, besonders für Schullehrer (1796); Leitfaden beim Unterricht in der Naturgeschichte für Bürgerschulen (1797); Fliegende Volksblätter zur Verdrängung schädlicher oder doch geschmackloser Volkslesereien (1799); Schlitzer Gesangbuch (1801, [2]1812); Geschichte des Dörflein Traubenheim zum Gebrauch für Katholiken (Thl. 1–2. 1801); Kleine romantische Volksschriften (1802); Sittenlehren in Beispielen, ein Lesebuch für Mädchenschulen (1807, [4]1824); Kinder-Deklamationen bei Schulprüfungen und Familienfesten (1809, [2]1821); Bilderfibel zur Beförderung der Lautiermethode. Ein Versuch, die Absicht des ABC-Bilderwesens durch eine neue Anwendung desselben besser zu erreichen (1809); Der Denkfreund. Ein lehrreiches Lesebuch für Volksschulen (1811, [12]1837); Handbuch für Volksschullehrer, enthaltend den Denkfreund mit einem reichen Vorrate von Zugaben für den Schulgebrauch (Bd. 1–5. 1815–1824); Kleines Lesebuch zur Veredelung und Belebung des Lesetons (1814, [6]1828); Parabeln (1822, [2]1835); Die ABC-Schule oder große Wandfibel zum gemeinschaftlichen Gebrauche in Schulen (1825); Der ABC-Schüler, Handfibel zur ABC-Schule (1825, [6]1838); Oswald unter seinen Hausfreunden und Kindern (1826); Katechetisches Handbuch oder Lehrgespräche über ausgewählte Lehrstücke des Rochow-Schlezischen Kinderfreundes (1828); Kleine ABC-Schule. Auswahl und Umgestaltung der gleichnamigen großen Wandfibel (1838).

Hrsg.: Fabeln und andere Gedichte einer Dame von Stande (1792); Der Volksfreund (1798–1800); Der Hausfreund (1823–1828).

Sekundärliteratur: G. Chr. Dieffenbach: D. Johann Ferdinand Schlez, Hessischer Schulmann und Volksschriftsteller (1893). – L. Chr. Dieffenbach: J. F. Schlez nach seinem Leben und Wirken (1840). – B. E. Hermsdorf: Johann Ferdinand Schlez. Sein Leben und seine pädagogischen Ansichten. Nach authentischen Quellen bearbeitet (1914).

Hans Eich

Schlosser, Johann Georg

*Verfasser von Kinderbüchern für das Landvolk, Jurist, Staatsbeamter, Publizist; * 9. 12. 1739 Frankfurt (Main), † 17. 10. 1799 Frankfurt (Main).*

Schl. absolvierte ein Rechtsstudium in Gießen, Jena und Altdorf, wo er 1762 mit der Promotion abschloß. Anschließend war er Advokat in Frankfurt (Main), bis ihn 1766 Prinz Friedrich Eugen von Württemberg als Geheimsekretär und als Erzieher seiner Kinder nach Treptow a.d. Rega holte. Auf der Hinreise besuchte Schl. den zehn Jahre jüngeren Studenten JOHANN WOLFGANG GOETHE in Leipzig; hier begann ihre Freundschaft. Ab 1769 war Schl. wieder in Frankfurt als Anwalt tätig, wo er sich mit JOHANN HEINRICH MERCK an der Herausgabe der „Frankfurter gelehrten Anzeigen", dem Organ der Sturm-und-Drang-Bewegung, beteiligte; Schl. steuerte ca. dreißig Rezensionen bei. 1773 heiratete Schl. GOETHES Schwester Cornelia und trat anschließend seine Dienste als Hof- und Regierungsrat in Karlsruhe bei Markgraf Karl Friedrich von Baden an, einem der „aufgeklärten" Monarchen. Spannungen führten jedoch dazu, daß Schl. nach Emmendingen versetzt und zum Oberamtmann der Markgrafschaft Hochberg degradiert wurde. 1777 starb seine Frau Cornelia mit 27 Jahren; Schl. heiratete wenig später ein zweites Mal. Kontakte pflegte Schl. zwischenzeitlich außer mit GOETHE auch mit JAKOB MICHAEL REINHOLD LENZ (1751–1792), JOHANN KASPAR LAVATER (1741–1801), den Gebrüdern JACOBI, mit

Isaak Iselin (1728–1782), Gottlieb Konrad Pfeffel (1736–1809) und Franz Lerse (1749–1800). 1783 wurde er Mitglied des Illuminatenordens. Ab 1794 war er als Geheimer Hofrat wieder in Karlsruhe am Fürstensitz tätig, wo er schließlich 1794 aus den markgräflichen Diensten ausschied. Vor den Wirren der Revolutionskriege zog sich Schl. nach Eutin in Norddeutschland zurück, wo er mit F. Stolberg (1750–1819), Johann Heinrich Voss (1751–1826) und den Jacobis zusammentraf. 1798 wurde er zum Syndicus der Stadt Frankfurt (Main) berufen, doch schon ein Jahr später starb er.

Werk, Tendenzen, Wirkung. Neben einzelnen poetischen Versuchen und neben Übersetzungen antiker Werke ist Schl. mit zahlreichen Publikationen aus den Gebieten der Politik, Rechtswissenschaft, Moral, Philosophie, Theologie und Geschichte hervorgetreten. Ein ausführliches Verzeichnis seiner Schriften und der vielen kleineren Aufsätze hat sein Enkel A. Nicolovius 1844 zusammengestellt. In die Geschichte der Pädagogik ist Schl. durch seinen Briefwechsel mit Isaak Iselin über den Philanthropismus eingegangen, der zuerst in Iselins Zeitschrift „Ephemeriden der Menschheit" 1776 und 1778 erschien und 1779 im ersten Teil von Schl.s „Kleinen Schriften" wieder abgedruckt wurde. Dieser Briefwechsel kann als ein kritischer Reibepunkt zwischen der philanthropischen Bewegung, zu deren Anwalt sich Iselin macht, und dem Sturm und Drang angesehen werden, dem Schl.s Auffassungen in zahlreichen Punkten zuneigen. Den Ausgangspunkt von Schl.s Briefen bildet eine negative Einschätzung der Gegenwart, die deutlich von Rousseaus Kulturkritik geprägt ist. Aufgrund der allgemein herrschenden „Sklaverei" sei das Jahrhundert noch „zu keiner idealisierten und ganz guten Erziehung reif", wie sie der Philanthropismus anstrebe. Eine vollkommene Erziehung könne das nicht leisten, was die erste Aufgabe aller Erziehung sein muß, nämlich „Menschen glücklich und zugleich zu ihrem künftigen Geschick und ihrer künftigen Lebensart fähig zu machen". „... ehe Deutschland nicht ganz umgegossen wird, ist eine vollkommene Erziehung das grausamste Geschenk, das man einem Jungen geben kann ... Laßt doch den armen guten Jungen mit seinen hausbackenen Empfindungen und Gedanken herumwandeln. Er wird ein glücklicher Pfarrer, ein glücklicher Fürstendiener, ein vergnügter Bürger werden".

Schl.s Ansichten stehen hierbei nicht im Gegensatz zur Genie-Lehre des Sturm und Drang, sondern sind nur deren Kehrseite. Das Genie nämlich ist nicht das Produkt einer vollkommenen Erziehung, sondern ein Geschenk der Natur: „Ohne die großen Erziehungsanstalten hat die Natur uns Männer gegeben, wert Emile zu sein ...". Schl. läßt keinen Zweifel daran, daß er hier von Goethe, Lenz und Klinger spricht. Genies „werden unter allen Erziehungen, was sie sind". Freilich könne man einem genialen Kind eine vollkommene Erziehung angedeihen lassen, müsse es aber rechtzeitig auf den Widerstand der Gesellschaft vorbereiten und es lehren, „auch im Pfuhl zu leben". Zudem könne dieser Fall nur die Ausnahme darstellen, denn „neun, unter Zehnen, sind gleichgültige Menschen", für die eine mittelmäßige Erziehung vorteilhafter ist. Für das Genie wiederum ist die Erziehung, auch wenn sie vollkommen ist, nicht von ausschlaggebender Bedeutung. Schl.s „Vier Schreiben an Iselin" stellen wohl die ausführlichste Auseinandersetzung des Sturm und Drang mit dem Philanthropismus dar; sie lassen die Gründe erkennen, aus denen dessen Vertreter z.T. auch später noch eine distanzierte Haltung gegenüber dem pädagogischen Reformeifer wie auch gegenüber der Kinder- und Jugendliteratur der Zeit eingenommen haben.

Schl. selbst hat zu Beginn der siebziger Jahre eine Sittenlehre und ein Religionsbuch für Kinder des Landvolks verfaßt, die große Beachtung und mehrere Auflagen und Nachdrucke erlebten. Die Wendung an das Landvolk und seine Kinder entspringt keiner äußeren Veranlassung, wie etwa bei dem Gutsherrn Fr. E. von Rochow, sondern entstammt allein kulturkritischen Motiven. Die Verderbtheit der Zeit manifestiere sich besonders an den Städten und Höfen, so daß der Sittenlehrer sein Werk moralischer Besserung am ehesten noch auf dem Lande beginne, wo „das Leben einfacher" und „die Vernunft und die Dankungsart natürlicher" sei. Schl. idealisiert hierbei keineswegs unkritisch das Landvolk: Es ist für ihn weder von Natur aus vollkommen, noch vermag es sich aus eigener Kraft zu sittlicher Vollkommenheit zu erheben. Es bleibt auf einen Sittenlehrer angewiesen, ist dafür aber zugänglicher und empfänglicher. Schl. entwirft in der Einleitung zum „Katechismus der Sittenlehre" den Plan einer moralischen Besserung der ganzen Gesellschaft: Diese soll mit dem Landvolk beginnen und sich stufenweise über den „Junker" und die „Stadtleute" ausbreiten und beim „Hofmann" enden. Sein Sitten- und sein Religionsbuch sollen diesen Prozeß initiieren und wenden sich deshalb an das Landvolk.

Der „Katechismus der Sittenlehre" (1771) ist in eine Rahmenhandlung eingekleidet: Ein alter Verwalter, der aufgeklärt und gebildet und selbst nicht vom Land ist, sondern eine feinere Erziehung genossen hat, hat in dreißigjähriger Arbeit die Bauern eines Dorfes sittlich erzogen und so eine ländliche Idylle moralischer Vollkommenheit geschaffen. Die umfangreiche Einleitung gibt eine ausführliche Schilderung dieses modellhaften Vorgangs. Der „Katechismus" selbst wird als die schriftliche Wiedergabe des moralischen Unterrichts ausgegeben, den der Verwalter den Kindern des Dorfes gegeben hat. Er stellt eine elementare Sittenlehre für Landkinder im ersten Schulalter dar und handelt von den Pflichten gegen Körper und Seele, von denen der Haushaltung und den Gesellschaftspflichten. Inhaltlich stechen hier die strenge Betonung der Untertanenpflichten und die Ablehnung eines jeglichen Widerstandsrechtes und des Rechtes eines Volkes auf Revolution hervor, die von einem Plädoyer für eine nur begrenzte Aufklärung des Landvolkes begleitet werden und dem Werk ein konservatives Gepräge geben. Auf die Religion wird nur in einer kurzen Schlußbetrachtung eingegangen. Die Pflichten werden denn auch nicht religiös, sondern allein mit Bezug auf die Glückseligkeit und Sicherung des Menschen im Diesseits begründet. Dieses fast gänzliche Aussparen der Religion aus dem ganz utilitaristisch konzipierten moralischen Anfangsunterricht hat dem Werk Anfeindungen eingetragen und das Erscheinen eines anonymen Gegenstückes provoziert, das 1772 in Leipzig unter dem Titel „Praktischer Katechismus der christlichen Sittenlehre für das Landvolk" herauskam. Unabhängig davon erlebte der „Katechismus" zahlreiche Auflagen und Nachdrucke; ab 1773 erschien zusätzlich eine verbilligte Ausgabe, in der die Einleitung weggelassen ist und die den Titel „Sittenbüchlein für Kinder des Landvolks" trägt. 1777 hat JOACHIM HEINRICH CAMPE das Werk zu einer Sittenlehre für Kinder der städtischen, gehobenen bürgerlichen Schichten umgearbeitet. Sein „Sittenbüchlein für Kinder aus gesitteten Ständen" hat Anlage, Form und Aufbau sowie große Textpartien wortwörtlich übernommen und nur an wenigen Stellen Änderungen vorgenommen; in der Vorrede erweist er Schl.s „Katechismus" seine Reverenz.

Schl.s Sittenbüchlein steht am Beginn einer neuen Art von elementarer Sittenlehre für Kinder im letzten Drittel des 18. Jahrhunderts. Wurden zuvor die Pflichten zumeist in Gestalt von moralischen Traktaten, von Regelkatalogen oder in katechetischer Frage-Antwort-Form vorgetragen, so wird bei Schl. die Sittenlehre in eine durchgehende Erzählung mit geschlossenem fiktiven Rahmen eingebettet. Der veränderten Form entspricht eine neue Einstellung gegenüber den Kindern: Der Sittenlehrer erscheint nicht mehr als strenger Verkünder von Geboten und Verboten, sondern als liebender Freund, der die Kinder überzeugen möchte. Die Pflichten sollen zudem nicht mehr auswendig gelernt werden, sondern in das „Herz" der Kinder dringen. Das Eindringen der Erzählmethode in den moralischen Anfangsunterricht, das bei Schl. beginnt, gelangt mit CHR. G. SALZMANNS „Moralischem Elementarbuch" (1782/83) zu seinem Höhepunkt, in dem nicht nur ein erzählerischer Rahmen vorhanden, sondern jegliche diskursive Belehrung in Erzählung aufgelöst ist.

Schl.s zweites Kinderbuch stellt der „Katechismus der christlichen Religion für das Landvolk" (1776) dar, der als Fortsetzung der Sittenlehre gedacht ist. Er enthält zunächst einen Abriß der Religionsgeschichte vom Alten Testament bis auf LUTHER, gibt dann den Lutherischen Kleinen Katechismus wieder, woran sich ein Kommentar zu ausgewählten Kapiteln des Matthäus-Evangeliums anschließt. In einer Schlußbetrachtung werden Religions- und Sittenlehre zusammengeführt und gezeigt, wie beide sich wechselseitig stützen. Das Werk ist insofern von Bedeutung, als es im Gegensatz zu den meisten zeitgenössischen Religionsschriften für Kinder ganz und gar auf eine Gefühlsreligion ausgeht. In dem umfangreichen Vorbericht polemisiert Schl. gegen den Rationalismus und die Vernünftelei sowohl der protestantischen Orthodoxie wie auch der deistischen und naturalistischen Strömungen der aufgeklärten Theologie. Nicht durch den Verstand, sondern allein durch „Herz" und Gefühl könne die christliche Religion aufgenommen werden. Jedes Beweisen und Begründen im Religionsunterricht ist deshalb für Schl. von Übel; allein durch das Beispiel seiner eigenen innigen, gefühlsmäßigen Glaubensgewißheit könne der Lehrer seine Kinder überzeugen. Die Angriffe gegen die Orthodoxie führten dazu, daß der „Katechismus der christlichen Religion" in Schl.s Heimatstadt Frankfurt/Main verboten und alle im Buchhandel befindlichen Exemplare konfisziert wurden.

Werke (Auswahl): Katechismus der Sittenlehre für das Landvolk (1771, ³1776); Sittenbüchlein für Kinder des Landvolks (1773); Katechismus der christlichen Religion für das Landvolk, als der zweyte Theil des Katechismus der Sittenlehre für das Landvolk (1776); Vier Schreiben an Iselin über die Philanthropine. Iselins Antwort (in: Isaac Iselins Ephemeriden der Menschheit. 1776–1778); Georg Schlossers Kleine Schriften (Bd. 1–6. 1779–1794).

Sekundärliteratur: H. Bräunig-Oktavio: Neues zur Biographie J. G. Schlossers (in: Jahrbuch des Freien Deutschen Hochstiftes. 1963. 19–99). – J. W. v. Goethe: Aus meinem Leben. Dichtung und Wahrheit (1811–1814). – E. Gothein: J. G. Schlosser als Badischer Beamter (1899). – F. v. Kolzlowski: Beiträge zum Katechismus der Sittenlehre für das Landvolk von J. G. Schlosser (in: Mitteilungen der Gesellschaft für deutsche Erziehungs- und Schulgeschichte. Bd. 17. 1907. 57–68). – I. Kreienbrink: J. G. Schlosser und die geistigen Strömungen des 18. Jahrhunderts (Diss. 1948); J. G. Schlosser und die Familie Goethe (in: Beiträge zur deutschen und nordischen Literatur. 1958. 204–224). – E. Loewenthal: J. G. Schlosser: Seine religiösen Überzeugungen und der Sturm und Drang (Diss. 1935). – A. Nicolovius: J. G. Schlossers Leben und literarisches Wirken (1844, NA. 1973). – J. Schmitt: Der Kampf um den Katechismus in der Aufklärungsperiode (1935).

Hans-Heino Ewers

Schneider, Ingrid

*(d.i. Ingrid Ertmer; Ps.: ISCH). Graphikerin; *18.7.1935 Potsdam.*

Schn. studierte nach dem Besuch eines Gymnasiums in Kaiserslautern/Pfalz an der Kunstakademie in Düsseldorf in der Klasse für angewandte Graphik bei WALTER BREKER. Zunächst war sie in der Werbegraphik, heute ist sie freiberuflich als Kinderbuchillustratorin tätig. Sie lebt in Izmit-Kocaeli (Türkei). An internationalen Ausstellungen für Illustrationen in Bratislava und Bologna nahm sie teil. Das mit dem Deutschen Jugendbuchpreis ausgezeichnete Buch „Delphinensommer" von KATHERINE ALLFREY (1963) wurde von Schn. ausgestattet.

Werk, Tendenzen, Wirkung. Seit Anfang der sechziger Jahre illustriert Schn. Kinderbücher, viele davon in den Verlagen Cecilie Dressler (Berlin), Hoch (Düsseldorf) und Loewes (Bayreuth). Unter den Autoren, deren Werke sie ausgestattet hat, sind GINA RUCK-PAUQUET (Senja und der Räuberprinz, 1969), ANNA MÜLLER-TANNEWITZ (Akis Wunschring, 1973), SYBIL GRÄFIN

SCHÖNFELDT (Geschichten, Geschichten, Geschichten, 1971), WILLI FÄHRMANN (Die Stunde der Puppen, 1966) und MAX KRUSE (Ulli unterm Regenschirm, 1964). Bei abwechselnden Techniken (Zeichnung mit Stift, Pinsel, Wachsstiften, gelegentlich Reiß- und Kratzverfahren) bleibt Schn. stilistisch einheitlich. Allenfalls nutzt sie die Spanne zwischen flotter, eingängiger Modezeichnung und verspieltem, putzigem kindertümelnden Verniedlichen aus. Sie bevorzugt helle, leuchtende Farben; Rot-, Gelb- und Blautöne herrschen vor. Schn. stellt in Kinderbüchern Tiere wie Hunde, Füchse, Mäuse mit Kuller-, Knopf- oder Mandelaugen dar, zeichnet Puppen und Teddybären auf dunklen schraffierten Hintergrund, so daß sie negativ (weiß) herausgehoben sind, läßt Hexen, Zwerge, Mondfrauen, den Froschkönig und drei Dünenfräulein auftreten und zeichnet Menschen, die oftmals auch Puppengesichter haben.
Schn. erzeugt mit ihren Illustrationen durch Farbe, Strich und Themen insgesamt eine zumeist fröhliche, unproblematische Atmosphäre, die einer verbreiteten Vorstellung von unbeschwerter Kinderwelt angepaßt sein möchte. Phantastische, märchen- und fabelreiche Stoffe werden bevorzugt.

Werke: A. Setälä: Das verlorene Geheimnis (1961); A. Allfrey: Delphinensommer (1963); J. u. W. Grimm: Goldvogel und Königssohn (1964); J. u. W. Grimm: Das singende, springende Löweneckerchen (1964); M. Kruse: Ulli unterm Regenschirm (1964); R. Hermenau: Die Märchen der Winde (1965); R. Menzel: Wie Kasperle die Prinzessin bekam (1965); I. Picker: Wie Pokka und Gusti den Regen suchten (1965); W. Fährmann: Die Stunde der Puppen (1966); J. Fiedler: Überraschung wie gewünscht (1966); A. Hageni: Sonntagskinder (1966); D. Christian: Andrea, Schnörkel und ein Tandem (1967); K. Allfrey: Das Kind, das mit den Vögeln sprach (1968); W. M. Riegel: Der Panorz (1969); J. M. G. Robinson: Damals mit Marnie (1969); G. Ruck-Pauquèt: Senja und der Räuberprinz (1969); Sandmännchen international. Gute-Nacht-Geschichten aus der Fernsehsendereihe (1969); K. Allfrey: Spuk im goldenen Kürbis (1970); H. Höfling: Jumbinchen mit dem Ringelschwänzchen (1971); M. Kalstad: Meine Schwester Goldi (1971); S. Gräfin Schönfeldt (Hrsg.): Geschichten, Geschichten, Geschichten (1971); K. Allfrey: Die Drei aus der weißen Schachtel (1972); K. Roeder-Gnadeberg: Vito und der klingende Berg (1972); I. Schneider: Das schwarze Schaf (1972); Kl. Fröba: Natascha mit dem roten Hut (1973); A. Müller-Tannewitz: Akis Wunschring (1973).

Erich Gerhard

Schnorr von Carolsfeld, Julius

*Maler, Zeichner und Illustrator; *26. 3. 1794 Leipzig, †24. 5. 1872 Dresden.*

Schn. v. C., Sohn des Malers und Akademiedirektors HANS VEIT SCHNORR VON CAROLSFELD und Bruder zweier Künstler, wurde frühzeitig Gehilfe seines Vaters und ging 1811 an die Wiener Akademie, wo er sich eng an FERDINAND OLIVIER (1785–1841) anschloß, dessen Stieftochter er später geheiratet hat. 1817 reiste er nach Italien und kam 1818 nach Rom, wo er zum Freundeskreis der Nazarener gehörte. Gemeinsam mit diesen erhielt er den Auftrag, die Villa des Marquese MASSIMI auszumalen, und zwar mit drei Darstellungen aus ARIOSTS „Rasendem Roland" (1822–1827). Von LUDWIG I. nach München berufen, ging er nach einer Sizilienreise dorthin, um den Königsbau der Residenz mit Nibelungen-Fresken zu schmücken, die mit Hilfe seiner Schüler erst 1867 vollendet wurden. Für den Festsaalbau der Residenz malte er Fresken aus der mittelalterlichen deutschen Geschichte. 1846 wurde er als Akademieprofessor und Galeriedirektor nach Dresden berufen.

Werk, Tendenzen, Wirkung. Schn. v. C. ist einer der großen Zeichner der deutschen Romantik. Seine Federzeichnungen von Landschaften und Figuren ragen durch „allersensibelste Linienführung" und „feinsinnigsten Geschmack" (H. W. SINGER) hervor. Den Aktzeichnungen ist „hohe Anmut in der weiblichen Gestalt" (L. RICHTER) eigen. In den Portraitzeichnungen seiner Freunde hat er den idealen Typ des deutsch-romantischen Künstlerjünglings geschaffen „Das anmutige und phantasiereiche Gebiet der Poesie war sein Bereich, ja eigenste Natur" (L. RICHTER). Doch zog ihn von früh, nicht immer zu seinem Besten, auch alles Heldische an. RAFFAEL und MICHELANGELO sind bei den Fresken seine Vorbilder, was ihm, besonders bei den historischen Fresken, Tadel eingebracht hat. Seine Nibelungen-Fresken sind jedoch eine der großen Leistungen der Monumentalmalerei des 19. Jahrhunderts, pathetisch, aber ohne die leere Theatralik der Festsaalbilder.
Als Illustrator von zwei der wichtigsten deutschen Illustrationswerken des 19. Jahrhunderts ist Schn. v. C. sehr bekannt geworden. Das eine ist das Nibelungenlied in der PFIZERschen Bearbeitung (1842), das er mit EUGEN NAPOLEON NEUREUTHER (1806–1882) zusammen illustrierte. Seine Zeichnungen, bei denen er sich auf die Freskenentwürfe stützen konnte, und die sein Schüler ALEXANDER STRÄHUBER (1814–1882) auf den Holzstock übertrug, sind von hervorragender Qualität. „Doch Schnorr beging den Fehler, zu viel mit Architektur und wie ein Historienmaler zu arbeiten", seine Randzeichnungen wirken, besonders im Vergleich mit NEUREUTHERS zierlichem Rankenwerk, „klobig und schwer" (RÜMANN). Hübsch sind die Leisten der Vollbilder mit kleinen Figuren. Für eine spätere Ausgabe, jetzt in SIMROCKS Übersetzung (1867), hat Schn. v. C. seine Zeichnungen überarbeitet, die Blätter NEUREUTHERS fortgelassen und dafür durch seinen Namensvetter JULIUS SCHNORR in Stuttgart Initialen und Ornamentik beifügen lassen. Das zweite große Illustrationswerk Schn.s v. C. ist die „Bibel in Bildern", die er als seine „eigentliche Lebensaufgabe" ansah (SINGER). Schon in Italien zeichnete der überzeugte Protestant, der nie den Hang seiner römischen Künstlerfreunde zur Konversion hatte, in seinem damaligen innig-verhaltenen Stil biblische Szenen. Dann lieferte er 42 Bilder für die Cottasche Bilderbibel „mit Holzschnitten nach Zeichnungen der ersten Künstler Deutschlands" (1850), an der u.a. EDUARD BENDE-

MANN, ALFRED RETHEL, LUDWIG RICHTER und EDUARD VON STEINLE beteiligt waren. Für seine eigene, 1860 abgeschlossene „Bibel in Bildern" schuf er 240 Bilder (160 für das Alte Testament, 80 für das Neue Testament), die ganzseitig von erstklassigen Holzschneidern geschnitten wurden. Er wollte „eine Volksbilderbibel, ein deutsches Nationalwerk" schaffen, „für Schule und Haus, für alt und jung, für jeden Stand und jede Konfession". Das ist ihm weitgehend gelungen, mögen heute auch das Pathos, besonders beim Neuen Testament, und die allzu monumentale Heraushebung der Gestalten fremd anmuten. Schn.s v. C. Bibelbilder, immer wieder vollständig oder in Auswahl aufgelegt, sind in die Schulbücher eingegangen und haben bis ins 20. Jahrhundert die bildliche Vorstellung vom biblischen Geschehen geprägt. Nach 1925 ist in Zürich eine Auswahl von hundert dieser Bilder als „Bibelbilderbuch für Kinder" mit Erklärungen in Sütterlinschrift erschienen.
Die in A. RÜMANNS Bibliographie Schn. v. C. zugeschriebenen Illustrationen zu mehreren Kinderbüchern, u. a. von FRIEDRICH WILHELM RITTER VON HACKLÄNDER (1816–1872) und OTTILIE WILDERMUTH (1817–1872) sowie die Titelbilder zu Werken OTTO ROQUETTES (1824–1896) und JOSEF VICTOR VON SCHEFFELS (1826–1886) und die Mitarbeit an mehreren großen Klassikerwerken wie SCHILLERS Gedichten (1859–1862) stammen sämtlich von Schn.s v. C. Namensgenossen JULIUS SCHNORR in Stuttgart.

Werke: G. Pfizer (Bearb.): Der Nibelungen Noth (zus. mit E. Neureuther, 1842); Die Bibel nach der deutschen Übersetzung Martin Luthers (zus. mit anderen, 1850); J. Schnorr v. Carolsfeld: Die Bibel in Bildern (1852–1860); A. Bacmeister: Das Niebelungen-Lied, für die Jugend bearbeitet (1858); G. Mandel: Von Herzen. Ein Buch für Kinder (1862); K. Simrock (Bearb.): Das Nibelungenlied (1867); J. Schnorr v. Carolsfeld: Bilder aus der biblischen Geschichte für den Anschauungs-Unterricht (Samml. 1–2. 1875).

Sekundärliteratur: C. Glaser: Die Graphik der Neuzeit (1922). – F. Pecht: Geschichte der Münchener Kunst im 19. Jahrhundert (1888). – L. Richter: Lebenserinnerungen eines deutschen Malers (1885). – A. Rümann: Das illustrierte Buch des XIX. Jahrhunderts in England, Frankreich und Deutschland, 1790–1860 (1930, ND. 1975). – F. Schnorr von Carolsfeld: Schnorr von Carolsfeld, Julius (in: Allgemeine Deutsche Biographie. 32. 1891. 182–189). – H. W. Singer: Julius Schnorr von Carolsfeld (1911).

Eberhard Semrau

Scholtz, Julius

*Porträt- und Historienmaler, Illustrator; *12. 2. 1825 Breslau, †2. 6. 1893 Dresden.*

Sch., Sohn einer begüterten Breslauer Familie, kam durch HEINRICH KÖNIG (1777–1867), Konservator der städtischen Galerie und Förderer junger Talente, zum Malen. Ab 1844 war er Schüler von JULIUS HÜBNER (1806–1882) an der Dresdner Kunstakademie. Studienreisen führten ihn später nach Belgien und Frankreich. Sch. schuf Ölbilder und monumentale Wandgemälde zu Themen der deutschen Nationalgeschichte („Das letzte Gastmahl der Wallenstein'schen Generale", „Musterung der Freiwilligen von 1813 vor König Friedrich Wilhelm III. zu Breslau" usw.). Sein Ruf als guter Porträtist brachte ihn bis nach St. Petersburg (1872). 1874 erhielt er eine Professur an der Dresdner Akademie. Er war Mitglied der Akademie in Berlin. Die Berliner Nationalgalerie veranstaltete für Sch. in dessen Todesjahr eine Sonderausstellung.

Werk, Tendenzen, Wirkung. Sch.' Zeichnungen zu Lithographien, aber auch zu Stichen lassen eine lockere Eleganz in der Ausführung erkennen. Es handelt sich nicht nur um Genre- und Salonbilder, sondern auch um Historienbilder und Schlachtenszenen. Sch. wählt vielfach nur kleine Ausschnitte, so daß die Bilder nicht monumental wirken und im Betrachter ein Gefühl der Nähe und Intimität entstehen lassen. Die in die Nähe gerückten Menschen – schlafende Mädchen, kniende Beterinnen, Männer im Gespräch, ein Kind, das gerade aus einer Tasse trinkt usw. – haben individuelle, wenn auch nicht ausdrucksstarke Gesichter, ihre Bewegungen und Haltungen sind natürlich und ruhig. Durch die feinmodellierende Binnenzeichnung wird insgesamt ein stimmungsvoller Eindruck erreicht. Grundsätzlich ist Sch. in seinen historischen Momentaufnahmen mit genrehaften Zügen dem Realismus verpflichtet. Dabei stellt er Kinder als schöne, rührende, gute, brave, hilfsbereite Geschöpfe dar. Mit schmachtend gen Himmel gerichteten Augen, kraftloser Körperhaltung und womöglich mit heruntergerutschten Socken gezeichnet, entfernen sie sich weit von der Wirklichkeit und appellieren in ihrer falschen Schönheit und Hilflosigkeit in biedermeierlicher, sentimentaler Verniedlichung stark an das Gemüt. Sch. gehört der Künstlergeneration an, die um die Mitte des 19. Jahrhunderts einem „Stimmungsrealismus" (R. HAMANN) folgte. Die geschichtlichen Episoden werden durch „psychologische Intensivierung" und „geistreiche Zuspitzung" zu „ergreifenden Ausdruckssituationen". Sch. bleibt auch als Illustrator von Büchern für „Jung und Alt", für die „reifere Jugend" oder „zur Bildung des Verstandes und Gemüthes der heranwachsenden weiblichen Jugend" diesen künstlerischen Grundsätzen treu. Zu bezweifeln ist, ob seine Illustrationen eine Brücke vom Text zum jugendlichen Leser schlugen. Andererseits erfüllen sie die Forderung nach künstlerischer Qualität in Jugendbüchern und sanken nicht auf das Massenniveau der gängigen Öl- und Steindrucke herab.

Werke: M. Förster: Die Geschwister (1856); Th. v. Gumpert: Schloßpeterchen und Bauerhänschen (1861); L. Würdig: Mühlberg und Sievershausen. Eine geschichtliche Erzählung für Jung und Alt (1867); L. Würdig: Die Brüder oder Magdeburg und Lützen (1871); L. Würdig: Graf York von Wartenburg. Des Helden Leben und Thaten (1871).

Sekundärliteratur: R. Hamann: Die deutsche Malerei vom Rokoko bis zum Expressionismus (1925). – W. Kaulen: Freud' und Leid im Leben deutscher Künstler (1878). – H. A. Müller: Biographisches Künstlerlexikon der Gegenwart (1882).

Cornelia Schneider

Schroedter, Adolf

*Maler, Zeichner, Illustrator; *28.6.1805 Schwedt an der Oder, †9.12.1875 Karlsruhe.*

Schr., Sohn des Gebrauchsgraphikers und Kupferstechers KARL FRIEDRICH HEINRICH SCHROEDTER, verlor seinen Vater mit neun Jahren, wurde 1820 Lehrling im lithographischen Geschäft K. L. B. BUCHHORNs in Berlin und Schüler an der Berliner Akademie. Dort gehörte er zu den Schülern WILHELM VON SCHADOWs (1788–1862). Er schloß Freundschaft mit CARL FRIEDRICH LESSING (1808–1880), JULIUS HÜBNER (1806–1882) und EDUARD BENDEMANN (1811–1889) und folgte SCHADOW 1829 nach Düsseldorf, um sich hauptsächlich in der Ölmalerei auszubilden. Zu dem Stil romantisch-elegischen Darstellens der Düsseldorfer Malerschule entwickelte Schr. bald eine humorvolle Gegenposition. Aufgrund finanzieller Nöte ging Schr. 1848 nach Frankfurt, wo er mit PHILIPP VELT (1793–1877), EDUARD VON STEINLE (1810–1886) und HEINRICH HOFFMANN (1809–1894) zusammenkam. Seine Illustrationen zu J. H. DETMOLDs „Thaten und Meinungen des Herrn Piepmeyer, Abgeordneter zur constituierenden Nationalversammlung zu Frankfurt am Main", einer humorvollen Satire auf politisches Philistertum, stammen aus jener Zeit. 1854 kehrte er nach Düsseldorf zurück, 1859 erhielt er einen Ruf nach Karlsruhe als Professor für Freihandzeichnen und Aquarellmalerei am Polytechnikum. Auch hier nahm er wieder rege am kulturell-gesellschaftlichen Leben teil, bis ihn zunehmende Krankheit zur Aufgabe der Professur und einer zurückgezogenen Lebensweise zwang.

Werk, Tendenzen, Wirkung. Schr., zu seiner Zeit als „Überwinder der Romantik" gefeiert, hinterließ seine nachhaltigste Wirkung auf dem Gebiet der Graphik. Zu seinen Vorbildern zählten DANIEL CHODOWIECKI (1726–1801), JACQUES CALLOT (1592–1635), HANS HOLBEIN D. Ä. (1465–1524) und ALBRECHT DÜRER (1471–1528). Schr.s illustratorisches Werk enthält Züge der Arabeske neben solchen figürlich-szenischer Darstellungen, wobei sich oft Ornament mit dem Figürlichen verbindet. Auf dem Gebiet der Arabeskenkunst wird Schr. neben EUGEN NAPOLEON NEUREUTHER (1806–1882) als deren Hauptvertreter im 19. Jahrhundert angesehen. Das rein ornamental gedachte Blatt- und Rankenwerk ist bei Schr. lebendig und natürlich – man kann z.B. Disteln und anderes Pflanzenwerk erkennen –, die S-förmigen und spiraligen Ranken sind mit komischen Figuren und Tiergebilden durchsetzt. Nicht nur in der Buchillustration fanden Schr.s Arabesken und Grotesken Anwendung, er gestaltete ebenso Visitenkarten, Exlibris, Theaterzettel, auch Entwürfe zu Industrieformen. „In diesem Medium waren ihm – dem ‚König der Arabeske' – keine Grenzen gesetzt, war der Radiernadel kein Schnörkel kompliziert, konnten sich die mit traumwandlerischer Sicherheit und hoher Sensibilität gezeichneten Linienkurven frei und ungehindert über die Fläche Spinnen" (R. THEILMANN). In seinen gegenständlichen Illustrationen steht Schr. mit seinen zumeist technisch guten Genrebildern mit vielen Grauwerten der Romantik der Düsseldorfer Malerschule nahe. Durch die geringe Tiefe und die Zentralstellung der Personen im Vordergrund entsteht häufig der Eindruck von Bühnenhandlung. Es handelte sich um „gemaltes Theater; um den Krampf, auf das plastische Dichterwort und die Mimik und Maske des Schauspielers in jedem Fall etwas beide Überbietendes und durch sinnliche Unnmittelbarkeit Bestechendes drauf zusetzen" (P. SCHMIDT). Dargestellt werden posierende Heldengestalten aus der Geschichte wie im „Deutschen Knabenbuch" (1862/64) von LUDWIG EICHRODT und bewegte Szenen wie z. B. die mit dahersprengenden Rittern, sich theatralisch-höfisch begrüßenden Edelleuten, mit Kämpfen gegen Ungeheuer in den Holzschnitten nach Originalzeichnungen der von JULIUS LUDWIG KLEE herausgegebenen „Volksmärchen der Deutschen" (1842/43). Die Illustrationen sind mittelalterlichen Bildern nachempfunden, wobei Schr. jedoch versucht, historisch richtig darzustellen. Schr. findet in der Wiedergabe komischer Situationen und Personen (Don Quixote, Till Eulenspiegel, Falstaff, Malvolio, Münchhausen) sein Hauptbetätigungsfeld und wandte sich dadurch gegen eine weitverbreitete spätromantische Sentimentalität.

Im „Piepmeyer" entwickelte Schr. ein modernes Mittel der Karikatur, indem es ihm gelingt, ohne großen zeichnerischen Aufwand treffend darzustellen.

Werke: A. v. Stolterfoth: Rheinischer-Sagen-Kreis (1835); R. Reinick: Lieder eines Malers mit Randzeichnungen seiner Freunde (zus. mit anderen, 1838; Bd. 2 u. 3 u. d.T.: Lieder und Bilder; auch u.d.T.: Deutsche Dichtungen mit Randzeichnungen deutscher Künstler, Bd. 1 u. 2; 1843–1846); J. v. Eichendorff: Aus dem Leben eines Taugenichts (1842); J. K. A. Musäus: Ulrich mit dem Bübel (1842); J. K. A. Musäus: Volksmärchen der Deutschen (zus. mit anderen, Thl. 1–20, 1842–1843); A. Schroedter: Radierungen (1842); A. Schroedter: 30 Bilder zum Don Quixote (1844); J. H. Detmold: Thaten und Meinungen des Herrn Piepmeyer (H. 1–6. 1848–1849); A. Schroedter: Das Zeichnen als ein ästhetisches Bildungsmittel, vorzugsweise für die Erziehung des weiblichen Geschlechtes (1853); Der Hausfreund. Eine Sammlung von Erzählungen und Geschichten (zus. mit anderen, Bd. 1–7. 1853–1872); Märchen und Sagen für Jung und Alt (zus. mit anderen, Jg. 1–2. 1856–1857); K. Simrock (Hrsg.): Till Eulenspiegel's auserlesene Schwänke (1857); L. Eichrodt: Deutsches Knabenbuch (zus. mit anderen, Thl. 1–6, 1862–1864).

Sekundärliteratur: J. A. Beringer: Adolf und Hans Schroedter (in: Exlibris. Zeitschrift für Bücherzeichen. 22. 1912. 153–164). – G. Hermann: Die deutsche Karikatur im 19. Jahrhundert (1901). – P. Horn: Düsseldorfer Graphik in alter und neuer Zeit (1928). – W. Kaulen: Freud' und Leid im Leben deutscher Künstler (1878). – Th. Kutschmann: Geschichte der deutschen Illustration (Bd. 2. 1900). – W. Müller v. Königswinther: Düsseldorfer Künstler aus den letzten 25 Jahren (1854). – A. Rosenberg: Geschichte der modernen Kunst (Bd. 2. 1889). – A. Rümann: Das illustrierte Buch des 19. Jahrhunderts in England, Frankreich und Deutschland (1930, ND. 1975). – P. F. Schmidt: A. Schroedter (in: Kunst und Künstler. 25. 1926/27. 466–471). – R. Theilmann: Der Zeichner Adolf Schrödter (Nachwort in: J. H. Detmold: Thaten und Meinungen des Herrn Piepmeyer. ND. 1979). – Fr. v. Weech (Hrsg.): Badische Biographien (Thl. 3. 1881. 145–149).

Cornelia Schneider

Schubert, Gotthilf Heinrich von

*Arzt, Naturhistoriker, Naturphilosoph, Schriftsteller, Jugendbuchautor; *26. 4. 1780 Hohenstein, †30. 6. 1860 München.*

Sch. entstammte einer protestantischen Pfarrersfamilie. Nach Privat- und Volksschulunterricht besuchte er zunächst das Gymnasium in Greiz, dann in Jena. Hier lernte er JOHANN GOTTFRIED HERDER (1744–1803) und JEAN PAUL RICHTER (1763–1825) kennen. HERDER, in dessen Haus Sch. freundschaftlich verkehrte,

Gotthilf Heinrich von Schubert (1780–1860)

übte nachhaltigen Einfluß auf ihn aus. 1799 studierte Sch. zwei Semester Theologie in Leipzig, später Medizin in Jena. FRIEDRICH WILHELM JOSEPH SCHELLING (1775–1854), der in Jena lehrte, prägte durch seine naturphilosophische Aussage Sch.s wissenschaftliche Denkweise. 1803 promovierte Sch. zum Doktor der Medizin und praktizierte zwei Jahre als Arzt in Altenburg. Dann wechselte er nach Freiburg über, um seine Studien wieder aufzunehmen. 1807 zog er nach Dresden. Im Rahmen der Volksbildung hielt er naturwissenschaftliche Vorträge. 1809 wurde er Realschuldirektor in Nürnberg, 1816 Erzieher beim Großherzog LUDWIG von Mecklenburg-Schwerin. 1819 erhielt er eine Professur in Erlangen, 1827 in München. Von 1836 bis 1837 unternahm er eine Reise in das Heilige Land, die ihn stark beeindruckte. 1853 wurde er in den Ruhestand versetzt und erhielt den Titel eines Geheimrates.

Werk, Tendenzen, Wirkung. Sch. hat ein umfangreiches literarisches und wissenschaftliches Werk vorgelegt: naturwissenschaftliche Arbeiten, Reiseberichte, Romane und Jugendbücher. In seinen naturwissenschaftlichen Arbeiten zeigte sich Sch. nicht nur am Detail interessiert, sondern war besonders darum bemüht, den Zusammenhang der inneren und äußeren, der sichtbaren und unsichtbaren Kräfte zu beschreiben und zu erklären. Dabei ging es ihm um die Darstellung „einer Weltordnung, welche seiner selbst unwandelbar und ewig, durch das Reich des Wandelbaren und Vergänglichen hindurchgeht, und die Einzelnen und Getrennten, wie Dissonanzen zu einem melodischen Einklange verwebt". Dieser Grundgedanke aus der Rede zum 71. Stiftungstage der Königlichen Akademie der Wissenschaften in München (1830) ist ein Spiegel seines Gesamtwerkes.

Die Intention der Reisebeschreibungen war auf „die Betrachtung der reichen, mannichfachen Natur" ausgerichtet. Sch. schrieb die Reisebeschreibungen auch als Jugendbücher. Den Bericht über „das südliche Frankreich und durch Italien" (1827) leitete er deshalb durch einen Brief an „eine junge deutsche Prinzessin" ein. Trotz seines Hanges zur mystifizierenden Darstellung band Sch. sich auch im Roman (z. B. „Züge aus dem Leben des Johann Friedr. Oberlin", 1832) an Realgeschehen. Dieser Sachverhalt dokumentiert sich auch in seiner Robinsonade „Der neue Robinson oder die Schicksale des Philipp Ashtons" (1848).

Typologisch betrachtet, bestehen Schs. Jugendbücher aus Reisebeschreibungen, romanhaften Darstellungen und belehrenden Versdichtungen (z. B. Parabeln aus dem Buche der sichtbaren Werke, 1858). Bei der formalen Gestaltung der Parabeln bezog sich Sch. auf FRIEDRICH ADOLF KRUMMACHER (1767–1845), bei der inhaltlichen Ausformung auf MATTHIAS CLAUDIUS (1740–1815) und dessen „Wandsbecker Bote".

Durch die Herausgabe des sogenannten Schreiberschen Bildatlasses zum Unterricht der Jugend im außer- und innerschulischen Bereich hat er auf die Entwicklung der belehrenden Funktion des schulischen Wandbildes einen bedeutenden Einfluß ausgeübt. Die Bilder waren die Ergänzung zu seinen schriftlichen Arbeiten, die erst durch die Illustration den Zweck zur Selbst- und Fremdbelehrung erfüllten.

Die Anerkennung seiner Arbeiten und sein Kontakt zu bedeutenden Zeitgenossen zeigen sich in den zahllosen Widmungen, die er seinen Schriften vorangestellt hat. Viele seiner Werke erlebten mehrere, auch posthume Auflagen.

Werke: Ahndungen einer allgemeinen Geschichte des Lebens (Bd. 1–2. 1806–1820); Ansichten von der Nachtseite der Naturwissenschaft (1808); Altes und Neues aus dem Gebiet der Seelenkunde (Bd. 1–3. 1817–1833); Lehrbuch der Naturgeschichte (1823; auch u. d. T.: Naturgeschichte des Tier-, Pflanzen- und Mineralreichs in kolorierten Bildern nebst erläuterndem Text für Schule und Haus, [11]1839); Wanderbüchlein eines reisenden Gelehrten nach Salzburg, Tyrol und der Lombardei (1823); Reise durch das südliche Frankreich und Italien (Bd. 1–2. 1827–1831); Peuerbach und Regimontan, die Wiedergründer einer selbständigen und unmittelbaren Erforschung der

Natur in Europa. Eine Anrede an studirende Jünglinge (1828); Züge aus dem Leben des Johann Friedrich Oberlin ([4]1832); Das Leben des Obristen Gardiner (1833); Beschäftigungen für die Jugend aller Stände (Bd. 1–2. 1834–1836); Der Meeresstrom. Eine Erzählung für die Jugend (1835, [4]1847); Die Geschichte der Natur (Bd. 1–3. 1835–1837); Lehrbuch der Menschen- und Seelenkunde zum Gebrauch für Schulen und zum Selbststudium (1838); Reise in das Morgenland in den Jahren 1836 und 1837 (Bd. 1–3. 1838–1839); Erzählungen (Bd. 1–2. 1841; auch u.d.T.: Erzählungen für die reifere Jugend, [2]1877); Flavius und Pelagia. Eine Erzählung aus den Zeiten der Christenverfolgungen unter dem römischen Kaiser Diocletian. Ein Weihnachts- und Neujahrsbüchlein (1843); Der Krüppel von Rottenstein. Eine Erzählung (1843); Anschauungs-Unterricht für die Jugend in Schulen und Familien (1843, [9]1873); Biographien und Erzählungen (Bd. 1–3. 1847–1848); Bei Gott ist kein Ding unmöglich. Robert der Soldat. Zwei Erzählungen (1848); Lehrbuch der Sternkunde für Schulen und zum Selbstunterrichte (1848); Der neue Robinson oder die Schicksale des Philipp Ashtons (1848); Die Zwillinge. Eine Erzählung (1850); Kleine Erzählungen für die Jugend (Bd. 1–2. 1852, [2]1872); Das Weltgebäude, die Erde und die Zeiten des Menschen auf der Erde (1852); Märchen und Erzählungen für das kindliche Alter (1853); Der Erwerb aus einem vergangenen und die Erwartungen von einem zukünftigen Leben. Selbstbiographie (Bd. 1–3. 1854–1856); Parabeln aus dem Buche der sichtbaren Werke (1858); Erinnerungen aus dem Leben Ihrer Königlichen Hoheit Helene Louise, Herzogin von Orleans, geborene Prinzessin von Mecklenburg-Schwerin (1859); Nach der Abendglocke (1881); Grüne Blätter. Ausgewählte Erzählungen (1882).

Sekundärliteratur: J. Bernhauser: Wandbilder im Anschauungsunterricht. Studien zur Theorie und Praxis der Medien in der Volksschule des 19. Jahrhunderts (1979). – N. Bonwetsch: Gotthilf Heinrich Schubert in seinen Briefen. Ein Lebensbild (1918). – F. R. Merkel: Der Naturphilosoph Gotthilf Heinrich Schubert und die deutsche Romantik (1913).

Reinhard Stach

Schütz, Friedrich Wilhelm von

*Gutsbesitzer, Erzieher, Theaterdirektor, Schriftsteller; *25.4.1758 Erdmannsdorf (Chemnitz), †1834 Zerbst.*

Seine Jugend verbrachte Sch. auf einem erzgebirgischen Rittergut. 1777 begann er, an der Universität Leipzig Jura zu studieren. Nach dem Examen zog er nach Berlin, übernahm bald die Mentorenschaft für einen jungen schlesischen Grafen, den er auf Bildungsreisen durch Deutschland, die Schweiz und Frankreich begleitete. Danach lebte er bis 1819 in Hamburg und seiner Umgebung, zeitweise auch im dänischen Holstein. 1792 wurde er Sekretär des französischen Gesandten in Hamburg, verlor das Amt aber mit dessen Abberufung. Inzwischen zum kursächsischen Hofrat ernannt, war er als vielseitiger Schriftsteller und Herausgeber von Textsammlungen und Zeitschriften tätig. Mit publizistischen Aufgaben beschäftigt, lebte er auf seinem Gut in Hoisbüttel nördlich Hamburgs, seit 1798 auf einer kleinen Landstelle bei Othmarschen. Er wurde Direktor des Theaters zu Altona, siedelte jedoch bald neuerlich nach Hamburg über, um wieder vorwiegend literarisch tätig zu sein. Die politische Instabilität und die Wirren während der französischen Besatzungszeit bewogen ihn, 1813 ins unbesetzte Altona zurückzukehren. Sechs Jahre später verlegte er seinen Wohnsitz endgültig nach Zerbst, wo er noch lange als Autor tätig war.

Werk, Tendenzen, Wirkung. Die von Sch. verfaßten Kinder- und Jugendschriften stellen einen beträchtlichen Teil seiner sehr breiten, thematisch und formal stark differenzierten Produktion dar. Für den jungen Menschen hat er zahlreiche unterhaltende und belehrende Schriften vorgelegt, auch wöchentlich erscheinende Blätter sowie Übungshefte. Die Mehrzahl dieser Publikationen wird durch den Bildungsoptimismus der Spätaufklärung getragen. In einfacher kindgemäßer Sprache führt Sch. den Jugendlichen in naturkundliche Erscheinungen und Sachfragen ein. Er preist das friedliche Zusammenleben vernünftiger Menschen. In manchen Schriften gibt er praktische Ratschläge für die Aufgaben des Alltags, in anderen hält er einleitend oder in einer auch von Kindern belebten Rahmenerzählung den jungen Leser zu Ordnung, Rechtschaffenheit und Toleranz an. Der anschaulich dozierende oder lebendige Geschichten erzählende Vater ist die zentrale Figur, die Mutter die pflichtbewußte, unermüdlich schaffende Betreuerin der gesamten Familie. Am häufigsten wählt Sch. für seine pädagogischen Ziele das belehrende Abenteuerbuch. Seine Basis sind die Reisebeschreibungen, Tagebücher und Erinnerungen berühmter Seefahrer, Naturforscher und Geographen. So erschließt er den Jugendlichen in Nacherzählungen die großen Entdeckerberichte des ausgehenden 18. Jahrhunderts. Zwei Darstellungstechniken fallen auf: a) Sch. bemüht sich um die Umsetzung seiner Quellen in eine geraffte, übersichtliche Form und in eine für Kinder verständliche Sprache; dabei kürzt er die Originalvorlage großzügig, erweitert sie andererseits aber durch zusätzliche Materialien anderer Herkunft, so bei ALEXANDER VON HUMBOLDT; b) wirksamer verfährt Sch., wenn er den vorgegebenen Reisebericht – wie bei JAMES COOK – in eine Rahmenhandlung bettet und ihn in Dialogen zwischen Vater und zuhörenden Kindern erschließt, dem Beispiel J. H. CAMPEs folgend, dessen Anregung Sch. auch veranlaßte, selbst einen Robinson-Band zu schreiben. Fremde Naturgegebenheiten, die anderen Lebens- und Wirtschaftsgewohnheiten neuentdeckter Völker spielen in den meisten Jugendbüchern von Sch. eine wichtige Rolle.

Ob Sch. seine Arbeiten für den jungen Menschen selbst als wesentliche Leistung eingeschätzt hat, ist offen. Sein literarisches Gesamtwerk ist vielschichtiger und auch vom Umfang her stärker an andere Aufgabenbereiche gebunden. Er schrieb Theaterstücke, Schauspiele und Possen, außerdem dramaturgische Abhandlungen. Geisteswissenschaftlich und literaturkritisch beschäftigten ihn G. E. LESSINGS „Nathan", MOSES MENDELSSOHN und CHR. M. WIELAND, auch Grundfragen der Aufklärung und theologische Streitschriften. Umfangreich sind seine Publikationen über die Freimaurerei. Landes- und volkskundlich befaßte er sich mit „Malerischen Ansichten von Niedersachsen" und „Hamburgischen Volkstrachten" (1801), historisch mit der „Geschichte des zehnjährigen Krieges in Europa" (1802) und einer „Gallerie jetzt lebender französischer Helden" (1807). Er gab ein neunbändiges „Wörterbuch der gesamten Stadt-, Land- und Hauswirthschaft" (1803–1810) heraus, daneben Liedersammlungen, wie das „Liederbuch für Freimaurer" (1790), außerdem ein „Neues Niedersächsisches und Obersächsisches Kochbuch" (1814). Sch. war zudem ein produktiver Zeitschriftenherausgeber und Journalmitarbeiter. Er redigierte vier Bände des „Niedersächsischen Merkur" (1792–1793), den norddeutschen „Relationscourier", den in Altona erscheinenden „Dänischen Anzeiger" sowie die „Hamburgische und Altonaische Theaterzeitung nebst Nachrichten von auswärtigen Bühnen" (1798). Von 1787 bis 1791 gab er das „Archiv für Schwärmerey und Aufklärung" heraus, das er 1797 mit dem „Neuen Archiv" fortführte. Unter dem Titel „Theetisch" ließ er eine Wochenschrift vermischten Inhalts erscheinen, die besonders bei den Damen der „besseren" Gesellschaft beliebt war.

Werke (Auswahl): Der sanftmüthig lehrende Kinderfreund (Bd. 1–2. 1785–1786); Wöchentliche Unterhaltungen für Jünglinge und Mädchen (1787); Der Naturlehrer oder Unterhaltungen eines Vaters mit seinen Kindern über die ersten Elementarbegriffe der Physik. Ein Lehr- und Lesebuch für die Jugend. In Schulen und beym Privatunterricht zu gebrauchen (1792); Gallerie der wilden Völkerschaften, nebst Beschreibung ihrer Sitten und Gebräuche (1802); Robinson des Jüngeren Beschreibung seiner Reise nach Otahiti und den Südsee-Inseln (1802); Der kleine Büffon (Bd. 1–2. 1803); Le Vaillants Reisen in das Innere von Afrika, vom Vorgebirge der Guten Hoffnung aus; ein nützliches Lesebuch für die Jugend nach J. H. Campe bearbeitet (1803); Christopher Columbus Entdeckung von Amerika. Ein nützliches Lesebuch für die Jugend (1804); Des Kapitains James Cook Beschreibung seiner Reise um die Welt. Ein nützliches Lesebuch für die Jugend, nach Campe's Lehrart bearbeitet (Thl. 1–3. 1804–1807); James Cook Beschreibung seiner zweiten Reise um die Welt (1804); auch u.d.T.: Joh. Reinhold Forsters Reise um die Welt in dem auf Entdeckung ausgeschickten und von Cook geführten Schiffe „The Resolution". Ein nützliches Lesebuch für die Jugend, nach Campes Lehrart bearbeitet, 1804; NA. u.d.T.: Forsters Reise um die Welt oder Cook's zweite Reise, 1820); Der kleine Naturlehrer (1805); Alexander von Humboldts Reisen um die Welt und durch das Innere von Süd-Amerika. Interessantes Lehrbuch für die Jugend (Bd. 1–6. 1805–1822); Die junge Hausmutter in allen ihren Geschäften. Ein belehrendes Lesebuch nach der Hausmutter von Germershausen, für junge Töchter des Mittelstandes (1811); Krusensterns Reise um die Welt in den Jahren 1803–1806. Für die Jugend bearbeitet (Bd. 1–2. 1816); Geschichte der Kriege unserer Zeit, von der Französischen Revolution an bis zum letzten Pariser Frieden (Bd. 1–2. 1817); Langsdorf's Bemerkungen auf einer Reise um die Welt in den Jahren 1803–1807. Ein angenehmes und nützliches Lesebuch für die Jugend nach Campe's Lehrart bearbeitet (1819); Dodwell's Reise durch Griechenland. Für Freunde der Alterthumskunde und insbesondere für die Jugend im Auszuge bearbeitet. Nebst einem Anhange, die ältere Geschichte Griechenlands betreffend (1822); Moritz von Kotzebues Reise nach Persien. Für die Jugend bearbeitet (1826); Olivier's Reise durch das türkische Reich, Ägypten und Persien, für die Jugend bearbeitet (1827).

Karl E. Fick

Schulgeschichte

Die Sch. ist ein Typ realistischer Jugendliteratur, der – in geschlechtsspezifischen Varianten – das Leben in einer (Internats-)Schule darstellt. Er ist von der englischen Public-School-Tradition geprägt, kommt aber ebenso außerhalb Englands vor.

Entstehung und Merkmale. Die Entstehung der Sch. im frühviktorianischen England fällt mit der Reform der Public Schools zusammen – traditionsreicher Internate, die die Söhne wohlhabender Eltern auf führende Positionen in der Gesellschaft vorbereiten. Das erste Buch dieses Typs war „Tom Brown's schooldays" (1857; dt. Tom Brown's Schultage, 1867). Der Verfasser Thomas Hughes (1822–1896) verarbeitete darin eigene Erfahrungen als Schüler in Rugby, als dieses von dem pädagogischen Reformer Thomas Arnold (1795–1842) geleitet wurde.

Schon mit der Namenswahl entschied sich Hughes, einen typischen englischen Jungen in den Mittelpunkt zu stellen. Tom, der robuste Sohn eines Landedelmanns, zieht es vor, statt Euripides und Vergil zu übersetzen, mit seinem Freund East auf die Jagd zu gehen oder am Rugbyspiel teilzunehmen. Mutig lehnen sich beide gegen die Unsitte auf, daß jüngere Schüler von älteren schikaniert werden („bullying"). Vom Schulleiter erhält Tom die Aufgabe, sich des neuen Schülers George Arthur, eines sensiblen Pfarrerssohns, anzunehmen. So lernt er, sich verantwortlich zu fühlen und Autoritäten anzuerkennen, die er zuvor nur als einschränkend für seinen Lebensdrang empfunden hat. Am Schluß steht Tom, nun ein Student in Oxford, am Grab des verehrten Dr. Arnold.

Nach eigener Aussage wollte Hughes in seinem Buch „predigen". Bestimmender als Arnolds Leitbild des christlichen Gentleman war dabei die gröbere Vorstellung von der „muscular Christianity", die er mit seinem Freund Charles Kingsley (1819–1875) und anderen „christlichen Sozialisten" teilte. Weiten Raum gab sie der sportlichen Betätigung und dem kämpferischen Einsatz für Schwächere, aber auch für die eigene Gruppe und die eigene Nation. „Tom Brown's schooldays" hat mit dieser Ideologie die Public Schools selbst und zahllose Romane über sie beeinflußt. In der Literatur hat sich ein festes Figurenensemble als damit verbunden erwiesen: der moralisch entwicklungsfähige Durchschnittsschüler, der Sportsmann, der Sensible, der feige Schikanierer und der gottähnliche Schulleiter, der Konflikte zwischen Schülern und Lehrern gerecht schlichtet. Die Figur des haltlos Verführbaren, der mit dem Tode bestraft wird, hat zwar in Frederic Farrars Buch „Eric, or little by little" (1858) viele Auflagen erlebt, ist aber eher für die ältere Gattung der moralischen Beispielgeschichte kennzeichnend als für den Schulroman.

Mit seiner Konzentration auf einen spezifischen Weltausschnitt ist der Schulroman (nach der Typologie von W. Kayser) ein Raumroman, nicht ein Figuren- oder Ereignisroman. Dabei erscheint die in sich geschlossene Welt der Schule in der Regel nicht als Modell einer

Gesamtgesellschaft wie in kritischen oder utopischen Romanen für Erwachsene (z. B. ROBERT MUSILS „Die Verwirrungen des Zöglings Törleß", 1906, oder HERMANN HESSES „Das Glasperlenspiel", 1943). Dem jugendlichen Publikum gemäß ist sie eher ein beispielhafter Raum der Sozialisation oder aber ein Spielfeld für erträumte Aktivitäten, je nachdem, ob ein Buch mehr belehren oder unterhalten will. Der Anreiz für die Leser liegt auf jeden Fall darin, daß hier das Grundbedürfnis befriedigt wird, teilzuhaben an einer durch eigenen Sprachgebrauch ausgewiesenen Gemeinschaft Gleichaltriger. Im Sinne des „esprit de corps" der Public-School-Ideologie kann dieses Identifikationsangebot vom Autor mit verschiedenen Wertvorstellungen verbunden werden. Patriotismus kommt in den traditionellen Sch.en besonders häufig vor.

Entwicklung und Verbreitung. „Tom Brown's schooldays" wurde allein im Entstehungsjahr fünfmal neu aufgelegt und später auch dreimal verfilmt. Mit TALBOT BAINES REED (1852–1893), dessen „The fifth form at St. Dominic's" (1887) noch heute gelesen wird, begann der Abstieg der Gattung zur trivialen Serienliteratur. Zu deren Inbegriff wurde die Figur des komisch dicken Schülers Billy Bunter, die über dreißig Jahre bis in den Zweiten Weltkrieg hinein die Hauptattraktion der Jungenzeitschrift „Magnet" war, bekannt bis in die abgelegensten britischen Kolonien, und die ab 1952 auch im Fernsehen der BBC erschien. In einer bemerkenswerten Analyse der Billy-Bunter-Geschichten, die zum größten Teil von FRANK RICHARDS verfaßt wurden (d. i. CHARLES HAMILTON, 1876–1961), hat GEORGE ORWELL (1903–1950) betont, daß ihr ideologiehaltiger Spaß von Arbeiter- und Kleinbürgerkindern mehr geschätzt werde als von Kindern der herrschenden Gesellschaftsklassen. Aus ihrem Aufblicken zu der Bildungsinstitution der Höhergestellten erklärt sich ihm, warum Sch.en gerade in seinem Lande so erfolgreich sind.

Aus der Fülle des Trivialen ragen zwei Darstellungen untypischer Schulen durch literarische Qualität heraus: RUDYARD KIPLINGS „Stalky & Co." (1899; dt. Lange Latte und Genossen, 1909), naturalistische Erzählungen über eine verschworene Dreiergemeinschaft in Westward Ho, einem Internat für Offizierssöhne, und WILLIAM MAYNES „A swarm in may" (1955), eine ereignisreiche und atmosphärische Schilderung des Chorjungeninternats der Kathedrale von Canterbury. E. W. HILDICK hat mit „Jim Starling" (1958) eine Volksschule im Arbeitermilieu literaturfähig gemacht. Den Sch.en für Jungen folgten nach 1900 solche für Mädchen, in denen es anfangs um emotionale Krisen ging, seit den zwanziger Jahren aber, vielfach variiert von Autorinnen wie ANGELA BRAZIL (1868–1947) und DORITA F. BRUCE (1885–1970), um ein sportliches Verhalten, das dem in den Jungenbüchern nacheiferte. Den populären Büchern ENID BLYTONS (1896–1968) wurde in Deutschland der Weg zum Erfolg geebnet, indem die dargestellten Schulverhältnisse einfach den deutschen angepaßt wurden. Psychologisch vertieft wie bisher noch keine Schulromane für Mädchen sind MARY K. HARRIS' „Emily and the headmistress" (1958) und „Seraphina" (1960).

Auch in anderen englischsprachigen Ländern sind relativ früh Sch.en entstanden: in den USA „The story of a bad boy" (1870) von THOMAS BAILEY ALDRICH (1836–1907) und „The Hoosier school boy" (1883) von EDWARD EGGLESTON (1837–1902), in Kanada „B.O.W.C.: a book for boys" (1869) von JAMES DE MILLE (1833–1880) und in Australien „Teens: a story of Australian school girls" (1890) von LOUISE MACK (1874–1935). In Deutschland gibt es eine verbreitete Backfischliteratur über Mädchenpensionate: vom „Trotzkopf" (1885) EMMY VON RHODENS (1832–1885) bis zu „Michaela kommt ins Großstadtinternat" (1975) MARIE LOUISE FISCHERS (* 1928). Von einer Klasse in einem Jungeninternat handeln ERICH KÄSTNERS „Das fliegende Klassenzimmer" (1933) und WILHELM SPEYERS „Der Kampf der Tertia" (1927) mit der Fortsetzung „Die Goldene Horde" (1927). SPEYER schreibt aus der Erinnerung an seine Schulzeit in dem Landerziehungsheim Haubinda mit dem anonym bleibenden Pädagogen HERMANN LIETZ (1868–1919) als gottähnlichem Schulleiter. Die zugrundeliegende Ideologie ist ein ironisch gebrochener Vitalismus, in dem verschiedene Motive viktorianischer Schulromane noch gesteigert erscheinen: kaum unterdrückte Erotik und offene Gewalt, Gesundheitsfanatismus und Zivilisationsfeindlichkeit, Heldenverehrung und „esprit de corps".

Neue Aspekte. Neue Aspekte der Sch. finden sich in deutschsprachigen Büchern des letzten Jahrzehnts. Einige Texte behandeln Schulprobleme der Schulanfänger, um diesen das Eingewöhnen zu erleichtern, so wie z. B. ELLIS KAUTS „Fehlerteufelgeschichten" (1973), UTE ANDRESENS Bilderbuch „Alle gehen zur Schule" (1976) und das Photobilderbuch von ANTOINETTE BECKER und ELISABETH NIGGEMEYER „Ich bin jetzt in der Schule" (1972). Aus der DDR stammen UWE KANTS Sch.en „Das Klassenfest" (1972), „Die liebe, lange Woche" (1974) und „Der kleine Zauberer und die große Fünf" (1974). KANT erzählt im „Klassenfest" von der langsamen Annäherung eines Lehrers und eines Schülers, die beide der Schule skeptisch gegenüberstehen. Kritik an der Schule äußern HANS-GEORG NOACK „Die Abschlußfeier" (1972), CHRISTINE NÖSTLINGER „Stundenplan" (1975) und „Luki live" (1978), SUSANNE KILIAN „Nur 'ne Fünf. Ein Tag zwischen Eltern und Schule" (1974) und „Große Ferien. Ein Schulaufsatz und was nicht drin steht" (1975). Satirisch schildert WOLFGANG GABEL in seinem Buch „Der Aufsteiger" (1978) schulischen Karrierismus. Dokumentarisch verfährt dagegen UTA WOLDTS „Ich bin 12. Ein Schüler berichtet. Thomas L." (1975). An das prekäre Problem sexuell gefärbter Beziehungen zwischen Schülern und Lehrern wagen sich INGEBORG BAYER in „Dünensommer" (1977) und DIETER PFLANZ in „Probeläufe" (1979).

Sekundärliteratur: G. E. Avery: Childhood's pattern (1975). – M. Dahrendorf: Das Mädchenbuch und seine Leserin ([3]1978). –

Fr. Eyre: British children's books in the twentieth century (1971). – M. Fisher: Intent upon reading (²1964). – K. Fryder-Eisenhut: Solidarität oder Untertanengeist. Zu Erich Kästners „Emil und die Detektive" und Wilhelm Speyers „Kampf der Tertia" (in: Kl. Doderer (Hrsg.): Klassische Kinder- und Jugendbücher. 1969. 35–54). – H. R. Harrington: Childhood and the Victorian ideal of manliness in „Tom Brown's schooldays" (in: The Victorian newsletter. 44. 1973. 13–17). – E. Harrison: The Englishry of Tom Brown (in: Queen's quarterly. 50. 1943). – W. R. Hicks: The school in English and German fiction. 1933). – Kl. Kampe: Der englische Public-School-Roman im 20. Jahrhundert (Diss. 1976). – C. Krutz-Arnold: Die deutschen Übersetzungen der Blyton-Bücher (in: Arbeitskreis für Jugendliteratur (Hrsg.): Informationen. III. 1978. 53–67). – E. C. Mack: Public schools and British opinion (Bd. 1–2. 1938–1941). – E. C. Mack und W. H. G. Armytage: Thomas Hughes (1952). – M. M. Maison: Tom Brown and company: Scholastic novels of the 1850s (in: English. 12. 1958. 100–103). – G. Orwell: Boys' weeklies (1939, in: Ders.: Collected essays. ²1961. 89–117). – M. J. Philip: Cultural myth in Victorian boy's books by Marryat, Hughes, Stevenson and Kipling (Diss. 1975). – J. R. Reed: Old school ties. The public schools in British literature (1964). – Fr. Schmidt: A study in English school-life and school-boy slang, as represented by Kipling's „Stalky & Co." (in: Englische Studien 39. 1908. 240–274). – J. R. Townsend: Written for children (1965). – E. S. Turner: Boys will be boys (³1975). – S. T. Williams: The parent of schoolboy novels (in: The English journal. 10. 1921. 241–246).

Reinbert Tabbert

Schulz, Heinrich

*Kulturpolitiker, Literaturpädagoge; *19. 9. 1872 Bremen, †4. 9. 1932 Bremen.*

Nach dem Besuch des Lehrerseminars in Bremen war Sch. kurzfristig Lehrer an einer privaten Realschule. Mit seinem Eintritt in die sozialdemokratische Partei (1893) gab er den Lehrerberuf auf und wurde in der sozialdemokratischen Bildungsarbeit tätig: Er war seit 1894 Mitarbeiter an der von WILHELM LIEBKNECHT (1826–1900) gegründeten Arbeiterbildungsschule in Berlin, 1896/1897 neben FRANZ MEHRING (1846–1912) zweiter Vorsitzender der Berliner „Freien Volksbühne". 1907 wurde er Leiter der gerade gegründeten Parteischule in Berlin, nach dem Ersten Weltkrieg Chef der Kulturabteilung des Reiches und als solcher Vorsitzender der Reichsschulkonferenz (1920).

Literarische Erziehung und Kinder- und Jugendliteratur gehörten für Sch. in den Zusammenhang der Diskussion um Sozialdemokratie und Schule und um ein sozialistisches Erziehungsideal. Entsprechend griff er von der Jahrhundertwende bis in die Zeit vor dem Ersten Weltkrieg in die Jugendschriftendebatten, vor allem in der von KARL KAUTSKY (1854–1938) redigierten „Neuen Zeit", ein. Dabei stand er durchgängig der von den „Vereinigten Jugendschriftenausschüssen" (VJA) vertretenen Linie der Jugendschriftenkritik und der literarischen Erziehung nah. Eine Auswahl aus den Jugendschriftenverzeichnissen der VJA sollte auch die Grundlage von Jugendschriftenempfehlungen der sozialdemokratischen Partei sein. Nur kurzfristig, als die VJA am Rande des Münchner Lehrertags für die religiöse, moralische und patriotische „Wirkung" der Jugendliteratur votierten, schwenkte er, kritisch gegen diesen Beschluß gerichtet, auf die von CLARA ZETKIN (1857–1933) vertretene Konzeption einer literarischen Erziehung im Zusammenhang sozialistischer Erziehung ein. Dies wird sichtbar vor allem im Umfeld des Mannheimer Parteitages (1906) der sozialdemokratischen Partei, auf dem Sch. und CLARA ZETKIN die Grundsatzreferate zum Thema „Sozialdemokratie und Volkserziehung" hielten.

Orientiert an WOLGASTs Thesen zu einer tendenzfreien Literatur lehnte Sch. auch eine spezifisch sozialdemokratische Jugendliteratur, die nur der Förderung von Parteiinteressen diene, ab. Das Kind in den „Parteikampf" einzubeziehen, schloß er als „Versündigung an der Jugend und an den gerade durch ihre goldene Naivität und Unberührtheit so wunderbaren Kinderjahren" aus. Jugendlektüre sollte demgegenüber in einer durch den Gegensatz von Arbeit und Genuß bestimmten kapitalistischen Gesellschaft Moment einer Erziehung zur literarischen „Genußfähigkeit" sein. Eine Vermittlung von sozialistischer Erziehung im „Zukunftssinn" und Erziehung unter den Bedingungen des Kapitalismus wurde von ihm in der „modernen Sozialpädagogik" gesucht (1901). In diesem Sinne griff Sch. später auch die Anregungen CLARA ZETKINs zur sozialistischen Erziehung auf. Wenn Sch. 1907 im Anschluß an den Mannheimer Parteitag und im Blick auf ZETKINs „Weihnachtsbuch der Gleichheit" (1906) *für* „den Versuch zur Schaffung sozialistischer Kinderliteratur" eintrat, dann lehnte er doch nach wie vor die Einbeziehung des Kindes in den Klassenkampf ab. Hatte sozialistische Jugenderziehung die „Vorwärtsentwicklung der Menschheit" zum Ziel, dann sollte der Kinder- und Jugendliteratur im Hinblick auf dieses Ziel eine „politische" Wirkung zukommen.

Später hat sich Sch. auch als Jugendschriftsteller versucht. In seinen von HANS BALUSCHEK (1870–1935) illustrierten „Märchen aus dem Alltag" (1924), kaum Märchen, sondern eher Beispielgeschichten zur Verdeutlichung gesellschaftlicher Verhältnisse, sozialer und politischer Konflikte und ihrer Lösungsmöglichkeiten, dominieren höchst problematische Formen der Verkindlichung und häufig – entgegen der früheren Programmatik – eine grobschlächtige moralische Tendenz.

Werke: Die Schulreform der Sozialdemokratie (1911); Der kleine Jan (1920); Aus meinen vier Pfählen (1921); Jan Kiekindiewelt (1924); Von Menschlein, Tierlein und Dinglein. Märchen aus dem Alltag (1924).

Beiträge: Sozialdemokratische Jugendliteratur? (in: Die neue Zeit 19. 1900/1901. Bd. 2. Nr. 32. 172–177); Sozialdemokratie und Volkserziehung (in: Protokoll über die Verhandlungen des Parteitages der Sozialdemokratischen Partei Deutschlands zu Mannheim 1906. 323–347); Zum Stand und Ausbau der Jugendschriftenbewegung (in: Die neue Zeit 25. 1906/1907. Bd. 1. Nr. 11. 379–383); Buchhandel und Bildungsarbeit (in: Die neue Zeit 30. 1912. Bd. 2. Nr. 48. 830–831).

Sekundärliteratur: H. Wolff: Heinrich Schulz, 1872–1932. Ein Leben im Spannungsfelde zwischen Pädagogik und Politik (in: Bremisches Jahrbuch 48. 1962. 319–374).

Gisela Wilkending

Schulz, Wilhelm

*Illustrator und Bilderbuchautor; *23.12.1865 Lüneburg, †16.3.1952 München.*

Sch. studierte an den Kunstgewerbeschulen in Hamburg, Berlin, Karlsruhe und München, wo er sich niederließ. Seit 1897 war er ständiger Mitarbeiter der Münchener Wochenzeitschrift „Simplizissimus“. Er stellte 1940 im Lenbachhaus (München) und 1942 im Wandrahm-Museum in Lüneburg aus. Nach seinem Tod fand 1953 in seiner Geburtsstadt eine Gedächtnisausstellung statt.

Werk, Tendenzen, Wirkung. Sch. stattete eine Reihe von Kinderbüchern aus, so B. von Beelows „Aprilwetter“ ([2]1895) und „Sonnenstäubchen“ (1895), Anatole Frances „Bienchen“ (1900) oder Selma Lagerlöfs „Wunderbare Reise des kleinen Nils Holgersson mit den Wildgänsen“ (1909). Mit seinen Bildern zum „Prutzeltopf“ (1904), einem Bilderbuch, zu dem er auch den Text verfaßt hat, gelang Sch. der große Wurf. Die Verse sind humoristisch verspielt mit irrationalen Zügen, der moralische Zeigefinger nicht allzu deutlich sichtbar. Stilistisch und qualitativ sind Sch.' Zeichnungen zum „Prutzeltopf“ mit den zeitgleichen, aber viel bekannteren Illustrationen Carl Hofers im „Rumpumpel“ (Paula Dehmel, 1903) und Karl F. Ed-

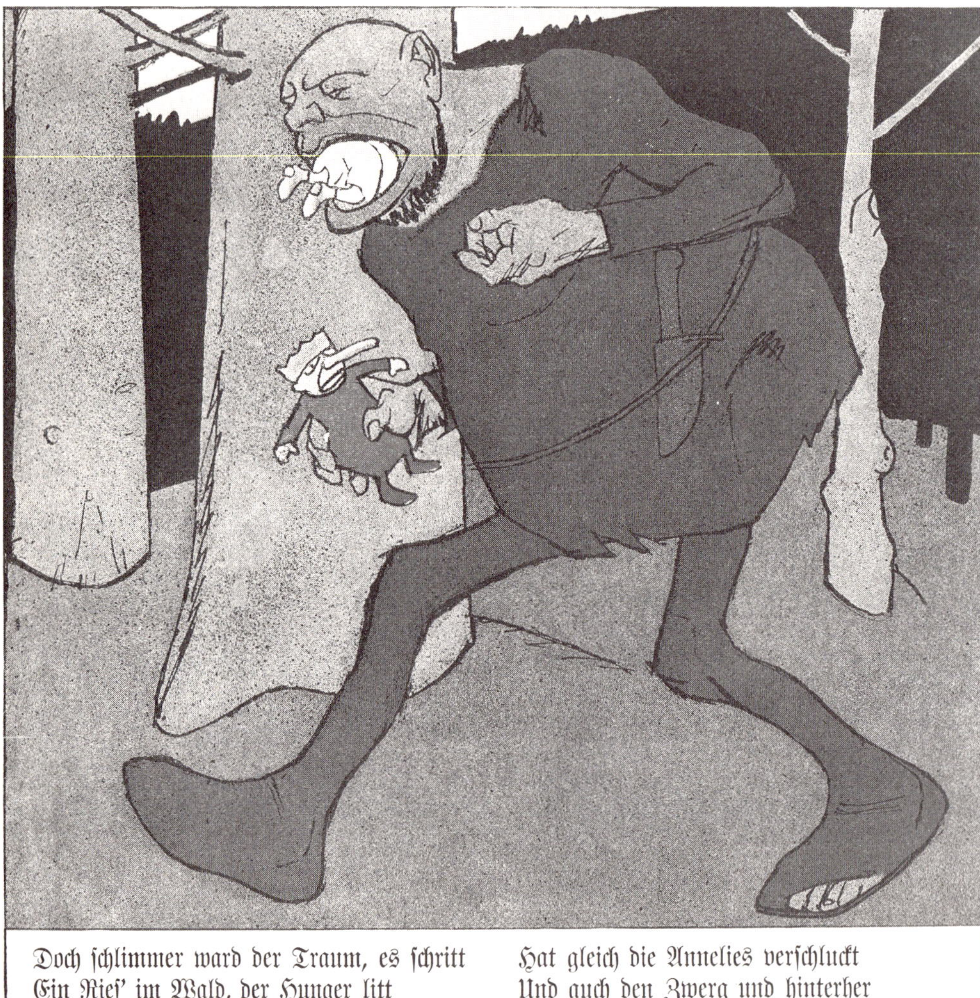

Doch ſchlimmer ward der Traum, es ſchritt
Ein Rieſ' im Wald, der Hunger litt
Der hat nicht lange erſt geguckt,
Hat gleich die Annelies verſchluckt
Und auch den Zwerg und hinterher
Den Dachs, den Fuchs, den Wolf, den Bär,

Wilhelm Schulz. Illustration und Verse aus dem Bilderbuch „Der Prutzeltopf“ (1904).

MUND VON FREYHOLDS „Der Buntscheck" (1904) in eine Reihe zu stellen. Ihr Charakteristikum ist eine großflächige, zarte Farbgebung und eine sehr expressive Konturierung, die die Figuren in frischer, ungekünstelter Naivität ganzheitlich zusammenfaßt. Ganz anders, aber ebenfalls reizvoll, sind Sch.' Kreidezeichnungen zu INA SEIDELS „Das wunderbare Geißleinbuch" (1925). Sie enthalten liebenswert karikierende Darstellungen und sind treffsicher mit leichter Hand hingeworfen. Erinnerungen an HONORÉ DAUMIER (1808–1879) werden wach. Ein weiteres, selbst verfaßtes Bilderbuch „Die liebe Eisenbahn" (1926) unterlag Tendenzen der zwanziger Jahre. Man neigte dazu, den Kindern eine romantisch verklärte, anthropomorphe Tier- und Pflanzenwelt vor Augen zu führen. Analog dazu versah Sch. die Eisenbahn in Text (Verse) und Bild mit menschlichen Zügen.
Der von Sch. geschaffene graphische Zyklus „Deutsche Städte" wurde im „Simplizissimus" (1905/1912) veröffentlicht.

Werke: B. v. Beelow: Sonnenstäubchen (1895); B. v. Beelow: Aprilwetter (^{2}1895); A. Langen (Hrsg.): Simplizissimus. Illustrierte Wochenschrift (1. 1896 ff.); A. France: Bienchen (1900); W. Schulz: Märchen. Bilder und Gedichte (1900); W. Schulz: Der Prutzeltopf (1904); W. Schulz: Der bunte Kranz (1908); W. Schulz: Alte deutsche Städtchen (1909); S. Lagerlöf: Wunderbare Reise des kleinen Nils Holgersson mit den Wildgänsen (1909); L. Thoma: Heilige Nacht (1917); I. Seidel: Das wunderbare Geißleinbuch (1925); W. Schulz: Die liebe Eisenbahn (1926, NA. 1941).

Sekundärliteratur: Kl. Doderer (Hrsg., zus. mit H. Müller): Das Bilderbuch (1973). – Fr. Schmalenbach: Jugendstil (1935).

Margund Claussen

Schweiggert, Alfons

*Sonderschullehrer, Kinderbuchautor und -illustrator; *11. 4. 1947 Altomünster/Oberbayern.*

Schw. fing mit 23 Jahren an, Kinderbücher zu schreiben und zu illustrieren. Seine Tätigkeit als Volks- und Sonderschullehrer, besonders der Umgang mit behinderten Kindern, motivierte ihn dazu. Schw., der seit 1971 etwa dreißig Bücher verfaßt hat, widmet sein Schaffen vor allem kleineren Kindern, gestaltet Bilderbücher, Erzählungen, Kurztexte und Reime. Einige Werke sind von ihm nur illustriert, einige auch ohne Text, z. B. „Tobis Turm" (1979). Weiterhin schrieb er Mundartgedichte und Lehrerhandbücher. Zahlreiche schriftstellerische Aufgaben (Beiträge in Anthologien, Mitarbeit an Fernsehsendungen, Lesungen im Rundfunk, auch Beiträge im satirischen Magazin „Pardon" seit 1974) und ein Lehrauftrag von 1973 bis 1979 an der Erziehungswissenschaftlichen Fakultät München („Bilderbuch-Seminar") gehören neben dem Schulunterricht zu seinem Tätigkeitsfeld. Schw. lebt in Lochham bei München.

Werk, Tendenzen, Wirkung. Schw. möchte in seinen Büchern in Bild und Text Mädchen und Jungen vom zweiten Lebensjahr an mit Spaß, Fröhlichkeit und

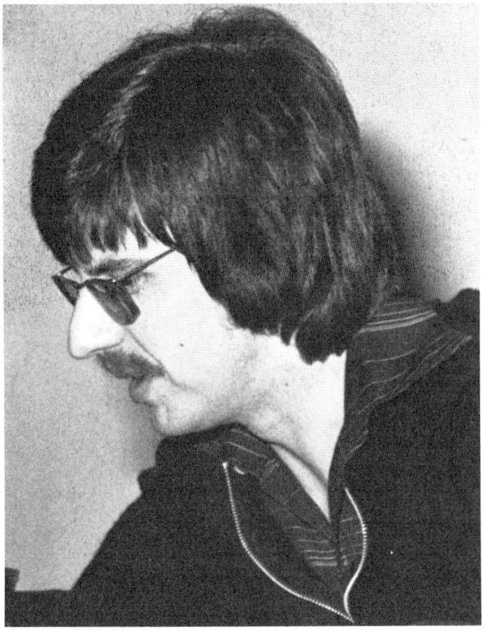

*Alfons Schweiggert (*1947)*

Eingehen auf kindliche Träume und Wünsche unterhalten. Besinnliche Züge – z. B. die Erinnerung an die Grenzen menschlicher Kraft vor Gottes Allmacht („Simsalabim", 1980), an die Angst und ihre Überwindung („Schwarzer Mann", 1971) – zeugen von dem Versuch, eine letztlich heitere, geborgene Kinderwelt literarisch-illustrativ zu errichten. Schw. kann anschaulich und kindgemäß in kurzen Sätzen erzählen, verlegt in der Regel die Geschichten in die Umgebung des Kleinkindes, ist zu Sprachspielereien gern bereit (Nonsense-Verse) und auch zu kindertümlichen Ausdrücken („Kikeriki", „Miau", „Wau-wau", „I-aa"). Schimpfwörter („Mistrübe", „Klaufritze") sind – wenn sie vorkommen – im Grunde harmlos.
In seinen Illustrationen herrschen helle, fröhliche Farben, deutliche Konturen, karikaturistische Übertreibungen und humorvolle Szenen ohne Anspruch auf Hintergründigkeit vor. Die phantastischen Tierfiguren in dem Bilderbuch „Alfi, der Superpiep" (1974) tauchen in Comic-Manier – Donald Duck verwandt – auf und können sprechen, singen, schimpfen oder gar schwitzen. Schw. möchte mit Text und Bild nicht nur unterhalten, sondern auch zu spielerischem Lernen und freierem Phantasieren und Fabulieren anregen.

Werke: Schwarzer Mann (1971); Teddybär und Junikäfer (1974); Alfi, der Superpiep (1974); Wer viel fragt, kriegt viel gesagt (zus. mit Chr. Meckel, 1974); Zauber-Carlo (1974); Nasenbohrer (1975); Straßenbahn 1. Klasse (zus. mit A. Fechner, 1975); Auch ein Elefant fängt klein an (zus. mit A. Fechner, 1975); Zwiesel, Zwiedel, Poliwar (zus. mit M. Koci, 1975); D' Karwoch (1975); Zoogeschichten (zus. mit E. Emhardt, 1975); Schwarzweiße Geschichten (zus. mit W.

Blecher, 1976); Kreuzundquer und weristwer (zus. mit W. Blecher, 1976); Seht, wie die Zeit vergeht! Kalenderbuch für Kinder (zus. mit anderen, 1976); Kinder erleben das Jahr (zus. mit E. Emhardt, 1976); Allerlei Beine (zus. mit A. Fechner, 1977); Das Affodil (zus. mit W. Blecher, 1977); Im Zirkus Mikemakemaunz (zus. mit A. Fechner, 1978); Gauner, Gangster und Ganoven (1978); Die Kindheit Jesu (1978); Der blaue Löwe und unsere Heimat (zus. mit E. Meier-Albert, 1978); Wir spielen Geschichten (zus. mit E. Meier-Albert, Bd. 1–3. 1978), Deutschunterricht – in der Praxis erprobt (zus. mit M. Winzer und H. Wirth, Bd. 1–2. 1978); Tobis Turm (1979); Das Badewannen-Buch (1979); Bildergeschichten – neu. Zur Ausdruckserziehung in den Jahrgangsstufen 3 und 4 (Heft 1–2, zus. mit Fr. X. Riedl, 1979); Eva bekommt einen Goldhamster (1980); Simsalabim (1980); Das Löcherbuch (1980); Der blaue Löwe im Straßenverkehr (1980); Sachunterricht – In der Praxis erprobt (zus. mit M. Winzer und H. Wirth, 1980); Mein Dauerkalender (1980).

Illustrationen: D. Jannausch: Das Klabauterlottchen (1975); M. Colpert: Sag mir, wo die Blumen sind (1980).

Hrsg.: Granthuaba. 166 bayrische Sprüch! (1978).

Erich Gerhard

Schweizerischer Bund für Jugendliteratur

Der S. B. J. ist eine zentrale Dokumentations-, Informations- und Koordinationsstelle für das Jugendbuchwesen und bildet gleichzeitig die Sektion Schweiz des Internationalen Kuratoriums für das Jugendbuch (IBBY). Sitz des Bundes ist Bern.

Gründung und Organisation. Angeregt durch die Gründung des Internationalen Kuratoriums für das Jugendbuch wurde der S.B.J. 1954 mit der Absicht gegründet, alle Initiativen, die sich in der Schweiz für das gute Jugendbuch einsetzen, zu koordinieren. Die Leitung des Bundes haben Peter Schuler (Präsident) und Werner Lässer (Zentralsekretär). Zur Zeit hat der Bund rund 5700 Mitglieder (Einzel- und Kollektivmitglieder sowie Förderer). Die Finanzierung erfolgt durch Mitgliederbeiträge, Kantonsbeiträge und durch Einnahmen aus einer Karten- und Posteraktion.

Der S.B.J. möchte die Verbreitung wertvoller Jugendliteratur fördern und für die Jugend ungeeignete Literatur bekämpfen. Dabei strebt er die Zusammenarbeit mit ähnlich ausgerichteten Vereinigungen an.

Der S.B.J. ist in erster Linie eine Zentralstelle für Dokumentation, in der alle Publikationen zu Fragen der Jugendliteratur gesammelt werden: Bücher, Artikel, Sonderdrucke, Erhebungen und gesetzgeberische Maßnahmen zum Jugendbuchwesen. Gleichzeitig hat der S.B.J. die Funktion einer Auskunfts- und Informationsstelle für Fragen auf jugendliterarischem Gebiet. Der Auskunftsdienst wird von öffentlichen Institutionen und privaten Interessenten in Anspruch genommen.

Der S.B.J. gibt die vierteljährlich erscheinende Fachzeitschrift „Jugendliteratur" heraus und fördert die Verbreitung von Buchempfehlungslisten: „Das Buch für Dich", das von der Kantongruppe Zürich unter Mitarbeit der meisten deutsch-schweizerischen Jugendschriftenkommissionen herausgegeben wird. Weitere Verzeichnisse sind: „Le livre pour toi" und „il libro per voi" (mit Empfehlungen in französischer und italienischer Sprache), die Broschüre „Empfehlenswerte neue Jugendbücher" (sie enthält die im Vorjahr in der „Schweizer Schule" erschienenen Besprechungen und wird von der Schweizerischen Katholischen Arbeitsgemeinschaft für das Jugendschriftenwesen herausgegeben), das Verzeichnis der Hefte des Schweizerischen Jugendschriftenwerks, das Verzeichnis der Hefte der „Guten Schriften". Außerdem gibt der S.B.J. Jahrbücher mit Leseproben aus Kinder- und Jugendbüchern heraus (zusammengestellt von der Kantongruppe Zürich) und bietet Porträts von Autoren und Illustratoren sowie Arbeitspläne für den Unterricht mit Kinderbüchern an. Für Veranstaltungen über Jugendbücher hat der S.B.J. ein Referentenverzeichnis zusammengestellt, außerdem können Tonbildreihen zu verschiedenen jugendliterarischen Themen ausgeliehen werden.

Im April 1967 beschlossen die Vertreter der wichtigsten schweizerischen Jugendliteraturorganisationen die Errichtung einer Koordinationsstelle für Jugendliteraturfragen und beauftragten den S.B.J. mit ihrer Führung. Die Koordinationsstelle hat folgende Aufgaben: Gegenseitige Beratung und Orientierung, Ausschaltung von Doppelspurigkeiten, Mittelbeschaffung und Lösung neuer Aufgaben. Der Koordination aller Aktivitäten zur Förderung der Jugendliteratur dient auch die Organisation und Durchführung von Veranstaltungen und Tagungen. So veranstaltet der S.B.J. zusammen mit anderen schweizerischen Organisationen jedes Frühjahr die Schweizerische Jugendbuchtagung und führt jeweils im November die Schweizerische Jugendbuchwoche durch.

H. D.

Sedlacek, Robert

*Graphiker, Illustrator, Lehrer; *23.7.1881 Wien, †15.6.1957 Wien.*

Nach der Schulzeit und einem einjährigen Studium an der Technischen Hochschule in Wien wurde S. von 1900 bis 1904 bei Sigmund L'Allemand an der Akademie der Bildenden Künste in Wien ausgebildet. Seit 1904 war er Mittelschullehrer in Wien. S. war verheiratet, hatte einen Sohn und gehörte nach dem Zweiten Weltkrieg von 1945 bis 1952 der Berufsvereinigung der bildenden Künstler (Gruppe Graphiker) an. Er arbeitete als Graphiker für die Industrie (u.a. Reklamearbeiten für „4711") und illustrierte mehr als 200 Bücher. Weiterhin stammen Genrebilder und Porträts von ihm. Er war Mitarbeiter der „Muskete" und der „Lustigen Blätter" und gab Kunstblätter in Zürich (Künzli) und Wien (Munk) heraus.

Werk, Tendenzen, Wirkung. S. hat in der Kinderliteratur durch seine Illustrationen zur Mädchenbuchreihe „Nesthäkchen" von Else Ury (1877–1943) besondere

Robert Sedlacek. „Annemarie trat an den Frühstückstisch. Bei ihrem Nahen hob Dr. Hartenstein den Kopf von der Zeitung und sah seine Frau liebevoll an." Beide Illustrationen zu dieser Textstelle aus Else Urys „Nesthäkchen und ihre Küken" sind von Sedlacek, die linke aus einer Ausgabe von 1923, die rechte aus einer nach 1930. Die Anpassung in Kleidung und Haltung an den Zeitgeschmack ist deutlich zu erkennen.

Bedeutung erlangt. Die weitverbreiteten und vielfach aufgelegten Bände sind von S. in der Originalausgabe und späterhin mit farbigen, ganzseitigen Glanzdruckblättern und zum Teil auch mit schwarzweißen Federzeichnungen ausgestattet worden. Während die Federzeichnungen sich fast ausschließlich auf bewegte und humorvoll übertriebene Figurendarstellungen (z.B. Kinder spielen Ringelreihen; Begegnung der dicken Köchin mit dem Schornsteinfeger; eine Puppe fällt ins Wasser; die Schrecksekunde wegen des blutenden Fingers usw.) beschränken – ein Hintergrund wird in der Regel nicht angegeben –, überträgt S. auf den Farbblättern den Stil realistischer, trivialer Ölmalerei der zwanziger und dreißiger Jahre auf die Buchillustration. Szenen der Textvorlagen werden möglichst genau ausgemalt, so z.B. die Stelle: „Annemarie trat an den Frühstückstisch. Bei ihrem Nahen hob Doktor Hartenstein den Kopf von der Zeitung und sah seine Frau liebevoll an". S. benutzt diese Sätze, um großbürgerliches Milieu (Schaukelstühle, fein gedeckter Tisch auf einer marquisenüberdachten Veranda, Blick in einen lichten, sonnenbeschienenen, weiträumigen Garten) und vornehm elegant sich bewegende Menschen darzustellen. Insgesamt bevorzugt S. – im Stil grobflächiger Reklamekunst der zwanziger und dreißiger Jahre – weite Landschaften mit – trotz angedeuteter Bewegung – steif wirkenden Personengruppen im Vorder- und Mittelgrund, luftbewegte Gewänder, graziöse, zurückhaltende Gesten, auch Straßenszenen und Interieurs mit Menschen, die sich theatralisch aufführen. Sein Strich ist großzügig, an Farbe bevorzugt er teils helle Gelb-, Grün- und Blautöne, teils auch Grautöne mit Grün und Rot. Offensichtlich orientierte sich S. an impressionistischen Vorbildern, brachte jedoch nur eine dem Stil von Modejournalen entsprechende Leistung zustande. Er hat seine eigenen Illustrationen in späteren Ausgaben verändert, d.h. dem Stil der jeweiligen Zeit in Farbgebung und Kleidung der Figuren angepaßt.

Werke: E. Ury: Baumeisters Rangen (zus. mit E. Grace, 1910); E. Ury: Nesthäkchens Backfischzeit (1920); E. Ury: Nesthäkchen fliegt aus dem Nest (1921); E. Ury: Nesthäkchen im Kinderheim (1922); E. Ury: Nesthäkchen und der Weltkrieg (1922); E. Ury: Nesthäkchen und ihre Puppen (1923); E. Ury: Nesthäkchen und ihre Küken (1923); E. Ury: Bubi und Mädi (1923); E. Ury: Nesthäkchen und ihre Enkel (1924); E. Ury: Flüchtlingskinder (1924); E. Ury: Nesthäkchens Jüngste (1924); E. Ury: Nesthäkchen im weißen Haar (1925); E. Ury: Professors Zwillinge in Italien (1927); E. Ury: Professors Zwillinge. Von der Schulbank ins Leben (1930).

Erich Gerhard/Ernst Seibert

Der Seele Trost

„Der Seele Trost" wird in der Kinderliteraturgeschichtsschreibung häufig als das erste tatsächlich für Kinder bestimmte Werk bezeichnet.

Geschichte, Überlieferung und Gestalt. „Der Seele Trost" entstand Mitte des 14. Jahrhunderts und ist in mehr als dreißig Handschriften überliefert, das Original ist nicht mehr vorhanden. Es ist zwischen dem „Großen" und dem „Kleinen Seelentrost" zu unterscheiden. Diese Bezeichnungen tauchen bereits in den ersten Drucken (Köln 1474, Augsburg 1478) auf. „Der Seele Trost" war als ein umfassendes Lehrwerk geplant. In der Einleitung zum „Großen Seelentrost" verspricht der Verfasser die Zehn Gebote, die sieben Sakramente, die acht Seligkeiten, die Werke der Barmherzigkeit, die neun fremden Sünden, die sieben Freuden der Maria, die sieben Tagzeiten, die sieben Gaben des heiligen Geistes, die sieben Todsünden und die sieben Haupttugenden in seinem Buch zu behandeln. Der „Große Seelentrost" enthält jedoch nur die zehn Gebote sowie die sieben Freuden Marias und die sieben Tagzeiten, die unter dem dritten Gebot behandelt werden. Die anderen Katechismusstoffe wurden von anderen Verfassern nach dem Vorbild des „Großen Seelentrost" bearbeitet und im „Kleinen Seelentrost" zusammengefaßt. Der „Kleine Seelentrost" ist in zehn separaten Handschriften überliefert. Einigen überlieferten Handschriften des „Großen Seelentrost" ist er angefügt. Der „Große Seelentrost" erläutert die Zehn Gebote in Form eines Gesprächs zwischen einem geistlichen Vater und einem Kinde. Die einzelnen Gebote werden durch 250 Erzählungen, Exempel, Legenden und 50 Abhandlungen erläutert. Der Verfasser wollte damit ein unterhaltendes Erbauungsbuch schaffen, um die weltliche Lektüre zu verdrängen: „Ichteswelke lude leset boke van Persevalen vnd van Irestram vnde hern Didericke van den Berne van den olden hunen, de der werlde denden vnde nicht gode".

Der Aufbau des „Seelen Trostes" ist folgender: Das Kind bittet den Vater, ihn das Gebot zu lehren. Der Vater nennt das Gebot und fügt zur Erläuterung Exempel, Legenden und Historien an. Zwischen den einzelnen Geschichten erfolgt oft eine Ermahnung an das Kind sowie eine Zusammenfassung der Moral der Geschichte. Stets wird das Kind angesprochen. An vielen Stellen fragt das Kind, und der Vater erzählt als Antwort eine Geschichte. Der unbekannte Verfasser verband die Exempel mittels eines durchlaufenden Kommentars, erzählte gewandt und hielt einen einheitlichen Erzählstil durch. Als Quellen wurden neben dem Alten Testament vor allem Exempelsammlungen, Historienbibeln und Legenden benutzt. „Der Seele Trost" steht in der Tradition der katechetischen Schriften. Er blieb wohl den Geistlichen für den Katechismusunterricht und als Exempelsammlung für Predigten vorbehalten. Wo er lesekundigen Kindern in die Hände geriet, wird er ihnen auch als Lektüre gedient haben. Zwischen 1474 und 1500 wurden 13 Ausgaben von zehn verschiedenen Druckern hergestellt. Bis 1568 erschienen weitere 12 Ausgaben, die letzte 1759. Die Drucke sind oft mit Holzschnitten geschmückt.

→ Katechismus für Kinder

Sekundärliteratur: A. Hübner: „Seelentrost" (in: K. Langosch (Hrsg.): Die deutsche Literatur des Mittelalters. Verfasserlexikon. Bd. 4. 1953. Sp. 147–150). – G. Reidemeister: Die Überlieferung des Seelentrostes (Diss. 1915). – M. Schmitt (Hrsg.): Der Große Seelentrost. Ein niederdeutsches Erbauungsbuch des 14. Jahrhunderts (1959). – H. Wegehaupt: Vorstufen und Vorläufer der deutschen Kinder- und Jugendliteratur bis in die Mitte des 18. Jahrhunderts (Studien zur Geschichte der deutschen Kinder- und Jugendliteratur. Bd. 1. 1977).

Heinz Wegehaupt

Seemann, August Nathanael Friedrich

*Erzieher, Jugendbuchautor; *16. 8. 1769 Frankfurt an der Oder, †4. 4. 1825 Wiesbaden.*

S., Sohn eines Geistlichen, studierte Philologie, Geschichte, die schönen Wissenschaften und daneben Theologie. Er war bis 1803 Hauslehrer bei dem Hofmarschall VON MASSOW in Berlin und Steinhöfel. Ein schweres Augenleiden und eine langwierige Hauterkrankung zwangen S. zu wiederholten Kuraufenthalten. Die Winter verbrachte er in Halberstadt und Berlin. Zuletzt lebte S. in Wiesbaden. Er war befreundet mit dem Gymnasiallehrer, Professor und Jugendbuchautor CHRISTIAN WILHELM SPIEKER (1780–1858), der aus Brandenburg an der Havel stammte. SPIEKER war von S.s Büchern überzeugt und gab einige heraus, weil diese „kein Jüngling und keine Jungfrau ohne vielfache Belehrung zum Guten aus den Händen legen wird" (Vorrede zu „Albert und Eugenie", 1824). Eine ähnliche Anerkennung erfuhr S. durch FRIEDRICH PHILIPP WILMSEN (1770–1831). Angaben zu S.s Biographie teilt der Herausgeber der Bildungsgeschichte „Die Familie Otto" (1825), S.s Freund CHR. W. SPIEKER, im Vorbericht mit.

Werk, Tendenzen, Wirkung. Im Stile des BERNARDIN DE SAINT-PIERRE (1757–1814) wollte S. in „Albert und Eugenie" zur Versittlichung der Jugend ein Naturgemälde entwerfen. „Der Zweck dieser Schrift ist nicht, die Jugend zu zerstreuen, sondern sie zu sammeln, nicht ihre Seelenkräfte abzuspannen, sondern sie in Thätigkeit zu setzen, nicht sie durch vieles Moralisieren und Predigen zu langweilen, sondern ihr richtige Ansichten von dem Werth und der Bestimmung des Lebens beizubringen" (Vorrede). In seinen Schriften ist S. ein typischer Vertreter der Aufklärungsliteratur. Sein Motto lautete „allseitige Bildung des Menschen" (Vorwort zu „Denk- und Leseübung", 1819) durch vernunftgemäße und naturgemäße Erziehung. Dementsprechend geben seine Geschichten vorbildhafte Begebenheiten aus dem täglichen Leben wieder. Sie sind meist in sokratisierendem Stil abgefaßt. Durch die fiktiven Lehr- und Lerngestalten sollte der Identifikationsprozeß beschleunigt und der direkte Nachvollzug motiviert werden. Für Inhalt und Form seiner Erzählungen fand S. Vorbilder in den frühen Periodica für Kinder, wie sie JOHANN CHRISTOPH ADELUNG (1732–1806), CHRISTIAN FELIX WEISSE (1726–1804) und JOACHIM HEINRICH CAMPE (1746–1818) vorgelegt haben.

Werke: Blumen und Früchte zum Geschenk für die Jugend beim Antritt des 19. Jahrhunderts (1800); Neujahrs-Angebinde für gute Kinder auf das Jahr 1802 (1801; NA. u.d.T.: Blumenlese für gute Kinder, 1816); Bruder und Schwester. Ein Unterhaltungsbuch für Knaben und Mädchen von 8–12 Jahren (1818); Kleine Natur- und Sittengemälde zur Denk- und Leseübung für Knaben und Mädchen (1819); Darstellungen aus der Jugendwelt. Eine Geschichte für Knaben und Mädchen (1821, [2]1832); Albert und Eugenie. Eine Bildungsschrift für die reifere Jugend (1824); Die Familie Otto. Eine Bildungsgeschichte für Jünglinge und Jungfrauen (1825, [2]1832).

Reinhard Stach

Seidel, Ina

*Schriftstellerin; *15. 9. 1885 Halle (Saale), †2. 10. 1974 Ebenhausen b. München.*

S. war die Tochter eines Arztes und die Schwester des Schriftstellers WILLY SEIDEL (1887–1934). Sie heiratete ihren Vetter, den Pfarrer und Schriftsteller HEINRICH WOLFGANG SEIDEL (1876–1945) und lebte mit ihm in Berlin, in Eberswalde und in Starnberg am See. Ihr Werk umfaßt Lyrik, Novelle, Roman, Essay und autobiographischen Bericht. Sie empfing bedeutende Preise und Auszeichnungen, so die Goethe-Medaille 1932 und das Bundesverdienstkreuz Erster Klasse 1954. S. war Mitglied der Akademie der Schönen Künste (Berlin) und der Bayrischen Akademie der Schönen Künste (München).

Werk, Tendenzen, Wirkung. Aus dem umfangreichen lyrischen und epischen Werk S.s, die als eine Hauptvertreterin norddeutscher Erzählkunst gilt, wurden einzelne Gedichte, Novellen, Erzählungen und Romane besonders auch von Jugendlichen im Übergangsalter gelesen. Dazu gehören die Novelle „Die Fürstin reitet" (1926), die Erzählungen „Osel, Urd und Schummei" (1950) und vor allem der Roman „Das Wunschkind" (1930), der zahlreiche Auflagen erlebte und auf die jungen Generationen starke Anziehungskraft ausübte. Speziell für Kinder schrieb S. zwei kleinere Werke. So verfaßte sie den gereimten Text für das Bilderbuch „Familie Mutz" (1914), das – von EUGEN OSSWALD farbig illustriert – in der Reihe der Künstlerbilderbücher im Josef-Scholz-Verlag in Mainz erschien. In eingängigen Kinderreimen wird ein Tag der Bärenfamilie Mutz geschildert; die Erlebnisse der Bärenkinder bei einem Ausflug auf die Alm sind lebhaft ausgemalt, auch Lautmalerei ist gelegentlich einbezogen. Größere Bedeutung in der Kinderliteratur kommt der Märchen-Traum-Erzählung „Das wunderbare Geißleinbuch" zu, für die S. bekannte Märchen der Brüder GRIMM heiter umgestaltete. Das Buch erschien 1925 bei Perthes in Stuttgart mit dem erklärenden Untertitel „Neue Geschichten für Kinder, die die alten Märchen gut kennen" und der Widmung an ihren Sohn „Zuerst für Georg erzählt". Die Zeichnungen schuf WILHELM

Einband zu Ina Seidels Kinderbuch „Das wunderbare Geißleinbuch. Neue Geschichten für Kinder, die die alten Märchen gut kennen" (Stuttgart, Gotha 1925). Die Illustrationen sind von Wilhelm Schulz.

SCHULZ. Eine Neuausgabe erschien 1949 bei Ensslin & Laiblin, die bis 1962 nachgedruckt wurde. In Beantwortung vieler Kinderfragen an die alten Märchentexte erzählt S. in ihrem Geißleinbuch von einem Kind unserer Tage, das die sieben Geißlein und ihre Mutter besucht und dabei andere Figuren aus den GRIMMschen Märchen trifft, ohne daß Hexerei, Zauberei, Zorn oder Strafen die vergnüglichen Erlebnisse stören. Mit dem Geißbock als Vater der Familie Geiß verknüpft S. altgermanische Mythen: Er ist einer der Ziegenböcke, die Thors Wagen im Gewitter über den Himmel ziehen. S.s „Wunderbares Geißleinbuch" stellt einen frühen Versuch dar, die überlieferten und von den Brüdern GRIMM in feste Form gebrachten Märchen aufzulokkern und ihre Motive in heiter-phantastische Erzählungen für Kinder umzusetzen.

Werke (Auswahl): Gedichte (1914); Familie Mutz (1914, NA. 1921); Neben der Trommel her. Gedichte (1915); Weltinnigkeit. Gedichte (1918); Die Fürstin reitet (1926); Das wunderbare Geißleinbuch (1925, NA. 1949); Renee und Rainer (1928); Das Wunschkind (1930); Meine Kindheit und Jugend (1935); Lennacker (1938); Unser Freund Peregrin (1940); Osel, Urd und Schummei (1950); Vor Tau und Tag (1962); Lebensbericht (1970).

Sekundärliteratur: K. A. Horst: Ina Seidel (1956).

Margarete Dierks

Selber, Martin

*Verfasser von Romanen, Theatertexten und Drehbüchern, Kinder- und Jugendbuchautor; *27.2.1924 Dresden.*

S. wuchs in Berlin auf. Nach Abschluß der Schule lernte und arbeitete er in der Verwaltung, war vier Jahre Soldat und geriet in sowjetische Kriegsgefangenschaft, aus der er 1945 entlassen wurde. Seitdem wohnt S. im Bezirk Magdeburg (DDR). Nach Kriegsende war er als Gemeindeangestellter und Musiker tätig. S. besuchte eine Schauspielschule; 1949 erschien seine erste Veröffentlichung „Das Werk", ein Laienspieltext. S. schrieb über 40 umfangreichere Publikationen: Erzählungen, Romane, populärwissenschaftliche Kinderbücher, dramatische Texte und Vorlagen für die Bühne, eine „Musikalische Komödie" und Fernsehspiele. Hinzu kommen Gedichte und Kurzprosa, Lied- und Chansontexte sowie Kabarettbeiträge. Adressaten sind überwiegend Kinder und Jugendliche, ein Teil der Texte ist für erwachsene Leser konzipiert.

*Martin Selber (*1924)*

Werk, Tendenzen, Wirkung. Einige der Kinder- und Jugendbücher S.s sind in der Bundesrepublik Deutschland als Lizenzausgaben erschienen und repräsentieren in ihrer Mehrzahl einen Typus Abenteuerbuch, der in der westdeutschen Kinder- und Jugendliteratur nur selten realisiert wurde. Handlung und Entwicklung der Problematik spielen sich vor einem konkreten historischen Hintergrund ab, ergeben sich aus einer spezifischen gesellschaftlichen Situation. Das Spektrum der verarbeiteten geschichtlichen Episoden reicht dabei vom ausgehenden Mittelalter (Faustrecht, 1973) bis in die Zeit des Nationalsozialismus (Geheimkurier A, 1976). Vor dem Leser wird jeweils ein unterschiedlich eng gestaltetes Geflecht historischer Fakten ausgebreitet; es werden Informationen vermittelt, die Geschichte nicht als quasi neutrale Staffage mißverstehen lassen. S. erzählt von Unrecht, Ausbeutung und der Durchsetzung von Machtinteressen. Zugrunde liegen gewachsene, dabei ungerechte soziale Verhältnisse und Rollenverteilungen, so etwa die menschenverachtende Profitjagd mit und auf Segelschiffen des vorigen Jahrhunderts (Die Sklavenhändler, 1968; Das Klippergespenst, 1970), die kriegerischen Auseinandersetzungen der Herrschenden im Mittelalter, die allemal zu Lasten der Abhängigen verliefen (Faustrecht, 1973) oder aber die Erlebnisse eines Jungen nach 1933, der als Helfer eines verfolgten Gewerkschaftssekretärs erleben muß, wie sich sein Bild von den Bewohnern eines Dorfes mit den veränderten politischen Verhältnissen wandelt. Ein Kapitel aus der Geschichte des Kolonialismus wird schwerpunktmäßig am Beispiel deutscher Politik in Südwestafrika während des 19. Jahrhunderts in „Hendrik Witbooi" (1974) dargestellt. Imperialistische Bestrebungen der Großmächte klingen auch in anderen Erzählungen von S. an (... und das Eis bleibt stumm, 1955; Unter Robbenfängern und Weltumseglern, 1978), vertieft werden hier jedoch eher im personalen Bereich liegende Probleme.

Die Romane S.s zeichnen sich durch klar gebaute, zumeist einsträngige Handlungsabläufe aus. Die abenteuerliche Handlung selbst lebt von Motiven wie Flucht, Verfolgung, Sich-Verbergen-Müssen, Entdekkungsfahrten ins Ungewisse, das Durchleben gefahrvoller Situationen in der Natur oder gegen Erscheinungsformen struktureller Gewalt. Träger der Handlung sind oft Personen, die dem jungen Leser altersmäßig nahestehen und so die Identifikation erleichtern. In einigen Beispielen sind sie mit einem fast unrealistisch anmutenden Bewußtseinsstand und Reflexionsgrad ausgestattet. Diese Charakterisierung ergibt sich aus der ihnen zugedachten Funktion. Sie sind Berichterstatter einer spezifischen historischen Epoche und weisen zugleich Wege zur Überwindung der auftretenden sozialen Konflikte. Individueller Kampf gegen die Mächtigen nach Erkennen der politischen Zusammenhänge, die Suche nach geeigneten Partnern und das Engagement für Überzeugungsarbeit werden als Lösungen angeboten. Dabei können die in Richtung solidarisches Handeln weisenden Vorschläge nicht immer überzeugen, weil die Nebenfiguren nicht differenziert gestaltet sind. Der kritische Ansatz S.s bei der Analyse historischer Bedingungen, sein moderates Grundmuster an Handlungsvorschlägen zur Überwindung der gezeichneten Verhältnisse und die überzeugende Verbindung von interessanten Stoffen mit einer zur Lektüre anregenden literarischen Gestaltung haben einigen Titeln in der Bundesrepublik hohe Auflagen gebracht, unter anderem auch durch den Gebrauch als Klassenlektüre in Schulen.

Werke: Das Werk (1949); Mit Spulen, Draht und Morsetaste (1953); ... und das Eis bleibt stumm (1955, [8]1968); Das Trommelmädchen (1955); Mit Radio, Röhren und Lautsprecher (1955; auch u.d.T.: Mit Radio, Röhren und Transistoren, 1965); Käpt'n Hartwig (1956); Die Knechtschronik (1956); Deine Augen, liebes Kind (1957); Gold im Bärengrund (1957); Vier Räder und ein Zelt (1958); Eldorado (1959); Der karibische Feuerofen (1959); Mit Logbuch, Call und Funkstation (1959); Sommergewitter (1961); Wo der Sand die Spuren deckt (1964); Der Sozius mit der braunen Jacke (1966); Kalli fährt zum großen Treff (1966); Schiffbruch vor Feuerland (1966); Die Grashütte (1968; in der Bundesrepublik u.d.T.: Geheimkurier A, 1976); Die Falle des Konsuls Sann (1967); Die Sklavenhändler (1968); Atlantisches Rätsel (1969); DX-Pedition Geiser-Riff (1969); Er kam mit dem Herbstwind (1970); Das Klippergespenst (1970); Ein Schiff fährt nach Rangoon (1971; in der Bundesrepublik u.d.T.: Kurs Rangun, 1978); Die Flucht ins Tal der Schwalben (1972); Faustrecht (1973); Hendrik Witbooi (1974); Auch alte Uhren messen neue Zeit (1974); Verflucht, Sarmiento! (1976); König Lustick und sein Bauer (1976); Timm, der Landfahrer (1976; in der Bundesrepublik u.d.T.: Gefangen auf der Dumburg, 1980); Salz und Brot und gute Laune (1977); Unter Robbenfängern und Weltumseglern (1977); Die Geschichte der Clarissa S. (1980).

Sekundärliteratur: M. Dahrendorf: Martin Selbers Abenteuererzählungen oder: Klassenkampf als historisches Abenteuer (in: Informationen Jugendliteratur und Medien. 1977. 4. 56–58). – A. Ulrich: Der eine kapiert's früher, der andere kapiert's später (in: Informationen Jugendliteratur und Medien. 1978. 6. 82–85).

Peter Zimmermann

Seuberlich, H. Grit

*(d.i. H. Grit Hebsaker). Verlegerin, Lektorin, Kinder- und Jugendbuchautorin; *4.10.1929 Czernowitz/Rumänien.*

S. wuchs als Tochter eines Diplom-Forstingenieurs in Czernowitz auf. Die Atmosphäre und Toleranz dieser Vielvölkerstadt prägten ihre Kindheit entscheidend. Die mit dem Abitur abgeschlossene Gymnasialzeit verbrachte sie in Wien. S. studierte einige Semester Germanistik. Anfänglich journalistisch tätig (Theaterkritiken, Feuilleton), arbeitete sie später als Lektorin und Übersetzerin. Nach ihrer Heirat mit dem Verleger J. U. HEBSAKER wuchs S. immer mehr in die Verlagsarbeit hinein und widmete sich erneut dem Lektorat. Mit ihrem Mann ist sie Inhaberin und Leiterin des Ensslin- und Laiblin-Verlags.

Werk, Tendenzen, Wirkung. Der Mädchenroman „Annuzza im Maisfeld" (1958), S.s erstes Jugendbuch, kam 1959 auf die Auswahlliste des Deutschen Jugendbuchpreises. Es wurde ein „Longseller" des Verlagsprogramms, erreichte bis 1980 eine Auflage von mehr als einhunderttausend Exemplaren und wurde in neun Sprachen übersetzt. In dem Roman, der rumänisches Land- und Volksleben schildert, verarbeitete S. eigene Kindheitserlebnisse. Von den weiteren Publikationen erreichte die Umwelterzählung „Freundschaft fällt nicht vom Himmel" (1964) Bedeutung, die von den Schwierigkeiten eines aus Ungarn eingewanderten Jungen bei der Kontaktaufnahme mit Gleichaltrigen berichtet. S. konnte sich sowohl auf dem Sektor des Mädchenbuches (Mädchen im Glashaus, 1966), als auch als Erzählerin für das Erstlesealter (Das verwandelte Auto und andere Erzählungen, 1971) einen Namen machen. Sie hat wesentlichen Anteil am Aus- und Aufbau des Ensslin & Laiblin-Verlagsprogramms.

Werke: Annuzza im Maisfeld (1958, [6]1976); Niemand ist allein (1961); Nikolai und Furchtsam (1963); Freundschaft fällt nicht vom Himmel (1964); Wer kennt Pü? (1965); Mädchen im Glashaus (1966); Balabin (1968); Pippa und Pepe (1969); Nirgendwo und anderswo (1971); Das verwandelte Auto und andere Erzählungen (1971).

Hans Gärtner

Simmel, Johannes Mario

*Romanschriftsteller und Kinderbuchautor; *7.4.1924 Wien.*

S., ein ausgebildeter Chemotechniker, schrieb bereits als 17jähriger erste Erzählungen. Nach dem Zweiten Weltkrieg war er als Dolmetscher bei der amerikanischen Militärregierung für Österreich tätig und verfaßte seinen ersten Roman („Mich wundert, daß ich so fröhlich bin", 1949) sowie Kinderbücher, die 1976/1977 neu aufgelegt wurden. Nach längerer Arbeit für Illustrierte und als Drehbuchautor (z.B. „Robinson darf nicht sterben") gelang ihm mit „Der Schulfreund" (1958) und „Es muß nicht immer Kaviar sein" (1960) der Durchbruch zum Bestseller-Autor. Seitdem veröffentlicht er in regelmäßigen Abständen zum Massenerfolg prädestinierte Romane (unter anderem „Lieb Vaterland magst ruhig sein", 1965; „Hurra, wir leben noch", 1978).

Werk, Tendenzen, Wirkung. S.s Romane bieten eine vielfältige Verknüpfung verschiedenster Spielarten abenteuerlicher Literatur und bemühen sich um aktuelle Themen aus der sozialen Realität ihrer Leser. Sie entwerfen ein facettenreiches Abbild des Wertsystems, der Welterfahrung und der Tagträume ihrer Leser, in dem sich eine gewisse Unzufriedenheit mit der gesellschaftlichen Realität andeutet und sich gleichzeitig resignative und apolitische Tendenzen bestätigen. Der Autor verfolgt einen ausdrücklich formulierten didaktischen Anspruch, nach dem er den alten Tugenden der Vernunft, Humanität, Solidarität und Toleranz endlich zum Durchbruch verhelfen will. Dies sind auch die Erziehungsziele seiner Kinderbücher: Kinder sollen lernen, humane Verhaltensweisen anzuwenden. Ihre literarischen Vorbilder zeigen ihnen, wie man es macht, indem sie hilfsbereit, vernünftig, mitmenschlich, klug und umsichtig sind oder werden. Ihre Erfahrungen entsprechen denen der erwachsenen Helden, nur erreichen sie deren positiv bewertete Ziele auch. Die Kinderwelt erscheint als Gegenentwurf zur Erwachsenenwelt, existiert so aber nur losgelöst von ihr; mögliche von dort ausgehende Störungen kommen gar nicht erst zum Tragen. Die Lehren der Erzählungen erwachsen aus einer Handlung, in der sich Aktualität und literarische Tradition im Bezug auf die Wirklichkeit und tradierte Märchenmotive verbinden: technische Raffinessen und Schlaraffenland oder Hans im Glück erscheinen nebeneinander z.B. in der Geschichte Martins, der nach der Flucht aus dem Elternhaus an Menschen gerät, die ihm ein Leben im Überfluß zu ermöglichen scheinen, ihn aber gleichzeitig für ihre Verbrechen mißbrauchen („Meine Mutter darf es nie erfahren“, 1950).

Werke (Auswahl): Ein Autobus, groß wie die Welt (1947, NA. 1976); Weinen ist streng verboten (1948, NA. 1977); Meine Mutter darf es nie erfahren (1950, NA. 1976); Von Drachen, Königskindern und guten Geistern. Sagen unserer Heimat. Für die Jugend zusammengestellt (1950).

Sekundärliteratur: H. Brüggemann: Johannes Mario Simmel. Deutsche Ideologie als Roman (in: H. L. Arnold (Hrsg.): Deutsche Bestseller – Deutsche Ideologie. Ansätze zu einer Verbraucherpoetik. 1975. 62–89). – I. Hillmann: Johannes Mario Simmel. ‚Und Jimmy ging zum Regenbogen‘ (in: M. Brauneck (Hrsg.): Der deutsche Roman im 20. Jahrhundert. Analysen und Materialien zur Theorie und Soziologie des Romans. Bd. 2. 1976. 420–437). – B. Neumann: Rebellion und Unterwerfung. Versuch, Johannes Mario Simmel und seinen Erfolg zu verstehen (in: R. Grimm (Hrsg. zus. mit J. Hermand): Basis. Jahrbuch für deutsche Gegenwartsliteratur. Bd. 7. 1977. 156–181). – J. Peters: Hier bedient Sie Herr Simmel (in: die horen. 195. 1974. 93–101). – M. Schmiedt-Schomaker: Ein Bestsellerautor schreibt Kinderbücher (in: die horen. 108. 1977. 91–93); Johannes Mario Simmel als Bestseller-Autor (1979). – A. Weber: Das Phänomen Simmel. Zur Rezeption eines Bestseller-Autors unter Schülern und im Literaturunterricht (1977).

Monika Schmiedt-Schomaker

Skarbina, Helmut

*Maler, Graphiker; *24.9.1888 Berlin.*

Über Sk. (nicht zu verwechseln mit dem berühmten Maler FRANZ SKARBINA, 1849–1910) ist nur wenig bekannt. Er studierte an der Berliner Akademie und war Mitglied des Reichsverbandes bildender Künstler Deutschlands (Berlin).

Werk, Tendenzen, Wirkung. Unter den Illustrationsarbeiten Sk.s sind die Federzeichnungen zu der im Stalling-Verlag (Oldenburg) erschienenen Ausgabe des Nibelungenliedes hervorzuheben. Sie wirken fast wie Holzschnitte. Auch seine Illustrationen zu WILL VESPERS „Ulenspiegel“ sind beachtenswert. Weniger gelungen sind die Bilder zu K. OHLENDORFFS „Möpschen hat Zahnschmerzen“ (1928), einem Hundebilderbuch, das mit seiner stark vermenschlichenden Geschichte in die weitere Nachfolge von FRITZ KOCH-GOTHAS „Häschenschule“ (1924) gehört. Die kitschig-sentimentalen Szenen des Textes finden ihren bildlichen Niederschlag in Sk.s Darstellungen. Es wird in der Kostümierung der Figuren weder an Farben noch an modischen Accessoires gespart. In den Farben ansprechender sind Sk.s Illustrationen zu einer unter dem Titel „Der kleine schwarze Sambo“ 1928 erschienenen deutschen Ausgabe von H. BANNERMANS 1899 zuerst erschienenem „Little black Sambo“, ebenfalls ein Bilderbuch mit anthropomorphen Zügen und voller kolonialistischem Gehalt.

In den sehr verspielten Darstellungen Sk.s klingen dekorative Stilelemente des Jugendstils nach.

Werke: W. Vesper (Hrsg.): Ein kurzweilig Lesen vom Till Eulenspiegel (1923); K. Hobrecker (Hrsg.): Wer will mir mit frischen Backen diese schönen Nüsse knacken? (1926; auch u.d.T.: Das Rätsel-Bilderbuch, 1942); K. Hobrecker (Hrsg.): Kommt herbei, suchen wir das Osterei (1926); H. Bannerman: Der kleine schwarze Sambo (1928); K. Ohlendorff: Möpschen hat Zahnschmerzen (1928); A. Sixtus: Das lustige Kasperle-Buch (1928); H. Skarbina: Wir fahren und reiten, womit und wohin (1928); M. Dingler: Die Wunderburg im Meer (1929); H. Skarbina: Unsere Soldaten (1934); A. Benary: Bilderbuch vom deutschen Heer (1935); Fr. G. Brustgi: Soldaten, Kameraden! (1937); F. Riemkasten: Die Hasensiedlung (1937); Frz. Karaisl v. Karais: Deutsche Straßenfibel (1937; auch u.d.T.: Die deutsche Straße, 1940).

Margund Claussen

Smith, Catriona
Smith, Ray

*(Ps.: Mr. & Mrs. Smith). Britische Bilderbuchillustratoren und -autoren; Catriona Sm. *28.6.1948 Edinburgh; Ray Sm. *8.3.1949 Harrow.*

CATRIONA Sm. verbrachte ihre Kindheit in Afrika. Von 1967 bis 1971 studierte sie am Cambridgeshire College of Arts and Technology. RAY Sm. studierte 1968 bis 1971 in Cambridge (Trinity Hall) und schloß mit dem Master of Arts ab. Er war als Englischlehrer, Designer und Filmemacher in Cambridge und London tätig, zeitweise auch als Lehrer an der Chelsea School of Art. Seit 1970 wurden seine Arbeiten wiederholt in Ausstellungen in England gezeigt. CATRIONA und RAY Sm. leben in London und haben zwei Kinder. 1978 erhielten sie den Deutschen Jugendbuchpreis für ihr erstes Bilderbuch „Der große Rutsch“ (engl. The long slide, 1977).

Werk, Tendenzen, Wirkung. Die zwei von den beiden Künstlern gemeinsam erdachten, illustrierten und mit kurzen Texten (Bildunterschriften) versehenen Bilderbücher setzen in eine realistische Umwelt drei Stofffiguren: einen Teddybären, einen Stoffhund und eine Handpuppe. Durch abenteuerliche Reisen in den Himmel („Der große Rutsch“) und auf dem Meeresgrund („Der tiefe Tauch“) erleben die Stoffwesen Phantastisches, sei es nun, daß sie mit einem Krebs zusammenstoßen, eine Revue von Seejungfrauen sehen und sich Fischstäbchen auf dem Meeresgrund braten, oder sei es daß Teddi, Schani und Koko eine unendlich lange Leiter hochklettern, dabei Vögeln, Wolken, Flugzeugen, aber auch „Hexen-g-geistern“ begegnen, ehe sie auf einer langen Rutschbahn unter einem Regenbogen hindurchschlittern und auf einer Wiese landen können. Beide

Bilderbücher enden wieder dort, wo sie anfingen. Ihre Verfasser lassen ihre Figuren das Leben schön finden. Die Bilder enthalten Witz, Phantasie und einen Sinn für kindernahe Surrealität. Die künstlerischen Mittel erinnern an die Pop-art. 1980 hat RAY Sm. ein Buch unter dem Titel „Jacko's play" herausgebracht.

Werke: The long slide (1977; dt. Der große Rutsch, 1977); The long dive (1978; dt. Der tiefe Tauch, 1978); Jacko's play (1980).

Erich Gerhard

Sørensen, Svend Otto

*(Ps.: Svend Otto S.). Dänischer Illustrator, Bilder- und Kinderbuchkünstler; *2. 6. 1916 Kopenhagen.*

S. wurde an einer Kunsthandwerkschule und in BESSY HOYERS Atelier ausgebildet, außerdem besuchte er in London die St. Martins School of Arts and Crafts. 1976 stand er auf der Empfehlungsliste zum Hans-Christian-Andersen-Preis, 1978 erhielt er ihn für sein Buch „Tim og Trine". Für „Sikken voldsom traengsel og alarm" zeichnete man ihn mit der BIB-Plakette in Bratislava (ČSSR) aus. S. lebt naturnah in Lejre, einer historischen Gegend in der Nähe von Kopenhagen.

Werk, Tendenzen, Wirkung. S. zählt zu den bedeutenden zeitgenössischen dänischen Illustratoren von Kinder- und Bilderbüchern. Von ihm stammen über 30 Bilderbücher, dazu illustrierte er mehrere hundert Kinderbücher und entwarf zahlreiche Buchumschläge. Er bedient sich häufig der Aquarell- und der Tuschtechnik. Seine Zeichnungen sind durch Detailreichtum und Freude an kleinen, für nichtig erachteten Dingen, die er voller Humor zeichnet, bestimmt. S.s Zeichnungen sind naturalistisch und bilden Menschen, Vögel, Fische, Bäume, Himmel und Landschaften ab. Sie gründen auf intensiven Naturstudien und zahlreichen vorbereitenden Skizzen, aber auch auf Erinnerungen. Durch die zarten, gefühlvollen Aquarellfarben und Schraffuren vermag S. eine intime Atmosphäre und ein intensives Leben sowie wechselnde Stimmungen schaffen. Das Licht hat bei ihm hervorragende Bedeutung, auch die Grautöne des Morgengrauens und der Abenddämmerung.
S. tritt zudem als Interpret von Volksmärchen und der Märchen von HANS CHRISTIAN ANDERSEN hervor. Er stellt menschliche Empfindungen wie Zorn, Angst, Freude und Sorge dar. Außerdem hat er ein eigenes Märchenuniversum mit überraschenden Sichtweisen und Pointen im Handlungsverlauf geschaffen.
Die menschlichen Charaktereigenschaften sind klar herausgeholt, auch wenn sie in Tiergestalt auftreten. S. bedient sich nie gewalttätiger Lösungen oder sentimentaler Effekte. Seine Bilder zu ANDERSENS Märchen korrespondieren in Form und Inhalt mit dem Text, so daß sie eine stilangemessene Begleitung darstellen.
S.s Bilderbücher sind durch knappen eigenen Text und farbengesättigte Aquarelle mit klaren, reinen Farbflächen oftmals mit effektvoller und reich variierter Komposition ausgezeichnet. „Tim og Trine" ist ein besonderes Troll-Buch. Es handelt vom Anderssein und der Fähigkeit damit zu leben, ohne sich gefährdet zu sehen oder herabgesetzt zu werden. „Mads og Milalik" erzählt von Grönland und der Freundschaft zwischen einem Jungen und seinem Hund und ihrem Leben in der freien Natur. Das Weihnachtsbuch „Sikken voldsom traengsel og alarm" schildert scharfsinnig die Gesellschaft der „guten, alten Zeit", wo Armut herrschte und zahllose Menschen in der Kälte leben und leiden mußten, während die Reichen in hellen Geschäften einkaufen konnten und in einer warmen Stube um den Weihnachtsbaum tanzten oder festlich gekleidet zur Weihnacht in die Kirche gingen. S. zeichnet sie alle: Krüppel, Straßenhändler, Waisen, Handwerker, Bürger. Ihm gelingt durch zahlreiche Abstufungen des Blaus, die Kälte vor allem im Gegensatz zu den leuchtenden Farben des Kaminfeuers sichtbar werden zu lassen. Mit diesem Bilderbuch gelang S. ein lebensvolles, engagiertes Zeitbild, das zugleich ein Stück Kulturgeschichtsschreibung über eine allzu leicht vergessene Periode ist.

Werke: Th. Bank Jensen: Da Sebastian lukkede for vandert (1967); H. Chr. Andersen: Grantraet (1968, NA. 1976); H. Chr. Andersen: Det gamle Huus (1970); J. u. W. Grimm: Rodhaette (1970); H. Chr. Andersen: Bornenes (1972); H. Chr. Andersen: Fyrtojet (1972); J. u. W. Grimm: Den bestovlede kat (1972); H. Chr. Andersen: Märchen. Eine Auswahl für Kinder (1973); Fr. Berliner: Kaninon (1973); J. u. W. Grimm: Tornerose (1973); J. u. W. Grimm: Stadsmusikanterne fra Bremen (1974; dt. Die Bremer Stadtmusikanten, 1977); H. Chr. Andersen: Den grimme aelling (1975; dt. Das häßliche Entlein, 1979); J. u. W. Grimm: Snehvide (1975); L. Hellsing: Det flyvende graeskar (1975); H. Peterson: Turen til morfar (1975); J. u. W. Grimm: Tommeliden (1976; dt. Der kleine Däumeling, 1976); Sv. O. Sørensen: Tin og Trine (1976; dt. Ein Tag im Land der Trolle, 1978); J. u. W. Grimm: Ulven og de syv gedekid (1977); Sv. O. Sørensen: Taxa-hunden Jesper (dt. Jasper, der Taxihund, 1979); P. Faber: Sikken voldsom traengsel og alarm (1978); R. Fisker: Peter Pjusk falder ud af reden (1978; dt. Der kleine Spatz, 1979); J. u. W. Grimm: Askepot (1978); K. Hare: Rufo og Helia (1978); R. Fisker: Peter Pjusk flyver bort (1979); J. u. W. Grimm: Den store eventyrbog (1979; dt. Die schönsten Märchen der Brüder Grimm, 1980); J. u. W. Grimm: Den tapre skraedder (1979); Sv. O. Sørensen: Mads og Milalik (1979; dt. Ein Schlittenhund für Mads. 1979); Sv. O. Sørensen: Weihnachten, wie es früher einmal war (1979); Sv. O. Sørensen: Helgis store dag (1980); P. Chr. Asbjørnsen/J. Moe: Pandekagen (1980).

Sekundärliteratur: J. Gormsen: An interview with Svend Otto Sørensen (in: Bookbird. 1979. 1. 6–12).

Jakob Gormsen

Sohnrey, Heinrich

*Sozialreformer, Anreger und Verfechter ländlicher Wohlfahrtspflege, Brauchtumsforscher, Volks- und Jugendschriftsteller; *19. 6. 1859 Jühnde (Solling), †26. 1. 1948 Neuhaus (Holzminden).*

S. stammte aus kleinbäuerlichen Verhältnissen. Er wurde 1879 Lehrer und vervollständigte später seine Bildung durch ein allerdings nicht abgeschlossenes

Universitätsstudium in Göttingen. Anschließend war er als angestellter Redakteur in Freiburg/Brsg. tätig. Seit 1889 lebte er als freier Publizist in Berlin, redigierte mehrere von ihm gegründete Zeitschriften („Das Land", „Die Dorfkirche") und eröffnete die „Deutsche Landbuchhandlung", die seine Werke verlegen und vertreiben sollte. Seine fruchtbarste Schaffenszeit, in der er über 50 publizistische, programmatische und organisatorische Unternehmungen einleitete und betreute, lag vor und nach dem Ersten Weltkrieg. Das Dritte Reich fand in ihm keinen Parteigänger trotz seiner Maxime: „Im Volkstum quillt der Saft der deutschen Lebenskraft!" Nach 1945 war seinem Werk die ideelle und reale Grundlage entzogen. S. war zweifacher Ehrendoktor und Honorarprofessor.

Werk, Tendenzen, Wirkung. S.s erzählende Schriften sind hauptsächlich im Zusammenhang mit seiner umfassenden Lebensaufgabe, der gesellschaftlich-politischen Mobilisierung des Landlebens zu bewerten, die jedoch in erster Linie einen mehr neutralistisch-bewahrenden, zu gemeinnützigem Tun auffordernden Charakter hatte. Was er wirtschaftspolitisch und erzieherisch im weitesten Sinn für notwendig hielt – dargelegt in seinem grundlegenden Werk „Wegweiser für ländliche Wohlfahrts- und Heimatpflege" (1900) – suchte er in begleitenden „dichterischen" Aussagen vorzubereiten oder auf die Ursprünge zurückzuführen. Mit der Gabe eines naiv plaudernden Kalendermannes ausgestattet, schrieb er gemütvolle, christlich-vaterländisch getönte „Walddorfgeschichten für große und kleine Leute" (so der Untertitel von „Hütte und Schloß"), die neben der hausväterlich gestimmten Unterhaltung gesinnungsbildende Absichten verfolgten. Seinen literarischen Gestalten (Friedesinchen, Philipp Dubenkropp, Grete Lenz, Wulf Alke) spielen die „Verhältnisse", die „Umstände" oft übel mit; sie ringen sich aber dennoch zu einem gütigen, lebensbewältigenden Menschentum, zu einer „Charakterstärke der Sittlichkeit" (HERBART) durch. Über ausgeprägte sprachkünstlerische Formkräfte verfügt S. nur in bescheidenem Maße. Die zumeist einsträngige Handlung, reichlich mit Brauchtumsschilderungen unterlegt, verläuft chronologisch und sucht nicht selten den Leser in Rührung zu versetzen. Sein liebenswürdig-argloser Humor mildert das gelegentlich schulmeisterliche Pathos und relativiert den nicht selten auftretenden schwärmerischen Irrationalismus. Sind seine „dem Volk" zugedachten größeren Erzählungen schon anspruchslose literarische Kost, so trifft dies auf die von S. ausdrücklich als Jugendbücher bezeichneten Erzeugnisse erst recht zu. Dazu gehören „Der Hirschreiter, ein deutsches Knaben- und Heldenbuch" (ausgestattet mit den zeitbedingten patriotischen Reverenzen) und die Auswahlbände der Dorfjugendgeschichten „Wenn die Sonne aufgeht" (1910) und „Draußen im Grünen" (1912). In diesen Büchern wird die Idealisierung des einfachen Lebens übertrieben. S. zeigt sich hier als purer Moralist und Epigone der spezifischen Jugendliteratur des 19. Jahrhunderts, der in seinen typischen Beispielgeschichten an das Gewissen und die Einsicht seiner stets jugendlichen Helden appelliert und den in Aussicht gestellten Lohn prompt folgen läßt. Seine Lyrik pendelt epigonisch zwischen M. CLAUDIUSscher Frömmigkeit und LÖNSscher Bodenständigkeit. Seine dramatischen Versuche bevorzugen das Genre zugkräftiger Volksstücke. Bleibende Bedeutung haben seine rein volkskundlichen Werke.
A. SOERGEL kennzeichnete (1911) S. als eine schlichte Erscheinung, die keinen tiefen Eindruck hinterlasse; indessen hat S. jahrzehntelang die literarischen Bedürfnisse der bescheidenen Jung- und Altleser auf dem Lande befriedigt. „Friedesinchens Lebenslauf" und seine Dorfgeschichten wurden von Gemeinde- und Pfarrbüchereien bis in die jüngere Gegenwart bereitgestellt.

Werke (Auswahl): Deutscher Sagenschatz (1885); Die Leute aus der Lindenhütte (1. Bd.: Hütte und Schloß, 1886; 2. Bd.: Friedesinchens Lebenslauf, 1887); Philipp Dubenkropps Heimkehr (1888); Die hinter den Bergen (1894); Der Brudenhof (1897); Die Dorfmusikanten. Volksstück (1901); Im grünen Klee, im weißen Schnee (1903); Feste und Spiele des deutschen Landvolkes (zus. mit E. Kück, 1909); Düwels. Bauerndrama (1909); Grete Lenz (1909); Wenn die Sonne aufgeht (1910); Draußen im Grünen (1912); Herzen der Heimat (1920); Die Sollinger. Volksstück (1923); Der Hirschreiter (1924); Die Geschichte vom schwarzbraunen Mägdelein (1927); Das lachende Dorf (1927); Fußstapfen am Meer (1927); Tschiff-Tschaff-Toho. Gestalten, Geschichten und Bräuche aus dem Sollinger Land (1929); Gewitter. Drama (1929); Wulf Alke (1933); Als wir zu der Liebsten gingen (1940); Sanlirs in Posen, ein Ansiedlerschicksal (1941).

Sekundärliteratur: A. Soergel: Dichtung und Dichter der Zeit (1911). – K. Schöpke: Heinrich Sohnrey. Der Pfad zu den Quellen des Lebens (1948). – H. Sohnrey: Zwischen Dorn und Korn. Lebenserinnerungen (1934). – W. Stapel: H. Sohnrey als Volksmann (in: Deutsches Volkstum. 1929. 6. 450–455).

Hermann Bertlein

Spieker, Christian Wilhelm

*(eigentlich: Spiker) Theologe, Pädagoge, Jugendbuchautor; *7. 4. 1780 Brandenburg a. d. Havel, †10. 5. 1858 Frankfurt a. d. Oder.*

Sp. studierte von 1798 bis 1801 Theologie in Halle. Nachdem er kurze Zeit am lutherischen Gymnasium in Halle gearbeitet hatte, nahm er 1802 eine Stelle als Erzieher in Dessau an. 1804 kehrte er wieder nach Halle zurück und arbeitete als Lehrer am dortigen Pädagogium. Im darauffolgenden Jahr wurde Sp. Feldprediger eines königlich-preußischen Infanterie-Regiments. Nach der Schlacht bei Jena am 14. 10. 1806 zog er sich, vor „Hohn und Frevel der stolzen Tyrannenknechte" flüchtend, nach Dessau zurück, wo er mehrere Jahre privatisierte. Vermutlich versuchte Sp. auch, da er das Ende Preußens gekommen sah, im Saale-Departement des neuen, napoleonischen Königreichs Westfalen eine Stellung zu finden. Während dieser Zeit entstanden in „unwillkommener Muße" die meisten seiner Kinder- und Jugendschriften. Trotz seiner Zweifel an der Zukunft Preußens, die ihm den Vorwurf der Illoyalität eingetragen hatten, wurde er 1809 zum Diakon nach Frankfurt a. d. Oder und zugleich zum außerordentlichen Professor der Theologie wie zum Doktor der Philosophie an die schon bedeutungslose Frankfurter Universität berufen, die 1811 endgültig aufgelöst wurde. 1812 wurde Sp. zum städtischen Schulinspektor ernannt. Während der Feldzüge von 1813 und 1814 begleitete er die churmärkische Landwehr als Geistlicher und wurde Ritter des eisernen Kreuzes am schwarzen Bande. 1818 wurde Sp. zum Superintendenten und Oberpfarrer ernannt, 1827 verlieh ihm die theologische Fakultät der Universität Marburg die Ehrendoktorwürde.

Werk, Tendenzen, Wirkung. Sp. schrieb populärtheologische Werke, gab Sammlungen geistlicher Lieder heraus und verfaßte zahlreiche Erbauungsbücher, die noch bis Ende des 19. Jahrhunderts weit verbreitet waren. Als Vorbilder für seine jugendliterarischen Werke, mit denen er „Sinn für Wahrheit und Tugend, für Einfalt und Natur, für Religion und Häuslichkeit wecken und beleben“ wollte, nannte er unter anderem J. H. Campe, J. Chr. Dolz, Chr. G. Salzmann und Chr. F. Weisse. Seine 1808 erschienene Schrift „Louise Thalheim“, die 1816 in einer stilistisch und inhaltlich völlig überarbeiteten Fassung erneut aufgelegt wurde, ist ein Musterbeispiel für eine Bildungsgeschichte des beginnenden 19. Jahrhunderts und steht zugleich am Beginn der Entwicklung des spezifischen Mädchenbuchs, in dem bürgerliche Vorstellungen von Wesen und Aufgaben der Frau vermittelt werden. In einer einfallslos konstruierten Geschichte ist eine unübersehbare Menge von praktischen und moralischen Belehrungen verpackt; sowohl die Charakterisierungen der Personen als auch der gesamte Handlungsablauf kommen nicht über einfachste Klischees hinaus. Sp. wollte mit „Louise Thalheim“ – und das wurde in zeitgenössischen Kritiken als neuartig gepriesen – den „Sinn für stille häusliche Thätigkeit, für die schönen Tugenden reiner Weiblichkeit und besonders für die Freuden der Wirthschaftlichkeit“ erneuern. Über Hunderte von Seiten weist er nach, daß der naturhaft vorgegebene Platz der Frau in Küche oder Vorratskammer zu finden sei und nicht, wie es leider immer mehr zur Mode werde, in der „großen Welt“ beim raffinierten Genuß. Sein Buch sollte „aufblühende Mädchen vor diesen Verirrungen“ bewahren oder wenigstens bereits „Verirrten“ die Augen öffnen (Louise Thalheim, S. IX). Aus zahlreichen Stellen des Buches läßt sich eine latente Angst vor der Selbständigkeit der Frau herauslesen. Am Beispiel der Landprediger-Familie Thalheim und einiger mit ihr befreundeten Familien beschreibt Sp. detailliert die Führung eines Haushaltes durch die verschiedenen Jahreszeiten. Ob Einkochen, Waschen, das Feiern von Festen, Seifeherstellung, Lichtziehen, Tierhaltung, Bekämpfung von Unkraut und Ungeziefer: Sp.s Buch enthält eine Fülle exakter Beschreibungen zur Wirtschaftsführung und Lebensweise eines bürgerlichen Landhausaufenthaltes um 1800, wobei der Roman häufig mehr einem landwirtschaftlichen Nachschlagewerk oder einem Kochbuch ähnelt als einer Erzählung.

Klischees und triviale Handlungskonstruktionen konnte Sp. auch nicht in „Die glücklichen Kinder“ vermeiden. Die Schilderung der Gegend, in der die Geschichte spielt und in der Sp. selbst Kindheit und Jugend verbrachte – Brandenburg an der Havel und Umgebung –, ist weitaus besser gelungen und erinnert an Theodor Fontanes (1819–1898) „Wanderungen durch die Mark Brandenburg“. Eine beigefügte Karte soll den Wahrheitsgehalt der Erzählung unterstützen. Sich an das ausdrücklich genannte Vorbild Jean Paul (1763–1825) anlehnend, lobt Sp. die Erziehung auf dem Lande und tadelt die Lockungen zur Verführung in der Stadt: „Ich kenne keinen günstigeren Schauplatz für die glückliche Jugend als das Land und keinen besseren Erzieher als den Landprediger“ (Die glücklichen Kinder, S. VI). Ziel aller Berichte von Tagesabläufen und kleinen Vorkommnissen, von Erzählungen aus der Landesgeschichte und von Merkwürdigkeiten ist stets die moralische Belehrung, wobei die ideologischen Verzerrungen der Realität alle darauf hinauslaufen, daß der bescheidene und unauffällige, daß, wie Sp. schreibt, der „geräuschlose“ Mensch das größte Glück genieße: Nicht-Existenz als höchste Existenz. Die Geschichte über die glücklichen Kinder und Erwachsenen, in der ersten Auflage (1808) nach Sp.s Angaben nur unvollständig erschienen, wurde in der zweiten Auflage (1818) um einen richtigen Schluß erweitert, der den Kampf gegen napoleonische Truppen schildert. Ohne Übergang wechselt die Erzählung vom trauten, allzu sentimental beschriebenen Idyll zur kriegsverherrlichenden, bluttriefenden Darstellung der „Völkerschlacht“ bei Leipzig im Oktober 1813: Köstlich sei es, so der kurz zuvor noch Herbstfreuden und Vogelsang preisende Sp., im Schlachtengetöse für's Vaterland zu sterben.

Neben einigen weiteren Kinder- und Jugendbüchern gab Sp. 1824 und 1826 zwei Schriften eines Freundes, des Hauslehrers und Jugendbuchautors August Nathanael Friedrich Seemann (1769–1825) heraus, dessen Biographie er im Vorbericht zur „Familie Otto“ (S. III–XXII) mitteilt.

Werke: Meine Reise nach dem Brocken in dem Jahre 1802, zunächst für die Akademisten in Halle (1803, [2]1852); Louise Thalheim. Eine Bildungsgeschichte für gute Töchter (Bd. 1–2. 1808, [3]1857); Die glücklichen Kinder. Ein Geschenk für gute Söhne und Töchter (Bd. 1–2. 1808, [2]1818); Westphälisches Taschenbuch. Ein Neujahrsgeschenk für gebildete Jünglinge und Jungfrauen (1808); Vater Hellwig unter seinen Kindern. Zur Unterhaltung für die gebildete Jugend, zur nützlichen und angenehmen Unterhaltung in Familien (Bd. 1–2. 1809); Kurzer Inbegriff der Hauptwahrheiten des Christentums. Ein Lehrbuch für Katechumenen und Bürgerschulen (1811, [2]1823); Gesangbuch für Schulen (1815, [5]1852); Bericht über die neue Einrichtung des Schulwesens zu Frankfurt an der Oder (1816); Emiliens Stunden der Andacht und des Nachdenkens. Für erwachsene Töchter aus den gebildeten Ständen (1818, [7]1856); Erzählungen aus der Geschichte und dem häuslichen Leben für die gebildete Jugend (1820); Dr. Martin Luthers kleiner Katechismus. Nebst einer Auswahl von Bibelsprüchen und Liederversen auf alle Wochen des Jahres. Im Anhange Gebete für Kinder (1820, [3]1831); Lehrbuch der christlichen Religion für Bürgerschulen (Bd. 1–4. 1826–1829, [2]1830); Ausgewählte Schriften für christliche Erbauung (Bd. 1–4. 1855–1856).

Hrsg.: A. N. F. Seemann: Albert und Eugenie. Eine Bildungsschrift für die reifere Jugend (1824); A. N. F. Seemann: Die Familie Otto. Eine Bildungsgeschichte für Jünglinge und Jungfrauen (1825).

Sekundärliteratur: A. G. Schmidt: Anhalt'sches Schriftsteller-Lexikon, oder historisch-literarische Nachrichten über die Schriftsteller, welche in Anhalt geboren sind oder gewirkt haben, aus den drei letzten Jahrhunderten gesammelt und bis auf unsere Zeiten fortgeführt (1830. Supplement. 25–31).

Klaus-Ulrich Pech

Sprichwort

Ein Spr. (lat.: Proverbum) ist ein gemeinverständlicher, oft auch allgemein bekannter kurzer Ausspruch, der in prägnanter, einprägsamer, griffiger Form bestimmte Situationen bzw. Vorgänge beurteilt oder Menschen charakterisiert und sagt, wie es in der Welt zugeht. Mündlich oder schriftlich von Generation zu Generation weitergegeben, kann das Spr. trotz einer rückschauenden Tendenz als Orientierungshilfe handlungsbestimmend sein und im privaten wie öffentlichen Bereich vielfältige Funktionen übernehmen. Seit dem 18. Jahrhundert erscheint das Spr. auch in der sich entwickelnden Kinder- und Jugendliteratur.

Entstehung und Überlieferung. Spr.er – viele entstanden bereits in vorliterarischer Zeit – gehören, wie die Wörter überhaupt, zum lebenden Bestandteil einer Sprache: nicht mehr zutreffende geraten in Vergessenheit, neue entstehen, andere passen sich den veränderten Gegebenheiten an oder werden – wie beinahe alle Versgattungen – parodiert. Obwohl sich im Spr. die Gedanken, Lebenserfahrungen und -einsichten vieler artikulieren, so ist es doch nicht, wie ROUSSEAU, HERDER und die Romantiker annahmen, Produkt einer kollektiven Leistung, sondern sein Schöpfer ist – wie bei den anderen volkstümlichen Formen Kinderreim, Märchen, Rätsel, Sage, Volksbuch und Volkslied auch – ein einzelner. Ausschlaggebend ist nicht, ob dieser bekannt (z.B. als Dichter) oder anonym ist und auf welche Weise seine Aussage publiziert wurde, sondern ob sie kraft ihrer Allgemeingültigkeit und Treffsicherheit sowie einer wirkungsvollen Form von Hörern oder Lesern aufgenommen, weitergegeben und dabei nicht selten noch mundgerechter gemacht wird. Manche solcherart zum Gemeingut gewordenen Texte – anstelle „sprichwort" wurden im Mittelhochdeutsch unter anderem auch die Bezeichnungen „gemeiner spruch", „gemeines wort" oder, aus dem Althochdeutsch stammend, „bîspel" gebraucht – sind lediglich innerhalb einer Mundart zu Hause, während andere in der Sprache eines Volkes leben oder gar internationalen Charakter tragen. In der Literatur findet sich das Spr. wegen seiner rhetorischen Wirksamkeit von der Antike an, in der auch schon die ersten Sammlungen entstanden, bis in die Gegenwart, in der es moderne Autoren wie FRANZ XAVER KROETZ (z.B. in „Heimat") oder BERT BRECHT (parodiert in „Mutter Courage und ihre Kinder") ebenso verwenden wie Politiker, Journalisten oder – in zumeist abgewandelter Form – Verfasser von Werbetexten. Nachdem das antike, biblische und deutsche Spr.-Gut im Mittelalter insbesondere von den Klosterschulen gepflegt und weitergegeben worden war (einer ihrer berühmtesten Lehrer NOKTER VON ST. GALLEN, gest. 1022, zeichnete zum erstenmal deutschsprachige Spr.er auf; EGBERT VON LÜTTICH schuf die bedeutende Sammlung „Fecunda ratis", 1023), erlebte es im 16. Jahrhundert eine außergewöhnliche Blüte, als in Deutschland Schriftsteller wie ULRICH BONER, SEBASTIAN BRANT, HANS SACHS, THOMAS MURNER und viele andere sich des Spr.s bedienten, um ihren Dichtungen (Gedanken- und Lehrdichtung, Fastnachtsspiele, Satiren, Anekdoten etc.) einerseits Redeschmuck und Volkstümlichkeit zu geben, andererseits um satirische oder didaktische Akzente zu setzen. In den Volksbüchern, z.B. von Faust (1587), häuften sich Spr.er, und in den Predigten jener Zeit – MARTIN LUTHER legte dafür eine eigene Spr.-Sammlung an – rückten sie oftmals neben das Bibelwort, obwohl im Alten Testament selber viele Spr.er stehen (z.B. Sprüche Salomonis, Prediger, Jesus Sirach), von denen etliche auch heute noch gebraucht werden. Ebenfalls im 16. Jahrhundert schuf der Maler PIETER BREUGHEL, genannt „Bauernbreughel", seine Sittenbilder zu Spr.ern („Die Niederländischen Sprichwörter", 1559), und es entstanden so bedeutende Sammlungen wie die „Adagia" (1500) des ERASMUS VON ROTTERDAM, die „Proverbia Germanica" (1508) des Tübinger HEINRICH BEBEL mit über 50 Auflagen, die deutschen Sammlungen von Tunnicius („Westfälische Sprichwörter", 1513), JOHANNES AGRICOLA (ab 1528 mehrere Ausgaben) und SEBASTIAN FRANCK (1532 und 1541; neu herausgegeben 1971). Ihnen folgten im 17. Jahrhundert unter anderem die Sammlungen von E. EYRING (1601), FRIEDRICH PETERS (1604/1605) und CHRISTOPH LEHMANN (1630; ca. 23000 Spr.er). Vom 18. Jahrhundert an fand das Spr. dann auch in der sich in Deutschland entwickelnden Kinder- und Jugendliteratur Aufnahme.

Inhalt, Form, Funktion. Spr.er – abzugrenzen sind sie vom Aphorismus, Epigramm und Geflügeltem Wort, von der Maxime und Sentenz, vom Slogan und der sprichwörtlichen Redensart – gibt es beinahe zu jeder beliebigen Situation und bei allen Völkern. Doch unterscheiden sie sich weniger nach nationalen als nach kulturellen Kriterien. Ihre farbkräftigen, vielen Kulturepochen angehörenden sprachlichen Bilder, deren Ausdrucksstärke und Einprägsamkeit durch verschiedene, in der Mehrzahl auch vom Volks- und Kinderlied verwendete stilistische Mittel wie Personifizierung, Reim, Parallelismus, Übertreibung oder Verhüllung, Ironie, Wortspiel, Witz, Kontrast vertieft werden kann, widerspiegeln die verschiedensten Lebensbereiche (Kindheit, Jugend, Alter; Junge und Mädchen; Mann und Frau; Erziehung; Arbeit und Spiel; Staat und Recht; Religion; Liebe und Haß; Gesundheit, Krankheit, Tod; Armut und Reichtum etc.) und veranschaulichen die dem Spr. innewohnende Intention als Belehrung, Warnung, Überredung, Argument, Bestätigung, Trost, Besänftigung, Überzeugung, Mahnung, Zurechtweisung, Feststellung, Charakterisierung, Erklärung, Beschreibung, Rechtfertigung, Zusammenfassung etc. (vgl. L. RÖHRICH/W. MIEDER: „Sprichwort", 1977, S. 81). Dabei kann es einerseits sein, daß ein und demselben Spr. je nach Gegebenheit und Erfordernis unterschiedliche Funktionen zufallen, andererseits ist es möglich, daß mehrere Spr.er einander widersprechen oder trotz ganz verschiedener sprachlicher Bilder doch aussagegleich sind.

Die bevorzugte Verwendung des Spr.s als Erziehungsmittel läßt sich unter anderem ablesen an den Titeln zahlreicher umfangreicher Abhandlungen wie z.B. „Erklärung teutscher Sprichwörter in Rücksicht auf Erziehung und Behandlung der Kinder" (CH. A. STRUVE, 1798/1799, 2 Bände), „Pädagogische Sprichwörter" (E. HÄHL, 1857), „Die Erziehung nach dem Sprichwort" (A. DAVID, 1889), „Die Erziehung im Sprichwort oder die deutsche Volkspädagogik" (A. WITTSTOCK, 1899), „Die Erziehungsweisheit im Sprichwort" (F. G. METZLER, 1954), „Erziehungserfahrung im deutschen Sprichwort" (W. R. HERZENSTIEL, 1973). Daß es dabei auch in der Schule eine beachtliche Rolle spielte und noch spielt, zeigen allein schon jene Sammlungen und Lexika, die im Untertitel Hinweise tragen wie „Handbuch für Lehrer" (K. F. W. WANDER: Allgemeiner Sprichwörterschatz, 1836) oder „zum Gebrauch in Volksschulen" (S. CH. WAGENER: Sprichwörter-Lexikon mit kurzen Erläuterungen, 1813). Wurde das Spr. in den Klosterschulen des Mittelalters vornehmlich als Übungsstoff für den Lateinunterricht benutzt, so diente es später im deutschen Sprachunterricht als Objekt für Stiluntersuchungen, Sprachvergleiche etc. (im „Orbis sensualium pictus", 1658, des JOHANN AMOS COMENIUS werden Spr.er im Kapitel „Artes Sermonis. Red-Künste" erwähnt und dort unter den „rednerischen Farben" aufgeführt). Heute reicht seine Verwendung im muttersprachlichen Unterricht vom bloßen Übungstext für das Lesen und der Vermittlung von „Lebenshilfen" bis hin zur kritischen Auseinandersetzung mit dem Ziel, Grenzen und Gefahren einer Spr.-Anwendung zu erkennen (siehe hierzu B. WOLLENWEBER). Es dient als Aufsatzthema (Geschichten zu Spr.ern erfinden oder Spr.er auslegen) und zur Aktivierung der Schüler, selbständig Texte dieser volkstümlichen Gattung zu sammeln, nach Sachgebieten bzw. Themen zu ordnen, später auch mit Spr.ern anderer Sprachen zu vergleichen. Vergleiche sollen auch mit anderen Gattungen, z.B.Fabel oder Märchen, Sentenz oder Slogan vorgenommen werden. In jüngster Zeit wird auf die Bedeutung des Spr.es für den Fremdsprachenunterricht hingewiesen (L. RÖHRICH/W. MIEDER, 1977, S. 106).

Das Spr. in der Kinder- und Jugendliteratur. Seit es eine spezifische Kinder- und Jugendliteratur in Deutschland gibt, tauchen Spr.er als Erziehungsmedium – typologisch werden sie innerhalb der Kinderlyrik zu den „sentenzhaften Reimen" gezählt (vgl. KURT FRANZ, Kinderlyrik, 1979, S. 50) – auch dort auf. So hat CHRISTIAN FELIX WEISSE (1726–1804) in sein erstes Kinderbuch, „Kleine Lieder für Kinder" (1766/1767), wie später auch in seine Zeitschrift „Der Kinderfreund" (1776–1782) Spr.er mit aufgenommen (z.B.: „Morgen, morgen nur nicht heute! / Sprechen immer träge Leute"). JOACHIM HEINRICH CAMPE (1746–1818) erblickt in Spr.ern „Schätze von Lebensweisheit" und widmet ihnen deshalb in seinem „Abeze- und Lesebuch" (1807) ein eigenständiges Kapitel mit nicht weniger als 111 Spr.ern und einem methodischen Kommentar. Den Lehrern empfiehlt er darin unter anderem, zu den Spr.ern kleine Geschichten zu sammeln bzw. zu erfinden, damit „es den Kindern anschaulich gemacht wird, wie die Befolgung jener Wahrheitsregeln ihre natürliche Belohnung, die Nichtbefolgung derselben ihre natürliche Strafe mit sich führt" (S. 123), oder die Spr.er in Rätsel zu verwandeln und von den Kindern auflösen zu lassen (z.B.: Wem glaubt man selten wieder? Antwort. Dem, der einmal gelogen hat", S. 130). Beide Empfehlungen haben weithin Gehör gefunden. So bot LEO TOLSTOJ (1828–1910) in seiner Fibel „Novaja Azbuka" (Neues Alphabet, 1875) den Kindern unter anderem auch kleine Erzählungen zu Spr.ern an, und K. F. W. WANDER griff immer dann zur Spr.-Verrätselung, wenn Kindern die eigenständige Erschließung eines Spr.s Schwierigkeiten bereitet (WANDER, Sprichwörtergarten, Vorwort, S. XVIII).

Viele Spr.er wurden in Kinderreimsammlungen aufgenommen. Unabhängig davon, ob sie dort unter einer Überschrift „Sprichwörter" erscheinen oder den in Klammer gesetzten Hinweis „Sprichwort" tragen oder – wie in den meisten Sammlungen – gar nicht als Spr. gekennzeichnet sind, kontrastieren sie als „Zuchtreime" wegen ihrer altväterlichen Moral sowie ihrem abstrakten, unkindlichen Ton deutlich zu den Abzähl- und Kettenreimen, Zungenbrechern, Neckversen, Tanzliedchen etc. Da sie in der überwiegenden Mehrzahl Normen und Wertvorstellungen wie Fleiß, Wahrheitsliebe, Pünktlichkeit, Gehorsam, Reinlichkeit, Respektierung der Eigentumsverhältnisse, Sparsamkeit, Bescheidenheit, Mäßigkeit, Geduld vermitteln, geschlechtsbezogene Erwartungen ausdrücken oder sich gegen Eigensinn, Leichtgläubigkeit, Schimpfen, hastiges Essen usw. richten, haben sie dazu beigetragen, Kinderreimsammlungen den Charakter von Tugendkatalogen zu geben. Häufig finden sich dort auch Spr.er, in denen Menschen diskriminiert werden, z.B. als Teufel wegen ihrer Haarfarbe (Unner rure Hoor un Erlerinn / stecke dausend Deuwel drin) oder ihrer Physiognomie (Spitze Nase, spitzes Kinn / wohnt der Teufel mitten drin).

Das Spr. erscheint jedoch nicht nur – wie in Kinderreimsammlungen, Fibeln und Lesebüchern – einzelstehend oder zu Spruchgruppen zusammengefaßt, sondern häufig auch als Bestandteil anderer Texte, vor allem von Kindergeschichten, Märchen und Schwänken. Besonders augenfällig und gewichtig wird es dann,

wenn es als normative Orientierung selber zum Titel wird – z.B. J. P. HEBEL „Untreue schlägt den eigenen Herrn" – bzw. zu einem Teil des Titels – z.B. OLGA VON ESCHENBACH „Die Ansiedler in der Steppe oder: Wer Eltern ehrt, den ehrt Gott wieder" – oder, wie in zahlreichen Fabeln, aber auch in Kindergedichten, als Fazit des Handlungsgeschehens den Abschluß bildet – z.B. bei G. M. LICHTWER „Die Katze und der Hausherr", letzte Strophe: „Stolpert über einge Späne / Stürzt im Fallen auf die Uhr / Und zerbricht zwo Reihen Zähne: Blinder Eifer schadet nur". JAMES KRÜSS hebt anerkennend hervor, daß der Dichter „lebendig und überzeugend ... seine Moral am Schluß des Gedichts an den Mann zu bringen weiß" (J. KRÜSS: So viele Tage wie das Jahr hat, 1959, S. 285).
Spr.er wurden jedoch nicht nur in ihrer geläufigen Form übernommen, sondern lieferten – wie Rätsel, Balladen, Volkslieder, Schlagertexte, Werbesprüche und andere Versformen der Erwachsenen auch – das Ausgangsmaterial für zahlreiche Kinderlieder und -reime. Dieses wurde, je nachdem, ob die Schöpfer wiederum Erwachsene oder die Kinder selber waren, zu unterschiedlichen Zwecken und auf verschiedene Weise bearbeitet. Geht es den erstgenannten vor allem darum, die erzieherische Wirksamkeit eines nicht auf bestimmte Altersgruppen bezogenen Spr.s durch das Hinzufügen eines speziell an Kinder gerichteten Appells zu erhöhen – z.B. „Ein junger Lügner, ein alter Dieb / Drum Kind, behalt die Wahrheit lieb" (O. STÜCKRATH, Nassauisches Kinderleben in Sitte und Brauch. Kinderlied und Kinderspiel, 1931, S. 116) –, so haben die letztgenannten ihren Spaß z.B. daran, ein Spr. durch zusätzliche Verse in einen Abzählreim umzufunktionieren – z.B. wird aus „Ich und Du / Und Müllers Kuh!" (Die Deutschen Sprichwörter, 1846, Nr. 5212 a): „Ich und Du / Müllers Kuh / Müllers Esel / das bist du" (RUTH DIRX, Kinderreime, 1970, S. 18) – oder seine Aussage ins Gegenteil zu verkehren wie bei dem Spr. „Salz und Brot / Macht Wangen rot": „Aber Butterbröter / Machen sie noch röther" (FRANZ MAGNUS BÖHME, Deutsches Kinderlied und Kinderspiel, 2. Aufl. 1924, S. 100), „Doch das allerschönste Rot / Gibt ein Wurst- und Schinkebrot" (JOHANN LEWALTER, Deutsches Kinderlied und Kinderspiel. In Kassel aus Kindermund in Wort und Weise gesammelt, 1911, S. 27). Manchmal handelt es sich auch nur um bloße Sprachspielereien, z.B. „Der Apfel fällt nicht weit vom Birnbaum" (vom Pferd) oder scherzhafte Verrätselungen eines Spr.s: „Wer lebt von der Hand in den Mund?" (Der Zahnarzt!). Umgewandelte Spr.er wurden bisweilen vertont und instrumentalisiert, so das bekannte Kinderlied „Es regnet, es regnet, es regnet seinen Lauf / Und wenn's genug geregnet hat, dann hört es wieder auf" (RICHARD RUDOLF KLEIN, Willkommen lieber Tag. Alte und neue Kinderlieder, 5. Aufl., 1968, S. 50), das auf den Text zurückgeht „Laß regnen weil es regnen mag, / Das Wasser will seinen Lauf / Und wenn es ausgeregnet hat, / So hörts von selber auf" (Die Deutschen Sprichwörter Gesammelt, 1846, Nr. 8301).
Die streckenweise fließenden Grenzen zwischen Spr. und Kinderlyrik lassen sich unter anderem auch daran erkennen, daß Spr.er, einschließlich ihrer Umformung, nicht nur in Kinderreimsammlungen stehen, sondern umgekehrt Kinderreime auch in Spr.-Anthologien; so der bekannte Zungenbrecher „Wenn mancher Mann wüßte, wer mancher Mann wäre, / That mancher Mann manchem Mann manchmal mehr Ehre" (Die Deutschen Sprichwörter Gesammelt, 1846, Nr. 1818), der auch als Abzählreim genützte Text „Sechsmal sechs ist sechsunddreißig; / Ist der Mann auch noch so fleißig / Und die Frau ist liederlich, / Geht die Wirthschaft hinter sich" (ebd., Nr. 2614) oder das scherzhafte Wetterliedchen „Ja, liebe Frau Bas, / Wenn es regnet, wird man naß, / Wenn es schneit, so wird man weiß / Und wenns gefriert, so giebt es Eis" (ebd., Nr. 8303).

Wenn es einerseits auch auf der Hand liegt, daß Kindern diese zuletzt genannten Texte wie vor allem auch die zersungenen Formen eher und leichter ins Ohr gehen als die eigentlichen Spr.er, die in ihrem Munde „altklug, ja anmaßend und unglaubhaft klingen" können (H. BAUSINGER, Nachwort zu „Die Deutschen Sprichwörter Gesammelt", S. 9), überdies viele Spr.er wegen ihrer nicht mehr zeitgemäßen Aussagen für eine Weitergabe an das Kind als ungeeignet erscheinen, so kann andererseits kaum in Zweifel gezogen werden, daß zahlreiche Texte dieser volkstümlichen Gattung aktuellen Gebrauchswert besitzen und der heranwachsenden Generation – wiewohl diese ihre eigene Erfahrungen sammeln muß und soll – nicht nur menschliche Realität vor Augen führen und zeigen, wie es in dieser Welt nun einmal zugeht (ANDRE JOLLES betont die rückschauend-resignierende Tendenz des Spr.s), sondern auch ermutigend und handlungsbestimmend wirken können. Gerade neuere Arbeiten (z.B. von H. BAUSINGER, MATHILDE HAIN und anderen) heben den ambivalenten Charakter hervor und betonen, daß die Verwendung eines Spr.s als abschließender Kommentar nicht ausschließt, daß damit Erfahrungswerte weitergegeben werden, die auf zukünftiges Verhalten abzielen (z.B. „Trägheit in der Jugendzeit, hat mancher Mensch schon oft bereut"). Damit Kinder jedoch schon früh lernen, den Aussagegehalt eines Spr.s nicht zu verabsolutieren, sondern als „Teilwahrheit" zu relativieren, werden bereits in Fibeln, denen es beim Umgang mit Spr.ern nicht mehr allein um das Einüben neuer Buchstaben geht (z.B. „Q": „Quark macht stark") bzw. um Lesetraining bei gleichzeitiger Vermittlung von Verhaltensregeln (z.B. „Quäle nie ein Tier zum Scherz, denn es fühlt wie du den Schmerz"), sich in ihrer Aussage widersprechende Texte nebeneinandergesetzt (z.B. „Gleich zu gleich gesellt sich gern" – „Gegensätze ziehen sich an"), ihre entscheidenden Wörter durch andere ersetzt (z.B. „Aller Anfang macht Spaß") oder fortgelassen, damit der Rezipient seine eigenen Erfahrungen und Überlegungen einbringen könne (z.B. „Morgen, morgen, nur nicht heute, sagen alle ... Leute"). Auch wird im spielerischen Umgang mit Sprache die ursprüngliche Sozialisationsfunktion eines Spr.s dadurch aufgehoben bzw. in ihr Gegenteil verkehrt, daß ein Teil von ihm mit dem Teil eines anderen

Spr.s zu einem neuen Spruch verbunden wird, z.B. „Morgenstund / ist aller Laster Anfang".
Hatte schon WANDER in Spr.ern „Schleifsteine für den Geist" gesehen, so werden sie heute nicht zuletzt als solche Texte geschätzt, mit deren Hilfe Kindern unter anderem „zum erstenmal der Klimmzug ins Reich des Abstrakten gelingt: wenn sie gelernt haben, daß Lügen keine Tiere sind, obwohl sie kurze Beine haben, dann haben sie sehr viel gelernt und begriffen" (H. BAUSINGER, Nachwort zu „Die Deutschen Sprichwörter Gesammelt", S. 9).

Sekundärliteratur: H. Bausinger: Formen der „Volkspoesie" (1968). – M. Hain: Sprichwort und Rätsel (in: W. Stammler (Hrsg.): Deutsche Philologie im Aufriß. Bd. 3. [2]1962. Sp. 2727–2754); Das Sprichwort (in: Der Deutschunterricht. 15. 1963. 2. 36–50). – A. Jolles: Einfache Formen (1930, [5]1974). – M. Kuusi: Paroemiologische Betrachtungen (1957). – O. E. Moll: Sprichwörter-Bibliographie (1958). – L. Röhrich: Die Bildwelt von Sprichwort und Redensart in der Sprache der politischen Karikatur (in: Kontakte und Grenzen. Probleme der Volks-, Kultur- und Sozialforschung. Festschrift für Gerhard Heilfurth zum 60. Geburtstag. 1969. 175–207); Sprichwort (zus. mit W. Mieder, 1977). – Fr. Seiler: Deutsche Sprichwörterkunde (1922, ND. 1967). – B. Wollenweber: Märchen und Sprichwort (in: H. Ide (Hrsg. zus. mit anderen): Projekt Deutschunterricht. 6. 1974. 12–92). – Proverbium. Bulletin d'informations sur les recherches paremiologiques (1965/1966ff.).

Christian Freitag

Steenfatt, Margret

*Kinder- und Jugendbuchautorin; * 7. 1. 1935 Hamburg.*

Nach der Mittleren Reife arbeitete St. als Anwaltsgehilfin und nahm vor allem an der Vertretung von Arbeitnehmern bei Prozessen vor Arbeitsgerichten teil. Das Abitur erwarb sie in einem Fernstudium und studierte anschließend Literaturwissenschaft, Soziologie und Politik. Sie engagierte sich in Bürgerinitiativen, unter anderem gegen die Atommüll-Deponie in Gorleben, und beteiligte sich an der Besetzung der St. Petrikirche in Hamburg (1979). 1970 begann sie für Kinder- und Jugendliche zu schreiben; seit 1976 ist sie hauptberuflich als Autorin tätig. St. ist Mitglied im Verband deutscher Schriftsteller (VS) und im Arbeitskreis „Roter Elefant".

Werk, Tendenzen, Wirkung. St. thematisiert Probleme, die Kinder und Jugendliche mit ihrer Umwelt in den Bereichen Schule, Familie und Gruppe haben. Für die Jüngeren unternimmt sie alternative erzählerische Ansätze, um die Rezipienten aus einer passiven Leserhaltung hervorzulocken. Das gilt auch für ihren Beitrag zum Kindertheater. Phantastische Stoffe sind als Antimärchen zu verstehen und als Ansätze, neue Lebensformen durch die Emanzipation aller zu gewinnen.
In ihren Romanen, die stark von persönlichen Erlebnissen und Erfahrungen der Jugend- und politischen Szene Westdeutschlands bestimmt sind, geht es ihr darum, aktuelle Probleme unserer Gesellschaft aufzugreifen. So flüchten z.B. in „Die sanften Banditen" (1976) junge Leute aus der Gesellschaft, greifen zu Drogen, werden zu Menschenräubern und Erpressern, um ans „große Geld" zu kommen.
Aus konkreten Begebenheiten, aus Zeitungsnotizen, Gesprächen und Diskussionen mit Jugendlichen ging das Buch „Das Schülertelefon" (1979) hervor. Es nimmt Bezug auf die Entfremdung an deutschen Schulen, auf den zunehmenden Leistungsdruck, das Konkurrenzverhalten der Schüler und die daraus resultierenden Konflikte. St. schreibt realistisch, direkt und politisch engagiert. Sie verfügt über eine genaue Beobachtungsgabe. Krisen und Gefährdung nicht nur Pubertierender will sie weniger als Einzelschicksale verstanden wissen, vielmehr als Ausfluß unaufgearbeiteter gesellschaftlicher Spannungen. Die Erzählung „Tiger, laß dich nicht erwischen!" (1980) erinnert daran, daß die Nachwirkungen des Faschismus in der deutschen Nachkriegsgesellschaft keineswegs überwunden sind.

Werke: Die sanften Banditen (1976); Das Schülertelefon (1979); Tiger, laß dich nicht erwischen! (1980).

Beiträge: Angryville, unser Entwicklungsdorf (in: H.-J. Gelberg (Hrsg.): Am Montag fängt die Woche an. 1973. 249–251); Vater im Baum (in: H.-J. Gelberg (Hrsg.): Am Montag fängt die Woche an. 1973. 294); Jonathan hat das Flugzeug verpaßt (in: H.-J. Gelberg (Hrsg.): Der fliegende Robert. 1977. 310–311); Die Feuerleiter (in: Mauern. Kurzprosa-Anthologie. 1978. 35–37); Das siebente Weltwunder macht nicht mit (in: H.-J. Gelberg (Hrsg.): Das achte Weltwunder. 1979. 182–186).

Horst Künnemann

Steiger, Otto

*Schweizer Schriftsteller; * 4. 8. 1909 Uetendorf b. Thun (Schweiz).*

Nach seiner Schulzeit in Bern studierte St. in Paris und war dort anschließend in verschiedenen Berufen tätig. Von 1936 bis 1943 arbeitete er als Redakteur und Nachrichtensprecher am Schweizer Rundfunk; von 1943 bis 1954 als Leiter einer Privatschule in Zürich, später als selbständiger Kaufmann und freier Schriftsteller. St., Mitglied des Schweizer Schriftsteller-Vereins, schrieb Romane, Erzählungen, Kurzgeschichten, Kriminalromane, Bühnenstücke, Hörspiele, Fernsehspiele und seit 1974 „Bücher für junge Erwachsene". Seine Arbeiten wurden mit Preisen der Büchergilde Gutenberg der Stadt Zürich, der Stadt Basel und der Gesellschaft Schweizer Dramatiker ausgezeichnet. 1972 wurde St. mit der Ehrengabe des Kantons Zürich bedacht und 1980 erhielt er den Schweizerischen Jugendbuchpreis „La vache qui lit".

Werk, Tendenzen, Wirkung. St. thematisiert in seinen Jugendbüchern Probleme Jugendlicher und Erwachsener. Zur Spannungssteigerung benutzt er dabei die Formen des Abenteuer- und Kriminalromans. „Keiner kommt bis Indien" (1976) ist die Liebesgeschichte zweier Jugendlicher, die aus der Enge des bürgerlichen Alltags auszubrechen versuchen. „Lornac ist überall" (1980) beschäftigt sich am Beispiel eines von Ölgesellschaften bedrohten bretonischen Dorfes mit Problemen von Umweltverschmutzung und Landschaftszerstörung. Zum Thema Vorurteile gegen Ausländer und Verdächtigungen von Minderheiten ist „Einen Dieb fangen" (1974) geschrieben. „Erkauftes Schweigen" (1979) setzt sich mit der Korruption des ‚großen Geldes', „Sackgasse" (1978) mit Fragen des Terrorismus, der individuell-politischen und staatlichen Gewalt auseinander. St. geriet mit seinen meist gesellschaftskritischen Texten und wegen seines politischen Engagements zeitweise in Veröffentlichungsschwierigkeiten und unter den massiven Druck der Schweizer Presse.

Werke: Der Unscheinbare (1940); Sie tun, als ob sie lebten (1942); Du bist ein Mann geworden (1949); Und endet doch alles mit Frieden (1949); Portrait eines angesehenen Mannes (1952); Die Brüder Twerenbold (1954); Die Reise ans Meer (1959); Das Jahr mit 11 Monaten (1962); Nochmals beginnen können (1962); Das Loch in der Schallmauer (1965); Auf der Treppe (1966); Martins Reise hinter den Regenbogen (1966); Geschichten vom Tag (1973); Einen Dieb fangen (1974); Keiner kommt bis Indien (1976); Sackgasse (1978); Ich und mein Einbrecher (1978); Alles in Ordnung (1978); Erkauftes Schweigen (1979); Lornac ist überall (1980); Spurlos verschwunden (1980); Ein abgekartetes Spiel (1981).

Sekundärliteratur: E. Amman (Hrsg., zus. mit E. Fraes): Literatur aus der Schweiz. Texte und Materialien (1978). – R. Binde: Interview mit Otto Steiger (in: Börsenblatt für den Deutschen Buchhandel. 36. 1980. 78. 2320–2322). – E. M. Bräm: Dichterportraits aus dem heutigen Schweizer Schrifttum (1963). – Cl. Bron: Romanciers choisis pour l'enfance et l'adolescence (1972). – H. R. Hilty (zus. mit M. Schmid): Modernes Schweizer Theater. Einakter und Szenen (1964). – B. Mariacher (Hrsg., zus. mit Fr. Witz): Schweizer Schrifttum der Gegenwart (1964). – O. Steiger: Sackgasse (in: Neue Kinder- und Jugendbücher. Besprechungen der Berner Jugendschriften-Kommission. 1979. 3. 19).

Klaus Dieter Lenzen

Steiner, Jörg

*Schweizer Schriftsteller und Bilderbuchautor; *26. 10. 1930 Biel.*

St. besuchte das Lehrerseminar in Bern und wurde Volksschullehrer. 1971–1972 war er Mitarbeiter und Stipendiat am Baseler Theater. Längere Auslandsreisen führten ihn u. a. nach Spanien, Frankreich, Italien, in die ČSSR und die USA. Seit 1956 veröffentlichte St. Gedichte, Erzählungen, Romane, Filmdrehbücher und Hörspiele. Für seinen Roman „Ein Messer für den ehrlichen Finder" (1966) erhielt er 1967 den Charles-Veillon-Preis. Der Große Literaturpreis der Stadt Bern wurde ihm 1969, der des Kantons Bern 1976 für sein Gesamtwerk zuerkannt. Durch die Zusammenarbeit mit dem Schweizer Illustrator JÖRG MÜLLER konnte sich St. einen Namen als Bilderbuchautor machen. Die gemeinsam konzipierten Bilderbücher „Der Bär, der ein Bär bleiben wollte" (1976) und die „Kanincheninsel" (1977) erzielten hohe Auflagen, wurden mit mehreren Preisen bedacht und in viele Sprachen übersetzt. St., Vater zweier Kinder, lebt und arbeitet in seiner Geburtsstadt Biel.

*Jörg Steiner (*1930)*

Werk, Tendenzen, Wirkung. Entfremdung von und Zerstörung der Natur durch die fortschreitende Industrialisierung und Technisierung der Umwelt sind die Themen der beiden Bilderbücher „Der Bär, der ein Bär bleiben wollte" und „Die Kanincheninsel", die St. zusammen mit J. MÜLLER gestaltet hat. Schon mit der Bildmappe „Alle Jahre wieder saust der Preßlufthammer nieder oder die Veränderung einer Landschaft" (1973) hatte MÜLLER in dokumentarischer Form die Veränderung eines Dorfes zu einer Fabrikstadt mit den Auswirkungen auf die Lebensbedingungen dokumentiert. Während hier kommentarlos die Veränderung der Landschaft in photorealistischer Manier vermittelt wurde, benutzen die Bilderbücher beliebte Tierfiguren als Identifikations- und Natursymbole und erzählen deren Weg in das Räderwerk lebensfeindlicher Fabrikanlagen. In „Der Bär, der ein Bär bleiben wollte" gerät ein gemütlich friedvoller Braunbär, aus dem Winterschlaf erwachend, in eine Fabrik, die zwischenzeitlich über seiner Höhle erbaut worden war. Dort wird er unter Mißachtung seiner ‚wahren Natur' als Arbeiter verdingt, erfährt die hierarchisch-kapitalistische Unternehmensstruktur und die Unmenschlichkeit der Arbeitsbedingungen in der kasernenähnlichen Produktionsstätte. Mit dem Herbst beginnt die Müdigkeit des Bären, die – als Faulheit ausgelegt – zu seiner Entlassung führt. Diese Parabel von der Vernichtung der Natur durch die Technik verführt in ihrer Schwarz-Weiß-Kontrastierung eher zu einer sentimentalen Rezeption.

Die Polarisierung einer idyllisierten Natur gegen eine sinnlos zerstörerische Technik bleibt klischeehaft. Auch die „Kanincheninsel" unternimmt den Versuch, komplexere gesellschaftliche Zusammenhänge für Kinder nachvollziehbar darzustellen. Ein kleines braunes Kaninchen kann ein großes graues Kaninchen zum Ausbruch aus einer Mastfabrik bewegen. Der Weg in die Freiheit wird zu einem Weg der Gefahren, auf dem das von bequemer Gefangenschaft geprägte graue Kaninchen kapituliert und resigniert zurück in die Fabrik hoppelt. Das Auffinden eines paradiesischen Kaninchenlandes läßt sich nicht realisieren, die Hoffnung darauf bleibt allerdings dem freiheitssuchenden kleinen braunen Kaninchen vorbehalten, das zum Schluß in einem romantisierten Naturbild in einem Igel einen neuen Freund findet. Der Traum vom Mythos einer unberührten Natur als Fazit beider Bücher vermittelt einerseits Resignation, weil keine Auswege aufgezeigt werden, zum anderen aber Sensibilisierung gegen zerstörende Einflüsse und für den Erhalt letzter Naturreservate.

Konkreter auf die unmittelbare Erfahrungswelt der Kinder gerichtet ist St.s „Pele, sein Bruder" (1972), in dem ein kleiner Junge, nachdem er eine Brille verschrieben bekommen hat, wieder „klar sehen" und Mut gewinnen kann. Sein Sehfehler, der, von den Eltern unbemerkt, zur Isolation führte, wird vom Schularzt entdeckt. Erst jetzt kann der Junge mit anderen Kindern Kontakt aufnehmen und spielen.

Werke: Episoden aus Rabenland (1957); Abendanzug zu verkaufen (1961); Strafarbeit (1962); Polnische Kastanien (1963); Der schwarze Kasten (1965); Ein Messer für den ehrlichen Finder (1966); Auf dem Berge Sinai sitzt der Schneider Kikrikri (1969); Pele, sein Bruder (1972); Schnee bis in die Niederungen (1973); Als es noch Grenzen gab (1976); Der Bär, der ein Bär bleiben wollte (zus. mit J. Müller, 1976); Die Kanincheninsel (zus. mit J. Müller, 1977); Die Menschen im Meer (zus. mit J. Müller, 1981).

Detlef Ram

Steub, Fritz

*Illustrator, Karikaturist; *11.11.1844 Lindau, †5.8.1903 Partenkirchen.*

St., Sohn eines Lindauer Kaufmanns, besuchte in München die Gewerbeschule, in Karlsruhe anschließend zwei Jahre lang das Polytechnikum, um Maschinenbau zu studieren. Die Bekanntschaft mit CASPAR BRAUN (1807–1877) – Maler, Holzschneider, Verleger der „Fliegenden Blätter" (ab 1844) und der „Münchener Bilderbogen" (1849–1898) – führte bei St. zum Zeichnen und Holzschneiden. Seit 1864 war er für den Verlag Braun & Schneider in München ständiger Mitarbeiter.

Werk, Tendenzen, Wirkung. St. hat mehr als 70 Nummern der insgesamt 1200 der „Münchener Bilderbogen" illustriert. Seine Zeichnungen, zumeist auch im Original kleinformatig, sind oft nur etwa fünf Zentimeter große Einzelfiguren; seltener sind Genrebilder oder Szenen mit Naturhintergrund. Allerdings zeigen die Einzelfiguren – Menschen oder Tiere – viel Aktion, seien es sich bewegende Gruppen (Nr. 613: Polichinel-Spiel; Nr. 883: Der pfiffige Hanswurst, u.a.), seien es Einzelpersonen, die etwa die Axt oder den Putzlumpen schwingen oder eiligst davonlaufen. Mit Vorliebe behandelt St. Szenen aus dem Leben des kleinen Mannes, die er ins Burleske ausweitet. So sind unter seinen Schattenbildern – eine von ihm in den „Münchener Bilderbogen" wiederholt benutzte Form – mehrere, in denen z.B. der Kasper auftritt, zusammen mit dem Hund „Knödel ohne Zahl" aufißt (Nr. 883: Der pfiffige Hanswurst) oder den Teufel verdrischt und in die Schachtel steckt (Nr. 613: Polichinel-Spiel). Unter dem Titel „Eine Hausmusik" (Nr. 584) veranschaulicht St. z.B. das „Fortissimo", indem er einen Mann abbildet, der sägt und daneben einen Bauernburschen setzt, der die quietschende Sau am Schwänzchen zieht. Die Tücke des Objekts bzw. „Die Launen des Glücks" (Nr. 610) wird für St. Thema, wenn er den Bauern in der Lotterie ein Klavier, den Kaminkehrer einen Sonnenschirm oder den Glatzkopf einen Kamm gewinnen läßt. Im Stil von LOTHAR MEGGENDORFER, WILHELM BUSCH u.a. illustriert St. in Bildergeschichten persiflierend solche Themen „klassischer" Bildung wie „Iphigenie auf Tauris" (Nr. 909), Die „Zerstörung von Troja" (Nr. 492) oder „Leben und Thaten des Herkules" (Nr. 594). Über seine Tätigkeit für die „Münchener Bilderbogen" und die „Fliegenden Blätter" hinaus hat St. auch für andere Periodika und Einzelwerke Illustrationen und Karikaturen geschaffen. Vorübergehend arbeitete er für die Zeitschriften „Über Land und Meer" und um 1890 auch für SCHORERS „Familienblatt". Zum aktuellen Zeitgeschehen 1870/71 karikierte er unter dem Titel „Der deutsch-französische Krieg. Eine romantische Tragödie in fünf Aufzügen" in 44 Bildern FRIEDRICH SCHILLERS „Jungfrau von Orleans". Weiterhin illustrierte er eine Don Quichotte-Ausgabe. Von künstlerischer Qualität sind St.s Illustrationen zu Bilderbüchern, die er in den sechziger Jahren schuf. Gewisse Ähnlichkeit mit HEINRICH HOFFMANNS „Struwwelpeter" (1845) weist in Form, Stil und Intention „Das Schreiliesel. Eine lustige und lehrreiche Geschichte für Kinder von +–8 Jahren" (1864) auf. Der Text von einem Dr. ERNST besteht aus gereimten Gedichten, in denen die allmähliche Domestizierung eines ungehorsamen und unvernünftigen kleinen Mädchens erzählt wird. St. hat zu jedem der 21 Gedichte eine Illustration angefertigt, wobei die handkolorierten Holzschnitte durch feine Strichführung und physiognomische Schärfe der Gesichter auffallen. Im Gegensatz zu der im „Schreiliesel" zutage tretenden Verzichts-, Verbots- und Bestrafungspädagogik ließ sich der Künstler St. in dem ebenfalls von Dr. ERNST getexteten Bilderbuch „Der General Fritz. Bunte Bilder aus seinem Leben. Erzählt für die liebe Jugend von 6–12 Jahren" (1865) auf die Illustration eines auf Tapferkeit, Unerschrockenheit, soldatische Tugenden als positive Eigenschaften ausgerichteten Gedichtzyklus ein. Ein zunächst nichtsnutziger Knabe wird in einer zum Teil märchenhaften Handlung am Ende General. St. sind weniger die Soldatenszenen

Fritz Steub. „Wie das Schreiliesel ungehorsam ist und von drei Riesen fortgeschleppt wird". Illustration aus dem Bilderbuch „Das Schreiliesel" von Dr. Ernst (1864).

gelungen, mehr die burlesken Kinderszenen, wo der kleine Fritz noch mit dem Holzsäbel spielt oder in der Handwerkslehre einem bärtigen Webermeister in die Hände fällt. St. war ein an Begabung THEODOR HOSEMANN, WILHELM BUSCH und LOTHAR MEGGENDORFER nicht nachstehender Illustrator, der zwischen Biedermeier und Realismus, zwischen Sentimentalität und nüchterner Kritik seine Diktion suchte, offensichtlich aber nicht immer kongeniale Texter fand.

Werke (Auswahl): Dr. Ernst: Das Schreiliesel (1864); Dr. Ernst: Der General Fritz (1865); Fr. Steub: Firlefanz. Scherze und Schwänke in Bildern (1874); M. Reymond: Das neue Laienbrevier des Häckelismus (1877); M. Reymond: An Bord des „Julius Verne" (1879).

Sekundärliteratur: U. Eichler: Münchener Bilderbogen (1974). – H. Holland: Steub, Fritz (in: Biographisches Jahrbuch. Bd. 8. 1903. 99–102).

Erich Gerhard

Storch, Carl

*(gelegentl.: Karl St.). Illustrator, Karikaturist, Bildschnitzer; *9.3.1868 Budapest, †2.11.1955 Salzburg.*

St. studierte an der Akademie in München bei W. v. DIEZ und L. HERTERICH, außerdem bei A. AZBÈ. Fünfundzwanzig Jahre lang war er Mitarbeiter der „Fliegenden Blätter" bis zu deren Vereinigung mit den „Meggendorfer Blättern" im Jahre 1928. Er wirkte eine Zeitlang (um 1932) bei der illustrierten Kinderzeitschrift „Hans Kunterbunt" der „Leipziger Neuesten Nachrichten" mit. St. lebte zuletzt in Salzburg als Bildschnitzer (Krippenfiguren) und Zeichner.

Werk, Tendenzen, Wirkung. St.s Vorliebe für Karikatur wird deutlich in den beiden Bildgeschichten „Maus und Molli" (1920), einer Nachahmung von WILHELM BUSCHs „Max und Moritz" (1865), mit Mädchenfiguren, und in dem großformatigen Bilderbuch „Kribbel-

Krabbel" (1911). Beide Werke erschienen im Verlag der „Münchner Bilderbogen" und der „Fliegenden Blätter", bei Braun & Schneider in München. In „Kribbel-Krabbel" wie auch in „Fips und Joko" (1912) sind Illustrationen zu verschiedenen Gedichten von HANS PROBST zu finden; in „Kribbel Krabbel" kleine Episoden aus dem Insektenreich dargestellt. Naturvorgänge werden auf eine komische, unrealistische Ebene gebracht – auch Zwerge treten auf –, oft mit makabrem Anstrich (z.B. in den Bildergeschichten „Die Gnomen und der Hirschkäfer" und „Die Heuschreckenjagd"). Menschliche Verhaltensweisen werden durch Übertragung auf die Tierwelt karikiert. In Farbe und Stil ragt die Episode „Die Reise um die Welt im Automobil" wegen der Reduzierung auf wenige und nicht schattierte Farben und der Nähe zu W. BUSCH hervor. In anderen Episoden wird die Verniedlichung und der Anthropomorphismus, wie sie im Jugendstilbilderbuch der Jahrhundertwende und danach bis in die dreißiger Jahre üblich wurden (ERNST KREIDOLF, FRITZ KOCH-GOTHA, ELSE WENZ-VIETOR, HELMUT SKARBINA u.a.), spürbar.
St. hat auch Bilder zu Märchen der Brüder GRIMM vorgelegt, wobei er mit schwungvoller, kräftiger Strichführung bewegte Szenen darstellt, die in der Nähe der Karikatur bleiben und deshalb das Schwankhaft-Unwirkliche, nicht aber das Sentimental-Romantische des Märchens betonen.

Werke: H. Probst: Kribbel-Krabbel (1911); H. Probst: Fips und Joko oder Die durchgebrannten Affen (1912); W. Herbert: Maus und Molli. Eine Mäusegeschichte nach Wilhelm Busch (1920, [7]1940); H. Probst: Ui! Fünf lustige Geschichten von zwei kleinen Bösewichten (1921); H. Probst: Wichtelg'schicht'ln (1922); Ausgerechnet zum Lachen! (1924); E. G. Seeliger: Heinz Wolframs Weihnachtsgeschenke (1925); M. Führing (Hrsg.): J. u. W. Grimm: Märchen von unheimlichen Leuten (1926); H. Probst: Beim Osterhasen (1929); Fr. E. Hrabe: Struwwelpeters Kameraden (1931); M. Waldek: Die Hundeschule. Lustiges Bilderbuch mit Versen (1933); M. Waldek: Teddy (1934); Fr. E. Hrabe: Die Schildbürger. Heiteres Buch von ihren Streichen und Taten (1935); Fr. E. Hrabe: Wie's geht, wenn die Kinder nicht folgen (1936); R. Wagner: Flip und Flap. Ein lustiges Hundebilderbuch (1944).

Angela Voß

Sträßle, Franz

*Volksschullehrer, Schriftsteller; * 18. 12. 1817 Binzwangen (Württemberg), † um 1895 Neckarsulm (Württemberg).*

Str., Sohn eines Lehrers, besuchte eine Präparandenanstalt und war danach für einige Jahre Taubstummenlehrer, bevor er als Volksschullehrer an die obere Knabenschule in Neckarsulm kam, wo er bis zu seiner Pensionierung tätig war. Str. wurde zum Vorsitzenden des im Jahr 1865 gegründeten württembergischen katholischen Volksschullehrervereins gewählt. Gleichzeitig war er Redakteur der Vereinsschrift „Quartalhefte für Erziehung und Unterricht" und deren Wochenbeilage „Der Vereinsbote".

Werk, Tendenzen, Wirkung. Str. entwickelte eine vielseitige schriftstellerische Tätigkeit für junge Leser. Für kleinere Leser schrieb er Umweltgeschichten und Gedichte aus dem Alltag des bürgerlichen Kleinkindes sowie kleine Erzählungen mit märchenhaften Elementen. Eine besondere Vorliebe entwickelte der Autor für drollige bis groteske Szenen (z.B.: Unter dem Weihnachtsbaum. Ernste und drollige Geschichtchen, Märchen und Räthsel, 1857). Diese Vorliebe zeigte sich auch in der Auswahl der Illustrationen und Illustrationsfolgen, zu denen er kurze, gereimte Texte verfaßte. So schrieb er zu den „12 heiteren Bildern aus dem Leben" in „Konewka's Silhouetten-Bilderbuch" (1868) kurze Verse. Allerdings scheinen Str.s Reime zu den wie Karikaturen aus dem Alltag wirkenden Silhouetten häufig an dem Verständnis durch das Kind vorbeizugehen. Sie nähern sich dem Sprachduktus der „Fliegenden Blätter". Zu dem Scherenschnitt auf Seite fünf des Bilderbuches, der die Begegnung eines als Jäger ausstaffierten Herrn mit einem Ehepaar vorführt, finden sich die Zeilen: „Guten Morgen, Herr Fischer! auch schon erwacht? / So nehmen Sie doch Ihr Gewehr in Acht, / Denn sehen Sie nur, mein Hund hat Wind, / Daß Sie ein Sonntagsjäger sind". Antisemitische Züge zeigen Text und Bild auf Seite drei, auf der ein Jude im langen Kaftan mit hohem Hut und Stock, dazu mit einem gefüllten Sack auf dem Rücken, dahineilt, gefolgt von seinem ähnlich gekleideten Jungen. Str. reimt dazu: „Das sieht der Jude von Ferne schon / Da gibt es ein Schmusgeld, lauf schnell, mein Sohn! / Doch wehe, die Frauen sind handelseins, / Noch eh' er hinzukommt, d'rum kriegt er keins".
Ansprechender waren die erzählend-belehrenden Texte, die Str. für größere Kinder verfaßte und die das lesende Kind in Naturgeschichte und Geographie seiner näheren Heimat und der weiten Welt einführen wollten (Die Quellen der Natur und ihre Ausbeute für den Dienst des Menschen, 1856; Kleine Naturgeschichte für das jugendliche Alter, 1862). HERMANN ROLFUS beurteilte die Arbeiten Str.s recht gut in seinem „Verzeichnis ausgewählter Jugendschriften" (1866) und schreibt zu dem Band „Land und Leute, oder: Bilder aus allen Welttheilen für die reifere Jugend" (1855): „Enthält 47 Schilderungen aus verschiedenen Zeiten und Ländern in einfacher Sprache, welche geeignet sind, den Gesichtskreis der Kinder zu erweitern und sicherlich gern von ihnen gelesen zu werden".
Gegen Ende seiner Tätigkeit legte Str. noch eine gekürzte Jugendbearbeitung des Don Quijote vor (Fahrten und Abenteuer des berühmten Ritters Don Quixote von der Mancha, 1893), die auf die spaßhaften und grotesken Abenteuer des fahrenden Ritters hin reduziert erscheint.

Werke: Eugenie oder im Christenthum ist Hilfe (1853); Bunte Bilder in freundlichen Geschichtchen und Gedichten (1855, [2]1859); Geschichtchen und Bilder für die Kindheit (1855); Land und Leute, oder: Bilder aus allen Welttheilen für die reifere Jugend (1855); Die Monate des Jahres in Bildern und Erzählungen für die reifere Jugend (1856); Die Quellen der Natur und ihre Ausbeute für den Dienst des Menschen, für die Jugend bearbeitet (1856); Spiegelbilder. In kleinen Erzählungen für die Kindheit (1857, NA. 1868); Unter dem Weihnachtsbaum. Ernste und drollige Geschichtchen, Märchen und Räthsel (1857); Aberglaube. Erzählungen für Familienkreise (1857); Der Anschauungsunterricht für katholische Volksschulen, methodisch bearbeitet (1858); Erster Unterricht in den Realien: Naturgeschichte und Geographie (1858); Handbuch der Naturgeschichte. Bearbeitet für die Jugend beiderlei Geschlechts (1858, NA. 1866); Aus Wald und Berg. Märchen für die Jugend (1859); Kleine Naturgeschichte für das jugendliche Alter (1862, ³1865); Des Landwirts Freunde und Feinde aus dem Tierreich (1862); Praktische Stoffe zur Uebung im schriftlichen Gedankenaustausch (1864); Ammen-Glöckchen. Ernste und heitere Geschichten für die Jugend (1864); Heitere Ziehbilder. Erfunden und gezeichnet vom Maler Hösch. Mit erläuterndem Texte von Sträßle (1864); Das Büchlein vom Schlaraffenland. Ernst und Scherz aus der Märchenwelt (1866); Die Volksschule als Mitglied des Thierschutzvereins. Ein Hilfsmittel für katholische Volks- und Fortbildungsschüler (1866); Schmetterlingsbuch. Anleitung zum Sammeln und Aufbewahren der Schmetterlinge (1867); Konewka's Silhouetten-Bilderbuch (1868); Aus Natur und Leben. Bilder für die Jugend von Geißler und Offterdinger (1868); Kleiner Heimgarten für die Jugend (1869); Fahrten und Abenteuer des berühmten Ritters Don Quijote von der Mancha (1893).

Helmut Müller

Studien- und Beratungsstelle für Kinder- und Jugendliteratur

Die St.-B. ist eine Arbeitsgemeinschaft zur Begutachtung und Förderung der Kinder- und Jugendliteratur im Rahmen der Wiener Katholischen Akademie. Sie bietet Mitarbeitern und Interessenten Fortbildungsveranstaltungen und praktische Hilfen für den Umgang mit Kinder- und Jugendliteratur und die Arbeit mit jungen Lesern.

Die St.-B. ist hervorgegangen aus dem „Arbeitskreis für Kinder- und Jugendschrifttum", der 1955 von KARL RUDOLF gegründet und bis 1970 von Frau WILLY LUSSNIGG, dann von GERTRUD PAUKNER und seit 1981 von CHRISTA ELLBOGEN geleitet wird. Träger der St.-B. ist die Erzdiözese Wien; die Finanzierung erfolgt durch die Erzdiözese, das Katholische Jugendwerk Österreichs und das Bundesministerium für Unterricht und Kunst. Die Arbeitsgemeinschaft versteht sich als Studienstelle für Probleme und Vorgänge innerhalb der Jugendliteraturszene und auf dem Gebiet der Massenmedien sowie als Beratungsstelle für Erzieher und andere Vermittler von Kinder- und Jugendliteratur und die jungen Leser selbst.
Zu den Aktivitäten der Förderung der Kinder- und Jugendliteratur und zur Beratung und Weiterbildung im Bereich der Leseerziehung gehören: Ständiger Arbeitskreis für die aktiven Mitarbeiter mit monatlichen Veranstaltungen zu den Themen Kinder- und Jugendliteratur, Kinderpastoral- und Religionspädagogik, Bilderbuchpädagogik, deutsche Literatur und Geschichte. Für Interessenten veranstaltet die St.-B. Vorträge und Diskussionen zu aktuellen Themen der Leseerziehung und Buchkultur, Seminare und Kurse (z. B. Mütter- und Elternseminare des Katholischen Familienverbandes), Elternabende in Kindergärten, Schulen, Heimen und Hortgruppen.
Einen weiteren Schwerpunkt der Arbeit stellt die Begutachtung von Büchern und Zeitschriften für Kinder und Jugendliche dar. Die Ergebnisse werden den Interessenten in Auswahlkatalogen, Empfehlungslisten und Buchbesprechungen zugänglich gemacht.
Die Tätigkeit der St.-B. beschränkt sich nicht auf das Medium Buch, sondern umfaßt auch die Mitarbeit beim Hörfunk (z. B. Buchsendungen im Familienmagazin) und Fernsehen (Buchtips, Mitarbeit am Medienverbundprogramm „Buch – Partner des Kindes"). Publizistische Mitarbeit wird außerdem für verschiedene Zeitschriften und Verbandsblätter geleistet, so unter anderem für die Zeitschriften „Unsere Kinder", „Jugend", „Jugend und Buch", „Zeit im Buch" und „Multimedia".
Darüber hinaus ist die St.-B. in kirchlichen und staatlichen Gremien der außerschulischen Jugenderziehung vertreten, z. B. in der Interdiözesanen Arbeitsgemeinschaft für das Kindergarten- und Hortwesen, dem Katholischen Zentrum für Massenkommunikation, der Österreichischen Jugendschriftenkommission und dem Buchklub der Jugend, weiterhin im Wiener Internationalen Institut für Jugendliteratur und Leseforschung, im Arbeitskreis für Jugendliteratur der Bundesrepublik Deutschland, in der Internationalen Forschungsgesellschaft für Kinderliteratur und dem Bureau International de l'Enfance.

H. D.

Sulzer, Johann Georg

*Philosoph, Pädagoge, Ästhetiker der Aufklärung, Verfasser von Schul- und Lehrbüchern für Jugendliche; *5. (16.) 10. 1720 Winterthur (Schweiz), †5. 2. 1779 Berlin.*

S. war das 25. Kind einer Winterthurer Ratsherrenfamilie. Im 14. Lebensjahr verlor er seine Eltern. 1736 wurde er nach Zürich in das Haus eines Predigers in Pension gegeben. Seine theologische Ausbildung vollendete er auf dem dortigen Collegium Carolinum, einem akademischen Gymnasium, an dem BODMER und BREITINGER lehrten. S.s Neigungen galten der Mathematik und den Naturwissenschaften, was sich durch eine Freundschaft mit dem Naturforscher JOHANN GESSNER (1709–1790) verstärkte. 1739 legte S. sein theologisches Examen ab. Nach kurzer Hauslehrertätigkeit in einer Züricher Familie erhielt er die Stelle eines Vikars in dem Dorf Maschwanden; hier ließen ihm die Amtsgeschäfte ausreichend Zeit für Naturbetrachtungen, für naturwissenschaftliche, mathematische und philosophische Studien. Ab 1742 widmete er sich wieder der Erziehung, seit 1743 als Hauslehrer in einer wohlhabenden Kaufmannsfamilie in Magdeburg. 1747 erhielt S. eine Professur für Mathematik am Joachimsthal'schen Gymnasium zu Berlin. Bereits drei Jahre später wurde er zum ordentlichen Mitglied der Akademie der Wissenschaften ernannt. 1750 unternahm er zusammen mit KLOP-

STOCK eine Reise nach Zürich und verheiratete sich anschließend mit der Nichte eines Magdeburger Kaufmanns.
Im folgenden Jahrzehnt entstanden zahlreiche naturwissenschaftliche und philosophische Abhandlungen. Nach dem plötzlichen Tod seiner Frau 1760 und einer erneuten Schweizreise 1762 legte er 1763 seine Professur in der Absicht nieder, zu privatisieren und sich allein der Schriftstellerei zu widmen. In dieser Zeit begann er mit den ersten Arbeiten an seinem ästhetischen Hauptwerk, der „Allgemeinen Theorie der schönen Künste", das erst Anfang der siebziger Jahre erschien. Friedrich II. berief ihn als Professor für Philosophie an die 1765 eröffnete Königliche Ritterakademie (Ecole militaire), eine Erziehungsanstalt für die adelige Jugend. Zugleich wurde er zum Visitator des Joachimsthal'schen Gymnasiums ernannt und anschließend mit der Neuorganisation der Schulen in Klosterbergen b. Magdeburg, Stettin und Stargard beauftragt. In diesen Jahren ergaben sich engere Kontakte zum Berliner Hof: So erteilte er dem Prinzen Heinrich, dem Bruder des späteren Friedrich Wilhelm II., Unterricht in Mathematik. Auch mit Friedrich dem Großen kam es zu Unterredungen. Seit 1775 war S. Direktor der Philosophischen Klasse der Akademie der Wissenschaften. 1779 starb er an einem Lungenleiden, unter dem er seit 1772 gelitten hatte.

Werk, Tendenzen, Wirkung. S. gehört einer Generation von Aufklärern an, die zwischen der von GOTTSCHED, BODMER und BREITINGER einerseits und der von MENDELSSOHN, LESSING und NICOLAI andererseits steht und den Übergang zwischen dem strengen Rationalismus der ersten Aufklärungsphase und der Hochaufklärungsphase darstellt. Seine schriftstellerische Laufbahn begann mit naturgeschichtlichen Beiträgen. Mit der Aufnahme in die Berliner Akademie der Wissenschaften wandte sich S. verstärkt philosophischen, psychologischen und ästhetischen Fragen zu. S. steht hierbei ganz in der Tradition der LEIBNIZ-WOLFFschen Philosophie, die er insbesondere auf psychologischem Gebiet weiter entwickelte. Hier trägt er zur Überwindung der rein intellektualistischen Gefühlstheorie bei, indem er die Empfindung als ein eigenständiges Grundvermögen der Seele neben dem Vorstellungs- und dem Begehrungsvermögen zu fassen sucht und so MENDELSSOHN vorarbeitet.
Als S.s Hauptwerk gilt die „Allgemeine Theorie der schönen Künste in einzelnen, nach alphabetischer Ordnung der Kunstwörter aufeinander folgenden Artikeln abgehandelt" (1771–1774), in langen Vorarbeiten unter Beteiligung anderer Gelehrter erstellt. In seinen ästhetischen Anschauungen ist S. weitgehend von A. G. BAUMGARTEN, dem WOLFF-Schüler und Begründer der Ästhetik, abhängig. Charakteristisch für seine Kunstauffassung ist die Vorherrschaft des moralischen Elementes: Der wahre Zweck der schönen Künste ist die Erweckung des sittlichen Gefühls im Menschen. Die „Allgemeine Theorie" verfolgt hierbei eine ehrgeizige Absicht: Gegenüber der Mißachtung der schönen Künste durch die frühe Aufklärung will sie deren wahren Wert für die moralische Vervollkommnung der Gesellschaft herausstellen und beweisen, „daß die völlige Bewürkung der menschlichen Glückseligkeit die durch die Cultur der mechanischen Künste und der Wissenschaften ihren Anfang bekommen hat, von der Vervollkommnung und der guten Anwendung der schönen Künste müsse erwartet werden". Der Zeitpunkt des Erscheinens der „Allgemeinen Theorie" aber fällt bereits zusammen mit dem des Sturm und Drang, in dem erste Ansätze zu einer Herauslösung der Kunst aus moralischen Zwecksetzungen gemacht werden. So nimmt es nicht wunder, daß sie bei HERDER und GOETHE auf Ablehnung und Kritik gestoßen ist.
Daß S. nicht nur Ästhetiker und Philosoph, sondern auch Erziehungstheoretiker und pädagogischer Schriftsteller von Rang ist, hat die Geschichtsschreibung bisher nur unzureichend herausgestellt. Aus seiner ersten Hauslehrertätigkeit ist eine erziehungstheoretische Abhandlung hervorgegangen, die 1745 erstmals, 1748 in stark vermehrter Auflage unter dem Titel „Versuch von der Erziehung und Unterweisung der Kinder" erschienen ist und die von BASEDOW hoch eingeschätzt wurde. In ihr hat S. die pädagogischen Anschauungen MONTAIGNES, CHARLES ROLINS, insbesondere aber die JOHN LOCKES verarbeitet. Seinen Gegenstand bildet nicht mehr die Standes- und Berufserziehung, sondern die reine Menschenerziehung, deren Absicht ist, „daß man die Kinder, welche Kraft ihrer Geburt Menschen sind, zu vernünftigen, tugendhaften und wolgesitteten Menschen mache". Das Werk handelt von der intellektuellen oder Verstandesbildung, der sittlichen oder Willenserziehung und der Anleitung zu einem gesitteten äußerlichen Verhalten. Hinsichtlich der Verstandesbildung unterscheidet sich S. von LOCKE durch seinen Rationalismus, durch einen größeren Hang zur Gelehrsamkeit und durch eine stärkere Betonung des formalen Bildungswertes der Wissenschaften und der alten Sprachen. In bezug auf die Religion folgt er LOCKE, indem er erst mit dem 12. Lebensjahr eine religiöse Unterweisung beginnen und auch hier zunächst nur die natürliche Theologie gelten lassen will. Auch hinsichtlich der Methoden intellektueller Bildung schließt er sich eng an LOCKE an: Die Unterweisung soll sich der kindlichen Natur anpassen, soll leicht, angenehm und spielerisch sein und sich das Ehrgefühl der Kinder zunutze machen. Seine Theorie moralischer Erziehung hebt die große Bedeutung der Exempelmethode hervor: Die Kinder lernen am besten durch Nachahmung guter Beispiele. Damit sind zunächst „lebendige Exempel des Umgangs", moralisch vorbildhaftes Verhalten, also aus der Umwelt der Kinder, gemeint, dann aber auch Beispiele, die in „erdichteten" Erzählungen, Fabeln und in „woleingerichteten Schauspielen" gegeben werden. Die letzteren haben sogar zwei Vorteile gegenüber den ersteren aufzuweisen: „Nämlich die Lebhaftigkeit und das rührende Wesen der Erzehlung, hernach die Wahl der Materie; denn im Umgang muß man die Exempel nemmen, so wie sie kommen; die Historien aber kan

man auswählen und so ausbilden, wie sie am besten sind." S. erklärt damit die Literatur zu einem der wichtigsten Mittel moralischer Erziehung.

S. hat sich auch später noch pädagogischen Fragen zugewandt. Als 1760 seine Frau bei der Entbindung der zweiten Tochter starb, verfaßte er „Gedanken, über die Art, wie, nach meiner Meinung, die Erziehung meiner Kinder am besten fortzusetzen ist". Die Schrift wurde erst nach seinem Tode als „Anweisung zur Erziehung seiner Töchter" 1781 publiziert. 1765 erschien die Schrift „Gedanken über die beste Art die claßische Schriften der Alten mit der Jugend zu lesen". Die Lektüre der klassischen Autoren diene nicht nur der Erlernung der alten Sprachen und der antiken Geschichte, sie erbringe auch eine „Bildung des Geschmackes oder des Gefühls für das Schöne sowohl in den Sitten als in den Künsten" und stelle schließlich zugleich eine Einführung in die Philosophie dar. S.s Auffassungen können als typisch für das pädagogische Denken der vorrousseau'schen und vorphilanthropischen Zeit angesehen werden. Hierbei geht die Rezeption der fortgeschrittenen Ideen Englands und Frankreichs, insbesondere LOCKEs, durchaus einher mit dem Festhalten an Elementen rationalistischer Gelehrsamkeit und humanistischer Altsprachlichkeit.

S. hat neben seinen erziehungstheoretischen Schriften auch Schulbücher und Werke für Jugendliche und angehende Studierende verfaßt. Hierzu ist die in seiner Magdeburger Hauslehrerzeit verfaßte Schrift „Kurzer Begriff aller Wißenschaften und anderer Theile der Gelehrsamkeit, worin jeder nach seinem Inhalt, Nuzen und Vollkommenheit kürzlich beschrieben wird" zu rechnen, 1745 erstmals erschienen, 1759 in „ganz veränderter und sehr vermehrter Ausgabe" herausgebracht. Das Werk, das bis 1786 insgesamt sechs Auflagen erlebte, enthält zwar keinen expliziten Hinweis darauf, daß es an Jugendliche adressiert ist. Ein späterer Bearbeiter bezeugt jedoch, daß es „bis auf die neuesten Zeiten in den Schulen ist zum Grunde gelegt worden". Es handelt sich um ein in Paragraphen abgefaßtes enzyklopädisches Lehrbuch, das einen Wissensüberblick über folgende Gebiete darbietet: Philologie, Historie, schöne Künste, Mathematik, Physik, Philosophie, Rechtsgelehrsamkeit und Theologie.

Zu einem der bekanntesten Jugendbücher der Aufklärung, das auf nahezu keiner zeitgenössischen Empfehlungsliste fehlt, sind S.s „Vorübungen zur Erweckung der Aufmerksamkeit und des Nachdenkens" geworden, 1768 „zum Gebrauch einiger Klassen des Joachimsthal'schen Gymnasiums" verfaßt. Es handelt sich um ein sachlich und moralisch belehrendes Lesebuch vornehmlich für den Schul-, aber auch für den Privatunterricht. Es enthält kurze Lesestücke, Beschreibungen, Anekdoten, Erzählungen und Fabeln über naturkundliche, völkerkundliche, geschichtliche und moralische Gegenstände. Die einzelnen Lesestükke, die teils von S. selbst stammen, teils aus verschiedenen Quellen gezogen sind, haben unterschiedlichen Schwierigkeitsgrad, so daß das Lesebuch jeweils etwas für Kinder vom 8. bis 16. Lebensjahr bereit hält. S. geht es zunächst um die Übung intellektueller Fertigkeiten, wie er in der Vorrede darlegt: Lese- und Rechtschreibeübung, Erweckung der Aufmerksamkeit, Schärfung des Beobachtungsgeistes und des Verstandes, schließlich Bildung des sittlichen Gefühls. Zu all diesem soll das Lesebuch verwandt werden. Daneben soll die sachliche Belehrung treten: S. hat auf jegliche Systematik verzichtet, um durch Abwechslung die Aufmerksamkeit der Schüler zu reizen. Bereits 1771 erlebten die „Vorübungen" eine Neuauflage, die nach W. KLINKE von dem Züricher CHRISTOPH HEINRICH MÜLLER (1740–1807) besorgt wurde, der bis 1788 Professor für Geschichte und Philosophie am Joachimsthal'schen Gymnasium war. Das Werk erlebte hier eine beträchtliche Umfangserweiterung. Gänzlich umgestellt wurde es schließlich mit der dritten Auflage von 1780–1782, die JOHANN HEINRICH LUDWIG MEIEROTTO (1742–1800), der Rektor des Gymnasiums, betreute und die dem Werk seine endgültige Gestalt gab. MEIEROTTO sortierte die Lesestücke nach Altersstufen und teilte sie auf drei Bände auf, die sich nun jeweils getrennt an die unteren, die mittleren bzw. die oberen Klassen wandten. Um alle Bände gleichmäßig aufzufüllen, zog er weitere Lesestücke heran, so daß sich das Lesebuch umfangmäßig noch einmal mehr als verdoppelte. MEIEROTTO berücksichtigte auch die neu erschienenen Kinderschriften, so ADELUNGs „Leipziger Wochenblatt für Kinder" und WEISSEs „Kinderfreund". S.s Vorrede faßte er mit eigenen Zusätzen in einem vierten Band zusammen, der sich als Methodenteil nur an Lehrer, Erzieher und Eltern wandte. MEIEROTTOs Bearbeitung suchte solchermaßen, das Lesebuch den gesteigerten Ansprüchen der siebziger und achtziger Jahre des Jahrhunderts anzupassen, einer Zeit, die bereits durch den Philanthropismus geprägt war. Auch S.s Hauptwerk, die „Allgemeine Theorie der schönen Künste", hat teilweise Eingang in die Jugendliteratur gefunden.

Werke (Auswahl): Versuch einiger moralischer Gedanken über die Werke der Natur (1745); Versuch einiger vernünftiger Gedanken von der Auferziehung und Unterweisung der Kinder (1745; auch u. d. T.: Versuch von der Erziehung und Unterweisung der Kinder, 1748); Unterredung über die Schönheiten der Natur (1750); Gedanken über den vorzüglichen Werth der epischen Gedichte des Herrn Bodmer's (1754); Gedanken über die beste Art die claßischen Schriften der Alten mit der Jugend zu lesen (1765); Allgemeine Theorie der schönen Künste in einzelnen, nach alphabetischer Ordnung der Kunstwörter auf einander folgenden Artikeln abgehandelt (Bd. 1–2. 1771–1774); Die schönen Künste, in ihrem Ursprung, ihrer wahren Natur und besten Anwendung betrachtet (1772); Vermischte Philosophische Schriften, aus den Jahrbüchern der Akademie der Wissenschaften zu Berlin gesammelt (1773); Anweisung zur Erziehung seiner Töchter (1781); Lebensbeschreibung, von ihm selbst aufgesetzt; aus der Handschrift abgedruckt, mit Anmerkungen von Joh. Bern. Merian und Friedr. Nicolai (1809).

Jugendschriften: Kurzer Begriff aller Wißenschaften und anderer Theile der Gelehrsamkeit, worin jeder nach seinem Inhalt, Nuzen und Vollkommenheit kürzlich beschrieben wird (1745, ^{2}1759); Vorübungen zur Erweckung der Aufmerksamkeit und des Nachdenkens; zum Gebrauch einiger Klassen des Joachimsthal'schen Gymnasiums (1768, ²1771, ³1780/1782); Albrecht Kirchmayer (Hrsg.): Johann Georg Sulzers Theorie und Praktik der Beredsamkeit (1786); Johann Georg Sulzers Theorie der Dichtkunst. Zum Gebrauch der Studirenden bearbeitet von Albrecht Kirchmayer (Bd. 1–2. 1788–1789).

Sekundärliteratur: M. Dähne: J. G. Sulzer als Pädagog und sein Verhältnis zu den pädagogischen Hauptströmungen seiner Zeit. Ein Beitrag zur Geschichte der Pädagogik des 18. Jh. (Diss. 1902). – J. Dobai: Die bildenden Künste in J. G. Sulzers Ästhetik. Seine „Allgemeine Theorie der Schönen Künste" (1978). – L. M. Heym: Darstellung und Kritik der aesthetischen Ansichten J. G. Sulzers (Diss. 1894). – H. Hirzel: Hirzel an Gleim, über Sulzer den Weltweisen (Theil 1–2. 1779–1780). – W. Klinke (Einleitung zu:) J. G. Sulzer: Pädagogische Schriften (1922). – J. Leo: G. Sulzer und die Entstehung seiner allgemeinen Theorie der Schönen Künste (1907). – A. Nivelle: Kunst- und Dichtungstheorien zwischen Aufklärung und Klassik (1960); Sulzer als Neuerer (in: G. Erdmann (Hrsg., zus. mit A. Eichstaedt): Worte und Werte. B. Markwardt zum 60. Geburtstag. 1961. 281–288). – A. Palme: J. G. Sulzers Psychologie und die Anfänge der Dreivermögenslehre (1905). – A. Tumarkin: Der Ästhetiker J. G. Sulzer (1933). – O. Walzel: J. G. Sulzer über Poesie (in: Zs. f. dt. Philologie. 62. 1937. 267–303). – H. Wili: J. G. Sulzer: Persönlichkeit und Kunstphilosophie (Diss. 1954).

Hans-Heino Ewers

T

Tegnér, Esaias

*Schwedischer Geistlicher, Hochschullehrer, Dichter; * 13. 11. 1782 Kyekerud (Värmland), †2. 11. 1846 Östrabo (Växjö).*

Der früh verwaiste Pfarrerssohn T. wurde zunächst von seinem älteren Bruder schulisch betreut. Beide Brüder fanden bei dem Bergwerksbesitzer MYRMANN Aufnahme, der dafür sorgte, daß T. zusammen mit seinen Söhnen die Universität Lund besuchen konnte. Im Jahr 1802 erwarb T. durch eine in Latein abgefaßte Abhandlung über die Äsopische Fabel den Rang eines Dozenten der Ästhetik. Im Jahr 1806 heiratete er die Tochter seines väterlichen Freundes MYRMANN. Die Universität verlieh T. 1810 den Titel eines Professors für Ästhetik und Gräzistik. Nachdem im Jahr 1811 T.s Gedicht „Svea" (1811) mit dem großen Preis der schwedischen Akademie ausgezeichnet worden war, ernannte ihn der König am 26. Februar 1812 zum ordentlichen Professor der Universität Lund und zum Prediger zweier naheliegender Gemeinden. 1818 wurde T. Mitglied der schwedischen Akademie, 1824 erhielt er seine Berufung zum Bischof von Växjö. Ein Leberleiden zwang T. 1833 zu einem Kuraufenthalt in Karlsbad. Nach einem Schlaganfall im Jahr 1840 zeigten sich bei T. Anzeichen einer Krankheit, von der er sich nie ganz erholen konnte. Dem in Schweden als Nationaldichter verehrten T. wurde am 22. Juni 1853 ein Denkmal in Lund errichtet. Der hundertjährige Geburtstag des Dichters wurde 1882 in ganz Schweden feierlich begangen.

Werk, Tendenzen, Wirkung. Mit dem patriotischen Gedicht „Svea" (1811) erreichte T. einen ersten Höhepunkt seines Schaffens. Gleichzeitig deutet das Gedicht die Wendung von seiner klassizistischen zur romantischen Periode an. Er widmete sich jetzt vor allem der nordischen Mythologie und gleichzeitig dem Kampf um die nationale Freiheit seines Landes. T. verstand es, den Enthusiasmus für die nordische Sagenwelt mit ironischer Eleganz und dem Geist des Klassizismus zu verbinden. Die von T. geschaffene Zeitschrift „Iduna" war über lange Zeit hinweg das Sprachrohr seiner poetischen und prosaischen Gedanken.

Am bekanntesten wurde T. mit der Umdichtung der altisländischen „Fridthjofs Saga", die vermutlich Anfang des 14. Jahrhunderts in Island entstanden und in verschiedenen Handschriften erhalten war. Anfang des 15. Jahrhunderts trat sie erstmals in Liedform auf (Fridthjofs rimur). Die Saga spielt im mittleren Norwegen. Sie erzählt von der Liebe von Ingibjörg, der Tochter des armen Königs Beli von Sogn, zu Fridthjof, dem Sohn eines reichen Großbauern. Nach dem Tod des Vaters verheiraten die beiden Söhne des Königs ihre Schwester mit dem König Hring, der nur dadurch bereit ist, mit den Brüdern Frieden zu schließen. Fridthjof und Ingibjörg bleiben sich allen Widrigkeiten zum Trotz in Liebe verbunden, selbst dann, als Fridthjof zu König Hring geht und diesem in Lehenstreue zur Seite steht. Nach dem Tode des Königs Hring wird Fridthjof zum König gewählt, heiratet die Witwe Ingibjörg und besiegt deren Brüder im Krieg, um schließlich auch noch deren Königreich zu erringen.

Die Saga von Fridthjof, die durch die vorherrschende Liebesgeschichte eine Sonderstellung im Rahmen der altisländischen sonst mehr abenteuerlich- und kampfbetonten Fornaldarsögur einnimmt, wurde von T. für seine „Fridthjof-Saga" genutzt, jedoch nur vom Handlungsverlauf her in groben Umrissen übernommen, im übrigen selbständig verarbeitet.

Die „Fridthjof-Saga" T.s wurde rasch in Übersetzungen in ganz Europa und den USA verbreitet. In den Vereinigten Staaten brachte HENRY WADSWORTH LONGFELLOW (1807–1882) 1837 eine Übersetzung in der „North American Review". Die erste deutsche Übertragung besorgte AMALIE VON HELWIG, die Freundin GOETHEs, bereits im Jahr 1826. Bis zum Ende des 19. Jahrhunderts erschienen über 100 Übersetzungen und Ausgaben in deutscher Sprache, darunter solche von KARL SIMROCK (1802–1876), M. A. NIENDORF, GOTTFRIED VON LEINBURG, EDMUND ZOLLER

und PAULINE SCHANZ. Von der Mitte des 19. Jahrhunderts an richteten sich immer mehr Ausgaben der „Fridthjof-Saga" an junge Leser. Auch die „für das deutsche Haus" bestimmten Ausgaben waren vorrangig für den heranwachsenden Leser gedacht.
Zwei Ausgaben, die besonders große Verbreitung fanden, können repräsentativ für die beiden Formen stehen, in denen die Sage jungen Lesern vorgelegt wurde. Im Jahr 1886 brachte EMIL ENGELMANN seine Übersetzung in einem mit Goldprägedruck versehenen Prachtband heraus, dem der Titel beigegeben war: „Die Frithiofs-Sage. Das Lied von Frithiof dem Kühnen für das deutsche Haus. Nach den Quellen der alten isländischen und der E. Tegnér'schen Frithiofs-Sage bearbeitet". Von zahlreichen spätromantisch-pompösen Federzeichnungen von R. E. KEPLER und TH. HOFFMANN begleitet, stellt ENGELMANN die Sage in 24 Gesängen vor, die er in Stabreime kleidet, die sich durch eine feierlich-getragene Sprache auszeichnen. Diese umfangreiche Übersetzung war vor allem für die älteren unter den jungen Lesern gedacht. In einem Nachwort wird einiges über die Intentionen laut, die viele Herausgeber und Übersetzer bewogen, die Frithjofsage jungen Lesern anzubieten: „Wer die herrlichen Bilder jener Urzustände germanischen Volkstums, die Schilderungen der freien Vereinigung wehrhafter Männer, der öffentlichen Gerichtsverhandlungen mit ihrer Gleichheit für jeden, des stolzen Mannesbewußtseins und doch der Achtung vor König und Gesetz, und so manches andere, das deutsche Herz und Gemüt Erfreuende und Labende, liest, der wird sich sagen müssen, daß durch das Lesen eines solchen Buches das Vaterlandsbewußtsein gekräftigt und gehoben wird bei alt und jung".
Im Jahr 1899 brachte HUBERT SCHMETZ eine stark gekürzte Ausgabe unter dem Titel „Frithjof, der nordische Held" heraus, die nun in Prosa abgefaßt war und höchstens an bestimmten Höhepunkten der Handlung in Verse überging. Die eigentliche Liebesgeschichte ist zurückgedrängt zugunsten der fortschreitenden Handlung und der heldenhaften Ereignisse. Diese Form fand sich häufig, wenn die Adressaten jüngere Leser waren. Für den Bearbeiter SCHMETZ bedeutet seine Version einen Schutzwall „gegen eine machtvoll angewachsene Schundliteratur, deren Bekämpfung geradezu eine Lebensfrage für unser Volk geworden ist, unendlich wichtig für seine Selbstachtung und Selbsterhaltung". Auch noch in den zwanziger Jahren und während des Dritten Reiches, als Sagenausgaben aus dem nordischen Raum als Jugendliteratur in den Vordergrund traten, wurde häufig auf T.s Frithjofsaga zurückgegriffen.

Werke (Auswahl): Svea (1811); Hjälten (1813); Nattvärdsbarnen (1820); Axel (1822); Fridthiofs saga (1825; dt. Frithjof-Saga, 1826); Smärre samlade dikter (1828); Tal vid särskilda tillfallen (1831–1842); Kronbruden (1842).

Sekundärliteratur: W. Calaminus: Zur Kritik und Erklärung der altnordischen ‚Frithjofssage' (Diss. 1887). – C. N. Gould: The ‚Fridthjofs-saga' an Oriental Tale (in: Scandinavian Studies and Notes. 7. 1923. 219–250).

Helmut Müller

Ticha, Hans

*Graphiker, Illustrator in der DDR; *2. 9. 1940 Bodenbach/ČSSR.*

T. besuchte in Schkeuditz die Schule bis zum Abitur (1958). Daran schloß sich bis 1962 ein Studium der Geschichte und Kunsterziehung an der Karl-Marx-Universität in Leipzig an. Während dieser Zeit fanden seine Illustrationen erste öffentliche Anerkennung. Von 1965 bis 1970 studierte er an der Hochschule für bildende und angewandte Kunst in Berlin-Weißensee bei den Professoren KURT ROBBEL, ARNO MOHR, KLAUS WITTKUGEL und WERNER KLEMKE. Seine Werke der Malerei, Druckgraphik, Objektkunst, Zeichnung und Buchillustration wurden seit 1976 in einigen Ausstellungen in Städten der DDR vorgestellt. Eine Ausstellung 1979 widmete sich ausschließlich seinen Kinderbuchillustrationen. Mehrere Bücher, die T. ausgestattet hat, wurden als „die Schönsten Bücher der DDR" ausgezeichnet. T. lebt freischaffend in Berlin.

Werk, Tendenzen, Wirkung. T., dessen farbige Holzschnitte 1961 während der dritten Arbeiterfestspiele in Magdeburg ausgestellt wurden und der als ‚Laienkünstler' den Kunstpreis des Freien Deutschen Gewerkschaftsbundes erhielt, hat schon in den fünfziger Jahren Illustrationen zu KRYLOWS Fabeln (1957), zu SALTYKOV-ŠČEDRINS „Der Bär als Statthalter" (1958) und zum „Reineke Fuchs" (1956 und 1958) vorgelegt, aber erst in den siebziger Jahren Kinder- und Jugendbücher illustriert. Er hat in letzteren vor allem fiktionale Texte, Prosa und Gedichte von PETER HACKS, RAINER KIRSCH, HANS FALLADA, JAAP TER HAAR u. a. mit zum Teil farbigen Bildern begleitet und sowohl Bilderbücher und Kinderbücher als auch Jugendbücher ausgestattet. Darunter ist auch, und zwar in der DDR-Ausgabe von JAAP TER HAARS Geschichte „Ich spür' die Sonne auf meinem Gesicht" (1977), der Versuch, die Außenwelteindrücke eines erblindeten Jungen ins Bild zu bringen. Hier wie auch in anderen Büchern entwickelt T. einen Stil, bei dem Menschen puppenartige Körper haben, sich steif und hölzern bewegen und schemenartige Gesichter – zum Teil mit kreisrunden offenen Mündern – aufweisen. Sehr oft werden die Figuren in die Fläche geklappt und auf einen grauen oder weißen undifferenzierten Hintergrund gesetzt. Dadurch erwecken sie den Eindruck, unrealistisch, kühl, unpsychologisch und konstruiert zu sein. Die Farbe ist für T. zwar vor allem in seinen Bilderbüchern (P. HACKS: Das musikalische Nashorn, 1978; R. KIRSCH: Vom Räuberchen, dem Rock und dem Ziegenbock, 1978) ein zusätzliches Belebungselement, jedoch ist für ihn die graphische Form die Hauptsache. Seine Gestalten – Menschen, Tiere, Fabelwesen – sind durch exzentrische Bewegungen und übertriebene Körperformen (ballonartige Muskelschwellungen an Waden und Armen, spitze, lange Nasen, Münder und Mäuler als dunkle Höhlen mit stilisierten Riesenzähnen, eckige Arm- und Beinstellungen) ausgezeichnet. T. hat den Realismus durch freies Umgehen mit der Perspektive, durch die Isolierung seiner Figuren aus der natürlichen Umgebung und durch die expressive Interpretation seiner figürlichen Themen zum Abstrakten hin ausgeweitet. Dem kindlichen Betrachter wird der Zugang dann erleichtert, wenn T. exotische Gestalten phantasievoll zeichnet beziehungsweise Themen karikaturistisch-humorvoll auffassen kann, wie z.B. in dem von EDITH GEORGE herausgegebenen Band „Was sieht die Ringeltaube? Gedichte für Kinder", 1978).

Werke: H. Fallada: Geschichten aus der Murkelei (1973); A. Buhdaj: Reise für ein Lächeln (1974); M. Bremener: Geistesgegenwart (1975); M. Hopp: Hühnerbein's ausgewählte Frechheiten (1975); J. Bahre: Der Dicke und ich (1976); K. Kauter (Hrsg.): Die Schlange Regenbogen. Märchen, Mythen und Sagen südamerikanischer Indianer (1977); J. ter Haar: Ich spür' die Sonne auf meinem Gesicht (1977); R. Kirsch: Vom Räuberchen, dem Rock und dem Ziegenbock (1978); P. Hacks: Das musikalische Nashorn (1978); E. George (Hrsg.): Was sieht die Ringeltaube? (1978).

Sekundärliteratur: G. Heß: Lebensfülle und künstlerische Konzentration (in: Bildende Kunst. 1961. 10. 700–703).

Erich Gerhard

Tippelskirch, Wolf-Dieter von

*(Ps.: Susan Termeulen). Kinder- und Jugendbuchautor; *21. 9. 1920 Gotha/Thüringen.*

T. nahm nach dem Abitur ein mathematisch-naturwissenschaftliches Studium auf. Er begann 1949 hauptberuflich zu schreiben. Mit phantastischen Erzählungen, Erlebnisgeschichten, historischen Romanen und Sachbüchern wendet sich T. seit 1953 vorrangig an Kinder und Jugendliche. Neben seinen Büchern hat T. auch Hörspiele und Funkerzählungen verfaßt.

Werk, Tendenzen, Wirkung. Zu T.s frühen Werken gehören die Mutzemann-Bücher, märchenhafte Erzählungen um das verlebendigte Sternbild des Bären, und die Renate-Serie, Umweltgeschichten für Mädchen. In den sechziger Jahren folgen die Erzählungen um Jeremias Schrumpelhut, die Detektivgeschichten der Serie Knisterohr und der Roman „Mein Freund Pierrot" (1962). In diesem Buch schildert T. aus der Erlebnis- und Gefühlswelt eines jungen Mädchens die Endphase des Zweiten Weltkrieges in Berlin und in Ostpreußen sowie die ersten Tage der Besetzung Berlins durch die Sieger. Träger der inneren Handlung ist ein französischer Kriegsgefangener, der auch in schwerster Notzeit zu Menschlichkeit und Freundschaft fähig ist und nach dem Krieg durch einen Besuch in Deutschland ein Zeichen der Versöhnung setzt. Dieser Roman ist ein Beitrag zur Zeitgeschichte und Völkerverständigung. In den Jahren nach 1970 profilierte sich T. als Autor von Sachbüchern. Befestigungsbau, Bauernaufstand, Befreiungskriege der Indianer und schweizerischer Freiheitskampf gehören u.a. zu seinen kulturgeschichtlichen Themen.
T. verfügt über eine breite Skala stilistischer Mittel. Als Erzähler phantastischer Geschichten für kleine Kinder erfindet er eine Fülle origineller Gestalten, denen er sinntragende Namen gibt und die er spannende und merkwürdige Ereignisse erleben läßt. Für seine Sachbücher wählt T. teilweise eine streng sachliche Textgestaltung, die er durch authentisches Bildmaterial unterstreicht, teilweise aber auch eine erzählerisch freiere Form mit erfundenen Dialogen oder, wie in „Die Brüder des Wolfes" (1979), mit einer fiktiven Symbolfigur, die zum Hinterfragen der Ereignisse anregt.
Wirkungsgeschichtlich sind die Erzählungen von Jeremias Schrumpelhut hervorzuheben, die durch die Veröffentlichung in einer Funkillustrierten und bearbeitet als Sendung für den Kinderfunk populär wurden.

Werke: Mutzemann und sein Freund Hans (1953; NA. u.d.T.: Der kleine Bär Mutzemann, 1960); Hellas erster Flug (1955); Ulla tippt sich zum Erfolg (1955); Renates Campingfahrt (1956, NA. 1971); Renate in der Klemme (1958, NA. 1971); Renates Ausweg (1959, NA. 1971); Renate hat's geschafft (1961); Renates Entscheidung (1964); Wölfchen, Knall und Bollermann (1961); Mein Freund Pierrot (1962); Jeremias Schrumpelhut erzählt. Die Reise zum Stern Traumatia (1963, TB. 1971); Was der kleine Rolf erlebt (1963); Jeremias Schrumpelhut beim König Eierbatz (1964; als TB. u.d.T.: Jeremias Schrumpelhut erzählt: Mit König Eierbatz im Märchenwald, 1972); Der kleine Winnetou (1964); Knisterohr hört alles (1964); Das große Maskentreiben. Jeremias Schrumpelhut erzählt (1965); Detektiv Knisterohr sieht alles (1966); Meine lieben Teddykinder (1966); Mutzi, der Frechdachs (1968); Mutzi und der Fahrraddieb (1969); Mutzi löst das Rätsel (1970); Mutzi und der Wilderer (1970); Im Sattel, im Wagen, in 5000 Jahren (1970); Palisaden, Mauern und Bastionen (1971); Wenn das Sandmännchen kommt. Ganz neue, lustige Gute-Nacht-Geschichten (1971); Der kleine Winnetou auf dem Kriegspfad (1972); Totenkopf und Enterbeil. Die Piraten-Saga (1973); Der kleine Winnetou auf heimlicher Fährte (1976); Der kleine Winnetou liebt seinen Schimmel (1977); Die Stunde des Roten Mannes (1977); Die Stunde der Germanen (1978); Die Stunde der Freiheit (1979); Die Brüder des Wolfes (1979).

Luise Siegling

Traven, B.

*(vermutlich: Bruno Traven. Ps.e: Berick Traven Torsvan, Hal Croves, Ret Marut, Richard Maurhut). Schriftsteller; *3. 5. 1890 Chicago, †26. 3. 1969 Mexico-City.*

Gesichert zu sein scheint, daß Tr. mit B. T. TORSVAN alias HAL CROVES identisch ist, der 1951 die mexikanische Staatsbürgerschaft erhalten hat. Geburtsdatum und -ort werden weiterhin gemutmaßt. Möglicherweise stammen Tr.s Eltern aus Norwegen oder Schweden. Wahrscheinlich war es Tr., der unter dem Namen RET MARUT und RICHARD MAURHUT zwischen 1908 und 1922 in Deutschland gelebt und von 1917 bis 1921 die ab 1919 verbotene anarchistische Zeitschrift „Der Ziegelbrenner", eine „Kritik an Zuständen und an widerwärtigen Zeitgenossen", an wechselnden Orten im Selbstverlag herausgegeben hat.
Identität und Vita Tr.s sind bedeutsam für jede Interpretation seiner Erzählungen und Romane, aber die Spekulationen darüber, ob Tr. wirklich ab 1923 in

Mexiko gelebt und gearbeitet hat, sollten die Beschäftigung mit dem literarischen Werk Tr.s nicht ersetzen.

Werk, Tendenzen, Wirkung. Tr.s erzählerisches Werk ist in deutscher Sprache geschrieben und in mehr als 30 Sprachen übersetzt worden. 1925 erschien als erste seine Erzählung „Die Baumwollpflücker" fortsetzungsweise in der sozialdemokraktischen Zeitschrift „Vorwärts" (Berlin). Zahlreiche Erzählungen und Romane Tr.s sind in der Folge in- und außerhalb des deutschsprachigen Raums in der sozialistischen Presse veröffentlicht worden. 1926 brachte die gewerkschaftsnahe Buchgemeinschaft „Büchergilde Gutenberg", der Tr. das Manuskript zugeschickt hatte, den Roman „Das Totenschiff" heraus. Ihm folgte noch im selben Jahr ein weiterer Roman, „Der Wobbly", eine erweiterte Fassung der Erzählung „Die Baumwollpflücker". In dichter Folge erschienen bis 1933 sechs weitere Romane und ein Band mit Erzählungen. Zwischen 1931 und 1940 legte Tr. seinen sechs Romane umfassenden „Caoba-Zyklus" vor. Daneben veröffentlichte er Erzählungen, kritische Berichte und Artikel in Zeitschriften und Zeitungen.

Literaturwissenschaft und -kritik haben lange Zeit Tr.s Werk für trivial gehalten. Auch die materialistische Literaturtheorie hat die Bedeutung von Tr.s erzählerischem Werk verkannt, da die realistische Schreibweise dieses Autors nicht auf den Nenner „sozialistischer Realismus" zu bringen ist. Daß Tr.s Werk, das im nationalsozialistischen Deutschland verboten war, nach 1945 wieder zahlreiche Leser auch in Westdeutschland fand und inzwischen als „anspruchsvolle Unterhaltungsliteratur" gilt, ist vor allem der Büchergilde Gutenberg zu verdanken, die die Bücher ihres Autors kontinuierlich verlegt hat und seit 1977 eine auf 21 Bände angelegte Werk-Ausgabe erscheinen läßt.

Tr. plädiert in seinem Werk für die persönliche Freiheit des Menschen, klagt Unmenschlichkeit und Gewalttätigkeit an und protestiert gegen jede Form der Unterdrückung und der Ausbeutung. Seine Protagonisten sind einfache Menschen, die in ihrer oftmals nur noch trostlosen Lebenssituation keineswegs als „positive Helden" dargestellt sind, – wie auch andererseits die Darstellung der Mächtigen, der Kapitalisten, der Bürokraten nicht dem Vorurteil über Ausbeuter und Unterdrücker folgt, sondern selbst urteilt. Tr.s erzählerisches Werk steht im Hinblick auf seine Gegenstände in der Tradition der Abenteuerliteratur; im Hinblick auf Erzähltechnik und Sprache indes unterscheidet es sich von ihr grundlegend. „Das Erzählen bei Traven schreitet in Sprüngen fort nach Art eines Echolotverfahrens, das die Beziehung der Menschen zueinander oder gegeneinander, Situationen und Umgebungen exakt mißt. Das klingt oft ganz ‚erzählerisch'. Aber es gibt, wenn man es einmal untersucht, wie er das macht, eine Reihe konsequentester Verstöße gegen alle Grundregeln einer vom Erzähler her die Wirklichkeit überspinnenden Erzählkunst. Er arbeitet eher wissenschaftlich, ‚präpariert', als daß man sagen kann, er ‚redet'. Der Motor des Erzählens und des Lesens ist ein rebellisches Potential, also nicht Kunstinteressantheit, sondern wirkliches Erfahrungsinteresse ..." (ALEXANDER KLUGE, in: Das B. Traven-Buch. 1976. S. 340 und 342).

Tr.s Werk hat vor allem Leser aus den unteren sozialen Schichten erreicht. Die einfache und sachliche Sprache, die realistische und verletzend ehrliche Darstellungsform, die spannende Erzählweise und der oftmals exotische, nie aber exotistische Handlungsrahmen haben Tr.s Werk populär gemacht. Von Anfang an stellten Heranwachsende einen großen Teil von Tr.s Lesepublikum. Auch heute dienen die Ausgaben des Autors vielen Jugendlichen als Lektüre, zum Teil werden sie speziell für junge Leser ediert (z.B. „Der Schatz der Sierra Madre", Arena-Verlag, 1974).

Werke: Das Totenschiff. Die Geschichte eines amerikanischen Seemanns (1926); Der Wobbly (1926; erw. NA. u.d.T.: Die Baumwollpflücker, 1929); Der Schatz der Sierra Madre (1927); Land des Frühlings (1928; gekürzte NA. 1950); Der Busch (1928; erw. NA. 1930); Die Brücke im Dschungel (1929); Die weiße Rose (1929); Der Karren (1931; auch u.d.T.: Die Carreta, 1953); Regierung (1931); Der Marsch ins Reich der Caoba (1933); Die Troza (1936); Die Rebellion der Gehenkten (1936); Sonnen-Schöpfung. Indianische Legende (1936); Ein General kommt aus dem Dschungel (1940); Macario (1950); Aslan Norval (1960); Khumdar. Das erste Buch. Begegnungen (1963); Nachtbesuch im Busch (1967); W. Sellhorn (Hrsg.): Erzählungen. Bd. 1–2 (1968); E. Päßler (Hrsg.): Werkausgabe (1977ff.); R. Recknagel (Hrsg.): Das Frühwerk (1977).

Hrsg.: Der Ziegelbrenner. Schriftleitung: Ret Marut. 1917–1921 (ND. 1976).

Sekundärliteratur: M. L. Baumann: B. Traven. An introduction (1976). – J. Beck (Hrsg., zus. mit Kl. Bergmann und H. Boehncke): Das B.-Traven-Buch (1976). – D. O. Chaukin: The fiction of B. Traven (Diss. 1973). – G. Heidemann: Postlagernd Tampico. Die abenteuerliche Suche nach B. Traven (1977). – Ch. R. Humphrey: B. Traven. An examination of the controversy over his identity with an analysis of his major work and his place in literature (1965). – P. Lübbe: Das Revolutionserlebnis im Werk von B. Traven (Diss. 1965). – R. Recknagel: Beiträge zur Biographie des B. Traven (1977). – A. Richter: Der Ziegelbrenner. Das individualanarchistische Kampforgan des frühen B. Traven (1977).

Dietger Pforte

U

Ubbelohde, Otto

*Graphiker, Maler, Buchillustrator; *5.1.1867 Marburg, †8.5.1922 Großfelden.*

U., Sohn eines Marburger Rechtswissenschaftlers, kam mit 17 Jahren nach München und blieb dort bis 1897. Zwischen 1884 und 1890 studierte er an der Kunstakademie bei JOHANN HERTERICH (1843–1905) und LUDWIG VON LÖFFTZ (1845–1910). Das Radieren erlernte er bei WILLIAM UNGER (1837–1932). 1889 und 1894/1895 hielt sich U. jeweils für einige Monate in Worpswede auf, wo er Freundschaft mit HANS AM ENDE (1864–1918) schloß. 1897 heiratete er JOHANNA UNGER. Ab 1898 lebte er in Großfelden bei Marburg.

Werk, Tendenzen, Wirkung. In U.s Werk lassen sich Zusammenhänge mit dem Jugendstil nicht verleugnen. Es zeichnet sich durch einen strengen, linearen Charakter aus. Wenn auch nach 1902 mehr Flächenstrukturen herausgearbeitet sind, so bleibt doch eine geometrische Bildtektonik bestimmend. Da U. in seinen Bildern „vor allem dem Oberflächenreiz und dem flüchtigen Spiel des Lichtes nachspürt", sind ihm „die Linie und das Licht" wichtige Darstellungs- und Ausdrucksmittel (HANS LAUT, S. 6 und S. 24). In U.s Federzeichnungen und Radierungen, in seinen Mappenwerken („Aus Alt-Marburg", 1906; „Städte und Burgen an der Lahn", 1914; „Demmin", 1919; und anderen) ist eine Konzentration auf die Darstellung von Landschaften, Städten und Burgen – insonderheit Hessen-Nassaus – ablesbar. U.s große und über fünfzig Jahre nach seinem Tod immer noch anhaltende Popularität gründet vor allem in dem Umstand, daß er für „insgesamt 122 Bücher, Kunstmappen, Kalender, Zeitschriften, Fremdenführer" Illustrationen geliefert hat (HANS LAUT, S. 59). Seine Federzeichnungen für die Jahrgänge 1906, 1908, 1910, 1912, 1914/1915, 1922 und 1924 der „Hessen-Kunst" z.B. machten diesen „Kalender für alte und neue Kunst" weit über Hessen hinaus bekannt. Jugendlichen ist U. vor allem mit seinen Illustrationen zu über dreißig Titeln aus der Reihe „Schaffstein's blaue Bändchen" vor Augen gerückt, nicht zuletzt mit Federzeichnungen zu Kriegserzählungen in der Phase des militanten Patriotismus während des Ersten Weltkriegs. Seinen größten Erfolg als Buchillustrator hatte U. mit seinen 450 Bildern zu den Kinder- und Hausmärchen der Brüder GRIMM (1907–1909, NA. 1974). Wenn auch „seine etwas starre Strichmanier" (DYHRENFURTH-GRAEBSCH, S. 101, ähnlich BANG, S. 99) gelegentlich gerügt wurde, so hat doch U. „als Landsmann der Brüder Grimm Landschaft und Tracht ihrer Märchenheimat auf eine innige Weise darzustellen" gewußt (DYHRENFURTH-GRAEBSCH, S. 101), indem er hessische Landschaften, Dörfer, Städte und Burgen in seinen Märchenillustrationen ‚zitierte'. U. ist einer der wenigen Künstler, die das „Künstlerische Erbe des vergangenen Jahrhunderts in hervorragender Weise mit Bildideen der neuen Kunst um 1900 zu verbinden verstanden" (H. A. HALBEY, S. 261).

Otto Ubbelohde. Ganzseitige Illustration aus dem „Ubbelohde-Bilderbuch" (1921) zu dem Vers von Fritz Winz: „Der Drache ist gestiegen,/ die Vögelein, die fliegen,/ der Spatz sitzt auf dem Dache,/ die Mühle steht am Bache,/ und auf des Turmes Spitze/ sitzt gar der kecke Fritze."

Werke (Auswahl): W. Holzamer: Im Dorf und draußen (1901); M. Gorkij: Erzählungen. Bd. 1–6 (1901–1902); J. Benda: Puppenspiele (1904); J. und W. Grimm: Kinder- und Hausmärchen. Bd. 1–3 (1906–1909); Bergkristall und andere Weihnachtsgeschichten (1910); Handwerk hat einen goldenen Boden (1911); Kleine Helden (1911); Mutschi und andere Scherzmärchen (1911); Pussi, Mau und andere Tiergeschichten (1911); Von Holden und Unholden. 70 Sagen, Märchen und Schwänke (1911); L. Bechstein: Rheinsagen (1912); J. und W. Grimm: Die deutschen Sagen (1912); M. Geißler: Großes Märchenbuch (1913); Tiermärchen neuerer Dichter (1913); H. Chr. Andersen: Das Feuerzeug und andere Märchen (1914); Die Flut des Lebens und andere Erzählungen aus der Zeit des dreißigjährigen Krieges (1914); A. Babillotte: Stille Helden. Eine Erzählung aus den Vogesenkämpfen (1915); Heldentod. 7 Erzählungen aus dem Weltkrieg (1915); K. Küchler: Der tägliche Gast. Peter Fingals Heimkehr. 2 Erzählungen aus dem Weltkrieg (1915); Alte und neue Lieder mit Bildern und Weisen. H. 2 (1916); Deutsche Frauen. 4 Erzählungen aus der Zeit des Weltkrieges (1916); Heitere Geschichten aus dem Weltkrieg (1916); Grenzfeuer. 7 Erzählungen aus der Zeit des Weltkrieges (1916); K.

Henniger: Die Gudrunsage (1916); Die Helden von S 90 und andere Erzählungen aus dem Weltkrieg (1916); Der Minenleger und andere Erzählungen vom Seekrieg (1916); Fr. Otto: Denn wir fahren gegen Engeland! Luft- und Seekriegsgeschichten (1916); Das Pfarrhaus in Ostpreußen und andere Erzählungen aus der Zeit des Weltkriegs (1916); Th. Platter: Ein Lebensbild aus der Reformationszeits (1916); G. Schröer: Die Kriegsanleihe der Jungen von Erbesbach und andere Erzählungen aus dem Weltkrieg (1916); R. Sexau: Frankreichs Pförtner. 3 Erzählungen aus dem Weltkrieg (1916); Tiroler Standschützen. 5 Erzählungen aus dem Weltkrieg (1916); Im Turkograben und andere Erzählungen vom Weltkrieg (1916); Der kleine Verwundete von Lüttich und andere Erzählungen vom Weltkrieg (1916); J. V. von Scheffel: Ekkehard (1917); Aus Sachsens Sagenborn (1918); Deutsches Lied (1919); Deutsche Lieder (1919); Th. Storm: Bötjer Basch (1919); Th. Storm: Geschichten aus der Tonne (1919); Th. Storm: Der Schimmelreiter (1919); O. Ubbelohde: 12 Federzeichnungen. Mit schönen Reimen für unsere Kleinen (1919); H. Chr. Andersen: Die kleine Seejungfrau und andere Märchen (1920); L. Bechstein: Der Schwab, der Schneider und der liebe Herrgott (zus. mit J. und W. Grimm, 1920); Deutsche Sagen zur Geschichte des Mittelalters (1920); Fr. Winz: Ubbelohde-Bilderbuch (1921).

Sekundärliteratur: P. Aley: Das Bilderbuch im Dritten Reich (in: Kl. Doderer und H. Müller (Hrsg.): Das Bilderbuch. 1973. 323–356). – I. Bang: Die Entwicklung der deutschen Märchenillustration (1944). – I. Dyhrenfurth-Graebsch: Geschichte des deutschen Jugendbuches (1951). – C. Graepler: Otto Ubbelohde. Katalog der Zeichnungen (1965); Katalog sämtlicher Radierungen von Otto Ubbelohde und andere Beiträge zur Ubbelohde-Forschung (1967). – H. A. Halbey: Das Bilderbuch im Jugendstil (in: Kl. Doderer und H. Müller (Hrsg.): Das Bilderbuch. 1973. 225–272). – H. L. Köster: Leitfaden zur Geschichte der deutschen Jugendliteratur ([2]1921). – H. Lauf: Otto Ubbelohde. Leben und Werk (1943). – F. Stengel: Otto Ubbelohdes Bilder zu den Märchen der Brüder Grimm (in: Hessenland. 46. 1935. 18–22).

Dietger Pforte

Uzarski, Adolf

*(Ps.: Uz). Maler, Graphiker, Schriftsteller; * 14. 4. 1885 Ruhrort a. Rh., † 14. 7. 1970 Düsseldorf.*

U., Sohn einer wohlhabenden, aus Polen stammenden Familie, ging in Meiderich aufs Gymnasium, danach auf die Baugewerbeschule nach Köln und wurde Architekt, ehe er die Düsseldorfer Kunstgewerbeschule besuchte, sich 1914 in Paris aufhielt und danach Schriftsteller und Künstler in Düsseldorf wurde. Aufgrund seiner scharfen Attacken gegen konservative Kunstauffassungen – er war Mitbegründer der Kulturvereinigung „Das junge Rheinland" – und reaktionäre Politik wurden seine satirischen Bücher nach 1933 durch die Nationalsozialisten verboten und dem Autor und Künstler weitere künstlerische Tätigkeit untersagt. Nach dem Zweiten Weltkrieg lebte U. als „Kommunist ohne Parteibuch" (W. Huder), ohne größere Erfolge erzielen zu können, wieder in Düsseldorf. Zu seinem siebzigsten Geburtstag fand eine Ausstellung seiner Werke im Kupferstichkabinett der Düsseldorfer Kunstsammlungen statt, und 1967 wurde er durch eine Ausstellung seiner satirischen Zeichnungen, Illustrationen und Aquarelle in der Berliner Akademie der Künste geehrt.

Werk, Tendenzen, Wirkung. U. hat neben seinem seit 1919 entstandenen schriftstellerischen Werk, das an die Tradition des gesellschaftskritischen Schelmenromans anknüpft (Möppi, die Memoiren eines Hundes, 1920; Herr Knobloch, eines großen Mannes Glück und Ende, 1926; Kurukallawalla, eine sensationelle Geschichte, 1927; u. a.), neben einigen Mappenwerken, Plakaten, Graphiken, seine eigenen Bücher und die anderer illustriert und daneben einige Bilderbücher gestaltet. Während das schon 1914 edierte Bilderbuch „Der Weltkrieg" auf den zwölf Steinzeichnungen kaum den späteren satirischen Zeichner U. erkennen läßt, eher den von der nationalistischen Historienmalerei und vom hurrapatriotischen Text Franz Arnims beeinflußten steifen Anfänger, zeigen die im Verlag Jos. Scholz in Mainz erschienenen „Künstler-Bilderbücher" aus den zwanziger Jahren den lockeren Strich, die expressive Lebendigkeit und übertreibende Zeichnung von Figuren und Gegenständen, wie sie auch von Th. Th. Heine, George Grosz u. a. bekannt sind. Die karikaturistischen Züge, wie sie im „Don Quichote" (1924) besonders stark hervortreten, bleiben bei U. auch noch später erhalten, z. B. bei den Illustrationen der 1949 erschienenen deutschen Ausgabe von Mark Twains „Tom Sawyers Abenteuer und Streiche". U.s Stil ist auch in den zwanziger Jahren nicht einheitlich. Dies geht aus dem Bilderbuch „Bunt durcheinander" (1928) hervor, in dem deutliche Annäherungen an den Kubismus und an die Figurenauffassungen Oskar Schlemmers feststellbar sind. U. zählt zu den „wenigen überzeugenden Beispielen der expressionistischen Kunst in der Kinderliteratur" (H. A. Halbey) und wird in eine Reihe mit Aline Stickel, Felix Meseck, Heinrich Hussmann und Hans Leip gestellt.

Werke (Auswahl): Fr. Arnim: Der Weltkrieg (1914); M. de Cervantes: Don Quichotte (1924); Fr. K. Ginzkey: Bunt Durcheinander (1928); A. Uzarski: Zirkus (1928); M. Twain: Tom Sawyers Abenteuer und Streiche (1949).

Sekundärliteratur: W. Huder: Wachhund der Wahrheit (in: Welt und Wort. 23. 1968. 2. 40–42). – G. Semmer: Die Stadt Düsseldorf ist sehr schön. Zum 75. Geburtstag des Malers und Schriftstellers Adolf Uzarski (in: Geist und Zeit. 1960. 2. 106–112).

Erich Gerhard

Adolf Uzarski. Ganzeitige farbige Illustration zu einem Gedicht Franz Karl Ginzkeys „Die Fußballspieler“ aus dem Bilderbuch „Bunt durcheinander“ (1928).

V

Velber Verlag

Seelze. Die Zeitschriften „spielen und lernen" und „treff – Schülermagazin".

Der Velber Verlag entstand 1968 gleichzeitig mit der Gründung des Magazins „spielen und lernen" durch ERHARD FRIEDRICH (u.a. Verleger der Zeitschrift „Theater heute"), der auch Verlagsleiter ist. Im Velber Verlag erscheinen monatlich die Kinderzeitschriften „spielen und lernen. Das Magazin für Eltern und Kinder" und das „treff – Schülermagazin". Verantwortlich für „spielen und lernen" sind JÜRGEN HOGREFE, SABINE LOHF und HERMANN KREKELER. Verantwortlich für „treff" ist KLAUS RUHL. „spielen und lernen" wendet sich mit unterschiedlichen kreativitätsfördernden Anregungen direkt an Kinder im Alter von 3 bis 9 Jahren und gleichzeitig mit Stellungnahmen zu pädagogischen Richtungen und Informationen zu praktischen Fragen in Familie, Kindergarten und Schule auch an Eltern und Erzieher. 1977 entstand aus der Zeitschriftenarbeit ein „spielen und lernen"-Jahrbuch, das ausschließlich für die Kinder konzipiert ist. An Schüler im Alter von 8 bis 13 Jahren wendet sich das Schülermagazin „treff". Es greift die Probleme dieser Altersgruppe auf und enthält neben Sachinformationen (zum Teil in Form großer Poster) zu unterschiedlichen Wissensgebieten (Tiere, Technik, Geschichte, Vorzeit, Völker, ...) auch Witze, Rätsel, Mitmachgeschichten u.ä. zur Unterhaltung. Seit 1978 erscheint jährlich ein „treff"-Schülerkalender in Abreißform.

H. D.

Venus, Leopold

*Maler, Illustrator; *14.6.1843 Dresden, †23.12.1886 Pirna.*

V., seit 1857 Schüler der Dresdner Akademie, war ab 1861 im Atelier von JULIUS HÜBNER tätig. Aufgrund eines Stipendiums machte er 1866 eine Reise nach Rom. Nach Anfängen in der Landschafts- und Historienmalerei (Aquarell, Öl, auch Tusche, Zeichnung) wandte er sich um 1870 mehr und mehr der Buchillustration und -ausstattung zu. 1877 mußte er – nervenkrank – in eine Heilanstalt überführt werden. Neun Jahre später starb er dort.

Werk, Tendenzen, Wirkung. V. wurde früh von romantischer und märchenhafter Genremalerei im Sinne des Kreises um LUDWIG RICHTER und auch der Düsseldorfer Schule angezogen. Das Gemälde „Genoveva und Schmerzensreich" (1862) und die Aquarellfolge „Märlein von den Wichtelmännern" (1863) sowie das Ölbild „Heilige Elisabeth, Almosen verteilend" (1866) brachten ihm erste Anerkennung. 1870 begann er mit der Buchillustration, wobei er zunächst GOETHES „Wahlverwandtschaften" in einer Ausgabe des Grote-Verlags (Berlin) ausstattete, dann eine Reihe von Volks-, Kinder- und Jugendschriften. Die meisten Bände erschienen im Verlag Carl Flemming (Glogau). Unter den Schriftstellern, deren Texte er illustrierte, sind THEKLA VON GUMPERT, HEINRICH JÄDE, HERMANN WAGNER, ROBERT REINICK und andere. Seine Bilder sind in Bänden zu finden, in denen Lithographien und Holzschnitte auch von OSKAR PLETSCH, GUSTAV SÜS, FEDOR FLINZER, KARL FRÖHLICH abgedruckt sind. V. gab seine Vorzeichnungen ins Atelier von HUGO BÜRKNER, in dem die Holzschnitte angefertigt wurden. Während die Holzschnitte deutlich die Verwandtschaft mit dem Dresdner Künstlerkreis in Thematik (Genreszenen mit vielen Kinderfiguren) und dem biedermeierlich lieblichen Stil erkennen lassen, sind die Lithographien vielfach dem Konzept der Kunst der Gründerjahre entsprechend steif, überladen, von sentimentaler Süßlichkeit oder von hohlem Pathos. So etwa zeigt das ganzseitige Titelbild des 23. Bandes von „Herzblättchens Zeitvertreib" (1878) in einem nüchternen geometrischen Rahmen und über einer Fußleiste mit dem Spruch „Wie schön ist es, wenn Brüder einträchtig leben" im Sockel Hund und Katze mit traut übereinandergelegten Pfoten, im Mittelteil – flankiert von stilisierten, durch Wolkenkissen hochwachsende Lilien – ein Kindermädchen mit Buch und andächtig blickende blonde Kinder, darüber einen symmetrisch gezogenen Regenbogen, über dem wiederum Englein Blumen herabstreuen, die Schalmeien blasen oder still hinunterblicken.

Werke (Auswahl): H. Jäde: Hellmund und Helläuglein (1872); R. Reinick: Märchen-, Lieder- und Geschichtenbuch (1873, zus. mit anderen); A. Godin: Märchenbuch (zus. mit anderen, 1874); H. Jäde: Das Roggenkörnlein (1874); H. Jäde: Häschen im Kraut (1876); H. Wagner: Herzblättchens Naturgeschichte (Bd. 1. 1876; zus. mit B. Mühlig); H. Jäde: Hans Hänschen, das Etwas lernen wollte (zus. mit R. Geißler, 1880); A. Völckerling: Mutter und Kind (zus. mit anderen, 1882).

Sekundärliteratur: Fr. v. Bötticher: Malerwerke des 19. Jahrhunderts (Bd. II/2. 1901). – W. Kaulen: Freud' und Leid im Leben deutscher Künstler (1878).

Erich Gerhard

Verband deutscher Schriftsteller Ausschuß für Kinder- und Jugendbuchautoren

Innerhalb des 1969 gegründeten Verbandes deutscher Schriftsteller (VS) in der Industriegewerkschaft Druck und Papier befaßt sich der Ausschuß für Kinder- und Jugendbuchautoren mit den spezifischen Berufsproblemen der Schriftsteller, die vor allem für Kinder und Jugendliche schreiben.

Organisation. Der Fachausschuß besteht aus fünf (ursprünglich sieben) Kinder- und Jugendbuchautoren, die vom Bundesvorstand des VS für zwei Jahre berufen werden. Eine Wiederberufung ist möglich. Zu den Autoren, die im Ausschuß tätig waren (oder noch tätig sind), gehören: PETER BERGER, IRMELA BRENDER, HERBERT PLATE, INGRID KÖTTER, PAUL MAAR, IRINA KORSCHUNOW, HANS GEORG NOACK und ANNEMARIE NORDEN. Derzeitiger Sprecher ist JO PESTUM (d.i. JOHANNES STUMPE).

Zielsetzung und Aktivitäten. Der Ausschuß sieht sein Arbeitsziel dann als erreicht an, wenn er sich selbst überflüssig gemacht hat, d.h. wenn eine ideelle und wirtschaftliche Gleichstellung aller Autoren erreicht ist und sich damit die Interessenvertretung der Kinder- und Jugendbuchautoren als einer oftmals benachteiligten Autorengruppe erübrigt. Diese Gleichstellung wird erschwert durch die immer noch übliche Klassifizierung in ‚Jugendliteratur' und ‚Erwachsenenliteratur' und die damit verbundene Einstufung der Autoren nach dem Alter ihrer Adressaten, wie es sich auch im Selbstverständnis der betroffenen Autoren und im öffentlichen Ansehen niederschlägt.
Der Ausschuß setzt sich mit den spezifischen Problemen der Kinder- und Jugendbuchautoren auseinander und arbeitet in ihrem Interesse dem Bundesvorstand des VS und den Landesbezirken zu. Hierzu gehören Vorschläge für die Tarifkommission, Wahrnehmung der Ansprüche bei der Schulbuchkommission, Berücksichtigung von Jugendbuchautoren bei Delegationen, Stipendien, Übertragung von Funktionen innerhalb des Verbandes usw. Der Ausschuß setzt sich ein für gleiche Konditionen bei Vertragsabschlüssen mit den Verlagen, für gleiche Tarifbestimmungen innerhalb der öffentlichen Medien und eine gleiche Honorarbasis bei Lesungen, wie sie vom Börsenverein des deutschen Buchhandels, von Bibliotheken, Buchhandlungen, Volkshochschulen und ähnlichen Institutionen organisiert werden. Der Ausschuß bietet außerdem den Kinder- und Jugendbuchautoren ein Forum für gegenseitige Information und Beratung, z.B. bei Vertragsabschlüssen und damit verbundenen Rechtsfragen. Darüber hinaus errichtete er den gemeinnützigen „Förderkreis der Kinder- und Jugendbuchautoren e.V.", der Kollegen in finanziellen Notsituationen hilft. Die Mittel dazu stammen aus den Erlösen der beiden Non-Profit-Anthologien „Wir sprechen noch darüber" (herausgegeben von DIETER LATTMANN und HANS-GEORG NOACK) und „Bei uns zu Haus und anderswo" (herausgegeben von MICHAEL ENDE und IRMELA BRENDER). Vorsitzender des Förderkreises ist HANS GEORG NOACK, die Mitglieder sind: PETER BERGER, IRMELA BRENDER, IRINA KORSCHUNOW, ANNEMARIE NORDEN, HERBERT PLATE und JO PESTUM. Zu den bisherigen Erfolgen des Ausschusses gehören folgende Verhandlungsergebnisse: In Auseinandersetzung mit dem Börsenverein des deutschen Buchhandels wurde erreicht, daß Kinder- und Jugendbuchautoren nicht länger zweitklassig für ihre Lesungen und Gespräche bei den Jugendbuchwochen honoriert werden. Die Normverträge, die zwischen dem VS und dem Verlegerausschuß des Börsenvereins ausgehandelt wurden, gelten ohne Einschränkung auch für Werke aus dem Bereich der Kinder- und Jugendliteratur.

H. D.

Verlag Freies Geistesleben

Stuttgart. Märchen, Sagen, geschichtliche Erzählungen.

Der anthroposophische Verlag Freies Geistesleben GmbH wurde 1947 als Hausverlag der Waldorfschulbewegung gegründet und veröffentlichte deren pädagogische Literatur. Derzeitiger Leiter ist WOLFGANG NIEHAUS (* 1931). Im Bereich der Kinder- und Jugendliteratur spezialisierte sich der Verlag auf die Herausgabe klassischer Jugendbücher wie zum Beispiel Sagenbände und europäische Volksmärchen in unveränderter Fassung. Daneben gehören moderne erzählende und biographische Stoffe sowie erzählende Sachbücher zum Verlagsprogramm. Mit Lizenzausgaben begann der Verlag eine Bilderbuchreihe, die mit eigenen Veröffentlichungen fortgesetzt wurde.
Autoren des Verlages sind u.a.: GERBERT GROHMANN, DAN LINDHOLM, HANS RUDOLF NIEDERHÄUSER, INGE OTT, JAKOB STREIT, ROSEMARY SUTCLIFF. Zu den Illustratoren gehören: HERBERT HOLZING, WALTER ROGGENKAMP, HORST WOLNIAK, HEINRICH MIKOSCH.

H. D.

Viera, Josef S.

*(d.i. Josef Sebastian Vierasegerer). Jugendbuchautor; *22.7.1890 München, †5.6.1970 München.*

V. wanderte acht Jahre durch das tropische Afrika und nahm unter LETTOW-VORBECK von 1914 bis 1918 am Ersten Weltkrieg im damaligen Deutsch-Ostafrika teil. In der Zeit seines Afrikaaufenthalts betätigte sich V. als Kaufmann, Faktoreileiter, Pflanzer und Farmer sowie als Karawanenführer und Jäger. Nach seiner Rückkehr studierte V. an der Münchner Universität Philosophie und Literatur. Er lebte seit 1922 mit Unterbrechungen in München. Seine abenteuerlichen Erlebnisse hat V. in seinen Schriften für die Jugend verarbeitet.

Werk, Tendenzen, Wirkung. V. trat in den frühen zwanziger Jahren mit Abenteuererzählungen über Afrika hervor. Dabei bediente er sich in epigonaler Weise mehrfach des Robinson-Motivs, wie z.B. in „Bigirimana. Eine afrikanische Robinsonade" (1924). Er berichtet darin vom Schicksal zweier deutscher Flieger, Rolf und Bern, und ihrem Absturz im afrikanischen Busch, bis zum Aufstieg Berns zu gottähnlicher Stellung bei einem afrikanischen Volk. Bern bringt den Eingeborenen „deutsche Tüchtigkeit" bei und lehrt sie, in der Landwirtschaft arbeitsteilig vorzugehen. Er lebt in fast rousseauistischer Walderursprünglichkeit und lehnt es ab, einer Rettungsexpedition in die Zivilisation zu folgen. Das Buch zeigt deutlich die vorurteilsvollen, rassistischen Ansichten des Autors über die Afrikaner, die er öfters mit Tieren vergleicht. Vorherrschend ist allerdings ein paternalistisch-naives Afrikabild. So werden in V.s Erzählung „Kampf um Wild-Süd" (1929) die afrikanischen Eingeborenen als „Kinder" angesprochen, solange sie sich den Weißen gegenüber „brav" verhalten. Wehren sie sich gegen die Unterwerfung, sind sie für V. nur noch „reißende Tiere". Ergänzt werden diese rassistischen Vorstellungen durch Verfälschung der historischen Wirklichkeit, so wird Groß-Britannien entgegen den geschichtlichen Tatsachen allein für den Ersten Weltkrieg verantwortlich gemacht. Gegenstand der drei „Wild-Süd"-Bände V.s ist der Krieg im ehemaligen Deutsch-Ostafrika unter LETTOW-VORBECK, den er einen „deutschen Hannibal" nennt. Getragen wird diese Reihe durch eine aufgesetzte „Lederstrumpf"-Romantik. Besonders deutlich tritt diese in dem Band „Abenteuer fahrender Gesellen" (1926) hervor, der zur Zeit des Mahdi-Aufstands spielt und einen „Waldläufer" als Hauptfigur hat. V. spielt darin den abstrakten Gegensatz zwischen Natur und Kultur aus.

War der Ton der frühen Geschichten V.s von Naturseligkeit und patriarchalischen Zügen geprägt, änderte sich das in den „Deutsch-Ostafrika"-Erzählungen, die in den dreißiger Jahren erschienen. Thema ist auch hier der Kolonialkrieg unter LETTOW-VORBECK. Jetzt treten militaristische und chauvinistische Züge deutlicher hervor. Neben der „unsagbar schönen Stimmung des Lagerfeuers" steht nun die pathetische Kriegsverherrlichung, verbunden mit der Propagierung „deutschen Fleißes, deutscher Gründlichkeit und Ordnung". Die Deutschen werden zu Kulturträgern und Kulturpionieren hochstilisiert, Engländer und Belgier als „vertragsbrüchige Nachbarn" herabgesetzt. Der Kampf LETTOW-VORBECKS wird legitimiert mit den Worten: „Und nicht auf Eroberung gingen sie aus, verteidigen wollten sie, was Gott dem deutschen Volke als Heimat gegeben" („Deutsch-Ostafrika lebt", S. 91). V.s Theorie des Kolonialismus ist recht einfach, wenn er feststellt: „Kein Thaler ist so rund, wie der in Kolonien gegebene; er rollt unweigerlich in die Heimat zurück. Mit anderen Worten: Kolonien danken durch Rohstofflieferung einerseits und durch Abnahme heimischer Industrie-Erzeugnisse andererseits vielfältig alle aufgewendete Mühe" („Mit Lettow-Vorbeck in Afrika", S. 1). Erwecken V.s afrikanische Erzählungen – bei allen Vorbehalten gegen seine rassistische Einstellung – den Eindruck, daß er seinen Erzählgegenstand auch literarisch beherrscht, so fällt in seinen Büchern „SA-Mann Schott" (1933), „Utz kämpft für Hitler" (1933) und „Der Kampf um die Feldherrnhalle" (1933) auf, wie wenig der Gegenstand literarisch durchdrungen ist. Lose zusammengehalten durch die Hauptfiguren, reiht sich Episode an Episode ohne jeden inneren Zusammenhang, angestoßen durch die äußeren politischen und zeitgeschichtlichen Ereignisse, die beliebig herangezogen werden. V.s „SA-Mann Schott" erzählt aus der Zeit kurz vor der nationalsozialistischen Machtergreifung. Er verrät seinen jungen Lesern: „An Hitler glauben, heißt die Dinge des Lebens mit Freude meistern" (S. 40). Das Weltbild V.s ist simpel: „Die Guten sammeln sich um Adolf Hitler, die Schlechten rüsten sich zu neuem Verrat (...), Lüge und Mord" (S. 67). „Utz kämpft für Hitler" schildert die Bekehrung eines Jungen vom Mitglied des Kommunistischen Jugendbundes zum begeisterten Anhänger des Nationalsozialismus. Diese Wandlung geschieht, ohne daß plausibel wird, woraus sie resultiert. Es heißt schlicht: „Utz glaubt jetzt an Hitler". Folgerichtig sind seine Gegner nunmehr „Rotfront und Reaktion". Bediente sich V. häufiger eines religiös inspirierten Tones, wenn er von der „frohen Botschaft" des Nationalsozialismus schrieb, oder wenn er – wie vor ihm SCHENZINGER – andeutet, daß sein Protagonist Utz den Märtyrertod sterben wird, so wird dies noch deutlicher in „Der Kampf um die Feldherrnhalle". V. erzählt hier vom Aufbau und der Entstehung der nationalsozialistischen Bewegung in München. Dabei beruft er sich ständig auf die Vorsehung, nennt Hitlers Reden Predigten, setzt Marschgesang mit Choral und Kirchenlied in eins und vergleicht Hitlers Drittes Reich mit dem Reich Gottes.

Nach dem Ende des Zweiten Weltkriegs, für den V. durch seine kriegsverherrlichenden Schriften als Ort männlich-deutscher Bewährung geworben hat, veröffentlichte V. erneut Jugendbücher. Erstaunlich ist, wie schnell V. nach 1945 wieder bei seinen früheren Verlagen veröffentlichen konnte, wenn man weiß, wie sehr er sich in seinen Jugendbüchern für Kolonialismus, Kriegsbegeisterung und die nationalsozialistische Ideologie starkgemacht hatte. Häufiger Gegenstand seiner Erzählungen, die jetzt erschienen, war wieder Afrika. Zwar ist der rassistische Gehalt gemildert, aber er bleibt in subtiler Form erhalten, so, wenn V. schlicht und scheinbar sachlich konstatiert: „Südafrika ist weißen Mannes Land" („Zwischen Kap und Kairo", S. 27). Die schwarzen Eingeborenen werden darin als „Naturkinder" charakterisiert, die allzu leicht Opfer von Geschäften würden. Die Sympathie des Autors für seine beiden weißen Hauptpersonen, die wertlose Theaterkostüme an Bewohner des Basutolandes verkaufen, ist dennoch nicht zu übersehen. Unbefragt bleibt am Schluß dieser Erzählung die Behauptung stehen: „Der Schöpfer" (Afrikas) „aber ist der weiße Mann, der diesen Kontinent erobert hat" (S. 230). Am Kongo spielt V.s Erzählung „Robinson wider Willen" (1958). Anders als bei den Texten der zwanziger und dreißiger Jahre, in denen städtische Umwelt und Technik mit negativen Vorzeichen versehen waren, tritt nunmehr die beginnende Wirtschaftswunderwelt der fünfziger Jahre mit Fernschreiber, Flugzeug, Jet-Set und Geschäftstüchtigkeit in den Vordergrund. Hatte man sich aus V.s Sicht früher als Soldat zu bewähren, so zählt nun die Bewährung im Geschäftsleben. Rassisches Vorurteil bestimmt dennoch diese Erzählung. Die Afrikaner werden weiterhin diskriminiert.

In seinen „Kordula"-Büchern propagiert V. die zivilisatorische und kultivatorische Arbeit der deutschen Einwanderer, z.B. in Brasilien. In seinem Himalayabuch „Mit Rudi Rott zum Nanga Parbat" (1954) wird der Nanga Parbat zum „deutschen Schicksalsberg" erhoben, indem V. auf die zahlreichen, oft fehlgeschlagenen Versuche deutscher Bergsteiger, vor allem in den dreißiger Jahren, verweist. Er unterschlägt dabei die propagandistische Funktion dieser Expeditionen für das nationalsozialistische Regime und hebt nur ihren sportlichen Wert hervor.

Werke: Nationaler Kommunismus. Deutschlands Bollwerk gegen Ost und West (1920); Juma. Der afrikanische Lausbub (1922); Kabba Rega der Negerkönig (1924); Bigirimana. Eine afrikanische Robinsonade (1924); Die Königin des dunklen Sees. Abenteuererzählung aus Wild-Afrika (1924); Saad, der Teufel. Abenteuer unter Beduinen (1924); Juma. Abenteuer in Ostafrika (1925); Der Karawanenführer (1925); Bigirimanas Siedlung. Siedlerschicksale und Abenteuer in Afrika (1925); Wild-Süd. Abenteuer fahrender Gesellen (1926); Waldläufers Jugendland. Ein Buch vom Wandern, Spiel und Sport (1927); Sturmvogel. Abenteuer in Wild-Süd (1927); Kampf um Wild-Süd. Afrika-Erzählungen aus großer Zeit (1929); Einmaster „Tintenfisch". Tropenabenteuer (1931); Die Expedition des Mister Penn (1932); Gust in der Klemme. Afrikanische Abenteuererzählung (1933); Der Kampf um die Feldherrnhalle (1933); SA-Mann Schott (1933); Utz kämpft für Hitler (1933); Horst Wessel, Künder und Kämpfer des Dritten Reiches (1933); Kommune über München (1934); Deutsch-Ostafrika lebt (1936); Deutsch-Ostafrika kämpft (1936); Deutsch-Ostafrika unverloren (1936); Maria in Petersland (1937); Kornel auf großer Fahrt. Die Geschichte eines Freiheitskämpfers (1938); Mit Lettow-Vorbeck im Busch (1937); Kolonien im Blickfeld von heute (1940); Zwischen Kap und Kairo (1952); Mit Rudi Rott zum Nanga Parbat (1954); Kordula und die wilden Tiere (1958); Lagerfeuer am Blauen Nil (1958); Robinson wider Willen. Am Kongo verschollen (1958); Afrika ruft (1959); Goldene Freundschaft. Abenteuer in London (1959); Unser Haus auf Rädern. Im Wohnwagen durch die USA (1961); Xandi als Privatdetektiv (1964); Xandi auf Spurensuche (1964); Xandi startet ins Abenteuer (1964).

Hrsg.: Aus weiter Welt (1923–1938).

Winfred Kaminski

Vieth, Gerhard Ulrich Anton

*Pädagoge, Naturwissenschaftler, Schriftsteller; *8. 1. 1763 Hoksil (Jever), †12. 1. 1836 Dessau.*

V., Sohn des Justizamtmanns Julius Eberhard Vieth, verbrachte den größten Teil seiner Jugend im großväterlichen Haus in Waddewarden, wo er von Hauslehrern unterrichtet wurde. Im Januar 1777 ging er an die Gelehrtenschule in Jever, ab 1781 studierte er an der Universität Göttingen Jura, daneben Cameralwissenschaften, Handlungswissenschaften, Mathematik und Physik. Ab 1783 vervollständigte er seine mathematischen und physikalischen Studien an der Universität Leipzig. Im Jahr 1785 kehrte V. nach Jever zurück, um dort eine Praxis als Advokat zu eröffnen. Aufgrund eines Angebots des Leiters der Hauptschule in Dessau, damals Direktor Neuendorf, ließ V. die juristische Laufbahn fallen und ging als Lehrer der Mathematik und der französischen Sprache nach Dessau. Nach dem Tode Neuendorfs wurde V. Leiter der Dessauer Schule, im Jahr 1820 erhielt er zusätzlich den Arbeitsbereich eines Schulrates übertragen.

Werk, Tendenzen, Wirkung. V., der den Philanthropen nahestand, verfaßte eine große Anzahl mathematischer und anderer naturwissenschaftlicher Werke für Schulen, aber auch für den privaten Gebrauch Heranwachsender. Große Bedeutung maß V., der selbst ein ausgezeichneter Fechter war, der sportlichen Betätigung als Ausgleich für die anstrengenden Schulstunden bei. So verfaßte er eine Anleitung für das Schlittschuhlaufen (1790), schrieb eine Enzyklopädie der Leibesübungen und gab die Schrift „Betrachtungen über das Spiel" heraus, in der er sich vor allem der Darstellung des damals weit verbreiteten Kartenspiels „Pharao" widmete.

Größte Bedeutung im Bereich der Kinder- und Jugendliteratur erlangte V.s zehnbändiger „Physikalischer Jugendfreund" (1798–1809). In der „Vorrede und Einleitung" zum ersten Band äußert sich V. kritisch über die vorhandenen Kinderschriften, wenn er feststellt: „Es giebt der Kindergeschichten beynahe so viele, als es Kinder giebt, und darunter manche, die nicht von Kinderfreunden, sondern von Kindern selbst geschrieben zu seyn scheinen". Zur Intention seines Jugendfreundes äußert sich der Autor weiter: „Materien aus der Natur, der Sphäre der Kinder, faßlich und sinnlich erklären, und in kleinen Portionen in Form von Gesprächen, Erzählungen, Kunststücken, Briefen vortragen, dies war ungefähr das Recept zu dem Buche, was der Verleger hier unter dem Titel eines physikalischen Kinderfreundes, der jungen Welt in die Hände giebt." An die jungen Leser selbst wendet sich V. mit dem Hinweis: „Meinen jungen Lesern habe ich zur Einleitung wenig zu sagen. Daß physikalische Kenntnisse zu den nützlichsten und angenehmsten gehören, welche sich der Mensch erwerben, und nicht früh genug erwerben kann; daß es den größten Gewinn bringt, in der frühen Jugend sein Nachdenken und seine Aufmerksamkeit besonders an Wahrheiten der Natur- und Größenlehre zu üben, werden sie aus dem Munde ihrer Aeltern und Lehrer, vielleicht auch zum Teil schon aus Erfahrung wissen. Das Alter, für welches die Aufsätze dieser Sammlung bestimmt sind, ist zwischen zehn und fünfzehn Jahren".

Die Kapitel des Bandes sind kleine, in sokratischer Form, d.h. als Dialoge zwischen Kindern und Vater angelegte Geschichten, die ein physikalisches Problem zum Inhalt haben. So bietet in der mit „Schwimmendes Eisen" überschriebenen Geschichte Wilhelm seiner Schwester Cornelia eine Wette an, wonach er in der Lage sei, „Eisen schwimmen zu machen". Als seine ungläubige Schwester auf die Wette eingeht, legt der Junge eine Nähnadel auf die Oberfläche des in eine Kaffeetasse gefüllten Wassers. Als sich die Schwester erkundigt, wieso das möglich sei, muß Wilhelm gestehen, daß er den Grund dazu nicht kennt. „Wir wollen den Vater fragen", sagt Cornelia. Ausführlich wird dann durch die Rede des Vaters dessen Freude über den Wissensdurst seiner Tochter zum Ausdruck gebracht, wenn er ausspricht: „Das ist recht, Cornelia, daß du dich nicht mit dem Kunststück begnügst, sondern auch gern die Gründe dafür einsehen möchtest. So müsset ihr es immer machen, liebe Kinder! Sucht in allen Dingen, so viel ihr könnt, auf den Grund zu kommen. Immer gelingt es nicht, aber schon das Nachdenken selbst ist auch sehr nützlich. Wer nicht weiter über das nachdenkt, was er sieht, dem scheinen tausend Dinge wunderbar, die ganz natürlich zugehen. Viele haben nicht Lust, über Erscheinungen wie diese und ähnliche nachzudenken, daher der schädliche Aberglaube!". Anschließend erläutert der Vater ausführlich, immer wieder durch Fragen und Kommentare der Kinder unterbrochen, die Ursachen für das Schwimmen der Nadel. Alle Geschichten der zehn Bände sind ähnlich aufgebaut. Der physikalische Jugendfreund V.s wurde auch in den Schulen der Zeit eingesetzt und gehörte zu den von Pädagogen empfohlenen Schriften der Zeit.

Werke: Über das Schlittschuhlaufen (1790); Vermischte Aufsätze. Für Liebhaber der mathematischen Wissenschaften (1792, [2]1796); Versuch einer Enzyklopädie der Leibesübungen (Bd. 1–3. 1796–1818); Anfangsgründe der Mathematik (Bd. 1–2. 1796); Erster Unterricht in der Mathematik für Bürgerschulen (1796, [2]1798); Anfangsgründe der Naturlehre für Bürgerschulen (1797); Physikalischer Jugendfreund (Bd. 1–10. 1798–1809); Betrachtungen über das Spiel, besonders über das „Pharao" (1815); Grundriß der Physik für Schulen (1818); Kurze Anleitung zur Differentialrechnung (1823).

Erich Strobach

Vinke, Hermann

*Journalist, Hörfunkkorrespondent; *21.9.1940 Rhede-Ems (Niedersachsen).*

V., Sohn eines Bauarbeiters, besuchte die Volksschule in Rhede, ab 1953 das Gymnasium und machte 1961 in Münster am Gymnasium Paulinum das Abitur. Anschließend war V. für verschiedene Tageszeitungen tätig. Seit 1970 arbeitete er als Redakteur beim Norddeutschen Rundfunk in Hamburg und studierte seit 1971 nebenberuflich Geschichte und Soziologie. 1981 wurde V. Hörfunkkorrespondent in Tokio. V. wurde für seine Dokumentation „Das kurze Leben der Sophie Scholl" mit dem Deutschen Jugendliteraturpreis (1981) ausgezeichnet.

Werk, Tendenzen, Wirkung. Die Schwerpunkte von V.s beruflicher Tätigkeit liegen auf tagespolitischem und historischem Gebiet. Er befaßte sich mit der verdrängten Geschichte der emsländischen Konzentrationslager, untersuchte die Folgen der Zechenstillegungen im Ruhrgebiet, befaßte sich mit der Lage der ausländischen Mitbürger in der Bundesrepublik, dem Radikalenerlaß, Fragen des Rechtsstaates und analysierte die Ursachen der Unterentwicklung in den Ländern der Dritten Welt. Die Titel seiner Sendungen und Veröffentlichungen, die er zum Teil gemeinsam mit Winfried Thomsen und Gabriele Witt erarbeitete, lauten: „Streik und Aussperrung" (1975), „Der Unfreiheit eine Gasse" (1976), „Die Anti-Terror-Debatte im Parlament" (1978), „Mit zweierlei Maß" (1981), eine Untersuchung zum Radikalenerlaß.
V.s politische Interessen schlagen sich auch in seinen biographischen Arbeiten für jugendliche Leser nieder, die er über Carl von Ossietzky und Gustav Heinemann verfaßte. Besonderes Echo erzielte seine Darstellung „Das kurze Leben der Sophie Scholl" (1980). In diesem Buch bedient V. sich der Methode der Collage und erreicht dadurch Authentizität und Aufklärung. Der Akzent des Buches, das vom Widerstandskampf der „Weißen Rose" gegen das Hitler-Regime berichtet, ist – anders als bei den sonstigen Veröffentlichungen über diese Widerstandsgruppe – in erster Linie als Einzeldarstellung über Sophie Scholl gedacht.

Werke (Auswahl): Carl von Ossietzky (1978); Gustav Heinemann (1979); Das kurze Leben der Sophie Scholl (1980).

Winfred Kaminski

Vogel (-Plauen), Hermann

*Illustrator; *16.10.1854 Plauen im Vogtland, †22.2.1921 Krebes (Vogtland).*

V.s Vater war Baumeister in Plauen und hatte dort auch lokale Erfolge als Maler. 1874/1875 besuchte V. die Dresdner Akademie, wo Ludwig Richter (1803–1884), dessen Schüler er wurde, unterrichtete. Danach bildete V. sich selbst weiter, hielt sich 1877–1878 in Italien auf und ließ sich, nach Deutschland zurückgekehrt, bei Dresden nieder, wo er zurückgezogen lebte. Neben Kunst – er war Gründungsmitglied der Deutschen Künstlergesellschaft – galt sein Interesse dem Tier- und Heimatschutz. Von den achtziger Jahren an war sein künstlerisches Schaffen mit dem Münchener Verlag Braun & Schneider verbunden, für dessen „Fliegende Blätter" und ab 1888 auch für die „Münchner Bilderbogen" V. Illustrationen lieferte. Bei Braun & Schneider erschienen auch seine ersten Märchenillustrationen. Daneben entstanden ab 1884 Zeichnungen für die illustrierten Monatshefte „Deutsche Jugend". Später wechselte er, wohl aus finanziellen Gründen, zum Verlag Otto Spamer. Seine letzten Lebensjahre verbrachte V. auf seinem Landsitz in Krebes im Vogtland.

Werk, Tendenzen, Wirkung. In seinen frühen Werken, etwa den 1880 erschienenen „Deutschen Heldensagen", ist V. stilistisch noch stark an den Nazarenern orientiert: Er verwendet mit Vorliebe gotische und romanische Architekturteile und Ornamente, die Gesichter der Menschen sind ebenmäßig, aber unindividuell, ihre Bewegungen und Haltung nicht frei von Theatralik und Pathos, so z.B. wenn er Brunhild und Kriemhild sich auf den Stufen eines romanischen Kirchenportals wie auf einer Bühne begegnen läßt („Brunhild und Kriemhild verfeinden sich", Deutsche Heldensagen, S. 273) oder wenn er „Gudrun am Meer" (ebenda, S. 343) massiv vor Felsen stellt, den Wind ihre Haare weit wegwehen läßt, die Geschnürte und Geschmückte aber dennoch mit graziöser Fingerhaltung besinnlich dreinblickt. Die Vielfalt der Bildelemente, die sorgfältige Binnenzeichnung und die Räumlichkeit fallen auf. V. versuchte sich auch an ausgefalleneren Themen (z.B. Beowulfs Kampf auf dem Meeresgrund, ebenda, S. 409), blieb aber um 1880 stark von der überladenen pathetischen Bildauffassung der Gründerzeit abhängig. Sicher auch die Mitarbeit im Verlag

Braun & Schneider, der sich bemühte, romantisches Gedankengut lebendig zu erhalten, bewirkte eine Änderung seines Stils. Die Märchenillustrationen aus den neunziger Jahren und nach der Jahrhundertwende, ebenso die Bilderbücher sind eher biedermeierlich, immer noch sorgfältig, jedoch verspielter und kleinteiliger. Die Umrisse bestehen aus ganz feinen Strichen, die Gesichter sind lebendig, die Gestalten wirken durch die pointierte Darstellung der Bewegungen und Gesichtsausdrücke humoristisch. V. scheint sich der idyllischen Zeichnung märchenhaften Genres mehr und mehr verschrieben zu haben, so z. B. wenn er den „Kranken Einsiedel" in eine harmonische Waldhütte verlegt, umgeben von besorgten Zwergen, lagerndem Reh, Spatzen auf dem Moosdach, der jugendlichen, händchenhaltenden guten Fee am Krankenbett („Es war einmal", 1922). V.s Werk ist in der Nachfolge von LUDWIG RICHTER (1803–1884) und MORITZ VON SCHWIND (1804–1871) angesiedelt.

Werke: R. Volkmar (Hrsg.): Der Waffenschmied von Frankfurt (zus. mit anderen, 1877); H. Pfeil: Deutsche Sagen (zus. mit anderen, 1879); H. Chr. Andersen: Auserwählte Märchen (zus. mit E. Wagner, 1881); W. Wägner: Deutsche Heldensagen, erzählt für Jugend und Volk (zus. mit anderen, 1881); W. Wägner: Die Nibelungen (zus. mit anderen, 1882); W. Wägner: Rom (zus. mit anderen, Bd. 1–2. 1882); J. K. A. Musäus: Volksmärchen der Deutschen (1887); G. Schalk: Deutsche Heldensagen (1891); G. Schalk: Die Nibelungen. Heldensage für Jugend und Volk (1891); H. Vogel-Plauen: Waldbilder (1892); Fr. Schanz (zus. mit J. Lohmeyer): Kinder-Paradies (1892); J. u. W. Grimm: Kinder- und Hausmärchen (1894); H. Vogel-Plauen: Hermann Vogel-Album (Thl. 1–2. 1896–1899; Thl. 3 u.d.T.: Bilder- und Geschichtenbuch, 1903; Thl. 4 u.d.T.: Altes und Neues, 1908); J. J. Rudolphi: Kindermärchen (1905); Es war einmal (1922).

Sekundärliteratur: I. Bang: Die Entwicklung der deutschen Märchenillustration (1944). – U. Eichler: Münchner Bilderbogen (1974). – G. Hermann: Die deutsche Karikatur im 19. Jahrhundert (1901). – Fr. Pecht: Hermann Vogel-Plauen (in: Die Kunst für alle. IV. 1889. 18. 273–277). – Kl. v. Rheden: Hermann Vogel als Illustrator (in: Zeitschrift für Bücherfreunde. Jg. 1. Bd. 2. 1897/98. 12. 642–644). – A. Rümann: Alte deutsche Kinderbücher (1937).

Cornelia Schneider

Volkacher Akademie → Deutsche Akademie für Kinder- und Jugendliteratur

Voltz, Johann Michael

*Illustrator, Bilderbogenzeichner; *15. 10. 1784 Nördlingen, †17. 4. 1858 Nördlingen.*

V. entstammte einer bürgerlichen Familie aus Nördlingen. Er brach eine Knopfmacherlehre nach einem Jahr ab und widmete sich als Autodidakt dem Zeichnen. Durch Vermittlung eines ihm bekannten Malers erhielt V. eine Lehrstelle bei dem Kupferstecher und Landschaftsmaler FRIEDRICH WEBER († um 1812) in Augsburg. Dort blieb er von 1801 bis 1805, erhielt allerdings wenig künstlerische Ausbildung, diente mehr als billige Arbeitskraft zum Kolorieren von Bilderbogen. Danach wurde er in die von Herzberg'sche akademische Kunsthandlung in Augsburg aufgenommen und verfertigte seine ersten Blätter. Nach VON HERZBERGS Tod (1808) zog V. nach München, wollte Ölmaler werden, trat aber 1809 in die Kunsthandlung des Nürnbergers FRIEDRICH CAMPE (1777–1841) ein. FR. CAMPE hatte 1806 einen Bilderbogenverlag eröffnet, der zu den bekanntesten Offizinen in Deutschland wurde. Zu diesem Erfolg trug V. als Entwerfer und Illustrator von Bilderbögen bei. Er lieferte für FR. CAMPE zeitgenössische und historische Schlachtenbilder sowie religiöse Motive. Bereits 1812 siedelte V. nach Nördlingen über, heiratete dort 1814 und blieb bis zu seinem Tod, außer einer kurzen Unterbrechung in Augsburg (1824–1827), in seiner Vaterstadt.

Werk, Tendenzen, Wirkung. An die fünftausend mit Wasserfarben kolorierte oder mit Tusche lavierte Feder- und Bleistiftzeichnungen hat V. für Firmen im In- und Ausland angefertigt. Er war im historischen und religiösen Genre, im Portrait, in der Tier- und Landschaftsdarstellung ebenso zu Hause wie in der Karikatur. Während sein Biograph KARL HAGEN diese Vielseitigkeit als künstlerisches Plus herausstellt, werden andernorts die „Leichtigkeit" und der „gänzliche Mangel an Initiative und Erlebnisdrang" und „der Stempel der Fabrikware" kritisiert (E. REYNST: Fr. Campe und sein Bilderbogen-Verlag zu Nürnberg", Nürnberg 1962, S. 39). Die V.schen Produkte sind ein typisches Beispiel für den Illustrationsstil aus der Frühzeit industrieller Massenherstellung.

Neben den Entwürfen für Bilderbogen und Illustrationen zu deutschen Klassikern stattete V. eine große Anzahl von Kinderbilderbüchern für folgende Verlagsanstalten aus: Jakob Ferdinand Schreiber in Eßlingen; Herzberg, Th. Weber, Rollwagen, Wilhelm, W. Böheimb, Hutter, Veith & Rieger, Jenisch & Stage in Augsburg; Bauer & Raspe, Friedrich Campe, Renner, Abel-Klinger, Zeh, Schrag, Wunder in Nürnberg; Georg Ebner, Löfflund, Karl Erhardt in Stuttgart; Mäcken in Reutlingen; Beck in Nördlingen; Brede in Offenbach; Ebner in Ulm; die Rheinische Buchhandlung in Leipzig; Leske in Darmstadt; Ambrosi in Passau; Gebauer in Tübingen und Manz in Regensburg. Am bekanntesten dürften seine Illustrationen zu einigen Werken von JOHANN HEINRICH MEYNIER (1764–1824) sein (Neue Bilder-Geographie für die Jugend. 1818, bei F. Campe. Die Weltgeschichte für Kinder. 1821, bei F. Campe). Die idyllisch-realistischen Kinderbuchillustrationen von V. schildern auf idealisierte Art und Weise Szenen aus dem bürgerlichen und bäuerlichen Leben, die trotz aller Idealisierung einen Einblick in das Leben dieser Schichten vermitteln.

Werke: J. P. Pöhlmann: Elementarbuch für Schulen, Th. 2: Agnes und ihre Kinder. Ein Lesebuch zur Erzeugung religiöser Gesinnungen bei Kindern von 6–8 Jahren (1810); J. H. Meynier: Kleinere Geschichten zur Besserung und Veredlung jugendlicher Herzen (1813); J. H. Meynier (Hrsg.): Robinsons Reise um die Welt. Ein unterhaltendes und belehrendes

Lesebuch für die Jugend (Bd. 1–4. 1814–1822); Schilderungen aus Natur-Welt- und Menschenleben, ein angenehmes und nützliches Geschenk für die Jugend (1815); Deutsches Unterhaltungsblatt für gebildete Leser aus allen Ständen auf die Jahre 1816 und 1817 (1816–1817); G. L. Jerrer: Neue Bilder-Geographie für die Jugend (1818); Th. A. Effner: Luther und seine Zeitgenossen, dargestellt in einer Reihe charakterisierender Züge und Anekdoten (1818); Chr. J. Wagenseil: Historische Unterlagen für die Jugend (1818); Anthologie für Knaben und Mädchen (1818); Mährchenbuch für die Jugend, sinnreich und bildlich dargestellt zum Vergnügen und zur Bildung des Herzens (1819); Die jungen Historiker, oder geschichtliche Darstellungen aus dem Leben berühmter Männer älterer und neuerer Zeit (1819); Rosaliens Erzählungen. Ein Lesebuch für die reifere Jugend (1820); Gemüthliche Erzählungen und Geschichten zur Veredlung des jugendlichen Herzens für gesittete Mädchen von 9–12 Jahren (1821); G. L. Jerrer (d. i. J. H. Meynier): Weltgeschichte für Kinder (Bd. 1–2. 1821); L. Hölder: Neues Kinder-Theater zur Unterhaltung und Belehrung (1821); Auserlesene Fabeln für die gebildete Jugend zur Erweiterung der Welt- und Menschenkenntniß (1822); Chr. von Schmid: Das Blumenkörbchen. Eine Erzählung dem blühenden Alter gewidmet von dem Verfasser der Ostereyer (1823); Chr. von Schmid: Rosa von Tannenburg. Eine Geschichte des Alterthums für Aeltern und Kinder (1823); Darstellungen aus dem Natur- und Menschenleben, ein angenehm belehrendes Geschenk für die Jugend (1823); Erzählungen größtentheils nach wahren Begebenheiten bearbeitet. Ein Lesebuch für Kinder von 9–12 Jahren (1824); F. J. Gruber: Frühlings-Blumen-Kranz für die zarte Jugend in neuen, gemüthlichen Erzählungen, Fabeln, Parabeln, frommen Liedern, Kern- und Sitten-Sprüchen (1824); E. W. H. Lange: Lehrreiche Darstellungen für Knaben und Mädchen bestehend: in moralischen Gedichten, Erzählungen und Fabeln, interessanter Notizen zur Natur- und Völkerkunde und Sentenzen der Lebensweisheiten (1824); L. Hold (d. i. Luise Hölder): Kleine Weltgeschichte von den ältesten bis auf die neuesten Zeiten (Bd. 1–2. 1824); M. Cervantes de Saavedra: Leben und Thaten des edlen und tapfern Ritters Don Quixote von la Mancha. Zur Unterhaltung und Belustigung der Jugend neu bearbeitet von Louise Hölder (um 1824); F. J. Gruber: Der Blumenpfad zur Tugend, oder Bildungsbuch in neuen moralischen Erzählungen, Gedichten und leichtfaßlichen Dichtungen (1825); J. H. Meynier: Das alte Rom oder Schilderung der bürgerlichen, religiösen und militärischen Verfassung, des häuslichen Lebens, der Sitten, Gebräuche und Meinungen der alten Römer (1825); Erzählungen aus dem Kinderlande (1825); J. G. Essich: Rührende Erzählungen aus der Thierwelt (1825); F. J. Gruber: Tugend-Gallerie in moralischen Charaktergemälden aus dem Leben frommer und edler Jünglinge und Mädchen zur Belehrung und Veredlung des Gefühls und zur Beförderung häuslicher Tugenden (1826); E. W. H. Lange: Tugend-Spiegel oder die Folgen der guten und bösen Handlungen in kleinen gemüthlichen Erzählungen für die Fassungskraft des ersten Kindesalters (1826); J. P. Pöhlmann: Belehrende Unterhaltungen für Kinder (1827); J. H. Meynier: Fortuna oder merkwürdige Reisebegebenheiten zu Wasser und zu Lande. Ein Unterhaltungsbuch für die gebildete Jugend (^{2}1828); C. Reinhold: Das Abendglöckchen (1828); Naturhistorisches ABC-Buch (1828); Die Welt im Kleinen. Ein ABC- und Lesebuch für gute Kinder (1828); Chr. A. Gebauer: Die Monate des Jahres. Ein Büchlein für Kinder und kindliche Gemüther (1829); H. Sachs: Eine Auswahl für Freunde der älteren vaterländischen Dichtkunst von J. A. Göz (Bd. 1–4. 1829–1830); C. Reinhold: Der kleine Declamator oder Auswahl von Gedichten zum Vortrage in und außer der Schule für das kindliche Alter (1830); Chr. A. Gebauer: Bunte Blätter. Aus dem Hausbuche des Jugendfreundes für das jugendliche Alter ausgewählt (1830); G. B. Depping: Die Völker Europa's. Ein Charakter- und Sittengemaehlde für die Jugend (1834); J. E. Gailer: Denkwürdigkeiten des alten Roms (1834); M. C. Münch: Diätetik oder die Gesundheitslehre oder Anweisung zur Förderung und Erhaltung der Gesundheit für Kinder in Stadt- und Landschulen (1834); J. E. Gailer: Neuer Orbis pictus für die Jugend, oder Schauplatz der Natur, der Kunst und des Menschenlebens (1835); C. Reinhold: Herbstabend der Familie Bernhold (1835); C. Reinhold: Dämmerungsstündchen oder Sprüchwörter (1835); Fr. W. Geß: Das alte und das neue Griechenland (1835); Neues, unterhaltendes Bilderbuch, wodurch die Kinder das ABC spielend erlernen (1835); ABC-Bilder- und Lesebuch, oder kleine Gallerie in- und ausländischer Vögel für junge Freunde der Naturkunde (1835); Das ABC-Bilder- und Lesebuch, ein neues Bilderbuch, mit 22 ill. Abbildungen aus der Naturgeschichte, zur angenehmen und belehrenden Unterhaltung für Kinder, wodurch auf eine leichte Weise denselben die Erlernung der Buchstaben und Geschmack für die Naturgeschichte beigebracht werden kann (1835); L. Werner: Unterhaltungen für die Freistunden fleißiger und gesitteter Kinder (1835); J. A. Meier: Claudia, oder: Das wiedergefundene Glück. Eine Erzählung für die Jugend (1837); Th. Nelk: Der Thurmknopf (1838); Eduard Ambach: Die Orgel zu St. Paul oder das Blinden-Institut. Eine Geschichte aus dem bürgerlichen Leben für die reifere Jugend (1840); Chr. A. Gebauer: Ausgewählte Fabeln zur Bildung des Geistes und Herzens (1840); Militärisches Bilderbuch (1845); C. Thienemann: Jahr und Tag. Ein Spruch- und Bilder-Kalender auf jedes Jahr nebst Haus- und Schulregeln für die Jugend (1847); E. B. E.: Das artige Kind, oder Lehre wohlanständiger Sitten in gereimten Fragen und Antworten (1847); Das ABC, durch Bilder auf neueste Art versinnlicht und erklärt, um bald lesen zu lernen (1849); Das ABC für wackere Kinder mit Bildern (1850); Ch. Späth: Ausgewählte Erzählungen für die weibliche Jugend, zur Weckung und Veredlung ihres sittlichen und religiösen Gefühls (1851); Das schöne Bilderbuch. Ein ABC für Kinder (1854); Bilder der frühesten Kindheit (1854); Das selbst spielende Kind (1855); Das liebe Büchlein für kleine Kinder (1856); Fröhliches Treiben in Stadt und Land. Ein Bilderbuch für Kinder (1856); Wie das Kind sein soll. Ein Bilderbuch für kleine Kinder (1856); Fest-Freuden der Kinderwelt (1858); Nützliches ABC-Buch für Kinder (1872).

Sekundärliteratur: K. Hagen: Der Maler Johann Michael Voltz aus Nördlingen (1863). – J. M. Voltz. Bilder aus dem Biedermeier. Mit einer Einleitung von E. Roth (1957). – E. Reynst: Friedrich Campe und sein Bilderbogen-Verlag zu Nürnberg (1962). – U. Eichler: Bilderbogen aus dem Verlag von J. F. Schreiber in Eßlingen (1978). – E. Strobach: Alte deutsche Kinderbücher (1978). – H. Wegehaupt: Alte deutsche Kinderbücher. Bibliographie 1507–1850 (1979).

Helmut Herbst

W

Wäscha-kwonnesin

*(indianisch: Wa-sha-quon-asin; d.i. Archibald Stansfeld Belaney (Grey Owl)). Kanadischer Autor; *19.9.1888 Hermosillo (USA), †13.4.1938 Prince Albert (Kanada).*

W.-kw., Sohn einer Apachin, wurde schon mit zwölf Jahren Halbwaise, nachdem sein Vater im Streit getötet wurde. WILLIAM FREDERICK CODY, genannt „Buffalo Bill" (1846–1917), nahm W.-kw. auf und engagierte ihn mit einer Indianertruppe nach Europa zu Show-Veranstaltungen. Später kehrte W.-kw. zusammen mit einer Odschibwa-Indianerin und deren beiden Söhnen nach Kanada zu ihrem Stamm zurück und erhielt dort den Namen Wäscha-kwonnesin (d.h.: „Er, der bei Nacht wandert"). Von 1907 bis 1914 lebte W.-kw. in den Wäldern Kanadas als Pfadfinder und arbeitete zur Zeit der ersten Prospektoren als Führer und Kanufahrer. Nach dem Ausbruch des Ersten Weltkrieges nahm er den Namen BELANEY an, trat beim 13. Bataillon in Montreal ein und diente von 1915 bis 1917 in Frankreich. Nach zweimaliger Verwundung und Gasvergiftung wurde W.-kw. 1918 als kriegsuntauglich entlassen. Zurückgekehrt nach Kanada, heiratete er ANAHAREO, eine Apachin. Er wandte sich nun dem Tier- und Naturschutz zu und begann, erlebnishaltige Bücher aus der Naturwelt Kanadas zu schreiben. Seine Buchhonorare stiftete er für Zwecke des Naturschutzes. 1934 suchte er um Einbürgerung als Kanadier nach. Nach einer Tätigkeit als Pelztierjäger und Fallensteller wurde W.-kw. von der kanadischen Regierung als staatlicher Natur- und Tierheger eingesetzt.

Wäscha-kwonnesin (1888–1938)

Werk, Tendenzen, Wirkung. W.-kw.s Bücher handeln von Menschen, die in der Wildnis leben und bewußt der Zivilisation den Rücken zugekehrt haben. Seine schwärmerische Naturverbundenheit, die mit einer geschärften Beobachtungsgabe von hohem emotionalem und informatorischem Wert einhergeht, richtet sich deutlich gegen das Leben in den großen Städten, das vom technischen Fortschritt geprägt ist. W.-kw. plädiert für Ausgleich und Toleranz. Das indianische Leben wird als letzte Form des Einklangs mit der Natur und den Geschöpfen des Waldes gesehen. Die Indianer fügen sich einem übergeordneten Schöpferwillen und verstehen die Sprache der Tiere. W.-kw.s Identifikation mit dem „Roten Mann" führt ihn zur persönlichen Bedürfnislosigkeit und der Hingabe an die stets bedrohte Idylle der letzten Naturreservate.
Die romantisierend anmutende Haltung schlägt auch in seinen Tiergeschichten durch. Biber werden als gemeinwesenbildende Geschöpfe dem Menschen gleichgestellt. W.-kw. schuf eine Form der psychologisierenden Tiergeschichte, die nicht selten tierische „Helden" als bessere Wesen, als „vollendetere Menschen" ausweist. In diesem Aspekt berührt er sich mit ähnlichen Ansätzen in den Tiererzählungen von SVEN FLEURON (1874–1966), HERMANN LÖNS (1866–1914) und ERNEST THOMPSON SETON (1860–1946). W.-kw.s Bücher wurden in zahlreiche Sprachen übersetzt. In Deutschland fanden sie auch während der nationalsozialistischen Ära Verbreitung.

Werke: The men of the last frontier (1931; dt. Volk der sinkenden Sonne, Teilsamml. 1936; Männer der Grenze, 1937, auch u.d.T.: Männer der letzten Grenze, 1939, NA. 1946); Pilgrims of the wild (1934; dt. Kleiner Bruder. Grau-Eule erzählt von Indianern, Bibern und Kanufahrten, 1935; NA. u.d.T.: Die Biberburg, 1970); The adventures of Sajo and her beaver people (1935; auch u.d.T.: Sajo and the beaver people, 1936; dt. Sajo und ihre Biber, 1936, [9]1969; TB. 1973, [4]1978); Tales of an empty cabin (1936, NA. 1947; dt. Das einsame Blockhaus, 1938, NA. 1949); The tree (1937; dt. Der heilige Baum, 1937); Farewell to the children of the British Isles (1938); E. E. Reynolds (Hrsg.): A book of Grey Owl (Teilsamml. 1938, [2]1941; NA. 1949).

Horst Künnemann/Detlef Ram

Wagenseil, Christian Jakob

*Journalist, Beamter, Lyriker, Dramatiker, Erzähler und Jugendschriftsteller; *23.11.1756 Kaufbeuren, †8.1.1839 Augsburg.*

W., Sohn eines Weinhändlers und späteren Baumwollfabrikanten, besuchte zunächst die Lateinschule seiner

Heimatstadt und wurde dann Kaufmannslehrling. Unzufrieden mit der Berufsarbeit, ging er 1773 ans Gymnasium in Ulm; dort wurde er mit CHRISTIAN FRIEDRICH SCHUBART (1739–1791) bekannt, der W.s Neigung zur Literatur verstärkte. Von 1775 bis 1778 studierte er in Göttingen und erhielt dort durch Begegnungen mit GOTTFRIED AUGUST BÜRGER (1747–1794), MATTHIAS CLAUDIUS (1740–1815), mit Mitgliedern des Göttinger Hains u.a. Anregungen für die eigene literarische Arbeit. In dieser Zeit traf W. auch mit GOETHE (1749–1832) und, bei einer Reise nach Hamburg, mit KLOPSTOCK (1724–1803) zusammen. 1779 kehrte er nach Kaufbeuren zurück und war anfangs vornehmlich als Publizist tätig, bis er 1782 in den Dienst der Stadt trat, wo er 1794 Kanzleidirektor wurde. 1804 wurde er Polizeidirektor in Kempten und 1817 Regierungsrat in Augsburg. Die Gründe für seine vorzeitige Versetzung in den Ruhestand 1820 sind unbekannt.

Werk, Tendenzen, Wirkung. W. hat neben seiner Tätigkeit in der Verwaltung ein umfangreiches literarisches Werk geschaffen, zu dem Gedichtsammlungen und Liederbücher ebenso gehören wie Schauspiele, Singspiele und andere dramatische Texte, Biographien (u.a. Ulrich von Hutten und Martin Luther), ein Roman „Schildheim, eine deutsche Geschichte" (2 Bde. 1779) und zahlreiche Aufsätze und Abhandlungen. Sein Hauptbeitrag zur Jugendliteratur besteht in Büchern historischen Inhalts, die mehr referierender als erzählender Art sind. Wie er im „Vorbericht" zu seinen „Historischen Unterhaltungen für die Jugend" (2. Aufl. 1816) schrieb, hat er nicht Geschichte im Zusammenhang lehren wollen; es sei vielmehr sein Ziel gewesen, „durch gedrängte Darstellung merkwürdiger Menschen aus der allgemeinen Weltgeschichte der Jugend einen Vorschmack von der Geschichte überhaupt zu geben, um sie für das dereinstige systematische Studium derselben zu gewinnen". W., der als Beamter um die Verbesserung sozialer Verhältnisse und öffentlicher Einrichtungen bemüht war, ist charakteristisch für das Denken und Verhalten des Bürgers der Aufklärungszeit, das bei ihm mit einer leicht pietistisch beeinflußten Religiosität verbunden war.

Werke (Auswahl): Historische Unterhaltungen für die Jugend (Bd. 1–4. 1781–1783); Weihnachtsgeschenk für die Jugend (1783); Biographien für die Jugend (1787); Historische Unterhaltungen für die reifere Jugend (Bd. 1–2. 1793); Historische Unterhaltungen für die Jugend (Bd. 1–6. [2]1816); Historienbüchlein auf das Jahr 1822 (1821).

Sekundärliteratur: H. Schmid: Chr. J. Wagenseil 1756–1839. Ein Beitrag zur Literatur- und Geistesgeschichte Süddeutschlands (1959).

Alfred Clemens Baumgärtner

Walz, Herbert

*Schriftsteller, Schriftleiter, Kinder- und Jugendbuchautor; *7.11.1915 Trossingen.*

Schon früh beschäftigte sich W. über das Schulpensum hinaus mit Literatur, Religion und Musik. Er lernte verschiedene Instrumente spielen und erwarb sich Kenntnisse im Bau von Harmonika und elektronischer Instrumente. Kriegsdienst und Gefangenschaft unterbrachen seinen beruflichen Weg. Mit einer ersten Erzählung „Reiterei im Morgenrot", im Stil einer Legende erzählt, war W. 1940 hervorgetreten. Ende der vierziger Jahre begann W. in Tageszeitungen und Musikzeitschriften zu publizieren. Über dreißig Jahre war er Pressereferent der Musikinstrumentenfabrik Hohner in Trossingen. W. ist seit 1955 Mitglied des Verbandes deutscher Schriftsteller.

Werk, Tendenzen, Wirkung. Außer Facharbeiten in seinem Berufsbereich veröffentlichte W. Erzählungen, Romane, Gedichte, Kurztexte und Kinder- und Jugendbücher. Seine vier Romane „Das Lied der großen Freude" (1954), „Wenn des Himmels Vorhang reißt" (1960), „Gast auf dieser Erde" (1960) und „Die Brombeerpflücker" (1964) sprachen mit ihrem Gehalt und dem schlichten, klar flüssigen Erzählton eine breite Leserschicht an, ebenso seine in verschiedenen Bänden veröffentlichten Gedichte, mit denen er sich in die Tradition der neueren schwäbischen Lyrik einfügte. Mehrere Auflagen hatten Bücher, die W. für Kinder und junge Leser schrieb. Vor allem seine phantastischen Erzählungen „Geschichte vom Zauberschüler Popilus" (Der kleine Zauberer Popilus, 1966; Abenteuer mit Popilus, 1967; Meisterzauberer Popilus, 1969), der in einem erdfernen Reich bei dem weisen Meister Rokodu lernt, ein guter Zauberer zu werden, machten ihn bekannt. Der pädagogische Effekt, daß Popilus die Zauberei nie zu eigennützigem Zweck und auf Erden nur zum Wohle von Tier und Mensch und zur Freude und Belehrung der Menschen anwenden darf, hat W. in Spaß und Spannung verpackt. Er versteht es, Probleme, vor allem solche des menschlichen Zusammenlebens, einzubeziehen und die Kinder den Zauberschlüssel zur Lösung in der Wirklichkeit finden zu lassen. Die neue Ausgabe der „Popilus"-Bände 1975/1978 wurde von ROLF und IRENE SCHARWÄCHTER illustriert. Mit der realistischen Erzählung „Das Räubernest im alten Schloß" (1972) schrieb W. zugleich eine Art Heimatbuch über das Schwarzwaldgebiet um Trossingen. Landschaft und Natur, menschliche Bindungen in Familie und Freundschaft, aber auch menschliches Versagen wird von zwei befreundeten Jungen in abenteuerlichen Ferienerlebnissen erfahren. W.s Sprache ist einfach und klar, sie kommt damit dem Verständnis junger Leser entgegen, ohne anbiedernd zu wirken.

Werke: Reiterei im Morgenrot (1940); Brücke in den Morgen. Gedichte (1951); Traum und Sendung. Neue Gedichte (1952); Das Lied der großen Freude (1954); Wenn des Himmels Vorhang reißt (1960); Gast auf dieser Erde (1960); Die Brombeerpflücker (1964); Frucht und Stachel (1965); Der kleine Zauberer Popilus (1966, NA. 1975); Abenteuer mit Popilus (1967, NA. 1977); Meisterzauberer Popilus (1969, NA. 1978); Das Räubernest im alten Schloß (1972); Billy Bumm und der Riese Fürchtenichts (1974); Innenernte. Texte und Reflexionen (1975).

Margarete Dierks

Wander, Karl Friedrich Wilhelm

*(Pse.: N. R. Dove, Dr. Pfaffius, Ernst Pfeffer, Arnold Salzmann, B. G. Wuntschli). Lehrer, Schulpolitiker, Publizist, Parömiologe; *27.12.1803 Fischbach (Schlesien), †4.6.1879 Quirl (Schlesien).*

W., Sohn eines Dorfschneiders, wurde nach dem Besuch der Volksschule sowie einer wegen Krankheit abgebrochenen Tischlerlehre in seinem Geburtsort Präparand, dann nach zweijähriger Ausbildung im Seminar zu Bunzlau (1822–1824) und anschließender Tätigkeit als Schulgehilfe 1827 Lehrer an der evangelischen Stadtschule in Hirschberg. Er beschränkte sich nicht auf die Lehrtätigkeit, sondern forderte als engagierter Pädagoge die „Schul-Emanzipation", das heißt die Abschaffung der kirchlichen Schulaufsicht und den Zusammenschluß aller deutschen Lehrer, der im Revolutionsjahr 1848 mit der Konstituierung des „Allgemeinen Deutschen Lehrervereins", dessen Mitbegründer W. war, erreicht wurde. Mit staatlichen Behörden und geistlichen Schulrevisoren in Konflikt geraten, wurde W. 1845 bis 1847 vom Dienst suspendiert und im Januar 1851 nach langen Auseinandersetzungen wegen einer 1849 bei einem Schulfest gehaltenen Rede für immer seines Lehramtes enthoben. Dies zwang ihn, den Lebensunterhalt für sich und seine Familie durch die Führung eines Geschäftes zu sichern. Daneben arbeitete er unermüdlich an der Verwirklichung seines schon 1836 gefaßten Plans, „den Sprichwörterschatz der Deutschen in erklärender Weise herauszugeben". An diesen Arbeiten nahmen ADOLPH DIESTERWEG (1790–1866) und HOFFMANN VON FALLERSLEBEN (1798–1874) Anteil.

Werk, Tendenzen, Wirkung. Das unter großen Schwierigkeiten und Entbehrungen entstandene fünfbändige „Deutsche Sprichwörter-Lexikon" (1862–1880, NA. 1964), von dem jeder Band rund 45000 deutsche, darunter viele mundartliche, und 15000 den deutschen sinnverwandte ausländische Sprichwörter mit Erläuterungen, Quellenangaben, bei fremden Sprichwörtern auch Aussprachehilfen enthält, ist W.s Haupt- und Lebenswerk. Er wollte keine „ausgewählte Sammlung für schul- oder volksbildende Zwecke" schaffen, auch „kein Sittenbuch, sondern ein wissenschaftliches Unternehmen". Da er „keine einzige wirklich in der Sprache lebende Form" auslassen wollte, nahm er auch die „mißfälligen Wörter" und „anstößigen Redensarten" in seine Sammlung auf. Aufschlußreich für die Einschätzung der Sprichwörtersammlung in ihrer Bedeutung für Heranwachsende sind auch W.s eigene Erfahrungen. Schon als Kind habe er Sprichwörter nicht nur gern gehört und gelesen, sondern sie hätten ihn zum Nachdenken gebracht und als „Leibsprichwörter" oft sein Handeln bestimmt. So sei ihm „Morgenstund hat Gold im Mund" Ansporn zum Frühaufstehen und „Es muß ein schlechter Fuchs sein, der nur ein Loch weiß" Motto fürs Versteckspiel gewesen. Später als Schüler und Seminarist sei er immer wieder mit Sprichwörtern konfrontiert worden, da diese zum Objekt von Sprech- und Sprachübungen gemacht und als Themen für Aufsätze benutzt wurden. Als Lehrer habe er selbst Sprichwörter nicht nur in den verschiedensten Bereichen des Muttersprachlichen Unterrichts verwendet, sondern sie auf viel breiterer Basis als „Schleifsteine für den Geist" mit großem Erfolg eingesetzt (Sprichwörtergarten, S. XVII).
Während seine beiden 1836 erschienenen Werke „Allgemeiner Sprichwörterschatz" und „Das Sprichwort, angewandt zu Unterredungen über die Sonn- und Festtagsevangelien" (hier werden praktische Hinweise für eine lebensnahe Gestaltung des Religionsunterrichts gegeben) im Untertitel den Hinweis „ein Handbuch für Lehrer" bzw. „Besonders für Lehrer in Volksschulen" bringen, werden die „Weihnachtsnüsse oder 500 neue deutsche Sprichwörter" (1832) als ein „Geschenk für Kinder" angeboten. Diese nach 87 Stichwörtern alphabetisch geordnete Sammlung (z.B. Arbeit, Beruf, Erziehung, Freiheit, Friede, Menschenachtung, Pflicht, Tugend, Vaterland, Wahrheit und Lüge) wie auch die kleinere Zusammenstellung „Nüsse für Kinder aufs ganze Jahr" (1835) enthält freilich keine im Volk umlaufenden Sprichwörter, sondern spruchförmig niedergeschriebene erziehliche Gedanken W.s, sogenannte „neue Sprichwörter" aus seinem Werk „Scheidemünze. Ein Taschenbuch für jedermann" (Erste Gabe 1831, Zweite und letzte Gabe 1832). Über die Entstehung seiner „neuen Sprichwörter" schreibt er im Vorwort: „Ich hatte ein Tagebuch angelegt, worein ich meine täglichen Bemerkungen in Sprichwörtern niederschrieb ... Ich sah einen Armen vor einer Tür bitten. Man wies ihn mit Achselzucken ab. Vor einer anderen Tür bekam er einen Pfennig. Dies der Stoff zu ‚Ein Pfennig ist besser als zwei Achselzucken'." In einer ausführlichen Würdigung der „Weihnachtsnüsse" äußerte A. DIESTERWEG, daß diese „gehaltvollen und sehr wohlfeilen" Texte „Geist in die Schule und wichtige Wahrheiten in das Leben" brächten und wünschte ihnen „die weiteste Verbreitung in der Schulwelt" (Rheinische Blätter. 9. Band. 2. Heft. 1834. S. 194f.). Auf Wunsch vieler Lehrer verfaßte W. zu seinen Sprichwörtern einen Kommentar („Der Sprichwörtergarten", 1838), der nach W. gleichermaßen „ein Handbuch für Lehrer" und „ein Lesebuch für die Jugend" sein sollte.
W. war auch Herausgeber von Zeitschriften („Der Volksfreund aus den Sudeten", ab 1834; „Pädagogischer Wächter", 1849–1853) und Verfasser schulpolitischer Artikel und didaktisch-methodischer Aufsätze.

Werke (Auswahl): Der Satz in seiner Allseitigkeit. Ein Lesebuch und eine Sprachlehre in notwendiger und zweckmäßiger Verbindung für die mittlern und obern Klassen der Elementarschulen, mit beinah 1000 sprachlichen Aufgaben und einem Anhange deutscher Musteraufsätze in gebundener und ungebundener Rede (1829); Scheidemünze. Ein Taschenbuch für jedermann (Bd. 1–2. 1831–1832); Weihnachtsnüsse oder 500 neue deutsche Sprichwörter (1832); Nüsse für Kinder aufs ganze Jahr (1835); Allgemeiner Sprichwörterschatz (1836); Das Sprichwort, angewandt zu Unterredungen über die Sonn- und Festtagsevangelien (1836); Der Sprichwörtergarten (1838); Die Volksschule als Staatsanwalt. Ein Wort für Hebung des Volksschulwesens und bessere Stellung der Volksschullehrer

(1842); Der geschmähte Diesterweg (1843); Theologischer Beweis, daß die Schule eine Dienstmagd der Kirche (1845); Taschenkatechismus für das Volk (1849); Briefe von der Oder. Über pädagogische, religiöse und politische Zustände. Für das Volk und seine Lehrer (1850); Der Auswanderungs-Katechismus (1852); Deutsches Sprichwörter-Lexikon (Bd. 1–5. 1862–1880; NA. 1964); Drei Jahre aus meinem Leben. 1845–1847 (1878).

Sekundärliteratur: K. Frei: Karl Friedrich Wilhelm Wander. Ein deutscher Schul- und Volksmann des 19. Jahrhunderts. Zum hundertsten Geburtstag, 27. Dezember 1903 (1903). – A. Herzog: Karl Friedrich Wilhelm Wander als Sammler und Bearbeiter des deutschen Sprichwortschatzes (Diss. 1957). – R. Hoffmann: Der rote Wander. Ein Bild aus den trübsten Tagen der deutschen Schule und ihrer Lehrer (1928, NA. 1948). – Karl Friedrich Wilhelm Wander. Bearbeitet von einem Kollektiv der Pädagogischen Fakultät der Karl-Marx-Universität Leipzig (1954). – Fr. W. Pfeiffer: Die Volksschule des 19. Jahrhunderts in Biographien hervorragender Schulmänner (1872). – O. Ruysch: Der rote Wander. Ein Lebensbild K. F. W. Wanders. Mit Benutzung seines handschriftlichen Nachlasses, seiner Schriften, Prozeßakten und anderer Quellen (1892). – Fr. Thiele: Der ‚rote' Wander und seine Zeit. Erinnerungsblätter zum 150. Geburtstag Friedrich Wilhelm Wanders (1953).

Christian Freitag

Warwas, Klaus

*Bilderbuchautor, Graphiker, Illustrator; *12. 4. 1939 Gleiwitz (Oberschlesien).*

Nach einem Graphikstudium versuchte sich W. im Malen, Schreiben, Photographieren, Töpfern und als Metallbildhauer. Als Graphikdesigner und Plakatkünstler erhielt er erste Aufträge. Erfolge stellten sich mit der Aufnahme seiner Arbeiten unter „Die besten deutschen Plakate" und einer Goldmedaille in New York für eine gelungene Werbeanzeige ein. Auch als Photograph konnte sich W. durch die Mitarbeit bei der Zeitschrift „konkret" und die Erstellung einer überdimensionalen Photomontage auf der Weltausstellung von Osaka profilieren. Neben seinen Bilderbuchillustrationen produzierte W. zwischen 1961 und 1972 vier Fernsehfilme für Kinder und war Mitarbeiter an den deutschen Adaptionen der Vorschulserie „Sesamstraße". 1977 erhielt er eine Professur an der Hochschule für Gestaltung in Bremen.

Werk, Tendenzen, Wirkung. Erste Aufmerksamkeit in der Kinderbuchszene erweckte W. mit seinen Illustrationen zu den ostpreußischen Geschichten von SIEGFRIED LENZ „So zärtlich war Suleyken" (1955), die 1971 unter dem Titel „So war das mit dem Zirkus. Fünf Geschichten aus Suleyken" als aufwendig ausgestattetes Bilderbuch herauskamen. Ursprünglich hatten die Vorlagen für das großformatige Bilderbuch als Kulissen, Personenprospekte und grotesk-komische Figurenergänzung einer teils gelesenen, teils gespielten Fernsehadaption gedient, Die bizarren ostpreußischen Einzelgänger waren von W. mit karikierenden Zügen in einer Mischung von naiver und Sonntagsmalerei mit magisch-realistischen Zügen überdeutlich in Szene gesetzt worden. Diese Einprägsamkeit verstärkte sich noch bei den nachfolgenden Arbeiten des Graphikers. 1975 erschien „So war das mit dem Zirkus" in Taschenbuchausgabe.

Direkt für das kleinere Format geschaffen wurden die Illustrationen „Das Traumschiff. Jan Peters seltsame Reise in die Gegenwart" (1973). Eine Gruppe von Freunden wird ins Land der Träume entrückt. Hinter der Arbeitswelt und dem Leben in Fabriken, hinter einer künstlichen Welt aus Plastikblumen und nachempfundenen Formen entlarvt sich ein barbarisch-unmenschliches System. W. hat dieses Buch mit Bildtafeln ausgestattet, die mittels Schablonen und Spritztechnik entstanden sind. Als Plakatkünstler hat W. durch seinen auf Büchern fröhlich herumtrampelnden Harlekin des alljährlichen Hamburger „Literatrubels" überregionales Echo gefunden.

Werke: S. Lenz: So war das mit dem Zirkus. Fünf Geschichten aus Suleyken (1971, TB. 1975); Kl. Warwas: Das Traumschiff. Jan Peters seltsame Reise in die Gegenwart (1973).

Horst Künnemann

Wells, Herbert George

*Englischer Schriftsteller und Publizist; *21. 9. 1866 Bromley (Kent), †13. 8. 1946 London.*

W., aus beengten Verhältnissen stammend, konnte sich trotz des Widerstandes seiner Eltern und geringer Schulbildung für ein Universitätsstipendium qualifizieren, das ihm über ein Studium der Naturwissenschaften, insbesondere der Biologie, den Einstieg in die Welt der Wissenschaft und Literatur ermöglichte. Nach finanziell und gesundheitlich schweren Jahren als Lehrer, Lehrbuchverfasser und Wissenschaftsjournalist stellten sich mit humorvollen Essays und phantasievollen Kurzgeschichten erste Erfolge ein, bevor ihm mit der mehrfach umgeschriebenen „Time Machine" (1895) und den sich rasch anschließenden Romanen der endgültige Durchbruch gelang. In den folgenden fünfzig Jahren schrieb W. rund 120 Bücher und Hunderte von seinerzeit vielbeachteten Aufsätzen.

Werk, Tendenzen, Wirkung. Man kann W.s Schaffen in drei Phasen unterteilen. In der ersten kurzen Phase (bis zur Jahrhundertwende) entstanden die besten seiner ‚scientific romances', in der zweiten, die anschließenden zehn Jahre umfassenden, traten Gesellschaftskomödien und soziale Utopien hinzu und in der dritten, bis zu seinem Tod währenden dominierten sozialutopische und populärwissenschaftliche Werke. Seine zahlreichen Romane degenerierten nun zu autobiographisch bestimmten Ideenromanen. Zeit seines Lebens setzte sich W. für Fortschritt durch Wissenschaft und Sozialismus ein. Im Zweiten Weltkrieg zerbrachen jedoch seine Hoffnungen auf einen neuen Menschen und eine Frieden stiftende Weltregierung. Heute werden nur noch Romane der frühen und mittleren Jahre aufgelegt, und besonders die im Sog der Science Fiction-Welle aufgewerteten ‚scientific romances' finden viele, gerade auch jugendliche Leser. Sicher hängt das damit zusammen, daß seine anderen Werke historisches und sozialpolitisches Interesse erfordern. Wahrscheinlich wäre es verfrüht, W. als Denker abzuschreiben und nur seine futuristischen Phantasieromane als Ausdruck der Ängste und Hoffnungen der Jahrhundertwende gelten zu lassen. W. hat die Romane, die heute zur Science Fiction gerechnet werden, ‚scientific romances' oder einfach ‚fantasies' genannt. Der technisch-wissenschaftliche Inhalt in der Art der Erzählungen von JULES VERNE spielt meist eine geringe Rolle außer in dem Roman „The war in the air" (1908), in der Bombenzerstörungen im Ausmaß des Zweiten Weltkrieges antizipiert werden. W.s phantastische Romane und Erzählungen stehen in der Tradition von MARY SHELLEYS „Frankenstein", den Geschichten von E. A. POE und R. STEVENSON, aber auch J. SWIFTS satirischer Utopie. Neu ist der wissenschaftliche Einschlag, die Diskussion einer futuristischen Erfindung (z.B. der Zeitmaschine oder einer unsichtbar machenden Droge), die populärwissenschaftlich beginnt und mit einem Sprung ins Reich der Phantasie führt. Von größerer Bedeutung ist die Problematisierung des amoralisch forschenden Wissenschaftlers: Griffin, der sich unsichtbar machen kann, wird zum Verbrecher, und Dr. Moreau, dessen kühne Operationen Tiere zu Halbmenschen machen, wird zum Peiniger und Tyrannen. Wichtig ist auch der sozialkritische Gehalt. So führt zum Beispiel der Klassenkampf der Gegenwart zu schrecklichen Entartungen in der Zukunft („Time machine" und „When the sleeper wakes"). Je mehr W. sozialutopische Gedanken in seinen Erzählungen zu propagieren beginnt, desto mehr verdrängt die utopische Idylle die ambivalente Haltung zur Wissenschaft, und die satirische Kraft läßt nach. In dem Phantasieroman „In the days of the comet" (1906) werden alle Probleme durch einen Transformationen bewirkenden Kometennebel gelöst: Friedfertigkeit und Kooperationsbereitschaft treten an die Stelle von Aggressionen und Konkurrenzkampf. In „The food of the gods" (1904) wird durch eine Wachstumsdroge Riesenwuchs ermöglicht und ein zukünftiges Geschlecht von Riesenmenschen als Beherrscher der Erde verkündet. Hier tritt deutlich sozialdarwinistisches Gedankengut hervor, das sich W. inzwischen zu eigen gemacht hat. Seine drei ersten Phantasieromane („The time machine", „The island of Dr. Moreau", „The invisible man") gelten seit BERNARD BERGONZIS Untersuchung als literarische Meisterwerke, sofern man zustimmen kann, daß W. in ihnen tiefgründige moderne Mythen geschaffen hat. Unübersehbar sind indes die Schwächen von W.: Flache Charakterisierung, erhebliche Mängel in der kausalen Verknüpfung, Überemotionalität, häufig fehlendes Feingefühl. Schon in den frühen Werken geht ihm die moralische und künstlerische Disziplin ab, die notwendig ist, um Spannungsromanen einen tieferen symbolischen Bedeutungsgehalt zu geben. Vergeblich hat HENRY JAMES versucht, den von ihm geschätzten jüngeren Freund auf seine Mängel aufmerksam zu machen. Nur in einigen Erzählungen, so „In the country of the blind", ist es W. gelungen, die conditio humana in kafkaesker Eindringlichkeit darzustellen. Für Science-Fiction-Fans ist ein Buch maßgebend geworden: „The war of the worlds" (1898). Es schildert detailliert die Invasion technisch überlegener, aber grausamer Marsmenschen, die London verwüsten und nur dank der ihnen gefährlichen Erdbazillen rasch untergehen. Bilder der Zerstörung und schreckliche Angsterlebnisse reihen sich in furioser Weise aneinander. Berühmt wurde 1938 die Radiobearbeitung von ORSON WELLES, die zahlreichen Rundfunkhörern in den USA panischen Schrecken einjagte. Auch als Filme haben die Phantasieromane des Autors ein breites Publikum angesprochen. Der Einfluß, den W. auf nachfolgende Science-Fiction-Verfasser ausgeübt hat, kann kaum überschätzt werden. Für den jungen Leser dürfte W. ein Durchgangsstadium sein.

Werke (Auswahl): The time machine (1895; dt. Die Zeitmaschine, 1904); The island of Dr. Moreau (1896; dt. Dr. Moreaus Insel, 1904); The invisible man (1897; dt. Der Unsichtbare, 1911); The war of the worlds (1898; dt. Der Krieg der Welten, 1901); When the sleeper wakes (1899; dt. Wenn der Schläfer erwacht, 1906); The first men in the moon (1901); The food of the Gods (1904; dt. Die Riesen kommen, 1904); In the days of the comet (1906); The war in the air (1908); The country of the blind and other stories (1911; dt. Das Land der Blinden, 1976); Experiment in autobiography (1934).

Sekundärliteratur: Br. W. Aldiss: Billion year spree. The history of science fiction (1973). – H. J. Alpers: Verne und Wells – zwei Pioniere der Science Fiction? (in: Science Fiction. Theorie und Geschichte. Hrsg. von E. Barmeyer. 1972. 244–258). – B. Bergonzi: The early H. G. Wells. A study of the scientific romances (1961). – L. Dickson: H. G. Wells. His turbulent life and times (1969). – H. Jensing: Die Darstellung und Konzeption von Naturwissenschaft und Technik in H. G. Wells' ‚scientific romances' (1977). – N. MacKenzie (zus. mit J. MacKenzie): The time traveller. The life of H. G. Wells (1973). – P. Parrinder (Hrsg.): The critical heritage (1972). – I. Raknem: H. G. Wells and his critics (1964). – R. Scholes (zus. mit E. S. Rabkin): Science Fiction. History – Science – Vision (1977). – Br. Schultze: H. G. Wells: Der Bruch in der Entwicklung seiner utopischen Schriften um die Jahrhundertwende (in: R. Haas (Hrsg.): Literatur als Kritik des Lebens. Festschrift zum 65. Geburtstag von Ludwig Borinski. 1975. 225–236).

Richard Kremer

Wendt, Irmela

*Rektorin, Kinderbuchautorin; *15.5.1916 Donop.*

W., Tochter eines Majors, studierte Pädagogik und Psychologie und absolvierte das Staatsexamen für das Lehramt an Volksschulen. Seit 1938 ist sie im Schuldienst, zuerst als Lehrerin, später als Rektorin. W. schreibt seit ihrem siebenten Lebensjahr; ihr erstes Kinderbuch „Alles für Pit" wurde 1962 veröffentlicht. W. lebt in Dörentrup (Westfalen).

Werk, Tendenzen, Wirkung. Während W.s erste Kinderbücher, vornehmlich Mädchengeschichten, zum ‚guten Ende' noch jeweils eine ‚heile Welt' postulierten, schlug sie in den siebziger Jahren kritischere und zum Teil resignative Töne an. – Für das Erstlesealter, mit

großem, deutlichen Druck und kurzen Kapiteln und einer einfach gehaltenen Sprache, war ihr Buch „Alles für Pit" (1962) gedacht, in dem zwei Kinder einem verlassenen Junghasen aufwachsen helfen, bis er wieder in seinen Lebensbereich entlassen werden kann.
Voller trivialer Muster traditioneller Backfischbücher sind W.s Geschichten für Mädchen, wie die „Klassenfahrt nach Hollerhagen" (1962) und „Entscheidung für Annette" (1963). In „Britta Tausendfuß" (1965) muß sich die Hauptfigur zunächst bewähren, um wie ihr älterer und reiferer Bruder auf dem geliebten Pferd Kastor reiten zu dürfen. Ziel der Reifungsprozesse von W.s Identifikationsfiguren ist die Entwicklung von überlegtem und besonnenem Handeln. Einen frühen Versuch, Sexualaufklärung für Grundschulkinder in kleine Geschichten einzubetten, unternahm W. 1969 in dem Bändchen „Woher? Wieso? Warum?". Aus heutiger Sicht überholt und verniedlichend wirken die in Dialogform zwischen Kindern und ihren Eltern gehaltenen Erklärungen menschlicher Fortpflanzung. W. hat mit dem Kinderbuch „Wer kann dagegen an?" (1977) vielleicht ihr bisher gelungenstes Buch vorgelegt. Alltägliche Probleme von Kindern im Grundschulalter werden in diesen realistischen Erzählungen auf differenzierte Weise dargelegt. Als zentrales Thema kristallisiert sich die Kritik an der Institution Schule heraus. Die Problem- und Konfliktsituationen von Schülern werden von der Hauptfigur, dem siebenjährigen Alexander Bingel, kritisch hinterfragt und analysiert. Alexander, eigentlich ein guter Schüler, reflektiert, etwas überintellektualisiert, Notengebung, Leistungsdruck, Konkurrenzverhalten und Schulangst und flüchtet selbst durch die Erfahrungen derartiger Unmenschlichkeit in die Krankheit. Erst am Schluß wird deutlich, daß seine Großmutter die eigentliche Erzählerin ist, die den Phantasien aus Alexanders Fieberträumen nachgeht, deren Verworrenheit aufklärt und zusammenfaßt. Das Fazit dieses Buches „Schule macht krank" hinterläßt Resignation, fordert aber gleichzeitig zur Veränderung heraus.

Werke: Alles für Pit (1962); Klassenfahrt nach Hollerhagen (1962); Entscheidung für Annette (1963); Britta Tausendfuß (1965); Woher, wieso, warum? Antworten in Geschichten für Kinder (1969); Wer kann dagegen an? (1977); Auch Könige müssen in die Schule gehen oder wie die Kinder ihre Schule bekamen (zus. mit N. Bosnia, 1978); Das Mädchen ohne Namen (zus. mit A. Balzola, 1978).

Hrsg.: Frauen in der Entscheidung. Ausgewählte Erzählungen unserer Zeit. Für den Schulgebrauch (zus. mit K. Aettner und H. Sauerbier, 1964).

Bearb.: Unsere Welt. Ein Lesebuch für das 2. Schuljahr (1951).

Detlef Ram

White, Elwyn Brooks

*Amerikanischer Journalist, Essayist und Kinderbuchautor; * 11. 7. 1899 Mt. Vernon/New York.*

Wh. hat sich als Journalist der Zeitschrift „The New Yorker" und als Essayist einen Namen gemacht und zahlreiche Auszeichnungen und Ehrentitel amerikanischer Universitäten erhalten. Für die Kinderbücher „Stuart Little" (1945) und „Charlotte's web" (1952) wurde ihm 1970 der nur alle fünf Jahre vergebene Laura-Ingalls-Wilder-Award verliehen.

Werk, Tendenzen, Wirkung. Wh. hat in einem Zeitraum von 25 Jahren drei Kinderbücher geschrieben, von denen „Charlotte's web" als eine Geschichte von klassischem Format gilt. Dieses Buch ist sorgfältig durchkonstruiert und erzählt vom Schweinchen Wilbur, das durch die Initiative des Mädchens Fern vor einem frühen Tod bewahrt und durch das Eingreifen der Spinne Charlotte auf Dauer gerettet wird. Das Leben auf dem Bauernhof, die Individualität der Tiere, unter denen neben Charlotte und Wilbur die Ratte Templeton herausragt, der jahreszeitliche Rhythmus und kindliche Lebensfreude werden mit stilistischer Einfachheit und mit Humor geschildert.
„Stuart Little" (1945; dt. Rikki, 1948 NA. u. d. T. Klein Stuart, 1978) überrascht den Leser durch die befremdliche Tatsache, daß Stuart, in eine normale amerikanische Familie hineingeboren, einer Maus gleicht, was häusliche Probleme mit sich bringt und mancherlei Gefahren für Stuart heraufbeschwört. Seine kleine verletzliche Gestalt einerseits und sein Selbstbehauptungswille und Abenteuerdrang andererseits geben dem Autor Gelegenheit für köstlich komische Situationen, deren Humor darin besteht, daß Menschlich-Alltägliches mit einem ‚Pokerface' verfremdet wird.
„The trumpet of the swan" (1970) erzählt die Geschichte eines stimmlosen Trompeterschwans, dem der Vater, in eine Musikalienhandlung eindringend, eine Trompete verschafft, damit er sich im Liebeswerben bemerkbar machen kann. Louis lernt durch Vermittlung eines Jungen lesen und schreiben, und dank angeborener Begabung und zähem Bemühen lernt er auch, die Trompete zu blasen. Sein erstes Ziel ist, durch sein Trompetenspiel so viel Geld zu verdienen, daß er die geraubte Trompete bezahlen kann. Das gelingt, und schließlich erringt er auch seine geliebte Serena. Das Thema des Schuldgefühls ist nicht so tragfähig wie das der Freundschaft in „Charlotte's web", und die Harmonisierung herrscht allzu unangefochten. Die Sehnsucht nach dem einfachen, glücklichen Leben ist weniger ungezwungen gestaltet; nostalgische Züge schleichen sich ein, zum Beispiel in der Vorliebe für idyllisch-sentimentale Volkslieder. Der Stil ist teils in manierierter Weise vereinfacht, teils preziös aufgeblasen zu satirischen Zwecken (Vater Schwan hält pathetische Reden, Mutter Schwan ruft ihn zur Räson).

Werke: Stuart Little (1945; dt. Rikki, die abenteuerliche Geschichte einer kleinen Maus, 1948; auch u. d. T.: Klein Stuart, 1978); Charlotte's web (1952; dt. Schweinchen Wilbur und seine Freunde, 1953; auch u. d. T.: Wilbur und Charlotte, 1976); The trumpet of the swan (1970).

Sekundärliteratur: M. H. Arbuthnot: Children and books ([3]1964). – M. Fisher: Intent upon reading ([2]1964). – M. Glastonbury: E. B. White's unexpected items of enchantment (in: Children's literature in education. 4. 1973. 2. 3–12). – D.

McCord: E. B. White (in: D. L. Kirkpatrick (Hrsg.): Twentieth-century children's writers. 1978. 1322–1326).

Richard Kremer

Wickert, Utta

*Jugendbuchautorin; * 15. 7. 1941 Magdeburg.*

W. studierte an der Werkkunstschule in Offenbach. Danach arbeitete sie als Bühnenbildnerin und auch als Redakteurin in einem Verlag. Sie verbrachte mehrere Jahre in Indonesien und wirkte beratend am Kulturzentrum von Djakarta. Für ihr Buch „Im Jahr der Schlange" (1977) erhielt sie 1978 den Deutschen Jugendbuchpreis. W. lebt in Rom.

Utta Wickert (1941)*

Werk, Tendenzen, Wirkung. W. hat zwei Bücher – „Im Jahr der Schlange" und „Immer im Januar" (1979) – vorgelegt, in denen sie den Eingliederungsprozeß Jugendlicher in ihre Umgebung thematisiert. Beide Erzählungen sind in Indonesien angesiedelt und signalisieren mit ihrem Untertitel „Berichte und Erfahrungen" Authentizität des Dargestellten. In dem Buch „Im Jahr der Schlange" steht Tizar, ein indonesischer Junge aus Djakarta im Mittelpunkt, dessen Lebensgeschichte bis zu seinem 18. Lebensjahr erzählt wird. Zentrale Figur von „Immer im Januar" ist das indonesische Mädchen Saras, Studentin der Soziologie, das durch persönliche und politische Konflikte hindurch einen Weg zu sich selbst sucht und findet.

Beide Protagonisten sind keine ‚Helden' im üblichen Sinn, sondern werden vom Leser nur ein Stück Wegs begleitet, wobei sich die Autorin als Vermittlerin der fremden Sprache und Lebensverhältnisse versteht. Die indonesische Realität wird von W. in der Art „photographischer Momentaufnahmen" abgebildet, aneinandergereiht und ohne Wertung kommentiert. Unter Aussparung besonderer Höhepunkte, dramatischer Effekte, der Erzeugung künstlicher Spannung oder der Verwendung raffinierterer Sprachmittel transportiert W.s dokumentarischer Stil den eigenen, widersprüchlichen Glanz der tropischen Welt und steigert noch ihre Buntheit. Deutlich werden die Mentalität der beschriebenen Menschen sichtbar, ihre Entwicklungen, Entscheidungen, Gefühle, Konflikte, Behinderungen und Ziele erkennbar.

Alle Lebensbereiche werden in einfachen Sätzen lebendig: Lehmstraßen und -hütten, Familienbeziehungen, Eßgepflogenheiten, soziale Kontraste und Gruppierungen, Aberglaube, Arbeit – nicht zuletzt das Theater, dessen Faszination für beide Hauptfiguren wegbestimmend wird. Tizar wird mit 18 Jahren der jüngste und erste Puppenspieler, der in indonesischer Sprache und damit für alle verständlich, die alten Mythen spielt, wobei über die traditionellen Inhalte hinaus aktuelle politische Kritik sowie Konfliktlösungsmöglichkeiten eingeflochten werden. Sara kommt über eine Theatergruppe zum Funk, in dem sie ein Sprachrohr für ihr soziales und gesellschaftskritisches Engagement findet. Daneben werden die Freunde und das soziale Umfeld streiflichtartig vorgestellt: Diebe, Prostituierte, Polizisten, Dichter, Zuhälter, Handwerker, Studentinnen, Arbeitslose, Essensverkäufer, Fahrer usw. Alle sind geprägt von einer unmittelbaren „Erziehung" durch die Umwelt, in der es auf Beobachten, spontane Phantasie, Reaktionsvermögen und weniger auf Reflexionsfähigkeit ankommt. Somit zieht der Appell hinter der scheinbaren Leidenschaftslosigkeit der Autorin auf eine sensiblere Wahrnehmung eigener wie fremder Lebensweisen und auf ein noch weitgehend unentdecktes Potential gemeinsamer Menschlichkeit jenseits von Nationalität und gesellschaftlichem Rang.

Werke: Im Jahr der Schlange (1977); Immer im Januar (1979).

Elke Liebs

Wiedemann, Franz

*Lehrer, Jugendschriftsteller; * 23. 1. 1821 Wittgensdorf bei Chemnitz, † 31. 10. 1882 Dresden.*

W. erhielt 1848 eine Anstellung als Lehrer an der Bürgerschule in Dresden und wurde später zum Oberlehrer ernannt. Als Pädagoge wurde er vor allem durch seine Schrift „Wie ich meinen Kleinen die biblischen Geschichten erzähle" (1854) und durch „Des Kindes erstes und zweites Rechenbuch" (Bd. 1–2, 1877–1878) bekannt. Im Jahr 1881 in den Ruhestand versetzt, starb er bereits ein Jahr später.

Werk, Tendenzen, Wirkung. W. gehörte zu den Jugendschriftstellern, deren umfangreiche und rasch aufeinander folgende Produktion Hermann L. Köster als

„Jugendschriftenfabrikation" bezeichnete (Geschichte der deutschen Jugendliteratur. 4. Aufl. 1927. S. 293). W. schrieb vornehmlich für jüngere Kinder; daneben veröffentlichte er Schulbücher und didaktische Literatur für Volksschullehrer. Erfolg hatte W. mit Nacherzählungen der Bibel („Wie ich meinen Kindern die biblischen Geschichten erzähle", 1854), die auf den Weltausstellungen in Paris 1867 und in Wien 1878 prämiiert wurden und noch 1906 in 17. Auflage erschienen. Kennzeichnend für diese Nacherzählung in einer als kindgemäß gedachten Sprache ist die Verengung der biblischen Berichte auf das Moralische. W. verfaßte auch die Texte zu einer Reihe von Bilderbüchern, die von so bekannten Illustratoren wie THEODOR HOSEMANN (1807–1875), GUSTAV SÜS (1823–1881) oder WALTER CRANE (1845–1915) ausgestattet wurde. W.s Bilderbuchtexte waren häufig in Reime abgefaßt; darüber hinaus schrieb W. in Sammelbänden veröffentlichte Kinderlyrik, zumeist mit dem Lob Gottes verbundene Naturbeschreibungen, die manchmal sprachlich unbeholfen und epigonenhaft wirken; anakreontische Motive vermengen sich mit romantischen Stimmungsmomenten und biedermeierlichen Genreszenen. W.s Prosa reicht von Fabeln, Märchen und historischen Erzählungen bis zu moralischen Erzählungen, die den größten Teil seiner Schriften ausmachen und jeweils durchweg eine religiös bestimmte Moral vermitteln sollen. Charakteristisch sind die „Samenkörner" (1852) und die „Hundert Geschichten" (1856), beide Bändchen in zahlreichen Auflagen verbreitet.

Die Moral der Erzählungen, die W. häufig durch eine Rahmenhandlung, in der ein Erzähler eingeführt wird, miteinander verknüpft, ist die in der Kinderliteratur des 19. Jahrhunderts gängige: Ehrfurcht vor Gott, Pflichten der Kinder gegen die Eltern, Obrigkeit, Tugenden wie Ordentlichkeit, Sparsamkeit und Bescheidenheit, Untugenden wie Müßiggang, Stolz und Neid sind zentrale und ständig wiederkehrende Themen. W. erzählt recht umständlich; die Figuren werden nur schematisch charakterisiert. Das Erzählte wird, meist zum Zweck des Moralisierens, gelegentlich bis zur Geschwätzigkeit gedehnt.

W.s Erfolg läßt sich nur sozialgeschichtlich begreifen und ist begründet in der Angepaßtheit des Vermittelten an gängige Normen der mittleren bürgerlichen Schichten in der zweiten Hälfte des 19. Jahrhunderts, die unreflektiert an die nachwachsende Generation weitergegeben werden sollten. Sicher hatten die zahlreichen Illustrationen bekannter Künstler einen großen Anteil an der Beliebtheit von W.s Werken.

Werke: Der Kinder Lustgarten oder Bilder aus der Kinderwelt (1849); Der treue Knecht oder wahre und falsche Freunde (1850); Neuer Lustgarten (1852, [2]1861); Samenkörner für Kinderherzen, als erste Grundlage für den ersten Religionsunterricht (1852, [12]1889); Das Vater-Unser und das Leben (1853); Wie ich meinen Kindern die biblischen Geschichten erzähle (1854, [17]1906); Hundert Geschichten für eine Mutter und ihre Kinder (1856, [8]1885); Im Wald, in Hof und Feld (1859); Illustrierte Bibliothek für die Jugend (Bd. 1–12. 1863–1865, [2]1869); Geschichten, wie sie Kinder gern haben (1860, [3]1891); Der Kinderkladderadatsch bringt Bilder, Geschichten, Reime und lustige Sachen (1862, [2]1864); Goldsternchen. 44 kleine moralische Erzählungen (1869, [7]1911); Monatsrosen (1868); Blumenalphabet (1871); Schulfrühling. 80 kleine Lebensbilder aus dem ersten Schuljahr (1871, [3]1887); Für Kopf und Herz. 50 Lebensbilder (1872, [7]1896); Lieblingsgeschichten (1872; auch u.d.T.: 25 Lieblingskapitel, [7]1901); Zwergmärchen (1872, [3]1903); Drei gute Freunde (1873, [2]1874); Kleinkindergeschichten. 200 kleine moralische Erzählungen (1875, [3]1887); Der Froschprinz (1876); Zwei Schuh (1876); Der gelbe Zwerg (1876); Gesammelte Jugendschriften (Bd. 1–8. 1877); Ein Tag aus dem Kinderleben (1882).

Reiner Wild

Wilbik, Teresa

*Polnische Graphikerin, Kinderbuchillustratorin; *18. 4. 1938 Warschau.*

W. studierte bis 1964 an der Akademie für bildende Künste (Akademia Sztuk Pieknych) Malerei und Graphik in Warschau. Sie war Schülerin von JAN MARTIN SZANCER. Neben der Arbeit als Kinderbuchillustratorin ist sie als Gebrauchsgraphikerin tätig und gestaltet Kalender, Postkarte, Schallplattenhülle, Buchumschläge etc. Seit 1967 hat sie jedes Jahr in Polen, aber auch in Bologna, Leipzig, Bratislava, Moskau, Tokio, Mexiko und Sofia ausgestellt. W. erhielt für ihre Buchgestaltungen mehrere nationale und internationale Preise, darunter 1978 den polnischen Kinderbuchillustrationspreis des Präsidenten des Ministerrats und 1979 den „Goldenen Apfel" der Bienále illustracií Bratislava (BIB) für das Buch „Moje proznowanie" von J. KULMOWA. W. lebt in Warschau.

Werk, Tendenzen, Wirkung. W. illustriert in Schwarz-auf-Weiß-Technik, auch gelegentlich in Schwarz-auf-Gelb und ebenso in Farbe. Die Strichzeichnungen tragen deutlich karikaturistische Züge. So setzt W. in der Geschichte vom guten Ritter, dem stolzen Pferd und dem lachenden Esel einen dürren Ritter mit Schnauzbart, übergroßen Stiefeln, Knieschützern und Rüstung in einen reichverzierten, aber wackeligen Lehnstuhl (I. M. GADOMSKA: O dobrym rycerzu, dumnym koniu i smiejacym sie osle, 1971), oder sie läßt ein Kind im Gefieder eines Hahnes reiten (JOANNA PAPUŻINSKA: A gdzie ja sie, biedniutenki, podzieje?", 1978). In ihren farbigen Bildern neigt W. zur Kolorierung geometrischer genau ausgeführter Formen (Quadrate und Rechtecke bei Häusern und Plätzen) und festumrissener, schattenlos in den Raum gestellter Figuren und Sachen. Dadurch entsteht in dem Bilderbuch „Leonek i Lew" von WANDA CHOTOMSKA der Eindruck einer von der Realität abgehobenen Baukasten- und Puppenwelt.

Werke: L. Zycki: Bajki matki Sirabili (1965); W. Domeradzki: W moim oknie (1967); A. Bahdaj: O malej spince i duzym pstragu (1971); B. Lewandowska: Stragan pani jesieni (1971); R. F. Lockridge: Bezimienny kot (1972); I. M. Gadomska: O dobrym rycerzu, dumnym koniu i smiejacym sie osle (1971); J. Papuzinska: A gdzie ja sie biedniutenki podzieje (1973); J. Kulmowa: Kolory (1973); H. Januszewska: Farfurowa bajka

(1973); K. Witwidzka: W strasznym domu (1974); B. Nawrokka-Donska: Historia zycia czarnego kota (1974); I. Fjell: Joachim lis (1974); M. Terlikowska: Drzewo do samego nieba (1976); W. Chotomska: Leonek i lew (1977); D. Wawilow: Strasznie wazna rzecz (1978); J. Kulmowa: Moje proznowanie (1979).

Erich Gerhard

Wilder, Laura Ingalls

*Amerikanische Kinderbuchautorin; *7.2.1867 Pepin/Wisconsin, †10.2.1957 Mansfield/Missouri.*

W. hat als Laura Ingalls die Landnahmezeit im Präriegebiet Amerikas erlebt und diese Periode seit den dreißiger Jahren in der Form autobiographischer Romane beschrieben. 1954 erhielt sie den Laura Ingalls Wilder Award der American Library Association.

Werk, Tendenzen, Wirkung. In acht Büchern hat W. ihre Kindheitsgeschichte dargestellt und objektivierend in der dritten Person erzählt. Im ersten und kürzesten Buch, „Little house in the big woods" (1932), wird Laura sechs Jahre alt und lebt mit ihren Eltern und ihren Schwestern Mary und Carrie in Wisconsin in ländlicher Abgeschiedenheit. Der Lebenszyklus eines Jahres in einem zwar wilden, aber fruchtbaren Land wird mit dokumentarischer Genauigkeit aufgezeichnet, einzelne Höhepunkte werden mit größter Intensität erlebt: Weihnachten, Familienfeste, eine Fahrt zur Stadt. Bald kommen andere Siedler, und die Familie unternimmt in „Little house on the prairie" (1935) eine abenteuerliche Fahrt in den ‚Wilden Westen'. Zwar ist das Leben in der unberührten Prärie paradiesisch ursprünglich, aber voller Gefahren durch Wölfe, Malaria, Präriefeuer, feindliche Indianer. Es grenzt an Wunder, daß die Ingalls unbeschadet wieder aus dem Indianergebiet wegziehen können. Als nächstes versucht es die Familie im fruchtbaren Minnesota („On the banks of Plum Creek", 1937). Der Vater hegt große Hoffnungen, aber eine Heuschreckenplage macht alles zunichte. In dem folgenden Buch „By the shores of Silver Lake" (1939) ist Laura bereits dreizehn und die Familie so verarmt, daß der Vater den kleinen Besitz verkaufen muß, um Schulden abzudecken. Wieder unternimmt er einen neuen Anfang, diesmal als Buchhalter beim Bau der Eisenbahn in Dakota. Hauptziel ist, im Rahmen der Heimstattgesetze Anrecht auf neues Land anzumelden und das Land unter den Pflug zu nehmen. Kaum ist eine kümmerliche Ernte eingebracht, zeigt sich Dakota in „The long winter" (1940) von der grimmigsten Seite. Sieben Monate eisige Kälte, Schneesturm, die Eisenbahnverbindung wird unterbrochen, die Vorräte schwinden. Dennoch kann die Familie überleben. Wegen des dominierenden Themas wirkt dieses Buch künstlerisch am geschlossensten. „Little town on the prairie" (1941) zeigt Formen des gesellschaftlichen Lebens in der neuen Ansiedlung: Schule, Feiertagsbräuche, Gesellschaftsabende. Das letzte Laura-Buch, „These happy golden years" (1943), umspannt Lauras Jahre von fünfzehn bis achtzehn, schildert ihren Schulbesuch und ihre Tätigkeit als Aushilfslehrerin, lange Schlitten- und Kutschenfahrten mit Almanzo Wilder, der wilde Pferde abrichtet und allmählich Lauras Herz gewinnt. Almanzo war schon in „Farmer boy" (1933) als ein neunjähriger Junge vorgestellt worden, der Pferde über alles liebt. Das posthume Buch „The first four years" (1971) erzählt das gemeinsame Leben und fällt somit aus dem Rahmen der Kindheits- und Entwicklungsjahre. Der eigene Charakter der Laura-Bücher liegt in der präzisen Beschreibung elementarer Abläufe, der konsequent durchgehaltenen kindlichen Perspektive sowie der zahlreichen Spannungsmomente. Der Einfachheit der Sprache entspricht eine schlichte, puritanisch strenge Lebensführung, in der Arbeitsamkeit, Disziplin und Familiensinn obenan stehen. Bei einigem äußeren Glück ist die Idylle gewährleistet. Viele Probleme werden ausgespart: kein Verständnis für die landlos gemachten Indianer oder für Menschen, die gegen eine puritanisch verengte Lebensauffassung rebellieren, obwohl die kleine Laura selbst darunter leidet. Die Wirkung der Laura-Bücher war sehr groß. In den USA und in Großbritannien werden sie noch heute vielfach für schulische Projekte zur Erarbeitung der Pionierzeit herangezogen.

Werke: Little house in the big woods (1932; dt. Kleines Haus im großen Wald, 1948); Farmer boy (1933; dt. Farmer Boy, 1956); Little house on the prairie (1935; dt. Kleines Haus in der Prärie, 1948); On the banks of Plum Creek (1937; dt. Kleines Haus am blauen Fluß, 1952; NA. u.d.T.: Laura und ihre Freunde, 1968); By the shores of Silver Lake (1939; dt. Kleines Haus am Silbersee, 1953; NA. u.d.T.: Laura und das schwarze Pony, 1968); The long winter (1940; dt. Der lange Winter, 1948); Little town on the prairie (1941; dt. Kleine Stadt auf weiter Prärie, 1949); These happy golden years (1943; dt. Diese glücklichen goldenen Jahre, 1949); The first four years (1971; dt. Almanzo und Laura, 1972); Unsere kleine Farm (dt. Sammlung, Bd. 1. 1980ff.).

Sekundärliteratur: M. H. Arbuthnot: Children and books ([3]1964). – N. Lewis: Wilder, Laura Ingalls (in: D. L. Kirkpatrick (Hrsg.): Twentieth-century children's writers. 1978. 1341–1344).

Richard Kremer

Wildermuth, Rosemarie

*Herausgeberin; *4.8.1929 Tübingen.*

Nach dem Abitur (1948) in Heilbronn/Neckar studierte W. Germanistik, Geschichte und Anglistik in Tübingen und Heidelberg. 1951 war sie ein halbes Jahr in Oxford. W. promovierte 1956 bei FRIEDRICH BEISSNER über „Richard Dehmels Gedichte und ihre Umarbeitungen". Sechs Jahre, von 1956 bis 1962, arbeitete W. als Verlagslektorin in München. Seitdem ist sie – Mutter zweier Söhne – freiberuflich für verschiedene Verlage tätig. 1973 begann sie, Textsammlungen für Kinder und Jugendliche zu erstellen. Ihr Schwergewicht liegt bei Sachbüchern aus dem Bereich der Geisteswissenschaften (Literatur, Geschichte und Zeitgeschichte). Die Anthologie „Heute und die 30 Jahre davor. Erzählungen, Gedichte und Kommentare zu unserer Zeit" wurde 1979 mit dem „Sonderpreis: Geschichte und Politik" im Rahmen des „Deutschen Jugendbuchpreises" ausgezeichnet.

Werk, Tendenzen, Wirkung. In ihrer Anthologie „Als das Gestern Heute war" (1977) versucht W., jungen Lesern Geschichte durch ausgewählte Dokumente nahezubringen, wobei sie auch Gedichte, Reden, Tagebuchaufzeichnungen, Essays als historische Dokumente begreift. W. diskutiert in dem Band die deutsche Geschichte seit 1789 bis zum Ende des Zweiten Weltkriegs. Eine Fortsetzung erfuhr dieses politische Lesebuch in der Sammlung „Heute und die 30 Jahre davor" (1978). Hier vermittelt W. über Erzählungen, Gedichte, Reden, Karikaturen, Collagen und Quellentexte die Geschichte der Bundesrepublik Deutschland. W.s Anspruch ist es, die Geschichte Westdeutschlands mit „kritischer Sympathie" zu schildern. Sie zeichnet dabei nicht nur die politische Entwicklung nach, sondern gibt parallel dazu das geistige Klima dieser Jahre wieder. Ein kommentierender Begleittext fehlt. Der Leser ist gefordert, selbst zu werten und sich ein Verständnis der jüngsten Vergangenheit zu erarbeiten.

Hrsg.: 1, 2, 3 die Leiter hoch, 102 Rätselreime (1973); Der Esel zog Pantoffeln an. Unsinnsverse, Spaßgedichte und Lügenmärchen (1974); Die mechanische Ente. Geschichten, Gedichte und Berichte von Menschen und ihren Erfindungen (1974); Der Sonnenbogen. Frühling, Sommer, Herbst und Winter in Geschichten, Gedichten und Berichten (1976); Als das Gestern Heute war. Erzählungen, Gedichte und Dokumente zu unserer Geschichte 1789–1949 (1977, [4]1979); Ottilie Wildermuth. Bilder und Geschichten aus Schwaben (1977); Heute und die 30 Jahre davor. Gedichte und Kommentare unserer Zeit (1978, [3]1979); Ach, die Poesie im Leben ... Ottilie Wildermuths Briefwechsel mit ihrem Sohn Hermann 1865–1877 (1979).

Bearb.: E. Luzzati: Ich Marco Polo. Reisen und Abenteuer für Kinder erzählt (1977).

Winfred Kaminski

Wilhelm-Hauff-Preis

Preis der Buchhandlung von Kloeden (Berlin) zur Förderung der Kinder- und Jugendliteratur.

Der Wilhelm-Hauff-Preis wurde 1978 von dem Buchhändler FRIEDRICH VON KLOEDEN ins Leben gerufen. Der Preis möchte andere Akzente als die bisherigen Kinder- und Jugendbuchpreise der Bundesrepublik setzen: Ausgezeichnet werden Bücher, die die Phantasie der jungen Leser anregen und ihnen durch beispielhafte Handlungen und Gestalten Leitbilder anbieten. Gleichzeitig sollen Verleger und Öffentlichkeit auf den Mangel an solcher Literatur aufmerksam gemacht werden. Der Preis wird einmal jährlich vergeben. Dabei erfolgt keine Dotierung an den Autor, vielmehr werden Bücher des ausgezeichneten Titels im Wert von z.Z. 1000 DM an Schüler-, Heim- und Kirchenbüchereien verschenkt. Die Jury setzt sich aus Mitarbeitern der Buchhandlung und aus Kunden zusammen. Die letzte Entscheidung behält sich der Initiator selbst vor, wobei vor allem die Reaktionen der jugendlichen Kunden der Buchhandlung auf den vorgeschlagenen Titel entscheidend ins Gewicht fallen.

Bisherige Preisträger: 1978 SUSAN COOPER „Wintersonnenwende", 1979 ASTRID LINDGREN „Die Brüder Löwenherz", 1980 MICHAEL ENDE „Die unendliche Geschichte".

H. D.

Winckelmann, Karl Gustav

*(Ps.: Gustav Holting). Verleger, Schriftsteller; *1804 Berlin, †1874 Berlin.*

Unter sechs Söhnen und einer Tochter war W. das vierte Kind von JOHANN CHRISTIAN WINCKELMANN. Dieser gab 1817 sein Geschäft als Tuchhändler in Düsseldorf auf und verband sich mit dem Steindrucker H. ARNZ zur lithographischen Anstalt Arnz & Winckelmann, die 1828 wieder aufgelöst wurde. J. CHR. WINCKELMANN übersiedelte nach Berlin und eröffnete zusammen mit seinem dritten Sohn KARL GEORG WINCKELMANN am 1. Oktober 1828 die lithographische Anstalt und Verlagsbuchhandlung Winckelmann & Söhne. Im Jahr 1830 wurde auch der jüngere KARL GUSTAV WINCKELMANN, der 1820 bis 1830 dem preußischen Heer angehörte, Teilhaber des Verlages. Was seinerzeit in der lithographischen Anstalt Arnz & Winckelmann produziert wurde (Vorlegeblätter zum Unterricht im Zeichnen, Bilderbogen für Kinder, Abbildungen aus der Naturgeschichte, Bühnenbilderbogen für Kindertheater, Schulatlanten, Wandkarten usw.), wurde auch bei Winckelmann & Söhne ins Programm aufgenommen. Mit ihren Bilderbogen war das Berliner Geschäft ein Konkurrent der bekannten Firma Gustav Kühn in Neuruppin. Einen hohen Bekanntheitsgrad und reichen Gewinn brachten dem Verlag Winckelmann & Söhne die zahlreichen Kinder- und Jugendbücher bekannter Autoren der Zeit, die der Hausillustrator THEODOR HOSEMANN (1807–1875) mit Illustrationen versah. Zu den Autoren THEODOR DIELITZ (1810–1869), OLGA ESCHENBACH (*1821), EMILIE FEIGE, A. HILLERT, JULIE HIRSCHMANN, ROSALIE KOCH (1811–1880), ANNA STEIN (d.i. MARGARETHA WULFF, 1792–1874), TANTE AMANDA (d.i. AMANDA HOPPE, *1819) gehörte ab 1831 auch W., der unter dem Pseudonym GUSTAV HOLTING zahlreiche Kinderschriften verfaßte.

Werk, Tendenzen, Wirkung. W. verfaßte Verse oder Prosatexte für Bilderbücher, schrieb Lieder, Fabeln, Märchen und Erzählungen. Die Bücher waren vom Autor für „artige und fleißige Kinder" oder für „artige Knaben und Mädchen im zarteren Alter" bestimmt. In den meisten Fällen handelte es sich um Texte für sechs- bis zehnjährige, seltener für Ältere. Werke wie „Die Thierschau. Abbildung und Beschreibung der merkwürdigsten Säugethiere und Vögel, nach den besten Hülfsmitteln für Kinder bearbeitet. Mit 20 Bildertafeln" (1845) oder „Biblische Geschichten. Für die Jugend bearbeitet. – Das alte Testament" (1840) boten eine Mischung aus Unterhaltung und Belehrung und wollten zur „Tugend und Herzensgüte" aufmuntern.

Häufig spricht der Autor seine kleinen Leser in einem herablassend-betulichen Ton an, wie etwa in dem Band „Lindane“ (1833), der „neue Märchen“ von W. enthält. Dort heißt es in der Einleitung: „Errathet ihr wohl, meine kleinen Leser und Leserinnen, was die Kinder von der Mutter verlangten, nachdem es sieben Uhr geschlagen hatte? Ei freilich, antwortet ihr, die Mutter soll sich ans Spinnrad setzen, und während der leichten Arbeit etwas erzählen. Gewiß ist dies der Gebrauch in der Gutmann'schen Familie, auf solche Art die Winterabende zuzubringen, und wir sehen, wie die Kinder jetzt abwechselnd Vater und Mutter ansehen, und zu sagen scheinen: o! das ist Schade! Der Vater aber, der schon lächelnd das Treiben der Kinder beobachtet hatte, sagte: fange nur immer zu erzählen an, Mutter.“
In der Anlage seiner Geschichten benutzte W. oft die Rahmenerzählung und Dialoge zwischen Eltern und Kindern im Sinne der sokratischen Methode. W.s Überzeugung von der Notwendigkeit, in seinen Schriften den Kindern Tugend zu predigen, gipfelt in dem Satz, den er in der „Vorrede“ zu dem Bändchen „Eldorado“ (1833) gesperrt drucken läßt: „Der tugendhafte Mensch ist unter allen Umständen glücklich! Möge mein guter Wille durch ein glückliches Gelingen gekrönt werden!“ Einige Texte übernahm W. aus französischen und englischen Kinderbüchern. 1875 brachte der Verlag das Erinnerungsbuch „Onkel Gustav im Kreise seiner kleinen Freundinnen und Freunde. Erzählungen. Zusammengestellt von Julie Hirschmann“ heraus.
W.s Bedeutung liegt weniger in den Texten, die er zur Kinderliteratur beigesteuert hat, als in seiner Tätigkeit als Verleger. Weit über seinen Tod hinaus erlebten lediglich die Reihe der dünnen Bilderbücher immer wieder Neuauflagen, die er in enger Zusammenarbeit mit HOSEMANN herausbrachte. Sicher gehört dem Illustrator der größere Anteil am Erfolg dieser Serie.

Werke: Bilder ABC- und Lese-Buch. Allen artigen und fleißigen Kindern zum Nutzen und Vergnügen gewidmet (1831, [3]1839); Lehrreiche und anmutige Erzählungen für Kinder von 7–12 Jahren (1831, [5]1852); Die Geschichte des Brods in 12 Bildern mit Text (1832); Die Mutter, eine kindliche Erzählung in 12 Bildern mit Text (1832); Eldorado. Erzählungen für Knaben und Mädchen von 12 bis 15 Jahren als Ermunterung zum Guten (1833, [2]1838); Die Hausthiere, dargestellt in 12 Bildern mit Text (1833); Lindane. Neue Märchen (1833, [2]1837); Hört zu! Kleine Erzählungen und Mährchen zur Unterhaltung für artige Knaben und Mädchen im zarteren Alter (1834, [3]1847); Mancherlei. Mit 12 Bildern mit Text (1835); Zweites Berliner ABC- und Lesebuch. Allen artigen und fleißigen Kindern zum Nutzen und Vergnügen gewidmet (1835, [2]1839); Die kleine Hausfrau, in 12 Bildern mit Text (1836, NA. 1856); Die Soldaten. Ein Bilderbuch mit Reimchen (1836, NA. 1865); Geschichte eines guten und eines bösen Knaben, in 12 Bildern mit Text (1837); Der Großvater und seine Enkel. Aufmunterung zur Tugend und Herzensgüte. Nach dem Französischen (Bd. 1–2. 1837); Das erzählende Kindermädchen. Ein Zeitvertreib für ganz kleine Kinder (1837, NA. 1856); Die kleine Menagerie (1837); Kleines Fabelbuch mit 12 Bildern. Neu erzählt (1838); Die junge Familie. Eine unterhaltende Erzählung für Knaben von 10 bis 14 Jahren. Nach dem Französischen bearbeitet (1838); Goldkörner. Erzählungen zur Unterhaltung und Belehrung für Kinder von 5 bis 8 Jahren (1838); Lehre und Unterhaltung. Ein Buch für kleine Kinder, enthaltend: Die Anleitungen zum Lesen, und eine Sammlung neuer Erzählungen, Fabeln und Lieder (1838); Der Führer beim ersten Unterricht. Ein neues ABC- und Lesebuch mit Erzählungen (1839); Der Guckkasten, in 12 Bildern mit Text (1839); Die Erzählerin. Eine Reihe kleiner und unterhaltender Geschichten für Mädchen von 5 bis 7 Jahren (1840, [3]1852); Erheiterung für Kinder in kleinen Fabeln (1840, NA. 1872); Biblische Geschichten. Für die Jugend bearbeitet. – Das alte Testament (1840); Das kleine Rothkäppchen. Ein Kinder-Märchen mit 16 Bildern. Frei nach dem Französischen (1840); Der kleine Däumeling. Ein Kinder-Märchen nach dem Französischen (1841); Die Stadt in 12 Bildern mit Text (1841); Der kleine Vorleser. Kleine Erzählungen für Knaben von 6 bis 10 Jahren (1841, [3]1853); Die Uhr in 12 Bildern mit Text (1842); Jugendjahre. Erzählungen, Beschreibungen und Charakterschilderungen für Knaben von 10 bis 13 Jahren. Aus dem Englischen (1845); Die Thierschau. Abbildung und Beschreibung der merkwürdigsten Säugethiere und Vögel, nach den besten Hülfsmitteln für Kinder bearbeitet (1845); Bruder und Schwester. Ein Bilderbuch mit 12 Bildern und Text (1858).

Hans Eich

Winkler, Rolf

*Maler, Illustrator; * 10.2.1884 Wien, † um 1942.*

W. war gelernter Lithograph. Er studierte an der Kunstschule in Graz bei L. KAINZBAUR und A. v. SCHRÖTTER, danach ging er nach Dachau, wo er Schüler von ADOLF HÖLTZEL war. Von 1905 an lebte er in München. W. war Jagdmaler, vor allem aber illustrierte er Zeitschriften (z.B. Westermanns Monatshefte) und etwa vierhundert Bücher, zumeist Jugendschriften.

Werk, Tendenzen, Wirkung. W. ist in seinen Jugendbuchillustrationen zum einen auf die realistische Darstellung von Naturszenen, besonders von Tieren bedacht, zum zweiten auf stimmungsvolle, sentimentale Szenen und zum dritten auf die möglichst handfest phantasiereiche Ausgestaltung von Märchen. Seine Menschen haben zumeist ausdruckslose Gesichter, wenn W. nicht karikaturhaft überzeichnet wie bei Charakterdarstellungen skurriler Gestalten, etwa von Zwergen oder bei dem grobschlächtigen, aber gutmütigen Riesen ‚Mugel‘. W.s Stil hat sich im Laufe der Jahrzehnte verändert und ist verflacht. Die frühen Arbeiten aus dem zweiten Jahrzehnt des 20. Jahrhunderts zeigen noch Schwung und Ideen, wie in dem bekanntesten Bilderbuch W.s „Der Riese Mugel“ (1919), bei dem zwar nicht der ganze Text (bearbeitet von PAUL GÄRTNER), aber doch der selbsterfundene Stoff von W. stammen dürfte. Nicht ohne humoristische Note dreht sich alles auf den farbigen ganzseitigen Tafeln um den rotnäsigen, breitmäuligen Urmenschen und Riesen Mugel, der gezeigt wird, wie er sich z.B., wirksam von seinem Lagerfeuer angestrahlt, einen Braten röstet, oder der mit großen, ängstlich dreinblikkenden Augen einem zwergenhaften König gegenübersitzt oder auf einem selbstgebastelten rohen Saiteninstrument zupft und bei geschlossenen Augen ein Lied singt. Hier liegt die Kraft der Illustration nicht im

Strich, auch nicht in der ästhetischen Komposition, vielmehr in der erzählerischen Idee und der theatralischen Aufmachung. Andere märchenhafte Themen (Schneewittchens Hochzeit, erzählt von FRIDA SCHANZ, 1928; LAURENZ KIESGEN: Der Märchenvogel, 1917) sind von W. weniger effektvoll veranschaulicht worden, jedoch voller Prinzessinnen, Hexen, Zwerge und Kinder. Auch stellt W. Burgen- und Waldlandschaften mit Rehkitz oder reitendem Jüngling, Bambi und Gartenzwergen nicht unähnlich dar. Bei dem, dem späten Jugendstil verwandten und an UBBELOHDE (1867–1922) erinnernden schwarz-weißen Illustrationen zu Märchen L. KIESGENs wird durch klare Strukturierung und Schwärzung eine an Holzschnitte gemahnende Intensität erreicht. Dies gilt besonders auch für ein ganz frühes von W. illustriertes Jugendbuch, den 1914 erschienenen „Till Eulenspiegel", in dem dreißig Tondruckbilder durch intensive Schwarz- und Beigetöne und eine wirkungsvolle Flächenaufteilung den Betrachter anziehen. Seine Vorliebe für Schwarz-Weiß in der Zeit des Ersten Weltkrieges ist auch in einer Mappe mit Scherenschnitten „Aus der Kriegszeit" mit sechs Blättern wiederzuentdecken. Es nimmt für W. ein, daß er trotz des Kriegsthemas nicht das Kampfgetümmel, vielmehr die humanen Regungen und Gesten (Abschied von Frau und Kind, Einsamkeit des Wachsoldaten, skilaufende Soldaten im Winterwald) sentimental gestaltet. In späteren Jugendstilillustrationen hat er immer flacher und routinierter gezeichnet. Dies gilt sowohl für Werke für Leseanfänger (1931) als auch für abenteuerliche Reiseerzählungen (KARL KÖSTER: Nordamerika querdurch, 1938; PAUL SCHNEIDER: Die Meuterei in der Südsee, 1929).

Werke (Auswahl): H. König: Alte und neue Geschichten von Till Eulenspiegel (1914); L. Kiesgen: Der Märchenvogel (1917); P. Gärtner (Bearb.): Der Riese Mugel (1919); H. Pagés: Großmutters Jugendland (1919); H. Pagés: Großmutters Mädchentage (1920); H. Pagés: Mutter Nanni und ihre Kinder (1921); M. Kyber (u.a.): Das Pantoffelmärchen und anderes. Ein Märchenbilderbuch (zus. mit anderen, 1926); E. Truberg-Knaudt: Chester und Logan oder Der weiße und der rote Knabe (1927); Fr. Schanz: Schneewittchens Hochzeit und „Wie unsere Märchen weitergehen" (1928); H. K. Meixner: Peters Christnacht (1929); M. Thiele: Am Ostermorgen (zus. mit A. Scheiner, 1929); P. Schneider: Die Meuterer in der Südsee (1929); H. Chr. Andersen (u.a.): Kurze Geschichten, die von Tieren berichten (1931, [8]1942; NA. u.d.T.: Katze, Maus und Hund, alles kunterbunt, 1952; ill. zus. mit E. Fay); M. Granow-Houben: Gefangene im Südmeer (1935); R. Winkler: 2 × Revolution, in lustigen Bildern (1935); K. Köster: Auf Großfahrt in Texas (1935; NA. in: Nordamerika querdurch, 1938); M. Müller: Das schöne Jahr von Hansel und Trautele (1937, ND. 1951); O. Müller: Die Lindenmännlein und andere Märchen (1940).

Erich Gerhard

Friedrich Wittig Verlag

Hamburg. Im Bereich der Kinderliteratur Bilderbücher mit biblischen Themen.

Die Friedrich Wittig Verlag KG wurde am 1.1.1946 von FRIEDRICH WITTIG (*1906) gegründet. Verlagsleiter sind FR. WITTIG, FRIEDRICH B. HOLST und HENNING WENDLAND. Zu den Schwerpunkten des Verlagsprogramms gehören in erster Linie Publikationen auf dem Gebiet der Theologie und Buchkunst. Seit 1977 werden künstlerisch anspruchsvolle Bilderbücher mit biblischen und allgemein christlichen Themen herausgegeben. Diese Bücher wurden größtenteils von japanischen Künstlern illustriert, z.B. von MASAHIRO KASUYA, der die Titel „Die Arche Noah", „Der große Turm", „Schöpfung" und „Der kleine Stern" gestaltet hat. Sein Landsmann KOTA TANIUCHI brachte die drei Titel „Wind", „Schatten" und „Ein Sommerregen" heraus, zu denen SARAH KIRSCH die Texte schrieb. Zu den Illustratoren im Kinderbuchbereich gehören MASAHIRO KASUYA, KOTA TANIUCHI, SEKIYA MIYOSHI, GISELA DEGLER-RUMMEL, CLAUDIA JACOBS. Texte für Bilderbücher schreiben u.a. SARAH KIRSCH, PETER BLOCH, EVA-MARIA SPAETH.

H. D.

Würfel, Wolfgang

*Maler, Graphiker in der DDR; *31.3.1932 Leipzig.*

Nach dem Abschluß der Schule erlernte W. von 1946 bis 1949 das Malerhandwerk. Danach besuchte er von 1950 bis 1955 die Hochschule für bildende und angewandte Kunst in Berlin-Weißensee. Seine Lehrer waren ARNO MOHR, E. R. VOGENAUER, ERNST JAZDZEWSKI und WERNER KLEMKE. Seit Beendigung des Studiums ist W. freiberuflich tätig. Sein Arbeitsbereich ist vorwiegend die Buchgraphik, seit 1970 auch freie Malerei und Graphik. Seine Werke wurden wiederholt in Einzelausstellungen in der DDR und im Rahmen von Kollektivausstellungen auch in der Sowjetunion, Österreich, der ČSSR, Italien, Polen, Rumänien und Ungarn gezeigt. W. wurde mehrfach für seine Buchgestaltungen ausgezeichnet, so 1971 mit einer Goldmedaille für Illustration auf der Internationalen Buchausstellung (IBA) in Leipzig und 1976 mit einem Ehrendiplom beim Hans-Christian-Andersen-Preis. Außerdem waren in den sechziger und siebziger Jahren zahlreiche seiner Bücher unter den „Schönsten Büchern des Jahres". W. lebt in Glienicke.

Werk, Tendenzen, Wirkung. W. ist in jüngeren Jahren vor allem von WERNER KLEMKEs Leistungen beeinflußt worden. Später hat ihm die Begegnung mit dem ungarischen Künstler ENDRE SASZ geholfen, seinen eigenen Stil zu finden. W. hat, abgesehen von wenigen Sachbüchern, fast ausschließlich Belletristik illustriert. Neben den Klassikern der Weltliteratur und zeitgenössischen Werken stattete er auch viele Bilder-, Kinder- und Jugendbücher aus. 1958 begann er mit Illustrationen zu GOTTFRIED AUGUST BÜRGERs „Wunderbare Reisen zu Wasser und zu Lande des Freyherrn von Münchhausen". W. arbeitet mit verschiedenen Techniken: Holzstiche, Tusch-, Feder-, Pinselzeichnungen, Schabtechnik und farbige Ölgraphik. So vielfältig die Themen der von ihm illustrierten Bücher sind, so wandlungsreich ist auch sein Stil. Während seine holzstichartigen Zeichnungen voll expressiver Härte sind – in WANDA ZOLKIEWSKAS „Luchsspuren" (1970) werden durch intensive Schwarzflächen und realistische, aber überdimensionale Gesichter Angstzustände klein gezeichneter Menschen im unteren Vordergrund veranschaulicht –, sind seine gedeckten Farben und sanften Übergänge von Kontur und Farbe in seinen Bilderbüchern (RUTH WERNER: Vaters liebes gutes Bein, 1977; WERNER HEIDUCZEK: Vom Hahn, der auszog, Hofmarschall zu werden, 1975; RAINER KIRSCH: Wenn ich mein rotes Mützchen hab, 1974; WOLF SPILLNER: Die Vogelinsel, 1976, u. a. m.) angetan, eine freundliche, märchenhaft verträumte Atmosphäre zu schaffen. Die Illustrationen in Schwarz-Weiß haben eine Entwicklung zur leichteren Strichführung und freieren Gestaltung des Raumes mitgemacht, was z. B. in der skizzenhaften Ausgestaltung von Seiten mit Gesichtern, Landschaftsausschnitten, Figuren und Gegenständen in HERBERT FRIEDRICHS „In des Teufels Küche und andere Erzählungen" (1978) zu erkennen ist, einem Versuch, durch den Bewußtseinsstrom des jeweiligen Textes Schnitte zu legen. Bei manchen von W. erarbeiteten Kinder- und Bilderbuchillustrationen dürfte die Rücksicht auf den kindlichen Rezipienten zu einem Verlust an künstlerischer Kraft bzw. zu einer Verharmlosung und Versüßlichung der Bildauffassung geführt haben. W. hat auch Ölminiaturen geschaffen, in denen eine phantastische Welt, Erlebnisse zwischen Traum und Wirklichkeit, eingefangen werden. Die Öltechnik, die er auch in vielen seiner Bilderbuchillustrationen anwendet, übernahm er von E. SASZ. Mit dem Illustrieren von Kinder- und Jügendbüchern begann W. erst in den siebziger Jahren.

Werke: G. A. Bürger: Wunderbare Reisen zu Wasser und Lande des Freyherrn von Münchhausen. Nach der deutschen Erstausgabe 1786 (1958); H. H. Kraze: Heimliche Briefe (1960); H. Friedrich: Die Reise nach dem Rosenstern (1963); G. Keller: Die Leute von Seldwyla (1966); W. Hirte (zus. mit anderen): Spielzeug selbst gebaut (1968); G. Keller: Das Sinngedicht (1970); W. Zolkiewska: Luchsspuren (1970); H. Friedrich: Der Kristall und die Messer (1971); W. Heiduczek: Mark Aurel oder ein Semester Zärtlichkeit (1971); K. Paustovskij: Warmes Brot (1971); H. u. H. Meyer: Keine Blumen für die Helden (1971); R. L. Stevenson: In der Südsee (1972); W. Heiduczek: Der kleine häßliche Vogel (1973); W. Heiduczek: Die seltsamen Abenteuer des Parzival. Nach Wolfram von Eschenbach erzählt (1974); M. Blechschmidt (Hrsg.): Die silberne Rose. Europäische Bergmannssagen (1974); R. Kirsch: Wenn ich mein rotes Mützchen hab (1974); W. Heiduczek: Vom Hahn, der auszog, Hofmarschall zu werden (1975); R. Hänsel (Hrsg.): Siebenschön und viele andere Märchen von bekannten und unbekannten Dichtern (1975); W. Spillner: Die Vogelinsel (1976); W. Heiduczek: Das verschenkte Weinen (1977); H. Schreiter: Ich fange mit dem Anfang an (1977); E. Švarc: Das Märchen von der verlorenen Zeit (1977); R. Werner: Vaters liebes gutes Bein (1977); H. Friedrich: In des Teufels Küche und andere Erzählungen (1978); Fr. Weymann: Der Erbe (1978).

Sekundärliteratur: H. Knobloch: Perleberger Würfel-Rede (in: Marginalien. Zeitschrift für Buchkunst und Bibliophilie. 65. 1977. 1–11). – L. Lang: Von Gotha bis Perleberg (in: Die Weltbühne. 71. 1976. 52. 1654–1656). – S. Pawel: Atelierbesuch bei Wolfgang Würfel (in: Beiträge zur Kinder- und Jugendliteratur. 38. 1976. 70–77).

Erich Gerhard

Z

Zauberer

Ein Z. ist nach dem Volksglauben ein Mensch, der übernatürliche Fähigkeiten besitzt, sich außergewöhnliche Kenntnisse und Fertigkeiten erworben hat und über Zaubermittel verfügt, die er zur Abwehr böser Mächte, zur Hilfe und Heilung, zum eigenen Vorteil, aber auch zum Schaden von Mensch und Tier einsetzen kann. Der Z. sucht die Geisterwelt nach seinem Willen zu zwingen, sich geneigt und dienstbar zu machen, indem er sich magischer Riten und Praktiken bedient. Als oft zwielichtig faszinierende Gestalt begegnet der Z., in Mythen, Märchen, Sagen und Schwänken. Auch in der Kinder- und Jugendliteratur spielt er die Doppelrolle des freundlichen Ratgebers und Helfers oder des gefährlichen und grausamen Gegners, je nachdem, ob er sich der „weißen" oder der „schwarzen" Magie verschrieben hat.

Charakteristik des Z.s. Der Z. beruft sich bei seinen magischen Praktiken auf den Glauben an die Wirksamkeit nichtpersönlicher Kräfte, wendet das Prinzip der Analogie und des „pars pro toto" an und nützt die Vorstellung von der Sympathie der Dinge und Kräfte, auf der das magische Weltbild beruht. Vor allem kennt der Z. die Macht des gesprochenen Wortes, wenn er mit Hilfe von wirksamen Zaubersprüchen und -formeln Krankheitsdämonen vertreibt, Totengeister beschwört und zwingt, Verborgenes und Zukünftiges zu offenbaren, Hexen und Teufel bannt und hilfreichen oder schädlichen Einfluß auf Menschen, Tiere und Pflanzen (z. B. Diebsbann, Liebes-, Fruchtbarkeits- und Schadenzauber) gewinnt. Sein kostbarster und streng gehüteter Besitz ist das Zauberbuch (z. B. „Höllenzwang", „Romanusbüchlein", die „Egyptischen Geheimnisse" und das bis heute immer wieder mit verändertem Wortlaut gedruckte „Sechste und siebente Buch Mosis"), dem er die entsprechenden Anweisungen und Beschwörungen entnimmt. Die bekannten Zaubererequisiten wie Zaubermantel, Zauberhut, Zauberstab, Zauberring und Zauberspiegel leisten bei allen magischen Handlungen Dienste. Mit ihrer Hilfe vermag der Z. sich und andere zu verwandeln, unverwundbar oder unsichtbar zu machen und Luftreisen zu unternehmen. Er ist in der Lage, Schätze aufzuspüren und zu heben.

Meist umgibt den Z. ein Geheimnis, da er seine Kunst selten in der Öffentlichkeit erprobt. Nur gelegentlich vollführt er als Gaukler Kunststücke, die die Zuschauer belustigen, verwirren oder erschrecken. Seine Widersacher verfolgt der Z. beharrlich und unbarmherzig, indem er auf magische Weise und unerkannt versucht, die Vernichtung ihrer Existenz (Fluch, Bildzauber, Versteinerung) herbeizuführen.
Einfluß und Ansehen des Z.s haben sich im Laufe der Geschichte verändert. Ursprünglich gilt er als Auserwählter, den eine höhere Macht für sein Amt als Vermittler zwischen Menschen, Göttern und Dämonen bestimmt hat. Als Zauberpriester und Medizinmann, der für die Darbringung von Opfern, für Jagd- und Wetterzauber, Krankenheilung, Dämonenabwehr, Überwachung und Initiationsriten und Tabus verantwortlich ist, besitzt er bei den Naturvölkern heute noch höchste Autorität. Auch bei den alten Kulturvölkern standen die Magier als Stern- und Zeichendeuter, als in den Geheimwissenschaften erfahrene Priester und Zauberer in hoher Gunst. Bereits das Alte Testament (2. Mose, Kap. 7–12) berichtet von einem Zauberwettstreit, in dem Moses die Magier am Hofe des Pharao besiegt. Ihm sind später wie auch dem weisen Salomo mehrere Zauberbücher fälschlicherweise zugeschrieben worden. Im Neuen Testament wird die Magie als verbotene Einmischung in Gottes unerforschliche Pläne angesehen und verurteilt. Als Prototyp des bösen Z.s gilt SIMON MAGUS, der älteste Gnostiker (Apostelgeschichte 8, 9–24).
Seit dem Mittelalter gerät der Z. im christlichen Abendland zunehmend in den Ruf eines Ketzers, Teufelsbündners und damit eines Schwarzkünstlers, der gefährdet und gefährlich zugleich ist. Man glaubt, daß er auffallenden Reichtum, Macht und Ansehen nur durch den Beistand des Bösen gewinnt, dem er nach Ablauf der festgesetzten Frist rettungslos verfallen ist. Große Gelehrsamkeit und Berühmtheit, Kenntnisse fremder Sprachen, antiker und orientalischer Geheimwissenschaften, Erfahrungen mit Heilkräften und Giftstoffen einheimischer und exotischer Pflanzen, Anwendung der Astrologie, vor allem aber alchimistische Versuche erscheinen den Zeitgenossen nicht nur bewunderungswürdig, sondern auch unheimlich und verwerflich. Beim Studium an einer der seit dem Mittelalter berühmten und berüchtigten „Schwarzen Schulen" (Toledo, Venedig, Krakau) setzt der Z. angeblich bereits sein Seelenheil aufs Spiel, denn der Teufel selbst ist dort der eigentliche Lehrmeister aller „Künste". Während der Renaissance erstarkt der Einfluß antiker und orientalischer Magie auf den einheimischen Zauberglauben und weckt das wissenschaftliche Interesse für die Kräfte und Geheimnisse der Natur. Im Gegensatz zur Hexe, die dem Teufel wie eine Sklavin untertan ist und ihm über ihre bösen Taten Rechenschaft ablegen muß, versteht sich der Z. als ein Herr der Geister, der sogar dem Teufel Befehle erteilen kann und keineswegs zum Schadenzauber verpflichtet ist. Die christliche Kirche jedoch verdammt alle magischen Handlungen und unterscheidet dabei kaum zwischen „Schwarzer" und „Weißer" Magie. Die Suche nach dem wundertätigen „Stein der Weisen" wird fortgesetzt, denn er soll die Krankheiten heilen und das Leben verlängern können, und die Hoffnung, mit seiner Hilfe andere Metalle in Gold umzuwandeln, treibt Gelehrte und Scharlatane trotz aller Fehlschläge und Enttäuschungen zu immer neuen Versuchen. Selbst ALBERTUS MAGNUS, PARACELSUS, TRITHEMIUS und andere große historische Persönlichkeiten sind deshalb der Zauberei verdächtigt worden.
Als Erzzauberer und Teufelsbündner gilt vor allem aber Dr. Faust, der zum Träger einer ganzen Zaubertradition geworden ist. Bereits im Volksbuch „Historia von D. Johann Fausten, dem weitbeschreyten Zauberer und Schwarzkünstler", das 1587 bei JOHANN SPIES in Frankfurt erschienen ist, wird von Fausts unersättlichem Wissensdurst und seinen abenteuerlichen Reisen berichtet, von seinem Teufelspakt, von Zauberei und Blendwerk und seinem schrecklichen Ende. Auf ihm beruhen die zahlreichen literarischen Bearbeitungen des Stoffes in den folgenden Jahrhunderten. Auch GOETHE hat sich vom Volksbuch und Puppenspiel zu seinem „Faust" (Teil I: 1808 und Teil II: 1832) anregen lassen. Indem er in seiner Neugestaltung die teuflischen Pläne den göttlichen untergeordnet und dem Teufelspakt einen Vertrag zwischen Gott, der an das Gute im Menschen glaubt, und Mephisto, der Verkörperung des Bösen und des Nihilismus, hinzufügt, begründet GOETHE jedoch die Zuversicht auf Erlösung des irrenden und schuldbeladenen Faust, dessen Erkenntnisdrang und Vorwärtsstreben ihn der ewigen Verdammnis entreißt. THOMAS MANN hingegen setzt Schicksal und Charakter des modernen Musikers Adrian Leverkühn, der sein künstlerisches Ziel nur mit teuflischen Mitteln erreicht, in seinem „Doktor Faustus" (1947) wieder in Parallele zum Z. des Volksbuches und läßt ihn in Umnachtung enden, einem Sturz in höllische Qualen.
Der Z. in Sage und Märchen. In der Sage verbirgt der Z. oft sein Treiben hinter einem geachteten Beruf. Fürsten, Heerführer, Gelehrte, Ärzte, kirchliche Würdenträger werden der Zauberei verdächtigt, wenn sie besonders erfolgreich sind. Wie Faust lassen sie sich all ihre Wünsche durch Dämonen erfüllen, müssen aber schließlich dafür zahlen: Sie sterben schwer oder unnatürlich, d.h. der Teufel holt sie. Vor allem gelten aber Schäfer, Schmiede, Müller, Jäger, die außerhalb der Gemeinschaft wohnen und arbeiten, Leute mit unehrlichen Berufen wie Henker und Schinder, Außenseiter der Gesellschaft, Fahrende, Hausierer, Fremde, Auffallende und Andersartige wie Juden und Zigeuner als zauberkundig, deren Macht gefürchtet, doch deren Hilfe auch gesucht wird. Sie treten als Wunderheiler, Geister-, Teufels-, Diebs- und Tierbanner auf und als siegreiche Gegenspieler von Hexen und Hexenmeistern, die sie mit Hilfe der „Weißen Magie" bekämpfen, um weiteres Unheil abzuwehren. Der Z. in der Sage kann eine negative oder eine positive Rolle spielen.
Schwankhafte Züge haben die Erzählungen vom Blendwerk des Z.s, das auf einer Sinnestäuschung beruht. Ein

Mädchen, das zufällig ein vierblättriges Kleeblatt in seinem Graskorb bei sich trägt, erkennt dies und macht den Z. lächerlich, der sich an ihr rächt, als sie ohne das Kleeblatt zurückkehrt. Er läßt sie die Röcke heben, als ob sie durch Wasser waten müsse und gibt sie dem Spott preis, denn auch als harmloser Gaukler und Taschenspieler muß der Z. auf seinen Erfolg beim Publikum bedacht sein. Im Märchen gehört der Z. einer jenseitigen Welt an und tritt dem Helden bei seinen Abenteuern als freundlicher Ratgeber oder gefährlicher Widersacher entgegen. Er ist kein Teufelsbündner, seine Macht beruht auf wirksamen Zaubermitteln und überragenden Kenntnissen aller magischen Praktiken und hilfreichen Zauberformeln. In Gestalt eines weisen, alten Mannes prüft er die Gesinnung des Helden und hindert oder fördert ihn beim Bestehen seiner Proben, vergleichbar der Initiation durch einen Medizinmann bei den Naturvölkern. In vielen Märchen übernimmt der Z. direkt die Erziehung eines Lehrlings. Am Ende der Lehrzeit muß der Vater seinen Sohn in Gestalt eines Tieres erkennen, oder der Zauberschüler überwindet seinen Meister in einer Auseinandersetzung, einem Kampf auf Leben und Tod, wie z.B. in der Erzählung „De Gaudeif un sien Meester“ (KHM 68, AsTh. 325). Beim Wettverwandeln gelingt es schließlich dem Lehrling in Gestalt eines Fuchses, dem Z., der sich in einen Hahn verwandelt hat, den Kopf abzubeißen. Bereits in den „Ergötzlichen Nächten“ (VIII 4 T. 325) des STRAPAROLA, die 1550 und 1553 in Venedig erschienen sind, findet sich die Vorlage zu diesem Märchen der Brüder GRIMM. In dem Märchen „Der Zauber-Wettkampf“ von LUDWIG BECHSTEIN wird ein Buchbindergeselle von einem Meister angenommen, der eigentlich ein Z. ist und ihn vor dem Lesen eines bestimmten Buches warnt. Der Bursche übertritt das Verbot, lernt das Zaubern und flieht. Er verwandelt sich in einen Ochsen, dann in einen Rappen und läßt sich von seinem Vater auf dem Markt verkaufen, kann aber nur entkommen, wenn der Vater den Strick löst. Als er in die Gewalt des Z.s gerät, kann er diesen ebenfalls durch das Wettverwandeln besiegen, erringt dabei eine Prinzessin, opfert aber ihr zu Liebe das Zauberbuch. In BECHSTEINS Märchen „Der alte Zauberer und seine Kinder“ wird von einem Kinderraub eines bösen Z.s erzählt. Den Kindern gelingt die magische Flucht, wobei der Z. seinen Tod findet. Oft sind es Zaubergaben wie Früchte, Kräuter, Geige, Pferd oder Ring, die dem Märchenhelden beistehen, wenn er sich in Gefahr befindet. Ein Zauberring z.B. macht unsichtbar oder versetzt rasch an einen anderen Ort.

Der Z. in der Kinder- und Jugendliteratur. Da die geheimnisvolle Gestalt des Z.s nicht nur Erwachsene, sondern vor allem Kinder und Jugendliche bis heute zu faszinieren vermag, einen Blick in die Welt des Wunders tun läßt und für kurze Zeit in das Reich der Wünsche und der Phantasie entführen kann, ist sie auch in der Kinder- und Jugendliteratur beliebt geworden. Der Z. begegnet häufig in Bilderbüchern, Erstlesestoffen, Kinderbüchern und selbst noch im Jugendroman.

Die meisten der bereits genannten Motive aus Volksglauben, Märchen und Sagen sind im Jugendschrifttum wiederzufinden und bewußt verarbeitet. Die auffallenden Unterschiede bei der Darstellung des Z.s richten sich nach dem jeweiligen Lesealter der Zielgruppe und berücksichtigen pädagogische und psychologische Gesichtspunkte. Im Bilderbuch und im Kinderbuch des ersten Lesealters wird der Z. meist in einer positiven Rolle gezeigt, entdämonisiert und verharmlost. Seine auffallende Kleidung und Umgebung mit unbekannten Geräten und hilfreichen Tieren, vor allem aber seine Wundertaten und Zauberkunststücke regen die Phantasie des Kindes an. Auch die ungewöhnlichen Namen der Z. führen das Kind zu einer bestimmten Erwartungshaltung: „Otto und der Zauberer Faulebaul“, Illustrationen von INGE FRIEBEL, Text von LILO HARDEL (1955); „Der Dieb und die blaue Rose“ mit dem Z. Katamonu, dessen Geschichte URSULA SCHEFFLER erzählt (1963); „Der Zauberer Unikum“ mit Illustrationen von DORIS DUMLER und Text von LENE HILLE-BRANDTS (1963); „Der Zauberer Hokusil“ mit Illustrationen und Text von ALFRED und URSULA WOLLINGER (1967); „Zauberer Zamboni zaubert“, Illustrationen und Text von ALFRED ZACHARIAS (1969) und „Herr Simsalo zaubert nur am Samstag“ von TILMAN RÖHRIG, illustriert von JAN BRYCHTA (1978). Das Kind bewundert die Klugheit des Z.s, seine Erfahrung und Geschicklichkeit, seine Kenntnis von Zauberformeln und Zaubermitteln. Es findet in ihm einen verständnisvollen Freund und ist bereit, seinem Rat zu folgen, seine Hilfe anzunehmen, von ihm zu lernen und ihm nachzueifern. In SANDOR TÖRÖKS Kinderbuch „Ein Zauberer geht durch die Stadt“, Zeichnungen von LASZLO REBER (1968), bleibt der Z. „Onkel Tschilitschala“ unsichtbar. Wenn Toni ihn zu Hilfe ruft, weil er sehr oft in Schwierigkeiten gerät, kündigt sich sein Kommen durch eine zauberische Musik an. Der Z. kann auch als Partner von übernatürlichen Wesen wie Elfen und Zwergen auftreten oder sogar als Freund der Hexe, nicht als ihr gefährlicher Gegenspieler wie in der Sage. In VERA RUOFFS Erzählung von der „Töpfchenhexe“ (1972) ist der Z. Suseldrus regelmäßiger Besuchen im Hexnerhaus, der der Hexe mit Rat und Tat beisteht. Der Z. kann in das Geschehen unsichtbar eingreifen und zunächst nur eine Randfigur bleiben wie in TOVE JANSSONS „Eine drollige Gesellschaft“, das von einer Trollfamilie berichtet, die durch einen gefundenen Zauberhut die größten Überraschungen erlebt, weil alles, was in ihn hineinfällt, sich ins Gegenteil verwandelt. Der Z., der erst im letzten Kapitel auftritt, hat seinen Zauberzylinder bei seinem Ritt auf dem Panther zum Mond verloren, wo er vergeblich den Königsrubin sucht. Als er ihn im Mumintal entdeckt und nach jahrhundertlanger Suche erhält, erfüllt er aus Freude die Wünsche aller. Dabei stellt sich heraus, daß er zwar durch die Luft reiten und sich verwandeln kann, die eigene Wunscherfüllung ihm jedoch versagt ist; doch Freundlichkeit und Einfallsreichtum seiner neuen Bekannten helfen auch ihm. Kleine Bildgeschichten mit Zauberrequisiten, die dem

Helden plötzlich Wunderkräfte verleihen, so daß er sich wie ein Z. vorkommt, sind besonders im ersten Lesealter beliebt. Bereits 1922 erschien „Der Zauberhut“ mit Text und Bildern von S. ROHDE. Zauberschiff, Zauberpferd, Zauberblume, Zauberfiedel und Zaubersteine erfüllen Wünsche oder lassen Abenteuer bestehen, wie in dem 1964 bis 1968 englisch erschienenen Zyklus von LLOYD ALEXANDER von Taran in dem mythischen Lande Prydain: „Taran und das Zauberschwein“, „Taran und der Zauberkessel“, „Taran und die Zauberkatze“, „Taran und der Zauberspiegel“ und „Taran und das Zauberschwert“. In TOM INGRAMS Erzählung „Reitende Schatten“ (1980) vermag Laura mit Hilfe eines magischen Armbandes in zwei verschiedenen Zeiten zu leben. Die Auftritte eines wirklichen Z.s, der auf Jahrmärkten, Messen und im Zirkus als Gaukler und Taschenspieler Schaulust und Neugierde des Publikums befriedigt, werden vor allem von Kindern mit größter Spannung erwartet, die vergeblich hinter seine Tricks („Geschwindigkeit ist keine Hexerei“) zu kommen suchen. ENID BLYTON führt in ihrem Buch „5 Freunde und der Zauberer Wu“ in die Welt eines Wanderzirkus ein. „Die Geschichte vom Zauberer Fernando“ (1980) ist ein Zirkusmärchen von einem echten Z., der mit Hilfe seines Zylinders und einer Flöte jeden Abend im Zirkus Trampolini etwas anderes zaubert, bis er wegen eines schönen Mädchens, in das er sich verliebt, die Zauberformel vergißt und hilflos vom Publikum verlacht wird. Als er entlassen werden soll, kehrt das unbekannte Mädchen zu ihm zurück. Sie tanzt nach seiner Flöte unter der Zirkuskuppel, während Sterne aus dem Zylinder des Z.s fallen, so daß ihr gemeinsamer Auftritt schöner als alles vorher ist.

Zauberer. Illustration von Werner Bläbst aus dem Kinderbuch „Simsalabimbam basaladusaladim, 13 verwunderliche Zaubergeschichten“ (1980) von Alfons Schweiggert.

Noch immer finden Kongresse der Z. statt, auf denen sie sich gegenseitig ihre neuesten Tricks vorführen, aber dabei das Geheimnis ihrer Ausführung wahren. Daran erinnern die 13 Zaubergeschichten von ALFONS SCHWEIGGERT in „Simsalabimbam“ (1980). Den Z.n macht es darin Spaß zu helfen, zu verwirren oder Schabernack zu treiben, ohne etwas Böses im Sinn zu haben. Die Situation der Erwachsenen, vor allem aber des Kindes und des Jugendlichen ist immer wieder die des Zauberlehrlings. Neugier und Überheblichkeit, Anmaßung und das Spiel mit Kräften, die außer Kontrolle geraten können, geben Anlaß zu den schlimmsten Befürchtungen, die Geister, die man rief, nicht wieder loswerden zu können. Bereits LUKIAN (120 bis etwa 180 n. Chr.) bringt in seinem „Lügenfreund“ die Erzählung vom ägyptischen Z. Pankrates, der einen Stößel oder Besen wie einen Roboter für sich arbeiten ließ. Sein Zauberlehrling belauschte ihn beim Sprechen der Zauberformel, ließ wie der Meister einen Stößel Wasser holen, konnte ihn jedoch nicht zurückverwandeln. Als er ihn mit der Axt gespalten hatte, setzten zwei Diener das Haus unter Wasser, bis der Z. Einhalt gebot und seinen Schüler heimlich verließ. GOETHE verwendete das Motiv in seinem Gedicht „Der Zauberlehrling“. TOMI UNGERER hat einen neuen Text von BARBARA HAZEN „The Sorcerer's Apprentice“ (1969; dt. „Zauberlehrling“, 1971) illustriert. Jeder kann sich selbst als Zauberlehrling fühlen, wenn er der Anleitung zum Zaubern in den Beschäftigungsbüchern folgt und sich durch Übung die Geschicklichkeit erwirbt, die die unterhaltenden Zauberspiele, Kunststücke und Tricks verlangen. „Der kleine Zauberer“, als Neujahrsgeschenk für Kinder gedacht, war bereits im 19. Jahrhundert ein Bestseller mit vielen Auflagen und Bearbeitungen. Fünfzig Kunststücke aus Chemie, Mechanik und Arithmetik sind darin beschrieben. In den letzten Jahren sind mehrere solcher Bücher erschienen. FRIEDRICH STÜTZ gibt für angehende kleine und große Zauberkünstler Anleitungen in „Das große Buch vom Zaubern“ (1979). Für Kinder ab acht Jahre ist das Buch „Zauberspiele“ (1979) gedacht, ebenso das Taschenbuch „Zaubern“ (1980) von MARTIN MICHALSKI und ILSE KEILER. Zaubertricks aus Physik und Chemie verrät MANFRED BACHER in „Das schiefe Glas von Pisa“ (1979). Jugendliche und Erwachsene finden in JOCHEN ZMECKS „Das große Buch der Magie“ (1978) Anregungen zur Freizeitbeschäftigung. Ein beliebtes Buch ist auch „Der kleine Zauberer und die große Fünf“ (^{5}1979) von UWE KANT.

Im Jugendbuch wird besonders die gefährliche Macht des Z.s betont, der Kampf des Guten gegen das Böse dargestellt und auf Auswirkungen des Aberglaubens verwiesen. Zurück in die Welt der Steinzeit führt das Jugendbuch von JEAN FRANCOIS PAYS „Le sorcier aux yeux bleus“ (1969; dt. „Azio und der Zauberer“, 1977). Die Rentierleute, die an Z., furchtbare Geister und den „bösen Blick“ glauben, halten den jungen Azio, der die Tiere liebt und mit einer Knochenflöte zähmen kann, für einen bösartigen Z., vor allem, weil er anders als sie ist. Azio verläßt den Stamm und sucht das Land seines unbekannten Vaters, wo die Leute ihm gleichen und ihn nicht als „Unglücksauge“ beschimpfen und fürchten. JOHN RONALD R. TOLKIEN läßt in seinem Buch „Der kleine Hobbit“ als eine wichtige Figur den Z. Gandalf auftreten, der den Hobbit, Bilbo Beutlin, auswählt, den Zwergen bei der Rückgewinnung ihres Schatzes zu helfen. Bereits in dieser Erzählung, die 1937 unter dem Originaltitel „The Hobbit or there and back again“ erschien, klingt das Motiv der Auseinandersetzung des guten, hilfsbereiten Gandalf mit den Mächten der Dunkelheit und einem bösen, zauberkundigen Gegenspieler an, das in der später vollendeten Trilogie „The Lord of the Rings“ (1954; dt. „Der Herr der Ringe“, 1969/1970) ausgeführt wird. Der große und edle Z. Saruman gerät unter den verhängnisvollen Einfluß des Herrn der Finsternis und verwandelt sich in den heimtückischen und haßerfüllten Feind Gandalfs und der guten Mächte. Der Z. Gandalf, der in die Zukunft zu blicken vermag, kennt den Weg zur Rettung vor dem Untergang, die Vernichtung des Zauberringes. Als der Hobbit Frodo, der auserwählte Ringträger, unter den größten Gefahren seine Aufgabe erfüllt hat, endet Mordor, das Reich Saurons, und mit ihm auch der böse Z., der zwar freien Abzug erhält, doch schließlich von seinem eigenen Diener, den er schlimmer als einen Sklaven behandelt, getötet wird.

Um einen Kampf auf Leben und Tod geht es auch in JURIJ BREŽANS Erzählung „Die schwarze Mühle“ (1968). Krabat verdingt sich als Müllersknecht in der schwarzen Mühle, als er erfährt, daß sich dort die Truhe mit den sieben Büchern des Wissens befindet, die ein Wolf bewacht. Er erlebt den bösen Zauber des Teufelsbündners: Der Müller ist der Wolf, den er besiegen muß. OTFRIED PREUSSLER gestaltet in seinem Roman „Krabat“ (1971) den gleichen Stoff. Krabat ist als Müllersbursche in eine Zaubermühle geraten, wo er in der Schwarzen Kunst unterrichtet wird. Der Müller ist als Teufelsbündner skrupellos und opfert ohne Bedenken in jeder Neujahrsnacht einen Gesellen dem Bösen, um sich selbst zu retten. Krabat tritt ihm entgegen und besiegt mit Hilfe eines Mädchens, das ihn liebt, den bösen Z., den der Teufel holt. Krabat verzichtet für seine Liebe und die Freiheit auf alle Zauberkünste.

Sekundärliteratur: B. E. Angst: Magische Praktiken des Menschen unserer Zeit in ihrer sozialpsychologischen und psychodynamischen Bedeutung (1972). – H. Bächtold-Stäubli (Hrsg., zus. mit E. Hoffmann-Krayer u.a.): Handwörterbuch des deutschen Aberglaubens. Bd. 1-10. 1927–1942). – K. Beth: Religion und Magie (²1927). – H. Biedermann: Handlexikon der magischen Kräfte (1976). – M. Bouisson: La Magie, ses grands rites, son histoire (1958). – J. H. Brennan: Experimental magic (1972). – R. Cavendish: Die schwarze Magie (1969). – D. Cohen: Masters of the occult (1971). – W. B. Crow: A history of magic, witchcraft and occultism (1972). – Th. W. Danzel: Magie und Geheimwissenschaft in ihrer Bedeutung für Kultur und Kulturgeschichte (1924). – H. Döbler: Magie, Mythos, Religion (1972). – Fr. Donovan: Zauberglaube und Hexenkult. Ein historischer Abriß (1976). – G. Eis: Altdeutsche Zaubersprüche (1964). – R. Federmann: Die königliche Kunst. Eine Geschichte der Alchemie (1964). – P. Fontaine: Magie noire (1957). – A. Genzel: Die Helfer und Schädiger des Helden im deutschen Volksmärchen (Diss. 1922). – M. Green: Magic in principle and practice (1971). – J. Grimm: Deutsche Mythologie (ND. 1953). – O. v. Hovorka (zus. mit A. Kronfeld): Vergleichende Volksmedizin (Bd. 1–2. 1908–1909). – A. Jacobi: ‚Kunst‘ (in: Handwörterbuch des deutschen Aberglaubens. Bd. 5. 1932/33. Sp. 817–836). – L. Kretzenbacher: Teufelsbündner und Faustgestalten im Abendlande (1968). – A. Lehmann: Aberglaube und Zauberei von den ältesten Zeiten an bis in die Gegenwart (²1908). – J. G. Leithäuser: Das neue Buch vom Aberglauben (1964). – Cl. Levi-Strauss: Der Zauberer und seine Magie (in: ders.: Strukturale Anthropologie. Bd. 1. 1967. 183–203). – M. Lüthi: Die Gabe im Märchen und in der Sage (Diss. 1943). – G. Mahal: Faust (1980). – W. Mannhardt: Zauberglaube und Geheimwissen (⁵1920). – H. Marzell: Zauberpflanzen. Hexentränke (1963). – K. Meisen: Der böse Blick und anderer Schadenzauber in Glaube und Brauch der alten Völker und in frühchristlicher Zeit (in: Rhein. Jb. f. Volkskunde. 1. 1950. 144–177); Der böse Blick, das böse Wort und der Schadenzauber durch Berührung im Mittelalter und in der neueren Zeit (in: Rhein. Jb. f. Volkskunde. 3. 1952. 169–225). – T. Pakraduny (Hrsg.): Die Welt der geheimen Mächte (1953). – L. Petzoldt (Hrsg.): Deutsche Volkssagen (1970); Magie und Religion. Beiträge zu einer Theorie der Magie (1978). – W. E. Peuckert: Pansophie. Ein Versuch zur Geschichte der weißen und schwarzen Magie (²1956). – L. Röhrich: ‚Zauberbücher‘ (in: K. Galling (Hrsg., zus. mit anderen): Die Religion in Geschichte und Gegenwart. Bd. 6. ³1962. Sp. 1869-1871); ‚Zaubersprüche‘ (in: K. Galling (Hrsg., zus. mit anderen): Die Religion in Geschichte und Gegenwart. Bd. 6. ³1962. Sp. 1873–1875); Märchen und Wirklichkeit (³1974); Die Sage vom Schlangenbann (in: ders.: Sage und Märchen, Erzählforschung heute. 1976. 195–209). – A. Schaefer: Die Verwandlung der menschlichen Gestalt im Volksglauben (1905). – K. Seligmann: Das Weltreich der Magie (1958). – A. Spamer: Zauberbuch und Zauberspruch (in: Dt. Jb. f. Volkskunde. 1. 1955. 109–126). – E. Stemplinger: Antiker Volksglaube (1948). – E. Stiglmayr: ‚Zauberer‘ (in: K. Galling (Hrsg., zus. mit anderen): Die Religion in Geschichte und Gegenwart. Bd. 6. ³1962. Sp. 1871–1873).

Gertraud Meinel

Zeller-Zellenberg, Wilfried

*Maler, Illustrator; *28. 1. 1910 Wien.*

Z.-Z. besuchte das Gymnasium und anschließend die Kunstgewerbeschule in Wien. Danach siedelte er nach Berlin über, sammelte dort als Autodidakt Erfahrungen für seine künstlerische Tätigkeit, kehrte aber schon bald nach Hitlers Machtergreifung aus Deutschland in seine österreichische Heimat zurück. Von 1940 bis 1945 war Z.-Z. Soldat, konnte aber während dieser Zeit ein Jahr lang die Kunstakademie besuchen. Seit 1945 lebt er als freischaffender Künstler in Wien. Z.-Z. hat seither etwa fünfhundert Bücher illustriert. Für seine Kinderbuchillustrationen zu KURT EIGLS „Alle brauchen Moro“ (1960) und KÄTHE RECHEIS’ „66 und 1 im Bäckerhaus“ (1966) wurde er mit dem Österreichischen Staatspreis und dem Kinder- und Jugendbuchpreis der Stadt Wien ausgezeichnet.

Werk, Tendenzen, Wirkung. Z.-Z. hat Bilder-, Kinder- und Jugendbücher illustriert. Auch in ganzseitigen farbigen Bildern ist er vorwiegend Zeichner, der mit zarten, oftmals gebrochenem Strich arbeitet, gelegentlich auch starke Linien und Flächen zuläßt und Farben über die Konturen hinwegführt. Obwohl er auch pädagogische Sachbücher zum Rechen- und Rechtschreibunterricht ausgestattet hat, hat er doch stets phantasievoll und witzig Figuren und Szenen entworfen. Die Illustrationen aus den sechziger Jahren zeigen weniger Originalität als die späteren. So sind z.B. in MARLEN HAUSHOFERS „Bartls Abenteuer" (1964) die üblichen Katzenköpfe, in HELMUT LEITERS heiterem Kinderroman „Martin gegen Martin" (1960) viele schlaksige Jungengestalten auf zumeist nur durch schnelle Schraffuren angedeuteten Hintergrund zu sehen. In RENATE WELSHS „Und Terpsi geht zum Zirkus" (1977) dient dagegen ein unruhiger Strich zur lebhafteren Charakterisierung von Art und Moment der Begegnung. Z.-Z. ist dort besonders gut, wo er Themen karikaturistisch bearbeiten kann. Einiges erinnert an ALOIS CARIGIET, einiges an REINER ZIMNIK.

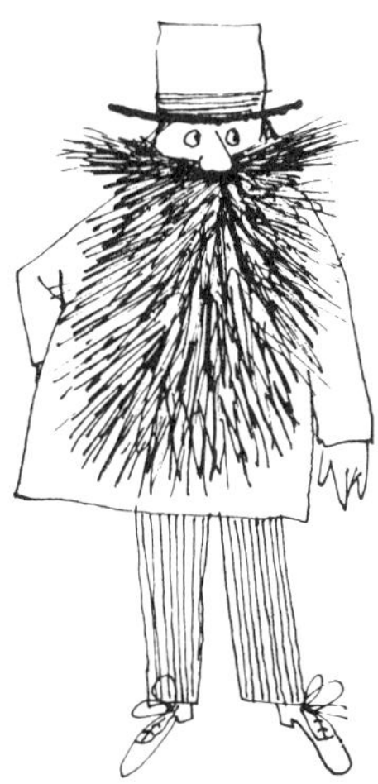

Wilfried Zeller-Zellenberg. Illustration zu der Erzählung „Herr Kratzebart" aus dem Kinderbuch „Das Pferd Huppdiwupp und andere lustige Geschichten" (1968) von Heinrich Hannover.

Z.-Z. meint, zwischen der Kunst für Kinder und der für Erwachsene dürfe kein Unterschied bestehen. Er möchte deshalb „Bilderbücher für Kinder zwischen 8 und 80 Jahren" machen. Er selbst vertritt eine Lebensauffassung, die er so charakterisiert: „Werdet naiv wie die Kinder und betrachtet vorurteilslos eure Umwelt und die Menschen, überseht die Fehler und schätzt sie nach ihren Vorzügen ein, dann wird jeder Tag ein positives Erlebnis."

Werke (Auswahl): Fr. K. Ginzkey: Florians wundersame Reise über die Tapete (1959); Fr. K. Ginzkey: Hatschi Bratschis Luftballon (1960); K. Eigl: Alle brauchen Moro (1960); H. Leiter: Martin gegen Martin (1960); E. Kaiser: Nomis großer Tag (1961); K. Eigl: Moro im Zirkus (1961); K. Eigl: Moro auf dem Campingplatz (1962); R. Thun: Familie Hammer bei der reichen Tante (1963); R. Thun: Familie Hammer im Dorf (1963); K. Eigl: Moro geht auf Reisen (1964); M. Haushofer: Bartls Abenteuer (1964); U. Marcks von Württemberg: Alarm in der IIb (1965); K. Recheis: 66 + 1 im Bäckerhaus (1966); G. Schreiber: Peter mit der Flöte (1966); E. Bruhns: Der junge Rechner (zus. mit K. Röschl, 1967); K. A. Dostal: Der Rechtschreiber (1–2. 1967); W. Zeller-Zellenberg: Florian Mohnkopf und Florinda (1967); H. Hannover: Das Pferd Huppdiwupp und andere lustige Geschichten (1968); G. Schreiber: König Pyrrhos in Tarent (1968); R. Welsh: Und Terpsi geht zum Zirkus (1977).

Lucia Binder

Zick, Alexander

*Illustrator, Maler; * 1845 Koblenz, † 10. 11. 1907 Berlin.*

Z., aus einer alten, ursprünglich bayerischen, dann rheinischen Künstlerfamilie stammend, Urenkel des Freskenmalers JANUARIUS ZICK und Sohn des Malers GUSTAV ZICK, besuchte die Düsseldorfer Akademie, zunächst als Bildhauerschüler A. WITTIGS, dann als Schüler des Malers EDUARD BENDEMANN. Er lebte in Koblenz, bis er 1880 nach Berlin ging, wo er unter dem Einfluß des Genremalers LUDWIG KNAUS stand. Z. malte Genre- und Historienbilder, war freilich hauptsächlich Illustrator, der auch an Prachtausgaben von Klassikern, insbesondere des Verlags Grote in Berlin, mitwirkte.

Werk, Tendenzen, Wirkung. Als Jugendbuchillustrator arbeitete Z. für die Verlage Grote (Berlin), Effenberger (Stuttgart) und Loewe (Stuttgart). Seine als Holzschnitte wiedergegebenen sechs Zeichnungen zu CLEMENS BRENTANOS „Gockel, Hinkel und Gackeleia" (1872) treffen, wenn sie Kinder und Tiere darstellen, den Märchenton, obwohl sie nicht die Originalität und sprudelnde Phantasie von BRENTANOS eigenen Illustrationen haben. Die Bilder zu WILHELM HAUFFS „Märchen" (1878) betonen, durchaus schlicht, das Groteske und den orientalischen Einschlag. Zu HANS CHRISTIAN ANDERSENS „Märchen für Kinder" (1889) mit den Farbbildern CARL OFFTERDINGERS hat Z. einige sorgfältig detaillierte Textzeichnungen zum Sandmann und der Schneekönigin beigetragen. Auch für eine ANDERSEN-Ausgabe bei Spamer hat er Aquarelle geschaffen. Als sein illustratives Hauptwerk muß der Band „Märchen für Kinder" (1886) gelten, eine Auswahl von Märchen aus den Sammlungen der Brüder GRIMM, von LUDWIG BECHSTEIN, von WILHELM HAUFF, aus Tausend und eine Nacht u.a. Dafür schuf er 50 farbige Bilder, davon 16 ganzseitig. Soweit sie nicht stark historisieren und mit Rittern, Burgen, Wappen, Thron und Kaiser dem Geschmack ihrer Zeit allzu „wilhelminisch" verfallen, sind sie, zumal wenn die Figuren der Kinder und Tiere im liebevoll dargestellten Wald- und bäuerlichen Milieu erscheinen, durchaus kindgemäß und dürfen neben den Bildern PAUL MOHNS zu den besten Märchenillustrationen des ausgehenden 19. Jahrhunderts gerechnet werden. Für Loewes Verlag hat Z. auch Mädchenbücher illustriert, doch in ihnen ist eine eigene künstlerische Note Z.s nicht zu erkennen.

Werke: Cl. Brentano: Gockel, Hinkel und Gackeleia (1872); W. Hauff: Märchen (1878); Märchen für Kinder (1886); Fr. Mauthner: Die erste Bank (1889); H. Chr. Andersen: Märchen für Kinder (zus. mit anderen, 1889); G. Schwab: Sagen des klassischen Altertums (zus. mit W. Planck, 1897); M. Eitner: Im Pfarrhaus zu Neuenrode (1898); E. Engelmann: Das Zauberland (1889); H. Koch: Vater Jansens Sonnenschein (1899); M. Giese: Traudchen (1900; NA. in: M. Giese: Für die Mädchenwelt, 1909); M. Giese: Lislott (1904); Th. v. Gumpert: Die Geschichte eines braven Knaben (1912).

Sekundärliteratur: I. Bang: Die Entwicklung der deutschen Märchenillustration (1944).

Eberhard Semrau

Ziegenbein, Johann Wilhelm Heinrich

*Theologe, Pädagoge, Schriftsteller; *6. 9. 1766 Braunschweig, †12. 1. 1824 Braunschweig.*

Z., Sohn eines Magazinverwalters, wuchs in Braunschweig auf, wo er das Karolinum besuchte und anschließend Theologie sowie Englisch und Französisch studierte. Schon frühzeitig gab er Unterrichtsstunden und fertigte als Nebenerwerb Übersetzungen und Auszüge aus englischen und französischen Schriften an. Seine erste Stelle war die eines Predigers in Braunschweig, später wurde er Generalsuperintendent und erster Prediger zu Blankenburg im Braunschweigischen, erhielt die Berufung ins Konsistorium zu Wolfenbüttel und die Leitung der Waisenhausschule in Braunschweig. Daneben betätigte er sich als Religionslehrer, zuletzt am Karolinum in Braunschweig. 1819 wurde er zum Abt von Michaelstadt ernannt. – Seine Vorstellungen zur weiblichen Erziehung entwickelte er in seiner Blankenburger Zeit, wo er Leiter der dortigen Töchterschule war. Seine Frau unterrichtete an derselben Schule und war später zuständig für den Unterricht der Mädchen an der Waisenhausschule in Braunschweig.

Werk, Tendenzen, Wirkung. Z. läßt sich – hierin am ehesten vergleichbar mit Jakob Glatz (1776–1831) – als ein Vertreter der klassisch-idealistischen, stark religiös geprägten Phase der Kinder- und Jugendliteratur bezeichnen, wobei er sowohl der aufklärerisch-philanthropischen Tradition verpflichtet bleibt, aus der heraus er sich entwickelt hat, als auch romantischen Einfluß aufweist; diese verschiedenen Züge werden von ihm in eklektizistischer Weise vermischt. Zu seinen Werken für Jugendliche gehören in erster Linie religiöse und religiös-literarische Schriften sowie literarische Lesebücher, innerhalb derer die Schriften für Mädchen wiederum eine spezifische Untergruppe bilden.

Charakteristisch für Z. ist der hohe Stellenwert, den er seit Beginn seiner schriftstellerischen Tätigkeit sowohl der Bibel wie der schönen Literatur beimißt. Erst in einer späteren Schrift „Über einige erfreuliche Erscheinungen der neuesten Zeit in dem Gebiete der weiblichen Erziehung und Bildung“ (1811) formulierte er allerdings programmatisch, daß der Religionsunterricht mit Erzählungen aus der Bibel und der biblischen Geschichte anfangen solle, wobei Bibelsprüche und Liederverse auswendig zu lernen seien; danach solle dann die Religion in einem systematischen Zusammenhang vorgestellt werden. Die literarisch-ästhetische Erziehung ist eng mit der religiösen Bildung verbunden, ja, in den meisten Fällen ihr untergeordnet: So überwiegen, wie bereits die Titel zeigen, Anthologien, in denen Lieder, Gedichte und Prosatexte religiösen Inhalts gesammelt sind, und religiöse Lehrbücher, die Gedichte und Lieder als Mittel zur „Belebung“ des Religionsunterrichts benutzen. Freilich ist Z.s religiöse Haltung nicht einheitlich. Sein „Kleines Lehrbuch der Glaubens- und Tugendlehre“ (1803) ist sehr stark der Kantischen Philosophie verpflichtet: Die christliche Religion wird als „moralische Vernunftreligion“ verstanden, die in der „vernünftigen, moralischen Natur des Menschen“ verankert ist und deren Wahrheit sich in ihrer moralischen Wirkung auf die Menschen zeige. Der Gehorsam gegen Gott wird als „Unterwerfung unseres Willens unter das Vernunftgesetz“ bestimmt, „das von uns nach der Lehre Jesu als Gottes Gesetz ... betrachtet wird“. Die biblischen Wunder werden zwar nicht geleugnet, es wird jedoch empfohlen, bei der Bibellektüre sich „weniger um das Wunderbare, Verborgene und Dunkle“ zu kümmern, als sich vielmehr „an die deutlichen und kraftvollen Belehrungen über Gott, über unsre Pflichten und Hoffnungen“ zu halten. Noch das 1812 erschienene „Lehrbuch der christlichen Glaubens- und Tugendlehre für die gebildetere weibliche Jugend“ geht aus von den drei Kantischen Postulaten – der moralischen Freiheit des Menschen, der Existenz Gottes und der Unsterblichkeit der Seele – und versteht das Christentum als die „vernünftmäßigste, reinste und göttlichste Religion“. In anderen, vor allem später erschienenen Schriften zeigt sich Z. stärker von Pestalozzi und der Frühromantik beeinflußt, indem er den Akzent auf die Bildung des religiösen Gefühls legt: In „Von dem Einflusse der Mütter in die religiöse Bildung ihrer Kinder“ (1806) lobt er Pestalozzi als denjenigen, der als Retter erschienen sei, um die Menschen zu größerer Religiösität hinzuführen. In seiner Rede „Über einige erfreuliche Erscheinungen der neuesten Zeit in dem Gebiete der weiblichen Erziehung und Bildung“ (1811) wendet er sich explizit gegen die Auffassung der Religion als „moralischer Vernunftreligion“, die die biblischen Wunder verschweige; statt dessen fordert er, daß bei der Bibellektüre gerade das Wundervolle göttlicher Fügungen herausgestellt werden müsse. In dem „Gemälde deutscher Dichter aus der heiligen Schrift alten und neuen Testaments“ (1819) wird schließlich an den ausgewählten Prosatexten und Versen gerade der „Glanz des Außerordentlichen und Wunderbaren“ gelobt, der ganz dazu geeignet sei, „die jugendliche Phantasie milde zu erwärmen und das Gemüth im reifen Alter für das Erschauen des Heiligen und Göttlichen in seiner Reinheit empfänglich zu

machen"; ferner der „Geist des reinen, für Gott und Jesum glühenden Gefühls", der „Geist der hohen, edlen Einfalt" und der „kindlichen Unschuld".
Mit seinen Schriften für Mädchen und zur weiblichen Erziehung gehört Z. zu den Autoren, die das durch Klassik und Romantik konstituierte Paradigma vom weiblichen „Geschlechtscharakter" in die Kinder- und Jugendliteratur und in die Schulpraxis umgesetzt und popularisiert und gleichzeitig an der philanthropischen Pflichten- und Tugendlehre festgehalten haben. Autoren, die er in ganz besonderer Weise heraushebt, sind PESTALOZZI, F. H. CH. SCHWARZ, BETTY GLEIM und JEAN PAUL.
Während CAMPE in seinem „Väterlichen Rath für meine Tochter" (1789) von der Frau noch bestimmte, von ihr erst zu erwerbende Tugenden fordert, geht Z. von den von Natur gegebenen „Eigenthümlichkeiten" des weiblichen Geschlechts aus, die, so Z., unabhängig von Erziehung und sozialer Herkunft existieren. Als Merkmale des weiblichen „Geschlechtscharakters" werden in dem „Lehrbuch der christlichen Glaubens- und Tugendlehre für die gebildetere weibliche Jugend" ein „zarter und tiefer Sinn für das Schöne" und ein „köstliches Gefühlsvermögen" genannt, wobei letzteres sich vor allem in Liebesfähigkeit, Kindlichkeit und Religiosität äußere. Aus dem so bestimmten weiblichen „Geschlechtscharakter" wird wiederum die Wichtigkeit der religiösen und der ästhetischen Erziehung gerade für das Mädchen abgeleitet. So formuliert Z. als Zweck seines vierbändigen „Lesebuchs für Deutschlands Töchter", daß es „den Sinn für das, was ewig schön bleibt", wecken und üben solle. Neben dem neuen Bildungsideal der ästhetischen Erziehung bleibt jedoch die moralische Erziehung im Sinne der Aufklärung weiterhin erhalten. So finden sich in dem Lesebuch neben KLOPSTOCK, HERDER, M. CLAUDIUS, SCHILLER und GOETHE die traditionellen Aufklärungsautoren CAMPE, POCKELS, MAREZOLL und GARVE. Festgehalten wird auch weiterhin an der Einübung in bestimmte häusliche Fertigkeiten. Der weiblichen Unterrichtsanstalt in Blankenburg war eine „Arbeitsschule" angegliedert, in der die Mädchen in weiblichen Handarbeiten ausgebildet wurden; zwischen Unterrichtsstunde und Arbeitsstunde wurde in regelmäßigem Turnus gewechselt.
Innerhalb der der Frau zugeschriebenen dreifachen Bestimmung, „erheiternde Gesellschafterinn des Gatten", „Vorsteherin des Hauswesens", „Mutter und erste Bildnerin der Kinder" zu sein, wird der Akzent – unter dem Einfluß PESTALOZZIS und der Frühromantik – eindeutig auf die Rolle der Mutter gelegt, der die Aufgabe zukomme, die künftigen Menschengeschlechter zu erziehen. Als zentral wird dabei die religiöse Bildung des kleinen Kindes angesehen, die nur von der Frau – aufgrund ihres weiblichen Gemüts – getragen werden könne. Mit der Mutterrolle der Frau wird von Z. auch die Forderung nach einer verbesserten weiblichen Bildung begründet; es sei „rasende Unvernunft", für die Knabenerziehung mehr aufzuwenden als für die Erziehung der Mädchen. Freilich steht fest, daß die weibliche Bildung immer in den engen Grenzen der vom „Geschlechtscharakter" vorgegebenen Weiblichkeit bleiben müsse; so wird „Gelehrsamkeit" als unweiblich verpönt.
Z. tritt ein für einen gemeinsamen Unterricht der Töchter aller Stände bis zu ihrem 14. Lebensjahr („Alle Stände sollen und müssen möglichst humanisirt und civilisirt werden") und sieht diese Forderung teilweise bereits in der Töchterschule zu Blankenburg verwirklicht. Sie sei zwar „im Durchschnitt" bestimmt für die mittlere Bürgerklasse, werde aber auch von einigen Töchtern des vornehmeren Bürgertums und des Adels besucht sowie von Kindern der „ganz armen Classe". Wenn auch bestimmte Unterrichtsfächer und die feineren Handarbeiten den besseren Ständen vorbehalten blieben, so unterschied sich die Schule mit diesem Konzept einer allgemeinen Schulbildung für Töchter aller Stände doch wesentlich von anderen Schulen der Zeit und blieb eine Ausnahme.

Werke: Religion in den besten Liedern deutscher Dichter (1798); Englisches Lesebuch, für die auf Gymnasien durch Lektüre der Classiker gebildete Jugend herausgegeben (1800); Lehrbuch der Religions- und Tugendlehre, nach Anleitung der Lehre Jesu und der durch sie geweckten und gebildeten Vernunft (1802);Handbuch der Religion und Moral in Auszügen aus Deutschlands classischen Schriftstellern für Jugendlehrer und gebildete Christen aller Stände (Bd. 1–3. 1802–1803); Kleines Lehrbuch der Glaubens- und Tugendlehr nach Anleitung der Lehre Jesu und der durch sie geweckten und gebildeten Vernunft. Für die Confirmanden oder die zweite Classe der Gymnasien und die oberste der Bürgerschulen (1803); Catechismus der christlichen Lehre mit biblischen Denksprüchen und mit biblischen Beispielen verbunden, nach den Bedürfnissen der Zeit (1806, [5]1831); Nachricht von der Industrie-Töchterschule zu Blankenburg (1806); Von dem Einflusse der Mütter in die religiöse Bildung ihrer Kinder (1806); Über die ursprünglichen Eigenthümlichkeiten des weiblichen Geschlechts (1807); Allgemeine historische Blicke auf die Entstehung und Fortbildung der Töchterschulen (1809); Schulschriften über Gegenstände aus dem Gebiete der weiblichen Erziehung und Bildung (1809); Blumenlese aus Frankreichs vorzüglichsten Schriftstellern für Deutschlands Töchter, die bei der Erlernung der französischen Sprache den Geist bilden und das Herz veredeln wollen (Bd. 1–3. 1809–1812); Über die Bildung des weiblichen Geschlechts in mittleren Töchterschulen (1810); Lesebuch für Deutschlands Töchter, zur Bildung des Geistes und des Geschmacks, zur Veredlung des Herzens und zu einer vertrautern Bekanntschaft mit den vorzüglichsten Schriftstellern des Vaterlandes (Bd. 1–4. 1810–1823); Über einige erfreuliche Erscheinungen der neuesten Zeit in dem Gebiete der weiblichen Erziehung und Bildung (1811); Lehrbuch der christlichen Glaubens- und Tugendlehre für die gebildetere weibliche Jugend, welches den dritten und letzten Cursus des Religionsunterrichts in sich fasst (1812); Kleine Hand-Bibliothek für Schullehrer und Freunde der pädagogischen Literatur (1815); Gemälde deutscher Dichter aus der heiligen Schrift alten und neuen Testaments. Ein Declamirbuch bei dem Unterrichte der gebildeten Jugend in der biblischen Geschichte (1819, [3]1836); Die kleine Bibel. Oder der Glaube und die Pflichten des Christen in Worten der heiligen Schrift (1821, [7]1831); Biblisches Lesebuch zur Beförderung einer fruchtbaren Bibelkunde für die Jugend in Schulen und Privatunterrichtsanstalten (Bd. 1–2. 1823–1824); Französisches Lesebuch, enthaltend eine Auswahl von Musterstellen aus Frankreichs Dichtern (1824).

Sekundärliteratur: E. Blochmann: Das Frauenzimmer und die ‚Gelehrsamkeit'. Eine Studie über die Anfänge des Mädchenschulwesens in Deutschland (1966). – H. Doering: Die gelehrten Theologen Deutschlands im achtzehnten und neunzehnten Jahrhundert. Nach ihrem Leben und Wirken dargestellt (Bd. 4. 1835. 791–795). – H. Oehmen: Johann Wilhelm Heinrich Ziegenbein als Mädchenerzieher. Ein Beitrag zur Geschichte der Pädagogik (1923). – P.-M. Roeder: Zur Geschichte und Kritik des Lesebuchs der höheren Schule (1961). – J. Sander: Zur Geschichte der Industrie-Töchterschule zu Blankenburg am Harz (in: Braunschweigisches Journal. 55. 1974. 175–205)..

Dagmar Grenz

Zindel, Paul

*Amerikanischer Jugendbuchautor, Dramatiker; *15. 5. 1936 Staten Island (New York).*

Nach einem naturwissenschaftlichen Studium gab Z. zehn Jahre lang Chemieunterricht an amerikanischen High Schools. Für seine Dramen erhielt er mehrfach Preise, 1971 den Pulitzer Preis.

Werk, Tendenzen, Wirkung. Z. hat eine Reihe umstrittener Romane für „young adults" geschrieben, mit typisch amerikanischem Problemmilieu als Ausgangspunkt. In „The pigman" (1968) wechseln zwei Fünfzehnjährige in der Rolle des Icherzählers einander ab. Beide können mit ihren Eltern nicht reden, wohl aber mit einem freundlichen, leicht senilen, pensionierten Mann, dessen Einsamkeit sie auflockern, bis sie durch Unachtsamkeit das Idyll zerstören. Dieses Buch zeigt bereits die für Z. charakteristischen Züge: einseitige Teenager-Perspektive, karikaturhafte Verzerrungen, besonders der Erwachsenen, und Sprachexperimente (in Form überraschender Vergleiche, Hyperbeln u. a.). Das Ergebnis ist ein teils belustigendes, teils beunruhigendes oder gar abstoßendes Mixtum compositum. Die Neigung zur Desintegration verstärkt sich in den folgenden Büchern. „My darling, my hamburger" (1969), formal vielseitig durch eingestreute Briefe und eine aufschlußreiche, kafkaeske Erzählung, ist flacher und enthält keine ähnlich liebenswerte Gestalt wie den „pigman". Die Jugendlichen, mit ihren sexuellen Problemen allein gelassen, können auch miteinander nicht reden – eine brutale Abtreibung desillusioniert vollends. Die stark schwankenden Gefühle der Jugendlichen sind unglaubwürdig dargestellt, die moralische Konsequenz ist aufgesetzt. „I never loved your mind" (1970) bietet neben billiger Komik streckenweise brillante Satire, aber dringt nicht tief, Kritik ist zu pauschal, Erstrebenswertes wird nicht aufgewiesen. „Pardon me, you're stepping on my eyeball!" (1976) schildert, wie der fünfzehnjährige Marsh am Tode seines Vaters leidet und dieses Trauma ihn schizophren erscheinen läßt. Auch hier kann wegen des verengten Bewußtseins der Jugendlichen keine befriedigende Lösung herbeigeführt werden. In „Confessions of a teenage baboon" (1977) erlebt der fünfzehnjährige vaterlose Chris in dem doppelt so alten Lloyd Dipardi einen Mann, der über den Konventionen zu stehen scheint, aber an seinen Widersprüchen zugrunde geht, nachdem er Chris Anstöße zur Selbstbefreiung und Selbstverwirklichung gegeben hat. Lloyds positiver Einfluß, die Zerrbilder der Polizei und der kleptomanen Mutter bleiben klischeehaft. „The undertaker's gone bananas" (1978) ist eine Variante der „Boy Detective"-Gattung. Niemand, nicht einmal die treue Freundin Lauri, will Bobby glauben, daß der benachbarte Leichenbestatter seine Frau ermordet hat. Dieser Roman mit verblüffendem Verwirrspiel und aufregender Verfolgungsjagd verdankt seinen Charme der zarten Beziehung zwischen den Teenagern, leidet aber unter den Ungereimtheiten der Gattung und dem fatalen Gegensatz zwischen blutigem Horror und scherzhaften Kommentaren. Z. hat in einer Liste von zehn Desiderata für den Teenager-Roman die Rolle rhetorischer, hyperbolischer Sprache, spannungsreicher Handlung, der Ichperspektive und der Ehrlichkeit besonders betont. Seine Neigung zur Übertreibung und die geforderte Ehrlichkeit sind nur schwer miteinander zu vereinbaren, und die Lust am Wortspiel wird bei ihm leicht Selbstzweck. Es gelingt ihm selten, die divergierenden Elemente sinnstiftend zu verbinden. Z., mitunter in der Nachfolge JEROME D. SALINGERS gesehen, gehört in mancher Beziehung zu jenen amerikanischen Autoren, die in grotesken Romanen ihrer Ratlosigkeit Ausdruck geben.

Werke: The pigman (1968; dt. Das haben wir nicht gewollt, 1973; TB. 1976); My darling, my hamburger (1969); I never loved your mind (1970; dt. Es wird phantastisch anders sein, 1974; TB. 1977); I love my mother (1975); Pardon me, you're stepping on my eyeball! (1976; dt. Pardon, du drückst mir die Luft ab, 1977); Confessions of a teenage baboon (1977; dt. Bekenntnisse eines jungen Ungeheuers, 1980); The undertaker's gone bananas (1978); The pigman's legacy (1980).

Beiträge: P. Zindel: Words into life (in: P. Kennerley (Hrsg.): Teenage Reading. 1979. 43–48).

Sekundärliteratur: G. Fox: Zindel, Paul (in: D. L. Kirkpatrick (Hrsg.): Twentieth-century children's writers. 1978. 1383–1384). – M. McDowell: Fiction for children and adults: Some essential differences (in: Children's literature in education. 10. 1973).

Richard Kremer

Zingerle, Ignaz Vincenz

*Philologe, Hochschullehrer, Schriftsteller, Folklorist; *6. 6. 1825 Meran, †17. 9. 1892 Innsbruck.*

Z., ältester Sohn des Kaufmanns BARTHOLOMÄUS ZINGERLE, besuchte das Gymnasium in Meran. Im Herbst 1842 wandte er sich nach Trient, um dort ein philosophisches Studium zu beginnen. Im Jahr 1843 ging er nach Innsbruck, wo er ästhetische und philologische Vorlesungen besuchte. Den Versuch, in Brixen Theologie zu studieren und in ein Kloster einzutreten, brach Z. nach zwei Jahren wieder ab. Nach einer Deutschlandreise, auf der er unter anderem KARL SIMROCK (1802–1876) und LUDWIG UHLAND (1787–1862) kennenlernte, wurde ihm im Herbst 1858 die

Leitung der Universitätsbibliothek in Innsbruck anvertraut. Zu Ostern 1859 wurde er zum Ordinarius der germanischen Fächer der Universität Innsbruck berufen und 1867 als korrespondierendes Mitglied in die Akademie der Wissenschaften in Wien aufgenommen. Im Jahre 1887 verlieh ihm der Kaiser den Titel eines k. k. Regierungsrates. Mit dem Eintritt in den Ruhestand verlieh ihm der Kaiser das Adelsprädikat „Edler von Summersberg". An seinen folkloristischen Arbeiten nahm auch sein Bruder JOSEPH ZINGERLE (1831–1891) teil, der eine Reihe folkloristischer Sammlungen mit Z. gemeinsam herausgab.

Werk, Tendenzen, Wirkung. Neben lyrischen und epischen Dichtungen verfaßte Z., zum Teil gemeinsam mit seinem Bruder, Märchen-, Sagen- und Legendensammlungen, die auf intensiven Studien und Sammeltätigkeiten beruhten und die Z. internationales Ansehen verschafften. Während seine eigenen Dichtungen bald in Vergessenheit gerieten, werden seine Märchen- und Sagensammlungen noch heute aufgelegt und geschätzt. Als erster und wichtigster Band seiner Sammlungen erschienen 1852 seine „Kinder- und Hausmärchen aus Tirol", denen 1854 die „Kinder- und Hausmärchen aus Süddeutschland" und 1857 der Band „Sitten, Bräuche und Meinungen des Tiroler Volkes" folgten. Der Band „Sagen, Märchen und Gebräuche aus Tirol" (1859) schloß das Sammelwerk ab.
Die Sammeltätigkeit von Z. war von den Gedanken geleitet, so viel als möglich von der in den Tiroler Bergen noch vorhandenen ursprünglichen und von Erzählern weitergetragenen Volkspoesie zusammenzutragen, bevor sie in einer Zeit, in der „ein neuer Geist in die Entwicklung des Lebens greift", verlorengingen. So warnt er in der Vorrede zu seinen Kinder- und Hausmärchen aus Tirol: „Wir müssen sammeln, so lange es noch Abend ist – denn sonst dürfte die Reue zu spät kommen, wenn ein späterer Sammler anstatt der Rosen nur mehr dünne Halme und stachlichte Hagenbutten finden würde". Wie die Brüder GRIMM, numerierte Z. seine Märchen durch. So enthielt der erste Band seines Sammelwerkes die Märchen Nr. 1 bis Nr. 40. Z. bemühte sich, die volkstümliche Erzählweise so weit wie möglich beizubehalten. Allerdings lassen die Texte doch auf wesentliche redaktionelle Veränderungen und Stilisierungen schließen, die sicher von den Kinder- und Hausmärchen der Brüder GRIMM stilistisch beeinflußt wurden. So wurden die Märchen der Brüder Z. auch von JAKOB und WILHELM GRIMM sehr begrüßt. Während bei den Brüdern GRIMM die Quellen ihrer Märchen oft nachweisbar sind, fällt dies bei Z. schwer, der darauf hinwies, daß er nur eine Quelle benutzt habe, nämlich „die Tradition des Volkes". Daß Z. seine Märchensammlungen weder als reine Kinderlektüre noch als ausgesprochene wissenschaftliche Sammlung verstanden hat, spricht er im Vorwort deutlich aus: „Möge dieser erste Band unseres Sammelwerkes die Jugend erheitern, das Volk unterhalten und dem Forscher eine willkommene Gabe sein". Die Märchen, die Z. gesammelt und herausgegeben hat, erlebten zahlreiche Ausgaben und Umarbeitungen, die speziell für junge Leser vorgenommen wurden.

Werke (Auswahl): Frühlingszeitlosen. Zeitgedichte (1850); Die Müllerin. Dorfgeschichte (1850); König Laurin oder der Rosengarten in Tirol (1850); Sagen aus Tirol (1850); Tirols Anteil an der deutschen Nationalliteratur im Mittelalter (1851); Tirol. Natur, Geschichte und Sage im Gewande deutscher Dichtung (1852); Kinder- und Hausmärchen aus Tirol (1852); Kinder- und Hausmärchen aus Süddeutschland (1854, zus. mit J. Zingerle); Sitten, Bräuche und Meinungen des Tiroler Volkes (1857); Sagen, Märchen und Gebräuche aus Tirol (1859); Die Sagen von Margareta, der Maultasche (1863); Erzählungen aus dem Burggrafenamte (1884); Bilder aus Walters Leben. Gedichte (1888).

Helmut Müller

Zobeltitz, Hanns von

*(Ps.: Hans von Spielberg). Offizier, Autor, Zeitschriftenredakteur; *9. 9. 1853 Schloß Spiegelberg (Neumark), †4. 4. 1918 Bad Oeynhausen.*

Z., Gutsbesitzerssohn, erhielt den ersten Unterricht im Elternhaus und besuchte dann das Friedrich-Wilhelm-Gymnasium in Berlin. Als Einjährig-Freiwilliger im Gardefüsilierregiment machte er 1870/71 den Feldzug in Frankreich mit. Nach Kriegsende besuchte er die Kriegsschule in Potsdam und wurde 1872 zum Offizier ernannt. Schon während seiner Militärzeit verfaßte er militärische und technische Essays und begann in vielgelesenen Zeitschriften Novellen zu veröffentlichen. Im Jahr 1883 wurde Z. zur Kriegsakademie in Potsdam kommandiert. Er wurde 1886 zum Hauptmann befördert und zum Lehrer der Taktik an die Kriegsschule in Potsdam berufen. Im Jahr 1890 nahm er seinen Abschied, um sich ganz der Schriftstellerei zu widmen. Aufgrund seiner schriftstellerischen Erfolge wurden ihm vom Verlag Velhagen & Klasing in Bielefeld die Schriftleitung der Zeitschriften „Daheim" und „Velhagen und Klasings Monatshefte" angeboten, die er bis zu seinem Tode innehatte.

Werk, Tendenzen, Wirkung. Z. verfaßte zahlreiche Gesellschaftsbilder aus der Residenz, aus dem Adels- und Offiziersmilieu, die von der „besseren Gesellschaft" gern gelesen wurden. Besonderen Erfolg hatte er mit seinen Lebensbildern, in denen er preußische Tugenden pathetisch-nationalistisch vortrug. So schrieb er im Vorwort seiner „Dreißig Lebensbilder deutscher Männer aus neuerer Zeit" (1892): „Mein Buch führt uns Männer aus allen Berufsklassen vor, deren Lebenslauf mir besonders geeignet erschien, auf unser Volk, auf unsere heranwachsende Jugend vorbildlich zu wirken: Männer, welche, auf die eigene Kraft vertrauend, in unermüdlicher Arbeit, mit starker Energie ihren Zielen zustrebten, welche in ihrem Beruf das Höchste leisteten und sich zugleich bewußt blieben, daß die Grundlage aller sittlichen Kräfte unseres Volkes nicht bestehen können ohne wahre Religiosität, ohne treue Vaterlandsliebe, ohne ein ernstes Pflichtgefühl." Als Vorbilder für das Volk und die heranwachsende

Jugend führte Z. in seinen Schriften Persönlichkeiten vor wie PETER CORNELIUS, ein deutscher Maler; NIKOLAUS VON DREYSE, der Erfinder des Zündnadelgewehrs; JOHANN GUSTAV DROYSEN, der Historiker des preußischen Staates; EMANUEL GEIBEL, der Dichter des neuen deutschen Reichs; KARL GEROK, die schwäbische Nachtigall; AUGUST VON GOEBEN, vom spanischen Karlistenlieutenant zum deutschen Heerführer und andere.

Auch die speziell für junge Leser verfaßten Bände berichten von kriegerischen Heldentaten preußischer Militärs und von den Erlebnissen „heldenmutiger echt deutscher Jungen" auf dem Hintergrund eines imperialistisch-kolonialistischen Denkens. Auch FEDOR VON ZOBELTITZ (1857–1934), der jüngere Bruder von Z., verfaßte ähnliche Romane und Jugendschriften wie dieser, die ebenfalls auf viel Beifall in der „besseren Gesellschaft" stießen. In Inhalt, Themenwahl, Sprachduktus und den vaterländisch-hehren Ansprüchen unterschieden sich die Brüder Z. kaum voneinander und wurden auch häufig miteinander verwechselt.

Werke (Auswahl): Prinzeßchens erste Liebe. Kleine Geschichten (1891); Der Strandgraf. Kleine Geschichten (1891); Der Alte von Güntersloh. Erzählung (1892); Dreißig Lebensbilder deutscher Männer aus neuerer Zeit (1892, ²1901); Christian von Stachow oder: In Treue fest. Eine Erzählung für die reifere Jugend aus der Zeit König Friedrich Wilhelms I. und Friedrichs des Großen (1893); Unter dem eisernen Kreuz. Eine Soldatengeschichte aus den Jugendtagen Kaiser Wilhelms des Siegreichen (1895); Die Jagd um den Erdball. Eine abenteuerliche Geschichte aus vier Erdteilen (1896, ²1900); Das versunkene Goldschiff. Eine abenteuerliche Geschichte aus vier Erdteilen (1897); Lichterfelderstraße Nr. 1. Eine Berliner Zigeunergeschichte (1899, NA. 1911); König Pharaos Tochter und andere Novellen (1901, NA. 1918); Prinzeßchens Glück. Das Röschen von Sternberg. 2 Novellen (1902, ²1903); Prinzeß Hummelchen. Roman (1902); Der goldene Käfig. Roman (1904); Die Körbe des Herrn von Wildenberg. Humoristischer Roman (1909); Auf märkischer Erde. Roman (1910, ⁶1911); Mit Marschall Vorwärts. Zwei Blüchererzählungen (1914); Der Alte auf Topper. Biographische Erzählung um Friedrich II. von Preußen (1915, ¹³1919); Das Eiserne Kreuz. Volksbuch der Geschichte (1915); Weihnachten. Festgabe des Daheim für unsere Krieger (1915); Im Knödelländchen und anderswo. Lebenserinnerungen (1916); Der große Krieg (Bd. 1–2. 1917–1918).

Hans Eich

Zürcher Kinderbuchpreis

Der „Zürcher Kinderbuchpreis ‚La Vache qui lit'" ist ein Literaturpreis, der jährlich vom Kinderbuchladen Zürich an ein Kinder- oder Jugendbuch vergeben wird.

Seit 1977 verleiht der Kinderbuchladen Zürich jährlich den Wanderpreis „La vache qui lit" an einen Autor aus dem deutschen Sprachraum; Übersetzungen werden nicht berücksichtigt. Der Preis besteht aus einer von dem Bildhauer ANTONIO VITALI geschnitzten Kuh und 2000 Schweizer Franken, die vom „Tagesanzeiger" (Zürich) gestiftet werden. Prämiiert wird jährlich abwechselnd ein Kinder- oder Jugendbuch aus der Frühjahrsproduktion des laufenden oder der Herbstproduktion des vergangenen Jahres. Elf unabhängige Juroren (Schriftsteller, Wissenschaftler und Publizisten aus dem Bereich der Kinder- und Jugendliteratur, Bibliothekare, Lehrer, Schüler) erstellen durch ihre Wahl eine Rangliste der Titel. Der Titel mit den meisten Nennungen (Rang 1) ergibt den Preisträger, die Ränge 2 bis 7 bilden die Auswahlliste, diese Autoren erhalten einen Trostpreis.

Bisherige Preisträger waren: 1977 HANS CHRISTIAN KIRSCH für „Lorcan zieht in den Krieg"; 1978 BEAT BRECHBÜHL für „Herr Schnüff, Herr Knopf und andere Freunde"; 1979 IRINA KORSCHUNOW für „Er hieß Jan"; 1980 PETER HÄRTLING für „Ben liebt Anna" und „Sofie macht Geschichten".

H. D.

Zumbusch, Ludwig von

*Maler; * 17.7.1861 München, †28.2.1927 München.*

Z. ist der Sohn des Bildhauers KASPAR CLEMENS EDUARD RITTER VON ZUMBUSCH (1830–1915). Er besuchte in München und nach der Übersiedlung seines Vaters nach Wien das dortige Gymnasium. Seine künstlerische Ausbildung erhielt er an der Wiener Akademie (Lehrer CH. GRIEPENKERL und K. WURZINGER), der Kunstakademie München (Lehrer: WILHELM VON LINDENSCHMIT d.J., 1829–1895) und an der Pariser Akademie (Lehrer: ADOLPHE WILLIAM BOUGUEREAU, 1825–1905; ROBERT FLEURY, 1837–1911). Hauptsächlich aber bildete sich Z. auf Reisen in Italien, Holland, Dalmatien, Griechenland und der Türkei. 1897 heiratete Z. JULIE RIEMERSCHMID. Z. erhielt den Titel Professor. Er war Mitglied der Münchener Sezession. Bilder von Z. wurden in den ersten Jahrzehnten des 20. Jahrhunderts von damals führenden deutschen Museen in Aachen, Bremen, München und Würzburg angekauft und ausgestellt. Als Illustrator hat er nur gelegentlich gewirkt.

Werk, Tendenzen, Wirkung. Z. war einer der ersten Mitarbeiter der „Jugend". Er schuf hauptsächlich Portraits, besonders Kinderbildnisse und Kinderszenen von liebenswürdigem Humor; bemerkenswert sind seine reinen Pastell-Landschaften. Bilder von Z. wurden in der „Jugend" wiedergegeben und auch in Kunstdruckmappen verbreitet. Z. stellt mit Vorliebe kräftige, bewegte Figuren vor einem malerisch und großflächig dargestellten Landschaftshintergrund, gemalt in oft dunklen, erdigen und sattgrünen Farbtönen, dar. Die Titel der Blätter lauten zum Beispiel „Herbst", „Der Apfel", „Die Gärtnerinnen", „Das Spielzeug", „Kinderreigen", „Was sich liebt, das neckt sich". Z. ist kein Kinder- und Bilderbuchillustrator im üblichen Sinn. Vielmehr hat er wiederholt die farbige Reproduktion von Gemälden mit kindnaher Thematik als Buchschmuck erlaubt. So zum Beispiel ist die Wiedergabe seines Ölbildes „Kinderreigen" im Vielfarbendruck auf Glanzpapier als Frontispiz in dem von JOSEPHINE SIEBE herausgegebenen Band 67 von „Herzblättchens Zeitvertreib" zu finden. In „Fröhliche Kindheit", einem großformatigen Künstlerbilderbuch, sind ebenfalls ganzseitige Kunstdrucke von zehn Ölbildern Z.s vereinigt, auf denen impressionistisch empfundene Szenen aus dem Kinderleben zu schlichten, sentimentalen Kindergeschichten von FRITZ VON OSTINI zu sehen sind.

Werke: Fr. Merck (Hrsg.): Unser Liederbuch (1900, NA. 1965); L. v. Zumbusch: 8 farbige Wiedergaben nach seinen Bildern. Mit einem Begleittext von Fritz v. Ostini (1915); L. v. Zumbusch: 12 Kunstdrucke aus der „Jugend" (Mappe 1–2. 1921); Fr. v. Ostini: Fröhliche Kindheit (1922).

Sekundärliteratur: R. Darmstaedter: Ludwig v. Zumbusch (in: ders.: Künstlerlexikon. Maler, Bildhauer, Architekten. 1961. 527). – Fr. Haack: Ludwig v. Zumbusch (in: Die Kunst des XIX. Jahrhunderts und der Gegenwart. T. 2. 1925. 202).

Hans Eich

Zumkley, Kaspar

*Jesuit, Pädagoge, Verfasser von Schulschriften; *20. 10. 1732 Münster, †17. 11. 1794 Münster.*

Z. trat 1749 nach beendigtem philosophischem Studium am Münsterschen Gymnasium dem Jesuitenorden bei. Wegen seiner außergewöhnlichen Fähigkeiten erregte er bald die Aufmerksamkeit des Ministers und Generalvikars des Bistums Münster, FRANZ VON FÜRSTENBERG (1729–1810), der ihm persönlich mathematischen Unterricht erteilte und ihn mit verschiedenen Gelehrten in Verbindung brachte. Der Minister ernannte Z. zum Professor der höheren Mathematik an den philosophischen Klassen des Münsterschen Gymnasiums und nach Aufhebung des Jesuitenordens (1773) zum Direktor, dem auch die Aufsicht über die anderen Schulen des Landes übertragen wurde. FÜRSTENBERG scheint Z., in dessen Verantwortung auch der Mathematikunterricht an der Militärakademie gestellt wurde, bei der Abfassung seiner „Verordnung die Lehrart der unteren Schulen betreffend" (1776) zu Rate gezogen zu haben, mit der der bis dahin unter jesuitischem Einfluß stehende Gymnasialunterricht neugeordnet wurde. In seiner Eigenschaft als Direktor des Gymnasiums versuchte Z., zwischen den älteren, den Vorschriften des Ordens verpflichteten Jesuiten und den jüngeren Lehrern zu vermitteln und schuf zu diesem Zweck u. a. eine bislang noch ungedruckte Hausordnung sowie Dienstanweisungen. Z. stand dem sogenannten „Kreise von Münster" um FÜRSTENBERG und die Fürstin AMALIA VON GALLITZIN (1748–1806) nahe, einem gebildeten, betont katholischen und stark pädagogisch ausgerichtetem Zirkel, der in enger Verbindung zu GOETHE und MATTHIAS CLAUDIUS stand.

Werk, Tendenzen, Wirkung. Alle Schriften Z.s stehen in engem Zusammenhang mit der von FÜRSTENBERG durchgeführten Schulreform, die von drei Schwerpunkten geleitet war: der Mathematikunterricht sollte gründliches Denken üben und vorbereiten, die Erfahrungsseelenlehre sollte den Schülern die Gesetze des menschlichen Geistes offenlegen und so die Quellen allen Irrtums und aller Sünde in sich selbst erkennen lehren, schließlich sollte die Logik zum freieren Gebrauch des Denkvermögens befähigen und die Schüler mit den Regeln bekanntmachen, mit Hilfe derer sie die Irrtümer des menschlichen Verstandes aufdecken und vermeiden lernen sollten. Die Reform führte jedoch nicht nur diese Fächer, die von den Jesuiten von den Schulen ferngehalten oder vernachlässigt worden waren, neu ein, sondern zielte gleichzeitig ab auf die Neuordnung des Sprachunterrichts, der nicht mehr in der alten formalistischen Absicht betrieben werden sollte. FÜRSTENBERG ermunterte Z. zur Abfassung einer Reihe von Schulschriften, die dem Unterricht im Münsterschen Gymnasium zugrunde gelegt wurden. Den Anfang bildeten 1772 mathematische Schriften, die zugleich zu Z.s wichtigsten Leistungen gehören: waren die mathematischen Wissenschaften bislang nur in der philosophischen Klasse und selbst da nur in geringem Ausmaß betrieben worden, so entwickelte Z. einen bodenständigen mathematischen Lehrplan, der die Mathematik vor allem als Denkschule begriff. Die notwendigsten Vorkenntnisse und Erklärungen, leichte mathematische Sätze, Beweise und Rechnungsarten wurden aus dem bisherigen Programm ausgesondert und zu leichten mathematischen Vorübungen für die beiden unteren Klassen zusammengestellt. Daran schloß sich eine Elementarmathematik für die folgenden drei Klassen an, die zugleich eine Auswahl von Übungen für die Schüler enthielt. Den neuen Bedürfnissen des Sprachunterrichts suchte Z. durch die Abfassung einer Reihe von Chrestomathien Rechnung zu tragen. Diese Arbeit betrieb er, „was die deutsche Sprache betrifft, anfangs mit geringerem Erfolge, weil er selbst in seiner Muttersprache nicht weniger als stark war" (B. SÖKELAND, 1828, S. 83). Bedeutsamer sind seine lateinischen Chrestomathien, die deutlich Einflüsse des Neuhumanismus zeigen: die alten Sprachen sollen studiert werden, um sie zu genießen und durch sie Urteil und Geschmack, Geist und Einsicht zu bilden. Dabei wird das Interesse auf den Inhalt gelenkt; die Lektüre soll Interesse erregen und auf diese Weise das Verständnis des Textes fördern. Das einzige poetische Zeugnis, das von Z. bekannt ist, ist eine lateinische Ode „Plausus, spes et vota patriae", die dem Kurfürsten MAXIMILIAN FRIEDRICH 1763 im Namen des Gymnasiums überreicht wurde.

Werke: Mathematische Vorübungen zum Gebrauche der ersten und zweiten Schule (1772); Matheseos Elementaris principia (Bd. 1–3. 1772); Lateinische Sprachkunst zum Gebrauche der ersten und zweiten Schule (1772); Lateinische Sprachkunst zum Gebrauche der dritten Schule (1773); Deutsche und lateinische Chrestomathie zum Gebrauche der ersten und zweiten Schule (1773); Matheseos sublimioris principia, praelectionibus publicis scholarum superiorum accomodata 1. Teil (1774); Elementa Mechanices, praelectionibus publicis Scholarum superiorum accomodata (1774); Poetische Chrestomathie, oder Muster der höhern Teutschen Poesie, zum Gebrauch der vierten und fünften Schule (1774); Oratorische Chrestomathie, oder Sammlung auserlesener Stellen in deutscher und lateinischer Sprache zum Gebrauche der vierten und fünften Schule der Gymnasien im Hochstift Münster (1774); Poetische deutsche und lateinische Chrestomathie zum Gebrauche der vierten und fünften Schule (1775); Deutsche und lateinische Chrestomathie zum Gebrauche der dritten Schule (1777); Exercitationes analytico syntheticae in Mathesi pura illustrandae cumprimis Geometriae veterum etc. accomodata (1783); Principia methodi exhaustionum (1792); Tentamen circa principia calculi, qui, recepto nomine, differentialis audit (1793).

Sekundärliteratur: C. A. Krabbe: Geschichtliche Nachrichten über die höheren Lehranstalten in Münster (1852). – P. Weddigen (Hrsg. zus. mit A. A. Fr. Mallinckrodt): Magazin für Westfalen (Jg. 1797–1799). – E. Raßmann: Münsterländische Schriftsteller (1866). – B. Sökeland: Umgestaltung des Münsterschen Gymnasiums durch den Minister Franz Freiherrn von Fürstenberg, nebst Nachrichten über Fürstenberg (1828).

Otto Brunken

Der Zupfgeigenhansl

Der Z. ist eine weitverbreitete und langanhaltende Wirkung ausstrahlende Liedersammlung, die von Hans Breuer (1883–1918), dem Leiter des „Wandervogel", zusammengestellt wurde und 1908 in erster Auflage erschien. Der Z. ist geprägt durch die Volksliedbegeisterung der Wandervogelbewegung und die Rückbesinnung auf die alte Musik, die zu einer innigen Beziehung zwischen Tonkunst und Leben führen sollte.

Vorgeschichte. Von Bedeutung für das Gruppenlied im 20. Jahrhundert war die Entstehung von Gruppen Jugendlicher, die 1896 unter Führung des Studenten Hermann Hoffmann am Steglitzer Gymnasium in Berlin auf Wochenend- und Ferienwanderungen zogen, um so einer Lebensanschauung zu huldigen, die von der Ungebundenheit des Umherstreifens und einfachen Lebensformen in freier Natur geprägt war. Diese neue Lebensform stand in bewußtem Gegensatz zur konventionellen, durch bürgerliche Moralvorstellungen eingeengten Lebensweise des etablierten Bürgertums gegen Ende des 19. Jahrhunderts. Im Jahr 1901 übernahm Karl Fischer (1881–1941) die Leitung der neuen Bewegung, die sich „Wandervogel" nannte. Von diesem „Altwandervogel" unterschied sich ab 1907 der „Wandervogel. Deutscher Bund für Jugendwanderungen" (W.V.D.B.), der unter der Leitung von Hans Breuer stand. Schon bald spaltete sich die ursprüngliche Organisation in zahlreiche kleinere oder größere Bünde auf, die von ihrer sozialen Herkunft wie ihrer politischen Überzeugung her große Unterschiede aufwiesen. Die programmatischen Verlautbarungen der Mutterorganisation waren daher sehr allgemein gehalten, bestanden zum großen Teil aus Leerformeln und wurden lediglich durch das abstrakt ausgedrückte Gefühl des jugendlichen Protestes gegen etablierte Lebensformen als einengendes Band zusammengehalten. Vom Beginn der Wandervogelbewegung an spielte das Lied im Selbstverständnis der Wandervogelanhänger eine bedeutende Rolle. Es diente zur primärfunktionalen Bewältigung konkreter Gruppensituationen, der motorischen Innervation beim Wandern, der Gestaltung der Wanderpausen, zur Begleitung beim Tanz, war Bestandteil der Gruppenabende und wurde vor allem zur gemeinsamen Verkündung der „eigenen Art" eingesetzt. Breuer beschrieb das Liedrepertoire des frühen Wandervogels so: „Die Leiblieder des Wandervogels haben gewechselt wie die Pariser Mode: Bierlied – Scheffel – Arie – Moritat und Turnerlied." Das primärfunktionale Singen war wenig durch ästhetische Konzeptionen geprägt. Es wurde gesungen, was man fand und was in die jeweilige Gruppensituation und zur Gruppenmentalität paßte. So gab es kraftbewußte Lieder, die zu der rauhen Lebensart paßten. Das Lied war Ausdruck einer pubertär-robusten Lebensergreifung. Die Leitbilder der ungebunden in die Weite strebenden Jugendlichen waren der fahrende Schüler, Landsknechte, Seeräuber. Daneben stand eine zweite Art des Liedgutes, die die Flucht von der harten Welt in ein stilles Reich der Weltabgewandtheit widerspiegelte. Landstreicher und Zigeuner, Verachtete, Ausgestoßene, unverstanden Umherschweifende bildeten die Leitfiguren solcher Lieder. So wurde das Lied „Drei Zigeuner fand ich einmal" von Nicolaus Lenau (1802–1850) das Vorbild für zahlreiche neue Lieder, die in der Wandervogelbewegung selbst entstanden.

Entstehung, Struktur und Wirkung des Z. Der am 30. April 1883 in Gröbers in Sachsen geborene und am 20.

Der Zupfgeigenhansl. Einband der Ausgabe von 1919.

April 1918 bei Merles in der Nähe von Verdun gefallene HANS BREUER gab im Jahr 1908 die Liedersammlung „Der Zupfgeigenhansl" heraus, die zu einem der weitverbreitesten und wirkungskräftigsten Liederbücher des 20. Jahrhunderts wurde. Während das Buch bis zur endgültigen Fassung im Jahre 1913 (10. Auflage) immer wieder Änderungen erfuhr, blieb es von der zehnten Auflage an unverändert und erreichte bis 1933 eine Gesamtauflage von über eine Million Exemplaren. Besonders wichtig sind die erste (1908), die fünfte (1911) und die elfte Auflage (1917), da sie Vorwörter enthalten, die in deutlicher Weise Absicht und Auswahlprinzipien des Z. aussprechen. Es war die Absicht BREUERs, dem Wandervogel nicht nur ein funktionell an das Gruppenleben gebundenes Liedgut zu geben – das war bei anderen Liedsammlungen schon vorher so gewesen –, er wollte vielmehr dem Wandervogel für seine Gruppenfunktion das künstlerisch wertvolle Gruppenlied vermitteln. Die Gruppenfunktion sollte mit ästhetischem Wert einhergehen. BREUER schreibt im Vorwort zur fünften Auflage: „... Nur Gutes. Kein Allerweltskram, um keinen Fingerbreit gewichen dem herrschenden Ungeschmack. Nach Bierlied – Scheffel – Arie – Moritat und Turnerlied kam zuletzt still und anspruchslos das Volkslied ... es bleibt."

Wichtige Quellen für BREUERs Z. waren die dreibändige Sammlung „Deutscher Liederhorst" (1893–1894) von LUDWIG ERK und FRANZ MAGNUS BÖHME und die zweibändige Sammlung „Deutsche Volkslieder mit ihren Originalweisen" (1838–1841) von AUGUST KRETZSCHMER und WILHELM VON ZUCCALMAGLIO, aber auch in mündlicher Tradition überlieferte Lieder, die von den Wandervögeln auf ihren Fahrten entdeckt und aufgeschrieben wurden. Andere Lieder kamen aus den benachbarten europäischen Ländern wie „Im Frühtau zu Berge" (Schweden), „Hab' mein Wage vollgelade" (Niederlanden) oder „Zogen einst fünf wilde Schwäne" (Masuren).

Mit BREUERs Z. und dessen weitreichender Wirkung wurde die Konzeption des Volksliedes, wie sie JOHANN GOTTFRIED HERDER (1744–1803) bereits hundert Jahre zuvor entworfen hatte, für das Leben fruchtbar. Im 19. Jahrhundert wurde das Volkslied von Gelehrten gesammelt und erforscht, danach von musikalisch Gebildeten als ästhetisches Anschauungserlebnis genossen, in Schulen und Männergesangsvereinen ideologisch verbrämt in den Dienst genommen, aber erst der Wandervogel gab dem Volkslied seine primärfunktionale Bedeutung. Wie BREUER seinen Wandervögeln in den Vorworten zu den zahlreichen Auflagen seines Z. immer wieder deutlich machte, war nach seiner Auffassung der Sinn des Umgangs mit dem Lied: ein schönes, altes Lied zu besitzen, es möglichst weit zu verbreiten und es an die gegebene Gruppensituation anzubinden. So stellt BREUER in der ersten Auflage des Z. fest: „... Wir aber sagen, die Güte des Liedes erprobt sich an seiner Dauerhaftigkeit; was hier gebracht wird, hat ... Jahrhundert um Jahrhundert im Volk fortgelebt. Was der Zeit getrotzt, das muß einfach gut sein ...". Im Vorwort zur fünften Auflage heißt es: „... Der alte solide Volksgesang bekommt wieder Heimatrecht ... So erweitert ... sich die Mission des Wandervogels, wir empfangen nicht nur für unsere Buben, wir geben auch wieder. Und das ist das Höhere. ...". Im gleichen Vorwort zeigt BREUER auch die verschiedenen Funktionen seiner Lieder auf, die letztlich seine Auswahlprinzipien verdeutlichen, wenn er formuliert: „... Nun, so ist die Praxis: mit Singsang beim Bauern ins Quartier, früh morgens am Herde, beim Flammenschein eine kleine traurige Schwabenweise, mit ‚Muß i denn zum Städtele hinaus' und draußen im Walde ein frisches Jägerlied, das Stadttor hallt vor ‚Bi-Ba-Basel', und die Bratwürste der Kindlwirtin fordern den ‚Tumben Schlemmer' aus den nimmermüden Kehlen. – Der sinkenden Sonne tönt ein feierliches ‚Ave Maria', dann aber ‚Ade zur Guten Nacht! Jetzt wird der Schluß gemacht' ...". In den Äußerungen BREUERS begegnen sich Primärfunktion des Gruppenliedes als dienender Gegenstand und seine ästhetische Anschauung und führten zu einer neuromantischen Variante der praktischen Volksliedpflege. Untersucht man die Gesamtheit der im Z. versammelten Lieder, so kommt man auf etwa achtzig Prozent der Vergangenheit entnommene Volkslieder und auf etwa zehn Prozent aus anderen europäischen Ländern stammende Lieder. Der Rest sind in der Jugendbewegung selbst entstandene robust-sentimentale Lieder, die auch „Klotzlieder" genannt wurden.

Diese „Klotzlieder", die zahlreichen Umsingungsprozessen unterworfen waren, tragen den sehr deutlichen Ausdruck von Affekten, die sich in den Empfindungen von Robustheit und Sentimentalität polarisieren. Das direkte Aufgreifen und Festhalten eindeutiger Stimmungen machte diese Lieder bei den Jugendlichen besonders beliebt. Das sentimental-schmerzliche Lied hat meistens eine engräumige Melodie. Terzenstrukturen und Schlüsse auf der Tonikaterz werden bevorzugt. Die Dur-Tonart steht im Vordergrund, der gerade Takt herrscht vor. Die rhythmische Gestaltung fällt zumeist mit dem Taktmetrum zusammen. Eines der bekanntesten Beispiele dieser Gruppe ist das Lied „Wir wollen zu Land ausfahren" (1911).

Der robuste Liedertyp ist durch eine weiter ausgreifende steile Kurve gekennzeichnet. Quint und Quart werden als tragendes Intervall bevorzugt. Punktierte Noten geben dem Lied ein scharfes Profil, das sich dem Marschtritt anpaßt. Ein bekanntes Beispiel für diese Gruppe ist das Lied „Vom Barette schwankt die Feder". Der Z. wurde Vorbild für zahlreiche nach 1908 erschienene Liederbücher. Kaum eines davon wäre ohne den Z. denkbar.

Die Jugendbewegung als Ganzes war weitgehend unpolitisch. So lehnte BREUER das klassenkämpferische Lied „Proletenmärsche" im Vorwort zur fünften Auflage des Z. energisch ab. Andererseits gab es im Bereich der Wandervogelbewegung eine zahlenmäßig große Reihe von Bünden mit Rechtstendenzen und politischer Indifferenz, für neue Führungsideen im Rückgriff auf nationale Symbole, für die Erneuerung des Volkstums, für das Vorhandensein einer „edlen", volksverbundenen Kunst. Den Machthabern des Dritten Reiches war es leicht, die Leerformeln der Jugendbewegung, die mit jedwedem Gehalt gefüllt werden konnten, mit nationalistischen Ideen zu beladen. Nach 1933 ergab sich genau das Gegenteil von dem, was die Wandervogelbewegung wollte: Die Besetzung der Leerformeln jugendlich-vagen Aufbruchs mit nationalsozialistischer Ideologie und die sich daraus ergebende Indoktrination durch das Lied. Zwar machten in nationalsozialistischen Liederbüchern Volkslieder, wie sie im Z. standen, bis zu sechzig Prozent des aufgenommenen Liedgutes aus, doch traten jetzt ideologisch verbrämte Kampflieder in den Vordergrund und wurde die richtige Auswahl des Gruppenliedes „ein beinahe kriegsentscheidender Auftrag", wie es 1944 in der Zeitschrift „Musik und Volk" zu lesen stand.

Nach dem Zweiten Weltkrieg durch den Mißbrauch während der nationalsozialistischen Ära verfemt, macht sich in den letzten zehn Jahren – nicht zuletzt im Zuge einer allgemeinen Nostalgiewelle – ein breiteres Interesse für das alte Volkslied und damit auch für das Liedgut, wie es von der Wandervogelbewegung im Z. angeboten wurde, bemerkbar. So wird der Z. heute wieder nachgedruckt. Auch berufsmäßige Gesangsgruppen nehmen sich heute der Lieder des Z. an. So trat in den letzten Jahren eine Gruppe unter dem Namen „Zupfgeigenhansel" auf (THOMAS FRIZ, ERICH SCHMECKENBECHER, MONIKA KLEINWÄCHTER, MICHAEL VENHOFF), die eine Reihe von Liedern aus dem Z. mit Instrumentalbegleitung vorträgt und inzwischen zu großer Beliebtheit bei der jüngeren Generation gefunden hat. 1976 erschien eine Schallplatte dieser Gruppe mit dem Titel „Zupfgeigenhansel. Volkslieder 1". Allerdings ist die Primärfunktion des Liedes, wie sie bei den Wandervögeln zu finden war, weitgehend verlorengegangen. Die Zuhörer enthalten sich einer aktiven Mitwirkung und genießen nur noch in nostalgischer Andacht die von Berufsmusikern und -sängern vorgetragenen Lieder.

Sekundärliteratur: W. Ehmann: Erbe und Auftrag musikalischer Erneuerung (1950). – F. Jöde: Vom Wesen und Werden der Jugendmusik (1954); Wandervögel und Jugendmusik (in: G. Ziemer (Hrsg. zus. mit H. Wolf): Wandervogel und Freideutsche Jugend. (1961. 484–498). – Fr. Klausmeier: Jugend und Musik im technischen Zeitalter (1963). – E. Klusen: Der Stammescharakter in den Weisen neuerer deutscher Volkslieder (1953); Volkslied. Fund und Erfindung (1969).

Gerhard Müller-Hornbach

Personen- und Sachregister

Personenregister

Redaktion: *Winfred Kaminski*

Die Bände A–H, I–O, P–Z sowie der Ergänzungs- und Registerband sind im Personenregister als Bände I, II, III und IV gekennzeichnet.
Das Personenregister verzeichnet jede im Text vorhandene Namensnennung, ausgenommen diejenigen, die in den Bibliographien der Artikel erscheinen. Durch halbfetten Druck hervorgehobene Zahlen verweisen auf Seiten, auf denen ein eigener Artikel zur Person zu finden ist. In Klammern gesetzte arabische Ziffern sind Seitenangaben für Illustrationen.

C

D

E

F

G

H

K

M

N

O

P

T

Sachregister

Redaktion: *Klaus-Ulrich Pech*

Die Bände A–H, I–O, P–Z sowie der Ergänzungs- und Registerband sind als Bände I, II, III und IV gekennzeichnet.
Das Sachregister wurde selektiv erstellt. Bloß aufzählende oder unspezifische Begriffsnennungen wurden nicht registriert. Seitenangaben von Sachartikeln sind halbfett hervorgehoben.
Zur Vermeidung von Mißverständnissen wurden in einigen Fällen Namen von Zeitschriften mit der in Klammer gesetzten Abkürzung (Zs) versehen.

C

D

E

J

K

L

Q

R

V

Lexikon der Kinder- und Jugendliteratur

Erster Band: A–H

Erarbeitet im Institut für Jugendbuchforschung
der Johann Wolfgang Goethe-Universität in Frankfurt/Main
Bibliographische Angaben unter Mitwirkung
der Internationalen Jugendbibliothek in München

Redaktion: Peter Aley, Margarete Dierks, Klaus Doderer,
Helmut Müller, Rudolf Raab, Gerlinde Rabenstein,
Luise Siegling

Beltz Verlag, Weinheim und Basel

CIP-Kurztitelaufnahme der Deutschen Bibliothek

Lexikon der Kinder- und Jugendliteratur : Personen-, Länder- u. Sachart. zu Geschichte u. Gegenwart d. Kinder- u. Jugendliteratur ; in 3 Bd. (A–Z) u. e. Erg.- u. Reg.-Bd. / [erarb. im Inst. für Jugendbuchforschung d. Johann-Wolfgang-Goethe-Univ. in Frankfurt am Main]. Hrsg. von Klaus Doderer. – Sonderausg. in Kassette – Weinheim ; Basel : Beltz
ISBN 3-407-56520-8
NE: Doderer, Klaus [Hrsg.]; Institut für Jugendbuchforschung <Frankfurt, Main>
Bd. 1. A – H / bibliograph. Angaben unter Mitw. d. Internat. Jugendbibliothek in München. Red.: Peter Aley ... [Mitarb. dieses Bd. Helge Adler ...]. – 1984.
NE: Aley, Peter [Red.]

Redaktionsschluß: Dezember 1973 (mit Nachträgen bis Herbst 1974)

Umschlagentwurf: Günther Stiller, Taunusstein
Gesetzt aus der 8 Punkt Garamond für die Grundschrift
Gesamtherstellung: Beltz Offsetdruck, 6944 Hemsbach über Weinheim
Printed in Germany

ISBN 3 407 56520 8

Mitarbeiter dieses Bandes

Helge Adler, Frankfurt/M.
Peter Aley, Essen
Richard Bamberger, Wien (Österreich)
Alfred Clemens Baumgärtner (ACB), Würzburg
Jörg Becker, Frankfurt/M.
Hermann Bertlein, Worms
Lioba Betten-Colmorgen, München
Lucia Binder, Wien (Österreich)
Waltraud Böhm, Malente
Carmen Bravo-Villasante, Madrid (Spanien)
Theodor Brüggemann, Köln
Jan Červenka, Prag (ČSSR)
Elfriede Conrad, Göttingen
Hans Cornioley, Bern (Schweiz)
Malte Dahrendorf (m. d.), Hamburg
Margarete Dierks (M. D.), Lübeck
Klaus Doderer (K. D.), Frankfurt/M.
Hans Eich, München
Erika v. Engelbrechten, München
Lydia Erdogan, Maltepe-Ankara (Türkei)
Karl E. Fick, Frankfurt/M.
Dietrich Fischer, Kiel/Lübeck
Karlhans Frank, Schöneck
Rosemarie Fritzdorf, Bodendorf
Sigrid Geisen, Darmstadt
Horst Geissler, Marburg/Lahn
Hubert Göbels, Essen
Peter Hasubek, Göttingen
Hermann Helmers, Oldenburg
Franz Hinze, Hamburg
František Holešovský, Prag/Brünn (ČSSR)
Gerhard Isermann, Göttingen
Wolfgang Kempkes, Norderstedt
Karl-Heinz Klimmer, Bad Homburg
Werner Klose, St. Peter-Ording
Anneliese Knoop, Bühl-Neusatz
Hermann Kölln †, Kiel
Friedel Kriechbaum, Giessen
Horst Künnemann, Hamburg
Marie-Luise Linn, Konstanz
J. Michael Loughridge, St. Andrews-Fife (Schottland)
Velten Merz, Frankfurt/M.
Rolf Morgenstern, FrankfurtM.
Helmut Müller, Frankfurt/M.
Brigitte Nottebohm, Frankfurt/M.
Heinrich Pleticha, Würzburg
Rudolf Raab, Frankfurt/M.
Gerlinde Rabenstein, Frankfurt/M.
Detlef Ram, Frankfurt/M.
Rosmarie Rauter, Frankfurt/M.
Harald Riebe, Darmstadt
Hans Rücker, Bensheim-Auerbach
Richard Schaeffer, Ravensburg
Horst Schaller, Göttingen
Walter Scherf, München
Wolfgang Schlegelmilch, Freiburg im Breisgau
Luise Siegling, Frankfurt/M.
Eduard Tack, Bonn-Bad Godesberg
Margarete Trask, Kensington (Australien)
Maria Voigt, Frankfurt/M.
Ursula Walz, Frankfurt/M.
Heinz Wegehaupt, Berlin (DDR)
Klaus Rüdiger Werner, Bendorf-Mühlhofen
Mechthild Werner, Wiesbaden

In Klammer hinter dem Namen ist das von einigen Mitarbeitern gebrauchte Sigel angegeben.
Für nichtsignierte Beiträge zeichnet die Redaktion.
Die IJB gezeichneten Bibliographien wurden unter Mithilfe der Internationalen Jugendbibliothek in München erstellt.

Vorwort des Herausgebers

Der 1. Band des *Lexikons der Kinder- und Jugendliteratur* liegt nun vor. Die nicht ganz einfache Aufgabe, dieses insgesamt auf drei Bände berechnete Werk zu erarbeiten, ergab sich im Institut für Jugendbuchforschung der Johann Wolfgan Goethe-Universität in Frankfurt am Main. Ein zusammenfassendes Darstellen und Verarbeiten der vielen, seither verstreut geleisteten wissenschaftlichen Untersuchungsergebnisse mußte endlich in Angriff genommen werden. Der Plan ist so alt wie das 1963 gegründete Institut für Jugendbuchforschung selbst. Schnell ergab sich bei den Vorarbeiten und dem Aufbau der benötigten Dokumentation, daß viele Hindernisse überwunden werden mußten und müssen. Manches mußte erst entdeckt werden. Die langanhaltenden Vorurteile gegenüber der Kinder- und Jugendliteratur als ernstzunehmendes wissenschaftliches Untersuchungsfeld haben z. B. bis heute zum Verschweigen der jugendliterarischen Werke arrivierter Autoren in Literaturgeschichten geführt; die gefährliche Verharmlosung des Gehalts und Wirkungsbereichs der Kinder- und Jugendliteratur im 19. und 20. Jahrhundert hat den Reflexionsgrad gegenüber diesem Teil der Literatur — und er ist sowohl nach seinem quantitativen Anteil an der literarischen Gesamtproduktion als auch nach seiner gesellschaftlichen Bedeutsamkeit wahrlich nicht zu gering einzuschätzen! — herabgesetzt; der Mangel an fachkundigen Institutionen, denen die Aufgabe der bibliothekarischen Betreuung und der wissenschaftlichen Betrachtung von Kinder- und Jugendliteratur zukommt, erschwerte das Auffinden der Quellen. In der Zeit nach dem zweiten Weltkrieg hat allerdings die Öffentlichkeit erfreulicherweise zunächst zögernd, dann in den 70er Jahren mehr und mehr begonnen, die Kinder- und Jugendliteratur als ein Gebiet zu begreifen, dessen Inhalte, Formen und Wirkungen aufgrund ihrer nicht zu gering zu veranschlagenden gesellschaftlichen Bedeutung wissenschaftlicher, kritischer Betrachtung ausgesetzt werden müssen.
Das *Lexikon der Kinder- und Jugendliteratur* will Fachleuten und Interessierten ein Handwerkszeug zur Erschließung dieses vielschichtigen und reizvollen, dabei noch bislang wenig beackerten Gebiets sein. Insofern dürfte es nicht ohne Nutzen für Literaturwissenschaftler und Pädagogen, für Psychologen, Soziologen und Bibliothekare, für Kommunikationswissenschaftler, Publizisten und natürlich auch für diejenigen Erwachsenen sein, die ohne spezielles berufliches Interesse der Welt der Kinder- und Jugendliteratur Aufmerksamkeit und kritische Zuneigung entgegenbringen.

Ziel der Redaktion und des Herausgebers bei der Konzipierung des Werks war, eine weitgehend enzyklopädische Darstellung des bisher vorhandenen, weithin verzettelten Wissens um die Fakten und Probleme der Kinder- und Jugendliteratur, ihrer Produktionsvorgänge und Konsumbedingungen zustande zu bringen. Zu finden sind in alphabetischer Reihenfolge Sach- und Personalartikel zur Kinder- und Jugendliteratur und ihrer Verwertung. Die Lebensdaten und Werkcharakteristiken von bekannten Autoren, Illustratoren, Theoretikern sind ebenso aufgezeichnet wie die Merkmale und Entwicklungsgeschichten von Gattungen und Buchformen. Die besonderen Erscheinungsformen des Jugendbuchwesens in den verschiedenen Ländern der Erde haben genau wie die leserpsychologischen Phänomene ihren Platz gefunden. Wir gingen bei der Konzeption des

Werks, die in vielen Besprechungen und mehreren Tagungen entwickelt wurde, davon aus, daß das *Lexikon der Kinder- und Jugendliteratur* folgende Eigenschaften haben soll:

1. Um eine möglichst weitreichende Unterrichtung über Sachverhalte und Personen zu ermöglichen, nähert sich das Lexikon der Kinder- und Jugendliteratur in seinem Stil vielfach dem der Handbücher an; das heißt, es geht an vielen Stellen über das knappe Informationsangebot eines Lexikons hinaus.
2. Die einzelnen Beiträge unterrichten somit zwar möglichst objektiv über das im Schlagwort angegebene Thema, jedoch haben — eingedenk der Unmöglichkeit völlig neutraler Information — die Verfasser der einzelnen Artikel in dem vom Strukturschema der Artikelgruppe umschriebenen Feld Freiheit zur Darlegung ihrer Wertung der Tatbestände. Insofern entschlossen wir uns auch zur namentlichen Zeichnung des größten Teils der Artikel.
3. Mehrere Aspekte müssen bei der Betrachtung des Gebiets der Kinder- und Jugendliteratur berücksichtigt werden. Wir sind der Meinung, daß sich derjenige, der sich mit der Literatur für Kinder- und Jugendliche beschäftigen möchte, nicht nur mit dem abgeben darf, was als sogenannte „spezifische" Kinder- und Jugendliteratur in den entsprechenden Verlagen dieser Branche produziert wird. Die Lektüre der Kinder und und jungen Leute ist wesentlich weiter, gelegentlich und je nach gesellschaftlicher Gruppen- bzw. Schichtenzugehörigkeit auch anders. Sie umfaßt Privatlektüre und verpflichtende Schullektüre, schließt den Konsum von Comics, Romanheften, Zeitungen, Fachbüchern und belletristischen Erwachsenenlesestoffen ein. Im übrigen trifft das literarische Produkt den jungen Menschen heutzutage längst nicht mehr nur über das Massenmedium Buch oder über andere Druckformen (Zeitschrift, Zeitung), sondern ebenso über die audio-visuellen Medien wie Schallplatte, Hör- und Sehfunk. Für die Lexikon-Redaktion galt es daher, schon durch die Auswahl der Schlagwörter den Funktionszusammenhang des gesellschaftlichen Phänomens Kinder- und Jugendliteratur so weit wie möglich zu sehen.
4. In dem Bewußtsein, daß Kinder- und Jugendliteratur ganz entscheidende internationale Zusammenhänge aufweist — man erinnere sich nur, daß überall auf der Welt Kinder- und Jugendbücher übersetzt werden, daß z. B. etwa ein Drittel der jährlich in der Bundesrepublik erscheinenden Kinder- und Jugendbücher Übersetzungen aus anderen Sprachen sind und daß die Probleme der jungen Lesergeneration, aber auch die der auf sie angewandten Literaturdidaktik, auch die Schichten- und Entwicklungsprobleme des jugendlichen Konsumenten an vielen Stellen vergleichbar von Land zu Land sind —, ist das Lexikon der Kinder- und Jugendliteratur bemüht, diesen internationalen Background zu berücksichtigen. So sollen z. B. die Artikel über das Kinder- und Jugendbuchwesen in anderen Ländern Material an die Hand geben, das die Verschiedenartigkeit der Einrichtungen (Verlagssysteme, Auszeichnungen, Bibliotheken etc.) erkennen läßt.
5. Wer die Kinder- und Jugendliteratur unserer Tage verstehen will, der darf sich dem Blick in die Vergangenheit nicht verschließen. Vieles, was dem modernen Betrachter einzigartig oder neuartig erscheinen mag, stellt sich bei intensiverer historischer Analyse als Fortsetzung, Weiterbildung oder Deformation früherer Erscheinungen heraus. Man möge es nachsehen, wenn — gelegentlich fast erdrückt von der Fülle der Quellen, dann wiederum nur auf spärliche Zeugnisse angewiesen — die Darstellung nicht immer so ausgewogen ist, wie wir sie uns selbst gewünscht haben.

Die Auswahl der mit einem eigenen *Personalartikel* vertretenen Autoren und Illustratoren beruht auf folgenden Kriterien: Aus dem historischen Bereich wurden diejenigen aufgenommen, deren Werk für die Geschichte oder die Entwicklung der Kinder- und Jugendliteratur bemerkenswerte Akzente setzte. Für die Gegenwart mußten die Kriterien detaillierter gefaßt werden: So sind vertreten die Preisträger der bekanntesten internationalen Auszeichnungen und die der nationalen in deutschsprachigen Ländern, daneben sogenannte Erwachsenenschriftsteller, die auch für Kinder schreiben und ebenso Autoren, die mit einem umfangreichen Werk eine hohe Publizität erreicht haben. Ebenso wurden aufgenommen Autoren und Illustratoren, die für eine spezielle Entwicklung oder Technik bezeichnend sind, und ausländische Autoren, die im deutschsprachigen Raum durch ihr übersetztes Werk starke Beachtung fanden. Autoren und Illustratoren, deren Wirkung wesentlich auf den eigenen Sprachraum beschränkt blieb, finden in den entsprechenden Länderartikeln Erwähnung. Von den Personen, die mit ihren theoretischen und kritischen Äußerungen auf die Entwicklung der Kinder- und Jugendliteratur eingewirkt haben, wurden diejenigen aufgenommen, die in Publikationen grundsätzlich oder zu Einzelfragen Stellung genommen haben. Ebenso wurden Personen im Lexikon abgehandelt, die sich besonders um Organisation im Bereich des Jugendbuchwesens verdient gemacht haben.

Die Abfassung der *Sachartikel* unterlag vielfach besonderen Schwierigkeiten. So war z. B. bei verschiedenen Länderartikeln zuverlässiges Informationsmaterial über die betreffende nationale Kinder- und Jugendliteratur schwer oder gar nicht zu erhalten. Der Umfang der einzelnen Länderartikel wird somit oftmals nicht durch die geographische Größe, die Einwohnerzahl oder die politische Bedeutung des Landes bestimmt, sondern durch den Vorrat an Materialien und Informationen, der uns zur Verfügung stand. Das hat dazu geführt, daß einige Länder nur spärlich, ein paar sogar gar keine Erwähnung finden. Vor allem bei den Staaten der Dritten Welt, die zum Teil noch keine eigene Kinder- und Jugendliteratur besitzen bzw. im Stadium eines ersten Aufbaus des Bildungswesens Kinder- und Jugendliteratur als Schul- und Lehrbücher verstehen, ist letzteres der Fall. Zum Teil scheiterte das Auswerten von Informationen auch an nicht zu überwindenden Übersetzungsschwierigkeiten. Bei ausländischen Autoren wurde in Fällen, in denen diese aufgrund ihrer internationalen Bedeutung einen eigenen Artikel bekommen haben, auf eine eingehende Darstellung im Länderartikel verzichtet. Andererseits wurden solche Autoren innerhalb des Länderartikels ausführlicher erwähnt, die im Bereich der Kinder- und Jugendliteratur bisher nur innerhalb des entsprechenden Landes eine wesentliche Rolle spielen oder gespielt haben. Für die Auswahl der Verlage, die mit einem kurzen Artikel vertreten sind — sie gehören alle dem deutschsprachigen Raum an —, war die Frage maßgebend, ob sie mit ihren Publikationen nur Kinder- und Jugendliche ansprechen wollen oder ob dies wenigstens auf einen Teil der Verlagsproduktion zutrifft, bzw. in der Vergangenheit zutraf. Inhalt und Wert der verlegten Bücher spielten bei der Entscheidung über die Aufnahme eines Verlags in das Lexikon keine Rolle.

Die in diesem Bande versammelten *Abbildungen* — Porträts, Illustrationen, Titelseiten und andere Details aus der Welt des Kinderbuchs — entstammen zum größten Teil der Bibliothek und dem Archiv des Instituts für Jugendbuchforschung in Frankfurt/M. Es war das Bestreben der Redaktion, durch Exempel mosaikartig Entwicklungslinien oder Stilrichtungen im Kinder-, Bilder- und Jugendbuch zu verdeutlichen. Neben den Vorläufern, den ABC-Büchern, den unter dem Aspekt der religiösen Erziehung geschriebenen Kinderbüchern oder den „Orbis pictus"-Ausgaben sollten auch die verschiedenen Gruppen wie Sachbuch, Reimbuch, Spielbuch, künstlerisches Bilderbuch oder auch Produkte der Kioskliteratur vor Augen geführt werden. Auf weiten Strecken ist die Kinder- und Jugendliteratur einfach nicht ohne die illustrative Buchkunst zu denken. Im vorliegenden Band des Lexikons ist ebenso die eine oder andere Abbildung aufgenommen, die zeigen kann, wie Bild und Text miteinander korrespondieren. Und einige Porträts von historischen und zeitgenössischen Autoren sind dazwischengestreut.

Die Kritik an dem hier vorgelegten Werk wird nicht ausbleiben. Man wird uns vielleicht diesen oder jenen Autor, Illustrator oder verdienstvollen Theoretiker vorhalten, der zu wenig, ja womöglich gar nicht berücksichtigt wurde. Man wird die Gewichte zwischen Sach- und Personalartikel, zwischen historischem und zeitgenössischem Angebot vielleicht anders verteilt sehen mögen, man wird Länderartikel miteinander vergleichen und sicherlich Lücken und womöglich Irrtümer feststellen. Ja, dem einen oder anderen wird u. U. die Gesamtanlage nicht passen. Für korrigierende Hinweise werden wir jederzeit dankbar sein. Die Kritiker mögen jedoch folgendes bedenken: In vielen Fällen konnten wir trotz angestrengten Suchens keine exakten Auskünfte erhalten. In Zweifelsfällen haben wir lieber auf eine Angabe verzichtet als Ungesichertes dargestellt. Dennoch ist es nicht ausgeschlossen, daß wir irrigen Angaben zum Opfer gefallen sind. Über die Akzentuierung und Wertung bei Sach- und Personalartikeln gab und gibt es innerhalb der Redaktion teilweise verschiedene Auffassungen. Der Dialog zwischen Mitarbeitern, Redaktion und Herausgeber im Bearbeitungsvorgang eingegangener Manuskripte hat sich gelegentlich zu einem Balanceakt zwischen Einverständnisbereitschaft mit Änderungen und Beharren beim Dargestellten entwickelt. Einem solchen Werk wie dem *Lexikon der Kinder- und Jugendliteratur* sollte eine gewisse Auffassungsbreite im einzelnen zugestanden werden. Es bleibt — auch dies sei dem Kritiker gesagt — bei der langen Entstehungszeit von mehr als zehn Jahren nicht aus, daß manches aus der Sicht des Jahres 1975 anders aussieht als aus der des Jahres 1963, bedenkt man, wie sich gerade in diesem letzten Jahrzehnt die Forschungslage verändert hat. Nicht immer war es möglich, längst vorhandene Vorarbeiten beiseitezulegen und Neubearbeitungen vorzunehmen. So bitten wir um Nachsicht, wenn sich an einigen Stellen Patina-Partikel in den Zeilen finden sollten. Was aber jedem, der die kritische Sonde anlegen will, stets deutlich vor Augen gehalten werden muß, ist dies: Der vorliegende Band ist ohne ausreichende finanzielle Unterstützung und Absicherung entstanden. Die Mitarbeiter haben ihre Beiträge nur deshalb geleistet, weil sie sich wie die Mitglieder der Redaktion sagten, daß die Verwirklichung des *Lexikons der Kinder- und Jugendliteratur* den gespendeten Einsatz lohnt. Mit großer Freude möchten wir an dieser Stelle vermerken, daß Theoretiker aus vielen Ländern das Zustandekommen dieses Bandes ermöglicht haben, indem sie uns kollegiale Hilfe gewährten. All den vielen Freunden in Ost und West, die trotz der großen Schwierigkeiten, Verzögerung und Mühen ausgehalten haben, nicht zuletzt aber den beiden Verlagen, welche aufgrund der Initiative von Dr. MANFRED BELTZ RÜBELMANN das finanzielle Risiko der Veröffentlichung tragen, gilt hier unser ganz besonderer Dank. Daß sich im Hinblick auf die Bearbeitung der bibliographischen Teile eine intensive Mitarbeit der Internationalen Jugendbibliothek in München ergeben hat, halten wir für einen besonders glücklichen Umstand. Ihrem Direktor WALTER SCHERF und seinen Mitarbeitern möchte ich deshalb an dieser Stelle ebenso aufrichtig Dank sagen. Es bleibt die Hoffnung, daß die beiden nun noch ausstehenden Bände schnell hintereinander folgen können. Wir wünschen, daß die wertvolle Mithilfe der Spezialisten im In- und Ausland bestehen bleibt und daß Fachwelt und Öffentlichkeit regen Gebrauch von dieser Informationsquelle machen. Im Vollzug werden die Benutzer gewiß erkennen, welch bedeutsames literarisches, pädagogisches und damit gesellschaftliches Feld die Kinder- und Jugendliteratur war und ist, in dem sich auszukennen übrigens auch viel Vergnügen bereiten kann.

Klaus Doderer

Abkürzungen

A

Abb.	Abbildung
abgedr.	abgedruckt
amer.	amerikanisch
AT	Altes Testament
Ausz.	Auszug, Auszüge

B

B. A.	Bachelor of Arts
BBC	British Broadcasting Corporation
Beih.	Beiheft
Beil.	Beilage
BGBl.	Bundesgesetzblatt
BIB	Bienále Ilustrácií Bratislava
BR	Bayrischer Rundfunk
brit.	britisch

C

col. (auch: kol.)	coloriert (koloriert)

D

D. C.	District of Columbia
dän.	dänisch
DB	Deutsche Biliothek
Diss.	Dissertation
DJP	Deutscher Jugendbuchpreis
DJW	Deutsches Jugendschriftenwerk
DNB	Deutsche National-Bibliothek

E

E.	Einwohner
Ed.	Edition
Einl.	Einleitung
emer.	emeritiert
engl.	englisch
Erg. H.	Ergänzungsheft
ersch.	erschienen
erw.	erweitert
europ.	europäisch

F

F.	Folge
Faks.	Faksimile
FDGB	Freier Deutscher Gewerkschaftsbund
FDJ	Freie Deutsche Jugend
Fragm.	Fragment
franz.	französisch

G

gen.	genannt
ges.	gesammelt
GEW	Gewerkschaft Erziehung und Wissenschaft
GjS	Gesetz über die Verbreitung jugendgefährdender Schriften
griech.	griechisch

H

H.	Heft
Handwb.	Handwörterbuch
Hdb.	Handbuch
hess.	hessisch
hj.	halbjährlich
Hrsg.	Herausgeber
hrsg.	herausgegeben
Hs.	Handschrift
hs.	handschriftlich

I

i. V. m.	in Verbindung mit
IBBY	International Board on Books for Young People
IJB	Internationale Jugendbibliothek, München
Ill.	Illustrator, Illustration
ill.	illustriert
illum.	illuminiert

J

j.	jährlich
Jb.	Jahrbuch
J. Bearb.	Jugendbearbeitung
Jg.	Jahrgang
Jh.	Jahrhundert
JL	Jugendliteratur

K

kart.	kartoniert
kgl.	königlich
KJL	Kinder- und Jugendliteratur
kol. (auch: col.)	koloriert (coloriert)
komp.	komponiert
korr.	korrespondierend

L

lat.	lateinisch
lfd.	laufend
Lfg.	Lieferung
lit.	literarisch
Lit.	Literatur
Lithogr.	Lithographie
lithogr.	lithographisch
Lj.	Lebensjahr
Ln.	Leinwand
LPG	Landwirtschaftliche Produktionsgenossenschaft

M

MA	Mittelalter
mhd.	mittelhochdeutsch
mongol.	mongolisch
Monogr.	Monographie
Ms.	Manuskript

N

NA	Neuauflage
ND	Nachdruck
NDR	Norddeutscher Rundfunk
ndt.	niederdeutsch
NEd.	New Edition
Neudr.	Neudruck
NF	Neue Folge
nhd.	neuhochdeutsch
norw.	norwegisch
NR	Neue Reihe
NS	New Series
NSDAP	Nationalsozialistische Deutsche Arbeiterpartei

NSLB	Nationalsozialistischer Lehrerbund
NT	Neues Testament

O

o. J.	ohne Jahresangabe
o. O.	ohne Ortsangabe
österr.	österreichisch
Orig.	Original

P

PEN	Poets, Essayists, Novelists (World Association of Writers)
PH	Pädagogische Hochschule
preuß.	preußisch
Prov.	Provinz
Ps. (auch: Pseud.)	Pseudonym
publ.	published, publiziert

R

R.	Reihe
Red.	Redakteur, Redaktion
Reg.	Register
Reprod.	Reproduktion
rev.	revidiert
röm.	römisch
russ.	russisch

S

schwed.	schwedisch
schweiz.	schweizerisch
SED	Sozialistische Einheitspartei Deutschlands
sog.	sogenannt
Sp.	Spalte
Spec. Nr.	Special Number
St.	Stück
STGB	Strafgesetzbuch
Suppl.	Supplement

T

T. (auch Tl. und Th. sowie Thl.)	Teil
Tab.	Tabelle
Taf.	Tafel
Tb.	Taschenbuch
Thür.	Thüringen
tsd.	tausend
Typogr.	Typographie
typogr.	typographisch

U

u. d. T.	unter dem Titel
u. v. a.	und viel (e, es) anderes (e); unter vielem (n) anderen
UdSSR	Union der Sozialistischen Sowjetrepubliken
ungar.	ungarisch
UNICEF	United Nations International Children's Emergency Fund
UNO	United Nations Organization
USA	United States of America

V

V. (VV.)	Vers (Verse)
VEB	Volkseigener Betrieb
verb.	verbessert
Verf.	Verfasser
Verl.	Verlag
verm.	vermehrt
vj.	vierteljährlich
VJA	Vereinigte Jugendschriften-Ausschüsse
vollst.	vollständig
vollst. umgearb.	vollständig umgearbeitet
Vorw.	Vorwort

W

Wb.	Wörterbuch
WDR	Westdeutscher Rundfunk
wiss.	wissenschaftlich
wr.	written
Württbg.	Württemberg

Z

zit.	zitiert
Ztg.	Zeitung

Zeichen

* geboren
† gestorben
→ siehe

Zeitschriften

Beitr. z. K.- u. Jl.	Beiträge zur Kinder- und Jugendliteratur
BJ & L	Bulletin Jugend & Literatur
Börsenblatt, Ffm.	Börsenblatt für den deutschen Buchhandel, Frankfurt/M.
Börsenblatt, Leipzig	Börsenblatt für den Deutschen Buchhandel, Leipzig
BuB	Buch und Bibliothek
Bulletin	Bulletin. Kuratorium Sozialistische Kinderliteratur d. DDR
DLZ	Deutsche Lehrerzeitung
DU	Der Deutschunterricht (Stuttgart)
DU, Berlin	Deutschunterricht (Berlin/Ost)
DVjs	Deutsche Vierteljahresschrift für Literaturwissenschaft und Geistesgeschichte
GRM	Germanisch-Romanische Monatsschrift
Inf. Lit. u. M.	Informationen Literatur und Medien/Jugendschriftenwarte
JL	Jugendliteratur, Monatshefte
JSW	Jugendschriften-Warte (Beilage zur „Allgemeinen Deutschen Lehrerzeitung", ab 1972 zu „Erziehung und Wissenschaft")
ND-Literatur	Neues Deutschland (Literaturbeilage)
NDL	Neue Deutsche Literatur

PMLA	Publications of the Modern Language Association of America
Progr.	Programm
WPB (auch: Westerm. Päd. Beitr.)	Westermanns Pädagogische Beiträge
WW	Wirkendes Wort
Zeitschr. f. J.lit.	Zeitschrift für Jugendliteratur

Häufig zitierte Werke

ADB	Allgemeine Deutsche Biographie
Allgem. Bibl. f. d. Schulwesen	Allgemeine Bibliothek für das Schulwesen
Bamberger: Jlekt.	Bamberger, Richard: Jugendlektüre. Wien [2]1965
Dyhrenfurth: Gesch. d. dt. J.buchs	Dyhrenfurth-Graebsch, Irene: Geschichte des deutschen Jugendbuches. Zürich [3]1967
Göhring: Anf. d. dt. J.lit.	Göhring, Ludwig: Die Anfänge der deutschen Jugendliteratur im 18. Jahrhundert. Nürnberg 1904
Grimm: Dt. Heldensage	Grimm, Wilhelm: Die deutsche Heldensage. Berlin [2]1867
Hdb. d. DU.	Beinlich, Alexander: Handbuch des Deutschunterrichts. Bd. 1 und 2. Emsdetten [5]1969/1970
Hobrecker: Alte verg. K.bücher (auch kurz: Hobrecker)	Hobrecker, Karl: Alte vergessene Kinderbücher. Berlin 1924
Hwb. d. dt. Abergl.s	Bächtold-Stäubli, Hanns: Handwörterbuch des deutschen Aberglaubens. Bd. 1—10. Berlin 1927 ff.
HwdM (auch: Handwb. d. dt. Märch.)	Handwörterbuch des deutschen Märchens. Bd. 1 und 2. Berlin 1930 ff.
KHM	Brüder Grimm: Kinder- und Hausmärchen
Köster: Gesch. d. dt. J.lit. (auch kurz: Köster)	Köster, Hermann L.: Geschichte der deutschen Jugendliteratur. In Monographien. Hamburg 1906
Kunze: Schatzbehalter	Kunze, Horst: Schatzbehalter, vom Besten aus der älteren deutschen Kinderliteratur. Berlin 1964
Merget: Gesch. d. dt. J.lit.	Merget, Adalbert: Geschichte der deutschen Jugendliteratur. Berlin 1867
Prestel: Gesch. d. dt. J.lit.	Prestel, Josef: Geschichte der deutschen Jugendliteratur. Freiburg 1933
Rümann: Alte dt. K.bücher (auch kurz: Rümann)	Rümann, Arthur: Alte deutsche Kinderbücher. Wien 1937
Wolgast: Elend unserer J.lit. (auch kurz: Wolgast)	Wolgast, Heinrich: Das Elend unserer Jugendliteratur. Worms [7]1950

Bildnachweis

Bei allen hier nicht aufgeführten Illustrationen dieses Bandes ist die Quelle aus der jeweiligen Bildlegende ersichtlich.

S. 17: Antike Fabeln. Eingeleitet u. neu übertragen v. Ludwig Mader. Zürich 1951. — S. 36: Hans Christian Andersen: Wem das Glück lacht. Ein Märchendichter erzählt sein Leben. Tübingen 1955. — S. 58 u. 59: Carmen Bravo-Villasante: Historia y antología de la literatura infantil iberoamericana. Bd. 1. Madrid 1966. — S. 109: Originalfoto. — S. 114: Der Kinderbuchverlag Berlin. Gesamtverzeichnis 1949—1964. Zusammengestellt von Heinz Wegehaupt. Berlin 1966. — S. 117: Originalfoto. — S. 136: Gustav Bohadti: Friedrich Johann Justin Bertuch. Berlin, Stuttgart [1969]. — S. 156, S. 190, S. 203: Originalfoto. — S. 204: Karl Schulte Kemminghausen u. Ludwig Denecke: Die Brüder Grimm in Bildern ihrer Zeit. Kassel 1963 (Ausschnitt). — S. 209, S. 210, S. 212: Originalfoto. — S. 234: Fritz Novotny: Wilhelm Busch als Zeichner und Maler. Wien 1949. — S. 261: J. B. Basedows Elementarwerk, hrsg. v. Theodor Fritzsch. Bd. 2. Leipzig 1909. — S. 262: Schweizer Jugendschriftsteller der Gegenwart, hrsg. v. Dino Larese. [Amriswil] 1963. — S. 263: Chou Chung-chêng. Ausstellung 12. Mai bis 13. Juni 1965. Museum für Kunsthandwerk Frankfurt am Main. Frankfurt 1965. — S. 270: Johann Amos Comenius: Orbis sensualium pictus. Faksimiledruck der Ausgabe Noribergae, M. Endter, 1658. Osnabrück 1964. — S. 271: Les chefs-d'oeuvre de la bande dessinée. Rassemblés et présentés par Jacques Sternberg, Michel Caen, Jacques Lob. Paris 1967. — S. 291: Werke der Weltliteratur für die Jugend. Grimmelshausen, Defoe, Cooper, Melville. Jahresgabe 1951. Reutlingen 1951. — S. 309: John B. Priestley: Charles Dickens. Eine Bildbiographie. München 1965. — S. 310: Charles Dickens: Oliver Twist. Vollst. Ausg. in der Übertragung v. Carl Kolb, durchges. v. Anton Ritthaler. Mit den Zeichnungen der Erstausg. v. George Cruikshank. München 1957. — S. 332: Der Kinderbuchverlag. Gesamtverzeichnis 1949—1964. Zusammengestellt von Heinz Wegehaupt. Berlin 1966. — S. 333: Originalfoto. — S. 356: Erasmus von Rotterdam: Züchtiger Sitten, Zierlichen wandels vnd höfflicher Geberden der Jugent ... (Faksimiledruck der Ausg. Straßburg 1531). Berlin [1938]. — S. 418: Friedrich Fröbel: Mutter- und Kose-Lieder. Hrsg. v. Johannes Prüfer. Leipzig ^{4}1927. — S. 422: Archiv des Instituts für Jugendbuchforschung. — S. 431: Originalfoto. — S. 457: Maxim Gorki: Über Kinderliteratur. Aufsätze und Äußerungen. Zusammengest. v. N. Medwedjew. Berlin 1953. — S. 466: Karl Schulte Kemminghausen u. Ludwig Denecke: Die Brüder Grimm in Bildern ihrer Zeit. Kassel 1963 (Ausschnitt). — S. 481: Percy Muir: English Children's Books. 1600 to 1900. London 1954. — S. 508: Originalfoto. — S. 523: Der Kinderbuchverlag. Gesamtverzeichnis 1949—1964. Zusammengest. v. Heinz Wegehaupt. Berlin 1966. — S. 536: Das Märchen und Lisa Tetzner. Ein Lebensbild. Aarau u. Frankfurt 1966. — S. 543, S. 546: Originalfoto. — S. 559: Struwwelpeter-Hoffmann. Ausstellung zum 150. Geburtstag Heinrich Hoffmanns (13. Juni 1959). Stadt- und Universitätsbibliothek und Senckenbergische Bibliothek Frankfurt am Main. Frankfurt 1959. — Heinrich Hoffmann: Der Struwwelpeter. Frankfurt ^{198}1895. — S. 571: Lothar Brieger: Theodor Hosemann. Ein Altmeister Berliner Malerei. München 1920.

A

Aanrud, Hans

*Norwegischer Volksschriftsteller; * 3. 9. 1863 Vestre Gausdal/Mittelnorw., † 9. 1. 1953 Oslo.*

A. entstammte einer alteingesessenen Bauernfamilie und verbrachte seine Kindheit in einem norwegischen Bergtal. Nach Besuch der Lateinschule wurde er Privatlehrer. Durch erste literarische Erfolge ermutigt, zog er nach Oslo, wo er als Literatur- und Theaterkritiker wirkte. Von 1911 bis 1923 war er literarischer Berater des Nationaltheaters in Oslo.

Werk, Tendenzen, Wirkung. Neben einer Reihe satirischer Komödien, die im Milieu des Stadtbürgertums angesiedelt sind, schrieb A. volkstümliche Erzählungen aus dem Umkreis und Alltag der norwegischen Bauernbevölkerung. Die zum Teil von mundartlichen Dialogen durchzogenen Geschichten greifen auf A.s eigene Erfahrungen im heimischen Bergtal zurück und sind von einer schlichten, gemütvollen Sprache, in der sich die Denkweise der norwegischen Bergbauern widerspiegelt. Idyllische und humorvolle Episoden wechseln mit stimmungsvollen Landschaftsschilderungen. Tragische Züge sind selten. Alle Erzählungen werden geprägt von der Einheit von Landschaft, Charakter und Handlung.
Während die Komödien A.s kaum über Oslo hinaus wirkten und heute zum großen Teil vergessen sind, drangen die schlichten Erzählungen aus dem bäuerlichen Milieu weit über die Grenzen Norwegens hinaus und behaupteten sich bis heute im Produktionsprogramm der in- und ausländischen Verlage. Vor allem in den übrigen skandinavischen Ländern, aber auch in Großbritannien und in den deutschsprachigen Gebieten erschienen Übersetzungen seiner Bücher. Da die tragenden Gestalten vieler Erzählungen A.s Kinder sind, wurden seine Geschichten bald beliebte und von den Literaturpädagogen empfohlene Kinderlektüre, obwohl A. selbst seine Erzählungen für einen älteren Leserkreis gedacht hatte.
Weit verbreitet wurden die Erzählungen von Sidsel Sidsærk (1903; Sidsel Langröckchen, deutsche Erstübertragung 1907), dem norwegischen Hütemädel, das von seinem Bruder zu Weihnachten einen Rock geschenkt bekommt, der auf die Füße hinunterreicht und ihm zu dem Beinamen „Langröckchen" verhilft, und von Sølve Solfeng (1910, deutsche Erstübertragung 1911), dem Hirtenbuben aus dem norwegischen Bergtal. Beide Geschichten erzählen von dem harten und entbehrungsreichen Leben der Bauernkinder, die sich weitab vom Elternhaus schon früh ihr Brot verdienen müssen. Obwohl ein kärgliches und hartes Dasein geschildert wird, bleibt die Schilderung idyllisch und voller Lebensoptimismus.
Von A.s zahlreichen kürzeren Erzählungen wurden im deutschsprachigen Raum vor allem die Geschichtensammlungen „Kroppzeug. Zwölf Geschichten von kleinen Menschen und Tieren" (1907) und „Jungen. Vierzehn Geschichten von kleinen ganzen Kerlen" (1910) bekannt.

Helmut Müller

Werke: Sidsel Sidsærk (1903; dt. Sidsel Langröckchen, 1907); Kroppzeug (1907); Sølve Solfeng (1910; dt. Sölve Solfeng, 1911); Jungen (1910); Samlede verker (1914, ³1943); Fortællinger (1915); Fortællinger for Barn (1917); En. Odelsbonde og andre Fortællinger (1923); Sølve Solfeng (1926); Fortællinger V (1933).

Sekundärliteratur: A. Bolckmans: The stories of Hans Aanrud (1960). — P. Hallberg: Harmonisk realism (1963).

ABC-Buch

ABC-B. ist heute Sammelbegriff für verschiedene Typen nach dem Alphabet geordneter, elementarer Buchstabier- und Leselern-, Lehr-, Unterweisungs- und Unterhaltungsbücher für das Leseanfangsstadium der Kinder. Eine einheitliche Definition der ABC-B.er ist deshalb nicht möglich. Die im geschichtlichen Ablauf entwickelten Formen müssen gesondert beschrieben werden.

Das ABC-B. als Mittel zum Lesenlernen und zu religiöser Unterweisung (Anfang des 16. bis Mitte des 18. Jh.s). Das ABC-B. als Mittel zum Lesenlernen und zu religiöser Unterweisung steht am Beginn; von diesem Typus sind alle späteren abgewandelten Formen ausgegangen. Die ersten Büchlein dieser Art treten in der ersten Hälfte des 16. Jh.s auf. Reformation und Humanismus förderten das allgemeine Interesse an schriftkundiger, literarischer, vor allem religiöser Bildung. Die Grundlegung dazu sollte möglichst in der Kindheit erfolgen. Die Elemente dazu boten *ABC-Bücher* oder *-Tafeln, Stimmen-* oder *Buchstabierbücher*. Sie erschienen unter verschiedenen Namen (J. Griessbeutel: „Ein Besonder fast nützlich stymmen Büchlein" [Stimmenbüchlein], Nürnberg 1531; neu hrsg. als Zwickauer Faksimiledruck Nr. 15, 1912) und waren oft an die Kinder, die Jugend, vorwiegend an Knaben, adressiert (Teutsche Kinder Tafel, Nürnberg 1534; Tabulae abcdariae pueriles [Einblattdruck], Leipzig

Bilder-A, B, C (Stralsund 1788). Durch die scharf konturierten Holzschnitte und die im Sprichwortton gehaltenen, oft humorvollen Zweizeiler zu den einzelnen Buchstaben des Alphabets hebt sich das Büchlein angenehm aus der Masse zeitgenössischer ABC-Bücher heraus. Zum Buchstaben Q ist dem Verfasser offensichtlich kein Wort eingefallen.

um 1544). Diese Lesetafeln oder Bücher, die meistens nicht umfangreich waren (etwa 16 Seiten), sind die frühesten Formen der heutigen Fibel. Sie vermittelten auch die Grundlagen christlichen Glaubens und leiteten zum Lesen religiöser Texte an. Sie enthielten gewöhnlich nach dem ABC in großen und kleinen Buchstaben die Zusammenstellung der Selbstlaute, Doppellaute, Mitlaute, einige Buchstabenverbindungen, Silben und Wörterreihen, danach kleine Gebete, die zehn Gebote, Glaubensartikel, Teile des lutherischen Katechismus, Sprüche und Lieder, oft noch eine Seite Zahlen. Damit vermittelten sie breiten Bevölkerungskreisen die für die Zeit vor Durchführung der allgemeinen, mehrjährigen Schulpflicht elementare — oft im ganzen Leben nicht mehr erweiterte — Wissens- und Glaubensgrundlage.

Schon im 16. Jh. gibt es jedoch auch mehrsprachige ABC-B.er wie das von ELIAS HUTTER „Alphabetum. Ein ABC-Büchlein, darauss man die 4 Haupt-Sprachen als Ebraisch, griechisch, lateinisch, deutsch leicht buchstabieren und lesen kann . . ." (Nürnberg 1597). Die Auswahl der Sprachen zeigt, daß hier die Einführung ins Lesen unter theologisch-humanistischer Zielsetzung steht. „Zum Vergnügen der lehrnenden Jugend" empfiehlt sich im Titel „Das Große Alphabet in fünf Sprachen als Deutsch, Böhmisch, Lateinisch, Französisch und Wellisch" (Prag 1794, mit 24 kolor. Kupfertafeln). Die Wendung zu den „lebenden", dem Verkehr und europäischer Bildung nützlichen Sprachen ist offensichtlich. Viele frühe und zahlreiche weitere im Laufe des 16. bis 18. Jh.s erschienenen ABC-B.er sind mit Bildern, meist Holzschnitten, versehen; oft weist schon der Titel darauf hin (Bilder-A,B,C, mit einigen Lesübungen, Gedenksprüchen und Gebeten für Kinder, Stralsund 1788). Bei GRIESSBEUTEL veranschaulichen kleine Szenen in grobem Holzschnitt den jeweiligen Laut durch einen lebendigen Vorgang: der peitschenschwingende Fuhrmann ruft „O"; das Mädchen, das die Gänse jagt, macht „sch" (K. HOBRECKER, S. 9).

Ein besonderes Zeichen der ABC-B.er ist seit dem 16. Jh. *der Hahn*, der oft auf dem Titelblatt oder Buchdeckel abgebildet ist (z. B. in einem ABC-B. von 1583, Abb. bei I. Willke, Nr. 13. Ein früheres aus Frankfurt/Oder von 1575 wird von J. Benzing erwähnt). Hobrecker bezeichnet den Hahn als Sinnbild des Frühaufstehens und Fleißes (S. 11), was durch folgenden Text belegt werden kann: „Auf! Auf! ihr Kinder, zieht euch an,/Die Glock ist sechs, euch weckt der Hahn." (Abb. einer Hahndarstellung mit diesem Text aus einem älteren ABC-B. s. Willke, Nr. 23). Der Gedanke, daß das Lesenlernen Früchte trägt, soll wohl veranschaulicht werden durch Eier legende Hühner zu Füßen des Hahns, der in verschiedenen ABC-B.ern vor einem aufgeschlagenen Buch mit dem Text „GAC GAC GAC EIN EY" steht (A. Rümann, Nr. 1; Hobrecker, S. 11). Auf anderen Abbildungen steht der Hahn mit Taktstock dirigierend und singend vor einem Notenblatt, vielleicht ein Hinweis auf die in den ABC-B.ern enthaltenen christlichen Lieder (Abb. bei Willke, Nr. 17, 18). Die Bedeutung des Hahns im o. gen. Sinne mag eine spätere volkstümliche Sinnbeilegung sein. Willke vertritt und belegt die These, daß der Hahn ursprünglich als christliches Symbol (Wachsamkeit und Mahnung entspr. dem Petrus-Erlebnis; auch Hahn auf den Türmen, der zuerst die Sonne sieht) zu verstehen sei (vgl. S. 95 ff.).

Im 17. Jh. wird der strenge Charakter der frühen ABC-B.er gelegentlich durch eine barocke Vielfalt an Themen und Stoffen überwuchert, so in „Neu-Allgemein-Christliches Lern-Buechlein ..." (Nürnberg 1681), wo dem Alphabet und den Leseübungen angefügt sind: Tugend-ABC, Laster-ABC, Heiliger Manns-Namen-ABC, Heiliger Weibs-Namen-ABC, Merkwürdigster Heiliger Städt-Namen-ABC, Biblischer Spruch ABC, Christliches Kern- Seuftzer-Lehr und Trost-Sprüchlein ABC (mit Sprüchen wie: Zucht, Gehorsam, Ehr und tugend / Ist die schönste Zierd der Jugend.).

Die Verwendung einprägsamer, kurzer Sprüche (meist vierhebig mit Endreim) ist ein Charakteristikum des ABC-B.s schon aus früher Zeit und hat sich bis ins 19. Jh. hinein fast unverändert erhalten. Dabei hat sich ein beinahe standardisierter Kanon von Zuordnungen bestimmter Inhalte zu bestimmten Buchstaben ergeben. Zum *A* gehört fast immer der Affe: „Der Affe gar possirlich ist, / Zumal, wenn er vom Apfel frißt." (Hobrecker, S. 12) oder aus einem in Stralsund 1788 gedruckten ABC-B. (Hobrecker, S. 18—25): „Der Affe sagt zu allem Ja, / Sein ganzes Wissen ist das A." Berühmt ist das durch witzig gefaßte Plattitüden leicht ironisierende Tier-Alphabet von W. Busch in einem der Münchener Bilderbücher mit Versen des formal gleichen Typs, z. B: „Die Lerche in die Lüfte steigt, / Der Löwe brüllt, wenn er nicht schweigt." J. Krüss baute in ähnlicher Weise humorvoll und naiv gereimte ABC-Verse in sein Kinderbuch „Mein Urgroßvater und ich" (1959) ein.

Neben Beharrungstendenzen im Rahmen seiner ursprünglichen Funktion zeigen sich in der Geschichte des ABC-B.s auch starke Wandlungen in Inhalt und Form; sie sind deutlich begründet in der jeweiligen *Einstellung zum Kind*, in *zeitbedingter Bildungsabsicht* und *Schulpädagogik*, besonders den *Leselehrmethoden*.

Das ABC-B. als Fibel, Elementar-Lesebuch und als belehrend-unterhaltendes Kinderbuch (2. Hälfte des 18. bis Mitte des 19. Jh.s). Scheint die Zunahme der ziemlich gleichförmigen ABC-Buchdrucke vom 16. bis ins 18. Jh. hinein wesentlich auf dem durch J. Gutenberg entscheidend *verbesserten Druckverfahren* zu beruhen, das sich schließlich auch auf Schul- und Kinderbücher auswirkte, so läßt sich im letzten Drittel des 18. Jh.s die Fülle der ABC- und Lese-Lern-Bücher auf den pädagogischen Enthusiasmus zurückführen, den *Aufklärung* und *Philanthropinismus* entfachten. Einige der ABC-B.er enthielten, wie schon mitunter ihr Titel verrät, sogenannte Buchstabierspiele, wie z. B. „Ein A, B, C Spiel mit Kupfern, nebst einem Lesebuch für Kinder" (Berlin 1776). Neben dem üblichen Inhalt besaßen diese ABC-B.er am Ende Faltblätter zum Heraustrennen. Von ihnen enthielt ein Teil kleine Bilder, meist einfache Kupferstiche mit Darstellungen aus dem Bereich der Bibel, Fabel und Umwelt, der andere Teil die großen und kleinen Buchstaben des Alphabets sowie die Ziffern von 1 bis 10. Die Bildchen, Buchstaben und Ziffern mußten ausgeschnitten werden, und dann konnte man sie beliebig oft als Spiel einander zuordnen, bis die Kinder das Alphabet „spielend" erlernt hatten. Dieses Verfahren gewinnt gegenwärtig in abgewandelter Form bei den *Leselernspielen* in der Vorschule und im Kindergarten wieder besondere Bedeutung. Schuldirektoren, Schulaufsicht führende Geistliche und Lehrer verschiedener Provenienz gaben ABC-B.er mit Neuerungen im Geiste der Zeit, Verbesserungen in Anordnung, Methode und Auswahl kleiner Texte heraus. Sie wurden in Zeitschriften für diese Kreise lebhaft besprochen, z. T. streng rezensiert (Zeitung für Landprediger und Schullehrer, Gotha 1793 ff.; Zeitung für Prediger, Schullehrer und Erzieher, Schnepfenthal 1796 ff.; Braunschweigisches Journal, 1798 ff. u. a. m.).

Oft drangen solche ABC- und Lesebücher nicht über den Schulbereich des Verfassers hinaus, oder sie wurden ausdrücklich nur für die Schulen eines kleinen Fürstentums hergestellt (Neuestes ABC-Buchstabier- und Lesebuch für die landgräfl. Hessischen Landesschulen, Darmstadt 1805). Das von J. G. Herder für die Elementarklassen in seiner Eigenschaft als Generalsuperintendent der fürstlichen Schule (nach Herders Reform: Volksschule und Gymnasium) verfaßte, 1787 gedruckte Buchstaben- und Lesebuch wurde nur in Weimar eingeführt (Herders Werke, hist.-krit. Ausgabe von Suphan, Bd. XXX, 1889, S. 291 ff.). In der vorangestellten „Anweisung zum Gebrauch dieses Lesebuchs für verständige Schullehrer" hebt Herder hervor, daß er als erste Übungstexte reimlose Sprüche gewählt habe, damit die Kinder nicht ins Ableiern der üblichen (vorhin erwähnten) vierhebigen Reimstrophen verfallen, in „das verhaßte Singen“, das „den Verstand zerreißt“. Seine Zusammenstellung von 36 Sprüchen und Gebeten für die Leseanfänger bezeichnet HERDER als „die schönsten Gebete und Sittenlehren“, die dem „Lehrling sein ganzes Leben lieb sein werden“.

Im allgemeinen sind es in der 2. Hälfte des 18. Jh.s vor allem Einflüsse der Aufklärungspädagogik, die dem ABC-B. neue Akzente geben, und zwar in dreifacher Hinsicht: a) der eigentliche Leselehrteil wird stärker ausgebaut und methodisiert; b) zu den religiösen Texten kommen solche profanen Inhalts hinzu, die dem Weltbild und der sittlichen Haltung der Aufklärung entsprechen; c) durch *„kindgemäßere“* sprachliche Gestaltung und besonders durch reichere Illustration wird versucht, Verständnis und Interesse des Kindes im Sinne des *lustbetonten Lesens* zu wecken.

Zu a): Am Anfang steht der im modernen Sinne erste Jugendschriftsteller J. H. CAMPE. 1778 verfaßte er ein „Abezebuch“ unter dem bezeichnenden Titel: „Neue Methode (Verfahrensart) Kinder auf eine leichte und angenehme Weise lesen zu lehren“, das in wenigen Jahren vergriffen war. Er hatte es mit selbst erfundenen Fabeln (Tier-Dialogen) zur ersten Übung im Lesen ausgestattet; eine verbesserte Auflage gab er 1806 heraus (Bilder-Abeze in dreiundzwanzig Fabeln zur ersten Übung im Lesen). Die *stärkere Beachtung* eines *systematischen lesemethodischen Aufbaus* verleiht dem ABC-B. bereits *Merkmale der Fibel,* die damals und heute zugleich erstes Lesebuch ist. Die genannten Bezeichnungen werden nun als nahezu gleichbedeutend gebraucht; z. B. erhält der „Entwurf eines neuen ABC- und Lesebuchs, nebst einigen kleineren Übungen zur Bildung des Verstandes“ (Altdorf 1787) eine Rezension im „Braunschweigischen Journal“ (2. Bd., 1788, S. 106), die mit den Worten beginnt: „Viel besser, als unsere gewöhnlichen Fibeln; auch nützlich und gut für alle, welche in der alten Methode, das Lesen zu lehren, keine wesentlichen Veränderungen gemacht wissen wollen . . .«. WILLKE gebraucht generell die Bezeichnung ABC-B., Fibel und Lesebuch alternativ (S. 16).

Zu b): Inhaltlich versuchen jetzt viele ABC-Bücher, dem Kind das auf Naturerkenntnis basierende Wissen der Zeit zu vermitteln, wobei der Vorrang der *Ratio* betont wird. Bewußt hatte schon CAMPE Katechismus „nebst Gebetsformeln“ vom „Abezebuch“ ausgeschlossen, damit den Kindern nicht beides „verleidet“ würde, „das Lesenlernen, wie die Gotteslehre“ (Vorwort 1806); er gab statt dessen in Gesprächsform den Lehrern eine „Entwicklung der ersten und einfachsten Begriffe aus der Gottes-, Seelen- und Sitten- oder Tugendlehre“ an die Hand. Auch HERDER hatte keine Lehren aus dem Katechismus in sein ABC-B. (1787) übernommen, sondern den Katechismus gesondert für den Gebrauch in der Schule bearbeitet. In einem ABC-B., das 1788 in Münster erschien, beginnt ein Lesetext: „Der Mensch hat einen künstlich [= kunstvoll] eingerichteten Leib und eine vernünftige Seele.“ Weiter werden die Verwandtschaft mit dem Tierreich und der Unterschied zwischen Tier und Mensch erklärt. Ausdrücklich wird das Kind darüber belehrt, daß die Erde eine Kugel ist und sich um die Sonne dreht, ferner, daß Sternschnuppen keine vom Himmel fallenden Sterne, sondern Stoffe sind, die beim Niederfallen und Eintritt in die Atmosphäre sich entzünden.

A.B.C. Bilderbuch (Nürnberg 1802). Das Buch zeigt zu jedem Buchstaben des Alphabets die Darstellung eines Meisters, dessen Bezeichnung mit dem betreffenden Buchstaben beginnt. Der drastische Hinweis des Illustrators auf die „Kopfarbeit“ des hier abgebildeten Rechenmeisters entbehrt nicht der Komik.

Das moralische Streben der Aufklärung, das von der Klassik in Richtung auf Humanität und edles Menschentum weitergeführt wird, findet seinen Niederschlag in zahllosen Geschichten, in denen — meist konstruierte — Beispiele guten und bösen Verhaltens vor Augen geführt werden. Ein Tugendkatalog idealer Gesinnungen findet sich in Sprüchen wie: „Wohltun will ich und erfreun, / Bin ich gleich noch jung und klein“; oder: „Friedlich ist der Täubchen Sinn. / Friede sei auch mein Gewinn“ (J. H. LEHNERT:

Allwins und Amaliens erstes Lese und Bilder-Buch, Berlin ²1821). CAMPE nahm sogar Polemik gegen den kirchlichen Dogmatismus mit in sein „Bilder-Abeze in dreiundzwanzig Fabeln zur ersten Übung im Lesen" auf (1. Bändchen der Gesamtausgabe letzter Hand von CAMPES Jugendschriften, Braunschweig 1830). Zu der Fabel „der mops und der mond" findet sich im unteren Teil der Bildseite die Darstellung eines Scheiterhaufens, auf dem eine Schriftrolle mit der Aufschrift „Kopernikanisches System" verbrannt wird, daneben Krummstab, Mitra und Kardinalshut zur Erinnerung an kirchliche Macht, die sich dem wissenschaftlichen Fortschritt in den Weg gestellt hatte.

Zu c): Das Bemühen um eine altersgemäße, kinderfreundliche Gestaltung der ABC-B.er kommt auf vielfältige Weise zum Ausdruck, oft schon im Titel. L. FR. GEDIKE nennt seine Fibel „Kinderbuch zur ersten Übung im Lesen . . ." (Berlin 1791); auch andere Titel bekunden die Zugehörigkeit zum Kind, z.B. „Carl's ABC- und Lesebuch" (Dresden um 1800). Daß das Lesenlernen dem Kind Freude machen soll, macht der Titel eines Büchleins „Schule des Vergnügens . . ." (Leipzig 1803) recht deutlich. Auch der methodische Aufbau ist von Rücksicht auf das Kind bestimmt, er folgt konsequent *dem Prinzip vom Leichten zum Schweren.* Dieser Grundsatz wird jedoch *völlig formalistisch* befolgt in Verkennung der psychischen Faktoren, die die Grade der Schwierigkeit für das Kind bestimmen. Schließlich sind auch die Inhalte der Übungen und Texte stärker auf das Kind abgestimmt; in den kleinen Erzählungen begegnet man immer wieder Kindern als Titelhelden und Vorbilder, natürlich nicht ohne Kontrastfiguren, die als abschreckendes Beispiel dienen. Gelegentlich wird als Lesestoff auch ein Feenmärchen mit moralischer Aussage dargeboten, z. B. J. L. K. DIELITZ: „Erstes Lesebuch für Kinder von 5 bis 9 Jahren" (Berlin 1817).

Das Beste in ihrem Bestreben, die Kinder anzusprechen, haben die ABC-B.er dieser Zeit auf dem Gebiet der *Illustration* geleistet. Sie haben, wie auch viele sonstige Kinderbücher, vollen Anteil an der kultivierten Buchillustration des ausgehenden Rokoko. Ein schönes Beispiel ist ein „Neues A, B, C, Buch . . ." von CHR. F. WEISSE. Es erschien schon vor seinem bekannter gewordenen „Kinderfreund" 1773 in Leipzig und wurde mehrmals neu aufgelegt, wobei die ursprünglichen Kupferstiche später durch Holzschnitte ersetzt wurden (RÜMANN, Nr. 353, dazu 2 Abb.). Bemerkenswert ist, daß die besten Künstler und Kupferstecher der damaligen Zeit auch für ABC- und Kinderbücher arbeiteten. Ein 1788 in Liegnitz erschienenes ABC-B. ist mit 25 Holzschnitten von dem „berühmten Berliner Unger nach Vorzeichnungen des bekannten Berliner Illustrators Johann Wilhelm Meil" ausgestattet (RÜMANN, S. 15, Nr. 111). Hervorzuheben ist auch die reizvolle Illustration des bereits erwähnten ABC-B.s von CAMPE. Besonders sorgfältig mit kolorierten Kupfern ausgestattete ABC-B.er kamen aus dem Verlag von A.-R. Friese in Pirna, so z.B. J. G. ZIEHNERTS „Kleines ABC- und Lesebuch" von 1815 (Abb. in „Schule des Vergnügens" S. 12, 13, 82; Text dazu S. 84) und ein „Wirthschaftliches ABC und Bilderbuch für Mädchen" (1812). Lehrabsicht, Eingehen auf das Kind und dekorative Handhabung der illustrativen Mittel verbinden sich in diesen kleinen Büchern. Im *Biedermeier* tritt das belehrende Element zurück zugunsten einer liebevollen Ausmalung, zuweilen in arabeskenhaftem Formenspiel; so sind in einem ABC-B. von A. B. REICHENBACH (Leipzig 1830) die einzelnen Buchstaben durch prächtige Blumengirlanden dargestellt (RÜMANN, Nr. 280; Abb. in „Schule des Vergnügens", S. 65—71). In diese Richtung der Verselbständigung der illustrativen Elemente verläuft die Entwicklung des ABC-B.s in der Folgezeit.

Das ABC-B. als poetisch-künstlerisches Kinderbuch (ab Mitte des 19. Jh.s). Im Laufe des 19. Jh.s entfernt sich das ABC-B. mehr und mehr von seiner ursprünglichen Funktion als Leselehr- und elementares Bildungsbuch. Der Ausbau des Schulwesens führt zur Eigenentwicklung der Fibel als Schulbuch, für die an frühere, hauptsächlich vom Lehrzweck bestimmte Formen des ABC-B.s (auch ABC-Tafeln und Hornbook) angeknüpft wird; die verschiedenen methodischen Ansätze seit V. ICKELSAMER und GRIESSBEUTEL (beide um 1530) werden dabei weiter ausgebaut. Das von dieser Funktion entlastete ABC-B. konnte nun inhaltlich und formal freier gestaltet werden; es bot Künstlern wie R. REINICK, L. RICHTER und anderen (ABC-Buch für kleine und große Kinder gezeichnet von Dresdener Künstlern, Leipzig 1845), FR. GRAF POCCI (Güldenes Weihnachts ABC, München 1854), K. FRÖHLICH (A-B-C-Buch für artige Kinder in Silhouetten und Reimen, Kassel 1855) reizvollen Anlaß zu phantasievoller Gestaltung. Inhaltlich kommt diesen und ähnlichen Büchern zugute, daß die *Romantik* den Wert des Poetischen, besonders des Volksgutes in Reim, Lied und Spruch, entdeckt und für das Kinderbuch erschlossen hatte. Der Gebrauch des ABC dient nun mehr einer spielerischen Anregung der Phantasie und des Gemüts, worin sowohl unterhaltende als auch bildende Komponenten (aber nicht in der Art des früheren Moralisierens) stecken.

Gelegentlich führt der spielerische Umgang mit dem ABC auch in die Nähe des *Nonsense.* Berühmtes Vorbild in England ist E. LEARS „Book of Nonsense" (1846; 1952 in Originaltypographie nachgedruckt). In einem ABC-B. mit Versen von J. TROJAN und Bildern von P. MEYERHEIM (Berlin 1916) ist zum C folgendes zu lesen: „Der Cacadu mit Eifer hackt / Auf die Citrone, die er gepackt. / Er ist gewiß ein Freund vom Sauren! / Sprach die Chinesin zum Centauren. / Da tauchte das Crocodil herauf / Und riß entsetzlich den Rachen auf. / Was? — brüllt' es — wollt ihr allein euch laben? / Ich auch, ich auch will Citronen haben".

Das Originelle A-B-C (Nürnberg 1835). Dieses ABC-Buch will als „Bilderbuch zur angenehmen Unterhaltung für gute Kinder" verstanden sein und dem Leser „Bilder-Scenen" aus Vergangenheit und Gegenwart vorführen, die „durch sinnige poetische Erläuterungen ausgestattet" worden sind.

Das ABC-B. in der Kinderliteratur der Gegenwart. Auch in der beginnenden 2. Hälfte des 20. Jh.s treffen wir Nachfahren des alten ABC-B.s an. Dabei lassen sich drei charakteristische Typen unterscheiden: a) *ABC-B.er als erste Lesehilfe für das Kleinkind,* z.B. D. Bruna „Allerlei von A—Z" (Ravensburg 1967). Die Seiten zeigen jeweils einen Gegenstand in großflächiger, klar umrissener Form und leuchtenden Farben, dazu einen Buchstaben und den damit beginnenden Namen des Gegenstandes, z. B. „A", „Apfel". b) *ABC-B.er mit Bilderbuchcharakter,* z. B. „Das goldene ABC" mit Versen von U. Wölfel (aus dem Ungarischen) und Zeichnungen von K. Reich (1966). Die heutige hochentwickelte Bilderbuchkunst verbindet sich hier mit kindgemäßen Texten voll Spielfreude und Phantasie. Auch an das alphabetisch geordnete Bilderbuch als *Nachschlagewerk* sei hier erinnert. c) *In der Tradition des ABC-B.s stehende Produktionen wie „ABC und Phantasie"* (als Fernsehreihe und Buch) von J. Krüss; sie wenden sich an ältere Kinder und appellieren mit sprachlicher Artistik, Witz und gescheiten Pointen an Phantasie und (moralischen) Intellekt.

Sonder- und Grenzformen des ABC-B.s. Das ABC-B. ist sowohl in der Kinder- wie auch in der Erwachsenenliteratur von früh an als Ordnungsschema für verschiedene Inhalte beliebt. Als Beispiel für ein Buch dieser Art für Erwachsene sei „Das ABC cum notis variorum" (1703) angeführt, das in alphabetischer Anordnung ein Kompendium des Wissens, z. T. in lateinischer Sprache, enthält (Willke, S. 330, reiht dieses Buch fälschlich unter Fibeln ein). Für Kinder gab es vom 18. Jh. an ebenfalls ABC-B.er über die verschiedensten Gebiete, z. B. „Naturhistorisches A.B.C. Buch" (Nürnberg 1825) u. a. Ein Beispiel dieser Art aus der Gegenwart ist R. Duvoisins „Das ABC der Arche Noah" (1957); der biblische Bericht wird als Anlaß und Rahmen benutzt, um — in z. T. humorvoller Einkleidung — die Tiernamen alphabetisch zusammenzustellen. Der ABC-Titel wird heute für allgemeine und für jugendgeeignete Sachbücher der verschiedenen Wissens- und Interessengebiete gebraucht (z. B. „Das ABC des Motorsports").

Nach dem Alphabet wurden auch manche „Orbis Pictus"-Bücher aufgebaut, die die Gegenstände nicht nach Sachzusammenhängen, sondern nach ihrer sprachlichen Bezeichnung ordnen (z. B. „Neuester Orbis Pictus oder die Welt in Bildern für fromme Kinder", 1838). In diesen variierten Formen des ursprünglichen ABC-B.s ist die Funktion des Lesenlehrens völlig aufgegeben, doch bieten sie reizvolle Möglichkeiten zu Leseübungen und dienen der Erweiterung des Wortschatzes und dem Gewinn an Sachkenntnis. Als dem ABC-B. verwandte Form sei noch das sog. *Titel-Buch* genannt, das etwa gleichzeitig mit dem ABC-B. auftritt (z. B. Köln 1531) und bis Ende des 18. Jh. s verbreitet ist. Es enthält in der Regel das ABC sowie Zahlen und bringt dann die im Brief verwendeten Titel und Anreden höchster bis einfacher Personen, ferner Muster von Briefen u. ä. *Theodor Brüggemann*

→ Allegorie, → Anschauungsbuch, → Assoziation, → Bilderbuch, → Fibel, → Nachschlagewerk, → Orbis pictus

Sekundärliteratur: R. Alt: Bilderatlas zur Schul- und Erziehungsgeschichte (Bd. 1 u. 2. 1960 u. 66). — H. Fechner: Die Geschichte des Volksschul-Lesebuchs (1879). — P. Gabele: Pädagogische Epochen im Abbild der Fibel (1962). — L. F. Göbeldecker: Entwicklungsgeschichte des ersten Leseunterrichts von 1477 bis 1932 (1933). — H. Hadju: Lesen und Schreiben im Spätmittelalter (1931). — H. Müller: Das „Neu-Allgemein-Christliche Lern-Buechlein" (in: Pädagogische Rundschau. 6. 1972. 494—503). — J. Muth (Hrsg.): Fünf Fibeln aus fünf Jahrhunderten (1962). — E. Schmack: Der Gestaltwandel der Fibel in vier Jahrhunderten (1960); Die Schule des Vergnügens oder alterprobte Lustwege zum Grund aller Wissenschaften (1961). — F. A. Specht: Geschichte des Unterrichtswesens in Deutschland (1885). — A. W. Tuer: History of the Horn-Book (1896). — I. Willke: ABC-Bücher in Schweden (1965).

Abenteuerbuch

Der Terminus A. charakterisiert Jugendbücher ganz verschiedener Themen- und Motivbereiche.

A. Hölder unterscheidet z. B. nach „Erlebnisgruppen" wie Jagdabenteuer, Seeabenteuer, Indianerabenteuer, Kriegsabenteuer, Forscher- und Reiseabenteuer, Detektivabenteuer, technisch-utopische Abenteuer; H. Pleticha spricht dazu vom Abenteuer im historischen Jugendbuch. Der Begriff Abenteuer ist aus dem vulgärlat. Wort adventura (mhd. adventiure, franz. aventure) hervorgegangen, das so viel wie unerwartetes oder stets ungewöhnliches, seltsames Ereignis mit unsicherem Ausgang (Wagnis) bedeutet. A.er sind durch Handlungsreichtum, Ereignis-(Abenteuer)-Reihung und durch die spannende Darstellung von Gefahrensituationen und ihre Überwindung gekennzeichnet. Im Mittelpunkt des A.s, das seinen Schauplatz in der Regel in geographische, zeitliche oder soziale Ferne verlagert, steht der Held, der sich mit Hilfe seiner überragenden Eigenschaften (Geistesgegenwart, Klugheit, Spürsinn, Kaltblütigkeit u. a.) bewährt, oft heimat- und bindungslos ist und „ewige" Jugend ausstrahlt.

Pädagogisch-psychologische Wertung. Das A. vermittelt dem in der Entwicklung begriffenen Jugendlichen Werterlebnisse in der fiktiven Welt des Abenteuers. Es regt zur Identifikation mit dem Helden an. Dessen Selbstbewährung, Tatkraft und Lebensmeisterung können den jungen Leser faszinieren; sie enthalten damit aber die Gefahr, ihn zur unreflektierten Nachahmung zu verführen. Die bewegte Struktur des A.s, die schnelle Abfolge der Episoden, steht in Analogie zu den psychischen Erregungsphasen der Vorpubertät und der Pubertät. Im günstigsten Fall vermag das strukturelle Gepräge des A.s verspätete Entwicklungen des psychischen Ablaufs beim Jugendlichen positiv zu beeinflussen. Nicht zuletzt ist es der Zug in die Ferne mit dem Kennzeichen des Wunderbaren und Außerordentlichen in der Schilderung von Umwelt und Vorgängen, das die unbewußten Vorstellungen und Wünsche des Heranwachsenden anspricht. Das bevorzugte Lesealter des A.s liegt zwischen 11 und 15 Jahren. Aussagen über die soziale Zugehörigkeit der Leser des A.s können nur mit großer Unsicherheit gemacht werden, da es an Untersuchungen hierüber fehlt und das A. den sozialen Schichten der Leser entsprechende Erscheinungsformen kennt (Comics, Heftserien). Literaturpädagogisch gesehen, hat das A. einen Stellenwert zwischen der ‚Lektüre' des Kindesalters und der Erwachsenenliteratur. Von hierher ist der literaturpädagogische Wert des A.s zu bestimmen: Durch die Einbeziehung des Außergewöhnlichen und die Herausstellung des Helden knüpft es an die bevorzugte Lektüre früherer Lesephasen (Märchen) an. Andererseits ist es schon durch die im einzelnen A. ausgebreitete Stoffqualität die Vorstufe zum Verständnis der komplexeren Formen der Erwachsenenliteratur. Dieser propädeutische Sinn des A.s ist dann gewährt, wenn die Literaturpädagogen den Jungleser an Erscheinungen des A.s heranführen, die nach Form und Inhalt literarischen Rang aufweisen. Die meisten A.er können für die Verwirklichung dieses Zieles nicht eingesetzt werden, da ihre künstlerische Qualität bedeutungslos ist. Besonders geeignet sind die zu Jugendbüchern gekürzten Romane der Weltliteratur. Der Literaturpädagoge sollte darauf achten, daß die Hinführung zur Erwachsenenliteratur im rechten Augenblick erfolgt, da ein zu langes Verharren bei der altersstufenbedingten und vielfach trivialen Abenteuerlektüre nicht selten den Zugang zu komplexeren Romanformen versperren kann.

Zur Geschichte des A.s. Ein spezielles A. für die Jugend gab es im Mittelalter noch nicht. Da eine Absonderung der Jugendliteratur von der Erwachsenenliteratur noch nicht stattgefunden hat, sind die Abenteuerromane erwachsener Leser zum Teil auch das Lesegut jugendlicher Leser. Die Erfindung der Buchdruckerkunst zu Beginn der Neuzeit bewirkt eine andere Einstellung zum Buch und öffnet auch dem Abenteuerroman neue Leserkreise. Abenteuerlicher Natur sind besonders die Übertragungen und Prosabearbeitungen alter Ritterromane (z. B. Pontus und Sidonia, 1483; Ritter vom Thurn, 1493; Oliver und Artus, 1521; Kaiser Oktavian, 1535), die Volksbücher (z. B. Till Eulenspiegel, 1515; Fortunatus, 1509; Die Schildbürger, 1598) und teilweise die Schwanksammlungen. Sie werden sowohl von Erwachsenen als auch von Jugendlichen gelesen. Eine eindeutig pädagogische Absicht und eine in Titel, Widmung und Schluß direkt ausgesprochene Hinwendung zum Jugendlichen ist z.B. in J. Wickrams Werk „Der Jungen Knaben Spiegel" (1554) festzustellen, das stark abenteuerliche Züge trägt und vom Verfasser als Schullektüre empfohlen wird. — Die Abenteuerliteratur der Neuzeit ging von Spanien aus. Besonders der Typ des „picaro" in dem Roman

„Lazarillo de Tormes" (1554) bestimmte fortan das Bild vom Abenteuerlichen und vom Abenteuer. War der „Abenteurer" im Mittelalter ethisch und sozial gebunden (er gehörte der sozialen Schicht der Ritter an und verkörperte die mittelalterlich-christliche Weltordnung), so tritt er seit dem 16. Jh. auch in niederen sozialen Schichten hervor. Das mittelalterliche, auf das Jenseits ausgerichtete Weltbild wird verdrängt — wie im Lazarillo — durch eine Freude an den Genüssen dieser Welt. „Lazarillo" zusammen mit dem „Don Quijote" (1605—1615) des Spaniers CERVANTES haben starken Einfluß auf den Abenteuerroman der Barockzeit ausgeübt. GRIMMELSHAUSENS „Simplizissimus" (1668 f.) weist sowohl die für einen Abenteuerroman typische handlungsreiche Episodenstruktur als auch die wesentlichen Merkmale des Helden auf. „Lazarillo", „Don Quijote" und „Simplizissimus" sind in mehreren gekürzten Ausgaben dem jugendlichen Leser zugänglich. Neben dem Einfluß der spanischen ist für die Weiterentwicklung des A.s von besonderer Bedeutung die Wirkung der anglo-amerikanischen Literatur. Außer J. SWIFTS Roman „Gullivers Reisen" (1726) ist in erster Linie D. DEFOES „Robinson Crusoe" (1719) zu nennen. Der Held von DEFOES Roman ist Träger vornehmlich jenes beschriebenen pädagogischen Paradigmas des A.s. Deutlich sind hier die Lösung aus der sozialen Gebundenheit (Vater, Mutter, sozialer Mittelstand) und das Streben in die Ferne dargestellt. Allerdings findet Robinson später wieder in die weltanschaulich-gesellschaftliche Gebundenheit zurück.

Eine zweite Welle englischer und amerikanischer Romane des 19. Jh.s übt starken Einfluß auf das moderne A. in Deutschland aus. Besonders das Seefahrt-Motiv gelangt im 19. Jh. in zunehmendem Maße zur Entfaltung. Hier sind u. a. wegen ihrer jugendliterarischen Bedeutung H. MELVILLES Buch „Moby Dick" (1851), das erst im 20. Jh. in weiteren Kreisen in Deutschland bekannt wurde, und R. L. STEVENSONS „Die Schatzinsel" (1883) zu nennen. J. F. COOPER mit seinen bekannten Indianerromanen wird der Ahnherr des deutschen Indianerbuches. Ein dritter Motivkreis, vertreten durch die Romane von CH. DICKENS (Oliver Twist, 1838; David Copperfield, 1849/50) und M. TWAIN (Tom Sawyer, 1876; Huckleberry Finn, 1884) kommt zu den beiden vorgenannten Gruppen. Die A.er dieser Autoren sind sozialkritisch getönt. W. SCOTTS historische Romane, die uns heute noch gelegentlich in Jugendbearbeitungen begegnen, üben einen begrenzten Einfluß auf die Entwicklung des geschichtlichen Jugendbuches aus. — Im 20. Jh. tritt zusätzlich der skandinavische Sprachbereich in das Blickfeld der Abenteuerliteratur (S. LAGERLÖFS: Nils Holgersons wunderbare Reise mit den Wildgänsen, 1907). Der Literatur des anglo-amerikanischen Sprachbereichs hat im 19. Jh. die deutsche Abenteuerliteratur nichts Gleichwertiges entgegenzusetzen. Unter dem Einfluß COOPERS stehen die Abenteuer- und Indianerromane CH. SEALSFIELDS (KARL ANTON POSTL), deren Bedeutung für die Jugendliteratur in heutiger Zeit gering ist. COOPER und SEALSFIELD zusammen haben bedeutenden Anteil an den Erzählungen FR. GERSTÄCKERS, der das Leben in Nordamerika aus eigener Anschauung schildert. Seine bekanntesten Romane (Die Regulatoren in Arkansas, 1845; Die Flußpiraten des Mississippi, 1848) werden auch heute noch von Jugendlichen gelesen. Auch B. MÖLLHAUSEN schildert am Ende des vorigen Jahrhunderts auf Grund seiner eigenen Reisen den amerikanischen Kontinent. Von seinem 150 Bände umfassenden Werk, das vornehmlich für die Jugend und den anspruchslosen Leser bestimmt war, ist ein bekannter Titel „Das Mormonenmädchen" (1864). Seit der Jahrhundertwende gelangte K. MAY mit seinen in Nordamerika und im Orient spielenden Abenteuerromanen zu einer zweifelhaften Berühmtheit. Trotz der nachgewiesenen künstlerischen Unzulänglichkeit seiner Bücher ist er bis heute einer der meistgelesenen Autoren von Abenteuerromanen.

Einige Themengruppen des A.s. Das Jagd- und See-A.: Es verfügt über eine ausgeprägte literarische Tradition vornehmlich im angelsächsischen Sprachbereich (z.B. DEFOE, MELVILLE, F. MARRYAT, STEVENSON). Die Gruppe der stets wiederkehrenden Motive besteht in der Begegnung und im Kampf mit dem Tier in vielerlei Variationen auf der einen und in dem Ringen mit den Naturkräften auf der anderen Seite (Sturm, Schiffbruch, Leben auf einsamer Insel). Jagd-A. konzentrieren sich auf einige im allgemeinen wenig erschlossene geographische Räume wie Innerasien, Hinterindien, Innerafrika und Südamerika, denen bislang noch das Geheimnis des Unerforschten anhaftete. Seea.er haben in den letzten Jahrzehnten an Reiz etwas verloren, da die Segelschiffromantik zu verblassen beginnt. Seea.er, sofern sie Seeräubergeschichten sind (z. B. W. LOBSIEN: Klaus Störtebeker, 1927), nehmen meist ein kriminelles Element auf, oder sie spielen vor dem Hintergrund des Krieges, wie im Beispiel des „Seeteufel" (1921) von F. GRAF V. LUCKNER.

Das Indianer-A.: Es zählt bis heute zu dem beliebtesten Lesegut der Jugend. Hauptgegenstände dieses Typs sind die Auseinandersetzungen zwischen den Weißen und den Indianern im Verlauf der Eroberung des amerikanischen Kontinents und die Schilderung volkskundlicher Details aus der fremdartig wirkenden Lebensweise des Indianers. Drei zeitliche Schwerpunkte sind festzuhalten, die die Gestalter von Indianer-A. immer wieder bevorzugen: Mitte des 18. Jh.s mit der Gestalt des Lederstrumpf als Mittelpunkt, Ende des 18. Jh.s und erste Hälfte des 19. Jh.s mit Tecumseh als markanter Figur und schließlich gegen Ende des 19. Jh.s das letzte Aufbegehren der Indianer zur Zeit der Einweisung in die Indianerreservationen mit Sitting Bull als Hauptgestalt. Zu dem Motiv der Landnahme, das den Anlaß zur Eroberung bildete, kommen später der Goldrausch und der Eisenbahnbau als treibende Momente des weißen Vormarsches hinzu. Im 20. Jh. gesellen sich zu den beiden Hauptvertretern des Indianer-A.s, COOPER und MAY, weitere namhafte Autoren.

Es ist bezeichnend, daß diese Schriftsteller ganze Serien von Indianerbüchern verfassen (FR. STEUBEN acht Bände um die Gestalt Tecumsehs, 1930ff.; E. HEARTING zehn Bände „Berühmte Indianer, weiße Kundschafter“, 1954ff.; L. WELSKOPF-HENRICH sechs Bände „Die Söhne der Großen Bärin“, 1951ff.).

Das Kriegs-A.: Die Vorliebe für Kriegs-A.er und ihre Verbreitung sind stark zeitbedingt und politisch manipuliert. Schon in der Zeit der Befreiungskriege wurde das 1755 wiederentdeckte „Nibelungenlied“ als kriegerisches Nationalepos („Evangelium deutscher Tapferkeit und Treue“) zur Schullektüre empfohlen. Vor dem 1. Weltkrieg entstanden Jugendbücher, die die deutsche Geschichte weithin als Kriegsgeschichte präsentierten. Die Nationalsozialisten protegierten in der Zeit des Zweiten Weltkrieges zur Festigung der „Kampfmoral“ die Produktion und Lektüre von Kriegs-A.n wie G. PRIENS „Mein Weg nach Scapa Flow“ (1940), F. v. FORELLS „Mölders und seine Männer“ (nach 1940). Das Kriegsthema ist in der BRD nach dem Zweiten Weltkrieg weithin in unterwertiger Heftchenliteratur mit einer gefährlichen Kampfideologie behandelt worden.

Das technisch-utopische A.: Es erfreut sich bei den Jugendlichen ständig wachsender Beliebtheit. Gründe sind deren physikalisch-technische Interessen, die phantastische Gestaltung und die damit verbundene Spannung. Das technisch-utopische A. erfüllt weitgehend die Bedingungen des A.s überhaupt: Der Zug in die Ferne und damit der Reiz des Neuartigen drückt sich aus in der Ausweitung des Schauplatzes in kosmische Bereiche. Der Vorstoß ins Unbekannte trägt die Züge des Wunderbaren. Besonderheiten bestehen darin, daß bei diesem Typus das Element des Abenteuerlichen mit dem der Wissenschaftlichkeit eine Verbindung eingeht und in der Thematik häufig das Politische und Soziale einbezogen werden. Das Utopische hat im technisch-utopischen A. nicht die Bedeutung einer Entgegensetzung zu der gegenwärtigen Realität, sondern knüpft an diese an und verlängert die in der Gegenwart ablesbaren Möglichkeiten linear in die Zukunft und steigert sie. Das Lesealter bei dem technisch-utopischen A. ist in den letzten Jahren fortwährend gesunken und beginnt heute schon mit ca. 11 Jahren. Der Beginn des technisch-utopischen A.s ist in einigen Romanen J. VERNES (z. B. „Reise um den Mond“, 1867) zu sehen, in dessen Büchern wissenschaftliche Belehrung und abenteuerliche Handlung eine Einheit bilden. Im 20. Jh. sind in Deutschland besonders die Zukunftsromane H. DOMINIKS mit ihrer Neigung zum Politischen zu erwähnen. Nach dem Zweiten Weltkrieg haben die Erzählungen von H. K. KAISER (Im Banne des roten Planeten, 1956; Der künstliche Mond, 1958), A. C. CLARKE (Die Erde läßt uns los, 1954), E. DOLEZAL (Sekunde X, 1957) und W. BRUCKNER (Tötet ihn!, 1967) weite Verbreitung gefunden. Eine Anzahl von technisch-utopischen A.n nähert sich dem Typus des Sachbuches (H. GARTMANN: Träumer, Forscher, Konstrukteure, 1955; W. v. BRAUN: Start in den Weltraum, 1958).

Unübersehbar groß ist die Zahl der technisch-utopischen A.er in Form von Heftchenserien, in denen teilweise das Schema der Gangstergeschichte auf utopische Verhältnisse angewandt wird.

Das Detektiv-A.: Als neuer Motivkomplex kommt die Auseinandersetzung mit der gesetzlichen Ordnung und den sozialen Sondergruppen zu den anderen Merkmalen des A.s hinzu. Durch die Schilderung genau aufeinander abgestimmter Vorgänge und ihre logisch-rationale Verknüpfung und Motivation wendet sich das Detektiv-A. stärker an die Verstandeskräfte des jugendlichen Lesers als die anderen A.-Gruppen. Das Lesealter ist bei dieser Art von A. sehr weit zu fassen. Erste Detektivgeschichten werden bereits mit zehn Jahren gelesen — Kriminalromane liest sowohl der Jugendliche als auch der Erwachsene. Im 19. Jh. gehören zu diesem Buchtyp einige Erzählungen E. A. POES und J. VERNES „In 80 Tagen um die Erde“ (1872) sowie die mehrfach übersetzten Sherlock-Holmes-Geschichten (ab 1892, 2bändige Gesamtausgabe 1930) von C. DOYLE. Im 20. Jh. ist E. KÄSTNERS „Emil und die Detektive“ (1930) wohl vorwiegend deswegen zu solcher Beliebtheit gelangt, weil Kinder als Handelnde, realistische Milieugestaltung und kindesnahe Umgangssprache das Alter der 10jährigen Leser besonders ansprechen. Gern gelesen werden „Das rote U“ (1932) von W. MATTHIESSEN, A. WEIDEMANNS „Gepäckschein 666“ (1953) und als Übersetzung aus dem Schwedischen A. LINDGRENS „Meisterdetektiv Blomquist“ (dt. 1950) aber auch E. BLYTONS Erzählungen. *Peter Hasubek*

→ Astronautik, → Indianerbuch, → Kriminalgeschichte als KJL, → Science Fiction

Sekundärliteratur: A. Bodensohn: Abenteuer: Meer, Insel, Schiff (1960); Abenteuer: Wildnis, Wüste, Pharaonen (1961). — E. G. Cox: A reference guide to the literature of travel (1969). — A. Hölder: Das Abenteuerbuch im Spiegel der männlichen Reifezeit (1967). — K. Kastner: Jugendbücher vom Fließband (in: Börsenblatt für den deutschen Buchhandel. 87. 1970. 2421—2426). — W. Klages: Reisebeschreibungen, Weite Welt und Abenteuer (in: DU. 9. 1957. 74—91). — K. Lütgen: Gestaltungsprobleme beim Abenteuerbuch aus der Sicht des Autors (in: Zeitschr. f. J.lit. 2. 1968. 67—86). — P. G. Neumair: Der Typus des Abenteurers in der neueren deutschen Literatur (Diss. 1933). — H. Pleticha: Das Abenteuer im historischen Roman und im historischen Jugendbuch (in: Zeitschr. f. J.lit. 6/7. 1968. 349—368). — H. Plischke: Von Cooper bis Karl May (1951). — W. v. Schack: Das Abenteuerbuch (in: M. Dahrendorf u. W. v. Schack: Das Buch in der Schule. 1969. 90—106). — W. Tröger: Zur Pädagogik des Abenteuers (in: Jugendliteratur. 11. 1963. 481—493). — B. v. Wulffen: Umkämpftes Kinderbuch (in: Merkur. 11. 1972. 1105—1118). — H. Zulliger: Der Abenteuer-Schundroman (in: Zeitschr. f. psychoanalytische Pädagogik. 10/12. 1933. 357—377). *IJB*

Aberglaube

Als Bezeichnung für „verkehrten Glauben", für „Miß-" oder „Afterglaube" ist die sprachliche Bildung A. seit dem 16. Jh. (M. Luther) gebräuchlich. A. und abergläubische Vorstellungen haben auf mannigfache Weise eine Rolle in der Literatur für Kinder und Jugend gespielt.

Wortbedeutung und Umkreis. Im allgemeinsten Sinne wird A. heute definiert als ein Für-wahr-Halten von *naturwissenschaftlich und psychologisch nicht erklärbaren Kräften und Erscheinungen,* als Glaube an deren Personhaftigkeit und Einwirkung in den menschlichen, historischen Bereich über die in einer Gesellschaft sanktionierten religiösen Vorstellungen dieser Art hinaus (oder auch im Widerspruch zu ihnen). Im untergründig vorhandenen A. aufgeklärter, hoch zivilisierter Gesellschaften sind Reste von Vorstellungen und Praktiken untergegangener Volksreligionen und Mythen erhalten; der Begriff deckt sich allerdings nicht mit dem des Volksglaubens. Im A. finden sich auch Reste veralteter Volksheilkunde und Medizin (das „Besprechen" bei bestimmten Erkrankungen), der Alchemie, der Wahrsagerei, des Orakelwesens, der Astrologie und verschiedener „Geheimwissenschaften", Überbleibsel auch okkulter Glaubensvorstellungen, der schwarzen und weißen Magie, vermengt mit fehlgedeuteten heidnischen Naturgeistervorstellungen, mit Glauben an Fabelwesen, Geister, Widergänger, Gespenster, Hexen, Zauberer, Belzebub und seine Teufelsschar und dem Glauben an Elemente, Figuren und Handlungen, die Heil oder Unheil bewirken. Die heute in Zeitungen und Zeitschriften üblichen „Horoskope" werden nicht nur in jugendlich unreifem Alter (oft halb belacht) „für wahr" gehalten; das groteske „Maskottchen" im Auto fängt das ironisierte Glaubensbedürfnis des modernen Jugendlichen an anonyme Schutzmächte durchaus im Wortsinn des A.s ab.

A. in autobiographischen Kindheitsberichten. In vielen autobiographischen Kindheitsberichten zeigt sich bis in die Gegenwart, wie stark abergläubische Vorstellungen in der Kindheit aufgenommen werden; diese Tatsache findet sehr verschiedene Beurteilungen für den Lebensfortgang des einzelnen und die Entwicklung seiner Phantasie. Beispiele hierzu bietet die Sammlung von Goldschmit-Jentner „Die Kindheit großer Deutscher, von ihnen selbst erzählt" (1958). Rückblickend bejaht M. von Ebner-Eschenbach (Meine Kinderjahre, 1906) die Bereicherung, die ihre Phantasie durch die an abergläubischer Weltdeutung reichen Geschichten des Kindermädchens erfahren hat. Das Ineinanderwirken von Glaube und A. zu einer eigenen kindlichen Lebens- und Weltvorstellung schildert St. Andres anschaulich in seinem autobiographischen Roman „Der Knabe im Brunnen" (1953). Demgegenüber entdeckt J. Kosinski in seinem romanhaften Bericht „The Painted Bird" (1965; dt. Der bemalte Vogel) die grauenhafte Realität des noch gesellschaftlich wirksamen A.s. Das Nachwort zur deutschen Ausgabe seines Werkes stellt die Beziehung her zwischen dem in der Kindheit als „real" erlebten A. und den Entwicklungsängsten entsprechend den Jungschen Archetypen des kollektiven Unbewußten.

A. in der volkstümlichen Kinderliteratur. Schwangerschaft, Geburt, Entwicklung des Säuglings und Kleinkindes waren durch Jahrtausende voll Geheimnis und blieben über die Aufklärung hinaus von einer Fülle abergläubischer Vorstellungen und Vorsichtsmaßnahmen umgeben. Aus ehemals festgefügten Formeln (des Bannens und Lösens, Herbeiwünschens von Heil, Segen, Glück und des Wegwünschens von Unheil, Mißwuchs, Krankheit und Gefährdung), dann aus vielfach zersprochenen und zersungenen Sätzen, Reimen, Liedzeilen ist einiges davon in Wiegenliedern, Kinderreimen, Kniereiterversen, in Ammenmärchen und Kleinkindergeschichten erhalten geblieben. Ploss/Renz bringen aus europäischen und außereuropäischen Kulturen zahlreiche Beispiele dieser Art, auch von Fingerspielen und Begleitversen zum Zahnen und Zahnwechsel, Laufen- und Sprechenlernen. „Kinderschlaf und Wiege, Kinderbad, Körperteile des Kindes wie z. B. Haare, Nägel, Zähne, kommen ebenso in abergläubischer Verknüpfung in Kinderliedern vor wie auch die Kleidung des Kindes und der Umgang mit dem Kind: Durchziehen, Durchkriechen, Durchreichen und Überschreiten des gesunden Kindes" (Ploss, Kap. 33). Die Mundarten deutscher Landschaften wie jeden Volkstums sind reich an solchen Reimstrophen, die, heute den Müttern meist unbekannt, in Anthologien der Kinderreime für die Beschäftigung mit dem Kleinkind oder auch zu Studienzwecken gesammelt werden. H. M. Enzensberger gibt in „Allerleirauh. Viele schöne Kinderreime" (1961) auch „Zahnsegen" und „Wettersegen" an (s. dort das reiche Quellen- und Literaturverzeichnis). Nicht fehlen darf in diesem Zusammenhang der Hinweis auf die Schicksale, die *Kinder selbst als „Hexen"- und „Teufels"kinder* im europäischen Mittelalter und bis ins 18. Jh. erlitten, ebensowenig auf *die Rolle, die sie spielten als Zeugen gegen Erwachsene,* die von ihnen *der Hexerei* und *Zauberei* bezichtigt wurden. Die ausgefallensten Berichte über Fälle von Hexerei, die fast immer überaus komisch waren und sich mit den bekannten Themen befaßten, stammen von Kindern unter 12 Jahren. Ihre bevorzugten Opfer waren nicht selten ihre eigenen Eltern. Die Korrelation des Verhaltens solcher Kinder mit der unheilvollen Rolle, die der A. damals in der Kindererziehung spielte, liegt auf der Hand. K. BASCHWITZ zitiert in seinem Buch „Hexen und Hexenprozesse, die Geschichte eines Massenwahns und seiner Bekämpfung" (1963) den bekannten, anglikanischen Bischof F. HUTCHINSON (1660—1739) mit den Worten: „Ist es nicht klar, daß die Leute ihre Kinder mit so manchen Erzählungen in Schrecken versetzt hatten, so daß die Kinder nicht schlafen konnten, ohne vom Teufel zu träumen?" (S. 324). *Besonders in Situationen des Ungehorsams und zur Bändigung des Selbständigkeitsdranges des Kindes wurde mit Gestalten des A.s zur Schreckung und Gehorsamserzwingung gearbeitet* (Beispiele bei R. DIRX: Das Kind, das unbekannte Wesen; Geschichte, Soziologie, Pädagogik, 1964). Manches wurde im Lauf der Zeit in spaßige Unterhaltung umgewandelt (z. B. „Es tanzt ein Bi-Ba-Butzemann in unserm Haus herum"), was auf ursprünglich für wahr gehaltenem und glauben gemachtem Bannen und Lösen, Weggeholt- und In-den-Sack-gesteckt-werden beruht. Der „Kinderfresser" (zit. bei DIRX), der „schwarze Mann", der „Butzemann", das „Bucklicht' Männlein" und viele andere Figuren, die in Volks- und Kinderlied und Erzählungen lange nachlebten, dürften hier ihren kaum mehr zu differenzierenden Ursprung haben (vgl. BÄCHTOLD-STÄUBLI: Hwb. d. dt. Abergl.s). Zur Überwindung abergläubischer Furcht trugen die schon im Mittelalter beliebt gewordenen szenischen Spiele vom überlisteten Teufel, von Geister- und Teufelsaustreibungen bei. Die stets besiegte und um den Gewinn geprellte Teufelsfigur in den Kasperspielen für Kinder läßt den Zuschauer die häufig noch abergläubisch erregte kindliche Angst in Gelächter entladen. Landschaftlich und mundartlich reichhaltig verschieden, haben Naturgeister- und Gespenstervorstellungen naiven A.s ihren Niederschlag in Märchen und Sagen gefunden, die den kleinen Kindern von Ammen, Kindermädchen, Müttern und Vätern erzählt wurden. Aus der Dichtung der Klassik gingen Spuk- und Lehr-Balladen in Anthologien und Lesebücher für die Jugend ein: J. W. v. GOETHES „Zauberlehrling", „Totentanz", „Erlkönig", „Schatzgräber", „Die wandelnde Glocke". FR. SCHILLERS aufklärerisch hochbedeutsame Erzählung „Der Geisterseher" wurde niemals Schullektüre, wohl aber wurden es Märchennovellen der Romantik, die spielerisch oder gespenstisch zwischen überliefertem A. und freier künstlerischer Phantasie schwingen.

Verwandlung des A.s in freie Phantastik. Infolge der Aufwertung volkstümlicher Überlieferungen in der Romantik wurde auch die Literatur für Kinder mit Gestalten und Vorfällen aus abergläubischem Bereich aufgefüllt. Die damals noch schwankenden Begriffe Märchen und Kindergeschichte bezogen Spuk- und Geistergeschichten ein. Zauberglaube und -praktiken, Wunsch- und Traumphantasie, Verwandlungskünste, Teufels-, Unholden- und Hexenwesen gehörten in den Erzählungszusammenhang und gelangten in viele Sammlungen der Volksmärchen vorwiegend landschaftlicher und mundartlicher Begrenzung. Für E. M. ARNDT z. B. bedeutete der Begriff des Märchens so viel wie „Erzählung mit übernatürlichen Elementen"; er fügte seiner Märchensammlung (Märchen und Jugenderinnerungen, 1818) Ortssagen und Spukgeschichten bei, die auf „eigene Erfahrungen" von Erzählern zurückgingen, die er in der Kindheit und Jugend gekannt hatte. Neben dieser Offenheit Phänomenen und Restbeständen des A.s gegenüber hebt sich aber in der Romantik schon ein Zug auch der Humanisierung, Poetisierung und Ironisierung der Vertreter der einst für finster und bedrohlich gehaltenen Gegenwelt ab und findet auch in der Literatur für Kinder Eingang. Beispielhaft wirken Um- und Nachdichtungen von A. KOPISCH in „Allerlei Geister, Märchenlieder und Schwänke" (1848), von denen die „Heinzelmännchen" immer wieder erzählt und illustriert wurden. Seine Ballade vom „Nöck" hebt die Furcht vor dem unheimlichen Wassermann auf; A. v. CHAMISSOS „Riesenspielzeug" ist Beispiel der Benutzung abergläubischer Vorstellungen zur Belehrung. OSCAR WILDE läßt in seinem Märchen einen egoistischen Riesen sich zum kinderfreundlichen christlichen Sterblichen verwandeln („Der selbstsüchtige Riese"). E. MÖRIKES „Schöne Lau" muß das Lachen auf menschliche Weise erlernen.

Kampf gegen den A. in Büchern für die Jugend. Den entscheidenden Vorstoß *gegen den A.* in der mündlich und schriftlich an Kinder sich richtenden Belehrung und Unterhaltung unternahmen die Pädagogen der *Aufklärung* und des *Philanthropinismus.* Ihre Gründe liegen mit denen, die schon PLATO zur Stellungnahme gegen die „Unwahrheit der Mythen" veranlaßten (Der Staat, XX. Kap.), in einer Linie: 1. *Unwürdigkeit,* an „solche Dinge" zu glauben, 2. *Erregung von Furcht,* die der kindlichen Seele schädlich ist. Diese Doppelbegründung wird erweitert und differenziert, weil man die Folgen des A.s in erschreckendem Ausmaß vor Augen sah. Unter den Gründen für die Verwahrlosung der Landbevölkerung nannte FR. E. v. ROCHOW den A. zusammen mit den „bösen Vorurteilen, Verwöhnung" und „gänzlicher Unwissenheit an Lesen und Schreiben" (ROCHOW: Geschichte meiner Schulen, 1795; s. a. seinen „Versuch eines Schulbuchs für die Kinder der Landleute", 1772). In seinem „Katechismus der Vernunft" (1786) gibt er in den Übungen für Kinder zur Begriffserklärung eine genaue Abgrenzung zwischen: Glaube, Unglaube, Leichtgläubigkeit und A.; J. CHR. FR. GUTSMUTHS schreibt in seinem Artikel „An den Herrn Geheimen Kanzleisekretär Brandes in Hannover" (Braunschweigisches Journal 1791, 2. Bd., 7. Stück, S. 231): daß die Kinder den natürlichen Zusammenhang von allem einsehen lernen sollen, sei doch wohl „wirklich ganz hübsch. Es bewahrt sie vor Gespenstern, Hexen, Aberglauben, Despotismus und Dummheit aller Art, sei sie auch oft noch so splendid gelehrt". CHR. G. SALZMANN weist in seinen Erziehungsschriften mit Nachdruck darauf hin, daß man Kinder nicht zum A. erziehen und sie nicht mit Gespenstern in Furcht versetzen solle. In seinem satirischen „Krebsbüchlein“ heißt ein Stück „Mittel, wie man Kinder kann lehren, Gespenster zu sehen“. Auch J. H. CAMPE verwarf das Erzählen von Spukgeschichten (Revisionswerk, Bd. II, S. 198), da durch sie das Nervensystem am meisten geschädigt werde. J. STUVE stimmte ihm zu und vertiefte die Begründung psychologisch bis in die Gefahr der „Neurose“ hinein. In CAMPES „Kinderbibliothek“ befinden sich mehrere unterhaltende Geschichten, die Spukerscheinungen demaskieren und den natürlichen Zusammenhang in Stücken scheinbarer Zauberei aufdecken. Noch im „Wochenblatt zum Besten der Kinder“ (1760, XLVI. Stück, 1. Teil, 2. Abschnitt, Nr. 46) wurde eine Geistererscheinung unter Einbeziehung des Schatzgräbermotivs als ‚wirklich geschehen‘ vorgeführt: das Gespenst erteilt dabei einem eitlen Mädchen moralische Belehrung über die Nichtigkeit körperlicher „Reize und Zierden“ auf dieser Welt. Deutlicher spöttisch behandelt das Buch „Hundert Aesopische und andere auserlesene Fabeln nebst beigefügter Moral für die Jugend“ (1796) in Nr. 55 in Gedichtform eine Gespensteraustreibung mit Hilfe schlechter Verse. „Von Wahrheit, Irrtum und Aberglauben“ überschrieb J. B. BASEDOW im 3. Buch seines Elementarwerks die Abhandlung („für die zweite Kindheit brauchbar“), in der er verschiedene Ursachen von Irrtümern und A. sachlich erklärt in Verbindung mit den vier Darstellungen auf der Tabula XXV der „Kupfersammlung“ (1774) zu seinem Elementarwerk. Die Bilder zeigen Gestalten „falscher Einbildung“ (Meerweib, Zentaur, Teufel, geflügeltes Gerippe, auf dem Besen durch die Luft reitende Frau) und Szenen abergläubischer Furcht (vor dem Schornsteinfeger als „schwarzem Mann“, vor dem Kleiderständer in der Nacht als „Gespenst“). BASEDOW zählt noch mehr solche „Irrtümer der Leichtgläubigkeit“ auf und faßt sie zusammen mit dem Worte „A.“; er warnt die Kinder eindringlich davor, fordert sie auf, mit dem Verstande Erscheinungen und Erzählungen zu überprüfen und schreibt: „Es ist Aberglauben, sich vor einem solchen Teufel, vor solchen Hexen, vor solchen Gespenstern zu fürchten, den Ahnungen oder Träumen zu trauen oder von irgend einem Dinge sonderbare schädliche oder nützliche Wirkungen, deren Wahrheit nicht untersucht werden kann, und wozu sie nach der Erfahrung nicht geschickt sind, zu hoffen oder zu besorgen“ (zit. nach dem Faksimiledruck J. B. BASEDOWS Elementarwerk, 1909, S. 225). In J. S. STOYS „Bilder-Akademie für die Jugend“ (1784) wurden beispielhaft die Wahrsagerei aus dem Kaffeesatz und das Handliniendeuten als Handlungen des A.s abgebildet. Anhand von Abbildungen auf der Tab. XXII der „Bilder-Akademie“ spricht STOY über abergläubische Vorstellungen in Zusammenhang mit „Meerweib“ „Centaur“, „Tod“ und „Teufel“, „Hexe“ und „Elementarwesen“, ebenso über Amulette, Talismane, Alraune und Wünschelrute und verurteilt als A. „die Erzehlungen von den Trutten und Wickherzen . . ., die Fabeln von allerley Ahndungen, Spuckereyen, Unholden, Kobolden, Berggeistern, Poltergeistern, Ungetümen, wütenden Heeren und insbesondere die fabelhaften Erzehlungen von Gespenstern . . .“. Im Jahre 1798 erschien „Ein Lesebuch zur Unterhaltung und Belehrung für Kinder“ mit dem Haupttitel „Entlarvter Aberglaube“ [Verf.: F. L. TEXTOR]. Natur- und Gesundheitslehre rückten auf breiter Basis in die Jugend- und Schullektüre ein, um dem A. von Kindheit an entgegenzuwirken. Viele dieser Bücher führten im Titel den Begriff der „Anleitung“ zur „richtigen Erkenntnis“ natürlicher Dinge, Zusammenhänge, Begebenheiten mit und wollten zum Selbstdenken erziehen. Das Bestreben der Aufklärung, Vernunft und Glauben in der Form „natürlicher Religion“ in ein harmonisches Verhältnis zu setzen, wirkte sich religionspädagogisch gegen den A. auch in der konfessionellen Überlieferung aus. Auf BASEDOWS Buch „Methodischer Unterricht der Jugend in der Religion und Sittenlehre der Vernunft“ (1764) stand unter der Titelvignette eine Losung der Aufklärung: „Denket selbst!“. Fortschrittliche Theologen beteiligten sich am Kampf gegen den A., wie z. B. J. G. ZIEHNERT, Pfarrer in Schlettau, der um 1800 einen kleinen Band veröffentlichte mit dem Titel: „Es giebt keine Gespenster! Unterhaltende und belehrende Erzählungen für die Jugend“. Er machte darin „auf die mancherlei natürliche Ursachen sogenannter Spukgeschichten aufmerksam“ und erklärte auch merkwürdige Naturerscheinungen, z. B. den „Schwefel- und Blutregen“ aus Farbstoffen, die sich unter gewissen Umständen dem Regenwasser beimischen. Gegenüber dem Radikalismus, mit dem die Kinderliteratur nun von jeder abergläubisch erscheinenden, phantasievollen Beimischung gesäubert werden sollte, verteidigte es E. CHR. TRAPP, Kindern Märchen zu erzählen und Märchen zur Lektüre zu geben, mit der Begründung, „weil sie den Kindern so viel Vergnügen machen“. Er fügte hinzu, daß „ihre Schädlichkeit“ nicht so sehr ins Gewicht falle, „wenn der übrige Unterricht aufgeklärt und die Unmöglichkeit der erzählten Begebenheiten einsehen lehrt“. Er vertrat die Meinung, daß dem kindlichen Hang zum Wunderbaren auf „unschädliche Weise“ nachgegeben werden sollte.

Objektivierung des A.s in der Kinder- und Jugendliteratur. Ohne Anspruch, für wahr gehalten zu werden, des Charakters als A. also entkleidet, gehörten auch im 19. Jh., nach der Epoche der Aufklärung und im Schatten des Positivismus, Märchen und Geschichten mit Spuk- und Gespenstergestalten, Bilderbuchgedichte und Prosa mit Elfen-, Zwergen-, Zauberer- und Hexenwesen zur beliebten Kinderliteratur. In Reiseberichten und exotischen Abenteuerbüchern wurde nun der Glaube fremder Völkerstämme an Geister, Dämonen, Beschwörungen, Heilungen, ihre Initiations-, Hochzeits- und Totenriten als A. gezeichnet, zu dessen Überwindung der Christ beitragen müsse. In einem großen Teil der für Kinder und Jugendliche geschriebenen Missionsliteratur (s. a. die Bibliographie von C. ENGEL in: Studien zur Jugendliteratur 1960, H. 6) wurden Begebenheiten, in denen sich christlicher Glaube dem A. von Eingeborenen überlegen erweisen sollte, noch in den 50er Jahren des 20. Jh.s auf primitivster Ebene gehäuft (z. B. Heft 27 der Reihe der „Silberdistel", J. MESKE: Gib mir dein blaues Hemd [o. J.]). Expeditionsberichte, exotische Abenteuer-, vor allem Indianerbücher mit der Zeichnung des „edlen Wilden", wirkten wiederum dem schon in Kindern gezüchteten Überlegenheitsgefühl des zivilisierten Weißen „richtigen" Glaubens entgegen. CAMPE hatte auch hier bereits den Weg der Aufklärung und der Übung in Mitmenschlichkeit gewiesen, da er zwischen seinem Robinson („Robinson der Jüngere", 1779) und dem dunkelhäutigen Freitag, der alltägliche Ereignisse abergläubisch zu deuten gewohnt ist, ein freundschaftliches Verhältnis entstehen läßt. Im 19. Jh. begannen historische Erzählungen ihre jungen Leser zurückzuführen in Zeiten Europas und Deutschlands, in denen der A., vor allem der Glaube an Zauberer und Hexen, Unglück, Verfolgung, Folter und Tod über Menschen gebracht hatte. *Doch prägte sich* noch längere Zeit *auch in der Kinderliteratur der A. aus, daß der Mißgestaltete* selbstverständlich *ein Bösewicht sei.* In „Frau Sonne. Lustige Geschichten und drollige Bilder" von H. HOFFMANN, die 1871/72 entstanden (Atlantis Zwergenbücher, 1964), heißt es in „Peter der Dieb": „Der Peter mit dem scheppen Bein / Der stiehlt das silberne Gäbelein ...". In R. v. VOLKMANN-LEANDERS Märchen „Das kleine bucklige Mädchen" bewahrt die Mutter das mißgestaltete Kind lange vor Spott und Verdächtigung durch die Umwelt. In einer Erzählung von P. KROTT „Der Vielfraß und die Maske" (1959) spielen alter A. und abergläubisches Vorurteil gegen den Mißgestalteten verhängnisvoll ineinander.

Thema A. in der zeitgenössischen Kinder- und Jugendliteratur. Umfragen in Schulklassen, Erhebungen in abgelegenen ländlichen Gegenden und Gerichtsverhandlungen haben gezeigt, daß bis in die Gegenwart (vgl. A. AUHOFER: Aberglauben und Hexenwahn in unserer Zeit, 1960) der A. eine noch nicht versiegte Unterströmung in der Gesellschaft ist. Der Kinderbuchautor O. PREUSSLER erklärte, daß er mit seiner Erzählung „Die kleine Hexe" (1957) der Hexenangst, die er bei seinen Schulkindern lebendig sah, habe entgegenwirken wollen. Auch in weiteren Büchern von PREUSSLER (Der kleine Wassermann, 1956; Das kleine Gespenst, 1966) wie in zahlreichen unterhaltenden Erzählungen und Gedichten anderer Autoren für Kinder zeigt sich die Tendenz, durch Bagatellisierung, Humanisierung, Ironisierung (Über- und Untertreibung) die ursprünglich „unholden" und einst für sehr mächtig gehaltenen Figuren wie Hexe, Zauberer, Wassermann, Gespenst, Klabautermann, Trolle zu „entschrecklichen" und für Kinder annehmbar zu machen. Auf breiter mittlerer Unterhaltungsebene wird die phantastische Abenteuergeschichte mit der Thematik sich auflösender, sich eigentlich als moralisch „gut" erweisender oder sich mit der Technik einrichtender Gestalten des A.s variiert, z. B. A. M. G. SCHMIDT: „Hexen und so ..." (1969). Noch immer erscheinen neue Erzählungen mit dem in England beliebten Thema der Geistererscheinung in alten Schlössern. Kinder werden in die Rolle abenteuernder Detektive versetzt bis zum Erfolgserlebnis: Aufklärung der seltsamen Vorgänge. L. M. BOSTON hat dieses Grundmotiv mit mehreren Figuren durchsetzt, die besonders vom A. gezeichnet sind: blindes Mädchen, Negerjunge, Zigeuner; auch verwendet sie das Schatzsuchemotiv. Dagegen stellen Autoren wie B. PLUDRA (Lütt Matten und die weiße Muschel, 1964) die Überwindung und Beendung kindlichen Wunschdenkens in Verbindung mit magischen Vorstellungen aufgrund überlieferten A.s entwicklungspsychologisch begründet und als Sozialisationsprozeß dar. In dem dreistrophigen Gedicht „A." wendet B. BRECHT (in: Ein Kinderbuch, 1965) die humorvolle Abkehr vom A. in gesellschaftspolitisches Systemdenken um („Und einen Teufel gibt es nicht / In unsrer Republik"). In humorvoller Weise baut I. B. SINGER das abergläubische Denken vom Glück- und Unglückhaben ab in seiner phantastischen Erzählung „Mazel and Chlamazel or The Milk of a Lioness" (New York 1967; dt. Massel und Schlamassel oder die Milch einer Löwin, 1969); der Held befreit darin sich selbst von der figurierten „Macht" des Unglücks. Tendenzen der Aufklärung und des philanthropischen Tugendkatalogs mit Glücksverheißung scheinen sich zu wiederholen, wenn es am Ende der Erzählung heißt: „Tam hatte gelernt, daß das Glück dem treu ist, der fleißig, ehrlich und freundlich und anderen gegenüber hilfreich ist. Ein solcher Mensch ist wahrhaftig immer glücklich."

Als eine *weitere Tendenz* erscheint in der Jugendliteratur das Bemühen, Gefahr und Absurdität abergläubischer Vorurteile bewußt zu machen und beispielhaft ihre Überwindung zu zeigen kraft vernünftiger Einsicht und tatkräftigen mitmenschlichen Verhaltens, als Humanisierungs- und Sozialisationsprozeß (M. DE JONG: „The Tower of the Sea"; dt. Die Wiege auf den Wellen, 1964; E. G. SPEARE: „The Witch of Blackbird Pond"; dt. Die Hexe vom Amselteich, 1961). In historischen und biographischen Erzählungen (auch Romanen für die Jugend), werden Persönlichkeiten als Vorbild weiterführenden Denkens den Vertretern finsteren und bedrohlichen A.s entgegengesetzt, der durch das Zusammenwirken von geistlicher und weltlicher Macht durch Jahrhunderte juristisch legitimiert und in der Exekutive von verheerender Wirkung war.

H. KRANZ stellt in der Erzählung „Der Richter vor Gericht" (1961) einen Ausschnitt aus J. KEPLERS Leben dar und die Hexenverfolgung, die sich gegen seine Mutter richtete. Gleichfalls aufgrund historischen Materials von Hexenprozessen schrieb I. BEYER die „Geschichte eines Massenwahns", Haupttitel: „Der Teufelskreis" (1968). Schauplatz dieser packenden Erzählung für die Jugend ist Straßburg zur Zeit des 30jährigen Krieges. — Neben anderen Autoren seit den 50er Jahren schilderte H. KAUFMANN in Büchern für die Jugend eindrucksvoll Kultur- und Glaubensgefüge anderer Völker, ohne leichthin als A. abzutun, was nach europäischem Denken der „vernünftigen" Planung in Kolonial- und Entwicklungsländern entgegensteht (Der Teufel tanzt im Ju-Ju-Busch, 1956; Roter Mond und heiße Zeit, 1957). *Margarete Dierks*

→ Aufklärung, → J. B. Basedow, → J. H. Campe, → Märchen, → Sage

Sekundärliteratur: H. Bächtold-Stäubli: Handwörterbuch des deutschen Aberglaubens (Bd. 1—9. 1927—41). — R. Dirx: Das Kind, das unbekannte Wesen (1964). — H. Ploss: Das Kind in Brauch und Sitte der Völker (Bd. 1 u. 2. 1876, [3]1911). — K. Wehrhahn: Kinderlied und Kinderspiel (1909). — K. Zucker: Psychologie des Aberglaubens (1948).

Ackerknecht, Erwin

*Volksbibliothekar, Literaturpädagoge; * 15. 12. 1880 Baiersbronn, † 24. 8. 1960 Ludwigsburg.*

Nach einem theologischen Studium wandte sich A. bereits 1904 bibliothekarischen Aufgaben zu; er wurde 1907 Direktor der Stadtbücherei in Stettin und blieb bis 1945 in diesem Amt. Während vieler Jahre leitete er neben der Stettiner Bücherei auch die Volkshochschule. Nach kurzer Tätigkeit als Kulturdezernent in Ludwigsburg übernahm er 1947 die Leitung des Schiller-Nationalmuseums in Marbach (dem er schon 1933 seinen umfangreichen Briefbestand von der Hand deutscher Dichter übereignet hatte) und den Vorsitz der Deutschen Schillergesellschaft (bis 1954). Die Landesregierung von Baden-Württemberg zeichnete ihn mit dem Professorentitel aus.

Werk, Tendenzen, Wirkung. In vielseitigem publizistischen Schaffen hat sich A. mit literaturgeschichtlichen, literarpädagogischen und -kritischen, vornehmlich aber mit volksbibliothekarischen Fragen auseinandergesetzt. Seiner sozialen und erzieherischen Gesinnung entsprach eine gleichsam seelsorgerische Einstellung zum lesenden Menschen. In der Verhältnisbestimmung des Lesers zum Buch vertritt er eine anthropologisch-lebenskundliche Anschauung, die im Anklang zu L. KLAGES auf eine Förderung der „moralischen Triebe" vor allem beim jungen Leser zielt. Liebe, Bewunderung, Begeisterung, Verehrung hält A. für ursprünglichere Bildungskräfte als intellektuelle Interessen und setzt sie (zweifellos einseitig und zeitbedingt) dem Rationalisierungsprozeß bei der Integration des Individuums in das moderne Gesellschaftsgefüge — wenigstens in hinhaltender Absicht — entgegen. Die geistige Verwandtschaft A.s mit P. DE LAGARDE, FR. NIETZSCHE und J. LANGBEHN wird hiermit deutlich. Die Überbetonung des „Hingebungscharakters" im Bildungsvorgang führt, im Blick auf das seelische Erlebnis der moralischen Befriedigung und der Befreiung vom Druck des Zweckdenkens beim (jungen) Lesenden, zur umstrittenen These A.s: „Der künstlerische Wert einer Erzählung — der künstlerische Wert eben im Sinne der Erwachsenen — entscheidet nicht über ihren Bildungswert für die kindliche Persönlichkeit" (Jugendlektüre und deutsche Bildungsideale, 1914). Damit setzt er sich in Gegensatz zu H. WOLGAST und seiner Schule, denen er eine verfrühte Festlegung des kindlichen Seelenlebens auf rationalistische Ziele durch die ausschließlich ästhetische Wertung der Lektüre vorwarf. Die triebhaft moralische Auffassung des Kindes von seiner erlesenen Welt sei die „Schrittmacherin der künstlerischen Empfindung", die sich zunächst nur an akzeptierten Inhalten entzündet. So gesehen, üben auch *Kitschwerke,* die A. als dichterisch nicht vollwertige, aber moralisch einwandfreie Literatur ansieht, kunstgleiche, d. h. hier: lebensmäßig positive Wirkungen aus. Er spricht dann von einem „kunstoiden Erlebnis". Die Psychologisierung des Leseerlebnisses — bei weitgehender Ausschaltung der sprachlichen Eigenwelt auf der Bedeutungsebene — unterstrich A. mit der These: „Das Kitscherlebnis hat als eine Spielart des Kunsterlebnisses genau so viel und so wenig mit der ‚Wahrheit' zu tun wie dieses." Weniger die verbildende als die bildende Wirkung sei beim Kitscherlebnis von Bedeutung, dies jedoch „im Sinne eines kulturellen Übergangswertes", nicht eines Zielwertes (Der Kitsch als kultureller Übergangswert, geschr. 1934, veröff. 1950). Für ein gewisses Entwicklungsstadium des geistigen Lebens sei das Kitscherlebnis ein unersetzlicher Nährstoff. Jeder Mensch habe das Recht auf seine ihm gemäßen künstlerischen Erlebnisse. Diese seien jedoch, wenn irgend möglich, fruchtbar zu machen im Sinne einer ästhetischen Höherführung, die aber nicht in einem einfachen „Hinaufleseverfahren" liegen könne, sondern nur durch *planvolle Lesearbeit* zu erreichen sei. Mit dieser Forderung setzt sich seine Verpflichtung und Verantwortung gegenüber der Dichtung durch. Mit „Vorlesestunden" (1923) und anschließenden Gesprächen will er seine junge Gemeinde in „Die Kunst des Lesens" (1929 u. 1949) einführen. Diese soll dem Leser „tiefe selbstbildnerische Genußfähigkeit" und Urteilsfähigkeit ermöglichen. Damit erhält die äußere Lesefertigkeit einen geistigen Überbau. Über ein kritisches Lesen will A. den jungen Menschen zum ausschöpfenden, hingebenden, nicht zum überfliegenden Lesen führen.

Bedeutung. Die Bedeutung A.s für die Theorie der

Jugendlektüre liegt darin, daß er den Anspruch des in Gefühl und Phantasie gründenden „moralischen" Leseerlebnisses herausgestellt hat, das nach A. in seiner primären Funktion nicht abhängig ist — oder abhängig gemacht werden soll — von der künstlerischen Ausgangslage eines literarischen Erzeugnisses. Daneben ist A.s erzieherisch-praktisches Wirken (Aufbau von Kinderlesehallen, Lesebetreuung) nicht zu übersehen.

Hermann Bertlein

Werke: Dimitry Mereschowski (1911); Das Lichtspiel im Dienste der Bildungspflege (1918); Deutsche Büchereihandschrift (1919); Menschheitsfragen (1923); Vorlesestunden als Hilfseinrichtung der Bücherei (1923); Vorlesestunden (1923); Büchereifragen (1924); Die kleine Eigenbücherei (1924); Die Erzväter der europäischen Philosophie (1925); Gemeindliche Bildungspflege (1925); Verzeichnis deutscher Fachschriften über Lichtspielwesen (1925); Eindrücke von meiner Büchereireise durch Finnland (1927); Aus Goethes Altersweisheit (1928); Lichtspielfragen (1928); Reiseeindrücke aus Finnland (1928); Die Kunst des Lesens (1929); Bildungspflege und Schallplatte (1930); Skandinavisches Büchereiwesen (1932); Büchereigesetzgebung (1933); Gottfried Keller (1937); Franz Nabl (1938); Wilhelm Busch als Selbstbiograph (1948); Der grüne Heinrich, ein Buch der Menschenkenntnis (1949); Heidelberg im Leben Goethes und Gottfried Kellers (1949); Aus der Werkstatt eines Volksbildners (1950); Der Kitsch als kultureller Übergangswert (1950); Die schwäbische Dichterfamilie (1950).
Hrsg.: Büchereifragen (1914; zus. mit G. Fritz); Bildungspflege (1919; zus. mit F. Plage); J. Gotthelf. Erzählungen (1952); F. Schiller. Dramen und Gedichte (1955); Veröffentlichungen der Deutschen Schillergesellschaft.

Sekundärliteratur: Büchereiplanung (1957). — W. Fronemann: Das Erbe Wolgasts (1927. 15—17). *IJB*

Adelung, Johann Christoph

*Lexikograph, Grammatiker, Sprachforscher, Polyhistoriker, Schriftsteller, Übersetzer, Herausgeber der ersten deutschen Kinderzeitschrift, des „Leipziger Wochenblatt für Kinder"; * 8. 8. 1732 Spantekow b. Anklam, † 10. 9. 1806 Dresden.*

A. studierte an der Universität Halle, war 1759 bis 1761 Professor am Evang. Gymnasium in Erfurt, hielt sich 1763—86 in Leipzig auf und war vielseitig tätig als Herausgeber, Übersetzer, Sprachforscher und Schulbuchverfasser; 1772—74 gab A. das „Leipziger Wochenblatt für Kinder" heraus, 1774 bis 86 erschienen die 5 Bände seines grammatisch kritischen Wörterbuches; 1785 u. 86 redigierte er „Die Leipziger Gelehrte Zeitung"; von 1787 an bis zu seinem Tode war A. als Oberbibliothekar und Privatlehrer in Dresden tätig.

Bedeutung für die Jugendliteratur. Mit seinem Lehrbuch für die niederen Schulen „Unterweisung in den vornehmsten Künsten und Wissenschaften" (1771) hatte A. bereits starken Einfluß auf den Unterricht gewonnen, als er sich 1772 entschloß, zusammen mit einem unbekannt gebliebenen Mitarbeiter das *„Leipziger Wochenblatt für Kinder"* im Verlag Crusius, Leipzig, herauszugeben. Mit dem Unternehmen verknüpfte er eine soziale Absicht: der Reinertrag sollte zur Linderung der Not im Erzgebirge, vor allem als Hilfe für die Kinder, verwendet werden. — Es gab zu der Zeit bereits eine Reihe von Wochenzeitschriften für Eltern und Erzieher mit angefügten Beiträgen für Kinder. — Jedoch begründete A., ihm nicht einmal bewußt, mit seinem Blatt eine Form der spezifischen Jugendliteratur: die periodische Zeitschrift, die sich unmittelbar an den jugendlichen Leser selbst wendet. In der „Allgem. Bibl. f. d. Schulwesen" wurde das Wochenblatt mit Zustimmung, doch nicht unkritisch begrüßt. A. legte in seinen Ratschlägen „an die Eltern und Vorgesetzten von der Absicht und dem Gebrauch dieses Wochenblattes" dar, daß es ihm in erster Linie um die Belehrung der Jugend, die Mehrung und Besserung ihrer Kenntnisse ginge, und betonte, daß es schwer sei, „eine Sache auf eine Kindern faßliche und anmutige Art vorzutragen und doch dabei ... nicht in das Kindische und Läppische zu fallen". Etwa die Hälfte des Inhalts für das Wochenblatt bestritt A. aus der bereits übersetzten zeitgenössischen Kinderliteratur Frankreichs, übersetzte auch selbst und übernahm Märchen, Erzählungen, Beschreibungen, erbauliche Betrachtungen, kleine Lustspiele, auch zeitgenössische deutsche Dichtung von J. Chr. F. Gellert u. a., naturgeschichtliche Beschreibungen und Rätsel. Welche Beiträge original von A. verfaßt worden sind, welche von einem Mitarbeiter, ist nicht mehr festzustellen. Als Redakteur gab er jedoch der gesamten Zeitschrift inhaltlich wie sprachlich ein strenges Gepräge. Einwänden der Eltern und Erzieher gegenüber verteidigte er in der Zeit der Empfindsamkeit und Schäfertändelei die Ansicht, daß *Verstandesbildung und moralische Belehrung* auf dem Wege *gedanklicher Einsicht* erstrebt werden müßten und nicht so sehr mit dem „Mittel der Rührung", mit der man als einer „vorüberrauschenden Empfindung" bei Kindern „sehr behutsam" verfahren sollte. Die pädagogischen Auseinandersetzungen gingen jedoch weiter, so daß A. schließlich die Redaktion niederlegte. Mit dem 227. Stück schloß seine Wochenzeitschrift für Kinder am 26. 12. 1774 ab. Verleger Crusius fand den Nachfolger in Ch. F. Weisse, der von 1775 an den *„Kinderfreund"* als Quartalschrift herausgab. Im Vorwort wie in seiner Selbstbiographie bestätigte Weisse ausdrücklich, daß A.s Wochenblatt „aber Beifall gefunden" hatte und „umso mehr vermißt" ward, „da noch so wenig für eine belehrende und unterhaltende Lektüre für Kinder, die sich zu bilden anfingen, gesorgt war".

Auf *Didaktik* und auf *die sprachliche Bildung* der Jugend des späten 18. Jh.s gewann A. über die Schule durch seine Lehrbücher starken Einfluß. Seiner „Unterweisung" für niedere Schulen folgte 1778 bis 1781 ein Werk für Realschulen, „Kurzer Begriff

menschlicher Fertigkeiten", dessen Teil „Geschichte der Cultur" 1782 gesondert erschien. Seine „Deutsche Sprachlehre für Schulen" (1781) wurde fast überall eingeführt. A. „beherrschte eine Zeitlang die Schulen von ganz Deutschland", sagt sein Biograph in der ADB. Starke Beachtung und viel Kritik wurden seinem „Versuch eines vollständigen grammatischen Wörterbuches der hochdeutschen Mundart" zuteil, das 1774—81 in 1. Aufl., 1793—1801 in 2. Aufl. erschien.
Als Rezensent von Kinder- und Schulbüchern seiner Zeit äußerte sich A. vor allem in seinem periodisch erscheinenden „Allgemeinen Verzeichnis neuer Bücher"; 1777 stellte er darin auch das sonst kaum erwähnte Elementarwerk von A. BOYSEN mit Empfehlung vor, ebenso 1780/81 das Neue Elementarwerk von J. SEMLER und CHR. G. SCHÜTZ; doch tadelte er diese beiden Herausgeber wegen ihrer aggressiven Äußerungen gegen J. B. BASEDOW, für dessen pädagogische Methode, wie sie im „Elementarwerk" in Erscheinung trat, sich A. stets einsetzte.

Margarete Dierks

Werke: Deutsche Sprachlehre für Schulen (1781).
Hrsg.: Leipziger Wochenblatt für Kinder (1772—74).

Sekundärliteratur: H. Göbels: Das Leipziger Wochenblatt für Kinder (1973). — K.-E. Sickel: Johann Christoph Adelung (Diss. 1933). *IJB*

Aesop

(griech. Αἴσωπος, lat. Aesopus). Sagenhafter griechischer Fabeldichter, wahrscheinlich aus der Zeit des Solon und Krösus im 6. vorchristl. Jh. Lange Zeit, besonders im 15. bis 17. Jh., auch Bezeichnung für die Sammlung aller dem griech. Dichter zugeschriebenen Fabeln (M. Luther z. B. wollte „den Esop fegen"), von denen ein großer Teil immer wieder für die Jugend bearbeitet wurde.

Ae. soll aus Samos, Phrygien oder Thrakien stammen, als freigelassener Sklave von Ort zu Ort gezogen, Berater des Königs KRÖSUS von Lydien gewesen und bei einem Streit mit den Priestern zu Delphi vom Felsen hinab zu Tode gestürzt worden sein. Es gibt jedoch keine verläßlichen Quellen, nur legendäre Nachrichten in einem Buch aus dem 5. Jh. v. Chr. (das in einer Fassung aus dem 2. Jh. n. Chr. erhalten ist) und aus dem im Mittelalter verfaßten Roman des gelehrten byzantinischen Mönchs MAXIMUS PLANUDES (1260—1310). In beiden Quellen wird das Leben des Ae. anekdotisch erzählt. Er ist somit selbst Fabelfigur, hat „literarische Individualität" (MADER). Dabei übernimmt er in der Regel die Funktion des Lehrmeisters der Lebensklugheit und zugleich des Spaßmachers, der Fabeln und Geschichten erzählt. Er wird — auch auf vielen Abbildungen — als körperlich deformiert (Buckel, Hängebauch, Zwergwuchs, übergroßer Kopf) und äußerlich verwahrlost, aber mit Klugheit, Überredungsgabe und Witz ausgestattet, geschildert.

Werk, Tendenzen, Wirkung. Sowohl mit der Gestalt des Ae. als auch mit der Sammlung der ihm zugeschriebenen Fabeln verbinden sich didaktische und auch unterhaltsam possenhafte Implikationen. *Der kluge, häßliche Ae. gehört seit der griech.-röm. Antike im gesamten Abendland zum Bestand der didaktischen Leitfiguren* (wie später Till Eulenspiegel, Münchhausen u. a.). Der krasse Gegensatz zwischen seinem Äußeren und seinen geistigen Fähigkeiten *(Polarisationsprinzip)* dient der Erhöhung des heuristischen Effekts: die Klugheit, den Witz, die Schlagfertigkeit, auch die intellektuelle Gerissenheit den Sieg über ein scheinbar übermächtiges Gegenüber erringen zu sehen. In der Nürnberger Ausgabe von 1747 des Buches „Esopi Leben und auserlesene Fabeln" läßt z. B. der unbekannte Bearbeiter des Ae.-Romans den reichen König Krösus zornig ausrufen: „Was ist mir dieses für ein Schimpff, daß mich ein so kleiner Mensch an Eroberung einer so großen Insul verhindert!" (S. 60). Daß der Ae. *als Jugendlektüre* und auch *als Literatur der sozial Schwachen (Sklavenliteratur)* besonders geeignet ist, kann einerseits jugendpsychologisch-pädagogisch und andererseits soziologisch begründet werden. Dem kindlichen und dem erwachsenen Leser wird als Identifikationsfigur ein zwergenhafter, selbst unterprivilegierter Mensch angeboten, der kraft seiner intellektuellen Fähigkeiten die Mächtigen besiegen kann, indem er durch das Erzählen von Fabeln überzeugt. Der Ae. — sei er als Figur oder als Buch verstanden — lehrt Lebensweisheit im Beispiel der Fabel und läßt in vielen Exempeln die Überlegenheit des „kleinen Mannes" aufgrund von vernünftiger Lebenseinstellung erkennen.
Wie die Nachzeichnung der Ae.-Figur viele literarische und bildliche Ausformungen (FR. J. DE GOYA u. a.) gefunden hat, so hat der Ae. als *Fabelsammlung* unzählige Bearbeiter in allen europäischen Ländern zu verschiedenen Zeiten gefunden. Es gab und gibt einerseits literarische Umarbeitungen wie z. B. in der Antike die des BABRIUS (1., 2. oder 3. Jh. n. Chr.) und des PHÄDRUS (1. Jh. n. Chr.); aus dem Mittelalter den Wolfenbüttler und Leipziger Ae.; aus der Renaissance H. STEINHÖWELS „Buch und Leben des Fabeldichters Esopi" (vor 1480), LUTHERS Fabelarbeit (1530), E. ALBERUS und B. WALDIS; aus dem 16. und 17. Jh. LA FONTAINE, GELLERT, LESSING, KRYLOW, PESTALOZZI, CAMPE u. a.; J. G. HERDER würdigte in seinem Vorwort zu der Sammlung „Palmblätter" (1786—88) Ae.s Tierfabeln als belehrende Dichtung für die Jugend und hob die morgenländischen „Menschenfabeln" in ihrer Andersartigkeit davon ab. Im 19. Jh. wurden die klassischen Tierfabeln nicht besonders geschätzt, und um die Mitte des 20. Jh. trat eine deutliche Abkehr von den AESOPschen Vorlagen ein, damit von der Ae.-Tradition im engeren Sinne (J. THURBER, W.

Esopus (Ulm 1476). Ein unbekannter Meister hat auf diesem Holzschnitt aus dem „Ulmer Aesop“, der von dem Ulmer Arzt Heinrich Steinhöwel herausgegeben worden ist, die Figur Aesops bucklig, barfüßig und mit Hängebauch dargestellt.

SCHNURRE, FR. WOLF u. a.). Andererseits diente und dient der Ae. sowohl in der Antike als auch im Mittelalter, ja bis heute in oftmals sprachlich und buchtechnisch anspruchslosen Ausgaben als Schullektüre. Schon in den Rhetorenschulen des Altertums, danach in den Klosterschulen des Mittelalters, später in den Latein- und Bürgerschulen und in unseren heutigen Bildungsanstalten zählen die aesopischen Fabeln zum Pensum des Unterrichts: als Übungs- und Beispielsammlung der Redekunst, als kanonische Texte zu grammatischen und sprachlichen Übungen und als literarische Stücke „zur Unterhaltung und Belehrung“. Fast alle heute im Gebrauch befindlichen Schullesebücher enthalten zumindest einige Fabeln „nach Ae.“. Ebenso sind seit den sechziger Jahren wieder Teile des Ae. in Sammelbänden und Bilderbüchern für Kinder im Umlauf. *Klaus Doderer*

→ Fabel, → J. de La Fontaine

Sekundärliteratur: Buch und Leben Aesopi (1712). — K. Doderer: Fabeln (1970). — F. Fedde: Ueber eine noch nicht edirte Sammlung Aesopischer Fabeln nach einer Wiener Handschrift (1877). — G. H. Grauert: De Aesopo et fabulis Aesopicis (1825). — A. Hausrath: Achiquar und Aesop (1918); Untersuchungen zur Überlieferung der äsopischen Fabeln (in: Jahrbücher für classische Philologie. 21. 1894. 245—312). — J. Jacobs: History of the Aesopic fable (in: Fables of Aesop. 1. 1889). — S. J. Jungendres: Esopi Leben und auserlesene Fabeln, mit deutlichen Erklärungen, nutzlichen Tugend-Lehren, und hierzu dienlichen saubern Kupffern (1723). — G. C. Keidel: A manuel of Aesopic literature (1896). — O. Keller: Untersuchungen über die Geschichte der griechischen Fabel (in: Jahrbücher für Philologie und Pädagogik. 4. 1862. 361 bis 374). — L. Mader: Antike Fabeln (1951). — P. Marc: Die Überlieferung des Äsopromans (in: Byzant. Zeitschr. 3/4. 1910. 383—421). — B. E. Peny: Studies in the text history of the life and fables of Aesop (1918). — A. Schirokauer: Die Stellung Äsops in der Literatur des Mittelalters (in: G. Eis, R. Kienast u. J. Hansel (Hrsg.): Festschrift für Wolfgang Stammler. 1953. 179—181). — G. Thiele: Der lateinische Äsop des Romulus und die Prosafassungen des Phädrus (1910). — A. Westermann: Vita Aesopi (1845). — W. Worringer: Buch und Leben des hochberühmten Fabeldichters Äsop (1925). *IJB*

Agentur des Rauhen Hauses GmbH Verlagsbuchhandlung

Hamburg. Derzeitiger Leiter: G. Wolter (* 1909) und G. Niemer (* 1916).
Hauptsächliche Verlagsgebiete im Bereich der Kinder- und Jugendliteratur: Biblische Kinderbücher, Kindergebetbücher, Bilderbücher und Erzählungen für Kinder.
Autoren: D. A. Cramer-Schaap, R. Italiaander u. a.
Illustratoren: St. Lemke, M.-L. Lemke-Pricken u. a.
Verlagsgeschichte: Dr. J. H. Wichern (1808—81) gründete den Verlag im Jahre 1842, um die Bildungsarbeit innerhalb der evangelischen Kirche zu intensivieren. Luftangriffe zerstörten 1943 die Buchbestände und das Archiv des Verlages, den vor allem G. Wolter seit 1945 wieder aufbaute.

Aichinger, Helga

*Österreichische Schriftstellerin, Graphikerin, Bilderbuchkünstlerin; * 29. 11. 1937 Linz.*

Ihre Ausbildung erhielt A. an der Linzer Kunstschule; schon bald wurden freie Arbeiten der Künstlerin von bedeutenden Museen und Galerien erworben (Museum of Modern Art, New York; Stedelijk Museum, Amsterdam; Museum für angewandte Kunst, Wien; Harvard University Library, USA u. a.). Als Bilderbuchkünstlerin hat sich A. seit Ende der fünfziger Jahre mit mehreren Titeln durchgesetzt. Für den „Rattenfänger“ erhielt sie eine Prämie auf der „Expo“ Brüssel 1958 (Weltausstellung), 1965 ein Staatliches Diplom für „Die bunte

Märchentruhe" und 1969 ein Ehrendiplom bei der 2. Internationalen Biennale der Illustrationen Bratislava (BIB).

Werk, Tendenzen, Wirkung. Die Texte zu ihren Bilderbüchern schreibt A. vorwiegend selbst. Sie begann mit Stoffen aus dem religiösen Bereich (Der Hirte, Der verlorene Sohn, beide 1966) und aus dem Raum der Fabel und Phantastik, z. B. „Der Elefant, die Maus und der Floh" (1966), „Die Regenmaus" (1968). Ihre klaren farbigen Tafeln zum Leporello „Der Rattenfänger" (1958) wirkten mitbestimmend für die neue künstlerische Gestalt des dem Kleinkind gewidmeten Bilderbuches. A. schuf auch eine Reihe kleinformatiger Leporellos für die Jüngsten, z. B. „Die Verwandlung des Räupleins". Sie bietet in scheinbar naiven Formen eine höchst differenzierte Farbigkeit und gestaltet Traumwelt, Realität, Naturleben, aber auch außergewöhnliche Themen in einprägsamen Formen. Illustration und künstlerische Gestaltung eines Lesebuchs für das 2. Schuljahr (Mein Lesebuch, München 1969) zeigen Einklang von „Naivität und Kunstverstand". Ein hoher Grad künstlerischer Einheit wird erreicht in dem Buch „Ein Körnchen für den Pfau", in dem A.s Bilder mit Texten von J. GUGGENMOS zusammenstehen. Die 1968 in Österreich erschienenen Bilderbücher „Der Regenmann und die Regenfrau" und „Die Regenmaus" erschienen im selben Jahr als Lizenzausgabe in der BRD (Enßlin Spaßbilderbuch). A., deren Bücher und Leporellos auch im Ausland (Holland, Schweden, England, Japan, USA) verlegt werden, war zuerst in Deutschland und den USA bekannt geworden. In Österreich findet sie seit ihrer Auszeichnung auf der BIB 1969 ebenso gebührende Beachtung.

Horst Künnemann

Ill.: H. Aichinger: Der Rattenfänger (1963); D. J. Watkins-Pitchford: Die Wichtelreis (1963); O. Wutzel: Die bunte Märchentruhe (Bd. 1. 1965); H. Aichinger: Der Elefant, die Maus und der Floh (1966); H. Aichinger: Der Hirte (1966); H. Aichinger: Der Regenmann und die Regenfrau (1968); H. Aichinger: Die Regenmaus (1968); J. Guggenmos: Ein Körnchen für den Pfau (1970).

Sekundärliteratur: o. Verf.: Helga Aichinger (in: Bookbird. 1. 1970. 68—71). *IJB*

Aktualisierung

A. bezeichnet das Zeitnah- bzw. Zeitgemäßmachen. Für die Kinder- und Jugendliteratur bedeutet dies 1. die Behandlung und Darstellung zeitnaher und zeitgenössischer Stoffe, Themen, Probleme; 2. die der soziokulturellen und entwicklungspsychologischen Lage der jungen Leser entsprechende Behandlung und Darstellung der Stoffe, Themen, Probleme.

Mit Nachdruck ist die Forderung nach A. des Lehr- und Lesestoffs für die Jugend schon in der Aufklärung des 18. Jh.s erhoben worden. Programmatisch war damals die Rede E. CHR. TRAPPS bei seinem Amtsantritt als Rektor des Gymnasiums in Itzehoe 1772: „Von der Pflicht der Schullehrer, den Unterricht der Jugend nach den Bedürfnissen und Forderungen unserer Zeit einzurichten" (gedr. 1773). TRAPP empfiehlt, im Unterrichtsfach Geschichte von der „jetzigen" aktuellen Geschichte (Zeitgeschichte) auszugehen und „Kindergeschichten vorauszuschikken, d. i. solche, wo Kinder die handelnden Personen sind, weil Kinder Kindern noch näher sind als Erwachsene." In der gleichen Zeit empfahl J. B. BASEDOW der Jugend die Zeitungslektüre als unerläßlich und trat für den regen Gebrauch von Wörterbüchern und Lexika ein, damit die Kenntnisnahme von aktuellen Ereignissen durch Verstehen und Ergänzung zum Wissensbesitz vertieft werden könnte. Im 19. Jh. gewinnt der Begriff A. unterschiedliche Dimensionen in der Kinder- und Jugendliteratur und ihrer Theorie. Unter dem Einfluß der literarischen Romantik und des Biedermeier wird A. als eine der „wahren" Bildung abträgliche Verfallenheit an den Augenblick klassifiziert, und es werden ihr die immerwährenden Quellen von Urereignissen, die in

Chronik für die Jugend auf das Jahr 1785.
Ersten Jahrgangs Zweytes Vierteljahr.
Augsburg, bey Conrad Heinrich Stage. 1785.

Chronik für die Jugend auf das Jahr 1785 (Augsburg 1785). Auch im ausgehenden 18. Jh. erscheinen Jugendzeitschriften mit aktuellem Bezug zum Zeitgeschehen und zu verschiedenen Sachbereichen. Diese Ausgabe einer für die Epoche typischen „Chronik für die Jugend" wurde von Christian Gottfried Böckh verfaßt.

Märchen und Sagen manifest geworden sind, gegenübergestellt. Die politischen Geschehnisse (Befreiungskriege, 1848, Reichsgründung 1871 u. a.) führten jedoch zur Nachgestaltung in Kinder- und Jugendbüchern und damit zur stillschweigenden Anerkenntnis des A.-prinzips. Im 20. Jh. führt die weitverbreitete *Schonraumtheorie der Pädagogik* dazu, den jungen Menschen innerhalb seiner Lektüre vor der angeblich noch nicht gefilterten und schnell wechselnden Ereignisfülle der Gegenwart zu bewahren. Die Literaturauswahllisten in den Lehrplänen der Schulen lassen in der ersten Jahrhunderthälfte, teilweise noch heute, ein deutliches Übergewicht des historischen vor dem aktuellen Aspekt erkennen. Nach dem Zweiten Weltkrieg dauerte es in der Bundesrepublik mehr als ein Jahrzehnt, ehe Zeitgeschichte und Auseinandersetzung mit der jüngsten Vergangenheit Thema der Jugendliteratur werden konnten.

→ J. B. Basedow, → E. Chr. Trapp, → Zeitgeschichte in der KJL

Album

Buchtyp, auch in der KJL, ähnlich Almanach, Anthologie, Hausbuch, Jahrbuch und Sammelband.

Wortbedeutung und Bedeutungswandel. In der Wortbedeutung „das Weiße" ist A. aus dem Lateinischen übernommen als „weiße Tafel zu Aufzeichnungen"; meum album: meine Notiztafel (J. Prätorius: Anthropodemus 1, 1666, S. 243). Im 18. Jh. gewann A. in Deutschland die Bedeutung von Stammbuch, Gedenkbuch und ist in dieser Bedeutung auch ins Französische, Niederländische und Schwedische übergegangen. Parallel zur Entwicklung in Deutschland wurde der Begriff auch in diesen Sprachen mehr und mehr literarisch verwendet im Hinblick auf erwachsene und jugendliche Leser (Album de la Jeunesse, Paris 1831, Erzählungen von V. Hugo, Fr. R. V. de Chateaubriand u. v. a.; Album du Musée de la Jeunesse. Dessins par Adrien Marie — Henri Pille, Texte et Poésies. Paris [um 1880]; Seebass, Katalog 636; The Day Dawn Album, London [o.J.]). Für die in Stamm- und Gedenkbuch eingetragenen, dann auch für die eigens zu diesem Zweck geschriebenen Gelegenheitsgedichte und Verse bildeten sich die Bezeichnungen A.vers und A.blatt (A.blatt auch als Komposition). Heute ist das Wort A. vielfach als Titel von Sammlungen zur Betrachtung in übersichtlicher Ordnung gebräuchlich: Foto-A., Briefmarken-A. Vom Sinn des Gedenkbuches mit seinem Aufforderungscharakter zu Betrachtung, Erinnerung, Erbauung, auch zum Ergötzen, stellte sich der Übergang her zum A. als zusammengestellten Text- und Bildband aus dem Werk eines bestimmten Autors und Illustrators (Wilhelm-Busch-A.; Das große Zille-A.) wie auch Werken gemischten Inhalts (Poesie, Prosa, Noten und Liedtexte, Bilder) aus verschiedenen Epochen und von verschiedenen Autoren und Illustratoren. Erscheint der Titelbegriff dadurch synonym mit Anthologie, Sammelband, auch Hausbuch, so erheben Herausgeber eines A.s rein von Wortklang und besonderer künstlerischer Ausstattung her den Anspruch, Texte und Bilder von beachtenswertem Niveau zu bieten. Buchkünstler des Jugendstils haben die Gestaltung von A.blatt und A. noch einmal besonders kultiviert. Danach kommt die Titulierung von Anthologien literarischer Texte mit „A." aus der Mode.

A./A.verse in der KJL. Parallel zu den Verwendungsarten des Titels A. im allgemeinen erscheint der Titel auch in der KJL des 19. und 20. Jahrhunderts. A.verse, gereimte und reimlose Sprüche, die Leitbilder und Richtwerte des Verhaltens (Tugendkatalog) einprägen sollen, finden sich in einzelnen als A. edierten Sammelbänden für die Jugend manchmal auf einer Seite zusammengestellt („Sinnsprüche und Albumblätter" in: Jugend-A., Jg. 1851, S. 448). Unter bekannte, richtungweisende Sprichwörter und Sentenzen werden Einzelstrophen und Verszeilen aus klassischen Dichtungen, anonym, gemischt. Das trägt zur Verbreitung ‚geflügelter Worte' bei, die dann zusammen mit poetisch niveaulosen, pädagogisch und sentimental getränkten Sprüchen in dem handschriftlich zusammengestellten „Poesie-A." der Kinder, vorwiegend der Mädchen, wiederkehren. Vorwiegend an Mädchen wandten sich in der Zeit des Biedermeier und auch noch in den wilhelminischen Jahrzehnten in Deutschland viele unter dem Titel A. gedruckte, einmalig oder periodisch erscheinende Sammlungen aus Poesie und Prosa unterhaltender und in mehrerlei Absicht bildender Art. Länger als in der KJL hat sich die Bezeichnung A. für Sammlungen von Kinderliedern und Musikstücken für Schüler erhalten.

Einzeltitel der A.form für die Jugend. Album. Hrsg. zum Besten armer Kinder. Mit Ill.n von Th. Hosemann u. H. v. Blomberg. Berlin 1848. Jugend-Album, Blätter zur angenehmen und lehrreichen Unterhaltung im häuslichen Kreise. Mit Bildern und Musikbeilagen. Stuttgart. 1. Jg. 1850 (1.—34. Jg. 1850—90, 1867 und 1868 unterbrochen, Jg. 31 bis 34 mit dem Untertitel: Festgabe zur angenehmen . . ., 1886—90, Süddeutsches Verlags-Institut). Hier scheint der Titel A. nur modisch gewählt; die Sammelbände unterscheiden sich in der Zusammensetzung nicht von Formen der Almanache für die Jugend, der Jugendbibliotheken und Jugendzeitschriften. Unter den Mitarbeitern befinden sich, nicht ausschließlich, doch in großer Anzahl, bekannte Schriftsteller und Liederdichter für die Jugend: A. Corrodi, Th. Dielitz, F. Güll, A. W. Grube, Th. v. Gumpert, Fr. Hoffmann, G. Nieritz, Chr. v. Schmid, G. Schwab, O. Wildermuth. Der Inhalt bietet Erzählungen, Märchen, Gedichte, Notenblätter; Beiträge aus Geschichte, Altertumskunde, Naturgeschichte, Technologie; Jagd- und Seefahrtsberichte, Lebensbilder, Dramatisches, Charaden und

Album deutscher Lyrik

Rebus, Rätsel und Rechnungsaufgaben; farbige und Schwarzweiß-Illustrationen zum Text. Ähnlich das Düsseldorfer Jugend-Album. Mit artistischen Beiträgen von W. Camphausen, J. Hegg, E. Hunten. Redigiert von N. Hocker. Düsseldorf 1855 ff. Album für Deutschlands Töchter. Lieder und Romanzen. Mit Illustrationen von E. Götze. Leipzig 1852 (1852—93, 12 Auflagen, unregelmäßig erschienen). Dies A. enthält eine Auswahl Lyrik nur deutscher Autoren der Klassik, Romantik, der Spät- und Nachromantik im 19. Jh. Die Spannweite reicht von J. W. v. Goethe bis Fr. Pocci, Fr. v. Schiller und G. Schwab. Zwischen Gedichten bedeutender Romantiker stehen einzelne Gedichte vergessener Autoren und verschiedene Gelegenheitsgedichte ausgeprägt moralischer Art, auch im Stile idealistischer Bekenntnislyrik. Von Autoren wie M. von Schenkendorf, G. Kinkel, Hoffmann von Fallersleben, E. M. Arndt sind Lieder christlich und naturhaft religiösen Gehalts ausgewählt. Der Verleger betont im Vorwort der 7. „bedeutend verschönerten“ Auflage (1870) das Bestreben, „die herrlichsten Blüthen mit den Leistungen der bildenden Kunst zu verbinden“. In diesem Bande finden sich als Illustrationen Holzschnitte von P. Thumann, W. Georgy, J. Füllhaas u. a. Einband, Druck, Vignetten- und Initialschmuck wirken im Stil der Zeit kostbar und kultiviert.

Maienzeit. Album der Mädchenwelt. Stuttgart, Berlin, Leipzig, Jg. 1—4, 1891—94. Die Bände brachten Gedichte und Erzählungen von in ihrer Zeit bekannten Autoren: J. Sturm, M. Greif, F. X. Seidl, z. T. Jugendschriftstellerinnen wie Cl. Helm, E. Polkow, A. Klie, Cl. v. Sydow; „Kunstbeilagen“ und Illustrationen ohne Namensnennung. Rotumrandeter Satzspiegel, reicher Vignettenschmuck, goldverzierter Einband.

Neues Elisabeth Album von Aurelie (d. i. S. Gräfin Wolff-Baudissin), Neu-Ruppin 1872. Nach dem Vorwort ist ein ähnliches A. bereits mit zwei Auflagen vorausgegangen. Die Herausgeberin hat den 1. Band E. von Herzogenberg geb. Stockhausen zum 14. Geburtstag gewidmet; er fand gute Aufnahme in der „jungen Mädchenwelt“, weitere folgten. In der illustrierten Auflage von 1872 findet sich nur Prosa zusammengestellt: Erzählungen, Texte zur Erbauung (J. G. Herder), Auszüge aus „Briefen berühmter Zeitgenossen“.

Am bekanntesten und Jahrzehnte führend auf dem Gebiet war das von Th. von Gumpert begründete *Töchter-Album.* Unterhaltungen im häuslichen Kreise zur Bildung des Verstandes und Gemüthes der heranwachsenden weiblichen Jugend, hrsg. von Thekla von Gumpert, Glogau, Verlag von Carl Flemming, 1855—1896; 1899 fortges. mit der Bemerkung: Begründet von Thekla von Gumpert, hrsg. von B. Wegner-Zell; mit wechselnden Herausgeberinnen unter dem Titel Töchter-Album fortgesetzt bis Band 76, 1931. Fortsetzung mit dem Titel „Wir sind jung, Jahrbuch für Mädchen“, Bd. 77, 1932; Bd. 78, 1933. Ab 1934 Jg. 1 „Mädeljahr, Jahrbuch für deutsche Mädel“, hrsg. von Tr. Höing. Die Bände mit goldgeprägtem Einband und Goldschnitt fanden vor allem während der Herausgeberschaft durch Th. von Gumpert in den bürgerlichen Kreisen weiteste Verbreitung. Die moralpädagogische Tendenz, Stil und Atmosphäre der Prosabeiträge und Illustrationen haben den Begriff der „höheren Töchter“ wesentlich mitbestimmt. Von den Namen der zeitgenössischen Mitarbeiter ist kaum einer mehr bekannt. Sie schrieben im Sinne der Herausgeberin Erzählungen und Szenen, die, literarisch bedeutungslos, dienen sollten zur Stärkung des Gewissens, Aktivierung der Nächstenliebe, Vertiefung von Gehorsam und Demut, Förderung des Staatsbewußtseins im Hinblick auf Erhaltung der ständisch geordneten Gesellschaft, und nach 1870 merklich verknüpft waren mit deutschbürgerlichem Nationalbewußtsein. Daneben stehen um Schilderung der Wirklichkeit bemühte Reiseberichte, Lebensdarstellungen bedeutender Persönlichkeiten, kulturhistorische, natur- und sozialkundliche Berichte.

Bemerkenswert sind die als *Sammelalbum* unter Kindern beliebt gewordenen Bände, die von großen Firmen vorwiegend der Lebens- und Genußmittelbranche zum Zwecke der Werbung herausgegeben wurden (z. B. Stollwerck, Sammel-Album Nr. 12, Humor in Bild und Wort; Berlin, Wien, Preßburg, London, New-York 1911). Für eine bestimmte Anzahl (zusammenhängende Serie) von Bildern, die beim Einkauf mitgeliefert werden, erhält der Einsender ein solches Album, in dem die Bilder ihren Platz zu den entsprechenden Texten haben. Diese Texte sind Märchen und Sagen aus der Überlieferung, auch neue, humorvolle Kinderdichtung, Umwelt- und Abenteuererzählungen, Beiträge zur Tier- und Pflanzenkunde, Kultur- und Modegeschichte, zu Sport und Spiel.

Margarete Dierks

→ Almanach, → Anthologie, → Jahrbuch, → Sammelband

Sekundärliteratur: A. Bodensohn: Das Ich in zweiter Person, die Zwiesprache des Poesiealbums (1968).

Aley, Peter

Literaturdidaktiker, Jugendliteraturtheoretiker, Professor für Didaktik der deutschen Sprache und Literatur der Gesamthochschule Essen; * *2. 2. 1936 Halle/Saale.*

←

Album für Deutschlands Töchter (Leipzig 1870). Dem Geschmack der Zeit entsprechend finden sich in diesem Album der Lieder und Romanzen prunkvolle Illustrationen im spätromantischen Stil. In der „bedeutend verschönerten“ Auflage von 1870 wollte der Verleger die Gedichtsammlung „mit den Leistungen der bildenden Kunst“ verbinden.

A. studierte Germanistik, ev. Theologie und Pädagogik in Heidelberg, Bethel, Marburg und Frankfurt/M. Dort promovierte er 1970. Von 1960 bis 1964 arbeitete A. im Schuldienst, danach als Lehrbeauftragter und als Assistent am Institut für Jugendbuchforschung und seit 1971 als Studienrat i. H. am Seminar für Didaktik der deutschen Sprache und Literatur in Frankfurt/M. 1972 folgte A. einem Ruf an die Gesamthochschule Essen, wo er einen Lehrstuhl für Deutschdidaktik und die Leitung des dortigen Instituts für KJL übernahm.
A.s Veröffentlichungen gehen in literaturdidaktische und historisch-zeitkritische Richtung. Bekannt wurde er durch sein Buch: „Jugendliteratur im Dritten Reich. Dokumente und Kommentare", in dem er die Gleichschaltung aller am Entstehen, der Distribution und der Kritik der KJL beteiligten Kräfte nachwies. Er verfaßte den Essay „J. F. Coopers ‚Lederstrumpf' in Jugendausgaben — Oder: bearbeiteter Edelmut", der die Fragwürdigkeit des Heldenbildes mancher Bearbeitungen des Cooperschen „Lederstrumpf" für die Jugend aufzeigt. In seiner Untersuchung „Einblicke in die Welt des Bilderbuches — Anmerkungen zum Anspruchsniveau der neuesten Produktion" bemüht sich A. um eine Analyse des modernen Bilderbuches. A. gehörte zum Team des Projekts „Die moderne Schulbibliothek. Bestandsaufnahme und Modell"; ferner ist er an der Entwicklung moderner Arbeitsbücher für den Deutschunterricht beteiligt.

Werke: Jugendliteratur im Dritten Reich (1967, [2]1970); Die moderne Schulbibliothek (1970; zus. mit K. Doderer, H. Müller u. a.).
Hrsg.: Lesen — Darstellen — Begreifen (Lesebuch, Ausg. C. 1970 ff.).
Beiträge: J. F. Coopers „Lederstrumpf" in Jugendausgaben — Oder: bearbeiteter Edelmut (in: K. Doderer (Hrsg.): Klassische Kinder- und Jugendbücher. 1969, [2]1970. 99 bis 118); Einblick in die Welt des Bilderbuchs (in: K. Doderer (Hrsg.): Bilderbuch und Fibel. 1972. 97—148).

Alice [im Wunderland]

A. ist die Titelfigur der international bekannt gewordenen klassischen englischen Kinderbücher von L. Carroll (d. i. Ch. Dodgson) „A.s Adventures in Wonderland", 1865 (dt. „A. im Wunderland"; hier: Wl.) und „Through the Looking-Glass, and what A. found there", 1872 (dt. „A. hinter dem Spiegel", hier: Sp.). Beide Bücher haben — Wl. seit 1869, Sp. seit 1923 — auch in Deutschland mehrere Übersetzungen und Bearbeitungen gefunden; eine der jüngsten Übertragungen der vollständigen Ausgabe stammt von Chr. Enzensberger (1963).

Zur Entstehung. Die A.-Geschichten, schon in ihrem 1. Teil, Wl., 1865 von der „Times" (Ausg. v. 26. 12.) als „ein ausgezeichnetes Stück Nonsense" bezeichnet, haben als Gattung außer E. Lear: „A Book of Nonsense" keine bedeutenden Vorläufer. Sie entstanden aus einer Erzählung, mit der Carroll bei einer Bootsfahrt auf der Themse im Juli 1862 die Töchter seines Oxforder Kollegen Liddell unterhielt. Sie war vor allem für die zehnjährige A. Pleasance Liddell bestimmt, die dann auch eine Niederschrift erbat. Carroll scheint eine besondere Zuneigung zu dieser A. gehabt zu haben. Sie ist das von ihm am häufigsten fotografierte Mädchen, und ihr Name ging in die Titel der beiden Kinderbücher Wl. und Sp. ein, die Carroll mit Ergänzungen und Änderungen aus der Originalgeschichte entwickelte. Die erste Niederschrift mit seinen eigenen Zeichnungen und einem gereimten Vorspann über die Entstehung der Geschichte hat Carroll A. überreicht. A.s Mutter,

Lewis Carroll: Alices Abenteuer im Wunderland (Leipzig 1870). John Tenniel fertigte in Zusammenarbeit mit dem Autor L. Carroll zu dessen Buch „Alice's Adventures in Wonderland" (1865) Illustrationen an, die auch in die erste deutsche Übersetzung von A. Zimmermann aufgenommen wurden. Die Abbildung ist dem 2. Kapitel „The Pool of Tears" entnommen.

Mrs. LIDDELL, verbot später CARROLL das Haus und verbrannte alle Briefe, die er dem Kinde geschrieben hatte, das zwanzig Jahre jünger war als er. Der Neffe CARROLLS, ST. D. COLLINGWOOD, der noch im Todesjahr seines Onkels dessen erste Biographie herausgab, hat die Aufzeichnungen, die CARROLL über die Verbindungen mit A. gemacht hatte, vernichtet. So bleiben die Fragen nach seinen persönlichen Gefühlen für das Urbild seiner literarischen Figur „A." (vgl. K. REICHERT im Nachwort zu „Lewis Carroll, Briefe an kleine Mädchen", 1966) und die nach der Identifikation von den erzählerisch erfundenen mit zeitgenössisch lebenden Gestalten Fragen der Spekulation und Interpretation; diese sind so zahlreich wie bei kaum einem anderen englischen Kinderbuch. Sicher ist das auch eine Folge der lockeren Traumstruktur beider Geschichten. Jedoch wurden die beiden Bücher als Kindergeschichten geschrieben, werden immer noch als solche gelesen und müssen in erster Linie als solche beurteilt werden. Dabei sind vor allem Handlungsführung, Charakterdarstellung und Stil zu beachten.

Inhalt und Personenzeichnung. Beide Erzählungen beginnen mit der Versetzung aus der Wirklichkeit ins Phantastische (hinab in das Kaninchenloch; durch den Spiegel). Dort setzen sich die Verwandlungen fort: die Episoden sind durch verblüffende Veränderungen von A.s Körpergröße (Wl.) und durch Ortswechsel — d. h. Schachzüge — (Sp.) getrennt. Als Leitfaden gibt es — jedenfalls für den jugendlichen Leser — nur die Darstellung der Titelheldin A. Ihr Betragen — nüchtern, bescheiden (aber nicht gehemmt), zuvorkommend gegen andere, ehrlich — ist kaum „individuell" zu nennen, sondern deutet einfach auf ihre gute Kinderstube hin. Auch ihre Stimmungswechsel sind eher typisch und folgen schnell aufeinander — Heiterkeit, Tränen, Befangenheit, höfliche Neugierde —. Mit anderen Worten: *A. wird kaum zu einem scharf profilierten, einmaligen „Charakter", dafür dient sie aber dem jungen Leser* von vornherein ganz natürlich *als Identifikationsfigur.* Wichtig ist dabei, daß auf diesem Wege die Gestalten um A. stellvertretende Bedeutung gewinnen für die Erwachsenenumwelt des jungen Lesers. Die Gestalten, denen A. begegnet, sind bunt gemischt — weißes Kaninchen, Maus, Greif, Falsche Suppenschildkröte, Herzkönig und -königin —, aber im allgemeinen sind A.s Erfahrungen mit ihnen keine sehr glücklichen. Die A.-Geschichten sind keine rosafarbenen Romanzen — trotz der letzten Seite des Wl. A. bringt unermüdlichen guten Willen mit ins Wunderland. Die „Menschen" dort hetzen sie hierhin und dorthin, stellen ihr sinnlose Fragen und Rätsel, zwingen sie, lange, unzusammenhängende und manchmal verrückte Reden höflich und geduldig anzuhören, tadeln und beleidigen sie, sind aber ihrerseits unberechenbar und oft geneigt, sich bei der unschuldigsten Bemerkung beleidigt zu fühlen. Es gibt darunter nur *eine* eigentlich sympathische Gestalt, die des komisch-pathetischen weißen Ritters in Sp. (Möglicherweise zeichnet CARROLL hier sich selbst.)
A. ist gegen diese unfreundliche Behandlung keineswegs unempfindlich; wenn die Bücher nicht bedrükkend wirken, so hauptsächlich darum, weil die Lächerlichkeiten, die diese Charaktere begehen, von A.s gesundem *Humor* schnell erkannt werden und weil sie ihrer eigenen optimistischen Natur treu bleibt. *Auf A.s Seite Unerfahrenheit, Verwirrung, aber gelegentlich auch satirische Einsichten; bei den anderen krankhaft selbstbewußte „Würde" — die sich in diktatorischen und didaktischen Klischees ausdrückt:* A.s Verhältnis zu den anderen Gestalten bietet dem jungen Leser eine konsequent durchgeführte Analogie zu seinem Verhältnis zu den Erwachsenen seiner eigenen Umwelt, eine *Analogie,* die um so kräftiger wirkt, weil sie dem Leser nicht aufgezwungen wird.
Dasselbe gilt im allgemeinen auch für Sp. Die Wirkung dürfte etwas schwächer sein, weil A. s Schwierigkeiten in der Schachbrettwelt jenseits des Spiegels weitgehend aus den Paradoxien der räumlich-zeitlichen Umgebung stammen, die CARROLL hier für sie ersonnen hat. A. selber, kritisch betrachtet, ist etwas selbständiger geworden. Ihr Weg über das Schachbrett zum 8. Feld, wo sie Königin wird, zielbewußter als ihre Abenteuer in Wl., ist wohl ihr Weg aus der Kindheit: daher die elegische Stimmung des weißen Ritters. Man darf aber nicht übersehen, daß *beide* Bücher mit einer energischen Selbstbehauptung A.s enden.
Gestaltungsmittel. CARROLLS Stil hat Reize für junge und erwachsene Leser. *Vieles erinnert an das Märchen:* Verwandlungen, sprechende Tiere usw., Bildlichkeit der Darstellung. (J. TENNIELS Zeichnungen, ohne jeden Zweifel wichtig für den Erfolg der Bücher, entsprechen genau den scharfen und grotesken Umrissen von CARROLLS Märchenwelt). Die häufigen Kalauer, die Wortspielereien und das Rätselraten sprechen die meisten Kinder unmittelbar an; *die wirkliche Eigenart des Stils besteht aber in der frischen, stichelnden, unberechenbaren Redeweise der Wunderland-Gestalten.* Viele ihrer Bemerkungen wurden als geflügelte Worte in die englische Sprache aufgenommen; Wl. dürfte eines der meistzitierten Kinderbücher Englands sein. Einige Stellen klingen leicht didaktisch, aber weit öfter bespöttelt CARROLL den von seinen Zeitgenossen so gern erhobenen moralischen Zeigefinger. Eine besondere ästhetische Anmut verleihen den Büchern die vielen zwanglos eingeflochtenen Nonsense-Lieder und -Reime. Diese sind meist Parodien, mehr oder weniger leicht erkennbar. Mit seinen Nonsense-Wörtern — „chortle", „galumph" — hat CARROLL auch hier den modernen englischen Wortschatz bereichert. Im geläufigen Wortschatz liebt er es als Logiker, die Wörter „beim Wort zu nehmen", d. h. einmal ganz wörtlich zu verstehen und seinen Lesern auf diese Weise die Möglichkeiten der Verwirrung zu zeigen, die im vieldeutigen „normalen" Sprachgebrauch enthalten sind.
In beiden Büchern bleibt der Stil in Grundzügen un-

gefähr gleich. Sp. weist weniger freie Erfindung auf, da mehrere Kinderreim-Motive auftreten (Tweedles, Humpty Dumpty, Löwe und Einhorn) und die ganze Erzählung ausdrücklich auf Schachzügen aufgebaut ist; die Erzählweise bleibt aber im wesentlichen sprunghaft und ungezwungen wie vorher. Andererseits haben einige Stellen (z. B. Rehkalb, „schöne Binsen", Abschied des weißen Ritters) einen Gefühlsgehalt, der eher den Erwachsenen als das Kind anspricht. Solche Stellen kommen in Wl. nicht vor.

Bedeutung in der englischen Kinderliteratur. Die Frage nach der tieferen Bedeutung der A.-Geschichten beschäftigt noch heute einige von CARROLLS erwachsenen Lesern. Die zeitgenössischen Viktorianer nahmen weniger Notiz davon. Die Beurteilung reichte 1865 von unbestimmten Redensarten über teilweise wenig ausführliche Kommentare zu höchsten Lobsprüchen wie: „Ein herrlicher künstlerischer Fund" („Reader" vom 18.11.1865), „Ein ausgezeichnetes Stück Nonsense" („Times" vom 26.12. 1865) bis zu ablehnenden Kritiken („übertrieben" und „geistlos" schrieben „Athenaeum" und „Illustrated Times"). Die Geschwister ROSSETTI dagegen fanden sie köstlich. Sp. wurde freundlich aufgenommen, auch von der „Athenaeum", und wurde von H. KINGSLEY besonders gelobt.

Ausgangspunkt moderner Interpretationsversuche sind häufig Carrolls berufliche Interessen: Mathematik und die anglikanische Kirchenfrage seiner Zeit. Daß CARROLL seine jungen Leser mit Paradoxien aus der mathematischen Logik interessieren wollte, die sich meist als Raum- und Zeitproblem darstellen, wird sehr deutlich. In Sp. hat er normale Raum- und Zeitverhältnisse auf den Kopf gestellt und damit für seine Paradoxien liebende Phantasie fast unbegrenzten Spielraum gewonnen. Verschiedene logische und philosophische Rätsel, die in dem launigen Dialog versteckt liegen, werden von M. GARDNER u. a. kommentiert. Die wichtigsten Sekundärquellen sind sich darüber einig, *daß manche Figuren und Vorgänge einen mathematischen Hintergrund haben,* aber die Fragen nach einem einheitlich höheren Sinn des Ganzen bleiben noch offen. (Psychoanalytische Interpretationsversuche u. a. bei W. EMPSON und P. GREENACRE.) A. L. TAYLOR geht historisch spekulativ vor; er bezieht die Geschichten auf die große Debatte der Zeit zwischen High Church und Low Church. Er betont, daß CARROLL nicht nur die Streitfragen, sondern auch die führenden Persönlichkeiten kannte. Nach TAYLOR u. a. sind die A.-Bücher also *Schlüsselromane.* Für die Gestalten der Geschichten werden — mehr oder weniger überzeugend — verschiedene Originalgestalten vorgeschlagen, an erster Stelle natürlich A. LIDDELL. CARROLL hat in das ohnehin komplexe Gewebe von Wissenschaft und Nonsense wahrscheinlich auch satirische Züge eingeflochten. D. HUDSON (1954) behauptet: „Die „A."-Bücher lassen sich genügend erklären als das selbständige Werk eines Mathematikers und Logikers, der sich für die genaue Bedeutung von Wörtern interessierte, der auch dichterisch begabt und ein Genie im Erfinden war, mit einer besonderen Liebe für Kinder und einem besonderen Talent dafür, sie zu unterhalten." Abgesehen von gelegentlichen kleinen Anspielungen gilt die Satire nach HUDSONS Meinung (1954) der menschlichen Natur im allgemeinen. Später (1958) verweist er überzeugend auf den erzieherischen Sinn dieser Bücher. „Zunächst verständnislos in der verrückten Welt ihres Traums, lernt das Kind, seine eigene Sache zu führen, nach seinen eigenen Auffassungen neben dem Exzentrischen zu leben und schließlich mitzufühlen. Das alte Moralisieren wurde verspottet, und trotzdem war etwas Erzieherisches darin; die Abenteuer im Wunderland haben ein Kind in der wirklichen Welt innerlich gefestigt . . ." H. DARTON vergleicht in „Children's Books in England" (1960) die Bedeutung A.s mit der, die KINGSLEYS „Water Babies" erlangten: „The ‚Water Babies' is a very fine period piece . . . a museum piece: the Alices will never be put in a museum, because they will neither die nor grow out of fashion."

Ausgaben der A.-Bücher und Werbung für A. in England. Für die erste Fassung sah CARROLL den Titel „Alice's Hour in Elfland" vor und änderte ihn dann in „Alice's Adventures under Ground". Mit abermaligen Veränderungen und stark erweitert (u. a. um das Abenteuer der „Teaparty") erschien das Buch 1865 unter dem Titel „Alice's Adventures in Wonderland" mit Zeichnungen von TENNIEL, dessen Arbeit der Autor kritisch überwachte. Der Band „Through the Looking-Glass and what Alice found there" folgte, ebenfalls mit Illustrationen von TENNIEL und bei Macmillan, London 1872. Eine Reproduktion des Original-Manuskripts „Alice's Adventures under Ground" erschien 1887 (Macmillan). Die erste Auflage der A. wurde wieder aus dem Handel gezogen, weil der Druck dem Autor wie dem Illustrator zu schlecht erschien. Seit die Rechte an dem Titel 1897 frei wurden, haben viele Graphiker den Stoff mit neuen Illustrationen versehen; darunter sind interessante Versuche wie z. B. die von A. RACKHAM.

Obwohl voller Abneigung gegen Publicity, war CARROLL außerordentlich bemüht, die beiden Bücher Wl. und Sp. bekanntzumachen und durch persönlichen Kontakt mit dem Leserkreis dafür zu werben. Er veröffentlichte „Wonderland"-Spiele und -Lieder („Puzzles from Wonderland" als Teil von „Aunt Judy's Magazine", 1870; The Songs from Alice's Adventures in Wonderland, wr. by L. C., the Music composed William Boyd, London, Weaks and Co. 1870); er schrieb Grußbriefe an die Leser (To all Child-readers of A., Oxford, „Christmas 1871", nach W. WEAVER vermutlich eingelegt in die Edition der A. und Sp. 1872; An easter greeting to every child who loves „Alice", Oxford, Easter 1876, beginnend: Dear child, schließend mit: Your affectionate friend, L. C.), und er gab Bilder von TENNIEL mit gesonderten Texten heraus, die Kindermädchen (Nursery Readers) den Jüngsten vorlesen sollten (The Nursery Alice. Containing 20 coloured enlargements from Tenniel's Illustrations to ‚A.', With Text adapted to Nursery Readers by L. C., London, Macmillan 1889).

Internationaler Erfolg der A.-Bücher. Die Rezeption A.s im außerenglischen Sprachraum war von Anfang an mit Übersetzungsproblemen verknüpft, z. B. für die Übertragung von Nonsense-Versen und Wortspielen (Geschichte früher A.-Übersetzungen mit Beispielen siehe WEAVER). Von der Skepsis in diesen Fragen schrieb CARROLL in einem Brief an seinen Verleger MACMILLAN (24.10.1866): „Friends here seem to think that the book is untranslatable into either French or German, the puns and songs being the chief obstacles ..." Als Probeübersetzung erbat C. von A. ZIMMERMANN, deren autorisierte Übersetzung als *erste deutsche* und als *erste Übersetzung überhaupt* — wenige Monate vor der ersten französischen — 1869 herauskam, einige ihm schwierig erscheinende Textproben (z. B. Kap. 3, die Geschichte der Maus; Kap. 12 mit den Versen des weißen Kaninchens). Die Übertragung fand seine Anerkennung, bald folgten weitere. *Bis Anfang der 60er Jahre des 20. Jh.s war A. in 41 Sprachen übersetzt,* und zwar ungekürzte Ausgaben in 39 Sprachen; hinzu kamen die Übertragungen in Esperanto, Latein, in *Blindenschrift* und verschiedene Kurzschriften. Sp. lag zur gleichen Zeit mit Übersetzungen in 14 Sprachen und in Blindenschrift vor. Das „L. C. Handbook" gibt folgende Gesamtauflagen an: Wl.: (1898) 156 000; (1911) 654 000. Sp.: (1898) 107 000; (1911) 429 000.

Die unterschiedliche Aufnahme, die Wl. und Sp. in den Ländern nichtenglischer Sprache fand, läßt sich auf die Schwierigkeiten zurückführen, die typisch englische Sprachmalerei des Nonsense und den Tenor des angelsächsischen Humors adäquat wiedergeben zu können. P. HAZARD schrieb in „Les livres, les enfants et les hommes" (1932; dt. Kinder, Bücher und große Leute, 1952): „Ein Ausländer mag versuchen, ‚Alice im Wunderland' zu verstehen; aber um dieser wunderbaren Geschichte ihren vollen Geschmack abzugewinnen, dazu muß man Engländer sein". Über die Rezeption in Deutschland äußert sich 1962 G. SICHELSCHMIDT in dem Artikel „Die hundertjährige Alice" (JL 1962, H. 12, S. 529): „... Als literarischer Clown oder Exzentriker möchte bei uns keiner einrangiert werden. Daher auch haben Meisterwerke des englischen Nonsense wie die viel gerühmte skurrile Traumdichtung ‚Alice im Wunderland' in Deutschland wenig Bewunderer und kaum ein Publikum gefunden ..." In R. BAMBERGERS „Jugendlektüre" (2. Aufl. 1965) heißt es nur ganz kurz: „Die vielen Gespräche, deren Originalität die Übersetzung schwer wiedergeben kann, so wie das englische Lebensbild und die fremde Art des Humors sind wohl Hauptursachen, warum dieses Buch in der deutschen Übersetzung keinen großen Erfolg hat". Zu einer gänzlich ablehnenden Beurteilung kam L. SANTUCCI (Das Kind, sein Mythos und sein Märchen, [4]1964, S. 96—99): Ein Buch, das unverdienten Ruhm genießt und seine riesige Auflage einem Phänomen der Mode oder des kollektiven Wahns verdankt ..." „... Das Fehlen einer Handlung irritiert das Kind sehr bald, vielleicht das romanische Kind mehr als das angelsächsische ... ‚A. im Wunderland' ist ein treffendes Beispiel verfehlter Kinderliteratur ..." Gerecht wird der „märchenhaften Kindergeschichte" A. SCHÖNE mit der sorgfältigen Untersuchung: „Humor und Komik in L. Carrolls Nonsense-Traummärchen" (in: DVjs 1954, S. 102—114).

Wirkungsgeschichtliches. Eine direkte Nachfolge CARROLLS in Komposition und Stil hat es nicht gegeben, wohl aber eine mehrfache Umsetzung seiner Geschichte und der A.-Figur in andere literarische und bildliche Formen. Eine erste Dramatisierung mit Einverständnis des Autors erschien 1886. Für die Kunst eines W. DISNEY schien „A." geradezu prädestiniert. Die Reihe „Das kleine Disney-Buch" brachte einzelne reich bebilderte Geschichten: „A. im Blumenland" (1952), „A. und das weiße Kaninchen" (1952). Nach dem Farbfilm „Wl." erschien in der Textbearbeitung von L. IFFLAENDER 1952 gleichnamig das Große Disney-Buch „Wl.". Als ein „psychologisches Drama mit beunruhigenden Untertönen" inszenierte Filmproduzent J. MILLER im Dezember 1966 „Alice im Wunderland" für eine deutsche Fernsehsendung, die als „nicht jugendfrei" erklärt wurde. *J. Michael Loughridge*

→ L. Carroll, → W. Disney, → Nonsense

Sekundärliteratur: H. M. Ayres: Carroll's Alice (1936). — W. H. Bond: The publication of ‚Alice's adventures in Wonderland' (in: Harvard Library Bulletin. 3. 1956. 306—324). — W. De La Mare: Lewis Carroll (1932). — W. Empson: Alice in Wonderland. The child as swain (in: W. Empson: Some versions of pastoral. 1935, [2]1950. 251—294). — R. Hildebrandt: Nonsense-Aspekte der englischen Kinderliteratur (1970). — D. Hudson: Lewis Carroll (1954). — F. B. Lennon: Victoria through the looking-glass (1947); Lewis Carroll (1962). — A. Liede: Dichtung als Spiel (Bd. 1. 1963. 172—204). — H. Parisot (Hrsg.): Lewis Carroll (1961). — A. Schöne: Humor und Komik in Lewis Carrolls Nonsense-Traummärchen (in: DVjs. 1. 1954. 102—114). — E. Sewell: The field of nonsense (1952). — D. Sutherland: Language and Lewis Carroll (1970). — W. Weaver: Alice in many tongues. The translations of Alice in Wonderland (1964). — S. H. Williams u. F. Madan: A handbook of the literature of the Rev. C. L. Dodgson (1931); The Lewis Carroll-handbook (1962).

Allegorie

Die bildliche A. ist in der Kinder- und Jugendliteratur vor allem im 17. und 18. Jh. ausgeprägt, besonders reich auf Titelblättern, Bucheinbänden und als Vignette in Kalendern, Almanachen und Ta-

schenbüchern. Eine der ältesten literarischen Spielarten der A. in ihrem verhüllend-verfremdenden Wesen ist die Fabel, die seit dem Altertum in der Kinder- und Jugendliteratur ihren Platz hat.

Wortsinn und Deutung. Vom Griechischen her bedeutet A. (allegorein = etwas anderes sagen): etwas anders als in der natürlichen Sprachweise mitteilen, d. h. in der bildenden Kunst und in der Dichtung: *bildliche Einkleidung oder gestalthafte Darstellung abstrakter Begriffe* (z. B. Tugend, Laster, Hunger, Not usw.). Die A. verkörpert das *Allgemeine* im *Einzelnen,* während das *Symbol* im *Einzelnen* das *Allgemeine* widerspiegelt. Die A. ist eine Gleichsetzung von Bild und Begriff; z. B. werden die Begriffe Schlauheit durch den Fuchs, Geduld und Friedfertigkeit durch das Schaf, Kraft und Herrschaft durch Löwe und Adler vertreten („personifiziert"). Bekannte A.n sind auch der Tod als Schnitter, die Gerechtigkeit in weiblicher Gestalt mit verbundenen Augen, Waagschalen haltend. Für das Kunstwerk weist K. Ph. Moritz (1756—1793) der A. eine untergeordnete Rolle zu — „sie ist nur Zierrath" — und kritisiert gerade diese A. der Gerechtigkeit als „überladen", sie stehe „von sich selbst erdrückt, wie eine todte Masse da" („Über die A." in: Monatsschrift der Künste und mechanischen Wissenschaften zu Berlin, 2. Jg., 3. Bd., 1789, S. 49—54).

Oft liegt einer A. eine gedanklich-konstruktive Beziehung zwischen dem Dargestellten und dem Gemeinten zu Grunde (vor allem in der satirischen Dichtung, z. B. J. Swift: Gullivers Reisen), die der Aufschlüsselung bedarf. Um A.n richtig zu verstehen, muß man das ideen- und gesellschaftsgeschichtliche Bezugssystem, auch die Glaubensvorstellungen und das Wunsch- und Wertdenken einer Zeit kennen, in der sie auftreten. Die Künstlichkeit der A. erreichte Höhepunkte im Mittelalter, im Barock und Pietismus und als Mittel der Darstellung erneut in Jugendstil, Expressionismus und Surrealismus. Auch die Folklore ist reich an A.n. Jedoch sind in allen diesen Bereichen A., Sinnbild, Symbol aufs engste benachbart; oft ist die vom Autor und vom Illustrator gewählte Einkleidung oder Abstrahierung nicht eindeutig dem einen oder anderen Begriff zuzuordnen.

A.n in der Geschichte der Kinder- und Jugendliteratur. Als Mittel, abstrakte Begriffe, „Werte" und „Unwerte" durch Personifizierung und Verhaltensmuster verständlich zu machen, hat sich die Pädagogik nachweislich seit J. A. Comenius der Allegorisierung bedient. Dies entspricht weitgehend auch dem didaktischen Prinzip der Veranschaulichung („Verbildlichung") für Kinder. Auf Bildtafeln des „Orbis sensualium pictus" hat Comenius Tugenden und Laster als menschliche Gestalten in bezeichnenden Haltungen und Handlungen dargestellt und mit Attributen ausgestattet, die gleichfalls Verhaltensweisen und Eigenschaften allegorisieren (versinnbildlichen). Anhand der Numerierung in Bild und Text werden sie genau aufgeschlüsselt; z. B. ist „die Klugheit" eine doppelgesichtige Gestalt, mit der einen Hand das „Perspectiv", mit der anderen den Spiegel zu den Augen hebend; ihr zu Füßen windet sich eine Schlange; der Text beginnt: „Die Klugheit siehet umher auf alle Sachen / wie eine Schlange / und thut / redet oder dencket nichts vergebens. Sie siehet zurücke / als in einen Spiegel auf das Vergangene; und siehet vor sich / als durch ein Perspectiv auf das künftige / oder auf das Ende: und also ersiehet sie / Was sie gethan habe; und was noch zu thun sey?" (³1662, S. 228f.). J. Chr. Breydten gab 1743 zu Augsburg ein „Seelen-ergötzendes Gedächtnis-ermunterndes geistliches Bilder-Cabinet" heraus, „Zum Nutzen so wohl der lieben Jugend / als auch derjenigen / so ihr seeliges Vergnügen an der heiligen Christ-Geschichte finden / und solche dem Gedächtnis beharrlich einzudrucken beflissen sind." Darin sind Bilder der biblischen Geschichte und des Lebens Jesu in jeweils eigenen Szenenmedaillons in barocke Rahmen und allegorisch verzierte Kompositionen (Park, Bäume, Portale) eingelassen. In zahlreichen, der Jugend zugedachten, belehrenden Büchern des 17., 18. und auch des 19. Jh.s werden allegorische Figuren und Sinnbilder aus Antike und biblischer Geschichte gemischt. In einem ABC-Buch steht unter einer genienhaft gekleideten weiblichen Gestalt mit urnenähnlichem Gefäß in der einen, dem Kreuz in der anderen Hand: „Glaube" (Hamburg, um 1750). Daneben gibt es weltliche Allegorisierungen, z. B. in dem Buch, betitelt „Schilderung der vier Jahrzeiten, der Jugend gewidmet" (J. F. Roth, 1783). Der Text enthält die Beschreibung eines Spaziergangs und was es dabei in den verschiedenen Jahreszeiten zu sehen gibt. Auf den Bildern sind reale Vorgänge aus ländlichem Tun und Genießen verbunden mit allegorischen Genien- und Tiergestalten (z. B. Knabe Bacchus auf dem Faß und ein Fuchs, der aus dem Rahmen nach den Trauben springt, zur Weinlese, „Herbst") zu Gesamt-A.n auf die Jahreszeiten. Auf einigen Abbildungen in seinem „Abeze- und Lesebuch" (Bd. I, Sämtl. Werke 1830) verlangte J. H. Campe von den Kindern schon einen komplizierten Gedankengang, um von der Abbildung eines Hundes, der einen Iltis greift, und der vom Iltis schon gerissenen Taube über den dialogischen Text zum Verständnis der A.n zu kommen: aufgeschlagenes Buch, Waage und Schwert. Die Philanthropen waren jedoch sehr bemüht, den Kindern die überlieferten A.n zu erklären. J. B. Basedow erläuterte in dem Abschnitt „Bildliche Vorstellung vieler Dinge bei den Alten" („Elementarwerk", Bd. 2, S. 261—63) die antiken, in seiner Zeit sehr gebräuchlichen allegorischen Darstellungen der Tugenden, Laster und der abstrakten Begriffe wie „Freiheit", „Notwendigkeit", „Jugend". Dabei fügte er auch eigene oder zeitgenössische Allegorisierungen („Verbildlichungen") ein, z. B.: „Das Gerücht oder

L'Automne *Herbst*

Johann Friedrich Roth: Schilderung der vier Jahrzeiten (Nürnberg 1783). Die aus dem Barockzeitalter bekannten allegorischen Darstellungen der Jahreszeiten fanden in der Zeit um 1780 auch Eingang in Bücher, die ausdrücklich der Jugend „gewidmet" waren.

die Fama kann vorgestellt werden als ein Ungeheuer mit vielen Augen, Ohren, Mäulern und Zungen. Ein Mensch, der gegen den Blitz droht, könnte ein Bild der Gottlosigkeit sein.“ Für die seitherige Darstellung der „Elternliebe“ durch einen Schwan zu Füßen des Menschenpaares schlug BASEDOW vor, eine freundliche schwangere Mutter zu zeigen, „die ein Kind auf dem Arme hat und ein anderes an der Hand führt. Auf dem Tische müssen liegen Bücher und mathematische Instrumente. Die Rute sei hier nicht bei der Hand, sondern es rage etwas davon hervor aus einem Schrank in der Höhe, zu welchem man nur durch eine kleine Leiter, welche der Länge nach sich auf dem Boden an die Wand lehnt, kommen kann.“ Mit dieser Beschreibung allegorisierte BASEDOW die eigene, mit Lernmitteln arbeitende und von der Züchtigung abrückende Pädagogik. J. S. STOY erläuterte zur Tab. XXII,3 seiner „Bilder-Akademie für die Jugend“ (1784) das Abbild des Todes als geflügeltes Gerippe mit Sichel und Stundenglas als eine Vorstellung der „Leichtgläubigen“ und nannte die überlieferte Allegorisierung des Bösen als Teufel mit Pferdefuß, Flügeln, Drachenschwanz u. ä. „eine lächerliche Idee von einem unsichtbaren bösen Geiste, der sich ja nicht fürchterlich, sondern liebenswürdig machen muß, wenn er ein Verführer seyn will“ (2. Bd., S. 393).
Die Philanthropen ließen Einbände und Titelblätter ihrer Bücher gern mit A.n ausstatten. Die Einbanddecken von J. CHR. FR. GUTSMUTHS' „Gymnastik für die Jugend“ (1793) zeigt das Standbild der Hygieia, der Göttin der Gesundheit, und Kinder, die es umtanzen, Geräte für Turnübungen in Händen haltend (Stich nach einer Zeichnung von J. H. LIPS, 1758—1817; s. R. ALT: Bilderatlas, Bd. 2, S. 103); CHR. G. STEINBECKS „Frey- und Gleichheitsbüchlein Für die Jugend“ (1794) zeigt verschiedene Tiere mit Waage, Schwert, Kruzifix und Krone im Maul (s. „Bilderatlas“, Bd. 2, S. 74); CHR. G. SALZMANNS allegorischer Titel „Ameisenbüchlein“ (1806) ist illustriert mit einem Ameisenhaufen und fliegenden Ameisen, Sinnbild für Insekten, die sich ihrer Brut so intensiv annehmen, daß der Ameisenhaufen „ein Wohnsitz der Gesundheit, Reinlichkeit, Tätigkeit und Folgsamkeit“ ist.
A.n werden Kindern ausdrücklich auch als moralisierende Unterhaltung und zum Spielen angeboten. In „Scherz und Ernst“ von J. G. ZIEHNERT (Leipzig o. J. [Anf. 19. Jh.]) ist ein so benanntes „allegorisches Festspiel“ abgedruckt: „Der Zahltag“, eine Allegorisierung der Erziehung: der Herr eines Landgutes leiht „Kapital auf Zukunft“ aus, es wird Bildung „angebaut“ und nach der Ernte gefragt. Anthologien und Almanache dieser Zeit bringen A.n als legitime Erzählformen neben anderen mit, z. B. „Fabelbuch. Eine Auswahl für die Jugend aus Deutschlands classischen Dichtern mit untermischten Erzählungen, Parabeln und A.n“ (1845). Reich an A.n (in Variationen mit Sinnbildern und Symbolen) sind auch Dichtermärchen der Romantik, die von der Jugend gelesen werden, z. B. „Nußknacker und Mausekönig“ (E. T. A. HOFFMANN), „Hinkel, Gockel und Gackeleia“ (CL. BRENTANO), „Das Marmorbild“ (J. v. EICHENDORFF), ebenso Märchen von H. CHR. ANDERSEN, E. MÖRIKE, TH. STORM, O. WILDE. In den Märchenillustrationen mischen sich gleichfalls A.n, Sinnbilder und Symbole. Stark individuell variierte A.n bieten noch Illustrationen von H. THOMA, z. B. in „Federspiel“ (^{2}1900) zu Gedichten von H. THODE: „Heldentum“, „Friede“, „Des Dionysos Vortrab“, „Der junge Tag“ u. ä. In den neuromantischen Zügen phantastischer Erzählungen für die Jugend seit Mitte des 20. Jh.s treten gleichfalls allegorische und symbolische Züge in eigentümlicher Mischung auf. Eine Art „Allegorese“ zu R. ZIMNIKS „Geschichte vom Kran“ (1956) schrieb A. KRÜGER in ihrer Untersuchung „Das fantastische Buch“ (in: JL 1960, S. 358 f.).
A.n in der Literatur für die Jugend im 20. Jh. Im allgemeinen ist infolge der Tendenz zum Realismus die A. aus der Kinder- und Jugendliteratur der Gegenwart verschwunden. Jedenfalls hebt sie sich nicht mehr eindeutig heraus. Verbildlichung, Sinnbilder, Allegorisches und Symbolik gehen häufig ineinander über. Als politische A. in betont sozialistischer, gesellschaftskritisch belehrender Kinderliteratur taucht sie allerdings neu auf, z. B. in Gedichten und kurzer Prosa von B. BRECHT, die nach seinem Tode in Auswahlbände für Kinder aufgenommen wurden. (Vgl. „Brecht für Kinder“; „Herr Bertolt Brecht sagt. Bei Brecht gelesen und für Kinder und andere Leute ausgesucht ...“ von MONIKA und MARTIN SPERR, 1970). Die Illustrationen von G. ZINGERL führen ebenfalls neue A.n ein für bestimmte, emotional aufgeladene, politisch orientierte Begriffe (z. B. für weltweiten Sozialismus, Kapitalismus, Mittelalter); ähnlich auch Illustrationen von G. MUSCHEL zu E. HERHAUS: „Kinderbuch für kommende Revolutionäre“ (1970). *Margarete Dierks/Hans Eich*

→ ABC-Buch

Allfrey, Katherine

*Geb. K. Forjahn, englische Schriftstellerin, Verfasserin von Kinderbüchern; * 14.8.1910 Verl b. Wiedenbrück.*

In Hamm aufgewachsen, wurde A. zuerst Verkäuferin und arbeitete längere Zeit als Helferin auf der Jugendburg Freusburg; sie verbrachte fünf Jahre in Griechenland (Athen) und kehrte 1936 zu kurzem Aufenthalt nach Deutschland zurück. Sie heiratete einen Engländer und wanderte mit ihm nach Neuseeland aus. Im Jahre 1949 kehrte sie nach England zurück und lebt seitdem mit ihrer Familie in der Nähe von Bristol. 1964 wurde sie mit dem Kinderbuchpreis des Deutschen Jugendbuchpreises ausgezeichnet. A. schreibt ihre Kinderbücher in deutscher Sprache.

Werk und Tendenzen. Nach eigener Angabe begann A. während ihres Aufenthalts auf Neuseeland „ernstlich zu schreiben". Als ihr erstes Kinderbuch erschien „Grisi" (1956); „Delphinensommer" (1963), illustriert von J. SCHNEIDER, brachte ihr 1964 den Kinderbuchpreis des Deutschen Jugendbuchpreises ein. Die Erzählung spiegelt ihr Griechenlanderlebnis, umgesetzt in die Erlebnisse einer etwa zehnjährigen Halbwaise. Das „Doppelleben" des Kindes im realen Alltag des kleinen Hafenortes und auf einer phantastisch mit mythischen Gestalten des griechischen Altertums bevölkerten Insel ist psychologisch motiviert; es wird als Entwicklungsphase beendet durch die Entscheidung für eine neue Wirklichkeit. Inhalt und Kompositionsform dieser phantastischen Erzählung fanden extrem gegensätzliche Beurteilung. Daseinsfreude und -problematik einer Sechsjährigen gestaltete A. in dem Mädchenbuch „Penny Brown" (1964); anschaulich und kräftig sind darin die Menschen und ihre Lebenswelt in England und Schottland geschildert. Mit weiterhin beachteten Titeln setzte A. seitdem ihre schriftstellerische Arbeit für Kinder verschiedener Altersstufen fort. *Margarete Dierks*

Werke: Grisi und die kleinen Leute (1956, unter K. Forjahn), u. d. T.: Zuflucht im heimlichen Haus (1957, unter K. Forjahn); Delphinensommer (1963); Penny Brown (1964); Dimitri (1966), u. d. T.: Das Kind, das mit den Vögeln sprach (1968). *IJB*

Almanach

Unter A. (Wortherkunft unsicher) versteht man heute einen Buchtyp ähnlich der Anthologie; seit etwa zweihundert Jahren sind A.e auch mit zahlreichen Titeln für Kinder und Jugendliche erschienen.

Wortbedeutung und Entwicklung des Buchtyps. Ursprünglich ist A. eine kalenderähnliche, mit astronomisch-astrologischen Tafeln versehene Aufzeichnung. Zuerst im Orient verbreitet, wird der A. seit dem 15. Jh. auch in Europa bekannt. Seit dem 17. Jh. erschienen A.e meist illustriert und mit belehrend-unterhaltenden Beiträgen. Im 18. Jh. herrschte der belletristische A. vor, während der Klassik als „Musen-A.", während der Romantik vorwiegend als „Taschenbuch" bezeichnet (nicht zu verwechseln mit dem nach angelsächsischem Vorbild nach 1945 erstmals in Deutschland verbreiteten Buchtyp gleichen Namens). Im 19. Jh. beschränkten sich die A.e auf bestimmte Themen und waren für einzelne Berufe bestimmt oder landschaftsbezogen gestaltet. Im 20. Jh. kamen die der Werbung dienenden Verlags-A.e heraus mit Aufsätzen über Autoren, Leseproben aus verlagseigenen Werken und Verzeichnis von Neuerscheinungen im Verlag. *Auch Kinder- und Jugendbuchverlage* brachten solche A.e heraus.

Zur Geschichte der A.e für Kinder und Jugend. In der Kinder- und Jugendliteratur machte der Buchtyp A. (seinem Wesen nach Anthologie, aber auch: Kalender, Taschenbuch, Chronik genannt) die Wandlungen und Besonderheiten der A.-Entwicklung seit dem 15. Jh. mit. Am Anfang steht der Reimkalender des CONRAD VON DRANGOLSHEIM (1435). Aus ihm sollte das Kind die Heiligen mit ihren Namenstagen lernen; heitere Reime machten es ihm schmackhaft; religiöse Belehrung und phantasievolle Unterhaltung sind an den Lauf des Jahres geknüpft. Aus dem 16. und 17. Jh. ist für Kinder kein weiteres Werk dieser Art bekannt. Die Reformation band die religiöse Unterweisung auch für Kinder strenger an Bibeltext und Katechismus. Erst in der zweiten Hälfte des 18. Jh.s tauchten A.-Titel für die Jugend auf und gehören seitdem kontinuierlich, aber mit wechselnden Inhalten und Spezialisierungen, zum Bestand in jeder Epoche. Sie begannen als Parallelerscheinung der belehrend-unterhaltenden, belletristischen A.e für eine durch die Aufklärung bildungshungrig gewordene breite Leserschicht der Erwachsenen. Eine Sparte setzt die religiöse Unterweisung fort, z. B.: „Biblischer A. für Kinder zum täglichen Gebrauch" (1781), eine Spielart der Kinderbibel, wie sie erst allmählich in Gebrauch kam; auch: „Taschenbuch für die Jugend, oder christliche Lebens- und Klugheitsregeln aus den Sprüchen der heiligen Schrift" (1819).

Im allgemeinen boten die A.e, Kalender- und Taschenbücher zwischen 1770 und 1830 der Jugend mit wechselndem Akzent Texte zur moralischen und religiösen Belehrung, zur Unterhaltung und — meistens als recht sparsame Beimischung — Sachtexte aus einzelnen Wissensgebieten (Geographie, Naturgeschichte, Lebensbeschreibung). Daß man gewöhnlich keinen großen Unterschied nach Altersstufen der Leser machte, zeigt der Titel „A. für Kinder und junge Leute" (Hamburg, 1776; der gleiche Titel auch Hannover, 1808). *Das Denken in Altersstufen* bis in die Lektüre hinein prägten jedoch die *Pädagogik der Aufklärung* (Anstoß auch von J. J. ROUSSEAUS „Émile") *und der Philanthropinismus* stärker aus. Danach trennten sich auch die Adressaten der A.- und Kalendertitel: „Kinderalmanach auf das Jahr 1800"; „Historischer Calender für die Jugend, 1778". J. H. CAMPE ließ eine Gliederung nach Altersstufen in seiner aus der Masse ähnlichen Lektüreangebots für Kinder hervorragenden „Kleinen Kinderbibliothek" deutlich erkennen. Ihr 9. Bändchen (1783) trug den Nebentitel „Hamburgscher Kinderalmanach ... oder Weihnachtsgeschenk für Kinder". Fünfzig Jahre später wurde eine Buchreihe mit dem Titel „Jugendalmanach" (1833) begonnen, mit den programmatischen Ankündigungssätzen: „Es hat den Namen Jugendalmanach, wie schon früher A.e für Kinder den nemlichen getragen haben, und macht also auf nichts weiteres Anspruch, das die übrigen Büchlein dieses Namens zu leisten bestimmt sind, als daß es ein Buch zur Unterhaltung der Jugend werde, der man wohl zum Weihnachts-

Wiener
Kinderalmanach
für
Kinder und Kinderfreunde
auf das Jahr
1781.
Mit Kupfer und Vignetten.
Wien,
Verlegt bey Joseph Gerold,
Universitätsbuchhändler.

Wiener Kinderalmanach für Kinder und Kinderfreunde (Wien 1781). In der 2. Hälfte des 18. Jh.s tauchen Almanache für die Jugend auf. Almanache, die neben moralisch religiösen Texten auch unterhaltende Geschichten enthielten, erfreuten sich großer Beliebtheit. Die hier abgebildete Titelvignette versucht, mit einem Guckkasten das besondere Interesse des kindlichen Lesers zu wecken.

oder Neujahrsgeschenk auch einen eigenen A. bescheren darf", es „sucht der jugendlichen Wißbegierde und der Unterhaltungslust Genüge zu leisten; es sucht beiden Geschlechtern abwechselnd Genuß zu bieten, wie er in Erzählung, Geschichte, Natur- und Weltkunde, Märchen und Sagen, einzelnen Schilderungen, Gefühlen und Gedichten für die verschiedenen Gemüther entsprechend seyn möge." Damit ist der Inhalt abgesteckt, mit dem im allgemeinen die A.e angefüllt waren und mit dem sie neben dem vereinzelten Nachdruck literarisch auch wertvollen Gutes namhafter Autoren eine altväterische geschmackverbildende literarische Dutzendware weiterschleppten. Es gab jedoch auch anspruchsvollere A.e mit spezialisierten Themen, z. B. den „Spiel-A. für die Jugend", hrsg. von J. Chr. Fr. Gutsmuths (1802/03), und die Märchen von W. Hauff erschienen zuerst mit dem Titel „Märchen-A. für Söhne und Töchter gebildeter Stände" (1826 bis 1828). Insgesamt aber traf auch im 19. Jh. das Urteil des Schulpädagogen L. Fr. Gedike (1787) zu, der die „Kinderalmanache" u. ä. zum „literarischen Puppenkram" rechnete, der jährlich verführerisch als „Weihnachtsgeschenk für die liebe Jugend" angeboten wurde. Mit der Herausbildung der besonderen *Jungmädchenlektüre* um die Mitte des 19. Jh.s stellten sich auch die A.e, Kalender und Taschenbücher speziell für Mädchen ein. Cl. Helm und Fr. Schanz begründeten 1895 die Jahresbände „Junge Mädchen, ein A.". Noch in der Mitte des 20. Jh.s begegnet man der Bezeichnung im Untertitel, z.B.: „Die Zaubertruhe, ein A. für junge Mädchen" (1954 ff.) Revolutionär wirkte „Der A. der Neuen Jugend. Auf das Jahr 1917"; er war mit zahlreichen Illustrationen u. a. von O. Kokoschka und L. Meidner ausgestattet. Mit deutlichem politischen Akzent versehen ist: „Ein A. für Thälmann-Pioniere", hrsg. von der Zentralleitung der Pionierorganisation Ernst Thälmann (1965). Verschiedene Kinder- und Jugendbuchverlage nehmen heute noch den Titel A. in Anspruch für Publikationen, die einen Überblick über ihre Produktion geben, jährlich oder auch in größeren Abständen.

Kalender für Kinder und Jugend. Ähnlich wie die A.-Titel akzentuieren die Kalendertitel Belehrung und Unterhaltung in einer gewissen Schwankungsbreite, z. B.: „Naturkalender zur Unterhaltung der heranwachsenden Jugend" (1789); „Kinder-Kalender, ein nützliches und unterhaltendes Jahrbuch für Knaben und Mädchen" (1846). Meist bewahren die Kalender-Bücher in der Anordnung der Beiträge eine engere oder losere Bindung an Kalendarium, Monats- und Jahreszeitenfolge. Der Ursprung im alten *Bauernkalender,* die Parallele zum *Volkskalender* mit bildender und unterhaltender Tendenz werden an vielen dieser Bücher für die Jugend deutlich. Drei Leserschichten wurden angesprochen in dem Titel „Der aufrichtige Kalendermann, ein gar kurioses und nützliches Buch für die Jugend und den gemeinen Bürger und Bauersmann", erschienen 1792 und viele weitere Jahre. Gegenüber den strengen, noch wenig bebilderten Kalendertypen um 1800 herum erhielten die *Kinder- und Jugendkalender des Biedermeier oft eine reizvolle Ausstattung* durch bekannte Illustratoren. In vielen aber gingen Lieblichkeit und Naivität in geschmackverbildende Süßlichkeit über. Weite Verbreitung fand „Auerbachs Deutscher Kinderkalender", der, hrsg. von Dr. A. B. Auerbach, im 1. Jahrgang 1883 erschien und bis in die Gegenwart in wechselnder Qualität und zeitgeschichtlich mitbestimmter Thematik fortgeführt wurde als, jährlich erscheinend, „Auerbach's Kinderkalender". In den *Schülertaschenkalendern* der Gegenwart ist an die Stelle aufsatzhafter Belehrung und moralisierender Unterhaltung weithin die *Information* getreten. Ausgestattet mit Sachzeichnungen, Fotos (jedoch auch Werbung), geben sie der Schuljugend Lernhilfen an die Hand, interessante Einblicke in Fakten des modernen Lebens, des heutigen Weltbildes und praktische Hinweise.

Neben dem Kleinformat dieser Kalender gibt es das Großformat der zu „Jahrbüchern" ausgeweiteten Bände, die — oft den Titel „Album" beiziehend — dem Grundtyp nach wie ihre Vorfahren, die A.e,

Kalender, Taschenkalender und Taschenbücher, brauchbare und unterhaltende, teilweise anthologieähnliche Sammelbände für Kinder und Jugend (Mädchen und Jungen) sind, z. T. im Titel schon bestimmte Interessengebiete ansprechen, z. B.: „Das neue Universum. Die interessantesten Erfindungen und Entdeckungen auf allen Gebieten. Ein Jahrbuch für Haus und Familie, besonders für die reifere Jugend“ (seit 1879); „Überall dabei. Das große Jugendjahrbuch“ (1955 ff.); „Starten und Fliegen. Jahrbuch der Luftfahrt und Flugtechnik“ (1956 ff.); „Birgitt. Ein Jahrbuch für junge Mädchen im Alter von 12—15 Jahren“ (1955 ff.). Ein „Jahrbuch für das 4. bis 6. Schuljahr“ gab unter dem Titel „Das Buch, dein Freund“ mit „Geschichten aus guten Jugendbüchern“ 1965 der Schweizerische Bund für Jugendliteratur heraus. — Einzeluntersuchungen zu den Typen A., Kalender, Taschenbuch, Jahrbuch, deren Titel unverändert oder nur leicht verändert durchlaufen, deren Inhaltswechsel jedoch „politisch“ datierbar ist (1918, 1933 und 1945, getrennt für BRD und DDR) gibt es noch nicht.

Kalender als Abreißkalender für Kinder bringen heute häufig Bilder und Kurztexte aus Bilderbüchern (auch illustriertem Märchenbuch und Bilderbibel) vor Augen. Auch richtet sich die Produktion von Abreißkalendern nach besonderen Interessengebieten der Jugend (Sport, Technik, Kunst, Tier) und bietet Illustration, Information und Sachtexte.

Margarete Dierks/Hans Eich

→ Album, → Anthologie, → Jahrbuch, → Kinderkalender, → Mädchenbuch, → Sammelband

Sekundärliteratur: P. Casser: Die westfälischen Musenalmanache und poetischen Taschenbücher (Diss. 1928). — H. Köhring: Bibliographie der Almanache, Kalender und Taschenbücher für die Zeit 1750—1860 (1929). — M. Lanckorońska u. A. Rümann: Geschichte der deutschen Taschenbücher und Almanache aus der klassisch-romantischen Zeit (1954). — R. Pissin: Almanache der Romantik (1910). — H. Stolpe: Zeitschriften und Almanache der deutschen Klassik (1959).

Altberliner Verlag Lucie Groszer

Berlin. Derzeitiger Leiter: L. Groszer (* 1914).
Hauptsächliche Verlagsgebiete im Bereich der Kinder- und Jugendliteratur: Hartpappenbilderbücher, Märchenausgaben, Bücher für das Vorschul- und Erstlesealter sowie Jugendbücher verschiedener Thematik für die Altersgruppen bis 14 Jahre.
Autoren: E. Hering, E. Klatt, L. Welskopf-Henrich u. a.
Illustratoren: H. Baltzer, Kl. Ensikat, I. und H. Proft, W. Klemke u. a.
Verlagsgeschichte. L. Groszer (* 1914) gründete am 1. 6. 1945 den Verlag, dessen erste Kinderbücher in einer Auflage von 600 000 Exemplaren ein halbes Jahr später erschienen. Die Gesamtauflage aller im Altberliner Verlag bis 1970 hergestellten und in der DDR sowie 25 anderen Ländern der Welt vertriebenen Kinderbücher beträgt ca. 10 Millionen Exemplare.

Altertum

Der Begriff A., der auch einen weitreichenden, vielschichtigen Themenkreis der Kinder- und Jugendliteratur bezeichnet, ist nicht genau zu definieren. Er wird im allgemeinen als Kennzeichnung jenes Zeitraums gebraucht, der der Urgeschichte folgt und zwischen Frühgeschichte und christlichem Mittelalter liegt. Eingeschlossen sind also die vorderasiatische und ägyptische Geschichte und das sog. klassische Altertum: die Zeit der Griechen und Römer, die Antike (von 800 v. Chr. bis zum Untergang des Weströmischen Reiches 476 n. Chr.).

Altertum als Thema in der Kinder- und Jugendliteratur. Als Unterrichtsstoff hatten Sprache, Literatur und Geschichte der Griechen und Römer bis in die Zeit der Aufklärung hinein absolute Vorrangstellung. In Chrestomathien und Enzyklopädien wurden die Schriftsteller des klassischen A.s in den Gymnasien der neuhumanistischen Epoche gelesen. J. G. Sulzer (1720—79) stellte in seiner Schrift „Gedanken über die beste Art, die classischen Schriften der Alten mit der Jugend zu lesen“ (^{3}1784) vier Vorteile für die Erziehung mit dieser Lektüre dar: sprachliche Bildung, die aus den Figuren und dem Niveau des Griechischen und Lateinischen hervorgehe, Geschmacksbildung, Kenntnis der alten Geschichte und „Vorübung zur Weltweisheit“. J. B. Basedow trat für energische Kürzung der griechischen und lateinischen Texte für den Schulgebrauch ein, da diese Schriftsteller nicht für den Europäer dieser Zeit und schon gar nicht für Kindheit und Jugend geschrieben hätten, und zog den moralischen Wert der Götter- und Heldensagen insgesamt in Zweifel. Ende des 18. Jh.s erschienen Anschauungsbücher zur Geschichte des A.s, und die deutschsprachigen Darstellungen der antiken Geschichte, Kultur und ihrer großen Gestalten für die Jugend wurden zahlreicher. In historischen Erzählungen, auch mit Hilfe biographischer „Miniaturbilder“ sollten dem Jugendlichen die geschichtlichen Persönlichkeiten der Antike als Vorbilder eingeprägt und er in die antike Mythologie und Sagenwelt eingeführt werden, z. B. Th. Dielitz „Hellas und Rom. Erzählungen aus der Geschichte des Altertums“ (1841). Manches Jugendbuch ließ von seinem Titel aus anderen Inhalt vermuten als gerade das A. Ein anonymes Werk (Wien 1833, wahrscheinlich von L. Chimani) „Der Erzieher mit seinen Zöglingen auf Reise. Ein lehrreiches Lesebuch für alle Stände, mit besonderer Rücksicht auf die Jugend“ bot z. B. unter der Hilfskonstruktion der Reise eines Erziehers aus der Provinz nach Wien mit drei Jungen

Der Erzieher mit seinen Zöglingen auf der Reise (Wien 1833). Der phantasievolle Titel gehört zu einem „lehrreichen Lesebuch für alle Stände", das von dem Autor, der sich stolz als „Verfasser mehrerer allgemein beliebter Jugendschriften" bezeichnet, anonym veröffentlicht worden ist. Dem zum Typ der historischen Erzählung zuzurechnenden Lesebuch ist dieses Bild mit dem riesigen hölzernen Pferd, den kämpfenden Kriegern und dem brennenden Troja entnommen.

zwischen 9 und 12 Jahren erzählerisch und anekdotisch Belehrung über Persönlichkeiten, Vorgänge und Begriffe aus dem klassischen A.
Die Sagen des *klassischen A.s* wurden im 19. Jh. zum „klassischen" Jugendbuch und sind es, in unterschiedlicher Auswahl und Bearbeitung, noch jetzt. Unter dem Einfluß der Romantiker, die sich der altdeutschen, der süd- und nordgermanischen Literatur zuwandten, wurden die Märchen, Sagen und Mythen des *germanischen A.s* in vielen Bearbeitungen Stoff des Jugendbuchs. Die Hochflut dieser Literatur hielt bis Ende des Zweiten Weltkrieges an. Mit der Erweiterung des Geschichtsbildes in die *vorchristlichen Kulturen anderer Kontinente* hinein erweiterte sich abermals die Thematik im Jugendbuch. Kulturhistorische Erzählungen, Märchen und Sagen aus Asien, Afrika und Amerika sprechen heute in vielen Titeln jugendliche Leser an.
Hauptformen für die Wiedergabe des gesamten Bereichs sind 1. die psychologisch vertiefte Nacherzählung des Sagengutes, 2. Lebensbilder bedeutender geschichtlicher Persönlichkeiten, in deren Zeit man moderne Problematik der Gesellschaft und Politik einzuspiegeln versucht, und 3. breitere Darstellungen historischer Vorgänge in spannenden, phantasievollen Erzählformen. *Hans Eich*

→ Geschichtliche Themen im Kinder- u. Jugendbuch, → Sage

Alverdes, Paul

*Schriftsteller, Jugendschriftsteller, Jugendschriftenbearbeiter; * 6. 5. 1897 Straßburg.*

A. gehörte zu den jungen Freiwilligen im Ersten Weltkrieg, aus dem er schwer verwundet zurückkehrte. Anschließend studierte er in München Jura, Germanistik und Kunstgeschichte. Ab 1922 arbeitete er als freier Schriftsteller zuerst in München, danach in Grünwald/b. München. A. war Mitherausgeber der Kulturzeitschrift „Das innere Reich" (1934—44) und gab nach dem Zweiten Weltkrieg die Zeitschrift „Die Erzählung" heraus.
Für die Übertragung und Bearbeitung des „Wildtöter" von J. F. COOPER wurde A. 1961 mit dem Sonderpreis für Neubearbeitungen Klassischer Kinder- und Jugendbücher des Deutschen Jugendbuchpreises ausgezeichnet; 1963 war A. Ehrengast der Villa Massimo, Rom.

Werk, Tendenzen, Wirkung. A. hat epische, dramatische und lyrische Texte, darunter Novellen, Essays, Filmmanuskripte, Hörspiele, Kunstmärchen und Kindererzählungen geschrieben. In seinen Erzählungen und Novellen tritt das Kriegserlebnis als Grunderlebnis der um 1900 geborenen Jugend hervor (Die Pfeiferstube, 1929). Gemeinsame Unterwerfung unter das Pflichtprinzip rangiert vor dem Trachten nach Erfüllung individueller Glücksvorstellungen (Reinhold im Dienst, 1931; Die Freiwilligen, Hörspiel, 1933). Idealismus der Jugendbewegung und neuromantische Lebensgestimmtheit wirken sich in dem Stil A.' aus.
Schicksalsbejahung in gefaßter Haltung dokumentiert sich in seiner K. H. WAGGERL gewidmeten Erzählung nach dem Zweiten Weltkrieg: Grimbarts Haus, 1949. Die für Kinder geschriebenen Märchen A.' sind von feinsinnig kindertümlichem Erzählton; sie sprechen vor allem Kinder im Vorschulalter stark an mit ihrem einfachen Handlungsgefüge, dem Eigenleben zarter und lustiger Phantasiegestalten in Kontakt mit Menschenkindern und Tieren. B. BRAUN-FOCK ergänzte A.' Kunstmärchen für Kinder mit stimmungsvoll farbigen Illustrationen zu Bilderbüchern. Mit der Nacherzählung von Volksmärchen (Deutsche Märchen, 1939; Vom dicken

fetten Pfannkuchen, 1960), der Edition von Fabeln (Rabe, Fuchs und Löwe, Fabeln der Welt, 1962) und Schelmengeschichten (List gegen List. Von Schelmen und Narren in aller Welt, 1963) ist A. als Bearbeiter und Herausgeber älterer volkstümlicher und jugendgeeigneter Literatur hervorgetreten. Mit der „Wildtöter"-Bearbeitung und seinen thematisch gefügten Anthologien wirkt A. in der gegenwärtigen Jugendliteratur stärker fort als mit den vor Jahrzehnten sehr beliebt und verbreitet gewesenen Märchenbilderbüchern. *Margarete Dierks*

Werke: Das Männlein Mittenzwei (1937); Das Schlaftürlein (1938); Mauz, die verlorene Katze (1940); Strupp, der Hund (1940); Siebensohn (1948); Amundsens Fahrt an den Südpol (1949); Stiefelmanns Kinder (1949); Das Zirflein (1951); Timpu (1954); Die Traum-Pferdchen (1957); Vom dicken fetten Pfannkuchen (1960); Vom Schlaraffenland (1965).
Übers.: J. F. Cooper: Der Wildtöter (1928; 1960).
Hrsg.: Deutsches Anekdotenbuch (1927; zus. mit H. Rinn); Märchen (1939); Rabe, Fuchs und Löwe (1962); List gegen List (1963). *IJB*

Amanda, Tante

*(d. i. Amanda Hoppe-Seyler). Schriftstellerin, Herausgeberin, Mitarbeiterin an Jahrbüchern; * 22.3. 1819 Freiburg a. d. Unstrut, † unbekannt.*

H., die u. a. an TH. VON GUMPERTS „Herzblättchens Zeitvertreib" und „Töchteralbum" mitarbeitete, wurde in den Jahren 1844/45 in Berlin zur Lehrerin ausgebildet und leitete später in Greifswald eine höhere Töchterschule.

Werk, Tendenzen, Wirkung. H. hat mehrere Geschichten und Reimerzählungen für Kinder verfaßt. Mit ihnen wollte sie die Phantasie der Kinder beschäftigen, dabei knüpfte sie an „märchenhafte" Wünsche der Kinder an. In „Des kleinen Frieder Märchen, Geschichten und Lieder" wird Frieder als der fiktive Sammler der Stücke und als Mittler für die Leser eingeführt. Einige der Reimerzählungen und Märchen veranschaulichen die sichere Bewältigung von Notsituationen durch beharrliche Geduld und kindliches Vertrauen auf Gott (z. B. „Samuel", „Von Lehnchen und ihrem Brüderchen", „Denen, die Gott lieben, müssen alle Dinge zum Besten dienen"), andere sind tendenzfrei fabulierend, so die „Lebensgeschichte eines Ohrwürmchens und einer Spinne", die Begegnungen mit Uranus- und Mondartgenossen beinhaltet. In der ‚Kätzchengeschichte' läßt die Autorin nach dem Vorbild der Fabel, aber ohne lehrhafte Absicht, die Tiere wie Menschen denken und handeln und ihre Hauptfigur nach Verstoß gegen Gebote und nach vielen Enttäuschungen endlich ihr Glück als Zofe einer menschlichen Prinzessin und als Gemahl eines Katzenprinzen ihr Glück finden. In für das 19. Jh. typischer kindertümlicher Schlichtheit wird gezeigt, daß Buße und Wohlerzogenheit schließlich zum Erfolg führen, zugleich werden in der Schilderung höfischen Lebens die bestehenden Verhältnisse verherrlicht. *md*

Werke: Häschengeschichte (1846); Kätzchengeschichte (1846); Der kleine Frieder (1847); Die Geschichte von dem klugen Mäuslein (1849); Maria von Schwaben (1850); Mariechens kleines, rothes Buch geschrieben für kleine Kinder zur Unterhaltung in langen Winterabenden (1851); Erzählungen, Märchen und Lieder für große und kleine Kinder (1852). *IJB*

Ammenmärchen

In Grimms Wörterbuch (1. Band, 1854) ist A. als Übersetzung von lat. fabulae nutrium angegeben.

In der *Epoche der Aufklärung* wird „A." zum abwertend gebrauchten Ausdruck für kurze Phantasie- und Spukgeschichten (auch ‚Fabeln' genannt), für Volksmärchen und Sagen, die den Kindern von Müttern und Ammen erzählt werden, auch für kleinkindgemäße Erläuterungen realer Sachverhalte mit Hilfe abergläubischer Vorstellungen. C. PH. FUNKE schreibt im Vorwort seiner „Naturgeschichte für Kinder" (1808): „Die Erzählungen darin werden euch aber auch nützlicher seyn, als die abgeschmackten Ammenmärchen und Fabeln von Gespenstern, Kobolden, Wassernixen und dergl. Wünscht euch Glück, meine jungen Freunde, daß wenigstens für euch die Zeiten vorüber sind, wo man die Jugend mit Hirngespinsten unterhielt, die für das ganze Leben einen so schädlichen Einfluß zurückließen! Wären unsere Vorfahren besser mit den Eigenschaften der Dinge in der Natur bekannt gewesen, so würde mancher Aberglaube nicht auf unsere Zeit gekommen seyn."
Bedeutungsschwankungen. Gekennzeichnet werden sollte mit dem Begriff A. der nicht der Wirklichkeit entsprechende Gehalt von Erzählungen und ihre Nähe zum Aberglauben, in dessen Bereich das Märchen ganz allgemein von den Pädagogen der Aufklärung und von den Philanthropen verwiesen wurde. *‚Amme'* wirkte in dem zusammengesetzten Begriff als Bestimmungswort möglicherweise aus zweierlei Gründen: *1. soziologisch,* da die Ammen als Stillmütter nicht eigener Kinder wie auch die Kindermädchen aus den niederen Ständen (vorwiegend vom Lande) kamen und aus Mangel an Bildungsmöglichkeiten noch stark dem Aberglauben verhaftet waren. Ammen und Mädchen vermittelten den Kindern höherer, gebildeter Stände bei der Wartung oft in Lied, Reim und Erzählung abergläubische Vorstellungen. Als „Ammenzauber" bezeichnet der Franziskanermönch SALIMBENE in seiner Chronik (13. Jh.) die Lieder, „welche das Weib hersagt beim Schaukeln der Wiege, um das Kind einzuschläfern, ohne welche dasselbe nur schlecht schlafen und keine Ruhe haben könnte" (zit. bei

PLOSS); 2. *sprachlich*, da ‚Amme' selbst als Lallwort (altisländ. amma ‚Großmutter') in vielen Sprachen wiederkehrt; auch gilt als ‚Ammensprache' ein Grundbestand an Lallwörtern sowie das Hinsprechen an Säugling und Kleinkind in besonderem Tonfall mit Diminutivformen und emotional motivierten Lautgebilden.

Auf die *gesellschaftspolitische Bedeutung* der von Müttern und Ammen den jungen Kindern erzählten Märchen und Geschichten hat bereits PLATON hingewiesen. Bei Erörterung der musischen Bildung (Der Staat, 2. Buch) setzt er das Erzählen von wahren und erfundenen Geschichten früher an als den Beginn gymnastischer Übungen, es werde dadurch in der Kindheit der Seele die Form umrissen und eingedrückt, die sie haben solle; er forderte im Hinblick auf Menschenbildung und Staatswesen sorgfältige Auswahl der Geschichten, vor allem „wahre" Geschichten, die den Ammen und Müttern zum Erzählen für die Kinder ans Herz gelegt werden sollten. — Gegenüber dem abwertenden Akzent auf Ammenmärchen, Ammenzauber, Ammensprache in der Aufklärung rehabilitierte die *Romantik* diese zusammengesetzten Begriffe; an dem volkstümlich anonymen Gedicht „*Die Ammenuhr*" zeigt sich, daß dem Kinde im Schutzraum der Amme die Alltagswirklichkeit kindgemäß poetisch werden kann. *Margarete Dierks*

→ Aberglauben, → Die Ammenuhr, → Märchen

Ammenuhr → Die Ammenuhr

Analphabetentum

(auch Analphabetismus). A. bezeichnet die Unfähigkeit von Menschen, Schrift- oder Drucksymbole irgendeiner Sprache zu entziffern. Analphabeten (griech. ungelehrt, ungebildet) können keinen noch so einfachen Text lesen. Im Ausland bezeichnet man die Analphabeten auch als Illiteraten. Personen, die das Alphabet nur in Druckschrift beherrschen, gelten als Semi- oder Halbalphabeten.

In Deutschland und anderen Ländern Europas werden seit der Einführung der Schulpflicht im 17. und ihrer stärkeren Durchsetzung im 18. Jh. die elementaren Fertigkeiten (Kulturtechniken) des Lesens und Schreibens sowie der des Rechnens schon in der Kindheit vermittelt. Daß die Jugend immer größerer Bevölkerungsteile bereits zwischen dem 6. und 8. Lebensjahr (Elementarklassen) aus der Phase des Prä-Alphabetentums herausgeführt wurde, wirkte sich im letzten Drittel des 18. Jh.s merklich auf die Entstehung der KJL aus, die sich vom ABC-, dem Leselernbuch (Fibel) und anderen Schulbuchformen immer mehr entfernte und zu einer breiten Typenskala gelangte. Als Literaturangebot, das zum Lesen motiviert, wirkte sie seither mit, Kindern und Jugendlichen Erkenntnisse, Einsichten, Fertigkeiten, Informationen und Meinungen zu vermitteln.

Zur Statistik des A.s. Im Jahre 1968/69 waren etwa 35 % der Gesamtbevölkerung der Erde im Alter über 15 Jahren Analphabeten (ca. 800 Millionen). Die Länder Asiens (mit Ausnahme Japans, der entsprechenden Teile der UdSSR, Indonesiens und Formosas) und Afrikas (ausgenommen Marokko und die Südafrikanische Union) hatten, wenn auch im einzelnen unterschiedlich, den höchsten Prozentsatz an Analphabeten: Nord-, West- und Mitteleuropa sowie Japan und Nordamerika (mit Ausnahme Mexikos) den niedrigsten. Indien hielt 1969 mit 65 % der erwachsenen Männer und 87 % der erwachsenen Frauen die Spitze im Stand der Analphabeten.

Folgen des A.s. Zwischen dem Anteil an Analphabeten in der Bevölkerung eines Landes und seiner sozioökonomischen Struktur besteht eine direkte, kausale Abhängigkeit. Sie trägt zur Stabilisierung bestehender hierarchischer Gesellschaftsstrukturen bei, unterstützt die Privilegierung weniger und den Ausschluß des weitaus größten Bevölkerungsteiles vom sozialen Fortschritt. Versucht ein Entwicklungsland, seine Infrastruktur zu verbessern (Aufbau von Industrien, leistungsfähigen Transportsystemen, Erziehungs- und Gesundheitswesen u. a. m.), so ist es auf qualifizierte Fachkräfte angewiesen, die niemals aus der Schicht der Analphabeten kommen können; diese bleiben also von modernen Arbeitsplätzen ausgeschlossen und verdienen auf die Dauer kaum das Lebensnotwendige. Hinzu kommt die Finanzschwäche der meisten Entwicklungsländer, so daß sie auf zweifache Weise bedroht sind, zu neuen Kolonien herabzusinken: a) durch die personelle Abhängigkeit und b) durch die finanzielle Abhängigkeit von Industriestaaten, soweit diese „Entwicklungshilfe" betreiben.

Zurückdrängung des A.s. In Rußland sank der Anteil an Analphabeten (verstärkt nach der Oktoberrevolution) von 76,2 % im Jahre 1897 auf 1,5 % im Jahre 1959. China hatte 1918 noch 97 % Analphabeten; 1956 waren es noch 78 %. Für 1967 gibt das Institut für Entwicklungspolitik in Freiburg/Br. einen Anteil von mehr als 50 % Analphabeten für den Bereich Rotchinas und von 5—50 % für Formosa an. In den USA gibt es nach neueren Zählungen noch rd. 11 Millionen Menschen, die weder lesen noch schreiben oder bestenfalls als Halbalphabeten gelten können. Im Gebiet von Philadelphia, einem Notstandsgebiet der USA, begann man deshalb im Jahre 1969 mit der Aktion „Operation Alphabet", einem Fernsehkurs von hundert halbstündigen Lektionen für die Dauer von 20 Wochen für ca. 50—70 000 Teilnehmer, denen die Vereinigung der Volkshochschulerzieher ein besonders ausgearbeites Handbuch zur Verfügung stellte.

Die Entwicklungsländer haben inzwischen mit Hilfe der UNESCO den Bedarf an Lehrern und Schulräumen ermittelt, um die allgemeine Schulpflicht verwirklichen zu können und einer „angemessenen“ Zahl von Primarschülern die Ausbildung in weiterführenden Schulen zu ermöglichen. Dabei geht man vorläufig von der Zielvorstellung aus, bis 1980 alle Kinder im schulpflichtigen Alter einzuschulen und für je 100 Primarschüler 23 Plätze einer weiterführenden Schule und 2 Plätze einer Hochschule einzurichten. Inwieweit dabei programmierte Unterrichtsverfahren beschleunigend wirken, bleibt abzuwarten, weil Unterrichtsprogramme oft von relativ hohen technischen Voraussetzungen abhängen, wie z.B. Elektrizität, komplizierten Apparaten (z.B. Labore) mit einem entsprechenden Wartungsdienst.

Die Leistung von Projekten berufsbezogener Alphabetisierungen von Erwachsenen sollte indessen nicht überschätzt werden. Hier vollzieht sich nämlich die Alphabetisierung unter dem Aspekt der direkten Verwertbarkeit der durch die Alphabetisierung vermittelten Inhalte. Sie trägt nicht unbedingt zur Emanzipation der Lernenden bei.

Ständige Bildungsbemühungen können verhindern, daß das A. ansteigt. „Die Zivilisation ist auf dem Alphabetentum begründet, weil das Alphabetentum ein Verarbeitungsverfahren einer Kultur darstellt, das über den Gesichtssinn führt und durch das Alphabet in Raum und Zeit erweitert wird“. (M. McLuhan: Die magischen Kanäle, 1968, S. 96). Die Grundschulerziehung (1.—4. Schuljahr) läßt sich als Kriterium für hohes oder niedriges A. eines Landes betrachten. Unter diesem Aspekt muß man es mit großer Sorge betrachten, wenn in einigen Entwicklungsländern viele Kinder die Schule wieder verlassen, bevor sie die elementaren Kulturtechniken erlernt haben. So gingen z.B. von 5,35 Millionen mittelafrikanischer Kinder, die als sechsjährige 1960 eingeschult wurden, 4,115 Millionen vorzeitig von der Schule ab und bleiben Analphabeten. Ähnliche Verhältnisse trifft man in einigen arabischen Staaten an.

Voraussetzungen zur Zurückdrängung des A.s in den Entwicklungsländern. Neben den notwendigen gesetzlichen Maßnahmen und deren Überwachung ist für die Entwicklungsländer das Ansteigen des Bruttosozialprodukts notwendige Voraussetzung für die Bildungsanstrengungen. Etwa 5—6 % des Sozialprodukts müßten diese Länder in den Bildungsbereich investieren; die dann immer noch verbleibende Finanzlücke kann nur aus Mitteln der Entwicklungshilfe gedeckt werden. Der Anteil von 5—6 % des Sozialprodukts läßt sich aber nur dann erreichen, wenn die Länder der Dritten Welt darauf verzichten, teure Waffen herzustellen oder zu kaufen, d.h. sie müßten ihr Rüstungsbudget stark einschränken.

Bedeutung der Alphabetisierung für die Zukunft. Kommunikations- und Medienforscher sehen für die Zukunft eine nachalphabetische Zeit (postliterarisches Zeitalter) heraufkommen, in dem die visuelle Funktion der Sprache abgelöst wird durch eine orale. „Nur das phonetische Alphabet schafft eine Kluft zwischen dem Auge und dem Ohr, zwischen der semantischen Bedeutung und dem visuellen Code“ (McLuhan: Die Gutenberg Galaxis, 1968, S. 40). Es bleibt aber beim Stand der derzeitigen Entwicklung zu fragen, woher gerade die Länder, in denen mit einem derartigen Kommunikationssystem eine Kulturstufe übersprungen werden könnte, die Fachkräfte nehmen sollen, die ein solch kompliziertes System aufbauen, und woher das Geld kommen soll, das dazu benötigt würde. Vorläufig bleiben jedenfalls gedruckte Texte die preiswertesten Informationsquellen. *Ursula Walz*

Sekundärliteratur: E. E. Boesch (Hrsg.): Das Problem der Alphabetisierung in Entwicklungsländern (1965). — B. V. Dreesmann: Probleme der Bevölkerungslawine (in: Stimmen der Zeit. 10. 1968. 238—250). — W. Hug: Probleme der Dritten Welt (in: Informationen zur politischen Bildung. 136. 1969. 3—25). — Illiteracy (in: Encyclopedia Britannica. Bd. 11. 1966. 1088—1089). — Th. Löbsack: Überholter Optimismus (in: Westermann Monatsmagazin. Apr. 1970. 73). — Unesco-dienst (1970 ff.). — World Illiteracy at Midcentury (1957).

Andersen, Hans Christian

*Dänischer Dichter und Märchenerzähler; * 2.4.1805 Odense, † 4.8.1875 Kopenhagen.*

A., Sohn eines Schuhmachers, stammte aus sehr ärmlichen Verhältnissen. Nach kurzen Versuchen am Kopenhagener Theater (Tanzeleve, Chorist und Statist) begann er für die Bühne zu schreiben, doch wurden seine ersten dramatischen Versuche als dilettantisch abgelehnt. Einflußreiche Persönlichkeiten verschafften ihm die Möglichkeit, als Privatschüler in Kopenhagen die versäumte Schulbildung nachzuholen und das Abitur zu machen. 1829 legte A. das dänische Filosofikum ab und lebte danach ausschließlich von seiner literarischen Tätigkeit. Nachdem die ersten Werke gute Aufnahme gefunden hatten, wurde A. ab 1838 ein staatliches Gehalt gezahlt, durch das er finanziell unabhängig wurde, so daß er auch größere Reisen ins Ausland unternehmen konnte. Im Laufe seines Lebens machte A. etwa 30 Auslandsreisen, die ihn durch ganz Europa führten. Deutschland war das häufigste Reiseziel, hier fand A.s Lebenswerk besondere Anerkennung. Viele deutsche Fürstenhöfe nahmen ihn gastlich auf, und zahlreiche Persönlichkeiten zählten zu seinen Freunden, neben anderen: Großherzog Carl Alexander von Sachsen-Weimar-Eisenach, L. Tieck, A. von Chamisso, Fr. de la Motte-Fouqué. Während Romane, Bühnenwerke und Erzählungen A.s kaum über seinen Tod hinaus wirkten, errang er mit seinen Märchen internationale Bedeutung, die bis heute ungebrochen ist. Bis zum Jahr 1969 wurden A.s Märchen in über 80 Sprachen übersetzt.

Hans Christian Andersen (1805—1875)

Werk, Tendenzen, Wirkung. 1. Roman, Erzählung, Bühnenstück. A. gelang mit seinem Roman „Improvisatoren“ (1835; dt. Der Improvisator, 1835) der erste größere Erfolg, besonders in Deutschland, wo A.s Werke überhaupt von Anfang an größere Anerkennung als in seinem Heimatland Dänemark fanden. Nach der ersten Italienreise A.s (1833—34) entstanden, spielt der Roman auf wechselnden italienischen Schauplätzen. Wie vielen seiner erfolgreichen Werke hat A. dem „I.“ die Geschichte des armen Kindes zugrunde gelegt, das allen Widerwärtigkeiten zum Trotz persönliches Glück und gesellschaftlichen Ruhm erringt. Hier, wie auch in den Romanen „Kun en Spillemand“ (1837; dt. Nur ein Geiger, 1838) und „OT“ — Abkürzung für den Romanhelden Otto Thostrup und auch für „Odense Tugthus“ — (1836; dt. Odenser Zuchthaus, 1837) finden sich viele biographische Details aus dem Leben A.s wieder, das er 1847 in seiner Selbstbiographie schilderte. Mit „Mit Livs Eventry — Das Märchen meines Lebens ohne Dichtung“ — die Autobiographie erschien zuerst in deutscher Sprache als Einleitung zur ersten Ausgabe seiner gesammelten Werke, in Dänemark erst acht Jahre später — erzählte A. sein Leben im Sinne seiner Märchendichtung als persönlichen Mythos. Der 1848 erschienene Roman „De to Baronesser“ (dt. Die zwei Baroninnen), die Erzählungen „At vaere eller ikke vaere“ (dt. Sein oder Nichtsein, 1857) und „En Historie fra klitterne“ (1859; dt. Eine Geschichte aus den Dünen) enthalten neben lebensvollen Schilderungen dänischer Landschaften religiöse und weltanschauliche Bekenntnisse A.s; er wollte damit seinen Unsterblichkeitsglauben der seinerzeit vordringenden materialistischen Weltanschauung entgegenhalten. Von seinen Bühnenstücken behaupteten sich lediglich die Tragödie „Mulatten“ (1840; dt. Der Mulatte, 1847), das Schicksal eines als Sklave verkauften Halbblutes, und das Lustspiel „Den nye Barselstue“ (Die neue Wochenstube, 1845), das er dem Königlichen Theater anonym zugesandt hatte, einige Zeit auf dem Spielplan.

2. Die Märchen. Im Jahre 1835 erschien das erste Heft, das den Titel trug „Eventyr, fortalte for Børn“ (dt. Mährchen und Erzählungen für Kinder, 1839). Es enthielt die Märchen „Das Feuerzeug“, „Der kleine und der große Klaus“, „Die Prinzessin auf der Erbse“ und „Die Blumen der kleinen Ida“. Diese erste Märchenfolge bestand aus insgesamt sechs Heften (1835—1842). „Nye Eventyr“ (Neue Märchen, 1843—1848) erschienen in fünf Heften. „Nye Eventyr og Fortaellinger“ (Neue Märchen und Erzählungen) kamen in acht Heften in den Jahren 1858 bis 1866 heraus. 1869 erschienen „Tre nye Eventyr“ (Drei neue Märchen), und schließlich brachte das Jahr 1872 noch einmal zwei Hefte, die die Folge „Nye Eventyr og Fortaellinger“ abschließen sollten.

A. beschäftigte sich seit früher Jugend viel mit den romantischen Kunstmärchen und Volksmärchen, die er vor allem aus den Werken „Märchen von verschiedenen Dichtern“ übersetzt und redigiert von A. Oehlenschläger (1816 als „Eventyr af forskellige Digtere“ ins Dänische übertragen) und „Danske Folkeeventyr“ (Dänische Volksmärchen, 1823) des Militärarztes M. Winther her kannte. Während A. anfangs die munter-ironische Erzählweise des J. K. A. Musäus, aber auch die einfach-naive Erzählform der Brüder Grimm zum Vorbild nahm, schuf er sich schon bald eine ganz persönliche Gestaltungsform.

Die frühen Märchen wie „Fyrtøjet“ (Das Feuerzeug, 1835) oder „Prinsessen paa Aerten“ (Die Prinzessin auf der Erbse, 1835) sind vom Handlungsverlauf, dem Stoff und dem formelhaften Geschehen her noch stark dem Volksmärchen verbunden. Doch zeigte sich hier schon A.s eigene Erzählweise in einer Fülle liebevoll und lebensecht geschilderter kleiner Details, so daß der Schauplatz der Handlungen leicht mit der Umwelt der dänischen Kinder identifiziert werden konnte. A. sparte zwar aus, was einem Kind fremd sein muß, doch teilte er in verschmitzter Ausdrucksweise oft *satirische Seitenhiebe gegen gesellschaftliche Vorurteile* aus. Völlig neu ist A.s Sprachweise, die sich mit ihrem Satzbau der Umgangssprache so sehr annähert, daß ihn viele Kritiker dazu aufforderten, „endlich in seiner Muttersprache schreiben zu lernen“. Ständig lebt der Erzähler selbst in den Märchen mit, greift ein, um zu beruhigen, zu klären, zu mahnen oder aufzurufen.

Schon bald *löste* sich A. ganz von den Volksmärchen. Die „Neuen Märchen" sind seine eigenen Erfindungen. *A. benutzte jetzt die Märchenform auch zur Kritik an den Zuständen seines Heimatlandes,* wie etwa in „Nattergallen" (Die Nachtigall, 1843), ein Märchen, in dem der echte Singvogel zugunsten der künstlichen Nachtigall von dem Spielmeister verworfen wird. (A.s Beziehung zu der schwedischen Sängerin J. LIND schwingt in diesem Märchen vermutlich mit.) Die neuen Märchen führen häufig ganz heraus aus den realen örtlichen und zeitlichen Umständen, z.B. in dem Märchen „Snedronningen" (Die Schneekönigin, 1844), in dem es der kleinen Gerda durch treue Liebe gelingt, ihren Gespielen Kay aus dem Eispalast von dem kalten Mosaikspiel zu befreien. Immer wieder dringt in den Märchen A.s Glaube an eine ausgleichende Gerechtigkeit nach dem Tode durch, so z. B. in „Den lille Pige med Svovlstikkerne" (Das kleine Mädchen mit den Schwefelhölzern, 1848), in dem das arme Mädchen sterbend in ein seliges Leben eingeht. Elemente des Humors finden sich vor allem in den Märchen, die leblose Dinge als Handlungsträger haben. Solche Gegenstände werden mit Sprache, Gedanken und Gefühlen ausgestattet und geben A. die Möglichkeit, gutmütig, manchmal auch spöttisch die Eingebildetheit und den kleinlichen Lebensstil seiner Zeitgenossen zu kritisieren; z.B. begibt sich „Den standhaftige Tinsoldat" (Der standhafte Zinnsoldat, 1838, mit Anklängen an E.T.A. HOFFMANNS „Nußknacker und Mausekönig") bei allen ihm auferlegten Prüfungen und Gefahren nie seiner Würde, und die „Stoppenaalen" (Die Stopfnadel, 1847), die sich für so fein wie eine Nähnadel hält, bleibt sogar im Rinnstein, mit kerzengerader Haltung, davon überzeugt, daß „es doch gut ist gegen die Seekrankheit, wenn man einen stählernen Magen hat und nicht vergißt, daß man mehr ist als ein Mensch". Auch in den Tiermärchen A.s werden ähnliche Situationen ausgemalt. So sind die Schnecken in dem Märchen „Den lykkelige Familie" (Die glückliche Familie, 1842) davon überzeugt, daß das Rittergut nur dazu erschaffen wurde, damit sie im Schloß gekocht und auf Silberschüsseln präsentiert werden können; nachdem sich niemand mehr um sie kümmert, sind sie der Meinung, daß das herrschaftliche Schloß eingestürzt ist und die Menschen in der Welt ausgestorben sind.

Mit dem Märchen „Den grimme Aelling" (Das häßliche junge Entlein, 1843) hat A. noch einmal die Geschichte seines Lebens geschrieben. Der Leitspruch des Märchens: „Es schadet nichts, in einem Entenhof geboren zu sein, wenn man nur in einem Schwanenei gelegen hat" zeigt deutlich den Lebensoptimismus des Dichters, der selbst als armer Schuhmacherssohn aus Odense zum berühmtesten Dichter seines Landes wurde. Von wenigen Geschichten abgesehen, verzichten die späten Märchen A.s auf volksmärchenhafte Verbundenheit und gehen teilweise über den Gesichtskreis des Kindes hinaus. Märchenhafte Geschehnisse stehen nun immer mehr im Dienste *der Allegorie oder der moralischen Fabel.* Die Erfindungskraft erlahmt, doch die Leistung in Sprache und Komposition erfährt erst jetzt ihren Höhepunkt. Die letzten Märchen zeigen auch mehr und mehr eine pessimistische Note, so z. B. in seinem letzten Märchen „Tante Tandpine" (Tante Zahnweh, 1872), in dem der junge Student in einer kalten Winternacht allen Träumen von dichterischer Begabung und dichterischem Ruhm abschwört, besiegt von Tante Zahnweh. Hier wird die Ohnmacht der Kunst gegenüber den bitteren Realitäten von Schmerz und Tod offenbar.

Mit seinen Kunstmärchen bereicherte A. das Märchen als literarische Form um einen neuen Erzähltyp. „Er stellt eine moderne Erneuerung des Volksmärchens dar, dem A. wesens- und nicht nur wahlverwandt war wie die deutschen Romantiker. Der romantische Dualismus, in dem Leben und Dichtung sich schieden, geistig überbrückt durch die romantische Ironie, ist in A.s Märchendichtung aufgehoben, weil Leben und Dichtung, Wirklichkeit und Wunder sich wieder unmittelbar verbinden und das Märchen der Wirklichkeit zeugten" (V. SCHMITZ in: Handwörterbuch des Deutschen Märchens, 1. Bd.). A. selbst wehrte sich gegen das Urteil seiner Zeitgenossen, ihn als „Kinderdichter" abzustempeln. So hatte er schon bei der zweiten Folge seiner Märchenhefte den Untertitel „Erzählt für Kinder" bewußt gestrichen. Als ihm 1875 die Entwürfe zu einer Andersen-Statue vorgelegt wurden, betonte er dazu, nicht ohne Bitterkeit, „. . . daß es nichts als Redensart sei, mich den Dichter der Kinder zu nennen, da mein Ziel war, der Dichter für alle Altersstufen zu sein und Kinder mich nicht repräsentieren können; Das Naive war nur eine Einzelheit des Märchens, der Humor dagegen war das Salz darin."

Illustrationen. Die Märchen und Erzählungen A.s inspirierten von ihrem ersten Erscheinen an Graphiker und Illustratoren dazu, die von A. vorgezeichneten Handlungen mit Stift und Farbe nachzuvollziehen. Offensichtlich sind A.s Märchen durch die plastische Darstellung des Dichters, durch seine Lust am verweilenden Ausmalen der Details und der Figuren als Illustrationsvorlagen besonders gut geeignet. Die Gabe des Dichters, mit dem Auge des Malers zu schreiben, zeigt sich auch in seiner persönlichen Vorliebe für Federzeichnungen und Scherenschnitte. Viele bedeutende Illustratoren der Vergangenheit und Gegenwart haben in ihr Werk bildliche Darstellungen von A.s Märchen aufgenommen.

Die ersten Ausgaben der Märchen in Deutschland erschienen zu einer Zeit, als im Zuge der Romantik der Holzschnitt des Mittelalters eine neue Blüte erlebte. Die Holzschnittmeister dieser Epoche, in Deutschland L. RICHTER, O. SPECKTER und auch FR. v. POCCI, beteiligten sich gemeinsam an der 1838 erschienenen ersten Ausgabe in deutscher Sprache. Bis heute werden diese Holzschnitt-Darstellungen in Neuausgaben der Märchen A.s wieder aufgenommen. In Dänemark war es vor allem V. PEDERSEN, der durch seine Holzschnitte zu der Beliebtheit der Märchen des Dichters wesentlich beitrug. Am bekanntesten wurde seine Darstellung zu „Die wilden Schwäne" — sie zeigt die Schwester der sieben Schwäne in einer romantischen Landschaft unter einem Baum sitzend, wie sie einen ihrer Brüder in Schwanengestalt mit schmerzlichem Gesichtsausdruck umarmt —, die von vielen späteren Illustratoren der Märchen nachgeahmt wurde. Auch TH. HOSEMANN illustrierte eine Ausgabe (Neue Märchen, übers. v. J. REUSCHER, Berlin 1849). Während sich in Frankreich G. DORÉ an einzelnen Illustrationen zu A.s Märchen versuchte, übernahm man in England weitgehend die Illustrationen von RICHTER, POCCI und SPECKTER. Erst gegen Ende des 19. Jh.s schufen englische Künstler wie E. V. BOYLE (Fairy Tales, London 1882, T. PYM mit den sehr verbreiteten Darstellungen zur Schneekönigin, die schon dem Jugendstil sehr nahe stehen (The Snow Queen, London 1883) und S. G. PUTNAM (Good Wishes for the Children, Cambridge 1873) eigene Illustrationen. Am bekanntesten wurde in England die Ausgabe mit den Farbillustrationen von A. RACKHAM (Fairy Tales, London 1932). Um die Jahrhundertwende versuchten sich viele Anhänger des Jugendstils an Märchen A.s, der mit seinen symbolhaltigen Erzählungen der Kunstauffassung der Jugendstilanhänger verwandt schien, so A. J. GASKIN (Stories and Fairy Tales, London 1899). Am treffendsten verdeutlicht J. BOSSARD mit seiner Darstellung zu der Erzählung „Die Geschichte einer Mutter" (Berlin 1900) das Anliegen der Jugendstilanhänger.

In der Neuzeit sind G. OBERLÄNDER (Märchen u. Historien von H. CHR. A., München 1964—1967, 4 Bde.), der Schweizer F. HOFFMANN (Der standhafte Zinnsoldat, Aarau 1960), der Pole J. GRABIANSKI (Nattergalen, Oslo 1965), die französische Künstlerin A. SÉGUR (Les souliers rouges avec d'autres contres, Paris 1960), der Tscheche J. TRNKA (Märchen, Prag 1959) und der Japaner SH. HAJITANA (Der standhafte Zinnsoldat, Tokio 1929) durch ihre Illustrationen zu A.s Märchen besonders hervorgetreten. Berühmt wurde auch S. DALIS surrealistische Farblithographie zu dem Märchen „Die roten Schuhe". Anlaß dazu gab der englische Ballettfilm „The Red Shoes" (1948). *Helmut Müller*

→ Dänemark, → Märchen, → Romantik

Werke: Improvisatoren (1835; dt. Der Improvisator, 1835); Kun en Spillemand (1837; dt. Nur ein Geiger, 1838); Eventyr, fortalte for Børn (H. 1—6. 1835—42; dt. Mährchen und Erzählungen für Kinder, 1839); Mulatten (1840; dt. Der Mulatte, 1847); Nye Eventyr (H. 1—5. 1843—48); Gesammelte Märchen (Tl. 1—4. 1847 u. 48); Mit Livs Eventyr, das Märchen meines Lebens ohne Dichtung (1847); Märchen (Lfg. 1—9. 1850 u. 51); Nye Eventyr og Fortællinger (H. 1—8. 1858—66); Märchen, Abenteuer und Geschichten für jung und alt (1859); Tre nye Eventyr (1869); Nye Eventyr og Fortællinger (H. 1—2. 1872; dt. Letzte Märchen, 1876); Samlede Skrifter (Bd. 1—22. 1845—55, [2]1876—80); Auserwählte Märchen (1881); Udvalgte Skrifter (Bd. 1—12. 1898—1901); Gesammelte Märchen und Geschichten (Bd. 1—4. 1909); K. Martin (Hrsg.): Andersens Märchen (1927); H. Bausinger (Hrsg.): Märchen und Historien (Bd. 1—3. 1964).

Sekundärliteratur: Hans Christian Andersen, sein Leben und sein Werk. Hrsg. zur 150 Wiederkehr seines Geburtstags (1955). — W. A. Berendsohn: Fantasie og virkelighed i Hans Christian Andersen „Eventyr og Historier" (1955; dt. Phantasie und Wirklichkeit in den „Märchen und Geschichten" Hans Christian Andersens, 1973). — E. Dal: Udenlandske H. C. Andersen-illustrationer (1969). — A. Jørgensen: H. Chr. Andersen Litteraturen, 1875—1968 (1970). — E. Nielsen: Hans Christian Andersen in Selbstzeugnissen und Bilddokumenten (1958). — M. Stirling: The wild swan (1965; dt. Der wilde Schwan, 1965).

André, Karl Christian

*Lehrer, pädagogischer Schriftsteller; * 20. 3. 1763 Hildburghausen, † 19. 7. 1831 Stuttgart.*

Nach Abschluß seiner Studien ging A. als Lehrer an das Erziehungsinstitut CHR. G. SALZMANNS zu Schnepfenthal. 1790 wurde er Direktor einer Erziehungsanstalt für Mädchen in Gotha und übernahm 1789 als leitender Direktor die protestantische deutsche Schule in Brünn. Infolge der politischen Veränderungen durch die Siege NAPOLEONS verlor A. 1812 seine Stellung, ging nach Stuttgart und später nach Berlin.

Schriften für die Jugend. Neben Arbeiten über allgemeine Pädagogik publizierte A. verschiedene Jugendschriften zur Privatlektüre und zum Gebrauch im Unterricht. 1787—90 gab er die „Lustige Kinderbibliothek" heraus und bearbeitete 1788 J. G. SCHNABELS „Insel Felsenburg" für die Jugend. Im Sinne philanthropinistischer Bildung verfaßte er den belehrenden Bericht „Kleine Wanderungen der weiblichen Zöglinge zu Schnepfenthal" (1788). Daß er sich besonders der vernachlässigten Bildung der Mädchen annahm, zeigt auch seine weitere Veröffentlichung „Der Mädchenfreund" (1789/91, 2 Teile). Belehrend und moralisierend wirkte seine „Kinderstube", die er als periodische Schrift geplant hatte, von der jedoch nur ein Heft (1799) erscheinen konnte. Während seiner Tätigkeit in Brünn gab er die Zeitung „Patriotisches Tageblatt" heraus (1800—05). *Margarete Dierks*

→ Philanthropinismus

Anekdote

In Almanachen, Zeitschriften, Anthologien und Lesebüchern für die Jugend tauchen Ende des 18. und im beginnenden 19. Jh. als A.n bezeichnete kurze Erzählungen (Berichte) auf. Weder Form noch Stoffbereich erschienen für diese Prosastücke eindeutig festgelegt. Neben der dem Wortsinn A. am nächsten kommenden Mitteilung einer historischen oder historisch möglichen, charakteristischen Situation oder einem knappen, Personen charakterisierenden Dialog mit überraschender Schlußwendung (Pointe) stehen zwischen Schnurren und Fabeln auch als A.n „für die mittlere Jugend" bezeichnete Stücke und werden gelegentlich mit belehrendem Zusatz versehen.

Wortsinn und Bedeutungswandel, Form. Das spätgriechische Wort „an-ekdoton" meint das Nicht-Herausgegebene; bei PROKOP (um 500 n. Chr., Sekretär BELISARS) wird unter A. geradezu „Geheimgeschichte" verstanden (Anklageschrift aus Stadt- und Hofklatsch gegen BELISAR und die despotische Regierung JUSTINIANS und THEODORAS). Als Bezeichnung für Nichtveröffentlichtes, für das mehr private Beiwerk historischer Ereignisse, ist das Wort auch noch im 17. und 18. Jh. in Gebrauch. J. CHR. ADELUNG nennt (1793) Leute, die nach biographischen Intimitäten fahnden, „Anekdotenjäger". Anekdotisches Erzählen findet sich in Predigtsammlungen des Mittelalters und in Schwankbüchern des 15. und 16. Jh.s. Neben der volkstümlichen Form erlangte die A. als Kunstform und „selbständige Gattung" im italienischen, dann auch im deutschen Humanismus literarisches Ansehen (M. DALITZSCH, 1923; zit. in KL. DODERER: Die Kurzgeschichte in Deutschland, 1953, S. 28 f.). „Die Hauptvertreter in der allerdings erst sehr unvollständig geschriebenen Geschichte der deutschen A., H. v. KLEIST und J. P. HEBEL, haben sie stets als Beiwerk betrachtet" (DODERER, S. 30). Unterscheiden läßt sich zwischen der *volkstümlichen* und der *künstlerisch geschliffenen* A. In beiden jedoch gibt es einen *Helden;* zwischen *Held* und *Umwelt* wird *Spannung* aufgerichtet und durch eine *plötzliche, unerwartete Wendung* gelöst. Innerhalb der A. gibt es keine „Entwicklung", wohl aber kann Spannung *stufenweise* aufgebaut werden. Die *Entspannung* erfolgt in der *Pointe* als *Höhepunkt* und Schluß. Die A. muß nicht immer „witzig" sein, sie hat in der Form jedoch manche Übereinstimmung mit dem Witz. Darf beim Witz „die Erfindung ins Phantastische greifen", so muß das Erzählte der A. „so glaubhaft sein, daß an seiner Geschichtlichkeit nicht gezweifelt werden kann" (DODERER, S. 25). Ein historisches Gesellschaftsbild entsteht z. B. aus den niederdeutschen A.n und Reimereien von F. REUTER, Titel: „Läuschen un Rimels" (1853). REUTER selbst nannte seine volkstümlichen Reimgeschichten mit ihren Pointen eine „Congregation kleiner Straßenjungen, die in ihrer rohen Gesundheit lustig übereinander purceln". Man hat sie mit den „Sketches by Boz" (Londoner Skizzen) von CH. DICKENS verglichen, die 1835/36 erschienen. Man darf sagen, daß die A. auch „Land, Zeit und Leute" charakterisiert. Zunächst in diesem historisch belehrend-unterhaltenden Genre hat sie Eingang in die Kinder- und Jugendliteratur gefunden.

Die A. in der Jugendliteratur. In eben dem Sinne als Kunstform und in volkstümlicher Form, in der Erzählweise jedoch oft auch anderen epischen Kurzformen gleichend, wird die A. der Jugend nachweislich seit dem 17. Jh. angeboten. „Acerra philologica, Ein neues Lesebuch für die mittlere Jugend" (1785) ist eine Anthologie betitelt, in deren Vorwort zurückverwiesen wird auf eine „Sammlung von A.n und anderen der Jugend interessanten Nachrichten" im 17. Jh. Einhundert dieser kurzen Erzählungen werden neu bearbeitet vorgelegt, der Begriff A. im Vorwort freilich nicht klar umrissen. Aufschlußreich, wie die A. für die Jugend eingeordnet wurde, ist der ausführliche Untertitel einer sechs Folgen umfassenden Sammlung (ohne Jahresangabe) aus der ersten Hälfte des 19. Jh.s: „Jugend-Salon des Frohsinns, oder: bunte Conversationen munterer Knaben und Mädchen aus den gebildeten Ständen mit A.n, Gesellschafts-Spielen und Rätseln, zur Erheiterung und Belebung des Scharfsinnes und Witzes. Ein empfehlendes Taschenbuch zur angenehmen und nützlichen Beschäftigung der Jugend in den Erholungsstunden an den Winterabenden und zur Erhöhung des gesellschaftlichen Vergnügens durch unschuldige Freunde." Der Herausgeber der in Wien erscheinenden sechs Teile unterschied in jeder Folge neben anderer Rubrizierung die Gruppierungen: Ernsthafte A.n, Scherzhafte A.n und Thier-A.n. Im Kapitel 4 eines Sammelbandes „Winterfreuden für Kinder von jedem Alter, welche sich und andere Kinder unterhalten und belustigen wollen . . .", werden vermischt geboten „Schnurren, A.n und Fabeln". Die Trachslersche Buch- und Kunsthandlung kündigte sogar einen Titel an: „A.n aus der Thiergeschichte". Der evangelische Pfarrer zu Mogelsberg im Canton St. Gallen gab 1827 ein Buch heraus, betitelt „Neuer Tugendspiegel, oder Anecdoten und Characterzüge aus dem Jugendleben denkwürdiger Personen, alter und neuer Zeit, mit einer Auswahl verwandter Dichtungen". Er schreibt im Vorwort, daß er Geschichten bringe, die er selbst als Hauslehrer „in kritischen Fällen" erzählt habe, um die Aufmerksamkeit seiner Zöglinge wieder zu fesseln. Er wünscht sich, daß sein Buch hauptsächlich zum Vorlesen in Bürgerschulen verwendet würde; der Lehrer müsse die Auswahl selbst treffen, je nachdem die A.n oder Charakterzüge etwas gerade gebrauchtes „Ermunterndes oder Belehrendes, Warnendes oder Abschreckendes" zu bieten hätten. Was der Verfasser in dem Abschnitt „Scharfsinnige Reden und witzige Einfälle" berichtet, kommt der Kurzform A. am nächsten; weitaus die meisten Stücke des Buches erscheinen zwar inhaltlich, historisch oder biographisch wirklich oder möglich, doch entbehren sie häufig der zielstrebigen Spannung und der Pointe; stattdessen bringen viele abschließend eine Morallehre. Die thematische

Gruppierung der „A.n“ deutet bereits darauf hin: „Dankbare und undankbare Gesinnungen gegen Lehrer“, „Mäßigung der Begierden“, „Stolz, Dummheit und Bosheit“, „Jugendliche Ruchlosigkeit“ u. ä. In seinem „Kinder-Conversationslexicon in 458 Artikeln“ ([2]1856, [5]1874) erläuterte Lehrer W. Weiss, Dillingen, zum Stichwort A.: „ganz kurze nette, witzige Geschichten“ und führte fünfzig solcher A.n als Beispiel an. Auch für die A.n in der Jugendliteratur trifft zu, was Hebel in der Vorrede zum „Schatzkästlein“ geschrieben hat, daß solche A.n (wie er sie bringe) vom Leser gewiß auch schon anderwärts gelesen oder gehört worden seien, „wäre es auch nur im Vademecum, von welcher Almende oder Gemeinwiese sie der Verfasser zum Teil selber gepflückt hat“. Die trefflichsten, die gewitztesten A.n werden „klassisch“, gehören im überlieferten Wortlaut zur Tradition oder werden neu nacherzählt, wie z. B. „Der Kranich mit dem einen Bein“: Als Erzählung P. Schaaf zugeschrieben und mit den Illustrationen von J. Wilkon versehen, wurde diese A., die sich schon als Nr. 14 der „Schnurren, A.n und lustige Einfälle zum Lachen“ in den „Winterfreuden für Kinder von jedem Alter“ (S. 84) ohne Überschrift findet, zum „zeitgenössischen Bilderbuch“. Besonders wurden die volkstümlichen Bändchen „Bechtle A.n“ — darunter für die Jugend geeignet R. Carstensen: „Als Hans noch Hänschen war. Heiteres aus der Kindheit großer Leute“ — weithin verbreitet.

Zeitgenössische Beurteilung der A. als Jugendliteratur. Eine spezielle Untersuchung der Rolle der A. und ihrer Varianten in der Jugendliteratur liegt noch nicht vor. Der Artikel „Jugendliteratur“ im RL ([2]1958) nennt die A. überhaupt nicht; seine Verfasserin zählt jedoch im § 26 einige gemeinsame Komponenten der Volksliteratur mit den spezifischen Jugendbüchern auf und verweist damit indirekt auch auf die A. (z. B.: Einsträngigkeit der Handlung — einfache Motivierung — ein lediglich die Handlung tragender Dialog — die Lebensmeisterung als Kern des Gehalts). R. Bamberger (Jugendlektüre, 1955) ist der Meinung, daß Kinder A.n gern lesen, sie seien aber bisher auf Kalender und Zeitschriften für Erwachsene angewiesen. Besonders „auf der Vorstufe zum biographischen und geschichtlichen Verständnis“ (M. Dierks in: DU, Jg. 13, H. 6, S. 60) könnte die geschichtliche A. auch heute wie in den früheren Sammlungen junge Leser finden und ihnen Charakterzüge historischer und zeitgenössischer Persönlichkeiten einprägen, ihnen charakteristische Begebenheiten nahebringen und Scharfsinn, Schlagfertigkeit und „Transfer“ entwickeln helfen. In den Lesebüchern hat die A. als Kurzform ihren festen Platz, und so ist sie auch in neuester Zeit ins didaktische Gespräch aufgenommen. Während noch S. Rüttgers (Die Dichtung in der Volksschule, 1914) deutlich dem Schwank und der Kalendergeschichte den Vorzug gibt, später (1933: Geschichte der deutschen Volksdichtung — Ein Buch für junge Deutsche) den heute umstrittenen A.n P. Ernsts und W. Schäfers das Wort redet, wird in der modernen Theorie die A. als eine eigenständige und durchaus jugendrelevante „Kurzform zwischen Kalendergeschichte und Kurzgeschichte“ (H. Pongs) gewürdigt. Dabei sind es vor allem zwei Momente, welche die Auswahl von A.n zur Beschäftigung in der Schule bestimmen: in erster Linie ihr Gehalt, soweit er erzieherische Elemente mitbringt, die beim Jugendlichen Verständnis für das Besondere und für Absonderlichkeiten wecken (W. Helmich), ihm Beispiele für charakteristische menschliche Haltungen bieten; in zweiter Linie dann für den reiferen Jugendlichen das Erfassen einer spezifischen Erzählform.

Harald Riebe

Sekundärliteratur: F. Ackermann: Das Komische in der Anekdote (in: DU. 3. 1966. 10—28). — M. Dalitzsch: Studien zur Geschichte der deutschen Anekdote (Diss. 1923). — K. Doderer: Die Kurzgeschichte in Deutschland (1953). — R. Hoffmann: Die Anekdote, eine Deuterin der Weltgeschichte (1934). — H. Pongs: Die Anekdote als Kunstform zwischen Kalendergeschichte und Kurzgeschichte (in: DU. 1. 1957. 5—20). — N. O. Scarpi (d. i. F. Bondy): Rund um die Anekdote (1969). *IJB*

Neithard Anrich Verlag

Neunkirchen/Odenwald. Derzeitiger Leiter: G. Neithard Anrich (*1942).

Hauptsächliche Verlagsgebiete im Bereich der Kinder- und Jugendliteratur: Publikationen mit pädagogischer, gesellschaftskritischer, besonders antiautoritärer Thematik (U. Wölfel: Die grauen und die grünen Felder, A. Puschkin: Zar Dadon, ill. v. B. Anrich-Wölfel).

Autoren: U. Wölfel u. a.

Illustratoren: B. Anrich-Wölfel u. a.

Verlagsgeschichte. G. N. Anrich gründete zusammen mit seiner als Graphikerin tätigen Frau Bettina, der Tochter der Schriftstellerin U. Wölfel, den Verlag im Jahre 1970.

Anschauungsbuch

Seinem Wortsinn nach: „Buch mit Bildern zur Anschauung“. So weit gefaßt, ist der Begriff A. synonym mit „Bilderbuch“.

Das A. gibt es, seitdem Bücher mit Bildern (anfangs Holzschnitt und Kupferstich) versehen werden. Das speziell für die Jugend konzipierte A. ist indessen eine Frucht der Pädagogik, deren Wandel sich in Verbindung mit der philosophischen Umorientierung — Abkehr von Scholastik und Verbalismus, Hinwendung zu Realismus und Sinneserfahrung — vollzog (R. Baco, 1214—94; Bacon of Verulam, 1561—1626; W. Ratke, 1571—1635; J. A. Comenius, Aufklärung). Im 18. und 19. Jh.

gehört das A., verschiedentlich auch als „Schauplatz“ oder „Bilderschau“ vorgestellt, zu der Gruppe der mit Bildtafeln belehrenden und unterhaltenden Bücher für die Jugend; es gab den Oberbegriff ab für die als „Orbis pictus“-Formen, bebildertes „Elementarbuch“, „Bilder-Gallerie“ und „Bilder-Academie“ bekannten Werke, denen nach Anlage und Ausstattung auch das „Bilderbuch für Kinder“ (1790 ff.) von FR. J. BERTUCH entspricht. In diesen Büchern ist den Bildern ein jeweils erklärender kurzer Text zugeordnet, oftmals in mehreren Sprachen (vorwiegend Latein und Französisch).

Bücher nach dem Prinzip der Anschauung. Mit der Nennung der „Anschauung“ — allein oder im zusammengesetzten Begriff — innerhalb eines Titels wurde im 18. und 19. Jh. der belehrende Charakter („Sachbuch“-Charakter) eines solchen Jugendbuches angezeigt und dabei betont, daß die Belehrung „modern“, d. h. gemäß dem Prinzip der Anschauung stattfinde. COMENIUS hatte als erster dies Prinzip für ein kindgemäßes Unterrichtswerk, den „Orbis sensualium pictus“ (1658), angewendet. Nach J. J. ROUSSEAU, in Deutschland aber vor allem durch das Wirken J. B. BASEDOWS, der Philanthropen, J. H. PESTALOZZIS und einer Reihe bedeutender Schulpädagogen fand die Methode der Belehrung durch Anschauung in immer weiteren Kreisen Anerkennung. Der Forderung der Aufklärungspädagogik, Anschauungsmaterial für die Jugend bereitzustellen, kam man an vielen Orten und Erziehungsinstituten durch die Einrichtung von „Naturalien“ und pädagogischen Kabinetten nach. Sie enthielten Modelle, Maße, Werkzeuge, Demonstriergerät, Naturprodukte. Daneben wurden A.er empfohlen sowohl für den Unterricht in der Schule wie auch für den durch Eltern und Hauslehrer (Hofmeister). In J. H. CAMPES „Allgemeiner Revision des gesammten Schul- und Erziehungswesens“ wurde im 10. Teil (1788) die Notwendigkeit und Methode erklärt, „Kindern zu anschauender und lebendiger Erkenntnis zu verhelfen“; früh sollte damit begonnen werden; als unerläßlich galt der „Gebrauch der Bilder zur Beförderung der anschauenden Erkenntnis“, zur „Veranschaulichung geistiger Begriffe“, zur Grundlegung auch der Bildung des ästhetischen Empfindens. Mit unterschiedlicher Akzentuierung der Zwecke auf dieser breiten Skala wurden die A.er von Pädagogen und Illustratoren geschaffen. Als frühestes wird der „Schauplatz der Natur“ (Nürnberg 1760—70) genannt; einige folgten dem Vorbild des BASEDOWschen „Elementarwerk“ (1774) mit den Kupfern von D. CHODOWIECKI; andere berücksichtigten bereits die Kritik, die vor allem an dessen unsystematischer Vielfalt der abgebildeten Dinge und Szenen geübt worden war. Aus diesem Umkreis sind zu nennen: CHR. G. SALZMANN: Moralisches Elementarbuch (1782/83); J. S. STOY: Bilder-Academie für die Jugend. Abbildung und Beschreibung der vornehmsten Gegenstände der jugendlichen Aufmerksamkeit aus der biblischen und Profangeschichte aus dem gemeinen Leben, dem Naturreiche und den Berufsgeschäften, aus der heidnischen Götter- und Altertumslehre, aus den besten Sammlungen guter Fabeln und moralischer Erzählungen, nebst einem Auszuge aus Herrn Basedows Elementarwerk (1780—83); Neue Bildergallerie für junge Söhne und Töchter zur angenehmen und nützlichen Selbstbeschäftigung aus dem Reiche der Natur, Kunst, Sitten und des gemeinen Lebens (1806). Spätere Werke betonten neben der „Anschauung“ im Titel vor allem die „Orbis-pictus“-Nachfolge, z. B.: J. E. GAILER: Neuer Orbis pictus für die Jugend oder Schauplatz der Natur, der Kunst und des Menschenlebens (1832); P. K. GEISSLER: Neuester Orbis pictus für die Jugend. Oder lehrreiche und unterhaltende Bilderschau von Gegenständen aus der Natur, der Kunst und dem Menschenleben (1841). Ein „Universal-Bilderlexikon“ für die Jugend nimmt gleichfalls die alte Titelkombination in Anspruch: Neuester Orbis pictus oder Schauplatz der Natur und Kunst (hrsg. von H. BECHER u. J. C. SCHNEEMANN, 1843); die Begriffe „Anschauung“ und „Bilderbuch“ werden im 19. Jh. zusammengeführt, z.B. in C. F. LAUCKHARDS Die Welt in Bildern. Orbis pictus. Bilderbuch zur Anschauung und Belehrung (^{4}1872) und in Erstes Anschauungs-Bilderbuch für artige Kinder (^{2}1878, ohne Verf.).

A. und Didaktik. In der Gruppe der durch Aufklärungspädagogik und Philanthropinismus geprägten A.er setzten *drei* Entwicklungen an, die eine enge Verbindung zwischen Schule und Jugend-(Kinder-)buch erkennen lassen; die eine führte zu den illustrierten Realienbüchern, die als Lehrbücher in Biologie und Zoologie, Physik und Technologie, Geographie, Geschichte und Völkerkunde im Unterricht gebraucht wurden. Von ihnen aus geht im 20. Jh. eine Linie zum reich bebilderten, vielartig konzipierten Sachbuch für die Jugend, das, zunächst als „Privat“- und „Freizeit“-lektüre gedacht, heute in den modernen Schulunterricht einbezogen wird, da die Stoffe darin didaktisch z. T. hervorragend aufbereitet sind. Die zweite Entwicklungslinie führte unter Einbeziehung der Veranschaulichung durch Erzählung, Kindergedicht, dialogisches und szenisches Spiel zu den Serien der kolorierten Wandbilder für den Anschaungs- und Sprachunterricht (auch „beschreibender“ und „erzählender“ Anschauungsunterricht genannt) in den Elementarklassen, für den heimat- und naturkundlichen Anschauungsunterricht in der Mittelstufe, den kunst- und kulturhistorischen in der Oberstufe. „Wilkes Bildertafeln für den Anschauungsunterricht“, 1839 zuerst erschienen, hatten noch 1870 und 1874 verbesserte Auflagen; sehr verbreitet waren die in Wien 1885 erstmals erscheinenden „Hölzels Wandbilder für den Anschauungs- und Sprachunterricht“; schulpädagogisch umstritten waren W. PFEIFFERS „12 Bilder für den Anschauungsunterricht aus den Heyschen Fabeln“ (mit erläuterndem Text hrsg.

von C. KEHR, Gotha o. J.). Zahlreiche Großbilderserien gab es vom Leben in Haus und Hof, Wald und Feld, von Hausbau, Handwerk, Gewerbetätigkeit, Handel, Verkehr, ebenso Szenenbilder für den Unterricht in Religion und Geschichte. Die Forderung der Kunsterziehungsbewegung nach künstlerischer Bildqualität wirkte sich auch auf diese Wandbilder- und Friese aus; doch wirkte die Illustrationstechnik dieser Serien — deutlicher Umriß, klare, plakative Farben — auch auf die Neugestaltung des Bilderbuchs um 1900 zurück. Diese Wirkung mündet ein in die dritte Entwicklung, die bei den A.ern im Geiste der Aufklärung angebahnt war: die des Sachbilderbuchs. Mit nur sehr wenig oder gänzlich ohne Text, hat es in der heutigen Vorschulerziehung wieder eine Bedeutung im Sinne der ersten Herausgeber von A.ern erlangt: Orientierungshilfe in der Umwelt, Erweiterung des Wortschatzes mittels Anschauung, Anregung zur sprachlichen Äußerung über das Gesehene, Anreiz zum Lesenlernen.

Das A. im zeitgenössischen Bilderbuchschaffen. H. L. KOESTER hat in seiner „Geschichte der deutschen Jugendliteratur in Monographien" (1906) einige im 15. bis 17. Jh. entstandene jugendgeeignete Bilderfolgen mit Themen aus der Bibel, aus Volksleben und Fabelwelt der Geschichte des Bilderbuchs zugeordnet. Im älteren, allgemeinen Wortsinn läßt sich dafür der Begriff A. gebrauchen. Der Typus solcher für die Jugend geeigneter textarmer A.er ist auch heute in zeitgenössischer Ausstattung und künstlerischer Qualität vertreten sowohl als Fotobildband wie als graphisches Werk. Für den religiösen Bereich z. B. können gelten: A. und M. PROVENSEN: Ravensburger Bilderbibel (1957) und F. HOFFMANN: Bilderbibel (1961), für den Bereich des Volkslebens: M. REIDL: Der Räuber Kneißl. Vierundvierzig Holzschnitte über den bayrischen Kriminalfall um 1900 (1966). An diesem Werk zeigt sich außerdem die Verwandtschaft des A.s mit der Bildergeschichte. Berührungspunkte des Buchtyps A. mit dem des modernen großformatigen Comicbuchs sind gleichfalls nicht zu übersehen. *Margarete Dierks*

→ Bilderbuch, → Elementarbuch, → Orbis pictus, → Sachbuch, → Vorschulerziehung

Sekundärliteratur: J. Kühnel: Moderner Anschauungsunterricht ([3]1910). — M. Dierks: Vom Bilderbuch zum Arbeitsbuch (1965). — H. D. Zimmermann: Comic Strips (1970). *IJB*

Anthologie

(a. d. Spätgriech.). Verwandt der Chrestomathie (griech. nützliches Wissen) heißt A. Blütenlese; in übertragener Bedeutung ist A. in der neueren europäischen Literatur eine Sammlung aus bereits gedruckten Texten unter bestimmten Gesichtspunkten, seit Ende des 18. Jh.s auch dem der Eignung für Kinder und Jugendliche. Ursprünglich nur Sammlung von Lyrik, wurde die A. sehr bald erweitert und variiert zur Zusammenstellung von lyrischen Gedichten, Sprüchen, Fabeln, Balladen, auch Erzählungen und dramatischen Stücken. Umfangreiche A.n sind jeweils in sich gegliedert nach Gattungen, Themen, Epochen, Autoren.

Geschichtliches. In Deutschland seit dem 17. Jh. (Schlesischer Helicon, 1699; Neukirchensche Sammlung, 7 Bde., 1695—1727) eine immer häufiger werdende Buch- und Buchreihenform, trug die A. bis ins 20. Jh. hinein wesentlich zur Verbreitung der auch mundartlichen Volksdichtung in den wachsenden Leserschichten bei, zumal auch das häufig als Lebensbuch angesehene Lesebuch der Schuljahre eine Form der A. war. A.n wurden auch als Dokumentation zu einzelnen Epochen geschaffen, z. B. L. JAKOBOWSKI: Die blaue Blume, 1900; Menschheitsdämmerung. Ein Dokument des Expressionismus, hrsg. von K. PINTHUS, 1920, Wiederherausgabe 1954. Die Absicht, mit der wertenden Auswahl zugleich einen Überblick über den Gesamtzeitraum deutscher Dichtung zu geben, bestimmte G. SCHWAB zu seiner Prosa-A. „Mustersammlung" (1835). Namhafte Herausgeber adressierten A.n unter anderen Titeln (Hausbuch, Album, Lesebuch) an Familie und Jugend im Geiste einer (auch von der Jugendschriftenbewegung geforderten) literarischen Bildung, z. B. F. AVENARIUS: Hausbuch deutscher Lyrik, 1902, erneuert 1952; R. BORCHARDT: Ewiger Vorrat deutscher Poesie, 1926. Durch die Auswahl sollten Wertmaßstäbe gesetzt und Dichtung in überepochaler Gültigkeit gezeigt werden (H. VON HOFMANNSTHAL: Deutsches Lesebuch, 1750—1850. 2 Bde. 1922 u. 23, neue Aufl. 1952). Einzelne, nach diesem Prinzip geschaffene A.n erwarben sich im Deutsch-Unterricht der Schulen für lange Zeit einen festen Platz, z. B. TH. ECHTERMEYER: Auswahl deutscher Gedichte von den Anfängen bis zur Gegenwart (1836, [48]1936, neu gestaltet von B. VON WIESE 1954); W. VESPER: Ernte aus acht Jahrhunderten deutscher Lyrik (2 Bde. 1906 u. 1910, neu 1949); A. STIFTER und J. APRENT: Lesebuch zur Förderung humaner Bildung, (1854, Neudr. mit Briefwechsel 1938); J. KNEIP: Der Gefährte. Deutsche Dichtung aus 2 Jahrhunderten (1924, neubearb. von F. BROCK, [11]1939). A.n aus der Weltliteratur, der europäischen und außereuropäischen Lyrik hat es seit J. G. HERDERS „Stimmen der Völker in Liedern" (1778/79) immer wieder gegeben, sie werden zahlreich in der Gegenwart fortgesetzt. Als preiswerte Taschenbücher erreichen heute A.n deutscher, europäischer und außereuropäischer Dichtung, angeboten auch als „Bücher für die junge Generation" (z. B. „Neue deutsche Erzählgedichte", gesammelt von H. PIONTEK, 1968) weite Kreise der lesenden Jugend. Eine umfassende Geschichte der A. im Bereich der KJL ist noch nicht geschrieben.

Sie müßte im wesentlichen eine Geschichte der epochebedingten, aber auch epochemitbestimmenden Auswahlprinzipien sein, vom Bildungsbedürfnis in der Aufklärung bis zum Informationsbedürfnis und der Forderung kritischer Analyse in der Gegenwart (z. B. W. KILLY: Deutsches Lesebuch). A.n sind heute unerläßlich als Ordnungsmittel in der Fülle poetischer, problem- und sachbezogener Texte; sie werden zu Studienzwecken hauptsächlich von der Jugend gebraucht.

Formen und Titel der A. als Kinder- und Jugendbuch. Als Zusammenstellung von Poesie, Prosa und Spielszenen, die für Kinder und Jugendliche für geeignet gehalten wurden, gehört die A. zu den ersten Formen der spezifischen Jugendliteratur, die im letzten Drittel des 18. Jh.s entstand. Sie tritt sofort in zahlreichen Varianten auf als Blumenlese, Kinderwochenschrift, Almanach, Taschenbuch, Album, Bibliothek, als Chronik und Kinderhandbuch, auch als Liedersammlung, Fibel und Lesebuch. Damit entstand in der Kinder- und Jugendliteratur die erste große Parallelerscheinung zur Lektüre der Erwachsenen, des gebildeten und sich bildenden Bürgertums. Mit inhaltlich und sprachlich zeitbedingten Abwandlungen haben sich die Spielarten der A. für Kinder und Jugendliche unter den verschiedenen Titeln und mit wechselnden Ausleseprinzipien bis in die Gegenwart erhalten; sie werden heute häufig dem Oberbegriff Sammelband zugeordnet, doch wird auch das neue Wort „Gutenachtgeschichten" für die Zusammenstellung von Poesie und Prosa im Sinne der A. verwendet, z. B.: „Was Kinder gerne hören. 365 Gutenachtgeschichten für alle Tage im Jahreslauf" (hrsg. von TH. RIEGLER o. J., um 1966).

Auswahltendenzen der A. für Kinder und Jugend. Verwandt mit der älteren Chrestomathie, die rein belehrende und sprachlich vorbildliche Textauszüge namhafter Werke zu Unterrichtszwecken (auch Katechetik) darbot und deren Begriff noch erscheint in dem Titel „Seybolds deutsche Chrestomathie für Jünglinge zur Bildung des Herzens und Geschmacks" (Leipzig ^{2}1786), bewahrte die A. für *Kinder und Jugend lange Zeit ausgesprochen belehrende und moralisierende Tendenz:* „Vergißmeinnicht, eine Auswahl lehrreicher und unterhaltender Erzählungen und Dichtungen für die Jugend", Augsburg, um 1820; noch 1851 erschien ein Band: „Perlen für die Jugend. Eine Mustersammlung von Gedichten, Erzählungen, Natur- und Völkerschilderungen zur Bildung des Geistes und Herzens" (hrsg. von I. C. KRÖGER). Im Jahre 1779 hatte ein anonymer Herausgeber selbst ein Bändchen witziger Einfälle, kleiner scherzhafter Erzählungen und Sinngedichte, „besonders für Kinder und junge Leute" im Vorwort als „in mehr als einer Absicht sehr nüzlich" empfohlen und als „Gelegenheit, ihre Beurteilungskraft, ihren Verstand, ihren Scharfsinn und Wiz, ja selbst ihr moralisches Gefühl zu üben und auszubilden". Nach dem Grundsatz *„prodesse et delectare"* wurden in der *Aufklärungspädagogik,* jugendliterarisch ausgeprägt von den Vertretern des *Philanthropinismus,* die *bildenden Tendenzen* in den als periodische Schriften, Bücher und Bibliotheken erscheinenden A.n mit *der Unterhaltsamkeit* verknüpft. Der streng noch belehrende J. CHR. ADELUNG wurde abgelöst von den in ihrer Zeit beispielhaft wirkenden CHR. F. WEISSE, FR. E. V. ROCHOW, E. CHR. TRAPP, CHR. G. SALZMANN. Vorbildlich noch für Jahrzehnte wirkte die Kinderbibliothek von J. H. CAMPE, der *das Auswahlprinzip literarischer Qualität zum ersten Male mit dem der Altersgemäßheit verband;* er vereinte kindgemäße Poesie und Prosa (Fabeln) älterer, ihm naher und zeitgenössischer Autoren (AESOP, J. W. L. GLEIM, M. CLAUDIUS, FR. V. HAGEDORN, G. K. PFEFFEL, J. DE LAFONTAINE u. a.) in mehreren Büchern; die Ausgabe letzter Hand (1806) umfaßte ein Gesamtwerk dieser Art von 37 Bänden. *Die Masse* der anthologiehaften Produktionen *mittelmäßiger* Verfasser und Herausgeber, die wiederum „Kinderschriften" als Quelle für ihre Zusammenstellungen angaben (z. B. J. A. WERLISCH für „Goldener Spiegel für Kinder", seit 1778 in mehreren Lieferungen), ist schon *zeitgenössisch* (L. FR. GEDIKE, 1787; HERDER, 1788) und in der *älteren* Geschichtsschreibung der Jugendliteratur (A. MERGET, 1867) *scharf kritisiert* worden; am schärfsten verurteilten sie H. WOLGAST (1896) und L. GOEHRING (1904), der aus der „Dutzendware" CAMPES Kinderbibliothek hervorragen sah wie einen „Felsen inmitten flacher Sandbänke" (S. 41).

Neben ausgeweiteten A.formen stehen, dem ursprünglichen Sinn der A. getreuer, die thematisch eng begrenzten Büchlein, z. B.: „Das Blumenkörbchen oder Sträuschen zur Geburts- oder Nahmensfeier, am Neujahr und andern feierlichen Tagen für gute Kinder", gefüllt von W. G. BIRNBACH, Prag 1816; „Polterabendscherze für Kinder oder poetische Sammlung von Glückwünschen, die an Polterabenden in passendem Kostüme von Kindern gesprochen werden können", von L. VÖRKELIUS, Leipzig 1850; „Auswahl anmuthiger Fabeln aus den vorzüglichsten Dichtern. Zur Belehrung und Unterhaltung", Carlsruhe 1823, vereint Fabeln von PFEFFEL, HAGEDORN, FR. A. KRUMMACHER, J. G. WILLAMOW und LAFONTAINE; ein Geschichtsbüchlein für erzählende Mütter und kleine Leser, nebst einem Anhang enthaltend Fest-Gedichte für kleine und größere Kinder (von J. HILLE, Berlin 1857) fügt zu älteren Fabelautoren auch W. HEY und stellt einzelne Kindergebete zwischen die Festgedichte. Zahllos werden die A.n zu den Jahresfestkreisen. Zusammenstellungen von Liedern für Kinder und Jugend kamen seit TRAPP („Gesangbuch für die Jugend. Eine Sammlung von Kinderliedern zum Gebrauche im Erziehungs-Institute zu Halle bestimmt", Leipzig 1780) in den Erziehungsanstalten in Gebrauch. *Vorbildlich* wurde für lange Zeit die von A. v. Arnim und Cl. Brentano herausgegebene A. von Volksliedern „Des Knaben Wunderhorn" mit dem Anhang der „Kinderlieder" im 3. Bande 1808. Hier vereinten sich *kindgemäße und volkstümliche Formen sowie Inhalte in einer nach dem Sinne der Romantik naiven Poesie.* Umfangreiches Erbe der Kleinkinderreime, Lieder und Gedichte wurde vor allem in A.n für die Erzieherinnen in Kleinkinderschule und Kindergarten zusammengestellt, u. a.: „Scherz und Ernst in Wort und Bild für Kinderstube und Kleinkinderschule", gesammelt von J. F. Ranke (Hamburg 1881), mit älteren Illustrationen von L. Richter und O. Pletsch; „Lieder und Spiele für Kleinkinderschulen und Kinderstuben", unter Mitwirkung von J. A. Ranke gesammelt, bearb. und hrsg. von J. F. Ranke, Gütersloh 1879; zu den Liedern sind Klaviernoten mit angegeben, zu den Spielen einige Anweisungen, wie sie gemacht werden sollen. In der Gegenwart gehören A.n wie E. Wenz-Viëtor „Backe backe Kuchen" (^{7}1949), „Pitsche patsche Peter" (1951); P. Walendy „Der Liederbaum" (1960); L. Künemund u. C. Lück „Stöffele Pantöffele" (1957) zum Grundbestand in Kindergärten. J. Glatz fügte dem zweiten Band seines Werkes „Rosaliens Vermächtniß an ihre Tochter Amanda; oder Worte einer guten Mutter an den Geist und das Herz ihrer Tochter" (Leipzig 1830) einen Abschnitt „Einiges aus Rosaliens poetischem Blumenkranz" hinzu und schuf damit eine A. vorklassischer (Fr. v. Matthisson, J. H. Voss, G. A. Bürger, M. Claudius, Chr. A. Overbeck, L. Chr. Hölty) und klassischer (Fr. Schiller, J. W. v. Goethe) Lyrik und Balladen für die „reifere Jugend", ein frühes Beispiel idealischer Bildungsabsicht, nach der das Mädchen literarisch vorbereitet werden sollte auf die Aufgabe der Frau und Mutter, die Kultur der deutschen Familie, den Geist der kommenden Generation mitzubestimmen. Seit der vaterländischen Lieddichtung zur Zeit der Befreiungskriege gegen Napoleon, (E. M. Arndt, K. Th. Körner, M. v. Schenkendorf, später Hoffmann von Fallersleben), noch betonter nach der Reichsgründung 1871, mehrten sich *A.n nationalerzieherischer Tendenz* für die Jugend, die sich abermals nach dem Ersten Weltkrieg für solche Sammlungen steigerte; *nationaltendenziös politische* und *Volkstum/Brauchtum besingende A.n* machten einen wesentlichen Teil der Jugendliteratur *zwischen 1933 und 1945* aus. Seitdem gibt es zahlreiche A.n von Kindergedichten und jugendliterarischer Poesie und Prosa auf volkstümlicher und internationaler Ebene: J. Wenz „Die goldene Brükke, Volkskinderlieder für Haus und Kindergarten, Spielplatz und Schule" (1949); K. und H. Boekhoff „Westermanns Kinderbuch" (1951); H. Baumann (Hrsg.) „Ein Reigen um die Welt, 274 Gedichte aus 75 Sprachen" (1965); B. H. Bull (Hrsg.) „Glück und Segen. 750 Gedichte für alle Feste des Jahres und des Lebens". Nachwort von J. Krüss (1964). J. Krüss (Hrsg.) „Die Hirtenflöte. Europäische Volkslieder. Für jung und alt." (1965).

Auch Dokumentationsbände zur Kinder- und Jugendliteratur haben heute vielfach die Form der A.n und versehen die nach thematischen, historischen oder ästhetisch und pädagogisch bewertenden Auslesemaßstäben zusammengestellten Poesie- und Prosatexte mit Kommentar, Literaturverzeichnis, mit informierendem und wissenschaftlichem Nachwort. Beispiele hierzu sind: Krüss „So viel Tage wie das Jahr hat. 365 Gedichte für Kinder und Kenner" (1959); H. M. Enzensberger (Hrsg.) „Allerleirauh. Viele schöne Kinderreime." (1961); Kl. Doderer (Hrsg.) „Die Reimschmiede. So dichten Kinder und malen dazu" (1966); K. Gassner (Hrsg.) „Stunde der Begegnung. Moderne Erzählungen für Mädchen" [o. J., 60er Jahre]; H. Kunze „Schatzbehalter. Vom Besten aus der älteren deutschen Kinderliteratur" (1965).

Margarete Dierks

→ Album, → Almanach

Sekundärliteratur: A. Bodensohn: Im Spielraum der Lyrik. Kinderreim und Kindergedicht als lyrische Vorformen (1965. 56—74). — L. Göhring: Die Anfänge der deutschen Jugendliteratur im 18. Jahrhundert (1904; NA. 1967. 40—49). — G. Sichelschmidt: Die deutschen Kinderliedanthologien (in: J. Bark u. D. Pforte (Hrsg.): Die deutschsprachige Anthologie. 1969. Bd. 2. 222—245).

Anthropomorphismus

(griech. „Vermenschlichung"). Übertragung von menschlichen Eigenschaften, Handlungsweisen und Lebensverhältnissen auf Dinge oder Lebewesen nichtmenschlicher Art.

Bevorzugtes Objekt für Anthropomorphisierung war von jeher das Tier, das bereits in der Mythologie primitiver und frühgeschichtlicher Völker, aber auch im Christentum (z. B. Lämmerherde gleich Gemeinde) hervorragende Bedeutung hatte. Im Bilderbuch und im literarischen Schaffen für Kinder und Jugendliche ist die Anthropomorphisierung häufig ein pädagogisches und künstlerisches Mittel.

A. in psychologischer Sicht. Die Kinderpsychologie hat gezeigt, wie sich die ursprünglich auf alle Objektarten beziehende physiognomische und personifizierende Erfassung in Form einer magischen Identität von Wahrnehmungsgegenstand und Kind bei zunehmendem Alter mehr und mehr auf die organische Welt beschränkt. Tiere als Repräsentanten der natürlichen Funktionen unseres Körpers und des Trieblebens spielen bald eine wichtige Rolle in den Phantasien und Phobien der Kinder und werden zu häufigen Identifikationsfiguren in Kinderträumen (dazu A. Rabin u. M. Haworth: Projective Techniques with Children, 1960, S. 66). Tiefenpsychologische Kindertests wie der Children's-

Apperception-Test (CAT) mit vermenschlichten Tierszenen von L. u. S. BELLAK, der Fabel-Test von L. Düss und der explorative Zeichentest „Familie in Tieren" von L. GRÄSER nutzen die kindliche Projektionsbereitschaft. Es wird dabei angenommen, daß das Kind den Eigen- und Symbolcharakter der Tiere erfaßt und daß eine archetypische Tier- und Bilderwelt im Sinne von C. G. JUNG existiert.

CH. BÜHLER (The first Year of Life, 1930, S. 195) stellte die dem jeweiligen Kindesalter entsprechende Häufigkeit der Anthropomorphisierungen in prozentuierten Angaben nach Altersgruppen dar:

Alter:	1;6—2;6	3;6—4;0	5;0—6;0
Physische Objekte	62 %	31 %	0 %
Naturgeschehnisse	7 %	38 %	20 %
Pflanzen u. Tiere	31 %	31 %	80 %

Einen Überblick über die häufigsten Relationen spontan gezeichneter Tiere zu Familienmitgliedern gewann GRÄSER (Familie in Tieren, [2]1970) an tausend Münchener Volksschulkindern:

	Vater	Mutter	Bruder	Schwester	Opa	Oma
Elefant	×				×	
Pferd	×	×				
Schlange	×	×	×	×	×	×
Hund	×	×	×		×	
Hase	×	×	×	×	×	×
Vogel		×	×	×	×	
Fisch			×	×		×
Katze				×		×
Ente						×

× *bedeutet, daß das markierte Tier zu den fünf häufigsten Wahlen für den jeweiligen Familienangehörigen gehört.*

Diese graphische Darstellung gibt zugleich Einblick in die sicherlich kulturbedingte Popularität verschiedener Tiere im kindlichen Erleben. Die nach absteigender Häufigkeit geordnete Rangreihe weist auf: Schlange, Hase, Fisch, Vogel, Pferd, Hund, Elefant, Katze, Igel, Ente ... *Bei allen Tieren ist entsprechend der Gegensatzvereinigung im Symbol eine ambivalente Eigenschaftsbeschreibung zu finden* (z.B. erscheint der Hase als „brav, zart und weich" wie auch als „gefräßig, ängstlich und scheu (Angsthase)", der Fuchs ist je nachdem „fuchsteufelswild" oder „schlaufüchsig". (Im Volksmund gibt es eine große Zahl solcher Tier-Redewendungen.)

A. in der Kinder- und Jugendliteratur. Anthropomorphisierungen in der Kinder- und Jugendliteratur finden sich in den durch die jungen Leser adaptierten Märchen, Sagen und Fabeln, wobei sie den Fabeln strukturimmanent sind. Der Fabelautor benutzt seine „Gestalten" (meist Tiere) als Projektionsträger. *Die Figuren sind* nach KL. DODERER *„außengesteuerte Hülsen", die je nach didaktischer Intention als Demonstrationsmittel variabel einsetzbar sind, wobei grundsätzlich zwei Richtungen der Beeinflussung zu unterscheiden sind, die der Anpassung und die des Widerstandes.* Die Spannweite der Fabel reicht von weiser Lebensregel bis zum moralischen, politischen u. sozialen Appell. Demonstrationscharakter im Sinne eines komplexen gesellschaftlichen Spiegelbildes kommt in neuerer Zeit G. ORWELLS „Animal Farm" (1945; dt. Farm der Tiere, 1946) zu, einer anthropomorphisierten Sozietät. Für „Kinder und Kenner" schrieb E. KÄSTNER 1949 die „Konferenz der Tiere", eine satirische Kritik an der Unvernunft politischer Entscheidungen, in der die Tiere die Vernunft verkörpern.

Tradition hat auch die Metamorphose ins Vegetabilisch-Animalische und die Vermenschlichung des Pflanzlichen. In der Epoche des Jugendstils um 1900 und danach vermochte wohl besonders stark E. KREIDOLF im Bilderbuch durch seine personifizierenden Tier- und Pflanzendarstellungen der Seelen- und Aufbruchstimmung, die in eine neuerlebte Natur hinauswies, Ausdruck zu verleihen. Tiere als von zivilisatorischen Fesseln freie Lebewesen signalisieren auf Erlösung und Freiheitserleben zielende Individuationsprozesse (so verkörpert der „schillernde Schmetterling" die aus tragischen Verstrickungen schlechthin gelöste Seele). Dennoch wird in den Bilderbüchern von E. KREIDOLF, S. v. OLFERS und E. BESKOW die Natur trotz ihrer partiellen Anthropomorphisierung nicht entstellt. Dazu im schroffen Gegensatz stehen die Nachahmungen menschlichen Tuns in tierischer Maskerade (z. B. die „häsische" Verkleidung und zahlreiche pseudo-folkloristische Tierfiguren mit Spitzenhäubchen und Tirolerhosen). Es handelt sich hierbei mehr um einen „sehr talentierten Mißbrauch der Natur", „um Allzumenschliches darzustellen" (B. HÜRLIMANN: Europäische Kinderbücher in drei Jahrhunderten, S. 214). Zum Zweck eines Überblicks lassen sich die anthropomorphisierenden Tendenzen in der Kinder- und Jugendliteratur hinsichtlich ihrer Gestalt und Bedeutung unterscheiden:

Teilanthropomorphisierung der belebten Welt mit einer gefühls- und erlebnisreichen Darstellung. Sie wird erreicht durch Annäherung oder Angleichung der Figuren an menschliche Gestalten, durch Verwendung zivilisatorischer Attribute, z. B. in E.

KREIDOLFS „Lenzgesind" (1926), „Ein Wintermärchen" (1924), „Alpenblumenmärchen" (1922). Für die zusätzliche Belebung der Natur durch kleine Wesen, wie in KREIDOLFS „Die Wiesenzwerge" (1902) finden sich u. a. Beispiele bei Else WENZ-VIËTOR (z. B. zus. mit A. SIXTUS: Grünbart, das Moosmännchen, 1900), H. W. SMOLIK (Die große Frage des kleinen Purzellicht, 1948), S. v. OLFERS (Etwas von den Wurzelkindern, 1906) und E. BESKOW (Hänschen im Blaubeerwald, 1904).

Anthropomorphisierung der belebten Welt mit didaktischer Intention. Unter diese Gruppe fallen alle Fabeln, die aufgrund ihrer didaktischen Einsichtigkeit auch immer wieder Stoff für Bilderbücher liefern, wie z. B. in R. HÜRLIMANNS „Stadtmaus und Landmaus" (1970), in den von B. WILDSMITH illustrierten LA FONTAINE-FABELN „Der Hase und die Schildkröte" (1967), „Der Löwe und die Ratte" (1963), u. v. a. In diese Gruppe gehören auch Bücher, die Verhaltensmuster vorgeben, die wieder von Anpassung an die bestehenden Normen (wie z. B. E. SHAWS „Wie Putzi einen Pokal gewann", 1967) bis zur Aufforderung zur Reflexion über soziale Rollen das Spektrum der Möglichkeiten füllen (wie z. B. die Rolle des Außenseiters in L. LIONNIS „Swimmy", 1964; I. KORSCHUNOW u. G. OBERLÄNDER „Der bunte Hund, das schwarze Schaf und der Angsthase", 1958).

Anthropomorphisierung der belebten Welt — bei banalem Übertragen menschlicher Verhaltensweisen auf Tiere und Pflanzen, wie z. B. in „Die Häschenschule" (1924) von F. KOCH-GOTHA und A. SIXTUS; die „Babar"-Serie von J. und L. DE BRUNHOFF (1931 ff.). Unter diese Gruppe zu subsumieren sind auch anthropomorphe Figuren aus dem Zeichentrick- und Comicbereich, allen voran W. DISNEYS „Micky Mouse" (1925 erfunden, 1928 als Zeichentrickfilm aufgeführt, 1930 Comic-Strip) und „Donald Duck". Auch Erscheinungen wie die des Affen „Herr Nilson" und des Pferdes in A. LINDGRENS „Pippi Langstrumpf" gehören in diese Rubrik. Die Zusammenstellung von Mensch und Tier erzeugt hier eine grotesk komische Wirkung.

Jugendbücher, in denen besonders das Aufwachsen von Tieren und ihr Bekanntwerden mit Menschen beinahe biographisch beschrieben sind: z. B. „Wirbelsturm, der blaue Schimmel" (1957) von TH. C. HINKLE; „Ein Hundeleben. Die Lebensgeschichte eines Dobermanns von ihm selbst erzählt" (1950) von A. BEHREND.

Versuche, eine anthropomorphisierte Technik und Gegenstandswelt an kindliche Erlebnisweisen und Phantasien anzunähern: z. B. „Ein Riese namens Emil" von H. LIND und G. LAHR, oder „Das alte Auto" (1965) von E. BORCHERS, das allerdings in der Illustration nicht anthropomorphisierend gesehen wird. *W. Rolf Morgenstern*

→ Bilderbuch, → W. Disney, → Fabel, → E. Kreidolf

Antiautoritäre Kinder- und Jugendliteratur

Die antiautoritäre Kinder- und Jugendliteratur (AKJL) als konkret-historischer Begriff meint die Publikationen, die im Zusammenhang mit einer antiautoritären oder repressionsfreien Erziehungsideologie als Nachfolgeerscheinung der Studentenbewegung der Jahre 1968/69 in der BRD veröffentlicht wurden. Ob und inwieweit ein Kinder- und Jugendbuch als antiautoritär zu bezeichnen ist, wurde und wird weitgehend von den Verlagen, Kritikern und Rezensenten festgelegt. Der Begriff „antiautoritär" bürgerte sich als eine Art Gütezeichen zur Umsatzförderung ein und erreichte 1971/72 seine größte Verbreitung. Danach läßt sich eine Abnutzung dieses Terminus feststellen.

Geschichte. Die ersten Bücher dieser Kennzeichnung erschienen im Herbst 1968. Im übrigen sind antiautoritäre Tendenzen kein Novum in der Geschichte der Kinder- u. Jugendliteratur (z. B. B. BRECHT, W. BUSCH, J. KORCZAK, A. LINDGREN, J. RINGELNATZ).

Mit dem Aufkommen der von der studentischen APO initiierten und zunächst weitgehend repressionsfrei geleiteten Kinderläden entstand der Bedarf an geeigneten Materialien, die den neu — zumeist sozialistisch — formulierten Erziehungszielen und -praktiken dienen sollten. So entstanden vorwiegend in West-Berlin kleine gesellschaftskritisch engagierte Verlage und Verlagskollektive, die mit der Produktion von antiautoritären und sozialistischen Kinderbüchern diesem Mangel abhelfen wollten. Parallel zu dieser Entwicklung verlief aufgrund von Ergebnissen der sozialpsychologischen Sozialisationsforschung eine pädagogische und philosophische Diskussion, in der antiautoritäre und repressionsfreie Erziehungspraktiken und -modelle einer traditionellen autoritären Erziehung gegenübergestellt wurden. Im Mittelpunkt des Interesses stand das freie englische Schulmodell ‚Summerhill' des Schotten A. S. NEILL, dessen Thesen eine repressionsfreie, kindbezogene und im ROUSSEAUschen Sinne natürliche Erziehung propagierten. Seine grundlegende Darstellung des ‚Prinzip Summerhill' avancierte in der deutschen Übersetzung unter dem Titel „Theorie und Praxis der antiautoritären Erziehung" (Rowohlt-Verlag, Reinbek 1969) zu einem Bestseller. Bedingt durch diese öffentlich geführte Diskussion und eine sich daraus abzeichnende Lücke auf dem literarischen Markt, begann eine Vielzahl von Verlagen Kinder- und Jugendbücher zu produzieren, die unter dem Anspruch auftraten, antiautoritär zu sein oder eine Veränderung und kritische Reflexion gesellschaftlicher Verhältnisse anzustreben.

Inhalte. Ausgehend von der Annahme, daß die bisherige Kinder- und Jugendliteratur in ihren Intentionen und Auswirkungen eine fraglose Anpassung und Unterordnung an bestehende Autoritäten, Sozialisationsinstanzen und gesellschaftliche Bedingungen implizierte, werden in der AKJL bestehende Verhältnisse analysiert, hinterfragt bzw. in Frage gestellt. In der Verbindung zu den Zielen einer antiautoritären, emanzipatorischen oder sozialistisch ausgerichteten Erziehung beinhaltet die AKJL den Einbezug der Gesellschaftswirklichkeit (z. B. Arbeitssituation der Erwachsenen), den Konfliktcharakter der bestehenden Gesellschaft (z. B. Mietwucher), das Infragestellen von Autoritäten (z. B. Polizei), die Möglichkeit der Veränderung vorgefundener Wirklichkeit (z. B. durch Solidarisierung), ein kritisches Fragen an wissenschaftlich-technische Entwicklungen (z. B. Raumfahrt), eine Konfrontation mit sozialistischen Gesellschaftskonzeptionen (z. B. Maos China). Mit den Inhalten verknüpft sind die angestrebten Zielvorstellungen wie Nonkonformismus, kritische Reflexion über bestehende Zustände, Antikapitalismus, politische Agitation, Solidarität derer, die unter bestehenden Verhältnissen zu leiden haben, Kampf der Arbeiterklasse, Aktionen gegen Ausbeuter, Revolution.

Tendenzen. Aus der Sicht der bislang vorliegenden Veröffentlichungen lassen sich im wesentlichen zwei Hauptgruppierungen feststellen. Die eine Richtung, die sich als reformerisch bezeichnen läßt, weist Ansätze auf, in denen, einem antiautoritären Prinzip folgend, versucht wird, beim Adressaten, d. h. bei den Kindern und Heranwachsenden, fragwürdige Autoritätsfixierungen und gesellschaftliche Vorurteile abzubauen, Kritikfähigkeit zu entwickeln, eine Sensibilisierung gegenüber eigenen und fremden Interessen zu fördern, die Veränderungsbedürftigkeit gesellschaftlicher Bedingungen im Bereich der sozialen Umwelt im Sinne einer Humanisierung aufzuzeigen.

Die zweite Richtung strebt unmittelbar das politische Ziel des Sozialismus an. Ausgehend von der These, daß die Befreiung des Menschen nur in einer sozialistischen Gesellschaft zu erreichen sei, sind die Kinder- und Jugendbücher als sozialistische Erziehungshilfen zu verstehen, um die als ‚bürgerliche und kapitalistische Klassengesellschaft' apostrophierte BRD durch den Kampf des Proletariats zu revolutionieren. „Wir stellen die Erziehungsfrage und damit auch die Kinderbücher in den Zusammenhang der Klassengesellschaft und des Kampfes der Arbeiterklasse" (Oberbaum-Verlag). „Das Arbeiterkind soll in den Kampf und in die Arbeit seiner Klasse eingeführt werden und eine Anleitung zum proletarischen Handeln erhalten" (Basis-Verlag).

Beispiele. Im folgenden seien aus der Vielzahl der Publikationen je sechs Titel der AJKL kurz vorgestellt, die entweder a) einen „liberalisierten Sozialisationsprozeß" (DANKERT) oder b) eine Erziehung zum sozialistischen Klassenkampf anstreben.

Zu a) Zur reformerischen Gruppe zu zählen ist A. S. NEILLS Kinderbuch ‚Die grüne Wolke' (Rowohlt-Verlag, Reinbek 1971), das im ‚Neill-Boom' zu einem Kinderbuch-Bestseller wurde. Sämtliche mit dem traditionellen Kinderbuch assoziierten „Heile-Welt-Vorstellungen" werden hier durchbrochen. Mit Mitteln der Utopie, der Science-Fiction, des Comics, der Reißer-Kolportage und des englischen Kriminalromans führt NEILL — selbst eine zentrale Figur des Buches — seine Leser durch zwölf Kapitel voller Grausamkeiten und Greueltaten, versteinerter Leichen und abgebrochener Gliedmaßen, Schießereien und makabrer Späße, Faschisten und Gangster. NEILL, der in seinen vor Phantasie überschäumenden Geschichten nach dem mehr oder weniger gräßlichen Ableben seiner Mitspieler — nämlich der Kinder von Summerhill — als letzter Mensch auf der Erde überlebt, ist im Nachwort des bereits 1938 geschriebenen Buches der Meinung, daß Kinder die Möglichkeit haben sollten, ihre Aggressionen verbal und in der Phantasie auszuleben, um später friedfertige Mitmenschen zu werden.

In einer neuen Struwwelpetriade, F. K. WÄCHTERS „Anti-Struwwelpeter" (Melzer-Verlag, Frankfurt 1970), werden die im Original-Struwwelpeter dargestellten Kindersünden als Fehler der Erwachsenen aufgrund autoritären Verhaltens entlarvt. In der Geschichte vom *Friedrich* wird nicht die Aggression und Zerstörungswut Friedrichs, sondern das brutale Verhalten des Vaters angeklagt. Die auf die Durchsetzung von Verboten, Geboten und moralischen Fingerzeigen bedachten Erwachsenen werden der Lächerlichkeit ihrer Bemühungen preisgegeben; den Kindern wird unangepaßtes Verhalten empfohlen: „Drum sei nicht fromm und brav / wie ein angepflocktes Schaf, / sondern wie die klugen Kinder / froh und frei. Das ist gesünder."

Gefordert wird eine kinderfreundliche Umwelt, die den öffentlichen Rasen zum Spielen freigibt, die eine Kinderladenerziehung einer autoritären Einzelerziehung vorzieht, die die Kinder ohne Zwang gewähren läßt, in der es Gemeinsamkeit anstatt Konkurrenz, Elternliebe anstatt Profitstreben gibt. In P. WEISMANNS „Polko im Schilderwald" (Parabel-Verlag, München 1970) geht es um Spielplatzprobleme. Der Polizeikommissar Polko hat für die Beachtung sämtlicher Verbotsschilder in Schildeck zu sorgen. Den größten Ärger hat er mit den Kindern, die trotz des Verbotsschildes in den Städtischen Anlagen spielen wollen. Die Kinder versuchen — nach aussichtsloser Umschau nach anderen Spielmöglichkeiten in der Stadt — das Verbot durch das Aufstellen eines eigenen Schildes zu umgehen. Eine zur Wiederherstellung von Ruhe und Ordnung anrückende Polizeistaffel wird von den Kindern mit Blumen empfangen und von den Uniformen befreit. Die Polizisten beginnen, mit den Kindern zu spielen, und schließlich läßt der Bürgermeister die öffentliche Anlage als Kinderspielplatz freigeben. Die Welt ist wieder in Ordnung.

Die 52 Geschichten der personifizierten Glühbirne, die alles kann, von G. HERBURGER („Birne kann

alles", „Birne kann noch mehr"; Luchterhand-Verlag, Neuwied 1971) legen den Kindern Fragen und Probleme einer kritisierbaren und veränderungsbedürftigen Welt vor. „Birne" wird mit Problemen wie Umweltverschmutzung, Krieg, Krankheit, Rassentrennung, Ungerechtigkeit, menschlicher Schwäche und Hilflosigkeit einer konkreten Wirklichkeit konfrontiert und greift rettend ein. Die Geschichten fordern zum Nachdenken, Erklären und Besprechen der Welt, in der wir leben, zwischen Kindern und Erwachsenen heraus. Der totalen Isolation des Menschen innerhalb der verwalteten Industriegesellschaft setzt ‚Birne' die Forderung nach Humanisierung, nach einem besseren Leben, nach besseren Menschen gegenüber.
Eine Anleitung zum ‚richtigen Denken, das zum Handeln führt' und eine Aufforderung zum Ungehorsam will eine von MONIKA und MARTIN SPERR besorgte Zusammenstellung BRECHTscher Verse und Prosa für Kinder bieten („Herr Bertolt Brecht sagt"; Weismann-Verlag, München 1970). „Wer sich in so ungewohntem und fast bei allen Eltern unbeliebtem Verhalten nicht übt, wird im Ausnahme-Notfall nicht Widerstand leisten können" (Vorwort). Mit Gedichten, Parabeln, Erzählungen, Liedern und Kurzgeschichten vom Herrn K. (= Keuner) wird Mißtrauen gegen bestehende politische Verhältnisse geweckt. Lebens- und Arbeitsbedingungen der Menschen werden hinterfragt; die Veränderbarkeit der Welt wird aufgezeigt. Die Kinder sollen erfahren, daß kritisches Denken und Lernen nützlich ist, und daß dies sogar Spaß machen kann: „Brecht macht das Lesen nicht immer leicht, aber wenn man ihn verstanden hat, ist es meistens schön" (Vorwort).
Im „Nein-Buch für Kinder" von G. STILLER und S. KILIAN (Beltz & Gelberg, Weinheim 1972) sollen die Kinder anhand von Bildern, Geschichten und Texten, die ‚klarmachen', hinterher schlauer sein. Unter dem Motto ‚Kindsein ist süß?, Kindsein ist mies!' werden Wohnverhältnisse und Hausmeister, Werbung und Arbeitswelt, der Heilige Abend und Wanderlieder, Eltern und Lehrer, Konsumterror und Verbote, Fernsehen und Religion in ihrer Kinderfeindlichkeit oder überholten Wertvorstellungen den Lesern bewußt gemacht. Ziel der Autoren ist es, die Kinder im kritischen Denken zu üben, sie zum Verstehen von sich und anderen anzuleiten.
Zu b) Die Verlage, die ihre Kinder- und Jugendbücher im Zusammenhang mit dem Kampf der Arbeiterklasse zur Erreichung eines sozialistischen Gesellschaftssystems verstehen, wenden sich zumeist gegen die Bezeichnung ‚antiautoritär' für ihre Publikationen. „Liberale und antiautoritäre Erziehung propagiert abstrakt ‚repressionsfreie' Erziehungskonzepte" (Oberbaum-Verlag). „In unseren Büchern wird versucht, den Kindern ein konkretes Bild unserer heutigen Gesellschaft zu geben, ein konkretes Bild auf der Grundlage marxistischer Kritik der bürgerlichen Gesellschaft" (Basis-Verlag). Zur Erreichung dieser Intentionen sind verschiedene Themen relevant. Ein zentrales Thema ist die ‚Notwendigkeit der Kollektivbildung gegenüber einer repressiven Gesellschaft' (Basis-Verlag). In dem Kinderbuch „Fünf Finger sind eine Faust" (Basis-Verlag, Berlin 1970) werden schon die Vier- bis Fünfjährigen zur Solidarisierung aufgerufen. Das traditionelle Symbol des kommunistischen Klassenkampfes — die Faust — wird zur Darstellung von solidarischem Verhalten benutzt. Die fünf Finger einer roten Hand werden von den fünf Fingern einer grünen Hand terrorisiert, bis sie entdecken, daß Gemeinsamkeit stark macht. Die rote Faust kann die grünen Finger verjagen.
Ein weiterer Themenbereich widmet sich der Ausbeutung. In „Zwei Korken für Schlienz" (Basis-Verlag, Berlin 1970) kämpft eine Kommune gegen Mietwucher und aktiviert andere Hausbewohner gegen den Besitzer. In der realistisch-phantastischen Erzählung mietet Schlienz mit seinen Freunden eine Wohnung. Um sich gegen die maßlosen Mietforderungen des Hausbesitzers zu wehren, solidarisiert man sich mit den anderen Hausbewohnern, verbarrikadiert sich, wird von der Polizei überwältigt und landet im Gefängnis. Mit dem Schlußsatz „Was können wir tun, damit wir mehr werden?" soll deutlich gemacht werden, daß eine Welt, in der es eine Ausbeutung des Menschen durch den Menschen nicht mehr gibt, nur durch eine kämpferische Auseinandersetzung zu erreichen sei, und Niederlagen dabei unvermeidlich sind.
Um eine Darstellung der Klassenstruktur der herrschenden Gesellschaft anhand ihrer Produktionsverhältnisse geht es in „Martin der Mars(x)-Mensch" (Basis-Verlag, Berlin 1970). Ein Junge, Martin, vom roten Stern Mars landet auf der kapitalistischen Erde und entlarvt den Mehr-Wert-Betrug. Martin muß, um sich einen Motor für seine Heimreise zum Mars kaufen zu können, eine bestimmte Anzahl von Stunden in der Motorenfabrik arbeiten. Im Geschäft soll er dann aber das Zehnfache von dem bezahlen, was er für die Fertigung des Motors in der Fabrik als Lohn erhalten hat. Um den Verbleib des Differenzbetrages zu klären, besucht er mit seinen Erdenfreunden den Chef der Fabrik auf dessen Luxusjacht. Der um Ausflüchte nicht verlegene Fabrikbesitzer wird festgesetzt, der Motor des Bootes wird von den Kindern vergesellschaftet und Martin kann zum Mars zurückkehren. Seine Freunde geben ihm noch das Versprechen: „Wenn du das nächste Mal auf die Erde kommst, gibt es keine Chefs mehr und dann gehört alles allen!".
In den „Roten Ratten von Berlin" wird Maos China als verbindliches und erstrebenswertes sozialistisches System dargestellt (Kollektiv ‚Rotes Kinderbuch', Berlin 1970). „In China, da sitzen in den Universitäten die jungen Arbeiter und Bauern und in den Fabriken, da werden von den Arbeitern die tollsten Sachen erfunden, da macht die Arbeit Spaß. Guck dir mal an, wie sich das Land dort in den zwanzig Jahren seit der Revolution entwickelt hat. Und war-

um? Weil die Arbeiter dort an der Macht sind" (S. 17/18). Die zwei Freunde, Udo und Michael, unterstützen die von der Polizei unter Einsatz von Giftgas als Gefahr des Kapitalismus bekämpften ‚roten Ratten' und können sie retten. In dem Buch von Doktor Gormander „Als die Kinder die Macht ergriffen" (März-Verlag, Frankfurt 1969) wird am Beispiel eines Aufstandes in einem Kinderheim eine sozialistische Gesellschaftsordnung gefordert. Durch einen spontanen Zusammenschluß befreien sich die Kinder von der Herrschaft der Kindergärtnerinnen und zwingen sie zunächst, die Rolle der Kinder zu spielen, damit sie deren Situation besser verstehen lernen. Bald erkennen die Kinder, daß die „Fräuleins" selbst nur Werkzeuge des Systems sind und durch Manipulation in Abhängigkeit gehalten werden. Die Kinder integrieren sie in ihre Gruppe und übernehmen die Leitung der Kindertagesstätte. Sie wehren Angriffe von Eltern und Polizisten ab und rufen auf einer Pressekonferenz die Menschen auf, ihrem Beispiel zu folgen und sich für die Freiheit der Unterdrückten zu solidarisieren.

In den beiden ‚revolutionären Märchen' „Die rote Fahne" und „Die Brillen" von H. ZUR MÜHLEN (Oberbaum-Verlag, Berlin 1971) wird versucht, den Kindern wesentliche Widersprüche der kapitalistischen Gesellschaft sinnlich — und durch die Märchensituation verfremdet — darzustellen. Gesellschaftsverändernde revolutionäre Handlungen und Symbole der kommunistischen Bewegung werden positiv bewertet. In der „Roten Fahne" werden auf einer imaginären Insel Lohnabhängige und Arbeiter von dem Ungeheuer Kapitalismus ausgebeutet und geknechtet. Unter dem Symbol der roten Fahne vereinigen sich die Unterdrückten, befreien sich kämpfend aus dem Joch der Versklavung und rufen zu internationaler Solidarität auf. „Die Brillen" mußten von den Untertanen eines Königreiches getragen werden und dienten zur Verschleierung des Klassen-Charakters der umgebenden Gesellschaft. Erst die Beseitigung der Brillen läßt die Ungerechtigkeit klar werden. Die ‚Brillenfeinde' (= Arbeiter) solidarisieren sich, verjagen den König und die Fabrikbesitzer und bauen eine sozialistische Gesellschaft auf.

Sprache und Gattungsformen der AKJL. Die Elemente der AKJL lassen sich nur schwer auf einen Nenner bringen. Neben unterschiedlichen inhaltlichen Ausprägungen, die von einem Infragestellen von Einzelautoritäten (Vater, Lehrer, Polizist) über eine Analyse gesellschaftlicher Realität (Mietwucher, Spielplatzprobleme) bis zu einer dogmatischen Indoktrination marxistischer oder maoistischer Prägung (Aufforderung zum Klassenkampf, Unterordnung unter die Partei) reichen, weisen auch Sprache, Stil, Aufmachung und Illustration eine große Variationsbreite auf. Entsprechend den Ergebnissen linguistischer Forschung, daß Sprache und soziale Schicht in einem engen Zusammenhang stehen, wird der Versuch unternommen, in der AKJL die Sprache der jeweiligen Zielgruppe (Arbeiter- oder Mittelstandskinder) zu verwenden, um die Leser unmittelbar anzusprechen. Insgesamt läßt sich hier die Tendenz zu einer realistischen Sprachgestaltung erkennen, wobei sich das Bemühen um Realistik oft lediglich auf die Verwendung von bisher in der Kinder- und Jugendliteratur tabuisierten umgangssprachlichen Ausdrücken (pissen, Pimmel, Arschloch, Bulle etc.) beschränkt.

In der Form greift sie zum Teil auf bekannte und den Lesern vertraute Muster wie Märchen, Parabel, Sachbuch zurück. Die Kriterien für diese Literaturgattungen werden jedoch zumeist nicht durchgängig aufrechterhalten, sondern miteinander kombiniert. In vielen Fällen läßt sich eine Vermischung von Realistischem und Phantastischem feststellen.

Diese Art einer literarischen Collage wird durch die Illustration unterstützt. Elemente des Comics, des politischen Plakats, der Pop-Art, der Photomontage und des Photorealismus wechseln mit einfachen Zeichnungen ab. Die AKJL zeigt sich als Experimentierfeld, in dem die Kombination verschiedener literarischer und illustrativer Elemente erprobt wird. Namentlich von den Berliner Verlagen wird das ‚feed-back' zum Leser erwünscht. „Wir ... bitten um weitere kritische Beiträge, um einen kontinuierlichen Lernprozeß für unsere Arbeit zu ermöglichen" (Fünf Finger sind eine Faust).

Ausstattung. Von der Aufmachung und Ausstattung her divergiert die AKJL je nach Verlag und Intention der Verfasser. Die Spannweite reicht von im Billigstdruckverfahren hergestellten und spartanisch schwarz-weiß illustrierten Heftchen (Rote Ratten in Berlin) bis zu repräsentativen reich illustrierten kartonierten Ausgaben (Nein-Buch für Kinder). Diese Unterschiede spiegeln sich dann auch im Preis wider. Die kleinen gesellschaftspolitisch engagierten Verlage sind aufgrund ihrer ökonomischen Situation und des Anspruchs, Kinder unterprivilegierter Schichten zu erreichen, auf die Herstellung billiger Publikationen angewiesen.

Kritik an der AKJL. Von vielen Seiten wird Kritik an der AKJL geübt. Insbesondere wird auf die Gefahr einer Neurotisierung hingewiesen, wenn man die Kinder ohne Mitwirkung der Eltern der Problematik der AKJL aussetzt. Auch die Frage, ob mit Kinderbüchern Änderungen bewirkt werden können bzw. ob sie als politisches Agitationsmittel taugen, fand noch keine endgültige Antwort. Arbeiten dazu liegen vor von W. GREBE: Erziehung zur Solidarität (Gießen 1972) und B. NEUHAUS: Moderne Kindergeschichten für das Vorschulalter (Berlin 1972). Den politisch links stehenden Verfassern wird vielfach Indoktrination vorgeworfen. Die Kinder sollen nun den Zustand der Revolutionierung der Gesellschaft herbeiführen, den die Älteren nicht realisieren konnten. Der Begriff ‚antiautoritär' selbst scheint aus der Diskussion weitgehend ausgeklammert zu sein. Er ist zum Teil ersetzt durch den Terminus ‚emanzipatorisch', mit dem eine Erziehungsrichtung gemeint ist, die eine Selbstbestimmung und -verwirklichung der Kinder zum Ziel hat. *Detlef Ram*

Sekundärliteratur: B. Dankert: Die antiautoritäre Kinder- und Jugendliteratur (in: Arbeitskreis für Jugendliteratur (Hrsg.): Jugendliteratur in einer veränderten Welt. 1972. 68—84). — B. v. Wulffen: Umkämpftes Kinderbuch (in: Merkur. 11. 1972. 1105—1118).

Antizipation

(lat. Vorwegnahme). Ein in verschiedenen Wissensbereichen gebrauchter und für die Kinder- und Jugendliteratur vieldeutiger Begriff.

1. literarisch: a) in der Rhetorik: Vorwegnahme und Widerlegung der möglichen Einwendungen eines gedachten Gegners. In der scholastisch beeinflußten, vielfach klerikal geprägten Jugendliteratur findet sich diese Form der Darlegung religiöser, sittlicher und moralischer Probleme bis ins 18. u. 19. Jh. (z. B. „Handbüchlein, worin die achtzehn Haupt-Feind der Jugend bestritten und entwaffnet . . .", Mainz ^{2}1750). Sie wird aber durch jugendgemäßere Kompositionsformen wie Dialog, Haupt- und Gegenfiguren abgelöst. b) in der Stilistik: Vorwegnahme eines Ereignisses durch ein attributives Adjektiv oder Partizip, das dieses als bereits eingetreten annehmen läßt (z. B. bei FR. SCHILLER: „Blindwütend schleudert selbst der Gott der Freude / Den Pechkranz in das brennende Gebäude" [= so daß es brennt]). Diese Form der A. kommt in der Jugendliteratur kaum vor, wird aber im Literaturkanon der höheren Schulen an den jungen Menschen herangetragen.
2. psychologisch: a) in der Denkpsychologie von O. STELZ eingeführt, bezeichnet der Begriff die dem Denkprozeß zugehörigen Zielvorstellungen (Erwartungen), die den Denkverlauf bestimmen, indem sie das Gesuchte durch seine Beziehungen zu bekannten Zusammenhängen festlegen (K. HANSEN). A. ist eine wichtige Komponente des planenden Wollens (A. WELLEK) und des Lernprozesses (C. L. HULL und K. LEWIN). Denkpsychologisch ist A. sowohl Komponente des im Autor sich vollziehenden Gestaltungsprozesses als auch des im Kinde sich abspielenden Lesevorgangs. Nicht nur das Verstehen von Inhalt und Handlungsaufbau, sondern auch das emotionale Erfassen, z. B. der im Buch angelegten Spannung, sind u. a. von der Möglichkeit zu denkpsychologischer A. abhängig. b) in der Entwicklungspsychologie ist A. eine ein- oder mehrmalige, dann aber wieder verlorengehende Vorwegnahme von Verhaltensweisen, die erst Wochen oder Monate später zum unverlierbaren Besitz werden (K. KOFFKA 1925).
3. pädagogisch: Vorwegnahme von Erfahrungen durch Darbietung und Nacherleben mittels Wort und Bild, bes. dann angewendet, wenn für das Kind reales Erleben unmöglich oder schädlich ist. „Es gibt keine moralische Erkenntnis, die man nicht durch die Erfahrung anderer oder durch die eigene gewinnen könnte. Ist es gefährlich, die Erfahrung selbst zu machen, so zieht man die Lehre lieber aus der Geschichte" (J. J. ROUSSEAU: Emile, IV. Buch). In diesem Sinne ist z. B. die Geschichte von „Paulinchen" im Struwwelpeter A. der Erfahrung des Zündelns. ROUSSEAU fordert die denkpsychologische A. als Voraussetzung der pädagogischen. Deshalb lehnt er die Fabeln für das Kind ab, hält sie aber für den Jüngling zur Entwicklung „allgemeiner Grundsätze" für nützlich. Die Philanthropinisten befürworten im Sinne der „Aufklärung" die A., CHR. G. SALZMANN dagegen zielt nicht nur auf sachliche Aufklärung, sondern will mit seinen Geschichten im „Moralischen Elementarbuch" auch eine sittliche Stellungnahme antizipieren, eine „Gesinnungsbildung, die darauf ausgeht, daß die bekannten Dinge, die Zuneigung oder Abneigung, die sie verdienen, bekommen. Dies geschieht, indem ihnen der wahre Wert eines jeden Dinges und das Vergnügen oder Mißvergnügen, das es ihm (dem Kinde) verschafft, auf eine sinnliche Art vorgestellt wird". Die Entdeckung der Eigenwelt des Kindes zu Beginn des 20. Jh.s führte in der Pädagogik zur Ablehnung alles antizipierenden Lesens. Dagegen wenden sich H. WOLGAST und seine Anhänger mit ihrer Kritik, die vom „Kunstwerk" ausgeht, während R. GEISSLER 1962 unter dem Begriff der „literarischen Verfrühung", der sich zwar nicht mit dem der A. deckt, aber Aspekte derselben enthält, mit vorwiegend soziologischen Argumenten für eine „Vorwegnahme" literarischer Stoffe eintritt.
Luise Siegling

Antz, Joseph

*Schulpädagoge, Herausgeber jugendgeeigneter Volkslektüre und klassischer Dichtung, Publizist zu Fragen der Jugendliteratur, Leseerziehung und Literaturpädagogik, Begründer (1946) und langjährig Mitherausgeber der Zeitschrift „Pädagogische Rundschau"; * 19. 2. 1880 Waldhölzbach/Kr. Merzig a. d. Saar, † 18. 4. 1960 Bonn.*

Nach seiner Ausbildung zum Volksschullehrer war A. bis 1933 im Schuldienst, in der seminaristischen Lehrerbildung, zuletzt als Schulrat tätig. Er wurde Professor an der Päd. Akademie in Bonn und war 1946—49 Referent für Lehrerbildung im Kultusministerium Nordrhein-Westfalen. In den 50er Jahren war A. Mitherausgeber der „Pädagogischen Rundschau" und des Lesebuchs „Die gute Saat" (1953 ff.).

Werk, Tendenzen, Bedeutung für die literarische Bildung der Jugend. Schon früh nahm A. an den Auseinandersetzungen zur *Leseerziehung und Jugendliteratur* teil (Jugendschrift und Erziehung,

1905), wie sie durch die *Jugendschriftenbewegung* angeregt worden waren. Er vertrat dabei die *katholische Tradition;* im Hinblick auf Bildungs- und Berufsinteressen an O. WILLMANN anschließend, schuf er Lesebücher und Auswahlbände deutscher Dichtung, besonders auch für die Jugend der Fach- und Berufsfachschulen.

In Zusammenarbeit mit F. X. THALHOFER trug A. zur geschichtlichen Darstellung der Entwicklung der Jugendliteratur bei und gab die bearbeitete 2. Aufl. des von THALHOFER verfaßten Werkes „Jugendlektüre" 1925 heraus. In Übereinstimmung mit ihm vertrat A. den Vorrang der geistigen und ethischen Bildung durch Lektüre gegenüber dem von H. WOLGAST verfochtenen Bildungsziel des ästhetischen Genusses von Lektüre. Im Geiste seiner Zeit suchte A. das Verständnis der Dichtung im Volke von Jugend an zu fördern und trat für die literarische Fortbildung des Lehrers ein, der durch literarpädagogische Führung der Jugend den Erfolg des Bildungsbemühens entscheide. In seiner auf reicher jugendpsychologischer und literarischer Kenntnis und Erfahrung beruhenden Schrift „Führung der Jugend zum Schrifttum" (1927), die er 1950 nach neueren Gedanken bearbeitet in 2. Auflage herausgab, entwarf A. entsprechend der Lesestufentheorie einen psychologisch begründeten Lehrplan für Kinder und Jugendliche („Das Buch als Begleiter der jugendlichen Entwicklung"), vom Kinderreim und von der Volksdichtung an (Märchen, Sage, Legende, Fabel) bis zu jugendgeeigneten Werken von M. v. EBNER-ESCHENBACH, O. LUDWIG (1813—65) S. LAGERLÖF und größeren biographischen Darstellungen. Er betonte die Notwendigkeit der *Erziehung zum Buch in der Schule* und fächerte seine Empfehlungslisten nach Einzelschriften als Ergänzung zum Lesebuch auf. Als Mitherausgeber des Lesebuchs „Die gute Saat" (1953ff.) wirkte er weiterhin an der Auswahl der Schullektüre mit. In zahlreichen pädagogischen Fachzeitschriften erörterte A. nach 1945 erneut Fragen der Jugendliteratur, Jungleserpsychologie und der Erziehung zum Buch (Was liest die Jugend heute? Immer nur Karl May? Das Kinderbuch als Bildungsmittel). Trotz Modernisierung des Gedankengutes in den Nachkriegsjahren und Teilnahme an der Neuorientierung in der Lehrerbildung bleibt A. in Wortschatz und Gedankenführung unverkennbar der literarpädagogischen Ära der ersten drei Jahrzehnte des 20. Jh.s verhaftet und an F. W. FOERSTER (1869 bis 1966), F. X. THALHOFER, L. WEISMANTEL orientiert.

Margarete Dierks

Werke: Jugendschrift und Erziehung. Ein Beitrag zur Lösung der Jugendschriftenfrage (1905); Reihenbücher (1924; zus. mit H. Ginzel); Die Hausbücherei (1925); Schriften zur häuslichen Lesung für Schülerinnen der Lyzeen und Mädchenmittelschulen (1925; zus. mit A. Heitzer); Führung der Jugend zum Schrifttum (1927, [3]1955); Der Geist der Bekenntnisschule und das katholische Lehrgut (1927); Kinderwelt (1931; zus. mit K. Antz); Plan für die Klassenlektüre der Ganzschriften (1931); Wir singen und sagen (1931; zus. mit K. Antz); Der Lehrer im Volksdienst (1932); Die literaturpädagogische Aufgabe von Elternhaus, Schule, Bücherei und Erwachsenenbildung (in: Begegnung mit dem Buch. 1950. 97—99).

Hrsg.: Bücherei der Lebensalter (1923ff.; zus. mit L. Weismantel u. G. Keckeis); Bücherlisten des Wolframbundes (1925ff.; zus. mit F. Binz); F. X. Thalhofer: Die Jugendlektüre ([2]1925; fortgef. von J. Antz); Leben und Schaffen (1927; zus. mit J. Wilkes, O. Kley u. J. Lombard); Sinnen und Gestalten (1928; zus. mit J. Wilkes, O. Kley u. J. Lombard); Heiliges Erbe (1940, [5]1949; zus. mit B. Bergmann); Die gute Saat (Bd. 1—6. 1953—55; zus. mit F. Leisinger u. a.); Friedrich Wilhelm Foerster und seine Bedeutung für die Pädagogik der Gegenwart (1955; zus. mit F. Pöggeler).

Mitarb.: Die deutschsprachliche Jugendbildung in ihren Grundlagen (1932); Der Verlag Herder und das katholische Leben 1801/1951 (1951).

Sekundärliteratur: B. Bergmann u. a.: Ministerialrat i. R. Professor J. Antz zur Vollendung des 70. Lebensjahres am 19. Februar 1950 (1950). — O. Hammelsbeck (Hrsg.): Überlieferung und Neubeginn (1957). — I. Peters: Von der alten zur neuen Lehrerbildung (in: Pädagogische Rundschau. 7. 1949. 328—329). — H. F. Schulz: Unser Professor Antz und der rheinisch-westfälische Jungbuchhandel (in: O. Hammelsbeck: Überlieferung und Neubeginn. 1957. 20—22).

IJB

Arbeit

Zur Umwelt des Kindes gehört die A. als Leben und „Lebensstandard" erhaltende, für- und vorsorgende sowie Werte (und Besitz) schaffende Tätigkeit.

Mit der Darstellung von A. und A.swelt in der Kinder- und Jugendliteratur wird beabsichtigt, den jungen Leser in besonderer Weise auf diese „Realität" des Lebens vorzubereiten und ihm Zugänge zu ihr zu verschaffen. Es geschieht mittels Information und Antizipation in den literarischen Formen von Kindergedicht und Bilderbuch, erzählenden Texten für verschiedene Altersstufen bis zum Sach- und Lehrbuch und den berufskundlichen Schriften. Die unterschiedliche Bewertung der A. und ihrer gesellschaftlichen Bedeutung im Kapitalismus und im Sozialismus spiegelt sich auch in der Kinder- und Jugendliteratur der Länder mit diesen verschiedenen politisch-wirtschaftlichen Systemen.

A. in Kinderlied und Volksmärchen. In überlieferten Kinderreimen, Kinderliedern und Spielen werden A.svorgänge in Haushalt, bäuerlicher Umwelt (Ackerbau, Viehwirtschaft) und Handwerk dem Kinde anschaulich gemacht oder auch lautlich gedeutet (z. B. „Zisch, zisch, zisch / Zisch, zisch, zisch / Der Zimm'rer hobelt blank den Tisch"; „Im Märzen der Bauer die Rößlein einspannt"). „Neben A.sliedern der Erwachsenen stehen auch A.skinderlieder. Die meisten von ihnen sind einfache Reime und Sprüche, die das Kind bei leichten Beschäftigungen in Haus und Feld vorwiegend scherzend gebraucht"

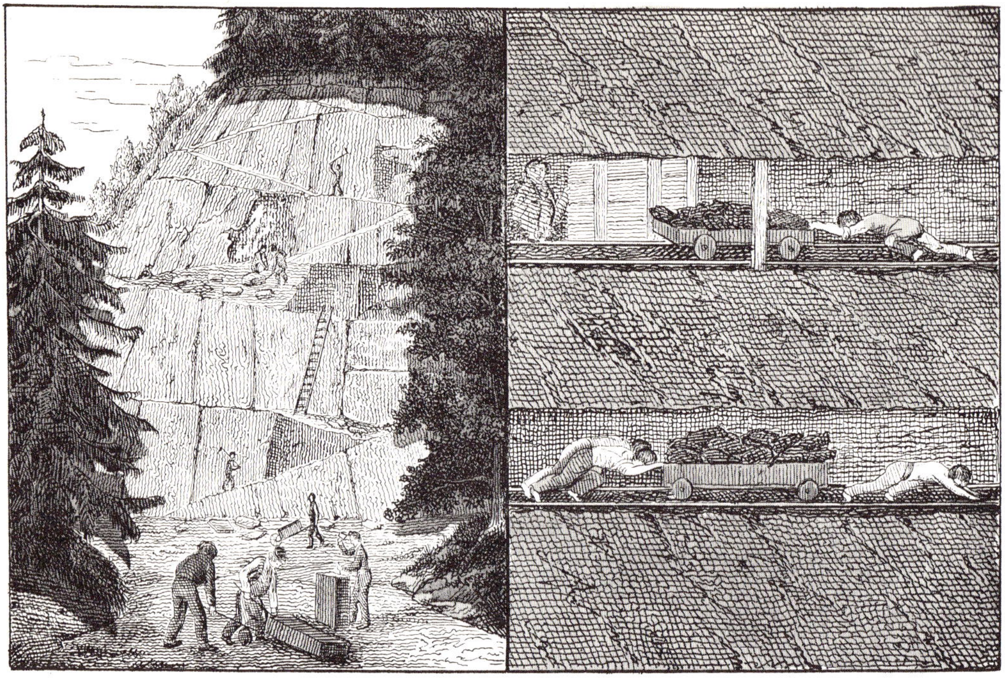

Steinbrüche, Schieferkohlenbrüche.

48 Werkstätten von Handwerkern und Künstlern (Zürich 1853). Der Autor schildert in diesem Buch unter anderem die Kinderarbeit in den Stein- und Schieferkohlenbrüchen. Das Buch war für „Knaben jeden Alters zur Erwerbung technischer Kenntnisse" gedacht und sollte zur „Weckung und Belebung des Sinnes für Handwerke und Künste" dienen.

J. Schopp: Das deutsche A.slied. Diss. 1933). In den Volksmärchen, die im 19. Jh. Kinderliteratur wurden, zeichnet sich die A. vorwiegend im Umkreis des Hauses, der Landwirtschaft, der Hofhaltung und einiger Handwerke ab. Die herrschende Klasse arbeitet nicht. Oft haben Märchenhelden und -heldinnen in der Zeit ihrer Verzauberung oder Bewährung die A. von Knechten und Mägden zu tun. Versuche, A.sgeräte, Maschinen und Tätigkeiten der modernen Arbeitswelt in die überlieferten Volksmärchen einzufügen (A. Jalkotzy: Märchen und Gegenwart, 1930), drangen nicht durch, ebensowenig in alter Erzählweise neu konzipierte Märchen, die A.splätze, A.svorgänge und Maschinen der Moderne als Szenarium märchenhafter Abläufe einsetzten (vgl. A. Krieger: Das Märchenbuch von heute, ²1958). Die Romantisierung und Idyllik naturnaher A.sbereiche in Erzählungen, Lesestücken und Gedichten für Kinder (auch noch in Lesebüchern der zweiten Hälfte des 20. Jh.s) beruht vielfach auf der Bedeutung der entsprechenden handwerklichen Figuren im überlieferten Märchen, z. B.: Bauer, Müller, Fischer, Hirte, Schuster, Spinnerin, Wäscherin u. a.

Information über A.svorgänge in Bild und Wort im 16. bis 19. Jh. Frühe ABC-Bücher führen in Holzschnitten mit Merkversen und Sprichwörtern gewerbliche Tätigkeiten vor; Bilderbogen aus dem 16. Jh. zeigen die Vorgänge des Brotbackens, des Waschens u. a. m. Von 1815—58 wurden Bilderbogen über „Ackerbau" und „Häusliche Beschäftigung" immer wieder neu aufgelegt (Lithogr. Anstalt Arzu & Co., Düsseldorf), ebenso über „Handwerke" (bei Keller & Co.), über „Weibliche Beschäftigungen höherer Stände" und „niederer Stände" (1825, 1835). J. A. Comenius unterrichtete die jugendlichen Benutzer seines Orbis sensualium pictus in Bild und Wort über verschiedene Tätigkeiten, A.n und Berufe des Menschen. Anschauungs- und Elementarbücher der Aufklärungspädagogen und Philanthropinisten (J. B. Basedow, J. S. Stoy) führten mit detaillierten Abbildungen in die handwerkliche, berufliche, auch see- und kaufmännische A.swelt ein. Gedruckte pädagogische „Spaziergänge", Gespräche, „Reiseberichte" und „Technologische Bildergallerien" stellten den jungen Lesern nach Landschaften und Ständen verschiedene A.sbereiche vor. Bücher mit ausführlichen Texten und Illustrationen setzten im 19. Jh. diese Tradition fort. In mehreren Auflagen erschienen z. B.: „Gallerie der vorzüglichsten Künste und Handwerke. Ein lehrreiches und unterhaltendes Bilderbuch für die Jugend"

Susanne Ehmcke: Was willst du werden? (Zürich 1948). Die schon in der ersten Hälfte des Jahrhunderts bekanntgewordene Bilderbuch-Autorin und -Malerin demonstriert in ihrem „Bilderbuch vom Handwerk" u. a. die verschiedenen Arbeitsvorgänge in einer Backstube.

Zürich 1805, neue verb. Auflage, Berlin 1827, das vierzig Handwerke und Gewerbe alphabetisch geordnet von „Apotheker" bis „Zinngießer" beschreibt. Über Vor- und Nachteile der Handwerke und Künste beriet Jugend und Eltern mit Texten und Abbildungen der Band: „40 Werkstätten von Handwerkern und Künstlern oder Schauplatz des bürgerlichen Gewerbefleißes" (Zürich 1851). In diesem Buch findet sich ausnahmsweise auch die Kinderarbeit in Stein- und Schieferkohlenbrüchen und Steinkohlenbergwerken realistisch abgebildet und mit Worten dargestellt, die Eltern abschrecken sollten, ihre Kinder in diese A.sstätten zu schicken (S. 108ff., S. 120f.).

Erziehung zur A. als pädagogische Tendenz in der Kinder- und Jugendliteratur des 18. und 19. Jh.s. In der von Aufklärung und Philanthropinismus beeinflußten Literatur für die Jugend wurden Fleiß und A.samkeit als bürgerliche Tugenden mit hohen Prädikaten bedacht. Fragen der A.steilung und ständisch unterschiedlichen Tätigkeiten erörterte z. B. CHR. F. WEISSES „Kinderfreund"; diese arbeitsteiligen Verhältnisse wurden aus dem Übergang der Menschen aus dem „natürlichen" Zustand in einen „gesitteten oder cultivierten" erklärt. Dabei wurde den Kindern eingeschärft und mit Beispielen moralisch demonstriert, daß der auf Besitz sich gründende Hochmut gegenüber dem arbeitenden und dienenden Menschen verwerflich sei. Von den Besitzenden wurden die Tugenden der Fürsorge, Mildtätigkeit und Gerechtigkeit gegenüber den Besitzlosen, Dienenden gefordert. Mit seiner Erzählung „Carl von Carlsberg oder über das menschliche Elend" (1783) gab G. CHR. SALZMANN jugendlichen Lesern eine Vorstellung von den Zuständen in der arbeitenden Schicht seiner Zeit. Daß die A. mit der Hand des Menschen würdiger sei als z. B. das Geschäftemachen der Makler, gibt J. H. CAMPE in seinem „Robinson der Jüngere" (1779) zu erkennen; nach der Heimkehr läßt er Robinson seinen Vater bitten, als Zimmermann zusammen mit Freitag den Lebensunterhalt verdienen zu dürfen; in das väterliche Maklergeschäft will er nicht eintreten. Am Ausgang des 18. und weit in das 19. Jh. hinein breitete sich eine Fülle von poetisch meist minderwertigen Erzählungen und Erziehungsbüchlein aus, die irdische sowie himmlische Glückseligkeit als unausbleibliche Folge von Fleiß, A.samkeit und unermüdlichem Tätigsein schilderten. Die revolutionären Erschütterungen der 30er und 40er Jahre des 19. Jh.s richteten den Blick auf Armut und Elend als deren Ursache. Autoren von Erzählungen für Kinder und Jugend hielten demgegenüber an Beispiel und Weisung H. PESTALOZZIS fest, wie den unteren Schichten zu helfen sei: durch Erziehung zur A. als sittlichem Wert, christlich begründet und verbunden mit der Zielvorstellung, daß der einzelne genügsam, fromm und arbeitsam in den Grenzen der Bevölkerungsschicht bleiben möge, in der er geboren war (vgl. a. K. FRIEDRICH: Die Erziehung zur Arbeit, 1852). Diese volkserzieherische und den Ständestaat erhaltende Tendenz trat stark hervor, z. B. in den „Erzählungen aus der Kinder-Welt" (1847), die TH. v. GUMPERT der Königin von Preußen widmete und mit einem Portrait PESTALOZZIS schmückte. Fortschrittlich wirkt ihre 9. Erzählung („Vier Wochen Ferien oder: A. ist Krieg gegen das Elend"), in der sie von einer Gruppe Gymnasiasten berichtet, die in den Ferien freiwillig arbeitet, um den verarmten und verschmutzten Ort Kowa zu verschönern. Sie gewinnen Kinder zu Helfern und erreichen ihr Ziel. Von A. und Spiel als wechselnden natürlichen Lebensäußerungen in ländlicher Umwelt berichtet das in Tagebuchform geschriebene Bändchen von A. STEIN (d. i. M. WULFF, 1792—1874), das 1846 erschien und zahlreiche Auflagen hatte: „52 Sonntage oder Tagebuch dreier Kinder". In periodischen Zeitschriften und Sammelbänden für die Jugend wurden in gleicher pädagogischer Tendenz häufig Darstellungen der A. in Berufen, die sich von der bürgerlichen Menge abhoben, und romantisierte Lebensbeschreibungen einzelner arbeitsamer und erfolgreicher Persönlichkeiten publiziert. Gegen Ende des 19. und zu Beginn des 20. Jh.s mehrten sich die Volksromane mit Themen aus der Entwicklung von Industrie und Wirtschaft (M. EYTH: Hinter Pflug und Schraubstock, 1899; R. HERZOG: Die vom Niederrhein, 1903; Die Stoltenkamps und ihre Frauen, 1917; u. a.) und Biographien von Arbeitern, die sich emporgearbeitet hatten (z. B. „Lebensgeschichte eines modernen Fabrikarbeiters", hrsg. von P. GÖHRE, 1905). Sie wurden nach und nach auch Lektüre der Jugend.

Thema A. und A.swelt seit der Jahrhundertwende. In der Kinder- und Jugendliteratur, die zu Beginn des 20. Jh.s das Thema A. und A.swelt aufgreift, lassen sich drei Strömungen erkennen: 1. setzt sich die bürgerliche Tradition der Erziehung zur A. und Leistung als Ausdruck höchster Tugenden fort, 2. wirkt sich der Anstoß durch die Jugendschriftenbewegung fur die Schilderung der Großstadt und industriellen A.swelt als Umwelt des Kindes aus (z. B. W. SCHARRELMANNS „Bernibücher", 1908 und später, auch C. DANTZ: Peter Stoll, 1927), 3. macht sich seitens der Arbeiterbewegung eine klassenorientierte Literatur für die proletarische Jugend bemerkbar (R. GRÖTZSCH: Nauckes Luftreise und andere Wunderlichkeiten. Geschichten für Arbeiterkinder, 1908). In den 30er Jahren und bis 1945 war Erziehung zur A. als Dienst an der Nation Tendenz zahlreicher nationalsozialistischer Jugendbücher. Mit der modernen Industrialisierung und Technisierung während der letzten Jahrzehnte ist eine differenzierte A.s- und Berufswelt entstanden, über die junge Leser heute durch Bilderbuch und Bildband, in erzählenden Texten und in Sachbuchform informiert werden. Stofflich läßt sich in der Fülle dieser Literatur danach unterscheiden, ob A.sprozesse und Umwelt vorwiegend komplex und erlebnishaft geschildert werden (z. B. das Bilderbuch von ST. LEMKE u. M. PRICKEN „Im alten Garten wird gebaut", 1967; die Erzählung von K. ROEDER-GNADEBERG „Jeder baut sich seine Welt", 1955; die bebilderten Reportagen von H. G. PRAGER „Schleppzug Anker auf", 1960 u. a.) oder ob ein Berufsbild allein oder im Zusammenhang mit anderen, Probleme der Berufswahl, der Neigung und Eignung für bestimmte Berufe mit der Absicht zu beraten und zu informieren Hauptgegenstand der Bücher sind (E. FUCHS: Wie arbeitet ein Kraftwerk?, 1971). In Nachschlagewerken für Kinder und Jugendliche finden sich beide Begriffe „A." und „Beruf", auch in Wortverbindungen, erläutert, z. B. „Die Kinderwelt von A—Z" ([5]1958), „Wunderbare Welt. Ein Bildungsbuch für Jungen und Mädchen" (1958). Neue Sachbuchreihen zum Thema bringen seit 1970/71 die Verlage O. Maier und Schwann heraus.

Margarete Dierks / Horst Künnemann

→ Arbeiterbewegung, → Berufswelt, → Sozialistische Kinder- und Jugendliteratur

Arbeiterbewegung

Im Rahmen der A. entstand gegen Ende des 19. Jh.s eine eigene Kinder- und Jugendliteratur. Ihre Entwicklung wurde in Deutschland 1933 unterbrochen. Sie fand nach der Teilung Deutschlands (1945) in der DDR als sozialistische Literatur für die Jugend ihre Fortsetzung. Ihre Geschichte ist noch immer nur lückenhaft erschlossen, wird aber neuerdings, besonders in der DDR, erarbeitet.

Ansätze zur proletarischen Kinder- und Jugendliteratur. Die frühe Kinder- und Jugendliteratur nahm Thesen aus geschichtlichen und gesellschaftlichen Prozessen oft erst um viele Jahrzehnte später auf. Frauen- und Kinderarbeit, soziales Elend, das Dasein des Proletariats fanden erst Ende des 19. Jh.s Berücksichtigung im Kinder- und Jugendbuch. Die Bücher von CH. DICKENS in England, ein Buch wie „Bergmanns Lebenslauf" (1855) mit dem Motiv der Kinderarbeit in Deutschland waren Ausnahmen. Erst nach der Gründung des „Allgemeinen deutschen Arbeitervereins" (durch F. LASSALLE,

1863), schließlich der „Sozialdemokratischen Partei“ (durch A. BEBEL und W. LIEBKNECHT, 1869) nahm auch eine zielstrebige Bildungsarbeit (Arbeiterbildungsvereine) für Menschen des „vierten Standes“ ihren Anfang. In diesem Rahmen wandte sich das Interesse in der A. auch der Kinder- und Jugendliteratur zu. Seit 1871 wurde auf den Parteitagen der SPD die Problematik des Jugendschrifttums behandelt, seit 1907 publizierte die SPD jährlich ein „Verzeichnis empfehlenswerter Jugendschriften“. Es mehrten sich Schriften, die statistische Erhebungen über die leibliche, sittliche, geistige Verwahrlosung der Kinder des Proletariats auswerteten und die erschütternden Verhältnisse darstellten, in denen diese Kinder auch nach dem Inkrafttreten des „Kinderschutzgesetzes“ (1903) leben mußten, z. B.: O. RÜHLE: Kinder-Elend, Proletarische Gegenwartsbilder (München 1906), K. DUNCKER: Die Kinderarbeit und ihre Bekämpfung (1906). In einzelnen Büchern, wie „Lebensgeschichte eines modernen Fabrikarbeiters“ (Hrsg. P. GÖHRE, 1905), wurde einfach und realistisch vom Schicksal schulpflichtiger Jungen und Mädchen berichtet, die hart arbeiten mußten, um zum Lebensunterhalt ihrer Familien beizutragen. Doch wurden nun auch schon in Kinderbüchern selbst die gesellschaftlichen Probleme in klassenkämpferischem Sinne gezeigt, wie es pointiert z. B. die Titel ankündigen „Märchenbuch für die Kinder des Proletariats“ (1893), „Arm und Reich. Der Arbeit ABC. Ein lehrreiches Bilderbuch für kleine und große Kinder“ (1895), und abermals mit deutlicher Absetzung gegenüber bürgerlicher Kinderliteratur der Band von R. GRÖTZSCH: Nauckes Luftreise und andere Wunderlichkeiten. Geschichten für Arbeiterkinder. Zeichnerische Ausstattung von R. LANGBEIN (1908).

In einer Rahmenhandlung hat GRÖTZSCH fabelartige, märchenhafte Erzählungen gestellt, in denen humorvoll Gesellschaftskritik im Geiste des Marxismus geübt und die Notwendigkeit der Auflehnung der Besitzlosen gegen die Besitzenden veranschaulicht wird. Die moralische Tendenz ist dabei immer auf Seiten der arbeitsamen, auf Frieden, Freiheit und Menschengüte bedachten Armen, die von ihren faulenzenden und genießenden Ausbeutern verachtet werden. — Zu breiterer Wirkung kam die Ansprache der Jugend in der proletarischen Publizistik. Seit 1905 erschien die Zeitschrift „Die arbeitende Jugend“. Auf dem Parteitag der SPD 1906 in Mannheim nahm CL. ZETKIN zu den Kinderbeilagen „Für unsere Kinder“ der Parteizeitung „Gleichheit“ Stellung, die sie von 1905—16 redigierte; im selben Jahr begann „Die junge Garde“ zu erscheinen, 1908 die Zeitschrift „Arbeiterjugend“, die bis 1914 über 100 000 Bezieher gewann.

Entwicklung nach dem Ersten Weltkrieg. Die Arbeiterkinderzeitung „Der junge Genosse“ konnte ihre erste Nummer am 1. Januar 1921 herausbringen; bald wurde sie zeitgemäß in „Jung-Spartakus“ umbenannt. Die kommunistisch engagierten Verlage „Junge Garde“, der „Neue deutsche Verlag“, der „Verlag der Jugendinternationale“ und der „Malik“-Verlag publizierten parteiisch ausgerichtete Bücher für proletarische Kinder. Sie knüpften an die „Sammlung sozialistischer Jugendschriften“ an. Die Bilder von K. KOLLWITZ aus dem Familien- und Kinderleben des Proletariats (vgl. Einband zu „Proletarischer Kindergarten“, 1921) gaben der sozialen Anklage mit künstlerischen Mitteln — stärker als H. ZILLES humorvolle Milieuschilderungen — Nachdruck. Angeregt von Übersetzungen sowjetischer Autoren entstanden nach 1918 in Deutschland klassenbewußte Märchen und Umweltgeschichten, z. B. von A. WEDDING: Ede und Unku (1931), von O. M. GRAF: Licht und Schatten (1927), und seit 1924 erschien eine Serie „Proletarischer Jugendschriften“, darunter „Spartakus, der Befreier der Sklaven“ und das „Lesebuch für Arbeiterkinder“ (1926). Von B. BRECHT wurden erste, von Klassenkampf bestimmte Kindergedichte bekannt und 1932 „Die drei Soldaten“. Daß sich in der Literatur für die Jugend auch radikal klassenkämpferische und von bürgerlicher Tradition bestimmte Strömungen mischten, zeigte sich in der „Arbeiterdichtung der Gegenwart“, die 1925 von dem Arbeiter-Jugendverlag herausgegeben wurde, und zeigte sich in den ersten Jahrgängen einer Zeitschrift der Jugendbewegung „Junge Menschen“ (1. Jg. 1920, hrsg. von K. AHLBORN und W. HAMMER), in der auch der junge K. KLÄBER Prosa und Lyrik publizierte, der nach 1945 als K. HELD von der Schweiz aus als bedeutender Jugendbuchautor bekannt wurde (vgl. die Hefte 12 und 13 des Jg.s 1920 „Junge Menschen“, S. 116, 156). Im Jahre 1933, mit dem Verbot der kommunistischen Partei im nationalsozialistischen Staat, brach die Entwicklung der in der A. entstandenen proletarischen Kinder- und Jugendliteratur ab. Unter dem Einfluß sowjetischer Theoretiker (u. a. M. GORKIJ, A. S. MAKARENKO) entstand nach 1945 in der DDR eine sozialistisch orientierte Kinder- und Jugendliteratur, deren bedeutendste Anreger Autoren des „sozialistischen Realismus“ waren. Der Bezugspunkt ist der „Arbeiter- und Bauernstaat“, ihr Ziel ist der „humanistische“ Mensch und dessen Bekenntnis zum Sozialismus; ihr Kampf richtet sich vielfach gegen die Verhältnisse in der BRD (bei B. PLUDRA, G. u. L. HARDEL, W. HEIDUCZEK, A. WEDDING, M. ZIMMERING u. a.). Die Arbeiterbewegung spielt auch in einzelnen Werken von L. RENN (Auf den Trümmern des Kaiserreichs), W. MEINCK (Der Herbststurm fegt durch Hamburg), A. LAZAR (Sally Bleistift in Amerika; Jan auf der Zille) und E. STRITTMATTER (Tinko; Der Wundertäter) eine Rolle.

Horst Künnemann

→ Arbeit, → B. Brecht, → M. Gorkij, → Sozialistische Kinder- und Jugendliteratur

Arbeitsgemeinschaft von Jugendbuchverlegern in der Bundesrepublik Deutschland e. V.

Die AvJ versteht sich als eine Vereinigung zur Förderung von Jugendliteratur und zur Vertretung ihrer gemeinsamen Interessen in der Öffentlichkeit.

Der seit 1948 bestehenden Vereinigung gehören zur Zeit 54 Jugendbuchverleger an. Ihre bisherigen Vorsitzenden waren: Dr. Heinrich Winners (Union Verlag), Lotte Weitbrecht (K. Thienemanns Verlag), Hanns Kulmann (Hoch-Verlag), Georg Popp (Arena Verlag), Gerhard Schreiber (Verlag J. F. Schreiber).
Die AvJ ist vertreten im Arbeitskreis für Jugendliteratur. Im Rahmen ihrer Mitarbeit widmet sie sich dabei besonders dem jährlich stattfindenden Jugendbuchhändler-Seminar, das der Aus- und Weiterbildung von Sortimentsbuchhändlern dient, und der organisatorischen Abwicklung für die Verzeichnisse „Das Buch der Jugend" und „Bücher für die Junge Generation".
Im Bereich des Börsenvereins arbeitet die AvJ mit bei der Jugendbuchwoche, für den Hans-Christian-Andersen-Tag, beim Vorlesewettbewerb, bei Ausstellungen im In- und Ausland, bei Autorenlesungen und bei der allgemeinen Öffentlichkeitsarbeit für die Jugendliteratur. Für Forschung, Dokumentation und Bibliothekswesen pflegt die AvJ den Kontakt zur Internationalen Jugendbibliothek in München und dem Institut für Jugendbuchforschung in Frankfurt, in dessen Beirat sie außerdem durch den jeweiligen Vorsitzenden vertreten ist.
Zu den gemeinsamen Werbemaßnahmen der AvJ zählt der Schaufensterwettbewerb (Motto: „Das Buch der Jugend"), der in der jährlich stattfindenden Jugendbuchwoche durchgeführt wird. Potentielle Teilnehmer sind alle Buchhändler aus dem Sortiment in der BRD, Österreich und der Schweiz, die zur Gestaltung auch Schüler heranziehen können.
Zur breiteren Information legte die AvJ 1972 ein „Programmheft" (Herder) vor, das u. a. Selbstdarstellungen der in ihr vertretenen Verlage enthält.

→ Auswahlliste, → Institut für Jugendbuchforschung, → Internationale Jugendbibliothek, → Jugendbuchwoche, → Vorlesewettbewerb

Arbeitskreis für Jugendliteratur

Bis 1. 4. 1969 „Arbeitskreis für Jugendschrifttum" genannt, ist der A. f. J. eine Dachorganisation von Institutionen und Organisationen, die in der Bundesrepublik sich mit der Förderung der Kinder- und Jugendliteratur befassen, gleichzeitig die Sektion Bundesrepublik Deutschland des „Internationalen Kuratoriums für das Jugendbuch".

Gründung und Entwicklung. Der A. f. J. wurde am 22.1.1955 in München gegründet; beteiligt waren daran: Vertreter des Bundesjugendrings, der Ververeinigten Jugendschriftenausschüsse, des Borromäusvereins, der Arbeitsgemeinschaft von Jugendbuchverlegern, des Bundesinnenministeriums, der Kultusministerien von Bayern und Niedersachsen und eine Reihe Einzelpersönlichkeiten, von denen sich mit besonderer Initiative J. Lepman und E. Kästner eingesetzt hatten. Auf der ersten Mitgliederversammlung 1956 in Mannheim wurde der anfangs nur lose Zusammenschluß der interessierten Persönlichkeiten und Verbände in einen eingetragenen Verein umgewandelt. Seitdem besteht *die Geschäftsstelle in München.* Heute sind über 38 Interessenverbände und mehr als 40 Einzelmitglieder im A. f. J. vereint. Die Leitung liegt in den Händen eines alle zwei Jahre neu zu wählenden, aus 7 Mitgliedern bestehenden Vorstandes.
Die Aufgaben des A. f. J. Die Aufgaben des A. f. J. sind die *Förderung* und *Koordinierung* aller Bemühungen um das gute Jugendbuch, Förderung des Erfahrungsaustausches zwischen den verschiedenen Verbänden und amtlichen Stellen, *gemeinsame Aktionen* zur Förderung der guten Literatur für Kinder und Jugendliche und die *Anregung von Forschungsarbeiten* auf dem wissenschaftlich noch wenig erschlossenen Gebiet der Jugendliteratur. Nach außen hin bekannt wurde der A. f. J. vor allem 1. durch die Organisation des vom Bundesministerium für Jugend, Familie und Gesundheit ausgeschriebenen *Deutschen Jugendbuchpreises;* 2. die jährlich stattfindenden *Fachseminare:* 1958: Das Sachbuch und der junge Mensch. — 1959: Der Autor und die kommunistische Welt — Neubearbeitungen klassischer Kinder- und Jugendbücher. — 1960: Die erzählende Literatur für den jungen Menschen zwischen 16 und 20 Jahren. — 1961: Der junge Mensch und die politischen und kulturellen Zeitungen und Zeitschriften — Geschichte im Kinder- und Jugendbuch. — 1962: Sprache und Sprachbildung. — 1963: Literatur für die Jugend in der modernen Welt. — 1965: Fragen des Deutschen Jugendbuchpreises. — 1966: Frankfurter Dozentenfachtagung. — 1967: Das Bilderbuch als Bildungsmittel (I). — 1968: Das Bilderbuch als Bildungsmittel (II). — Bücher noch gefragt? Die junge Generation und ihr Verhältnis zur Literatur. — 1969: Didaktische und methodische Fragen des Unterrichtsfaches Jugendliteratur. — 1970: Die Poesie im Kinderbuch — Die Werbung für das Jugendbuch im Sortiment. — 1971: Die Rolle der Jugendliteratur in der Vorschulerziehung (I u. II). — 1972: Standort Jugendbuch — Die Trivialliteratur der jungen Leser. — 1973: Bilderbücher. Beurteilung, Verkauf, Ausleihe — Gesellschaftlich relevante Jugendliteratur. — 3. die Fortführung der 1967 eingestellten Jugendbuchtagungen des Internationalen Instituts Schloß Mainau seit 1968: 1968: Triviale Jugendliteratur? — 1969: Bücher spiegeln

die Welt. — 1970: Humor in der Kinder- und Jugendliteratur. — 1971: Jugendliteratur in einer veränderten Welt. — 1972: Kinderliteratur im Medienverbund. — 1973: Grundlagen und Wege zu einer Theorie der Jugendliteratur; 4. die Würzburger Pressegespräche von 1967, 69 u. 71; durch die *Herausgabe der Kataloge: „Das Buch der Jugend"* (seit 1953), *„Bücher für die junge Generation"* (seit 1961) und *die Auswahlliste* (auch Bestliste genannt, seit 1956) zum Deutschen Jugendbuchpreis. In Verbindung mit dem A. f. J. wurde 1967/68 die *„Zeitschrift für Jugendliteratur"* herausgegeben.

→ Auswahlliste

Sekundärliteratur: K. Dietze: Der Arbeitskreis für Jugendliteratur (in: Bücher spiegeln die Welt. 1969. 89—93); Der Arbeitskreis für Jugendschrifttum (in: Pädagogische Rundschau. 8. 1966. 767—774); Der Arbeitskreis für Jugendliteratur (in: Jugendliteratur in einer veränderten Welt. 1972. 161—165); Gemeinschaftsarbeit fürs Jugendbuch (in: Der junge Buchhandel. 10. 1966. J 145—J 148); Good books for young people (in: Buchmarkt. 5. 1970. 52—53). — Zehn Jahre deutscher Jugendbuchpreis (1956 bis 1965 (1966). *IJB*

Ardizzone, Edward

*Englischer Zeichner, Maler, Verfasser und Illustrator von Bilder- und Kinderbüchern; * 16.10.1900 Haiphòng/Vietnam.*

A. lebte seit dem 5. Lebensjahr in Großbritannien; er ließ sich neben seinem Beruf als Angestellter in Abendkursen im Zeichnen ausbilden, war dann als freier Maler und Zeichner tätig, im Zweiten Weltkrieg als Kriegszeichner auf verschiedenen Kriegsschauplätzen in Europa und Nordafrika. Für seine eigenen Kinder begann er Erzählungen zu verfassen, die er illustrierte, u. a. die *Tim-Geschichten.* Für *„Tim All Alone"* erhielt er 1956 die Kate Greenaway Medal. A. schuf zu mehr als 100 Bilder-, Jugend- und Erwachsenenbüchern die Illustrationen.

Werk, Tendenzen, Wirkung. Von hervorstechender Qualität sind A.s *Kindergestalten,* doch schuf er auch Erwachsenenfiguren voll menschlich ansprechender Züge. A. bevorzugt einen lockeren Federzeichnungsstrich, der zum impressionistisch kolorierten Romantizismus des 19. Jh.s tendiert. Seine Stärke sind *Szenen auf dem Meer, in Häfen und unter freiem Himmel,* in denen ihm atmosphärisch dichte Bilder von stürmischer See und Schiffen in Seenot gelingen. A. wahrte sich *spezifisch „englische" Züge* sowohl in der *konservativ* anmutenden *Stoffwahl* wie in der *bildnerischen Technik,* in der er sie ironisierend und mit „understatement" vorträgt; gelegentlich baut er „Blasentexte" in unaufdringlicher Manier in Bilder ein. Seine ersten Bilderbücher entstanden für die eigenen Kinder. Heute sind sie in zahlreichen Übersetzungen, darunter auch ins Deutsche, verbreitet.

Horst Künnemann

Werke: Little Tim and the brave sea captain (1936; dt. Der kleine Tim und der tapfere Kapitän, 1962); Lucy Brown and Mr. Grimes (1937); Tim and Lucy go to sea (1938); Nicholas and the fast moving Diesel (1947); Tim to the rescue (1949); Tim and Charlotte (1951); Tim in danger (1953); Tim all alone (1956); Johnny the clockmaker (1960; dt. Jonny der Uhrmacher, 1961); Tim's friend Towser (1962); Peter the wanderer (1963); Diana and her rhinoceros (1964); Sara and Simon and no red paint (1965); Tim and Ginger (1965).
Ill.: E. Farjeon: Jim at the corner (1934; dt. Mit Jim über die Meere, 1960); C. D. Lewis: The Otterbury incident (1948); H. J. Kaeser: Mimff (1952); H. J. Kaeser: Mimff hat die Verantwortung (1954); J. Reeves: The blackbird in the lilac (1952); E. Farjeon: The little bookroom (1955; dt. Verzauberte Welt, 1957); A. P. Pearce: Minnow on the Say (1955; dt. Die Fährte des Herrn Laberdan, 1958); J. Reeves: Titus in trouble (1959); U. M. Williams: The nine lives of Island Mackenzie (1959); J. Reeves: The story of Jackie Thimble (1964); C. Brand: Nurse Matilda (1964; dt. Matilda, die seltsame Kinderfrau, 1966); J. Webster: Daddy-Long-Legs (1967).

Sekundärliteratur: E. Ardizzone: An autobiographical note (in: Junior Bookshelf. 14. 1950. 39—45); The young Ardizzone (1970); Creation of a picture book (in: Junior Bookshelf. 25. 1961. 325—335). — H. G. Fell: Exhibition of pictures by Edward Ardizzone at the Leger Gallery (in: Apollo. 93. 1933. 136—137). — D. W. Last: Edward Ardizzone (in: Studio. 461. 1931. 136 bis 137). *IJB*

Arena-Verlag

Würzburg. Derzeitiger Leiter: G. Popp (* 1928). *Hauptsächliche Verlagsgebiete im Bereich der Kinder- und Jugendliteratur:* Sachbücher für Naturwissenschaft und Technik, Geschichte und Länderkunde; ferner Biographien, Jugenderzählungen und Kinderbücher. Hervorzuheben sind die Reihen „aus-erster-Hand"-Großbände (Dokumente, Quellen, Kommentare), Meistererzählungen aus der Weltliteratur und die Großschriftbändchen für das erste Lesealter.
Autoren: B. Bartos-Höppner, I. Bayer, Fr. Braumann, R. Brown, L. Bühnau, P. Coll, M. Diekmann, W. Fährmann, Ben Harder, H. Harrer, H. Junker, K. Lüttgen, H. Pleticha, O. Preußler, C. Schmid, H. Schreiber u. a.
Illustratoren: H. Heisters, H. Holzing, H. Lentz, O. Michel, A. Rasch, M. u. R. Rettich, K. Schmischke.
Verlagsgeschichte. Aus dem Verlag für die Jugendzeitschrift „Guckloch" (erstmals 1948 erschienen) entstand im Jahre 1949 der Arena-Verlag Georg Popp, der 1969 den Westermann-Jugendbuchverlag übernahm. Der A.-Verlag erweiterte laufend sein Programm und verfügt augenblicklich über eine der umfangreichsten Taschenbuchreihen für jugendliche Leser, von der 1958 die ersten Bände erschienen.

Die Figur des hier abgebildeten Gaucho wurde als Held und Leitbild der argentinischen Jugend zum ersten Mal von Estanislao del Campo in die Literatur eingeführt. Bis heute ist der „Fausto" in immer neuen Ausgaben bevorzugter Lesestoff der argentinischen Jugend geblieben. Er gilt als Idealgestalt des leseunkundigen Gauchos und als Repräsentant des ursprünglichen argentinischen Lebens.

Argentinien

Südamerikanische Republik (23 Provinzen und Bundesdistrikt mit der Hauptstadt Buenos Aires). Staatsgebiet: 2,8 Mill. km²; Einwohner: 21 Mill.; Landessprache: Spanisch; Bevölkerung: 90 % Weiße, der Rest Indianermischlinge (Gauchos), Reste der indianischen Urbevölkerung (20 000—25 000) und späte Einwanderer aus nord- und südeuropäischen Ländern. Nach der Loslösung von Spanien (Unabhängigkeitserklärung am 9. 7. 1816) Beginn einer eigenständigen Entwicklung des geistigen und kulturellen Lebens.

Entwicklung der KJL und gegenwärtiger Stand. Bis zur nationalen Unabhängigkeit gab es in A. keine eigene Kinderliteratur. Was gelesen wurde, kam aus Europa (vorwiegend Spanien) und Nordamerika. Besonders verbreitet waren Fabelausgaben von Th. de Iriarte, F. M. de Samaniego und J. de La Fontaine. Eine erste argentinische Fabel-Anthologie brachte D. de Azcûenaga in der Zeitschrift „El Telégrafo Mercantil" (1801/02). Auch die Märchen aus „Tausendundeine Nacht" („Las Mil y Una Noches") waren in zahlreichen spanischen Ausgaben verbreitet. Im 19. Jh. fanden die Fabeln des A. Real de Azúa (1803—89), ursprünglich für Erwachsene geschrieben, unter der argentinischen Jugend ihre Hauptleserschaft. Der in Buenos Aires geborene Autor, der aufgrund seiner politischen Tätigkeit nach Chile ausweichen mußte, studierte auf seinen Reisen durch Europa und Nordamerika die europäische Literatur. Sein besonderes Interesse galt der Fabel. Er bearbeitete zunächst europäische Fabelausgaben für argentinische Leser; in seiner eigenen Dichtung behielt er die traditionelle *Fabelform* bei, wählte aber *Stoffe* aus dem *argentinischen Alltagsleben* und gebrauchte den argentinischen Mutterwitz. Er wurde als „amerikanischer Äsop" bezeichnet; von seinen Fabeln gehört vor allem „El sordo" (Der Taube) zu dem literarischen Grundbestand argentinischer Schullesebücher. Großen Einfluß auf die Erziehung gewann sein 1856 erschienenes Buch „Máxímas y pensamientes diversos" (Grundsätze und Gedanken).

Die *Hauptquelle* der argentinischen Literatur bildeten die zunächst in *mündlicher Form* verbreiteten *Legenden* und *Gesänge* der *Gauchos.* Der Bedeutung des „Robinson" in der europäischen Kinderliteratur kam in der argentinischen des 19. Jh.s die des „Fausto" von E. del Campo und des „Martin Fierro" von J. Hernândez gleich. Besonders „Martin Fierro", obwohl keineswegs für Kinder entworfen, wurde Held und Leitbild der argentinischen Jugend: Idealgestalt des analphabetischen Gauchos, des Mannes aus den Pampas, der frei die argentinischen Prärien durchmißt und mit seinen Liedern die Schönheit und Wildheit der argentinischen Landschaften preist. Der Schöpfer der Gestalt des Martin Fierro, der in der Provinz Buenos Aires geborene HERNÁNDEZ (1834—96), durchstreifte selbst als Viehhändler die Pampas und lebte lange Jahre mit den Gauchos und Indios zusammen. An den abendlichen Lagerfeuern lernte er die alten Lieder kennen, die ihn zu seinem Epos „Martin Fierro“ inspirierten. Vor ihm hatte H. ASCASUBI (1807—75) mit „Santos Vega o los Mezillos de la Flor“ (Santos Vega oder die Blumenzwillinge) und „Lualino Lucero o los Gauchos del Rio de la Plata“ (Lualino Lucero oder die Gauchos vom Rio de la Plata) das Leben der Gauchos zum literarischen Vorwurf gewählt, aber erst mit dem „Martin Fierro“ entstand der *poetische Repräsentant* des ursprünglichen argentinischen Lebens; als Lesestoff der argentinischen Jugend hat das Werk bis heute nichts an Bedeutung verloren.

Neben den nationalen Epen spielen die *Sammlungen* alter Volkslieder, Märchen, Sagen und Legenden eine wichtige Rolle. In ihnen mischen sich traditionell gebundenes, betont religiöses Erzählgut der europäischen Eroberer mit Erzählungen und Liedern der Ureinwohner und Gauchos zur typisch argentinischen Folklore. Bis heute machen solche Liedersammlungen, Anthologien und Bearbeitungen alter Märchen-, Sagen- und Legendensammlungen den größten Teil der argentinischen Jugendliteratur aus. Der weit über die Grenzen A.s hinaus bekannte Volkskundler J. A. CARIZZO, der zahlreiche Anthologien von Volksliedern aus den verschiedenen Landesteilen A.s zusammenstellte, schrieb zwei Sammlungen für Kinder, die Eingang in die argentinischen Schulen fanden: „Antologiá didáctica de cantares tradicionales“ (1945; Didaktische Anthologie traditioneller Volkslieder) und „Rimas y juegos infantiles tradicionales“ (1949; Traditionelle Kinderreime und -spiele). Zum Teil fußen diese neueren Anthologien und Sammlungen auf Ausgaben des ausgehenden 19. und beginnenden 20. Jh.s, wie den „Cancionero popular rioplatense“ (Volkslieder des Rio de la Plata) des J. M. FURT, den „Cancionero popular cuyano“ (volkstümliche Lieder) des J. DR. LUCERO oder den „Coplas y cantares argentinos“ (Argentinische Gesänge und Liedchen) des J. L. LANUZA. Neuere Sammlungen sind u. a. auch „Canciones y danzas tradicionales para niños de las escuelas“ (1942; Traditionelle Lieder und Tänze für Schulkinder) von I. ARENTZ, „El folklore en los niños“ (1940; Folklore für Kinder) von J. ARAMBURO, „Leyendas de Tucumán“ (1944; Legenden von Tucumán) von A. FRANCO und „Cuentos folklóricos de la Argentinia“ (1960; Argentinische Märchen) von S. CHERTUDI. Als Lesebuch für die argentinischen Schulen brachte der Verlag Kraft in Buenos Aires im Jahre 1940 eine „Antologiá folklórica argentina“ (Anthologie argentinischer Volksdichtung) heraus. Besonders beliebt bei den argentinischen Kindern sind die „Leyendas argentinas“ (1910; Argentinische Legenden) der A. M. ELFLEIN, die *folkloristische Elemente* und *kindertümlichen Erzählton* glücklich zu verbinden verstand.

Rafael Jijena Sanchez: Retablo popular (Buenos Aires 1946). Die Abbildung ist einer Ausgabe der in Argentinien weitverbreiteten, aus der indianischen Überlieferung stammenden Volkserzählungen entnommen. Die Illustrationen enthalten Motive aus der indianischen Volkskunst.

Auch der größte Teil jener Dichtungen, die von argentinischen Autoren eigens für Kinder ohne Rückgriff auf die Folklore geschrieben wurden, liegen in Form von Gedicht- und Liedbänden oder als Verserzählungen vor. Der mit vielen Literaturpreisen ausgezeichnete L. LUGENES (1874—1938), der als eine der größten Begabungen unter den Autoren Iberoamerikas gilt, hat in seinen vielen Gedichtbänden zahlreiche Verse für Kinder geschrieben, z. B. „El libro de los paisajes“ (Buch der Landschaften) mit dem „Atlas“ überschriebenen Teil, der den Vögeln gewidmet ist. J. S. TALLÓN (1904 bis 1954) schrieb ausschließlich für Kinder. 1925 erschien sein Buch „La garganta del sapo“ (Die Krötenschlucht), in dem er eigene Kindheitserlebnisse in Verse faßt. Der Autor, der seit seiner Kindheit in Buenos Aires lebte, befaßte sich vor allem mit den Erlebnissen im kindlichen Alltag. 1927 publizierte er eine Reihe unterhaltender Gedichte mit dem Titel „Las Torres de Nuremberg“ (Die Türme von Nürnberg), in denen er den Kindern die ihnen aus Märchen und Legenden vertrauten Gestalten im modernen Alltag wieder begegnen läßt. Wie kein anderer argentinischer Autor hat es TALLÓN verstanden, in seinen Gedichten die ewige Sehnsucht des Erwachsenen nach seiner eigenen Kindheit aufklingen zu lassen und mit seinen Versen den Kindern ein eigenes Phantasiereich zu bauen. Gedichte für Kinder schrieben auch G. BERDIALES (* 1896), der sich mit seinen Reimen besonders an die ganz Kleinen wendet, R. JIJENA SÁNCHEZ mit seinen „Verso simple“ (1931; Einfache Verse) und L. CANÉ mit seinen „Romancero de niñas“ (1932; Kinderromanzen) und der berühmt gewordenen „Romance de la Nina Negra“ (Romanze eines Negermädchens). Die auch für Erwachsene schreibende Schriftstellerin FR. SCHULZ DE MANTOVANI veröffentlichte viele Gedichtbände für Kinder, z. B. „Los títeres de Maese Pedro“ (1934; Die Puppen des Meisters Pedro), „Marioneta“ (1935; Marionette) und „Navegante“ (1940; Seefahrt). Zahlreiche Gedichte wurden in argentinische Schullesebücher aufgenommen.

Besonderes Ansehen haben in A. Kindertheater und Puppenspiel. Die meisten Autoren, die für Kinder schrieben oder schreiben, versuchen sich auch mit Stücken für die Kinder- und Schulbühne oder für das Puppentheater. SCHULZ DE MANTOVANI verfaßte im Stile des LOPE DE VEGA eine Reihe von Versdramen für Kinder, wie z. B. „Autillo sacramental de la Morenica“ (Das feierliche Stück von der Mohrin). Berühmt ist der Puppenspieler J. VILLÁFAÑE mit seinen „Puppen aus Andariega“, der ganz A. bereist und seine Stücke selbst schreibt. Weit verbreitet sind seine Bücher „Coplas, poemas y canciones“ (1938; Liedchen, Gedichte und Gesänge), „Teatro de títeres“ (1943; Puppentheater), „El Gallo Pinoto“ (1944; Der bunte Hahn), „La maleta“ (1958; Der Tölpel), „Los Niños y los títeres“ (1944; Die Kinder und die Puppen), „Libro de cuentos y legendas“ (1945; Das Buch der Erzählungen und Legenden).

Die Gruppen erzählender Jugendliteratur, die in Europa oder Nordamerika den Hauptanteil des Jugendbuchangebots ausmachen (z. B. Abenteuer- und Mädchenbücher, Umweltgeschichten), sind in A. bis jetzt nur wenig vertreten. Geteilte Aufnahme fand die Erzählung „Alegre“ (Frohsinn) des G. MARTINEZ (Pseud. HUGO WAST), die Geschichte eines Negerjungen in A. mit *sozialkritischem Akzent* und Anklängen an „Onkel Toms Hütte“. 1924 erschien die umfangreiche Tiererzählung „El potrillo roano“ (Das junge Fohlen) von B. LYNCH, die sich ebenso an Erwachsene wie an Jugendliche wendet. M. SALOTTI, Freundin und Schülerin von G. MISTRAL, von Beruf Erzieherin und Expertin für argentinische Jugendliteratur, schrieb unter dem Titel „Juguemos en el bosque“ (Wir tummeln uns im Wald) eine Serie von Umweltgeschichten. Als *wichtigster* Beitrag der modernen argentinischen Kinderliteratur werden „Las aventuras de Celendin y otros cuentos“ (1942; Die Abenteuer Celendins und andere Geschichten) der A. M. BERRY gewertet. Die Autorin versucht durch die Schilderung der verschiedenen Landschaften A.s, der Pampas und der ausgedehnten Urwälder des riesigen Landes, die ihr Held Celendin auf seinen Reisen kennenlernt, den argentinischen Kindern auf poetische Weise ihre Heimat in einer dichterisch gehaltvollen Sprache nahezubringen (vergleichbar S. LAGERLÖFS „Nils Holgerson“). Der heute *meist gelesene* argentinische Kinder- und Jugendbuchautor ist C. VIGIL mit Büchern wie „El chancito“ (Der Spaßmacher) oder „La familia Conejola“ (Die Familie Conejola), die *modernen Sachbuchcharakter* haben und von spanischen Kindern ebenso gerne gelesen werden wie von argentinischen. Häufig geht in den Kinderbüchern VIGILS durch die Überbetonung des Erzählerischen der Sachbuchcharakter verloren.

Organisationen, Förderungsmaßnahmen, Literatur zur KJL. Zwar ist A. seit 1964 Mitglied des Internationalen Kuratoriums für das Jugendbuch, besitzt aber *keine* eigene zentrale Institution, die sich mit der Förderung des Kinder- und Jugendbuches befaßt. Was auf diesem Gebiet getan wird, erfolgt aufgrund privater Initiativen oder im Rahmen der allgemeinen bildungspolitischen Anstrengungen des Staates zur Förderung des Erziehungswesens. Hier geht es zunächst um die Schaffung von Lesebüchern für die Schulen, die Förderung von Kinderfilm, Kindertheater und Puppenspiel in den Schulen und die Einrichtung von öffentlichen Bibliotheken in Zusammenarbeit mit den örtlichen Schulverwaltungen mit dem Ziel, die argentinischen Kinder an das Lesen heranzuführen und die Eltern für die Anschaffung von Büchern zu gewinnen.

D. F. SARMIENTO (1811—88), Pädagoge und Politiker, war der *erste*, der in A. auf die Bedeutung von Kinder- und Jugendbüchern im Zusammenhang mit einer fortschrittlichen Bildungspolitik hinwies. Seine Schriften „Lectura sobre Bibliotecas Populares“ (Lektionen über öffentliche Bibliotheken) und „Cuentos para niños“ (Geschichten für Kinder) gelten als wegweisend für die Entwicklung der argentinischen KJL und waren auch im übrigen spanischsprechenden Südamerika von Bedeutung.

Viele Erzieher und Autoren setzten sich mit ihren literarpädagogischen Schriften für die Förderung fortschrittlicher und guter Kinder- und Jugendbücher ein. Eine Reihe großer Verlage unterstützen diese Tendenz mit preiswerten Angeboten. G. BERDIALES schrieb eine Reihe bemerkenswerter Aufsätze zur Geschichte und Theorie der argentinischen Kinderliteratur wie „Del arte de escribir para los niños“ (1939; Von der Kunst für Kinder zu schreiben), „Nuevo teatro escolar“ (1945; Neues Schultheater), „Teatro cómico para los niños“ (1947; Lustspiele für unsere Kinder), „Nuevo ritmo de la poesio infantil“ (1943; Der neue Rhythmus in der Kinderdichtung). SCHULTZ DE MANTOVANI veröffentlichte einen Band interessanter Essays — „Sobre las hadas" (Über die Feen) — über international berühmt gewordene Kinderbuchautoren und Jugendbücher, z. B. G. B. BASILE, CH. PERRAULT, H. CHR. ANDERSEN, die Brüder GRIMM, S. LAGERLÖF, L. CARROLL, J. VERNE, den Robinson, Gulliver, Pinocchio und Peter Pan. Sie ist auch Herausgeberin der Zeitschrift „Mundo Infantil" (Kinderwelt), in der zahlreiche Aufsätze zur argentinischen Kinderliteratur erscheinen, und organisiert die Kinderfestspiele von Necochea, bei denen Kinder- und Puppentheater im Vordergrund stehen. Die Literaturwissenschaftlerin D. ETCHEBERNE gab 1962 ihre Geschichte der argentinischen Kinder- und Jugendliteratur unter dem Titel „El cuento en la literatura infantil" (Das Erzählwerk der Kinderliteratur) heraus, die besonders die Bedeutung der argentinischen Folklore für die Entwicklung der Kinderliteratur hervorhebt.

Zur Zeit sind die Mitglieder der argentinischen Sektion des Internationalen Kuratoriums für das Jugendbuch in Verbindung mit den staatlichen Institutionen für Bildung und Erziehung um die Schaffung einer Professur für die Ausbildung von Kindergärtnerinnen bemüht, in deren Lehrprogramm das Gebiet der Kinderliteratur eine wesentliche Rolle spielen soll. An der Universität in Buenos Aires wurde 1967 für die Dauer von vorerst drei Jahren eine Professur für Kinder- und Jugendliteratur geschaffen. Ein wissenschaftliches Forschungsinstitut für Jugendliteratur steht kurz vor seiner Gründung. Die argentinischen Kinder- und Jugendbuchautoren schlossen sich im Jahre 1966 zu einem einheitlichen Verband zusammen (mit vier Zweigstellen in den Provinzen). Im Rahmen der Lehrerausbildung finden regelmäßig Seminare über die Geschichte und Entwicklung der argentinischen Folklore, über Kindertheater und Kinderfilm statt. In den Provinzen werden in Gremien von Erziehern und im Rahmen der allgemeinen Volksbildung Vorträge und Seminare zum Thema Kinder- und Jugendliteratur gehalten, die vor allem die Aufgabe haben, die Eltern über gute Kinder- und Jugendliteratur zu informieren. Jährlich am 24. Juli, dem Todestag der argentinischen Kinderbuchautorin ELFLEIN, wird mit Unterstützung der Schulen und öffentlichen Publikationsmittel in ganz A. der Internationale Kinderbuchtag begangen.

Helmut Müller

Sekundärliteratur: Antologia folklórica argentina (1940). — G. Berdiales: Leyendas nuestras (1954); Nuevo ritmo de la poesía infantil (1943). — C. Bravo-Villasante: Argentina (in: C. Bravo-Villasante: Historia y antología de la literatura infantil iberoamericana. Bd. 1. 1966. 13 bis 126). — J. Carbalho Gonzales: Fábulas nativas (1936). — F. Coluccio: Diccionario folklórico argentino (1950). — J. Guillermo Huertas: El cuento y su hora (1962). — Jesualdo: La literatura infantil (1944, ^{3}1959). — E. de Lóizaga: Poesía argentina para los niños (1961). — J. Moya: Didáctica del folklore (1948). — A. Rojas de Alvarez: El niño y sus libros (1940). — D. F. Sarmiento: Ideas pedagócias (1938). — F. Schultz de Montevani: El mundo poético infantil (1944). — J. Villafañe: Los niños y los títeres (1944); Teatro de títeres (1943). *IJB*

Armand

*(d. i. Friedrich August Strubberg). Kaufmann, Arzt, Schriftsteller, Verfasser auch jugendgeeigneter Abenteuerliteratur; *18. 5. 1808 Kassel, †3. 4. 1889 Gelnhausen.*

Als Sohn eines Großfabrikanten wurde A. in einem Bremer Handelshaus zum Kaufmann ausgebildet. Vor den Folgen eines Duells floh er nach Nordamerika und kehrte nach kurzem Aufenthalt in Europa wieder dorthin zurück. Nach dem Abbruch erfolgreicher kaufmännischer Tätigkeit begab er sich in die Südstaaten und begann unter dem Namen Mr. Schubbert ein Studium der Medizin in Louisville. Als Dr. Schubbert ging A. dann nach West-Texas, wo er in der Einsamkeit und als Augenzeuge der Lebensweise der Indianer und ihrer Abwehrkämpfe gegen die Weißen zu schreiben begann. Während einiger Jahre wurde A. als „Colonialdirector" und ärztlicher Sachverständiger für den „Deutschen Fürsten- (oder sogen. Mainzer) Verein in Texas" tätig und gründete in dessen Auftrag die Städte Neubraunfels und Friedrichburg. Den 1846 beginnenden Krieg zwischen den Vereinigten Staaten und Mexiko machte A. als Beobachter und Arzt im Heere des Generals SCOTT mit. In den Büchern „Szenen aus den Kämpfen der Mexikaner und Nordamerikaner" (1859) und „In Mexiko" (4 Bde. 1865) berichtete er seine Erlebnisse. 1854 reiste A. nach Europa, um Heilung eines Augenleidens zu suchen. Inzwischen hatte der Krieg sein gesamtes Besitztum in Amerika zerstört, deshalb blieb A. in Deutschland, lebte in Kassel, Hannover, wieder in Kassel und zuletzt in Gelnhausen.

Werk, Tendenzen, Wirkung. Trotz erschwerter Lebensbedingungen arbeitete A. bis ins hohe Alter intensiv an seinen Publikationen, in denen er seinen Erlebnissen und Beobachtungen in Amerika romanhafte Gestalt gab. Bis Ende 1868 erschienen 50 Bände Romane und Jugendbücher von ihm. In der Mischung von erzähltem Geschehen und völkerkundlicher Studie ähnelten sie denen von CH. SEALSFIELD (d. i. KARL ANTON POSTL) — memoirenhaft vor allem: „In Süd-Carolina und auf dem Schlachtfelde von Langensalza" (4 Bde. 1868) und „Aus Armand's Frontierleben" (3 Bde. 1868). Seine humane Auffassung in der Frage der Sklaverei brachte A. in dem Roman „Sclaverei in Amerika oder Schwarzes Blut" (3 Bde. 1862) zum Ausdruck. Seine Bücher, Erzählung und Schilderung kunstlos verknüpfend, kamen einem breiten Publikumsgeschmack an exotischer Abenteuerliteratur aus der Neuen Welt sehr entgegen. Obwohl ihnen authentische Erfahrung von Land, Natur, Indianern und Indianerkämpfen zugrunde lag, schwand ihr Erfolg in dem Maße, wie die Bücher von K. MAY beliebtester Volkslesestoff dieser Thematik wurden. *Margarete Dierks*

Werke: Amerikanische Jagd- und Reiseabenteuer (1858); An der Indianergrenze (Bd. 1—4. 1859); Karl Scharnhorst (1863); Ausgewählte Romane (Bd. 1—7. 1894 bis 1896).

Sekundärliteratur: Armand: Aus Armand's Frontierleben (Bd. 1—3. ²1868). — P. A. Barba: The life and works of Friedrich Armand Strubberg (1913). — W. Bennecke: Aus Armand's Leben (in: Hessenland. 9. 1889. 133 bis 135 u. 10. 1889. 150—152). — L. H. Woodson: American negro slavery in the works of Friedrich Strubberg, Friedrich Gerstäcker and Otto Ruppius (Diss. 1949).

IJB

Arndt, Ernst Moritz

*Nationalpolitischer Publizist, Professor für Geschichte, Liederdichter, Märchensammler; * 26. 12. 1769 Schoritz/Rügen, † 29. 1. 1860 Bonn.*

Aus kinderreicher Bauernfamilie hervorgegangen, studierte A. zunächst Theologie in Greifswald und Jena und begann in den ersten Jahren des 19. Jh.s mit der Publikation gesellschaftskritischer und nationalpolitischer Schriften („Versuch einer Geschichte der Leibeigenschaft in Pommern und auf Rügen"; „Germanien und Europa"). Eine erste Ausgabe von Gedichten erfolgte 1804. Auf der Flucht vor der französischen Besatzung ging A. 1812 nach Petersburg und bereitete zusammen mit dem Reichsfreiherrn VOM STEIN von Rußland aus die deutsche Erhebung gegen NAPOLEON vor. Damals und besonders nach seiner Rückkehr nach Deutschland 1813 wirkte er mit kraftvoller politischer Lyrik und aufrüttelnden Prosaschriften auf die Jugend ein (u. a.: „Katechismus für den teutschen Wehr- und Kriegsmann"; „Lieder für Teutsche"). Er nahm, sympathisierend mit der revolutionären studentischen Jugend, entschieden Stellung gegen die Reaktion. Seine Professur für Geschichte, die er 1818 an der neugegründeten Universität Bonn erhalten hatte, wurde ihm daraufhin 1820 entzogen und ein Verfahren im Zuge der „Demagogenverfolgung" gegen ihn eingeleitet. Rehabilitiert und durch weitere nationalpolitische, zeitgeschichtliche, volks- und sprachkundliche Publikationen sowie durch Lieder und Märchen in Deutschland zu hohem Ansehen gelangt, zog A. als einer der ersten gewählten Volksvertreter 1848 ins Parlament der Pauluskirche ein. Als Vertreter des Gedankens der konstitutionellen Monarchie politisch enttäuscht, verließ er das Parlament mit seiner Partei (v. GAGERN), nachdem der preußische König die angebotene Kaiserwürde abgelehnt hatte.

Werk, Tendenzen, Wirkung. A.s Pädagogik. Sein pädagogisches Hauptwerk, „Fragmente zur Menschenbildung", konzipierte A. bereits 1805. Als Vertreter organischen Denkens (Ursprünglichkeit, Anschauung, Ganzheit, Fülle) verlangte er für das Kind einen Raum des freien Spiels und der Selbsttätigkeit; der Erzieher müsse dem „natürlichen Bildungsgang" vertrauen, in dessen Verlauf die „höhere Klarheit der Begriffe" als „göttliche Offenbarung des Gemütes" eintreten werde. A. geht von der Dreistufigkeit der Entwicklung aus: der Kindheit (bis zum 6. Lebensj.) kommen hauptsächlich „Ruhe und Stille" als Lebensbedingung zu; dem Knabenalter eignet „Beweglichkeit" der Weltzugewandtheit in jedem Sinne, erst für den Jüngling, „der aus der Puppe des Nichtbewußtseins heraus" ist (Fragmente II), soll Spiel in Arbeit übergeführt und ihm begriffliches Denken nahegebracht werden. Dem Jüngling sei „Einheit" wieder anders möglich als dem Kinde, nämlich als „Idee der Aufgabe". In einem 1819 erschienenen 3. Bd. zu den „Fragmenten", „Briefe an Psychidion" hat sich A. auch zur weiblichen Erziehung geäußert; für das Mädchen schloß er intellektuelle Bildung aus. Für A. bedeutet Erziehung im allgemeinen die harmonische Ausbildung aller Kräfte des Menschen. Diese Individualbildung sah er im engsten Zusammenhang mit der Volkwerdung, die er als organisches Wachstum aus „unbewußter" Bestimmtheit durch die Kräfte der Heimat als Landschaft, der Sprache als Muttersprache und der Geschichte als Bewährungsfeld zur Ausprägung des eingeborenen Volkscharakters interpretierte. In seinem von der Erweckungsbewegung (J. G. HAMANN) und J. G. FICHTES „Urvolk"-gedanken mitbestimmten lutherisch protestantischen Glauben war ihm „Volkheit" religiös begründet („Ein Volk zu sein, das ist die Religion unserer Zeit"); der Haß, den er gegen NAPOLEON und die Franzosen als die deutsche Nation unterdrückende Feinde predigte, stand ihm nicht im Widerspruch zu seinem christlichen Glauben. Durch seine mitreißenden, zu Liedern gewordenen Gedichte der Vaterlands- und Freiheitsliebe („Lieder für Teutsche", 1813, u. a. „Was ist des Deutschen Vaterland") und seine politisch auf die Erziehung und Bildung der Deutschen zu einem Volk abzielenden Schriften hat A. zeitgenössisch und posthum außerordentlich starke Wirkung ausgeübt bis in die Jugendbewegung des 20. Jh.s hinein und auf die jugendlichen Freiwilligen beider Weltkriege. In Lesebüchern und zahlreichen Anthologien für die Jugend sind lange Zeit Kernsätze und Sprüche A.s von eindringlicher Sprach- und Überzeugungskraft („Darum, o Mensch, hast du ein Vaterland, ein heiliges Land, ein geliebtes Land") von Generation zu Generation überliefert worden. L. G. RICEK ordnete A. in seinem Bande „Das deutsche Schrifttum in der Schule" (1912) unter „Die Sänger der Befreiungskriege" ein.

A.s Bedeutung in der Kinder- und Jugendliteratur. Von den zahlreichen Gedichten A.s (3 Bde.) sind viele für die Kinder des Familien- und Freundeskreises geschrieben. Sie wurden durch Anthologien und Lesebücher verbreitet. A. traf zum Teil den volksliedhaften Ton, z. B.: „Wo ist der kleine Jakob blieben?“, „Sternen-Ballade“ (als „Ballade“ häufig nachgedruckt, auch in J. KRÜSS: „So viele Tage wie das Jahr hat“, 1959, S. 196), „Die Welt tut ihre Augen zu“, zum Teil den Ausdruck inniger Frömmigkeit, z. B.: „Reime aus einem Gebetbuche für zwei fromme Kinder“, 1809. Viele seiner Kindergedichte sind für bestimmte Gelegenheiten geschrieben und jahreszeitlich gebunden („Du lieber, heiliger, frommer Christ“, vertont von G. SIEGERT, 1822; „Juchhei! Blümelein“ u. a.).

Nachhaltige Beachtung fand A. als Erzähler und Nacherzähler von Märchen und Sagen seiner Heimat, zwei Bände „Mährchen und Jugenderinnerungen“ (niedergeschrieben 1817); der 1. Teil erschien 1818 bei A.s Freund G. A. REIMER in Berlin, der auch die Kinder- und Hausmärchen der Brüder GRIMM herausgebracht hatte; die 2. verm. Aufl. des 1. Teiles erschien 1842, der 2. Teil 1843 mit 6 ganzseitigen Steindrucken von TH. HOSEMANN. Beide Bände zusammen enthielten 50 Erzählungen (20 und 30), doch bildet z. B. I/7 eine Gruppe von Sagen unter dem Titel „Die Unterirdischen“. In seinen „Erinnerungen aus dem äußeren Leben“ nennt und beschreibt A. mehrere Personen, von denen er die Märchen, Sagen und Spukgeschichten in der Jugend gehört hat; doch nahm er für sein Erzählen auch gedruckte Sagen und Volksbücher (z. B. von der „Schönen Prinzessin Magelone“, A. Schriften III) zur Vorlage und fügte Übertragungen aus Schweden ein („Der Wolf und die Nachtigall“, volksliedhafte Reimstrophen). Im 2. Teil gebraucht A. für seine Erzählungen den Ausdruck „Fabeln und Geschichten“, auch „Leuschen“, läßt persönliche Erinnerungen an Menschen und Orte hineinspielen und bringt viele als unvollständige Rahmenerzählungen (23) in plattdeutscher Mundart (teilweise mit ungemäßen Neubildungswörtern). Vorbild war ihm sein Landsmann PH. O. RUNGE (1777—1810), der zwei niederdeutsche Märchen zu den „Kinder- und Hausmärchen“ beigetragen hatte. Die Brüder GRIMM lobten an A.s Märchen die „eigene und lebendige Darstellung“; doch wirken sie nicht durchweg anschaulich und natürlich; A. fügte manche Belehrung im demokratischen Sinne und Anspielungen auf aktuelle politische Vorgänge ein. Interessant sind einige Varianten zu Märchen der Sammlungen von GRIMM und L. BECHSTEIN (Das Lügenlied; Der starke Hans; Das tapfere Schneiderlein; Aschenbrödel). A. sammelte und übersetzte auch schwedische, englische und schottische Volkslieder und -erzählungen und teilte „Volkslieder von der Insel Rügen“ mit (in: Wünschelrute, ein Zeitblatt, 1818, Nr. 46, 50, 51). An der Volkspoesie des Nordens schulte er die eigene Sprache.

In verschiedenen Ausgaben für die Jugend sind einzelne Märchen A.s bis ins 20. Jh. häufig nachgedruckt worden, u. a. in der Reihe „Der Schatzgräber“ (Nr. 35), und in „Deutsche Jugendbücher“ (Nr. 156) beide hrsg. vom Dürerbund. Eine Übersetzung „Fairy Tales from the Isle of Rügen“ erschien 1896 in London; der amerikan. Dichter J. GREENLEAF WHITTIER übertrug in Gedichtform „The brown Dwarfs of Rügen“, die wiederum 1906 verdeutscht wurde von CL. SCHULTZ. Im Handwörterbuch des Deutschen Märchens (Bd. I, 1930) hat E. GÜLZOW eine Bestimmung von A.s Erzählungen nach „echten“ Märchen, solchen mit „märchenhaften Zügen“, nach Sagen und Lokalgeschichten vorgenommen. Seit 1945 hat das Interesse an A.s Schriften stark nachgelassen. Doch veranstaltete zu ihrer 500-Jahresfeier 1956 die Universität Greifswald eine Ausstellung „Ernst Moritz Arndt, Dokumente seines Lebens und Wirkens“.

Margarete Dierks

→ Nationalerziehung, → Romantik

Werke: Mährchen und Jugenderinnerungen (Bd. 1 u. 2. 1818 u. 43); Abenteuer des Johann Dietrich (1848); H. Meisner (Hrsg.): Werke (Bd. 1—8. 1892—1905); Ausgewählte Werke (Bd. 1—16. 1908); A. Leffson u. W. Steffens (Hrsg.): Werke (Bd. 1—4. 1921).

Sekundärliteratur: E. M. Arndt: Ein Lebensbild in Briefen (1898). — R. Fahrner: Arndt (1937). — M. Friedmann: E. M. Arndts Patriotismus in seiner humanistischen Epoche (Diss. 1923). — R. Haym: Nachruf auf E. M. Arndt (in: Preußische Jahrbücher. 4. 1860. 470—512). — I. Ibbeken: E. M. Arndt und die christlich germanische Bewegung seiner Zeit (1937). — H. Kohn: Arndt and the character of German nationalism (in: American Historical Review. 4. 1948/49. 787—803). — R. Krügel: Der Begriff des Volksgeistes in E. M. Arndts Geschichtsanschauung (Diss. 1914). — E. Müsebeck: Ernst Moritz Arndt (1914). — A. G. Pundt: Arndt and the nationalist awakening in Germany (1935). — A. Ritter: Die Frage der Bewußtheit in der Erziehung des einzelnen und des Volkes bei E. M. Arndt (1939).

IJB

Arnim, Achim von

*(eigentl. Ludwig Joachim). Schriftsteller, zeitkritischer Publizist, Sammler überlieferter Volksdichtung, Herausgeber der „Zeitung für Einsiedler“, Mitherausgeber der Sammlung „Des Knaben Wunderhorn“, Hauptvertreter der späteren (Heidelberger) Romantik; * 26. 1. 1781 Berlin, † 21. 1. 1831 Wiepersdorf/Mark.*

In Halle und Göttingen betrieb A. naturwissenschaftliche Studien, in Leipzig traf er mit L. TIECK zusammen. Er bereiste das Rheingebiet, Tirol und die Schweiz und hielt sich auch in Paris, in England und Schottland auf; 1804—05 weilte er mit CL. BRENTANO in Berlin (erste Begegnung 1801) und erarbeitete in den folgenden Jahren mit ihm zusammen in Heidelberg die erste umfassende Sammlung alter und neuer deutscher Volkslieder. Sie erschien mit dem Titel „Des Knaben Wunderhorn“ 1805—08; der „Anhang“ (dritter Teil) war eine

Kinderliedersammlung, deren Reime und Gedichte nach und nach vereinzelt in zahlreiche Anthologien für Kinder und zum Umgang mit Kindern aufgenommen wurden. Seit 1808 in Berlin lebend, wurde A. 1811 Mitbegründer der spätromantisch konservativen Christlich-deutschen Tischgesellschaft. Er heiratete 1811 die Schwester seines Freundes A. E. BRENTANO — gen. Bettina — und lebte mit seiner Familie nach den Freiheitskriegen auf seinem Gut Wiepersdorf b. Dahme.

Werk, Tendenzen, Wirkung. A.s seit seinen Lebzeiten umstrittene, vielfach abwertend kritisierte Erzählkunst ist erst in jüngster Zeit mehr gewürdigt worden. W. RASCH mißt ihr einen eigenständigen Rang zu, da sie auf „Invention" beruhe, frei fabuliere und das Exzentrische und Groteske einbeziehe (vgl. „Achim von A.s Erzählkunst" in: DU, 1955, H. 2, S. 38—55). Sein Werk hat wenig unmittelbaren jugendliterarischen Bezug, es war mehr indirekt fruchtbar im Geiste der Hochromantik, die Volksdichtung und Reichsgeschichte in das Nationalbewußtsein einführte, z. B. A.s Roman „Die Kronenwächter", I, 1817; II aus dem Nachlaß, 1854. Unter den zuletzt erschienenen Lehrplänen der Gymnasien (1963—65) verzeichnet allerdings der niedersächsische in seinen Lektürevorschlägen (Schuljahre 11—13) A.s Erzählung „Der tolle Invalide auf dem Fort Ratonneau". In der 18. Folge der „Zeitung für Einsiedler" (vom 31. 5. 1808) hat A. ein „Lehrgedicht an die Jugend" veröffentlicht (abgedr. in „Trösteinsamkeit", Bd. 3 Sämtl. Werke hrsg. von R. STEIG, 1911).
Von 1808 bis zu seinem Tode blieb A. den Brüdern GRIMM freundschaftlich verbunden. Bei all seiner tätigen Anteilnahme stand er jedoch den KHM auch in hohem Maße kritisch gegenüber. Er teilte vor allem J. GRIMMS kraß wertende Unterscheidung von Natur- und Kunstpoesie nicht. Gegenüber der Vorstellung von einer metaphysisch-mythischen Volksüberlieferung als Zeugnis einer Uroffenbarung sah A. in allen Dichtungen und zu jeder Zeit geschichtliche Individualisierungen und hob zeitgenössisches Dichten auf den gleichen Rang mit der Volksdichtung. Daher verteidigte er auch BRENTANOS Märchenbearbeitungen gegen die Angriffe J. GRIMMS, der „Sammeln und Dichten" für miteinander unverträglich erklärte. A.s Vorwurf, die KHM seien eigentlich keine Kindermärchen, fand in der Sache Zustimmung, sein Vorschlag jedoch, dem Titel hinzuzufügen: „für Eltern zum Wiedererzählen nach eigener Auswahl" (Brief von Ende Dezember 1812), wurde von J. GRIMM entschieden zurückgewiesen. *Harald Riebe*

→ Anthologie, → B. v. Arnim, → Cl. Brentano, → J. Grimm, → Märchen, → Romantik

Werke: Des Knaben Wunderhorn (Bd. 1—3. 1805 bis 1808); W. Grimm (Hrsg.): Sämtliche Werke (Bd. 1—6. 1839 u. 40); W. Grimm (Hrsg.): Sämtliche Werke (Bd. 1 bis 22. 1853—56).

Sekundärliteratur: W. A. Berendsohn: Achim von Arnim und die Volksmärchen (in: Handwörterbuch des deutschen Märchens. Bd. 1. 1930/33. 120—122). — K. Bode: Die Bearbeitung der Vorlagen in Des Knaben Wunderhorn (1909). — M. Carriere: Achim von Arnim und die Romantik (1841). — R. Guignard: Achim von Arnim (1936). — M. Hrozny: Achim von Arnim und Clemens Brentano (Diss. 1926). — O. Mallon: Arnim-Bibliographie (1925). — G. C. Schmidt: Der Rattenfänger von Hameln im Wunderhorn (in: Studien zur vergleichenden Literaturgeschichte. 1. 1908. 125—127). — I. Seidel: Achim von Arnim (1944). — R. Steig: Achim von Arnim und die ihm nahe standen (Bd. 1—3. 1894—1914). — A. Stockmann: Die jüngere Romantik (1923). *IJB*

Arnim, Bettina von

*(eigentl. Anna Elisabeth). Schwester des Dichters Cl. Brentano, Schriftstellerin, verfaßte auch Märchen; * 4. 4. 1785 (nach dem Kirchenbuch 1788) Frankfurt a. M., † 20. 1. 1859 Berlin.*

In den Jahren 1794 bis 1801 wurde B. v. A. im Kloster Fritzlar erzogen; danach lebte sie bei ihrer Großmutter (S. v. LA ROCHE) in Offenbach, dann bei ihrer Schwester GUNDA in Marburg. Dort begann ihre Freundschaft mit KAROLINE V. GÜNDERODE (1780—1806); den Briefwechsel mit ihr gab sie, bearbeitet, 1840 heraus. Im Jahre 1806 lernte sie die Mutter J. W. VON GOETHES kennen, zeichnete deren Erinnerungen an die Kindheit des Sohnes auf und verarbeitete sie zusammen mit den persönlichen Erinnerungen aus ihrer Beziehung zu GOETHE (Besuche in Weimar 1807, 1810, 1811 und 1824 und 1826) zu dem dreibändigen Briefroman „Goethes Briefwechsel mit einem Kinde" (1835). Seit 1810 in Berlin lebend, heiratete B. 1811 den Freund ihres Bruders, ACHIM VON A., den sie seit 1808 kannte. Die freundschaftliche Beziehung der beiden zu den Brüdern GRIMM fand durch die Widmung des ersten Exemplares der 1. Ausgabe der „Kinder- und Hausmärchen" deutliche Bestätigung: „An die Frau Elisabeth von Arnim für den kleinen Johannes Freimund, Weihnachten 1812". Nach glücklichem Familienleben auf dem Gute der A.s in Wiepersdorf kehrte B. v. A., verwitwet und Mutter von sieben Kindern, 1831 nach Berlin zurück. Sie pflegte lebhafte Verbindung mit vielen bedeutenden Persönlichkeiten *(literarischer Salon),* wirkte *karitativ* und *sozialpolitisch* und hatte selbst bis zu ihrem Tode einen harten Existenzkampf zu führen.

Werk, Tendenzen, Wirkung. In den Jahren nach 1831 entfaltete B. v. A. ihre literarische Tätigkeit; sie trat *für die Rechte der Frau* ein und entwickelte seit der Julirevolution sozialpolitisches Engagement im Einsatz für die schlesischen Weber (1844), die polnischen Revolutionäre, für die Armen und Kriegsverletzten (Schreiben an König FRIEDRICH WILHELM IV.; „Das Armenbuch", 1844, blieb damals unveröffentlicht). 1843 erschien ihre Schrift „Dies Buch gehört dem König". Darin ließ sie in einer dialogisch gefaßten Erzählung „Frau Rath reist nach Darmstadt“ die Mutter GOETHES ihre (z. T. authentische) Lebensweisheit und Gesellschaftskritik aussprechen. G. BÄUMER (1873 bis 1954) griff in ihrer jugendgeeigneten Darstellung „Frau Rath Goethe, die Mutter der Weisheit“ (1949) darauf zurück. — Auch zum Märchenschaffen der Romantiker leistete B. v. A. ihren Beitrag. Schon 1808 hatte sie zwei kleine Erzählungen im Märchenton für ACHIM v. A. aufgezeichnet: „Hans ohne Bart“ (nach Frau Lehnhart in Frankfurt a. M.) und die Legende „Die blinde Königstochter“ (nach Prof. ARNOLD in Straßburg). Alle ihre Märchen wurden zusammen mit denen ihrer Töchter ARMGART und GISELA v. A. 1965 von G. KONRAD herausgegeben. B. v. A.s Märchen „Der Königssohn“ wird ein gewisses jugendliterarisches Interesse zugesprochen. A. BERENDSOHN („B. von Arnim und das Volksmärchen“ in: Handwb. des dt. Märch.s 1930) bemerkt freilich dazu, daß dies Märchen um einer Idee willen (Gegenüberstellung von Menschen- und Tierreich) geschrieben, daß die Handlung schwach entwickelt und „stark überwuchert“ sei von „Zustands-, Landschafts- und Gemütsschilderungen“. Positiver äußerte sich R. STEIG, der das 1808 aufgezeichnete Märchen über einhundert Jahre später bekannt machte: „Überraschend wirkt die schlichte Art des Märchenvortrags, den B. v. A. rein durch das Gefühl fand, ehe er von den Brüdern GRIMM in langsamem Fortschritt ihrer sich folgenden Ausgaben mit Kunstabsicht ausgebildet und festgestellt wurde“ (in: Westermanns Monatshefte, Jg. 57, Bd. II, S. 556). Die sehr umfangreiche Märchenerzählung „Das Leben der Hochgräfin Gritta von Rattenzuhausbeiuns“ verfaßte B. v. A. zusammen mit ihrer Tochter GISELA, vermutlich in der Zeit zwischen 1844 und 48. Sie wurde zum ersten Male 1926 in einer von O. MALLON besorgten und kommentierten Ausgabe publiziert. BERENDSOHN weist auf die Kindertümlichkeit dieses Märchenromans hin: Kinder sind die Helden, die Sprache ist vielfach kindertümlich, die Handlung meist flott und spannend, „so daß vieles sich wie ein Spiel ausnimmt, das lustig endet“. B. v. A. hat in dieser Erzählung viel Selbsterlebtes und Zeitgeschichtliches ins Märchenhafte umgesetzt; neben Erinnerungen an beliebte Jugendbücher (etwa J. SWIFT, D. DEFOE, Tausendundeine Nacht) finden sich auch literarische Anklänge an ACHIM v. A., CL. BRENTANO, A. VON CHAMISSO, die dem kindlichen Verständnis Schwierigkeiten bereiten dürften. Behutsam gekürzt und bearbeitet von A. GARBISCH, erschien der Text als Kinderbuch (1968) mit dem Titel „Gritta von Rattenzuhausbeiuns. Ein Märchenroman“, illustriert von R. JESSEL. In ihrem Nachwort hebt A. GARBISCH stärker die *gesellschaftskritische Tendenz* und *ironischen Anspielungen* auf politische Verhältnisse und geschichtliche Ereignisse hervor; G. KONRAD räumt in seinem Nachwort zu den „Märchen“ gleichfalls die „Andeutungen geschichtlicher Wirklichkeit“ im „Gritta“-Märchenroman ein, weist aber dazu literarisch differenzierend auf die Zusammenhänge dieser „Märchendichtung sui generis“ (S. 225) mit der spätromantischen Literatur hin und wertet sie als „Märchendichtung oder -roman, wo die Grenzen zwischen Wirklichkeit und Traum verfließen“. *Margarete Dierks/Harald Riebe*

→ A. v. Arnim, G. v. Arnim, → Cl. Brentano, → Märchen, → Romantik

Werke: Sämmtliche Schriften (Bd. 1—11. 1853); W. Oehlke (Hrsg.): Sämtliche Werke (Bd. 1—7. 1920 bis 1922); G. Konrad (Hrsg.): Werke und Briefe (Bd. 1—4. 1959—1963); Märchen (1965; zus. mit A. von Arnim und G. von Arnim).

Sekundärliteratur: C. Alberti: Bettina von Arnim (1885). — E. von Arnim: Die Andacht zum Menschenbild (1924). — E. von Arnim u. J. W. von Goethe: Bettinas Leben und Briefwechsel mit Goethe (1927). — E. von Arnim: Bettina von Arnim (1953). — W. A. Berendsohn: Bettina von Arnim und das Volksmärchen (in: Handwörterbuch des deutschen Märchens. 1. 1930/33. 122—124). — C. Kahn-Wallerstein: Bettine (1952). — O. Mallon: Bettina-Bibliographie (in: Imprimatur. 1933. 141—156); Bibliographische Bemerkungen zu Bettina von Arnims sämtlichen Werken (in: Zeitschr. f. deutsche Philologie. 4. 1931. 446—465). — I. Seidel: Bettina (1944, [2]1948). — R. Steig: Achim von Arnim und Bettina Brentano (1913). — H. Wyss: Bettina von Arnims Stellung zwischen der Romantik und dem Jungen Deutschland (1935).

IJB

Arnim, Gisela von

*Verfasserin von Märchen und Dramen; *30. 8. 1827 Berlin, †4. 4. 1889 Florenz.*

Als jüngste Tochter ACHIMS und BETTINAS v. A. lebte G. v. A. nach dem Tode des Vaters 1831 mit der Mutter und den Geschwistern auf den elterlichen Gütern Wiepersdorf und Bärwalde. Von 1836 an wieder in Berlin, doch häufig auf Reisen mit der Mutter, wuchs sie in die biedermeierlichen Gesellschaftskreise hinein. Sie nahm an deren die literarischen und künstlerischen Liebhabereien kultivierendem Leben, besonders im Zirkel des „Kaffeter“ (1843—48), vom 14. Lebensjahr an teil. Hier wurde sie zur Niederschrift von Märchen angeregt und pflegte im Zusammenleben mit ihrer Mutter ihre dichterische Begabung. Seit 1841 verband sie eine enge Freundschaft mit dem Kulturhistoriker und Schriftsteller H. GRIMM (1828 bis 1901, ältester Sohn von W. GRIMM), mit dem sie 1859 die Ehe schloß. Mit ihm teilte G. v. A. ein tätiges, an Verbindungen mit bedeutenden Menschen (u. a. R. W. EMERSON, E. MÖRIKE, J. JOACHIM, CHR. E. v. HOUWALD, R. STEIG) reiches Leben in Berlin und auf Reisen. Kurz nach Vollendung ihres Dramas „Alt Schottland“ (1889) in Rom erkrankte sie und starb nach der Übersiedlung nach Florenz.

Werk, Tendenzen, Wirkung. G. v. A. hat für einen beschränkten Kreis in ihrer Zeit geschrieben. Ihre Dramen, in denen sie mehrfach von den Brüdern GRIMM veröffentlichte Sagenstoffe bearbeitete (4 Bde. Dramen, 1857—75), und das von ihrem Mann 1889 posthum mit biographischer Skizze herausgegebene Drama „Alt Schottland" wurden wenig bekannt. Ihre Märchen erschienen nicht als Literatur für Kinder, lediglich „Das Pfefferkuchenhaus, ein süßes Zuckermärchen" wurde als Kinderbuch von W. OEHLKE 1946 aus Familienbesitz herausgegeben. Jedoch sind G. v. A.s „wirklichkeitsmärchenhafte" Erzählungen: „Aus den Papieren eines Spatzen, Märchen für eine Morgenstunde" (1848) und „Mondkönigs Tochter, Märchen für eine Abendstunde" (1844), beide unter dem Ps. MARILLA FITTCHERSVOGEL zuerst gedruckt, dann zusammen mit dem Märchen ihrer Schwester ARMGART v. A. (1821—80) „Das Heimelchen, Dämmermärchen von Allerleirauh aus der Familie der Heimeli" in dem Bande „Drei Mährchen" 1849 in dem Verlag der ARNIMS erschienen, heute interessant als Zeugnis jugendlichen Schreibens unter dem Einfluß der biedermeierlichen Gesellschaftskultur im Berlin der Vormärzzeit. Dazu wirkte besonders auf G. v. A. die Literatur der Romantik ein. Mit den KHM der Brüder GRIMM war sie aufgewachsen, die Märchen der Romantiker las sie bereits im Kindesalter. Aus diesem Umkreis der Volks- und Kunstmärchen übernahm sie verschiedene Figuren und Motive (z. B. aus E. T. A. HOFFMANNS „Lebensansichten des Katers Murr" in die „Papiere eines Spatzen") und variierte sie nach eigener Phantasie, erzählerisch anschaulich, z. T. autobiographisch verknüpft und mit humorvoller Allegorisierung wirklicher Verhältnisse und Gestalten. Als kaum Zwanzigjährige war G. v. A. Zeitgenossin der politischen Unruhen, deren soziale Ursachen sie durch ihre unerschrocken gegenüber dem König auftretende Mutter erfuhr. In ihren von eigenen Erinnerungen durchzogenen, an zeitgeschichtlichen Details reichen dramatischen Erzählung „Wie es unterdessen daheim war" (1871) wird eine kosmopolitische Tendenz deutlich. Zusammen mit BETTINA v. A. hat sie (vermutlich zwischen 1844 und 48) den vorwiegend in kindertümlicher Sprache gehaltenen Märchenroman „Das Leben der Hochgräfin Gritta von Rattenzuhausbeiuns" verfaßt, der erst 1926 von O. MALLON herausgegeben wurde. Auf die entstehungsgeschichtliche und geistige Zugehörigkeit der Märchen G.s v. A. zum Biedermeier weist nachdrücklich vor allem G. KONRAD in seiner Ausgabe der Märchen hin (S. 232). *Margarete Dierks*

→ B. v. Arnim, → Biedermeier

Werke: Mondkönigs Tochter (1844); Aus den Papieren eines Spatzen (1848); Das Heimelchen (1848); Drei Mährchen (1849; NA. 1853); Das Leben der Hochgräfin Gritta von Rattenzuhausbeiuns (1926; zus. mit B. v. Arnim); Das Pfefferkuchenhaus (1946); Märchen der Bettine, Armgart und Gisela von Arnim (1965; zus. mit B. v. Arnim, A. v. Arnim).

Sekundärliteratur: L. Dramaliewa: Gisela von Arnim (Diss. 1925).— G. Konrad: Nachwort (in: Arnim: Märchen der Bettine, Armgart und Gisela von Arnim. 1965. 221 bis 233). — J. Werner: Die Schwestern Bardua (1929).

IJB

Artemis Verlags-AG

Zürich und Stuttgart. Derzeitiger Leiter: Dr. Br. Mariacher (* 1922).
Hauptsächliche Verlagsgebiete im Bereich der Kinder- und Jugendliteratur: ausschließlich Bilderbücher.
Autor: M. Bolliger u. a.
Illustratoren: H. Fischer, J. Trnka, C. Piatti u. a.
Verlagsgeschichte. Dr. Fr. Witz (* 1894) gründete 1943 den Verlag, dessen kritische Ausgaben der Werke von C. Spitteler und J. W. von Goethe besonders bekannt sind. Im Jahre 1964 übernahm die Artemis Verlags-AG den Verlag für Architektur von H. Girsberger, der sich besonders der Avantgarde unter den Architekten angenommen hatte. Bedeutend sind hier u. a. die Veröffentlichungen zum Werk von Le Corbusier. 1967 ging der Alfred Druckenmüller Verlag, ehemals J. B. Metzlersche Verlagshandlung, in den Besitz der Artemis Verlags-AG über, womit sich das Programm des Verlages vor allem um Schriften zur Antike erweiterte.

Asbjørnsen, Peter Christen

*Norwegischer Folklorist; * 15. 1. 1812 Oslo, † 6. 1. 1885 ebenda.*

Der Forstmeister und Naturwissenschaftler A. kam schon früh mit Jägern, Hirten, Holzfällern und Fischern seiner Heimat in Berührung. Angeregt von den KHM der Brüder GRIMM, mit denen er auch im Briefwechsel stand, interessierte er sich für die Märchen und Sagen, die ihm auf seinen Wanderungen erzählt wurden. Zusammen mit seinem Jugendfreund, dem späteren religiösen Lyriker und Bischof in Kristiansand, J. MOE (1813 — 82), begann er mit dem Sammeln und Aufzeichnen der Märchen und Sagen seiner Heimat und blieb Zeit seines Lebens dem Studium der Folklore verbunden.

Werk, Tendenzen, Wirkung. In den Jahren 1841 bis 44 brachte A. mit MOE die erste Ausgabe seiner „Norske Folkeeventyr" (Norwegische Volksmärchen) heraus. Die 2. Auflage erfolgte schon 1852, weitere Auflagen in den Jahren 1866, 1868 und 1874. In den Jahren 1859—66 erschienen, diesmal von A. als Alleinhrsg., „Norske Huldre-eventyr og Folkesagn I—II" (Norwegische Zwergenmärchen und Volkssagen). Auch davon gab es schon 1859 eine zweite Auflage, 1870 folgte die dritte. Im Jahr

1871 schließlich kamen die „Norske Folkeeventyr. Ny Samling“ (Norwegische Volksmärchen. Neue Sammlung) heraus.
Alle Märchen A.s zeichnen sich aus *durch derbe, bäuerliche Sprache*, durch entwaffnende Offenherzigkeit und *enge Verbundenheit mit der norwegischen Landschaft.* Sie zeigen ferner verwandte Züge mit den GRIMMschen Märchen, vor allem solche aus der ersten von A. und MOE gemeinsam herausgegebenen Sammlung „Norske Folkeeventyr“ (z. B. die Stücke „Vom Riesen, der sein Herz nicht bei sich hatte“, „Marienkind“ und „Meisterdieb“). Die besondere Eigenart von A.s Märchen ist die enge Verquickung zwischen der Welt der Berg-, Wald- und Meergeister, die als Trolle oder Hulde die Märchen A.s bevölkern, und dem Leben der norwegischen Bauern (vgl. „Norske Huldreeventyr og Folkesagn“). Die Geschichte von Per Gynt, dem kühnen Schützen von Kvam und dessen unheimlicher Begegnung mit dem „großen Krummen von Etnedal“ gab H. IBSEN Stoff und Anregung für seine gleichnamige Dramatisierung. In der von A. allein herausgegebenen Sammlung „Norske Huldreeventyr og Folkesagn“ erzählt der Verfasser anschaulich, wie er jeweils zu der vorgestellten Geschichte kam, in welcher Umwelt sie ihm berichtet wurde und verflicht Rahmenhandlung, Landschaftsschilderung und eigentliches Märchen so stark miteinander, daß sich die einzelnen Teile nicht mehr klar voneinander scheiden lassen.
In Norwegen genießen die Märchen A.s seit ihrem ersten Erscheinen das gleiche hohe Ansehen und die gleiche Verbreitung wie die GRIMMschen KHM in Deutschland. Von großer Bedeutung für die Entwicklung einer eigenständigen norwegischen Sprache wurden A.s Märchen durch seinen *Versuch, die bisher nur als Umgangssprache benutzten bäuerlichen Dialekte zu einer einheitlichen Sprache, dem Landsmal, zu fixieren* und so mitzuhelfen, die Vorherrschaft der dänischen Sprache zu brechen.
Die *Übersetzung* der Norwegischen Volksmärchen A.s in andere Sprachen war aufgrund der Eigenart der Sprache und Bezeichnungen nicht leicht. Dennoch fanden A.s Märchen auch im Ausland weite Verbreitung. Bald nach dem Erscheinen wurden sie ins Dänische, Schwedische, Russische und Französische übersetzt. In Deutschland erschien schon 1847 die erste Übersetzung der ersten Sammlung mit einem Vorwort von L. TIECK. In England erschien 1859 die Übersetzung des Reisenden und Lehrers SIR G. WEBBE DASENT unter dem Titel „Popular Tales from the Norse“. Während diese Sammlung sich vorwiegend an Erwachsene richtet, folgte 1862 eine „Selection from Popular Tales of the Norse“ DASENTS, die sich an Kinder wandte.

Helmut Müller

→ Märchen, → Norwegen

Werke: Norske Folkeeventyr (1841—44; zus. mit J. Moe; dt. Norwegische Volksmärchen, 1847); Norske Huldreeventyr og Folkesagn (1845—48; dt. Auswahl norwegischer Volksmärchen und Waldgeistersagen, 1881); Norske Folkeeventyr. Ny Samling (1871).

Sekundärliteratur: K. Liestøl: P. Chr. Asbjørnsen. Mannen og Livsverket (1947).

Aschendorffsche Verlagsbuchhandlung

Münster/Westf. Derzeitige Leiter: Dr. A.-W. Hüffer (* 1928) und M. Hüffer (* 1931).
Hauptsächliche Verlagsgebiete im Bereich der Kinder- und Jugendliteratur: Sachbücher zur Erdkunde und Geschichte, Berichte über Entdeckungs- und Forschungsreisen, Abenteuerbücher und Schulbücher für alle Schularten.
Autoren: W. Bixby, J. Buchan, E. Coatsworth, Fr. Gerstäcker, A. Henze, E. S. Lampman u. a.
Verlagsgeschichte. W. Aschendorff (1675—1729) begann vermutlich 1720 als Verleger Erbauungs- und Gebetbücher herauszugeben. Sein Enkel A. W. Aschendorff († 1804) schuf die Grundlage für den Ausbau des Verlages, der 1762 eine eigene Druckerei erhielt und 1763 mit dem „Münsterschen Intelligenz-Blatt“ die Tradition eines Zeitungsverlages begründete. Unter E. Hüffer (1813—99), dem Sohn J. H. Hüffers (1784—1855), erweiterte der Verlag, der bis dahin in erster Linie Beiträge zur kath. Theologie veröffentlicht hatte, sein Programm mit Publikationen zur Geschichte und Naturwissenschaft. Ferner erschien ab 1852 die Zeitung „Münsterischer Anzeiger“. Erst das Dritte Reich unterbrach die Tradition dieses Blattes. Bombenangriffe und eine Brandstiftung wenige Tage nach dem Waffenstillstand zerstörten die Anlagen und Lagerbestände des Verlages. Der in den Nachkriegsjahren wiederaufgebaute Verlag gibt heute neben wissenschaftlichen Publikationen und der regional bekannten Tageszeitung „Westfälische Nachrichten“ Schulbücher und Sachbücher verschiedener Thematik sowie Abenteuerbücher für Jugendliche heraus.

Asscher-Pinkhof, Clara

*Jüdische Pädagogin, Verfasserin von Jugendbüchern und pädagogischen Schriften; *1896 Amsterdam.*

A. stammt aus einer kinderreichen Familie, wurde Lehrerin und lebte bis 1941 in Groningen. Infolge der deutschen Besetzung Hollands war sie dann gezwungen, nach Amsterdam überzusiedeln. Dort unterrichtete sie jüdische Kinder, die öffentliche Schulen nicht mehr besuchen durften und bald den gelben Stern als Erkennungszeichen tragen mußten. Mit einer Gruppe jüdischer Familien, dann nur mit deren Kindern teilte A. den Weg durch die nationalsoz. Konzentrationslager bei Drentse, Westerbork, zuletzt Bergen-Belsen. Durch einen Austausch von Gefangenen und Lagerinsassen im Juli 1944 gelangte A. nach Palästina; sie arbeitete dort zuerst in einem Kibbuz, später als Lehrerin für Hebräisch in der Erwachsenenbildung. 1962 wurde sie für ihr Buch „Sternkinder" mit dem Deutschen Jugendbuchpreis ausgezeichnet.

Werk, Tendenzen, Beurteilung. Bereits mit 14 Jahren schrieb A. Gedichte und begann an Kinderzeitschriften mitzuarbeiten. Später veröffentlichte sie zunächst pädagogische Schriften. 1935 erschien ihr erster Roman „Der Weg allein". Ihr erstes Mädchenbuch „Am Ufer" war 1932 bei einem Wettbewerb ausgezeichnet worden. Das Buch „Sternkinder" war in Holland schon 1946 und 1948 erschienen („Sterrekinderen"). Nicht in Ich-Form geschrieben und ohne jede Namensnennung Kindergestalten lebendig verdeutlichend, ist es in klarer, unpathetischer Sprache der eindrucksvolle Erlebnisbericht des Leidensweges der jüdischen Kinder durch die KZ-Lager, den A. begleitete. Für die deutsche Bearbeitung und Übersetzung (aus d. Holländ. von W. NIEMEYER) schrieb E. KÄSTNER ein stark beachtetes Vorwort, das den Dokumentarwert des Buches neben den des Tagebuches der ANNE FRANK stellt. — Von A. ist außerdem „Tirza, ein Mädchen aus dem Kibbuz" ins Deutsche übersetzt worden (R. ROSTOCK, 1960). Auch in dieser Form der fortlaufenden Erzählung gelingt es A., die Wirklichkeit einer besonderen Umwelt zu verdeutlichen.

→ A. Frank

Werke: Van twee Joodsche vragertjes (1920); Een dappere jongen (1924); Het eerste tandje (1924); Wij zijn er zoo blij mee! (1924); Drie muschjes (1927—28); Het nieuwe broertje (1927—28); Toen moeder klein was (1927—28); Door's groeitijd (1929); Om stil te luisteren (Bd. 1/4. 1930); Rozijntje (1931); Aan wal (1932); Tante Griet (1934); Rozijntje van huis (1935); De weg alleen (1935; dt. Der Weg allein, 1935); Tineke en wat ze zoo'n heelen dag doet (1936); Voor een schuit met violen (1936); Graddus (1938); Roep deze Shoenammietische (1938); Sterrekinderen (1946; dt. Sternkinder, 1961); Tirtsa (1952; dt. Tirza, 1960); De koopbrief (1953); Ha-shir she-halakh letayel (1956).
Übers.: E. F. Lattimore: Kleine Sjang (1936); E. F. Lattimore: Kleine Sjang en zijn vriendjes (1936); K. Tozer: Mumfie's avontuurlijke reis (1938); E. F. Lattimore: Junior, het negerjongetje (1939); E. F. Lattimore: Kleine Sjang en de konijntjes (1957); E. F. Lattimore: Kimi (1959); E. F. Lattimore: De reis van Ching Lai (1959); E. F. Lattimore: De boeken van Kleine Sjang (1967).

Sekundärliteratur: C. Asscher-Pinkhof: De danseres zonder benen (1966, ^{8}1968). *IJB*

Assoziation

Die A., d. i. die Verknüpfung neuer Eindrücke mit bereits vorhandenen Vorstellungen und Begriffen, spielt bei dem Erfassen und Verstehen eines Lesestoffes eine wichtige Rolle. Sie wurde deshalb in theoretischen Erörterungen auch zur Kinder- und Jugendliteratur seit dem 18. Jh. immer wieder berücksichtigt.

Begriff und Bedeutungswandel. Die A. ist als Phänomen schon von ARISTOTELES beschrieben worden. Er nennt 3 Arten der Verknüpfung: a) Ähnlichkeit, b) Kontrast, c) räumliche und zeitliche Kontiguität. — Diesen fügte TH. BROWN (1748 bis 1820) die sekundären A.s-Gesetze hinzu: 1. die Dauer des ursprünglichen Eindrucks, 2. seine Lehrhaftigkeit, 3. die Häufigkeit seiner Wiederholung, 4. seine Frische, 5. das Fehlen konkurrierender Eindrücke, 6. konstitutionelle Unterschiede der Eindrucksempfänger, 7. deren jeweilige Gemütslage, 8. deren körperlicher Zustand, 9. deren Lebensgewohnheiten. — Seit der Aufklärung gehört die A. zu den am besten erforschten Gebieten der Psychologie (J. LOCKE, D. HUME, TH. BROWN, J. F. HERBART, H. EBBINGHAUS, G. F. MÜLLER, S. FREUD, C. G. JUNG u. a.). Die sog. A.spsychologie befaßte sich mit der Erforschung der Gesetze der assoziativen Verknüpfung und den Indikationsmöglichkeiten seelischer Störungen (z. B. durch Reizwort-Methode). Sie hat Anteil an der Entwicklung des Behaviorismus und der Tiefenpsychologie, *beeinflußte* auf lange Zeit die *Pädagogik* und von da aus auch *Inhalt, Gestaltungsformen und Beurteilungskriterien der Jugendliteratur.* Eine Gegnerschaft erstand der A.spsychologie in der *Gestaltpsychologie* (W. DILTHEY u. a.). Durch die Kunsterziehungsbewegung, insbes. die Jugendschriftenbewegung, wurde sie auch auf den Bereich der Kinder- und Jugendliteratur übertragen. Jedoch ist die literaturpädagogische Forderung nach Bereitstellung von A.smöglichkeiten und Beachtung der A.sgesetze in der Kinder- und Jugendliteratur nie verstummt. Heute wird sie teilweise im Begriff der Kindgemäßheit miterfaßt. Allerdings sind die neuesten, sehr gut abgesicherten Forschungsergebnisse der A.spsychologie für die Bereiche der Jungleserpsychologie und der Literarpädagogik noch nicht ausgewertet.

Berücksichtigung der A.sgesetze in Elementarwerken. Ein Großteil der philanthropinistischen Kinder- und Jugendliteratur, bes. die Elementarwerke, waren in ihrem Aufbau und in der Gestaltung der Bildtafeln von den A.sgesetzen bestimmt. J. B. BASEDOW ging von der „Ordnung der Dinge" zum Kinde aus. J. BERTUCH forderte die Kinder zum systematischen Ordnen auf, bei J. S. STOY sind die elementaren Unterweisungen in Wort und Bild jeweils um Skopus und Anschauungshintergrund einer biblischen Geschichte zentriert. „Alle diese Vorstellungen einer Tafel stimmen jedesmal zusammen und stehen vornehmlich mit der biblischen Geschichte in einer ungezwungenen Verbindung" (STOY). CHR. G. SALZMANN sieht in der Ähnlichkeit zwischen der Situation des kindlichen Lesers und der in seiner Geschichte vorgestellten Begebenheit das entscheidende Moment der Verknüpfung (vgl. „Moralisches Elementarbuch, nebst einer Anleitung zum nützlichen Gebrauch desselben“), *rückt* damit *von der rein assoziativen Verknüpfung* einzelner Elemente ab und betont die *psychische Aktualität*.

A.smöglichkeiten im Märchen. Vielfältige A. bietet auch das Märchen. Seiner Struktur nach erlaubt es dem Erzähler die Verknüpfung verschiedener Motive (freie A.) oder es durchbricht die A.sgesetze durch Zauber-Einwirkungen. Dagegen sind die Märchenfiguren und ihre Attribute und Eigenschaften sehr eng assoziiert (z. B.: König mit Krone und Kutsche, Stiefmutter — böse, Königstochter— schön, gut u. ä.). Der Märchenhörer wird besonders durch das im Märchen typische Fehlen detaillierter Orts- und Zeitangaben, menschlicher Individualitäten u. ä. zu eigenen A.n angeregt. Auf diese Weise können Märcheninhalte oder Teile davon mit bewußten oder verdrängten eigenen Erlebnissen verknüpft werden und so im Sinne der Tiefenpsychologie zu Neurose verdeckenden oder *zu kompensatorischen und Neurose verhütenden*, bei hochgradiger Sensibilität auch *zu traumatischen Wirkungen führen*.

A.smöglichkeiten in der Kinder- und Jugendliteratur heute. Denk- und Motivationspsychologie haben die Bedeutung der A. etwas eingeschränkt. Doch ist festzuhalten, daß sich die Beliebtheit bestimmter Buchtypen nicht nur aus entwicklungspsychologischen Faktoren, sondern z. T. auch aus dem Vorhandensein spezieller A.smöglichkeiten ergibt; z. B. Ähnlichkeit: Mädchenbuch, vgl. E. Schliebe-Lippert; Kontrast: phantastisches Jugendbuch, Nonsense-Lit., Abenteuerbuch; räumliche und zeitliche Kontiguität: Umweltbuch, zeitgeschichtliches Jugendbuch. Unter den zahlreichen assoziationspsychologischen Forschungen in neuerer Zeit lassen folgende Arbeiten literaturpädagogische Relevanz vermuten: die Untersuchungen über 1. die Konformität des Denkens, anhand der Häufigkeit bestimmter Reaktionsworte auf ein Reizwort (Kent und Rosanoff 1910) im Hinblick auf Allgemeinverständlichkeit von Literatur und dem speziellen Wortschatz der Trivialliteratur; 2. die Bevorzugung bestimmter A.sformen (Hansen, Karwoski, Schachter): a) formal, d. i. nach dem Klang (z.B. Leben-neben) vor allem im Kindesalter, dann ebenso bei Erwachsenen in Zuständen der Ermüdung und der Alkoholisierung, vgl. Kinderreim, Nonsense, Schüttelvers; b) inhaltlich: nach der Ähnlichkeit (bes. im frühen Kindesalter); nach dem Gegenteil (sehr stark bei Erwachsenen ausgeprägt findet sich die Abhebung der Begriffe von ihren Gegenteilen); 3. die Farbsymbolik mit Hilfe des Polaritätsprofiles (Osgood 1952 und Hofstätter 1955) sowie deren Bedeutung für die Illustration des Kinder- und Jugendbuches. *Luise Siegling*

→ ABC-Buch, → Fibel, → Jungleserpsychologie, → Märchen

Astérix

Astérix, le Gaulois, bedeutendste franz. Comic-Figur der Gegenwart.

A. erscheint seit 1961 wöchentlich im Kindermagazin „Pilote“ bei den Editions Dargaud in Paris. Autor und Zeichner dieser Serie sind R. Goscinny und A. Uderzo. Die Serie wurde inzwischen in viele europäische Sprachen übersetzt.

Geschichte und Wirkung. Schon 1947 findet sich in Uderzos Reihe „Arys Buck“ eine Figur ähnlich der des A. In A. bilden je fünfundzwanzig einzelne Streiche eine Episode, die als geschlossenes Album erhältlich ist. Anfang 1974 gab es 17 A.-Alben mit einer Gesamtauflage von etwa 10 Millionen. Jeder vierte Franzose liest und kennt A., die Hälfte seiner Leser sind Erwachsene zwischen zwanzig und vierzig Jahren. Auch Werbung und Fernsehen haben sich inzwischen des A. angenommen. Zwei der A.-Episoden sind verfilmt worden.

In der BRD brachte zuerst der Rolf-Kauka-Verlag den A. heraus. In dieser deutschen Version, die unter dem Titel „Siggi und Babarras“ vertrieben wurde, waren aus den franz. Galliern aus A.s Gefolge nationalistische Germanen geworden. Die Ostgoten entpuppten sich als dämliche Sachsen aus der Ostzone, die Gallier wurden zu netten Westlern emporstilisiert. Verärgert über diese chauvinistischen Töne entzogen die Autoren dem Kauka-Verlag die Druckerlaubnis. Seit 1968 erscheint „A.“ in wortgetreuer Übersetzung in den „MV-Comic“ im Ehapa-Verlag, Stuttgart. Auch in der BRD sind die einzelnen Episoden als geschlossene Alben erhältlich. Im Frühjahr 1971 belebte die West-Berliner FDP den Landtagswahlkampf mit „Liberix“ und „Sozilix“. In einem Flugblatt zieht „Liberix“ erfolgreich gegen die Unionsrömer, Axel Cäsars Söldnertruppe, zu Felde.

Inhalt. Die A.-Episoden haben eine feste Rahmenhandlung. Die Abenteuer spielen um 50 v. Chr., als Frankreich von römischen Truppen besetzt war. Bis auf ein kleines gallisches Dorf haben sich alle Gallier den Römern ergeben. A., der gallische Gnom, und sein Freund „Obelix“, der Menhir-Hauer, die aus diesem Dorf stammen, leben in dauerndem Kleinkrieg mit den römischen Truppen. Durch einen Zaubertrank ihres Druiden „Miraculix“ gestärkt, besitzen beide übermenschliche Kräfte und können so die Römer immer wieder besiegen.

Kritische Bewertung. A. ist eine Mischung aus verschiedenen Comic-Elementen. Zum einen enthält die Reihe das Moment des Witzes und des Spottes, der Karikatur und der Persiflage. Besonders deutlich wird das durch eine anachronistische Situationskomik; so verstopfen Ochsengespanne die Straßen von Lutetia, oder der Massentourismus macht eine Erholung am Badestrand von Massilia zur Qual. Die Komik in A. liegt aber auch sehr häufig im Sprachlichen, so wenn Ägypter hieroglyphisch fluchen oder Goten in Fraktur sprechen und in einer Vielzahl von Wortspielen, deren angemessene Übertragung in der deutschen Übersetzung oft nicht geleistet werden kann. So verweist z. B. der Name eines römischen Lagers „Babaorum“ zugleich auf „Baba au Rhum“, einen bei vielen franz. Kindern beliebten Kuchen in Kranzform.

Das zweite Element in A. ist der unbesiegbare Held, der am deutlichsten im „Superman“ und „Batman“ verkörpert wird.

Das dritte Element ist das eines manchmal gefährlichen Nationalismus. Entstanden zur Blütezeit des Gaullismus, hält A. mit ihm die rückwärtsgerichtete Sehnsucht nach Frankreichs Ruhm und Glorie aufrecht. In A. vollzieht sich eklatante Geschichtsklitterung; nachträglich besiegt Vercingetorix Cäsar. Den historischen Prozessen der Gegenwart entgegenarbeitend, versucht man, in deutlicher Anlehnung an die Résistance, sich gegen jegliche Überfremdung zur Wehr zu setzen. Diesem konservativen Wunschbild in A. entspricht die Bestätigung kleinbürgerlicher Vorurteile. Dem Leser wird die Stagnation alles Gesellschaftlichen vorgespiegelt; er liest, daß die Preise schon immer stiegen, der Wohnungsmarkt schon immer unzureichend war, daß Araber intrigant, Neger dumm und Germanen militant seien. Erträglich wird das konservative Weltbild durch geistreiche, ironische Wortspiele, die allerdings in der deutschen Übersetzung oft nicht zum Tragen kommen.

Jörg Becker

→ Comics

Sekundärliteratur: F. Deguerry u. R. Goscinny: Astérix Batailleur (in: Cahiers universitaires. 29. 1966. 44—46). — G. Metken: Comics (1970). — R. Reitberger u. W. J. Fuchs: Comics (1971). — D. Zimmermann: Astérix u. Jodelle (in: Comic Strips. 1970. 44—49). — A. Stoll: Asterix, das Trivialepos Frankreichs (1974).

Astronautik

Raumfahrt oder A. tritt als neuer Themenkreis in der Jugendliteratur um die Mitte des 20. Jh.s auf.

Die realistisch-abenteuerlichen Zukunftsromane von J. Verne (u. a. „Die Reise von der Erde zum Mond“) und H. Dominik (u. a. „Die Macht der Drei“) wurden freilich schon früher von jungen Lesern als Abenteuerlektüre gelesen, doch erschienen sie Ende der sechziger Jahre in speziellen Jugendausgaben. Das Interesse des Jugendlichen an Büchern der A. gilt einerseits dem wirklichen *Erlebnis* und möglichen Abenteuer der Raumfahrt, andererseits *der technischen Entwicklung* auf diesem Gebiet. In der Mischung von Wirklichkeit, Möglichkeit und Utopie hat sich die Produktion der *Science-Fiction-Literatur* dieser Themen bemächtigt; sensationelle Übersteigerung bieten Comics-Serien (Science-Fiction-Comics, Science-Fiction-Heftreihen, u. a. von Tintin, Scolari, Dille und Cakins). Phantastische Reisen

Tom Seidmann-Freud (Potsdam 1929). Ein beliebtes Motiv in phantastischen Erzählungen ist die Reise zum Mond. Die Abbildung zeigt eine phantasievolle Skizze Tom Seidmann-Freuds zu einem Gedicht mit dem für das Jahr 1929 etwas sensationellen Titeln „Die Raumfahrt“.

zum Mond und zu Sternen sind seit alters oft variierte Motive von Märchen und Gedichten für das kleine Kind (s. Abbildung). Neuere Kinderbücher erzählenden Inhalts, die das Raumfahrtthema aufnehmen, gehören bisher fast ausschließlich in den Bereich der phantastischen Erzählungen, etwa C. Wethekam „Fröhlicher Spuk vom anderen Stern“ (1964) und die Anthologie der „Berichte“ vom Leben auf anderen Planeten mit dem Titel „Willkommen auf dem Mars“ (Hrsg. H. Swoboda, 1970). In der jugendmäßigen Darstellung des neuen Stoffes „A.“ unterscheidet man *Sachbuch*formen und *erzählende* Formen.

Im *Sachbuch* wird die bisherige wissenschaftliche und technische Entwicklung einschließlich der möglichen Weiterentwicklung der Raumfahrt anhand theoretischer und hypothetischer Schlüsse dargestellt. In deutschen Veröffentlichungen wird als Ausgangspunkt oft die deutsche Raketenforschung im Zweiten Weltkrieg behandelt. *Kriterium* des A.-Sachbuchtyps ist *die Textkoordination* mit *authentischem Bildmaterial*, Fotos und Sachbezeichnungen. Die verschiedenen A.-Sachbücher unterscheiden sich durch Begrenzung des komplizierten Stoffes nach Schwierigkeitsgraden und nach Hereinnahme von je aktuellem Material der Forschung und Erfahrung. Titelbeispiele: H. Kaiser: Zu fremden Gestirnen. Die Weltraumfahrt in Gegenwart und Zukunft, 1959, [2]1960; M. Gunter: Planeten,

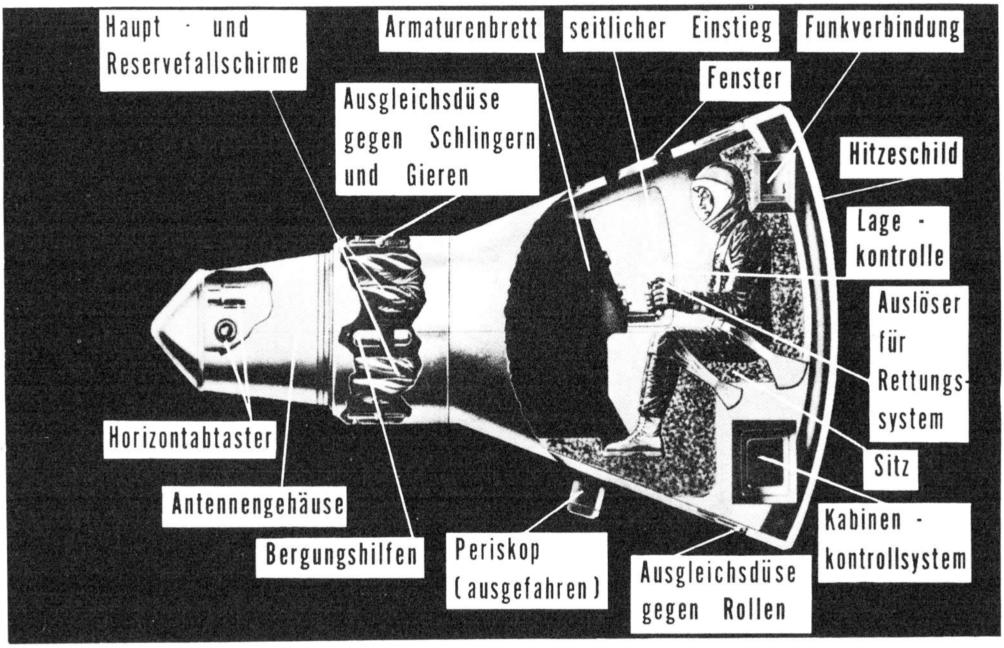

Erich Dolezal: Vorstoß in den Weltraum (Stuttgart 1964). Das Sachbuch orientiert junge Leser über die Entwicklung auf dem Gebiet der Raumfahrt. Die schematische Zeichnung erklärt die Funktion einer Mercury-Kapsel.

Raketen, Astronauten, 1961; E. Dolezal: Vorstoß in den Weltraum, 1964; F. Zeithammer: Zwischenstation Mond, Kosmos-Bibl. Bd. 264, 1969; R. Metzler: Hallo Erde. Das Raumfahrtbuch der Jugend, 1969; R. Brock: Mondraketen. Amerikanische und sowjetische Konstruktionen für den Mondflug, 1969.

In den *erzählenden* Büchern zur A. bilden Ereignisse der Raumfahrt und Entdeckungen auf Planeten (wirkliche wie fiktive) den Stoff eines *spannenden Handlungsgefüges,* oder es stehen Erlebnisse wirklicher oder fiktiver Astronauten im Mittelpunkt. So reisen z. B. in „Einmal Mond und zurück" (M. Benno 1969) Kinder mit ihrem Lehrer per Raumbus zum Krater Kopernikus. Wichtige technische und naturwissenschaftliche Fahrten sind in eine utopische Erzählung für Zehnjährige eingebettet. Je enger sich solche Erzählungen und Berichte an die Wirklichkeit halten, um so mehr müssen zwei Momente beachtet werden: die *Anschaulichkeit* technisch komplizierter Vorgänge und die Verdeutlichung der *Teamarbeit,* das Zusammenspiel einer Menschengruppe, die statt des auf sich allein gestellten Abenteurers handelt. Die Möglichkeit einer neuen Form des Abenteuerbuches zeichnet sich ab. „Alle Erzählungen sind von großem Handlungsreichtum und auf Spannung angelegt. Das Utopisch-Technische verbindet sich mit dem Abenteuerlichen. Der Aufbau setzt gewöhnlich mit dem Bau einer Rakete und den Startvorbereitungen ein und endet mit der glücklichen Rückkehr zur Erde. Auch die Ereignisse, die dazwischenliegen, ähneln sich oft weitgehend", stellt K. E. Maier in „Jugendschrifttum" (1965, S. 92) fest. Es *mischen* sich also Züge des *Sachbuchs* mit der *abenteuerlichen Erzählung,* dem Erlebnisbericht, der Utopie, und die Übergänge zur Science-Fiction-Literatur sind fließend (vgl. H. Kaiser: Im Banne des roten Planeten, 1956, [2]1960; Der künstliche Mond, 1958, [2]1960; Raumschiff Hesperos auf großer Fahrt, 1958; E. Dolezal: Planet im Nebel, 1963; Flucht in die Weltraum-City, 1964). Die Sacherzählung des Tschechen L. Pešek „Mondexpedition" (1966), die auf die Auswahllisten zum Premio Europeo Citta di Caorle und des Deutschen Jugendbuchpreises kam, eignet sich für 12–13jährige. Im Sachbuch für Leser ab 14 Jahren schildert H. Kneifel die Mondlandeversuche bis 1969 unter dem Titel: Menschen zum Mond (1969). Gelegentlich wird auch eine utopische Erzählung in Sachbücher eingefügt, z. B. in „Der Griff nach den Sternen", hrsg. von E. Kahlert und T. Seeholzer (1969), ein Buch, dessen historischer Aufriß mit der Sage von Dädalus beginnt. Die anfangs geringe Zahl der Titel zur A. nimmt ständig zu, bemerkenswert seit Herbst 1969. Nach Schätzungen aus den sechziger Jahren lesen in der BRD, in Österreich und in der Schweiz aber nur etwa vier bis zehn Prozent der jugendlichen Leser Bücher über Raumfahrt. In der russischen und amerikanischen Jugendliteratur nehmen das Thema „A." und das Leseinteresse für solche Titel einen breiteren Raum ein.

In beiden Ländern hat die Behandlung des Themas „A." gelegentlich patriotische Tendenzen. In der UdSSR wird A. oft auch als Ergebnis sozialistischen Fortschritts dargestellt. Übersetzungen der Literatur zur A. kommen in der BRD vorwiegend aus dem Amerikanischen und Englischen, neuerdings auch aus dem Tschechischen und Polnischen; in der DDR aus dem Russischen. *Dieter Fischer*

→ Abenteuerbuch, → Sachbuch, → Science-Fiction

Atlantis Verlag AG

Zürich und Freiburg i. Brsg. Derzeitiger Leiter: Dr. M. Mittler (* 1924).
Hauptsächliche Verlagsgebiete im Bereich der Kinder- und Jugendliteratur: Bilder- und Kinderbücher mit künstlerisch anspruchsvollen Illustrationen.
Autoren: E. Bäumer, J. Bachér, S. Ehmcke, L. Fromm, H. Petrides, W. Roser, G. Spang, I. Spang Olsen, Kr. Turska u. a.
Illustratoren: E. Bäumer, K. Brandt, S. Ehmcke, L. Fromm, S. Heuck, U. Löfgren, Ch. Nakatani, H. Petrides, W. Roser, I. Spang Olsen, Br. Wildsmith u. a.
Der Atlantis Verlag gibt zudem eine Reihe von Werken über Kinderbücher heraus, die noch ergänzt wird.
Autoren dieser Sekundärliteratur: B. Hürlimann, I. Dyhrenfurth, Kl. Doderer.
Verlagsgeschichte. Der Schweizer Dr. M. Hürlimann (* 1897), von 1928 bis 1961 auch Chefredakteur der Zeitschrift „Atlantis", gründete den Verlag im Jahre 1930 in Berlin und leitete ihn bis 1967, während seine Gattin Bettina noch bis 1974 die Kinderbuchabteilung betreute. Die ersten Atlantis Kinderbücher erschienen 1936; im gleichen Jahr entstand auch die Züricher Verlagsabteilung. Der Zweite Weltkrieg erschwerte die Arbeit des Verlages erheblich, dessen deutsche Abteilung 1944 nach Freiburg i. Brsg. übersiedelte. Die jährliche Produktion an Bilder- und Kinderbüchern stieg seit 1958 merklich an. Der Verlag ist Mitglied der „Bilderbücher der Sechs".

Atlas

Schul-A., A. für die Jugend, stellt ein in Format, Maßstab und Ausschnitt aufeinander abgestimmtes Sammelwerk von Karten dar, das dem jungen Menschen in überschaubarer Form den geographischen Wissensstand von der Erde, vor allem ihrer räumlichen, wirtschaftlichen und politischen Gliederungsfaktoren vermittelt.

Schul-A.n als Orientierungs- und Informationshilfe. Fachlich stützen sich die A.n auf die differenzierten Darstellungsweisen einer hochentwickelten *Kartographie;* die Auswahl, Zusammenstellung und Wiedergabe der Haupt-, Neben- und Sonderkarten erfolgt nach pädagogischen und didaktischen Gesichtspunkten. Gliederung, Struktur und Ordnung der Räume treten dem Schüler anschaulich vor Augen. Physische und thematische Karten erhellen das Zusammenspiel der Grundgegebenheiten und wirkenden Kräfte, insbesondere die raumgestaltende Tätigkeit des Menschen. Schul-A.n dienen der Orientierung und Informierung. Als wichtige Hilfsmittel des Erdkunde- und Geschichtsunterrichtes erziehen sie zum kausalen Denken, zu eigener Urteilsfindung und zur selbständigen Weiterbildung. Es gibt Schul-A.n für die *verschiedenen Stufen der allgemeinbildenden Schulen.* In der Gegenwart wirken die für den Schulgebrauch gestalteten Karten nach Inhalt und Methode anregend auf die Darstellungstechnik wissenschaftlicher und allgemeiner A.n. In der Vergangenheit zeigte sich umgekehrt eine stärkere Abhängigkeit der Schul-A.n von dem Entwicklungsstand der für erwachsene Leser aufgelegten großen Kartenwerke.
Kartographische und didaktische Entwicklung. Erste Schul-A.n erscheinen im frühen 18. Jh. In Titeln, Form und Inhalt bauen sie auf den Erfahrungen der Atlaskartographie seit dem ausgehenden 16. Jh. auf. Erstmals erschien der globustragende Titan Atlas auf dem Titelkupfer einer Kartensammlung bei A. Lafreri (um 1570), danach bei G. Mercator auf seiner berühmten Gesamtausgabe von Erdkarten (Atlas sive cosmographicae meditationes de fabrica mundi et fabricati figura, Duisburg 1595). Mercators Namensgebung folgten die maßgebenden Atlasherausgeber des 17. Jh.s, so die Niederländer J. Hondius (1606), W. Blaeu (1631), J. Jansson (1638), J. Blaeu (1650), Cl. Visscher (1665) und der Nürnberger J. B. Homann (1707, 1712, 1716). Die gleiche Bezeichnung findet sich bei den *ersten Kartensammlungen für die Jugend,* die J. B. Homann (1710, 1719) und I. Chr. Weigel (1718, 1723) erstmals verlegten.
Die erste Epoche von Jugendatlanten. Wie bei den allgemeinen A.n dieser Zeit dominiert bei den Jugend-A.n die europazentrische, nationalstaatliche Betrachtung. Für jedes europäische Land legt der Atlas in der Regel eine Karte vor. Über Außereuropa erscheinen nur drei Erdteilkarten (Asien, Afrika, Amerika). Den Hauptinhalt der Karten bilden die Namen der Staaten, Provinzen, Fürstentümer, Städte, Flüsse und Meere. Die politischen Grenzen sind farbig stark hervorgehoben. Das Relief wird

→

Johann Baptist Homann: Atlas methodicus, explorandis juvenum profectibus in studio geographico ad methodum Hübnerianam accomodatus (Nürnberg 1777). Der „methodische Atlas zur Prüfung geographischer Kenntnisse junger Leute" erschien in einer lateinisch-deutschen Fassung. Die Abbildung auf der Titelseite steht noch ganz im Zeichen barock-allegorischer Darstellungskunst.

ATLAS METHODICUS
explorandis juvenum profectibus
in Studio Geographico
AD METHODUM HÜBNERIANAM
accommodatus
à
IOH. BAPT. HOMANNO
Sac. Cæs. Maj. Geographo
Norimbergæ.

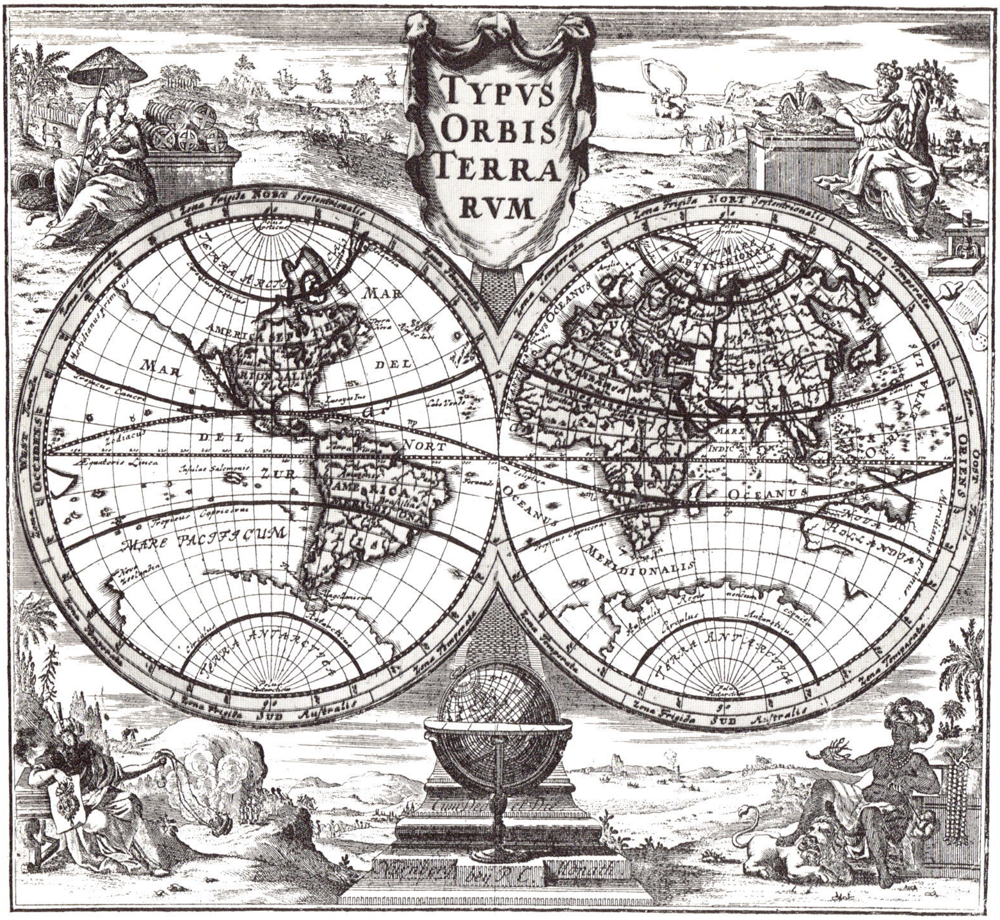

Kurzverfassete Kinder Geographie (Nürnberg 1781). In der Zeit der Aufklärung wurden zahlreiche Atlanten für die Jugend verlegt. Bei Georg Peter Monath erschien diese kurzverfaßte Kinder-Geographie in 48 Lektionen. Die Abbildung veranschaulicht die beiden Weltkugelhälften, die von Szenen aus exotischen Ländern umrahmt sind.

unvollkommen und schematisch im Stile von ‚Maulwurfshügeln' angedeutet. Fast alle Schul-A.n sind mit ausführlichen Begleittexten versehen: einführende Vorworte für den Lehrer, systematisch gegliederte Sachangaben für den jungen Leser. Vielfach ordnen sich die Lektionen nach Fragen und Antworten. J. CHR. WEIGEL (Atlas Portatilis oder Compendieuse Vorstellung der gantzen Welt, Nürnberg 1718, ^{2}1724) regt an, die ‚grünende Jugend' neben dem Studium der Karten zu sorgfältigem Lesen der Zeitungen anzuhalten. An die ‚Liebhaber der Geographie', besonders an die Jugend, wendet sich eine Kartensammlung über Deutschland (Continuirter Atlas Portatilis Germanicus oder Compendieuse Vorstellung Teutschlandes, Nürnberg 1723). Nach politischen Kreisen unterteilt, wird der deutsche Raum auf 36 Karten dargestellt. „Kleiner Atlas scholasticus" heißt HOMANNS erster Schulatlas (1710). Er umfaßt 18 Karten mit normaler Beschriftung. Methodisch folgt er dem Hamburger Schulmann J. HÜBNER (1668—1731), der 1693 einen oft kopierten geographischen Fragenkatalog vorlegte. Fortschrittlicher ist HOMANNS „Atlas methodicus" (1719). Er kennzeichnet die Namen der Städte, Länder usw. nur durch Anfangsbuchstaben, greift also bereits die Methode der ‚Stummen Karte' auf. HOMANNS Schüler M. SEUTTER gibt in Augsburg eigene Schulatlanten heraus (Atlas compendiosus scholasticus, o. J.). 1753 erscheint im Auftrag der Preußischen Akademie in Berlin L. EULERS „Atlas geographicus" (41 Karten) für die Schule. C. H. STAGES „Atlas für die Jugend und alle Liebhaber der Geographie", Augsburg 1780, enthält 24 Karten, dazu 472 Seiten Text. Nach Ländern und Kontinenten unterteilt, berichtet er über a) Boden, Luft, Produkte, Bewohner, Industrie, Religion, Staatsverfassung; b) Provinzen und Länder; c) Städte, Flüsse, Seen und Gebirge;

d) Grenzen, Größe, Länge und Breite. Im Text herausgehobene Buchstaben, römische und arabische Ziffern finden sich auf den Atlaskarten wieder, die Symbole, aber keine Namen enthalten. Dem französischen Werk des Abtes LENGLET DU FRESNOY folgt die „Kurzverfassete Kinder Geographie" (Nürnberg 1781). Den in 48 Lektionen (Frage- und Antwortsystem) gegliederten Stoff ergänzen 8 Karten. A. C. GASPARIS „Neuer methodischer Schulatlas" (Weimar 1792/93) enthält bereits angewandte Karten. Durch Symbole verweisen sie auf den Anbau von Getreide, Wein, Obst, Tabak, Baumwolle, Kaffee, Gewürze usw. und auf die Verbreitung von Viehzucht, Fischerei, Walfängerei und Pelztierjagd. Der „Atlas der ganzen bekannten Erde für Anfänger in der Erdkunde" (Nürnberg, nach 1829) verzichtet auf Begleittexte. Einige Karten zeigen erstmals auch Straßen, Wüstenpisten und Kanäle. Eine nunmehr zuverlässige Karte Australiens und Polynesiens führt wichtige Entdeckerfahrten im Stillen Ozean farbig auf. Im „Elementar-Atlas der Neuesten Erdkunde" (Wolfenbüttel, [3]1853) ergänzen auf den Rand gesetzte Zeichnungen jedes Kartenblatt. Bei Skandinavien z. B. erscheinen in 5 kindgemäßen Skizzen ein Wasserfall, Bergwerk, Lappenzelt, Rentierschlitten und eine Bärenjagd als charakteristische Landeserscheinungen.

A.n für die Jugend im 19. Jh.. Eine zweite Entwicklungsphase der Jugend- und Schul-A.n zeichnet sich im 19. Jh. ab. Dem Vorbild neuer A.n (A. STIELERS Handatlas 1817—23, Physikalischer Atlas von H. BERGHAUS 1838—48, Methodischer Hand-Atlas von E. v. SYDOW 1842) folgen: STIELERS Kleiner Schul-Atlas (1821), v. SYDOWS Schul-Atlas (1847/49), BERGHAUS' Schul-Atlas (1850). Die Vielzahl der Namen- und Ortsangaben tritt zurück. Hauptinhalt der Schul-A.n ist fortan der *Formenschatz der Erde*. Seit der Meisterung der *dritten Dimension* durch *Böschungsschraffen, Höhenlinien, Regionalfarben* und *Schummerung* gelangt das Relief immer exakter und plastischer zur Darstellung. Die ausführlichen Begleittexte verlagern sich aus den Schul-A.n in das Erdkunde-Schulbuch; die A.n beschränken sich auf *Einführungen in Kartenverständnis und Projektionslehre*. Die Mehrzahl der A.n beginnt mit den Großräumen fremder Kontinente und führt über Europa nach Deutschland. Neben großformatigen physischen Hauptkarten kommen in der Folge monothematische Nebenkarten über Klimaerscheinungen, Verbreitung der Völker, Pflanzen und Tiere, Lagerstätten und Anbauprodukte auf. Der methodische Fortschritt spiegelt sich in den Gymnasial-Schul-A.n von ANDREE-PÜTZGER (1879) DIERCKE-GAEBLER (1883), SYDOW-WAGNER (1888), DEBES (1894) usw. Speziell für die Volksschule geben TH. v. LIECHTENSTERN und H. LANGE (1853), H. LANGE (1862, 1871) und H. HARMS (Stummer Schulatlas, 1893; Vaterländischer Reform-Schulatlas, 1901) A.n heraus.

A.n für die Jugend im 20. Jh.. In den Inflationsjahren nach dem Ersten Weltkrieg werden statt kompletter Schul-A.n Atlashefte aufgelegt. In den 20er Jahren reichert sich der Inhalt der A.n beträchtlich an. Nach 1933 schrumpft das Angebot deutscher Schul-A.n. Auf dem Kartenmaterial des DEBES-Handatlas aufbauend, legt der Verlag Volk und Reich 1939 in Berlin einen „Handatlas für die Hitler-Jugend" vor. 1942 erscheint ein einheitlicher „Deutscher Schulatlas" (hrsg. von der Reichsstelle für das Schul- und Unterrichtsschrifttum).

Nach dem Zweiten Weltkrieg formt sich stufenweise ein neuer Entwicklungsabschnitt. Wesentliche Veränderungen sind: Umstellungen der Kartenfolge gemäß der Konzeption „Von der Nähe zur Ferne"; *Vermehrung der wirtschaftsgeographischen Karten; stärkere Einbeziehung von Stadtplänen* und *exemplarischen Landschaftsbeispielen; Vorschaltung* umfangreicher *heimatkundlicher Kartensätze*. Neuerscheinungen für die höhere Schule sind WENSCHOW-Atlas (1950) und LAUTENSACH-Atlas (1954). Grundlegende Neubearbeitungen: DIERCKE-Weltatlas von R. DEHMEL (1957), dazu ein eigenes erdkundliches Unterrichtswerk, hrsg. von G. FISCHER, K. HINGST und E. STICKER; Stark veränderte Neuauflage des Österreichischen Mittelschulatlas' durch H. SLANAR (1951) bzw. W. STRZYGOWSKI (1961) und des Schweizerischen Mittelschulatlas' von E. IMHOF ([13]1962); Atlas der Erdkunde für die zehnklassige polytechnische Oberschule (Berlin-Ost, [4]1961). Neue Haupt- und Mittelschul-A.n: Westermann-A.n wie „Heimat und Welt" (1947), „Der Lebensraum des Menschen" (1952), „Kleiner Westermann-Atlas" (1954); „Harms Kleiner Weltatlas" von W. EGGERS (1949); Schroedel-Atlas „Unsere Welt" von W. GROTELÜSCHEN (1964; große Ausgabe 1970). Besondere A.n für die Grundschule: Kartenfibel von E. HINRICHS und W. POLLEX (1966); Harms Berliner Grundschulatlas (1953), desgl. bei Westermann (1968). Die z. T. schon seit der Jahrhundertwende erscheinenden *Heimat*-A.n (Westermann Atlas für Hamburger Schulen, 1901; Harms Atlas für Schleswig-Holstein, 1920) werden durch Graphiken, Bilder und Texte erheblich verbessert. Sie liegen heute für jedes Bundesland und seine wichtigen Städte vor, oft in verschiedenen Ausgaben führender Schulverlage.

Schul-A.n im Wandel. 1. Das Lehrprinzip „Von der Nähe zur Ferne" ist in der Gegenwart fragwürdig geworden, da Fernsehen, Illustrierte, Jugendbücher und Reisen dem Schüler die Ferne oft früher näherbringen als die Heimat. So wächst die *Tendenz zu großräumigen Karten* fremder Kontinente und einer Parallelschaltung (H. NEWE) mitteleuropäischer bzw. heimatlicher Bereiche. 2. Die *angewandte thematische Kartographie* durchbricht die Vorherrschaft der physischen Karte. 3. Die bisher auf eine additive Standort- und Produktenkunde zielenden monothematischen Karten weichen *gesamtwirtschaftlichen Komplexkarten*. Das auf die thematische Karte übertragene *Ganzheitsprinzip* erleichtert dem Schüler das Erkennen räumlicher Interdependenzen und funktionaler Zusammenhänge. 4. *Sozialökonomische* und verwandte *Erscheinungen* verlangen nach *kartographischer Veranschaulichung,* qualitative Karten nach ergänzender quantitativer Darstellung für reifere Schüler. 5. Anstatt der für frühere Schul-A.n typischen Einführung in die mathematische Geographie und topographische Kartenlehre sind künftig *Methoden-Interpretationen der thematischen Kartographie* angezeigt. Der traditionelle Karteninhalt der Schul-A.n ergänzt sich zunehmend durch Schräg- und Senkrechtaufnahmen von *Luftbildern,* durch angewandte *Klimakarten, Schautafeln, Blockbilder, Kausalprofile, Diagramme, Statistiken* wie auch durch Beispiele der *Landesplanung und Raumordnung.* Ungeklärt ist, wieweit Schul-A.n durch die Technik der Bildkarten gewinnen. Amerikanische Vorbilder (F. DEBENHAMS: Bildatlas 1958; Life Pictorial Atlas of the World 1961; Reader's Digest Great World Atlas in 2. dt. Aufl. 1963) beeinflussen vorerst mehr das populäre geographische Schrifttum für Erwachsene. Für den Schüler eignen sich: Westermanns Bildkarten-Weltlexikon (1956); Meyers Kinder-Weltatlas (Mannheim 1960); Lebendige Geographie (Ravensburg 1962); Peter entdeckt die Welt. Ein Bilderatlas für Kinder (Gotha ^{2}1969). *Für die gegenwärtigen erdkundlichen Schul- und Jugend-A.n* ist eine wachsende sachliche Differenzierung und engere Anpassung an die Psyche und Altersstufe der Schüler kennzeichnend. Das breite Atlasprogramm bekannter Schulverlage trägt dieser Entwicklung durch zahlreiche Sonderausgaben Rechnung. Geschichtsatlanten: F. W. PUTZGERS „Historischer Schulatlas" (1877) hat seine Grundkonzeption durch wiederholte Neubearbeitungen seit 1883 auf die sich wandelnden didaktisch-methodischen Forderungen in Vergangenheit und Gegenwart abgestimmt. Neben ihm erscheinen heute als Harms-Ausgaben: Geschichts- und Kulturatlas (1950, Neubearb. 1959, 1966) und Kleiner Geschichtsatlas (1960); bei Westermann: Großer Atlas zur Weltgeschichte (1953—56) und Völker, Staaten und Kulturen (1956); im Bayr. Schulbuchverlag: Großer historischer Weltatlas (1954—57); bei Velhagen und Klasing: Atlas zur Geschichte der deutschen Ostsiedlung (1958). Der gemeinschaftskundliche Unterricht in den Oberklassen aller Schularten regt dazu an, stärker als zuvor *erdkundliche und historische Schul-A.n nebeneinander* zu benutzen. *Karl E. Fick*

Sekundärliteratur: F. Aurada: Moderne Haus- und Schulatlanten — die kartographische Länderkunde der Gegenwart (in: Kartographische Nachrichten. 5. 1961. 129 bis 140). — L. Barth: Bild und Karte im Erdkundeunterricht (1963). — G. R. Crone: Maps and their makers (1953, ^{2}1962). — K. E. Fick: Schulatlanten im 18. und 19. Jh. (in: Der Erdkundeunterricht. 11. 1970. 55—91). — A. Frenzel: Zur Frage des ältesten deutschen Schulatlasses (in: Geographischer Anzeiger. 40. 1939. 102—106). — H. Harms: Der Schul-Atlas und der geographische Unterricht (1893). — W. Witt: Thematische Kartographie (1967).

Verlag Ludwig Auer

Donauwörth. Derzeitiger Leiter: M. Auer (* 1903). *Hauptsächliche Verlagsgebiete im Bereich der Kinder- und Jugendliteratur:* Bücher für das erste Lesealter („die kleinen auer-bücher"), Erzählungen (besonders für 8- bis 10jährige), Abenteuer- und Mädchenbücher.

Autoren: A. Hochheimer, E. Rechlin, M. Robert, M. Thudichum, D. Travaglini u. a.

Illustratoren: M. Böving, H. Lentz, Tr. Richter u. a.

Verlagsgeschichte. L. Auer gründete den Verlag 1875. Er verfaßte selbst Geschichten für Kinder und pädagogische Schriften. An den vornehmlich für die Bildungsarbeit innerhalb der kath. Kirche tätigen Verlag schloß sich eine pädagogische Institution an, das Cassianeum, dessen Glieder (vorwiegend Lehrer) vor allem pädagogische Reformen anstrebten. Dem Cassianeum ist auch eine päd. Bibliothek, eine Mittelschule mit Internat für Knaben und ein Kinderheim angegliedert. Seit 1910 ist das Cassianeum eine öffentliche Stiftung. Heute gehören auch eine Reihe Zeitschriften (u. a. „Blüte" für Mädchen und „Brief" für Jungen) zum Verlagsprogramm.

Auerbach, Berthold

*(d. i. Moses Baruch Auerbacher; Ps.: Theobald Chauber). Publizist und Erzähler zeitgeschichtlicher, volkstümlicher und jugendgeeigneter Geschichten und Romane; erster Autor der landschaftlich gebundenen Dorfgeschichte; * 28. 2. 1812 Nordstetten/Schwarzwald, † 8. 2. 1882 Cannes.*

Nach der Talmudschule besuchte A. das Lyzeum, dann das Gymnasium in Stuttgart, wo G. SCHWAB sein Lehrer war. A. begann 1832 mit dem Studium an der Universität Tübingen, setzte es später in Heidelberg fort und wandte sich auf Veranlassung von D. F. STRAUSS (1808—74) von der Jurisprudenz der Philosophie zu, kam aber nicht zum Abschluß seiner Studien und wurde zum Rabbinatexamen nicht zugelassen, weil er an burschenschaftlichen Händeln teilgenommen hatte, die ihm polizeiliche Überwachung, eine Anklage und zwei Monate Haft auf dem Hohenasperg eintrugen. Hier begann A. 1837 seinen ersten Roman, „Spinoza". Wechselnde Aufenthalte am Rhein und Neckar brachten A. in Beziehung zu F. FREILIGRATH, K. MARX u. a. In Dresden, wo er seit 1850 lebte, kam er mit O. LUDWIG (1813—65) zusammen, und nach seiner Übersiedlung nach Berlin (1859) verband ihn ein reger Gedankenaustausch mit verschiedenen Malern und Dichtern. A. erhielt mehrere Auszeichnungen, u. a. den preußischen Roten Adlerorden und den bayerischen Maximilians-Orden.

Werk, Tendenzen, Wirkung. A. war eine seltsame Mischung aus grüblerischem Wesen mit lehrhaften Neigungen und streitbarem Geist, dabei entwickelte er immer deutlicher einen Sinn für das Volkstümliche. In seinem „Leben Friedrichs des Großen" und dem Roman „Dichter und Kaufmann, Lebensgemälde aus der Zeit Moses Mendelssohns", 1840 (Leben des Breslauer Lyrikers und Epigrammatikers M. Kuh, 1731—90), versuchte er bedeutende Persönlichkeiten psychologisch begründend darzustellen. Kämpferisch zu aktuellen Fragen äußerte er sich in seinen Schriften „Das Judentum und die neueste Literatur" (1836) und „Der gebildete Bürger, ein Buch für den denkenden Mittelstand" (1843). Er gab die erste deutsche Übersetzung der Schriften B. Spinozas (1632—77) heraus. Auf sein Wirken als „politisch patriotischer Kalendermann" macht Rostin besonders aufmerksam. Eine Reihe von Erzählungen, die in verschiedenen Zeitschriften erschienen, nannte er selbst „Philosophische Novellen". Seine spätesten Werke, meist zeitgeschichtlichen Inhalts (Landhaus am Rhein, 1868; Waldfried. Eine vaterländische Familiengeschichte, 1874; Auf der Höhe, 1885), sind gespickt mit Gedankenreichtum; die Denkwut der auftretenden Personen belastet die künstlerische Form. In der Mitte seines Lebens kam A. mit seiner Wendung zu „Frohmut und dem unverwüstlichen Kern des Volkes" einer breiten *Zeitströmung des Volkstümlichen* entgegen. Er nahm sich — ohne ihn in Form und Sprachgestus zu erreichen — J. P. Hebel zum Vorbild und untersuchte an seinem Beispiel „Grundzüge der volkstümlichen Literatur" (Schrift und Volk, Grundzüge der volkstümlichen Literatur, angeschlossen an eine Charakteristik Hebels, Stuttgart, 1846). A. behandelte in seinen Erzählungen besonders den Unterschied von Stadt und Land, den Gegensatz von Natur und Zivilisation und stellte mit idyllischer Kleinmalerei das wohlgeordnete, von städtischer Hast und Demoralisierung unberührte Leben des Bauerntums dar; durch die genaue Lokalisierung (z. B. Nordstetten, das er in den ersten 5 Erzählungen „vom ersten bis zum letzten Haus" zu schildern sucht) wurde er einer der ersten Autoren der landschaftlich gebundenen Dorfgeschichte. Mit seinen „Schwarzwälder Dorfgeschichten" (1845—54), seinem Almanach „Der Gevattersmann" (1845—48 später „Deutscher Volkskalender"), den beiden Sammelbänden eigener Erzählungen „Schatzkästlein des Gevattersmanns" (1856), der neuen Folge der Dorfgeschichten (1853 u. 54), mit seinen Geschichten „Barfüßele" (1856), „Joseph im Schnee" (1874) und „Edelweiß" (1861) erwarb er den Beifall seiner Zeitgenossen J. Grimm, O. Ludwig, B. von Arnim, G. Gervinus, N. Lenau u. a. Fr. Rückert stellte den jugendgeeigneten Dorfroman neben J. W. Goethes „Hermann und Dorothea". So galt A. ebenso wie G. Freytag als einer der beliebtesten deutschen Erzähler in der zweiten Hälfte des 19. Jh.s. In seiner Grabrede auf A. am 15. Februar 1882 in Nordstetten nannte ihn Fr. Th. Vischer (Ästhetiker, Kritiker, 1807—87) den „Schöpfer der lebenswahren Idylle". L. Tolstoi bewunderte A.s Gedanken über Volkserziehung und hat ihn deswegen in Dresden besucht. A.s Einfluß auf L. Anzengruber und P. Rosegger, auch auf G. Keller, und bis in die *Heimat-Bewegung* hinein (um 1900) ist unbestreitbar. — Lange Zeit wurden einzelne Werke A.s, des „Klassikers der Dorfgeschichte", der Jugend geradezu als Musterlektüre empfohlen, vor allem galt „Barfüßele" als wertvoller Roman für Mädchen. In der von J. Lohmeyer und Fr. Schmidt herausgegeben „Deutschen Jugendbibliothek" erschien 1907 von E. Wolbe ein nach den Quellen erarbeitetes Lebensbild „B.A." mit idealisierender Tendenz. Erst allmählich setzte die Kritik ein; früher übersehene Schwächen des Dichters wurden besonders hart getadelt: seine allzu gefühlsbetonte, nicht ganz lebensechte Art der Menschendarstellung, sein bis ins Sprachliche hinein fragwürdiges „Salonbauerntum".

Hans Eich

Werke: Schwarzwälder Dorfgeschichten (Bd. 1—4. 1845 bis 54, $^{1-5}$1854); Deutsche Abende (1851, ^{3}1853; NA. 1867); Schatzkästlein des Gevattersmanns (Bd. 1 u. 2. 1856, ^{6}1875); Barfüßele (1856, ^{49}1927); Gesammelte Schriften (Bd. 1—20. 1857—58); Deutscher Familienkalender auf das Jahr 1858 (1858); Gesammelte Schriften (Bd. 1 bis 20. 1863—64); Joseph im Schnee (1874); Zur guten Stunde (Bd. 1 u. 2. 1874 u. 75); Nach dreißig Jahren. Neue Dorfgeschichten (Bd. 1—3. 1876); Deutsche illustrirte Volksbücher (Bd. 1—3. 1880; Neudr. 1897); F. Spielhagen (Hrsg.): Briefe an seinen Freund Jakob Auerbach (Bd. 1 u. 2. 1884); Gesammelte Erzählungen (Bd. 1—44. 1889); Schriften (Bd. 1—18. 1893—95).

Sekundärliteratur: A. Bettelheim: Berthold Auerbach. Der Mann, sein Werk — sein Nachlaß (1907). — W. Dietz: Weltanschauung und Reflexion bei Berthold Auerbach (Diss. 1925). — H. Graef: Berthold Auerbach (1907). — H. Hagen: Berthold Auerbachs Ansichten über Pädagogik und deren Quellen (Diss. 1925). — M. J. Kill: Berthold Auerbach als Schriftsteller (Diss. 1924). — E. Lasker: Berthold Auerbach (1882). — E. Rüd: Die deutsche Dorfgeschichte bis auf Auerbach (Diss. 1909). — A. Weber: Berthold Auerbachs Weltanschauung (Diss. 1922). — E. Wolbe: Berthold Auerbach. Ein Lebensbild (1907). — M. G. Zwick: Berthold Auerbachs sozialpolitischer und ethischer Liberalismus (1939). *IJB*

Aufklärung

Epoche der europäischen Geistesgeschichte im 17. und 18. Jh.

Die A. hat besonders in Deutschland eine folgenreiche pädagogische Bewegung ausgelöst. In ihr entstand im letzten Drittel des 18. Jh.s die erste

Welle einer spezifischen Kinder- und Jugendliteratur und zwar 1. als Auslese des für die jungen Entwicklungsstufen für geeignet Gehaltenen aus der Dichtung im allgemeinen, 2. als eigens für Kinder und Jugend verfaßte Schriften vielfältiger Thematik, Formen, Stoffe und mit Illustrationen zur Anschauung ausgestattete Bücher. Für unterrichtlichen und außerunterrichtlichen Gebrauch gedacht, ist diese Literatur bewußt zum Zwecke der Bildung zusammengestellt und verfaßt. Sie sollte den Lernprozeß auf unterhaltende, „Lust machende" Weise anregen und fördern helfen, sollte Verstandes- und Gemütskräfte bildend beschäftigen und den Wunsch nach fortschreitender Bildung erwecken. Tendenzen der A. wie z. B. Aufhellung von Aberglaube und Unwissenheit, Toleranz, Gestaltung des Lebens nach natürlichen und vernünftigen Grundsätzen, Glaube an Fortschritt durch wissenschaftliche Forschung und Verbesserung der Lebensverhältnisse, Veredlung des moralischen Charakters, Pflege einer „natürlichen Religion", Übung der Verstandeskräfte unter möglichster Ausklammerung der Phantasie treten erstmals in der Literatur für Kinder und Jugend kennzeichnend hervor und sind seitdem als pädagogisches Anliegen — „bildender Gehalt" — für einen Teil der Kinder- und Jugendliteratur bestimmend geblieben.

Bildungsbegriff und erziehungspraktische Folgerungen. Die Motivation dieser Literatur für Kinder und Jugend ist in engem Zusammenhang mit dem Bildungsbegriff der zweiten Phase der A., vor allem seiner pädagogischen und schulpraktischen Ausprägung zu sehen. Das grundlegende Werk dazu trägt den Titel „Allgemeine Revision des gesamten Schul- und Erziehungswesens von einer Gesellschaft praktischer Erzieher" (16 Bde., 1785—92). Es wurde im Auftrage des Herzogs K. W. FERDINAND VON BRAUNSCHWEIG (1721—92) von J. H. CAMPE herausgegeben, der auch als erster deutscher Kinder- und Jugendschriftsteller im modernen Sinne von richtungsweisender Bedeutung war. Die Einbeziehung von J. LOCKES (1632—1704) Schrift „Gedanken über Erziehung" (1693) und J. J. ROUSSEAUS „Emile" (1762) in das Revisionswerk — beide übersetzt und mit kritischen Kommentaren zu einzelnen Punkten versehen — kennzeichnen den Weg pädagogischer Überlegungen. *Es fand dabei die Verschiebung des Schwergewichts zur „künstlichen Bildung" statt. Sie wird vom Erzieher bewußt eingeleitet und betrieben, um den unvollkommenen Prozeß der Bildung durch die Natur („natürliche Bildung") gemäß der Vernunft aufzuklären und zu regulieren.* Körperbildung, Bildung der Triebe, Gefühle, des Wissens und des Geschmacks werden in die rationale Grundstruktur dieses Bildungsbegriffs einbezogen in der Überzeugung, daß alles lehrbar und verstehbar sei, was „zur wahren Bildung vor allem notwendig ist" (vgl. G. DOHMEN: Die Entstehung des pädagogischen Bildungsbegriffs und seines Bezugs zum Schulunterricht, 1965, S. 237ff.). Der Unterricht wird als Teilaufgabe der Bildung gesehen, die Ausbildung und Vervollkommnung der Kräfte und Anlagen der menschlichen Natur in harmonischem Verhältnis bedeutet. „Der Endzweck der Erziehung ist, jeden Menschen nach seiner eigenthümlichen Beschaffenheit und nach seinem Standpunkt in der Gesellschaft für sich selbst so vollkommen und glücklich und für andre so nützlich als möglich zu machen" (J. STUVE in: Revisionswerk III, S. 325). Daß die Bildung des Menschen zum brauchbaren Bürger von Anfang an mitzuleistende Erziehung des Menschen ist, wird im „Revisionswerk" als deutliche Abhebung gegenüber ROUSSEAU

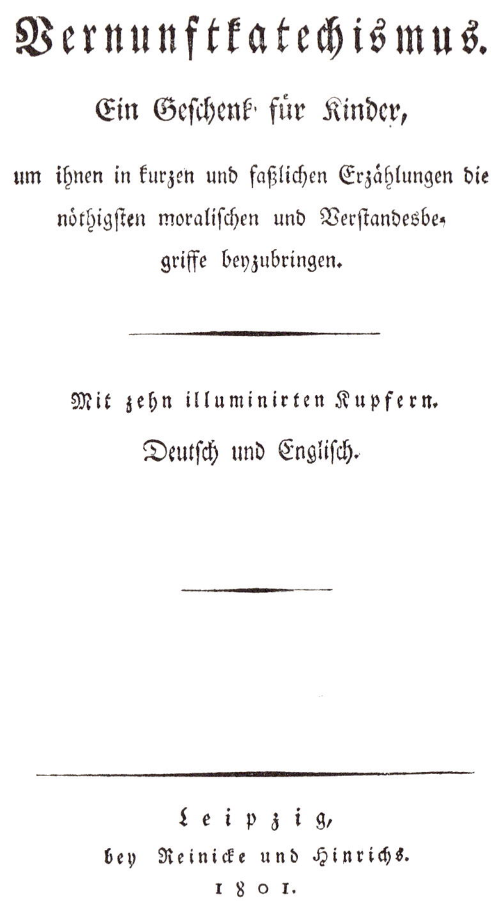
Vernunftkatechismus.
Ein Geschenk für Kinder,
um ihnen in kurzen und faßlichen Erzählungen die nöthigsten moralischen und Verstandesbegriffe beyzubringen.
Mit zehn illuminirten Kupfern.
Deutsch und Englisch.
Leipzig,
bey Reinicke und Hinrichs.
1801.

Friedrich Hermann: Vernunftkatechismus (Leipzig 1801). Das zweisprachige Kinderbuch erläutert in Bildern, Erzählungen und Versen „moralische, Verstandes- und naturhistorische Begriffe". Das Werk kann als typisches Beispiel für das Einwirken der philosophischen Gedanken der Epoche auf die pädagogischen Bemühungen der zeitgenössischen Kinderbuchautoren dienen. Es zeigt gleichzeitig, daß rationale Erörterungen von „Verstandesbegriffen" erst mit Phasenverzögerung in der Kinderliteratur auftreten.

herausgearbeitet. Sie ist Teil seiner „Bildung zu einem gemeinnützigen, zufriedenen und glücklichen Leben“ (Revisionswerk II, S. 167). Vielfacher Formulierer, Interpret und erfolgreicher Propagandist dieses Bildungszieles war J. B. Basedow. Er hat den „Philanthropinismus“ genannten Zweig der A.s-Pädagogik begründet, welcher besonders fruchtbar wurde für die Entstehung neuer Unterrichtswerke (Elementar- und Realienbücher, ABC-(Fibel) und Sachbücher) im Geiste aufgeklärter Didaktik und Methode: *Ansetzen des Lernprozesses auf der kindlichen Stufe des Zöglings, Anschauung in Sachen und Abbildungen, Veranschaulichung in Bild und Wort, Fortschritt vom Nahen und Leichten zum Fernen und Schwierigen, Unterweisung in der natürlichen Religion, sexuelle Aufklärung, auf allen Entwicklungsstufen vornehmlich Übung der Verstandeskräfte und Einprägung der Tugenden.* Mit den Ideen der A. verband J. G. Herder Ideen des zeitlich parallel, ideologisch antipodisch zur A. verlaufenden literarischen „Sturm und Drang“ zu einem neuen Humanismus, dem er als Beamter der Schulaufsicht im Gymnasium zu Weimar vorarbeitete. Er führte die Phantasie als zu bildende Kraft und Anlage des Menschen in den pädagogischen Raum wieder ein. Daß sie vornehmlich von der Dichtung anzusprechen sei, bekundete er im Vorwort zu „Palmblätter“ (1. Bd. 1786), einer Sammlung morgenländischer Märchen für die Jugend. Es geschah zur gleichen Zeit, in der Campe mit seinen Kollegen im „Revisionswerk“ den Gebrauch der Märchen (Wundergeschichten, Feenmärchen, Mythen, „Hexen- und Gespensterhistörchen“) als Lektüre für Kinder erörterte, sie nach persönlicher Überzeugung verwarf und erklärte, daß die Phantasie zu reizen „besonders in unseren phantasienreichen und nervenkranken Zeiten höchst gefährlich“ sei. *Die betonte Übung des Verstandes,* die in der Romantik wieder abgewertet wurde, *steht in der Aufklärungspädagogik im Zusammenhang mit der Bildung sittlicher und sozialethischer Haltung.*

Kinder- und Jugendbücher im Geiste der A. I. Kant (1724—1804) prägte in seiner berühmten Schrift „Was ist Aufklärung?“ (1784) die Formel: „A. ist der Ausgang des Menschen aus seiner selbst verschuldeten Unmündigkeit“. Vertreter der A.s-Pädagogik haben mit der Publikation von Literatur für Kinder und Jugend dazu beigetragen, dem Menschen diesen „Ausgang“ zu ermöglichen. An Leistungen früherer Pädagogen, vor allem Vertreter des Anschauungsprinzips wie J. A. Comenius anknüpfend, bezogen sie jetzt die unterhaltende Literatur als Mittel in weitem Kreise ein. Vorrangig, z. T. als bahnbrechend, werden von den meisten Darstellern und Kritikern der deutschen Kinder- und Jugendliteratur übereinstimmend genannt: J. Chr. Adelung als erster Herausgeber einer speziell sich an Kinder wendenden Zeitschrift des „Leipziger Wochenblatt für Kinder“ (1772 bis 74); J. B. Basedow als Autor des „Elementarwerks“ (1770—74), ein erstes Werk für Kinder mit künstlerischer Illustration (Kupfer nach Zeichnungen D. Chodowieckis); Fr. J. Bertuch, der das „Bilderbuch für Kinder“ in zwölf Bänden schuf (1790 ff.); J. H. Campe als Verfasser des für die Jugend bearbeiteten „Robinson“-Romans von D. Defoe (1660—1731): „Robinson der Jüngere“ (1779/80), dazu als Verfasser und Herausgeber der „Kleinen Kinderbibliothek“ (1779 ff.), als Autor von „Rathgebern“ und der an den „Robinson“ anschließenden „Reisebeschreibungen“ für die Jugend“; J. P. Miller (1725—89) als Vorarbeiter auf dem Gebiet der bebilderten Sachbücher; Chr. G. Salzmann gleichfalls als Autor eines „Elementarbuchs“ (1785) und als Verfasser der „Unterhaltungen für Kinder und Kinderfreunde“ und anderer, auch erzählender Erziehungsschriften; Fr. E. v. Rochow, der ein erstes weltliches „Lesebuch zum Gebrauch der Landschulen“ schuf, den „Kinderfreund“ (1776), dessen erster Teil anonym als „Versuch eines Schulbuches für Kinder der Landleute“ bereits 1772 erschien; Chr. F. Weisse gleichfalls als Herausgeber einer Kinderzeitschrift „Kinderfreund“ (1775—82) und Verfasser von Gedichten und Liedern für Kinder. Als neue Formen der Kinder- und Jugendliteratur entstanden damit durch die Vorbilder, durch Nachahmung und Varianten: das Elementar- und Anschauungsbuch (auch zum Nachschlagen), die Robinsonade, das Lesebuch als Anthologie, deren Form wie für die erwachsenen Leser zur Zeit der A. sofort auch auf Almanach, Kalender und Taschenbuch für Kinder, Kinderchronik und Kindersammlungen umgemünzt wurde und in vielerlei Gewand erschien; die periodischen Kinderzeitschriften als „Anthologie“ oder Form des Briefwechsels und der gedruckten Gespräche; die Realien- und Lehrbücher aller Wissensgebiete oder auch gesammelter Beiträge aus verschiedenen Wissensgebieten; die „Rathgeber“ für die Jugend, in denen außer sittlicher und religiöser Unterweisung Belehrungen über Sitten und Verhalten in Gesellschaft gegeben wurden, dazu sexuelle Aufklärung und vorausweisende Belehrung über elterliche Aufgaben; hinzu kommen Technologien, Spielbücher, für die J. Chr. Fr. Gutsmuths den Prototyp geschaffen hat, und vielartige Beschäftigungs- und Rätselbücher. Das gesellige Leben der bürgerlichen Schicht der Zeit sowie der veranschaulichende Unterricht förderten außerdem Kinderszenen und Kinderschauspiele, für die wiederum zahlreiche gedruckte Muster erschienen. Neue Impulse empfingen aus der Beschäftigung mit der „natürlichen Religion“ und dem Tugendkatalog der A. auch die Andachts- und Erbauungsschriften für die Jugend. In der erzählenden Literatur herrschen Fabeln, moralische Geschichten, Wunder demaskierende Erzählungen und Reisebeschreibungen (oft von der nächsten Umgebung, z. T. als „Spaziergänge“ betitelt) vor; neben in Verse gebrachte

„Weltgeschichten" (CAMPE) und Geographien gibt es erste ernsthafte geschichtliche und biographische Darstellungen für Kinder. *In der Überbetonung des Intellekts und einer der Gesellschaft bloß „nützlichen" Verhaltensweise in Verbindung mit trockener Moralpredigt kam es zu Verzerrungen der Ideen der A.* Zeitgenössische Rezensenten und Pädagogen (vgl. die zahlreichen Besprechungen von Kinder-, Jugend- und Erziehungsschriften in „Nicolais Bibliothek" und „Nicolais Neuer Bibliothek", im von E. CHR. TRAPP herausgegebenen „Braunschweigischen Journal" und anderen pädagogischen und literarischen Zeitschriften) haben die „literarische Manufaktur" für die Jugend scharf kritisiert, unter ihnen auch ein Mitarbeiter am „Revisionswerk", Rektor L. F. GEDIKE, in seiner 1787 gedruckten Schulrede „Einige Gedanken über Schulbücher und Kinderschriften".

Gesellschaftspolitische Aspekte. Der Doppelcharakter vieler Kinder- und Jugendbücher in der Epoche der A. als Unterrichtswerk und außerunterrichtliche belehrende Unterhaltung entspricht der kultur- und gesellschaftsgeschichtlichen Situation zur Zeit der Entstehung. Einerseits bestand in der Oberschicht von Adel und Großbürgertum das Hauslehrersystem fort, andererseits wurde in wachsendem Maße die allgemeine Schulpflicht für Kinder aller Stände durchgesetzt (Industrieschulen für die Kinder der „Arbeiter"), und eine neuartige Erziehungsform wurde in den Philanthropinen praktiziert. Für alle drei Bereiche — Elternhaus, Schule, Internat — war diese Literatur brauchbar einzurichten. In ihr wurde zwar der in der A.s-Philosophie begründete, in der Französischen Revolution zeitgenössisch befestigte Satz von der Gleichheit und Brüderlichkeit aller Menschen nicht verletzt und in der religiösen und rassischen Toleranz ausdrücklich betont; wohl aber wurde die Differenzierung nach Ständen und Berufsarten eingehalten oder im erzählenden und im Sachtext bewußt aufgebaut. *Vertreter der A.s-Pädagogik waren sogar darauf bedacht, daß Kinder der „niederen Stände" keine zu anregende, zu weitreichende Ausbildung erhielten, mit der Begründung, daß sie sonst in ihrem „beschränkten Stande" nur unglückliche Menschen werden würden.* Dazu stimmt das Phänomen, daß in dieser im Hinblick auf Mündigkeit konzipierten Kinder- und Jugendliteratur am *Gehorsam* als oberster Tugend ohne Einschränkung festgehalten wird: er garantiert allein die „prästabilisierte Harmonie" des Individuums als Angehöriger eines Standes und der ständisch gegliederten Gesellschaft insgesamt. *Der Große Schwung der A. für die Änderung der Gesellschaft in Richtung auf Gleichheit und Freiheit wurde damit im Erziehungsprozeß und durch die im Zeichen der A. Kindern und Jugend zugedachten Literatur selbst bereits wieder gehemmt.* Erst in der Kinder- und Jugendliteratur der Arbeiterbewegung, schließlich in der sozialistischen und in der antiautoritären Kinderliteratur des 20. Jh.s wurde die emanzipatorische Richtung entschieden weiter verfolgt.

Margarete Dierks

→ J. Chr. Adelung, → J. B. Basedow, → J. H. Campe, → Epochen der Kinder- und Jugendliteratur, → Philanthropinismus

Sekundärliteratur: J. H. Campe: Allgemeine Revision des gesamten Schul- und Erziehungswesens von einer Gesellschaft praktischer Erzieher (Bd. 1—16. 1785—92). — G. Funke: Die Aufklärung in ausgewählten Texten (1963). — L. Göhring: Die Anfänge der deutschen Jugendliteratur im 18. Jahrhundert (1904; ND. 1967). — H. Hettner: Literaturgeschichte des 18. Jahrhunderts (Tl. 1—3. 1856 bis 1870, ⁷1913—25). — A. Klüpfel: Das Revisionswerk Campe's, ein Grundwerk der deutschen Aufklärungspädagogik (Diss. 1934). — A. Köster: Die deutsche Literatur der Aufklärungszeit (1925). — W. Philipp: Das Zeitalter der Aufklärung (1963). — A. Pinloche: Geschichte des Philanthropinismus (1896, ²1914). — J. Rammelt: J. B. Basedow, der Philanthropismus und das Dessauer Philanthropin (1929). — H. M. Wolff: Die Weltanschauung der deutschen Aufklärung in geschichtlicher Entwicklung (1949, ²1963). — M. Wundt: Die deutsche Schulphilosophie im Zeitalter der Aufklärung (1945).

Aufklärungsbuch, sexuelles

Im Bereich der Kinder- und Jugendliteratur wird unter A. ein Buchtyp verschiedener Formen verstanden, mit dem beabsichtigt ist, die Heranwachsenden altersgemäß, wirklichkeitsentsprechend und z. T. in Verbindung mit ethischen Forderungen über die geschlechtstypischen Merkmale und Funktionen, die Beziehungen der Geschlechter zueinander, über Zeugung, Schwangerschaft, Geburt und Sexualverhalten zu unterrichten.

Entwicklung der sexuell aufklärenden Literatur für die Jugend. Da diese dem menschenkundlichen (natur-, kultur- und sozialanthropologischen) Bereich zugehörende Thematik durch Jahrhunderte im Zwielicht sozialer Wirklichkeit und religiös und moralisch begründeter gesellschaftlicher Tabus behandelt wurde, hatte man aus erzieherischen Gründen das Kind weitgehend davon ausgeschlossen und es auf mythisch-märchenhafte, z. T. abergläubische, religiöse oder auch phantastische Vorstellungen verwiesen, z. B.: Kindelsbrunnen, Frau Holle, Adebar, Klapperstorch, Engel, konkretes Gottesgeschenk u. a. Dies hat vielfach Niederschlag in Märchen, Sagen, Kinderversen und -liedern gefunden. Die Mitteilung anthropologischer Tatsachen für das Kind blieb bis ins 20. Jh. hinein Ausnahmeerscheinung progressiver pädagogischer Kräfte. Um die Mitte des 20. Jh.s hat das sexuelle A., besonders unter angelsächsischem Einfluß, neue Bedeutung im Zusammenhang mit der modernen Sexualpädagogik (Geschlechtererziehung) erlangt. Als Wegbereiter sexueller Aufklärung für die Jugend wirkte in der Renaissance ERASMUS VON

ROTTERDAM (1466 oder 1469—1536). In seinen als Unterrichtslektüre verwendeten „Colloquia familiaria" (1518, [2]1522) werden ausführlich die inhumanen Wirkungen der Prostitution und der venerischen Krankheit („Gespräch des Jünglings mit der Hure"; „Die unnatürliche Ehe") behandelt und besonders die männliche Jugend vor einem sexuell ausschweifenden, d.h. die Gesamtpersönlichkeit schädigenden Leben gewarnt. Erst im *Zeitalter der Aufklärung und des Philanthropinismus* begann man auf breiterer Ebene, die Jugend über Geschlechtlichkeit und Geschlechtsleben in eigens ihr zugedachten Büchern zu belehren. *Auslösendes Motiv war damals die Bekämpfung der jugendlichen Onanie und Homosexualität,* die in den Erziehungsanstalten, den Kloster-, Knabenschulen und Internaten grassierten infolge der mangelnden körperlichen Bewegung und Anstrengung, der Langeweile des Unterrichts, des zu engen Zusammenlebens und der Abhängigkeitsverhältnisse, die sich zwischen den Zöglingen bildeten (vgl. autobiographische Berichte aus dieser Zeit, u.a. von dem Philanthropen und Mitarbeiter J. B. BASEDOWS und J. H. CAMPES, K. F. BAHRDT (1741—92): Geschichte seines Lebens . . ., 1. u. 2. Teil 1790, neu hrsg. von F. HASSELBERG, 1927). Die alarmierendste Darstellung war anonym, bereits zu Beginn des 18. Jh.s in England erschienen: „Onania, or the heinous sin of self-pollution, and all its frightful consequences in both sexes, considered. With spiritual and physical advice", etc. London (1710); sie wurde nach der 15. Auflage ins Deutsche übersetzt: „Onania, oder Die erschreckliche Sünde der Selbst-Befleckung, mit allen ihren entsetzlichen Folgen, so dieselbe bey beyderley Geschlecht nach sich zu ziehen pfleget ...", Leipzig 1736. In deutlicher Abkehr von der verschwommenen, verdammungsträchtigen Atmosphäre klerikaler Zuchtbüchlein (z. B. „Handbüchlein, worin die achtzehn Hauptfeind der Jugend bestritten und entwaffnet . . .", Mainz [2]1750) befaßten sich Pädagogen der Aufklärung und des Philanthropinismus (neben anderen CHR. G. SALZMANN, TISSOT, ZIMMERMANN, BASEDOW, CAMPE) mit diesem „Laster der Jugend" und behandelten dabei den Bereich des Geschlechtlichen in anthropologischer, medizinischer und pädagogischer Sicht. Sie brachten genaue Begriffsbestimmungen und exakte, sachliche Darstellung in die Aufklärungsschriften dieser Art ein; der Jugendliche sollte belehrt werden über körperliche Funktionen, Ehe und Familienleben, Triebe, Leidenschaften und Laster sexueller Art. BASEDOW erklärt in seinem „Elementarwerk" (1774) auf vier Bildtafeln und in mehreren Textseiten „die Geburt" des Menschen. CAMPE schrieb eine Preisfrage aus: „Wie man Kinder und junge Leute vor dem Leib und Seele verwüstenden Laster der Unzucht überhaupt und der Selbstschändung insonderheit verwahren, oder, dafern sie schon angesteckt seyn sollten, wie man sie davon heilen könne". Als Anhang der theoretischen Abhandlungen dazu entstanden Belehrungsbücher für die Jugend, z. B., preisgekrönt, die des Privaterziehers J. F. OEST „Versuch einer Belehrung für die männliche und weibliche Jugend über die Laster der Unkeuschheit überhaupt und über die Selbstschwächung insonderheit nebst einem kurzen Vortrag der Erzeugungslehre"; der Prediger VILLAUME differenzierte in seinem „Lesebuch für die Jugend" nicht nur nach Geschlechtern, sondern auch nach der individuellen sexuellen Verfassung des Jugendlichen (beide: „Campesches Revisionswerk", 1787, Bd. 6 u. 7). CAMPE selbst ist der Verfasser zweier berühmter Aufklärungsschriften für die Jugend: „Theophron" (1786) und „Väterlicher Rat für meine Tochter" (1798). — Während bei den Philanthropen sexuelle Aufklärung mit dem Anspruch eines jeden Menschen auf „natürliche Glückseligkeit" in Einklang mit moralisch einwandfreiem Lebenswandel vor Gott und Gesellschaft motiviert wird, tritt bei L. EWALD („Der gute Jüngling, gute Gatte und Vater, oder Mittel um es zu werden. Ein Gegenstück zu der Kunst ein gutes Mädchen zu werden", Frankfurt/M. 1804) der Gedanke der *Volkshygiene* und *Volksgesundheit* als neues, z. T. national gefärbtes Motiv hinzu. Mit der Tabuisierung der sexuellen und erotischen Thematik in der Jugendliteratur des 19. Jh.s verschwinden die Aufklärungsbücher. Am Wiederaufkommen zu Beginn des 20. Jh.s sind drei sehr verschiedene Strömungen beteiligt. Im Bereich *der Sozialfürsorge und Volkswohlfahrt entstehen, getragen von der Idee des Jugendschutzes und infolge notwendiger Vorbeuge gegen die Geschlechtskrankheiten, billige Aufklärungsschriften für die gefährdete proletarische Jugend* (z. B.: Dr. med. KORNIG „Hygiene der Keuschheit", 1900). Daneben die sexuell aufklärerischen Schriften *kommunistischer Gruppen* (z. B.: W. REICH „Der sexuelle Kampf der Jugend". Kopenhagen 1932), *die die Emanzipation der Sexualität im Zuge der gesellschaftlichen Revolution forderten.* Für das *Bürgertum erschienen unter dem Einfluß der ästhetisierenden Naturbetrachtung Aufklärungsbüchlein* wie E. ETHELMER „Wo kam Brüderchen her?", a.d. Engl. übers. von H. BIEBER-BOEHM, oder G. PRELLWITZ „Vom Wunder des Lebens". Auch in der *Jugendschriftenbewegung* wurde die Frage der „Aufklärung im Jugendbuch" wieder aktuell. „Das Geschlechtliche im Unterricht und in der Jugendlektüre" betitelte der stellvertretende Vorsitzer des Hamburger Prüfungsausschusses für Jugendschriften H. L. KÖSTER seinen Vortrag, der 1903 im Druck erschien. Die Redaktion der JSW begrüßte die Arbeit (JSW, September 1903, S. 34) und veröffentlichte im Mai-Heft 1907 Leitsätze desselben Verfassers, die dieser in seinem Referat auf dem Kongreß der Gesellschaft zur Bekämpfung der Geschlechtskrankheiten 1907, Mannheim, aufgestellt hatte, unter dem Titel: „Die Frage der Jugendliteratur in ihrer Beziehung zur sexuellen Aufklärung". KÖSTER erklärte u. a.: „Es ist notwendig, daß die

Sexualkunde-Atlas (Opladen 1969). Für den Schulunterricht wurde von der westdeutschen Bundeszentrale für gesundheitliche Aufklärung im Auftrage des Bundesministers für Gesundheitswesen der Sexualkunde-Atlas, eine Aufklärungsschrift mit „biologischen Informationen zur Sexualität des Menschen", veröffentlicht. Die Herausgeber wollen durch eine „strikte Beschränkung auf eine wissenschaftlich fundierte Faktenvermittlung ... die sachlichen Grundlagen für das Gespräch der Jugendlichen und der Lehrer und Eltern" bereitstellen.

heranwachsende Jugend in Bezug auf das Geschlechtliche aufgeklärt werde; hier kann, wenn Haus und Schule versagen, ein belehrendes Buch gute Dienste leisten", und „... die Jugend muß dichterisch wertvolle Liebeslieder und Liebesgeschichten kennen lernen, damit die erwachenden Gefühle in gesunde Bahnen gelenkt werden. Höchst verderblich sind die landläufigen Backfischgeschichten mit ihren Sentimentalitäten und ihren völlig verschrobenen Gefühlen" (JSW, Mai 1907, S. 18). Jedoch blieb man zu Beginn des 20. Jh.s in Forderung und Angebot sexueller Aufklärung weit hinter der pädagogischen Leistung des 18. Jh.s zurück.

Formen des sexuellen A.s seit Mitte des 20. Jh.s. Unter der Vielzahl der sexuellen Aufklärungsbücher nach 1945 lassen sich folgende Typen unterscheiden: a) das *biologisch-wissenschaftliche A.*, b) *das lebenskundlich-ethisch ausgerichtete A.*, c) das *konfessionell gebundene A.* Diese Literatur erscheint altersmäßig differenziert und unterscheidet sich in den Formen erzählerischer Einkleidung, sachlicher Mitteilung (als *Vorlesebuch* ab 5. Lebensjahr z. B.: M. Z. THOMAS „Schwestern schenkt der liebe Gott", 1956, „Brüder sind nicht mit Geld zu bezahlen", 1955, M. LOBE „Ich wünsch mir einen Bruder", Wien 1958) und z. T. nach Geschlechtern getrennt in Bearbeitungen für Knaben oder für Mädchen. Daneben finden sich auch romanhafte Formen zum Thema „erste Liebe", „Frühehe" u. ä. (z. B.: M. STOLZ „To tell you love", dt. „Liebe hat Zeit", 1959; L. SUMMERS „Ring around her finger", 1957, dt. „Das wunderbare Geschenk", 1964; C. FRANCE „Kinder, die sich lieben", 1963). — Mit den konkreten Problemen der jungen amerikanischen Mädchen (wie Petting, Auto-Liebe, häufigem Partnerwechsel u. a.) setzt sich G. D. SHULTZ in ihrem in Briefform gehaltenen Buch „Letters to Jane", dt. „Du sollst glücklich werden, Jane" (1952) auseinander. Bei aller Modernität steht die Verfasserin bis ins Vokabular hinein in der Tradition philanthropinistischer Aufklärung. Bemerkenswert erscheint das 1966 im Kinderbuchverlag Berlin erschienene Buch von Dr. med. H. BRÜCKNER „Bevor ein Kind geboren wird" (ab 8. Lj.). Der Verfasser wendet sich in direkter Anrede an das Kind und bespricht eine Fülle wichtiger und z. T. bisher vernachlässigter Themen, wie: Gibt es nicht

auch Kinder, die keinen Vater haben? Wie entstehen Zwillinge? Wie kommt es zu Mißbildungen, Fehlgeburten, Frühgeburten? Vater, Mutter, Kind — eine glückliche Familie; u. a. Er gibt medizinisch exakte und weitreichende Auskünfte, die durch die hervorragend klaren und anschaulichen Zeichnungen von G. Preuss gestützt werden, vertritt eine klare Ethik und spricht in Text und Bild eine kultivierte Gefühlswelt an. Das dazugehörige Elternheft „Wenn dein Kind dich fragt" erläutert die Situation des Kindes und das Anliegen des Buches. Als neue Variante des A.s erschien 1967 von M. Goldstein „Anders als bei Schmetterlingen. Er und Sie und ihre Liebe", illustriert von H. Edelmann im Neo-Jugendstil und mit modernem Layout; auf keine bestimmte Altersgruppe zugeschnitten, fand es extrem unterschiedliche Beurteilung. — Mit der Aufnahme des *Sexualkundeunterrichts* in die allgemeinbildenden Schulen wurde die Schaffung didaktisch konzipierter A. als Lehr- und Arbeitsmaterial zur Notwendigkeit. Im Auftrage des Bundesministeriums für Gesundheit erschien in der BRD 1969 ein vieldiskutierter „Sexualkunde-Atlas". — Die Liberalisierung der vorehelichen sexuellen Beziehungen im Jugendalter brachte einen Buchtyp hervor, der auf die sexuelle Praxis hin orientiert ist und nicht mehr ausschließlich über sexuelle Vorgänge, sondern auch über das Verhalten in bestimmten sexuellen Situationen aufklärt (z. B. „Samspel" [Zusammenspiel], deutsche Übersetzung aus dem Schwedischen, ³1972; G. Amendt: „Sexfront", 1970; A. Kunstmann: „Mädchen", 1972).
In *Schülerzeitungen* und den als *Underground-Literatur* bezeichneten Zeitschriften übernahmen es in neuerer Zeit oft Jugendliche selbst, ihre Altersgenossen im Sinne einer sexuellen Revolution „aufzuklären". Seit etwa 1967 wurden die seither gebotenen „Schongrenzen" der Vorpubertät in ausschließlich biologisch „Aufklärung" vermittelnden Schriften übersprungen und in z. T. von Schülern und Studenten selbst verfaßten Flugblättern die Schuljugend aufgefordert, sexuelle Aufklärung in Schule und Buch zu verlangen.

Luise Siegling

Sekundärliteratur: Bibliographie zur Sexualerziehung. Buchveröffentlichungen, Zeitschriftendokumente (Folge 1. 1965/68. 1968; Folge 2. 1968/1970. 1970). — N. G. Herrmann: Aufklärung mit Kindern (1969). — S. Heuser: Bücher über die sexuelle Aufklärung und ihre Problematik (in: Jugendliteratur. 3. 1960. 109—122). — Fr. Koch: Negative und positive Sexualerziehung. Eine Analyse katholischer, evangelischer und überkonfessioneller Aufklärungsschriften (1971). — Literatur zur Sexualerziehung. Zusammengestellt auf Grund der Bestände der Bibliotheken der Hochschule für Internationale Pädagogische Forschung, 1945—1963 (1963). — Th. Nöhren: Über die Erotik in der Jugendschrift (in: Jugendschriften-Warte. 4. 1901. 13—14). — R. Pfeiffer: Bibliographie zur Sexualerziehung (1968). — Chr. Topfmeier: Schriften und Lehrmittel zur Geschlechtserziehung. Zur Dokumentation der Gesundheitserziehung (1965, ²1968).

August, dummer

Gehört in den Kreis der „komischen Personen", wie sie sich selbständig oder unter gegenseitiger Beeinflussung in Frankreich (Harlekin, Jean Potage), England (Pickelhering, Clown), Italien (Arlecchino) und Deutschland (Hanswurst) im darstellenden Spiel herausgebildet haben; sie sind in mancherlei Varianten ins Bilderbuch und in die Kinderliteratur eingegangen.

Während der dumme A. im 18. u. 19. Jh. aus dem Bühnenspiel verschwindet bzw. in Abarten mit bürgerlichen Berufen umgewandelt wird, hat sich im Puppenspiel der „Kasper" und im Zirkus der „Clown" bis in die Gegenwart erhalten. In der Mitte des 19. Jh.s kommt in Deutschland für den Zirkusclown die Benennung „dummer August" auf; dabei wird der ursprüngliche Wortsinn des Namens ins Gegenteil verkehrt: aus dem „Erhabenen" wird der „Lächerliche". Komisch wirkt der dumme A. durch seine Kleidung (zu weite Hose, zu großer Rock, platte, überlange Schuhe, winziger Hut), Mimik (verstärkt durch Schminkmaske: großer Mund, Knollennase, Glatze), Pantomimik (Posen, Verrenkungen, gestische Unbeholfenheiten) und Sprache (sprachliche Fehlleistungen, Wortverdrehungen, eulenspiegelhaftes Wörtlichnehmen). Diese Normabweichungen werden auch schon von Kindern als Überspielen des Normalen, Üblichen und Gewohnten gesehen und somit komisch aufgefaßt. Der dumme A. gehört deshalb neben dem Kasper zu den beliebtesten Figuren bei Kindern.

Hermann Kölln

Sekundärliteratur: G. v. Wilpert: Komische Person (in: G. v. Wilpert: Sachwörterbuch der Literatur. 1955. 296 u. 297). — M. W. Disher: Clowns and pantomimes (1925). — M. Willberg: Abgewertete Vornamen (in: Muttersprache. 1965. 330—342). *IJB*

Aurbacher, Ludwig

*Pädagoge, Schriftsteller, Verfasser von Jugendschriften, Bearbeiter und Herausgeber volkstümlicher Erzählungen, Autor der „Abenteuer von den Sieben Schwaben"; *26. 8. 1784 Türkheim, †25. 5. 1847 München.*

Als Sohn eines unbemittelten Nagelschmieds wurde A. 1793 Chorknabe im Augustinerstift Dießen/Ammersee und 1796 Schüler des Studienseminars in München. 1801 als Novize in das Benediktinerkloster Ottobeuren eingetreten, kam A. nach dessen Auflösung 1803 in das Stift Wiblingen/Niederösterreich. Religiöse Zweifel und schwere Krankheit verursachten seinen Austritt aus dem Orden; 1804 wurde A. Hofmeister beim Stiftskanzler von Weckbecker zu Ottobeuren; 1809—34 war er Professor für Deutsch und Ästhetik am Kadettenkorps in München, wo von 1808—10 auch A. Graf von Platen sein Schüler war. A. stand in regem Austausch mit dem Kreis der Spätromantiker im katholischen Süddeutschland und in Verbindung mit den Philosophen FR. BAADER und G. SCHUBERT. In seinen „Jugenderinnerungen" gibt A. Auskunft über seine steten Bemühungen, durch Lektüre seine Bildung zu ergänzen, und erwähnt zahlreiche Schriften und Werke, die er „ungelenkt" in sich aufnahm, u. a. LA FONTAINE, SCHILLER, A. W. IFFLAND, A. KOTZEBUE. Freunde schildern ihn als außerordentlich belesen, von Natur bescheiden, fast eigenbrödlerisch.

Werk, Tendenz, Wirkung. Das schriftstellerische Werk von A. umfaßt Schul- und Erziehungsschriften, Rezensionen und kunstkritische Arbeiten, eigene Erzählungen, Gedichte, Dramen und kleinere Werke für die Jugend. Am erfolgreichsten war er mit der Erneuerung und Bearbeitung überlieferter Volksschriften. 1810 erschien sein „Briefsteller, zunächst für studierende Jünglinge", eine Art Lehrbuch mit Beispielen brieflicher Formen und Stile. In dem Buche „Ueber Tagebücher; zur Beförderung der Kenntnis und der Bildung des Herzens und des Verstandes" (1813) zitiert A. Abschnitte aus Tagebüchern historischer Persönlichkeiten seit MARC AUREL, begründete seine Auswahl und erörterte den Wert solcher Aufzeichnungen, vor allem auch aus der Jugendzeit, für die Jugend. Das „Büchlein für die Jugend" (1834) komponierte A. in einem Rahmen (Reise einer Familie), um eine Reihe kleiner Sagen, Legenden, Fabeln, Schwänke und Märchen mit moralischer Belehrung zu erzählen. A. war Mitarbeiter der „Blätter für Erziehung und Unterricht" und der „Schulblätter". Er veröffentlichte auch pädagogisch-didaktische und philologische Schriften, u. a.: „Über die Methode des rhetorischen Unterrichtes", „Vorschule zur Geschichte und Kenntnis der deutschen Literatur", „Lehrbuch des deutschen Stiles", „Grundlinien der Rhetorik", „Grundlinien der Poetik", „Grundlinien der Rhythmik", „Pädagogische Phantasien", (anonym:) „Handbuch zur intellektuellen und moralischen Bildung für angehende Offiziere".

Als Sammler, Bearbeiter und Herausgeber literarischen Volksgutes im Sinne der Spätromantik wirkte A. zunächst anonym mit dem Büchlein „Allerlei d. i. lustige und lehrreiche Historien, Lieder und Sprüche aus alten Büchern fleißig und treulich zusammengetragen" (1823). Nach A.s Biograph W. KOSCH („L. A.", 1914) waren ihm die Sammlungen von J. W. ZINKGREF und J. L. WEIDNER Quelle und Vorbild. Gleichfalls anonym ließ A. 1827 das „Volksbüchlein" folgen, in dem er neben kleineren volkstümlichen Historien die Geschichte vom „Ewigen Juden" und die „Abentheuer der Sieben Schwaben" erzählte. Das 2. Bändchen (1829) enthielt neben Märchen, Anekdoten und Sagen die Geschichte des Doktor Faustus, die Legende von St. Christoph und die Fortsetzung für die Sieben Schwaben mit den Wanderungen des Spiegelschwaben, dazu Worterklärungen und Anmerkungen, so daß die beiden Bände zusammen als ein volks- und sprachkundlich abgerundetes Werk erscheinen (weitere Auflagen 1835 und 1839). Eine begeisterte Charakterisierung schrieb H. H. MASSMANN in den „Heidelberger Jahrbüchern der Literatur" (1827, Nr. 23—28). Als erfindungsreicher Bearbeiter und Erzähler der Abenteuer von den Sieben Schwaben, die in Lese- und Bilderbücher, zahlreiche Jugendausgaben und Sagensammlungen für die Jugend eingegangen sind, wurde A. in seiner Zeit neben den Brüdern GRIMM, J. GÖRRES und K. SIMROCK genannt, doch wollte er als Autor dieser Form und Sprache der Erzählung ganz zurücktreten und bei den Lesern den Eindruck erwecken, daß er das Manuskript „gefunden" habe. A. KELLER untersuchte in seinem Werk „Die Schwaben in der Geschichte des Volkshumors" (6. Buch, 1907) Quellen und Forschungsergebnisse zu den Sieben Schwaben und zählt A.s Werk zu den „Perlen volksmäßiger Poesie", er habe die „Ilias des schwäbischen Vagabundentums" geschrieben. A.s „Geschichte von den sieben Schwaben" erschien 1832 in einem Druck mit zehn Lithographien (nach Zeichnungen F. FELLNERS) von M. v. SCHWIND. Zum Nachdruck dieser Ausgabe (1963) schrieb E. A. GREEVEN ein Nachwort, das biographisch über A. und über die von ihm benutzte Überlieferung zu den Sieben Schwaben informiert.

Von A.s „Büchlein für die Jugend" wurden trotz der darin enthaltenen lebendigen und farbenreichen Sagen, Märchen, Legenden, Schwänke keine neueren Auflagen veranstaltet. „Die Abenteuer der sieben Schwaben" erschienen auch nach 1900 in zahlreichen Sagen- und Schwänke-Sammelbänden, preiswerten Jugendschriften-Reihen und Einzelausgaben, von verschiedenen Künstlern illustriert; am Anfang stand die vom Einfluß der Kunsterzieher- und der Jugendschriftenbewegung zeugende Ausgabe: „Abenteuer der sieben Schwaben und des Spiegelschwaben. Für Freunde herzhaften Humors unter groß und klein"; hrsg. von der freien Lehrervereinigung für Kunstpflege zu Berlin, mit Bildern und Zeichnungen von M. WULFF (1908).

Hans Eich

Werke: Ueber Tagebücher zur Beförderung der Kenntnis und Bildung des Herzens und des Verstandes (1813); Ein Volksbüchlein (Bd. 1 u. 2. 1827—29); Marienkind (1831); Die Geschichte von den sieben Schwaben (1832); Ein Büchlein für die Jugend (1834); Historia von den Lalenbürgern (1889; zuerst 1848 in: Fliegende Blätter); J. Sarreiter (Hrsg.): Gesammelte größere Erzählungen (1881).

Sekundärliteratur: A. Keller: Die Schwaben in der Geschichte des Volkshumors (1907). — W. Kosch: Ludwig Aurbacher, der bayrisch-schwäbische Volksschriftsteller (1914). — L. Mackensen: Aurbachers Märchen (in: Handwörterbuch des deutschen Märchens. Bd. 1. 1930/1933. 148—152). — M. Radlkofer: Die sieben Schwaben und ihr hervorragender Historiograph Ludwig Aurbacher (1895). — J. Sarreiter: Ludwig Aurbacher (1880). *IJB*

Ausstattung des Kinder- und Jugendbuches

Die Ausstattung umfaßt das typographische, illustratorische und äußere Erscheinungsbild eines Buches.

Geschichtliche Entwicklung der KJB-A. Die künstlerische A. des KJB ist Geschmackswandlungen unterworfen, wird von Modeströmungen, insbesondere aber von Kunstauffassungen und -interpretationen sowie von pädagogischen Vorstellungen (z. B. „Kunst vom Kinde aus") beeinflußt. Die verschiedenen Elemente der Buchausstattung wie Einband, Schutzumschlag, Papierbeschaffenheit, Schriftart und -größe usw. erlangen beim KJB besondere Bedeutung durch die Anforderungen des jungen Lesers (z. B. Unzerreißbarkeit des ersten Bilderbuchs, richtiges Schriftbild für Leseanfänger usw.). In der angemessenen Gestaltung des KJB liegt ein wichtiger Beitrag zur ästhetischen und künstlerischen Erziehung. Die Geschichte der KJB-A. ist in engem Zusammenhang mit der Entwicklung des Schulwesens und einer eigenständigen KJL zu sehen. Bis gegen Ende des 18. Jh.s zeichnet sich keine Sonderform der Buchausstattung bei Kinder- und Jugendbüchern ab. Eine Vorform des ABC-Buches für Schüler war das Hornbuch, eine mit aufgeklebtem ABC und Kurztexten versehene Tafel, die zur Vermeidung von Verschmutzung mit einer durchsichtigen Hornschicht überzogen war. Die seltenen Ausgaben, die schon im 16. und 17. Jh. für Kinder herauskamen, unterschieden sich im Aussehen nicht von den Druckerzeugnissen für Erwachsene. Sie zeigen die gleiche aus dem Mittelalter stammende Initialausschmükkung und die Methode, den Text abwechselnd mit roten oder schwarzen Lettern zu setzen.

Im 16. Jh. zeigt sich eine auffallende Veränderung der spätmittelalterlichen Buchgestaltung. Als Folge der Möglichkeit massenhafter Vervielfältigung kommt es zu einer Vereinheitlichung des Typenmaterials. Durch den wachsenden Bedarf an Lektüre für breitere Volksschichten setzt die Herstellung billigen Lesestoffes ein und führt zur Verbreitung der beliebten Volksbücher, z. B. ist eine Volksausgabe des Doktor Faust aus dem Jahr 1599 ausdrücklich der Jugend gewidmet. Die Folge war eine Verschlechterung der Papierqualität, die Verbreitung von Schwabacher- und Frakturtype in oft nicht einwandfreiem Schnitt auf Kosten der alten gotischen Letter sowie die wiederholte Benutzung der Druckstöcke bis zur völligen Abnutzung. Die Qualität des Holzschnitts ging mehr und mehr zurück. Der englische Bilderbuchkünstler W. CRANE stellt zu dieser Entwicklung fest: „... Man könnte sagen, daß, während die Künstler des Mittelalters nach Farbe und dekorativer Schönheit strebten, die Zeichner der Renaissance von der Rücksicht auf Linie, Form und Relief beeinflußt wurden. Der Einfluß, der im Anfang anregte, begeisterte und verfeinerte, wurde am Ende eine zerstörende Macht. Die natürliche Entwicklung eines lebendigen Kunststils wurde gehemmt und an ihre Stelle traten die Autorität und eine Sucht, die Antike nachzuahmen ..." (W. CRANE: Von der dekorativen Illustration des Buches in alter u. neuer Zeit, Leipzig 1901). Der Titelschmuck des „Lesebüchleins für die angehende Jugend nach der Lehr-Art Ratichil" (Cöthen 1619) mit seinen überladen verzierten, klassisch gefärbten Säulenmotiven belegt diese Feststellungen.

Hinweise auf Fragen der Buchausstattung des KJB im 18. Jh. sind spärlich. Die bekannten theoretischen Werke zur KJL enthalten kaum belegte und differenzierte Aussagen zu diesem Thema. K. HOBRECKER weist darauf hin, daß bis zum Ende des 18. Jh.s noch kein Unterschied in der Gestaltung zwischen Kinderbuch und Erwachsenenbuch festzustellen sei. Üblich waren schlichte grünlich oder braun überzogene Pappbände, gelegentlich mit gepreßtem und vergoldetem Lederrücken. Die Bücher waren spärlich mit Kupfern ausgestattet, häufig in Oktav, aber auch in kleineren Formaten hergestellt. Sie erschienen oftmals in billigeren Ausgaben schwarzweiß und zugleich — wesentlich teurer — als mehrfarbige, handkolorierte Werke.

Anfang des 19. Jh.s macht sich eine spezifische Kinder- und Jugendbuch-A. bemerkbar. Die Einbände erhalten häufig quadratische Form, werden dicker und gedrungener und sind oft mit einem aus Typensatz oder Steindruck hergestellten Umschlag verziert. Illuminierte Kupfer werden jetzt zahlreich eingefügt, die Farbe wird zum wesentlichen Element der Kinder- und Jugendbuchausgestaltung. Beliebt waren gestochene und kunstreich lithographierte Titelblätter, die mit kleinen Vignetten verziert wurden. HOBRECKER stellt dazu fest: „... Vom Erfolg des Winkelmann-Verlags beeinflußt, entstehen überall jetzt lustig bunt überzogene Pappbändchen, die in reicher Ornamentierung immer wieder Neues darstellen. Es ist noch nicht darauf aufmerksam gemacht worden, welcher mannigfachen Formenfülle wie hier begegnen, und nur hier, denn die Bücher für Erwachsene entfalten nicht diese Abwechslung an Motiven des Einbandes ...". Künstler wie L. RICHTER und FR. V. POCCI machten sich in der ersten Hälfte des 19. Jh.s um die künstlerische Ausstattung des Kinder- und Jugendbuches besonders verdient. Sie bemühten sich um schmückende Details und griffen dabei wieder auf die Initialkunst des Mittelalters zurück. Initialvignetten, Schmuckleisten und Schlußstücke finden sich nun harmonisch in die Seiten eingepaßt. Auch andere Illustratoren, die für Kinder- und Jugendbücher arbeiteten, wie TH. HOSEMANN und G. SÜS beschränkten sich nicht auf die reine Illustration, sondern bezogen typographische Elemente — so etwa Initialschmuck, dessen verspielte Ausläufer oft den gesamten Seitentext einrahmen —, mit ein. Ein interessantes Beispiel romantischer Buchkunst bietet die von J. LOHMEYER herausgegebene Zeitschrift „Deutsche Jugend“ (1872ff.) mit deren künstlerischen Betreuung (Ausstattung und Illustration) O. PLETSCH betraut war und an der zahlreiche Künstler der Zeit mitwirkten (neben RICHTER und PLETSCH auch C. OFFTERDINGER und F. FLINZER). Wie bei vielen Zeitschriften und Jahrbüchern läßt sich auch an diesem Beispiel der sich vollziehende Wandel in der Buchgestaltung ablesen. So ist beispielsweise das Titelblatt zum ersten Jahrgang mit Rankenwerk, spielenden, Putten-ähnlichen Kindern eingerahmt, während das Titelblatt des Jahrgangs 1893 nur noch spärliche Initialverzierungen des Titels zeigt.

In der zweiten Hälfte des 19. Jh.s geriet die bis dahin trotz Teilmechanisierung noch immer auf handwerklicher Basis beruhende Buchherstellung in eine neue Phase, die durch Anwendung neuer Maschinen und photomechanischer Reproduktionsverfahren gekennzeichnet war. Die rasche Technisierung bewirkte, daß das Buch mehr und mehr Massenware und Gegenstand verlegerischer Spekulationen wurde. Im Zusammenhang mit einer technischen Neuerung, der Erfindung des Rotationsdruckes, kam es aus betriebsökonomischen Gründen zur Entstehung der Comic-Strips in ihrer heutigen Gestalt.

In den 80er und 90er Jahren des 19. Jh.s bildete sich in England, ausgehend von G. ROSSETTI (1828 bis 1882) eine Bewegung gegen die im Zusammenhang mit der Technisierung zu sehende Verflachung der Buchkunst. Es war die Gruppe der „Präraffaeliten“, deren Wortführer der Architekt, Maler und Dichter W. MORRIS (1834—96) wurde. In der Gestaltung griff man wieder auf mittelalterliche Vorbilder zurück. Als Typenmaterial benutzte MORRIS teils eine Antiqua im Stile N. JENSONS, teils gotische Lettern nach Vorbildern aus der ältesten Buchdruckerkunst. Zu diesem Kreis gehörte auch der für die Jugendstil-Gestaltung des deutschen Bilderbuches so bedeutsam gewordene CRANE. Er bemühte sich in seinen Arbeiten vor allem um das harmonische Zusammenspiel von Schrift, Bild und schmückenden Elementen.

In den 20er Jahren unseres Jh.s fanden heftige Auseinandersetzungen auf typografischem Gebiet statt. Die „neue Sachlichkeit“ („Bauhausstil“) brachte eine elementare, konstruktiv gestaltende („funktionelle“) Typografie. Sie vertrat das asymetrische Anordnungsprinzip, verzichtete auf Buchschmuck und brachte die Grotesk- und Egyptienne-Schriften zur Geltung.

Die künstlerisch-pädagogische Bewegung „Vom Kinde aus“ (z. B. H. SCHARRELMANN) beeinflußte auch die A. des Kinder- und Jugendbuches. Es war der Beginn der Bemühungen um Kinderkunst, die nach vielversprechenden Anfängen über stagnierende „völkische“ Interpretationen im Dritten Reich auch heute wieder auf Interesse stoßen.

Bei Hirt in Leipzig erschien die Reihe „Jugendkunst-Bilderbücher“ (z. B. „Kindersommer“ von I. BREIT, 1924). Im Jahr 1941 kam bei Ellermann „Ein Bilderbuch von Kindern für Kinder“ mit Erzählungen von H. MAYERS heraus. In den sechziger Jahren erschienen eine ganze Reihe von Ausgaben mit sprachlichen und bildnerischen Werken von Kindern („Hier fliegen keine Schmetterlinge. Kinderzeichnungen und Gedichte aus Theresienstadt 1942—1944“. Prag 1962. — „Zauber der Kindheit“. Ellermann 1960. — „Offene Fenster, Gedichte von Schülern“. Berlin 1967. — KL. DODERER (Hrsg.): „Die Reimschmiede. So dichten Kinder und Kinder malen dazu“. München 1966 usw.).

Während des Dritten Reiches kam es zur Stagnation und schließlich zum Niedergang in der Buchkunst. Man bevorzugte jetzt einen volkstümlich-heroisierenden Illustrationsstil. Gotische und Frakturschriften, beeinflußt durch den Holzschnitt-, Breitfeder- und Schreibschriftenstil, wurden gebräuchlich. Viele Bilderbücher erschienen in Sütterlin, darunter zahlreiche Bilderbücher der E. WENZ-VIËTOR und das tendenziöse Bilderbuch über das Leben Hitlers (K. SPRINGENSCHMIDT/P. MÜHLMANN: „Eine wahre Geschichte. Worte und Bilder von zwei Deutschen aus dem Auslande“. Stuttgart 1936). Funktionelle Typografie wurde abgelehnt.

Mit Beginn der 50er Jahre bahnte sich erneut eine produktive Entwicklung in der Buch- und Schriftengestaltung an. Bedeutende Buchkünstler wie G. DE BEAUCLAIR gestalteten auch Kinder- und Jugendbücher (z. B. „Der Kranich mit dem einen Bein“ — V. P. SCHAF u. J. WILKÓN. Köln 1963). Das Interesse am künstlerisch gestalteten Kinder- und Jugendbuch läßt sich auch an Veranstaltungen wie den jährlich stattfindenden Ausstellungen schönster KJB aus aller Welt im Klingspormuseum in Offenbach („Bunte Kinderwelt“) oder an der „Auszeichnung der schönsten Bücher“ in der DDR (seit 1951) ablesen. Die Mitte der 60er Jahre einsetzende Jugendstilrenaissance, die sich zunächst in theoretischen Arbeiten, Ausstellungen und Reproduktionen bekannter Jugendstilwerke (z. B. BEARDSLEY) äußerte, findet heute auch in der modernen Buchkunst ihren Niederschlag. Der bekannte Grafiker H. EDELMANN gestaltete ein Aufklärungsbuch für Jugendliche in Jugendstil-Pop-Manier („Anders als bei Schmetterlingen“, Wuppertal 1967).

Format. Das Format bezeichnet die Buchgröße nach Breite und Höhe. Die Formatangabe erfolgt entweder in Zentimetern (erste Maßangabe = Breite, zweite = Höhe des Buches), nach den Deutschen Industrie-Normen (DIN) oder mit Hilfe von Bezeichnungen, die nur im Buch- und Papiergewerbe gebräuchlich sind und sich nach der Anzahl der Falzungen richten (Folio, Quart, Oktav, Duodez usw.). Heute werden Bücher auch nach Buchdeckel-Höhe in Format-Gruppen eingeteilt. Überwiegt die Breite gegenüber der Höhe, spricht man von Quer-Format.

Die Gruppe der Bilderbücher weist die meisten querformatigen Bücher auf.
Das KJB, vor allem das Bilderbuch, zeichnet sich durch eine Vielfalt von Formaten aus. Gelegentlich begnügt man sich nicht mit den linearen Umrissen, sondern gibt durch den Beschnitt inhaltliche Hinweise, wie etwa bei K. ROHRS „Der kleine Teddy" (Schreiber, Esslingen 1949). Bei diesem Bilderbuch sind Deckel und Seiten in Form eines Bären beschnitten. Sehr kleine Formate, wie das schon 1802 erschienene „Bilderbuch aus Liliput" von FR. K. LANG, das 7 auf 10,5 cm groß ist, sind auch heute noch beliebt (die Reihe „Atlantis' Zwergenbücherei" im Atlantis-Verlag Freiburg, die Bilder-Leporellos des Ernst-Kaufmann-Verlages, die „Pixie"-Büchlein des Carlsen-Verlags). Den Bedürfnissen der Erstleser entgegenkommend (große Schrift, kleiner Satzspiegel, kleines Format), erschienen für diese Altersstufen viele Bücher in Klein-Oktav. Jahrbücher und Sachbuchreihen erscheinen oft in Großformat.
Von der Mitte des 18. Jh.s an, vorwiegend aber im 19. Jh., wurden dem Spielzeug verwandte Bilder- und Kinderbuchformen beliebt, wie Aufstell-, Bewegungs-, Verwandlungs-, Panorama-, Mal- und Bastel-Bilderbücher. L. MEGGENDORFER (1847 bis 1925), einer der bekanntesten Vertreter des Bewegungsbilderbuchs, schreibt in seinem Vorwort zu „Lustiges Automaten-Theater" (Ziehbilderbuch, Eßlingen 1890): „Ihr lieben Kinderlein kommt herbei / Und seht die ‚Automaten'! / Zu lachen gibt es viel dabei, / Bewegt ihr sie zu Taten. / Ja, ja! Sie regen sich wie ihr. / Zieht nur und schiebt am Streifen — / Ihr schauet dann ein Wunder schier, / Man kann's fast nicht begreifen: / Denn Mensch und Tier in diesem Buch, / Sie scheinen wie lebendig. / Und seid behutsam ihr beim Zug, / Erfreu'n sie euch beständig. / Nun will vom lust'gen Inhalt ich / Nichts weiter mehr verraten. / Jetzt blättert — zieht — so rühren sich / Die drolligen ‚Automaten'." MEGGENDORFER schuf auch Verwandlungsbilderbücher wie „Die lustige Tante" (Eßlingen 1891). Nach 1945 tauchten ähnliche Spiel-Bilderbücher wieder auf dem Buchmarkt auf. So erschien 1946 als 1. Band der patentamtlich geschützten Reihe „Wiga-Buchbühne" (Aufstellbücher mit Tiefenwirkung) „Schneewittchen und die sieben Zwerge". Die ebenfalls patentierten „Peepshow Books", Kulissenbücher mit Titeln wie „Cinderella" oder „Ali Baba" erschienen ab 1947 bei Folding Books Ltd. in London und waren ebenfalls patentiert. Auch in den letzten Jahren kamen ähnliche Bilderbücher heraus. Im Schreiber Verlag in Esslingen, der bis heute Ausschneidebogen in seinem Angebot führt, erschien 1966 das Bilderbuch „Hopsi" von S. GREINER und M. MOSES. Aus allen Blättern dieses Büchleins ist in der Mitte eine Rundung ausgeschnitten für die Aufnahme des Püppchens „Hopsi", das dem Buch beiliegt. Rings um den Blattausschnitt finden sich jeweils Szenen, in denen „Hopsi" eine Hauptrolle spielt. Im Oetinger-Verlag erschienen die Verwandlungsbilderbücher „Schweinchen Ringelfein" (1966) und „Der Zauberer Hokusil" (1967). Der Enßlin Verlag gibt eine Reihe „Spiel- und Beschäftigungsbuch" heraus. In dieser Reihe erschien das Büchlein „Die kleinen bunten Fische" (1968) der chinesischen Autorin CHOW CHUNG-CHENG, das Klebebogen und Material enthält, um die Zeichnungen damit farbig zu bekleben.
Buchumschlag — Einband. Die Einbände für KJB wurden zunächst ohne Unterscheidung von den Einbänden der für Erwachsene gedachten Bücher im Stil der Zeit hergestellt. So gab es im 16. Jh. reichgeprägte Ledereinbände, die auf Holz gezogen und oft mit Schließen versehen waren (z. B. „Kleine oder Kinderpostill" v. J. FEUCHT. Köln 1582). Im 17. Jh. benutzte man oft bemaltes oder glattes Pergament (z.B. „Portula Latina", 1687. — „Selectiora-Adagia", 1698). Allmählich wich der kunstvolle Ledereinband einfacheren Formen. Auch im 18. Jh. war der Ledereinband noch üblich, nun aber nur noch mit Buchrücken-Schmuck blind oder in Gold geprägt (z. B.: „Der Frau Maria Le Prince de Beaumont lehrreiches Magazin für Kinder", 1767. — „Briefwechsel des Kinderfreundes", 1784).
Zu Beginn des 19. Jh.s vollzog sich eine Wandlung in der Einbandgestaltung. Die rasch wachsende Leistungsfähigkeit der Buchhersteller, verbunden mit der wachsenden Schreib- und Lesefreudigkeit des Bürgertums erweiterte ständig den Kreis „neuer Leser". Der bis dahin übliche Leder- oder Halbfranzband war für viele dieser Leser zu teuer. Mit einer neuen Einbandart versuchte man die alte unter Benutzung stark appretierten Kalikos nachzuahmen. Die fehlende Qualität des Bezugsstoffes wurde durch reiche Goldprägung ersetzt; ein Weg, der nicht nur in der Erwachsenenliteratur bei den „Prachtausgaben" für das Erfolgsbürgertum in den 80er und 90er Jahren endete. Auch die Mehrzahl der KJB dieser Zeit zeigt ähnliche Einbandgestaltung. Außer Goldprägung sind Blind- und Farbprägungen, überladen mit Schnörkeln und Verzierungen, üblich. Nationalistische und chauvinistische Tendenzen werden auch in der Einbandgestaltung zeitgenössischer Kinder- und Jugendbücher sichtbar. So zeichnen sich die Einbände der Jahrgänge 1885 und 1895 (Jubelband) des „Neuen Deutschen Jugendfreundes" (1846 ff.) durch heraldische Motive aus. Dem Prachtband der 90er Jahre in Deutschland entspricht in England der viktorianische Einband. R. MC LEAN verweist in „Victorian Book Design" (London 1963) auf 1864 und 1876 erschienene Robinsonausgaben. Ein typischer Vertreter dieser Variante ist in Deutschland die Prachtausgabe der Robinson-Bearbeitung für junge Leser von G. A. GRÄBNER (1864), die als 25. Auflage 1897 erschien. Auch am Beispiel der Einbände der „Jugend-Gartenlaube" (1892 ff.) läßt sich der Übergang vom überladenen Einband, der mit linearen Motiven verziert ist, zum Jugendstileinband (Bd.

27) mit ornamental geschwungenen Linien aufzeigen.
Ideale der Jugendbewegung werden durch Reliefs auf den Einbänden der Kinder- und Jugendbücher ausgedrückt. So zeigt der Einband der Ausgabe von 1909 des „Neuen Deutschen Jugendfreundes" im oberen Viertel des Einbandes den nackten Oberkörper eines Jünglings, der mit einer Fanfare die aufgehende Sonne begrüßt. Die Bildrahmung setzt sich aus Ölzweigen, die Textrahmung aus Girlanden zusammen. Auch das Reliefbild auf dem Einband des Jahrgangs 1914 — ein nackter, bogenschießender Jüngling — erweckt Assoziationen an die antike Körper- und Sportkultur. Die gleichen, körperliche Schönheit verherrlichenden Motive finden sich auf dem Titelblatt der Festschrift „Hohe Wacht" zur Tagung von Gruppen der Jugendbewegung auf dem Hohen Meißner (1913).
Vom Ende des 19. Jh.s an wurden vor allem Kaliko, Leinen und bunte Papiere als Einbandmaterial benutzt. Die bis Mitte des 19. Jh.s oft gebräuchlichen Prägungen werden nun seltener und treten infolge der zunehmenden Verwendung von Papier-Überzugsstoffen kaum mehr auf.
In jüngster Zeit wurden zahlreiche Einbandstoffe entwickelt, die nach Herkunft und Qualität den seit Jh.en bekannten nicht mehr zugeordnet werden können. Es sind vor allem Kunststoffe oder verhornte Papiere (durch Oberflächenbehandlung mit Lack oder Wachs abwaschbar gehalten oder durch Tränkung mit Schwefelsäure verhornt). Die Laminierung (Überzug mit einer durchsichtigen Glanzfolie) ist durch ihre Unempfindlichkeit und die Möglichkeit des Abwaschens zur beliebten Einbandart für Kinder- und Jugendbücher geworden. Abwaschbar sind auch Linson- und Efalineinbände, die neuerdings häufig für Kinder- und Jugendbücher verwandt werden.
Während das Bilderbuch heute kaum mehr einen Schutzumschlag aufweist, ist das Jugendbuch in der Regel, wie auch das Erwachsenenbuch, mit einem Umschlag ausgestattet. CH. ROSNER („Kunst des Buchumschlags", 1954) weist darauf hin, daß zwischen 1867 und 1900 die ersten Schutzumschläge für Kinder und Jugendbücher bei Jahrbüchern auftauchten und sagt dazu: „. . . Aber diese Bände sind mehr oder weniger Grenzfälle zwischen Buch und Zeitschrift. Es scheint, daß diese Umschläge wenig dazu beitrugen, die Verwendung des Schutzumschlags auch auf andere Bücher auszudehnen, denn bis in die 90er Jahre hinein fuhren Verleger und Buchhändler fort, ihre Bücher in beliebige Bogen einzuschlagen . . .". K. G. SCHAUER weist auf den typischen Buchumschlag hin, der im ersten Drittel des 20. Jh.s gebräuchlich wurde: „Die billigen broschierten Reihen bedienten sich seiner, um den Markencharakter ihrer Produktion hervorzukehren" („Kleine Geschichte des deutschen Buchumschlags", 1962). Wesentliche Merkmale, die dem Umschlag Markencharakter verliehen, waren Kennfarbe und Aufteilung der Schauflächen. Im Bereich der KJL wurden vor allem „Schaffsteins grüne und blaue Bändchen" (1902 ff.) durch ihre Schutzumschläge weit bekannt.
In den 20er Jahren gab die lithographische Plakatkunst TOULOUSE-LAUTRECS der ersten Phase des modernen Buchumschlags (Ineinanderfließen von Schrift und Bild) eines ihrer wichtigsten Merkmale. In England wurden die Auswirkungen der Jugendstil-Bewegung auch in der Gestaltung der Schutzumschläge von Kinder- und Jugendbüchern vor allem von CRANE und K. GREENAWAY sichtbar. Von 1906 an druckte der Edinburger Verlag Mc Lagan & Cumming für seine Kinderbücher farbige Schutzumschläge im Steindruckverfahren.
Schrift als ausschließliches Gestaltungselement findet beim Kinderbuchumschlag nur selten Anwendung. Das Jugendbuch dagegen verzichtet häufig auf Bildelemente. Die auf dem Markt für Erwachsenenliteratur schon seit Ende der 50er Jahre üblichen Taschenbücher mit Glanzfolieneinband finden sich neuerdings auch zunehmend bei Kinder- und Jugendbuchausgaben.
Institutionen, die sich mit dem Schutzumschlag beschäftigen, sind das Klingspor-Museum in Offenbach (Schutzumschlag-Sammlung) und die „Book Jacket Designers Guild" (1947 in New York gegründet). Diese Vereinigung organisiert jährliche Ausstellungen zur Förderung des Interesses an künstlerisch wertvollen Schutzumschlägen und richtete bereits 1950 am Amerikanischen Institut für graphische Kunst eine Ausstellung unter dem Titel „Die Geschichte des Buchumschlags" ein. Eine Dauerausstellung von Buchumschlägen, die von der „Book Jacket Designer's Guild" laufend erweitert wird, ist im Metropolitan Museum of Art in New York untergebracht.
Typographie. Anforderungen, die allgemein an die typografische Gestaltung von Büchern gestellt werden müssen, gelten in besonderem Maße für die Lektüre der Leseanfänger. Nach Untersuchungen von C. BURT und B. ZACHRISSON hat weniger der Wechsel des Schriftgrades als der der Schriftart eine negative Wirkung auf den Erst-Leser. Hinsichtlich der Schriftgröße kam „The British Report on School Books" (1913) zu folgenden Empfehlungen:

Alter	Punkt
7 Jahre	24
7— 8 Jahre	18
8— 9 Jahre	12
9—12 Jahre	11
12 Jahre und älter	10

R. BAMBERGER nennt als Mindestforderung für KJB „nicht unter 10 Punkt" („Jugendlektüre", ²1967). Bei Überlegungen zur Gestaltung moderner *Fibeln* steht die Frage der *Schriftgestaltung* im Vordergrund. Die Begleitschrift zur „Deutschen Auslandsschulfibel ‚Ina und Udo'" (Frankfurt/M. 1960) stellt dazu fest: „... In Anlehnung an amerikanische Forschungsergebnisse soll der Anfang (gemeint ist die erste Schrift) hiernach nicht mit einer Größe unter 20 Punkt und der Abschluß (gemeint sind die letzten Texte der betreffenden Fibel) keinesfalls mit einer Größe unter 10 Punkt gemacht werden ...". Speziell für diese Fibel entwickelte der Offenbacher Schreibmethodiker M. HERMERSDORF eine eigene Fibeldruckschrift, eine Breitfeder-Kursiv mit der Bezeichnung „Prima". HERMERSDORF versucht mit seiner Schrift zwei Forderungen gerecht zu werden. Einmal soll die Schrift als reine Druckschrift zum Lesen dienen, zum anderen aber soll sie einen organischen Übergang von der Schreibschrift zur Druckschrift ermöglichen, indem die Grundformen der Schreibschrift in der neuen Druckschrift erkennbar bleiben. Bekannte Kinder- und Jugendbuchillustratoren wirken nicht selten auch an der typografischen Gestaltung mit. So hat z. B. M. REIDEL zu vielen ihrer Bilderbücher die Texte selbst in Druck- oder Schreibschrift geschrieben. Auch die bekannten Babar-Bilderbücher des französischen Bilderbuchautors J. DE BRUNHOFF („Histoire de Babar", 1931, und Nachfolgebände) sind Schreibschriftbücher.

Zur Zeilenlänge gibt die Begleitschrift der „Deutschen Auslandsfibel" folgenden Hinweis: „In den USA ist die Länge der Lesezeile in ihrer Wirkung auf das kindliche Auge mit seinem Fassungsvermögen eingehend untersucht worden. Es wurde festgestellt, daß Zeilenlängen bis 8,8/9 cm für das kindliche Auge überschaubar bleiben. Hieraus entsteht die Forderung, daß in Fibeln und Kinderbüchern für Leseanfänger die Zeilenlänge 88 bis 90 mm nicht übersteigen dürfe". Ein Kinderbuch, das diesen Anforderungen voll entspricht, ist z. B. das 1968 im Kinderbuchverlag (DDR) erschienene Bändchen „Wie die Katze einen Namen bekam" von S. MARSCHAK, dessen Text auf 7 bis 8 cm breit laufenden Zeilen gesetzt ist.

Für Kinderbücher werden heute vorwiegend Antiqua- und Groteskschriften benutzt. Die Bedeutung, die der Schriftgestaltung vom Verleger von Kinderbüchern beigemessen wird, zeigt sich in der häufigen Nennung der verwendeten Schriftart im Impressum. Versuche, Kinderbücher typografisch zu illustrieren, wie es K. SCHWITTERS schon in den 20er Jahren mit seinen typografischen Bilderbüchern versuchte („Die Scheuche", 1925) werden auch heute wieder aufgegriffen. So gestaltete F. NEIDIGK sein Bilderbuch „6 9 — Die ‚Sechser' und die ‚Neuner'. Eine kleine Geschichte für Große und umgekehrt" (1968) nur durch typographische Varianten in Größe, Farbe und Anordnung von Sechsen und Neunen. Die Geschichte handelt von dem kleinen Neuner, der mit Sechser-Kindern zusammengerät und zunächst von diesen wegen seiner „Andersartigkeit" abgelehnt wird. In einer ganzen Reihe von Kinderbüchern unterstützt die Schriftgestaltung die Wirkung der Illustration. Besonders deutlich wird dies in einer in der DDR erschienenen Ausgabe von L. CARROLLS „Alice im Wunderland" (1968) mit Illustrationen von FR. HAACKEN. Auf S. 8/9 stürzt Alice auf der Abbildung in den Kaninchenbau. In der Passage „... Der Kaninchenbau senkte sich in die Tiefe" stürzt auch die Schrift steil ab. Auf Seite 46/47 wird der Mauseschwanz beschriftet. In dem Bilderbuch „Sumse Sumsebrumm" (1946) werden auf den Illustrationen vorgestellte chaotische Verhältnisse durch kreuz und quer laufende Zeilen unterstützt. In dem Bilderbuch „Hannibal und Esmeralda" (1964) kennzeichnen die abwechselnd in Fett-, Kursiv- oder Kleindruck gehaltenen Wortbilder die auf den Illustrationen gezeigten Handlungsträger.

Vorsatzpapier. Bezeichnung für das zum Vorsatz geeignete Papier. Es sollte fest, keinesfalls leichter als das Textpapier sein. Vorsatz bezeichnet das Doppelblatt im Buch, das mit der einen Hälfte an die innere Seite des vorderen, bzw. hinteren Deckels geklebt ist, während die andere Hälfte nur mit einem schmalen Streifen an den ersten Bogen geklebt ist.

Während beim Erwachsenenbuch nur ab und zu Bunt- oder Schmuckpapiere verwandt werden, ist dies beim Bilder- und Kinderbuch die Regel. Oft zeigen die Bilderbücher eine besonders phantasievolle Gestaltung des Vorsatzpapiers. So zeigt die Bilderbuchgeschichte „Hühnchen Kathrinchen" (1967 in der DDR erschienen) auf dem Vorsatzblatt die Spuren des Hühnchens, die über zwei weitere Seiten laufen, bis dann das Hühnchen selbst sichtbar wird.

Das Jugendbuch ist im Gebrauch von Vorsatzschmuck sparsamer. Schmuckmotive des Vorsatzblatts deuten oft Buchinhalte an, so etwa in der Trollgeschichte „Mose Konens Bryg" von IB SPANG (Kopenhagen [3]1966), die auf dem Vorsatzpapier Trolle mit Kindern an der Hand auf dem Hintergrund einer in grau-grünes Licht getauchten Mondlandschaft zeigt. Bei Sachbüchern werden nicht selten Karten oder Lagepläne auf dem Vorsatzpapier übernommen (z. B. L. BÜHNAU: „Die Eroberung der Berge", 1968; S. und T. GIDAL: „Mein Dorf in Finnland", 1967). Schon gegen Mitte des 19. Jh.s wurden farbige Vorsatzpapiere benutzt. Zumeist waren es braune, graue oder grünliche in sich gemusterte Papiere. In der zweiten Hälfte des 19. Jh.s bediente man sich des Vorsatzpapiers auch als Werberaum (z. B. H. WAGNER: „Entdeckungsreisen in Haus und Hof", 1862) für Werbeanzeigen für weitere Bücher des gleichen Verlages. Der Verlag Hirt in Breslau benutzte die Gestaltung seines Vorsatzpapiers als Markenzeichen für seine Kinder- und Jugendbücher und stellte dazu fest: „Dieses mit den nachfolgenden Belehrungen bedruckte Vorsatzblatt ist das Kennzeichen der von meinem Verlag gelieferten Original-Einbände". Die je nach der Größe

des Buches bis zu dreißig auf dem Vorsatzblatt abgedruckten „Belehrungen" sind Sprichwörter wie „Zeitig ins Bett, und früh wieder heraus, macht den Menschen gesund, reich und weise" oder „Lerne leiden ohne zu klagen". Werbetexte auf Vorsatzblättern sind heute selten geworden.
Weiße Vorsatz-Blätter enthalten gelegentlich Besitzervermerke „Dieses Buch gehört" (z. B. Bücher des Schneider, des Boje und des Enßlin Verlages).
Papierart. Neben Papier werden Karton, Pappe und gelegentlich auch Kunststoff (z. B. Bade-Bilderbücher des Braun & Schneider Verlags) als Druckunterlagen für KJB benutzt. Karton, Pappe und voluminöse Papiere eignen sich besonders für das Bilderbuch. Allerdings werden die benutzten Pappen vielfach noch mit dünnem Papier überzogen. Auftragende Papiere finden häufig auch bei Büchern für Erstleser Verwendung. Man versucht so, den kleinen Leser einerseits nicht durch zu umfangreiche Texte zu überfordern, ihn andererseits jedoch schon früh an das Medium „Buch" zu gewöhnen. Holzhaltige Papiere, die billiger als holzfreie sind, werden in der Regel für billige Warenhausbücher verwandt.
Bindeart. Die beim KJB üblichen Bindearten weichen von den in der Buchherstellung allgemein bevorzugten kaum ab (Fadenheftung, Klebebindung). Einige Bilder- und Kinderbücher weisen Besonderheiten wie durch Metallringe verstärkte Lumbeckbindung, Spiral- oder Bastheftung auf.

Helmut Müller/Brigitte Nottebohm

Sekundärliteratur: H. Hiller: Wörterbuch des Buches (1958). — K. Hobrecker: Alte vergessene Kinderbücher (1924). — J. Kirchner (Hrsg.): Lexikon des Buchwesens (Bd. 1—4. 1952—56). — R. McLean: Victorian book design (1963). — C. Rosner: Die Kunst des Buchumschlages (1954). — G. K. Schauer: Kleine Geschichte des deutschen Buchumschlages im 20. Jahrhundert (1962); Deutsche Buchkunst 1890—1960 (Bd. 1 u. 2. 1963). — K. Schottenloher: Bücher bewegen die Welt (Bd. 1 u. 2. 1951 u. 1952).

Australien (Australischer Bund)

Bundesstaat, der außer dem Festland Australien die Insel Tasmanien und einige kleinere Inselgruppen vor der australischen Küste umfaßt.
Staatsgebiet: 7 703 700 km². Einwohner: 11 135 500. Ursprünglich englische Kolonien, schlossen sich am 1. 1. 1901 Neusüdwales, Victoria, Queensland, Südaustralien, Westaustralien und Tasmanien zum Bundesstaat Australien zusammen, dem außer den sechs Teilstaaten noch das Nord-Territorium und das Australian Capital Territory mit der Hauptstadt Canberra angehören. Der Australische Bund (The Commonwealth of Australia) ist Mitglied des britischen Commonwealth of Nations. Den Hauptanteil der Bevölkerung stellen europäische Einwanderer, die seit der Besitznahme Australiens durch England im Jahr 1788 nach Australien kamen. Etwa 16% der jetzt in Australien Lebenden sind Neueinwanderer (noch außerhalb Australiens geboren). Die ursprünglichen Bewohner Australiens (Eingeborene) sind auf weniger als 50 000 zurückgegangen. Landessprache ist Englisch.

Entwicklung der KJL und gegenwärtiger Stand. Bis etwa 1840 bestimmten Verlage des englischen Mutterlandes ausschließlich das Buchangebot in Australien. Auch heute noch wird der australische Kinder- und Jugendbuchmarkt weitgehend von der Produktion englischer Kinder- und Jugendbuchverlage beherrscht. Dazu kommt seit einigen Jahrzehnten ein beträchtliches Angebot aus den Vereinigten Staaten von Amerika.
Das erste in Australien veröffentlichte Kinderbuch erschien im Jahre 1841 unter dem Titel „A Mother's Offering to Her Children". Verfasserin war Lady GORDON BREMER, die Gouvernante der Kinder des Gouverneurs der neuen Kolonie. Das Buch ist eine Mischung aus Abenteuererzählung und Belehrung. Lebendige Schilderungen von Angriffen wilder Eingeborener enthalten die detaillierte Beschreibung abgehauener Köpfe, durchschnittener Kehlen und abgehackter Finger. Dazwischen stehen langatmige Erörterungen über das australische Pflanzenleben.
Die Mehrheit aller im 19. Jh. in Australien erschienenen Kinderbücher ist geprägt von einer Mischung aus Belehrung und Moral, wie sie auch den Kinderbüchern des englischen Mutterlandes der gleichen Epoche zueigen war. „Golden Gifts" (1869) von M. FRANC, „Rosalie's Reward" (1870) von S. A. C. ROWLAND und „Guinea Gold" (1879) von CH. E. EDEN unterstreichen diese Tendenz. Nach und nach gesellte sich zu den beiden Elementen der Belehrung und Moral ein drittes, das ganz der auf Australien gerichteten sachlichen Information dienen wollte, der exakten Beschreibung seiner Menschen, seiner Pflanzen- und Tierwelt.
Eine kleinere Gruppe australischer Kinder- und Jugendbücher des 19. Jh.s waren Abenteuergeschichten für junge Leser. Trotz mancher Mängel im Aufbau und in der Charakterzeichnung der handelnden Personen geben sie eine recht realistisches Bild des australischen Lebens, so etwa „A Boy's Adventure in the Wilds of Australia" (1854) von W. HOWETT oder „Tom's Nugget, a Story of the Australian Gold fields" (1888) von J. F. HODGETT. Das rauhe Leben der Einwanderer, das langsame Hineinwachsen in die australische Welt und die Kameradschaft der Einwanderer untereinander waren Hauptthemen solcher Schriften. In dieser Periode der einerseits moralisch-belehrenden und andererseits abenteuerlichen Erzählungen erschien ein Buch, das völlig anderer Natur war. Im Jahr 1876 brachte der Verleger E. W. COLE in seinem Verlag „Cole's Book Arcade" in Melbourne „Cole's Funny Picture Book" heraus, das sich aus geschichtlichen und geo-

graphischen Bilderrätseln zusammensetzt. Im Gegensatz zu den Versen sind die Illustrationen dazu bemerkenswert gut. Das Buch erlebte 69 Auflagen und wurde in insgesamt 860000 Exemplaren verkauft.
Das Jahr 1894 markiert den eigentlichen Beginn der australischen Kinderbuchproduktion. In diesem Jahr erschien „Seven Little Australians" von H. R. Curlewis (1872—1958), die unter ihrem Mädchennamen E. Turner bekannt wurde. Von dem Londoner Verleger W. Lock herausgebracht, war es das erste australische Kinderbuch, das auch außerhalb Australiens Beachtung fand. Die Autorin schildert mit guter Menschenkenntnis und aus einem großen Erfahrungsschatz heraus das Alltagsleben des australischen Kindes und Jugendlichen in Stadt und Land. Sie verzichtet auf Sensationelles und Abenteuerliches und stellt neben das Pionierdasein der Einwanderer in den Abenteuerbüchern das Alltagsleben der längst ansässig gewordenen australischen Familien im wachsenden Australien. „Seven Little Australians" ist das erste von mehr als vierzig Kinder- und Jugendbüchern, die Turner zwischen 1894 und 1928 verfaßte. Andere weit verbreitete Titel von ihr sind „Miss Bobbie" (1897), „Flower o'the Pine" (1914), „The Cubs" (1915) und „Jennifer J" (1922). Wer die australische Kinderbuchproduktion bis 1940 hin überblickt, findet keinen Autor, der Turner den ersten Rang auf dem Gebiet der Umwelt- und Familiengeschichten streitig machen könnte. Obwohl ihre Bücher nicht ohne Unebenheiten, zeitweilig sentimental und in schlechtem Stil geschrieben sind, verstand es die Autorin, Charaktere zu schildern, in denen sich die kleinen Leser wiedererkennen, und alltägliche Situationen aufzuzeigen, wie sie den Lesern aus ihrem eigenen Alltag her vertraut sind. Turner lebte zwar ganz in den kulturellen und moralischen Vorstellungen ihrer Zeit, doch versuchte sie niemals, den kleinen Leser pädagogisierend zu beeinflussen. Sie brachte den Kindern großes Verständnis entgegen und traf in ihren Büchern den Ton, den Kinder lieben. Sie schrieb vor allem zur Unterhaltung der Kinder und vermied Belehrung und Moralpredigten.
L. Mack (spätere Mrs. A. I. Leyland, 1874 bis 1935) war neben Turner die bekannteste Kinderbuchautorin des beginnenden 20. Jh.s. Sie schrieb die drei Mädchenbücher „Teens, a Story of Australian School Girls" (1890), „Girls Together" (1898) und „Teens Triumphant" (1933). Die ersten beiden Erzählungen sind Schulgeschichten. L. Mack beschreibt die wechselnden Beziehungen heranwachsender Mädchen mit großer Genauigkeit und viel Einfühlungsvermögen. Andere Autorinnen dieser Epoche waren u. a. L. Turner (spätere Mrs. F. Lindsay Thompson. 1870—1956), E. Turners Schwester, die vor allem brave, arme Mädchen zum Mittelpunkt ihrer Geschichten machte. Ihr erstes Buch war „The Lights of Sydney" (1896), dem noch rund zwanzig weitere Bücher folgten. Ihre Bücher besitzen nicht die Lebendigkeit der Erzählungen ihrer Schwester und ersetzen oft Realismus durch Romantik. J. Curlewis (spätere Mrs. L. Charlton. 1899—1930), E. Turners Tochter, schrieb ebenfalls Geschichten für Heranwachsende. „The Ship That Never Set Sail" (1921) und „Drowning Maze" (1922) waren ihre beiden ersten Bücher, die eine Mischung aus Abenteuer- und Detektivgeschichte darstellen, die aber die realistische Darstellungsweise ihrer Mutter vermissen lassen. Während die Erzählungen von E. Turner immer wieder neu aufgelegt werden, sind die Bücher der anderen Autorinnen vom Buchmarkt verschwunden.
Ein Buch, das sich in der ersten Hälfte des 20. Jh.s großer Popularität erfreute, ist „Dot and the Kangaroo" (1899) von E. Pedley. Das Buch versucht Sympathien für die Erhaltung der australischen Tierwelt zu wecken und hat als Hauptperson ein Mädchen, das sich im australischen Busch verirrt und das die Hilfe der Tiere sucht, deren Sprache es versteht. Zwei andere wichtige Werke über das australische Leben sind die realistische Erzählung „The Little Black Princess" (1905) und das weniger bekannte Buch „We of the Never Never", beide von Mrs. Aeneas Gunn, in denen die Verfasserin das Leben der Weißen und Eingeborenen auf einer Station im australischen Busch beschreibt. Die wertvollste Sammlung alter Eingeborenen-Legenden wurde im Jahr 1896 unter dem Titel „Australian Legendary Tales" von Mrs. K. Langloh Parker herausgegeben. Die Sammlung ist noch immer im Buchhandel und wurde letztmals im Jahr 1954 von H. Drake-Brockmann neu herausgebracht. Diese Ausgabe wurde von dem „Children's Book Council" von Neusüdwales als bestes Buch des Jahres ausgezeichnet.
Ein Kinderbuch, das an Popularität alle anderen australischen Kinderbücher des ersten Drittels des 20. Jh.s übertraf und immer wieder neu aufgelegt wird, ist „The Magic Pudding" (1918). Es ist das Werk eines reputierten australischen Schriftstellers, N. Lindsay (1897—1969), und bei weitem das originellste australische Kinderbuch. Ein Kritiker hat diese phantastische Geschichte von den Puddingdieben so gekennzeichnet: „Grob gesagt, teilt sich das Thema in Essen und Kämpfen und bringt so kindliche Psychologie auf ihren einfachsten Nenner". Es ist das beste phantastische Kinderbuch, das von einem australischen Schriftsteller stammt, und wurde bis heute in mehr als 100000 Exemplaren verkauft. Das extrem spaßige Buch mit seinem ungestümen, typisch australischen Humor, steht in grellem Gegensatz zu den anderen Büchern seiner Zeit, wie etwa den Erzählungen von E. Turner oder M. Grant Bruce.
Grant Bruce (1878—1958) war die dritte Autorin neben E. Turner und L. Mack, die regelmäßig Kinderbücher schrieb. Ihr erstes Buch, „A Little Bush Maid" wurde 1910 veröffentlicht. Bis 1946 folgten sechsunddreißig weitere Bücher. Die meisten

davon gehören zu der Billabong-Serie, in der Geschichten von der Familie Linton und ihrer Farm mitten im australischen Busch erzählt werden. In diesen Erzählungen setzt sich die Abenteuerbuchtradition des neunzehnten Jh.s fort. Allerdings wird der Begriff der Kameradschaft in diesen Geschichten übermäßig strapaziert. Die Billabong-Abenteuer bringen eine Reihe von Kinderfiguren wie Norah, Jim und Wally, die in allen Bänden wieder auftauchen und dem jungen Leser die Möglichkeit geben, eine wachsende Vertrautheit zu den Buchhelden zu gewinnen, weshalb sie von Kindern gern gelesen werden. Leider steht das Abenteuerliche zu sehr im Vordergrund und verdrängt ganz die differenzierte Charakterzeichnung der handelnden Personen, wie sie besonders die Bücher von E. TURNER auszeichnet.

Australien hat nur wenige Märchen oder märchenhafte Erzählungen hervorgebracht. Da gibt es A. WESTBURY's wenig erfolgreiches Buch „Australian Fairy Tales" (1897). Weitere Versuche dieser Gattung sind kaum der Erwähnung wert. Zwar erschienen Anfang der zwanziger Jahre einige Geschichten über den australischen Busch und seine Tiere, die märchenhafte Elemente enthalten, wie etwa die Bücher von I. und A. RENTOUL zwischen 1916 und 1926, GL. LISTERS „The Little Round Garden" (1928) oder P. O'HARRIES „Peral Pinkie and Sea Greenie" (1935), doch sie verschwanden bald vom Buchmarkt, nicht zuletzt wegen der offensichtlichen Schwierigkeiten, die den Autorinnen das Überwechseln aus der Realität ins Phantastische bereitete. Von besserer Qualität und länger auf dem Markt waren die Geschichten von M. GIBBS, die als erstes Buch „Snugglepot and Cuddlepie" (1918) schrieb. Die „Gumminuß-Baumkinder" sind zumindest echte australische Phantasiegestalten. Eine recht gute Tiergeschichte mit phantastischem Einschlag ist D. WALLS „Blinky Bill, the Quaint Little Australian" (1933), die von einem ungezogenen, aber liebenswerten Koalabär erzählt und zwei Fortsetzungsbände nach sich zog.

Eine der am schönsten illustrierten australischen Kinderbücher ist „The Way of the Whirlwind" (1914) von M. und E. DURACK geschrieben und illustriert. Das Buch erzählt die Geschichte zweier Eingeborenenkinder, die mit ihrem Baby-Bruder spielen, schließlich einschlafen und nach dem Aufwachen feststellen müssen, daß ihr kleiner Bruder verschwunden ist. Der größte Teil der Geschichte ist der Suche nach dem verschwundenen Baby gewidmet. Eine andere Erzählung aus der Welt der Eingeborenen ist FR. DALBY DAVOSONS „Children of the Dark People" (1936), das sich von anderen Erzählungen dieser Epoche durch seine gute Charakteristik der beschriebenen Personen abhebt. Ähnliche Geschichten der gleichen Zeit schildern fast immer völlig unglaubwürdige Kindergestalten. Für diese letztere Gruppe typisch sind die Erzählungen „The Fortunes of Poppy Treloar" (1941) von P. O'HARRIES und „Annette of River Bend" (1941) von I. CHEYNE.

Der Zeitraum von 1940 bis heute ist gekennzeichnet durch das rapide Anwachsen der australischen Kinder- und Jugendliteratur. Viele Bücher dieser neueren Autoren sind nicht nur in den englisch sprechenden Ländern verbreitet, sie gelangen auch in Übersetzungen in viele andere Länder der Erde und erscheinen vor allem in deutschsprachigen, skandinavischen und japanischen Verlagen. Mit N. CHAUNCYS „They Found a Cave" (1948) begann die Serie hervorragender realistischer Erzählungen. N. CHAUNCY, die erste dieser Gruppe moderner Erzähler, schreibt über Tasmanien („Devil's Hill", 1958), wobei sie einen ausgeprägten Sinn für Wirklichkeitstreue und lebensechte Personendarstellungen entwickelt. Andere Themen, die CHAUNCY aufgreift, sind die Sorge um die Erhaltung der australischen Fauna („Tigre in the Bush", 1957) und vor allem das Leben der letzten Eingeborenen, zu denen sie eine tiefe Zuneigung hegt und deren Ausrottung sie befürchtet („Tangara", 1960 und „Matthinnas' People", 1967). J. PHIPSON, 1921 geboren, begann mit „Good Luck to the Rider" (1953) und „The Family Conspiracy" (1962) die Reihe ihrer Erzählungen, in deren Mittelpunkt die Schicksale australischer Farmerfamilien stehen. In ihren späteren Werken „The Crew of the Merlin" (1966) und „Peter and Butch" (1969) zeigt sich eine deutliche Verbesserung gegenüber ihren früheren Büchern, vor allem in der Zeichnung der einzelnen Charaktere der verschiedenen Familien.

Australien hat nur wenige geschichtliche Kinder- und Jugendbücher hervorgebracht. Von den zeitgenössischen Schriftstellern hat sich lediglich E. SPENCE mit „The Switherby Pilgrims" (1967) und dem Fortsetzungsband „Jamberoo Road" (1969) mit einigem Erfolg in dieser Gattung versucht. Frühere Bücher dieser Autorin wie „Green Laurel" (1963; dt. Haus der Träume, 1966) und „The Year of the Currawong" (1965) handeln von den Problemen heranwachsender Mädchen. Die ersten Bücher von M. THORPE CLARK, wie etwa „The Brown Land Was Green" (1956) bilden mißglückte Versuche, Entwicklungen in der Geschichte der australischen Gesellschaft aufzuzeigen. Sie sind voll von oberflächlichen Beschreibungen, schlecht erfundenen Ereignissen und unrealistischen Charakterschilderungen. Ihr Jugendroman „The Min Min" (1966; dt. Sylvia und der Taugenichts, 1969) dagegen, der 1967 als Buch des Jahres ausgezeichnet wurde, bietet das ausgezeichnete Portrait eines heranwachsenden Mädchens, der jungen Sylvie Edwards, und ihrer Beziehungen zu ihrem trunksüchtigen Vater, dem straffällig gewordenen Bruder und der Mutterfigur Mary Tucker.

Eine andere Autorin, die sich auf die Schilderung jugendlicher Charaktere und ihrer Probleme spezialisiert hat, ist F. BRINSMEAD (* 1922). Ihr „Pastures of the Blue Crane" (1964; dt. Das Mädchen und der blaue Kranich, 1965), 1965 als bestes Kinderbuch des Jahres mit „The Book of the Year Award" ausgezeichnet, beschreibt mit psychologischem Einfühlungsvermögen die Entwicklung des Mädchens Rhyl, einem eingebildeten und unbeliebten Teenager. Als Rhyl in das Elternhaus zurückkehrt und verwandtschaftliche Beziehungen zu ihrem Großvater Dusty aufnimmt, wird die Sympathie des Lesers für Rhyl geweckt, und er lernt nach und nach ihr wirkliches Wesen kennen. Unter Mrs. BRINSMEADS sonstigen Büchern finden sich „Beat of the City" (1966; dt. Treffpunkt Paradies, 1970), das von Rockerbanden und Teenagergruppen handelt und gesellschaftspolitische Impulse geben will, und „A Sapphire for September" (1967; dt. Zeit der bunten Steine, 1969), eine Erzählung, in deren Mittelpunkt eine Gruppe von Edelsteinsuchern steht. C. THIELES Erzählungen über Südaustralien („February Dragon" 1965 und „Blue Fin" 1969) sowie R. OTTLEYS „Yamboorah"-Trilogie sind weniger gut bekannt, als sie es eigentlich verdient hätten. Beide Schriftsteller verbinden die Fähigkeit für eine auf genaue Beobachtungen zurückgreifende wirklichkeitsechte Schilderung der australischen Welt, ihrer Fauna und Flora, mit einer deutlichen Gabe für die Zeichnung lebensechter Charaktere und die Entwicklung abwechslungsreicher Handlungsstränge.

P. WRIGHTSON (* 1921) zählt zu den profiliertesten Autorinnen Australiens und wird in ihrer Wirkung nur noch von I. SOUTHALL übertroffen. Seit ihr erstes Buch („The Crooked Snake") erschienen ist, zeigt jedes weitere deutliche Anstrengungen für eine Verbesserung der Qualität. „The Crooked Snake" (1956; dt. Die krumme Schlange, 1964) ist eine der üblichen Schulgeschichten vom Geheim-Gesellschaften-Typ. „The Buny Hole" (1957) erweitert das Thema und bringt eine Steigerung in der Zeichnung der Handlungsfiguren. „The Rocks of Honey" (1960) ist zwar vom Thema her etwas mißglückt — offensichtlich hatte sich die Autorin zu viel vorgenommen —, trotzdem ist auch hier klar eine Steigerung in der Entwicklung der Handlung und in der Zeichnung der Charaktere festzustellen, vor allem bei dem Aufzeigen der verschiedenen Welten, in denen Eingeborene und Weiße leben. „The Feather Star" (1962; dt. Der gefiederte Stern, 1968) ist die Studie der langsamen Wandlung eines jungen Mädchens zur Frau. Es ist die verhaltene, doch bewegende Schilderung der privaten und intimen, ineinandergewobenen Beziehungen der jungen Lindy. Ganz im Gegensatz dazu steht die Erzählung „Down to Earth" (1965), die von dem jungen Martin erzählt, der aus dem Weltall kommt und das Leben zweier Großstadtkinder weitgehend verändert. Diese Erzählung versucht die geringe Bedeutung der Erde und der Menschen innerhalb des Universums deutlich zu machen. Es ist eines der wenigen australischen Kinderbücher, die echten Humor enthalten. „I Own a Racecourse" (1968) ist die Geschichte eines in der Entwicklung zurückgebliebenen Jungen, Andy, und seines Versuchs, eine Rennbahn zu kaufen. Erneut wird hier eine Qualitätssteigerung sowohl in der differenzierten Schilderung der Charaktere wie in der Entwicklung der Handlung sichtbar.

Zweifellos ist I. SOUTHALL der bedeutendste australische Jugendbuchautor und der Jugendschriftsteller, der im Ausland am bekanntesten geworden ist. Zwischen 1950 und 1961 schrieb er zunächst eine Serie von Büchern über einen Kriegshelden, den Schwadron-Führer Simon Black. Die Geschichten sind voller Spannung und sehr handlungsreich. Der Leser wird fortgesetzt mit neuen und sehr aufregenden, aber auch sehr unwahrscheinlichen Abenteuern konfrontiert. Die Helden zeigen großen Mut und körperliche Stärke. Alles glückt ihnen, und sie wirken wie Supermenschen. SOUTHALLS spätere Werke zeigen einen großen Unterschied zu dieser ersten Serie. Zwar zeigt der Autor noch immer Menschen, die vor die Lösung schwieriger Probleme gestellt werden, doch sind es nun keine Übermenschen mehr. Die Hauptpersonen in „Hill's End" (1962) und „Bread and Honey" (1970) sind körperlich nicht besonders stark. Es sind vielmehr Kinder, die manchmal eine natürliche Gruppe bilden wie in „Chinaman's Reef is Ours" (1970) oder auch Kinder, die durch ein unvorhergesehenes Ereignis zu Leidensgenossen werden. In „Ash Road" (1966; dt. Buschfeuer, 1966) wird die Gruppenbildung durch ein Buschfeuer ausgelöst, in „To the Wild Sky" (1967; dt. Überleben, 1967) durch einen Flugzeugunfall. Vier von SOUTHALLS späteren Büchern haben zum Mittelpunkt der Handlung jeweils eine Jungengestalt. In „The Fox Hole" (1967; dt. Die Falle am Desmond, 1970) ist es Ken, in „Let the Ballon Go" (1968) ist es der recht schwierige John Clement Summer und in „Bread and Honey" (1972) und „Josh" (1972) ist es jeweils ein Heranwachsender, der den Weg zu sich selber sucht. SOUTHALL schildert Kinder und ihre Reaktionen, die durch dramatische Ereignisse ausgelöst werden. Im Vordergrund der Charakterschilderungen steht immer die Angst der geschilderten Jungen, sei es vor unbekannten elementaren Naturereignissen, sei es infolge eines plötzlichen Wechsels der bisherigen Lebensgewohnheiten und Umwelt, sei es schließlich bei der Erkenntnis der eigenen Mängel und Schwächen. In allen Erzählungen überwinden die Hauptgestalten die auftretende Furcht durch entschlossenes Handeln. SOUTHALL scheint sagen zu wollen, daß Heranwachsende wissen sollten, daß sie durchaus in der Lage sind, schwierige Situationen zu meistern, sei es allein oder mit der Hilfe Gleichaltriger. Er hat den unerschütterlichen Glauben an die Fähigkeit Halbwüchsiger, mit schwierigen Situationen fertigwerden zu können und auch in aussichtslosen Fällen ohne die Hilfe Erwachsener überleben zu können. Man kann SOUTHALL vorwerfen, daß seiner Sprache der letzte Schliff fehle. Allerdings trifft diese Kritik kaum mehr seine letzten Werke, vor allem nicht den „Josh". Sein Stil ist derb, und er besitzt die Gabe des fesselnden Erzählens sowie der griffigen Beschreibung. Was ihn besonders interessiert, ist die differenzierte Schilderung junger Charaktere.

Einer der frühesten australischen Kinderbuchillustratoren war D. H. SOUTER (1862—1935), der einige von E. TURNERS Geschichten illustrierte. Die bereits als Autoren genannten Geschwister RENTOUL, O'HARRIES, GIBBS und WALL illustrierten in den zwanziger und dreißiger Jahren ihre eigenen Bücher und die anderer Autoren. Um 1940 trat besonders W. CUNNINGHAM als Illustrator hervor, der vor allem durch die Bilder zu L. REES Naturschilderungen bekannt wurde, deren erste „The Story of Shy the Playtypus" im Jahr 1944 herauskam. Wichtige Illustratoren der Gegenwart sind M. HORDER, die einige Bücher von P. WRIGHTSON illustrierte („The Rocks of Honey" und „Down to Earth") sowie SH. HAWKINS, N. YOUNG und A. MACARTHUR-ONSLOW.

Bis heute hat Ausrtralien kein Bilderbuch hervorgebracht, das internationale Bedeutung erlangt hätte. Es gibt überhaupt nur wenige Bilderbücher australischer Herkunft, die zumeist von mittlerer Qualität sind. Seit 1956 konnte der Preis für das beste Bilderbuch des Jahres (Picture Book of the Year Award) nur fünfmal verliehen werden. Das Bilderbuch „Waltzing Matilda" (1970) von D. DIGBY, das den Bilderbuchpreis des Jahres gewann, hat zwar eine gute Aufnahme gefunden, doch ist es eigentlich kein echtes Bilderbuch. Es ist vielmehr eine illustrierte Ausgabe alter australischer Kinderlieder, — allerdings eine vorzügliche illustrierte. Die wohl begabteste Bilderbuchmacherin, die auch ihre eigenen Texte schreibt, ist zur Zeit E. MACINTYRE. Von ihr stammen die Bilderbücher „Ambrose Kangaroo" (1947), „Katherine" (1946), „Mr. Koala Bear" (1954) und „Jane Likes Pictures" (1959). In der Kombination Bild-Reim ist L. PENDERS mit „Barnaby and the Horses" (1961) besonders erfolgreich geworden. Ein Künstler, der immer wieder neue Experimente versucht, ist T. GREENWOOD. Er illustrierte eine Erzählung von SOUTHALL „The Sly Old Wardrobe" (1968) sowie die Bücher „Obstreperous" (1970) und „Allfred" (1970). Seine Illustrationen stoßen allerdings wegen ihrer Derbheit auf viel Kritik.

An Sachbüchern für junge Leser erlangten Bedeutung: E. POWNALLS „The Australia Book" (1952), eine illustrierte Geschichte Australiens, die im Jahr 1952 als Buch des Jahres ausgezeichnet wurde; A. POIGNANTS „Piccaninny Walkabout" (1957), ein Photobilderbuch, in dem zwei Eingeborenenkinder über das Leben der Eingeborenen erzählen; SOUTHALLS „The Sword of Esau" und „The Curse of Cain" (1968), zwei Bücher, die die Ereignisse der Bibel nacherzählen. In letzter Zeit hat das australische Verlagshaus Angus und Robertson mit der Herausgabe einer Serie illustrierter Bändchen begonnen, die die Geschichte Asiens erzählen wollen. Das erste, „The Story of China" von LO HUI-MIN und E. HAXTON kam 1971 heraus.

Auch Kindergedichtsammlungen sind in Australien rar. Die wichtigsten Sammlungen sind „Once Around the Sun" (1966) von BR. THOMPSON, „Songs for All Seasons" (1967) von R. DOBSON, „Chosen for Children" (1967) von J. SAXBY und „Poetry is What" (1970), herausgegeben von L. M. HANNAN und B. A. BREEN.

Organisationen, Förderungsmaßnahmen, Literatur zur KJL. Die meisten der australischen Kinder- und Jugendbücher werden im Ausland verlegt. Der Verlag Angus und Robertson in Sydney veröffentlicht die wenigen Ausnahmen. Sogar in den sechziger Jahren, als australische Schulbücher und Schriften zur Erziehungswissenschaft national und international bedeutungsvoll geworden waren, blieb die Publikation von Kinder- und Jugendbüchern auf ein Mindestmaß beschränkt. Laut Angaben der Statistik der Vereinigung australischer Verleger, wurden in den sechziger Jahren in Australien an Kinder- und Jugendbüchern aufgelegt:

1962 — 13 1963 — 10 1964 — 22 1965 — 21
1966 — 33 1967 — 39 1968 — 37 1969 — 30.

Noch immer liegen die Produktionskosten für die Herausgabe eines Kinder- oder Jugendbuches höher, als die durch den Verkauf zu erzielenden Gewinne. Erst in letzter Zeit gewinnen Schul- und Kinderbibliotheken an Bedeutung und geben so einen einigermaßen einkalkulierbaren Stamm von Käufern ab. Den größten Aufschwung erhielt die Kinder- und Jugendbuchproduktion in Australien durch die Arbeit der Kinderbuch-Vereinigungen („Children's Book Councils") und die Stiftung eines Preises für das beste Kinder-, Jugend- und Bilderbuch des Jahres. Nach und nach werden so auch renommierte Autoren für das Kinder- und Jugendbuch gewonnen, und in den letzten Jahren mehrt sich die Ausfuhr von Kinder- und Jugendbüchern sowie die Vergabe von Lizenzen.

Das wichtigste Besprechungsorgan für Kinder- und Jugendbücher ist das vom „Children's Book Council of Australia", Zweigstelle Neusüdwales, herausgegebene Blatt „Reading Time". Beim Studium des Blattes zeigt sich allerdings, daß in Australien die Kunst der Rezension noch jung und unterentwickelt ist, und daß es nicht genügend Fachkenner für das Gebiet der Kinder- und Jugendliteratur gibt. Einige der Rezensenten sind Bibliothekare von Kinderbüchereien, die allerdings noch wenig kritische Urteilsfähigkeit entwickelt haben und deren summarisches Urteil meistens auf „gut" oder „schlecht" hinausläuft. Eine andere Gruppe von Rezensenten setzt sich aus Kinder- und Jugendbuchautoren zusammen, die nicht selten zu sehr einseitigen Beurteilungen kommen. Die Zeitschriften „The Australian School Librarian", „The Teacher Librarian" (beide von der Vereinigung der Schulbibliotheken von Victoria und Neusüdwales herausgegeben) und „Children's Libraries Newsletters" (herausgegeben von der Sektion Kinderbuch-Bibliothekare des australischen Büchereiverbandes) bringen Beiträge von Kinderbuchautoren, Artikel über die Entwicklung auf dem Gebiet der Kinder- und Jugendliteratur und kürzere Kinder- und Jugendbuchbesprechungen. In den großen Tages- und Wochenzeitungen finden sich nur sporadisch kürzere Hinweise auf neue Kinder- und Jugendbücher. Nützliche und gut annotierte Buchlisten für Schulen und Kinderbibliotheken werden regelmäßig vom Bibliotheksverband von Victoria, der Vereinigung der Bibliothekare von Südaustralien und den Schulbibliotheksdiensten der einzelnen Erziehungs-Departments herausgegeben.

Gesonderte Kinder- und Jugendbuchabteilungen wurden erstmals (1910) von den Öffentlichen Büchereien in Sydney, Neusüdwales und (1918) von denen in Prahran, Victoria, eingerichtet. Südaustralien richtete 1915 eine staatliche Stelle für Kinderbüchereien ein und war seitdem mit der staatlichen großen Jugend-Bibliothek in Adelaide führend am Bibliotheksaufbau für Kinder und Jugendliche beteiligt. Inzwischen gibt es in allen australischen Staaten Kinderbibliotheken, doch sind diese sehr unterschiedlich mit Mitteln ausgestattet. Seit der Einführung von finanziellen Hilfen für Schulbibliotheken durch das Staatliche Erziehungs-Department geht die Entwicklung der Schulbibliotheken, vor allem ihre Ausstattung mit Büchern, zügiger voran als die der Öffentlichen Bibliotheken. Der Besuch von Professor S. Fenwick von der Universität Chikago führte 1966 zu dem für die Entwicklung des Schulbibliothekswesens wichtigen „Fenwick-Report". Im gleichen Jahr gab der Büchereiverband von Australien seine „Standards and Objectives for School Libraries" heraus, ein weiterer wichtiger Schritt zum Aufbau umfangreicher und guter Kinder- und Jugendbibliotheken. Eine der unabhängigen Organisationen, die eine wichtige Rolle bei der Förderung der Kinder- und Jugendliteratur spielten, war die „Bewegung zur Einrichtung von Kinder-Bibliotheken" in Neusüdwales, die kostenlose und für jedermann zugängliche Bibliotheks- und Freizeitzentren in den Vorstädten Sydneys und anderen Teilen des Landes einrichtete. Andere einflußreiche Organisationen sind die Sektionen Schul- und Kinderbibliotheken des australischen Büchereiverbandes, der „Children's Book Council" von Australien und seine regionalen Untergliederungen sowie die staatliche und nationale Schulbibliotheksgesellschaft. Durch Stiftung des Preises für das beste Kinder-, Jugend- und Bilderbuch des Jahres („Book of the Year Award") entwickelten die „Children's Book Councils" als erste Kriterien für das wertvolle Kinder- und Jugendbuch. Der Preis wurde zunächst 1946 von der Zweigstelle Neusüdwales gestiftet; ab 1959 übernahm der australische „Children's Book Council" für ganz Australien die Ausschreibung und Ausrichtung des Preises. Die Jury besteht aus sechs Personen. Die „Children's Book Councils" der sechs Teilstaaten wählen jeweils ein Mitglied in die Jury. Der Preis besteht aus einer bronzenen Medaille und 500 Pfund, die von dem „Australian Commonwealth Literary Fund" aufgebracht werden.

Jede der Staatsbibliotheken der sechs Teilstaaten sowie die Nationalbibliothek von Australien besitzen gut ausgestattete Kinder- und Jugendbuchsammlungen. Die Mitchell-Bibliothek in Sydney und die Nationalbibliothek besitzen die umfangreichsten Bestände. Die Bibliothek der Universität von Neusüdwales besitzt eine Sammlung von 12000 Kinder- und Jugendbüchern, die für Studien- und Forschungszwecke zur Verfügung steht.

Die ersten Vorlesungen und Seminare über Kinder- und Jugendliteratur hielt G. Holman an der Pädagogischen Hochschule in Melbourne. Inzwischen ist das Gebiet der Kinder- und Jugendliteratur Teil der Studien- und Prüfungsordnungen der Hochschulen für die Ausbildung von Lehrkräften aller Schulstufen und -arten geworden. In letzter Zeit wird Kinder- und Jugendliteratur auch an den Seminaren zur Ausbildung von Bibliothekaren an der Universität Neusüdwales und im Rahmen des Aufbaustudiums an den Universitäten Canberra und Melbourne gelehrt. Die Universität von Neusüdwales betreibt eine Reihe von Forschungsprojekten zur Kinder- und Jugendliteratur und hält jährlich eine wissenschaftliche Tagung zu Fragen der Kinder- und Jugendbuchforschung ab, an der Fachleute aus ganz Australien teilnehmen, um unter anderem mit Autoren, Illustratoren und Verlegern zu diskutieren.

Die wichtigste Bibliographie für Kinder- und Jugendbücher ist „A Bibliography of Australian Children's Books" von M. Muir, die 1971 erschienen ist. Sie enthält alle Kinder- und Jugendbücher, die von australischen Autoren verfaßt wurden bzw. die in Australien erschienen sind, und zwar von den Anfängen bis 1967. Die umfassendste Arbeit zur Geschichte der australischen Kinder- und Jugendliteratur wurde von M. Saxby verfaßt und erschien 1971 unter dem Titel „A History of Australian Children's Literature" in zwei Bänden. Der erste Band behandelt die Zeit 1841—1942, der zweite Band die Zeit 1943—1970. Der Autor untersucht die angeführten Werke nach allgemein literarischen Kriterien sowie unter dem Gesichtspunkt der Altersgemäßheit. Das Werk richtet sich vor allem an Studierende der Literatur- und Erziehungswissenschaften sowie der Soziologie. Schon 1963 kam eine kleinere Abhandlung zur Geschichte des Kinder- und Jugendbuches heraus. Sie stammt von R. Wighton und trägt den Titel „Early Australian Children's Literature". Die Verfasserin versucht u. a. herauszufinden, welches Bild den jungen Lesern in den Kinder- und Jugendbüchern von Australien vermittelt wird. Unter dem Titel „The Singing

Roads" stellte H. ANDERSON ein kleines Handbuch zusammen, das über australische Kinder- und Jugendbuchautoren und -illustratoren informiert. Es erschien in zwei Teilen 1965 und 1969. Der „Children's Book Council" von Victoria brachte 1970 eine Standard-Buchliste unter dem Titel „Australian Children's Books: a Select List" heraus, die heute in allen Schulen und Bibliotheken Verwendung findet.

Helmut Müller/Margaret Trask

→ I. Southall

Sekundärliteratur: H. Anderson: The singing roads (Bd. 1 u. 2. 1965 u. 69). — M. Muir: A bibliography of Australian children's books (1970). — M. Saxby: A history of Australian children's literature (Bd. 1 u. 2. 1971). — R. Wighton: Early Australian children's literature (1963).

Auswahlliste

A.n sind periodisch oder unregelmäßig erscheinende, zum Teil annotierte Spezialbibliographien von lieferbaren Kinder- und Jugendbüchern zur Werbung, Information und Beratung von Vermittlern und Verbrauchern. Auswahl und Herausgabe der häufig illustrierten Listen übernehmen in der Regel überregionale und lokale öffentliche und private Institutionen wie Bibliotheken, Bibliotheksverbände, Buchhandel, KJL-Förderungsinstitutionen, Lehrerverbände und/oder andere kulturelle, staatliche und kommunale Einrichtungen. Entsprechend differieren Intentionen und Zielgruppen bei einzelnen A.n.

Kriterien zur Erstellung von A.n. Die wichtigsten, teilweise sich überschneidenden *Kategorien* von A.n sind Lesealter, Gattung, Themen, Inhalte, Sachstoffe. Spezielle Listen empfehlen Titel für den Unterricht, z. B. „Klassenlesestoffe" oder für Schulbibliotheken u. öffentliche Büchereien. Für eine weitere Gruppe von A.n sind mehr formale Auswahlkriterien maßgeblich: Zusammenfassung von Titeln einer Erscheinungsperiode, Novitäten eines Erscheinungsjahres, preisgekrönte Bücher, formalästhetische Gesichtspunkte oder ökonomische Kriterien.

Zur Geschichte der A.n. Die Geschichte der A.n in Deutschland ist eng verknüpft mit der der institutionellen Förderung von KJL seit ca. Mitte des 19. Jh.s. Als Reaktion auf die damals unüberschaubar gewordene KJL-Produktion gaben Theologen, Pädagogen, Lehrervereinigungen und später (80er Jahre) die in einigen deutschen Städten und Ländern entstehenden Jugendschriften-Prüfungsausschüsse KJL-A.n heraus. Exemplarisch für diese ersten Auswahlverzeichnisse stehen A. DETMER: „Musterung unserer deutschen Jugendliteratur" (1842), K. BERNHARDI: „Wegweiser durch die deutschen Volks- und Jugendschriften" (1852) und G. W. HOPF: „Über Jugendschriften" (1852). In der A. HOPFS sind „alle Bücher, welche die Jugend auf extreme oder krankhafte Ansichten über Religion ziehen oder feindselige Gesinnung erregen können ... (sowie) alle Bücher, welche auf Politik zielen und von dem Knaben das Urteil des gereiften Mannes erwarten", eliminiert. Es handelt sich hier um keinen Einzelfall, vielmehr zeigten die meisten Verfasser von A.n aus jener Zeit eine derartige unkritisch-abschirmende Haltung. (Vgl. KÖSTER: Geschichte der deutschen Jugendliteratur in Monographien; KUNZE: Schatzbehalter. Beide Autoren geben zahlreiche bibliographische und kommentierende Hinweise auf A.n des 19. und frühen 20. Jh.s.)

Die erwähnten Auswahlverzeichnisse haben zwar „das Minderwertigste aus dem zum Profitgeschäft gewordenen Kinderbuch-Handel eliminiert ... Darüber hinaus kann ihnen aber eine echte Förderung der wertvollen Traditionen und neuen Tendenzen der deutschen Jugendliteratur nicht zugebilligt werden ... Ihr einziges Ziel ist, der Kinderliteratur Verbreitung zu sichern, die am besten Kirche und Staat festigt" (KUNZE, S. 57/58). In der Absicht, dem „Elend der Jugendliteratur" entgegenzutreten, begannen die Prüfungsausschüsse für Jugendschriften ihre Arbeit. 1892 kam es zur Vereinigung der bestehenden Ausschüsse mit einem ersten gemeinsamen, noch im gleichen Jahr zu Weihnachten erschienenen „Verzeichnis empfehlendwerter Jugendschriften". Zur jährlichen Herausgabe des Verzeichnisses kam es nach Gründung der Jugendschriften-Warte (1893), die neben Aufsätzen „sämtliche innerhalb eines Jahres neu erschienenen Jugendschriften bekannt" machen wollte (JSW Nr. 1). *Auswahlkriterien* und *Beurteilungspraxis* wurden durch H. WOLGAST, den langjährigen Schriftleiter der Jugendschriften-Warte, stark beeinflußt. Nach Veröffentlichung seiner programmatischen Schrift „Das Elend unserer Jugendliteratur" (1896), in der er forderte „Die Jugendschrift in dichterischer Form muß ein Kunstwerk sein" setzte eine breite Diskussion ein. Das Weihnachtsverzeichnis von 1898 erschien daraufhin in revidierter Form (geringerer Umfang, Auslassung fast aller spezifischen Jugendschriften, breite Berücksichtigung von Märchen und Sage, geringe Nennungen von „belehrenden Schriften"). Als positives Ergebnis konnten die Initiatoren werten, daß der 1887 von AVENARIUS gegründete „Kunstwart" das Hamburger Jugendschriftenverzeichnis seinem „Literarischen Ratgeber des Dürerbundes" beilegte. Neben massiver Kritik, z. B. durch die Verlage oder das Börsenblatt für den deutschen Buchhandel, gab es Befürworter, etwa im Lager der Sozialdemokratischen Partei Deutschlands oder auch in liberalen jüdischen Kreisen; im Auftrag der Großloge für Deutschland wurde in Anlehnung an die Grundsätze der VJA 1905 ein „Wegweiser für die Jugendlektüre" von M. SPANIER-MAGDEBURG herausgegeben.

Die richtungsweisende Arbeit der Vereinigten Deutschen Prüfungsausschüsse wurde kontinuierlich weitergeführt. Ein Bruch ergab sich 1933. Einerseits fühlte man sich „der alten Tradition, die in WOLGAST einen ihrer Begründer gehabt hatte, streng verpflichtet ... teilweise (erblickte man) in der nationalen Erhebung die einmalige Chance für das weitere Gedeihen und einen großzügigen Ausbau der Jugendschrifttumsarbeit" (P. ALEY: Jugendliteratur im Dritten Reich, S. 6) „Seit 1933 war der Nationalsozialistische Lehrerbund bestrebt, durch die Neuorganisation der Prüfungsausschüsse ‚eine neue Schrifttumspolitik' einzuleiten ... Aufgaben und Ziele dieser neuen Schrifttumspolitik der Reichsstelle für Jugendschrifttum wurden bestimmt durch einige wesentliche Maxime aus der Satzung des NS-Lehrerbundes: Erziehung der Mitglieder zu vorbildlichen Nationalsozialisten, die Unterstützung der Regierungen als Vollzieher des Willens des Führers und die Überwachung und Prüfung des deutschen Schrifttums (ALEY, S. 22). Diesen Forderungen entsprachen die jährlich erscheinenden amtlichen Bücherverzeichnisse „Das Buch der Jugend" (später „Das deutsche Jugendbuch"), ein „Jugendschriftenverzeichnis der deutschen Erzieherschaft für Schule und Haus", die zusammen mit der Reichsjugendführung Berlin herausgegeben wurden. Als Beilage zur JSW erschien außerdem die Liste „Wir lehnen ab". Ein ministerieller Erlaß, „reichseinheitliche Neuordnung des Schülerbüchereiwesens" vom 29. Januar 1937, wurde als Grundlage für Listen benutzt, welche die Titel der Bücher enthielten, die z. B. wegen ihres angeblich bolschewistischen, marxistischen oder international-pazifistischen Inhalts aus den Schülerbüchereien zu entfernen waren. Der gleiche Erlaß führte auch zur Erstellung von Grund- und Ergänzungslisten für den Aufbau von Schulbüchereien. Für das Bilderbuch, als Volkserziehungsmittel erkannt, entstand ein Auswahlverzeichnis „Das deutsche Bilderbuch". Nach dem Zweiten Weltkrieg gingen in der Bundesrepublik die ersten überregionalen umfangreichen Initiativen von der „Arbeitsgemeinschaft von Jugendbuchverlegern" und den „Vereinigten Jugendschriftenausschüssen" aus. Beide Institutionen gehören heute als Mitglieder dem „Arbeitskreis für Jugendliteratur" (früher: Jugendschrifttum) an. Jährlich gibt er seit 1960 neben dem Verzeichnis „Bücher für die junge Generation" auch die zunächst von 1953—59 von der „Arbeitsgemeinschaft von Jugendbuchverlegern" betreute A. „Das Buch der Jugend" heraus. Außerdem erscheint „Auswahl 19 ... — Deutscher Jugendbuchpreis" jährlich. Zu den überregionalen Listen in der Bundesrepublik zählen darüber hinaus die vom Deutschen Jugendschriftenwerk edierten Verzeichnisse „Von 3—8" und bis 1971 die „Weiße Liste".

Brigitte Nottebohm

→ Arbeitskreis für Jugendliteratur, → Beurteilung von Kinder- und Jugendbüchern

Sekundärliteratur: P. Aley: Jugendliteratur im Dritten Reich (1967, ²1969). — W. Fronemann: Idee und Aufbau der deutschen Jugendliteratur und die Frage der Jugendschriftenverzeichnisse (in: Jugendschriften-Warte. 1. 1934. 1—4). — H. L. Köster: Geschichte der deutschen Jugendliteratur in Monographien (Bd. 1 u. 2. 1906 u. 08, ⁴1927; ND. 1971). — J. Langfeldt: Sammelverzeichnisse von Kinderbüchern im In- und Ausland (in: Bücherei und Bildung. 11. 1959. 290—293). — A. Merget: Geschichte der deutschen Jugendliteratur (1867, ³1882; ND. 1967). — A. Pellowski: The world of children's literature (1968). — E. Schindler: Neue Jugendbuchverzeichnisse (in: Das gute Jugendbuch. 9. 1959. 15—18). — Arbeitskreis für Jugendschrifttum (Hrsg.): Zehn Jahre deutscher Jugendbuchpreis (1966).

Autobiographie

(auch: Selbstbiographie, aus dem Griech.: autos = selbst, bios = Leben, grapho = ich schreibe). Die A. ist diejenige Art der Biographie, in der der Darsteller ein Bild seiner eigenen Persönlichkeit entwirft, seine äußere und innere Entwicklung sowie seine Erfahrungen und Leistungen in den gesellschaftlichen Verhältnissen seiner Zeit schildert. Zu den Formen der A. gehören Tagebuch, Memoiren und Selbstzeugnisse in Briefen.

Die A. in der Jugendliteratur. Autobiographische Berichte und Darstellungen werden auch von der Jugend gelesen; in verschiedener Weise ist die A. mit der Kinder- und Jugendliteratur verknüpft: 1. Autobiographisches Material — Aufzeichnungen, Tagebücher, Briefe, Memoiren — wird häufig von Jugendbuchautoren für Biographie und biographische Erzählungen ausgewertet; mit dem Bezug auf diese Quellen verbinden sie die größere Freiheit, Persönlichkeitsbild und kulturhistorischen Hintergrund zu gestalten und die Darstellung durch Auswahl aus der A., phantasievolle Ergänzung und sprachliche Form für bestimmte Altersstufen einzurichten. Die damit verbundene Absicht zu belehren und eine Persönlichkeit zum Vorbild in Moral und Leistung zu idealisieren, ist freilich Ursache einer Masse *speziell für die Jugend verfaßter, jedoch verzeichneter „Lebensbilder"* aus allen Schaffensgebieten des Menschen und aus allen geschichtlichen Epochen geworden. Neuere Versuche, authentische autobiographische Texte in Darstellungen für die Jugend einzubeziehen, die historisch und biographisch der Wirklichkeit mehr entsprechen, sind z. B. BREHMS Weltreisen zwischen Nordkap und Äquator (mit der Biographie von H. BODE, ²1956); F. BRUSTGI: Weltfahrt nach Troja (1958); K. LÜTGEN: ... Die Katzen von Sansibar zählen (1965). 2. A.n selbst werden in gekürzter und bearbeiteter Form der Jugend angeboten, im 19. Jh. z. B. in verschiedenen Ausgaben „Jung-Stillings Lebensgeschichte", deren Verfasser J. H. JUNG gen. STILLING (1740—1817) in einer Folge autobiographischer Bücher seine „Jugend" (1777),

„Jünglingsjahre“ (1778), „Wanderschaft“ (1778) und „bisherige Lebensgeschichte“ (1804) beschrieben hat. D. THEDEN nannte in seinem Werk „Die Deutsche Jugendliteratur“ (1883) eine Bearbeitung dieser A. von B. SCHLEGEL als eine bereits für 10-jährige geeignete Lektüre. In der Gegenwart gibt es für die Jugend gekürzte und bearbeitete A.n z. B. von P. S. BUCK: Ruf des Lebens (1957, übers. u. bearb. von H. B. WAGENSEIL), von A. PETZOLD: Das rauhe Leben (1964, Bearbeitung des autobiographischen Romans des österreichischen Arbeiterdichters). Eine jugendgeeignete Auswahl aus zahlreichen A.n legte R. K. GOLDSCHMIT-JENTNER vor: Die Jugend großer Deutscher, von ihnen selbst erzählt (1958). 3. Die vollständige, selbstbekenntnishaft und selbstkritisch geschriebene wie die romanhaft gestaltete A. (z. B. H. CHR. ANDERSEN: Wem das Glück lacht. Ein Märchendichter erzählt sein Leben, hrsg. von W. STEUCKART, 1955; ST. ANDRES: Der Knabe im Brunnen, 1953; E. WIESNER: Man nannte mich Ernst. Ein Veteran der Arbeiterjugendbewegung erzählt sein Leben, [3]1961) erfordert vom Leser sicherlich eine motivierte Verständnisbereitschaft, mit der kaum vor der Pubertät zu rechnen ist. Von jüngeren Lesern werden jedoch autobiographische Berichte akzeptiert, die vom Verfasser selbst der Jugend zugedacht waren, vor allem Abenteuer- und Kindheits-A.n, z. B. im 19. Jh. von ARMAND: Amerikanische Jagd- und Reiseabenteuer aus meinem Leben in den westlichen Indianergebieten ([2]1893); als besonders jugendgeeignet galt zeitgenössisch sofort die autobiographische Erzählung von M. v. EBNER-ESCHENBACH: Meine Kinderjahre (1906). Als „Jugendbuch“ erschien die zweibändige erzählerisch ausgestaltete A. von CH.-CH. CHOW: Kleine Sampan. Zehn Jahre des Glücks (1957). Als autobiographisches Zeitdokument erlangte das „Tagebuch der Anne Frank“ (1950) bei der deutschen Nachkriegsjugend besondere Bedeutung. Ein Beispiel, daß der in sich geschlossene Bericht einer Kindheit im Anfang des 20. Jh.s für Leser aller Altersstufen interessant geschrieben werden kann, gab E. KÄSTNER mit seinem Buch: „Als ich ein kleiner Junge war“ (1957).

A.n als Quelle der Jugendliteraturkritik. Seit Jugendliteratur als Bereich der Literatur gesehen wird, bemühten sich ihre Geschichtsschreibung und Kritik, Mitteilungen und Urteile bedeutender Persönlichkeiten über ihre Lektüre in Kindheit und Jugend aufzufinden. Seit dem Beginn des 19. Jh.s gibt es eine lange Reihe autobiographischer Aufzeichnungen über erste Begegnungen mit dem Buch, die z. T. Titel aus der Welt- und Nationalliteratur nennen, deren starke Wirkung auf die Bildung des ästhetischen Empfindens und deren Einfluß auf das spätere eigene Schaffen beschrieben werden. Seine radikale Ablehnung der speziellen Jugendliteratur als Gemisch von Unterhaltung und Belehrung oder als moralisierende Tendenzschrift stützte H. WOLGAST auch auf solche Urteile und führte, neben anderen, ausführliche Zitate dafür an: W. BÖLSCHE, M. v. EBNER-ESCHENBACH, G. FREYTAG, G. G. GERVINUS (1805—71), FR. HEBBEL (1813—63), G. KELLER und L. v. RANKE (1795—1886). Aus den Erinnerungen von L. OTTO-PETERS (1819—95) zitiert I. DYHRENFURTH in ihrer „Geschichte des deutschen Jugendbuches“ ([3]1967) Ausführungen über deren Einschätzung seichter Mädchenlektüre, aus K. F. v. KLÖDENS (1786—1856) Jugenderinnerungen die Preisung von J. H. CAMPES „Robinson der Jüngere“ als Kinderbuch, ebenso die von B. GOLTZ (1801—70) aus seinem autobiographischen „Buch der Kindheit“. Zahlreiche autobiographische Stellungnahmen zur Kinder- und Jugendliteratur und der Lektüre in der Jugend sind zusammengestellt in ENSSLIN-Jahresgabe 1957 (nicht im Buchhandel): Begegnungen mit dem Buch in der Jugend (gesammelt von H. PLETICHA).

Margarete Dierks/Hans Eich

→ Biographie

Sekundärliteratur: M. Beyer-Fröhlich: Die Entwicklung der deutschen Selbstzeugnisse (1930). — T. Klaiber: Die deutsche Selbstbiographie (1921). — W. Mahrholz: Deutsche Selbstbekenntnisse (1919). — G. Misch: Geschichte der Autobiographie (Bd. 1—4. 1949—67). — W. Shumaker: English autobiography (1954). — F. H. Thalhofer: Autobiographien für die Jugend (in: Literarische Warte. 4. 1902/03). — M. Westphal: Die besten deutschen Memoiren (1923).

IJB

Autoritätsproblem

A.e — dem Wortsinn nach Probleme des Ansehens, der Geltung, Würde der Person, Machtbefugnis von Menschen und Institutionen — sind in der Kinder- und Jugendliteratur von jeher wichtig. Autorität wurde, je nach der historischen, pädagogischen und weltanschaulichen Position der Autoren, verschieden ausgelegt, eingeschätzt und eingesetzt.

In den Anfängen der Kinder- und Jugendliteratur, ja schon in der Schullektüre des Mittelalters, wird die strikte Einhaltung der von Kirche bzw. weltliche Hierarchie vertretenen Autorität gefordert. Spruchbüchlein, Katechismen, Sittenregeln, moralische Erzählungen dienen seit der Renaissance, besonders jedoch im 18. Jh., zum Erlernen des etablierten Moralkodex und damit zur Einübung und Gewöhnung an die bestehende Ordnung, deren Autorität nicht in Frage steht. Im 19. Jh. entwickelt sich im Zuge einer bürgerlichen Pädagogik die Vorstellung, daß die Erziehung zum Gehorsam des Kindes gegenüber den Eltern eine Vorstufe der Anerkennung der Autorität des Bürgers gegenüber der staatlichen Obrigkeit bedeute. Die ideologische Basis der Kinder- und Hausmärchen der Brüder GRIMM weist in diese Richtung. Begründet wurde diese Autoritätsauffassung mit der Forderung des alttestamentlichen vierten Gebots und der theologisch ausgebauten Vorstellung einer göttlichen Weltordnung als Pyramide der Machtbefugnisse bis zur obersten Spitze, an der, noch über dem Landesherrn, Gott seinen Platz hat. Aus dem Begriff der Autorität abgeleitet, entstand im 20. Jh. die Neubildung des heute häufig verwendeten Eigenschaftsworts „autoritär" und dessen Gegensatzbezeichnung „antiautoritär". Werke und Strömungen der Kinder- und Jugendliteratur verschiedener Epochen können den Wandel in der Autoritätsauffassung und den Versuch des Entwickelns kritischer Positionen gegenüber jeweils stabilisierten Autoritätsvorstellungen belegen: z. B. viele Fabeln im 18. Jh. (besonders die von G. K. Pfeffel), W. Buschs Bildergeschichten im 19. Jh., E. Kästners und A. Lindgrens Kinderbücher im 20. Jh., aber auch der Intention nach die Richtung „Dichtung vom Kinde aus" um die Jahrhundertwende und neuerdings die der „antiautoritären Kinderbücher".

→ Antiautoritäre Kinder- und Jugendliteratur

Avenarius, Ferdinand

*Schriftsteller, Kulturkritiker, Publizist lebensreformerischer, literarpädagogischer, volkserzieherischer, natur- und heimatpflegerischer Zielsetzungen, Herausgeber des „Kunstwart", Gründer des Dürerbundes; * 20. 12. 1856 Berlin, † 20. 9. 1923 Kampen/Sylt.*

Seine Mutter war Halbschwester R. Wagners, sein Vater Buchhändler. A. besuchte Gymnasien in Berlin und Dresden, studierte Medizin und Naturwissenschaften in Leipzig und Zürich; es folgte eine Studienreise durch Italien, von der er 1882 nach Dresden zurückkehrte. Später reiste A. viel und hielt sich wiederholt auf Sylt auf, für dessen Dünenlandschaft er „Naturschutz" erkämpfte; 1903 erbaute er bei Kampen/Sylt sein Haus Uhlenkamp im eigentümlichen Kompositstil der Zeit.

Werk, Tendenzen, Wirkung. A. trat 1880 mit einer ersten, vielgelesenen Sammlung eigener Gedichte unter dem bezeichnenden Titel „Wandern und Werden" hervor, 1887 mit einem symbolistischen Erziehungsroman „Die Kinder von Wohldorf", in dem er Märchen und Volkslied als Urquell wahrer Menschenbildung feierte. Schon als Sechzehnjähriger hatte er in Dresden einen „Naturwissenschaftlichen Wanderverein" gegründet, in dessen Rahmen — wie später in dem „Dresdener Diskussionsklub" — er kritische Gespräche zur Lebensführung und Kulturpflege veranstaltete. Die Einheit von körperlicher und geistiger Bewegung war A. zum Lebensprinzip geworden, aus dem heraus er Anreger und Verteidiger der großen Reformbewegungen der Jahrhundertwende wurde, der Kunsterziehungsbewegung, Jugendbewegung, Jugendschriftenbewegung, der Volksbildungs-, der Heimatpflege- und Naturschutzbewegung.

A. schuf sich die publizistischen Instrumente im Kampf für seine lebens- und kulturreformerischen Ideale selbst: 1887 im Selbstverlag den „Kunstwart", den der Verlag Georg D. W. Callwey von 1894 an zur führenden Zeitschrift des damaligen geistigen und kulturellen Lebens (1903 mit über 20 000 Abonnenten) entwickelte. Die Bildbeilagen, später selbständige Bildmappen, gab A. im Kampf gegen den Kitsch in Bürgerhäusern heraus; unter literarpädagogischer Zielsetzung publizierte er für junge Leser und für die deutsche Familie 1882 die Anthologie „Deutsche Lyrik der Gegenwart seit 1850", in weiteren Auflagen „Hausbuch deutscher Lyrik" genannt, 1910 die Anthologie „Balladenbuch", 1908 erstmals den Volkskalender „Gesundbrunnen", der, jährlich erscheinend, einen Abbau des Kalenderunwesens einleiten sollte. Auch älteren volkstümlichen Texten wandte A. sein Interesse zu. Für O. Speckters Bilder vom „Gestiefelten Kater" schrieb er eine Nacherzählung des Märchens (1900). Flugschriften zur Bekämpfung der Schundliteratur, Titelverzeichnisse empfohlener Jugendbücher, literarische Ratgeber und Schriftenreihen für Jugend und Volk mit ausgewählten Texten aus der Weltliteratur mit hohen Auflagen, z. T. im eigenen Verlag, gab der von A. 1903 gegründete „Dürerbund" heraus. Die örtlichen Dürervereine arbeiteten eng mit den örtlichen Jugendschriftenausschüssen zusammen. A. behandelte selbst zahlreiche Themen in den Flugschriften des „Dürerbundes", u.a. auch das der sexuellen Erziehung (Nr. 48, „Am Lebensquell"). Auf die Beziehung E. Kreidolfs zu A. macht A. C. Baumgärtner aufmerksam (Aspekte der gemalten Welt, 1968). Für Gerät, Kleidung, Ausstattungs- und Schmuckstück bis zum Kunstwerk regte A. die „Gemeinnützige Vertriebsstelle deutscher Wertarbeit" an, die überging in die Zusammenarbeit „Dürerbund-Werkbundgenossenschaft". Eine Zentrale aller seiner Werke errichtete A. 1911/12 im Dürerbundhaus, Dresden. Seine pädagogische Intention war auf die Bildung des ganzen Menschen und seiner Umwelt gerichtet. Mit dem Begriff „Ausdruckskultur" gab A. seinen mannigfachen kulturellen Bestrebungen den zusammenfassenden Namen, dessen Interpretation verwandte Züge mit Bestrebungen im Jugendstil zeigt, aber auch dem in der Jugendbewegung in der Meißner-Formel konzipierten Ideal jugendlicher Lebensführung entspricht.

Im Weltkrieg 1914/18 wandte sich A. mit mehreren Schriften gegen Lüge und Fälschungen der feindlichen Propaganda gegen Deutschland („Das Bild als Verleumder. Bemerkungen zur Technik der Völkerverhetzung"); nach dem Kriege zog er sich aus dem zu eng gewordenen Feld nationaler Politik heraus; 1919 veröffentlichte er ein „Faust"-Drama, 1920 den „Baal" und 1922 ein „Jesus"-Drama.

Die 1950 in Kampen gegründete Ferdinand-Avenarius-Gesellschaft betreut in dem von der Gemeinde Kampen erworbenen Uhlenkamp-Haus die Gedächtnisstätte mit dem Nachlaß von A., einer eigenartigen Persönlichkeit, von der eine heute nicht mehr vorstellbar starke volkserzieherische Wirkung ausgegangen ist.

Margarete Dierks

→ Dürerbund, → Jugendschriftenbewegung

Werke: Deutsche Lyrik der Gegenwart seit 1850 (1882); Die Kinder von Wohldorf (1887); Der gestiefelte Kater (1900); Hausbuch deutscher Lyrik (^{2}1903, ^{11}1913); Balladenbuch (1910).

Sekundärliteratur: L. Avenarius: Ferdinand Avenarius (in: L. Avenarius: Avenarianische Chronik. 1912. 191 bis 208). — G. Kratzsch: Kunstwart und Dürerbund (1969). — W. Stapel: Avenarius-Buch (1916). — H. Ullmann: Zum 100. Geburtstag von Ferdinand Avenarius (in: Almanach des Verlages Georg D. W. Callwey zum 73. Jahr. 1957. 7—13). — H. Wegener: Ferdinand Avenarius, der Dichter (1908). *IJB*

Averdieck, Elise

*(d.i. Adele Kühner), Lehrerin, Kinderbuchautorin, Diakonissenmutter; *26.2.1808 Hamburg, †4.11. 1907 ebenda.*

A. stammte aus einer wohlhabenden Kaufmannsfamilie und wuchs als zweitältestes Kind von zwölf Geschwistern auf. Von 1837 an war sie fast zwanzig Jahre als Leiterin und Lehrerin an einer von ihr selbst gegründeten christlichen Elementarschule für Knaben in Hamburg tätig, wechselte dann in die Krankenpflege über und gründete 1856 das evangel. Krankenhaus „Bethesda" (Haus der Barmherzigkeit). Es wurde 1860 zum Diakonissen-Mutterhaus umgewandelt, in dem sich A. der Ausbildung junger Schwestern widmete.

Werk, Tendenzen, Wirkung. E. A. war keine professionelle Schriftstellerin, zeitlebens war ihr die soziale Tätigkeit vorrangig. Ihre Kindererzählungen entstanden für ihre eigenen Schüler zum Vor- und Selbstlesen; sie werden auch heute noch gern gelesen (Gesamtauflage bis 1962: über 200 000). Ihr echter Ton und die Darstellung des Familiären aus kindlicher Sicht kennzeichnen sie besonders. „Kinderleben" dokumentiert die soziale Situation kaufmannsbürgerlicher Kreise Hamburgs in den 30er und 40er Jahren des 19. Jh.s und hat daher auch kulturhistorischen Wert. Im Mittelpunkt stehen die kleinen Ereignisse des Kinderlebens: Spiel, häusliche Pflichten, Spaziergänge, sommerliches Leben im Landhaus vor der Stadt, Schule, Freundschaften, Feste, Geburt und Tod von Anverwandten, Reisen. Größere Ereignisse wie der Hamburger Brand (2. Teil) und die Revolution von 1848 (3. Teil) werden aus konservativer Sicht beurteilt. Christliche Gesinnung zeigt sich in praktischer Nächstenliebe (z. B. Aufnahme von Waisenkindern). A., mit J. H. Wichern, dem Gründer des Rauhen Hauses, befreundet, stand der pietistisch-sozialen Richtung der evangel. Kirche nahe, hielt aber auch an der aufklärerisch-frommen, lebenszugewandten Tradition B. H. Brockes' („Irdisches Vergnügen in Gott") fest. Ihre Geschichten zeichnen sich durch feine Kinderbeobachtung und eine bewußt kindertümliche Sprache aus. Die Familienwelt A.s ist streng geschlossen, aber Geborgenheit verbindet sich mit Weltoffenheit. Den Jungen wird mehr freie Entfaltung zugestanden als den Mädchen. Die Vertrautheit der Autorin mit dem hanseatischen Kaufmannsmilieu ging als genaue Umweltwiedergabe in ihre Geschichten ein. Doch bleibt für A.s Kindererzählungen charakteristisch die Spannung zwischen einer aufs Erzieherische eingeengten Wirklichkeit und dem Bemühen der Autorin, ihrem Gegenstand, dem Kinderleben, gerecht zu werden.

Malte Dahrendorf

Werke: Kinderleben (Bd. 1—4. 1850—1883); Erstes Lesebuch für Kinder von 6 bis 9 Jahren (1851, unter A. Kühner); Ansgar oder was vor tausend Jahren geschah (1865); Fünf Weihnachtsgrüße an die Kinderwelt (1880); Lasset die Kindlein zu mir kommen (Bd. 1—25. 1885 u. 1886); Bethesda (1887); Lottchens Enkel oder Reise zu den Großeltern (1894); Schulmeister Spitz und seine Bekannten (1894); Mein 90. Geburtstagsfest (1898); Ferien im Süderhaff (1903); Die Ferienreise (1906); Heinrich der Vogler (1906); Das Rittergut (1906); Wo ist Mariechen? (1906); Waldhüters Lisel (1907); Kinder aus Dorf und Stadt (1908); Zum 100. Geburtstag am 26. 2. 1908 (1908); Franz und Hannele (1909); Wer will's hören? (1909); Lebenserinnerungen (Tl. 1 u. 2. 1909—1912); Fröhlich, frisch und voll Frieden (1910); Fröhliche Leute (1920); Vom kleinen Nick (1921); Aus vergilbten Blättern (1924); Der Geburtstagsbrief (1925); Getreue Kameraden (1926).

Sekundärliteratur: H. Gilbert: Elise Averdieck (1926). — H. Gleiß: Elise Averdieck (1926, ^{2}1953). — A. Wöhlermann: Elise Averdieck (in: A. Wöhlermann: Jüngerinnen Jesu. 1915. 1—16). *IJB*

Aymé, Marcel

*Französischer Schriftsteller von Romanen, Novellen, phantastischen Erzählungen für die Jugend und Dramen; * 28. 3. 1902 Joigny/Burgund; † 1967.*

A. war Sohn eines Dorfschmieds. Erst nach abgebrochenem Medizinstudium und Versuchen in verschiedenen Berufen entdeckte er seine schriftstellerische Begabung. Mit den ersten Veröffentlichungen erregte er sofort Aufmerksamkeit als Erzähler und Dramatiker von einfallsreicher Originalität, als scharfsichtiger Gesellschaftskritiker und Satiriker in der Nachfolge eines Rabelais und Balzac; 1929 erhielt er den Théophraste-Renaudot-Preis, 1939 den Chantecler-Preis.

Werk, Tendenzen, Wirkung. Zu Welterfolgen wurden sein sittenkritischer Roman „La jument verte“ (1933, dt. 1935), die Novelle „Le passe-muraille“ (1943, dt. 1948) und die phantastischen Tiergeschichten „Les contes du Chat Perché“ (1939) und „Autres contes du Chat Perché“ (1950), die nicht nur in Frankreich in die Literatur für Kinder eingingen.

Die Person des sprechenden Katers tritt hier, entgegen der Tradition dieser Tierfigur, nicht selbst als Handlungsträger hervor, schließt auch keinen Rahmen um die lose Folge von Erzählungen. Grundtypus der Erzählungen von A., ob für Erwachsene oder für Kinder, ist die eigentümliche Verknüpfung von Wirklichkeit und real genommener Phantastik zum Erlebnis- und Handlungsfeld der Hauptfiguren. Einzelne seiner so gearteten modernen Tier-„märchen“ erschienen seit 1953 in deutscher Sprache; eine Sammlung von 11 für Kinder geeignete wurde unter dem Titel „Kater Titus erzählt“ (übers. von Y. MEIER-HAAS und M. LANG) 1964, mit farbigen Illustrationen von B. GENTINELLA, publiziert und gelangte auf die Auswahlliste zum Deutschen Jugendbuchpreis 1965. In den Rezensionen wurden teilweise traditionelle, pädagogische Einwände erhoben, denn A., als entschiedener Gesellschaftskritiker, der auch die Eigengesetzlichkeit und die Rechte der kindlichen Psyche und Phantasie vertritt, wagt hier den Angriff auf elterliche Autorität, die sich als herkömmliche Einrichtung für hinlänglich begründet hält. A. erzählt humorvoll, naiv, spannend und mit reicher, oft hintergründig sarkastischer Phantasie, greift dabei Volksmärchenmotive und Tierfabeltendenzen auf und verfährt damit frei nach eigenen Einfällen bis zur Umkehrung ursprünglicher Vorlagen. Seine Kater-Titus-Erzählungen gehören zu der aufklärerisch aggressiven Kinderliteratur, die sich als *‚neue Welle‘* in der Jugendliteratur in West und Ost seit den fünfziger Jahren bemerkbar macht. *Margarete Dierks*

Werke: Les contes du chat perché (1939; dt. Kater Titus erzählt, 1964); Autres contes du chat perché (1950; dt. Kater Titus erzählt, 1964); Derniers contes du chat perché (1958); Oscar et Erick (1961); Enjambées (1967).

Sekundärliteratur: R. Brasillach: Marcel Aymé, conteur et théologien (in: R. Brasillach: Les quatre jeudis. 1944. 397—416). — P. Brodin: Marcel Aymé (in: P. Brodin: Présences. 1. 1954, ²1955. 305—320). — J. Cathelin: Marcel Aymé ou Le paysan de Paris (1958). — G. Ganne: Un ange passe (in: G. Ganne: Interviews impubliables. 1952. 11—36); Marcel Aymé, l'anticonformiste (in: Les oeuvres libres. 71. 1952. 133—160). — G. Krause: Marcel Aymé — André Dhôtel (1959). — C.-H. Marcel: Marcel Aymé ou Le bon sens paradoxal (in: The French Review. 1. 1951. 1—9). — G. Robert: Marcel Aymé cet inconnu (1956). — G. Robert: Marcel Aymé insolite (1958; zus. mit A. Lioret). — M. J. Temmer: Marcel Aymé, fabulist and moralist (in: The French Review. 5. 1962. 453—461). — P. Vandromme: Aymé (1960).

IJB

Azaola, José Miguel de

*Spanischer Verleger, Schriftleiter von Zeitschriften, Generalsekretär des spanischen Buchinstituts und Mitglied der UNESCO in Paris; * 6. 5. 1917 Bilbao/Spanien.*

A. studierte Jura und Philosophie an den Universitäten Madrid, Salamanca und Freiburg/Schweiz. Nach seinem Studium arbeitete er als Verleger und Schriftleiter von Zeitschriften und wurde zum Generalsekretär des spanischen Buchinstituts berufen. A. hat sich in mehreren Publikationen mit verschiedenen Themen auseinandergesetzt. 1955 gelangte er als Mitglied in das „Internationale Kuratorium für das Jugendbuch“, war von 1960—64 Vizepräsident des Exekutivkomitees und von 1960 bis 70 Vorsitzender der internationalen Jury für den Hans-Christian-Andersen-Preis.

B

Babar

Titel der von Jean de Brunhoff (1899—1937) und Laurent de Brunhoff (1925) entwickelten, ab 1931 zuerst in Frankreich erschienenen, international bekannten Bilderbuch-Serie; zugleich Name deren Hauptfigur, des kleinen, anthropomorph gesehenen Elefanten, der König des Elefantenreichs wird.*

Entstehungs- und Wirkungsgeschichte. Die Frau des Graphikers J. DE BRUNHOFF erfand eines Tages (um 1930) für ihre erkrankten Kinder die Geschichte des kleinen Elefanten B. und begann sie in Fortsetzungen zu erzählen. J. DE BRUNHOFF spann sie zu einem Bilderbuch aus, das 1930 fertiggestellt wurde und 1931 unter dem Titel „L'Histoire de Babar“ im Verlag „Jardin des Modes“ erschien. Auch die nächsten beiden Bände „Le Voyage de Babar“ (1932) und „Le Roi Babar“ (1933) wurden von „Jardin des Modes“, bei dem der Bruder J. DE BRUNHOFFS Chefredakteur war, verlegt. Mit dem vierten Band wechselte B. zum Verlag Hachette. Übersetzungen ins Englische, Amerikanische und Deutsche folgten den Erstauflagen sehr rasch. Bis 1936 erschienen die B.-Bücher in acht Sprachen. Neue Folgen wurden in Fortsetzungen auch im englischen Magazin „Daily Sketch“ abgedruckt. Von 1946 bis 1958 brachte L. DE BRUNHOFF, der 1925 geborene Sohn des B.-Schöpfers, drei weitere Fortsetzungen heraus, von denen Teile zuerst im Frauenmagazin „Elle“ erschienen. B. wurde ein international anhaltender Serienerfolg. Bis 1966 war eine Weltauflage von mehr als dreieinhalb Millionen zu verzeichnen. Teile des Stoffs der B.-Bände erschienen 1961 auch in Deutschland unter dem Titel „Babars Abenteuer" (franz.: „Les Aventures de Babar") als Kinderbuch mit einem vermehrten Text und einer Auswahl von Schwarzweiß-Zeichnungen. B.-Bücher erlebten in Deutschland besonders in den fünfziger Jahren eine Renaissance.

Jean de Brunhoff: Histoire de Babar, le petit éléphant (Paris 1931). Diese Abbildung aus einer deutschen Ausgabe von 1963 zeigt Babars Morgenbad und seine Gymnastik. Sie stammt aus der „Geschichte von Babar, dem kleinen Elefanten", in der geschildert wird, wie der kleine, nackte Elefant erst aufrecht gehen lernt, sich dann wie ein biederer Bürger mit Hemd und Kragen, einer Krawatte und einem „wunderschönen grünen Anzug" kleidet und später im Urwald bei seiner Rückkehr ins Elefantenreich zum König gekrönt wird.

Zum Gehalt. Der kleine Elefant B. ist eine moderne Fabelfigur. Er wird, nachdem ein Jäger seine Mutter erschossen hat, von einer alten Dame unterstützt und in die (franz.) Gesellschaft eingeführt. B. heiratet seine Cousine Celeste, erlebt viele Abenteuer (Ballonfahrt, Robinsonade, Gefangenschaft im Zirkus etc.), wird zum König der Elefanten gekrönt und baut eine technisch gut funktionierende Stadt für seine lernwilligen Untertanen. B. kommt als Identifikationsfigur für junge Leser von drei/vier Jahren an insofern besonders in Betracht, weil er als gutmütiges, wißbegieriges, lebensfrohes Wesen gezeigt wird, das Lernprozesse mitmacht und dabei die Welt der modernen Zivilisation mit ihren Städten, Kaufhäusern, Autos, Flugzeugen und der etablierten Erwachsenengesellschaft kennen und spielend zu meistern lernt. Gezeigt wird allerdings das Abbild einer harmlosen und bürgerlich saturierten Menschengesellschaft, die vor allem durch die „alte Dame" den Elefanten beim Aufbau ihres Territoriums wohlwollend den modernen Komfort und genügend Geld zur Verfügung stellt. Es entsteht ein gut organisiertes Gemeinwesen, in dem jeder mit seiner Rolle und Aufgabe zufrieden ist. Auf der Grundlage ungebrochener Rationalität existiert dieses Weltmodell für kindliche Leser, in dem Krieg (der Elefanten mit den Nashörnern) durch das Mißverständnis eines Ulks entsteht und schnell wieder siegreich beendet wird und in dem letztlich das Unglück kaum einen Platz hat. Die hierarchische Struktur der Gesellschaft in der Elefantenfabel, deren Spitze von der Identifikationsfigur B. eingenommen wird, sanktioniert klischeehaft eine Sozialordnung, in der Herrschaft auf den individuellen Eigenschaften der Männlichkeit, Frische, Sympathie, Jugendlichkeit und reproduktiven Intelligenz beruht. Das schon vor über vierzig Jahren entwickelte, heute kritisch zu bewertende und teilweise überholte Sujet, das stellenweise verdeckte Gesellschaftskritik an den Zuständen der Zeit um 1930 in ironischem Gewande enthält, ist nicht frei von sentimentalen Szenen und allzu vordergründigen Problemlösungen. Was bei J. DE BRUNHOFFS B.-Bänden noch als feinsinnige Ironisierung der französischen Gesellschaft gelten konnte, gerät beim Sohn L. DE BRUNHOFF in gutbürgerliche Gemütlichkeit und oft an die Grenze süßlichen Kitsches, obwohl auch er moderne Umwelt mit Eisenbahnen, Flugzeugen, Camping und Weltausstellungen in die Bilderstories einbezieht. Die DE BRUNHOFFS wandten eine Bildtechnik an, bei der die Einzelflächen von deutlichen Konturen umfaßt sind.

Klaus Doderer

→ J. de Brunhoff, → L. de Brunhoff

Backfischbuch

Das B. ist eine Variante innerhalb der trivialen Mädchenliteratur, die sich begrifflich nicht eindeutig abheben läßt, zumal ihre inhaltliche Füllung historischen Wandlungen unterliegt.

Backfisch als heute veraltete volkstümliche Bezeichnung für ein halbwüchsiges Mädchen ist seit dem

16. Jh. belegt; die Bezeichnung B. wurde im 19. Jh. gebräuchlich für eine geschlechtsspezifisch an das heranwachsende Mädchen adressierte Literatur. In der Theorie wurde B. teilweise identisch gebraucht mit Mädchenbuch überhaupt, teilweise eingeschränkt auf das an Mädchen in der Vorpubertät gerichtete Buch. Heute ist die Bezeichnung durch Mädchenbuch abgelöst.
Nach M. DAHRENDORF (Das Mädchenbuch und seine Leserin, 1970) entwickelten sich im 19. Jh. aus den Ursprüngen des Mädchenbuchs tendenziell drei Gruppen: das Backfischbuch (E. v. RHODEN, CL. HELM), die moralische Erzählung für Kinder und junge Mädchen (A. SCHOPPE, TH. v. GUMPERT) und die volkstümliche Erzählung (J. BRAUN, O. WILDERMUTH, J. SPYRI, E. AVERDIECK, A. SAPPER); als zukunftsträchtigste dieser Formen erwies sich der Backfischroman.
Die Charakteristika des Backfischromans analysierte E. LIPPERT (Der Lesestoff der Mädchen in der Vorpubertät, 1931) anhand eines seiner Prototypen „Backfischchens Leiden und Freuden" (1863) von HELM. Die Erziehung der Mädchen stellt sich darin als ein Abrichten für die erstarrten Formen der Geselligkeit dar; die sozialen Verhältnisse werden ebenso verfälscht wie die Beziehung der Geschlechter zueinander; das Leben der Jugendlichen wird entproblematisiert. Die Personen sind schematisierte Schattenwesen, die Handlungsfortschritte zufallsbedingt, die Sprache bildet ein aufgeblasenes, inhaltsarmes Wortgeklingel. Eine zwar formale und inhaltliche Modernisierung, aber keine qualitative Veränderung stellte H. Roos (Das moderne Backfischbuch. In: Studien zur Jugendliteratur, H. 1. 1955) bei seiner Analyse der vorwiegend serienmäßig produzierten „modernen" Backfischbücher fest. Die Ansätze zur Kritik am B. waren recht unterschiedlich. Entschiedene Ablehnung erfuhr es aus den Kreisen der literarästhetisch orientierten Kritiker (H. WOLGAST, E. SCHMÜCKER, H. ROOS); abwägender war die Einschätzung derer, die vom entwicklungsbedingten Leseinteresse ausgingen (E. LIPPERT, E. SIELAFF, A. KRÜGER, K. E. MAIER).
Einen Neuansatz zur Theorie des Mädchenbuches (und damit des B.) leistete DAHRENDORF durch seine Untersuchung der kulturellen und soziologischen Bedingungen, unter denen Mädchenliteratur und das Leseverhalten der Mädchen zustandekommen.

→ Mädchenbuch

Friedrich Bahn Verlag

Konstanz. Derzeitiger Leiter: G. Schneider (* 1905). *Hauptsächliche Verlagsgebiete im Bereich der Kinder- und Jugendliteratur:* Kinderbilderbücher, Kinderbücher vom ersten Lesealter an und Jugendbücher mit primär religiösem Inhalt. Bekannt wurde vor allem „Die Kinderbibel".
Autoren: C. Bruin, L. Elliot, J. C. Grund, E. Neville, H.-G. Noack, H. Venhoff, A. de Vries u. a.
Illustratoren: B. Waber, H. Deininger u. a.
Verlagsgeschichte. Fr. Bahn (1858—1932) gründete den Verlag 1891 in Schwerin/Mecklenburg. Nach dem Tode des Gründers leitete sein Sohn Timotheus den Verlag von 1932 bis 1941 und von 1946 bis 1953 in Schwerin. Dann übernahm die Christliche Verlagsanstalt in Konstanz die Rechte des Friedrich Bahn Verlages.

Baken-Verlag Walter Schnoor

Hamburg. Derzeitiger Leiter: U. J. Schnoor (* 1944). *Hauptsächliche Verlagsgebiete im Bereich der Kinder- und Jugendliteratur:* 1. Baken-Bücherei (Sacherzählungen mit Illustrationen vorwiegend aus der Berufswelt und den Bereichen Wirtschaft, Technik, Natur). 2. Logbuch-Reihe (Jugendsachbücher über verschiedene Länder und Städte), 3. eine Reihe zur politischen Bildung, die im Laufe des Jahres 1970 zu erscheinen begann und von G. Hausmann sowie J. Wittern herausgegeben wird.
Autoren: R. Braunburg, P. Gording, G. Käckenhoff, H. Leip, G. Mauz, H. Mönnich, H. Plate, H. Schmidt-Barrien, L. Wispler, B. Wördehoff u. a.
Illustratoren: J. Buchholz, S. Oelke u. a.
Verlagsgeschichte. W. Schnoor (1911—67) gründete 1950 den Verlag. Nach dem Tode des Gründers (1967) übernahm dessen Sohn U. J. Schnoor die Leitung des Betriebes, dessen Inhaber er 1969 wurde. Der Verlag gibt seit 1951 die Reihe der Baken-Bücherei (Taschenbuchformat) heraus und strebt dabei das Ziel an, jungen Menschen im Rahmen anschaulicher Erzählungen Einblicke in die Bereiche der Natur, Technik und Wirtschaft zu vermitteln. Seit 1960 erschienen auch einzelne Titel jugendgemäßer Darstellung zur politischen Gegenwartsproblematik. Inzwischen erweiterte der Verlag sein Programm mit einer eigenen Reihe zur politischen Bildung.

Balet, Jan

*Graphiker, Bilderbuchkünstler; * 20. 7. 1913 Bremen.*

Als Sohn des französischen Museumsdirektors und Kunsthistorikers B. und einer deutschen Mutter erhielt Jan B. schon von der Familie her Anregungen zur Beschäftigung mit Kunst. Seine Kindheit verbrachte er in Nord- und Süddeutschland. Nach einer mit 16 Jahren begonnenen Lehre als Dekorationsmaler studierte er an der Kunstgewerbeschule in München und an der Akademie der Schönen Künste in Berlin. Unter seinen Lehrern war O. GULBRANSSON. B. unternahm Reisen durch Süd- und Südosteuropa; 1938 emigrierte er und erwarb die amerikanische Staatsbürgerschaft. Er lebte dann mehrere Jahre in New York und Glen Head auf Long Island. B. wurde mit dem „Distinctive Merit“ ausgezeichnet. Nach dem Zweiten Weltkrieg kehrte er nach Deutschland zurück und nahm in München festen Wohnsitz. Er stellte u. a. in München und Hamburg (im „Atelier Mensch“, 1971) aus.

Werk und Tendenzen. B. wurde in den USA künstlerischer Leiter des Magazins „Mademoiselle“, weitere bekannte Zeitschriften brachten Illustrationen und Beiträge von ihm. Für New Yorker Kaufhäuser war er als Reklame- und Werbegraphiker tätig. 1945—47 stellte er im „Art Director's Club“ aus. Nach dem Zweiten Weltkrieg begann B. auch für Kinder zu illustrieren und eigene Bilderbücher zu gestalten. Die ersten erschienen in London (z. B. „Amos and the Moon“, 1948). *Kinder und Tiere waren seine Motive,* dargeboten in graphisch gelöster und moderner Manier. Im Laufe der Jahre brachte er es zu einer umfangreichen Spielzeugsammlung aus verschiedenen Ländern, die auch in seinem Bilderbuchschaffen eine wichtige Rolle spielt. Seine neueren in den sechziger Jahren in Deutschland publizierten Bilderbücher sind durch große Leuchtkraft und moderne Umsetzung folkloristischer Elemente und der Spielzeugwelt Portugals und Mexikos gekennzeichnet. B. fabuliert phantastische Geschichten, die mit eleganten, werbegraphisch effektvollen Bildern illustriert sind. Mit „Joanjo. Eine Geschichte aus Portugal“ gelangte er 1966 auf die Auswahlliste zum Deutschen Jugendbuchpreis. Zu Nonsenseversen von J. Krüss „Ein-Eich- & Mondhorn, gereimte Unwahrscheinlichkeiten“ (1968) schuf er phantastische Illustrationen. Neben seinem angewandten Schaffen hat B. zahlreiche Tafelbilder und Ölgemälde gestaltet, in denen sich Naivität mit skurrilen Einfällen zu einem poetischen Gesamteindruck verbinden. *Horst Künnemann*

Ill.: Z. Hanle u. M. Herz: The golden ladle (1945); P. A. de Alarcón: Tales from the Spanish (1948); J. Balet: Amos and the moon (1948); J. Balet: Ned and Ed and the lion (1949); J. Balet: What makes an orchestra (1951); J. Balet: Joanjo. Eine Geschichte aus Portugal (1965); J. Balet: Das Geschenk (1966); J. Balet: Der König und der Besenbinder (1967); J. Krüss: Ein-Eich- & Mondhorn (1968); J. Balet: Der Zaun (1969); J. Balet: Ladismaus oder Die Vorteile einer höheren Schulbildung (1969).

Ballade

Ursprünglich ein Tanzlied, ein episches Gedicht, das oft ein schauererregendes oder hintergründiges Ereignis behandelt. Seit dem Mittelalter bevorzugte Gattung volkstümlicher Dichtung (Volksballade, Bänkelsang), seit Herder, Goethe, Schiller und der Romantik in Deutschland bis in die 1. Hälfte des 20. Jh.s als Kunstform intensiv wirksam (L. Uhland, A. v. Droste-Hülshoff, C. F. Meyer, Th. Fontane, B. v. Münchhausen, A. Miegel u. a.).

Ein neuer Entwicklungszug der B. scheint mit Autoren wie A. Holz, Fr. Wedekind, B. Brecht, E. Kästner, Fr. Grasshoff, P. Hacks, Fr. J. Degenhardt u. a. begonnen zu haben. *Merkmal dieser „modernen B.“ ist vor allem der Rückgriff auf vorklassische und außerklassische Formen der Gattung, wie Moritat, Bänkelsang, Song* usf. (K. Riha). Sehr ähnlich wird die Entwicklung von H. Piontek dargestellt; die Fortführung der Gattungsgeschichte vollzieht sich für ihn mit dem *„Erzählgedicht“*, das, einer unpathetisch empfindenden Zeit entstammend, Errungenschaften der modernen Epik wie Sachlichkeit, Nüchternheit und Alltäglichkeit verarbeitet.

B. als Kinder- und Jugendlektüre. Es gibt drei Begegnungsebenen des jungen Menschen mit dem Komplex der B.: 1. die der volkstümlichen Kinderlieder; 2. der von Gedichten balladenhaften Charakters, die für Kinder besonders geschrieben bzw. von ihnen aufgenommen wurden (Kinder-B.) und 3. die der klassischen und modernen B. in didaktischer Auswahl in Lesebüchern und Gedichtbänden für die Schule.

Im volkstümlichen, noch heute lebendigen *Kinderlied* dürften „zersungene“ Volksballaden stecken. So geht „Mariechen saß auf einem Stein“ — eine Mädchenräubersage — auf „Das alte Ulingerlied von Ulrich und Ännchen“ zurück. Die Lieder von den Königskindern und vom „Butzemann“, vom „wunderlichen Kittel“ oder vom „Bucklichten Männlein“ enthalten noch heute das der B. eigentümlich Hintergründige. A. von Arnim und Cl. Brentano haben unter den „Kinderliedern“ im Anhang zu „Des Knaben Wunderhorn“ solche balladenhaften Texte gesammelt. Sie werden „benutzt“ (beim Spiel, als Singtext), stehen in Kinderreim-Anthologien und haben je nach Landschaft und Dialekt verschiedene Umformungen erfahren. Auch manche von Kindern mitgesungenen Schlager sind Balladen bzw. Liebesromanzen.

In den *„Kinder-B.n“* (S. Rüttgers) des 19. und 20. Jh.s sind die Übergänge zum Erzählgedicht ebenso fließend wie bei denen aus dem Bereich volkstümlicher Kinderlieder zum „Erzählchen“ („Vertällchen“). Immerhin gehören A. Kopischs „Heinzelmännchen von Köln“, Fr. Rückerts „Vom Büblein, das überall mitgenommen hat sein wollen“ oder „Barbarossa“, W. Buschs „Es sitzt ein Vogel“, H. Hoffmanns „Paulinchen“ ebenso wie E. Mörikes „Die Geister am Mummelsee“ wie auch verschiedene Gedichte von Hoffmann von Fallersleben, Fr. Güll, J. Trojan zum Schatz balladesker Gedichte für die Jugend im 19. Jh. Als im Zuge der Neuromantik um 1900 die B. stärkere Beachtung in der literarischen Öffentlichkeit fand (F. Avenarius' „Balladenbuch“), tauchten selbst im Bilderbuch (z. B. R. und P. Dehmels „Fitzebutze“) nach Sprache und Inhalt „kindertümliche“ B.n auf.

Horst-Schulze: Abbildung aus *Deutscher Balladenborn für jung und alt (Berlin 1925).* Die Illustration gehört zu L. Uhlands Ballade „Des Sängers Fluch". Die Sammlung wurde vom Hildesheimer Prüfungsausschuß herausgegeben.

Im 20. Jh. zählen B. BRECHT, CHR. MORGENSTERN und J. RINGELNATZ zu den Autoren, die neue Töne — diesmal politisch-gesellschaftskritische und bänkelsängerisch-kabarettistische — in die Geschichte der Kinder-B. gebracht haben. BRECHTS „Kinderkreuzzug" — eine Anklage der Leiden der unschuldigen Kinder im Krieg (entstanden nach 1939 in der Emigration) — ist besonders zu nennen. Nach dem Zweiten Weltkrieg setzten BRECHT, J. KRÜSS, P. HACKS u. a. diese Entwicklung fort.

Im Lesebuch des 19. und 20. Jh.s hat bis heute die *Kunst-B.* — vor allem für die Kinder im Alter von 13—15 Jahren — ihren festen Platz. Sie diente in den letzten hundert Jahren zur Begegnung der Schüler mit Werken der Klassiker (GOETHE, SCHILLER, FONTANE, MÖRIKE u. a.), zum anderen zur Veranschaulichung der deutschen Geschichte mit Hilfe der Geschichtsb.n von UHLAND, CHAMISSO, MEYER, LILIENCRON, MÜNCHHAUSEN u. a. Vor allem in der wilhelminischen Ära (1871—1919) und in der Zeit des Nationalsozialismus enthielten die Lesebücher Beispiele, die deutlich das Nationalbewußtsein fördern sollten. B.n, die einem Personenkult dienten, sind immer schlechte Literatur, aber wirksame Propaganda für die Herrschenden gewesen.

Zur Didaktik der B. In der früheren didaktischen Literatur ist immer wieder auf die Nähe der 13- bis 16jährigen zur B. hingewiesen worden; S. ENGELMANN hat im Hinblick auf diese Altersstufe geradezu vom „Balladenalter" gesprochen — ein heute umstrittener Begriff. Für das angemessene Verständnis der B. hält man das Symbolverständnis für nötig, das erst mit der Pubertät erwacht. Dann aber komme die Ballade der psychischen Situation der Heranwachsenden entgegen. Sie spreche in vielen Fällen von der *Gefährdung* des Menschen, spreche vom *Zwiespalt* zwischen Welt und Überwelt, zwischen der rational-menschlichen und der irrational-übermenschlichen Wirklichkeit zum jungen Leser, der eben zu dieser Zeit eine ähnliche innerseelische Auseinandersetzung zwischen dem Rationalen und Irrationalen auszufechten habe. Unter dem Gesichtswinkel, daß die Kunst-B. des bürgerlichen Zeitalters von dem Menschen der modernen Industriegesellschaft kaum mehr aufgenommen wird, hat die Diskussion der Didaktiker um den literarpädagogischen Wert dieser Gattung begonnen: „Es besteht wohl kein Zweifel darüber", schreibt A. CL. BAUMGÄRTNER, „daß wir auf manches Glanzstück des 19. Jh.s, wie etwa KOPISCHS ‚Der Nöck', daß wir auch auf viele allzu heldenhaft-dröhnende und doch nur hohle Gebilde nationalistischen Überschwangs verzichten können. Es ist ebenso zu überprüfen, ob ein Gedicht wie der immer noch und immer wieder herausgestellte ‚Bohrturm' von H. LÖNS mit seiner schlechthin antizivilisatorischen, nur verneinenden Haltung zur modernen Wirklichkeit noch bildenden Wert besitzt."

Sekundärliteratur: A. C. Baumgärtner: Die Ballade als Unterrichtsgegenstand (1964. Veränd. Aufl. unter d. Titel: Ballade und Erzählgedicht im Unterricht. ²1971). — H. Bastian: Balladendichtung und Weltgefühl (Diss. 1935). — K. Bräutigam (Hrsg.): Die deutsche Ballade (1963). — R. Hirschenauer u. A. Weber (Hrsg.): Wege zur Ballade (1963). — W. Kayser: Geschichte der deutschen Ballade (1936). — P. Lang: Die Balladik (1942). — R. Lorbe: Das Kinderlied in Nürnberg (1956). — H. Piontek: Neue deutsche Erzählgedichte (1964). — K. Riha: Moritat — Song — Bänkelsang (1965). — R. Schneider: Theorie der Ballade (Diss. 1950).

Baltzer, Hans Adolf

*Graphiker, Illustrator zahlreicher Bilder-, Kinder- und Jugendbücher; * 29.3.1900 Berlin, † 18.6.1972 Berlin.*

Nach seiner Lehrzeit und Ausbildung im Druckgewerbe arbeitete B. als Lithograph, Stein- und Offsetdrucker und eröffnete 1924 ein Reklameatelier. Er setzte sein Studium als Werbegraphiker und die autodidaktische künstlerische Ausbildung fort und trat mit selbständigen Arbeiten als Buchkünstler und Illustrator erst nach 1945 hervor. An der Meisterschule für Graphik und Buchkunst in Berlin (Ost) war er 1948—52 Leiter der Klasse für Illustration, zeitweilig war er Vorsitzender der Sektion Gebrauchsgraphik des Verbandes Bildender Künstler Deutschlands (DDR). Seit 1952 lebt er als freischaffender Künstler und hat im In- und Ausland ausgestellt. Zweimal war er Nationalpreisträger der DDR und erhielt weitere Auszeichnungen bei den „Schönsten Büchern des Jahres“ (1951/52, 1965) und auf der „BIB“ 1967 (außerdem zahlreiche Nennungen unter den prämierten Büchern im Preisausschreiben für Kinder- und Jugendliteratur des Ministeriums für Volksbildung der DDR).

Werk, Tendenzen, Wirkung. Über siebzig Bilder-, Kinder- und Jugendbücher hat B. illustriert. Er macht für seine Arbeit von der breiten Spanne an Möglichkeiten Gebrauch, die ein stilistisch gelöster Realismus zuläßt. Er hat Märchen der osteuropäischen Völker, Erzählungen zeitgenössischer Autoren, u. a. von B. Pludra, W. Meinck, L. Renn, E. Strittmatter, illustriert, auch zu einer Zirkusgeschichte und vielen Tiergeschichten Bilder aus genauer Beobachtung mit lebensvoller Atmosphäre geschaffen. B.s Realismus ist stark von russischen Künstlern, vor allem N. Čarušin, beeinflußt. Einzelne Arbeiten, gerade auf dem Gebiet der Tierzeichnung, gehören zu den stärksten Leistungen der letzten Jahrzehnte in Deutschland.

Horst Künnemann

Ill.: N. Kalma: Kinder des bitteren Paradieses (1952, [3]1955); M. Kubasěc u. J. Kubaš: Čitaj a pisaj (1952); V. Oseeva: Wassjok und seine Freunde (Bd. 1. 1952); A. Lazar: Bootsmann Sibylle (1953, [4]1957); B. Pludra: In Wiepershagen krähn die Hähne (1953, [2]1960); A. Görtz: Die goldenen Schneeschuhe (1954, [11]1964); G. Schmidt: Das Gericht von Weinsberg (1954, [2]1959; zus. mit H. Mau); H. Chr. Andersen: Däumelinchen (1955, [3]1957); H. Baltzer: Krakelei mit dem Ei (1955, [5]1959); L. Renn: Der Neger Nobi (1955, [18]1972); Chr. Vogel: Das Werk des Johannes Hopf (1955, [3]1960; NA. 1965); L. Kassil u. M. Poljanowski: Die Straße des jüngsten Sohnes (1956); B. Pludra: Sheriff Teddy (1956, [13]1970); H. Baltzer: Krickel-Krakel Versspektakel (1957, [4]1959); W. Meinck: Die rote Perle (1958, [3]1965); J. Swift: Gullivers Reisen (1958, [7]1972); L. Pantelejew: Ljonka (1959, [3]1964); E. Strittmatter: Pony Pedro (1959, [11]1972); N. Werner: Hinterm Zirkuszelt (1959, [2]1969); R. Amonov u. K. Ulug-Sade (Hrsg.): Die Sandelholztruhe (1960); J. Kuczynski: Vom Knüppel zur automatischen Fabrik (1960, [2]1961); L. Pantelejew: Koska und das Mädchenbild (1960, [2]1961); E. Strittmatter: Vom Kater, der ein Mensch sein sollte (1960); E. Claudius: Als die Fische die Sterne schluckten (1961, [2]1964); K. Soederhjelm: Ritt nach Lappland (1961); Das Drachenschloß (1962); P. Klemm: Der Weg der Wildnis (1962, [5]1972; zus. mit H.-K. Bogdanski); H. Bräutigam: Die Prinzessin Wen cheng und der Gesandte aus Lhasa (1963, [2]1970); W. Durian: Erzähl von deinen Tieren (1963, [7]1970); V. Šustr: Mein Fohlen Jasava (1964); W. Zeiske: Esox — der Räuber vom Waldsee (1964); W. Bogomolow: Iwans Kindheit (1965); V. Bogomolov: Leuchtspur über den Strom (1965, [2]1971); B. Pludra: Die Reise nach Sundevit (1965, [7]1971); W. Zeiske: Wittschwart (1965); E. Adler: Die Legende vom Bumerang (1966); K. David: Der schwarze Wolf (1966, [5]1972); G. R. Richter: Sado und Apii (1967); L. Thoma: Lausbubengeschichten. Tante Frieda (1967); K. David: Tenggeri, Sohn des schwarzen Wolfes (1968, [3]1971); O. Gotsche: Ardak und Schneedika (1968, [3]1970); E. Stanew: Wolfsnächte (1968, [2]1970); W. Zeiske: Dolchkralle (1968); W. Zeiske: Grimbart (1968); W. Zeiske: Weissfleck (1968); E. Adler: Ko und Ala (1970, [3]1972); H. Künzel: Eselchen Nik (1971); E. Strittmatter: 3/4 Hundert Kleingeschichten (1971); Manas, der Hochherzige (1975).

Bamberger, Richard

*Österreichischer Literaturpädagoge, Publizist, Herausgeber; Initiator und Generalsekretär des Österreichischen Buchklubs der Jugend und Direktor des Internationalen Instituts für Jugendliteratur und Leseforschung (bis 14. 3. 1972 Internationales Institut für Kinder-, Jugend- und Volksliteratur); 1962—66 Präsident des Internationalen Kuratoriums für das Jugendbuch; * 22. 2. 1911 Meidling im Tal/Niederösterreich.*

Nach dem Besuch der Lehrerbildungsanstalt Krems studierte B. Germanistik und Anglistik an der Universität Wien; gleichzeitig war er als Lehrer und als Dozent an Volkshochschulen tätig. Er schloß sein Studium mit der Lehramtsprüfung und der Promotion ab. Die Dissertation thematisiert Ch. Dickens' Einfluß auf die deutsche Literatur. In diese Zeit fallen auch seine Vorarbeiten zu dem später erschienenen Werk „Der junge Goethe“. 1939—45 zum Militärdienst eingezogen, arbeitete B. nach dem Krieg als Gymnasiallehrer für Deutsch und Englisch in Wien und als Herausgeber von Klassikerausgaben für die Schule und von Lesetexten in Englisch und Russisch. Seit 1947 spezialisierte sich B. auf die Fragen der Jugendliteratur und der Erziehung der Jugend zum guten Buch. 1960 wurde er für seine Leistung zur Förderung guter Jugendliteratur mit dem Goldenen Ehrenzeichen der Republik Österreich ausgezeichnet.

Werk und Wirkung auf jugendliterarischem Gebiet. Von H. Wolgast ausgehend bemühte sich B., dessen Grundsätze mit der veränderten Situation der Gegenwart zu verbinden. Um diese literarpädagogische Idee praktisch zu verwirklichen, schuf er mit einigen Mitarbeitern den „Österreichischen Buchklub der Jugend“, den er als dessen Generalsekretär seit 1948 vielseitig ausbaute. Neben dem organisatorischen Aufbau des Buchklubs widmete er sich der Lehrerfortbildung auf dem Gebiet der Jugendlektüre. Er unterrichtete Jugendschriftenkunde am Institut für Heimerziehung; seit 1962 führt er Seminare für Volks- und Hauptschullehrer am Pädagogischen Institut der Stadt Wien durch. Eine umfangreiche Vortragstätigkeit und die Abhaltung von Arbeitstagungen trugen zur beachtenswerten Entwicklung des Buchklubs der Jugend bei, in dem B. auch eine wissenschaftliche Arbeitsstelle für Jugendliteratur einrichtete. Auf ihren Vorarbeiten gründete B. 1965 das Internationale Institut für Kinder-, Jugend- und Volksliteratur, als dessen Direktor B. weiterhin tätig blieb.

Seine wissenschaftliche Arbeit auf dem Gebiet der Jugendliteratur wurde auch im Ausland bekannt. 1950 erhielt er ein Fulbright-Stipendium zum Studium des amerikanischen Jugendbuchwesens. Praktisches Ergebnis der Reise: Die Anregung zur Schaffung von Kinder- und Jugendlexika, die eine neue Verlagsrichtung im deutschen Sprachraum einleiteten. 1962—66 war B. Präsident des Internationalen Kuratoriums für das Jugendbuch. Auf zahlreichen Jugendbuchtagungen, internationalen Vereinigungen und der UNESCO (u. a. in Teheran 1964, Paris 1966), hielt er Referate oder leitete Arbeitsgruppen. Im Auftrage der UNESCO arbeitete er eine Studie über „The Influence of Literature on Young People's Thought and Behaviour" aus.
Durch seine Reisen, die ihn in fast alle Länder Europas, nach den USA und in die Sowjetunion bis nach Kasachstan führten, konnte B. viele Erfahrungen über die Jugendbucharbeit in aller Welt sammeln. Als *Hauptaufgabe* betrachtete er die *Förderung* der internationalen Zusammenarbeit aller am Jugendbuch interessierten Kreise (Verleger, Autoren, Pädagogen, Bibliothekare) und die *Schaffung* eines besseren „Leseklimas" in den Schulen, die auch Anregungen zur Privatlektüre der Kinder und jungen Menschen bieten sollten.
Sein *Hauptwerk* „Jugendlektüre", 1955 erschienen, war bald vergriffen und wurde 1965 in einer erweiterten und stark überarbeiteten Ausgabe neu herausgegeben. Außerdem veröffentlichte er rund 500 Aufsätze in Jugendbuch-Fachzeitschriften mehrerer Länder. Er ist Schriftleiter der österr. Zeitschrift „Jugend und Buch" und der internationalen Fachzeitschrift „Bookbird". Die Herausgabe und Bearbeitungen von Jugendbüchern wurden durch Preise, Neuauflagen und Übersetzungen in zahlreiche Sprachen anerkannt.

Lucia Binder

→ Internationales Institut für Jugendliteratur und Leseforschung

Werke: Die erste Aufnahme von Charles Dickens in der deutschen Literatur (Diss. 1938); Der junge Goethe (1949); Jugendlektüre (1955, ^{2}1965); Dein Kind und seine Bücher (1957); Erdkundeunterricht und Jugendlektüre (1958); Leseunterricht und literarische Erziehung (1960); Die Klassenbücherei (1961); Naturgeschichtsunterricht und Jugendlektüre (1962); Übersetzung von Jugendbüchern (1963); Karl Bruckner (1966); Probleme des Sachbuches für die Jugend (1966); Das Irrationale im Jugendbuch (1967); Zum Lesen verlocken (1967); Literatur und Jugendschriftenarbeit in Österreich (1968); Zwanzig Jahre österreichischer Buchklub der Jugend (1968; zus. mit W. Jambor).
Hrsg.: F. K. Ginzkey (1948); Die Welt von A bis Z (1952); Die Barke (1955 ff.); Jugend und Buch (1955 ff.); Die Kinderwelt von A bis Z (1955); Schriftenreihe des Österreichischen Buchklubs der Jugend (1955 ff.); Abenteuer und Schicksale (1958); Das große Balladenbuch (1958); Schönes Österreich (1958); Die schönsten Gedichte für Schule und Haus (1959); Mein erstes großes Märchenbuch (1960); Mein zweites großes Märchenbuch (1962); Bookbird (1964 ff.); Mein drittes großes Märchenbuch (1964).
Übers.: N. Gogol: Der Revisor (1947); E. A. Poe: Der Brunnen und das Pendel (1947); L. Tolstoi: Lebensstufen (1947); O. Wilde: Der glückliche Prinz (1947) u. a.

Sekundärliteratur: H. Künnemann: Richard Bamberger 60 Jahre (in: Bulletin Jugend & Literatur. 2. 1971. 13—14). — J. Stummvoll, N. Visapää u. L. Binder: An editorial on the editor (in: Bookbird. 9. 1971. 3—4). — J. Stummvoll u. J. Finder: Zum 60. Geburtstag Dr. Richard Bambergers (in: Jugend und Buch. 20. 1971. 4). *IJB*

Bamm, Peter

*(d. i. Curt Emmrich). Dr. med., Schriftsteller, Autor jugendgeeigneter Sachbücher; * 20. 10. 1897 Hochneukirch/Sachsen, † 30. 3. 1975 Zollikon/Schweiz.*

Nach dem Studium der Medizin hat B. als Schiffsarzt Meere und Küstenländer kennengelernt. In beiden Weltkriegen war er Arzt auf Hauptverbandsplätzen und in Lazaretten.

Werk, Tendenzen, Wirkung. Das schriftstellerische Werk B.s umfaßt Essays, Berichte kulturhistorische Darstellungen, Feuilletons, Hörspiele und Komödien. Seine erfolgreichen Prosawerke sind nicht Jugendbücher im eigentlichen Sinne, haben aber weite Kreise jugendlicher Leser gewonnen, da in ihnen Anschauung und Reflexion, Erlebnisbericht und Historie, Erfahrung des Gegenwärtigen und Betrachtung der Vergangenheit in einer innerlich aktivierenden Sprache sich verbinden. Schon B.s Reisebericht „Die kleine Weltlaterne" (1935) wurde ein Erfolg, der sich bei der Neuauflage 1956 wiederholte. Der Bericht des Arztes aus dem Miterleben vom Vormarsch und Rückzug der deutschen Heere im Rußlandfeldzug des Zweiten Weltkrieges, „Die unsichtbare Flagge" (1952), griff stark in das Gegenwartsbewußtsein ein und trug zur Besinnung auf die Werte der Humanität bei. Neben diesem Werk zeitgeschichtlicher Thematik wurden die kultur- und religionsgeschichtlichen Bücher B.s, „Frühe Stätten der Christenheit" (1955) und „Welten des Glaubens" (1959), in verschiedene Empfehlungslisten, vor allem die „Bücher für die junge Generation" (Jg. 1962—66), aufgenommen. Außer den Werken aus der Frühgeschichte des Abendlandes und des Mittelmeerkreises schrieb B. auch Beiträge zu medizinischen Fragen in der Gegenwart, die den jungen Menschen an Probleme der Zukunft heranführen. Ausschnitte aus den Werken „Die unsichtbare Flagge", „Die kleine Weltlaterne" und „Der Hahnenschwanz" wurden in verschiedene Lesewerke (u. a. Welt im Wort, Hessisches Lesebuch, Die gute Saat, Weinheimer Lesebuch, Auswahl, Schwarz auf Weiß) aufgenommen.

Margarete Dierks

Werke: Die kleine Weltlaterne (1935); Der i-Punkt (1937); Der Hahnenschwanz (1940); Ex ovo (1948); Die unsicht-

bare Flagge (1952); Frühe Stätten der Christenheit (1955); Welten des Glaubens (1959); An den Küsten des Lichts (1961); Alexander oder die Verwandlung der Welt (1965); Werke (Bd. 1 u. 2. 1967); Alexander der Große (1968); Adam und der Affe (1969).
Hrsg.: Wiege unserer Welt (1970). *IJB*

Barfaut, John

*Lehrer, langjähriger Vorsitzender der Vereinigten Jugendschriftenausschüsse, Verfasser von Arbeiten zur Jugendliteratur; * 27. 8. 1891 Hamburg, † 7. 1. 1965 ebenda.*

B. widmete sich schon früh der Jugendschriftenarbeit. 1921 übernahm er den Vorsitz der *Vereinigten Jugendschriftenausschüsse* (VJA), führte sie durch die finanziell schwierige Zeit der Inflation und kämpfte für die Erhaltung der Fachzeitschrift „*Jugendschriften-Warte*". Zum Aufschwung der Jugendschriftenarbeit in der Weimarer Republik trug er wesentlich bei. In den Jahren des Nationalsozialismus wurde er aus dieser Arbeit ausgeschlossen und strafversetzt. 1945 kehrte er in sein Amt zurück und betrieb die Reorganisation der Jugendbucharbeit in Deutschland (1948 Wiederaufbau der VJA und Anschluß an die Arbeitsgemeinschaft Deutscher Lehrerverbände).

Werk, Tendenzen, Wirkung. B. gehört zu den Mitbegründern des *Arbeitskreises für Jugendliteratur* und war zeitweilig in Jury und Vorstand für den „Deutschen Jugendbuchpreis" tätig. Seine zahlreichen Aufsätze und Abhandlungen — viele schrieb er auch noch nach seiner Pensionierung im Jahre 1957 — befassen sich insbesondere mit der *Verbreitung* des „guten" Jugendbuches, der *Lesebuchkritik,* dem *Klassenlesestoff,* dem *Bücherei- und Ausstellungswesen* und dem *literarischen Jugendschutz.* Er veröffentlichte sie vorwiegend in der Jugendschriften-Warte, Jg. 1927—32 und 1948—59.

Luise Siegling

Werke: Aus der Arbeit der Vereinigten Deutschen Prüfungsausschüsse für Jugendschriften in den Jahren 1925 und 1926 (in: Jugendschriften-Warte. 5. 1927. 33—36); Aus der praktischen Arbeit mit Einzelschriften (in: Jugendschriften-Warte. 6. 1928. 41—44); Bericht über den Stand der Schülerbüchereien in Deutschland (in: Jugendschriften-Warte. 5. 1929. 45 u. 46); Bücher für die Selbstbeschäftigung (in: Jugendschriften-Warte. 10. 1929. 94 bis 96); „Gegenwärtigkeit". Kann die Volksschule ihre Schüler zum guten Buch erziehen (in: Jugendschriften-Warte. 5. 1930. 44—47); Die gegenwartsbetonte Jugendschrift in der Volksschule (in: Jugendschriften-Warte. 10. 1930. 85 u. 86); Jugend und Buch in der Gegenwart (in: Jugendschriften-Warte. 8. 1931. 69—74); Jugendschriften-Verlag, Volksbücherei und Prüfungsausschüsse (in: Jugendschriften-Warte. 11. 1931. 100—102); Wo stehen wir? (in: Jugendschriften-Warte. 5. 1932. 41—45); Gesetz über den Vertrieb jugendgefährdender Schriften (in: Jugendschriften-Warte. 8. 1950. 30 u. 31); Unsere Aufgaben heute (in: Jugendschriften-Warte. 5. 1953. 33 u. 34); Zum Problem des unterhaltsamen Schrifttums (in: Jugendschriften-Warte. 3. 1958. 21 u. 22); Schülerbüchereien in Not (in: Jugendschriften-Warte. 1. 1959. 1 u. 2).

Sekundärliteratur: D. Gerber: John Barfaut (in: Jugendschriften-Warte. 2. 1965. 5).

Barrie, Sir James Matthew

*Schottischer Schriftsteller und Dramatiker; * 9. 5. 1860 Kirriemuir, † 19. 6. 1937 London.*

B., Sohn eines Webers, war nach Studien an der Glasgow Academy, der Dumfries Academy und der Universität Edinburgh ab 1885 als Journalist in Nottingham und später in London tätig. 1913 wurde B. geadelt und Baron. Von 1919—22 war er Rektor der St. Andrews-Universität, von 1930 bis zu seinem Tod im Jahr 1937 amtierte er als Kanzler der Universität Edinburgh.

Werk, Tendenzen, Wirkung. Neben seiner beruflichen Tätigkeit schrieb B. schottische Heimatgeschichten wie „Auld Licht Idylls" (1888) oder „A Window in Thrums" (1889), deren Schauplatz seine schottische Heimat bildete und in denen er im Stil der schottischen literarischen Richtung der „Kail-Yard-School" (Kohlgarten-Schule) die Sitten und Gebräuche der schottischen Landbevölkerung humoristisch verbrämt darstellte. Um 1890 begann B. mit dem Schreiben von Schauspielen wie „The Little Minister" (1891) oder „Quality Street" (1913). Zum Teil griff er dabei auf eigene Prosastoffe zurück.

Internationale Berühmtheit erlangte B. durch seinen „Peter Pan, or the Boy who would not Grow up" (Peter Pan, oder das Märchen vom Jungen, der nicht groß werden wollte), ein Schauspiel für Kinder in fünf Akten, das am 27. Dezember 1904 am Duke of York's Theater in London seine Uraufführung erlebte. Während in den angelsächsischen Ländern vor allem das Bühnenstück zur Berühmtheit B.s beitrug, war es in den anderen Ländern die 1911 erschienene Buchversion „Peter and Wendy", die weite Verbreitung fand und bis heute in den verschiedensten Übersetzungen und Bearbeitungen immer wieder neu aufgelegt wird.

Das Spiel für Kinder „A Kiss for Cinderella", das B. 1916 schrieb, blieb im Schatten seines „Peter Pan" kaum beachtet. *Helmut Müller*

→ Peter Pan

Werke: The little white Bird (1902); Peter Pan in Kensington Gardens (1906; dt. Peter Pan im Wildpark, 1911); A kiss for Cinderella (1920); Peter and Wendy (1911); Peter Pan (1916; dt. Peter Pan oder das Märchen vom Jungen, der nicht groß werden wollte, 1916); Alice Sit-by-the-fire (1919); When Wendy grew up, an afterthought (1957).

Sekundärliteratur: C. Asquith; Portrait of Barrie (1954). — W. Eschenauer: Sir James Barrie als Dramatiker (1929). — R. L. Green: James Matthew Barrie (1960). — H. M. Walbrook: Barrie and the theatre (1922).

Bartos-Höppner, Barbara

*Schriftstellerin, Verfasserin von Kinder- und Jugendbüchern; * 4. 11. 1923 Eckersdorf/Kr. Bunzlau (Schlesien).*

Ihre Jugend verbrachte B. in Schlesien; nach der Vertreibung 1945 lebte sie eine Zeitlang in Hamburg und nahm dann Wohnung in Buxtehude/Niederelbe. Mit mehreren Titeln gelangte B. auf die Auswahlliste zum Deutschen Jugendbuchpreis. 1963 wurde sie mit dem 1. Preis des N. Y. Herald Tribune Children's Spring Book Festival ausgezeichnet; 1970 erfolgte ihre Aufnahme in den PEN-Klub.

Barbara Bartos-Höppner (1923)*

Werk, Tendenzen, Wirkung. Um ihrer Erlebnisse und Erfahrungen in Kriegs- und Nachkriegszeit Herr zu werden, begann B. zu schreiben. Ihr Werk ist bestimmt durch das Bekenntnis zum einfachen Leben, zur Heimat und Geborgenheit im Überlieferten und zugleich durch Sehnsucht in die Weite, nach Abenteuer und Wagnis. Die Grundspannung kehrt in vielen Variationen wieder: Mädchen-Junge, Land-Stadt, Heimat-Ferne, Frieden-Krieg, Liebe-Haß, Bewahrung-Bewährung, gemütsbestimmte Welt des Kleinen und Nahen — reale Welt des geschichtlichen Abenteuers. Die erste Schaffensperiode der Autorin ist gekennzeichnet durch Werke der Idylle und Heimatverbundenheit („Töchter des Königsbauern", „Das tönende Holz", „Entscheide dich, Jo!"), die zweite durch historische Abenteuerromane („Rettet den großen Khan", „Kosaken gegen Kutschum Khan", „Sturm über dem Kaukasus"). Es sind Versuche, in der Darstellung hoffnungsloser Abwehr- und Verteidigungskämpfe freiheitsliebender asiatischer Steppenvölker gegen den überlegenen Geist des Neuen politisch gesellschaftliche Wandlungen in der Gegenwart gleichnishaft zu deuten. Diese Bücher sprechen nicht nur den Abenteuerdrang junger Menschen an, sondern bestärken sie in ihren Abwehrreflexen gegen eine als übermächtig empfundene Maschinerie zivilisatorischer Ordnung. In der „Bucht der schwarzen Boote" bemüht sich B., ihre Vorliebe für die vorindustrielle, ständisch gebundene Lebensform zu überwinden; der Blick wird frei für die Realitäten des 20. Jh.s; in der Frage der Toleranz gegenüber unterschiedlichen Lebensweisen wird der Leser selbst vor wirkliche Entscheidungen gestellt. B.s Hauptfiguren suchen nach Vorbildern überlegener Lebensgestaltung; oft werden Meister-Schüler-Beziehungen dargestellt („Das tönende Holz", „Sturm über dem Kaukasus" u. a.) und das Problem der Nachfolge und Tradition in einer Zeit des Umbruchs und der Wende. Seit Ende der 60er Jahre ist B. in einer dritten Schaffensperiode mit Kindererzählungen hervorgetreten, in denen es u. a. um Fragen des Zusammenlebens von Kindern unterschiedlicher Herkunft in einer außerindustriellen, ländlichen Umwelt geht (Aljoscha; Schützenfest; Marino). B. beherrscht die Formen ereignishaft dramatischen Erzählens und des lebendigen, indirekt charakterisierenden Dialogs ebenso wie die des Berichts und der idyllisierenden Kleinmalerei. Es gelingen ihr lebendige Gestalten, auch humorvolle Schilderung (Hein Schlotterbüx); in manchen ihrer Bücher tritt das psychologisch-pädagogische Engagement merklich hervor. *Malte Dahrendorf*

Werke: Die Töchter des Königsbauern (1956); Wir wollen Freundschaft schließen, Nina! (1956); Der gezähmte Falke (1957); Das tönende Holz (1958); Aufregung im Reimerhaus (1963); Entscheide dich, Jo! (1959); Kosaken gegen Kutschum-Khan (1959); Taigajäger (1960); Rettet den großen Khan! (1961); Sturm über dem Kaukasus (1963); Achtung — Lawine! (1964); Die Bucht der schwarzen Boote (1965); Hein Schlotterbüx aus Buxtehude, wo die Hunde mit dem Schwanz bellen (1966); Aus einer Handvoll Ton (1967); Aljoscha und die Bärenmütze (1968); Zwischen Gletschern und Feuerbergen (1968); Marino lebt im Paradies (1969); Schnüpperle (1969); Das Schützenfest (1969); Die Laternenkinder (1970); Ein Ticket nach Moskau (1970); Königstochter aus Erinn (1971).

IJB

Basedow, Johann Bernhard

*(Ps.: Bernhard aus Nordalbingien). Hauptvertreter der Aufklärungspädagogik in Deutschland, Begründer des Philanthropinismus, Initiator und Verfasser des „Elementarwerks", Theologe, als Publizist bahnbrechend wirksam für Schulpädagogik und Didaktik, für Leseerziehung und Einrichtung von Schulbibliotheken; *5. 9. (oder 9. 9.) 1724 Hamburg (im Taufreg. 11. 9., Schreibweise: Bassedau), † 25. 7. 1790 Magdeburg.*

In den Konflikten im Elternhause und der stark repressiven Erziehung durch den Vater — ein mittelloser Perückenmacher, der den Sohn zu harten Lehrlingsdiensten zwang — wird die Ursache gesehen für B.s spätere Unrast und häufig in Jähzorn ausbrechende Erregbarkeit. Im Alter von fünfzehn Jahren floh B. zu einem Flensburger Arzt, der seine geistigen Fähigkeiten erkannte und die Aussöhnung mit den Eltern sowie die Fortsetzung des Schulbesuchs für ihn erwirkte. Am Hamburgischen Gymnasium wurde B. durch die als Schriftsteller bekannten Lehrer S. REIMARUS (1694—1768) und M. RICHEY (1678—1761) besonders gefördert. Nach einem 1746 begonnenen Studium der Theologie in Leipzig, wo er sich mit der Philosophie CHR. WOLFFS (1679—1754) befaßte, kehrte B. zum Selbststudium 1747 nach Hamburg zurück. Bereits in einem Brief vom 12. 5. 1746 hatte er seinen Entschluß ausgesprochen, die erworbenen Wissenschaften „in Erziehung junger Leute zu gebrauchen". 1749 ging er als Hauslehrer in der Familie von QUALEN nach Borghorst in Holstein. Aus den pädagogischen Erfahrungen mit seinem Zögling, dessen Bildung vom 7. Lebensjahre an er erfolgreich fördern konnte, gewann B. seine Methodenlehre der *tätigen Anschauung* und damit die Grundgedanken für sein gesamtes späteres Erziehungswerk. Nachdem er 1752 in Kiel die Magisterwürde erlangt hatte, berief ihn der dänische König 1753 an die Ritterakademie zu Soröe (Insel Seeland). Er versah dort zunächst eine Professur der Moral und der schönen Wissenschaften und hielt später auch theologische Vorlesungen. Schon damals trug er sich mit dem Plan der Gründung eines philanthropinistischen Seminars. Da er mit theologischen Dogmatikern in heftigen Streit geraten war, wurde er 1761 an das Gymnasium in Altona (b. Hamburg) versetzt, doch nahmen dort die Auseinandersetzungen an Schärfe zu. B.s Schriften wurden zeitweilig in Hamburg verboten. Mit zahlreichen „Abgenötigten polemischen Abhandlungen" (1764) setzte er sich gegen seine Widersacher zur Wehr. Hatte er bereits 1758 in seiner „Practischen Philosophie für alle Stände" als Erziehungsziel aus der Aufklärungsphilosophie die „Glückseligkeit" und „Gemeinnützigkeit" des Menschen abgeleitet und in der „Philalethie" 1763/64 erneut eine Erziehung im Geiste der Aufklärung an konfessionell neutralen Schulen gefordert, so wurde B. zum Programmatiker der Aufklärungspädagogik und Begründer des Philanthropinismus durch seine aufrufende Schrift im Jahre 1768: „Vorstellung an Menschenfreunde und vermögende Männer über Schulen, Studien und ihren Einfluß in die öffentliche Wohlfahrt, mit einem Plane eines Elementarbuchs der menschlichen Erkenntnis." *Eine breite europäische Wirkung* erzielte B. 1770 mit seinem „Methodenbuch für Väter und Mütter der Familien und Völker" (2. und 3. Aufl. 1771 und 73), dem im gleichen Jahre noch das „Elementarbuch für die Jugend" (1.—3. Stück) folgte. Gründliche Umarbeitung des Textes und Erweiterung ergaben das 1774 veröffentlichte vierbändige „Elementarwerk". 1768 war B. von seinen Lehrverpflichtungen zurückgetreten und hatte, durch das volle Gehalt vom dänischen König gesichert, drei Jahre lang allein seiner publizistischen Arbeit leben können. Ende 1771 berief ihn Fürst LEOPOLD FRIEDRICH FRANZ VON ANHALT-DESSAU zur Verwirklichung seines Planes, in seinem Lande eine Musterschule zu errichten, nach Dessau. Nach weitläufigen Vorarbeiten, während derer B. vordringlich noch an seinem „Elementarwerk" schrieb, konnte am 27. 12. 1774 das Philanthropin in Dessau unter B.s Leitung eröffnet werden. Es wurde zum Kristallisationspunkt der pädagogischen Bewegung in Deutschland, erregte Aufsehen mit dem fortschrittlich gelockerten, z. T. spielerischen, z. T. ins Komische übertriebenen Erziehungsstil und gelangte ins Kreuzfeuer kritischer Meinungen durch die öffentlichen Prüfungen von 13. bis 15. Mai 1776. Als höchste Anzahl erreichte das Philanthropin fünfzig Zöglinge (1779). Zwischen B. und seinen pädagogischen Mitarbeitern, die häufig wechselten und zu denen 1776/77 auch J. H. CAMPE gehörte, kam es zu heftigen Krisen. 1778 ließ sich B. endgültig von der Leitung entbinden und zog sich 1780 ganz aus dem Philanthropin zurück. Er begab sich auf Reisen, unterrichtete zeitweilig in Magdeburg und behandelte in den achtziger Jahren noch in über zwanzig Publikationen theologische, pädagogische, didaktische und methodische Fragen. Der Titel seiner letzten Veröffentlichung gibt noch einmal Hauptpunkte seines auf die Praxis gerichteten Erziehungsdenkens an: „Neues Werkzeug zum Lesenlehren, der für die Lernenden bestimmte Teil, in welchem zugleich gesorgt ist für den Anfang zur Sachkenntnis, der Sittenlehre, der Gotteserkenntnis und der Sprachrichtigkeit" (^{2}1787). Als Mitherausgeber der Schrift nannte er „eine für Aufklärung arbeitende Gesellschaft".

Werk, Tendenzen, Wirkung. B. war mit seinem Erziehungsprogramm und seinen schulpraktischen Forderungen, die er seit seiner „Praktischen Philosophie" (1758) und seiner „Philalethie" (1764) — auf beide verwies er häufig zurück — in immer neuen Entwürfen, Kombinationen und Appellen einer europäischen Öffentlichkeit vortrug, nicht nur „Wortführer", sondern „der Anführer und Vorkämpfer" der deutschen Aufklärungspädagogik (vgl. A. REBLE: J. B. B., Ausgewählte Schriften, Nachwort S. 253 ff.). Von großer Tragweite für die Entwicklung der Gesellschaftspädagogik in Deutschland war allerdings auch sein Abweichen von dem insgesamt von ihm hoch bewerteten Erziehungsdenken und -plan J. J. ROUSSEAUS in wesentlichen Punkten: *1. Empfehlung und Methodisierung vorschulischer Bildung, 2. Rationalisierung der Lernprozesse und utilitaristische Zielsetzung, 3. standesgemäße Abgrenzung der Schulbildungsbereiche. Aufklärung durch zielbewußte Erziehung vom Kleinkindalter an und dadurch Ver-*

besserung der Lebensverhältnisse innerhalb der Stände der Feudalgesellschaft, religiöse Toleranz, „Gemeinnützigkeit" und „Glückseligkeit" waren B.s Ziele, nicht Änderung der Gesellschaftsstruktur. Um seine pädagogischen Pläne zu verwirklichen, drang er mit agitatorischem Geschick mittels seiner an ein europäisches Publikum gerichteten Schriften und durch Fürsprache zu aufgeklärt regierenden Fürsten vor und gewann ihr Interesse und ihre materielle Unterstützung für Hauptanliegen des aufgeklärten pädagogischen Denkens seiner Zeit: Lehrerbildung, Erziehungsinstitut, Elementarwerk und insgesamt ein verbessertes, von der Vormundschaft der Kirchen befreites, nur dem Staat zugehörendes öffentliches Schulwesen.

B.s Bedeutung für die Kinder- und Jugendliteratur. Im Bereich der Kinder- und Jugendliteratur wirkte B. *durch sein „Elementarwerk" bahnbrechend für den Typus der bebilderten Elementar- und Unterrichtswerke, der Sach-, Sachbilder- und Realienbücher (auch als systematische Nachschlagewerke).* Darüber hinaus waren sein praktisches Erziehungskonzept, sein unermüdliches Fordern (und Experimentieren) verbesserter Leselern- und Unterrichtsmethoden, verbesserter Schulbücher, der Bildung zum bewußt kritischen Lesen und der Einrichtung von *Schulbibliotheken* für Lehrer und Schüler von entscheidendem Gewicht für die jäh ansteigende Aufmerksamkeit, die — durchaus mit gesellschaftspolitischem Aspekt — das Lesenlernen und die Schulbildung im Kindesalter und damit der Lesestoff für Kinder und Jugendliche in der zweiten Hälfte des 18. Jh.s fanden. Außer mit dem Text von „Elementarbuch" und „Elementarwerk" trug B. selbst durch die Herausgabe von Enzyklopädien lateinischer Schriftsteller (auch des Erasmus) zur Schullektüre sowie durch das „Kleine Buch für Kinder aller Stände" (1771) zur allgemeinen Kinder- und Jugendliteratur bei. Ungeachtet der persönlichen und sachlichen Differenzen, die Campe am Philanthropin mit B. gehabt hatte, war sich Campe bewußt, daß er das Streben B.s fortsetzte. In seinem Gedicht „An B.s Grab" (Braunschweigisches Journal, 8. Stück, August 1790) bezeichnete er die epochale Tradition im Erziehungsdenken: „Du sä'test mir, Wie Rousseau dir . . ."

Das „Elementarwerk". Der Gesamttitel des von B. in mehreren Schriften emphatisch angekündigten Werkes, für das er Chr. H. Wolke als fähigen Mitarbeiter gewonnen hatte, lautete in der 1. Aufl. 1774: „Des Elementarwerkes erster Band, zweiter Band, dritter Band, vierter Band. Ein geordneter Vorrat aller nötigen Erkenntnis. Zum Unterrichte der Jugend, von Anfang bis ins akademische Alter. Zur Belehrung der Eltern, Schullehrer und Hofmeister. Zum Nutzen eines jeden Lesers, die Erkenntnis zu vervollkommen. In Verbindung mit einer Sammlung von Kupferstichen und mit französischer und lateinischer Übersetzung dieses Werkes." Die 2. Aufl. erschien 1785 mit dem Titel „Das Basedowsche Elementarwerk. Ein Vorrat der besten Erkenntnisse zum Lernen, Lehren, Wiederholen und Nachdenken". In der von Th. Fritzsch 1909 kommentierten und eingeleiteten Neuauflage der Ausgabe von 1774 sind die Veränderungen in der 2. Aufl. angegeben: das Werk erschien 1785 in drei Bänden, anstatt des 10. Buches (deutsche Grammatik) hatte B. ein Register zum Nachschlagen eingeführt. Die Bücher über Logik, Moral und Religion waren so stark umgearbeitet, daß „ein Drittel des ganzen Werkes mit der ersten Auflage nicht übereinstimmt" (Th. Fritzsch, Einleitung zur Neuauflage 1909). Eine 3. Aufl. des Werkes (1847ff.) war eine Bearbeitung von fremder Hand. Vorausgegangen waren dem „Elementarwerk" — und als Bestandteile, z. T. umgearbeitet und erweitert, darin enthalten — B.s Veröffentlichungen: „Zur elementarischen Bibliothek. Das Methodenbuch für Väter und Mütter der Familien und Völker" (1770, ^{2}1771) und „Des Elementarbuchs für die Jugend und für ihre Lehrer und Freunde in gesitteten Ständen erstes bis drittes Stück" (1770). Der zunächst in zwei Lieferungen hergestellte Band mit den Kupferstichen nach Zeichnungen des berühmten D. Chodowiecki wurde unverändert, von 96 auf 100 Tafeln ergänzt, zum „Elementarwerk" (1774) übernommen. Das „Methodenbuch für Eltern, Lehrer und Schulaufseher" enthielt B.s Anleitungen zur Erziehung vom ersten Säuglingsalter an. *Für das „Vorschulalter" empfahl und beschrieb er Lernspiele, Sprachförderungshilfen und Vorübungen zum Lesenlernen.* Dazu gab er Hinweise, wie das eigentliche „Elementarwerk für die Jugend" und die Anschauungstafeln in der fortschreitenden Erziehung und Belehrung zu benutzen seien. Die Selbstbeschäftigung der Kinder mit dem Bildband sollte erst einsetzen, wenn die Kinder sich die Texte dazu selbst lesend erarbeiten konnten. B. hatte sie z. T. in Frage und Antwort, z. T. dialogisch, vorwiegend mit nachdrücklicher Belehrung, doch dem Kinde verständlich geschrieben. Als die „Hauptsache des Buches" bezeichnete er „die Bereicherung und Berichtigung der Sacherkenntnis in der Muttersprache" (1. Buch V d) und schrieb in seiner Publikation über „Das in Dessau errichtete Philanthropinum" (1774), daß das „Methodenbuch" und das „Elementarwerk" nur einen Eindruck des Beabsichtigten geben, daß sie noch fehlerhaft seien und der steten Verbesserung bedürften. Ist B.s „Elementarwerk" auch im Zusammenhang mit zeitgenössischen Büchern wie dem von J. P. Miller, „Historisch-moralische Schilderungen zur Bildung eines edlen Herzens in der Jugend" (1753—64, ^{4}1767) oder dem „Schauplatz der Natur" (Nürnberg 1760 bis 1770, mit Kupfern nach Zeichnungen von Meil) zu sehen, so ist es doch wie der „Orbis sensualium pictus" des J. A. Comenius einhundert Jahre vorher als ein „umfassendes Welt-, Lehr- und Bilderbuch" (Reble) von fundamentalem Charakter und enzyklopädischem Rang. *Neuartig war die Wendung, das enzyklopädische Wissen auf der Elementarstufe vom kindlichen Standort aus zu erschließen, fortschreitend aus der Nähe in die Ferne, von einfachen Dingen zu komplizierten sowie komplexen Sachverhalten und zu abstrakten Begriffen.* Neuartig war die „angewandte Aufklärung" in nicht konfessionsgebundener religiöser Unterrichtung, der „Religionskunde" im modernen Sinne ähnlich (vgl. Vorrede zur 1. Aufl.), neuartig gegenüber Kindern der Freimut in der Aufklärung über Zeugung und Geburt. *Zum ersten Male auch waren einem Buche für die Jugend Bildtafeln von künstlerischer Qualität mitgegeben.* In steter Verbindung mit B. selbst erarbeitet (vgl. H. Gilow: „B. und Chodowiecki" in: Fritzsch: „J. B. B.s Elementarwerk", 3. Bd., 1909), brachten Illustrationen Chodowieckis eine Fülle von Dingen, Lebensvorgängen, Naturerscheinungen, gesellschafts- und kulturgeschichtlichen Szenen und abstrakten Begriffen zur Anschauung. Daß es in der Vielfalt an der von B. selbst geforderten elementaren und systematischen Ordnung fehlte, wurde hauptsächlicher Ansatzpunkt der Kritik (vgl. Goethe: Dichtung und Wahrheit, 3. Teil, 14. Buch). Sachkundig rezensierten die Vertreter der Pädagogik B.s in der Schweiz, J. Iselin und J. C. Lavater (1741—1801, vgl.: „Gesammelte Briefe über die B.sche Erziehungsmethode", 1775). Die Problematik der Erstellung eines Elementarbuchs, von B. selbst in verschiedenen Schriften immer wieder erörtert (vgl. „Vierteljährige Nachrichten von B.s Elementarwerke", 6 Stücke 1771—73), beschäftigte weiterhin die Philanthropen, aus deren Kreis mehrere Elementarwerke nach den Anregungen B.s entstanden. *Margarete Dierks*

→ Aufklärung, → J. H. Campe, → D. Chodowiecki, → Elementarbuch, → Philanthropinismus

Werke: Vorbereitung der Jugend zur Moralität und natürlichen Religion (1766); Vorstellungen an Menschenfreunde über Schulen (1768); Des Elementarbuchs für die Jugend und für ihre Lehrer und Freunde in gesitteten Ständen erstes bis drittes Stück (1770); Kleines Buch für Kinder aller Stände (1771); Vorschlag und Nachricht von bevorstehender Verbesserung des Schulwesens durch das Elementarwerk, durch Schulkabinette, Edukationshandlung und ein elementarisches Institut (1771); Das in Dessau errichtete Philanthropinum (1774); Elementarwerk (Bd. 1—4. 1774); H. Göring (Hrsg.): Ausgewählte Schriften (1800); A. Reble (Hrsg.): Ausgewählte pädagogische Schriften (1965).

Sekundärliteratur: A. Basedow: Johann Bernhard Basedow (1924). — R. Diestelmann: Johann Bernhard Basedow (1897). — J. Esselborn: Der Orbis pictus des Johann Amos Comenius und das Elementarwerk des Johann Bernhard Basedow (in: Repertorium der Pädagogik. 9. 1888. 457—467). — H. Gilow: Basedow und Chodowiecki (in: J. B. Basedow: Elementarwerk. 3. 1909. 3—17). — G. P. R. Hahn: Basedow und sein Verhältniss zu Rousseau (Diss. 1895). — J. C. Meier: J. B. Basedow's Leben, Charakter und Schriften unpartheisch dargestellt und beurtheilt (Bd. 1 u. 2. 1791 u. 92). — A. Pinloche: Geschichte des Philanthropinismus (1896, [2]1914). — J. Rammelt: J. B. Basedow, der Philanthropismus und das Dessauer Philanthropin (1929). — H. Rathmann: Beyträge zur Lebensgeschichte Joh. Bernh. Basedows (1791). — A. Reble: Zu Basedows Persönlichkeit (in: Basedow: Ausgewählte pädagogische Schriften. 1965. 239—283). *IJB*

Basile, Giambattista

*Italienischer Dichter und Staatsmann, Autor des „Pentamerone"; * um 1575 Neapel, † 23. 2. 1632 b. Neapel.*

Als junger Mann trat B. in die Dienste Venedigs. Im Jahr 1608 verließ er den Kriegsdienst und kehrte nach Neapel zurück, wo er als Staatsmann und Verwaltungsbeamter am Hofe einer Reihe italienischer Fürsten tätig war. Von 1613 an stand er im Dienste des Herzogs Vincenzo Gonzaga von Mantua und übte das Amt eines königlichen Gouverneurs aus.

Der Gewohnheit der Zeit folgend, betätigte er sich neben seiner staatsmännischen Arbeit als Literat und lieferte für Staatsakte und Festlichkeiten die entsprechenden Verse und arrangierte Schauspiele.

Werk, Tendenzen, Wirkung. Während die höfischen Dichtungen B.s, wie z. B. „Avventurose disavventure" (1612, mit der Nachahmung des Schemas des Heliodor), ohne Wirkung blieben, erlangte er mit den im neapolitanischen Dialekt abgefaßten Werken Bedeutung und Einfluß weit über seinen Tod hinaus.

Angeregt durch seinen Jugendfreund, den neapolitanischen Mundartdichter Cortese, fand er Gefallen an der dichterischen Nutzung des heimischen Dialekts. So entstanden neun Dialoge in Versen, die er Eklogen nannte. Jeder Dialog trug den Namen einer Muse und alle zusammen nannte er sie „Muse napolitane". Es sind lebendige Bilder der Volkssitten, die mit dem Auftritt zweier Spieler und Streithähne beginnen, die sich mit spitzer Zunge und schließlich mit dem Degen auf den Leib rücken. Nach den „Muse napolitane" begann er die Volksmärchen zu sammeln, die man sich im neapolitanischen Dialekt seiner Heimat erzählte. Im Anklang an das Dekameron fügte er seine Sammlung zu fünfzig Geschichten zusammen, die an fünf verschiedenen Tagen erzählt werden. So entstand seine Märchensammlung „Lo cunto de li cunti ouero lo trattenemiento de' peccerille" (Die Erzählung der Erzählungen oder Unterhaltungen für die Jugend). Wie seine „Muse napolitane" erschien auch die kurz „cunto de li cunti" genannte Sammlung erst nach seinem Tode in den Jahren 1634—36 unter dem Pseudonym „Gian Alesio Abbattutis", einem Anagramm seines Namens. Von der Neuausgabe 1674 an erhielt die Sammlung den Namen „Pentamerone", unter dem sie weltbekannt geworden ist.

In der Rahmenhandlung wird das Erzählen von Märchen motiviert. Bei der Stoffwahl ließ sich B. stark von orientalischen Märchen anregen, die seit dem 15. Jh. nach Europa eingedrungen waren. Im Geiste des Barock bevorzugte B. außerordentliche, staunenerregende Begebenheiten und exotische Details. Die Sammlung steht im engen Zusammenhang mit der hohen italienischen Literatur der Zeit, die versuchte, die höfischen Ritterromane spielerisch neu zu gestalten. So formte B. die im Volksmund weitererzählten Märchen um in die geistreiche und sprühende Sprache des Barock und wurde damit *zum ersten europäischen Erzähler von Kunstmärchen.* Die Sammlung erlebte im 17. Jh. sechs Nachdrucke. Da durch den Einfluß des sich über ganz Italien verbreitenden Hoch-Italienisch der neapolitanische Dialekt, wie er zur Zeit B.s gesprochen wurde, bald kaum noch verstanden wurde, versank B.s Märchendichtung für einige Zeit in Vergessenheit, wenn auch eine Reihe der Märchen aus dem „Pentamerone" längst über die Grenzen Italiens hinaus Volksgut geworden waren, wie etwa ‚Die sieben Raben', ‚Dornröschen', ‚Der gestiefelte Kater' oder ‚Aschenbrödel'. Erst die Ausgabe in italienischer Sprache von 1754 brachte B.s ‚Pentameron' wieder in das Bewußtsein seiner Landsleute und beeinflußte nachhaltig die Dichtungen von C. Gozzi (1713—86).

In Deutschland wurde die Bedeutung B.s erst von J. Grimm (1785—1863) richtig erkannt und gewürdigt. In dem kritischen Anhang zu den „Kinder- und Hausmärchen" von 1822 lobte er die Originalität und künstlerische Eigenart der Märchen des B., die auch die Märchen der Brüder Grimm nachhaltig beeinflußt hatten.

Das Lob von J. Grimm veranlaßte F. Liebknecht zur ersten deutschen Übersetzung, die im Jahre 1846 mit einer Vorrede von J. Grimm erschien. Diese Ausgabe wurde zur Vorlage für fast alle weiteren Bearbeitungen außerhalb Italiens. Chr. M. Wieland (1733—1813) verwandte die dritte Märchennovelle des dritten Tages noch vor ihrer Übersetzung ins Deutsche für seinen Pervonte. Auch die italienischen Märchen Brentanos und die Märchen L. Tiecks gehen in großen Teilen auf B. zurück.

Helmut Müller

→ Cl. Brentano, → Märchen

Werke: Lo cunto de li cunti ouero lo trattenemiento de' peccerille. (Bdch. 1—5. 1634—36; dt. Der Pentamerone oder Das Märchen aller Märchen. Bd. 1 u. 2. 1846); Il Pentamerone ossia La fiaba delle fiabe (1957).

Sekundärliteratur: J. Bolte u. G. Polívka: Der Pentamerone des Basile (in: J. Bolte u. G. Polívka: Anmerkungen zu den Kinder- und Hausmärchen der Brüder Grimm. Bd. 4. 1930, [2]1963. 184—260). — A. Caccavelli: Fiaba e realtà nel Pentamerone del Basile (in: Scritti vari pubblicati dagli alunni delle R. Scuola normale superiore di Pisa per le nozze Arnaldi-Cesaris Demel. 1928. 169—177). — B. Croce: Giambattista Basile e il Cunto de li cunti (in: B. Croce: Saggi sulla letteratura italiana del seicento. 1911, [2]1948. 1—118). — L. di Francia: Il Pentamerone di Giambattista Basile (1927). — L. Häge: Lo cunto de li cunti di Giambattista Basile (Diss. 1933). — K. Kaiser: Basile in Deutschland (in: Handwörterbuch des deutschen Märchens. Bd. 1. 1930—33. 177—184). — U. Klöne: Die Aufnahme des Märchens in der italienischen Kunstprosa von Straparola bis Basile (Diss. 1961). *IJB*

Basis-Verlag GmbH

Berlin. Derzeitiger Leiter: Der Verlag wird kollektiv geleitet. Mitglieder des Kollektivs sind: E. Birnstiel (*1947), D. Reincke (*1935), R. Reincke (*1943), W. Schilling (*1945) und seit Umwandlung des Verlages in eine GmbH: A.-M. Möhring (*1948) sowie B. Wengoborski (*1946).

Das Kollektiv bestimmt das Verlagsprogramm gemeinsam, diskutiert Zielsetzung und Strategie des Verlages und arbeitet bei bestimmten Themenkreisen mit außenstehenden Kollektiven zusammen.

Hauptsächliche Verlagsgebiete im Bereich der Kinder- und Jugendliteratur: antiautoritäre Kinder- und Jugendbücher mit dem Ziel, im Sinne des Sozialismus (unter deutlicher Anlehnung an E. Hoernle) den Kindern die Klassengesellschaft bewußt zu machen und sie zu revolutionärer Veränderung der bestehenden Herrschaftsstrukturen zu motivieren, um eine klassenlose Gesellschaft anzustreben (Fünf Finger sind eine Faust, 1970; Martin der Mar(x)smensch, 1970; Zwei Korken für Schlienz, 1970).

Autoren und Illustratoren: Die Bücher entstehen in kollektiver Arbeit der Verlagsmitglieder in Zusammenarbeit mit Kinderläden, Schulklassen, Lehrern, Eltern und Erziehern. Ein Illustratorenkollektiv (B. Haas, B. Krüerke und B. Wengoborski) besorgt die Illustrationen.

Die Bücher werden in Kinder- oder Jugendgruppen getestet und erscheinen nur in kleinen Auflagen (ca. 2 500—3 000 Exemplaren), um sie inhaltlich und in der graphischen Gestaltung schnell in einer Neuauflage dem jeweiligen Stand der Diskussion innerhalb der Kollektive anpassen zu können. Mit dem Verlag stehen die Autoren J. Merkel und Sv. Wernström in freiem Kontakt.

Verlagsgeschichte. Der Verlag wurde am 1. Mai 1970 von dem o. a. Kollektiv in Berlin gegründet.

Bastian, Horst

*Filmskriptschreiber, Schriftsteller; * 5.12.1939 Exin/Polen.*

Nach dem Schulbesuch war B. zunächst in der Landwirtschaft tätig und schloß dann eine Maurerlehre an. Mit 18 Jahren begann er freischaffend als Schriftsteller und Filmskripter in verschiedenen

Genres zu arbeiten. Mit ersten Titeln bereits erfolgreich, erhielt er 1964 einen Förderungspreis für Kinder- und Jugendliteratur des Ministeriums für Kultur der DDR; 1965 wurde ihm die Erich-Weinert-Medaille verliehen.

Horst Bastian (1939)*

Werk, Tendenzen, Wirkung. Das erste Filmskript verfaßte B. zusammen mit M. KRUG („Der Kinnhaken", 1962); die Erzählung „Befehl zur Exekution" (1963) entstand in Koproduktion mit K. KRÜGER, der Dokumentarfilm „Z" (1965) in Zusammenarbeit mit H. MÜLLER. In dem Sammelband „Zwischen 13 und 14" war B. mit der Erzählung „Der erste Kuß" vertreten; das Kinderhörspiel „Zwei heiße Tage" (1963) hatte ihn einem großen Hörerkreis bekannt gemacht. Der entscheidende Durchbruch als Erzähler für junge Leser gelang B. mit dem Roman „Die Moral der Banditen" (1964), in dem er mit realistischen, oft grell überzeichneten und literarisch nicht voll ausgewogenen Mitteln die Aktionen Jugendlicher gegen ihre Schulwelt und Umgebung schildert; geschichtlicher Hintergrund ist die Zeit nach 1945 mit der Entwicklung zu einem sozialistischen Staatsgebilde, dessen Normen sich die illegal gewordenen Jugendlichen beugen. B.s „Wegelagerer" (1967) spricht ein verwandtes Thema an mit dem Schicksal von Kriegswaisen nach 1945, die den Weg in eine gewandelte Gesellschaftsordnung suchen. B. gebraucht realistisch die Umgangssprache von Kindern und Halbwüchsigen. Der erzählerische Aufbau ist in oft sprunghafter Blendentechnik offenbar von Filmskript und Hörspieldialog beeinflußt.

Horst Künnemann

Werke: Die Moral der Banditen (1964, [7]1971); Wegelagerer (1967, [4]1972); Gesichter einer Liebe (1971); Drei Welten auf einem Stern (1973). *IJB*

Batman

Zusammen mit Superman erfolgreichster Superheld in amerikanischen comic-books der 40er Jahre. Batman benutzt während seiner Kämpfe gegen alles Böse in der Welt einen fledermausartigen Umhang und eine Maske.

Geschichte und Wirkung. 1938 verlegte der Amerikaner G. DELACORTE in den „Action Comics" die eigens für diese Bücher konzipierten Geschichten um „Superman". In Heft 27 der „Detective Comics" (DC-Comics) erschien im Mai 1939 zum erstenmal die Gestalt des B. Der Autor dieses Superhelden war B. FINGER, der Zeichner B. KANE; als Assistenzzeichner wirkte J. ROBINSON. Schon im April 1940 erhielt B. sein eigenes Magazin; bis 1946 erschien B. auch als Zeitungsstrip.
Als unmittelbare Vorgänger gelten „Superman" und „The Phantom" — 1936 von L. FALK und R. MOORE geschaffen —, die in inhaltlicher und formaler Hinsicht viele Gemeinsamkeiten mit „Batman" aufweisen.
Als Vorläufer für die fledermausartige Gestalt des B. ist die Figur des Shadow aus den „pulps" (Trivialromane der USA mit Höhepunkt zwischen 1920 und 1945) anzusehen, die von 1929 bis 1949 in über dreihundert Romanen in Maske und Fledermausumhang das Böse in der Welt bekämpft. Sowohl „The Shadows" als auch B. beziehen ihre Tradition aus Gespensterromanen des 19. Jh.s und den Vampirsagen. Der ungeheure Erfolg des B. ließ ihn auch in anderen Medien erscheinen. 1943 lief der Film „Batman and Robin". In diesem Film bekämpfen B. und Robin einen japanischen Arzt, der die USA mit Hilfe von Atomwaffen in eine japanische Kolonie verwandeln will. (Diese B.-Version eines japanischen Atomkrieges gegen die USA kann unter dem Eindruck der amerikanischen Atombomben auf Hiroshima und Nagasaki am 6. und 9. 8. 1945 nur als übel-groteske psychologische Kriegsführung bezeichnet werden.) 1948 folgte der Film „The New Adventures of Batman and Robin". Auch im Rahmen einer US-Rundfunkserie trat B. auf. In den 50er Jahren ebbte der B.-Erfolg ab.
Intermediale Dependenzen zwischen Comics und anderen Medien zeigten sich deutlich, als 1966 ein neuer Fernsehfilm mit dem Titel „Batman" anlief (dt. Titel: Batman hält die Welt in Atem), der einen neuen B.-Boom auslöste. Diese Welle brachte nicht nur eine Belebung der alten comic-books mit

sich, sondern zugleich auch eine „Batman"-Industrie, die massenhaft „Batman"-Gegenstände produzierte (z. B. „Batmobile").
Die Auflage aller B.-Comics seit 1940 beläuft sich auf über 500 Millionen Exemplare. B.-Comics fanden in der gesamten Welt Verbreitung. In der BRD war der Erfolg von B. nicht sehr ausgeprägt. Zur Zeit erscheint B. in der BRD zusammen mit „Superman" vierzehntägig im Ehapa-Verlag, Stuttgart, ist allerdings fast ganz von „Superman" verdrängt.
Inhalt. B. — mit bürgerlichem Namen Bruce Wayne — erlebt eines Tages, wie seine Eltern ermordet werden. Daraufhin beschließt er, sein Leben in den Dienst des Kampfes gegen alles Verbrechen zu stellen. Er trainiert seine physischen Kräfte und arbeitet alle Gebiete der Wissenschaft durch, um so gegen die Verbrecher gerüstet zu sein. Um seine Gegner zu erschrecken, wählt er die Fledermaus als Symbol und Maske.
Schon in den Heften von 1940 ist *Robin* — sein bürgerlicher Name ist Dick Grayson — B.s Freund und Helfer. Beide wohnen in einer Luxuswohnung in Gotham City, einer imaginären Stadt in den USA. In diesem Landhaus warten Bruce und Dick als harmlose Müßiggänger auf Aktionen gegen die Verbrecherwelt. Wenn sie dann der Hilferuf der Polizei oder der des Präsidenten der USA erreicht, verwandeln sie sich — und nur dann — in Batman und Robin, halten Kriegsrat in ihrer Bathöhle und erkämpfen grandiose Siege gegen ihre Widersacher The Joker, The Rocker oder Cat Woman.
Kritische Bewertung. Die Welt des „Batman" ist manichäisch; sie kennt nur das Gute und das Böse. „B." verkörpert in sich die traditionellen Werte des weißen nordamerikanischen Mittelstandes: Ritterlichkeit, Sauberkeit, Ordnungsliebe, Fairness, sexuelle Enthaltsamkeit, Gesetzestreue, Eigentumsliebe, Schönheit, Wissen und Kraft. Dem steht das inkarnierte Böse in abnormen Schurken und abgefeimten Bösewichten gegenüber. Diese böse Welt gilt es auszurotten in einer Art Lynch- oder Do-it-yourself-Justiz. Daß Verbrechen ein Ausdruck gesellschaftlicher Zustände sein können, daß es nicht nur gilt, das Böse zu bekämpfen, sondern vor allem dessen Entstehungsursachen, daß es gilt, Verbrecher zu resozialisieren — all dies paßt nicht in das Schwarz-Weiß-Klischee der „Batman"-Geschichten. Hier wird statt dessen der Außenseiter als Unmensch verteufelt.
Die Verkleidung des Bruce Wayne in B. führt zu einer Trennung zwischen Menschen wie Du-und-ich und Wunschhelden. Sie ermöglicht dem Leser eine schnelle Identifikation mit dem Helden und gaukelt ihm vor, mit Fleiß und Ausdauer könne auch er ein Superheld werden, um law-and-order herbeizuführen, zumal B. ein normaler Mensch ist und über keine Superkräfte aus dem Jenseits verfügt wie Superman. Diese Welt wird noch eingängiger durch den tabuisierten Sexualbereich. Frauen treten so gut wie überhaupt nicht in Gotham City auf. Die in den Kinsey-Report (1954 und 1955) aufgedeckten Sexualcodices der weißen nordamerikanischen Gesellschaft finden in „Batman" ihre Spiegelung und ihre Konsolidierung. Die Kritik an „Batman" zeitigte in den letzten Jahren einige, allerdings nur marginale Änderungen. Der Film von 1966 führte Harriet, eine Tante von Batman ein, die dann auch in den entsprechenden Comics auftrat. Seit 1969 geht Batmans Freund Robin auf ein College, wo er nun auch lebhaftes Interesse am weiblichen Geschlecht zeigt.
Bei dieser Schwarz-Weiß-Malerei, dem ausgesprochenen law-and-order-Geist, der Verherrlichung des Superhelden und einer prüden Sexualhaltung ist der Vorwurf von Fr. Wertham („Seduction of the Innocent", 1954) und anderer, die „Batman"-Comics enthielten faschistische Tendenzen, durchaus angebracht. Bedenklich erscheint in diesem Zusammenhang ein Vergleich der beiden Höhepunkte der „Batman"-Begeisterungen auf dem Hintergrund des jeweiligen gesellschaftspolitischen Zustandes in den USA. Der erste Höhepunkt lag während des Zweiten Weltkrieges, als die Anzahl der komischen Comics sank, und als es galt, die Heimatfront mit Superhelden zu stärken. Der zweite „Batman"-Boom lag in der Mitte der sechziger Jahre, als der Vietnam-Krieg durch den Zwischenfall im Golf von Tonking einem Höhepunkt zustrebte. *Jörg Becker*

→ Comics, → Superman

Sekundärliteratur: G. Perry: The Penguin book of comics (1967; zus. mit A. Aldridge). — R. Reitberger: Comics (1971; zus. mit W. J. Fuchs). — F. Wertham: Seduction of the innocent (1954). — O. Wiener: Der Geist der Super-helden (in: H. D. Zimmermann (Hrsg.): Vom Geist der Superhelden. Comic Strips. 1970, ^{2}1971. 93—101).

Baum, Lyman Frank

*Schriftsteller der USA; * 15. 5. 1856 Chittenango/New York, † 6. 5. 1919 Hollywood.*

B., Sohn eines Ölfachmanns deutscher Abstammung, wuchs in Syracuse im Staat New York auf. Er arbeitete zunächst als Reporter, dann am Theater, schrieb verschiedene Stücke und versuchte sich in zahlreichen Bereichen als Geschäftsmann, u. a. im Zeitungsgeschäft mit „The Saturday Pioneer" in Aberdeen, mit der er 1891 bankrott ging, und „The Shop Window". 1897 gründete er eine nationale Vereinigung von Schaufensterdekorateuren. Im selben Jahr begann in Chicago seine jugendliterarische Laufbahn mit der Veröffentlichung der Sammlung „Mother Goose in Prose", der 1899 die Sammlung „Father Goose: His Book", illustriert von W.

W. DENSLOW folgte. Sein Hauptwerk, das seinen Ruhm begründete, ihn zugleich aber auch auf das Produzieren von Fortsetzungen einengte, erschien am 1. August 1900, von DENSLOW illustriert, unter dem Titel „The Wonderful Wizard of Oz". Es wurde sofort ein Erfolgsbuch. Das in dem Band entworfene Phantasiereich mit den klar profilierten Gestalten ist auch für die Fortsetzungsbände bestimmend, die alle von J. R. NEILL illustriert sind. Neben „The Marvelous Land of Oz" (1904), „Ozmar of Oz" (1907) und „Dorothy and the Wizard in Oz" (1908) erschienen bis zu B.s Tod weitere 10 Titel. Unter verschiedenen Pseudonymen schrieb B. noch andere Bücher, u. a. Zukunftsromane. Für Kinder und Jugendliche schrieb er u. a. als Laura Bancroft „Twinkle and Chubbins" (1911) und „Policeman Bluejay" (1907), als Floyd Akens Jungenbücher und als Edith Van Dyne Mädchenbücher. B. gründete auch eine Filmgesellschaft, die aber erfolglos blieb. Seine letzten Jahre verbrachte er in Hollywood.

Werk, Tendenzen, Wirkung. B., den man den Erfinder des amerikanischen Märchens nennen kann, wünschte „all the horrible and blood-curdling incidents" und die „stereotyped genie, dwarf and fairy" aus seinen phantastischen Geschichten zu eliminieren. Er entwarf die Landschaft und die Figuren seines Oz-Landes bis ins Detail; z. B. hat „Emerals"-Stadt 9654 Gebäude und 57318 Einwohner. Dorothy ist das dem jungen Leser als Identifikationsfigur dienende tapfere kleine Mädchen, das im Traum von einem Wirbelsturm in das Land des Weisen („Wizard") entführt wird. Dort kann es mit Hilfe des Einsatzes von Kopf, Herz und Mut (brains, heart, courage) und seiner Freunde (einer Vogelscheuche, eines Blech-Holzfällers und eines Löwen) die Hindernisse, die eine Hexe aufrichtet, überwinden und in das Bauernhaus zu Onkel und Tante zurückkehren. Gelegentlich mit L. CARROLLS Figur der Alice aus „Alice in Wonderland" verglichen, erfährt Dorothy die Abhebung von ihrer englischen literarischen Schwester, indem ihr mehr Zielstrebigkeit, Tatkraft, Hilfsbereitschaft und der Wunsch, in die Wirklichkeit zurückzukehren, zuerkannt werden muß. Zur Desillusionierung traditioneller Märchenvorstellungen trägt bei, daß in B.s Oz-Büchern der Weise als ein Mann gesehen wird, der mit Hilfe mechanischer Tricks seinen Zauber produziert.

Unter den Bänden der Oz-Serie blieb der erste Band der erfolgreichste (bis 1964 über 5 Millionen Auflage). Der Stoff diente zur Vorlage für ein Musical, zu dem B. selbst den Text verfaßte, wurde als Stummfilm, später als Tonfilm, Puppentheaterstück und Hörspiel bearbeitet und ist auf Langspielplatten zugänglich. Bis heute ist es amerikanische Tradition, zu Weihnachten den von MGM gedrehten Farbfilm „The Wizard of Oz" mit J. GARLAND (die darin den Schlager „Over the Rainbow" singt) im Fernsehen und in den Filmtheatern zu zeigen.

Es gibt in den USA mehr als 30 verschiedene Bearbeitungen und Ausgaben der „Wizard of Oz"-Geschichten. Nach dem Tod B.s verfaßten Auftragsschreiber des amerikanischen Verlags Fortsetzungen, so R. PL. THOMPSON, J. R. NEILL, J. SNOW, R. COSGROVE, B.s Sohn Colonel FR. BAUM, E. FULLER GOODSPEED und M. I. BUCHANAN. U. a. erschien auch nach B.s Tod ein „Who's who in Oz". „The Wizard of Oz" ist in viele Sprachen übersetzt (u. a. chinesisch, deutsch, französisch, holländisch, russisch, spanisch). In den USA ist die Gestalt des „Wizard of Oz" so populär, daß auf sie in politischen Reden angespielt wird. Jedoch haben ihn die Öffentlichen und die Schulbibliotheken zeitweilig von ihren Bücherbrettern verbannt, weil sie sich von der Phantasiewelt B.s für den jugendlichen Leser nichts Gutes versprachen. Zu den Bewunderern B.s gehörten u. a. J. THURBER und D. THOMAS.

Klaus Doderer

Werke: Mother Goose in prose (1897); Father Goose: His book (1899); A new wonderland (1900); The surprising adventures of the magical monarch of Mo and his people (1900); The wonderful Wizard of Oz (1900; dt. Der Zauberer Oz, 1940; NA. 1964, ²1965); American fairy tales (1901); Dot and Tot of Merryland (1901); The master key (1901); The life and adventures of Santa Claus (1902); The enchanted island of Yew (1903); The marvelous land of Oz (1904); Queen Zixi of Ix (1905); The woggle-bug book (1905); John Dough and the cherub (1906); Ozmar of Oz (1907); Policeman Bluejay (1907; unter Laura Bancroft); Dorothy and the wizard in Oz (1908); The road to Oz (1909); The emerald city of Oz (1910); The Daring Twins (1911); The sea fairies (1911); Twinkle and Chubbins (1911; unter Laura Bancroft); Phoebe Daring (1912); Sky Island (1912); The patchwork girl of Oz (1913); The scarecrow and the tin woodman (1913); Tik-Tok of Oz (1914); The scarecrow of Oz (1915); Rinkitink in Oz (1916); The lost princess of Oz (1917); The tin woodman of Oz (1918); The magic of Oz (1919); Glinda of Oz (1920).

Sekundärliteratur: D. P. Mannix: The father of the Wizard of Oz (in: American Heritage. The Magazine of History. 16. 1. 1964. 36—47. u. 108—109). — R. Sale: L. Frank Baum and Oz (in: Hudson Review. 25. 1972/73. 751 bis 592).

Baumann, Hans

*Kinder- und Jugendbuchautor, Lyriker, Übersetzer, Komponist; * 22. 4. 1914 Amberg/Oberpfalz.*

In den Jahren 1933/34 war B. nach seiner Ausbildung Lehrer und Hitlerjugendführer im Bayrischen Wald und betätigte sich anschließend als Mitarbeiter für Jugendzeitschriften, für den Berliner Rundfunk und in der Abtlg. Laienspiel der Reichsjugendführung. Er begann ein Universitätsstudium und unternahm Reisen in östliche Länder und nach Nordafrika. Nach dem Kriegsdienst als Offizier und der Gefangenschaft schrieb B. aufgrund intensiver kulturhistorischer Studien und Reisen geschichtliche Jugendbücher. Ebenso trat er als Lyriker, Übersetzer russischer Dichtung und als Dramatiker hervor. Mehrere seiner Kinder- und Jugendbücher wurden in die Auswahllisten zum Deutschen Jugendbuchpreis aufgenommen. B. erhielt 1956 den Gerstäcker-Preis der Stadt Braunschweig und wurde 1958 mit dem New York Herald Tribune Award und dem Spring Book Festival geehrt. Viele seiner Bücher, die in der Bundesrepublik hohe Auflagen erreichten und auch als Jugendtaschenbücher erschienen, wurden in über vierzehn europäische und außereuropäische Sprachen in Ost und West übersetzt.

Hans Baumann (1914)*

Werk, Tendenzen, Wirkung. B. wurde zuerst nach 1933 als Dichter und Komponist von Fahrten- und Kampfliedern für die Hitlerjugend (56 gesammelt in: Der helle Tag, 1938) bekannt, von denen seine Heimat-, Natur-, Wander- und Fahrtenlieder eine Grundstimmung der Jugendbewegung weitertrugen. Noch immer werden z. B. „Von allen blauen Hügeln", „Im Wald ist schon der helle Tag", „Gute Nacht, Kameraden" gesungen; die Liedzeile „Es geht eine helle Flöte" wurde Titel einer Liedersammlung (1950), für die E. v. Dombrowski Holzschnitte schuf. Nach 1949 hat sich B. mit erzählenden Kinder- und Jugendbüchern, mit Lyrik für Kinder- und Bilderbuchtexten sehr schnell durchgesetzt und gehört seitdem zu den in der Bundesrepublik meistgenannten Autoren der Abenteuer- und Sachbücher für junge Leser. Sein als abenteuerliche Entdeckungsgeschichte der Eiszeitmalerei verfaßtes Sachbuch „Die Höhlen der großen Jäger" — beruhend auf der Tatsache, daß vier Jungen am 12. September 1940 die Höhle von Lascaux entdeckten — erschien 1953 als erstes einer Reihe kulturhistorischer erzählender Sachbücher, deren schwierige Stoffe B. dem Interesse junger Leser entsprechend mit spannender Rahmen- oder Roter-Faden-Handlung gestaltete: Die Brücke der Götter, 1955 (Neufassung: Vorstoß zum Pazifik, 1967); Die Welt der Pharaonen, 1959; Gold und Götter von Peru, 1963; Löwentor und Labyrinth, 1966. Eine Mischung von Abenteuerbuch und kulturhistorischem Roman ist die an Gestalten und Schauplätzen reiche Großerzählung „Der Sohn des Columbus" (1951). Die Spannung des Sohn-Vater-Verhältnisses und dessen Auswirkung im Kontrast der Denkweisen, Verständigung und Freundschaft zwischen Menschen verschiedener Rassen und ihre Diffamierung sind darin schon Probleme, die B. in weiteren historischen Romanen für die Jugend aufgreift. Er wählt spannungsgeladene geschichtliche Situationen, zeigt historische Figuren, baut seinen jungen Lesern menschliche und politische Entscheidungssituationen auf und läßt die Beziehung zur verwandten Problematik im 20. Jh. durchscheinen (Gewaltausübung und Friedenswille, Abhängigkeit und Freiheit, Machthunger und Toleranz, Ideologie und Verständigung zwischen Völkern und Rassen). Dies gilt besonders für „Steppensöhne" (1954), „Ich zog mit Hannibal" (1960), „Dimitri und die falschen Zaren" (1970). In der Kindern erzählten fabelartigen Geschichte „Der Bär und seine Brüder" (1961) hat B. seine politische „Rechtfertigung" (Abhängigkeit von einem Mächtigen und Losreißung von „der Kette") verschlüsselt. B. weiß auch humorvoll zu erzählen und Gedichte für Kinder zu schreiben. Mit Kinderlyrik — „Wer Flügel hat kann fliegen" (1966), „Der Kindermond" (1968) — und mit Kaspergeschichten, mit lustigen und rührenden Tierfiguren, Kindergestalten der Großstadt und im Wirbel der „weiten Welt" (Der rote Pull, 1951; Neufassung 1959; Das Karusell zur weiten Welt, 1952) hat er sich der Leserschicht vom Erstlesealter an gestellt. Für seine Sammlung „Ein Reigen um die Welt" (1965) trug er 274 Kindergedichte und -lieder aus 75 Sprachen zusammen. B.s Bilderbücher gehen z. T. in die Richtung einfallsreicher Sprachspielereien für gewitzte Kinder (Buchstaben zu verkaufen, 1970, ill. von W. Grieder), z. T. in die Richtung des neuen Sachbilderbuches, das unterhaltend über Vorgänge in unserer Zivilisationswelt belehrt („Ein Brief nach Buxtehude. Eine Postgeschichte", 1970, ill. von H. Lentz). Von L. N. Tolstoi übersetzte B. „Die Brüder des Zaren" (1964) und „Der Bär auf dem Wagen" (1968) und andere Geschichten, außerdem Volkslieder und Jugenderzählungen aus dem Englischen und Französischen. B.s Bücher sind für die Erneuerung der deutschen Kinder- und Jugendliteratur in der Zeit nach dem Zweiten Weltkrieg bedeutsam geworden.

Margarete Dierks

Werke: Trommel der Rebellen (1935); Wir zünden das Feuer (1940); Das Kind und die Tiere (1949); Der rote Pull (1951); Der Sohn des Columbus (1951); Das Karussell zur weiten Welt (1952); Die Höhlen der großen Jäger (1953); Der Mutter zulieb sind diese Verse aufgeschrieben (1954); Steppensöhne (1954); Die Brücke der Götter (1955); Penny (1955); Die Barke der Brüder (1956); Hänschen in der Grube (1957); Für Dich (1958); Kleine Schwester Schwalbe (1958); Brennende Quellen (1959); Das Einhorn und der Löwe (1959); Das gekränkte Krokodil (1959); Die Welt der Pharaonen (1959); Blick ins Revier (1960); Ich zog mit Hannibal (1960); Der Bär und seine Brüder (1961); Der Drache von nebenan (1961); Das Karussell auf dem Dach (1961); Gold und Götter von Peru (1963); Tina und Nina (1963); Weihnachtslegenden (1963); Drei mal 13 kleine Fische (1964); In meinem Haus (1964); Kasperle hat viele Freunde (1965); Der große Elefant und der kleine (1966); Löwentor und Labyrinth (1966); Wer Flügel hat kann fliegen (1966); Der große Alexanderzug (1967); Das Schiffschaukelschiff (1967); Der Schimmel aus dem Bild (1967); Vorstoß zum Pazifik (1967); Der Zirkus ist da (1967); Fenny (1968); Ein Fuchs fährt nach Amerika (1968); Im Lande Ur (1968); Der Kindermond (1968); Wolkenreise für den König (1968); Das Everl und der Aff (1969); Das Karussellgeheimnis (1969); Redleg, der Piratenjunge im Schottenrock (1969); Der wunderbare Ball Kadalupp (1969); Ein Brief nach Buxtehude (1970); Buchstaben zu verkaufen (1970); Denkzettel (1970); Dimitri und die falschen Zaren (1970); Die Feuerwehr hilft immer (1970); Igel haben Vorfahrt (1970); Ein Stern für alle (1971).

Sekundärliteratur: R. Bamberger: Famous authors of literature for youth: Hans Baumann (in: Bookbird. 3. 1965. 19—22). — H. Baumann: Hans Baumann (in: Das gute Jugendbuch. 1. 1969. 9—14). — K. Klimmer: Hans Baumann: Die Höhlen der großen Jäger im Deutschunterricht einer 6. Klasse (in: Das gute Jugendbuch. 1. 1969. 15—27). — O. Preußler: Suru und Hannibal (in: JL. 5. 1961. 229—230). — M. Schick: Die Jugendbücher Hans Baumanns (unveröffentl. Examensarb. 1968). *IJB*

Baumgärtner, Alfred Clemens

*Literaturtheoretiker, Literaturdidaktiker mit dem Schwerpunkt Kinder- und Jugendliteratur, Professor für Didaktik der deutschen Sprache und Literatur an der Universität Würzburg; * 16. 7. 1928 Wiesbaden.*

Nach dem Studium in den Jahren 1946—52 und der Promotion an der Universität Mainz war B. zunächst von 1953—60 im Schuldienst und anschließend von 1960—62 als wissenschaftlicher Assistent am Pädagogischen Institut Darmstadt in Jugenheim an der Bergstraße tätig. 1962 wechselte B. als Dozent an die PH Eßlingen über, bis er 1965 einen Ruf als Professor für Didaktik der deutschen Sprache und Literatur an die Universität Gießen erhielt. Von dort ging er 1970 in gleicher Funktion an die Universität Frankfurt/M. und 1972 an die Universität Würzburg.

In zahlreichen Publikationen hat sich B. zu sehr verschiedenartigen, vorwiegend jedoch literaturdidaktischen Themen der KJL geäußert. B. verfährt bei seinen Untersuchungen weitgehend pragmatisch, d. h. er verzichtet auf dogmatische Voraussetzungen und entgeht somit der Gefahr, von Behauptungen auszugehen, die sich bei genauerem Hinsehen dann doch als ideologisch verfestigte und daher fragwürdige Kriterien herausstellen. B. gewinnt die Prämissen für den Standpunkt zu seiner theoretischen Argumentation durch Rekurrieren auf literatursoziologische wie auch leserpsychologische Untersuchungsergebnisse. Er versucht nicht, die KJL in ein geschlossenes System von Kategorien einzuordnen. Bezeichnend dafür ist seine Publikation „Perspektiven der Jugendlektüre“ (1969), die der Form nach eine Sammlung verhältnismäßig selbständiger Essays zu verschiedenen Gesichtspunkten der KJL darstellt. B. verwirft Bestrebungen, bestimmte Inhalte, Themen, Motive oder Gattungen grundsätzlich zu favorisieren und wirkt einem Literaturangebot entgegen, das seine Funktion im musealen Bewahren gewisser als sakrosankt angesehenen Texte sieht. Er lehnt es ferner ab, grundsätzlich dem Zeitgenössisch-Modernen die höchste Qualität zuzusprechen. Damit räumt er innerhalb der Literaturtheorie der historischen Dimension einen bestimmten Stellenwert zu. Mit H. Künnemann hat B. mit dem im Verlag F. Kamp in Bochum (1969) herausgegebenen Lesebuch „auswahl“ versucht, für die Schuljugend ein attraktives Angebot an Textsorten zu bieten, zu denen belletristische Texte ebenso gehören wie solche aus dem Bereich der Gebrauchssprache, z. B. der Zeitungen. „auswahl“ war auch eines der ersten Lesebücher, das in gesteigertem Umfang Texte anbot, die Kinder- und Jugendbüchern entnommen waren. Dem Versuch, die KJL stärker als bisher in den Literaturunterricht einzubeziehen, dient auch das von B. 1972 herausgegebene Lehrerhandbuch „Jugendliteratur im Unterricht“ mit 14 Unterrichtsversuchen verschiedener Autoren. Im Rahmen von B.s Bemühungen um den Literaturunterricht ist noch seine Studie zur Ballade (1964, ^{2}1970) zu nennen. B.s didaktische Untersuchungen beziehen sich aber keinesfalls nur auf den Bereich des Literaturunterrichtes, sondern auch auf die Vorschul- und auf die Freizeitlektüre der Kinder und Jugendlichen. Dabei steht für das Vorschulalter naturgemäß das Bilderbuch im Vordergrund, dessen Leistung B. in dem Doppelaspekt sieht: dem Kind bei der Erfassung der Wirklichkeit als auch bei der Abstraktion von ihr zu helfen. Zugleich komme dem Bilderbuch die Aufgabe zu, dem Erwerb von Kriterien zur ästhetischen Wertung zu dienen. Für den Bereich des Bilderbuchs ist vor allem die 1968 herausgegebene Publikation „Aspekte der gemalten Welt“ bedeutsam, in der mehrere Fachleute, unter ihnen Fr. Holešovský (CSSR) und der Bilderbuchgestalter L. Lionni (Italien), zu Wort kommen. Neben diesen verhältnismäßig weitgespannten Untersuchungen hat sich B. auch mehrfach mit sehr speziellen Themen auseinandergesetzt. Zu erwähnen ist hier vor allem eine der ersten deutschsprachigen Untersuchungen zur Frage der Comics: „Die Welt der Comics“ (1965, [5]1972); ferner eine am Exempel konkretisierte, kritische Auseinandersetzung mit der Geschichte der Kinder- und Jugendbuchforschung: „Gibt es eine Geschichtsschreibung der deutschen Jugendliteratur?“, in der B. auf eine recht fragwürdige Tradition hinweist, die primär moralische Urteile lieferte, anstatt erst einmal die Bestandsaufnahme einer Epoche oder eines Autors zu geben. Hinzu kommt, daß B. eine geradezu verblüffende Ähnlichkeit der Aussagen historisch weit auseinanderliegender Beurteilungen aufdeckt. *Rudolf Raab*

Werke: Die Ballade als Unterrichtsgegenstand (1964, 2., veränd. Aufl. 1970 unter d. Titel: Ballade und Erzählgedicht im Unterricht); Die Welt der Comics (1965, [5]1972); Perspektiven der Jugendlektüre (1969).
Hrsg.: Aspekte der gemalten Welt (1968); auswahl (Lesebuch, 1969; zus. mit H. Künnemann); Wozu Literatur in der Schule? (1970, [3]1972; zus. mit M. Dahrendorf); Jugendliteratur im Unterricht (1972); Lesen (1973).
Beiträge: Märchen und Sage (in: Literarische Erziehung in der Grund- und Hauptschule. 1965, [3]1971. 17—26); Die Kinder- und Jugendzeitschrift (in: Der Schweizer Buchhandel. 17. 1967. 677—784); Jugendgefährdung durch Literatur? (in: Bücherei und Bildung. 6. 1968. 316 bis 321); Literaturfeindlicher Deutschunterricht? (in: U. Walz (Hrsg.): Literaturunterricht in der Sekundarstufe. 1970. 5—17); Die Welt der Comics als semiologisches System (in: H. D. Zimmermann (Hrsg.): Vom Geist der Superhelden. 1970, [2]1971. 71—78); Gibt es eine Geschichtsschreibung der deutschen Jugendliteratur? (in: K. Doderer (Hrsg.): Jugendliteraturforschung international. 1970. 81 bis 94); Das Buch als Mittel frühkindlicher Bildungsförderung (in: Blickpunkt Schulbuch. 12. 1971. 33 u. 34); Das Lesen in der Grundschule und der Literaturunterricht (in: Pädagogische Welt. 3. 1972. 139—146); Comics heute (in: Schweiz. Lehrerztg. 15/16. 1972. 577—582); Gesellschaftspolitische Tendenzen im modernen Jugendbuch (in: K. E. Maier (Hrsg.): Jugendliteratur in einer veränderten Welt. 1972. 57—67).

Bearbeitung von Texten für Kinder und Jugendliche

Die B. ist ein von jeher praktizierter Eingriff in die jeweils vom Autor geschaffene Fassung eines Werkes; sie bedeutet eine Veränderung durch Kürzung, Erweiterung, Umstellung und sonstige Umgestaltungen des Originals.

In gewissem Sinn gilt schon die Übersetzung aus einer Sprache in eine andere als B. Ein großer Teil der sog. „klassischen“ KJL hat B.en erfahren. Drei Grundmotive des Bearbeiters sind im Gebiet der KJL erkennbar: 1. Versuch der Einstellung auf den jungen Leser, der noch nicht im Besitz der vollen Lesekompetenz ist; 2. Versuch der Renovierung eines in veralteter Form vorliegenden Werks; 3. Übertragungsversuch eines Erzählertextes in die Vorlage für ein anderes Medium (Bühnen-, Film-, Fernseh-, Funk- und Schallplattenbearbeitungen, auch Bilderbuchfassungen) oder umgekehrt die einem Fernsehfilm oder einem Hörspiel nachgestaltete Erzählfassung.

In der JL-Theorie ist wiederholt das Problem der B. angegangen worden. H. Wolgast lehnte sie grundsätzlich ab, P. Hazard sah darin einen Akt legitimer Annäherung an den ursprünglichen (reinen) Geschmack der Kinder. Ein Pauschalurteil kann bei der Vielfalt der möglichen Bearbeitungsvarianten nicht helfen.

B.-probleme an Beispielen. Extreme B.en liegen etwa da vor, wo der Verfasser nur die Fabel des Urtextes benutzt hat, aber keinen Wert auf detaillierte Anlehnung an das Original legt. Pädagogisch-psychologisch argumentierend hat z. B. B. Otto um 1900 den „Faust“ in Kindersprache (Altersmundart) wiedergegeben (Kunst vom Kinde aus und für das Kind). Das Verfahren, Werke der arrivierten Erwachsenenliteratur — von den mittelalterlichen Volksbüchern über den „Eulenspiegel“ bis zu Romanen des 18. und 19. Jh.s — für die Jugend zu bearbeiten, vermag kein noch so kritischer Gegner aufzuhalten. Wolgast erklärte (1896) in seinem bekannten Buch „Das Elend unserer Jugendliteratur“ zwar: „Entweder ist das Buch der Auffassungskraft der Kinder angemessen, was z. B. für den Robinson in seiner ursprünglichen Gestalt ... feststeht, dann soll es in seiner ihm vom Autor gegebenen Form gelesen werden, oder es übersteigt die intellektuelle und moralische Tragfähigkeit des Kindes, wie der Don Quichote und Gullivers Reisen, dann muß die Lektüre anstehen, bis die Kräfte für diese Aufgabe erstarkt sind.“ Aber schon J. H. Campe (1746—1818) veränderte D. Defoes „Robinson Crusoe“, benannte den Titel um in „Robinson der Jüngere“ und „bearbeitete“ die spätere Auflage seiner „Kinderbibliothek“ durch „Ausmerzung mancher Stücke, die ich nicht mehr billigen konnte, und durch eine bessere Zusammenstellung“ (Vorrede, Neue Gesamtausgabe der letzten Hand, 2. Bdchen.). Er bezeichnete „die bloße Ausmerzung“ als „eine wahre Verbesserung“. In der Vorrede zur Erstausgabe ihrer „Kinder- und Hausmärchen“ (1812) verurteilen zwar die Brüder Grimm jede Märchenbearbeitung, „welche ihre Einfachheit, Unschuld und prunklose Reinheit wegnimmt“, erklärten aber, dies sei nur gegen Bearbeitungen gesagt, „welche die Märchen zu verschönern und poetisch auszustatten vorhaben, nicht gegen ein freies Auffassen derselben“. Die Brüder Jakob und Wilhelm Grimm, besonders Wilhelm, haben ihre Märchen aus verschiedenen Quellen geschöpft und ihnen in jahrzehntelanger Bearbeitung ihre persönliche Fassung gegeben. Ähnliches gilt im 19. Jh. für G. Schwab, der in seinen „Schönsten Sagen des klassischen Altertums“ die bruchstückhaft überlieferten Sagen ergänzte und zu großen Kreisen zusammenfaßte. Diese Bearbeitung ist ihrerseits in der sprachlichen Form heute veraltet und erfordert wiederum B.en. (H. FR. BLUNCK, A. LECHNER u. a.). Der „Don Quijote", Roman des CERVANTES, ist mit 669 in einer keineswegs leicht überschaubaren Handlung dargestellten Personen vor allem wegen seines Umfangs (eine deutsche Übersetzung zur Zeit der Romantiker umfaßt 1165 Seiten; eine deutsche ungekürzte Ausgabe vom Jahre 1970 hat sogar 1376 Seiten) für die Bearbeitung zu Jugendausgaben von vornherein schwierig. Ähnliches gilt z. B. auch für J. SWIFTS „Gullivers Reisen", CH. DICKENS' „Oliver Twist" oder J. F. COOPERS „Lederstrumpf". Die vorliegenden stark gekürzten Jugendbücher, die den Ritter von der Mancha vorführen, vermögen nur noch einen schwachen Eindruck von der Konsistenz des Gesamtromans zu geben (z. B. sind die parodistischen Elemente des Originals verschwunden). Einige Ausgaben aus dem 19. und 20. Jh. bieten den „scharfsinnigen Ritter" als Bilderbuchfigur dar.

Von den sozialkritischen Absichten und der Ironie einer Staatssatire lassen viele Jugendausgaben des „Gulliver" überhaupt nichts mehr vermuten. Die meisten Bearbeitungen beschränken sich auf die ersten beiden Reisen nach Liliput, dem Staat der Zwerge, und nach Brobdingnag, zu den Riesen, während die folgenden Reisen nach Laputa, auf die Insel der Mathematiker, und zum Land der Pferde, den Houyhnhnms, einfach weggelassen werden.

Der „Lederstrumpf", die fünfbändige Romanfolge J. F. COOPERS, bedarf gewiß für den jungen Leser der Raffungen. Die deutschen Jugendausgaben sind allerdings z. T. bis auf 1/10 des ursprünglichen Textes vermindert. Fast völlig fehlen dann die Naturschilderungen (von denen einstmals A. STIFTER derart gepackt wurde, daß er nach diesem Vorbild seine Novelle „Der Hochwald" schrieb). COOPERS Figuren wurden z. T. verfälscht, indem ihnen übertriebener Edelmut beigelegt wurde.

Die Bearbeitungen der Reisen und Abenteuer des „Lügenbarons" H. C. FR. VON MÜNCHHAUSEN zu Bodenwerder an der Oberweser bewegen sich gekürzt oder erweitert zwischen dem „Ur-Münchhausen", einer englischen Fassung, 1775 von dem gebürtigen Niedersachsen R. E. RASPE in London veröffentlicht, und der deutschen Übersetzung dieses Werkes (1786) von G. A. BÜRGER, der 13 weitere, aus alten Schwanksammlungen entlehnte Stücke beisteuerte. Hinzu kommen noch die Erzähler, die weder an RASPE noch an BÜRGER anknüpfen und eine Reihe von „Münchhausiaden" eigener Erfindung oder breitgewalzte Anekdoten aus fremdländischen Sammelwerken darbieten.

Die in die Hunderte gehenden Jugendbearbeitungen des Robinson Crusoe aus dem 18.—20. Jh. unterscheiden sich prinzipiell vom Originalroman des Engländers DEFOE von 1719 dadurch, daß sie sich auf die Darstellung des Jugendschicksals konzentrieren, die theologisch-moralischen Traktate eliminiert und vielfach auch das Herkunftsland des Helden willkürlich verändert haben. (CAMPES Robinson ist z. B. Hamburger.)

Neuerdings ist am Beispiel von O. J. BIERBAUMS Pinocchio-B. „Zäpfel Kerns Abenteuer" von H. MÜLLER (in K. DODERER: Klassische Kinder- und Jugendbücher, Weinheim 1969) nachgewiesen worden, wie durch stilistische Maßnahmen, durch willkürlich hinzugefügte Szenen und eine Zugabe von Symbolik der deutsche Bearbeiter den italienischen Text des C. COLLODI verstellt hat.

Bei B.en für Bühne, Film und Fernsehen schalten sich die lebenden Autoren als Drehbuchbearbeiter oft selbst ein, so E. KÄSTNER bei dem schon 1930 uraufgeführten Bühnenstück „Emil und die Detektive", so A. LINDGREN bei den Filmen zu Pippi Langstrumpf, Ferien auf Saltkrokan u. a. Jugendbücher aus früheren Jahrhunderten haben ebenso Film- oder Theaterbearbeitungen erfahren. Erinnert sei nur an das mehrfach verfilmte Buch „Heidi" der J. SPYRI, an „Oliver Twist" von CH. DICKENS und an die vielen im traditionellen Theater alljährlich zu Weihnachten aufgeführten Märchenspiele und Märchenopern, an „Peterchens Mondfahrt" oder „Hänsel und Gretel".

Hans Eich

→ Don Quijote, → Gullivers Reisen, → Lederstrumpf, → Münchhausen, → Pinocchio, → Robinson Crusoe

Sekundärliteratur: P. Aley: J. F. Coopers Lederstrumpf in Jugendausgaben (in: K. Doderer (Hrsg.): Klassische Kinder- und Jugendbücher. 1969, ^{2}1970. 99—118). — H. Eich: Bearbeitungen von Sagen (in: Jugendliteratur. 12. 1960. 558—562); Drei Bearbeitungen der Schildbürger (in: Jugendliteratur. 1. 1962. 31—32). — B. Eichhorn: Carlo Collodi: Le avventure di Pinocchio (Dipl. Arb. 1968). — R. Geißler: Bearbeitung von Werken der Weltliteratur — Sakrileg oder Notwendigkeit? (in: K. Doderer (Hrsg.): Jugendliteraturforschung international. 1970. 65 bis 73). — H. Hake: Cervantes' Don Quijote als Jugendbuch (in: Jugendliteratur. 6. 1960. 245—259); Über Jugend-Bearbeitungen von Cervantes' Don Quijote (in: Jugendliteratur. 10. 1961. 434—445). — H. Hamann: Die literarischen Vorlagen der Kinder- und Hausmärchen und ihre Bearbeitung durch die Brüder Grimm (1906). — P. Hasubek: Zu einigen Jugendbearbeitungen des Volksbuches vom Till Eulenspiegel (in: Zeitschr. f. J.lit. 3. 1967. 129 bis 146). — H. Kallinger: Märchen der Romantiker für die Jugend? (in: Jugendliteratur. 12. 1956. 544—563). — U. Klein: Jugendbuchbearbeitungen: Robinson Crusoe (in: Jugendschriften-Warte. 4. 1963. 25—28). — G. Klingberg: Adaptionen (in: Skolbiblioteket. 15. 1969. 50—56). — J. Langfeldt: Märchenbearbeitungen für Kinder (in: Jugendliteratur. 7. 1959. 299—309); Robinsonausgaben und Robinsonbearbeitungen (in: Jugendliteratur. 10. 1959. 437—449); Sagen des klassischen Altertums (in: Jugendliteratur. 2. 1960. 78—89). — U. Mallmann: Die Sagen der Griechen (in: Jugendliteratur. 6. 1960. 260—268). — E. Mudrak: Die Bearbeitung der nordischen Götter- und Heldensage für die Jugend (in: Jugendliteratur. 2. 1960. 90—95); Grundsätzliches zur Sagengestaltung für die Jugend (in: Jugendschriften-Warte.

3. 1943. 17—19.). — R. Pasewald: Die Problematik der Lederstrumpf-Bearbeitung in den westdeutschen Ausgaben (in: Studien zur Jugendliteratur. 5. 1959. 3—35). — H. Pleticha: Die Bearbeitungen des Robinson Crusoe und die Entwicklung des klassischen Abenteuerbuches (in: Jugendliteratur. 6. 1960. 269—282). — O. Preußler: Bei uns in Schilda (in: Jugendliteratur. 9. 1958. 403 bis 412). — B. Prorini-Hagen: Klassische Märchensammlungen in modernen Ausgaben (in: Bücherei und Bildung. 5. 1965. 248—255 u. 7/8. 375—382). — E. Schindler: Neubearbeitungen klassischer Kinder- und Jugendbücher (in: Das gute Jugendbuch. 3. 1959. 12—16). *IJB*

Bechstein, Ludwig

*Dichter, Bibliothekar, Volkskundler, Märchen- und Sagensammler und -bearbeiter für die Jugend; *24. 11. 1801 Weimar, † 14. 5. 1860 Meiningen.*

B.s Vater, L. H. DUPONTREAU, war französischer Emigrant, seine Mutter, J. D. BECHSTEIN, die Tochter eines Fürstlichen Konsistorial-Botenmeisters zu Altenburg. Den frühverwaisten B. nahm sein Onkel, Dr. J. M. B., bedeutender Naturforscher, Gründer der Forstakademie Dreißigacker, als Adoptivkind in sein Haus und ließ ihn später in den Apotheken zu Arnstadt und Meiningen ausbilden. B. veröffentlichte Gedichte und kurze Erzählungen in verschiedenen Zeitschriften, 1823 erschienen seine vier Erzählungen „Thüringische Volksmärchen". Als 27jähriger begann B., mit einem Stipendium des Herzogs von Sachsen-Meiningen, an der Universität Leipzig sein Studium der Literatur, Geschichte, Philosophie. Zwei Jahre später trat er in München in den Freundeskreis der Dichter K. SPINDLER, W. v. CHÉZY, E. DULLER und FR. GRAF POCCI ein. B., der auf Studienabschluß mit akademischem Titel verzichtete, wurde 1831 von seinem Gönner, dem Herzog von Sachsen-Meiningen, zum Kabinettsbibliothekar und zum zweiten Bibliothekar an der herzoglichen öffentlichen Bibliothek ernannt; er gründete einen eigenen Hausstand und widmete sich in den folgenden Jahrzehnten, oft auch auf Reisen, vielseitiger literarischer und volkskundlicher Tätigkeit. B. war Gründer (1832) und bis drei Jahre vor seinem Lebensende Direktor des „Hennebergischen altertumsforschenden Vereins"; er wurde 1840 „in Anerkennung seiner großen Verdienste" zum Hofrat ernannt und acht Jahre später von den vier beteiligten Ländern zum „gemeinschaftlichen Archivar des Gesamtarchivs" der einst reichsunmittelbaren Grafschaft Henneberg bestellt.

Werk, Tendenzen, Wirkung. Etwa 80 Werke in ungefähr 100 selbständig herausgegebenen Bänden bezeugen den Fleiß B.s, den er außerdem an unzählige Beiträge wandte für Taschenbücher, Almanache, schöngeistige Zeitschriften u. a. m. In der Art der Spätromantiker verfaßte B. Verserzählungen, Romane und Novellen (Gedichte, 1836; Das tolle Jahr, 3 Bde., 1833; Fahrten eines Musikanten, 3 Bde., 1837; Berthold, der Student oder Deutschlands erste Burschenschaft, 2 Bde., 1850; Hexengeschichten, 1854; Die Geheimnisse eines Wundermannes, 1856 usw.). Geschichten eigener phantasievoller Erfindung veröffentlichte er auch in dem Band „Mährchenbilder und Erzählungen, der reifern Jugend geweiht" (1829). Diese Werke konnten sich in der Literatur nicht behaupten, dagegen fanden seine volkskundlichen Schriften, seine Sammlung und Nacherzählung deutscher Märchen und Sagen starke Beachtung.

B. als Volkskundler. B. hat im Laufe seines Lebens etwa 150 Märchen und 2250 Sagen gesammelt. Nach K. KAISER schwebte B. der umfassende Plan vor, das gesamte Erzähl- und Glaubensgut des deutschen Volkes zusammenzutragen, zumindest es in einem großen Querschnitt aufzuweisen. Als die tragenden Pfeiler bezeichnete B. Märchen, Sage und Mythe (Deutsches Märchenbuch, S. IV; Neues deutsches Märchenbuch, S. VI); in mehreren theoretischen Schriften setzte er sich mit diesen drei Gattungen „volksläufigen Erzählgutes" auseinander und untersuchte im Geiste der Zeit Gegenstände der Volksüberlieferung in folgenden Arbeiten: „Über den ethischen Wert der deutschen Volkssagen" (1837); „Das Märchen und seine Behandlung in Deutschland" (1852); „Mythe, Sage, Märe und Fabel im Leben und Bewußtsein des deutschen Volkes" (3 Bde., 1854 u. 55); „Geschichte der Märchen" (1858); „Die literarische Behandlung der deutschen Volkssage" (1858). Hinzu kommen seine aufschlußreichen Vorreden zu den Ausgaben seiner Sagen- und Märchensammlungen.

B. als Märchensammler und -erzähler. Trotz theoretischer Scheidung zwischen dem Märchen als „orts- und zeitfreier Wundererzählung" (KAISER) und Sage, die er durch Namensnennung von Personen und Orten lokalisiert sah, fügte er sich den „fließenden Grenzen" zwischen den Bereichen. Für seine Märchen wandelte er oft Sagenstoffe in Märchen um; auch nahm er zahlreiche Tiermärchen aus dem Bande „Der alten Weisen Exempel" (Frankfurt/M. 1592) auf mit der Erläuterung: „Märchen, Fabel und Parabel, wie sie gleichzeitig dem Morgenlande entsprangen und nach Europa kamen, lassen sich nicht streng scheiden, mindestens würde die versuchte Sonderung völlig zwecklos sein." Von B. erschienen: „Thüringische Volksmärchen" (1823); „Deutsches Märchenbuch" (1845); „Romantische Märchen und Sagen" (1855); „Neues deutsches Märchenbuch" (1856); „Neue Volksbücher mit Holzschnitten", 33. und 34. Doppelheft; „Die Mären vom Rübezahl, dem Geiste des Riesengebirges" (1855).

B., der sich mit der Märchentradition seit STRAPAROLA beschäftigte, wandte sich gegen eigenes Hinzudichten zu Märchenstoffen, wie man es noch bei K. A. MUSÄUS und CHR. M. WIELAND findet, bestritt jedoch das Recht dichterischer Bearbeitung nicht prinzipiell. Die ausgesponnenen Liebesmärchen des Orients rückten für B. unter den Begriff der „Novelle"; er erklärte: „das ächte und rechte Märchen ist nur das Kindermärchen"; „Wir bedürfen keiner Märchen, aber die Jugend bedarf ihrer" (Germania 1852, S. 326). Hier wurzelt B.s pädagogische Tendenz der Märchenerzählung und -bearbeitung; *er erstrebte „Enterotisierung" der Märchenstoffe, wollte alles für Kinder „Unpassende" vermeiden und Tugendhaftigkeit und sittliche Qualitäten der Märchenfiguren hervorheben.* Aus diesem Grunde schied B. für sein „Neues deutsches Märchenbuch" (NDMB) gegenüber seinem früheren „Deutschen Märchenbuch" (DMB) die Geschichten mit der Figur der „bösen Stiefmutter" aus. KAISER sieht an dieser Motivkreisfrage den Gegensatz zwischen dem wissenschaftlichen Märchensammler und dem Kindermärchenerzähler B. am schärfsten hervortreten. In Titelanmerkungen (DMB) und Vorrede (NDMB) hat B. die Quellen seiner Märchen bezeichnet, z. T. auch Hinweise auf Varianten bei GRIMM und anderen gegeben. Doch wird von ihm GRIMM nirgends als „Quelle" genannt. Die Frage der Abhängigkeit einzelner B.-Märchen von den GRIMMschen KHM wäre demnach stilkritisch zu untersuchen. Außer Werken der schriftlichen Märchenüberlieferung (u. a. Schlesischer Rübezahl, 1728) nennt B. zeigenössische Märchensammlungen und häufig die mündliche Erzählung im Volke. Auch aus der Schönen Literatur (J. KERNER) seiner Zeit hat B. geschöpft und Sage und eigene Erfindung zu Märchen, vor allem im NDMB, umgearbeitet. Im letzten Drittel des 19. Jh.s schienen B.s Märchenbücher an Beliebtheit die Sammlung der Brüder GRIMM bei weitem zu übertreffen, heute folgt B. in der Wertung in großem Abstand zu den Kinder- und Hausmärchen. *Gegenüber der künstlerisch überlegenen, einfachen Erzählweise der Brüder Grimm versuchte B., lehrhaft auf hausbackene Moral bedacht, besonders volkstümlich zu schreiben und ließ sich vom Zeitgeschmack leicht ins Ausschmückende und Redselige verleiten.* B.s umfangreiches gesamtes Märchenwerk wurde zum ersten Male von W. SCHERF in einem Bande, übersichtlich mit Quellen- und Literaturangaben, kritischem Kommentar, mit Biographie und Nachwort versehen, 1965 herausgegeben.

B. als Sagensammler und -erzähler. Unter Benutzung alter Schriften, neuerer Sammlungen und des selbst gesammelten Materials erarbeitete B. folgende Sagenwerke: „Der Sagenschatz und die Sagenkreise des Thüringerlandes" (4 Bde., 1835 ff.); „Die Volkssagen, Mährchen und Legenden des Kaiserstaates Österreich" (1840); „Der Sagenschatz des Frankenlandes" (1842); „Deutsches Sagenbuch" (1853); „Thüringer Sagenbuch" (1858). B. wählte für die Nacherzählung und Bearbeitung die *„Form einer idealen Sagenwanderung"*. Er führte seine Leser vom „Ursprung des Rheins" durch die Schweiz bis zu den Niederlanden, Friesland und weiter durch alle deutschen Landschaften. Ein Jahrhundert später erneuerte H. F. BLUNCK diese Kompositionsform. B. hat in seiner Schrift „Mythe, Sage, Märe und Fabel im Leben und Bewußtsein des deutschen Volkes" den ethischen Wert der Volkssagen hervorgehoben, in dem er auch ihre Bedeutung als Jugendliteratur sah. „Sie beschönigt nicht, sie vertuscht nicht, sie nennt nicht weiß was schwarz ist." Sein umfangreiches „Sagenbuch" hat B. ausdrücklich der Jugend zugedacht und damit das erste nennenswerte überregionale Werk deutscher Volkssagen als Jugendliteratur geschaffen.

Jugendausgaben. Vor allem die Märchen, aber auch die Sagen von B. erschienen in zahlreichen Jugendausgaben und sind noch heute in verschiedenen Bearbeitungen, Zusammenstellungen und mit den Illustrationen alter und zeitgenössischer Künstler beliebt. Die Ausgabe von 1857 „B.s Märchen" erschien mit 184 Holzschnitten nach Originalzeichnungen von L. RICHTER. Ein Neudruck dieses Bandes wurde 1929 veranstaltet. Das Nachwort schrieb K. M. SCHILLER, der 1930 B.s „Deutsches Sagenbuch" mit 16 Holzschnitten nach Zeichnungen von A. EHRHARDT herausgab, eine Neuauflage der Ausgabe von 1853. Zu B.s „Rheinsagen" ([4]1918, Schaffsteins Blaue Bändchen) schuf O. UBBELOHDE Federzeichnungen.

In dem Bande „B.s Märchen und Sagen" (1954, Gesamtaufl. 198 000) hat E. JELDE aus dem Werke B.s 43 Märchen, die den KHM am fernsten stehen, und 103 Sagen, gelöst aus ihrem ursprünglichen Zusammenhang, vereint. Die Änderungen in Form und Sprache kommen dem heutigen jungen Leser entgegen, doch bleibt „B.-Charakteristisches" in dieser Bearbeitung gut bewahrt. „Der goldene Rehbock und andere Märchen", illustriert von T. SCHLEGEL, erschien 1961 in der DDR.

Margarete Dierks / Hans Eich

→ Märchen, → Sage

Werke: Thüringische Volksmärchen (1823); Mährchenbilder und Erzählungen, der reifern Jugend geweiht (1829); Die Reisetage (Bd. 1 u. 2. 1836); Der Sagenschatz und die Sagenkreise des Thüringerlandes (Bd. 1—4. 1835—38); Der Sagenschatz des Frankenlandes (1842); Deutsches Märchenbuch (1845); Mythe, Sage, Märe und Fabel im Leben und Bewußtsein des deutschen Volkes (Bd. 1—3. 1854 u. 55): Neues deutsches Märchenbuch (1856); Mythen und Sagen Tirols (1857); Thüringer Sagenbuch (Bd. 1 u. 2. 1858); Sämtliche Märchen (1965).

Sekundärliteratur: R. Bechstein: Ludwig Bechstein in seinem wissenschaftlichen Wirken (in: Einladungsschrift zur Feier des fünfzigjährigen Bestehens des Hennebergischen altertumsforschenden Vereins. 1882. 36—105). — K. Boost: Ludwig Bechstein (Diss. 1925). — F. Heyden: Volksmärchen und Volksmärchen-Erzähler (1922). — T. Linschmann: Ludwig Bechsteins Schriften (1907; ND. 1972). — W. Scherf: Anmerkungen, Nachwort (in: L.

Bechstein: Sämtliche Märchen. 1965. 779—817). — K. Schmidt: Untersuchungen zu den Märchensammlungen von Ludwig Bechstein (1935). — K. Wasserfall: Ludwig Bechsteins Märchenbücher (Diss. 1922).

Bednářová, Eva

*Tschechische Grafikerin und Illustratorin; * 8. 5. 1937.*

B. absolvierte 1957 die Schule der bildenden Künste in Prag. Von 1957—63 studierte sie bei Professor A. STRNADEL, einem der führenden tschechichen Künstler auf dem Gebiet der Illustration, an der Prager Hochschule für Kunstgewerbe. Sowohl für ihre freien Grafiken als auch für ihre Kinderbuchillustrationen wurde B. mehrmals ausgezeichnet. Ihre Kinderbuchillustrationen wurden bereits 1965 auf der Ausstellung in Bratislava prämiert; 1967 erhielt B. den Preis des Kinderbuchverlags Albatros. Für die Illustrationen in „Chinesische Volksmärchen" (1968) wurde sie 1969 mit dem höchsten Preis der BIB, dem Grand Prix, ausgezeichnet.

Werk, Tendenzen. B. bevorzugt als literarische Vorlage Texte mit märchenhaftem, auch phantastischen Charakter. Als erstes Kinderbuch illustrierte sie im Auftrag des SNDK, Prag, H. FRANKOVÁS „Plavčík a sardinky" (1965), dem ein Jugendbuch derselben Autorin „Blázni a Pythagoras" (1966; dt. „Die Narren und Pythagoras", 1972 — die deutsche Ausgabe ist nicht von B. illustriert —) folgte. FRANKOVÁS freies Spiel mit Elementen des Humors und ihre skurrile Phantastik sprechen B. nach ihren Aussagen („Ilustrace osobníhu prožitku" in: Zlatý Máj. 3. 1970. 169ff.) ebenso an wie der romantische, melancholische Zug alter Märchen. An den chinesischen Märchen reizte sie der im Unterschied zu europäischen dramatischere und traurigere Charakter. Die „Chinesischen Volksmärchen", von D. und M. Št'ovičková chinesischen Quellen nacherzählt und von E. BERTLEFF übersetzt, sind mit 16 farbigen und 29 Schwarzweiß-Bildern ausgestattet. In ihnen verfließen zart-konturierte, vereinfachende und stilisierende Formen mit dem farblich stimmungsvoll nuancierten und strukturierten Hintergrund zu poetischen Visionen. B. verdichtet die Aussage eines Textes mit dem ihr eigenen künstlerischen Gestus so weit, daß die Bilder auch ein vom Text unabhängiges Gewicht erhalten. B. arbeitete bisher zusammen mit den Verlagen Albatros, Artia, Svoboda, Mladá fronta und SNDK. Neben Märchen schätzte sie selbst besonders die Arbeit an KN. HAMSUNS „Viktorie" (1968) in der Übersetzung aus dem Norwegischen. Ansonsten illustrierte sie bislang vor allem Texte tschechischer Autoren wie M. PUJMANOVÁ, Z. BEZDĚKOVÁ und Märchen von O. SCHEINFLUGOVÁ, J. VLADISLAV und O. ŠAFRÁNEK.

Gerlinde Rabenstein

Ill.: E. u. J. Goncourt: Renáta Mauperinová (1964); H. Franková: Plavčík a sardinky (1965); H. Franková: Blázni a Pythagoras (1966); Z. Bezděková: Říkali mi Leni (1967, [4]1971); M. Pujmanová: Předtucha (1967); D. u. N. Št'ovíčková: Chinesische Volksmärchen (1968); K. Hamsun: Viktorie (1968); W. Cather: Moje Antonie (1970); J. Vladislav: Kapitán Tulipan a princezna z Bordeau (1970).

Sekundärliteratur: A. Hartmann: Řád zvláštního světa (in: Zlatý Máj. 3. 1970. 167—168). — Ilustrace osobního prožitku (in: Zlatý Máj. 3. 1970. 169—174).

Beecher Stowe, Harriet

*(d. i. Harriet Stowe, geb. Beecher). Lehrerin, Schriftstellerin, Verfasserin des zum Kinderbuch gewordenen Zeitromans gegen die Sklaverei „Uncle Tom's Cabin, or, Life among the Lowly" („Onkel Toms Hütte"); * 14. 6. 1811 Litchfield/Connecticut, † 1. 7. 1896 Hartford/Connecticut.*

Als Tochter eines kongregationalistischen Geistlichen wurde B. streng puritanisch in ihrer Familie erzogen, aus der mehrere Theologen hervorgingen (ihr Bruder war der bekannte Prediger H. W. BEECHER). B. bereitete sich, ihr Tun und Streben auf die selbst erlebte *religiöse Erweckung* gründend, auf den Beruf der Lehrerin vor, den sie viele Jahre lang ausübte. Dabei setzte sie sich besonders für die *Mädchenbildung* ein, später in den USA und in England auch entschieden für die *Emanzipation* der Frau. Im Jahre 1832 zog die Familie nach Cincinnati. Anfang 1836 vermählte sich B. mit C. E. STOWE, Professor für Bibelkunde. Der Eheschließung folgten in Neuengland zunächst Jahre der Armut und Krankheit; sie endeten mit der Übersiedlung der jungen Familie nach Brunswick (Maine), wo Dr. STOWE die Collins-Professur am Bowdoin College erhielt. B. hatte schon als junges Mädchen Beiträge für verschiedene Zeitschriften (u. a. „Western Monthly") geschrieben und leidenschaftlich *gegen die Sklaverei* Stellung genommen. Tatkräftig setzte sie sich mit einem Kreis von Frauen in der Versorgung der nach Kanada fliehenden Sklaven ein. Mit dem außerordentlichen schriftstellerischen und moralischen Erfolg, den sie mit ihrem 1850/51 geschriebenen Hauptwerk, dem Zeitroman gegen die Sklaverei „Uncle Tom's Cabin, or, Life among the Lowly", errang, verbesserte sich auch die wirtschaftliche Lage der Familie. In den folgenden Jahrzehnten unternahm B. mehrere Reisen nach Europa; besonders in England warb sie für die Idee der Sklavenbefreiung und für vorurteilsfreie Humanität. Während des Bürgerkrieges (1860—65) blieb sie in den Staaten. Zu ihrem wachsenden Freundeskreis gehörte auch G. ELLIOT. Im Herbst 1872 bereiste B. mit einer Vorlesungsreihe aus ihren eigenen Werken alle größeren Städte Neuenglands. Etwa zweihundert amerikanische Schriftsteller und Schriftstellerinnen feierten sie zu ihrem 70. Geburtstag auf der Besitzung von Freunden in einer der schönsten Vorstädte von Boston. Im Jahre 1887 begann sie mit ihrem Sohn Charles zusammen ihre Lebensgeschichte unter Einbeziehung ihrer Korrespondenz und Tagebuchaufzeichnungen zu schreiben. Das Buch erschien 1889 in den USA, 1892 in Deutschland, übersetzt von M. JAKOBI.

Elizabeth Harriet Beecher Stowe: Onkel Tom's Schicksale (Berlin 1853). Schon bald nach dem Erscheinen der amerikanischen Erstausgabe wurde Harriet Beecher Stowes „Uncle Tom's Cabin" auch in Deutschland populär. Die Abbildung entstammt einer frühen Bearbeitung für die Jugend von M. Schasler.

Werk, Tendenzen, Wirkung. Als junge Frau und Mutter setzte B. zunächst ihre Mitarbeit an Zeitschriften fort. Ihre frühen Erzählungen erschienen 1843 in dem Sammelband „The Mayflower". Professor STOWE, der von ihrer Berufung als Schriftstellerin überzeugt war, riet ihr, ihre Arbeiten „immer unverkürzt" mit „Harriet Beecher Stowe" zu zeichnen („Briefe und Tagebücher", 1892, S. 76). Mit allen ihren Angehörigen stand sie auf Seiten der Gegner der Sklaverei und unterstützte auch mit offenen Briefen und Aufrufen (z. B. „An die Frauen Amerikas") die Bewegung der Abolitionisten. Ihre soziale und politische Parteinahme, in der christlichen Ethik der Nächstenliebe begründet, prägte sich am wirkungsvollsten aus in der großen zeitgeschichtlichen Erzählung „Uncle Tom's Cabin, or, Life among the Lowly", in deren Handlungsgefüge und Charaktere sie eigene Erlebnisse und Eindrücke verarbeitete. Am 5. Juni 1851 begann die Erzählung in der Zeitschrift „National Era" in Washington zu erscheinen; der letzten Fortsetzung fügte sie ein Nachwort an die Kinder an und ermahnte sie, sich an der „kleinen Eva" ein Beispiel zu nehmen und als Erwachsene dafür einzutreten, daß das unchristliche Vorurteil gegen die Schwarzen verschwinde. Noch 1852 erschien der Roman als Buch; innerhalb eines Jahres wurden 300 000 Exemplare davon in Amerika verkauft. 1853 gab B. einen Band Essays und Schilderungen heraus, betitelt „A Key to Uncle Tom's Cabin", als Erwiderung auf Anfeindungen gegen das Buch aus den Südstaaten. Sie verlieh dieser Erwiderung abermals Nachdruck in dem Vorwort zu ihrer zweibändigen Erzählung „Dred" (1856), in der sie zeitgeschichtliche Vorgänge und aktenkundiges Material aus dem Einsatz für die Sklavenbefreiung verarbeitete. Das Werk nimmt etwas von der modernen Form des jugendgeeigneten, zeitgeschichtlich abenteuerlichen Romans mit dokumentarischem Anhang vorweg. Nach einer Europareise schrieb sie den Roman „The Minister's Wooing" (1859); später hielt sie in weiteren Erzählungen und Romanen viel von dem Leben und der Atmosphäre im „alten" Neuengland fest (Oldtown Folks, 1869). Ihre gesammelten Werke („The Writings") erschienen im Jahr ihres Todes 1896. Keines ihrer Bücher aber hat wieder den Erfolg des ersten „Onkel Toms Hütte" erreicht. Zunächst vorwiegend von Erwachsenen und Jugendlichen gelesen, behauptete sich der Roman, in fast alle Kultursprachen übersetzt, bis in die 30er Jahre des 20. Jh.s als international klassisches Kinderbuch zu einem brennenden sozialen Problem.

Heinrich Pleticha

→ Onkel Toms Hütte

Werke: Uncle Tom's cabin or Life among the lowly (Bd. 1 u. 2. 1852; dt. Onkel Tom's Hütte oder Negerleben in den Sklavenstaaten des freien Nordamerika, 1852); The key to Uncle Tom's cabin (1853; dt. Schlüssel zu Onkel Tom's Hütte, 1853); Dred (Bd. 1 u. 2. 1856; dt. Dred. Bd. 1—3. 1856); The minister's wooing (1859); Oldtown folks (1869); The writings (Bd. 1—16. 1896).

Sekundärliteratur: H. Birdoff: The world's greatest hit: Uncle Tom's cabin (1947). — C. H. Foster: The rungless ladder (1954). — C. Gilbertson: Harriet Beecher Stowe (1937). — E. Kertész: Harriet regénye (1967). — G. E. Maclean: Uncle Tom's cabin in Germany (1910). — F. T. McGray: The lifework of the author of Uncle Tom's cabin (1889—1890). — C. E. Stowe: Life of Harriet Beecher Stowe (1889; ND. 1967). — H. E. Beecher Stowe: Life and letters of Harriet Beecher Stowe (1898). — M. D. Widdemer: H. Beecher Stowe (1949). — F. Wilson: Crusader in crinoline (^{2}1941). — W. E. Wise: H. Beecher Stowe (1965).

IJB

Beinlich, Alexander

*Literaturdidaktiker, Professor für Deutsche Sprache und Didaktik des Deutschunterrichts an der Pädagogischen Hochschule Niedersachsen, Abtlg. Vechta; * 15. 7. 1911 Schweidnitz.*

B. studierte von 1930—32 an der Pädagogischen Akademie in Bonn sowie unmittelbar anschließend bis 1937 an den Universitäten in Köln und Breslau Germanistik, Neuere Geschichte und Philosophie. Nach der Promotion und im Anschluß an den Kriegsdienst war B. im Schuldienst tätig. Seit 1951 lehrt B. in Vechta.
B. wurde vor allem als Herausgeber des „Handbuch des Deutschunterrichts" bekannt, dessen 5. Auflage 1969/70 erschien. Es enthält u. a. einen Beitrag B.s, in dem er sich mit der Entwicklung der Leseneigungen und des literarischen Verständnisses bei Kindern und Jugendlichen auseinandersetzt. In dem von B. mitbetreuten „Handbuch Lesen" (1973) baut er den im „Handbuch des Deutschunterrichts" bereits erörterten Ansatz aus und entwickelt ihn weiter. Das Thema der literarischen Entwicklung junger Menschen ist auch Gegenstand mehrerer Zeitschriftenaufsätze B.s.

Werke: Hrsg.: Handbuch des Deutschunterrichts (Bd. 1 u. 2. 1961, ^{5}1969/70); Handbuch Lesen (1973; zus. mit A. C. Baumgärtner, M. Dahrendorf u. a.).
Beiträge: Über die literarische Entwicklung der Heranwachsenden (in: WW. 2. 1965. 110—121 u. 3. 1965. 187—200); Zur literarischen Entwicklung von Kindern und Jugendlichen (in: Jugend und Buch. 4. 1966. 10—13. u. 1. 1967. 21—25); Der junge Leser und das Jugendschrifttum (in: Bertelsmann Briefe. 49. 1967. 10—19); Über die literarische Entwicklung der Heranwachsenden (in: G. Wilkending (Hrsg.): Literaturunterricht. 1972. 34—57).

Bekier, Erwin

*Jugendbuchautor; * 1920 Berlin*

B., Sohn einer russischen Arbeiterin und eines deutschen Handwerkers, sprach bis zum 4. Lebensjahr nur russisch, da er von der Großmutter mütterlicherseits aufgezogen wurde. Der kommunistischen Tradition seiner Familie zufolge (B.s Mutter war seit 1915 Mitglied der Partei der Bolschewiki, sein Vater seit 1928 Mitglied der KPD) wurde B. 1929 Mitglied einer der ersten Gruppen der Roten Jungen Pioniere in Berlin. Als Journalist und Schriftsteller unternahm B. zahlreiche Reisen u. a. durch die UdSSR und Nordvietnam.
Für „Die Insel der sieben Schiffe" (Kinderbuchverlag, 1962) erhielt er 1962 die zweithöchste Prämie im Preisausschreiben zur Förderung der sozialistischen Kinder- und Jugendliteratur.

Werk, Tendenzen, Wirkung. B. schafft durch die Kombination von — nicht fingierten — persönlichen Erlebnissen und Berichten und stilistisch variationsreich eingefügten Fremd-Berichten eine sehr informative Form des belletristischen Sachbuchs. Bevorzugte Informationsmittler sind einzelne Personen, die er auf seinen Reisen kennengelernt hat. Als Zeugen für Prozesse der Veränderung in der Entwicklung der Gesellschaft, für die Gestaltung der Umwelt, für Mentalität, für Leistungswillen und Opferbereitschaft ordnet er Berichte und Schicksale einzelner funktional dem Gesamtduktus des jeweiligen Buches unter. Mehrere Bücher B.s zeigen die eingehende Kenntnis der UdSSR. „Vom Eismeer zum Schwarzen Meer" wurde 1963 unter dem Titel „Von Murmansk zum Elbrus" neu aufgelegt. Das 1959 erschienene Buch „Wolgafahrt" geht auf B.s tatsächliche Reise von der Quelle bis zur Mündung der Wolga zurück. In dem Buch wird die Reise von Moskau bis zum Kaspischen Meer erzählt. Der erlebnishafte Reisebericht dient dem Kennenlernen der Kultur- und Naturlandschaft um die Wolga, der Errungenschaften der UdSSR, aber auch der Eigenarten und Leistungen der anwohnenden Menschengruppen. Auch in dem Buch „Auf den Spuren Lenins" (1967) mit dem Untertitel „Reportagen von gestern und morgen" berichtet B. — in Konfrontationen von Vergangenheit und Gegenwart — von Veränderungen, die sich in der UdSSR seit der Oktoberrevolution vollzogen haben. Das Bild Lenins bringt er dem Leser aus Erzählungen und persönlichen Eindrücken einzelner Zeitgenossen nahe. Der Biografie „Juri, der erste Kosmonaut" (1961) folgte 1966 die „Kosmonautenchronik", in der die ersten 15 Kosmonauten der Welt in chronologischer Abfolge der Unternehmungen gewürdigt werden. Jeder Abschnitt enthält klar getrennt Zweckbeschreibungen und Berichte über das Unternehmen, technische Daten, Biografie der Kosmonauten und abschließend den Erlebnisbericht der Kosmonauten über ihren Flug. So entsteht nicht nur eine übersichtlich gegliederte Geschichte der Weltraumflüge vom ersten gelungenen Versuch bis zu dem ersten Ausstieg im Kosmos; die eingefügten Biografien und Aussagen der Kosmonauten haben auch eine deutliche vorbildschaffende Funktion für den jugendlichen Leser. In „Geboren am 8. Mai" stellt B. fünf junge DDR-Bürger vor, die am 8. Mai 1945, dem Tag der bedingungslosen Kapitulation, die die Beendigung des Zweiten Weltkriegs besiegelte, geboren sind. Aus den Erlebnissen der Mütter und Väter und den Berichten von Angehörigen der Roten Armee werden in fünf Variationen die Tage um den Waffenstillstand geschildert. B. wendet sich damit vor allem an die jungen Leser, für die „der Krieg nur aus Geschichtszahlen" besteht. Das Buch ist illustriert mit Bildern des Wl. Bogatkin, die dieser im Mai 1945 als Kriegsberichterstatter in Berlin gezeichnet hat, und Fotos von A. Fischer. In seinem jüngsten Buch „Die Geschichte von Tran Song" (1971) berichtet B. über seine Reise durch Nordvietnam. Die historischen Fakten, zurückgehend bis ins 13. Jh., und B.s persönliche Eindrücke und Erlebnisse sind so verknüpft, daß dazwischen Raum bleibt für die Beschreibung der landschaftlichen und klimatischen Bedingungen, der Kultur und Lebensweise der Vietnamesen, für Berichte von den Befreiungskämpfen, von dem aufopfernden Einsatz einzelner. Durch erschütternde Berichte einzelner Vietnamesen läßt B. die Widerstandskraft des Volkes transparent werden, die er symbolisch in der legendären Figur „Tran Song" verkörpert sieht. Die dem Text beigegebenen Farbfotos stammen von B. selbst und unterstützen den dokumentarischen Charakter des Buches. *Gerlinde Rabenstein*

Werke: Vom Eismeer zum Schwarzen Meer (1959, ^{2}1963; zus. mit A. Schmuckler); Wolgafahrt (1959); Juri, der erste Kosmonaut (1961, ^{4}1971); Kurs: Nördlicher Seeweg (1962, ^{2}1964); Die Insel der sieben Schiffe (1962, ^{3}1964); Kosmonautenchronik (1966); Auf den Spuren Lenins (1967, ^{4}1970); Delphinjäger (1968, ^{2}1972); Die Telegraphenschlacht (1969, ^{2}1971); Geboren am 8. Mai (1970, ^{2}1971); Die Geschichte von Tran Song (1971).

Sekundärliteratur: H. Swarowsky: Alfred Kurella: „Unterwegs zu Lenin", Erwin Bekier: „Auf den Spuren Lenins" (in: Beitr. z. K.- u. Jl. 14. 1970. 74—78).

Belgien

(franz. La Belgique, fläm. Belgie). Parlamentarische Erbmonarchie in Westeuropa. Staatsgebiet 30513 km²; 9,2 Mill. E. Landessprachen sind Französisch, Flämisch und Deutsch. Rund 60 % der Bevölkerung sind Flamen, 39 % französisch sprechende Wallonen und 1 % Deutsch-Sprechende. Seit der Septemberrevolution von 1830 besitzt Belgien staatliche Selbständigkeit.

Geschichte der Kinder- und Jugendliteratur. Die Geschichte der Kinder- und Jugendliteratur in Belgien ist bis 1830 weitgehend identisch mit der Entwicklung der Kinder- und Jugendliteratur in den Niederlanden und Frankreich. Bis heute ist der Einfluß belgischer Kinder- und Jugendbuchautoren auf die Kinder- und Jugendbuchproduktion in Belgien gering geblieben. Französische und niederländische Verlage bestimmen das Verlagsangebot. Vor allem im Bereich der französisch sprechenden Landesteile, der auch die Hauptstadt Brüssel einschließt, ist die belgische Kinder- und Jugendbuchproduktion mit der französischen eng verflochten. Zahlreiche belgische Verlage übernehmen die Werke französischer Autoren, belgische Autoren werden oft zuerst in Frankreich gedruckt. Die Kluft zwischen den französischen und den flämischen Sprachgruppen hat dazu geführt, daß auch auf dem Gebiet der Kinder- und Jugendliteratur eine fast radikale Trennung existiert. Die Sprachbarriere zwischen Flamen und Wallonen ist auch die Ursache des Nebeneinander ähnlicher, voneinander unabhängiger Institutionen zur Förderung der Kinder- und Jugendliteratur in den verschiedenen Landesteilen.

Im 16. Jh. erschienen erste Übersetzungen der niederdeutschen Volksbücher, wie etwa „Van den Vos Reinaerde" (Reineke Fuchs) oder „Karel ende Elegast" ins Flämische. Bibeltraktate, Schauer- und Gespenstergeschichten, Bearbeitungen klassischer Stoffe wie „Robinson", „Don Quijote" oder „Eulenspiegel" wurden in Form billiger, dünner Bändchen, die in der Aufmachung den englischen „chap-books" entsprachen, im 16. und 17. Jh. und bis ins 19. Jh. hinein unter dem Namen „Blauwboekjes" in den flämischen Gebieten von umherziehenden Händlern vertrieben und bildeten in dieser Zeit neben ABC-Büchern und Bibelauszügen den hauptsächlichen Lesestoff der jungen Leser. Ende des 17., Anfang des 18. Jh.s drangen in den französischen Landesteil die moralisch-pädagogischen Erzählungen von Fr. de Fénelon ein, fanden sich weit verbreitet das „Magasin des Enfants" der Madame LePrince de Beaumont und die Geschichten der Madame de Genlis. Aus Deutschland kamen die Werke der Philanthropen Chr. G. Salzmann, J. H. Campe, J. B. Basedow und Fr. J. Bertuch in französischen Übersetzungen.

Im flämischen Sprachgebiet zeigten die moralischen Geschichten einen mehr sentimentalen Zug. Vor allem der Niederländer H. van Alphen (1746 bis 1803) gewann hier große Bedeutung. Seine „Kleine Gedigten voor Kinderen" (1788) erschienen in ungezählten Ausgaben und verbreiteten die Auffassung der Zeit von Moral, Tugend und Erziehung. Die Gedichte zeigten den Vater, der mit Tränen in den Augen den Jungen mit der Rute schlägt, und so den Kleinen zu der Überlegung bringt:

„. . . Soll ich durch Ungehorsamkeit/
verschaffen meinem Vater Leid? . . ."

(„Des Kindes Liebe"); das Mädchen, das den Spiegel als „lügnerischen Schmeichler" verachten lernt und sich dem Wort Gottes, dem „Spiegel der Seele", zuwendet („Der Spiegel"); die Erkenntnis, daß das Lernen keine Last bedeutet, vielmehr „Freude und Zufriedenheit schafft" („Das fröhliche Lernen").

Erst Ende des 19. Jh.s mehrten sich eigene belgische Kinder- und Jugendbücher. Vor allem gab es nun zahlreiche Bearbeitungen und Übersetzungen bekannter internationaler Werke wie Beecher Stowes „Onkel Toms Hütte", Collodis „Pinocchio" und die technisch-utopischen Erzählungen des Franzosen J. Verne. Im Jahre 1880 kam in flämischer Sprache die erste Jugendzeitschrift Belgiens „Voor't Jonge Volkje" (Fürs junge Volk) heraus.

Seit dem Erscheinen von „La Légende de Thyl Ulenspiegel et de Lamme Goedzak" (1868) des Philologen Ch. de Coster, (1827—79), der seine Werke in einem altertümlichen Französisch abfaßte, kamen in Belgien zahlreiche Jugendbearbeitungen die-

ses Buches in beiden Landessprachen heraus. Die Figur des spöttischen Freiheitskämpfers Ulenspiegel ist für alle Belgier zum Symbol des Kampfes gegen Unterdrückung und Tyrannei geworden.
Nach der Besatzungszeit durch deutsche Truppen im Zweiten Weltkrieg begannen ab 1945 eine Reihe flämischer Autoren mit eigenen Kinder- und Jugendbüchern für junge flämische Leser hervorzutreten wie L. VAN MARCKE, I. WAEGEMANS, F. TIMMERMANS, A. VAN NERUM, G. STAES, J. VAN REMOORTETE und R. STRUELENS, der für sein Buch „Vlucht langs de Anapoer" (1969) mit dem Preis für das beste Jugendbuch (1971) ausgezeichnet wurde. Außerhalb des flämischen Sprachbereichs sind diese Autoren weitgehend unbekannt geblieben.

Im französisch sprechenden Landesteil leben eine Reihe belgischer Autoren, die in den letzten Jahrzehnten über Belgien hinaus auch in Frankreich und dem übrigen Ausland bekannt geworden sind. So der Hochschullehrer J. V. BEAUCLAIR (* 1897) mit seinen Geschichten „L'Histoire merveilleuse de trois petits grains de blé" (1950, Wunderbare Geschichte der drei kleinen Getreidekörner) und „La miraculeuse étoile" (1957, Der wunderbare Stern). J. DETHISE (* 1908), Mitglied der Akademie der Schönen Künste in Brüssel, schrieb die Erzählungen „L'Oie Eugénie et Snif le lapin" (1960, Die Geiß Eugenie und Snif, das Kaninchen) sowie „Coctodac et pousemin" (1965), die auch in England und Skandinavien Verbreitung fanden.
Einen großen Einfluß auf die Kinder- und Jugendliteratur der französisch sprechenden Bevölkerung Belgiens hatte die Pädagogin, Journalistin und Literaturkritikerin J. CAPPE, die 1956 in Brüssel starb. Sie schrieb eine große Anzahl religiös gefärbter Mädchenbücher wie „On s'amuse tant à Boundodo" (1948, Man hat viel Spaß in Bundodo), „Le Cahier blanc" (1950, Das weiße Heft), „Deux lapins tout pareils" (1953, Die beiden gleichen Kaninchen), „Le petit Monde des Oiseaux" (1953, Die kleine Welt der Vögel) oder „Le Pique-nique des poupées" (1953, Das Picknick der Puppen). Durch ihre zahlreichen Veröffentlichungen, mit denen sie für die Entwicklung einer eigenständigen belgischen Kinder- und Jugendliteratur eintrat, machte sich CAPPE auch als Theoretikerin einen Namen.

Der bekannteste belgische Autor von Kindergedichten ist der Lehrer M. CASEM (* 1899). Viele seiner Gedichte wurden vertont. Die Gedichtbändchen mit den Titeln „La lanterne magique (1947, Laterna magica), „Volière" (1953, Das Vogelhaus), „Pigeon vole" (1953, Taube flieg!) oder „Ronds de lumière" (1966, Lichtkreise) sind voll lyrischer Verhaltenheit und sprachlicher Einfachheit.
Der Zeichner G. R. HERGÉ (* 1907) wurde in Belgien, aber auch in Frankreich, Deutschland, England und Italien durch seine den Comics verwandten Bildbände bekannt, die von den „Abenteuern von Tintin" erzählen. 1929 erschien der erste Band dieser Serie. Seit 1966 erscheinen seine Bildserien auch als Fortsetzungsfolgen in Zeitschriften. Mit Hilfe eines Teams von Zeichnern hat er inzwischen neue Serien wie „Zo et Zette", „Quick et Flupke" und „Popol et Virginie" herausgebracht.
Organisationen, Preise, Fachzeitschriften, usw.: a) Flämischer Sprachbereich: Der „Verein flämischer Kinder- und Jugendbuchautoren" setzt sich für die Interessen des flämischen Kinder- und Jugendbuches ein. Er arbeitet eng mit dem „Verein der flämischen Bibliothekare" zusammen, der eine Sektion für Kinderbibliotheken gegründet hat. Von hier aus werden vierteljährlich Auswahllisten von Kinder- und Jugendbüchern in flämischer Sprache an Bibliotheken, Schulen und interessierte Eltern versandt. Es gibt zwei Zeitschriften in flämischer Sprache, die sich mit Kinder- und Jugendliteratur befassen: die katholisch ausgerichtete „Jeugdboekengids" und die neutrale „Lektuurgids". Diese ist zwar eine allgemein-literarische Zeitschrift, widmet jedoch in jeder Nummer einen größeren Abschnitt dem Kinder- und Jugendbuch. Beide Zeitschriften bringen vorwiegend Kinder- und Jugendbuchrezensionen.
H. VAN TICHELEN und G. SCHMOOK sind die bekanntesten Kinder- und Jugendbuchtheoretiker des flämischen Sprachbereichs. Während VAN TICHELEN vor allem die Verbreitung und Anerkennung in flämischer Sprache geschriebener Kinder- und Jugendbücher propagierte, machte sich SCHMOOK um den Ausbau von Kinder- und Jugendbibliotheken verdient und stellte eine Reihe von Grundbestandslisten für Kinder- und Jugendbücher in flämischer Sprache zusammen. Mit dem königlichen Erlaß vom 20. 12. 1968 wird es allen größeren Bibliotheken zur Auflage gemacht, eigene Kinder- und Jugendbuchabteilungen einzurichten. Seit 1971 verleihen die Provinzen Antwerpen, Limburg, Ostflandern und Westflandern gemeinsam alle drei Jahre einen Preis für das beste Kinder- und Jugendbuch in flämischer Sprache.
b) Französischer Sprachbereich: Die auch als Kinder- und Jugendbuchautorin hervorgetretene Pädagogin J. CAPPE gründete 1948 in Brüssel den „Conseil de Littérature de Jeunesse" (Beratungskreis für Jugendliteratur), der die monatlich erscheinende Zeitschrift „Littérature de Jeunesse" (Jugendliteratur) herausgibt. Bis zu ihrem Tode im Jahr 1956 war Frau CAPPE Herausgeberin und Mitredakteurin des Blattes. Neben kürzeren fachlichen Abhandlungen bringt das Organ vor allem Rezensionen zu Kinder- und Jugendbüchern, die in französischer Sprache erschienen sind, und informiert über Ereignisse auf dem Gebiet des Kinder- und Jugendbuchwesens im In- und Ausland.
Das hohe Niveau — besonders was die Ausstattung und Illustration anbelangt — der in Belgien in französischer Sprache erscheinenden Kinder- und Jugendbücher, die einen erheblichen Anteil an der belgischen Kinder- und Jugendbuchproduktion aus-

machen, ist vor allem dem Wirken von J. CAPPE zuzuschreiben.
„Le Ligueur", die Zeitschrift der belgischen Liga kinderreicher Familien („Ligue des Familles Nombreuses de Belgie") verlieh in den Jahren 1955 und 1959 zusammen mit dem Brüsseler Verlag Durendal einen Preis für das beste in diesen Jahren vorgelegte Kinder- bzw. Jugendbuchmanuskript für junge Leser von 10 bis 14 Jahren, das in französischer Sprache eingereicht werden mußte. Sieger dieses Wettbewerbs wurde 1955 G. V. LECLERCQ für „Chameau-blanc" (1956, Weißkamel). Für das Jahr 1956 wurden C. BIVER für „Le dernier bandit d'honneur" (1959, Der letzte ehrsame Räuber) und J. CERNAUT für „Zone interdit" (1959, Verbotenes Land) ausgezeichnet.
Weder im französischen, noch im flämisch sprechenden Landesteil bilden Kinder- und Jugendliteratur den Gegenstand gesonderter Vorlesungen oder Übungen an den Universitäten. Bis heute haben die Kinder- und Jugendliteratur und die damit zusammenhängenden Fragen kaum Eingang in die Lehrerausbildung und die Ausbildung von Bibliothekaren gefunden. *Helmut Müller*

Sekundärliteratur: A. Boni: Over kinderliteratur (1924). — J. Cappe: Contes bleus, livres roses (1940); Lectures pour jeunes filles (1957). — J. M. C. Dominique: Les enfants et les livres (1911). — L. Empain: Nos enfants lisent (1959, [9]1964; zus. mit M. Jadin). — G. Schmook: Jeugdboekenlijst (1929; zus. mit V. v. d. Berghe). — H. van Tichelen: Over boeken voor kindsheit en jeugd (1952); Voor het kinderboek in Vlanderen (1931); Wat onze kinderen lezen (1931).

Julius Beltz Verlag

Weinheim/Bergstr. Geschäftsführender Gesellschafter: Dr. M. Beltz Rübelmann (* 1931).
Leiter des Kinder- und Jugendbuchprogramms Beltz & Gelberg: H.-J. Gelberg (* 1930).
Hauptsächliche Verlagsgebiete im Bereich der Kinder- und Jugendliteratur: Bilderbücher mit künstlerisch wertvollen Illustrationen sowie Kindersachbücher, die vor allem als Leselernprogramm dienen. Seit 1971 erscheint ein thematisch und ausstattungsmäßig modernes und anspruchsvolles Programm von erzählenden Kinder- und Jugendbüchern.
Autoren: I. Brender, J. Guggenmos, H. A. Halbey, P. Härtling, Fr. Hetmann, Janosch, S. Kilian, J. Korinetz, Chr. Nöstlinger, L. Pešek, Chr. Reinig, W. Weyrauch u. a.
Illustratoren: H. Bischoff, W. Blecher, A. Bous, S. Friedrichson, H. Gebert, W. Maurer, E. Schindler, G. Stiller, F. K. Waechter u. a.
Der J. Beltz Verlag verfügt ferner über ein umfangreiches Angebot an Sekundärliteratur zur Kinder- und Jugendliteratur, u. a. wissenschaftliche Monographien und Schriftenreihen. Beltz betreute ferner in den Jahren 1967—69 die „Zeitschrift für Jugendliteratur" und von 1969—71 (H. 4—5) das „Bulletin Jugend & Literatur". Der Verlag gibt außerdem die z. Zt. auflagenstärkste Fachzeitschrift auf dem pädagogischen Sektor „betrifft: erziehung" heraus.
Verlagsgeschichte. J. Beltz (1819—91) gründete den Verlag 1841 in Langensalza/Thür. Die erste Veröffentlichung war eine Schulfibel (1841). J. Beltz († 1965), der Enkel des Gründers, begann 1909 die Verlagsarbeit auf pädagogischem Gebiet besonders zu intensivieren. Seine verlegerische Arbeit erreichte 1930 den Höhepunkt. Nach der Enteignung siedelte sich der Betrieb in Weinheim/Bergstr. an (1949). Er hat sich seitdem besonders um pädagogische und psychologische Fachliteratur, Unterrichtsmaterial, Schultests und pädagogische Zeitschriften bemüht. 1971 wurde das Verlagsprogramm durch die Gründung des Kinder- und Jugendbuchprogramms „Beltz & Gelberg" erweitert.

Bemelmans, Ludwig

*Maler, Bilderbuchkünstler; * 27. 4. 1898 Meran, † 1. 10. 1962 New York.*

B. ist Sohn eines flämischen Vaters und einer Deutschen. Er wuchs nach eigenen Aussagen in den Hotels dreier Länder auf. Nach dem Besuch der Königl. Realschulen in Regensburg und Rothenburg o. d. T. gelangte er 1914 in die USA und erhielt 1918 die amerikanische Staatsangehörigkeit. Er arbeitete im Hotelgewerbe und begann nach einer Ausbildung als Maler Bücher zu illustrieren. Graphisch arbeitete er für bekannte Zeitschriften wie „Vogue", „Stage" und „The New Yorker". B. verfaßte selbst Reiseskizzen und die autobiographischen Berichte „My War with the United States" (1937), „Life Class" (1938) und „Father, Dear Father" (1953). Er konnte wiederholt aus seinem künstlerischen Schaffen ausstellen und erhielt mehrere Auszeichnungen, darunter die Caldecott Medal für „Madeline and the gypsies" (New York, 1959).

Werk, Tendenzen, Wirkung. In B.' ersten Kinderbüchern spielen *selbständige kleine Jungen* („Hansi") *und Mädchen* eine Rolle. Erfolgreich wurden vor allem seine Bilderbücher mit der Titelgestalt „Madeline". Sie ist ein kleines Mädchen, das in einem Internat in Paris aufwächst, sich unter ihresgleichen und gegenüber der Umwelt mit List behauptet und abwechslungsreiche Streiche ausführt. Modell zu dieser weiblichen Figur war B.' eigene kleine Tochter. In die Bild- und Verserzählungen dieser Buchreihe hat B. viel Selbsterlebtes eingearbeitet. „Madeline" wurde durch die Übersetzung in viele Sprachen international bekannt und beliebt. *Der Erfolg beruht auf B.' lockerer, heiterer Erzählweise und seiner pointenreichen Illustration humoristischer Er-*

Sie gingen täglich aus dem Haus
und brav in Zweierreihen aus.

Ludwig Bemelmans: Madeline (Ravensburg 1966). J. Krüss übersetzte im Jahre 1966 „Madeline“, ein humorvolles Bilderbuch des bekannten amerikanischen Karikaturisten, das im Original bereits 1939 erschienen war, ins Deutsche. Die Stilmittel der modernen Karikatur prägen diese Bildergeschichte von der kleinen Madeline, die in Amerika und Westeuropa Verbreitung gefunden hat.

eignisse. Mit schwungvollem modischen Zeichenstrich und werbegraphisch benutzter Farbe gestaltete er „typisches" Paris als Handlungskulisse für die Taten eines gewitzten Mädchens, das sich von herkömmlichen Klischees des Bilder- und Mädchenbuches abhebt. *Horst Künnemann*

Ill.: L. Bemelmans: Hansi (1934); L. Bemelmans: The golden basket (1936); L. Bemelmans: The castle number nine (1937); M. Leaf: Noodle (1937); L. Bemelmans: Quito express (1938); L. Bemelmans: Madeline (1939; dt. Madeline, 1954); L. Bemelmans: Fifi (1940); L. Bemelmans: A tale of two glimps (1947); L. Bemelmans: Sunshine (1950); L. Bemelmans: A happy place (1952); L. Bemelmans: Madeline's rescue (1953; dt. Madelines Rettung, 1954); L. Bemelmans: The high world (1955; Alle Jahre wieder, 1960); L. Bemelmans: Madeline's Christmas in Texas (1955); L. Bemelmans: Parsley (1955); L. Bemelmans: Madeline and the bad hat (1956; dt. Madeline und der böse Bube, 1958); L. Bemelmans: Madeline and the gypsies (1959); L. Bemelmans: Madeline in London (1961); L. Bemelmans: Marina (1962).

Sekundärliteratur: L. Bemelmans: The birth of Madeline (in: Junior Bookshelf. 6. 1954. 284—289); Caldecott award acceptance (in: Horn Book Magazine. 30. 1954. 270—275). — M. Massee: Ludwig Bemelmans (in: Horn Book Magazine, 4. 1954. 263—269). — B. Miller: Caldecott medal books: 1938—1957 (1957. 254—265). *IJB*

Benary, Margot

*(d. i. Margot Benary-Isbert). Schriftstellerin, Jugendbuchautorin; * 2. 12. 1889 Saarbrücken.*

Ihre Jugend verbrachte B. in Frankfurt a. M.; während vieler Jahre war sie Sekretärin am dortigen Völkerkundemuseum. Später wohnte B. mit ihrer Familie in Berlin und Erfurt; seit 1952 lebt sie in Kalifornien. Sie erhielt mehrere amerikanische Literaturpreise, u. a. 1958 vom Council for Juvenile Literature den Preis für ihr Gesamtwerk „als umfassenden Beitrag von bleibendem Wert in der Jugendliteratur". 1969 wurde ihr das Verdienstkreuz Erster Klasse der Bundesrepublik Deutschland verliehen mit der Begründung, daß ihre in viele Sprachen übersetzten Bücher Brücken schlagen zwischen der Jugend in aller Welt.

Werk, Tendenzen, Wirkung. B. schrieb Essays, Lyrik, Novellen und Romane. 1948 erschien ihr erster Roman für die Jugend, „Die Arche Noah" ([8]1965). In mehreren Familiengeschichten gestaltete sie Schicksale von Heimkehrern, Flüchtlingen und Zonengrenzgängern nach dem Zweiten Weltkrieg. Ihre Schilderungen konfrontieren den jungen Leser mit der harten Wirklichkeit des Krieges, oft auch mit dem Versagen von Erwachsenen („Gefährlicher Frühling", 1961). In das Geflecht traditioneller Jugendbuchthematik bezieht B. Probleme der Zeit ein, vor allem die politischen Spannungen um das zweigeteilte Deutschland („Ich komme, Larry", 1959). Eigenes Erleben und persönliche Neigungen sind dabei unverkennbar. B. schildert Jugendliche, die sich in einer trotz aller Bedrohung „heilen Welt" allein oder auch in der Geborgenheit der Familie mit Hoffnungen und Zweifeln um die Gestaltung eines sinnvollen und mitmenschlich orientierten Lebens bemühen. Grundmuster der Erzählungen ist in vielerlei Varianten, Anforderungen zu bewältigen, sich zu bewähren, sich in eine zugewiesene Rolle zu fügen und daran zu wachsen. B.s ethischer Anspruch erwächst aus ihrer optimistischen, christlich geprägten Grundhaltung. Sie möchte dazu beitragen, daß junge Menschen aller Länder einander besser verstehen lernen und sich im Geist guten Willens begegnen. Geeignet für junge Leser ist auch B.s zeitgeschichtlich farbiger und humorvoller Erzählbericht aus ihrer eigenen Berufstätigkeit am Völkerkundemuseum, „Mädchen für alles" (1952; Neuaufl. 1969). Das Gestalten aus einem Fundus an Welt- und Menschenkenntnis und die Liebe zum Detail kennzeichnen B.s Erzählkunst. Sie selbst sieht die Aufgabe des Schriftstellers darin, „den Leser sehen [zu] lassen, was nicht da ist; ihn in seinen eigenen Kopf erschaffen [zu] lassen, was hinter den Worten steht; ihn [zu] führen, ohne daß er es merkt" („... ein heitrer Abend krönt den reichen Tag", 1969). *Anneliese Knoop*

Werke: Die Arche Noah (1948); Der Ebereschenhof (1949); Annegret und Cara (1951); Mädchen für alles (1952); Sternschnuppe im Schnee (1952); Aufruhr in Vogelsang (1953; 1968 unter d. Titel: Anemone und der böse Kauz); Heiligenwald (1953); Schloß an der Grenze (1956); Die Großmutter und ihr erster Enkel (1957); Ich komme, Larry! (1959); Gefährlicher Frühling (1961); Die dunkelste Nacht (1964); Das Abenteuer des Alterns (1965); Unter dem Sichelmond (1965); ... ein heitrer Abend krönt den reichen Tag (1969); Ich reise mit meinen Enkeln (1971).

Übers.: J. Cunningham: Mak und das unmögliche Mädchen (1963); J. Cunningham: Der tugendhafte Fuchs (1963). *IJB*

Bender, Hans

*Schriftsteller, Kurzgeschichten und Erzählungen auch für die Jugend; * 1. 7. 1919 Mühlhausen/Kraichgau.*

B. konnte sein Studium erst nach dem Zweiten Weltkrieg, den er als Frontsoldat erlebte, zum Abschluß bringen. Anfang der fünfziger Jahre erschienen seine ersten Gedichte und Erzählungen. Als freier Schriftsteller ließ er sich in Köln nieder; er arbeitete auch als Herausgeber verschiedener Literaturzeitschriften (u. a. „Akzente") und Anthologien. B. ist Mitglied des PEN-Clubs, der Deutschen Akademie der Wissenschaften und der Literatur, Mainz. Mehrere Studienreisen führten ihn nach Amerika und in den Orient.

Werk, Tendenzen, Wirkung. B. begann als Lyriker. Mit seinem zweiten Roman „Wunschkost" (1959), vor allem aber mit seinen Erzählungen („Das wiegende Haus", 1961; „Mit dem Postschiff", 1962) gewann er einen breiten Leserkreis, zu dem viele Jugendliche gehörten. Als Theoretiker der Kurzgeschichte und Verfasser von Kurzgeschichten und in seiner Herausgebertätigkeit als Förderer junger Talente fand B. ebenfalls Anerkennung. Seine Prosatexte wurden in Sammelbände und Lesebücher für die Jugend übernommen; übersetzt gelangten sie auch in amerikanische, japanische, holländische und dänische Textsammlungen für die Schule wie z. B. „Der Brotholer", „Die Wölfe kommen zurück", „Iljas Tauben". Schon für Kinder geeignet sind Erzählungen wie „Ein Bär wächst bis zum Dach", die in die Sammlung „Kindergeschichten aus aller Welt" (1966) aufgenommen wurde. B.s Stoffe kommen aus dem Erlebnis der eigenen Kindheit und Jugend, des Krieges, der Gefangenschaft, der Nachkriegszeit und des Alltags. Junge Menschen gehören zu den als Hauptpersonen dargestellten Menschen dieser Prosa, die ohne Experimente geschrieben ist, übersichtlich, zurückhaltend und, in ernster oder heiterer Atmosphäre gestaltet, Bekenntnis zu Wahrhaftigkeit und Güte enthält. In seiner autobiographischen Skizze (Reclam UB Nr. 8494, S. 70) sagt B., daß er mit seiner Prosa dazu beitragen möchte, „diejenigen, die heute jung sind, vor einer uniformen wie bedrohten Jugend zu bewahren".

Karl Heinz Klimmer

Werke: Wölfe und Tauben (1957); Mit dem Postschiff (1962); Die halbe Sonne (1968); Worte, Bilder, Menschen (1969). *IJB*

Benjamin, Walter

*Schriftsteller, Sammler und Kritiker von Kinderbüchern; * 15. 7. 1892 Berlin, † 26. 9. 1940 Port Bou.*

Die Kindheit und erste Schulzeit verbrachte B., aus großbürgerlicher, jüdischer Familie stammend, in Berlin. Als Schüler im Landerziehungsheim Haubinda (Thüringen) begegnete er G. Wyneken (1875 bis 1965), dem späteren Gründer der Freien Schulgemeinde Wickersdorf. Infolge von Wynekens Einfluß kam B., wieder in Berlin, in Verbindung mit den antibürgerlichen Gruppen der Jugendbewegung und wurde Mitglied der „Freien Studentenschaft", zeitweilig (1914) deren Leiter. Anfang des Krieges trennte er sich von Wyneken, dessen nationales Engagement er nicht teilte. Sein Studium der Philosophie in Berlin, Freiburg und Bern beendete er mit der Promotion (Arbeitsthema: „Der Begriff der Kunstkritik in der deutschen Romantik"). Die Freundschaft mit G. Scholem, Erforscher der jüdischen Mystik, und das Studium bei E. Bloch wirkten sich in diesen Jahren für B.s kulturphilosophisches und gesellschaftskritisches Denken aus. Nach 1924 wurde er zu intensivem Studium des Marxismus angeregt. 1926/27 lebte B. in Moskau; dort verfaßte er für die Russische Staats-Enzyklopädie den Artikel über Goethe. Nach der Ablehnung seiner Habilitationsschrift an der Universität Frankfurt a. M. lebte B. als freier Schriftsteller, Journalist und Übersetzer (Proust: Die Suche nach der verlorenen Zeit). Nach 1933 emigrierte er nach Paris. Auf der Flucht in die USA nahm sich B. an der französisch-spanischen Grenze das Leben. Seine Arbeiten würdigten später E. Bloch, M. Rychner und neben anderen vor allem Th. W. Adorno, der 1955 das zweibändige Werk der „Schriften" B.s herausgab.

Bedeutung für die Kinderliteratur. B., dessen Werk erst nach 1955 einem größeren deutschen Leserkreis bekannt wurde und der heute als ein bedeutender Literatur- und Gesellschaftskritiker der zwanziger Jahre gilt, hat die Themen Kindheit, kindliche Bild- und Spracherfahrung im Buch mehrfach aufgegriffen. Kinderbücher, bezeugt G. Scholem, hätten eine große Abteilung seiner umfangreichen Bibliothek ausgemacht (Reprints aus der „Sammlung B.", die im Besitz seines Sohnes ist, sind in Vorbereitung). „Es gehört zu den wichtigsten Wesenszügen B.s, daß er sein Leben lang von der Welt des Kindes und kindlichem Wesen mit geradezu magischer Gewalt angezogen wurde" (Scholem in: Über W. B. 1968, S. 250). B.s autobiographische Darstellung „Berliner Kindheit um Neunzehnhundert" (1950), ähnlich „Einbahnstraße" (1928), enthalten *psychologisch feine Schilderungen kindlichen Erlebens* einer spezifischen Umwelt und der mitmenschlichen Atmosphäre, dazu eindrucksvolle Beispiele für die Bedeutung von Figuren in Bildern und Büchern für die kindliche Welterfahrung („Als Gulliver bereist das Kind Land und Volk seiner Briefmarken", in: „Einbahnstraße", Auszüge, 1969, S. 78; *Phantasie und Spracherfahrung* in dem Gedicht „Das bucklicht Männlein" sowie in der Strophe „von der Muhme Rehlen" und die Erlebnisse aus Lesekasten und Bücherschrank ebda.). B. rezensierte Spielzeugausstellungen, Bücher über Spielzeug (z. B. K. Gröber: Kinderspielzeug aus alter Zeit, 1928; M. v. Boehn: Puppen und Puppenspiele, 1929 und K. Hobreckers Buch „Alte vergessene Kinderbücher" im „Antiquariatsblatt" No. 22, 1924). In „Aussicht ins Kinderbuch" (1928) nahm er zu Illustrationen alter und neuerer Kinderbücher Stellung und interpretierte Farben und Formen in psychologischem Zusammenhang mit kindlichem Welterleben und naiver Phantasie an Bildern von P. Lyser. Vertraut mit Typen älterer Fibeln, erkannte B. sofort das Neuartige an den ersten Spielfibeln, die T. Seidmann-Freud 1930/31 herausbrachte und setzte sich in den Rezensionen mit der Problematik auseinander, die sich für den Leselernprozeß von der radikal veränderten Pädagogik her — „Untergang der Autorität" — ergab („Kollektive Unterweisung ohne Autorität zu organisieren, wird niemals glücken", in: W. B.: Über Kinder, Jugend und Erziehung, 1969, S. 108). Entschieden trat B. der Veränderung des Märchens, seiner willkürlichen Angleichung an die technische Welt entgegen, wie sie A. JALKOTZKY in „Märchen und Gegenwart" (1930) propagierte. Prinzip und Verfahrensweise der „angespannten Kollektivarbeit, die in den Kinderklubs" in Rußland geleistet wurde, befürwortete er und sah in den Experimenten proletarischer Kindertheater in der UdSSR („Programm eines proletarischen Kindertheaters", 1928) das „geheime Signal des Kommenden, das aus der kindlichen Geste spricht". In seinem „Kommentar zu Gedichten von Brecht" erläutert er die Parteinahme des Dichters für „das Kind, das sich nicht waschen wollte" (Schriften, Bd. 2, S. 369) *unter Erwägung tiefenpsychologischer* („Schmutzkind") *und progressiv-pädagogischer Gedanken im Hinblick auf die Veränderung der Gesellschaft* („Ein Kaiser, der nur reinliche Kinder sehen will, stellt nicht mehr vor als die beschränkten Untertanen, die er besucht"). *Margarete Dierks*

Werke: Einbahnstraße (1928; NA. 1955, ^{3}1965; NA. 1969); Berliner Kindheit um Neunzehnhundert (1950, ^{3}1966); Th. W. Adorno (Hrsg.): Schriften (Bd. 1 u. 2 1955); S. Unseld (Hrsg.): Illuminationen. Ausgewählte Schriften (1961); Angelus novus. Ausgewählte Schriften 2 (1966); Über Kinder, Jugend und Erziehung (1969, ^{2}1969).

Sekundärliteratur: Th. W. Adorno: Charakteristik Walter Benjamins (in: Th. W. Adorno: Prismen. Kulturkritik und Gesellschaft. 1955, ^{3}1969. 283—301). — M. Bense: Über Walter Benjamin und seine Literatur (in: Merkur. 5. 1951. 181—184). — R. Tiedemann: Studien zur Philosophie Walter Benjamins (1965). — Über Walter Benjamin (1968, ^{2}1968).

Benziger Verlag

Zürich u. Köln. Derzeitiger Leiter: P. Keckeis (* 1920). *Hauptsächliche Verlagsgebiete im Bereich der Kinder- und Jugendliteratur:* Bilder-, Kinder- und Jugendbücher, auch Taschenbücher, verschiedener Thematik, ferner Schulbücher und Publikationen zur Pädagogik.
Autoren: M. Aymé, M. Bond, F. de Cesco, R. Godden, R. Guillot, T. Jansson, I. Jurgielewicz, V. Sommani, U. Williams u. a.
Illustratoren: H. Aichinger, Br. Gentinetta, W. Grieder, W. Hofmann, P. Nussbaumer, E. Schmid u. a.
Verlagsgeschichte. J. C. B. Benziger (1719—1802) gründete den Verlag im Jahr 1792. Im 19. Jh. wurde der Geschäftsbereich wesentlich erweitert, vor allem durch die Gründung von Buchhandlungen oder Niederlassungen in Cincinnati (1837), New York (1850), Waldshut (1887) und Köln (1894). Im Jahr 1912 erfolgte auch eine Niederlassung in Straßburg und seit 1961 besteht eine Buchhandlung des Verlages in Frankfurt/M.

Bergengruen, Werner

*Novellist, Romanschriftsteller, Lyriker und Übersetzer russischer Literatur; * 16. 9. 1892 Riga, † 4. 9. 64 Baden-Baden.*

B., Sohn eines Arztes, studierte nach dem Abitur (1910) in Marburg, München und Berlin (1911 bis 1914). Als Kriegsfreiwilliger nahm er am Ersten Weltkrieg teil. 1920—24 war er Redakteur und Mitarbeiter an Zeitschriften, die sich mit Ostfragen befaßten. 1922 wurde sein erster Roman „Das Gesetz des Atum" in der Frankfurter Zeitung abgedruckt. Seit 1922 lebte er in Berlin; hier konzipierte und schrieb er eine Reihe seiner großen Romane (z. B. „Das Große Alkahest" 1926; 1938 überarbeitet unter dem Titel „Der Starost" erschienen; „Herzog Karl der Kühne", 1930; „Der Großtyrann und das Gericht", 1935), Novellen (z. B. „Das Buch Rodenstein", 1927; „Die Feuerprobe", 1933), Gedichte („Der Wanderbaum", 1932 verlegt von V. O. STOMPS) und zeitkritische Glossen. 1936 zog er mit seiner Familie nach Solln bei München, im gleichen Jahr konvertierte er zum Katholizismus. 1937 wurde er aus der Reichsschrifttumskammer ausgeschlossen. Nach der Zerstörung des Hauses in Solln siedelte er nach Achenkirch (Tirol) über, 1946 nach Zürich, 1948—49 hielt er sich in Rom auf und zog schließlich 1958 nach Baden-Baden. Zu seinen engen Freunden gehörten R. SCHNEIDER, C. GOETZ, O. TAUBE. B. war Mitglied der Deutschen Akademie für Sprache und Dichtung in Darmstadt, der Mainzer Akademie für Wissenschaft und Literatur, der Bayr. Akademie der Schönen Künste und der Westberliner Akademie der Künste. 1958 wurde ihm der Ehrendoktor (phil.) der Universität München verliehen, 1951 der Wilhelm-Raabe-Preis, 1962 der Schiller-Preis, 1958 der Orden Pour le Mérite der Friedensklasse.

Werk, Tendenzen, Wirkung. B. ist auf zweifache Weise mit der Kinder- und Jugendliteratur verbunden; einmal durch sein Kinderbuch „Zwieselchen", ill. von M. SCHEEL, zum anderen durch seine Romane, Novellen und Gedichte, die zum Teil als Schullektüre Jugendlichen zugänglich gemacht wurden. „Zwieselchen" schrieb B. zunächst für seine eigenen Kinder; es erschien zuerst in 5 Einzelteilen (alle 1931): „Zwieselchen im Warenhaus", „Zwieselchen im Zoo", „Zwieselchen und Turu-Me", „Zwieselchen und der Osterhase", „Zwieselchens große Reise". 1933 erschienen die fünf Geschichten in einem Band, der 1971 in der 16. Auflage vorlag, 1965 zusätzlich mit Lizenz des Thienemann-Verlags von der Dt. Buchgemeinschaft vertrieben wurde. Auch zahlreiche Grundschullesebücher übernahmen einzelne Episoden aus „Zwieselchen" (so finden sich z. B. in Bd. 3 „auswahl" allein drei Episoden unter den Titeln: „Die Kokosnuß", „Nach Weihnachten", „Auf dem Jahrmarkt"). Im „Zwieselchen" erzählt B., zwischendurch die lesenden

Kinder immer wieder direkt ansprechend, wie der kleine Junge Zwieselchen seine Umwelt erlebt. Neben den Eltern spielt vor allem Onkel Sebastian eine wichtige Rolle in seinem Leben. Er treibt mit dem kleinen Jungen seinen einfallsreichen Erwachsenenspaß, der zwar für die lesenden Kinder, aber nicht immer für Zwieselchen durchschaubar wird. Zwieselchens eigene unmittelbare Erlebnisse werden erweitert durch Phantasiegeschichten des Onkels und Erzählungen der Großmutter und der Hausgehilfin Else. Am Ende der Geschichte ist Zwieselchens geordnete kleine Welt durch ein Schwesterchen bereichert, dessen Geburt der verschwiegene Anlaß war, ihn mit seiner Tante auf eine „große Reise" zu schicken.

In Lesebüchern der Klassen 5—10 ist Bergengruen hauptsächlich als Lyriker vertreten. Besonders häufig abgedruckt finden sich sein „Kaschubisches Weihnachtslied" (z. B. in „Das Lebensschiff", Bd. 4; „Lesebuch 65", 5./6. Schulj.), „Winter" (z. B. in „Weinheimer Lesebuch", Bd. 4; „auswahl", Bd. 6), „Die Hirten" (z. B. in „Die sieben Ähren", 7./8. Schulj.; „Lesebuch A 6"). Noch größere Verbreitung in Schulen fanden B.s Novellen und Erzählungen speziell auch zu herkömmlicher gattungsspezifischer Betrachtung. Bereits 1926 erschienen B.s Erzählungen „Schimmelreuter hat mich gossen" (1923) als Schulausgabe. K.-H. Nothmann empfahl in seinem Aufsatz „Novellen — pädagogisch gesehen" (in: JSW. 1957. H. 1. S. 7ff.) für 13—14jährige „Das Vogelschälchen" und „Der Herzog und der Bär", für 15—17jährige „Das Tempelchen" (1950) und „Die drei Falken" (1936), für 17—18jährige „Die Feuerprobe". Darüber hinaus wurde von Literaturpädagogen empfohlen „Der spanische Rosenstock" (1941), „Die Hände am Mast" (1948), „Der letzte Rittmeister" (1952) und der Roman „Der Großtyrann und das Gericht" (1935). *Gerlinde Rabenstein*

Werke: Zwieselchen und der Osterhas (1931; NA. 1951); Zwieselchens große Reise (1931); Zwieselchen und Turu-Me (1931); Zwieselchen im Warenhaus (1931); Zwieselchen im Zoo (1931); Zwieselchen (1933, [16]1971).

Sekundärliteratur: H. Baenziger: Werner Bergengruen (1950). — P. Schifferli (Hrsg.): Dank an Bergengruen (1962). — W. Wilk: Werner Bergengruen (1968).

Berger, Eleonora

*(d. i. Eleonora Bughart, geb. Berger). Österreichische Volksschullehrerin, Kinderbuch-Schriftstellerin: Bilderbücher, märchenhafte sowie realistische Geschichten für das Vorschul- und Erstlesealter, Märchensammlungen; * 13. 3. 1919 Wien.*

Wirtschaftliche Verhältnisse verhinderten nach dem Abitur in Wien das Studium. Es folgten Bürojahre und die Kriegszeit in Berlin. Seit 1945 in Gloggnitz/Niederösterreich ansässig, studierte B. 1946/47 an der dortigen Lehrerinnenbildungsanstalt und wurde 1947 Volksschullehrerin in Gloggnitz. Von 1954 an erscheinen eigene Veröffentlichungen für Kinder. Hinzu kommen die redaktionelle Mitarbeit an den Jahrbüchern des Österreichischen Buchklubs der Jugend und Fachartikel für die Zeitschriften „Jugendliteratur" und „Jugend und Buch". B. erhielt 1967 den Österreichischen Staatspreis (für Kleinkinderbücher) und den Kinderbuchpreis der Stadt Wien.

Werk und Tendenzen. B.s Interesse gilt dem Vorschulkind und dem Schulanfänger. Ihre kindertümlichen Erzählungen wollen die ersten Leseversuche des Kindes unterstützen und zugleich belehrend wirken. Sie spiegelt die Erlebniswelt des Kindes sowohl in alltäglichen Geschehnissen wie in märchenhaften Geschichten. Reale Umwelt und phantastische Ereignisse werden miteinander verbunden. In lebendiger, kindgemäßer Sprache will die Autorin die Welt aus der Sicht des Kindes darstellen. Sie will dazu beitragen, den Mangel an kindgemäßen, dem Leseanfänger entsprechenden Texten zu beheben. B. sammelt Volksgut aus verschiedenen Ländern. Sie versucht, Volkserzählungen und -märchen in zeitgemäßer und altersentsprechender Gestaltung Kindern zugänglich zu machen. *Sigrid Geisen*

Werke: Zipferl (1955, unter E. Burghart); Geschichten vom Hanselmann (1967); Mäuschen vor dem Häuschen (1967); Georg und Gerda (1968); Vom König und seinen drei Töchtern (1968); Österreichische Märchen (Bd. 1 u. 2. 1968 u. 1969); Guten Tag Georg, Guten Tag Gerda (1969); Warum hast du so große Augen? (1970). *IJB*

Berger, Peter

*(Ps.: Pitt Mount). Schriftsteller, Verfasser von Jugendbüchern, Journalist, Industriekaufmann; * 25. 1. 1915 Rheinbrohl.*

Als Sohn einer kinderreichen Handwerkerfamilie wuchs B. in Leverkusen auf; er absolvierte die kaufmännische Lehre in einem chemischen Großbetrieb und bildete sich durch Abendkurse und Selbststudium fort, um Journalist und Schriftsteller zu werden. 1946 kam B. krank aus der Kriegsgefangenschaft zurück. Seit 1962 lebt er als freier Schriftsteller. Er wurde 1967 mit dem Deutschen Jugendbuchpreis ausgezeichnet.

Werk, Tendenzen, Wirkung. B. begann mit Kurzgeschichten und kleineren Erzählungen. 1954 schrieb er sein erstes Jugendbuch, „Abenteuer am Strom" (1954). Es folgten weitere abenteuerliche Jungen- und Mädchenerzählungen, teils in heimischer Umwelt, teils in fernen Ländern spielend; das 1958 zuerst veröffentlichte Sachbuch „König Fußball" erschien 1969 in 6. Auflage, wesentlich erweitert und mit alphabetischem Nachschlageapparat. Mit der zeitgeschichtlichen Erzählung „Im roten Hinterhaus" (1966) hatte B. seinen großen Durchbruchserfolg; er erhielt für das Buch den Deutschen Jugendbuchpreis 1967. Es ist der erste Band — in sich gerundet abgeschlossen — einer Trilogie, in der B. mit stark autobiographischer Färbung die Geschichte der letzten vierzig Jahre lebendig werden läßt. Er schildert im „roten Hinterhaus" mit treffsicherer Personencharakteristik und Sinn für szenische Pointierung in einer Mischung aus volkstümlicher Diktion und humoristischer Distanz den Existenzkampf einer rheinischen Arbeiterfamilie während der 20er und 30er Jahre; in „Benjamin Habenichts" (1968) wird im Stil eines Schelmenromans von den trickreichen Bemühungen einer Familie um ihre Behauptung in den Jahren nach dem Zusammenbruch 1945 erzählt. Im 3. Bande „Friedrich Ehrlich macht Karriere" (1969) schildert B. die vergeblichen Versuche der Hauptfigur, im Wirtschaftsaufschwung nach der Währungsreform mitzuhalten. — B. erzählt aus der Perspektive des kleinen Mannes, versteht es aber, bittere Zeiterfahrung durch Ironie zu distanzieren, um sie betrachtender Auseinandersetzung zugänglich zu machen.

Malte Dahrendorf

Werke: Abenteuer am Strom (1954); Ali reist doch nach Australien (1955); Die Tochter der Sonnengöttin (1955); König Fußball (1958); Dan, der junge Gaucho (1962); Renate, ein Mädchen aus dem Zirkus (1962); Mit dem Kranich am Leitwerk (1963); Flugschüler Stahl (1965); Drei aus einer Elf (1966); Im roten Hinterhaus (1966); Benjamin Habenichts (1968); Friedrich Ehrlich macht Karriere (1969); Wir gründen einen Fußballclub (1969); Spieler, Profis, Tore (1970); Es kommt nicht alle Tage vor — ein Elefant im Fußballtor (1971); Hilfe, ich habe zwei Schwestern (1972). *IJB*

Bergner, Edith

*(bis 1955 Müller-Beeck). Roman- und Kinderbuchautorin, Verfasserin von Hörspielen und Puppenspielen; * 19.4.1917 Pretzsch b. Hohenmölsen.*

B., Tochter eines Bauern, studierte nach landwirtschaftlicher Lehre in Mecklenburg einige Semester Landwirtschaft; danach arbeitete sie als Krankenpflegerin und Laborassistentin in Halle. Nach 1945 war sie in Hamburg Berichterstatterin und Feuilletonistin. Während dieser Zeit entstanden aus privaten Aufzeichnungen die ersten literarischen Äußerungen. In ihr Heimatdorf zurückgekehrt, wo sie vorübergehend den Hof ihres Vaters übernahm, schrieb B. ihr erstes Kinderbuch, danach — aus Erlebnissen nach Kriegsende — ihren ersten Roman „Westfälische Ernte" (1953). Angeregt durch die Begegnung mit Puppenspielern verfaßte B. mehrere Puppenspiele; diese Begegnung veranlaßte sie außerdem zu ihrem zweiten Roman „Spiel mit Philine" (1959). B., die als freischaffende Schriftstellerin in Halle (DDR) lebt, engagierte sich in der „Bewegung schreibender Arbeiter", speziell im Deubener Zirkel. Außerdem ist sie Mitglied mehrerer kultureller Organisationen, u. a. des Zentralen Aktivs für Kinderliteratur beim Deutschen Schriftstellerverband und des Arbeitskreises Kinderliteratur in Halle. 1963 initiierte sie in Halle die Tage der Kinderliteratur.

Außer zahlreichen Auszeichnungen für ihre Arbeiten für und mit Erwachsenen erhielt B. für ihre Kinder- und Jugendliteratur mehrmals Preise des Ministeriums für Kultur (1956, 1959, 1964) und 1961 den Preis des Kinderhörspiels.

Werk, Tendenzen, Wirkung. Unter B.s dramatischem Werk für Kinder finden sich zahlreiche Bearbeitungen für die Puppenbühne, neben Till Eulenspiegel vor allem GRIMMsche Märchen (z. T. unter Mitarbeit von H. und G. DIEZMANN und der musikalischen Ergänzung von W. HÜBSCHMANN). 1961 wurde B.s Kinderhörspiel „Bam und die schönste Zeit" erstmals gesendet, 1963 ihre Kinderoper „Das singende Pferdchen" (Musik v. BIMBERG und G. LUKOWSKI) uraufgeführt.

B.s Erzählungen für Kinder schildern in meist ländlicher Umgebung verschiedene Sozialisationsprozesse in Elternhaus, Kindergarten, Pioniergruppe und Schule. Inhaltliche Problematik und sprachliche Gestaltung sind dabei vorwiegend auf das Vorschulkind und jüngere Schulkind zugeschnitten; an der Bewältigung von Konflikten wird durchwegs die Mitverantwortung der Gemeinschaft für den einzelnen demonstriert. In „Vom Jochen, der nicht aufräumen wollte" (1957), zu dem Idee und Bilder von I. MEYER-REY stammen, wird aus dem seine Spielsachen nachlässig behandelnden Jochen unter Mithilfe der Nachbarskinder ein ordentlicher, integrierter Junge. Ebenfalls in Zusammenarbeit mit MEYER-REY entstand das Bilderbuch „Der große gelbe Drachen" (1959); der Papierdrachen übermittelt aus seiner Perspektive dem kleinen Jan aus dem flachen Mecklenburger Land Informationen aus der näheren Umgebung und fliegt sogar in überstrapazierter Anthropomorphisierung als Kundschafter nach Afrika und zurück. Das neuere Bilderbuch „Adebar der Klapperstorch" (1967) erzählt kleinen Kindern, wie Tiere der näheren Umwelt ihre Jungen bekommen und entlarvt den eitlen Storch, der sich nicht von dem Märchen, daß er die Menschenkinder bringt, distanzieren will. In einer Fortsetzungsgeschichte mit den Bänden „Die Geburtstagspuppen" (1957), „Kasperle im Kinderhaus" (1958) und „Vitzendorfer Schulgeschichten" (1960) entwickelt sich die kleine Tine zum gemeinschaftsbewußten Schulkind. In dem letzten Band wird nebenher, aber durchgängig, die Wertung zwischen herkömmlichem Bauerntum und der PLG vollzogen, indem an Tines Schulkameraden Lutz und dessen Vater, dem Bauern Schimmel, die Nachteile für den sich von der Gemeinschaft Ausschließenden demonstriert werden (größerer Arbeitsaufwand bei geringerem Erfolg, Modernitätsrückstand, schulischer Mißerfolg Lutz' durch den Zwang zur Mithilfe auf dem Hof). Der Besuch ungarischer Kinder bei der Vitzendorfer Pioniergruppe hebt zum Schluß das Gemeinschaftsdenken über den begrenzten ländlichen Rahmen hinaus. Speziell dem verantwortlichen Handeln eines Pioniers ist die Erzählung „Lothar und Bäuchel" (1961) in der Reihe „Die kleinen Trompeterbücher" gewidmet. In „Jan, der Geigenschrummer" (1964) gelingt B. überschaubar und differenziert die Darstellung eines Konflikts zwischen individuellem und Gemeinschaftsinteresse. Mit exakter Realistik und psychologischer Stimmigkeit entwickelt B. Jans Schwierigkeiten, als ihn sein musikalisches Interesse aus der Gemeinschaft seiner Freunde, mit denen er die Begeisterung für Fußball teilt, hinauszudrängen droht. Mit ihren letzten Publikationen entfernt sich B. aus der nahen ländlichen Umwelt: „Die blauen Perlen" (1967) zeigen, wie sich Ismail aus dem Iran von seinem Aberglauben befreit und Vertrauen in eigene Verantwortung und Freunde gewinnt. Mit „Tosho und Tamiki" (1969) gestaltet B. für Jugendliche individuelle Schicksale, die für das Elend von Hiroshima nach dem Atombombenabwurf vom 6. 8. 1945 stellvertretend stehen. Tamiki entwickelt sich dabei perspektivisch zum Negativen hin, während sich Tosho als „mittlerer" Held entwickelt. U. Franke betont in seiner Rezension die Wichtigkeit des „mittleren" Helden, d. h. des unentschiedenen Helden, für die sozialistische Kinderliteratur. „Gerade Tosho, die Fragende, Zweifelnde, Unentschiedene, ist dazu in der Lage, die große Entscheidungsfrage der Zeit an den Leser zu richten" (S. 90). Allerdings verweist Franke auch auf Gestaltungsschwierigkeiten in der Gattungsstruktur: „Solange im ‚Davor' Tosho und Tamiki im Denken und Handeln als eine Einheit auftreten, liegt ein abgerundetes Ganzes vor. Sobald aber im ‚Danach' zwei Entwicklungslinien gleichbedeutend nebeneinander herlaufen, treten strukturelle Probleme auf" (S. 90). *Gerlinde Rabenstein*

Werke: Grimms Märchen auf der Puppenbühne (1954); Die goldene Gans (1956); Katze und Maus in Gesellschaft (1956); König Drosselbart (1956); Das Natternkrönlein (1956); Stups und Stippel (1956, [5]1966); Die Geburtstagspuppen (1957, [8]1968); Grimms Märchen auf der Puppenbühne (Teil 2. 1957); Kennen Sie Pieferding (1957); Vom Jochen, der nicht aufräumen wollte (1957, [9]1967); Das Spiel von Irgendwer (1958); So und so (1958, [2]1960); Kasperle im Kinderhaus (1958, [5]1967); Der erste Schultag (1959); Der große gelbe Drachen (1959, [2]1960); Zottelhaube (1959); Alois Hoppe und sein Sohn (1959); Vitzendorfer Schulgeschichten (1960, [7]1967); Lothar und Bäuchel (1961, [3]1969); Kapitän Ede (1963, [3]1965); Jan, der Geigenschrummer (1964, [2]1965); Adebar der Klapperstorch (1967, [4]1971); Die blauen Perlen (1967, [5]1970); Tosho und Tamiki (1969, [4]1972).
Hrsg.: Eine Rose für Katharina (1971).

Sekundärliteratur: U. Franke: Edith Bergner: „Tosho und Tamiki" (in: Beitr. z. K.- u. Jl. 15. 1970. 89—91).

Bertelsmann Jugendbuchverlag Reinhard Mohn

München. Derzeitiger Leiter: J. Scholz (* 1933).
Hauptsächliche Verlagsgebiete im Bereich der Kinder- und Jugendliteratur: Bilderbücher, phantastische und auch zeitgeschichtliche Kinderbücher mit primär historischem Inhalt.
Autoren: B. Bartos-Höppner, H. Baumann, R. Dahl, I. Engelhardt, P. Gallico, S. Heuck, A. Himmel, N. Kalashnikoff, J. Krüss, H. G. Lenzen, G. Ruck-Pauquèt, Kl. Sebastian u. a.
Illustratoren: G. Degler-Rummel, L. Fromm, R. v. Hagen-Torn, S. Hanck, U. Kirchberg, H. Lemke, J. Spohn, W. Zacharias u. a.
Verlagsgeschichte. C. Bertelsmann (1791—1850) gründete im Jahre 1835 den Verlag, der zuerst auch Jugendbücher herausgab. Später übernahmen diesen Bereich andere, mit dem Hause verbundene Verlage, besonders Sigbert Mohn Verlag und Marion von Schröder Verlag. Seitdem Bertelsmann am 1. 7. 1968 eine Verlagsgruppe gegründet hat, liegt die Jugendbucharbeit beim Bertelsmann Jugendbuchverlag, der auch Mitglied der „Bilderbücher der Sechs" ist.

Bertlein, Hermann

*Literaturdidaktiker und Jugendliteraturtheoretiker, Professor für Deutsch und Deutschdidaktik an der Erziehungswissenschaftlichen Hochschule Rheinland-Pfalz, Abtlg. Worms; * 17. 6. 1912 Frankfurt/M.*

B. studierte von 1931—33 an der Pädagogischen Akademie in Frankfurt/M. und war anschließend bis 1961 im Schuldienst. 1957 begann B. mit einem Zweitstudium in den Fächern Germanistik, Pädagogik und Psychologie an der Universität Frankfurt/M., das er 1965 mit der Promotion abschloß. Im Jahre 1966 erfolgte B.s Berufung als Dozent, 1968 zum Professor für Deutsch und Deutschdidaktik an die PH Worms.
B.s Arbeiten greifen zum einen Themen aus dem Grenzbereich zwischen Soziologie und Entwicklungspsychologie auf, zum anderen aus der Literaturdidaktik. Hier unterzieht B. vor allem die Beziehung zwischen jungen Lesern und Büchern mit historischer Thematik einer eingehenden Untersuchung, wie z. B. in: „Das geschichtliche Jugendbuch", „Der geschichtliche Roman und sein jugendlicher Leser", „Das geschichtliche Jugendbuch auf dem Weg in die Schule" und „Das geschichtliche Buch für die Jugend". In den Werken „Das Selbstverständnis der Jugend heute", „Lebenspläne und Bildungsvorstellungen berufstätiger Jugendlicher" sowie „Jugendleben und soziales Bildungsschicksal" geht B. insbesondere auf die Problematik ein, die sich aus der Begegnung der Geschlechter, der Gene-

rationen in Familien und Gesellschaft und der Freizeitgestaltung junger Menschen ergeben.

Werke: Das Selbstverständnis der Jugend heute (1960); Jugendleben und soziales Bildungsschicksal (1966); Lebenspläne und Bildungsvorstellungen berufstätiger Jugendlicher (1970); Das geschichtliche Buch für die Jugend (1972).
Beiträge: Kind und Buch im Volksschulalter (in: Welt der Schule. 5. 1958. 221—226); Der geschichtliche Roman und sein jugendlicher Leser (in: DU. 6. 1961. 43 bis 57); Das geschichtliche Jugendbuch auf dem Weg in die Schule (in: Zeitschr. f. Jlit. 3. 1968. 131—144); Das geschichtliche Jugendbuch (in: M. Dahrendorf [Hrsg.]: Das Buch in der Schule. 1969; zus. mit W. v. Schack. 158—171).

Bertuch, Friedrich Johann Justin

*Schriftsteller, Verleger, Herausgeber von „Bertuchs Bilderbuch für Kinder“, Buchhändler, vorübergehend einflußreicher Staatsbeamter; * 30. 7. 1747 Weimar, † 3. 4. 1822 ebenda.*

Nach dem Studium der Theologie und Rechtswissenschaften in Jena wurde B. 1769 Hauslehrer bei der Familie des Freiherrn Bachoff von Echt; in dieser Stellung trieb er während des Aufenthaltes auf den Altenburgischen Besitzungen der Familie intensive literarische Studien, besonders in spanischer Sprache. 1773 nach Weimar zurückgekehrt, trat B. in einen intensiven Gedankenaustausch mit Chr. M. Wieland und J. W. v. Goethe. Er wurde Mitarbeiter und Mitbegründer verschiedener Zeitschriften

Friedrich Johann Justin Bertuch (1747—1822)

und erhielt 1786 den Titel eines Legationsrates. 1802 nahm er seinen Abschied aus dem Staatsdienst, um sich ganz seinen Aufgaben als Unternehmer, Buchhändler und Verleger zu widmen.

Werk, Tendenzen, Wirkung. B. hat eigene Gedichte und Bühnenstücke verfaßt. Von seinen Übersetzungen erlangte die des „Don Quijote“ von Cervantes (6 Bde., 1775—77) besondere Bedeutung. Zur Ausgabe von 1781 schuf D. Chodowiecki 30 Zeichnungen, die von Berger in Kupfer gestochen wurden. Bereits Mitarbeiter von Wielands „Teutschem Merkur“, begründete B. 1785 eine bedeutsame Neuerscheinung für das literarische Leben in Deutschland, die Allgemeine Literaturzeitung. Als das Unternehmen 1803 nach Halle verlegt wurde, rief er die Jenaische Allgemeine Literatur-Zeitung ins Leben, von der er sich aber 1808 zurückzog. Aus kleinen Anfängen entwickelte B. in Weimar ein „Landes-Industrie-Comptoir“ (1789) und pflegte in dem damit verbundenen Verlag vor allem die geographische und kartographische Abteilung (u. a. „Handbuch der neuesten Erdbeschreibung“ und „Neueste Länder- und Völkerkunde“, je 23 Bände); 1804 zweigte er das „Geographische Institut“ daraus ab. Mit der 1786 erstmals erscheinenden Monatszeitschrift „Journal der Moden“, die als „Journal des Luxus und der Moden“ bis 1827 bestand, leistete B. einen stark beachteten Beitrag für das kunstästhetische und sittenkundliche Interesse seiner Zeit. Durch Vermittlung von Modellen und Aufträgen wollte B. damit geschmacks- und stilbildend für die europäische Gesellschaft wirken. In dem B.schen Landes-Industrie-Comptoir wurden die meisten der damals gebräuchlichen Spielkarten in feinster Ausführung gestochen. Im Jahre 1817 übernahm der Schwiegersohn B.s, Medizinalrat L. Froriep, die Leitung der Firma.
In den politischen Auseinandersetzungen nach den Freiheitskriegen stand B. der liberalen Oppositionspartei nahe; seit 1817 gab er das „Oppositionsblatt“ heraus, bis es nach mehrfachen Verboten 1820 gänzlich unterdrückt wurde. B. war ein Mann der Aufklärung, der in lebendiger Verbindung von geistiger Bildung und praktischem Unternehmergeist fast im modernen Sinne fortschrittlich wirkt.
Bedeutung für die Jugendliteratur. B. schuf ein pädagogisch und jugendliterarisch bedeutendes Werk, das in der Reihe der Elementar- und Anschauungsbücher im Geiste der Aufklärung eigenen Charakter hatte und mit dem Titel „Bilderbuch für Kinder“ den Begriff des Bilderbuchs gebräuchlich machte. Im Jahre 1790 erschien, dem Erbprinzen Karl Friedrich gewidmet, die erste der vorgesehenen periodischen Lieferungen von „B.s Bilderbuch für Kinder, enthaltend eine angenehme Sammlung von Thieren, Pflanzen, Blumen, Früchten, Mineralien, Trachten und allerhand andern unterrichtenden Gegenständen aus dem Reiche der Natur, der Künste und Wissenschaften; alle nach den besten Origina-

lien gewählt, gestochen und mit einer kurzen wissenschaftlichen und den Verstandes-Kräften eines Kindes angemessenen Erklärung begleitet". Bis 1830 entstanden 12 Bände mit Bildern und kurzen Erklärungen, dazu in gesonderten Bänden „Wissenschaftliche Commentare", die B. zur Vorbereitung von Eltern und Lehrern von dem beliebten Schul- und Sachbuchautor C. PH. FUNKE schreiben ließ. Die 1185 Kupfertafeln wurden unter der künstlerischen Leitung von J. H. LIPS unter Mitarbeit von Schülern der freien Zeichenschule in Weimar hergestellt. Von B.s Bilderbuch erschienen mehrere Ausgaben und Auflagen, die sich voneinander unterschieden. Es gab Ausführungen mit kolorierten oder unkolorierten Kupferstichen, zweisprachige und viersprachige Ausgaben. Das zuerst in Heftfolge erscheinende Bilderbuch wurde mit FUNKES Kommentaren zu einem Nachschlagewerk mit ausführlichem Register (FUNKE: Ausführlicher Text zu Bertuchs Bilderbuche. Weimar, Bd. 1—24, 1798—1833). E. STROBACH hat in „Philobiblon" H. 4, 1969, die Ergebnisse seiner Nachforschungen über „Das Bertuchsche Bilderbuch und seine Ausgaben" mitgeteilt (S. 255—57). In einem programmatischen Vorwort zur ersten Lieferung beschrieb B. die enge Beziehung, die ein Kind zu seinem Buche aufnimmt, *und stellte die Grundforderungen der sachlichen Richtigkeit und der Kindgemäßheit für die Illustrationen auf.* Doch betonte er, daß das Werk bloß dazu geschaffen sei, die Kinder „zu amüsieren" und schlug eine spielende Beschäftigung damit vor. Allerdings hatte das Wort „amüsieren" zu B.s Lebenszeit nicht bloß die heute übliche synonyme Bedeutung für „unterhalten", sondern meinte ebenso „belehren". *Das Kind sollte selbst illuminieren und die Bilder auch ausschneiden und aufkleben dürfen,* denn „ein Bilderbuch ist für eine Kinderstube ein ebenso wesentliches und noch unentbehrlicheres Meuble als die Wiege, die Puppen oder das Steckenpferd".

Doch wies B. nachdrücklich darauf hin, daß in der „begierigen Einbildungskraft" des Kindes die ersten Eindrücke bestimmend seien; deshalb sollten die Illustrationen die Gegenstände „richtig" in Konturen, Farben und Größenverhältnissen wiedergeben. Die Tatsache der verschiedenen Ausgaben, der wiederholten und variierten Auflagen bestätigt, daß das Werk in seiner Zeit beliebt war und neben den zur Belehrung geschaffenen „Bildergallerien" eine Lücke ausfüllte. Weder B.s „Wiegenliederchen" (1772) noch seine auch jugendliterarisch relevante „Blaue Bibliothek aller Nationen", 1790 begonnen und geplant als vielbändige Sammlung von Märchen, Sagen, Ritterromanen, Feenmärchen, phantastischen Erzählungen und unterhaltenden Anekdoten, haben annähernd die Bedeutung von „B.s Bilderbuch für Kinder" erlangt. *Margarete Dierks*

→ Anschauungsbuch, → Aufklärung, → Bilderbuch, → Elementarbuch, → Orbis pictus

Werke: Das Märchen vom Bilboquet (1772); Wiegenliederchen (1772); Bilderbuch für Kinder (Bd. 1—12. 1792 bis 1830).
Hrsg.: Blaue Bibliothek aller Nationen (Bd. 1—11. 1790 bis 97).
Sekundärliteratur: G. Bohadti: Friedrich Johann Justin Bertuch (1969). — W. Feldmann: Friedrich Justin Bertuch (1902). — F. Fink: Friedrich Johann Justin Bertuch (1934); Zur Geschichte des Buchhandels in der Stadt Weimar (1933). — A. v. Heinemann: Ein Kaufmann der Goethezeit (1955). — H. Kunze: Friedrich Justin Bertuch (in: H. Kunze: Schatzbehalter. 1964. 161—170). — W. Schmidt; Fr. J. Bertuchs Beitrag zur Kinderliteratur (in: Marginalien, Blätter der Pirckheimer Ges. 22.6.66. — E. Strobach: Das Bertuchsche Bilderbuch und seine Ausgaben (in: Philobiblon. 4. 1969. 255—257). *IJB*

Berufswelt

Thema von Jugendbüchern, deren Behandlung die jungen Leser über Berufe orientieren und ihnen die Berufswahl erleichtern soll.

Die Themen B. und Berufswahl in der modernen Industriegesellschaft werden in zahlreichen Büchern für junge Leser behandelt. Die Anfänge dieser im 20. Jh. immer reicher differenzierten Literatur sind — mit einigen Vorläufern — in den durch Aufklärung und Philanthropinismus bestimmten Darstellungen von Handwerk und Gewerbe, z. B. auch in Anschauungs- und Elementarbüchern des 18. Jh.s, zu sehen. Sie entstanden unter dem Einfluß gegenwarts- und berufsbezogenen Bildungsstrebens und einer allgemeinen moralischen Aufwertung nützlicher und befriedigender Arbeit als geregelter Tätigkeit des Menschen in der bürgerlichen Gesellschaft. Weitere Anstöße für die Produktion von B. erschließender Literatur kamen aus Aufbau und Organisation des Berufsschulwesens und aus der Öffnung verschiedener früher nur auf männliche Bewerber beschränkten Berufszweige für Mädchen.

Formen der berufskundlichen Literatur. Verschiedene Grundformen der an die männliche und weibliche Jugend adressierten Bücher zur Einführung in die B. lassen sich heute unterscheiden: Erzählung und erlebnishaltiger (auch biographischer und autobiographischer) Bericht, Sachbuch als Darstellung oder Reportage, häufig reich mit Bildern ausgestattet, und Berufsbilder mit zugehöriger Information über Voraussetzungen, Ausbildung, Chancen und Aufstiegsmöglichkeiten. Mit ansprechenden Mischformen aus Erzählung, Bericht und Sachinformation begann nach 1950 die Baken-Bücherei (Baken-Verlag, Hamburg), deren Bände in Taschenbuchformat in Schulen verschiedener Bundesländer der BRD eingeführt wurden. Sie behandeln innerhalb der Darstellung komplexer B.en und Arbeitsprozesse wie z. B. Seefahrt, Hochseefischerei, Ölbohrung, Wetterkunde, Küstenbefestigung einzelne Berufe und das Ineinandergreifen mehrerer. Eine neuartige Kombination und Variation der Grundformen bringt eine Reihe im Schwann-Verlag mit

Titeln zu ganzen Berufsfeldern wie z. B. Kraftfahrzeugmechaniker, Büroberufe für Mädchen, Sozialarbeit und Krankenpflege, Kriminalpolizei, Journalistik, graphisches Gewerbe, Verkehrsflugwesen. Z. T. sind Fachpraktiker dieser Berufsbereiche selbst Autoren dieser Bücher. Über die mutmaßliche Entwicklung der Problematik der B. in der Zukunft gibt M. JUNGBLUT Auskunft mit dem Band „Rebellion der Überflüssigen?" (1967). Informationen über Berufe, Berufsberatung, Berufsschulen geben auch einzelne Nachschlagewerke für die Jugend (z. B. Knaurs Jugendlexikon, 1953; Witte Schülerlexikon, [2]1960). Neben den durch ihren Informationsgehalt und subtile Gestaltung wertvollen Büchern zum Thema B. gibt es in der Unterhaltungsliteratur für die Jugend (Mädchen- und Jungenbücher) eine Fülle von Titeln, die die B. als Klischee und Kulisse benutzen und ihre Wirklichkeit abenteuerlich, idyllisch oder modisch verfälschen. *Margarete Dierks*

→ Arbeit, → Arbeiterbewegung

Beschäftigungsbuch

Das B. enthält Anregungen und Anleitungen für Kinder und Jugendliche sowohl zur Selbstbeschäftigung wie auch zur Beschäftigung und zum Spiel in der Gruppe.

Mit reich differenziertem Angebot für alle Altersstufen und Interessen in Kindheit und Jugend hat das B. als Sammelband verschieden starken Umfangs mit und ohne Abbildungen seit dem 18. Jh. Tradition. In der Gegenwart gewinnt das B. in der freien Bildungsarbeit, für die Gestaltung der Freizeit und in der Sonderform des Spiel- und Beschäftigungsbilderbuches in der Vorschulerziehung sowie in der Arbeit mit geistig behinderten Kindern erneut an Bedeutung.

Bereiche des B.s. Die Zwecke des B.s sind außerliterarischer Art; von den Autoren pädagogisch und didaktisch motiviert, soll das B. im allgemeinen zu lustbetonter geistiger, körperlicher, vor allem handwerklicher Tätigkeit anregen. Es soll dazu beitragen, verschiedene Talente zu eigener Freude zu entwickeln und jugendliche Geselligkeit zu beleben. Das B. macht instruktive Vorschläge für Beschäftigungen manueller (wie Basteln und Werken) und intellektueller Art (z. B. „Denksportaufgabe"), es unterhält mit heiteren Anekdoten, Späßen, Scherzfragen, Rebus, Rätseln, Ratespielen (Scharade), auch Vexierbild und Bilderrätsel, es stellt Einfallsreichtum und Schlagfertigkeit auf die Probe, es dient zum Zeitvertreib und zur Entspannung. Illustrationen, Werkzeichnungen, Fotos veranschaulichen Aufgabenstellung, Situationen, Verfahrensweisen und Spielregeln. Hinsichtlich der sprachlichen Form und des pädagogischen Effekts ist das Niveau der B.r unterschiedlich. Im Laufe der Zeit hat sich der Typus B. nach speziellen Spiel-, Interessen- und Tätigkeitsbereichen aufgefächert bis hin zu den Büchern, die dem Basteln, Werken und fachgebundenen Experimenteieren sowie besonderen Liebhabereien („Hobby-Bücher") dienen.

Pädagogische Motivierung und historische Entwicklung des B.s: Das Beschäftigungs- und Spielbedürfnis der Jugend wurde von J. A. COMENIUS bereits so ernst genommen, daß er mehrere Abbildungen und Erklärungen von Kinderspielen — „ludi pueriles" —, auch von Brettspielen, Lauf- und Ballspielen, in den „Orbis sensualium pictus" (1658) aufnahm. In J. B. BASEDOWS „Elementarwerk" (1774) sind Kinderspiele im Freien und im Zimmer ebenfalls abgebildet und zur Anregung belehrend beschrieben. J. CHR. FR. GUTSMUTHS gab 1796 das erste Spielbuch unter pädagogischem Aspekt heraus („Spiele zur Uebung und Erholung des Körpers und Geistes") und hob es von den „unglaublich vielen Büchern über Spiele" ab, die „seit Tranquillus" geschrieben wurden, da sie alle „nicht nur geschmacklos, sondern oft pöbelhaft, unsittlich, voll Zweideutigkeiten und Zoten" seien. Die ersten speziell für Kinder und Jugendliche verfaßten Bücher mit Anleitungen zu Spielen und Anregungen zum Bilderbetrachten, Lesen und Basteln als Selbstbeschäftigung sind aus den Prinzipien der Aufklärung und des Philanthropinismus hervorgegangen (vgl. I. J. G. HEUSINGER: Über die Benutzung des bei Kindern so thätigen Triebes, beschäftigt zu seyn, 1797). Sie verbinden Unterhaltung und Belehrung und betonen das „Angenehme" und „Nützliche" der Beschäftigung; z. B. handelte es sich in den „Abwechselungen für Kinder zu einer angenehmen und nützlichen Selbstbeschäftigung" (von G. S. GÜRNTH, Bd. 1—7, 1782—90) vorwiegend um stille Selbstbeschäftigung im Lesen; neben einzelnen Anekdoten stehen zumeist trocken belehrende Gedichte und Geschichten abgedruckt; einige szenische Spiele und Rätsel deuten auf gesellige Beschäftigung hin. FR. J. BERTUCH empfahl sein „Bilderbuch für Kinder" (1790 ff.) zur Selbstbeschäftigung, indem er im Vorwort den Kindern vorschlug, die Bilder nicht nur zu betrachten, sondern auszuschneiden und aufzukleben. Später wurden Ausschneide- und Ausmalbücher eine beliebte Sonderform des B.s. Man schuf auch Mappen mit bemalten und zum Einstekken von gemalten Blumen eingeschnittenen Blättern zur Bildung von Kränzen, Sträußen, Körbchen, z. B.: „Aus dem Blumenreich. Neueste Flora-Ausgabe" (o. J., ca. 1870). Die Blumen sind von 1—56 numeriert zum Einstecken an den vorbestimmten Platz. Dem kindlichen Bedürfnis zu spielen, sich zu belustigen und zu beschäftigen, wurde aus pädagogischem Grundsatz angemessen Raum gegeben in den philanthropischen Erziehungsanstalten (Dessau, Schnepfenthal, Marschlins). Die Beschreibungen dort praktisch erprobter „lehrreicher Beschäftigungen", Unterhaltungen, Spiele und Vergnügen füllten zusammen mit neuen Vorschlägen und Anleitungen zahlreiche Bücher der Wende vom 18. zum 19. Jh. Sie erschienen oft ohne Verfassernamen wie

z. B. die von J. G. Schummel verfaßten „Kinderspiele und Gespräche“ (mehrere Teile, 1776 ff.). Aus dieser Sammlung fanden das Frage- und Antwortspiel und das „geographische Spiel“ in der Besprechung in der „Allgemeinen Deutschen Bibliothek“ (31. Bd., 2. Stück, 1777) besondere Anerkennung. Aus Schnepfenthal kamen die „Grundsätze der Jugendbildung zur Industrie“ (von B. H. Blasche, 1804), auch die „Bastelbücher“: „Der Papparbeiter“ (1797) und „Der Papierformer“ (1819). Einblick in Kinder- und Jugendgeselligkeit im Familienkreise der ersten Hälfte des 19. Jh.s geben noch heute Sammelbände wie die als „Weihnachts- und Neujahrsgeschenk“ angezeigten und von J. G. Ziehnert herausgegebenen „Winterfreuden für Kinder von jedem Alter, welche sich und andere Kinder unterhalten und belustigen wollen, bestehend in Taschenspielerkünsten, Spielen, Räthseln, Charaden, Schnurren, Anekdoten und Fabeln“ (1810) und die Sammlung von L. Hölder

Gotthilf Heinrich v. Schubert (Hrsg.): Beschäftigungen für die Jugend aller Stände (Stuttgart 1835). Die Intentionen dieses biedermeierlichen Büchleins werden aus dem umfangreichen Titel klar ersichtlich: „Beschäftigungen für die Jugend aller Stände zur Gewöhnung an zweckmäßige Thätigkeit zur erheiternden Unterhaltung so wie zur Anregung des Kunst- und Gewerbsinnes. Von einer Gesellschaft Gelehrter und Erzieher“.

„Neue Gesellschaftsspiele und Unterhaltungen, zum Vergnügen und zur Übung des Scharfsinns für die Jugend“ (1824). Gemischt sind darin Rätsel, in Erzählungen eingekleidet, Gesellschaftsspiele, Charaden, pantomimische Wörterspiele und u. a. „Dramatisierte Sprichwörter zur unvorbereiteten Aufführung in einem Zimmer geeignet“.

Zu dieser Zeit gab es bereits Anleitungen zum elektrotechnischen Experimentieren, z. B. G. H. Seiferhelds „Sammlung electrischer Spielwerke für junge Electriker“ (mit Kupfertafeln, Liefg. 1—10. ²1791—1817); im ganzen 19. Jh. erschien in vielen Auflagen „Der kleine Zauberer. Ein Neujahrsgeschenk für Kinder“ (um 1790). Es empfahl sich selbst mit den Worten: „Der kleine Zauberer lehrt 50 Kunststücke, die theils aus der Chemie, Mechanik und Arithmetik genommen sind, theils aus einer Fertigkeit in Handgriffen entstehen. Etliche wenige sind auch nur Spiele des Witzes. Es ist deren keins, das nicht ein Kind von 10—12 Jahren nachmachen könnte“. Sehr produktiv in der Herausgabe von Spiel- und Beschäftigungsbüchern für alle Altersstufen war J. A. Chr. Löhr, dessen „Erstes Bilder- und Lehrbuch zur zweckmäßigen Beschäftigung des Verstandes und zur angenehmen Unterhaltung“ (1802) häufig wieder aufgelegt wurde. Es war mit 50 Kupfern, z. T. sehr guten Sachbildern aus der Umwelt des Kindes, ausgestattet. In Verbindung mit verschiedenen Fachgelehrten gab Löhr eine Reihe von 29 Bänden „Der erste Lehrmeister“ heraus, von denen mehrere Anleitungen zum Experimentieren und zur Selbst- und geselligen Beschäftigung enthielten. Besondere Pflegstätten von Spiel und Beschäftigung im Sinne der „Vorschulpädagogik“ wurden im 19. Jh. die Kleinkinderschulen (seit J. Fr. Oberlin, 1740—1826, und L. Scheppler, 1763—1837) und der Kindergarten nach den Erziehungsgrundsätzen von Fr. Fröbel (Spielgaben, Kinderlied und -spiel). Sammelbände der Kinderspiele und Beschäftigungen wurden den Erzieherinnen in diesen Einrichtungen, später auch den Kindern bis zum Ende der Schulpflicht in den Kinderhorten an die Hand gegeben.

Daß Spiel und Beschäftigung in der Kinder- und Jugendliteratur international angeboten wird, bezeugt der im 19. Jh. beliebte Band: „Womit soll ich mich belustigen? Oder: Gründliche Anweisung zu einer Menge Spiele und Kurzweiliger Beschäftigungen für die Jugend. Dienlich zur Entwicklung und Stärkung der Körper- und Verstandeskräfte. Mit einzelnen Zusätzen, auszugsweise bearbeitet nach dem Englischen: 'The boys own book' (1842 ff.).

Um die Wende vom 19. zum 20. Jh. gingen von der pädagogischen Reformbewegung — Landerziehungsheim, Arbeitsschule, Stillbeschäftigung in wenig gegliederten Schulen — neue Anregungen für die in Büchern unmittelbar Kindern und Jugendlichen angebotenen Spiele und Beschäftigungen aus. In der Gegenwart ist es wiederum die Vorschulpädagogik, deren neu konzipierte Didaktik und

Methodik auf die Gestaltung von Spiel- und Beschäftigungsbilderbüchern, Mappen und Heften einwirkt. Eine Fülle gedruckten Wort- und Bildmaterials zum Malen, Raten, Basteln, Spielen „für alle Kinder bis zu acht Jahren" ist auf dem Markt. Im Laufe der Zeit haben sich verschiedene Typen des B.s herausgebildet, für die im folgenden noch einige Beispiele angeführt werden:

Das Bastel-, Werk-, Mal- und Handarbeitsbuch ist auf greifbare Ergebnisse gerichtet: vom einfachen Nachbilden über selbständiges Entwerfen bis zur Aneignung gestalterischer Fertigkeiten und Vermittlung von Fachkenntnissen. Verschiedene Techniken aus vielerlei Material werden durch Text und Zeichnung erklärt; anspruchsvollere Bastel- und Werkbücher enthalten außerdem eine Material- und Werkzeugkunde, z. B.: A. VAN BREDA: Kempers Großes Papierfaltbuch (1965, ²1969), U. LEIPPE: Was Kinder gerne basteln (1968), G. LINDNER: Werkbuch für die Feste des Jahres (1968), I. OBRIG: Kinder, wir basteln (1956, ¹²1969); Bastelbücher aus dem Bereich der Elektronik, z. B. H. RICHTER: Radiobasteln für Jungen (1955, ⁸1968), G. VOSS: Knaurs Bastelbuch (1959 ff.), R. WOLLMANN: Werkbuch für Jungen (1935, ²²1967), R. ZECHLIN: Werkbuch für Mädchen (1932, ³⁰1967), Handarbeitsfibel (1960, ⁵1965), A. DAVIDOW: Wir zeichnen Tiere (1968), H. WITZIG: Punkt, Punkt, Komma, Strich (1944, ¹⁹1968); Fortlaufende Reihen: Ravensburger Hobbybücher (ab 1966), Kempers Freizeit Reihe (ab 1959), Brunnen-Reihe (ab 1961).

Das Experimentierbuch gibt Anleitungen für physikalische und chemische Versuche; sie sind meist aus Vorgängen der Umgebung abgeleitet und mit Hilfe von Gebrauchsgegenständen zu bewerkstelligen. Das E. trägt zum Verständnis von Naturwissenschaft und Technik bei, es weckt die Lust am Entdecken, schärft die Beobachtungsgabe und erzieht zu planvoller und genauer Arbeitsweise. Beispiele sind: I. PODENDORF: Das große Experimentierbuch (1969), H. J. PRESS: Spiel, das Wissen schafft (1964, ⁴1969), H. RÖMPP: Chemische Experimente, die gelingen (1939, ¹⁵1969).

Im *Spielbuch* sind Spiele und ihre Regeln gesammelt und beschrieben, z. B. Finger- und Streichholzspiele; Schreib- und Ratespiele; Würfel- und Kartenspiele; Pfänder-Schabernack und andere Gesellschaftsspiele; Wettspiele für drinnen und draußen; Lauf- und Tummelspiele; Schatten- und Stegreifspiele; Zaubereien und anderes mehr, z. B. R. DIRX: Das neue Buch der Spiele (1966), E. GLONEGGER: Das goldene Spielbuch (1967), U. LEIPPE: Was Kinder gerne spielen (1967, ²1968), J. METZGER: Kinderfreuden (3 Bilderbücher vom Spielen, 1969), J. PREETORIUS (Hrsg.): Knaurs Spielbuch (1953, ¹⁷1969), M. MICHALSKI: Das neue Zauberbuch (1966, ³1969), „Meyers Kinderspielbuch. 100 der schönsten Kinderspiele" (1969). Eine fortlaufende Reihe bilden die Ravensburger Spiel- und Spaßbücher (1967 ff.). Als Spielbilderbücher in der Vorschulerziehung und als Anregung für geistig behinderte Kinder werden u. a. verwendet: „Wo ist der grüne Papagei" (1965), „Ich weiß etwas was du nicht weißt" (1969), „Was machen die Tiere?" (1969), „Rate mit im Rätselzoo" (1970); zu Spiel und Spaß für Kinder verschiedener Entwicklungsstufen geeignet, ist das mit dem Bilderbuchpreis im Deutschen Jugendbuchpreis 1970 ausgezeichnete Ringbuch zum Durcheinanderblättern: „Kunterbunter Schabernack" von W. BLECHER und W. SCHRÖDER; bezeichnend für die Bedeutung, die heute Spiel und Beschäftigung in der frühkindlichen Bildung beigemessen wird, ist die Prämierung der Heftreihe: „Spielen, Sehen, Denken" (H. 1 und 2 im Deutschen Jugendbuchpreis.). Auch Karteikasten-Reihen zum „Spielen und Basteln", „Denken und Raten" werden heute angeboten.

Im allgemeinen zeigt das B. in der Gegenwart eine auffallende Tendenz zur Technik. So werden vor allem Bastel-, Werk- und Experimentierbücher immer differenzierter entwickelt und in steigendem Maße neu herausgebracht, während sich die Spielbücher weitgehend an ältere Vorlagen halten oder diese sammeln wie z. B. R. SCHINDLER: „Das Stekkenpferd. Kinderspiele aus alter Zeit" (1965).

Für die Familie, für Kinder und Erwachsene gemeinsam gab es auch im 19. Jh. schon *Spielsammelbände*, z. B. G. J. DANIELS „Illustriertes Familienspielbuch, Vorführung aller bekannten Spiele und gebräuchlichen Unterhaltungsweisen für alle Kreise, zur körperlichen Erholung und geistig-gemütlichen Erheiterung und Anregung im Freien und im Zimmer."

Neben kindertümlichen Spielen enthalten Bücher dieses Typs Vorschläge für Vereinsveranstaltungen und sonstige Anlässe, z. B. R. GÖCK: Das große Buch der Spiele (1964, ¹⁶1968), R. F. LEMBKE: Das große Haus- und Familienbuch der Spiele (1969). Werkbücher dieser Art behandeln spielerisches Basteln ebenso wie kunstgewerbliches Werken: K. HILS: Werkbuch für die Familie (1965). Manche Fachbücher über Kunsttechniken sind auch für den begabten und geschickten Jugendlichen anregend, z. B. E. RÖTTGER u. D. KLANTE: Das Spiel mit den bildnerischen Mitteln (Bd. 1—7, 1960 ff.).

Daneben gibt es auch heute die vornehmlich für die Hand des Erziehers gedachten Spiel- und Werkbücher. Sie zeigen die psychologische und pädagogische Bedeutung von Kinderspiel und Beschäftigung, geben didaktische und methodische Hinweise und bieten zahlreiche praktische Beispiele und Vorschläge für Beschäftigungsmöglichkeiten aller Art in Haus, Schule, Kindergarten und auf Spielplätzen, z. B. M. BRIX: Basteln mit Kindern (1969), H. H. GIBNEY (Hrsg.): Mutti, was soll ich jetzt tun (Aus dem Amerik. übers. u. bearbeitet von R. RÖBER, 1969), J. HUBER: Das Buch der Kinderbeschäftigungen (1930, ¹²1968).

Margarete Dierks/Anneliese Knoop

→ Malbuch, → Rätsel

Franz Otto Schmaderer und Thomas und Wanda Zacharias: Spielen Sehen Denken für Vorschul- und erstes Lesealter (Ravensburg 1969). Die Hefte dieser Reihe des Otto Maier Verlags sind zur Anregung „produktiver Intelligenz" für das Vorschulalter und für das erste Lesealter gedacht.

Beseler, Horst

*Schriftsteller, Jugendbuch- und Drehbuchautor; * 29. 5. 1925 Berlin.*

B., Sohn eines Reichsbahnangestellten, wurde 1944 Soldat, geriet in sowjetische Gefangenschaft und war 1945—47 als Techniker und Telefonist in einem russischen Filmkopierwerk beschäftigt. Nach der Entlassung aus der Gefangenschaft war er zunächst journalistisch tätig, seit 1952 lebt er als freischaffender Schriftsteller in Wensickendorf bei Berlin, DDR. B.s Schaffen wurde durch verschiedene Auszeichnungen gewürdigt: 1952 erhielt er beim 4. Preisausschreiben zur Förderung der sozialistischen Kinder- und Jugendliteratur den 2. Preis für „Die Moorbande"; 1957 wurde ihm der Fontane-Preis des Bezirks Potsdam für „Im Garten der Königin" zuerkannt; 1966 bekam er für „Käuzchenkuhle" die Erich Weinert-Medaille und im 16. Preisausschreiben die höchste Prämie.

Werk, Tendenzen, Wirkung. B. wendet sich mit Themen, die die Auseinandersetzung mit der jüngsten deutschen Vergangenheit zum Gegenstand haben, besonders an Leser der jungen Generation. Er schreibt realistisch und im Sinne der klassenkämpferischen Ideologie des Kommunismus. Von dieser Sicht aus gestaltete er die Liebesgeschichte junger Menschen im Jahre 1944 im Roman „Im Garten der Königin" (1957). In seiner bisher bedeutendsten Arbeit „Käuzchenkuhle" (1965) schildert er Menschen und Ereignisse in einem sozialistischen Dorf, über dem die Schatten der NS-Zeit und ihrer ungesühnten Verbrechen liegen. Schon in der Sprache und Denkweise der Schuljugend wird die gesellschaftliche Umstrukturierung der DDR ablesbar. Bemerkenswert zeigt sich in diesem Buch B.s Fähigkeit, Naturstimmungen, Kinder- und Erwachsenencharaktere und Vorgänge der Arbeitswelt bündig zu erfassen. In der Erzählung „Die Moorbande" (1952), illustriert von K. ZIMMERMANN, und in dem gleichnamigen Stück für das Kindertheater verurteilte B. die Einführung der Wehrpflicht und die Schaffung der Bundeswehr; dabei jedoch erlitt die künstlerische Qualität unter den propagandistischen Tendenzen Einbuße, zumal die Thematik stark vereinfacht wurde. B.s Erzählungen, auch verschiedene Jugendbücher, wurden ins Tschechische, Bulgarische und Polnische übersetzt und erschienen z. T. in Buchgemeinschaftsausgaben in Österreich. B.s Filme („Wo der Zug nicht lange hält", 1960 zus. mit J. Hasler; „Der Tod hat ein Gesicht", 1961; „Nebel", 1963) und seine Kurzgeschichten und längeren Erzählungen umkreisen menschliche und gesellschaftliche Prozesse der letzten 25 Jahre. *Horst Künnemann*

Werke: Die Moorbande (1952); Heißer Atem (1953); Im Schatten des großen José (1955); Im Garten der Königin (1957); Verliebt in Berlin (1958; zus. mit E. Rimkus); Bullermax (1964; zus. mit E. Rimkus); Käuzchenkuhle (1964); Matti im Wald (1966; zus. mit E. Rimkus); Die Linde vor Priebes Haus (1970); Jemand kommt (1972).

Sekundärliteratur: H. Beseler: Sollen wir den Mond weglassen? (in: Beiträge zur Kinder- und Jugendliteratur. 7. 1965. 24—28). *IJB*

Beskow, Elsa

*(geb. Maartman). Schwedische Bilderbuchkünstlerin, Kinderbuchautorin; * 11. 2. 1874 Stockholm, † 30. 6. 1953 Djursholm.*

Als Tochter eines Norwegers und der in Stockholm beheimateten Mutter verlebte B. eine umsorgte Kindheit. Die Schulausbildung (Koedukation) erhielt sie an der Anna-Whitlocks-Schule in Stockholm, an der E. KEY unterrichtete. Aus wirtschaftlichen Gründen mußte B. auf den Besuch der Schwedischen Kunstakademie verzichten; sie studierte statt dessen an der Schwedischen Staatsschule für Kunsthandwerk. 1897 heiratete sie den Mitstudenten NATANAEL B., der sich später der Theologie zuwandte und in einem Vorort Stockholms als Prediger und Initiator sozialer Hilfseinrichtungen wirkte. B. unterstützte ihren Mann bei seiner sozialen Tätigkeit und unterrichtete als Zeichenlehrerin an ihrer alten Schule. Ein Teil ihres reichen Bilderbuchschaffens ist ihren sechs Söhnen — unter ihnen der spätere Maler Bo B. (* 1906) — gewidmet. 1952 wurde B. mit der Nils-Holgersson-Medaille für ihr Gesamtschaffen auf dem Gebiet der Kinderliteratur ausgezeichnet.

Elsa Beskow: Hänschen im Blaubeerenwald (Stuttgart 1903). In einer der bekanntesten Gestaltungen der schwedischen Autorin (1874—1953) wird die Umwelt aus der Perspektive des kleinen Kindes entdeckt. Dieses viel bewunderte Bilderbuch erinnert an Motive aus „Alice's Abenteuer im Wunderland"; die Umwelt bleibt allerdings in ihrer Natürlichkeit — im Gegensatz zu anderen Entwürfen dieser Epoche — bewahrt.

Werk, Tendenzen, Wirkung. B.s Bilderbuchschaffen währte über ein halbes Jahrhundert, von 1897 bis 1952, und umfaßte mehr als dreißig Bilderbücher, einige Märchensammlungen (z. B. Sagobok, 1915), Lesebücher (z. B. „Vil du läsa?“, 1935—37) und Liederbücher (z. B. „Blommornas bok“, 1905, mit Text von J. OTERDAHL; dt. Blondchen in Blüten, 1908, und „Mors lilla olle och andra visor“, 1903, mit Vertonung von A. TEGNÉR). 1901 entstand das Bilderbuch „Puttes äventyr i blåbärsskogen“ (1901; dt. Hänschen im Blaubeerenwald, 1903), das zu ihrem bekanntesten Werk in Deutschland wurde.

Zu den wesentlichen Anregungen, die der Künstlerin von außen zuflossen, gehören die Kindheitserlebnisse mit der Familie und den Tanten, die in ihrem Buch „Tant Grön, Tant Brun och Tant Gredelin“ (1918) ihren künstlerischen Niederschlag fanden und bei vielen Schweden die Vorstellungen vom schwedischen Kleinstadtidyll prägten, und der Jahreslauf (z. B. „Blomsterfesten i täppan“, 1914). Der innige Kontakt zur schwedischen Natur, zum Leben auf dem Lande und in den ausgedehnten Wäldern spiegelt sich in ihrem reichen Bilderbuchschaffen wider. *Stoffliche Anregungen* erhielt sie aus zeitgenössischer Kinderliteratur, der schwedischen Folklore und ihrem eigenen Sinn für soziale Hilfsbereitschaft. „Pelle Snygg och barnen i Snaskeby“ (1896, Der saubere Peter) wurde durch eine Hollandreise inspiriert. „Olle's Ski Trip“ (1907) zeigt kindgemäße Bild- und Textkomposition zum Schilauf eines kleinen Jungen und eine eindringliche Wiedergabe des schwedischen Winters. *Künstlerische Anstöße* kommen aus dem Schaffen W. CRANES — eine Ausstellung seiner Werke in Stockholm 1896 beeinflußte ihre Arbeit nachhaltig — und K. GREENAWAYS. Ihre „Blumen-ABC“ und „Blumenzahlen“, schwedischen Kinderreime, Märchen und „Hänschen im Blaubeerenwald“ sind von der dekorativen Formensprache des „Art Nouveau“ und dem Jugendstil geprägt. Neben der *naturalistisch-realistischen* Komponente dominiert im Werk der B. das *phantastische* Element. Angeregt durch die nordischen Troll- und Elfensagen, die in Höhlen, Wäldern und eisigen Bergregionen spielenden Märchen, finden sich auch bei ihr Pflanzen, Pilze und Früchte, die menschliche Gesichter und Körper erhalten, ein Bildelement, das auch im Bilderbuchschaffen E. KREIDOLFS eine beherrschende Rolle spielt. In B.s Bildern vereinen sich naive Zuwendung zur Umwelt, Liebe zum Kinde und exaktes Naturstudium.

Verbesserte Druckverfahren und das relativ junge Alter der schwedischen Literatur für Kinder und Jugendliche sicherten ihr rasch eine beherrschende Position. Entscheidend für diese Stellung war jedoch ihr künstlerisches Vermögen, schwedische Kinder im Kreis der Familie, im Ablauf des Jahres und in ihrer natürlichen Umwelt überzeugend zu zeichnen. Viele ihrer Arbeiten wurden ins Englische, Amerikanische, Polnische, Russische, Tschechische, Holländische und Deutsche übersetzt und beeinflußten in den ersten Jahrzehnten des 20. Jh.s die Bilderbuchkunst dieser Länder. — Seit 1958 wird in Schweden jährlich die Elsa-Beskow-Medaille an einen Bilderbuchkünstler verliehen.

Horst Künnemann

→ Schweden

Werke: Sagobok (1915); Muntergök (1919); Bubbelmuck och andra sagor (1921); Farmors lapptäcke (1922); Kistan på herrgårdsvinden (1926); Farmor och Fjunlätt (1930); Det hände en gång (1944); Den lille vävaren (1954).

Ill.: E. Beskow: Sagan om den lilla, lilla gumman (1897); E. Beskow: Barnen på Solbacka (1898); E. Beskow: Puttes äventyr i blåbärsskogen (1901; dt. Hänschen im Blaubeerenwald, 1903); A. Tegnér: Mors lilla Olle och andra visor (1903); E. Beskow: Gnällmåns (1904); J. Oterdahl: Blommornas bok (1905; dt. Blondchen in Blüten, 1908); E. Beskow: Olles skifärd (1907; dt. Hänschens Skifahrt, 1910); E. Beskow: Tummelisa (1908; dt. Däumelieschen, 1909); E. Beskow: Tomtebobarnen (1910; dt. Aus Erdmännleins Klause, 1911); E. Beskow: Pelles nya kläder (1912; dt. Der kluge Fridolin, 1910); E. Beskow: Blomsterfesten i täppan (1914); E. Beskow: Görans bok (1916): E. Beskow: Tant Grön, Tant Brun och Tant Gredelin (1918); E. Beskow: Lasse liten i trädgården (1920); E. Beskow: Lillebrors segelfärd (1921); A. Tegnér: Borgmästar Munte (1922); E. Beskow: Resan till landet Längesen (1923); E. Beskow: Sagan om den lilla hinden (1924); E. Beskow: Tant Bruns födelsedag (1925); E. Beskow: Årets saga (1927); E. Beskow: Petter och Lotta på äventyr (1929); E. Beskow: Hattstugan (1930); E. Beskow: Solägget (1932); E. Beskow: Sagan om den nyfikna aborren (1933); E. Beskow: Ocke, Nutta och Pillerill (1939); E. Beskow: Duktiga Annika (1941); E. Beskow: Farbror Blås nya båt (1942); E. Beskow: ABC-resan (1945); E. Beskow: Petter och Lottas jul (1947); E. Beskow: Herr Peter (1949); E. Beskow: Röda bussen och gröna bilen (1952).

Sekundärliteratur: P. Bergman: Studier kring Tant Grön, Tant Brun och Tant Gredelin (1971). — N. Beskow: Natanael och Elsa Beskow (1954). — S. Björck: Midsommarfreden i blomstersamhället (in: S. Björck: Löjliga familjerna i samhälle och dikt. 1964. 117—123). — S. Hammar: Elsa Beskow (1958). — T. Jansson: Sagan inom verkligheten (in: Bonniers litterära magasin. 5. 1959. 419 bis 420). — M. B. Newton: Elsa Beskow (in: Horn Book Magazine. 1. 1928. 21—30). — M. Ørvig: Elsa Beskow Maartman (in: Top of the news. 3. 1966. 240—252). — S. Sandström: Vänlighetens och lekens slott (in: Bonniers litterära magasin. 5. 1959. 421—423). — E. v. Zweigbergk: Elsa Beskow som gestalt (in: E. v. Zweigbergk: Barnboken i Sverige. 1965. 357—365).

IJB

Bestseller in der Kinder- und Jugendliteratur

Bestseller (engl.) ist die Bezeichnung für Bücher, die in relativ kurzer Zeit hohe Auflagen erleben.

Im Bereich der Kinder- und Jugendliteratur sind eigentliche B. selten. Dagegen gibt es unter den Kinder- und Jugendbüchern eine Anzahl von Titeln, die als *Longseller* über Jahrzehnte und manchmal Jahrhunderte hin gleichmäßig beliebt bei den jugendlichen Lesern wie den erwachsenen Käufern geblieben sind, wie etwa D. DEFOES „Robinson Crusoe" (1719), J. F. COOPERS Lederstrumpfgeschichten (von 1823ff.), H. HOFFMANNS „Struwwelpeter" (1845), E. KÄSTNERS „Emil und die Detektive" (1928), A. LINDGRENS „Pippi Langstrumpf" (1944) oder O. PREUSSLERS „Kleine Hexe" (1957). Nicht selten ist der Longseller-Erfolg solcher Titel in Ursachen zu suchen, die außerhalb der Qualität der Bücher liegen, wie etwa in der Kulturpolitik des Dritten Reiches bei A. SCHENZINGERS „Hitlerjunge Quex" (1932) oder in dem Werbeeffekt der gleichnamigen Fernseh-Serien für die Buchausgaben von „Lassie" und „Fury". Oft werden Longseller auch als Kinder- und Jugendklassiker bezeichnet, wobei dieser Begriff, wie KL. DODERER (in: Klassische Kinder- und Jugendbücher, Weinheim 1969, S. 7) ausführt, „keine strukturelle und ideologische Einheit der Auffassungen ihrer Schöpfer [intendiert]", sondern vielmehr nur Literaturerzeugnisse meinen kann, „die durch ihre ‚zähe' Tradierung und langanhaltende Wertschätzung eine hohe soziologische Effizienz erzielt haben."

Annette Betz Verlag GmbH

München. Derzeitiger Geschäftsführer: G. Rost (* 1918), seit 1971 bei Thienemanns Verlag.
Hauptsächliche Verlagsgebiete im Bereich der Kinder- und Jugendliteratur: Bilderbücher und Lesegut für die Altersgruppe zwischen 6 und 12 Jahren.
Autoren: J. Balet, H. Baumann, A. Fuchshuber, S. Heuck, L. Hille-Brandts, J. Krüss, J. Metzger, M. Reidel, E. J. Rubin, G. Ruck-Pauquèt u. a.
Illustratoren: J. Balet, A. Fuchshuber, S. Heuck, H. Lentz, E. Meier-Albert, D. Otto, M. Reidel, E. J. Rubin u. a.
Verlagsgeschichte. Der Verlag entstand 1962 in München unter Mitarbeit von Dr. A. Betz („Rheinische Post") als Hauptgesellschafter, G. Rost als Geschäftsführer, A. L. Ströbl als Hersteller und J. Krüss als lit. Berater. Der Verlag ist Mitglied der „Bilderbücher der Sechs". Alpenbuch Establishment aus Vaduz in Liechtenstein wurde 1967 alleinige Gesellschafterin. Seit 1970 hat Betz seine Eigenständigkeit aufgegeben und kooperiert in Wien mit dem Verlag Ueberreuter.

Beurteilung von Kinder- und Jugendbüchern

Die Beurteilung von Kinder- und Jugendliteratur wird heute in vielfältiger Weise in der Öffentlichkeit praktiziert. Sie bezweckt Auslese und Bekanntmachung der für empfehlenswert gehaltenen Kinder-, Bilder- und Jugendbücher.

Geschichte, Tendenzen, Praxis. Neben die Rezension des einzelnen Buches („Jugendbuchkritik") in Fachzeitschriften, Jugendzeitschriften, Presse, Funk und Fernsehen, neben die Publikation von Auswahl- und Ehrenlisten, neben die kritische Wertung in Analysen, Monographien und zusammenfassenden Darstellungen sind Wettbewerbe, Preis- und Prämienverleihungen auf nationaler Ebene getreten. Vortragsveranstaltungen, Ausstellungen beispielhafter Bücher und die Beratung der (meist erwachsenen) Interessenten durch verschiedene Institutionen, Verbände und Büchereien sind gleichfalls Erscheinungsformen der B., die sich gegenüber der steigenden Produktion — allein in der BRD erscheinen jährlich über eintausend neue Titel — immer weiter differenziert.
In der B. lassen sich seit ihren Anfängen unterschiedliche und wechselnde Tendenzen feststellen. Sie werden von den pädagogischen, gesellschaftlichen, politischen und literaturästhetischen Anschauungen in einer Zeit und ihren jeweiligen Gegenströmungen mitbestimmt. Seit es eine Leseverhaltensforschung gibt (CH. BÜHLER, E. SCHLIEBE-LIPPERT u. a.), werden in der B. weitgehend literarpsychologische und literarsoziologische Momente berücksichtigt. Dazu kommen erste Erfahrungen aus der Bibliotherapie. *Das Auswägen subjektiven Urteils mit erarbeiteten objektiven Maßstäben bleibt jedoch stets problematisch, besonders im Hinblick auf die gesellschaftsabhängige und hochgradig manipulierbare Urteilsbildung in Kunst und Literatur.*
Zur Geschichte der Jugendbuchbeurteilung. Als früheste Form der B. dürfen die Rezensionen von Kinder- und Jugendbüchern gelten, die gegen Ende des 18. Jh.s in theologischen und pädagogischen Zeitschriften erschienen, z. B. in: Zeitung für Landprediger und Schullehrer (1793 ff.); Zeitung für Prediger, Schullehrer und Erzieher (1796ff.). Darin wird im wesentlichen der moralische und belehrende Gehalt solcher Bücher begutachtet, nur gelegentlich auch die Frage nach kindgemäßer Sprache gestellt. Erste „Fachzeitschriften" mit häufigen Besprechungen von Kinder- und Jugendbüchern (auch ABC-, Elementar- und Erbauungsbüchern) sind das „Braunschweigische Journal" (1788 ff.), das die Fortsetzung von J. H. CAMPES „Allgemeinem Revisionswerk" bildete, und die „Allgemeine Deutsche Bibliothek", die 1765—92 von FR. NICOLAI (1733—1811) herausgegeben wurde und dann noch bis 1794 erschien. Hier wirkte E. CHR. TRAPP, der Systematiker des Philanthropinismus, als erster bedeutender Jugendbuchkritiker. Er stellte hohe Anforderungen an Stil und Ausdruck im Kinderbuch und legte entsprechende Maßstäbe bei der Beurteilung an. Insgesamt fanden sich gegenüber der quantitativ rasch ansteigenden, qualitativ absinkenden Buchproduktion nur wenige kritische Äußerungen. So von J. K. WEZEL im Vorwort zu seiner Übertragung des Robinson (1779); von L. FR. GEDIKE in „Gesammelte Schulschriften" (1789). Das spezifische Jugendschrifttum des 19. Jh.s bewahrte zunächst vorherrschend aufklärerische Züge und entartete unter kommerziellen Antrieben zu einer fragwür-

digen Massenliteratur. Es gab gewichtige, zunächst noch wenig wirksame Einzelkritik, gerichtet gegen: die „Absicht zu bilden" (J. FR. HERBART: Allgem. Pädagogik, 1806), die „abmattende Sucht nach Moralien" (J. PAUL: Levana, 1807), die „Sündflut von Kinderschriften" (W. MENZEL: Deutsche Literatur, 1828), „besondere Schriften für die Jugend" (K. E. P. WACKERNAGEL: Handbuch deutscher Prosa, 1837), die „durch Überreiz . . . und Unwahrheit gemeinschädlichen Schriften" (C. KÜHNER in: Schmids Enzyklopädie des gesamten Erziehungs- und Unterrichtswesens, 1862), „Süßlichkeiten" und „schauerliche Abenteuer" (B. AUERBACH: Volksbücher, Bd. 2, 1866). Kritische Forderungen einzelner Autoren zur Jugendschrift (so CHR. v. SCHMID: Erinnerungen aus meinem Leben, Bd. 4) standen meist im Widerspruch zum eigenen Erzählwerk. Seit etwa Mitte des 19. Jh.s leisteten wirksamere Beurteilungsarbeit die von privater Seite, später von Kommissionen der Lehrervereine erstellten Verzeichnisse, die mit dem Problem der Fülle fertig zu werden suchten. Darin bekundete Grundsätze standen oft im Gegensatz zur getroffenen Auswahl, die weiterhin gute Gesinnung und bildenden Wert honorierte. (Erfreuliche Ausnahme: „Centralblatt für deutsche Volks- und Jugendliteratur", 1857, hrsg. v. H. SCHWERDT). Wertvolle Ansätze bot die kath. Jugendschriftenkritik: G. KELLER: Aphorismen, 1850 (gegen äußere Moral; ehrfurchtsvolle Beziehung zu Gott in einer guten Handlung), O. WILLMANN: Pädagogische Vorträge, 1875 (mit 5 Forderungen, darunter: eine Jugendschrift sei klassisch, wenn „jedes Alter an ihr einen Besitz hat"). In der zweiten Hälfte des 19. Jh.s begannen in der Kinder- und Jugendliteratur selbst wie in der B. neben den herkömmlichen konfessionellen sich die Tendenzen der *Nationalerziehung* und eines gesteigerten Nationalbewußtseins abzuzeichnen. Mit gegenläufigen gesellschaftspolitischen Tendenzen wurde in Kreisen der Arbeiterbewegung und SPD eine klassenbewußte B. entwickelt.

Die Jugendschriftenprüfungsausschüsse der Lehrerverbände erstrebten schon früh in der B. eine Zusammenarbeit, für die mit der 1893 gegründeten Zeitschrift „Jugendschriften-Warte" ein Forum in der Öffentlichkeit entstand. Im Zusammenhang mit den Ideen der Kunsterziehungsbewegung setzten sich in der Jugendschriftenbewegung literaturästhetische Vorstellungen in der Beurteilungsarbeit durch. Grundlegende und richtungsweisende Arbeit haben für diese Entwicklung vor allem L. GÖHRING und H. WOLGAST geleistet, dessen Leitsatz „Die Jugendschrift in dichterischer Form muß ein Kunstwerk sein" entschiedene Absage an jede Tendenz und die Vermischung von Unterhaltung und Belehrung in der Jugendliteratur bedeutete. Die spezifische Jugendschrift wurde scharf verurteilt (vgl. H. WOLGAST: Das Elend unserer Jugendliteratur, 1896, [7]1950). Die „Jugendschriften-Warte" spiegelte die durch psychologische Einwände (W. LOTTIG: Dichtung vom Kinde aus; E. LINDE: Kindertümlichkeit; B. OTTO: Altersmundart) verursachten Auseinandersetzungen wie auch die Diskussion um pädagogische Fragestellungen und Forderungen. Bestimmten in der Folge in Fachkreisen literarische, psychologische und pädagogische Gesichtspunkte mit wechselnder Akzentuierung die Praxis der Jugendbuchkritik, so verschärfte sich in der politischen Situation Deutschlands nach dem Ersten Weltkrieg die Terminologie der ideologisch in sozialistischen und nationalen Gruppen verankerten B. (Presse und Zeitschriften der kommunistischen, der sozialdemokratischen, der nationalen und nationalsozialistischen Parteien). Radikalen Einschnitt auch für die B. in der Kinder- und Jugendliteratur bedeuteten die Maßnahmen des 1933 zur Macht gekommenen Nationalsozialismus. Organisation und Organe des Jugendschriftenwesens wurden gleichgeschaltet und die freie Meinungsäußerung aus der offiziellen B. ausgeschlossen (vgl. P. ALEY: Jugendliteratur im Dritten Reich, 1967).

Heutige Beurteilungspraxis. Nach dem Zweiten Weltkrieg setzte die Beurteilungsarbeit zunächst ein mit einer nachholenden und mit der Produktion des Auslands vergleichenden Sichtung sowie mit der Werbung für das im Geiste der Humanität und Völkerverständigung „gute" Bilder-, Kinder- und Jugendbuch (vgl. J. LEPMAN: Die Kinderbuchbrücke, 1964). Neue Trägerorganisationen entstanden, Ausstellungen und Tagungen wurden durchgeführt und die Erarbeitung von Kriterien zur Beurteilung inmitten eines zahlenmäßig ständig steigenden Bücherangebots für die Jugend fortgesetzt. Grundlegend zur Beurteilung von Sprache und Form wirkten zunächst Publikationen von R. BAMBERGER, K. LANGOSCH, A. KRÜGER, TH. RUTT. In der Jungleserpsychologie knüpften W. HANSEN, E. SCHLIEBE-LIPPERT, A. BEINLICH u. a. an ältere Arbeiten von CH. BÜHLER und E. LIPPERT an. Unter Beachtung der komplexen gesellschaftlichen Bedingungen in der Gegenwart wurden die Fragen nach „Jugendgemäßheit", „Enttabuisierung" der Kinder- und Jugendliteratur und einer im Entwicklungsprozeß möglicherweise notwendigen „literarischen Verfrühung" erörtert (R. GEISSLER, KL. DODERER, A. C. BAUMGÄRTNER u. a.). Kritische Analysen von Tradition und Moderne in der Literatur, die sich an die Jugend als Leser wendet, Ergebnisse leserpsychologischer und lesersoziologischer Beobachtungen und Erfahrungen wirken sich für die Beurteilungsarbeit aus, die gegenwärtig wie niemals zuvor Unterstützung und Beachtung in der Öffentlichkeit findet.

Grundsätzlich finden heute die Begriffe der Poetik Anwendung bei der Beurteilung von Jugendbüchern. Modifikationen ergeben sich unter dem Anspruch der Altersgemäßheit. Sprache, Komposition und Erzählhaltung sind die wesentlichen Gesichtspunkte. Der Spannung kommt im Jugendbuch besondere Bedeutung zu. Einzelne Gestaltungsmittel wie Dialog und Personenzeichnung sind für die Qualität eines Buches aufschlußreich. Hintergründigkeit und Symbolgehalt bestätigen einen künstlerischen Rang. Bei aller Priorität des literarischen Wertes muß die Jugendliteratur heute in ihrer Beziehung zur Realität und ihren sozialen Funktionen verstanden werden. Sie ist problemhaltiger geworden. Angesichts der frühen Konfrontation der Jugend mit der Erwachsenenwelt kann sie zu deren Selbstverständnis unter den komplexen gesellschaftlichen Bedingungen beitragen. Die Frage der Jugendgemäßheit darf daher nicht altersspezifisch eng und allein im Sinne der Identifikation verstanden werden. Empfehlungen zu einer „literarischen Verfrühung" und Forderungen nach einer Jugendliteratur, *die zum kritischen und wertenden Lesen nötigt* (R. GEISSLER, KL. DODERER, A. C. BAUMGÄRTNER), stellen die Beurteilungsarbeit vor neu zu durchdenkende Fragen. Auch literatursoziologische Erkenntnisse werden für die Beurteilung bedeutsamer. *Die in letzter Zeit herausgestellten, vom Milieu abhängigen Faktoren des Lesens (soziale Schicht, Sprache, Wertvorstellungen) zeigen, wie ergänzungsbedürftig eine Kritik ist, die vor allem von entwicklungspsychologischen Gesichtspunkten ausgegangen ist.*

Im Zusammenhang mit der ständig steigenden Buchproduktion mit technisch perfekten Herstellungsverfahren sind der Jugendbuchkritik zwei neue Gegenstandsbereiche erwachsen. 1. *Bilderbuch:* Die mannigfachen, von gegenwärtigen Kunstströmungen abhängigen Stilformen des modernen Bilderbuches wie die Vielfalt der Darstellungstechniken stellen die Bilderbuchbeurteilung vor besondere Schwierigkeiten. Eine eigentliche Fachkritik, die diesen Ansprüchen genügt, steckt noch in den Anfängen. Sie bleibt zur Zeit noch auf einzelne Persönlichkeiten beschränkt (H. HALBEY, H. KÜNNEMANN, W. SCHERF). 2. *Sachbuch:* Die Entwicklung des modernen Sachbuchs erklärt sich aus den besonderen Orientierungs- und (Fort-)Bildungsbedürfnissen angesichts der durch fortschreitende Spezialisierung immer undurchsichtiger werdenden wissenschaftlich-technischen Welt. Die Kritik muß sich der Sprache wie der Zeichnung und dem Bild unter der Frage nach Sach- und Altersgemäßheit zuwenden und das Maß der Integration beider verbindlich feststellen.

Im einzelnen sind folgende Institutionen und Organe, die Kinder- und Jugendbücher beurteilen, zu nennen:

Presse. Rezensionen in Wochen- und Tageszeitungen (Die Zeit, Deutsche Zeitung — Christ und Welt, Welt am Sonntag, Frankfurter Allgemeine Zeitung, Die Welt u. a.) erfolgen zumeist in Übersichten und haben in der Regel zeitliche Schwerpunkte (Weihnachten, Ostern, Buchmesse). Regelmäßige Hinweise und Besprechungen erfolgen auch in Familien- und Elternzeitschriften (Die Familie, Eltern u. a.). Jugendzeitschriften bringen Besprechungen allgemeiner wie thematisch ausgerichteter Art (Aktion, Deutsche Landjugend, Gib acht u. a.). Pädagogische Zeitschriften leisten Beurteilungsarbeit in verschiedenen Formen: indirekt mit literarpädagogischen Beiträgen, die Jugendbuchtitel einbeziehen, direkt mit regelmäßigen bzw. periodischen Rezensionen z. T. mit gesonderten Beilagen (Die Ganzheitsschule, Die Realschule, Westermanns Päd. Beiträge, Erziehung und Wissenschaft mit der Beilage „Jugendschriften-Warte" u. a.).

Rundfunkanstalten befassen sich in den Abteilungen Kinder-, Jugend- und Schulfunk mit Wertungen: durch Hinweise, Empfehlungen, Rezensionen, gattungsbezogene Beiträge und Diskussionen. Die Veranstaltungen gelten den Vermittlern (Eltern, Lehrer, Gruppenleiter), aber auch Kindern und Jugendlichen selbst.

Fernsehanstalten stellen in Nachmittagssendungen Jugendbücher vor und veranstalten Diskussionen, z. B. „Büchermarkt für junge Leser" (seit 1969).

Verbände leisten mit eigenen Publikationsorganen (Besprechungen und Fachbeiträgen), mit Verzeichnissen und Veranstaltungen (Seminare, Tagungen, Losungen, Ausstellungen, Wettbewerben u. a.) intensive und umfangreiche Beurteilungs- und Auswahlarbeit. Diese wird von den jeweils zu vertretenden Gruppeninteressen (Schule, allgem. und konfessionelle Bücherei, Familie, Jugendschutz u. a.) bei gemeinsamen Grundlagen für die Jugendbuchkritik verschieden akzentuiert. Zu den überregionalen Einrichtungen gehören u. a.: Arbeitskreis für Jugendliteratur e. V., München; Arbeitskreis Das Gute Jugendbuch, Heiligenhaus; Börsenverein des Deutschen Buchhandels, Frankfurt/M.; Deutsches Jugendschriftenwerk, Frankfurt/M.; Vereinigte Jugendschriften-Ausschüsse, Hannover.

Ausländische Institutionen, die mit ihren Fachorganen, Verzeichnissen und Veranstaltungen Bedeutung für die B. in der BRD erlangt haben, sind u. a.: Internationales Kuratorium für das Jugendbuch, Zürich; Österreichischer Buchklub der Jugend, Wien; Schweizer Bund für die Jugendliteratur, Zürich.

Öffentliche Institutionen auf Bundes- wie auf Länderebene dienen der Beurteilungsarbeit durch Förderungsmaßnahmen: Das Bundesministerium für Jugend, Familie und Gesundheit schreibt jährlich durch Erlaß (seit 1956) den Deutschen Jugendbuchpreis aus. Die Bundesprüfstelle beim Bundesminister für Familie und Jugend wird nach dem Gesetz über die Verbreitung jugendgefährdender Schriften tätig und entscheidet über die Indizierung von Schriften und Büchern. Die Kultusverwaltungen der Länder sprechen Empfehlungen aus, unterhalten Beratungsstellen, genehmigen Jugendschriften. Das Institut für Jugendbuchforschung, Frankfurt/M. dient der Beurteilungsarbeit insofern, als es mit Querschnittsanalysen den Jugendbuchmarkt beobachtet und statistische Erhebungen durchführt. Die Internationale Jugendbibliothek München veranstaltet Ausstellungen (im Hause und als Wanderausstellungen), diskutiert mit Kindern und Jugendlichen über Bücher, übt eine umfassende Beratertätigkeit aus und erstellt Verzeichnisse vielfältiger Art.

Horst Schaller

→ Arbeitskreis für Jugendliteratur, → Börsenverein des deutschen Buchhandels, → Bundesprüfstelle für jugendgefährdende Schriften, → Deutscher Jugendbuchpreis, → Deutsches Jugendschriftenwerk, → Vereinigte Jugendschriftenausschüsse

Sekundärliteratur: A. C. Baumgärtner: Perspektiven der Jugendlektüre (1969). — H. Cornioley: Notwendigkeit, Aufgaben und Grenzen der Jugendbuchkritik (in: H. Cornioley: Beiträge zur Jugendbuchkunde. 1966. 110 bis 125). — M. Dahrendorf: Das Mädchenbuch und seine Leserin (1970). — H. E. Giehrl: Der junge Leser (1968). — R. Gollmitz: Das Kinderbuch (1971). — H. L. Köster: Kritik der Jugendschrift (in: H. L. Köster: Geschichte der deutschen Jugendliteratur in Monographien. 1906 u. 08, [4]1927; ND. 1971. 385—471). — A. Krüger: Bausteine des Erzählens (in: Zeitschr. f. J.lit. 4. 1967. 194—212); Die Gestalt des künstlerisch durchformten Jugendbuchs (in: Jugendliteratur. 11. 1959. 487—497). — M. Lange: Die fortschrittliche bürgerliche Jugendschriftenkritik am Jugendbuch des 19. Jahrhunderts und ihre Auswirkungen auf die Bildungsarbeit der Arbeiterklasse (Diss. 1957). — K. E. Maier: Jugendschrifttum (1965, [5]1971). — H. Ott: Maßstäbe für die Beurteilung des Jugendbuches (in: Jugendliteratur. 5. 1956. 219—225). — F. Pfeffer: Zur Beurteilung des Lesegutes der Jugend (in: H. Beinlich (Hrsg.): Handbuch des Deutschunterrichts im ersten bis zehnten Schuljahr. Bd. 2. [3]1963. 849—872). — H. Schaller: Beurteilungsmaßstäbe für das Kinder- und Jugendbuch (in: Das Jugendbuch und die Massenmedien. 1963. 100—107). — W. Scherf: Kritische Gesichtspunkte zur erzählenden Kinder- und Jugendliteratur (in: Der junge Buchhandel. 11. 1971. 150—164). — E. Weber: Die Freizeitgesellschaft und das Buch (1967). — H. Wolgast: Das Elend unserer Jugendliteratur (1896, [7]1950). *IJB*

Bewick, John

*Holzschneider, Kinderbuchillustrator; * 1760; † 1795 Cherryburn.*

B. wurde als Holzschneider in der Werkstatt seines älteren Bruders THOMAS B. ausgebildet. Nach fünfjähriger Zusammenarbeit verließ B. die Werkstatt seines Bruders, zog nach London und illustrierte dort selbständig Kinderbücher. An Tuberkulose erkrankt, kehrte er nach Cherryburn zurück und starb dort mit 35 Jahren. In „A Memoir of Thomas Bewick" (1862) würdigte Thomas Leben und Werk des jüngeren Bruders.

Werk, Tendenzen, Wirkung. B. hatte wie sein Bruder THOMAS wesentlichen Anteil an der Qualitätsverbesserung englischer Kinderbuchillustration. Die von seinem Bruder in Theorie und Praxis erweiterten Möglichkeiten des Holzschnitts und des Holzstiches hat er um einige Titel und Varianten bereichert. Gemeinsam mit Thomas illustrierte er „Selected Fables" (1784) und die zweibändige Ritson-Sammlung „Robin Hood" (1795). 1789 brachte der Verleger Stockdale eine vierbändige Übersetzung des CAMPEschen Robinson mit Holzschnitten von B. heraus, 1804 die von B. illustrierte Sammlung „Children's Miscellany", in der TH. DAY's „The History of Little Jack" enthalten war, die sich später verselbständigte. E. Newberry verlegte als Auswahl aus A. BERQUINS „L'Ami des Enfants" in der Übersetzung von Rev. W. D. COOPER (d. i. RICHARD JOHNSON) zwei Bände mit Illustrationen von B.: „The Looking Glass for the Mind; or, Intellectual Mirror" (1792) und „The Blossoms of Morality" (1796). B. benutzte bei seinen Illustrationen das System des Bruders, Kapitelanfang und -ende mit kleinen Vignetten zu zieren. Wie THOMAS war er ein solider Handwerker, der mit dazu beitrug, die Ausstattung und Illustration auf bemerkenswerter Höhe zu halten.

Horst Künnemann

→ Th. Bewick, → Großbritannien

Ill.: Selected Fables (1784; zus. mit Th. Bewick); J. H. Campe: The new Robinson Crusoe (Bd. 1—4. 1789); Dance of Death (1789); J. Trusler: The progress of Man and Society, from the cradle to the crave and from the infancy of things to their present state (1790); J. Trusler: Proverbs exemplified (1790); A. Berquin: The looking-glass for the mind (1792); J. H. Wynne: Tales for youth (1794); Robin Hood (1795; zus. mit Th. Bewick); A. Berguin: The blossoms of morality (1796); Proverbs in verse (1800); The children's miscellany (1804).

Sekundärliteratur: T. Hugo: The Bewick collector (1866, Supplement 1868). — M. F. Thwaite: Thomas and John Bewick (unveröffentl. Ms. 1967). *IJB*

Bewick, Thomas

*Englischer Graphiker, Holzschneider, Kinderbuchillustrator; * 12.8.1753 Cherryburn, † 8.11.1828 Gateshead/Durham.*

Mit 14 Jahren kam B. bei B. BEILBY in Newcastle-upon-Tyne in die Lehre als Holzstecher und Holzschneider. Er bildete sich selbst weiter und nahm auch in späteren Jahren noch Zeichenunterricht. B. arbeitete im Familienbetrieb, der hohen formalen Anforderungen des Handwerks nachkam, und begründete auf diese Weise eine Tradition, die auch von seinem jüngeren Bruder JOHN B. (1760—95) gepflegt und von seinem Sohn und Schüler ROBERT B. fortgeführt wurde.

Werk, Tendenzen, Wirkung. B. gelang es, der Holzschnitt-Illustration, die zuvor grob und wenig differenziert war, Bewegung in der Linienführung und feinere Zwischentönung in den Schwarzweißkontrasten zu geben. B. schuf zu Kinderreimen und für Lehrbücher heitere Illustrationen und Abbildungen für naturkundliche Bücher, vor allem für das Werk „History of British Birds" (2 Bde., 1797—1804). B. hatte eine starke Vorliebe für das Naturleben, wünschte auch, daß die Jugend sich darin bilde, und empfahl die naturkundlichen Werke mit seinen Holzstichen der Jugend zum Lesen und Betrachten. Aus genauer Naturbeobachtung und infolge seiner hohen handwerklichen Kunst vermochte er den überwiegend kleinformatigen Holzschnitten und -stichen reizvolle Lebendigkeit zu geben. In den „Moral Instructions of a Father to his Son" — den Fabeln von AESOP und GAY — lockerte er den Text durch Kinderbilder und eindrucksvolle Tierbilder auf. B.s Arbeiten wurden in den modernen Kinderreimsammlungen der OPIES (JONA und PETER OPIE: The Oxford Nursery Rhyme Book, Oxford 1955) und in „Allerleirauh" (hrsg. v. H. M. ENZENSBERGER, 1964) nachgedruckt. B. war ein befähigter und reflektierender Handwerker. Er hinterließ verschiedene Schriften über seine Arbeitsweise und seine neuen Methoden, mit denen er dem Hirnholz neue Valeurs der Schwarztöne und durch differenzierte Arbeit mit dem Grabstichel dem Holzschnitt Grautöne geben konnte, die er vorher nicht aufwies. B.s großformatige Arbeit „Der wilde Stier" (1789) läßt die neue Methode der differenzierten Behandlung besonders sinnfällig erkennen. Die Arbeit der B.s hat — auch in Deutschland — nachhaltigen Einfluß auf das Illustrationsschaffen für Kinderbücher gehabt. *Horst Künnemann*

→ Ausstattung des Kinder- und Jugendbuches, → J. Bewick, → Großbritannien

Ill.: A new lottery book of birds and beasts for children to learn their letters (1771); J. Gay: Fables, by the late Mr. Gay (1779); O. Goldsmith: A pretty book of pictures for little masters and misses, or, Tommy Trip's history of beasts and birds (1779); Selected Fables (1784; zus. mit J. Bewick); Robin Hood; a collection of all the ancient poems, songs, and ballads (1795; zus. mit J. Bewick); The poetical fabulator (1810); The fables of Aesop, and others (1818).

Sekundärliteratur: T. Bewick: Bewick to Dovaston (1968); A memoir of Thomas Bewick (1862; ND. 1961); Wood engravings of Thomas Bewick (1953). — A. Dobson: Thomas Bewick and his pupils (1884; ND. 1968). — T. Hugo: The Bewick collector (1866, Supplement 1868); Bewick's woodcuts (1870). — S. Roscoe: Thomas Bewick (1953). — R. Ruzicka: Thomas Bewick, engraver (1943). — D. C. Thomson: Life and works of Thomas Bewick (1882). — M. F. Thwaite: Thomas and John Bewick (unveröffentl. Ms. 1967). — M. Weekley: Thomas Bewick (1953). *IJB*

Bibliographisches Institut AG

Mannheim. Derzeitiger Leiter: Dr. O. Mittelstaedt (* 1902), Vorsitzender des Vorstands, K. Felder (* 1927), Vorstand, und Cl. Greuner (* 1930), stellvertretender Vorstand.

Hauptsächliche Verlagsgebiete im Bereich der Kinder- und Jugendliteratur: Vermittlung von sachlichen Informationen, und zwar in den Sachbereichen zur Tier-, Stern- und Länderkunde, zum Verkehr, zum Spiel und mitmenschlichen Verhalten (Meyers Buchreihe), verschiedene jugendgeeignete Nachschlagewerke, besonders Lexika (Bekannt wurden die Schüler-Duden-Reihe und der Kinderduden, der auch in Englisch vorliegt; diese Werke mit ihren Illustrationen werden von Autorenteams erarbeitet.), ferner je ein Auswahlband der Bildergeschichten von W. Busch und von Till Eulenspiegels lustigen Streichen.

Verlagsgeschichte. J. Meyer (1796—1856) gründete das Bibliographische Institut im Jahre 1826 in Gotha; er übersiedelte nach einer Zwischenstation in Hildburghausen/Thür. 1874 nach Leipzig. Zum Verlagsprogramm gehörten Meyers Atlanten, Sievers „Allgemeine Länderkunde", Meyers Klassiker-Ausgaben, Brehms Tierleben, die Duden-Rechtschreibung und illustrierte Standardwerke aller Wissensgebiete. Nach der Enteignung im Jahre 1946 fand der Betrieb sieben Jahre später (1953) in Mannheim eine neue Heimat. Das Bibliographische Institut gliedert sich in 5 Verlagszweige: Dudenverlag, Lexikonverlag, Allgemeiner Verlag, Geographisch-Kartographisches Institut Meyer und Hochschultaschenbücher-Verlag.

Bibliotherapie

In den USA in den dreißiger Jahren des 20. Jh.s geprägter Begriff für die Verwendung ausgewählter Bücher als Mittel zur Heilung psychischer Erkrankungen oder Fehlhaltungen.

Ursprünglich wurde darunter jede Einbeziehung von Lektüre in Heilmethoden verstanden (in Spitälern, Altersheimen, Nervenkliniken für Kinder und Erwachsene), in den letzten Jahren wird der Begriff jedoch in erster Linie für die Anwendung sorgfältig ausgewählter Lektüre in der Behandlung geistig oder psychisch geschädigter Kinder verwendet. Grundlegende Versuche auf diesem Gebiet unternahm Dr. TH. v. MOORE, Professor für Psychologie und Psychiatrie und Leiter des Child Center der Catholic University of America, Washington, D. C. Er fand, daß Bücher auf *zweifache* Weise den Kindern helfen können, Schwierigkeiten zu überwinden: 1. Das Kind liest ein Buch, dessen Held ähnliche Probleme hat wie es selbst. Durch die Identifikation mit dieser Buchfigur reagiert es seine eigenen Empfindungen ab und fühlt sich seelisch erleichtert; 2. das Kind empfängt aus der Lektüre eine Haltung und Ideale, die es ihm ermöglichen, die eigene Situation aus einem „freien" Blickwinkel zu betrachten und damit fertig zu werden.

Prof. MOORE beobachtete in der *Wirkung* der Lektüre *mehrere Phasen:* die Aufnahme und Einsicht in eine bestimmte Einstellung; die latente („schlafende") Periode, in der diese Einstellung im Kind vorhanden ist, sich aber in seinem Verhalten nicht zeigt; einen bestimmten Anlaß, zu dem diese Einstellung plötzlich Bedeutung für die Gegenwart bekommt und das Verhalten des Kindes beeinflußt, und schließlich eine Periode der weiteren Entwicklung, in der diese Haltung mehr und mehr die Reaktionen des Kindes bestimmt, ohne daß es dem Kind bewußt wird (ähnlich wie bei einer Reflexhandlung). Besonders bei Kindern, die der Spiel-Therapie zu entwachsen beginnen, zeigen sich Erfolge der B.

Weitere Grundlagenarbeit leistete C. J. KIRCHER, eine Mitarbeiterin Prof. MOORES, die 1944 zum ersten Mal eine nach Altersstufen und Problemkreisen zusammengestellte Liste von Büchern veröffentlichte, die für therapeutische Zwecke empfohlen werden können. (Character Formation through Books; 1944, ²1945, ³1952, 1954; 1966 u. d. T.: Behaviour Patterns in Children's Books).

Die Psychologie und die Erfahrung in Kliniken, Kinderheimen und Schulen weisen auf die Wirkung von „*Ersatzerlebnissen*" durch Bücher hin. Neuerdings wird auch versucht, die soziale Anpassung der Kinder und ihre Haltung zu Kindern aus Minoritäten (Neger, Puertorikaner) durch geeignete Lektüre zu fördern. Die Ergebnisse liegen aber erst in Einzelberichten über besondere Fälle (case studies) vor. Seit kurzem werden Forschungen zur B. auch in Europa aufgenommen; man versucht, durch das Erleben und Nachgestalten von Lektüre seelische Fehlhaltungen zu diagnostizieren (Schweiz: A. GUTTER; Deutschland: C. LÜCK; Norwegen: JO TENFJORD u. a.). Die B. kann auch einen wichtigen Beitrag zu der bis jetzt noch vernachlässigten Forschung zur Wirkung der Lektüre leisten.

Lucia Binder

Sekundärliteratur: A. I. Bryan: Can there be a science of bibliotherapy? (in: Library Journal. 18. 1939. 11). — R. L. Darling: Mental hygiene and books (in: Wilson Library Bulletin. 4. 1957. 293—296). — K. F. Euler: Krankenlektüre (1964). — R. E. Hutcherson: Books that help children: a discussion of bibliotherapy (in: School Library Journal. 1963. 41—44). — K. G. Keneally: Therapeutic value of books (in: F. Henne, A. Brooks u. R. Ersted (Hrsg.): Youth, communication and libraries. 1949. 69 bis 77). — P. Witty: Promoting growth and development through reading (in: Elementary English. 556. 1950. 493—500).

IJB

Biblische Geschichte

Eine in Sprache und Form von der Bibel abweichende Wiedergabe des biblischen Inhaltes, hauptsächlich für Kinder und Jugendliche in religionspädagogischer Absicht eingerichtet.

Die Spannweite dieses Typs des „christlichen Jugendbuches" reicht von bibelnaher Erzählung über eine freie Textgestaltung (Philanthropen, J. P. HEBEL, A. O. SCHWEDE, W. HÜNERMANN) bis zu den „literarischen" Bearbeitungen des biblischen Stoffes in unserer Zeit (z. B. M. BOLLIGER). Ferner reicht sie von dem mit katechetischen Hilfen versehenen Erzählbuch (z. B. E. PSCZOLLA) über das Schulbuch bis hin zur Darstellung einzelner biblischer Geschichten in Text und Bild. Die Abgrenzung zur Kinderbibel ist daher nicht immer scharf zu ziehen, besonders bei den Schulbüchern. Auch Bücher mit großer Nähe zum Bibeltext sollen zur B. G. gerechnet werden, wenn Sprüche und Liedverse den Skopus der einzelnen Geschichte ergänzen.

Geschichtliche Entwicklung. Als Vorformen der B. G. sind die Historia Scholastica des PETRUS COMESTOR (12. Jh.) und die Historienbibeln des 14. und 15. Jh.s anzusehen. COMESTOR schreibt eine Weltgeschichte des AT.s und NT.s, indem er profane Ereignisse chronologisch parallel den biblischen darbietet. Unter Benutzung der zahlreichen Übersetzungen und Bearbeitungen des COMESTOR erzählen die Historienbibeln in volkstümlicher Sprache neben biblischen auch apokryphe und profangeschichtliche Historien.

Aus der kirchlichen Erziehung des MA.s erwächst im 15. Jh. das erste Buch, das der Jugend die christliche Lehre lebendig machen will durch eine Sammlung von biblischen Geschichten, von Heiligen- und Märtyrerlegenden und von Stoffen allgemein ethischen Charakters, die der heidnischen Literatur entnommen sind: „Der Seele Trost" (unbekannter Verfasser, Druck in Augsburg und Köln zwischen 1478 und 1483). In knapper, einprägsamer Form erläutern über 200 Geschichten die 10 Gebote.

Mit der Reformation wird die Bibel neben Katechismus und Gesangbuch zum Lesebuch für die Jugend. Als erstes biblisches Geschichtsbuch der evangelischen Kirche sind die ausdrücklich für den Jugendunterricht bestimmten „Catalogi" (1527) des O. BRAUNFELS zu nennen. Hervorgegangen aus Diktaten für Schüler will dieses Geschichtsbuch die Bibel nicht ersetzen, sondern in sie einführen. Die Geschichten werden mit biblischen Worten zusammengefaßt. Alttestamentliche Stoffe überwiegen bei weitem, Wichtiges und Unwichtiges stehen gleichwertig nebeneinander, Jesusgeschichten werden fast gar nicht berücksichtigt. Titel und Vorrede der 1529 erscheinenden deutschen Bearbeitung verraten die Tendenz dieser biblischen Auswahl: ein „Heldenbüchlein", von den Taten der gotterwählten und gottverworfenen Männer und Frauen des AT.s und NT.s, damit die Jugend nicht alleine auf die heidnischen Historien verwiesen werde, sondern auch in der Bibel Exempel zum Nachfolgen und Meiden finde. Hier ist deutlich *der Einfluß der Humanisten* zu spüren. Die biblische Geschichte ist interessant als praktische Anweisung für die Gestaltung des Lebens. Umfang und Verweise auf die Heilige Schrift und andere Schriften desselben Verfassers lassen die „Catalogi" für Kinder sehr anspruchsvoll erscheinen, was wohl auch BRAUNFELS selbst bewogen haben mag, in der „Catechesis" (1529) trotz einer ausdrücklichen Empfehlung des biblischen Unterrichts nur noch 35 Geschichten vorzuschlagen. Dieselbe humanistische Ausrichtung auf die Erziehung der Sitten prägt die anderen biblischen Geschichten jener Zeit (Fabricius, Camerarius, Castellio), deren Auswahl biblischer Erzählungen nicht eine Gesamtschau der biblischen Botschaft aufweist, sondern die Geschichten einzelner Personen (von Fabricius z. B. als Biographien dargestellt). Das AT ist dabei besonders bevorzugt, außer bei Camerarius, der sich als bisher einziger auf neutestamentliche Stoffe beschränkt. An Castellios Geschichtsbuch (sehr starke Verbreitung, noch im 18. Jh. neu aufgelegt) interessiert die dialogische Form der Darbietung. Ein neuer Gesichtspunkt für die Auswahl der biblischen Geschichten, der im 20. Jh. Bedeutung gewinnt, klingt in der 1555 erschienenen, reich mit Holzschnitten bebilderten „Historien Bibel“ des H. Beyer an. Die Vorrede läßt erkennen, daß er die B. G. nicht so sehr als Exempelbuch, sondern als *Lehre der Geschichte Gottes mit den Menschen* versteht. Eine B. G., in „Lapidarstil“ gleichsam, ist M. Luthers „Passionale“ (1542), geschrieben um der Kinder willen, die durch Bilder die göttliche Geschichte besser behalten können. Holzschnitte, die Ereignisse von der Schöpfung bis Pfingsten umfassen, werden durch ein knappes Bibelwort ergänzt. Das „Passionale“ findet 1636 einen trefflichen Nachfolger in der „Bilderschule“ des Evenius. Das Streben der Orthodoxie, die reformatorische Lehre zu verfestigen, spiegelt sich in der „Epitome Bibliorum sacrorum“ des L. Lossius (1579). Der „Epitome“ stellt zehn dogmatische Loci voran, auf welche die Knaben die Geschichten des AT.s und NT.s beziehen sollen. Dieselbe Intention bestimmt das erste, eine Auswahl biblischer Geschichten enthaltende Buch der katholischen Kirche, welches die im 18. Jh. entstehenden B. G. entscheidend beeinflußt hat: „Catéchisme historique“ (1679) von Cl. Fleury.

Aufgrund der Zurückhaltung der katholischen Kirche im 16. und 17. Jh., die Bibel oder Auszüge aus ihr dem ungelehrten Volk in die Hand zu geben, bleibt dies bis in die Aufklärung hinein der einzige Auszug biblischer Geschichten auf katholischer Seite.

Mit der dem Pietismus und der Aufklärung eigenen Bevorzugung der anschaulichen biblischen Erzählung vor der abstrakten, lebensfernen Lehre entsteht eine Fülle von Bibelbearbeitungen für die Jugend. J. Gesenius schuf mit seinen „Biblischen Historien“ (1656) eine Erweiterung der Auswahl von Beyer, den Typus der B. G., welcher die Folgezeit bestimmte. 1714 erschien ein durch Kupferstiche illustriertes biblisches Geschichtsbuch, das seinen Verfasser, J. Hübner, zum erfolgreichsten Schulbuchautor des 18. Jh.s werden ließ; nicht nur innerhalb Deutschlands, auch in Frankreich und Italien wurden Übersetzungen des „Hübner“ eingeführt und darüber hinaus sogar in Amerika, sowohl in deutscher Sprache (bis in die 8. Dekade des 19. Jh.s neu aufgelegt) als auch in englischer Sprache (die erste etwa 1831).

Zwey und fünfzig
auserlesene
biblische Historien
aus dem
alten Testamente.

Die 1. Historie.
Von dem Werk der Schöpfung.
1. Mos. 1. und 2. Capitel.

1. 2. Am Anfang schuf GOtt 3. Himmel und Erden, 4. und die Erde war wüste und leer, und es war finster auf der Tiefe, 5. und der Geist GOttes schwebete auf dem Wasser. 6. Ueber dem ganzen Werke der Schöpfung brach- (1 Mos. 1, v. 1. v. 2.)

Deutliche Fragen.
1. Wer hat denn alles geschaffen?
2. Wenn ist das geschehen?
3. Was hat denn GOtt im Anfange geschaffen?
4. Wie sahe es im Anfange aus?
5. Was schwebete damals auf dem Wasser?
6. Wie lange brachte GOtt mit dem Werke der Schöpfung zu?
A te

Johann Huebner: Zweymahl zwey und fuenfzig auserlesene biblische Historien aus dem alten und neuen Testamente (Tübingen 1781). Aus der Vorrede vom 24. 12. 1713 ist zu entnehmen, daß es J. Hübner „erbaulich und nützlich“ erachtete, „die biblischen Historien in kurzen Fragen und Antworten zu stellen, und also Frage und Antwort aus einer Quelle göttlicher Weisheit herzuleiten . . .“.

In Deutschland erreichte das Werk 1859 die 107. Auflage, gedruckt von Brockhaus (Leipzig). Die Darbietung der biblischen Geschichten wird ergänzt durch Sachfragen (wie schon bei Gesenius) und nützliche Lehren. In der Auswahl der biblischen Texte läßt sich keine Systematik feststellen. Vielmehr scheint die Auswahl durch den Gesichtspunkt bestimmt zu sein, die Schüler nicht „mit unnützen Dingen“ zu beschweren. Die Schule soll frömmer, gelehrter und höflicher machen, heißt es in der Vorrede. Die biblische Erzählung enthält nützliche Lehren ethischer, lebens- und kulturkundlicher Art. Nicht größere Zusammenhänge bestimmen die Auswahl, sondern die Einzelgeschichte, die beispielhaft den Katechismus als den Auszug der ganzen Heiligen Schrift erklären kann und die zur „Erweckung eines lebendigen Glaubens und der wahren Gottseligkeit“ (Miller) dient. Als lebensnahe Dienerin des abstrakten Katechismus versteht auch I. Felbiger seinen „Kern der biblischen Geschichte“, die erste reine B. G. auf katholischer Seite (1767). Die von Felbiger ausgehende Sicht setzt sich noch bis ins 20. Jh. hinein in der katholischen Kirche fort über I. Schuster (die am meisten verbreitete B. G. seit 1848) bis zu den Bearbeitungen seiner B. G. von G. Mey (1870) und J. Knecht (1907). Hübners Beschränkung auf 104 biblische Erzählungen erntete schon wenige Jahre nach der Erstauflage Kritik, als J. M. Wagner eine B. G. mit noch weiteren 104 Erzählungen herausgab (1726). Ferner seien aus der großen Reihe der pietistischen oder rationalistisch geprägten erbaulichen B. G. die von J. P. Miller (1766) und G. Fr. Seiler genannt.

Durch die Philanthropen kommt zu der erbaulichen eine neue Färbung in die Auswahl und Darbietung der biblischen Geschichten, deren einzelne Ereignisse verständlich, wie Geschichten, erzählt werden sollen, auch zur Unterhaltung (G. Gessner, J. W. Schwarz). Die schlichte, weitgehend am Bibeltext orientierte Sprache Hübners weicht einer mit „Zopf und Puder verunstalteten“ (Göhring) Erzählweise (z.B. in Feddersens „Leben Jesu“, 1775), die sogar ganz die Bibelsprache fallen lassen kann zugunsten eines mit Zwischenfragen und Interjektionen durchbrochenen „Kinderschauspiels“ (R. Chr. Lossius, 1789). Die Kritik der Philanthropen am AT zeigt sich in der häufigeren Darstellung des Lebens Jesu.

Aus dem 19. Jh. gehört in diese auf das Kindergemüt ausgerichtete Linie Hufnagels „Leben Jesu für kindliches Herz, Bedürfniß und Leben“ (1820), das frei von aller dogmatischen Verstandesreligion dem „unbefangenen Kindergemüt“ die Religion nahebringen möchte, oder J. Fr. Hänels „Freund-

Lehrreiche
Erzählungen
aus
der biblischen Geschichte
für
die erste Jugend.

Nürnberg,
bei Ad. Gottl. Schneider und Chr. Weigel,
1807.

Johann Ferdinand Roth: Lehrreiche Erzählungen aus der biblischen Geschichte für die erste Jugend (Nürnberg 1807). Die erste „Unterredung“ dieser „lehrreichen“ Erzählungen handelt von der Erschaffung der Welt. Wie in der Vorrede angemerkt wird, empfiehlt sich das Buch nicht nur durch die Kupferstiche und den geringen Preis, sondern auch durch die den Erzählungen beigefügte Moral bzw. Erinnerung „an verschiedene Pflichten“, die der „gelehrte Herr Verfasser“ zum Teil in Form von kurzen Versen beigefügt hat.

Kleine Bilder-Bibel für Kinder (Wien 1828). In dieser zweisprachigen Bilderbibel werden aus der Geschichte des Alten und des Neuen Buches wichtige Begebenheiten dargestellt und durch kurze Erläuterungen erklärt. Bild- und Textteil stehen separat nebeneinander.

liche Stimmen an Kinderherzen" (1820), im kindlichen Ton erzählte Geschichten aus dem Leben Jesu. In einer konservativen Reaktion erlebt zum Ende des 18. Jh. die Einfalt der biblischen Sprache eine Neubewertung (M. J. F. HEYNATZ, H. PH. L. HENKE, Neubearbeitungen Hübners).

Bis ins 19. Jh. hinein wirken die Erziehungsgedanken der Aufklärung. Die Ideale der Tugendhaftigkeit und Rechtschaffenheit prägen die B. G., deren Zweck es ist, im Geiste aufzuklären und im Herzen zu veredeln aufgrund der sich in ihr spiegelnden göttlichen Erziehung der Menschheit. Wie sehr dies zu einer moralischen Verengung im Verständnis der B. G. führen konnte, zeigen z. B. die von F. CHR. ADLER und vom Konsistorium in Büdingen neu bearbeiteten HÜBNERschen B. G.n und die „mit lehrreichen Bemerkungen und Sittenlehren" versehenen von G. LANGE (1807), die HÜBNERS B. G.n ersetzen sollte. Die aus der Aufklärung erwachsene B. G. läßt sich als „eine Anleitung zur Tugend in lauter Beispielen, die schönste Sittenlehre" (v. SCHMID) charakterisieren.

Zu den moralischen Tendenzen kommt im 19. Jh. eine Welle ausgeprägter Frömmigkeit, die sich als Sentimentalität in den B.G.n der Jugendschriftsteller J. A. CHR. LÖHR (1810) und CHR v. SCHMID (1801) niederschlägt, bei J. P. HEBEL dagegen mit klarer Innigkeit hervortritt. Hier ist der strenge Schulton der HÜBNERschen B. G. ganz verlassen, eine volks- und kindertümliche, vom Bibeltext abweichende, freie Erzählweise tritt an seine Stelle.

Die durch eindringliche, schlichte Frische und Frömmigkeit gekennzeichnete HEBELsche B. G. (1808) hat bis in unsere Tage hinein eine nachhaltige Wirkung (bis 1855 war sie in den badischen Schulen eingeführt, 1825 erschien eine katholische Bearbeitung — auch in der Schweiz und Italien wurde sie benutzt — 1939 und 1967 (Taschenbuch) erschienen Neuauflagen).

Die B. G. v. SCHMIDS wirkt noch heute in der Katholischen Schulbibel von Erzbischof M. BUCHBERGER nach, die in Bayern teilweise noch verwendet wird.

Das neue Verhältnis zur Geschichte im 19. Jh. läßt neben der moralischen Nutzanwendung vieler B.G.n die Geschichte der Offenbarung selbst Gegenstand der B. G. werden. Manche vereinen beide Momente (F. KOHLRAUSCH, A. W. GRUBE). Die Freiheit in der

Bilder-Bibel für die Jugend (Nürnberg 1856). Die „biblische Geschichte" wird mit den „Worten der Heiligen Schrift" erzählt und durch Bildtafeln, die teilweise mehrere Szenen nebeneinander bieten, veranschaulicht. Trotz guten handwerklichen Könnens nähert sich der anonyme Illustrator in einigen Darstellungen der 128 Stahlstiche des Bandes dem religiösen Kitsch.

Auswahl der Geschichten und dem wörtlichen Bibeltext gegenüber weicht einer Bindung an die fortlaufende Darlegung und an den Bibeltext. Aus der Fülle der BG.n, welche auf die Darstellung der Geschichte des Reiches Gottes ausgerichtet sind, seien nur die wichtigsten genannt: B. OVERBERG (1797) (in der katholischen Kirche über 100 Jahre im Gebrauch), die Calwer Biblischen Geschichten, K. BUCHRUCKER, A. E. PREUSS, F. L. ZAHN, C. J. RÖMHELD, TH. KLEIN. Auch viele in unseren Schulen heute eingeführten B.G.n sind nach der Heilsgeschichte gegliedert (z. B. „Wort und Zeugnis"). Mit dem Aufkommen der religionsgeschichtlichen Forschung tritt die B. G. in den Zusammenhang der allgemeinen Religionsgeschichte. B. BÄHRING versteht die biblischen Geschichten als Dokumente der geschichtlichen Entwicklungsstufen des Reiches Gottes, der wahren Religion bis zur höchsten Vollendung in Christus. Die biblischen Geschichten sind ein Teil der allgemeinen Religionsgeschichte und nur im Vergleich mit dieser als wahre Religion zu erkennen. Daher verarbeitet BÄHRING die religionsgeschichtlichen und historischen Erkenntnisse seiner Zeit, um durch Bildung das Verständnis der Bibel und damit die Entfaltung der religiösen Persönlichkeit zu fördern.

Im 20. Jh. tritt wieder das alte Anliegen der Philanthropen in den Mittelpunkt: die Erzählweise des biblischen Stoffes. Die neuen psychologischen Erkenntnisse zu Beginn des Jh.s fordern die dem kindlichen Gefühl und Erleben entsprechende Darbietung der biblischen Geschichten, in „Phantasiebildern" (M. PAUL, 1904), im „Märchenkleide" (J. LANGERMANN, 1916). Der Stoff wird aus seiner vorgegebenen Textgestalt gelöst und in eine unmittelbar nachzuerlebende, psychologisch ausgemalte Form umgegossen (G. FANKHAUSER).

Zeitgenössische Bearbeitungen B. G.n als Kinder- und Jugendlektüre. Das Anliegen, nicht nur kindgemäß, sondern auch sachgerecht zu erzählen, bestimmt die Erzählbücher, die nach der religionspädagogischen Neubesinnung der 20er Jahre entstanden sind: PSCZOLLA ([4]1960), R. SCHOLL([3]1962), E. WITTMANN ([5]1965), D. STEINWEDE (1965) u. a. In durchsichtiger einfacher Sprache versucht A. DE VRIES (1964) eine der biblischen Überlieferung getreue Nacherzählung, seine bedenklichen Verkindlichungen verwischen jedoch stellenweise den Anspruch der biblischen Texte. Freie Erzählform, die den biblischen Bericht phantasievoll auffüllt, wo er schweigt, kennzeichnet HÜNERMANNS „Leben Jesu" (1956). Wesentlich geglückter erscheint die knappe plastische Erzählweise der Patmos-Bibel. Mit großem erzählerischen Niveau, besonders in den historischen Teilen, bietet ST. ANDRES die B. G. dar (1965). Um sachliche Entfaltung des biblischen Stoffes in einer lebens- und volksverbundenen Erzählweise bemüht sich F. KRAJEWSKI (1959). Biblische Ereignisse werden aus ihrer Umwelt gedeutet, ohne neue historische Vorgänge und Personen zu erfinden. Im Gegensatz hierzu will A. O. SCHWEDE (1964) durch frei phantasierte Szenen und Gestalten modernisieren, um den Abstand zwischen der Welt der biblischen Geschichte und der heutigen zu überwinden. Das Gewicht der biblischen Texte taucht in der phantasievollen Rahmung in grotesker Weise unter. Ganz ähnlich aktualisiert W. SCHMITZ-BUNSE in zwei biblischen Bilderbüchern (1963, 1965). Der Bezug zur Gegenwart des Kindes wird hergestellt durch Einschübe alltäglicher Erlebnisse. Als eine besondere Erzählform erscheint in unserem Jahrhundert (vgl. LUTHERS „Passionale") die bildliche Darstellung. Das Bild will nicht mehr schon begriffene Wirklichkeit anschaulich, sondern die Wirklichkeit selbst begreiflich machen. In schlichter Sachlichkeit verkündet es, konzentriert auf den Kern der Botschaft, ohne schmückendes Beiwerk. Als besonders gelungen ist hier die Bebilderung einiger Schulbücher zu nennen („Evangelisches Kinderbüchlein" 20. Aufl., „Freut euch ...", „Gottesbotschaft"). Ferner seien aus der großen Reihe biblischer Bilderbücher die 9 im Gütersloher Verlagshaus erschienenen Bände hervorgehoben, einige der von COCAGNAC hrsg. Bibelbilderbücher (z. B. Taufe Jesu, Zachäus u. a., 1963 ff.) und das sehr gut bebilderte „Leben Jesu" im Patmos-Verlag (1966). Einzelne Bemühungen im vorigen Jh. (L. WANGEMANN, K. SCHNEIDER, EHRENBERGS Wandbilder u. a.) um eine für die Unterstufe der Volksschule gestaltete B. G. finden im 20. Jh. starke Belebung. Verschiedene Religionsbücher für die Grundschule, deren Hauptinhalt biblische Geschichten sind, erscheinen. Wohl allen eigen ist das Bemühen, möglichst nahe am Wortlaut der Bibel zu bleiben und dennoch die Sprache der Kinder zu sprechen. Manche vermeiden bewußt psychologische Motivierungen, moralische Verengungen und Harmonisierung der Evangelientexte („Evangelisches Kinderbüchlein" 20. Aufl., „Freut euch . . ."). Freie Umformung und Gestaltung erfahren biblische Stoffe bei bedeutenden Jugendschriftstellern unserer Zeit, z. B. bei M. DE JONG (1961), dessen Stil einer „Bibel auf Breitwand" trotz sprachlicher Güte theologisch als verfehlt anzusehen ist. BOLLIGER bleibt der biblischen Intention seiner Stoffe näher, besonders im „David" (1966). In diesem Zusammenhang sind auch die anschauliche, feinfühlige biblische Erzählung F. R. MÜHLENWEGS ([6]1964) und die farblos, oberflächlichen E. BLYTONS (1956) zu nennen. (Mspt. 1968)

Friedel Kriechbaum

→ ABC-Buch, → Bilderbuch, → M. Bolliger, → A. M. Cocagnac, → Erbauungsliteratur für Jugendliche, → J. P. Hebel, → M. de Jong, → Kinderbibel, → Legende, → M. Luther, → Fr. Mühlenweg, → A. de Vries

Sekundärliteratur: H. H. Bohne: Religionsbücher für die Grundschule (in: Der Evangelische Erzieher. 12. 1966. 485—497). — L. Göhring: Die Anfänge der deutschen Jugendliteratur im 18. Jh. (1904; ND. 1967). — F. Hahn: Die Evangelische Unterweisung in den Schulen des 16. Jahrhunderts (1957); Zwischen Verkündigung und Kitsch (1968). — J. A. Jungmann: Katechetik (1953, [2]1955). — G. Schumann: Geschichte des Unterrichts in der biblischen Geschichte, der Katechismuslehre und der Bibelkunde (in: G. Schumann u. E. Sperber (Hrsg.): Geschichte des Religionsunterrichts in der evangelischen Volksschule, [2]1890. 1—122). — F. Seefeldt: Zur Entstehung des biblischen Geschichtsunterrichts im deutschen Protestantismus (Diss. 1925).

Bichsel, Peter

*Schweizer Schriftsteller und Lehrer; * 24.3.1935 Luzern.*

B. absolvierte die Schule in Olten, das Lehrerseminar in Solothurn. Er lebt seit 1968 als freier Schriftsteller und Journalist in Bellach/Schweiz. Er stand der „Gruppe 47" nahe und ist Mitarbeiter des „Literarischen Colloquiums Berlin 65". Ausgezeichnet wurde er mit dem Lessingpreis der Stadt Hamburg 1965, im gleichen Jahr mit einem Preis der „Gruppe 47"; im Rahmen des Deutschen Jugendbuchpreises 1970 wurde sein Band „Kindergeschichten" prämiert.

B.s „Kindergeschichten". B.s erste Geschichte für Kinder „Ein Tisch ist ein Tisch", wurde veröffentlicht in dem Sammelband „Dichter erzählen Kindern", den G. MIDDELHAUVE 1969 herausgab ([3]1970); sie ist eine der sieben, die in seinem Band „Kindergeschichten" gleichfalls 1969 erschienen ([7]1971). Das kleine Buch fand starke Beachtung in der Kritik und erhielt im Rahmen des Deutschen Jugendbuchpreises 1970 eine Prämie. Die „Kindergeschichten" sind zugleich Geschichten für Erwachsene. B. nimmt darin keine andere Erzählhaltung ein als in seiner vorausgegangenen Prosa, vor allem in der Kurzgeschichte „Eigentlich möchte Frau Blum den Milchmann kennenlernen" (1968). Er setzt auch mit den „Kindergeschichten" in der *Alltäglichkeit der Umwelt* ein, *doch läßt er diese sich sofort verändern,* indem jemand seinen individuellen Sonderwünschen etwa dadurch folgt, daß er eine Tatsache („Die Erde ist rund") selbst nachprüfen will oder daß einer aus Langeweile und Überdruß die gewöhnliche Sprachwelt vokabulär verwirrt („Ein Tisch ist ein Tisch") oder daß einer sich abkehrt vom vielzuvielen Üblichkeitswissen und ein besonderes Wissen sucht („Der Mann, der nichts mehr wissen wollte"). B.s kurze *witzige* Geschichten sind dabei *doppel- und mehrbödig.* Ohne direkte Belehrung schärft er das Bewußtsein der jungen Leser für die sie wirklich umgebende Welt; er beteiligt sie an der *In-Frage-Stellung tradierter Konventionen* (z. B. „Amerika gibt es nicht"). Indem er seine einsehbar beispielhaften Geschichten nicht harmonisch abschließt, provoziert er Überlegungen zu dem *Spannungsverhältnis* zwischen individueller Existenz und Gesellschaft.

Margarete Dierks

Werke: Kindergeschichten (1969, [7]1971).

Sekundärliteratur: W. Bucher u. Georges Ammann: Schweizer Schriftsteller im Gespräch (1970). — F. Kniffke u. Marc Schweyer: La jeune génération litt. en Suisse alémanique (in: Revue d'Allemagne. 2. 1970. 525 bis 545). — H. Rinke: Kindergeschichten (in: Jugendschriften-Warte. 4. 1970. 13).

IJB

Biedermeier

B., ursprünglich (1855) ein fingierter Verfassername, diente schon bald zur Bezeichnung eines spießbürgerlichen Menschen. Sie galt zuerst nur für die Restaurationszeit (1815—48), verlor jedoch später diese zeitliche Begrenzung. Der Begriff B. wurde ferner auf die bürgerliche Wohnkultur der Restaurationsepoche übertragen, dann auf die zugehörige Genremalerei, deren vornehmlichster Repräsentant K. Spitzweg (1808—52) ist. Zuletzt wurde in der Literatur dieser Jahrzehnte das literarische B. erkannt und (nicht unumstritten) definiert als die vielschichtige Übergangsepoche zwischen Romantik und Realismus.

Der Begriff B. entstammt einer Veröffentlichung. L. EICHROTH (1827—92) und A. KUSSMAUL (1822 bis 1902) gaben in den „Münchener Fliegenden Blättern" (1855—57) unter dem Titel „Gedichte des schwäbischen Schulmeisters Biedermaier und seines Freundes Horatius Treuherz" die — teilweise redaktionell veränderten und um eigene parodierende Beiträge erweiterten — Gedichte S. Fr. Sauters heraus. Diese zeigen in ihrer sprachlichen Gestaltung große Ähnlichkeit mit den Versen Fr. Kempners. Aus Lebens- und Gesellschaftsdarstellungen wird das hohe Maß an literarischer Produktivität und geförderter Kreativität in und durch Geselligkeit in Großfamilien, Freundschaften und Zirkeln („Kaffeter") deutlich. Wesentliche Züge sowohl der Illustrations- wie der poetischen Kleinkunst des B.s haben sich fruchtbar und nachhaltig für das Bilder-, das Kinder- und das Jugendbuch ausgewirkt. Epochenspezifische Phänomene wie die Liebe zum Kleinen und Unbedeutenden, die Idyllik des „holden Bescheidens", die spielerische Verknüpfung von Realität und Phantasie, die Auflösung des Wunderbaren ins Alltägliche und in das moralische Wollen des Menschen, die fromme Verehrung des Historischen und Bestehenden haben in der Kunst für Kinder ihre stärkste Entfaltung gefunden und sind in nur geringer Abwandlung — vor allem auf trivialer Ebene — typische Züge der deutschen Kinder- und Jugendliteratur bis über die Mitte des 20. Jh.s geblieben. Das B. war wie kaum eine andere Epoche prädestiniert zum Illustrieren und Schreiben für Kinder. In der Illustration kommen Vignette, Silhouette, Erzähl- und Szenenbild, dazu die Kleinbildfolge des Bilderbogens, in der Literatur die Kleinformen Gedicht, Versepos, Ballade, Märchen, Idylle, Erzählung, Novelle dem Kinde und jungen Leser besonders entgegen. Wie für die Erwachsenen gibt es für Kinder und für die „reifere Jugend" zahllose Zusammenstellungen dieser Art als Almanach, Taschenbuch, Album, Anthologie mit dem jeweiligen Buchschmuck im Stile der Biedermeierzeit. Bedeutende Maler, Graphiker und Schriftsteller des B.s haben sich bewußt dem Kinde zugewandt und seine Erlebnisweise und Wirklichkeitserfahrung als „paradiesisch" in einer von Gott behüteten Welt poetisierend dargestellt (L. Richter, Th. Hosemann, A. Menzel, Fr. Graf Pocci, W. Hauff, Fr. Rückert, A. H. Hoffmann v. Fallersleben, Fr. Güll u. a.). Es überrascht nicht, daß zu späteren Auslesen für die Jugend aus der deutschen Literatur des 19. Jh.s vor allem Werke von Dichtern des B. herangezogen wurden (z. B. von L. Uhland, E. Mörike, A. Stifter, A. von Droste-Hülshoff, G. Schwab) und aus ihrem Schaffen wiederum diejenigen Dichtungen, in denen Menschenbild, Handlungsführung und Umweltzeichnung den noch lange nach dem B. fortwirkenden Idealen entsprachen: das fromme Genügefinden in Arbeitsamkeit und häuslichem Kreis, die Wahrung des Bestehenden, das sich nach vorübergehender scheinbarer Verstörung immer als im Schutze einer höheren Gerechtigkeit befindlich erweist. Scherz und Humor in Grenzen der Sittsamkeit sind zugelassen. W. Buschs aggressiv-humorige Treffsicherheit bleibt ausgeschlossen. Die Wandlungen, die Märchen, Fabel, Ballade aus der Klassik und Romantik ins B. als Prozeß der Verharmlosung und der Aufnahme realistischer Elemente erfahren, zeichnen sich in diesen poetischen Gattungen als Kinderliteratur gleichfalls ab, z. B.: die Bearbeitung der Märchen der Brüder Grimm in diesem Sinne vom Ersterscheinen bis zur Ausgabe letzter Hand; L. Bechsteins fortschreitende Beseitigung des „Anstößigen" aus den Märchen; W. Hauffs „Märchen vom falschen Prinzen", in dem Nadel und Faden als Feengabe „Glück und Reichtum in bescheidenen Grenzen" garantieren; die strenge Fabelform verwandelt W. Hey zur naiv ansprechend belehrenden „Fabel für Kinder"; die Ballade als dramatisches Geschehen zwischen Natur- (Gespenster-)mächten und Mensch wandelt sich bei A. Kopisch zur erheiternden Verserzählung, die selbst den erfreulichen Spuk beendet („Heinzelmännchen von Köln"). In der bürgerlichen Jugenderzählung werden die Tendenzen der Aufklärung und des Humanismus „verbiedermeierlicht" durch die Zurückführung des Helden aus dem Abenteuer in die gesicherte Welt der Traditionen und durch Umbiegung des Gedankens von der Gleichheit der Menschen in den der Wohltätigkeit, die als oberste Tugend (neben Reinlichkeit und Sittsamkeit vor allem des Mädchens) stets ihren Lohn findet. Für die deutsche Literatur ist bemerkt worden, daß das B. ein schwer zu überwindendes Hemmnis für die Entfaltung des Realismus war (vgl. E. Auerbach: Mimesis, 1946; J. Hermand: Die literarische Formenwelt des B.s, 1958). Für die deutsche Kinder- und Jugendliteratur gilt ein gleiches; doch spielt sich dieser Prozeß in noch viel längerer Zeitspanne ab.

Margarete Dierks

→ Epochen der KJL, → Realismus, → Romantik

Sekundärliteratur: Berliner Biedermeier von Blechen bis Menzel (1967). — G. Böhmer: Ewiglich lieb ich dich (1961); Die Welt des Biedermeier (1968). — M. Greiner: Zwischen Biedermeier und Bourgeoisie (1953). — J. Hermand: Die literarische Formenwelt des Biedermeiers (1958). — H. Houben: Der gefesselte Biedermeier (1924). — L. Schrott: Biedermeier in München (1963). — E. Volkmann: Zwischen Romantik und Biedermeier (1938). — J. Werner: Maxe von Arnim (1937).

Bienále ilustrácií Bratislava (BIB)

Die BIB ist eine regelmäßig veranstaltete internationale Schau künstlerischer Kinderbuch-Illustration mit dem Sitz in Bratislava. In ihrem Rahmen werden regelmäßig Wettbewerbe veranstaltet und Preise vergeben.

Der Entschluß zur Veranstaltung der BIB geht zurück auf einen Initiativantrag des Tschechoslowakischen Buchkulturzentrums zur Gründung einer internationalen Biennale für Kinderbuch-Illustration in der ČSSR. Ein internationaler Ausschuß, der vom 4.—6. Dezember 1965 in Bratislava tagte, befürwortete den Antrag und setzte den Termin für die erste BIB auf 1967 fest. Seitdem findet die BIB in zweijährigem Abstand statt. Sie wird jeweils begleitet von einem Symposium zu Fragen der Kinderbuchillustration.

Die BIB arbeitet zusammen mit den einschlägigen Verlagsorganisationen, den nationalen Komitees der IBBY, den nationalen Sektionen für die Zusammenarbeit mit der UNESCO und den Organisationen der bildenden Künstler. Ihr Ziel ist es, durch den internationalen Vergleich von Kinderbuch-Illustrationen Bedingungen für deren Wertung zu schaffen, um die Entwicklung dieser Kunstgattung allseitig zu fördern.

Oberstes Organ der BIB ist das Internationale Komitee, das von dem Generaldirektor des Tschechoslowakischen Buchkulturzentrums geleitet wird. Mitglieder sind Repräsentanten von nationalen und internationalen Organisationen, bedeutende Persönlichkeiten auf dem Gebiet der Kultur, sowie der Vorsitzende des Arbeitsausschusses und der Generalsekretär der BIB (bisher D. Roll). Die Vorbereitung und den Verlauf der BIB besorgt der Arbeitsausschuß. Das Komitee ernennt die Internationale Jury (1967 u. 69 12 Mitglieder, seit 1971 14 Mitglieder), die die Preise verteilt.

Die Illustratoren, die sich an den Wettbewerben beteiligen wollen, reichen sowohl Originalillustrationen ein als auch die entsprechenden Bücher. Voraussetzung für die Beteiligung ist die Veröffentlichung in Buchform. Originale und Bücher werden zusammen in der Ausstellung präsentiert.

Der „Goldene Apfel", mit dem die Preisträger der internationalen Bilderbuch-Ausstellung in Bratislava ausgezeichnet werden.

Die Jury vergibt regelmäßig einen „Grand Prix"; 1967 fiel er an Y. Segawa (Japan), 1969 an E. Bednářová (ČSSR), 1971 an A. Strumillo (Polen), 1973 an L. Schwarz (BRD). Den Trägern des „Grand Prix" wird in der jeweils folgenden BIB Gelegenheit zu einer Gesamtausstellung ihrer Werke gegeben. Grundsätzlich finden im Rahmen der BIB zwei Wettbewerbe statt: ein Wettbewerb der Illustrationen, die schon mit internationalen oder nationalen Preisen und Diplomen ausgezeichnet wurden — Preisträger dieser Kategorie werden mit dem „Goldenen Apfel" ausgezeichnet —, und ein Wettbewerb der bisher noch nicht preisgekrönten Illustrationen — Preisträger dieser Kategorie werden mit Medaillen bzw. Ehrendiplomen ausgezeichnet. Der Jury steht es frei, weitere Wettbewerbe zu initiieren.

Anläßlich der BIB 71 wurde beschlossen, zusammen mit der UNESCO Möglichkeiten zu erschließen, um einen Preis für das am schönsten gestaltete Lehrbuch vergeben zu können.

Um die Informationen über die BIB zu erweitern, wurde eine Wanderausstellung zusammengestellt, die von Farbfilmen über die BIB 67 und 69 begleitet wird. An umfangreichen Veröffentlichungen erschienen bislang: „BIB '67 '69" (Mladé Letá, Bratislava 1971) und „BIB '71 '73"; diese Puplikationen enthalten neben theoretischen Darlegungen Illustrationsbeispiele und Kurzbiografien der Preisträger *Gerlinde Rabenstein*

→ Tschechoslowakei

Bierbaum, Otto Julius

*Journalist, Kritiker u. Schriftsteller; * 28. 6. 1865 Grünberg/Schlesien, † 1. 2. 1910 Kötzschenbroda b. Dresden.*

B., der in Wurzen und Leipzig aufwuchs, studierte in Zürich, Leipzig, München und Berlin Germanistik, Jura und Sinologie. Ab 1887 arbeitete B., der ursprünglich die Laufbahn eines Konsuls in China einschlagen wollte, als freiberuflicher Schriftsteller zunächst in München, ab 1893 in Berlin.

Werk, Tendenzen, Wirkung. Neben D. v. Liliencron war B. einer der bekanntesten, geschäftigsten avantgardistischen Dichter seiner Zeit. Er machte sich auch verdient um die Erneuerung der Buchausstattung und der Illustrationskunst im deutschsprachigen Raum. So gab er 1894 die Zeitschrift „Pan" heraus und begründete zusammen mit A. W. Heymel und R. A. Schröder die Zeitschrift „Die Insel", deren erster Jahrgang 1899 erschien, und die *zur Popularisierung des Jugendstils* in Deutschland beitrug. Durch die Anthologie „Modernes Leben“ und die Musenalmanache für die Jahre 1893 und 1894 bot B. dem Leser einen Querschnitt der literarischen Moderne.

B., der, wie er es selbst formulierte, mit seinen Gedichten „wie Rose, Tulpe und Lilie seine Schönheit jedem Handwerksburschen und jedem kleinen Ladenmädchen schenken“ wollte, schrieb eine Reihe von Gedichtbänden, Erzählungen, Satiren und Komödien, die zum Teil minnesängerlich stilisiert, zum Teil von einer aufdringlichen Sinnlichkeit durchzogen waren. Mit seinem Roman „Stilpe, ein Roman aus der Froschperspektive“ (1897) schilderte er das Leben eines Bohèmiens und schuf gleichzeitig eine verkappte Autobiographie.

Während B.s Schriften heute nur noch literarhistorischen Wert besitzen, hat sich sein Kinderbuch „Zäpfel Kern“ bis zur Gegenwart einen Platz in der deutschsprachigen Kinderliteratur erhalten.

Im Jahre 1905 brachte B. im Schaffstein-Verlag unter dem Titel „Zäpfel Kerns Abenteuer. Eine deutsche Kasperlegeschichte in dreiundvierzig Kapiteln“ die erste deutsche Übersetzung des „Pinocchio“ des Italieners C. Collodi in einer sehr freien Bearbeitung heraus. Die Illustrationen von A. Schmidhammer trugen zu dem Erfolg des Buches, das schon bald in ganz Deutschland verbreitet war, bei. Während Collodi sich bewußt von der üblichen Märchensprache und -kulisse abwendet, siedelt B. seine Bearbeitung ganz im Bereich der Märchen- und Wichtelmanntradition an. Die von B. auch in seinen sonstigen Werken benutzte breit ausladende, sentimental aufgeladene Sprache führt zu vielen Längen in der Erzählung, die das italienische Original nicht kennt. Außerdem bringt B. zahlreiche neue Szenen in die Handlung hinein, wie die Inthronisierung des neuen Königs Kasperle im Spielimmerland mit Fackelzug und Zapfenstreich, Krönungsbier und Sängerchor oder die Reise durch das Gebiet der Wanstphälen. Solche Einschübe scheinen das Milieu eines biederen Stammtisch-Patriotismus und einer kleinbürgerlichen Vereinsmeierei widerzuspiegeln. Das breite Ausmalen dramatischer Situationen in neuromantischer Manier zeigt die organologisch-symbolischen Tendenzen des literarischen Jugendstils. Die von Collodi in derben Konturen vorgestellten Szenen werden bei B. zu bedeutungsreichem Symbolgeflecht umstilisiert. Während das witzig-burleske Buch Collodis an der Realität des italienischen Alltags haftet, macht B. eine symbolhaltige Märchenwaldromanze daraus.

Trotz der Schwächen gegenüber dem italienischen Original wurde B.s Bearbeitung in Deutschland am bekanntesten. Bis 1970 wurden rund 100000 Exemplare des „Zäpfel Kern“ verkauft.

Helmut Müller

→ Bearbeitung von Texten für Kinder und Jugendliche, → C. Collodi, → Jugendstil, → Pinocchio

Werke: Zäpfel Kerns Abenteuer (1905).

Sekundärliteratur: A. v. Klement: Otto Julius Bierbaum-Bibliographie (1957). — H. Müller: Pinocchio. Die Vernunft des kleinen Mannes als Motiv im Kinderbuch (in: K. Doderer (Hrsg.): Klassische Kinder- u. Jugendbücher. 1969, ^{2}1970. 17—33).

Bilderbogen

Der Begriff B. bezeichnet „alle zur Verbreitung bei alt und jung bestimmten, einseitig auf Papier gedruckten Bilder (mit oder ohne Betextung) in mittleren Formaten“ (A. Spamer, im Reallexikon zur deutschen Kunstgeschichte, Stuttgart-Waldsee 1948, Bd. 2, S. 549).

Zur Geschichte des B.s. Die Anfänge des B.s reichen bis in das 13. und 14. Jh. zurück, wo sie in Form gemalter Blätter als illustrierte, von der Volksfrömmigkeit bestimmte Spruchgedichte als Wandschmuck verwandt wurden. Vom ausgehenden Mittelalter an bildeten gedruckte B. mit zum Teil farbig gestempelten oder schablonierten Holzschnitten eine Vorform der modernen Zeitung. Sie wurden von fliegenden Händlern vertrieben. Insbesondere die Ereignisse des Dreißigjährigen Krieges lieferten den Stoff für diese B. Im 17. Jh. fand der Kupferstich Eingang in die Bilderbogen-Produktion und stand dem Holzschnitt bald gleichberechtigt gegenüber, verdrängen konnte er diesen indessen nie ganz aus der Bilderbogenherstellung. Obwohl es bis zum Ende des 18. Jh.s eine eigene Bilderbogenproduktion für Kinder nicht gab, war der B. schon immer auch für Kinder Gegenstand des Betrachtens und der Lektüre. Einige dieser frühen B. sprachen vom Inhalt wie vom Text her das Kind direkt an, wie etwa der mit „Ermanung für die Jugend“ überschriebene B. von S. Apiarius, der in der zweiten Hälfte des 16. Jh.s in Basel herausgegeben wurde (abgedruckt in W. Brückner: Populäre Druckgraphik Europas. Deutschland. Vom 15. bis zum 20. Jahrhundert. München, Callwey 1969, Abb. 45).

Seit 1664 bestand im Vogesenort Épinal die Produktion der sogenannten „Imagerie populaire“, der französischen B., die vor allem von der Familie Pellerin hergestellt wurden. Motive solcher B. waren Namensheilige, Schutzpatrone, biblische Episoden, historische Ereignisse und zu Beginn des 19. Jh.s besonders die Taten Napoleons. Auch in der Schweiz, Spanien, England und Italien wurden B. produziert.

In Deutschland erreichte der volkstümliche B. mit den „Neuruppiner B.“ einen ersten Höhepunkt. Um 1825 gründete G. Kühn in Neuruppin seine Firma, die bald weit über Deutschlands Grenzen hinauswirkte. Bereits 1832 hatte Kühn über eine Million B. produziert und verkauft, bis 1870 wuchs diese Zahl auf über 3 Millionen an. Der Vertrieb erfolgte sowohl durch Kolporteure und fliegende

Deutsche Bilderbogen
für Jung und Alt.

Nr. I.

Hans im Glück (nach Grimm).

Gezeichnet von Oscar Pletsch.

Hans erhielt für siebenjährige treue Dienste einen Klumpen Gold als Lohn, so groß wie sein Kopf, und wollte damit wieder heim zu seiner Mutter. Wie er unter der Last auf seiner Schulter seufzend dahin ging, begegnete ihm ein Reiter. „Ach," sprach Hans, „was ist das Reiten ein schönes Ding," und erzählte von seinem Gold, das er tragen müsse. „Weißt du was," sagte der Reiter, „wir wollen tauschen." Hans war von Herzen gern bereit; der Reiter stieg ab, half Hans auf das Pferd und sprach: „Wenn's recht geschwind soll gehen, mußt du Hopp, Hopp! rufen;" hierauf ging er mit dem Golde seiner Wege.

Hans war seelenfroh; bald rief er auch: „Hopp, Hopp!" Das Pferd setzte sich in Trab, der Hans aber ward, ehe er sich's versah, abgeworfen und lag im Graben; er schute seine Glieder zusammen und klagte einem Bauern, der mit einer Kuh daher kam, sein Leid; nie setze er sich wieder auf so eine Mähre. „Da lobe ich mir Eure Kuh, die ist fromm und von der hat man obendrein jeden Tag seine Milch, Butter und Käse gewiß." „Nun," sprach der Bauer, „geschieht Euch so ein großer Gefallen, so will ich wohl die Kuh für das Pferd vertauschen." Hans war mit tausend Freuden bereit und der Bauer ritt mit dem Pferd eilig davon.

Hans trieb seine Kuh ruhig vor sich her; als er gegen Mittag heiß und durstig wurde, dachte er: „Dem Ding ist zu helfen, jetzt will ich meine Kuh melken und mich laben." Es kam aber kein Tropfen Milch zum Vorschein, sondern die Kuh trat ihm vor den Kopf, das er zu Boden taumelte. Da zog zum Glück ein Metzger mit einem jungen Schwein die Straße daher, dem erzählte er das Vorgefallene und meinte: „Ja, wer ein so junges Schwein hätte! Das herrliche Fleisch und noch dazu die Würste!" „Hört, Hans," sprach der Metzger, „Euch zu Liebe will ich tauschen." „Gott lohn' Euch Eure Freundschaft," erwiderte Hans und ging den Handel ein.

Bald gesellte sich ein Bursch zu ihm, der eine Gans trug. Hans fing an, sein Glück zu preisen und wie er so vorteilhaft getauscht hätte. Der Bursch zeigte seine Gans und sagte: „Hebt einmal wie schwer sie ist." „Ja," sprach Hans, „die hat ihr Gewicht, aber mein Schwein ist auch keine Sau." Indessen sah sich der Bursch bedenklich um und wollte wissen, daß dem Schulzen im näch[illegible] Dorf ein Schwein gestohlen sei. Ich fürchte, Ihr habt's an der Hand." Dem guten Hans ward bang. „Ach Gott, helft mir," bat er, „nehmt mein Schwein und laßt mir Eure Gans!" „Meinetwegen, ich will Euer Unglück nicht," sagte der Bursch und trieb das Schwein schnell fort.

Hans überlegte sich, daß er eigentlich im Vorteil sei. „Erst der gute Braten, dann das viele Fett, das giebt Gänsefettbrot auf ein Vierteljahr. Wie wird meine Mutter sich freuen!" Da kam er bei einem Scheerenschleifer vorbei; der sang:

„Ich schleife die Scheere und drehe geschwind,
Und hänge mein Mäntelchen nach dem Wind."

„Euch geht's wohl gut," redete ihn Hans an. „Ja," antwortete dieser, „das Handwerk hat goldenen Boden. Ihr müßt ein Schleifer werden, so ist Euer Glück gemacht; Ihr braucht nur einen Wetzstein, den gebe ich Euch für die Gans." „Ihr macht mich zum glücklichsten Menschen," rief Hans, „da habt Ihr die Gans!"

Hans ging weiter, seine Augen leuchteten. „Ich muß in einer Glückshaut geboren sein, Alles, was ich wünsche, trifft ein." Er wurde aber bald so müde, daß ihm der Stein beschwerlich ward, und er dachte, „wenn du ihn nur nicht mehr zu schleppen brauchtest." An einem Brunnen wollte er sich laben, legte den Stein an den Rand, stieß ihn aber beim Trinken aus Versehen an, so daß er hinab plumpste. Da sprang er vor Freuden auf, daß er ohne sein Zuthun von dem Stein befreit war und rief: „So glücklich, wie ich, giebt es keinen Menschen unter der Sonne. „Mit leichtem Herzen und frei von aller Last sprang er nun fort, bis er daheim bei seiner Mutter war.

Druck von C. Rembold, Heilbronn.

Verlag von Gustav Weise in Stuttgart.

Preis 10 Pf., color. 20 Pf.

„Deutsche Bilderbogen für Jung und Alt". Nr. 1. (Stuttgart 1866). Neben Künstlern wie Th. Hosemann, G. Süs, P. Konewka oder C. Reinhardt arbeitete auch O. Pletsch an den „Deutschen Bilderbogen" mit. Mit seinem Blatt „Hans im Glück" eröffnete Pletsch die insgesamt 225 Nummern umfassende Bilderbogenfolge des Stuttgarter Verlegers.

Händler als auch durch Lumpen- und Alteisensammler, die die B. als Zahlungsmittel benutzten. Im 19. Jh. entwickelte der B. eine Standardform: Statt einer oder zwei Abbildungen pro Blatt zeigten die Blätter nun 8 bis 12 Bilder, die meistens zu einer Bildgeschichte gehörten, eine Form der Bilderzählung, die Anfang des 20. Jh.s in die Comics überging. Neben KÜHN wirkte in Neuruppin die Firma Oehmigke & Riemenschneider. Viele B. im Original, aber auch mit fremdsprachigen Texten versehen, gelangten ins europäische Ausland und bis nach Übersee. In Deutschland blühten weitere B.-Produktionen in Nürnberg (Campe und Renner) und Eßlingen (Schreiber) auf. Die Volkstümlichkeit der Neuruppiner B. zeigte sich besonders in den derben Lebensweisheiten, die die B. in Bild und Text vorstellten. So werden sehr drastisch und nicht ohne Humor die Gefahren beschrieben, die einem Kindermädchen in der großen Stadt Berlin drohen (Bogen Nr. 4293), die Klagen eines Mädchens vorgetragen, das verlassen vor seinem Spinnrad sitzt (Bogen Nr. 6886), oder eine Bildgeschichte zu dem Thema „Unrecht Gut gedeiht nimmer" (Bogen Nr. 535) gebracht, in der eine gestohlene Wurst von Dieb zu Dieb gelangt, bis sie schließlich wieder in den Händen des zuerst Bestohlenen landet. Illustratoren und Texter der Neuruppiner B. blieben fast ausnahmslos anonym.

Zwei andere B.-Produktionen in Deutschland, die „Münchener B." (1849—1898) bei Braun & Schneider in München und die „Deutschen B." (1866 bis 1871) bei G. Weise in Stuttgart richteten sich mehr an die „gebildeten" Kreise.

An beiden Unternehmen beteiligten sich die besten Künstler der Zeit wie FR. v. POCCI, M. v. SCHWIND, W. BUSCH, O. SPECKTER, A. A. OBERLÄNDER und L. MEGGENDORFER für die „Münchener" und TH. HOSEMANN, A. v. MENZEL, C. REINHARDT und O. PLETSCH für die „Deutschen" B. Jetzt lag der Schwerpunkt der Produktionen bei bildenden wie literarischen Themen. Sagen, Märchen und Spruchweisheiten traten auf, ebenso aber auch idyllische und romantische Landschaftsszenen, Trachten fremder Völker und aus der Historie, Szenen aus der Tier- und Pflanzenwelt, aus Handwerk und Industrie. Immer wieder wurden auch lustige Bildgeschichten zum Thema genommen, die aber im Gegensatz zu den oft grob karikierten Darstellungen der „Neuruppiner B." in der künstlerischen Durchführung den kunstästhetischen Vorstellungen der Zeit verhaftet waren.

Bis in den Ersten Weltkrieg hinein hielt sich die Produktion von B. Sie zeigten in den Jahren nach 1900 aber einen deutlichen Abfall in der Themenwahl wie in der illustrativen Gestaltung. Nun wurden B. als nationalistische und chauvinistische Propagandamittel verwandt, wie bei den „Neuen Deutschen Bilderbogen für Jung und Alt", die ab 1914 im Verlag Werckmeister in Berlin erschienen und die ausschließlich pathetisch verherrlichende oder sentimentale Szenen aus dem Kriegsgeschehen zum Inhalt hatten. Alle Versuche, den B. zu erneuern, wie die „Lübecker B." bei H. FR. GEIST von 1935 bis 1937, die „Lindauer B." von FR. BÖER aus dem Jahr 1948 oder die „Frankfurter B." von G. ROBECK (1966/67), scheiterten. Mit dem Erscheinen der amerikanischen Comics-Serie „The Katzenjammer-Kids" (1897) des deutschen Einwanderers R. DIRKS traten die Comics das Erbe der B. an. Bilderbogensammlungen finden sich im Museum für Kunst und Gewerbe in Hamburg, in der Deutschen Staatsbibliothek in Berlin, im Heimatmuseum in Neuruppin, das von insgesamt 20000 gedruckten verschiedenen „Neuruppiner B." 6000 besitzt, und in den Beständen des Instituts für Jugendbuchforschung der Universität Frankfurt.

Horst Künnemann / Helmut Müller

→Comics

Sekundärliteratur: H. Bauer: Der Neuruppiner Bilderbogen (in: Velhagen und Klassings Monatshefte. 12. 1904. 633—650). — G. Böhmer: Ewiglich lieb ich dich (1961). — W. Brückner: Stampe popolari tedesche (1968; dt. Populäre Druckgraphik Europas. Deutschland, 1969). — W. Fraenger: Materialien zur Frühgeschichte des Neuruppiner Bilderbogens (in: Jahrbuch f. historische Volkskunde. Bd. 1. 1925. 232—306). — K. Gröber: Der alte Bilderbogen (in: Velhagen und Klasings Monatshefte. 1936. 488—496). — J. Jaenicke-Nickel: Neuruppiner Bilderbogen (in: Jahrbuch f. brandenburgische Landesgeschichte. Bd. 13. 1962. 136—145). — H. Küas: Die künstlerische Gestalt der Münchner Bilderbogen (Ms. 1946). — H. Schneider: Münchner Bilderbogen in ihrer Wirkung auf Kinder (Diss. 1946). — A. Spamer: Arbeitsstand und Problemstellung der deutschen Bilderbogenforschung (in: Volkskunde-Arbeit. 1934. 109—132). — W. Tobler: Betrachtungen zum Bilderbogen (in: Atlantis. 12. 1960. 561—578). — H. Rosenfeld: Bilderbogen (in: Reallexikon der deutschen Literaturgeschichte. 1958).

Bilderbuch

Schon bald nach Erfindung des Buchdrucks verwendeter Begriff zur Bezeichnung jedes mit Bildern versehenen Buches, später Begriffsverengung durch die Zuordnung dieses Buchtyps zu einer bestimmten Altersgruppe der Literaturkonsumenten.

Mitte bis Ende des 19. Jh.s gewann der Ausdruck B. immer mehr die Bedeutung des speziell für das Kleinkind geschaffenen Buches, in dem die Illustration über den Text dominiert. Im heutigen Sprachgebrauch bezeichnet man als B. ein für Kinder von etwa 2—8 Jahren entworfenes Buch mit zahlreichen Illustrationen und wenig oder gar keinem Text. B.er sind in vielen Fällen die erste Lektüre der Kinder. Sie haben nur wenige Blätter, sind oft aus zerreißfestem Papier oder Folie hergestellt und weisen sehr unterschiedliche Formate auf, von ganz kleinen „Liliput"-Ausgaben bis zu übergroßen Formaten. Das großformatige B. kommt am häufigsten vor. B.er für die Kleinsten werden auch als Leporellos hergestellt. Während die B.er für die Kleinsten meistens nur einzeln dargestellte einfache Gegenstandsabbildungen ohne Text enthalten, gibt es für die schon größeren Kinder solche mit erzählenden Texten. Sonderformen sind die Bildgeschichte, das Sach- und das Fotobilderbuch.

Zur Entwicklung des B.s. Wie in der Erwachsenenliteratur zeichnen sich von Beginn an auch bei den für junge Leser bestimmten Büchern drei Themenbereiche ab: Bücher religiösen Inhalts, dann, zunächst als Einblattdrucke mit schmückenden Randleisten, unter Benutzung der Holzschnittechnik hergestellte ABC-Büchlein und Fibeln und als dritte Gruppe Fabelausgaben. In vielen dieser Ausgaben dominierte das Bild über den Text. Daher können viele solcher bebilderten Bücher als Vorläufer des eigentlichen B.s angesehen werden. Seit der Mitte des 17. Jh.s gesellte sich zu diesen drei Gruppen eine weitere hinzu, die der illustrierten Sachbücher. Zunächst fand zur Illustration ausschließlich der Holzschnitt Verwendung, den dann im Laufe des 17. Jh.s der Kupferstich weitgehend verdrängte.

Ein frühes, mit ganzseitigen Holzschnitten geschmücktes Buch für junge Leser ist der Band „Der Seele Trost", von dem zwischen 1478 und 1483 verschiedene Ausgaben erschienen. Das Buch enthält eine Mischung aus biblischen Geschichten, Heiligenlegenden und Geschichten orientalischen Ursprungs.

Ein typisches Beispiel barocker Bilderbibeln für junge Leser ist das 1681 in Nürnberg erschienene „Neu-Allgemein-Christliche-Lern Buechlein" des Predigers J. J. Frörnteich. Weitere allegorisch-prunkhafte Prachtausgaben von illustrierten Kinderbibeln sind „Abbildung der Vornemsten Biblischen Historien Alten und Neuen Testamentes" (Augsburg 1693), das „Seelen-ergötzende und Gedächtnis-ermunternde geistliche Bilder-Cabinet" des J. Chr. Breydten (Augsburg 1743), die „Kinder- und Bilderbibel" des Erfurter Magisters Chr. H. Kratzenstein (Erfurt 1737) und der „Poetische Bilderschatz der vornehmsten Biblischen Geschichte des alten und neuen Testamentes" (Leipzig 1758). Klassizistische und romantisch-sentimentale Züge machen sich in den Bilderbibeln der ersten Hälfte des 19. Jh.s bemerkbar, so vor allem in der fünfbändigen „Moralischen Bilderbibel" (Gotha 1805 bis 1812) von K. Fr. Lossius die durch die Illustrationen von J. D. Schubert berühmt geworden ist. Büchlein wie „Sittensprüche des Buchs Jesus Sirach für Kinder und junge Leute aus allen Ständen mit Bildern welche die vornehmsten Wörter ausdrucken" (Nürnberg 1784) des Braunschweiger Dompredigers J. Fr. Feddersen, in dem der Schreibtext durch unzählige kleine kolorierte Bildchen unterbrochen wird, an Hand derer die Kinder die fehlenden Wörter zu raten haben, oder „Der kleine Katechismus Dr. M. Luthers für kleine Kinder" (Nürnberg 1787), der auf 17 Seiten 33 farbige Kupferstiche mit kurzen Schreibschrifttexten bringt, sind schon echte Kinderbilderbücher.

Zahlreiche ABC-Büchlein, die ursprünglich nur wenige Seiten Text umfaßten, der zur Erleichterung des Lesens abwechselnd in Rot und Schwarz gedruckt wurde, nutzten schon bald die Kombination von Wort und Bild, um so den Kindern die schwere Arbeit des Lesenlernens zu „versüßen". Viele dieser Büchlein und auch der späteren umfangreicheren Fibeln gerieten zu echten B.ern. So das „Bilder-ABC mit einigen Lesübungen, Gedenksprüchen und Gebeten für Kinder" (Stralsund 1788), das „Neue Bilder-ABC oder Deutsches Lesebuch für die Jugend" (Bd. 1 u. 2. Berlin 1795 u. 98), „Carl's ABC- und Lesebuch mit Sitten- und Denksprüchen, Erzählungen und Liedern" (Dresden 1810) oder das „Große Frankfurter ABC und Lese-Buch zur Belehrung und Unterhaltung für die Jugend" (Frankfurt 1820).

Illustratoren und Texter solcher ABC-Bücher blieben meistens anonym. Ende des 18. und zu Beginn des 19. Jh.s ließen eine Reihe von ABC-Büchern den Zweck des Lesenlernens ganz zurücktreten und wollten nur noch unterhaltende Bilderbücher sein, wie das „Grosse Nürnberger ABC für Kinder" (Nürnberg 1810) oder das „Originelle ABC, allerliebst komisch figürlich dargestellt mit Bilder-Scenen aus der Vergangenheit und Gegenwart, durch sinnige poetische Erläuterungen ausgestattet" (Nürnberg 1835).

Da man die Regel, zu jeder Fabel jeweils eine Illustration zu bringen, aus der spätmittelalterlichen Tradition übernahm, die einzelnen Fabeln jedoch insgesamt nur wenig Text abgaben, erhielten die Fabelausgaben für Kinder eine relativ reiche Illustration, die hinsichtlich ihres Umfangs und ihrer Aussagekraft dem modernen B. schon sehr nahe kamen. So etwa „Esopi Leben und auserlesene Fabeln mit deutlichen Erklärungen, nutzlichen Tugend-Lehren, und hierzu dienlichen saubern Kupffern, alles nach dem Begriff der lieben Jugend eingerichtet" (Nürnberg 1747), die „Sittenlehre für die Jugend in den auserlesensten Aesopischen Fabeln" (Leipzig 1757; eine von Lessing vorgenommene deutsche Übersetzung des englischen von S. Richardson stammenden Originals), „Hundert Aesopische und andere auserlesene Fabeln nebst beigefügter Moral für die Jugend" (Nürnberg 1796), das „Kleine Fabel-Buch für Kinder edler Erziehung" von H. A. Kerndörffer (Leipzig 1802) oder der Band „Auswahl anmuthiger Fabeln aus den vorzüglichsten Dichtern" (Karlsruhe 1823 u. 24), der aus zwei Teilen mit je 36 ganzseitigen Lithographien des Tierzeichners R. Winter besteht.

Im Jahr 1658 erschien in Nürnberg bei Endert der „Orbis Pictus sensualium" des J. A. Comenius. Es war der erste Versuch, dem jungen Leser eine Gesamtschau der Welt in Wort und Bild anzubieten. In der Nachfolge entstanden zahllose, reichlich mit Bildern ausgestattete Elementar- und Sachbücher, zum Teil auch ganze Sachbuchreihen für junge Leser mit eigenen Bildbändchen, wie das „Elementarwerk" (Dessau 1770—74) von J. B. Basedow, mit den Kupferstichen von D. Chodowiecki, die „Bilder-Akademie für die Jugend" (1784) von J. S. Stoy, das 12 Bildbände umfassende „Bilderbuch für Kinder" (Weimar 1792—1830) von Fr. J. Bertuch, die „Neue Bilder Gallerie für junge Söhne und Töchter zur angenehmen und nützlichen Selbstbeschäftigung aus dem Reiche der Natur, Kunst, Sitten und des gemeinen Lebens" (Berlin 1794 bis 1802) von Fr. K. Lang oder die sechsbändige „Neue Bildergallerie für die Jugend" (Gotha 1828—1833). Weitgehend Bilderbuchcharakter hatten der „Neue Orbis Pictus für Kinder in fünf Sprachen" von C. F. Müller (12 Hefte, Leipzig 1785—90), der „Neue Orbis Pictus in sechs Sprachen, oder das unterhaltende und belehrende Bilderbuch für Kinder von jedem Alter" (Wien 1808) und der von H. Becher und J. C. Schneemann herausgegebene „Neueste Orbis Pictus oder Schauplatz der Natur und Kunst" (Meissen 1843). Verwandte Tendenzen sind auch in England zu beobachten, wo die Brüder Th. und J. Bewick durch ein verfeinertes Holzstichverfahren die Buchillustration revolutionierten, die

P. R. M. Schmidt: Bildereien und Geschichten für kleine Kinder (Leipzig ²1824). Das mit handkolorierten Bildern versehene Büchlein der Biedermeierzeit, das eine lose Folge von belehrenden und moralischen Geschichten enthält, kann als ein Vorläufer des heutigen Kinderbilderbuchs angesehen werden. Die hier vorgestellte Szene gehört zu dem Kapitel „Fritzchens Spielwerk".

Qualität im eigenen Land steigern halfen und damit auf das europäische Festland und die jungen USA und deren entstehende Kinderliteratur Einfluß nahmen.

Etwa seit 1830 trat in Deutschland das poetische B. spätromantischer Intention hervor. Es wandte sich vor allem drei Themenbereichen zu: der illustrierten Darstellung des lyrischen Repertoires an Volksliedern, Kinderreimen und erzählenden Gedichten, dem Märchen und den epischen Traditionsstoffen.

Die Herkunft der Stoffe ist verschieden. Man bediente sich des seit Erscheinen von „Des Knaben Wunderhorn" (1806) aufmerksam beobachteten und gesammelten Volksgutes, es kommen aber auch Dichter zu Wort, die den Ton des Volksgutes aufgreifen und besonders für das Kind Verse finden. Fr. Rückert, Fr. Güll, W. Hey, Fr. v. Pocci, L. Bechstein, L. Uhland, Hoffmann v. Fallersleben und A. Kopisch gehören dazu. Man findet Büchlein, in denen ein einzelnes Gedicht in seinen Strophen bebildert wird, es gibt aber auch viele Anthologien in denen Reimereien verschiedener Herkunft zu Worte kommen und die jeweils, Gedicht für Gedicht, mit Bildern versehen wurden. Solche poetische B.er sind „Die Ammenuhr" (Leipzig 1845) mit Holzschnitten von L. Richter und anderen Künstlern des Dresdener Freundeskreises; „Alte und neue Kinderlieder. Mit Bildern und Singweisen" (Leipzig 1852), hrsg. von Fr. v. Pocci und K. v. Raumer; die „Schiefertafelbilder zu deutschen Kinder Liedern. Nach v. Arnim, Brentano, Simrock u. a." (Leipzig 1851) mit Holzschnitten von E. Engelmann; „Voer de Goern" (Leipzig 1858), eine Sammlung niederdeutscher Gedichte von K. Groth mit Holzschnitten von Richter; „Alte und neue Kinderlieder, Fabeln, Sprüche und Räthsel", hrsg. von G. Scherer mit Zeichnungen von C. v. Heideck, W. v. Kaulbach, G. König, A. Kreling, E. Neureuther, v. Pocci, Richter, C. H. Schmolze, M. v. Schwind, C. Stauber, A. Strähuber u. a.

Die Märchen, von den Romantikern gesammelt und aufgezeichnet, waren ursprünglich mehr ein literarisches als ein bildnerisches Thema. Zur Mitte des 19. Jh.s hin diente dann auch das Märchen als Textgrundlage für poetische Bilderbuchausgaben, die teilweise reich illustrierte Märchensammlungen anboten, teils einzelne Märchen in einer Folge von Illustrationen bildlich nacherzählten. Hervorzuheben sind u. a.: „Blaubart. Ein Märchen" von v. Pocci (1862); der „Mährchenkranz für gute Kinder" mit den besonders reizenden Stahlstichen von P. C. Geissler (Stuttgart 1845); das „Aschenbrödel-Bilderbuch" von W. Müller v. Königswinter mit den Illustrationen von A. L. Hendschel (Frankfurt 1863); „Frau Kätzchen, ein Volksmärchen" von F. Flinzer (Leipzig 1870); „Het Wettlopen tüschen den Hasen und den Swinegel up der Buxtehuder Heide" von G. Süs (Düsseldorf 1855).

Auch die Volksbücher und bekannte Stoffe aus der Weltliteratur wie Robinson, Don Quichote oder Münchhausen kamen in die Hände der Bilderbuchmacher spätromantischer Prägung. Dazu gehören u. a.: „Des Freiherrn von Münchhausen wunderbare Abenteuer, Schnurren, Streiche, Ränke und Schwänke" (München 1861), als Band 20 der Münchener Bilderbücher erschienen; „Froschküster Quak. Eine Historie für Jung und Alt" (Glogau 1862) von G. Süs; „Reinke Fuchs" von C. BECKMANN (Düsseldorf 1856), eine der zahlreichen reich illustrierten Reineke-Fuchs-Bearbeitungen.

Die Entwicklung zum poetischen B. machte allerdings nur einen Teil der Entwicklung des B.s im 19. Jh. aus. Die andere Richtung, die der Genre-B.er als Selbstbestätigung des bürgerlichen Lebensideals, lief parallel nebenher und wurde großenteils von den gleichen Bilderbuchkünstlern bedient, die auch die poetische Bilderbuchrichtung vertraten, wie RICHTER, H. KAULBACH, v. POCCI u. a. Eine Trennung zwischen beiden Richtungen ist schwer zu vollziehen, sie gehen zum Teil nahtlos ineinander. Es herrschen in beiden Gruppen dieselben Herstellungs- und buchtechnischen Usancen vor. Die „illustrierten Anthologien" sind größtenteils hier wie dort Bilderalben, in denen Szenenfolgen locker aneinandergereiht sind.

Die Genre-Kunst der großen Malerei des 19. Jh.s wurde auch in das B. übernommen. Das Spezifische der biedermeierlichen und bürgerlichen alltäglichen Wirklichkeitsdarstellung im 19. Jh. im damaligen B. besteht darin, daß sie eine anekdotische, verniedlichende, illustrative Tendenz trägt. Als exemplarische Beispiele dieser Gruppe können gelten: „Die Welt im Kleinen. Zwölf Bilder aus dem Kinderleben" (1867), mit Versen von E. RITTERHAUS und Illustrationen von E. SCHULZ; „Neuer Strauß fürs Haus" (Dresden 1864) mit Illustrationen von RICHTER u. a.; „Mancherlei aus des Lebens Mai" (1864), „Kleines Volk" (1865), „Allerlei Schnick-Schnack" (1866), „Ein Gang durchs Dörfchen" (1874), alle von O. PLETSCH, der als einer der Hauptvertreter dieser Gruppe gelten kann; „Cora's Bilderbuch" von S. v. ADELUNG. In diese Gruppe gehört auch eines der frühesten Photobilderbücher, das unter dem Titel „Ein Tag aus dem Kinderleben. Scenen aus dem Leben komponiert" 1877 von den „königlich-sächsischen Hof-Photographen" M. SCHERER und H. ENGLER herausgegeben wurde.

Neben der Großzahl der szenisch wie thematisch naiv-sentimental gestimmten B.er gab es gleichzeitig eine kleine Gruppe, die diesem Trend nicht einzuordnen sind. Diese wenigen „anderen" sind als Einzelfälle zu bezeichnen. Ihr Stil ist mehr oder weni-

Wilhelm Busch: Der Eispeter (Dresden 1864). Im Sommer 1858 lernte W. Busch L. Richter und dessen Sohn Heinrich kennen, der sich 1863 einverstanden zeigte, in seinem Verlag in Dresden etwas von Busch zu drucken. So erschienen im darauffolgenden Jahre die Bilderpossen „Der Eispeter", „Katze und Maus", „Hänsel und Gretel" und „Krischan mit der Piepe", die bereits die für den Künstler typischen Stilelemente zeigen.

Walter Crane: The Baby's Bouquêt (London 1885). Die dreigeteilte Bildtafel illustriert das Lied „Once there lived a little man, Where a little river ran, And he had a little farm and a little dairy O!" Crane beeinflußt nachhaltig den Trend zum Jugendstil der deutschen Bilderbuchillustratoren des beginnenden 20. Jahrhunderts.

Karl F. Edmund v. Freyhold: Tiere (Köln 1905). Neben E. Kreidolf und K. Hofer beeinflußte Freyhold mit seinen in zarten Pastellfarben gehaltenen, von einer naiven Frische erfüllten Bildern nachhaltig die Entwicklung des modernen Bilderbuchs.

ger durch die Karikatur bestimmt. Die bewußte Verzerrung, das Humorvolle und Groteske bezeichnet eine Souveränität gegenüber der Illusion des niedlichen, frommen und glücklichen Lebens der Großzahl der bürgerlichen B.er. In diese Gruppe gehören u. a. C. REINHARDTS „Die Arche Noah und was darin gewesen ist" (1854) u. a., L. MEGGENDORFERS „Bruder Straubinger" (1898) u. a., R. TOEPFFERS „Fahrten und Abenteuer des Herrn Stekkelbein" (1846) und TH. HOSEMANN mit einigen seiner B.er, z. B. „Die Insel Marzipan" (1851).

Am bedeutendsten in dieser Gruppe wurde W. BUSCH mit seinen dem Bilderbogen verwandten Bildgeschichten: „Bilderpossen" (1864), „Max und Moritz" (1865), „Hans Huckebein, der Unglücksrabe" (1867), „Sechs Geschichten für Neffen und Nichten" (1884) u. a.

Im Jahr 1845 erschien das von dem Frankfurter Arzt H. HOFFMANN geschaffene „Struwwelpeter"-B., das zum bekanntesten aber auch umstrittensten deutschsprachigen B. wurde. Viele Fachleute bezeichnen den „Struwwelpeter" als das erste echte Kleinkinder-B. in deutscher Sprache. Der „Struwwelpeter" hat einer Phase der geistigen Entwicklung in der Entwicklungspsychologie den Namen gegeben, hat Anlaß zu zahlreichen und vielfältigen Parodien, Travestien und Nachahmungen gegeben und hat den Begriff der „Struwwelpetriade" nach sich gezogen, der eine ganz bestimmte Bilderbuchgattung meint. Für den heutigen Leser zeugt der „Struwwelpeter" von autoritären pädagogischen Auffassungen. Für die Käufer um die Mitte des 19. Jh.s jedoch lag mit dem „Struwwelpeter" zum ersten Mal ein B. vor, das sich an das Kleinkind wandte, das die vorgestellten Erlebnisse ganz aus der Umwelt des Kleinkindes nahm, im Gegensatz zu den üblichen sentimentalen oder lehrhaft angelegten Kinderbüchern der Zeit nun auch für Kinder einen derb-humoristischen Ton anschlug und die Illustrationen in einer naiv-kindgemäßen von künstlerischen Ambitionen freien Zeichentechnik bot. Andererseits bestätigte der „Struwwelpeter" voll und ganz den biedermeierlichen Tugendkatalog.

Verwandte Bestrebungen lassen sich in England und Frankreich nachweisen. L. CARROLL (d. i. L. DODGSON) und E. LEAR begründeten als Erzähler und

Tom Seidmann-Freud: Die Fischreise (Berlin 1923). Das Bilderbuch „Die Fischreise“ zeigt deutlich die Abhängigkeit der Bilderbuch-Autorin und Malerin von Freyhold und Hofer. Die im Lineament harten, manchmal bizarren Bilder weisen mit dem Expressionismus verwandte Züge auf.

Illustratoren die Nonsenseliteratur und stellten zugleich neben den bisher gepflegten vordergründigen Realismus Vorformen des hintergründigen, doppelbödigen Surrealismus für Kinder. Das gilt mit nationalen und persönlichen Unterschieden auch für das Schaffen der Franzosen G. Doré und Grandville (d. i. J. I. I. Gérard).

Das B. zum Ende des 19. und Beginn des 20. Jh.s wurde geprägt durch die Einflüsse, die der Jugendstil und die Kunsterziehungsbewegung auf die B.-Illustratoren ausübten. In England waren es besonders R. Caldecott, K. Greenaway und W. Crane, die in ihren B.ern diesen Stil vertraten.

Der Hauptrepräsentant dieser Richtung im deutschsprachigen Bereich war der Schweizer E. Kreidolf, dessen erstes B. „Blumen-Märchen“ 1898 in München erschien. In diesem und den nachfolgenden B.ern personifizierte Kreidolf die Pflanzen und Tiere, eine Gestaltungsrichtung, die die Bilderbuchliteratur der kommenden Jahrzehnte nachhaltig beeinflußte. Weitere Bilderbuchkünstler, deren Illustrationsstil sich deutlich an Kreidolf und den Jugendstil anlehnte, sind K. Hofer („Rumpumpel“, 1903), K. F. v. Freyhold („Osterbuch“, 1910), T. Seidmann-Freud („Die Fischreise“, 1923).

Die Arbeit dieser Bilderbuchkünstler war mit getragen von neuen pädagogischen und psychologischen Einsichten in die Beschaffenheit des Kindes, die von der Kunsterziehungsbewegung ausgingen und deren Auswirkungen bis in die Gegenwart hinein spürbar geblieben sind. Danach sah man das Kind als autonome, voll aufnahmefähige Persönlichkeit in der Lage, sich mit allen Stilarten und den mannigfaltigen Ausdrucksweisen des B.s auseinanderzusetzen. Aus dieser Einsicht entstanden u. a. die „Scholz-Künstlerbilderbücher“ und die B.-Jahrbuch-Reihe „Knecht Ruprecht“ im Schaffstein-Verlag in Köln. An beiden Reihen hatten fast alle namhaften Vertreter der neuen Kunstrichtung Anteil.

In der Zeit zwischen dem Ende des Ersten Weltkrieges und dem Beginn der Herrschaft der Nationalsozialisten (1933) gab es eine große Gruppe von Bilderbuchillustratoren, deren Malerei, durch die Kunsterziehungsbewegung beeinflußt, von idealistisch-romantischen Vorstellungen einer heilen Welt

Knecht Ruprecht (Köln 1905). J. Diez entwarf zur Geschichte „Bettelgretel“ von E. Dannheißer diesen Schornsteinfeger, der das eigensinnige Mädchen mit dem rußigen Besen straft. Dieses Buch „für Knaben und Mädchen“ war der erste Band der „Knecht-Ruprecht“-Serie, einer Reihe von Büchern des Schaffstein Verlages, deren Illustrationen durch den Jugendstil und die Bemühungen der Kunsterziehungsbewegung geprägt wurden.

Wanda Zeigner-Ebel: Sneewittchen (Oldenburg 1920). Dieses im Original sehr farbenprächtig ausgeführte Titelblatt zum Märchen „Sneewittchen“ der Brüder Grimm ist typisch für die Hinwendung zur Volksdichtung am Anfang der zwanziger Jahre und für den künstlerischen Stil im Bilderbuch dieser Epoche.

Aline Stickel: Der Wunder Wiegengaul (München 1924). Diese Zeichnung aus dem „Wunder Wiegengaul" — einem Märchen-Bilderbuch — bildet mit ihren auffälligen Farbkompositionen in Karmin, Violett und Blau ein exemplarisches Beispiel für den Niederschlag expressionistischer Auffassungen im Bilderbuch für Kinder.

der Natur und des Kindes geprägt war. Zu ihnen zählen E. Kutzer („In Sonne und Wind", 1929 u. a.), E. Eisgruber („Rosmarin und Thymian", 1928 u. a.), W. Schulz („Die liebe Eisenbahn", 1926), E. Wenz-Viëtor („Vom Himmel der Tiere", 1930 u. a.), F. Koch-Gotha („Die Häschenschule", 1924 u. a.).

Die Naturseligkeit vieler dieser B.er stand einer dem Kind gemäßen Auseinandersetzung mit Industrie, Großstadt und den gesellschaftlichen Verhältnissen im Weg und drückt eine Kulturkritik aus, die dann später vom Nationalsozialismus auf die primitive Formel „Blut und Boden" gebracht wurde. In den zwanziger Jahren machte sich nun auch ein Massenauftreten saisonbedingter Umwelt- und Märchen-B.er breit, die ein eigenes Stilempfinden vermissen lassen, altgewohnte Bilderbuchvorlagen routiniert immer neu benutzten und zu der abfällig als „Warenhausstil" bezeichneten Bilderbuchherstellung führten.

Nur wenige Bilderbuchautoren der zwanziger Jahre bemühten sich, ihre künstlerischen Vorstellungen mit didaktischen Erkenntnissen in Einklang zu bringen. Zu ihnen gehören — neben der schon genannten T. Seidmann-Freud — A. Stickel („Der Wunder Wiegengaul", 1924), E. Möschlin („Das rote Pferd", 1927) und C. Meissen („Das Männchen", 1926).

Während der Herrschaft der Nationalsozialisten (1933—45) wurde auch das Bilderbuchschaffen der nationalsozialistischen Ideologie unterworfen. Man versuchte eine neue Wesensbestimmung des deutschen B.s zu finden, die nach Ansicht der nationalsozialistischen Theoretiker „alle Abirrungen ins Rassischfremde, in Abstraktes, Blutleeres und Ungesundes" (H. Wippler in: JSW 44. 1939. Nr. 8, S. 116) verhüten sollte. So entstanden tendenziöse B.er wie „Eine wahre Geschichte" (1936) mit Bildern von P. Mühlmann und Text von K. Springenschmid, ein B., das die Kindheit Adolf Hitlers als den zielstrebigen Weg eines „Auserwählten" von der Anführerrolle bei kindlichen Spielen bis hin zum „Führer des Großdeutschen Reiches" aufzeigt oder das haßerfüllte, von einer perversen Rassenideologie geprägte B. „Trau keinem Fuchs auf grüner Heid, trau keinem Jud bei seinem Eid" (1936) von E. Bauer. Der Großteil der B.er, die in den Jahren von 1933—45 erschienen, setzte die Tradition einer übertriebenen Naturseligkeit fort, nun gemischt mit der neuen „Blut und Boden"-Ideologie.

Nach 1945 entfaltete eine ganze Reihe von Ländern wie Großbritannien, die skandinavischen Länder, die USA, Japan, die CSSR und Polen eine reichhaltige, künstlerisch wertvolle Bilderbuchkultur. In Deutschland griff man in den ersten Nachkriegsjahren zunächst auf die unverfängliche Tradition aus der Zeit vor 1933 zurück und brachte Neuauflagen der Bilderbücher von Kutzer, Wenz-Viëtor, G. Caspari u. a. Großen Einfluß auf die weitere Bilderbuchentwicklung in Deutschland hatten vor allem die drei Schweizer H. Fischer („Bremer Stadtmusikanten", 1944 u. a.), A. Carigiet („Schellen-Ursli", 1945 u. a.) und F. Hoffmann („Rapunzel", 1949 u. a.). In der DDR trat nach 1945 W. Klemke („Die Bremer Stadtmusikanten" 1945) hervor, der mit seinem spezifischen Bilderbuchstil richtungsweisend für die Bilderbuchproduktion in der DDR wurde. E. Binder, H. Baltzer und E. Shaw legten ihre Bilderbücher wie Klemke auf eine dem Kleinkind leicht verständliche Formensprache hin an, die das Prinzip der Gegenständlichkeit und eine gewisse Kontinuität in die Entwicklung des B.s in der DDR brachte.

In der Bundesrepublik traten H. Lemke („Torsten und der Seestern", 1947 u. a.), Fr. Haacken („O Freude über Freude", 1947, u. a.), H. Nagel („7 Butzemännchen", 1952 u. a.), L. Gaul („Tier Bilder-Büchlein", 1948 u. a.) und M. Baumann-Scheel („Die Reise mit Zebi", 1947 u. a.) mit neuen, eigenständigen B.ern hervor. Mit G. Oberländer („Bienchen mit hartem ‚P'", 1954 u. a.), R. Zimnik („Xaver der Ringelstecher und das gelbe Ross", 1954 u. a.) und M. Reidel („Kasimirs Weltreise", 1957 u. a.) fand die westdeutsche Bilderbuchproduktion den Anschluß an das übrige Ausland.

Die gegenwärtige Bilderbuchproduktion ist gekennzeichnet durch ein außerordentlich großes und vielfältiges Angebot an künstlerisch wertvollen B.ern, die eine internationale Tendenz aufweisen, denn immer mehr kommt es zu Koproduktionen großer in- und ausländischer Verlage und zu international großzügig angelegten Simultanausgaben in mehreren Sprachen. Während das B. vergangener Epochen jeweils in einer relativ homogenen Stillage ruhte, spiegeln die B.er der Gegenwart alle nur erdenklichen Stilrichtungen und Modeströmungen der zeitgenössischen Kunst. Nie zuvor war aber auch das Angebot an trivialen und Massenverbrauchsbüchern größer als heute, die unzählige Bildplattheiten im Gefolge der „Disneywelle" anbieten.

War die Frage nach der Qualität eines B.s bei den Arbeiten eines Pocci, Richter oder Menzel noch leicht mit den der Kunstgeschichte verpflichteten Kategorien zu beantworten, so ist der Fragenkomplex bei der heute anzutreffenden Vielfalt von expressiver Farbigkeit, abstrakten Formen, gegenstandslosen Motiven oder gewollter Naivität bedeutend komplizierter geworden. Es hängt daher weitgehend von der aufgeschlossenen oder konservativen Haltung des erwachsenen Vermittlers ab, ob das Kind den Zugang zu dem Labyrinth der Moderne findet oder ihm der Weg dazu auf lange, oft entscheidende Jahre versperrt bleibt.

Angeregt durch die Diskussion um das Phänomen der Comics werden in neueren B.ern mehr und mehr Elemente dieses Mediums eingeführt, z.B. H. Ekkert: „Poppoff und Piezke" (1966), L. Lionni:

E. O. Plauen: Vater und Sohn (München 1952). Der Karikaturist E. Ohser (Ps.: E. O. Plauen) erfreute das Leserpublikum seit 1933 in der „Berliner Illustrierten“ mit Bildergeschichten von „Vater und Sohn“.

3 x 3 an einem Tag

Gereimt von James Krüss · Bebildert von Eva Johanna Rubin

James Krüss/Eva Johanna Rubin: 3 × 3 an einem Tag (München 1964). Das erfolgreichste Bilderbuch der mit vielen Auszeichnungen bedachten Bilderbuch-Illustratorin E. J. Rubin besticht durch die klaren und einprägsamen Konturen, deren Wirkung durch die dreimalige Wiederholung der verschiedenen Bildmotive noch verstärkt wird.

Renée Nebehay/Walter Schmögner: Mrs. Beestons Tierklinik (Wien, München 1970). Dieser detailliert gezeichnete Längsschnitt stammt aus W. Schmögners, 1971 mit dem Deutschen Jugendbuchpreis ausgezeichneten, phantastischen Bilderbuch, das durch skurrile Einfälle und absurde Situationen gekennzeichnet ist.

„Frederik" (1967), M. Sendak: „Higgelti Piggelti Popp" (1969), G. Mordillo: „Das Piratenschiff" (1971), „Crazy Cowboy" (1972). Auch die Bildgeschichte tritt wieder mehr in den Vordergrund, wobei zum Teil völlig auf Text verzichtet wird, z. B. H. J. Press: „Mein kleiner Freund Jakob" (1967), R. und M. Rettich: „Hast Du Worte?" (1972). Plakative Farbzusätze und eine asketische Graphik werden u. a. von W. Schlote bevorzugt, z. B. in „Na, Du?" (1972).
Eine Reihe moderner Bilderbuchautoren liebt das Skurrile, die Abkehr von jeder Didaktik und moralischen Tendenz wie W. Schmögner mit „Das Ploppwu-u-umwhaaasch" (1970). L. Schwarz bevorzugt beispielsweise in „Der Rattenfänger" (1970) u. a. eine klare, eindeutige Flächigkeit, überschaubare große Gegenstände und Einsträngigkeit in der Handlungsführung in Verbindung mit leuchtenden Farben, manchmal in Form gerissener Papiere und Beschränkungen auf eine sparsame Palette. E. Shaws Arbeiten leben von einer spartanischen Linienführung, in der die Farbe nur erhöhend dekorativen Begleitcharakter gewinnt wie in „Von lustigen Wichten zwölf kleine Geschichten" (1970). J. Spohn beherrscht das Handwerk moderner Plakatkunst und liebt Montage, Collagen und Schablonendrucke. Vom Plakativen übernahm er für seine B.er die monumentale Form, die oft doppelseitensprengende Großzügigkeit und die Reihung („Der Spielbaum", 1966 u. a.).

Im entschiedenen Gegensatz zur landläufigen Bilderbuchthematik bemühen sich neuerdings sog. progressive Gruppen in der Bundesrepublik um direkte Zuwendung zum Erfahrungsbereich heutiger Kinder und um die Möglichkeit emanzipatorischer Erziehung durch das B. mit dem Ziel, bei dem Kind Selbständigkeit, Kritikfähigkeit, Mut und Willen zur Aktion gegenüber den angebotenen Bildern zu erreichen („Die Klassen", 1970; „Fünf Finger sind eine Faust", 1969 u. a.).

Horst Künnemann / Helmut Müller

→ ABC-Buch, → Anthologie, → Biblische Geschichte, → Bilderbogen, → Comics, → Elementarbuch, → Fabel, → Fibel, → Jugendstil, → Katechismus, → Kunsterziehungsbewegung, → Legende, → Sachbuch

Sekundärliteratur: P. Aley: Einblicke in die Welt des Bilderbuchs (in: K. Doderer (Hrsg.): Bilderbuch und Fibel. 1972. 97—151). — M. Arndt: Das Bilderbuch als künstlerisches Mittel der sozialistischen Erziehung (1963). — A. C. Baumgärtner (Hrsg.): Aspekte der gemalten Welt (1968). — M. Dierks: Vom Bilderbuch zum Arbeitsbuch (1965). — K. Doderer (Hrsg.): Das Bilderbuch (1973, ^{2}1975; zus. mit H. Müller). — M. Durand: One hundred years of illustrations in French children's books (in: The child's part. Yale French studies 43. 1969. 85—96). — G. L. Freeman, R. S. Freeman: The child and his Picture book (1933). — H. Göbels: Bildergalerie für Groß und Klein (1962). — K. Hobrecker: Alte vergessene Kinderbücher (1924). — Fr. Holešovský: Tvar a reč ilustrácie pre deti (1971). — B. Hürlimann: Europäische Kinderbücher in drei Jahrhunderten (1959, ^{2}1963); Die Welt im Bilderbuch (1965). — L. Kingman, J. Foster, R. G. Lontoft: Illustrators of children's books. Supplement. 1957—1966 (1968). — H. Künnemann: Profile zeitgenössischer Bilderbuchmacher (1972). — B. E. M. Miller, L. P. Latimer, B. Folmsbee: Illustrators of children's books. 1744—1945 (1947; ND. 1961). — B. M. Miller, E. Whitney: Contemporary illustrations of children's books (1930). — F. Minke: Kleinkind und Bilderbuch (Diss. 1958). — P. Muir: English children's books. 1600 to 1900 (1954). — A. Rümann: Alte deutsche Kinderbücher (1937). — P. Samuleit: Das deutsche Bilderbuch (in: Kind und Kunst. 1928. 61—113). — J. Schneider: Das Bilderbuch (Diss. 1922). — K. Scholz: Die volkswirtschaftliche Bedeutung des deutschen Bilderbuchverlags (Diss. 1922); Das deutsche Bilderbuch und sein Verlag (1932). — R. H. Vigueurs, M. Dalphin, B. M. Miller: Illustrators of children's books. Supplement. 1946—1956 (1958). — J. M. Hulaska van Wechem: Das Bilderbuch als Mittel zur Förderung der sprachlichen Entwicklung (Diss. 1960). — H. Wolgast: Über Bilderbuch und Illustration (1894).

Bilderbücher der Sechs

Eine im Jahre 1964 vom Atlantis Verlag, dem Bertelsmann Jugendbuchverlag, Annette Betz Verlag, Otto Maier Verlag, Friedrich Oetinger Verlag und Gerhard Stalling Verlag gegründete Arbeitsgemeinschaft mit dem Ziel, anspruchsvolle und zum Teil kunstvoll illustrierte Bilderbücher herzustellen. Die sechs Verlage betreiben aus Gründen der Rationalisierung des Vertriebes die Werbung gemeinsam. Zu diesem Zweck geben sie jährlich einen Kalender unter dem Titel „Mein Bilderbuch-Kalender" heraus, der 12 Zeichnungen ihrer bekanntesten Illustratoren enthält. Die Bilder sind jeweils Büchern entnommen, die in einem der beteiligten Verlage erschienen sind.

Binder-Staßfurt, Eberhard

*(d. i. Eberhard Binder; Signum: Ebs). Graphiker, Maler, Kinderbuchillustrator; * 2. 5. 1924 Staßfurt.*

Seine Ausbildung begann B. 1941 an der Meisterschule des Deutschen Handwerks in Hildesheim und setzte sie nach dem Kriege an der Fachschule für angewandte Kunst in Magdeburg fort (1949 bis 1952). Er übernahm zunächst im Auftrage des Ministers für Maschinenbau und der Kammer der Technik (Ost-Berlin), dann auf privater Grundlage Aufgaben der Werbegraphik und der Gestaltung von Messeständen. Mit Buchillustrationen und Gesamtausstattungen machte er sich durch mehrere Werke im Verlag Neues Leben, Berlin (Ost), einen Namen und trat bald auch als Kinderbuchillustrator im Kinderbuchverlag und Altberliner Verlag Lucie Groszer hervor. In Zusammenarbeit mit westdeutschen Autoren erschienen B.s Illustrationen bald auch in Kinder- und Jugendbuchverlagen der BRD. B. war an mehreren Buchausstellungen beteiligt und erhielt 1959 die dritthöchste Prämie im Jugendbuchpreisausschreiben der DDR.

Werk, Tendenzen, Wirkung. Neben seinen anderen Aufgaben sieht B. in der Illustration von Kinderbüchern ein besonders reizvolles Feld für seine Fähigkeiten. Die Vielfalt der Handlungsmomente und der Einfallsreichtum, die „Bildträchtigkeit" dieser Art Literatur regt ihn schöpferisch an. So nimmt er das Realistische und Unkomplizierte von Kinderbuchtexten sowie die Phantastik der ihnen innewohnenden Wunschvorstellungen wahr und setzt sie ins Bildhaft-Anschauliche um. In seinen Illustrationen verbinden sich Realistik und Phantastik zur Lebenswelt nuancenreicher Figuren, für die es keinen Unterschied macht, ob ihre literarische Erfindung aus dem 18., 19. oder 20. Jh. stammt. Diese Vielfalt in der Einheit tritt besonders eindrucksvoll in B.s Illustrationen zu der Kindergedicht-Sammlung von J. Krüss in Erscheinung: „So viele Tage wie das Jahr hat" (1959, mehrere Auflagen). Auch an Erzählungen von Krüss (Der Leuchtturm auf den Hummerklippen, 1964; Annette mit und ohne Mast, 1964) sowie von P. Hacks (Das Turmverlies, 1962), D. Kaergel (Putt und Zurr, 1964), L. Hardel, I. Feustel u. a. fand B. Stoffe, an denen sich seine Bildideen und sein Stil der lockeren, humoristischen, oft grotesken Zeichnung und der Kontrastierung in leuchtenden Farben reich entfalten konnten. Buchausgaben von M. Twains „Tom Sawyer" und „Huckleberry Finn" mit Illustrationen von B. gehörten 1954 und 55 zu den „Schönsten Büchern des Jahres". Spaßig und belehrend, witzig und mit Sachverstand illustrierte B. die Stichwörterauskünfte in dem Nachschlagewerk „Von Anton bis Zylinder — das Lexikon für Kinder" (1967).

Margarete Dierks

Ill.: M. Twain: Tom Sawyers Abenteuer (1954, ^{9}1969, 1970); M. Twain: Die Abenteuer des Huckleberry Finn (1955, ^{8}1969, 1971); P. Hacks: Das Windloch (1957); G. R. Richter: Jonas oder Der Untergang der Marie-Henriette (1957, ^{6}1968); A. J. Urban: Gold und gelbes Fieber (1957); J. Krüss: Die glücklichen Inseln hinter dem Winde (1958, 1959); J. Verne: Ein Kapitän von fünfzehn Jahren (1958); J. Krüss: So viele Tage, wie das Jahr hat (1959, ^{6}1962); Welt im Blickpunkt (Bd. 1. 1959); Chr. v. Grimmelshausen: Der abenteuerliche Simplicissimus (1960); J. Krüss: Die glücklichen Inseln hinter dem Winde (Bd. 2. 1960); H. Stengel: Matrose Ottchen (1960); H. Stengel: Theo und das Auto Tüt (1960, ^{4}1963); J. Krüss: Der wohltemperierte Leierkasten (1961, ^{2}1961, 1966); J. Verne: Die Reise um den Mond (1961, ^{2}1962); P. Hacks: Das Turmverlies (1962, 1964); J. Krüss: Mein Urgroßvater und ich (1962, ^{2}1965); H. Marquardt (Hrsg.): Lüttenweihnacht (1962, ^{3}1966); G. R. Richter u. a.: Rache für Pronto und andere Erzählungen (1962, ^{3}1965); H. A. Stoll u. W. Fietz (Hrsg.): Die Brücke am Janiculus (1962, ^{3}1963); N. Werner: Die Henne mit dem falschen Hühnchen (1962, ^{3}1969); P. Brock: Der kleine Kuno (1963, ^{5}1969); E. George u. R. Hänsel: Ans Fenster kommt und seht ... (1963, ^{3}1968); J. London: Die Goldschlucht

(1963); R. Strahl: Sandmännchen auf der Leuchtturminsel (1963, ^{2}1965; Neudr. 1967); A. Wedding: Die Geschichte von der kleinen Schildkröte und den Goldfinken (1963, ^{2}1966); P. Brock: Die Wunderbrille (1964, ^{2}1965); A. Könner: Tappelpit (1964, ^{2}1965); J. Krüss: Annette mit und ohne Mast (1964, 1967); J. Krüss: Der Leuchtturm auf den Hummerklippen (1964, ^{2}1967); H. Renneisen: Vom Dorle, das nicht schlafen wollte (1964, ^{2}1965, 1966); A. Könner: Kiek in die Welt (1965); A. Wedding: Im Schatten des Baobab (1965, 1969, 1971); N. Werner: Die verhexten Tiere (1965, 1966); D. Franck: Die Geschichte vom musikalischen Kater Tobias (1966); Von Anton bis Zylinder — das Lexikon für Kinder (1967, ^{3}1969); I. Feustel: Bibi (1967, ^{3}1971); F. Fühmann: Das hölzerne Pferd (1968); L. Hardel: Die lustige Susanne (1968, ^{5}1972); J. Krüss: Der verwirrte Großpapa (1968); R. Strahl: Sandmann sucht eine neue Stadt (1968); I. Feustel: Ein Wald und Schweinchen Jo (1969, ^{2}1971); A. Geelhaar (Hrsg.): Drei Beutel voll Worte (1969); A. Miller: Jannis Deckchen (1969, ^{2}1972); M. Schlein: Die sonderbare Geschichte Ein Käse für den König (1969); S. Pätsch: Hat die Maus den Mond gefressen? (1970, ^{2}1972).

Biographie

Die B. (aus dem Griech. = Lebensbeschreibung), schon in der Spätantike verbreitete literarische Gattung, ursprünglich ein Zweig der Geschichtsschreibung (Biographik), ist die Darstellung der inneren und äußeren Entwicklung des Lebens von Einzelmenschen, besonders von bedeutenden Persönlichkeiten aller Bereiche menschlichen Schaffens, Forschens und Wirkens.

Die B. kann quellengetreu wissenschaftlich oder in freier Form romanhaft gearbeitet sein. In der Jugendliteratur finden sich neben der streng gefügten eigentlichen B. verschiedene erzählende und belehrende Darstellungsformen, je nachdem was der Autor aus dem Stoff (autobiographisches Material, Briefe, Dokumente, Sekundärliteratur) ausgewählt, aus der Phantasie ergänzt und nach eigenen Prinzipien bearbeitet hat. Das biographische Jugendbuch kann zur charakterlichen Bildung wie zur Erweiterung und Vertiefung des Wissens beitragen. Autoren von Biographien für die Jugend sollten sich verpflichtet fühlen gegenüber der biographischen Wirklichkeit und gegenüber dem jugendlichen Leser in der Auswahl der Gestalten, der Tatsachen und Ereignisse, Situationen und Wesenszüge. Negativ fallen in Büchern dieser Art auf: Vereinfachung, Verniedlichung, Übertünchung tieferer Probleme und allzu betonte Belehrung.

Formen biographischer Kinder- und Jugendliteratur: Als Vorformen der Erzählung biographischen Gehalts für junge Leser können die mit einigem Wirklichkeitsgehalt durchsetzten Legenden und Lebensabrisse von Heiligen, Märtyrern und einzelnen Gestalten des Altertums gelten wie auch manche Sagen und Anekdoten, die sich um historische Persönlichkeiten gebildet haben. Mit der speziellen Jugendliteratur entstand im 18. Jh. die eigens für Kinder und für die „reifere Jugend" geschriebene biographische Literatur, *gemäß den Erziehungstendenzen der Zeit: zur Belehrung, Unterhaltung und zur Nachahmung der an der jeweiligen Person dargestellten Tugenden.* Es entwickelten sich, z. T. kaum gegeneinander abgrenzbar, die Formen der *Kurzbiographie* und der *biographischen Erzählung,* für die im 19. Jh. die Bezeichnung „Lebensbild" gebräuchlich wurde. Sie galt ursprünglich im weiteren Sinne von „Bild des Lebens" auf allen Daseinsstufen. So stellte das „Lesebuch in Lebensbildern für mittlere Schulklassen" (hrsg. von einem Verein hessischer Schulmänner, ^{2}1851) erst in der 5. Abteilung unter der Überschrift „Geschichte" eine Reihe historischer Persönlichkeiten vor, vom griechischen Altertum (ARION, DIAGORAS) bis ins 19. Jh. (A. HOFER, NAPOLEON). Von einigen wird nur eine Anekdote oder Legende erzählt. TH. DIELITZ wählte den Haupttitel „Lebensbilder" für eine Reihe von Bänden folgender Untertitel: Geographische Darstellungen (1842), Land- und Seebilder (1843), Reisebilder (1844), Völkergemälde und Landschaftsbilder (1846). A. W. GRUBE (1816—84) verwendete den Begriff B. sogar naturkundlich in dem Titel: „B.n aus der Naturkunde in ästhetischer Form und religiösem Sinn" (1850). Einen Typus „Tier-B." schuf S. FLEURON mit seinen romanhaften Lebensdarstellungen einzelner besonderer Tierwesen ihrer Gattung. Die unscharfe Bezeichnung „Lebensbild" findet sich in zahlreichen Untertiteln biographischer Erzählungen und romanhafter B.n. Sie wurde eine Art Freibrief für die Gestaltung, für die Akzentuierung der Eigenschaften des „Helden" und die Ausmalung der kulturhistorischen und gesellschaftlichen Verhältnisse in seiner Zeit. In der 2. Hälfte des 20. Jh.s hat sich die Tendenz zur biographischen und kulturhistorischen Treue in einigen Werken für die Jugend wieder stärker geltend gemacht. Treten zeitgeschichtliche und Sachproblematik besonders hervor, so werden solche biographisch erzählenden Bücher auch als Typus des *„Jugendsachbuchs"* charakterisiert.

Die *Kurzb.* findet sich in Almanachen, Anthologien, Lesebüchern, Zeitschriften und Lexika für die Jugend, aber auch in eigenen Sammelbänden. Sie enthält die wichtigsten Lebensdaten einer Persönlichkeit und in kurzer Mitteilung eine Kennzeichnung ihres Wesens und ihrer Leistung. In der Wahl der Attribute zeigt sich dabei oft unverhüllt die Absicht des Autors, der Jugend Vorbilder zur Nacheiferung zu empfehlen. Ein Beispiel dafür sind im 19. Jh. GRUBES geschichtlich-biographische Schriften für die „reifere Jugend", vor allem „Biographische Miniaturbilder" (2 Bde. ^{8}1910). Um Sachkundliches im Leistungsbereich der ausgewählten zwölf Erfinder sind die kurzen biographischen Darstellungen in dem Bande von E. LARSEN erweitert: „Zwölf, die die Welt veränderten" (^{3}1952). In der Literatur für Mädchen bilden die B.n historisch bedeutender Frauenpersönlichkeiten in der Kurzform wie in der erzählerisch ausgeschmückten Form einen eigenen Zweig, dessen Tradition unterschiedlicher Qualität sich bis in die Gegenwart fortsetzt, z. B.: „B.n berühmter und verdienter Frauen aller Zeiten und Nationen“ (Für die Jugend bearb. v. L. CHIMANI, 1832), F. CH. RAAB: „Frauenspiegel, oder kurze Lebensbeschreibung berühmter Frauen aus älterer und neuerer Zeit“ (1845), A. SONNENFELS: „Deutsche Frauengestalten. Fünf Lebensbeschreibungen hervorragender Frauen für die Mädchenwelt“ (1927), M. M. BOSCH: „Frauen, von denen man spricht“ (^{2}1957).

Unter dem Sammelbegriff *der biographischen Erzählung* gibt es eine Vielfalt der Formen von der Bilderbuchgeschichte bis zum jugendgeeigneten biographischen Roman. Auf die Kindheit bedeutender Persönlichkeiten in der biographischen Erzählung für Kinder beschränkte sich schon bewußt der anonym gebliebene Verfasser einer „Kinderbiographie bis an die Jahre ihres Bestimmungsstandes“ (1783). Er schildert die im 18. Jh. gelebte Kindheit eines Theologen, einer Sängerin und eines österreichischen Generalfeldmarschalls unter jeweils einem Pseudonym und gibt am Schluß in wenigen Worten den „glücklichen Fort- und Ausgang ihrer Schicksale“ an. Die Bezeichnung „Kinderbiographie“ setzte sich nicht durch, wohl aber das Auswahlprinzip, Kindern nur aus der Kindheit historischer Persönlichkeiten zu erzählen. Für das Alter von 12—14 Jahren gab FR. OTTO (d. i. J. G. CHR. FR. O. SPAMER) mit einigen Mitarbeitern 1862 das „Buch merkwürdiger Kinder, Lebensbilder aus der Jugendzeit und den Entwickelungsjahren berühmt gewordener Menschen“ heraus. Beispiel eines „kinderbiographischen“ Bilderbuchs ist: „George Washington“ von I. u. E. PARIN D'AULAIRE (dt. 1936) Die psychologische Situation des jungen Lesers findet sich besonders berücksichtigt in Erzählungen, die Erlebnisse etwa Gleichaltriger in der Umgebung einer historischen Persönlichkeit schildern und sie auf diese Weise in der Sicht des Jugendlichen erscheinen lassen (z. B. H. BAUMANN: Der Sohn des Columbus, 1951; H. SCHÖNFELDERS Alexander-Bände: Die Pagenverschwörung von Baktrea. Sein Stern erlosch in Babylon, 1956; die Erzählung um CORTEZ von A. HALLER: Der Page Orteguill, 1959; eine Erzählung um GOETHE von L. BOURLIAGUET: dt. Die Kanonade von Valmy, 1969). Als literarisch qualifiziertes Beispiel einer solchen Form der Erzählung biographischen Gehalts wird bis in die Gegenwart im Deutschunterricht der Mittelstufe die Novelle von C. F. MEYER gelesen: „Gustav Adolfs Page“ (1881, vorher u. d. T. „Page Leubelfing“ in der „Deutschen Rundschau“ erschienen). Mit der an Altersstufen orientierten Auswahl von Ereignissen aus dem Lebensgang hervorragender Persönlichkeiten für die jugendgeeignete biographisch-historisch-geographische Erzählung begann J. H. CAMPE, der „die Entdeckung von Amerika“ schilderte, indem er aus dem Leben von KOLUMBUS, CORTEZ und PIZARRO berichtete (1781—82). Die Entwicklung des historischen Romans in Deutschland zu Beginn des 19. Jh.s (unter dem Einfluß von W. SCOTT, 1771—1832) wirkte sich auch auf die biographischen Erzählungen und Romane für die Jugend aus. Geschichte und, nach 1871, vor allem nationale Geschichte sollte mittels dieser Erzählungen von Leben und Leistung repräsentativer Gestalten aus regierenden und bürgerlichen Häusern, aus Adel und einfachen Schichten in jungen Jahren nachhaltig eingeprägt werden. Gegen diese „lebensgeschichtlichen Erzählungen“, die in „dichterischer Form“ moralisierten und Belehrung in Geschichte und Geographie erteilten — oft stilistisch mangelhaft und als Information bedenklich irreführend — wandte sich H. WOLGAST mit schneidender Kritik, vielfach aus geschichtlich-biographischen Erzählungen zitierend (s. „Das Elend unserer Jugendliteratur“, 1896); doch vermochten die kritischen Stimmen der Flut dieser Literatur keinen Einhalt zu gebieten. Sie setzte sich im 20. Jh. fort, dem wecheln-den „Zeitgeist“ und den verschiedenen politischen Situationen in Auswahl und Idealisierung der Persönlichkeiten entsprechend. Die Vermittlung kulturhistorischen und zeitgeschichtlichen Wissens in erzählender oder reportagehaft berichtender biographischer Literatur für die Jugend wird in zahlreichen Rezensionen in der Gegenwart wieder positiv bewertet. Einige zum Jugendbuch und Roman ausgestaltete biographische Erzählungen behaupteten sich längere Zeit im rasch wechselnden Angebot dieses Genres. Aus folgenden Gruppierungen können dafür Beispiele seit den fünfziger Jahren genannt werden: a) mit dem Ansatz in Kindheit und Jugend der dargestellten Persönlichkeit, b) mit dem Ansatz im Abenteuerlichen oder in anderen besonderen Momenten der Lebensleistung, c) als gerundete Lebensdarstellung:

Zu a): H.-M. LUX: Der Rebell und der Herzog (1954); H. KRANZ: Der Weg in die Freiheit (1960); Zu b): K. HONOLKA: Magellan (1958); FR. STEUBEN: Mississippi-Saga. Tragödie am Mississippi (2 Bde. 1956/57); K. LÜTGEN: Nachbarn des Nordwinds (1969); Zu c): O. J. TAUCHINSKI: Wer ist diese Frau (1955); W. QUEDNAU: Die Ärztin Dorothea Christina (1960); I. ENGELHARDT: Im Schatten des Staufers (1962). A. HOCHHEIMER: Henri Dunant (1963). Von solchen gerundeten, historisch orientierten Darstellungen, wie sie z. B. H. KRANZ mit den Titeln „Der junge König“ und „Der Alte Fritz“ (2 Bde., 1959) und der dreibändigen Reihe „Erzählte Geschichte“ (1960/61) vorlegte, ist es nur noch ein kleiner Schritt zu der Form, in der man Momente der *Sacherzählung* (hoher Informationswert z. B. auch durch Abbildungen, dokumentarische Belege, Darstellung einer soziokulturellen Problematik) dominieren sieht. Neuere Titel dieser Art sind: F. ANDRAE u. S. GRÄFIN SCHÖNFELD: Deutsche Demokratie von Bebel bis Heuss (1964); H. G. NOACK: Der gewaltlose Aufstand (1965); R.

WINSTON (bearb. u. hrsg. von H. PLETICHA): Karl der Große (dt. 1969); L. ELLIOTT: Der Mann, der überlebte (dt. 1970). Für den sozialistischen Bereich sind besonders bekannt geworden die Erzählungen, die MARX, ENGELS und die Arbeiterbewegung zum Gegenstand haben, wie z. B. G. HARDEL: Jenny (1961); V. u. J. KORN: Mohr und die Raben von London (1962); G. HARDEL: Marie und ihr großer Bruder (1964); L. HARDEL: Das Mädchen von Wiederau (1964).

Leserreife und Leserinteressen. E. SCHLIEBE-LIPPERT hat in ihrer Darstellung „Der Mensch als Leser" (in: „Begegnung mit dem Buch", 1950) das Verständnis der B. der Reifestufe in der psychologisch-ästhetischen Lesephase zugeschrieben, den Altersstufen ab etwa 14 Jahren. Wenn auch inzwischen im allgemeinen eine „literarische Verfrühung" befürwortet, gefördert und bemerkt worden ist, so gilt doch weiterhin, daß das Verständnis der eigentlichen B. und Autob. eine gewisse Reife voraussetzt; sie wird allerdings je nach individuellem Entwicklungsstand und soziokultureller Förderung durch die Umwelt von den jungen Lesern in unterschiedlichen Altersstufen erreicht. Das Interesse an verschiedenen Gebieten wie z. B. Bühne und Film, Musik, Sport, Naturwissenschaften, Technik führt auch jüngere Leser schon zu Zeitschriften- und Buchliteratur, die Biographisches von den in aller Welt Berühmten, den erwählten Vorbildern, den Champions, Stars und Idolen berichtet. Hier zeigt sich in der Jugendliteratur, international verflochten, für alle Altersstufen ein entsprechend den verschiedenen Gebieten thematisch aufgliederbares reiches Angebot an B.n.

Margarete Dierks/Hans Eich

Sekundärliteratur: M. Becker: Jugendliteratur über Musik und Musiker (in: Studien zur Jugendliteratur. 1. 1955. 46—82); Musik und Musikbiographie (in: Jugendliteratur. 10. 1956. 469—472). — M. Dierks: Biographische Erzählungen und Lebensbilder für die Jugend (in: DU. 6. 1961. 58—78). — E. Platzhof-Lejeune: Werk und Persönlichkeit (1903). — J. Romein: Die Biographie (1948). — J. Spieler: Der Wert biographischer Lektüre für Erziehung und Unterricht (in: Die neue deutsche Schule. 1929).

IJB

Bischoff, Helmut

*Graphiker, Maler, Bilderbuchkünstler; * 6. 3. 1926 Seckach/Baden.*

B. begann sein Studium am Staatstechnikum in Karlsruhe und setzte es an der dortigen Akademie der Bildenden Künste fort. Seit 1950 arbeitete er mit seinem zwei Jahre jüngeren Kollegen Kl. WINTER zusammen, seit 1951 in Ateliergemeinschaft mit ihm in Offenbach a. M. und Götzenhain/Hessen. Nach ersten Erfolgen in der modernen Werbegraphik erhielten die beiden Künstler bei dem Kunstwettbewerb „Eisen und Stahl" 1952 in Düsseldorf den 1. Preis. Ihre Bilder wurden 1957 auf einer Wanderausstellung durch die USA gezeigt. Erste Arbeiten der Buchillustration und Gestaltung machten ihre Namen in der Reihe „Die Schönsten Bücher" bekannt. Mitte der 50er Jahre wandten sie sich der Kinderliteratur zu, gelangten bald mit mehreren Bilderbuchtiteln auf die Auswahllisten zum Deutschen Jugendbuchpreis und wurden für das in Text und Illustration in Teamarbeit von ihnen geschaffene Bilderbuch „Hoppla hoppla, Bauersmann" (1964) mit der Bilderbuchprämie im Rahmen des Deutschen Jugendbuchpreises 1965 ausgezeichnet.

Werk, Tendenzen, Wirkung. Den Beitrag von B. und WINTER zum Bilderbuchschaffen seit der Mitte des Jh.s kennzeichnete A. HALBEY vor allem als Einführung der „Offenen Form"; einen Begriff, den HALBEY besonders an ihrem Werk „Die glücklichen Eulen" (1962) analysierte. „Der Maler ordnet Farben und Formen dergestalt in die Fläche ein, daß der Betrachter die eigentliche Bild-Aussage nur assoziativ und in dem vom Maler erzwungenen Nachvollzug erfassen kann" (HALBEY in: „Aspekte der gemalten Welt", hrsg. von A. C. BAUMGÄRTNER, 1968, S. 29f., s. a. S. 131f.). In dieser Art, die die Vorstellungskräfte des Kindes besonders herausfordern und fördern soll, waren auch schon die Bilderbücher „Förster Pribam" (1959) und „Mool, was der Maulwurf erlebt" (1962) angelegt. Sie erschien gesteigert in „Hoppla, hoppla, Bauersmann" (1964). Als Stoffe bevorzugten B. und WINTER volkstümliche Überlieferung („retrospektiv archaisierend", HALBEY), wobei B. mehrmals die Textgestaltung übernahm. Diese Schaffenslinie findet sich von B. fortgesetzt mit seinen Illustrationen in den altes Spielgut weitergebenden Bänden von J. METZGER: „Kinderfreuden. Drei Bilderbücher vom Spielen, Tun und Treiben" (1970) und in einer Reihe von Geschichten für die Unterstufe. Bild, Wort und Musik wurden zum „Klingenden Bilderbuch" (mit Schallplatte) vorwiegend nach Texten aus „Des Knaben Wunderhorn" und Volksliedern zusammengefügt von den drei Künstlern C. ORFF, B. und WINTER. Diese drei Gestaltungen — „Ei, das soll tun Frau Nachtigall", „Das Huhn gagackt, die Ente quackt" und „Trari-Trara, der Sommer ist da!" — sind für Schulkinder bis zu zwölf Jahren gedacht. Die Rezensionen der Bilderbücher von B. und WINTER machen auf altersbedingte Schwierigkeiten in der Rezeption und dem Bildverstehen des kleineren Kindes aufmerksam.

Margarete Dierks

→ Kl. Winter

Ill.: H. Mauersberger: Die Sonne (1958; zus. mit K. Winter); H. D. Hüsch: Förster Pribam (1959; zus. mit K. Winter); H. Bischoff: Mool (1962; zus. mit K. Winter); H. Bischoff: Die glücklichen Eulen (1962, [3]1966; zus. mit K. Winter); H. Bischoff: Hoppla-Hoppla, Bauersmann (1964,

[2]1966; zus. mit K. Winter); H. Bischoff: Kuckuck, Kukkuck ruft's aus dem Wald (1964; zus. mit K. Winter); C. Orff: Ei, das soll tun Frau Nachtigall (1965; zus. mit K. Winter); H. Bischoff: Fabeln aus aller Welt (1965; zus. mit K. Winter); C. Orff: Das Huhn gagackt, die Ente quackt (1965; zus. mit K. Winter); C. Orff: Weihnachtsgeschichte (1965; zus. mit K. Winter); H. Bischoff: Kennst du Silberland (1966; zus. mit K. Winter); C. Orff: Trari-Trara, der Sommer ist da (1967; zus. mit K. Winter); J. Metzger: Tummeln und Toben (1970; zus. mit K. Winter); J. Metzger: Tun und Treiben (1970; zus. mit K. Winter); J. Metzger: Träumen und Feiern (1970; zus. mit K. Winter); U. Diekmeyer u. a.: Farbino (1970); U. Diekmeyer u. a.: Formino (1970).

Sekundärliteratur: H. A. Halbey: Winter und Bischoff (in: Graphis. 18. 1962. 412—417). — H. Künnemann: Klaus Winter, Helmut Bischoff (in: H. Künnemann: Profile zeitgenössischer Bilderbuchmacher. 1972. 204—210). — W. Scherf: Zu den Zeichnungen (in: Zeitschr. f. J.lit. 3. 1967. 165—167). *IJB*

Georg Bitter Verlag

Recklinghausen. Derzeitiger Leiter: Dr. G. Bitter (* 1921).
Hauptsächliche Verlagsgebiete im Bereich der Kinder- und Jugendliteratur: Illustrierte Kinderbücher, Aufbau einer Kinderbibliothek, die am 1. 3. 1970 zwanzig Bände umfaßte.
Autoren: H. Baumann, Br. H. Bull, M. Diekmann, J. Guggenmos, Fr. Hetmann, L. Hille-Brandts, Janosch (d. i. H. Eckert), K. Lütgen, G. Ruck-Pauquèt, M. u. W. Schnurre, W. Schröder, G. Spang, L. Welskopf-Henrich u. a.
Illustratoren: W. Blecher, Fr. Haacken, Janosch, E. J. Rubin, G. Stiller u. a.
Verlagsgeschichte. Mit der Übernahme des Paulus Verlages K. Bitter KG gründete Dr. G. Bitter den Verlag 1968.

Lothar Blanvalet Verlag

Berlin. Derzeitiger Leiter: L. Blanvalet (* 1910).
Hauptsächliche Verlagsgebiete im Bereich der Kinder- und Jugendliteratur: Illustrierte Kinderbücher verschiedener Thematik, vor allem auch Tier- und Abenteuergeschichten.
Autoren: Bettina (d. i. B. Ehrlich), B. L. Burman, Thbj. Egner, R. Guillot, H. Winterfeld u. a.
Illustratoren: Bettina, Thbj. Egner, W. Bürger, J. Himpel, H. Lentz, R. Ophuls-Ackermann, Fr. Biermann u. a.
Verlagsgeschichte. L. Blanvalet gründete den Verlag 1935 und firmierte zunächst unter der Bezeichnung „Buchwarte". Seit 1945 führt der Verlag seinen derzeitigen Namen. Kinderbücher erschienen erstmals 1953 im Verlagsprogramm.

Blasentext

Bezeichnung für sprachliche Mitteilungen, die in einer gezeichneten Blase zu finden sind; gewöhnlich in Comics verwendet.

Außer dem Fußnotentext ist der Blasentext wichtigstes sprachliches Element der „Comics", auch „Seifenblasensprache", „Dampfwolkensprache" genannt (im Ital. „fumetti", im Engl.-amerik. „balloons"), da Mitteilungen in Blasen dem Munde des Sprechenden zeichnerisch zugeordnet werden. Auch Gedanken sind von dieser Zeichnung umschlossen, oft in Form aufsteigender, sich vergrößernder Blasen.
Früheste Spuren von B.en lassen sich bis ins 14. Jh. und in mittelalterliche Texte verfolgen, bei denen sich Sprachliches spruchbandgleich den dargestellten Personen (häufig Engeln und Heiligen) aus dem Munde wand. In der frühen engl. Karikatur machten die Künstler TH. RICHARDSON (1757—1827), J. GILLRAY (1757—1815) und vor allem der Satiriker W. HOGARTH (1697—1764) ausgiebig von der B.-Sprache Gebrauch. Weitere wichtige Etappen sind in den „Bilderbogen" der „Imagerie populaire" in Frankreich und in der Bilderbogenkunst in Deutschland und Österreich nachweisbar. Die Klassiker dieses Genres, W. BUSCH und R. TOEPFFER (1799—1846) setzten den B. als Stilmittel nur selten ein. Eine Hochflut erreichte seine Verwendung mit dem Aufschwung der Massenpresse und neuartigen Farbdruckverfahren Ende des 19. Jh.s. Bis in die Gegenwart ist ein Rückgang noch nicht zu bemerken, da der B. einen festen Standort in den „Comics" gefunden hat.
Ironisierende Verwendung fand der B. in modernen Bilderbüchern, z. B. von E. ARDIZZONE, JANOSCH, A. und M. PROVENSEN, T. UNGERER, L. LIONNI, ebenso in der „Pop-Art", vor allem aber im Werk R. LICHTENSTEINS und seiner Epigonen.
B.e können innerhalb der Comics außerordentlich variabel und dramaturgisch vielseitig verwendet werden. Zusätzlich zum B. kann die *Blasenform* durch unterschiedliche Größe, veränderte Formen und in der Koppelung zur Comic-Geschichte verstärkende, beschleunigende, retardierende und abstrahierende Akzente setzen.
In zunehmendem Maße hat sich die moderne Werbung der B.e bemächtigt. Weitere neue Spielarten, die an die satirisch-gesellschaftskritische Form bei englischen Karikaturisten des 17. Jh.s anknüpfen, sind in den Pop-Romanen von A. MEYSENBUG (* 1941) zu finden, z. B.: „Glamour Girl" (1968) und „Super-Mädchen — Das Ende der Verkäuferin Jolly Boom" (1968). Schließlich finden sich auch B.e in den Flugschriften und Kampfblättern rebellierender Studenten (seit 1968). Erste revolutionäre Verwendung der B.-Form taucht in den zwanziger Jahren auf, z. B. in den „Rosta"-Fenstern von W. MAJAKOWSKI (1893—1930). *Horst Künnemann*

Blažková, Jaroslava

*Slowakische Schriftstellerin, Kinder- und Jugendbuchautorin; * 15. 11. 1933 Vel'ke Meziříči/Mähren.*

Nach dem Studium der Philosophie an der Universität in Bratislava war B. am slowakischen Rundfunk tätig und schrieb als Reporterin für die Jugendzeitschrift „Smena". Sie wurde in den sechziger Jahren mit Erzählungen, Kinder- und Jugendbüchern bekannt und erhielt verschiedene Auszeichnungen: 1962 wurde sie für „Ohňostroj pre deduška" (dt. Ein Feuerwerk für den Großvater, 1964) mit dem Mladé letá-Verlagspreis ausgezeichnet; 1964 fand sie Aufnahme in die Ehrenliste zum Hans Christian Andersen-Preis.

Werk, Tendenzen, Wirkung. B. wendet sich mit ihren Erzählungen an Jugendliche und Kinder. Sie vertritt eine sehr moderne, psychologisch fundierte Position, die keine Scheu vor bisherigen Tabus der Kinder- und Jugenderzählung kennt. Themen der Liebe, der Spannungen zwischen ungleichaltrigen Geschwistern, zwischen Kindern und Erwachsenen, Situationen im modernen Stadtleben, Motive der Massenkultur analysiert sie mit erzählerischer Originalität. Sie schreibt Novellistisches, Umweltgeschichten, Phantasiegeschichten und Bilderbuchtexte, in denen Ironie und Humor nicht fehlen. Übersetzungen ihrer Bücher erschienen in Österreich, Deutschland, der UdSSR, in Ungarn, Rumänien, Polen und Jugoslawien. *Horst Künnemann*

Werke: Tóno, je a mravce (1961); Ohňostroj pre deduška (1962; dt. Ein Feuerwerk für den Großvater, 1964); Ostrov kapitána Hašašara (1962; dt. Mein Freund ist Käpt'n Haschaschar, 1965); Dáduška a kohout Jarabáč (1964; dt. Lieschen und der Gockelhahn, 1964); Ako si mačky kúpili televízor (1967; dt. Wie sich die Katzen einen Fernsehapparat kauften, 1967; Zwei Kätzchen und ein Fernsehapparat, 1967); Môj skvelý brat Robinzon (1968); Rozprávky z červenej ponožky (1969).

Blecher, Wilfried

*Graphiker, Maler, Bilderbuchkünstler; * 8. 5. 1930 Hamborn.*

Seine Ausbildung erhielt B. an der Staatlichen Schule für Handwerk und Kunst in Kassel und an der Akademie der bildenden Künste in Stuttgart. 1960 übernahm er einen Lehrauftrag an der Freien Kunstschule in Stuttgart. B. lebt als freischaffender Künstler in Birkenweißbuch b. Stuttgart. Er ist Mitglied u. a. im Bund Deutscher Buchkünstler und in „The International Center for the Typographic Art". Für den Titel „Wo ist Wendelin?" (1965) erhielt B. 1966 und für das Verwandlungsbilderbuch „Kunterbunter Schabernack" (1969, Neckreime von W. SCHRÖDER) 1970 den Bilderbuchpreis im Rahmen des Deutschen Jugendbuchpreises; mehrfach wurde er bei den Wettbewerben „Der werbende Umschlag" und bei der Auswahl „Die 50 schönsten Bücher" ausgezeichnet. Ausstellungen seiner Werke veranstalteten u. a.: Deutscher Künstlerbund Berlin, 1964; Niedlichs Bücherdienst Eggert, Stuttgart, 1965; Internationale Kunstausstellung Leipzig, 1965; Junge Generation Berlin, 1966; Bienale uzite grajiky Brno (Brünn), 1966; BIB, 1967.

Werk, Tendenzen, Wirkung. Bei der Gestaltung seiner Bilderbücher beschreitet B. *neue technische Wege.* Er arbeitet auf Originalfilme und überwacht den Druckvorgang bis zur letzten Etappe eines Prozesses, bei dem mit wenigen Farben höchst differenzierte Wirkung erzielt wird. Für die Gestaltung bevorzugt B. *skurrile, leicht dämonische Themen,* stellt auch gern Nacht- und Phantasiegeschöpfe aus Drähten und Metallresten her. In seinen Bilderbüchern herrscht ein heiteres, den kindlichen Betrachter aktivierendes Element vor. In „Wo ist Wendelin?", mehr ein Suchbilderbuch, stellt er dem Betrachter eine Fülle präzis abgebildeter Real- und Phantasieobjekte vor.
In seinen Bildern zu „Der schlaue blaue Hahn" (1966) wird das Motiv des Verwandelns in einen effektvoll, nur aus drei Farben abgeleiteten Bildzyklus geschlossen. Die graphische Delikatesse in „Kunterbunte Wunder" (1966) beruht auf der Zeichnung von Scherz- und Lügengedichten, dem Spiel mit der „Verkehrten Welt". Eine in den Farbvaleurs an „Der schlaue blaue Hahn" anknüpfende Palette dominiert in den Bildern zu P. HINDEMITHS szenischer Kantate „Wir bauen eine Stadt" (1968). Mit einfachen Mitteln erreicht B. die beschwingte Wirkung des Theaterspiels, die Verkleidung von Kindern. Als witziges Verkleidungs- und Verwandlungsspiel ist auch „Kunterbunter Schabernack" (1969) zu handhaben, ein „Durcheinanderbilderbuch", das als moderne Variante der L. MEGGENDORFERschen Verwandlungsbilderbücher gelten kann. Als Illustrator von Lesebüchern und verschiedenen literarischen Texten wählt B. eine *stilisierende Schwarzweißtechnik,* die an Schabblätter oder Radierungen erinnert. Auch als Umschlaggestalter und in Federzeichnungen hat er überzeugende Leistungen vorzuweisen. *Horst Künnemann*

Ill.: W. Blecher: Wo ist Wendelin? (1965, [4]1969); W. Blecher: Kunterbunte Wunder (1966); W. Blecher: Der schlaue blaue Hahn (1966); H. Leip: Die Klabauterflagge oder Atje Potts erste und höchst merkwürdige große Fahrt (1967); H. Schmidt u. B. Weisgerber: Weinheimer Lesebuch (1967); P. Hindemith: Wir bauen eine Stadt (1968); H. Kratzmeier: Kinderfibel (1968); A. M. Matute: Juju und die fernen Inseln (1968); T. Valentin: Kater im Theater (1968); W. Schröder: Kunterbunter Schabernack (1969, [2]1970); I. Diederichs: Das Märchenbuch der Welt (1969); H. Brenken: Firlefranz (1970); H. Manz: eins- zwei- drei — mach vielerlei (1971).

Sekundärliteratur: H. Künnemann: Wilfried Blecher (in: H. Künnemann: Profile zeitgenössischer Bilderbuchmacher. 1972. 13—21). *IJB*

Wilfried Blecher: Der schlaue blaue Hahn (Weinheim 1966). Auf diesen großen, expressiven Bildtafeln üben die in überraschender Farbigkeit gestalteten Musikanten einen starken Reiz auf die Vorstellungskraft der Kinder aus. Der Ein-

Tätätätä, Täterätä
schrumm-schrumm!
Drei Musikanten
stehen auf seinem
Weg. Ihre Musik
gefällt dem blauen
Hahn. „Kannst du
uns mitnehmen?"
fragen sie. Das kann
er. Der schlaue
blaue Hahn stopft
alle drei unter
seine Flügel.

:allsreichtum W. Blechers kommt vor allem durch die Kolorierung seiner Illustrationen zum Ausdruck, die der Phantasie
des Kindes einen weiten Spielraum lassen.

Blindenbuch

Das Buch ist für den blinden und sehbehinderten Jugendlichen von besonderer Bedeutung. Einführung und Gestaltung des Lesens, Bereitstellung und Nutzbarmachung des Buches im Rahmen der Bildung und Erziehung bringen jedoch Probleme mit sich, zu denen grundlegende Untersuchungsergebnisse z. T. noch fehlen, Lösungen noch im Versuchsstadium stecken.

Kleinkindalter. Für das *blinde* Kleinkind ist das Erstlingsbuch für Sehende, auf das bloße Anschauen und Erfassen eines einzelnen Gegenstandes ausgerichtet, nicht verwendbar. Auch die Umrißdarstellungen — Personen, Tiere oder bekannte Dinge des täglichen Lebens —, nicht mehr alleinstehend, sondern bereits Situationen wiedergebend, sind zweidimensional angelegt und entsprechen nicht dem Formenbereich der *haptischen* Wahrnehmung. Rein darstellende Kinderbücher für Nichtsehende fehlen in Deutschland vollständig. In Japan wurden Versuche mit abtastbaren Bilderbüchern gemacht, die die Verschiedenheit des Materials (etwa Textilien, Metalle, Holzarten usw.) zur Darstellung und Kennzeichnung von Personen und Gegenständen benutzen. In den USA werden für das blinde Kind normale Bilderbücher nachgeahmt, indem man die Bilddarstellungen des Schwarzdrucks durch geeignete taktil erfaßbare Gegenstände (z. B. Kunstblumen usw.) ersetzt. Ihr Wert ist umstritten und wird im allgemeinen von Pädagogen skeptisch beurteilt. Die Projektion eines körperlich räumlichen Gebildes in einer abtastbaren bildlichen Reliefdarstellung zu erfassen, setzt differenzierte körperliche Vorstellungen und ein Abstraktionsvermögen voraus, das 5—6jährige noch nicht haben können und die gerade das nichtsehende Kind überfordern. Außerdem besteht die Gefahr, Vorstellungen zu präjudizieren, die später nur schwer korrigierbar sind.
Es liegen zudem noch keine Untersuchungen vor, in welchem Lebensalter blindgeborene Kinder tastbare flächenhafte Darstellungen in zutreffend räumliche Vorstellungen umsetzen können.
Bei *sehbehinderten* Kindern mit genügendem Sehrest sind gut gestaltete Bilderbücher mit klaren großflächigen Darstellungen und deutlichen Kontrastfarben verwendbar und beliebt. Die Darstellungen sollen möglichst vereinzelt und isoliert, mit deutlichen Zwischenräumen gebracht werden. Vereinfachung muß den Vorrang vor möglicher Naturtreue haben.
Eine andere Form der Begegnung mit dem Buch bietet dem Kleinkind das Vorlesen (auch Sprechplatte). Erzieher betonen seine Bedeutung gerade für das frühzeitige und richtige Vertrautwerden mit der Umwelt, und viele sind der Auffassung, daß in dieser Hinsicht blinde Kinder sich kaum von ihren sehenden Altersgenossen unterscheiden. Die Centralbibliothek für Blinde e. V., Hamburg, plant die Einrichtung von Vorlesenachmittagen für blinde Kinder und Jugendliche.
Schulkindalter. Der erste unmittelbar eigene Zugang zum Buch führt beim blinden Kind über die Schrift zur Zeit der Einschulung und mit dem Lesenlernen der Brailleschrift (mag auch in Einzelfällen, gleich wie beim sehenden Kind, das Lesen schon vor der Schule geübt worden sein). Die von Louis Braille 1825 entwickelte Schrift, deren System heute international ist, besteht aus 6 tastbaren Punkten, die in Würfelform angeordnet werden. Aus der Vollschrift ist die gebräuchliche Blindenkurzschrift entwickelt worden. Das blinde Kind in Deutschland schreibt und liest zunächst die Blindenvollschrift; der Leselernprozeß ist normalerweise im 2. Schuljahr abgeschlossen. Das eigene Lesen von Texten beginnt etwa zwischen dem 7. und 9. Lebensjahr.
In der BRD ist die Auswahl an geeigneten Büchern in Vollschrift für dieses Lebensalter nicht sehr groß. Die Blindendruckverlage (in Hannover-Kirchrode, Marburg, Paderborn, u. a. O.) drucken Märchen, Kindererzählungen und Schullektüre nach Vorlagen anerkannter Schwarzdrucke. Da ein Blindendruck einen hohen Aufwand erfordert, muß die Textauswahl für Vollschriftbücher, die nur für die relativ kurze Zeit des ersten Erlernens der Brailleschrift gebraucht werden, sehr sorgfältig getroffen werden. Kinderbücher können von den Schulbüchereien und den großen Punktschriftbüchereien (z. B. in Hamburg und Marburg) entliehen werden. Hamburg hält in Zusammenarbeit mit dem Kindergarten für schulpflichtige blinde Kinder und Schulkinder eine Auswahl an geeignetem Schrifttum bereit. Dem *Grundschulkind* wird jedoch manches *geeignete* und *gewünschte* Buch unerreichbar bleiben, weil es in *Vollschrift nicht vorhanden ist.* Erst ab 4.—5. Schuljahr, *nach* Erlernung der *Blindenkurzschrift* der Erwachsenen, in der der größte Teil der gesamten in Brailleschrift vorhandenen Literatur gedruckt ist und die gegenüber der Vollschrift eine *Verkürzung* von 30 bis 33 % bringt, bietet sich dem nichtsehenden Leser das Buch auf breiterer Ebene an. Jedoch Braillebücher sind umfangreich, sperrig und relativ teuer, ihre Anschaffung deshalb in erster Linie eine Platzfrage, in der Privatwohnung wie im Internat. (Durchschnittsformat: 35 Mal-Pkt. 28 Mal-Pkt. 2 — 10 cm; z. B. G. Schwab: Die schönsten Sagen des klassischen Altertums in einem Schwarzdruckband sind 8 Bde. in Blindenkurzschrift.)
Verhältnis zum Buch. Die Frage nach dem *Interesse* am Buch und dem *Grad der Bedeutung der Literatur* für den blinden Jugendlichen im Vergleich zu vollsinnigen Altersgenossen ist *nicht eindeutig* zu beantworten. Blindenerzieher konstatieren im allgemeinen großes Interesse. Sie beobachten eine größere Hinwendung zum Buch, teilweise bedingt durch den Ausfall verschiedener anderer Möglichkeiten der Beschäftigung und der Freizeitgestaltung,

die nur Sehenden offenstehen. Doch scheint die Beziehung zum Buch zum großen Teil von der Individualität des einzelnen abzuhängen. Bei den Leseeifrigen wird eine deutliche Überlegenheit gegenüber den Nichtlesern in Ausdrucksweise und Wortschatz festgestellt. Einige Pädagogen messen dem Buch für ein blindes Kind die gleiche Bedeutung zu wie für ein sehendes, andere halten sie mit Recht für *ungleich größer* und werten das Buch als *wichtigsten* Zugang zur Welt und ein wesentliches Mittel zur Belehrung und Bildung, da die Einflüsse von Zeitung, Bild, Plakat und Beschriftungen aller Art ausfallen.

Hinweise auf bestimmte Bücher und Anregungen zur Lektüre erhält der Blinde in der Regel durch das Elternhaus, durch Lehrer, Erzieher, Büchereien, insbesondere Freunde, der ältere Jugendliche auch durch den Rundfunk. Blinde Schüler holen gern die Meinung anderer Leser ein, wodurch zuweilen unbegründete Vorurteile entstehen. Einige Punktschriftbüchereien geben periodisch Bücherlisten heraus, in denen sie in Buchbesprechungen über Neuerwerbungen berichten. Davon wird naturgemäß erst der ältere Jugendliche Gebrauch machen.

Die Erwartungen des blinden Jugendlichen an die Lektüre dürften mit denen der sehenden Jugendlichen in etwa übereinstimmen. Sie suchen Unterhaltung, Information, Befriedigung des Wissensdurstes, Antwort auf Lebensfragen und Hilfe zur Bewältigung eigener Anliegen.

Beim Blinden *stärkt die Eigenlektüre* das Unabhängigkeitsgefühl und fördert in besonderem Maße die Entwicklung zur Selbständigkeit.

Bevorzugte Lektüre. Blinde Kinder lieben wie sehende Märchen und kindgemäße moderne Kurzgeschichten. Bei den 9—12jährigen stehen Sagen und Abenteuergeschichten aller Art im Vordergrund, ferner Tiergeschichten und Reiseerzählungen. Ab 7. Schuljahr deutet sich eine Aufgliederung je nach geistigem Niveau und persönlicher Neigung an; bevorzugt werden meistens Reisen und Abenteuer aus der weiten Welt, Sachbücher (möglichst aktuelle), Erfindungen und Entdeckungen, Naturwissenschaften und Technik (ein generelles Interesse besteht am technischen Fortschritt), Kriminalerzählungen, Sport, Lebensbeschreibungen. Texten mit leicht faßlichem Inhalt und großer Anschaulichkeit wird der Vorzug gegeben. Beliebt sind die wenigen vorhandenen Jugendzeitschriften in Punktdruck, insbesondere die in Hannover erscheinende „Brücke". Mit ziemlichem Abstand folgt die „schöne" Literatur.

In den Blindenschulen wird ein nur begrenztes Interesse an Politik und Zeitgeschichte beobachtet, bei den blinden Gymnasiasten ist das Interesse in der Regel stärker. In gewissem Grad hängt das Verhältnis zum Buch beim blinden Jugendlichen auch von der Beherrschung der Punktschrift ab. Im Vergleich zum optischen Lesen stellt das Tastlesen stets eine größere physische Anstrengung dar.

Als *besonders lesefreudig* zeigt sich das 3.—7. Schuljahr, danach nimmt der Leseeifer ab, offenbar bedingt durch die anwachsenden Ausbildungsanforderungen, geringere Freizeit, stärkere Zuwendung zu Rundfunk, Schallplatte und Hörbuch und die beginnende Pubertät. Blindenschulen berichten, daß die Mehrzahl der Schüler späterer Jahrgänge zur Leseträgheit neigt. Die Lesewünsche der Mädchen werden im allgemeinen als unbestimmter bezeichnet.

Bereitstellung von Lektüre. In den Blindenschulen versucht man, durch sorgsame Beratung und Hinführung zum Buch die Schüler systematisch und unauffällig zu lenken und die Lesefreudigkeit durch Aufeinanderabstimmen von Interessenrichtung und Buchauswahl und durch gründliche Besprechung der Lektüre zu steigern. Auf Wunsch werden auch Eltern bei der Ausleihe und beim Kauf von Büchern beraten.

Jede der 16 z. T. staatlichen, z. T. privaten Blindenschulen (mit Grundschulcharakter) in den einzelnen Ländern der BRD verfügt über eine kleine *Schulbücherei.* Die Finanzierung erfolgt aus Haushaltsmitteln. Den Schülern der Carl-Strehl-Schule der Deutschen Blindenstudienanstalt Marburg/L., der einzigen höheren Schule für Blinde und Sehbehinderte in der BRD, steht die Emil-Krückmann-Bücherei, Marburg offen.

Bei der Lektüre des Blinden spielt das *Leihbuch* eine ungleich größere Rolle als beim Sehenden. Blinde Kinder und Jugendliche kaufen und besitzen in der Regel nur wenige Bücher, zumeist Lehrbücher.

Außer den kleinen Schulbüchereien stehen den blinden Jugendlichen die *Blindenbüchereien* im deutschsprachigen Raum mit ihren Buchbeständen zur Verfügung (portofreier Versand). Vornehmlich: die Centralbibliothek für Blinde, Hamburg (mit vorwiegend „schöner" Literatur, 60000 Bde.), die Deutsche Zentralbücherei für Blinde zu Leipzig, die Emil-Krückmann-Bücherei, Marburg (mit Werken aller Wissensgebiete, Zeitschriften und Musikalien, rd. 50000 Bde.), die Leihbücherei des Bundes-Blindenerziehungsinstitutes, Wien. In Hamburg beträgt die Zahl der jugendlichen Leser ¼ der Gesamtzahl der Entleiher. Einige Blindenanstalten vereinen Blindenschule und regionale Blindenbücherei, die von den Kindern und Jugendlichen benutzt wird.

Die Büchereien ergänzen ihren Bestand aus dem Angebot an Druckwerken der *Blindendruckverlage* und aus handschriftlich in Brailleschrift übertragenen Werken. Es gibt *keine* Kinder- und Jugendbücher, die *speziell* für *blinde* Leser geschrieben wurden. Höchstens werden Lesestoffe in einer Bearbeitung mit *zusätzlichen* Erläuterungen bestimmter Begriffe oder Vorgänge für das blinde Kind herausgebracht. Es werden nur bereits in Schwarzdruck erschienene Bücher in Punktdruck übertragen. Die hohen Herstellungskosten und der enorme Zeitaufwand schließen ein auch nur annäherndes Schritthalten mit der wichtigen Tagesliteratur aus. Die

Auswahl beschränkt sich auf anerkannte, für einen größeren Leserkreis bestimmte Werke von allgemeinem Interesse. Daneben können einzelne Spezialwerke in einem Exemplar handschriftlich übertragen werden.
Auf die gleiche Art werden auch die Jugendbücher ausgewählt. Man überträgt Standardwerke der Weltliteratur, solche, die bereits bei Sehenden einen großen Leserkreis fanden und die mit dem jährlichen Deutschen Jugendbuchpreis prämierten Werke. Dabei wird die Auswahl noch durch die technische Ausstattung eines Buches eingeschränkt. Vorwiegend auf Abbildungen bezogene Texte eignen sich weniger. Dagegen werden bisweilen Zeichnungen und graphische Darstellungen in *kunstvollem Relief* dargeboten und vermitteln dem Blinden eine Vorstellung des visuell nicht Wahrnehmbaren.
Immerhin bietet sich dem blinden Jugendlichen in den deutschen Punktschriftbüchereien eine Fülle von Lesestoff, angefangen von Erzählungen K. MAYS über die klassischen Werke der Weltliteratur bis zur Gegenwartsdichtung.
Lektüre für Sehbehinderte. Für sehbehinderte Jugendliche mit noch brauchbarem Sehrest ergibt sich eine etwas andere Situation. Oft kann Normaldruck noch mit *Lupenbrillen* oder *Visolettgläsern* entziffert werden. Das erweitert natürlich die Auswahl wesentlich. Auch bildliche Darstellungen können dann wertvoll sein. Da aber das Gesichtsfeld oft eingeschränkt ist und häufig das *perspektivische* Sehen fehlt, kann es — vor allem bei Kindern — leicht zu einer Fehldeutung der Bilder kommen. Die zur Zeit bestehende Auswahl an Büchern in Großdruck für sehgeschädigte Kinder und Jugendliche ist sehr gering. Im Buchhandel sind nur wenige Geschichtenbücher für Jugendliche im Großdruck erhältlich, die z. T. auch im Unterricht der Sehbehindertenschulen Verwendung finden. Die übrigen angebotenen Werke sind ihren Themen nach vorwiegend für ältere Menschen ausgewählt oder speziellen religiösen Inhalts. Die Sehbehindertenschulen bemühen sich, diesem Mangel abzuhelfen, zunächst auf dem Lehrbuchsektor, weiterhin auch für die allgemeine Lektüre. Auch hat die Deutsche Friedrich-Schiller-Stiftung, Darmstadt und Berlin, 1968 mit der Herausgabe von Büchern in Großdruck begonnen (klassische Unterhaltungsliteratur und moderne Literatur). Sie gab 1969 ein Lesebuch für sehbehinderte Kinder heraus mit Erzählungen bedeutender Autoren von H. v. KLEIST bis S. LENZ. Für den Druck wurden nach Beratung von Augenärzten unterschiedliche, meist übergroße Schriftarten gewählt.
Buch und Zeitschrift auf Tonband. In zunehmendem Maße gewinnen *Texte auf Tonband* (Hörbuch) für den blinden und sehbehinderten Jugendlichen an Bedeutung. Bevorzugt wird das Hörbuch spannender Unterhaltung. Die Blinden-Hörbüchereien in Deutschland halten für Jugendliche ein reichhaltiges Angebot an Tonbändern zur kostenlosen Ausleihe bereit. Es reicht u. a. vom Lederstrumpf über HOMERS Odyssee und J. W. v. GOETHES Faust bis zu zeitgenössischen Schriftstellern. Dazu kommen Tonbandzeitschriften, die in Auswahl auch von älteren Jugendlichen gehört werden, z. B. „Die Zeit" und „Universitas". Als regelmäßige Tonbandausgabe erscheint über den „Christlichen Blindendienst" monatlich „Compass" für Jugendliche zwischen 15 und 18 Jahren. „Compass" bietet eine Textauslese aus Illustrierten, Zeitschriften, Magazinen und Lokalzeitungen, aber auch eine Eigenproduktion an Interviews, Sprechszenen und Musikbeiträgen.
Über eine *Verdrängung* des Punktdruckbuches durch das Hörbuch liegen keine brauchbaren Nachweise vor. Blindenpädagogen glauben, daß introvertierte und intelligente Kinder das persönliche Lesen bevorzugen und daran auch während der späteren Schuljahre festhalten. Die weiter gefaßte Frage, wie weit das gesprochene Wort das gelesene verdrängen kann und wird, wie weit also Rundfunk, Schallplatte und Tonband das Buch ersetzen werden, stellt sich gleichermaßen Sehenden wie Nichtsehenden und nicht nur Jugendlichen. Der blinde Jugendliche, obwohl akustischen Reizen besonders zugänglich, wird auf das selbstzulesende Buch nicht verzichten können. Vor allem die Schule muß weiterhin vom Buch ausgehen, da sie den Jugendlichen zu Aktivität und selbständigem Arbeiten führen will.

Blüthgen, Victor

*(Ps.: A. E. Viktor). Redakteur, Erzähler, Lyriker, Jugendschriftsteller; * 4. 1. 1844 Zörbig/Kr. Bitterfeld, † 2. 4. 1920 Berlin.*

Von der Mutter zum Theologen bestimmt, nahm B. über die Latina der Franckeschen Stiftungen den Zugang zum Studium in Halle. Das Familienschicksal in den galizischen Karpaten, wo der Vater eine Gutsverwaltung übernommen hatte, ging später in B.s Roman „Der Preuße" ein. Nach dem Tode des Vaters war B. als Hauslehrer auf einem Gut, später als Privatlehrer in Mücheln b. Merseburg tätig. Nach längerer schwerer Krankheit übernahm er die Redaktion eines theologischen Lexikons in Elberfeld. Durch die Bekanntschaft mit E. SCHERENBERG und L. SALOMON gelangte er in die literarische Öffentlichkeit; er wurde Redakteur der Krefelder Zeitung. Nach Veröffentlichungen seines ersten Romans „Aus gährender Zeit" (auf dem Hintergrunde der 48er Revolutionsjahre) in der „Gartenlaube" arbeitete er von 1878—80 in der Redaktion dieser Zeitschrift mit. 1881 zog B. als freier Schriftsteller mit seiner ersten Frau nach Freienwalde/Oder. Nach ihrem Tode vermählte er sich mit der in ihrer Zeit viel gelesenen Schriftstellerin CL. KILBURGER (Ps.: EYSELL-KILBURGER, 1856—1934) und lebte mit ihr vorwiegend in Berlin. Er war Mitarbeiter der von J. LOHMEYER herausgegebenen „Deutschen Monatsschrift für das gesamte Leben der Gegenwart"; viele Gedichte und Erzählungen von ihm erschienen in der von LOHMEYER begründeten Zeitschrift „Deutsche Jugend", in der er auch als Jugendbuchkritiker zu Wort kam. Zu seinem 70. Geburtstag (1914) erschien das „Blüthgen-Gedenkbuch" mit zahlreichen Beiträgen aus dem literarischen Freundeskreis. F. SCHANZ würdigte ihn darin als Kinderlieddichter, M. BOELITZ schrieb über B.s Märchen. H. F. URBAN bezeugte die Beliebtheit des Schriftstellers B. bei den Deutsch-Amerikanern in den USA.

Werk, Tendenzen, Wirkung. Zu B.s frühesten Veröffentlichungen gehören Begleitverse zu Bilderbüchern von O. PLETSCH „Unser Hausgärtchen" (1876), „Stillvergnügt" (1877), „Guckaus" (1878) und von W. FRIEDRICH „Hausglück"; seine Nachdichtung von „Der Froschmäusekrieg" zu Bildern von F. FLINZER erschien — wie im Lauf der Jahre manche anderen Gedichte und Erzählungen B.s — zuerst in der „Deutschen Jugend" (1878). In die Ausgabe seiner Gedichte 1880 („Gedichte", [2]1901) nahm B. vierzig Gedichte für Kinder unter dem Gruppentitel „Im Kinderparadies" auf (Einzelausgabe: „Im Kinderparadies", 1905), darunter auch Verse aus den früheren Bilderbüchern. Viele seiner Kindergedichte waren schon zu dieser Zeit sehr bekannt und wurden in Anthologien, Bilder- und Lesebücher übernommen. B. knüpfte an den volkstümlichen, sprachspielerischen Kindervers an und traf oft den leicht eingängigen naiven Ton, gestimmt auf Spaß und Neckerei. Dabei griff er auch Form und Reim der Abzählsprüche auf, z. B.:

Kohlblättchen

Ich will dir mal was lesen
Von dem alten Besen,
Von dem alten Putzestecken,
Fegt die Spinnen aus den Ecken,
Fallen alle runter,
Sind drei Schneider drunter,
Geh' ich hin und fang' mir einen
Bei den langen Schneiderbeinen:
Zippel zappel Spinnenschneider,
Näh einmal zwei neue Kleider —
Mir eins, Ami eins,
Nur der faulen Grete keins.

Eins der beliebtesten, noch immer „aktuellen" Gedichte von B. ist das Lied vom Drachensteigen im Herbst mit dem Titel der naiven Sehnsucht, fliegen zu können: „Ach, wer doch das könnte" („Gemäht sind die Felder, der Stoppelwind weht, Hoch oben in Lüften mein Drache nun steht . . .").
1891 erschien „Eine Tierschule in Bildern" mit lustigen Versen B.s zu der Bildergeschichte von FLINZER. Die von B. zusammen mit J. TROJAN und E. H. STRASBURGER 1906 herausgegebene Anthologie „Unser Schatzkästlein" wurde sehr beliebt; seine „Kinderszenen für Haus und Schule" (1907) spiegeln viel von Kinderleben und Kindererziehung der Zeit wider. In seinem Märchenbuch „Hesperiden" (1878) unterschied B. „Kinder- und Volksmärchen" und „Nachdenkliche Märchen"; beide Arten fanden viel Anerkennung. Eine Theorie über den Zusammenhang Mythe-Märchen-Religion entwickelte B. in der Schrift „Märchen und Religion" (1906). Seine Erzählungen für die Jugend, oft mit kulturhistorischer Szenerie oder als Bearbeitungen älterer Vorlagen — z.B. „Kater Murr", eine stark gekürzte und ‚jugendgemäß' überarbeitete Neufassung der „Lebensansichten des Kater Murr" von E. T. A. HOFFMANN — sind heute so gut wie vergessen. Stärker als die mit warmherzigem Humor geschriebenen Kindergedichte waren sie dem Zeitgeschmack und dem Geist deutschbürgerlicher nationaler Erziehung nach der Reichsgründung von 1871 verhaftet. B.s „Gesammelte Jugenderzählungen" erschienen in drei Bänden 1885—88. „Persönliche Erinnerungen an den Fürsten Bismarck" veröffentlichte er im Jahre 1900, eine Dichtung „Königin Luise" 1910.

B.s theoretische Überlegungen zur Jugendliteratur. In LOHMEYERS „Deutscher Monatsschrift", in der er vor Weihnachten Jugendbuchrezensionen schrieb, hat sich B. auch grundsätzlich zu Fragen des Jugendschrifttums geäußert. Im Juliheft 1904 begrüßte er mit begeisterter Zustimmung die von E. WEBER herausgegebene „Auswahl aus dem Schatz deutscher Dichtung für Jugend und Volk" mit dem Titel „Der deutsche Spielmann" als „eine modern ausgestaltete populäre Anthologie" und wünschte ihr „Massenabsatz". In seinem Artikel „Über Jugendliteratur und das Jugendschriftenverzeichnis des Hamburger Lehrervereins" (Jg. 1902/03, S. 411 bis 416) *unterschied* B. im Begriff „Jugendliteratur" die *„Schulliteratur der Jugend"*, die *„Auswahlliteratur"* aus der Volks- und Hochliteratur und *„Jugendliteratur im engeren Sinne:* die Dichtung für die Jugend". Dieser räumte er gleichen Rang neben der Literatur im allgemeinen ein; er gab einen kurzen Aufriß ihrer Entwicklung in Deutschland im Anschluß an J. J. ROUSSEAU und J. H. CAMPE und würdigte zeitgenössisch einzig das Verdienst LOHMEYERS, „der das wachsende Interesse an der Entstehung einer eigentlichen Jugendliteratur groß anpackte". Das Erscheinen der „Deutschen Jugend" habe „auf alle Fälle bewirkt, daß sich die Frage der ‚Jugenddichtung' geklärt hat. Es kann und soll eine solche geben, die sich *außerhalb* der Literatur für Erwachsene stellt und die doch dichterischen Wert hat und den Anspruch erheben darf, ein besonderes Kapitel in unserer Literaturgeschichte zu erhalten" (S. 414). In der Auswahl- und Bewertungsfrage kommt eine *Gegnerschaft* B.s gegenüber H. WOLGAST und den reformerisch gesinnten Kräften der Jugendschriftenbewegung zum Ausdruck. Offen wendet er sich gegen autoritativ ausgewählte „Normal-Verzeichnisse" wie sie „ein Hamburger Lehrerverein Ende der Neunziger Jahre angefangen", und verwirft den „schulmeisterlichen Standpunkt", von dem aus dabei verfahren worden sei. Kritisch vermerkt er: „Ganz zu geschweigen, daß tendenziös alles, was die Überlieferungen des Patriotismus und der Religion inhaltlich in Betracht zog, ausgeschlossen erschien". Mit seiner mehr in der *Tradition* gründenden pädagogischen und literarästhetischen Auffassung bekannte B. sich nachdrücklich zur *Eigenständigkeit* einer speziellen Dichtung für die Jugend und begrüßte, daß die ihm zeitgenössische „junge moderne Dichtung" in die Jugendliteratur übergegriffen habe. Er schrieb: „Die eigentliche Jugendliteratur soll eine Sache für sich sein, und die Besten, die das Zeug dazu haben, sollen unter die Jugend treten, mit ihr jung fühlen, zu ihr in ihrer Sprache reden, ja als Genosse unter Genossen, Vertraute unter Vertrauten, nur mit dem Können des reifen Poeten ausgerüstet". *Margarete Dierks*

Werke: Unser Hausgärtchen (1876); Stillvergnügt (1877); Der Froschmäusekrieg (1878); Hesperiden (1878); Gedichte (1880); Gesammelte Jugenderzählungen (Bd. 1 bis 3. 1885—88); Zum Nachtisch (1886); Der Märchenquell (1887); Der Weg zum Glück (1888); Eine Tierschule in Bildern (1891); Das Weihnachtsbuch (1899); Im Kinderparadies (1905); Märchen und Religion (1906); Kinderszenen für Haus und Schule (1907); Teresita, die Zwergin und anderes (1908). Hrsg.: Unser Schatzkästlein (1906; zus. mit J. Trojan und E. H. Strasburger).

Sekundärliteratur: Victor Blüthgen. Ein Gedenkbuch zu seinem 70. Geburtstag (1914). — A. Herzog: Ludwig Salomon. Victor Blüthgen. Adolf Brennecke (in: A. Herzog: Die neuere Literatur im Wupperthale in Bibliographieen und Charakteristiken. 1888. 182—191) *IJB*

Blunck, Hans Friedrich

*Schriftsteller, Sammler von Märchen und Sagen, Bearbeiter für die Jugend; * 3. 9. 1888 Altona, † 25. 4. 1961 ebenda.*

B., Lehrerssohn aus Dithmarschen, Dr. jur., gewann während des Ersten Weltkrieges Beziehungen zum Flämisch-Niederdeutschen. Er verließ — seit 1925 Syndikus der Hamburgischen Universität — 1928 den Beamtendienst. Nach größeren Auslandsreisen lebte er als Schriftsteller und Landwirt auf seinem Anwesen Möllenhoff b. Grebin/Ostholstein. Ende 1933 wurde B. Präsident der Reichsschrifttumskammer, trat aber 1935 von diesem Posten zurück. Mit zahlreichen Freunden und Schriftstellergremien im Ausland blieb B. in den Jahren 1933 bis 45 und später in Kontakt. Für den Lebensabend kehrte er nach Altona zurück. Er erhielt u. a. die Goethe-Medaille, die Wartburg-Dichter-Rose und die Lodgman-Plakette.

Werk, Tendenzen, Wirkung. B. verbindet christliche Religiosität mit Idealen der Jugendbewegung. Völkisch-nationale Vorstellungen wurden Leitmotive zahlreicher Romane und Erzählungen aus Vorgeschichte und Geschichte (u. a. Romantrilogie „Urvätersage"; „König Geiserich"; „Wolter von Plettenberg"). Ausschnitte aus Erzählungen wie „Hein Hoyer", „Berend Fock", „Stelling Rotkinnsohn" wurden nach 1933 Schullektüre. B.s „Die Schlacht von Pleskau und andere Geschichten vom Reich" erschienen 1944 als Volksbuch. Weite Verbreitung fanden B.s Neuerzählungen der „Sagen des klassischen Altertums" nach G. Schwab und der „Deutschen Heldensagen" (in Auswahl 1966 in Schaffsteins „Blauen Bändchen").

Volks- und Heimatsagen. Im letzten Lebensjahrzehnt befaßte sich B. vorwiegend mit den deutschen Volks- und Heimatsagen, die er in großen Landschaftskreisen zusammenfaßte. Es entstanden die als Jugendbücher in hohen Auflagen publizierten Bände: Sagen vom Rhein; Donausagen; Elbsagen; Nordseesagen; Ostseesagen; Alpensagen. In phantasievoller Bearbeitung verknüpfte B. Gestalten aus Schwank, Legende, Kunstmärchen, Volksbuch und Sage mit Motiven unterschiedlichster Herkunft bis in die Moderne. B.s „Spintisieren" zeigt sich vor allem in den eigenen Märchenschöpfungen niederdeutscher und hochdeutscher Sprache. Seine „Märchen von der Niederelbe" (1923) wurden wie viele andere seiner Werke in mehrere Sprachen übersetzt, gingen ein in Lesebücher und Anthologien für die Jugend und fanden wegen ihres besonderen metaphysischen Bezuges 1952 ausdrückliche Anerkennung durch den Papst (Pius XII).

Die 1952 gegründete „Gesellschaft zur Förderung des Werkes von H. F. B. e.V." gab aus dem Nachlaß (im Besitz der Landesbibliothek Schleswig-Holstein in Kiel) weitere Märchendichtungen heraus. B. genoß in der Zeit des Nationalsozialismus große Anerkennung (Publikationsfreiheit, Aufnahme in die Empfehlungslisten).

Sein Märchenschaffen und seine Sagenbearbeitung haben nach 1945 in Deutschland an Verbreitung verloren. *Margarete Dierks*

Werke: Märchen von der Niederelbe (1923); Neue Balladen (1931); Von Geistern über und unter der Erde (1932); Balladen und Gedichte (1937); Gesammelte Werke (Bd. 1—10. 1937); Deutsche Heldensagen (1938); Sagen vom Rhein (1940); Neue Märchen (1951); Märchen (1952); Elbsagen (1958); Donausagen (1959); Nordseesagen (1960); Alpensagen (1961).

Sekundärliteratur: P. M. E. Behrens: Blunck-Biographie (in: E. A. Dreyer u. Chr. Jenssen (Hrsg.): Demut vor Gott. 1938. 269—280). — H. F. Blunck: Lebensbericht (Bd. 1 u. 2. 1952 u. 1953); Mein Leben (1934). — E. A. Dreyer u. Chr. Jenssen (Hrsg.): Demut vor Gott (1938). — E. A. Dreyer: H. F. Blunck (1933, ^{2}1938). — L. Etscheid: Das Gotteserlebnis des germanischen Menschen (1932). — R. Häcker: Die Märchen von H. F. Blunck (1954). — O. E. Hesse: Hans Friedrich Blunck (1935, ^{2}1942). — Chr. Jenssen: Hans Friedrich Blunck (1935, ^{2}1942). — Th. Mann u. H. F. Blunck: Briefwechsel und Aufzeichnungen (1969). — R. Poupart: Das Märchenwerk H. F. Bluncks (1937). — G. Schneilin: Die Wiedergeburt des deutschen Volksmärchens bei H. F. Blunck (1956). — P. Zaunert: Bluncks Märchen als Lebenswert (in: E. A. Dreyer u. Chr. Jenssen (Hrsg.): Demut vor Gott. 1938. 81—84). *IJB*

Blyton, Enid Mary

*Englische Erzieherin, Journalistin, Schriftstellerin; * 11. 8. 1896, † 19. 11. 1968 London.*

B. verlebte ihre Kindheit und Schulzeit in Beckenham/Kent. Nach dem Abitur an einem Privatgymnasium entschloß sie sich, Kindergärtnerin zu werden, um angemessen für Kinder schreiben zu können. Nach einer Fröbel-Ausbildung und Tätigkeit als Erzieherin gründete sie eine eigene Kinderschule. Ihrer ersten Ehe, die sie 1924 mit Leutnant H. A. Pollock schloß, entstammten zwei Töchter, Gillian und Imogen. Von 1943 an war B. mit K. D. Waters, einem Londoner Chirurgen, der 1967 starb, verheiratet. B. entfaltete schon früh eine umfangreiche journalistische Tätigkeit, war Mitarbeiterin mehrerer pädagogischen Zeitschriften und Publikationen. Ihr erstes Kinderbuch „Child Whispers", eine Gedichtsammlung für Kinder, wurde 1922 veröffentlicht. Neben zahlreichen Kinder- und Jugenderzählungen verfaßte sie auch naturkundliche Schilderungen für Kinder sowie Theaterstücke für Kinder und einige Filmdrehbücher.

B. gehört zu den populärsten Erzählern Englands und hat seit Anfang der 50er Jahre auch in der BRD steigenden Erfolg mit einer Gesamtauflage von bald vier Millionen (1970), vor allem durch die Dauer-Bestseller ihrer ‚Geheimnis'-, ‚Fünf-Freunde-' und ‚Abenteuer-',Serien.

Werk, Tendenzen, Wirkung. B. schrieb etwa 400 Kinder- und Jugendbücher für alle Altersstufen, bes. Umwelt-, Abenteuer-, Schul-, Internats- u. Feriengeschichten, Familien- u. Geschwisterbücher, Kinderbanden-Abenteuer und Naturbücher. Ihre Hauptthemen sind das Abenteuerliche in realer Umwelt und von Kindern aufgedeckte Geheimnisse und kriminalistische Verwicklungen, wobei sie, psychologisch geschickt, kindliches Streben nach Anerkennung, Selbständigkeit und Gesellung anspricht. Ihre Erzählungen stellen phantasiereiche Abwandlungen immer gleicher Handlungsmuster dar und sind beherrscht von eingängiger Person-Typisierung im Rahmen einfacher Gegensätze. Typisierung und Handlungsschemata ihrer Erzählweise treten besonders in ihren Serien hervor. B. meidet aufreizende Extreme und übertrieben dargestellte Angstsituationen; sie möchte mit ihren Büchern das ihrer Meinung nach nicht mehr zeitgemäße Märchen bekämpfen, das mit seinen Grausamkeiten Furcht und Angst verbreite. In ihren realitätsnäheren Geschichten sollen sich Kinder ihrer Umwelt als überlegen erweisen und durch Bestätigungs- und Bewährungserlebnisse an Selbstsicherheit und Lebensmut gewinnen. B.s Kinder sind gutmütig, wohlerzogen, hilfsbereit und selbstlos, kameradschaftlich, selbständig, umsichtig und klug oder wandeln sich entsprechend durch Erfahrung. Sie schreibt bewußt kindertümlich und in einer leicht verständlichen Umgangssprache, handlungsbetont und in Übereinstimmung mit der Welt kindlicher Wünsche, wie sie sie interpretiert. In ihrem Bemühen, kindliche Abenteuer-Phantasie und kindliches Realitätsbedürfnis gleichermaßen zu befriedigen, beschreibt B. eine eigenständige Kinderwelt, die in deutlicher Spannung steht zur nüchternen, von egoistischen Interessen bestimmten Welt der Erwachsenen, gibt aber keine Hilfen, die Gesellschaft der Erwachsenen verstehen zu lernen und verändernd in sie einzugreifen. Ihre mehr psychologische als poetische Einstellung hat ihr des öfteren den Vorwurf eingebracht, sich bei ihren Lesern anzubiedern. Die von ihren Erzählungen ausgehenden lesestimulierenden Reize sind eindeutig, auf der anderen Seite führen diese oft zu einer Lesesucht, welche die Anbahnung eines kritischen Textverständnisses erschwert. Ihre Bücher sind daher im wesentlichen als eine konformistische Kontrastliteratur mit einer abenteuerlichen Gegenwelt zur wirklichen anzusprechen, deren Realität sich auf Details und die Darstellungsweise beschränkt. — Ein ungewöhnliches Verständnis für Kinder u. ihre geheimen Wünsche erklärt den Erfolg B.s bei den lesenden Kindern in aller Welt. „The Times" (vom 29.11.1968) erwähnt in dem Nachruf auf B., daß sie etwa 400 Bücher geschrieben, damit eine Auflage von insgesamt 90 Millionen erreicht habe und in 93 Sprachen übersetzt worden sei. *Malte Dahrendorf*

→ Detektivgeschichte, → Kriminalgeschichte

Werke: The twins at St. Clare's (1941; dt. Hanni und Nanni sind immer dagegen, 1965; Hanni und Nanni-Serie, Bd. 1—6); The mystery of the burnt cottage (1943; dt. Geheimnis um einen nächtlichen Brand, 1963; Geheimnis-Serie, Bd. 1—15); The island of adventure (1944; dt. Die Insel der Abenteuer, 1959; Abenteuer-Serie, Bd. 1—8); The Caravan family (1945; dt. Die Pimpernells unterwegs, 1966; Pimpernell-Serie, Bd. 1—3); The family at Red-Roofs (1945; dt. Unterm roten Dach, 1959); First term at Malory Towers (1946; dt. Dolly sucht eine Freundin, 1965; Dolly-Serie, Bd. 1—6); The secret seven (1949; dt. Die schwarze Sieben, 1966; Sieben Freunde-Serie, Bd. 1—14); Those dreadful children (1949; dt. Diese Angeber, 1965); Six bad boys (1951; dt. Treffpunkt Keller, 1961); My first nature book (1952; dt. Kinder macht die Augen auf. Erster Spaziergang, 1966); My second nature book (1953; dt. Kinder macht die Augen auf. 2. Spaziergang, 1958); My third nature book (1953; dt. Kinder macht die Augen auf. 3. Spaziergang, 1968); The children at Green Meadows (1954; dt. Vierbeinige Gäste, 1958).

Sekundärliteratur: E. Blyton: The story of my life (1969; dt. Enid Blyton erzählt aus ihrem Leben, 1969); Wie ich das Schreiben für Kinder betrachte (in: Jugendliteratur. 10. 1957. 464—466). — E. Burghart-Berger: Das Linsengericht (in: Jugendliteratur. 7. 1956. 329—331). — D. Fischer: Jugendliche Kriminalisten (in: Jugendliteratur. 10. 1959. 464—468). — B. Gartmann u. D. Chilla: Kinderwelt und Indoktrination. Zur Ideologiekritik von Enid Blytons Jugendbüchern (in: J. Vogt (Hrsg.): Literaturdidaktik. 1972. 240—252). — J. Mewies: Enid Blyton (1956). — K. Söderhjelm: Mysteriet med Enid Blyton (in: Bibliotheksblatet. 1. 1957. 23—24). *IJB*

Bodensohn, Anneliese

*Literaturdidaktikerin u. Jugendliteraturtheoretikerin, Professorin für Deutsch und Didaktik des Deutschunterrichts an der Erziehungswissenschaftlichen Hochschule Rheinland-Pfalz, Abtlg. Worms; * 20. 11. 1912 Königstein/Ts.*

B. studierte an der Universität in Frankfurt/M., wo sie auch 1937 promovierte, Germanistik, Philosophie und Geschichte. Anschließend war sie bis 1948 im Schuldienst. Von 1948—62 lehrte B. als Dozentin für Deutsch am Päd. Institut in Weilburg/L. und danach zwei Jahre an der Hochschule für Erziehungswissenschaften der Universität Gießen. Im Jahre 1964 erhielt B. einen Ruf an die PH Worms, wo sie seitdem als Professor für Deutsch und Didaktik des Deutschunterrichts tätig ist.
B. beschäftigt sich vor allem mit dem Abenteuerbuch. Bezeichnend dafür ist die von ihr herausgegebene Reihe: „Untersuchungen zur Jugendlektüre", bei deren Einzelbänden sich z. T. der Begriff „Abenteuer" schon im Titel niederschlägt: „Abenteuer: Meer, Insel, Schiff" (1960) oder „Abenteuer: Wildnis, Wüste, Pharaonen" (1961). B. geht in diesen Untersuchungen von einzelnen Motiven bzw. Motivzügen aus und erforscht deren Struktur und Funktion in einer Reihe von Kinder- und Jugendbüchern. Daneben entstanden die Studien über das Poesiealbum („Das Ich in zweiter Person", 1968), über den didaktischen Stellenwert der Dichtung Storms in der Schule („Die Dichtung Storms und ihre Vermittlung in der Schule", 1959) sowie über die Bedeutung der Volkssage („Zwischen Glaube und Verhängnis", 1969).

Werke: Abenteuer: Meer, Insel, Schiff (1960); Abenteuer: Wildnis, Wüste, Pharaonen (1961); Im Zeichen des Manitu (1963); Im Spielraum der Lyrik (1965); Abenteuer: Rothaut und Bleichgesicht (1967); Das Ich in zweiter Person (1968); Zwischen Glaube und Verhängnis (1970); Die Provokation des Narren. Schildbürger und Abderiten (T. 1 u. 2. 1972 u. 1973). *IJB*

Bödecker-Kreis → Friedrich-Bödecker-Kreis

Böer, Friedrich

*Schriftsteller, Jugendbuchautor; * 17. 1. 1904 Hamburg.*

Nach dem Schulbesuch in Berlin arbeitete B. als Lehrling in einem Berliner Antiquariat. Der Umgang mit alten Handschriften, Inkunabeln und illustrierten Büchern beeinflußte seine berufliche Entwicklung. 1923 ging er in die Verlagsarbeit, war Hersteller, Ausstatter und Werbeleiter und arbeitete von 1928—31 in Leipzig als Bildredakteur für „Meyers Lexikon" und für andere Publikationen des Bibliographischen Instituts. In den folgenden Jahren lebte er als freier Schriftsteller in Berlin, dann in Baden-Baden und wurde im Zweiten Weltkrieg als Soldat eingezogen. B. lebt heute in Hamburg und ist als Schulfunkredakteur (NDR) tätig.

Werk, Tendenzen, Wirkung. B. verfaßte erlebnishaft gestaltete, reich und instruktiv illustrierte Sachbücher, Erzählungen und Märchen für Kinder und Jugendliche. Seit 1950 gibt er zusammen mit seiner Frau den „Ensslin Jugendkalender" heraus — seit 1968 „Ensslin Schüler-Taschenbuch" genannt. 1950—58 war B. Redakteur der Jugendillustrierten „Buchfink". Seinem ersten Kinderbuch „Klaus, der Herr der Eisenbahnen" (1933) kommt nach B. Hürlimann (Kinderbücher, ²1963, S. 203 f.) besondere historische Bedeutung zu: es ist das erste deutsche Kinderbuch, in dem Fotografie und Zeichnung in künstlerisch gültiger Weise zusammenspielen. Mit neuen Illustrationsmitteln wird das Erlebnis „Eisenbahn" zugleich sachkundig vermittelt und dabei die „Aktivität" des betrachtenden Kindes herausgefordert; mit einem weiteren Buch, „Krischan der Bauernjunge" (1934), gab B. eine Darstellung bäuerlichen Lebens für Kinder. Später wählte er die Themen seiner Sachbücher wieder vorwiegend aus dem Bereich der Technik, auch der Völkerkunde. Mehrere Auflagen hatte der neuartig von ihm mit Fotos und Modellbogen konzipierte Band „Drei Jungen erforschen eine Stadt" (1933); mitbestimmend für den Typus „Sachbuch für die Jugend" in den fünfziger Jahren war sein Titel „Alles über ein Schiff" (1955, ²1957), dessen Gestaltung B.s besonderen Spürsinn zeigt für das, was Jungen wissen wollen. Das reich illustrierte Werk „So lebt man anderswo, Alltag, Sitte und Brauch bei 14 Völkern der Erde" (1955) gab B. als Erzählbericht von vierzehn Kindern heraus, die in diesen Ländern beheimatet sind. Es wurde in die Auswahlliste zum Deutschen Jugendbuchpreis 1956 aufgenommen. B.s Sachbücher sind z. T. auch für erwachsene Leser konzipiert (Der Hafen, 1950).

Brigitte Nottebohm

Werke: Drei Jungen erforschen eine Stadt (1933); Klaus, der Herr der Eisenbahnen (1933); Krischan der Bauernjunge oder Leben und Arbeit auf dem Lande (1934); Liebe zu Deutschland (1934; zus. mit W. Koch); Das Schiffbuch (1937); Der Hafen (1950); Alles über ein Schiff (1955).
Hrsg.: Welt in Waffen (1933); Hamburg (1938); Ein deutscher Seehafen im Dienste der Welt (1939); Lindauer Bilderbogen (F. 1 u. 2. 1948); Ensslin-Jugendkalender (1950—1965; 1968 u. d. T.: Ensslin-Schüler-Taschenbuch); So lebt man anderswo (1955). *IJB*

Böhm, Viktor

*Österreichischer Literaturdidaktiker u. Jugendliteraturtheoretiker, Professor an der Kath. Sozialakademie Wien; * 27.4.1926 Röhren.*

B. studierte von 1946—50 Deutsch, Philosophie und Geschichte an der Universität in Wien, wo er im Jahre 1950 die Lehramtsprüfung für Gymnasien

ablegte und promovierte. In der Zeit von 1950 bis 1970 war B. im Schuldienst tätig, bis er im gleichen Jahr als Professor an die Kath. Sozialakademie Wien berufen wurde.
Zwei Schwerpunkte charakterisieren B.s Auseinandersetzung mit der Kinder- und Jugendliteratur. Zum einen geht es ihm um die Erkenntnis psychologischer Merkmale im Leseverhalten von Kindern und Jugendlichen, wie z. B. in den Aufsätzen „Die Partnerschaft von Autor und reifendem Leser" und „Distanzierendes und analogisierendes Lesen" (1969), zum anderen untersucht er von literatursoziologischen Ansatzpunkten aus den Erfolg der Karl-May-Romane, den er u. a. auf die eigenartige Mischung von Unterhaltung u. Belehrung, Komik, Spannung und Sentimentalität zurückführt.

Werke: Karl May und das Geheimnis seines Erfolges (1955).
Beiträge: Die Partnerschaft von Autor und reifendem Leser (in: Jugend und Buch. Schriftenreihe des Internationalen Instituts Schloß Mainau. 2. 1959. 138—145); Über den jungen Leser und die Aufgaben der literarischen Erziehung (in: Arbeitsgemeinschaft für Buch und Schrifttum der kath. Aktion Wien (Hrsg.): Lehrgang für Bücherkunde. 1964. 2—26); Der unbewältigte Karl May (in: Der kath. Erzieher. Beilage: Jugend liest. Juli/Aug. 1965. 17—20); Distanzierendes und analogisierendes Lesen (in: Nimm und lies. Jan. 1969. 4—12); Über den jungen Leser und die Aufgaben der literarischen Erziehung (in: L. Binder (Hrsg.): Erfolg und Wirkung der Lektüre. 1971. 17—29).

Bölsche, Wilhelm

*Schriftsteller, Naturphilosoph; * 2.1.1861 Köln, † 30.8.1939 Oberschreiberhau.*

B. studierte 1883—85 Philosophie und Kunstgeschichte in Bonn und Paris. Seit 1887 in Berlin, stand er in enger Verbindung mit dem literarischen Naturalismus und war Mitglied des Friedrichshagener Dichterkreises, dem auch G. HAUPTMANN angehörte. B. wurde Redakteur der „Neuen Rundschau", war 1890 Mitbegründer der „Freien Volksbühne" und 1892/93 Redakteur der Zeitschrift „Freie Bühne". Auf CH. DARWIN und E. HAECKEL fußend, über die er Biographien verfaßte, versuchte er naturwissenschaftliche Erkenntnisse in volkstümlicher Darstellung weiten Kreisen zugänglich zu machen. Sein Hauptwerk war „Das Liebesleben in der Natur" (1905). Er schrieb über „Die naturwissenschaftlichen Grundlagen der Poesie" und veröffentlichte Romane und Erzählungen (u. a. „Von Drachen und Zauberkünsten", 1925). Zwei Bände „Ausgewählte Schriften" erschienen 1922, B.s „Ausgewählte Werke" (6 Bde.) 1930. B. gab 1888 die Schriften H. HEINES heraus.
Bedeutung in der Jugendliteratur. B.s volkstümliche Darstellungen naturwissenschaftlicher Erkenntnisse können als Vorläufer jugendgeeigneter naturwissenschaftlicher Sachbücher angesehen werden. In einem Aufsatz „Mädchenlektüre" (in der Zeitschrift „Die Zukunft", Jg. 1895, Nr. 12) teilte B. seine schlechten Unterrichtserfahrungen aus der Schulzeit mit und vertrat die Ansicht, „daß große Gebiete des Schulunterrichts, z. B. nahezu die ganze Geschichte und Geographie, Hauptteile der Naturkunde und manches andere, so gut wie vollkommen aus Lesen und Vorlesen spannender geschichtlicher Erzählungen, Reisebeschreibungen usw. aufgebaut werden könnten." Er griff damit Gedanken von Jugendschriftstellern der Aufklärung Ende des 18. Jh.s wieder auf, vor allem von J. H. CAMPE. Mit den Äußerungen B.s setzte sich H. WOLGAST in seinem Buche „Das Elend unserer Jugendliteratur" (1896; [7]1950, S. 49) auseinander, kritisierte scharf, daß die „ästhetische Seite dieser Frage" nicht berührt sei, und wertete den Artikel als ein „Symptom der ungeheuren Mißachtung, die der Pädagogik und insbesondere der Frage der Jugendliteratur vom Publikum entgegengebracht wird."

Hans Eich

Werke: Entwicklungsgeschichte der Natur (Bd. 1 u. 2. 1894 u. 1896); Ernst Haeckel (1900); Von Sonnen und Sonnenstäubchen (1903); Vom Bazillus zum Affenmenschen (1904); Die Abstammung des Menschen (1904); Das Liebesleben in der Natur (1905); Charles Darwin (1906); Im Steinkohlenwald (1906); Die Schöpfungstage (1906); Auf dem Menschenstern (1908); Das Tierbuch (Bd. 1 u. 2. 1908); Der singende Baum (1924); Von Drachen und Zauberkünsten (1925); Ausgewählte Werke (Bd. 1—6. 1930).

Sekundärliteratur: R. Magnus: Wilhelm Bölsche (1909).

IJB

Börsenverein

Der „Börsenverein des deutschen Buchhandels e. V." mit Sitz in Frankfurt am Main bildet die Spitzenvertretung des Buchhandels in der Bundesrepublik.

Der B. ist seit dem Zweiten Weltkrieg stark an der Jugendliteraturarbeit beteiligt. Auf Anregung des B.s findet alljährlich (Anfang November) die Jugendbuchwoche statt, für die der B. Lesungen von Jugendbuchautoren in Schulen vermittelt und in deren Rahmen er die Wanderausstellungen ‚prämierte Jugendbücher', ‚Steckenpferd in Büchern', ‚Das Bilderbuch', ‚Heiterkeit in Wort und Bild', und ‚Das Buch für die junge Familie' zeigt, die jedoch auch außerhalb der Jugendbuchwoche das ganze Jahr hindurch auf Anforderungen für Ausstellungen zur Verfügung gestellt werden. Weiter ist der B. Initiator des Vorlesewettbewerbs des deutschen Buchhandels, der seit 1959 in Zusammenarbeit mit Schulen und anderen öffentlichen Einrichtungen alljährlich in der BRD einschließlich West-Berlin veranstaltet wird.

→ Jugendbuchwoche, → Vorlesewettbewerb

Boje-Verlag

Stuttgart. Derzeitiger Leiter: H.-J. Fischer (* 1908). *Hauptsächliche Verlagsgebiete im Bereich der Kinder- und Jugendliteratur:* Bilderbücher, Großschrift—Schreibschriftbücher für das erste Lesealter, Sachbücher für 7—9jährige, Erzählungen, Romane und Klassiker-Ausgaben für die junge Generation.
Autoren: Br. H. Bull, H. M. Denneborg, J. Krüss, Chr. Süssmann u. a.
Illustratoren: R. Duvoisin, E. Meier-Albert, L. Stich, E. Witt u. a.
Verlagsgeschichte. H.-J. Fischer gründete den Verlag 1947 und knüpfte dabei an die Tradition des ebenfalls von ihm 1932 in Berlin ins Leben gerufenen Hanns-Jörg Fischer-Verlages an, der bis 1945 bestand. 1949 übersiedelte der Boje-Verlag nach Stuttgart.

Bolliger, Max

*Schweizer Schriftsteller, Lyriker, Kinderbuchautor; * 23. 4. 1929 Glarus/Schweiz.*

Seine Jugendzeit verbrachte B. in Braunwald. Nach der Lehrerausbildung in Aargau und seiner Tätigkeit an verschiedenen Dorfschulen studierte er Heilpädagogik und Psychologie in der Schweiz und in England. B. wirkte dann einige Zeit als Heilpädagoge in Luxemburg, anschließend unterrichtete er 10 Jahre lang als Sonderschullehrer in Adliswil/Zürich. Seit 1953 lebt er dort als freier Schriftsteller und Fernsehmitarbeiter, ist jedoch weiterhin heilpädagogisch tätig.
Seit 1962 schreibt er vorwiegend Kinderbücher. Er erhielt einige schweizerische Literaturpreise, u. a. 1970 den Jugendbuchpreis des Schweizerischen Lehrervereins und des Schweizerischen Lehrerinnenvereins. In der BRD wurde 1966 seine Erzählung „David", ill. von E. Schindler (1965), mit dem Kinderbuchpreis im Rahmen des Deutschen Jugendbuchpreises ausgezeichnet. 1969 erhielt „Alois" (1968) die Bronzemedaille des Börsenvereins der deutschen Buchhändler zu Leipzig. 1973 wurde B. für sein Gesamtschaffen mit dem Schweizer Jugendbuchpreis ausgezeichnet.

Werk, Tendenzen, Wirkung. Mit seinem Bilderbuch „Knirps" (1961) trat B. zum ersten Mal als Kinderbuchautor hervor. Er schreibt geschlossene, poesievolle Geschichten (z.B.: Das alte Karussell, 1962; Alois, 1968; Leuchtkäferchen, 1969; Der goldene Apfel, 1970).
B.s Nacherzählungen biblischer Stoffe fanden breite Resonanz, zumal sie als Taschenbücher erschienen: „David" (1965), „Joseph" (1967), „Daniel und ein Volk in Gefangenschaft" (1968). Dem Autor kommt es darauf an, die Schrifttexte von der Sonntagsschulmoral zu lösen und den Kindern zugänglich zu machen. Er schildert die Ereignisse durchgängig im Präsens und formt sie zu psychologisch-motivierten Einzelszenen und Dialogen um; dadurch kann sich eine unbewußte Identifizierung des jungen Lesers mit dem Helden vollziehen. Die Diktion ist kindertümlich und konkret und wird von kunstvoll einfachen, gelegentlich schematisierten Hauptsätzen bestimmt. In der Laudatio zur Verleihung des Kinderbuchpreises für „David" kennzeichnete W. Israel die Arbeit des Autors als „Dienst am Urwort der Bibel". Der Preiszuspruch war allerdings nicht unumstritten. So urteilte A. Krüger: „Die monumentale Größe und die objektive Darstellungsform der Bibel sind verschwunden . . . B. hat den Bibeltext sentimentalisiert" (beide Zitate in Zeitschr. f. J.lit.: 1. Beiheft 1968: Deutscher Jugendbuchpreis), und M. Dahrendorf warnte vor der Gefahr einer ideologischen Vergiftung, die mit der akzentuierten Ausmalung des Kriegsgeschehens gegeben sei (JSW 1966, 10. Folge). In der Schrift von Fr. Hahn: „Zwischen Verkündigung und Kitsch" (1968) werden B.s Bibelbearbeitungen im ganzen positiv beurteilt. *Anneliese Knoop*

Werke: Murrli (1958); Das Gewissen (1959); Knirps und die sieben Geschichten seiner Geheimnisse (1961); Das alte Karussell (1962); Knirps (1962); Tannwald (1962); Nur eine Trompete (1964); David (1965); Knirps im Kinderzoo (1966); Joseph (1967); Daniel und ein Volk in Gefangenschaft (1968); Marios Trompete (1968); Alois (1968); Leuchtkäferchen (1969); Der goldene Apfel (1970); Peter, der winzige Stern (1971). *IJB*

Bombová, Viera

*Slowakische Graphikerin und Illustratorin; * 14. 4. 1932 Buclovіany/Kr. Bardejov.*

B. studierte 1950—56 an der Hochschule der bildenden Künste in Bratislava bei V. Hložník, arbeitet als freie Künstlerin, indem sie sich besonders der selbständigen Graphik und der Buchillustration, auch des Kinderbuchs widmet. Von 1957 an beteiligte sich B. an den Ausstellungen in der ČSSR und im Ausland (S. Paolo, Lugano, Bologna, Tokio); individuelle Ausstellungen hatte sie in Bratislava (3x), Berlin-West (1964), Solingen (1968). An Ehrungen und Auszeichnungen erhielt B. u. a. 1965 den Fraňo Král-Preis und 1967 sowie 1969 den „Goldenen Apfel" der BIB.

Werk, Tendenzen, Wirkung. B. gehört mit A. Brunovský zu den führenden Persönlichkeiten der jungen slowakischen Illustratoren. Zwischen den Jahren 1958—71 illustrierte B. 37 Bücher — in slowakischen, tschechischen, ukrainischen, ungarischen und deutschen Ausgaben —. Mit ihrer tiefen Beziehung zu den Quellen der bildenden Volkskunst steht sie in der Nachfolge L. Fullas. Charakteristisch für sie ist die eigenartige Durchdringung der Volkskunst mit modernem Kunstbewußtsein. Den exotischen Märchenvorlagen (z. B. Maori- und Indianermärchen) folgt sie mit gleichem Einfühlungsvermögen wie den Texten der Volkspoesie und des Volksmärchens. Wie sie selbst erklärt, liegt ihr sehr viel an der Atmosphäre des Textes. Ihre Illustrationen können auch frei vom Text als unabhängiges Werk existieren.

František Holešovský

Ill.: J. Bodenek: Ivkova biela mat' (1958, [5]1968); J. G. Tajovský: Horký chlieb (1958); R. Jašík: Povest' o bielych kameňoch (1961); P. Jilemnický: Pole neorané (1962); O. V. Dončenko: Lucia (1962); Z. Móricz: Sedem grajciarov a iné poviedky (1962); J. Wolker: Rozprávky (1963); L. Krzemieniecka: Rozprávka o krajčírke Zime a jej pomocníkoch (1964); L. Podjavorinská: Žabiatko (1964); S. Czambel: Janko Pipora (1966); V. Krupa (Hrsg.): Obrova stupaj. Maorijské rozprávky (1965); L. Ťažký: Kŕdel' divých Adamov (1965); A. Habovštiak: Zakliate ovečky pod Rozsutcom (1965); Sudy Katarinka. Slovenská l'udová balada (1965); M. Príbus (Hrsg.): Kamenné kanoe. Indiánske rozprávky (1967, [2]1969); M. Príbus (Hrsg.): Manitu ajándéka. Indián mesék (1968); S. Czambel: Janko Gondášik a zlatá paní (1969); Povest' o krásnej Ašme (1971).

Sekundärliteratur: Fr. Holešovský: Tvár a reč ilustrácie pre deti (1971).

Bonsels, Waldemar

*Dichter, Autor des Kinderbuches „Die Biene Maja und ihre Abenteuer"; * 21. 2. 1881 Ahrensburg b. Hamburg, † 31. 7. 1952 Ambach/Starnberger See.*

Nach dem Schulbesuch in Kiel unternahm B., Sohn eines Arztes, Wanderungen durch verschiedene Länder Europas und Reisen nach Ägypten, Indien, später Nord- und Südamerika; ab 1918 hatte er seinen Wohnsitz in Ambach/Starnberger See. Die International Mark Twain Society ehrte B. mit dem Titel des Vizepräsidenten h. c.

Werk, Tendenzen, Wirkung. Seit 1906 erschienen Erzählungen, Romane, Reisebücher, Schauspiele, Märchen und Lyrik von B. Er gehörte zu den meistgelesenen Autoren seiner Zeit. Fast alle seine Werke erreichten hohe Auflagen und wurden in viele Sprachen übersetzt (Das Anjekind, 1913; Indienfahrt, 1916; Notizen eines Vagabunden, 3 Bde., 1922 bis 25; Mario, ein Leben im Walde, 3 Bde., 1938). Seine Naturmärchen wurden als Kinderbücher Welterfolge: „Die Biene Maja und ihre Abenteuer" (Berlin 1912 — Stuttgart 1960: 1092. Tsd.; Übersetzungen in 28 Sprachen); „Himmelsvolk. Ein Märchen von Blumen, Tieren und Gott" (1915—50: 482. Tsd.; Übersetzungen in 11 Sprachen).

B. gilt als dichterischer Repräsentant einer den Erscheinungen und Gesetzen der Natur und der Psyche ehrfürchtig nachfühlenden Lebensphilosophie der Jahrhundertwende. Einflüsse der *Jugendbewegung* und des *Jugendstils* werden in einzelnen Gestalten, in Motivik und Sprachkultur seiner Werke deutlich, wie sie auch Züge des *Symbolismus* und der *Naturmystik* mit zeitgenössischen Dichtungen der Neuromantik gemeinsam haben. Kindheit und Reifungsprozeß, Ethos und Eros, Sehnsucht nach Wagnis und Rückkehr zur Geborgenheit in der Harmonie mit Natur und Gott sind Grundmotive der von ihm gestalteten Schicksale.

Ausfahrt und Heimkehr mit neuer Erkenntnis bestimmen auch die Handlungs- und Erlebnisgefüge der Märchen, die B. für Kinder und jugendliche Leser schrieb: die Abenteuer der Biene Maja, das Erdenschicksal des Blumenelfen in „Himmelsvolk" und die Märchenbilder und Traumgestalten in dem Bande „Die klingende Schale" (1940), aus dem 1944 in einer besonderen Bearbeitung „Knorrherz und Ermelinde" erschien. Der 1. Teil seiner Mario-Romantrilogie mit dem Titel „Mario und die Tiere" wurde ungekürzt zum Jugendbuch (1928). Dies 1950 im 129. Tsd. wieder aufgelegte Werk schildert das Leben des mutterlosen Knaben Mario im Walde als eine notwendige Reifungsstufe mit ihren eigenen Abenteuern.

„Mario" und die Märchen des „Himmelsvolk"-Bandes (gr. ill. Ausg. 1960) treffen heute nicht mehr in gleicher Weise den Lesergeschmack wie in der ersten Jahrhunderthälfte. Aber noch in den 60er Jahren behauptete sich „Die Biene Maja" unter den beliebtesten Jugendbüchern (1960: 1092. Tsd.). Mit der *individuellen Charakterisierung der jungen Biene,* die die Seligkeit des ersten Fluges gebotswidrig ausdehnt, beglückende und gefährliche Begegnungen mit verschiedenen Insekten erlebt und aus der Gefangenschaft bei den Hornissen entkommen kann, um ihren Stock vor dem Angriff zu warnen und damit zu retten, schuf B. *eine Kindern sich stark einprägende vermenschlichte Insektengestalt.* Phantasievoll und oft mit Humor hat er instinktive Verhaltensweisen der Insekten und einzelne, vom Menschen her gesehene Typen in namentragende kleine Personen, in Aktion und Dialoge umgesetzt.

Heutiger Sprach- und Wortschatzanalyse fällt es nicht schwer, Stellen der Grenzüberschreitungen zu *Sentimentalität und Kitsch* nachzuweisen; in der Treue und Verehrung der kleinen Maja gegenüber ihrer Königin läßt sich die ‚vaterländische' Tendenz des Thron- und Altar-Denkens, in der Güte-Handlung der Maja gegenüber dem ‚sterbenden feindlichen Offizier' aus der Garde der Hornissen die ethische Weisung zur Hilfeleistung und Versöhnung aller Geschöpfe herauslesen. Trotz dieser Auffälligkeiten aus heutiger Sicht ragt das Werk aus der Masse der in den ersten Jahrzehnten des 20. Jh.s in Mode gekommenen Naturmärchen mit vermenschlichten Tieren und naiven Morallehren heraus. B. ist in seinen Jugendbüchern kein anderer Dichter als in seinen Erzählungen und Romanen, zuletzt dem Christusroman „Dositos" (1948) und in der Lyrik des Nachlaßbandes (Gedächtnisschrift, Deutsche Verlagsanstalt 1952).

Margarete Dierks

→ Anthropomorphismus, → Jugendbewegung, → Jugendstil

Werke: Mare. Die Jugend eines Mädchens (1907); Das Anjekind (1913); Die Biene Maja (1912); Himmelsvolk (1915); Indienfahrt (1916); Notizen eines Vagabunden (Bd. 1—3. 1922—25); Mario und die Tiere (1928); Mario und Gisela (1930); Tage der Kindheit (1931); Der Reiter in die Wüste. Eine Amerikafahrt (1935); Marios Heimkehr (1937); Mario. Ein Leben im Walde (Bd. 1—3. 1938); Die klingende Schale (1940); Knorrherz und Ermelinde (1944).

Sekundärliteratur: F. Adler: Waldemar Bonsels. Sein Weltbild und seine Gestalten (1925). — R. Bulgrin: Waldemar Bonsels. Ein deutscher Dichter (1941). — J. Reisdorf: Mythos und Märchen im Werk Waldemar Bonsels (Diss. 1953). — K. Rheinfurt: Der neue Mythos. Waldemar Bonsels und sein Werk (1921; NA. 1930). — C. Stange: Waldemar Bonsels, seine Dichtung und seine Weltanschauung (1921).

Borchers, Elisabeth

*Lyrikerin, Autorin von Szenen, Prosastücken und Bilderbuchtexten, Herausgeberin von Anthologien, Übersetzerin; * 27. 2. 1926 Homberg/Niederrhein.*

B. wuchs im Elsaß auf. Längere Zeit verbrachte sie in Frankreich und den USA. Neben ihrer schriftstellerischen Arbeit ist sie als Verlagslektorin tätig (nach Neuwied/Rh. in Frankfurt/M). B. machte zunächst als Lyrikerin auf sich aufmerksam („Gedichte", 1961). Ihr Schaffen für Erwachsene umfaßt außerdem Szenen und Prosastücke (z.B. „Nacht aus Eis", 1965; „Eine glückliche Familie", 1970) und Übersetzungen. Mit „Bi Be Bo Ba Bu die Igelkinder", ill. von D. Blech, publizierte der Verlag Ellermann 1962 B.' erstes Bilderbuch. Bei Ellermann erschien seitdem der größte Teil ihrer Kinderbücher; seit 1972 veröffentlicht auch der Insel-Verlag einige ihrer Titel. B. erhielt 1965 den Erzählerpreis des Süddeutschen Rundfunks, 1967 den Kulturpreis der Deutschen Industrie. Sie ist Mitglied der Akademie für Wissenschaften und Literatur in Mainz und des PEN-Clubs.

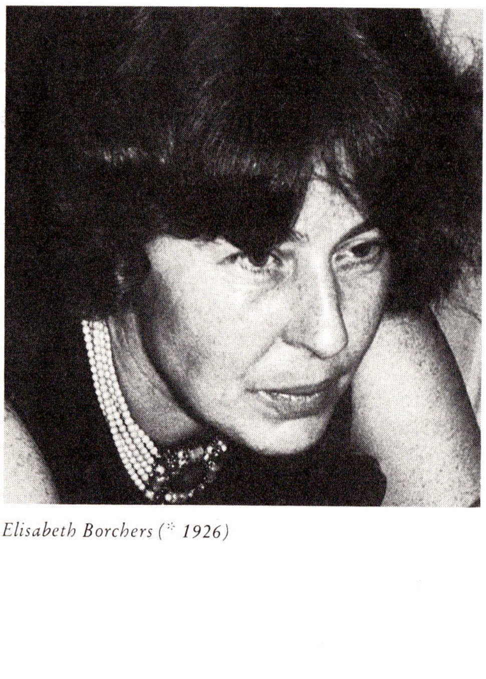

Elisabeth Borchers (1926)*

Werk, Tendenzen, Wirkung. In B.' Bilderbuchtexte gehen Elemente moderner Lyrik ein; sie stellen den Versuch dar, in der Verbindung von Information über Erfahrungen und Sachen mit Poesie Kindern poetische Sichtweisen zu erschließen. In „Und oben schwimmt die Sonne davon" (1965), von D. Blech stimmungsvoll illustriert, charakterisiert die Autorin in zwölf reimlosen Kalendergedichten, deren Wortkolorit jeweils durch ein Bild untermalt wird, Jahreszeiterfahrungen der Kindheit. Die frei assoziierenden Verse von starkem poetischen Reiz sind Beispiele für die Möglichkeit, Kinderlyrik in die Gesamtheit der lyrischen Entwicklung mit hineinzunehmen. In „Das alte Auto" (1965), ill. von W. Maurer, begibt sich Julius — eben dieses alte Auto — auf die Suche nach Anerkennung. Durch die durch Wüstentiere erfahrene Bestätigung glücklich gemacht, nimmt das alte Auto auf seiner Rückfahrt die Schönheit der belebten Dinge und der Lebewesen seiner Umwelt wahr, die es im Zustand der Traurigkeit nicht bemerkt hatte. Eine poetische Phänomenologie des Schnees bringt der Text „Schöner Schnee" (zuerst abgedruckt in „Das große Lalula", Ellermann-Lesebuch, zusammengestellt von B., 1971; als Bilderbuch, ill. von A. Robeck, 1972). Wirkungen von Schnee und Einwirkungen auf Schnee, Schneestruktur und Formen aus Schnee, das Vorkommen von Schnee und Schneetiere werden in diesem Text im Ineinanderfließen von Information und Poesie um- und beschrieben.
Besonders starke Resonanz rief B.' Buch „Das rote Haus in einer kleinen Stadt" (1969) mit Bildern von G. Stiller hervor. Es ist die Geschichte eines diktatorischen Bürgermeisters, der die Bewohner einer kleinen Stadt systematisch zur Einförmigkeit im Fühlen, Denken und Handeln bringt, bis das (verbotene) Weinen eines Mädchens bei dessen Vater den Widerstand auslöst. Seinem Beispiel folgend befreien sich die Einwohner von dem uniformierenden Alptraum. A. C. Baumgärtner lobt das Buch als geglücktes politisches Kinderbuch. „Das Buch, das überdies höchst intelligent und technisch vollendet illustriert ist, bietet zwar kein Abbild einer geografisch und historisch zu lokalisierenden konkreten politischen Ordnung, wohl aber stellt es infolge seines Parabelcharakters ein Modell zur Verfügung, mit dessen Hilfe inhumane Perversionen jeder Gesellschaft erfaßbar werden" (Baumgärtner: „Gesellschaftspolitische Tendenzen im modernen Jugendbuch" in: „Jugendliteratur in einer veränderten Welt", hrsg. vom Arbeitskreis für Jugendliteratur, 1972). Eine weitere eingehende Laudatio stellt der Beitrag „Dank für ein Kinderbuch" (JSW, 1970, S. 26) von H. Rinke dar. Einen Ansatzpunkt der Kritik findet B. Neuhaus: „Die

Darstellung des Mißbrauchs politischer Macht bleibt auf dem Niveau der Beschreibung der Folgen für den Alltag. Der Mißbrauch erscheint nur als Ausdruck des schlechten Charakters des Bürgermeisters. So ist es auch möglich, daß ein Einzelner seine Macht erfolgreich in Frage stellt" („Moderne Kindergeschichten für das Vorschulalter. Analyse", 1972). Dem Verhalten im Verkehr ist das Bilderbuch „,Papperlapapp', sagt Herr Franz, der Rennfahrer" (1971), ill. von R. SEELIG, gewidmet. Herr Franz behauptet in diesem Text das Recht des Stärkeren und Schnelleren; Herrn Fritz kommt die Funktion zu, gegen die Rücksichtslosigkeit des unbelehrbaren Herrn Franz zu argumentieren. Auf dem Vorsatzpapier sind zur Unterstützung der Intention der Verkehrserziehung Verkehrszeichen erklärt. Der Text mit der einsichtig geführten Argumentation ist schlicht und präzis. Eine skurrile Verwirrgeschichte legte B. mit „Herr Elf und seine elf Töchter" (1971), ill. von U. MAIORANA, vor, in der die Töchter des Herrn Elf mit dem heiratswilligen Philipp und dem kindlichen Leser ihr Spiel treiben. B. erwies sich außerdem wiederholt als einfühlsame Interpretin von Text- bzw. Bildvorlagen aus dem Ausland, so in M. E. AGOSTINELLIS Büchern „Ich weiß etwas, was du nicht weißt" (1969) und „Der eine groß, der andere klein" (1970), in W. W. MAJAKOVSKIJS „Vater, kauf mir ein Pferd" (1972) mit den originellen, die Entstehung eines Spielzeugpferdes, auf dem man reiten kann, stilisierenden Bildern von FL. COSTANTINI, in M. DURAS' „Ach, Ernesto" (1972) und A. CULLUMS „Die Geranie auf der Fensterbank ist eben gestorben, aber Sie reden einfach weiter Fräulein Schmitt" (1972) u. a. Weite Verbreitung erreichte die in die Auswahlliste 72 zum Deutschen Jugendbuchpreis aufgenommene, von B. sorgfältig zusammengestellte gemischte Anthologie „Das große Lalula" (1971). In dem Vorwort sagt B.: „Warum auf der Suche nach Geschichten, Gedichten für Kinder vor der Erwachsenenliteratur haltmachen? Es gibt eine Sprache, aus der man nicht herauswächst, die dem Kind wie dem Erwachsenen Poesie und Information, Verschwenderisches und Notwendiges bewahrt. Es gibt Bücher, denen es lästig wäre, an eine Altersstufe gebunden zu sein". 1972 folgte als zweiter Band dieser neuen Anthologiereihe „Ein Fisch mit Namen Fasch", der die gleiche Sorgfalt in der Auswahl von Texten und Illustrationsbeispielen und in der Wahl der typografischen Mittel zeigt. Auch diese Bände zeugen von dem Anspruch B'. an das, was Kindern und Jugendlichen an Literatur in die Hand gegeben werden soll, um sie in die Literatur als eine Möglichkeit der Auseinandersetzung mit der Welt einzuführen.

Gerlinde Rabenstein

Werke: Bi Be Bo Ba Bu die Igelkinder (1962); Und oben schwimmt die Sonne davon (1965); Das alte Auto (1965); Das rote Haus in einer kleinen Stadt (1969); Herr Elf und seine elf Töchter (1971); Papperlapapp, sagt Herr Franz, der Rennfahrer (1971); Als Zaddelpaddel kam (1972); Schöner Schnee (1972).
Hrsg.: Das große Lalula (1971); Ein Fisch mit Namen Fasch (1972).
Übers.: M. E. Agostinelli: Ich weiß etwas, was du nicht weißt (1969); M. E. Agostinelli: Der eine groß, der andere klein (1970); M. Duras: Ach, Ernesto (1972); A. Cullum: Die Geranie auf der Fensterbank ist eben gestorben aber Sie reden einfach weiter Fräulein Schmitt (1972); W. Majakovski: Vater kauf mir ein Pferd (1972).

Borg, Inga

*(d. i. Inga Borg-Grubbström). Schwedische Malerin, Illustratorin, Bilderbuchautorin; * 15. 8. 1925 Stockholm.*

B. studierte Bildende Kunst an schwedischen Akademien und war als Malerin auf mehreren Kunstausstellungen vertreten. Neben ihrer schriftstellerischen und illustratorischen Tätigkeit gestaltet sie Kinderprogramme für Fernsehen und Rundfunk. B. lebt z. Zt. in Solna/Schweden.

Werk, Tendenzen, Wirkung. In Deutschland wurde die Bilderbuchkünstlerin, von der mehrere Titel auf die Empfehlungsliste zum Deutschen Jugendbuchpreis gelangten, unter dem Namen I. GRUBBSTRÖM mit den inzwischen vergriffenen Bilderbüchern „Plupp bygger bo" (1956; dt. Plupp und das Wiesel, 1956) und „Plupp gör en långfärd" (1957; dt. Plupp auf großer Fahrt, 1958) bekannt, die nach W. SCHERF zu den „schönsten Bilderbüchern der Nachkriegszeit" zählen (in: Zeitschr. f. J.lit. 1968. 3.). Sie erschließen mit Hilfe einer phantastischen Trollgestalt die spezifische Atmosphäre der skandinavischen Landschaft.
In den folgenden, unter dem Autorennamen B. veröffentlichten Tierbilderbüchern stellt B. nach sich wiederholendem Grundschema typische Lebensgewohnheiten, Entwicklungsstadien und Umweltbedingungen einzelner Tiere aufgrund sicherer zoologischer Kenntnisse erzählend und bildnerisch dar. Die Tiere als Handlungsträger sprechen zwar, werden aber ihrer Eigenart nicht entfremdet wie z. B. „Renen Parrak" (1959; dt. Parrak, das weiße Rentier, 1960), „Bamse Brunbjørn" (1961; dt. Brumm, der braune Bär, 1961), „Älgen Trampe" (1962; dt. Trampe, der Elch, 1962). In „Plupp" (1964; dt. Plupp und seine Freunde, 1965) und „Plupp reser till havet" (1967; dt. Plupp entdeckt das Meer, 1968) greift B. die Thematik der früheren phantastischen Erzählungen noch einmal auf und variiert sie im Zusammenhang mit den Tierfiguren ihrer anderen Werke. Die nüchterne, dialogische, knappe Erzählweise verläßt sie in den neueren Publikationen häufig zugunsten gefälligerer Ausschmückung. Naturkundliche Belehrungen und indirekte pädagogische Hinweise sind unaufdringlich eingefügt. B.s Werk zeichnen Harmonie von Text und Bild und Einheit von sachgemäßer Information

und künstlerischer Gestaltung aus. Die Illustrationen in käftiger Schwarz-Weiß-Technik und leuchtend bunten Farben weisen klare Konturen der Figuren und deren vorwiegend landschaftlicher Umgebung auf. *Anneliese Knoop*

Werke: Plupp och renarna (1955, unter I. Grubbström); Plupp bygger bo (1956, unter I. Grubbström; dt. Plupp und das Wiesel, 1956); Plupp gör en långfärd (1957, unter I. Grubbström; dt. Plupp auf großer Fahrt, 1958); Renen Parrak (1959; dt. Parrak, das weiße Rentier, 1960); Plupp och Lämlarna (1960); Bamse Brunbjørn (1961; dt. Brumm, der braune Bär, 1961); Älgen Trampe (1962; dt. Trampe, der Elch, 1962); Svanen Vingevit (1963; dt. Wingewit, der weiße Schwan, 1963); Micke Rödpäls (1964; dt. Rotpelz, der Fuchs, 1964); Plupp (1964; dt. Plupp und seine Freunde, 1965); Agnetas ovanliga dag (1966); Plupp reser till havet (1967; dt. Plupp entdeckt das Meer, 1968); Agnetas dag med pappa (1968); Kiiris långa resa under solen (1968; dt. Kiiri fliegt der Sonne nach, 1969); Plupp och fågelberget (1969); Tjirr (1966). *IJB*

→ Schweden

Borromäusverein

Der B., Verein vom hl. Karl Borromäus e.V., mit Sitz in Bonn, ist die bedeutendste katholische Büchereiorganisation Deutschlands.

Ihre Periodica und Zeitschriften behandeln auch Themen zur Kinder- und Jugendliteratur und bringen regelmäßig Besprechungen von Kinder- und Jugendbüchern.

Geschichtliches. Die organisierte Büchereiarbeit der deutschen Katholiken begann um die Mitte des 19. Jh.s Es entstanden mehrere Verbände, u. a. 1844 der B., der die bedeutendste Organisation blieb, und 1901 der St. Michaelsbund als Katholischer Presseverein für Bayern, heute Fachverband für die katholischen Büchereien in Bayern. Die Verbände setzten sich die Förderung der katholischen Büchereien zum Ziel, die im Laufe ihrer Entwicklung zu öffentlichen, der Allgemeinheit zugänglichen Volks- und Jugendbüchereien ausgebaut wurden. Mehr und mehr wurden nicht nur Bücher katholischer Verfasser und Verleger berücksichtigt, sondern Bücher aus allen Literatursparten und Wissensgebieten, die dem aus katholischer Haltung gesehenen christlichen Bildungsauftrag dienen. Der Zentrale des B.s in Bonn sind heute eine Bibliotheksschule, eine Fernleihbibliothek (ca. 50000 Bände), Blindenbücherei und Einkaufsstellen für Bücherei und Büchereibedarf angeschlossen.

Beratung zur Kinder- und Jugendliteratur. In der Rezensionszeitschrift des B.s „Das Neue Buch“ erscheinen jährlich ca. 3000 Buchbesprechungen, davon 700—800 zu Kinder- und Jugendbüchern. Außerdem gibt der B. zur Beratung der Mitglieder jährlich ein Auswahlverzeichnis mit 300 Titeln u. a. aus der Kinder- und Jugendliteratur heraus. In den „Werkheften zur Büchereiarbeit“ werden Fragen der Kinder- und Jugendliteratur und der Jungleserkunde erörtert, z. B. „Jugendbuch und Bücherei als Weg der Selbstbildung“, „Beiträge zur Arbeit mit dem Kinder- und Jugendbuch“ u. a. Der B., Mitglied der Arbeitsgemeinschaft der kirchlichen Büchereiverbände, ist auch Mitglied des Arbeitskreises für Jugendliteratur. *Rosemarie Fritzdorf*

Bosco, Don Giovanni

*Italienischer Priester, bedeutender Pädagoge des 19. Jh.s, Verf. von Schriften zur Jugenderziehung, von Biographien, Erbauungs- und Lehrbüchern für die Jugend; * 16.8.1815 Becchi/Piemont, † 31. 1. 1888 Turin.*

Nach seiner Priesterweihe 1841 entfaltete B. in Turin vom Jahre 1842 an seine fürsorgerische pädagogische Wirksamkeit unter der gefährdeten männlichen Jugend der ärmsten Volksschichten und schuf für sie 1846 die erste dauernde Heimstätte in Turin-Valdocco. Mit dem Kreis seiner Helfer gründete er 1859 die Priestergenossenschaft zur Seelsorge der männlichen Jugend (Salesianer Don B.); es folgte die Gründung der Gemeinschaft Salesianischer Mitarbeiter (Laien) und 1872 die der religiösen Vereinigung der Salesianerinnen zur Fürsorge der weiblichen Jugend. Die Zahl der Don B.-Niederlassungen (Heime, Schulen, Lehrwerkstätten) in Italien, Frankreich, Spanien und Übersee betrug bis zu seinem Tode bereits 62. Im Jahre 1934 erfolgte die Heiligsprechung Don B.s.

Werk, Tendenzen, Wirkung. Im Laufe seines Wirkens verfaßte B. über 100 Schriften zur Jugenderziehung und Volksbelehrung, meist Lehrbücher, Biographien vorbildlicher Jugendlicher, Gebet- und Erbauungsbücher, und war Herausgeber von religiösen Jugendschriften. B.s praktische und theoretische Pädagogik baut im Religiösen auf, basiert auf Wertentscheidung des Einzelnen, auf persönlicher Hingabe an Gott. Seine Vorstellungen von Erziehung, die sich auf gegenseitiges Vertrauen von Zögling und Erzieher gründen, vereinen sachliche Belehrung, praktische Hinweise, Gymnasialausbildung wie auch religiös-sittliche Unterweisung. B. lehnt Zwang und körperliche Strafen ab und fordert Präventivmaßnahmen zur Verhinderung von Abwegen. Auch in Deutschland hat das Wirken Don B.s Beachtung in der Heimpädagogik gefunden; in mehreren Jugendbüchern wurden seine Persönlichkeit und sein Leben mit der Jugend jugendlichen Lesern nahegebracht. *Rosemarie Fritzdorf*

Werke: Storia ecclesiastica (1845); Storia sacra (1846); Il giovane provveduto per la pratica dei suoi doveri religiosi (1850); La storia d'Italia (1856); Gli esempli edificanti proposti alla gioventù (1861); Maniera facile per imperare la storia sacra (1877); La figlia christiana provveduta la pratica dei suoi doveri (1878); Il sistema preventivo nell'educazione della gioventù (1877); Vita di san Paolo (1878); Vita di san Martino vescovo di Tours (1886);

Vita del giovenetto Domenico Savio (1894); Opere e scritti editi e inediti (Bd. 1—3. 1929—39); F. Pöggeler (Hrsg.): Pädagogische Visionen und Reflexionen (1965).

Sekundärliteratur: A. Auffray: Il metodo educativo del venerando Giovanni Bosco (1925). — H. Bosco: Saint Jean Bosco (1959; dt. Don Bosco, 1961). — C. Burg: Don Bosco und seine Pädagogik (1948). — F. Crispolti: Don Bosco (1916). — P. Dörfler: Der Bubenkönig (Jugendbuch. 1931, [16]1965); Der junge Don Bosco (Jugendbuch. 1930. [13]1966). — G. B. Francesia: Vita populare del beato Giovanni Bosco (1930). — G. Joergensen: Don Bosco (1929). — H. Kremer: Ein ganzer Kerl (1937, [3]1938). — G. B. Lemoyne: Vita del venerando Don Bosco (1920, 1947; dt. Der ehrwürdige Diener Gottes Don Johannes Bosco. Bd. 1 u. 2. 1927—32); Memorie biografiche di Giovanni Bosco (Bd. 1—9. 1898 bis 1917). — E. J. Lutz: Der lachende Engel (1964). — N. Padellaro: Il sistema preventivo di Don Bosco (1958). — M. Pellissier: Don Bosco (Jugendbuch. 1953). — C. Salotti: Il beato Giovanni Bosco (1920, [2]1930). — E. Vercesi: Don Bosco (1929). *IJB*

Brandt, Katrin

*Graphikerin; * 4. 4. 1942 Bad Homburg.*

B. verbrachte ihre Kindheit und Jugend in Ulm und Hannover, besuchte bis 1960 die Waldorfschule, erhielt Zeichenunterricht und bekam bald ihre ersten Aufträge. Nach 1960 studierte B. an der Werkkunstschule Hannover, in der Klasse für Gebrauchsgraphik und ab 1962 in der Klasse für freie Malerei und Graphik. 1964 zeichnete die Stadt Hannover die Graphikerin mit dem Gropius-Preis aus. Sie erhielt zudem ein Stipendium für einen Holland-Aufenthalt. Danach arbeitete B. als Lektorin und Praktikantin in einer Siebdruckerei. Seit 1965 ist B. verheiratet (Beck) und lebt in Wolfsburg.
Für ihr erstes Bilderbuch „Die Wichtelmänner" (1967) erhielt B. auf der 5. Internationalen Kinderbuchmesse in Bologna den ersten Preis für Graphik und 1968 den Preis für das beste Bilderbuch im Rahmen des Deutschen Jugendbuchpreises. 1967 wurde es unter die Schönsten Schweizer Bücher aufgenommen. *Horst Künnemann.*

Ill.: J. u. W. Grimm: Die Wichtelmänner (1967); H. M. Denneborg: Vom Fischer und seiner Frau (1969); A. Bröger: Raupengeschichte (1971). *IJB*

Brasilien

(Républica dos Estados Unidos do Brasil). Südamerikanische Bundesrepublik, die die östliche Hälfte des Kontinents umfaßt und von allen südamerikanischen Staaten außer Ecuador und Chile begrenzt wird. Staatsgebiet: 8 511 965 km². Einwohner: 52 645 500. Ursprünglich portugiesische Kolonie, wurde Brasilien 1822 selbständiges Kaiserreich. Nach dem Sturz der Monarchie am 15. 11. 1889 beschloß eine konstituierende Versammlung am 24. 2. 1891 die neue Verfassung der Vereinigten Staaten von Brasilien. Das Staatsgebiet ist in 22 Staaten, vier Bundesterritorien und einen Bundesdistrikt unterteilt. Die Bevölkerung setzt sich aus etwa 62 % Weißen (europäischer Abstammung), 26 % Mischlingen, 11 % Negern und 1 % Indianern und eingewanderten Asiaten zusammen. Amtssprache ist Portugiesisch.

Entwicklung der KJL und gegenwärtiger Stand. Die mündliche Überlieferung spielt in der brasilianischen Kinderliteratur eine besonders bedeutungsvolle Rolle. Sie wird aus drei Quellen gespeist: den Legenden der Eingeborenen, dem folkloristischen Gut aus dem Mutterland Portugal und dem Gedankengut der Afrikaner, die als Sklaven nach Brasilien gebracht wurden. Heute haben sich die folkloristischen Überlieferungen verschiedenen Ursprungs zu einer kaum noch auseinanderzuhaltenden Mischung zusammengefügt. Da auch gegenwärtig der Anteil der Analphabeten in Brasilien beträchtlich ist, erhält ein Teil der brasilianischen Kinder und Jugendlichen noch immer erste Einblicke in das brasilianische Literaturgut durch mündliche Weitergabe alten Erzählgutes. Viele brasilianische Literaten und Literaturtheoretiker weisen auf die große Bedeutung hin, die die Erzähltradition bei der Erziehung der Kinder bis heute besitzt. So erinnert sich S. Romero (1851—1914), der erste Folklorist Brasiliens, der sich wissenschaftlich mit den Erzähltraditionen seines Landes befaßte, an die Dienstmädchen, Ammen und Kindermädchen — meist Negerinnen oder Mischlinge —, die durch die mündliche Weitergabe der alten Legenden, Märchen, Sagen und Lieder an die ihnen anvertrauten Kinder das alte Erzählgut wachhielten und vielen Kindern die erste Berührung mit dem alten Gedankengut vermittelten. Besonders die Negerammen waren und sind wegen ihrer oft erstaunlich anmutenden Gedächtnisleistungen berühmt.
1876 erschien das Buch „O selvagem" (Die Wildnis), eine Sammlung von Eingeborenenlegenden aus Brasilien. Der Autor, C. de Magalhaes (1849 bis 1879), der lange Zeit als Offizier im brasilianischen Urwald stationiert war, studierte die Sprache der Tupi-Indianer und schrieb eine erste Grammatik der Tupi-Sprache. Daneben sammelte er die Legenden und Geschichten, die von den Indianern seit Menschengedenken weitergegeben wurden. In diesen Eingeborenenlegenden spielen Urwaldtiere eine beherrschende Rolle. Geschichten wie „A raposa e a onca" (Fuchs und Jaguar) oder „O urubu e o sapo" (Der Aasgeier und die Kröte) erinnern mit ihrer Kürze und in ihrer weisen Erkenntnis an die alten Fabeln eines Äsop oder Fedro y Aviano.
S. Romero, der wohl bedeutendste Folklorist Brasiliens, hat in seinen „Contos populares do Brasil" (1885, Volkstümliche Erzählungen aus Brasilien) und in dem erst nach seinem Tode herausgegebenen Sammelwerk „Folklore brasileiro" eine ganze An-

zahl der von DE MAGALHAES gesammelten Eingeborenenlegenden wieder aufgenommen. ROMERO sammelte nicht nur die Legenden der Urwaldbewohner, er trug auch die Romanzen, Lieder, Kinderreime und Ammenmärchen aus dem portugiesischen Mutterland und das aus afrikanischer Überlieferung stammende Erzählgut der brasilianischen Neger zusammen. Besonders interessierte er sich für Märchen, Fabeln, Ammenreime, Kinderlieder, Neck- und Rätselverse. Seine bekanntesten zu Lebzeiten erschienenen Werke sind neben den „Contos populares do Brasil" die „Cantos populares do Brasil" (1883, Brasilianische Volkslieder) und „Estudios sobre a poesia popular" (1888, Studien zur Volksdichtung). Bis heute werden diese Werke als Quellenmaterial für ungezählte Kinderanthologien, Bilderbücher und Reimsammlungen benutzt. Die sprachliche Qualität der von ROMERO überarbeiteten Legenden hat dazu geführt, daß viele davon noch heute in Schullesebücher übernommen werden.

Eine zweite Quelle für die brasilianische Kinderliteratur bildeten die Märchen, Legenden und Volksbücher, die als „Historias maravillosas" (Wundersame Erzählungen) aus Spanien und dem portugiesischen Mutterland mit den Einwanderern nach Brasilien kamen. Besonders verbreitet waren zu Beginn der Besiedlung Brasiliens durch portugiesische Eroberer die aus dem 14., 15. und 16. Jh. stammenden Rittergeschichten wie „Donzela Teodora", „Imperatriz Porcina", „Princesa Magalona", „Joaode Calais" oder „Carlos Magno e os Doze Pares de Franca" (Karl der Große und seine zwölf Paladine aus dem Frankenreich). Ursprünglich für Erwachsene geschrieben, von Erwachsenen wie Kindern gleichermaßen gern gelesen, wurden diese den deutschen Volksbüchern vergleichbaren Ritterlegenden schon bald zur speziellen Kinderliteratur. Vor allem die im 19. Jh. einflußreiche Verlagsgemeinschaft „Livraria do Povo Quaresma" (Volksbücherei für die Fastenzeit) brachte eine große Anzahl dieser alten Rittergeschichten als Bearbeitungen für junge Leser in zahlreichen Auflagen heraus. Als wichtigste Ausgaben, deren Ersterscheinungsjahre kaum noch zu ermitteln sind und die in immer neuen Auflagen ohne Jahresangabe nachgedruckt wurden und zum Teil noch werden, gelten die „Historia da Prinzesa Magalona", die „Historia do grande Roberto do Diabo" (Die Historie von Herzog Robert dem Teufel) und „Historia de Joao de Calais, lindisima historia cheia de peripecias maritimas; naufragios, asaltos de piratas, incendios en alta mar; tempestades, navios de encontro aos rochedos, despedacando se" (Historie von Joao de Calais, eine schöne Schilderung von Seeabenteuern; von Schiffbrüchen, Piratenangriffen, Bränden auf offenem Meer, von Stürmen und von Schiffen, die an Felsklippen zerschellen).

Da die Erziehung der besser gestellten jungen Brasilianer vorwiegend in französischen, englischen und nordamerikanischen Schulen stattfand, gelangten auch zahlreiche Kinder- und Jugendbücher aus diesen Ländern, vor allem aus Frankreich, nach Brasilien.

Als erstes Zeugnis einer spezifischen brasilianischen Kinderliteratur ist der Band „Contos da Carochinha" (1894, Ammenmärchen) anzusehen, der von der Livraria Quaresma herausgebracht wurde. Die Bearbeitung und Zusammenstellung des Bandes besorgte F. PIMENTEL, der erste brasilianische Kinderbuchautor. Das Buch enthält eine Reihe von Märchen, die zum Teil aus den Werken der Brüder GRIMM, den Märchen PERRAULTS, aber auch aus der brasilianischen Erzähltradition stammen. Das Buch erlebte zahlreiche Auflagen, nicht zuletzt wegen seiner qualitätsvollen Farbillustrationen. Es wurde auch als Geschenk an gute Schüler in den Schulen vergeben und fand Eingang in den Unterricht. Ein zweiter Band unter dem Titel „Historias de Baratinha" enthielt Geschichten wie „O papagaio real" (Der echte Papagei), „O genio mysterioso" (Der geheimnisvolle Geist), „Historia de Ali", „Proezas de Beymi" (Heldentaten des Beymi) und „Os tres irmaos" (Die drei Brüder). Der große Erfolg der beiden Bände ermunterte PIMENTEL zu einem 3. Band, den „Historia de Avosinha" (Großmuttergeschichten), mit dem Untertitel „Contendo cincoenta das mais celebres primorosas, divinas e lindas historias moraes e piedosas" (enthaltend fünfzig der berühmtesten, beliebtesten, reizendsten und anmutigsten moralischen und frommen Geschichten). Es finden sich darunter Erzählungen wie „O avo e o netinho" (Großvater und Enkelsohn), „O soldado e o diabo" (Der Soldat und der Teufel), „A gatinha branca" (Der weiße Kater), „O companheiro de viagem" (Der Reisegefährte), „O violino magico" (Die Zaubergeige) und „O sargento verde" (Der junge Unteroffizier). Ein letzter Band, „Historias do arco da velha" (Regenbogengeschichten) brachte eine Zusammenstellung europäischer, darunter auch portugiesischer Märchen in der Bearbeitung von PIMENTEL. In dem Untertitel dieses Bandes heißt es: „Livro para criancas. Contendo sessenza das mais primorosas historias populares, moraes et proveitosas de varios paizes, algumas traduzidas do irmaos Grimm, Perrault, Andersen, Madame D'Aulnoy e outras recolhidas directamente da tradicao oral" (Buch für Kinder. Enthält sechzig der beliebtesten volkstümlichen Erzählungen, moralischen und nützlichen Erzählungen aus verschiedenen Ländern, zum Teil Übersetzungen von Märchen der Brüder Grimm, von Perrault, von Andersen, von Mme. D'Aulnoy und andere aus der mündlichen Erzähltradition stammende Geschichten).

Die Livraria Quaresma und PIMENTEL schufen in enger Zusammenarbeit die Anfänge einer systematischen Kinder- und Jugendliteraturproduktion. Das Schaffen PIMENTELS ist durch seine Vielfalt gekennzeichnet. Neben dem Sammeln, Übersetzen und Bearbeiten bekannter europäischer Märchen sammelte er auch die brasilianischen Kinderlieder und -reime, schrieb eigene Kindergedichte, Erzählungen und Fabeln und stellte einen Band „Teatrinho infantil“ (Kindertheater) zusammen, der eine Anzahl selbstverfaßter Theaterstücke für Kinder enthält.

Die Livraria Quaresma brachte ebenfalls im 19. Jh. eine Reihe von Anthologien für junge Leser heraus, wie etwa „Primores de Poesia Portuguesa“ (Meisterwerke der portugiesischen Dichtung) oder „Lira Popular“ (Beliebte Weisen), die volkstümliche Dichtungen des Mutterlandes in neuen Zusammenstellungen enthalten und die, in den Schulen als Lesestoff eingeführt, bis heute zum Grundstock der brasilianischen Kinderliteratur zählen.

Ebenfalls im 19. Jh. führte der Lissaboner Verlag David Corazzi in Brasilien die utopischen Jugendromane von J. Verne, den „Robinson Crusoe“, die Lederstrumpfgeschichten von Cooper und die „Contos de Schmid“ (Erzählungen von Christoph von Schmid) ein. Ende des 19. Jh.s waren in Brasilien auch zahlreiche Jugendausgaben bekannter volkstümlicher Werke der Weltliteratur verbreitet wie „Os Tres Mosqueteiros“ (Die drei Musketiere), „Visconde de Bragelona“ (Der Graf von Bragelone, in Deutschland unter dem Titel „Zwanzig Jahre nachher“ bekannt), „Os Misterios de Paris“ (Die Geheimnisse von Paris) und „O Judeu errante“ (Der ewige Jude).

Von den Bearbeitungen Pimentels und den aus der brasilianischen Folklore stammenden Anthologien und Sammlungen einmal abgesehen, stammte der Großteil der im 19. Jh. in Brasilien verbreiteten Kinder- und Jugendbücher aus Portugal, Spanien und dem übrigen Ausland. Erst mit der literarischen Tätigkeit von J. Fr. Monteiro Lobato (1882 bis 1948) begann die Epoche des eigenständigen und modernen brasilianischen Kinder- und Jugendbuches.

Monteiro Lobato übernahm nach dem Tod seines Großvaters das Landgut Baquira. Nachdem er durch Waldbrände große Verluste in seinen Pflanzungen erlitten hatte, schrieb er an die Zeitschrift „O Estado de Sao Paulo“ einen langen, geharnischten Brief, in dem er die Rückständigkeit der brasilianischen Verwaltung und des brasilianischen Bildungswesens anprangerte und sich für den Kampf gegen Krankheit, Apathie und Analphabetismus einsetzte. Das große Echo, das die Veröffentlichung seines Briefes fand, ermunterte ihn zur Gründung von mehreren Zeitungen und eines Verlages. Im Jahr 1921 gab er eine Reihe illustrierter Hefte mit Erzählungen für Kinder heraus, die unter dem Sammeltitel „A menina do narizinho arrebitado“ (Das Mädchen mit der Stupsnase) erschienen und in weniger als einem Jahr eine Auflage von 50 000 Stück erreichten. Zwischen 1921 und 1930 wurde Monteiro Lobato in ganz Südamerika und darüber hinaus als der Motor des brasilianischen Verlagswesens und besonders als Begründer einer eigenständigen modernen Kinder- und Jugendbuchproduktion bekannt. Daneben schrieb er auch eine große Anzahl von Kinder- und Jugendbüchern.

Monteiro Lobato, der von sich selbst im Alter einmal sagte, daß er vieles bereue, was er in seinem Leben getan habe, nicht aber, daß er für Kinder geschrieben habe, kommt mit seinen Büchern der Freude der Kinder am Abenteuerlichen und Phantastischen, am Witzigen und Unerwarteten entgegen. Er schuf eine ganze Reihe von Figuren wie Emilia, Rabico, el Visconde de Sabugosa, el Conselheiro oder Don Benta, die für brasilianische Kinder zu vertrauten Gestalten geworden sind. Durch diese Gestalten und deren Erlebnisse erfährt das brasilianische Kind die Weite der Welt, erhält es auch Zugang zu den Klassikern der Weltliteratur. Ein Meister des Dialogs und der Erfindung immer neuer und spannender Szenen, verstand er die Aufmerksamkeit der jungen Leser das ganze Buch hindurch zu fesseln. Mit seinem Sinn für Humor und kindliche Übertreibung hat er eine Kinder ansprechende Sprache gefunden.

Oft griff Monteiro Lobato auf schon bekannte Stoffe der Weltliteratur zurück und arbeitete sie für seine kindlichen Leser um oder spann seine Geschichten dort weiter, wo die alten Erzählungen endeten. Er schrieb unter anderem „Memorias de Emilia e Peter Pan“ (Erinnerungen von Emilia und Peter Pan), „Don Quixote das Criancas“ (Der Don Quijote für Kinder), „O Minotauro“ (Der Minotaurus), „Os doze Travalhos de Hércules“ (Die zwölf Arbeiten des Herkules) und „Historia do Mundo para as criancas“ (Weltgeschichte für Kinder). Er übersetzte und bearbeitete unter anderem „Contos de Grimm“ (Grimms Märchen), „Contos de Andersen“ (Andersens Märchen), „Alice no Pais do Espelho“ (Alice im Spiegelland), „Alice do Pais das Maravillas“ (Alice im Wunderland), „Robinson“ und „Robin Hood“. Eines seiner verbreitetsten Bücher ist „Las Aventuras de Hans Staden“, eine Erzählung um die Erlebnisse des Deutschen Hans Staden, der 1549 an der brasilianischen Küste Schiffbruch erlitt und lange Jahre als Gefangener indianischer Stämme lebte. Das Buch ist in Brasilien zum brasilianischen Robinson geworden und hat größere Verbreitung gefunden als Defoes Robinson. Die Erstausgaben der inzwischen in unzähligen Auflagen erschienenen Bücher Monteiro Lobatos lassen sich heute kaum noch datieren.

Ein Zeitgenosse von Monteiro Lobato war Th. de Andrade. Von ihm stammt das in Brasilien weit verbreitete und von Kindern sehr beliebte Buch „Saudade“ (1922, Sehnsucht), das den bis dahin unbekannten Autor über Nacht berühmt machte. Das Buch erlebte zahlreiche Auflagen und wird noch heute immer wieder neu herausgegeben. Es ist die Geschichte einer Bauernfamilie, die ihr Landgut im Stich läßt und in die Stadt zieht, um dort mehr zu verdienen. Der Junge der Familie verzehrt sich in Sehnsucht nach dem freien und ungebundenen

Landleben. Schließlich zieht die Familie, nachdem ihre Erwartungen in der Stadt nicht erfüllt wurden, wieder zurück auf das Land, wo der Vater ein neues Landgut kauft und bewirtschaftet. Der Junge kommt auf die Hochschule für Agrarwirtschaft und bereitet sich auf seinen Beruf als Landwirt vor. Das Buch ist ein Loblied auf den brasilianischen Landarbeiter, der bis heute die gesellschaftliche Basis des brasilianischen Staates bildet, ein Evangelium des Bauerntums. Im Mittelpunkt der Geschichte stehen die Erlebnisse der Kinder der Familie bei ihrem täglichen Umgang mit den Landarbeitern. Es folgten noch 25 weitere Kinderbücher, von denen besonders „Itai, o menino das selvas" (1936, Itai, der Liebling des Urwaldes) bekannt geworden ist. Es ist die Geschichte eines neuen, kindlichen Tarzans, der mit Vögeln, Ameisen und Schlangen spricht, der fliegen kann und in das Innere der Erde vordringt. Das Buch ist eine Mischung von Realität und Phantasie, benutzt zahlreiche folkloristische Elemente wie die Legenden der Urwaldindianer und bringt eine Reihe interessanter Sachdarstellungen.
V. CORREA (* 1883), dessen historische Romane in Brasilien eine breite Wirkung erreichten, schrieb auch eine Reihe historischer Erzählungen für junge Leser. In seinen Büchern „Historias do Brasil para criancas" (Geschichte Brasiliens für Kinder) und „Contos da Historia do Brasil" (Erzählungen zur Geschichte Brasiliens) versucht der Autor die Bemühungen des brasilianischen Volkes um staatliche Selbständigkeit aufzuzeigen.
H. DE CAMPOS (1886—1934), der sich vor allem durch seine „Memorias inacabadas" (1933, Unvollendete Memoiren) in Südamerika einen Namen machte, in denen er seine Jugend beschreibt, während der er als Buchdrucker durch Brasilien reiste und die Landschaften und Volkstypen eindringlich studierte, um seine Beobachtungen dann in Zeitschriften einprägsam zu skizzieren, schrieb auch ein Kinderbuch, die „Historias maravillosas" (1925, Wunderbare Geschichten), eine Mischung von Erzählungen, Anekdoten, belehrenden Abhandlungen und klassischen Stücken der Weltliteratur. Das Buch erlebte bis heute zahlreiche Auflagen.
Die Autorin L. MACHADO DE ALMEIDA (* 1912) befaßt sich in ihren Jugendschriften vor allem mit den Tieren des Urwaldes und dem Leben in den Tiefen der Meere. Von ihren erzählenden Sachbüchern wurden die Bücher „Atiria, a borboleta" (1959, Atiria, ein Schmetterling) und „No fundo do mar" (1959, In den Tiefen des Meeres) besonders bekannt. L. MACHADO DE ALMEIDA ist eine der wenigen brasilianischen Kinderbuchautorinnen, die sich vorwiegend mit Sachthemen befaßt.
FR. MARINS, Jahrgang 1922, der in Brasilien mit seinen Urwaldromanen Berühmtheit erlangt hat, schrieb auch eine Serie von Kinderbüchern um die Gestalt des „Taquara-Poca" mit Titeln wie „Os segredos de Taquara-Poca" (Das Geheimnis von Taquara-Poca) oder „O Coleira Preta" (Schwarzes Halsband). Obwohl die Hauptgestalten der Serie auf ihren Wanderungen durch den Urwald merkwürdige Begegnungen mit Wesen aus der Eingeborenenmythologie haben und sich mit den Tieren in deren Sprache unterhalten können, versteht es der Autor, so spannend und sachgerecht zu erzählen, daß seine Geschichten auch bei schon größeren Kindern sehr beliebt sind.
C. MEIRELESS ist eine der wenigen reputierten Schriftstellerinnen Südamerikas, die auch für Kinder schreiben. Wie G. MISTRAL ist sie von der Wichtigkeit künstlerisch wertvoller Bücher für Kinder überzeugt und will mit ihren 6 Gedichtbänden dazu beitragen, schon jungen Lesern die Qualität der Sprache sichtbar werden zu lassen. Vor allem der Band „Romanceiro da inconfidencia" (1953, Romanzensammlung vom Verrat) mit den Gedichten „Romance XIV ou da Chica da Silva" (Romanze Nr. 14 oder Tanz der Neger im Dorngestrüpp) und „Romance XXXVIII ou do embucado" (Romanze Nr. 38 oder der Vermummte) ist durch seine geheimnisvolle, symbolische Sprache berühmt geworden.
Organisationen, Förderungsmaßnahmen, Literatur zur KJL. In Brasilien ist der Einfluß der Pädagogen auf die Entwicklung der Kinder- und Jugendliteratur sowie hinsichtlich der Einrichtung von Kinder- und Jugendbibliotheken besonders stark. Vor allem M. BERGSTROM LOURENCO FILHO, der lange Mitarbeiter des Instituto Nacional des Estudos Pedagogicos war und eine Reihe beachtenswerter Arbeiten zu psychologischen und pädagogischen Themen verfaßt hat, kümmert sich um die Probleme der Kinder- und Jugendliteratur. Er schrieb die wichtigste kritische Abhandlung zur Geschichte der brasilianischen Kinder- und Jugendliteratur, „Como aperfeicoar a literatura infantil" (1957, Wie kann die Kinderliteratur verbessert werden).
Als größter lateinamerikanischer Staat hat Brasilien die umfangreichste Kinder- und Jugendbuchproduktion in Südamerika aufzuweisen. Eine Bibliographie aller im Berichtsjahr käuflichen Kinder- und Jugendbücher, die 1955 erschien und 1962 in einer Neuauflage ergänzt wurde, weist rund 2400 Titel auf. Etwa 20 % dieser Titel stammen von brasilianischen Autoren, Bearbeitern oder Herausgebern, den Rest bilden Übersetzungen aus dem Ausland oder Titel aus dem ehemaligen Mutterland Portugal.
1936 wurde im Auftrag des brasilianischen Erziehungsministeriums eine Kommission für Kinderliteratur ins Leben gerufen. Diese Kommission wurde 1940 zu einer Sektion des Instituto Nacional do Livro umgebildet. Seit 1962 ist die Sektion Mitglied des Internationalen Kuratoriums für das Jugendbuch. Es ist Aufgabe der Sektion, die Herausgabe von mehr und besseren Kinder- und Jugendbüchern zu fördern und durch Wanderausstellungen zum Bekanntwerden der bereits vorhandenen brasilia-

nischen Kinder- und Jugendbücher beizutragen. Gleichzeitig sollen die Maßnahmen der Sektion zur Eindämmung der Flut von billigen und wertlosen Comic-Heften dienen, die vielfach im Ausland gedruckt und in Brasilien vertrieben werden.
Brasilien hat das ausgedehnteste Bibliotheksnetz Südamerikas. Schon 1930 setzte sich die Pädagogin und Bibliothekarin L. FRACCAROLI für die Schaffung eigener Kinder- und Jugendbuchbibliotheken ein. Ihre Vorstellungen wurden 1936 mit der Schaffung der Biblioteca Infantil Municipal of São Paulo verwirklicht.
Seit 1964 werden in Rio de Janeiro Kinderbuch-Festivals veranstaltet, an denen zahlreiche Kinder- und Jugendbuchautoren teilnehmen. Im Jahr 1957 wurde die Kinderzeitschrift „El Calunga" gegründet, die jeden Sonntag erscheint und die von der Schriftstellerin M. L. AMARAL geleitet wird.
Wie in den anderen südamerikanischen Staaten ist in Brasilien das Kinder- und Jugendtheater sehr populär. Vor allem wird es durch Laienspielgruppen bestritten, von denen jede größere Schule einige aufzuweisen hat. Eine Berufsbühne, das „Teatro de Bolso", hat sich ausschließlich auf Kinder- und Jugendtheater spezialisiert. Eine Anzahl bekannter brasilianischer Autoren schreibt Stücke für die Kinder- und Jugendbühne wie M. CL. MACHADO, M. L. AMARAL, N. NOBREGA, L. BENEDETTI, ST. LEONARDOS, L. NUNES, W. RODRIGUES, N. FONTES und H. DONATO. *Helmut Müller*

Sekundärliteratur: L. Arroyo: Literatura infantil brasileira (1968). — C. Bravo-Villasante: Historia y antologia de la literatura infantil iberoamericana (Bd. 2. 1966). — L. C. Fraccaroli: Bibliografia de literatura infantil em língua portuguêsa (1955); Bibliografia de literatura infantil em língua portuguêsa, 1962—1968 (1969). — H. M. Jofré Barroso: Monteiro Lobato (1959). — M. B. Lourenço Filho: Como aperfeiçoar a literatura infantil (1957). — C. Meireles: Problemas da literatura infantil (1951).

Bratt, Berte

*(d. i. Annik Saxegaard). Norwegische Schriftstellerin; * 21.5.1905 Stavanger/Norwegen.*

Die Tochter eines Norwegers und einer deutschen Mutter wuchs in Oslo auf, arbeitete nach dem Abitur für den Rundfunk; begann mit Novellen und wandte sich nach den ersten Erfolgen mehr und mehr der Jugenderzählung zu. Nach Reisen in Deutschland wählte sie ihren Wohnsitz bei Kiel. Durch ihre seit Anfang der 50er Jahre regelmäßig ins Deutsche übertragenen Mädchenbücher wurde B. zu einer der meistgelesenen Mädchenbuch-Autorinnen in Deutschland, mit einer bisherigen Gesamtauflage von weit über 1 Mill.

Werk und Tendenzen. B. plädiert in ihren gewandt und mit einer gewissen natürlichen Lebendigkeit geschriebenen Mädchenerzählungen für „innere Werte" wie Güte, Bescheidenheit, Einfachheit, Familiensinn, Zufriedenheit, liebevolle Rücksicht, Tradition, Anstand und Sitte. Ihre Heldinnen finden ihr Glück entweder durch allmähliche Ausrichtung auf diesen Wertekanon, unterstützt meist durch verstehend helfende Erwachsene, oder sie verbreiten Glück in ihrer Umwelt durch Festigkeit des Charakters. Konflikte und Gegensätze beruhen nur auf der Selbsttäuschung ichbefangener Menschen. Das „Schicksal" bestätigt diese Einstellung. Es hilft, der guten Fee des Märchens vergleichbar, dem Guten, dem Selbstlosen und dem Liebenden, wie z. B. in „Slik skal det være Anne" (1954; dt. Anne und Jess, 1955). In den Themen beschränkt sich B. auf familiäre und andere emotionale Nahbeziehungen wie Freundschaft und Liebe, die nur durch die — allerdings wieder konfliktlose — Internationalität der Beziehungen ein wenig erweitert werden, indem die Verfasserin die Liebenden gern verschiedenen Ländern zuordnet, meist den nordischen oder einem nordischen und Deutschland. Trotz aller modernen Kulisse, um die sich B. zweifellos bemüht, stellt die Verfasserin *eine geschlossene, ständisch fest gegliederte Welt mit einer romantischen Vorliebe für einfache ländliche Verhältnisse* dar, in der Glück nur durch Verzicht auf Politik (als Wille zur Veränderung) und Rückzug ins Private erreichbar ist.
Malte Dahrendorf

→ Norwegen

Werke: Katten Busters oplevelser (1934, ^{3}1949); Vi og „Ellingen" (1935); Hunden Boy forteller (1935, ^{2}1938; dt. Meine Herrin und ich, (1943); Folen Borkas bedrifter (1936); Boy og Buster (1937, ^{3}1947); Hvalpen Billy og kattemor (1938); Billy Rampus og Katten Bajas (1939); . . . men så kom sommeren (1940; dt. Aber dann kam der Sommer, 1965); Ung dame av god familie (1942); Min datter Lisbet (1944; dt. Meine Tochter Lisbeth, 1950; 1965); „Lisbet! Lisbet!" (1948; dt. Ein Mädchen von 17 Jahren, 1953); Fruen er ikke hjemme (1951; dt. Denk an unsere Liebe, 1956); Lykkelige Lisbet (1952); Trass i alt (1953; dt. Das Leben wird schöner, Anne, 1960); Slik skal det være Anne (1954; dt. Anne und Jess, 1955); Alle smiler til Anne! (1955; dt. Anne, der beste Lebenskamerad, 1957); Med nøckel om halsen (1956; dt. Unsere Claudia, 1957); Bare en liten løgn (1959; dt. Sei klug, Regina!, 1960); Slik er Ponny (1960; dt. Alle nennen mich Pony, 1961); Umulige Cecilie (1961; dt. Hab Mut, Katrin, 1962); Kjære stabukken min! (1962; dt. Das Herz auf dem rechten Fleck, 1963); Hele verden er min (1963); Zwei Briefe für Britta (1966); Ina har ideer (1968); Ina på isen (1969); Meine Träume ziehen nach Süden (1969); Ina inviterer (1970); Die Glücksleiter hat viele Sprossen (1971).

Braumann, Franz

*Österreichischer Jugendbuchautor; * 2. 12. 1910 Huttich b. Seekirchen/Salzburg.*

Der Bauerssohn B. arbeitete nach dem Volksschulbesuch (1916—24) in der Landwirtschaft, besuchte von 1926—28 die landwirtschaftliche Fortbildungsschule und von 1928—30 die landwirtschaftliche Schule in Oberalm. Angeregt durch die in seiner Freizeit autodidaktisch erworbenen, breitgestreuten Literaturkenntnisse, begann er selbst Geschichten und Gedichte zu schreiben. Der Wiener Mundartdichter K. Bacher ermunterte ihn zu weiterer schriftstellerischer Tätigkeit; G. J. Oberkofler bewirkte, daß die ersten Gedichte des ,Jungbauerndichters' („Gesang über den Äckern", 1933) gedruckt wurden. Über Fernkurse erlangte B. 1930 die Matura in Deutsch; mit dem Ertrag seines ersten Buches „Friedl und Vroni" (1932) finanzierte er ein Lehrerstudium, das er 1935 abschloß. Nach kurzer Tätigkeit als Schriftleiter war B. von 1936 an Lehrer. Das 1938 gegen ihn erlassene Schreibverbot wurde während seiner militärischen Ausbildung (1939) in bezug auf seine Jugendschriften wieder aufgehoben.

In Straßwalchen entstanden einige seiner Märchensammlungen und die ersten für sein literarisches Schaffen charakteristischen Abenteuerbücher. Von 1945 an leitete er die Volksschule in Großköstendorf. Neben zahlreichen Auszeichnungen und Ehrungen erhielt B. 1958 für „Ritt nach Barantola" den Österreichischen Staatspreis für Kinder- und Jugendliteratur.

Werk, Tendenzen, Wirkung. E. Schmidt charakterisiert im „Lehrerjahrbuch des Österreichischen Buchclubs der Jugend. Die Barke" (1965, S. 278) B. als einen „populären Volks- und Jugendschriftsteller" und „heimatverbundenen Autor". Auch B. selbst sieht in seiner schriftstellerischen Tätigkeit u. a. die Aufgabe der Gestaltung des nüchternen, harten Daseins der Menschen seiner Heimat („Wie ich zum Schreiben kam", in: „Das gute Jugendbuch" 1. 1960, S. 11ff.). Als Autor oder Herausgeber mehrerer Sammlungen für Kinder widmete er sich wiederholt der Gestaltung der österreichischen Märchen- und Sagenwelt: „Der goldene Schlüssel" (1939, ^{2}1952), „Kleines Volk vom Berge — Geschichten von Steinen, Tieren und Pflanzen" (1951), „Volksmärchen aus Österreich" (1953), „Unser Bergvolk erzählt" (1953) und „Sagenreise durch Österreich" (1966). In „Der verzauberte Schimmel" (1961) bemüht er sich um eine Verknüpfung realen Handlungsgeschehens mit unbekannten Geschichten, Märchen und Sagen vom Wald.

Für die Jugend wurde B. vor allem durch seine zahlreichen Abenteuerbücher bekannt, in denen er historische, geographische und soziale Zusammenhänge durch einen an äußeren Spannungsmomenten reichen Handlungsverlauf zu vermitteln sucht.

So wählt B. in „Die Blutsbrüder" (1958) das mittelalterliche Leben mit seinen festgefügten Normen, Wertvorstellungen und Klassengegensätzen als historischen Hintergrund für ein Handlungsgeschehen, in dessen Zentrum die von gesellschaftsbedingten Konflikten bedrohte Freundschaft eines Ritters mit einem Freibauern steht. In einigen seiner Abenteuerbücher bezieht sich B. ausdrücklich auf authentisches Material: In „Ritt nach Barantola" (1958) sind — nach Briefen und Berichten des Jesuitenpaters J. Grueber aus Linz — dessen Erlebnisse auf einer Tibet-Reise (1661—64) nachgestaltet. „Unternehmen Paraguay" (1967) ist „nach den Aufzeichnungen des Jesuitenpaters A. Sepp 1691 bis 1703" verfaßt und schildert die Missionsarbeit böhmischer Jesuitenpater bei Indianerstämmen in Südamerika im 16.—18. Jh. in einer ungebrochenen positiven Einschätzung dieser in der Vergangenheit geleisteten Entwicklungshilfe. Ebenfalls auf authentischen Berichten basierend, stellt B. im „Tal der Verheißung. — Die Schicksalsreise zum Pozuzo" (1960) die Auswanderung besitz- und arbeitsloser Bauern, Handwerker und Holzknechte aus Tirol und dem Moselland dar, die, um in einem fruchtbaren Tal in Peru zu siedeln, eine gefährliche Reise und einen verzweifelten Existenzkampf im Urwald durchmachen. Durch eine Südamerikareise angeregt, befaßte sich B. in seinem mit eigenen Photos versehenen Buch „Sonnenreich des Inka" (1970) mit Aufstieg, Blütezeit und Vernichtung des Inkareiches. Zentrales Motiv in B.s Werk ist immer wieder die Bewährung eines Helden oder einer Menschengruppe in einer für den ,zivilisierten' Menschen feindlichen Naturlandschaft. Auch im Zentrum der Abenteuerbücher, die keinen unmittelbar historischen Stoff verarbeiten, stehen Helden, deren Persönlichkeit zumeist durch ein wechselvolles hartes Jugendschicksal und durch Existenzkampf geprägt ist. Als Jäger, Wildhüter, Pelzhändler, Holzfäller oder Goldsucher gehen sie in von der Zivilisation kaum erschlossene Gebiete, zeichnen sich durch eine stets vorbildliche Haltung, Religiosität und Hilfsbereitschaft aus und meistern fast aussichtslose Situationen. B.s Darstellungsweise ist nicht frei von einer Typisierung von Personen, die einhergeht mit immer wiederkehrenden Handlungs- und Sprachklischees.

Mechthild Werner

→ Abenteuerbuch

Werke: Das Haus zu den vier Winden (1936, ^{2}1950); Der goldene Schlüssel (1939; ^{2}1952); Kleines Volk vom Berge (1951); Volksmärchen aus Österreich (1953); Unser Bergvolk erzählt (1953); Malik und Adidje (1957, ^{2}1959); Gold in der Taiga (1957, ^{2}1959); Ritt nach Barantola (1958, ^{3}1962); Ein Mann bezwingt die Not (1960, ^{4}1967); Tal der Verheißung (1960); Der verzauberte Schimmel (1961, ^{3}1965); Die schwarzen Wasser von Anahim (1962); Quamran, Tal der Geheimnisse (1964, ^{2}1965); Auf der Fährte der Karibus (1966); Sagenreise durch Österreich (1966); Unternehmen Paraguay (1967); Feuerzeichen am Biberfluß (1968); Sonnenreich des Inka (1970); Der weiße Tiger (1971).

Beiträge: Wie ich zum Schreiben kam (in: Das gute Jugendbuch. 1. 1960. 11—13); Autobiographie (in: Die Barke. 1965. 275—277).

Sekundärliteratur: E. Schmidt: Charakteristik (in: Die Barke. 1965. 278—280).

Braun, Isabella

*Lehrerin, Jugendschriftstellerin, Herausgeberin; * 12. 12. 1815 Jettlingen/Mindeltal, † 2. 5. 1886 München.*

B. war die Tochter eines Rentenverwalters im Dienst des Grafen SCHENK VON STAUFFENBERG. Von den Englischen Fräulein in Augsburg erzogen, wurde sie 1837 Lehrerin an der Volksschule zu Neuburg/Donau. Hier wirkte sie elf Jahre und setzte, nachdem die Anstalt unter klösterliche Leitung gekommen war, noch sechs Jahre ihre privaten Studien fort. Von CHR. V. SCHMID in die Literatur eingeführt, zog sie 1854 nach München und war in ihren noch folgenden 30 Lebensjahren eine der unermüdlichsten Schriftstellerinnen der damaligen Zeit.

Werk, Tendenzen, Wirkung. Von 1855—85 gab B. die viel gelesenen „Jugendblätter für christliche Unterhaltung und Belehrung" heraus. Die Mitarbeiter dieser allgemein als „Grüne Hefte" bezeichneten Zeitschrift waren hauptsächlich die Teilnehmer des geselligen Kreises im kleinen Münchner Braunschen Salon (Graf POCCI, F. V. KOBELL, FR. GÜLL, E. GEIBEL, der Germanist L. ZINGERLE u. a. m.). Zwischen den meisten dieser Dichter, Künstler und Gelehrten und B. entwickelte sich ein reger Gedankenaustausch.

Mit B.s autobiographischem Erzählbericht „Aus der Jugendzeit" wurde 1861 zum ersten Mal ein solcher Buchtyp in der „eigentlichen" Jugendliteratur Deutschlands veröffentlicht. Er ist als Zeitbild und Dokument noch heute von einigem Interesse, während die Menge der sonstigen Erzählungen und Geschichten, der Spiele, Gedichte, Theaterstücke, die sie für „kleine Knaben und Mädchen", „für liebe Kinder von 9—14 Jahren", „für die erwachsene Jugend" und „für Jung und Alt" produzierte, mit Recht vergessen ist. Bemerkenswert jedoch ist, daß sie von CH. DICKENS „Ein Lebensbild für die reifere Jugend" schrieb (1880). In dem biographischen Artikel, den H. Holland 1903 dieser katholischen Schriftstellerin (ADB, Bd. 47) widmete, findet sich als Beurteilung: „Was B. auf dem Gebiet der Jugendliteratur leistete, obwohl alle ihre Erzeugnisse nicht immer auf gleicher Stufe der Vollendung stehen, erwies sich doch immer als gute, echte Hausmannskost, welche, von einem ethischen Gedanken heilsam durchsäuert, dem Seelenleben der Jugend niemals eine moralische Indigestion bereitet." *Hans Eich*

Werke: Bilder aus der deutschen Geschichte (1849); Bilder aus der Natur (1849); Kleine Geschichten den Kindern erzählt (1851); Helden des Christentums (1852); Aus dem Kinderleben und der Sommerzeit (1853); Für die lieben Kinder (1853); Erwin's Bilderbuch (1854); Frühlings-Bilder für liebe Kinder (1854); Die Kinderstube im Elternhaus (1854); Das liebe Brod (1854); Ein Liedergruß für gute Kinder (1854); Mutterliebe und Muttertreue (1854); Das Vater Unser in Erzählungen für Jung und Alt (1854); Geschichten für liebe Kinder von 9—14 Jahren (1855); Im Kinderkreise (1855); Im grünen Wald (1856); Lebensbilder (1856); Dorfgeschichten für kleine Knaben und Mädchen (1857); Freuden und Leiden aus dem Kinder-Leben (1857); Ein lustiges Kinderbüchlein (1857); Wahre Geschichten (1857); Gesammelte Erzählungen für die Jugend (1858); Des Großvaters Erzählungen (1858); Der Christbaum (1860); Durch Leid und Freud (1860); Heinrich Findelkind (1860); Aus der Jugendzeit (1861); Festbüchlein (1861); Der Kinder Zeitvertreib (1861); Namenbüchlein (1861); Scherz und Ernst (1861); Frühlings-Spiele (1862); Der Jahrmarkt (1862); Kinderbeschäftigungen (1862); Kinderleben (1862); Die Uhr (1862); Die alten Bekannten (1863); Das Elternhaus (1863); Die guten Kinder (1863); Allerlei (1864); Ein Jahr aus dem Kinderleben (1865); Kleine Theaterstücke für die Jugend (1865); Das Kreuz (1869); Unsere Kleinen (1870); Das Geheimnis des Schreibtischs (Bd. 1—3. 1877—1882); Der Mädchen liebstes Buch (1877); Gesammelte Erzählungen (Bd. 1—8. 1879—1884); Neues Kindertheater (Bd. 1—8. 1881); Das allerneueste Theaterbilderbuch (1883); Liebe und Treu (1884); Freudenbüchlein (1887); Das Fleißzeichen. Das rosafarbene Kleid. Nepomuk (1900).

Sekundärliteratur: A. Baader: Isabella Braun (in: Lebensbilder aus dem bayerischen Schwaben. 1956. 5. 371—394). — M. S. Filchner: Isabella Braun und die Jugendblätter (in: Die Bücherwelt. 3. 1915. 52—63). — H. Holland: Lebenserinnerungen eines 90jähr. Altmüncheners (1921).
IJB

Braun-Fock, Beatrice

*Grafikerin, Malerin, Illustratorin; * 14. 4. 1898 Amsterdam, † 30. 1. 1973 Bad Wiessee.*

Nach dem Schulbesuch in Amsterdam, der Schweiz und München erhielt B.-F. ihre künstlerische Ausbildung an der Kunstgewerbeschule in München. Schon während ihres Studiums war sie als erste Frau für den Simplicissimus tätig. 1919 erschienen unter ihrem Mädchennamen BEA FOCK ihre ersten Kinderbuchillustrationen: 14 farbige Steinzeichnungen zu der deutschen Übersetzung „Bienchen" von A. FRANCE. Neben Illustrationen und Vignetten für Zeitschriften entwickelte sich die Bilderbuchillustration zu ihrem wesentlichen Schaffensgebiet. Seit 1920 war sie mit dem Schriftsteller und Theaterkritiker Dr. H. Braun († 1966) verheiratet.

Werk, Tendenzen, Wirkung. B.-F. widmete sich als Illustratorin über 40 Jahre dem Metier des Bilderbuchgestaltens. Daneben schuf sie Spielquartette und Beschäftigungsbücher, so Malbücher (z. B. „Kasperl-Malbuch", 1931) und das Märchenbilderbuch zum Selbstanfertigen „Das hab' ich gemacht" (1930) — die Eigenleistung des Kindes bestand dabei im Ausschneiden und Einkleben der von B.-F. gemalten Motive — sowie Illustrationen zu Schulbüchern im Auftrag des Bayerischen Schulbuchverlags.

1923 versah sie ausgewählte „Kinderlieder aus des Knaben Wunderhorn" mit zierlichen aquarellierten Zeichnungen. Auch in den Folgejahren blieb sie im wesentlichen bei der Illustrierung tradierter Stoffe, so gestaltete sie mehrere Märchenbilderbücher (z. B. „Hänsel und Gretel", 1930; „Rotkäppchen", 1930). Als besonders erfolgreich aus dieser ersten Schaffensperiode erwies sich das Bilderbuch „10 kleine Negerbuben" (1931, ²1932; NA. 1940, 1947).

Von 1937—60 dokumentiert eine Reihe gemeinsamer Bücher B.-F.s harmonische Zusammenarbeit mit dem Schriftsteller P. ALVERDES: „Das Männlein Mittentzwei" (1937), „Das Schlaftürlein" (1938, 1954, 1966), „Siebensohn" (1948, 1956, 1960), „Stiefelmanns Kinder" (1949), „Das Zirflein" (1951), „Das Traumpferdchen" (1957), „Vom dicken, fetten Pfannkuchen" (1960). „Das Männlein Mittentzwei" zeigt Merkmale von B.-F.s charakteristischer Gestaltungsweise, die in Abwandlungen auch ihre späteren Illustrationen prägen: Spielfreude im Detail, konsequente Komposition, hier in jugendstilhafter Geschlossenheit — und artifizielle Naivität. In „Das Schlaftürlein", dem am längsten aufliegenden Titel aus der gemeinsamen Arbeit mit ALVERDES, kommt besonders deutlich ihre Möglichkeit zum Ausdruck, trotz flächiger Anlage Gesichter zu differenzieren.

Zu ihren besten Nachkriegsbüchern zählt „Der schwarze Schimmel" (Text von E. HEIMERAN; 1956, ²1956; NA. 1965), in dem sie die psychischen Vorgänge des Rappen, der ein Schimmel werden wollte, durch karikierende Gestik und Mimik sichtbar werden läßt. Mehrere gemeinsame Bücher legte sie in den 50er und 60er Jahren mit J. KRÜSS („Ladislaus und Annabella", 1957, ⁴1966; „Das verzauberte Dorf", 1958; „ABC, Arche Noah sticht in See", 1959) und G. SPANG („Theodolinde, das Känguruh", 1960; „Kapitän Bommel und die Seeschlange", 1962) vor. Die Illustrationen ihrer letzten Schaffensperiode zeigen in konsequenter Weiterentwicklung die Veränderung ihrer Gestaltungsweise in zeitgemäßer Form. In formal geschlossene Blätter wird der Text mit einkomponiert, humorvolle Verspieltheit liegt auch im Nebensächlichen der aufgelockerten Komposition. Am folgerichtigsten weitergeführt findet sich die artifizielle Naivität in ihrem letzten Bilderbuch „Herr Kunterbunt aus Kunterland" (Text von B. GÖTZ; 1966): mit Malkreiden sind hier den Kinderzeichnungen verwandte Figuren und Kompositionen gestaltet.

Gerlinde Rabenstein

→P. Alverdes

Hrsg.: Kinderlieder aus des Knaben Wunderhorn (1923).
Ill.: A. France: Bienchen (1919); H. Braun: Kunterbunt (1922); B. Braun-Fock: Kinderlieder aus des Knaben Wunderhorn (1923); H. Probst: Die Puppenfee (1930); J. u. W. Grimm: Hänsel und Gretel (1930); J. u. W. Grimm: Rotkäppchen (1930); B. Braun-Fock: Das hab ich gemacht (1930); B. Braun-Fock: Liebe Märchen (1931); B. Braun-Fock: Im Märchenland (1931); B. Braun-Fock: Ferien-Malbuch (1931); 10 kleine Negerbuben (1931, ²1932; NA. 1940, 1947); B. Braun-Fock: Kasperl-Malbuch (1931); B. Braun-Fock: Malbuch (1934); B. Braun-Fock: Oster-Malbuch (1937); P. Alverdes: Das Männlein Mittentzwei (1937); A. Kopisch: Die Heinzelmännchen (1937, ²1940, 1952); P. Alverdes: Schlaftürlein (1938; 1954, 1966); P. Alverdes: Schlaftürlein (1938; 1954, 1966); P. Alverdes: Siebensohn (1948, 1956, 1960); P. Alverdes: Stiefelmanns Kinder (1949); P. Alverdes: Das Zirflein (1951); B. Braun-Fock: Michels Haus (1954); J. Sohn: Die Puppenküche (1955); Das Männlein in der Gans (1956); E. Heimeran: Der schwarze Schimmel (1956, ²1956; NA. 1965); P. Alverdes: Die Traumpferdchen (1957); B. Braun-Fock: Die Puppe Pimpernell. Knackdienüss-Männlein (1957); J. Krüss: Ladislaus und Annabella (1957, ⁴1966); J. Krüss: Das verzauberte Dorf (1958); L. Hille-Brandts: Die Giraffe Albertine (1958); B. Braun-Fock: Schlaf, Kindchen, schlaf (1958); Bei Sonnenschein und Regen (1959); H. Hoffmann: Der Winter und die Kinder (1959); J. Krüss: ABC, Arche Noah sticht in See! (1959); P. Alverdes: Vom dicken fetten Pfannkuchen (1960); G. Spang: Theodolinde, das Känguruh (1960); G. Spang: Kapitän Bommel und die Seeschlange (1962); B. Götz: Herr Kunterbunt aus Kunterland (1966).

Bravo-Villasante, Carmen

*Spanische Jugendliteraturtheoretikerin, Professorin für Literaturwissenschaft, für spanische und ausländische Kinder- und Jugendliteratur am Instituto de Cultura Hispanica in Madrid; * 25.12.1918.*

B.-V. studierte Philosophie und Literaturwissenschaften und promovierte 1953. Sie ist seit 1957 Professorin für spanische Literatur und wurde 1966 an das Instituto de Cultura Hispanica in Madrid berufen, wo sie den Lehrstuhl für Kinder- und Jugendliteratur innehat und zugleich Kurse für iberoamerikanische Lehrkräfte abhält.

B.-V. hat sich in erster Linie mit der Geschichte des Kinder- und Jugendbuches unter besonderer Berücksichtigung der Verhältnisse in Spanien und in den iberoamerikanischen Ländern beschäftigt. Neben Publikationen in einschlägigen Fachzeitschriften, so u. a. in El Libro Espanol, La Estafeta Literaria, Bellas Artes Cuardenos Hispanicanos und La Ballena Allegre, hat B.-V. mehrere umfangreiche und grundlegende Bücher über die Geschichte des Kinder- und Jugendbuches veröffentlicht, darunter auch solche, die historische Gesichtspunkte anhand einer Anthologie aufzeigen. Erwähnenswert sind ferner B.-V.s Übersetzungen von Werken der deutschen Literatur, u. a. von GOETHE, H. v. KLEIST und H. HEINE, sowie mehrere Biographien, darunter eine über B. BRENTANO und H. v. KLEIST.

Werke: Vida de Bettina Brentano (1956); Antología de la literatura infantil española (1963); Historia de la literatura infantil española (1963); Historia y antología de la literatura infantil iberoamericana (Bd. 1 u. 2. 1966); Antología de la literatura infantil universal (Bd. 1 u. 2. 1971).

Brecht, Bert(olt)

*Schriftsteller und Regisseur; * 10. 2. 1898 Augsburg, † 14. 8. 1956 Berlin.*

Der aus wohlhabenden Verhältnissen (Vater: Papierfabrikant) stammende B. studierte in München

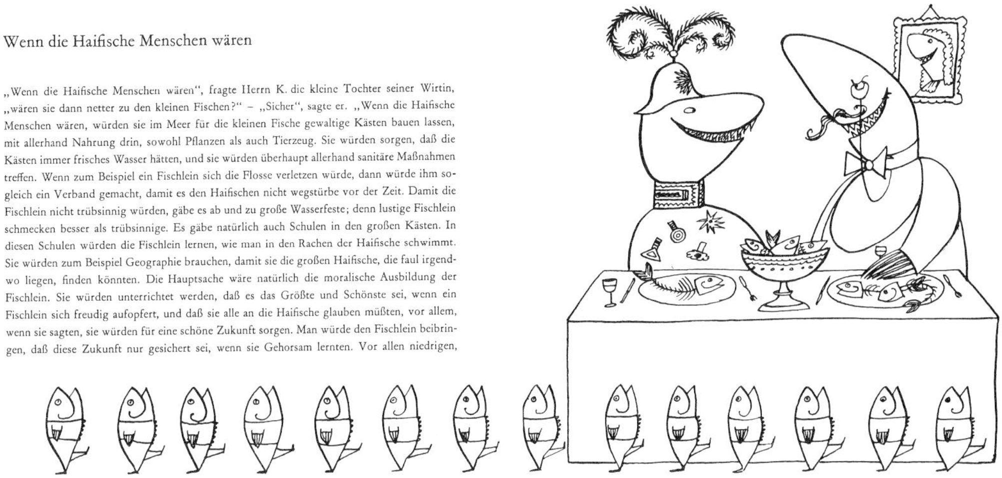
Wenn die Haifische Menschen wären

„Wenn die Haifische Menschen wären“, fragte Herrn K. die kleine Tochter seiner Wirtin, „wären sie dann netter zu den kleinen Fischen?“ – „Sicher“, sagte er. „Wenn die Haifische Menschen wären, würden sie im Meer für die kleinen Fische gewaltige Kästen bauen lassen, mit allerhand Nahrung drin, sowohl Pflanzen als auch Tierzeug. Sie würden sorgen, daß die Kästen immer frisches Wasser hätten, und sie würden überhaupt allerhand sanitäre Maßnahmen treffen. Wenn zum Beispiel ein Fischlein sich die Flosse verletzen würde, dann würde ihm sogleich ein Verband gemacht, damit es den Haifischen nicht wegstürbe vor der Zeit. Damit die Fischlein nicht trübsinnig würden, gäbe es ab und zu große Wasserfeste; denn lustige Fischlein schmecken besser als trübsinnige. Es gäbe natürlich auch Schulen in den großen Kästen. In diesen Schulen würden die Fischlein lernen, wie man in den Rachen der Haifische schwimmt. Sie würden zum Beispiel Geographie brauchen, damit sie die großen Haifische, die faul irgendwo liegen, finden könnten. Die Hauptsache wäre natürlich die moralische Ausbildung der Fischlein. Sie würden unterrichtet werden, daß es das Größte und Schönste sei, wenn ein Fischlein sich freudig aufopfert, und daß sie alle an die Haifische glauben müßten, vor allem, wenn sie sagten, sie würden für eine schöne Zukunft sorgen. Man würde den Fischlein beibringen, daß diese Zukunft nur gesichert sei, wenn sie Gehorsam lernten. Vor allen niedrigen,

Bertolt Brecht: Ein Kinderbuch (Berlin 1965). R. Hill und H. Ramthun wählten Gedichte, Lieder und Erzählungen aus den Kalendergeschichten Brechts aus und stellten unter dem Titel „Ein Kinderbuch“ eine interessante Auswahl zusammen, durch die sie Brecht-Texte auch schon Lesern „von 12 Jahren an“ erschließen wollen. Die abgebildete Illustration versinnbildlicht den Gehalt der Erzählung „Wenn die Haifische Menschen wären“. Sie wurde von E. Shaw gezeichnet.

Medizin, Philosophie und Theaterwissenschaft. Er arbeitete 1917—18 als Sanitäter in einem Militärlazarett, war Kriegsgegner, ging nach Berlin, wo er 1924—26 als Dramaturg bei M. Reinhardt, danach als Kritiker und freier Schriftsteller tätig war. 1926—30 studierte er intensiv den Marxismus. Neben dramatischen Werken (z.B. 1928 „Dreigroschenoper“, Musik von K. Weill) schrieb er in dieser bis 1933 dauernden Phase seines Lebens Gedichte und Prosa mit stark politischem, sozialistischem Engagement. 1933 begannen die Stationen seiner Emigration: Prag, Wien, Zürich, Dänemark (1938), Finnland (1940), USA (1941—47). Die Entwicklung einer eigenen Dramaturgie („episches Theater“, „V-Effekt“) und die Entstehung seiner bedeutendsten Stücke — u.v.a. „Leben des Galilei“ (1938), „Mutter Courage und ihre Kinder“ (1939), „Der gute Mensch von Sezuan“ (1942), „Der kaukasische Kreidekreis“ (1945) — fällt in diese Zeit. Über die Schweiz kehrte er 1947/48 nach Deutschland zurück, lebte bis zu seinem Tod in Ost-Berlin, wo er ab 1949 bis zu seinem Tod mit dem „Berliner Ensemble“ im Theater am Schiffbauerdamm dramaturgisch experimentieren und demonstrieren konnte. Sein umfangreiches Gesamtwerk umfaßt neben seinen dramaturgischen Schriften mehr als dreißig Theaterstücke und Entwürfe, etwa 1300 Gedichte, drei Romane und viel Kurzprosa. Hinzu kommen Tagebücher und Briefe.

Werk, Wirkung, Bedeutung für die Kinder- und Jugendliteratur. B.s Beziehungen zur Jugend und zur Kinder- und Jugendliteratur sind vielfältig: 1. Die von ihm verarbeiteten Stoffe lassen sich vielfach auf *einfache*, in der Jugendliteratur vorfindliche *Formen* wie die der Parabel, Fabel, des Märchens, des Schwanks, des Mythos zurückführen. 2. Seine Werke haben als *Schullektüre* ihren Platz gefunden. Dies betrifft sowohl viele seiner Gedichte und seiner Kurzerzählungen als auch und vor allem sein dramatisches Werk. Zum offiziellen Lehrgut gehören z.B. in der DDR und in vielen Schulen der BRD die Gedichte „Die Vögel warten im Winter vor dem Fenster“, „Der Schneider von Ulm“, „Der Pflaumenbaum“, „Lob des Lernens“. 3. B. hat schon in der Zeit vor 1933 für Kinder geschrieben („Kranlieder“ um 1926; „Die Soldaten, ein Kinderbuch“, 1932, darin 25 Zeichnungen von G. Grosz, von den Nationalsozialisten beschlagnahmt und eingestampft) und sich mit dem *Schultheater* beschäftigt: im Exil entstanden zwischen 1933—41 u. a. die „Kinderlieder“, „Der Schneider von Ulm“, „Vom Kind, das sich nicht waschen wollte“, „Kleines Bettellied“, „Der Pflaumenbaum“, „Mein Bruder war ein Flieger“, „Der Gottseibeiuns“, „Alfabet“ und „Kinderkreuzzug 1939“. Nach der Rückkehr aus der Emigration erschienen in Ost-Berlin für die Jugend Anthologien und Auszüge aus seinem Werk. Er selbst wandte sich in einem Vorwort „Wie man Gedichte lesen muß“ an die Jungen Pioniere. 4. B. nahm die *Kinder als Theaterpublikum und Mitspieler* ernst. Vor seiner Emigration hat er mit Schülern der Neuköllner Karl Marx-Schule Theaterspiel geprobt, und nach 1949 wurden im Theater am Schiffbauerdamm Matineen „Brecht für Kinder“ veranstaltet, zu denen E. Shaw Prospekte und Bühnenbilder schuf. 5. Seine starke *didaktische Intention* wird auch darin erkennbar, daß er selbst Anregungen zur Gestaltung des Deutschunterrichts gab und sich für die Lehrpläne der Schulen interessierte. Er wünschte, daß im Unterricht außer verschiedenen Dichtungen Beispiele von Lebensläufen, Meldungen, Reden, gute und schlechte Beispiele von Losungen behandelt werden. GROSZ bemerkte: „Er schwärmte für Pestalozzi und ließ seine Bücher wie Schulbücher drucken, damit sie nach außen hin sachlich und nüchtern wirkten. ‚Ich schreibe Schulbücher', sagte er mir einmal, ‚darauf kommt es heute an'".

Zu den von B. in Betracht gezogenen Rezipienten seiner Werke — „der klassenmäßig Benachteiligte, der ‚Beherrschte', der Angehörige der Arbeiterklasse" (LERG-KILL) — dürfte die Jugend in besonderer Weise gehören. B. steckt sich zwei Ziele, die er erreichen will: erstens das kritische Bewußtsein der „Kinder des wissenschaftlichen Zeitalters" mit Hilfe seiner Stücke, Reime und Prosa schärfen — deshalb plädiert er auch für ein nüchternes, rationales Verständnis von Dichtung: „Und glaubt mir, ein Gedicht macht nur wirklich Freude, wenn man es genau liest" —; zweitens den Zuschauer oder Leser zur revolutionären Aktion zu provozieren, die von marxistisch-sozialistischer Lehre getragen ist. Als überzeugter Kommunist will er mit seiner Dichtung *den Menschen in Bewegung* setzen, Klassenschranken zu beseitigen und die Welt *humaner* zu machen. Um beide Ziele zu erreichen, benützt er erstens *herkömmliche Ausdrucksformen* der Sprache, um sie mit *neuem sozialkritischen* Inhalt zu füllen: „Beiß, Greifer, beiß / Die Kohle hat ‚nen Preis" nach dem Kinderlied „Schlaf, Kindchen schlaf" oder der neue Abzählvers „Eins. Zwei. Drei. Vier. Vater braucht ein Bier. Vier. Drei. Zwei. Eins. Mutter braucht keins."; er benützt zweitens *herkömmliche Fabeln* und Denkmuster, um sie zu *hinterfragen* z. B. im „Schneider von Ulm", in den „Eulenspiegel-Geschichten", den „Berichtigungen alter Mythen" (1933) ebenso wie in seinem gesamten großen Werk. Er will den Rezipienten veranlassen, „mit dem Urteil dazwischenzukommen". Seine politisch-aktionistische Auffassung von Aufgabe und Zweck der Literatur hat ihn dazu geführt, das Prinzip des Lehrhaften gelegentlich zu übertreiben. Dies liegt z. B. dann vor, wenn er den noch unmündigen Leser mit apodiktischen Urteilen über politische Figuren oder Ereignisse indoktriniert. B. hat nicht nur durch seine eigenen poetischen Werke in die Kinder- und Jugendliteratur hineingewirkt, sondern auch durch seine klaren Theorien und das Beispiel seiner Machart und Methode auf jüngere Autoren (P. HACKS, J. KRÜSS, M. SPERR u. a.) Einfluß gehabt.

Horst Künnemann

→ Sozialistische Kinder- und Jugendliteratur

Werke: Bertolt Brechts Hauspostille (1927); Der Flug der Lindberghs. Ein Radiolehrstück für Knaben und Mädchen (1929); Versuche (H. 1—7. 1930—33); Ein Kinderbuch (in: Versuche. H. 6. 1932); Kalendergeschichten (1949); Versuche (H. 9—15. Bd. 1 u. 2. 1949—56); Der verwundete Sokrates (1949); Kinderlieder (in: Hundert Gedichte 1918 bis 1950. 1951); Stücke (Bd. 1—14. 1953—67); Gedichte (Bd. 1—9. 1960—69); Schriften zum Theater (Bd. 1—7. 1963—64); Prosa (Bd. 1—5. 1965); R. Hill u. H. Ramthun (Hrsg.): Bertolt Brecht. Ein Kinderbuch (1965); Poesiealbum Nr. 1: Bertolt Brecht (1967); Schriften zur Literatur und Kunst (Bd. 1—3. 1967); Gesammelte Werke in 20 Bdn. (Bd. 1—20. 1967, ^{2}1968); Ges. Werke in 8 Bdn. (Bd. 1—8. 1967); M. u. M. Sperr (Hrsg.): Herr Bertolt Brecht sagt (1970); Kinderzeichnungen zu Brecht (1970); Onkel Ede hat einen Schnurrbart. 12 Kinderlieder von Bertolt Brecht (1971).

Sekundärliteratur: W. Benjamin: Schriften (Bd. 1 u. 2. 1955); Versuche über Brecht (1966, ^{2}1967). — Brecht heute. Brecht today. Jahrbuch der Internat. Brechtges. (1971 ff.). — R. Grimm: Bertolt Brecht. Die Struktur seines Werkes (1957, ^{5}1968); Bertolt Brecht (1961, ^{3}1971). — W. Hecht: Sieben Studien über Brecht (1972). — W. Hecht, H.-J. Bunge u. K. Rülicke-Weiler: Bertolt Brecht. Leben und Werk (1963, ^{2}1971). — M. Kesting: Bertolt Brecht in Selbstzeugnissen und Bilddokumenten (1959, ^{15}1970). — V. Klotz: Bertolt Brecht (1967, ^{4}1971). — U. C. Lerg-Kill: Dichterwort und Parteiparole. Propagandistische Gedichte und Lieder Bertolt Brechts (1968). — V. Merkelbach (Hrsg.): Kontroverse Interpretationen Brechtscher Lyrik. Texte zur Ideologiekritik im Deutschunterricht (1972). — W. Nubel: Bertolt Brecht-Bibliographie (in: Sinn und Form. Beiträge zur Literatur. 2. Sonderheft. 1957. 485—623). — K. D. Petersen: Bertolt-Brecht-Bibliographie (1968). — H. Rischbieter: Bertolt Brecht (Bd. 1 u. 2. 1966, ^{2}1968). — Sinn und Form. Beiträge zur Literatur. 1. Sonderheft Bertolt Brecht (1949). — Sinn und Form. Beiträge zur Literatur. 2. Sonderheft Bertolt Brecht (1957).

Brehm, Alfred Edmund

*Naturforscher, Verfasser von exotischen Reiseschilderungen und Tierbüchern („Br.s Tierleben"); * 2.2. 1829 Rethendorf/Thüringen, † 11.11.1884 ebenda.*

Als Sohn des Pfarrers und Ornithologen Chr. L. B. zur Tierbeobachtung vorgebildet, gab B. seine Studien zur Architektur 1847 auf, um als Begleiter des Barons J. W. VON MÜLLER eine erste Reise ins Innere Nordwestafrikas zu machen. Nach abenteuerlichen Zwischenfällen 1852 zurückgekehrt, studierte er Naturwissenschaften in Jena und Wien und promovierte 1855 zum Dr. phil. Er bereiste Spanien, Norwegen, Lappland, Abessinien; dazwischen war er als Lehrer in Leipzig (1861), als Direktor des Zoologischen Gartens in Hamburg (1863—66) und als Gründer und Leiter des Aquariums im Berliner Tiergarten (1867—73) tätig. 1876 machte er eine Forschungsreise nach Sibirien, der einige Vortragsreisen folgten, die letzte durch die USA (1883/84). Schwer krank kehrte er von dort nach Rethendorf zurück, wo er wenige Wochen später starb. 1878 erhielt B. den österreichischen Orden der Eisernen Krone, mit der der persönliche Adel verbunden war. Er war einer der bedeutenden popularwissenschaftlichen Autoren des 19. Jh.s, dessen Werke heute als Sachbücher von der Jugend gelesen werden.

Bedeutung für die Jugendliteratur. Seine „Reiseskizzen aus Nordafrika" ließ B. 1854/55 in drei Bänden erscheinen. 1857/61 veröffentlichte er in der „Gartenlaube" und anderen Zeitschriften zahlreiche Reiseskizzen und Erlebnisse mit Tieren, die begeisterte Leser fanden. Verleger E. KEIL schickte ihn nach Lappland, damit er neue ungewöhnliche Berichte dort für ihn schreiben könne. 1860/61 erschien von B. „Das Leben der Vögel. Dargestellt für Haus und Familie", kurz darauf sein „Illustrirtes Thierleben. Eine allgemeine Tierkunde", die, kurz „B.s Tierleben" genannt, sein nachhaltigster Erfolg wurde (2. Aufl. Bd. 1—10, 1878—80; kolor. Ausg. 1883/84). Mit diesen Büchern leitete B. eine *neue Art* der anschaulich naturgetreuen, zugleich packend abenteuerlichen Tierschilderung ein. *Noch vor der eigentlichen Tierpsychologie hat er als Beobachter das Verhalten der Tiere genau beschrieben* und seinen Lesern reiche Anschauung der Natur allein mit den Mitteln des sprachlichen Ausdrucks gegeben. Allerdings bedürfen einige Aussagen B.s aufgrund neuerer Forschungsergebnisse einer Überarbeitung (Vgl. dazu K. LORENZ: Er redete mit dem Vieh, den Vögeln und den Fischen. [11]1968. S. 31). Doch schuf B. den *neuen Typus des Tiersachbuches abenteuerlichen Charakters.* Seine Sprache erreichte dabei eine Lauterkeit und Präzision, so daß H. v. HOFFMANNSTHAL einen Abschnitt (über die Sperlingvögel) in sein „Deutsches Lesebuch" aufnahm.

Eine wissenschaftliche B.-Ausgabe gibt es noch nicht, auch keine genaue Biographie. „B.s Tierleben" erschien in zahlreichen Auszügen, in der Gegenwart modernisiert als „Der neue B. Kleine Volksausgabe mit neuer Bebilderung" mit Tierfotos und Naturaufnahmen. Biographische Einschübe und Reiseschilderungen aus B.s eigener Feder und aus seinen Vorträgen, die der Sohn Dr. med. HORST B. 1890 in einem Nachlaßband veröffentlichte, sind enthalten in: „B.s Weltreisen zwischen Nordkap und Äquator, von ihm selbst erzählt" (1964). Persönlichkeit und Lebenswerk B.s treten für den jugendlichen Leser in diesem Bande eindrucksvoll hervor. *Margarete Dierks*

Werke: Das Leben der Vögel (1861); Illustrirtes Thierleben (Bd. 1—6. 1863—69); Die Thiere des Waldes (Bd. 1 u. 2. 1864; zus. mit E. A. Roßmäßler); Gefangene Vögel (1870); Brehms Thierleben (Bd. 1—10. ^{2}1878 bis 1880); Vom Nordpol zum Äquator (1890).

Sekundärliteratur: R. Menzle: Abenteuer, Geheimnis und große Fahrt (1952). *IJB*

Julius Breitschopf Verlagsbuchhandlung

Wien. Derzeitiger Leiter: J. Breitschopf (* 1910). *Hauptsächliche Verlagsgebiete im Bereich der Kinder- und Jugendliteratur:* Bilder-, Kinder- und Jugendbücher verschiedener Thematik.
Autoren: M. Strebich, H. Forster u. a.
Illustratoren: M. Strebich u. a.
Verlagsgeschichte. J. Breitschopf gründete den Verlag 1946 in Wien und brachte nach dem Zweiten Weltkrieg in Österreich die ersten Bilderbücher und Jugendschriften auf den Markt. Vom Jahre 1949 an exportierte Breitschopf in den übrigen deutschsprachigen Raum. 1965 entstand in der BRD das selbständige Unternehmen Julius Breitschopf KG, München.

Brender, Irmela

*(d. i. Irmela Eisenhardt-Brender). Journalistin, Verlagslektorin, Schriftstellerin; * 20. 4. 1935 Mannheim. B. gewann mit dem Manuskript ihres ersten Buches „Noch einmal: Dankeschön" 1961 in einem Verlagswettbewerb den Preis für einen Roman für junge Menschen.*

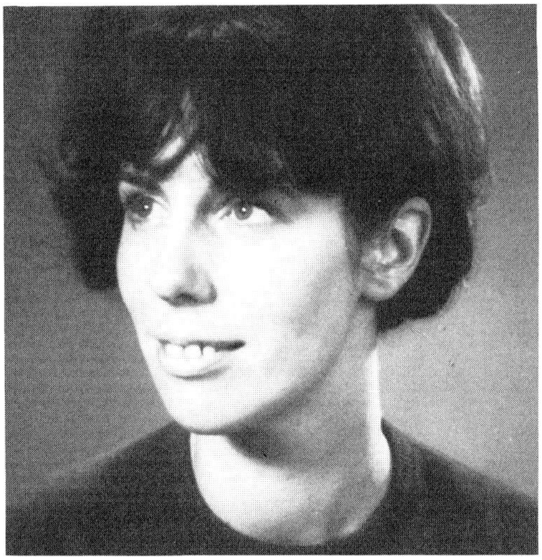

Irmela Brender (1935)*

Werk und Tendenzen. B. bemüht sich um eine moderne Form des Mädchenbuches, die Unterhaltsamkeit und Erzähltemperament, Wechsel der Szenerie und optimistische Lebenserwartung anbietet. Die Darstellungen enthalten zugleich ernsthafte Reflexionen über gesellschaftliche und politische Probleme, die den Leser zur Auseinandersetzung mit ihnen anregen sollen. Die in ihren Büchern erzählten Begebenheiten und dargestellten Verhältnisse (z. B. in den USA, Polen und in der BRD) haben nicht nur Reizwert für die Hauptfigur, sondern auch informativen Wert für die Leser. Die Abwendung vom Stereotyp des nur aus dem Gefühl lebenden, lediglich zur Selbsthingabe bestimmten jungen Mädchens wird ebenso deutlich wie ein *zur Bewußtheit des Erlebens und zu rationaler Verarbeitung* des Gelesenen anregender distanzierender, oft zum Sarkasmus neigender Humor. Desillusionierende Absichten werden durch Humor aufgefangen und dadurch lesepsychologisch und pädagogisch wirksam. B. lehrt Offenheit gegenüber dem Fremden und Neuen, den Verzicht auf verfrühten Genuß und voreilige Bindung sowie Vertrauen auf die Entwicklung der individuellen Persönlichkeit. Sie schreibt für 13—16jährige Mädchen und überschreitet gelegentlich die üblichen Grenzen des Mädchenbuches. *Malte Dahrendorf*

→ Mädchenbuch

Werke: Noch einmal: Dankeschön (1961, ^{4}1970); Der dunkle Spiegel oder Die nötige Freundlichkeit (1963); ... und schreib mal aus Warschau (1966, ^{2}1968); Fünf Inseln unter einem Dach (1971); ix-Tricks (1971); happy. high. tot. (1972); Jeannette zur Zeit Schanett (1972).
Übers.: I. Chichester: Trixelinchen Hexenkind (1967); (Anon.): Frag mal Alice (1973).
Hrsg.: Heute — morgen — übermorgen (1963). *IJB*

Brentano, Clemens

(Ps.: Maria). Dichter, Sammler, Bearbeiter, Erzähler von Märchen und Sagen, Mitherausgeber von „Des Knaben Wunderhorn" und der als Anhang erschienenen „Kinderlieder"; $\cdot\!\!\!\cdot$ 8.9.1778 Ehrenbreitstein, † 28.7.1842 Aschaffenburg.

Cl. B., der sieben Jahre ältere Bruder der als BETTINA bekannt gewordenen ANNA ELISABETH B. (später verh. B. v. ARNIM) und wie sie Enkel der S. DE LAROCHE geb. GUTERMANN (1730—1807), war ein Hauptvertreter der Spät- (der Heidelberger) Romantik. Er wuchs in Koblenz auf, wurde dann in einem Mannheimer Erziehungsinstitut erzogen, trat 1793 als Lehrling in das kaufmännische Unternehmen des Vaters ein und gewann, nach einem vergeblichen Studienversuch im Bergbaufach, durch das Erbteil nach dem Tode des Vaters die Freiheit, mit dem Studium der Medizin zu beginnen (1797). In Jena gelangte B. in den Freundeskreis der Romantiker, lernte auch FR. V. SCHILLER und J. W. v. GOETHE kennen. In Göttingen widmete er sich dem Studium der Philosophie; hier befreundete er sich mit A. VON ARNIM und machte 1802 mit ihm die später durch die „Rheinsagen" literarisch bekannt gewordene Rheinreise. 1803 heiratete B. S. MEREAU, nach ihrem Tode 1806 in zweiter Ehe A. BUSSMANN (Scheidung 1812). In den Jahren 1804 bis 1806 lebte B. vorwiegend in Heidelberg, arbeitete mit J. v. GÖRRES zusammen, bereitete mit A. VON ARNIM die Herausgabe der Sammlung „Des Knaben Wunderhorn" (Bd. 1—3. 1806—08) und ihres Anhangs der „Kinderlieder" vor und war Mitherausgeber der „Zeitung für Einsiedler". Im Jahre 1807 begann seine Freundschaft mit den Brüdern GRIMM, die durch die unterschiedliche Auffassung von Märchensammlung und Märchenbearbeitung sich wieder löste. In Berlin (1809) wurde B. Mitglied der „Christlich-teutschen Tischgesellschaft". Das Familiengut Bukowan (damals Böhmen) konnte ihm nicht zur Heimat werden. Er machte Reisen nach Prag und Wien und kehrte 1814 für einige Jahre nach Berlin zurück, wo er 1817 konvertierte. Mit Unterbrechungen hielt er sich 1819—24 bei der stigmatisierten Nonne K. EMMERICH in Dülmen auf und setzte nach deren Tode sein unstetes Wanderleben am Rhein und im westlichen Europa fort. Von 1833 an lebte er in München, in enger Verbindung mit den katholischen Spätromantikern, vor allem mit G. v. GÖRRES, und hielt literarische Vorlesungen. Schwer krank reiste er 1842 nach Aschaffenburg, wo er bei seinem Bruder Christian B. starb.

Clemens Brentano (1778—1842)

Werk, Tendenzen, Wirkung. B., von hoher Sensibilität, hat ein umfangreiches, vielschichtiges Oeuvre eigener Lyrik und Epik, jedoch auch der Bearbeitungen und Wiederherausgaben (u. a. „Simplicissimus" von GRIMMELSHAUSEN; „Der Goldfaden" von J. WICKRAM) der volkstümlichen Literatur geschaffen. Er befand sich bei aller Unstete lebenslang in wechselseitig anregenden Freundschaftsverhältnissen mit zahlreichen, vorwiegend literarisch wirkenden Persönlichkeiten.
In der mit A. VON ARNIM zusammen herausgegebenen Sammlung „Des Knaben Wunderhorn" ist B. die den Ton naiver Poesie voll treffende Ausformung vieler Lieder, vor allem der Kinderlieder, zu verdanken, die als Anhang dazu 1808 mit einem Einleitungsgedicht erschienen, das vermutlich auch B. zuzuschreiben ist.
Einzelne von B. geformte Verse aus „Des Knaben Wunderhorn" wurden d'rch Bilderbücher und Anthologien, oft von namhaften Künstlern illustriert, verbreitet (z. B. „Das Bucklicht Männlein").
In den Lebensdarstellungen neuerer Zeit werden B.s *soziale Neigung und sein karitatives Verhalten* kaum mehr berücksichtigt. Doch wirkte gerade die-

se Seite seines Wesens stark in sein literarisches Engagement für Kinder aus ärmsten Schichten hinein. Er legte testamentarisch fest, daß der Ertrag aus der Erstpublikation seiner Märchen den Armen zufließen sollte, und nannte als Empfänger Kongregationen, deren Mitglieder sich unentgeltlich der Erziehung armer Kinder widmeten, darunter das „Haus armer Kinder zu Sankt Barbara" in Koblenz. Der Titel der ersten, nach B.s Tode von G. v. GÖRRES besorgten Ausgabe lautete: „Märchen. Zum Besten der Armen nach dem letzten Willen des Verfassers herausgegeben" (1847). Oft wurde B. von dem Unglück, das Kinder und Arme traf, zu Dichtungen bewegt, mit denen er zugleich um Hilfe für sie warb. Eindrucksvolles Beispiel dafür sind Strophen aus einer ganz im Zeitgeist der Befreiungskriege geschriebenen Dichtung, dem Singspiel „Viktoria und ihre Geschwister, mit fliegenden Fahnen und brennender Lunte. Ein klingendes Spiel." (1813, gedruckt 1817), das B., nach seinen eigenen Worten, in Wien „unter fliegenden Fahnen und bei brennender Lunte" verfaßte. Inmitten von Kriegslärm und Siegesjubel läßt er die eltern- und heimatlos gewordenen Kinder singen (zit. nach dem Vorwort von G. v. GÖRRES im 1. Bd. der „Märchen", 1847):

Die Kinder sind
Vom Kriegeswind
Hinaus geweht,
Kein Hälmlein steht.

O Rabe säe,
Spinn Lilie,
Daß Gott erbarm,
Wie nackt und arm.

O Vaterland,
O milde Hand
Thu dich jetzt auf
Und nimm uns auf.

In B.s Strophen am Schluß des Spiels wenden sich die Kinder an die Mutter Caritas und reichen Viktoria die Taube zum Friedensflug.

B.s Märchen und Märchenbearbeitung. Von B.s erzählerischem Werk sind neben der „Geschichte vom braven Kasperl und dem schönen Annerl" (1816, gedr. 1838) vor allem manche seiner Märchenbearbeitungen lebendig geblieben, z. B. „Das Märchen vom Gockel, Hinkel und Gackeleia" (erste Fassung etwa 1815/16, erw. Spätfassung, 1838). Als Vorlagen dienten B. das „Pentamerone" des Grafen G. BASILE (um 1575—1632) für die „Italienischen Märchen", sowie Sagen, verschiedene Volksmärchen und Volkslieder für die „Rheinmärchen"; manches ist eigene Erfindung. B. ging es um lebendiges Weiterbilden, weniger um sammelndes Bewahren. PH. O. RUNGES „Märchen vom Machandelboom" und „Vom Fischer und syner Fru" galten ihm als Muster: „Sie sind in ihrer Gattung vollkommen. Will man ein Kinderkleid zeigen, so kann man es mit aller Treue, ohne eines vorzuweisen, an dem alle Knöpfe heruntergerissen, das mit Dreck beschmiert ist, und wo das Hemd den Hosen heraushängt." (1813 an ARNIM zum Erscheinen des 1. Bd.s der KHM). B. verhält sich allerdings auch seinen eigenen Märchen gegenüber skeptisch. Zu seinen Lebzeiten veröffentlichte er außer einigen Bruchstücken der Rheinmärchen nur das Gockelmärchen in der erweiterten Fassung mit Lithographien nach seinen eigenen Entwürfen (1838). Dem Erstdruck der Märchen (Bd. 1 u. 2, 1847) stellte G. v. GÖRRES ein ausführliches Vorwort „In Memoriam" seines Freundes voran.

B.s Märchenbearbeitungen weisen eine Fülle Kriterien des Volksmärchens auf: Ereignis- und Bildreihung, den typischen Märchenschluß (Belohnung des Guten und Bestrafung des Bösen), sprechende Tiere, Verwandlung von Mensch in Tier und umgekehrt, das Auftreten bekannter Märchengestalten (Könige, Prinzessinnen, Stiefmütter u. a.). Dem Volkston nahe bleiben auch B.s Neigung zur Klangmalerei, seine Bevorzugung volkstümlicher Parataxe, Parallelismen und Anaphern. *Der Gebrauch literarischer Kunstmittel jedoch führt ihn andererseits häufig vom Volkstümlichen ab:* z. B. Wort- und Klangspiele, Verfremdung des Wortsinnes (auch bei Redensarten), lyrische Intermezzi, Satire und Mythos können die einfache Form überwuchern. W. HOFFMANN (Cl. B., Leben und Werk, 1966) hat eine Entwicklungsreihe nachzuzeichnen versucht. Nach ihr ständen die kleinen „Italienischen Märchen" dem Volksmärchen besonders nahe, aus der Gruppe der „Rheinmärchen" repräsentierte das „Murmeltier" wieder mehr die einfache Form, den Höhepunkt bildeten aus der Gruppe der großen „Italienischen Märchen" das Gockelmärchen in seiner frühen Fassung und der „Schulmeister Klopfstock". Von den lyrischen Strophen und Liedern, die B. einzelnen Märchen einarbeitete, haben sich manche verselbständigt. Das als „Wiegenlied" bekannt gewordene Gedicht B.s („Singet leise, leise, leise ...") z. B. sind zwei Strophen aus dem Lied, das Frau Lureley „ihren Jungfräulein" vorsingt („Das Märchen vom Hause Staarenberg und dem Ahnen des Müllers Radlauf", zit. nach „Märchen", Bd. I, S. 335).

Die Märchen B.s als Jugendlektüre. B. wollte den damals noch unübersetzten BASILE „für deutsche Kinder" bearbeiten (1805 an ARNIM). Wegen ihrer Nähe zum Volksmärchen und ihres hohen Ranges originellen Erzählens wäre in einer entsprechenden Auswahl der Märchen ein wertvoller Zuwachs an Jugendlektüre zu erschließen. Die mögliche Jugendrelevanz der Märchen B.s als Kunstmärchen ist allerdings nicht unbestritten. Nach E. MUDRAK („Die Brüder Grimm und ihre Arbeit für das Märchen" in: „Volksgut im Jugendbuch", 1953) kämen solche Kunstmärchen wie die „allegorisch-satirischen" von B. für die Jugend nicht in Betracht. E. WEISSER („Das Kunstmärchen als Lesestoff unserer Jugend"

Clemens Brentano: Gockel, Hinkel und Gackeleia (Wien, Leipzig 1908). In Gerlachs Jugendbücherei erschien als Bändchen Nr. 20 „Gockel, Hinkel und Gackeleia" mit „Bildern und Buchschmuck" von Fr. Wacik. Die ornamentalen Beigaben sind von auffälligen Jugendstilelementen durchsetzt.

in: Jugendliteratur, 1959, H. 8, S. 344 ff.) übergeht die Romantiker; sie hätten auf die Dauer keine tiefer greifende bildende Wirkung hervorgerufen. Vorsichtig wendet sich dagegen R. BAMBERGER („Jugendlektüre“, ^{2}1965) den Märchen B.s zu: „Bei B. aber finden wir das Kindhaft-Spielerische des echten Märchens. Doch fällt es nach einer Zeit des Rassenvorurteils schwer, das Märchen ‚Gockel, Hinkel und Gackeleia‘ vorbehaltlos zu empfehlen, weil es mißverstanden werden kann. Vergleichen wir B.s weniger bekannte Märchen vom ‚Witzenspitzel‘ oder vom ‚Myrtenfräulein‘ mit den Durchschnittsveröffentlichungen der Gegenwart, so fragen wir uns, ob wir den echten poetischen Gehalt der Brentano-Märchen unseren Kindern nicht doch durch eine leichte Bearbeitung retten sollten.“ Gerade das Gokkelmärchen hat immer wieder seine Leser gefunden. Die Bearbeitung von M. ZORN (1954) lehnt H. KALLINGER zugunsten der von H. E. GIEHRL (1955) ab. „Das Märchen B.s war Entspannung und Freude für die Kinder“, wird bei einem Versuch in der Quinta eines Mädchengymnasiums festgestellt (G. KLOSE, E. CLAUS und U. HEISE: „Romantische Kunstmärchen auf der Unterstufe der höheren Schule“, in: DU 1956, H. 6, S. 76 ff.). H. KALLINGER erörtert („Märchen der Romantiker für die Jugend?“, in: Jugendliteratur, 1956, H. 12, S. 554 ff.) entschieden und kritisch die Möglichkeit, auch andere Märchen B.s der Jugend zugänglich zu machen. Neben dem Gockelmärchen nennt die Verf. weitere sechs aus der Reihe der „Italienischen Märchen“: „Das Märchen von dem Schulmeister Klopfstock und seinen fünf Söhnen“, „Das Märchen von den Märchen oder Liebseelchen“, „Das Märchen von dem Myrtenfräulein“ (auch W. HELMICH im Handbuch des Deutschunterrichts, hrsg. von A. BEINLICH, S. 997 ff.), „Das Märchen von Rosenblättchen“, „Das Märchen von dem Witzenspitzel“ und „Das Märchen von dem Dilldapp“ (auch HELMICH). Aus der Reihe der „Rheinmärchen“ fügt HELMICH wohl mit Recht wegen dessen im Unterschied zu den anderen einfacheren Form „Das Märchen vom Murmeltier“ hinzu. Sicherlich fordern B.s Märchen von den Kindern schon ein bewußteres Verstehen. Eine behutsame Bearbeitung, die weitgehend die reizvolle Eigenart des Dichters erhält und dafür sorgt, daß keine Mißverständnisse entstehen, muß hier helfen. Für den reiferen Jugendlichen jedoch können sie — im Original — „die Brücke vom Märchen zur realistischen Dichtung bilden“ (H. KALLINGER).

Margarete Dierks/Harald Riebe

→ A. v. Arnim, → G. Basile, → Märchen, → Romantik

Werke: Des Knaben Wunderhorn (Bd. 1—3. 1806—08; zus. mit A. v. Arnim); Gockel, Hinkel und Gackeleia (1838); G. Görres (Hrsg.): Märchen (Bd. 1—2. 1847); C. Schüddekopf (Hrsg.): Sämtliche Werke (Bd. 1—9. 1917 unvollst.); H. Amelung u. K. Viëtor (Hrsg.): Gesammelte Werke (Bd. 1—4. 1923); W. Frühwald, B. Gajek u. F. Kemp (Hrsg.): Werke (Bd. 1—4. 1963—68).

Sekundärliteratur: R. Becker: Clemens Brentano und die Welt seiner Märchen (Diss. 1960). — K. Bode: Die Bearbeitung der Vorlagen in Des Knaben Wunderhorn (1909). — H. Cardauns: Die Märchen Clemens Brentano's (1895). — K. Glöckner: Brentano als Märchenerzähler (1937). — W. Hoffmann: Clemens Brentano (1966). — G. Larfeld: Clemens Brentanos Märchen vom Schulmeister Klopfstock und seinen fünf Söhnen (Diss. 1922). — J. Pradel: Studien zum Prosastil Clemens Brentanos (1939). — G. Schaub: Le Genie Enfant (1973). — W. Schellberg: Untersuchung des Märchens Gockel, Hinkel und Gackeleia und des Tagebuchs der Ahnfrau von Clemens Brentano (Diss. 1904). — R. Steig: Achim von Arnim und Clemens Brentano (1894); Clemens Brentano und die Brüder Grimm (1914). — A. Stockmann: Die jüngere Romantik (1923). — L. Streit: Untersuchungen zum Stil der Märchen Clemens Brentanos (Diss. 1909). *IJB*

Brežan, Jurij

*(Ps.: Dusan Switz). Schriftsteller, Bearbeiter und Herausgeber klassischer Stoffe, Verfasser von Erzählungen und Märchen für die Jugend; * 9. 6. 1916 Räckelwitz/Kr. Kamenz.*

Als Sohn eines Steinbrucharbeiters und Kleinbauern setzte B. sein Studium der Volkswirtschaft durch. Er spricht und schreibt deutsch und sorbisch. 1933—36 war er aktiv im kommunistischen Widerstand, emigrierte dann in die Tschechoslowakei und nach Polen, wurde aber bei der Rückkehr 1938 in Dresden inhaftiert und von dort 1939 zum Kriegsdienst eingezogen. Nach 1945 bis 1948 leitete er als Jugendfunktionär die sorbischen Minderheiten in der sowjetisch besetzten Zone. Seit 1949 ist B. freischaffend schriftstellerisch tätig.

Werk, Tendenzen, Wirkung. B. ist engagierter sozialistischer Autor und zeigt die Welt aus der Perspektive eines überzeugten Kommunisten. Sein vielseitiges Schaffen weist Laienspiele, Reportagen und Reiseskizzen — diese vornehmlich aus der ČSSR und Polen — auf, dazu Lyrik, größere Romanfolgen, Erzählungen, Bearbeitungen klassischer Stoffe und Essays. Dominierend ist in seinen Erzählungen *das Thema der Wandlung*, die Menschen unter den Anforderungen der Zeit erfahren, um sozialistische Gesellschaft begründen zu können. Das gilt für die jugendgeeigneten Bücher „52 Wochen sind ein Jahr“ (1953) und u. a. für die Romantrilogie mit den Teilen „Der Gymnasiast“ (1958), „Semester der verlorenen Zeit“ (1960) und „Mannesjahre“ (1964). In die Hauptfigur und ihre Schicksale ist Autobiographisches und Zeitgeschichtliches der NS-Zeit bis in die Spaltung Deutschlands hinein eingearbeitet. B. verbindet folkloristische Elemente mit realistischer Erzählweise. Für Kinder schreibt er sorbische Märchen und heitere Geschichten. *Horst Künnemann*

Werke: Christa. Die Geschichte eines jungen Mädchens (1957, ^{17}1972); Der Gymnasiast (1958, ^{12}1970); Das Mädchen Trix und der Ochse Esau (1959, ^{3}1970); Borbass und die Rute Gottes (1959); Semester der verlorenen Zeit (1960, ^{9}1970); Eine Liebesgeschichte (1962, ^{6}1972);

Kak je elefant do hribow šoł (1963, ²1970; dt. Der Elefant und die Pilze. 1963, ³1970); Mannesjahre (1964, ⁷1970); Zhromadźene spisy jednotliwych wudaćach (Bd. 1—5. 1965—68); Wulke dyrdomdestwa małeho kocora (1966; dt. Die Abenteuer des Katers Mikosch. 1967, ²1970); Reise nach Krakau (1966, ²1970); Die schwarze Mühle (1968); Der Mäuseturm oder Beschreibung eines Dichters (1970); Die Milchquelle (1971).

Sekundärliteratur: R. Christ: Die Kraft des Krabats. Jurij Brežan: „Die schwarze Mühle (in: NDL. 8. 1969. 151—152). — G. Dittmann: Zum produktiven Weltverhalten der Mädchengestalten in Erzählungen Jurij Brežans (in: Wiss. Zeitschr. d. Pädagog. Hochschule Karl-Friedrich-Wander, Dresden. 2/3. 1969. 66/69). — H.-J. Geisthardt: Jurij Brežan. Der Mäuseturm (in: NDL. 8. 1971. 132—135).

Briefsteller

Als Buch mit Anweisungen zum Briefschreiben und mit Beispielen für verschiedene Briefformen und -arten gibt es B. auch speziell für Kinder und Jugendliche.

Die ersten bekannten Titel dieser Art gehören der zweiten Hälfte des 18. Jh.s an, der Epoche, in der sich, durch berühmte Vorbilder angeregt (z. B. J. H. Jung-Stilling, J. K. Lavater, Chr. F. Gellert, J. G. Herder, Chr. Lichtenberg, G. E. Lessing), eine Briefkultur in den „gebildeten Ständen" entwickelte. War einerseits beabsichtigt, die Heranwachsenden mit Hilfe solcher B. in Formen und Ausdrucksweise schriftlicher Mitteilungen und Gesprächsführung zu üben, so entstanden andererseits die B. für Kinder und Jugendliche auch als eine Spielart der im 18. Jh. für bestimmte Stände und Berufe differenzierten B.

Zur „Selbstbildung" in Briefformen und Übersetzung gedacht war die „Neue Sammlung deutscher Briefe zum Übersetzen ins Französische, meist aus kaufmännischen und freundschaftlichen Briefen bestehend" (Nürnberg, 1783). Sie war an „Jünglinge aus gesitteten Ständen" adressiert und führte im Anhang „moralische Aufsätze", „Phraseologien" und grammatikalische Anmerkungen mit. Ebenfalls in den achtziger Jahren des 18. Jh.s waren mehrere Bändchen „Briefe für Kinder zum Nutzen und Vergnügen" erschienen, deren fünftes Ende 1787 mit dem Titel warb: „Anweisung zum Briefschreiben. Ein Weihnachtsgeschenk für Kinder. Auch für Erwachsene brauchbar". Als Schulbuch wies sich der „Dresdner B." aus, „zum Gebrauch für Stadt- und Landschulen. Nebst einer Orthographie" (1795). Beispiel für einen Briefwechsel in der Art einer Konversation, in der Bildungsstoffe erörtert werden, bot das Buch: „Kleiner Briefwechsel zur nützlichen und angenehmen Unterhaltung für Knaben und Mädchen" (1795). Der Inhalt bietet fingierte Briefe zwischen Kindern von 12 bis 15 Jahren über verschiedene Themen, darunter Aberglaube, Adelsstolz, Naturschönheiten, die auf Reisen gesehen wurden; auch werden brieflich einige Familienanekdoten aus der Französischen Revolution erzählt, die zu der Zeit aktueller Gesprächsstoff war. Briefmuster, wie man an Eltern, Geschwister, befreundete Kinder schreibt, sowie Muster für kleine Ansprachen, für gereimte Pro- und Epiloge und Sprache, wie sie in Poesiealbum und Gedenkbuch geschrieben wurden, sind enthalten in dem 91 Seiten umfassenden Buch des Lehrers W. Mauerer: „Briefe aus dem Kinderleben. Nebst einigen Anreden bey öffentlichen Schulprüfungen. Ein Geschenk für die Jugend" (Solothurn, 1817; Privatsammlung Dyrhenfurth). Es enthält auch Muster für Glückwünsche zu Neujahr, für Geburts- und Namenstage. In einem ausführlichen Vorwort rückt der Verfasser die Nützlichkeit eines B.s vor Augen und verweist auf Zusammenhänge im Lernprozeß: „Willst du also einen schönen Brief schreiben, so mußt Du erst vernünftig denken lernen. Du kannst aber nur vernünftig denken lernen, wenn Du Umgang mit gebildeten Menschen hast und mit Aufmerksamkeit gute Bücher liesest. Willst Du Nutzen aus guten Büchern ziehen, so mußt Du aufmerksam auf die Schreibart seyn, und auf die Darstellung des Ganzen sowohl als auf die Verbindung der einzelnen Sätze wohl Acht haben." Als Regel für den Ausdruck gibt Mauerer an: zusammenhängend, vollständig, kurz und sprachrichtig, auch geschmackvoll. Die äußere Einrichtung eines Briefes mit Anrede, Anordnung von Ort und Datum wird angegeben und häufiger Übung empfohlen.

In dieser Art, variiert nach der Mode in Anrede, Stil wie auch Wortschatz, gab es B. für Kinder und Jugendliche durch das ganze 19. Jh. Im 20. Jh. ist dieser Typ des belehrenden und Hilfe im gesellschaftlichen Leben bietenden Buches so gut wie ausgestorben. *Margarete Dierks*

F. A. Brockhaus Verlag

Wiesbaden. Derzeitiger Leiter: K. Jäger (* 1888) und U. Porak (* 1931).

Hauptsächliche Gebiete im Bereich der Kinder- und Jugendliteratur: Sach- und Fachbücher über Natur, Technik, Tiere, Länder und ihre Bewohner; ferner die Reihe „Reisen und Abenteuer-Bücher für junge Menschen" und das Nachschlagewerk „Mein erster Brockhaus, ein buntes Bilder-ABC".

Autoren: I. Asimov, W. Beebe, Sven Gillsäter, Sven A. Hedin, E. Hillary, G. Schildt, R. Scott u. a.

Verlagsgeschichte. Fr. A. Brockhaus (1772—1823) gründete den Verlag 1805 in Amsterdam. Über die Zwischenstation Altenburg/Thür. (1811) verlegte der Gründer den Betrieb 1818 nach Leipzig. Ein Luftangriff zerstörte im Jahre 1943 das Leipziger Haus. Auf Veranlassung der Amerikaner errichtete der Verlag 1945 eine „Filiale" in Wiesbaden unter dem Namen E. Brockhaus. Nach der Enteignung des Stammhauses in Leipzig (1953) firmierte der Verlag in Wiesbaden unter dem alten Namen F. A. Brockhaus. Bereits 1808 hatte der Gründer ein unvollendetes Lexikon erworben, das er vervollständigte, erfolgreich absetzen konnte und damit den Ruf des Hauses begründete. Dieses Lexikon erscheint seit 1966 in der 17. Auflage des Großen Brockhaus als Brockhaus Enzyklopädie in 20 Bänden.

R. Brockhaus Verlag

Wuppertal. Derzeitiger Leiter: R. Brockhaus (* 1909).
Hauptsächliche Verlagsgebiete im Bereich der Kinder- und Jugendliteratur: Kindertaschenbuchreihe „Kleine R. Brockhaus-Bücherei" (teils Originalausgaben, teils Lizenznachdrucke aus dem Programm anderer Verlage), vereinzelt Kinder- und Jugendbücher mit religiösem Inhalt.
Autoren: Kl. Norel, K. Salecker, S. Schlieter, M. Zink u. a.
Verlagsgeschichte. C. Fr. Brockhaus (1822—99) gründete 1853 den Verlag, der durch Luftangriffe im Jahre 1943 zerstört wurde. Seit 1950 baut ihn der derzeitige Leiter R. Brockhaus, der den Verlag 1938 übernommen hat, wieder auf. Als Publikation ist historisch, wenigstens innerhalb der ev. Kirche, die Elberfelder Bibelübersetzung wohl am bekanntesten, und zwar erschien 1855 das NT und 1871 das AT. Seit 1950 publiziert der Verlag vor allem für die in der Evangelischen Allianz zusammengeschlossenen Kirchen und Freikirchen.

Bruckner, Karl

*Österreichischer Schriftsteller, Verfasser zahlreicher Kinder- und Jugendbücher; * 9. 1. 1906 Wien.*

Karl Bruckner (1906)*

Nach der Volksschule arbeitete B. in verschiedenen Berufen, hielt sich zwei Jahre in Südamerika auf und war Soldat im Zweiten Weltkrieg. Er konnte sich nach ersten Schwierigkeiten das Leben als freier Schriftsteller erarbeiten. Seine Bücher wurden weit über den deutschen Sprachraum hinaus bekannt. Er fand große Anerkennung, nicht nur bei der Jugend, erhielt mehrere Auszeichnungen, u. a. den Jugendbuchpreis der Stadt Wien (zuerst 1954), den Österreichischen Staatspreis für Jugendliteratur (zuerst 1957) und gelangte mit seinen Büchern auf verschiedene Ehren- und Empfehlungslisten.

Werk, Tendenzen, Wirkung. B.s soziale Einstellung schlägt sich in der Themenwahl, seine Begeisterungsfähigkeit in der Art der Darstellung nieder. Rastlos, ungestüm, selbstkritisch, verantwortungsbewußt geht er an die Arbeit, immer suchend, schreibt leicht, knapp, ausgefeilte Sätze über Sport und Spiel, Abenteuer, Gemeinschaft, Forschung („Mosaikstil"). Seine besten Bücher sind von einem ernsten sozialen Gewissen diktiert („Giovanna und der Sumpf", 1953; „Die Strolche von Neapel", 1955; „Lale, die Türkin", 1958) und von konsequentem Pazifismus, den er im Bericht aus dem Zweiten Weltkrieg („Sadako will leben", 1961) und im utopischen Roman (mit Elementen der Detektivgeschichte und der politischen Satire) offenbart („Nur zwei Roboter", 1963). B. sieht die Welt in einer ständigen Entwicklung. Auf dem Weg des Fortschritts helfen die großen Erfindungen. B. bewundert sie als Werke der Menschen. Er glaubt an den Sieg der Vernunft. Die Wissenschaftler werden ihre Aufgabe mehr und mehr darin sehen, „der Menschheit zu dienen und für den Fortschritt zu wirken" („Nur zwei Roboter"). Kriege hindern den Entwicklungsprozeß der Menschheit; sie widersprechen der menschlichen Vernunft: „Alles Übel kommt vom Krieg", wird in „Sadako will leben" formuliert. B.s Jugendbuch „Sadako will leben" — die Geschichte eines strahlengeschädigten japanischen Mädchens, das zehn Jahre nach dem Abwurf der Atombombe sterben muß — gehört heute zu den bedeutendsten Werken der Jugendliteratur nach dem Zweiten Weltkrieg. Es wurde in 20 Sprachen übersetzt (z. B. ins Japanische, Russische, Amerikanische), erhielt den Jugendbuchpreis der Stadt Wien 1961, rückte auf die Ehrenliste zum Hans-Christian-Andersen-Preis 1962 und auf die Empfehlungsliste zum Deutschen Jugendbuchpreis 1963.

Karl-Heinz Klimmer

→ Österreich

Werke: Der Diamant des Tobias Amberger (1949); Pablo, der Indio (1949); Die Spatzenelf (1949); Die große Elf (1951); Der Häuptling und seine Freunde (1952); Mein Bruder Ahual (1952); Die Wildspur (1952); Giovanna und der Sumpf (1953); Olympiade der Lausbuben (1953); Scarley wird gefährlich (1954); Scarley auf der Robinsoninsel (1955); Die Strolche von Neapel (1955); Der Weltmeister (1956); Wildnis (1956); Der Goldene Pharao

(1957); Lale, die Türkin (1958); Viva Mexiko (1959); Ein Auto und kein Geld (1960); Sadako will leben (1961); Nur zwei Roboter? (1963); Der Zauberring (1966); Yossi und Assad (1971); Das Haus der Löwen (1973).

Sekundärliteratur: R. Bamberger: Karl Bruckner (in: R. Bamberger: Jugendlektüre. [2]1965. 266—273). — R. Bamberger (Hrsg.): Karl Bruckner, Leben und Werk (1966). — K.-H. Klimmer: Karl Bruckner (in: Das gute Jugendbuch. 3. 1964. 15—18). *IJB*

Bruckner, Winfried

*Österreichischer Redakteur und Schriftsteller, Verfasser von Jugendbüchern; * 15.7.1937 Krems.*

B. legte die Reifeprüfung in Wien ab. Erste Veröffentlichungen erschienen während seiner Schulzeit. Er war Redakteur der Jugendzeitschrift „Der junge Arbeiter" und seit 1955 Chefredakteur mehrerer österr. Zeitschriften (u. a. „Solidarität" und „Der junge Arbeiter"). B. erhielt mehrere Auszeichnungen, darunter u. a. den Österreichischen Staatspreis für Jugendliteratur (1965). Seine Bücher sind in verschiedene Ehrenlisten aufgenommen.

Winfried Bruckner (1937)*

Werk, Tendenzen, Wirkung. B. will nach seinen eigenen Worten „nicht in die Vergangenheit flüchten, sondern brennende Probleme der Gegenwart jungen Menschen nahebringen". Er sucht den Menschen in seiner Teilnahmslosigkeit und Abstumpfung auf und zeigt ihm Wege zu seiner Befreiung, er begleitet ihn in seinem *sozialen Elend* („Die gelben Löwen von Rom") und führt ihn aus *verzweifelter Lage* und *Isolation* („Die Pfoten des Feuers"). Besonderen Anteil nimmt B. an dem Leben junger Arbeiter in den Romanen „Der steinerne Elefant" und „Sieben Tage lang". B.s Helden stehen nicht nur im Kampf mit ungelösten sozialen Problemen, sie wenden sich auch gegen Gewaltherrschaft und Krieg („Das Wolkenschiff" und „Aschenschmetterlinge"). In „Die toten Engel" sind sie noch authentische Opfer tatsächlicher Gewaltmaßnahmen, auch die Ereignisse in dem Buch „Das Wolkenschiff" sind historisch; dagegen zielt der Autor in „Aschenschmetterlinge" unmittelbar auf die Problematik des Vietnamkrieges, in dem anonyme Gegner nicht mehr wissen, warum sie sich bekämpfen. Gänzlich fiktiv ist die Darstellung in dem utopischen Roman „Tötet ihn!", der an das Beispiel G. ORWELLS erinnert. Mit den Mitteln der Ironie durch Übertreibung, Situationskomik und Häufung absurder Spannungsmomente durchbricht B. mit dem Buch „Der traurige Sheriff" den Bann, den der „Western" auf unkritische Leser ausübt; er reizt sie zum Lachen über das Klischee der Western-Literatur. B. ist als Verfasser von Jugendbüchern *realistischer Gesellschaftskritiker,* der sich zur Richtschnur machte: „Die Jugendlichen muß man hart anpacken; man muß ihre Sprache sprechen, und man darf ihnen nicht das geringste schenken" („Ohne Lüge leben" in: Jugendliteratur, 5. 67). Alle Bücher B.s wurden ins Dänische übersetzt, „Die toten Engel" — eine Schilderung aus dem Warschauer Getto — auch in andere europäische Sprachen. *Karl-Heinz Klimmer*

→ Österreich

Werke: Kein Platz für andere (1961); 2/10 bedeutet Tod (1961); Die toten Engel (1963); Die gelben Löwen von Rom (1964); Die Pfoten des Feuers (1965); Der steinerne Elefant (1966); Das Wolkenschiff (1966); Aschenschmetterlinge (1967); Tötet ihn (1967); Die langen Tage (1968); Sieben Tage lang (1968); 11 schwarze Schneemänner (1969); Der traurige Sheriff (1969); Der Schrei (1970).

Sekundärliteratur: H. Künnemann: Harte Welle aus Österreich (in: Zeitschr. f. J.lit. 5. 1967. 269—272). *IJB*

Brüggemann, Theodor

*Literaturdidaktiker, Jugendliteraturtheoretiker, Professor für Deutsch an der Pädagogischen Hochschule in Köln; * 15. 3. 1921 Werne.*

B. begann 1940 in Münster/Westf. das Studium, mußte es aber infolge des Kriegsdienstes von 1941 bis 1945 unterbrechen, setzte es dann 1945/46 in Göttingen fort, ging anschließend an die Pädagogische Akademie in Emsdetten und war danach im Schuldienst tätig. Gleichzeitig studierte B. an der Universität Münster/Westf. weiter, wo er auch 1954 promovierte. Im Jahre 1960 ging B. als Assistent an das Pädagogische Institut Weilburg/L., ein Jahr später in gleicher Funktion an die Pädagogische Hochschule Köln, wo er 1962 zum Professor ernannt wurde. B. war zeitweilig Mitglied der Hauptjury des Deutschen Jugendbuchpreises.
B., der eine Sammlung von historischen Kinder- und Jugendbüchern besitzt, legt bei seinen Untersuchun-

gen über die Kinder- und Jugendliteratur das Hauptgewicht auf historisch-systematische und empirische Analysen. Zahlreiche Zeitschriftenaufsätze behandeln Einzelthemen. Ausgangspunkte sind häufig literaturpädagogische Fragestellungen, so u. a. in „Die Sachlektüre in der Volksschule" (1960), „Grundideen der Literaturpädagogik von 1900 bis heute" (1962). Erwähnenswert ist ferner, daß sich B. wiederholt mit den Comics auseinandergesetzt hat. Seine Abhandlung über „Das Bild der Frau in den Comics" gehört zu den wichtigsten Äußerungen in der Frühphase der Diskussion um dieses literarische Phänomen nach 1945. B. ist zusammen mit A. Krüger und H. A. Halbey Herausgeber der Reihe „Internationale Untersuchungen zur Kinder- und Jugendliteratur".

Werke: Kristalle. Moderne deutsche Gedichte für die Schule (1967; zus. mit W. Buch).
Hrsg.: Reihe: Internationale Untersuchungen zur Kinder- und Jugendliteratur (1969ff.; zus. mit A. Halbey u. A. Krüger).
Beiträge: Das Bild der Frau in den Comics (in: Studien zur Jugendliteratur. 2. 1956. 3—29); Die Sachlektüre in der Volksschule (in: Der kath. Erzieher. Beilage: Das Jugendbuch. 2. 1960. 1—6); Grundideen der Literaturpädagogik von 1900 bis heute (in: Wahrheit und Wert in Bildung und Erziehung. 1962. 212—236); Literaturtheoretische Grundlagen des Kinder- und Jugendschrifttums (in: Bericht der Jubiläumstagung des Deutschen Jugendschriftenwerkes. 1966. 39—57); Kind und Buch in sozialer Sicht (in: Der kath. Erzieher. Beilage: Jugend und Literatur. 4. 1969. 1—6; 6. 1969. 9—12; 9. 1969. 17—22).

Bruna, Dick

*Niederländischer Designer, Graphiker, Gestalter von Bilderbüchern; * 23.8.1927 Utrecht.*

Als Sohn eines Verlegers entschloß sich B., Designer und Graphiker zu werden. Mit ersten Buchumschlagentwürfen (als Autodidakt) setzte er sich nach 1945 durch und schuf bisher weit über tausend für verschiedene Verlage in den Niederlanden, in Deutschland und der Schweiz. Er erhielt 1958 und 1960 Auszeichnungen als bester holländischer Plakatmaler; 1960 wurde ihm außerdem der Benelux-Preis für das Plakat zur Künstlermesse in Utrecht zuerkannt. Seit 1963 erregte B. auch als Bilderbuchkünstler Aufmerksamkeit. Bis 1970 erschienen bereits an 20 Titel, zu deren Bildern er auch meistens die Texte verfaßt hat. Verschiedene seiner Titel wurden in die Auswahllisten der besten holländischen Bilderbücher aufgenommen, z. B.: „Kerstmis" (1963; dt. In Bethlehems Stall, 1964), „Sneeuwwitje" (1966; dt. Schneewittchen, 1966). Besonders bekannt wurde B. in Holland weiterhin durch seine Illustration der niederländischen Fassung der *Dolman-Delcato-Margadant-Frühlesemethode* „Kleine Kinderen kunnen lezen".

Werk, Tendenzen, Wirkung. Als Bilderbuchgestalter wendet sich B. überwiegend an das Kleinkind von 2 Jahren an, dem er mit überdeutlichen Formen und Farben und stark im Wortschatz reduzierten Aussagesätzen erste Vorstellungen einer umgesetzten Wirklichkeit gibt. In „Boek zonder woorden" (1968; dt. Guten Tag, liebes Kind, 1969) erzählt B. ohne Textbeigabe den Tageslauf der Kleinsten in einfachen Strichzeichnungen. In anderen Büchern verwendet er klare, ungebrochene Grundfarben, stilisiert auch Mensch und Tier auf geometrische Flächen wie Dreieck, Kreis und Quadrat. B.s Bildmethode ist sehr wirkungsvoll, wo er einfache Dinge und Sachverhalte aus der kindlichen Umwelt wiedergibt (z. B. Erste Bilder, 1969). Die Grenzen seiner Bildsprache scheint dort erreicht, wo er den Versuch unternimmt, Märchen wie die der Grimms vereinfachend zu illustrieren. B.s Bilderbücher mit Textübersetzungen erschienen in den USA (bis 1967 über 250 000 Expl.), in Großbritannien, Deutschland, Italien und in der Schweiz, auch in Südafrika und Japan.
Manche Motive aus seinem Plakat- und Bilderbuchschaffen, aus seinen Tier- und Umweltgeschichten wurden als dekorative Elemente für Puzzle-Spiele, Wandbehänge und Hobby-Spieltüten verwendet.

Horst Künnemann

Ill.: D. Bruna: De appel (1953; dt. Der Apfel, 1962); D. Bruna: Toto in Volendam (1953); D. Bruna: Kleine koning (1955); D. Bruna: Nijntje (1955); D. Bruna: Nijntje in de dierentuin (1955); D. Bruna: De auto (1957); D. Bruna: Tijs (1957); D. Bruna: Fien en Pien (1959; dt. Lies und Lene, 1962); D. Bruna: Poesje Nel (1959; dt. Kätzchen Nel, 1962); D. Bruna: Het vogeltje (1959; dt. Vogel Twiet, 1962); D. Bruna: Circus (1962; dt. Der Zirkus, 1963); D. Bruna: Het ei (1962; dt. Das Ei, 1963); D. Bruna: De koning (1962; dt. Der König, 1963); D. Bruna: De vis (1962; dt. Der Fisch, 1963); D. Bruna: Kerstmis (1963; dt. In Bethlehems Stall, 1964); D. Bruna: Nijntje aan zee (1963); D. Bruna: Nijntje in de sneeuw (1963); D. Bruna: De matroos (1964); D. Bruna: De school (1964); D. Bruna: Assepoester (1966; dt. Aschenputtel, 1966); D. Bruna: Klein Duimpje (1966; dt. Däumling, 1966); D. Bruna: Roodkapje (1966; dt. Rotkäppchen, 1966); D. Bruna: Sneeuwwitje (1966; dt. Schneewittchen, 1966); D. Bruna: B is een beer (1967; dt. Allerlei von A—Z, 1967); D. Bruna: Boek zonder woorden (1968; dt. Guten Tag, liebes Kind, 1969); D. Bruna: Telboek (1968; dt. Ich kann zählen, 1969); D. Bruna: Ik kan lezen (1969; dt. Du kannst lesen, 1969); D. Bruna: Ik kan nog meer lezen (1969; dt. Lies weiter, 1970); D. Bruna: Nijntje vliegt (1970). *IJB*

Brunhoff, Jean de

*Französischer Graphiker, Bilderbuchkünstler, Schöpfer der „Babar"-Serie; * 9. 12. 1899 Paris, † 16. 10. 1937 Montana/Kanton Wallis.*

B. verlebte seine Jugend in Paris, besuchte dort die „École Alsacienne" und studierte bei O. Friesz Malerei. Nach kurzem Militärdienst (1918) war er als Maler tätig. 1924 heiratete er die Pianistin C.

Sabourand, die eigentlich die Figur des kleinen Elefanten „Babar" erfand. Aus der Kinderstube der B.s entwickelte sich die Geschichte, die als Bilderbuchserie internationalen Ruhm erlangte. Ihr Schöpfer B. mußte sich wegen eines Lungenleidens häufig in Schweizer Sanatorien aufhalten. Er starb 1937 während der Vorbereitung weiterer Bücher, die sein Bruder Michel de B. und sein Sohn Laurent de B. 1938 und 1939 herausgaben. Laurent de B. versuchte, die Erfolgsserie mit weiteren „Babar"-Bänden fortzusetzen. *Horst Künnemann*

→ Babar, → L. de Brunhoff, → Frankreich

Werke: Histoire de Babar (1931; dt. Die Geschichte von Babar. 1947; NA. 1956, [2]1958; NA. 1968, [3]1970); Le Roi Babar (1933; dt. König Babar. 1947; NA. 1957); A.B.C. de Babar (1934); Les Vacances de Zéphir (1936; dt. Zephir macht Ferien, 1958); Babar en famille (1938; dt. Familie Babar, 1958); Le Voyage de Babar (1939; dt. Babar auf Reisen. 1947; NA. 1956); Babar et le Père Noël (1941).

Sekundärliteratur: E. Graham: The genius of de Brunhoff (in: Junior bookshelf. 5. 1941. 49—56).

Brunhoff, Laurent de

*Französischer Graphiker, Karikaturist, Bilderbuchkünstler, Fortsetzer der von seinem Vater Jean de Brunhoff erfundenen Babar-Serie; * 30. 8. 1925 Paris.*

B., Sohn des Malers und berühmten Bilderbuchkünstlers Jean de B., verbrachte seine Kindheit in Paris und besuchte dort das „Lycée Pasteur" und die „Académie de la Grande Chaumière". Beim Tode des Vaters war er 12 Jahre alt. Nach dem Schulabschluß wandte er sich der freien und angewandten Malerei zu und setzte mit Titeln wie „Babar et ce Coquin d'Arthur", „Babar et le professeur Grifaton" ab 1946 das Werk seines Vaters fort. Dabei gelang ihm zwar die Bereicherung um witzige Episoden und Gestalten, aber weniger die feinsinnige Ironisierung französischer Geselligkeit. Auch seine Fortsetzungen der Babar-Reihe wurden in England, Amerika und Deutschland verbreitet.
Horst Künnemann

→ Babar, → J. de Brunhoff, → Frankreich

Werke: Babar et ce coquin d'Arthur (1946; dt. Babar und Arthurs Abenteuer, 1958); Pique-Nique chez Babar (1949; dt. Babars Kinder beim Camping, 1959); Babar et le professeur Grifaton (1951; dt. Babar und Professor Grifaton, 1960); Babar dans l'île aux oiseaux (1951; dt. Babar auf der Vogelinsel, 1960); La Fête à Célestville (1954; dt. Babars Weltausstellung, 1959); Sérafine la girafe (1961); Le Château de Babar (1961; dt. Babar auf der Ritterburg, 1962); Bonhomme (1966); Babar à New York (1966); Je parle anglais avec Babar (1966); Je parle allemand avec Babar (1966); Je parle espagnol avec Babar (1966); Je parle italien avec Babar et Laurent de Brunhoff (1967); Babar en Amérique (1967); Tele-Babar (1969).

Brunner, Fritz

*Schweizer Jugendschriftsteller, Pädagoge; * 18. 2. 1899 Wald/Zürcher Oberland.*

B. besuchte die Sekundarschule in Wald, das Seminar in Küsnacht und studierte an den Universitäten Zürich, Grenoble, Paris, Florenz. Er war Sekundarlehrer in Uster, seit 1926 in Zürich und schied 1964 aus dem Schuldienst aus. B. ist Präsident der Schweizerischen Stiftung zur Vorbereitung guter Jugendbücher, Mitinitiator des Schweizerischen Jugendschriftenwerks und des Schweiz. Bundes für Jugend- und Volksbibliotheken im Kanton Zürich, Mitbegründer und Vorstandsmitglied des Internationalen Kuratoriums für das Jugendbuch (IBBY) und Lektor für die 20bändige Brockhaus Enzyklopädie (Schweizer Titel). Für sein Gesamtschaffen wurde B. mit dem Schweizer Jugendbuchpreis 1959 ausgezeichnet; 1951 und 1960 erhielt er den Preis der Stadt Zürich.

Fritz Brunner (1899)*

Werk, Tendenzen, Wirkung. Aus den Erfahrungen mit dem internationalen Jugendlager auf Hallig Süderoog erwuchs B.s erstes Jugendbuch „Zwischen Seeräuberturm und Rettungsbake" (1932). *Weltoffenheit* und *Heimatverbundenheit* prägen seine Bücher für die Jugend, in denen er heimische und exotische Umwelt anschaulich schildert und Jugendliche und Kinder, meist realistisch gezeichnet, oft schwere Bewährungsproben bestehen läßt. „Vigi, der Verstoßene" (1937) und „Aufruhr in Brusada" (1960) wurden am meisten bekannt und in sieben europäische Sprachen übersetzt. B. ist auch Verfasser von Laienspieltexten und Mitherausgeber der Jugendlexika „Die Welt von A—Z" und „Die Kinderwelt von A—Z". B. dient mit seiner gesamten Arbeit der Förderung des guten Jugendbuches und der Volksbildung. Er setzt sich für die Pflege schweiz. Volkstums in Sprache, Musik und Spiel ein und trat mit pädagogischen Schriften in diesem Sinne hervor. B.s Initiativen galten besonders der qualitativ anspruchsvollen Jugendlektüre, außerdem gab er der Schweizer Jugendschriftenbewegung neue Impulse. *Sigrid Geisen*

→ Schweiz

Werke: Zwischen Seeräubertum und Rettungsbake (1932); Vigi, der Verstoßene (1937); Wenn zwee wänd grüne (1944); Spielt alle mit! (1946); Flucht in die Fremde (1951); Auf, auf zum Stall (1952); Das fröhliche Berghaus von Campell (1954); Rätsel um Sibyll (1957); Erika und der Vagabund (1958); Aufruhr in Brusada (1960); Die Kette zum Feriengluck (1960); Miguel und Miga (1963); Kilima, das Mädchen aus Tansania (1965); Rebellen um Nurina (1966).
Hrsg.: Die Welt von A bis Z (1952); Die Kinderwelt von A bis Z (1954).

Sekundärliteratur: D. Larese: Fritz Brunner (in: D. Larese: Schweizer Jugendschriftsteller der Gegenwart. 1963. 19 u. 20). — P. Schuler: Freundesgabe für Olga Meyer zum 75. Geburtstag, Traugott Vogel zum 70. Geburtstag, Fritz Brunner zum 65. Geburtstag (1964). *IJB*

Brunovský, Albín

*Slowakischer Graphiker, Maler, Illustrator; * 25. 12. 1932 in Zohor/Slowakei.*

B. studierte 1955—61 bei V. Hložník an der Hochschule der bildenden Künste Bratislava, an der er als Fachassistent tätig ist. Für seine Graphiken, Illustrationen und Gemälde wurden von 1963 an mehrere Ausstellungen in Prag, Preßburg, Brünn und anderen Städten der ČSSR veranstaltet, im Ausland in Wien, Berlin, Düsseldorf, Dortmund, Genf, Zagreb, Paris, Solingen u. a. Bis 1971 beteiligte er sich an etwa 60 Ausstellungen im In- und Ausland.
B. erhielt zahlreiche Auszeichnungen und Preise, darunter für sein jugendliterarisches Schaffen u. a. den Frano-Král-Preis (1964 und 1970) und die Goldene Plakette der BIB 1967.

Werk, Tendenz, Wirkung. B.s Illustrationen gehören der Stilrichtung des phantastischen Realismus an. In ihnen sind „die Elemente der erkennbaren Wirklichkeit mit den Elementen der subjektiven Wirklichkeit zusammengeflossen" (Droppová). Sein Don Quijote („Dômyselný rytier don Quijote de la Mancha", 1965) bedeutet die Verherrlichung des menschlichen Traumes; die Gestalt des irrenden Ritters wird durch die sympathisierenden Kinderaugen gesehen — ohne Komik und Groteske. In den Illustrationen zu H. Chr. Andersens Märchen („Malá morská panna", 1967) verbindet er die Intimität der Person und der Situation mit Komplexität der Natur und der Architektur, führt den Leser durch ein Labyrinth der Strukturen, belebt das Bild mit dem Medaillon, mit plastischen Blüten, mit Spitze. Sein Ausflug ins Reich der Folklore (Dobšinský's Märchen „Tri holúbky", 1970, und „Tri princezne v belasej skale", 1970) ist durch die gelungene Verbindung von Poesie und ländlichem Humor charakterisiert. *František Holešovský*

Ill.: M. Válek: Kuzla pod stolom (1958); J. Kostra: Janko Hraško (1960); M. Ferko: Čarovné bubliny (1960); Ibis a mesiac (1962); M. Twain (d. i. Samuel Langhorne Clemens): Princ a bedár (1962); H. Chr. Andersen: Statočný cinový vojačik (1963); K. Dubecký: Majstri piatich čiar (1964); E. Dzurillová: Tulipánová kolíska (1965); M. de Cervantes Saavedra: Dômyselný rytier don Quijote de la Mancha (1965); H. Chr. Andersen: Malá morská panna (1967); E. T. A. Hoffmann: Luskáčik a Myši král (1968); I. Olbracht: Biblické príbehy (1968); P. Dobšinský: Tri holúbky (1970).

Sekundärliteratur: M. Váross (in: Zlatý Máj. 6. 1970. 372—373); Fr. Holešovský: Tvár a reč ilusrácie pre deti (1971). *IJB*

Buchmarktforschung

Unter B.-F. versteht man wirtschafts- und sozialwissenschaftliche Forschung über Tatbestände des Buchmarktes als Betätigungsfeld des Buchhandels.

Untersuchungsbereiche: Marktobjekte, Marktstruktur, Marktverhalten. Marktobjekte sind Gegenstände des Buchhandels (Bücher, Zeitschriften, Kunstblätter, Diapositive, Atlanten, Landkarten, Globen, Schulwandbilder usw.), also vom Verleger hergestellte und vom verbreitenden Buchhandel vertriebene Werke der Literatur, Kunst und Photographie, die durch ein graphisches, phonographisches, photographisches oder photomechanisches Verfahren vervielfältigt werden. Bei der Erforschung der Marktstruktur geht es um die sozioökonomische Analyse des Grundaufbaues des Marktes in seiner Stufengliederung: a) Autor als geistiger Erzeuger; b) Verlag als Produktionsstufe; c) verbreitender Buchhandel, unterteilt nach Zwischenbuchhandel (Kommissionär, Barsortiment, Großbuchhandlung) und Bucheinzelhandel (Sortimentsbuchhandel, Antiquariatsbuchhandel, Reise- und Versandbuchhandel, werbender Buch- und Zeitschriftenhandel, Bahnhofsbuchhandel, Warenhausbuchhandel, Buchgemeinschaften, Buchverkaufsstellen); d) Verbraucher als Buchkäufer und Buchleiher.
Die Untersuchung des Marktverhaltens bezieht auch die Motivforschung ein: Einstellung zum Buch bei Lesern und Nichtlesern, Einstellung gegenüber den Absatzmittlern und deren Verhalten zu den tatsächlichen und potentiellen Buchkäufern.
Eine spezifische Erforschung des Marktes der Kinder- und Jugendliteratur existiert bislang nur in Anfängen. Die statistische Erfassung der „Jugendschriften" veröffentlicht alljährlich der Börsenverein des Deutschen Buchhandels, Frankfurt a. M., in „Buch und Buchhandel in Zahlen"; eine differenziertere statistische Aufschlüsselung erarbeitet seit

1964 alljährlich das Institut für Jugendbuchforschung.
Der Bereich „Einstellung zum Buch bei jungen Lesern" ist allerdings seit Beginn des 20. Jh.s wiederholt von Literaturpädagogen, Bibliothekaren und Psychologen mit direkten und indirekten Befragungsmethoden empirisch angegangen worden. Ziel der mit pädagogischen Intentionen unternommenen Untersuchungen war, über Leseinteresse und Leseverhalten Aufschlüsse zu erhalten (u. a. von M. LOBSIEN, H. BUSSE, A. RUMPF, H. BÖDECKER, R. BAMBERGER, E. EKSTRÖM). Weitere Untersuchungen befaßten sich mit der Bedeutung psychologischer und soziokultureller Determinanten im Zusammenhang mit der Favorisierung einer bestimmten Lektüre (u. a. CH. BÜHLER, E. LIPPERT, H. SCHMIDT, A. HÖLDER, M. DAHRENDORF), andere mit der Rolle des Lesens in der modernen Gesellschaft bzw. dem Stellenwert des Lesens im Freizeitverhalten (E. WEBER, H. GIEHRL, W. HASELOFF u. a.). Einige Untersuchungen implizieren Beiträge zur Motivationsforschung (z. B. die von HASELOFF; auch: L. SALBER: „Jugendlektüre als Lösungsform seelischer Probleme", in: Börsenblatt Ffm., 1970, S. 2689—2732). Weiterhin liegen Ergebnisse über zwei Repräsentativerhebungen vor, und zwar des Allensbacher Instituts aus dem Jahre 1966 über die Zugehörigkeit der Buchkäufer in der Bundesrepublik zu verschiedenen sozialen Schichten und des Emnid-Instituts für Sozialforschung mit dem Titel: „Jugend. Bildung und Freizeit", 1966. Darstellungen über Untersuchungswege und Forschungsstand finden sich u. a. in: I. LICHTENSTEIN-ROTHER (Hrsg.): „Jugend und Buch in Europa", 1967; L. ROSENMAYR u. a.: „Kulturelle Interessen von Jugendlichen", 1966; A. C. BAUMGÄRTNER (Hrsg.): Lesen. Ein Handbuch, 1973). Wiederholt wurde in neueren Beiträgen der Zusammenhang zwischen Schichtzugehörigkeit und Buchbesitz aufgegriffen, so durch H. ECKHARDT: „Analyse der Abhängigkeit des sozialen Aufstiegs vom Lexikon- und Buchbesitz der Eltern", in: Bertelsmann Briefe, 1967, H. 54, S. 21—27. Speziell auf die Marktanalyse für den Buchhandel abgestellt ist L. MUTHS Beitrag: „Der Buchhandel und die jungen Leser. Porträt einer Käuferschicht", in: Börsenblatt Ffm., 1967, S. 853—863. *Franz Hinze*

Buchreife

Der Begriff B. wurde von R. Bamberger in Zusammenhang mit seiner literarpädagogischen Versuchsarbeit an österreichischen Schulen geprägt.

Bei Leistungsmessungen im Lesen wurde festgestellt, daß die Lesefertigkeit in enger Beziehung zur Buchlektüre steht. Viele Kinder lesen keine Bücher, weil sie technisch und sinnhaft nicht richtig lesen können. Andererseits aber zeigt sich auch, daß nur jene Kinder gute Leser werden, deren Leseerziehung nicht nur auf Lesebücher, sondern auch auf Kinder- und Jugendbücher (Ganzschriften) aufbaut. Genauere Experimente zur Feststellung der B. sind im Gange. Als noch recht vorläufige Richtlinie (1970) kann festgestellt werden: ein Kind ist dann buchreif, wenn es über die Lektüre von einzelnen Geschichten hinaus Bücher in einem Umfang von rund 100 Seiten zu lesen vermag, wenn es eine Stunde mit Ruhe und Hingabe liest und in dieser Zeit im 2. und 3. Schuljahr rund 10000—15000 Wörter, in den folgenden Schuljahren 15000—20000 liest. Merkmale der Buchreife sind: 1. Die Geduld bzw. die Lesefreude ist so entwickelt, daß eine Stunde Stillesen selbstverständlich ist. 2. Das Stillesen hat mindestens die doppelte Geschwindigkeit des ausdrucksvollen lauten Lesens. In den ersten Schuljahren wird man als Minimum 80—100, in den höheren Schulstufen 140 Wörter je Minute einsetzen können. 3. Der Sinn des Textes wird im wesentlichen erfaßt. 4. Das laute Vorlesen verrät durch Ausdruck und Gliederung das Verständnis. Zur Messung wurde von BAMBERGER ein Vortest entwickelt, der für die Merkmale 2, 3, 4 je 50 Punkte zur Verfügung stellt. Die bisherigen Ergebnisse zeigen eine überzeugende Übereinstimmung mit den Erfahrungswerten.
BAMBERGER vertritt die Auffassung, daß die Feststellung der B. und des Grades der B. für die Literaturpädagogik wichtiger sei als die bis jetzt im Vordergrund stehende Untersuchung der Leseinteressen. Die praktische Erfahrung lehrt: Kinder sind so erlebnishungrig, daß sie, wenn sie gut lesen können, einfach alles lesen, „sogar das Gute". Die Entwicklung der Lesefertigkeit (mechanische Technik des Lesens) und Lesefähigkeit (Sinnentnahme) ist die wichtigste Maßnahme in der Führung zum dauernden Umgang mit dem Buch. Kinder, die bis zum 10. Lj. nicht schon gute Leser sind, finden in der Regel nicht mehr zum bleibenden Umgang mit dem Buch. *Lucia Binder*

→ R. Bamberger, → Leseerziehung, → Leseverhalten

Sekundärliteratur: R. Bamberger: Zum Lesen verlocken (1967). *IJB*

Buchtiteltest

Der B. ist ein von A. Herr 1955 zusammengestellter Katalogtest zur Ermittlung der Leseinteressen Jugendlicher im Alter von 11—15 Jahren. Er enthält 50 fingierte Buchtitel, die alle literarischen Erlebnis- und Sachbereiche einschließen sollen. Vom Jugendlichen sind aus dem Titelangebot drei Titel auszuwählen, die dann als kennzeichnend für seine Leseinteressen angesehen werden.

Die Vereinigten Jugendschriften-Ausschüsse verwendeten 1955 diesen Test in der von H. BÖDECKER

ausgewerteten und veröffentlichten Breitenuntersuchung bei über 28 000 Jugendlichen Westdeutschlands („Das Leseinteresse Jugendlicher von 11—15 Jahren“, Jugendschriften-Warte 1957/58). Der B. gehört in die Reihe jener Tests, für die H. HETZER nachgewiesen hat, daß sie im objektiven Verfahren (Fragebogen) nicht für die Ermittlung der wirklichen Leseinteressen geeignet sind; sie bedürfen einer verfeinerten Testinterpretation (Gespräch mit dem Probanten), da die einzelnen Titel von den Befragten verschieden gedeutet werden und die Wahl der Titel durch die individuellen Vorstellungen und Erwartungen wesentlich mitbestimmt wird.
Für den von A. HERR erarbeiteten Test ergaben nachprüfende Untersuchungen im Institut für Jugendbuchforschung der Universität Frankfurt a. M., daß die Befragten in den Titelwunsch zugleich bestimmte Vorstellungen über die Gestaltungsform implizierten, die de facto nicht gegeben zu sein brauchen (z. B. „Unter Palmen und Beduinen“, Antwort: „ist Reisebeschreibung“; es könnte ebenso Fotobildband o. ä. sein). Das Auswertungsschema weist durch die unkritische Vermischung von Gattungsbezeichnungen, Themen und Gestaltungsformen (bei den vorgegebenen 24 Gruppen) Mängel auf, die die Objektivität dieses Tests mindern.
Ähnliche Buchkatalogtests sind: Der charakterologisch orientierte Bücherkatalogtest von M. TRAMER, der entwicklungspsychologisch orientierte Buchkatalogtest von H. HETZER (in Entwicklungstestreihen XI und XIII) und der von H. GOTTHARD und A. C. BAUMGÄRTNER erarbeitete kleine B., der 15 fingierte, aber zugleich für Inhalt und Gestaltungsform repräsentative Titel enthält. *Luise Siegling*

Buck, Pearl S.

*(geb. Sydenstricker; Ps.: John Sedges). Schriftstellerin, Verfasserin von Kinderbüchern; * 26. 6. 1892 Hillsboro/West-Virginia, † 6. 3. 1973 Danby/Vermont.*

B. war die Tochter eines Missionars in China und begann 1917 in den USA zu studieren; der ersten Ehe mit dem Professor und Missionar J. L. BUCK folgte 1935 die zweite Eheschließung mit dem Verleger R. J. WALSH († 1960). Seitdem lebte B. auf einer Farm in Pennsylvania, wo sie einer Reihe verschiedenrassiger Kinder ein gemeinsames Zuhause und gemeinsame Erziehung gab. Für ihren China-Roman „The Good Earth“ (dt. Die gute Erde, 1933) wurde die Autorin 1932 mit dem Pulitzerpreis, 1938 mit dem Nobelpreis für Literatur ausgezeichnet.

Werk, Tendenzen, Wirkung. Die großen, erfolgreichen Romane der B. sind in der Gesinnung der *Menschenliebe und des Einsatzes für die Gleichberechtigung aller Rassen* geschrieben. Die meisten spielen im Raume China, erschließen Kulturgeschichte, Gesellschaftsordnung und Mentalität dieses Volkes kurz vor dem politisch-sozialen Umbruch und dienen der Verständigung zwischen Ost und West, z. B. „East wind — West wind“ (1930; dt. Ostwind — Westwind, 1933). Am erfolgreichsten war ihr in viele Sprachen übersetzter Roman „The Good Earth“ (1931; dt. Die gute Erde, 1933), die Lebenserzählung eines chinesischen Bauern, der sich aus der Armut emporarbeitet. Mit den Titeln „Sons“ (1932; dt. Söhne, 1933) und „A House Divided“ (1935; dt. Das geteilte Haus, 1935) erweiterte B. „The Good Earth“ zu einer Trilogie. Auch die Romane mit einer allgemein menschlichen Thematik wie z. B. „The Mother“ (1934; dt. Die Mutter, 1934), „This Proud Heart“ (1938; dt. Stolzes Herz, 1938); mit biographischem Gehalt wie „Fighting Angel“ (1936; dt. Gottesstreiter in fernem Land, 1937), „The Exile“ (1936; dt. Die Frau des Missionars, 1936) und mit Darstellungen modernen Lebens in den USA, die B. unter dem Pseudonym J. SEDGE veröffentlichte, hatten großen Erfolg und gewannen besonders weite Kreise jugendlicher Leser auch in Deutschland.
B. widmete eine Sammlung humorvoll geschriebener Episoden gegen Unduldsamkeit und Rassendünkel eigens den jungen Lesern: „My Several Worlds“ (1954; dt. Mein Leben, meine Welten, 1957; Ruf des Lebens. Ein Buch für junge Menschen, 1958). Die in viele Sprachen übersetzten Kinderbücher der Autorin entstanden aus den lebendigen Kontakten mit den von ihr angenommenen Kindern, die sie im Geiste der Menschenliebe erzog und denen sie viele Geschichten erzählte. Trotz der sprachlich den Originalen nicht ebenbürtigen Übersetzungen vermitteln vor allem die Erzählungen „The Waterbuffalo Children (1943; dt. Die Kinder mit dem Wasserbüffel, 1948), „The Dragon Fish“ (1944; dt. Der Drachenfisch, 1953, [7]1971) und „One bright Day (1950; dt. Ein glücklicher Tag, 1952) psychologisch fein motivierte Kindererlebnisse aus China und Japan: Verlangen nach Geschwisterlichkeit und Freundschaft, das Verhältnis zu Tieren, die Lust am Wagnis und die Sehnsucht nach Geborgenheit. In anschaulicher Erzählweise sind die kleinen Geschichten kindgemäß spannungsvoll gestaltet. Mit besonders feinem Empfinden hat B. in „The Child who never Grew“ (1950; dt. Geliebtes unglückliches Kind, 1952) die psychischen und sozialen Probleme aufgezeigt, mit denen sich Eltern konfrontiert sehen, die ein geistig behindertes Kind haben. *Margarete Dierks*

Werke: Stories for little children (1940; dt. Geschichten für kleine Kinder, 1951); The Chinese next door (1942; dt. Unsere kleinen chinesischen Freunde, 1949); The waterbuffalo children (1943; dt. die Kinder mit dem Wasserbüffel, 1948); The dragon fish (1944; dt. Der Drachenfisch, 1953, [7]1971); Yu-Lan, the flying boy of China (1945; dt. Yu Lan, fliegender Junge über China, 1959); One bright day (1950; dt. Ein glücklicher Tag, 1952); The child who never grew (1950; dt. Geliebtes unglückliches Kind, 1952);

My several worlds (1954; dt. Ruf des Lebens. Ein Buch für junge Menschen, 1958); Christmas miniature (1957; dt. Eine kleine Weihnachtsgeschichte, 1959); The little fox in the middle (1966; dt. Da tanzt der kleine Fuchs, 1968); Matthew, Mark, Luke and John (1967; dt. Einer von denen, 1972).

Sekundärliteratur: P. A. Doyle: Pearl S. Buck (1965). — G. S. Yankey: Revealing the human heart, Pearl S. Buck (1964).

Buckeridge, Anthony Malcolm

*Englischer Lehrer und Jugendbuchautor; * 1912 London.*

Nach der Ausbildung am Seaford College in Sussex und am University College in London wurde B. Lehrer an einer Londoner Internatsschule. Aus der Gewohnheit, seinen Internatsschülern vor dem Einschlafen Geschichten zu erzählen, erwuchsen die Abenteuer des Internatszöglings „Jennings". Jahre hindurch unterhielt B. seine Schüler mit immer neu erfundenen Geschichten um die Person des fiktiven „Jennings". Aus diesen zunächst mündlich erzählten Geschichten entstanden schließlich B.s Jugendbücher.

Werk, Tendenzen, Wirkung. 1948 entschloß sich B., seine bisher schriftlich nicht fixierten „Jennings"-Geschichten aufzuschreiben. Er verfaßte mit „Jennings" als Mittelpunkt eine Anzahl Hörspiele, die im Kinderfunk des BBC einen großen Erfolg erlebten. Von den jungen Zuhörern wurde die „Jennings"-Reihe als „beste Serie des Jahres" ausgewählt. In den folgenden Jahren bildeten B.s Hörspiele um „Jennings" einen dauernden Bestand im Programm des englischen Rundfunks. Auch das BBC-Fernsehen übernahm einige der „Jennings"-Serien.
1950 erschienen unter dem Titel „Jennings goes to School" die Abenteuer des Internatsschülers Jennings zum ersten Mal in Buchform. Seitdem erscheint fast jährlich ein neuer „Jennings"-Band mit Titeln wie „Jennings follows a Clue", „Jennings Little Hut", „Jennings and Darbishire", „Jennings' Diary", „According to Jennings", „Our Friend Jennings", „Thanks to Jennings" u. a. Bisher wurden über eine Million „Jennings"-Bücher in den englisch-sprechenden Ländern verkauft. B.s Versuche, eine neue Serie um die Gestalt des Schülers „Rex Milligan" zu schreiben, war weniger erfolgreich (Rex Milligan's Bussy Term, Rex Milligan raises the Roof, Rex Milligan Reporting, Rex Milligan holds forth). In englischen Schulen fanden die drei Anthologien Eingang, die B. in den Jahren 1957 (Stories for Boys), 1958 (In and Out of School) und 1965 (Stories for Boys: 2) herausbrachte.
Alle „Jennings"-Geschichten handeln von dem lebhaften „Jennings" und seinem dicken Freund Darbi, die als Zöglinge der Internatsschule in Linbury mit Lausbubenstreichen und pfiffigen Einfällen der strengen Ordnung der Schule ein Schnippchen schlagen wollen. Zwar mangelt es den beiden nicht an Einfällen, doch werden sie grundsätzlich vom Pech verfolgt, und ihre Vorhaben enden anders als geplant. Obwohl flott und für Jungen im Alter von 10 bis 14 Jahren ansprechend geschrieben — die jungen Leser können sich leicht mit den beiden Helden identifizieren —, sind die Geschichten anspruchslos und unterliegen in den weiteren Folgen den Schwächen und der Stereotypie von Seriengeschichten.
Obgleich die Erlebnisse ganz speziell auf englische Schulverhältnisse zugeschnitten sind und sich nicht ohne weiteres auf die Schulverhältnisse anderer Länder übertragen lassen, erzielten Übersetzungen auch im Ausland Erfolge. Bisher liegen Übersetzungen ins Dänische, Deutsche, Finnische, Französische, Hebräische, Holländische, Norwegische, Schwedische und Spanische vor. Da der Name „Jennings" außerhalb Englands kaum bekannt ist, wählten die Übersetzer für fremdsprachige Ausgaben vielfach einen anderen Namen für den Titelhelden. In Norwegen heißt er z.B. „Stompa" — dort wurde er auch zum Titelhelden von Verfilmungen —, in Frankreich wird er „Bennet" genannt. In deutschen Übersetzungen tritt der Titelheld als „Fredy" auf. Das 1960 im Schaffstein-Verlag herausgekommene Buch „Fredys Hütte am Teich" wurde 1961 in die Auswahlliste zum Deutschen Jugendbuchpreis aufgenommen. Weitere ins Deutsche übersetzte Titel sind: „Immer dieser Fredy", „Drei Tips für Fredy", „Fredys Tagebuch", „Fredy und der Astronautenklub" und „Fredy und die Taubenpost". Einige „Fredy"-Erzählungen erschienen auch in Taschenbuchserien. Der Versuch, „Jennings"-Texte im Englischunterricht einzusetzen, mißlang, weil sich die zahlreichen Schuljargon-Ausdrücke als Lektüre für deutsche Schüler als zu schwierig erwiesen. *Helmut Müller*

Werke: Jennings goes to school (1950); Jennings follows a clue (1951); A funny thing happened! (1953); Jennings' diary (1953; dt. Fredys Tagebuch, 1963); Rex Milligan's busy term (1953); According to Jennings (1954; dt. Fredy und das Autogramm, 1969); Jennings' little hut (1954; dt. Fredys Hütte am Teich. 1960, ^{3}1965); Rex Milligan's raises the roof (1955); Our friend Jennings (1955; dt. Fredy und die Schauspielkunst, 1971); Rex Milligan holds forth (1957); Thanks to Jennings (1957); Take Jennings for instance (1958); Jennings, as usual (1959; dt. Immer dieser Fredy! 1961, ^{3}1965); The trouble with Jennings (1960); Just like Jennings (1961); Rex Milligan reporting (1961); Leave it to Jennings (1963; dt. Drei Tips für Fredy. 1965, ^{2}1966); Jennings, of course! (1964); Especially Jennings! (1965; dt. Fredy und der Astronautenklub, 1967); A bookful of Jennings (1966); Jennings abounding (1967; dt. Fredy und die Taubenpost, 1968); Jennings in particular (1968); Trust Jennings! (1969); The Jennings report (1970); dt. Reporter Fredy, 1972).
Hrsg.: Stories for boys (1957); In and out of school (1958); Stories for boys: 2 (1965).

Büchergilde Gutenberg Verlagsgesellschaft mbH

Frankfurt/M. Ehemaliger Leiter: Dr. H. Dreßler * 5. 12. 1910 Leipzig, † 18. 12. 1974 Frankfurt a. M.
Hauptsächliche Verlagsgebiete im Bereich der Kinder- und Jugendliteratur: Bilder- und Jugendbücher in anspruchsvoller Ausstattung, besonders illustrierte Ausgaben u. a. Werke von : J. und W. Grimm (KHM), H. Chr. Andersen, M. Cervantes de Saavedra, W. Hauff, G. Schwab, R. L. Stevenson, M. Twain u. a. m.
Autoren: V. D. Heydorn, W. Jasper, E. Kästner, A. Kopisch u. a.
Illustratoren: V. D. Heydorn, G. Oberländer, L. Schwarz, G. Stiller, E. Zbinden u. a.
Verlagsgeschichte. Br. Dreßler (1879—1952), Vorsitzender des Bildungsverbandes der deutschen Buchdrucker, war der Initiator zur Gründung der Büchergilde Gutenberg 1924. Als eine von Gewerkschaftlern getragene Institution verfolgte sie von Anfang an das Ziel, als Buchgemeinschaft besonders die bildungspolitisch vernachlässigten Menschen, insbesondere Arbeiter, für die Auseinandersetzung mit der Literatur zu gewinnen. Trotz mancherlei Schwierigkeiten, die u. a. damals wesentlich auf das Verhalten des Deutschen Börsenvereines zurückgingen, überschritt die Büchergilde bereits Anfang 1925 die für das Bestehen der Buchgemeinschaft notwendige Mindestzahl von 5 000 Mitgliedern. E. PRECZANG, einer der ältesten Arbeiterdichter, trug wesentlich zu diesem Erfolg bei, nicht zuletzt durch eine Zusammenstellung heiterer Geschichten des bis dahin in Deutschland wenig bekannten amerikanischen Schriftstellers M. TWAIN. Sie erschien als erstes Buch der Büchergilde. Im Jahre 1933 unterbrachen die Nationalsozialisten die erfolgreiche Tätigkeit der Berliner Büchergilde, die zu diesem Zeitpunkt 85 000 Mitglieder zählte. Daraufhin setzten die in der zweiten Hälfte der 20er Jahre entstandenen Geschäftsstellen in der Schweiz, der Tschechoslowakei und in Österreich als selbständige Buchgemeinschaften gleichen Namens die Arbeit der Berliner Büchergilde fort; aber nur eine, nämlich die Büchergilde Zürich, konnte sich aufgrund der politischen Verhältnisse bis zum Ende des Zweiten Weltkrieges behaupten. Dr. H. Dreßler, der Sohn des Gründers, eröffnete die Büchergilde Gutenberg im Jahre 1947 mit dem Sitz in Frankfurt/M. neu. Die Gesellschaft zählt heute 300 000 Mitglieder, verfügt über 50 Bücherstuben in verschiedenen Städten und hat rund 10 000 Vertrauensleute. Das Verlagsprogramm umfaßt z. Zt. insgesamt mehr als 500 Titel.

Buechler-Verlag

Wabern b. Bern. Derzeitiger Leiter: U. Gresly (* 1926).
Hauptsächliche Verlagsgebiete im Bereich der Kinder- und Jugendliteratur: Bilderbücher, zum Teil mit anspruchsvollen Illustrationen, für Kinder im Alter von 5—8 Jahren; Rechtschreibbücher für das 2. bis 8. Schuljahr, u. a. der „Schweizer Schülerduden".
Illustratoren: E. Delessert, St. Lemke, H. Looser, W. Maurer, M.-L. Pricken, H. U. Saas und H. Wetli u. a.
Verlagsgeschichte. W. Buechler (1856—1940) gründete 1886 die Druckerei Buechler. Im Jahre 1966 gliederten ihr Marc (* 1929) und Rico Buechler (* 1932) einen Verlag an. Die Aufgaben der Direktion liegen in der Hand beider Vettern, und zwar verwaltet Marc B. den kaufmännischen Sektor und Rico B. den technischen.

Bühler, Charlotte

*Professorin für Psychologie, Verfasserin literarpsychologischer und jungleserpsychologischer Schriften; * 20. 12. 1893 Berlin, † 3. 2. 1974 Stuttgart.*

Zunächst war B. Assistentin bei K. BÜHLER, den sie später heiratete. 1929 wurde sie a. o. Prof. in Wien, emigrierte, wurde 1939 in London als Leiterin der Parent's Association tätig und wandte sich später in den USA als Ass. Clinical Professor of Psychiatry an der Universität von Southern California und in eigener Privatpraxis Problemen der klinischen Psychologie zu.

Werk, Tendenzen, Wirkung. Den Zugang zur Psychologie fand B. über das Interesse an der Analyse literarischer Gestalten und über das Interesse an den Denkvorgängen. Die in den zwanziger Jahren entstandenen literarpsychologischen Analysen über Volksmärchen, Volks- und Massenroman, STRINDBERG und IBSEN sind heute kaum noch bekannt. Während ihrer Wiener Zeit arbeitete sie vorwiegend auf dem Gebiet der Entwicklungspsychologie, vertrat in diesem Zweig die *biologisch-genetische* Richtung und war Herausgeberin der „Quellen und Studien zur Jugendkunde" und der „Wiener Arbeiten zur pädagogischen Psychologie". Sie selbst legte eine große Zahl empirischer Arbeiten vor, die auf zahlenmäßig reichem und sehr verschiedenartigen Untersuchungsmaterial basieren. Neben Beobachtung, Erhebung und Umfrage werden Elternberichte und Selbstdarstellungen Jugendlicher (Tagebücher, Briefe, lit. Schöpfungen) als Quellen herangezogen. Ihre zunächst auf Kindheit und Reifezeit begrenzten Forschungen erweiterte sie und legte 1933 als eine der ersten eine Gesamtdarstellung des menschlichen Lebenslaufes vor. Im Rahmen der entwicklungspsychologischen Forschungen werden auch Lesestoff und Leseverhalten des Kindes und Jugendlichen Gegenstand ihrer Untersuchungen. Von der Voraussetzung ausgehend, daß das in einem bestimmten Alter bevorzugte Lesegut in einem *Entsprechungsverhältnis* zu den seelisch-geistigen Fähigkeiten und Bedürfnissen des Kindes und

Jugendlichen stehe, versucht B. dieses aufzuzeigen und zugleich durch Analyse und Deutung des Lesestoffes die Entwicklung der höheren Seelenvorgänge (z. B. der Phantasie: „Das Märchen und die Phantasie des Kindes“, 1918) zu erforschen. In empirischer Untersuchung ermittelt sie die *alterstypische Lektüre* in ihrer zeitlichen Abfolge und charakterisiert danach den *Entwicklungsgang* des literarischen Interesses, für den sie einen *Phasenverlauf* nachweist.

Die einzelnen Stadien des literarischen Bedürfnisses (Lesealter) kennzeichnet B. durch den jeweils *repräsentativen* Lesestoff und unterscheidet in zeitlicher Aufeinanderfolge: *in der Kindheit 3 Stadien* (Struwwelpeteralter, Märchenalter, Robinsonalter), *in der Pubertät 2 Stadien* (Heldenalter und ein Stadium der Übergangsliteratur, in dem sehr verschiedenartige und verschiedenwertige Literatur nahezu zu gleichen Teilen gelesen wird). Den *Wandel der Leseinteressen* erklärt B. mit den unterschiedlich vorherrschenden Bedürfnissen auf den einzelnen Entwicklungsstufen. Danach entspricht „Der Struwwelpeter“ dem Bedürfnis nach einfachen Geschichten aus dem Alltag, das „Märchen“ dem Bedürfnis nach Wunderbarem und dient der Übung der Phantasie, „Robinson“ dem erwachenden Sachinteresse und spricht den Intellekt an, die „Heldenlektüre“ der Suche nach dem Ideal im Zusammenhang mit dem aufkeimenden, voluntativ bewußt gesteuerten Leben, die „Übergangsliteratur“ dem aufbrechenden und ungeordneten Gefühlsleben des Pubertierenden.

Die *kulturelle* und *epochale Bedingtheit* der von B. festgestellten alterstypischen Lektüre ist heute *erwiesen* (vgl. Vor- und Nachwort in „Das Märchen und die Phantasie des Kindes“, [4]1958). Ebenso hat man erkannt, daß *neben* den seelisch-geistigen Bedürfnissen auch andere Faktoren, wie epochale und nationale Trends, aber auch Milieuunterschiede den Lesestoff (Bücherangebot sowie Buchwahl) mitbestimmen. *Fundamental* für die Jungleserpsychologie wurde dagegen der Nachweis, daß die *Lesestadien* in ihrer *Reihenfolge nicht umkehrbar sind*, sondern an die Reifungsschritte gebundene, entwicklungsbedingte Abfolgen von Interessenänderungen darstellen und als Phasen verlaufen.

Die literarästhetische Entwicklung sieht B. als kontinuierlich, aber nicht dominant verlaufend (Volksmärchen — Märchen aus 1001 Nacht — Andersens Märchen — Novellen — Roman), hält aber (wie E. Schliebe-Lippert) bewußtes und reflektierendes literarästhetisches Erfassen und damit ein wirkliches Verhältnis zur Kunst *erst in und nach* der Pubertät für gegeben. Deshalb wendet sie sich gegen alle einseitigen Tendenzen der Kunsterziehungsbewegung, die den Genuß höchster Kunstwerke in jedem Lebensalter für möglich halten und im ästhetischen Genuß den einzigen Zweck des Lesens sehen. Nach ihrer Theorie sind es vier Bedürfnisse, die der kindliche und jugendliche Leser mit seiner Lektüre zu befriedigen sucht: *Gegenwartsentrückung, persönliche Beteiligung, das Bedürfnis zu lernen und zu erfahren und die ästhetische Einstellung.* Über die künstlerische Gesamteinstellung entscheidet das Schwergewicht ihrer Verteilung und ihre Zusammenstellung in den einzelnen Altersstadien.

Luise Siegling

→ Jungleserpsychologie, → Lesealter

Werke: Das Märchen und die Phantasie des Kindes (1918, [4]1958); Das Seelenleben des Jugendlichen (1922, [5]1929); Kunst und Jugend (in: Zeitschr. f. Ästhetik u. allg. Kunstwiss. 20. 1926. 288—306).

Sekundärliteratur: L. Schenk-Danziger u. H. Thomae: Gegenwartsprobleme der Entwicklungspsychologie. Festschrift für Ch. Bühler (1963).

Bürger, Gottfried August

*Schriftsteller, Bearbeiter und Übersetzer klassischer Dichtungen; * 31.12.1747 Molmerswende/Harz, † 8.6.1794 Göttingen.*

B., Sohn eines ev. Pfarrers, besuchte in Aschersleben die Lateinschule und ab 1760 das Pädagogium in Halle. Auf Drängen des Großvaters nahm der 16-jährige 1764 widerwillig das Studium der ev. Theologie auf, beschäftigte sich aber weit intensiver mit klassischer Philologie. Wegen Beteiligung an der Gründung einer verbotenen Studentenverbindung wurde B. mit Karzer bestraft, wodurch seine Laufbahn als Theologe beendet war. Er verließ Halle und setzte seine nunmehr juristischen Studien ab 1768 in Göttingen fort. Nach der juristischen Ausbildung gelang es B. 1772, eine Amtmannsstelle am Gericht Altengleichen zu bekommen. 1784 begann er an der Universität Göttingen als Privatdozent Vorlesungen über Sprachstil und Ästhetik zu halten. Er nahm als Professor regen Anteil an den literarischen Auseinandersetzungen seiner Zeit, hatte engen Kontakt mit der Gruppe des Göttinger Hains unter L. Chr. Hölty und stand zeitweise in Verbindung mit Chr. M. Wieland (1733—1813), J. G. Herder, J. W. Goethe und Fr. Schiller. Zudem war B. Mitarbeiter an dem „Göttinger Musenalmanach“. Später (1779) übernahm B. dessen Redaktion allein. Viele Gedichte veröffentlichte er erstmalig im „Musenalmanach“, darunter u. a. 1774 die Ballade „Lenore“. B. war dreimal verheiratet. Er starb völlig verarmt und fast ganz von seinen Mitmenschen isoliert.

Werk, Tendenzen, Wirkung. B. plante viel, verwirklichte aber nur wenige seiner Vorhaben. Sein Schaffen fällt in die Literaturepoche der Anakreontik bzw. des Sturm und Drang. Diesen Zeitabschnitt beeinflußte er mit seinen Balladen entscheidend. Unter ihnen ist „Lenore“ (1774) die bekannteste. B. verhalf der Ballade in Deutschland zum Durchbruch, dabei lehnte er seine Balladen gehaltlich an die englischen an, die das Eingreifen unheimlicher, übernatürlicher Kräfte in das Leben des Menschen darstellen, wobei der Held häufig durch einen tragischen Konflikt vernichtet wird. Die unmittelbare Vorlage B.s war die Sammlung des englischen Bischofs TH. PERCY (1729—1811), die in 3 Bänden 1765 unter dem Titel „Reliques of Ancient English Poetry" erschienen war. Sowohl die Balladen wie auch die sog. „Molly"-Gedichte zeigen kein Formspiel mehr, wie es die Anakreontik liebte. In diesen Gedichten bricht ein neues Verständnis von Dichtung durch, nämlich Ausdruck für Erlebnis und Gefühl zu sein und beides im „volkstümlichen" Ton darzubieten. Volks- und Kirchenlieder waren dabei für B. wichtige Quellen.

Neben den Gedichten gibt es noch ein zweites Werk, das B.s Namen bekannt machte, obwohl B. sich weder als Übersetzer noch als Bearbeiter im Impressum auswies. 1786 erschien das Buch: „Wunderbare Reisen zu Wasser und Lande, Feldzüge und lustige Abentheuer des Freyherrn von Münchhausen, wie er dieselben bey der Flasche im Cirkel seiner Freunde selbst zu erzählen pflegt". Die Angabe des Druckortes (London) war fingiert, verlegt wurde die Publikation in Wirklichkeit von DIETERICH in Göttingen. Der fingierte Druckort deutet aber auf die Quelle hin: auf das 1786 in 2. Ausgabe, anonym in Oxford erschienene Buch: „Baron Munchhausen's Narrative of His Marvellous Travels and Campaigns in Russia", das B. übersetzte und erweiterte. Die übrigen Werke B.s sind nahezu vergessen, viele bezeugen als Bruchstücke eigentlich nur, wie weit B.s Arbeitsfeld war.

1792 kam bei ROTTMANN (Berlin) „Benjamin Franklins Jugendjahre, von ihm selbst für seinen Sohn beschrieben und übersetzt von G. A. Bürger" heraus. Auch für GIRTANNERS „Politische Annalen" fertigte B. Übersetzungen aus dem Englischen, Französischen und Italienischen an. Offenbar waren diese Übersetzungen B.s hauptsächlicher Broterwerb in den letzten Jahren.

Neben den Balladen haben vor allem die Münchhausen-Erzählungen für die Jugendliteratur Bedeutung erlangt. Während aber die Balladen fast nur in den Schulen durch den Literaturkanon der Bildungspläne für das Fach Deutsch am Leben erhalten wurden, bereiten den Kindern die Spielwitze der Münchhausen-Abenteuer noch immer Vergnügen. *Rudolf Raab*

→ Ballade, → K. Fr. H. Freiherr von Münchhausen, → Münchhausen

Werke: Lenore (in: Göttinger Musenalmanach. 1774); Gedichte (1778); Wunderbare Reisen zu Wasser und Lande, Feldzüge und lustige Abentheuer des Freyherrn von Münchhausen (1786); W. v. Wurzbach (Hrsg.): Sämtliche Schriften (Bd. 1—4. 1924).

Sekundärliteratur: Briefe von und an Gottfried August Bürger (Bd. 1—3. 1874). — H. Döring: G. A. Bürger's Leben (1826). — F. W. Ebeling: Gottfried August Bürger und Elise Hahn (1868). — K. Goedeke: Gottfried August Bürger in Göttingen und Gelliehausen (1873). — L. Kaim-Kloock: Gottfried August Bürger (1963). — F. Kiesel: Bürger als Balladendichter (1907). — P. W. Mederow: Bürger. Der Roman seines Lebens in seinen Briefen und Gedichten (1912). — H. Pröhle: Gottfried August Bürger (1856). — R. Riemann: G. A. Bürger (1904). — H. Schöffler: Bürgers Lenore (in: Deutscher Geist im 18. Jahrhundert. 1856. 86—94). — A. Schöne: Bürgers Lenore (in: B. v. Wiese: Die deutsche Lyrik. 1956. 196—210). — W. R. Schweizer: Münchhausen und Münchhausiaden (1969). — J. Sozonovič: Leonora Bjurgera i rodstvennye ej sjužety v narodnoj poezii, evropejskoj i russkoj (1893). — W. Wackernagel: Zur Erklärung und Beurtheilung von Bürgers Lenore (1835). — W. v. Wurzbach: Gottfried August Bürger (1900). *IJB*

Buffalo Bill

*(d. i. William F. Cody). Kundschafter, Soldat, Jäger, ging als abenteuerliche Gestalt in Wildwest-Literatur und Jugendbücher ein; * 26. 2. 1846 Scott County/Iowa, † 10. 1. 1917 Denver/Colorado.*

B.B. erlebte als Kind, wie sein Vater ermordet wurde. Mit jungen Jahren war B.B. Lastwagenkutscher und für wenige Monate Reiter bei „Russel Mayar's & Wedell's" legendärem „Pony-Express". 1868 nahm er als Kavallerist und Oberst am Indianerkrieg gegen den „Großen Ochsen" und seine Krieger, die „Hundesoldaten", teil (Cheyenne). 1867 hatte er maßgeblichen Anteil an den Büffelschlächtereien in den Prärien der USA. B.B. gehörte zu den Vortrupps und Jägern, die beim Bahnbau durch den „Wilden Westen" der Vereinigten Staaten für die Sicherheit und Verpflegung der Bahnarbeiter sorgen mußten. 1871 begleitete er den russ. Großfürsten Alexis auf die Büffeljagd. 1876 nahm er an den letzten Kämpfen gegen die Sioux und Northern Cheyenne teil. Während des Bürgerkrieges arbeitete er als Spion für die Nordstaaten.

1872 wird nach B.B. ein Volksstück „Buffalo Bill" in New York aufgeführt. 1878 trat er selbst in einem Boulevardstück „Die Scouts der Prärie" auf. B.B. kam als erster mit einer „Wild-West-Show" nach Europa und erweckte hier allgemeines Aufsehen. Um seine Gestalt spannen sich schon zu Lebzeiten Legenden, die in umfangreichen Heftserien der Trivial- und Wildwest-Literatur kolportiert wurden und das wahre Bild des B.B. verfälschten.

Wirkung: Bei G. Kühn, Leipzig, erschienen (1930 bis 1933) mindestens 121 Hefte „Buffalo Bill" als einzig von Colonel CODY autorisierte Ausgabe seiner Aufzeichnungen und Abenteuer. In den USA gewann sein Name weite Verbreitung durch die „Groschenromane" („dime novels") von N. BUNTLINE (d. i. E. Z. C. JUDSON) „B.B. The Life of the Border Men", die in „New York Weekly" in Millionenauflagen erschienen.

Anknüpfend an seine wahren und fingierten Erlebnisse wurden nach dem Leben und den Taten des

B.B. zahlreiche „Western"-Filme gedreht, u. a. „Life of B.B." von P. PANZER, 1907, von CRAFT, 1912. „In the Days of B.B." wurde 1922 als Fortsetzungsfilm von C. LAEMMLE begonnen. C. DE MILLE, Spezialist für Monstre-Filme, schuf 1936 „The Plainsman", 1944 W. A. WELLMAN „B.B.". Nach dem Kriege wurden „B.B. Rides Again" von B. B. RAY und „Pony Express" von J. HOPPER gedreht (1947 und 1953).
Als Gestalt im Jugendschrifttum erschien B.B. bei W. DRIXNER: „B.B." (1955); D. BLACKMOORE: „Buffalo Bill e Mano Giallo" (Bologna o. J.; dt. „B.B. und Gelbhand", Wien o. J.). In der Schweiz schrieb H. ALEXANDER 1959: „Jung B.B.". Auch in den Comics wurde sein Lebensbild bearbeitet: „B.B." (in: „Illustrierte Klassiker Die spannendsten Geschichten der Weltliteratur", Nr. 15, o. J.). Unter der Überschrift „Buffalo Bill — die lebendige Legende" hat FR. HETMANN in seinem Jugendbuch zur Geschichte Amerikas „Mustangs, Rinder, Schienenstrang. Die große Zeit der Cowboys" (1969) B.B.s Leben nach den historischen Daten spannend erzählt. Gesellschaftskritische Durchleuchtung B.B.s nahm der amerikanische Dramatiker A. COPIT in seinem als Zirkus-Show konzipierten Stück „Indianer" (1968; dt. 1969) vor.

Horst Künnemann

→ Abenteuerbuch

Sekundärliteratur: J. M. Burke called Arizona John: „Buffalo Bill" from prairie to palace (1893). — L. F. Cody u. C. R. Cooper: Memories of Buffalo Bill (1919). — W. F. Cody: The adventures of Buffalo Bill (1904); An autobiography of Buffalo Bill (1920); Buffalo Bill's life story (1928); The life of honorable William F. Cody, known as Buffalo Bill, the famous hunter, scout and guide (1879). — R. C. Cooke u. W. S. Meadmore: Buffalo Bill (1952). — D. S. Garst: The story of Buffalo Bill (1938). — H. Inman u. W. F. Cody: The great Salt Lake trail (1898). — A. C. Regli: The real book of Buffalo Bill (1960). — D. Russell: The lives and legends of Buffalo Bill (1960). — H. B. Sell u. V. Weybright: Buffalo Bill and the Wild West (1955). — W. L. Visscher (Hrsg.): . . . Buffalo Bill's own story of his life and deeds (1917). — H. C. Wetmore: The last of the great scouts (1899; dt. Buffalo Bill, der letzte große Kundschafter. Ein Lebensbild des Obersten W. F. Cody, 1906).

Bulgarien

Volksrepublik. Staatsgebiet: 110 928 km²; Einwohner: 8,2 Mill.; Staatssprache: bulgarisch; Hauptstadt: Sofia; Bevölkerung: 85 % Bulgaren, Rest nationale Minderheiten (Türken 8,6 %, Zigeuner 2,6 %, Griechen 0,4 %, Makedonier 0,3 % und Armenier 0,1 %).

Entwicklung der KJL und gegenwärtiger Stand. Die Bulgaren gehören zu den europäischen Völkerschaften, die schon sehr früh eine eigene Literatur besaßen. Ihre Anfänge gehen in das 9. Jh., in die Zeit nach der Annahme des Christentums zurück. Kinder- und Jugendbücher gab es allerdings erst nach der Befreiung aus der türkischen Oberherrschaft (1393—1878). Vorher lasen die Kinder die Legenden, Sagen, Märchen und Lieder der bulgarischen Folklore. Ein Vorläufer der bulgarischen Kinderliteratur war „Riben bukvar" (1842, Fischfibel) von P. BERON — ein enzyklopädisches Sammelbändchen, das in seiner lebendigen und ausdrucksreichen Sprache bereits ästhetischen Anforderungen genügte. Der bedeutende bulgarische Lyriker P. R. SLAWEJKOW (1827—95), dessen Gedichte auch viel von Kindern gelesen wurden, setzte die ersten Qualitätsmaßstäbe für Kinder- und Jugendschriften: er nahm in die von ihm kurz vor der Befreiung von der türkischen Oberherrschaft gegründeten *ersten* bulgarischen Kinderzeitschriften „Smesena kitka" (1852, Lustige Kinder) und „Ptschelitsa" (1871, Bienchen) nur solche Beiträge auf, die den Anforderungen entsprachen, die er an gute Erwachsenenliteratur stellte. Mit der Befreiung von der türkischen Herrschaft im Jahr 1878 nahm die kulturelle und literarische Entwicklung B.s *einen neuen Aufschwung. Die Kinderliteratur trat jetzt deutlicher hervor, zunächst in Form der Kinderlyrik.* 1880 erschien die erste Gedichtsammlung für Kinder von I. POPOWITSCH, die mit ihrem Namen „Detska gusla" (1880, Kindergusla — gusla ist der bulgarische Name für das nationale Instrument der bulgarischen Volksmusik) an die Tradition der bulgarischen Folklore anknüpfte. Im Jahr 1883 schrieb der bulgarische Klassiker I. VAZOW (1850 —1921) seine „Stichotworenija sa malka deza" (Verse für kleine Kinder), die bulgarische Kinder noch heute mit Vergnügen hersagen. 1894 erschien der Gedichtband für Kinder „Detska gusla" (Kindergusla) von K. VELIČKOV mit den Hauptthemen der Vaterlandsliebe und Humanität.

Um die Wende zum 20. Jh. erscheinen neben den lyrischen Kinderbüchern mehr und mehr Geschichten und Erzählungen für Kinder, an denen auch die großen Autoren der bulgarischen Nationalliteratur Anteil haben. *Themen sind die Auseinandersetzung mit der Umwelt, Schilderung von Land und Sitten, die Herstellung ethischer Grundsätze, aber auch schon sozialkritische Probleme. Auch der Humor* hat in diesen frühen bulgarischen Kindererzählungen Bedeutung. ST. POPOW (1865—1939) vereinte in seinen Büchern beides, sozialkritisches Anliegen und feinen Humor; er schrieb unter dem Pseudonym „Tschitscho Stojan" (Onkel Stojan) und zeichnete in seinen Erzählungen vor allem die vielen kleinen Schwächen seiner Landsleute nach. POPOWS Freund und Zeitgenosse ST. RUSSEW (1866—1938), der seine Bücher unter dem Pseudonym „Djado Blago" (Opa Blago) herausbrachte, rief die Kinderzeitschrift „Slawejtsche" (1906—1907, Die kleine Nachtigall) ins Leben, die in ganz B. Verbreitung fand. Einen bedeutenden Raum nahmen in dieser

Zeitschrift Rätsel für Kinder ein. *Helden seiner Geschichten waren meistens bulgarische Dorfkinder,* wie es für die kleinen Leser in diesem Agrarlande selbstverständlich war. *Besondere Bedeutung* für die Kinderliteratur besaß das Werk des Dichters El. Pelin (1877—1949). Während er für Erwachsene vor allem Prosa schrieb, verfaßte er für Kinder neben einigen Erzählungen seine Kinderlieder „Detski pesni". Bekannt wurde er auch durch seine Märchenbearbeitungen für Kinder. Die Erzählungen Pelins zeichnen sich durch *einen kritischen Realismus* aus, der den kleinen Lesern das tägliche Leben ohne Verniedlichung unverfälscht aufzeigt. Ähnlich schrieb St. Drinow (1883—1922), dessen zahlreiche Kindergeschichten *das Los armer, leidender Kinder zum Thema hatten.*

In den Jahren zwischen den beiden Weltkriegen war die bulgarische Literatur durch neue ästhetische Bestrebungen und, seit der russischen Oktoberrevolution 1917, durch sozialistische Tendenzen gekennzeichnet. Einer der bekanntesten Autoren dieser Zeit war R. Bossilek (1886—1958), der einige Jahrzehnte hindurch mit seinen Liedern, Märchen und oft humorvollen Erzählungen tonangebend blieb. Vor allem seine Bearbeitungen bulgarischer Märchen und Märchen aus aller Welt fanden viele junge Leser. Für die Kleinsten schrieben D. Gabe (* 1888) und K. Malina (* 1898) Verse, Rätselreime, Märchen, dramatisierte Kurzszenen und Kinderlieder.

Eine Reihe von Autoren, die sich im Zuge der russischen Oktoberrevolution den sozialistischen Ideen zugewandt hatten, versuchten diese Gedanken auch an die bulgarischen Kinder heranzubringen. Dazu wählten sie die Form der Kinderzeitschriften. Ab 1919 erschien die Zeitschrift „Drugartsche" (Der kleine Kamerad), um 1923 gesellte sich die Publikation „Swetlize" (Licht) dazu. Einer der bekanntesten Mitarbeiter dieser Kinderzeitschriften war Tr. Simeonow (1886—1965), der in seinen Beiträgen für Humanität und Patriotismus eintrat.

In den Jahren 1923 bis 1944, während B. von einer faschistischen Regierung geführt wurde, trat nach dem Septemberaufstand die sog. „Septemberliteratur" als Gegengewicht zu den national-faschistischen Ideen der Regierungspartei hervor. Repräsentanten dieser Richtung, die insbesondere in der Kinder- und Jugendliteratur wirksam wurde, waren A. Raszwetnikow (1897—1951), G. Karaslawow (* 1904), A. Karalijtschew (* 1902) und N. Furmandschijew (* 1903); durch disziplinierte Sprachformung gekennzeichnet waren die Arbeiten von Orl. Wassilew (* 1904), der in seinen Kindergeschichten zeigen wollte, wie im täglichen Leben Gerechtigkeit und Wohlstand für alle praktiziert werden sollte, Chr. Radewski (* 1903) und M. Issaew (* 1907) mit ihren Versen und Liedern für Kinder. Besonders berühmt wurde N. Wapzarow (1899—1942), der im Untergrund gegen das faschistische Regime kämpfte und 1942 hingerichtet wurde. Viele seiner Verse konnten erst nach seinem Tode veröffentlicht werden. Auch in dieser Epoche waren eine Reihe von Kinder- und Jugendzeitschriften von Bedeutung, so vor allem „Detski glas" (Kinderstimme), „Wenez" (Kranz), „Detska radost" (Kinderfreude) und „Rossiza" (Röslein).

Mit der sozialistischen Revolution am 9. September 1944 eröffneten sich für das kulturelle und literarische Leben in B. neue Wege. Im Bereich der Kinder- und Jugendliteratur setzte sich die Vorstellung durch, daß die Literatur für die jungen Leser im Sinne von M. Gorkij der gesellschaftlichen Weiterentwicklung im Geiste des sozialistischen Realismus zu dienen habe. Großen Einfluß gewannen nun die Jugendbuchübersetzungen aus der UdSSR. Als bedeutender Lyriker schreibt A. Bossew (* 1913) Verse für Kinder und Jugendliche *mit den Themen der Befreiung des Menschen und der Bedeutung der Technik für den Menschen.* Verse für Kinder und Jugendliche schrieben auch N. Jankow (1902 bis 1965) und L. Stantschew (* 1908), dessen Gedichte und Rätselreime bei den bulgarischen Kindern besonders beliebt sind.

Umfangreicher ist das jugendliterarische Schaffen heute auf dem Gebiet der erzählenden Kinderliteratur. Eines der Hauptthemen bildet seit der Septemberrevolution *der Befreiungskampf der Partisanenbewegung.* Besonders bekannt wurden die Bücher „Doschterjata na partisana" (Partisanentochter) und „Utschilischte na smelite" (Schule der Tapferen) des E. Koralow (* 1901). Ähnliche Themen benutzten I. Chadschimartschew (1897—1957) und M. Martschewski (1898—1962). E. Stanew (* 1907) ist durch seine Naturschilderungen für Kinder bekannt geworden mit den Büchern „Gorski tschudessa" (Waldwunder) und „Powest sa edna gora" (Erzählungen vom Walde). St. Daskalow (* 1909) bringt Umweltgeschichten aus der dörflichen Gemeinschaft, den Schulen und Jugendgruppen. Besonders beliebt bei den bulgarischen Kindern sind die Abenteuergeschichten des P. Weschinow (* 1914).

Jüngere Kinder- und Jugendbuchautoren sind auf dem Gebiet der Lyrik L. Milewa (* 1920), Z. Angelow (* 1922) und N. Sidarow (* 1921). In der erzählenden Jugendliteratur sind von Bedeutung G. Ugarow (* 1911), L. Galina (* 1934), K. Konstantinow (* 1890), St. Mokrew (* 1900), S. Srebow (* 1902), T. Chormandschijew (* 1906), P. Slawinski (* 1909), K. Grigorow (* 1909), I. Wassilew (* 1909), P. Stopow (* 1910) und W. Selengorow (* 1910). Als bedeutende Kinderbuchillustratoren gelten W. Lasarkewitsch, G. Atanassow, B. Angeluschew, I. Beschkow, L. Sidarow, I. Koschurachow, I. Kossew, I. Gongalow, B. Stojew, N. Tussassowa, R. Skortschew, P. Tschuklew u. a.

Eine Reihe bulgarischer Kinder- und Jugendbücher wurden in mehrere Sprachen übersetzt und wurden auch im Ausland bekannt: „Stichotworenija" (Verse) von Angelow (französisch, russisch); „Edna bolgorka" (Eine Bulgarin) von VAZOW (deutsch, französisch, kasachisch, kirgisisch, russisch, slowakisch, tschuwachisch, turkmenisch, ukrainisch); „Pod igoto" (Unter dem Joch) von VAZOW (armenisch, chinesisch, deutsch, georgisch, italienisch, moldauisch, polnisch, russisch, spanisch, ungarisch, weißrussisch); „Jan Bibijan" von PELIN (slowakisch, sorbisch, tschechisch); „Bolgarski narodni prikaski" (Bulgarische Volksmärchen) von KARALIJTSCHEW (deutsch, flämisch, französich, rumänisch); „Sinite skali" (Blaue Felsen) von M. MARTSCHEWSKI (polnisch, tschechisch, ukrainisch); „Emilijan Stanew" von MARTSCHEWSKI (chinesisch, deutsch, französisch, slowakisch) u. a.

Förderungsmaßnahmen, Organisationen, Literatur zur KJL. Kinderbücher werden in B. in einer Reihe von Staatsverlagen herausgebracht, die ihr Programm nach Themengruppen gegeneinander abgrenzen. „Bolgarski pisatel" (Der bulgarische Schriftsteller) bringt die bulgarischen Klassiker, gesammelte Schriften und theoretische Literatur, „Narodna kultura" (Verlag für Volkskultur) verlegt internationale Literatur, „Narodna mladesch" (Nationale Jugend) zeitgenössische Literatur, der Verlag „Bolgarski chudoschnik" (Bulgarische Künstler) bringt Bilderbücher für die Kleinen. Jugendschriften in den verschiedenen Mundarten werden nicht verlegt, nur für die türkische Minderheit werden die bekanntesten Jugendbücher auch in türkisch gedruckt.

Mit der Theorie der Kinder- und Jugendliteratur befassen sich „Domt na literaturata i iskustwoto za deza i junoschi" (Haus der Kinder- und Jugendliteratur und der Kunst für Kinder) in Sofia, der Lehrstuhl für bulgarische Literatur an der Universität Sofia, die Sektion für ästhetische Erziehung des Pädagogischen Instituts in Sofia und das staatliche Institut für das Bibliothekswesen. An Fachzeitschriften kommen heraus die Zeitschrift „Deza, iskusstwo, knigi" (Kind, Kunst und Bücher) und der jährliche Sammelband „Woprossi sa detskata literatura" (Probleme der Kinder- und Jugendliteratur), der vom Haus der Kinder- und Jugendliteratur in Sofia publiziert wird.

Preise für Kinder- und Jugendbücher stiften jährlich der Dimitrowsche kommunistische Jugendverband, die Gewerkschaften, das Kultusministerium und der bulgarische Schriftstellerverband. Den wichtigsten Jugendliteraturpreis B.s, den *Dimitrow-Preis,* erhielten bisher KARALIJTSCHEW, BOSSEW und KOLAROW. Selbständige Kinderbibliotheken gibt es keine, in allen großen Volksbibliotheken befinden sich jedoch gesondert umfangreiche Abteilungen für Kinder- und Jugendliteratur. Man überlegt zur Zeit, eigenständige Kinderbibliotheken einzurichten. *Alle Schulen besitzen eine Schülerbibliothek;* in den größeren Schulen, in denen der Buchbestand 4 000 Bände übersteigt, sind staatliche Bibliothekare hauptamtlich eingesetzt.

Jan Červènka (Ms. 1966)/Helmut Müller

Sekundärliteratur: V. Aleksandrov: Čuždestranni pisateli — tvorci na literatura za deca i junoši (1962); Detska literatura 1962 (1964). — Ž. Atanasov: Detska literatura i vŭzpitanie (1960); Knigata i deteto (1963); Detska literatura (1963). — P. Dimitrov-Rudar: Detska literatura (1964). — P. Djugmedžieva: Priključenija, pŭtešestvija, fantastika (1959). — G. Konstantinov: Bŭlgarski pisateli (1958). — G. Vaselinov: Bŭlgarska detska literatura (1964).

IJB

Bull, Bruno Horst

Verfasser von Kinderlyrik, Märchen und Spielen, Übersetzer von Bilderbüchern und Kleinschriften; * *17. 3. 1933 Stülow/Mecklenburg.*

Seit 1956 lebt B., ein Landwirtssohn aus Mecklenburg, in der BRD, wo er in Freiburg/Breisgau und München Germanistik und Kunstgeschichte studierte. Seit 1953 widmet er sich dem Schreiben von Lyrik und vor allem der Kinderdichtung.

Werk, Tendenzen. In Sammlungen eigener Gedichte für Kinder wie „Verskinder" (1966), „Aus dem Kinderwunderland — 13 Reisen in 150 Gedichten" (1967) und „Wenn die Tante Annegret ohne Schirm spazierengeht" (1969), ebenso in Bilderbüchern gestaltet der Autor, der sich einmal als ‚Gelegenheitsdichter für Kinder' bezeichnet hat, unterschiedliche Dinge, Personen und Ereignisse aus dem kindlichen Erlebnishorizont in phantasievollen, jedoch immer klar überschaubaren, einfach gereimten Versen, wobei Qualitätsunterschiede bei der breiten Streuung der Thematik vorhanden sind. Bei dem 1965 erschienenen Bilderbuch „Geburtstag hat mein Kindchen" zeigen — trotz modischen Inhalts — die altmodisch verniedlichenden Verse eine Kongruenz mit den Illustrationen von R. TRAPP. In „Die funkelnagelneue Stadt" (1964) und „Alle Leute sind schon wach" (1965) variieren B.s Texte Standardthemen der Kinderliteratur aus dem Umweltbereich. Die einprägsamen Reime in den Bilderbüchern „Wer kennt die Farben" (1963) und „Wer kennt die Zahlen" (1966) verstärken nach dem Prinzip der Wiederholung die Aussage der Illustrationen dieser Farben- und Zahlenlehren. In „Katzen" (1967; ill. v. J. GRABIANSKI) wie in „Pferde" (1967) tragen B.s lustige Kinderreime zur Charakterisierung dieser Haustiere bei. Neben der Veröffentlichung einiger Gedichte zeichnet B. als Herausgeber von Anthologien volkstümlicher Kinderpoesie, wie von „Glück und Segen" (1964) und „ABC, die Katze lief im Schnee" (1964). Für den Kinderfunk schreibt B. Hörspiele mit teilweise märchenhaftem Charakter. Außerdem übersetzt B. Bilderbücher und Kleinschriften aus dem Amerikanischen, verfaßt Wichtelabenteuergeschichten (in Buchform 1968: „Die Familienwichtel leben gefährlich"), betätigt sich an der Entwicklung und Herausgabe von Kinderspielen und ist Herausgeber von Kleinbilderbüchern wie der ‚Pixi-Reihe' im Carlsen Verlag.

Neben seiner dichterischen Tätigkeit hat sich B. auch in kritischen Beiträgen mit Fragen der neueren Kinderlyrik auseinandergesetzt. In „Kinderreime in unserer Zeit" (Zeitschr. f. J.lit. 1967. 3. S. 151 ff.) zeigt er die Gefahren der Deutungsversuche von Kinderreimen nach mythologischen und sozialhistorischen Mustern auf und weist auf die Problematik bei der Anfertigung von Gedichtanthologien hin. In dem Beitrag „Was gibt es Neues in der Kinderpoesie" (Zeitschr. f. J.lit. 1968. H. 1. S. 13 ff.) reflektiert B., inwieweit Form und Inhalt sich in der neueren Kinderdichtung entscheidend verändert haben und welche Wertmaßstäbe und Hilfen dem Kinderbuchautor zur Verfügung stehen.

Mechthild Werner

Werke: Die Freunde des Hauses (1961); Das Jahr des Kindes (1961); Wer kennt die Farben? (1963); Die funkelnagelneue Stadt (1964); Kinder gratulieren (1964); Alle Leute sind schon wach (1965); Alle meine Entchen (1965); Backe, backe Kuchen (1965); Geburtstag hat mein Kindchen (1965); Hänschen klein (1965); Hoppe, hoppe Reiter (1965); Jacob ist ein Zottelbär (1965); Ringel, rangel Rosen (1965); Schlaf, Kindlein schlaf! (1965); Wer kennt die Zahlen? (1966); Katzen (1967); Pferde (1967); Vergnüglicher Silvestertag (1967); Wenn die Sonne freundlich lacht (1967; zus. mit E. Meier-Albert); Wer kennt die Zahlen? Wer kennt die Farben? (1967); Christian und seine Welt (1968); Die Familienwichtel leben gefährlich (1968); Neues vom Till Eulenspiegel (1968); Spaß mit Kindern (1968); Afrika im letzten Jahr (1969); Wenn die Tante Annegret ohne Schirm spazierengeht (1969); Rätselkiste (1973).
Hrsg.: ABC die Katze lief im Schnee (1964); Glück und Segen (1964); Bio- und Bibliographisches von und über James Krüss (1966); Verskinder (1966); Für Herz und Gemüt (1967). *IJB*

Bulwer, Edward George

*(Earl B.-Lytton. First Lord Lytton of Knebsworth; Ps.: Owen Meredith). Englischer Romanschriftsteller, Dramatiker, Staatsmann, Verfasser des in zahlreichen Jugendausgaben erschienenen historischen Romans „The Last Days of Pompeii"; * 25. 5. 1803 London, † 18. 1. 1873 Torquay.*

Nach germanistischem Studium in Cambridge und Bonn schlug B. eine erfolgreiche Diplomatenlaufbahn ein. Er lebte in vielen europäischen Städten, wurde 1858 Staatssekretär für die Kolonien. B. veröffentlichte schon als Zwölfjähriger seine ersten Gedichte. Später schrieb er zahlreiche erfolgreiche historische, Familien-, Schauer- und Kriminalromane. Auch als Essayist, Bühnendramatiker und Übersetzer hatte er zu seiner Zeit Erfolge.

Werk, Tendenzen, Wirkung. B.s Romane sind breit angelegt, stilistisch oft gekünstelt und weitschweifig. Der im deutschen Sprachraum besonders bekannte Roman „The Last Days of Pompeii" erschien 1834. Noch im selben Jahr lag die erste deutsche Übersetzung von O. v. Czarnowski vor; 1835 waren schon mehrere deutsche Übersetzungen auf dem Markt. Das umfangreiche Werk steht in der Tradition des englischen historischen Romans (seit W. Scott, 1771—1832); seinen großen Erfolg verdankt es aber auch dem im 19. Jh. in weiten Kreisen geweckten, emotional bewegten historischen Interesse. B. schuf ein vielfarbiges, phantastisch ergänztes Sittengemälde aus der frühen römischen Kaiserzeit und bezog die Verschüttung der Stadt durch den Ausbruch des Vesuvs (79 n. Chr.) als durch menschlichen Übermut herausgeforderte Katastrophe in die Darstellung ein. Durch die Ergebnisse der Ausgrabungen (seit 1869 systematisch) erhielt das Interesse an dem Roman immer neue Nahrung. Die pädagogische Tendenz, durch „Erlebnisliteratur" Geschichte zu veranschaulichen, trug dazu bei, daß das Werk besonders auch der Jugend empfohlen wurde. „Die letzten Tage von Pompeii" erschien bis heute in zahlreichen Volks- und Prachtausgaben, in jugendliterarischen Editionen und als Schullektüre, wurde 1902 in Großbritannien und danach in mehreren Ländern verfilmt und in viele Sprachen übersetzt. Nach der letzten Editionswelle in den 50er Jahren (1959 als Farbfilm) wurde das Buch im deutschsprachigen Raum nur noch vereinzelt verlegt (zuletzt 1967).

Hans Eich

Werke: The last days of Pompeii (Bd. 1—3. 1834; dt. Die letzten Tage von Pompeii. Tl. 1—3. 1834); The Caxtons (1850).

Sekundärliteratur: E. R. Bulwer Lytton: The life, letters and literary remains of Edward Bulwer, Lord Lytton (Bd. 1 u. 2. 1883). — G. Busch: Bulwers Jugendliebe und ihr Einfluß auf sein Leben und seine Werke (Tl. 1 u. 2. 1899 u. 1900). — T. H. S. Escott: Edward Bulwer, first Baron Lytton of Knebsworth (1910). — W. A. Frost: Bulwer Lytton (1913). — V. A. G. R. Lytton: Bulwer-Lytton (1948); The life of Edward Bulwer, first Lord Lytton (Bd. 1 u. 2. 1913). — R. Lytton Bulwer: Cheveley oder der Mann von Ehre (Bd. 1—8. 1840). — A. Maurois: Les derniers jours de Pompeii (1928). — M. Sadleir: Bulwer (1931). — J. ten Brink: Lord Edward Bulwer L. (1882). — E. Zimmermann: Entstehungsgeschichte und Komposition von Bulwers „The last days of Pompeii" (Diss. 1914). *IJB*

Bundesprüfstelle für jugendgefährdende Schriften

Die B. ist eine nicht an Weisungen gebundene Behörde mit dem Sitz in Bonn.

Sie wurde errichtet als Bundesoberbehörde Anfang 1954 auf Grund des Gesetzes über die Verbreitung jugendgefährdender Schriften (GjS) vom 9. 6. 1953 (BGBl. I, S. 377); in der Fassung vom 29. 4. 1961 (BGBl. I, S. 497); i.V.m. der Verordnung zur Durchführung des GjS vom 4. 3. 1954 (BGBl. I, S. 31); dem Zuständigkeits-Änderungsgesetz vom 12. 5. 1967 (BGBl. I, S. 525) sowie Art. 29 des EGOWiG vom 24. 5. 1968 (BGBl. I, S. 503 f.). Die Entscheidungen in der B. fällen 36 ehrenamtlich tätige, fachkundige Staatsbürger (Gruppenbeisitzer), die auf Vorschlag ihrer Verbände vom Bundesminister für Jugend, Familie und Gesundheit für 3 Jahre berufen werden, und zwar zur Hälfte aus den Kreisen derjenigen, die möglicherweise durch die Indizierungen betroffen werden (Kreisen der Kunst, der Literatur, des Buchhandels, der Verlegerschaft) und zur anderen Hälfte aus den Kreisen der Jugendverbände, Jugendwohlfahrt, Lehrerschaft und Kirchen, sowie außer dem Vorsitzenden noch 29 Länderbeisitzer, die von den Landesregierungen für 3 Jahre berufen werden.

Die Entscheidungsgremien und das Verfahren. Aus den Beisitzern werden zwei 12er Gremien und ein 3er Gremium jeweils für ein Jahr im voraus bestimmt. Die Gremien sind bei ihren Entscheidungen an keine Weisung gebunden. Für eine Listenaufnahme bedarf das 12er Gremium der Zweidrittelmehrheit, das 3er Gremium der Einstimmigkeit.

Die Entscheidungen der Bundesprüfstelle können von den Verlagen und Autoren (nicht von den Antragstellern) mit Klage, Berufung und Revision bis zum Bundesverwaltungsgericht angefochten werden. Außerdem können die Verlage beim Verwaltungsgericht die Auseinandersetzung der Indizierungsfolgen beantragen.

Das Verfahren vor der Bundesprüfstelle ist mit Rechtsstaatsgarantien ausgestattet, wie sie sonst nur bei Gerichten üblich sind (Gewährleistung des rechtlichen Gehörs, mündliche Verhandlung, von der die Beteiligten mit Zweiwochenfrist zu benachrichtigen sind, geheime und weisungsfreie Beratung und Abstimmung, schriftlich begründete Entscheidung mit Rechtsmittelbelehrung). Antragsberechtigte sind nur parlamentarisch kontrollierte Stellen, nämlich Länderministerien als oberste Jugendbehörden der Länder und ein Bundesministerium.

Anzahl der Indizierungen. Von 1954—70 sind auf Antrag etwa 3 000 Objekte als jugendgefährdend in die Liste eingetragen worden. Daneben wurden nochmals etwa 3 000 Objekte in die Liste eingetragen, die durch rechtskräftige richterliche Entscheidung für unzüchtig nach § 184 STGB erklärt worden sind oder die mit bereits eingetragenen Objekten inhaltsgleich waren.

Jungendgefährdende Schriften. Schriften, die geeignet sind, Kinder und Jugendliche (bis 18 Jahre) sittlich zu gefährden, d. h. sozial-ethisch zu verwirren, sind insbesondere solche, die verrohend wirken, zu Gewalttätigkeit, Verbrechen oder Rassenhaß anreizen sowie den Krieg verherrlichen oder verharmlosen und die unsittlich (= unzüchtig) sind. Das Gesetz über die Verbreitung jugendgefährdender Schriften verlangt zur Ausfüllung dieser Tatbestandsmerkmale eine Prüfung nach jugendpsychologischen und pädagogischen Maßstäben auf die möglicherweise entwicklungsschädigenden bzw. erziehungswidrigen Wirkungen von Schriften bei den als Leser in Betracht kommenden Altersgruppen. Den Schriften stehen Schallaufnahmen, Abbildungen und Darstellungen gleich.

Listeneintragung und Bekanntmachung im Bundesanzeiger. Diese Schriften sind von der Bundesprüfstelle nach Durchführung eines gerichtsähnlichen Verfahrens in die Liste der jugendgefährdenden Schriften einzutragen, die Aufnahme im Bundesanzeiger bekanntzumachen.

Ausnahme von der Listeneintragung. Eine Schrift darf nicht in die Liste aufgenommen werden allein wegen ihres politischen, sozialen, religiösen oder weltanschaulichen Inhaltes, wenn sie der Kunst oder der Wissenschaft, der Forschung oder der Lehre dient, bzw. wenn sie im öffentlichen Interesse liegt, es sei denn, daß die Art der Darstellung zu beanstanden ist. In Fällen von geringer Bedeutung kann die B. von der Listeneintragung absehen.

Folgen der Listeneintragung und ihrer Bekanntmachung. Mit der Bekanntgabe der Listeneintragung im Bundesanzeiger unterliegen die Schriften usw. sehr weitgehenden Werbe-, Vertriebs- und Weitergabebeschränkungen, deren Nichtbeachtung mit Freiheitsstrafe bis zu einem Jahr geahndet werden kann. Es ist u. a. verboten, diese Schriften Kindern oder Jugendlichen feilzubieten oder zugänglich zu machen, in Kiosken vorrätig zu halten oder zu verkaufen, durch den Versandhandel zu vertreiben oder in Lesezirkeln zu führen. Durch die Indizierung wird die Schrift unter den Ladentisch verbannt.

Beschränkung auch ohne Listeneintragung. Diese Vertriebs-, Werbe- und Weitergabebeschränkungen gelten auch ohne Listeneintragung für Schriften, „die Jugendliche offensichtlich sittlich schwer gefährden“ und die „durch Bild für Nacktkultur werben“.

Dauerindizierung. Periodische Druckschriften können für die Dauer von 3 bis 12 Monaten im voraus in die Liste aufgenommen werden, wenn innerhalb von 12 Monaten mehr als zwei ihrer Nummern in die Liste aufgenommen worden sind. „Dies gilt nicht für Tageszeitungen und politische Zeitschriften.“ (GjS, § 7). *Eduard Tack*

Bundesrepublik Deutschland (BRD)

Das Lexikon der KJL enthält keinen den übrigen Länderartikeln entsprechenden Beitrag über Deutschland, da die Entwicklung der deutschen KJL in Autoren- und Illustratoren-, Epochen- und zahlreichen anderen Sachartikeln detailliert repräsentiert wird. Die Artikel „BRD“ und „DDR“ geben lediglich einen Überblick über die Produktion und die mit der KJL befaßten Organisationen, Institutionen und Förderungsmaßnahmen. Auf eine Darstellung der jeweiligen jüngsten KJL-Geschichte wurde verzichtet, da sie in Einzeldarstellungen

(Autoren, Illustratoren, Verlage usw.) zum Ausdruck kommt.

Produktion der KJL. In der BRD wird der jugendliterarische Buchmarkt von rund 100 Verlagen versorgt, die zum Teil reine Jugendbuchverlage sind, zum Teil u. a. auch eine Abteilung für Jugendliteratur führen. H. ADLER verzeichnet in „Rund um die Jugendliteratur" (1968) insgesamt 80 Verlage, von denen 41 in der Arbeitsgemeinschaft von Jugendbuchverlegern (AvJ) organisiert sind. Laut „Programmheft" (1972) der AvJ zählt sie mittlerweile 54 Mitglieder, wobei es sich bei 13 der neu angeschlossenen Verlage um Neugründungen bzw. Neuaufnahmen von Jugendbuchabteilungen handelt. OLZOG („Dokumentation deutschsprachiger Verlage", 1971) erfaßt in der Gruppe „Jugendschriften, Bilderbücher, Bastelbücher" insgesamt 109 BRD-Verlage, allerdings ohne Zeitschriften-Verlage, zu denen die Comics und ‚Hefte' produzierenden Verlage gezählt werden. In der Zwischenzeit hat sich die Anzahl der Verlage eher noch vermehrt, zum Teil durch die Gründung links engagierter Verlage (z.B. Weismann-Verlag, Basis-Verlag) und durch die Gründung neuer Jugendabteilungen im Zuge des in den letzten Jahren rapide ansteigenden Interesses für Jugendliteratur (z.B. „rotfuchs"-Reihe bei Rowohlt). Gleichzeitig haben bestehende Verlage ihr Programm ausgebaut, häufig durch Einrichtung neuer Reihen. Der deutschsprachige jugendliterarische Markt wird außerdem versorgt durch österreichische und Schweizer Verlage, die oftmals Niederlassungen in der BRD haben.

Der Buchhandel füllt sein Sortiment meist aus dem Zwischenbuchhandel (vor allem Barsortiment) auf. Spezielle Kinderbuchhandlungen sind selten; gewöhnlich besitzen Buchhandlungen jedoch Kinder- und Jugendbuchabteilungen. Daneben werden Kinder- und Jugendbücher von Spiel- und Schreibwarenläden, von Warenhäusern und in manchen Großmärkten geführt. In Buchgemeinschaften und Buchklubs wurden 1970 mit 101 Titeln 4,8 % der Gesamtproduktion angeboten. Kinder- und Jugendzeitschriften, Comics und sog. Heftchen werden hauptsächlich an Kiosken und in Schreibwarenläden geführt, mit Ausnahme der Publikationen, die aufgrund eines bestimmten Themen- oder Bezugskreises von schulischen, kirchlichen oder anderen Organisationen vertrieben werden.

Der Stammsche „Leitfaden für Presse und Werbung" (Essen 1972) verzeichnet unter der Rubrik Jugendschriften (Bildgeschichten, Jugendwandern, konfessionelle Jugendschriften, Pfadfinder, Schüler, Studenten) rund 550 Titel. Schülerzeitungen haben naturgemäß eine relativ geringe Auflage. Auflagenmäßig an der Spitze stehen „Die Sternsinger" mit 1 255 000 Exemplaren pro Auflage, gefolgt von „Bravo" mit 1 241 100. Ebenfalls auflagenstark sind Bildgeschichten, die zum Teil wöchentlich erscheinen. Die fünf auflagenstärksten Titel rangieren wie folgt — in Klammern ist jeweils die Erscheinungshäufigkeit pro Jahr angegeben: 1. WALT DISNEYS Micky Maus zus. mit WALT DISNEYS Die tollsten Geschichten von Donald Duck — 548 500 (52 bzw. 4); 2. Fix und Foxi — 356 100 (52); 3. Bessy — 226 000 (52); 4. Superman and Batman — 216 900 (26); 5. Silberpfeil — 175 000 (26).

Ebenfalls dieser quantitativen Spitzengruppe vergleichbar ist das für das Vorschulalter präparierte Heft „Bussi Bär" mit 199 400 (12). Da für die übrige Kinder- und Jugendliteraturproduktion Angaben über den Auflagenumfang nur zum Teil exakt vorhanden sind, würde ein Gesamtproduktionsvergleich spekulativ bleiben. Der Anteil der „Heftchen"-Produktion am jugendliterarischen Markt ist jedoch seit dem Neubeginn nach dem Zweiten Weltkrieg beträchtlich.

Die durch die NS-Zeit unterbrochene Tradition schuf zunächst für den jugendliterarischen Markt eine Tabula-rasa-Situation. Neu zu verlegende Bücher mußten von den Besatzungsmächten lizensiert werden. Im wesentlichen waren dies Neudrucke von Büchern, die vor 1933 erschienen waren. Auch wenn sich der Markt nach der Gründung der BRD relativ schnell füllte, stellten doch die billigen Heftchen eine starke Konkurrenz dar. Besonders die wieder neu konstruierten Vereinigten Jugendschriftenausschüsse (VJA) waren durch diese Entwicklung alarmiert. Bereits 1950 veröffentlichten sie in ihrem Empfehlungsverzeichnis Titel „Aus billigen Reihen", um einen aktuellen Helfer gegen „Schundserien" anzubieten. Von da an gab es zahlreiche verlegerische Bemühungen, mit billigen Heften anspruchsvolleren Inhalts den Schundheft-Boom zu bannen. So erschien in Zusammenarbeit mit der Internationalen Verlegervereinigung Juventa die Reihe „Salamander-Bücher", die — die äußeren Merkmale der Trivialliteratur übernehmend — Jugendliteratur getarnt an den Leser heranbringen sollte. Der Signal-Verlag brachte 1951 seine unterschiedlich beurteilte Heft-Reihe „Die schwarze Hand" auf den Markt. Besonders engagierte sich die „Harzburger Aktion" (Initiatoren waren u. a. J. KLAGES, FR. BÖDECKER, A. KÖHLERT) zum Schutze der Jugend vor jugendgefährdenden Schriften. Sie entschloß sich, eine jugendfördernde billige Heftreihe, deren Einzeltitel Abenteuergeschichten enthielten, in Massenauflagen herauszubringen. Dazu wurde ein Autorenwettbewerb ausgeschrieben, dessen 1. Preis an O. KOKE ging für seinen Text „Hände hoch". Die Heftreihe wurde unter dem Titel „Contra-Hefte" vom A. Sponholtz Verlag (Hannover) verlegt. Auch der Thienemanns Verlag schloß sich den Bemühungen an, indem er seine frühere 2-Mark-Buch-Reihe wieder aufnahm. Insgesamt konnte die VJA in der JSW (1953, H. 9) den 95 Heftserien und 9 Bildheftserien, die sie als minderwertig einstufte, 6 empfehlenswerte Heftreihen gegenübersetzen: „Fahrten und Abenteuer" (Bayerische Verlagsanstalt, Bamberg), „Spannende Geschichten" (Bertelsmann, Gütersloh), „Deutsche Jugendbücherei" (Verlag Deutsche Jugendbücherei GmbH, Berlin-Grunewald), „Contra-Hefte" (Sponholtz, Hannover) „Die schönsten Schilderungen aus Brehms Tierleben" (Neues Verlagshaus für Volksliteratur GmbH, Bad Pyrmont) und „Mit dem Fahrrad um die Welt" (Sport- und Jugendverlag GmbH, Hamburg). Parallel zu diesen verlegerischen und pädagogischen Bemühungen traten Unterstützungen von seiten des Staates: so beschloß der 33. Ausschuß des Deutschen Bundestages, billige Heftreihen zu subventionieren; am 9. 7. 1953 trat das Gesetz über die Verbreitung jugendgefährdender Schriften (GjS) in Kraft. Als weitere Maßnahme zur Eindämmung der Heftchenschwemme wurden Tauschaktionen initiiert, bei denen Kinder minderwertige Hefte gegen empfohlene Literatur eintauschen konnten. In Bremen wurde 1955 der Versuch unternommen, einen Jugendlesering auf der Basis empfohlener Hefte einzurichten. Neben der Produktion von gehefteter Literatur gewann mit dem wirtschaftlichen Wachstum allmählich auch die Buchproduktion an Umfang. Entsprechend der Auswertung der „Wöchentlichen Verzeichnisse" der Deutschen Bibliothek (DB) in Frankfurt, veröffentlicht in „Buch und Buchhandel in Zahlen 1971" (hrsg. vom Börsenverein des Deutschen Buchhandels, Frankfurt am Main), wurden in dem Zeitraum 1951—70 im Bereich Jugendliteratur insgesamt 25 155 Titel verlegt; das bedeutet einen durchschnittlichen Anteil von 5,4 % an der gesamten Literaturproduktion des angegebenen Zeitraums. Auf die einzelnen Jahrgänge bezogen, schwankt der Anteil allerdings zwischen 9 % (1954) und 3,2 % (1969). In absoluten Zahlen zeigt die Kinder- und Jugendliteraturproduktion von 1951—70 einen deutlichen Anstieg (von 1045 auf 2330 Titel). Seit 1965 veröffentlicht das Institut für Jugendbuchforschung in „Mitteilungen zur deutschsprachigen Jugendbuchproduktion" statistisches Material, dem die bibliografischen Notierungen der DB (Frankfurt) und der DNB (Leipzig) zugrundeliegen. Aus den veröffentlichten Materialien (bisher bis Jahrgang 1969) geht hervor, daß der Anteil an Erstauflagen der Kinder- und Jugendliteratur recht hoch ist (1969: 86 %). Die Nachfrage dieses offensichtlich schnellebigen Marktes wird fast zu einem Drittel aus Übersetzungen gedeckt; seit 1966 hat sich der Anteil an Übersetzungen von 26,5 % auf 32,2 % gesteigert. Übersetzungen aus dem Amerikanischen und Englischen liegen dabei mit deutlichem Abstand vor den ebenfalls häufigen Übersetzungen aus dem Schwedischen, Französischen, Holländischen, Dänischen, Tschechischen, Italienischen und Norwegischen. Hinsichtlich der Verteilung der Kinder- und Jugendbuchproduktion auf die Gruppen Belletristik, Bilderbuch und Sachbuch läßt sich von 1965—69 eine deutliche Verschiebung feststellen: Der Anteil der Belletristik sank von 1966—69 von 76,7 % auf 66,3 % zugunsten einer Steigerung des Anteils an Bilderbüchern (1966: 17,9 % — 1969: 22,3 %) und Sachbüchern (1966: 5,4 % — 1969: 11,4 %). In absoluten Zahlen gemessen erhöhte sich die Menge der belletristischen Kinder- und Jugendbücher aufgrund des allgemeinen Produktionswachstums auch im Vergleich zu den Vorjahren. Innerhalb der Belletristik finden sich am häufigsten in der Reihenfolge der Aufzählung die folgenden 10 Gruppen: Erzählungen und Romane für Kinder, Abenteuer-, Mädchenbücher, Tiererzählungen, phantastische Erzählungen, Märchen, Dramatisierungen, Kinder- und Jugendbücher mit religiöser Thematik, Erstlesetexte, Anthologien (Stand v. 1969). In den Gruppen Abenteuer-, Mädchenbuch und phantastische Erzählungen liegt der Übersetzungsanteil weit über dem Durchschnitt.

Die Preise für Kinder- und Jugendbücher bewegen sich hauptsächlich zwischen 2 und 20 DM, wobei sich 1969 in der Gruppe 2—4,99 DM 35,7 % der Bücher befanden, in der Gruppe 5—9,99 DM 34,2 %, in der Gruppe von 10—19,99 DM aber immerhin noch 15,9 %. Allerdings ist in den letzten Jahren das Bestreben festzustellen, in steigendem Maß preiswerte Bücher herzustellen: seit 1969 werden von mehreren Verlagen zunehmend Taschenbücher für Kinder und Jugendliche angeboten, z.B. von Arena „Arena Taschenbuch", Benziger „Benziger Taschenbücher", R. Brockhaus „Kleine R. Brockhaus-Bücherei", Christliches Verlagshaus „Stuttgarter Kindertaschenbücher", dtv „dtv junior", Goldmann „Goldmanns Jugendtaschenbücher", O. Maier „Ravensburger Taschenbücher", „Farbiges Wissen", „Mein erstes Taschenbuch", „diskussion", Rowohlt „rotfuchs", Sauerländer und Jugend & Volk „Trio-Jugendtaschenbücher", Ueberreuter „Little Krimi", „Tiere".

Organisationen und Institutionen. Zahlreiche Aktivitäten um das Kinder- und Jugendbuch, die nach 1945 entwickelt wurden, gingen auf die Initiative von J. Lepman zurück, die von den Amerikanern als Sonderberaterin für Jugend- und Frauenfragen eingesetzt war. Bereits 1946 war es ihr gelungen, eine internationale Ausstellung von Kinderbüchern und -zeichnungen im Münchener Haus der Kunst zu arrangieren, an der sich 14 Nationen beteiligten. Die Ausstellung wurde anschließend u. a. in Stuttgart, Frankfurt und Berlin gezeigt. Um Kindern, die die Berliner Ausstellung besuchten, auch eigene Texte in die Hand geben zu können, ließ Lepmann eine Übersetzung von M. Leafs „Ferdinand the Bull" in einer 30 000er Auflage auf Zeitungspapier drucken. Durch die „Neue Zeitung" erließ sie einen Aufruf, Gutenacht-Geschichten zu schreiben, der mit 20 000 Einsendungen beantwortet wurde. Einige davon erschienen in der „Neuen Zeitung", ein Teil in Buchform. 1947 erhielt Lepmann ihren Vorschlag genehmigt, eine Internationale Jugendbibliothek — mit den Ausstellungsbüchern als Grundstock — einzurichten, was 1948 in München verwirklicht wurde. Um Mittel aus der Rockefeller Foundation zu erhalten, konstituierte sich der Verein der Freunde der Internationalen Jugendbibliothek (IJB). Damit es zu einem engen Kontakt mit den Lesern komme, führte man Diskussionsgruppen, Fremdsprachenkurse, eine Theatergruppe (mit E. Kästner), ein Malatelier und eine Jugend-UN ein. Leiterin der Kurse, die in wechselnder Form Tradition der IJB wurden, war bis 1972 U. Lessing. Seit 1957 wird die IJB von W. Scherf geleitet. Getragen wird sie im wesentlichen vom Bund, dem Land Bayern und der Stadt München. Bis 1972 war ihr Bestand auf 200 000 Bände in 60 Sprachen angewachsen. Die laufenden Produktionen werden von den Verlegern frei zur Verfügung gestellt. Die IJB dient der internationalen Verständigung durch das Medium Jugendbuch. Außer der Organisation von Ausstellungen fallen in ihren Bereich Informationsvermittlung durch Vorträge, Beratung und Listenerstellung und die Pflege internationaler Kontakte.

Um eine gemeinsame Plattform für alle am Jugendbuch interessierten Kreise zu schaffen, lud Lepmann 1951 zu einer internationalen Tagung nach München ein mit Ortega y Gasset als Hauptreferenten. Am 18. 11. 1951 wurde anläßlich dieser Tagung die Schaffung des „Internationalen Kuratoriums für das Jugendbuch" beschlossen, dessen eigentliche Gründungsversammlung 1953 in Zürich tagte.

Auf einer Tagung vom 5.—7. November 1948 trafen erstmals wieder die VJA zusammen. Anläßlich dieser Tagung wurde die Wiederherausgabe der JSW als Organ der Vereinigung beschlossen. Die erste Tagung der VJA im größeren Rahmen fand am 7. 6. 1949 in Marburg statt. Den VJA gehören aus Tradition vorwiegend Lehrer an. Mit ihrer Beurteilungs- und Aufklärungsarbeit wenden sie sich vor allem an Erzieher. Den VJA, die in der ADVL (Arbeitsgemeinschaft deutscher Lehrerverbände) organisiert sind, gehören 12 Landesverbände an, in denen jeweils mehrere Ausschüsse bestehen. In den 50er Jahren haben sich die VJA intensiv mit dem Problemkreis „minderwertiges Schrifttum" auseinandergesetzt und zahlreiche Initiativen entwickelt, um die sog. Schundliteratur einzudämmen. Zur Erkundung des Leseinteresses wurde von den VJA ein eingehender Buchtiteltest angeregt, dessen erste Auswertungen 1957 erschienen. Heute werden von den VJA neben den Beurteilungsarbeiten Ausstellungen und Veranstaltungen zur Jugendliteratur durchgeführt, außerdem beraten sie bei der Ausstattung von Schülerbüchereien und arbeiten an Verzeichnissen mit, z. B. an „Buch der Jugend", „Bücher für die junge Generation", „Was liest meine Klasse", „Sachbücherei".

Ebenfalls seit 1948 besteht die Arbeitsgemeinschaft von Jugendbuchverlegern in der BRD e. V. (AvJ), deren Ziel die Zusammenarbeit von Jugendbuchverlegern in der BRD zur Förderung des guten Jugendbuchs und zur Vertretung ihrer Interessen in der Öffentlichkeit ist. Bei verschiedenen Aktionen arbeitet die AvJ zusammen mit dem Börsenverein des Deutschen Buchhandels (Frankfurt). Dessen „Abteilung für Information und Öffentlichkeitsarbeit" pflegt als Teilziel in Verbindung mit den Interessen des Buchhandels die Förderung des Lesens bei Kindern.

1954 wurde der Friedrich-Bödecker-Kreis durch Fr. Bödecker in Hannover gegründet. Er versteht sich als Arbeitsgemeinschaft für Buch, Film und Fernsehen. Am deutlichsten tritt er durch Autorenlesungen und die Veranstaltung von Autorentreffen (Hannover) und neuerdings durch die Verleihung des Bödecker-Preises an die Öffentlichkeit. Ursprünglich auf Niedersachsen beschränkt, hat der Bödecker-Kreis seine Arbeit mittlerweile auf weitere Bundesländer ausgebreitet.

Seit 1954 ist die Bundesprüfstelle für jungendgefährdende Schriften, Bad Godesberg, auf der Grundlage des Gesetzes über die Verbreitung jugendgefährdender Schriften (GjS) vom 9. 6. 1953 (jetzige Fassung vom 29. 4. 1961) wirksam. Sie überwacht nicht die Schrifttumsproduktion, sondern entscheidet lediglich auf Antrag.

Am 22. 1. 1955 wurde als deutsche Sektion des „Internationalen Kuratoriums für das Jugendbuch" in München der Arbeitskreis für Jugendschrifttum gegründet. Zu diesem Zweck hatten H. Lades und E. Kästner einen Kreis von Persönlichkeiten aus dem Bibliothekswesen, der Lehrerschaft, dem Börsenverein sowie Verleger, Lektoren und Autoren eingeladen. 1956 wurde der Arbeitskreis auf seiner ersten Mitgliederversammlung in Mannheim in einen Verein umgewandelt. Seine Geschäftsstelle hat er seit 1956 in München. Mitglieder sind Verbände und Einzelpersonen. 1969 wurde der Arbeitskreis in „Arbeitskreis für Jugendliteratur" umbenannt. Sein Ziel ist die Förderung und Koordinierung aller Bemühungen um die Jugendliteratur in der BRD. Zu seinem Aufgabenbereich gehören u. a. die Vorarbeiten zur Verleihung des Deutschen Jugendbuchpreises, die Herausgabe von jährlichen Verzeichnissen („Deutscher Jugendbuchpreis — Auswahl", „Buch der Jugend", „Bücher für die junge Generation") und die Durchführung von Fachseminaren und Tagungen zu Fragen der Jugendliteratur. Als Repräsentant der Sektion der BRD des Internationalen Kuratoriums wählt der Arbeitskreis außerdem die Kinder- und Jugendbuchautoren aus, die dem Kuratorium als Anwärter für Medaillen und zur Aufnahme in die Ehrenliste vorgeschlagen werden.

Am 21. und 22. 7. 1956 fand auf Initiative des Buchhändlers R. Köhl hin in Frankfurt eine Versammlung statt, mit dem Ziel, einen Verein zur Förderung des guten Heftschrifttums zu gründen. Aus ihr ging das Deutsche Jugendschriftenwerk (DJW) hervor. Laut Satzung vom 28. 10. 1958

dient das DJW der Förderung aller guten Kleinschriften, die für die Jugend geeignet sind und als Mittler zum guten Buch gewertet werden können. Dem DJW gehören Pädagogen, Mitarbeiter aus der Jugendarbeit und Verleger an. Die empfohlenen Reihentitel, Taschenbücher, Klassenlesestoffe und Jugendzeitschriften wurden in der 1956—71 erschienenen „Weißen Liste" veröffentlicht und dürfen das Signum „DJW" führen. Darüber hinaus erstellt das DJW Tonbildreihen im Dienste der Literaturpädagogik und führt Tagungen für Mitarbeiter und Interessierte durch. 1971 war das DJW Mitveranstalter des Vorschulkongresses in Hannover; im Rahmen dieser Aktivitätsrichtung stellte es mit der Liste „von 3—8" Hilfen zur frühkindlichen Bildungsförderung zusammen.
Zahlreiche weitere Arbeitsgemeinschaften mit überwiegend regionalem Charakter und staatliche Förderungsstellen auf Länderbasis sind dem Nachschlagewerk H. Adlers „Rund um die Jugendliteratur — Auskunft aus der Praxis für die Praxis" (1968) zu entnehmen.

Forschungsinstitutionen. Die KJL wird in zunehmendem Maße Gegenstand der Lehre an Pädagogischen Hochschulen, sozialpädagogischen Fachschulen und soziologischen, volkskundlichen, psychologischen, germanistischen und insbesondere deutschdidaktischen Fachrichtungen der Universitäten. Auch die Forschungsarbeiten werden weitgehend von den Vertretern der entsprechenden Fachrichtungen geleistet. Eine Koordination der verschiedenen Bemühungen auf diesem Gebiet existiert vorerst nicht. Einige der Forschenden sind der seit 1970 bestehenden „Internationalen Forschungsgesellschaft für Kinder- und Jugendliteratur" angeschlossen, deren Ziel es ist, die Arbeit der Forschung auf internationaler Ebene zu koordinieren und die Ergebnisse auszutauschen. Als spezielle Forschungseinrichtung wurde das Institut für Jugendbuchforschung gegründet, das heute zum Fachbereich Neuere Philologien der Johann Wolfgang Goethe-Universität in Frankfurt gehört. Es wurde 1963 auf Anregung von westdeutschen Jugendbuchfachleuten und auf Veranlassung des damaligen Hessischen Kultusministers Prof. Dr. E. Schütte errichtet und wird seitdem von Prof. Dr. Kl. Doderer geleitet. Die Bibliothek des Instituts enthält ca. 45 000 Bände. Der Erwerb der einmaligen Sammlung älterer Werke ist teilweise Stiftungen zu verdanken. Die laufende Kinder- und Jugendbuchproduktion wird von Verlegern der BRD, DDR, Österreichs und der Schweiz zur Verfügung gestellt. Die Bücher dienen ausschließlich Studien- und Forschungszwecken. Aufgabe des Instituts ist die Forschung auf dem Gebiet der Kinder- und Jugendliteratur. Schwerpunktmäßig richten sich die literaturwissenschaftlichen, soziologischen, psychologischen und pädagogisch-didaktischen Untersuchungen auf die in deutscher Sprache erschienene Kinder- und Jugendliteratur und deren jugendliche Leser. Die erzielten Ergebnisse erscheinen in der Reihe „Jugendliteratur heute" (Verlag Julius Beltz, Weinheim) oder in monographischen Veröffentlichungen bzw. Fachzeitschriften. Durch „Jahresberichte" und „Mitteilungen" werden interessierte Fachleute und Institutionen über die laufenden Arbeiten unterrichtet. Mitglieder des Institutes kündigen jedes Semester Seminare oder Vorlesungen zu Fragen der Jugendliteratur an. Das Institut veranstaltet außerdem Gastlesungen und Gastvorträge.
Besprechungsorgane — Fachzeitschriften. Beiträge zur Jugendliteratur und Rezensionen bringen Zeitungen, Zeitschriften, Rundfunk und Fernsehen. Unter den Zeitschriften geben insbesondere die Eltern- und Familienzeitschriften sowie überregionale und regionale Organe der öffentlichen und kirchlichen Büchereien Hinweise zum Umgang mit Jugendliteratur und Raum für Rezensionen. Daneben veröffentlichen einige kultusministerielle Amtsblätter Rezensionen speziell für die Schülerbücherei.
Unter den Fachzeitschriften ist die „Jugendschriften-Warte" (JSW), hrsg. von den VJA, diejenige mit der ältesten Tradition (gegründet 1893, wieder aufgenommen nach dem Zweiten Weltkrieg 1949). Ab Juli 1973 erscheint sie, hrsg. von M. Dahrendorf, unter dem Titel „Informationen Literatur und Medien/Jugendschriften-Warte" zweimonatlich. Neben Beiträgen zu verschiedenen Fragen der Jugendliteratur veröffentlicht sie Beurteilungen der VJA. 1955 wechselte der damalige Schriftleiter Fr. Westphal zur neu gegründeten „Jugend-Literatur" über. In seinem Beitrag „Jugend-Literatur. Eine neue Zeitschrift für das Jugendschrifttum" (JSW, 6. Jg. Nr. 12, S. 86f.) sah er die neue Möglichkeit der räumlich begrenzten JSW darin, sich nunmehr stärker auf die Schule als Adressaten zu konzentrieren. Die Zeitschrift „Jugend-Literatur" erschien von 1955 bis 1963 beim Juventa-Verlag, hrsg. von R. Bamberger (Wien), Fr. Brunner (Zürich), H. Cornioley (Bern), H. Lades (Bonn), P. Lalics (Wien) und E. Schliebe-Lippert (Wiesbaden). In ihrem Exposé war als Ziel das Bestreben angegeben, „alle gegenwärtigen Richtungen und Strömungen innerhalb der Arbeit am Jugendschrifttum aufzufangen, sich dabei nicht auf die Informationen zu beschränken, sondern im Dienst an der Jugend die Verbindung zwischen allen maßgebenden Stellen, die Jugendschrifttum herausgeben und kritisieren, herzustellen versuchen". Ende 1963 mußte die Zeitschrift, die sich aufgrund der geringen Auflage nicht selbst tragen konnte, aufgegeben werden, als sie aus den Mitteln des Bundesjugendplans nicht mehr gefördert wurde. 1967/68 erschien in neuer Aufmachung mit neuen Herausgebern (H. Künnemann, H. Pleticha, H. Schaller, W. Scherf in Verbindung mit dem Arbeitskreis für Jugendschrifttum) die Nachfolgezeitschrift „Zeitschrift für Jugendliteratur" beim Ju-

lius Beltz-Verlag; sie wurde ebenfalls aufgrund zu geringer Verbreitung wieder eingestellt. Seit Oktober 1969 erscheint mit KÜNNEMANN als Schriftleiter das „Bulletin Jugend & Literatur" (BJ & L). Es wurde zunächst vom Verlag Julius Beltz, dann vom Lesen-Verlag und wird seit 1973 vom Bulletin-Verlag verlegt. Es erscheint monatlich und bringt „Nachrichten, Informationen, Beiträge und Kritiken für Erzieher, Lehrer, Sozialpädagogen, Kritiker, Fachschüler, Studenten, Verleger, Autoren, Illustratoren und Redakteure". Teilziele formuliert KÜNNEMANN in BJ & L 6/71: „Rasch, rechtzeitig und umfassend zu informieren. Den Leser zu kritischem Lesen und zur reflektierten Sichtung der Nachbarmedien Film — Funk — Kassetten — Platten — Puppenspiel — Theater zu ermuntern. Keiner Polemik und Rangelei aus dem Wege zu gehen, sofern sie Aufhebung und Besserung vorhandener Schwächen versprechen. Den Praktikern und Lernenden Arbeitshilfen anzutragen. Allen Betroffenen und Beteiligten unterschiedlichster Auffassung, Meinung und Glaubensrichtung eine Plattform für Aussprache, Streit und Diskussion zu erhalten".

Seit 1956 erscheint „Das gute Jugendbuch", ein „Werkblatt für die Fragen des Jugendschrifttums". Es wird herausgegeben vom Arbeitskreis „Das gute Jugendbuch e. V." und erscheint im Verlag A. Henn, Ratingen. Ihm ging 1951 voraus „Das gute Jugendbuch / Verzeichnis wertvoller Jugendschriften". Das Ziel der Zeitschrift ist es, die Fülle des Schrifttums kritisch zu sichten; sie wendet sich an Eltern, Lehrer, Jugendführer, Buchhändler, Bibliothekare, Behörden, die sie durch Auswahl und Empfehlung unterrichten und beraten will. „Die Beurteilung der Bücher ist geleitet von den sachlichen Forderungen gültiger Sprach- und Bildgestaltung wie von dem Anspruch christlicher Welt- und Lebensordnung". Die Besprechungen sind nach Sachgruppen geordnet veröffentlicht, daneben stehen Autorenbilder, didaktische Darlegungen zu einzelnen Jugendbüchern und andere Beiträge rund um den Bereich Jugendliteratur.

Eines der Besprechungsorgane, die schulorientiert sind, ist die „Schülerbücherei", die seit 1949 als Beilage zur „Schulwarte", hrsg. von dem Verlag Landesanstalt für Erziehung und Unterricht (jetzt: Institut für Bildungsplanung und Studieninformation), Stuttgart, erscheint. Die Beurteilungen werden von einem Jugendschriftenausschuß erstellt und nach Lesealterangaben gruppiert abgedruckt.

Daneben gibt es Besprechungsorgane, die u. a. auch Jugendliteraturrezensionen bringen, z. B. „Das neue Buch", „Der Evangelische Buchberater" und „Bücherei und Bildung" (jetzt: „Buch und Bibliothek"). „Das neue Buch", hrsg. vom Borromäusverein, rezensiert unter den Rubriken „Kinderbücher" und „Jugendbücher" Neuerscheinungen auf ihre Verwendung in Büchereien katholischer Institutionen. „Der Evangelische Buchberater", seit 1946 hrsg. vom Deutschen Verband Evangelischer Büchereien, prüft in seinen Besprechungen die Eignung der Kinder- und Jugendbücher für Büchereien (hier vor allem evangelische Gemeindebüchereien). „Bücherei und Bildung" wurde 1948 als Organ des Vereins der Volksbibliothekare (heute: Verein der Bibliothekare an Öffentlichen Büchereien e. V.) eingeführt. Neben einem ausführlichen allgemeinen Teil, der Fragen des Bibliothekswesens, des literarischen Marktes, Nachrichten und Informationen enthält, bringt diese bibliothekarische Fachzeitschrift einen eingehenden Besprechungsteil, in dem auch Jugendliteratur auf ihre Eignung für Öffentliche Büchereien hin beurteilt wird. Seit 1971 erscheint die Zeitschrift unter dem Titel „Buch und Bibliothek". Sie enthält neben dem beibehaltenen allgemeinen Teil lediglich noch die bibliographische Aufnahme positiv gewerteter Bücher. Die annotierten Beurteilungen aller Bücher werden im „Informationsdienst" der Einkaufszentrale publiziert. Die meisten Besprechungen erscheinen außerdem im „Buchanzeiger für Öffentliche Büchereien".

Veranstaltungen — Tagungen. Seit 1955 fanden alljährlich in der Woche nach Ostern die Jugendbuchtagungen des Internationalen Instituts Schloß Mainau statt. Referenten aus dem In- und Ausland nahmen in grundsätzlichen Referaten Stellung zu Zentralfragen der Jugendliteratur. Aus organisatorischen Gründen fand die Mainau-Tagung im April 1967 zum letzten Mal statt. Der Arbeitskreis für Jugendliteratur setzte diese Tagungen fort (1968 in Loccum, 1969 in Donndorf bei Bayreuth, von 1970—75 in Urach). Seit 1958 wurden die Ergebnisse der Jugendbuchtagungen in der Schriftenreihe des Internationalen Instituts Mainau (bzw. in vervielfältigten Manuskripten) veröffentlicht, später vom Arbeitskreis für Jugendliteratur (Jugend und Buch, 1958 — Die Anschaulichkeit von Wort und Bild im Jugendbuch, 1959 — Jugendbücher bauen Brücken, 1960 — Das Jugendbuch als Bildungsmacht, 1961 — Das Jugendbuch und die Massenmedien, 1962 — Zwischen Jugendbuch und Erwachsenenliteratur, 1963; Triviale Jugendliteratur, 1968 — Bücher spiegeln die Welt, 1969 — Humor in der Kinder- und Jugendliteratur, 1970 — Jugendliteratur in einer veränderten Welt, 1971). Der Arbeitskreis für Jugendliteratur veranstaltet außerdem seit 1957 Seminare, die unter einem Zentralthema stehen, z. B. ein Bilderbuchseminar (1972) oder ein Sozialpädagogen-Seminar (1973).

Alle zwei Jahre führt der Friedrich-Bödecker-Kreis in Hannover Treffen mit Autoren, Verlegern und anderen Jugendbuchengagierten durch. Außer diesen regelmäßig veranstalteten Tagungen gibt es zahlreiche gelegentliche Seminare und Tagungen, die von Bibliotheksverbänden, Lehrervereinigungen, Elternverbänden u. a. ausgerichtet werden (z. B. Tagungen des DJW, des Instituts für Bildungsplanung und Studieninformation, der Evangelischen Akademie in Loccum, der Arbeitsgemeinschaft für das Kinder- und Jugendbuch / Berlin, des Zentralinstituts für Bibliothekswesen / Berlin, der VJA in den verschiedenen Landesverbänden).

Ausstellungen. Ausstellungen von Kinder- und Jugendbüchern, manchmal kombiniert mit einer Spielzeugschau, werden veranstaltet von Bibliotheken, Öffentlichen Büchereien, Lehrerverbänden, dem Buchhandel, dem Börsenverein und Förderungs- und Forschungsinstitutionen der KJL. Pädagogische und verkaufsorientierte Ausstellungen finden häufig anläßlich besonderer Ereignisse (Jugendbuchwoche, Internationaler Kinderbuchtag, Weihnachten) statt. In Kombination zu solchen Ausstellungen werden u. a. von der VJA oder dem Bödecker-Kreis Autorenlesungen bzw. Diskussionen und Vorträge organisiert. Buchhändlerische Initiativen gehen z. T. vom Börsenverein aus, der verschiedene Wanderausstellungen zur Verfügung stellt. Alte Kinder- und Jugendbücher haben von Jahr zu Jahr auf dem Antiquariatsmarkt Wertsteigerungen erfahren; sie werden bei Auktionen ausgestellt. Spezialausstellungen, historisch, thematisch oder auf einzelne Personen als Gedächtnis- oder Jubiläumsausstellungen ausgerichtet, veranstalten wissenschaftliche Bibliotheken, Institute, Buch-, Kunst- und Volkskundemuseen. Alljährlich gestaltet das Klingspor-Museum in Offenbach die Ausstellung „Die schönsten Kinderbücher aus aller Welt", verbunden mit einer Sonderschau aus dem Gesamtwerk eines Illustrators. Mehrere Ausstellungen richtet die Internationale Jugendbibliothek aus; neben Sonder- und Wanderausstellungen zu einzelnen Gruppen im internationalen Überblick, Autoren und Illustratoren, und zu nationalen Übersichten veranstaltet sie alljährlich die „Internationale Kinder- und Jugendbuchausstellung" zur Neuproduktion eines Jahres.

Spezielle Veranstaltungen. Einmal jährlich — gewöhnlich Anfang November — findet in der BRD einschließlich Westberlin eine Jugendbuchwoche statt, deren Sinn es ist, Kinder und Jugendliche akzentuiert auf die Kinder- und Jugendliteratur hinzuweisen. Die Jugendbuchwoche wird in Absprache zwischen dem Buchhandel, den Lehrerorganisationen, den Öffentlichen Büchereien und den Kultusministerien der Länder durchgeführt. Um diese Woche publikumswirksam zu machen, werden Ausstellungen, Autorenlesungen, Vorträge für Erzieher, Filmvorführungen, Puppenspiele in Kindergärten, Preisverleihungen usw. geboten; auch der Schaufensterwettbewerb des Buchhandels fällt in diese Woche, üblicherweise auch die Auszeichnung der Preisträger des Deutschen Jugendbuchpreises und die Eröffnung des Vorlesewettbewerbs durch den Börsenverein des Deutschen Buchhandels.

Der Vorlesewettbewerb wird seit 1959 alljährlich in Zusammenarbeit mit Schulen und anderen öffentlichen Einrichtungen veranstaltet. Teilnahmeberechtigt sind alle Schüler der 6. Klassen der verschiedenen Schularten. Es werden Klassen-, Schul-, Stadt- bzw. Kreis-, Bezirks- und Landessieger ermittelt, bei der Endausscheidung im Frankfurter Goethehaus der Bundessieger. Die Sieger erhalten Buchgeschenke, der Bundessieger außerdem eine Einladung zu einem mehrtägigen Aufenthalt bei einem Schriftsteller. Die Ergebnisse wurden bisher vom Börsenverein statistisch erfaßt und im Börsenblatt wie auch in den Mitteilungen des Instituts für Jugendbuchforschung veröffentlicht.

Auszeichnungswesen. Seit 1956 wird jährlich der Deutsche Jugendbuchpreis vergeben, gestiftet vom Bundesministerium für Jugend, Familie und Gesundheit (ehemals für Familie und Jugend). Mit der Organisation der Juryarbeit und der Durchführung der Preisverleihung ist der Arbeitskreis für Jugendliteratur beauftragt. Die Auswahl beschränkt sich auf Bücher, die zwischen dem 1. Januar und dem 31. Dezember des jeweiligen Jahres in Verlagen der BRD, Österreichs und der Schweiz erschienen sind. Die Ausführungsbestimmungen werden jedes Jahr neu erlassen; für 1974 sind Preise in Höhe von je 7 500 DM in vier Kategorien ausgeschrieben worden. Darüber hinaus werden empfehlenswerte Bücher durch die Aufnahme in die Auswahlliste zum Deutschen Jugendbuchpreis ausgezeichnet, die jährlich erscheint (hrsg. vom Arbeitskreis für Jugendliteratur).

Seit 1962 wird in jedem zweiten Jahr der Friedrich-Gerstäcker-Preis vergeben, 1947 gestiftet von der Stadt Braunschweig. Der Preis, verbunden mit einer Ehrengabe von 3 000 DM, wird einem lebenden Schriftsteller deutscher Sprache für ein Buch verliehen, das der Jugend in fesselnder Darstellung das Erlebnis der weiten Welt vermittelt. Das auszuzeichnende Buch soll in den drei der Preisverleihung vorausgehenden Jahren erschienen sein.

Erstmals 1972 wurde ein Preis für besondere Leistungen auf dem Gebiet der Kinder- und Jugendliteratur vergeben, der vom Friedrich-Bödecker-Kreis gestiftet wurde. Mit dem Preis können Autoren ausgezeichnet werden, die durch ihr Schaffen zur Weiterentwicklung der Kinder- und Jugendliteratur beitragen, indem sie neue Inhalte und Formen entwickeln, daneben auch Übersetzer, Illustratoren, Verleger und Lektoren, Kritiker und Wissenschaftler, Verbände und Organisationen, die sich entsprechende Verdienste erworben haben. Die ersten Preisträger waren die Autoren Chr. Nöstlinger und B. Lornsen. 1969/70 erfolgte die erste Ausschreibung zum Christian-Felix-Weiße-Preis, der vom Deutschen Jugendschriftenwerk e. V. mit Unterstützung des Bundesministeriums für Jugend, Familie und Gesundheit und einer Reihe von Verlegern von Kinder- und Jugendzeitschriften vergeben wird. Sein Zweck ist es, zu einer Verstärkung der Arbeitsbemühungen und Forschungen auf dem Gebiet der Kinder- und Jugendzeitschriften anzuregen. Die Ausschreibung wendet sich an alle, die entweder praktisch mit der Materie zu tun haben (Redakteure, Jugendleiter, Kindergärtnerinnen, Lehrer und Erzieher) oder sich aufgrund der von ihnen vertretenen Wissenschaften theoretisch mit Kinder- und Jugendzeitschriften auseinandersetzen. Es können Arbeiten ausgezeichnet werden zur praktischen Arbeit mit Kinder- und Jugendzeitschriften, zur Kinder- und Jugendzeitschrift der Gegenwart oder zu ihrer Geschichte. Die Höhe der zur Verfügung stehenden Preissumme (1970 insges. 8 000 DM) wird in der jeweiligen Ausschreibung veröffentlicht. Sie kann unter mehreren Bewerbern aufgeteilt werden. Die eingereichten Arbeiten werden durch einen vom Deutschen Jugendschriftenwerk beauftragten Ausschuß geprüft; er setzt sich zusammen aus dem Vorsitzenden des DJW oder einem von ihm benannten Vertreter, zwei Vertretern einschlägiger Wissenschaften und zwei Vertretern aus der Praxis der Jugendarbeit oder des Pressewesens. Bei der ersten Preisvergabe 1970 wurde CH. NIEDERLE (Wien) für ihre Arbeit „Die Kinderzeitschrift im Urteil der Neun- bis Zwölfjährigen", eine empirische Studie über die inhaltliche und formale Gestaltung von Kinderzeitschriften, ausgezeichnet; daneben wurden zwei Anerkennungspreise vergeben. 1972 ging der Preis an Prof. H. GÖBELS für seine Arbeit „Das Leipziger Wochenblatt für Kinder 1772—74".

Bibliotheken und Büchereien. Nach den statistischen Angaben in „Bibliotheksplan II — Entwurf eines umfassenden Bibliotheksnetzes für die Bundesrepublik Deutschland" (hrsg. vom Deutschen Büchereiverband, 1972) gibt es in der BRD einschließlich Westberlin 9241 Öffentliche Bibliotheken und 8498 Kirchliche Bibliotheken. Darunter fallen selbständige Kinder- und Jugendbüchereien, Büchereien mit selbständigen Kinder- und Jugendbuchabteilungen und Büchereien mit Kinder- und Jugendbuchbestand. Teilweise werden Gegenden ohne feste Bibliothek mit Fahrbüchereien versorgt. 1968 veröffentlichte der Deutsche Büchereiverband — Arbeitsstelle für das Büchereiwesen — eine „Kinder- und Jugendbüchereistatistik" des Jahres 1966, bearbeitet von G. HILGERS. Die Statistik gibt Einblick in Zahlenmaterial zu Einwohnern, Bestandzahl, Leser und Entleihungen, Buchetat und Personal. Da sich an der Erhebung nur 91 Städte beteiligten, konnte keine bundesgültige Auswertung angeboten werden.

Neben den öffentlichen und kirchlichen Einrichtungen existieren häufig Schulbüchereien, oftmals in Klassensätzen aufgeteilt, bzw. besonders an Gymnasien in Fachbibliotheken untergliedert. Allerdings bestehen auf Bundesebene keine einheitlichen Richtlinien zur Einrichtung, Organisation und Handhabung von Schulbibliotheken. Das sehr unterschiedliche Niveau erklärt sich zum Teil daraus, daß die Schulträger und damit die Gemeinden für diesen Bereich zuständig sind. 1970 erschien eine Untersuchung des Instituts für Jugendbuchforschung „Die Moderne Schulbibliothek", die den Notstand auf diesem Gebiet offenlegte und zu der Forderung kam, daß eine gründliche Verbesserung, Modernisierung und Neuregelung der bestehenden, zumeist äußerst rückständigen Büchereien in den westdeutschen und Westberliner Schulen im Zuge und im Sinn der allgemeinen Schulreform unerläßlich seien. 1971 wurde am Institut für Jugendbuchforschung eine „Zentrale Beratungsstelle für das Schulbibliothekswesen in der BRD" eingerichtet. Die zunächst auf drei Jahre projektierte Arbeit, geleitet von KL. SCHLEUSENER, wird mit Mitteln des Bundes und des Landes Hessen gefördert. Die Zentrale Beratungsstelle ist auch in der „Kommission Schulbibliothek" des Deutschen Büchereiverbandes vertreten. An sichtbaren publizistischen Ergebnissen dieser Arbeit werden „Informationen für den Schulbibliothekar" kostenlos an alle Schulen verteilt (insgesamt 6 Hefte); ein Handbuch für den Schulbibliothekar soll erarbeitet werden. Die Diskussion um die Schulbibliothek, vorerst hauptsächlich von Bibliothekaren geführt, setzte zahlreiche Initiativen in Arbeitsgruppen und Ansätze praktischer Realisierung (z.B. an Gesamtschulen) in Gang. *Gerlinde Rabenstein*

→ Arbeitskreis für Jugendliteratur, → Auswahlliste, → Borromäusverein, → Bundesprüfstelle, → Deutscher Jugendbuchpreis, → Deutscher Verband Evangelischer Büchereien, → Deutsches Jugendschriftenwerk, → Friedrich-Bödecker-Kreis, → Friedrich-Gerstäcker-Preis, → Institut für Jugendbuchforschung, → Internationale Forschungsgesellschaft für Kinder- und Jugendliteratur, → Internationale Jugendbibliothek

Burman, Ben Lucien

*(Ps.: Burton L. Benham) Journalist und Schriftsteller; * 12.12.1895 Covington/Kentucky.*

B. verlebte seine Jugendzeit in Covington am Mississippi. Nach dem Studium an der Harvard University (bis 1920) war er Journalist und begann Kurzgeschichten und Romane zu schreiben. Während des Zweiten Weltkriegs war er, begleitet von seiner Frau, der Illustratorin A. CADDY, als Kriegskorrespondent in Französisch-Äquatorialafrika tätig. Für seine journalistischen Verdienste im Krieg bekam B. 1947 den Orden der Französischen Ehrenlegion. Seit dieser Zeit lebt er als freier Schriftsteller in Amerika. In Deutschland wurde sein Buch „High Water at Catfish Bend" (1952; dt. Hochwasser in der Katzfischbucht, 1958, ^{4}1964; ill. von G. HIMPEL) 1959 im Rahmen des Deutschen Jugendbuchpreises prämiert.

Werk, Tendenzen, Wirkung. B.s erste schriftstellerische Arbeiten waren Detektivgeschichten, die er unter dem Decknamen BURTON L. BENHAM schrieb, um Geld zu verdienen. Seine frühen Erzählungen und Romane, die nicht speziell für Jugendliche verfaßt, jedoch viel von ihnen gelesen wurden, entstanden in der Zeit zwischen 1930 und 1940. Sie alle haben den Mississippi und das Leben der einfachen Leute am Fluß zum Thema. Durch die Werke „Minstrels of the Mist" (1927), „Steamboat round the Bend" (1933), „Big River to cross: Mississippi Life today" (1940) u. a. hatte er — entgegen dem Erwarten seiner Verleger — großen Erfolg. Man nannte ihn einen zweiten M. TWAIN; die US-Regierung ehrte ihn, weil er Amerika wieder „river-conscious" gemacht hatte. „Steamboat round the Bend" wurde als erstes von B.s Büchern in Hollywood verfilmt und 1938 als bestes Buch aus dem Süden ausgezeichnet. Zu dieser Zeit äußerte sich B. in verschiedenen Artikeln kritisch zur amerikanischen Literatur und dem vorherrschenden „James-Joyce- und Gertrude-Stein-Kult". Seine neueren Bücher schrieb B. ausschließlich für Kinder. Der erste Titel „High Water at Catfish Bend" wurde 1953 von der New York Public Library als beliebtestes Jugendbuch angegeben. Es folgten 1956 „Seven Stars for Catfish Bend" und „The Owl hoots twice at Catfish Bend" (1961; dt. Doc Waschbär gibt nicht auf, 1970). Diese Geschichten über die nahe am Mississippi gelegene Katzfisch-Bucht handeln von der anthropomorphisierten Organisation einer Tiergesellschaft und haben deutlichen gesellschaftspolitischen Übertragungscharakter.

Lioba Betten-Colmorgen

Werke: Minstrels of the mist (1927); Mississippi (1929); Steamboat round the bend (1933); Blow for a lending (1938; dt. Der große Strom, 1939); Big river to cross: Mississippi life today (1940); Rooster crows for a day (1945; dt. Hahnenschrei, der den Morgen ruft, 1956); High water at Catfish Bend (1952; dt. Hochwasser in der Katzfisch-Bucht. 1958, ^{4}1964); Seven stars for Catfish Bend (1956); The owl hoots twice at Catfish Bend (1961; dt. Doc Waschbär gibt nicht auf, 1970).

Burnett, Frances Eliza Hodgson

*Englische Schriftstellerin, Verfasserin des Kinderbuchs „Little Lord Fauntleroy", dt. „Der kleine Lord"; * 24. 11. 1849 Cheetham/Manchester, † 29. 10. 1924 Plandome Park/Long Island.*

Als Tochter eines kleinen Geschäftsinhabers lebte B. nach dem frühen Tode des Vaters mit der Mutter und drei Geschwistern in ärmlichen Verhältnissen. Diese zwangen die Familie 1865, nach Amerika auszuwandern, wo B. mit 17 Jahren zu schreiben begann. In erster Ehe mit dem Augenarzt S. MOSES BURNETT verheiratet, lebte sie vorwiegend in Amerika; 1900 ging sie eine zweite Ehe mit dem englischen Arzt und Literaten ST. TOWNSEND ein und lebte an verschiedenen Orten.

Werk, Tendenzen, Wirkung. Das literarische Schaffen B.s wird von ihren frühen Kindheitserlebnissen im englischen Industriegebiet bestimmt, die Jugendjahre in Amerika finden kaum literarischen Niederschlag. Ihre Darstellungen gelten auch in Stil, Ton und „Zungenschlag" als typisch englisch. Trotz manch realistischer Züge (z. B. Dialekt-Passagen) gehört B. zu den neuromantischen Schriftstellern. In teilweise überemotionalisierten Darstellungen vermittelt sie den Lesern die weiblichen Vorstellungen des 19. Jh.s. Die meisten ihrer Erzählungen und Novellen schrieb sie für Erwachsenen-, speziell für Frauenzeitschriften, die Buchausgaben erfolgten erst später infolge der Beliebtheit in weiten Leserkreisen. Auch ihre Erzählung „Little Lord Fauntleroy" nahm diesen Weg und erschien 1886 in Buchform, 1889 in deutscher Übersetzung von E. BECHER: „Der kleine Lord". Obwohl B. nicht ausdrücklich für Kinder schrieb, wurde sie bald gerne von Kindern gelesen; viele ihrer Bücher werden heute zur Kinderliteratur gerechnet. „Little Lord Fauntleroy" war B.s zweiter großer literarischer Erfolg (nach „That's Lass o'Lowrie's", 1877 mit 30000 Expl.n in der Erstauflage, ^{8}1888). Durch die sofortige Dramatisierung (1888) wurde das Werk noch besonders popularisiert. Vorbild für den kleinen Lord war B.s eigener Sohn. In der Romangestalt verkörperte sich das neuromantische Kinderideal zum Entzücken besonders der Eltern; es fand bis in die Kleidung hinein Nachahmung. Auch in Deutschland wurde das Buch begeistert aufgenommen und hatte noch nach der Mitte des 20. Jh.s hohe Auflagen. B. glaubt an die guten Kräfte im Kinde und betont seine *Eigenständigkeit* und *Würde*, die sie der Manipulation und Zersetzung durch die Erwachsenen ausgesetzt sieht. Viel Erfolg bei Kindern hatte auch ihr Buch „Sara Crewe"; dieses Werk wurde 1921 unter dem Titel „The little Princess" dramatisiert. Die Geschichte der kleinen „Sara Crewe" entspricht der Cinderella-story, wird aber ins reale Leben und in eine genau fixierte Umwelt verlegt. „The secret garden" (1910; dt. Der heimliche Garten, 1947) gilt heute als die wertvollste ihrer in der Kinderliteratur eingegangenen Geschichten. „Der heimliche Garten" enthält die Beschreibung eines Schloßparkes, den B. mit allen Attributen jugendstilhafter Schönheit auszeichnet und der zum eigentlichen Erlebnis- und Lebensraum zweier „milieugeschädigter" Kinder der gehobenen Gesellschaft wird. Hier und in der Freundschaft mit einem natürlichen, gesunden „Arme-Leute-Kind" finden sie alle Möglichkeiten zu physischer und psychischer Gesundung. In der englischen Kinderliteratur wird mit diesem Buch das Jahrhundert des Kindes proklamiert.

Luise Siegling

Werke: Little Lord Fauntleroy (1886; dt. Der kleine Lord, 1889); Sara Crewe (1888); The secret garden (1910; dt. Der heimliche Garten, 1947).

Sekundärliteratur: C. B. Burnett: Happily ever after (1965, ^{2}1965). — F. H. Burnett: The one I knew best of all (1893). — V. Burnett: The romantick lady (1927). — M. Laski: Mrs. Ewing, Mrs. Molesworth, Mrs. Hodgson Burnett (1950).

IJB

Frances Burnett: Little Lord Fauntleroy (New York 1886). Die Abbildung zeigt die Einbandillustration zu einer deutschen Übersetzung von 1961, die von Martin und Ruth Koser-Michaëls entworfen wurde. Das in Deutschland unter dem Titel „Der kleine Lord“ verbreitete Kinderbuch erlebte ungezählte Auflagen und erscheint noch heute im Angebot deutscher Verlage.

Burningham, John

*Englischer Graphiker, Bilderbuchkünstler; * 1937 Franham/Surrey.*

Nach dem Schulbesuch in Summerhill kam B. — mit siebzehn Jahren Kriegsdienstverweigerer aus Gewissensgründen — in zivilem Einsatz nach Süditalien („Friends Ambulance Unit"). Er verbrachte einige Jahre als Wald- und Landarbeiter, studierte nach dem Kriege an der „Central School of Art" und schloß mit dem „National Diploma of Design" ab. Nach längerer Tätigkeit als Werbegraphiker und Designer bei einer Filmgesellschaft in Israel kehrte er 1960 nach Großbritannien zurück und war als freischaffender Künstler auf verschiedenen Gebieten tätig, u. a. als Plakatmaler, Karikaturist für mehrere Zeitschriften, Regisseur von Fernsehsendungen; auch übernahm er Lehraufträge an Kunstschulen. Für sein erstes Kinderbuch mit eigenem Text erhielt er die Kate-Greenaway-Medal. B. ist mit der Graphikerin H. Oxenbury verheiratet.

Werk, Tendenzen, Wirkung. Sein erstes Bilderbuch „Borka" erschien 1963, es folgten „ABC" und „Trubloff" 1964, danach „Chitty-chitty-bang-bang". Sie machten Aufsehen durch ungewöhnlichen Formenreichtum und stilistische Einfälle. Anknüpfend an eine verspielte, nicht ausgesprochen Kindern geltende Arbeit, bei der er witzige Wirkung durch gestapelte Hand- und Fußabdrücke in Verbindung mit skurriler Zeichnung erzielt, nutzt B. in großen Leporellos, Posters und Büchern alle erdenklichen graphischen Techniken. Er beherrscht *expressive, futuristische, impressionistische Formen,* gebraucht dabei stark karikierende, aber auch Stimmung und dichte Atmosphäre erzeugende Elemente sowie Collage und Frottage-Techniken. Er illustriert selbst erdachte Tierfabeln moderner Version und weist damit auf gesellschaftliche Probleme hin. Häufig kehrt das Motiv der Einsamkeit und des „Outsiders" wieder; *ein sozialkritischer Aspekt* liegt in seiner Darstellung finsterer Hafengegenden und Müllplätze. Seine Bilderbücher von einsamen Enten, Hunden und Mäusen sind pointenreich und mit heiteren, oft grotesk situationskomischen Episoden versetzt. Sie fordern kindliches Gelächter heraus, sind aber auch Appelle an Mitgefühl und Mitleid gegenüber der Kreatur. *Horst Künnemann*

Ill.: J. Burningham: Borka (1963; dt. Borka, 1963); J. Burningham: ABC (1964); I. Fleming: Chitty-chitty-bang-bang (1964; dt. Tschitti-tschitti-bäng-bäng. Bd. 1 u. 2. 1965 u. 1966); J. Burningham: Humbert, Mister Firkin and the Lord Mayor of London (1965; dt. Humbert und der Bürgermeister von London, 1966); J. Burningham: Birdland (1966; dt. Birdland, 1969); J. Burningham: Cannonball Simp (1966); J. Burningham: Lionland (1966; dt. Lionland, 1969); J. Burningham: Storyland (1966; dt. Storyland, 1969); J. Burningham: Harquin (1967; dt. Harquin, der Fuchs, 1969); J. Burningham: Seasons (1969); L. Schatz: The extraordinary tug-of-war (1969); J. Burningham: Mr. Gumpy's outing (1970).

Sekundärliteratur: J. Burningham: Drawing for children (in: Junior Bookshelf. 3. 1964. 139—141). — H. Künnemann: John Burningham (in: H. Künnemann: Profile zeitgenössischer Bilderbuchmacher. 1972. 22—30). — J. J. DeLucio-Meyer: Kinderbuch-Illustrationen (in: Gebrauchsgraphik. 1966. Okt. 38—45). *IJB*

→ H. Oxenbury

Busch, Wilhelm

*Zeichner und Autor von „Max und Moritz" und anderen Bilderserien, Karikaturist, Maler und Dichter; * 15. 4. 1832 Wiedensahl/Hannover, † 9. 1. 1908 Mechtshausen/Harz.*

B. wuchs in beengten ländlichen Verhältnissen auf. 1847—51 studierte er Maschinenbau in Hannover, wechselte 1851 auf die Kunstakademie in Düsseldorf über und setzte seine künstlerischen Studien in Antwerpen (1852) und in München (1854—64) fort. B. arbeitete von 1859—71 an den „Münchener

Wilhelm Busch (1832—1908)

Bilderbogen" mit. 1864 zog er sich nach Wiedensahl, 1898 nach Mechtshausen zurück und führte bis zu seinem Tod — abgesehen von wenigen Reisen, so 1892 mit Fr. v. Lenbach (1836—1904) nach Holland, Rom, Schleswig-Holstein und Helgoland — ein zurückgezogenes Leben.

Werk, Tendenzen, Wirkung. Das Werk B.s ist vielfältig und umfangreich. Internationalen Ruhm und bis heute anhaltende Wirkung erreichte er vor allem auf dem Gebiet der Bildergeschichten, die er sowohl zeichnete als auch textete. Zu den bekannteren der etwa sechzig Bildergeschichten zählen „Max und Moritz“ (1865), „Hans Huckebein“ (1867), „Die fromme Helene“ (1872), „Fipps der Affe“ (1879), „Balduin Bählamm“ (1883), „Plisch und Plum“ (1882), „Maler Klecksel“ (1884). Daneben malte B. realistische, an den alten Niederländern orientierte Landschaften, nahm aber auch die neueren Ideen der impressionistischen „Pleinair“-Malerei auf und trieb Portraitstudien. Auch seine Gedichte, die in den Bänden „Kritik des Herzens“ (1874), „Zu guter Letzt“ (1904) und „Schein und Sein“ (1909) erschienen und B.s skeptische Lebensweisheiten widerspiegelten, machten ihn schnell populär. Er schuf weiterhin Bildfriese mit Motiven zum Märchen „Dornröschen“, zusammen mit Freunden im Künstlerverein „Jung-München“, ein Puppenspiel, ein Ritterdrama mit grausig-grotesker Note, den Text zu einer „Hänsel und Gretel“-Folge in zwei Aufzügen sowie das Libretto zu einer Operette „Der Vetter auf Besuch“, ferner Schwänke. B. hat Folklore gesammelt und im niedersächsischen Raum unbekannte Märchen, Volksmythen, Volkslieder und Kinderreime zusammengetragen. Diese wurden 1910 posthum veröffentlicht („Ut ôler Welt“).

B. ließ seine Zeichnungen in der Regel als Holzschnitte arbeiten, später lernte er auch die Albertotypie, das erste Lichtdruckverfahren.

Zu den Vorgängern seiner Bildergeschichten sind R. Toepffers „Fahrten und Abenteuer des Herrn Steckelbein“ (dt. 1847) und H. Hoffmanns „Struwwelpeter“ (1845) zu rechnen. Etwa fünf Sechstel seiner Bildergeschichten erschienen zunächst als Bilderbogen. 1859 begann B. mit diesen Arbeiten. L. Richter ermunterte den jungen B. zur Veröffentlichung der vier ersten „Bilderpossen“ — „Der Eispeter“, „Katze und Maus“, „Krischan mit der Piepe“ und „Hänsel und Grethel“ — im Dresdner Verlag seines Sohnes H. Richter. 1864 erschienen diese ersten Serien einzeln und zusammen als Buch. Wegen des nur geringen Absatzes lehnte der Dresdener Verleger es ab, „Max und Moritz“ herauszubringen, obwohl B. keine Honorarforderungen gestellt hatte. Diese Geschichte erschien 1865 in München im Verlag Kaspar Braun (u. Schneider), in dem auch die „Fliegenden Blätter“ und die „Münchener Bilderbogen“ herauskamen, an denen B. mitarbeitete. Am Ende seines Kinderbuchschaffens stehen die „Sechs Geschichten für Neffen und Nichten“ (1884), deren erste Auflage 1881 unter dem Titel „Stippstörchen für Äuglein und Öhrchen“ erschienen war. Zu seinen Lebzeiten wurden seine Arbeiten teilweise ohne Namensnennung von den Verlagen Braun und Schneider und Fr. Bassermann in München vertrieben.

B. wurde schnell ein in allen Gesellschaftsschichten geschätzter Hauspoet und Humorist, dessen einfache, einprägsame Verse zum Rezitieren und seine Zeichnungen zum Nachahmen Anlaß gaben. Sammlungen von B.s „Humoristischem Hausschatz“ gab es schon zu Lebzeiten des Künstlers. 1885 waren 13000 Abonnenten vorhanden, die (in zwölf Lieferungen) die gesammelten Bildergeschichten abnehmen wollten. Zwei Jahre später waren es bereits mehr als 20000. Bis heute gibt es unzählige Ausgaben und Übersetzungen in alle Weltsprachen. 1959 erlosch B.s Copyright. Die sofort anschwellende Zahl der Neuausgaben und der Millionenabsatz zeigen das Interesse an B.s Gedanken- und Darstellungswelt noch heute. Am bekanntesten dürfte „Max und Moritz“ geworden sein. Selbst die Spielzeug-, Verbrauchswaren- und Unterhaltungsindustrie hat von B. profitiert, indem sie seine Helden nachahmte. Sie tauchen als Puppen, Spielkarten, Aufkleber und Reklamefiguren, in Theaterstücken, Musicals und Puppenspielen auf. Unmittelbare Nachahmer fanden „Max und Moritz“ von 1897 an in dem *Comic-Strip* „The Katzenjammer Kids“.

Wesentlich zur Pflege des Andenkens und Erbes von B. hat die 1930 gegründete Wilhelm-Busch-Gesellschaft beigetragen, die das Wilhelm-Busch-Jahrbuch veröffentlicht, in dem neue Ausgaben, Forschungsergebnisse und Veröffentlichungen zeitgenössischer Karikaturisten und Cartoonisten kritisch gesichtet werden. Der überwiegende Teil der erhalten gebliebenen Skizzen, Zeichnungen, Gemälde, persönlichen Aufzeichnungen und Briefe sowie andere Nachlaßstücke werden im Wilhelm-Busch-Museum (Hannover) und im Geburtshaus in Wiedensahl aufbewahrt. In Hannover befinden sich auch Originale seiner Bildergeschichten.

B.s Bedeutung für die *Kinderliteratur* beruht auf verschiedenen Faktoren: Als Zeichner und Dichter beherrscht er die Kunst des Weglassens und der Vereinfachung. Geradlinig, aktionsreich und in turbulenten Steigerungen führt er in Bild und Text die Handlung zur Schlußpointe. *In alltäglichen Situationen spürt er die witzige Pointe auf und stellt sie durch Übertreibung und karikierende Züge in Wort und Bild dar.* B. hat in vielen Details die Machart der modernen Bilderserien, der *„Comics“*, vorweggenommen. Er hat vor der Erfindung des Films *moderne Bewegungselemente* (rotierender Betrunkener, Handspiel des Klaviervirtuosen) in seine Bildersprache eingeschmolzen. Weiterhin macht er es den jugendlichen Lesern leicht, sich mit den Helden der Bildergeschichten zu identifizieren. Er weist nämlich den Kindern vergleichbare Positionen zu: z. B. sind Max und Moritz Lausbuben, welche unbarmherzig Idole und Schwächen der Erwachsenen bloßlegen, und Hans Huckebein verstrickt sich im Inventar des bürgerlichen Haushalts. Ihm passiert, was im Ansatz (nicht im Ausgang) ähnlich dem Kind zustoßen kann. B. selbst ist sich der Irrealität seiner Geschichten bewußt gewesen. Er nannte unter Hinweis auf die *fiktionale Funktion* seine Figuren gelegentlich „Konturwesen“.

Die Lebensphilosophie B.s ist durch *Skepsis* gegenüber einer intakten Welt bestimmt. Seine von A. Schopenhauer beeinflußten pessimistischen Gedanken führen ihn zur Kritik an den realen gesellschaftlichen Verhältnissen seiner Zeit. In seinen karikaturistischen Bildergeschichten kritisiert er die Selbstzufriedenheit, Bequemlichkeit und die Ideale des Biedermanns und Spießbürgers. Er entlarvt sie als Scheinmoral, auch als falsche Frömmigkeit. Seine zentralen „Konturwesen" sind so teilweise Opfer und zugleich Zerstörer (Max, Moritz, Hans Huckebein) der Umwelt. B. kalkulierte das Böse als notwendiges Element der Zerstörung ein, er erweckt in uns zugleich auch Sympathien für das Böse, weil er es zur Überwindung der Trägheit des Herzens einsetzt.
Die Kritik am Schaffen B.s kam aus den verschiedensten Lagern. Politisch Konservative rügten seine liberale, bewegliche Denkart. Sensibel veranlagte Zeitgenossen monierten seine Derbheit, seinen direkten Zugriff auf menschliche Schwächen. Ein Pädagoge zählte 1883 den „Max und Moritz" und andere Bücher B.s zu „den äußerst gefährlichen Giften", welche die Jugend „naseweis, unbotmäßig und frivol" mache. Trotzdem hat B.s Werk die Kritik überdauert. Er ist heute ein „Klassiker der Bildergeschichte für Kinder und des Bilderbuchs in Deutschland" (H. Kunze: Schatzbehalter, 1965, S. 349) und hat längst auch Aufnahme in Schullesebücher gefunden.

Klaus Doderer / Horst Künnemann

→ Bilderbuch, → Comics, → Humor, → Münchener Bilderbogen

Werke: Der vergeßliche Stadtschreiber (1859); Der Frosch und die beiden Enten (1861); Müller und Schornsteinfeger (1863); Bilderpossen (1864); Max und Moritz (1865); Schnaken und Schnurren (Tl. 1 u. 2. 1867 u. 68); Die kühne Müllerstochter (1868); Schnurrdiburr oder die Bienen (1869); Die Brille (1870); Hans Huckebein, der Unglücksrabe (1867); Der heilige Antonius von Padua (1870); Die Folgen der Kraft (1871); Die fromme Helene (1872); Kunterbunt (Bd. 1 u. 2. 1872 u. 73); Dideldum! (1874); Kritik des Herzens (1874); Abenteuer eines Junggesellen (1875); Herr und Frau Knopp (1876); Julchen (1877); Die Haarbeutel (1878); Fipps der Affe (1879); Der Fuchs. Die Drachen (1881); Stippstörchen für Äuglein und Öhrchen (1881); Plisch und Plum (1882); Balduin Bählamm, der verhinderte Dichter (1883); Humoristischer Hausschatz (1884); Maler Klecksel (1884); Zu guter Letzt (1904); Hernach (1908); Schein und Sein (1909); Ut ôler Welt (1910); O. Nöldeke (Hrsg.): Sämtliche Werke (Bd. 1—8. 1943); R. Hochhuth (Hrsg.): Wilhelm Busch (Bd. 1 u. 2. 1959); F. Bohne (Hrsg.): Sämtliche Werke (Bd. 1—4. 1959).

Sekundärliteratur: E. Ackerknecht: Wilhelm Busch als Selbstbiograph (1949). — H. Balzer: Nur was wir glauben, wissen wir gewiß (1954, [6]1957). — F. Bohne: Wilhelm Busch (1958). — H. Cremer: Die Bildergeschichten Wilhelm Buschs (1937). — R. Dangers: Wilhelm Busch (1930); Wilhelm Busch, der Künstler (1937). — A. Dorner: Wilhelm Busch (1932). — J. Ehrlich: Wilhelm Busch, der Pessimist (1962). — W. Kramer: Das graphische Werk von Wilhelm Busch (1933). — Mitteilungen der Wilhelm-Busch-Gesellschaft (ab 1932; seit 1949 unter d. Titel: Jahrbuch). — C. W. Neumann: Wilhelm Busch (1919, [2]1921). — H. Nöldeke, A. Nöldeke u. O. Nöldeke: Wilhelm Busch (1909). — O. Nöldeke u. H. Nöldeke: Wilhelm Busch-Buch (1930). — F. Novotny: Wilhelm Busch als Zeichner und Maler (1949). — A. Vanselow: Die Erstdrucke und Erstausgaben der Werke von Wilhelm Busch (1913).

IJB

Busta, Christine

(d. i. Christine Dimt). Österreichische Lyrikerin; * *23. 4. 1915 Wien.*

B. mußte ihr Universitätsstudium in Germanistik/ Anglistik infolge schwerer Erkrankung abbrechen. Sie heiratete 1940 den Musiker M. Dimt, der seit 1944 in Rußland kriegsvermißt ist. Nach wechselnder Berufstätigkeit wurde B. Bibliothekarin in den Städt. Büchereien Wien. Als Lyrikerin erhielt sie mehrere bedeutende Preise, 1950 und 1961 den Österr. Staatspreis, 1959 den Österr. Staatspreis für Jugendliteratur. B. ist Vorstandsmitglied des Österr. PEN-Clubs und des Österr. Schriftstellerverbandes.

Werk und Tendenzen. Die lyrische Dichtung von B., ihre religiöse Aussage, auch in kleinen Prosastücken, ist aus leidvoller Erfahrung des eigenen Daseins erwachsen. Alltäglichkeiten des Lebens, Erscheinungen auch der technischen Umwelt nimmt sie beim realen Wort; im poetischen Gefüge ihrer Sprache wird es zugleich Bild und Zeichen, das erinnert, reich assoziiert und hindeutet auf tiefere, zu erhorchende Zusammenhänge. In diesem Sinne sind auch ihre Gedichte für Kinder, die sie in dem Bande „Die Sternenmühle" (1959) herausgab, in künstlerischer Korrespondenz illustriert von J. Grüger, von eigener durchgeistigter Naivität und fein differenzierter Anschaulichkeit. Als ein neuer, individueller Klang in der zeitgenössischen Kinderlyrik fanden sie starke Beachtung und Anerkennung durch den Österr. Staatspreis für Jugendliteratur 1959. B. wurde mit diesem Band Kindergedichte auch auf der Ehrenliste zum Hans-Christian-Andersen-Preis 1960 genannt.

Margarete Dierks

Werke: Die Sternenmühle (1959).

Sekundärliteratur: E. Schmidt: Christine Busta (in: Jugend und Buch. 2. 1965. 15—16).

IJB

Verlag Butzon & Bercker GmbH

Kevelaer. Derzeitiger Leiter: E. Bercker (* 1905).
Hauptsächliche Verlagsgebiete im Bereich der Kinder- und Jugendliteratur: Kinder- und Jugendbücher mit christlich-pädagogischem Inhalt.
Autoren: E. Beck, R. Bleistein, J. Ferran, Kl. Franken, R. Linnerz, A. Lissner, G. Miller, R. P. Odenwald, F. Stier u. a.

Illustratoren: J. Bartsch, M. Bellenhaus, A. Oehlen, P. König, I. Schreiber u. a.
Verlagsgeschichte. Fr. Bercker gründete 1870 den Verlag, der bis heute vorwiegend Bücher mit christlichem Gedankengut veröffentlicht. Seit mehreren Jahren pflegt Butzon & Bercker besonders das Schrifttum zur Ökumene. In neuerer Zeit gehören auch Schallplatten und Tonbänder zum Programm.

C

Caldecott, Randolph

*Englischer Graphiker, Illustrator von Kinder- und Bilderbüchern; * 22.3.1846 Chester, † 12.2. 1886 St. Augustine/Florida.*

C. wurde an der King Henry VII. School in Chester erzogen, begann mit 15 Jahren die Ausbildung als Bankkaufmann in Whitchchurch/Shropshire und beschäftigte sich in seiner Freizeit als Zeichner des ländlichen Lebens, besonders bäuerlicher Szenerien. 1866—72 arbeitete C. in Manchester an der Salford Bank, wurde Mitglied des Brasenose Club und erweiterte seine Kenntnisse und Fertigkeiten in bildender Kunst an der School of Art. Dabei widmete er sich vor allem dem Zeichnen, Modellieren und dem Holzschnitt. „Will O' The Wisp" und „Sphinx", frühe Magazine mit witzigem Charakter, veröffentlichten die ersten Zeichnungen C.s. 1870 gelang es C., in Verbindung mit dem „London Society", einem anspruchsvollen Familien- und Gesellschaftsmagazin, zu kommen. 1872 übersiedelte er nach London und wurde Mitarbeiter bei „Graphic". Von einer Deutschlandreise (Harz) brachte er originelle Reisetagebücher und Skizzen mit. Seit 1873 erschienen in den USA erste Zeichnungen in „Harper's Monthly Magazine" und machten ihn rasch populär. 1878 unternahm er eine Reise in die Bretagne, 1886 eine Fahrt in die USA, um sich im milden Klima Floridas zu erholen. Doch kurz nach der Ankunft ereilte ihn der Tod.

Werk, Tendenzen, Wirkung. Als Zeichner und Illustrator von Kinder- und Bilderbüchern erreichte C. einen hohen und anerkannten Rang. Die Klarheit seiner *naturalistisch-realistischen Linienführung* war von entscheidendem Einfluß auf die Zeitgenossen und nachfolgenden Künstlergenerationen. Längere Sommeraufenthalte in Buckinghamshire fanden ihren künstlerischen Niederschlag in seinen Bildern von Jägern und Bauern, Haustieren, ländlichen Festen und dem Jahresablauf in der freien Natur. Idyllik und romantischer Sinn verbanden sich bei C. mit exakter Wiedergabe des Beobachteten. Texte mit Reim- und Rhythmuscharakter verstärkten die musikalisch bewegte Note seiner Bilder. 1877/78, nach der Rückkehr von Aufenthalten an der italienischen Riviera, begann C.s ungewöhnlich reiches Bilderbuchschaffen, das W. Crane und K. Greenaway beeinflußte und deren eigene Formensprache erweiterte. C.s Schaffen bedeutet in der Kunst für Kinder in England im 19. Jh. einen Gipfelpunkt. Preiswerte Editionen, die nur einen Schilling kosteten, sorgten für eine weite Verbreitung der Arbeiten C.s. 1937 wurde ein in den USA geschaffener Preis für das beste Bilderbuch jeweils eines Jahres nach ihm benannt: Randolph Caldecott Medal. *Horst Künnemann*

Ill.: H. G. Blackburn: The Harz mountains (1873); L. Morgan: Baron Bruno . . . and other fairy stories (1875); W. Irving: Old Christmas (1875); W. Irving: Bracebridge hall (1876); W. Irving: Sketch book (1876); R. Caldecott: The house that Jack built (1878); W. Cowper: Divirting history of John Gilpin (1878); R. Caldecott: Babes in the wood (1879); R. Caldecott: Elegy on the death of a mad dog (1879); R. Caldecott: Picture book, No. 1 (1879); R. Caldecott: Picture Book, No. 2 (1879); R. Caldecott: Sing a song for sixpence (1880); R. Caldecott: Three jovial huntsmen (1880); R. Caldecott: Farmer's boy (1880); R. Caldecott: Queen of hearts (1881); J. Ewing: Daddy Darwin's dovecot (1881); R. Caldecott: Hey diddle diddle and baby bunting (1882); R. Caldecott: The milkmaid (1882); Aesop: Some of Aesop's fables (1883); R. Caldecott: The fox jumps over the Parson's gate (1883); R. Caldecott: A frog he would a-wooing go (1883); R. Caldecott: Hey diddle diddle picture book (1883); R. Caldecott: Randolph Caldecott's „Graphic" pictures (1883); R. Caldecott: Sketch-book of R. Caldecott's (1883); J. Ewing: Lob lie-by-the-fire (1883); R. Caldecott: Come lasses and lads (1884); R. Caldecott: Ride a cock-horse to Banbury Cross and a farmer went trotting upon his grey mare (1884); M. Ewing: Jackanapes (1884); R. Caldecott: Great Panjandrum himself (1885); O. Goldsmith: An elegy on the glory of her sex, Mrs. Mary Blaise (1885); J. de La Fontaine: Fables de La Fontaine (1885); H. Tennyson: Jack and the beanstalk (1886); R. Caldecott: Facsimiles of original sketches by Caldecott (1887); R. Caldecott: Randolph Caldecott's sketches (1890); R. Caldecott: Graphic pictures (1891); R. Caldecott: Randolph Caldecott's painting book (1895); R. Caldecott: Randolph Caldecott's painting book (1902); R. Caldecott: Picture book (Bd. 1—4. 1906—07).

Sekundärliteratur: H. Blackburn: Randolph Caldecott (1886). — M. G. Davis: Randolph Caldecott (1946). — E. Graham: Randolph Caldecott (in: Junior Bookshelf. 1. 1946. 21—27). — M. Hardie: Edmund Evans, Crane, Greenaway, and Caldecott (in: M. Hardie: English coloured books. 1906. 266—282); Neglected centenaries (in: Studio. 666. 1948. 75—78). — H. van Stockum: Caldecott's pictures in motion (in: Horn Book Magazine. 1946. 119—125). *IJB*

Verlag Georg D. W. Callwey

München. Derzeitiger Leiter: K. Baur (* 1898).
Der Verlag gibt keine Kinder- und Jugendbücher mehr heraus, war aber in den ersten Jahrzehnten des 20. Jh.s nicht nur mit einzelnen Titeln auf die-

sem Gebiet bekannt (aus dem Schaffen Fr. Poccis, G. Plischkes u. a.), sondern vor allem durch die beiden Reihen: „Der Schatzgräber" und „Die Schatzgräberbühne", jugendgeeignete Erzählungen und Theaterstücke (hrsg. von Leo von Egloffstein), die in Heftform billig auf den Markt kamen und besonders für die Arbeit in Schulen und Jugendgruppen gedacht waren. Von 1903—10 erschienen ferner die von E. Weber herausgegebenen 40 Bände des „Deutschen Spielmanns", Lyrik- und Prosa-Anthologien.

Verlagsgeschichte. G. D. W. Callwey (1854—1931) gründete den Verlag 1884 in München. Nach dem Tode des Gründers (1931) übernahm K. Baur den Verlag, der infolge der politischen Verhältnisse erst 1950 wieder publizieren konnte. Von Anfang an war für die Verlagsarbeit vor allem der Bereich der Fachzeitschriften bedeutungsvoll, aus dem 3 Titel besonders hervorragen: die Malerzeitschrift „Die Mappe", der „Baumeister" und der „Kunstwart", den F. Avenarius herausgab, auf dessen Initiative auch die Reihen „Der Schatzgräber" und „Die Schatzgräberbühne" zurückgehen.

Campe, Joachim Heinrich

*Jugendschriftsteller, Verfasser von „Robinson der Jüngere", bedeutendster Publizist der Pädagogik der Spätaufklärung, Sprachforscher, Theologe; * 29. 6. 1746 Deensen b. Stadtoldendorf, † 29. 10. 1818 Braunschweig.*

C., der mittlere von drei Brüdern, verlebte die Kindheit auf dem Lande. Sein Vater starb, als er 12 Jahre alt war. Nach dem Schulbesuch in Holzminden studierte C. in Helmstedt und Halle Theologie und Philosophie. 1769—73 war er zum ersten Male in der Familie v. HUMBOLDT als Hauslehrer. 1773 übernahm er die Feldpredigerstelle zu Potsdam und ging 1775 zum zweiten Male ins Haus v. HUMBOLDT nach Tegel, diesmal als Erzieher der beiden Söhne ALEXANDER und WILHELM. 1776 vermählte er sich in Berlin mit M. HILLER. Schon während seines Studiums hatte C. vor allem ein pädagogisches Interesse entwickelt. Mit J. B. BASEDOW bereits bekannt, wurde er 1776 zu der berühmten Prüfung an dessen Philanthropin nach Dessau eingeladen. Kurz darauf nahm er die Berufung als Educationsrath und Mitcurator an das Institut an und leitete es nach BASEDOWS Rücktritt. C. konnte dem Philanthropin neues Ansehen verschaffen, verließ jedoch aufgrund von Auseinandersetzungen mit BASEDOW überraschend und fluchtartig seine Stellung und begründete diesen Schritt mit einem von ihm nicht näher erklärten „Gewissenskonflikt". Ohne anderen Besitz „als einen Kopf mit mittelmäßigen Fähigkeiten und einer an rastlose Arbeitsamkeit gewohnten Hand" begann er in Hamburg mit publizistischer Tätigkeit, durch die er die Erziehungsgedanken der Spätaufklärung und die Erziehungsprinzipien des Philanthropinismus in einer breiten Leserschicht populär machte (Sammlung einiger Erziehungsschriften, 1778). Hamburger Familien drängten ihn, ihre Söhne als Zöglinge aufzunehmen. Nachdem der Hamburger Kaufmann J. J. BÖHL ihm Haus und Gartengrundstück zur Verfügung gestellt hatte, nahmen C. und seine Frau 12 Kinder ins Haus zur Erziehung zusammen mit ihrer eigenen Tochter Lotte. C. wehrte sich energisch dagegen, daß dies Haus einer erweiterten „Familienerziehung" als ein „Institut" oder gar ein „Philanthropin" bezeichnet würde. In diesen Hamburger Jahren begann C. als Jugendschriftsteller zu publizieren. Um sich dieser Arbeit und seiner landwirtschaftlichen Tätigkeit mehr widmen zu können, schränkte er seine pädagogische Praxis ein, behielt nur vier Zöglinge und zog mit ihnen und mit seiner Familie am 31. 1. 1783 nach Trittau (damals 4 Meilen nördlich von Hamburg). Noch im selben Jahre erschien sein „Theophron", und mit gleichgesinnten Pädagogen, Schulmännern und Philosophen begann er ein auf 16 Bände angelegtes Werk zu konzipieren, das unter dem Titel „Allgemeine Revision des gesamten Schul- und Erziehungs-Wesens" zwischen 1785 und 91 erschien. Durch Ankündigung und erste Bände aufmerksam geworden, berief Herzog KARL WILHELM von BRAUNSCHWEIG C. als Schulrat in seine Hauptstadt und betraute ihn mit der Aufgabe, die Reform des Schulwesens in seinem Lande durchzuführen. Die Ausführung der Pläne nach pädagogischen Grundgedanken der Spätaufklärung scheiterte am Widerstand des Klerus und an dem schwerfälligen Apparat des traditionellen Lehrwesens. C. wurde 1787 Canonicus des Cyrianus-Stiftes in Braunschweig, 1805 dessen Dechant. 1787 hatte er die mit dem Waisenhaus verbundene Schulbuchhandlung übernommen und verfügte dadurch über eine Druckerei. Er betrieb das Unternehmen nunmehr als „Braunschweigische Schulbuchhandlung" und baute sie erfolgreich aus, bis er sie 1808 als fundierten Verlag seinem Schwiegersohn VIEWEG übereignen konnte. In diesem Verlag sind auch alle seine Kinder- und Jugendbücher in mehreren Auflagen erschienen. Im Jahre 1789 hat C. seinen ehemaligen Zögling W. VON HUMBOLDT nach Paris begleitet, wo er ein aufmerksamer Beobachter und Berichterstatter der Revolution war. Seine „Briefe aus Paris" wurden im „Braunschweigischen Journal", dem von C. zusammen mit anderen Erziehern in Fortsetzung des „Revisionswerkes" begründeten Organ, (4 Jahrgänge, 1788 bis 91), zuerst veröffentlicht. C. gelang es, den fünf Jahre zuvor von der Französischen Republik für FR. V. SCHILLER ausgestellten Ehrenbürgerbrief nach Weimar zu vermitteln. Im Jahre 1809 wurde C. der Ehrendoktortitel der Universität Helmstedt verliehen. Während seines letzten Lebensjahrzehnts beschäftigte sich C. besonders intensiv mit Sprachforschung und Wortschatzsammlung der deutschen Sprache. Bereits 1801 hatte er ein Wörterbuch herausgegeben, dem die nach seiner Konzeption entstandenen 5 Bde. „Wörterbuch der deutschen Sprache“ 1807—12 folgten.

C., der Jugendschriftsteller. Werk, Tendenzen, Wirkung. C.s Werke für Kinder und Jugend sind in unmittelbarer Verbindung mit seinem pädagogischen Wirken entstanden und sind damit in Zusammenhang zu sehen. *Er ist der erste „professionelle“ Jugendschriftsteller in deutscher Sprache,* der erste, der seine Schriften für die Jugend nach entwicklungspsychologischer Einsicht und pädagogischer Tendenz plante und demgemäß eine Kinder- und Jugendbibliothek aufbaute: „Kleine Kinderbibliothek“ (1. Aufl., 1779—84). Er schrieb im Vorwort: „Es kam hierbei vornehmlich auf eine zweckmäßige Auswahl und Abstufung sowohl der Materialien, als auch des jedesmaligen Tons an, damit der junge Geist in jeglichem Alter beim Lesen dieser Bücher eine ihm angemessene Nahrung und einen ihm verständlichen Vortrag fände.“ Mit der Sammlung „merkwürdiger Reisebeschreibungen“ setzte C. diese Bibliothek für das Jugendalter fort. Sie umfaßte nach Einfügung seiner Bücher „Robinson der Jüngere“ und „Die Entdeckung von Amerika“ in der Ausgabe letzter Hand 38 Bände. „Auswahl und Abstufung“ sind seitdem über anderthalb Jahrhunderte Maxime und Kennzeichen der „für Kinder“ und „für die Jugend“ etikettierten Literatur geblieben. C. wurde zum Jugendschriftsteller durch seine Begegnung mit dem Roman D. DEFOES „Robinson Crusoe“, den J. J. ROUSSEAU als einziges Buch seinem Zögling Emile in die Hände zu geben wünschte. An den „Robinson“-Erzählabenden im Kreise der erweiterten Erziehungsfamilie C.s zu Hamburg entstand „Robinson der Jüngere“, 1779 erstmals im Druck erschienen. Diese erste Kürzung und Bearbeitung des Romans für die Jugend wurde das berühmteste Kinderbuch seiner Zeit. Bald gab es Übersetzungen in sämtliche europäische Sprachen; *bis Ende des 19. Jh.s galt es als Prototyp des belehrenden Abenteuerbuches* ([121]1913).

In ihrer Tendenz stimmen sämtliche Jugendschriften C.s mit der seiner Schriften zur Erziehung überein. Sie sind geprägt vom Bildungsoptimismus der Spätaufklärung, deren führender Kopf in Fragen der Erziehungs- und Unterrichtsreform C. war (vgl. „Allgemeine Revision des gesamten Schul- und Erziehungswesens“, 1785—92). Indem er die Ideen von ROUSSEAU verbreitete und bei ihnen anknüpfte (Abdruck und Kommentierung des „Emile“ in Bd. 12 bis 15 des Revisionswerks“), kritisierte und schränkte er sie gleichzeitig in wesentlichen Punkten ein: anders als ROUSSEAU wünschte er frühzeitiges Einsetzen der Erziehung beim Kinde und vordringlich Bildung durch Belehrung in Realien und „natürlicher Religion“ zu Gemeinnützigkeit, Fleiß, Ordnung, Berufstätigkeit in der Gesellschaft; er sah den Menschen sich nicht anders realisieren denn als Mensch einer bestimmten Stellung in einer bestimmten Gesellschaft, verlangte jedoch Toleranz im Denken und Verhalten jedes einzelnen gegenüber allen anderen ohne Unterschied der Religion und Rasse (vgl. Verhältnis Robinson — Freitag bis in ihre bürgerliche Resozialisierung in der C.schen Darstellung). Als Berater der Jugend, vornehmlich in den Schriften: „Theophron“ (zuerst 1778, dann um mehrere Teile ergänzt 1783) und „Väterlicher Rath für meine Tochter“ (1789), formulierte er in immer neuen Wendungen, Beispielen, Erziehungsgesprächen und -situationen die Tugendideale des aufgeklärten, christlich-deutschen Bürgertums und die Richtlinien für ein schon auf Erden in aller Begrenztheit glückseliges Leben, dessen Lohn „ewige Glückseligkeit“ sein werde. C. differenzierte dabei für Verhalten und Leistung bis in die alltäglichste Einzelheit hinein für weibliches und männliches Geschlecht nach: „Pflichten gegen uns selbst“ (hier vor allem Gesundheitspflege und körperliche Ertüchtigung), Pflichten gegen andere, gegen „Obere“ und gegen alle Menschen, nach Pflichten der Geselligkeit und des häuslichen Lebens; er gab Ermahnungen und Vorschriften für das Verhalten im Beruf, im Umgang mit Menschen, das Verhalten der Geschlechter zueinander. Das moralisch Gute (in Übereinstimmung mit dem Glauben an Gott) erweist C. überall auch als das Vernünftige, das zugleich Wohlverhalten gegen sich selbst und Wohlverhalten gegenüber anderen ist, „strenge und gewissenhafte Rechtschaffenheit [ist] in allen Fällen die weiseste und sicherste Weltklugheit“; die Tugendbelehrung gipfelt in der „Weisheitsregel: Thue recht und scheue niemand“ („Theophron“, 1783). Die eigenen Erzählungen C.s und seine Auswahl an Prosa und Gedichten — unter Ausschluß von Märchen, Legenden und mit Aberglaube gemischter Geschichten — entsprechen diesem Katalog der Tugenden. Doch wählte C. mit pädagogischem Sinn für kindgemäße Sprache und kindgemäße Einkleidung aus und nahm Gedichte auf von FR. HAGEDORN, H. HÖLTY, M. CLAUDIUS und viele einprägsame Fabeln, so daß seine „Kinderbibliothek“ sich an Qualität über zahlreiche andere Unternehmen dieser Art (Almanache, Wochenschriften, Taschenbücher und -kalender für Kinder und Jugend) erhob. Für die abenteuerliche Erzählung suchte er bedeutende Gestalten weltgeschichtlicher Wirklichkeit aus: Kolumbus, Cortez, Pizarro. Mit einer Weltgeschichte in Versen schloß er die Schriften für die Jugend ab, deren erste ein illustriertes ABC-Buch ist, eine in sich geschlossene Bibliothek für die Jugend. C. wurde damit der erfolgreichste Schriftsteller seiner Zeit. Darsteller der Geschichte der deutschen Kinder- und Jugendliteratur datieren den eigentlichen Beginn der spezifischen Jugendliteratur mit seinem Namen (vor allem L. GÖHRING, A. MERGET). Gegenüber Zustimmung und Begeisterung in Rezensionen, später „Kindheitserinnerungen“, in denen über den C.schen „Robinson“ geschrieben wurde (vgl. K. F. v. KLÖDEN, 1797;

B. Goltz in „Buch der Kindheit", 1847), sprach sich auch grundsätzliche Kritik aus, u. a. F. C. Schlosser (1776—1861) in „Geschichte des 18. Jh.s" (1823): „Sobald C.s Robinson in den Händen aller Kinder der gebildeten Stände war, traten die biblischen Geschichten zurück. Es erwuchs ein neues Geschlecht, nur aufs Handgreifliche, Häusliche, unmittelbar im äußeren Leben Nützliche bedacht, voll kindischer Naseweisheit . . . die langweilige Moralpredigt des neues Lesebuchs drückte die Seele nieder". Den einschneidenden Umschwung vom phantasievollen zum rationalen Lesestoff in der Kindheit kennzeichnete J. v. Eichendorff in seinen Jugenderinnerungen (in „Ahnung und Gegenwart", 1815). Das Vorbildhafte der C.schen Jugendschrift konnte im Wechsel der Epochen nicht dauern. Die historische Rolle C.s als epochemachender Jugendschriftsteller und Anreger einer den Alters(Entwicklungs-)stufen Rechnung tragenden Kinder- und Jugendliteratur ist auch heute anerkannt. Seine Bedeutung als Haupt der Erziehungs- und Unterrichtsreformer der Spätaufklärung hat 1965 G. Dohmen detailliert herausgearbeitet (in „Bildung und Schule", Bd. 2). Neuere Literatur in der DDR hat am Bilde des Pädagogen die gesellschaftskritisch aufklärerischen, nationalbewußten Züge des jungen Bürger- und Unternehmertums in seiner Zeit hervorgehoben (H. König im Vorwort zu der Ausgabe der C.schen „Briefe aus Paris", 1961, und König in: „Das Braunschweigische Journal", 1952). Demgegenüber ist zu beachten, daß C. selbst „Patriarch" in seinem Hause blieb, keineswegs den Staat ständischer Ordnung stürzen wollte und das Verhältnis: Vater zu Kindern, Fürst zu Untertanen, Gott zu den Menschen im hierarchischen Aufbau als gottgegebene Gesellschaftsordnung sah. H. Kunze faßt im „Schatzbehalter" (1965) das Urteil über C. als Jugendschriftsteller dahingehend zusammen, daß sein „Robinson der Jüngere" zwar „für uns literarisch ungenießbar geworden" sei, aber das Buch nach dem Beitrag zu werten sei, den es geleistet hat, „um die Jugend im Geiste des aufstrebenden Bürgertums zu erziehen".

Margarete Dierks

→ ABC-Buch, → Aufklärung, → J. B. Basedow, → Philanthropinismus, → Robinson Crusoe, → Robinsonade, → J. J. Rousseau

Werke: Sammlung einiger Erziehungsschriften (1778); Sittenbüchlein für Kinder aus gesitteten Ständen (1779); Robinson der Jüngere (Tl. 1 u. 2. 1779 u. 80); Kleine Kinderbibliothek (Bd. 1—12. 1779—84); Die Entdeckung von Amerika, ein angenehmes und nützliches Lesebuch für Kinder und junge Leute (Bd. 1—3. 1781 u. 82); Theophron oder der erfahrene Ratgeber für die unerfahrene Jugend (1783); Sammlung interessanter und zweckmäßig abgefaßter Reisebeschreibungen (12 Tle. 1785—93); Väterlicher Rath für meine Tochter (1789); Der neue Froschmäusler (1796); Historisches Bilderbüchlein oder die allgemeine Weltgeschichte in Bildern und Versen (1801); Reise durch England und Frankreich in Briefen an einen jungen Freund in Deutschland (Tl. 1 u. 2. 1803); Neue Sammlung merkwürdiger Reisebeschreibungen für die Jugend (Tl. 1—7. 1806—17); Sämtliche Kinder- und Jugendschriften (Tl. 1—38. 1806—32).

Hrsg.: Allgemeine Revision des gesammten Schul- und Erziehungs-Wesens (Bd. 1—16. 1785—91); Braunschweigisches Journal (Jg. 1—4. 1788—91; mit E. C. Trapp, J. Stuve u. a.).

Sekundärliteratur: K. Arnold: J. H. Campe als Jugendschriftsteller (Diss. 1905). — L. Göhring: Die Anfänge der deutschen Jugendliteratur im 18. Jahrhundert (1904; ND. 1967). — A. Klüpfel: Das Revisionswerk Campes (1934). — J. Leyser: J. H. Campe (1877). — R. Schumann: Die Auffassung des Philanthropismus von Gesellschaft und Staat (Diss. 1905).

Candea, Romulus

*Österreichischer Graphiker, Buchillustrator, Kinderbuchkünstler; * 18. 1. 1922 Temesvar/Rumänien.*

Nach der Reifeprüfung studierte C. zwei Semester an der Kunstakademie in Temesvar, anschließend zwölf Semester an der Akademie der Bildenden Künste in Wien. Während er schon als Graphiker tätig war (1947 Diplom), setzte er noch das Studium in Kunstgeschichte und Ägyptologie fort. In Wien ansässig geworden, hatte er bald als freier Maler und Karikaturist einen Namen und wurde als Kinderbuchillustrator und Bilderbuchkünstler bekannt. C. erhielt auf verschiedenen Gebieten seines Schaffens internationale Auszeichnungen. Als Bilderbuchkünstler wurde er mit dem Österreichischen Staatspreis 1962, 1963 und 1964 ausgezeichnet; den Illustrationspreis der Stadt Wien erhielt er in den Jahren 1957, 1959, 1962, 1963 und 1964. Prämien im Rahmen der „schönsten Bücher Österreichs" 1961 und 1962.

Werk, Tendenzen, Wirkung. In Österreich und im Ausland hat C. zahlreiche Ausstellungen beschickt und große Verkaufserfolge erzielt. Zu seinen Arbeitsbereichen gehören auch Bühnenbildnerei, Sgraffitto und Mosaik. Für Zeitungen und Zeitschriften im In- und Ausland bearbeitete er satirische Themen und illustrierte Werke in österreichischen, schweizerischen, italienischen, holländischen und amerikanischen Verlagen. Als Kinderbuchillustrator und Bilderbuchkünstler bevorzugt C. das *Groteske, das karikierende Element und skurrile Textvorlagen.* Seit vielen Jahren illustriert er Prosa und Poesie der österreichischen Autorin V. Ferra-Mikura, mit der zusammen er vorwiegend die Auszeichnungen und Preise für das Kinder- und Bilderbuchschaffen erhielt. Illustrationen schuf er auch zu Jugendbüchern von W. Eichhorn, F. K. Ginzkey, J. Guggenmos, L. Lenski u. a.. C. ist der erste in dieser Weise erfolgreiche österreichische Bilderbuchkünstler nach dem Zweiten Weltkrieg. Er hat das übersteigernde Prinzip des Nonsense neu und vielartig variiert und ironisierend Elemente der Blasensprache, der Comics und zum Teil auch der international stark verbreiteten Cartoon-Kunst in seine eigene Bildsprache aufgenommen und seinem persönlichen Stil anverwandelt. Durch Bildsendungen im Österreichischen Fernsehen und im Westdeutschen Rundfunk, Köln, ist C. ebenfalls bekannt geworden. 1965 nahm er am Internationalen Festival in Monte Carlo teil. *Horst Künnemann*

Ill.: R. M. Stoiber: 220 Millionen und einer (1951); L. Lenski: Kleines Mädel in Florida (1954); L. Lenski: Die Petroleumstadt (1954); R. M. Stoiber: Das Geheimnis des schwimmenden Hotels (1954); V. Ferra-Mikura: Zaubermeister Opequeh (1956); V. Ferra-Mikura: Der seltsame Herr Sauerampfer (1957); V. Ferra-Mikura: Willi Einhorn auf fremden Straßen (1958); J. Guggenmos: Immerwährender Kinderkalender (1958); V. Ferra-Mikura: Die gute Familie Stengel (1959); R. M. Stoiber: Das Geheimnis auf Kanal sechs (1959); F. Feld: Der Papagei von Isfahan und Koch gesucht für den Kalifen (1960); U. Williams: Balthasar oder Die neun Leben des Schiffkaters (1960); V. Ferra-Mikura: Meine Freundin Rosine (1961); P. Linn: Das ist Anatol (1961); H. M. Mical: Kasperl auf Abenteuer (1961); V. Ferra-Mikura: Der alte und der junge und der kleine Stanislaus (1962); G. Piesch-Köchl: Wir fahren in die Ferien (1962); V. Ferra-Mikura: Das rosa Haus in der Entengasse (1963); V. Ferra-Mikura: Unsere drei Stanisläuse (1963); V. Ferra-Mikura: Besuch bei den drei Stanisläusen (1964); V. Ferra-Mikura: Lustig singt die Regentonne (1964); V. Ferra-Mikura: Das Luftschloß des Herrn Wuschelkopf (1965); V. Ferra-Mikura: Die Mäuse der drei Stanisläuse (1965); V. Ferra-Mikura: Ein Löffel für das Krokodil (1966); V. Ferra-Mikura: Tante Rübchen zieht um (1966); V. Ferra-Mikura: Gute Fahrt, Herr Pfefferkorn (1967); V. Ferra-Mikura: Opa Heidelbeer gähnt nicht mehr (1968); G. Rodari: Flip im Fernsehen (1968); V. Ferra-Mikura: Herr Plusterflaum erlebt etwas (1970); V. Ferra-Mikura: Valentin pfeift auf dem Grashalm (1970); P. Hacks: Das Windloch (1970). *IJB*

Čapek, Josef

*Tschechischer Maler, Illustrator und Schriftsteller; * 23. 3. 1887 Hronov, † April 1945 im Konzentrationslager Bergen-Belsen.*

Č., Arztsohn und älterer Bruder des Karel Č., studierte Kunst in Prag und Paris. Er war Redakteur und Mitarbeiter der Zeitschriften „Národní listy", „Život", „Světozor" und 1920—39 Kritiker für die Zeitschrift „Lidové noviny". Č. starb nach langer Haft im KZ.

Werk, Tendenzen, Wirkung. Č. war Erzähler und Maler, außerdem ein heiterer Illustrator seiner Kindergeschichten. Als Erzähler für Erwachsene war er grüblerischer Expressionist. Als Maler und Grafiker schuf er neben seinen kubistischen Werken — vor allem in den zwanziger Jahren — auch expressive Bilder. Die Reiseberichte und Kinderbücher seines Bruders Karel Č. illustrierte er mit Zeichnungen, in denen Gegenständliches witzig und gekonnt abstrahiert ist. Als Erzähler für Kinder pflegte er einen gelösten, humorvollen Stil.

Horst Künnemann

Werke: Povídání o pejskovi a kočičce (1929, [12]1968; dt. Schrupp und Schlipp. 1933, [2]1951; Geschichten vom Hündchen und vom Kätzchen. 1958, [2]1959); Povídejme si, děti (1954, [3]1968).

Ill.: E. Bass: Klapzubova jedenáctka (1926); J. Čapek: Povídání o pejskovi a kočičce (1929, [12]1968; dt. Schrupp und Schlipp. 1933, [2]1951; Geschichten vom Hündchen und vom Kätzchen. 1958, [2]1959); K. Čapek: Devatero pohádek. Pohádky (1932, [3]1968; dt. Märchen, 1960); K. Polaček: Edudant a Francimor (1933; dt. Edudant und Franzimor, 1966); K. Grahame: Zabákova dobrodružství (1933; NA. 1958, [2]1967); V. Řezáč: Kluci, hurá za ním! (1934, [6]1966; dt. Haltet den Dieb. 1964, [2]1965); V. Řezáč: Poplach v Kovářské uličce (1934; NA. 1954, [3]1964; dt. Alarm in der Schmiedegasse, 1957); F. Hrubín: Modré nebe (1948, [3]1957); J. Čapek: Povídejme si, děti (1954, [3]1968).

Sekundärliteratur: K. Čapek u. V. Špála: Josef Čapek (1935). — V. Nezval: Josef Čapek (1937). — J. Pečírka: Josef Čapek (1937; NA. 1961). *IJB*

Čapek, Karel

*Tschechischer Schriftsteller; * 9. 1. 1890 Malé Svatoňovice/Kleinschwadowitz, † 25. 12. 1938 Prag.*

Č. studierte Philosophie in Prag, Berlin und Paris und promovierte in ästhetischer Philosophie. Er war Mitarbeiter der Zeitschriften „Národní listy" und „Lidové noviny" und von 1921—23 Regisseur und Dramaturg am Prager Vinohrady Theater. Č. arbeitete eng mit seinem Bruder Josef Č. zusammen, war Feuilletonist und Erzähler, Autor utopischer Dramen und Romane (u. a. „Der Krieg mit den Molchen"), anerkannter Übersetzer aus dem Französischen, Verfasser scharfsinniger Berichte von Reisen durch Italien, England, Spanien, Holland und Skandinavien, Erfolgsschriftsteller mit zahlreichen Übersetzungen. 1965 fand zum Gedenken an Č.s Geburtstag in Márianské Lázně (Marienbad) ein Symposium über sein literarisches Werk statt.

Werk, Tendenzen, Wirkung. Als Erzähler für Kinder bemühte sich Č. um liebenswürdig humorvolle Kleinmalerei und Kindern zugängliche Ironie. Helden seiner Bücher sind Kinder, kleine Leute und ihnen verbundene Haustiere. Zu einigen Büchern K. Č.s schuf der ältere Bruder Josef die Illustrationen, so zu „Devatero pohádek" (Neun Märchen), modernen Kunstmärchen, in denen alte Motive des Volksmärchens durch heitere Optik betrachtet werden. Außer den neun Märchen K. Č.s enthält der Band noch eines des Bruders Josef. Das Buch „Dášeňka čili život štěněte" (dt. „Daschenka"), das die Erlebnisse eines frischgebackenen Hundebesitzers erzählt, hat Č. mit Zeichnungen und Fotos selbst illustriert. Die Büchergilde Gutenberg brachte

1958, ill. von G. Stiller, Č.s „Seltsame Geschichten von Räubern und Polizei, Zauberern, Doktoren und vielen Tieren“ heraus. *Horst Künnemann*

→ J. Čapek, → Tschechoslowakei

Werke: Devatero pohádek. Pohádky (1932, [3]1968;dt. [Ausz.] Post. Polizei, Hunde und Räuberei. 1933, [2]1946; Märchen, 1960); Dášeňka čili Život štěněte (1933, [18]1966; dt. Daschenka, oder Das Leben eines jungen Hundes. 1935; NA. 1948).
Ill.: K. Čapek: Dášeňka čili život štěněte (1933, [18]1966; dt. Daschenka, oder Das Leben eines jungen Hundes. 1935; NA. 1948).

Sekundärliteratur: W. E. Harkins: Karel Čapek (1962). — I. Klima: Karel Čapek (1962, [2]1965). — A. Matuška: Clověk proti zkáze. Pokus o Karla Čapka (1963). — J. Mukařovsky: Čapek (in: Slav. Rundschau. 11. 1939. 3—6).

Caplin, Gerald Alfred

*(d. i. „Al Capp“). Zeichner und Kolumnist, Verfasser des Comic-Strips „Li'l Abner“; * 28. 9. 1909 New Haven.*

C. besuchte 4 Jahre lang mehrere Kunstschulen, darunter die Pennsylvania Academy of Arts, die Museum School in Boston und die Vesper George School of Arts in Boston. Mit 19 Jahren wurde er beim Associated Press Feature Service in New York angestellt und übernahm von einem anderen Zeichner für ein halbes Jahr die Comic-Serie „Mr. Gilfeather“. Danach ging er an eine Kunstschule in Massachusetts zurück. 1933 wurde er in New York für einige Monate Assistent des Comic-Zeichners H. Fischer („Joe Palooka“). Im August 1934 brachte er beim United Features Syndicate seinen weltbekannten Comic-Strip „Li'l Abner“ heraus, den er bis heute mit einigen Mitarbeitern in seinem Studio in Boston zeichnet. 1937 studierte er die Technik des Kurzgeschichten-Schreibens an der Harvard Summer School und ist seit Abschluß dieser Studien ständiger Kolumnist beim New York Herald Tribune Syndicate. 1947 gewann C. den Jahrespreis „Reuben“ der National Cartoonists' Society. Er wurde Vorsitzender des „Cartoonists' Committee“ und 1956 der Präsident des „People-to-People-Program“.

Werk, Tendenzen, Wirkung. „Li'l Abner“ gilt als der amerikanische Comic-Strip schlechthin. Das imaginäre Dogpatch wird als symbolisches Amerika interpretiert, der naive Held Li'l Abner als Prototyp der amerikanischen Gesellschaft. In satirischer Demonstration werden hier seit 1934 Werte des „American Way of Life“ in Frage gestellt. Jedoch weisen R. C. Reitberger und W. J. Fuchs darauf hin, *daß C. kein progressiv satirischer Reformer ist,* da er keine sozialen Mißstände aufgreift und die tradierten Normen im Grunde verteidigt. J. Steinbeck schätzte C.s satirisches Vermögen so hoch ein, daß er ihn für den Nobelpreis vorschlug. 1956 wurde „Li'l Abner“ als Musical ein Broadway-Erfolg. Mehrere der Figuren aus „Li'l Abner“ fungieren als populäre Reklamefiguren. Von der Popularität legt ebenfalls der mittlerweile weit verbreitete, dem Comic „Li'l Abner“ entstammende „Sadie Hawkins' Day“ Zeugnis ab, ein inoffizieller Ferientag, an dem junge Mädchen ihren künftigen Bräutigam jagen und fangen können. „Li'l Abner“ wird heute in ca. 100 Blättern gedruckt und erreicht damit einen Leserkreis von ungefähr 80 Millionen. *Wolfgang Kempkes*

→ Comics

Sekundärliteratur: G. Metken: Comics (1970). — R. C. Reitberger: Comics (1971; zus. mit W. J. Fuchs). — M. Sheridan: Comics and their creators. Life stories of American cartoonists (1944). — C. Waugh: The comics (1947). — D. W. White (Hrsg.): The funnies: an American idiom (1963; zus. mit R. H. Abel).

Carigiet, Alois

*Schweizer Maler, Graphiker, Bilderbuchkünstler; * 30.8.1902 Truns/Kanton Graubünden.*

Als Bauernsohn wuchs C. mit zehn Geschwistern auf; nach dem Schulbesuch in Chur begann er eine Lehre als Dekorationsmaler. Später zog er als Gebrauchsgraphiker nach Zürich und war siebzehn Jahre lang in diesem Beruf — als Plakatmaler und Ausstellungsdekorateur — tätig. C. unternahm Studienreisen nach Skandinavien und nach Afrika; er begann 1939 mit dem freien künstlerischen Schaffen (u. a. Wandmalereien in Schulen, Rat- und Bürgerhäusern). In Guarda begegnete C. 1940 der Dichterin S. Chönz, mit der zusammen er international bekannt gewordene Bilderbücher schuf („Schellen-Ursli“, 1945; „Flurina und das Wildvöglein“, 1952; „Der große Schnee“, 1955). C. wurde 1948 mit dem Jugendbuchpreis des Schweizerischen Lehrervereins ausgezeichnet und 1966 für sein bildnerisches Gesamtschaffen mit der Hans-Christian-Andersen-Medaille.

Werk, Tendenzen, Wirkung. Von seinem Schaffen sagt C. selbst: „. . . die Kraft meines Herzens gehört den einfachen, den nahen Dingen des Lebens“; und: „Am Anfang meiner Arbeit als Kinderbuchmaler stand das Wort, und zwar das Wort in meiner Muttersprache, das romanische Wort“. Er greift in seinen Bildern für Kinder die Thematik der eigenen bäuerlichen Heimat der Bergwelt auf. Figuren und Umwelt zeichnet er in deutlichen Umrissen und eindrucksvollen Perspektiven. Landschaft und Dorf, Bergbauern, Kinder, Tiere heben sich in klaren Farben vom weißen Hintergrund ab; seine Darstellungsweise ist von einem *naiven Realismus* gegeprägt, der mit dem der Versgeschichten von Chönz zusammenstimmt. Schon die erste Publikation, „Schellen-Ursli. Ein Engadiner Bilderbuch“ wurde als „weltbestes Bilderbuch“ gerühmt und in meh-

Alois Carigiet: Zottel, Zick und Zwerg (Zürich 1965). Der Künstler schuf neben den Bildern zur Versgeschichte „Schellenursli" von S. Chönz auch Illustrationen zu eigenen Texten, wie der in dem Bilderbuch „Zottel, Zick und Zwerg" erzählten Geschichte vom jungen Hirten Maurus und seiner Geißenherde, der die obige Abbildung entnommen ist.

rere Sprachen, auch ins Japanische, übertragen. 1964 wurde ein Dokumentarfilm zum „Schellen-Ursli" gedreht (Verkehrsverein Graubünden). B. HÜRLIMANN gibt in ihrer Beurteilung der „Schellen-Ursli"-Figur gleichen Rang neben Heidi, Nils Holgersson, Babar und ST. EXUPERYS Kleinem Prinzen (Europäische Kinderbücher, ^{2}1963, S. 245). Von C.s weiteren Bilderbüchern gelangten „Flurina und das Wildvöglein" (1952) und „Der große Schnee" (1955) zu fast gleicher Beliebtheit; die drei Titel erhielten den Sammelnamen „Schweizer Trilogie". Auch zu zahlreichen Kinder- und Jugendbüchern schuf C. neue Illustrationen (u. a. zu J. LONDON: „Der Ruf der Wildnis", 1947); er arbeitete mit für das Schweiz. Schulwandbilderwerk und illustrierte Bündner Märchen und Züricher Lesebücher. Seine Arbeiten werden neben ähnlich orientierten von H. FISCHER, C. PIATTI und F. HOFFMANN als bahnbrechend für moderne Bilderbuchkunst genannt. *Horst Künnemann*

→ S. Chönz, → Schweiz

Ill.: S. Chönz: Schellen-Ursli (1945); S. Chönz: Flurina und das Wildvöglein (1952); S. Chönz: Der große Schnee (1955); G. Bundi: Märchen aus dem Bündnerland (1955); T. Halter: Culan de Crestaulta (1956; dt. Culan, 1959); A. Carigiet: Zottel, Zick und Zwerg (1965); A. Carigiet: Birnbaum, Birke, Berberitze (1967); A. Carigiet: Maurus und Madleina (1969).

Sekundärliteratur: A. Carigiet: Blick in meinen Arbeitsraum (in: Internationale Tagung für das Jugendbuch. 1954. 153—158); Schöpfer eines neuen Kinderbuchstils (in: Jugend und Buch. 4. 1966. 7—10). — A. Hernandez: Bilderbücher in unserer Zeit (in: Jugendliteratur. 11. 1961. 514—522). — B. Hürlimann: Alois Carigiet (in Bookbird. 4. 1971. 74—79). — R. Kressner: Die Engadiner Bilderbuchtrilogie (in: Jugendliteratur. 2. 1956. 85—88). — P. Schuler: Alois Carigiet (1966). — H. Spescha: Alois Carigiet (1963). *IJB*

Carlsen Verlag GmbH

Reinbek. Derzeitige Leiter: P. H. Carlsen (* 1912) und H. Voss (* 1921).

Hauptsächliche Verlagsgebiete im Bereich der Kinder- und Jugendliteratur: Billige, geheftete Serien in kleinem Format für Kinder von 3—10 Jahren (*Pixi*-Bücher für die Altersgruppe von 3 Jahren an,

Petzi-Bücher für die Altersgruppe von 4 Jahren an und *Tim*-Bücher für die Altersstufe von 8 Jahren an); außerdem die *Reinbeker Kinderbücher* in Einzeltiteln und Reihen. Diese Büchergruppe ist sowohl in der Thematik als auch in der Ausstattung anspruchsvoller.
Autoren: E. H. Minarik, J. Krüss u. a.
Illustratoren: E. Binder, L. Hoban, L. Sandberg, M. Sendak, E. Wenzel-Bürger u. a.
Verlagsgeschichte. Die Zeichenserie „*Petzi*" führte 1953 zur Gründung des deutschen Carlsen-Verlages, der 1961 vergrößert wurde. Im Jahre 1965 bezog der Verlag ein eigenes großes Verlagshaus in Reinbek bei Hamburg. Die ersten Titel der Reinbeker Kinderbücher erschienen 1964.

Carroll, Lewis

*(d. i. Rev. Charles Lutwidge Dodgson). Englischer Mathematiker, Verfasser wissenschaftlicher Arbeiten, Autor der beiden, im angelsächsischen Raum klassischen Kinderbücher „Alice's adventures in wonderland" und „Through the looking-glass"; * 27. 1. 1832 Daresbury b. Warrington/Cheshire, † 14. 1. 1898 Guildford.*

C. entstammte einer anglikanischen Pfarrerfamilie, besuchte drei Jahre die Internatsschule (Rugby School) und studierte Mathematik und Altphilologie in Oxford (Christ Church College). Von 1855 bis 1881 war er Dozent für Mathematik an der Universität Oxford, 1861 wurde er Dekan der anglikanischen Kirche. Er publizierte etwa 30 wissenschaftliche Arbeiten; seine im Stil der Unterhaltungslektüre geschriebene Abhandlung „Euclid and his Modern Rivals" (1879) wurde am bekanntesten. Über das Alltägliche wie über besondere Ereignisse in seinem Leben berichten die Tagebücher, die DODGSON seit seiner Kindheit fast lückenlos führte (The diaries of L. C., hrsg. von R. L. GREEN, 2 Bde., 1953).

Werk, Tendenzen, Wirkung. C. galt in seiner Zeit als hervorragender Amateur-Porträtfotograf. Unter den überlieferten Bildern befinden sich zahlreiche Aufnahmen von Kindern, meistens von kleinen Mädchen (H. GERNSHEIM: L. C., photographer, 1949). Selbst gehemmt im Gespräch (er stotterte) und Junggeselle viktorianischen Lebenszuschnitts, neigte er sich Kindern, vor allem kleinen Mädchen, zu und entwickelte in Briefen und persönlicher Freundschaft mit ihnen den Reichtum seiner Phantasie und einer oft hintergründig spaßend verpackten Belehrung. Häufig gab er „Dinner Parties" allein für Kinder, entwarf dafür genaue Tischordnungen und erfand mechanisch bewegliches Spielzeug, vorwiegend Tiere, mit denen er allerlei Tricks zur Belustigung vorführte. Die Kartei seines Briefwechsels mit Kindern soll fünfzigtausend Karten umfassen. Seine „Briefe an kleine Mädchen" (übers. und hrsg. von K. REICHERT, 1966) gaben Material ab für tiefenpsychologische Analysen, die zwar dem Verständnis seiner widersprüchlichen Persönlichkeit dienten, jedoch das Geheimnis seines poetischen Schaffens, die eigentümliche und fruchtbare Mischung von skurriler Phantastik und genialer Naivität, von mathematischem Geist und ursprünglichem Sinn für das Märchenhafte nicht restlos

»Ihr seid alt, Vater Franz«, sagte Fränzchen, der Tropf,
»Und Ihr habt schon schneeweiße Haare:

Lewis Carroll: Alice's adventures in wonderland (London 1865). Die Abbildung stammt vom Autor, der zu seinem berühmten Werk „Alice" 37 Zeichnungen anfertigte. Der zitierte Text — er fährt fort: „Und nichtsdestotrotz steht Ihr pausenlos kopf —/ Bedenkt Ihr denn nicht eure Jahre?" — ist der deutschen Übersetzung von Chr. Enzensberger (Frankfurt/M. 1963) entnommen.

aufschlüsseln können. Die Bücher „Alice's adventures in wonderland" (1865; dt. Alicens Abenteuer im Wunderland, 1869, hier abgekürzt A.) und „Through the looking-glass" (1872; dt. Alice im Spiegelreich, 1948, hier abgekürzt Sp.) sind als Meisterstücke des Nonsense in der englischen Kinderliteratur berühmt geworden. C. veröffentlichte sie unter seinem Pseudonym L. C., das er auch für das 141 Strophen umfassende Nonsense-Gedicht „The hunting of the snark" (1876) und andere belletristische Bücher beibehielt, z. B. seinen späten, in manchen Zügen modern anmutenden Roman „Sylvie and Bruno" (1889). Anläßlich des 100. Geburtstages von C. (1932), fanden Ausstellungen biographischer und literarischer Zeugnisse seines Lebens sowie seines Gesamtwerkes statt, mit verschiedensten Ausgaben der A.- und Sp.-Bücher. Auskunft darüber geben der Columbia Centenary Exhibition Catalogue und der L. C. Centenary Catalogue, London (beide 1932).

J. Michael Loughridge

→ Alice [im Wunderland]

Werke: Alice's adventures in wonderland (1865; dt. Alicens Abenteuer im Wunderland, 1869); Phantasmagoria and other poems (1869); Through the looking-glass (1872; dt. Alice im Spiegelreich, 1948); The hunting of the snark (1876); Rhyme? or reason? (1883); Sylvie and Bruno

(1889); The nursery Alice (1890); Sylvie and Bruno concluded (1893); The complete works of Lewis Carroll (Bd. 1 bis 8. 1939).

Sekundärliteratur: P. Alexander: Logic and the humor of Lewis Carroll (in: Proceedings of the Leeds Philosophical and Literary Society. 1951. 551—566). — H. M. Ayres: Carroll's Alice (1936). — L. Carroll: The annotated Alice (1970). — Lewis Carroll (1932). — L. Carroll: Briefe an kleine Mädchen (1966). — L. Carroll: The diaries of Lewis Carroll (Bd. 1 u. 2. 1953). — S. D. Collingwood: The life and letters of Lewis Carroll (1898; ND. 1967). — W. de la Mare: Lewis Carroll (1932). — W. Empson: Alice in Wonderland (in: W. Empson: Some versions of pastoral. 1935. ^{2}1950. 251—294). — C. Fadiman: The maze in the snow (in: C. Fadiman: Party of one. 1955). — H. Gernsheim: Lewis Carroll photographer (1949, ^{2}1950). — R. L. Green: Lewis Carroll (1960). — P. Greenacre: Swift and Carroll (1955). — D. Hudson: Lewis Carroll (1954). — H. Lehmann-Haupt: Zum 100. Geburtstag von Lewis Carroll (1932). — F. B. Lennon: The life of Lewis Carroll (1962). — F. Madan: The Lewis Carroll centenary in London 1932 (1932). — B. Moses: Lewis Carroll: in wonderland and at home (1910). — H. Parisot: Lewis Carroll (1952; 1965). — M. L. Parrish: A list of the writings of Lewis Carroll (1928); A supplementary list of the writings of Lewis Carroll (1933). — A. Schöne: Humor und Komik in Lewis Carrolls Nonsense-Traummärchen Alice's adventures in wonderland und Through the looking-glass (in: DVjs. 1. 1954. 102—114). — E. Sewell: The field of nonsense (1952). — A. L. Taylor: The white knight (1952). — R. W. G. Vail: Alice in wonderland (1928). — W. Weaver: Alice in many tongues (1964). — S. H. Williams: The Lewis Carroll handbook (1962; zus. mit F. Madan). — J. P. Wood: The snark was a boojum (1966). *IJB*

Caspar, Franz

*Schweizer Sozialwissenschaftler und Schriftsteller, zeitweilig freier Mitarbeiter und leitender Angestellter in der Meinungsforschung und im Buchverlag. Gründer und Leiter des Schweizerischen Jugendbuch-Instituts (Johanna-Spyri-Stiftung), Zürich; * 17. 9. 1916 Rapperswil am Zürichsee, † 13. 4. 1977 Strobl-St. Wolfgang.*

Nach dem Abitur (1936) studierte C. an den Universitäten Freiburg/Schweiz, Bern und Zürich vor allem Sprachen, Literatur, Geschichte und Soziologie (1936—37 und 1940—41) und absolvierte eine Lehre als Verlagsbuchhändler bei Benziger in Zürich und Einsiedeln (1936—40). Gleichzeitig leistete er seinen Militärdienst in der Schweiz ab und war auch beim Internationalen Roten Kreuz in Genf tätig. 1941 wanderte C. nach Argentinien aus und betätigte sich von 1942—48 im bolivianischen Urwald als Entwicklungshelfer in einem Indianerreservat und als Kaufmann. 1948 besuchte er zu Studienzwecken einen Indianerstamm im brasilianischen Matogrosso; über diese Einmannexpedition schrieb er außer wissenschaftlichen Arbeiten das auch ins Englische und Portugiesische übersetzte Reisebuch „Tupari" (Braunschweig und Zürich 1952). Von 1950—53 setzte C. seine Studien an der Universität Hamburg fort und promovierte in Ethnologie, Psychologie und Politikwissenschaft. 1956 übersiedelte er mit seiner Familie nach Zürich und übernahm nach einem Jahr „postgraduate studies" an der Universität Zürich, vorwiegend in angewandter Psychologie und Psychoanalyse, Aufgaben im Bereich der Markt- und Werbepsychologie, leitete von 1958—66 die Jugendbuchabteilung des Verlags Sauerländer und war 1966—67 wissenschaftlicher Leiter der Schweizerischen Gesellschaft für praktische Sozialforschung in Zürich.

1967 gründete C. in Zürich als Dokumentations- und Forschungsstelle das Schweizerische Jugendbuch-Institut (Johanna-Spyri-Stiftung), das er seither auch leitet und dem er das Johanna-Spyri-Archiv mit einer bedeutenden Dokumentation über Leben, Werk und Wirkungsgeschichte der Schweizer Schriftstellerin angegliedert hat. C. gründete ferner die „Historische Kinderbuchgesellschaft Zürich", eine Vereinigung von Kinderbuchsammlern und Jugendbuchhistorikern, und gehört zu den Gründungsmitgliedern der Internationalen Forschungsgesellschaft für Kinder- und Jugendliteratur.

In seiner Tätigkeit als Autor und Übersetzer stellt C. die Rücksichtnahme auf das Aufnahmevermögen und auf die Bedürfnisse des Kindes in den Vordergrund. Er übersetzte u. a. U. Williams' „Adventures of the Little Wooden Horse" (1938) u. d. T. „Das Rößlein Hü" (1938, ^{14}1971) und schrieb zu diesem Evergreen selber eine autorisierte Fortsetzung: „Das Rößlein Hü fährt wieder in die Welt" (1952, ^{7}1970), die ins Holländische und Dänische übersetzt wurde. Ferner verfaßte er „Fridolin, eine lustige Dackelgeschichte für Kinder" (1959, ^{5}1971). Die Erzählung liegt inzwischen auch in englischer und dänischer Übersetzung vor, zudem gibt es von ihr eine 1963 in London erschienene deutschsprachige Schulausgabe unter dem Titel: „Was Fridolin alles erlebt".

In seiner Verlagsarbeit versuchte C. durch das Anregen und Betreuen entsprechender Werke einerseits die besonderen Bedürfnisse der Schweiz zu befriedigen (z. B. Mundartliedersammlung „Liedergärtli" von A. und K. Stern; Jungbürgerbuch „Die Schweiz — heute" u. a.), andererseits im deutschen Sprachgebiet zunächst vernachlässigte Autoren einzuführen, z. B. A. Ransome, W. James, R. Lampel, L. Stucki und J. Lada. C. machte auch als erster M. Sendak als Illustrator im deutschen Sprachgebiet bekannt mit „Der kleine Bär" und weiteren Bänden von E. H. Minarik. Maßgeblich war C. beteiligt an der Schaffung der Trio-Jugendtaschenbuchreihe.

Zur Geschichte und Praxis des Jugendbuchs hat C. einige kurze Arbeiten geschrieben. Eine Informationslücke füllt die Broschüre „Johanna Spyri, Jugendschriftstellerin" (1968, ^{3}1972; auch engl. „Johanna Spyri, writer of children's books", 1968). Im Schweizer Baublatt, Sondernummer „Schulhaus-

bauten für die Schule von morgen" (Mai 1971), plädiert C. für die zentrale Schülerbücherei („Schüler-Freihandbibliothek — ihr Platz im Schulhaus der Zukunft"). In Graphis, Sonderheft „Kinderbilderbücher" (155. 1971), stellt er die Forderung, daß Kinderbilderbücher wirklich das ästhetische Empfinden und Beurteilungsvermögen von Kindern ansprechen müßten („Das Kinderbilderbuch heute").
Dem Einsatz C.s ist es zu verdanken, daß der Deutsche Jugendbuchpreis nach 1964 nicht auf Publikationen der Verlage in der BRD beschränkt wurde.

Rudolf Raab

→ Schweiz

Caspari, Gertrud

*Grafikerin, Illustratorin, Kinderbuchautorin; * 22. 3. 1873 Chemnitz, † Juni 1948 Klotzsche b. Dresden.*

C., Schwester des Malers WALTER C. (1869 bis 1913), erhielt ihre künstlerische Ausbildung — aufgrund längerer Krankheit — lediglich an einer „sehr altmodischen, schematischen" Zeichenschule (C.: Mein Schaffen für die deutsche Kinderwelt. In: JSW, Jg. 48, 1943, S. 35f.), die sie mit einer Zeichenlehrerprüfung abschloß. Am Beginn ihrer künstlerischen Tätigkeit stand das Entwerfen von Motiven für Kinderpostkarten (1899—1900), die reißenden Absatz fanden, ihr aber nicht die nötigen Verdienstquellen erschlossen. Danach wandte sich C. der Bilderbuchillustration zu. 1902 wurde ihr erstes Bilderbuch „Das lebende Spielzeug" vom Verlag Löwensohn, Fürth, publiziert.

Werk, Tendenzen, Wirkung. C. gilt als „Schöpferin des Kleinkinderstils, der deutlich umrissene, in starker, ungebrochener flächiger Farbe leuchtende, möglichst hintergrundlose Bilder auf gleichfarbig grauen, bräunlichen oder weißen Papierton setzt..." (P. SAMULEIT, in: Kind und Kunst, Beiträge zur Jugendschriftenbewegung, 1928, S. 99f.). Neben ersten Bilderbüchern nach der Jahrhundertwende schuf C. Kinderfriese, zunächst in Stoff-Applikationen mit schwarzer Schnurumrandung. Eine Ausstellung im Grassimuseum in Leipzig brachte ihr den Auftrag des Voigtländer Verlags in Leipzig ein, ihre Friese in Steinzeichnung auszuführen (z. B. „Gesegnete Mahlzeit", „Der Hochzeitszug", „Elfentanz", „Der rote Mann im Walde", 1905). Weitere Kinderfriese und -bilder veröffentlichte C. später im Volkskunstverlag Lahr in Baden. Nach dem Erscheinen ihrer ersten Friese erhielt C. von der Jugendschriften-Kommission des Leipziger Lehrervereins den Auftrag, zusammen mit ihrem Bruder WALTER C. das Bilderbuch „Kinderhumor für Auge und Ohr" zu illustrieren. 1906 erschien dieses Buch im Alfred Hahns Verlag (Leipzig), der in der Folgezeit die meisten ihrer Bücher publizierte. „Kinderhumor für Auge und Ohr" hatte bereits 1925 (9. Aufl.) eine Gesamtauflage von 86 000 Exemplaren erreicht. Eine Auswahl von 16 Bl., 1910 erstmals erschienen, erreichte bis 1920 eine Gesamtauflage von 50 000. C. selbst gab 1943 die Gesamtauflage der bis dahin im Hahns Verlag erschienenen Caspari-Bücher mit 4 bis 5 Millionen an. Am verbreitetsten dürfte ihr „Lustiges Kleinkinderbuch" (1907) gewesen sein, in dessen Neubearbeitung 1959 die Gesamtauflage mit 250 Tsd. verzeichnet ist.
Aus der Zusammenarbeit mit ihrem Bruder ging 1908 noch „Kinderland, du Zauberland" hervor und 1912—15 das vierteilige Werk „Jahreszeiten", zu dem WALTER C. die Bände „Frühling" und „Sommer" illustrierte. Besonders intensiv betrieb C. das Studium der Kleinkinderdarstellung. Eine Auswahl aus ihren Kinderskizzen veröffentlichte der Hahns Verlag als Heft 1 und 2 der Reihe „Aus meinem Skizzenbuch" (1917). Die insgesamt 24 Blätter zeigen Kleinkinder in charakteristischen Haltungen. Heft 3 dieser Mappenreihe bringt zu dem Untertitel „Lustiges Allerlei" Einzelskizzen zu Spielsachen, Tieren und anthropomorphisierten Pflanzen.
C.s flächige, stark konturierende und auf perspektivische Raffinessen verzichtende Darstellungsweise zielt darauf ab, Bilder auch für das kleinste Kind lesbar und überschaubar zu machen und Vertrautes im Bild wiedererkennen zu lassen. Ihren Stoffkreis wählt sie dementsprechend vornehmlich aus der engen kindlichen Umwelt. Ihre plakative, auf Binnengliederung verzichtende, farbkräftige, kindertümliche Darstellungsweise setzte C. besonders auch in ihren Beschäftigungsbüchern ein, z. B. in den 1908 erschienenen Mal- und Zeichenbüchern. Ihr „Anschauungs- und Darstellungsbuch" (1909) mit Materialbeigabe forderte die Kinder zum Stäbchenlegen, Ausschneiden, Bauen und Formen auf. Neben überschwenglichem Lob (z. B. M. BRAHN in: Zeitschrift für Bücherfreunde, NF 1, 1909/10, S. 310: „G. C. hat für das frühe Kindesalter wohl in jeder Beziehung das Schönste gebracht"; K. BÖHME in: Die deutsche Volksseele in Kinderdichtungen, 1939: „... für das kleine Kind trifft G. C. ganz meisterhaft den echten Kinderton ...") sah sich C. auch von Anfang an der Kritik ausgesetzt, die sich besonders auf die Gefahr der Schematisierung in ihren Darstellungen richtete. So schreibt E. SCHUR (in: Dekorative Kunst, 12. Jg. Bd. 20, 1908/9, S. 121/23) im Zusammenhang mit C.s „Lustigem Kleinkinderbuch" (Texte von A. HOLST), es bringe „der Künstlerin derbe, vielleicht zuweilen schon etwas schablonenhafte Art... wirkungsvoll zur Geltung. ... die Künstlerin muß sich, gerade weil sie eine eigene Note hat, vor der Manier hüten."
Ähnlich ist ihre Einschätzung durch H. L. KÖSTER: „— wie fein wirkt ... die herzerfreuende Frische der Farbe bei G. C. und wie gut sind ihre Kinder

hineingestellt. Allerdings neigt G. C. dazu, die Gesichter in eine Schablone zu zwängen; auch die Zeichnung der Hände läßt oft zu wünschen übrig" (Neue Bilderbücher, in: JSW, 1910, Nr. 12). Partielle Kritik neben lobender Hervorhebung erfährt C. auch durch R. Kressner in dessen Schulungsvortrag der Reichsverwaltung des NSLB (in: Die kunsterzieherische Bedeutung des deutschen Bilderbuchs, 1943), der C.s „Lustiges Kleinkinderbuch" als „Beispiel für seelenloses, nur nett arrangiertes Formelwerk" qualifiziert, in dem „krassester Schematismus" vorherrscht (S. 11). Allgemein urteilt er über C.s Arbeiten, daß sie „infolge übergroßer Produktion immer schwächer werden, immer mehr in Schematismus ausarten, der durch plakatartige Eindrücke nur für Augenblicke gefangen nimmt . . ." (S. 4). Die Kritik, die sich im Kontext von krasser Blut- und Boden-Ideologie findet, wiederholt Kressner 1951 in der JSW. Die jüngste kritische Auseinandersetzung mit C. lieferte V. Merkelbach in: Das Bilderbuch (Hrsg. von Kl. Doderer u. H. Müller, 1973). Merkelbach bezieht sich dabei insbesondere auf das von L. Pfund und C. 1934 auf den Markt gebrachte Liederbuch „Kommt Kinder! Singt!", das u. a. C.s Text „Ein deutsches Kind bin ich! — Deutsch ist mein Vaterhaus! Das Hakenkreuz weht frisch vom Dach hinaus!" enthält. Er bemerkt dazu: „Ein solches begeistertes Einverständnis mit dem Nationalsozialismus ist nicht spontan erfolgt, sondern die logische Konsequenz dessen, was an anderer Stelle als romantische, antizivilisatorische Naturvorstellung beschrieben wurde. Was dieses Liederbuch auszeichnet, ist darum auch weniger das sporadische Auftreten von Hakenkreuzfahnen und Hitlerjungen, sondern sind Texte und Illustrationen, in denen

Gertrud Caspari: König ist unser Kind! (Leipzig 1910). Die Künstlerin zeichnete die Umwelt des Kindes in auffälligen, leuchtenden Grundfarben. Die Konturen der Gegenstände wurden aber — im Gegensatz zur Malweise — mit kräftigen Linien hervorgehoben.

die Stadt, die Industrie, fremde Länder und Völker nicht vorkommen, dafür aber der Bauernhof, die Familie, Saat und Ernte, die Mühle, Wald, Wiese und Wandern, die deutsche Weihnacht . . ." (S. 296). Zu zahlreichen von C.s Kleinkinderbüchern lieferte A. Holst die Reime; die erfolgreichsten dieser gemeinsamen Produktionen waren „Lustiges Kleinkinderbuch", „König ist unser Kind" (1910; in der 14. Aufl. im 78. Tsd.), „Für die Kleinen" (1912), „Vom Himmel und Erde" (1913) und „Ei, wie schön" (1939). Häufig verfaßte C. ihre Texte auch selbst. Mit „Wie Peter zu seinem Schulranzen kam" (1935) legte sie eine rührselige Kindererzählung vor, in der der arme Peter von einem mitfühlenden Arzt den heißersehnten Schulranzen bekommt, der ihm in Fieberträumen vom Osterhasen versprochen worden war. Der Verlag für Volkskunst und Volksbildung, Lahr in Baden, brachte C.s unter Mitwirkung von K. Weckel entstandene „Caspari-Fibel" heraus, in der alle Illustrationen wie auch die meisten Texte von C. stammen und die zwei Jahrzehnte hindurch weite Verbreitung fand; daneben illustrierte C. weitere Fibeln und Rechenbücher für Schulanfänger.

Gerlinde Rabenstein

→ Bilderbuch, → W. Caspari

Werke: Rudi und Susi (1933); Mein Lachbüchl (1935); Wie Peter zu seinem Schulranzen kam (1935); Punschi und Aali (1948).
Hrsg.: Caspari-Fibel (1912; NA. 1922; zus. mit K. Weckel).
Ill.: G. Caspari: Kinderhumor für Auge und Ohr (1906, [17]1930; zus. mit W. Caspari); O. Alsen: Der lustige Hampelmann (1907); H. Meise: Die Sommerreise (1907); A. Holst: Lustiges Kleinkinderbuch (1907, [11]1917; Neubearb. 1959); G. Caspari: Kinderland, du Zauberland (1908, [14]1922; zus. mit W. Caspari); H. Meise: Wenn's regnet und schneit (1908); H. Meise: Spiel und Scherz und wenig Schmerz (1909); G. Caspari: Anschauungs- und Darstellungsbuch. Auf dem Lande (1909, [3]1924); A. Holst: König ist unser Kind! (1910, [14]1924); F. Güll: Frühling, Frühling überall (1910, [10]1925); G. Caspari: Guten Morgen (1911, [15]1928); W. D. Nesbit: The joly kid book (1911); G. Caspari: Schöne Kinderlieder (1912, [3]1919; zus. mit W. Caspari); Hahn's Anschauungsbilder (1912); A. Holst: Für die Kleinen (1912, [5]1919); A. Holst: Für unsere Einjährigen (1912); G. Caspari: Jahreszeiten (Tl. 1—4. 1912—15, [4]1920; zus. mit W. Caspari); G. Caspari: Ein Buch für die Allerkleinsten (1913); A. Holst: Vom Himmel und Erde (1913, [6]1921); G. Caspari: Für die lieben Kleinen (1913); G. Caspari: Was ist das, mein Kindchen? (1913); A. Holst: Große Leute (1916); G. Caspari: Schau mal her! (1918); G. Caspari: Mein Märchenbilderbuch (1921, [5]1924); E. Weber: Auf dem Lande und in der Stadt (1921); Zeichen- und Malbuch (Heft 1 u. 2. 1921); A. Holst: Für die Kleinen! (1922); G. Caspari: Tierbilderbuch (1922); H. Meise: Sei gegrüßt, du mein lieb Heimatland! (1924; zus. mit E. Weber); G. Caspari: Auf der grünen Wiese (1924); G. Caspari: Liebe bunte Bilder (1924); G. Caspari: Allerlei (1925); G. Caspari: Aus der Tierkinderstube (1925); M. Kästner-Andrae: Kommt nur herein! (1925; zus. mit R. Braun u. A. Holst); A. Holst: Nimm mich mit! (1926); W. Henck: Ich kann rechnen (1926); W. Henck: Fröhliches Rechnen

(1926); A. Sergel: Unserm herzlieben Kind (1926); A. Holst: Eine ganz fidele Rechnerei (1927); M. Kästner-Andrae: Wundersame Geschichten und Gedichte (1927; zus. mit A. Holst); G. Caspari: Mein Bechstein-Märchenbuch (1928); C. Ferdinands: Mein liebes kleines Buch (1928); G. Caspari: Das lustige 1 × 1 für unsere ABC-Schützen (1929); Mein Märchenbilderbuch (Neue Folge. 1931); E. Lang: Fritzlis Traum (1933); G. Caspari: Das Zeichen- und Malbuch (1933); L. Pfund: Kommt Kinder! Singt! (Tl. 1 u. 2. 1934); G. Caspari: Mein Lachbüchl (1935); G. Caspari: Wie Peter zu seinem Schulranzen kam (1935); C. Lechler: Frohe Jugend überall (1936); T. v. Killinger: Die Kinder auf der „Waldhöhe" und andere Erzählungen (1937); A. Holst: Kamerad Tier (1938); A. Holst: Was sind das für Sachen? (1938); A. Holst: Ei, wie schön! (1939, [11]1951); G. Caspari: Punschi und Aali (1948).

Sekundärliteratur: G. Caspari: Mein Schaffen für die deutsche Kinderwelt (in: JSW. 4/6. 1943. 35—37). — V. Merkelbach: Tendenzen im Bilderbuch der Zwanziger Jahre (in: Kl. Doderer u. H. Müller (Hrsg.): Das Bilderbuch. 1973. 273—322).

Caspari, Walter

*Grafiker, Kinderbuchillustrator; * 1869, † 1913.*

C., Bruder der Kinderbuchillustratorin Gertrud C., war seit November 1896 Mitarbeiter der „Jugend", zeitweise auch des „Simplicissimus" und der „Fliegenden Blätter". Als Buchschmuckkünstler schuf er u. a. florale Texteinbände und Jugendstil-Exlibris. C. gehörte zu der in Federzeichnungen die Biedermeierrichtung der Schwarzweißkunst verkörpernden Gruppe, die u. a. durch Th. Th. Heine (1867 bis 1948) und H. Vogeler (1872—1942) vertreten war.

Werk, Tendenzen, Wirkung. Zusammen mit Gertrud C. war C. vom Leipziger Lehrerverein beauftragt, die Sammlung „Kinderhumor für Auge und Ohr" (1906) zu gestalten, zu der er einige ganzseitige, humoristische, den Hintergrund stärker als G. ausarbeitende Bilder lieferte; auch das Kinderlieder-Bilderbuch „Kinderland, du Zauberland" (1908) erschien von den Geschwistern gemeinsam illustriert. Bereits bevor das erste Buch C.s erschien, druckte der R. Voigtländer Verlag in Leipzig Bilder C.s als Wandschmuck für Kinder- und Schulzimmer, so die in kräftigen Farben und drolligen Charakterisierungen gehaltenen Märchen-Bilderbücher [1905] (Der gestiefelte Kater, Der Rattenfänger, Dornröschen, Rotkäppchen, Aschenbrödel, Knusperhexe, Rumpelstilzchen, Weihnachtsmann) und zwei humoristische Steinzeichnungen „Frieden" und „Krieg". 1907 brachte der Verlag Hans von Weber in München als Novum auf dem deutschen Markt den englischen Rag Books entsprechende unzerreißbare Leinenbilderbücher heraus, zwei darunter gestaltet von C.: „Liebe alte Reime" (10 Bilder, 15:20 cm) und „Das lustige A B C" (12 Bilder, 18,5 : 22 cm). Beteiligt war C. auch an dem „Neuen deutschen Märchenschatz", einem Versuch des Verlags Scherl, mit Künstlern der „Jugend" ein modernes Märchenbuch zu schaffen. Ganzseitige, das Illustrative und Dekorative verbindende Bilder schuf C. zu J. Trojans Versen in „Aus Wald und Heide" (1909). Kindnäher waren seine Illustrationen zu Fr. Gülls Versen in „Frühling, Frühling überall", einem Bilderbuch, das 1925 seine 10. Auflage erreichte. C.s letztes Bilderbuch erschien im Alfred Hahns Verlag mit „Der Sommer" [1913] aus dem Zyklus „Jahreszeiten", den seine Schwester mit „Der Herbst" und „Der Winter" zu Ende führte.

Gerlinde Rabenstein

→ G. Caspari

Ill.: W. Caspari: Kinderhumor für Auge und Ohr (1906, [17]1930; zus. mit G. Caspari); W. Caspari: Liebe alte Reime (1907); W. Caspari: Das lustige ABC (1907); W. Caspari: Kinderland, du Zauberland (1908, [14]1922; zus. mit G. Caspari); J. Trojan: Aus Wald und Heide (1909); F. Güll: Frühling, Frühling überall (1910, [10]1925); W. Caspari: Schöne Kinderlieder (1912, [3]1919; zus. mit G. Caspari); W. Caspari: Jahreszeiten (Tl. 1—4. 1912 bis 1915, [4]1920; zus. mit G. Caspari).

Cervantes Saavedra, Miguel de

*Spanischer Epiker, Verfasser des „Don Quijote," („El ingenioso hidalgo Don Quijote de la Mancha), eines Romans der Weltliteratur, der, in Bearbeitungen, auch klassisches Jugendbuch wurde; * 23.4. (29. 9. ?) 1547 Alcalá de Henares, † 23. 4. 1616 Madrid.*

C. war der Sohn eines mittellosen Arztes; im Dienste des Kardinals Aquaviva übersiedelte er 1569 nach Italien und nahm 1571 an der Schlacht von Lepanto teil, auf der Galeere „La Marquesa". Da seine Hand zerschossen wurde, nannte man ihn den „Einarmigen von Lepanto". 1573 an der Belagerung von Tunis beteiligt, wurde er bei der Rückkehr nach Spanien von türkischen Piraten gefangengenommen; das Erlebnis seiner fünfjährigen Gefangenschaft in Algier ist eingegangen in seine „Erzählung vom Gefangenen" (im „Don Quijote"). Im Jahre 1580 freigekauft, lebte C. in Madrid und heiratete 1584 Da. Catalina de Salazar y Palacios. Seit 1588 war er Lieferant der „Unbesiegbaren Kriegsflotte" und wurde später Steuereinnehmer. Da er für das betrügerische Verhalten eines seiner Untergebenen haften mußte, wurde er 1597 und 1602 in Sevilla eingekerkert. Vermutlich begann er im Gefängnis sein Hauptwerk zu schreiben: „El ingenioso hidalgo Don Quijote de la Mancha" (Der scharfsinnige Edle Herr Don Quijote de la Mancha). Wieder in Freiheit, versuchte er vergeblich, nach „Indien" (Spanisch-Amerika) zu gelangen. 1604 lebte er in Valladolid, von 1608 bis zu seinem Tode in Madrid.

Werk, Tendenzen, Wirkung. Von C. wurden verschiedene Erzählungen, Romane und dramatische Werke berühmt, doch errang allein sein „Don Quijote" (1. Teil 1605, 2. Teil 1615 erschienen) Weltruhm. In ihm trafen die Idealisierung des ritterlichen Mittelalters und des Realismus der Neuzeit aufeinander. Sehr bald in alle europäischen Sprachen übersetzt, übte das Werk seither durch die Jahrhunderte ungewöhnlich starken Einfluß auf das literarische Schaffen aus. Bedeutende Autoren haben seine literarische Großartigkeit anerkannt. Bis heute gilt der „Don Quijote" auch als „klassisches" Jugendbuch. Die Ausgaben sind gekürzt und oft stark bearbeitet.

Eine für die Jugend geeignete Darstellung des abenteuerlichen Lebens von C., in Beziehung gesetzt zur Gestalt seines Don Quijote, schrieb und illustrierte R. Busoni (1900—1962): „The Man Who was Don Quixote, The Story of Miguel Cervantes" (Englewood Cliffs, N. J., 1958; dt. von C. Jensen 1965, Jugendbuchklub Domino). Ausdrücklich für Leser von 14 Jahren an schrieb M. T. León: „Das abenteuerliche Leben des Miguel de Cervantes", ill. von J. Sancha, übers. von E. und G. Schewe (1966).

Carmen Bravo-Villasante

→ Don Quijote, → Spanien

Werke: El ingenioso hidalgo Don Quixote de la Mancha (Bd. 1 u. 2. 1605 u. 1615; dt. Don Kichote de la Mantzscha, das ist: Juncker Harnisch auss Fleckenland, 1621); R. Schevill u. A. Bonilla (Hrsg.): Obras completas de Cervantes Saavedra. Edicíon crítica (Bd. 1—18. 1914 bis 1941; dt. A. M. Rothbauer (Hrsg.): Miguel de Cervantes Saavedra. Gesamtausgabe. Bad. 1—4. 1963—70).

Sekundärliteratur: L. Astrana Marín: Vida ejemplar y heroica de Miguel de Cervantes Saavedra (Bd. 1—7. 1948—58). — A. Castro: El pensamiento de Cervantes (1925); Cervantès (1931); Hacia Cervantes (1957, ³1967). — M. Fernándes Navarrete: Vida de Miguel de Cervantes Saavedra (1819). — J. D. M. Ford: Cervantes. A tentative bibliography of his works and of the biographical and critical material concerning him (1931; zus. mit R. Lansing). — W. Krauss: Miguel de Cervantes (1966). — L. Rius: Bibliografía crítica de las obras de Miguel de Cervantes Saavedra (Bd. 1—3. 1895—1904). — A. Rüegg: Miguel de Cervantes und sein Don Quijote (1949). — A. Sánchez: Cervantes. Bibliografía fundamental. 1900—1959 (1961). — F. Schürr: Cervantes (1947; NA. 1963).

Červenka, Jan

*Tschechischer Jugendliteraturtheoretiker, Lehrer der Literatur an der Karls-Universität in Prag mit dem Schwerpunkt Kinder- und Jugendliteratur, Mitarbeiter der Fachzeitschrift Zlatý Máj, zeitweise Mitglied des Programmausschusses für literarische Sendungen des tschechischen Schulfernsehens; * 6. 10. 1925 Prag.*

Č. studierte von 1946—50 an der Universität Prag Tschechisch und Geschichte und promovierte 1952 mit einer Dissertation zum Thema: „Einige Kapitel aus den Märchenkämpfen". Seit 1949 lehrte er an der pädagogischen Fakultät der Karls-Universität in Prag (Lehrstuhl für tschechische Sprache und Literatur). Č. arbeitete auch in den Redaktionen der Fachzeitschrift Zlatý Máj sowie einiger Kinder- und Jugendzeitschriften mit. Er gehörte ferner zum Planungsstab für das Programm des tschechischen Schulfernsehens. Č. ist als Herausgeber klassischer Märchensammlungen hervorgetreten, hat organisatorische Aufgaben im Rahmen des IBBY übernommen und wirkte als Jurymitglied beim H. Chr. Andersen-Preis sowie beim Premio Europeo Città di Caorle mit.

Č. hat stets betont, daß für ihn die Theorie der KJL von den Grundwissenschaften Pädagogik und Literaturwissenschaft her zu entwickeln sei. Sehr stark betont er die inhaltliche und formale Verflechtung der Kinderliteratur mit dem literarischen Volksgut. Neben seinen Editionen klassischer Märchen hat sich Č. in mehreren Publikationen mit verschiedenen Bereichen der Kinder- und Jugendliteratur auseinandergesetzt. Er verlangt vom Kinder- und Jugendbuch, daß es ästhetisch anspruchsvoll ist und sich dazu eignet, im Bewußtsein des jungen Lesers Maßstäbe zu entwickeln, die ihn befähigen, selbständig zu werten. Die literarische Tradition der KJL, die Č. in enger Verbindung zur Nationalliteratur sieht, untersucht er exemplarisch anhand der Rezeptionsgeschichte von Einzeltexten, wobei er die späteren Bearbeitungen auf die Abhängigkeit ihrer literarischen Struktur von gesellschaftlichen Veränderungen erforscht. Schließlich hat sich Č. auch mit der Vermittlerrolle beschäftigt, die sowohl den Schulen als auch den Massenmedien bezüglich der Motivation junger Menschen gegenüber dem Literaturangebot zukommt.

Rudolf Raab

Werke: Literatura pro mládež (1957, ⁵1962); O překladu Mladšino Robinsona (1959); O pohádkách (1960); Rozpory a výhry dnešni detské knihy (1962); Čítanka I (1968; zus. mit K. Dvořák u. J. Hrabáková); Metodické klíče KMČ (Bd. 1 u. 2. 1968).

Hrsg.: Výbor z literatury pro mládež (1964; zus. mit J. Hrabáková).

Beiträge: Rozvoj literatury pro mládež (in: Dějiny česke literatury. Bd. 3. 1961); Das Jugendbuch in der tchechischen Lehrerbildung (in: Bertelsmann Briefe. 53. 1967. 27—31); Zwischen Traum und Leben (in: Zeitschr. f. J.lit. 8. 1967. 476—484); I valori della famiglia nella letter. giovanile ceccoslovaccha (in: Rassegna di pedagogia. XXVII. 1969. 90—102); Das Kinderbuch und die Massenmedien (in: Ex Libris. 1969. 24—31); Živí klasici a živé útvary. Andersen (in: Zlatý Máj. 2. 1969. 96—104); Život a zákon (in: Zlatý Máj. 4. 1969. 215—226); Pohádka v KMČ (in: Zlatý Máj. 7. 1969. 471—476); Die Jugendbuchklassiker in der Tschechoslowakei (in: K. Doderer (Hrsg.): Jugendbuchforschung international. 1970. 51—65); Lidová slovesnost a estetická výchova nejmenších (in: O estetické výchove nejmenšich. 1971. 80 bis 88); Ke vzniku umělecké povídky pro mládež (in: Zlatý Máj. 7. 1971. 448—454).

Chamisso, Adelbert von

*(eigentl. Louis Charles Adelaide de Ch. de Boncourt). Lyriker, Erzähler, Naturforscher, Verfasser bekannter Balladen und der Märchennovelle „Peter Schlemihls wundersame Geschichte", die auch für die Jugend herausgegeben wurde; * 30. 1. 1781 Schloß Boncourt/Champagne, † 21. 8. 1838 Berlin.*

Die vor der französischen Revolution 1790 geflohene Familie Ch. wurde 1796 in Berlin ansässig. Der junge Ch. trat zunächst als Page in den Dienst der Königin und rückte dann zum Offizier in der preußischen Armee auf. Befreundet mit einem Kreis der Romantiker (Nordsternbund), von denen besonders FR. Baron DE LA MOTTE FOUQUÉ (1777 bis 1843) ihn zum Dichten ermutigte, erarbeitete sich Ch. die deutsche Sprache und Literatur; seit 1803 schrieb er seine Werke in deutscher Sprache. An einen Aufenthalt in Frankreich 1810—1812 (Bekanntschaft mit L. UHLAND, A. W. SCHLEGEL, Mme de STAËL) schloß er das Studium der Medizin und Botanik in Berlin an und nahm 1815 bis 1818 als Naturforscher an einer russischen wissenschaftlichen Expedition teil, die er in seiner „Reise um die Welt" beschrieb. 1819 verlieh ihm die Universität Berlin den Ehrendoktortitel; er wurde Beamter am Botanischen Garten in Berlin. Von 1832—35 gab er mit G. SCHWAB für die Jahre 1833—36 den „Deutschen Musenalmanach" heraus.

Werk, Tendenzen, Wirkung. Vom Geiste der Spätromantik beeinflußt, nahm Ch. viele seiner Stoffe aus der Volksüberlieferung. Er begann (nach dem Vorbild J. W. VON GOETHES und NOVALIS') ein Erlösungsmärchen zu schreiben, „Das Märchen vom lieben Gänslein", und arbeitete (1806) an einer dramatischen Fassung des Volksbuches vom Fortunatus („Fortunati Glückseckel und Wunschhütlein"). Er nahm französische und holländische Märchen zur Vorlage und griff zu den Gedichten „Hans im Glück" ein deutsches, zum „Urteil des Schemjaka" ein russisches Volksmärchen auf. Den Brüdern GRIMM widmete er seine Dichtung „Der arme Heinrich". Die von J. P. HEBEL erzählte Geschichte „Der Barbierjunge von Segringen" setzte er in das elfstrophige Erzählgedicht „Der rechte Barbier" um (abgedr. auch im Klett-„Lesebuch" A 5, 1966, S. 91 f. und 186/88). Zahlreiche seiner Balladen, für die er Anregungen aus Sagen und Anekdoten verwendete, und auch einige seiner Stimmungsgedichte gehörten fast ein Jahrhundert lang zum literarischen Grundbestand der Lesebücher und wurden als Schullektüre von der Jugend aufgenommen, z. B.: „Die Sonne bringt es an den Tag", „Das Riesenspielzeug", „Die alte Waschfrau", „Der Bettler und sein Hund", „Der rechte Barbier", „Das Schloß Boncourt" u. a. W. FRONEMANN (1880—1954) gab 1947 noch einmal eine Sammlung von Ch.s Gedichten heraus, unbekümmert darum, daß man sie bereits zur „Goldschnittlyrik" zählte. Als Ch.s bedeutsamste Dichtung gilt die Märchennovelle „Peter Schlemihls wundersame Geschichte" (1814), die er im August/September 1813 bei seinem kurzen Aufenthalt in Cunersdorf bei Berlin niederschrieb. Ch. kannte „Schlemihl" als Wort aus dem Hebräischen und deutete es als „Gottgeliebter" (Theophil); es hat dazu die Bedeutung „Pechvogel", „unbeholfener Mensch" (s. a. B. SINGER „Der erste Schlemihl" in „Zlateh die Geiß", dt. 1968). Ohne Wissen Ch.s gab DE LA MOTTE FOUQUÉ „Schlemihl" 1814 heraus. Seitdem wurde die Erzählung in zahlreichen illustrierten und bibliophilen Ausgaben, auch als Schul- und Jugendlektüre verbreitet und in viele Sprachen übersetzt. Die phantasievoll mit „Anekdoten, schnurrigen Szenen und Pointen" (U. BAUMGARTNER, S. 36) ausgestattete Erzählung, in der auch die bekannten Märchenmotive des Glückseckel und der Siebenmeilenstiefel verwendet sind, lebt aus dem Hauptmotiv des Schattenverlustes und hat tiefgründige Interpretationen gefunden, z. B. nennt TH. MANN in der Einleitung zu einer Ausgabe 1911 Schlemihl „eine romantisch-elende, innerlich mit einem düsteren Geheimnis einsame Existenz". Ch. selbst war überrascht von dem großen Erfolg dieses einmal „Novelle", einmal „Märchen" genannten Werkes — „Selten hat ein Buch so eingegriffen — man liest es, die Kinder laufen mir nach dem Schatten — in Kopenhagen, Petersburg, Reval ist unberufen Schlemihl da, so bei den Deutschen am Kap — aus Lesebibliotheken wird es regelmäßig gestohlen", schrieb er 1818 an DE LA FOYE. Im Lauf der Jahre gab Ch. verschiedene Anlässe und Beweggründe zur Entstehung seiner stark mit autobiographischen Zügen ausgestatteten „Märchennovelle" an. Den Charakter des unterhaltenden Märchens unterstreicht seine Äußerung in der Einleitung zu seiner „Reise um die Welt": „Ich schrieb in diesem Sommer, um mich zu zerstreuen und die Kinder eines Freundes zu ergötzen, das Märchen ‚Peter Schlemihl'."

Illustrierte und Jugendausgaben des ‚Peter Schlemihl'. Die erste englische Übersetzung erschien bereits 1823, illustriert von G. CRUIKSHANK (ebenso bebilderte deutsche Textausgabe von J. BOYD in England 1956). In die von E. HITZIG besorgte deutsche Ausgabe von 1827 wurden sechs der Zeichnungen (Kupfer) von CRUIKSHANK übernommen und der Band mit Liedern und Balladen von Ch. ergänzt. Im Jahre nach Ch.s Tod brachte E. HITZIG eine Ausgabe mit 16 Holzschnitten nach Zeichnungen von A. MENZEL (1857—1938) heraus (mit dem von Ch. 1834 verfaßten Gedicht „An meinen alten Freund Peter Schlemihl"), die für die „Illustrierte Schulausgabe" von 1867 „mit Anerkennungen und Vocabulär zum Übersetzen ins Englische" als Vorlage diente. Orientiert an der Ausgabe von 1818, lautete der Titel bei der Ausgabe in der Kleinen Hausbücherei für die Jugend (1887): „Der Mann ohne Schatten oder Peter Schlemihls wundersame Geschichte". Eine Bearbeitung nach Ch. veröffentlichte E. VON BECKENDORFF in ihrem Sammelband

„Aus dem Zauberland. Die schönsten Märchen der lieben Jugend erzählt" (1892). „Schaffsteins Volksbücher für die Jugend" legten in Bd. 21 den Text „Für die reifere Jugend" vor, H. WOLGAST gab den Originaltext im Verlag der Jugendblätter mit Bildern von H. SCHULTZ (1911) heraus. Die 1919 erstmals publizierte „Urfassung" (hrsg. von H. ROGGE) erschien als Liebhaberdruck (Blockbuch, Japanpapier) 1964 mit neun Holzstichen von I. REINER. *Harald Riebe*

Werke: Fortunati Glückseckel und Wunschhütlein (1806); Peter Schlemihls wundersame Geschichte (1814); Gedichte (1831); Das Riesenspielzeug (1833); J. E. Hitzig (Hrsg.): Werke (Bd. 1—6. 1836—40); H. Tardel (Hrsg.): Werke (Bd. 1—3. 1907).

Sekundärliteratur: F. Alpi: Chamisso's Peter Schlemihl (Diss. 1939). — U. Baumgartner: Adelbert von Chamissos Peter Schlemihl (1944). — X. Brun: Adelbert de Chamisso de Boncourt (Diss. 1896). — F. Chabozy: Ueber das Jugendleben Adelberts von Chamisso (Diss. 1879). — A. v. Chamisso: Correspondance d'Adalbert de Chamisso (1934). — W. Deetjen: Zur Entstehung von Chamissos Peter Schlemihl (in: Zeitschr. f. d. deutschen Unterricht. 4. 1910. 258—259). — K. Fulda: Chamisso und seine Zeit (1881). — L. Geiger: Adelbert von Chamisso (1907); Aus Chamissos Frühzeit (1905). — J. E. Hitzig: Leben und Briefe von Adelbert von Chamisso (Bd. 1 u. 2. 1939). — H. Natonek: Der Schlemihl (1949). — P. Rath: Bibliotheca Schlemihliana (1919). — R. Riegel: Adelbert de Chamisso (Tl. 1 u. 2. 1934). — H. Rogge: Peter Schlemiels Schicksale (in: Das Inselschiff. 6. 1921. 312—318). — D. de Rougemont: Chamisso et le mythe de l'ombre perdue (in: Cahiers du Sud. 194. 1937. 282—291). — J. Schapler: Chamisso's Peter Schlemihl (Diss. 1892). *IJB*

Chile

(República de Chile). Republik im Südwesten Südamerikas. Staatsgebiet: 741 767 km². Einwohner: 8 570 000. Nach der Zerstörung des Inkareiches durch die Spanier wurde Chile von Pedro de Valvida erobert, der 1541 die Hauptstadt Santiago de Chile gründete. Die Freiheitsbewegung der übrigen spanischen Kolonien griff 1810 auf Chile über. Am 1. 1. 1828 erklärte der Diktator O'Higgins die Unabhängigkeit der Republik Chile. Unter dem Präsidenten A. Alessandris erhielt Chile 1925 seine noch heute gültige Verfassung. Die indianische Urbevölkerung ist auf etwa 5 % (rund 30 000 Araukaner, 5—6 000 Aimara) zusammengeschmolzen. Während bei den niederen Schichten das araukanische Element überwiegt, findet sich bei den oberen Klassen vorwiegend europäisch-spanische Abstammung. Landessprache ist spanisch.

Entwicklung der KJL und gegenwärtiger Stand. Das chilenische Kind des 19. Jh.s las zum großen Teil die gleichen Bücher wie die Kinder in Spanien und dem übrigen Europa. Allerdings waren die Kinder, die eine Möglichkeit zum Schulbesuch besaßen und so in den Genuß der Lesefertigkeit gelangen konnten, weitaus in der Minderzahl. Ein großer Teil der Lektüre des chilenischen Kindes bestand aus dem, was die Schulbücher präsentierten, und was der Lehrer für das Kind aussuchte oder empfahl. Freizeitlektüre bildeten vor allem die zahlreichen Ausgaben des „Robinson Crusoe", die zum Teil in den Sprachen der Herkunftländer aus Europa und den Vereinigten Staaten importiert wurden, aber auch eine chilenische Robinsonade, „El Chileno consolado en su presidio" (Der in seinem Gefängnis getröstete Chilene), die weit verbreitet war und von der weder der Autor noch das Ersterscheinungsjahr bekannt sind.

Das chilenische Kind des späten 19. und des angehenden 20. Jh.s war, wie seine argentinischen und kolumbianischen kindlichen Zeitgenossen in der literarischen Versorgung wesentlich aufs Hören angewiesen, auf die im Volksmund überlieferten Märchen, Legenden, Lieder und Reime, die zum großen Teil von schrecklichen Ereignissen, von Geistererscheinungen, von Hexenkraft und Dämonen handelten. Chilenische Kinder wurden viel mit angsterregenden Geschichten gefüttert, wie das in noch größerem Umfang bei den mexikanischen Kindern der Fall war, die bis zum Ende des letzten Jh.s außer den von Dienern und Ammen erzählten Legenden und Gespenstergeschichten keinerlei Kinderliteratur zur Verfügung hatten. Ein großer Teil der in Chile gelesenen Bücher stammte aus Spanien. J. VERNE kam in französischen Ausgaben und spanischen Übersetzungen nach Chile und wurde bald zu einem Lieblingsautor für die chilenischen Kinder der gehobenen Stände.

Als erste Kinderzeitschrift in Chile wurde zu Beginn des 20. Jh.s „El Peneca" (Das Kind) von E. SANTA CRUZ (1880—1960) gegründet. Die Autorin, die unter dem Pseudonym „ROXANE" selbst Kindergeschichten für das von ihr herausgegebene Blatt verfaßte, widmete ihr Leben zum großen Teil der Entwicklung einer eigenständigen chilenischen Kinderliteratur, gründete Schulen und Ferienheime und stellte Anthologien von Märchen und Legenden aus der chilenischen Erzähltradition zusammen. „El Peneca" war rund dreißig Jahre lang die beliebteste Lektüre chilenischer Kinder, bis zwischen 1920 und 1930 immer mehr Kinderzeitschriften, vor allem Comics, aus den Vereinigten Staaten nach Chile eindrangen. Die schon in den USA in spanischer Sprache gedruckten Bildhefte verdrängten nach und nach „El Peneca", bis diese Kinderzeitschrift ihr Erscheinen einstellen mußte. Groß war vor allem der Einfluß der Disney-Produktionen, die bis heute einen entscheidenden Anteil am Lektüreangebot für chilenische Kinder ausmachen.

Die Arbeiten der Folkloristen und Pädagogen prägten in Chile wie auch in den übrigen lateinamerikanischen Staaten die Entstehung und Entwicklung der Kinderliteratur in erheblichem Umfang. R. LENZ (1863—1948) war der Wortführer einer folkloristisch-pädagogischen Bewegung, die entscheidenden Einfluß auf die Entwicklung der chilenischen Kinderliteratur gewann. LENZ wurde in Deutschland (Halle) geboren und wanderte 1889 nach Chile aus. Von der Gründung der Pädagogischen Hochschule in Santiago de Chile im Jahr 1890 an lehrte er dort als Professor für Pädagogik und Sprachen. Er befaßte sich mit der Erforschung der Sprachen der eingeborenen Bevölkerung und hielt sich zu diesem Zweck lange Zeit unter den Araukanos auf. Als Ergebnis seiner Forschungen verfaßte er ein „Diccionario etimológico de las voces chilenas derivadas de las lenguas indígeneas americanas" (Ethymologisches Wörterbuch der aus den amerikanischen Eingeborenensprachen stammenden chilenischen Ausdrücke). Im Jahr 1912 gab Lenz den Band „Cuentos de adivinanzas" (Rätselgeschichten) sowie die Sammlung „Un grupo de consejas chilenas" (Eine Reihe chilenischer Märchen) heraus. Der letztere Band enthält ein Vorwort, in dem der Verfasser auf den Ursprung und die Verbreitung der im Volksmund überlieferten Stoffe zu sprechen kommt. Er klassifiziert die Überlieferungen nach Märchen — in Chile als „consejas" bekannt —, traditionelle Volkserzählungen, historische Legenden und moralische Geschichten. In der gleichen Abhandlung vertritt LENZ die Meinung, daß diese im Volksmund überlieferten Erzählformen besonders für Kinder geeignet seien, da die phantastischen Mythen, die auf eine längst vergangene Zeit zurückwiesen, die erstaunlichen Metaphern, die sich in der Eingeborenensprache durch eine dichterische Verwendung von Symbolen ausdrückten sowie der wundersame Verlauf der Geschichten die Einbildungskraft und die magische Weltsicht der kleinen Leser direkt ansprächen. Mit seinen theoretischen Aussagen wie mit seinen Sammlungen und Bearbeitungen legte LENZ den Grundstein zur chilenischen Kinderliteratur. LENZ trug auch viel dazu bei, daß Anthologien und Sammlungen von Folkloristen mit Beginn des 20. Jh.s immer mehr Einzug in die chilenische Kinderliteratur halten konnten. So weckte er das Interesse der an der Kinderliteratur Interessierten für die „Narraciones araucanas" (1940, Araukanische Erzählungen), die der Pater FELIX JOSÉ AUGUSTA unter den Mapuche-Indianern gesammelt hatte. Auch H. VICUÑA CIFUENTES (1865—1936) war wie LENZ ein eifriger Sammler von folkloristischem Material jeder Art. Neben Anthologien aus alten Balladen und Volksliedern veröffentlichte er als wichtigstes Werk „La poesía popular chilena" (1916, Chilenische Volksdichtung), das viel von Kindern gelesen wurde und noch heute auf dem Kinderbuchmarkt in Auszügen zu finden ist.

R. A. LAVAL veröffentlichte 1910 „Los cuentos chilenos de nunca acabar" (Chilenische Geschichten, die immer weitergehen) und 1920 „Tradiciones, leyendas y cuentos recogidos de la tradición oral en Carahué" (Volksgut, Legenden und Geschichten aus der mündlichen Überlieferung in Carahué). Seine „Cuentos populares en Chile" (1923, Volkstümliche Erzählungen in Chile) enthalten eine ganze Anzahl für Kinder interessante Geschichten, die in zahlreichen Ausgaben als Auszüge für Kinder herausgegeben wurden. Die Sammlung gibt dem Lehrer reichhaltiges Material an die Hand, das in Chile ebensosehr benutzt wird wie in den Schulen Spaniens die Geschichten von A. ESPINOSA. Das bekannteste Werk von LAVAL sind seine „Cuentos de Pedro de Urdamalas" (1925, Geschichten von Pedro, dem Verschwörer), die in ganz Lateinamerika verbreitet sind.

Die Arbeiten der weithin bekannt gewordenen chilenischen Folkloristen regten zahlreiche Autoren und Autorinnen zu neuen Publikationen an, unter anderem auch BL. SANTA CRUZ OSSA (* 1874). Die Autorin, die unter anderem eine „Biblioteca fantástica de cuentos de 22 paises" (Bibliothek phantastischer Erzählungen aus 22 Ländern) übersetzte und herausgab sowie eine „Historia de Chile novelada" (Geschichte der chilenischen Romandichtung) verfaßte, schrieb unter dem Pseudonym „Mamá Chay" eine Reihe Kindergeschichten für die von ihrer Schwester ELVIRA herausgegebene Kinderzeitschrift „El Peneca". Im Jahre 1936 brachte sie das speziell für kindliche Leser geschriebene Buch „Leyendas y cuentos araucanos" (Araukanische Legenden und Erzählungen) heraus, das nach den Worten der Autorin auf den Werken berühmter Folkloristen basiert. In der altertümlichen Sprache vergangener Tage geschrieben, rufen diese Geschichten Erinnerungen und Athmosphäre der Eingeborenenkulturen zurück. Die Geschichten „El gran Caupolicán" (Großer Häuptling Caupolicán), „El viejo Latrapay" (Der alte Latrapay), „Las tres hermanas" (Die drei Schwestern), „El mapuche Bodadsa" (Bodadsa der Mapuche) oder „La culebra Treng Treng y la culebra Kaikai" (Schlange Treng Treng und Schlange Kaikai) geben vielleicht am deutlichsten den Geist des alten Chile wieder. Vor allem die Erzählung „El viejo Latrapay", die Geschichte eines alten Kaziken, ist weit verbreitet und hat Eingang in zahlreiche chilenische Schullesebücher gefunden. Der nüchtern klare und doch kraftvolle Stil, das gehobene Niveau der Dialoge und die Farbigkeit des Stils machen diese Geschichten für Kinder besonders eingängig. Man sieht den Geschichten noch deutlich an, daß sie ursprünglich mündlich tradiert wurden. Viele von ihnen erzählte „Mamá Chay" in Vorabdrucken schon in der Kinderzeitschrift „El Peneca". Auch in der endgültigen Form als Buch behielt SANTA CRUZ OSSA die aus der traditionellen Erzähltechnik stammenden Eingangs- und Schlußformeln der Geschichten bei. Dadurch erhalten alle diese Texte schon zu Beginn eine magische Einstimmung.

E. MONTENEGRO (* 1885) stützte sich bei seinen Erzählungen ebenfalls auf die Vorarbeiten der folkloristischen Sammler und Forscher, doch verwandte er deren Anthologien lediglich als Aus-

gangsmaterial für eine sehr eigenständige literarische Verarbeitung. „Mi tío Ventura" (1938, Mein Onkel Ventura) ist eine Sammlung von volkstümlichen chilenischen Geschichten. MONTENEGRO läßt darin einen alten Märchenerzähler, eben Onkel Ventura, sprechen. Der Alte hat ein ausgezeichnetes Gedächtnis und es macht ihm Spaß, den Kindern all die Geschichten, die ihm aus längst vergessenen Tagen in Erinnerung geblieben sind, weiterzugeben, Geschichten, die er selbst schon von Erwachsenen in seiner frühen Kindheit gehört hatte. Wie MONTENEGRO schreibt, war er selbst eines der Kinder, die dem alten Ventura zuhörten, und er hatte lediglich diese alten Geschichten aufzuschreiben. Durch den volkstümlichen Ton und den rustikalen Charakter der Geschichten gewannen diese schnell das Interesse der kleinen Leser. Allerdings besteht ein großer Unterschied zwischen den Geschichten MONTENEGROS und den Anthologien der Folkloristen. Während diese sich meistens mit dem Aufzeichnen des Gehörten begnügten und nur wenig oder nichts hinzufügten oder veränderten, formte MONTENEGRO die alten Geschichten um, gab ihnen einen neuen sprachlichen Guß und hohen literarischen Wert.
Ein großer Teil der in Chile für Kinder geschriebenen Literatur besteht aus Gedichten, teils lyrischer, teils balladesker Art. Oft gehen die Autoren dabei auf alte folkloristische Vorlagen zurück und verwenden die aus den Volksüberlieferungen bekannten Reimformen und Strukturen. Vor allem J. R. ALLENDE (1850—1909) bediente sich bei seinem Schaffen des Rückgriffs auf die chilenische Volksüberlieferung. Zahlreiche seiner Gedichte, deren erstes Erscheinungsjahr heute nicht mehr festzustellen ist, sind inzwischen selbst zu Volksgut geworden. Das gleiche trifft auf seine Volksstücke zu, die er unter dem Pseudonym EL PEQUEN (Der Kleine) schrieb und die von Kindern wie Erwachsenen begeistert aufgenommen wurden. Da die chilenischen Kinder, aber auch die Erwachsenen, vorher kaum Theater — gelegentliche Straßenpantomimen aus Anlaß kirchlicher Feste einmal ausgenommen — kannten, wandten sie sich voller Enthusiasmus dem Theater ALLENDES zu. Stücke wie „La generala Buendía" (Die Generalin Buendia), „Moro viejo" (Der alte Maure) oder „De la taberna al cadalso" (Von der Schenke zum Schafott) erlebten ungezählte Aufführungen in den kleinen Gemeinden ebenso wie in den großen Städten. Wie bei seinen Gedichten lassen sich auch die Ersterscheinungsjahre seiner Theaterstücke kaum mehr ermitteln.
O. PLATH (* 1907 in Santiago de Chile) interessierte sich ebenfalls sehr für die alten chilenischen Volksüberlieferungen. Er schrieb zahlreiche Studien zur Folklore seines Landes, die in dem Band „Folklore chileno" (1962, Chilenische Folklore) zusammengefaßt sind und die ein Kapitel enthalten, das sich vor allem mit der Überlieferung von Kinderreimen, Zungenbrechern, Abzählversen, Wiegenliedern und Scherzfragen befaßt. Schon 1946 veröffentlichte er den Aufsatz „Aspectos populares infantiles", der sich mit den verschiedenen Aspekten zu den aus dem Volksgut überlieferten Kinderreimen beschäftigt. Daneben stellte er Kinderreim-Anthologien zusammen, die er meistens neu überarbeitete. Am bekanntesten wurde er mit seiner Sammlung „Luciérnaga" (1946, Glühwürmchen), die einen großen Teil vergessener alter Kinderreime und -lieder den chilenischen Kindern wieder zugänglich machte. In seinem Vorwort zu „Luciérnaga" bekämpft PLATH die Auffassung, daß Kinderdichtung immer zugleich pädagogisch-moralischer Natur zu sein habe. Er sieht vielmehr in der Poesie für Kinder das Gegenstück zu Pädagogik und moralischer Belehrung.
Viele chilenische Autoren, die vorrangig für das erwachsene Publikum schrieben, wandten sich mit einem Teil ihres Werkes auch an kindliche Leser. Zu ihnen gehört D. DUBLE URRUTIA (* 1877 in Angol), der 1958 für sein Gesamtwerk den „Premio Nacional de Literatura" (Nationaler Literaturpreis) erhielt. Sein bekanntestes Werk, „Fontana cándida" (1924, Die weiße Quelle) enthält zahlreiche Gedichte, die auch bei Kindern großen Anklang gefunden haben und oft in Anthologien von Kindergedichten, aber auch in Lesebüchern wieder auftauchen. Es sind dies vor allem die Gedichte, die von der alten Paulina erzählen, die aus ihrer Kindheit Bilder von bezaubernder Anmut beschwört.
International berühmt wurde L. GODOY ALCAYAGA, deren Dichtungen unter dem Pseudonym GABRIELA MISTRAL Eingang in alle Kulturstaaten der Erde gewannen. Es wird in Chile erzählt, daß sie ihr Pseudonym nach dem Erzengel Gabriel und dem „Mistral" genannten Wind gewählt habe. GABRIELA MISTRAL war über fünfzehn Jahre als Lehrerin an chilenischen Landschulen tätig. Sie widmete sich in dieser Zeit vor allem der Einführung von Dichtung und Literatur in die Lehrpläne der Schulen. Daneben schuf sie die ersten ihrer Dichtungen, die sie schnell zur bekanntesten Autorin Südamerikas werden ließen. Ihre pädagogische Tätigkeit unterbrach sie öfters, um diplomatische Aufgaben für ihr Land zu übernehmen, die sie als kulturelle Vertreterin Chiles in weite Teile der Welt und in viele Länder Europas führten. Unter anderem war sie auch in Mexiko im Bildungssektor tätig und hatte großen Anteil an der Schaffung und Einführung neuer Unterrichtswerke für die mexikanischen Schulen. Im Jahr 1945 erhielt GABRIELA MISTRAL für ihr Gesamtwerk den Nobelpreis für Literatur.
Die Dichterin spricht in ihren Werken immer wieder Kinder direkt an. Lange bevor eine echte Kinderliteratur in Chile Verbreitung fand, war sie schon eifrig bemüht, aus den alten Gesängen und Romanzen der chilenischen Volksüberlieferungen solche auszusuchen, die sich für eine Bearbeitung für kindliche Leser eigneten. Vor allem ihre bedeutendsten Gedichtbände „Desolación" (1922, Verzweiflung) und „Ternura" (1924, Zärtlichkeit) enthalten eine

große Anzahl von Kindergedichten wie „Ronda" (Rundgesang) oder „A las estrellas" (Von den Sternen), die heute literarisches Allgemeingut der spanisch sprechenden Kinder Südamerikas geworden sind, sich in fast allen südamerikanischen Lesebüchern finden und nach einhelliger Meinung der Kritiker das Qualitätvollste darstellen, was die südamerikanische Kinderliteratur an Kindergedichten zu bieten hat. Der Band „Desolación" enthält zusätzlich ein Kapitel „Prosa escolar" (Schulprosa), mit symbolischen Erzählungen wie „Por qué las cañas son huecas" (Warum die Hunde eitel sind), „Por qué las rosas tienen espinas" (Warum die Rosen Dornen besitzen) oder „La raiz del rosal" (Die Wurzel des Rosenstrauchs). GABRIELA MISTRAL, die trotz ihrer zahlreichen Tätigkeiten in der Öffentlichkeit und ihrer großen Berühmtheit eine einsame Frau blieb, war von dem Wunsche beseelt, mit ihrer Dichtung den Mitmenschen Trost, Besinnung und Lebensmut zu vermitteln. Aus ihrem reichhaltigen und poetisch vielfältigen Werk ragt ein Gedicht heraus, das in besonderer Weise südamerikanische Lebensphilosophie, die Wünsche und Sehnsüchte ihrer südamerikanischen Mitbürger anspricht und daher in der Wertschätzung durch die spanisch sprechenden kleinen und großen Leser Südamerikas bis heute unübertroffen geblieben ist. Es ist das Gedicht „La madre de Granada" (Mutter Granada), das 1940 in dem Gedichtband „Antología" (Anthologie) erschienen ist.

Auch der Nobelpreisträger für Literatur (1972) N. R. REYES, der unter dem Pseudonym PABLO NERUDA bekannt wurde, verbrachte einen großen Teil seines Lebens mit diplomatischen Missionen für sein Land. So war er unter anderem fünf Jahre Konsul in Kalkutta, lebte in den Jahren 1933—36 als diplomatischer Vertreter Chiles in Buenos Aires, Barcelona und Madrid und verbrachte einige Jahre in Mexiko. Der 1904 in Parral geborene Dichter († 1973) schrieb wie GABRIELA MISTRAL vorwiegend für Erwachsene. Der auch „Picasso der Sprache" genannte Autor beherrschte wie kein zweiter spanisch sprechender Autor die klassische Kunst der poetischen Sprache, war aber gleichzeitig bahnbrechend auf dem Gebiet des modernen, freien Verses. Zahlreiche seiner Gedichte, vor allem solche aus dem Band „Odas elementales" (1954, Elementare Oden) sind bei Kindern sehr beliebt und wurden in Lesebücher und Gedichtanthologien für Kinder aufgenommen.

Gedichte für Kinder verfaßten weiterhin Autoren wie L. F. CONTARDO, C. BINDHOFF, R. MEYA, M. CR. MENARES, C. R. ZALDÍVAR, N. PARRA, D. DE LA VEGA, J. A. SOFFIA, M. JARA oder J. BARRENECHEA. Neben den Autoren, die sich vor allem auf die folkloristische Vergangenheit stützten, um die dort zu findenden Stoffe und Formen in Kindergedichte und poetische Erzählungen umzuformen, gibt es eine Reihe von Schriftstellern, die sich dem Schreiben moderner Umwelt- und Abenteuergeschichten mit teilweise phantastischen Elementen sowie Kinder- und Jugendsachbüchern widmen.

Einer der bedeutendsten Kinderbuchautoren dieser Gruppe ist H. DEL SOLAR (* 1895) dessen rund 50 Kinderbücher fast alle im Verlag Rapa Nui, den er selbst mitbegründete, erschienen sind. Der große Erfolg seiner Abenteuer- und Detektivgeschichten bei den jungen Lesern beruht nicht zuletzt auf seiner Gabe, alltägliche Ereignisse aus der den chilenischen Kindern vertrauten Umwelt in spannende und abenteuerliche Handlungen umzusetzen und dabei eine Sprache zu verwenden, die in ihrer Diktion den Kindern vom eigenen Gebrauch her vertraut ist. Titel wie „Las aventuras de Totora" (1946, Die Abentuer von Totora), „El cazador de sobras" (1947, Der Jäger der Nacht), „La vaca rabiosa" (1948, Die tollwütige Kuh) oder „El rey de los atunes" (1944, Der König der Thunfische) deuten den abenteuerlichen Inhalt, aber auch die weitgespannte Themenvielfalt von SOLARS Büchern an. Viele seiner Geschichten schrieb der Autor unter den Pseudonymen ALDO BRU und BAT PALMER. Fast alle Bücher SOLARS erleben Jahr für Jahr Neuauflagen. Er erhielt 1968 für sein jugendliterarisches Gesamtwerk den Nationalen Literaturpreis. Eine gleich beliebte moderne Kinderbuchautorin ist E. HUNEUS DE CLARO, die unter dem Pseudonym MARCELA PAZ bekannt geworden ist. Die Autorin ist die Schöpferin der fiktiven Kindergestalt „Papelucho", die zum Liebling der südamerikanischen Kinder geworden ist. Papelucho besitzt eine eigene Logik, die ganz und gar nicht mit der Logik der Erwachsenen übereinstimmt. Das gleiche trifft auf seinen Sprachstil und auf seinen eigenwilligen Gebrauch der Syntax zu. Papelucho sieht die Welt aus der ganz speziellen Sicht seiner kindlichen Wünsche und Pläne und erlebt so ungezählte kindliche Katastrophen, die sich aber zum Ende hin alle zum Guten wenden. Jahr auf Jahr erscheinen neue Abenteuer des lebenslustigen Papelucho. Die bekanntesten Geschichten sind „Papelucho casi huérfano" (1951, Papelucho wird beinahe ein Waisenkind), „Papelucho historiador" (1957, Papelucho als Geschichtsschreiber), „Papelucho detective" (1960, Papelucho als Detektiv), „Papelucho en la clínica" (1960, Papelucho im Krankenhaus) und „Papelucho perdido" (1962, Papelucho hat sich verirrt). Es ist das Verdienst der Autorin, mit großem psychologischen Einfühlungsvermögen zu schildern, was in Kindern vorgeht, was sie denken, warum sie etwas tun. Wie die Autorin selbst mitteilt, hat sie beim Schreiben der Papelucho-Geschichten auf Erlebnisse aus der eigenen Kindheit zurückgegriffen. Die heutigen chilenischen Kinder identifizieren sich so sehr mit Papelucho, mit seinen Erlebnissen und Abenteuern, daß sie in ihren Gesprächen und Spielen häufig Ausdrucks- und Handlungsweise des Papelucho annehmen. M. BRUNET (* 1897 in Chillán), die durch ihr reichhaltiges Erzählwerk für Erwachsene in Südamerika weit bekannt geworden ist, vor allem durch ihren psychologischen Entwicklungsroman „María nadie“ (1957, Maria irgendwer), erhielt 1961 für ihr Gesamtwerk den Nationalen Literaturpreis. Auch BRUNET war neben ihrer schriftstellerischen Arbeit mehrmals in diplomatischen Missionen für ihr Land tätig. Für Kinder schrieb sie zahlreiche Erzählungen, teilweise auch in Versform. In Chile wurde sie vor allem durch die Einführung der Kinderstunde im chilenischen Rundfunk bekannt. Unter dem Namen „La abuelita Yaya“ (Großmütterchen Yaya) erzählte sie jahrzehntelang als Kinderfunktante den chilenischen Kindern Geschichten. Ihre bekanntesten Kinderbücher, die zum Teil auf die im Rundfunk erzählten Geschichten zurückgreifen, sind „Cuentos para Mari-Sol“ (1934, Geschichten von Mari-Sol) und „Aleluyas para los más chiquitos“ (1960, Lobgesänge auf die lieben Kleinen). Auch ihr Kinderschauspiel „El àrbol sólo“ (Der einsame Baum), dessen Entstehungsdatum nicht zu ermitteln ist, hat zahlreiche Aufführungen in Chile erlebt und wurde von den Kindern mit großem Beifall aufgenommen. In dem Aufsatz „El mundo mágico de los niños“ (1958, Die magische Welt der Kinder) entwickelt BRUNET ihre Vorstellungen zur Kinderliteratur. Darin gesteht sie den Kindern eine legitime Phantasiewelt zu, in der noch die Gesetze von Magie und Wundern herrschen.

F. ALEGRÍA (* 1918 in Santiago de Chile) ist Professor für kastilische Sprache und Philosophie und hat zur Zeit den Lehrstuhl für lateinamerikanische Literatur an der University of California in Berkeley inne. Er ist vor allem als Autor geschichtlicher Jugendbücher bekannt geworden. Seine Bücher bauen einerseits auf historischen Begebenheiten und Persönlichkeiten auf, wodurch seine Bücher teilweise dokumentarischen Charakter haben, andererseits aber versucht er die historischen Darstellungen durch spannende Erzählweise und Idealisierung der Hauptgestalten zu aufregenden Abenteuergeschichten werden zu lassen. Sein Hauptthema ist der Kampf des chilenischen Volkes um seine Befreiung von dem spanischen Joch. Das bekannteste Werk ALEGRÍAS ist „Lautaro, joven libertador del Arauco“ (1943, Lautaro, der junge Befreier von Arauco). In diesem Buch schildert der Autor den heroischen Kampf des jungen Führers der Araukaner, Lautaro, gegen die gewaltige Streitmacht von Don Pedro de Valdivia. Das Buch um Lautaro nimmt im heutigen Jugendbuchangebot in Chile einen festen Platz ein.

Organisationen, Förderungsmaßnahmen, Literatur zur KJL. Bemühungen um die Förderung von Kinder- und Jugendliteratur sind in Chile noch nicht sehr weit gediehen. Es existiert eine Sektion des Internationalen Kuratoriums für das gute Jugendbuch, der vorwiegend Kinder- und Jugendbuchautoren sowie Verleger und einige Pädagogen angehören. Vorsitzende der Sektion ist die Kinderbuchautorin MARCELA PAZ. Staatliche Maßnahmen zur Förderung von Kinder- und Jugendliteratur sind beschränkt. Es gibt keinen staatlichen Preis für Kinder- und Jugendbücher. Allerdings wurden einige Male chilenische Kinder- und Jugendbuchautoren für ihre Bücher mit ausländischen Preisen ausgezeichnet, so ALEGRÍA, der 1943 für sein Buch „Laurato“ einen von dem nordamerikanischen Verlagshaus Farrar und Reinhart ausgeschriebenen Literaturpreis für das beste Kinder- und Jugendbuch des Jahres erhielt.

Die Abteilung für Kultur und Publikationen im chilenischen Erziehungsministerium gibt in unregelmäßigen Abständen eine Liste heraus, die Texte aufführt, die in den Schulen behandelt werden sollen. Neben klassischen Texten aus der „großen“ Literatur enthält diese Liste auch Hinweise auf Werke chilenischer Kinder- und Jugendbuchautoren. Im Jahr 1969 wurde vom Erziehungsministerium eine Sammlung unter dem Titel „Los niños cuetan ...“ (Kinder erzählen) herausgegeben, die Geschichten von jungen Autoren zwischen acht und neunzehn Jahren enthält. Die in das Buch aufgenommenen Autoren waren die Gewinner eines Preisausschreibens, das von der chilenischen Sektion des Internationalen Kuratoriums für das gute Jugendbuch für Schulkinder für die Jahre 1964, 1965 und 1966 ausgeschrieben wurde. Das Buch erscheint nicht im Buchhandel. Es wird von dem Ministerium kostenlos an die Preisgewinner sowie an die Schulen, aus denen Schüler an dem Preisausschreiben teilgenommen haben, verteilt. Das Buch soll das Interesse an dem Preisausschreiben, das auch für weitere Jahre geplant ist, fördern.

Kinder- und Jugendbibliotheken sind im Bereich der Öffentlichen Bibliotheken und in den Schulen nur sporadisch vorhanden. In der Nationalbibliothek in Santiago de Chile gibt es seit 1925 einen Raum, der speziell für Kinder- und Jugendliteratur vorgesehen ist, doch sind die vorhandenen Bestände an Kinder- und Jugendbüchern gering.

Mit dem Nationalen Literaturpreis von Chile wurden einige Autoren ausgezeichnet, die auch für Kinder schreiben, wie etwa MISTRAL oder BRUNET, doch wurde die Auszeichnung vor allem für das hauptsächlich für erwachsene Leser bestimmte Gesamtwerk gegeben. Lediglich DEL SOLAR erhielt 1968 für sein Kinderbuchschaffen den Nationalen Literaturpreis. Großen Anteil an der Entwicklung von Kinder- und Jugendliteratur in Chile hatten die beiden Verlage Rapa-Nui und Zig-Zag, die einen großen Teil ihrer Produktion der Kinder- und Jugendliteratur widmeten. Leider hat der verdienstvolle Verlag Rapa-Nui, in dem die meisten Bücher von DEL SOLAR erschienen sind, im Jahr 1947 die Produktion eingestellt. *Helmut Müller*

Sekundärliteratur: C. Bravo Villasante: Historia y antologia de la literatura infantil iberoamericana (Bd. 1 u. 2. 1966). — M. Brunet: El mundo mágico de los niños (1958). — O. Plath: Folklore chileno; aspectos populares infantiles (1946).

China

(Zhōnghuá Rénmín Gònghéguó). Volksrepublik. Staatsgebiet: 9 650 500 km²; Einwohner: 687 270 000. Bis 1911 war China ein absolutistisches Kaiserreich. 1912 erfolgte unter dem Druck der von Su Wen (Sun Yat-Sen) eingeführten revolutionären Bewegung die Abdankung des letzten minderjährigen Kaisers P'U-I. Nach dem Zweiten Weltkrieg kam es zum Bürgerkrieg zwischen den Kommunisten und der Nationalregierung unter Tschiang Kaischek. Im September 1949 erfolgte die Gründung der Volksrepublik China unter Führung von Mao-Tse-tung. 94 % der Gesamtbevölkerung sind Chinesen, die restlichen 6 % gehören zu den Minderheiten (Mongolen, Tibeter, Uighuren, Tschuang, Kirgisen, Kasachen, Tungusen, Salaren, Tai). Die chinesische Sprache zerfällt in eine große Anzahl voneinander unabhängiger Dialekte.

Entwicklung der KJL und gegenwärtiger Stand. Bis zur Revolution von 1911 gab es in China keine öffentlichen Schulen. Das hatte zur Folge, daß lediglich ein Bruchteil der Bevölkerung, der nie 1 % der Gesamtbevölkerung überschritt, die Fähigkeit des Schreibens und Lesens erwerben konnte. Es waren dies vorwiegend Angehörige der regierenden Familien, reicher Handelsfamilien oder des höheren Beamtenstandes. Gegen Ende des 19. Jh.s kamen dazu noch wenige Kinder, die die Möglichkeit besaßen, eine der spärlichen Missionsschulen oder der von Familiengruppen unterhaltenen Privatschulen zu besuchen. Von einer eigenständigen chinesischen Kinder- und Jugendliteratur kann erst nach Gründung der Volksrepublik China im Jahr 1949 gesprochen werden.

Soweit die Kinder gebildeter Stände des vorrevolutionären China Zugang zur Literatur hatten, mußten sie mit den klassischen Werken Vorlieb nehmen, die keinen Unterschied zwischen Erwachsenen und Kindern kannten, was auch der herkömmlichen Erziehungsmethode entsprach, wonach der kleine Chinese gebildeter Familien wie ein Erwachsener behandelt und angesprochen wurde. Nur selten entstand in der chinesischen Literatur ein Werk, das vom Inhalt wie von den handelnden Personen her besonders jugendliche Leser ansprach. Der Roman „Hung lou meng" (1791; dt. Der Traum der roten Kammer, 1932), das wichtigste der wenigen jugendbetonten Werke, war bis zur Gründung der Volksrepublik die Lieblingslektüre der gebildeten jugendlichen Chinesen. Zwei Gründe scheinen für diese Vorliebe ausschlaggebend zu sein. Zum einen beschäftigt sich der Roman „Hung lou meng" sehr eindringlich mit nahezu allen Problemen, die junge Chinesen beiderlei Geschlechts unmittelbar bewegten. Zum anderen liegt das Alter der Hauptpersonen zwischen zwölf und neunzehn Jahren. So konnte der Roman zu einem Lebensbrevier der gebildeten chinesischen Jugend werden. Von den einhundertundzwanzig Kapiteln des über tausend Seiten umfassenden Romans werden die ersten achtzig TSAO HSÜE (1719—63), die restlichen vierzig KAO O, dessen Lebensdaten unbekannt sind, zugeschrieben. Der Roman „Hung lou meng" gilt für die Tsing Dynastie als klassisch und stellt eine unschätzbare ethnographische Fundgrube dar. Gleichzeitig muß er mit seiner wirklichkeitsechten Zustandsschilderung, dem fesselnden Verlauf der Handlung und der lebendigen Charakteristik der handelnden Personen als eines der wertvollsten literarischen Kunstwerke der chinesischen Literatur angesehen werden.

Der Roman erzählt die Geschichte des jungen Kia Pao Yü, der mitten unter den Mädchen der Großfamilie heranwächst, zu denen sich die mannigfaltigsten Liebesverhältnisse ergeben, von denen das zu der jungen Lin Tai Yü, die schließlich vor Kummer stirbt, am psychologisch eindringlichsten geschildert wird, während Pao Yü — von den Eltern betrogen — eine falsche Braut heiratet. Er flieht von zu Hause und begegnet seinem Vater erst nach langer Zeit wieder, nun selbst zum Mönch geworden, nachdem er „den Staub der Welt verlassen hatte".

Man kann den Kern des Romans verschieden sehen. Dem konfuzianischen Standpunkt gemäß handelt es sich hier um die Geschichte vom Glanz und selbstverschuldeten Verfall eines edlen Geschlechtes, das schließlich dank der sittlichen und geistigen Hochleistung eines an sich entarteten Sprößlings — Pao Yü beugt sich pietätvoll dem Willen der Eltern und ringt sich gegen seine Natur das Opfer ab, sich zur Prüfung zu stellen und sie in Ehren zu bestehen — wieder zu Aufstieg gelangt.

Vom buddhistisch-taoistischen Standpunkt her gesehen, zeigt die Geschichte die stufenweise erfolgende Erweckung, Läuterung und endliche Verklärung einer ursprünglich im Dreck und Schlamm weltlichen Trachtens versunkenen Seele.

Der Europäer ist geneigt, in dem Roman die Krankheitsgeschichte eines hochbegabten, aber degenerierten jungen Aristokraten zu sehen, eines asozialen, femininen, durch Minderwertigkeitskomplexe und manische Depressionen heimgesuchten Psychopathen und Schwächlings, eines androgynen Zwischentyps, der trotz einer vorübergehenden Energieleistung an den Wirklichkeiten des Lebens scheitert und sich feige aus der Gesellschaft stiehlt. Die letzte Stufe in Pao Yüs Entwicklung, die sogenannte „Entstaubung" und „Geistwerdung" dürfte sich der Beurteilung des Abendlandes entziehen, da diesem auf Erfahrung beruhende Vergleichsmöglichkeiten fehlen. Der Roman, dem eine Übersicht über die verschiedenen Wohnstätten der Familie Yün und eine Aufstellung der zahlreichen Zofen der Familienmitglieder angehängt ist, erreichte über den kleinen Prozentsatz der Gebildeten hinaus niemals die Masse des chinesischen Volkes.

Soweit Kinder der chinesischen Volksmassen Zugang zur Literatur hatten, geschah dies fast ausschließlich über den Weg der mündlichen Vermittlung. Eine wichtige Rolle spielten dabei die Volkslieder. Eine große Anzahl von ihnen entstand in der Nanzeit, etwa im 1. Jh. vor Christus. Die vielen Feldzüge jener Zeit brachten neue Weisen in das Land, neue Instrumente wie die Querflöte und das Horn wurden eingeführt. Vor allem die Marschlieder der Soldaten, die naiven Liebeslieder und die balladenhaften Gesänge wurden im Volksmund gepflegt und in den Familien von den Älteren an die Jüngeren weitergegeben, aber auch bei vielen Gelegenheiten von Straßensängern öffentlich vorgetragen. Während diese Lieder im Süden Chinas im Übermaß der Phantasie und in Formlosigkeit zu verschwimmen drohten, entstanden im Norden des Landes feste Rhythmen, die bald zu regelmäßigen Formen führten wie die fünffüßigen und siebenfüßigen Viererstrophen, die in der Tangdynastie ihre höchste Entfaltung fanden.

Neben die Volkslieder traten Volkserzählungen, die zumeist von berufsmäßigen Erzählern auf den Marktplätzen im Sprechgesang unter Begleitung des Gongs vorgetragen wurden. An vielen Stellen in der chinesischen Literatur wird davon erzählt, wie Eltern ihre ungebärdigen Kinder mit einem Geldstück zu den Erzählern schickten, denen die Kinder über lange Stunden hinweg andächtig lauschten. Inhalte solcher Volkserzählungen bildeten meist Geschichten aus dem Heroenalter sowie die Schicksale der Helden. Wie die Buddhistenpriester, die ebenfalls, allerdings unentgeltlich, als Erzähler auftraten und epische Darstellungen aus der buddhistischen Geschichte in Form der Sutren vortrugen, benutzten auch die Volkserzähler die Volkssprache, die von der Masse des chinesischen Volkes verstanden wurde, während die Schriftsprache mit ihren literarischen Anspielungen und ihrem manirierten Stil — in erster Linie durch die symbolischen Schriftzeichen getragen — schon in der Hanzeit anfing, selbst für Beamte mühsam und schwer zu werden, für den Mann auf der Straße dagegen immer unerreichbar blieb.

Da die Größe des Zuhörerkreises für den finanziellen Ertrag der Erzähler ausschlaggebend war, bemühten sich diese, ihre Geschichten in einer leicht verständlichen Sprache vorzutragen, genügend Spannung einzuarbeiten und eine klare und übersehbare Handlung vorzustellen. Die Personen der Erzählung mußten psychologisch rasch zu analysieren sein, weshalb das Typische an ihnen bis hin zu einer krassen Schwarz-Weiß-Zeichnung herausgearbeitet wurde. Vor allem die kindlichen Zuhörer wollten in diesen Erzählungen die ihnen bekannten und beliebten Charakterzüge wiederfinden: hier den edlen treuen Helden Kuan Yü, der als Ritter ohne Furcht und Tadel bis zum Tode getreu seinem Herrn und Freund diente, dort den plumpen Tschang Fem, der sich trotz seines guten Willens und einer bärenmäßigen Tapferkeit immer übertölpeln ließ und alles verkehrt machte. Auf der anderen Seite der kalte Verräter Ts'ao Ts'ao, der zum Vorbild aller Usurpatoren in der Weltgeschichte wurde, oder der listenreiche Tschu Ko Liang, der auch in der verzweifeltsten Lage den richtigen Rat fand. Jede der vorgetragenen Erzählungen bestand aus zwei Teilen, aus der Moral, die in Form einer kleinen gleichnisartigen Anekdote vorgetragen wurde und der eigentlichen Erzählung, deren Verlauf durch die vorgesetzte Moral schon im Wesentlichen festgelegt war. Dabei war es die Absicht des Erzählers, zunächst die Neugier seiner Zuhörer durch eine kleine Kostprobe anzuregen, um sie dadurch um so sicherer festzuhalten und dann die eigentliche Handlung in holzschnittartiger Typisierung vorzutragen.

Abgesehen von einigen fremdsprachigen Kinder- und Jugendbüchern, die durch den Einfluß der westlichen Missionen, Handelsniederlassungen und diplomatischen Enklaven wenigen Kindern gebildeter Chinesen zugänglich wurden, gab es vor der Gründung der Volksrepublik China nur einen bedeutenden Literaten und Kritiker, der sich speziell um die Schaffung chinesischer Kinderbücher bemühte. Es war dies LU HSÜN (1881—1936), der, in seinem Schaffen M. GORKIJ vergleichbar, nach einem Studium in Japan nach China zurückkehrte und dort in die politische Bewegung von SUN YAT-SEN eintrat. Während der Revolution von 1911 trat er der kommunistischen Bewegung bei. Als Mitglied der Erziehungskommission von Nanking begann LU HSÜN mit der Übersetzung international berühmt gewordener Kinder- und Jugendbücher, vor allem der Erzählungen von J. VERNE, und stellte Märchen- und Legendensammlungen für chinesische Kinder zusammen. Besonders die klassischen Bücher der T'ang und Sung Dynastien (600—1004) benutzte er als Quellen für seine Sammlungen. Daneben übersetzte er Märchen aus dem Ausland, vor allem solche aus Rußland.

Mit der Gründung der Volksrepublik China im Jahr 1949 änderte sich das Bild der chinesischen Erziehung grundlegend, und von Anfang an gewann das Mittel der Kinder- und Jugendlektüre im Rahmen der Erziehung einen hervorragenden Stellenwert. So wie die Kinder in der Volksrepublik China im Geiste *„der fünffachen Liebe"* erzogen werden (Liebe zum Vaterland, zum Volk, zur Arbeit, zur Wissenschaft und zum Gemeingut), steht auch die Kinder- und Jugendliteratur im Dienste dieser Erziehungsdevisen. Schon 1955 besuchten mehr als 50 Millionen Kinder die Schule, im Jahre 1958 war diese Anzahl auf über 86 Millionen, damit rund 85% aller chinesischen Kinder, angewachsen, und in der Gegenwart kann davon ausgegangen werden, daß jedes schulpflichtige Kind in der Volksrepublik China eine öffentliche Schule regelmäßig besucht.

Es ist heute schwierig, Genaues über den Stand der Kinder- und Jugendliteratur in der Volksrepublik China auszusagen, da die Quellen dazu für westliche Beobachter nur spärlich fließen. Am ehesten ist noch der Bericht und die Analyse des französischen Journalisten und Philologen J.-P. Diény, 1971 unter dem Titel „Le monde est à vous. Le Chine et les livres pour enfants" (dt. Die Welt gehört den Kindern. Das moderne China und seine Kinderbücher, 1973) erschienen, geeignet, Auskunft über den Stand der Kinder- und Jugendliteratur in der Volksrepublik China zu geben, zumindest bis zum Ausbruch der Kulturrevolution im Herbst 1965.

Die *Kinderbücher* in der Volksrepublik sind zumeist dünne Bändchen von bescheidenem Format und minderwertigem Papier. Der Kaufpreis ist äußerst niedrig. Die Bändchen sind für jede chinesische Familie erschwinglich. Trotz des unscheinbaren Äußeren werden bei der Herstellung der Kinderbücher weder Hast noch Nachlässigkeit geduldet. *Der Druck* ist sauber und *die Illustrationen* sind sorgfältig.

Eine große Anzahl erster Kinderschriften sind *Sachdarstellungen in Bilderbuchform,* die in der Tradition der überlieferten Klassifikationen stehen und den Schulanfängern das saubere Abbild der Gegenstände des Alltags vorstellen, aber auch schon auf das Leben in der sozialen Gemeinschaft vorbereiten. Es werden die Bereiche der Technik abgehandelt wie in dem Büchlein „Sao" (1964, Die Messer) von Xie Qigu mit den Illustrationen von Ding Hao, in dem alle Formen des Messers vom Hackmesser über das Rasiermesser bis zur Feile vorgestellt werden, oder in dem Büchlein „Qianbi. Women de hao pengyou" (1964, Der Bleistift, unser Freund), zu dem die Texte von einem Team anonymer Arbeiter einer Bleistiftfabrik geliefert wurden und zu dem Han Mi die Illustrationen entwarf — ein Bilderbuch, das die Geschichte der Entstehung und Herstellung von Bleistiften, einem für das neue China besonders wichtigen Utensil, aufzeigt. Besondere Beachtung schenkt die chinesische Kinderliteratur dem Kampf gegen den Aberglauben, so in dem Büchlein „Pochu mixin de weishenme" (1963, Alles über die Abschaffung des Aberglaubens), das von einem anonymen Autorenteam erarbeitet wurde und in dem erklärt wird, daß der Aberglaube seine Entstehung der Unfähigkeit der primitiven Menschen, die Erscheinungen der Natur zu verstehen und zu meistern, verdanke und daß der Fortschritt der Wissenschaft automatisch den Verfall solcher abergläubischen, der Gemeinschaft schadenden Vorstellungen nach sich ziehe.

Die *erzählenden Kinderbücher* in China sind eindeutig *moralisierend.* Es ist Aufgabe der chinesischen Kinderliteratur, die Kinder auf das Leben in der chinesischen Gesellschaft vorzubereiten, d.h. sie zu lehren, sich mit allem, was sie tun und denken, in den Dienst der Gemeinschaft zu stellen. Zahlreiche Erzählungen rühmen die Ausdauer und den Einfallsreichtum von Kindern, denen es gelingt, die Besitzer eines verlorenen Gegenstandes wieder zu finden (z. B. Wang Yongyuan: „Zhang le chibang de qianbi", 1965, Der verlorene Bleistift; oder Xie Qigut: „Chenshi de haizi", 1965, Die ehrlichen Kinder). Andere Themen sind die Überwachung des kollektiven Eigentums wie die Geschichte von Honglin, der sich für seine Brigade ein Pfund Sesamkörner geliehen hat, und der nach der Ernte den Rechnungsführer, der ihm den Anteil seiner Brigade auszahlen will, darauf hinweist, daß er vergessen habe, das Gewicht der Verpackung abzuziehen, die am Tage der Entleihung die Sämereien umschlossen habe (Hao Ran: „Honglin he ban jin zhima", 1964, Ein halbes Pfund Sesam).

Auf dem Weg zu den durch die Erziehung geforderten *Tugenden* gibt es ein großes Hindernis, *den individuellen Ehrgeiz.* So haben auch nicht wenige der modernen chinesischen Kinderbuchautoren die Lobpreisung der Bescheidenheit und die Anprangerung des Dünkels zum Lieblingsthema erhoben (z.B. Wen Piao: „Shui de benling da", 1962, Wem gehört der Sieg?).

Große Anstrengungen unternimmt das moderne China auf dem Gebiet *des Gesundheitswesens und der Hygiene.* Eine große Anzahl von Kinderbüchern ist der körperlichen Ertüchtigung gewidmet (Zhong Shayoyou: „Xiaoxiao weisheng bing", 1961, Die kleinen Soldaten der Hygiene; Yi Fan: „Jiang weisheng shenti hao", 1961, Hygiene und Gesundheit; Xu Qingshan: „Ni de zishi haobuhao", 1960, Die gute Haltung).

Ein Hauptthema moderner chinesischer Kinderbücher ist die *Weckung des Klassenbewußtseins.* Das geschieht einmal durch immer neue Darstellung der Leiden und Kämpfe der Älteren in der alten Gesellschaft, zum anderen durch die Hervorhebung der Errungenschaften, die die Revolution dem chinesischen Volk gebracht hat und die sich zu den Bildern der Vergangenheit wie „das Licht zum Schatten" verhalten.

Die *Unterdrückung* des Volkes in der alten Gesellschaft wird vor allem am Beispiel der Ausbeutung der Bauern durch die reichen Grundbesitzer gezeigt. Die Härte der Grundstückssteuer wird demonstriert, die unbarmherzige Eintreibung drastisch vor Augen gestellt (Liang Ke: „Kehen de dizhu", 1964, Hassenswerte Grundbesitzer; Luo Jun: „Guoqu de rizi", 1965, Wie es früher war). Die Kinderbücher bringen unzählige Schilderungen von Greueltaten der Grundbesitzer, von Verschleppungen, Torturen, Verstümmelungen und Hinrichtungen. Die Geschichte „Bai mao nü" (1964, Das Mädchen mit den weißen Haaren), eine für die Jugend bearbeitete Fassung der populären Erwachsenenversion, ist die berühmteste einer ganzen Anzahl von Erzählungen, die vom Verkauf oder der Verschleppung junger Bauernmädchen berichten. Am Abend vor der Hochzeit von Xi'er mit einem Dorfburschen zwingt der Grundbesitzer ihren Vater mit Gewalt zur Unterzeichnung eines Kaufvertrages. Dann läßt er das Mädchen wegschleppen und vergewaltigt es. Xi'er gelingt es, in die Berge

zu entfliehen. Als geheimnisvoller Flüchtling mit weiß gewordenen Haaren lebt sie dort drei Jahre lang bis zur Ankunft der Volksarmee. In der Jugendbearbeitung wurde das Kapitel von der Entbindung von Xi'er in der Grotte, in der sie Zuflucht suchte, weggelassen.
Gegenüber den Figuren der Bauern und Grundbesitzer tritt das andere gegensätzliche Paar, das der Arbeiter und Fabrikbesitzer, etwas in den Hintergrund. Lediglich aus Shanghaier Verlagen gibt es einige Kinderbücher, die von dem Leben und der Unterdrückung von Lehrlingen in Shanghai aus der Zeit vor der Revolution berichten. Besonders ausführlich geschieht dies in dem Bändchen „Zibenjia de guihuayang“ (1965, Die Teufeleien der Kapitalisten) von YANG XINFU, das zu einer fünfbändigen Serie gehört, die unter dem Thema „Vergessen wir nie den Klassenkampf“ steht.
Die Unterdrückung des chinesischen Volkes durch Angehörige ausländischer Mächte wird vor allem anhand von Erzählungen dargestellt, die von der Tätigkeit christlicher Missionen und anderer ausländischen Wohltätigkeitseinrichtungen berichten. So schreibt WANG JINGEN in der Broschüre „Gu' er“ (1964, Die Waisenkinder), in der die angeblich authentischen Aussagen von drei ehemaligen Zöglingen ausländischer Waisenhäuser vorgestellt werden, bezeichnenderweise: „... Vor der Befreiung waren die von imperialistischen Mächten eingerichteten Waisenhäuser und Wohltätigkeitsinstitute, die sich unter dem Mantel der Nächstenliebe verbargen, nichts weiter als teuflische Spelunken, in denen chinesische Kinder mit unmenschlicher Grausamkeit mißhandelt wurden“. Neben erschreckenden Sterbestatistiken steht die Schilderung zahlreicher Greuelszenen.
In vielen Kinderbüchern wird der junge Leser vor den Überfällen gewarnt, die der amerikanische Imperialismus überall auf der Welt unternimmt. Vor allem der Vietnamkrieg nimmt in der Kinderliteratur breiten Raum ein. Der Gegner soll als Papiertiger der Verachtung anheimfallen. In zahlreichen Kindergeschichten wird der amerikanische Angreifer der Lächerlichkeit preisgegeben. Es wird gezeigt, wie die US-Soldaten unter dem Druck ihrer eigenen Tolpatschigkeit in ihr Verderben laufen, wie sie sich durch ausbrechende Panik gegenseitig umbringen und wie sie den sichersten Ort in Vietnam in den Gefangenenlagern der Befreiungsfront sehen (TIAN MA: „Meiguolao chu yangxiang“, 1965, Die Amerikaner machen sich lächerlich).

Den Szenen aus der alten Zeit und aus dem Ausland wird das heutige China gegenübergestellt. Dabei erlauben viele Erzählungen aus der Vergangenheit am Ende die Darstellung des eindrucksvollen Umschwungs, indem die Opfer des alten Regimes im neuen China höher steigen, als sie zuvor erniedrigt worden waren. Unterdrückte Bauern werden jetzt zum Leitbild der jungen Leser, sei es als Offizier der Volksarmee, als Vorarbeiter oder als Chef einer Arbeitsbrigade, z. B. in „Huabao shang de laoshi“ (1965, Tagebuch unserer Herrin) von LI QIN.
Um den Auftrag der Revolution durchführen zu können, muß man wissen, wie es Präsident MAO 1926 formuliert hat, „welches unsere Feinde und welches unsere Freunde sind“. Der junge Leser erfährt am Beispiel der Fabel das grundlegende Gesetz: Die Massen besitzen die Macht und die Wahrheit. So etwa in der Fabel von der Rettung der drei Küken, die unvorsichtig darauflosspazieren, dem Fuchs begegnen und nur dank der Hilfe aller Tiere des Bauernhofes und des Waldes noch einmal mit dem Leben davonkommen (GAO XIANGZHEN: „Kuaile de xiao ji“, 1963, Die verspielten Küchlein) oder in der Geschichte von dem alten Narren — den MAO TSE-TUNG so sehr ins Herz geschlossen hat —, den die Berge stören, die ihm den Horizont versperren, und der mit Hilfe seiner Familie und seiner Nachbarn damit beginnt, sie abzutragen („Yugong yi shanm“, 1962, Wir versetzen die Berge. Alte Fabel, Verfasser unbekannt, von MAO neu ausgedeutet).
Während in anderen Ländern Jungen in der Kinderliteratur meistens wichtigere Rollen spielen als Mädchen, ist es in den chinesischen Kinderbüchern nicht selten, daß die Mädchen den Jungen mit gutem Beispiel vorangehen, ganz im Sinne der Sonderrolle, die der chinesische Klassenkampf der Frau zugedacht hat, sei es hinsichtlich des guten Benehmens (XU QINGSHAN: „Ni de zishi haobuhao“, 1960, Die gute Haltung), der Verantwortungsbereitschaft (XIN YUNTING: „Ertong lieche“, 1961, Die Kindereisenbahn) oder im Hinblick auf die gezeigte Geistesgegenwart in gefährlichen Situationen (CHAO RAN: „Yi ben xiao zidian“, 1961, Ein kleines Wörterbuch).
In allen Kinderbüchern, die von dem heutigen China erzählen, werden immer wieder die höchsten Autoritäten, die Partei und Präsident MAO, zitiert. Die Helden der Erzählungen, gleich, ob es sich um Erwachsene aus der Zeit der Befreiungskämpfe oder um Kinder der heutigen Volksrepublik handelt, werden am Ende der Schilderungen regelmäßig als gute Kommunisten und als gute Schüler von Präsident MAO vorgestellt. So enden auch viele Geschichten mit ähnlich lautenden Beteuerungen, wie etwa in dem Büchlein „Mao zhuxi de hao haizi — Liu Wenxue“ (1960, Liu Wenxue, das brave Kind von Präsident Mao), in dem es zum Schluß heißt: „Überall im Land, wo Jungen und Mädchen von dem heldenhaften Kampf der Liu Wenxue gegen den Großgrundbesitzer sprechen hören, legen sie den gleichen Schwur ab: ihrem Beispiel zu folgen, wie sie die Partei, Präsident Mao, den Sozialismus und den Kommunismus leidenschaftlich zu lieben und sich wie gute Kinder unseres Präsidenten Mao zu verhalten“.
Erstaunlich ist, daß die Familie, diese Urzelle des alten China, auch im China von MAO TSE-TUNG eine

sehr zentrale Rolle spielt. In vielen Kinderbüchern werden Familien vorgestellt, in denen Vater und Mutter sehr positive Rollen spielen. Familien, die in schon fast kleinbürgerlichem Sinne den Abend gemeinsam verbringen (Xie Qigui: „Leng he re difang", 1965, Kalte und warme Gegenden) und in denen sich die Handlungsweise der Kinder an den Ratschlägen der die Moral bestimmenden Eltern orientiert, sind in Kinderbüchern häufig anzutreffen. Eine besonders wichtige Rolle spielen die Großeltern, die oft die Stelle der Eltern in den Erzählungen einnehmen, dies wohl wegen der außerhäuslichen Erwerbstätigkeit der Eltern.

Eine große Anzahl moderner Kinderbuchautoren der Volksrepublik China lehnen sich an die chinesische literarische Tradition an, indem sie exotische und übersinnliche Elemente, die in der alten Literatur eine wesentliche Rolle spielten, wieder aufgreifen, aber auch alte Erzähltechniken, wie Wiederholung und Steigerung, bei ihren Geschichten benutzen (Bao Weixiang: „Si ge pengyou zhong dongxi", 1961, Vier kleine Gärtner). Dies wird vor allem in der zentralen Rolle des poetischen Rhythmus in den modernen Kindergeschichten ersichtlich. Viele Autoren versuchen, die Starrheit und Plumpheit der Propaganda durch die Verwendung anmutiger rhythmischer Muster, die sich an der klassischen Dichtung orientieren, ebenso aber auch an der überlieferten Volksdichtung, zu überspielen. Ähnliches ist auch auf dem Gebiet der Illustration festzustellen. Wohl verwenden zahlreiche Illustratoren den aus der UdSSR übernommenen sozialistischen Realismus, doch greifen viele Maler, darunter so berühmte wie Lin Kai oder Yu Huali, auf die traditionelle Strichzeichnung, die Tusche- und Umrißzeichnung und die klassische Technik der Darstellung von Gewändern, Pflanzen und Hintergrunddetails zurück („Changzhe geer shang Beijing", 1966, Wir ziehen singend nach Peking, illustriert von Yu Li; „Laopopo des zoashu", 1957, Der Brustbeerenstrauch der alten Bäuerin, illustriert von Lin Xi; „Mahou zuxian de gushi", 1962, Die Vorfahren der Meerkatzen, illustriert von Yan Zhexi).

Im Zuge *der Kulturrevolution* im Jahr 1966 warfen die Roten Garden den Kinderbuchautoren vielfach vor, daß sie zwei Arten von Täuschung begingen. Die einen wählten gerne alte, dem Sozialismus fremde Themen, die sie durch einige Winkelzüge der Lehrmeinung anzupassen suchten. Die anderen versuchten, „modernen" Themen ihre eigentliche Bedeutung zu nehmen. Im ersten Falle blieben sie außerhalb des herrschenden Systems, indem sie vorgäben, sich nach ihm zu richten, im zweiten Falle flüchteten sie aus dem System, indem sie vorgäben, sich ganz daran zu halten. In der Weiterentwicklung der Kulturrevolution wurden alle Buchläden in der Volksrepublik China geschlossen, die Kinderbuchproduktion eingestellt, viele vorhandenen Kinderbücher vernichtet. Es ist bis heute nicht klar ersichtlich, ob diese „innere Reinigung" auf dem Gebiet der Kinderbuchproduktion abgeschlossen und eine neue, „gereinigte" Produktion schon angebotsreif ist. Sicher werden viele der vor 1966 verlegten Kinderbücher keine neuen Auflagen mehr erleben.

Weniger heftig als die Kinderbücher griff man *die Bildgeschichten* an, die im Westen fälschlicherweise oft als „Comics" bezeichnet werden. Von den westlichen Comics unterscheiden sich die chinesischen Bildgeschichten in wesentlichen Punkten: Der Text erscheint nur selten in Form von Sprechblasen, vielmehr meistens als gesonderter Block unter oder neben dem Bild; der Text ist wichtiger als das Bild, das lediglich begleitende Funktion hat und ohne den ausführlichen Text keinen Sinn ergäbe; das Bild kennt nicht den Abkürzungs-Code der westlichen Comics mit ihrer „Päng-Sprache" und läßt auch den Filmbildcharakter vermissen; die Illustrationen in chinesischen Bildgeschichten wirken statisch.

Die Bildgeschichtenproduktion in der Volksrepublik China (die Produktion lief vielfach auch während der Kulturrevolution und bis heute ungestört weiter), die außerordentlich hoch ist und sich vor allem ganz in den Dienst der politischen Erziehung und Propaganda stellt, unterscheidet nicht zwischen solchen für Erwachsene und anderen für jugendliche Leser. Dieselbe Bildgeschichte richtet sich an alle Altersstufen. Bildgeschichten greifen die gleichen Themen auf wie die Kinderbücher, und zwischen diesen sowie der Erwachsenenliteratur finden sich in der Volksrepublik China auch keine thematischen Unterschiede.

Organisationen, Förderungsmaßnahmen zur KJL. Schon bald nach der Gründung der Volksrepublik China entstand fast aus dem Nichts eine gewaltige Literaturproduktion. Ein hoher Anteil davon entfiel auf Kinder- und Schulbücher. Allein in den Jahren 1950—1958 erschienen 7 000 verschiedene Kinderbücher mit einer Gesamtauflage von 320 Millionen Exemplaren. Der Anstieg der Produktion wird ersichtlich, wenn man beachtet, daß im Jahr 1950 erst 466 Titel in 5 737 000 Exemplaren auf den Markt kamen, 1958 dagegen bereits 1 258 Titel mit insgesamt 76 077 000 Exemplaren angeboten werden konnten. In der Zeit von 1950—58 wuchs die Anzahl der Titel um 270 %, die Auflagenhöhe stieg sogar um 1 326 %. Ferner kommen für diesen Zeitraum noch die Bildgeschichten-Serien dazu, die etwa 9 500 Titel mit rund 460 Millionen Exemplaren umfaßten.

Schon in den ersten Jahren nach Gründung der Volksrepublik wurden eine Reihe von speziellen Kinder- und Jugendbuchverlagen gegründet, wie der „Shaonian ertong chubanshe" (Kinderbuchverlag) in Shanghai und der „Zhongguo shaonian ertong chubanshe" (Chinesischer Kinderbuchverlag) in Peking. Auch der „Waiwen chubanshe" (Verlag für Werke in ausländischen Sprachen) in Peking druckt Kinderbücher in zahlreichen Sprachen und bringt sie, vor allem in den Entwicklungsländern, zum Vertrieb. Neben den speziellen Kinderbuchverlagen veröffentlichen zahlreiche Verlage in den Provinzen, Städten und autonomen Gebieten auch Kinderbücher, für die sie eigene Lektorate unterhalten. Zahlreiche Verlage und Buchhandlungen führen regelmäßig Leserversammlungen durch, in denen junge Leser die Möglichkeit haben, mit Autoren und Mitarbeitern von Verlagen zu diskutieren.

Das Ministerium für kulturelle Angelegenheiten in Peking hat eine Sonderkommission eingerichtet, in der Schriftsteller und Illustratoren vertreten sind, mit dem Auftrag, Lektüre für Kinder zu schaffen, die zugleich erzieherisch und unterhaltend ist. Auch der Chinesische Schriftstellerverband hat eine eigene Sektion, die sich mit Fragen der Kinderliteratur befaßt.

Eine große Hilfe für das Lesenlernen der jungen Chinesen war kurz nach der Gründung der Volksrepublik die Umstellung der chinesischen Schrift auf ein vereinfachtes System, das sogenannte Pin Yin-System, das die Wortzeichen auf ein Mindestmaß reduzierte und zugleich die Lautschrift für die chinesischen Wortsymbole dazusetzt.

Auf- und Ausbau von öffentlichen Kinderbibliotheken und *Schulbibliotheken* nehmen einen wichtigen Stellenwert in der Schulpolitik des modernen China ein, wenn auch durch den großen Rückstand auf diesem Gebiet bis heute erst ein Teil der vorhandenen Bedürfnisse befriedigt werden konnte.

Helmut Müller

→ Sozialistische Kinder- und Jugendliteratur

Sekundärliteratur: J. P. Diény: Le monde est à vous (1971; dt. Die Welt gehört den Kindern, 1973). — R. Gollmitz (Bearb.): Das Kinderbuch in den sozialistischen Ländern (1960). — G. Nebiolo (Hrsg.): I fumetti di Mao (1971; dt. Das Mädchen aus der Volkskommune. Chinesische Comics, 1972). — R. Wilhelm: Die chinesische Literatur (1930).

Chodowiecki, Daniel

*Bedeutender Grafiker des 18. Jh.s, Illustrator u. a. von Werken für Kinder u. Jugendliche; * 16. 10. 1726 Danzig, † 17. 2. 1801 Berlin.*

Ch.s Vater, ein polnischer Kornhändler, malte aus Liebhaberei Miniaturen und gab dem Sohn, der in die Kaufmannslehre eintrat, erste Anregungen. Nach dem Tod des Vaters (1740) kam Ch. 1743 nach Berlin, wo er sich neben seiner Tätigkeit im „Quinquaillerieladen" (Luxus- u. Galanteriewaren) seines Onkels künstlerisch weiterbildete. 1754 machte er sich — zunächst als Emailmaler — selbständig; 1756 begann er mit Radierungen. 1764 wurde er Mitglied der Berliner Akademie der bildenden Künste, 1790 ihr Vizedirektor und 1797

Daniel Chodowiecki (1726—1801)

— nach C. RODES Tod — Direktor. Von seinen Reisen fand besonders die nach Danzig (1773) ihren gezeichneten Niederschlag in einem Reisetagebuch (108 Blätter).

Werk, Tendenzen, Wirkung. Ch. hielt sich von einem preziosen Stil und konventionellen Inhalten fern; statt dessen war er bemüht, seine Umgebung genau zu beobachten und das Leben um sich festzuhalten. Er will keine Pose, sondern ungezwungene Natürlichkeit darstellen; die Natur bezeichnet er selbst als seine einzige Lehrerin und Führerin und seine Wohltäterin (Kaemmerer, S. 16). Motive und Anregungen boten ihm das tägliche Familienleben, Bekannte, Vorgänge in Stadt und Land und bedeutende Köpfe der Zeit, vor allem König FRIEDRICH II. von Preußen, von dem er 1763 empfangen wurde. Ein konkretes Arbeitsfeld fand er in der Buchillustration, hier leistete er sein Bestes. Als er zu einem Anti-Werther von NICOLAI 1775 ein Titelkupfer schuf, gewann er damit die Bewunderung GOETHES, der ihn 1778 in Berlin besuchte.

Zu dem umfangreichen Illustrationswerk Ch.s gehören Kupfer zu den bedeutendsten, vor allem zeitgenössischen Werken der Weltliteratur wie von Bürger, Diderot, Fielding, Gellert, Goldsmith, Klopstock, Lessing, Milton, Pestalozzi, Richardson, Rousseau, Shakespeare, Voltaire. Zahlreiche Kupferstiche lieferte er zu den jährlich erscheinenden Almanachen und Kalendern, in denen sich das literarische Leben der Zeit spiegelte. Unter den von Ch. illustrierten Werken befinden sich auch mehr als ein Dutzend Kinder- und Jugendschriften, die im 18. Jh. selbstverständlicher Bestandteil der allgemeinen literarischen und buchkünstlerischen Produktion waren. Am bekanntesten sind das Titelkupfer zu Campes „Robinson" (1779) und die Kupfertafeln zu Basedows „Elementarwerk" (1774). Illustrationen von Ch. enthalten weiter u. a. K. Ph. Moritz: „Versuch einer kleinen praktischen Kinderlogik" (1786); Salzmann: „Moralisches Elementarbuch" (1785); Schummel: „Kinderspiele und Gespräche" (Bd. 1—3. 1777 u. 78); Stoy: „Bilder-Akademie für die Jugend" (1780 bis 83); Weisse: „Briefwechsel der Familie des Kinderfreundes" (1. Teil, 1784).

In seinen Arbeiten verbindet Ch. Ausgewogenheit der Komposition mit Lebendigkeit der Darstellung und einem scharfen Blick für reale Gegebenheiten und menschliche Situationen. Vor allem in seinen Zeichnungen und Studien hat er ein treffendes Bild der bürgerlichen Welt, in der er lebte, festgehalten, wobei er detailliert über das Kinderleben seiner Zeit, Spiele und Beschäftigungen der Kleinen und Heranwachsenden informiert und seine Aufmerksamkeit auch sozial niederen Gruppen zuwendet (Kriegsgefangene, Dienstboten, hierzu Abb. bei Kaemmerer, Nr. 80). Er vertritt im ganzen den Geist eines aufgeklärten, rechtschaffenen Bürgertums, das jedoch keine äußeren Umwälzungen erstrebte, hierin etwa verwandt dem „Wandsbecker Boten" M. Claudius', den er kongenial illustriert hat. In diese Linie reihen sich auch Ch.s Illustrationen zur Kinder- und Jugendliteratur ein.

Theodor Brüggemann

→ Elementarbuch

Ill.: D. N. Chodowiecki: Die Kinderstube (1764); J. B. Basedow: Elementarwerk (Bd. 1—4. 1770—74); D. N. Chodowiecki: Kleines Buch für Kinder aller Stände (1771); M. Cervantes de Saavedra: Leben und Thaten des weisen Junkers Don Quixote von Mancha (1775); C. F. Weisse: Der Kinderfreund (Bd. 1—24. 1775—82); J. H. Campe: Weihnachtsgeschenk für kleine Kinder (1776); J. H. Jung-Stilling: Jugend (1777); C. F. Nicolai: Eyn feyner kleyner Almanach (Bd. 1 u. 2. 1777 u. 78); J. G. Schummel: Kinderspiele und Gespräche (Bd. 1—3. 1777 u. 78); G. A. Bürger: Gedichte (1778); J. H. Campe: Robinson der Jüngere (Bd. 1 u. 2. 1779 u. 80); J. S. Stoy: Bilder-Akademie für die Jugend (Bd. 1—3. 1780—83); J. H. Pestalozzi: Lienhard und Gertrud (Bd. 1—4. 1781—87); C. G. Salzmann: Carl von Carlsberg oder Über das menschliche Elend (Bd. 1—6. 1783—88); F. H. Unger: Julchen Grünthal (Bd. 1 u. 2. 1784 u. 88); C. F. Weisse: Briefwechsel der Familie des Kinderfreundes (Bd. 1—12. 1784—92); C. G. Salzmann: Moralisches Elementarbuch (1785); V. Weber: Sagen der Vorzeit (Bd. 1—7. 1787 bis 98); D. N. Chodowiecki: Häusliches Fest am Weihnachtsabend (1797); G. C. Lichtenberg: Lebensweg des guten Mädchens (um 1800); C. F. Gellert: Fabeln und Erzählungen (1803).

Sekundärliteratur: E. W. Bredt: Chodowiecki (1918). — D. N. Chodowiecki: Chodowiecki in Dresden und Leipzig (1916, ²1920); Briefwechsel zwischen ihm und seinen Zeitgenossen (Bd. 1 u. 2. 1919 u. 1928); 62 bisher unveröffentlichte Handzeichnungen zu dem Elementarwerk von Johann Bernhard Basedow (1922); Journal, gehalten auf einer Lustreyse von Berlin nach Dreßden, Leipzig, Halle, Dessau etc. anno 1789 (1961); Künstlerfahrt nach Danzig im Jahre 1773 (1919); Von Berlin nach Danzig (1923, ²1937). — W. Engelmann: Daniel Chodowieckis sämtliche Kupferstiche (1857, ²1906). — J. Jahn: Daniel Chodowiecki und die künstlerische Entdeckung des Berliner bürgerlichen Alltags (1954). — L. Kaemmerer: Chodowiecki (1897). — P. Landau: Daniel Chodowiecki (1923, ²1924). — A. Matthaei: Daniel Chodowieckis Stellung in der deutschen Kunst (1924). — F. Meyer: Daniel Chodowiecki, der Peintre-Graveur (1888). — W. v. Oettingen: Daniel Chodowiecki (1895). — A. Rümann: Daniel Chodowiecki (1926). — F. Schottmüller: Daniel Chodowiecki (1912).

IJB

Chönz, Selina

*Schweizer Erzieherin, Kinderbuchautorin; * 4.8. 1911 Samedan/Engadin.*

Nach der Ausbildung an der École supérieure in Lausanne erarbeitete Ch. sich das Sprachdiplom für Englisch und Französisch. Sie wurde Montessori-Schülerin in London, war als Privatlehrerin tätig und unternahm Reisen durch Schottland, Frankreich, Italien, Deutschland. In Zürich war sie Lei-

Selina Chönz (1911)*

terin der Montessori-Abteilung des Kindergartenseminars und kehrte nach ihrer Heirat mit dem Architekten J. U. CHÖNZ nach Guarda ins Engadin zurück. Für ihr schriftstellerisches Schaffen erhielt sie den Schiller-Preis, den Schweizerischen Kinderbuchpreis 1948 und wurde auf der Ehrenliste zum Hans-Christian-Andersen-Preis 1956 genannt.

Werk, Tendenzen, Wirkung. Mit Versen und Prosa begann Ch. zunächst in rätoromanischer Sprache. Dann entstanden auch in Hochdeutsch Bilderbuch- und Umwelttexte, die Schweizer Folklore und Heimatliebe in kindlicher Erlebnisweise darstellten. Diese Dichtungen für Kinder regten den Maler und Graphiker A. CARIGIET zu intensivem Bilderbuchschaffen an. Texte von Ch. und Bilder von CARIGIET wurden eine Einheit in den „Schweizer Trilogie" genannten Bilderbüchern „Schellen-Ursli" (1945), „Flurina und das Wildvöglein" (1952) und „Der große Schnee" (1955). Diese Bücher für Kinder im Vorschulalter hatten in kurzer Zeit mehrere Auflagen und wurden in verschiedene europäische Sprachen, auch ins Japanische und ins Afrikaans übersetzt. B. HÜRLIMANN sagt, daß die von Ch. geschaffene Figur des „kleinen Bergbauernbuben Ursli für die Schweizer Kinder und ungezählte Kinder in der ganzen Welt ein gleichwertiger Bruder von Heidi" geworden sei (Europäische Kinderbücher, ²1963, S. 242). Ch. erzählt geradlinig und realistisch, mit feiner psychologischer Spannungsführung für Kinder und einem Hauch romantischer „heiler Welt". Ihre Texte mit den Bildern von CARIGIET vermitteln Kindern in aller Welt ein intensives, farbiges Bild Schweizer Alplebens. *Horst Künnemann*

→ A. Carigiet

Werke: Uorsin (1945); Schellen-Ursli (1945, ⁴1952); Flurina und das Wildvöglein (1952; NA. 1956); Der große Schnee (1955; NA. 1957).

Chow, Chung-Cheng

*Kunstmalerin, Schriftstellerin; * 20. 6. 1908 Anhuei/China; lebt seit einigen Jahren in Bonn.*

Ch. studierte in Peking und Paris, erwarb als erste Chinesin das Diplom der Pariser École Libre des Sciences Politiques und promovierte zum Dr. phil. in Staatswissenschaften an der Sorbonne. Sie war zunächst als Universitätslektorin für Sinologie in Holland, später als Direktorin in der Chinesischen Schule in West-Berlin tätig. Ihre Ausbildung zur Malerin erwarb sie 1950—53 in Hamburg (Prof. A. MAHLAU) und Stuttgart (Prof. W. BAUMEISTER). Seit 1953 ist sie mit Ausstellungen und Vorträgen erfolgreich hervorgetreten.

Werk, Tendenzen, Wirkung. In den beiden als Jugendbücher erschienenen Bänden „Kleine Sampan" (1957) und „Zehn Jahre des Glücks" (1960), mit Holzschnitten von eigener Hand ausgestattet,

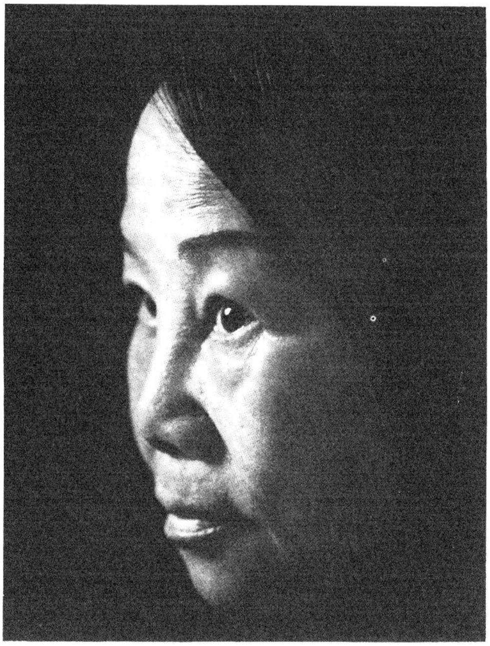

Chung-Cheng Chow (1908)*

Chung-Cheng Chow: Kleine Sampan (Aarau u. Frankfurt 1957). In „Kleine Sampan" illustrierte Chung-Cheng Chow den Lebensweg einer Chinesin mit eigenen Holzschnitten. Diese Familiengeschichte sprengt die engen traditionellen Grenzen des Mädchenbuches, da es die Konfliktsituation, die sich aus dem Studium der jungen Sampan und ihrer Stellung in der europäischen Gesellschaft ergibt, deutlich macht.

hat Ch. in deutscher Sprache die Erlebnisse, Kämpfe und Probleme ihrer Kindheit und Studienzeit bis in die ersten Jahre ihrer Ehe hinein erzählerisch dargestellt. Einer chinesischen Großfamilie alter Tradition und bedeutender Stellung in China entstammend, brach sie unter dem Einfluß der patriotischen Bewegung (4. Mai 1919) aus Familie und herkömmlicher Sitte aus und errang als eine der ersten Chinesinnen die Erlaubnis zum Schulbesuch und Studium im In- und Ausland. Ihre autobiographische Erzählung vertritt als besonders jugendgeeignet auch einen neuen Typus des Mädchenbuches. Inhaltlich ist mit der Darstellung des Mutter-Tochter-Verhältnisses das Generationsproblem *in der politischen und sozialen Veränderung* eines außereuropäischen Kulturvolkes erlebnisstark gezeichnet, verknüpft mit dem *aktiven Einsatz des jungen weiblichen Menschen für gesellschaftliche Veränderung.* Für Kinder schrieb sie phantastische Erzählungen, die z. T. durch die Aufforderung an die Kinder zur spielerischen Mitgestaltung der Illustrationen auch als „Beschäftigungsbücher" gelten.

Margarete Dierks

Werke: Kleine Sampan (1957); Zehn Jahre des Glücks (1960); Der König des Baumes (1967); Die kleinen bunten Fische (1968).

Sekundärliteratur: Chou Chung Cheng: Wie ich Malerin geworden bin (in: Chou Chung Cheng. 1965). — Chow Chung-Cheng (1970). *IJB*

Città di Caorle, Premio Europeo

Der meist unter der Abkürzung „Città di Caorle" bekannte Preis „Premio Europeo Città di Caorle" — benannt nach einer Stadt in der Nähe Venedigs — wird seit 1962 im allgemeinen alle 2 Jahre vergeben. Er verfolgt den Zweck, das literarische Schaffen im Bereich der Kinder- und Jugendliteratur anzuregen.

Die Prämie in Höhe von 1 000 000 Lire wird in der Regel einem Buch, Manuskript oder einer Übersetzung aus dem zweijährigen Zeitraum zwischen den Preisverleihungen zugesprochen. Übersetzte Werke müssen allerdings in der ursprünglichen Sprache bereits früher veröffentlicht worden sein. Die Werke, Übersetzungen oder Manuskripte sind gewöhnlich bis Ende März der Verleihungsjahre in zweifacher Ausfertigung der „Sezione di Letteratura Giovanile dell' Istituto dei Pedagogia dell' Università di Padova" und in jeweils einem Exemplar mehreren Lesekommissionen unterschiedlicher, nicht-italienischer Nationalität zuzusenden, die als Gutachter tätig werden und der Preisausschreibung zu entnehmen sind. Die Auswahl des zu prämierenden Werkes ist die Aufgabe einer aus 9 Mitgliedern bestehenden Jury, die mit einfacher Mehrheit beschließt und deren Präsident der jeweilige Direktor des Pädagogischen Instituts der Universität Padua ist. Das Institut bzw. sein Direktor bestimmt auch im Einvernehmen mit der Stadtverwaltung und dem Verkehrsverein in der Stadt Caorle die restlichen 8 Juroren, von denen 5 keine Italiener sein sollen. Die Jury kann zu ihrer Arbeit Experten hinzuziehen, die allerdings kein Stimmrecht haben. Neben der Auszeichnung eines der eingereichten Werke mit dem Preis kann die Jury auf ihrer Meinung nach empfehlenswerte Publikationen besonders hinweisen bzw. sie für eine Ehrenliste vorschlagen. Das prämierte Buch selbst soll mit einer Schleife und dem Aufdruck „ [I., II., III. usw.] Premio Europeo Città di Caorle" vertrieben werden. 1962 wurde der Preis vergeben an P. Faucher (Frankreich) und A. Alberti (Italien), 1964 an I. und P. Opie (England) und D. Ziliotto (Italien), 1966 an L. Bourliaguet (Frankreich), 1968 (1. Preis) an R. Reggiani (Italien).

Rudolf Raab

→ Italien

Čižek, Franz

*Österreichischer Maler, Kunstpädagoge, Begründer des „Jugendkunst-Unterrichts"; * 12. 7. 1865 Leitmeritz/Böhmen, † 17. 12. 1946 Wien.*

Nach Studien und freier künstlerischer und kunstpädagogischer Tätigkeit eröffnete Č. 1897 seine „Jugendklasse". 1903 wurde er Leiter einer „Versuchsschule für Zeichenunterricht" an der Wiener Kunstgewerbeschule. 1906 wurde er zum Professor ernannt. 1914 gründete er die Vereinigung „Kunst und Schule" und gab unter diesem Namen auch eine Zeitschrift heraus.

Bedeutung für die Jugendliteratur. Č. gilt als „Begründer des Jugendkunst-Unterrichts" und fand mit seinem Wirken auf diesem Gebiet auch viele Anhänger im Ausland, besonders in England und den USA. Seine kunsttheoretischen Ansichten wurden bahnbrechend für die Entwicklung des Bilderbuches und die Illustration in Kinderbüchern. Č. vertrat die völlig freie zeichnerische Entwicklung des Kindes, in der die junge Persönlichkeit zum Ausdruck kommen sollte. Er hat auch als erster versucht, von Kindern illustrierte Bilderbücher herauszugeben (in Leipzig), fand jedoch wenig Verständnis vor. Bilder seiner „Jugendkunstklasse" sind heute begehrte Objekte für Sammler.

Werke: Das freie Zeichnen (1925); Papier-Schneide- und Klebarbeiten (1914, ^{3}1925).

Sekundärliteratur: L. W. Rochowanski: Dreißig Jahre Jugendkunst (1928, ^{2}1946).

Clarke, Pauline

*Englische Schriftstellerin, Kinder- und Jugendbuchautorin; * 1921.*

Nach ihrer Schulzeit in London und Clochester besuchte C. das Somerville College in Oxford und war bis nach dem Kriege berufstätig. Sie trat seit 1948 als Schriftstellerin hervor, publizierte teilweise unter dem Namen H. CLARE und lebt heute als Mrs. HUNTER BLAIR in Cambridge. 1968 erhielt sie den Kinderbuchpreis im Rahmen des Deutschen Jugendbuchpreises für „The Twelve and the Genii", (1962; dt. Die Zwölf vom Dachboden, 1967; übers. von S. GRÄFIN SCHÖNFELDT und M. TORRIS), ein Buch, das auch schon mit englischen Literaturpreisen ausgezeichnet worden war. C. schreibt Erzählungen, Kurzgeschichten, Gedichte, Einakter und Spiele vornehmlich für Kinder; sie verfaßt Manuskripte für den Kinder- und Frauenfunk und publiziert in Zeitungen.

Werk, Tendenzen, Wirkung. Als erstes ihrer Werke erschien in deutscher Sprache 1967 „The Twelve and the Genii", das auch ins Dänische, Japanische und Norwegische übersetzt wurde. C. zeigt in diesem Buch die Macht der Phantasie und den Zauber einer ungebrochenen Kinderwelt. Es stellt erhöhte Ansprüche an die Vorstellungskraft des jungen Lesers, vermag aber auch ältere zu fesseln. Die Handlung (Spiel mit Holzsoldaten, die lebendig werden und nach mancherlei Abenteuern ihren Platz im Museum finden) spielt auf drei verschiedenen, ständig wechselnden, doch miteinander verwobenen Erzählebenen. C. bevorzugt das Thema der unternehmungslustigen phantasiebegabten Geschwistergemeinschaft, die von verständnisvollen Erwachsenen mitgetragen wird. Pädagogische Elemente sind deutlich erkennbar, aber unauffällig in das Geschehen eingestreut, z. B. in: „The Robin Hooders" (1960; dt. „Die liebsten Räuber der Welt", 1971), wo Kinder versuchen, gute Taten nach dem moralischen Vorbild Robin Hoods zu tun. C. selbst berichtet, daß sie viele ihrer Texte zunächst von Kindern kritisch beurteilen läßt und den Details der in die Handlung mit einbezogenen literarhistorischen Bezüge und wahren Begebenheiten sorgfältig nachgeht. *Anneliese Knoop*

Werke: Pekinese princess (1948); Great Can (1952); The white elephant (1952); Five dolls in a house (1953, unter Helen Clare); Merlin's magic (1953); Smith's hoard (1955); Bel the giant and other stories (1956, unter Helen Clare); The boy with the Erpingham hood (1956); Five dolls and the monkey (1956, unter Helen Clare); Sandy the sailor (1956); Five dolls in the snow (1957, unter Helen Clare); Hidden gold (1957); James and the policeman (1957); Five dolls and their friends (1959, unter Helen Clare); James and the robbers (1959); Torolv the fatherless (1959); Lord of the castle (1960); The Robin Hooders (1960; dt. Die liebsten Räuber der Welt, 1971); Seven white pebbles (1960, unter Helen Clare); James and the smugglers (1961); Keep the pot boiling (1961); Silver bells and cockle shells (1962); The twelve and the Genii (1962; dt. Die Zwölf vom Dachboden, 1967); Five dolls and the duke (1963, unter Helen Clare); James and the black van (1963); Crowds of creatures (1964); The bonfire party (1966); The golden collar (1967). *IJB*

Claudius, Hermann

*Lyriker und Erzähler, großenteils auch in niederdeutscher Mundart; * 19. („amtlich" 24.) 10. 1878 Langenfelde b. Altona.*

C. ist Sohn eines Baumeisters und ist in direkter Linie Nachkomme von M. CLAUDIUS. C. arbeitete bis 1934 als Volksschullehrer in Hamburg und wurde nach einem Unfall pensioniert; seitdem ist er als freier Schriftsteller tätig. Bis 1960 wohnte er im „Eschenhus" (Hamburg), danach in Grönwohld üb. Trittau. Er erhielt zahlreiche Auszeichnungen, u. a. für die Verdienste um die plattdeutsche Dichtung 1941 den Klaus-Groth-Preis; für sein Lebenswerk 1956 den Klaus-Groth-Preis der Freiherr-vom-Stein-Stiftung; 1958 die Universitätsmedaille der Universität Kiel.

Werk, Tendenzen, Wirkung. Das Gesamtwerk von C. ist der volksnahen und religiös-volkspädagogischen Grundtendenz des „Wandsbecker Boten" verwandt unter Einbeziehung der Lebensreform-, Jugendbewegungs- und Heimatkunst-Ideen aus den ersten Jahrzehnten des 20. Jh.s. C. begann mit Gedichten, die das Großstadterlebnis der vom Lande gekommenen Menschen erfassen; der Band dieser niederdeutschen sozialen Lyrik „Mank Muern", zuerst 1912, erschien mehrfach erweitert (zuletzt 1953). Erlebnisse im Ersten Weltkrieg und der revolutionär bewegten Nachkriegsjahre lösten Gedichte *zeitkritischer Tendenz* aus („Lieder der Unruh", 1920; „Brücke in der Zeit", 1922). Ein frischer Beitrag zur niederdeutschen Kinderpoesie waren seine „Lustigen Rimels för Grot und Lütt" und das „Hamborger Kinnerbok" (1920, verm. Ausg. 1940). Mehr und mehr stimmte C. sich dann zu *religiöser Innerlichkeit* und einem Volks- und Kinderliedton der Freude an kleinen Dingen und der Idyllik („Der ewige Tor", „Ulenbütteler Idylle", „Das Wolkenbüchlein", 1948). In naive Poesie nimmt C. das realistische Dasein auf und gibt religiös begründeten Lebenszuspruch. Viele seiner Verse wurden in hoch- und niederdeutsche Lesebücher und Anthologien übernommen oder gingen, vertont („Mein Lied für die Jugend". Gedichte von H. C. in Singweisen seiner Zeitgenossen) in den Grundbestand des Kinder-, Jugend- und Volksliedes der ersten Hälfte des 20. Jh.s ein (z. B.: „Jeden Morgen geht die Sonne auf"; „Der Apfel ist nicht gleich am Baum"; „Licht muß wieder werden"). Neben einem Reichtum hoch- und plattdeutscher Gedichte schuf C. nach Texten von Volksmärchen, -sagen und biblischen Geschichten Jugend- und Laienspiele (auch Hörspielbearbeitung), z. B.: Dreedüwelsspeel, 1926; Rumpelstilzchen, 1927, (Musik von A. KNAB); Das Kain- und Abel-Spiel, Schneewittschen, Erntedank-Spiel, in denen er mit der dramatischen und sprachlichen Gestaltung Ton und Spielfreudigkeit der Kinder und Schuljugend traf. In Erzählungen, Jugenderzählungen (Wupp Windvogel, 1958) und Kurzgeschichten (Der Gott der guten Tiere und andere Geschichten) *griff C. Themen aus dem Alltag auf und schilderte Menschen des niederdeutschen Raumes* in Gegenwart und Vergangenheit (Meister Bertram van Mynden, 1927); anschaulich, farbkräftig, humorvoll sind die Erzählungen aus seiner Kindheit (Armantje; Wie ich den lieben Gott suchte; Mein Vetter Emil; Peter Arp und ich, 1959; Karge reiche Kindheit, 1960). In dem „Skizzenbuch meiner Begegnungen" (1966) schildert C. Erlebnisse und Beziehungen mit vielen älteren und seiner Generation angehörenden Schriftstellern und Künstlern, ein Kapitel Zeit- und Ideengeschichte. 1948 erschien seine Verdeutschung des Werkes von C. v. Saaz „Der Ackermann und der Tod". *Margarete Dierks*

Werke: Hamborger Kinnerbok (1920); Krup ünner (1923); Botterlicker, sett di (1924); Dreedüwelsspeel (1926); Rumpelstilzchen (1927); Gesammelte Werke (Bd. 1 u. 2. 1957).

Sekundärliteratur: H. Claudius: Das Silberschiff (1940). — W. Katthage: In die Welt hinein zu Gott! (in: Schule und Leben. 1. 1953/54. 12—16). — N. Numsen: Hermann Claudius (1938). *IJB*

Claudius, Matthias

*Redakteur des „Wandsbecker Bothen"; Dichter, aus dessen Werk viele Lieder und Gedichte („Der Mond ist aufgegangen") Bestandteile der Kinderliteratur und des Volksliederschatzes wurden; * 15. 8. 1740 Reinfeld/Holstein, † 21. 1. 1815 Hamburg.*

Die Vorfahren C.' waren durch sechs Generationen als Pastoren tätig. Bis zur Konfirmation wurde C. von seinem Vater, dem Pastor in Reinfeld, unterrichtet. Nach dem anschließenden Besuch der Lateinschule in Plön studierte er in Jena Theologie, später auch Rechtswissenschaften (1759—63) und kehrte ohne Studienabschluß ins Elternhaus zurück. Ein Jahr lang arbeitete er als Privatsekretär am Kopenhagener Hof und lebte in der Nähe Fr. G. Klopstocks (1724—1803). Als Redaktionsmitarbeiter bei den „Adreß-Komptoir-Nachrichten" in Hamburg (1768) lernte er J. G. Herder, G. E. Lessing, J. B. Basedow, Ph. E. Bach und den Verleger J. Bode kennen, der C. 1771 die Redaktion der Dorfzeitung „Der Wandsbecker Bothe" — ab 1773 „Der Deutsche, sonst Wandsbecker Bothe" — in Wandsbeck (heute Wandsbek) übertrug. C. bezog den Namen auf seine Person und bezeichnete sich als „Bothe von Wandsbeck". Für die viermal wöchentlich erscheinende Zeitung, die in den wenigen Jahren ihres Bestehens weit über die Ortsgrenzen verbreitet war, hat C. führende Köpfe als Mitarbeiter gewonnen. Seine eigenen Beiträge unterzeichnete er mit dem Pseudonym „Asmus", einer Kurzform von „Erasmus", als Anspielung auf einen der „sieben Weltweisen", dessen Wahlspruch von jenem handelte, der all das Seinige mit sich trägt. Nach dem Verlust der Stellung in Wandsbek wurde C. durch Vermittlung Herders als Oberlandkommissär mit dem Rang eines Wirklichen Geheimen Rats nach Darmstadt berufen. Dort gab er 1776 die „Hessen-Darmstädtische privilegierte Land-Zeitung" heraus, mußte aber infolge von Spannungen mit Kollegen und Vorgesetzten bereits im Februar 1777 wieder aus dem Amte scheiden. Er kehrte mit seiner Familie — C. hatte 1772 R. Behn, Tochter eines Zimmermanns geheiratet; der Ehe entsprossen bis 1794 elf Kinder — nach Wandsbek zurück. Übersetzungen, die Aufnahme von Kostgängern in sein Haus und die Herausgabe seiner Arbeit als „Asmus"-Bände ermöglichten die bescheidene Lebensführung. C. unterrichtete seine Kinder selbst, seine Erziehungsregel war: dem Kinde Gutes vorleben. Seine Grundsätze, vom Christentum geprägt, ähnelten denen J. H. Pestalozzis. Ab 1788 erhielt C. durch den dänischen Kronprinzen Friedrich das Amt eines Revisors der Speziesbank in Altona. Infolge der Kriegswirren im Frühjahre 1813 aus seinem Haus vertrieben, starb C. bei seiner nach Herders Frau genannten Tochter Caroline, die seit 1797 mit dem Buchhändler F. Perthes in Hamburg verheiratet war.

Werk, Wirkung, Bedeutung in der Kinderliteratur. C.' dichterisches und schriftstellerisches Schaffen entwickelte sich im Gegensatz zur gleichzeitig entstehenden Weimarer Klassik, da C. *eine realistische Alltagsnähe* und bürgerliche und bäuerliche Lebenswirklichkeit erfaßte und gestaltete. Von 1774 bis 1812 erschienen insgesamt 8 Sammelbände mit seinen Gedichten, Sinnsprüchen, Rezensionen und Traktaten über Tagesfragen und über Fragen der menschlichen Existenz unter dem Titel: „Asmus omnia sua secum portans, oder: Sämmtliche Werke des Wandsbecker Bothen" (Bd. 1—8. 1775—1812). Die Volks- und Naturverbundenheit, die in vielen seiner Arbeiten zum Ausdruck kommt, *das besondere Verhältnis zu einfachen, kindgemäßen Themen und Formen* ließen einige seiner Lieder zu Volksliedern werden, die einen hervorragenden Platz in der Kinder- und Jugendliteratur gewannen. Zum Beispiel waren seine Strophen „David und Goliath" bei Kindern so beliebt, daß sie, auf Kattun-Taschentücher gedruckt, auf Jahrmärkten feilgeboten wurden, wie Zeitgenossen berichten. Sein Rundgesang „Urians Reise um die Welt" („Wenn jemand eine Reise tut, so kann er was (v)erzählen ..."), „Ein Lied hinterm Ofen zu singen" („Der Winter ist ein rechter Mann ..."), „Die Sternseherin Lise" („Ich sehe oft um Mitternacht..."), „Ein Wiegenlied beim Mondschein zu singen" und „Ein Lied um Regen" sind im Wortlaut in vielen Lesebüchern und Anthologien erschienen und häufig vertont worden. Am bekanntesten wurde und ist geblieben sein „Abendlied" („Der Mond ist aufgegangen ..."), das 1778 erschien und von J. A. P. Schulz 1790 in die noch heute gesungene Melodie gesetzt wurde. Um einige Strophen gekürzt hat es J. Krüss neben anderen

Liedern von C. — auch den beiden vom „Zahn" und der Hymne auf den Bauernstand „Der glückliche Bauer" — in seine Kindergedichtsammlung „So viele Tage wie das Jahr hat" (1959) aufgenommen. KRÜSS nennt C. „den bewußten, den genauen Künstler" („So viele Tage wie das Jahr hat", S. 286) und bestätigt, daß Gemüt und Humor oft ganz rein in seiner Dichtung zum Ausdruck kommen. C. hat sich weitgehend auf allgemein verständliche *Grundformen* beschränkt und in seiner Dichtung nur ca. 19 000 verschiedene Wörter eingesetzt. Diese Beschränkung hat vielen seiner Gedichte und auch Prosastücken wie dem „Brief an meinen Sohn Johannes" aus dem Jahr 1799 und der „Klagschrift eines Parforce gejagten Hirschen an seinen Herrn" anhaltende Lebendigkeit verliehen. Seine Grundthemen Eltern und Kinder, Haus und Hof, Zeit und Ewigkeit, Alltagssorgen und Lebensfeste, Tages- und Jahreszeiten wurden von den Dichtern der Romantik vielfältig wieder aufgegriffen.

Richard Schaeffer

Werke: Tändeleyen und Erzählungen(1763); Asmus omnia sua secum portans, oder: Sämmtliche Werke des Wandsbecker Bothen (Tl. 1—8. 1775—1812); C. Redlich (Hrsg.): Sämtliche Werke (Bd. 1 u. 2. ^{13}1902); G. Behrmann (Hrsg.): Werke (1907, ^{2}1924); U. Roedl (Hrsg.): Werke (1954, ^{7}1966).

Sekundärliteratur: A. Claudius: Aus vier Generationen der Familie Matthias Claudius (1929). — H. Claudius: Matthias Claudius (1938; NA. 1942). — M. Claudius: Briefe (Bd. 1 u. 2. 1937 u. 40). — W. Herbst: Matthias Claudius, der Wandsbecker Bote (1857, ^{4}1878). — K. Hesselbacher: Der Wandsbeker Bote (1941, ^{2}1948). — W. Hülsen: Claudius' Lyrik (Diss. 1913). — F. Laubscher: Matthias Claudius (1964). — F. Naumann: Matthias Claudius und das Volkslied (Diss. 1914). — J. Pfeiffer: Matthias Claudius, der Wandsbecker Bote (1940; NA. 1949). — U. Roedl: Matthias Claudius (1934, ^{3}1969). — I. Rüttenauer: Matthias Claudius (1947, ^{2}1952). — J. C. E. Sommer: Studien zu den Gedichten des Wandsbecker Boten (Diss. 1944). — W. Stammler: Matthias Claudius, der Wandsbecker Bote (1915).

IJB

Clevé, Evelyn

*Jugendbuchautorin, freie Mitarbeiterin bei Rundfunk- und Filmproduktion; * 23. 10. 1906 Berlin.*

C. bekam 1936 Schreibverbot und nahm 1945 ihre Arbeit wieder auf. Sie befaßt sich besonders mit historisch-biographischen Themen.

Werk, Tendenzen. C.s Buch-Helden sind Menschen, die zwar einer bestimmten Idee dienen, jedoch nicht nur Exponenten einer Zeit oder Geistesströmung sind. Z. B. schildert sie H. KELLERS schweren persönlichen Werdegang oder H. SCHLIEMANNS Umwege vom Pfarrerssohn über den Kaufmann zum Archäologen. C. bleibt nahe an den historischen Quellen, erzählt und beschreibt sachlich, zugleich spannungsvoll und eindringlich; jeweils der Mensch und menschliche Konflikte stehen im Vordergrund ihrer kultur- und ideengeschichtlichen Zeitbilder.

Rosemarie Fritzdorf

Werke: Helen Keller (1947); Heinrich Schliemann (1953); Jerry, die Farmerstochter (1956); Königin für England (1958); Du mußt nach Frankreich ziehn, Johanna! (1961).

IJB

Cocagnac, Augustin-Maurice

*Französischer Theologe, Verfasser von Kinderbüchern mit biblischer Thematik; * 20. 6. 1924 Tarbes/Frankreich.*

Nach seiner wissenschaftlichen Ausbildung, die er mit der Promotion in Theologie abschloß, war C. von 1954—56 im Direktionsstab der Zeitschriften „La Vie Spirituelle" und 1954—70 bei der Zeitschrift „L'Art Sacre" tätig. 1970 wurde C. leitender Mitarbeiter bei der „Société Le Periscope", einer Gesellschaft, die sich um die Verbreitung von christlichem Gedankengut mit Hilfe von audiovisuellen Medien und Büchern bemüht.

Werk, Tendenzen. C. geht es vor allem um die Darbietung biblischen Gedankenguts für Kinder. Sein bedeutendstes Werk in diesem Bereich ist eine zweibändige Kinderbibel, die in Deutschland unter dem Titel „Patmos Bibel" (1967) als Übersetzung des französischen Originals „Le Bible pour les jeunes" (1966) erschien. Mit der französischen kam gleichzeitig auch eine englische Ausgabe des Werkes heraus. Die beiden Bände folgen der Einteilung der Bibel in Altes und Neues Testament (L' Ancienne Alliance und La Nouvelle Alliance). Die Auswahl der für Kinder bearbeiteten Bibelstellen deckt sich weitgehend mit der aus Schulbibeln bekannten; im Vergleich zeigt sich allerdings die Sprache C.s, wirkungsvoll übersetzt von H. HOFFMANN, wesentlich lebendiger. Das ist eine Folge des Reichtums an Dialogen, oft in Form von Streitgesprächen, der Parataxe, die den Sprachduktus der Situationssprache angleicht und dem zeitgemäßen Wortbestand. Stofflich hält sich C. eng an die Quelle. Dennoch bleibt bei der getroffenen Auswahl die Frage, ob diese Kinderbibel wirklich zum Verständnis einer späteren Lektüre des ungekürzten Bibeltextes führen kann, da vorwiegend Heldengestalten, die sich zur Identifikation anbieten, im Zentrum der Bearbeitung stehen, während andere Bereiche unerwähnt bleiben. Die Hinführung zu einem kritischen Textverständnis fehlt ganz, was um so bedauerlicher ist, als C. im Vorwort durchaus Ansätze dazu aufzeigt.

Neben der zweibändigen Bibel hat C. einzelne Episoden aus den beiden Testamenten in kleinen Schriften behandelt; auch da herrscht die Personendarstellung vor.

Ferner hat C. außer diesen Bearbeitungen biblischer Stoffe noch einzelne Themen der Glaubenslehre behandelt, so u.a. „Pour comprendre mon baptême" (1968; dt. Meine Taufe, 1969) und „Pour comprendre ma messe" (1965), dessen deutscher Übersetzungstitel „Die Geschichte von unserer heiligen Messe" (1965) ausgesprochen irreführend ist, da es in dem Büchlein nur um das Abendmahl geht und nicht um den historischen Prozeß der Entwicklung des Gottesdienstes in der kath. Kirche. Erwähnenswert ist noch C.s Übersetzung einer japanischen Erzählung, die man der Gattung der Legende zuordnen kann: „Les trois arbres de Samourai" (1969; dt. Suneio der Samurai, 1970), deren seitenübergreifende Illustrationen von A. LE FOLL den Text in idealer Weise bereichern. Die Kinderbibel sowie die meisten biblischen Erzählungen C.s hat J. LE SCANFF, der sich in der Farbkomposition und in den zeichnerischen Konturen naiver Stilmittel bedient, archaisierend illustriert.

Rudolf Raab

Werke: Pour comprendre ma messe (1965; dt. Die Geschichte von unserer heiligen Messe, 1965); La Bible pour les jeunes. L' Ancienne alliance. La nouvelle alliance (1966; dt. Patmos-Bibel. Altes Testament. Neues Testament. 1967); Pour comprendre ma baptême (1968; dt. Meine Taufe, 1969); Les mots de la Bible (1968; dt. Was sagt uns die Bibel?, 1969); Les hommes regardent la lune (1970; dt. Die Menschen und der Mond, 1970); L' Opéra de Jonas (1970; dt. Das große Abenteuer des Herrn Jonas, 1971).

Collodi, Carlo

*(d. i. Carlo Lorenzini). Italienischer Schriftsteller, Journalist und Politiker; * 24. 11. 1826 Florenz, † 26. 8. 1890 ebenda.*

C., Sohn eines Kochs, entstammte einer einfachen toskanischen Familie und hatte zehn Geschwister. Der Marquis GINORI-LISCI, Arbeitgeber des Vaters, übernahm die Kosten für die Ausbildung des jungen CARLO. Mit sechzehn Jahren begann C. in Florenz Philosophie und Rhetorik zu studieren. Später war er fünf Jahre Bibliothekar bei G. AIAZZI, einem der bekanntesten Handschriftenfachleute seiner Zeit. C. nahm regen Anteil am Freiheitskampf Italiens und kämpfte zusammen mit seinen Brüdern in der Schlacht von Montanara gegen die Österreicher. Nach dem unglücklichen Ausgang der Schlacht war er abwechselnd als Redakteur, Bibliothekar, Kunstkritiker und Theaterzensor tätig. 1862 wurde er als bühnentechnischer Direktor an das Teatro della Pergola in Florenz berufen und Mitglied eines Ausschusses, der sich mit der Herausgabe eines Lexikons des Florentiner Sprachgebrauchs befaßte. Das Pseudonym COLLODI wählte er nach dem Namen des Heimatdorfes seiner Mutter. Der Grund zu diesem Decknamen war eine polemische Schrift, die er unter dem Titel „Herr Alberi hat recht — Ein verteidigender Dialog" herausbrachte und für die er unerwünschte Reaktionen der Regierung erwartete.

Werk, Tendenzen, Wirkung. Als politisch engagierter Journalist gründete C. nach dem unglücklichen Ausgang der Schlacht von Montanara (1848) in Florenz die politisch-satirische Zeitschrift „Il Lampione", um, wie er sich ausdrückte, „Licht für diejenigen zu schaffen, die im Dunkeln tappen". Nach dem Verbot der Zeitschrift gründete er die liberale Zeitschrift „Lo Scaramucio" (Das Scharmützel), die bis 1858 erschien. Nach dem Waffenstillstand von Villafranca (1859) gab er „Il Lampione" neu heraus. Durch die Bekanntschaft mit dem Verleger PAGGI, der sich für die Herausgabe moderner Kinderbücher einsetzte, wurde C. angeregt, eine Übersetzung der Märchen von CH. PERRAULT in das Italienische vorzunehmen, die ein großer Erfolg wurde. Dadurch ermutigt, nahm er den Vorschlag des Verlegers PAGGI an, die Lehrbücher des L. PARRAVICINI zu überarbeiten und in eine kindgemäße Sprache zu übertragen. Als die Verleger der Zeitschrift „Fanfulla", für die C. gelegentlich Beiträge lieferte, eine Kinderzeitschrift herausgaben, die als „Giornale dei Bambini" bald in ganz Italien Verbreitung fand, wurde C. aufgefordert, Erzählungen für diese Kinderzeitschrift zu schreiben. Daraufhin schrieb er die erste Folge von „Le Avventure di Pinocchio", die 1881 in der neuen Kinderzeitschrift „Giornale dei Bambini" erschien. Mit seinem „Pinocchio", der „Storia di un burattino" (Geschichte eines Hampelmanns), wurde er mit einem Schlag zum berühmtesten Schriftsteller Italiens. Schon 1883 erschien der „Pinocchio" in Buchform und trat bald darauf seinen Siegeszug durch die ganze Welt an. Bis heute ist der „Pinocchio" Bestandteil des Kanons „klassischer" Kinder- und Jugendbücher geblieben.

Helmut Müller

→ Bearbeitung von Texten für Kinder und Jugendliche, → Italien, → Pinocchio

Werke: Le Avventure di Pinocchio (in: Giornale dei Bambini, 1881—83); Le Avventure di Pinocchio. Storia di un burattino (1883; dt. Zäpfelkerns Abenteuer, 1905).

Sekundärliteratur: P. Bargellini: Carlo Collodi e la verità di „Pinocchio" (in: P. Bargellini: Tre toscani. 1951. 7—110). — B. Bertacchini: Collodi narratore (1961). — B. Eichhorn: Carlo Collodi (in: Zeitschr. f. J.lit. 5. 1968. 269—276). — V. Fazio-Allmayer: Commento a Pinocchio (1945); Divigazioni e capricci su Pinocchio (1958). — D. Ferraro: Elogio di Pinocchio (1951). — P. Lorenzini: Collodi e Pinocchio (1945). — I. Marchetti: Carlo Collodi (1959). — H. Müller: Pinocchio. Die Vernunft des kleinen Mannes als Motiv im Kinderbuch (in: Kl. Doderer (Hrsg.): Klassische Kinder- und Jugendbücher. 1969, ^{2}1970. 17—33). — L. Santucci: Collodi (1961).

Comenius (Komensky), Johann (Jan) Amos

*Tschechischer Reformpädagoge des 17. Jh.s, Schöpfer des „Orbis sensualium pictus"; * 28. 3. 1592 Nivnitz/Mähren, † 15. 11. 1670 Amsterdam.*

Durch die Eltern, die er mit kaum 12 Jahren verlor, mit der Böhmischen Brüdergemeinde verbunden, besuchte C. die Lateinschule in Prerau und studierte in Herborn/Nassau und Heidelberg Theologie und Philosophie. In Herborn, unter dem Einfluß seines Lehrers ALSTED mit den Reformgedanken des W. RATICHIUS vertraut geworden, unterrichtete C., 1614 nach Prerau zurückgekehrt, als Leiter der dortigen Schule nach den Grundsätzen des RATICHIUS, erstrebte aber eine weitere Verbesserung des Unterrichts (Grammaticae faciloris praecepta). 1618 wurde er Prediger der Brüdergemeinde und Leiter der Schule zu Fulneck/Mähren. Nach TILLYS Sieg in der Schlacht am Weißen Berge im Dreißigjährigen Krieg als einer der ersten nicht-kath. Prediger des Landes verwiesen, verlor C. seine Bibliothek und Manuskripte. Seine Frau und Kinder starben durch die Pest. Sein Leben selbst war in Böhmen ständig bedroht. Nach der zweiten Heirat arbeitete er 1628 in Lissa/Polen wieder als Lehrer, später als Leiter des Gymnasiums. In diesen Jahren bis zur Berufung nach London 1641 erschienen C.' epochemachende Schriften zur Pädagogik, Sprachlehre und Pansophie. 1642 in Elbing (auf Veranlassung des schwed. Kanzlers Ochsenstierna) beschäftigte sich C. mit weiteren Schriften zum latein. Sprachunterricht (Methodus linguarum novissima). 1648 kehrte er nach Lissa als Bischof der Brüdergemeinde zurück. Hier verlor er die zweite Gattin. 1650 wurde er nach Ungarn berufen zur Gründung einer pansophischen Schule in Saros-Patak. Dort erarbeitete C. sein Werk für die Kinder, den „Orbis sensualium pictus" (1658). Nach abermals kurzem Aufenthalt in Lissa wieder des Landes verwiesen, fand C. letzte Zuflucht in Amsterdam, wo er die Gesamtausgabe seiner didaktischen Werke besorgte (Opera didactica omnia. Bd. 1—3. 1656—57). Das C.-Museum in Amsterdam bewahrt seine Hinterlassenschaft und die Ausgaben seiner Bücher und Schriften auf.

Religiöse pädagogische Grundkonzeption. H. NOHL nannte C. „eine der größten und schönsten Gestalten der Erziehungsgeschichte, eine reine, fast heilige Figur". Die Beurteilung seines Werkes war lange Zeit durch die einseitige, oberflächliche Auslegung der von ihm geforderten „natürlichen Methode" und des darin verankerten Anschauungsprinzips der universalen Größe des C. nicht gerecht geworden. Er war nicht „der Apostel von Anschauung und Erfahrung, den die Lehrbuchpädagogik aus ihm gemacht hat" (E. SPRANGER). Erst die intensive Forschung in den letzten Jahrzehnten rückte (z. T. auf Grund von Neu-Editionen und durch Interpretationen von KL. SCHALLER) C.' weitgespannte philos.-theologische Einstellung zu Welt und Mensch als Grundlage einer eigentümlichen Anthropologie ins rechte Licht. Ausgangspunkt seines Denkens und pädagogischen Handelns ist: *Der Mensch als Geschöpf der äußeren (göttlich beabsichtigten) und inneren (individuell angelegten) Natur will und soll „zurück, von wo er abirrte" (Gottes Ebenbildlichkeit).* Der Weg dazu führt u. a. über die Kenntnis der „Sachen", die Ausstrahlungen göttlichen Wesens sind. Zu Hilfe kommen dem Erzieher dabei die zuverlässigen Mittel der „Methode". Die Kenntnis der dinglichen Welt richtet sich aber allein auf die Anerkennung des Ordnungsgefüges der Dinge, in dem sich das göttliche Licht zeigt. Der Mensch muß zu den Sachen geführt werden, er muß „in Stand gesetzt" werden, über die dinglich geordnete Welt den Zugang zu Gott zu finden. Nicht der Mensch bemächtigt sich der Dinge, sondern die Dinge ermächtigen den Menschen, die lux dei zu erkennen. So gesehen ist es verständlich, daß C. die verbale Weltkenntnis ablehnt. Die Sachen stehen für ihn vor den Worten. *Die Dinge sind* — als Emanation Gottes — *ohne Sprache möglich; Sprache ohne Dinge ist aber für C. undenkbar.* Gleichwohl ist ihm Sprache ein geheiligtes Mittel, weil mit ihrer Hilfe Gottes Dinge benannt, erkannt und ergriffen werden. Sprache hat für ihn aber nur eine sekundäre, eine abgeleitete Funktion. Von J. G. HERDERS und W. VON HUMBOLDTS Sprachauffassung trennt C. eine unüberbrückbare Kluft.

Die menschliche Erziehungs(= Bildungs)bedürftigkeit und -fähigkeit legt dem gleichsam in göttlicher Vollmacht handelnden Pädagogen C. nahe, die Dinge der Schöpfung, über die, als Gegenstände Gottes, der Mensch nicht frei verfügen darf, in das Blickfeld des Schülers zu rücken. Der dafür aufgestellte Grundsatz: „omnes omnia omnino" ist neu zu interpretieren, wie es die gegenwärtige C.-Forschung bereits eingeleitet hat. Einen wichtigen literaturdidaktischen Hinweis finden wir in C.' „Didactica magna", Kap. XXVIII. Auf Grund seiner natürlichen Methode sollen und werden die Kinder in der „Mutterschule" „die Poesie schmecken", „wenn sie in diesem frühen Lebensalter eine hübsche Menge Verschen lernen, besonders Sittensprüche, die rhythmisch oder metrisch sein können" (hier zeigt sich eine Verbindung zu FR. FRÖBELS „Mutterlieder"). In der „Muttersprachschule" (entspricht der Einrichtung unserer bisherigen Volksschule) sieht C. einen Umgang mit Poesie dagegen nicht mehr vor. Bibel und geistliche Lieder übernehmen die poetische Funktion. *Jedoch wünschte C. eine heitere, jugendgemäße Lernatmosphäre herzustellen.*

Der „Orbis sensualium pictus" des C. Als großartige didaktische Hilfe schuf C. seinen Schülern u. a. den „Orbis sensualium pictus", „Die sichtbare Welt / Das ist / Aller vornemsten Welt-Dinge und Lebens-Verrichtungen Vorbildung und Benahmung" (Nürnberg 1658). Dieses „Sachbuch", das in erster Linie der Erlernung der lateinischen Spra-

(4)

Cornix cornicatur. die Krähe krechzet.	á á	Aa
Agnus balat. das Schaf blöcket.	bé é é	Bb
Cicáda stridet. der Heuschreck zitzschert.	ci ci	Cc
Upupa, dicit der Widhopf/ ruft	du du	Dd
Infans éjulat. das Kind weinert.	é é é	Ee
Ventus flat. der Wind wehet.	fi fi	Ff
Anser gingrit. die Gans gackert.	ga ga	Gg
Os halat. der Mund hauchet.	háh háh	Hh
Mus mintrit. die Maus pfipfert.	i i i	Ii
Anas tetrinnit. die Ente schnackert.	kha kha	Kk
Lupus úlulat. der Wolff heulet.	lu ulu	Ll
Ursus múrmurat. der Beer brummet.	mum mum	Mm

(5)

Felis, clamat die Katz mauzet.	nau nau	Nn
Auriga, clamat der Fuhrmann/ rufft	ó ó ó	Oo
Pullus pipit. das Küchlein pipet.	pi pi	Pp
Cúculus cúculat. der Kukuk kucket.	kuk ku	Qq
Canis ríngitur. der Hund marret.	err	Rr
Serpens sibilat. die Schlange zischet.	si	Ss
Graculus, clamat der Heher/ schreyet	tae tae	Tt
Bubo ululat. die Eule uhuhet.	ú ú	Uu
Lepus vagit. der Hase quäcket.	vá	Ww
Rana coaxat. der Frosch quacket.	coax	Xx
Asinus rudit. der Esel ygaet.	y y y	Yy
Tabanus, dicit die Breme summet.	ds ds	Zz

Johann Amos Comenius: Orbis sensualium pictus (Nürnberg 1658). Im Jahre 1658 erschien der „Orbis sensualium pictus. Hoc est, Omnium fundamentalium in Mundo Rerum & in Vita Actionum Pictura & Nomenclatura. Die sichtbare Welt. Das ist aller vornemsten Welt-Dinge und Lebens-Verrichtungen Vorbildung und Benahmung". Die Abbildung zeigt eine Doppelseite mit Bildleisten zum Alphabet. Den einzelnen Buchstaben werden Lautäußerungen verschiedener auf den Einzelbildchen dargestellter Tiere zugeordnet.

che dienen sollte (erst der Verleger hat kurz vor dem Druck, vermutlich ohne C.' Kontrolle, einen deutschen Paralleltext anfertigen lassen), stellt eine Folge von 150 Holzschnitten dar, die, unter gleichzeitiger Zuordnung eines Bestandes von 4 000 Wörtern, von Gott dem Schöpfer ausgehend, den Betrachter durch die ganze Schöpfung bis zum „jüngsten Gericht" führen. In den Bildern sind Einzelheiten mit Ziffern versehen. Diese verweisen auf die entsprechenden Wörter („Namen") im Text, der, in Spalten und nach Wortblöcken angeordnet, neben den Bildern steht und, im Zusammenhang gelesen, die jeweilige „Bildbeschreibung" ergibt. Die Bilder mochten schon Kinder vor dem Schulalter ergötzen; beim Lernen an einem solchen Buch aber sollte auch den Schulkindern fortan „keine Marter / sondern eitel Wollust" bereitet werden. Mit dem didaktischen Prinzip der Parallelität von Dingen (Sachen) und Worten will C. bei den Schülern „die Gemüter herbeilocken", „die Aufmerksamkeit lenken" und „das Wissen spiel- und scherzweise" aufnehmen lassen. Diese im Vorwort genannten, recht pragmatisch anmutenden pädagogischen Absichten erhalten erst nach der Einordnung der orbis-pictus-Idee in das pansophische Gesamtwerk des C. ihren gemäßen „vorläufigen" anthropologischen Ort.

Veränderungen. Bereits 1662 lag die 3. Aufl. des Werkes vor. 1666 erschien dazu eine viersprachige Ausgabe (unter Einbeziehung des Französischen und Italienischen). Zu Beginn des 18. Jh.s setzten die ersten auffallenden Veränderungen am Original (und damit auch an der geistigen Grundkonzeption) ein. Chr. Dessler erhöhte den Wortbestand auf 8 000

(1719), und ein Jahr später wurden auch die alten Holzschnitte ersetzt. Jede weitere Ausgabe brachte neue Veränderungen und zeitentsprechende Neuerungen. Die pansophisch zu begründende Idee vom „orbis sensualium pictus" des C. verflüchtigte sich damit immer mehr; dafür gewann die Ausprägung des sachbezogenen Bilderbuches in Form der „gemalten Welt" an Boden. Die „Orbis pictus"- und „Neuer Orbis pictus"-Titel bezeichneten eine neue und eine der wichtigsten Kinderbuchgattungen des 18. Jh.s. Den „Orbis pictus" des C. jedoch als „das erste realistische Unterhaltungsbuch für die Jugend" zu bezeichnen, wie es W. FRICKE in seinem „Grundriß der Geschichte deutscher Jugendliteratur" (1886) unternimmt, ist eine Verkennung der geistigen Grundlagen des Werkes. Eher könnten die Orbis-Ausgaben des 19. Jh.s noch mit dem „Elementarwerk" von J. B. BASEDOW in Verbindung gebracht werden, das die Dinge in den Interessenbereich des Kindes hereinholt (also umgekehrt wie C. verfährt) und damit eine nützliche Welt schafft und sie lehrhaft aufschließt.

J. W. v. GOETHE berichtet in „Dichtung und Wahrheit" (I. Teil, 1. Buch), daß ihm als Knabe außer dem „Orbis pictus" des C. kein anderes Buch dieser Art in die Hände gekommen sei, weil es damals noch keine Bibliotheken für Kinder gegeben habe. Die unterschiedliche Leistung von BASEDOWS und C.' Bildwerken sieht er so: „Jenes Elementarwerk zersplittert die Welt ganz und gar, indem das, was in der Weltanschauung keineswegs zusammentrifft, um der Verwandtschaft der Begriffe willen nebeneinandersteht, weswegen es auch jener sinnlich-methodischen Vorzüge ermangelt, die wir ähnlichen Arbeiten des Comenius zuerkennen müssen." (III. Teil, 14. Buch). *Hermann Bertlein*

→ Orbis pictus

Werke: Labyrint světa a ráj srdce (1631); Informatorium der Mutterschule (1633); Opera didactica omnia (Bd. 1 bis 3. 1656—1657); Didactica magna (1657); Orbis sensualium pictus (1658); Unum necessarium (1668).

Sekundärliteratur: G. Baur: Comenius (in: Encyklopädie des gesammten Erziehungs- und Bildungswesens. 1. 1859. 821—829). — J. Beeger: J. A. Comenius, nach seinem Leben und seinen Schriften (1883; zus. mit F. J. Zoubek). — Bibliographice komeniologických článků v českých a slovenských pedagogických časopisec z let 1945—1960 (1961). — J. Brambora: Knižní dílo Jana Amose Komenského Studie bibliografická (1957). — H. Geissler: Comenius und die Sprache (1959). — A. Heyberger: J. A. Comenius (1928). — F. Hofmann: Jan Amos Komenský (1963). — B. Hürlimann: Comenius und das Sachbuch (in: Jugendliteratur. 11. 1958. 489—494). — Johann Amos Comenius (1957). — W. Kayser: Johann Amos Comenius (1892). — F. Kožík: Das schmerzensreiche und heldenhafte Leben Jan Amos Comenius (1958). — H. Künkel: Das Labyrinth der Welt (1951, [3]1957). — J. Kvacsala: Johann Amos Comenius (1892, [3]1921). — J. T. Müller: Zur Bücherkunde des Comenius (1894). — K. Pilz: Johann Amos Comenius (1967). — K. Schaller: Die Pädagogik des Johann Amos Comenius und die Anfänge des pädagogischen Realismus im 17. Jahrhundert (1962). — P. Vidrascu: Comenii Orbis pictus (Diss. 1891). — A. Vrbka: Leben und Schicksale des Johann Amos Comenius (1892). *IJB*

Comics

Von der Publikationsweise her ist zwischen Comic-Strips, die fortsetzungsweise in Zeitungen und Zeitschriften abgedruckt werden, und Comic-Books, selbständigen Veröffentlichungen in Heftform, zu unterscheiden. Zur Steigerung des Absatzes wird oft jedoch auch bei Comic-Books die Form der Fortsetzungsgeschichte benutzt; das Ende eines Heftes bringt dann den Anfang eines neuen Abenteuers. Manche Bildergeschichten erscheinen sowohl als Strips wie als Books.

Was die jeweils angesprochene Lesergruppe betrifft, so kann man zwischen den durchweg lustigen Comics für Kinder, wie „Micky Maus", und den meist abenteuerlichen Comics für Jugendliche und Erwachsene, wie „Superman", unterscheiden.

An ein ausschließlich erwachsenes, exklusives Publikum wenden sich Comics wie „Jodelle" (1966) und „Pravda" (1968) von G. PELLAERT, die sich durch ihren ästhetizistischen Charakter von den massenhaft verbreiteten trivialen Serien absetzen lassen.

Superman ist eine der Hauptgestalten in den amerikanischen Comic-books der 40er Jahre. Der Amerikaner Delacorte verlegte seit 1938 in den sogenannten „Action Comics" Geschichten mit der „Superman"-Figur, die von L. Falk und R. Moore geschaffen worden war.

Eine Sonderform ebenfalls neueren Datums liegt auch in den politisch-gesellschaftskritischen Comics vor; Beispiele dafür sind in den USA die Streifen von R. Crumb („Head Comix") und in der BRD die von K. A. von Meysenbug („Glamour-Girl" und „Super-Mädchen", beide 1968), von Chl. Poth, A. Ploog, R. Hachfeld und G. Zingerl, wie auch die meist anonymen Comics in der Untergrundpresse der Schüler und Studenten.

Geschichte. Die Geschichte der Comics beginnt im letzten Jahrzehnt des 19. Jahrhunderts in den USA, wobei zwei Vorbilder wichtig gewesen sein dürften: das der politisch-sozialen Karikatur und das der populären europäischen Bilderbogen und Bildergeschichten. Der Einfluß der Karikatur zeigt sich namentlich in der Serie „The Yellow Kid" (ab 1896) von R. F. Outcault, die jedoch noch aus Einzelbildern bestand; der Einfluß von Bilderbogen und Bildergeschichte erweist sich an der ersten Comics-Serie im eigentlichen Sinne, „The Katzenjammer Kids" (ab 1897, wird heute noch fortgesetzt) von R. Dirks, die direkt auf W. Buschs „Max und Moritz" zurückgeht.

Comic-Books gibt es seit 1933, zunächst als Werbemittel für Großfirmen, dann für den Verkauf produziert. Anfänglich enthielten sie bekannte Zeitungs-Strips, bekamen aber allmählich auch eigene Inhalte, meist abenteuerlichen Charakters. Dazu wurden Themen- und Motivbereiche des Kriminal-, Reise-, Wildwest-, Ritter- und Zukunftsromans ausgewertet, wenn man literarische Vorlagen, wie „Tarzan" oder „Robinson", nicht einfach übernahm, allerdings nicht ohne sie für die Erfordernisse des Mediums zuzurichten. Ebenso wurden historische Ereignisse, Werke der klassischen Literatur und die Bibel in Comics-Form bearbeitet. Die Comic-Books stellen den größten Geschäftserfolg dar, der je mit Druckerzeugnissen erzielt worden

Akim. Neue Abenteuer. In der Falle. Nr. 138. Zu den ungebrochenen Tatmenschen mit Energie und Ausdauer gehört auch Akim, ein Comic-Held, der im Dschungel für das Gute kämpfen bzw. das Böse ausrotten will.

ist; in den USA wurden monatliche Produktionsziffern von 100 Millionen Heften erreicht.

Von vereinzelten Veröffentlichungen in den zwanziger und dreißiger Jahren, meist in Kundenzeitschriften für Kinder, abgesehen, beginnt die Geschichte der Comics in der BRD erst nach dem 2. Weltkrieg. Originalausgaben amerikanischer Comic-Books und Comic-Strips in amerikanischen Zeitungen und Zeitschriften, die damals in Deutschland gelesen wurden, haben den späteren Massenkonsum deutsch getexteter Comics, etwa seit den fünfziger Jahren, vorbereitet. Heute werden Comic-Strips in vielen Zeitungen abgedruckt, und zwar durchaus nicht nur in der Boulevardpresse. Die Produktion von Comic-Books liegt in der BRD und West-Berlin zur Zeit bei 12 Millionen Exemplaren im Monat.

Comics als Kinder- und Jugendlektüre. In den fünfziger Jahren waren die Comics in der BRD in einem Ausmaß zur Kinder- und Jugendlektüre geworden, daß man von der „Pest der Comic-Books" und der „Inflation der Bilder" gesprochen hat. Die damalige Kritik der Pädagogen, Psychologen und Mediziner zielte in drei Richtungen: 1. Die Lektüre von Comics beeinträchtige das Lesevermögen, sowohl was die Kulturtechnik des Lesens als auch was die Erfassung größerer Sach- und Sinnzusammenhänge in literarischen Texten angeht. 2. Sie bewirke eine innere Verarmung des Menschen, die ihn an einer tiefergehenden Erfassung der Wirklichkeit hindere. 3. Sie könne seelische Schäden, wenn nicht Kriminalität im Gefolge haben.

Diese und andere, in der Tendenz ähnliche Vorwürfe sind zum Teil nicht beweisbar, zum Teil durch einschlägige Untersuchungen in Frage gestellt worden. Das gilt vor allem für den häufig vermuteten Zusammenhang zwischen Intelligenzgrad und Comics-Lektüre und die meist als selbstverständlich angenommene Steigerung von Aggressivität und Kriminalität durch Comics; die Ergebnisse von Marietheres Doetsch (1958) haben erkennen lassen, wie sehr solche Anschauungen auf Vorurteilen basieren.

Einen neuen Ansatz hat A. Cl. Baumgärtner durch eine Inhaltsanalyse von Abenteuer-Comics zu finden gesucht (1965). Dabei hat sich ein Bild von der Welt, vom Menschen und von den Sozialbeziehungen ergeben, das politisch relevante Züge besitzt. Führerkult, Rassismus und Verherrlichung von Gewalt als rekurrente Motive haben die bereits früher konstatierte Neigung der Comics zum „Nihilismus in seiner faschistischen Ausprägung" (H. Wetterling: Das Menschenbild in den Comic-Strips; in: Zeitwende. Jg. 31. 1960. H. 10. S. 694).

In der zweiten Hälfte der sechziger Jahre hat sich in der Einschätzung der Comics ein Wandel zum Positiven durchgesetzt. Anstöße dazu dürfen im wachsenden Interesse an den Comics bei Kennern, Sammlern und Wissenschaftlern, im Aufkommen neuer Formen — vor allem der ästhetisierenden und der kritischen Comics — und im Hineinwirken der Comics in die bildende Kunst (u. a. R. Lichtenstein), in den Film (u. a. J.-L. Godard) und in die Literatur („Pop-Literatur") gesehen werden. Versuche, Micky-Maus-Comics zum Medium politischer Aufklärung der Kinder zu deklarieren, sind indessen auch bei den Linken umstritten geblieben. Diese Umbewertung hat Einfluß auf die Literaturdidaktik gehabt. Es ist nicht nur eine größere Toleranz dem Medium gegenüber zu erkennen; M. Dahrendorf hat, darüber noch hinausgehend, die Forderung aufgestellt, daß „die Schule ihre durch ihren mittelständischen Charakter bedingten Vorurteile gegen massenhaft verbreitete Medien wie die Comics endlich abbaue und mit ihnen ganz selbstverständlich und unbefangen arbeiten lerne" (Dahrendorf: „Die Comics — Stiefkind oder Literatur"; in: Bulletin Jugend und Literatur. 1970, H. 9. S. 33—34; hier: S. 34). Dabei solle es „primär nicht darum gehen, die Kinder über die Comics ‚hinauszuführen', sie das ‚Minderwertige' der Comics sehen zu lehren, sondern schlicht mit ihnen umgehen zu lehren, sei es zur Entwicklung einer Comics-Kritik, sei es um die von den Comics ausgehende Motivation für weitere Zwecke zu nutzen: Lesenlernen, Sprach- und Sprechübungen zu textlosen Comicbildern, Vermittlung von Sachinhalten". Diese Forderungen sind freilich auf Widerspruch gestoßen und werden noch diskutiert. *ACB*

Sekundärliteratur: A. C. Baumgärtner: Die Welt der Comics (1965, [5]1971). — P. Couperie, P. Destefanie u. a.: Bande dessinée et figuration narrative (1967). — M. Dahrendorf: Comic und Buch — eine Alternative? (in: JSW. 9. 1970. 29); Vorüberlegungen zu einer Didaktik der Comic Strips (in: JSW. 12. 1971. 42 u. 43). — M. Doetsch: Comics und ihre jugendlichen Leser (1958). — O. Hesse-Quack: Der Comic-Strip als soziales und soziologisches Phänomen (in: Kölner Zeitschr. f. Soziologie u. Sozialpsychologie. 3. 1969. 680—703). — W. Kempkes (Hrsg.): Bibliographie der internationalen Literatur über Comics (1971); Informationen über Comics, Educational Comics und ihre schulische Verwendung (in: JSW. 3. 1971. 10 u. 11. u. 5. 1971. 17—19). — B. Lecke: Comics als Vorschule (in: H. Ide (Hrsg.): Massenmedien und Trivialliteratur. 1973. 114—155). — H. Leinweber: Der Comic-Strip als publizistisches Phänomen (Diss. 1958). — G. Metken: Comics (1970). — G. Perry: The Penguin book of comics (1967; zus. mit A. Aldridge). — R. C. Reitberger: Comics. Anatomie eines Massenmediums (1971; zus. mit W. J. Fuchs). — K. Riha: Zok, roarr, wumm. Zur Geschichte der Comics-Literatur (1970). — H. Wetterling: Das Menschenbild in den Comic-Strips (in: Zeitwende. 10. 1960. 691—695). — H. D. Zimmermann (Hrsg.): Vom Geist der Superhelden. Comic Strips (1970).

Conrad von Drangolsheim

*(auch Konrad von Dankrotzheim, K. v. Dangkrotzheim u. a.). Schulmeister, Verfasser eines Reimkalenders; * um 1370, † 1444.*

C. entstammte einer Handwerkerfamilie, die vermutlich in Dengelsheim (bei Sesenheim) ihren Ursprung hatte. Er lebte in Hagenau/Elsaß, wo er 1402 Schöffe wurde, war als Schullehrer tätig und verfaßte 1435 das „Heilige Namenbuch" (das helge Namenbuch), einen Reimkalender, der Kindern als Schulbuch diente: „Nu hoer was dir dis Buch beclert/ zu erste tut es dir offenbar/ alle lieben heilgen durch das Jahr/ wie die naucheinander gont/und in den zwoelf monetten stont" (nach der Ausgabe von A. W. Strobel, 1827, VV. 38—42).

Das „Heilige Namenbuch" enthält nicht nur die Namen der beweglichen und unbeweglichen Feste und die der Kalenderheiligen, sondern auch Wetter-, Gesundheitsregeln u. ä. Die 556 Verse dieses Reimgedichts sind in schlichter, aber nicht ungewandter Sprache gehalten; es spricht aus ihnen die abgeklärte Heiterkeit des ca. 65jährigen Verfassers.

Strobel hatte bereits 1827 einen Abdruck nach der Quelle Bibl. Arg. B. 142 veröffentlicht; 1878 wurde der Reimkalender des C. von K. Pickel im 1. Band der Elsässischen Literaturdenkmäler im Urtext herausgegeben. In einer dritten Ausgabe (Druck und Verlag des Literarischen Instituts von Dr. M. Huttler in Augsburg) erschien es „Zum Besten der Armen" 1882 mit Randleisten versehen, in denen Heilige, deren Attribute oder Marterwerkzeuge dargestellt sind. Ein Anmerkungsblatt erläutert deren Bedeutung.

Werke: K. Pickel (Hrsg): Das heilige Namenbuch von Konrad von Dangkrotzheim. Hrsg. mit einer Untersuchung über die Cisio-Jani (in: Elsässische Literaturdenkmäler aus dem 14.—17. Jh. Bd. 1. 1878); A. W. Strobel (Hrsg.): Das heilige Namenbuch (in: A. W. Strobel: Beiträge zur deutschen Literargeschichte. 1827. 107—129).

Sekundärliteratur: F. J. Mone: Konrat von Dengelsheim (in: Zeitschr. f. d. Geschichte des Oberrheins. 3. 1851. 323—326). — K. Pickel: Das heilige Namenbuch von Konrad von Dangkrotzheim. Hrsg. mit einer Untersuchung über die Cisio-Jani (1878).

Contessa, (Salice-C.), Karl Wilhelm

*Dichter der Romantik, Verfasser von Lustspielen, Erzählungen und Märchen, Landschaftsmaler; * 19. 8. 1777 Hirschberg/Schlesien, † 2. 6. 1825 Berlin.*

Nach dem Tode des Vaters war C. 1795—98 Schüler im Pädagogium der Franckeschen Stiftungen in Halle. In dieser Zeit begann seine lebenslange Freundschaft mit E. v. Houwald. Das Studium der Rechtswissenschaften, das er 1798 in Erlangen begann, befriedigte C. nicht; er brach es ab, reiste für längere Zeit nach Paris und lebte 1802 bis 1803 als Privatgelehrter in Weimar, von 1805 an in Berlin. Dort stand er in enger Verbindung mit den Romantikern und machte durch J. E. Hitzigs Vermittlung 1814 Bekanntschaft mit E. T. A. Hoffmann. Nach kurzer Ehe verwitwet, zog er

1816 mit seinem Sohn zu seinem Freund HOUWALD auf dessen Gut Sellendorf, später zusammen mit ihm nach Gut Neuhaus b. Lübben. Bei einem Aufenthalt in Berlin starb er.

Werk, Tendenzen, Wirkung. C. wurde mit Lustspielen und Erzählungen im Geiste der Romantik bekannt, erlangte jedoch nicht die gleiche Bedeutung wie HOFFMANN, L. TIECK und in seiner Zeit FR. DE LA MOTTE-FOUQUÉ. C. ist der Begründer der romantischen Riesengebirgsdichtung, für die ihm charakteristische Landschaftsschilderungen und dämonische Szenen gelungen sind (z. B. in: „Der schwarze See“ u. a.), die sich auch auf die Dichtungen W. HAUFFs auswirkten. C.s Märchen „Haushahn und Paradiesvogel oder die Gebirgsreise“ wird zu den Rübezahllegenden gezählt (s. C. G. v. MAASSEN im Nachwort zu den von ihm herausgegebenen „Märchen und Nachtstücken“ von C., 1922). Für die enge Verbundenheit und gegenseitige Beeinflussung der Romantiker zeugt die Tatsache, daß C. zusammen mit A. v. CHAMISSO, HOFFMANN und FOUQUÉ den „Roman des Freiherrn von Vieren“ schrieb.
C.s Märchen für Kinder. Zusammen gaben C., HOFFMANN und FOUQUÉ ihre „Kinder-Mährchen“ in zwei Bänden (1816/17) heraus, die HOFFMANN illustrierte. Im 1. Band stand C.s 1815 begonnenes Märchen „Das Gastmahl“ an erster Stelle. Er ließ darin Wirklichkeit und Phantasie ineinander übergehen. Nach dem familiären Unglück durch Krieg und Geldverlust wird das Glück durch verschwiegenen Einklang zwischen Menschen und Naturgeistern, durch die Kinder vermittelt, wieder hergestellt. In den Handlungsablauf sind Figuren der Volkssage phantastisch transponiert eingefügt. Das Mädchen tritt als beherztes Kind hervor, das im rechten Moment gewitzt das Rechte gegen drohendes Überhandnehmen des Zaubers tut. Im 2. Band der Freunde veröffentlichte C. sein romantisches Abenteuermärchen „Das Schwerdt und die Schlangen“ (1816), in dem er alte Sagenmotive und -gestalten — den Königsnamen Giselher mit Hinweis auf das Geschlecht der Burgunder — in neuen phantasievollen Handlungszusammenhang brachte. Die zeitgenössische Kritik hob seine Beiträge in den Bändchen, die rasch vergriffen waren, besonders hervor; im „Morgenblatt“ (Literaturblatt Nr. II, 1817) schrieb der Rezensent, daß C.s „Gastmahl“ am meisten den Zweck erfülle, „Kinder auf eine anmutige und unschuldige Weise zu ergötzen“ (mitgeteilt v. C. G. v. MAASSEN). C.s Sprache ist in den Märchen für Kinder einfach und hat einen volkstümlich naiven Ton. Seine Teilnahme an den Erörterungen der Märchentheorie und des Märchens für Kinder im besonderen mit den Freunden hat HOFFMANN festgehalten, indem er C. im Kreis der „Serapionsbrüder“ in der gleichnamigen Sammlung seiner Märchen und Erzählungen (1817) als Bruder Sylvester auftreten läßt. Schon ein Jahr nach C.s Tode gab sein Freund HOUWALD seine „Sämmtlichen Schriften“ in 9 Bänden (1826) heraus. Ein Faksimile-Druck der „Kinder-Mährchen“ erschien 1966.

Margarete Dierks

→ E. TH. A. Hoffmann, → E. v. Houwald, → Romantik

Werke: Das Räthsel (1808); Der Findling und der Talisman (1809); Dramatische Spiele und Erzählungen (Bd. 1 u. 2. 1812 u. 14); Zwei Erzählungen (1815); Kinder-Mährchen (Bd. 1 u. 2. 1816 u. 17; zus. mit F. de la Motte-Fouqué u. E. TH. A. Hoffmann); Das Gastmahl (1816); Das Schwerdt und die Schlangen (1816); Erzählungen (Bd. 1 u. 2. 1819); Ich bin meine Schwester (1819); E. Houwald (Hrsg.): Sämmtliche Schriften (Bd. 1—9. 1826); C. G. v. Maassen (Hrsg.): Märchen und Nachtstücke (1922).

Sekundärliteratur: H. Heckel: Die Brüder Contessa (1931). — H. Meyer: Die Brüder Contessa (1906). — G. Pankalla: K. W. Contessa und E. T. A. Hoffmann (Diss. 1938). *IJB*

Cooper, James Fenimore

*Schriftsteller, Verfasser politischer Schriften, verschiedener Reisebücher, sozialkritischer Romane und der Lederstrumpferzählungen („Wildtöter“), die zur klassischen Jugendlektüre wurden; * 15. 9. 1789 Burlington/New Jersey, † 14. 9. 1851 Cooperstown/New York.*

C. ist der Sohn englischer Einwanderer (Vorfahren aus Stratford-on-Avon); der Vater, WILLIAM C., (FENIMORE ist der Familienname der Mutter) gründete die Siedlung Cooperstown und vertrat als reicher Landbesitzer seinen Bezirk im Kongreß. J. F. C., 12. Kind seiner Eltern, wuchs auf seines Vaters Grundbesitz am südlichen Otsegosee auf, besuchte die Schule in Cooperstown und Albany und bereitete sich dort für das Yale College (1803) vor. Dieses mußte er 1806 wegen eines Jugendstreiches verlassen. In der Zeit von 1806 bis 1807 war er bei der Handelsmarine. Nach der Teilnahme an einer Atlantiküberquerung und der Ausbildung als Seekadett in der Kriegsmarine der Vereinigten Staaten wurde C. 1808 Offizier, quittierte jedoch nach seiner Heirat 1811 den Dienst und widmete sich seinen Landbesitzungen. In den Jahren 1822—26 lebte er in New York, von 1826—33 unternahm er eine Europareise. Auf seine Besitzungen in die Staaten zurückgekehrt, geriet er in heftige Auseinandersetzungen mit Nachbarn um die Nutzungsrechte seiner Ländereien. Er lebte bis zu seinem Tod in Cooperstown.

Werk, Tendenzen, Wirkung. Im Alter von dreißig Jahren begann C. mit seiner schriftstellerischen Tätigkeit, die zunächst keinen finanziellen Erfolg brachte. Mit der Veröffentlichung des Romans „The spy“ (1821; dt. Der Spion, 1824) wurde C. berühmt. Es folgten die ersten beiden der fünf Lederstrumpf-

James Fenimore Cooper: Lederstrumpf-Erzählungen (Neu-Ruppin, um 1850). In Deutschland erlebten J. F. Coopers Lederstrumpf-Erzählungen in der Bearbeitung von A. Stein mehrere Auflagen. Die Zeichnungen von G. Bartsch sind typisch für den Versuch, Höhepunkte des Handlungsverlaufes — wie z. B. diese Kampfszene zwischen zwei berittenen Indianern — realistisch wiederzugeben.

Erzählungen, „The pioneers" (1823; dt. Die Pioniere, 1824 — später auch unter dem Titel „Die Ansiedler") und „The last of the Mohicans" (1826; dt. Der letzte der Mohikaner, 1826). In den letzten Jahren seines Europa-Aufenthaltes vollendete er „The prairie" (1827; dt. Die Prärie, 1827 — auch unter dem Titel „Die Trapper"), verschiedene historische Romane und einige zeitkritische Auseinandersetzungen. Die Lederstrumpf-Erzählungen „The pathfinder" (1840; dt. Der Pfadfinder, 1840) und „The Deerslayer" (1841; dt. Der Wildtöter, 1841) folgten erst nach der Rückkehr in die USA und fanden während seiner Lebenszeit wenig Beachtung in der Öffentlichkeit.
C. gilt in der amerikanischen Literaturwissenschaft als der Begründer des historisch-völkerkundlichen Romans. Seine Romane sind unter die großen Chroniken zu rechnen, die amerikanisches Leben und amerikanische Sitten zur Zeit des Kampfes zwischen Rot und Weiß darstellen und die typische Landschaft in ihrer ursprünglichen Gestalt schildern. Mit der literarischen Gestaltung seiner Erlebnisse zur See wurde C. zum Schöpfer des Seeromans. Seine Wirkung in Deutschland begann mit der anonymen Fassung des Bandes „Der letzte der Mohikaner. Eine Erzählung aus dem Jahre 1757" (Braunschweig 1826) und erreichte einen ersten Höhepunkt mit den Übersetzungen, die — zum Teil mehrmals aufgelegt — in Frankfurt a. M. in den Jahren 1826—50 bei Sauerländer in 258 Bänden und in Stuttgart 1840—50 in 30 Bänden erschienen sind. Als beste deutsche Übersetzungen gelten die von C. Kolb (1841—43, ²1936), R. Zoozmann (1909) und K. Federn (mit Originallithographien von M. Slevogt; 1909 u. 10). P. Alverdes erhielt für die Übertragung und Bearbeitung des „Wildtöter" 1961 den Sonderpreis für Neubearbeitungen klassischer Kinder- und Jugend-

bücher im Rahmen des Deutschen Jugendbuchpreises. *Peter Aley*

→ Abenteuerbuch, → Indianerbuch, → Lederstrumpf, → USA

Werke: The spy (1821; dt. Der Spion, 1824); The pioneers (1823; dt. Die Pioniere, 1824); The pilot (1824; dt. Der Pilot, 1824); The last of the Mohicans (1826; dt. Der Letzte der Mohikaner, 1826); The prairie (1827; dt. Die Prärie, 1827); The red rover (1827; dt. Der rote Freibeuter, 1828); The pathfinder (1840; dt. Der Pfadfinder, 1840); The deerslayer (1841; dt. Der Wildtöter, 1841); The sea lions (1849; dt. Die beiden Seelöwen, 1849); C. A. Fischer (Hrsg.): Sämmtliche Werke (Bdch. 1—258. 1826 bis 1850); Amerikanische Romane (Bd. 1—30. 1840 bis 1850); C. Kolb (Hrsg.): Lederstrumpf-Erzählungen (Bd. 1—5. 1841—43); K. Federn (Hrsg.): Lederstrumpf-Erzählungen (Bd. 1—5. 1909 u. 10).

Sekundärliteratur: P. Aley: J. F. Coopers Lederstrumpf in Jugendausgaben (in: K. Doderer (Hrsg.): Klassische Kinder- und Jugendbücher. 1969, ^{2}1970. 98—118). — P. A. Barba: Cooper in Germany (in: American Annals. 1. 1914. 3—60). — A. Bodensohn: Im Zeichen des Manitu (1963). — G. C. Bosset: Fenimore Cooper et le roman d'aventure en France vers 1830 (1928). — M. Clavel: Fenimore Cooper (1938). — J. F. Cooper: The letters and journals (Bd. 1—2. 1960, ^{2}1969). — D. Brion Davis: The deerslayer (1958). — W. P. Döring: Mensch und Natur bei James Fenimore Cooper (Diss. 1955). — M. M. Gibb: Le roman de Bas-de-cuir (1927). — J. Grossman: James Fenimore Cooper (1950). — A. Kozeluh: Charles Sealsfield und James Fenimore Cooper (Diss. 1951). — T. R. Lounsbury: James Fenimore Cooper (1882; ND. 1968). — R. Pasewald: Die Problematik der Lederstrumpf-Bearbeitung in den westdeutschen Ausgaben (in: Studien zur Jugendliteratur. 5. 1959. 3—35). — T. Philbrick: James Fenimore Cooper and the development of American sea fiction (1961). — K. Schneider: Die Naturschilderung bei J. F. Cooper (Diss. 1940). — R. E. Spiller: Fenimore Cooper (1931); A descriptive bibliography of the writings of James Fenimore Cooper (1934; zus. mit P. C. Blackburn). — E. Zaeckel: Der Einfluß James Fenimore Coopers und Washington Irvings auf die deutsche Literatur (Diss. 1940). *IJB*

Cornioley, Hans

*Schweizer Pädagoge, Jugendliteraturkritiker und Übersetzer von Kinder- und Jugendbüchern, Herausgeber und Bearbeiter klassischer Jugendschriften; * 7. 12. 1896 Bern.*

C. arbeitete nach seiner pädagogischen Ausbildung als Volksschullehrer an der Schweizer Schule in Luino/Italien (1917—22) und ab 1922 in Bern, wo er an der dortigen Universität zeitweilig neben dem Schuldienst Musik, Germanistik, Altitalienisch, Pädagogik und Psychologie studierte. Von 1948 bis zu seiner Pensionierung im Jahre 1959 war er Sekretär der städtischen Schuldirektion in Bern.

C. hat selbst Kinderbücher verfaßt bzw. bearbeitet, übersetzt oder herausgegeben, z. B. „Westwärts nach Ostindien" von Kolumbus (1945), „Von dem Fischer und seiner Frau" von den Brüdern Grimm (1943) und „Aus den Brüdern Karamasoff", nach Dostojewskij (1946). 1945/46 gab er die Taschenbuchreihe „Sauerländers Jugendbücherei" heraus und übersetzte Kinder- und Jugendbücher aus dem Italienischen und Holländischen ins Deutsche. C. hat andererseits als Kritiker gewirkt und sich unermüdlich in den Dienst von Organisationen gestellt, die sich um die Lektüre für junge Leser bemühen. Er war zeitweilig Vorsitzender des Jugendschriftenausschusses des Lehrervereins der Stadt Bern, der Jugendschriftenkommission des Schweizerischen Lehrervereins und des 1954 auf seine Anregung hin gegründeten Schweizerischen Bundes für Jugendliteratur. Er hielt zum Bereich der Jugendliteratur Vorträge und Kurse ab und arbeitete für den Rundfunk. In den Jahren von 1955—63 war er Mitherausgeber der „Zeitschrift für Jugendliteratur", in deren Heften sich eine Reihe seiner kritischen Beiträge finden. Vom Jugendbuchkritiker, den C. als erwachsenen Vertreter der Jugend ansieht, verlangt er ein hohes Bildungsniveau und klare sittliche Maßstäbe. Als Autor und Herausgeber von Jugendbüchern erhielt C. 1960 den Literaturpreis der Stadt Bern und für sein gesamtes jugendliterarisches Schaffen 1962 den Jugendbuchpreis des Schweizerischen Lehrervereins und Schweizerischen Lehrerinnenvereins.

Werke: Was die stadtbernische Schuljugend liest (1932); Das Schulkind außerhalb der Schule (1938); Beiträge zur Jugendbuchkunde (1966).
Beiträge: Vom Jugendbuch zur Erwachsenenlektüre (in: Zeitschr. f. J.lit. 5. 1967. 257—268); Mundartliteratur für die deutschsprachige Schweizerjugend (in: Zeitschr. f. J.lit. 1. 1968. 33—37). *IJB*

Corrodi, Wilhelm August

*Jugendschriftsteller, Dichter und Zeichner; * 27. 2. 1826 Zürich, † 16. 8. 1885 ebd.*

C., Sohn des Pfarrers Wilhelm C. (1798—1868), des Verfassers der „Fünfzig Fabeln und Bilder aus der Jugendzeit" und der „Acht Fabeln für Kinder" (beide 1840), studierte von 1847—51 an der Kunstakademie in München und stand in Verbindung mit dem dortigen Dichterkreis. Von 1862—81 wirkte er als Zeichenlehrer in Winterthur.
In seinem dichterischen Schaffen (Lieder, Romane, Dialektdichtung) wurde er mit J. v. Eichendorff verglichen. Für Kinder verfaßte C. Erzählungen, Märchen und Theaterstücke. Seine Geschichten illustrierte er selbst, weswegen K. Hobrecker ihn „eine Art Pocci" nennt. Heute ist C. — nach Dyhrenfurth „zu Unrecht" — fast vergessen.

Hubert Göbels

August Corrodi: Für mein kleines Völklein (Stuttgart 1856). Die obige Abbildung ist einem Bändchen mit Geschichten und Märchen von A. Corrodi entnommen, das der Verfasser selbst illustriert hat.

Werke: Ferientage auf Onkels Schloß (1853, ²1861); Ein Buch ohne Titel, aber für Kinder von sieben bis siebenmal sieben Jahren (1855); Für mein kleines Völklein (1856); Waldleben (1856); Aus jungen Jahren (1857); Sommerblumen für die Winterszeit (1857); Sonne und Wolken (1857); Aus Wald und Feld (1858); Dorfgeschichten für die Jugend (1858); Feldblumen (1858); Für Kinder (1859); Deutsche Kindersprüche mit Bildern (1860); Schloß Waldegg und seine Bewohner (1860); Deutsche Reime und Räthsel in 36 Blättern (1861); Geschichtenbuch für Kinder (1865); Immergrün in Gedichten und Geschichten (1874); O. v. Greyerz (Hrsg.): Onkel Augusts Geschichtenbuch (1922).
Sekundärliteratur: G. v. Berlepsch: Über August Corrodi (1913; zus. mit R. Hunziker). — O. v. Greyerz: August Corrodis Kinderschriften (in: O. v. Greyerz: Sprache, Dichtung, Heimat. 1933. 375—391). — R. Hunziker: Aus August Corrodis Jugendzeit (1911); August Corrodi als Dichter und Maler (1930; zus. mit P. Schaffner).

IJB

Cosmar, A.

*(d. i. Antonie Klein). * um 1807 Magdeburg, † 1870 (?).*

Nach den „Mémoires d'une Poupée" von L. d'AULNEY verfaßte C. „Die Schicksale der Puppe Wunderhold. Zur Unterhaltung für kleine Mädchen" (1839). Ebenfalls dem franz. Original d' AULNEYS „nachgebildet", schrieb C. 1840 „Eine Woche aus dem Leben eines kleinen Mädchens. Zur belehrenden Unterhaltung für kleine Mädchen von 8—12 Jahren". „Puppe Wunderhold" war mit 6 Federzeichnungen (auch koloriert) und zahlreichen Vignetten von TH. HOSEMANN illustriert. „Die Federzeichnungen zu diesem dauerhaften Kinderbuche werden auch wohl MENZEL zugesprochen. Kenner lehnen sie aber für diesen ab" (BRIEGER). In kurzen Episoden (Weihnachten — Die Lotterie — Trübsale — Die kranke Puppe — etc.) berichtet „Puppe Wunderhold" über ihr Leben bei verschiedenen Puppenmüttern. Auf diese Weise sollen die lesenden Mädchen wie in einem Spiegel ihre Fehler erkennen. „Wir können das Buch noch heute empfehlen, da die Gesinnung einfach und natürlich ist, und obgleich die Besitzerinnen der Puppe alle kleine gnädige Fräulein sind", schrieb A. MERGET 1882.
Das mit einem reizvollen Buchdeckel in Goldprägedruck ausgestattete Buch erlebte viele Auflagen: 2.—9. Aufl. mit 8 kol. Lithogr. von L. THALHEIM (1865—88); 10.—22. Aufl. u. folg. mit 6 Farbendruckbildern von W. CLAUDIUS (1897 ff.). Die 6. Aufl. (1876) enthält im Vorwort einen Hinweis darauf, daß der Puppe Wunderhold mehrere Variationen folgten. DYHRENFURTH erwähnt eine Puppengeschichte, die bereits 1832 erschien: K. BLUMAUER: „Die kleine Stella und ihre Puppe. Ein ergötzendes und belehrendes Büchlein für kleine Mädchen, die lesen können und mit einer Puppe spielen."
1866 erhielt „Puppe Wunderhold" eine Fortsetzung in „Puppe Wunderhold's Freundinnen" mit 8 kol. Lithogr. von L. THALHEIM.

Hubert Göbels

Werke: Die Schicksale der Puppe Wunderhold (1839); Neue Schicksale der Puppe Wunderhold (1841); Puppe Wunderholds Freundinnen (1866). *IJB*

Cowboy

Als Hauptfigur von Kinder- und Jugenderzählungen rückt der C. in dem Maße in das Blickfeld jugendliterarischer Gestaltung, als der „Wilde Westen" Amerikas befriedet und von den Siedlern in Farmland und Areal für Viehzüchter verwandelt wird. Geschichten und Erzählungen mit C.s haben vor allem einen abenteuerlichen Gehalt. Sie wollen weniger über die Berufswelt dieser Rinderhirten informieren, die vorzügliche Reiter, Schützen und Pfadfinder waren, als vielmehr *packende Handlungen männlicher Bewährung in einem freien, natürlichen Leben* auf den Prärien des Mittleren Westens schildern. Für den amerikanischen jungen Leser haben die im 19. Jh. spielenden C.-Geschichten bedingt historischen Charakter, da über die Endphase des Pionierlebens berichtet wird. Dem europäischen Leser hingegen sind C.-Geschichten vornehmlich Spannungslektüre in exotischer Umwelt. Die alten C.-Lieder sind als Folklore-Songs unter der Jugend beliebt geworden. FR. HETMANN teilt in der „Amerika-Saga“ (1964) einige mit und erzählt in seinem Jugendbuch „Mustangs, Rinder, Cowboys“ (1969) nach den Quellen spannungsvoll „die große Zeit der C.s“. Die abgesunkene Form der C.-Geschichte findet sich in der trivialen Gestaltung der „Wildwest-Romane“ vorwiegend in Heftserien. In zahlreichen Film- und Fernsehserien wird jugendlichem Publikum idealisiertes und romantisiertes C.-Leben vorgeführt. C.-Anzüge und -Hüte sind bei Kindern beliebte Fastnachtskostüme. Als Spielart übernimmt in themenverwandten Erzählungen der *Gaucho* der südamerikanischen Pampa eine ähnliche Rolle wie der C. in Nordamerika. *Horst Künnemann*

Sekundärliteratur: J. R. Blacker: The Old West in fiction (1961). — J.-U. Davids: Das Wildwest-Romanheft in der Bundesrepublik (1969). — J. B. Frantz: The American cowboy: The myth and the reality (1955; zus. mit J. E. Choate). — K. M. Gabriel: The cowboy in the folk poetry and song (Diss. 1954). — M. Mittler: Eroberung eines Kontinents (1968). — P. A. Rollins: The cowboy: his characteristics, his equipment, and his part in the development of the West (1922). — H. J. Stammel: Der Cowboy. Legende und Wirklichkeit von A—Z (1972); Das waren noch Männer (1973).

Crane, Walter

*Englischer Graphiker, Bilderbuchkünstler; * 15.8. 1845 Liverpool, † 15.3.1915 London.*

Als Sohn eines Portrait- und Miniaturmalers wurde C. schon früh zu eigenen künstlerischen Versuchen angeregt. Mit 13 Jahren kam er in eine dreijährige Ausbildung zu dem Holzstecher W. J. LINTON. Später vervollkommnete er seine Kenntnisse durch Abendunterricht an der Heatherley-School. Als 26-jähriger kam C. nach Italien; er lebte zwei Jahre in Rom und bereiste später Deutschland und Ungarn; von 1891—92 hielt er sich in den USA auf, wo seine Arbeiten in Boston, Philadelphia, Chicago und St. Louis ausgestellt wurden.

Werk, Tendenzen, Wirkung. Seine erste selbständige Tätigkeit, das Illustrieren von Umschlägen für billige Eisenbahnromane, brachte C. die Bekanntschaft des bedeutenden Druckers E. EVANS ein, der später auch mit K. GREENAWAY und R. CALDECOTT zusammenarbeitete. Von EVANS ging der Anstoß aus, die Gestaltung farbig und anspruchsvoll illustrierter Bilderbücher zu versuchen, die dennoch preiswert sein sollten. Der Verleger F. WARNE ermöglichte das Experiment; das erste Buch dieser Art war „Sing a Song of Sixpence“ (1865). Gegenstand der Illustration waren zunächst englische Kinderreime und heitere Texte. Vor bläulich oder schwarz getöntem Hintergrund standen hellfarbene Figuren und Szenen. Bei E. ROUTLEDGE erschienen von 1867—76 in zwei Serien über 35 Bücher mit ABC-Themen, Abzählreimen, Liedertexten, Märchen, darunter „Blue Beard“ (1873; dt. Blaubart, 1882).
Angeregt durch eine werkkunstähnliche englische Bewegung (W. MORRIS: Art and Crafts Movement), eignete sich C. die Auffassung an, daß nicht allein Text und Bild eine Einheit bilden müßten, sondern auch der dekorative Zusammenhang von Umschlag, Typographie und Seitengestaltung gesichert werden

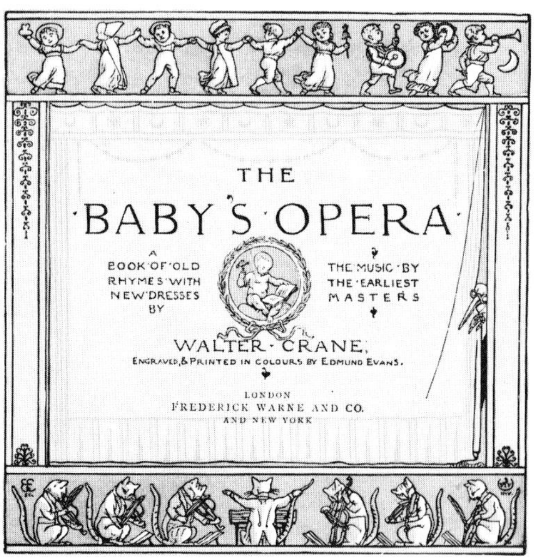

Walter Crane: The Baby's Opera (London 1877). Titelblatt und Bildseite des Buchs sind deutlich von Stilelementen geprägt, die später im Jugendstil — u. a. durch Cranes Einfluß — besonders gepflegt wurden. Der Erfolg von W. Cranes Kinderbüchern ist auch dem Drucker und Holzschneider E. Evans zuzuschreiben, der mit der Technik der Holzgravur einen farbenprächtigen Druck in großer Auflagenhöhe ermöglichte.

müßte. Ähnlich wie bei den Impressionisten übten in seiner Kunst japanische Aquarelle und mehr noch Holzschnitte wesentliche Impulse aus. Andere Anregungen kamen von der Kunst der Präraffaeliten, dem dekorativen Arrangement des Art Nouveau bzw. des Jugendstils. Interessante Verbindungen lassen sich auch zur themenverwandten Kunst E. KREIDOLFS erkennen, z. B. Blumen und Bäume, die sich in menschliche Lebewesen verwandeln, eine Märchenillustration, in der Realität und Phantasie übergangslos ineinander verfließen. C. arbeitete in Holzstichtechnik und in Federzeichnung mit plakativer, klarer Farbigkeit. Einzelne Arbeiten wurden in Frankreich bei GOUPIL in Photogravüre übertragen und in kostbaren Ausgaben veröffentlicht, während seine meisten Werke in großen Auflagen zu niedrigen Preisen erschienen („Sing a Song of Sixpence", „The House that Jack Built" oder „Dame Trot and Her Comical Cat" (alle drei 1865); sie kosteten um 6 Pence.). *In C.s Werk wirken die romantische Kunstidee und der Symbolismus nach,* der durch dekorative Zierleisten, Vignetten, große Klarheit und imaginative Kraft den Kindern zugänglich wurde. Zur Qualität der gesamten Buchausstattung kommt auch eine *anspruchsvolle Textauswahl.* Neben den besten englischen Stoffen hat C. deutsche Volksliedtexte (im Original!), GRIMMS Märchen (übersetzt von seiner Schwester LUCY C.), sehr moderne Erstlesefibeln, Musikbücher (darunter „The Children's Musical Cinderella") illustriert und Bücher mit eigenen Texten auch mit selbst entworfenen Initialen und Blatt- und Blütenornamenten gestaltet. Die Didaktik hat innerhalb seines reichen Oeuvres in Fabeln nach Aesop („The Baby's Own Aesop", in einfache Verse gesetzt von W. J. LINTON) und in eigenen lehrhaften, jedoch modern konzipierten Geschichten eine bestimmende Position. C. wurde durch Einbeziehung neuer Druckverfahren, vornehmlich aber durch neue Ideen über den Zusammenhang von Kunst und handwerklicher Ausführung *einer der Wegbereiter des modernen Bilderbuchs.* Als Vorläufer heutiger Designer hat er außer seinen Bilderbüchern auch Muster für Tapeten, Wandbehänge, dekorative Friese und Plakate entworfen. *Horst Künnemann*

→ Großbritannien

Werke: Walter Crane's toy books. New series (1873—76); Walter Crane's picture book (1874); The Blue Beard picture book (1875); Flora's feast, a masque of flowers (1889); Walter Crane's picture books (Bd. 1—4. 1895 bis 1898); Walter Crane's picture books. Large series (Bd. 1—4. 1901—10).

Ill.: W. Crane: Dame Trot and her comical cat (1865); W. Crane: Sing a song of sixpence (1865); W. Crane: Anni and Jack in London (1869); W. Crane: One, two, buckle my shoe (1869); W. Crane: The fairy ship (1869); W. Crane: King Luckieboy's party (1871; dt. Bilderbücher. König Glückskind, 1882); W. Crane: Toy books (1873 bis 1876); W. Crane: Blue Beard (1873; dt. Bilderbücher. Blaubart, 1882); W. Crane: Cinderella (1873); W. Crane: Little Red Riding Hood (1873; dt. Bilderbücher. Rotkäppchen, 1882); W. Crane: Puss-in-Boots (1873); W. Crane: Jack and the beanstalk (1874); W. Crane: Picture book (1874); W. Crane: The Blue Beard picture book (1875); W. Crane: The Beauty and the Beast (1875); W. Crane: The Sleeping Beauty (1876; dt. Bilderbücher. Dornröschen, 1882); L. Crane (Hrsg.): The baby's opera (1877); L. Crane (Hrsg.): The baby's bouquet (1878); J. R. Wise: The first of May; a fairy masque (1881); M. L. Molesworth: The adventures of her baby (1881); J. u. W. Grimm: Household tales (1882); W. J. Linton: The baby's own Aesop (1887); O. Wilde: The happy prince and other tales (1888, ^{3}1902); N. Hawthorne: A wonder-book for girls & boys (1892); W. Crane: Flora's feast, a masque of flowers (1889); W. Crane: Picture books (Bd. 1—4. 1895—98); W. Crane: Picture books. Large series (Bd. 1—4. 1901—10).

Sekundärliteratur: C. Gurlitt: Walter Crane (1898). — P. G. Konody: The art of W. Crane (1902). — G. C. E. Massé: A bibliography of first editions of books illustrated by W. Crane (1923). — O. v. Schleinitz: W. Crane (1902).

Cruikshank, George

*Englischer Karikaturist, Illustrator klassischer Stoffe der Jugendliteratur; * 27. 9. 1792 London, † 1. 2. 1878 ebenda.*

Seine Lehrzeit verbrachte C. in der Familie. Schon als 12jähriger ging er dem überlasteten Vater bei der Fertigstellung von Illustrationen zu Reimsammlungen und Märchen zur Hand. Für ein Bilderlotto erhielt er 1804 seinen ersten Lohn. Bis auf eine Reise nach Boulogne und kurze Touren an die Kanalküste hat C. London nie verlassen.

Werk, Tendenzen, Wirkung. C. war einer der begabtesten und vielseitigsten englischen Illustratoren, der in Radierungen und Zeichnungen vornehmlich *satirischen* Charakters seine Zeitgenossen und ihre Umwelt aufs Korn nahm. Schon zu Lebzeiten wurde er durch seine in Zeitschriften und Magazinen, in Büchern und Heften publizierten Bilder berühmt. Exponierte Persönlichkeiten fürchteten zu Recht seinen ätzenden Strich. C.s Kunst setzte neue Maßstäbe für die Kinderbuchillustration. Seine Zeichnungen für CH. DICKENS' „Oliver Twist" (1838) wurden bis heute nicht übertroffen; seine Bilder zu „Peter Schlemihl" (1823) und zur ersten englischen Ausgabe der GRIMMschen Märchen „German Popular Stories" (1824 u. 26; die Illustrationen wurden in Deutschland nachgedruckt) waren durch pointierten Witz und Schärfe der Beobachtungsgabe ausgezeichnet. Seine weiteren Arbeiten zu den Jugendbuchklassikern „Robinson Crusoe" (1831) und „Don Quixote" (1833) wirkten vorbildlich über Generationen.
Außerdem bebilderte C. Werke von W. SHAKESPEARE, W. SCOTT, W. IRVING und schuf eigene Märchen- und Karikaturenbände. Seine Arbeiten waren von nachhaltigem Einfluß auf die satirische Zeitschrift „Punch" und wurden zum Teil von deren

Satirikern sogar kopiert und „übernommen". C. *erfaßte groteske Situationen und dramatische Höhepunkte der Aktion,* die er mit sicherem Strich und häufig zusätzlich skurrilen Akzenten aufs Blatt bannte. Eine wesentliche Komponente seines Schaffens ist in zahlreichen witzigen und auf die Unterhaltung des betrachtenden Kindes abzielenden Details zu sehen. *Horst Künnemann*

→ Großbritannien

Ill.: A. v. Chamisso: Peter Schlemihl (1823); J. u. W. Grimm: German popular stories (Bd. 1 u. 2. 1824 u. 26); W. Scott: Demonology and witchcraft (1830); D. Defoe: The life and surprising adventures of Robinson Crusoe (Bd. 1 u. 2. 1831); The bee and the wasp (1832); M. de Cervantes: The history and adventures of Don Quixote (1833); D. Defoe: Journal of the plague year (1835); Ch. Dickens: Oliver Twist or The parish boy's progress (Bd. 1—3. 1838, ^{3}1841; dt. Oliver Twist. Bd. 1—3. 1838 u. 39); G. Basile: The pentamerone (1848); H. Beecher-Stowe: Uncle Tom's cabin (1853); Hop O' my thumb, and the seven-league boots (1853); The history of Jack and the bean-stalk (1853); Cinderella, and the glass slipper (1853); Puss in boots (1854); H. Friswell: Out and about (1860); The travels and surprising adventures of Baron Munchhausen (1867); J. H. Ewing: The brownies, and other tales (1870); J. H. Ewing: Lob Lie-by-the-fire or The luck of Lingborough and other tales (1874); O. Blewitt: The rose and the lily (1877).

Sekundärliteratur: I. Bang: George Cruikshank, 1792 bis 1878 (in: I. Bang: Die Entwicklung der deutschen Märchenillustration. 1944. 37—40 u. 146, Ill. Nr. 50, 51, 52, 54, 55, 56, 57). — A. M. Cohn: George Cruikshank (1924). — R. J. H. Douglas: The works of George Cruikshank (Bd. 1—3. 1903). — M. Hardie: George and Robert Cruikshank (in: M. Hardie: English coloured books. 1906. 188—203). — B. Jerrold: The life of George Cruikshank (1894). — G. S. Layard: George Cruikshank's portraits of himself (1897). — R. McLean: George Cruikshank (1948). — G. W. Reid: Descriptive catalogue of the works of George Cruikshank (Bd. 1—3. 1871). — A. Rümann: George Cruikshank (1927); George Cruikshank, 1792—1878 (in: A. Rümann: Das illustrierte Buch des 19. Jahrhunderts in England, Frankreich und Deutschland 1790—1860. 1930. 63—76). — F. G. Stephens: George Cruikshank (1891). *IJB*

Čukovskij (Tschukowski), Kornej

*Russischer Literaturtheoretiker, Schriftsteller, Übersetzer; * 1. 4. 1882 Petersburg, † Dezember 1969.*

Aufgrund einer Verordnung aus dem Jahre 1887, nach der Kinder von Dienstpersonal vom Besuch höherer Schulen ausgeschlossen wurden, mußte Č., der Sohn einer Köchin, seine Gymnasiallaufbahn abbrechen, machte jedoch später in Nikolajev Abitur. Autodidaktisch lernte er Englisch, veröffentlichte erste Feuilletons in der „Odesskie Novosti", die ihn 1903—05 als Korrespondenten nach England schickte. 1905 war er während des Aufstandes um den Panzerkreuzer „Potemkin" in Odessa; im selben Jahr wurde er wegen antizaristischer Tendenzen in der Zeitschrift „Signal" vor Gericht gestellt. Zurück von einem weiteren Englandaufenthalt (1914—16) lernte er M. Gor'kij kennen, der mit ihm die Notwendigkeit einer neuen Kinderliteratur, die auch Übertragungen klassischer Werke der internationalen Kinderliteratur einschließen sollte, diskutierte und ihn zur Gründung einer Kinderliteraturabteilung im Verlag „Parus" anregte. 1918 gab er den Sammelband „Raduga" (Regenbogen) heraus, in dem u. a. M. Gor'kij vertreten ist. In den 20er Jahren geriet er in die Kritik wegen seiner fantasiereichen Märchen. Auf literaturtheoretischem Gebiet wies sich Č. in mehr als 100 Einzelarbeiten und in einer grundlegenden Studie als Spezialist für den russischen Dichter N. Nekrassov (1821—78) aus. Dem Schreiben von Kinderbüchern widmete er sich eigentlich erst mit 50 Jahren.

Während des 2. Weltkrieges wurde Č. nach Taschkent evakuiert (1941); 1945 siedelte er nach Peredelkino bei Moskau über. Kurz vor seinem Tod (1969) vermachte er in seinem Testament seine Datscha dem geächteten Autor A. Solženicyn. Č.s Grab befindet sich neben dem von B. Pasternak. Für seine Übersetzerleistungen (O. Wilde, J. Swift, K. G. Chesterton, W. Shakespeare, R. L. Stevenson, W. Whitman, M. Twain, R. Kipling) erhielt Č. 1962 in Oxford die Ehrendoktorwürde.

Werk, Tendenzen, Wirkung. 1916 erschien eine erste Versgeschichte von Č., der erst nach langer Pause weitere verwandte Arbeiten und im Jahre 1928 das bedeutende Werk über die Entwicklung kindlicher Sprache „Ot dvuch do pjati" (dt. Kinder von 2 bis 5, 1966; Vorläufer: „Malen'kie deti", 1925; Kleine Kinder) folgten. Č. sammelte über Jahre hinweg systematisch in der eigenen Familie und bei Bekannten am Schwarzen Meer Aussprüche aus Kindermund, die er später interpretierte. Seine Darstellung beleuchtet, in welchem Maße sich das vorschulpflichtige Kind durch Sprache und Begriffe, durch Assoziationen, Fehlschlüsse und richtige Deduktionen in seiner Umwelt orientiert und Zusammenhänge erfassen lernt. 1917 erschien Č.s erstes Kindermärchen „Krokodil". Von kindlicher Phantasie, dem Spiel mit Verdrehungen und einer „verkehrten Welt" sind auch Č.s Werke beeinflußt, die sich vorwiegend dem Kind im vorschulpflichtigen Alter zuwenden. „Raduga" (1918, Regenbogen) ist ein Sammelband für Kinder; „Mojdodyr" (1923; dt. Wasch dich rein, 1934) ist die Geschichte eines Kindes, das sich nicht gerne wäscht; „Mucha-Cokotucha" (1924; dt. Fliege Siesesum; Fliege Suse Sumsumsum, 1936) handelt vom Kampf der Mücke gegen die Spinne; „Doktora ajbolit" (1929, dt. Doktor Auwieweh, 1937) ist von H. Lofting beeinflußt und hat einen Arzt zum Helden, der die ganze Welt bereist, um kranke Tiere zu heilen; „Tarakanišče" (1923) ist die tragikomische Geschichte eines furchtlosen Karpfens, „Čudo-Derevo" (Der

Wunderbaum) ein soziales Märchen vom Baum, an dem Fußbekleidung für Kinder wächst, „Kradenoe solnce" (1934; dt. Die gestohlene Sonne, 1962) ein Tiermärchen, in dem das Krokodil die Sonne raubt, der Bär sie aber rettet. „Fedorino gore" (Fedorina Kummer) behandelt die Abenteuer einer Frau. 1937 erschien in der Zeitschrift „Detskaja literatura" (Kinderliteratur) Nr. 22 eine autobiographische Skizze, der ein Jahr darauf „Gimnazija. Vospominanija detstva" (Gymnasium. Erinnerungen an die Kindheit) folgt (Leningrad 1938). Č.s Einfluß auf die Kinderliteratur war erheblich; bis 1960 erschienen seine Werke allein in der UdSSR in einer Gesamtauflage von über 40 Millionen Exemplaren. Č.s Arbeiten wurden in zahlreiche Sprachen übersetzt, darunter Chinesisch und Jiddisch. Erst 1966 erschien in Deutsch: „Kinder von 2 bis 5" (Kinderbuchverlag, Berlin), ein Buch, das in der UdSSR 1963 die 17. Auflage erreichte. Č.s Ideen und Bücher stießen zum Teil auf die massive Kritik der Literaten und Pädagogen in der UdSSR. Seine Vorliebe für surrealistische Effekte, sein Vergnügen an Nonsense und seine Wertschätzung von L. Carroll paßten über Jahrzehnte nicht in das politische Konzept des sozialistischen Realismus. Č.s Vorstellungen über Spaß für Kinder, über die Sang- und Spielbarkeit der Literatur für die Kleinen haben sich dennoch bis heute behauptet, ebenso seine Ratschläge für Kinderdichter und Kleinkinderpädagogen. *Horst Künnemann*

→ UdSSR

Werke: Krokodil (1917); Tarakanišče (1923); Mojdodyr (1923; dt. Wasch dich rein, 1934; Was der Lore passierte, 1946); Čudo-Derevo (1924); Mucha-Cokotucha (1924; dt. Fliege Siesesum, 1936; Fliege Suse Sumsumsum, 1936); Malen'kie deti (1925); Putanica (1926); Barmalej (1926); Telefon (1926; dt. Das Telephon, 1935); Fedorino gore (1926); Ot dvuch do pjati (1928, [17]1963; dt. Kinder von 2 bis 5. 1966, [2]1968); Doktora ajbolit (1929; dt. Doktor Auwieweh, 1937); Kradenoe solnce (1934; dt. Die gestohlene Sonne. 1962, [2]1963; NA. 1965); Topt'gin i Lisa (1934); Gimnazija (1938); Detjam (1945); Verdrehte Welt (1946); Sobranie sočinenij (Bd. 1—6. 1965 bis 1969); Skazki (1966).
Hrsg.: Raduga (1918).

Sekundärliteratur: S. Doniger: Children's literature in the Soviet Union (in: American Quarterly on the Soviet Union. 3. 1938. 3—18). — P. Gan: Kornej Tschukowskij zum 90. Geburtstag (in: Bulletin Jugend + Literatur. 4/6. 1972. 3 u. 4.). — A. Ivič: Skazki i „zapovedi" Koneja Čukovskovo (in: Vospitanie pokolenij. 1964. 124—146). — L. G. Leighton: Homage to Kornei Chukovsky (in: Russian Review. 1. 1972. 38—48). — H. Lubinsky: Das russiche Kinderbuch nach der Revolution [1917—1927] (in: Das werdende Zeitalter. 11. 1929. 611—20). — M. S. Petrovskij: Dom detskoj knigi. Kornej Čukovskij (1960, [2]1962). — S. Rassadin: Iskusstvo byt' samim soboj (in: Detskaja literatura. 1967. 80—102). — K. Selinski: Märchenerzähler, Kritiker, Wissenschaftler (in: Sowjetliteratur. 4. 1958. 194—197). — V. Smirnowa: Kornej Tschukowski und seine Kindermärchen (in: Sowjetliteratur. 3. 1962. 179—190).

Curtmann, Jakob Georg Wilhelm

*(Ps.: Georg Stückrad, Victor Emanuel). Schulpädagoge, Verfasser von Kindergeschichten, schulpädagogischen Schriften, Schul- und Lesebüchern; * 3. 3. 1802 Alsfeld/Hessen, † 6. 2. 1871 Gießen.*

C.s Vater war Rektor, Pfarrer und sein erster Lehrer. C. besuchte die Abschlußklasse des Gymnasiums in Gießen und begann als 16jähriger dort das Studium der Theologie. Kurz vor der Prüfung brach er es ab und wandte sich der Pädagogik zu, begann in einem adeligen Hause in Gießen als Hofmeister und wurde 1822 Hauslehrer für die vier Kinder der Familie von Leykam, mit der er im Sommer auf Schloß Elsum b. Jülich (Niederrhein), im Winter in Darmstadt lebte. 1823 wurde er Lehrer an der neugegründeten Privatschule in Michelstadt (Odenwald), legte 1826 das Gymnasiallehrerexamen ab und promovierte 1827 in Gießen zum Dr. phil. Neben seiner Tätigkeit als Lehrer und seinen schriftstellerischen Arbeiten studierte er noch Mathematik. 1830 wurde er Direktor der Sekundarschule in Worms, 1833 Direktor der Realschule in Offenbach a. M. und 1851 Leiter des ev. Lehrerseminars in Friedberg (Hessen), wo er auch nach der Versetzung in den Ruhestand (1864) seinen Wohnsitz behielt. Fachlich und persönlich stand C. in enger Beziehung mit A. Diesterweg. Für seine Verdienste in der Reorganisation des russischen Schulwesens wurde er mit dem Stanislausorden zweiter Klasse ausgezeichnet.

Werk, Tendenzen, Wirkung. In seiner Zeit war C. einer der angesehensten hessischen Schulpädagogen. Bereits 1836 geriet er mit seinen Vorschlägen zur Erziehung der Mädchen für das Erwerbsleben („Gewerbeschulen für das weibliche Geschlecht") in die Diskussion. Als Hofmeister und junger Lehrer hatte C. in befreundeten Familien oft viele Kinder um sich, die er mit Spiel und Erzählungen unterhielt. In diesen Jahren entstand ein großer Teil seiner 1840 gesammelt publizierten „Geschichten für Kinder, welche noch nicht lesen" ([6]1860). Sie sind in einem einfachen, heiteren, jedoch moralisch auch eindringlichen Ton geschrieben. 1842 gab C. ein „Vorlesebuch für Kinder von 7—10 Jahren" heraus und schuf für etwa diese Altersstufen 1850 einen Auszug aus Kaups „Thierreich" mit dem Titel „Kleiner Tiergarten für die Jugend"; mit einem „Bilderbuch für Beobachtung und Unterhaltung in 100 Tafeln" wandte er sich 1852 noch einmal den jüngeren Kindern zu („Die Welt in Bildern", 5 Hefte, 1. Jg. 1852). Dem Gedächtnis J. H. Pestalozzis widmete C. sein „Lesebuch für die Stufe der Anschauung" (1845, [5]1876). Er setzte sich darin kritisch mit Pestalozzis „geometrischer Formen- und Zahlenlehre" auseinander, vertrat aber nachdrücklich seine Kerngedanken über Anschauung und Einfachheit als Prinzip der Erziehung. Er forderte, daß der Unterricht in der Volksschule dem „Volks- und

Kinderleben" gerecht werden müsse. Die in seiner Zeit in Stadt und Land entstehenden Kleinkinderschulen wollte C. nur als „Bewahranstalten" gelten lassen. In seinem „Lehrbuch der Erziehung und des Unterrichts" (1844; ^{7}1866, S. 278) empfahl C. für das stille Lesen außer den eigenen Geschichten Th. v. Gumperts „Herzblättchens Zeitvertreib" (1861), „Bilder und Reime" von L. Richter und W. Hey (1859), von O. Pletsch „Was willst du werden?" (1862), F. Flinzers „Hänschen's Thierbude" (1862) und verschiedene andere zeitgenössische Bücher für die Jugend. Für seine Prosa-Sammlung „Blumen-, Frucht- und Dornenstücke für die erwachsene Jugend" (1862) hatte sich C. die „Levana" und andere Schriften von J. Paul zum Vorbild genommen, stimmte aber dessen Witz und Ironie bewußt herab für eine weniger intellektuelle Leserschicht, für Schulabgänger, Lehrlinge und Primaner, die er für die Selbsterziehung beraten wollte. Umgearbeitete und aus dem Alemannischen übertragene Gedichte zusammen mit eigenen legte er in einem Bande „Deutsche Dichtungen für die Jugend" (1. und 2. Kurs, 1837) vor und bearbeitete die biblische Geschichte des Alten und des Neuen Testaments zum mündlichen Erzählen der Lehrer in den Schulen (1853). In seinem gesamten Wirken bezeugt sich die Verknüpfung von ev. Theologie und Pädagogik, wie sie seit der Reformation bis ins 20. Jh. in wechselnder Intensität hervortritt. In der mit einem Preis ausgezeichneten Schrift „Schule und Leben" (^{2}1847) hat C. die Forderung ausgesprochen, in deren Sinn er als Pädagoge und Schriftsteller für Jugend und Schule selbst arbeitete: „Erziehet die Jugend für die Erhaltung und Förderung der christlichen Civilisation" (S. 98). Er fand viel Anerkennung, aber er hatte auch Gegner, die seine Schriften als einerseits zu „reaktionär", andererseits zu „emanzipationsfreudig" kritisierten.

Margarete Dierks

Werke: Geschichten für Kinder, welche noch nicht lesen (1840); Lesebuch für die Stufe der Anschauung (1845); Kleiner Tiergarten für die Jugend (1850); Die Welt in Bildern (1852); Das Mineralreich (1858); Blumen-Frucht- und Dornenstücke für die erwachsene Jugend (1862).

Sekundärliteratur: J. Fölsing: Wilhelm Jakob Georg Curtmann (1873). — K. Jäger: Curtmann, Wilhelm Jacob Georg (in: H. Haupt: Hessische Biographien. Bd. 1. 1913 u. 14. 331—336).

IJB

D

Daddy Langbein (Daddy-Long-Legs)

Titel eines als Jugendlektüre geschriebenen Briefromans der Amerikanerin J. Webster (1876—1916); zugleich Adressat der Briefe Judy Abbotts, der eigentlichen Heldin des Romans.

Das Buch erschien 1912, eine Bühnenfassung der Autorin 1914. Verfilmt wurde der Stoff 1919 (Stummfilm) und 1932.

Die Wirkungsgeschichte des Werkes im deutschsprachigen Raum beginnt erst nach dem Zweiten Weltkrieg mit Übersetzungen in der Schweiz (Judy Abbott, 1945) und in Westdeutschland (Daddy Langbein, 1947). Die erfolgreiche zweite Übersetzung überschritt 1969 das 300. Tausend. Eine originalsprachige deutsche Schulausgabe erzielte von 1947—57 elf Auflagen mit insgesamt 15 000 Exemplaren.

Webster hat das Buch selbst illustriert. Die lustigen, unbeholfenen Strichzeichnungen sind die vorgeblichen Illustrationen Judy Abbotts zu ihren Briefen.

Das Buch schildert den Entwicklungs- und Bildungsgang der armen Judy Abbott aus dem Waisenhaus über eine College-Erziehung in Neuengland zur Schriftstellerin und Braut. Der reiche Förderer Judys — von ihr scherzhaft-zärtlich Daddy-Long-Legs adressiert — verlangt regelmäßige Berichte von Judy; es sind die „Briefe" des Buches.

Der Roman verknüpft geschickt das Cinderellamotiv mit Elementen der Bildungs-, der Internats- und der Karrieregeschichte und ist insofern typisch für gewisse Mädchenbücher. Judy kann romantisch schwärmen, aber sie besitzt auch unbekümmerte Natürlichkeit, einfallsreichen Humor, trotzige Selbstachtung und überlegene Selbstironie. Die durch die Briefform geprägte Erzählperspektive gestattet dem Leser die unmittelbare Teilnahme an der Gefühls- und Gedankenwelt Judys. Diese Kombination materialer und formaler Elemente verhalf dem Buch zu einem großen Erfolg.

Soziales Engagement veranlaßte Webster zu einer in sich abgeschlossenen Fortsetzung, „Dear Enemy" (1915; dt. Lieber Feind, 1948; Mein lieber Feind, 1950). In diesem Briefroman wird die Reform des Waisenhauses geschildert, in dem Judy Abbott einst Kindheit und frühe Jugend verbringen mußte. Die Übersetzung von 1948 setzte sich durch und erreichte 1970 das 109. Tausend.

Wolfgang Schlegelmilch

Dähnhardt, Oskar

*Philologe und Sammler volkstümlicher Kinderliteratur; * 21. 11. 1870 Kiel, † (gefallen) 5. 4. 1915 b. Ypern/Flandern.*

Nach seiner Promotion im Jahre 1894 im Anschluß an das Studium der Germanistik und Altphilologie in Leipzig und Berlin war D. 14 Jahre lang Oberlehrer an der Thomasschule in Leipzig, seit 1910

Rektor (und Professor) an der Nikolaischule, die er in ein Reformgymnasium umwandelte.

Werk, Tendenzen, Wirkung. Durch einen neugegründeten „Verein für sächsische Volkskunde" wurde D. zu volkstümlichen Arbeiten angeregt. Etliche Jahre war er auch als Schriftführer bei dem „Verband deutscher Vereine für Volkskunde" tätig. Er leitete seine Schüler zu volkskundlichen Sammelarbeiten an, die 1898 zu einer Publikation „Volkstümliches aus dem Königreich Sachsen" verwertet wurden. Seine eigenen Sammelergebnisse fanden Niederschlag in den Werken „Heimatklänge aus deutschen Gauen" (1901/02), eine Fundgrube deutscher Mundartdichtung, und „Kinderlieder aus Sachsen" (1905).
In seinen „Naturgeschichtlichen Volksmärchen aus nah und fern" (1898) vereinigte er Märchen verschiedener Völker (von Rußland bis nach Nordamerika) und erklärte dazu: „Sie wollen eine Deutung geben, warum eine Naturerscheinung entstanden oder warum sie gerade so entstanden ist, wie wir sie sehen". Bis 1925 wurden diese zwei Bände, zur Unterhaltungslektüre für Schule und Haus geworden, immer wieder neu aufgelegt. Sein zweibändiges „Deutsches Märchenbuch" (1902 und 1903) enthielt aus verschiedenen Sammlungen (etwa von SIMROCK, HALTRICH, KUHN und SCHWARTZ, MÜLLENHOF, SUTERMEISTER, WISSER u. a.) besonders solche Märchen, die bei den Brüdern GRIMM in wesentlich veränderter Form oder überhaupt nicht vorkommen. In den „Beiträgen zur vergleichenden Sagen- und Märchenforschung" (1907 und 1912) behandelte D. einzelne Motive (so u. a. Sintflutsagen, den Wettlauf zwischen zwei Tieren, „Sagen vom Ursprung des Todes"). Für sein Hauptwerk „Natursagen" (Bd. 1—4. 1907—12), eine weitumfassende Sammlung nach Motiven angeordneter volkstümlicher Sagen aus aller Welt, hatte er als Mitarbeiter Forscher aus den verschiedensten Ländern der Erde gewonnen. Auch seine reichhaltige Sammlung „Schwänke" (1908) bot Stoff vom Mittelalter bis zur beginnenden neuen Zeit aus vielen Gebieten der Erde.
Für die praktische Schularbeit gab D. „Griechische Dramen in deutscher Bearbeitung" (1896/97) heraus, ein Lesebuch für höhere Lehranstalten (1900) und „Tertianer Julius, Übungsstoffe" (1904). Für Theateraufführungen an Schulen schrieb er die auf GRIMMsche Märchen zurückgehenden Weihnachtsspiele „Die goldene Gans" (1910) und „Das tapfere Schneiderlein" (1911). *Hans Eich*

→ Märchen, → Sage

Werke: Volkstümliches aus dem Königreich Sachsen (Heft 1 u. 2. 1898); Naturgeschichtliche Volksmärchen aus nah und fern (Bd. 1 u. 2. 1898, ^{7}1925—26); Heimatklänge aus deutschen Gauen (Bd. 1—3. 1901 bis 02, ^{2}1910); Deutsches Märchenbuch (Bd. 1 u. 2. 1903, $^{5-6}$1928—29); Kinderlieder aus Sachsen (1905); Beiträge zur vergleichenden Sagen- und Märchenforschung (1908); Die goldene Gans. Weihnachtsmärchenspiel in 5 Bildern (1910).
Hrsg.: Friedrich Schiller. Festgabe für die deutsche Schuljugend bei der 100jährigen Wiederkehr seines Todestages (1905); Natursagen (Bd. 1—4. 1907—12); Schwänke aus aller Welt (1908, ^{4}1928).

Sekundärliteratur: H. Kahnis: Oskar Dähnhardt (in: Bericht des Sächsischen Gymnasiallehrervereines. 1915. 136—140). — H. Lucke: Der Einfluß der Brüder Grimm auf die Märchensammler des 19. Jahrhunderts (Diss. 1933). — E. Mogk: O. Dähnhardt und W. Rittinghaus zum Gedächtnis (in: Mitteilungen des Vereins für sächsische Volkskunde. 6. 1915. 243—245). — P. Sparmberg: Zu Dähnhardts „Natursagen" (in: ZfdPh. 45. 1913. 66 bis 68).

Dänemark

(Kongeriget Danmark). Königreich, zwischen Mitteleuropa und Skandinavien gelegen, nach der Verfassung vom 5. 6. 1953 konstitutionelle Monarchie. Staatsgebiet: 43 031 km²; Einwohner: 4 760 000. Die Bevölkerung besteht aus Dänen mit Ausnahme einer deutschsprachigen Minderheit von rund 30 000 in Nordschleswig. Amtssprache ist dänisch.

Entwicklung der KJL und gegenwärtiger Stand. Die Entstehung der KJL in Dänemark zeigt eine ähnliche Entwicklung wie in den anderen Ländern Europas. Bis zur *Aufklärung* beschränkten sich dänische Kinder- und Jugendbücher auf Einzelfälle, die mehr in das Gebiet des Lesenlernens (ABC-Bücher und Fibeln), der religiösen Unterweisung (Katechismen für Kinder, biblische Geschichten) oder der allgemeinen Anstandslehre (Sittenbüchlein) gehörten. Das erste nachweisbare Kinderbuch in dänischer Sprache wurde von dem Mönch N. BREDAL, dessen genaue Lebensdaten unbekannt sind, im Jahr 1568 vorgelegt. Es handelte sich um eine in Versen gefaßte dänische Bearbeitung des 1526 in lateinischer Sprache erschienenen Büchleins „De civilitate morum puerilium libellus" des ERASMUS VON ROTTERDAM mit dem dänischen Titel „Børne Speigel" (Kinder-Spiegel). BREDAL, der später Rektor der Lateinschule in Vejle wurde, wollte ein Sittenbüchlein schaffen, das vor allem solchen Kindern zugute kommen sollte, die keine Möglichkeit besaßen, eine Schule zu besuchen und Latein zu erlernen. Auch als im 18. Jh. unter dem Einfluß von Aufklärung und „Vernunft" die Kinderliteratur für die Söhne und Töchter des gehobenen Bürgertums in Europa einen großen Aufschwung nahm, kamen in Dänemark zunächst nur Übersetzungen und Bearbeitungen ausländischer Werke heraus, auch Sammlungen, in denen Teile aus ausländischen Kinderbüchern in dänischer Sprache zusammengefaßt waren. Von Anfang an war der Einfluß der deutschen Kinderliteratur auf die Entwicklung des kleinen Nachbarlandes groß, aber auch England und Frankreich trugen zur Prägung der dänischen KJL bei. So stellt das 1766 u. 1767 anonym erschienene 2bändige Werk „Den Danske Skolemester" (Der dänische Schulmeister) eine freie Bearbeitung des „Magasin des enfans" der J. M. LEPRINCE DE BEAUMONT dar, das 1757 in Frankreich erschienen war und rasch Einfluß auf die Kinderliteratur der meisten europäischen Länder gewann. Im Verhältnis zum französischen Original ist der dänische Schulmeister allerdings pedantischer und didaktischer angelegt, wirkt stellenweise trocken und langweilig und konnte sich nicht lange über das Ersterscheinen hinaus halten.

Der starke Einfluß der deutschen Kinderliteratur auf die Entwicklung in Dänemark zeigte sich auch darin, daß zahlreiche ausländische Werke auf dem Umweg über die deutsche Übersetzung nach Dänemark kamen wie das Buch „The History of Sandford and Merton" (1783) des Engländers TH. DAY, dessen deutsche Übersetzung durch J. H. CAMPE als Vorlage für die dänische Ausgabe genommen wurde. Ähnlich verhielt es sich bei den dänischen Ausgaben der Kinderbücher der französischen Autoren A. BERQUIN und P. BLANCHARD. CAMPES „Robinson der Jüngere" (1779—80) erschien bereits 1784 bis 85 in einer dänischen Bearbeitung und erlebte zahlreiche Auflagen und Neuübersetzungen. Die pädagogisch-moralischen Schriften von CHR. F. WEISSE und CHR. G. SALZMANN fanden in zahlreichen Übersetzungen und Bearbeitungen den Weg auf den dänischen Kinderbuchmarkt. J. B. BASEDOWS „Elementarwerk" (1770—74) und FR. J. BERTUCHS „Bilderbuch für Kinder" (1792—1830) wurden zwar nie ins Dänische übersetzt, doch waren sie als zwei Standardwerke der zeitgenössischen Kinderliteratur in den Originalausgaben in Dänemark weit verbreitet und wurden sogar für den Unterricht in den Bürgerschulen herangezogen.

Einen großen Einfluß auf das Entstehen einer eigenständigen Kinderliteratur in Dänemark besaß die *Romantik.* Schon 1816 legte der dänische Romantiker A. OEHLENSCHLÄGER (1779—1850) das Büchlein „Eventyr af forskellige Digtere" (Märchen verschiedener Dichter) vor, das unter anderem die Übersetzung von sechs Märchen der Brüder GRIMM enthielt. Auch die ersten Märchen von H. CHR. ANDERSEN (1805—75) standen den Volksmärchen nahe. ANDERSEN, der von P. HAZARD als „der König unter den Kinderbuchautoren" bezeichnet wurde, war ein großer Bewunderer der Brüder GRIMM und begann die Reihe seiner Märchen mit dem Bändchen „Eventyr, fortalte for Børn" (Märchen, für Kinder erzählt) das 1835 erschien und unter anderem „Fyrtøjet" (Das Feuerzeug), „Lille Claus og store Claus" (Der kleine und der große Klaus), „Prinsessen på aerten" (Die Prinzessin auf der Erbse) und „Rejsekammeraten" (Der Reisekamerad) enthielt, Märchen, die ganz im Stil der Brüder GRIMM geschrieben waren und die ANDERSEN „i Spindestuen og ved Humleplukningen" (in den Spinnstuben und beim Hopfenpflücken) gehört hatte. Später gewannen seine Kunstmärchen immer mehr einen eigenen unverwechselbaren Charakter und boten eine Mischung von echt märchenhaftem Ton und realer Wirklichkeit. Besonders in der Ausschmückung seiner Geschichten mit Details blieb ANDERSEN ganz der realen kindlichen Umwelt verhaftet. Im Gegensatz zu zahlreichen Autoren seiner Zeit verstand er es, den Kindern eine lebendige, eindrucksvolle Geschichte zu erzählen, ohne dabei ins Moralisieren zu verfallen. Er erweckte Spielzeug wie Zinnsoldaten und Gegenstände des täglichen Gebrauchs wie Stopfnadeln mit geheimem Leben und verstand es, Begebenheiten aus dem Alltag des Kleinkindes mit einer wunderbaren Märchenhandlung zu umspinnen. Als ANDERSEN 1875 in Kopenhagen starb, war er ein weltberühmter Autor. Erstaunlich ist die Tatsache, daß ANDERSEN in seinem Heimatland nie die Bedeutung erlangt hat wie etwa in Deutschland oder Frankreich.

Einen ersten Versuch, im Volksmund überlieferte dänische Volksmärchen im Sinne der Romantik festzuhalten, bildete die 1823 erschienene Sammlung „Danske Folkeeventyr" (Dänische Volksmärchen) von M. WINTHER. Eine systematische Aufzeichnung der im Volksmund noch vorhandenen dänischen Volksmärchen unternahm dann erst S. GRUNDTVIG (1824—83) in seinem Buch „Danske Folkeaeventyr" (1876; dt. Dänische Volksmärchen. Bd. 1 u. 2. 1878 u. 79). Nach dem Tode von GRUNDTVIG wurde im Jahr 1884 ein für die Kinder bestimmter Auszug aus dem mehr wissenschaftlichen Werk des Autors unter dem Titel „Danske Folkeeventyr. Illustreret af danske Kunstnere" (Dänische Volksmärchen. Illustriert von dänischen Künstlern) mit den berühmten Illustrationen von P. KROHN (1840—1905) herausgegeben; ein Buch, das noch heute aufgelegt wird.

Einen großen Einfluß gewannen in Dänemark die Fabeln von J. W. HEY mit den Illustrationen von O. SPECKTER (1833, zweite Folge 1837), die bereits 1834 und 1838 ins Dänische übersetzt wurden. Der Übersetzer, CHR. WINTHER (1796—1876), spielte eine wichtige Rolle in der dänischen Kinderliteratur. So übersetzte er als erster die Märchen von CH. PERRAULT und die Sammlung „Märchen aus Tausend und einer Nacht" ins Dänische. Er schrieb selbst Fabeln, Kinderreime und Gedichte. Am bekanntesten wurde sein Gedicht „Flugten til Amerika" (Flucht nach Amerika), das er um 1830 schrieb und das zu Lebzeiten des Autors wenig Beachtung fand. Erst im Jahr 1900 kam dieses Gedicht zusammen mit den Illustrationen von A. SCHMIDT (1858 bis 1938) als Bilderbuch heraus. Es erzählt die Geschichte zweier Jungen, Peter und Emil, die nach Amerika ausreißen möchten, dem Land, wo Milch und Honig fließt, in dem Schokoladetafeln in der Größe eines Brotlaibs wachsen, wo es Zuckerbretzeln hagelt und Limonade regnet. Die Jungen geben ihren Plan und ihre phantastischen Zukunftsvorstellungen auf, als ihre Mutter das Fenster öffnet und sie zum Abendessen ins Zimmer ruft. Das Bil-

derbuch, das als besonders gut gelungene Einheit von Text und Bild angesehen werden kann, war über Jahrzehnte hinweg ein Lieblingsbuch dänischer Kinder.
Eine Reihe weiterer dänischer Kinderbuchautoren schloß sich der romantischen Bewegung an, vor allem H. V. KAALUND (1818—85), der 1845 den Band „Fabler for Born“ (Fabeln für Kinder) herausgab, die sich dem Inhalt wie der Sprache nach weitgehend von HEYS Fabeln beeinflußt zeigen. In den Versen wird eine Harmonie zwischen Mensch und Tier beschworen, verbunden mit moralischen Forderungen, wie in der Fabel „Den draebte And“ (Die tote Ente), die mit der Mahnung schließt: „O, har du en Moder, da skøn derpaa!“ (Hast du noch eine Mutter, so denke immer daran). Die fünfzig hervorragenden Federzeichnungen, die J. TH. LUNDBYE (1818—48) dazu lieferte, verleihen dem Fabelbuch von KAALUND Bilderbuchcharakter und trugen erheblich zu dem großen und langandauernden Erfolg des Buches bei.
Alte Kinderreime kamen in Dänemark im Zuge der romantischen Bewegung zum ersten Mal im Jahr 1843 mit der Sammlung „Ride, Ride, Ranke, Børnenes Bog“ (Hoppe, hoppe, Reiter, ein Kinderbuch) heraus. Bis heute wurden solche Ausgaben von Kinderreimsammlungen fortgesetzt. In neuerer Zeit fanden vor allem die Sammlungen „Okker Gokker Gummilokker“ (1943), „Abel Spendabel“ (1945), beide herausgebenen von J. SIGSGAARD, und „Nikke Nikke Nambo“ (1963), ediert von B. ANDERSEN, einen breiten Leserkreis. Nicht wenige dieser dänischen Kinderreime zeigen *den Einfluß des englischen Nonsense.* Schon ANDERSEN schrieb eine Reihe dänischer Nonsense-Reime, und vor allem die Reime des 1915 geborenen H. RASMUSSEN zeigen enge Verwandtschaft zu E. LEAR. Das Hauptwerk der englischen Nonsenseliteratur, L. CARROLLS „Alice's Adventures in Wonderland“ wurde 1875 unter dem Titel „Haendelser i Vidunderlandet“ ins Dänische übersetzt. Die Ausgabe, die sehr gekürzt herauskam und weder den Verfasser noch den Übersetzer bzw. den Illustrator nannte, hatte allerdings keinen großen Erfolg.
Die Entwicklung des Bilderbuchs in Dänemark wurde nachhaltig von H. HOFFMANNS „Struwwelpeter“ (1845) beeinflußt. Die oft in feierlich-warnendem Ton gehaltenen Geschichten von den bösen Folgen des Nichtgehorchens von Kindern erhielten einen neuen, frischen Ton mit dem Erscheinen der dänischen Übersetzung des „Struwwelpeter“. Dänemark gehörte zu den ersten Ländern, in denen eine Übersetzung des „Struwwelpeter“ herauskam. Schon zu Weihnachten 1847 erschien die erste Ausgabe unter dem Titel „Vaer lydig, eller lystige Historier og morsomme Billeder for Børn imellen 3—6 Aar“. Die Ausgabe nannte weder den Autor und Illustrator noch den Übersetzer. Schon bald war das neue Bilderbuch unter dem Titel „Den store Bastian“ (Der große Nikolaus) in ganz Dänemark verbreitet. Die dänischen Ausgaben enthielten die ersten sechs Geschichten der deutschen Struwwelpeterausgaben. Die beiden letzten Geschichten HOFFMANNS, „Hans Guck-in-die-Luft“ und „Der fliegende Robert“ erschienen erst im Herbst 1847 in der erweiterten deutschen Ausgabe, konnten also noch nicht in der dänischen Ausgabe stehen, da diese die Erstausgaben des „Struwwelpeters“ als Vorlage benutzt hatte. Die „Geschichte vom wilden Jäger“ wurde von dem unbekannten dänischen Übersetzer ausgelassen. Dafür enthalten die dänischen Ausgaben drei neue Geschichten, die dieser hinzufügte. Es sind „Historien om spejledukken“ (Die Geschichte von dem Spiegelguckermädchen, der eitlen Sofie), „Rødnaeset Rikke“ (Die rotnasige Rikke, die an allen Süßigkeiten nascht, die Nase in einen Topf mit roter Farbe, die sie für Marmelade gehalten hat, steckt und dabei eine rote Nase bekommt) und „Historien om Hanne i Maanen“ (Die Geschichte vom Hannchen im Mond). Diese Geschichte beginnt mit den Worten „Alt, hvad lille Hanne så, ville hun og eje“ (Alles was die kleine Hanne sah, wollte sie auch haben) und erzählt von dem Mädchen, das im Wasser eines Sees das Spiegelbild des Mondes erblickt, ihn ergreifen will, dabei ins Wasser fällt und ertrinkt. Die erste Ausgabe des dänischen Struwwelpeter, die auf dem Titelblatt Abbildung und Titel von „Den store Bastian“ zeigte, erschien 1867 im Jespersens Verlag. Während in Deutschland nur noch die späteren Ausgaben des „Struwwelpeter“ mit den veränderten Zeichnungen bekannt sind, gab es in Dänemark bis zur Gegenwart nur Ausgaben, die sich eng an die erste deutsche Bildfassung anlehnen.
Ein Bilderbuchkünstler, der vor allem im Ausland großen Einfluß gewann, war L. FRØLICH (1820 bis 1908), der rund 100 Bilderbücher schuf, die Ähnlichkeit mit denen von O. PLETSCH zeigen. FRØLICH lebte lange Zeit in Frankreich und arbeitete dort eng mit dem französischen Verleger P. J. HETZEL zusammen. Sein erstes Bilderbuch, das 1862 in Paris unter dem Titel „La Journée de Mlle Lili“ herauskam, wurde erst 1863 in Dänemark unter dem Titel „Hvorledes Dagen gaar for lille Lise“ gedruckt. Auch die weiteren Bilderbücher FRØLICHS wurden fast alle in Frankreich herausgebracht. Er war eine Zeitlang in Frankreich so bekannt, daß man ein neues Bilderbuch allgemein „un FRØLICH“ nannte. Fast alle Bilderbücher berichten in kurzen Texten und fast ganzseitigen Holzschnitten von den verschiedensten Alltagssituationen kleiner Mädchen und ranken sich um die Gestalten der kleinen Lili, der kleinen Bébé und des Monsieur Jujules. Eine Zeitlang lebte FRØLICH auch in Dresden, wo er dem Freundeskreis um L. RICHTER angehörte und unter anderem Illustrationen zu dem „Deutschen Jugendkalender“ schuf.
1866 erschien unter dem Titel „Peters Jul“ (Peters Weihnachten) ein kleinformatiges Bilderbuch, dessen Verfasser und Illustratoren anonym blieben.

Während dieses Büchlein wenig Erfolg erreichte, wurde die 1870 erscheinende neue großformatige Ausgabe mit den Illustrationen von P. Krohn und den Versen von J. Krohn (1841—1925) eines der bekanntesten und bis heute am weitest verbreiteten Kinderbücher in Dänemark. Die Verse und die 24 Zeichnungen von P. Krohn berichten humorvoll und sehr detailliert von den traditionellen dänischen Weihnachtsbräuchen. Obwohl das Krohnsche Bilderbuch unzählige Auflagen und Neuausgaben erlebte, an denen sich zahlreiche Illustratoren versuchten, ist die Ausgabe von 1870 mit den Bildern von P. Krohn bis heute die beliebteste geblieben. Lediglich dem Illustrator H. Jensenius (1888 bis 1966) gelang es mit seiner 1942 zum ersten Mal erschienenen Ausgabe, den alten Bildern Krohns etwas den Rang abzulaufen.

Die zweite Hälfte des 19. Jh.s war gekennzeichnet durch das Auftreten einer großen Anzahl von Jugendbuchautoren, die teils realistische Umweltgeschichten, teils abenteuerliche Erzählungen exotischen oder geschichtlichen Inhalts herausbrachten. Vor allem der Kopenhagener Gemeindelehrer N. K. Kristensen (1859—1924) trug viel zu einer eigenständigen dänischen Jugendliteratur bei. Sein erstes Buch „En Dreng fra 64" (Ein Junge von 64) erschien 1899 und war im Gegensatz zu den bis dahin bekannten romantisch-märchenhaften oder pädagogisch-moralischen Erzählungen ein Jugendroman, der im ersten Teil den Alltag eines Jungen in einem seeländischen Dorf schildert, im zweiten Teil die Konfrontation des Jungen mit den Kriegsereignissen von 1864. Auch Kristensens weitere Erzählungen wie „En Københavnerdreng" (1900; Ein Kopenhagener Junge) oder „Røgter-Jakob" (1903; Der Pflege-Jakob) erzählen von dem bäuerlichen oder großstädtischen Alltag Heranwachsender. Einen nationalistischen Einschlag hat die „Rasmus"-Trilogie (1911—13), die von den Erlebnissen eines Heranwachsenden aus dem dreijährigen Krieg von 1848—50 berichtet. Kristensen setzte sich mit Publikationen und Vorträgen sehr für eine eigenständige dänische Jugendliteratur ein und veranlaßte die Fachzeitschrift „Vor Ungdom" (Unsere Jugend) zur Aufnahme von regelmäßigen Rezensionen zu dänischen Kinder- und Jugendbüchern. Wie Z. Nielsen (1844—1922) und I. Bondesen (1844—1911) gehörte auch Kristensen zur Gruppe der „skolelaererlitteratur" (Schullehrerliteratur), die am umfangreichsten jugendliterarischen Unternehmen beteiligt war, das um die Jahrhundertwende in Dänemark anlief: Als Gegengewicht zu zahlreichen billigen Heftchen, die, zum Teil auch aus dem Ausland nach Dänemark importiert, dort viele Leser fanden, bildete sich in den Kreisen der dänischen Lehrerschaft eine Bewegung, die sich für die Verbreitung wertvoller Kinder- und Jugendliteratur einsetzte. Es war die Absicht dieser Gruppe, billigen, aber wertvollen Lesestoff zu schaffen, der vor allem auf die international bedeutenden, sogenannten „klassischen" Kinder- und Jugendbücher zurückgreifen sollte. Initiator dieser Gruppe war der Lehrer und Verleger Chr. Erichsen (1867—1935), der 1896 mit der Herausgabe der Jugendschriftenreihe „Børnenes Bogsamling" (Jugendbuch-Sammlung) begann. Die erste Veröffentlichung in dieser Reihe war „Robinson Kruse", der in zehn Heften zu je zehn Øre über die Schulen an die jungen Leser vertrieben wurde. In den folgenden Jahren erschienen in ähnlicher Form in dieser Reihe alle bekannten Werke der Weltliteratur, die vorwiegend von Lehrern übersetzt und für junge Leser bearbeitet wurden. Neben Bearbeitungen und Übersetzungen klassischer Werke erschienen in dieser Reihe auch Erzählungen zeitgenössischer dänischer Autoren. Erichsen versuchte auch angesehene dänische Autoren für das Schreiben von Kinderbüchern zu gewinnen. So veranlaßte er den bedeutenden dänischen Dichter T. Kristensen (* 1893) den Jugendroman „Bokserdrengen" (1925, ^{6}1972; Der Boxer-Junge) zu verfassen, der auch unter dem Titel „Kina i oprør" (China im Aufruhr) erschien und in hartem Realismus die Erlebnisse eines zwölfjährigen Jungen schildert, der bei Beginn des Boxeraufstandes in China von seinem Vater getrennt wird und auf der Suche nach ihm bis zu der Wiederbegegnung in Peking die Ereignisse des Boxeraufstandes mit all seinen Grausamkeiten erlebt.

M. Pontoppidan (1851—1931) versuchte alte Sagenstoffe in neuer Aufbereitung für junge dänische Leser schmackhaft zu machen, wie in „Odyssevs' Rejser og Eventyr, saaledes som jeg har fortalt dem for mine Børn" (1902; Reisen und Abenteuer des Odysseus, wie ich sie meinen Kindern erzählt habe), oder Bibelstoffe neu zu erzählen, wie in „Bibelske Historier, fortalte for Børn" (Bd. 1—3, 1909—11; Biblische Geschichten, für Kinder erzählt).

Echte Abenteuerbücher für Jungen schrieb vor allem W. Christmas (1861—1924), der lange Zeit als Seeoffizier in siamesischen und griechischen Diensten gestanden hatte und während seines abenteuerlichen Lebens genügend Stoff für seine aufregenden Abenteuergeschichten sammeln konnte. Besonders seine „Peder Most"-Serien (1901—21; dt. Peter Most. Bd. 1. 1910), die von einem jungen Seemann erzählen, der mit einem kleinen Schoner Schiffbruch erleidet und zahlreiche Abenteuer bis zur endgültigen Rettung zu bestehen hat, werden noch heute von Jungen gern gelesen.

Eine Reihe von Autorinnen verfaßte Mädchenbücher, die sich in die europäische Backfischliteratur der Jahrhundertwende und der ersten Jahrzehnte danach einordnen lassen und die heute zumeist vergessen sind. Zu ihnen gehörten vor allem V. Dahl (1870—1954), H. Hørlyck (1866—1934) und B. Holst (1881—1929).

M. Dahlsgaard (1879—1941) schrieb eine Reihe historischer Jugendbücher mit solidem historischen Hintergrund. Am bekanntesten wurden seine Erzählungen „Søren Rask" (1919; Der Teufelskerl)

und „Vildttyvens son“ (1924; Der Sohn des Wilddiebs). Das erste Buch behandelt die Taten Peter Willemoes und seine Kaperfahrten nach dem Verlust der dänischen Flotte von 1807, das zweite Buch erzählt von dem Aufstand des Kapitäns Clements.
Während all diese Autoren und Autorinnen über Dänemark hinaus kaum bekannt wurden, erzielten der Offizier und Pädagoge T. GREDSTEDT (1885 bis 1945), der Lehrer A. CHR. WESTERGAARD (1888 bis 1951) und die Autorin K. MICHAËLIS auch im Ausland mit ihren Büchern Erfolge. So war GREDSTEDT vor allem mit den Büchern um den Jungen Paw (1. Band: „Paw“, 1918; dt. Paw der Indianerjunge, 1931) im Ausland erfolgreich. Paw, halb dänischer halb indianischer Abstammung, wird in einer ihm fremden dänischen Welt erzogen, flieht aus einem Waisenhaus und besteht viele Abenteuer, bis er im letzten Band „Paw i Urskoven“ (1932; Paw im Urwald) seinen Vater wiederfindet, der im südamerikanischen Urwald eine Art Einsiedlerdasein führt. WESTERGAARD hatte vor allem mit seinen „Klit-Per“-Büchern Erfolg (1923—28; dt. Per von der Düne, 1931; Per zwingt das Schicksal, 1939), die das Milieu der dänischen Küstenfischer und das Heranreifen eines Fischerjungen zum Mann schildern. K. MICHAËLIS gewann mit ihren „Bibi“-Büchern (1929—39; dt. Bibi. Bd. 1 u. 2. 1943 u. 46), die in 29 Sprachen übersetzt wurden, zahlreiche Leser im Ausland. Zu den beliebtesten Kinderbüchern des frühen 20. Jh.s in Dänemark gehören die Bilderbücher von L. MOE (1857—1945), dessen Zeichenstil viel Ähnlichkeit zu E. BESKOW aufweist. Sein erstes Bilderbuch erschien 1892 unter dem Titel „Eventyret om Hans og Grethe“, eine Nacherzählung des Märchens „Hänsel und Gretel“ der Brüder GRIMM von J. KROHN. Zu den rund 50 Bilderbüchern schuf der Künstler im übrigen den Text meistens selbst. Hauptpersonen seiner Bilderbücher waren vorwiegend junge Tiere: „Kylle Kluk“ (1919; dt. Das Küchlein Kluk), „Bamse“ (1920; dt. Bamse, 1921), „Peter-Kvaek“ (1921; dt. Peter Quack, 1925) oder „Den grønne Spillemand“ (1922; dt. Der grüne Spielmann — ein Heuhüpfer). Ein halbes Jh. erfreuten sich dänische Kinder an den oft sehr eigenwilligen Figuren MOES, den spaßigen Trollen, den frechen Bärenkindern und Schweinchen.
Unter dem Einfluß der modernen Plakatmalerei kam E. MATHIESEN (* 1907) zu einem neuen Bilderbuchstil, der ihm auch im Ausland Erfolge brachte. Schon das erste Bilderbuch, das der Künstler 1939 unter dem Titel „Vi vil flyve“ (Wir wollen fliegen) herausbrachte, zeigt im Text, der ebenfalls von ihm stammt, wie in der Illustration einen neuen Ton. Zum ersten Mal taucht im dänischen Bilderbuch der ungereimte Vers auf, zum ersten Mal vereinen sich Sprache und Bild in einer eindrucksvollen Naivität, die gewollt das Kleinkind anspricht.
MATHIESEN, der in Esbjerg geboren wurde, wandte sich schon als Kind der Malerei zu. Er gehört heute zu den bedeutendsten Malern Dänemarks und ist vor allem durch seine großen Wandgemälde berühmt geworden, für die er auch die Eckersberg-Medaille erhielt, eine Auszeichnung, die 1883 von der Königlich-Dänischen Akademie gestiftet wurde. Auch für seine Bilderbücher, die in zahlreiche Sprachen übersetzt wurden, erhielt er Auszeichnungen, so den dänischen Kinderbuchpreis (1954) und den Preis der New York Herald Tribune in den USA. Der Illustrationsstil des Künstlers ist phantastisch und doch eng mit der Realität verbunden. So lebte die Hauptgestalt des Bilderbuches „Mis med de blå øjne“ (1949; dt. Mies mit den blauen Augen, 1957), eine siamesische Katze mit dem Namen Siam, über zehn Jahre mit dem Künstler zusammen. Auch in anderen Bilderbüchern des Künstlers taucht die Katze Siam wieder auf. MATHIESEN unternahm zahlreiche ausgedehnte Reisen, vor allem nach Frankreich und Italien. Seine Bilderbücher, in denen sich die Reiseerlebnisse niedergeschlagen haben, zeichnete und textete er jedoch alle in Kopenhagen. Eine Reihe seiner Bilderbücher wurden als dramatische Bearbeitungen im Fernsehen gesendet, einige seiner Bilderbuchfiguren in den dänischen Rundfunk übernommen. MATHIESENS Texte haben die Natürlichkeit der gesprochenen Umgangssprache, wenn auch groteske Züge hineingeraten, die aber für das Verständnis des Kleinkindes keine Hürden bilden. Einige seiner Bücher sprechen eine deutliche Moral aus, die jedoch nie aufdringlich, sondern immer humoristisch verpackt angeboten wird. Am bekanntesten wurden seine Bilderbücher „Frederik med Bilen“ (1944; dt. Friedrich mit dem Auto) und „Aben Osvald“ (1947; dt. Der Affe Oswald, 1950). Die letzte Geschichte erzählt von dem großen Affen, der alle kleinen Affen tyrannisiert, bis einer von ihnen, der kleine Oswald, ein lautes Nein ausruft und alle anderen kleinen Affen sich seinem Nein anschließen.
Die neuere dänische Kinder- und Jugendliteratur kennt eine ganze Anzahl von Autoren, die vom Stil wie vom Thema her anspruchsvolle moderne Kinder- und Jugendbücher schreiben. E. OTT (1900 bis 1967), Journalistin und früher der Pfadfinderbewegung zugehörend, schrieb vor allem Kinder- und Mädchenbücher, die fremde Landschaften und Menschen dem dänischen jungen Leser nahezubringen suchen und von einem leisen Humor, aber auch von einer journalistischen Erzähltechnik gekennzeichnet sind. Am bekanntesten wurde sie auch im Ausland mit ihrem — 1968 mit dem dänischen Kinderbuchpreis ausgezeichneten — Buch „Chicos lange vandring“ (1957; dt. Chicos lange Wanderung, 1959), das von einem portugiesischen Waisenjungen erzählt, der ganz Portugal durchwandert, um endlich ein Heim zu finden.
TH. HOLM (* 1917), die sich mehr zeitgeschichtlichen Themen für Größere widmet, erzählt in ihrem Buch „Irene Frank“ (1946) die Geschichte eines deutsch-jüdischen Mädchens, das im Krieg nach

Dänemark flüchtet und 1943 nach Schweden entkommt.

Der Lehrer A. Johnson (* 1902) schreibt vorwiegend Jugendbücher mit sozialkritischer Thematik. Am bekanntesten wurde sein — 1954 mit dem dänischen Kinderbuchpreis prämiertes — Buch „Den grønne flaske“ (1953; Die grüne Flasche), in dem er die Problematik eines Jungen schildert, der einen Trinker zum Vater hat. In seinem ersten Buch „Kvartetten“ (1946; Das Quartett) gibt Johnson eine Zustandsbeschreibung vom Dänemark der Besatzungszeit während des letzten Krieges.

P. Jeppesen (* 1909) versucht in seinen Büchern Stellenwert und geschichtliche Entwicklung der verschiedenen Erfindungen und Erwerbszweige an junge Leser heranzutragen. Besonders verbreitet wurde seine Biographie von Johann Gutenberg in dem Buch „Troldmandens laerling“ (1949; dt. Der Lehrling des Hexenmeisters, 1951). Für den Jugendroman „Hendrik“ (1955), der mit großer psychologischer Einfühlung die Anpassung eines naiven Bauernburschen an das Kopenhagen des 19. Jh.s schildert, erhielt Jeppesen den dänischen Kinderbuchpreis 1956.

P. E. Knudsen (* 1923) schreibt vorwiegend historische Jugendbücher, die in der Zeit der Römerherrschaft spielen. Sie sind gekennzeichnet durch eine historische Treue, die bis ins Detail des geschilderten Alltags geht, durch Herausarbeiten querschnitthafter Zeitbilder am Exempel der Erlebnisse der jugendlichen Hauptpersonen und durch eine pazifistische Note. Knudsens Bücher finden auch bei Erwachsenen großen Anklang. „Oprør i Capua“ (1953; Aufruhr in Capua) schildert einen Sklavenaufstand in Rom, „Vaeddemålet“ (1960; dt. Der Wettstreit, 1962) die Erlebnisse eines germanischen Jungen, der in römische Gefangenschaft gerät und zum berühmten Wagenlenker aufsteigt. Dieses Buch wurde 1961 mit dem dänischen Kinderbuchpreis ausgezeichnet.

K. Plovgaard (1887—1966) schrieb eine Reihe von Büchern, die das Leben der Menschen auf Grönland schildern. Am bekanntesten wurden „Jeg vil vaere saelfanger“ (1957; Ich will Seehundfänger werden) und „Sanne“ (1959; dt. Sanne, 1962) — 1960 mit dem dänischen Kinderbuchpreis ausgezeichnet.

Weit über Dänemark hinaus bekannt wurde in den letzten Jahren C. Bødker (* 1927) mit ihren Silas-Büchern, in denen die Autorin die dramatischen Abenteuer eines Jungen in einer archaischen, unmenschlichen Welt schildert. Die mythisch-symbolische Sprache macht es dem jungen Leser nicht leicht, der Handlung mit Verständnis zu folgen. Für den ersten Band der Silas-Reihe „Silas og den sorte hoppe“ (1967; dt. Silas, 1970) erhielt Bødker 1968 den dänischen Kinderbuchpreis.

Auf dem Bilderbuchsektor genießt Ib Spang Olsen (* 1921) heute große Beliebtheit. Besonders bekannt wurden seine Bilderbücher „Mosekonens bryg“ (1957; Das Gebräu der Moorfrau), „Drengen i månen“ (1962; Die Jungen im Mond) und „Røgen“ (1971; Rauch), ein Bilderbuch, das die Umweltverschmutzung zum Thema hat. Spang Olsen wurde in den Jahren 1963, 1964 und 1967 mit dem dänischen Kinderbuchpreis ausgezeichnet, 1972 mit dem internationalen Hans-Christian-Andersen-Preis für sein Gesamtschaffen. Neben Bilderbüchern mit eigenen Texten schuf Spang Olsen auch die Illustrationen zu den Texten einer Reihe anderer Autoren, wobei die Zusammenarbeit mit H. Rasmussen am fruchtbarsten war. Vor allem das Bilderbuch „Halfdans abc“ (1967; dt. Halfdans abc, 1970) zeigt ein harmonisches Zusammenklingen von Nonsense-Versen und Zeichnungen.

Organisationen, Förderungsmaßnahmen, Literatur zur KJL. Gegenüber den anderen skandinavischen Ländern ist die Kinder- und Jugendbuchproduktion in Dänemark wenig entwickelt. Die produzierten Bücher stellen zumeist Übersetzungen aus dem angelsächsischen Bereich, aber auch aus Deutschland und den skandinavischen Ländern dar. In Dänemark existiert eine nationale Sektion des Internationalen Kuratoriums für das Jugendbuch, die sich vor allem um die Propagierung und jährliche Ausrichtung des Internationalen Jugendbuch-Tages bemüht.

Dänemark hat ein sehr gut ausgebautes Bibliothekswesen, in dem spezielle Kinder- und Jugendbibliotheken einen breiten Raum einnehmen. Seit 1969 muß jede dänische Schule eine Schulbibliothek aufweisen.

Seit 1954 wird jährlich vom dänischen Kultusminister der „Børnebogpris“ (Kinderbuchpreis) verliehen, der sowohl Verfassern als auch Illustratoren für das beste Kinder- oder Jugendbuch des jeweils vorhergegangenen Jahres verliehen wird. Der Direktor der Staatlichen Büchereiaufsicht ist gleichzeitig Vorsitzender des den Preis vergebenden ministeriellen Ausschusses. Meistens stellt der Dänische Autorenverband zusätzlich zu der vom Minister zu vergebenden Preissumme eine weitere Prämie zur Verfügung.

In den letzten Jahren ist das Gebiet der Kinder- und Jugendliteratur auch in den Lehrstoff der Lehrer ausbildenden Hochschulen eingedrungen. Vor allem auf dem Gebiet der Geschichte der Kinder- und Jugendliteratur sind in Dänemark in letzter Zeit eine Reihe wichtiger Untersuchungen entstanden. *Helmut Müller*

→ H. Chr. Andersen, → E. Mathiesen, → I. Spang Olsen

Sekundärliteratur: Chr. Erichsen: Ti Aar. Et lille Tilbageblik over Børnenes Bogsamlings Virksomhed i Tiaaret 1896—1905 (1905). — J. Florander: Børns serielaesning (1955). — M. Hansen: Småbørnsbøger 1969 (1969). — T. Hørding: Børnebøger (1922). — V. Jensen: Stene for brød (1961). — M. Kristensen: Børne- og ungdomsbøger (1969, ^{2}1970; zus. mit P. Ramløv). — H. Mollerup: Børns Yndlingsbøger (1947). — G. Paaske (Hrsg.):

Børnenes hvem-skrev-hvad? (1969). — B. Olsson: Ungdom og bøger (1956). — H. P. Rohde: Peters Jul af Johan Krohn (1962). — I. Simonsen: Den danske børnebog i det 19. aarhundrede ([2]1966). — V. Stybe: Fra Askepot til Anders And (1962, [2]1971); Børnespejl (1969); Historien om Struwwelpeter eller den store Bastian (1971); Fra Askepot til Asterix (1974). — Chr. Winther: Danske børnebogsforfattere ([3]1955); Christian Erichsen (1967).

Dahrendorf, Malte

*Literaturdidaktiker und Jugendliteraturtheoretiker Professor; * 2. 10. 1928 Hamburg.*

D. studierte von 1949—54 Literatur- und Erziehungswissenschaft sowie Psychologie an der Universität Hamburg, wo er auch 1954 promovierte. Von 1954—65 war er im Schuldienst der Hansestadt tätig und zugleich nebenamtlich Dozent an der Fachschule für Sozialpädagogik und am Institut für Lehrerfortbildung in Hamburg. Von 1965 bis 1969 war D. an das Pädagogische Institut der Universität Hamburg abgeordnet, wurde 1969 im Fachbereich Erziehungswissenschaft Dozent für Deutsch und erhielt 1970 einen Ruf als Professor an die PH Kiel. Seit 1972 ist D. Schriftleiter der traditionsreichen „Jugendschriften-Warte“ (ab 1973 u. d. T. „Informationen Literatur und Medien/JSW“).
D.s Arbeiten gehen sowohl vom literaturpsychologischen wie literatursoziologischen Ansatzpunkt aus, wobei auf dem zweiten das Hauptgewicht liegt. D. versucht systematisch die Ursachen zu erforschen, weshalb junge Leser für triviale Produkte des Literaturmarktes dankbare Abnehmer sind. Dieser Gesichtspunkt kommt besonders deutlich in der Publikation „Das Mädchenbuch und seine Leserin“ (1970) zur Geltung. D. warnt vor zu hoch gesteckten ästhetischen Ansprüchen im Literaturangebot für junge Menschen, da damit das Leseinteresse der Kinder und Jugendlichen eher gestört als gefördert würde. Diese Warnung gilt vor allem den Schulen.
Rudolf Raab

Werke: Die Aufgabe des Menschen als Abenteuer (1967); Die Sacherzählung in der Schule (1969); Das Mädchenbuch und seine Leserin (1970, [2]1973); Das Buch in der Schule (1969; zus. mit W. v. Schack).
Hrsg.: Wozu Literatur in der Schule? (1970, [3]1972; zus. mit A. C. Baumgärtner).

Beiträge: Zeitgeschichte im Jugendbuch (in: Jugendliteratur. 9.1963.386—401 u.10.1963. 436—445); Dichtung und Jugendliteratur (in: Zeitschr. f. J.lit. 7. 1967. 385 — 400); Leseerziehung oder literarästhetische Bildung? (in: WPB. 5. 1969. 265—277); Gesellschaftliche Probleme im Kinderbuch (in: H. Ide (Hrsg.): Projekt Deutschunterricht I. 1970. 1—25); Zur Situation der Jugendbuchkritik heute (in: WPB. 7. 1972. 365—376); Kinderliteratur, Rezeption und Rezeptionsbeeinflussung als interdisziplinärer Forschungszusammenhang (in: K. Doderer (Hrsg.): Internationales Symposium für Kinder- und Jugendliteratur. 1972. 13—42).

Damjan, Mischa

*(d. i. Dimitrije Sidjanski-Hanhart). Autor u. Verleger; * 4. 11. 1914 Skopjle/Makedonien.*

D. wuchs in Belgrad auf, studierte dort Jura und war als Anwalt tätig. Seit 1945 lebt er in der Schweiz. Zum Schreiben kam er durch das Erzählen von Geschichten für seine Kinder. Sein Pseudonym ist aus den Vornamen seiner ersten Söhne gebildet. 1961 gründete er den Nord-Süd Verlag, der mit deutschen, englischen, amerikanischen, französischen und japanischen Unternehmen zusammenarbeitet. Außerdem gründete D. die Nord-Süd Filmproduction, die als Erstling den Film „Der Clown sagte nein“ nach D.s gleichnamigem Buch drehte und deren Weltrechte die englische Rank-Film-Library erwarb.

Werk, Tendenzen, Wirkung. D. hat vornehmlich Bilderbuchtexte und Geschichten geschaffen, in denen Umwelterlebnisse, verschiedene Tiermotive, fantastische und märchenhafte Züge dominieren. Dabei durchbricht er häufig den unmittelbaren Umweltbereich: „Atuk“ spielt bei den Eskimos; „Der kleine Prinz und sein Kater“ ist im alten Japan angesiedelt; „Zwei Katzen in Amerika“ behandelt ein historisches Thema. D. sucht die internationale Zusammenarbeit, so u. a. mit den Graphikern Janosch (BRD), R. Steadman (Großbritannien), M. Velthuis (Niederlande), M. T. Kennel (Schweiz). Durch die wechselnden Maler und Zeichner fanden Imagination und Science Fiction-Motive, Umweltorientiertes und Naturverbundenes sehr individuelle bildliche Umsetzungen. Bilderbücher mit Texten von D. sind entweder sehr vital und expressiv gemalt oder verhalten, sensibel und zum Nachdenken anregend gestaltet. Mit dieser Mannigfaltigkeit ist auch der Zugang zu einem breiten internationalen Markt verbunden. *Horst Künnemann*

Werke: Pony, das Seepferdchen (1957, [2]1964); Pony, der große Knirps (1961); Wir wollen zwei Beine (1958, [3]1963); Mau der Katzenkönig (1961); Francesco und sein Eselchen (1962, [3]1965); Der Clown sagte nein (1962, [2]1963); Pfeif, Murmeli, pfeif (1963, [3]1967); Das Eichhorn und das Nashörnchen (1964); Atuk (1965); Die falschen Flamingos (1967); Der kleine Prinz und sein Kater (1967, [2]1968); Filipo und sein Wunderpinsel (1968); Mustafa der Schwache (1968); Der Wolf und das Zicklein (1968).
Hrsg.: H. Chr. Andersen: Die Schneekönigin (1967, [2]1968); T. Bogdanovic: Iwan und die Hexe (1968).

Verlag Werner Dausien

Hanau. Derzeitiger Leiter: W. Dausien (* 1927). *Hauptsächliche Verlagsgebiete im Bereich der Kinder- und Jugendliteratur:* Bilder-, illustrierte Kinder- und Abenteuerbücher, ferner illustrierte Ausgaben von Grimms und Andersens Märchen sowie die inzwischen auf 16 Bände angewachsene Reihe

illustrierter Märchen der Welt; außerdem Sekundärliteratur zum Bereich der Kinder- und Jugendbücher, u. a.: Göhring: Anfänge der Jugendliteratur, Reprint 1967 und Merget: Geschichte der deutschen Jugendliteratur, Reprint 1967.
Illustratoren: O. Janecek, M. Hanak, J. Trnka, M. Troup, A. Zabransky u. a.
Verlagsgeschichte: W. Dausien (* 1927) gründete den Verlag 1956 und gliederte ihm ein Jahr später einen Kinderbuchverlag an, der sich vor allem um Märchenausgaben mit modernen Illustrationen bemüht.

David, Kurt

*Erzähler und Jugendbuchautor; * 13. 7. 1924 Reichenau/Oberlausitz.*

D. mußte nach einer Kriegsverletzung seinen Berufswunsch, Musiker zu werden, aufgeben. Zunächst arbeitete er als Angestellter, danach vier Jahre bei der Kriminalpolizei und schließlich zwei Jahre im Kreissekretariat des Dt. Kulturbundes. Seit 1954 lebt D. als freischaffender Schriftsteller in Oberseifersdorf bei Zittau in der DDR. Mehrmals nahm er erfolgreich an Preisausschreiben des Ministeriums f. Volksbildung zur Förderung der soz. Kinder- und Jugendliteratur teil und erhielt 1970 den Alex-Wedding-Preis, Nationalpreis 1973.

Werk, Tendenzen. In seinem Erstlingswerk, dem Roman „Die Verführten" (1956), schildert D. ähnlich wie in seiner 1959 für Jugendliche geschriebenen Erzählung „Der erste Schuß" die Auseinandersetzung von jungen Menschen mit dem Faschismus. Nach seinen Reisereportagen „Im Land der Bogenschützen" (Reisebilder aus der Mongol. Volksrepublik, 1962) und „Polnische Etüden" (1963) schreibt D. vorwiegend Kinder- und Jugendbücher. In der Kriminalgeschichte für Kinder „Sechs Stare saßen auf der Mauer" (1961), wie auch in dem „Tagebuch eines Minderjährigen", „Freitags wird gebadet" (1964), versucht er, Erziehungsfragen und Probleme der Jugendlichen in der sozialistischen Wirklichkeit heiter und spannend darzustellen.
Eine weitere Gruppe seiner Werke befaßt sich mit historischen Sachverhalten, wobei seine Studienreise in die mongolische Volksrepublik (1959/60) deutlich seinen Themenschwerpunkt markiert. Zu ihnen zählen „Der singende Pfeil" (1962), die Geschichte der Abenteuer eines 15jährigen mongolischen Hirtenjungen während der Kämpfe der revolutionären Befreiungsarmee im Jahre 1921, „Der schwarze Wolf" (1966) und „Tenggeri, Sohn des schwarzen Wolfes" (1968). In Verbindung von historischer Wahrheit und Unterhaltung werden in den beiden letzten Titeln der Aufstieg und die Machtentfaltung von Dschingis Chan und gleichzeitig indirekt die Ursachen für den Untergang des Chan-Imperiums vermittelt.
In der biografischen Erzählung „Der Spielmann vom Himmelpfortgrund" (1964) wird Franz Schubert als Mensch und Musiker im Rahmen der sozialen und politischen Verhältnisse in Österreich unter Franz II. dargestellt. Ähnlich wie in seinen historischen Abenteuerromanen versucht D. auch hier, anhand historischer Stoffe Erkenntnisse zur Lösung paralleler Probleme gesellschaftlicher Art der Gegenwart anzubieten. Auch D.s historisch-biografisches Werk über Beethoven „Begegnung mit der Unsterblichkeit" (1970) ist keine rein populärwissenschaftliche Biografie. D. will den Zugang zu Beethoven und seiner Musik aktualisieren. Abdrucke von Dokumenten, Notenbeispielen und Stücken unterstützen den sachlich informativen Charakter des Buches. *Klaus-Rüdiger Werner*

Werke: Der erste Schuß (1959); Sechs Stare saßen auf der Mauer (1961, [5]1968); Der singende Pfeil (1962, [8]1973); Der Spielmann vom Himmelpfortgrund (1964, [7]1972); Der schwarze Wolf (1966, [5]1972); Tenggeri, Sohn des schwarzen Wolfes (1968, [4]1973); Begegnung mit der Unsterblichkeit (1970, [3]1973).

Sekundärliteratur: K. Neumann: Laudatio auf den Alex-Wedding-Preisträger des Jahres 1970: Kurt David (in: Jugendschriftenfreund. 1971. 58—64). — F. Rodrian: Ein bißchen über Kurt David (in: Börsenblatt/Leipzig. 1. 1967. 18—19).

Defoe, Daniel

*Verfasser des „Robinson Crusoe", englischer Publizist, Romanschriftsteller; * 1660 London, † 26.4. 1731 ebenda.*

D. war Sohn eines wohlhabenden Fleischers, wurde in streng puritanischem Geist, doch ohne gelehrte Bildung erzogen und entschloß sich gegen den Wunsch des Vaters, der ihn zum Geistlichen bestimmt hatte, für eine kaufmännische Tätigkeit. 1684 heiratete er Mary Tuffley, wechselte häufig seine Stellungen, war eine Zeitlang Ziegeleibesitzer, dann Rechnungsführer der Kgl. Brit. Glaszollkommission Wilhelms III. von Oranien, dessen Thronbesteigung er in einer Streitschrift verteidigte und dessen Berater er wurde. Mehrmals machte D. bankrott. Mit 21 Jahren hatte D. sein erstes politisches Pamphlet geschrieben, immer wieder nahm er in Flugschriften zu politischen, sozialen, pädagogischen und religiösen Fragen kritisch und mit Reformvorschlägen („Essay on Projects", 1697) Stellung.
Wegen seiner offenen, ironischen Kritisierung der Unduldsamkeit der englischen Staatskirche („The shortest Way with the Dissenters", 1702) mußte er am Pranger stehen, wegen einer anderen Flugschrift eine Gefängnisstrafe verbüßen (1703/04). Er gründete verschiedene Zeitschriften, u. a. „Review", als deren Herausgeber *er Schöpfer auch des Leitartikels und des Feuilletons wurde.* Als beinahe 60jähriger

Daniel Defoe (1660—1731)

begann er seine großen Romane zu schreiben, innerhalb von 6 Jahren 5 Titel, deren erster sofort außergewöhnlichen Erfolg hatte: „The life and strange surprizing adventures of Robinson Crusoe" (1719; dt. Das Leben und die gantz ungemeine Begebenheiten des berühmten Engelländers Mr. Robinson Crusoe, 1720).

Werk, Tendenzen, Wirkung. Alle Schriften und Romane D.s sind getragen von puritanisch-pädagogischem Geist und religiösem Erbauungseifer. D. verkörperte zugleich das *Selbstbewußtsein des erwachenden Bürgertums* zur Zeit der Aufklärung; als Romancier war er bemüht, in seinen Büchern bürgerliche Tugenden wie Pflichttreue, Arbeitsamkeit, tätige Frömmigkeit als Grundlage und Norm einer idealen Gesellschaft zu zeigen. Mit dem Roman „Robinson Crusoe", der bereits 1720 in Übersetzungen auf dem Kontinent erschien, schuf D., den Tatsachenbericht des schiffbrüchigen Matrosen Alexander Selkirk zugrunde legend, den Abenteuerroman aufklärerisch puritanischen Geistes und gab mit der Gestalt des Robinson Crusoe der Literatur ‚unter Verwendung des Insel-Motivs' einen neuen Prototyp des Abenteurers. Beides ging international in die Kinder- und Jugendliteratur ein, behielt über nun fast zwei Jahrhunderte Platz darin und bewirkte eine Fülle von „Robinsonaden" genannte Nachahmungen und Varianten. Die sechs weiteren Romane D.s blieben in ihrer Wirkung zunächst ganz auf England beschränkt. In „A journal of the plague year" (1722; dt. Die Pest in London, 1925) und „Memoirs of a Cavalier" (1720) verarbeitete D. geschichtliches und zeitgeschichtliches Tatsachenmaterial und zeichnete — wie noch in anderen Werken — kulturhistorischen Hintergrund. Er gilt als „Begründer des realistischen fiktiv-autobiographischen Romans" (G. v. WILPERT).

→ Robinson Crusoe

Werke: The life and strange surprizing adventures of Robinson Crusoe, at York, mariner, written by himself (1719; dt. Das Leben und die gantz ungemeine Begebenheiten des berühmten Engelländers Mr. Robinson Crusoe, welcher durch Sturm und Schiffbruch, worinn alle seine Reise-Gefährten elendiglich ertruncken auf der Americanischen Küste vorn an dem großen Fluß Oroonoko auf ein unbewohntes Eiland gerahten Acht- und zwantzig Jahre lang darauf lebet und zuletzt durch See-Räuber wunderbahrer Weise davon befreyet worden, 1720); The farther adventures of Robinson Crusoe (1719; dt. Des Lebens und der gantz ungemeinen Begebenheiten des berühmten Engelländers Mr. Robinson Crusoe, Zweyter und Letzter Theil, 1720); Serious reflections during the life and surprising adventures of Robinson Crusoe, with his vision of the angelick world (1720; dt. Ernstliche und wichtige Betrachtungen des Robinson Crusoe, welche er bey den Erstaunungs-vollen Begebenheiten seines Lebens gemacht hat, Benebst seinem Gesicht von der Welt der Engel, 1721); The life, adventures and pyracies of the famous Captain Singleton (1720; dt. Leben und Abenteuer des Kapitäns Singleton, 1842); A journal of the plague year (1722; dt. Die Pest in London, 1925); G. H. Maynadier (Hrsg.): Works (Bd. 1—16. 1903 u. 04); J. Grabisch (Hrsg.): Die Romane (Bd. 1—4. 1919); Novels and selected writings (Bd. 1—14. 1927 u. 1928).

Sekundärliteratur: O. Deneke: Robinson Crusoe in Deutschland (1934). — P. G. Dottin: Daniel Defoe et ses romans (Bd. 1—3. 1924). — H. M. Flasdieck: Robinson Crusoe im Lichte der neueren Forschung (in: Deutsche Rundschau. 214. 1928. 47—61). — P. H. Geissler: Defoes Theorie über Robinson Crusoe (Diss. 1896). — M. L. Günther: Entstehungsgeschichte von Defoe's Robinson Crusoe (Diss. 1909). — J. P. Hunter: The reluctant pilgrim (1966). — E. G. Jacob: Daniel Defoe im Lichte der neueren Forschung (in: English Studies. 13. 1931. 58—68); Daniel Defoe und die neuere Forschung (in: Die englische Sprache. 2. 1948. 34—39). — A. Kippenberg: Robinson in Deutschland bis zur Insel Felsenburg (Diss. 1892). — J. Langfeldt: Robinsonausgaben und Robinsonbearbeitungen (in: JL. 10. 1959. 437—449). — W. Lee: Daniel Defoe (Bd. 1—3. 1869). — A. Lüthi: Defoe und seine Fortsetzungen zu Robinson Crusoe (Diss. 1920). — G. Luithlen: Der Realismus des Robinson Crusoe (Diss. 1936). — W. Minto: Daniel Defoe (1879). — J. R. Moore: A checklist of the writings of Daniel Defoe (1960); Daniel Defoe, citizen of the modern world (1958, ³1970). — H. Pleticha: Die Bearbeitungen des Robinson Crusoe und die Entwicklung des klassischen Abenteuerbuches (in: JL. 6. 1960. 269—282). — J. Prestel: Robinson (in: Jugend und schönes Schrifttum. 1925. 155—186). — P. Strauch: Robinson in Deutschland bis zur Insel Felsenburg (in: Anzeiger für deutsches Altertum und deutsche Litteratur. 23. 1897.

79—84). — J. Sutherland: Defoe (1937, ²1950). — A. Ulitz: Der Gaukler von London (1938). — H. Ullrich: Defoes Robinson Crusoe (1924); Robinson und Robinsonaden (1898); Zwölf Jahre Defoeforschung (in: GRM. 11/12. 1929. 458—469). — F. Wackwitz: Entstehungsgeschichte von Daniel Defoes Robinson Crusoe (Diss. 1909). — H. F. Wagner: Robinson in Oesterreich (1886). — R. Weimann: Daniel Defoe (1962). *IJB*

Dehmel, Paula

*(geb. Oppenheimer). Kinderbuchautorin, vorwiegend Gedichte für Kinder, auch Märchen und Erzählungen; *31.10.1862 Berlin, † 9.7.1918 Berlin-Steglitz.*

P. D., Tochter eines Predigers und Lehrers am Gebetshaus der jüdischen Reformgemeinde in Berlin, Schwester des Soziologen FR. OPPENHEIMER, war von 1889—98 mit dem Schriftsteller R. DEHMEL verheiratet. Nach der Trennung von ihm lebte sie mit ihren drei Kindern weiterhin in Berlin. Mit RICHARD D. blieb eine freundschaftliche Verbindung bestehen. Ihr Briefwechsel (im Archiv der Staats- und Universitätsbibliothek Hamburg) enthält zahlreiche Erörterungen pädagogischer, künstlerischer und editorischer Fragen zur Literatur für Kinder. Die Wohnungen P. D.s in Berlin waren durch viele Jahre Mittelpunkt eines wechselnden Schriftstellerkreises, zu dem neben anderen E. LASKER-SCHÜLER, J. SCHLAF, A. HOLZ, O. J. BIERBAUM, auch W. SCHÄFER gehörten. Erstlingswerke und Werke des Frühexpressionismus wurden dort vorgelesen und kritisch erörtert. Im Jahre 1955 erhielt die Schule an der Strelitzer Str. 41/42 in Berlin — als späte Ehrung für die Kinderbuch-Autorin — den Namen Paula-Dehmel-Schule. Das Dehmel-Archiv in Hamburg besitzt eine Lebensbeschreibung P. D.s in Maschinenschrift, verfaßt von einer Freundin der D.-Tochter Vera, D. THOMANN-NADLER: „P. D. Ein Lebensbild" (1962).

Werk und Tendenzen. P. D.s literarisches Schaffen konzentrierte sich auf Lyrik und Prosa für Kinder. Ihre Begabung dafür erwachte im Umgang mit den eigenen kleinen Kindern. Am Anfang stand ihre Mitarbeit an dem von RICHARD D. geplanten Kinderbuch „Fitzebutze", das mit den Bildern von E. KREIDOLF erstmals 1900 erschien. „Das Buch ist wirklich ebenso sehr ihre wie meine Leistung", schrieb RICHARD D. an J. SCHLAF (13. 11. 1900; Richard D., Ausgewählte Briefe, Bd. 1). Schon 1903 kam ein Band eigener Gedichte von P. D. heraus, „Rumpumpel", illustriert von K. HOFER und mit dem Untertitel „Ein Buch für junge Mütter und ihre Kleinsten" versehen. Es hatte zahlreiche Auflagen; Auswahlen und Einzelgedichte als Bilderbuch erschienen noch nach 1960. Mit anderen Gedichten P. D.s vermischt, erschienen mehrfach illustrierte Ausgaben unter den Titeln „Guten Morgen Rumpumpel" mit Zeichnungen von E. und V. HEIDORN (1953—60) und „Von morgens bis abends", illustriert von E. SHAW (1969). Das Manuskript der ersten „Rumpumpel"-Gedichtfolge hatte P. D. bereits im Dezember 1900 an RICHARD D. mit der Widmung „Dem Vater meiner Kinder" geschickt. Die Gedichte, zu denen bis zur Drucklegung noch weitere hinzukamen, fassen erlebte Welt des Kleinkindes in Sprache, Rhythmus und Reim. In einzelnen ist die Kleinkindersprache als direkte Rede verwendet und auch die soziale Frage angesprochen (z. B. „Bescheidene Frage"). Gelegentlich sind „verbrauchte" Verse freimütig kindertümlich aufgefrischt, z. B.; „Häschen in der Grube / Saß und schlief, / Kam der heil'ge Kuckediguck / Und bracht ihm einen Brief . . ." In den Grundbestand des Liedgutes der Kindergärten ist „Rumpumpels Geburtstag" eingegangen, besonders bekannt und beliebt geblieben ist das oft vertonte „Gutenachtliedchen": „Leise, Peterle, leise, / Der Mond geht auf die Reise . . .". In den Jahren 1900—03 korrespondierten die beiden D.s über die ersten Märchen, die P. D. für Kinder schrieb. RICHARD D. urteilte: „Es ist eine fröhliche Innigkeit darin". Er wollte das Märchen „Singine" in seine geplante Sammlung von Dichtungen für Kinder, den „Buntscheck", aufnehmen, wünschte aber eine Umarbeitung. Er warnte vor „Blaublümelei" und „Sentimentalität". P. D. entgegnete: „Ich wollte recht einfache, für Kinder unmittelbar verständliche Sätze bilden, die sie ohne Mühe nacherzählen können, und bemühe mich zu gleicher Zeit, gutes Deutsch zu schreiben, und da kam diese, wie ich an meiner eigenen Freude fand, frische Erzählerart zustande" (Zitate hier aus „P. D. Ein Lebensbild", S. 63ff.). Mit ihren Geschichten wollte sie, nach ihren eigenen Worten, „wirkliche Probleme des Kinderlebens aufgreifen", nicht aber moralisieren. Zu ihrer „Paris"-Geschichte betonte sie: „Diese Auflehnung gegen die elterliche Gewalt ist absolut nötig und echt" (S. 66). Dem „Singine"-Märchen fügte sie nach der Erörterung mit Richard D. noch eine über Zeugung und Geburt aufklärende, mehr poetisch verklärende Geschichte ein, „Vom Geist der Fruchtbarkeit und des Gedeihens", zu der sie im Briefwechsel bemerkt: „Noch natürlicher dürfen wir die Sache nicht darstellen, sonst entziehen wir dem ‚Buntscheck' die Lebensfähigkeit; die Prüderie der Menschen darf nur allmählich und sanft überwunden werden." (Richard D. hat die Ausgabe „Singinens Geschichten" noch vor seinem Tode 1920 vorbereitet. Sie erschien, farbig illustriert, 1921). 1907 erschien eine Sammlung Märchen, Kindergeschichten und ein Neujahrsspiel von P. D. mit dem Titel „Das grüne Haus" (zu einer späteren Ausgabe schuf die Tochter Ursula D. einige Bilder); das wirklich „im Grünen" existierende Haus (in Berlin-Wilmersdorf) stellte P. D. samt seinen Bewohnern — sie selbst mit ihren Kindern — in einem ersten Abschnitt anschaulich vor. Ein kleines, illustriertes „Märchenbüchlein" der inzwischen sehr

Paula und Richard Dehmel: Fitzebutze (Köln 1900). Als „allerhand Schnickschnack für Kinder" bezeichneten die Autoren P. und R. Dehmel ihr „Fitzebutze"-Bilderbuch, zu dem E. Kreidolf die Illustrationen lieferte. Die dem Jugendstil verwandten Bilder stehen in einer glücklichen Übereinstimmung zu den poetischen Versen des Ehepaars Dehmel.

bekannt gewordenen Kinderbuchautorin gab die Deutsche-Dichter-Gedächtnis-Stiftung (gegründet 1901) 1912 heraus und verteilte es vorwiegend an ländliche Büchereien. In ihren Versen wie in ihrer Prosa gelang P. D. die Verbindung von überliefertem Volksgut (Volksliedton), unmittelbar kindlichem Erleben und eigener Phantasie auf originelle Weise. RICHARD D. hat die größere Eignung P.s, für Kinder zu schreiben, stets anerkannt. Nach ihrem Tode gab er eine Sammlung ihrer Gedichte heraus, „Das liebe Nest" (1919), für deren Illustration er H. THOMA gewann. 1912 waren noch einmal neue Kinderverse von P. D. erschienen, illustriert von E. REHM-VIËTOR, als Bilderbuch „Auf der bunten Wiese". Neue Aufgaben übernahm P. D. 1915 bis 1917 als Herausgeberin von „Meidingers Kinderkalender" (begründet 1897). Sie bevorzugte darin Beiträge bekannter zeitgenössischer Autoren, z. B. L. TOLSTOI, O. ERNST, H. SEIDEL, J. LOHMEYER, RICHARD D. und nahm auch Prosa von Jugendschriftstellerinnen auf wie E. URY und H. VILLINGER, aus deren „Schulmädelgeschichten" sie 1917 einen Auszug brachte. Zu den eigenen Beiträgen gehören das Gedicht „Weihnachtserlebnis", die von M. v. SCHWIND mit Schattenbildern illustrierte Verserzählung „Der Teufel und die Katz" (1917, S. 57ff.) und die Erzählung „Wie der alte Christian Weihnachten feierte". In den Kriegsjahren verfaßte P. D. noch ein Märchenspiel in fünf Aufzügen, „Die Gänsemagd" (1938), zu dem sie selbst Melodien und Tanzweisen schrieb. Der in Deutschland lebende schwedische Komponist L. E. HAFGREN komponierte danach eine Oper, die 1938 in Mannheim zur Uraufführung kam, doch wurde der Name P. D.s dabei nicht genannt. Aus dem Wunsche nach Frieden zwischen den Völkern schuf P. D. ein lyrisches Trost-Festspiel „Zwiesprache der Geister", das 1916 in der „Schatzgräber"-Reihe des „Kunstwart"-Verlages in München erschien.

Aufnahme und Wirkung. P. D.s Dichtung für Kinder fand in ihrer Zeit starke Beachtung. Ihre Lyrik und Prosa entsprachen in vieler Hinsicht den Forderungen, die in der Kunsterziehungs- und Jugendschriftenbewegung an künstlerische Qualität und Kindertümlichkeit des Kinder- und Bilderbuches gestellt wurden. In den besten ihrer Verse und Dialoge ihrer Kindermärchen und Geschichten stimmen „Naivität und Kunstverstand" vorzüglich zusammen. VERA TÜGEL-D., Leiterin des Dehmel-Hauses in Hamburg, nannte für das „Märchenbüchlein" im Jahre 1911 die Zahl von 20 000 Expl., für „Das grüne Haus" 1 750 Expl., die in 1. Aufl. rasch vergriffen waren. Eine Reihe Gedichte von P. D. wurden häufig vertont, z. B. „Rumpumpel" 1919 von H. SCHÜTT. In der JSW vom Dezember 1903 (Nr. 12, S. 45) stellte H. KÖSTER das „Rumpumpel"-Buch mit Worten vor, die den Fürsprecher der „Kunst vom Kinde aus" erkennen lassen: „Hier ist die Welt gestaltet, wie das Kind sie sieht, dem irgend ein Neues genau so wunderbar ist wie ein Unmögliches, allerdings ist das Unmögliche als ganz selbstverständlich hingestellt." Zu den Gedichten „Auf der bunten Wiese" schrieb er: „P. D. hat die Gabe, den Ton des Kinderreims zu treffen und doch sie selbst zu bleiben" (JSW, Dezember 1912, Nr. 12, S. 70). Während KÖSTER die Bilder HOFERS zu „Rumpumpel" nur bedingt gelten ließ, schätzten spätere Kinderbuchkritiker die Leistungen der Maler KREIDOLF und HOFER für den neuen Typ des Bilderbuches höher ein als die der Textdichtung (vgl. B. HÜRLIMANN in „Europäische Kinderbücher"; H. KUNZE in „Schatzbehalter"). Zur Zeit P. D.s und bis weit in die zwanziger Jahre hinein wurden aber auch die Kunst der Kindertümlichkeit, der Ton und Rhythmus der Poesie für Kinder in ihren Gedichten kritisch bewertet, „avantgardistische Impulse", wie KUNZE sie ihnen attestiert, nicht darin gesehen. Über „das Unorthodoxe" der Kindergedichte P. D.s, das in ihnen sich zeigende Gleich-und-gleich-Verhältnis zwischen Eltern und Kindern, über den in die Dichtung aufgenommenen „Straßenjargon" hat sich ausführlicher J. KRÜSS geäußert im Nachwort seiner Anthologie „So viele Tage wie das Jahr hat" (S. 297f.), in die er auch mehrere Gedichte P. D.s aufnahm. Er nennt die beiden D.s „Erneuerer des deutschen Kindergedichts und die konsequentesten Dichter für das emanzipierte Kind." Zum 100. Geburtstag der Dichterin P. D. 1962 erschienen nur allgemein gehaltene Erinnerungstexte in Druck und Funk. Bis heute fehlt es an Spezialliteratur zu ihrer Dichtung für Kinder und an subtilen Einzelanalysen.

Marie Luise Linn

→ R. Dehmel, → Kindergedicht

Werke: Fitzebutze (1900; zus. mit R. Dehmel); Rumpumpel (1903); Das grüne Haus (1907); Auf der bunten Wiese (1912); Zwiesprache der Geister (1916); Das liebe Nest (1919); Gig-gag! Schnick-schnack (1917; zus. mit L. Sommer); Singinens Geschichten (1921); Die Gänsemagd (1938); Guten Morgen, Rumpumpel (1957, [9]1972).
Hrsg.: Meidingers Kinder-Kalender (1915—17).

Sekundärliteratur: D. Thomann-Nadler: Paula Dehmel (unveröff. Ms. 1962). *IJB*

Dehmel, Richard

*Schriftsteller, Mitbegründer der lyrischen Jugendstilzeitschrift „Pan", Verfasser von Gedichten und Erzählungen für Kinder; * 18.11.1863 Wendisch-Hermsdorf/Mark Brandenburg, † 8.11.1920 Blankenese (Hamburg).*

Nach dem Studium der Naturwissenschaften und Nationalökonomie in Berlin und Leipzig promovierte D. zum Dr. phil. und war zeitweilig Sekretär eines Versicherungsverbandes. 1889 heiratete er PAULA OPPENHEIMER, mit der er gemeinsam Dichtung für Kinder herausgab. Ihre Zusammenarbeit dauerte auch nach der Scheidung und R. D.s Eheschließung mit I. AUERBACH (1899) fort. Mehrere Jahre verbrachte R. D. auf Reisen in süd- und nordeuropäischen Ländern; seit 1902 lebte er als freier Schriftsteller in Blankenese. Als Freiwilliger (51jährig) nahm er 1914—16 am ersten Weltkrieg teil und rief nach Kriegsende gemeinsam mit 30 Autoren in einem mahnenden „Warnruf" die Sieger zur Mäßigung auf. Zu D.s Freundeskreis gehörten Dichter wie A. STRINDBERG, D. v. LILIENCRON, A. MOMBERT, J. SCHLAF und andere.

Werk, Tendenzen, Wirkung. D.s Schaffen, in den Anfängen von FR. NIETZSCHE stark beeinflußt, hat den literarischen Naturalismus, Jugendstil und Frühexpressionismus zugleich mit angeregt und aufgenommen. Sein revolutionäres Engagement gegen die klassische Form, gegen soziale Ungerechtigkeit und bürgerlich traditionelle „Sitte" zeigt sich auch in vielen seiner Äußerungen über Erziehung und in seiner Dichtung für Kinder.

Nachhaltiger als D.s erwachsenen Lesern geltende, in seiner Zeit erfolgreiche und umstrittene Lyrik, Dramatik und Epik, wirkte seine Dichtung für Kinder.

Jugendliterarisches Schaffen. Die Gedichte, Erzählungen und kleinen Stücke, die D. geschrieben hat — zunächst für die eigenen Kinder, dann willentlich zur Veröffentlichung für Kinder als Leser bestimmt —, stellte er in Band 6 seiner zehnbändigen Werkausgabe 1906 unter dem Titel „Der Kindergarten" zusammen. Den Anteil seiner Frau PAULA D. hat D. mehrfach betont und PAULA D. zu eigenen Leistungen ermutigt und beraten. J. KRÜSS spricht von dem „mäßigenden Einfluß", den PAULA D. auf den „Radikalismus" D.scher Dichtung für Kinder ausübte; er führt D.s Gedicht „Frecher Bengel" als ein „Manifest des emanzipierten Kindes" (in: „So viele Tage wie das Jahr hat", Nachwort, S. 297) an, in dem ein kleiner Junge zu den Erwachsenen spricht:

„Ihr könnt euch ruhig denken: / Jottedoch! / Ich denk von euch dasselbe / Ich kuck euch durch den Lack / Ich spuck euch aufs Gewölbe. / Pack!" (zit. aus: „Ges. Werke", 1. Bd. 1913).

Das Bilderbuch „Fitzebutze. Allerhand Schnickschnack für Kinder" von P. und R. D. mit Bildern von E. KREIDOLF erschien erstmals 1900. Das Neuartige — lose aneinandergefügte Umwelterlebnisse vom Kinde aus in dichterischer Form, zusammengehalten von der Rede des kleinen Mädchens Detta an ihren Hampelmann, den sie Fitzebutze nennt — war von R. D. bewußt der Verbalpädagogik mit Strafandrohung im Kinderbuch entgegengesetzt. Er schrieb am 12. 9. 1899 an R. A. SCHRÖDER (1878 bis 1962): „Ich gehe seit Jahren mit der Absicht um, ein Buch für Kinder in die Welt zu setzen, das den ‚Struwwelpeter' aus dem Felde schlagen soll". Im Sinne der zeitgenössisch propagierten „Dichtung vom Kinde aus" (W. LOTTIG) waren Dettas eröffnende und beschließende Anreden an den Hampelmann in Kleinkindersprache gebracht. Die Gedichte seien „viel umstritten, viel getadelt und viel gelobt worden", schrieb H. KÖSTER in seiner „Geschichte der deutschen Jugendliteratur" (^{3}1920, S. 132). „Fitzebutze" kam 1901 in verbesserter 2. Aufl. heraus; das Buch habe damals „umwälzend auf dem Gebiete der ‚Dichtung vom Kinde aus' gewirkt", schreiben E. ARNDT-WOLGAST und W. FLACKE als Herausgeber der 7. Aufl. des Werkes von WOLGAST. 1968 erschien ein reprographischer Nachdruck (Histor. Kinderbücher Bd. 11, Leipzig) des einst so umstrittenen Werkes „Fitzebutze", dessen Bedeutung auch von H. KUNZE vorrangig in den KREIDOLF-Illustrationen gesehen wird. Als Traumspiel bearbeitet und in Musik gesetzt wurde „Fitzebutze" 1907 von H. ZILCHER, für den Kinderreigen bearbeitet von A. SIEVERS 1931.

In seinen Geschichten für Kinder, die sehr viel häufiger nachgedruckt wurden als seine Gedichte, entwickelte D. meist eine phantasievolle, für das jüngere Kind teilweise zu komplizierte Handlung. In dem „Märchen vom Maulwurf" zum Beispiel, in dem es um einen nach Licht strebenden und endlich von Sonnenlicht und glühenden Tagesfarben geblendeten Maulwurfskönig geht, das zuerst 1900 erschien, werden Elemente frühexpressionistischer Kunst sichtbar. „Der Buntscheck. Ein Sammelband herzhafter Kunst für das Ohr und Auge der Kinder, herausgegeben von R. D." erschien 1904. D. hatte zeitgenössische Schriftsteller und Illustrationskünstler zur Mitarbeit aufgefordert. Beteiligt waren an dem ebenfalls bald berühmt gewordenen Buch bedeutende Künstler wie K. HOFER, E. KREIDOLF, E. WEISS und K. FREYHOLD. Als Autoren standen neben P. und R. D.: G. FALKE, P. HILLE, A. MOMBERT, R. WALSER, H. v. FALLERSLEBEN und andere. Entwicklungsgeschichtlich ist der Buntscheck „vielleicht das bedeutendste Buch der neuen Kinderbuch-Malerei . . ." meint H. A. HALBEY (in: „Aspekte der gemalten Welt" hrsg. von A. C. BAUMGÄRTNER, 1968). Aus D.s Gedichten kann man eine moderne, intensiv auf das Kind eingehende Haltung ablesen, die Zwang und Starrheit in der Erziehung ablehnt (vgl. z. B. „Die Rute" in Ges. Werke, Bd. 3, 1913); daß es ihm pädagogisch auf die „Maxime" ankam, „die wirklich dem Lebensglück des Kindes, nicht dem egoistisch nervösen Augenblicksbehagen der Eltern diene", sprach er auch in seinem Tagebuch aus (R. D.s Tagebuch, 1893—94, 1921; 12.4. 1894); er verknüpfte damit aber die Absicht der „Ausbildung des unwillkürlichen Pflichtgefühls auf Grund der persönlichen Anlagen des Kindes" (ebda). Gedichte D.s, die vor allem soziales Gewissen bekunden, sind über die Lesebücher von der Jugend aufgenommen worden. Dazu gehören an erster Stelle „Der Arbeitsmann" und „Erntelied". Über R. D., Persönlichkeit und Werk, ist bereits viel geschrieben worden, doch blieb sein Schaffen für Kinder, das einen wesentlichen Teil seiner Lebensarbeit ausmachte, völlig unberücksichtigt. Handschriften und

Briefe befinden sich im D.-Archiv in der Staats- und Universitätsbibliothek Hamburg. In Hamburg gibt es auch eine R. D.-Gesellschaft e. V., Gesellschaft für zeitgenössische Literatur.

Marie Luise Linn

→ P. Dehmel, → K. Freyhold, → K. Hofer, → Jugendstil, → E. Kreidolf, → Kunsterziehungsbewegung

Werke: Gedichte und Märchen (1896); Fitzebutze (1900; zus. mit P. Dehmel); Der Kindergarten (1906); Fitzebutze, Traumspiel (1907); Der kleine Held (1921); Der Vogel Wandelbar (1923). — Gesammelte Werke (Bd. 1—10. 1906—09).

Hrsg.: Der Buntscheck (1904); P. Dehmel: Das liebe Nest (1919); P. Dehmel: Singinens Geschichten (1921).

Sekundärliteratur: J. Bab: Richard Dehmel (1926). — P. v. Hagen: Richard Dehmel (1932). — H. A. Halbey: Das Bilderbuch in Deutschland im 20. Jahrhundert (in: C. A. Baumgärtner (Hrsg.): Aspekte der gemalten Welt. 1968. 11—31). — H. Kunze: Das verhinderte Nachwort (in: BJ& L. 1. 1970. 2, 29—30) — E. Ludwig: Richard Dehmel (1913). — H. Slochower: Richard Dehmel (1928). — H. Wingelmayer: Richard Dehmel als Dramatiker und Erzähler (Diss. 1949).

IJB

De Jong, Meindert → (De)Jong, Meindert

Del Castillo, Michel

*Französischer Schriftsteller, Verfasser des dokumentarischen Romans „Tanguy" (dt. „Elegie der Nacht"); * 1933 Madrid.*

Als Sohn einer Spanierin und eines Franzosen wurde D. C. als neunjähriger Junge nach der Flucht nach Frankreich aufgrund einer Denunziation durch seinen eigenen Vater mit seiner Mutter in das Konzentrationslager Mauthausen deportiert. Nach der Befreiung zunächst sich selbst überlassen, geriet er in verschiedene Internate mit brutalen Erziehungsmethoden. Immer wieder rettete und förderte ihn die Güte einzelner. Erst Anfang der fünfziger Jahre kehrte er nach Paris zurück, wo er seine Studien geordnet aufnahm und als Schriftsteller zu arbeiten begann. Für sein erstes Buch, „Tanguy" (1957; dt. „Elegie der Nacht", 1958), das er allen seinen „Kameraden, den toten und den lebenden" widmete, erhielt er den im Deutschen Jugendbuchpreis 1960 ausgeschriebenen Sonderpreis für die Thematik „Der junge Mensch in seiner Welt".

Bedeutung für die Jugendliteratur. D. C.s Erstling „Tanguy" ist der in Romanform gebrachte biographische Bericht von der eigenen Kindheit und Jugend in dem von Kriegen verheerten Europa (spanischer Bürgerkrieg, Zweiter Weltkrieg), in dem nach 1945 die scharfen Gegensätze zwischen der kommunistischen und der bürgerlich-kapitalistischen Ideologie fortbestehen. Ende der fünfziger Jahre gab es noch kaum ein zeitgeschichtlich kritisch die „jüngste Vergangenheit" aufgreifendes Jugendbuch. Selbst noch ein ganz junger Autor, legte D. C. als einer der ersten erschütternd Zeugnis ab von den unerhörten Leiden und Ängsten, denen auch Kinder und Jugendliche in den KZs und auf Transporten ausgesetzt waren. Dabei bekannte sich der Verfasser zu einer Humanität, die Haß und Vergeltungsdenken hinter sich gelassen hat („Sie versuchte, ihn davon zu überzeugen, daß es einen heiligen Haß gebe. Tanguy antwortete, kein Haß sei heilig. Er wünsche weder Parteien noch Kämpfe"). Das Buch erreichte in der Übersetzung von L. Gescher 1967 die 6. Aufl. in der BRD. Seiner Form — Verknüpfung von dokumentarischem Lebensbericht und romanhafter Erzählhaltung — wurden allerdings einige Schwächen nachgewiesen (vgl. F. A. Hoyer: Der junge Mensch in seiner Welt. Kritische Bemerkungen; in: JL. H. 6, 1960, S. 337—43). Durch Übersetzung wurden weitere Romane D. C.s in Deutschland bekannt, die gleichfalls nicht als Jugendbücher konzipiert sind, wohl aber Konflikte jugendlichen Lebens zeigen, z. B. „Gérardo Laïn" (1967; dt. „Des Satans Engel"): die Problematik homosexueller Neigung in klösterlicher Erziehung.

Margarte Dierks

Werke: Tanguy (1957; dt. Elegie der Nacht, 1958); La guitare (1957; dt. Die Guitarre, 1960); Le colleur d'affiches (1958; dt. Der Plakatkleber, 1961); Tara (1962; dt. Tara, 1964); Gérardo Laïn (1967; dt. Des Satans Engel, 1967).

Sekundärliteratur: K. Hocke: In der Hand der Schächer (in: Die Zeit. 49. 1960. 17). — F. A. Hoyer: Der junge Mensch in seiner Welt (in: JL. 8. 1960. 337—343).

IJB

Delessert, Etienne

*Schweizer Designer, Illustrator, Bilderbuchmaler und Autor; * 1941 Lausanne.*

D. arbeitete in Lausanne bis zur Eröffnung eines eigenen Ateliers in Paris als Designer. 1965 übersiedelte er nach New York. Sein Arbeitsfeld ist Werbung, Magazinillustration und Film. D. ist Vizepräsident der ‚Good Book', eines Publikationsorgans für Kinder- und Erwachsenenliteratur. Seine Bilderbücher stehen auf der Liste der bestillustrierten Kinderbücher in den USA. 1969 erhielten er und E. Schmid auf der BIB eine Medaille für das Kinderbuch „The Tree" (1967).

Werk und Tendenzen. D. ist darin geübt, Ideen und abstrakte Konzepte erzählerisch aufzubereiten und geschickt ins Bild zu übersetzen. Sein Bilderbuch „The endless Party" (1967; dt. Die lange Reise der Tiere, 1969) ist eine eigenwillige Auslegung der biblischen Geschichte von der Arche Noah im Sinne der englischen Nonsensetradition. Bisweilen wechseln vexierbildartige Bildtafeln, die erst nach Textkenntnis in all ihren beziehungsreichen, witzigen Details voll erschlossen werden können, mit verschieden großen, vignetteartigen, überschauba-

ren Einzeldarstellungen. Die weit geöffneten Menschenaugen der sonst nicht von ihm vermenschlichten Tiere sind stets auf den Betrachter gerichtet. Die nuancierten Lasurtöne D.s stehen in klar abgegrenzten Flächen auf einem mörtelartig strukturierten Malgrund. Anstelle eines zentralperspektivischen Bildraumes verwendet er die vom Kinde leichter nachvollziehbare Staffelung.
D. äußerte, daß ihm sehr an der Produktionsqualität von Kinderbüchern (Reproduktion, Druck, Papier, Bindung) gelegen sei; gerade Bilderbücher seien in der Lage, die taktilen Sinne eines Kindes, sein Verständnis und seinen Respekt gegenüber ‚schönen Dingen' zu fördern. Diese Anforderung an Ausstattung, Typographie und Bild verwirklichte er auch in Bilderbüchern zu Texten von E. Ionesco, der „Story number 1" (1968; dt. Geschichte Nummer 1, 1969) und der „Story number 2" (1970; dt. Geschichte Nummer 2, 1971).
Experimente mit Kindern am Institut des Sciences de l'éducation, Genf, unter Leitung von Prof. J. Piaget zur Vorbereitung des neuen Bilderbuches von D.: „Comment la souris reçoit une pierre sur la tête et decouvre le monde?" (1971; dt. Dann fiel der Maus ein Stein auf den Kopf, so fing sie an die Welt zu entdecken, 1972), mit einem Vorwort Piagets, haben ergeben, daß Kinder durchaus in der Lage sind, die von Erwachsenen als surrealistisch, phantastisch oder auch als grotesk katalogisierten Bilder D.s zu verstehen. Bei aller scheinbaren Unwirklichkeit baut D. seine Bilder klar ablesbar auf — er selbst spricht vom ‚reader-spectator'. Er komponiert seine Bilderwelt so, daß sie für den kindlichen Betrachter in sich folgerichtig ist, darüber hinaus Beobachtungsgabe und Imagination fördert und dazu ermutigt, selbst kreativ zu werden. Häufig arbeitet D. mit Selbstzitaten in humorvollen, verknüpfenden Details und mit Anspielungen und Parodie auf Werke der Literatur und Kunst; selbst Piaget erscheint im Schlußtableau als ‚Lebewesen unter vielen Lebewesen', die die Maus noch kennenlernen soll.
Sein Stil (z. B. in: Dann fiel der Maus ...) erinnert bisweilen an die Maler der ‚Wiener Schule' und den Surrealisten R. Magritte. Bei den Illustrationen zu den Ionesco-Texten zeigen sich Parallelen in Bildaufbau und Farbigkeit zur gleichzeitigen Pop-Ära, d. h. der Poster-Kunst und z. B. dem von Aldrige (Hrsg. und Mitill.) vorgelegten Beatle-Album „The Beatles Songbook" (1969). Das Alter des kindlichen Betrachters und der Bilderbuchgestalten (Josette, Maus) entsprechen einander und ermöglichen schon von daher eine Identifikation.

Klaus-Rüdiger Werner

→ E. Ionesco

Werke: The endless party (1967; dt. Die lange Reise der Tiere, 1969); Comment la souris reçoit une pierre sur la tête et decouvre le monde (1971; dt. Dann fiel der Maus ein Stein auf den Kopf, so fing sie an die Welt zu entdecken, 1972).

Ill.: E. Schmid: The Tree (1967); E. Delessert: The endless party (1967; dt. Die lange Reise der Tiere, 1969); E. Ionesco: Story number 1 (1968; dt. Geschichte Nummer 1, 1969); E. Ionesco: Story number 2 (1970; dt. Geschichte Nummer 2, 1971); E. Delessert: Comment la souris reçoit une pierre sur la tête et decouvre le monde (1971; dt. Dann fiel der Maus ein Stein auf den Kopf, so fing sie an die Welt zu entdecken, 1972); R. Kipling: Und das war so (1973).

Sekundärliteratur: J. Snyder: Etienne Delessert (in: Graphis. 128. 1966. 506—15).

Delphin Verlag

Zürich. Derzeitiger Leiter: O. Boxer (* 1907).
Hauptsächliche Verlagsgebiete im Bereich der Kinder- und Jugendliteratur: Mal- und Kinderbücher verschiedener Thematik (der Verlag besitzt die deutschen Disney-Rechte), vorwiegend jedoch Sachbücher, zum Teil in Taschenbuchformat, zu verschiedenen naturwissenschaftlichen Bereichen.
Autor: R. Scarry u. a.
Verlagsgeschichte. Der Verlag besteht seit 1962 und wurde von dem derzeitigen Leiter O. Boxer gegründet.

Denneborg, Heinrich Maria

*Puppenspieler, Schriftsteller und Kinderbuchautor; * 7. 6. 1909 Gelsenkirchen.*

Nach dem Studium der Theaterwissenschaften und einer Tätigkeit als Bibliothekar war D. ständiger Mitarbeiter bei Rundfunk- und Fernsehanstalten. 1955 schuf er ein „Atelier-Theater für Puppenspiel" (Künstlersiedlung Halfmannshof). Als „Dichter mit dem Kasperltheater" unternahm er ausgedehnte Gastspielreisen nach Südamerika und Asien und erwarb sich internationale Anerkennung. Er erhielt zahlreiche Auszeichnungen wie den Ullstein-Story-Preis, den Niederrhein. Erzählerpreis, den Deutschen Jugendbuchpreis 1958 für sein Kinderbuch „Jan und das Wildpferd" und den japanischen Jugendbuchpreis „Sankei-Jido-Shuppan-Bunkasho" 1966. Er ist auch Träger des Bundesverdienstkreuzes 1. Klasse.
Werk, Tendenzen, Wirkung. D. veröffentlichte Bühnendichtungen, Erzählungen, Lyrik, Hörspiele, Kinder- und Jugendbücher und wirkte an verschiedenen Sammelbänden mit. Erste Veröffentlichungen waren neben Übersetzungen und Bearbeitungen von Molières „Der Geizhals" und „Der eingebildete Kranke" die Puppenspiele „Rumpelstilzchen" und „Genoveva" (1933). Die Einführung der Kasperfigur in der Textbearbeitung zum Handpuppenspiel bedeutet für Form und Stoff des Volks-Märchens (z. B. nach Grimm) oft eine starke Akzentverschiebung. D.s erster Kinderroman „Die hölzernen Männer" erschien 1950. In der Stoffwahl griff D. an-

fangs häufig auf Märchen („Das Glückskind", Grimm), alte literarische Texte („Doktor Fausts Leben und Höllenfahrt") und Sagen zurück. Unter seinen frei erzählten Geschichten haben die Bücher „Das Eselchen Grisella" (1955) und „Jan und das Wildpferd" (1957) — beide verfilmt — besondere Beliebtheit erlangt. Sie behandeln lebenswirklich das Thema der Beziehung zwischen Kind und Tier. D., der nach eigener Aussage „über den Kasper zum Schreiben" gekommen ist, schreibt dialogreich, mitunter mit volkstümlich realistischer Prägung. Seine Schilderungen wirken in der lapidaren Kürze der Sätze gelegentlich wie szenische Anweisungen. Die Bücher D.s wurden inzwischen in 20 Sprachen übersetzt, viele von Funk und Fernsehen übernommen.

Brigitte Nottebohm

Werke: Die hölzernen Männer (1933); NA. 1950); Rumpelstilzchen (1933; NA. 1960); Genoveva (1933); Das Buch vom Kasperle (1940); Der große Zirkus (1952); Kleine Kasperle-Fibel für Kindergarten und Schule, Haus und Heim (1952); Daniel, der kleine Uhrmacher (1953); Das Glückskind oder der Teufel mit den drei goldenen Haaren (1953); Kasperle im Verkehr (1954); Das Eselchen Grisella (1955); Wir spielen Kasperle-Theater (1955); Doktor Fausts Leben und Höllenfahrt (1956); Jan und das Wildpferd (1957); Der fliegende Schneider (1958); Das Spiel vom armen und reichen Mann (1959); Das Wildpferd Balthasar (1959); Der gestiefelte Kater (1960); Kater Kasper (1961); Kasperle und die Zaubermühle (1962); Die Kinder auf Süderland (1962); Kasperle und die Wunderblume oder Die alte Hexe Wackelzahn (1963); Kinder laßt uns Kasperle spielen (1963, ^{7}1972); Kasperle und die drei Wünsche oder Die gute Fee Felizitas (1964); Der rote Haifisch (1964); Unser erstes Kasperletheater (1966); Kasper und der Räuber Jaromir (1967); Denneborgs Kasperleschule (1968); Junker Prahlhans (1968); Ein Schatz fällt nicht vom Himmel (1969); Geschichtenbuch (1969); Vom Fischer und seiner Frau (1969); Dreimal verhext und verzaubert (1970); Wohin mit der Katze? (1970); Die Reise ins Schlaraffenland (1971); Kasperle ist überall (1972); Kasper und der Teufel Ampelschreck (1972).

Sekundärliteratur: H. M. Denneborg: Lesen, Erzählen und Kaspern (in: BUB. 6. 1964. 249—251). — H. Eich: Ein Puppenspieler schreibt Jugendbücher (in: JL. 6. 1959. 284—286). — A. Krüger: Heinrich Maria Denneborg: Jan und das Wildpferd (in: A. Krüger: Kinder- und Jugendbücher als Klassenlektüre. 1963. 89—110). *IJB*

Engelbert Dessart Verlag

Mainz. Derzeitiger Leiter: W. Hupf (* 1937).
Hauptsächliche Verlagsgebiete im Bereich der Kinder- und Jugendliteratur: Märchenbücher mit Märchen der Brüder Grimm, Bilderbücher, zum Teil in unzerreißbarer Ausführung sowie Malbücher.
Autoren: Br. H. Bull, L. Hummel, L. Lehrer u. a.
Illustratoren: F. Baumgarten, L. Hummel u. a.
Verlagsgeschichte. E. Dessart (1890—1963) gründete den Verlag im Jahre 1948. Nach dem Tode des Gründers führte zunächst seine Frau A. Dessart (1893—1969) und anschließend seine Tochter G. Illmann geb. Dessart (* 1924) den Verlag weiter, den W. Hupf (* 1937) am 1. 7. 1969 kaufte, nachdem er bereits seit dem Ableben des Gründers (1963) Geschäftsführer war.

Detektivgeschichte

Die D. bildet innerhalb des Genres Kriminalgeschichte eine eigene, erst im 19. Jh. einsetzende Tradition, in der es weniger um die Darstellung von Verbrechen als um deren Aufdeckung und um die Identifizierung des Täters geht.

Die für die Form der D. konstituierende Figur des (häufig: Privat-)Detektivs, vorgeprägt in E. A. Poes Auguste Dupin (‚Doppelmord in der Rue Morgue', 1841), wandelt sich in der Jugendliteratur meist in eine kooperierende Gruppe detektivisch nicht nur Verbrechen, sondern überhaupt Geheimnisse aufdeckender Kinder. In der Jugendliteratur spielt von Anfang an aus psychologischen und auch pädagogischen Gründen die D. eine gewichtigere Rolle als die Kriminalgeschichte im engeren Sinne, in der es hauptsächlich um Vorgang und Psychologie des Verbrechens oder um Verfolgung und Bestrafung des Verbrechens entweder durch die gesellschaftliche Umwelt oder durch „Schicksalsmächte" geht. M. Twain gilt als der Schöpfer sowohl der D. (Tom Sawyer als Detektiv) als auch — in der Indianer-Joe-Handlung in „Tom Sawyer" — der Kriminalgeschichte für die Jugend, doch sind beide Formvarianten in der Jugendliteratur noch schwerer voneinander zu trennen als in der Erwachsenenliteratur.

→ Kriminalgeschichte

Deutsche Demokratische Republik (DDR)

Das Lexikon der KJL enthält keinen den übrigen Länderartikeln entsprechenden Beitrag über Deutschland, da die Entwicklung der deutschen KJL in Autoren-, Illustratoren-, Epochen- und zahlreichen anderen Sachartikeln detailliert repräsentiert wird. Die Artikel „DDR" und „BRD" geben lediglich einen Überblick über die Produktion und die mit der KJL befaßten Organisationen, Institutionen und Förderungsmaßnahmen. Auf eine Darstellung der jeweiligen jüngsten KJL-Geschichte wurde verzichtet, da sie in Einzeldarstellungen (Autoren, Illustratoren, Verlage usw.) zum Ausdruck kommt.

Produktion der KJL. Die 1967 vom Börsenverein der Deutschen Buchhändler in Leipzig herausgegebene Zusammenstellung „Verlage der Deutschen Demokratischen Republik" verzeichnet sechs Verlage, die ausschließlich Kinder- und Jugendbücher produzieren, nämlich den Altberliner Verlag Lucie Groszer, den Alfred Holz Verlag, den Kinderbuchverlag, den Gebrüder Knabe Verlag, den Prisma-Verlag und den Verlag Neues Leben (mit Ausnahme des Knabe Verlages alles Neugründungen seit 1945) und weitere sieben, die vorwiegend Bilderbücher und Beschäftigungsbücher verlegen, nämlich den Rudolf Arnold Verlag, die Helingsche Verlagsanstalt (Produktion inzwischen eingestellt), den Postreiter Verlag, den Dr. Herbert Schulze Buch- und Kunstverlag, den Verlag Abel & Müller, den Verlag Rudolf Forkel und den Verlag Karl Nitzsche. 12 weitere Verlage bringen innerhalb ihrer schwerpunktmäßig anders gelagerten Produktion einzelne zur KJL zählende Titel oder Reihen heraus; zu ihnen gehört der VEB Domowina Verlag, der das sorbische Sprachgebiet versorgt. Die Verlage mit der umfangreichsten Produktion sind der Kinderbuchverlag (1949 gegründet) mit Büchern für Kinder vom Vorschulalter bis zu 14 Jahren und der Verlag Neues Leben (1946 gegründet), der als Verlag der jungen Generation für Jugendliche ab 14 Jahren zuständig ist.

Die Kapazität der Buchproduktion wurde in den 50er Jahren relativ rasch erweitert und stieg in der Zeit von 1951—56 von 119 auf 440 Titel. 1955 erließ die Regierung der DDR eine „Verordnung zum Schutze der Jugend". Sie verbietet u. a. die Herstellung und Verbreitung von Schmutz- und Schunderzeugnissen, das sind „antihumanistische Schriften, bildliche Darstellungen und andere Gegenstände, die zum Zwecke verfaßt, hergestellt oder geeignet sind, insbesondere bei Jugendlichen Neigungen zu Grausamkeit, Menschenverachtung, Rassen- und Völkerhaß, Mord, Gewalttätigkeit u. a. Verbrechen sowie geschlechtliche Verirrungen zu wecken und die damit durch Inhalt und Tendenz die Interessen aller friedliebenden Menschen und das geistige und sittliche Wohl der Kinder gröblich verletzen" (zit. nach „Lehrbriefe für das Fachschulfernstudium", Reihe B, Bestandskunde Nr. III, hrsg. von der Abteilung Fernstudium an der Fachschule für Bibliothekare Erich Weinert, Leipzig, 1966, S. 33). Seit Ende 1953 planten DDR-Verlage die Herausgabe von jugendgeeigneter Abenteuerheftliteratur als Gegenliteratur zu Schmutz und Schund. Entsprechende Reihen erschienen im Verlag Neues Leben, z. B. „Das neue Abenteuer", „Abenteuer aus weiter Welt" (zusammen mit kleineren Erzählungen erreichten sie im Zeitraum 1954/56 eine Gesamtauflage von 23 Mill.), im Verlag Kultur und Fortschritt z. B. „Kleine Jugendreihe" (seit 1966 weitergeführt unter der Bezeichnung „Kap" als Abkürzung für Krimi, Abenteuer, Phantastik), im 1956 gegründeten Deutschen Militärverlag u. a.

1951 wurde der Verlag Junge Welt gegründet, der mit der Herausgabe von Zeitungen und Zeitschriften für Schüler und Jugendliche, vor allem für die Pionierorganisation und die Freie Deutsche Jugend (FDJ), befaßt ist. Vom Zentralrat der FDJ herausgegebene Kinderzeitschriften erfassen differenziert alle Altersstufen; am verbreitetsten sind „Bummi" für die Vorschulkinder (erscheint 14tägig), „ABC-Zeitung" für die Kinder der 1.—3. Klassen (monatlich), „Trommel" für Thälmann-Pioniere, also für die 4.—7. Klassen (wöchentlich), „Atze" als Bilderheft für Schüler vom 9.—12. Lebensjahr (monatlich) und „Frösi", ein Pioniermagazin für Schüler von 9 bis 12 Jahren. Die Auflagen dieser Zeitschriften sind (nach R. Chowanetz: Erziehung zum Bürger des Jahres 2000. Erfahrungen unserer Kinderpresse; in: Neue Deutsche Presse. Nr. 15, 1970, S. 21—23, und Nr. 16, 1970, S. 9—10) so hoch, daß auf jedes Kind in der DDR im Monat 3,5 Zeitungen kommen. An diese Kinderzeitschriften schließt das Organ der FDJ „Junge Welt" an.

Für die gegenwärtige Buchproduktion der DDR gibt A. Kocialek („Ideelle und praktische Mitarbeit gesucht"; in: Börsenblatt für den Deutschen Buchhandel, Leipzig, Jg. 141, Nr. 7, 12. 2. 1974, S. 96—100) den Durchschnitt von 450 Titeln an mit einer Gesamtauflage von 11 Mill. Exemplaren. Der Leipziger Börsenverein weist in der genannten Verlagspublikation für das Jahr 1966 insgesamt 467 Titel aus mit einer Durchschnittsauflage von 27 400 Exemplaren. In dem seit 1965 vom Institut für Jugendbuchforschung in Frankfurt a. M. veröffentlichten statistischen Material („Mitteilungen zur deutschsprachigen Jugendbuchproduktion"), dem die bibliografischen Notierungen der DNB (Leipzig) und der DB (Frankfurt) zugrundeliegen, waren für das Produktionsjahr 1969 für die DDR 597 Titel notiert. Davon waren 44,1 % Erstauflagen. 19,2 % der verzeichneten Titel entfielen auf Übersetzungen (in erster Linie aus dem Russischen, gefolgt von Titeln aus dem Polnischen, Englischen, Amerikanischen, Französischen, Ungarischen u. a.). 355 Titel gehörten zum Bereich der Belletristik, 171 waren Bilderbücher, 71 Sachbücher. Ende der sechziger Jahre steigerte sich die Gesamtproduktion; dabei ging der Anteil der Bilderbücher leicht zurück zugunsten der Sachbücher. Innerhalb der Belletristik waren folgende Gruppen in der Reihenfolge der Aufzählung am stärksten vertreten: Abenteuerbücher — Erzählungen und Romane für Kinder — Märchen — Erzählungen und Romane für Jugendliche — Biografien und Autobiografien — Anthologien — Mädchenbücher — Historische Romane — Tiererzählungen — Phantastische Bücher. Bei Abenteuer- und Mädchenbüchern sowie Phantastischen Erzählungen war der Übersetzungsanteil überdurchschnittlich hoch, während er bei Bilder- und Sachbüchern weit unter dem Durchschnitt lag.

Die meisten Bilderbücher (70,2 %) gehörten zur Preisgruppe zwischen 2 und 4,99 M, in die gleiche Preisgruppe fielen auch 42,9 % aller Kinderbücher, während 36 % zwischen 5 und 9,99 M kosteten. Bücher der darunter liegenden Preisgruppen erschienen häufig in Reihen.

Preislich besonders günstige Bücher sind den Kindern in der DDR außerdem durch Buchgemeinschaften zugänglich. 1960 wurde das staatliche Kinderbuchabonnement eingeführt: Der „Buchklub der Schüler" richtet sich an Schüler in drei Zielgruppen (2./3. Klasse — 4./6. Klasse — 7./10. Klasse), die sich zur Abnahme von 5 Büchern, die sie aus einem kleinen Angebot auswählen können, verpflichten; der Buchklub wird von Vertrauensleuten in der Schule betreut. Für die Jugendlichen steht der „Buchclub 65" zur Verfügung, der zur Abnahme von 12 Monatsbänden verpflichtet.

Organisationen und Institutionen. Am 8. 2. 1950 erließ die Regierung der DDR ein „Gesetz über die Teilnahme der Jugend am Aufbau der DDR und die Förderung der Jugend in Schule, Beruf, bei Sport und Erholung", in dem auch staatliche Maßnahmen zur Entwicklung der Kinderliteratur und des Kinderbibliothekswesens festgelegt wurden (u. a. Gründung des Kinderbuchverlages, Einrichtung von Kinderbuchabteilungen in allen Bibliotheken, Preisausschreiben). Das 1964 erlassene 2. Jugendgesetz („Gesetz über die Teilnahme der Jugend der DDR am Kampf um den umfassenden Aufbau des Sozialismus und die allseitige Förderung ihrer Initiative bei der Leitung der Volkswirtschaft und des Staates, in Beruf und Schule, bei Kultur und Sport") bestätigt und erweitert insbesondere (vgl. § 21—25) den Rahmen des 1. Jugendgesetzes: kinder- und jugendgerechte Medienarbeit, Entwicklung und Förderung der sozialistischen Kinderliteratur in Theorie und Praxis, Förderung von Nachwuchskünstlern, Bereitstellung und Unterstützung von Jugendeinrichtungen.

Seit 1951 besteht an der Deutschen Staatsbibliothek in Berlin als wissenschaftliche Spezialabteilung für das Studium der deutschen und ausländischen Jugendliteratur eine selbständige Kinder- und Jugendbuchabteilung unter Leitung von H. Wegehaupt. Sie wurde unter H. Kunze, dem Generaldirektor der Deutschen Staatsbibliothek, eingerichtet und steht in erster Linie Gestaltern von Kinderbüchern — Autoren, Illustratoren, Verleger — und Personen, die mit dem Kinderbuch arbeiten — Pädagogen, Literaturwissenschaftler, Bibliothekare —, zur Verfügung. Die Abteilung dokumentiert die gesamte Kinder- und Jugendbuchproduktion der DDR und einen großen Teil der entsprechenden Literatur der BRD sowie eine Auswahl bemerkenswerter fremdsprachiger Beispiele. Ein weiterer Schwerpunkt liegt in dem Ergänzen der Bestände alter deutscher Kinderbücher. Die Abteilung verfügt über etwa 60 000 Bände, davon ist ca. ein Drittel vor 1945 erschienen. Daneben wird auch wissenschaftliche Literatur zum Bereich der KJL bereitgestellt. Durch Ausstellungen und Veröffentlichungen von Katalogen und Bibliografien versucht die Deutsche Staatsbibliothek ihre Bestände einem breiteren Publikum zugänglich zu machen.

Seit 1958 besteht am „Zentralinstitut für Bibliothekswesen" in Berlin ein Sektor für Bibliotheksarbeit mit Kindern und Jugendlichen. Der Aufgabenbereich des Instituts wurde in einer Anordnung des Ministeriums für Kultur vom 10. 7. 1964 detailliert festgelegt. Er umfaßt u. a. Forschung und Grundlagenarbeit, Herausgabe von Materialien für Bestandsaufbau, -erschließung und -verwertung, Unterstützung von Aus- und Weiterbildungseinrichtungen für Bibliothekare, Dokumentierung von Bibliotheksliteratur. In Spezialkommissionen (zum Bestandsaufbau der Kinderbibliotheken, für die Methodik der Kinderbibliotheksarbeit) werden diese Aufgaben analog definiert und verwirklicht. Das Institut gibt für die Kinderbibliotheksarbeit die zentralen Zetteldrucke heraus, Bibliografien (vor allem die „Illustrierte Kinderbuch-Bibliografie") und Empfehlungslisten (z. B. „Unsere besten Bücher").

Die Ausbildung der Kinderbibliothekare besorgt die — dem Ministerium für Kultur unterstellte — Fachschule für Bibliothekare Erich Weinert in Leipzig. „Arbeit in der Kinderbibliothek" stellt dabei eine mögliche Spezialisierung im 4. (dem praktischen) Ausbildungsjahr dar, in dem die Auszubildenden durch Fernstudium mit der Schule in Verbindung stehen. Dazu werden von der Schule Lehrbriefe zur Kinderliteratur und zur Arbeit in Kinderbibliotheken erstellt. Jährliche Speziallehrgänge für Kinderbibliothekare bietet die „Schule für Bibliothekarische Weiterbildung" in Sondershausen an.

1959 wurde in Zusammenarbeit mit dem Ministerium für Kultur, dem Ministerium für Volksbildung, der Pionierorganisation, der FDJ und den Verlegern eine „Arbeitsgemeinschaft für das Kinder- und Jugendbuch" in der DDR geschaffen. Ihr gehören Einzel- und Kollektivmitglieder an, die für die Arbeit mit dem Kinder- und Jugendbuch zuständig sind (Lehrer, Bibliothekare, Wissenschaftler, Verleger, Leiter der zentralen Einrichtungen). Zu den Aufgaben der Arbeitsgemeinschaft gehört die Förderung des Kinder- und Jugendbuchs im Sinne des Humanismus und der Völkerfreundschaft, Mitwirkung an internationaler Zusammenarbeit (der Leiter ist gleichzeitig Vertreter der DDR beim Internationalen Kuratorium für das Jugendbuch, IBBY), Anregung von Forschung sowie die Förderung der künstlerischen Betätigung von Kindern und Jugendlichen. Die Arbeitsgemeinschaft gibt die Fachzeitschrift „Beiträge zur Kinder- und Jugendliteratur" heraus.

Eine Institution, die sich der Erschließung und Sammlung von Jugendliteratur mit dem Ziel, sie im Unterricht zu verwerten, annimmt, ist die „Zentralstelle für Kinder- und Jugendliteratur" in Dresden. Sie publiziert vorwiegend Analysen von unterrichtsrelevanter Kinderliteratur mit entsprechenden methodischen Anleitungen.

Mitte der 60er Jahre entstand das „Nationale Zentrum für Kinderfilm und -fernsehen" in Berlin. Das Zentrum befaßt sich mit der Förderung einer sozialistischen Kinder- und Jugendfilmproduktion, mit filmtheoretischer Forschung und Filmpädagogik. 1966 führte es die erste Nationale Jugendfilmwoche mit breitem Diskussions- und Informationsrahmen in Halle durch. Es initiiert Kinder- und Jugendfilmclubs und gibt die Zeitschrift „Film, Fernsehen, Filmerziehung" heraus.

1970 wurde das „DDR-Zentrum für Kinderliteratur" als wissenschaftlich-propagandistisches Informations- und Koordinierungszentrum gegründet. Das Zentrum ist beim Kinderbuchverlag angesiedelt, mit dem es eng zusammenarbeitet; in sein Tätigkeitsfeld gehört jedoch alle in der DDR erscheinende KJL. Das Zentrum dient der Zusammenarbeit von Institutionen und gesellschaftlichen Einrichtungen im In- und Ausland, die an der Erforschung, Förderung und Propagierung der Kinderliteratur beteiligt sind. Es unterstützt die Entwicklung einer systematischen, praxisbezogenen Forschung auf dem Gebiet der KJL in der DDR. Zu diesem Zweck wurde ein wissenschaftlicher Beirat gebildet, dem Vertreter der tangierten Hoch- und Fachschulen und Verlage angehören. Das Zentrum baut ein Archiv zur Geschichte, Theorie und Praxis der KJL in der DDR auf. Sein Organ ist das „Bulletin", das jährlich zweimal erscheint.

Ebenfalls 1970 wurde aufgrund der „Verfügungen und Mitteilungen des Ministeriums für Kultur" Nr. 5 vom 31. 5. 70 das „Kuratorium Sozialistische Kinderliteratur" ins Leben gerufen. Laut der genannten Anweisung dient es „kulturpolitischen Aufgaben auf dem Gebiet der Entwicklung der Kinderliteratur, der Kinderbuchforschung und der Literaturpropaganda. Es sieht seine verpflichtende Aufgabe darin, alle Vorhaben und Pläne zur Entwicklung einer ideologisch-politisch vom Geiste des Marxismus-Leninismus durchdrungenen und künstlerisch hochstehenden sozialistischen Kinderliteratur zu fördern und zu koordinieren. Das Kuratorium trägt mit dazu bei, daß die Leser der jungen Generation durch wirkungsvolle und erlebnisstarke Literaturwerke befähigt werden, ihre Klassenpflicht als junge Sozialisten gut zu erfüllen" (zit. aus A. KOCIALEK: Ideelle und praktische Mitarbeit gesucht; in: Börsenblatt für den Deutschen Buchhandel, Ausg. vom 12. 2. 74, S. 96). Präsident des Kuratoriums ist der stellvertretende Minister für Kultur KL. HÖPCKE, Ehrenpräsident der Schriftsteller L. RENN, weitere Mitglieder sind repräsentative Vertreter des Ministeriums für Volksbildung, des Zentralrates der FDJ/Abteilung Pionierorganisation sowie Schriftsteller, Illustratoren, Publizisten und Literaturwissenschaftler. Generalsekretär ist der Schriftsteller G. HOLTZ-BAUMERT. Durch das Kuratorium erhält das DDR-Kinderzentrum Orientierung und Unterstützung.

Arbeitsgruppen zur Kinder- und Jugendliteratur bestehen außerdem bei zahlreichen anderen Organisationen wie z. B. der Zentralleitung der Pionierorganisation Ernst Thälmann, dem Zentralrat der FDJ und dem Deutschen Schriftstellerverband; daneben existieren zahlreiche Gruppen im Bibliotheks- und Schulbereich (z. B. Arbeitskreis Kinder- und Jugendliteratur), die sich mit dem didaktisch-methodischen Feld der Kinder- und Jugendliteratur befassen.

Forschung und Lehre. Entsprechend dem hervorragenden Stellenwert, den die DDR der Kinder- und Jugendliteratur im Rahmen der sozialistischen Erziehung beimißt, wurde der Lehre auf diesem Gebiet von jeher große Bedeutung geschenkt. Kinderliteratur und die Methodik der Arbeit mit ihr ist ordentliches Lehrfach im Rahmen der Lehrerbildung (Universität, pädagogische Institute, Fernstudium, Weiterbildung); dementsprechend wird das Gebiet auch in Diplomarbeiten, Dissertationen, Habilitationen usw. bearbeitet (HOLTZ-BAUMERT gibt deren Zahl seit 1949 mit rund 800 an, in: „Überhaupt brauchen wir eine sozialistische Literatur ...", Reihe ‚Resultate', 1972, S. 47).

In den Lehrplänen der Klassen 2—4 der 10klassigen allgemeinbildenden polytechnischen Oberschule (Lehrplan ‚2' ist seit dem 1. 9. 1969 in Kraft, ‚3' seit dem 1. 9. 1970, ‚4' seit dem 1. 9. 1971) sind neben allgemeinen Richtlinien, die die Arbeit mit Kinderbüchern und -zeitschriften sowie die Einführung in Kinderbibliotheken betreffen, in den verbindlichen Lektüreplan auch Kinderbücher aufgenommen; so sind neben Auszügen aus Ganzschriften im 2. Schulj. I. und G. HOLTZ-BAUMERTS „Der kleine Trompeter und sein Freund" zu behandeln, im 3. Schulj. B. PLUDRAS „Die Reise nach Sundevit", im 4. Schulj. A. GAIDARS „Timur und sein Trupp" und M. ZIMMERINGS „Die Jagd nach dem Stiefel".

Nach den „Präzisierten Lehrplänen für Deutsche Sprache und Literatur", die für die Klassen 5—10 von 1966 an mit jährlicher Staffelung in Kraft traten, ist für die Klassen 5—7 die Arbeit mit dem Kinderbuch konsequent weiterzuführen. Im 5. und 6. Schulj. sind jeweils zwei Titel verbindlich, zwei weitere aus einer Liste ausgewählter Titel „wahlweise verbindlich". In der 7. Klasse sind drei Titel zu bearbeiten: H. BESELERS „Käuzchenkuhle", L. PANTELEJEWS „Ljonka" und V. HUGOS „Gavroche". Darüber hinaus sind die Lehrer gehalten, auch für außerunterrichtliche Lektüre Empfehlungen zu geben.

Forschung anzuregen gehört zu den Vorhaben der „Arbeitsgemeinschaft für das Kinder- und Jugendbuch". Ein wesentlicher Schritt zur Koordinierung der verschiedenen Aktivitäten im Bereich der Forschung bestand in der Gründung des DDR-Zentrums für Kinderliteratur. Mit dem „Bulletin" Nr. 7 (1973) begann es eine Dokumentation sowohl vollendeter als auch entstehender wissenschaftlicher Arbeiten mit dem Ziel, über Vorhaben zu informieren und zur Koordinierung beizutragen. Neben der Verbreitung von wissenschaftlichen Erkenntnissen auf Tagungen und in einer Reihe von Manuskriptdrucken (ab 1974) initiiert und organisiert das DDR-Zentrum auch selbst Forschung, z. B.

auf leserkundlichem Gebiet. Unterstützt wird es dabei durch seinen wissenschaftlichen Beirat. 1972 eröffnete der Kinderbuchverlag die Publikationsfolge „Resultate", in der theoretische Untersuchungen, Essays, Dokumentationen und Berichte zur sozialistischen Kinderliteratur veröffentlicht werden. Bibliothekswissenschaftliche Forschungen fallen in den Arbeitsbereich des Zentralinstituts für Bibliothekswesen. Eine Forschungsgemeinschaft „Kinder- und Jugendliteratur" besteht an der Pädagogischen Hochschule Dresden (Leitung: CHR. EMMERICH). Mehrere Fachleute auf dem Gebiet der KJL gehören der „Internationalen Forschungsgesellschaft für Kinder- und Jugendliteratur" an.

Besprechungsorgane — Fachzeitschriften. Abhandlungen über Kinder- und Jugendliteratur und Informationen erscheinen in den üblichen Zeitschriften, die über Literatur und Bibliotheken informieren; so finden sich literaturtheoretische Beiträge in dem Organ des Deutschen Schriftstellerverbandes „Neue Deutsche Literatur" (NDL), Berichte über Veranstaltungen und zum Förderungswesen im „Börsenblatt für den Deutschen Buchhandel", Ausführungen über Probleme der Kinderbibliotheken, Erfahrungs- und Veranstaltungsberichte in „Der Bibliothekar", Darstellungen zu Autoren und Illustratoren unter bibliophilem Interesse in den „Marginalien" der Pirckheimer Gesellschaft. Meist literaturpädagogisch orientierte Beiträge zur KJL veröffentlichen die Periodika „Deutschunterricht", „Die Unterstufe", „Pionierleiter", „Neue Erziehung im Kindergarten" und „Deutsche Lehrerzeitung" (DLZ, von 1966—69 als Beilage: DLZ-Kinderliteratur).

Seit 1962 gibt die Arbeitsgemeinschaft für das Kinder- und Jugendbuch die „Beiträge zur Kinder- und Jugendliteratur" heraus. In dem Geleitwort zur Nummer 1 schrieben die Herausgeber: „Wir möchten Schriftstellern und Wissenschaftlern, Pädagogen und Dramaturgen, Grafikern und Bibliothekaren, Lesern und Schreibenden die Möglichkeit geben, zu Fragen der Kinder- und Jugendliteratur Stellung zu nehmen [...]. Auf unserem Gebiet ist es sehr nötig, selbst Fragen aufzuwerfen, auch wenn wir von ihrer Lösung noch entfernt sind" (Beiträge, Nr. 1, 1962, S. 1). Die Zeitschrift veröffentlicht theoretische Abhandlungen zu Fragen der Kinder- und Jugendliteratur, Rezensionen, Berichte und Notizen zu aktuellen Ereignissen, Autoren- und Illustratorenporträts, eine ausführliche Bibliografie von Zeitschriftenaufsätzen und Büchern zur KJL; außerdem druckt sie Primärliteratur in Form von Gedichten, Erzählungen und Ausschnitten ab.

Seit 1964 erscheint, hrsg. vom Nationalen Zentrum für Kinderfilm und -fernsehen, die Zeitschrift „Film, Fernsehen, Filmerziehung". Sie dient der Veröffentlichung von Filmanalysen, Medientheorie, filmpädagogischen Anleitungen, Berichten über das aktuelle Geschehen auf diesem Mediensektor und bringt regelmäßig eine Filmografie.

Seit 1970 erscheint zweimal jährlich die Zeitschrift „Bulletin" als Organ des DDR-Zentrums. „Bulletin" berichtet über literaturpropagandistische Veranstaltungen verschiedener Arbeitsgruppen und Aktionen des Kuratoriums Sozialistische Kinderliteratur sowie des DDR-Zentrums für Kinderliteratur und dokumentiert wissenschaftliche Arbeiten zum Gebiet der Kinder- und Jugendliteratur.

Veranstaltungen, Tagungen. Im Mittelpunkt der literaturpädagogischen Aktivitäten stehen seit 1963 alljährlich die „Tage der Kinder- und Jugendliteratur der DDR", die in wechselnden Bezirken ausgerichtet werden. Veranstalter sind der Deutsche Schriftstellerverband, das DDR-Zentrum für Kinderliteratur, der Kinderbuchverlag und der gastgebende Bezirk. Die Tage der Kinderliteratur sind verbunden mit Lesungen an Schulen und Bibliotheken, mit Vorträgen und theoretischen Erörterungen. 1971 fanden im Bezirk Gera während dieser Tage z. B. 140 Autorenlesungen statt, außerdem zahlreiche Pionier- und FDJ-Veranstaltungen, Buchbasare, Ausstellungen, Theateraufführungen und Filmveranstaltungen zu verfilmten Kinder- und Jugendbüchern.

Außerdem wird in der Woche des Buches seit 1963 jeweils ein Tag dem Kinder- und Jugendbuch gewidmet. An diesem Tag werden von Bibliothekaren, Buchhändlern, Lehrern und Erziehern literarische Veranstaltungen für Kinder und Jugendliche durchgeführt.

Für die übrigen Medien wurden die „Wochen des Kinder- und Jugendhörspiels" (S. HÄHNEL: Hörfunk für Kinder und Jugendliche; in: NDL, 1969, 6, S. 184), die „Nationale Jugendfilmwoche der DDR" sowie Kinder- und Jugendtheater-Festivals eingerichtet.

Auch besondere Gedenktage oder Veranstaltungen der Jugendorganisationen werden mit Kinder- und Jugendliteratur vorbereitet und ausgestaltet. Dazu gibt die Berliner Stadtbibliothek (Abtlg. Allgemeinbildende Bibliotheken/Kinderbibliotheken) Materialsammlungen für Bibliothekare, Lehrer, Erzieher und Pionierleiter heraus. Neben annotierten Bibliografien enthalten diese Sammlungen Veranstaltungskonzeptionen. Einzelne Bücher werden dabei mit Zielgruppe, Zielangabe und methodischen Hinweisen versehen vorgestellt. So erschien zum 50. Jahrestag der Oktoberrevolution im Februar 1967 die Materialsammlung „Auf den Spuren des Roten Oktober — hohe Leistungen zu Ehren der DDR" (Motto der Pioniere), im Februar 1968 eine weitere Sammlung unter dem Motto „Folgt den Spuren der revolutionären Kämpfer — hohe Leistungen zu Ehren der DDR". Eine entsprechende Materialsammlung gab 1968 das Zentralinstitut für Bibliothekswesen heraus unter dem Titel „20 Jahre Pionierorganisation ‚Ernst Thälmann'".

Ausstellungen. Bereits 1948 hatte die damalige Öffentliche Wissenschaftliche Bibliothek unter dem

Titel „Das neue deutsche Kinderbuch" eine größere Ausstellung gezeigt. Mit der Gründung der Abteilung Kinder- und Jugendbuch an der Deutschen Staatsbibliothek fiel dieser das Aufgabengebiet ‚Ausstellung der KJL' zu. Die erste internationale Ausstellung fand mit Unterstützung der Pirckheimer-Gesellschaft und der Kinderbuchverlage 1956 statt. Als repräsentative Ausstellungen folgten „Kinderbuch und Sozialismus" (1958 u. 59), „Das Kinderbuch in den sozialistischen Ländern" (1960), „Die Märchen der Brüder Grimm, lebendiges Erbe unserer nationalen Kultur" (1963), „Ausgezeichnete Kinder- und Jugendbücher der DDR" (1965). Bei der Ausstellung „Alte Kinderbücher" handelte es sich um eine Sammlung, die der Deutschen Staatsbibliothek von dem Stadtmuseum in Bautzen übergeben worden war. Neben weiteren kleineren Ausstellungen (z. B. „Kinderbücher, von den Faschisten verboten und verfolgt", 1964; „Werner Klemke als Kinderbuchillustrator", 1967) organisierte die Kinder- und Jugendbuchabteilung eine Reihe von vorwiegend ausländischen Gastausstellungen. Auch sie selbst ging mit Ausstellungen ins Ausland, wobei den größten Erfolg die Zusammenstellung „Märchen der Brüder Grimm" verzeichnen konnte, die nach ihrem Debüt noch in 16 anderen Städten gezeigt wurde. Weitere regionale Ausstellungen finden, häufig von den Kinderbibliotheken veranstaltet, zu den Tagen der Kinderliteratur, während der Woche des Buches bzw. zu besonderen Gedenktagen statt (so stellten z. B. die Kunsthalle Rostock und die Universitätsbibliothek während der Woche des Buches im Mai 1971 die im Katalog dokumentierte Zusammenstellung „Kinderbuch-Illustration", 1971, aus).

Auszeichnungswesen. Aufgrund des 1. Jugendgesetzes vom 8. 2. 1950 wurde vom Ministerium für Volksbildung ein Preisausschreiben ausgeschrieben „zur Schaffung einer neuen Jugend- und Kinderliteratur, die geeignet ist, die demokratische Erziehung zu fördern und der Jugend Kenntnisse in den Hauptfragen der modernen Naturwissenschaften und der Technik zu vermitteln". Die späteren Preisausschreiben wurden vom Amt für Literatur und Verlagswesen, ab 1956 vom Ministerium für Kultur ausgeschrieben. Die Bedingungen änderten sich im Laufe der Zeit; bei den einzelnen Preisausschreiben bildeten bestimmte Themen Schwerpunkte; bis zum 14. Preisausschreiben (1962) fanden auch die Illustrationen Berücksichtigung und erhielten eine gesonderte Auszeichnung. In der Ausschreibung zum 20. Wettbewerb zur Förderung der sozialistischen Kinder- und Jugendliteratur (1973) heißt es: „Dieser Wettbewerb will dazu anregen, daß literarische Werke entstehen, die durch ihren Ideenreichtum und durch sprachliche Schönheit zur sozialistischen Bildung und Erziehung der Jugend beitragen [...]. Im Mittelpunkt des Preisausschreibens sollen wesentliche Themen und Probleme unserer Gegenwart und die literarische Gestaltung revolutionärer Traditionen der Arbeiterbewegung stehen" (Bulletin, 7, 1973, S. 5 f.). Für 7 ausgeschriebene Preise (1.—3. Preis, Sonderpreis für Lyrik, für neue Märchen, für Bilderbuchtext, für Bilderbuchillustration) standen insgesamt 24 000 M zur Verfügung. Einer Reihe unter den ausgezeichneten Autoren und Illustratoren wurde einer der Preise seit Bestehen des Preisausschreibens mehrmals zuerkannt, so den Autoren H. Beseler, J. Brežan, K. Böhm und R. Dröge, K. David, G. Hardel, L. Hardel, H. G. Krack, W. Meinck, B. Pludra, W. Quednau, L. Renn, E. Strittmatter, A. Wellm u. a. und den Illustratoren H. Baltzer, E. Binder, I. Friebel, E. Gürtzig, W. Klemke, I. Meyer-Rey und K. Zimmermann. Die Ergebnisse der Preisausschreiben sind verzeichnet in: H. Wegehaupt: Ausgezeichnete Kinder- und Jugendbücher der DDR (1966) und W. Scherf: Preisgekrönte Kinderbücher (1969).

Populärwissenschaftliche Kinder- und Jugendbücher (Sachbücher) finden in den „Preisausschreiben zur Förderung der populärwissenschaftlichen Literatur", die seit 1961 etwa alle zwei bis drei Jahre veranstaltet werden, Berücksichtigung.

Jährlich zum Internationalen Kindertag am 1. Juni verleiht die Deutsche Akademie der Künste zu Berlin den Alex-Wedding-Preis, so genannt zur Ehrung der Kinder- und Jugendbuchautorin Alex Wedding (d. i. Gr. Weiskopf). Mit ihm sollen Arbeiten ausgezeichnet werden, die einen wichtigen Beitrag in der Entwicklung der sozialistischen Kinder- und Jugendliteratur darstellen. Preisträger waren bisher 1968 W. Meinck, 1969 K. Neumann, 1970 K. David, 1971 J. Nowotny, 1972 G. R. Richter.

Die Arbeitsgemeinschaft für das Kinder- und Jugendbuch würdigt besondere Leistungen bei der Schaffung, Herausgabe und Verbreitung bedeutender Werke der Kinder- und Jugendliteratur durch Verleihung der Alex-Wedding-Medaille. Seit 1968 wurde sie an zahlreiche Autoren, Verlagsmitarbeiter, Buchhändler, Literaturwissenschaftler, Pädagogen und Bibliothekare verliehen.

Die höchste Auszeichnung für künstlerische Leistungen in der DDR, der Nationalpreis für Kunst und Literatur, wurde auch einigen Kinder- und Jugendbuchautoren und -illustratoren zugesprochen: 1955 Renn und Strittmatter, 1961 W. Victor, 1962 Klemke, 1964 Baltzer, 1965 Wedding und A. Wieghardt-Lazar, 1966 Pludra, 1968 L. und G. Hardel, 1972 L. Welskopf-Henrich; auch andere Preise des Staates oder staatlich getragener Organisationen gehen gelegentlich an Jugendschriftsteller (z. B. der Lesssing-Preis, 1972 an W. Kahlau; der Lion-Feuchtwanger-Preis, 1972 an Fr. Fühmann; der Heinrich-Heine-Preis, 1973 an Holtz-Baumert).

Vielfältige Ehrungen erhalten die Autoren durch die von den Massenorganisationen verliehenen Auszeichnungen, wie die Medaille der Pionierorganisation „Ernst Thälmann" und die Erich-Weinert-

Medaille, den Kunstpreis der FDJ. Die Preisträger sind verzeichnet in: Literaturpreise der DDR. Zusammengestellt von L. Frölich; in: Börsenblatt, Leipzig, Beiheft, 3. Oktober 1962; von 1963 an in den laufenden Nummern des Börsenblatts).
Kinder- und Jugendbücher können auch durch die Aufnahme unter die „Schönsten Bücher des Jahres“ ausgezeichnet werden, die seit 1952 jährlich von einer beim Börsenverein zu Leipzig bestehenden Jury ausgewählt werden. Die zu prämierenden Bücher sollen in vorbildlicher Buchgestaltung und drucktechnischer Leistung dem literarischen Inhalt und den Erfordernissen der sozialistischen Kulturpolitik entsprechen. Der Anteil der Kinder- und Jugendliteratur bewegt sich zwischen 18 % (1952—56) und 7,8 % (1972; H. Fauth: Buchkunst-Jahrgang 1972 unter der Lupe; in: Börsenblatt, Leipzig, Ausg. v. 13. 3. 1973, S. 189 f.). Die laufende Bekanntgabe der ausgezeichneten Bücher erfolgt in: Spiegel Deutscher Buchkunst (hrsg. von W. Richter, 1955 ff.).
Kinderbibliotheken. Im 1. Jugendgesetz von 1950 war unter § 34 die Anordnung aufgenommen: „In allen Bibliotheken, einschließlich Wanderbibliotheken, sind Kinderbuchabteilungen einzurichten.“ Von 1956 bis 1960 hatte sich der Bestand der unabhängigen Kinderbibliotheken von 211 auf 448 erhöht, daneben bestanden 371 Kinderbuchabteilungen an allgemeinen Bibliotheken (Kunze: Books for Children and Youth in the German Democratic Republik. In: Library Science Today. Ranganathan-Festschrift, 1965, S. 524). Neben diesen hauptberuflich versorgten Kinderbuchabteilungen gab es auch noch nebenberuflich betriebene. Am 30. 10. 1963 wurde eine „Vereinbarung zwischen dem Ministerium für Volksbildung und dem Ministerium für Kultur über die Zusammenarbeit der Oberschulen (insbesondere Schülerbüchereien) mit den allgemeinen Öffentlichen Bibliotheken (insbesondere Kinderbibliotheken) in den Städten und Gemeinden“ getroffen. Sie regelt die Zusammenarbeit von Schülerbücherei und Öffentlicher Bibliothek, ausgehend von einem Nebeneinanderbestehen der beiden Einrichtungen. Daneben gibt es auf örtlicher Ebene zahlreiche Verbindungen zwischen Bibliotheken und Pioniergruppen; besonders eng ist diese Verbindung, wenn Kinderbibliotheken in Pionierhäusern bestehen (I. Dressler: Kinderbibliotheksarbeit in der DDR, 1965). „Die Verordnung über die Aufgabe des Bibliothekssystems bei der Gestaltung des entwickelten gesellschaftlichen Systems des Sozialismus in der DDR“ vom 31. 5. 1968 sieht als Aufgabe für die allgemeinen Bibliotheken vor, „gemeinsam mit der Freien Deutschen Jugend, ihrer Pionierorganisation ‚Ernst Thälmann‘, den Pionierhäusern, den Jugendklubs und den Bildungseinrichtungen, bei den Kindern und Jugendlichen in der ihrem Alter gemäßen Weise das Interesse für das Lesen guter Bücher der schönen Literatur und das Studium der Fachliteratur“ zu wecken. „Mit geeigneten Methoden führen sie die Kinder und Jugendlichen in die Benutzung der Bibliotheken und der bibliothekarischen und bibliografischen Hilfsmittel ein. Sie werden dabei von den Organen der Volksbildung unterstützt“ (zit. aus: Die moderne Schulbibliothek. Schriften zur Buchmarktforschung 19, 1970, S. 232).
Empfohlene Arbeitsformen für die Kinderbibliotheken sind Lesestunde, Buchbesprechung, Buchdiskussion, Leserkonferenzen, Veranstaltungen zu einzelnen Buchgruppen, bunte literarische Veranstaltungen auch unter Einbeziehung weiterer Medien (Platten, Dias, Filme). Daneben sollte die Zirkeltätigkeit gefördert werden, z. B. Puppenspielzirkel, Leseraktiv, Zirkel schreibender Kinder und Jugendlicher (vgl. R. Bernhardt: Sorge um die junge Generation; in: Ich schreibe, 11, 1971, S. 31—41).
Das intensive Bemühen um den jungen Leser schlägt sich in relativ hohen Benutzerzahlen nieder: Die Statistik von 1968 weist 47 % aller Jugendlichen zwischen 14 und 18 Jahren als Leser der staatlichen allgemeinen Bibliotheken aus (vgl. E. Schurzig: Lesetätigkeit und literarische Bedürfnisse jugendlicher Leser staatlich allgemeiner öffentlicher Bibliotheken, 1970). Für 1971 wurden 61,7 % der 14—17jährigen und 66,4 % der 7—13jährigen als Leser staatlicher Allgemeinbibliotheken festgestellt (vgl. H. Klingner: Zahlreiche Bibliotheks-Aktivitäten; in: Börsenblatt, Leipzig, Ausg. v. 19. 12. 1972, S. 985).
Das Zentralinstitut für Bibliothekswesen erarbeitet Materialien zur Schulung der in der Kinderbibliotheksarbeit Tätigen; in Arbeitskreisen der Kinderbibliothekare finden auf Bezirksebene regelmäßig Fortbildungsveranstaltungen statt. Die Aktivität der Kinderbibliotheksabteilungen der Bezirksbibliotheken schlägt sich auch in einer großen Anzahl von Empfehlungslisten nieder (im einzelnen aufgeführt bei: H. Wegehaupt: Theoretische Literatur zum Kinder- und Jugendbuch, 1972, S. 91 f.).

Gerlinde Rabenstein

→ Preisausschreiben zur Förderung der sozialistischen KJL, → Sozialistische Kinder- und Jugendliteratur

Deutscher Jugendbuchpreis

Vom Bundesminister für Jugend, Familie und Gesundheit 1956 gestifteter Preis zur Förderung von anspruchsvollen Kinder- und Jugendbüchern.

Der DJP wird seit 1956 jährlich vergeben. Die Ausführungsbestimmungen werden für jede Ausschreibung neu erlassen. Mit der technischen und organisatorischen Durchführung ist der Arbeitskreis für Jugendliteratur e. V. beauftragt.
Für den DJP kommen Bücher in Betracht, die zwi-

schen dem 1. Januar und dem 31. Dezember des jeweiligen Jahres in Verlagen der BRD, Österreichs sowie der Schweiz als Orginaltitel oder Übersetzung erstmals erschienen sind. Weitere empfehlenswerte Bücher können durch Aufnahme in die Auswahlliste zum DJP ausgezeichnet werden.
Die Ausschreibungen für den DJP wurden im Verlauf seiner Geschichte vielfach modifiziert. Von 1956 bis 1963 wurden jeweils ein Kinderbuch- und ein Jugendbuchpreis ausgeschrieben, außerdem (mit Ausnahme von 1957) ein Sonderpreis, dessen Motto sich von Jahr zu Jahr änderte: 1956 „Das schönste Mädchenbuch", 1958 „Das beste Bilderbuch", 1959 „Das beste Sachbuch für Kinder bis zu 14", 1960 „Der Mensch in seiner Welt", 1961 „Neubearbeitungen klassischer Kinder- und Jugendbücher", 1962 „Geschichte im Kinder- und Jugendbuch", 1963 „Jugendbücher bauen Brücken" (nicht vergeben). Jährlich zusätzlich ausgesetzte Prämien konnten ferner einzelne Bücher besonders hervorheben. Seit 1964 wurde der Sonderpreis nicht mehr ausgeschrieben, dafür gab es ab 1965 die neue Preisgruppe des Bilderbuchs und ab 1967 auch des Sachbuchs. Die Tradition der Vergabe von Prämien bestand insofern fort, als seit 1964 besondere Einzelleistungen wie z. B. eine Übersetzung, Illustration bzw. Ausstattung diese Auszeichnung erhalten konnten.
Ab 1971 wurden insgesamt 5 Preise ausgeschrieben, und zwar aus den Gruppen: Bilderbuch, erzählendes Buch, Sachbuch und besondere Leistungen; 1973 reduzierte sich die Anzahl der Preise auf 4.
Von 1956—58 betrug die Dotierung des DJP 3 999 DM, von 1959—62 5 000 DM und seit 1963 7 500 DM. Nicht immer sahen die Jurys die Möglichkeit, alle ausgeschriebenen Preise zu vergeben. So erhielten die Gruppe des Jugendbuchs in den Jahren 1959, 1961 und 1972, die Gruppe des Sachbuchs 1969, die des Kinderbuchs 1970 und die des Bilderbuchs 1972 keinen Preis; auch entfiel 1963 der Sonderpreis.
Vorschlagsberechtigt sind alle Verlage, die Kinder- und Jugendbücher produzieren, ferner die persönlichen und korporativen Mitglieder des Arbeitskreises für Jugendliteratur, Literaturkritiker und Redakteure, soweit sie mit dem Bereich der KJL befaßt sind, Leiter von Jugendbüchereien bzw. Jugendbuchabteilungen, Fachdozenten und außerdem die Jurymitglieder.
Die Entscheidung über die Vergabe der Auszeichnungen liegt bei den Jurys: Einzeljurys für die Gruppen Bilderbuch, erzählendes Buch und Sachbuch sowie eine übergeordnete Hauptjury. Sie besteht aus dem Vorsitzenden, mehreren Beisitzern, den Vorsitzenden der Einzeljurys sowie deren Stellvertretern. Seit 1973 haben auch zwei Jugendliche in diesem Gremium Stimmrecht.
Immer wiederkehrende Ansatzpunkte zur Kritik am DJP sind: das aufwendige und zeitraubende Juryverfahren, die weitgehende Nichtbeteiligung von Jugendlichen, der große Entscheidungsspielraum der Hauptjury, die Zusammensetzung der Einzeljurys und das Profitinteresse des Buchhandels. Um die Meinung der Rezipienten umfassender kennenzulernen, schloß man 1972 erstmals ein Preisausschreiben der Verleihung des DJP an: jugendliche Leser sollten zu den preisgekrönten Büchern Stellungnahmen abgeben (an dieser ersten Ausschreibung beteiligten sich 11 832 Kinder und Jugendliche).
Folgende Autoren wurden bislang mit dem DJP ausgezeichnet: 1956: L. Fatio und R. Duvoisin, K. Lütgen, A. Rommel, H. Strätling-Tölle; 1957: M. de Jong, N. Kalashnikoff; 1958: H. M. Denneborg, H. Kaufmann, M. Reidel; 1959: R. van der Loeff-Basenau, H. Peterson, L. und A. Schneider und M. U. Ames; 1960: M. del Castillo, J. Krüss, E. F. Lewis; 1961: P. Alverdes, M. Ende; 1962: Cl. Ascher-Pinkhof, I. Engelhardt, U. Wölfel; 1963: O. Preußler, Scott O'Dell; 1964: K. Allfrey, M. Diekmann; 1965: Fr. Hetmann, R. Jonsson, L. Lionni; 1966: W. Blecher, M. Bolliger, H.-G. Prager; 1967: P. Berger, E. Fromm, K. Lütgen, A. Salkey; 1968: K. Brandt, P. Clarke, E. H. Heimann, M. Rodman; 1969: A. Mitgutsch, J. Procházka, I. B. Singer; 1970: W. Blecher und W. Schröder, L. Elliott, K. Jarunkova; 1971: die Herausgeber H. Drechsler, W. Hilligen und F. Neumann, R. Kunze, R. Nebehay und W. Schmögner, L. Pěsek; 1972: E. W. Bauer, H.-J. Gelberg, O. Preußler; 1973: Fr. Hetmann, E. Janikovszky u. L. Reber, Chr. Nöstlinger, B. Wersba; 1974: M. Ende, O. v. Frisch, J. Kerr, J. Müller.

Gerlinde Rabenstein

→ Arbeitskreis für Jugendliteratur, → Auswahllisten

Deutscher Spielmann

Unter dem Reihentitel „Der deutsche Spielmann" erschien erstmals in den Jahren 1903—10, wieder aufgelegt 1925, eine 40 Bände umfassende, von Künstlern illustrierte Anthologie mit dem Untertitel „Eine Auswahl aus dem Schatze deutscher Dichtung für Jugend und Volk". Alleiniger Herausgeber war E. Weber.

Entstehung und Titel. Mit dem Gedanken einer Auswahl des „literarisch Besten" aus „Vorhandenem" befaßte Weber sich bereits 1901, da der Verleger der von I. Braun begründeten „Jugendblätter" mit der Bitte um Fortführung dieser Jugendzeitschrift an ihn herangetreten war. Webers Bedenken, eine Jugendzeitschrift laufend auf literarischem Niveau halten zu können, wurden bestärkt vor allem durch briefliche Äußerungen von H. L. Köster, J. Lohmeyer und H. Wolgast, der als „prinzipieller Gegner von Jugendzeitschriften" betonte, daß zumindest jedes Heft in sich geschlossen sein müßte und keine Fortsetzungsgeschichten enthalten dürfe.

Im Verlauf der Korrespondenz mit den Freunden in der Jugendschriftenbewegung entstand bei WEBER der Plan zu einer neuen Anthologie für die Jugend. Er konzipierte sie als Lesewerk in Form periodisch erscheinender, preiswerter Bände im Umfang von je 80 bis 90 Seiten einschl. 20 bis 25 z. T. farbigen Illustrationen. Nach zweijähriger Vorarbeit waren Ende 1903 die ersten 7 Bände fertiggestellt, 1904 lag die doppelte Anzahl vor; 1905 umfaßte die Sammlung 20 Bände, 1907 waren es 30; 1908 erschienen weitere 6 Bände, und als 1910 die letzten vier ausgeliefert waren, hatten einige der frühesten Bände bereits mehrere Auflagen. Das Werk galt seinerzeit als die „größte deutsche Anthologie" für die Jugend. Inzwischen war auch, dem Wunsche von Lesern entsprechend, damit begonnen worden, jeweils vier thematisch zusammenstimmende Bände in einem fest gebundenen Buch zu vereinigen, z. B. entstand aus den Bänden der vier Jahreszeiten der Sammelband „Das deutsche Jahr", aus den Bändchen: Bach und Strom — Wald — Heide — Hochland der Sammelband „Deutsches Land". Mit dem Reihentitel stellte WEBER bewußt einen Anklang zu der romantisierten Figur des „einst umherziehenden" Spielmannes her. Das bei mehreren Bänden wiederkehrende Umschlagbild von J. V. CISSARZ zeigte einen lockigen Jüngling in Pagenhaartracht, loser Oberkleidung, die Laute in dem einen Arm, den anderen Arm wie auf einen Fensterrahmen gestützt. WEBER schrieb darüber (in „Werden und Wirken", S. 20): „Ohne zu ahnen, daß ein Jahrzehnt später die deutschen Wandervögel in ähnlicher Tracht bei Lieder- und Lautenklang die nahe und ferne Heimat durchstreifen würden, hatte CISSARZ mit diesem Bilde bereits den Typ der Kommenden gestaltet und gleichzeitig die Erinnerung an jenen Großen unter den deutschen Spielleuten wachgerufen" (WALTHER VON DER VOGELWEIDE).

Auswahl- und Gestaltungsprinzip. Idee, Auswahl- und Gestaltungsprinzip der Anthologie WEBERS sind aus dem reformatorischen Geist der Kunst- und Literaturpädagogik im Deutschland der Wende zum 20. Jh. hervorgegangen. Nach dem Willen des Herausgebers sollte jeder Band der Reihe als empfehlenswerte Jugendschrift „in erster Linie den Ansprüchen der Ästhetik genügen" (in: „Werden und Wirken"). WEBER wollte für jedes Bändchen „eine leitende Idee zur Durchführung bringen" und dazu aus der deutschen Literatur vom Mittelalter bis in seine Zeit hinein das "literarisch Beste" bieten, das zugleich in einem allgemeinen, nicht näher definierten Sinne für kinder- und volkstümlich befunden wurde. Mit der nicht nach Gesichtspunkten der Poetik, nach Stilepochen oder Autoren, sondern nach „Motiven und Stimmungen" gegliederten Auswahl von Poesie und Prosa (überwiegend Ballade, Erzählgedicht) erzielte er jeweils eine „Einheit inhaltlicher oder stofflicher Art" (Zitate hier und im folgenden in „Werden und Wirken"). Aus allen Epochen wählte er aus den Werken namhafter Dichter, aus Märchen, Sagen, Legenden, Liedern aus, was zu einem thematisch gezogenen Kreis stimmte und kam so zu einer „Vielfalt in der Einheit". In reichem Maße zog er die eigens für Kinder geschriebene Literatur des 18. und 19. Jh.s heran und stellte u. a. neben GELLERT, HAGEDORN, HERDER, KOPISCH, CLAUDIUS, GOETHE, MÖRIKE, HEBBEL, HEYSE, HEINE, LILIENCRON, NIETZSCHE, SPITTELER, WILLE, DEHMEL (und zeitgenössisch anerkannte Volksschriftsteller): GÜLL und HEY, BECHSTEIN und STURM, TROJAN und REINICK, FALLERSLEBEN und BLÜTHGEN, ANDERSEN, GRIMM, VOLKMANN-LEANDER und viele andere, jedoch keine der zeitgenössisch gängigen typischen Jugendschriftsteller(innen). Die Geschlossenheit von Form und Inhalt jedes Bandes wurde dadurch sichtbar, daß, wie es Absicht und Bedingung WEBERS war, jeder Band nur von einem Künstler bildlich gestaltet war, der dem Ganzen seine prägende Handschrift mitgab. Zum 1. Band, „Kindheit", schuf E. KREIDOLF die Bilder, für „Bach und Strom" E. LIEBERMANN, für die Bände „Wanderer" und „Meer" J. C. CISSARZ, für „Schalk" J. DIEZ; viele andere, damals sehr bekannte Künstler wirkten mit. Durchweg lassen die Illustrationen den Einfluß des Jugendstils erkennen, der oft auch das Künstlerbilderbuch dieser Zeit bestimmte. Die Zielvorstellung, ein „Lesewerk von künstlerischem Werte, eine Kinder- und Hausbücherei, die ihren Besitzern ans Herz wachsen konnte" („Werden und Wirken", S. 16), schien erfüllt. Jedes Bändchen eröffnete WEBER mit einem eigenen Gedicht, das als „Geleitspruch des deutschen Spielmanns" zum Thema einstimmen sollte. In dem Geleitspruch für die gesamte Reihe (1903) prägt sich deutlich *die im Zeitgeschmack volkstümlich und national romantisierende Tendenz aus,* die der Herausgeber auch für die Bearbeitung der Neuauflage anfangs der zwanziger Jahre beibehielt. Sie hat die gesamte Auswahl mitbestimmt. Von daher verständlich, doch unpräzise und fragwürdig, wirken die „Richtwerte", die er für die Auswahl des „Neuen" zur erweiterten Wiederauflage angab: „Auswüchsen expressionistischer Dichtung versagten wir den Eintritt. Nur was Dauerwert verhieß, nur was jugend- und volkstümlich genannt werden konnte, wurde willkommen geheißen ... Nach wie vor sollte nur das Gesunde und Echte, nur das Bodenständige und Natürliche bevorzugt werden ...". Von der hier im Ansatz gebrauchten Terminologie waren Publikationen WEBERS nach 1933 völlig beherrscht („Volk und Rasse", 1933). Als Dichter und Illustrator hat sich WEBER selbst an der Reihe beteiligt; den letzten Band, „Fabelreich", illustrierte er allein.

Zeitgenössische Beurteilung und Verbreitung. Der dt. Sp. fand die Zustimmung von F. AVENARIUS und damit seinen Ort in dem Verlag der stark verbreiteten Zeitschrift „Der Deutsche Kunstwart", G. D. W. CALLWEY, München. In seiner Schrift „Des deutschen Spielmanns Werden und Wirken" brachte WEBER 1926 eine Zusammenstellung rückhaltlos bejahender Zuschriften aus der Zeit des ersten (und des Wieder-) Erscheinens, u. a. von WOLGAST, L. GÖHRING, KÖSTER, D. v. LILIENCRON, V. BLÜTHGEN, G. FALKE, auch zahlreicher Sätze aus Besprechungen in schulpädagogischen Zeitschriften. Band 1—15 des dt. Sp. wurden in der JSW (Dezember 1905, S. 48) mit Zustimmung von 15 Prüfungsausschüssen empfohlen, jedoch mit kleinen Einschränkungen, z. B.: ungünstig sei der Doppeladressat „Jugend und Volk" (so entfalle das Thema „Liebe und Ehe" völlig; „tadellos ‚sittenrein' ist er, der deutsche Spielmann"). Später wurde bestätigt: „Der ‚Deutsche Spielmann' ist in der Tat für Jugend und Volk ein deutsches Schul- und Hausbuch geworden". *Nach mehreren Auflagen, deren letzte Exemplare in Bücherlieferungen an die Front (1914—18) gingen, war der dt. Sp. nach dem ersten Weltkrieg vergriffen.* Den Entschluß zur Neuauflage faßte der Verlag 1922. E. THIESS nannte in einem kritischen Überblick der nach dem Kriege entstandenen Lesebücher, Lesebogen und Ganzschriften für die Jugend in der Monatszeitschrift „Neuzeitliche Schularbeit" (15. 11. 1925) den dt. Sp. „wohl die beste Sammlung"; F. FIKENSCHER schrieb im Märzheft 1926 seiner Zeitschrift „Die Scholle": „Dem Spielmann aber können wir sagen, daß er während seiner Abwesenheit von keinem anderen Werk übertroffen wurde". In den folgenden Jahren verlor sich das Interesse an dieser Reihe; sie veraltete, zu einer weiteren Auflage kam es nicht. Jedoch ist ihr Einfluß seit ihrem ersten Erscheinen auf die Neuplanung von Lesebüchern in der Schule unverkennbar, sowohl in der Konzeption wie dem Stoffe nach als „Quelle". Nicht nur als Jugend-, Haus- und Volksbuch wollte der Herausgeber diese Anthologie verstanden wissen, sondern auch als „didaktisches Hilfsbuch". Tatsächlich hat sie so in vielfacher Weise über zwei Jahrzehnte hinweg beispielhaft gewirkt.

Die 40 Titel. Die Titel der 40 Bände mit den Namen der Illustratoren (in Klammern) lauten (nach der Auflage von 1925): Kindheit (E. KREIDOLF), Wanderer (J. V. CISSARZ), Wald (W. WINGÄRTNER), Hochland (F. HOCH), Meer (J. V. CISSARZ), Helden (W. WINGÄRTNER), Schalk (J. DIEZ), Legenden (G. A. STROEDEL), Arbeiter (G. O. ERLER), Soldaten (G. O. ERLER), Sänger (H. RÖHM), Frühling (H. v. VOLKMANN), Sommer (E. STEPPES), Herbst (K. BIESE), Winter (K. BIESE), Gute alte Zeit (R. SCHIESTL), Himmel und Hölle (J. DIEZ), Stadt und Land (J. V. CISSARZ), Bach und Strom (E. LIEBERMANN), Heide (A. HOLZER), Arme und Reiche (J. WIDMANN), Abenteuerer (R. SCHIESTL), Germanentum (H. RÖHM), Mittelalter (H. SCHROEDTER), Zeit der Wandlungen (C. ROESCH), Neuzeit (A. JANK), Gespenster (J. DIEZ), Tod (M. SCHIESTL), Blumen und Bäume (R. SIECK), Nordland (L. KOCH-HANAU), Italien (H. VOLKERT), Hellas (K. BAUER), Fremde Zonen (H. VOLKERT), Vaterland (W. ROEGGE), Tierwelt (L. WERNER), Menschenherzen (R. SCHIESTL), Glück und Trost (H. SCHWEGERLE), Tag und Nacht (O. BAURIEDL), Riesen und Zwerge (R. SCHIESTL), Fabelreich (E. WEBER). Je vier Bände der Sammlung erschienen als Sammelbände mit den Titeln: 1. Deutsches Jahr, 2. Deutsche Gestalten, 3. Deutsche Natur, 4. Deutsches Volk, 5. Deutsches Land, 6. Deutsche Heimat, 7. Deutsches Leben, 8. Deutsche Geschichte, 9. Deutscher Glaube, 10. Fremde Welt.

Margarete Dierks

Deutscher Verband Evangelischer Büchereien e. V.

Vollständige Bezeichnung: „Deutscher Verband Evangelischer Büchereien e. V. — Zentralstelle für Buch- und Büchereiarbeit in der Evangelischen Kirche in Deutschland" (DVEB).

Der DVEB, 1951 neu konstituiert, umfaßt die 14 Büchereiverbände der Ev. Kirche in Deutschland („Landesverbände"), die insgesamt (einschl. Krankenhaus-, Anstalts- und Heimbüchereien) fast 5 000 Büchereien unterhalten (1970), von denen die meisten mit Kinder- und Jugendbuchabteilungen ausgestattet sind. Der Sitz der Geschäftsstelle ist Göttingen.

Geschichte. Die Anfänge der evangelischen Buch- und Büchereiarbeit liegen Ende des 18. Jh.s. Auftrieb erhielt sie durch J. H. WICHERN (1808—81), der in seiner „Denkschrift an die deutsche Nation" (1849) die Innere Mission zur Gründung von „Volksbibliotheken" anregte. Aber erst in den zwanziger Jahren unseres Jh.s schlossen sich die entstandenen evangelischen Volksbibliotheken zu landeskirchlichen Büchereiverbänden zusammen. 1927 gründeten sie den DVEB. Er unterhielt in Berlin eine Beratungsstelle, die der Preußische Staat 1931 als Zentralstelle für das Evangelische Volks- und Jugendbüchereiwesen anerkannte. In den Jahren 1933—45 kam die ev. Büchereiarbeit zum Erliegen; 1951 konstituierte sich der DVEB zum zweiten Male.

Zielsetzung. Als Einrichtung der Gemeinde unterstützt und begleitet der DVEB die gesamte kirchliche Arbeit, insbesondere die ev. Jugend- und Erwachsenenbildung. Eine entsprechende Buchauswahl und praktische buchpädagogische Arbeit dienen der Information zur Auseinandersetzung mit aktuellen Problemen.

Fachorgan ist „Der Evangelische Buchberater — Zeitschrift für evangelische Büchereien". Er erscheint vierteljährlich (1973 im 27. Jg.) und bringt außer Rezensionen und Nachrichten Artikel zu literarischen, theologischen und kulturpolitischen Themen, häufig auch Beiträge zur Jugendliteratur, insbesondere zum Problem des religiösen Kinder- und Jugendbuches. — Von den im Jahre 1970 rezensierten 1070 Titeln waren 320 spezifische Kinder- und Jugendbücher (270 Belletristik, 480 Sachbücher). Von den 740 Titeln der Literatur für Leser ab 16

Jahren sind rd. 50 Prozent auch für Jugendliche geeignet und werden entsprechend kommentiert. Die Auswertung der Rezensionen erfolgt im Hinblick auf den Leser und die Zielgruppe sowie nach aktuellen thematischen Gesichtspunkten. Unter den 80 mitarbeitenden Rezensenten aus allen Fachrichtungen sind 10 Jugendbuchexperten.

Seit 1970 liegen jeder Nummer des Evangelischen Buchberaters 2 aktuelle Themenlisten bei, die Aktivitäten der Gemeinde in Form von Arbeitskreisen, Seminaren und Bildungsprogrammen aller Art — auch in Zusammenarbeit mit der Erwachsenenbildung — durch ein gezieltes Buchangebot unterstützen und vertiefen sollen. Von den bisher erschienenen sind pädagogisch und jugendliterarisch besonders aktuell: Entwicklungshilfe — Rauschgift — Vorschulerziehung.

Als weitere Publikationen trägt der DVEB 1. die „Buchauswahl für Evangelische Büchereien", jährlich (als Fortsetzung des 1964 erschienenen Grundstockkatalogs mit 1 500 Titeln der älteren und neueren Literatur), eine kritische Auswahl (500 Titel) der Neuerscheinungen des lfd. Jahres, jeder Titel versehen mit Kurzcharakteristik und Eignungsvermerk. (Von den 325 Titeln der Literatur für Erwachsene — Schöne Literatur und Sachbücher — eignen sich rd. 50 Prozent auch für Jugendliche); 2. die „Buchauswahl für Krankenhaus-Büchereien" (1965; 1. Ergänzung 1968, mit therapeutischen Hinweisen); 3. „Großdruckbücher", eine Auswahl für sehbehinderte Leser, auch für Jugendliche (1969 insges. 400 Titel); 4. „Thematische Verzeichnisse": „Frieden"; „Reformation"; „Hungern nach Gerechtigkeit"; „Kriminalromane". Mitarbeit wird geleistet an Katalogen des Arbeitskreises für Jugendliteratur: „Christliche Kinder- und Jugendbücher"; „Bücher für die Junge Generation"; „Das Buch der Jugend".

Einer der Schwerpunkte in der Ausbildung von kirchlichen Büchereiassistenten und -helfern ist Kinder- und Jugendbuchkunde, dazu: Buchkritik, Lesersoziologie, Verlagskunde. Bei den regionalen Fortbildungsseminaren werden Themen der Kinder- und Jugendliteratur sowie der Jungleserpsychologie einbezogen. Dabei kommt es vor allem darauf an, die Teilnehmer mit neuen Strömungen der Kinder- und Jugendbuchproduktion bekannt zu machen sowie über zeitgenössische theoretische Arbeiten zur KJL zu informieren. *Elfriede Conrad*

Deutsches Jugendschriftenwerk e. V.

(DJW, Frankfurt a. M.). Das DJW wurde am 22. 6. 1956 in Frankfurt gegründet; Vorsitzender (z. Zt.) Prof. Dr. A. C. Baumgärtner.

Seit 1957 besteht die eigene Geschäftsstelle des DJW in Frankfurt a. M. Mitglieder des DJW sind Verlage, Behörden, Organisationen und Einzelpersonen. Hauptaufgabe des DJWs ist die Beurteilung und Empfehlung der Kleinschriftenserien und Jugendzeitschriften für Kinder und Jugendliche; es bestehen dazu 16 Beurteilungsgremien im ganzen Bundesgebiet. Von 1956 bis 71 wurde das Empfehlungsverzeichnis „Die Weiße Liste" herausgegeben. Die Durchführung von Tagungen zu aktuellen literaturpädagogischen Themen und der Druck der Tagungsberichte gehören gleichfalls zu den Aufgaben des DJW.s.

Gründung und Entwicklung. Die Gründung erfolgte 1956 durch Verleger, Buchhändler und Pädagogen als Gegenaktion zu der Massenproduktion minderwertigen Schrifttums für Kinder und Jugendliche in den 50er Jahren. Durch regelmäßige Beurteilung und Empfehlung von Heften und Zeitschriften („Weiße Liste") — dann später auch Taschenbüchern — sollte weiterer Verbreitung minderwertiger Massenproduktion Einhalt geboten werden. Den Vorsitz übernahm zuerst der Buchhändler R. Köhl. Nach anfänglichen Schwierigkeiten zeichnete sich 1958 unter dem Vorsitz von Prof. H. Göbels und seinem Nachfolger, Prof. Th. Gläss, durch die Erarbeitung von Grundlagen für die Beurteilungsarbeit eine klare pädagogische Zielsetzung ab. 1959 erschien die Tondiareihe „Die Eltern waren ahnungslos", die, an ein breites Publikum gerichtet, über die Auswirkungen minderwertiger Massenliteratur informierte. Diese Reihe, die in 2 500 Exemplaren verbreitet wurde, löste insbesondere in der *behördlichen Jugendpflege* starke literaturpädagogische Aktivität aus und bereitete damit den Weg für neue Formen der Öffentlichkeitsarbeit. 18 weitere Tondiareihen zur literaturpädagogischen Jugendarbeit und zu aktueller Thematik folgten (z. B. „Reich mir die Hand Prinzessin"; „Die Welt der Illustrierten"; „Schneewittchen ohne Kosmetik"; „Kitsch und Kunst in der Jugendbuchillustration"; u. a.). Seit 1956 gelten die Initiativen des DJW besonders der Jugendzeitschrift. 1969 wurde der „Christian-Felix-Weiße-Preis" gestiftet, der mit 10 000 DM dotiert ist und in unregelmäßigen Abständen vergeben wird. Mit diesem Preis sollen wissenschaftliche Forschungsarbeiten über Jugendzeitschriften ausgezeichnet werden. 1970 wurde ein *Jugendzeitschriftenarchiv* gegründet, das über 180 verschiedene Jugendinformationsdienste aus der BRD und der DDR enthält, die laufend gesammelt werden. Im Zusammenhang mit der Entwicklung der *Vorschulerziehung* dehnte das DJW 1970 seine Empfehlungstätigkeit auch auf Literatur für Vorschulkinder aus (Empfehlungsverzeichnis „Von 3—8", 1. Jg. 1970). Im gleichen Jahr wurde vom DJW die Durchführung eines Vorschulkongresses angeregt und veranstaltet.

Veröffentlichungen. „Die Weiße Liste" (jährlich von 1956—71; „Von 3—8" (jährlich ab 1970), Informationsdienst „Jugend liest" (erscheint unregelmäßig). Die vom DJW empfohlenen Zeitschriften sind durch ein Signum gekennzeichnet.

Helge Adler

Sekundärliteratur: H. Adler: 10 Jahre Jugendschrifttumsarbeit in der Bundesrepublik (1966; zus. mit A. Köhlert).
IJB

Dickens, Charles

*(Ps.: Boz). Bedeutender englischer Epiker des 19. Jh.s, Verfasser der Kindergeschichten „A Christmas carol" und mehrerer besonders jugendgeeigneter Romane; *7.2.1811 Landport b. Portsmouth, † 9.6.1870 Gadshill.*

In ärmlichen Verhältnissen aufgewachsen (die elterliche Familie wohnte einige Monate im Marshalsea-Schuldgefängnis), verfolgte D. mit großer Energie Bildungsziel und sozialen Aufstieg. Von der Tätigkeit als Schreiber in einem Anwaltsbüro ging er über zur Berichterstattung aus Gerichtssaal und Parlament. Als „Boz" veröffentlichte er seine ersten journalistischen Arbeiten: Skizzen aus dem Londoner Leben. Die Fortsetzungsserie „Pickwick Papers" (1836/37) machte ihn berühmt. Meist in Familienzeitschriften publizierte er (in Fortsetzungen) auch seine großen sozialkritischen Romane. Die Weihnachtserzählungen „A Christmas carol in prose" (1843; dt. Ein Weihnachtslied in Prosa, 1843) schrieb er zunächst für die eigenen Kinder aus seiner Ehe mit CATHERINE HOGARTH. D. machte mehrere Reisen nach den USA und Italien; er gewann schon zu Lebzeiten einen riesigen internationalen Leserkreis und war mit bedeutenden Persönlichkeiten, u. a. mit H. CHR. ANDERSEN, befreundet. Er galt als der gefeiertste Schriftsteller seiner Zeit. Seine Grabstätte erhielt er in der Westminsterabtei, London.

Charles Dickens (1811—1870)

Werk, Tendenzen, Wirkung. D. gehört zu den großen und bekanntesten Meistern des englischen Romans. Die Verbreitung und Beliebtheit seiner Werke in Deutschland (in deutsch und englisch, 1837 bereits erste Übersetzung „Die Pickwickier") stand von Anfang an seiner Popularität in England nicht nach. D.' Romane und Erzählungen üben *Sozialkritik,* haben einen moralischen Unterton, wollen durch die geschilderten Emotionen auch auf die Gefühle der Leser wirken (wobei die Schwelle zur Sentimentalität häufig überschritten wird) und zeichnen sich vor allem durch *Humor* aus, der noch dem Schrecklichen eine komische Seite abgewinnen kann. Als Romanschriftsteller wie als Journalist vertrat D. leidenschaftlich das Recht der Unterprivilegierten und setzte sich in stark beachteten Arbeiten für die Besserung der sozialen Verhältnisse ein.

Jugendliterarischer Bezug im Werk von D. Kindergestalten bevölkern D.' Werke; von dem Standpunkt des Kindes, seiner Sensibilität und Gefühlswelt aus wird das Leben der Gesellschaft gerichtet. In Fortführung der romantischen Konzeption des Kindes (BLAKE, WORDSWORTH) sind D.' *Kindergestalten unschuldig und hilfsbedürftig, unverstanden, isoliert und sozial benachteiligt.* Auch seine eigenen Erfahrungen der Armut, Demütigung und Preisgegebenheit an unverständige Erwachsene in früher Jugend setzte D. in literarische Gestalten um. Physisch oft geschwächt und todgeweiht, sehen sich diese Kinder einer brutalen, materialistisch gesinnten Welt der Erwachsenen und deren Erziehungsvorstellungen gegenüber, institutionalisiert in Armenhaus, Schuldgefängnis und Privatschule.

In der Universalbibliothek für die Jugend erschien 1880 das 80 S. umfassende Buch „Ch. D. genannt Boz. Ein Lebensbild für die reifere Jugend" von I. BRAUN. In den kurz gefaßten, anschaulichen Erzählbericht hat die Autorin Zitate aus Briefen, Selbstzeugnissen und Werken D.' eingeflochten, am Schluß Sätze aus dem Testament angeführt und die Titel der Hauptwerke zusammengestellt. Betont findet sich durch die ganze Schrift die Beziehung D.' zur eigenen Kindheit und dem Schicksal anderer Kinder.

Von D.' Erzählungen sind seine Weihnachtserzählungen beliebte Jugendlektüre geworden, an der Spitze „A Christmas carol in prose" (verfilmt 1938; 1959 Kurzfilm). Die Bekehrung des habgierigen und freudlosen Menschenfeindes Ebenezer Scrooge durch nächtliche Geistererscheinungen zum mildtätigen, lebensfrohen Menschenfreund, der Weihnachten fortan recht zu feiern weiß, ist unzweifelhaft ein kleines Meisterwerk D.scher Erzählkunst. In den englischsprechenden Ländern sowie in Deutschland wurde die Erzählung ein *klassisches* Kinderbuch. Auch gehört sie (nach der ersten englischen Schullektüreausgabe von 1847) in Deutschland zum festen Bestand des Englischunterrichts an höheren Schulen. Daneben wird vor allem der große, z. T. autobiographische Roman „The personal history

of David Copperfield the younger of Blunderstone Rockery" (1849/50; dt. Lebensgeschichte und Erfahrungen David Copperfield's des Jüngeren. Bd. 1—10. 1849 u. 50; verfilmt 1935; mehrere Teilverfilmungen — Kurzfilme — 1959) — auch in bearbeiteten Jugendausgaben, mit dem Schwergewicht auf Davids Kindheit und Jugend — von Jugendlichen viel gelesen. In Deutschland kommen gekürzte englische Schulausgaben hinzu.
An dritter Stelle folgt für das deutsche Sprachgebiet der Roman „Oliver Twist" (Bd. 1—3. 1838 u. 39; dt. Oliver Twist. Bd. 1—3. 1838 u. 39; verfilmt 1948), von dem mehrere deutschsprachige Jugendausgaben miteinander konkurrieren.

Charles Dickens: Oliver Twist (1838). Die Abbildung ist dem 6. Kapitel des „Oliver Twist" entnommen und stammt von G. Cruikshank, der die Erstausgabe illustrierte.

D.' Bedeutung für die *Geschichte* des englischen Jugendbuches liegt jedoch in der weniger bekannten, für D. recht untypischen Erzählung „Holiday Romance" (1868), die zuerst in einer amerikanischen Jugendzeitschrift (Our Young Folks) erschien. Mit dieser Geschichte wird zum ersten Mal das phantasievoll-romantische Rollenspiel von Kindern literarischer Vorwurf. Jeder der vier Teile von „Holiday Romance" wird von einem Kind zwischen 6 und 9 Jahren erzählt. Im ersten Teil berichtet William Tinkling von der Vereitelung romantischen Abenteuerspielens (das nichts anderes als die Nachahmung von Lektürehelden ist) durch die Erwachsenen. Der Zusammenprall von Realität und vorgestellter Spielwelt wird von den Kindern als echter Konflikt, von den Lesern als komische Situation erlebt. Tinkling erzählt zudem in einem hyperbolischen Stil, der im *komischen* Gegensatz zur trivialen Wirklichkeit steht und in dem D. die Diktion älterer viktorianischer Abenteuerbücher (BALLANTYNE, AINSWORTH) parodiert. William Tinkling ist damit ein Vorläufer von Oswald Bastable aus E. NESBITS „The Story of the Treasure Seekers" (1899). In den folgenden Teilen erzählen drei Kinder ihre Wunschträume: Alice Rainbird sieht sich als Prinzessin in einem Zaubermärchen, das die Armut mit Hilfe einer magischen Fischgräte bannt; Robin Redforth ist der kühne Pirat, der seinen Lateinlehrer zur Strecke bringt, Reichtümer und eine Braut erbeutet; Nettie Ashford ersinnt ein Land, in dem es durch Rollentausch mit den Erwachsenen endlich einmal nach dem Willen der Kinder zugeht. Überall aber schimmert die Wirklichkeit noch durch, die von der Phantasie verwandelt werden sollte.
In Ton und Sujet nimmt D. in „Holiday Romance" voraus, was später in den Werken von E. NESBIT („Treasure Seekers", „Unlikely Tales") und M. TWAIN („Tom Sawyer", 1876) entfaltet wurde. Mit dem Fortsetzungsbericht in der Zeitschrift „Household Words" 1852—54 nahm D. unter dem Titel „A child history of England" (dt. Die Geschichte Englands für Jung und Alt) *„erzählte Geschichte"* als *jugendgeeignete* Darstellungsform historischer Abläufe vorweg.
Illustrationen zu D.' Werk. Insgesamt haben zu D.' Lebzeiten 16 Künstler (s. N. BENTLEY: „D. und seine Illustratoren"; in: „Die Welt des Ch. D.", 1969) fast 900 Zeichnungen, Vignetten und graphisch gestaltete Initialen geschaffen. D. hatte selbst eine genaue Vorstellung davon, wie die Bilder der literarisch geschaffenen Typen aussehen sollten. Er überwachte und kritisierte die Illustratoren scharf, duldete selbst aber keine Kritik an seinem Text. Zu den bedeutendsten Graphikern der Werke D.' gehörten (nach dem Freitod F. SEYMOURS) Phiz (Ps. für H. KN. BROWNE), E. ARDIZZONE, R. DOYLE, CL. STANFIELD, M. STONE, und G. CRUIKSHANK, der als erster „Oliver Twist" illustrierte (1838). J. TENNIEL war an einer illustrierten Ausgabe der „Christmas Books" von 1854 beteiligt. Sehr eindrucksvolle Graphiken zu „A Christmas carol" schuf A. RACKMAN (1915). Die Illustrationen unterstrichen den sozialkritischen Aspekt in den D.-Romanen oft in dramatischer Weise und trugen wesentlich zum Erfolg bei.
Übersetzungen und „Dickensiana". In zahlreichen Sprachen übersetzt, liegen D.' Werke in Millionenauflagen vor (in England noch heute Bestseller). In der Sowjetunion erreichte der Verkauf zwischen 1945 und 1957 die Zahl von 7 500 000 (TOMLIN, S. 240). D.-Figuren wurden seit dem Erscheinen der „Pickwick Papers" in unzählige Kalender, Bilderbogen, Lesezeichen, modische Artikel und in die Werbung der Industrie übernommen. TOMLIN spricht von einer „Dickensiana", die sich nicht nur in England ereignete. In Deutschland stiegen Auflagen-

und Verkaufsziffern anläßlich D.' 200. Geburtstag 1970 erneut an. *Wolfgang Schlegelmilch*

→ E. Ardizzone, → G. Cruikshank, → Großbritannien

Werke: Oliver Twist or The parish boy's progress (Bd. 1 bis 3. 1838 u. 39; dt. Oliver Twist oder die Laufbahn eines Waisenknaben. Bd. 1—3. 1838 u. 39); The life and adventures of Nicholas Nickleby (1838 u. 39; dt. Leben und Schicksale Nikolas Nickleby's und der Familie Nickleby. Bd. 1—6. 1838 u. 39); Master Humphrey's clock (Bd. 1—3. 1840 u. 41; dt. Meister Humphrey's Schlaguhr. Bd. 1—3. 1840 u. 41); Barnaby Rudge (1841; dt. Barnaby Rudge. Bd. 1—8. 1841); The old curiosity shop (1841; dt. Der Raritätenladen. Bd. 1 u. 2. 1852 u. 53); A Christmas carol in prose (1843; dt. Ein Weihnachtslied in Prosa, 1843); The chimes (1845; dt. Die Sylvesterglocken, 1844); The cricket on the hearth (1846; dt. Das Heimchen am Herd, 1845); The personal history of David Copperfield the younger of Blunderstone Rockery (1849 u. 50; dt. Lebensgeschichte und Erfahrungen David Copperfield's des Jüngeren. Bd. 1—10. 1849 u. 50); A child history of England (Bd. 1—3. 1852—54; dt. Die Geschichte Englands für Jung und Alt. Bd. 1—3. 1852—54); Holiday Romance (1868).

Sekundärliteratur: R. Bamberger: Die erste Aufnahme von Charles Dickens in der deutschen Literatur (Diss. 1938). — B. Berner: Dickens als Schulschriftsteller (Progr. 1913). — R. Bluhm: Autobiographisches in David Copperfield (Diss. 1891). — J. E. Butt: Dickens at work (1957, ³1968; zus. mit K. M. Tillotson). — G. K. Chesterton: Charles Dickens (1906; dt. Dickens, 1936). — P. A. W. Collins: Dickens and crime (1962); Dickens and education (1963, ³1965). — L. Cooper: A hand upon the time (1968). — W. Dibelius: Charles Dickens (1916, ²1926). — M. Engel: The maturity of Dickens (1959, ²1967). — J. Forster: The life of Charles Dickens (Bd. 1—3. 1872—75; dt. Charles Dickens' Leben. Bd. 1—3. 1872—75). — E. N. Gummer: Dickens' works in Germany (1940). — C. Haines: Charles Dickens (1969). — M. Hardwick: Charles Dickens (1970). — A. L. Hayward: The Dickens encyclopaedia (1924). — E. Johnson: Charles Dickens (1953). — F. G. Kitton: Dickens and his illustrators (1899). — J. Lindsay: Charles Dickens (1950; ND. 1970). — J. H. Miller: Charles Dickens (1958, ³1965). — S. Monod: Charles Dickens (1958). — A. J. Philip: A Dickens dictionary (Bd. 1 u. 2. 1909; NA. 1928). — G. A. Pierce: The Dickens dictionary (1878). — R. H. Shepherd: The bibliography of Dickens (1880; NA. 1900). — L. Thalmann: Charles Dickens in seinen Beziehungen zum Ausland (1956). — E. W. F. Tomlin (Hrsg.): Charles Dickens (1969; dt. Die Welt des Charles Dickens, 1969). — K. E. Wilkie: Charles Dickens (1970). *IJB*

Die Ammenuhr

Titel eines frühen Bilderbuches (1843) und eines Gedichts aus dem Kinderlieder-Anhang der Sammlung „Des Knaben Wunderhorn" (3. Bd., 1808).

Das Gedicht. In neun vierzeiligen Strophen zählt das Gedicht „Die A." zu den Stundenglockenschlägen von Mitternacht bis acht Uhr morgens Vorgänge in Haus und Hof auf, die dem Kinde Zeit und nächste Lebenswelt vertraut machen. Die einfachen, gereimten Aussagen über Gott, Mensch und Tier sind von naiver Poesie, volks- und kindertümlich im Sinne der Romantik und bestärken das Gefühl der Geborgenheit in wohlgeordneter Welt. So lauten die ersten beiden Strophen:

Der Mond, der scheint,
Das Kindlein weint,
Die Glock schlägt zwölf
Daß Gott doch allen Kranken helf'!

Gott alles weiß
Das Mäuslein beißt
Die Glock schlägt Ein
Der Traum spielt auf dem Kissen dein.

Aus der Anthologie der „Kinderlieder" herausgelöst, erschien „Die A." in vielen Lesebüchern und Sammlungen des 19. und 20. Jh.s (z. B. mit Zeichnungen von G. Schmedes in der Anthologie „Der Regenbogen, ein Hausbuch", gesammelt von M. Wagner, 1951; in J. Krüss: „So viele Tage wie das Jahr hat", ill. von E. Binder-Staßfurt, 1959).

Die Ammen-Uhr. Aus: Des Knaben Wunderhorn (Leipzig 1843). Die Abbildung zeigt einen Holzschnitt von L. Richter zum vierten Verse des Kindergedichtes „Die Ammenuhr". Wie die übrigen acht Illustrationen des Bilderbüchleins spiegelt auch der Holzschnitt Richters die Auffassung des Dresdener Künstlerkreises von der Harmonie der biedermeierlichen Welt wider.

Das Gedicht als Kinderbuch. Unter seinem Titel erschien das Gedicht als selbständiges, illustriertes

Kinderbuch zuerst 1843 mit zehn Holzschnitten nach Zeichnungen von Dresdener Künstlern. Jede Strophe ist einbezogen in ein ihrem Wortlaut getreu nachgeschaffenes Erzählbild. Als zehntes zeigt das Titelbild Glocke und Glöckner, Uhr, Amme und Kind unter einem Himmel mit Mond und Nachtvögeln. L. RICHTER berichtet in seinen „Lebenserinnerungen", wie sich der Kreis der Künstler in Dresden gebildet hat und wie an einem ihrer geselligen Abende in Meißners Café National in der Schloßgasse die einzelnen Aufgaben für die Illustration der A. ausgelost wurden, ebenso wie für die einzelnen Buchstaben des Abc-Buches Dresdener Künstler. Als Gruppenarbeit entstanden, ist das Künstlerbilderbuch „Die A." in dem vollkommenen Zusammenklang von ‚künstlerisch' und ‚kindlich' zugleich ein kulturhistorisches Dokument; die signierten Blätter weisen die z. T. heute vergessenen Künstler des Dresdener Kreises Mitte des 19. Jh.s aus; Titelbild: E. BENDEMANN (1811—89), Prof. an der Dresdener Akademie; „Der Mond . . .": J. HÜBNER (1806 bis 1882), Historien- und Portraitmaler; „Gott alles weiß": A. EHRHARDT (1813—99), Historien- und Bildnismaler; „Das Nönnchen läut": C. G. PESCHEL (1798—1879), Historien- und Freskenmaler, Zeichner; „Der Wind . . .": L. RICHTER; „Der Gaul . . .": O. WAGNER (1803—61), Landschafts- und Architekturmaler; „Die Schwalben . . .": E. F. OEHME (1797—1855), Landschaftsmaler; „Das Huhn . . .": E. RIETSCHEL (1804—61), Bildhauer, Prof. an der Dresdener Akademie; „Zum Bäcker lauf . . .": TH. R. FREIHERR VON OËR (1807—85), Historien- und Genremaler, Illustrator auch von Kinderbüchern (Reinick, Wurzelprinzessin); „Thu Butter 'nein": E. BENDEMANN.

Margarete Dierks

→ Ammenmärchen, → A. v. Arnim, → Cl. Brentano, → L. Richter, → Romantik

Sekundärliteratur: K. J. Friedrich: Liebenswerte Künstlergestalten um Ludwig Richter (1940). — L. Richter: Lebenserinnerangen eines deutschen Malers (1855).

Dieffenbach, Georg Christian

*Ev. Theologe, Verfasser theolog. Schriften und zahlreicher Gedichte, u. a. Kindergedichte; * 4. 12. 1822 Schlitz/Oberhessen, † 10. 5. 1901 ebenda.*

Den ersten Unterricht erhielt D. von seinem Vater, Pfarrer zu Schlitz, und seinem Großvater, dem pädagogischen Schriftsteller J. F. SCHLEZ. Von 1837 bis 1840 absolvierte D. in Gießen das Gymnasium; bis 1843 studierte er dort Theologie. Nach einem Jahr Predigerseminar in Friedberg wurde D. 1845 zunächst Lehrer an einer Knabenerziehungsanstalt in Darmstadt, 1847 dann Pfarrvikar in Kirchberg, später in Vielbrunn (Odenwald), bis er 1855 eine Pfarrstelle in Schlitz erhielt. Neben seinem Pfarramt leitete D. in Schlitz mehrere Jahre eine Privatschule. Seit 1872 gehörte er außerdem der hessischen Landessynode an, in deren Gesetzgebungsausschuß er vor allem wirkte. Neben zahlreichen theologischen Abhandlungen und Erbauungsschriften veröffentlichte D. Sammlungen eigener Gedichte, z. B. „Gedichte" (1857), „In der deutschen Frühlingszeit" (1871) und „Aus vier Reichen" (1887). Auch in die Kinderliteratur ging er hauptsächlich als Verfasser von Gedichten ein. Außerdem gab er von 1884 bis 99 den 1.—15. Jg. mit jeweils 12 Heften der illustrierten Monatsschrift „Für unsere Kleinen" heraus. In den Jahren 1899 bis 1915 erschienen die Jahrgänge 16—31 dieser Zeitschrift, die von verschiedenen Herausgebern redigiert wurden. „Für unsere Kleinen" liegt auch in einer gebundenen Ausgabe vor, und zwar Bd. 1—17 (1886—1901) von D. noch selbst herausgegeben, und Bd. 18—39 (1902—23) mit dem Zusatz „begründet von G. Chr. Dieffenbach" von B. MERCATOR, O. WEDDIGEN, F. A. PERTHES und A. STIER redigiert. Von 1883—1900 gab D. die „Sammlung von Kinderschriften für jedes Alter" (insgesamt 30 Hefte) heraus. Die Universität Greifswald verlieh D. 1884 die Ehrendoktorwürde (Dr. theol.); sein Landesherr ernannte ihn 1893 zum Kirchenrat, 1897 zum Geheimen Kirchenrat.

Werk, Tendenzen, Wirkung. D.s Kinderlieder und -reime behandeln konventionell oft aufgegriffene Themen aus den Bereichen Jahreszeiten, Tier- und Pflanzenwelt, Umwelt und Tagesablauf der Kinder. Das kindliche Verhalten wird in ihnen mit dem Raster starrer Tugendvorschriften gemessen, die Natur naiv unter Projektion von kleinbürgerlichen Verhaltensmustern anthropomorphisiert. Zahlreiche Wendungen zeigen das Bemühen D.s, in den Kindern eine emotional innige Bindung zu Gott als Schöpfer und Erhalter alles Wahrnehmbaren aufzubauen. Mit dem überwiegenden Anteil seiner Gedichte hat D. durch klischeehafte Topoi, aussagearme Wendungen, verbrauchte und mißlungene Reime den Bestand trivialer Kinderlyrik vergrößert.
In seiner ersten Gedichtsammlung für Kinder „Kinder-Lieder" (1852) schreibt D. über Poesie für Heranwachsende: „Den Sinn für ideale Anschauung der Welt und des Lebens, gegenüber jener materialistischen, den Sinn für das Himmlische im Irdischen, für das Geistige im Körperlichen zu wecken und zu pflegen, — das ist die Bedeutung der Poesie für die Erziehung der Jugend" (a. a. O., S. V). In der Folgezeit arbeitete D. mit bedeutenden Illustratoren wie L. RICHTER und F. FLINZER und mit Komponisten wie FR. ABT und C. A. KERN zusammen. 1873—81 erschienen bei M. Heinsius, Bremen, zwei Sammlungen „Aus dem Kinderleben", die erste illustriert von RICHTER, die zweite von RICHTER und H. BÜRKNER. Die Reime D.s beschreiben eine fröhliche problemlose Kindheit, die viel Gelegenheit zum Singen, Tanzen und Springen

bereithält, stellen aber auch Einübungsmuster in Richtung Erwachsenenrolle zur Verfügung wie in „Die fleißige Strickerin" und „Tapfere Soldaten". Das Bilderbuch „Glückliche Kinderzeit" (1883), von FLINZER illustriert, enthält 50 Lieder und Reime von D., ähnlich den vorher erschienenen. Größere Verbreitung fanden die Lieder D.s in der Vertonung von KERN: 1870 erschienen erstmals „45 Melodien in zweistimmigem Satz und mit leichter Klavierbegleitung zu G. Chr. Dieffenbachs Kinderliedern", die — vermehrt bis zu 60 Vertonungen — 1934 die 13. Auflage erreichten. Einzelne Lieder und Reime von D. (z. B. „Der Frosch", „Konzert ist heute angesagt", „Meine Blümchen haben Durst") sind neben solchen von HOFFMANN VON FALLERSLEBEN, FR. GÜLL, W. HEY, A. HOLST, R. LÖWENSTEIN, FR. REINICK häufig in Anthologien, z. B. M. BERN (Hrsg.): „Anthologie für die Kinderstube" (1880); „Kinderwelt" (1886), Liederbüchern, Lesebüchern und vor allem Fibeln vertreten, wie in A. MÄRCKER (Hrsg.): „Fibel für den Schreib- und Leseunterricht", 1888; W. BANGERT (Hrsg.): „Meine Muttersprache", [3]1917; J. DIETRICH (Hrsg.): „Aus der Jugendzeit. Eine deutsche Heimatfibel für Stadt und Land", 1931; J. BINDER (Hrsg.): „Silbenfibel", 1948. D. gab 1889 eine Anthologie von Märchen, Sagen und Schwänken, „Das goldene Märchenbuch" heraus, von C. Gehrts mit Holzschnitten, Lithografien und Zinkografien ausgestattet und vom Verlag M. Heinsius außerordentlich aufwendig gedruckt. Aus dieser Auswahl wurde nach dem „Einführungswort" des Herausgebers alles ausgeschlossen, „was geeignet schien, ernste und heilige Dinge und Verhältnisse ins Komische und Lächerliche zu ziehen oder das kindliche Gemüt zu verletzen". Den Erziehungsvorstellungen D.s entsprechend sind Texte mit deutlich ableitbarer Moral in dieser Auswahl überrepräsentiert.

Gerlinde Rabenstein

Werke: Kinder-Lieder (1854); Aus dem Kinderleben (Bd. 1 u. 2. 1872 u. 81, [3]1883); Glückliche Kinderzeit (1883, [2]1885); Fröhliche Jugend. Ein Bilderbuch für Mädchen und Knaben (1886); Nesthäkchens Zeitvertreib. Ein Bilderbuch für unsere Kleinsten (1888); Aus der Jugendzeit (Bd. 1 u. 2. 1894).
Hrsg.: Sammlung von Kinderschriften für jedes Alter (Bd. 1—30. 1883—1900); Für unsere Kleinen. Illustrierte Monatsschrift für Kinder von 4—10 Jahren (Jg. 1—15. 1884—99); Für unsere Kleinen. Ein neues Bilderbuch für Kinder von 4—10 Jahren (Bd. 1—17. 1886—1901); Das goldene Märchenbuch (1889, [3]1911); Aus Kinder-Stube und Gottes-Garten (Heft 1—12. 1889—91).

Diekmann, Miep

*Niederländische Schriftstellerin, Jugendbuchautorin; * 1925 in Holland.*

D. ist auf der Insel Curaçao aufgewachsen in Koedukation mit der eingeborenen Jugend. Nach Holland zurückgekehrt, begann sie ein Studium und wurde sehr bald journalistisch tätig. In Berichten und Erzählungen, von denen eine Reihe zu Vorlagen für Hörspiele und Funksendungen wurden, schilderte sie die karibische Inselwelt und ihre Menschen. Für „De boten van Brakkeput" (1956; dt. Die Boote von Brakkeput, 1959) wurde sie 1956 in Holland mit dem Preis für das beste Kinderbuch ausgezeichnet. Mit dem Buch „Padu is gek" (1957; dt. Padu ist verrückt, 1960) gelangte sie auf die Ehrenliste zum Hans-Christian-Andersen-Preis 1960. Für den Jugendroman „. . . en de groeten van Elio" (1961; dt. Und viele Grüße von Wancho, 1963) erhielt sie den Deutschen Jugendbuchpreis 1964.

Werk, Tendenzen, Wirkung. Spannungsreich und temperamentvoll erzählt D. Erlebnisse und Menschenschicksale aus fremdartig bunten Hafenstädten und noch immer abenteuerlich anmutenden Meeres- und Küstengebieten. Sie spricht damit vor allem junge Leser an, in der heimisch holländischen Sprache ebenso wie in französischen, englischen, deutschen, tschechischen Übersetzungen (Übersetzungen ins Deutsche von W. NIEMEYER). Verschiedene ihrer Titel gelangten auf die Auswahlliste zum Deutschen Jugendbuchpreis. Der Preis selbst wurde ihr 1964 zuteil für den figurenreichen Roman „Und viele Grüße von Wancho" (1963), in dem die Sehnsucht des jungen Menschen, einen Vater zu haben, packend gestaltet ist. Mit „Marijn bij de lorredraaiers" (1965; dt. Marijn bei den Freibeutern, 1967) blättert die Autorin ein Kapitel düsterer holländischer und damit europäischer Kolonialgeschichte auf: Sklavenhandel, Rassenvorurteil, Ausbeutung und Engstirnigkeit, gegen die der einzelne Mensch, hier der junge Wundarzt Marijn, fast aussichtslos kämpft. Dem realistisch erzählten kulturhistorischen Abenteuerbuch liegt langjähriges Quellenstudium zu Grunde.

Margarete Dierks

Werke: Panaderio Pan (1947); Voltooid verleden tijd (1947); Wereld van twee (1948); . . . en wat kan ik? (1949); Anders is niet altijd beter (1954); Marmouzet (1954; dt. Marmouzet, 1960); De boot vertrekt zonder Claartje (1955); Mariette (1955); Viermaal Lodewijk (1955); Annejet helpt een handje (1956; dt. Zwei und ein Paddelboot, 1966); Annejet wint de laatste ronde (1956; dt. Das Eis bricht, 1966); De boten van Brakkeput (1956; dt. Die Boote von Brakkeput, 1959); Een spel van schijn (1956); Annejet laat het er niet bij zitten (1957; dt. Eine unglaubliche Neuigkeit, 1967); Annejet stelt zich voor (1957; dt. Mit Luuk in einer Klasse, 1966); Een mens tekort (1957); Padu is gek (1957; dt. Padu ist verrückt, 1960); Annejet knipt de kaartjes (1958; dt. Ferien einmal anders, 1967); Nooit meer een lampion (1958); Gewoon een straatje (1959; dt. Chichis große Pläne, 1962); Driemaal is scheepsrecht (1960); . . . en de groeten van Elio (1961; dt. Und viele Grüße von Wancho, 1963); Mozaïek (1—11. 1962 bis 1963; zus. mit P. Heus); Wie zei dat we zo schoon zijn? (1964); Marijn bij de lorredraaiers (1965; dt. Marijn bei den Freibeutern, 1967); Meisjes zoals jij (1965); Mijn lama (1967; dt. Mein Lama, 1967); Nildo en de maan

(1967; dt. Nildo und der Mond, 1970); Andere mensen zijn ook gewoon (1968); Geen mens is van de ander (1968); Jossy wordt een Indiaan (1968; dt. Jossy, der Indianerjunge, 1970); Sjon Karko (1968; dt. Das Muschelmännchen, 1969); Een liedje voor een cent (1969); De schoonste dag (1969); Een doekje voor het bloeden (1970).
Mitverf.: De trapeze (9. 1967); Winterboek (1970).
Übers.: R. Busoni: Wie was Don Quichot (1960); C. R. Brink: Een ongeluk komt nooit alleen (1961); B. Hertz: Het eendje Dagdag (1962); J. Swift: Gullivers reizen (1962; zus. mit E. Kästner); E. L. Sharp: Nkwala (1963); P. H. Nortje: De groene stuiter (1964); R. Sutcliff: De adelaar van het negende (1965); H. Plate: Als zonen zonen doden (1967); J. Saint-Marcoux: De groene schoentjes (1967); N. Curcija-Prodanovic: Ballerina (1968); J. Krüss: Tim Daalder die zijn lach verkocht (1969). *IJB*

Dielitz, Theodor Gabriel Maria

*Bearbeiter und Verfasser von geschichtlichen, länder- und völkerkundlichen Erzählungen; * 2. 4. 1810 Landshut/Bayern, † 30. 1. 1869 Berlin.*

D., Sohn des Privatgelehrten Karl D., wuchs die ersten vier Jahre in Paris, danach in Berlin auf. Er besuchte zunächst eine Privatschule, von 1824—28 das Berliner Gymnasium Zum Grauen Kloster und studierte anschließend Philologie und Geschichte. Von 1831 an war D. Lehrer an der Königlichen Realschule und wurde 1836 zum Oberlehrer, 1845 zum Professor ernannt. 1836 erschien D.' „Grundriß der Weltgeschichte für Gymnasien und Realschulen", dem als geschichtlicher Leitfaden in Schulen ein außerordentlich langanhaltender Erfolg beschieden war. 1848 wurde D. vom Magistrat zum Direktor der Königstädtischen Realschule in Berlin gewählt.

Theodor Dielitz: Die Helden der Neuzeit (Berlin 1850). Der Autor schrieb in der Mitte des vorigen Jahrhunderts eine große Zahl von historischen und länderkundlichen Erzählungen, u. a. auch diesen Band mit dem Untertitel „Erzählungen aus der neueren Geschichte für die reifere Jugend", der acht Bilder von Th. Hosemann enthält. Die Zeichnungen Hosemanns, der fast alle Bücher von Dielitz illustrierte, trugen wesentlich zu der weiten Verbreitung und den zahlreichen Auflagen dieser Bände bei.

Werk, Tendenzen, Wirkung. In seinen zahlreichen Büchern für die Jugend versucht D. Informationen über räumlich und zeitlich Fernes in Erzählform ansprechend zu vermitteln. Nur wenige Texte sind Originalbeiträge von D., den größten Teil kennzeichnet er als Bearbeitungen. Publiziert wurden sie von dem Berliner Verlag Winckelmann & Söhne, der Th. Hosemann mit der Illustration beauftragte. D. sieht die geschichtlichen Erzählungen als Vertiefung und Erweiterung zu dem im Geschichtsunterricht behandelten Stoff. Sowohl zu E. Maukischs „Germania" als auch zu dem Fortsetzungsband „Teutonia" legte er Bearbeitungen vor. In chronologischer Aufeinanderfolge geschichtlicher Ereignisse — unter besonderer Berücksichtigung der in die Geschichte namentlich eingegangenen Persönlichkeiten und ausführlicher Beschreibung von Schlachten — enthalten die beiden Bände ein dem Geschichtsunterricht konformes Begleitmaterial. Das Prinzip der Herausstellung des Einzelhelden als Geschichtsträger hält D. auch in seinen weiteren Publikationen — mitunter verstärkt — durch, so z. B. in „Das Mittelalter" und „Die Helden der Neuzeit". Als Begründung für diese Art Geschichtsschreibung in Form der Einzelbiographie erläutert D. im Vorwort zu „Das Mittelalter", daß sie vorzüglich geeignet sei, „den Geist durch die Anschauung großartiger Lebensverhältnisse zu bereichern, das Gemüth durch die Betrachtung kräftiger Heldengestalten für alles Große und Edle zu erwärmen und den Glauben an eine göttliche Weltregierung zu befestigen". Entsprechend dienen ihm auch seine Bearbeitungen der Reiseabenteuer und erd- und völkerkundlichen Erzählungen dazu, Vorbilder an Mut, Geistesgegenwart, Standhaftigkeit und Gottvertrauen zu geben (s. Vorwort zu „Lebensbilder", „Land- und Seebilder", „Wanderungen"). Diese Skizzen und Erzählungen sind in folgenden 15 Bänden erschienen, die alle mehrmals aufgelegt wurden: Lebensbilder — Land- und Seebilder — Reisebilder — Das Skizzenbuch — Naturbilder und Reiseskizzen — Völkergemälde und Landschaftsbilder — Kosmoranen — Panoramen — Wanderungen — Streif- und Jagdzüge — Zonenbilder — Amerikanische Reisebilder — Ost und West — Jenseits des Oceans — Atlantis. Als Quellen dienten D. Berichte englischer, französischer und deutscher Reisender, die in ausländischen oder deutschen Zeitschriften erschienen waren, vereinzelt nahm er aber auch Texte CH. DICKENS', F. COOPERS, FR. GERSTÄCKERS, A. DUMAS', F. MARRYATS u. a. auf. Als Eigenverdienst gibt D. an, die zweckmäßige Auswahl getroffen und die jugendgemäße sprachliche Bearbeitung geleistet zu haben (so z. B. im Vorwort zu „Jenseits des Oceans"). Besonders in seinen späteren Schriften kombiniert er Schauerliches und Abenteuerliches um der Spannung willen oft so dicht, daß dies selbst A. MERGET, der ihn als Pionier auf dem Gebiet der unterhaltenden Literatur zur Länder- und Völkerkunde hervorhebt, — wenn auch legitimierend — kritisiert.

Gerlinde Rabenstein

Werke: Grundriß der Weltgeschichte für Gymnasien und Realschulen (1836, [28]1903); Hellas und Rom (1841, [3]1864); Lebensbilder (1841, [8]1889); Land- und Seebilder (1841, [10]1889); Reisebilder (1843, [8]1881); Deutsches Liederbuch (1845); Das Skizzenbuch (1845, [7]1875); Naturbilder und Reiseskizzen (1846, [6]1890); Völkergemälde und Landschaftsbilder (1846, [6]1876); Das Mittelalter in 40 historischen Gemälden (1848, [3]1860); Kosmoranen (1849, [5]1874); Panoramen (1849, [4]1863); Die Helden der Neuzeit (1850, [4]1861); Streif- und Jagdzüge (1851, [6]1886); Wanderungen (1851, [4]1879); Zonenbilder (1852, [4]1879); Amerikanische Reisebilder (1853, [4]1885); Britannia (1855); Ost und West. Neue Land- und Seebilder (1856, [4]1879); Jenseits des Oceans (1857, [2]1877); Die neue Welt (1857); Hispania (1860); Atlantis (1862, [3]1888); V. Ottmann (Bearb.): Jenseits des großen Wassers. Erinnerungen eines alten Überseedeutschen (1920).

Diesterweg, Adolph

*Pädagoge; * 29. 10. 1790 Siegen/Westf., † 7. 7. 1866 Berlin.*

Nach einem Studium der Philosophie und Geschichte, Mathematik und Naturwissenschaften in Herborn und Tübingen stand D. vor dem Ingenieurexamen, entschied sich aber — beeinflußt von einem Pestalozzi-Anhänger — für den Lehrerberuf. Er unterrichtete am Gymnasium in Worms, ging nach Frankfurt/M. an die „Musterschule" als Lehrer für Mathematik und Physik, wurde 1818 zweiter Rektor an der lateinischen Schule in Elberfeld, 1820 Direktor am Lehrerseminar in Mörs. In diesem Jahr begann seine vielseitige pädagogische schriftstellerische Tätigkeit. Die Methoden des Unterrichts und der Fortbildung unterzog er gründlichen Analysen und lieferte damit Bausteine zu einer wissenschaftlichen Pädagogik. Außerdem trat er in Wort und Schrift für die Hebung des Lehrerstandes ein, besonders der Lehrerbildung, und arbeitete für die Ausgestaltung des Volksschulwesens im Sinne PESTALOZZIS. 1832 wurde D. als Direktor an das Seminar für Stadtschulen nach Berlin berufen, 1850 als Gegner der politischen und kirchlichen Reaktion in den Ruhestand versetzt.

Werk, Tendenzen, Wirkung. D.s literarische Veröffentlichungen gelten dem Sprachunterricht (Lese- und Sprachbuch) und dem mathematisch-naturwissenschaftlichen Unterricht (Sachbuch). Er erstrebt die Erziehung aller Kinder zur „Selbsttätigkeit im Dienste des Wahren, Schönen, Guten", eine individuelle Erziehung im Geiste PESTALOZZIS. Die Denk- und Sprachschulung ist für ihn die Grundlage des Erfolgs: „Das Kind, das seine Muttersprache erlernt, wächst damit auch in die Denkwelt seiner Sprachgemeinschaft hinein, an und mit den lautlichen Formen bilden sich die Inhalte, durch die sein Geist zum Überschauen und Beherrschen der Erscheinungen geführt wird."

In seinem Lesebuch bezieht sich der Stoff auf die nach Regeln zu erlernende Kunst des Lesens und ist nach den Gesetzen der Sache und der Methode angeordnet. Dem Hauptzweck untergeordnet ist der Nebenzweck, dem Schüler die notwendigsten Kenntnisse über die Muttersprache allgemein und eine praktische Fertigkeit im Aufsatzschreiben zu vermitteln. Das Lesebuch soll in dieser Hinsicht alles zugleich sein: Lesebuch, praktische Grammatik, Denklehre und Leitfaden für die Rechtschreib- und Aufsatzübungen. D. vergleicht ein „Lesestück" mit einer „kunstvollen Maschine" und sieht als eine Hauptaufgabe des Literaturunterrichts die „Operation des Zergliederns" an. *Velten Merz*

Werke: Über Erziehung im Allgemeinen und Schulerziehung im Besonderen (1820); Lese- und Sprachbuch für mittlere Schulklassen und gehobene Elementarschulen (1826); Rheinische Blätter (1827); Deutsches Lesebuch für Schule und Haus (1828); Praktischer Lehrgang für den Unterricht in der deutschen Sprache (Bd. 1—3. 1829 u. 1830); Schullesebuch in sachgemäßer Anordnung (1831); Der Unterricht in der Klein-Kinder-Schule, oder die Anfänge der Unterweisung und Bildung in der Volksschule (1832); Schulreden und pädagogische Abhandlung (1832); Über die Lehrmethode Schleiermacher's (1834); Die Lebensfrage der Civilisation (Beitr. 1—4. 1836—38); Streitfragen auf dem Gebiete der Pädagogik (Bd. 1 u. 2. 1837 u. 38); Über Inspection, Stellung und Wesen der neuen (modernen) Volksschule (1847); Confessioneller Religionsunterricht in den Schulen oder nicht? (1848); Die Göthe-Stiftung nach den Anforderungen der Gegenwart. — Die Göthe-Stiftung nach Frdr. Fröbels Erziehungs-Bestrebungen (1849); Zur Lehrerbildung (1849); Die innere Mission in ihrer Gefährlichkeit für Nationalität, Sittlichkeit, Geistesfreiheit und Entwicklung überhaupt dargestellt (1852); Pädagogisches Wollen und Sollen (1857); E. Langenberg (Hrsg.): Adolph Diesterweg's ausgewählte Schriften (Bd. 1—4. 1877—78).

Hrsg.: Wegweiser zur Bildung für Lehrer und die Lehrer werden wollen (Lieferung 1—4. 1834 u. 35).

Sekundärliteratur: C. Andreae: Adolph Diesterweg (1899). — E. R. Barth: Adolf Diesterweg, der wahre Jünger Pestalozzis (Diss. 1910). — H. G. Bloth: Adolph Diesterweg (1966). — E. Gross: Erziehung und Gesellschaft im Werk Adolph Diesterwegs (1966). — E. Langenberg: Adolph Diesterweg (Tl. 1—3. 1867—68). — K. Richter: Adolf Diesterweg (1890). *IJB*

Dillon, Eilis

*(verh. O'Cuilleanáin). Irische Schriftstellerin, Jugendbuchautorin; * 7. 3. 1920 Galway/West-Irland.*

Als Tochter des Professors für Chemie an der Universität in Galway wuchs D. zweisprachig auf (englisch und irisch) und lernte irische Überlieferung und Lebenswelt kennen. Sie verbrachte längere Zeit auf den Aran Inseln und in abgelegeneren Teilen der Connemara. Früh entwickelte sie ihre schriftstellerische und musikalische Begabung. Sie schrieb zuerst Theaterstücke und Novellen. Auf Reisen durch die USA hielt sie Vorträge an Universitäten. Seit 1940 ist sie verheiratet mit CORMAC O'CUILLEANÁIN, der bis 1963 Professor für Geschichte der irischen Literatur an der Universität in Cork und Warden war. D.s erstes Jugendbuch erschien 1952 („Lost island").

Werk, Tendenzen, Wirkung. Von den zahlreichen Jugendbüchern, die D. schrieb, verfaßte sie mehrere in irischer Sprache. In deutscher Übersetzung von H. und A. BÖLL erschienen seit Mitte der Fünfziger Jahre u. a. „The island of horses" (1956; dt. Die Insel der Pferde, 1964), „The Coriander" (1963; dt. Die Insel des großen John, 1966), „A family of foxes" (1964; dt. Die schwarzen Füchse, 1967). D. schreibt aus unmittelbarem Erlebnis und genauer Kenntnis der Menschen auf den irischen Inseln und ihrer Lebensweise. Das Verhältnis zwischen Mensch und Tier, Verhalten und Handlungen gesellschaftlicher Außenseiter, der Existenzkampf der Inselbewohner (oft außerhalb der Legalität) sind die Themen ihrer episodenreichen, spannenden Erzählungen, oft von besonders eindringlicher Wirkung durch die Ich- und Wir-Perspektive („Die Insel der Pferde", „Die Insel des großen John"). Auch ihre Zeichnung der Kinder- und Jugendlichengestalten ist von überzeugender Lebendigkeit. Mit dem Titel „The Seals" (1968; dt. Seehunde SOS, 1970) griff sie zeitgeschichtliche Thematik auf: die *Unabhängigkeitskämpfe* Irlands gegen England; durch die *abenteuerliche* Handlung spricht sie das Interesse junger Leser besonders an. Züge des Seeabenteuer- und des Mädchenbuches verbindet sie in „The cruise of the Santa Maria" (1967; dt. Irrfahrt der Santa Maria, 1968). D.s Stil ist gekennzeichnet durch variationsreiche Verbindung von poetischer Schilderung, lebhaftem Dialog, Witz, Ironie, zuweilen auch Zügen hintergründigen Humors. D.s Bücher wurden in mehrere europäische und außereuropäische Sprachen übersetzt (u. a. ins Hebräische, Kapholländische, Schwedische, Tschechische), einige auch für den Funk bearbeitet.

md

Werke: Lost island (1952; dt. Die geheimnisvolle Insel, 1954); Death at Crane's court (1953; dt. Unter Mordverdacht, 1959); Sent to his account (1954); House on the shore (1955); Wild little horse (1955); Death in the quadrangle (1956); The island of horses (1956; dt. Die Insel der Pferde, 1964); Plover hill (1957); Aunt Bedelia's cats (1958); Bitter glass (1958); Singing cave (1959; dt. Die singende Höhle, 1962); Head of the family (1960); The fort of gold (1961); King Big-Ears (1961); The cats' opera (1962); A pony and trap (1962; dt. Sechs Kinder suchen ein Pony, 1967); The Coriander (1963; dt. Die Insel des großen John, 1966); A family of foxes (1964; dt. Die schwarzen Füchse, 1967); Bold John Henebry (1965; dt. Die Henebrys, 1966); The sea wall (1965; dt. Die Springflut, 1969); The lion cub (1966); The road to Dunmore (1966); The cruise of the Santa Maria (1967; dt. Die Irrfahrt der Santa Maria, 1968); The key (1967); The San Sebastian (1968); The seals (1968; dt. Seehunde SOS, 1970); Under the orange grove (1968); The voyage of Mael Duin (1969); The wise man on the mountain (1969); The king's room (1970). *IJB*

Diogenes Verlag

Zürich. Derzeitiger Leiter: D. Keel (* 1930).
Hauptsächliche Verlagsgebiete im Bereich der Kinder- und Jugendliteratur: Ausschließlich Bilderbücher mit anspruchsvoller künstlerischer Illustration, bei manchen Titeln Tendenz zur Karikatur.
Autoren: Fr. Barberis, Ph. Fix, W. Hofmann, H. Janzarik, H. Manz, H. P. Schaad, M. Sendak, H. U. Steger, T. Ungerer, P. Wezel, R. Zimnik u. a.
Illustratoren: Ph. Fix, P. Flora, E. Gorey, M. Sendak, H. U. Steger, T. Ungerer, R. Zimnik u. a.
Verlagsgeschichte. Keel gründete 1953 den Diogenes-Verlag. Zunächst gab er in Taschenbuchform Karikaturen namhafter Künstler heraus. Es folgten anspruchsvolle Kriminalromane, vor allem Übersetzungen aus dem angelsächsischen Sprachraum, schließlich die Werke einiger irischer und südamerikanischer Erzähler. Auch die deutsche Literatur ist mit Andersch, Jägersberg und Rosendorfer im Verlagsprogramm vertreten. Seit 1964 veröffentlicht der Verlag auch Bilderbücher.

Dirks, Rudolph

*Maler, Texter und Zeichner von Comic-Serien wie „The Katzenjammer Kids"; * 1877, † 1968.*

D., ein Amerikaner deutscher Abstammung, zog 1896 von Chicago nach New York. Dort erhielt er durch R. BLOCK, dem für die Gestaltung des „American Humorist", einer Sonntagsbeilage des HEARSTschen „New York Journal", verantwortlichen Redakteur, eine Anstellung als Zeichner. Auf den Vorschlag hin, einen Strip nach Art von W. BUSCHS „Max und Moritz" zu zeichnen, entwarf D. „The Katzenjammer Kids", die dann erstmals am 16. 12. 1897 erschienen. Während der Teilnahme D.s am Krieg gegen Spanien (1898) wurde die Serie ausgesetzt, im Jahr darauf aber sofort wieder aufgenommen. Aufgrund einer längeren Europareise, die D. 1912 mit seiner Frau unternahm, kam es zu vertraglichen Schwierigkeiten, die ihn veranlaßten, zu PULITZERS „New York World“ überzuwechseln, was einen Rechtsstreit nach sich zog. Danach mußte der Titel der Serie an HEARSTS „Journal“ zurückgegeben werden, während D. die Serie selbst unter verändertem Namen für PULITZERS „World“ weiterzeichnen konnte. „The Katzenjammer Kids“, die heute von J. MUSIAL betreut werden, wurden zuvor von H. H. KNERR († 1949) verfaßt, dem Zeichner der ebenfalls „deutschen“ Serie „Dingelhoofer and his Dog“. D. benannte seine Serie in „Hans und Fritz“ und von 1917 an in „The Captain and the Kids“ um. Daneben war D. stets auch als Porträtist und Landschaftsmaler tätig und zeigte seine Werke in mehreren Ausstellungen.

Werk, Tendenzen, Wirkung. „Hans und Fritz“, „The Katzenjammer Kids“, untergraben getreu ihren Vorbildern „Max und Moritz“ in unermüdlichen Streichen jegliche Art von Autorität. Als Kinder deutscher Einwanderer sprechen sie ein merkwürdiges, von deutschen Ausdrücken durchsetztes und von deutschem Akzent gefärbtes Englisch, das die komische Wirkung des hektischen Geschehens noch unterstreicht. Von 1917 an wurde aufgrund antideutscher Ressentiments der deutsche Slang vorübergehend durch denjenigen irischer Einwanderer ersetzt. Der große Erfolg der „Kids“ hing anfangs mit dem Novum farbiger Comics zusammen (1896 erschien als erster farbiger Strip R. F. OUTCAULTS „The Yellow Kid“ zur Ausnützung der von HEARST 1893 erworbenen Vierfarbenrotationspresse). In der Folgezeit bildeten die „Kids“ eine Garantie für das Florieren des „Journal“ und der „World“. „The Katzenjammer Kids“ ist zugleich der älteste Strip, der noch erscheint. *Wolfgang Kempkes*

→ Comics

Sekundärliteratur: G. Metken: Comics (1970). — M. Sheridan: Comics and their creators. Life stories of American cartoonists (1944). — C. Waugh: The comics (1947). — D. W. White (Hrsg.): The funnies: an American idiom (1963; zus. mit R. H. Abel).

Disney, Walter Elias

*(gen. Walt). Trickfilmzeichner und Produzent, Schöpfer der „Mickey Mouse“, des „Donald Duck“ und anderen Figuren, Bearbeiter bekannter Märchen und Kinderbücher für den Zeichentrickfilm; * 5. 12. 1901 Chicago, † 15. 12. 1966 Burbank.*

D.s Großvater war Zimmermann und Farmer; 1910 zog die Familie nach Kansas City. Nach der Schulzeit (bis 1917) leistete D. Heeresdienst und war 1918 als Rotkreuzfahrer in Frankreich eingesetzt. Nach seiner Rückkehr in die Staaten versuchte er sich als Reklamezeichner. Zeichnerisch ungewöhnlich begabt, hatte er nur einige Abendkurse an der Kunstakademie Chicago besucht. Während seiner Arbeiten für die Kansas-Filmgesellschaft 1920 erkannte er neue Möglichkeiten für den Zeichentrickfilm. Seine ersten Versuche damit, „Newman's lustige Bilderbogen“, glichen in Bewegung versetzten Comics („animated cartoons“). Sein erster Streifen, „The Four Musicians of Bremen“, hatte 1922 Erfolg, und nun brachten die Winkler Pictures seinen Trickfilm „Alice in Cartoonland“ (1923—26) heraus, eine Kombination von lebenden Darstellern und „animated cartoons“. Inzwischen hatte D. mit seinem Bruder und einigen hilfreichen Geldgebern in Hollywood eine eigene Filmgesellschaft gegründet, mit der er, nach seinem Film „Oswald, das Kaninchen“, seinen Plan der Story von der „Mickey Mouse“ (Michel Maus, die zuerst Mortimer Maus hatte heißen sollen) verwirklichen konnte. Die „Mickey Mouse“, 1928 in dem Film „Plane Crazy“ zum ersten Male vorgeführt, wurde zum Symbol des D.schen Unternehmens in Hollywood. Der Vertriebsvertrag über die Mickey Mouse-Filme mit der Radio Pictures Gesellschaft 1936 sicherte D. ein Jahreseinkommen von 600.000 Dollar. 1928 kam der erste Zeichentrick-Tonfilm D.s, „Steamboat-Willie“, heraus. Mit „Silly Symphonies“ (1930) begann er seine Zeichentrickfilme in Farbe. „Fantasia“ (1940) nimmt als Deutungsversuch klassischer Musikkompositionen (BACH, BEETHOVEN, STRAWINSKI, TSCHAIKOWSKI) durch filmisch-zeichnende Mittel eine Sonderstellung ein.

D.s Unternehmen wuchs mit seinen Erfolgen; er verfügte in den letzten Jahren über ein eigenes Studio in Burbank und beschäftigte etwa 3 300 Angestellte. Mit „Disneyland“ in Anaheim/Californien — ca. 50 km von Los Angeles landeinwärts —, 1955 eröffnet, hat er sich sein eigenes Denkmal geschaffen. D. produzierte insgesamt 657 Filme, darunter große, eindrucksvolle Natur- und Tierfilme in Farbe aus Prärie-, Steppen-, Wüsten-, Dschungel- und Gebirgslandschaften. Er erhielt ca. 700 internationale Auszeichnungen, darunter 8 Ehrendoktorhüte und 39 Oskars, u. a. für die „Mickey Mouse“-Gestalt, für die jeweils besten Zeichen- und Naturfilme, für die Konstruktion der Multiplana-Kamera, für Tonführung und beste Dokumentationen sowie für besonders gelungene filmische Effekte und Tricks. D. war mit L. MARIE geb. BOUNDS verheiratet, die ihm auch eine kluge Mitarbeiterin war. D. DISNEY-MILLER, eine der beiden Töchter, schrieb die Biographie „The story of W. D.“ (1956; dt. Mein Vater W. D., 1959).

Werk und Tendenzen. Die *bekanntesten Originalfiguren* D.s, die Kinder und Erwachsene begeisterten, *sind Ausdruck amerikanischen Humors* in seiner eigentümlichen Mischung aus Wirklichkeitssinn und dessen Verzerrung ins Komische, aus Untertreibung und Sentimentalität, naivem Spaß, Klamauk und feiner Ironie, einer Mischung aus Satire in allen Phasen des Grotesken mit Charme und Eleganz. Berühmteste D.-Figur wurde zunächst „Mickey

Mouse", eine in allen Lebenslagen erfolgreiche, pfiffige Maus; zeitweise (seit 1937) wurde sie an Beliebtheit „überrundet" von der Enterich-Karikatur „Donald Duck", in der D. Geschwätzigkeit, passives Verhalten und Härte im Nehmen typisierte (1942 Titelrolle eines Propagandafilms gegen Deutschland). International bekannt wurden u. a. die D.-Figuren „Goofy", — ein tölpelhafter Hund —, „Pluto" — ein dümmlicher Bluthund —, drei Schweinchen, ein singender Walfisch, ein Wolf und die Hunde „Susi" und „Strolch". Mickey Mouse, Donald Duck und viele andere existierten zuerst als Filmfiguren und wurden dann in Comics-Fassungen übernommen und verbreitet.

Ein großes Schaffensgebiet D.s war *die Bearbeitung von Märchen- und Fabelstoffen,* von klassischen Kinder- und Jugendbüchern für den farbigen Zeichentrickfilm; viele dieser Bearbeitungen wurden wiederum Kinder- und Jugendbücher, bebildert mit Aufnahmen aus den D.-Filmen. Am bekanntesten wurden PERRAULT- und GRIMM-Märchen wie „Cinderella" (1950; dt. Cinderella, 1951), „Snow White and the seven dwarfs" (1937; dt. Schneewittchen und die sieben Zwerge, 1949), „The sleeping Beauty" (Dornröschen). In diesen Filmfassungen war die ursprüngliche Sinnwelt der Märchen gänzlich verändert durch Anreicherung mit phantasievollen Tiergestalten, Überzeichung der handelnden Personen oder Umprägung zu Witzfiguren wie z. B. die sieben Zwerge. Unbedenklich griff D. ebenso Werke der Jugendliteratur des 19. und 20. Jh.s auf, z. B.: R. L. STEVENSONS „Schatzinsel", L. CARROLLS „Alice im Wunderland", J. M. BARRIES „Peter Pan", C. COLLODIS „Pinocchio", S. PROKOFJEWS „Peter und der Wolf", F. SALTENS „Bambi", R. KIPLINGS „Dschungelbuch", P. L. TRAVERS „Mary Poppins".

Ohne Rücksicht auf die literarische Zeichnung der Originalgestalten wurden die Stoffe adaptiert und mit veränderter Motivik und Charakterzeichnung auf filmische Effekte hin bearbeitet. Dies waren oft Ansatzpunkte der Kritik; psychologische und pädagogische Einwände wurden besonders gegen einzelne Schreckensszenen erhoben (z. B. das Hexentreiben in „Cinderella"). Die große Wirkung erreichte D. vor allem durch neue, den Film revolutinierende Techniken. Mit einer Gruppe Spezialisten baute er für den eben beginnenden Tonfilm neue Möglichkeiten aus (THOMAS: „He pioneered stereophonic sound before it was introduced with CinemaScope"). Dazu kamen: neuartige Bildregie, raffinierter und „gag"-reicher Handlungsablauf, Trickaufnahmen, Zusammenspiel mit Musik und grotesk verstellten Stimmen, die von Stimmkranken oder durch Tonmischungen erzeugt wurden; Farbe und Breitwand-Techniken verband D. später mit seinen schon gewonnenen Erfahrungen.

Als ein *drittes* Arbeitsfeld erschloß D. weite Bereiche der Natur für den Film. Unter Einsatz erheblicher Mittel und mit kundigen Mitarbeitern schuf er *eindrucksvolle Serien aus dem Groß- und Kleintierleben in freier Landschaft sowie Filme vom Leben zivilisationsferner Völkerstämme,* z. B. „A True Life Adventure" (dt. Wunderbare Natur), „The vanishing Prairie" (dt. Wunder der Prärie) und Eskimos in Alaska. *Aus diesen Dokumentarfilmen entstanden,* ausgestattet mit den großartigsten Aufnahmen in Farbe, *Sachbücher,* die sich mit den Texten vorwiegend an die Jugend wandten.

Wirkung und Rezeption. Außer daß D. mit seinen originellen Schöpfungen einen Geschmack der Zeit traf, mögen die Gründe für die nachhaltige internationale Wirkung und Popularität seiner Werke darin zu suchen sein, daß *seine Figuren* über Film, Heft und Buch den Weg auch in *die Spielzeug-, Gebrauchsgüter-* und *Souvenirindustrie* nahmen. In dem ersten Jahr nach seinem Tode (1967) sahen 240 Mill. Menschen einen D.-Film, 800 Mill. kauften ein D.-Buch, 150 Mill. kauften D.-Comics, 50 Mill. eine D.-Schallplatte. Das Heft „Micky Maus. Die größte Jugendzeitschrift der Welt" erscheint seit 1951 auch in der BRD; schon 1956 hatte es eine Wochenauflage von 400 000 Expl., 1970 waren es 550 000 Expl. Lizenzgeber für D.-Produkte sind in Amerika die W. D. Productions, in der BRD die „W. D. Micky Maus GmbH", Frankfurt. Die D.-Langspielplatten wurden als „Tonalben" aufgemacht, d. h. daß die Texte der Geschichten — „Ich Donald Duck", „Susi und Strolch", „Bambi", „Schneewittchen" u. a. — gelesen und viele bunte Bilder der Filme betrachtet werden können, während von der Platte die entsprechenden Lieder, Melodien und Stimmen erklingen. Auch *Unterrichtsfilme und Fernsehen* haben D.-Serien mit Erfolg verbreitet. Seine „Comics"- und Sachbücher zu naturwissenschaftlichen Themen (heute auch in Jugend-Taschenbüchern) sind noch immer stark gefragt. Jedoch sollte nicht verkannt werden, daß D. *weniger die Hebung des kindlichen Geschmacks* und *die Vertiefung* ins naturkundliche Detail anstrebte *als Marktgängigkeit* mit Hilfe von *Sentiment, Überraschung, Gefälligkeit.* Vor allem in seinen Märchenfilmen und Streifen aus dem Tierleben finden sich *viele Belege für Versüßlichung und Verkitschung* ursprünglicher Stoffe, Vorlagen, Naturvorgänge: eine effektvolle Durchkreuzung der Ebenen von Märchen, Fabel, Wirklichkeit, Vermenschlichung der Tiere. FEILD schrieb (1942 in „The Art of W. D.", S. 129): „First and last, W. D. is an entertainer. His ability to feel the public's pulse has enabled him to know exactly how much of the new it can take without resistance and with understanding."

Die Rezeption der Werke D.s in den USA wie auch in anderen Ländern war recht unterschiedlich. Deutschsprachige Theoretiker der Jugendliteraturbereiche wie R. BAMBERGER und B. HÜRLIMANN äußerten sich in ihren Standardwerken nur sehr knapp. Über D.s „Alice"-Verfilmung schreibt HÜRLIMANN: „. . . durch seine größere Eingänglichkeit [wurde] die Figur auch solchen Kindern nahegebracht, denen CARROLLS Sprache sonst schwer verständlich ist" (S. 157). BAMBERGER vermerkte u.d.T. „Bildgeschichten in Form von Comics" in seiner „Jugendlektüre" (1965, S. 363) zu D.: „und die Micky Maus, die ursprünglich ihre Verwandtschaft mit der originellen Filmgestalt W. D.s auch in den Heften nicht verleugnete, ist nicht nur zum Klischee erstarrt, sondern gelegentlich sogar zum Revolverhelden geworden." L. SANTUCCI (Letteratura Infantile, Milano, [4]1958) urteilt, daß durch D. das besondere Problem, „dem Kinde seine eigentümliche, phantastisch-moralische Welt zu präsentieren, künstlerisch gelöst" worden sei und hebt hervor, „daß in den D.-Filmen das Wort niemals Vergewaltigungen und Demütigungen unterworfen wird wie in den Comics". SANTUCCI sieht von den D.-Zeichentrickfilmen ähnliche Bezauberung für die Kinder ausgehen wie von den Märchen PERRAULTS, der GRIMMS, ANDERSENS oder COLLODIS, nur daß D. „statt des Federhalters die Zeichenfeder in der Hand hat" (zit. nach der deutschen Ausgabe L. SANTUCCI: Das Kind, sein Mythos und sein Märchen, 1964, S. 213 und 216). M. RAFFERTY, Superintendent der Public Instruction in California, schrieb: „D.s live movies have become lone sanctuaries of decency and health in the jungle of sex, sadism and pornography . . .", eine Aussage, die zu einer Auseinandersetzung in der „Los Angeles Times" führte (s. Horn Book Magazine, Dez. 1965). Auf einem Klappentext des Blüchert-Verlags, der die D.-Publikationen in der BRD zunächst betreute, wird D. zum „Markenzeichen für atemberaubende Naturfilme, für Lachen und Komik" erklärt. Anläßlich des 40-jährigen Jubiläums der „Mickey-Mouse" wurde 1970 auch in deutschen Filmtheatern „Micky ist der Größte" (1970) gezeigt, hergestellt von „Walt Disney Productions". Der Film, der sich vom Ansatz her eher als Werbe- denn als kritischer Dokumentationsstreifen ausweist, gibt durch Einblenden von Originalaufnahmen Zeugnis von vierzig Jahren Walt Disney-Filmgeschichte.

Horst Künnemann / Brigitte Nottebohm

→ Comics, → Donald Duck, → Micky Maus, → Trickfilm

Werke: Mickey Mouse (1931); Snow White and the seven dwarfs (1937; dt. Schneewittchen und die sieben Zwerge, 1949); Pinocchio (1939; dt. Pinocchio, 1951); Bambi (1941; dt. Bambi, 1950); Cinderella (1950; dt. Cinderella, 1951); Alice in Wonderland (1951; dt. Alice im Wunderland, 1952); Peter Pan (1952; dt. Peter Pan, 1955); The living desert (1953; dt. Die Wüste lebt, 1954); The vanishing prairie (1955; dt. Wunder der Prärie, 1955); Secrets of life (1957; dt. Entdeckungsreisen im Reiche der Natur, 1956—59); People and places (1959; dt. Land und Leute, 1956—57); Mary Poppins (1964; dt. Seltsame Abenteuer mit Mary Poppins, 1965); Jungle book (1967; dt. Das Dschungelbuch, 1968).

Sekundärliteratur: Disney's philosophy (in: New York Times Magazine. 6. 3. 1932). — R. D. Feild: The art of Walt Disney (1942). — D. Disney Miller: The story of Walt Disney (1956; dt. Mein Vater Walt Disney, 1959); E. Walt Disney's Snow white (1942). — G. Schievelbusch: Familie Duck (Funkmanuskript 1969). — D. Thomas: Walt Disney (1958; dt. Die Kunst des Zeichenfilms, 1960).

IJB

Dittmar, Heinrich

*Erzieher und Schriftsteller; * 15. 12. 1792 Ansbach, † 24. 7. 1866.*

Auf Wunsch seines Vaters, des Geheimen Sekretärs J. G. D., studierte D. von 1810—15 in Erlangen Jura. Bald nach dem Examen wandte er sich jedoch dem Studium der Philosophie zu, das er mit der Promotion bei J. J. WAGNER in Würzburg abschloß. Entsprechend seinem Vorsatz, Erzieher zu werden, studierte D. bei J. H. PESTALOZZI in Iferten dessen Methode und gründete anschließend mit FR. KNAPP in Würzburg eine Erziehungsanstalt für Söhne „aus gebildeten Ständen". 1817 löste sich D. von KNAPP und gründete in Nürnberg eine ähnliche Anstalt. 1824 wurde D. als Subrektor nach Grünstadt berufen, 1852 als Rektor an das Gymnasium in Zweibrücken.

Werk, Tendenzen, Wirkung. D.s literarisches Schaffen für Kinder und Jugendliche war von seinen pädagogischen Bestrebungen bestimmt. Als Herausgeber mehrerer Anthologien und in eigenen Beispielerzählungen brachte er jungen Lesern religiös-sittliches und patriotisches Gedankengut nahe. Religiöse und vaterländische Gesinnung kennzeichnet auch sein Geschichtsbild, das in seiner späteren Schaffensperiode in zahlreichen historischen Werken seinen Niederschlag fand.
Mit den Texten der von ihm herausgegebenen Anthologien greift D. auf einen Vorrat zurück, „welcher größtentheils der Jugend als solcher nicht zugänglich ist; ja sehr viele davon rühren aus Quellen her, die überhaupt für diesen Zweck noch nicht benützt worden sind" (in: Vorbemerkung zu „Eichen- und Buchenzweige", 1826, S. IV); darunter fallen auch zahlreiche Texte aus der Zeit der Befreiungskriege.
Mit seinen Jugendschriften verfolgt er den Zweck, den „Sinn für Natur und Religion, für vaterländische Art und Sitte, für Gemeinwohl und Volkswesen bei der Jugend anzuregen und zu beleben" (ebenda, S. III). In der Nürnberger Erziehungsanstalt mit dem Religionsunterricht beauftragt, sah D. sich vor die Aufgabe gestellt, Predigt- und Andachttexte in einfacher, anschaulicher Sprache aufzufinden und zu verfassen. 1821 verlegten Riegel und Wießner in Nürnberg eine Sammlung dieser Texte, denen jeweils ein Lied beigefügt ist, unter dem Titel „Hauspostille für die mittlere Jugend". Bescheiden weist D. in seinem Vorwort darauf hin, daß das in dieser Sammlung von ihm Stammende leicht an seiner Schwäche zu erkennen sei. Dieses bescheidene Zurücknehmen der eigenen Leistung spiegelt sich in all seinen Stellungnahmen.

Mit dem Wunsch, Beiträge zu einem künftigen Volkslesebuch zu leisten, stellte D. die zweibändige Anthologie „Der Knaben Lustwald" (1821—22) zusammen. Ihr folgten für Mädchen und kleinere Kinder „Der Mägdlein Lustgarten" (1822—23) und „Der Kinder Lustfeld oder erste belehrende Mittheilungen der Mütter an ihre Kleinen zugleich als erstes unterhaltsames Lesebuch für Kinder" (1827). 1824 erschien bei Georg Reimer, Berlin, der „Lebensspiegel für die deutsche Jugend", eine gemischte Anthologie, von D. herausgegeben, in der besonders deutlich der vaterländische Gedanke das Auswahlkriterium stellt.
Thematisch geordnet finden sich die gesammelten Texte in „Eichen- und Buchenzweige", und zwar unter den Themenkreisen „Freude in der Natur und in Gott", „Wahrheit in Gleichnissen und Fabeln", „Leben in Sagen und Geschichten", „Führungen im Menschenleben", „Leben in Stand und Beruf", „Curiosa oder Ernst im Scherz", „Weisheit in Sprüchen und Sprüchwörtern". Neben Exempeln, Sagen, Chronikauszügen, „Waizenkörnern" des Herausgebers, einem längeren Abschnitt aus dem Froschmäuseler nach ROLLENHAGEN „Wie das Kriegsheer von Neuem wider einander aufzeucht" finden sich hier „Curiös geografische und historische Althertümer", von D. zusammengestellt, eine Sammlung von Typisierungen verschiedener Nationen in Reimen, Sprichwörtern und Geschichten.
Bei J. D. Sauerländer, Frankfurt am Main, gab D. 1827 „Waizenkörner gestreut in junge Herzen" heraus, eine Sammlung selbstverfaßter Exempel, geschmückt mit Vignetten und Kupfern von C. BARTH. In seiner Vorbemerkung „An die bereitwilligen Leser in der jungen Welt" veranschaulicht er Fürstenkindern und Kindern anderer Stände gleichnishaft die Bedeutung seiner „Waizenkörner", in einer zweiten Vorbemerkung „An den günstigen Leser in der erfahrenen Welt" erklärt er, gestützt auf seine pädagogische Erfahrung, den erwachsenen Vermittlern die Bedeutung von Gleichnisreden in der Erziehung und im Verständlichmachen überhaupt. In seine Exempel sind Bilder und Gleichnisse aus dem Volksmund, der Bibel, aus alten Geschichten, Liedern und Andachten eingegangen. Vom Erfolg dieser ersten Ausgabe angeregt, ließ D. 1830 bei H. Campe in Nürnberg „Neue Waizenkörner für junge Herzen" folgen, mit 6 Kupfern nach HEIDELOFF.
1833 erschien im Verlag Heinrich Ludwig Brönner, Frankfurt am Main, der Band „Spiegel der alten christl.-deutschen Erziehung aufgestellt in dem Vermächtnisse eines treuen Vaters an die Seinen. Eine pädagogische Reliquie aus den Zeiten des dreißigjährigen Kriegs, Aeltern und Kindern, Lehrern und Freunden der Jugend mitgetheilt von D.". Der Verfasser dieser Erziehungslehre, die erstmals 1643 bei J. Ph. Müller in Straßburg verlegt wurde, war H.-M. MOSCHEROSCH, dessen „Wunderliche und wahrhaftige Geschichte des Philanders von Sittewald" D. ebenfalls von 1830 an bei Reimer herausgegeben hatte. Der eigentliche Titel der Erziehungslehre des MOSCHEROSCH, deren dritte Ausgabe D. zur Bearbeitung vorlag, lautete: „Insomnis cura parentum; christliches Vermächtnis oder schuldige Vorsorg' eines treuen Vaters, bei jetzigen hochbetrübtesten, gefährlichsten Zeiten den Seinigen zur letzten Nachricht hinterlassen von H.-M. M.". D. begründet die Neuherausgabe mit der immer noch geltenden und bedenkenswerten Aussage und mit dem Wunsch, zu der Überzeugung zu führen, „daß, wenn freilich noch nicht alles, doch das Beste gethan sey, wenn ein auf lebendige christliche Gottesfurcht und Sittenzucht gegründetes häusliches Leben hergestellt seyn werde, welches denn doch zu allen Zeiten der kräftigste Hebel für den Unterricht, die sicherste Unterlage der Bildung, die beste Vorschule für's Leben, kurz der festeste Grund und Boden für zeitliches und ewiges Glück ist" (S. 2).
Umfangreich sind D.s Darstellungen zur Geschichte, die bei Carl Winters in Heidelberg erschienen. Speziell für den Schul- und Selbstunterricht schrieb er „Die Weltgeschichte in einem übersichtlichen, in sich zusammenhängenden Umriß" (^{9}1864), die von der 10. Auflage an von K. ABICHT weiterbearbeitet wurde. Ebenfalls für den Unterricht gedacht war sein „Leitfaden der Weltgeschichte für mittlere und untere Gymnasialklassen, Real- und Bürgerschulen, Pädagogien, Seminare und andere Anstalten", der von der 5. Auflage (1870) ab von G. DITTMAR bearbeitet wurde.

Gerlinde Rabenstein

Werke: Hauspostille für die mittlere Jugend (1821); Über Eintheilung der Schulen (1827); Waizenkörner gestreut in junge Herzen (1827); Neue Waizenkörner für junge Herzen (Gabe 1—3. 1830—33, ^{3}1852); Die deutsche Geschichte nach ihren wesentlichsten Grundzügen in einem übersichtlichen Zusammenhange (1840, ^{7}1873); Leitfaden der Weltgeschichte (1855, ^{11}1891).
Hrsg.: Der Knaben Lustwald (Bd. 1 u. 2. 1821 u. 22); Der Mägdlein Lustgarten (Bd. 1 u. 2. 1822 u. 23); Lebensspiegel für die deutsche Jugend (Bd. 1 u. 2. 1824); Eichen- und Buchenzweige (1826); Der Kinder Lustfeld oder erste belehrende Mittheilungen der Mütter an ihre Kleinen, zugleich als erstes unterhaltsames Lesebuch für Kinder (1827, ^{2}1832); Spiegel der alten christlich-deutschen Erziehung, aufgestellt in dem Vermächtnisse eines treuen Vaters an die Seinen. Eine pädagogische Reliquie aus den Zeiten des dreißigjährigen Kriegs, Aeltern und Kindern, Lehrern und Freunden der Jugend mitgetheilt (1833); Schmuck der Ehre, für die weibliche Jugend (1837); Lebensspiegel in Erzählungen (1846); Historienbuch. Bilder und Denkmale der vaterländischen Vorzeit (1851).

Doctor Dolittle

D. D. ist der Held einer 12 Titel umfassenden Bücherserie, die H. Lofting verfaßte und illustrierte.

Entstehung und Gehalt. Das Mitgefühl des englischen Autors mit den Truppenpferden im Ersten

Weltkrieg veranlaßte ihn, an seine Kinder illustrierte Briefe zu schreiben, die von einem Doktor handelten, der sich von den Menschen abwandte, um sich der Tiere anzunehmen. Um ihnen besser als jeder andere helfen zu können, erlernt er die Tiersprachen. Aber während in Märchen und Mythologien auf der ganzen Welt der Mensch sich durch *Zaubermittel* Kenntnis der Tiersprachen verschafft, erarbeitet sich der Naturforscher D. D. sein Wissen auf *rationalem* Weg. Schon an diesem Grundeinfall LOFTINGS zeigt sich die *Mischung von Wirklichkeit und Phantasie*, die seine Bücher auszeichnet und auf der ihr Humor mit beruht. Humor ergibt sich ferner aus Verhaltensweisen der vermenschlichten Tiernaturen und aus dem Zusammenprall des kauzigen Doktors mit der nüchternen Umwelt.

D. D.s Abenteuer spielen „vor langen, langen Jahren, als unsere Großväter kleine Kinder waren", in einem fast märchenhaften Irgendwann, doch erfolgen auch vage Fixierungen, etwa auf den Anfang des 19. Jh.s. In einigen Büchern wird ein Ich-Erzähler, Thomas Stubbins, eingeführt, der als Junge den Doktor begleitet hat und sich nun im Alter daran macht, stückweise die Lebensgeschichte des großen Mannes aufzuschreiben. In der Fülle der wechselnden Abenteuer ist D. D.s Charakter das Beständige. D. D. ist der Alleskönner, dem sich trotz Hilflosigkeit im praktischen Leben alles zum Guten wendet. Er ist gutmütig und mittellos — weil unbegrenzt freigebig —, geduldig, selbstlos; eine franziskanische Figur. Wie er unermüdlich den kranken Tieren hilft und für die gesunden bessere Lebensbedingungen schafft, so helfen umgekehrt die Tiere ihm aus schwierigen Situationen seiner Abenteuer und Reisen. D. D.s kleine dicke Gestalt mit dem freundlichen Gesicht und der Knollennase, mit dem unentbehrlichen hohen Arzthut prägt sich durch Wort und Zeichnung schnell und unvergeßlich dem Leser ein. In Puddleby auf der Marsch ist D. D. zu Hause, in einem Kleinstädtchen irgendwo im Süden Englands; aber seine Abenteuer führen ihn in die weite Welt. In Afrika wird ihm „das allerseltenste Tier" geschenkt, das zweiköpfige Stoßmich-Ziehmich, eine vergnügliche *Nonsense*-Erfindung LOFTINGS. (Heute stört manchmal der komisch- überlegene Tonfall, mit dem die „Wilden" Afrikas bedacht werden.) Stets ist D. D. auch von einigen Tierlieblingen umgeben, sehr menschlichen Charakteren, komisch, weise, auch ganz praktisch veranlagt: dem Papageien Polynesia, dem Hund Jip, der Ente Dab-Dab, der Eule Tuh-Tuh, dem Ferkel Göb-Göb. Der Spatz Ceapside ist ein typisch englischer Cockney-Charakter. In Übersetzungen verlieren die Nonsense-Passagen der D.-Bücher oft an Wirkung.

Werk- und Wirkungsgeschichte. LOFTINGS erstes D. D.-Buch erschien 1920 in den USA, „The Story of Doctor Dolittle". Zur ersten deutschen Ausgabe „Doktor Dolittle und seine Tiere" (1926) schrieb O. LOERKE ein Geleitwort, in dem er das Buch „eines der klarsten, klügsten und erfindungsreichsten Kinderbücher, die es gibt" nennt. Bis 1930 waren bereits ein halbes Dutzend D. D.-Bücher auf dem deutschen Markt, darunter der 2. Band, der 1923 mit dem amerikanischen Jugendbuchpreis, der Newberry Medal, ausgezeichnet worden war: „The Voyages of Doctor Dolittle" (1922; dt. Doktor Dolittles schwimmende Insel, 1926). Bislang liegen von „Dolittle"-Büchern Übersetzungen in über ein Dutzend Sprachen vor.

Im Geleitwort zu dem Bande „Doctor Dolittles Zoo" (1926) hat sich LOFTING offen darüber geäußert, daß das Publikum darüber bestimme, wie viele D. D.-Bände erscheinen würden. Infolge der Nachfrage nach diesem beliebten Kinderbuchtitel kam es zu 12 Bänden, die noch 1967—70 als Taschenbücher in deutscher Übersetzung Erfolg hatten. 1967 wurden in den USA die charakteristischsten D. D.-Abenteuer verfilmt. Zur Aufnahme, die die Bücher in Deutschland fanden, berichtete P. WAGNER in der JSW 1, 1930 (S. 8), daß sie im Unterricht gebraucht und als Privatlektüre von den Kindern häufig ausgeliehen würden. Er selbst urteilte: „Hier steht ein ganzer Mensch dahinter, und was mehr ist, ein grundgütiger Mensch, und einer, der noch ganz naiv, ganz Kind sein kann. Und das fühlt der junge Leser." *Wolfgang Schlegelmilch*

→ Großbritannien, → H. Lofting, → Nonsense

Sekundärliteratur: E. Blishen: Hugh Lofting (in: Three Bodley Head Monographs. 1968. 5—61). — R. Hildebrandt: Nonsense-Aspekte der englischen Kinderliteratur (1970).

Doderer, Klaus

*Literaturdidaktiker, Literaturtheoretiker mit dem Schwerpunkt Kinder- und Jugendliteratur, Professor für Kinder- und Jugendliteraturforschung, Literatur- und Sprachdidaktik und Direktor des Instituts für Jugendbuchforschung an der Universität Frankfurt/M., Mitglied und bis 30. 4. 1974 Präsident der Internationalen Forschungsgesellschaft für Kinder- und Jugendliteratur; * 20. 1. 1925 Wiesbaden.*

Nach dem Kriegsdienst studierte D. von 1945 bis 1952 Germanistik, Philosophie und Kunstgeschichte an der Universität Marburg, wo er 1952 mit der Dissertation „Die Kurzgeschichte in Deutschland" promovierte. Ein pädagogisches, sprach- und literaturdidaktisches Zweitstudium am Pädagogischen Institut Darmstadt schloß sich an. Er war nach 1953 als Lehrer, Lektor (Universität Birmingham/England) und als Assistent tätig, bis er 1959 Dozent für Deutsch am Päd. Institut Darmstadt wurde. Im Jahre 1963 erhielt D. einen Ruf als Professor an die Universität Frankfurt/M., wo er im gleichen Jahr zum Direktor des neugegründeten Instituts für Jugendbuchforschung ernannt wurde. In den nachfolgenden Jahren setzte sich D. unermüdlich für den weiteren Ausbau des Instituts ein. D. versuchte, für die Forschung auf dem Gebiet der Kinder- und Jugendliteratur eine internationale Zusammenarbeit zu erreichen. Als sich 1970 in Frankfurt/M. die „Internationale Forschungsgesellschaft für Kinder- und Jugendliteratur" konstituierte, wurde D. zu ihrem ersten Präsidenten gewählt. Mehrere Jahre vertrat D. die Bundesrepublik Deutschland bei der IBBY und war Mitglied der Jury des Hans-Christian-Andersen-Preises.

In zahlreichen Publikationen hat sich D. zu sehr verschiedenartigen Themen aus dem Bereich der Literatur geäußert, doch kehrt bei vielen ein Element immer wieder: die Verflechtung der Literatur bzw. des Schriftstellers mit der gesellschaftlichen Situation, in der er steht. Das geht schon aus der Analyse der beiden von D. bevorzugten epischen Kurzformen, nämlich der Kurzgeschichte und der Fabel, hervor. Die kritische Distanz, aus der heraus ein Schriftsteller die Determinanten seiner zeitgeschichtlichen Epoche analysiert und interpretiert sowie die skeptisch-sorgfältige Verwendung des Mediums Sprache werden für D. zum Maßstab des Künstlerischen eines Schriftstellers. Dieser Gesichtspunkt ist deutlich spürbar in den Büchern: „Die Kurzgeschichte in Deutschland" (³1970), „Klassische Kinder- und Jugendbücher. Kritische Betrachtungen" (²1970) und „Fabeln. Formen, Figuren, Lehren" (1970) sowie in mehreren Beiträgen für Zeitschriften, u. a. in: „Zwischen Klischee und Kunst, Bemerkungen zu Gedichten von Kindern".

Neben diesen mehr der Analyse des Gehalts literarischer Werke dienenden Publikationen hat sich D. vor allem mit didaktisch-methodischen Fragen des Deutsch-, besonders des Literaturunterrichts beschäftigt. So erschien 1960 seine Methodik „Wege in die Welt der Sprache", die inzwischen die 3. Aufl. erreichte. In vielen Veröffentlichungen hat sich D. mit dem Bildungsinhalt und Bildungsgehalt von Kinder- und Jugendbüchern auseinandergesetzt, wobei zeitweise die Gattung des Sachbuchs im Vordergrund stand, so z. B. in: „Bauform und literarpädagogische Bedeutung des Sachbuchs" (1961), „Das Sachbuch als literarpädagogisches Problem" (²1962) sowie „Erziehung zu wissenschaftlicher Lektüre" (1969) u. a. m. Außer diesen Publikationen verdient die unter D.s Regie entstandene Untersuchung „Die moderne Schulbibliothek; Bestandsaufnahme und Modell" (1970) besonders erwähnt zu werden. Hier erarbeitete D. mit dem Mitarbeiterteam organisatorische Voraussetzungen, die für ein optimales, modernes Bildungsangebot in der Schule unerläßlich sind. *Rudolf Raab*

→ Institut für Jugendbuchforschung, → Internationale Forschungsgesellschaft für Kinder- und Jugendliteratur

Werke: Die Kurzgeschichte in Deutschland (1953, ³1970); Das Sachbuch als literarpädagogisches Problem (1961, ²1962); Fabeln, Formen, Figuren, Lehren (1970).
Mitverf.: Die moderne Schulbibliothek (1970).
Hrsg.: Reihe: Jugendliteratur heute (1965 ff.); Die Reimschmiede (1966); Klassische Kinder- und Jugendbücher (1969, ²1970); Das Bilderbuch (1973; zus. mit H. Müller).
Beiträge: A. de L'Aigle, ihre Kinderbücher und deren Sprache (in: Studien zur Jugendliteratur. 4. 1958. 3—27); Bauform und literarpädagogische Bedeutung des Sachbuchs (in: BuB. 13. 1961. 15—22); Der Standort der Jugendliteratur von heute (in: WPB. 4. 1962. 115—121); Didaktische Überlegungen zur Jugendliteratur (in: Bertelsmann Briefe. 18. 1962. 4—8); Didaktische Überlegungen zur Fabel und Kurzgeschichte (in: Literarische Erziehung in der Grund- und Hauptschule. 1965, ²1968. 15—25); Zwischen Klischee und Kunst (in: Zeitschr. f. J.lit. 1. 1968. 20—27); Erich Kästners „Emil und die Detektive", Gesellschaftskritik in einem Kinderroman (in: Buch — Bibliothek — Leser. 1969. 477—486); Solidarität oder Untertanengeist — zu Erich Kästners „Emil und die Detektive" und Wilhelm Speyers „Kampf der Tertia" (in: K. Doderer (Hrsg.): Klassische Kinder- und Jugendbücher. 1969, ²1970. 35—54); Johanna Spyris „Heidi" (zus. mit I. Doderer; in: K. Doderer (Hrsg): Klassische Kinder- und Jugendbücher. 1969, ²1970. 121—134); Das bedrückende Leben der Kindergestalten in den Grimmschen Märchen (in: K. Doderer (Hrsg.): Klassische Kinder- und Jugendbücher. 1969, ²1970. 136—151); Das Poetische Bilderbuch im 19. Jahrhundert (in: K. Doderer u. H. Müller (Hrsg.): Das Bilderbuch. 1973. 99—139); Das bürgerliche Bilderbuch im 19. Jahrhundert (in: K. Doderer u. H. Müller (Hrsg.): Das Bilderbuch. 1973. 183—224).

Dombrowski, Ernst von

*Österreichischer Holzschneider, Zeichner, Erzähler; * 12. 9. 1896 Emmersdorf/Wachau.*

D. lebte längere Zeit in der Steiermark und erhielt eine Ausbildung an der Landeskunstschule in Graz und der Akademie der Bildenden Künste in Wien. Von der Malerei und Graphik kam D. zum Holzstich und brachte es zu meisterlichen Werken in dieser selten gewordenen Technik. Zahlreiche Ausstellungen, Preise in Wettbewerben, darunter der Österreichische Staatspreis in Gold, zeugen von seinem Können. 1939 wurde D. an die Akademie für angewandte Kunst in München berufen und mit dem Professoren-Titel ausgezeichnet. D. war Soldat in beiden Weltkriegen („Das Lamm im verlorenen Haufen. Skizzen und Erinnerungen an zwei große Kriege").

Werk und Tendenzen. D.s Illustrationen verschiedener Technik erschienen in Sammelbänden oder Werkausgaben einzelner Dichter — darunter A. Stifter, M. Claudius, Cl. v. Brentano, Ch. de Coster, St. Streuvels — und in Grimms Märchen. D. lebt zurückgezogen in seinem Haus in Siegsdorf/Bayern, wo er auch zu schreiben begann: Erzählungen, Gedichte, Betrachtungen; seine Märchen und Geschichten für Kinder sind meistens auch „Menschen, die Kinder lieben" zugedacht. Literarisch und graphisch von ihm individuell durchgestaltet, lehnen sich seine Themen und Figuren häufig an Vorbilder des Volksmärchens und des Kunstmärchens für Kinder an; doch behandelt er sie differenzierter und mit eigener Phantasie.

Margarete Dierks

Ill.: F. K. Ginzkey: Hatschi Bratschis Luftballon (1933); P. Grogger: Die Legende vom Rabenknäblein (1949); A. Stifter: Der heilige Abend. Die Pechbrenner (1953); E. v. Dombrowski: Geträumte Welt (1953); E. v. Dombrowski: Räuberlegende (1956); J. u. W. Grimm: Jorinde und Joringel (1957); J. P. Hebel: Unverhofftes Wiedersehen (1961); E. v. Dombrowski: Das Micherl (1962); E. v. Dombrowski: Holzkopf (1964); E. v. Dombrowski: Geliebter Holzkopf (1965); E. v. Dombrowski: Nur ein Hund (1966); E. v. Dombrowski: Gabriel — kein Engel (1966); E. v. Dombrowski: Hutzel und Wutzel (1967); E. v. Dombrowski: Gefährliche Reise (1967); C. Brentano: Geschichte vom braven Kasper und dem schönen Annerl (2. Fassung. 1969).

Sekundärliteratur: E. v. Dombrowski: Holzschnitte. Mit einer Einführung von Hans Riehl (1949); Der Holzschneider Dombrowski (1964; NA. 1966) — R. Graf: Der Holzschneider Ernst von Dombrowski (1944; NA. 1967). — H. Jantzen (Hrsg.): Festschrift für Ernst von Dombrowski zum 70. Geburtstag (1966).

Dominik, Hans

*Elektroingenieur und Schriftsteller; * 15. 11. 1872 Zwickau, † 9. 12. 1945 Berlin.*

D. studierte an der TH Berlin Maschinenbau und Elektrotechnik. Ab 1898 war er in mehreren Großfirmen beschäftigt. 1904 eröffnete er ein Ingenieurbüro und arbeitete daneben als technischer Journalist und Redakteur. Im Ersten Weltkrieg war D. in der Rüstungsindustrie tätig, im Zweiten an der Entwicklung der V-Waffen beteiligt. Nachdem er ab 1922 mit seinen ersten Sachbüchern und technischen Romanen Erfolge erzielt hatte, lebte er von 1924 an als freier Schriftsteller in Berlin.

Werk, Tendenzen, Wirkung. D. schrieb eine Reihe populärwissenschaftlicher Darstellungen, wie „Im Wunderland der Technik“ (1922), „Das Buch der Physik“ (1925), „Das Buch der Chemie“ (1925), „Triumphe der Technik“ (1927) oder „Technische Rekorde über und unter der Erde“ (1929). Ursprünglich für einen weiteren Leserkreis gedacht, wurden diese technischen Sachbücher, die in einem flotten, oft Klischees nicht vermeidenden Reporterstil geschrieben waren, schon bald bevorzugte Lektüre Jugendlicher. Noch 1959 erlebte „Das Buch der Physik“ unter dem veränderten Titel „Das Buch der Physik für die Jugend“ eine ergänzte Neuauflage im Gebrüder Weiss-Verlag Berlin. Hohe Auflagen erlebte auch die speziell für junge Leser geschriebene Reportage „John Workman, der Zeitungsboy“ (1925), später auch unter dem Titel „Vom Zeitungsboy zum Millionär“ bekannt geworden, die den Aufstieg eines armen amerikanischen Zeitungsjungen deutscher Abstammung zum Millionär schildert. Wie viele der Erzählungen D.s leidet auch dieses Buch unter dem Mangel an Folgerichtigkeit. So wird die Darstellung des Aufstiegs des armen Jungen zum Millionär durch eine unvorhergesehene Erbschaft unterbrochen, die den Grundstein zum späteren Vermögen Workmans legt.

Den größten Erfolg erzielte D. mit seinen technischen Zukunftsromanen. Angeregt von den Erzählungen J. VERNES schrieb D. technisch-utopische Romane und wurde damit neben K. LASSWITZ (1848—1910) zum Begründer der heute als Science Fiction bekannten Literatursparte in Deutschland. Im Mittelpunkt dieser Werke steht jeweils eine umwälzende Erfindung, mit deren Hilfe vorwiegend deutsche Wissenschaftler den Kampf gegen geldgierige Großindustrielle und feindliche Staaten aufnehmen und gewinnen. Häufig beschwört D. dabei die „gelbe Gefahr“, die Gefahr der Übernahme der Weltherrschaft durch Chinesen und Japaner, deren Vordringen er mit Hilfe von utopischen Erfindungen Einhalt gebieten läßt. In „Die Macht der Drei“ (1922) steht ein Hitzestrahler im Mittelpunkt der Handlung, mit dessen Hilfe Flugzeuge und Panzerschiffe zerschmolzen werden. In „König Laurins Mantel“ (1928) gelingt einem Wissenschaftler die Erfindung eines Apparates, mit dessen Hilfe sich Menschen unsichtbar machen können. Im „Befehl aus dem Dunkel“ (1933) werden mit Hilfe einer Maschine zur Übertragung von Gedankenwellen die Massen der gelben Heere widerstandslos in Gefangenschaft geführt. Trotz der technischen Fachkenntnisse D.s bleiben die in seinen Romanen vorgeführten technischen Erfindungen ohne den Versuch ausreichender wissenschaftlicher Erklärung und gleiten vielfach in den Bereich der reinen Phantasie ab. Dies hat wohl dazu geführt, daß weniger Erwachsene als junge Leser die Lektüre seiner Zukunftsromane bevorzugten. Nach 1945 erschienen die meisten Zukunftsromane D.s in Neuauflagen in westdeutschen Jugendbuchverlagen und sind bis heute im Buchhandel zu finden. Insgesamt fanden bisher mehr als zweieinhalb Millionen Bücher D.s ihre Käufer. Zahlreiche Erzählungen D.s sind von einem überzogenen nationalen Enthusiasmus geprägt.

Helmut Müller

→ Science Fiction

Werke: Im Wunderland der Technik (1922); Die Macht der Drei (1922); Die Spur des Dschingis-Khan (1923); Atlantis (1925); Das Buch der Physik (1925); Das Buch der Chemie (1925); John Workman, der Zeitungsboy (1925); Der Brand der Cheopspyramide (1926); Das Erbe der Uraniden (1927); Triumphe der Technik (1927); Himmelskraft (1927); König Laurins Mantel (1928); Technische Rekorde über und unter der Erde (1929); Kautschuk (1930); Befehl aus dem Dunkel (1933); Der Wettflug der Nationen (1934); Atomgewicht 500 (1935); Treibstoff SR (1940); Vom Schraubstock zum Schreibtisch (1942).

Domino Verein zur Förderung wertvollen Kinder- und Jugendschrifttums e. V.

München. Derzeitiger Leiter: G. Brinek (* 1941).
Hauptsächliche Verlagsgebiete im Bereich der Kinder- und Jugendliteratur: Bilderbücher, Sammlungen von Märchen, Kinderreimen und Kinderliedern für 3—6jährige; Texte und Anleitungen für Kasperlespiele, Abenteuer- und Sachbücher für 7jährige und ältere Kinder.
Autoren: H. von Cube, Ph. Eidenberg, G. Grober, Janosch (d. i. H. Eckert), E. Kahlert, E. S. von Kamphoever, J. Krüss, P. Krauss, H. Schmitthenner, E. Zaak u. a.
Illustratoren: J. Bartsch, Fl. Hoffmann, Janosch, B. Kemp, R. Kohler, W. E. Maier u. a.
Verlagsgeschichte. Eine aus Schriftstellern, Illustratoren, Theoretikern, Pädagogen und Fachleuten des Verlagswesens bestehende Personengruppe gründete 1963 den „Kinder- und Jugendbuchklub Domino e. V.", der 1968 in „Domino Verein zur Förderung wertvollen Kinder- und Jugendschrifttums e. V." umbenannt wurde. Der D. V. ist eine Buchgemeinschaft, die ausschließlich Kinder und Jugendliche betreut, z. Zt. weit über 100 000. Dem D. V. gehören ferner sogenannte Förderungsbeiräte an, u. a. bekannte Schriftsteller, Kulturpolitiker, Literaturwissenschaftler, Psychologen und der Börsenverein des deutschen Buchhandels.
Die vom Verein getroffene Buchauswahl wird von G. Brinek (* 1941) verlegt. Seit einiger Zeit zeichnet der D. V. Persönlichkeiten, die sich um das qualitativ wertvolle Kinder- und Jugendbuch verdient gemacht haben, mit der Domino-Medaille aus. Im Jahre 1968 erhielt J. Lepman (1891—1970) zus. mit W. Schnurre und Fr. Biglmaier die Medaille. Ebenfalls seit 1968 versucht der D. V. sein Programm nach zwei Seiten hin zu erweitern: Einmal bemüht er sich um kranke Kinder durch die Entwicklung geeigneter Techniken, gelähmten Kindern das Bücherlesen zu ermöglichen bzw. zu erleichtern, und durch das Angebot einer die geistig behinderten Kinder ansprechenden Literatur; zum anderen hat der D. V. 1968 mit dem „Arbeitsausschuß für gutes Spielzeug e. V." eine Arbeitsgemeinschaft gegründet, so daß beim D. V. auch das vom „Arbeitsausschuß für gutes Spielzeug e. V." empfohlene Spielgut bestellt werden kann.

Donald Duck

1938 von W. Disney geschaffen, ist „Donald Duck" eine der bekanntesten Comic-Strip-Figuren in der westlichen Welt. In der BRD erscheint „Donald Duck" in der Comic-Heft-Serie „Micky Maus".

Geschichte und Wirkung. Schon zu Anfang des 20. Jh.s hatten anthropomorphe Tiere in den Comic-Strips eine bedeutende Rolle gespielt, man denke z. B. an G. Herrimans „Crazy Cat". An die jahrhundertealte Tradition der Tierfabeln anknüpfend, versuchten diese Animal-Comics menschliche Verhaltensweisen zu karikieren und über den Umweg über das Tier zu verdeutlichen.
Auf diesem Hintergrund muß man die Entstehung einiger Figuren von W. Disney sehen, wobei jedoch der didaktische Zug der Parabel von Anfang an minimal war. Auf die von Disney aus dem Zeichentrickfilm in die Comics übernommenen Figuren des „Bösen Wolfes und der drei kleinen Schweinchen" folgten 1930 „Mickey Mouse" und 1938 „Donald Duck". In den seit 1940 erschienenen Comic Books „Walt Disney's Comics and Stories" treten beide Figuren auf. 1947 wurde in diesen Comic Books die Figur des „Onkel Dagobert" („Uncle Scrooge") eingeführt. Der Zeichner des „Onkel Dagobert" und des „Donald Duck", C. Barx, verhalf diesen Disneyschen Figuren zu ihrem großen Erfolg. Nach dem Zweiten Weltkrieg verbreitete sich „Donald Duck" in der gesamten westlichen Welt. Besonders in Italien kann „Donald Duck" große Erfolge verzeichnen. Er ist dort so beliebt, daß er — als Paperino auftretend — in eigener Lizenz entworfen und gezeichnet wird.
In der BRD erschien „Donald Duck" zum erstenmal 1951 im „Micky Maus"-Heft des Ehapa-Verlages in Stuttgart. Dieses Heft — 1951 erschien es monatlich, seit 1957 wöchentlich — war so beliebt, daß es als einziges Comic-Heft im Postzeitungsvertrieb zugelassen wurde. Die Auflage dieses Heftes lag 1956 bei 400 000, 1970 lag sie etwa bei 450 000. Vierteljährlich veröffentlicht der Ehapa-Verlag die Sonderhefte „Die tollsten Geschichten von Donald Duck". Außerdem gibt der Verlag „Disney's Lustige Taschenbücher" heraus.
Verschiedene Abenteuer des „Donald Duck" sind verfilmt worden. Neben der Werbung hat insbesondere die Spielwarenindustrie von der „Donald Duck"-Figur profitiert. Ende der fünfziger Jahre malte R. Lichtenstein in seiner Reihe von anthropomorphen Comic-Figuren auch ein wandbildgroßes Gemälde von „Donald Duck".
Inhalt. Die Abenteuer des „Donald Duck" haben meistens den gleichen Handlungsrahmen. Der Multimilliardär „Dagobert" sucht einen Schatz (oder will seine Geldberge umquartieren oder sie mit einer Schutzanlage versehen oder sie zählen usw. usw.) und benötigt dazu die Hilfe von „Donald Duck" und dessen Neffen „Tick, Trick und Track" (amer. „Huey, Louie und Dewey"). Die Störungsversuche der „Panzerknacker AG" können nach einigen Mühen erfolgreich abgewehrt werden, und die Ausgangsposition für ein nächstes Abenteuer ist wieder gegeben.
Als Randfigur treten außerdem auf: Als Gegenfigur zum Pechvogel „Donald Duck" der Glückspilz „Gustav Gans" (amer. „Gladstone Gander"), die sich beide dauernd um „Daisy Duck" bemühen,

„Daniel Düsentrieb" (amer. „Gyro Gearloose") als verrücktes Erfindergenie und „Oma Duck" mit ihrem faulen Knecht „Franz Gans" (amer. „Gus Goose").

Kritische Bewertung. Die Figurenkonstellation bei „Donald Duck" und „Fix und Foxi" von R. KAUKA weist eine Reihe von Parallelen auf. Die Lausbuben „Fix und Foxi" entsprechen „Tick, Trick und Track", „Professor Knox" ist ein geistiger Bruder von „Daniel Düsentrieb" und „Oma Eusebia" entspricht „Oma Duck". Hier wie dort gibt es einen weit verzweigten Familienverband, in dem es in beiden Fällen keine Ehen gibt, um so möglichen Spekulationen über Sexualverhalten ausweichen zu können.

In den Comic-Serien um „Donald Duck" verkörpert „Onkel Dagobert" den Typ des freien Unternehmers. Er ist der Prototyp des Monokapitalisten. Das höchste Glück des Geldfetischisten Dagobert besteht darin, in seinem akkumulierten Geld baden zu können; er verkündet die Apotheose des Geldes. Identifikationsmöglichkeiten mit ihm sind seitens des jugendlichen Lesers wahrscheinlich selten, können aber dort auftreten, wo die durch eine kapitalistische Gesellschaftsstruktur erzeugten Wunschvorstellungen nach Macht und Reichtum sowieso schon stark ausgeprägt sind. Leichter wird dem Jugendlichen die Identifikation mit „Tick, Trick und Track" fallen. Ihre harmlosen Streiche und ihr Auflehnen gegen die oft vertrottelten Erziehungspersonen „Donald", „Dagobert" und „Oma Duck" können jedoch kaum als systemüberwindend mißverstanden werden. Schließlich und endlich schwebt ihnen als Ideal das gleiche Leben vor wie das ihres „Onkel Dagobert". Ihr Arrangement mit der bestehenden Gesellschaftsordnung verlangt vom jugendlichen Leser keinerlei Anstrengung, seine eigene Gesellschaft und seine eigene Position in ihr in Frage zu stellen.

Eine Identifikationsmöglichkeit für Erwachsene, bei denen diese Comic-Serie sehr beliebt ist, bietet besonders „Donald Duck". Der Erwachsene kann im Pechvogel „Donald Duck" sehr leicht sich selbst mit all seinen Unbeholfenheiten, seinen Mißerfolgen und seinem Unglück wiedererkennen. Er kann, indem er „Donald Duck" bemitleidet, sich selbst bemitleiden und resignierend zur Kenntnis nehmen, daß das Leben nun mal so sei, glücklicherweise würden aber auch andere vom Schicksal getroffen. Daß die Frustrationen des „Donald Duck" und die des Lesers vielleicht gesellschaftlich bedingt sind — und somit abbaufähig — entgeht dem erwachsenen Leser.

In der Comic-Serie „Donald Duck" „linkes" Gedankengut zu sehen, scheint absurd (vgl. L. ACKERMANN: Die Linke und die Micky Maus. Der Strip als Instrument der herrschenden Klasse; in: Spontan. 2. 1970. 32 u. 33). Ähnlich wie in „Fix und Foxi" ist die Welt um „Donald Duck" zutiefst bürgerlich. Sie erscheint dem jugendlichen Leser als heil und in Ordnung. *Jörg Becker*

→ Comics, → W. Disney

Sekundärliteratur: Grobian Gans (d. i. M. M. Czernich, C. L. Reichert u. L. Moos): Die Ducks. Psychogramm einer Sippe (1970). — R. C. Reitberger: Comics (1971; zus. mit W. J. Fuchs).

Don Bosco Verlag

München. Derzeitiger Leiter: E. J. Lutz (* 1913). *Hauptsächliche Verlagsgebiete im Bereich der Kinder- und Jugendliteratur:* Schriften zur Anleitung von Kindern und Jugendlichen zu kreativem, musischen Gestalten von Szenenspielen, Festen und Freizeit.

Verlagsgeschichte. Der Verlag besteht seit 1948; er strebt das Ziel an, jungen Menschen bei der Gestaltung ihrer Freizeit zu helfen. Das Verlagsprogramm umfaßt eine Reihe für Spiel und Basteln im Kleinkindalter, die „Quadrat-Reihe" für Basteln und Werken, die für Kleinkinder, Schulkinder und Jugendliche gedacht ist, und die „Werkbuch-Reihe", die Anleitungen für Szenenspiele und Feiern enthält.

Don Quijote

(verschiedene Schreibweisen: Quixote, Quichotte). „D. Q." ist die Titelfigur des spanischen Romans „El ingenioso hidalgo Don Quixote de la Mancha" von Miguel de Cervantes Saavedra. In gekürzten und bearbeiteten Ausgaben wurde der „D. Q." bald „klassisches Jugendbuch".

Werk und Wirkung. Der erste Teil des „D. Q." erschien in Spanien 1605, der zweite kurz vor dem Tode des Autors, 1615. D. Q., der spanische Edelmann aus der Mancha, vom vielen Bücherlesen über das Rittertum einfältig geworden, zieht in die Welt. Er ist groß und mager; er will ein hohes Ideal verwirklichen. Sein Schildknapp, Sancho Panza, ist dick und klein, er denkt praktisch und vertritt den gesunden Menschenverstand. Die scheinbaren Mißerfolge des D. Q. sind jedoch wahre Triumphe, weil die Absicht des Ritters immer gut ist. D. Q. gibt sehr gelehrte und kluge Ratschläge an Sancho, und dieser antwortet mit Sprichwörtern, sehr verschlagen und von volkstümlicher Weisheit. Die reichhaltigen Episoden des Romans sind abenteuerlich und vergnüglich, die Gespräche zwischen ihm und Sancho Panza für Kinder besonders lustig.

CERVANTES hat in der Gestaltung seines Romans zwei Geisteshaltungen der spanischen Literatur des 16. Jh.s verbunden: Idealismus und drastischen Realismus. Das abenteuerliche Paar D. Q. und Sancho Panza verkörpert die poetische Vision einer Welt, in der die widersprüchlichen Verhaltensweisen des Träumers und des Realisten vereint werden vor dem Ideal der Schönheit und des Guten, das stärker ist als alle Enttäuschungen. Man sah im „D. Q." des CERVANTES die Repräsentanz des spanischen Genius, und man sagt, daß der Roman im 17. Jh. mit Gelächter, im 18. Jh. mit einem Lächeln und im 19. Jh. mit einer Träne aufgenommen wurde. Es bedeutet, daß alle Epochen unterschiedliche Auslegungen des vielschichtigen Werkes gefunden haben.

Es wurde sehr bald in alle europäischen Sprachen übersetzt und übte einen außerordentlich starken Einfluß auf das literarische Schaffen in der Mit- und Nachwelt aus. Alle bedeutenden Schriftsteller — neben anderen H. FIELDING, CH. DICKENS, L. TIECK, H. HEINE bis zu A. PUSCHKIN und F. M. DOSTOJEWSKIJ — haben die literarisch-philosophische Großartigkeit dieses Werkes anerkannt. Seine Gestalten haben Künstler wie G. DORÉ, GRANDVILLE, G. CRUIKSHANK, A. KUBIN, H. DAUMIER zu berühmt gewordenen Illustrationen angeregt. Der achtzehnjährige F. MENDELSSOHN-BARTHOLDY schrieb eine Oper „Die Hochzeit des Camacho" mit dem Stoff einer „D. Q."-Episode (Buch II, 20—21). Die erste deutsche Übersetzung erschien 1621 mit dem Titel „Don Kichote de la Mantzscha, das ist: Juncker Harnisch auss Fleckenland". FR. J. BERTUCH brachte seine Übersetzung einer gekürzten Ausgabe 1775/79 heraus (mit 5 Kupfern von D. CHODOWIECKI. In der 6teiligen Ausgabe von 1780/81 enthält jeder Tl. 5 Kupfer dieses Illustrators). Die Übersetzung von L. TIECK erschien in 4 Bänden 1799—1801. In zwei Bänden wurde sie 1876 erneut herausgegeben mit den 1863 von G. DORÉ geschaffenen Illustrationen. Eine vollständige deutsche Ausgabe, 2bändig, mit dem Titel „Der scharfsinnige Ritter D. Q. von der Mancha" gab 1955 K. THORER heraus unter Benutzung einer anonymen Ausgabe von 1837.

„D. Q." als Jugendbuch. Schon im 18. Jh. wurde der Roman von CERVANTES als Lektüre für die Jugend herausgegeben. Die Gestalt des Ritters D. Q. erscheint deswegen so geeignet und von Interesse für Kinder, weil sie gleichbedeutend ist mit edelmütigem Idealismus, mit Großmut und Mut, Freigebigkeit, Liebe zum Nächsten und dem Verlangen nach Gerechtigkeit. Die Zeichnung der beiden Hauptfiguren ist durch den Gegensatz höchst anschaulich.

CERVANTES selbst erwähnte mehrmals Jugendliche als Leser seines Buches. Auch schrieb er, daß sein Buch „für alle" bis hin zu den Kindern gedacht sei. Es wurde alsbald bevorzugte Lektüre der Pagen (Edelknaben), und diese waren Jugendliche von etwa 12 Jahren an. In den Ausgaben des „D. Q.", die zuerst als Lesestoff für den Unterricht erschienen, wurde bereits der sehr umfangreiche Originaltext gekürzt. Seitdem sind in allen Bearbeitungen für Kinder zahlreiche Geschichten und eingeschaltete Erzählungen, vor allem Szenen roher Realistik und Spitzbüberei weggelassen. Die ausgewählten Abenteuer des Ritters und seines Knappen werden dicht aneinandergereiht, so daß die Spannung für den jugendlichen Leser nicht abreißt.

Als „absolut erste" Ausgabe des „D. Q." für die Jugend, jedoch bruchstückhaft, wird ein Chapbook in England um 1695 bezeichnet (H. HAKE: „Über Jugend-Bearbeitungen von Cervantes' ‚D. Q.'" in: JL. H. 10/1961). Nach französischer Vorlage sei eine erste Bearbeitung für die Jugend in Deutschland 1767 erschienen (J. PRESTEL, S. 33), doch existiert davon kein Exemplar mehr. Die Übersetzung des „D. Q." von BERTUCH in der Ausgaben von 1780 u. 81 (neu hrsg. von A. HAYN, 1798) wurde von einem „Vorschlag zu einer Lesebibliothek für junge Frauenzimmer" mit Empfehlung angeführt. 1787 erschien in der Reihe „Lustige Kinderbibliothek" als erster Band „Leben und Taten des weisen Junkers Don Quijote". PRESTEL schrieb (S. 33): „Die textliche Grundlage für Jugendbearbeitungen des 19. Jahrhunderts lieferte Tieck mit seiner, das spanische Kolorit gut treffenden, aber sprachlich lässigen Übertragung 1799". Mit 12 Holzschnitten versehen, erschien eine freie Bearbeitung „für die deutsche Jugend" von K. SEIFART 1870. Eine modernisierte

Leben und Taten des scharfsinnigen Ritters Don Quichotte. Nacherzählt von Erich Kästner (Wien, Heidelberg 1956). „Der Ritter zwischen Himmel und Erde" überschreibt Kästner das Kapitel, in dem er die Begegnung Don Quichottes, des Verehrers der edlen Dame Dulzinea von Toboso, mit Maritorne, dem Dienstmädchen, und der Tochter des Wirts, erzählt. H. Lemke illustrierte diese freie Nacherzählung, in deren Einleitung sich Kästner ausdrücklich an die jungen Leser wendet.

Nacherzählung einzelner Abenteuer, mit Bildern von H. Lemke, versuchte E. Kästner: „Leben und Taten des scharfsinnigen Ritters D. Q." (1956).
Im 19. Jh. waren zahlreiche Jugendausgaben des „D. Q." auch in anderen Ländern erschienen: in Frankreich, Rußland, Polen, Jugoslawien, Ungarn, Italien, Schweden, Finnland, Niederlande, Portugal. In Spanien selbst erschien die erste Jugendbearbeitung 1856, daran anschließend Ausgaben in Südamerika.
Zahlreiche Schriftsteller des 18. und 19. Jh.s bezeugten in der Jugend das Werk des Cervantes gelesen zu haben, z. B. H. Melville und M. Twain, in Deutschland G. E. Lessing, Chr. M. Wieland, J. G. Herder, G. Chr. Lichtenberg, L. Tieck, H. Heine. P. Hazard, der selbst ein Buch über „D. Q. de Cervantès" verfaßte (Paris 1931), zählt das Werk zu denjenigen, die sich die Kinder selbst erobert haben („Kinder, Bücher und grosse Leute", 1952, S. 94—96), weil sie darin für sie interessante und amüsante Züge erkannten.

Carmen Bravo-Villasante

→ M. de Cervantes Saavedra, → Klassiker der Kinder- und Jugendliteratur, → Spanien

Sekundärliteratur: H. Bertlein: Don Quijote, ein Klassiker der Jugend? (in: JSW. 5/6. 1940. 38—42). — H. Hake: „Don Quijote" als Jugendbuch (Diss. 1955); Cervantes' „Don Quijote" als Jugendbuch (in: JL. 6. 1960. 245 bis 249); Über Jugend-Bearbeitungen von Cervantes' „Don Quijote" (in: JL. 10. 1961. 434—445). — P. Hazard: Don Quijotte de Cervantès (1931). — B. Kronacher: Bertuchs Don Quijote-Uebersetzung unter Einbeziehung der ihm nächstfolgenden Uebersetzungen von Tieck und Soltau (Diss. 1923). — C. F. Melz: An evaluation of the earliest German translation of „Don Quixote", „Juncker Harnisch aus Fleckenland" (1945). — H.-J. Neuschäfer: Der Sinn der Parodie im Don Quijote (1963). — A. Rüegg: Miguel de Cervantes und sein Don Quijote (1949). — J. Suñé Benages: Bibliografía crítica de ediciones del Quijote impresas desde 1605 hasta 1917 (1917; zus. mit J. Suñé Fombuena); Continuada hasta 1937 ... por J. D. M. Ford y C. T. Keller (1939). — M. de Unamuno: Vida de Don Quijote y Sancho (1905; dt. Das Leben Don Quijotes und Sanchos. Tl. 1 u. 2. 1926). — H. Weinrich: Das Ingenium Don Quijotes (Diss. 1953).

Doré, Gustave

*Französischer Maler, Graphiker, Illustrator klassischer Stoffe der Kinder- und Jugendliteratur; * 6.1.1832 Straßburg, † 23.1.1883 Paris.*

D. war Sohn eines französischen Ingenieurs und wird als sehr sensibles Kind und Liebling seiner Mutter geschildert. Als 10jähriger zeichnete er seine ersten Illustrationen zu Dante; als 13jähriger konnte er seine ersten Lithographien veröffentlichen. In Bourg, wo er einige Jahre in einem Collège verbrachte, arbeitete er seit 1848 als fester Mitarbeiter für das „Journal pour rire". Die Übersiedlung mit seinen Eltern nach Paris brachte dem jungen Künstler neue Eindrücke. Seit 1850 gab er lithographische Bilderbogen aus dem Pariser Leben heraus. 1851 erschien „Desagrément d'un voyage d'agrément", angeregt durch eine Reise in die Schweiz. Auch spätere Reisen durch mehrere Länder Europas, darunter Deutschland, Spanien und England, fanden ihren Niederschlag in seinem Werk (z. B. Illustrationen zu Davilliers „L'Espagne" 1874, zu Jerrolds „London" 1872). Eine weitere Komponente seines künstlerischen Charakters war seine Musikalität. D. war ein überdurchschnittlicher Violinspieler. Zu seinem persönlichen Bekanntenkreis zählten neben den Komponisten Ch. Gounod und Fr. Liszt die Schriftsteller V. Hugo und A. Dumas. Prominente Persönlichkeiten seiner Zeit hat er in stark satirischen Zeichnungen fixiert. D. starb zwei Jahre nach seiner Mutter, mit der er ständig zusammengelebt hat.

Werk, Tendenzen, Wirkung. Schon bald nach seinen ersten graphischen Arbeiten kam D. im Holzstich, im Holzschnitt und im Steindruck zu beachtlichen Leistungen. Sein Talent fand seinen Gegenstand in bedeutenden Stoffen der Weltliteratur, die er mit oft *karikierten, phantastisch übersteigerten Personen und deren Umwelt* zeichnerisch interpretierte. Seine Holzschnitte zu Fr. Rabelais' „Gargantua" (1854) und H. de Balzacs „Contes Drolatiques" (1855) sind bis heute in immer wieder neuen Auflagen erschienen. Ebenfalls in diese frühe Zeit fallen die *grotesk* überschäumenden Illustrationen „L'histoire de la Sainte Russie", die in 477 Bildern den modernen Comics den Weg bereiteten. Zur Ikonographie heutiger Comics hat D. durch Seitengestaltung, Bildrhythmisierung, Stilwechsel, Dynamik, Karikatur und satirische Übersteigerung, durch Temporeichtum, Figurenfülle und die Neigung zum Bild-„gag" die Fundamente gelegt. Ganzseitige Blätter schuf er in dem damals aufgekommenen Tonstich zu Prachtausgaben wie Dantes „Hölle"

Moriz Hartmann: Märchen nach Perrault (Stuttgart 1862). Die reizvolle Vignette gestaltete G. Doré.

Moriz Hartmann: Märchen nach Perrault (Stuttgart 1865). Die von G. Doré gestaltete Dornröschenszene zeigt eine Theaterlandschaft. Wildwuchernde Pflanzen und Ranken erinnern an die romantische Atmosphäre zerfallener Burgen. Die detailliert ausgearbeiteten Wappen und Ornamente an den pompösen Requisiten hinterlassen den Eindruck einer Künstlichkeit, die in einem gewissen Widerspruch zur natürlichen Anmut der Märchenfigur steht. Der Einfall des Lichtes, der die Tiefe des Raumes zur Wirkung bringt, führt zu einer effektvollen Steigerung dieser Märchenszenerie.

(1861), M. de Cervantes' „Don Quichotte" (1863) — an denen er im Sommer 1862 in Baden-Baden arbeitete —, zur Bibel (1866) und zu La Fontaines „Fables" (1867 u. 68; dt. Fabeln. Bd. 1—4. 1876 u. 77). Dazwischen illustrierte er Ch. Perraults „Les Contes" (1862; dt. Märchen nach Perrault, 1865) und die „Aventures du Baron de Munchhausen" (1862; dt. Des Freiherrn von Münchhausens Abenteuer und Reisen, 1872).

Mit den erhalten gebliebenen Holzstöcken zu „Münchhausen" konnte der Inselverlag 1918 eine neue Auflage drucken. In den Illustrationen zu all diesen klassischen Stoffen der Kinder- und Jugendliteratur zeigt D. eine Stillage *zwischen romantischer Weltfülle und phantastisch übersteigertem Realismus.* Die Illustrationskunst verdankt D. eine Erweiterung bildlichen Reichtums im Buch; die malerischen und plastischen Versuche des Künstlers treten demgegenüber weit zurück. D. war Zeitgenosse der industriellen Revolution und der damit verbundenen technischen Neuerungen im Druckgewerbe. Die Massenproduktion lithographierter und illustrierter Bücher überhaupt und die erhöhte Nachfrage nach Bildbeigaben haben sich verflachend auf das Spätwerk D.s ausgewirkt. Neuauflagen der von ihm illustrierten Bücher erschienen während des ersten Weltkriegs und in den sechziger Jahren. *Horst Künnemann*

Ill.: F. Rabelais: Oeuvres de François Rabelais contenant la vie de Gargantua et celle de Pantagruel (1854; dt. Gargantua und Pantagruel, 1961); Mme la Comtesse de Ségur: Nouveaux Contes de Fées pour les petits enfants (1857); C. Lahure (Hrsg.): Semaine des Enfants. Magasin d'images et de lectures amusantes et instructives (1857 bis 1872); Aventures du Baron de Munchhausen (1862, [2]1866; dt. Des Freiherrn von Münchhausens Abenteuer und Reisen. 1872, [2]1876); C. Perrault: Les Contes (1862, [2]1864; dt. Märchen nach Perrault, neu erzählt von Moriz Hartmann. 1865, [3]1875); M. de Cervantes Saavedra: L' Ingénieux hidalgo Don Quichotte de la Manche (Bd. 1. u. 2. 1863; dt. Leben und Thaten des scharfsinnigen Edlen Don Quixote von la Mancha. Bd. 1 u. 2. 1866 u. 69, [4]1883 u. 84); La Sainte Bible selon la Vulgate (Bd. 1 u.

2. 1866; dt. Die Bibel. Bd. 1 u. 2. 1867 u. 70, ^{3}1872); J. de La Fontaine: Fables (1867 u. 68; dt. Fabeln. Bd. 1 bis 4. 1876 u. 77); E. A. Poe: The Raven (1883).

Sekundärliteratur: R. Delorme: Gustav Doré, peintre, sculpteur, dessinateur et graveur (1879). — K. Farner: Gustave Doré der industrialisierte Romantiker (Bd. 1 u. 2. 1963). — G. F. Hartlaub: Gustave Doré (1924). — B. Jerrold: Life of Gustave Doré (1891). — H. Leblanc: Catalogue de l' oeuvre complet de Gustave Doré (1931). — E. Ollier (Hrsg.): The Doré-Gallery (1870). — B. Roosevelt: Life and Reminiscences of Gustave Doré (1885). — A. Rümann: Gustave Doré. Bibliographie der Erstausgaben, nebst kurzer Biographie des Künstlers (1921). — J. Valmy-Baysse: Gustav Doré. Bibliographie et catalogue complet (Bd. 1 u. 2. 1930; zus. mit J. u. L. Dézé).

Dreher, Ingmar

*Kinderliteraturtheoretiker, Dozent für Literaturwissenschaften am Pädagogischen Institut Zwickau, Mitglied des Wissenschaftsrates der Akademie Pädagogischer Wissenschaften; * 26. 10. 1927 Weißig.*

Im Anschluß an seine pädagogische Grundausbildung und seine Tätigkeit als Lehrer, Schulleiter und Volkshochschuldirektor (1950) bildete sich D. zum Fachschullehrer fort, war von 1953—59 als Fachschullehrer und von 1959—61 als Lektor tätig, legte das Staatsexamen in Deutsch ab und promovierte 1967 nach einem Fernstudium mit einer Dissertation aus dem Bereich der KJL. 1969 wurde D. als Dozent für Literaturwissenschaften an das Pädagogische Institut Zwickau berufen.

Gegenstand der Forschungen und Publikationen D.s ist die historische Entwicklung der sozialistischen KJL in der Zeit von 1918—45 und nach der Gründung der DDR sowie die Entwicklung ästhetischer Kategorien zur Beurteilung von Kinder- und Jugendbüchern und deren Einordnung in die Gattungen, wie sie in der Literaturwissenschaft allgemein üblich sind. Dabei spielt vor allem die Verwendung von Motiven eine wichtige Rolle, der D. eine eigene Untersuchung gewidmet hat. Die Ableitung der Normen zur Beurteilung bzw. zur Einordnung der Kinder- und Jugendbücher von einem Themenkatalog, vom Stoff oder von entwicklungspsychologischen Gesichtspunkten allein lehnt D. als zu einseitig und widersprüchlich ab. Er verlangt, daß sich die KJL an der Realität, die er als ein komplexes Geflecht von dynamischen Beziehungen sieht, orientiere und sozialistisch, d. h. parteilich interpretiere. Im Beitrag „Zur Figurengestaltung in der epischen Kinderliteratur der DDR" untersucht D. je eine Publikation von 3 Autoren der DDR unter dem Gesichtspunkt, inwieweit die von ihnen geschilderten Vorbild-Figuren die sozialistische Gesellschaftsordnung sowie die Überwindung ihrer Gefährdung transparent machen.

Rudolf Raab

Werke: Untersuchungen zur sozialistischen Jugendliteratur nach 1945: Probleme der Gestaltung des Helden und des Konfliktes in der sozialistischen Jugenderzählung mit Gegenwartsstoff (Diss. 1967).
Beiträge: Die Kinder- und Jugendliteratur im System der Lehrerausbildung (in: Beitr. z. K.-u. Jl. 2. 1963. 36—42); Menschen- und Weltbild im Jugendbuch (in: DU/Berlin. 17. 1964. 473—484); Bemerkungen zum Begriff „Jugendliteratur" (in: Beitr. z. K.-u. Jl. 9. 1967. 51—62); Die Große Sozialistische Oktoberrevolution und die Entwicklung der sozialistischen Kinder- und Jugendliteratur in Deutschland (in: DU/Berlin. 10. 1967. 568—579); Der Antikommunismus und die Entwicklung der Kinder- und Jugendliteratur Westdeutschlands (in: Wissenschaftl. Zeitschr. 2. 1968. 82—89); Die historische Mission der Arbeiterklasse und die Entwicklung der Kinder- und Jugendliteratur (in: DU/Berlin. 10. 1968. 546—556); Kinderliteratur zwischen 1918 und 1945 (in: DLZ. 43. 1968. Beilage DLZ-Kinderliteratur. 23); Zum Menschenbild unserer sozialistischen Kinderliteratur (in: Der Bibliothekar. 11. 1968. 1152—1156); Bemerkungen zu Charakter und Funktion zentraler Motive in der sozialistischen Jugendliteratur (in: Beitr. z. K.-u. Jl. 12. 1969. 55—78); 20 Jahre Kinder- und Jugendliteratur in der DDR (in: DU/Berlin. 10. 1969. 508—522); Das Leninsche Prinzip der Parteiliteratur und die Entwicklung der sozialistischen Kinderliteratur (in: Der Bibliothekar. 4. 1970. 411—422); Geschichten aus dem Menschenland. Bemerkungen zur Anthologie „Der Baum" (in: Der Bibliothekar. 5. 1970. 515—520). Zur Figurengestaltung in der epischen Kinderliteratur der DDR (in: Weimarer Beiträge. 9. 1971. 129—152).

Cecilie Dressler Verlag

Berlin. Derzeitiger Leiter: C. Dressler (* 1905).
Hauptsächliche Verlagsgebiete im Bereich der Kinder- und Jugendliteratur: Literarisch anspruchsvolle Kinder- und Jugendbücher verschiedener Thematik.
Autoren: K. Allfrey, Cl. Asscher-Pinkhof, P. Clarke, H. M. Denneborg, A. Garner, H. von Gebhardt, E. Kästner, H. Lofting, A. A. Milne, A. Setälä, P. L. Travers u. a.
Illustratoren: H. Brun, S. Heuck, W. Klemke, H. Lemke, I. Schneider, E. Shepard, W. Trier, R. Zimnik u. a.
Verlagsgeschichte. E. Jacobsohn (1891—1935), die Witwe des Herausgebers der „Weltbühne", S. Jacobsohn, gründete 1928 den Verlag als Jugendbuchverlag unter dem Namen Williams & Co. Schon bald wurde er durch Veröffentlichung von E. Kästners „Emil und die Detektive" und H. Loftings Doctor-Dolittle-Bücher stark beachtet. Die politischen Verhältnisse im Dritten Reich zwangen aber E. Jacobsohn zu emigrieren. Sie betraute deshalb ihre Mitarbeiterin C. Dressler mit der Geschäftsführung des Verlages. Nach dem Tode E. Jacobsohns in der Emigration erwarb C. Dressler die Eigentumsrechte am Verlag, den sie im Sinne der Gründerin weiterführte, wie einige auch nach dem Zweiten Weltkrieg erschienenen Bücher zeigen, z. B. Cl. Asscher-Pinkhofs „Sternkinder".

Droste-Hüls(h)off, Annette Freiin von

*(eigentl.: Anna Elisabeth). Schriftstellerin; * 10. 1. 1797 Schloß Hülsoff b. Münster/Westf., † 24. 5. 1848 Meersburg/Bodensee.*

D.-H. stammt aus westfälischem Adelsgeschlecht. Sie wuchs mit ihren 3 Geschwistern Maria Anna (gen. Jenny; 1797—1859), Werner (1798—1867) und Ferdinand (1800—29) zuhause auf und wurde dem damaligen Bildungsgang entsprechend von einem Hauslehrer unterrichtet. Schon im Alter von 7 Jahren schrieb sie erste Gedichte; 1813 verfaßte sie nach der Lektüre SCHILLERS und SHAKESPEARES das lit. unbedeutende Dramenfragment „Bertha". 1813 kam D.-H. auch in Kontakt zum Bökendorfer Kreis (hess. Romantik), zu dem eine Reihe Verwandte mütterlicherseits gehörten, und zu dem auch die Brüder GRIMM zählten. Sowohl A. D.-H. wie auch ihre Schwester Jenny beteiligten sich am Sammeln von literarischem Volksgut für die beiden Literaturhistoriker. Mehrmals (1825, 28, 30/31 und 36/37) reiste die Schriftstellerin an den Rhein, vor allem nach Bonn, wo sie u. a. mit A. W. SCHLEGEL (1767—1845) und K. SIMROCK (1802—76) zusammentraf. Nach dem Tode des Vaters zog D.-H. mit der Mutter und der Schwester ins Rüschhaus bei Nienberge, dem Witwensitz der Mutter. Ab 1841 hielt sie sich aus gesundheitlichen Gründen mehrmals im alten Meersburger Schloß auf, das ihrem Schwager J. v. LASSBERG gehörte. Auch hatte sich die Schriftstellerin schließlich selbst ein kleines Anwesen in Meersburg gekauft.

Werk, Tendenzen, Wirkung. Das Werk der D.-H., das lyrische, epische und dramatische Texte umfaßt, ist nicht sehr umfangreich. Im Gegensatz zu den Gedichten, besonders den meisten nach 1840 entstandenen, und der Novelle „Die Judenbuche" sind die dramatischen Versuche bedeutungslos. Von den sogenannten „erzählenden Gedichten", kleinen Versepen, ist „Des Arztes Vermächtnis" (um 1832 entstanden) beachtenswert.
Gemäß dem Leitsatz ihrer Poetik: „Einfache Wahrheit ist immer schöner als die beste Erfindung" stellt D.-H. die Genauigkeit des Ausdrucks über die Kategorie der Harmonie, etwa im Rhythmus oder der Klanggestalt. So entsteht eine sehr eigenwillige, an ungewohnten Wortgruppierungen und Metaphern reiche Sprache. In „Des Arztes Vermächtnis" wie in der Novelle „Die Judenbuche" gelingen D.-H. auch im heutigen Verständnis ausgesprochen moderne Züge, indem das Verbrechen nicht mehr moralisch, sondern medizinisch, d. h. als Krankheit gedeutet wird; in der „Judenbuche" ist das Problem noch mit dem Phänomen des Milieus und der gesellschaftlichen Isolation des Täters, Friedrich Mergel, verknüpft. Für die JL haben vor allem die Gedichte der Gruppe „Heidebilder", zu denen auch „Der Knabe im Moor" zählt, die Ballade „Die Vergeltung" und die Novelle „Die Judenbuche" Bedeutung erlangt. Mitunter trifft man auch in Anthologien noch auf andere Gedichte der Schriftstellerin, z. B. „Am letzten Tage des Jahres" aus dem Zyklus „Das Geistliche Jahr" in „Gedichte" (hrsg. von H. CHIOUT u. a., Frankfurt 1968). Die Lyrik von D.-H. und auch die Novelle „Die Judenbuche" sind noch heute Schullektüre.
Eine Reihe der Gedichte und „Die Judenbuche" liegen inzwischen in Übersetzungen in französischer und englischer Sprache vor; „Die Judenbuche" auch in Ungarisch. Diese Novelle hat auch Illustratoren angeregt, u. a. H. FRONIUS (in einer Insel-Ausgabe von 1962) u. H. PAPE (in einer Ausgabe des Verlages Aschendorff 1966).

Rudof Raab

Werke: L. Schücking (Hrsg.): Gesammelte Schriften (Thl. 1—3. 1878—79); K. Schulte-Kemminghausen (Hrsg.): Sämtliche Werke (Bd. 1—4. 1925—30); C. Heselhaus (Hrsg.): Sämtliche Werke (1952, [6]1970).

Sekundärliteratur: P. Berglar: Annette v. Droste-Hülshoff in Selbstzeugnissen und Bilddokumenten (1967, [2]1969). — C. Heselhaus: Annette v. Droste-Hülshoff, Werk und Leben (1971). — L. Schücking: Annette von Droste-Hülshoff (1862, [2]1871).

Dürerbund

Vereinigung (Dachorganisation) zur Pflege und Hebung kulturellen Lebens; besonders einflußreich in der Zeit vor dem Ersten Weltkrieg; bemüht um die Förderung der Kinder- und Jugendliteratur.

Der D., geplant von F. AVENARIUS zunächst als aktivierender Zusammenschluß der Leser seiner Zeitschrift „Der Kunstwart", trat seit dem 1. 10. 1902 wirksam in der Öffentlichkeit hervor, satzungsgemäß als „ein Bund von Vereinen, Körperschaften und einzelnen zur Pflege des ästhetischen Lebens" (später von AVENARIUS als „Ausdruckskultur" bezeichnet). In die vielfältigen Bestrebungen einbezogen waren die Verbreitung ausgewählter Dichtung und guter Literatur für Jugend und Volk in preiswerten Ausgaben, Hilfen in der literarischen Erziehung der Jugend und das Zurückdrängen der „Schundliteratur".
Die örtlich organisierten Dürer-Vereine und die anderen korporativen Mitglieder (Kultur- und Kunstvereine, Wander-, Heimat- und lebensreformerische Verbände, Lehrervereine, auch Jugendschriftenausschüsse) wurden in ihrer Arbeit vom D. unterstützt, blieben aber weitgehend selbständig. Aus der kritischen Untersuchung von G. KRATZSCH: „Kunstwart und Dürerbund, ein Beitrag zur Geschichte der Gebildeten im Zeitalter des Imperialismus" (1969) geht hervor, daß der D. eine der stärksten und aktivsten Organisationen in der umfassenderen Gebildeten-Reformbewegung vor 1914 gewesen ist; sein Zusammenhalt „beruhte auf der Gemeinsamkeit in Gesinnung, Weltanschauung und Zielsetzung" (KRATZSCH, S. 336). Seine „Doppel-

natur" (Kratzsch, S. 358) zeigte sich als „Weltanschauungsgemeinschaft und Absatzorganisation für bestimmte kulturelle Erzeugnisse". Mit etwa 300 000 Mitgliedern erreichte der D. um 1914 seinen höchsten Stand. Nach dem Ersten Weltkrieg, in dem sich seine konservativen und nationalliberalen Tendenzen zunehmend politisierten, erlahmte die Arbeit des D.s; sie erhielt durch die Nachfolger von Avenarius — W. Schumann und P. Schultze-Naumburg — noch einmal Auftrieb und endete 1935 mit der Selbstauflösung des klein gewordenen Bundes (vgl. Kratzsch, S. 364 bis 441). Dem in Arbeitsausschüsse gegliederten Gesamtvorstand gehörten im Lauf der Jahre zahlreiche Persönlichkeiten des kulturellen Lebens, Vertreter der Geistes- und Naturwissenschaften, Schriftsteller, bildende Künstler und Pädagogen an, unter ihnen bereits bei der Gründung 1902: W. Bölsche, Verleger C. Callwey, G. Hauptmann, W. Raabe, P. Rosegger und der führende Jugendbuchkritiker und damalige Herausgeber der JSW H. Wolgast. In den Publikationen des D.s (Dürerblatt 1—46, 1902—26; Flugschriften des D.s, Nr. 1—210, 1905—26, „Gesundbrunnen", Kalender des D.s 1908—29, u. a. m.) bekundete sich die Überzeugung, daß durch Bildung und Verfeinerung des ästhetischen Geschmacks und der Sitten auch die sozialen Gegensätze überwunden werden könnten. Darauf gründete sich die mit höchstem Idealismus betriebene Volksbildungsarbeit auf allen Gebieten: von der körperlichen Hygiene über Denkmalschutz, Natur- und Heimatpflege, über Geschmacksbildung in Wohnkultur und Kleidung bis zur Kunst- und Literaturpädagogik.

Bedeutung für die Jugendliteratur. Der D. unterstützte in der Öffentlichkeit mit beachtlichem Gewicht alle Bestrebungen, der Jugend gut ausgewählte Literatur und künstlerisch qualifizierte Illustrationen und Bilderbücher in die Hand zu geben. Die Hauptphase dieser Wirksamkeit und der Zusammenarbeit mit den Jugendschriften-Prüfungsausschüssen und führenden Jugendbuchtheoretikern wie Wolgast und H. L. Köster erstreckte sich bis in die Kriegsjahre 1914/16 hinein. Die 21. Flugschrift des D.s (1906) griff die Frage auf: „Welche Schriften geben wir Kindern als Wegweiser zum Guten". Im Text (von M. Silling) wurden einige Merkmale guter Literatur angegeben, die Typik der Kinder-, Mädchen-, Backfisch- und Knabenbücher kurz vorgestellt und praktische Ratschläge erteilt, wie man Kinder an guten Lesestoff gewöhnen könne. Vor allem regte man zu häuslichem Vorlesen an. Im „Flugblatt Jugendliteratur" (1907) veröffentlichte der D. eine Liste von 48 empfehlenswerten Jugendschriften, dazu Ratschläge für den Einkauf und Hinweise, welche Bücher für welches Alter geeignet seien. Diese Schrift mit der Ankündigung „Die billigsten guten Bücher und Bilder für die Jugend. Eine Auswahl" wurde zum Preise von 1 Pfennig verkauft; sie erschien in mehreren Auflagen mit jeweils überarbeiteter Titelliste. Ebenfalls 1907 gab der D. das von Volksschullehrer R. Henseling zusammengestellte, mit Belehrungen versehene Bücherverzeichnis für Schulabgänger heraus, das „Büchlein ‚Heb mich auf!'" Es hatte gleichfalls mehrere Auflagen. In der 33. Flugschrift des D.s nahm E. Thari kritisch zu älteren und neuen Kinderliederbüchern Stellung. In der 83. Flugschrift (1912) schrieb O. Trost über die „Erziehung zu guten Büchern" als Aufgabe des Lehrers. Als 105. Flugschrift des D.s erschien 1916 in 3. Aufl. die Auswahl „Wertvolle Bücher für die Jugend" von H. L. Köster (^{2}1914). Außer auf Listen empfehlenswerter Jugendschriften wurde auch auf Bücher zur Jugendschriftenreform, z. B. von Wolgast, Köster u. E. Linde, hingewiesen. An Stelle der früheren Arbeit in Flugschrift Nr. 21 trat 1913 ein Artikel von Köster: „Welche Bücher geben wir unseren Kindern." Zur Unterstützung in der Eltern- und Öffentlichkeitsarbeit seiner Mitgliedsverbände baute der D. verschiedene Reihen auf, die zur Vorführung und zu Vorträgen verliehen wurden. Im 30. Dürerblatt (1913) wurden zum Verleih angeboten: Glasbilder (Lichtbilder) nebst Texten und Noten für drei Märchenabende, eine Sammlung von empfehlenswerten Jugendschriften, eine Sammlung von Schriften zur Reform der Jugendschriften und eine Sammlung von Kinderliederbüchern.

Der D. trat auch selbst als Herausgeber billiger guter Schriften für die Jugend hervor. Seit 1907 wurden „Schatzgräbers Jugendschriften", die bisher Frh. v. Egloffstein in Verbindung mit dem „Kunstwart" allein betreut hatte, Heft für Heft mit einem Arbeitsausschuß des D.s abgestimmt und dann vom D. herausgegeben. Zur Massenverbreitung bei Kinderfesten und als Weihnachtsausgaben wurden Auszüge daraus gedruckt und zu 5 Pfennig abgegeben. Ebenfalls 1907 wurde die neue Reihe „Schatzgräbers Kinderbücher" begonnen; das erste brachte die Fabeln von W. Hey mit den Bildern von O. Speckter in verschiedener Ausstattung preislich gestaffelt. Spätere „Schatzgräber"-Hefte brachten „Allerhand von F. Pocci" (1911), Schattenrisse von M. v. Schwind, als Nr. 72 einen Auszug aus K. Fischers „Aus einem Arbeiterleben" (1912) und vieles mehr in breiter Auswahl, z. T. nach Tendenzen der Heimatkunst und der Volkstumspflege, aber auch Prosa und Gedichte von A. Kopisch bis G. Hauptmann. Die „Schatzgräber-Bühne" als eine Reihe mit jugendgeeigneten Laienspiel-Texten kam noch 1927 hinzu. Die vom Hamburger Prüfungsausschuß für Jugendschriften begründete 10-Pfennig-Reihe „Deutsche Jugendbücherei" war schon 1912 (von Nr. 81 an) vom D. übernommen worden (s. JSW 11/1912). Neben jugendgeeigneter Dichtung in diesen Reihen — vorwiegend erzählende Prosa — wurden in den Dürerblättern selbst auch jugendgeeignete Sachtexte publiziert über Naturschutz (z. B. Dürerblatt 16/1912) und heimische Tierwelt (1912; 1919). Beiträge zur sexuellen Erziehung erschienen 1908; einige wurden in dem Bande „Am Lebensquell“ (1909) zusammengestellt. Verschiedentlich konnten Jugendschriften-Prüfungsausschüsse in den Dürerblättern von ihrer Arbeit berichten (z. B. Dürerblatt 18/1908); die JSW wiederum brachte Ankündigungen und Berichte von Veranstaltungen der Dürervereine und Mitgliedsverbände des D.s wie Märchenerzählstunden, Dichterlesungen, Spielzeug-, Wandschmuck-, Jugendbuch- und Bilderbuchausstellungen. Die Neuerscheinungen in den Kinder- und Jugendschriftenreihen wurden in der JSW besprochen, ebenso die Dürerkalender „Gesundbrunnen“ (JSW Nr. 12/1916), und mit Genugtuung wurde in der JSW Nr. 8/1914 mitgeteilt, daß der D. die staatliche Anerkennung seiner Gemeinnützigkeit erhalten habe.

Mit besonderem Nachdruck setzte sich der D. gegen die Verbreitung von literarischem Schund und Bilderkitsch ein und arbeitete in diesem Streben aufs engste mit den Prüfungsausschüssen für Jugendschriften und der JSW zusammen. Das 19. Dürerblatt, Mai 1909, brachte einen Aufruf „Gegen die Schundliteratur“, in dem es u. a. hieß: „Schützt eure Jungen und Mädel vor dem gedruckten Schund. Denn was sie in diesen bunten Heften da mit den aufregenden Bildern vorn drauf lesen, das ist zum großen Teile Gift!“ 1911 wurde eine Wanderausstellung des D.s zur Bekämpfung der Schundliteratur eingerichtet, im Jahre 1912 bereits Lichtbildserien mit Begleittexten zur Aufklärung über literarischen Schund angeboten (Dürerblatt Nr. 25, Februar 1912). Örtlich wurden vorübergehend Verbote oder Einschränkung der Schundliteratur erreicht (vgl. KRATZSCH, S. 357ff.); häufig kam es über die fragliche Abgrenzung „Schundliteratur“ zu Streitigkeiten in der ‚Kulturbranche‘. Das Echo in der Bevölkerung auf groß angelegte Werbungen für Jugendschrifttum entsprach häufig nicht den Erwartungen (vgl. KRATZSCH, S. 358f.). In den Kriegsjahren 1914/18 wandte sich der D. zusammen mit den Jugendschriftenausschüssen vor allem gegen die „Kriegsschundliteratur“ und versuchte Maßstäbe zu finden für die Beurteilung der Massenlektüre, die Darstellungen aus dem Kriegsgeschehen brachte, Realität und Sensation verband und zum Völkerhaß aufreizte (vgl. JSW Nr. 1/1917 und 34. Dürerblatt, Juni 1914).

Nach dem Ersten Weltkrieg war der D. eine der Mitgliedsvereinigungen in der Dachorganisation der Volksbildung, die er selbst mit entwickelt hatte. W. SCHUMANN förderte in der zweiten Hälfte der zwanziger Jahre vor allem die publizistische Arbeit (vgl. KRATZSCH, S. 429), auch die Schatzgräber-Reihen wurden noch fortgesetzt. Noch heute dürfte des D.s seinerzeitige Bemühung Gültigkeit besitzen, mit den Bibliothekaren zusammen eine Belebung der Jugend-, Volks- und Schulbibliothekarsarbeit zu erreichen und die Bereitschaft zur Errichtung von Jugendlesehallen zu erwecken.

Margarete Dierks

→ F. Avenarius, → H. L. Köster, → Kunsterziehungsbewegung, → E. Linde, → H. Wolgast.

Sekundärliteratur: Dürerblatt Nr. 1—46 (1902—26). — Flugschriften des Dürerbunds Nr. 1—210 (1905—26). — Gesundbrunnen. Kalender des Dürerbunds (1908—29). — G. Kratzsch: Kunstwart und Dürerbund (1969).

Durian, Wolf

*(d. i. Walter Wolfgang Bechtle). Journalist, Jugendschriftsteller, Übersetzer; * 19. 10. 1892 Stuttgart, † 8. 11. 1969 Berlin.*

Nach dem Besuch des humanistischen Gymnasiums unternahm D. Reisen durch den Westen der USA. Danach wurde D. in Deutschland als Journalist tätig und publizierte unter dem Pseudonym „Fridolin“ u. a. in der „Berliner Zeitung“.

Wolf Durian (1892—1969)

Werk, Tendenzen, Wirkung. D. hatte 1927 seinen ersten und bis heute dauerhaftesten Erfolg mit dem Jugendbuch „Kai aus der Kiste“, der aus einem Wettbewerb des Ullstein-Verlages hervorging und einen wesentlichen Beitrag zur modernen Jungengeschichte mit großstädtischer Kulisse bildete. Das Buch wurde in mehrere Sprachen übersetzt und als Hörspiel sowie für das Kindertheater bearbeitet. In seinen weiteren Erzählungen für die Jugend nutzte D. seine amerikanischen Erfahrungen bei den Versuchen, ein Trapper oder Cowboy zu werden, sowie seine von Kindheit an geübte Liebe zu Tieren und die spätere Neigung zur Gärtnerei. Einige seiner Bücher wurden in mehrere Sprachen übersetzt (z. B. „Robber“ in 7 Sprachen, auch als Taschenbuch). D. erzählt *realistisch* und bevorzugt oft eine vordergründig abenteuerliche Handlung, exotische Schauplätze und plötzliche Wandlungen, z. B.

in den Erzählungen: „Auf, nach der Kokosinsel", „Robber", „Die Glühköpfe" und in der stark autobiographisch gefärbten Darstellung „Ich war im Wilden Westen". D. lebte in Ost-Berlin; er übersetzte E. A. POE und Bücher von E. THOMPSON-SETON. *Horst Künnemann*

Werke: Kai aus der Kiste (1927); Stabusch (1928); Dein Ferienbuch (1929; zus. mit W. K. von Nohara); Auf, nach der Kokosinsel (1934); Achtung! Großaufnahme! (1936); Die lieben Tiere (1937); Der See im Glas (1947); Eliza und die Seeräuber (1947); Das Haus voller Tiere (1948); Der kleine Gustav (1948); Robber (1953); Lumberjack (1956; 1962 unter d. Titel: Ich war im Wilden Westen); Der Salamanderklub (1957); Wenn Joe nicht gewesen wär! (1957); Die Glühköpfe (1961); Erzähl von deinen Tieren (1963); 100 Tiere von A bis Z (1966); Fangt den Seeräuber Bonito (1967); Mister Kong (1968); Kleine Tiere in der großen Stadt (1970).
Übers.: E. Thompson Seton: Rolf, der Trapper (1920); E. A. Poe: Gesammelte Werke (1922). *IJB*

Duvoisin, Roger Antoine

*Maler, Grafiker, Illustrator; * 28. 8. 1904 Genf.*

D., Sohn eines Architekten, verbrachte seine Kindheit in der Schweiz und in Frankreich. Seine Ausbildung erhielt er u. a. am „Collège Moderne" in Genf, an der „École des Arts Decoratifs" und der „École des Beaux Arts" in Paris. Er gestaltete Wandbilder, Bühnenentwürfe, Plakate und Illustrationen. Vorübergehend leitete er in Ferney-Voltaire eine alte französische Töpferwerkstatt. In Lyon setzte er sich mit Stoffdruckverfahren und Textildesign auseinander. Ein Vertrag mit einer New Yorker Textilfirma führte 1927 ihn und seine Frau LOUISE FATIO in die USA. 1932 erschien sein erstes für seinen Sohn verfaßte Bilderbuch „A Little Boy Was Drawing". Seit 1938 ist D. amerikanischer Staatsbürger und lebt in Gladstone, New York. Wiederholt hat er Europa-Reisen unternommen, um Anregungen für neue Illustrations-Projekte zu erhalten. Er erhielt zahlreiche nationale und internationale Auszeichnungen, u. a. 1948 die Caldecott Medal für „White Snow, Bright Snow" (1947; Text von A. TRESSELT) und 1956 den Deutschen Jugendbuchpreis für „The Happy Lion" (1954; dt. Der glückliche Löwe, 1955).

Roger Antoine Duvoisin (1904)*

Werk, Tendenzen, Wirkung. D. hat einen sehr markanten Mischstil von lockerer Federzeichnung und gelöster Farbigkeit entwickelt, der sich vor allem in ganzen Serien von Tierbüchern, aber auch

Roger Duvoisin: Petunia, nimm dich in acht! (Ravensburg 1959). Neben dem Bilderbuch „Der glückliche Löwe" erlangten besonders die Bilderbücher um die Gans Petunia weite Verbreitung. Dem Illustrator gelang es mit wenigen Strichen, die lebensvolle Tierfigur der eigenwilligen Gans Petunia zu entwerfen.

in der Darstellung umweltbezogener Themen mit vorwiegend ländlicher Motivik bewährte. Neben zahlreichen Buchillustrationen sind es an die 70 Bilderbücher, die D. illustriert hat. Zu einer großen Anzahl seiner spezifischen Bilderbücher hat er auch den Text verfaßt, so zu „Four Corners of the World" (1948), dem ABC-Buch „A for the Ark" (1952) und „House of Four Seasons" (1956; dt. Das Haus der vier Jahreszeiten, 1963), in dem

D. am Beispiel des unterschiedlichen Anstrichs eines Farmhauses eine kindgemäße Farbenlehre entwickelt. 1950 erschien mit „Petunia", der musikalischen und besserwissenden Gans, der erste Band seiner Tierbilderbuchserien. Ein herausragender Erfolg wurde die nächste Serie, die mit „The Happy Lion" (1954, Text von L. FATIO) begonnen wurde und bis 1972 weitere 6 Bände aufweist. Bis 1965 lagen von „The Happy Lion" und den Folgebänden bereits 13 Übersetzungen vor, d. h. insgesamt 870.000 Exemplare. Der durch die Freundschaft zwischen wildem Tier und Mensch (Löwe und Franz) imaginierte wiederhergestellte Paradieseszustand wird kontrastiert mit verängstigten Reaktionen der übrigen Gesellschaft auf das Ungewöhnliche. Die Farbigkeit ist reduziert auf wenige Valeurs in Braun, Rötlich und eine zwischen Kreide- und Lithozeichnungen angesiedelte Grauskala. Im Bildwitz ihre Vorgänger übertreffend, zeigt sich die Titelheldin der bislang letzten großen Serie, die Nilpferddame „Veronica" (1961). 1963 erschien mit „Spring Snow" ein in kalter Farbskala gehaltenes Bilderbuch, das in einer für Bilderbücher bis dahin einzigartigen Konkretheit eine Doppelseite — nur Schnee darstellend — enthält. An der engeren kindlichen Umwelt orientieren sich das Bilderbuch „Doll for Marie" (1957, Text von FATIO), in das eingeschlossen sich auch die Klein-Ausgabe für die Puppe befindet, und „Hide and Seek" (1966, Text von TRESSELT), das 1966 auf die Runner-up-Liste der Caldecott-Medal kam. D.s Bilderbücher, in denen freundschaftliche Beziehungen zwischen Mensch und Tier mit humorvollen Zügen und Gags verbunden sind, erreichten allein in der BRD bis 1972 eine Gesamtauflage von mehr als 500.000.

Horst Künnemann

→ L. Fatio

Werke: They put out to sea (1944; dt. Pralle Segel — Staubige Straßen, 1958); Petunia (1950; dt. Petunia, 1956); Petunia and the song (1951; dt. Petunia und das Lied, 1958); A for the ark (1962); Petunia's christmas (1952; dt. Petunia's Weihnachtsfest, 1956); Petunia takes a trip (1953; dt. Petunia in der Stadt, 1957); One thousand christmas beards (1955); House of four seasons (1956; dt. Das Haus der vier Jahreszeiten, 1963); Petunia beware (1958; dt. Petunia nimm dich in acht, 1959); Day and night (1960); Veronica (1961; dt. Veronica das Nilpferd, 1965); Our Veronica goes to Petunia's farm (1962).

Ill.: R. Duvoisin: They put out to sea (1944; dt. Pralle Segel — Staubige Straßen, 1958); A. R. Tresselt: White snow, bright snow (1947); R. Duvoisin: Petunia (1950; dt. Petunia, 1956); L. Fatio: Christmas forest (1950); A. R. Tresselt: Hi, Mister Robin (1950); R. Duvoisin: Petunia and the song (1951; dt. Petunia und das Lied, 1958); J. Tworkov: Camel who took a walk (1951); R. Duvoisin: A for the ark (1952); R. Duvoisin: Petunia's christmas (1952; dt. Petunia's Weihnachtsfest, 1956); G. C. Menotti: Amahl and the night visitor (1952); R. Duvoisin: Petunia takes a trip (1953; dt. Petunia in der Stadt, 1957); L. Fatio: The happy lion (1954; dt. Der glückliche Löwe. 1955, [29]1972); J. S. Moran: Sophocles the hyena (1954); R. Duvoisin: One thousand christmas beards (1955); L. Fation: The happy lion in Afrika (1955; dt. Der glückliche Löwe in Afrika. 1956, [17]1972); M. Schlein: Little Red Nose (1955); R. Duvoisin: House of four seasons (1956; dt. Das Haus der vier Jahreszeiten, 1963); L. Fatio: A doll for Marie (1957; dt. Eine Puppe für Marie. 1959, [6]1967); L. Fatio: The happy lion roars (1957; dt. Zwei glückliche Löwen. 1957, [13]1971); R. Duvoisin: Petunia beware (1958; dt. Petunia nimm dich in acht, 1959); L. Fatio: The three happy lions (1959; dt. Das glückliche Löwenkind. 1960, [12]1970); R. Duvoisin: Day and nigt (1960); R. Duvoisin: Veronica (1961; dt. Veronica das Nilpferd, 1965); L. Fatio: The happy lion's quest (1961; dt. Wo ist der glückliche Löwe? 1962, [7]1970); R. Duvoisin: Our Veronica goes to Petunia's farm (1962); L. Fatio: Red bantam (1963); L. Fatio: The happy lion and the bear (1964; dt. Der glückliche Löwe und der Bär. 1965, [5]1970); L. Fatio: The happy lion's vacation (1967; dt. Der glückliche Löwe macht Ferien. 1968, [3]1971).

Sekundärliteratur: H. Künnemann: Roger Duvoisin (in: H. Künnemann: Profile zeitgenössischer Bilderbuchmacher. 1972. 34—39). — D. Wangen: Roger Duvoisin as illustrator for children (in: Horn Book Magazine. 24. 1948. 11—22).

Dyhrenfurth, Irene

*(d. i. Irene Dyhrenfurth-Graebsch, geb. Klar). Verfasserin der „Geschichte des deutschen Jugendbuches"; * 17. 4. 1898 Belgard/Pommern.*

D. war 1916—18 Schülerin der 1916 von E. ACKERKNECHT und P. LADEWIG gegründeten Bibliotheksschule in Berlin. Wesentliche Eindrücke erhielt sie durch die Vorlesungen von Prof. LOUBIER, Direktor der Bibliothek des Kunstgewerbemuseums Berlin; 1919 erwarb sie das Diplom an der Berliner Staatsbibliothek. Danach war sie Dipl.-Bibliothekarin in Breslau, lehrte dort auch Jugendbuchkunde für Jugendleiterinnen und Bibliotheksschülerinnen. Nach der Flucht aus Breslau 1945 war sie an den Hamburger Bücherhallen bis 1948 tätig. Durch ihre zweite Heirat mit dem Geologen und Himalayaforscher Prof. Dr. G.-O. DYHRENFURTH (* 12. 11. 1886), Verfasser auch von jugendgeeigneten Büchern über Bergsteigen und Forschungsexpeditionen, erwarb sie die schweizerische Staatsangehörigkeit und ist seit 1948 in der Schweiz ansässig. Die „Geschichte des deutschen Jugendbuches" erschien (mit Verf.-Namen I. GRAEBSCH) in 1. Aufl. 1942 als Bd. 3 der „Beiträge zur Volksbüchereikunde", in 2. Aufl. (mit Verf.-Namen I. D.-GRAEBSCH) 1951 in Hamburg; die 3. Aufl., neubearbeitet, mit neu gewählten Illustrationsproben ausgestattet und bis zum Erscheinungsjahr 1966 ergänzt (für BRD und DDR in einem Kapitel von M. DIERKS), erschien 1967 in Zürich. Die Verf. hat das Werk in wesentlichen Teilen an der Sammlung HOBRECKER erstellt. Es war ursprünglich als Arbeitshilfe für

Volksbibliothekarinnen, die sich in ihrem Berufsbereich besonders der Jugendliteratur annehmen wollten, konzipiert. *Margarete Dierks*

→Geschichtsschreibung der Jugendliteratur

Werke: Geschichte des deutschen Jugendbuches (1942, [3]1967). *IJB*

E

Ebert, Günter

*Jugendliteraturtheoretiker, vor allem Kritiker; * 19. 2. 1925 Meerane.*

E. bildete sich weitgehend als Autodidakt aus. Er studierte von 1956—57 am Literaturinstitut „Johannes R. Becher" in Leipzig.
E.s Publikationen setzen deutlich einen historischen und einen gesellschaftskritischen Akzent. Beide sind miteinander eng verbunden. Für die Beurteilung von Kinder- und Jugendbüchern verlangt E. ästhetische Kategorien. Er weist Versuche zurück, Kinder und Jugendliche mit erhobenem Zeigefinger belehren zu wollen und verlangt vom Autor, daß die von ihm vertretene erzieherische Tendenz innerhalb der Erzählung eine echte Funktion haben muß, somit mittelbar aus der „Fabel" als Denkanstoß hervorgehe. Maßgebend für die Kritik E.s ist ferner der sprachliche Stil eines Autors, z. B. die Verwendung bildhafter Ausdrücke, der Einsatz von Metaphern. Besonderen Wert legt E. auf die Realitätsnähe von Erzählungen, allerdings nicht im Sinne fotographischer Reproduktionen. Wichtig ist für E. außerdem, daß der Schriftsteller von einem parteilichen Standpunkt aus erzählt.

Beiträge: Poesie und Pädagogik (in: Beitr. z. K.- u. Jl. 6. 1964. 95—112); Moralische Erziehung durch Kunst (in: Beitr. z. K.- u. Jl. 7. 1965. 51—70); Gefahr und Gerechtigkeit (in: DLZ. 9. 1968. Beilage DLZ-Kinderliteratur. 26. 2—3); Terra incognita (in: Forum. 6. 1968. 15—17); Von der „Aufbaubande" zur „Moral der Banditen" (in: DLZ. 11. 1968. Beilage DLZ-Kinderliteratur. 18. 2—3); Spiel und Spiegel (in: NDL. 8. 1969. 179—187); Sammelrezension über die utopische Literatur aus dem Verlag Neues Leben (in: Beitr. z. K.- u. Jl. 14. 1970. 79—88); „Der Baum" (in: Beitr. z. K.- u. Jl. 17. 1970. 76—81); Jugendträume und Heldenwahl (in: Beitr. z. K.- u. Jl. 15. 1970. 10—22); Originelle Helden (in: Beitr. z. K.- u. Jl. 21. 1971. 85—91); Das innere und das äußere Abenteuer (in: Beitr. z. K.- u. Jl. 22. 1972. 26—37).

Ebner-Eschenbach, Marie von

*(geb. Gräfin Dubsky). Österreichische Schriftstellerin, auch für die Jugend wirksam; * 12. 3. 1830 Gut Zdislawitz/Mähren, † 12. 3. 1916 Wien.*

Als Tochter des Freiheitskämpfers Major GRAF DUBSKY und einer bürgerlichen Mutter verbrachte E. Kindheit und Jugend auf dem väterlichen Gut und in Wien. Mit 18 Jahren vermählte sie sich mit dem sehr viel älteren Vetter, MORITZ BARON VON E., der ein Physiker war und höherer Offizier in österreichischen Diensten. Die frühen dichterischen Versuche der E. hatten in der Familie kein Verständnis gefunden; unter dem Eindruck der Aufführungen im Wiener Burgtheater entwickelte sie ein dramatisches Talent, dem Erfolg versagt blieb. F. GRILLPARZER (1791—1872) jedoch ermutigte sie zu weiterem Schaffen. Über ihn verfaßte sie später eine subtile Schilderung seiner Persönlichkeit und seiner Umwelt („Meine Erinnerungen an Grillparzer", 1916). Erst als fast Fünfzigjährige begann E. episch zu arbeiten und errang mit ihren Erzählungen großen Erfolg. Zum 70. und 80. Geburtstag wurden ihr hohe Ehrungen zuteil, u. a. der Ehrendoktortitel der Universität Wien. K. BENESCH schrieb eine Biographie, die 1966 mit dem Jugendbuchpreis der Stadt Wien ausgezeichnet wurde: „Die Frau mit den hundert Schicksalen. Das Leben der M. v. E." (1966).

Werk, Tendenzen, Wirkung. E. gilt als bedeutendste deutsche Erzählerin des 19. Jh.s. Unter dem Einfluß I. S. TURGENIEWS formte sie die *sozialpsychologische* Erzählung aus, in der sie Menschen unter den Lebensbedingungen der Feudalzeit gestaltete. Sie zeigt „das Menschliche" in den *unteren Schichten* der Gesellschaftsordnung ihrer Zeit; die deutliche Zeichnung, getragen von aristokratisch-verantwortlichem Sozialempfinden, wirkt durchaus auch *gesellschaftskritisch.* Der feine *Humor* in ihrer epischen Kleinkunst beruht auf Menschenkenntnis und Menschenliebe.
Bedeutung für die Jugendliteratur. Zu den autobiographischen, für junge Leser besonders geeigneten Kindheitsberichten gehört das von E. geschriebene Buch „Meine Kinderjahre" (1906). Darin mißt sie der „Märchenerzählerin" in ihrer Kinderstube, dem Kindermädchen Anischa, wesentliche Bedeutung für die Entwicklung ihrer eigenen schöpferischen Phantasiekräfte zu. Die Erzählungen Anischas aus volkstümlicher Überlieferung und Aberglauben, ihre Ammenmärchen und Geistergeschichten haben sie stark beeindruckt, und E. folgerte: „Jammervoll nüchtern erscheint mir die Kinderstube, aus der die Märchenerzählerin ‚grundsätzlich' verbannt ist." Unter den in ihrer Kindheit, vor allem beim Hausunterricht, gelesenen Büchern hebt sie Anthologien mit Fabeln von LA FONTAINE und „vielen hübschen Gedichten" hervor, dazu die „Histoire universelle" von L. RICHARD und „Perraults Märchenhort, von Madame Foa für kindliche Leser eingerichtet" mit primitiven Illustrationen, die E. in der Phantasie ergänzte.

Die Zeichnung von Jugendlichen- und Kindergestalten im literarischen Werk E.s bezeugen *psychologische* Intuition, Beobachtungs- und Einfühlungsgabe („Dorf- und Schloßgeschichten", 1883 u. 86; „Das Gemeindekind", Bd. 1 u. 2, 1887/88). Die Thematik und die schlichte, anschauliche Sprache ohne aufdringliche Pädagogik erwarben einer Reihe ihrer Erzählungen sehr bald das Prädikat „jugendgeeignet". „Krambambuli" ging in die Schullesebücher ein.

E. selbst stellte aus ihren Schriften einen Band für die Jugend zusammen, nachdem sie, wie sie im Vorwort schreibt, von Müttern um ein Buch gebeten worden sei, das „wir unsern Kindern in die Hand legen können", und von Kindern: „Schreib uns etwas, das wir von Anfang bis Ende lesen dürfen". In diesem „Buch für die Jugend. Aus meinen Schriften" (1907, ^{4}1914) vereinte sie die Erzählungen „Der Fink", „Die Spitzin", „Der Muff", „Krambambuli", Abschnitte „Aus meinen Kinderjahren", Märchen und Parabeln, Spruchverse, mundartliche Erzählgedichte („Die Erdbeerfrau" u. a.) und Aphorismen. Dies Buch und andere einzelne Erzählungen fanden sich auf vielen jugendliterarischen Empfehlungslisten der ersten 50 Jahre des 20. Jh.s, einige haben in Schul- und Reihenausgaben bis heute ihren Platz behauptet. *Margarete Dierks*

Werke: Dorf- und Schloßgeschichten (1883); Neue Dorf- und Schloßgeschichten (1886); Das Gemeindekind (Bd. 1 u. 2. 1887 u. 88); Parabeln, Märchen und Gedichte (1892); Erzählungen (Bd. 1 u. 2. 1901 u. 02); Ein Buch für die Jugend (1907); J. Klein (Hrsg.): Werke in Einzelausgaben (Bd. 1—3. 1956—1958); E. Gross (Hrsg.): Gesammelte Werke (Bd. 1—9. 1961).

Sekundärliteratur: K. Benesch: Die Frau mit den hundert Schicksalen (1966). — A. Bettelheim: Marie von Ebner-Eschenbach's Wirken und Vermächtnis (1920). — M. v. Ebner-Eschenbach: Letzte Worte (1923); Meine Kinderjahre (1906, ^{2}1907). — H. A. Koller: Studien zu M. von Ebner-Eschenbach (Diss. 1920). — J. Mühlberger: Marie von Ebner-Eschenbach (1930). — M. Necker: Marie von Ebner-Eschenbach (1900). — E. M. O'Connor: Marie Ebner (1928). — G. Reuter: Ebner-Eschenbach (1904). — H. Wallach: Studien zur Persönlichkeit Marie von Ebner-Eschenbachs (Diss. 1950). *IJB*

Edelmann, Heinz

*Werbegrafiker, Trickfilm-Designer, Buchgestalter und Bilderbuchillustrator, * 1934 in Aussig/Böhmen.*

E. studierte von 1953 bis 59 an der Kunstakademie in Düsseldorf (bei Coester, freie Grafik); 1959 legte er das Staatsexamen für das künstlerische Lehramt ab. Nach kurzer Tätigkeit in einer Werbeagentur bekam E. den Auftrag, die Werbegestaltung für die Düsseldorfer Kammerspiele zu übernehmen (Plakate und Programmhefte). Bereits dieser erste Auftrag brachte ihm die Aufmerksamkeit der an Werbung interessierten Kreise, denn es gelang E., die sich damals durchsetzende Pop-Kunst nicht nur als Aufmerksamkeitserreger auf seine Werbedrucksachen zu übertragen, sondern künstlerisch eigenständig mit der Werbeaufgabe zu verschmelzen. Über den Kreis der Eingeweihten hinaus wurde E. bekannt, als er 1967/68 in London am Beatle-Film „Yellow Submarine" mitarbeitete. Seit 1970 lebt E. in Den Haag, Niederlande. Er gestaltet Werbeplakate (unter anderem regelmäßig für das Kinder- und Jugendprogramm des Westdeutschen Rundfunks), Werbefilme fürs englische und französische Fernsehen (zum Teil für Kinder) und Bücher. Die von E. gestalteten Bilderbücher „Maicki Astromaus" (1970) und „Andromedar SR 1" (1970) wurden in die Liste der „Schönsten deutschen Bücher" aufgenommen, „Andromedar SR 1" außerdem in die Ehrenliste zum Premio Grafico.

Werk, Tendenzen, Wirkung. Alle Arbeiten E.s von 1959 bis 1973 sind sichtlich der Pop-Kunst der 60er Jahre verwandt. Dabei helfen ihm sowohl seine geübte Fantasie als auch seine handwerkliche Perfektion. E. hat — wie einige große Pop-Artisten — sein Sehen an Filmen und Comics geschult, kann die fließende Bewegung an jedem beliebigen Punkt erstarren lassen, vermag realistische, für jedermann sichtbare Details zu völlig neuen, fiktiven Szenerien, Monstern, Menschen und Tieren zusammensetzen. Schließlich ist E., was allen von ihm gestalteten Büchern zugute kommt, ein hervorragender Typograf mit überdurchschnittlichem Formgefühl.

1967 zeichnete E. für das im Jugenddienst-Verlag Wuppertal erschienene Aufklärungsbuch „Anders als bei Schmetterlingen" die Illustrationen. Diese Illustrationen haben selbst kaum einen aufklärerischen Effekt, sind kühl und distanziert. Dargestellt sind männliche und weibliche Figuren, oftmals ohne ausgeführte Gesichter, außerdem Symbole der durch die Pop-Art für die Kunst legitim gemachten Umwelt.

1970 schuf E. zwei Bilderbücher: „Andromedar SR 1" und „Maicki Astromaus" (beide: Verlag Middelhauve, Köln). „Andromedar SR 1" ist die von H. Stempel und M. Ripkens erzählte Geschichte über den habgierigen Oktopus, der die Astronauten Castrop und Rauxel in der Superrakete mit Beule (daher „Andromedar") zu den Marsmäusen schickt, um Kobaltblumen zu holen. In dem großformatigen „pop"-bunten Bilderbuch (die Farben wirken intensiv, weil sie kontrastierend gegeneinander gesetzt sind) finden sich hineinkomponierte Texte. Die Grafiken sind eigenständig, ohne den Text zu stören. E. begrenzt sich nicht auf Illustrationen, sondern erfindet selbst Details zur Geschichte. Jede einzelne Figur ist statisch, modellhaft, das Zusammenspiel der Figuren, Landschaften und Texte auf jeder Doppelseite ergibt Lebendigkeit. Die Kühle der hintergrundlosen Bilder wird gewärmt durch liebevolle Musterung der Vordergrund-Staffage.

In „Maicki Astromaus", einer von U. FRIESEL nacherzählten Story von FR. BROWN, in der der Versuchsmaus Maicki auf einem Stern Intelligenz vermittelt wird, die aber später auf der Erde wieder zusammenbricht, sind Texte und Bilder einander gleichwertig gegenübergestellt. Diese Bilder haben lebhafte, farbige oder schraffierte Hintergründe. Auch hier überschreitet E. die für Illustratoren üblichen Grenzen und erweitert die Geschichte durch bildnerische, klar ablesbare, dazu noch in Bildunterschriften fixierte Zusatzinformationen.

1973 erschien — ebenfalls im Verlag Middelhauve — „Kathrinchen ging spazieren" von P. HACKS, mit Bildern von E. Kathrinchen ist erfunden wie das Signet einer Markenfirma: einprägsam, unverwechselbar, mit vorwärtsdrängendem typisierten Schritt. In jedes der Bilder eingesetzt ist ein zweites, kleineres Bild. Das größere „Haupt"-Bild folgt dem Text von HACKS, allerdings auf filmische Manier: es gibt Großaufnahmen und Totale, Zeitraffer (als Bildfolge) und „Standortwechsel der Kamera". Die eingesetzten kleineren Bilder begleiten wie eine spielerische Melodie den Grundrhythmus der Geschichte: die Handlung wird wiederholt durch anthromorphisierte Figuren, wird dadurch von der „realen Märchenebene" der Haupterzählung noch einmal ins Surreale, in den Traum moduliert. Die Bilder gewinnen durch diesen „Trick" nicht nur an künstlerischem Wert, sondern auch eine Spannung, die sich in Fragen umsetzt. Die Rezipienten werden so — sollen diese Bilder nicht als ungelöste Rätsel stehen bleiben — zur interpretierenden Auseinandersetzung veranlaßt.

E. illustrierte auch K. GRAHAMES „Der Wind in den Weiden" (1973; Verlag Middelhauve). Jede Textseite beginnt links oben mit einer kleinen Schwarzweiß-Zeichnung, die sich ganz dem Text unterordnet. Die Zeichnungen sind klar konturiert, die Details aber durch Schraffuren und Muster gelockert. Wie es die Fabel erfordert, sind hier anthropomorphe Figuren dargestellt, doch gelingt es E., sie weder als vermenschlicht-verniedlichte Tiere noch als kitschig-verkleidete Menschlein wirken zu lassen. Seine liebevolle Distanz schafft als Tiere erkennbare, wie Menschen gekleidete Fabelwesen, die als Identifikationsmodelle dienen können, von denen man sich aber ohne Gewalt lösen kann.

Mit seinem Stil hat E. die Möglichkeiten des bebilderten Kinderbuchs um eine vielversprechende Variante bereichert, die das Auge des Kindes zu schulen vermag auf seine Umwelt in den 60er und 70er Jahren des 20. Jh.s. *Karlhans Frank*

Ill.: M. Goldstein: Anders als bei Schmetterlingen (1967); U. Friesel: Maicki Astromaus (1970); H. Stempel: Andromedar SR 1 (1970; zus. mit M. Ripkens); K. Grahame: Der Wind in den Weiden (1973); P. Hacks: Kathrinchen ging spazieren (1973).

Sekundärliteratur: M. Grasser: Heinz Edelmann (in: Graphis. 166. 1973. 118—137).

Ehmcke, Susanne

*Grafikerin, Illustratorin, Autorin von Reimen und Geschichten für Kinder; * 3. 8. 1906 Düsseldorf.*

E. verbrachte ihre ersten Jahre in Düsseldorf, wo ihr Vater, der bekannte Grafiker und Schriftkünstler FRITZ HELLMUTH E. an der Kunstgewerbeschule lehrte. Da auch die Mutter Künstlerin war (CLARA MÖLLER-EHMCKE), wurde die Freude am Gestalten bei E. früh geweckt. Als der Vater 1913 Professor an der Kunstgewerbeschule in München wurde, übersiedelte die Familie dorthin. Nach Beendigung der Schulzeit trat E. in die Kunstgewerbeschule ein und war dort Schülerin von HILLERBRAND, PREETORIUS und ihrem Vater. Es folgten ein Jahr Studium an der Kunstgewerbeschule in Zürich bei E. KELLER, ein weiteres Jahr in Wien bei J. HOFFMANN und R. VON LARISCH. Schon während ihrer Münchner Studienzeit erhielt E. bei einem Schülerwettbewerb des Otto Maier Verlages den ersten Preis für ein Malbuch. Daraufhin bekam sie laufend Aufträge für Malbücher und Beschäftigungsspiele. Nach Abschluß ihres Studiums arbeitete E. teils als Assistentin ihres Vaters teils selbständig für verschiedene Verlage. E. war seit 1947 verheiratet mit dem Diplom-Volkswirt E. BLOCH († 1961) und lebt in München.

Werk, Tendenzen, Wirkung. Für E.s Bildformen ist als künstlerische Quelle die „Steglitzer Werkstatt" anzusehen, die 1900 von G. BELWE, F. H. EHMCKE und F. W. KLEUKENS in Berlin-Steglitz gegründet wurde und die im Protest gegen den formalen Überschwang des Jugendstils für Gebrauchsgrafik und Buchkunst eine neue sachliche und in der Flächenordnung betont tektonische Note einführte. Dieser Steglitzer Gruppe gehörte auch E.s Mutter CL. MÖLLER an, die als deutlich neuen Akzent aus der Folklore und der Spielzeugwelt kommende Formen verwirklichte. Auch E.s Bilder sind klar, tektonisch, von leuchtenden Farben und schöpfen ihre Formgebung häufig aus der Spielzeugwelt.

E. verfaßte die Reime und Geschichten zu ihren Bildern selbst; zu ihrem jüngsten Buch „Eine Kette für Lauri" (1970) schrieb sie nur den Text, die Bilder schuf H. STEINER.

E.s erste Arbeiten für Kinder (Ausmalbücher und Beschäftigungsspiele) sind in klar vorgegebenen Farben und Formen gehalten; darunter finden sich handwerklich so einfache Beispiele wie das als Fröbelspiel bei Otto Maier, Ravensburg, erschienene Beschäftigungsbuch „Knöpfe legen" (1928), dem ein Kästchen mit Knöpfen zum Nachlegen und Selbsterfinden von Konturen und Flächen beigegeben war.

Besonders sorgfältig gestaltete E. Bilderbücher. „Bill und Bällchen" (1934), von B. HÜRLIMANN als „ein Klassiker der kleinen Kinder" (in: HÜRLIMANN: Europäische Kinderbücher, ^{2}1963, S. 224) erwähnt, erzählt überschaubar die Erlebnisse eines

Er traf einen uralten Hirten.
Der sprach: «Komm, ich will dich bewirten.»
Reimallein aß gleich drei
große Teller voll Brei
und zum Schluß aß er noch einen vierten.

Susanne Ehmcke: Der Reimallein (Freiburg 1964). Die Bilderbuchautorin und -illustratorin S. Ehmcke wählte für dies kleinformatige „Zwergenbuch" für Kinder die selten verwendete Form des Limerick.

kleinen Jungen, der von seinem Ball in eine Art Spielzeug-Schlaraffenland geführt wird. Neben farbigen, sehr klar gestalteten ganzseitigen Bildern sind die Reime auf der Textseite zusätzlich mit kleinen Schwarzweißmotiven illustriert. Ebenfalls kleinen Kindern gemäß ist die in Text und Bild einfache und übersichtliche Kettengeschichte „Das kleine rote Auto, und was Hannes auf seiner Reise alles erlebte" (1949).

Daneben schuf E. Bilderbücher, in denen das phantastische Element dominiert. Beispielhaft dafür sind das Buch „Vogelbart" (1943), das grafisch besonders einfallsreich und abwechslungsreich gestaltet ist, und das in der Reihe Atlantis-Zwergenbücher erschienene Büchlein „Der Reimallein" (1964). In reizenden Nonsensegedichten, durch die Titelfigur zu einer Folge verbunden, wird für die Kinder hier gleichzeitig das Entstehen von Nonsense verdeutlicht.

E. verfaßte auch einige Kasperlstücke: 1957 verlegte Otto Maier „Vier neue Kasperlstücke" (ohne Illustrationen), die auch als „Hoera voor Jan Klassen" (1964) in Lizenz bei Cantecleer de Bilt (Niederlande) mit Schwarzweißmotiven vor jedem Stück erschienen. Einer späteren Taschenbuch-Ausgabe „Kasperl und der Zauberer" (1966) sind drei weitere Stücke und Spielanleitungen beigegeben. Jedes Stück ist hier mit einem Szenenbild im Kasperltheaterraum angekündigt. Unter E.s vielfältigem Schaffen für Kinder finden sich auch einige Geschichten für Jungen und Mädchen. In „Anne Mone" (1950) wird aus den Wirren der letzten Kriegsjahre heraus unter dem Motto „Tatkraft und Liebe" ein optimistisches Stück heile Welt geschaffen. „Die drei Luftballons" (1949) ist eine mit Geheimnissen, Verwechslungen und Abenteuern spannend gemachte Freundschaftsgeschichte, die mit vielen Zufällen in ein Happy-End einmündet; illustriert ist die Geschichte mit kleinen skizzenhaft eingestreuten Schwarzweiß-Zeichnungen. Initialschmuck und zahlreiche kleine, in den Text eingepaßte farbige Illustrationen schmücken den Band „Gaukel-Märchen" (1946), der sechs märchenhafte Geschichten enthält. E.s sachliche und genaue Darstellungsweise kommt besonders Illustrationen zugute, die sachliche Zusammenhänge ins Bild setzen sollen, so in den Berufe veranschaulichenden Tafeln zu „Was willst du werden" (1948), denen die Berufe zusätzlich beschreibende Reime an die Seite gestellt sind, in den Darstellungen zu dem dreisprachigen „Das kleine Bilderlexikon" (1949) und in den 27 ganzseitigen Bildtafeln zu dem „Kinderduden" (1959). *Gerlinde Rabenstein*

Werke: Bill und Bällchen (1934, ^{2}1948); Vogelbart (1943, ^{3}1966); Gaukel-Märchen (1946); Was willst du werden? (1948); Anne Mone (1950, ^{2}1954); Vier neue Kasperlstücke (1957, ^{4}1962); Kasperl und der Zauberer (1966, ^{2}1969); Eine Kette für Lauri (1970).

Ill.: S. Ehmcke: Malbuch (1931); H. v. Knesebeck: Wo ist Bully? (1931); S. Ehmcke: Autos (1932); S. Ehmcke: Flugplatz (1932); S. Ehmcke: Ankleidepuppen (1932); S. Ehmcke: Postkarten-Malbuch (1932); S. Ehmcke: Zirkus (1933); S. Ehmcke: Bill und Bällchen (1934, ^{2}1948); S. Ehmcke: Blumen-Malbuch (1935); S. Ehmcke: Die Uhr (1939); S. Ehmcke: Die Zauberkiste (1941); S. Ehmkke: Vogelbart (1943, ^{3}1966); S. Ehmcke: Lieder aus dem Schneckenhaus (1944); S. Ehmcke: Gaukel-Märchen (1946); S. Ehmcke: Was willst du werden? (1948); S. Ehmcke: Bibo reißt aus! (1949); S. Ehmcke: Das kleine rote Auto, und was Hannes auf seiner Reise alles erlebte (1949); S. Ehmcke: Die drei Luftballons (1949); Le petit Dictionnaire en Images. The little Picture-Dictionary. Das kleine Bilderlexikon (1949); S. Ehmcke: Anne Mone

(1950, ²1954); S. Ehmcke: Bunter Kram (1951); S. Ehmcke: Jahreszeiten (1953); S. Ehmcke: Kleine bunte Tierwelt (1953); S. Ehmcke: Mein kleines Buch (1957); Kinderduden (1959); S. Ehmcke: Der Reimallein (1964); S. Ehmcke: Kasperl und der Zauberer (1966, ²1969).

Eichendorff, Joseph Freiherr von

*(Ps.: Florens) Dichter der Romantik, Einfluß auf junge Leser durch Schul- und Jugendausgaben seiner Werke; * 10. 3. 1788 Schloß Lubowitz/Oberschlesien, † 26. 11. 1857 Neiße.*

Die Elementarbildung erhielt E. durch geistliche Hauslehrer. Nach dem Schulabschluß in Breslau studierte er in Halle, Heidelberg und Wien Jura und Philosophie. In Halle bereits von H. Steffens (1773—1845) und Fr. E. D. Schleiermacher (1768—1834) beeinflußt, trat E. in Heidelberg, später in Wien und Berlin in enge freundschaftliche Beziehung zu den führenden Geistern der Romantik, wie J. Görres, Graf v. Loeben (1786 bis 1825), A. v. Arnim, Cl. Brentano, Fr. und A. W. Schlegel (1772—1829; 1763—1839), A. v. Chamisso, Fr. v. Raumer (1781—1873).
Nach der Teilnahme an den Freiheitskriegen und einer Referendarzeit in Breslau wurde E. 1820 Mitarbeiter im preußischen Kultusministerium in Berlin. Die Beamtenlaufbahn führte ihn in überwiegend protestantische Landesteile, nach West- und Ostpreußen, mit der Aufgabe, als Konsistorial- und Schulrat die Interessen der katholischen Minderheit zu vertreten. Nach seinem Rücktritt aus dem Staatsdienst blieb E. noch fast zwei Jahre in Danzig, wechselte darauf öfter seinen Wohnsitz (Wien, Berlin, Köthen, Dresden) und siedelte für die letzte Lebenszeit nach Neiße über.

Werk, Tendenzen, Bedeutung für junge Leser. Als Lyriker, Erzähler, Dramatiker und Satiriker, aber auch als Literaturkritiker, Literaturhistoriker und Übersetzer kam E. über seine Zeit hinaus zur Wirkung. In „Ahnung und Gegenwart" (Bd. I, 5) berichtet er, daß ihn in der Kindheit als erste Lektüre die Volksbücher tief beeindruckt hätten; mit nachsichtigem Spott äußert er sich dagegen über „Campes Kinderbibliothek", die ihm sein Erzieher — „er war ein aufgeklärter Mann" — an Stelle der fortgenommenen Märchen und Sagen gab; am tiefsten fühlte er sich von den wenigen Gedichten von M. Claudius berührt, die er in der „pädagogischen Fabrik" der Campeschen Anthologie fand; auch fühlte er sich schon als Kind ergriffen von den Dramen Schillers und Goethes und der klassischen Dichtung Homers.
E.s eigenes poetisches Schaffen setzte in früher Jugend ein (erst 1906 jedoch erschien eine geschlossene Sammlung seiner Jugendgedichte). Als Zehnjähriger begann er kontinuierlich Tagebuch zu führen; als Zwanzigjähriger veröffentlichte er „Sagen und Märchen aus Oberschlesien". Seinen autobiographischen Roman — eine der ersten neueren zeitgeschichtlichen Großerzählungen der deutschen Literatur — gab Fr. de La Motte Fouqué 1815 heraus. Erst 1837 erschien eine eigene Sammlung der Gedichte E.s; die meisten waren zuerst als poetische Einblendungen in seinen Romanen und Märchennovellen, 1826 als Anhang „Lieder und Romancen" in der Erstveröffentlichung des „Taugenichts" bekannt geworden. E. hat nicht eigens für Kinder und Jugendliche geschrieben, doch sind zahlreiche seiner Gedichte seit etwa der Mitte des 19. Jh.s durch Lese- und Liederbücher in den Schulen, später durch Fahrtenliederbücher, hauptsächlich in der Jugendbewegung, geistiger Besitz der Jugend geworden, vor allem die volkstümlichen Strophen seiner bis in die Gegenwart immer neu vertonten und in mehrstimmige Chöre gesetzten Wander- und Naturlyrik, z. B.: „Wem Gott will rechte Gunst erweisen", „Durch Feld und Buchenhallen", „Es schienen so golden die Sterne", „Mich brennt's in meinen Reiseschuh'n", „Wer hat dich, du schöner Wald, aufgebaut so hoch da droben", „O Täler weit, o Höhen", „Komm, Trost der Welt, du stille Nacht" und das Lied enttäuschter Liebe: „In einem kühlen Grunde, da geht ein Mühlenrad". Einige Märchennovellen E.s, seit dem 19. Jh. ebenfalls Schullektüre geworden und bis heute empfohlen, wurden häufig in Ausgaben für die Schulen herausgebracht (s. W. Helmich: „Die erzählende Volks- und Kunstdichtung in der Schule", in: Handbuch des Deutschunterrichts, 1963; auch J. Antz: Führung der Jugend zum Schrifttum, ²1950); an der Spitze liegen bis heute: „Aus dem Leben eines Taugenichts", „Das Marmorbild", „Das Schloß Dürande", „Die Glücksritter"; auch wird E.s Lustspiel „Die Freier" (1833) häufig von Jugendlichen und als Laienspiel aufgeführt.
Lyrik und Prosa E.s wurden in viele Sprachen übersetzt. Eine deutschsprachige Jugend-Ausgabe „Aus dem Leben eines Taugenichts. Gedichte, Erzählungen, Briefe", betreut von D. Roth, eingeleitet von D. Fuhrmann, erschien in der Reihe „Kleine Schulbücherei" im Jugendverlag Bukarest (1967).

Margarete Dierks

→ Märchen, → Romantik

Werke: Ahnung und Gegenwart (1815); Das Marmorbild (1819); Aus dem Leben eines Taugenichts (1826); Das Schloß Dürande (1837); Gedichte (1837); Erzählungen (Bd. 1—4. 1841); Die Glücksritter (1841); P. Ernst (Hrsg.): Gesammelte Werke (Bd. 1—6. 1909—13; zus. mit H. Amelung); G. Baumann (Hrsg.): Neue Gesamtausgabe der Werke und Schriften (Bd. 1—4. 1957. u. 58; zus. mit S. Grosse).
Übers.: Don Juan Manuel: Der Graf Lucanor (1840).

Sekundärliteratur: H. Brandenburg: Joseph von Eichendorff (1922). — H. Frh. v. Eichendorff: Joseph von Eichendorff (1864, ³1924). — K. Frh. v. Eichendorff: Ein Jahrhundert Eichendorff-Literatur (1927). — F. Faßbinder: Eichendorffs Lyrik (1911). — W. Köhler: Josef von Eichendorff (1937, ²1942). — J. Kunz: Eichendorff (1951). — G. Möbus: Der andere Eichendorff (1960). — R. Mühlher: Eichendorffs Erzählung Aus dem Leben eines Taugenichts (1962). — J. Nadler: Eichendorffs Lyrik (1908). — P. Stöcklein: Eichendorff heute (1960); Joseph von Eichendorff (1963). — R. Wehrli: Eichendorffs Erlebnis und Gestaltung der Sinnenwelt (1938). *IJB*

Eigl, Kurt

*Österreichischer Schriftsteller, Kinder- und Jugendbuchautor; * 26. 12. 1911 Bad Aussee/Oberösterreich.*

Als Sohn eines Forstmeisters verlebte E. seine Jugendjahre auf dem Lande, später wohnte er in Kufstein und seit 1925 in Wien. 1936 promovierte er mit einer Dissertation über Cl. Brentano. Nach Vortragsreisen und freier Mitarbeit am Wiener Sender wurde E. 1938 Feuilletonredakteur und Theaterkritiker der „Wiener Neuesten Nachrichten". Von 1940—45 war er Soldat; von 1945—50 Spitalbeamter in Wien. 1951 kam er in den Stab der „Wiener Monatshefte" und zum Verlag Kremayr & Scheriau bzw. der Buchgemeinschaft Donauland als Werbeleiter und Lektor. Seit 1964 ist E. Cheflektor bei dem Verlag Fritz Molden.
Neben literarischen Arbeiten für Erwachsene (wie z. B. dem „Volksschauspiel vom armen Ferdinand Raimund", den Feuilletonbändchen „Verliebt in Kitzbühel", „Sommer in Salzburg" und „Überraschung Burgenland", dem Roman „Der pensionierte Jüngling" und dem Gedichtband „Ein Schiff aus Ninive") hat E. sich verdient gemacht durch die mustergültige Herausgabe der gesammelten Werke der österreichischen Autoren Fr. K. Ginzkey, M. v. Ebner-Eschenbach, P. Rosegger und P. v. Preradović. Als Kinderbuchautor wurde er 1960 für „Alle brauchen Moro" (1960), illustriert von W. Zeller-Zellenberg, mit dem Österreichischen Staatspreis ausgezeichnet.

Werk, Tendenzen, Wirkung. E.s Weg zum Jugendbuch begann mit der Bearbeitung und Neugestaltung von Sagen. So veröffentlichte er u. a. „Volkssagen aus aller Welt" (Wien 1953), „Deutsche Götter- und Heldensagen" (Wien 1953), „Die schönsten Sagen des klassischen Altertums" (Wien 1955). Es folgten nacherzählte Schelmengeschichten („Schalksnarren und Schelme", Wien 1957). Wie E. selbst sagt, sind in seine Kinder- und Jugendbücher Erlebnisse und Stimmungen seiner eigenen Kindheit eingeflossen, und seine beiden Kinder haben ihm viele Anregungen gegeben, besonders für seinen Mädchenroman „Meine große Schwester und ich" (Wien 1959) und sein erlebnishaftes Sachbuch „Das geflügelte Haus" (Wien 1958), das echtes Märchen mit heiterer Umweltgeschichte und Geographieunterricht in sich vereinigt.
E.s frischer Tonfall ohne Kraftmeierei, sein Geschick im Aufbau und die folgerichtige Entwicklung der Gestalten machen die Lektüre angenehm. Die Sorge füreinander ist das sozial positive Thema der Erzählung vom ungeschickten Elefantenkind „Bimbo Tolpatsch" (Wien 1963) und der von einem schwarzen Esel handelnden „Moro"-Bücher: „Alle brauchen Moro" (Wien 1960), „Moro im Zirkus" (Wien 1961), „Moro auf dem Campingplatz" (Wien 1962), „Moro geht auf Reisen" (Wien 1964).

Hans Eich

Werke: Das geflügelte Haus (1958); Meine große Schwester und ich (1959); Alle brauchen Moro (1960); Moro im Zirkus (1961); Moro auf dem Campingplatz (1962); Bimbo Tolpatsch (1963); Moro geht auf Reisen (1964); Die lustigen Heiligen Drei Könige (1965); Ulla und die große Schwester (1971).
Hrsg.: Deutsche Götter- und Heldensagen (1953); Volkssagen aus aller Welt (1953); Der neue Struwwelpeter (1955); Die schönsten Sagen des klassischen Altertums (1955); Schalksnarren und Schelme (1957); Rittersagen (1958).

Sekundärliteratur: E. Schmidt: Kurt Eigl (in: R. Bamberger (Hrsg.): Die Barke. 1965. 290—294).

Eipper, Paul

*Schriftsteller, Tierbuchautor; * 10. 7. 1891 Stuttgart, † 22. 7. 1964 Lochham b. München.*

E., der Sohn eines Schlossermeisters und Kunstschmieds, bildete sich als Autodidakt im Zeichnen und Malen aus (Tiermotive), begann seine Berufstätigkeit im Sortiments- und Verlagsbuchhandel, ging zum Kunsthandel über und war zuletzt Direktor im S. Fischer-Verlag. Seit 1931 übte E. seine Tätigkeit als naturforschender Schriftsteller, Hersteller von Tierfilmen, Mitarbeiter beim Funk, später auch Fernsehen, freiberuflich aus. Von 1952 an lebte er in Lochham b. München. E. wurde durch seine Tierbücher und zahlreichen Vorträge, als Förderer des Tier- und Naturschutzes im In- und Ausland bekannt. Er unternahm viele Studienreisen zu Tierstationen und durch Wildgebiete, reiste mit einem Zirkus durch Skandinavien und Holland und unternahm 1958 eine dreimonatige Expedition in die Rocky Mountains. Er erhielt viele öffentliche Auszeichnungen, 1961 die Ehrendoktorwürde der veterinärmedizinischen Fakultät der Justus-Liebig-Universität Gießen.

Werk, Tendenzen, Wirkung. Seit 1914 veröffentlichte E. Tier- und Naturschilderungen in Zeitschriften; 1928 erschien sein erstes Buch mit Fotos „Tiere sehen dich an"; im Kinder- und Schulfunk begann er mit seinen Sendungen 1926/27. In seinen Büchern, Sendungen, Filmen zeigte er das Tier als „Subjekt", nicht als ein „Objekt des Menschen". Mit seinen Darstellungen in Wort und Bild (Foto und Zeichnung) wollte er die Liebe zum Tier erwecken, die Ehrfurcht vor den Naturgesetzen, zum Schutz des Tieres und seiner Lebenswelt aufrufen und — *ein Vorläufer der Verhaltensforschung* — Eindrücke von der Lebenswirklichkeit des Tieres vermitteln. Er sprach mit packenden Tiergeschichten ebenso wie mit sachkundiger Auskunft über Tierwartung und -pflege Erwachsene und Jugendliche gleichermaßen an; sein erfolgreichstes Buch in deutscher Sprache war „Die gelbe Dogge Senta" (300 000 Expl.). Zahlreiche seiner Tierskizzen, Geschichten, Berichte und Darstellungen gingen in Schullesebücher und Sammelbände für die Jugend ein; von den Büchern erschienen Schulausgaben und Übertragungen in Blindenschrift (Die gelbe Dogge Senta; Dich ruft Pan). Die Gesamtauflage des E.-Œuvre wird mit nahezu 2 Mill. angegeben; einzelne Werke wurden in zahlreiche Sprachen übersetzt. 1934/1936 und 1954 bis einschl. 1958 erschienen eigene E.-Tierkalender. *Hans Rücker*

Werke: Tiere sehen dich an (1928); Zirkus (1930); Der Tierfreund reist (1935); Die gelbe Dogge Senta (1938); Das Haustierbuch (1938); Tierkreis der Liebe (1943); Paul Eipper erzählt (1950); Hundert Tage in den Rocky Mountains (1958); Die schönsten Tiergeschichten (1963);

Sekundärliteratur: P. Eipper: Ateliergespräche mit Liebermann und Corinth (1971); Die geschmiedete Rose (1961). — A. Portmann: Vorwort (in: P. Eipper: Wiedersehen mit meinen Tieren. 1966. 9—13). *IJB*

Eisgruber, Elsa

*Malerin, Kinderbuchillustratorin; * 22. 3. 1887 Nürnberg, † 1. 12. 1968 Berlin.*

E. (verh. SCHROTT-FIECHTL) signierte immer unter ihrem Mädchennamen EISGRUBER. Sie betrieb bildhauerische Studien bei H. PERATHONER an der Städtischen Kunstgewerbeschule West in Berlin-Charlottenburg und studierte an den Kunsthochschulen in Nürnberg und München. Zur Malerin bildete sie sich als Autodidaktin aus. Sie war mit ihren Werken auf der Weltausstellung in Chicago (1933) sowie in Kollektiv-Kunstausstellungen in der Galerie Gurlitt (Berlin 1936) und der Galerie Schüler (Berlin 1948) vertreten. 1953 erhielt E. den Kunstpreis der Stadt Berlin. E. war Mitglied der Graphischen Akademie in Leipzig.
In ihren meist religiösen Bildern bevorzugte E. die Darstellung der Mutter Gottes in der Liebe zu ihrem Kind, oft umgeben von zahlreichen Kindern, Tieren, Insekten und Pflanzen. Kleine Bildformate, Feinheit des Strichs, geschlossene Komposition sowie hauchzarte Farben sind charakteristisch für E.s Malerei.
Neben Madonnenbildern schuf E. eine Reihe künstlerisch gestalteter Stundenpläne, Kalenderblätter sowie Blätter für Glückwunschtelegramme der Deutschen Reichspost.

Werk, Tendenzen, Wirkung. E.s Vorliebe für die Darstellung von Kindern, Tieren, Blumen und Gräsern führte sie schon bald nach Beginn ihres künstlerischen Schaffens zur Gestaltung von Bilderbüchern. Ihr erstes Bilderbuch „Die Elfen" erschien 1922. Das Märchen von L. TIECK bot der Künstlerin eine günstige Gelegenheit zum detaillierten Ausmalen von Tieren, Blumen und Gräsern.

Vom Mäuschen und Mettwürstchen (Oldenburg 1924). E. Eisgruber illustrierte eine große Zahl von Märchen, u. a. auch das „Vom Mäuschen und Mettwürstchen", das durch die zarten Pastellfarbtöne und die phantasievolle Gestaltung auffällt. Die Abbildung zeigt die erste Seite des in der Reihe der „Nürnberger Bilderbücher" erschienenen Bandes.

Überhaupt zeigte E. bei der Auswahl ihrer Textvorlagen eine Vorliebe für die Märchen der Romantiker. 1924 folgte das Bilderbuch „Vom Mäuschen und Mettwürstchen", die Wurst wird hier vermenschlicht und karikiert. „Das Hausgesinde" (1925) behandelt die Haustiere stark stilisiert, wobei das Wesentliche ihrer Eigenart so stark dominiert, daß darunter die Natürlichkeit der Darstellung leidet. Im gleichen Jahr brachte E. das Bilderbuch „Das Männlein in der Gans" nach dem Scherzgedicht von FR. RÜCKERT in Leporelloform heraus, das erheblich lebendiger als „Das Hausgesinde" wirkt. 1926 und 1928 erschienen die der Darstellung von Kinderspielen gewidmeten beiden Bilderbücher „Sause, Kreisel, sause" (Der Kinderspiele erstes Buch) und „Rosmarin und Thymian" (Der Kinderspiele zweites Buch). Im Jahr 1934 zeichnete E. die Bilder zu dem Büchlein „Die Krabbelstube" von J. HUBER. 1935 illustrierte die Künstlerin eine Auswahl von

Romantikermärchen, die unter dem Titel „Die Fahrt ins Wunderland" herauskamen. K. IMMERMANNS „Tulifäntchen der Zwergheld" diente E. 1936 als Vorlage für ein Bilderbuch, das auch nach 1945 wieder angeboten wurde.

1943 erschien das bis heute immer wieder aufgelegte Bilderbuch „Liebe Sonne, liebe Erde" mit Gedichten von CHR. MORGENSTERN. Nach dem Zweiten Weltkrieg entwarf E. noch die Bilderbücher „Romantisches Märchen" (1945) nach dem Text von J. v. EICHENDORFF sowie „Von Baum und Blume, Kind und Tier" (1953) mit Versen von S. WINTGEN.

Christian Morgenstern: Liebe Sonne, liebe Erde (Oldenburg 1943). E. Eisgruber schuf Bilder zu Versen von Morgenstern, die — im Jahre 1906 geschrieben — als „Kinderliederbuch" unter dem Titel „Liebe Sonne, liebe Erde" im Jahre 1943 erschienen sind. Charakteristisch für den Stil des Werkes ist die hier abgebildete Szenerie, in der — einer Idee des Gedichts „Der Frühling kommt bald" entsprechend — der Winter in personifizierter Form auftritt.

E. zeichnete ihre Bilderbücher alle mit dem Bleistift, zur Farbgebung benutzte sie Aquarellfarben, als Grund verwandte sie meistens Kreide auf Holz.

Das Spiel von Farbe, Licht und Schatten ist für E. zweitrangig; die Farben, obwohl unwirklich zart, verstärken die Charakteristik der Form. Dabei zeichnete E. keineswegs sklavisch die Natur nach, sie formte vielmehr nach eigenwilligen Stilvorstellungen die Dinge zu einer ihren Vorstellungen entsprechenden Gesamtkomposition und Idee. Die Kinder, die E. zeichnete, erscheinen oft ganz eigentümlich steif, mit gebauschten Kleidern, schematisch puppenhaften Gesichtern, die trotzdem sehr ausdrucksvoll sein können (so vor allem in den beiden Bilderbüchern „Sause, Kreisel, sause" und „Rosmarin und Thymian") und zeigen so stilistisch, auch im weitgehenden Verzicht auf Hintergrund, Verwandtschaft zur fernöstlichen Malerei. Oft benutzte E. die Kinderfiguren als Spiegel seelischer Regungen, die sich in Haltung und Gesicht der Kinder deutlich als Gefühle des Erschreckens, der Freude, der Frömmigkeit, der Trauer, der stillen Versenkung in eine Tätigkeit zeigen. In den meisten ihrer Bilderbücher bezieht E. die Schrift als graphisches Element in ihre bildnerischen Darstellungen ein.

Das bewußt Naive ist künstlerisch so geformt, daß die ästhetische Erfahrung des Kindes kaum ausreichen kann, um es zu begreifen. Man muß sich daher fragen, ob sich E.s Bilderbücher nicht mehr an kunstsinnige Erwachsene als an Kinder im Bilderbuchalter wenden. *Helmut Müller*

Ill.: L. Tieck: Die Elfen (1922); E. Eisgruber: Vom Mäuschen und Mettwürstchen (1924); E. Eisgruber: Das Hausgesinde (1925); F. Rückert: Das Männlein in der Gans (1925); Sause, Kreisel, sause (1926); S. Wilmanns: Die Spielratzen (1927); E. Eisgruber: Rosmarin und Thymian (1928); Die heiligen drei Könige (1932); Weihnachtskrippe (1932); J. Huber: Die Krabbelstube (1934); Die Fahrt ins Wunderland (1935); K. Immermann: Tulifäntchen der Zwergheld (1936); Chr. Morgenstern: Liebe Sonne, liebe Erde (1943); J. v. Eichendorff: Romantisches Märchen (1945); J. u. W. Grimm: Die sieben Raben (1947); J. u. W. Grimm: Die Gänsemagd (1947); S. Wintgen: Von Baum und Blume, Kind und Tier (1953).

Sekundärliteratur: K. H. Frenzel (Hrsg.): Gebrauchsgraphik 1935 (1935). — M. Fuchs: Elsa Eisgrubers Kunst (in: Hochland. 29. Bd. 2. 1932. 380—382). — V. Merkelbach: Tendenzen im Bilderbuch der Zwanziger Jahre (in: K. Doderer u. H. Müller (Hrsg.): Das Bilderbuch. 1973. 273—314).

Ekström, Elisabeth

*Dipl. Bibliothekarin, Dozentin, Lektorin u. Rezensentin; * 7. 6. 1928 Hamburg.*

Nach der Ausbildung zur Dipl. Bibliothekarin trat E. in den kommunalen Bücherdienst bei den Hamburger Öffentlichen Bücherhallen ein, wo sie seit 1960 als Lektorin für Kinder- und Jugendliteratur arbeitet. E. ist seit mehreren Jahren zudem Dozentin für Kinder- und Jugendliteratur im Fachbereich Bibliothekswesen an der Fachhochschule Hamburg. Neben ihrer beruflichen Tätigkeit war E. in der Zeit von 1956—60 Geschäftsführerin des Arbeitskreises für Jugendliteratur sowie von 1962 bis 1965 Rezensentin für Kinder- und Jugendliteratur in der Tageszeitung „Die Welt" und deren Literaturbeilage „Welt der Literatur". Ferner gehört E. zur Redaktion des Katalogs „Bücher für die junge Generation".

Elementarbuch

Im allgemeinen Sprachgebrauch ist E. heute ein Sammelbegriff für Schul-, Lehr- und Sachbücher, die in Natur- und Geisteswissenschaften, Fremdsprachen, Berufe, in Handwerke und Hobbys einführen. Sie vermitteln auf dem jeweiligen Gebiet erste („elementare") Kenntnisse und leiten zur Praxis an. E.er für Kinder sind in der Regel reich illustriert und im sprachlichen Ausdruck einfach gehalten. Eine besondere Gruppe bilden die E.er der Kulturtechniken, die als erweiterte ABC-Bücher, Fibeln und als Lesebücher für Elementarklassen nach Erkenntnissen der Grundschuldidaktik und der Lernpsychologie aufgebaut sind und in den Schulen benutzt werden.

Die E.er als Schulbücher wie die Realien- und Sachbücher für die Jugend verdanken ihre Entstehung einem Typus „E. für die Jugend", der in der Spätaufklärung zur Verbesserung des Schulwesens in Deutschland von J. B. Basedow geschaffen wurde („Anfang der Arbeit am E.", 1769) und noch im 18. Jh. eine Reihe ähnlicher oder doch nach Anlage verwandter Bücher nach sich zog. Sie bilden das mittlere Glied in der Entwicklung vom „Orbis pictus"-Typus, den J. A. Comenius schuf (1658), zu den neueren bebilderten Realien-, Sach- und Nachschlagewerken sowie den Sach-Bilderbüchern für Kinder und Jugendliche.

E. für die Jugend im 18. Jh.: 1. Das „Elementarwerk" von J. B. Basedow. Bereits in seiner Schrift „Philalethie" (Bd. 1 u. 2. 1764) forderte Basedow zur Verbesserung des Unterrichts elementarische Lehrbücher in gleicher Wendung der Aufklärungspädagogik zur Unterrichtspraxis wie La Chalotait in Frankreich („Essai d'éducation nationale ou plan d'études pour la jeunesse", 1763). Beide scheinen unabhängig voneinander zu dieser schulpädagogischen Forderung und dem Begriff E. gekommen zu sein. In seiner Schrift „Vorstellung an Menschenfreunde. Mit einem Plane eines E.s der menschlichen Erkenntnis" appellierte Basedow 1768 an eine europäische Öffentlichkeit und gab die Hauptprinzipien eines solchen Buches zu Unterrichtszwecken an (§ 58): nach „elementarischer Ordnung" verfaßt, sollte das Buch a) die Kinder fortschreitend *vom Leichten zum Schwereren* führen, b) ihnen mittels *Anschauung durch Abbildungen* engste Verbindung von Sach- und Wortkenntnis bieten; es sollte c) in den ersten Lebensjahren des Kindes einen *„spielenden Unterricht"* ermöglichen und d) durchgehend in allgemeinverständlicher Schreibart gehalten sein. 1770 erschien „Des E.s für die Jugend und für ihre Lehrer und Freunde in gesitteten Ständen erstes (bzw. zweites und drittes) Stück", zugleich in deutscher, französischer und lateinischer Sprache. Es blieb hinter den geweckten Erwartungen weit zurück. Basedow selbst übte öffentlich Kritik daran (vgl. „Hannoverisches Magazin" v. 28. 12. 1770, „das Werk ist unvollkommen"). In gründlicher Bearbeitung dieses ersten Wurfes schuf er ein vierbändiges Œuvre, dem er die Bezeichnung „Elementarwerk" gab und für dessen einhundert Bildertafeln er den berühmtesten Kupferstecher der Zeit D. Chodowiecki und dessen Mitarbeiter gewonnen hatte — übrigens die erste künstlerische Illustration eines Buches für die Jugend. Mitarbeiter an den Texten war Chr. H. Wolke (1741—1825), der auch Basedows Mitarbeiter am Philanthropin zu Dessau wurde und 1781/82 eine Beschreibung sämtlicher zum Elementarwerk gehörender Kupfer in deutscher, französischer und lateinischer Sprache herausgab. Der von Basedow gewählte Titel präsentierte die pädagogische Absicht im Geiste der Aufklärung, Bildung auf jeglicher Altersstufe zu erweitern: „Des Elementarwerks erster Band, zweiter Band, dritter Band, vierter Band. Ein geordneter Vorrath aller nöthigen Erkenntniß. Zum Unterrichte der Jugend, von Anfang bis ins academische Alter. Zur Belehrung der Eltern, Schullehrer und Hofmeister. Zum Nutzen eines jeden Lesers, die Erkenntniß zu vervollkommen". Das Werk erschien „mit Chursächsischem gnädigsten Privilegio" bei S. L. Crusius, Dessau, im August 1774. Mit voraufgegangenen Auszügen, „Kleines Buch für Kinder aller Stände" und „Kleines Buch für Eltern und Lehrer aller Stände" (beide 1771), hatte Basedow für Idee und Methode seines Elementarwerks abermals geworben, so daß es schnell Verbreitung fand. Bildern und Texten liegt wie dem „Orbis sensualium pictus" des Comenius das didaktische Prinzip der Veranschaulichung von Welt und Wissen, von Realien, Moral und Glaubensinhalten zugrunde. Jedoch bahnte Basedow gegenüber Comenius den modernen Weg der Welterschließung vom Kinde aus an, indem er „elementarisch" in der nächsten Umwelt des Kindes und bei seinen Bedürfnissen beginnt (Tafel 1—3 und 1. Hauptstück: Hunger und Durst, Speise und Trank) und es über „Wohnung" und „Spiele" zur Fülle der Welt, der Naturereignisse, Sachverhalte und Werte (Toleranz!) einschl. verschiedener Denkweisen in Glaubenslehren führt. Jedoch hielt er die Methode „vom Leichten zum Schweren" nicht konsequent durch und empfahl schließlich den jeweiligen Erziehern und Lehrern eine den Kindern gemäße Auswahl aus den angehäuften Stoffen selbst zu treffen. Zuweilen entsprechen die vorher gedruckten Texte nicht den später entworfenen Bildern. Häufig ist auf jeweils einer Bildtafel ein unverbundenes Nebeneinander verschiedenartigster Gegenstände und Vorgänge zu sehen. Der heftigen Kritik, die bei diesen Mängeln ansetzte (vgl. auch die J. W. Goethes in „Dichtung und Wahrheit", 3. Teil, 14. Buch), hielt Basedow die „Mannigfaltigkeit der Natur und der Erfahrung, welche wir im Unterricht nachahmen müssen", entgegen („Vorschlag und Nachricht von der Verbesserung des Schulwesens", 1770). Für den enzyklo-

Kupfersammlung

zu

J. B. Basedows

Elementarwerke

für die Jugend und ihre Freunde.

Erste Lieferung in 53 Tafeln.

Zweyte Lieferung in 47 Tafeln von L bis XCVI.

RECUEIL D'ESTAMPES
relatives au
MANUEL ÉLÉMENTAIRE
D'ÉDUCATION
PAR
JEAN BERNARD BASEDOW
destinées
A L'USAGE DES JEUNES GENS ET DE LEURS AMIS.

TABULARUM ÆNEARUM
COLLECTIO
AD
JOANNIS BERNHARDI BASEDOVII
OPUS ELEMENTARE
IN USUM
JUVENTUTIS ET ILLIUS AMICORUM.

Nebst dem Methodenbuche und dem Elementarwerke in X Büchern zu haben bey S. L. Crusius in Leipzig, auch bey dem Verfasser und seinen Freunden.

Berlin und Dessau 1774.

Johann Bernhard Basedow: Kupfersammlung zu J. B. Basedows Elementarwerke (Berlin, Dessau 1774). Das dreibändige Elementarwerk bot einen „Vorrath der besten Erkenntnisse zum Lernen, Lehren, Wiederholen und Nachdenken", dazu einen Bildband mit 100 Kupfertafeln von und nach D. Chodowiecki u. a. Dieses Werk stellt eines der frühen, sehr umfassenden Anschauungsbücher für Kinder dar, dessen Elementarwissen nach einem didaktischen Plan sinnvoll geordnet ist.

pädischen Charakter des Werkes erschien es ihm natürlich, daß „von tausend Dingen etwas und doch von keinem anfangs alles vorkomme". Basedow hat das „Elementarwerk" als „Werkzeug des erziehlichen Unterrichts" und zur Verbesserung der Lernmethoden im philanthropischen Sinne geschaffen. Demgemäß standen die „Realien" im Vordergrund, wurde nur leicht in Moral und „natürliche Religion" eingeführt, dafür aber „Aufklärung" auch in der Beziehung der Geschlechter zueinander und über Ehe, Schwangerschaft und Geburt gegeben. Neben zustimmenden Rezensionen zu Form und Inhalt des Basedowschen Werkes (u. a. in „Archiv der Erziehungskunde für Deutschland", 1791; „Charakteristik der Erziehungsschriftsteller Deutschlands", 1790; J. S. Stoy: „Taschenbuch für Kinder und Kinderfreunde", 1781) erschienen ablehnende und herabsetzende Kritiken. E. Chr. Trapp umriß in seiner Schrift „Vom Unterricht überhaupt" (1787) die ganze Problematik, die sich dem Verfasser eines E.s entgegenstellt mit den Fragen der Auswahl aus der Fülle des Stoffes für welche Altersstufen (Kinder, „die noch nicht oder die schon lesen und schreiben können"), des Überganges zu den „nicht sinnlichen Kenntnissen" und den Fragen der Anordnung des Stoffes. Die „Stufenfolge des Leichteren und Schwereren" scheint ihm die richtige „Grundidee eines brauchbaren Elementarwerks" zu sein, und für erforderlich hält er es ebenfalls, „jeweils ein Methodenbuch und ein Materialienbuch zu schaffen". Nachdem Basedow mit seinem „Elementarwerk" ein Beispiel so grundsätzlicher Art gegeben hatte, konnten Planer und Herausgeber, die nach ihm an die Arbeit gingen, bereits Erfahrungen und Kritik berücksichtigen.

2. *Chr. G. Salzmanns „Moralisches E.".* 1782/83 gab Salzmann ein „Moralisches E." heraus, das Basedow in der Beurteilung als Buch für Kinder neben die Schriften von C. F. Weisse, Wolke, J. H. Campe und Fr. E. v. Rochow stellte. Salzmann hatte in den 2. Teil außer eigenen Erzählungen auch Texte dieser Autoren aufgenommen. 1785 schrieb er eine Erläuterung „Ueber die Absicht und den nützlichen Gebrauch des moralischen E.s". Er hatte es ursprünglich unter dem Titel „Erste Grundsätze der Religion in Kindersprache übersetzt" herausgeben wollen, da er Moral als den Ansatzpunkt

D. Chodowiecki del. Tab: XX. Schleuen fc.

Johann Bernhard Basedow: Elementarwerk (Berlin, Dessau 1774) Die abgebildete Tafel Nr. 20 aus der Kupfersammlung, die von D. Chodowiecki in vier Einzelbildern aufgeteilt wurde, vermittelt mit den dargestellten Szenen einen lebendigen Eindruck von Arbeitsvorgängen bei damaligen Handwerkern.

der christlichen Religion im Kindesalter sah. Seine Methode ist die der kurzen moralischen Erzählung, auch der längeren zusammenhängenden Geschichte. „Memorieren und Herstammeln unverstandener Worte" verleiden dem Kinde den Religionsunterricht, eine Auffassung, die auch BASEDOW vertrat, der SALZMANNS E. als Ergänzung aus christlicher Perspektive der allgemein monotheistischen „natürlichen" Religion, wie er sie Kindern in seinem „Elementarwerk" dargestellt hatte, ansah. Durch die thematische Begrenzung anstelle des enzyklopädischen Grundgedankens konnte SALZMANNS Werk den Forderungen BASEDOWS an ein E. besser entsprechen, als es sein eigenes Werk getan hatte. Auch ist SALZMANNS Sprache kindgemäßer, erzählender, frischer im Ton. 1785 u. 87 erschien die 2., 1794 u. 96 die 3. Aufl. des „Moralischen E.s", zu dem inzwischen CHODOWIECKI ebenfalls Bildtafeln geschaffen hatte, die Momente der Erzählung veranschaulichen. Die Bilder konnten einzeln aufgeklebt und ins Zimmer gehängt werden zu längerer Anschauung. Nach SALZMANN helfe dies, „gute Gesinnung" zu bilden. Dieser methodische Schritt und seine Interpretation leiten vom E. zum Anschauungsunterricht auf der Elementarstufe über, wie er nach 1800 in zahlreichen Schulen üblich wird. SALZMANNS E. erschien 1791/92 in einer dreibändigen Übersetzung ins Englische: „Elements of Morality for the use of children, with an Introductory to Parents". Eine neue Übersetzung fertigte M. WALLSTONECRAFT 1796 an. Sie erschien ohne Bilderteil in Schnepfenthal 1796.

3. Stoys „Bilder-Akademie" als E. Eine Verknüpfung des religionspädagogischen Anliegens mit dem enzyklopädischen Gedanken versuchte J. S. STOY in dem als E. konzipierten Titel „Bilder-Akademie für die Jugend. Abbildung und Beschreibung der vornehmsten Gegenstände der jugendlichen Aufmerksamkeit" (1784). In der Gestaltung des Textes ist der Verfasser von den Bildern ausgegangen, die auf 52 Tafeln unter je einem Motiv aus der biblischen Geschichte zusammengestellt sind. Der Text, nach 9 Abteilungen gegliedert, bietet nach jeweils einem Abschnitt aus der biblischen Geschichte „etwas aus dem allgemeinen Leben" aus der „Weltgeschichte", aus der Natur, aus Berufen, im vorletzten Abschnitt eine „mythologische Vorstellung", zuletzt eine moralische Erzählung.

4. Das Hallesche „Elementarwerk". Das nach systematischem Lehrplan aufgebaute E. wurde in Halle 1780—87 in vierzehn Bänden herausgegeben von CHR. G. SCHÜTZ (1747—1832) und D. J. S. SEMLER, „Neues Elementarwerk für die niederen Klassen lateinischer Schulen und Gymnasien", dessen 3. Teil, ein „Deutsches Lesebuch für die unterste Klasse nebst den Anfangsgründen der deutschen Sprachkunst und Kinderlogik" (Halle, 1780), vorwiegend poetische Stücke zeitgenössischer und älterer Autoren enthält. SCHÜTZ, der zu den schärfsten Kritikern des BASEDOWschen Elementarwerks gehörte (s. Vorbericht „Neues Elementarwerk"), hat keine Illustrationen aufgenommen und setzte seine Texte in wesentlichen Punkten gegenüber denen BASEDOWS ab: SCHÜTZ geht nur auf die christlichen Konfessionen ein und ist anderem Glauben gegenüber weniger objektiv; er vertritt den pädagogischen Wert altsprachlicher Autoren für junge Schüler; er fügt grammatischen Unterricht zum Zwecke der intellektuell formalen Schulung ein; er geht in der sexuellen Aufklärung nicht so weit wie BASEDOW und andere Philanthropen, für die die Belehrung über Geschlechtsleben, Schwangerschaft und Geburt einen Teil des Schulpensums ausmachte. Waren die E.er von BASEDOW, SALZMANN und STOY für Kinder aller Stände und ohne Unterschied im Hinblick auf öffentlichen oder privaten Unterricht geschaffen, so begrenzten SCHÜTZ/SEMLER ihr E. als Lehrbuch für die Lateinschulen und systematisierten den Stoff nach dem Lehrplan. Zwar erfüllten sie die formalen Forderungen BASEDOWS an ein E. in Aufbau und Textgestaltung konsequenter, kehrten aber zum Typus des bildlosen Schulbuches zurück.

5. Weitere Titel. Ohne Beziehung zu BASEDOWS Forderungen an ein E. erschien 1770 in Nürnberg (bei G. N. Raspe) ein 288 S. starker Oktavband „Versuch eines E.s für Kinder durch Abbildung der merkwürdigsten Dinge und derselben deutschen, lateinischen, französischen und italiänischen Benennungen". Es ist eine Art Bildwörterbuch, das auf jeder Seite zwei Leisten briefmarkengroßer Holzschnitte und die zugehörigen Vokabeln in vier Sprachen bietet, dazu am Fuße jeder Seite ein Sprichwort in deutscher und lateinischer Sprache. In der Stoffanordnung, von der Schöpfung nach der Bibel ausgehend, lehnt es sich an den „Orbis pictus" an. Andere Werke vermieden die Bezeichnung E., standen aber entschieden in der Nachfolge von BASEDOWS Elementarwerk wie „Eine kleine Bilder-Academie für leselustige und lernbegierige Söhne und Töchter" (1793) oder auch „Erste Kenntnisse für Kinder von der Buchstabenkenntniß an bis zur Weltkunde" (1783) von CHR. H. WOLKE. In der Folge der Zeit schwand der Begriff E. aus der außerschulischen Kinder- und Jugendliteratur und bezeichnete, nach Schularten differenziert, nicht illustrierte Schul- und Lehrbücher der Anfangsgründe in der Art des Elementarwerks von SCHÜTZ/SEMLER. Die Funktion des Bildes pflegten „illuminierte" oder Bilderbücher, die wie das „Bilderbuch für Kinder" von F. BERTUCH (1790ff.) außerunterrichtlich Unterhaltung und Belehrung für die Kinderstube verbanden. Das E. in seinen verschiedenen Spielarten zwischen 1770 und 1800 war Anreger und Förderer verschiedener Formen der Schul- und Privatlektüre für Kinder und Jugendliche im 19. Jh.

Margarete Dierks

→ ABC-Buch, → Anschauungsbuch, → J. B. Basedow, → J. A. Comenius, → Moralische Geschichte, → Philanthropinismus, → Chr. G. Salzmann, → J. S. Stoy

Sekundärliteratur: J. B. Basedow: Vom Gebrauch und Mißbrauch des Elementarwerkes (in: J. B. Basedow: Elementarwerk. Bd. 1. 1774). — D. Jenisch: Geist und Charakter des 18. Jh.s (Tl. 1—3. 1799—1801).

Verlag Heinrich Ellermann

München. Derzeitiger Leiter: Chr. Spangenberg (* 1928).
Hauptsächliche Verlagsgebiete im Bereich der Kinder- und Jugendliteratur: Bilderbücher, Leporellos und illustrierte Ausgaben klassischer Kinder- und Jugendbücher (u. a. Grimms Märchen).
Autoren: E. Borchers, A. Hopf, G. Oberländer, L. Schwarz u. a.
Illustratoren: M. E. Agostinelli, D. Blech, L. Fromm, A. Hopf, G. Oberländer, G. Stiller u. a.
Verlagsgeschichte: Dr. H. Ellermann (* 1905) gründete den Verlag 1934 und leitete ihn bis 1967. Im gleichen Jahr bildete er mit der Nymphenburger Verlagshandlung eine Verlagsgemeinschaft. In ihr führt der Verlag Heinrich Ellermann auf dem Kinderbuchsektor ein eigenes Programm weiter.

Ellert, Gerhart

*(d. i. Gertrud Schmirger). Österreichische Schriftstellerin, vorwiegend historischer Romane, auch für Jugendliche; * 26. 1. 1900 Wolfsberg/Kärnten.*

Nach Studien an der Universität Graz widmete E. sich vorwiegend der Führung eines kleinen Obstgutes und schrieb hauptsächlich im Winter. Ebenfalls im Winter unternahm sie seit ihrem 23. Lebensjahr ausgedehnte Reisen durch Europa, Nordafrika, Syrien, Kleinasien, Irak, Iran, Israel, USA, Süd- und Mittelamerika. E. schreibt vorwiegend historische Romane für Erwachsene und junge Menschen. Viele ihrer Jugendbücher standen auf den Ehrenlisten zum Österreichischen Staatspreis. „Auf endlosen Straßen" (1959) erhielt 1959 sowohl den Österreichischen Staatspreis für Jugendliteratur wie auch den Jugendpreis der Stadt Wien. 1962 wurde das Buch in die Ehrenliste zum Hans-Christian-Andersen-Preis aufgenommen.

Werk, Tendenzen, Wirkung. Durch die spannende und zugleich einfache Darstellungsweise kommt E. dem jugendlichen Leser besonders entgegen. Manchmal erreicht sie eine besondere Jugendnähe, indem sie ein Stück Geschichte aus dem Erlebnishorizont eines jungen Menschen heraus darbietet, der in der Ich-Form von dem Geschehen berichtet, wie z. B. in „Der Goldschatz im Römerlager“ (1956) und in „Alexander der Große“ (1959). In der Form stehen E.s Romane dem klassischen Geschichtsroman nahe, wie er durch W. SCOTT geprägt worden ist. E. geht zwar einen Schritt weiter und läßt mitunter auch historische Persönlichkeiten in die Handlung eingreifen, im allgemeinen aber stellt sie Zeitgenossen großer Persönlichkeiten in den Mittelpunkt der Erzählung.
In allen Werken E.s steht das kulturelle Wachsen und Werden einer Zeit im Mittelpunkt. Kriegs- und Schlachtenschilderungen werden soweit wie möglich vermieden. Die Auswirkungen des Krieges spiegeln sich aber im Elend der Flüchtlinge, in Leid und Not der Besiegten und Bedrohten.
E. begnügt sich nicht mit der Schilderung der Vergangenheit, sondern versucht, den Leser zum Verständnis der geschichtlichen Zusammenhänge zu führen. Die Vergangenheit kennen, um die Gegenwart zu verstehen, ist das Motto ihrer Arbeit.

Lucia Binder

Werke: Mauern um Rom (1955); Kreuzritter (1955); Der Goldschatz im Römerlager (1956); Das blaue Pferd (1958); Auf endlosen Straßen (1959); Alexander der Große (1959); Propheten, Könige und Kalifen (1960); Gregor der Große (1961); Die Katze der Herzogin (1961); Columban der Ire (1968).

Sekundärliteratur: R. Bamberger (Hrsg.): Der österreichische Jugendschriftsteller und sein Werk (in: Die Barke. 1965. 294—302).

Elliott, Lawrence

*Schriftsteller; * 18. 1. 1924 Brooklyn.*

Nach seiner Schulzeit an der High School Brooklyn studierte E. am City College New York (1941 bis 1942, 1946—50) und machte den Abschluß als Bachelor of Social Science. Seinen Wohnsitz mit seiner Familie nahm er in Long Island/New York. Als Mitarbeiter der Zeitschrift „Coronet“ begann er 1948 zu publizieren, gab 1954 die Mitherausgeberschaft an dieser Zeitschrift auf und ist seitdem als freier Mitarbeiter für verschiedene Zeitschriften tätig. Im Auftrag der Redaktion von „Reader's Digest“ bereist er seit 1959 regelmäßig Alaska und Kanada. Für sein Buch über G. W. CARVER, das 1966 in den USA erschien (dt. Der Mann, der überlebte. George W. Carver und sein Werk, 1969), wurde er mit dem Preis für das Jugendsachbuch im Deutschen Jugendbuchpreis 1970 ausgezeichnet. Anteil daran erhielt der Übersetzer H.-G. NOACK.

Bedeutung für die Jugendliteratur. E. hatte sich mit einer Erzählung („A little girl's gift“) bereits den Schwierigkeiten zugewendet, die oft der Entfaltung eines jungen Menschen entgegenstehen. Dies könnte ihm auch Ansatz zur Darstellung von Persönlichkeit und Lebenswerk CARVERS gewesen sein, des ersten Negers, der — am 5. 1. 1943 gestorben, Geburtsdatum unbekannt — sich in den USA als Gelehrter, Forscher und Praktiker der Agrikultur durchsetzte, in dieser Wissenschaft internationalen Ruf erlangte und als Landwirtschaftsminister ein Mann öffentlicher Wirkung und Anerkennung wurde. E. schildert packend die Schwierigkeiten, Demütigungen und aussichtslos erscheinenden Situationen, die CARVER als Neger, der lernen und studieren wollte, überwinden mußte; dabei macht E. einen interessanten und krisenreichen Abschnitt der amerikanischen Geschichte sichtbar, in ihr besonders eine Phase des Farbigen-Problems. Das biographische und zeitgeschichtliche Material ist von E. erzählerisch wirkungsvoll aufgearbeitet. Nach Form und Sprache heute als „Jugendsachbuch“ charakterisiert, treffen die älteren Bezeichnungen für den Typus dieses jugendgemäß geschriebenen Buches — „Lebensbild“ und „biographische Erzählung“ — gleichfalls zu.

Margarete Dierks

Werke: A little girl's gift (1963); George Washington Carver: The man who overcame (1966; dt. Der Mann, der überlebte, 1969). *IJB*

Ende, Michael

*Kinderbuchautor, Schriftsteller, Schauspieler; * 12. 11. 1929 Garmisch-Partenkirchen.*

E., Sohn des surrealistischen Malers E. ENDE, ließ sich nach dem Schulbesuch zum Schauspieler ausbilden (Stipendium an der Otto-Falckenberg-Schauspielschule) und spielte ab 1951 an verschiedenen Provinztheatern. Seit 1954 arbeitet E., in München ansässig, als freier Schriftsteller. Durch den Bayerischen Rundfunk und Münchner literarische Kabaretts wurde er bekannt. Für sein erstes Kinderbuch „Jim Knopf und Lukas der Lokomotivführer“ wurde E. 1961 mit dem Deutschen Jugendbuchpreis, Kinderbuch, ausgezeichnet. 1962 wurde dieses Buch in die Ehrenliste des Hans-Christian-Andersen-Preises aufgenommen. 1974 erhielt E. für seinen Märchenroman „Momo“ (1973) den Deutschen Jugendbuchpreis.

Werk, Tendenzen, Wirkung. „Jim Knopf und Lukas der Lokomotivführer“, 1960 erschienen (^{15}1972), war bereits 1954 im Manuskript vollendet und, nach des Autors eigenen Worten, nicht ausdrücklich als Kinderbuch konzipiert. Die phantastische Geschichte der abenteuerlichen Reisen des Lokomotivführers Lukas von der Insel Lummerland mit seiner Lokomotive Emma und dem schwarzen Findelkind Jim fand Fortsetzung und Abrundung

Michael Ende: Jim Knopf und Lukas der Lokomotivführer (Stuttgart 1960). F. J. Tripp zeichnete diese karikaturartigen Portraits zu der Geschichte von Jim Knopf und Lukas, die Ende mit dem bedeutungsvollen Hinweis versah: „Achtung! Das Lesen dieses Buches ist Erwachsenen nur in Begleitung von Kindern gestattet. Zuwiderhandlungen auf eigene Gefahr".

mit dem Buche „Jim Knopf und die wilde 13" (1962, ¹²1972). Die beiden Bände sind zusammen ein für die *abenteuerlich phantastische* Erzählung der Nachkriegszeit typisches Werk, nach Handlungsraum (über Meere, Kontinente und Pole bis zum „Land, das nicht sein darf") und nach mythisch-märchenhafter Dimension (Jim als letzter Nachkomme des Mohrenkönigs Kaspar aus der Christgeburtsgeschichte, die Figuren eines Halbdrachen, eines Scheinriesen, einer Seejungfrau, einer chinesischen Prinzessin, Einbeziehung naiv kurzschlüssiger physikalischer und technischer Vorgänge) auf „Universalität" angelegt. B. Hürlimann hebt hervor, daß sich in diesem Text „Spannung und wahre Poesie, Märchenhaftes und reale Welten, witziger Dialog und lustige Charakterzeichnungen in einzigartiger Weise vermischen" („Europ. Kinderbücher", ²1963, S. 84). Mit den Illustrationen von F. J. Tripp hatten beide Bücher großen Erfolg. Sie wurden in viele, europäische und außereuropäische, Sprachen übersetzt und als Fernseh-, Marionetten- und Funkspiel im In- und Ausland bearbeitet. Die Spielzeugindustrie benutzte Figuren der Erzählung als Vorlage für Gesellschaftsspiele. Eine Brief-Aktion „Kinder schreiben an Lukas, den Lokomotivführer" spiegelte die psychologische Aktualität beider Bücher für die Altersstufen zwischen 9 und 13 Jahren. — Eine Sammlung von Kindergedichten veröffentlichte E. 1969, „Das Schnurpsenbuch", und schrieb in diesen Jahren auch verschiedene Beiträge für Anthologien und Lesebücher. Sein 1967 in Frankfurt/M. uraufgeführtes Schauspiel „Der Spielverderber", eine „komische Tragödie", konnte sich als „Märchen für große Leute" nicht durchsetzen. *Margarete Dierks*

Werke: Jim Knopf und Lukas, der Lokomotivführer (1960, ¹⁵1972); Jim Knopf und die wilde 13 (1962, ¹²1972); Das Schnurpsenbuch (1969, ²1972); Tranquilla Trampeltreu (1972); Momo (1973). *IJB*

Engelbert-Verlag Gebr. Zimmermann Buchdruckerei und Verlag GmbH

Balve/Westf. Derzeitige Leiter: Hans Zimmermann (* 1909) und Heinz Zimmermann (* 1915). *Hauptsächliche Verlagsgebiete im Bereich der Kinder- und Jugendliteratur:* Kinder- und Jugendbücher verschiedener Thematik, u. a. die peb-Bücherei (preiswerte Engelbert-Bücher) und Jugendbücher zu Themen von Serienprogrammen des Fernsehens.
Autoren: M. A. Baudouy, P. S. Buck, R. Guillot, H. Plate u. a.
Verlagsgeschichte. Dr. M. Müller (1890—1953) gründete 1930 den Verlag, den die Buchdruckerei und Verlag GmbH Gebr. Zimmermann im Jahre 1956 übernahm.

Engelhardt, Ingeborg Maria

*Schriftstellerin, Jugendbuchautorin, Gartenarchitektin; * 10. 10. 1904 Posen.*

Kindheit und Jugend bis zum zwanzigsten Lebensjahr verbrachte E. in Posen und in Oberschlesien. Sie wurde zur Gartenarchitektin ausgebildet und ist als solche seit 1950 freiberuflich im Ruhrgebiet tätig. Ihre Wahlheimat ist Schleswig-Holstein, woher ihre Vorfahren mütterlicherseits stammen. Schon in der Schulzeit begann E. zu schreiben. Im Rahmen des Deutschen Jugendbuchpreises 1962 erhielt sie den für „Geschichte im Jugendbuch" ausgesetzten Sonderpreis für ihre romanhafte Erzählung „Ein Schiff nach Grönland" (1959).

Werk, Tendenzen, Wirkung. E.s frühe Arbeiten — Märchen, Märchenspiele, Gedichte, einzelne Erzählungen — gingen im Kriege verloren. Mit dem Kinderbuch „Die drei Silberknöpfe" trat sie 1950 wieder hervor. In den folgenden beiden Jahrzehnten bearbeitete sie historische Stoffe in jeweils besonderer Version menschlicher Problematik, durch die dem jungen Leser geschichtlich entscheidende Situationen und Konflikte verständlich werden. Das prämierte Buch „Ein Schiff nach Grönland" ist kunstvoll als Rahmenerzählung abenteuerlicher Dramatik komponiert und vergegenwärtigt in drei sich überlagernden Perspektiven den langsam sich vollziehenden Untergang der vom Abendland ‚vergessenen' mittelalterlichen Siedlungen auf Grönland. Durch ihr Studium der Quellen und der Grabungsergebnisse konnte E. dem romanhaften Bericht hohen Gehalt an Realität und Wahrscheinlichkeit geben. In dem Buch „Im Schatten des Staufers" (1962) schildert sie ein Stück hochmittelalterlicher Reichsgeschichte mittels der Betrügerrolle des Tile Kolup, dessen Ähnlichkeit mit dem großen Staufenkaiser Friedrich die Menschen täuscht, so daß er eine riesige Gefolgschaft gewinnt. Mit dem Titel „Dunkles Glas und Fisch in der Lampe" (1963) führt die Autorin in das historische Spannungsfeld zwischen germanischem Heldentum, christlicher Verkündigung und römischer Kulturvorherrschaft am Rhein. Dabei gibt sie ein anschauliches Bild von der hohen Glasbläserkunst im frühmittelalterlichen Köln. Als ein Thema aus der Geschichte des 19. Jh.s wählte E. die englische Polarforschung, die Suche nach der Nordwestpassage. In dem an Fakten und Figuren reichen Bericht „. . . weil ich Gefahr bestand" (1966), dem sie historische Dokumente und Brieftexte eingefügt hat, spiegelt sie das Abenteuer der Franklin-Expedition und der nach ihr ausgeschickten Suchexpedition in den Leistungen der Lady Franklin, ihrer Nichte und ihrer Freunde, die das Dunkel, das über ein Jahrzehnt über dem Schicksal der Franklin-Expedition liegt, aufzuhellen suchen. Form und Gehalt weisen die Bücher E.s als modern geschriebene geschichtliche Romane aus, die für anspruchsvolle Leser schon im Jugendalter interessant sind. „Ein

Schiff nach Grönland" wurde ins Afrikaans und ins Tschechische übersetzt, „Im Schatten des Staufers" ins Tschechische. *Margarete Dierks*

Werke: Imme Wittings Hof (1944); Die drei Silberknöpfe (1950); Ein Schiff nach Grönland (1959, ^{6}1963); Im Schatten des Staufers (1962, ^{4}1969); Dunkles Glas und Fisch in der Lampe (1963); Fünf gegen Christian Budde (1963, ^{2}1965); ... weil ich Gefahr bestand (1966, ^{2}1968); Hexen in der Stadt (1971).

Engelhardt, Karl August

*Historischer und belletristischer Schriftsteller und „Kriegsministerialsecretär", Hrsg. der Folge „Neuer Kinderfreund"; * 4. 2. 1768 Dresden, † 28. 1. 1834 ebenda.*

Werk, Tendenzen, Wirkung. E. gab mit J. Merkel die Bändchen „Der neue Kinderfreund" heraus (12 Bd.chen, Leipzig 1794—98), vollendete nach Merkels Tod dessen „Erdbeschreibung Sachsens" und fügte selbst den 6. und 7. Band hinzu, auch besorgte er die 3. Ausg. dieses Werkes (Bd. 1—9, Dresden 1804—11). Ferner verfaßte er u. a.: „Tägliche Denkwürdigkeiten aus der sächsischen Geschichte" und veröffentlichte unter dem Namen Richard Roos „Erzählungen" und „Gedichte". Nach seinem Tode erschien die von ihm nach archivarischen Nachrichten bearbeitete Biographie des Porzellanerfinders Böttger, hrsg. von A. M. Engelhardt (Leipzig 1837).

Die 12 Bändchen „Neuer Kinderfreund" enthalten Erzählungen aus dem Familienkreis anhand von Begebenheiten des Alltags und auf Reisen mit der Pferdekutsche um 1800.

Der Leser wird in den Kreis der Familie eingeführt und erfährt aus Gesprächen zwischen Erwachsenen und Kindern Regeln eines gesitteten Verhaltens in jener Zeit, ferner geographische, historische und biologische Tatsachen, im Plauderton vorgetragen. Auch die Form des Briefwechsels wird verwendet. Eingestreut sind Anekdoten, Charaden und Rätsel, auch Kupferstiche und Lieder mit Notenblättern und kleine Theaterspiele, z. B. „Die dankbaren Zöglinge, Schauspiel in zwey Aufzügen"; „Viel Geschrei und wenig Wolle", „Die Geister", beides Lustspiele, und „Handwerk hat einen güldenen Boden, Schauspiel in zween Aufzügen".

Das IV. Bändchen (Leipzig, bei Barth 1794) ist dem Autor des „Kinderfreund" (1773), „Dem Domherrn Herrn von Rochow, auf Rekahn, hochachtungsvoll gewidmet von den Verfassern" (K. A. Engelhardt u. J. Merkel).

Seine Tendenz erklärt der Autor zum Abschied von seinen jungen Lesern am Schluß des XII. Bändchens: „Nicht blos Eure Zeit auszufüllen, schrieb ich für Euch, sondern sie nützlich auszufüllen — Euern Verstand zu erleuchten — und Euer junges Herz zu erwärmen für alles, was gut und edel ist —". *Velten Merz*

Werke: Der neue Kinderfreund (Bd. 1—12. 1794—98; zus. mit J. Merkel); Denkwürdigkeiten aus der sächsischen Geschichte (Bd. 1—3. 1796—98); Darstellungen aus der deutschen Geschichte für die vaterländische Jugend (1799); Briefwechsel der Familie des neuen Kinderfreundes (Bd. 1—6. 1799—1803); Beiträge zu einer deutschen Schaubühne für die Jugend (1803); Die Schrecken des Kriegs und die Segnungen des Friedens (1809); Tägliche Denkwürdigkeiten aus der sächsischen Geschichte (Tl. 1—3. 1809—12); Feierabende des Vaters (1812); Unterhaltende Erzählungen aus der deutschen Geschichte (1816); Vaterlandskunde für Bürgerschulen des Königreichs Sachsen (1824).

Sekundärliteratur: J. Franck: Karl August Engelhardt (in: Allgemeine deutsche Biographie. Bd. 6. NA. 1968. 140). *IJB*

Engelmann, Eduard Wilhelm

*Holzschneider, Maler, Grafiker; * 7. 2. 1825 Leipzig, † 2. 4. 1853 ebenda.*

E., Schüler von J. Allanson und W. A. Nicholls, gehörte nach Nagler (in: Monogrammisten, Bd. II, 1860, S. 591) zu den geschicktesten Künstlern seines Faches. Er arbeitete besonders nach L. Richter und fertigte nach C. Merkel die Schnitte für „Biblische Geschichten in Bildern nach den vier Evangelisten" (Alexander Duncker, Berlin, 1853).

Werk, Tendenzen, Wirkung. Der Leipziger Verleger Romberg brachte 1851 ein Bilderbuch auf den Markt mit dem Titel „Schiefertafel-Bilder zu deutschen Kinder Liedern nach Arnim, Brentano, Simrock u. A.". Die Tafelbilder werden E. zugeschrieben, einige tragen sein Monogramm, auf der letzten Tafel findet sich sein Name ausgeschrieben; ein Blatt ist mit O H gezeichnet. Auf den 24 Lithografien umrahmt jeweils ein holzgemaserter Rahmen die schwarze, mit weißer Schrift und weißen Zeichnungen ausgestaltete Tafel. Ein lockerer äußerer Zusammenhalt ist durch die beiden umschließenden Blätter gegeben: die erste Tafel, mit Schwamm und Griffel zusätzlich ausgestattet, kündigt den Titel an, die letzte liegt zerbrochen zwischen dem aus den Fugen geratenen Rahmen. Im Vorwort wird die Form der Schiefertafelbilder damit begründet, daß Schiefertafel und Griffel eher in die Hand des Kindes kommen als Papier und Bleistift. Deshalb erwarte man von dieser Form eine unmittelbare vorbildhafte Wirkung für das kindliche Sehen und Gestalten: „Es schien uns von Wichtigkeit, zu unsern Schiefertafelbildern Muster von einfacher Anlage, aber von künstlerischer Vollendung zu geben, dem kindlichen Auge Schönheitslinien zu zeigen, die weiß in schwarz schärfer hervortreten und dem Gedächtniß sich fester einprägen, als die auf Papier ausgeführten Bilder der gewöhnlichen Kinderbücher". Dieser Ausgabe ist später eine Variante gefolgt: Der G. Schulze Verlag, Leipzig, brachte 20 der Lithografien als „Knecht Ru-

Eduard Wilhelm Engelmann: Schiefertafel-Bilder zu deutschen Kinder Liedern (Leipzig 1851). Wie mit einem Griffel auf die Tafel skizziert, wirken die Lithographien von Engelmann, die der Künstler als sogenannte Schiefertafel-Bilder zu Kinderliedern von Arnim, Brentano und Simrock entworfen hat.

precht's Schwarzes Bilderbuch" (o. J.) heraus. Die Lithos zeigen sich allerdings in veränderter Form: die Tafelrahmen sind weggelassen, die Texte aus der Tafeleinheit herausgenommen und darunter abgedruckt. Die dadurch entstandenen Hohlräume sind in minderer Qualität und mit wenig Kompositionsgefühl mit angepaßten Motiven ausgefüllt worden. Die meisten hier auch neu angeordneten Blätter haben dadurch ihre Spannung eingebüßt. Dem Muster der Schiefertafelbilder folgend, verlegte Bagel (Wesel) 1854 drei kleine Bilderbüchlein mit je 16 S. unter dem Titel „Schiefertafel-Bilder zur nützlichen Selbstbeschäftigung der Kinder" (auch hier trägt nur noch der Umschlag den Tafelrahmen angedeutet) und Sueß (Weißenfels) 1857 „Schiefertafel-Bilder zur nützlichen Unterhaltung der Kinder".

Gerlinde Rabenstein

Ill.: Schiefertafel-Bilder zu deutschen Kinder Liedern. Nach Arnim, Brentano, Simrock u. A. (1851).

Sekundärliteratur: K. Doderer (Hrsg.): Das Bilderbuch (1973; zus. mit H. Müller).

Ensikat, Klaus

*Grafiker, Bilder- und Kinderbuchillustrator; * 16. 1. 1937 Berlin.*

E., der als freischaffender Künstler in Berlin (Ost) lebt, studierte an der Fachschule für angewandte Kunst, an der er auch bis 1965 lehrte.

Werk, Tendenzen, Wirkung. E.s hauptsächliche Begabung dürfte in der Strichzeichnung liegen. Seine peinlich akkurat ausgezogenen, detailreichen Illustrationen enthalten zumeist Szenen, die karikaturistisch erzählen und durch altmodisches Dekor verfremden. Banalität, Dummheit und zerstörerische Macht werden von E., der im Berliner Eulenspiegel Verlag an den „Neuen Fliegenden Blättern" mitarbeitet, deutlich aufs Korn genommen. Dabei wird mit herkömmlicher Technik (Tuschzeichnung) und bewußt konservativer Stilauffassung Phantastik erzeugt. Der offensichtlich am Anfang seiner Laufbahn etwas statisch-ruhig wirkende Buchgrafiker („Altberliner Bilderbogen", 1966) begann Anfang der 70er Jahre, ohne den satirischen Grundzug und seine pseudo-altmodischen Darstellungsmethoden („Die Hochzeit des Pfaus", 1972) aufzugeben, zwei Richtungen zu kultivieren: einerseits die Ausbreitung in das jugendstilartige Ornamentale („Tamerlan", 1973) und andererseits ins karikaturistische Erzählen in Bildserienform („Das Viech oder es ist unmöglich alles aufzufressen", 1973, in: H.-J. GELBERG [Hrsg.]: Am Montag fängt die Woche an, 1973).

E.s künstlerische Dimension reicht von makabrer Vision — wenn er etwa zu P. HACKS' Gedicht „Die alten Mörder" (Neue Fliegende Blätter, H. 1, Berlin 1969) eine surreale Totenlandschaft auf dem Hintergrund eines Gerippes mit Stahlhelm à la G. GROSZ entwirft — bis zur gelösten Burleske, wenn er in den Illustrationen zu dem sorbischen Schwankmärchen „Die Hochzeit des Pfaus" Eitelkeit und plumpen Protz phantasievoll an Tieren in altmodischen Menschengewändern und Gehaben demonstriert.

E. ist als Buchillustrator, besonders als Kinderbuchgrafiker in der BRD und DDR bekannt. Auf der BIB 1973 erhielt er den Goldenen Apfel für „Die Hochzeit des Pfaus". *Klaus Doderer*

Ill.: H. Ludwig: Altberliner Bilderbogen (1966); K.-D. Sommer u. G. Wolf: 79 Songs und Chansons (1966); M. Twain: Leben auf dem Mississippi (1969); J. R. R. Tolkien: Der kleine Hobbit (1971); A. Könner: Die Hochzeit des Pfaus (1972); R. Bletschacher: Tamerlan (1973).

Ensslin & Laiblin Verlags-GmbH & Co. KG

Reutlingen. Derzeitiger Leiter: J. Hebsacker (* 1933). *Hauptsächliche Verlagsgebiete im Bereich der Kinder- und Jugendliteratur:* Romane und Erzählungen für Jungen und Mädchen, Sachbücher, Spaßbilder-Bücher und Lernbilder-Bücher, ebenso Jugendbuch-Klassiker-Ausgaben (Märchen, Sagen und Fabeln, „Die Schatzinsel", „Robinson Crusoe" u. a. m.). Ferner nach 1945 als erstes Lexikon für Kinder (von 7 Jahren an) „Die Kinderwelt von A bis Z"; für ältere Kinder folgte bald das Lexikon „Die Welt von A bis Z" und seit 1968 zur Freizeitgestaltung in der Familie die Reihe „Ensslin-Eltern-Tips".
Autoren: H. Baumann, Ben Harder, Ch. Chow, O. Koke, H. Melville, J. Moshage, E. Mudrak, P. Noack, G. Peis, H. Pleticha, H. Grit Seuberlich u. a.
Illustratoren: R. von Hagen-Torn, A. Naegele, L. Rasch-Nägele, W. Widmann, W. Zacharias u. a.
Verlagsgeschichte. J. N. Ensslin (1790—1865) gründete 1818 den Verlag, der anfänglich auch Nachdrucke, sogenannte Raubdrucke, veröffentlichte. Im Jahre 1873 kaufte der inzwischen erweiterte und unter dem Namen Ensslin & Laiblin firmierende Betrieb das Mäcken'sche Verlagshaus und 1875 auch die Mäcken'sche Druckerei. In enger Zusammenarbeit mit der Berliner Lehrervereinigung für Kunsterziehung entstanden infolge der Kritik Heinrich Wolgasts (Das Elend unserer Jugendliteratur, 1896) die Heftreihen „Bunte Bücher" und „Bunte Jugendbücher", die eine Gesamtauflage von über 5 Millionen Exemplaren erreichten. Der Erste Weltkrieg unterbrach für kurze Zeit die Entwicklung des Verlages, der aber auf der Buchmesse 1930 in Leipzig wieder 193 Neuerscheinungen und 242 Neuauflagen anbot. Im Jahre 1938 trat K. Fr. Hebsacker (1899—1956) in die Verlagsarbeit ein und gab alle Verlagsgebiete mit Ausnahme der Kinder- und Jugendliteratur auf. Der im Zweiten Weltkrieg schwer beschädigte Betrieb ist wieder aufgebaut, verfügt über moderne Einrichtungen und gibt seit 1949 als theoretische Begleitung seiner Arbeit „Jahresgaben" heraus.

Enzensberger, Hans Magnus

*Schriftsteller, Lyriker, Drehbuch- und Hörspielautor, Literaturkritiker, Übersetzer und Herausgeber; * 11. 11. 1929 Kaufbeuren/Allgäu.*

Nach dem Studium der Literaturwissenschaft, Sprachen und Philosophie, das er 1955 mit der Promotion abschloß, arbeitete E. 1955—57 als Rundfunkredakteur beim Süddeutschen Rundfunk. 1957 hielt er sich in den Vereinigten Staaten und Mexiko auf und gab seine erste Publikation heraus. Von 1957—59 wohnte E. als freier Schriftsteller in Stranda/Norwegen, wohin er 1961 nach einjährigem Aufenthalt in Italien und nach seiner Tätigkeit als Verlagslektor in Frankfurt/M. (1961) wieder zurückkehrte. Seitdem hält er sich vorwiegend auf der Insel Tjöme, aber auch in Berlin auf. Verschiedene Reisen führten E. u. a. in die UdSSR, nach Südamerika, den USA und Cuba. 1964—65 war E. Gastdozent der Universität Frankfurt/M., gründete 1965 die Zeitschrift Kursbuch, in der besonders theoretische Beiträge mit gesellschaftskritischen Ansätzen aus verschiedenen Fachgebieten erscheinen. E. war Mitglied der Gruppe 47 und ist Träger mehrerer Literaturpreise, u. a. des Georg-Büchner-Preises (1963).

Werk, Tendenzen, Wirkung. E. ist auf zweifache Weise mit der KJL verbunden: einmal als Kinderbuchautor und -kritiker sowie Herausgeber von

Kinderreimen, zum anderen als Vertreter der modernen Lyrik, dessen Gedichte zum Teil Schullektüre wurden. 1959 erschien in Olten und Freiburg/Brsg. das von ihm verfaßte Kinderbuch „Zupp" mit Illustrationen von G. ANDERSCH. Reich an phantastischen Motiven erzählt das Kinderbuch „Zupp", wie drei Geschwister gegen den Willen ihrer Eltern und der ältesten Schwester zu den gewünschten Katzen, sogar zu einem Löwen, kommen und welche Abenteuer sie mit ihm erleben. Zu dem freien Spiel der Phantasie stehen die Illustrationen ANDERSCH' teils in krassem Gegensatz, weil sie in ihrer geometrischen Gestaltung von einem starren Grundraster ausgehen, teils ergänzen sie aber auch die antiautoritären Tendenzen des Inhalts durch aggressiv wirkende Farbkontraste. Eine größere Breitenwirkung erreichte das Buch nicht. Wesentlich erfolgreicher auf dem Sektor der KJL war E. mit der Anthologie „Allerleirauh" (1961), in der er zahlreiche Kinderreime aus verschiedenen europäischen Quellen zusammenstellte und sie als Gebrauchslyrik für die Altersstufen der kleinen Hörer bzw. Leser ordnete. Das Buch liegt in drei Ausgaben (Frankfurt/M. 1961 und 1965, Darmstadt 1966) vor, enthält eine Reihe Holzschnitte des englischen Illustrators TH. BEWICK (1753—1828) und lehnt sich nach E.s eigenen Worten (Ausg. von 1961, S. 364) an zwei Vorbilder an: 1. „Des Knaben Wunderhorn" (1805—08) von CL. BRENTANO und A. VON ARNIM, 2. „The Oxford Nursery Rhyme Book" (Oxford 1955) von I. und P. OPIE. Beachtenswert ist auch das Nachwort von E. zu seiner Anthologie, doch dürfte er mit seiner Vermutung, daß die in seiner Anthologie gesammelten Kinderreime noch weitgehend als lebendiges Sprachgut anzusprechen seien, die Wirkung der Kinderpoesie überschätzt haben (S. 351—355 u. 357). Daß ferner am Kinderreim jede Ideologie scheitert (S. 352), er dem Kinde außerdem hilft, „sich in dieser Welt einzurichten" (S. 358), und ob „zwei Weltkriege, enorme Bevölkerungs-Umschichtungen, technologische Veränderungen bis in den letzten Winkel des Alltags" dem Kinderreim nicht schaden konnten (S. 353), muß man bezweifeln. In diesen Gedanken schwingen Vorstellungen der Romantiker mit, die E. selbst in anderem Zusammenhang für nicht mehr stichhaltig erklärt (S. 351 f.). So haben seine Sammlung und ihr Nachwort unterschiedliche Beurteilungen gefunden. Sie reichen von — ausgehend vom Modell einer in zwei Klassen zerfallenden Gesellschaft — polemischer Abwertung (P. RÜHMKORF) über eine ironisch-skeptische Bewertung, besonders gegenüber dem Nachwort der Anthologie (KR. SCHÄFER), bis zur kritiklosen Anerkennung (A. BODENSOHN und K. KEHR). In der Zeit vom 27. 3.—22. 5. 1966 setzte sich E. in einer 6teiligen Sendung im „Kulturellen Wort" des Norddeutschen Rundfunks unter dem Titel „Alte Kinderbücher — Neu gelesen" mit Jugendbuchklassikern kritisch auseinander und versuchte, die Wirkung der Erzählstrukturen auf den jugendlichen Leser aufzuzeigen.

Neben der Anthologie „Allerleirauh" gewann eine Reihe von Gedichten E.s, die zuweilen der Gattung der Fabel zuzurechnen sind (KL. DODERER, S. 12), als Schullektüre Bedeutung. Teils sind die preiswerten Taschenbuchausgaben (z. B. „Verteidigung der Wölfe", 1957; „Gedichte", 1962) in die Schule gelangt, teils haben die Herausgeber von Lesebüchern oder eigens für die Schulen konzipierten Anthologien Gedichte E.s ausgewählt, so z. B. „fremder garten" (in: A. C. BAUMGÄRTNER u. H. KÜNNEMANN (Hrsg.): auswahl, Bd. 8, S. 242) oder „blindlings" und „das ende der eulen" (in: H. CHIOUT (Hrsg.) u. a.: Gedichte, Frankfurt [1968], S. 183 u. 185). Unter der Überschrift „Die Sprache des zeitkritischen Gedichts" berichtet E. HANNÖVER von einem Unterrichtsprojekt, das im Sinne W. KLAFKIS didaktischer Konzeption einige Gedichte E.s als Paradigma einer bestimmten Gruppe zeitgenössicher Lyrik herausstellt.

Rudolf Raab

Werke: verteidigung der wölfe (1957, ^{4}1963); Zupp (1958); landessprache (1960, ^{4}1963; ND. 1969, ^{2}1970); Gedichte (1962; ND. 1963, ^{6}1970); blindenschrift (1964, ^{2}1965; ND. 1967, ^{3}1969).
Hrsg.: Clemens Brentano: Gedichte (1958); Allerleirauh (1961; ND. 1965); Kursbuch (1965 ff.).

Sekundärliteratur: A. Bodensohn: Im Spielraum der Lyrik (1965. 33—80). — K. Doderer: Fabeln (1970. 12). — R. Grimm: Montierte Lyrik (in: GRM. 2. 1958. 178—192). — E. Hannöver: Die Sprache des zeitkritischen Gedichts (in: DU. 5. 1968. 22—37). — H. Hartung: Er bittet uns an den ältesten Tisch (in: Frankfurter Hefte. 9. 1962. 635). — K. Kehr: Allerleirauh (in: Zeitschr. f. Mundartforschung. 3. 1964. 283—284). — J. Müller: Ingeborg Bachmann, Paul Celan und Hans Magnus Enzensberger — ein lyrisches Triptychon (in: Universitas. 3. 1965. 241 bis 254). — P. Rühmkorf: Über das Volksvermögen (1967. 21—33). — K. Schäffer: Flunkerpreise (in: Merkur. 191. 1964. 77—83). — J. Schickel (Hrsg.): Über Hans Magnus Enzensberger (1970). — G. Sichelschmidt: Die deutschen Kinderliedanthologien (in: J. Bark u. D. Pforte (Hrsg.): Die deutschsprachige Anthologie. Bd. 2. 1969. 222—245).

Enzyklopädie

Der Begriff der E. rückte im 17. und 18. Jh. auch in Titeleien verschiedener Buchtypen für die Jugend ein. E.n als Lehrbücher und schulpädagogisch konzipierte E.n wirkten sich für die Erziehung im Geiste der Aufklärung aus.

Zur Wortbedeutung und Begriffsgeschichte. Der Begriff E., aus zwei griechischen Wörtern um 1500 n. Chr. zusammengefügt, ist in der Bedeutung „Bildungskreis", „Umkreis der Bildung" gebräuchlich als Titel von Werken, die Ergebnisse aus Forschung und Lehre verschiedener Wissenschaftler darstellen, seit dem 18. Jh. vorwiegend in alphabetischer Ordnung; die Bezeichnung E. wird auch synonym für allgemeine Konversationslexika als Wissensmittler verwendet. Im Geiste der europäischen Aufklärung entstanden im 18. und zu Beginn des 19. Jh.s hervorragende Werke des „Bildungskreises" wie die von D. DIDEROT (1713—84) zusammen mit bedeutenden Mitarbeitern („Enzyklopädisten") herausgegebene „E. ou Dictionnaire raisonné des sciences, des arts et des métiers" (35 Bde., 1751 bis 1780; Nachdruck 1968, 35 Bde. im Fr. Frommann Vlg. Stuttgart), die „Encyclopaedia Britannica" (1768—71) und in Deutschland BROCKHAUS, der im Titel die Begriffe zusammenrückte: „Conversationslexikon. Allgemeine deutsche Real-E. für die gebildeten Stände" (1808), von denen er im späteren 19. und im 20. Jh. den Titel der E. weiterführte. F. A. BROCKHAUS gab auch die Anregung zu einer Elementar-E. für breite Benutzerschichten: „Deutsche Taschen-E. oder Handbibliothek des Wissenswürdigsten in Hinsicht auf Natur und Kunst, Staat und Kirche, Wissenschaft und Sitte. In alphabetischer Ordnung" (1816—20).

E.n als Schulbücher. In seinem „Methodenbuch" (1770) setzte sich J. B. BASEDOW mit dem Gebrauch von E.n für die Bildung der Jugend auseinander. Er forderte die Bearbeitung und Kürzung der als E.n bekannten Textsammlungen der römischen und griechischen Schriftsteller. Als Lehrbücher im Dessauer Philanthropin nannte er neben E.n verschiedener Wissensgebiete an erster Stelle die „Encyclopaedia Philanthropica colloquiorum Erasmi" („Erstes Stück des Philanthropischen Archivs", 1776, S. 73ff.). Auch plante BASEDOW eine über alle Jahrgänge reichende Sammlung von Schul- und Lesebüchern als E. für die Jugend und für die Lehrer. Sein „Elementarwerk" (1774) war in diesem Sinne für den Wissenserwerb in mehreren Jahren (8 bis 18 angegeben) die Grundlegung einer E. Initiator einer „Sammlung neuer Schulbücher" als „Allgemeine Schul-E." wurde J. H. CAMPE. Das Beiwort „allgemein" erläuterte er damit, daß sich diese Schul-E. über alle Gegenstände des Unterrichts erstrecken und nichts „Locales" an sich haben solle, vielmehr für alle Länder bestimmt sei („Braunschweigisches Journal", März 1788). Es erschienen in dieser Sammlung Titel wie z. B. „E. der lateinischen Classiker" (hrsg. von J. A. H. SCHULZ, 1790—1801) und mehrere Bände von K. PH. FUNKE wie z. B. „Naturgeschichte und Technologie für Lehrer in Schulen und für Liebhaber dieser Wissenschaften, zur allgemeinen Schul-E. gehörig" (1. Theil 1790). Als schulpädagogisch orientierte E. gilt die von J. H. CAMPE ins Werk gesetzte „Allgemeine Revision des gesamten Schul- und Erziehungs-Wesens" (16 Bde., 1785ff.); auch die „E. zum Nutzen der Jugend und Erzieher" (1789) von CHR. TR. KOSCHE wollte für die Schule wirksam werden. Als Lehrbuch mit systematisch geordnetem und durchgehend in Frage-Antwort-Form gebrachtem Text erschien für die Hand des Schülers eine nach dem Französischen von G. L. W. ASSUM bearbeitete „E. für die Jugend" (1832). Sie war mit 20 „lithographierten Gegenständen geziert" und bot einen „Auszug aller Wissenschaften nebst einem Anhang", der die Beschreibung Europäischer Hauptstädte und einen „vollständigen Wegweiser" enthielt.

E.n für Kinder und Jugend. Dem Inhalt und der Anlage nach ist bereits der „Orbis sensualium pictus„ des A. COMENIUS eine systematische E. auf Elementarstufe (vgl. B. WENDT: Idee und Entwicklungsgeschichte der enzyklopädischen Literatur, 1941). Die Kinderliteratur in Frankreich wies im 18. Jh., den Vorbildern in der Literatur für Erwachsene entsprechend, verschiedene E.-Titel auf, die unter anderem Titel ins Deutsche übersetzt und für deutsche Verhältnisse bearbeitet wurden, wie z. B. das von einer Erzieherin und Pensionatsleiterin erstellte Werk: „L'Encyclopédie enfantine ou Magazin pour les petit Enfants" par Mdlle ANGÉLIQUE DE LOS RIOS. Eine Übersetzung erschien 1773 in Dresden: „Das Buch für Kinder". Der nicht genannte Bearbeiter erklärte im Vorwort, daß er einige Fabeln und moralische Erzählungen ausgetauscht und einige hinzugefügt und daß er die Lebensregeln und Begriffserklärungen in „bequemere und faßlichere Ordnung zu bringen gesucht" habe mit dem Zweck, das Buch „noch gemeinnütziger zu machen". Auf 28 von 390 Seiten werden in alphabetischer Ordnung kurze „Erklärungen verschiedener Wissenschaften und Künste" gegeben, von „Ackerbau" bis „Wissenschaft aus Erfahrung". In der Konzeption des kleinen Bandes prägt sich die Doppelabsicht der E. aus, einerseits Bildung, auch moralische, zu bewirken, andererseits Wissen nachschlagbar zur Verfügung zu stellen. Bildung und Wissensvermittlung auf kindgemäße Weise erstrebte auch E. v. ROCHOW mit seinem „Kinderfreund", dem „Lesebuch zum Gebrauch in Landschulen" (1776), mit dem er den Kindern „eine Art E." in die Hände geben wollte. Die Ausprägung der „volkstümlichen" E. in Deutschland als Conversations-(Universal-, Real-) Lexikon kommt noch in einem späteren Titel für die Jugend zum Ausdruck: „Jugend-Conversations-Lexicon. Encyclopädische Universal-Bibliothek des Allgemein-Wissenswürdigsten" (1844). Herausgeber war im Namen einer „Gesellschaft von Gelehrten und Jugendfreunden" der Rektor J. M. MÜNCH. Doch erschien nur eine erste Lieferung (64 S.) des „zur Bildung und Belehrung für Deutschlands Söhne und Töchter" gedachten Werkes. In der neueren Jugendliteratur ist der Titel E. vermieden, doch liegt Nachschlagewerken, dem Bildungsbuchtyp und dem Lexikon für die Jugend ebenso wie Sachbuchserien zur Orientierung in allen Wissensgebieten ein enzyklopädisches Prinzip zugrunde.

Margarete Dierks

→ ABC-Buch, → Elementarbuch, → Nachschlagewerk, → Sachbuch

Sekundärliteratur: W. K. Cordt: Von Enzyklopädien und Lexika (in: Pädagogische Rundschau. 1957/58. 55—62).

— M. Dierks: Vom Bilderbuch zum Arbeitsbuch (1965). — The English Cyclopaedia (in: The Quarterly Review. 226. 1863. 354—387). — E. H. Lehmann: Geschichte des Konversationslexikons (1934). — M. Lock: Reference material for young people (1971). — A. Sheehan: A children's librarian looks at encyclopedias (in: Library Journal. 8. 1946. 558—560). — B. Wendt: Idee und Entwicklungsgeschichte der enzyklopädischen Literatur (1941).

IJB

Epochen der Kinder- und Jugendliteratur

Unter historischen E.n der Literatur versteht man die Bezeichnungen wie Barock, Aufklärung, Sturm und Drang, Klassik, Romantik, Biedermeier, poetischer Realismus, Expressionismus und andere. Gemeint sind damit Abtrennung und Zusammenfassung von Literatur nach Gehalten, Form- und Stilmerkmalen in E.n, denen jeweils besondere historische geistes- und gesellschaftsgeschichtliche Strukturen zugrunde liegen. Diese Einteilung ist aber problematisch.

H. Sedlmayr z. B. weist in „Verlust der Mitte" (1951) auf den Stilpluralismus hin, der seit etwa 1750 alle E.bezeichnungen relativiert. Danach wäre es besser, von „Strömungen" zu sprechen. Der Versuch, die jeweils zeitgenössische Literatur für die Jugend als Teilbereich der Literatur unter diesen Bezeichnungen mit zu erfassen, stößt auf zusätzliche Schwierigkeiten: 1. zeigt es sich, daß — wie auch später immer wieder — ursprünglich außerästhetische Antriebe, vor allem pädagogische und ideologische, jugendliterarisch stark wirksam wurden; 2. lassen sich Merkmale der Literaturströmungen verschiedener E.n in zeitlichem Abstand, also phasenverschoben, in der KJL ablesen.

Außerästhetische epochal wirkende Motive. Die spezifische Kinder- und Jugendliteratur ist im letzten Drittel des 18. Jh.s nicht als eine neue poetische Gattung entstanden, sondern a) als Didaktik einer enzyklopädischen Bildung auf der Elementarstufe und b) als erzählerisch unterhaltende Veranschaulichung von Tugenden, Untugenden und Bildungszielen im Prozeß der (religiös) moralischen, sozialen und intellektuellen Erziehung des Kindes. Sie zielte auf eine zukünftige Gesellschaft ab, in der der Mensch als „gemeinnütziger, patriotischer und glückseliger" (J. B. Basedow: Methodenbuch, 1770) existieren sollte. Die in dieser Weise von der Aufklärungsphilosophie und ihren pädagogischen Zielen gezeichnete Kinder- und Jugendliteratur entfaltete sich vor allem aufgrund der deutschen pädagogischen Sonderbewegung des *Philanthropinismus*, dessen Name keine literarische E. bezeichnet. Um die Wende zum 20. Jh. waren es wiederum pädagogische, vorwiegend kunsterzieherische Impulse, die sich jugendliterarisch auswirkten. Im Zusammenhang mit der Kunsterziehungs- und der pädagogischen Reformbewegung entstand die Jugendschriftenbewegung. Sie kann als die eine E. bestimmende Bewegung angesehen werden, in der nicht nur Postulate für das Schreiben für die Jugend erhoben und teilweise erfüllt, nicht nur das literarische Angebot für die Jugend kritisch reflektiert und selektiert wurden, sondern in der man psychologisch und soziologisch auch nach dem jungen Leser fragte und eine Organisation für die Öffentlichkeitsarbeit aufbaute. Pädagogisch aktiv werdende, sozio-politische Ideologien bringen auch eine von ihren Prinzipien bestimmte Literatur hervor.

Einfluß literaturgeschichtlicher E.n. Das Dilemma der durchgehenden Anwendung literaturgeschichtlicher E.begriffe auf die Kinder- und Jugendliteratur zeigt sich in ihrer Geschichtsschreibung. Häufig zwar ansetzend mit der E. der „Aufklärung", werden weiterhin Stoffbereiche, gesellschaftsgeschichtliche Phasen und lesealtergebundene Gruppierungen als Gliederungspunkte genannt. Es war längst deutlich, daß einige literaturgeschichtliche E. wie z. B. Barock, Klassik, Expressionismus sich in der Produktion von Literatur für die Jugend nicht epochal ausgewirkt haben. Eindeutig ablesbar und epochebildend in der Literatur für die Jugend wurden phasenverschoben z. B. literarische Einflüsse der Aufklärung, der Romantik, des Biedermeier, dazu, vorwiegend im Bereich der Illustrationen, die des Jugendstils. Der Zeitraum der Phasenverschiebung wird zur Moderne hin geringer, als er für Aufklärung und Romantik in Erscheinung tritt. Dies scheint begründet zu sein in dem schnelleren Umschlag geistiger Phänomene für viele Bereiche infolge der modernen Publikationsbreite und der Wirksamkeit technischer Mittler. In dem Pluralismus der Stile und Gestaltungsmittel der 20er Jahre und auf noch breiterer Skala seit dem Zweiten Weltkrieg präsentiert sich auch die Kinder- und Jugendliteratur vielartig und vielschichtig, so daß von einer geschlossen zu sehenden E. nicht gesprochen werden kann. Vielmehr wirken Elemente früherer E.n nach und gehen verschiedene Verbindungen mit literarischen und bildkünstlerischen Eigenheiten moderner Literatur und Illustrationskunst ein. *Margarete Dierks*

→ Aufklärung, → Biedermeier, → Geschichtsschreibung der Kinder- und Jugendliteratur, → Jugendschriftenbewegung, → Jugendstil, → Kunsterziehungsbewegung, → Philanthropinismus, → Romantik

Erasmus von Rotterdam, Desiderius

*Bedeutendste Persönlichkeit des deutschen Humanismus im 16. Jh., Theologe und universal gebildeter Gelehrter; im Zusammenhang mit seinen Werken zur Didaktik und Pädagogik verfaßte er auch Schriften für die Jugend; * 28. 10. 1469 (oder 1466) Rotterdam, † 12. 7. 1536 Basel.*

Nach dem Besuch der Schule in Utrecht und der Schule der Brüder vom gemeinsamen Leben in Deventer (1479—84) setzte E. seine Studien in Herzogenbusch fort. Er wurde — verwaist — von seinen Vormündern zum Eintritt in das Augustinerkloster Steyn b. Gouda genötigt, erhielt dort 1492 die Priesterweihe und erlangte vom Papst erst 1517 Dispens vom Klosterleben. Doch war er 1493 vom Bischof von Cambrai in Dienst genommen worden und hatte mit dessen Hilfe 1495—99 in Paris studiert. Durch Reisen und Studienaufenthalte in kulturell damals bedeutendsten Städten Westeuropas erweiterte E. seine Bildung und trat mit den führenden Persönlichkeiten des politischen und kirchlichen Lebens in Verbindung. 1506 erwarb E. in Turin den Doktortitel der Theologie. Als Schriftsteller, Korrespondent und Berater, als Textkritiker und Kommentator vor allem des Neuen Testaments und der Kirchenväter, als akademischer Lehrer, als Lektor und Korrektor lebte E. längere Zeit in Cambridge, Venedig, in Brüssel und Löwen und acht Jahre in Basel, das er bei Einführung der Reformation 1529 verließ. Nach mehrjährigem Aufenthalt in Freiburg i. Brsg. kehrte er 1535 nach Basel zurück. Alle seine Werke, dazu etwa 3000 Briefe an bedeutende Zeitgenossen, hat E. in einem stilistisch ausgezeichneten Mittellatein verfaßt.

Bedeutung für die Jugendliteratur. E. wird als „erster europäischer Schriftsteller im modernen Sinne" gesehen, der „die europäische Idee der Bildung geschaffen" hat (H. Heimpel: Der Mensch in seiner Gegenwart, 1954). Für ihn bestand die Forderung nach Freiheit und Allgemeinheit der Bildung und zugleich die Absicht, die Gemeinschaft der res publica christiana zu festigen. Von seinen Schriften, von Lutheranern und Jesuiten gleichermaßen als Schulbücher benutzt, gingen nachhaltige Impulse aus. Seine Gedanken über wahre christliche Religion finden sich wieder im Begriff der „natürlichen Religion" bei J. B. Basedow; Gedanken und Methoden des E. zur Unterrichtung der Kinder im Hinblick auf Toleranz, sexuelle Aufgeklärtheit und mit den Maßen der Vernunft übereinstimmende Lebensführung wirkten fort in der Reform des Unterrichts und der Erziehung bei den Philanthropen. Auch hat Basedow 1775 zum Gebrauch im Philanthropin zu Dessau eine „Encyclopaedia Philanthropica colloquiorum Erasmi" herausgegeben, eine Auswahl von E.-Texten religiöser, moralischer, sprachbildender Inhalte, die Basedow als für jedes Geschlecht und Alter „erfreulich und nützlich" empfahl. Durch sorgfältige Bereinigung und neue Veröffentlichung vor allem lateinischer Texte hat E. Schulbücher und Bildungsliteratur in seiner Zeit zu verbessern gesucht. Bahnbrechend wirkte bereits seine im Jahre 1500 publizierte Sammlung von Sprichwörtern, „Adagia", die er für eine weitere Auflage 1515 bis zu 4000 Mustertexten aus Schriften und überlieferten Aussprüchen berühmter Männer ergänzte. 1965 wurden in Deventer zwei Handschriftenfragmente gefunden, die E. offenbar als weitere Ergänzung vorgesehen hatte. Eine ähnliche Sammlung ließ er 1531 folgen, „Apophtegmata", historische Aussprüche berühmter Männer des Altertums. Beide Werke blieben lange in und außerhalb der Schulen in Gebrauch und wirkten vorbildlich für die Herausgabe späterer Chrestomathien und Anthologien. Die im Typus der Zuchtbüchlein, der Anstandsliteratur, von E. zum Selbststudium der Jugend wie für die Hand des Erziehers geschriebenen Bücher erschienen auch in deutscher Übersetzung, „Züchtiger Sitten Zierlichen wandels / vnd höfflicher Geberden der Jugent" (1531) und „Zuchtbüchleyn Erasmi vor die Jungen knaben" (1532). Mit der „Institutio principis

Züchtiger Sitten
Zierlichen wandels / vnd
höfflicher Geberden der Jugent /
In alle weg vnd nach Ordenung
des gantzen leibs / Den Jungen /
sich darin̄ zuüben / Den Alten / jre
Kind nach solichem ebenbild / inn
zücht zů erziehen. Ein nützlich
Bůchlin H. Erasmi Rote. Nach
der kürtze / so vil der gmeynen
Jugent dienlich / new ver-
teutscht.

Erasmus von Rotterdam: Züchtiger Sitten Zierlichen wandels . . . (Straßburg 1531). Als sogenannte Zuchtbüchlein waren in der Reformationszeit kleine Anleitungsbücher weit verbreitet, die genaue Regeln für das anständige Verhalten und richtige Benehmen in den verschiedensten Situationen einprägen sollten. Die Abbildung zeigt das Titelblatt der „Kinderzucht" von Erasmus von Rotterdam.

christiani" (1515; dt. Ein nutzliche unterwisung eines Christlichē fürsten wol zu regieren, 1521) sprach E. den jungen Karl V. an. Er entwickelte darin den Gedanken der Verantwortung des Fürsten, des Staates für die Emporbildung des Volkes und die dazu erforderliche Vorbildlichkeit des fürstlichen Lebenswandels. Jungen Leuten war auch seine „Institutio christiane matrimonii" (1516; dt. Christliches Ehebüchlein) zugedacht. Das bedeutendste Werk jugendliterarischen und sprachfördernden Charakters hat E. für den jungen Sohn seines

Druckers Frobenius verfaßt, die „Colloquia familiaria" (1518—33; dt. Gespräche [Ausz.], 1545). Mit bis dahin nicht üblichem Freimut wurde darin aufklärend über das Geschlechtsleben und die Gefahren der Geschlechtskrankheiten gesprochen („Gespräch des Jünglings mit der Hure", „Die unnatürliche Ehe"). E. behandelt diese Fragen im Hinblick auf die Würde des Menschen nicht eng moralisierend. Nach E. war sexuell ausschweifendes Leben inhuman, inhuman auch die Erscheinungsformen und Wirkungen der Prostitution. Auch in der Schrift „Über die Umgangserziehung der Kinder", die E. dem elfjährigen Sohn des Fürsten Adolf von Burgund widmete, sind die Themen sittlichen Verhaltens, der Körperhygiene und der rechten Umgangsformen behandelt. In der Schrift „De pueris statim ae liberaliter instituendis" (1529; dt. Wie junge Fürsten und grosser Herrnn Kinder recht schaffen instituirt und unterwisen, 1537), dem Prinzenerzieher K. Heresbach gewidmet, umschrieb E. das Ziel der Allgemeinbildung, die für einen Fürsten unerläßlich sei. Dabei ging er auf Spracherlernung, Lesenlernen und Lesestoff für Kinder ein. Er empfahl Fabeln, Sprüche, Erzählungen der Dichter, was „Knaben am meisten anspricht" und „was dem jedesmaligen Lebensalter angemessen ist". Das Lernen sollte wie im Spiel geschehen, das Angenehme mit dem Nützlichen verbunden werden. „Hirngespinste, unsinnige Rätsel, nichtsnutzige Geschichten von Gespenstern, Waldgeistern und Teufelsgestalten, Lügengewebe aus Volkssagen" lehnte er ausdrücklich ab. — Des E. geschliffene zeitkritische Schrift „Moriae encomium" (1509; dt. Das theür und künstlich Büchlein Morie Encomion, das ist ein Lob der Thorheyt, 1534) und die ironischen „Querela pacis" (1517; dt. Das christlich büchlein hern Erasmus Roterdamus genañt, die clage des Frids, 1521) gewannen die gebildeten Schichten für den Gedanken eines Weltfriedens im Geiste undogmatischen Christentums, im Einklang mit der humanen Vernunft. Es war die Idee der akademischen „Jugendbewegung" des frühen 16. Jh.s, der E. in diesen Schriften gesammelt, fundiert und jenseits von Reformation und Gegenreformation Ziel und Ausdruck gab.

Werke: Adagia (1500); Colloquia familiaria (1518—33; dt. (Ausz.) Gespräche des hochgelerten und weytberümpten Erasmi von Roterodam, 1545; Des: Erasmi von Rotterdam Colloquia Familiaria oder Gemeinsame Gespräche, 1683); Erasme declamatio De pveris statim ac liberaliter instituendis (1529; dt. (Ausz.) Wie junge Fürsten und grosser Herrnn Kinder rechtschaffen instituirt und unterwisen, 1537; A. Israel (Hrsg.): Vortrag über die Nothwendigkeit, die Knaben gleich von der Geburt an in einer für Freigeborne würdigen Weise sittlich und wissenschaftlich ausbilden zu lassen, 1879); De civilitate morvm pverilivm (1530; dt. Züchtiger Sitten Zierlichen wandels/vnd höfflicher Geberden der Jugent/ In alle weg vnd nach Ordenung des gantzen leibs/ Den Jungen/ sich darin zuüben/ Den Alten/jre Kind nach solichem ebenbild/inn zůcht zů erziehen, 1531; Faks. 1938); Zuchtbüchleyn Erasmi vor die Jungen knaben/vbersehn vnd gebessert (1532); Beatus Rhenanus (Hrsg.): Omnia opera (Bd. 1—8. 1540 u. 41); J. Clericus (Hrsg.): Desiderii Erasmi Roterodami Opera omnia (Bd. 1—10. 1703—06; ND. 1961 u. 1962); A. J. Gail: Erasmus von Rotterdam. Ausgewählte pädagogische Schriften (1963).

Sekundärliteratur: A. Flitner: Erasmus im Urteil seiner Nachwelt (1952). — H. de la Fontaine Verwey: The first „book of etiquette" for children: Erasmus' De civilitate morum puerilium (in: Quaerendo. 1. 1971. 19—30). — A. J. Gail: Leben und Werk des Erasmus (in: E. v. Rotterdam. Ausgewählte pädagogische Schriften, 1963). — J. Huizinga: Erasmus (1924; dt. Erasmus. 1928, ⁴1951).

Erbauungsliteratur

E. ist ein Sammelbegriff für alle Literatur, die „Hilfen zu Stärkung und Wachstum persönlichen Christseins" (M. Doerne: Erbauung; in: Religion in Geschichte und Gegenwart, II, 1958) geben will. Der inhaltliche und formale Wandel dieser Literatur vom 18. bis ins 20. Jh. vollzieht sich auch in der E., die sich speziell an die Jugend wendet.

Begriff. Der Begriff Erbauung leitet sich zwar vom neutestamentlichen „oikodome" her, das im Bild vom Hausbau das Wachstum der Gemeinde bezeichnet, hat aber vor allem im Pietismus eine individualistische und sentimentale Bedeutung gewonnen, die seine Verwendung eigentlich verbietet. Daran hat auch das Wort E. Anteil. Da aber bisher kein befriedigender Ersatzbegriff gefunden werden konnte, wird er weiterhin verwendet.

Frühe E. für Kinder und Jugendliche. Wie die allgemeine E., so nahm die an Kinder und junge Menschen adressierte ihren Ausgang von biblischen Texten, ihrer Betrachtung und Auslegung, in der katholischen Konfession auch von Legenden und Lebensbeschreibung der Heiligen; sie wollte andächtige Beschäftigung mit christlichen Tugenden und mit den Vorgängen der Heilsgeschichte bewirken. Als früheste Zeugnisse dafür können gelten das im Text oft Kinder anredende Buch „Der Seele Trost" (verschiedene Drucke, 1478—83) und der „Reimkalender" des Conrad von Drangolsheim (1435); Beispiele aus der Reformationszeit sind des A. Osiander „Ain schöne Frag und Antwurt den Jungen Kindern. Zu unterweysen, Got zu erkennen, auch in anruffen, als ein vatter" (1522) und das in Straßburg 1535 erschienene „Ein christlich Rathbüchlein für die Kinder". Im 17. und 18. Jh. gibt es bereits zahlreiche Erbauungs- und Andachtsbücher für junge Christen. Unter dem Begriff des „Erbaulichen" wurde zuweilen aber auch die Belehrung über Tischsitten und Verhalten auf der Straße verstanden wie in D. J. J. Rambachs „Erbaulichem Handbüchlein für Kinder" (Gießen, 1734). Ein „Exempelbuch für junge Christen" erschien 1786 in Leipzig, ein „Andachtsbuch für gebildete Christen

Religiös-moralische

Erzählungen.

Ein Familiengemälde

zur

Erweckung eines frommen Sinnes, zur Belehrung und Unterhaltung für gute Kinder jeden Alters.

Nach den Stunden der Andacht bearbeitet

von

Luise Hölder.

Zweiter Band.

Nürnberg.
Verlag von Ferdinand von Ebner.

Luise Hölder: Religiös-moralische Erzählungen (Bd. 2, Nürnberg 1831). Hölder versuchte, in ihren Erzählungen zur „Erweckung eines frommen Sinnes, zur Belehrung und Unterhaltung für gute Kinder jeden Alters" beizutragen. Das dem zweiten Band von 1831 entnommene Titelbild macht deutlich, daß das „Familiengemälde" nicht nur im erzählerischen Teil aus der Perspektive des Biedermeier entworfen worden ist.

bey der Feier des Abendmahls" von J. CHR. DOLZ 1796. Ein großer Teil der ersten speziellen Bücher für Mädchen war im Gefolge von Philantropinismus und Empfindsamkeit eine E., in der sich Erzählung und Betrachtung zu sentimentaler Schwärmerei vermischten, z.B. in Büchern von CHR. v. SCHMID, von A. SCHOPPE (Eugenie, 1824), von J. GLATZ (Aureliens Stunden der Andacht, 1820; Theone, 1806) und von CHR. W. SPIEKER (Hrsg.) „Emiliens Stunden der Andacht und des Nachdenkens. Für die erwachsenen Töchter der gebildeten Stände" (1808, ^{4}1828).

Neuere Formen der E. für die Jugend. Eine psychologisch gemäßere E. konnte erst entstehen, nachdem die Jugend als eigener Lebensbereich entdeckt war und theoriefähig geworden war. Diese E. für Jugendliche dürfte einen doppelten Beginn haben. Einmal wurde im Bereich der Jugendpflege sehr bald der Wert von Jugendbüchereien erkannt, für die man andere Bücher brauchte, als sie die Erwachsenen oder die Kinder lasen. So spricht das Protokoll des Vereins für Sonntagssäle für Arbeiter, Lehrlinge und Knaben in Basel vom 10. 1. 1832 von Einrichtungen „vorzüglich für zweckmäßige Lektüre zur unterhaltenden Belehrung und Erbauung". Andererseits haben die verschiedenen christlichen Jugendbünde von Anfang an großes Gewicht auf ein verbindliches geistliches Leben gelegt, das vor allem durch die „Bibelarbeit" gestaltet werden sollte. So wurden Bibelhilfen notwendig, z. B. die „Bibelwinke für Jüngere" von G. KERTZ (1919). In der weiteren Entwicklung ist es zu differenzierter Vielfalt im Erbauungsschrifttum gekommen. Die Vielfalt möglicher Beispiele wird hier auf folgende Typisierungen beschränkt: 1. *Die Bibellese* ist eine Aufteilung der biblischen Texte über einen Ablauf von vier Jahren. In dieser Zeit will man gemeinsam die Bibel gelesen haben. Dazu wurden nicht

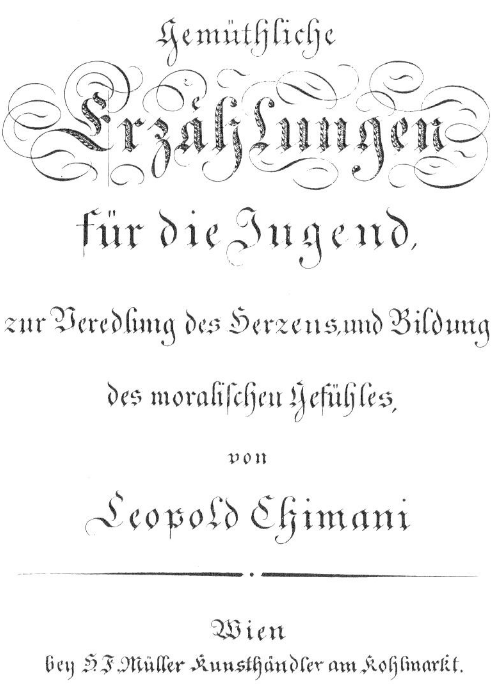
Gemüthliche Erzählungen für die Jugend, zur Veredlung des Herzens, und Bildung des moralischen Gefühles, von Leopold Chimani

Wien bey H. F. Müller Kunsthändler am Kohlmarkt.

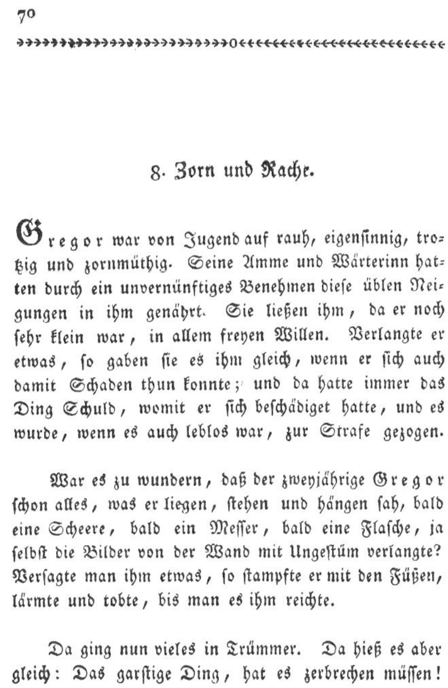
70

8. Zorn und Rache.

Gregor war von Jugend auf rauh, eigensinnig, trotzig und zornmüthig. Seine Amme und Wärterinn hatten durch ein unvernünftiges Benehmen diese üblen Neigungen in ihm genährt. Sie ließen ihm, da er noch sehr klein war, in allem freyen Willen. Verlangte er etwas, so gaben sie es ihm gleich, wenn er sich auch damit Schaden thun konnte; und da hatte immer das Ding Schuld, womit er sich beschädiget hatte, und es wurde, wenn es auch leblos war, zur Strafe gezogen.

War es zu wundern, daß der zweyjährige Gregor schon alles, was er liegen, stehen und hängen sah, bald eine Scheere, bald ein Messer, bald eine Flasche, ja selbst die Bilder von der Wand mit Ungestüm verlangte? Versagte man ihm etwas, so stampfte er mit den Füßen, lärmte und tobte, bis man es ihm reichte.

Da ging nun vieles in Trümmer. Da hieß es aber gleich: Das garstige Ding, hat es zerbrechen müssen!

Leopold Chimani: Gemüthliche Erzählungen (Wien 1816). Die Abbildungen zeigen das Titelblatt des Buches sowie eine Textseite aus der „gemüthlichen Erzählung für die Jugend“ mit dem Titel „Zorn und Rache“. Derartige Beispielgeschichten sollten die „Veredlung des Herzens“ und die „Bildung des moralischen Gefühles“ bewirken.

nur Pläne gedruckt, sondern auch mehr oder weniger wissenschaftliche Einführungen in die einzelnen biblischen Bücher, Kapitel und Abschnitte. Jeder größere Jugendverband hatte dazu sein eigenes Angebot. Nur selten gab es Bibelauslegungen für Jugendliche unabhängig von der Bibellese. Um so beachtlicher ist der Versuch des Jugenddienstverlages, der mit seinem „Testament, neu eröffnet“ (1968) neue Wege geht. Zu zwölf Bibelabschnitten werden die Einwände, Assoziationen und Anregungen junger Leute abgedruckt, denn „zwischen Spruch und Widerspruch mag sich der Leser dem Anspruch stellen“. 2. In *Laiendogmatiken* und *Lebenshilfebüchern* wird der Versuch unternommen, Fragen der systematischen Theologie für Jugendliche verständlich zu behandeln. Hier ist die Grenze zum Buch für Erwachsene schwer zu ziehen, wenn man einmal von typischen Jugendthemen wie Sexualität, Generationskonflikt usw. absieht. Großen Einfluß gewann das Buch von E. LANGE „Meisterung des Lebens“ (1957). Einzelne ethische und dogmatische Themen werden in kleineren Broschüren behandelt; repräsentativ dafür wurde die Reihe „das gespräch“ (seit 1956) im Jugenddienstverlag. Für Jugendliche katholischen Glaubens werden u. a. genannt: H. ENGELMANN: Ich kann nicht mehr glauben (1965), L. EVELY: Credo (1966). 3. Der Begriff *Andachtsbuch* ist mehrdeutig. Während einerseits vor allem in den älteren Titeln „Andacht“ den Zustand des einzelnen Gläubigen bezeichnet, in den er sich durch die Beschäftigung mit einem Thema oder Gegenstand versetzen kann, so meint „Andacht“ andererseits und häufiger in den neueren Titeln den kurzen Gottesdienst einer Gruppe. Da diese Andachten in der Jugendarbeit weithin „von der Person des Leiters, von der Weihe des Augenblicks“ usw. lebten (J. HENKYS: Bibelarbeit, 1966), wurden sie selten gedruckt. Wo man es doch versuchte, ging meist der Schwung der freien Rede in der schriftlichen Fassung verloren. Unter den Ausnahmen aus dieser Regel ragen die Bücher des Jugendpfarrers W. BUSCH hervor (z. B. „Verkündigung im Angriff“, 1968). Einen besonderen Typus dokumentiert G. HAMMERSCHMIDT mit seinen „Schulandachten“ (1965). Im Unterschied zur Schülerandacht, in der wie bei der freien Jugendarbeit nur eine kleine Gruppe Interessierter beisammen ist, geht die Schulandacht von der Annahme aus, daß alle Lehrer und Schüler als Christen anzusprechen sind. Das entspricht kaum mehr der Wirklichkeit. HAMMERSCHMIDT hält an dem alten Modell fest, versucht aber der neuen Situation gerecht zu werden, indem er Stoffe anderer Fächer als Kontext neben die Bibel stellt. 4. Im Bereich der *Gebetbücher* bedeutete das Buch des Paters M. QUOIST „Herr, da bin ich“ (1959) für beide Konfessionen einen Durchbruch. Seine Art, „weltliche“ Betrachtungen in Gebet zu verwandeln, ist vielfältig nachgeahmt worden. Hervorzuheben

sind der Band von Chr. Weiss „Reden wie mit einem Freund" (1962) und der Band von B. Merz: „Mein erstes Gebetbuch" (1969). 5. Eine Reihe von christlichen *Jugendkalendern* (ev.: „Pfeil", „Ring"; kath.: „Fährmann", „Ministrantenkalender"), die in der übrigen Aufmachung sonstigen Jugendkalendern entsprechen, versuchen durch kurze Abschnitte mit biblischen, historischen oder systematischen Inhalten den Glauben ihrer Benutzer zu fördern. 6. Die literarische Mischform, die als *Hausbuch* oder *Lebensbuch* angeboten wird, bringt neben den theologischen Abschnitten Gedichte oder besinnliche Prosatexte. Für die ältere Art ist ein stark an der Vergangenheit orientiertes Buch von O. Dibelius typisch: „Vom Erbe der Väter" (1950). Die neueren „Wir"-Bücher des Burckhardhausverlages (seit 1960) und z. B. H. Nitschkes „Kurs Leben" (1966) zeigen schon durch ihre Titel eine andere Richtung an. 7. Zur E. für die Jugend gehören die *Lebensbeschreibungen* von kirchengeschichtlichen Persönlichkeiten, von Märtyrern und Missionaren. Dieser Zweig der E. hat sich in den letzten Jahrzehnten verändert. Der Kreis der Personen erweiterte sich um christlich fundierte Wissenschaftler (z. B. L. Elliott: „The man who overcame, 1966; dt. Der Mann der überlebte. George W. Carver und sein Werk, 1969) und um Menschen, die im Geist der Nächstenliebe politisch (z. B. H.-G. Noacks Buch über M. Luther King „Der gewaltlose Aufstand", 1965) oder karitativ tätig sind (vgl. zahlreiche Jugendbücher über A. Schweitzer, H. Dunant u. a.). In solche neuen Darstellungen sind sehr viel stärker die jeweiligen soziokulturellen und politischen Probleme einbezogen, gespiegelt in für die Jugend verständlichen Handlungskompositionen und Konflikten. Davon ist nicht scharf abzugrenzen die Gruppe der erzählenden christlichen oder religiösen Kinder- und Jugendbücher. Kritische Auszüge und Analysen zahlreicher Buchtitel dieser Gruppe legten in den letzten Jahren (neben anderen) vor: K. Langosch: „Zum Wesen und zur Formung der christlichen Jugendliteratur" (in: JL. 1961, H. 1); W. Lussnig/H. Laible: „Das religiöse Kinderbuch" (Schriften zur Jugendlektüre, Bd. XIII. 1962); Fr. Hahn: „Zwischen Verkündigung und Kitsch. Religiöse Probleme in der heutigen Jugendliteratur (1968).
Kennzeichen moderner E. Wer ältere mit neuerer E. für Jugendliche vergleicht, wird drei wichtige Veränderungen erkennen: 1. eine deutliche Wendung von der Indoktrination zur Information; 2. das Bemühen des Autors, sich auf die besondere Situation des Lesers einzustellen und keine „Patentlösungen" für Probleme anzubieten; 3. das Bestreben, die individualistische Verzerrung der Erbauung zu überwinden, indem — und das entspricht der biblischen Herkunft des Begriffs — Gemeinschaft betont und die Notwendigkeit von Aktion herausgestellt wird.

Gerhard Isermann

Sekundärliteratur: L. Cordier: Quellenbuch zur Geschichte der Evangelischen Jugend (1925). — F. Hahn: Zwischen Verkündigung und Kitsch (1968). — W. Henkys: Bibelarbeit (1966). — W. Lussnig: Das religiöse Kinderbuch (1962; zus. mit H. Laible). — H. Schwarz: Fromme Bilder und Bildchen (in: JL. 12. 1958. 539—542).

Erzählung

Die E. in Prosa oder Versen ist mündliche oder schriftliche Mitteilung oder Darstellung des Ablaufs tatsächlicher oder erdachter Geschehnisse (nonfiction, fiction). Sie nimmt in der Kinder- und Jugendliteratur den breitesten Raum eir

Begriff. In der Regel wird der Begriff E. hier bedeutungsgleich mit dem Begriff „Geschichte" verwandt (Kasperlgeschichte, Kindergeschichte, Rahmenerzählung, Märchenerzählung, Geschichten für Kinder, Erzählungen für die Jugend). Die Kriterien des Erzählens für Kinder und Jugendliche sind mehrfach untersucht worden („kindgemäß", „jugendgemäß"). L. Santucci hat dem Begriff E. (in: „Letteratura Infantile", ^{4}1958; dt. Das Kind, sein Märchen und sein Mythos, 1960) erneut Bedeutung gegeben, indem er jede Art von „gesprochenem Bericht" darunter versteht und daraus eine bestimmte von jeder Literatur für Erwachsene verschiedene Erzählhaltung und Erzählweise für Kinder abzuleiten versucht. Die Jungleserpsychologie der 1. Hälfte des 20. Jh.s kam — unabhängig von den Strukturanalysen der einfachen literarischen Formen (A. Jolles, L. Schmidt) — zu Ergebnissen, die die Art kindlichen und jugendlichen Sprach- und Welterfassens im Einklang mit den einfachen Erzählformen zeigen (vgl. Ch. Bühler: Das Märchen und die Phantasie des Kindes, 1918).
Mündliches Erzählen. Eines der seit alters (vorliterarisch) gepflegten und der wirksamsten Mittel zu unterhalten, Kenntnisse und Erfahrungen zu überliefern, Gemüt, Geist, Phantasie zu üben und zu bilden, ist das mündliche Erzählen. Der Erzähler verbindet mit seinem Talent seit je künstlerische und pädagogische Fähigkeiten und „Absichten", wie die Praxis noch immer lebendigen Erzählens auf öffentlichen Plätzen und Märkten im Orient und in Südamerika zeigt und es europäische Erzähler noch im 20. Jh. bestätigen (z. B. die Märchenerzählerin L. Tetzner). Erzählen, Geschichten zu hören, ist der Wunsch des zu Sprachverstehen und Sprechen gelangenden Kindes. Hier haben sich heute Kinderfunk und Sprechplatte als mündliche Vermittler von E.n eingeschaltet.
E. für die Jugend, literarhistorisch gesehen. Durch Erzählen, durch kleine Geschichten Kindern „Veranschaulichung" abstrakter (moralischer) Begriffe, nicht gegenwärtiger Dinge und Sachverhalte zu bieten, war ein Hauptanliegen der Pädagogen der Aufklärung und des Philanthropinismus, die selbst E.n für Kinder und Jugendliche verfaßten (J. H. Campe,

Der

Kinderfreund

für das zarte Alter

oder

kleine einfache Erzählungen.

Von

Berquin, P. Blanchard ꝛc.

Aus dem Französischen übersetzt und vermehrt

von

Professor Kißling.

Mit Kupfern.

Ulm, 1842.

In der J. Ebner'schen Buchhandlung.

Arnaud Berquin, Pierre Blanchard u. a.: Der Kinderfreund für das zarte Alter oder kleine einfache Erzählungen (Ulm 1842). Der Titel „Kinderfreund" war in der zweiten Hälfte des 18. Jahrhunderts durch die weit verbreiteten Wochenschriften und Wochenblätter zu einem feststehenden Begriff geworden. In der Mitte des 19. Jahrhunderts verstand man darunter lediglich „kleine einfache" Erzählungen „für das zarte Alter". Die Abbildung zur Erzählung „Das Groschenstück" läßt darauf schließen, daß über die Unterhaltung der Leser hinaus auch in diesen einfachen Geschichten die Tendenz zur Belehrung zum guten Benehmen sichtbar wurde.

E. Chr. Trapp, Chr. G. Salzmann). Formen der in unterhaltenden Stoff verpackten moralischen und intellektuellen Belehrung als E. für Kinder und Jugendliche haben ihren Ursprung in der Unterrichts-E., die in der *Schulreform der Aufklärung* als pädagogisches Mittel gefordert und propagiert wurde. Der Kinderbuchautor als Erzähler sucht mit Wortschatz und Sprachgestalt im unmittelbaren Kontakt mit den jungen Lesern der mündlichen E. gleichzukommen. Er schlüpft bewußt gestaltend (E. Kästner, A. Lindgren, J. Krüss) in eine Rolle, die vom Erzieher selbst weitgehend verlassen wurde (vgl. auch den Titel des Bandes: „Dichter erzählen Kindern", hrsg. von G. Middelhauve, 1966). Die flexible Form ließ die „E. für Kinder und Jugend" — vor allem im 19. Jh. — zu einem Betätigungsfeld auch von schwachen und ungezügelten Schreiberlingen unter den zahlreichen Volks- und Jugendschriftstellern werden. Mit Adressaten wie: E. für Kinder gebildeter Stände; Eine E. für Deutschlands Söhne und Töchter; Moralische E. für junge Mädchen in dienender Stellung; E. für Jugend und Volk wurden im gesamten 19. und beginnenden 20. Jh. als idyllisch unterhaltendes, bürgermoralisch belehrendes, auch religiös und national tendenzhaftes Schrifttum einer breiten, literarästhetisch unkritischen Leserschicht geradezu aufgedrängt. Kritiker suchten in der „Jugendschriftenbewegung" um 1900 von dieser Art Jugendschrifttum die jugendgeeignete dichterische E., die „erzählende Dichtung", abzuheben. Die Forderung H. Wolgasts (1896), „jede dichterische Jugendschrift muß ein Kunstwerk sein", galt vor allem der E. in diesem Sinne. Fast gleichzeitig wies die reformpädagogische Richtung „Kunst vom Kinde aus" auf die Bedeutung von altersgemäßer Form und Altersmundart kindlichen Erzählens als richtungsweisend hin. Damals begannen Verlage, durch billige Reihen mit Einzelausgaben die E. bedeutender Autoren als Schul- und Privatlektüre Jugendlichen in größerem Maße zugänglich zu machen. Empfehlungslisten der deutschen Jugendschriftenausschüsse enthalten seitdem in rei-

Abendzeitvertreib

für die

lieben kleinen Kinder.

Dem Alter

vom

sechsten bis zum neunten Jahre

bestimmt.

Leipzig,

bey Adam Friedrich Böhme.

1795.

Abendzeitvertreib für die lieben kleinen Kinder (Leipzig 1795). Wie Titelblatt und Titelbild zu dem Buch „Abendzeitvertreib" vermuten lassen, haben die „Gute-Nacht-Geschichten" eine lange Tradition. Sie waren für Sechs- bis Neunjährige bestimmt.

cher Fülle die als kindgemäß und jugendgeeignet ausgewählten Titel klassischer E. des 18., 19. und 20. Jh.s. Neben solcher E. als Schullektüre wird heute auch die E. aus der spezifischen Kinder- und Jugendliteratur als „Lernhilfe", „Erschließung von Sachverhalten" oder „Denkanstoß" in den Unterricht hineingenommen.

Thematische Gruppierung und Formen. In der Fülle der E.n und Geschichten für Kinder und Jugendliche sind die Bezeichnungen heute vorwiegend an Themenbereichen orientiert wie z. B. „Historische (geschichtliche) E.", „Naturkundliche E.", „Phantastische Abenteuer-E.", „Tiergeschichten", „Reise-E.". Ungenau ist die Bezeichnung „Sach-E.", durch die meist die erzählende Darstellungsweise eines Problems (Phänomens, Sachverhalts), also „Nonfiction", gekennzeichnet werden soll. Unterscheidungen nach der Form wie „Ich-E.", „biographische E.", „Rahmen-E." sind im offiziellen Bücherangebot für die Jugend selten zu finden. Wenn die E. eine bestimmte Länge überschreitet, rangiert sie als Kinder- oder Jugendbuch, dessen Art wiederum themenspezifisch (Tierbuch, Abenteuerbuch usw.) angegeben wird. Die alte Bezeichnung „Kindergeschichte" als Geschichte für Kinder steht in der Gegenwart wieder häufig für kurze E.n, die in der Kombination mit größeren Illustrationen auch als „Bilderbuchgeschichten" bezeichnet werden. „Kindergeschichte" gibt lediglich den Adressaten des Erzählens an. Sie bezieht inhaltlich „Fiction" und „Nonfiction" samt ihren Kombinationsmöglichkeiten in verschiedenen Erzählformen ein (z. B.: P. BICHSEL: Kindergeschichten, 1969; Kindergeschichten aus aller Welt, hrsg. von G. WOLTER, 1966). Gemäß den epischen Formen gibt es im erzählenden Schrifttum für Kinder und Jugendliche ausgeformt auch Fabel, Schwank, Legende, Märchen, Kurzgeschichte, Roman. Daneben haben sich als Sonderformen der E. u. a. ausgeprägt: Detektivgeschichte, Gespenstergeschichte, Gute-Nacht-Geschichte, Kalendergeschichte, Kasperlgeschichte.

Margarete Dierks

→ Gattungen, → Veranschaulichung

Eulenspiegel, Till

*(Ndt. Ulenspegel, eigentlich „ul den Spiegel", d.h. „wisch den Hintern", Till auch Tyll, verkürzte Koseform von Dietrich). Bäuerlicher Schalksnarr des 14. Jh.s, Held einer in Rahmenerzählung eingebauten Schwanksammlung, beliebte Gestalt der Kinderliteratur; * vermutlich um 1300 in Kneitlingen b. Braunschweig, † um 1350 in Mölln b. Lübeck.*

Noch heute zeigt man in Mölln seinen Grabstein. In Schöppenstedt gibt es ein E.-Museum.
Der Braunschweiger Verfasser der verlorengegangenen ndt. Urform des E.-Buchs (1482) hat wahrscheinlich nicht die historische Person des E. zum Helden gewählt.

Werk, Tendenzen, Wirkung. In seinen losen Streichen, die E. auf seinen Wanderungen, vornehmlich durch Mitteldeutschland, Niedersachsen und Westfalen verübte, schreckte er nicht vor dem Groben und Unflätigen zurück. Sein natürlicher Mutterwitz bekundete, daß Narren und Kinder die Wahrheit sagen. Vielleicht liegt hier der Grund, weshalb diese Gestalt von den Jugendlichen so begeistert aufgenommen wurde. Viele seiner Schwänke beruhen auf einem Spiel mit der Sprache, in dem bildlich Gemeintes von E. wörtlich genommen wird. E. parodiert gewissermaßen das Sprichwort in dessen Doppel- und Widersinn. Das aber ist auch Kinderart. Hinzu kommt, daß viele seiner Possen von naiver Situationskomik sind, die gerade Kindern besonderen Spaß bereitet. Die meisten Streiche E.s wenden sich gegen reiche, hochmütige Städter, lebensfremde Gelehrte, habgierige und sittenlose Geistliche. Hier offenbaren sich sozialkritische Momente, etwa in der Rache des kleinen Mannes an Höhergestellten, ebenso wie ‚Nonsense-Motive' in den die reale Ordnung umkehrenden, wider Vernunft und Sinn laufenden Taten.
Im Jahre 1515 wurde der E. zum ersten Mal ins Hochdeutsche übersetzt. Man rechnet ihn zu den Volksbüchern wie „Doctor Faustus", „Die Schildbürger", „Die schöne Magelone" u. a., welche bis ins 19. Jh. als Trivialliteratur von Erwachsenen breiter Schichten und von Kindern gelesen wurden. Heute sind die E.-Streiche überwiegend in Kinderbüchern und in Lesebüchern für die Grundstufe zu finden. In verschiedenen Zeiten nahmen sich Schriftsteller des Stoffes an. So liegen Bearbeitungen (J. Fischart, J. Nestroy, G. Hauptmann, Fr. Wedekind, E. Kästner u. a.) und Nachdichtungen (A. Böttger, J. Wolff, G. Fuchs) vor. In dem Ulenspiegel-Roman (1868) Ch. de Costers ist E. der Repräsentant des flämischen Freiheitskampfes. R. Strauss schuf die sinfonische Dichtung „Till E.s lustige Streiche" (1890). Seit 1775 diente E.s Name wiederholt als Titel deutscher und österreichischer satirischer Zeitschriften. Die Sammlungen der Schwänke E.s wurden in fast alle europäischen Sprachen übersetzt. Aus seinem Geiste erstanden wesensverwandte Figuren verschiedener Völker, so ein englischer, ein polnischer, ein jüdischer E. Bei der Variante des „märkischen E.s" sind im Gegensatz zum E. die Streiche kleinbürgerlicher Art, wie denn auch die Figur des Hans Clauert (* [Datum unbekannt] in Trebbin, † 1566 auf der Flucht vor der Pest in einer Scheune vor den Toren seiner Heimatstadt) selbst, entgegen E., der keine Herrschaft oder Gewalt über sich anerkannte, sowohl in der Gesellschaft des Landeshauptmanns Eustach von Schlieben als auch am kurfürstlichen Hof zu Berlin immer „Untertan" blieb. B. Krüger, Stadtschreiber und Organist in Clauerts Heimatstadt, der den Schalksnarren noch gekannt hatte, veröffentlichte lange nach dessen Tod das Volksbuch „Hans Clawerts Werkliche Historien . . ." (Berlin 1637), das noch in unserem Jh. Jugendbearbeitungen erfuhr, die letzte von J. Bobrowski (H. C., der märkische Eulenspiegel, Berlin 1956). *Hans Eich*

→ Volksbuch

Sekundärliteratur: O. Debus: Till Eulenspiegel in der deutschen Volksüberlieferung (Diss. 1951). — Eulenspiegel-Jahrbuch (Jg. 1—13. 1961—73). — P. Hasubek: Zu einigen Jugendbearbeitungen des Volksbuches vom Till Eulenspiegel (in: Zeitschr. f. J. lit. 3. 1967. 131—146). — H.-H. Hildebrandt: Sozialkritik in der List Till Ulenspegels (in: H. Ide (Hrsg.): Kritisches Lesen 1971, ^{2}1972, 104—117). — D. Kerner: Till Eulenspiegel. Ein Beitrag zur Psychopathologie (in: JL. 8. 1962. 539—543). — L. Mackensen: Zur Entstehung des Volksbuchs vom Eulenspiegel (in: GRM. 24. 1936. 241—269). — W. Meridies: Die Eulenspiegelgestalt in der deutschen Dichtung bis auf die Gegenwart (Diss. 1924). — R. Petsch: Wer war Till Eulenspiegel? (in: Niederdt. Jb. 62. 1936. 131—134). — W. Scherf: Eulenspiegel und die Jugendbuchexperten (in: Eulenspiegel-Jahrbuch. 12. 1972. 3—14). — B. Schulz: Till Eulenspiegel (in: B. Schulz: Der literarische Unterricht in der Volksschule. Bd. 1. 1965. 105—116). — G. Steiner: Zur Exegese des Volksbuchs von Till Eulenspiegel (in: Acta Litteraria. Bd. 2. 1959. 251—275).

Ewald, Carl

*Dänischer Schriftsteller; * 15. 10. 1856 Gram/Nordschleswig, † 23. 2. 1908 Charlottenlund b. Kopenhagen.*

Werk, Tendenzen, Wirkung. E. verfaßte eine Reihe historischer und Zeitromane, die zu Lebzeiten des Autors in Dänemark gerne gelesen wurden. Seine satirisch-humoristischen Erzählungen von Tieren und Pflanzen und seine naturkundlichen Märchen sind jedoch bis heute lebendig geblieben. Auch im Ausland, vor allem in Deutschland, wurde E. durch seine Naturmärchen bekannt und beliebt.
Im Jahre 1882 erschien der Band „Eventyr I", dem bis 1905 elf weitere Bände Erzählungen folgten. *Alle Geschichten sind geprägt durch eine darwinistische Lebensauffassung* und erzählen in unterhal-

tender, leicht verständlicher und lebendiger Weise von den allgemein gültigen Gesetzen des Lebens. Vor allem das Thema der besseren Überlebenschancen des Stärkeren wird immer wieder aufgegriffen. Sehr deutlich zeigt dies eine seiner ersten und verbreitetsten Geschichten, „Das Meer", in der das Meer die Kreidefelsen abträgt und gleichzeitig neues Land anschwemmt und so neue Lebensmöglichkeiten schafft. Nach dem langwierigen Prozeß der sukzessiven Bepflanzung und Bebauung wird das neue Land jedoch durch eine Sturmflut hinweggespült. E. zeigt das Werden und Vergehen der Arten im täglichen harten Überlebenskampf. Auch die Frühzeit des Menschengeschlechtes wird in einer weit verbreiteten Geschichte geschildert. Die ersten Menschen, die „Zweifüßler", gaben einem Erzählband den Namen.
Die erste deutschsprachige Auswahl von Geschichten E.s erschien im Jahr 1901 in Dresden unter dem Titel „Der Storch und andere Märchen für erwachsene Kinder". Die Erzählungen waren ursprünglich für Leser aller Altersstufen konzipiert. Bald nahmen jedoch Kinder- und Jugendbuchverlage die Geschichten in ihr Programm auf. Durch die Aufnahme von E.s Naturmärchen in Reclams Universal-Bibliothek („Bilder aus dem Tier- und Pflanzenleben", 1905) fanden diese in Deutschland rasch einen breiten Leserkreis. Dadurch ermuntert, gab die Franckh'sche Verlagshandlung in Stuttgart eine fünfbändige Gesamtausgabe der naturkundlichen Märchen E.s heraus. (Bd. I: „Mutter Natur erzählt", 1910; Bd. II: „Der Zweifüßler und andere Geschichten", 1911; Bd. III: „Vier feine Freunde und andere Geschichten", 1913; Bd. IV: „Meister Reineke und andere Geschichten", 1919; Bd. V: „Das Sternenkind und andere Geschichten", 1925). 1952 erreichte der erste Band dieser Gesamtausgabe das 150. Tausend. *Helmut Müller*

→ Dänemark

Werke: Eventyr I (1882); Eventyr (Bd. 1—12. 1893 bis 1905; dt. Der Storch und andere Märchen, 1901; Bilder aus dem Tier- und Pflanzenleben, 1905; Mutter Natur erzählt, 1910; Der Zweifüßler und andere Geschichten, 1911; Vier feine Freunde und andere Geschichten, 1913; Meister Reineke und andere Geschichten, 1919; Das Sternenkind und andere Geschichten, 1925).

Eyth, Max

*(seit 1896 von Eyth). Ingenieur und Schriftsteller; * 6. 5. 1836 Kirchheim/Teck, † 25. 8. 1906 Ulm.*

E. war der Sohn eines Ephorus (Vorstand eines theologischen Seminars), der selbst Dichter und Übersetzer war, und einer Mutter aus adligem Geschlecht, die in jungen Jahren einen in mehrere Sprachen übersetzten Gedichtband veröffentlicht hatte. Er studierte am Polytechnikum in Stuttgart, begann schon als Student zu schreiben, reiste über Frankreich, Holland und Belgien nach England und wurde Maschineningenieur in Leeds, wo er zusammen mit J. Fowler einen Dampfpflug konstruierte. Auf seinen zahlreichen Reisen hat E. 1300 Aquarelle und Zeichnungen geschaffen (heute im Museum der Stadt Ulm). 1882 kehrte E. nach Deutschland zurück und gründete 1884 in Berlin die Deutsche Landwirtschaftsgesellschaft. Als Preußischer Geheimer Hofrat verbrachte der Junggeselle E. die letzten zehn Jahre seines Lebens in Ulm. Ein Jahr vor seinem Tode wurde ihm die Würde eines Dr. Ing. h. c. verliehen.

Werk, Tendenzen, Wirkung. In Ulm schrieb E. seine farbig-impressionistischen Erzählungen aus der Welt der Technik. In „Hinter Pflug und Schraubstock" (1899) und „Der Kampf um die Cheopspyramide" (1902) erzählte er, was er als „Dampfpflugingenieur" in Ägypten erlebt hatte. Seine Selbstbiographie in Briefen, das „Wanderbuch eines Ingenieurs" (1871), erschien mit Kürzungen und Zusätzen 1904 und 1905 neu unter dem Titel „Im Strom unserer Zeit". E.s letztes großes Werk war „Der Schneider von Ulm" (1906). Darin schilderte er das unglückliche Leben A. L. Berblingers (1771—1829), dessen vergebliche Flugversuche der Techniker E. „Geschichte eines zweihundert Jahre zu früh Geborenen" nannte. Dazu trieb der Verfasser eingehende Studien: noch mit 68 Jahren trat er als Lehrling in eine Schneiderwerkstatt ein, um die Berufswelt seines Helden so recht zu erfassen.
Die immer wieder neu aufgelegten erfolgreichen Werke E.s „Hinter Pflug und Schraubstock", „Der Kampf um die Cheopspyramide" und „Der Schneider von Ulm" wurden nachweislich auch stets von Jugendlichen gern gelesen. Eigens für junge Leser wurden dann Kurzausgaben der eben genannten Bücher eingerichtet. Von diesen sind z. B. nach dem Zweiten Weltkrieg erschienen: „Pflug und Schraubstock" (unter dem Titel „Die Brücke über die Ennobucht"), Stuttgart 1955; vom „Kampf um die Cheopspyramide", Ulm 1959; vom „Schneider von Ulm", Ulm 1957, Rudolfstadt 1958, Magstadt 1964. Besondere Jugendausgaben von E.s Werken sind „Das Elefantenrennen" in der Sammlung „Frische Saat", Mödling/Kaldenkirchen 1957, und die in der „Deutschen Jugendbücherei" (Berlin 1957) einzeln erschienenen Erzählungen „Das verhängnisvolle Billardbein", „Der blinde Passagier" und „Blut und Eisen. Erlebnisse eines deutschen Ingenieurs in Ägypten". *Hans Eich*

Werke: Wanderbuch eines Ingenieurs (Bd. 1—4. 1871 bis 1876, ^{5}1903); Hinter Pflug und Schraubstock (Bd. 1 u. 2. 1899, ^{31}1908); Der Kampf um die Cheopspyramide (Bd. 1 u. 2. 1902, ^{11}1925); Im Strom unserer Zeit (Bd. 1 bis 3. 1904 u. 05, ^{5}1922); Der Schneider von Ulm (Bd. 1 u. 2. 1906); Gesammelte Schriften (Bd. 1—6. 1909 u. 10, ^{2}1927); A. Reitz (Hrsg.): Hinter Buch und Schreibtisch (1961).

Sekundärliteratur: L. Du Bois-Reymond: M. Eyth. Ingenieur, Landwirt, Dichter (1931). — Th. Ebner: M. Eyth, der Dichter und Ingenieur (1906). — R. Heege: M. v. Eyth, ein Dichter und Philosoph in Wort und Tat (Diss. 1928). — C. Matschoss: Große Ingenieure. Lebensbeschreibungen aus der Geschichte der Technik (1937, [4]1954). — W. Metzger: M. Eyth. Der Dichter und Pionier der Technik (1940, [2]1947). — A. Reitz: M. Eyth. Ein Ingenieur reist durch die Welt (1956).

F

Fabel

Bezeichnung a) für eine traditionsreiche, lehrhafte literarische Kleinform; b) für das rekonstruierbare, faktische Geschehen in einem Roman, einer Erzählung, Novelle, Kurzgeschichte usw. (auch plot oder story genannt). Der Ausdruck F. kommt aus dem Lateinischen: fabula = das Erzählte, die Geschichte (zu fari = reden, sprechen, erzählen).

Zu a): F. als Kleinform (Gattung). F.n sind in großer Zahl in jeder Kultur erzählt, aufgeschrieben und illustriert worden. Indonesische Tempel und ägyptische Pyramiden werden von Reliefs mit Szenen aus F.n geschmückt. Die Indianer Nordamerikas haben genauso F.n gekannt wie die Griechen und Römer längst vor Christi Geburt. In Europa wird in einer volkstümlichen Auffassung der angeblich im 6. vorchristlichen Jh. lebende, sagenhafte phrygische Sklave AESOP als Erfinder der F. angesehen. Wahrscheinlicher ist, daß er nur „literarische Individualität" (L. MADER) hat. Die schriftliche Überlieferung wird in verschiedenen bekannten Sammlungen manifest: Von AESOP soll die älteste, nicht erhaltene Anthologie in der europäischen Geschichte stammen. Der „Pañcatantra" ist die bekannteste altindische Sammlung mit F.n. Sie ist vermutlich im 3. Jh. n. Chr. in Kaschmir entstanden. Noch älter ist das Buch „Jàtaka" (Dschatakam), das wahrscheinlich schon im 3. Jh. v. Chr. aufgezeichnet worden ist. Es enthält ebenso wie spätere orientalische Quellen — so z. B. „Hitopadesà" (Hitopadescha) aus dem 10. bis 14. Jh. — neben anderen Beispielgeschichten F.n. Die orientalischen F.n. kamen am Ende des 15. Jh.s unter dem Titel „Das Buch der Beispiele der alten Weisen" auf dem Wege der Übersetzung aus einer dem 13. Jh. zugehörigen lateinischen Bearbeitung nach Deutschland. Auf seiner weiten Wanderung vom Morgenland zum Abendland wurde — immer wieder verändert — aus dem Fürstenspiegel allmählich ein Lehrbuch der Lebensklugheit, ein Standardwerk angewandter Philosophie. Sowohl in der griechischen und römischen Antike (PHÄDRUS, BABRIUS, AVIANUS), im Mittelalter (ROMULUS, STRICKER, U. BONER u. a.) als auch in jeder Epoche der Neuzeit von M. LUTHER bis heute sind F.-Sammlungen und F.-Autoren belegt. Besonders reich an F.n waren in Deutschland das 16. und das 18. Jh. Das 16. Jh. produzierte die ersten deutschen Bearbeitungen aufgrund der Übersetzung des Humanisten H. STEINHÖWEL (1412—78) im sog. „Ulmer Aesop" (um 1480), so z. B. LUTHER, B. WALDIS, H. SACHS, E. ALBERUS. Das 18. Jh. brachte neben einer unübersehbaren Menge an neuen Fabeln von fast jedem namhaften Schriftsteller dieser Zeit auch viele theoretische Abhandlungen zu dieser Literaturform hervor (J. CHR. GOTTSCHED, G. E. LESSING, J. G. HERDER u. a.). In Frankreich wurde J. DE LA FONTAINE (1621—95), in Rußland I. KRYLOW (1768 bis 1843) zum Klassiker der F.

La Fontaine: 12 Tierfabeln (Frankfurt 1964). G. Oberländer illustrierte 1964 die Fabeln La Fontaines. Das dekorative Element und die kräftigen Farbtöne verleihen diesen Fabelillustrationen eine plakative Wirkung. Leicht beschwingt — den Dudelsack blasend — schreitet der Wolf in dieser attraktiven Verkleidung in der Fabel „Der Wolf als Schäfer" ohne böse Absicht einher.

Vielfach sind *Tierfiguren mit stereotypen Eigenschaften* die Hauptakteure in F.n: der mächtige Löwe, der schlaue Fuchs, das naive und fromme Schaf, die gutgläubigen Frösche usw. Im Laufe der Geschichte der F. haben einige Tierfiguren *Wand-*

lungen mitgemacht. Z. B. verlor im 18. Jh. der Bär in der F. den Charakter des Dummen, Unbeholfenen (Bauern) und nahm Züge des energischen, unverbildeten revolutionären Kämpfers an. Dies entwickelte sich von J. CHR. F. GELLERTS bis zu G. K. PFEFFELS (1736—1809) F.n. Affen, Krokodile, Tiger, Schlangen usw. tauchen in der Regel als Figuren bei Erzählern aus tropischen Landschaften auf; Wölfe, Störche, Adler, Mäuse, Hasen, Esel u. v. a. in der europäischen Tradition. Die F. läßt nicht nur Tierfiguren, sondern auch *andere Dinge der belebten und unbelebten Natur* (z. B. Lampe, Fernglas, Strauch, Benzinkanister), aber auch *Phantasiegebilde* (Brillenschlange, Mondkalb) agieren, d. h. denken, handeln, sprechen. Der F.-Autor betrachtet die Akteure der F. als „außengesteuerte Konturwesen" (KL. DODERER), die — vielfach simplifizierend — *menschliche und gesellschaftliche Konflikte veranschaulichen und Verhaltensregeln erkennen lassen sollen.*

Die F. birgt immer eine Lehre. LUTHER meinte, die F. wolle „zur Wahrheit betriegen", indem sie „mit Witz und Kunst . . . allerfeinste Lehre, Warnung und Unterricht" gäbe. Die Lehre ist entweder aus dem Text der kurzen Erzählung deutlich erschließbar oder als „fabula docet" im verallgemeinernden Schluß (Epimythion) ausformuliert. Viele moderne (z. B. die W. SCHNURRES) und klassische F.n (z. B. die LESSINGS) haben auf die Formulierung der Lehre verzichtet. Die Technik der F., menschliche Verhältnisse in verfremdeter Form zu veranschaulichen, indem Konturwesen in Modellsituationen den „moralischen" Fall simulieren und demonstrieren, gibt dem F.-Erzähler oder F.-Schriftsteller die Möglichkeit, entweder eine *affirmative* oder *kritische* Haltung gegenüber der herrschenden Moral im Konsumenten zu implizieren. Die F. kann zur Anpassung oder zum Widerstand gegen Unvernunft und Ungerechtigkeit aufrufen.

Die F. war von jeher auch Kinder- und Jugendliteratur. Insofern gehört sie zu den frühesten uns bekannten Lesestoffen in den Schulen des Altertums. Im Mittelalter wurde spätestens seit den cluniazensischen Reformen das Studium der „aesopischen F.n" betrieben. KONRAD VON HIRSAU machte sie zur Pflichtlektüre für Klosterschüler. Zumindest in der Zeit des Humanismus und der Renaissance dürfte es in Deutschland zwei Traditionen der F. als Schul- und Kinderlektüre gegeben haben: eine lateinische (vgl. PH. MELANCHTHONS „De Utilitate fabularum", 1526) und eine deutsche (vgl. LUTHERS „Vorrede", 1530). Die Didaktiker haben mit dem Gebrauch der F. zwei Absichten verbunden: Gültige Lebensweisheiten und elementare Kenntnisse antiker Kultur und Sprache mit Hilfe der F. zu übermitteln. Jahrhundertelang dürfte die vielfache Verwendung der F. als Leselernmaterial und Übungsstoff für Grammatikunterricht (z. B. „Neue lateinische Grammatica. In Fabeln und Bildern den eüßerlichen Sinnen vorgestellt [. . .] von J. Buno", Dantzig 1651) weithin zu einer „blinden" Tradierung geführt haben. Die Entstehung der speziellen Kinderliteratur im Zuge der Aufklärung und des Philanthropinismus im späten 18. Jh. fiel nicht von ungefähr mit einer Blütezeit der F. zusammen. LESSING übersetzte 1757 anonym, ehe er seine eigenen F.n herausbrachte, S. RICHARDSONS „Sittenlehre für die Jugend in auserlesensten aesopischen Fabeln mit dienlichen Betrachtungen zur Beförderung der Religion und der allgemeinen Menschenliebe vorgestellt", GELLERTS F.n — von ihm selbst als Lektüre für diejenigen ausgegeben, die noch nicht genügend Verstand besitzen — fanden vom 18. Jh. bis heute in zahlreichen Jugendausgaben Platz; D. STOPPE hatte schon 1738 ein Fabelbuch der „deutschen Jugend zu einem erbaulichen Zeitvertreib aufgesetzt". Die Pädagogen und Jugendschriftsteller der aufblühenden Kinder- und Jugendliteratur des späten 18. und frühen 19. Jh.s wie CHR. F. WEISSE, J. H. CAMPE, PFEFFEL, H. PESTALOZZI, CHR. G. SALZMANN verfaßten F.n und sahen diese als Muster der veranschaulichten Moral an, die das Prinzip des „delectare et prodesse" verwirklichen helfen. In LESSINGS theoretischen Erörterungen, die mit seinen „Fabeln, Drey Bücher" 1759 zuerst erschienen, geht er dem didaktischen Nutzen der F. nach und findet ihn in der Förderung der „Erfindungskraft" des Menschen. LESSING propagiert den Gebrauch der F. in den Schulen.

Den zahlreichen Schul- und Jugendausgaben des 18. Jh.s und der vorausgegangenen Jh.e fügte das 19. Jh. viele Anthologien mit Beispielen aus der Vergangenheit und Gegenwart hinzu, obwohl gerade dieses Jh. — angeregt durch die Ideen der Romantiker, besonders der Brüder GRIMM — für das rationalbelehrende Element in der F. wenig Sinn hatte. F.n werden mehr im Sinne von Tiermärchen verstanden, in denen die didaktische Intention einer sentimentalen Zuneigung zum Gottesgeschöpf Tier vielfach durchschlägt. Von großer und beispielgebender Bedeutung waren W. HEYS „Fünfzig Fabeln für Kinder" (1833). Die der F. zugeschriebene gemütsbildende Kraft zusammen mit ihrer Anschaulichkeit ließ sie auch über das 19. Jh. hinaus den um literarische Erziehung der Jugend bemühten Erwachsenen weiterhin als geeignete Lektüre in Schule und Haus erscheinen. Die sentimentale Interpretation der didaktischen Absicht dieser Gattung kam einer von FR. FRÖBEL bis E. SPRANGER reichenden pädagogischen Grundeinstellung entgegen. Jedoch will die F. weder Tierliebe erwecken noch gemütsbildend wirken, vielmehr den Verstand ansprechen und zum nüchternen Nachdenken veranlassen. Sie enthält Ratschläge, Lehren, Lebensweisen, die vom Konsumenten begriffen werden, d. h. aus der Bildersprache abstrahiert werden müssen. Dazu ist schon das Kind vor der Schulzeit fähig, wenn altersstufengemäß verfahren wird. Obwohl sich die bedeutendsten Jugendschriftsteller unseres Jahrhunderts wie z. B. T. JANSSON, E. KÄST-

NER, A. LINDGREN, G. RODARI der F. kaum besonders angenommen haben, ist seit dem ausgehenden 19. Jh. durch Autoren wie W. BUSCH, CHR. MORGENSTERN, J. RINGELNATZ, J. KRÜSS, SCHNURRE in Deutschland und z. B. durch J. THURBER in den USA oder S. MICHALKOW in der UdSSR das Repertoire der Gattung F. erweitert worden.

In der Zeit nach dem Zweiten Weltkrieg sind mehrere anspruchsvolle Jugendanthologien (von P. ALVERDES, H. BAUMANN, E. MUDRAK, K. RECHEIS) und auch Einzelausgaben (Krüss: „Adler und Taube", 1963; SCHNURRE: „Protest im Parterre", 1957) zu finden. „Die F. ist aus ihrer Latenzzeit in der Erwachsenenliteratur, in der Jugendliteratur aus der Zeit sentimentaler und allzu braver Auslegungen herausgerückt" (DODERER). Dasselbe gilt auch für die F.-Illustrationskunst, die an sich sehr alt ist. In Jugendausgaben gewinnt sie im 19. Jh. eine entscheidende Bedeutung. Sie begleitet die Entstehung des Bilderbuchs. Die HEYschen F.n erschienen bezeichnenderweise 1833 mit künstlerischen, dem Text mindestens gleichwertigen Bildern von O. SPECKTER. Seitdem waren fast alle Jugendausgaben illustriert. In jüngster Vergangenheit wurden neben den erwähnten neueren Anthologien für den jungen Leser eine Reihe von Bilderbüchern für ganz junge Kinder publiziert, die sowohl klassische F.n mit modernen Illustrationen (J. HEGENBARTH, BR. WILDSMITH u. a.) als auch neue F.n im Bilde (L. LIONNI, „Swimmy") wiedergaben.

Zu b): F. als Kernstory in einer Geschichte. Vielfach wurde und wird der Ausdruck F. völlig unabhängig von dem strenger gefaßten Gattungsbegriff gebraucht. Dies macht z. B. GOTTSCHED, wenn er sich 1751 zu J. SWIFTS „Gulliver" folgendermaßen äußert: „Wer auch nur etliche dieser Fabeln gelesen hat, der wird wohl sehen, daß sie gar nicht nach einerley Regeln gemacht werden". Hier noch synonym für erfundene Geschichte, „Erdichtung", gebraucht, engt sich der Begriff heute in der Regel zu der Bezeichnung des rekonstruierbaren Faktenablaufs alles Erzählbaren ein; z. B. haben ein Jugendroman, ein Bilderbuchtext, ein Comicstreifen, ein Kasperlspiel oder eine Ballade ihre jeweilige F. Bei dieser Begriffsauffassung ist durch Analyse in den verschiedensten poetischen Gattungen und zeitlich bedingten Stilformen zu prüfen, wie die F. des jeweiligen Textes konstruiert ist, ob sie z. B. den äußeren Ablauf oder den inneren Ablauf des menschlichen Lebens wiedergibt, ob sie sich sukzessiv aus dem Text herausschälen läßt oder ob sie aus verschiedenen, sich überlappenden oder ergänzenden Teilen erschlossen werden muß; ob sie linear verläuft oder ob Rahmen- und Binnen-F. vorhanden sind. Im Gegensatz zu der früher vertretenen Auffassung (CH. BÜHLER u. a.) enthält die Kinder- und Jugendliteratur vermutlich einen fast ebenso großen Reichtum an F.-Konstellationen wie die Erwachsenenliteratur. Jedoch überwiegt statistisch der Gebrauch einfacher, linearer, äußerer Geschehensverläufe. Am häufigsten dürften Werke sein, in denen eine einsträngige Fabel mit deutlichen Abschnitten (Abenteuer) gegeben ist. Sowohl die strukturale als auch die inhaltliche Analyse der F.n in dem hier verstandenen Sinne ist noch nicht geleistet. *Hans Eich*

101 neue Fabeln. Hrsg. v. Frida Schanz (Leipzig 1888). F. A. Flinzer, ein Schüler L. Richters, illustrierte dieses — auch in der äußeren Aufmachung aufwendig gestaltete — Fabelbuch mit Originalbeiträgen von Fr. von Bodenstedt, V. Blüthgen, Fr. Hirsch u.a. In der Darstellung zu der Fabel „Rabe und Frosch" karikiert Flinzer mit dem dargestellten Frosch den verhinderten Künstler, dem es an großen Fähigkeiten mangelt.

Sekundärliteratur: W. Briegel-Florig: Geschichte der Fabelforschung in Deutschland (Diss. 1965). — R. Dithmar: Die Fabel. Geschichte. Struktur. Didaktik (1971). — K. Doderer: Didaktische Überlegungen zur Fabel und Kurzgeschichte (in: Literarische Erziehung in der Grund- und Hauptschule. 1965. 15—25); Fabeln (1970). — R. Koch: Theoriebildung und Lernzielentwickung in der Literaturdidaktik. Ein Entwurf gegenstandsorientierter Lernzielentwicklung am Beispiel der Fabel (1973). — R. Kreis: Fabel und Tiergleichnis (in: H. Ide (Hrsg.): Kritisches Lesen. 1971, ^{2}1972. 57—103). — W. R. Lehmann: Fabel und Parabel als literarisches Bildungsgut (in: Studien zur

Jugendliteratur und literarischen Bildung. 7. 1961. 26 bis 37). — E. Leibfried: Fabeln (1967). — L. Mader: Antike Fabeln (1951). — B. Quinnam: Fables from incunabula to modern picture books. A selective bibliography (1966). — D. Sternberger: Figuren der Fabel (1950).

Fährmann, Willi

*Schriftsteller, Pädagoge, Autor von Kinder- und Jugendbüchern, religiösen Erzählungen und jugendpädagogischen Arbeiten; * 18. 12. 1929 Duisburg.*

Nach einer Maurerlehre (1946), nach Teilnahme am Abendgymnasium, folgte für F. das Studium an den Pädagogischen Hochschulen in Oberhausen und Münster. 1953—63 war er Volksschullehrer in Duisburg. Seit 1963 ist er Rektor einer Hauptschule in Xanten.
Lange Jahre war F. in der kath. Jugendarbeit tätig. Er war freier Mitarbeiter der Zeitschrift „Leben und Erziehen" sowie der Jugendzeitschrift „Fährmann". Didaktische und methodische Beiträge zur außerschulischen Jugendpädagogik erschienen auch in „Der Jungführer".

Werk, Tendenzen, Wirkung. F. ist Autor von Umweltbüchern und religiöser Literatur für Kinder. In den letzten Jahren gilt sein Interesse auch dem zeitgeschichtlichen Jugendbuch; er stellt in schlichter, realistischer Weise menschliche Probleme (Vertreibung, Antisemitismus) dar. F. hat diese Themen zunächst aus katholischer Sicht behandelt; in seinen neueren Publikationen ist diese Tendenz nicht mehr spürbar. Erlebnisse aus der Zeit seiner Jugendarbeit beeinflußten seine jugendschriftstellerische Tätigkeit. Seine Darstellung des Fluchtweges einer deutschen Familie 1945, „Das Jahr der Wölfe", gelangte auf die Auswahlliste zum Deutschen Jugendbuchpreis und wurde in fünf Sprachen, darunter Africaans, übersetzt. *Sigrid Geisen*

Werke: Graue Kraniche — Kurs Süd (1956; 1960 u. d. T.: Romfahrt in gefahrvoller Zeit); Das Geheimnis der Galgeninsel (1959); Die Verschwörung der Regenmacher (1960); Die Abenteuer auf Niks Arche (1962); Das Jahr der Wölfe (1962); Samson kauft eine Straßenbahn (1964); Die Stunde der Puppen (1966); Es geschah im Nachbarhaus (1968); Gastmahl des Herrn (1968); Ankunft des Herrn (1969); Mit Kindern beten (1970); Samson kauft eine Pferdebahn (1971); Ausbruchsversuch (1971).
Hrsg.: Als die Sterne fielen (1965; zus. mit H. Schmidt); Katholische Jungmännerschaft (1970). *IJB*

Falk, Lee

*Schöpfer und Texter bekannter Comic-Strip-Serien wie z. B. „Phantom"; * um 1910 in St. Louis/USA.*

Nach seinem Studienabschluß an der University of Illinois arbeitete F. einige Jahre als Texter und Regisseur von Radiosendungen für eine Werbefirma in St. Louis. 1934 erschien im „Journal American" sein abenteuerlich-phantastischer „Mandrake the Magician". Der Zeichner war der 1964 verstorbene Ph. Davis. Am 17. 2. 1936 erschien auch im „Journal American" sein zweiter weltbekannter Comic-Strip „The Phantom" (Zeichner: R. Moore). 1941 arbeitete F. für eine Propagandaabteilung der amerikanischen Streitkräfte und trat 1944 in die amerikanische Armee ein. Seit Ende des Zweiten Weltkriegs geht er neben seiner Arbeit seinem Hobby, dem Schreiben und Produzieren von Theaterstücken, nach.

Werk, Tendenzen, Wirkung. Die heute noch erscheinende Comic-Serie „Mandrake the Magician" verbindet durchaus reale Abenteuer des Illusionisten Mandrake und seiner Gefährten mit Ausflügen in die bizarre Welt des Weltraums und der Phantasie. Dabei löst Mandrake hypnotisch gestikulierend alle erdenklichen Fälle, wobei ihm sein Faktotum Lothar, ein Prinz aus Afrika, assistiert. Mit dem „Phantom", einer Mischung aus Sagengestalt und Superheld, wurde die zweite bekannte Comic-Gestalt geschaffen, deren Taten sich hauptsächlich im Urwald abspielen. In Abkehr von sonstigen Comic-Gebräuchen kennt „The Phantom" Vorfahren, Liebe, Ehe, Alter und Tod. Der Streifen wird noch immer (1973) in Wochenendbeilagen amerikanischer Zeitungen abgedruckt. Er ist nach dem Muster phantastischer Detektivgeschichten gearbeitet. *Wolfgang Kempkes*

→ Comics

Sekundärliteratur: G. Metken: Comics (1970). — M. Sheridan: Comics and their creators. Life stories of American cartoonists (1944). — C. Waugh: The comics (1947). — D. W. White (Hrsg.): The funnies: an American idiom (1963; zus. mit R. H. Abel).

Falke, Gustav

*Lyriker, Erzähler, Verfasser bekannter Gedichte für Kinder; * 11.1.1853 Lübeck, † 8.2.1916 Hamburg-Großborstel.*

Nach dem Schulbesuch wurde F. auf Wunsch des Vaters Buchhändler; nach längerem Umherreisen in diesem Beruf in Deutschland wurde er in Hamburg seßhaft; dort lebte er zunächst mit der Mutter zusammen, nahm dann sein dem Vater zuliebe unterbrochenes Musikstudium wieder auf und erteilte Musikunterricht, bis sich nach seinen ersten Veröffentlichungen allmählich seine wirtschaftliche Lage besserte. Zu seinem 50. Geburtstag — 1903— erhielt er ein Jahresgehalt vom Hamburger Senat, das ihm ermöglichte, als freier Schriftsteller zu leben. Die Tochter von H. Wolgast, E. Arndt-Wolgast, schildert in ihren Jugenderinnerungen humorvolle, liebenswürdige Einzelzüge des kinderfreundlichen Dichters, der mit führenden Persönlichkeiten des Hamburger Kreises der Kunsterziehungs- und Jugendschriftenbewegung in enger Verbindung stand. In seinem autobiographischen Prosawerk „Die Stadt mit den goldenen Türmen" (Lübeck) richtet er am Ende das Wort an seine drei Kinder.

Wirkung und Bedeutung in der Kinder- und Jugendliteratur. In seinem lyrischen Schaffen war F. stark beeinflußt von der Dichtung E. MÖRIKES, TH. STORMS und C. F. MEYERS. J. v. EICHENDORFF widmete er eine eigene Darstellung (1906), in der er vor allem die Fortdauer der Lieddichtung EICHENDORFFS im Volke und bei der Jugend beschrieb. Freundschaftliche Bindungen, die sich auch für F.s Lyrik auswirkten, entstanden mit R. DEHMEL, O. ERNST, vor allem D. v. LILIENCRON, der F. stark förderte. Bereits in seiner ersten Gedichtsammlung „Neue Fahrt" (1897) veröffentlichte F. einige Kindergedichte originellen Tons, z. B. „Rische rasche rusche, der Hase sitzt im Busche". Angeregt von A. LICHTWARK, der den Nachlaß von O. SPECKTER verwaltete, schuf F. Gedichte zu Katzenbildern von SPECKTER, so daß dreißig Jahre nach dessen Tode „Das Katzenbuch" (zu Neujahr 1900) erscheinen konnte (als „Ergebnis gemeinsamer Beratungen der Direktion der Kunsthalle, der Gesellschaft Hamburgischer Kunstfreunde und der Lehrervereinigung zur Pflege der künstlerischen Bildung", Vorwort zur 2. Aufl., 1900). Es erreichte im ersten Jahrzehnt bereits eine Gesamtauflage von 25 Tsd.. 1901 erschienen Haustierbilder von SPECKTER ebenfalls mit Versen von F. als „Das Vogelbuch". F.s Reime und Gedichte in Nieder- und Hochdeutsch gingen in Lesebücher, Kalender und Anthologien für Kinder (z. B.: „Fünf Englein haben gesungen", 1913; „Sei willkommen, du lieber Tag", 1922 bei Westermann) und in Bilderbücher ein (z. B.: „Lütt Ursel", „Der kleine Ritter", „Der seltene Vogel", „Zwiegespräch" und viele andere). Auch schrieb F. Verse zu mehreren Bilderbüchern, zu ST. ORRS „Zwei lustige Seeleute" (1905), TH. GUGGENBERGERS „Ein lustig Jahr der Tiere" (1909), zu E. OSSWALDS „Tierbilder" (1909) und dessen Bilderbuch „Dies und Das" (1910) und zu A. SCHMIDHAMMERS „Drei Helden" (1911). Seine Gestaltungskraft reichte vom losen, humorvollen Vers über liedhafte Vierzeiler des mehrstrophigen Gedichts bis zur erzählerischen, balladesken Form in Reimen (z. B.: „Was haben denn wir Schneider groß für ein Gewicht"). E. ARNDT-WOLGAST nennt „Rhythmus und Reim und die Musik der Sprache, die eindringende Beobachtung, die schöpferische Fantasie in der Gestaltung" als Kennzeichen der Lyrik F.s, die dem Volkston sehr nahe steht. G. SICHELSCHMIDT zählt F. in seinem Gedenkaufsatz zum 50. Todestag (JSW 3. 1966, S. 9) zu den „Promotoren einer avantgardistischen Kinderlyrik" und rückt seine „Lügengeschichten" in die Nähe des angelsächsischen Nonsense. E. WEBER sieht F.s Verse ausgezeichnet „durch Wohllaut und köstliche Schelmerei"; er hebt hervor, daß der poetische Teil der Sammelwerke, Fibeln und Lesebücher durch die Beiträge F.s (1922) „in den letzten Jahrzehnten ein anderes Gesicht, ein gesünderes, frischeres, ein lebensfroheres bekommen" hätten. J. KRÜSS stellt im Nachwort zu seiner Anthologie „So viele Tage wie das Jahr hat" (1958) F. neben V. BLÜTHGEN und H. SEIDEL auf die „Schwelle zur Emanzipation des Kindes". Er nahm 10 der bekanntesten Gedichte von F. in seine Sammlung auf. F.s Erzählungen für die Jugend erschienen in verschiedenen bekannten Jugendbuch-Verlagen und -Reihen der Zeit. In „Klaus Bärlappe" (1910) schildert er anschaulich Handwerkerleben um 1900; „Drei gute Kameraden" (1908) ist eine schlichte, erlebnisreiche Kindergeschichte in ländlicher Umwelt; mit der Erzählung „Im Fischerdorf" (1911) spiegelt er das zeitgeschichtliche Problem antisemitischen Vorurteils auf kindlicher Ebene; in der Dorfgeschichte „Das Schützenfest" (1911) stellt F. das Erlebnis zweier Kinder an der Schwelle zur Reife in die Perspektive mitmenschlichen Verhaltens in der Erwachsenenwelt. F. schildert mit feiner Empfindung, doch auch mit frischen Farben. Sein Stil mutet wie ein für die Jugend praktizierter „poetischer Realismus" an. In späteren Erzählungen, z. B. „Herr Purtaller und seine Töchter" (1913) und — aus dem Ersten Weltkrieg — in „Viel Feind, viel Ehr'" (1915), wandte er sich freilich sehr ins Behagliche und Freundliche einer immer wieder als „heil" herzustellenden Welt. H. L. KÖSTER hob an F.s Erzählungen den feinen „Humor und die leise Ironie" der Kinderschilderungen hervor, „andererseits die Fähigkeit, Menschen auf die Beine zu stellen, Menschen des alltäglichen Lebens und doch nicht alltäglich. Gerade das Allzumenschliche ist vielleicht am feinsten gesehen" (KÖSTER, ^{3}1920, S. 327). *Margarete Dierks*

Werke: Neue Fahrt (1897); Das Katzenbuch (1900); Das Vogelbuch (1901); Hohe Sommertage (1902); Der gestiefelte Kater (1904); Zwei lustige Seeleute (1905); Drei gute Kameraden (1908); Ein lustig Jahr der Tiere (1909); Tierbilder (1909); Dies und Das (1910); Klaus Bärlappe (1910); Drei Helden (1911); Das Schützenfest (1911); Herr Hennig oder die Tönniesfresser von Hildesheim (1912); Herr Purtaller und seine Töchter (1913); Viel Feind', viel Ehr' (1915).

Sekundärliteratur: E. Arndt-Wolgast: Gustav Falke (in: JSW. 5. 1966. 19—20). — O. L. Brandt: Gustav Falke (1917). — F. Castelle: Gustav Falke (1909). — C. Enders: Gustav Falke (in: Janssens Jahrbuch. 1908. 82—102). — G. Falke: Aus meinen Kinderjahren (in: Als unsre Dichter noch kleine Jungen waren. 1911. 47—66); Die Stadt mit den goldenen Türmen (1912, ^{3}1923). — K. Oppert: Selbstbildnis Gustav Falke (Diss. 1923); Selbstbildnis eines Lyrikers (in: WW. 3. 1952/53. 163—164). — E. L. Schellenberg: Gustav Falke (1908). — G. Sichelschmidt: Ein Klassiker des Kindergedichts (in: JSW. 3. 1966. 9). — H. Spiero: Gustav Falke (1928). — E. Weber: Gustav Falke, der Kinderfreund (in: JSW. 16. 1922. 62—63). *IJB*

Fallada, Hans

*(d. i. Rudolf Ditzen). Landwirt, Journalist u. Schriftsteller; * 21. 7. 1893 Greifswald, † 5. 2. 1947 Berlin.*

Wie F., Sohn eines Richters, in seiner Autobiographie „Damals, bei uns daheim“ (1941) schreibt, scheiterte er in der höheren Schule und führte ein unstetes Leben als Buchhalter, Getreidehändler, Anzeigenwerber, Nachtwächter und Berichterstatter. Zeitweilig studierte er Landwirtschaft. Nachdem ihm nach ersten wenig beachteten Versuchen als Schriftsteller mit der Veröffentlichung seiner Zeitromane der Durchbruch gelungen war, kaufte er den Landsitz Carwitz in Mecklenburg und bewirtschaftete ihn im Familienbetrieb. F., der gegen Ende seines Lebens zum Trinker geworden war, starb im Februar 1947 an einer Überdosis Beruhigungstabletten. 3 Jahre nach seinem Tod erschien sein autobiographischer Roman „Der Trinker“ (1950), in dem eigene Erlebnisse in einer Trinkerheilanstalt verarbeitet sind.

Werk, Tendenzen, Wirkung. Während seine ersten Werke noch ganz im Stil des Expressionismus gehalten sind („Der junge Goedeschal“, 1920; „Anton und Gerda“, 1923), waren seine sogenannten „Kleine-Leute-Romane“ politisch-soziale Zeitromane aus der Alltagswelt, die vor allem die Zustände und Probleme nach dem Ersten Weltkrieg zum Inhalt hatten. Naiv-naturalistischer Stil, gute Beobachtungsgabe und Humor trafen die Leseerwartungen einer breiten Leserschicht und verschafften seinen noch heute gelesenen Romanen überdurchschnittlich hohe Auflagen.

Bedeutung für die Jugendliteratur. Unter dem Titel „Geschichten aus der Murkelei“ schrieb F. ein Kinderbuch, das 1938 herauskam und elf Geschichten enthält, die reale und unwirkliche Elemente in sich vereinen. Es sind märchenhaft angelegte Erzählungen, die auf soziale Mißstände hinweisen wollen (z. B. „Mäusecken Wackelohr“ oder „Die Geschichte vom getreuen Igel“) oder durch übermütige Ausbrüche in die Welt des Surrealismus die Flucht des Autors in die Welt der Phantasie widerspiegeln (z. B. „Geschichte vom verkehrten Tag“). Am deutlichsten wird die Absicht in der „Geschichte von der Murkelei“, die der Sammlung den Namen gab. In ihr wird der Wunsch eines Vaters, zwei weitere Kinder zu besitzen, so stark, bis diese wirklich handelnd in die Erzählung eingreifen. Das Kinderbuch fand in Fachkreisen Beachtung und wurde mehrfach aufgelegt.

Wie aus dem Vorwort des Verfassers zu der Erstausgabe hervorgeht, hatte F. seine Geschichten ursprünglich Kindern erzählt, bis er sie für seinen Verleger Rowohlt schriftlich fixierte. Die recht eigenwilligen Farbillustrationen von M. PATZ trugen nicht unwesentlich zum Erfolg des Buches bei. In neueren Lesebüchern ist F. mit Auszügen aus „Damals bei uns daheim“ (1941) vertreten, die z. B. unter Titeln wie „Mein neues Rad“, „Festessen“, „Baumkuchen“, „Der Tausch“ aufgenommen sind. Besonders häufig abgedruckt findet sich F.s Erzählung „Lieber Hoppelpoppel — wo bist du?“ (Ges. Erzählungen, 1967). *Helmut Müller*

Werke: Geschichten aus der Murkelei (1938).

Sekundärliteratur: J. Manthey: Hans Fallada (1963).

Farjeon, Eleanor

*Englische Schriftstellerin, Kinderliedkomponistin, Kinderbuchautorin; * 1881 London, † 1965.*

Als Tochter des Schriftstellers B. L. F. und der Schauspielerin M. JEFFERSON wuchs F. mit ihren drei Brüdern in einem Elternhaus künstlerisch literarischer Atmosphäre auf. Sie wurde von einer Hauslehrerin unterrichtet und konnte von früh an in der großen Bibliothek ihres Vaters — sie spricht von achttausend Bänden — nach eigener Lust lesen. Von Kindheit an wurde sie zu Schauspiel und Oper ins Theater mitgenommen. Nach dem Tode des Vaters siedelte die Familie für kurze Zeit nach Massachusetts (USA) über. Nach der Rückkehr nach England zog sich F. in ein Landhaus in Sussex zurück, das sie nach dem Ersten Weltkrieg mit einem Haus in Hampstead/London vertauschte. Seit 1910 veröffentlichte sie Erzählungen und Lyrik, Gedichte, Lieder und Geschichten für Kinder. Für ihr Gesamtschaffen und besonders den Band Erzählungen „The Little Bookroom“ wurde sie 1956 mit dem Hans-Christian-Andersen-Preis ausgezeichnet, nachdem sie 1955 dafür schon die Carnegie-Medaille erhalten hatte.

Werk, Tendenzen, Wirkung. F. ist in einer glücklichen Kindheit und zwangloser Bildung geprägt worden. Aus dem Reichtum der Geist, Phantasie und Gemüt bewegenden und unterhaltenden Erlebnisse schöpfte sie für ihre Gedichte und Erzählungen. Die Begabung zu schreiben, zu dichten und Melodien zu erfinden, konnte sie von Kindheit an im Familienkreis erproben. Sie sagt zwar, sie habe sich selbst noch im Ersten Weltkrieg „nicht richtig gefunden“, doch wurde sie bereits 1916 in England bekannt mit den „Nursery Rhymes of London Town“ und dem Fortsetzungsband 1917 „More Nursery Rhymes of London Town“. Nach verschiedenen Auflagen erschienen beide Bände 1938 noch einmal in einer Ausgabe. F. hat diese Reime selbst vertont, illustriert waren sie von M. GILL. Als Lieder wurden sie durch die Elementarklassen der englischen Schulen bekannt. F. machte Kindern Helden der Sage und Geschichte anschaulich („Mighty Men“, ²1928) und blätterte ihnen die Umwelt heiter auf („The Country Child's Alphabet“, 1924; „The Town Child's Alphabet“, 1924).

In einer an H. CHR. ANDERSEN erinnernden Weise verknüpfte sie in zahlreichen Geschichten für Kinder Phantasie und Wirklichkeit. Kinder, Tiere, märchenhafte und der Wunder mächtige Gestalten sind die Handlungsträger in einer wunderbaren, farbenreichen Welt, in der jeder Kummer geheilt werden kann, Güte und Vertrauen zur ersehnten Wunscherfüllung führen. Heiter sind die Singspiele und szenischen Spiele F.s für Kinder („Singing Games from Arcady", 1926), und viele ihrer Gedichte und Erzählungen sind traumhafte Kompositionen („Mill of Dreams", 1927), Geschenke der Freude und des Humors an die Kinder. F.s beliebteste Erzählungen erschienen in mehreren Sammelbänden (z. B. „Nuts and May", 1926; „Silversands and Snow", 1951; „The Little Bookroom", 1955). „The Little Bookroom" (von E. Ardizzone illustriert; dt. Verzauberte Welt, 1957, übersetzt von E. Kranz-Russell) enthält 24 Erzählungen, die einen reichen Querschnitt durch F.s erzählendes Gesamtwerk für Kinder geben. In dem Vorwort dieses Bandes weist die Autorin selbst auf ihre eigene Kindheit zurück, auf die gesondert von der Bibliothek bestehende „kleine Bücherstube" im elterlichen Hause, „ein wahrer Glücksteich, in dem ein Kind nach Herzenslust fischen konnte, ein Kind, dem man niemals irgend etwas zu lesen verboten hatte". F. gewann verschiedene Illustratoren für ihre Texte, seit 1955 mehrmals E. Ardizzone. Viele von F.s Büchern sind auch in den USA verlegt worden, einzelne in andere Sprachen übersetzt. Einer ihrer amerikanischen Editoren nennt die Freude den Schlüssel zu ihren Geschichten, Gedichten und ihrer Musik für Kinder. Wie sehr sich englische Kinder von F.s Dichtungen angezogen fühlten, zeigt der Erfolg des Bandes „Martin Pippin in the Apple Orchard" (1921), der ursprünglich für Erwachsene herausgegeben wurde, aber schon bald zum Lieblingsbuch der jungen Leser wurde. *M. D.*

Werke: Nursery rhymes of London Town (1916); More nursery rhymes of London Town (1917); Singing games for children (1919); Martin Pippin in the apple orchard (1921); Songs for music and lyrical poems (1922); The country child's alphabet (1924); The town child's alphabet (1924); Italian peepshow (1926); Nuts and may (1926); Kaleidoscope (1928); The perfect zoo (1929); The tale of Tom Tiddler (1929); The old nurse's stocking-basket (1931; dt. Aus dem Stopfkorb der alten Kinderfrau, 1971); Katy Kruse at the seaside (1932); King and Queen (1932); zus. mit H. Farjeon); Perkin the pedlar (1932); Heroes and heroines (1933; zus. mit H. Farjeon); Ameliaranne's prize packet (1933); Ameliaranne's washing-day (1934); Jim at the corner (1934, ²1958; dt. Mit Jim über die Meere, 1960); Jim at the pirates (1936); Martin Pippin in the daisy-field (1937); One foot in fairyland (1938); The silver curlew (1948; dt. Der silberne Vogel, 1955); Silversand and snow (1951); The little bookroom (1955; dt. Verzauberte Welt. 1957, ²1960); Children's bell (1957); Then there were three (1958); Mr. Garden (1966).

Sekundärliteratur: E. H. Colwell: Eleanor Farjeon (1962). — E. Farjeon: A nursery in the nineties (1935; NA. 1960). — F. C. Sayers: Eleanor Farjeon's „Room with a view" (in: Horn Book Magazine. 32. 1956. 335—344).

Fatio, Louise

*Schweizer Kinderbuchautorin; * 1906 Lausanne.*

F.s Mutter war Schweizerin, der Vater Südfranzose. Nach anfänglichem Schulbesuch in Genf besuchte F. mehrere Jahre ein Internat in Basel, wo sie Deutsch lernte. Am „Collège des Jeunes Filles" in Genf schloß sie ihre Ausbildung ab. 1927 siedelte F. mit ihrem Mann, dem Grafiker R. Duvoisin, nach den USA über. Noch bevor sie eigene Geschichten schrieb, unterstützte sie ihren Mann in der Arbeit an Kinderbüchern. Bekannt wurde F. durch die von ihr getextete und von Duvoisin illustrierte Bilderbuchserie um den glücklichen Löwen, die mit „The Happy Lion" (1954; dt. Der glückliche Löwe, 1955 Herder Verlag, 1957 Altberliner Verlag Lucie Groszer) begann. 1956 wurde „Der glückliche Löwe" mit dem Deutschen Jugendbuchpreis ausgezeichnet.

Werk, Tendenzen, Wirkung. Die Idee zu „The Happy Lion" geht auf ein reales Erlebnis F.s in einer französischen Kleinstadt vor dem Zweiten Weltkrieg zurück: der friedliche „Spaziergang" eines ausgebrochenen Zirkuslöwen kontrastierte zu der von ihm ausgelösten Aufregung und Hektik der Bewohner. F. verarbeitet und deutet dieses Geschehen im ersten Band der Serie. Die Freundschaft des Tierparklöwen mit dem Wärterssohn Franz skizziert die Fiktion eines fast paradiesischen Zusammenlebens von Tier und Mensch. Die Kommunikationseinheit der übrigen Parkbesucher mit dem Löwen ist an den Ort gebunden; sie zerbricht, als der Löwe überraschend in der Stadt auftaucht. Der Löwe, der seine im Park erlernten Verhaltenserwartungen auf die Leute in der Stadt überträgt, ist durch deren ungewohnte Reaktionen verwirrt. Erst durch Franz, der den glücklichen Löwen auch in der fremden Umgebung erkennt, löst sich die allgemeine Spannung. Die Folgebände erzählen Probleme dieses Anti-Löwen in den Rollen eines Verliebten, Familienvaters und Freundes. Dabei erstarrt der Löwe zunehmend zur stereotypen Figur, der willkürlich abenteuerliche Episoden assoziiert werden können (z. B. „The Happy Lion's Vacation", 1967; dt. Der glückliche Löwe macht Ferien, 1968). Die Bände wurden in zahlreiche Sprachen übersetzt; in der deutschen Übersetzung (von R. und Fr. Mühlenweg) erreichten sie bei einer Auflagenhöhe von 5—10 Tsd. durchwegs mehrere Auflagen; am erfolgreichsten (bis 1972) war der erste Band mit 29 Auflagen. Neben den Einzelbänden (bisher 7) brachte der Verlag Herder auch Sammelbände auf den Markt: „Das Buch vom glücklichen Löwen" (1969; enth.: „Der glückliche Löwe", „Der glückliche Löwe in Afrika", „Zwei glückliche Löwen") und „Das neue Buch vom glücklichen Löwen" (1970; enth.: „Das glückliche Löwenkind", „Wo ist der glückliche Löwe", „Der glückliche Löwe und der Bär"). Eine Sammlung der ersten

6 Bände wurde 1969 in Lizenz vom Deutschen Bücherbund vertrieben.
Aus der gemeinsamen Arbeit F.s mit DUVOISIN erlangte außerdem das Bilderbuch „A Doll for Marie“ (1957; dt. Eine Puppe für Marie, 1959) größere Verbreitung. Eine für das Mädchen Marie zu teure Puppe aus einem Antiquitätenladen gerät nach Umwegen doch in ihre Hände. Besonderer Reiz liegt in einer Ausstattungsidee: in einer Einstecktasche befindet sich eine Miniaturausgabe des Originals mit dem Hinweis: „Dieses Kind von dem großen Buch gehört meiner Puppe“.

Gerlinde Rabenstein

→ R. Duvoisin

Werke: Christmas forest (1950); Anna, the horse (1951); The happy lion (1954; dt. Der glückliche Löwe. 1955, [29]1972); The happy lion in Africa (1955; dt. Der glückliche Löwe in Afrika. 1956, [17]1972); A doll for Marie (1957; dt. Eine Puppe für Marie. 1959, [6]1967); The happy lion roars (1957; dt. Zwei glückliche Löwen. 1957, [13]1971); The three happy lions (1959; dt. Das glückliche Löwenkind. 1960, [12]1970); The happy lion's quest (1961; dt. Wo ist der glückliche Löwe? 1962, [7]1970); Red bantam (1963); The happy lion and the bear (1964; dt. Der glückliche Löwe und der Bär. 1965, [5]1970); The happy lion's vacation (1967; dt. Der glückliche Löwe macht Ferien. 1968, [3]1971).

Faucher, Paul

*(Ps.: Père Castor). Französischer Erzieher, Verleger, Bilderbuchpionier; * 24. 11. 1898 Peugues les Eaux/Nièvre, † 14. 3. 1967 Paris.*

1927 veröffentlichte F. eine Reihe von Arbeiten zur modernen Erziehung. 1929 brachte er ein programmatisches Verlagsverzeichnis heraus, das sich auf Vorschläge von Jugendlichen beruft und Verwandtschaft zu Verlagsprogrammen M. GORKIJS aufweist. 1932 kommt es zur Erstveröffentlichung der „Albums du Père Castor“. Für die Reihe „Les enfants de la terre“ (1948—1962) erhielt F. 1962 den Premio Europeo Città di Caorle.

Werk, Tendenzen, Wirkung. F. richtete seine Intentionen auf folgende Komplexe: kindliche Neugierde anzuregen und durch adäquate preiswerte Bücher zu befriedigen; die Intelligenz, Eigentätigkeit und manuelle Fertigkeit des Kindes zu fördern; die Lust zum Lesen zu wecken, zu steigern und zufriedenzustellen; Text und Bild anschaulich und künstlerisch zu verknüpfen; über Sprache und Illustration Werte zu vermitteln. Zusammen mit dem Verlagshaus Flammarion veröffentlichte F. eine ständig wachsende Reihe von Leporellos, Bildfriesen, Bilderbüchern, reich illustrierten Erstlesebüchern, unzerreißbaren Pappbänden für Kleinkinder und ersten Sachbüchern für das Vorschulalter und das Kind der Elementarschule, in denen Tier- und Naturleben, der jahreszeitliche Ablauf und völkerkundliche Themen behandelt wurden.
Bis 1939 erschienen bei Flammarion ca. 80 Bände, große Bildbände, kleine Erzählungen, Tiergeschichten, Anleitungen zum Basteln, Modellbau, Zeichnen und zur Herstellung von Glasfenstern. 1939 wurden die Alben in verkleinertem Format mit einem Umfang von 16, 24 oder 32 Seiten veröffentlicht. Nach 1945 wurden auch ältere Leser einbezogen. Bis 1957 wurden insgesamt 250 Alben oder Bücher herausgegeben, davon 110 Alben zum Lesen, 100 Alben als Beschäftigungsbücher und 40 mit Bilderfolgen. Für eine weite Verbreitung sorgte eine günstige Preiskalkulation. Bis 1957 wurden allein in Frankreich 12 Millionen Exemplare verlegt. Weitere Millionenauflagen kommen durch Übersetzungen ins Amerikanische, Deutsche, Englische, Finnische, Holländische, Italienische und Tschechische zustande. Das Niveau wird durch Grafiker und Illustratoren garantiert wie G. MÜLLER, N. PARAIN, H. GUERT, CH. NAKATANI, L. BUTEL, A. DELETAILLE, K. CHAPLET, E. MOREL, F. ROJANKOWSKY (ROJAN), P.-E. VICTOR.
1966—68 fanden sich im Programm folgende Gruppen: „Albums vedettes“, „Premiers albums“, „Premières lectures“, „Secondes lectures“, „Le roman de bêtes“, „Les enfants de la terre“, „Collection Cigalou“ (Klassiker der Weltliteratur), „Album-disques“ (Bücher in Verbindung mit Schallplatten, auf denen wiederholt auch F. neben prominenten Rezitatoren und Schauspielern den Text liest), „activites“ und „Les petits panoramas du Père Castor“. Seit F.s Tod führt eine Gruppe von Mitarbeitern zusammen mit F.s Sohn FRANÇOIS das Werk mit jährlich 30 Neuauflagen und 8—10 Neuerscheinungen fort.

Horst Künnemann

→ Frankreich

Werke: Collection: Albums du Père Castor (1932 ff.); A.B.C. du Père Castor (1936; NA. 1956); Les petits panoramas du Père Castor (1937 ff.); Collection Cigalou (1952 ff.); Collection: Premières lectures (1956 ff.); Collection: Albums-disques du Père Castor (1958 ff.); Collection: Les enfants de la terre (1959 ff.): Collection: Secondes lectures (1965 ff.); Série: Le roman des bêtes (1969 ff.).

Sekundärliteratur: P. Faucher: Die Mission der „Albums du Père Castor“ (in: Jugendliteratur. 12. 1957. 544—552). — I. Jan: La littérature enfantine (1969, [2]1973).

Feld, Friedrich

*(d. i. Friedrich Rosenfeld). Österreichischer Schriftsteller, Verfasser zahlreicher Kinder- und Jugendbücher; * 5. 12. 1902 Wien.*

Nach dem Studium deutscher und englischer Literatur- und Kunstgeschichte war F. als Theater- und Filmkritiker und Feuilletonredakteur in Wien tätig, ging als Lektor und Dramaturg einer amerikanischen Filmgesellschaft 1934 nach Prag und emigrierte 1939 nach England. Dort fand er zunächst nur eine Beschäftigung als Fabrikarbeiter, wurde aber bald

Mitarbeiter des Britischen Rundfunks und war zuletzt Redakteur einer Nachrichtenagentur. Seit 1962 lebt er als freier Schriftsteller in Bexhill/Sussex.

Werk, Tendenzen, Wirkung. Nach F.s Auffassung soll der Verfasser von Kinder- und Jugendbüchern „vor allem ein Geschichtenerzähler" sein. In diesem Sinne schuf F. für Kinder eine Fülle von Märchen, phantasievollen und realistischen Geschichten, Theaterstücken und Hörspielen, in denen die einfache Moral des Märchens herrscht: das Gute findet seinen Lohn; Habgier und Hinterlist werden bestraft. Humor, Allotria und Witz machen viele seiner Erzählungen und Spiele Kindern zu amüsant unterhaltender Lektüre. In seinen historischen Jugendbüchern sucht F. dicht an der Wirklichkeit zu bleiben und zerstört die „Lesebuch-Illusion", daß ein geschichtlich bedeutender Mann auch ein makelloser und glücklicher Mensch gewesen sein muß.
Ein großer Teil von F.s Kinder- und Jugendbüchern wurde in viele Sprachen übersetzt. Sein erstes Buch, „Tirilin reist um die Welt" (Wien 1931, ²1951), war bereits ein Erfolg, doch wurde er übertroffen vor allem von der märchenhaft abenteuerlichen Erzählung von der ihres Dienstes überdrüssigen Lokomotive „1414 geht auf Urlaub" (Wien 1948). Zuerst als Hörspiel verfaßt, erlebte das Buch eine Gesamtauflage von 200000 Expl., wurde in 5 Sprachen übersetzt und von 25 Sendern als Hörspiel gesendet (auch als Schallplatte); ähnlich erfolgreich war das Buch „Der musikalische Regenschirm" (Wien 1950) mit der Gesamtauflage von 256000 Expl., das in 7 Sprachen übersetzt und in Hörspielfassung von 12 Sendern gebracht wurde. „Die Katze, die alle Sprachen konnte" (Hamburg 1957) wurde in der Tschechoslowakei als Puppenspiel im Fernsehen gesendet; „Besuch aus Baramba" erschien in einer Schulbuchausgabe in Australien. F. schrieb Hörspiele auch für Erwachsene, die z. T. als Spieltexte für Laienspielgruppen (u. a. „Die Rettung", „Der Kirschblütenzweig") erschienen, und historische und politisch bildende Stücke für jugendliche Leser als Leseszenen und Lesespiele zur Verwendung im Schulunterricht. Außerdem bearbeitete F. einzelne Volksmärchen für Sprechplatten. *Hans Eich*

Werke: Tirilin reist um die Welt (1931; NA. 1951); Der Flug ins Karfunkelland (1933; NA. 1948); Der Regenbogen fährt nach Masagara (1934; NA. 1950); Es war einmal ein Esel (1948); 1414 geht auf Urlaub. Eine Uhr steht still (1948); Amir, der Riese (1949); Der gefrorene Wasserfall (1949); Der musikalische Regenschirm (1950); Die magischen Zündhölzer (1951); Die Stadt Wan-Lin (1951); Ein Land, so klein wie ein Beistrich (1952); Der Brunnen von Almazar (1953); Der fliegende Igel (1953); Nona und die 33 Drillinge (1953); Der schweigsame Flamingo (1953); Suche nach Simba (1953); Das unsichtbare Orchester (1953); Die verlorenen Schuhe (1953); Geburtstagsfeier wie noch nie (1954); Das Meer schwemmt einen Schatz ans Land (1954); Das große Preisausschreiben (1955); Ridvan, der Radschläger (1955); Die Autos der Tante Klementine (1956); Der Reiter auf der Wolke (1956); Wer doch zaubern könnte (1956); Die Katze, die alle Sprachen konnte. Der Esel Yack (1957); Lieschen Pfennig und die zwölf Friseure (1957); Plumps dreht einen Film (1957); Wo liegt Marapola? (1957); Besuch aus Baramba (1958); Herr Hicks kauft einen Zirkus (1959); Herr Platt braucht einen Löwen und Was geht auf Nummer 14 vor? (1959); Der Wettstreit der Winde (1959); Aufbruch um Mitternacht (1960); Das goldene Pferd (1960); Der Papagei von Isfahan und Koch gesucht für den Kalifen (1960); Der Rabe Yuan (1962); Der ungeduldige Ibrahim und Der Ring des Nathaliel Quibbs (1962); Die Welt aus Marzipan und Herr Klapp darf nicht gestört werden (1963); Der Prügelknabe von Osterbrück (1964); Der Schrecken von Miebau (1965); Spuk im Berghotel (1965); Der Mann mit der gelben Krawatte (1966); Der Schiffsjunge der Santa Maria (1966); Die Komödianten des Königs (1967); Der Meister von Mainz (1967); Das Testament des Eusebius Silberfuchs (1967); Akte Diana — streng geheim (1968); Der Fall Orlando (1968); Die Geistermühle von Haselheim (1969); Herr Kniebusch sieht Gespenster (1969); Die Pfauenfeder (1969); Vom Kätzchen, das seinen Schatten verlor (1969); Ein Gespenst greift ein (1970); Es spukte auf der Überfahrt (1971).

Sekundärliteratur: R. Bamberger: Friedrich Feld (in: Die Barke. 1965. 302—309). *IJB*

Fénelon, François

*(François de Salignac de la Mothe-Fénelon). Französischer Theologe, politischer und pädagogischer Schriftsteller, Verfasser des „Telemach" („Les aventures de Télémaque"); * 6. 8. 1651 Schloß Fénelon/Périgord, † 7. 1. 1715 Cambrai.*

Nach humanistischer Schulbildung und Studium im Priesterseminar Saint Sulpice begann F. als Seelsorger und wurde 1689 zum Erzieher von drei Enkelkindern LUDWIGS XIV. berufen: des Herzogs von Burgund, der kurze Zeit Kronprinz war, des Herzogs von Anjou, künftigen Königs von Spanien, und des Herzogs von Berry. Im Jahre 1687 war F. bereits mit einer Schrift über Töchtererziehung („Éducation des Filles") hervorgetreten, die er als Handreichung für die Herzogin von Beauvilliers zur Erziehung ihrer Kinder verfaßt hatte. 1693 in die Académie Française gewählt, beteiligte sich F. an den Arbeiten zum Dictionnaire, machte Vorschläge für die Abfassung einer Grammatik, Poetik und Rhetorik und griff in den literarischen Streit zwischen den „Alten und Modernen" ein. 1695 wurde F. das Erzbistum Cambrai übertragen. Durch seine freimütige Kritik am absolutistischen System, besonders durch seine indirekte Stellungnahme für den Quietismus in seinem Buch „Explications des maximes des Saints", 1697, zog er sich die Gegnerschaft BOSSUETS und des Königs zu, die die Verurteilung der Schrift durch den Vatikan erreichten (1699). F. unterwarf sich sofort; seine Haltung rief auch bei seinen Gegnern Verständnis hervor. Schlimmeren Anstoß bei Hof erregte F. im selben Jahr,

François de Fénelon: Die Begebenheiten des Prinzen von Ithaca, oder: Der seinen Vater Ulysses suchende Telemach (Onolzbach 1727, Ansbach 1739). Fénelons „Telemach" avancierte im 18. Jahrhundert zu einem Erziehungsroman für junge Adlige, aber auch für die bildungsbeflissene Bürgerschicht. Die Abbildungen zeigen Szenen aus der 1727—39 erschienenen Ausgabe. In Fénelons Roman, der an das vierte Buch der Odyssee anknüpft, wird Telemach von der göttlichen Athene in der Gestalt des Mentors geleitet.

als durch Indiskretion sein Buch „Les aventures de Télémaque", in dem seine Kritik an dem System des Absolutismus und an der Person des Königs von Frankreich deutlich wurde, in Paris und, nach behördlichem Einschreiten, in Holland erschien. In Ungnade gefallen, vom Hofe verbannt und verurteilt, Cambrai nicht mehr zu verlassen, widmete sich F. fortan seiner Diözese, war weiterhin schriftstellerisch tätig und verfaßte seelsorgerische und polemische Schriften, auch apologetische Briefe an den künftigen Regenten, der ihn gern wieder nach Paris zurückgeholt hätte. Seine Lebens- und Amtsführung war bestimmt von den von ihm vertretenen Prinzipien der Gerechtigkeit und Güte, seine persönliche Uneigennützigkeit und Hilfsbereitschaft werden vielfach bezeugt, so daß die neuere Forschung ihn „einen der ersten Humanisten Frankreichs" nennt, dabei einen Mann voll Frömmigkeit, Patriotismus und Menschenliebe, „der verschwenderisch seine Güter verschenkte und arm starb" (Le Grente).

Werk, Tendenzen, Wirkung. F.s Schrift über Töchtererziehung (13 Kapitel) ist in der Zeit nach dem 30jährigen Kriege die erste, die Fragen der Mädchenerziehung und Frauenbildung in der gesellschaftlichen Oberschicht mit ernsthafter pädagogischer Einlassung behandelt. Dem Beispiel der Mutter gibt F. höchste Bedeutung, schließt aber gelehrte Bildung für Mädchen aus. Er erläutert pädagogische Grundlagen für das Verhältnis zwischen der Autorität des Erziehers und der Bildsamkeit des Zöglings und geht ausführlich auf Einzelheiten der pädagogischen Praxis im Hause ein: religiöse und sittliche Unterweisung, Sprachbildung durch Latein, Einübung in Frauen- und Hausmutterpflichten. A. H. Francke übersetzte 1687 F.s Werk zur Mädchenerziehung und suchte die Prinzipien in seiner Mädchenschule zu verwirklichen.

Aus der ersten Zeit F.s als Erzieher des Dauphin sind einige Fabeln erhalten („Fables", „Dialogues des morts"), die er eigens zur Lektüre für seinen Zögling (von 7 Jahren an) geschrieben hat. Sie bieten „pädagogische Kleinarbeit, so fein, so zur kindlichen Anschauungs- und Sprechweise sich herablassend und dabei so lebhaft, daß die Achtsamkeit vom ersten Augenblick an gefesselt bleibt" (J. Weinand, 1913). Die „Dialogues" bringen dem Kinde Gegenstände aller Wissensgebiete in faßlicher Form nahe und rücken ihm hellenistische Weisheit und Tugend vor Augen.

Sein bedeutendstes Werk, gleichfalls aus seiner Aufgabe der Fürstenerziehung erwachsen, schuf F. mit der Sagenerzählung „Les aventures de Télémaque, fils d'Ulysse“ (1699), die auch im Bereich der Jugendliteratur von nachhaltiger Wirkung war. Das Buch ist seinem schriftstellerischen Range und seiner Aufnahme und Verbreitung nach als eines der Hauptwerke in der Geschichte der Jugendliteratur zu betrachten. Auch gilt es als das am weitesten verbreitete Werk der Weltliteratur im 18. Jh. (SPAEMANN). In ihrer Substanz ist F.s politische Grundkonzeption in diesem „Lehrgedicht“ in Prosa durchaus gegenwartsnah, doch hat der „Telemach“ wie andere klassische Dichtungen, die zur Jugendliteratur wurden, das Schicksal, daß die Zeit ihrer Beliebtheit abgelaufen ist, früher schon, als es bei den Romanen J. SWIFTS und D. DEFOES der Fall war.

Theodor Brüggemann

→ Telemach

Werke: Éducation des filles (1687; dt. Herrn von Fenelon ... Gedancken von Erziehung der Töchter, 1729); Les aventures de Télémaque fils d'Ulysse (Bd. 1—3. 1699; NA. 1717; dt. Staats-Roman, welcher unter der denckwürdigen Lebens-Beschreibung Telemachi ... vorstellet, wie die königl. und fürstl. Printzen ... zur Staats-Kunst und Sitten-Lehre anzuführen ..., 1700); Dialogue des morts, composé pour l'éducation d'un prince (1712); Dialogues des morts anciens et modernes, avec quelques fables, composez pour l'éducation d'un prince (Bd. 1 u. 2. 1718; dt. Dialogues nouveaux des Morts anciens modernes. Todten Gespräche aus alten und neuen Zeiten, 1815); Sämmtliche Werke (Bd. 1—5. 1781 u. 82); J. E. A. Gosselin (Hrsg.): Oeuvres de Fénelon (Bd. 1—23. 1820 bis 1830; zus. mit A. P. P. Caron); Oeuvres complètes de Fénelon (Bd. 1—10. 1848—52); A. Cahen (Hrsg.): Les Aventures de Télémaque (Bd. 1 u. 2. 1920).

Sekundärliteratur: A. Cherel: Fénelon au XVIIIe siècle en France (1917). — F. Gallouédec-Genuys: Le Prince selon Fénelon (1963). — E. Hauviller: Fénelon als Pädagoge und Erzieher (1901). — J. Krauss (Hrsg.): Fénelon. Persönlichkeit und Werk. Festschrift (1953; zus. mit J. Calvet). — E. Mohr: Fénelon und der Staat (1971). — M. Raymond: Fénelon (1967). — R. Schmittlein: L'aspect politique du différend Bossuet-Fénelon (1955). — R. Spaemann: Reflexion und Spontaneität (1963). — J. Wilhelm: Odysseus in Fénelons „Aventures de Télémaque“ (in: Zeitschr. f. franz. Sprache. 66. 1956. 231—240).

Ferdinands, Carl

*(d. i. Karl Ferdinand van Vleuten). Arzt, Jugendschriftsteller, Verfasser von Kinderliedern und -reimen; * 20. 10. 1874 Bonn. Der Todestag ist unbekannt.*

F., Sohn des Landtagsabgeordneten F. VAN VLEUTEN († 1925), besuchte bis 1894 in Bonn das Gymnasium und studierte dann in Bonn und München Medizin, Naturwissenschaft und Kunstgeschichte. Während seiner Gymnasial- und Studienzeit hielt er sich häufig in Ahrtal (Eifel) auf. 1898 promovierte F. zum Dr. med. Nach seinem Examen (1899) unternahm er als Schiffsarzt eine Reise nach Amerika. Vom Herbst 1899 an war er als Arzt an der Irrenanstalt der Stadt Berlin in Dalldorf (ab 1903 Berlin-Wittenau) tätig. Schon während seines Studiums begann F. mit schriftstellerischen Arbeiten, die er vor allem im Bereich der Kinder- und Jugendliteratur auch als Arzt fortsetzte.

Werk, Tendenzen, Wirkung. Für Kinder schrieb F. vorwiegend Reime und Lieder, für Jugendliche abenteuerliche, häufig in historischer Kulisse angesiedelte Erzählungen.

F.' Reime knüpfen an eine ländliche Umwelt des Kindes an. Unter ihnen finden sich gelungene Nonsense-Ansätze, routinierte Klangspielereien, aber auch Beispiele für metrische Unzulänglichkeit. F.' erstes Bilderbuch „Ri-Ra-Rutsch!“ (1904) ist von dem „Eifelmaler“ H. v. VOLKMANN illustriert, mit dem er am häufigsten zusammenarbeitete (u. a. in „Bruder Lustig“, 1907; „Die Schelmenkappe“, 1922); weitere Bücher für die Kleinen gestaltete F. zusammen mit G. und W. CASPARI, P. EBNER, E. LIEBERMANN, E. WENZ-VIËTOR u. a. Manchmal haben F.' Reime nur die Funktion, das Bild zu beschreiben und zu erklären, so in „Mein liebes kleines Buch“ (1928), zu dem G. CASPARI die Bilder lieferte. Zahlreiche Reime und kurze Geschichten von F. wurden zu seiner Zeit in Anthologien und Fibeln übernommen (z. B. in „Kränzchenbilderbuch“, 1917; „Bimm Bamm Bumm!“, hrsg. von C. MICKELAIT, 1924; „Aus der Jugendzeit“, hrsg. von J. DIETERICH, 1931). Eine gemischte Sammlung von Gedichten und Märchen legte F. mit dem Band „Im Sommergarten“ (1906) vor. Die Märchen („Der Faulpelz“, „Das Forellenmärchen“, „Der Mann im Nebelhaus“, „Das Märchen vom alten Kauz und der armen schönen Magd“) spielen in traditioneller Märchenumgebung (Schloß, Mühle, Bauernhof); die Kluft zwischen Armut und Wohlhabenheit wird mittels Zauber und dem geduldigen Nachweis bürgerlicher Tugenden überwunden. Die Märchen sind episch breit mit humorvoller Grundstimmung erzählt; Situationskomik, offene und teils dunkle Motivik, karikaturhafte Überzeichnung des Bösen, der eine rigide Form der Bestrafung entspricht, charakterisieren sie. Auch die positiven Gestalten sind durchaus mit Schwächen gezeichnet, die während einer Bewährungszeit geläutert oder gemildert werden. Als Herausgeber fungierte F. bei der gemischten Anthologie „Die schöne alte Zeit“ (1920), einem Bilderbuch von L. RICHTER, M. VON SCHWIND, F. FLINZER, O. PLETSCH, FR. POCCI u. a., mit der Zueignung „Den Großen eine liebe Erinnerung, den Kleinen eine tapfere Hoffnung“.

F.' Erzählungen für Jugendliche sind in der Eifel und rund um Trier lokalisiert. Sie stellen spannend aufbereitete Tendenzliteratur dar zur Abwehr und Abwertung des Fremden, vor allem des „Welschen“.

1920 erschien in der von W. LOBSIEN herausgegebenen Reihe „Deutsche Zeiten“ eine Neuausgabe der 1908 erstmals verlegten Erzählung „Die Pfahlburg“. In archaisierendem Sprachgestus wird auf der Schwelle von Steinzeit zur Bronzezeit der zähe Kampf zwischen „blonden, hochgewachsenen Ansiedlern“ und „zwergenhaft kleinen, wilden Urbewohnern“ (S. 5) zugunsten der von der Sympathie des Autors begleiteten blonden Helden entschieden, denen der Seher das Wort mit auf den Weg gibt: „euer muß es [alles Land] bleiben, bis der letzte blonde Streiter hinzieht nach den Totenwäldern in Mitternacht“ (S. 99). In der Reihe „Mainzer Volks- und Jugendbücher“, hrsg. von W. KOTZDE, erschien 1908 F.’ „Normannensturm“, „eine Eifelgeschichte aus alter Zeit“, in der geschichtliche Ereignisse um 892 den Rahmen abgeben für eine dramatische Handlung um Liebe und Macht. Auch die Erzählung „Um die Kaiserstadt Trier. Ein Kulturbild aus den römischen Rheinlanden“ (1913), die ein Kultur- und Sittenbild der Römer zur Zeit des Konstantius Chlorus malt, gründet auf historischem Material, das zu einer tendenziösen, spannungsgeladenen Geschichte geformt wurde; für die (noch) unterlegenen Franken, deren sittliche Überlegenheit dargestellt wird, endet das Buch mit der Vision, daß ihre Söhne später berufen seien, „die germanische Brandfackel in das morsche römische Reich zu werfen“ (S. 128). 1922 erschien diese Erzählung unter Nr. 13/14 in der von J. HAARHAUS herausgegebenen Reihe „Geschichten aus der Geschichte“ zusammen mit Erzählungen von O. EBERMANN und L. GUMTAU.
Einige von F.’ Erzählungen erschienen in der Reihe „Flemmings Bücher für jung und alt“, hrsg. von B. FREIHERR VON MÜNCHHAUSEN; so „Die Höhlenbären“ (1922), „eine rheinische Pennälergeschichte“, eine von Abenteuerromantik gespeiste Reifungsgeschichte der fünf Angehörigen eines jugendlichen Geheimbundes, „Der Sieg des Hein Hammerschlag“ (1922) und „Die drei Treuen auf Kaltenborn“ (1923). Die beiden letzten Erzählungen sind von antifranzösischer Tendenz geprägt: in „Die drei Treuen auf Kaltenborn“ wird mit den dekadent und anmaßend gezeichneten französischen Revolutionsflüchtlingen und dem den Franzosen willfährigen deutschen Kleinadel zugunsten eines neu aufstrebenden Arbeits- und Geldadels abgerechnet; in „Der Sieg des Hein Hammerschlag“ mit dem trügerisch-honetten Schein französischen Wesens, der in einer Erbauseinandersetzung den rechtmäßigen Erben lange Zeit ins Unrecht setzte.
F. betätigte sich auch vielfach als Herausgeber, u. a. von „Flemmings Dreibogenbücher“, ab 1922 von „Flemmings Saatbücher“, unter denen — von F. selbst aus Schwänken, Geschichten und Redensarten von J. P. HEBEL, L. AUERBACH, den Brüdern GRIMM und anderen zusammengestellt — 1922 „Die Schelmenkappe“ erschien. Als Dr. VAN VLEUTEN veröffentlichte F. 1914 zusammen mit H. BERDROW unter dem Titel „Forscherfreude“ Originalbeiträge verschiedener Forscher, um den jugendlichen Leser zur Teilhabe „an der reinsten aller Freuden, der Forscherfreude“ (S. 5) anzuregen.

Gerlinde Rabenstein

Werke: Ri-Ra-Rutsch (1904, [4]1919); Im Sommergarten (1906, [2]1925); Vernichter und Vernichtete (1906); Bruder Lustig (1907); Die Himmelfahrt des Heinz Sausebraus (1908); Die Pfahlburg (1908, [2]1911; NA. 1920); Normannensturm (1908, [2]1913; NA. 1921); Mit Sang und Klang das Jahr entlang! (1908, [2]1912); Graf Allotria (1910); Jahreszeiten (Bd. 1. Der Frühling. 1912, [4]1920); Um die Kaiserstadt Trier (1913); Forscherfreude (1914; zus. mit H. Berdrow); Kinderreich, was kommt dir gleich (1921); Die Höhlenbären (1922); Der Sieg des Hein Hammerschlag (1922); Die drei Treuen auf Kaltenborn (1923); Butzemann (1926); Mein liebes kleines Buch (1928); Winterzeit, Weihnachtszeit (1929); Hausmütterchen (1929); Sommertag (1929); Schnick-Schnack (1929); Die lustige Kutsche (1929); Familie Steinpilz (1932); Ohne Geld durch die Welt (1935).
Hrsg.: Aus der goldenen Schmiede ([2]1910); Aus der goldenen Schmiede (2. Folge. 1911); Die schöne alte Zeit (1920); Die Schelmenkappe (1922).

Fernsehbuch

F. ist ein neuer Typus der Kinder- und Jugendliteratur, der seit den fünfziger Jahren in den USA und seit den sechziger Jahren mit zunehmendem Fernsehkonsum auch in Europa Verbreitung findet. Er ist vom Fernsehen initiiert und knüpft an dessen Erfolg an. Es haben sich nach Niveau, Intention, Ausstattung und Rezipientenkreis unterschiedliche Formen entwickelt (z. B. Textbücher, reich illustrierte Begleitbücher, Bilderbücher, Sachbücher u. a.).

Es sind meist Serien überwiegend unterhaltenden Charakters, die in das Medium Buch umgesetzt werden. Die Übersetzung des filmischen Mediums in das des Buches bedeutet zumeist die Knüpfung eines oberflächlichen Handlungsfadens, die Verkürzung der Charaktere auf Schwarzweißtypen, eine effektgezielte Handlungsführung und die Zerlegung einer längeren Aktion in kleinere Teilstücke. So ist ein weiteres Kennzeichen der Reihencharakter, der auch in Heften bzw. verschiedenen dünneren oder dickeren Ausgaben die Umsetzung einer Fernsehserie ermöglicht.
Vor kommerziellen Überlegungen, die auf den TV-Erfolg und entsprechenden Massenabsatz spekulieren, stehen literarische oder künstlerische Gestaltungen zurück. Fernsehbücher gehören in der Mehrzahl zur Unterhaltungsliteratur oder zur rasch konsumierbaren banalen Trivialliteratur. Das gilt durchweg für Serien wie „Fury“, „Lassie“, „Flipper“, „Lieber Onkel Bill“, „Big Valley“, „Rin Tin Tin“, „Bonanza“, „Daktari“ etc. Grobe Handlungskonstruktion, „heile Familie“, Wundertiere und Kinder in enger Gemeinschaft, durchsichtige Vordergrundspannung, billige Abenteuer-Effekte,

Happy-End, verfälschtes, oft verlogenes Weltbild finden sich auch in Reihen, die in spanischer, französischer und italienischer Sprache erschienen sind. Viele dieser Massenprodukte weisen durch Aufnahme von Blasenelementen eine enge Verwandtschaft zu „Comics" auf. In vielen Fernsehgeschichten in Heftform rangieren gezeichnete und fotografierte Bildgeschichte nebeneinander.
Übergangsformen zum Bilderbuch zeigen etwa die Bände über die „Mainzelmännchen" (O. Maier, Ravensburg) und ihnen verwandte Erzeugnisse über Fernsehspots oder Werbefiguren, z. B. „Sehpferdchens muntere Abenteuer", Fischerkoesen-Fernsehwerbung, Bad Godesberg, wie auch die Serien mit „Comic"-Charakter des Delphin-Verlages (z. B. „Familie Feuerstein", „Yogi Bär"), denen auch noch „Happy"-Ausmalbücher mit demselben Figurenarsenal zur Seite gestellt sind. Bilderbuchcharakter zeigt auch die Reihe „Das Fernseh-Sandmännchen erzählt" (Spectrum), die zur deutlichen Anbindung an das Fernsehvorbild die ganzseitigen Illustrationen in Bildschirmform einfügt.
Fernsehsachbücher wurden in Verbindung zu erfolgreichen Dokumentationen von H. Haber, R. Proske, H. Stern, H. Sielmann, J. Y. Cousteau u. a. aufgelegt.
Eine weitere Variante des Film- und Fernsehbuches bilden Buchfassungen, die der Filmfassung von Kinderbüchern nachgeschrieben sind. Eine solche Transformation von Buch über Film zu Buch, die notwendigerweise mit einer Einebnung des Originären verbunden ist, durchliefen z. B. J. Flemings „Chitty-Chitty-Bang-Bang" und J. Spyris „Heidi" („Heidi kehrt heim", beide Delphin), „Ferien auf der Kräheninsel" nach A. Lindgren und „Pippi Langstrumpf"-Fotobildbände (Oetinger).
Einige neuere Publikationen zeigen Ansätze zu einer mediengerechten Umsetzung der Fernsehfassung, wie W. Bureschs „Stoffel und Wolfgang" (1972) mit farbig gezeichneter Dialogdifferenzierung und J. Krüss' nacherzählter „Pan Tau" (1970/71), in dem die spezifische Kombination von Episierung und sprechender, abwechslungsreicher Fotoillustration sowohl eigenständig existieren als auch zur Aufbereitung des Films dienen kann.
Eine relativ aktuelle und anspruchsvolle Form des F.s stellen Begleitmaterialien zu Vorschulprogrammen dar wie z. B. „Das Di-Do-Domino" (O. Maier, 1971), „Die Sache mit der Maus" (O. Maier, 1972), „Die Spielschule" (Bertelsmann, 1972) sowie Kinder-Periodika und Eltern- und Erzieher-Hilfen zu der deutschen Fassung des amerikanischen Vorschulprogramms „Sesame Street" (dt. „Sesam-Straße"), die seit 1973 in der BRD ausgestrahlt wird.
Zu den genannten Formen von F.n hat der Brönner-Verlag mit einem eigenen Vertriebs-System weitere Variationen und Mischformen zwischen Buch und Heft entwickelt.

Horst Künnemann

Ferra-Mikura, Vera

*(d. i. Gertrud Mikura). Österreichische Schriftstellerin, Kinderbuchautorin; * 14. 2. 1923 Wien.*

Nach Abschluß der Hauptschule war F. in mehreren Berufen tätig. Nach dem Kriege arbeitete sie als Redaktionssekretärin und Lektorin in einem Wiener Verlag. 1948 heiratete sie L. Mikura und lebt seither in Wien als freie Schriftstellerin. F.-M. erhielt 1962, 1963, 1964 den Österreichischen Staatspreis für Kinderbücher, 1956, 1962, 1963, 1964, 1969, 1970 den Kinderbuchpreis der Stadt Wien. Das Buch „Unsere drei Stanisläuse" stand auf der Ehrenliste zum Hans-Christian-Andersen-Preis 1966.

Werk, Tendenzen, Wirkung. F.-M. schrieb zunächst für Erwachsene. Mit ihren Erzählungen „Die Lektion" (1959), „Schuldlos wie die Mohnkapsel" (Sammelband, 1961) und ihrem Lyrikband „Zeit ist mit Uhren nicht meßbar" (1962) wurde sie eine der interessantesten österreichischen Schriftstellerinnen der Gegenwart. Ihre Werke zeichnen sich durch starken Stimmungsgehalt, durch überraschende Wendungen und Wechsel der Erzählebenen aus. In ihren Schriften für Kinder ging F.-M. zunächst vom Märchen aus. „Der Teppich der schönen Träume" (1955) enthält stimmungsvolle, in düsterer Atmosphäre spielende Märchen mit starkem sozialen und erzieherischen Gehalt, der sich auch in den wenigen realistischen Kinderbüchern („Zwölf Leute sind kein Dutzend"; „Peppi und die doppelte Welt"; „Die Kinder vom Rabenberg") ausdrückt. Das eigentliche Gebiet von F.-M.s Schaffen aber ist die moderne phantastische Erzählung für Kinder, die erst durch ihre Bücher in Österreich populär wurde. F.-M. definiert sie als „Geschichten, deren Boden wie ein Schachbrett angeordnet ist, wobei ein Teil der Felder real, der andere irreal oder stellenweise übersteigert ist". Charakteristisch für F.-M.s Erzählungen sind skurril-übersteigerter Witz, Freude am Spiel (besonders auch am Wortspiel) und unerschöpflicher Einfallsreichtum. F.-M. setzt — abgewandelt — in der Kinderliteratur eine Richtung fort, die Fr. von Herzmanovsky-Orlando in der österreichischen Literatur bekannt gemacht hat. F.-M.s Kindergedichte, gesammelt unter dem Titel „Lustig singt die Regentonne" (1964), sind naivverspielt und in starken Rhythmen geschrieben, die manchmal an Bänkelsänger-Lieder erinnern.

Lucia Binder

Werke: Der Käferspiegel (1946); Der Märchenwebstuhl (1946); Riki (1952); Bürgermeister Petersil (1952); Die Kinder vom Rabenberg (1953); Wien-Gansdorf 40 km (1954); Der Teppich der schönen Träume (1955); Bravo Kasperl (1956); Zaubermeister Opequeh (1956, ^{2}1972); Kasperl und der böse Drache (1957); Der seltsame Herr Sauerampfer (1957); Willi Einhorn auf fremden Straßen (1958); Die Zehn kleinen Negerlein (1958); Deine Karoline (1959); Die gute Familie Stengel (1959); Meine Freundin Rosine (1961, ^{3}1965); Der alte und der junge und der kleine Stanislaus (1962, ^{5}1971); Zwölf Leute sind kein Dutzend (1962); Brief an das Christkind (1963); Das rosa Haus in der Entengasse (1963); Peppi und die doppelte Welt (1963); Unsere 3 Stanisläuse (1963, ^{4}1972); Besuch bei den 3 Stanisläusen (1964); Lustig singt die Regentonne (1964); Das Luftschloß des Herrn Wuschelkopf (1965); Die Mäuse der 3 Stanisläuse (1965); Der nette König Mandolin (1965); Solche Leute mag ich nicht (1966); Tante Rübchen zieht um (1966); Ein Löffel für das Krokodil (1966); Gute Fahrt Herr Pfefferkorn (1967); Opa Heidelbeer gähnt nicht mehr (1968); Lieber Freund Tulli (1969); Herr Plusterflaum erlebt etwas (1970); Valentin pfeift auf den Grashalm (1970); Ein Vormittag mit Trallala (1971).

Sekundärliteratur: O. J. Tauschinski: Vera Ferra-Mikura (in: Die Barke. 1965. 309—316). *IJB*

Fibel

„Fibel" ohne Bestimmungswort (wie z. B. „Musikfibel") ist heute die allgemein gebräuchliche Bezeichnung für das Schulbuch mit selektiertem und dadurch begrenztem Wortschatz zum ersten Lesenlernen.

Bedeutung in der Gegenwart. Als Leselernbuch enthält die F. einen nach einer bestimmten Methode aufgebauten Leselehrgang, der mit Schreib- oder Druckschrift beginnen kann, gewöhnlich aber zur Kenntnis beider Schriftarten führt. Da mit dem Lesen in der Schule meist gleichzeitig das Schreiben gelehrt wurde, diente die F. auch als Schreiblehrbuch (z. B. noch: Neue Hessische Comeniusfibel, 1920). Neben diesem Charakter als Lehr- und Lernbuch hat die F. zugleich andere Eigenschaften und Funktionen, die je nach der zugrundeliegenden didaktischen Konzeption verschieden stark ausgeprägt sein können; als solche werden genannt: Hilfsmittel für den Gesamtunterricht, Lesebuch, Heimatbuch, Arbeitsschulbuch, Anschauungsbuch, Erziehungsbuch, Bilderbuch, Kinderbuch, Jugendschrift (Pädagogisches Lexikon, hrsg. von H. Schwartz, Bd. 2, 1929). E. Schmack (Der Gestaltwandel der Fibel in vier Jahrhunderten, 1960) unterscheidet vier Aspekte: Die F. als Schulbuch, Lesebuch, Kinderbuch, Bildungsbuch. M. Behrendt bezeichnet die F. als *Mehrzweckbuch* mit den Funktionen Lehr- und Lernbuch, Übungs- und Lesebuch. Nach ihrer heutigen äußeren Ausstattung umfaßt die F. etwa 96 bis 144 Seiten, hat Längsformat (meist 22,5/16 cm oder 25/17,5 cm) und einen strapazierfähigen Einband.

In ihrer modernen Erscheinungsform *spiegelt die F. sowohl den Stand der Lesemethodik als auch die aktuelle Umwelt und die Erziehungsintentionen der Gesellschaft;* Text- und Bildgestaltung zeigen häufig Einflusse der modernen Kinderliteratur, besonders des Bilderbuches (vgl. „Wunderbare Sachen", Texte von U. Wölfel, Bilder von L. Fromm, Neubearb. 1969). Ein Unterschied zu allen anderen Kinderbüchern besteht jedoch darin, daß die F. „bei allen Kulturvölkern in die Hand jedes Kindes gelangt" (Behrendt).

Abgesehen von der übertragenen Anwendung der Bezeichnung „F." auf elementare Lehrbücher der verschiedensten Gebiete ohne Rücksicht auf das Alter des Lesers, gibt es in jüngster Zeit eine Ausweitung des Begriffs „F." im eigentlichen Geltungsbereich durch die Einführung von „Kleinkind-F.n", die, angeregt von der amerikanischen Frühleselernbewegung, dem Lesenlernen im Vorschulalter dienen. Die Tendenz, Spielen und Lernen in der F. zu verbinden, zeigte sich in Deutschland schon in den 20er und 30er Jahren, z. B. in: T. Seidmann-Freud: „Hurra, wir lesen! Hurra, wir schreiben! Eine Spielfibel" (Berlin 1930) und: „Hurra, wir rechnen!" (1931). In modernen Leselernmethoden werden auch Lese-Spiele, Wort-Bild-Karten und sonstiges Material einschließlich audio-visueller Mittel entwickelt, die möglicherweise in der Lage sind, der F. ihre traditionelle Stellung als Lese- und Schreiblehrbuch streitig zu machen.

Herkunft und Bedeutung des Wortes „F.". Die Herkunft des Wortes F. wird von der heutigen etymologischen Forschung (Kluge, Duden) eindeutig von Bibel abgeleitet. Die Bibel wurde ursprünglich beim Lesenlernen verwendet, und die frühesten Lesebücher enthielten vornehmlich Bibel- und Gebetstexte. Die Änderung des Anlautes von Bibel zu Fibel entstammt vermutlich der Kindersprache, sie ist bereits um 1400 belegt; durch M. Luther wurde F. 1525 in die Schriftsprache eingeführt. Der Name hat sich jedoch mehr im Norden Deutschlands durchgesetzt, er stand von Anfang an in Konkurrenz zu Bezeichnungen wie ABC-Buch, Stimmenbuch, Namenbüchlein u. a. Während der frühen geschichtlichen Entwicklung läßt sich keine sachliche Unterscheidung zwischen F., ABC-Buch und ähnlichen Formen machen. Seit der ersten Hälfte des 19. Jh.s hat sich jedoch im deutschen Sprachraum die Bezeichnung „F." immer mehr mit dem nach methodischen Grundsätzen entwickelten, bebilderten, für den Schulgebrauch bestimmten ersten Leselehrbuch verbunden.

Geschichtliche Entwicklung der F. Die Geschichte der F. ist in ihren Anfängen die Geschichte des ABC-Buches mit den Sonderformen der Abc-Tafeln, Einblattdrucke und Hornbücher. Mit der im Zeitalter der *Reformation* beginnenden Verbreitung von Abc-Büchern, Abc-Einblattdrucken usw. treten zugleich Bemühungen in Erscheinung, *das Lesenlernen zu methodisieren.* Ein erster bekannter Entwurf stammt von V. Ickelsamer: „Die rechte weis auffs kürtzist lesen zu lernen" (um 1527; die erhaltene 2. Aufl. erschien 1534 in Marburg. Teil-Nachdruck in: J. Muth (Hrsg.): Fünf Fibeln aus fünf Jahrhunderten, 1962). In Ickelsamers Methode sind verschiedene Elemente gemischt, grundlegend ist jedoch sein Ausgehen vom Laut, wobei ein „ganzheitlicher" Ansatz sichtbar wird, wenn er feststellt, daß „die Laute aus den Wörtern und nicht die Wörter

2 A a

Zur Rech-ten ist ab-ge-bil-det:
Ein **Ac-kers-mann** mit ei-nem Pflu-ge;
Ein **an-de-rer** mit ei-ner Eg-ge.
Am **Pflu-ge** zie-hen zwey Pfer-de.
An der **Eg-ge** zieht nur ein Pferd.
In der Luft schwe-bet ein **Ad-ler.**
Links ist ein **Af-fe** zu se-hen.
Er hat ei-nen **Ap-fel** in der Hand.
Ne-ben ihm lie-gen noch drey **Aepfel.**
Vor ihm ist ein **Aal** ab-ge-bil-det.
In der Mit-te ein **Ap-fel-baum.**
Vorn ein **Bach** mit ei-ner **Brüc-ke.**

Hier geht ein **Mann** mit ei-ner **Sen-se.**
Vor ihm se-hen wir ein gro-ßes **Korn-feld.**
Er wird es dem an-dern mä-hen hel-fen.
Vor ihm fährt ein **Heu-wa-gen**
Der Heu-baum hält das Heu zu-sam-men.
Der Fuhr-mann sitzt auf dem lin-ken Pfer-de.
Er hat ei-ne sehr lan-ge **Peit-sche.**
Zur Rech-ten steht ei-ne **Scheu-ne.**
An der Scheu-ne hängt ein **Dresch-fle-gel.**
Ne-ben der Scheu-ne steht ein **Sieb.**
Hin-ter dem Korn-fel-de stehn Häu-ser.
Hin-ter den Häu-sern ei-ne Kir-che.

Guimpel del. S. Halle sculps.

Neues Bilder-ABC oder Deutsches Lesebuch für die Jugend (Berlin, Stralsund Bd. 1. [5]1798). Die Abbildung vermittelt eine Vorstellung von der in diesem ABC-Buch angewandten Leselernmethode und der Gestaltung eines Fibeltextes. Der eigentliche Leselehrteil ist stark ausgebaut und methodisiert.

aus den Lauten zu erklären sind" (MUTH, S. 7). Während ICKELSAMER Klang und Aussprache der Wörter nur beschreibt, veranschaulicht J. GRIESSBEUTEL (auch GRÜSSBEUTEL) sie in seinem „stymmen Büchlein" (1531) zusätzlich durch Bilder, wobei er die Laute von bestimmten Geräuschen ableitet: das Mädchen, das die Gänse jagt, macht „sch". Damit sind die wesentlichen, noch heute grundlegenden Elemente der F. bereits gewonnen.
Ohne auf die Entwicklung der Erstlesemethodik genauer einzugehen, seien einige für die Geschichte der F. bemerkenswerte Erscheinungen kurz genannt. Von M. J. BUNO stammt eine F., die einen Schritt in anderer Richtung geht: „Neues und also eingerichtetes ABC- und Lesebüchlein" (Danzig 1650). BUNO richtet sein Augenmerk vor allem auf *die optische Form der Buchstaben* und versucht, für das Einprägen der Form Gedächtnishilfen zu geben. Die bildliche Darstellung z. B. des ‚a' wird begleitet von der Erklärung, daß der lesenlernende Hans „lange das a nicht behalten konnte, bis er die Köchin sah, einen Aal abtun, der sich recht also krümmte und ein a machte, wie er hier abgemalt ist" (zit. nach R. ALT: Bilderatlas zur Schul- und Erziehungsgeschichte. Bd. 1. 1966. 392f.). Wenn die Zuordnungsversuche im Einzelfall heute auch recht gezwungen wirken, so ist doch das *didaktische Bemühen* beachtenswert, den Kindern das Lesenlernen zu erleichtern und angenehm zu machen. BUNOS Versuch kann man daher als einen Schritt zum „spielenden Lernen" ansehen. Auch der „Orbis Pictus" von COMENIUS (1658) enthält einen fibelartigen Teil, in dem der phonetische Laut mit Naturlauten in Verbindung gebracht und daraus der Buchstabe abgeleitet wird; etwa: „der Wolff heulet. lu ulu / L l." Jeder Buchstabe wird mit einem solchen Satz eingeführt, am Anfang der Zeile steht jeweils die dazugehörige Abbildung in Miniaturgröße. COMENIUS steht also in der Tradition der „Lautierer" ICKELSAMER und GRIESSBEUTEL.

Besondere Bedeutung für das Lesenlernen breiter Volksschichten gewann die sog. *Hahnenfibel* (vgl. MUTH, S. 43 ff.), benannt nach dem Bild eines Hahns, der nach MUTH stets am Ende der F. stand. F.n dieser Art wurden von der 2. Hälfte des 17. Jh.s bis zu Anfang des 19. Jh.s gedruckt, und zwar anonym in den verschiedensten Verlagen und mit manchen Abwandlungen. Im Prinzip war aber der Aufbau immer derselbe. Zu Anfang stand das Alphabet in kleinen und großen Druckbuchstaben, Doppellaute und Verdoppelungen schlossen sich an. Darauf folgten Silben in der Reihenfolge des Alphabets, z. B. zu b: Ab, eb, ib, ob, ub — Ba, be, bi, bo, bu. Diese dienten dazu, das Lesen von Buchstabenkombinationen zu üben und als nächsten Schritt Wörter daraus zu bilden, z. B. bu-be. Die Texte in diesen F.n waren fast ausschließlich religiöser Art: Gebete, Glaubensbekenntnis, Bibelstellen, Lieder und Sprüche; man bezeichnet diesen F.typ daher auch als „religiöse F." (MUTH, S. 43). Methodisch waren diese (und andere analog eingerichtete) F.n auf das Lesenlernen nach der *Buchstabiermethode* angelegt, die bis ins 19. Jh. hinein gebräuchlich war, schließlich aber (regional unterschiedlich) verboten wurde. Diese in entscheidenden Punkten *sachwidrige* und *unpsychologische* Methode war von einigen Aufklärungspädagogen jedoch verfeinert und der Lernfähigkeit des Kindes angepaßt worden. Beispielhaft dafür sind die „Allgemeinen Grundsätze und Regeln zum leichten und angenehmen Lesenlernen", die von J. H. CAMPE 1806 verfaßt und seinem „Abeze- und Lesebuch" vorangestellt wurden. In dieser F. wird jeder Buchstabe mit einem kurzen fabelartigen Text, zu dem eine Bildseite gehört, eingeführt, steht also gewissermaßen in einem „ganzheitlichen" Rahmen.

Im 19. Jh. kommt es zu zahlreichen Versuchen, die Leselehrmethode zu verbessern bzw. neu zu orientieren. Für seine *systematisch aufgebaute Lautiermethode* schuf H. STEPHANI 1802 eine „F. oder Elementarbuch zum Lesenlernen". Die *analytisch-synthetische Methode* des Franzosen J. J. JACOTOT, der als ersten Lesetext FÉNELONS „Télémaque" benutzte, wurde in Deutschland von K. SELTZSAM übernommen. Auf dieser Grundlage entwickelte K. VOGEL die „Normalwortmethode" und verfaßte dazu die F. „Des Kindes erstes Schulbuch" (1842, ^{2}1843). Gegen Versuche dieser Art, die das Lesenlernen zu sehr zu verschulen und zu reglementieren drohten, wandte sich PH. WACKERNAGEL mit seiner „Goldenen F." (1856). Sie ist „Den Müttern und Kindern christlicher Häuser in deutschen Landen" zugeeignet, möchte also das Lesenlehren in die Hände der Mütter legen. WACKERNAGEL vertritt entschieden ein „analytisches" Verfahren, das er als das „natürliche" bezeichnet. Er habe es bei Kindern beobachtet, die einen ihnen bekannten Text mit dem Druckbild verglichen und dabei Wort für Wort die Entsprechung zwischen gesprochenem und gedrucktem Wort aufsuchten. WACKERNAGELS F. ist daher *konsequent „ganzheitlich"*, sie enthält nicht einmal das Abc, sondern nur geschlossene Texte: das Vaterunser, Psalmen, Gebete, Lieder, Kinderlieder, Volksgut und volkstümlich-vaterländische Gedichte sowie sieben GRIMMsche Märchen. Im eigentlichen Sinne ist sie keine F., sondern ein Kinderbuch. Um die Jahrhundertwende entstehen sogenannte „Merkfibeln" mit Buchstabenbildern: TH. RAEBELS „Kinder-Garten-Fibel" (1880), J. FREYS „Abc-Buch" (1895) und A. HOLZWARTHS „Merk-F." (2 Bdchn. 1909).

Die weitere Entwicklung der F. im 19. und 20. Jh. spiegelt vor allem die Vielfalt der lesemethodischen Ansätze, denen hier nicht nachgegangen werden kann. Sie spiegelt aber — außer der gesellschaftlich-politischen Geschichte — *auch die allgemeinen pädagogischen Bewegungen, so nach der Jahrhundertwende die reformpädagogischen Forderungen nach Kindertümlichkeit und künstlerischer Gestaltung* (F. GANSBERG: Streifzüge durch die Welt der Großstadtkinder, 1905, ^{4}1920; F.leid und F.freud, 1905). F. BRANDSTETTER tritt in seinem Buche

Wilhelm Bangert: Meine Muttersprache. Fibel für den ersten Unterricht im Sprechen, Schreiben und Lesen (Frankfurt ^{3}1917). Für die in der Abbildung gezeigte Fibelseite ist das Ausgehen vom Laut, der durch Tierbilder veranschaulicht werden soll, charakteristisch. Die vorliegende Ausgabe D repräsentiert die Hamburger Schrift. Die Fibel erschien noch in drei weiteren Ausgaben mit Frankfurter Schrift, preußischer Normalschrift und preußischer Steilschrift.

„Kind und F." (1911) für die Erleichterung der Simultanauffassung ein: die zum Lesenlernen angebotenen Wörter, Wortgruppen und Sätze sollen *aus der Erlebnis- und Sprachwelt des Kindes* genommen werden. Die phonetisch geordnete F. wird aufgegeben, in den zwanziger Jahren tritt *der kinderpsychologische Aspekt* in den Vordergrund. Zu F.-Illustratoren werden Künstler gewonnen (A. Schmidhammer, A. Hengeler, M. Liebermann, G. Caspari), die Szenen aus der Welt des Kindes farbig oder wie Goller, P. Konewka und H. Schliessmann in Schattenrissen abbilden. Für den Gesamtunterricht fordert V. Merz die Erarbeitung der „Eigenfibel" — *inhaltlich aus dem Sprachschatz der Kinder, hergestellt auch im hand-werklichen Druck und mit individueller Bebilderung durch die Kinder* — als einen wichtigen organischen Lernprozeß. Erstrebt wird ein „vertiefter literarischer Erfolg" (Merz: Gesamtunterricht und F. in: Die Neue Deutsche Schule, 1929, H. 6). Im Päd. Lexikon (hrsg. von H. Schwartz) heißt es 1929: „Das F.-problem als psychologisches Problem ‚vom Kinde' aus zu lösen, ist das Problem der heutigen F.verfasser" (II, Sp. 83). Hier liegt eine der Quellen *des ganzheitsmethodischen Ansatzes,* der besonders durch A. Kern vertreten wurde. Er gestaltete mit

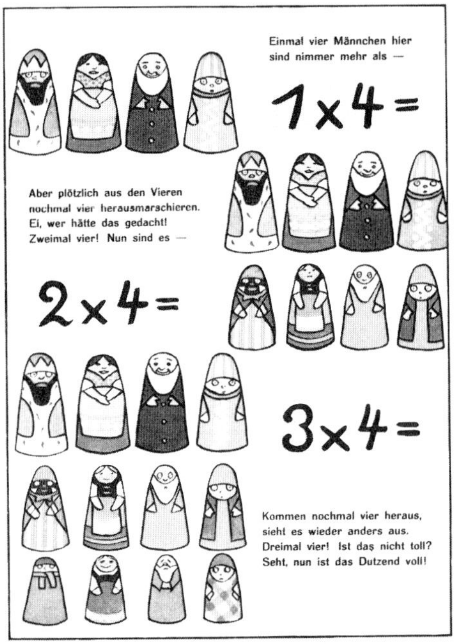

Gertrud Caspari: Das lustige 1 × 1 für unsere ABC Schützen (Leipzig 1929). G. Caspari gab dem Buch folgenden Hinweis mit auf den Weg: „Nun paßt hübsch auf und schlaf' mir keins! / Wir lernen jetzt das Einmaleins, / und wer was weiß, damit ich's seh', / der hebt den Finger in die Höh' / und macht dazu ein schlau Gesicht! / Vorsagen aber dürft ihr — nicht!"

verschiedenen Mitarbeitern die Ganzheitsfibel „Wer liest mit?" (1931) und nannte sie „ein Bilderbuch zum Lesenlernen". Nach dieser Konzeption sind, vor allem nach 1945, in der Bundesrepublik Deutschland zahlreiche F.n entstanden, die sich in ihrem Erscheinungsbild, in Inhalt und Ausstattung vielfach dem Kinder- und Bilderbuch annähern. Zur Frage der F.-Illustration nahm grundsätzlich L. Weismantel Stellung („Über die Bebilderung einer F.", 1951), der mit Illustrationen von A. Meyer die „Rosenfibel" herausgegeben hatte. Neuerdings macht sich mit unterschiedlichen Begründungen wieder *eine Befürwortung synthetischer Leselehrverfahren* geltend.

Gegenwärtiger Stand. Unabhängig von dem oft polemisch ausgetragenen Streit zwischen „Ganzheitlern" und „Synthetikern" beginnt eine *wissenschaftliche* Betrachtungsweise sich Gehör zu verschaffen, die aufgrund empirischer Untersuchungen Aussagen zu bestimmten Kriterien der F.n zu machen in der Lage ist, z. B. über Art und Umfang des Wortschatzes. Methoden und F.n werden vornehmlich nach ihrem Lernerfolg beurteilt, den man exakt festzustellen versucht. Von daher gelangen in die neuesten F.n Momente eines *lernökonomischen Aufbaus;* sie enthalten besonders angelegte Übungsseiten und zusätzliches Lern- und Übungsmaterial. Der „Kinderbuchcharakter" der F. wird dadurch zwar zurückgedrängt, aber nicht aufgehoben. Auch ihre Bildungsfunktion bleibt erhalten; doch kommt in der neueren Entwicklung die ursprüngliche Aufgabe der F., erstes Leselehr- und -lernbuch zu sein, wieder stärker zur Geltung. *Theodor Brüggemann*

→ ABC-Buch, → Leselernmethode

Sekundärliteratur: R. Alt: Bilderatlas zur Schul- und Erziehungsgeschichte (Bd. 1 u. 2. 1960 u. 66). — K. Doderer (Hrsg.): Bilderbuch und Fibel (1972). — P. Gabele: Pädagogische Epochen im Abbild der Fibel (1962). — L. F. Göbeldecker: Entwicklungsgeschichte des ersten Leseunterrichts von 1477 bis 1932 (1933). — A. Grömminger: Die deutschen Fibeln der Gegenwart (1970). — J. Muth (Hrsg.): Fünf Fibeln aus fünf Jahrhunderten (1962). — E. Schmack: Der Gestaltwandel der Fibel in vier Jahrhunderten (1960).

Fiction-Literatur

(auch „Fiction" genannt). A. d. Englisch-Amerikanischen übernommener und im Deutschen gebräuchlicher Begriff für dichterische Texte, die auf „fictiones" (lat.), d. i. Erdichtungen, aufgebaut sind, auf einer vom Autor erdachten Wirklichkeit.

Im Gegensatz dazu steht die Nonfiction-Literatur — Texte als sprachliche Gestaltung der Wirklichkeit — wie Bericht, Reportage, Dokumentation, Sachbuch. Andere Gegensatzpaare wie Phantasie und Wirklichkeit oder dichterische Prosa und Sachprosa sind nur bedingt als Synonyme verwendbar. Fiktion in der Bedeutung von „Phantasie" als

Kraft dichterischer Weltgestaltung ist ein Wesenselement der Dichtung überhaupt (Epik, Lyrik, Dramatik).

Bedeutung für die Jugendliteratur. In der JL ist der Begriff F.-L. in gleicher Weise anzuwenden. Doch sind hier Mischformen zwischen F. und Nonfiction besonders häufig. Ein typisches Beispiel dafür ist das „erzählende Sachbuch". Einen Einblick in die Problematik der Wirkung der F.-L. auf den jungen Leser geben die Arbeiten des Wiener Instituts für Kinderpsychologie, die versuchen, die Elemente des Phantastischen und ihre Zuordnung zur Realität in den verschiedenen Bereichen der Umwelt, der Handlung, der Zentralgestalt u. dergl. zu analysieren und ihre Wirkung auf das Kind zu untersuchen. F.-L. für das Kindesalter ist in enger Korrespondenz zu den kindlichen Illusions- und Rollenspielen zu sehen, die einerseits eine wichtige Voraussetzung für das Verständnis dieser Literatur bilden, andererseits durch diese Literatur neue Spielanregung erfahren. Da das Kind nicht immer die klare Einsicht in den fiktiven Charakter solcher Darstellungen besitzt, kann auch zeitweilig die reale Welteinschätzung durch F.-L. verzerrt und erschwert werden. Es ist deshalb notwendig, daß auch die Nonfiction-Literatur in die Leseerziehung einbezogen wird.

Margarete Dierks/Dietrich Fischer

Finnland

(finn.: Suomen Tasavalta, schwed.: Republiken Finland). Republik in Nordeuropa; Staatsgebiet: 337 032 km²; Einwohner: 4, 65 Millionen. Abwechselnd unter schwedischer bzw. russischer Oberherrschaft, gewann Finnland erst nach der russischen Märzrevolution 1917 seine Souveränität. Die mit wenigen Abänderungen noch heute gültige republikanische Verfassung wurde am 21. 6. 1919 vom finnischen Landtag angenommen. Amtssprachen in Finnland sind Finnisch und Schwedisch. 92,4 % der Bewohner sprechen Finnisch, 7,4 % Schwedisch und 0,2 % Lappisch u. a. .

Entwicklung der KJL und gegenwärtiger Stand. Die über 400jährige schwedische Staatshoheit über Finnland und die nachfolgende Zeit als Großherzogtum Finnland unter russischer Vorherrschaft verhinderten eine frühe Entstehung einer eigenständigen finnischen Literatur. Während Finnisch von der weitgehenden Mehrheit der Bevölkerung als Muttersprache angesehen wurde, sprachen die gebildeten Stände durchweg Schwedisch. In schwedischer Sprache wurde auch an den finnischen Universitäten gelehrt. Neben wenigen ABC-Büchlein, Bibelauszügen und Katechismen gab es bis zur Mitte des 19. Jh.s keine eigene finnische Literatur. Der Durchbruch erfolgte mit der Loslösung von Schweden im Jahre 1809 und der Entstehung der durch die Romantik nachhaltig beeinflußten nationalfinnischen Bewegung. Hervorragendes literarisches Ereignis war die Veröffentlichung des Epos „Kalevala" (1835), das der finnische Arzt und Philologe E. LÖNNROT (1802—84) aus im Volksmund überlieferten Liedern der finnischen Bauernsänger zusammengestellt hatte. Die Sammlung, die 1849 in einer erweiterten Neuauflage ihre endgültige Fassung erhielt, ließ in der finnischen Bevölkerung, jetzt auch vor allem in den gebildeten Ständen, ein neues Nationalgefühl entstehen, das sich in der Entstehung einer eigenständigen finnischen Literatur niederschlug. Im Jahr 1840 gab LÖNNROT eine zweite Sammlung finnischer Volkslieder unter dem Titel „Kanteletar" heraus. LÖNNROTS Sammlertätigkeit leitete die später berühmt gewordene finnische Folkloristik ein. 1831 wurde die „Suomalaisen Kirjallisuuden Seura" (Finnische Literaturgesellschaft) gegründet, die bis heute besteht und in ihrem Archiv eine der größten und literarisch wertvollsten Sammlungen von Volksdichtung in der Welt aufbewahrt.

Am Anfang der finnischen national-romantischen Literaturepoche standen vor allem die beiden finnlandschwedischen Dichter J. L. RUNEBERG (1804 bis 1877) und Z. TOPELIUS (1818—98). Ab 1848 trat TOPELIUS mit seinen Gedichten, Erzählungen, Schauspielen und Romanen hervor. Der schwedisch schreibende Autor, der als frühester Kinderbuchautor sowohl von Finnland als auch von Schweden in Anspruch genommen wird, war in seinem Werk vor allem der finnischen Volkspoesie verbunden. Seine Werke sind gekennzeichnet durch die vier Schwerpunkte Kinder, Natur, Glaube und Vaterland. Als von 1860 an eine liberalere Politik Rußlands den Druck von Büchern in finnischer Sprache wieder zuließ und somit das russische Verbot vom Jahr 1850 praktisch außer Kraft setzte, erschienen in den Jahren zwischen 1865 und 1896 in schneller Reihenfolge die „Läsning för barn" (Märchen und Erzählungen für Kinder) in zahlreichen Ausgaben. Auch seine historischen Jugenderzählungen, vor allem „Fältskärns berättelser" (Erzählungen eines Feldschers) erlebten in den Jahren 1853—67 zahlreiche Ausgaben in finnischer Sprache. Die von einer eigenwilligen Nationalromantik geprägten Kinder- und Jugenderzählungen von TOPELIUS haben sich bis heute im Leseangebot für finnische Kinder erhalten.

Das Jahr 1847 bezeichnet den eigentlichen Beginn der finnischen Kinder- und Jugendliteratur mit den ersten Kinder- und Jugendbüchern in finnischer Sprache, bei denen es sich allerdings um Übersetzungen international bekannt gewordener Titel handelt: z. B. „Robinpoika Kruusen ihmeelliset elämänvaiheet", die erste finnische Jugendbearbeitung des Robinson Crusoe — die zweite Bearbeitung für junge Leser erschien erst wieder 1875 — und „Genoveva" in der Bearbeitung des deutschen Jugendbuchautors CHR. VON SCHMID, dessen Erzählungen sehr schnell nach ihrem Ersterscheinen auch in den skandinavischen Staaten und Finnland große Verbreitung fanden. Schon 1851 kam SCHMIDS Erzählung „Rosa von Tannenburg“ unter dem Titel „Roosa Tannenpurista“ heraus. Erste finnische Ausgaben der Märchen der Brüder GRIMM sowie von H. CHR. ANDERSEN erschienen 1848. Auch Münchhausens Abenteuer („Parooni Mynkhausin kummalliset matkat ja retket maalla ja merellä“, 1856) und „Uncle Tom's Cabin“ der Amerikanerin H. BEECHER-STOWE („Setä Tuomon tupa“, 1856) fanden frühe finnische Übersetzungen. Eine Ausgabe des „Reineke Fuchs“ lag unter dem Titel „Kettu Repolainen“ 1859 in finnischer Sprache vor. Von weiteren international bekannt gewordenen Kinder- und Jugendbuchautoren des 19. Jh.s fanden vor allem W. SCOTT mit seinem „Ivanhoe“ (1870), J. VERNE mit seiner „Le tour du monde en 80 jours“ („Matkustus maan ympäri 80: ssä päivässä“, 1874), M. TWAIN mit seinem „Tom Sawyer“ (1879) und J. SPYRI mit „Heidi“ („Pikku Heidi“, 1885) Eingang in die finnische Kinder- und Jugendliteratur. Erstaunlicherweise wurde J. F. COOPERS Lederstrumpf erst sehr spät in Finnland bekannt. Die erste finnische Jugendausgabe des Wildtöters, die unter dem Titel „Hirventappaja“ aufgelegt wurde, stammt aus dem Jahr 1909.

Ein Zeitgenosse von TOPELIUS, der Folklorist E. SALMELAINEN (1830—67), gab in der Zeit zwischen 1852 und 1866 seine finnischen Volksmärchen und Volkserzählungen heraus. Ein Teil seiner Sammlungen erschien unter dem Pseudonym E. RUDBECK. An die Märchensammlungen SALMELAINENS knüpfte A. LYDECKEN (1884—1960) an, dessen berühmtestes Märchenbuch „Suuri kaunis maailma“ (Die große schöne Welt) 1909 herauskam. LYDECKEN greift in seinen Kindermärchen auf zahlreiche Motive der von SALMELAINEN gesammelten Volksmärchen zurück, versucht jedoch, sie sprachlich wie inhaltlich zu modernisieren. Ein Teil seiner Märchen zeigt symbolisch-anthropomorphe Tendenzen und Verwandtschaft zu den Pflanzen- und Tiermärchen des Dänen C. EWALD. Eine Verbindung von moderner Welt und romantischer Märchentradition versuchte auch P. ROINE (1907—60) in seinen zahlreichen Märchenbüchern, von denen „Metsän väki käy Helsingissä“ (1937, Die wilden Tiere des Waldes besuchen Helsinki), „Porsliiniprinsessa“ (1936, Die Porzellanprinzessin), „Satuposetiivi“ (1935, Der märchenhafte Leierkasten) und „Sitruunankeltainen papukaija“ (1938, Der zitronengelbe Papagei) am bekanntesten geworden sind. J. KROHN (1835—88) wandte sich als erster finnischer Kinderbuchautor dem Kindergedicht und der Umwelterzählung zu. In zahlreichen Gedicht- und Erzählbänden schilderte er landschaftlich gebundene Alltagserlebnisse finnischer Kinder. Vor allem gelang ihm treffend die Schilderung des eigentümlichen Reizes seenreicher einsamer Landstriche, aber auch der kindlichen Umwelt in finnischen Kleinstädten. Am bekanntesten wurden die Gedichtbändchen „Pienokaisia“ (1869, Die Kleinen) und „Kylän lapset“ (1880, Die Kinder des Dorfes). Teilweise illustrierte KROHN seine Erzählungen selbst. In den Jahren 1871—80 gab er die finnische Kinderzeitschrift „Pääskynen“ (Die Schwalbe) heraus, die 1907 eine Neuherausgabe erlebte und dann bis 1935 von seiner Tochter HELMI KROHN (1871—1967) redigiert wurde. Kindergedichte und Umwelterzählungen schrieben auch I. HELLÉN (1861—1937), von der sich besonders das Bändchen „Lasten runoja“ (1898, Gedichte für Kinder) bis heute im Leseangebot für finnische Kinder gehalten hat, sowie T. HAGMAN (1849 bis 1914), dessen „Sataju ja runoja lapsille“ (1882, Erzählungen und Gedichte für Kinder) große Verbreitung fanden.

Eine besondere Rolle für die Entwicklung der finnischen Kinder- und Jugendliteratur spielte A. SWAN (1875—1958), die mit ihren zahlreichen Mädchenbüchern bahnbrechend für die Entstehung des finnischen Jugendromans wurde, der heute in vielen Spielarten von modernen finnischen Jugendbuchautoren gepflegt wird. Sie begann ihre schriftstellerische Laufbahn mit den neuromantischen Kunstmärchen „Satuja lapsille“ (1901, Märchen für Kinder), wendete sich dann aber bald dem Jugendroman zu, in dem vorwiegend Mädchen die Hauptrolle übernehmen. Von ihren zahlreichen Mädchenbüchern fanden vor allem „Tottisalmen perillinen“ (1914, Der Erbe von Tottisalmi), „Kaarinan kesäloma“ (1918, Kaarinas Sommerferien), „Pikkupappilassa“ (1922, In einem Pfarrhause) und „Ulla ja Mark“ (1924, Ulla und Mark) Beachtung. Noch heute gehört SWAN zu den meistgelesenen Jugendbuchautoren Finnlands. Von M. MARCK (* 1866), die auch unter dem Pseudonym KERSTI BERGROTH schrieb, erschien ab 1917 die Serie der „Eeva-kirjat“ (Eva-Bücher), in denen sich mit den Erzählungen SWANS verwandte Züge finden. In einfühlsamer und humorvoller Weise schilderte J. FINNE (1874 bis 1938) die kindliche Umwelt in seinem Buch „Kiljusen herrasväki“ (1914, Die Familie Kiljunen), das vor allem wegen seiner humorvoll-deftigen Schilderung finnischer Bauern bis heute ein geschätzter Lesestoff für finnische Kinder geblieben ist. Als Illustrator von Kinder- und Jugendbuchausgaben errang R. KOIVU (1890—1946) große Bedeutung. Neben Märchen von ANDERSEN illustrierte er fast alle Bücher der beliebtesten finnischen Kinder- und Jugendbuchautoren seiner Zeit wie die von TOPELIUS, SWAN und ROINE.

Finnische Kinder- und Jugendbücher blieben lange Zeit auf die finnische Leserschaft beschränkt, nicht zuletzt aufgrund von Übersetzungsbarrieren. Erst in den letzten Jahren sind auch eine Reihe finnischer Kinder- und Jugendbuchautoren mit ihren Werken im Ausland bekannt geworden, vor allem schwedisch schreibende.

In jüngster Zeit zeigt sich eine Zunahme an finnischen Kinder- und Jugendbüchern, die den Versuch unternehmen, den jungen Lesern ihre Entwicklung, die Gewinnung der eigenen Unabhängigkeit, die soziale Wirklichkeit der sie umgebenden Welt, notwendigerweise ausbrechende Konflikte und Lösungsmöglichkeiten aufzuzeigen. Die Betonung solcher Themen erklärt auch den Mangel an Büchern für kleinere Leser im Alter von etwa 7—11 Jahren, der im Angebot der finnischen Kinder- und Jugendliteratur spürbar vorhanden ist.

Nach wie vor ist die finnische Literatur zweisprachig geblieben. Eine Reihe besonders anspruchsvoller Kinder- und Jugendbücher werden von schwedisch schreibenden Autoren verfaßt. Die wichtigsten Autoren dieser Gruppe sind T. Jansson, B. Carpelan und I. Sandman Lilius.

Jansson (* 1915) ist zur Zeit Finnlands berühmteste und im Ausland bekannteste Kinderbuchautorin und -illustratorin. Bis heute hat sie elf Bücher über die Welt der Mumin geschrieben, die sie ursprünglich als Comic-Serien entwarf, daneben drei Bücher für Erwachsene. Ihre Muminbücher liegen in achtzehn Sprachen übersetzt vor. Für ihre Mumin-Zeichnungen erhielt Jansson 1958 den Rudolf-Koivu-Preis für die besten Kinderbuchillustrationen des vorangegangenen Jahres. 1966 erhielt sie für ihr Gesamtwerk den Hans-Christian-Andersen-Preis. Auf der Ehrenliste zu diesem Preis war die Autorin 1956, 1958 und 1964 vertreten. Der finnische Staatspreis für Kinderliteratur wurde ihr 1971 verliehen. Jansson hat mit ihren Muminbüchern eine ganz eigene, auf finnischer Trolltradition beruhende und in die spezifisch finnische Landschaft eingebettete Welt entworfen, in der sowohl ein großes Maß an künstlerischer Phantasie wie eine tiefschürfende, bejahende Lebensphilosophie sichtbar werden. Die wichtigsten Themen ihrer Geschichten, die in poetischer Sprache geschrieben sind, sind Freiheit, Freundschaft und Liebe. Die „Muminphilosophie" ist human, klug und realistisch. Der Gesamttenor ihrer Bücher ist sozial bestimmt. Durch ihre dichterische Phantasie, ihren warmen Humor und nicht zuletzt durch ihre eigenwilligen Zeichnungen fanden Bücher dieser Autorin bei vielen Lesern der ganzen Welt Anklang. Im Ausland am bekanntesten wurden die Bände „Trollvinter" (1957; dt. Winter im Mumintal, 1968), „Det osynliga barnet" (1962; dt. Geschichten aus dem Mumintal, 1966) und „Sent i november" (1970; dt. Herbst im Mumintal, 1972).

Carpelan (* 1927) greift vorzugsweise auf psychologische Probleme bei behinderten Kindern, Isolierten und Kindern mit Anpassungsschwierigkeiten zurück. Besonders bekannt wurden die beiden Bände „Anders på ön" (1959; dt. Andreas, 1962) und „Bagen" (1968; dt. Der Junge von der Insel, 1969). Sandman Lilius (* 1936) lebt heute in Hangö an der Südküste Finnlands. Neben phantastischen Geschichten mit starkem sozialen Engagement schreibt die Autorin historische Jugendbücher. Besonders bekannt wurde ihre „Fru Sola"-Trilogie. Die Hauptgestalten der Trilogie, die vor etwa hundert Jahren in Tulavall, einer Kleinstadt im Süden Finnlands spielt, sind die drei Töchter der Familie Halters, deren armes und glanzloses Leben lediglich durch die alten Legenden des Vaters aufgehellt wird, sowie Bonadea, ein junges Mädchen, das als Waise groß geworden ist und nun einem zwielichtigen Alchimisten als Medium für seine gefährlichen Experimente dient. Bonadea wird schließlich zur Helferin der Bevölkerung, die die Stadt von der Herrschaft des machtlüsternen Magistrats befreit. Die Trilogie hat ihren Namen nach der legendären Königin Fru Sola, die vor achthundert Jahren regiert haben soll und die in den Legenden von Vater Halters die Hauptrolle spielt. Die Autorin hat es verstanden, die historischen Ereignisse bruchlos mit einer phantastischen Fabelwelt zu verbinden. Die Trilogie erschien unter den Einzeltiteln „Gullkrona Gränd" (1969, Die Passage von Gullkrona), „Gripanderska Gården" (1970, Gripander Platz) und „Gånggande Grå" (1971, Der Graue Hengst).

E. Rekimies, Jahrgang 1923, Lehrer an einer Elementarschule in Kuusankoski, hat rund 15 Jugendbücher verfaßt, in denen teils Tiere, teils historische Stoffe eine wichtige Rolle spielen. Seine Erzählung „Susi-Rolf, Martti ja minä" (1970, Wolf-Rolf, Martti und ich), die im 17. Jh. spielt, schildert recht humorvoll die abenteuerliche Reise zweier Schuljungen von Turku nach Viipuri durch den Süden Finnlands. Um Geld zu verdienen, nehmen die Jungen Dienst bei einem geheimnisvollen schwedischen Edelmann, der herauszufinden sucht, was vor sechzehn Jahren seinem Vater zugestoßen ist, der, nachdem die Belagerer Viipuri eingenommen hatten, verschollen war. Was die Erzählung auszeichnet, ist die lebendige, historisch wahrhafte sowie spannende und amüsante Schilderung von Land und Sitten im Finnland des 17. Jh.s. Recht deutlich wird in den Schilderungen auch der soziale Hintergrund der abenteuerlichen Ereignisse herausgearbeitet. Ein weiteres Buch von Rekimies, „Tapporahat" (1959; dt. Jagt den Wolf, 1966), kam 1962 auf die Ehrenliste des Hans-Christian-Andersen-Preises.

Die 1918 geborene Schriftstellerin M. Kurenniemi schrieb seit 1946 zwölf Umwelterzählungen, zwei Jugendbücher, eine Reihe von Bändchen mit Kindergedichten und die „Onneli ja Anneli"-Trilogie, mit der sie die größte Beachtung fand. Daneben übersetzte sie zahlreiche ausländische Kinder- und Jugendbücher ins Finnische. Die Trilogie, eine der wenigen finnischen Erzählungen, die sich an kleinere Kinder richten, erzählt von zwei achtjährigen Mädchen, die mit Hilfe einer alten freundlichen Frau, einer Art moderner guter Fee, ein eigenes Kinderhaus zum Wohnen erhalten, das den Größenverhältnissen der kleinen Mädchen entsprechend eingerichtet ist. Onneli stammt aus einer kinderreichen Familie mit zehn Kindern, Anneli dagegen ist das einzige Kind geschiedener Eltern. Die Kinder leben in ihrem kleinen Traumhaus ein Kinderleben, wie es sich jedes Kind wünscht, und lernen dabei gegenseitig ihre sehr verschiedenen persönlichen Erlebnisse, Sorgen und Konflikte kennen. Im dritten Teil der Trilogie gelingt es den beiden Mädchen, in einem benachbarten Waisenhaus die Zustände zu verändern und das sehr nüchterne und unfreundliche Klima dort in das harmonische Zusammenleben einer großen Familie umzuwandeln. Für den ersten Band der Trilogie, „Onnelin ja Annelin Talo" (1966, Onnelis und Annelis Haus), erhielt die Autorin 1967 den Topelius-Preis. Die beiden weiteren Bände sind „Onnelin ja Annelin talvi" (1968, Onneli und Anneli im Winter) sowie „Onneli, Anneli ja Orpolapset" (1971, Onneli, Anneli und das Waisenhaus).

Ein interessantes antiautoritäres Kinderbuch, das sowohl harte Ablehnung als auch eine breite Zustimmung fand, mit dem Staatspreis von 1971 sowie dem Arvid Lydecken-Preis 1971 ausgezeichnet wurde und 1972 auf die Ehrenliste des Hans-Christian-Andersen-Preises kam, ist „Vihreä Vallankumous" (1970, Die grüne Revolution) von L. KROHN (* 1947). Die Autorin, die Literatur, Psychologie und Philosophie an der Universität Helsinki studiert, ist durch eine Reihe literaturkritischer Essays in Fachzeitschriften und Tageszeitungen bekannt geworden. Das Buch erzählt, wie die Gemeinderäte der Stadt Riioraa im Park der Stadt eine Autofabrik und ein Parkhochhaus bauen lassen wollen. Das Projekt wird durch den Entschluß der Kinder, eine „grüne Revolution" zu entfesseln, verhindert. Das Buch, das Probleme des kindlichen Freiheitsspielraums und des Umweltschutzes aufgreift, ist vor allem auch durch seine dynamischen Illustrationen beliebt geworden, die von der Schwester der Autorin, I. KROHN (* 1948), stammen. I. KROHN hat die finnische Kunstakademie besucht und ist als freie Malerin tätig. Durch zahlreiche Ausstellungen ist sie in Finnland weit bekannt geworden.

R. S. VIRTANEN (* 1931) hat bisher zehn Jugendbücher geschrieben, die sich alle mit den Konflikten und Entwicklungsschwierigkeiten Heranwachsender auseinandersetzen. Vor allem stellt sie die verschiedenen sozialen Bedingungen und Ausgangschancen von Unter- und Mittelschicht in ihren Büchern vor, so etwa in dem Band „Joulukuusivarkaus" (1970, Wie der Weihnachtsbaum gestohlen wurde), für den sie den Staatspreis 1971 sowie den Topelius-Preis 1971 erhielt. Das Problem von Jugendbanden in den Großstädten, die sexuellen Schwierigkeiten Heranwachsender und das politische Engagement Jugendlicher sind weitere Themen ihrer Erzählungen.

Ähnliche Themen greift M. KESKITALO (* 1921) in ihren bisher fünf Jugendbüchern auf. In dem Buch „Liukuhihnaballadi" (1971, Fließbandballade) zeigt die Autorin, die auch als Journalistin arbeitet und die Hochschule für Sozialwissenschaften absolviert hat, das Problem finnischer Emigranten in Schweden, die dort eine bessere Zukunft suchen. Sie scheitern an den Sprachbarrieren, an Anpassungsschwierigkeiten sowie an der Ablehnung durch die Alteingesessenen. Die Erzählung, die auf den Erinnerungen verschiedener Emigranten aufbaut, geht zum Teil auf Tonbandprotokolle zurück. KESKITALO erhielt für „Liukuhihnaballadi" den Staatspreis 1972 sowie den Topelius-Preis 1972. In dem Band „Tabut" (1970, Pillen) untersucht die Autorin die Gründe für die Rauschgiftsucht Heranwachsender. Auch dieses Buch basiert auf zahlreichen Tonbandprotokollen Betroffener.

A. MARTINHEIMO (* 1934) greift in seinen Büchern ebenfalls die soziale Problematik in der heutigen finnischen Gesellschaft auf. Besonders erfolgreich war er mit „Pilkku päässä" (1970, Der Fleck in deiner Hand), einem Buch, das die Spannungen in einer Familie aufzeigt, in der die Mutter berufstätig ist und der ehrgeizige Vater einen Sitz im Stadtrat anstrebt. Der Junge Teemu, der gerade in die Oberschule gekommen ist, und sein kleiner Bruder Tommi leiden sehr unter den Spannungen im Elternhaus und antworten mit schulischen Fehlleistungen und den Eltern unverständlichen Trotzreaktionen. „Pääkallokiitäjä" (1971, Der Totenkopffalter) schildert die Entwicklung des Jungen Jones, der aufgrund der häuslichen Verhältnisse — der Vater kehrt gerade aus dem Gefängnis zurück, die Mutter ist zur Arbeit nach Schweden gegangen — einer Schulklasse für gefährdete Jugendliche zugeteilt wird. Mit psychologischem Einfühlungsvermögen und klarem Auge für die sozialen Bedingungen schildert der Autor die Entwicklung des Jungen bis zu dem Punkt, wo dieser in eigener Verantwortung Entscheidungen trifft. MARTINHEIMO zeigt dabei eindrucksvoll, wie sein Held, die ihn umgebende Gesellschaft nachahmend, lernt, planmäßig Gewalt zu gebrauchen, um persönliche Ziele durchzusetzen. Für dieses Buch erhielt der Autor den Staatspreis 1972 sowie den Tauno-Karilas-Preis 1972.

Eine Ausnahmeerscheinung auf der finnischen Kinder- und Jugendbuchszene stellt O. TANNINEN (* 1933) dar, die die staatliche Kunsthochschule absolvierte und sich sowohl als Illustratorin wie als Autorin betätigt. Sie hat sechs Kinderbilderbücher geschrieben und gezeichnet, die in ganz Finnland verbreitet sind und bei den Kindern zwischen drei und sieben Jahren außerordentlichen Anklang finden. Am bekanntesten wurden die Nunnu-Bücher („Nunnu", 1965; „Nunnu lentää", 1966, Nunnu fliegt; „Nunnu putoaa", 1969, Nunnu fällt). Die Nunnu-Bücher enthalten fröhliche, phantasievolle und doch der modernen Welt angepaßte kleine Geschichten, die die Erlebnisse der Nunnu-Gestalten schildern. Die Illustratorin verwendet gerissene und ausgeschnittene purpurrote, violette, grüne und blaue Papierstückchen, die sie auf weißen Untergrund klebt und durch Striche mit Filzstift

verbindet. Für ihre Bilderbücher erhielt die Künstlerin 1966 den Topelius-Preis, 1967 den Rudolf-Koivu-Preis für die besten Kinderbuchillustrationen des Jahres sowie 1970 den finnischen Staatspreis und den Anni-Swan-Preis. Im Ausland bekannt wurden auch die Autorinnen A. Konntinen (1906—69) mit ihren Inkeri-Büchern, A. Nissinen (* 1916), M. Otava (* 1935), K. Helakisa (* 1946), E. Vuorinen (* 1900) und V. Haakana (* 1923).
In den letzten Jahren erhielt die finnische Kinder- und Jugendliteratur eine interessante Bereicherung durch Bücher, die von jungen Leserinnen und Lesern selbst geschrieben wurden. 1968 schrieben der Verlag Kauppiaitten Kustannus, die Finnische Fernsehgesellschaft und die Abteilung für junge Hörer der Finnischen Radiogesellschaft gemeinsam einen Literaturwettbewerb für junge Leute unter neunzehn Jahren aus. Als Ergebnis trafen rund 1000 Manuskripte ein, die zum Teil von so guter literarischer Qualität waren, daß eine Reihe von ihnen ohne große Veränderungen als Bücher herausgebracht werden konnten. Dieses „Kontakti"(Kontakt)-Programm wird bis heute fortgesetzt. Inzwischen wurden mehr als sechzig solcher Manuskripte gedruckt und dem Kinder- und Jugendbuchmarkt zugeführt. Am bekanntesten dabei wurde J. P. Toivonen, der sein erstes Buch als Elfjähriger schrieb. Das Buch mit dem Titel „Sammakko-Perspektiivi" (1969, Froschperspektive) hatte großen Erfolg. Sein drittes Buch ist in Vorbereitung. Die jungen Autoren, in der Mehrzahl Mädchen, die die Oberschule besuchen und in abgelegenen Teilen Finnlands zu Hause sind, verstehen es, über ihre Konflikte und Probleme zu reflektieren und sie auch für andere Jugendliche verständlich niederzuschreiben. Inzwischen wurde eine Reihe dieser Kontakt-Bücher in den Lesestoffkanon der finnischen Schulen aufgenommen.
Organisationen, Förderungsmaßnahmen, Literatur zur KJL. Mit der jährlichen Herausgabe von 200 bis 250 Kinder- und Jugendbüchern hat Finnland im Verhältnis zu der niedrigen Einwohnerzahl eine beachtliche Kinder- und Jugendbuchproduktion aufzuweisen. Aus den Statistiken zur finnischen Verlegertätigkeit gehen für die Jahre 1970 und 1971 folgende Zahlen für Neuauflagen von Kinder- und Jugendbüchern hervor:

	1970	1971
Neuausgaben in finnischer Sprache	27	36
Neuausgaben in schwedischer Sprache	2	1
Neuauflagen aus dem Unternehmen „Kontakt-Bücher"	35	7
Neuauflagen von Übersetzungen aus anderen Sprachen	61	93
	125	137

Von den insgesamt 154 Übersetzungen der Jahre 1970 und 1971 stammten 57 aus dem Englischen, 49 aus dem Schwedischen, 14 aus dem Dänischen, 14 aus dem Deutschen, 7 aus dem Französischen, 5 aus dem Russischen, 3 aus dem Norwegischen, 2 aus dem Holländischen, 2 aus dem Tschechischen und 1 aus dem Estnischen. Erstaunlich ist die große Anzahl von Kontakt-Büchern aus dem Jahr 1970.
An der Entwicklung der Kinder- und Jugendliteratur in Finnland haben die Öffentlichen Bibliotheken, die seit 1840 in den größeren Gemeinden Finnlands entstanden, erheblichen Anteil. Bereits 1860 erhielt Helsinki seine Öffentliche Bibliothek, gefolgt von Tampere 1861 und Turku 1863. Alle diese Bibliotheken existieren noch heute. Von Anfang an bildeten Kinder- und Jugendbücher einen Teil der vorhandenen Buchbestände, ohne jedoch zunächst in gesonderten Kinder- und Jugendbuchabteilungen aufgestellt zu werden. Im Jahr 1869 wurde in Turku als erste finnische Spezialbibliothek für junge Leser eine Sonntagsschulen-Bibliothek gegründet, die vor allem für „Kinder aus dem niederen Volk" bestimmt war. Später ging diese Bibliothek in die große Jugendbibliothek der Elementarschulen von Turku ein. In Helsinki wurde 1878 eine private Leihbücherei für Kinder eröffnet, die sogar während der Weihnachtsfeiertage geöffnet war.
Um 1890 wurde die „Suomalainen Naisyhdistys" (Finnische Frauenvereinigung) ins Leben gerufen, die sich besonders um die Verbreitung von Kinder- und Jugendliteratur verdient machte. Neben der Zusammenstellung von Aufsätzen zur Kinderlektüre und Listen von empfehlenswerten finnischen Kinder- und Jugendbüchern aktivierten die Mitglieder der Frauenvereinigung vor allem die Gründung spezieller Kinder- und Jugendbibliotheken. Ihre erste Jugendbibliothek eröffnete die Gesellschaft im Jahr 1893 in Helsinki. Die Bibliothek, die den Namen „Sakari Topeliuksen nuorisokirjasto" (Zacharias-Topelius-Jugend-Bibliothek) trug, existierte bis 1925. In den Jahren nach 1893 entstanden auch in den Städten Joensuu in Nordkarelien und Mikkeli in der Provinz Savo ähnliche Zacharias-Topelius-Jugend-Bibliotheken.
Um 1900 begannen die großen finnischen Öffentlichen Bibliotheken damit, eigene Kinder- und Jugendbuchabteilungen einzurichten. Dies geschah zum ersten Mal im Jahr 1903 in der Öffentlichen Bibliothek von Turku. Heute gibt es in Finnland rund 4200 Öffentliche Bibliotheken, die durchweg getrennte Kinder- und Jugendbuchabteilungen aufweisen. Eine besondere Einrichtung hat die Öffentliche Bibliothek in Helsinki ins Leben gerufen, indem sie in dem Jugendcafé des Städtischen Jugendbüros eine Spezialbibliothek für Leser von 15 bis 21 Jahren einrichtete.
Obwohl bereits im Jahre 1866 eine Verlautbarung des Erziehungsministeriums für jede Elementarschule eine Schulbibliothek vorschrieb und das Ge-

setz zur Einrichtung von Elementarschulen vom Jahr 1957 die Einrichtung von Schulbibliotheken erneut als verbindlich bestätigte, ist das Schulbibliothekswesen in Finnland im Verhältnis zu den Kinder- und Jugendbuchabteilungen der Öffentlichen Bibliotheken noch nicht sehr weit gediehen. Allerdings unternehmen die Schulverwaltungen in letzter Zeit große Anstrengungen in dieser Richtung.

Seit 1965 existiert ein Komitee für Kinderbibliotheken, das dem Finnischen Bibliotheksverband untersteht. Neben Tagungen zu Kinder- und Jugendliteraturfragen organisiert es Lesungen von Kinder- und Jugendbuchautoren, Ausstellungen sowie Wettbewerbe für junge Autoren und gibt Buchlisten heraus, die in einer Auflage von 500 000 Stück vorwiegend an Schüler der Elementarschulen kostenlos verteilt werden.

Unabhängig vom Bibliothekswesen nehmen sich in Finnland zwei Organisationen der Propagierung und Verbreitung von Kinder- und Jugendliteratur an. Im Jahre 1946 wurde die Vereinigung „Nuorten Kirjary" (Jugendbuch) gegründet und 1957 wurde die „Suomen Nuortenkirjaneuvosto" (Finnische Sektion des Internationalen Kuratoriums für das Jugendbuch) ins Leben gerufen. Beide Organisationen haben durch ihre Arbeit erreicht, daß finnische Kinder- und Jugendbuchverleger die eingereichten Manuskripte gründlicher als früher prüfen, bevor sie neue Bücher herausbringen und dabei weitgehend die Kriterien, die die beiden Organisationen für die Besprechung von Kinder- und Jugendbüchern erarbeitet haben, beachten. Die Veranstaltung von Preisausschreiben für junge Autoren durch die beiden Organisationen hat dazu geführt, daß in den letzten Jahren eine ganze Anzahl neuer Kinder- und Jugendbuchautoren entdeckt wurde.

Die finnische Sektion der IBBY organisierte im Jahr 1970 den vierten nordischen Kongreß zu Fragen der Kinder- und Jugendliteratur, der in Helsinki stattfand und an dem über 200 Fachleute aus den skandinavischen Staaten teilnahmen.

Finnland kennt eine große Anzahl von Kinder- und Jugendbuchpreisen, die regelmäßig verliehen werden und die ihren Namen meistens nach verdienten älteren finnischen Kinder- und Jugendbuchautoren tragen. Seit 1947 wird jährlich der Topelius-Preis für das beste im vorangegangenen Jahr herausgebrachte Kinder- oder Jugendbuch in finnischer Sprache vergeben. Der Preis wurde vom Verlag Söderström (Porvoo und Helsinki) gestiftet und wird durch den Verband der finnischen Jugendbuchautoren verliehen, aus dessen Mitgliedern sich auch die Jury zusammensetzt.

Die Rudolf-Koivu-Stiftung verleiht seit 1949 jährlich einen Preis für die beste Kinder- oder Jugendbuchillustration des vergangenen Jahres. Die von dem Bildhauer W. Aaltonen entworfene silberne Anni-Swan-Medaille wird alle drei Jahre für das beste Kinder- bzw. Jugendbuch der vergangenen drei Jahre von der finnischen Sektion der IBBY verliehen. Der Arvid-Lydecken-Preis wird seit 1960 jährlich für das beste Bilder- oder Märchenbuch für kleine Leser vergeben. Ebenfalls jedes Jahr wird seit 1969 der Tauno-Karilas-Preis für das beste Buch für jugendliche Leser verliehen.

Seit 1969 vergibt das finnische Erziehungsministerium jährlich einen Staatspreis für die fünf oder sechs besten Kinder- und Jugendbücher des vergangenen Jahres. Die jährliche Preissumme von 10 000.— Fmk wird dabei auf die fünf oder sechs Gewinner aufgeteilt. Der Preis wird von der Staatlichen Literaturkommission verkündet. Die Kommission stützt sich bei ihrer Entscheidung auf die Gutachten von jeweils zwei vom Verband der finnischen Kinder- und Jugendbuchautoren sowie der finnischen Sektion der IBBY nominierten Mitglieder.

In den letzten Jahren hat das Gebiet der Kinder- und Jugendliteratur auch Eingang in die Pädagogischen Hochschulen und Universitäten des Landes gefunden. Einen Überblick über die Geschichte der finnischen Kinder- und Jugendliteratur gibt J. Mäenpää in ihrem Buch „Sata vuotta sadun ja seikkailun mailla" (1958, Hundert Jahre im Land der Märchen und Abenteuer), das den drei Autoren Swan, H. Krohn und Lydecken jeweils ein ganzes Kapitel widmet. Von finnischen Wissenschaftlern wurde mit besonderem Interesse die Frage der Lesegewohnheiten von Kindern und Jugendlichen untersucht. Internationale Bedeutung fand vor allem die in englischer Sprache erschienene Untersuchung „School-age reading interests; a methodological approach" von A. Lehtovaara und P. Saarinen. Die Untersuchung basiert auf Studien des Psychologischen Instituts der Universität Helsinki. Es wurden dazu insgesamt 2206 Jungen und Mädchen im Alter zwischen 10 und 16 Jahren aus der Umgebung von Helsinki sowie aus vier weit auseinanderliegenden Regionen im Süden, Westen, Osten und Norden des Landes mit Hilfe von Fragebogen nach ihren Leseinteressen befragt. Einen interessanten Überblick über die bibliothekarischen Einrichtungen für junge Leser in Finnland gibt K. Salonen in ihrem Bericht „Finnish children's libraries" (1965). *Helmut Müller*

→ T. Jansson

Sekundärliteratur: T. Jansson: Bildhuggarens dotter (1968). — H. Karahka: Lastemme kirjat; valikoima lasten ja nuorten kirjoja (1943). — I. Lappalainen: Nuortenkirja Suomessa ennen ja nyt (1966). — M. Lehtonen: Anni Swan (1958). — A. Lehtovaara: Mitä nuoret lukevat (1965; zus. mit P. Saarinen); School-age reading interests; a methodological approach (1964; zus. mit P. Saarinen). — J. Mäenpää: Sata vuotta sadun ja seikkailun mailla (1958). — T. R. Ranta: What Finnish children read (in: F. Butler (Hrsg.): Children's literature. The great excluded. Bd. 1. 1972. 125—129). — K. Salonen: Finnish children's libraries (1965). — M. A. Saukkonen: Finnish folk tales for children (1962).

Fischer, Hans Erich

*Schweizer Graphiker, Illustrator, u. a. auch von Bilderbüchern; * 6. 1. 1909 Bern, † 19. 4. 1958 Interlaken.*

F. studierte nach Absolvierung des Gymnasiums an der École des Beaux-Arts in Genf, der Kunstgewerbeschule Winterthur und der Académie Fernand Léger (Paris) und heiratete die Textilkünstlerin Bianca Wassmuth. Als freischaffender Graphiker arbeitete er anschließend in Bern und war dort Mitarbeiter an der humoristischen Zeitschrift „Nebelspalter", von 1937 an in Zürich am „Cabaret Cornichon"; F. unternahm mehrere Auslandsreisen, schuf Wandbilder großen Formats an Schulhäusern der Kantone Bern und Zürich und illustrierte Märchen („Die Bremer Stadtmusikanten", 1944). Zahlreiche Ausstellungen in den Städten Europas, 1955 auch in Sao Paulo, machten F.s Werk bekannt. Für das Bilderbuch „Pitschi" erhielt F. 1948 den Schweizer Jugendbuchpreis. In seiner letzten Lebenszeit illustrierte F. auch Schweizer Fibeln und Lesebücher.

Werk, Tendenzen, Wirkung. F., auch „fis" genannt, wurde mit Radierungen, Lithographien, Karikaturen und Märchenillustrationen in der ganzen Welt bekannt (Übernahme der Bilder in englische, amerikanische, französische, polnische, slowenische, japanische Texte). Er war ein Meister der Tierzeichnung. In seinen Bilderbuchillustrationen, zunächst nur den eigenen Kindern zugedacht, zeigt F. einen gelösten und zugleich aus genauester Beobachtung resultierenden virtuosen Zeichenstil. Die Bilder zu den Märchen der Brüder Grimm und Ch. Perraults gehen über bloße Textillustrationen hinaus und spiegeln eine eigene Auffassung von Märchenmotivik und Märchengeschehen, wie sich besonders an den Bildern zu den „Bremer Stadtmusikanten", dem „Gestiefelten Kater" (nach Perrault, 1957) und den nach seinem Tode herausgegebenen „Märchenbildern" zeigt. Von F. für Bilderbücher bevorzugte Techniken waren u. a. Federzeichnung und Aquarell. Satzanordnung, Druck und Gesamtausstattung von künstlerischer Qualität erhöhten die Bildwirkung, so daß F.s Bilderbücher als eine neue Spielart des „Künstlerbilderbuches" bekannt

Die Bremer Stadtmusikanten. Ein Märchen der Gebrüder Grimm mit Bildern von Hans Fischer (Frankfurt, Zürich 1944). Fischer versetzt sich mit dieser Darstellungsart, die die auf dem Weg nach Bremen befindlichen Gesellen in verschiedenen Momentaufnahmen abbildet, ganz in die Situation des kindlichen Betrachters. Der Weg führt — so darf man interpretieren — nicht nur in die Tiefe des Raumes, sondern auch in das zeitliche Nacheinander der Handlung. Auf diese Weise wird das Kind ermuntert, aus der Darstellung nicht nur verschiedene Details der vier Tierfiguren abzulesen, sondern auch Gedanken zum Verlauf der „Reise" entlang dieser Wegstrecke zu assoziieren.

wurden. Zu den nach den Wünschen seiner kleinen Tochter entstandenen Bilderfolgen „Der Geburtstag" und „Pitschi" (2. Bd.) verfaßte F. selbst den Text. Nach I. Dyhrenfurth-Graebsch (Geschichte des deutschen Jugendbuches, ³1967, S. 278) steht F. am „Anfang der neuen Ära des Schweizer Bilderbuchs". *Horst Künnemann*

Ill.: J. u. W. Grimm: Die Bremer Stadtmusikanten (1944); H. Fischer: Der Geburtstag (1947); H. Fischer: Pitschi (1948); H. Fischer: Rum-pum-pum (1951); J. u. W. Grimm: Das Lumpengesindel (1956); C. Perrault: Der gestiefelte Kater (1957); H. Fischer: Arche Noah (1960); H. Fischer: Märchenbilder (1961); H. Fischer: Skizzenbuch (1963).

Sekundärliteratur: C. Bernouilli u. E. Morgenthaler: Hans Fischer, genannt Fis (1959). — B. Bolliger: Hans Fischer (1958). — H. Fischer: Hausgemachte Kinderbücher (in: Internationale Tagung für das Jugendbuch. 1954. 158 bis 162). — A. Hernandez: Bilderbücher in unserer Zeit (in: Jugendliteratur. 11. 1961. 514—522). — H. Künnemann: Hans Fischer (in: H. Künnemann: Profile zeitgenössischer Bilderbuchmacher. 1972. 40—46). *IJB*

Fischer, Marie Louise

*Schriftstellerin; * 28. 10. 1922 Düsseldorf.*

F. verbrachte ihre Kindheit und Jugend in Düsseldorf, wo es ihr Vater vom Prokuristen zum Mitbesitzer einer Ölraffinerie brachte. Nach dem Abitur (1941) studierte sie — wegen einer Herzneurose vom Arbeitsdienst befreit — in Köln, München und Prag Theaterwissenschaft, Germanistik, Kunstgeschichte, Philosophie und Psychologie. Nach drei Semestern war sie vorübergehend Dramaturgin am „Deutschen Theater" in Saarbrücken, später Lektorin einer Prager Filmgesellschaft. F. geriet in ein Internierungslager und kehrte nach ihrer Entlassung (1946) nach Düsseldorf zurück. Dort begann sie Kurzgeschichten zu schreiben und machte Werbung für einen Kosmetikbetrieb. Mit 29 Jahren brachte sie als ihren ersten Roman den Kriminalroman „Zerfetzte Segel" beim Nestverlag unter. Von da an wandte sie sich vorwiegend dem Frauen- und Familienroman zu, verfaßte Illustrierten- und Fortsetzungsromane, u. a. für die Jugendzeitschrift Bravo. Seit 1960 ist sie Autorin des Bertelsmann-Leserings. 1956 heiratete F. den Schriftsteller H. G. Kernmayr und lebt seitdem in Törwang (Oberbayern). 1962 trat sie zum katholischen Glauben über. Schon vor ihrer Ehe mit Kernmayr schrieb sie mit ihm unter seinem Namen Kinderbücher für den Franz Schneider Verlag. Ihr erstes Kinderbuch unter ihrem Namen bei Schneider war „Die Klasse ist für Petra" (1959). 1968 erhielt F. nach einer Gesamtauflage ihrer Kinderbücher von mehr als einer Million das „Goldene Schneiderbuch".

Werk, Tendenzen, Wirkung. Im Bereich der Kinderliteratur verfaßt F. hauptsächlich Mädchenbücher, die ungebrochen in der Tradition der Backfischbücher stehen. Den Handlungsrahmen bildet das Schul-, Internats- oder Freizeitleben von Freundinnen, deren Familien vorwiegend der gehobenen Mittel- bis Oberschicht zuzurechnen sind. Ausnahmen sind einige Kinder, deren Mütter — durch Witwenstand in Not geraten — mit Fleiß, Anständigkeit und Aufopferungsbereitschaft ein angepaßtes Milieu ermöglichen. Gewöhnlich steht in den Erzählungen, bereits im Titel signalisiert, ein Mädchen im Mittelpunkt, das durch sein von dem Idealbild eines anständigen, netten, kameradschaftlichen Mädchens abweichendes Verhalten mit seiner Umwelt in Konflikt gerät. Unterstützung durch Freundinnen und Selbstüberwindung bewirken den Läuterungsprozeß und die Reintegration in die Gemeinschaft. In der festgefügten Gesellschaftsordnung mit ihrem zementierten Normenkatalog treten grundsätzlich nur Konflikte auf, die durch guten Willen und Einsicht zu lösen sind. Eindeutige Charakteristika und überschaubar erzeugte Problemsituationen fördern die Erwartungshaltung, der die rasch sich abwickelnde Handlung, aufgelockert durch von Gruppenjargon („fab", „schnafte") durchsetzten Dialogreichtum, entgegenkommt. Innerhalb des Genres Mädchenbuch schrieb F. sowohl Einzel- wie auch Fortsetzungsbände. „Ist das wirklich Isabell" (1962) zeigt die totale Wandlung eines egoistischen, habgierigen, boshaften und eingebildeten Geschöpfes zu einem natürlichen, hilfsbereiten Mädchen. In „Die Klasse ist für Petra" (1959) verwandelt sich die Opernsängertochter Petra in den Gymnasiasten Peter, um sich Zugang zum humanistischen Gymnasium zu verschaffen. Als sie sich dann nach Monaten — der Jungenrolle überdrüssig — zu erkennen gibt, darf sie aufgrund des Respekts, den sie den Jungen abgewonnen hat, die Schule weiterhin besuchen. „Gundula" (1961), die ihr Verhalten aus Eifersucht dem neugeborenen Brüderchen gegenüber zum Negativen hin verändert, entgeht der geplanten Internatsverschickung dadurch, daß sie sich während einer Krankheit der Mutter durch liebevolle Pflege des Brüderchens bewährt. Zur Reihe „Die Mädchen von der Parkschule" sind bis 1972 5 Bände erschienen: „Katrin mit der großen Klappe" (1968), „Nur Mut, liebe Ruth" (1969), „Silvy will die erste sein" (1969), „Olga, Star der Parkschule" (1971) und „Leonore setzt sich durch" (1972). Aus dem Freundinnenkreis wird jeweils in einem Band ein Mädchen mit besonderen Problemen ausgestattet und in den Vordergrund gestellt. Katrin erfindet aufgrund sozialer Komplexe einen aufregenden, reichen Vater, um den Freundinnen zu imponieren, Ruth ist überängstlich und unselbständig, Silvy ist rücksichtslos ehrgeizig, Olga hat sich als Klassensprecherin durchzusetzen, und Leonore hat sich von den übergroßen Vereinnahmungen durch die Familie zu befreien. Der Hauptteil des letzten Bandes befaßt sich mit backfischbuch-adäquater Schülermitverantwortung,

so wie sie die Autorin empfehlen möchte: die Mädchengruppe schafft es mit großem Aufwand, ihre extrem autoritären Lehrer von der falschen chemischen Zusammensetzung des Wassers im Lehrschwimmbecken zu überzeugen, eine Aufgabe, an der auch Leonore zu sich und der Gruppe findet. Fortsetzungsbände, in denen die Entwicklung eines einzelnen Mädchens sich abzeichnet, stellen die „Ulrike"-Bände dar: „Ulrike kommt ins Internat" (1963), „Ulrike, das schwarze Schaf im Internat" (1964), „Schön war's im Internat, Ulrike!" (1965). In ihnen mausert sich Ulrike von einem affektierten Erwachsenenimitat durch Aufenthalt im Internat Hartenstein und Freundschaft zu einem offenen natürlichen Mädchen. Ähnlich normalisiert sich Klaudia („Klaudia, die Flirtkanone", 1970, und „Klaudias großer Schwarm", 1971) durch Konflikte mit Klassenkameraden und den ernüchternden Erfahrungen mit einem Schlageridol. Eine abenteuerliche Mädchenbuchreihe läßt F. im Jahre 1850 beginnen, als Delia aufbricht, um im Wilden Westen ihren verschollenen Vater zu finden („Delia, die weiße Indianerin", 1966; „Delia und der Sohn des Häuptlings", 1967; „Delia im Wilden Westen", 1968).
Wie F. sich das Benehmen von jungen Mädchen wünscht, ist einem ihrer Tochter Florentina gewidmeten Anstandsbuch ablesbar, das unter dem Titel „Jung und liebenswert" 1963 erschien. Eine in einigen Teilen vorsichtig modernisierte Bearbeitung erschien 1970 unter dem Titel „Ein fröhlicher Knigge für junge Leute". Ratschläge für Kosmetik und Körperpflege erteilt F. als Mitarbeiterin in „Von A bis Z in einem Griff" (1969). Nicht dem Backfischbuch zuzurechnen sind einige von F.s Büchern aus der früheren Phase, so z. B. „Krach im Ferienlager" (1958, Erich Schmidt Verlag) und „Eugen setzt sich durch" (1955, Andermann Verlag). In „Elga und der Grashüpfer" (1961) wird ein kleines Mädchen durch einen anthropomorphisierten Grashüpfer und dessen Geschichten von Kapitel zu Kapitel zu neuen Einsichten geführt.
F.s Bücher insgesamt waren bis 1973 in einer Weltauflage von 6 Millionen (davon 4 Millionen in der BRD) erschienen. Sie sind in 15 Sprachen übersetzt, wobei das Französische den größten Anteil hat. Frankreich ist auch das Hauptübersetzungsland für ihre Jugendbuchproduktion, die dort vor allem bei Librairie Hachette, zum Teil auch bei Les Presses de la Cité erschien. *Gerlinde Rabenstein*

→ Mädchenbuch

Werke: Eugen setzt sich durch (1955); Krach im Ferienlager (1958); Die Klasse ist für Petra (1959); Im Schwindeln eine Eins (1960); Gundula (1961); Elga und der Grashüpfer (1961); Daniela und der Klassenschreck (1961); Ist das wirklich Isabell? (1962), Susebill tut, was sie will (1963); Jung und liebenswert (1963); Ulrike kommt ins Internat (1963); Ulrike, das schwarze Schaf im Internat (1964); Schön war's im Internat, Ulrike! (1965); Delia, die weiße Indianerin (1966); Delia und der Sohn des Häuptlings (1967); Delia im Wilden Westen (1968); Die Mädchen von der Parkschule (Bd. 1—5. 1968—72); Klaudia, die Flirtkanone (1970); Klaudias großer Schwarm (1971); Wirbel im Internat (1971); Im Internat gibts keine Ruhe (1971).
Mitarb.: Von A bis Z in einem Griff (1969).

W. Fischer-Verlag

Göttingen. Derzeitiger Leiter: W. Fischer (* 1916). *Hauptsächliche Verlagsgebiete im Bereich der Kinder- und Jugendliteratur:* Erzählungen (Mädchenbuchreihen „Bummi" und „Putzi") und Sachbücher, u. a. über Tiere und historische Themen; ferner regelmäßige Publikationen zu großen Sportereignissen, z. B. den Olympiaden.
Autoren: H. Diessel, G. Haselbusch, K. Knaak, H. Korda, H. Lipsch, M. Schlinkert, Th. Trent u. a.
Verlagsgeschichte. W. Fischer (* 1916) gründete den Verlag 1948 und verfolgt mit den Veröffentlichungen seines Hauses das Ziel, die Flut der Groschenhefte durch ansprechendere, aber dennoch billige Jugendbücher einzudämmen. Das Verlagsprogramm umfaßt z. Zt. über 400 Titel.

Fix und Foxi

„Fix und Foxi" sind die erfolgreichsten Figuren der westdeutschen Comic-Produktion. Sie erscheinen wöchentlich in Rolf-Kauka-Verlag, Grünwald b. München. Die Auflage eines Heftes lag 1974 bei 350 000.

Geschichte und Wirkung. Die Geschichte von „Fix und Foxi" ist eng mit dem Leben von R. KAUKA verbunden. Als Berufsoffizier nach dem Zweiten Weltkrieg arbeitslos geworden, entdeckte KAUKA bald nach 1945 die Chancen für eine deutsche Comic-Produktion auf einem Markt, der fast ausschließlich ausländische Comics kannte. Anfang der fünfziger Jahre begann er seine Comic-Serien mit „Till Eulenspiegel" und „Baron Münchhausen".
Der „Till Eulenspiegel" enthielt als Nebenfiguren zwei kleine Füchse, nämlich „Fix und Foxi". Die beiden roten Fuchszwillinge waren als Enkel von Reineke Fuchs gedacht. Sehr bald jedoch entwikkelten „Fix und Foxi" ein Eigenleben.
1953 bekamen „Fix und Foxi" ihr eigenes Heft. Im Laufe der Jahre wurden sowohl „Fix und Foxi" als auch ihr Gegenspieler „Lupo" immer mehr stilisiert. Die Auflage von „Fix und Foxi" lag 1957 bei 100 000, 1970 bei 316 000 pro Woche. 900 Hefte gingen 1970 an Abonnenten; mit je 75 000 Exemplaren wurden aus der Remission der westdeutschen Auflagen West-Berlin und Österreich beliefert. Die Sammelbände „FF-Extra" und „FF-Super-Tip-Top" mit Auflagen von je 250 000 Stück erschienen unregelmäßig. Analysen (1969/1970) ergaben, daß —

ähnlich wie „Micky Maus" — „Fix und Foxi" in erster Linie von 9—13jährigen gelesen wird.
Inhalt und kritische Bewertung. Die Episoden in „Fix und Foxi" entsprechen dem Schema von Abenteuerbüchern oder zeichnen die Alltagssorgen und -erlebnisse der Leser nach. In der totalen Übernahme gewohnter, mittelständischer Lebensnormen und Verhaltensweisen ist u. a. ein Indiz für den Erfolg von „Fix und Foxi" zu sehen.
„Fix und Foxi" sind zwei Lausbuben, die gerne Streiche verüben, darüber hinaus aber ein gesellschaftliches System mit seinen sozialen Ungerechtigkeiten und seinen vielfältigen Zwängen nicht in Frage stellen wollen; „Onkel Fax" ist ein Spießbürger, der immer dieselbe Partei wählt; „Oma Eusebia" verkörpert die imaginäre gute alte Zeit mit Zucht, Ruhe und Ordnung; „Lupinchen" ist ein konsumorientierter Teenager, „Professor Knox" ein vertrottelter Intellektueller, „Lupo" schließlich das enfant terrible, das sich letzten Endes aber auch gern immer wieder in die Familie integriert. Zum zwanzigjährigen Bestehen des Kauka-Verlages erschien eine Festschrift von U. Pohl. Das Kapitel über „Fix und Foxi" erhielt die bezeichnende Überschrift „Eine brave deutsche Familie". *Jörg Becker*

→ Comics

Sekundärliteratur: R. Kauka: Fix u. Foxi (1969, unveröffentl.). — D. Pforte: Deutschsprachige Comics (in: H. D. Zimmermann (Hrsg.): Vom Geist der Superhelden. Comic Strips. 1970. 37—45). — U. Pohl: Von Max und Moritz bis Fix und Foxi (1970). — R. C. Reitberger: Comics (1971; zus. mit W. J. Fuchs).

Flake, Otto

*(Ps.: Leo F. Kotta). Schriftsteller, Publizist; * 29.10. 1880 Metz, † 10. 11. 1963 (beigesetzt in La Tranche sur mer/Frankreich).*

Mit der Flucht aus Schule und Elternhaus dokumentierte F. die generationsbedingte Auflehnung gegen die bürgerliche Welt. Er kehrte jedoch nach Hause zurück, beendete seine Gymnasialbildung und schloß ein Studium (Philosophie, Germanistik, Kunstgeschichte) in Straßburg an. 1906 ging er als Hauslehrer nach Petersburg. 1912/13 war er Korrespondent der „Neuen Rundschau" und während des Ersten Weltkrieges in der politischen Abtlg. des Heeres in Brüssel tätig; nach 1918 machte er Reisen durch Rußland, England, Frankreich und lebte mehrere Jahre in Berlin, danach in Ritten b. Bozen; von dort wurde er 1927 ausgewiesen, da er die Anschlußbestrebungen der Süd-Tiroler an Österreich unterstützte. Seit 1928 in Baden-Baden ansässig, zog er sich in die „innere Emigration" zurück und trat erst um 1960 literarisch wieder stärker hervor.

Werk, Tendenzen, Wirkung. Seit 1908 veröffentlichte F. Erzählungen, Romane, Dramen, Märchen, Essays, Skizzen und kulturkritische Arbeiten. Sein Name ist mit dem Frühexpressionismus verbunden; er war Mitherausgeber der elsässischen Kulturzeitschrift „Stürmer", später Mitarbeiter der „Neuen Rundschau" und der „Weltbühne". F. ist geprägt von der von zwei europäischen Kulturen bestimmten elsässischen Heimat; aus seiner Erfahrung als Elsässer trat er für die Einigung der europäischen Völker ein. In dem vielartigen, kulturkritisch, philosophisch und zeitgeschichtlich orientierten Œuvre dieses episch bedeutenden Schriftstellers nehmen die Märchen als Kinderliteratur eine *Sonderstellung* ein. Sie erschienen seit 1931 („Maria im Dachgarten"), ergänzt und unter wechselnden Titeln, in mehreren Auflagen und füllen zwei Bände letzter Hand: „Der Mann im Mond" und „Kinderland". Sie sind Kunstmärchen von heiterer, lebensweiser Phantastik, die überlieferte Figuren aus Volksmärchen und Volksglauben mit Wesen und Personen eigener dichterischer Erfindung in naiv verständlichen Handlungen mit vielfältigem Sinnbezug verknüpft. F. spricht als Märchenerzähler die jungen Leser unmittelbar an, unterhält sie humorvoll, einfallsreich und mit unmerklicher Belehrung aus Geschichte, Landschaft und Lebensart der Menschen, aus dem Leben der Natur und ihrem physikalischen Wirkungszusammenhang. *Margarete Dierks*

Werke: Maria im Dachgarten und andere Märchen (1931, ^{2}1948 u. d. T.: Kinderland, ^{3}1950 u. d. T.: Ende gut, alles gut); Der Straßburger Zuckerbeck (1933, ^{2}1947 u. d. T.: Der Mann im Mond und andere Märchen).

Sekundärliteratur: Otto Flake zum siebzigsten Geburtstag (1950).

Fleischman, Sid

*(d. i. Albert Sidney Fleischman). Schriftsteller, Verf. von Romanen, Jugendbüchern, Filmdrehbüchern und Reportagen; * 16. 3. 1920 Brooklyn/ New York.*

F. wuchs in San Diego, Kalifornien, auf. Er wollte als Kind Zauberer werden und wanderte als Junge mit Zauberkünstlern durch die USA. Nach dem Abschluß des Studiums (B. A. 1949) wurde F. Zeitungsreporter und veröffentlichte Romane für Erwachsene und Filmdrehbücher. Er gehörte verschiedenen nordamerikanischen Schriftsteller-Verbänden an, bekam für seine Jugendbücher mehrere Auszeichnungen (Boys Clubs of America Junior Book Award u. a.) und lehrte an der Universität von Kalifornien über die Kunst, für Kinder zu schreiben. F. lebt in Los Angeles.

Werk, Tendenzen. F. ist als ein von M. Twain beeinflußter Schöpfer eines selbständigen Typus der Abenteuergeschichte für die Jugend anzusprechen. Seine Stoffe und Handlungen entnimmt er vorzugsweise der Umwelt der nordamerikanischen Gesellschaft des 19. Jh.s (Goldgräber, Desperados, Wild-

West), wo er Kinder teils in selbständigen Aktionen, teils in freundschaftlicher Zusammenarbeit mit Erwachsenen, teils durch Räuber entführt, auf dem Wege zu bestimmten Zielen eine Reihe gefährlicher Abenteuer erleben läßt. Die Jugendromane F.s sind bemerkenswert wegen ihrer psychologisch differenzierten Kinderfiguren, der humoristisch gesehenen, phantasie- und listenreichen Erwachsenen und der köstlichen Gaunergestalten. Die Handlungsführung ist einfallsreich, die Darstellung erinnert oft an die der Humoreske und der Schelmenromane. Fast alle verbreiteten Abenteuer-Motive wie Insel, Schiff, Schatz- und Goldsuche, Überfall und Rettung in letzter Minute, Seeräuberei und abergläubische Ängste werden verarbeitet, stets aber mit augenzwinkerndem Humor und scherzhafter Übertreibung. Das große Glück und der strahlende Erfolg stellen sich jedoch nicht ein. Die romantisch verklärte Vergangenheit, in der der Mensch sich noch frei entfalten und „etwas erleben" konnte, ist gebrochen durch Melancholie. *m. d.*

Werke: Chinese crimson (1962); Mr. Mysterious and Company (1962; dt. Firma Zaubermeister und Co., 1966); By the Great Horn Spoon (1963; dt. Die Abenteuer des Herrn Leberecht, 1967); Danger in paradise (1964); The Ghost in the Noonday Sun (1965; dt. Der Geist in der Mittagssonne, 1970); Shanghai flame (1965); Chancy and the Grand Rascal (1966; dt. Chancy und der große Gauner, 1969); Mc Broom tells the truth (1966); Longbeard, the wizard (1970); Jingo Django (1971; dt. Der Schatz in Mexiko, 1972). *IJB*

Fleming, Jan

*Englischer Journalist, Schriftsteller; * 26. 5. 1908, † 12. 8. 1964 Canterbury/Kent.*

F., Sohn eines Majors und Parlamentsmitglieds, studierte nach seiner Ausbildung in Eton und Sandhurst in München und Genua. Als Korrespondent der Nachrichtenagentur Reuter war er bis 1933 in Berlin, London u. Moskau tätig. Bis 1939 war er Börsenmakler in London, danach während des Zweiten Weltkrieges Adjutant im Range eines Fregattenkapitäns bei der britischen Kriegsmarine und dem „Director of Naval Intelligence" (DNI) J. Godfrey im legendären „Room 39". Nach dem Kriege Journalist und Schriftsteller, begann F. 1952 seine berühmt gewordene Reihe von „007"-Romanen zu schreiben.

Werk, Tendenzen, Wirkung. Die „James Bond"-Romane „007 und sein gefährlichster Auftrag", „... jagt Dr. No", „Liebesgrüße aus Moskau", „Man lebt nur zweimal", „Feuerball", „Goldfinger", „James Bond reitet den Tiger" erreichten bis 1965 Weltauflagen von über 25 Millionen Exemplaren in 18 Sprachen.

In seiner einzigen Kindergeschichte „Chitty-Chitty-Bang-Bang" (Bd. 1 u. 2, 1964 u. 65; dt. Tschitti-tschitti-bäng-bäng, Bd. 1 u. 2, 1965 u. 66) bezieht F. aus seinen Erfolgstiteln die Magie der Technik, die Huldigung an den menschlichen Genius, der ein Wunderauto konstruieren kann, mit dem Gangster und Kidnapper besiegt werden. Als Erzählmuster benutzt er die Familiengeschichte herkömmlichen Stils, versetzt sie jedoch mit unterkühltem, modernen Dialog, zügiger, reißerischer Handlungsführung mit raschem Wechsel der Schauplätze und dramatischen Höhepunkten. Die Kindergeschichte ist frei von Elementen der Sexualität, die in den „James Bond"-Romanen den Erfolg maßgeblich mitbestimmte. Es fehlt auch die politische Folie des „Kalten Krieges" und einer undifferenzierten Schwarzweißmalerei ost-westlicher Verhältnisse, wie sie in den Agentenromanen und ihren Verfilmungen zu finden sind. In den englischsprachigen Ausgaben sowie in den Übersetzungen kommt den Illustrationen von J. Burningham eine besondere Position zu. Seine Bilder steigern noch die Wirkung der Erzählung durch die Vielfalt stilistischer Möglichkeiten der Frottage, einer dynamischen Fotomontage in Verbindung mit anderen graphischen Techniken. *Horst Künnemann*

Werke: Chitty-Chitty-Bang-Bang (Bd. 1 u. 2. 1964 u. 65; dt. Tschitti-tschitti-bäng-bäng. Bd. 1 u. 2. 1965 u. 66).
Sekundärliteratur: The life of Jan Fleming (1966). *IJB*

Fleuron, Svend

*Dänischer Schriftsteller, Autor jugendgeeigneter Tierromane; * 4. 1. 1874 Gutshof Katrinedal/Insel Møn, † 5. 4. 1966 auf seinem Landsitz Humlebæk am Öresund.*

F. diente 25 Jahre lang als Artillerieoffizier in der dänischen Armee. Aus den Erlebnissen eines zweijährigen Urlaubs, den er als Jagdhüter verbrachte, schuf er das Buch „En Vinter i Jægergaarden" (1909; dt. Winter im Jägerhof, 1912), das seinen schriftstellerischen Ruf begründete. 1920 nahm er als Hauptmann Abschied, um sich unabhängig seinen schriftstellerischen Arbeiten zu widmen.

Werk, Tendenzen, Wirkung. F. schuf den modernen Tierroman; seine Jagd- und Tiergeschichten wurden in sechs Sprachen, am vollständigsten ins Deutsche, übersetzt und international bekannt. Viele seiner Erzählungen sind als Tierbücher in die Jugendliteratur eingegangen. Verschiedene Titel wurden noch in den sechziger Jahren in Taschenbuchreihen für die Jugend (z. B. „Reineke Rau", Arena Nr. 1001, 1964) und in Sammelbände für junge Leser aufgenommen. F. vermenschlichte die Geschöpfe der Natur keineswegs, sondern stellte sie in ihrer eigenen Umwelt und Wirklichkeit dar. Dabei konnte er dennoch wagen, die Geschichte des einsiedlerischen Dachses „Schroff, der Waldgesell" als „Versuch eines Selbstportraits in Tiergestalt" und damit als verschlüsselte Autobiographie der eigenen Persönlichkeit zu gestalten. Das Leben der Tiere sah F.

realistisch, nicht als Idyll, sondern als Kampf ums Dasein, in dem es auf Erfahrung ankommt, um zu überleben. Spannung und abenteuerliche Atmosphäre in der Schilderung der Tiere, die durch List, Mut und Gebrauch ihrer Kräfte lange Zeit ihren Gegnern — auch dem Menschen — entgehen oder überlegen sind, fesseln den jugendlichen Leser, den F. auch mit seiner sinnenscharfen Beobachtung, mit Anschaulichkeit und seelischer Einfühlung in den Erzählungen anspricht. F. forderte, indem er auf SHAKESPEARE und TURGENJEW verwies, jeder Dichter müsse auch Jäger sein. Sein Eintreten für einen allgemeinen Tierschutz warb überall in Europa Anhänger. In Deutschland besonders bekannt wurde die mit 30 Tuschzeichnungen von J. HEGENBARTH ausgestattete Geschichte eines Uhus, „Strix". Verschiedene Einzelausgaben und Sammelbände seiner Erzählungen (z. B. „Fleurons schönste Tiergeschichten", 1958) wurden mit erlesenen Tier- und Landschaftsfotos ausgestattet. *Hans Eich*

→ Tierbuch

Werke: En Vinter i Jægergaarden (1909, [9]1921; dt. Ein Winter im Jägerhof, 1912); Det røde Kobbel (1914, [15]1921; dt. Die rote Koppel, 1923); Ib Fidelius Adeltand (1917, [18]1921; dt. Schnipp Fidelius Adelzahn, 1922); Haren den graa (1918, [12]1919; dt. Meister Lampe, 1923); Grum (1919, [4]1921; dt. Schnock, 1924); Killingerne (1920; dt. Katzenvolk, 1924); Tillip. Den lille Nordbo (1922; dt. Tillip. Die Geschichte einer Buntspechtfamilie, 1928); Svanerne fra Hjortvad (1923, [4]1923; dt. Die Schwäne vom Wildsee, 1925); Af en Vikings Saga (1924; dt. Eines Wikings Heldenfahrt. Ein Lachsroman, 1930); Det fængslede Vildnis (1925; dt. Die gefesselte Wildnis, 1927); Sigurd Torleifsons Heste (1926; dt. Sigurd Torleifsons Pferde, 1926); Giftormene om Troldhøj (1928; dt. Tyss und Tuff, die Schlangen der Trollheide, 1931); Flax Aedilius (1929, [4]1929; dt. Flax Ädilius, 1929); En Raabuks Hændelser (1934; dt. Tjo sucht Abenteuer, 1934); Myregeneral Kallus (1935; dt. Kallus der Ameisengeneral, 1933); Højt flyver Ravnen (1938; dt. Raben fliegen hoch zu Berg, 1939); Die Welt der Tiere (Bd. 1—6. 1940).

Sekundärliteratur: S. Leopold: Tres Talenter (1918).

Flinzer, Fedor Alexis

*Maler, Zeichner und Illustrator; * 4. 4. 1832 Reichenbach/Vogtland, † 13. 6. 1911 Leipzig.*

Von 1849 an besuchte F. die Dresdener Kunstakademie und war Schüler von L. RICHTER, J. SCHNORR VON CAROLSFELD und E. RIETSCHEL. Ab 1859 war

Julius Zähler: Robinson's Thierbude (Dresden [3]1868). F. Flinzer, der Texte von Lohmeyer, Trojan, Blüthgen und auch Heys Fabeln illustrierte, trat besonders als Tierzeichner hervor. Zu den Vorläufern des Bilderbuches kann man „Robinson's Thierbude", eine bunte Sammlung von Gedichten und Versen von J. Zähler, rechnen. Flinzers künstlerische Auffassungsgabe läßt sich aus den „in Ton gedruckten" Bildern ablesen, die — wie im Untertitel angemerkt ist — nach einigen in der Kreuzberg'schen Menagerie aufgenommenen Originalzeichnungen hergestellt worden sind.

er Zeichenlehrer in Chemnitz, seit 1873 städtischer Zeicheninspektor in Leipzig. F. war jahrelanger Mitarbeiter von „Daheim" und J. LOHMEYERS „Deutsche Jugend".

Werk, Tendenzen, Wirkung. Als Zeichenlehrer entwickelte F. eine Methode für den Zeichenunterricht, die er zu einem wissenschaftlichen System ausbaute und in seinem Werk „Lehrbuch des Zeichenunterrichts an deutschen Schulen" (1876; 6. Aufl. 1903) veröffentlichte. Danach sollte das Freihandzeichnen aufgrund der Kenntnis der Naturgesetze der Perspektive und der Beleuchtung aus den Fesseln dem bloßen Kopieren verhafteter Fertigkeiten befreit werden. Als Objekte für eigene Illustrationen wählte F. im wesentlichen Fabeln, Tiergeschichten und Kinderbücher allgemein. Zu einigen Büchern — besonders zu den frühen Publikationen (z. B. „Hänschen's Thierbude", 1863; „Hänschen und Gretchen in der Menagerie", 1865) — verfaßte F. den Text selbst. Meist jedoch arbeitete er zusammen mit Autoren wie V. BLÜTHGEN, G. BÖTTICHER, K. BRANDT, CHR. DIEFFENBACH, LOHMEYER, P. SCHANZ, J. STURM, J. TROJAN. Im wesentlichen sind es heitere, humorvolle (bzw. humorvoll gemeinte) Texte, die F. — manchmal mit satirischen Anklängen — adäquat illustrierte. Die den zeitgenössischen Versen angepaßten Illustrationen teilten meist deren Kurzlebigkeit. Als besonders ertragreich erwies sich die Zusammenarbeit mit LOHMEYER, aus der u. a. Bilderbücher wie „Lachende Kinder" (1882), „Kater Murr's Tagebuch" (1885), „Komische Thiere" (1880), „Die Puppeninsel" (1879) und „Der Thierstruwwelpeter" (1887) hervorgingen. 1881 erschien, von F. mit 12 Bildern versehen, in erster Auflage eine von LOHMEYER und E. BORNEMANN verfaßte Nachdichtung des „Reineke Fuchs" als „heiteres Kinderbuch". F.s Tierdarstellungen sind — auch in den stärker anthropomorphisierten Beispielen — stets um den Ausdruck der kreatürlichen Eigenart des Tieres bemüht. Am gelungensten zeigt sich das Ergebnis da, wo F. in der Ausstattung mit menschlichen Attributen die größte Zurückhaltung übt.

Werke: Lehrbuch des Zeichenunterrichts an deutschen Schulen (1876, [6]1903).
Ill.: F. Flinzer: Chemnitzer Bilderbuch für Kinder und Kinderfreunde (1862); F. Flinzer: Hänschen's Thierbude (1863, [3]1872); J. Zähler: Robinson's Thierbude (1863, [3]1868); F. Flinzer: Nun rathe einmal! (1864, [2]1872); F. Flinzer: Große Thaten zweier kleinen Thiere (1865); F. Flinzer: Hänschen und Gretchen in der Menagerie (1865); F. Flinzer: Der Thierpark (1874); J. Lohmeyer: Pudelnärrisch (1878); J. Lohmeyer: Die Puppeninsel (1879); F. Fröbel: Mutter- und Koselieder (1880); A. Herding: Veilchen im Walde (1880); J. Lohmeyer: Komische Thiere (1880); J. Lohmeyer: Reineke Fuchs (1881; zus. mit E. Bornemann); J. Sturm: Neues Fabelbuch (1881); J. Lohmeyer: Lachende Kinder (1882); Jugendbrunnen (1883); G. Chr. Dieffenbach: Glückliche Kinderzeit (1883, [2]1885); J. Lohmeyer: Kunterbunt (1883); J. Lohmeyer: Kater Murr's Tagebuch (1885); J. Lohmeyer: König Nobel (1886); J. Lohmeyer: Der Thierstruwwelpeter (1887; NA. 1897); F. Schanz (Hrsg.): 101 neue Fabeln (1888, [6]1906); Des Kindes Wunderhorn (1889); F. Flinzer: Unsere Hausfreunde aus der Tierwelt (1890); V. Blüthgen: Tierschule in Bildern (1891, [4]1909); J. Trojan: Struwwelpeter der Jüngere (1891); F. Flinzer: Haustiere (1892; NA. 1918); F. Flinzer: Des Kindes Lieblinge (1892); F. Flinzer: Humoristische Thierscenen (1893); F. Flinzer: Vom kleinen Hähnchen (1895, [2]1904); C. Lechler: Lustige Tiergeschichten in Versen erzählt (1896); G. Bötticher: Spatz, Ente und Has (1904); K. Brandt: Große Kinder-Vorstellung im Zirkus (1904); F. Flinzer: Mein liebstes Bilderbuch. Große Vorstellung im Zirkus Morian (1911).

Sekundärliteratur: G. Friese: Fedor Flinzer (1890).

Foster, Harold

*Kanadischer Illustrator, Texter und Zeichner von Comic-Strip-Geschichten wie „Tarzan" und „Prince Valiant" (Prinz Eisenherz); * 16. 8. 1892 Hallifax/ Neuschottland.*

1906 zog F. mit seinen Eltern nach Winnipeg, wo er seine Schulzeit beendete. Nach kurzer Tätigkeit bei einem Verlag als Illustrator arbeitete er von 1913 an als freier Künstler. Während des 1. Weltkrieges hielt er sich mit seiner Frau — er hatte 1913 geheiratet — und seinen beiden Kindern in Ontario und Manitoba auf, versuchte sich einige Zeit als Goldgräber und ließ sich 1921 in Chikago nieder. Nach Studien an der Academy of Fine Arts und der National Academy war er als Werbeleiter tätig. Von 1929 an formte er für den „Metropolitan Newspaper Service" (der 1930 an das „King Feature Syndicate" weiterverkaufte) die beliebten Tarzan-Romane von E. R. BURROUGHS zu Comic-Serien um. Damit begann F.s erfolgreiche Laufbahn als Comic-Texter und -Zeichner, die ihm verschiedene Auszeichnungen einbrachte. So erhielt er 1957 von der renommierten „National Cartoonists Society" den Titel „Cartoonist of the Year"; außerdem wurde ihm der Banshee-Preis — die „Silver Lady" — zugedacht. 1965 wurde er zum Mitglied der englischen „Royal Society of Arts" gewählt.

Werk, Tendenzen, Wirkung. Mit der Tarzan-Serie (erstes Erscheinen 7. 1. 1929) wurde die neue Epoche des Abenteuer-Strip eingeleitet. Nach H. LEINWEBER (Der Comic Strip als publizistisches Phänomen. Seine Entwicklung und Bedeutung unter besonderer Berücksichtigung der amerikanischen Tagespresse, Diss. Wien 1958) bedeutete das Erscheinen eine Revolutionierung der Welt der Comic-Strips. Schon vor 1929 war der erste Band von BURROUGHS Tarzan-Romanen, die von 1912 an erschienen, „Tarzan of the Apes", verfilmt und illustriert worden. F. wandelte eine Textkurzfassung in realistischer Gestaltung unter Einbeziehung der dynamischen Mittel des Films zum Comic-„Epos" um, bei dem die Sprechblasen zugunsten des erzählenden Kommentars innerhalb der Bildfläche aufgegeben wurden (G. METKEN: Comics, 1970, S. 45). Außer den täglichen Strips in mehreren Blättern eroberte F. mit Tarzan auch rasch die Sonntagsseiten. Von 1931 an überließ er die täglichen Strips R. MAXON, später auch die Sonntagsseiten, die MAXON wiederum an B. HOGARTH weitergab. F. hatte sich inzwischen einem neuen „Epos" zugewandt: der Prince Valiant-Serie, die im Bereich des Artusstoffes angesiedelt ist. Sie erschien erstmals durch Vermittlung des „King Feature Syndicate" am 13. 2. 1938 im „New York Journal", später im „New York American". Diese hervorragend gezeichnete und faktenreiche Serie machte F. international bekannt. In Deutschland wurde sie unter dem Titel „Prinz Eisenherz" während der fünfziger Jahre in einigen Illustrierten abgedruckt und wird heute in Buchform neu aufgelegt. Einige Episoden des „Prince Valiant" würden außerdem 1954 verfilmt. *Wolfgang Kempkes*

→ Comics

Sekundärliteratur: G. Metken: Comics (1970). — R. C. Reitberger: Comics (1971; zus. mit W. J. Fuchs).

Fouqué, Friedrich Baron de la Motte

*(jugendl. Ps.: Pellegrin). Erzähler, Dramatiker und Lyriker der Romantik, Dichter von Märchen für Kinder und der Prosa- und Libretto-Fassung des Märchens „Undine"; * 12. 2. 1777 Brandenburg, † 23. 1. 1843 Berlin.*

Aus hugenottischer Adelsfamilie stammend, trat F. in preußische Dienste und nahm am Rheinfeldzug 1794, später an vielen Schlachten der Befreiungskriege teil. In Berlin gehörte er dem konservativen Zirkel der „Christlich-Deutschen Tischgesellschaft" an und stand in enger Verbindung mit E. T. A. HOFFMANN und C. W. CONTESSA-SALIS. Von 1831 an hielt F. Privatvorlesungen über Geschichte der Zeit und Poesie in Halle und wurde 1840 von FR. WILHELM IV. nach Berlin berufen, wo er mit L. v. ALVENSLEBEN die „Zeitung für den deutschen Adel" herausgab (1840—42). F., in jungen Jahren einer der meistgelesenen Schriftsteller seiner Zeit, förderte junge Talente wie z. B. A. v. CHAMISSO und führte J. v. EICHENDORFF in die Literatur ein.

Werk, Tendenzen, Wirkung. Von F.s Lyrik erlangte bleibende Volkstümlichkeit das zum Lied komponierte Strophengedicht „Frisch auf zum fröhlichen Jagen". In den mit C. W. CONTESSA-SALIS und E. T. A. HOFFMANN gemeinsam herausgegebenen zwei Bänden „Kindermaerchen" (1816/17) veröffentlichte F. im 1. Bd. sein Märchen „Die kleinen Leute", im 2. „Die Kuckkasten". Beide Beiträge sind von spielerisch phantastischer Art. „Die Kuckkasten" knüpft an die Sage vom Rattenfänger an; ein Junge, dem sich durch das Hineinsehen in einen Jahrmarktsguckkasten das Innen und Außen vertauschen, hat später durch den zum Freund gewonnenen Zwerg Rotstiefel in seinem Leben Glück. In „Die kleinen Leute" verspottet F. mit Humor die öde Methode des ABC-Einübens und will die Kinder zum Lachen darüber bringen. Die mit 12 Vignetten von HOFFMANN ausgestatteten Märchen erschienen in mehreren Auflagen. F.s Beiträge gelangten jedoch nicht an die erste Stelle der Beliebtheit. Einen ungewöhnlich großen zeitgenössischen Leserkreis haben dagegen seine Bearbeitungen von Ritterdichtung und nordischer Sage gewonnen, die z. T. Lektüre der Jugend wurden. Sein Drama „Der Held des Nordens" regte R. WAGNER zu seiner Dichtung an. Sein Ritterroman „Der Zauberring" wurde ins Arabische übersetzt. Die bei J. E. HITZIG 1812 erschienenen „Kleinen Romane" gab C. G. v. MAASSEN in der „Bücherei der neuen Serapionsbrüder" 1922 als „Gespenstersagen und Rittergeschichten" und „Romantische Erzählungen" heraus. In diesen motivreich komponierten Erzählungen läßt F. den Spuk in den meisten Fällen durch die Bekundung festen christlichen Glaubens (im Sinne fast des „Gegenzaubers") zu Ende kommen. Doch scheut er auch nicht die Konsequenz des Triumphs des Bösen. Jugendliche treten in seiner Geschichte „Der böse Geist im Walde" als Zuhörer der Sage und zugleich als Akteure in der Sagen-Wirklichkeit auf. HOFFMANN, der F.s Dichtungen sehr schätzte und ihnen für die eigene einige Anregungen verdankte, ließ in einem Gespräch seiner „Serapionsbrüder" besonders F.s „Galgenmännlein"-Märchen rühmen; „meisterhaft" und „in das Gebiet des gemütlich Komischen streifen(d)" nannte er es. Diese Erzählung konnte ebenso wie die Rübezahlgeschichte „Das Schauerfeld" Eingang in die Jugendliteratur finden. Etwa bis zum Jahre 1818 schuf F. Dichtungen in der eigentümlichen Spannung zwischen Lebensrealität und irrealer Sphäre. Von ihnen wurde am bekanntesten seine Märchendichtung „Undine" (1811). Die szenische Fassung schuf HOFFMANN zur gleichnamigen „Zauberoper", 1845 komponierte A. LORTZING die Romantische Oper „Undine"; J. ANOUILH (* 1910) bearbeitete 1950 den Stoff neu zum Schauspiel „Undine". Das Motiv der Sehnsucht eines weiblichen Wasserwesens, das F. gestaltet hatte, regte H. CHR. ANDERSEN zu seinem Märchen von der „Kleinen Seejungfrau", A. MIEGEL (1897 bis 1964) zu der Ballade „Schön Agnete" an. In F.s Dichtungen verknüpfen sich einzelne Züge der Feenmärchen, romantische, mythische Motive und romantische Idealisierung des Mittelalters und nordischer Frühzeit. Einer Neigung zum Trivialen verfiel er in den späten Prosa- und dramatischen Arbeiten, so daß H. HEINE (1797—1856), der noch 1835 F.s „Lorbeer" als „echt" gelobt hatte, 1837 schrieb: „Jetzt hat er seine Leser nur noch unter dem Publikum der Leihbibliotheken" (zit. b. MAASSEN, S. 207). *Margarete Dierks*

Werke: Undine (1811); Kindermaerchen (Bd. 1 u. 2. 1816 u. 17; zus. mit C. W. Contessa u. E. T. A. Hoffmann); Die Sage von dem Gunlaugur (1826); Ausgewählte Werke (Bd. 1—12. 1841); C. G. v. Maassen (Hrsg.): Gespenstersagen und Rittergeschichten (1922); C. G. v. Maassen (Hrsg.): Romantische Erzählungen (1922).

Sekundärliteratur: W. Berendsohn: Fouqués Verhältnis zum Volksmärchen (in: Handwörterbuch des Deutschen Märchens. Bd. 2. 1934—40. 207—209). — F. de la Motte Fouqué: Briefe an Friedrich Baron de la Motte Fouqué von Chamisso ... (1848); Lebensgeschichte, aufgezeichnet von ihm selbst (1840). — L. Jeuthe: Friedrich de la Motte Fouqué als Erzähler (1910). — W. Pfeiffer: Über Fouqués Undine (1903). — A. Schmidt: Fouqué und einige seiner Zeitgenossen (1958). *IJB*

Franckh'sche Verlagshandlung W. Keller & Co.

Stuttgart. Derzeitiger Leiter: R. Keller (* 1916). *Hauptsächliche Verlagsgebiete im Bereich der Kinder- und Jugendliteratur:* Neben Mädchenbüchern vor allem Tier- und Sachbücher für junge Leser von 10 Jahren an. Besonders hervorzuheben ist das Angebot in den Bereichen Technik, Geschichte und Naturkunde, z. B. die Zeitschrift „Kosmos“, die Reihen „Kosmos-Naturführer“, „Kosmos-Bibliothek“ und „Kosmos-Studienbücher“. Seit vielen Jahren gibt der Verlag Jugend-Kalender, das Jahrbuch „Durch die weite Welt“, Bastel- und Experimentierbücher heraus, ebenso Bücher über Hobbys (z. B. Sammeln von Briefmarken, Zaubern), über Reiten, Fußball und andere Sportarten.

Autoren: I. Brender, K. Ewald, B. Grzimek, W. Holzer, H. Kranz, R. Schittenhelm, H. Sohre, F. Steuben, M. Stolz, E. Thompson-Seton, C. Wethekam u. a.

Illustratoren: M. Hanak, A. Rasch u. a.

Verlagsgeschichte. Die Brüder J. Fr. (1795—1865) und Fr. G. Franckh (1802—45) gründeten 1822 den Verlag, der zunächst vorwiegend Unterhaltungsliteratur herausgab. W. Keller (1869—1952) und E. Nehmann (1865—1948) übernahmen den Verlag im Jahre 1893 und verlagerten das Schwergewicht des Programms auf naturwissenschaftlich-technische Publikationen. In diese Zeit (1904) fällt auch die Gründung der Zeitschrift „Kosmos“. Bereits vor dem Ersten Weltkrieg erschienen die ersten Tierbücher, die in steigendem Maße Jugendliche von etwa 10 Jahren an zu Lesern gewannen. Seit den 50er Jahren gibt der Verlag vor allem zu folgenden naturwissenschaftlich-technischen Bereichen jugendgeeignete Sach- und Fachbücher heraus: Physik, Chemie, Motoren- und Automobiltechnik, Elektronik, Wasserwirtschaft und Werkstoffkunde. Neben diesem Programm bietet der Verlag auch Experimentierbaukästen, naturwissenschaftliche Geräte und Sammlungen an.

Frank, Anne

*Verfasserin eines für junge Leser bedeutenden dokumentarischen Tagebuchs; * 14. 6. 1929 Frankfurt/Main, † 1945 Konzentrationslager Bergen-Belsen.*

A. war die Tochter einer 1933 nach Holland emigrierten jüdischen Familie, die 1942 in Amsterdam untertauchte, 1944 verhaftet wurde und bis auf den Vater ihre Deportation in das Lager Bergen-Belsen nicht überlebte.

Werk und Wirkung. A. machte im Alter von 13 bis 15 Jahren Tagebuchaufzeichnungen, die als „Het achterhuis“ (1947; dt. Das Tagebuch der A. F., 1950) veröffentlicht wurden. Ihre Begabung zeigte sich auch an einigen hinterlassenen Kurzgeschichten, Märchen und einem Romanfragment. Die Manuskripte entgingen der Gestapo bei der Durchsuchung des Verstecks; gegenüber der Publikation des Tagebuchs bestehen heute wegen etlicher Auslassungen, Kürzungen und stilistischen Änderungen textkritische Einwände. Die Dramatisierung durch das amerikanische Ehepaar F. Goodrich und A. Hacket, seit Ende 1957 auf vielen Theatern gespielt und in Deutschland als Taschenbuch erschienen (1957), verschafften dem Tagebuch vor allem bei der deutschen Jugend ein weites, emotional betontes Echo: die politischen Fakten des grausamen Geschehens waren zwar bereits zu einem geschichtlichen Hintergrund geronnen, auffällig stark dagegen war bis weit in die sechziger Jahre hinein die Identifikation mit der Heldin, die Ergriffenheit von der Tragödie eines jungen Menschen überhaupt; in manchen Fällen wurde A. F. zur Symbol-, sogar Idealfigur erhoben. Ausschnitte aus den Tagebuchaufzeichnungen wurden in verschiedene Lesebücher aufgenommen. *Harald Riebe*

Werke: Het achterhuis (1947, [37]1965; dt. Das Tagebuch der Anne Frank, 1950, [6]1959); Verhalen rondom het achterhuis (1960; dt. Geschichten und Ereignisse aus dem Hinterhaus, 1960).

Sekundärliteratur: M. Hanemaayer: Anne Frank (1968). — R. M. W. Kempner: Edith Stein und Anne Frank (1968). — E. Schnabel: Anne Frank. Spur eines Kindes (1958).

Frankreich

Westeuropäische Republik; Staatsgebiet: 551 208 km²; Einwohner: 50 Millionen. Rund 95,3 % der Bevölkerung sprechen französisch (Amtssprache). Etwa 1,4 Millionen sprechen deutsch (Elsaß und Lothringen), 1,2 Millionen bretonisch, 400 000 italienisch (Korsika), 200 000 flämisch (Gegend von Dünkirchen), 200 000 katalanisch und 100 000 baskisch. Die Verfassung der V. Republik (vom 4. 10. 1958) hat die Stellung des Staatsoberhauptes (Prä-

sident der Republik) sehr verstärkt und sieht eine strenge Trennung von Parlament und Regierung vor.

Entwicklung der KJL und gegenwärtiger Stand. Das erste Buch in franz. Sprache, das für Kinder verfaßt wurde, stellt die Handschrift „L'Enseignement à mes filles" (1371, Belehrung für meine Töchter) eines CHEVALIER DE LA TOUR-LANDRY dar, von dem sonst wenig bekannt ist. Er versuchte, die Sprache seines Werkes dem Verständnis der Kinder anzunähern und den strengen didaktischen Charakter aufzulockern, indem er Lehren und Ermahnungen in kurze Geschichten einkleidete in der Hoffnung, den Kindern würde das Lesen auf diese Weise Spaß machen. Dies war für die damalige Zeit ein einzigartiger Vorgang, weil man den Kindern des 14., 15. und 16. Jh.s sonst nur trockene Christen- und Bibellehren, Leselernanleitungen oder strenge Anstandsregeln teils noch als Handschrift, teils als Druck in die Hände gab.
Die Anzahl der Kinder, die lesen konnten, blieb in Frankreich bis ins 17. Jh. hinein auf eine kleine Gruppe privilegierter Kinder aus Kreisen des Adels, einiger Institutionen der Kirche oder gutsituierter und einflußreicher Bürger beschränkt.
Soweit junge Franzosen lesen konnten, verschafften sie sich im 17. Jh. und später vor allem die ursprünglich für Erwachsene gedruckten billigen Broschüren der sog. „Bibliothèque bleue". Die „Bibliothèque bleue" stellte das Gegenstück zu den in England vertriebenen „Chap-Books" und den in Deutschland auf Märkten und von Hausierern verkauften Volksbüchern dar. Titel wie „Légendes de Richard sans peur" (Legenden von Richard ohne Furcht), „Robert le Diable" (Robert der Teufel), „Grisélidis" oder „Geneviève de Brabant" bildeten den Hauptanteil der frühen kindlichen Lektüre in Frankreich.
Unter der Regierung LUDWIGS XIV. und seines Nachfolgers geriet in Frankreich die „Conte de fée", das Feenmärchen, in große Mode. Allerdings wurden diese Märchen nicht für Kinder, sondern für die Salons des gebildeten Adels geschrieben. Die Geschichten zeigten wenig Ähnlichkeit zu den im Volksmund erzählten Märchen, obwohl traditionelle Themen und Stoffe aufgegriffen wurden. Es waren vorwiegend literarisch aufgeputzte, oft frivole Erzählungen, die von zauberhaften Begebenheiten in einer galanten, in märchenhafte Vergangenheit entrückten Adelswelt berichteten. Manche dieser Geschichten scheinen die Verhältnisse am Hofe des französischen Königs widerzuspiegeln, doch sind alle Ereignisse in eine magische Welt verlegt, in der gütige Feen oder schaurige Unholde das Zueinanderfinden von Prinz und Prinzessin erleichtern oder behindern. Bäume tragen Juwelen anstatt Blüten, und die Paläste sind aus Diamanten oder Lapislazuli gebaut. Unter all diesen glitzernden, höfischen Wundergeschichten ragt ein Werk heraus, das bis heute frisch geblieben ist und im Laufe der Jahrhunderte zu einem internationalen Kinderbuchklassiker wurde: die Märchen von CH. PERRAULT (1628—1703). PERRAULT, der aus einer alten Bürgerfamilie stammte, die berühmte Architekten, Ärzte und Gelehrte hervorgebracht hatte, begleitete zeitweilig das Amt eines Staatssekretärs unter Minister COLBERT. 1671 wurde PERRAULT in die Académie Française aufgenommen.
P. HAZARD sagt in „Les Livres, les Enfants, et les Hommes" (1932; dt. Kinder, Bücher und große Leute, 1952) zu PERRAULTS Märchen, daß zum ersten Mal den französischen Kindern, aber auch den Kindern der ganzen Welt, ein echtes Kinderbuch geschenkt worden sei. Das kleine Bändchen mit dem Titel „Histoire ou Contes du temps passé, avec des moralitez" (Geschichten oder Märchen aus vergangener Zeit, mit anschließender Moral) erschien im Jahr 1697 und enthielt die Märchen „La belle au bois dormant" (Dornröschen), „Le petit chaperon rouge" (Rotkäppchen), „La barbe bleue" (Blaubart), „Le maître Chat, ou le Chat Botté" (Der gestiefelte Kater), „Les Fées" (Die Feen), „Cendrillon, ou la petite Pantoufle de Verre" (Aschenputtel), „Riquet à la Houppe" (Riquet mit dem Schopf) und „Le Petit Poucet" (Der Däumling).
Eine erste deutsche Bearbeitung brachte FR. J. BERTUCH in seinen „Ammen-Mährchen" (1790). Näher an das Original hielt sich S. SANDER mit seiner französisch-deutschen Ausgabe „Märchen aus der alten Zeit oder Erzählungen der Mutter Gans" (1825).
Schon 1694 erschien eine Erzählung von PERRAULT mit dem Titel „Grisélidis, avec le conte de Peau d'Ane et celui des Souhaits ridicules" (Grisélidis, mit dem Märchen von der Eselshaut und jenem von den lächerlichen Wünschen), die in Reime abgefaßt war und noch ganz in der Tradition des höfischen Feenmärchens stand. Die „Histoires ou Contes du temps passé" dagegen entfernen sich weit von der gestelzten, frivolen Sprache der zeitgenössischen Feenmärchen. Zwar gehen die Geschichten auf Stoffe zurück, die schon vor PERRAULT G. STRAPAROLA (Piacevolli Notti, 1550) und G. BASILE (Il Pentamerone, 1634—36) benutzten, wie z. B. das Märchen „Cinderella" (Aschenputtel), doch war es erst PERRAULT, der die gute Fee und den Glaspantoffel dazuerfand und so die Geschichte volkstümlich werden ließ. Der Autor hat es ausgezeichnet verstanden, gallischen Witz mit literarischer Anmut und Volkstümlichkeit zu verbinden. So entstand, obwohl vom Autor gar nicht beabsichtigt, ein Buch, das als Lektüre für Kinder prädestiniert war. Der dem Titelblatt der Erstausgabe vorgeheftete Kupferstich zeigt eine alte Kinder- oder Bauersfrau, die am Spinnrocken sitzt und drei lauschenden Kindern Märchen erzählt. Über dem Kupferstich steht die Inschrift „Contes de Ma Mère l'Oye" (Märchen von Mutter Gans). Dies ist das erste Auftauchen

der vor allem in England später berühmt gewordenen „Mother Goose" in der Literatur. In späteren Ausgaben wurden PERRAULTS Märchen unter dem Titel „Contes de Ma Mère l'Oye" bekannter als unter dem ursprünglichen Titel. Die ersten Ausgaben hatten am Ende der einzelnen Märchen gereimte moralische Nutzanweisungen, die in den späteren Ausgaben weggelassen wurden. Die Erstausgabe war „Mademoiselle" (ELISABETH CHARLOTTE D'ORLEANS, der Nichte des Königs) gewidmet und trug als Verfassernamen „PIERRE D'ARMANCOUR". P. D'ARMANCOUR war der älteste Sohn PERRAULTS und beim Erscheinen der Märchen neunzehn Jahre alt. Lange Zeit stritten sich die Fachleute darüber, ob die Verfasserschaft für die Märchen dem Vater PERRAULT oder seinem Sohn PIERRE oder gar beiden zuzuschreiben sei. Heute neigt man dazu, CHARLES PERRAULT als Autor der Märchen anzusehen. Im Jahr 1699 veröffentlichte PERRAULT ein zweites Kinderbuch „Les Fables de Faerne" (Faerner Fabeln), mit Fabeln in Versform, die aus dem Lateinischen übersetzt waren. Das Buch erlebte nur wenige Auflagen und ist heute so gut wie vergessen.

Von den zahlreichen Zeitgenossen PERRAULTS, die der Mode der Feenmärchen huldigten, sind allein die Märchen von MARIE CATHERINE LE JUMEL DE BARNEVILLE, COMTESSE D'AULNOY (1649—1705) bis in die Gegenwart hinein bekannt geblieben. Mme D'AULNOY, die ein sehr abenteuerliches Leben führte — sie wurde beschuldigt, ihren Mann vergiftet zu haben, und mußte ins Exil gehen —, war wegen ihrer geistvollen Bemerkungen und ihrer Schlagfertigkeit eine der bekanntesten Frauen in den literarischen Zirkeln der Hauptstadt. 1698 erschienen ihre „Contes de fées" (Feenmärchen). Der Band „Einige Feenmärchen für Kinder", der 1780 anonym in Berlin erschien, brachte neben Märchen von PERRAULT zum ersten Mal auch einige der Märchen der Mme D'AULNOY in deutscher Übersetzung. Im Gegensatz zu PERRAULTS Märchen sind ihre Geschichten oft mit schwierig auseinanderzuhaltenden Handlungssträngen überladen. Andererseits schrieb sie einen Stil, der in seiner Präzision dem von PERRAULT überlegen war. Während Geschichten wie „Le Dauphin" (Der Kronprinz) oder „Jeannot et Annette" wenig bekannt wurden, tauchen ihre Märchen „Serpentin vert" (Die grüne Schlange), „Gracieuse et Percinet", „La Belle aux Cheveux d'or" (Die Schöne mit den goldenen Haaren), „La Chatte blanche" (Die weiße Katze) und „La Biche au Bois" (Die Hirschkuh im Wald) bis heute in Märchenausgaben für Kinder auf. Am berühmtesten wurde das Märchen „L'Oiseau bleu" (Der blaue Vogel).

Ein noch heute in Frankreich und im Ausland weit verbreitetes Märchen, „La Belle et la bête" (Die Schöne und das Tier), entstand rund sechzig Jahre nach PERRAULT und Mme D'AULNOY. Es stammt von der Erzählerin und Erzieherin JEANNE-MARIE LEPRINCE DE BEAUMONT (1711—80), die, zeitweise in England, von ihrem Gatten getrennt ein kärgliches Leben führte, zumal sie sechs Kinder großzuziehen hatte. 1757 erschien ihr „Magasin des Enfants" (dt. Der Frau Maria le Prince de Beaumont lehrreiches Magazin für Kinder . . ., 1758), aus dem das Märchen „La Belle et la bête" stammt. Das vierbändige Werk, das gleichzeitig in französischer und in englischer Ausgabe (engl. The Young Misses Magazine, 1757) erschien, bestand aus „Dialogues d'une sage gouvernante avec ses élèves" (Zwiegespräche einer klugen Gouvernante mit ihren Schülerinnen). Bei den Schülerinnen handelte es sich um Mädchen zwischen sieben und dreizehn Jahren. Die Unterhaltungen sind mit kleinen Geschichten vermischt, die das Vorhaben der Autorin unterstützen sollen, den Kindern „den Geist der Geometrie" einzuimpfen. Neben dem „Magasin des Enfants", das weite Verbreitung fand und auch im Ausland, vor allem in England und Deutschland, zur Entwicklung einer eigenständigen KJL beitrug, schrieb die fleißige Autorin noch eine große Anzahl weiterer erzieherisch intendierter Werke wie „Le Magasin des Adolescentes" (1760; dt. Lehrreiches Magazin f. junge Leute, 1766), die „Bibliothèque instructive" (1760, Lehrreiche Bibliothek), „Le Mentor moderne" (1770; dt. Neuer Mentor, nach deutscher Art eingerichtet, Bd. 1 u. 2, 1773) oder „Le Manuel de la Jeunesse" (1773, Handbuch für die Jugend). Während die meisten Schriften der Mme LEPRINCE DE BEAUMONT heute vergessen sind, wird das Märchen „La Belle et la bête" bis in die Gegenwart gern gelesen und wurde außerdem mehrmals dramatisiert und verfilmt. Es lebt von dem Gegensatz zwischen einem jungen Mädchen von besonderer Schönheit und einem Tierwesen von abstoßender Häßlichkeit, zu dem das Mädchen Zuneigung gewinnt. Wie in vielen thematisch ähnlichen Märchen verwandelt sich das Ungeheuer am Ende der Geschichte in einen schönen Prinzen. Auch die Märchen „La Fée aux Nèfles" (Die Mispelfee) und „Le Prince Charmant" (Der Märchenprinz), in denen die auftretenden Personen Namen wie „Absolu" (Unbedingt), „Vraie-Gloire" (Wahrer Ruhm), „Fausse-Gloire" (Falscher Ruhm) oder „Sincère" (Aufrichtigkeit) tragen und von denen vor allem das letzte einen pazifistischen Anstrich hat, indem die Autorin den Königen rät, wenn sie schon einen Krieg führen wollten, dann gegen Verbrechen und Unwissenheit, finden sich noch heute in französischen Märchenausgaben für Kinder.

In der zweiten Hälfte des 18. Jh.s, als die neuen aufklärerischen Ideen von LOCKE und VOLTAIRE und die naturphilosophischen Vorstellungen von ROUSSEAU in steigendem Maße Einfluß gewannen, verschwanden die höfischen Feenmärchen mehr und mehr aus dem Literaturangebot. Soweit jetzt noch Märchen auftauchten, hatten sie mehr den Zweck, pädagogisch-moralischen Absichten zu dienen. Die letzte wichtige und zugleich die umfangreichste Veröffentlichung von Feenmärchen kam in den Jahren 1785—89 heraus. Unter dem Titel „Cabinet de Fées" (Märchen-Bibliothek) erschien in einundvierzig Bänden eine Sammlung all der zahlreichen Feenmärchen bekannter und weniger bekannter französischer Autoren, die bis zu diesem Zeitpunkt in Frankreich erschienen waren.

Wie PERRAULT seine Märchen, schrieb auch J. DE LA FONTAINE (1621—95) seine Fabeln nicht für Kinder. Trotzdem wurden sie schon bald, und dies bis in die Gegenwart hinein, als Lektüre für junge Leser empfohlen, herausgegeben, bearbeitet und übersetzt. LA FONTAINE schrieb insgesamt 240 Fabeln, die in dem Zeitraum zwischen 1668 und 1694 in zwölf Büchern erschienen (1.—6. Buch 1668, 7. bis 11. Buch 1678, 12. Buch 1694). LA FONTAINE, Sohn eines Forstbeamten, sollte eigentlich Geistlicher werden, wandte sich aber schon früh von diesem Studium ab, wurde Wald- und Wasserinspektor in Château-Thierry und ging Ende der 50er Jahre des 17. Jh.s nach Paris. Seit 1684 war er Mitglied der Académie Française. In seinen Fabeln dienen Tiere als Masken für menschliche Schwächen. Seine Moral ist skeptisch, denn fast immer siegt der Stärkere, und LA FONTAINE empfiehlt deshalb im Umgang mit dem Nächsten zunächst das Mißtrauen. Seine Sprache ist leicht melancholisch gefärbt, und seine Verse geben schon eine erste Vorahnung einer mehr gefühlvollen, romantischen Dichtung. Die relativ kurzen Fabeln zeigen eine breite Skala menschlichen Verhaltens; wir erfahren die harte Lehre von dem „Recht" des Stärkeren in „Le Loup et l'Agneau" (Der Wolf und das Lamm) und lernen den Schmeichler und den Geprellten in „Le Renard et le Corbeau" (Der Fuchs und der Rabe) kennen.

FRANÇOIS DE SALIGNAC DE LA MOTHE-FÉNELON (1651—1715), Erzbischof von Cambrai, der als Prinzentutor den Enkel LUDWIGS XIV., den späteren Ludwig XV., zu erziehen hatte, schrieb für seinen Schüler eine Anzahl von Fabeln, die diesen amüsieren, ihn aber zugleich auf die Aufgaben eines künftigen Souveräns vorbereiten sollten. Das Buch „Les Aventures de Télémaque" (1699; dt. Telemach, in deutsche Verse gebracht, 3 Thle., 1727—39) wurde weit über die Grenzen Frankreichs hinaus bekannt und berühmt. Obwohl es von FÉNELON ausschließlich für seinen hochgestellten Schüler geschrieben war, wurde es länger als ein Jh. zum bevorzugten Erziehungsbuch für unzählige französische und ausländische junge Leser. Das Buch, mit dem sich der Verfasser die Ungnade seines königlichen Herrschers zuzog, wurde zur beliebten Lektüre — trotz seines mythologischen Inhaltes und der zahlreichen theoretisch-moralischen Erörterungen. Der Erziehungsroman geht thematisch auf den Inhalt des vierten Gesangs der Odyssee zurück. Zwar bestimmt Heliodor die Art der Handlungsführung, doch ist das Buch eine Mischung aus Antike, Christentum und Moderne. Im Vordergrund steht die Bildung des Charakters durch Welterfahrung. Die Handlung ist getragen von Humanität und edler Staatskunst. Wohl ist FÉNELON ganz von der Notwendigkeit der Monarchie überzeugt, doch fordert er den Dienst des Fürsten für sein Volk, verlangt Beschränkung der Macht durch für alle Menschen gültige Gesetze und läßt die kulturelle Wohlfahrt über eine nur unternehmende Politik triumphieren. In der Entwicklung der Erziehungsromane der Renaissance stehend, scheint die Grundhaltung jedoch im optimistisch-christlichen Sinne verwandelt. Als erster französischer Jugendbuchautor wandte sich FÉNELON auch direkt an junge Mädchen („Traité de l'Éducation des Filles", 1687; dt. Über Mädchen-Erziehung, 1823).

Eine Anzahl französischer Kinder- und Jugendbuchautoren des 18. und angehenden 19. Jh.s zeigten sich durch die Lehren von J. J. ROUSSEAU (1712—78) beeinflußt, der in seinem „Émile ou de l'Éducation" (1762; dt. Aemil oder Von der Erziehung, 1762) als einzige Lektüre für Heranwachsende den „Robinson Crusoe" gelten läßt und der den Grundsatz vertrat: „Er [Émile] muß arbeiten wie ein Bauer und denken wie ein Philosoph, wenn er nicht so träge wie ein Wilder werden will" (Émile, Bd. III). Vor allem die Erzieher A. BERQUIN (1749—91) und ST.-F. DUCREST DE ST. AUBIN MARQUISE DE SILLERUS, COMTESSE DE GENLIS (1746—1830) zeigten sich durch ROUSSEAUS Ideen beeinflußt. Allerdings akzeptierten sie nicht alle von ihm vorgetragenen Gedanken. Vor allem ignorierten sie ROUSSEAUS Hinweis auf die Gefahren einer frühen Lektüre.

BERQUIN, der sein Leben ganz in den Dienst der Jugenderziehung gestellt hatte, brachte im Jahr 1782 die erste Nummer einer periodisch erscheinenden Kinderschrift heraus, die er „L'Ami des Enfans" (dt. Der Kinderfreund, 2 Thle., 1808) nannte. Zu diesem Unternehmen wurde BERQUIN vor allem durch den „Kinderfreund" (1775) des CHR. F. WEISSE und dessen großen Erfolg angeregt. In 24 monatlich erscheinenden Folgen bot BERQUIN den kleinen Lesern eine bunte Mischung von moralischen Erzählungen, kleinen Dramen, Briefen und Dialogen, vorgetragen in einer sehr gefühlvollen Sprache. Märchen und phantastische Geschichten wurden zwar streng ausgespart, doch sind die kleinen Erzählungen voll von Tränen und Gefühlsausbrüchen. Viele Erzählungen haben das Eltern-Kind-Verhältnis zum Thema. Um den Gegensatz zwischen Gut und Böse besser herauszustellen, übertrieb BERQUIN in der Darstellung seiner Moralauffassung stark. Vor allem die Flut der Tränen, in die Väter und Mütter aus Rührung über das Wohlverhalten ihrer Sprößlinge ausbrechen, läßt die Lektüre heutigen Lesern ungenießbar erscheinen. Trotz des oft melodramatischen Einschlags hatten die Geschichten einen großen Erfolg und wurden rasch übersetzt, vor allem ins Englische. Das Geschick BERQUINS, seine Szenen dramatisch zu gestalten und eindrucksvolle Schilderungen von Natur und Umwelt geben zu können, versöhnt etwas mit der penetranten Gleichförmigkeit, mit der er seine Kindergestalten als wahre Tugendhelden präsentiert. Allerdings bemühte sich der Autor sehr, mit seinen Geschichten den Behörden keinen Grund zur Unzufriedenheit zu geben. Mit dem Einsetzen der Revolution (1789) traten BERQUINS Bücher in den Hintergrund.

Mme DE GENLIS, Zeitgenossin BERQUINS, war ebenfalls in ihrer Zeit als Erzieherin und Jugendbuchautorin bekannt und geachtet. Sie verkehrte in angeseheneren Kreisen als BERQUIN und wurde vom DUC DE CHARTRES, dem späteren PHILIPPE EGALITÉ, ab 1782 zur Erzieherin seiner drei Söhne gemacht. Mme DE GENLIS setzte sich sehr für praktische Erziehung ein und förderte die Nutzung von Theateraufführungen, Malerei und anderen praktischen Erziehungshilfen. Sie veröffentlichte 1779/80 das „Théâtre d'Éducation à l'usage des jeunes personnes" (dt. Erziehungs-Theater für junge Frauenzimmer. Bd. 1—4. 1780—82), ein Werk, das 24 Komödien in vier Bänden enthält. Der Zweck des Buches war die Anregung zur Aufführung der Stücke, die sie vor allem für Mädchen geschrieben hatte. Wie sie im Vorwort bemerkt, hatte sie aus ihren Stücken „alle zweifelhaften Elemente eliminiert" und „lediglich korrigierbare Irrtümer zugelassen". Obwohl im Vordergrund der Intention der Autorin das Aufführen ihrer Stücke stand, dienten diese gleichzeitig auch als Lektüre zur moralischen Erziehung. Die Autorin weist besonders darauf hin, daß der vierte Band ausschließlich für die Erziehung von Kindern von Kaufleuten und Handwerkern bestimmt sei, doch könnten gewiß auch Kinder aus niederen Klassen Nützliches daraus entnehmen. Ihre Vorstellungen von richtiger Erziehung zeigen gleichermaßen Einflüsse von ROUSSEAU wie von FÉNÉLON. Die Religion bildete die Grundlage ihrer Erziehungsdevisen, doch ebenso wichtig erschienen ihr ständige Beschäftigung und Überwachung.

Ihre Bücher wie ihre Erziehungsgrundsätze machten Mme DE GENLIS rasch über die Grenzen Frankreichs hinaus bekannt. 1782 erschien ihr Buch „Adèle et Théodore" (dt. Adelheid und Theodor, oder Briefe über die Erziehung, 1783), ein Briefroman, in dem eine Mutter Erziehungsvorschläge für ihre Kinder erhält. Am bekanntesten wurde das vierbändige Werk „Les Veillées du Château" (1784; dt. Abendstunden auf dem Lande. Thl. 1—4. 1784 bis 86), das bereits 1785 ins Englische übersetzt wurde. Es enthält eine Serie moralischer Erzählungen, die die Autorin — in dem Buch „Madame de Clémire" genannt — ihren Kindern zur Förderung der moralischen Erziehung erzählte. Die Kinder sind so naiv, Märchen hören zu wollen; doch will ihnen die Mutter etwas Besseres zu hören geben, etwas, das noch viel wunderbarer sei als Märchen, nämlich die Wirklichkeit selbst. So erzählt sie

Frontispice

Joachim Heinrich Campe: Le nouveau Robinson (Bern 1794). Die internationale Verbreitung wichtiger Werke der Kinder- und Jugendliteratur ist nicht nur für das 20. Jh. typisch. Diese Abbildung, die die Begegnung zwischen Robinson und dem Eingeborenen darstellt und die exotische Landschaft der weltabgeschiedenen Insel anschaulich macht, ist einer französischen Übersetzung von Campes „Robinson der Jüngere" entnommen, die Ende des 18. Jh.s in Bern erschienen ist.

von feuerspeienden Bergen, von einem Feuerball am Himmel, von Eisbergen und anderen „Wundern", wobei sie jeweils genaue Anmerkungen zu der Herkunft ihres Wissens gibt, sei es durch Hinweise auf Reiseberichte, sei es durch Erwähnung der Werke bekannter Wissenschaftler. Die kleinen Zuhörer sind jedoch nicht recht zufrieden. Vor allem Pulchérie unterbricht die Mutter mit einem Freudenruf, als diese von einem alten Schloß erzählt, das unter Wasser zu sehen sei, und meint, jetzt gäbe es doch noch ein Märchen zu hören. Sie ist bitter enttäuscht, als die Mutter darauf hinweist, daß auch diese Begebenheit eine natürliche sei. „Aber wie steht es mit der Fee Morgana?", fragt das kleine Mädchen hoffnungsvoll. „Gibt es sie?" — Die Antwort der Mutter ist ein energisches Nein. Nur dumme Bauern glauben an solche Fabelwesen. Feen leben lediglich in der Einbildung armer, ungebildeter Leute.

Auch Mme M. COTTIN (1773—1807) schrieb ähnliche moralische Geschichten, die zum großen Teil auf historischen Ereignissen basieren. Am bekanntesten wurde ihre Erzählung „Elisabeth; ou, les exiles de Sibérie" (1806, Elisabeth, oder die nach Sibirien Verbannten). Ihre Schilderungen sind bildhafter und eindrucksvoller als die von Mme DE GENLIS oder BERQUIN. Die meisten ihrer Erzählungen erschienen erst nach ihrem frühen Tod.

Zahlreiche Erzähler und Erzählerinnen widmeten sich noch weit in das 19. Jh. hinein den aufklärerisch-moralischen Erzählungen, die nach BERQUIN „Berquinaden" genannt wurden. Allerdings enthielten diese späteren Geschichten häufig einen aufdringlich bigotten Zug, wie etwa bei S. ULLIAC-TRÉMADEURE (1794—1862), die auch unter dem Pseudonym DUDREZÈNE bekannt wurde, oder bei J.-X. BONIFACE (1798—1865), dessen Schriften fast alle unter dem Pseudonym SAINTINE erschienen und dessen Roman für junge Leser „Picciola" (1836; dt. Picciola, 1837) von seinen Zeitgenossen als ein „Meisterwerk" eingestuft wurde.

Die erste Hälfte des 19. Jh.s war durch eine große Anzahl von Schriften gekennzeichnet, die sich von der aufklärerisch-moralischen Jugenderzählung entfernten. Es gab jetzt einen deutlichen Trend zur nüchternen Umweltbeschreibung. Es zeigte sich aber auch die Intention, dem jungen Leser Unterhaltung durch Lektüre zu bieten. Allerdings sollte diese Unterhaltung nie Selbstzweck sein, sondern ging mit der Belehrung des jungen Lesers einher. Auf dieser Basis der unterhaltsamen Information wurde die erste französische Jugendzeitschrift ins Leben gerufen. Im Jahr 1832 erschien die erste Nummer der Zeitschrift „Le Journal des jeunes Personnes" (Zeitung für junge Leute), die L. D'AULNOY (1810—91), die unter dem Pseudonym JULIE GOURAUD bekannt wurde, gegründet hatte. Die Herausgeberin, die bei der Gründung der Zeitschrift erst 22 Jahre alt war, blieb ihrer Schöpfung auch als Autorin bis zum Jahr 1870 treu. So lieferte sie bis dahin monatlich zwei Artikel, die jeweils eine Plauderei über moralische oder erzieherische Fragen sowie eine Auseinandersetzung mit aktuellen Ereignissen in Briefform enthielten. Mme D'AULNOY war gleichzeitig Herausgeberin der Familienzeitschrift „La Femme et la Famille" (Die Frau und die Familie). Im Ausland am bekanntesten wurde ihr Buch „Mémoires d'une Poupée" (1839), in dem zum ersten Mal eine Puppe als Handlungsträgerin in die Kinderliteratur eingeführt wird. Besonders in Deutschland wurde das Buch in der Bearbeitung von A. COSMAR unter dem Titel „Schicksale der Puppe Wunderhold" (1839) ein Lieblingsbuch der Mädchen des 19. Jh.s und erlebte bis zur Jahrhundertwende 22 Auflagen.

Einen wichtigen Platz in der Geschichte der französischen KJL nimmt für die erste Hälfte des 19. Jh.s die in Bordeaux geborene E. FOA (1799—1835) ein. FOA stammte aus der jüdisch-spanischen Familie der RODRIGUEZ-GRADIS, verheiratete sich unglücklich und suchte Trost im Schreiben von Kinder und Jugendschriften. Sie trat der französischen Frauenrechtsbewegung bei. Im Alter erblindete sie. Ihre Bücher „Les Mémoires d'un Polichinelle" (1839; dt. Schicksale eines Polichinell, 1840) und „Le Petit Robinson de Paris" (1840; dt. Der kleine Robinson von Paris, oder der Lohn des Fleißes und der Tugend, 1845) erlebten zahlreiche Auflagen, auch über den Tod der Autorin hinaus. Besonders empfohlen wurde der Band „Contes historiques" (1842, Geschichtliche Erzählungen), in dem die Autorin aus der Kindheit von Königen, Gelehrten und Künstlern berichtet. So zeigt sie in einer Szene die tiefe Betrübtheit des jungen LUDWIG XV., der durch eine Audienz an der Teilnahme an einer Schneeballschlacht verhindert wird. Dazu sagt FOA ihren kleinen Lesern: „Lisez l'histoire des rois, mes enfants, et plaignez les" (Lest die Geschichte der Könige, und bedauert sie, meine Kinder). FOA schuf auch die erste reine Kinderzeitschrift in französischer Sprache. Während „Le Journal des jeunes Personnes" sich ebensosehr an Eltern wie an Kinder richtete, war „Le Journal des Enfants", dessen erste Nummer im Jahr 1833 erschien, ausschließlich für kindliche Leser gedacht. Der große Erfolg dieser Kinderzeitschrift war nicht zuletzt der Tatsache zu verdanken, daß von der ersten Nummer an in Fortsetzungen die Erzählung „Les Mésaventures de Jean-Paul Choppart" (dt. Merkwürdige Abenteuer des Conrad Haselbaum, 2 Bde., 1843) von L. DESNOYERS (1802—68) erschien. Die Erzählung, die 1836 in Buchform herauskam und bis in die Gegenwart hinein ungezählte Auflagen erlebte, gehört zu den beliebtesten Jugenderzählungen des 19. Jh.s. Der Autor, der in zahlreichen politischen Zeitungen seiner Zeit Artikel veröffentlichte und gegen Ende des „Second Empire" — um einer Verhaftung zu entgehen — in den Untergrund ging, erzählt in „Paul Choppart" die Geschichte eines Jungen, der in gutbürgerlicher Familie aufwächst, jedoch immer von dem abenteuerlichen Leben eines Robinson träumt. In seiner Freizeit sucht er zum Entsetzen seiner Eltern die Freundschaft schmutziger Gassenjungen und reißt eines Tages von zu Hause aus. Er schließt sich einer reisenden Zirkustruppe an, ohne zu wissen, daß sein Vater in heimlichem Einverständnis mit den Schaustellern steht. Der Vater hofft, daß sein Sohn durch die praktische Erfahrung eine ernste Lehre für seine Unbesonnenheit erhalten wird. Nachdem der Junge einige harte Monate ertragen mußte, kehrt er reumütig ins Elternhaus zurück. Was das Buch für die Zeitgenossen so interessant machte, war weniger die gutbürgerliche Moral als die Schilderung des bunten und abenteuerlichen Lebens des Jungen im Milieu der Zirkusleute. Es war die erste Geschichte, in der ein Junge im Milieu der Schausteller und Artisten gezeigt wurde. Sie zog eine Fülle von Romanen nach sich, die das Thema des entlaufenen, entführten oder vertauschten Jungen in der Welt der Künstler, Schausteller und Zigeuner aufgriffen. Weniger erfolgreich, aber thematisch interessanter war der andere Jugendroman von DESNOYERS, der 1840 unter dem Titel „Les Aventures de Robert-Robert" (dt. Abenteuer Robert-Roberts, 1844) erschien. Es ist eine im Bereich der Phantastik angesiedelte Zeitsatire, die zuweilen an J. SWIFTS „Gulliver" erinnert. So etwa das Kapitel, in dem der Pariser Matrose von der Reise seines Vetters Laroutine zum Mond erzählt. Die Bewohner des Mondes werden mit idealen Eigenschaften versehen, die den Menschen abgehen. Die Tiere erscheinen in einem umgekehrten Größenverhältnis. So haben die Elefanten dort die Größe eines Flohs, während die Flöhe Dimensionen von Elefanten annehmen. Die Kinder erziehen die Eltern, die oft sehr unvernünftig sind. In Kriegen bekämpft man sich mit Gedichten und Papierkugeln. Die politische Haltung des Autors kommt besonders stark in einem Monolog zum Durchbruch, in dem Robert-Robert, inzwischen Soziologe geworden, von einer Zukunft träumt, in der die Ziele der Revolution von 1848 Wahrheit geworden sind.

Die KJL der ersten Hälfte des 19. Jh.s in Frankreich war durch zahlreiche und vielfältige Einflüsse gekennzeichnet, die aus dem Ausland, vor allem aus England und Deutschland, kamen. So waren die Werke von CH. DICKENS in französischen Übersetzungen weit verbreitet, vor allem der „David Copperfield". Ab 1826 erschienen in zahlreichen Ausgaben die Indianergeschichten von J. F. COOPER und TH. MAYNE-REID. Aus Deutschland kamen eine Reihe von Erzählungen von FR. GERSTÄCKER. Zu gleichem Ruhm gelangten in französischen Übersetzungen die zahlreichen moralischen Erzählungen von CHR. v. SCHMID wie die KHM der Brüder GRIMM, die seit 1823 unter dem Titel „Contes des Enfants et du Foyer" weit verbreitet waren. Später fanden die zahlreichen Übersetzungen der Märchen von H. CHR. ANDERSEN großen Anklang.

Bei den Heranwachsenden besonders beliebt war im 19. Jh. A. DAVY DE LA PAILLETERIE (1802—70), der als ALEXANDRE DUMAS der Ältere Weltberühmtheit erlangte. Vor allem seine historischen Abenteuerromane wie „Les Trois Mousquetaires" (Bd. 1—8, 1844; dt. Die drei Musketiere, 1845) oder „Le Comte de Monte-Christo" (Bd. 1—18, 1844 u. 45; dt. Der Graf von Monte-Christo, 1846), alles mehrbändige Werke, die ursprünglich in Lieferungen erschienen und ganz und gar nicht für junge Leser gedacht waren, wurden von diesen verschlungen. Weniger bekannt ist heute, daß DUMAS auch echte Kinderbücher geschrieben hat. Am bekanntesten von diesen wurde sein umfangreiches Märchen „Les aventures d'un Casse-Noisette" (1845; dt. Geschichte eines Nußknackers, Bd. 1 u. 2, 1846), das auf E. T. A. HOFFMANNS „Nußknakker und Mäusekönig" (1816) zurückgeht. Die Geschichte spielt in der Familie Silberhaus in Nürnberg und erzählt von den beiden Kindern Fritz und Marie, die von ihrem Paten zu Weihnachten einen langbärtigen Nußknacker aus Holz geschenkt bekommen, der mitten unter dem Spielzeug steht. Eines Nachts erwachen alle Spielsachen zum Leben, und die Puppen und Zinnsoldaten liefern den Mäusen unter Führung des Nußknackers eine Schlacht. Zum Ruhm des Buches trugen viel die eindrucksvollen, kindlich-humoristischen Illustrationen von BERTALL (d. i. A. D'ARNOULD) bei.

Ein anderes phantastisches Märchen, das einen Zeitgenossen DUMAS' berühmt werden ließ, war „Monsieur le Vent et Madame la Pluie" (1846; dt. Der Windgeist und die Regengöttin, ein Mährchen, 1846) von P. EDMÉ MUSSET (1804—80), dem Bruder des bekannten französischen Romantikers L. CH. A. DE MUSSET (1810—57), das Anklänge an TH. STORMS „Regentrude" zeigt. Die Geschichte erzählt von einem armen Müller, der vom Pech verfolgt wird. Seine Frau ist krank, der Wind, der die Mühle treiben soll, bleibt aus. Der Regen, der den Garten fruchtbar machen soll, stellt sich nicht ein. Schließlich will der Seigneur seinen Müller verjagen, da er ihm die Schuld dafür gibt, daß die Mühle keinen Ertrag mehr bringt. So macht sich der Müller auf, um bei Monsieur Wind und Madame Regen direkt um Hilfe zu bitten. Der Müller erhält vom Wind eine Zauberküche als Geschenk, die liliputanische Ausmaße zeigt und in einem kleinen Holzkästchen untergebracht ist. MUSSET versteht es ausgezeichnet, den Kindern die Liliput-Küche anziehend zu schildern: den Miniaturofen, den drei Spannen hohen Koch, die gebratenen Hühner von der Größe von Flöhen und die Fische, die dünner als ein Seidenfaden sind. Nach der Fertigstellung der auf winzigen Tellern präsentierten Gerichte verwandeln sich diese jeweils in wirkliche Teller und Mahlzeiten, die den Müller und seine Frau für alle Zeit vor dem Hunger bewahren.

Eine dritte phantastische Erzählung, die etwa zur gleichen Zeit entstand und die ebenfalls bis heute neu aufgelegt wird, stammt von der bekannten Autorin und Frauenrechtlerin A. DUPIN, BARONNE DUDEVANT (1804—76), die als GEORGE SAND durch ihre ländlichen Romane ebenso berühmt wurde wie durch ihre zahlreichen, oft aufsehenerregenden Liebschaften zu CHOPIN, SANDEAU, MUSSET oder LEROUX. Sie schrieb die Erzählung „L'Histoire du véritable Gribouille" (1840, Die Geschichte des wahrhaften Gribouille), die von dem naiven Gribouille handelt, der zahlreiche Abenteuer in Paris erlebt und dabei auf den merkwürdigen Monsieur Bourdon stößt, der sich nach Belieben in ein großes Insekt oder einen feinen Herrn verwandeln kann und Gribouille dazu bringt, sich auf die Suche nach den „bons génies" (den guten Geistern) zu machen, die in einer Wüste hausen.

Das „Second Empire" brachte für den durchschnittlichen französischen Bürger eine Zeit des Wohlstandes und des Fortschritts auf wissenschaftlichem wie auf wirtschaftlichem Gebiet. Die Kinder wuchsen teilweise in beträchtlichem Luxus auf und waren umgeben von militärischen Schaustellungen, die von der Größe der Nation Zeugnis ablegen sollten. Man glaubte an den Fortschritt und verdrängte die sozialen Mängel des Regimes. Diese Zeit brachte das erste Goldene Zeitalter der Kinderliteratur in Frankreich. Erst nach 1945 konnte dieser Höhepunkt wieder erreicht und schließlich überschritten werden. Eine ganze Reihe von Zeitschriften für junge Leser prosperierten zu gleicher Zeit wie „Le Journal des Enfants" (ab 1853, Kinderzeitung), „La Poupée modèle" (ab 1863, Die vorbildliche Puppe), „Le Polichinelle" (ab 1864, Der Polichinell) oder „Le Magasin pittoresque" (Das malerische Magazin), das von 1833 bis 1914 bestand. Besonders Kinder- und Jugendbuchautorinnen trugen zur Kinderlektüre dieser Epoche bei wie V. MONNIOT (1825—80), Mme CHÉRON DE LA BRUYÈRE (1838—1913) oder N. WOILLEZ (1781 bis 1859). Die Kinder- und Jugendbücher dieser zumindest der Quantität nach fruchtbaren Zeit waren gekennzeichnet durch Prachtausgaben in Großformat mit rot- oder blauseidenen Einbandbezügen und Goldprägedruck. Die Schriften waren durchweg auf gutes Papier, nicht selten Kunstdruckpapier, gedruckt und zeichneten sich durch eine Fülle von Illustrationen aus, zu denen die besten Künstler der Epoche gewonnen wurden.

Drei Persönlichkeiten prägten entscheidend die KJL der zweiten Hälfte des 19. Jh.s: S. ROSTOPCHINE, COMTESSE DE SÉGUR (1799—1874), P.-J. HETZEL (1814—86) und J. VERNE (1828—1905). S. DE SÉGUR war die Tochter des russischen Generals ROSTOPCHINE, der während des Rußlandfeldzuges von NAPOLEON I. im Jahr 1812 Moskau in Brand setzen ließ. Im Jahr 1817 kam der General, nachdem er in Rußland in Ungnade gefallen war, mit seiner Familie nach Frankreich. SOPHIE konvertierte 1819 zum katholischen Glauben und heiratete im gleichen Jahr den Grafen E. DE SÉGUR. Während sie zunächst in der Hauptstadt das Leben einer mondänen Diplomatenfrau führte, zog sie sich in späteren Jahren auf ihre Güter in der Normandie zurück und widmete sich der Erziehung ihrer Kinder und Enkel. Für ihre Enkel schrieb sie auch im Alter von 58 Jahren ihr erstes Buch, die „Nouveaux Contes de fées" (Neue Feenmärchen), das 1857 bei Hachette erschien. In ihrer zweiten Publikation „Les Petites Filles Modèles" (1857, Die vorbildlichen Mädchen) beschrieb sie ihre eigenen Erlebnisse mit Camille und Madeleine, den Kindern ihrer besten Freundin. Den größten Ruhm brachte der Autorin jedoch das Buch „Les Malheurs de Sophie" (1859; dt. Die Leiden der kleinen Sophie, 1875), das teilweise auf eigene Kindheitserlebnisse in Rußland zurückgeht. Während zur gleichen Zeit in Deutschland die Kindheit als eine Stufe der Unschuld und Reinheit besungen wurde, zeichnete S. DE SÉGUR in ihrem Buch ein vierjähriges durchtriebenes Mädchen, das den Kopf voller Unsinn hat und dessen Taten oft an vorsätzliche Böswilligkeit grenzen. Es wälzt sich in Vogelleim, weil es ihm Spaß macht, stellt sich stundenlang in den Regen, um sein Haar wachsen zu lassen, schneidet sich die Augenbrauen ab und bringt ab und zu kleine Tiere um, wie z. B. bei dem Versuch, seine Schildkröte einmal tüchtig zu baden. Entsprechend streng sind auch die Bestrafungen, die es zu erwarten hat und die manchmal einen makabren Charakter annehmen. So muß die kleine Sophie einmal die Reste einer zerdrückten Biene an einem Band um den Hals tragen, um ständig daran erinnert zu werden, daß man andere Lebewesen nicht mutwillig töten darf. Ihr zur Seite steht ihr Vetter Paul, der die Sprache der Vernunft und der Gutmütigkeit spricht. Ein weiteres Buch, das der Verfasserin viel Beifall eintrug, war „Les Mémoires d'un Âne" (1860; dt. Memoiren eines Esels, 1878), die Geschichte eines Esels, der seine Erinnerungen erzählt und dabei seine Meinung über die Menschen nicht verschweigt. Weitere bekannte Werke der Verfasserin sind „Les vacances" (1859, Die Ferien), „Les bons enfants" (1862, Die guten Kinder), „La soeur de Gribouille" (1862, Die Schwester von Gribouille; die Geschichte greift auf die Erzählung von GEORGE SAND zurück und stellt dem Gribouille der SAND ein weibliches Gegenstück zur Seite), „François le bossu" (1864, Franz der Bucklige), „L'Auberge de l'Ange" (1865, Die Herberge des Engels), „Jean qui grogne et Jean qui rit" (1865, Hans knurrt und Hans lacht), „Un bon petit diable" (1865, Ein netter kleiner Teufel), „Le mauvais Génie" (1867, Der böse Geist), „La Bible d'une grand-mère" (1869, Die Bibel einer Großmutter) und „Après la pluie, le beau temps" (1871, Auf Regen folgt Sonnenschein). Der Name SÉGUR ist eng mit der Herausgabe der „Bibliothèque Rose" verbunden, die bei Hachette erschien. Die stattlichen Bände hatten einen mit roter Seide bezogenen Einband, den Titel in Gold-Prägedruck und eine Fülle erstklassiger Illustrationen. Im Bereich der französischen Kinderliteratur hatte die „Bibliothèque Rose" lange Zeit den Charakter eines Markenartikels. In der Reihe erschienen 20 Bände mit Erzählungen von S. DE SÉGUR.

P.-J. HETZEL, Schriftsteller und Verleger, gründete im Jahr 1864 zusammen mit dem Initiator der „Ligue de l'Enseignement" (Gesellschaft für Erziehung) J. MACÉ (1815—96) die Jugendzeitschrift „Magasin d'Éducation" (Erziehungs-Magazin), die bis zum Jahr 1915 monatlich zwei Ausgaben herausbrachte. Die beiden Herausgeber sahen es als ihre Lebensaufgabe an, die Kinderliteratur durch ein neues Projekt zu reformieren, das „une véritable encyclopédie de l'enfance" (eine wirkliche Enzyklopädie der Kindheit) werden sollte. Die Ausgabe kostete 50 Centimes. Alle während eines Halbjahres erschienenen Folgen wurden zu Halbjahresbänden von 380 Seiten Umfang zusammengebunden. Als die neue Zeitschrift drei Jahre alt wurde, erhielt sie von der Académie Française die seltene Auszeichnung der „Couronne" (Krönung). HETZEL verstand es, für seine Zeitschrift die besten Kräfte des Landes zu gewinnen; an Pädagogen TH. LAVALLÉE, E. RECKUS und V. DE SAINT-MARTIN; als wissenschaftliche Berater den Astronomen C. FLAMMARION, den Architekten VIOLLET-LE-DUC und den Geistlichen PÈRE LACORDAIRE. Als Autoren schrieben für ihn E. LEGOUVÉ, J. SANDEAU, L. GOZLAN, G. DROZ, L. ULBACH, H. MALOT, F. DE GRAMMONT, L. RATISBONNE, J. VERNE, A. LAURIE und V. DE LAPRADE. An Illustratoren waren tätig E. BAYARD, E. DETAILLE, G. DORÉ, A. LALAUZE und A. DE NEUVILLE. In den 59 Jahren ihres Erscheinens versammelte die Zeitschrift in ihren Heften qualitätvolle Werke, die für junge Leser in dieser Zeit geschrieben und illustriert wurden, von Erzählungen und Jugendromanen über wissenschaftliche Abhandlungen bis hin zu belehrenden Stoffen jeder Art. Da HETZEL in seiner Zeitschrift nur das Wertvollste und Gesuchteste brachte, war er in der Lage, neben der Zeitschrift gleichzeitig eine Reihe gut ausgestatteter Bilderbücher und Prachtbände für junge Leser herauszubringen. Die von den Künstlern gelieferten Illustrationen dienten so zweifacher Verwendung. HETZEL war neben seiner Verleger- und Herausgebertätigkeit selbst als Autor tätig und schrieb unter dem Pseudonym P.-J. STAHL neben anderen Büchern vor allem die Texte zu den beliebten Bilderbüchern des lange Zeit in Frankreich ansässigen dänischen Künstlers L. FRØLICH.

J. VERNE, der in Nantes geboren wurde, entstammte einer kleinen Beamtenfamilie. Schon früh ging er nach Paris, um Jura zu studieren. Dort fand er bald Zugang zu verschiedenen Zeitungen und Zeitschriften und begann, durch DUMAS dazu ermuntert, für die Bühne zu schreiben. In seiner Freizeit befaßte er sich viel mit den neuesten Erfindungen und Entdeckungen seiner Zeit. Der Verleger HETZEL, mit dem VERNE bis zu dessen Tod eng befreundet war, veranlaßte ihn, „d'écrire le roman de science" (den Roman der Wissenschaft zu schreiben). So begann VERNE im Jahr 1863 mit der Serie „Voyages extraordinaires" (Außerordentliche Reisen). In dieser Reihe erschienen rund hundert Romane von VERNE, die zunächst in dem „Magasin d'Éducation" abgedruckt und anschließend als Buchausgaben herausgebracht wurden. Mehr als dreißig seiner „wissenschaftlichen" Romane, die zum großen Teil *als Vorläufer der späteren „Science Fiction"* anzusehen sind, fanden den Weg in alle Kulturstaaten der Erde und sind bis heute beliebte Lektüre französischer und ausländischer Kinder geblieben. Eine große Anzahl der Romane erlebte Dramatisierungen und Verfilmungen. Die Serie setzte ein mit dem Roman „Cinq semaines en ballon" (1863; dt. Fünf Wochen im Ballon, 1875), der eine Reise durch Afrika im Luftballon zum Inhalt hat. Im zweiten Band „Le Voyage au centre de la terre" (1864; dt. Reise zum Mittelpunkt der Erde, 1882) wird beschrieben, wie ein französischer Wissenschaftler eine Expedition in einen isländischen Vulkan unternimmt und dabei zum Mittelpunkt der Erde vordringt, wo in einem abgesunkenen Meer aus der Urzeit der Erde noch Saurier ihr Unwesen treiben. Bei jungen Lesern besonders beliebt waren „Les enfants du Capitaine Grant" (1867; dt. Die Kinder des Kapitäns Grant, 1882), eine Erzählung, die von der Suche nach einem in der Südsee verschollenen Kapitän handelt. Eine große Anzahl von Erfindungen, die VERNE in seinen utopischen Romanen vorwegnahm, sind inzwischen Wirklichkeit geworden, wie etwa das atomgetriebene Unterseeboot, der Tonfilm, die Reise zum Mond. Die Deutschen kamen in seinen Romanen allerdings nicht gut weg. Während die Helden in VERNES Romanen durchweg französischer Herkunft sind, werden zahlreiche negative Figuren wie der orgelspielende und sauerkrautessende Kapitän Nemo in „Vingt mille Lieues sous les Mers" (1869; dt. 20000 Meilen unter dem Meer, 1878) als Deutsche ausgegeben.

Ein anderer mit VERNE eng befreundeter Mitarbeiter HETZELS war der politisch engagierte J.-FR. PASCHAL GROUSSET (1845—1909), der seine Jugendbücher unter dem Pseudonym ANDRÉ LAURIE schrieb. In den Kampf gegen das „Second Empire" verwickelt und als Teilnehmer der Kommune nach der Niederlage von 1870 verhaftet, wurde der Autor nach Neu-Kaledonien verbannt, von wo er 1874 entfliehen konnte. Nach der allgemeinen Amnestie kehrte er nach Frankreich zurück und wurde dort Deputierter von Paris. Er schrieb vor allem Abenteuerromane mit exotischer Kulisse wie „Le Capitaine Trafalgar" (1886), ein Buch, in dem die Entdeckung einer den Menschen weit überlegenen alten Kultur im unzugänglichen Urwald beschrieben wird. Die meisten seiner Bücher enthalten sozialutopische Züge. In manchem scheint er ein Schüler VERNES zu sein, mit dem er einige Erzählungen gemeinsam verfaßte.

Im Jahr 1894 erschien in der Kinderzeitschrift „Le Petit Journal" (Die kleine Zeitung), die der Verleger BOIVIN herausgab, die Erzählung „Les Cinq Sous de Lavarède" (Die fünf Sous von Lavarède). Als Verfasser wurden H. CHABRILLAT und P. D'IVOI (1856—1915) genannt. Während der Name des ersten, der in Frankreich sehr bekannt war, lediglich als Anreiz für die Käufer dienen sollte, stammte die Erzählung selbst fast ausschließlich von dem noch unbekannten D'IVOI. Der Erfolg der Geschichte war so groß, daß sich der Verleger entschloß, die Erzählung in Buchform herauszugeben. So erschien eine Prachtausgabe in Großformat, in rote Seide gebunden und mit den Illustrationen von L. MÉTIVET, die den für damalige Zeiten hohen

Preis von 12 Francs kostete. Trotzdem wurden in zwei Monaten die 5 500 Exemplare der ersten Auflage restlos verkauft. Die Erzählung besteht aus zwei Teilen: „Le Testament de Jean Richard" (Das Testament des Jean Richard) und „Les Compagnons du Lotus blanc" (Die Gefährten des Weißen Lotus). Die Hauptgestalt der Geschichte ist der junge Journalist Lavarède, der bis über den Kopf in Schulden steckt und von seinem reichen Vetter einige Millionen erbt, unter der Bedingung, daß es ihm gelingt, im Laufe eines Jahres mit nur fünf Sous in der Tasche die Welt zu umreisen. Auch hier wird der Einfluß von VERNE sichtbar, der als erster eine solche zeitlich begrenzte Weltreise zum Thema eines Jugendbuches nahm in „Le Tour du monde en 80 jours" (1873; dt. Die Reise um die Erde in 80 Tagen, 1875). Interessant ist dabei, daß sich D'IVOIS Held der Geschichte keineswegs immer bemüht, die auftretenden Hindernisse mit Ehrbarkeit und in moralischer Verantwortung zu überwinden; er greift vielmehr zu kleinen Tricks, die sich oft am Rande des Kriminellen bewegen, schwindelt sich durch viele Situationen hindurch und hält nur selten, was er verspricht. Wenn auch die Ausgangssituation der Erzählung weit hergeholt erscheint, so gelingt es dem Autor doch, den weiteren Verlauf der Handlung lebendig und spannend zu schildern. Diesem ersten Roman um Lavarède folgte eine Reihe von Fortsetzungsbänden. D'IVOI schrieb fast jährlich ein neues Buch und brachte es bald auf 18 Bände, die, wohl in Analogie zu den „Voyages extraordinaires" von VERNE, unter dem Reihentitel „Voyages excentriques" (Exzentrische Reisen) erschienen. Im Jahr 1903 wurde das Thema Lavarède mit großem Erfolg auf die französischen Bühnen gebracht.

Auch L. BOUSSENARD (1847—1910), der eine große Anzahl Boulevardstücke und Zeitungsromane verfaßte, griff bei seinen die Sprache der Pariser Gassenjungen aufgreifenden Jugendbüchern auf das Thema Weltreise zurück und konnte vor allem mit seiner Erzählung „Le Tour du monde d'un Gamin de Paris" (1883, Weltreise eines Pariser Gassenjungen) großen Erfolg verbuchen.

Während viele Autoren der Epoche sich der Schilderung von Entdeckungsreisen annahmen und in ihre Erzählungen die Errungenschaften der modernen Wissenschaft einbauten, griff der Geschichtsprofessor A. ASSOLANT (1827—86) auf die Vergangenheit zurück, indem er in seinen Jugendbüchern historisches Geschehen und fiktive Handlung geschickt vermischte. Er berichtet von der frühen Besiedlung Nordamerikas (La Vie des enfants aux Etats-Unis, 1859; Das Leben der Kinder in den Vereinigten Staaten), von den Kämpfen Karls des Großen gegen die Mauren (La Mort de Roland, 1861; Der Tod Rolands), aber auch über den Krieg von 1870 (Montluc le Rouge, 1878; Montluc der Rote). Am bekanntesten wurde die Erzählung „Capitaine Corcoran", die 1867 in zwei Bänden erschien. Es ist die Geschichte eines bretonischen jungen Abenteurers, der auf der Suche nach einem verschollenen heiligen Buch der Inder ist und dabei als Verteidiger der Eingeborenen gegen die Engländer kämpft, am Ende die Tochter des Rajah heiratet und Maharadscha wird. Im 2. Band muß der junge Bretone erfahren, daß die eingeborenen Hindus mit den von ihm verkündeten Freiheiten nichts anzufangen wissen und rebellieren. So zieht er sich enttäuscht mit seiner Familie auf eine einsame Insel zurück, ganz in die Nähe jener anderen Insel, auf der sich sein Freund Quaterquem mit seiner Familie angesiedelt hat. Die Geschichte endet mit dem ironischen Hinweis, daß sich die beiden Familien wahrscheinlich im Jahre 1867 bei der Pariser Weltausstellung wiedersehen werden und es zu hoffen sei, daß Corcoran dann noch immer an sein ursprüngliches Vorhaben denken möge, nämlich daran, Indien den Engländern zu entreißen.

O. GLOUX (1818—83), der unter dem Pseudonym GUSTAVE AIMARD schrieb, verfaßte zwischen 1840 und 1885 eine große Anzahl von Abenteuergeschichten aus dem Wilden Westen von Amerika, die sich an COOPER orientierten und die auch im Ausland, vor allem in Deutschland, Verbreitung fanden. Auch L. DE BELLEMARE (1809—52) schrieb unter dem Pseudonym GABRIEL FERRY zahlreiche Abenteuererzählungen im Stile von GLOUX, die vorwiegend in Mexiko spielen.

Die Elsässer E. ERCKMANN (1822—99) und A. CHATRIAN (1826—90), die unter dem Namen ERCKMANN-CHATRIAN bekannt wurden, nahmen sich historische Ereignisse zur Vorlage für ihre Jugendbücher. Sie legten besonderen Wert auf Plaudereien mit ihren jungen Lesern, die sie zwischen die Handlung schalteten, sowie auf die detaillierte und ausführliche Beschreibung von Möbeln, Kleidern, Gebrauchsgegenständen und Interieurs der geschilderten Epochen. Im Rückgriff auf Stoffe aus der Zeit von NAPOLEON I., so vor allem in der Trilogie „Histoire d'un Paysan" (Geschichte eines Bauern), die nach 1870 erschien und neben der Titelerzählung noch die Geschichten „Conscrit de 1813" (dt. Erlebnisse eines Conscribirten des Jahres 1813, 1865) und „Waterloo" (dt. Waterloo 1867) enthält, versuchten die Autoren, der französischen Jugend die Größe der Nation vor Augen zu halten und sie über das Unglück von 1870 hinwegzutrösten. Ihre Bücher zeigen an vielen Stellen nationalistische und chauvinistische Züge.

Im gleichen Stil schrieb J. LAVERGNE (1823—86), die ihr erstes Buch mit 54 Jahren verfaßte. Sie brachte es zwischen 1877 und 1886 auf 18 historische Jugendromane.

L. CAHUN (1841—1900) griff mit Vorliebe auf Stoffe aus der Antike zurück. Der Autor, der in zahlreichen Reisen Libyen, Syrien, Ägypten, Island und Skandinavien kennengelernt hatte, wurde am bekanntesten mit seinem Roman „Les Aventures du Capitaine Magon" (1875, Abenteuer des Kapitän Magon), der den Untertitel trägt „Une Exploration phénicienne, mille Ans avant l'Ere chrétienne" (Eine phönizische Erkundungsfahrt, tausend Jahre vor der christlichen Zeitrechnung). Magon, der im Auftrag des Königs von Tyrus in die Kolonie Tarsis reist, gerät durch den Verrat eines Untergebenen in langdauernde und gefährliche Abenteuer, die den jungen Phönizier bis in die Bretagne und an die Elbe führen.

H. MALOT (1830—1907), zuerst Literaturkritiker und dann selbst Autor, der sich, von BALZAC beeinflußt, dem Realismus zuwandte, schrieb drei Erzählungen für Kinder: „Les Aventures de Romain Kalbris" (1869, Die Abenteuer von Romain Kalbris), „Sans Famille" (1878; dt. Ohne Familie, Bd. 1 u. 2, 1880) und „En Famille" (1893, Im Familienkreis). Am bekanntesten und bis heute beliebt geblieben ist der Jugendroman „Sans Famille". Die Entstehung des zweibändigen Werkes geht auf einen Vorschlag HETZELS zurück, einen Roman zu schreiben, der von der Wanderung eines Kindes durch Frankreich berichten sollte. So entstand die Erzählung „Sans Famille", die vor allem wegen ihrer zeitkritischen Tendenz große Beachtung fand. Rémi, ein Findelkind, wird von einer braven Bäuerin aufgenommen und großgezogen. Als ihr Mann aus Paris zurückkehrt, ist er ärgerlich über den zusätzlichen Esser und verkauft den Jungen für 40 Francs an einen italienischen Musikanten, der mit einigen Tieren als Schausteller durch Frankreich zieht. Für Rémi beginnt damit eine ereignis- und entbehrungsreiche Wanderung durch Frankreich, bis er schließlich seine richtige Mutter, eine reiche Engländerin, ausfindig machen kann. Zwei Merkmale machen das Buch auch noch heute lesenswert: Einmal die treffende Schilderung Frankreichs am Ende des 19. Jh.s mit seinen gegensätzlichen Landschaften, Sitten und Gebräuchen; vor allem aber die Aufdeckung der sozialen Mißstände in der französischen Gesellschaft zwischen 1870 und der Jahrhundertwende, die viele Menschen ohne eigenes Verschulden in Elend und Not geraten ließen, ohne Aussicht auf Hilfe.

Noch stark von den Romantikern beeinflußt zeigte sich eine Gruppe französischer Kinderbuchautoren, die in der 2. Hälfte des 19. Jh.s vorwiegend betuliche Umweltgeschichten und märchenhafte Erzählungen lieferte. Zu ihr gehörten O. FEUILLET (1821 bis 1890), J. SANDEAU (1811—83) und E. BERTHET (1815—91).

Neben dem „Magasin d'Éducation" war „Le Journal de la Jeunesse" (Jugendzeitung) die wichtigste Kinderzeitschrift des späten 19. und angehenden 20. Jh.s. Sie wurde im Verlag Hachette herausgegeben und konnte bereits im Jahr 1912 achtzig umfangreiche Bände mit insgesamt 20 000 Stahlstichen aufweisen. Wie viele andere Zeitschriften stellte sie ihr Erscheinen im Ersten Weltkrieg ein. Obwohl die Herausgeber mit ihrer Kinderzeitschrift ähnliche Ziele wie HETZEL verfolgten, unterschied sich „Le Journal de la Jeunesse" vor allem durch seine weniger auf Technik und Wissenschaft gerichteten Inhalte von dem „Magasin d'Éducation". Man zog die gemütvolle, Kinder zum Schmunzeln anregende Erzählung vor. So wurde das „Journal de la Jeunesse" auch mehr von Mädchen gelesen, während das „Magasin d'Éducation" bevorzugte Lektüre der Jungen bildete. Bekannteste Autoren der im Verlag Hachette erscheinenden Zeitschrift waren der Lehrer J. GIRARDIN (1823—88), der sich mit seinen Umweltgeschichten vor allem an ältere Jugendliche wandte, und A. GIRON (1838—1907), der neben zahlreichen Kindergedichten Erzählungen für Heranwachsende schrieb, in denen erstmalig in der französischen Jugendliteratur das Thema der ersten Liebe zwischen Jungen und Mädchen diskret und psychologisch geschickt in den Mittelpunkt der Handlung gestellt wurde.

In den Jahren vor dem Ersten Weltkrieg mehrten sich die Schriften, die von nationalistischen und chauvinistischen Auffassungen geprägt waren. Zu ihnen gehörten die Erzählungen von G. TOUDOUZE (1847—1904), einem bekannten Bühnenautor, der vorwiegend die napoleonische Ära beschwor; von CH. CAUSSE (1862—1920) und CH. VINCENT (1847 bis 1904), die gemeinsam über 80 nationalistisch gefärbte Abenteuerbücher auf historischem Hintergrund produzierten; von CH. BUET (1846—97), der mit seinem Buch „Les Trois Petits Mousquetaires" (1881, Die drei kleinen Musketiere), das mit einem Vorwort von A. DUMAS dem Jüngeren versehen war, großen Erfolg hatte; von P. L. JACOLLIOT (1837—90), zeitweilig Gerichtspräsident auf Tahiti, dessen Abenteuergeschichten im Stile von K. MAY großen Anklang fanden und dessen Erzählungen „Voyage au Pays des Éléphants" (1876, Reise ins Land der Elefanten) und „Le Coureur des Jungles" (1888, Der Pfadfinder des Dschungels) noch heute aufgelegt werden; von V. TISSOT (1845 bis 1917). Die Schriften der genannten Autoren sind gekennzeichnet durch einen überzogenen Patriotismus und die Gleichförmigkeit, mit der der Mut zum „Risiko" ohne Überdenken der Folgen als wertvollste Charaktereigenschaft eines „echten Jungen" gepriesen wird.

Zwischen den beiden Weltkriegen erschienen zahlreiche Kinder- und Jugendbücher, die durch Mittelmäßigkeit gekennzeichnet sind und die, ohne literarischen oder künstlerischen Anspruch, jungen Lesern Lesefutter bieten wollten. Aus der Masse dieser Autoren sind einige hervorzuheben: vor allem J. DE BRUNHOFF (1899—1937), dessen Bilderbücher den größten Kinderbucherfolg nach dem Ersten Weltkrieg in Frankreich darstellten. BRUNHOFF, Autor und Illustrator zugleich, stellt seinen kleinen Lesern einen Elefantenstaat vor, der die menschliche Gesellschaft mit ihren Sorgen und Schwächen widerspiegelt. Der 1. Band, „Histoire de Babar" (dt. Die Geschichte von Babar, 1947) erschien 1931, ihm folgten „Le Roi Babar“ (1933; dt. König Babar, 1947), „A.B.C. de Babar“ (1934, ABC von Babar), „Les vacances de Zéphir“ (1936; dt. Zephir macht Ferien, 1958), „Babar en Famille“ (1938; dt. Familie Babar, 1958), „Le Voyage de Babar“ (1939; dt. Babar auf Reisen, 1947) und „Babar et le Père Noël“ (1941, posthum). BRUNHOFFS Sohn LAURENT (geb. 1925) führte ab 1945 die Bilderbuchserie seines Vaters mit gleichgroßem Erfolg weiter. Mehrere Bände (z. B. Je parle anglais avec Babar, 1966; Je parle allemand avec Babar, 1966; Je parle espagnol avec Babar, 1966) nutzen die Beliebtheit der Babar-Serie bei Kindern, um diese mit Hilfe dieser Bilderbücher zum Erlernen von Fremdsprachen anzuregen.

Ein anderer Autor und Herausgeber, der für das französische Bilderbuch Weltgeltung errang, ist P. FAUCHER (1898—1967), der, vor allem als PÈRE CASTOR bekannt, 1932 die Bilderbuchserien „Albums du Père Castor“ ins Leben rief. Die Bilderbuchbände, die bis heute den einschlägigen Buchmarkt in französisch sprechenden Ländern beherrschen, werden im Verlag Flammarion verlegt. Die Auswahl der Bilder, die Einheit von Text und Bild und die Harmonie des gesamten Layouts basieren auf pädagogischen Überlegungen. Unter der Direktion von FAUCHER entstand ein Team von Illustratoren, Autoren, Psychologen und Pädagogen, das die Bilderbücher gestaltet. Bis heute sind 350 Bände erschienen. Oft wird das Element des Spiels in die Bilderbücher eingebracht, die sich nicht nur im Anschauen oder Lesen erschöpfen wollen, sondern den Kindern vielfach Anregung für selbständige Aktivitäten bieten. Nach Themenbereichen geordnet, bilden die Bücher Serien wie „Premières Lectures“ (für Leseanfänger), „Secondes Lectures“ (kleine Geschichten für schon Fortgeschrittene), „Albums-jeux“ (Bilderbücher, die Lektüre und Spielmöglichkeiten miteinander verbinden), „Romans des bêtes“ (Bilderbücher, die den kleinen Lesern die Welt der Tiere nahebringen wollen), „Enfants de la terre“ (ein Versuch, den kleinen Lesern die Kinder anderer Völker vorzustellen) usw. Für die letzte Serie wurde FAUCHER 1962 mit dem „Premio Europeo Città di Caorle“ ausgezeichnet. Seit dem Tode von FAUCHER wird das Werk von seinem Sohn FRANÇOIS weitergeführt. Soweit sich FAUCHER selbst als Autor an seinen Bilderbüchern beteiligte, schrieb er unter dem Pseudonym PAUL FRANÇOIS.

Der Nobelpreisträger FR. MAURIAC (1885—1970) schrieb 1933 den viel beachteten Jugendroman „Le Drôle“ (Der originelle Kauz).

A. DE SAINT-EXUPÉRY (1900—44), der im Zweiten Weltkrieg an der französischen Widerstandsbewegung teilnahm und seit der Durchführung eines militärischen Auftrags als Pilot im Juli 1944 verschollen ist, schrieb die Erzählung „Le Petit Prince“ (dt. Der kleine Prinz, 1950), die 1943 veröffentlicht wurde. „Le Petit Prince“ zählt zu den Klassikern der internationalen Kinderliteratur. Die Erzählung besagt, man kann nur mit dem Herzen richtig sehen, denn die wesentlichen Dinge bleiben für die Augen unsichtbar. Die Freundschaft eines anderen Menschen ist es, die den Menschen von seiner Einsamkeit erretten kann.

CH. VILDRAC (1882—1971), Bühnenautor und Kritiker, schrieb für Kinder „L'île rose“ (1924, Die Roseninsel), „La Colonie“ (1930, Die Kolonie) und „Milo“ (1933). Die ersten beiden Bände spielen in einem märchenhaften Land, in dem paradiesische Zustände herrschen. Beide Bände erschienen 1930 unter dem Titel „Das Inselparadies. Ein Roman für Kinder“ in deutscher Übersetzung. Der Band „Milo“ dagegen, der in 80 „Lectures“ unterteilt ist und der im Auftrag des „Syndicat national des instituteurs“ (dem französischen Lehrerverband) entstand, zeigt die Erlebnisse eines Jungen, der auf der Suche nach dem für ihn richtigen Beruf ist und schließlich Schriftsetzer wird. Der Autor versucht, den jungen Lesern klar zu machen, daß auch im Zeitalter der Maschinen und des Fließbandes die individuelle Leistung des einzelnen Menschen im Vordergrund allen Tuns stehen muß.

Wie in den übrigen europäischen Ländern ist auch in Frankreich die Zahl der Kinder- und Jugendbuchautoren nach 1945 unübersehbar geworden. Unter ihnen sind zahlreiche Autoren, die nur gelegentlich einmal ein Kinderbuch verfaßten, das kaum über das Ersterscheinen hinaus bekannt wurde, und andere, die als Vielschreiber schablonenhafte und substanzlose Geschichten liefern. Aus der großen Anzahl dieser Autoren ragen einige wegen der literarischen und künstlerischen Qualität ihrer Bücher oder aber wegen ihres großen Bekanntheitsgrades hervor.

Die aus der Bretagne stammende MADELEINE D'ALENÇON (* 1898), die unter dem Pseudonym MAY D'ALENÇON schreibt, verfaßte rund 30 Kinderbücher mit sehr unterschiedlicher Thematik. Teilweise sind es Geschichten von Berufsanfängern (Polo, le petit marinien, 1958; Polo, der kleine Matrose. — Contes de la petite cafetière, 1961; Geschichten von der kleinen Kellnerin. — Coucou le joyeux Chemineau, 1962; Coucou der kleine Landstreicher), dann aber auch Erzählungen aus der Vergangenheit (Marco Polo, 1963) oder Tiergeschichten (Contes des bêtes amies, 1962; Erzählungen von den Tierfreunden. — Renard roux, 1963; dt. Florian, roter Blitz, 1965). Für das Buch „Renard roux“ erhielt die Autorin 1963 „Le Prix Jeunesse“.

CL. APPELL (* 1921), der auch unter dem Pseudonym PAUL COGAN schreibt, ist Journalist und Redakteur der Zeitschriften „Franc-jeux“ und „Terre de Jeunes“. Seine Geschichten beschränken sich auf die Streiche und Abenteuer von Jugendgruppen (Les cent camarades, 1948; dt. Hundert Kameraden, 1952. — Les Compagnons de Wolfel, 1952; Die Gefährten von Wolfel. — Chambard à

Pontodru, 1957; dt. Viel Lärm um Pontodru, 1958. — Ami en danger, 1965; Freund in Gefahr). In den letzten Jahren befaßt sich der Autor auch mit Sportsachbüchern wie „Automobiles d'aujourd'hui" (1964; Autos heute) oder „15 exploits sportifs" (1965; 15 sportliche Rekordleistungen).

Die Tänzerin und Schauspielerin C. AUBRY (* 1931) verfaßte und illustrierte bisher zehn Kinderbücher, die in der Zeit der Französischen Revolution spielen.

M. AYMÉ (1902—67), der Bankangestellter, Straßenhändler und Platzanweiser in einem Kino war, bevor er mit dem Schreiben begann, verfaßte eine Reihe phantastischer Geschichten, die auch im Ausland sehr bekannt wurden. Unter dem Titel „Contes du chat perché" (dt. Kater Titus erzählt, 1964) erschienen sie zusammengefaßt 1939 bei Gallimard, nachdem sie schon ab 1937 als einzelne Bilderbücher herausgekommen waren. Alle Geschichten, die fast jährlich neu aufgelegt werden, handeln von den Mädchen Delphine und Martinette und ihren phantastischen Erlebnissen mit Tieren. Realität und Phantasie verbinden sich in ihnen zu einer bruchlosen Einheit.

Der 1918 geborene G. BAYARD, Lehrer in Paris, der auch zahlreiche ausländische Kinderbücher ins Französische übersetzte, wurde durch seine „Michel"-Bücher bekannt, die alle den jungen Michel zum Mittelpunkt haben und eine Mischung von Abenteuer- und Detektivgeschichte darstellen. Von 1958 bis 1966 verfaßte BAYARD 29 Bände, darunter 14 der Michel-Serie, die mit „Michel mène l'enquête" (1958; Michel führt die Untersuchung) begann. Alle Michel-Bände wurden auch ins Portugiesische übersetzt.

Ein anderer Lehrer, der 1908 geborene P.-J. BONZON, hat rund 30 Abenteuer- und Detektivgeschichten geschrieben. Teilweise verlegt er seine Abenteuer in die Historie (Le Viking au bracelet d'argent, 1957; Der Wikinger mit dem silbernen Armband), teilweise handeln seine Detektivgeschichten von den Erlebnissen sechs befreundeter Jungen, den „six Compagnons" (Les six Compagnons et l'homme au gant, 1963; Die sechs Gefährten und der Mann mit den Handschuhen. — Les six Compagnons et l'homme des neiges, 1964; Die sechs Gefährten und der Schneemann u. a.). Für die Erzählung „L'Eventail de Seville" (1958; dt. Das Mädchen Juanita, 1959) wurde dem Autor 1958 „Le Grand Prix de la littérature enfantine" verliehen. Die Geschichten beider Autoren, die unter dem Gesetz der Serie oft ins Schablonenhafte abgleiten, werden von französischen Jungen im Alter von 11—13 Jahren bevorzugt gelesen.

Ähnliche Abenteuergeschichten, in denen Historie oft nur die Kulisse für spannende Abenteuer darstellt, finden sich bei L. BOURLIAGUET (1895 bis 1965), der rund 50 Kinder- und Jugendbücher schrieb, von denen einige auch ins Deutsche übersetzt wurden (Pouk et ses loups-garous, 1955; dt. Puck und seine Wölfe, 1957. — La montagne endormie, 1956; dt. Der blaue Strahl, 1959. — On tourne au village, 1962; dt. Blende auf für Wirbelwind, 1965). Sein historischer Jugendroman „Les canons de Valmy" (1963; dt. Die Kanonen von Valmy, 1969), in dem er den jugendlichen Goethe in den Handlungsmittelpunkt stellt, erhielt 1966 den „Premio Europeo Città di Caorle".

Von N. CAPUTO (1904—67), die zuerst Kindergärtnerin, später Lehrerin war, stammen neben theoretischen Schriften zur literarischen Erziehung und Übersetzungen russischer und englischer Kinderbücher ins Französische eine Reihe von Geschichten, die vorwiegend für Vorschulkinder und Schulanfänger gedacht sind, wie „Bagages" (1937, Gepäck), „Jeannot le sot" (1953, Jeannot, der Dummkopf), „Contes des quatre vents" (1954, Geschichten von den vier Winden) oder „Janou le bêtassou" (1966, Janou, das Dummchen). Einige ihrer Erzählungen finden sich in französischen Fibeln und Lesebüchern.

J. MOUSSARD (* 1924), die unter dem Pseudonym JAQUELINE CERVON schreibt, war lange Zeit Lehrerin in Djibouti. Sie hat bis heute etwa zehn Jugendbücher geschrieben, die zumeist Landschaften und Menschen des Somalilandes zum Hintergrund haben und sich durch farbige Wiedergabe der ethnographischen Eigenheiten wie durch ein Gespür für das exotische Klima des afrikanischen Küstenlandes auszeichnen. Am bekanntesten wurden die Bücher „Ali, Jean-Luc et la Gazelle" (1963; dt. Zizou, die kleine Gazelle, 1966), „Sélim, le petit marchand de bonheur" (1966, Sélim, der glückliche kleine Händler) und „Le Coquillage rose de Catissou" (1965, Die rosenrote Muschel von Catissou). Ebenfalls Erzählungen mit exotischer Note verfaßt der Offizier M.-J. SUIRE (* 1908), der unter dem Pseudonym JIM COBBLER bekannt geworden ist und der lange Zeit in verschiedenen ausländischen Besitzungen stationiert war.

A. M. COCAGNAC (* 1924) wurde international bekannt durch seine biblischen Erzählungen für junge Leser, die in der Serie „Arc-en-ciel" (Regenbogen) seit 1963 erscheinen. Eine Reihe davon wurde auch ins Deutsche übersetzt (Noè, 1964; dt. Noe, 1964. — Noël, 1965; dt. Weihnachten, 1965. — Le Paralytique guéri, 1964; dt. Die Geschichte vom lahmen Mann, der geheilt wurde, 1964. — Zachée le publicain, 1963; dt. Zachäus, der Zöllner, 1963).

D. SABRET (* 1925), unter dem Pseudonym DOMINIQUE DARBOIS bekannt geworden, unternahm 1948 ihre erste Reise in das Amazonasgebiet und brachte von dort zahlreiche Photos mit, die sie zu dem Photobilderbuch „Parana, le petit indien" (1953; dt. Parana, der kleine Indianer, 1957) zusammenstellte, dem ersten Band der Sammlung „Les enfants du monde" (Die Kinder der Welt). Bis 1966 veröffentlichte die Verfasserin insgesamt 13 Bildbände, die neben den kleinen Indianern vom Amazonasgebiet Kinder der Chinesen, der Balinesen, der Eskimos, der Mexikaner, der Beduinen, der Japaner, der Inder, der Griechen, der Ägypter und der Russen vorstellen. Außer dem 1. Band wurde im Ausland vor allem „Agossou, le petit africain" (1955; dt. Agossou, der kleine Afrikaner, 1957) verbreitet.

Die 1913 geborene S.-A. DUMONT, die unter dem Pseudonym JAQUELINE DUMESNIL schreibt, verfaßt vorwiegend Abenteuergeschichten, die in Nordafrika und an der Elfenbeinküste spielen. Da sie lange als Lehrerin in Tunis und an der Elfenbeinküste war, versteht sie es, Land und Leute aus eigener Anschauung milieugerecht in die spannenden Handlungen einzubauen. Besonders bekannt wurden ihre Bücher „La Grotte aux perles" (1950; Die Perlengrotte), „Les aventures de Nadia" (1961; Die Abenteuer Nadias) und „Isabelle et son prince" (1965, Isabelle und ihr Prinz). Ihr Buch „Les compagnons du cerf d'argent" (1959, Die Gefährten des silbernen Hirsches) wurde 1959 mit dem „Grand Prix de la littérature enfantine" ausgezeichnet.

M.-M. PETIT (1897—1961), die ihre Bücher unter dem Pseudonym MAD H. GIRAUD verfaßte, schrieb ihren ersten Roman mit fünfzehn Jahren, der dann in der Mädchenzeitschrift „Semaine de Suzette" veröffentlicht wurde. Von 1924 bis 1949 war die Autorin dann selbst Chefredakteurin von „Semaine de Suzette". Sie verfaßte zahlreiche Hörspiele für Kinder sowie Kurzgeschichten für Erwachsene, die sie unter dem Pseudonym JAQUES FABRICE im „Paris-Soir" veröffentlichte. Von ihr stammt die Gestalt des Detektivs Jerry, der auch auf der Bühne und im Fernsehen Eingang gefunden hat (Sir Jerry, detective, 1935; Sir Jerry, der Detektiv. — L'inévitable Sir Jerry, 1940; Der unvermeidliche Sir Jerry. — Jerry dans l'ombre, 1950; Jerry im Schatten. — Sir Jerry et les Philippines, 1950; Sir Jerry und die Philippinen). Vor dem Zweiten Weltkrieg bearbeitete sie mit großem Erfolg eine Reihe internationaler Kinderbuchklassiker (Contes d'Andersen, 1931; Les Mille et une Nuit, 1933; Le Roman de Renart, 1933; Pantagruel, 1933; Gargantua, 1934).

A. GRÉE (* 1936), Autor, Illustrator und Fernsehproduzent, schuf bis 1966 rund 25 Bilderbücher, die sich vor allem an Vorschulkinder und Schulanfänger wenden und diesen einen ersten Einblick in ihre Umwelt geben wollen. Der Illustrator legt besonderen Wert auf deutliche Wiedergabe der wirklichen Umwelt des Kindes. Zahlreiche Bilderbücher von GRÉE erschienen auch im Ausland (La Forêt, 1964; dt. Heidi und Peter im Wald, 1965. — Les Trains, 1964; dt. Heidi und Peter in der Straßenbahn, 1965. — La Ville, 1964; dt. Heidi und Peter in der Stadt, 1965).

Der Mathematikprofessor R. GUILLOT (1900—69), der lange Zeit an einem Gymnasium in Dakar lehrte, war einer der produktivsten Jugendbuchautoren der Gegenwart. Fast alle seine Erzählungen wurden in andere Sprachen übersetzt, viele davon in zehn und mehr. Die internationale Bedeutung des Autors wurde durch die Vergabe des Internationalen Hans-Christian-Andersen-Preises im Jahr 1964 für Guillots Gesamtwerk unterstrichen. Obwohl die Themen seiner über 100 Bücher weit gespannt sind, spielen die meisten Geschichten in noch relativ unberührten Gegenden der Erde wie im Innern Afrikas oder in den Tundren Sibiriens. Vor allem an der vierbändigen „Grichka"-Reihe, die von einem jungen sibirischen Jäger und dessen Abenteuern mit Wölfen und Bären erzählt, wird die Fähigkeit des Autors sichtbar, urwüchsige Charaktere psychologisch stimmig zu erfassen und den Kampf des Menschen mit der noch unerschlossenen Natur spannend darzustellen: „Grichka et son ours" (1958; dt. Grischka und sein Bär, 1959), „Grichka et les loups" (1960; dt. Grischka und die Wölfe, 1961), „Grichka et les turbans jaunes" (1964; dt. Grischkas großes Abenteuer, 1964), „La Marque de Grichka" (1962; dt. Grischka und Ajoki, 1963). Besonderen Wert legte GUILLOT auf die oft handlungsbestimmende Schilderung der Freundschaft zwischen Mensch und Tier. GUILLOT wurde mehrfach mit französischen Kinder- und Jugendbuchpreisen ausgezeichnet (Prix Jeunesse, 1950; Prix Sobrier-Arnould, 1957; Prix Fantasia, 1960).

A. JOURCIN (* 1901), Lehrer in Paris, der auch die Pseudonyme ALBERT JAULGONNE, ANAIS HUBIN und ZABEL benutzt, illustriert seine zahlreichen Bilderbücher selbst. Die meisten seiner Geschichten erzählen von Tieren in der Wildnis oder im Zoo. Sie sind wegen der humorvollen Zeichnungen des Autors bei Kindern sehr beliebt. Am bekanntesten wurden „Plouf et Ploc dompteurs" (1946; Plouf und Ploc als Dompteure), „Jim le Castor" (1952; Jim der Biber), „Papillon l'éléphant" (1952; Der Elefant Schmetterling) und „Les petits Lapins aux Champs" (1954; Die kleinen Kaninchen auf den Feldern).

Seit 1960 erfreuen sich die Erzählungen des Journalisten und Reporters P. LAMBLIN (* 1902) vor allem bei Jungen großer Beliebtheit. Er hatte bis 1965 fünfzehn Erzählungen um die Person des gewitzten Detektivs Jaques Rogy geschrieben.

A. MAHUZIER (* 1907), der eine Reihe ertragreicher Expeditionen nach Afrika, Australien, Venezuela und in den Norden Kanadas leitete, nahm seine Erlebnisse und Entdeckungen zum Thema zahlreicher Jugendbücher, die sich durch wissenschaftliche Exaktheit, großen Informationswert und spannende Erzählweise auszeichnen (Au pays des kangourous, 1954; Im Lande der Känguruhs. — Guaraos du delta de l'Orénoque, 1960; Die Guaraos aus dem Orinoco-Delta).

Die 1925 in Rußland geborene N. MOREL schrieb eine Reihe von Beschäftigungsbüchern, die auch im Ausland großen Anklang fanden (Comment jouer à la Maison, 1954; dt. Wie spiele ich zu Hause, 1956. — Comment jouer quand je suis au lit, 1954; dt. Was spiele ich im Krankenbett, 1956. — Comment jouer les jours de la pluie, 1954; dt. Was spiele ich an Regentagen, 1956).

Obwohl einseitig auf das Thema Bergsteigen festgelegt, erfreuen sich die Jugendbücher des Bergführers G. REBUFFAT (* 1921) großer Beliebtheit. Fast alle Berichte bringen Schilderungen von eigenen Bergbesteigungen (Étoiles et tempêtes, 1955; dt. Sterne und Stürme, 1956. — Cervin, 1965; dt. Das Matterhorn, 1965. — Du Mont Blanc à l'Himalaya, 1956; dt. Zwischen Mont Blanc und Himalaya, 1957).

J.-M. GUILLOT (* 1926), der unter dem Pseudonym GILLES SAINT-CÉRÈRES schreibt, gehört mit seinen Erzählungen, die thematisch sehr weit gespannt sind und von der phantastischen Erzählung über den historischen Jugendroman bis hin zur Umwelterzählung für Leseanfänger und zum Sachbuch reichen, zu den meistgelesenen französischen Kinderbuchautoren der Gegenwart. Er war lange Zeit in der Redaktion des Verlages Larousse tätig und bis 1964 Direktor der Éditions Graphiques Internationales. Internationalen Ruhm erlangte er durch die phantastischen Geschichten „Piou et l'arc-en-ciel" (1960; dt. Pirawayu und der Regenbogen, 1960) und „En questionnant la rivière" (1958; dt. Das Fischlein Fling und seine wundersame Reise ins Sonnenland, 1963).

Weitere Kinder- und Jugendbuchautoren, deren Bücher nach 1945 erfolgreich geworden sind, sind M. GENEVOIX (* 1890), J.-M. GUILCHER (* 1914), J. MARTIN (* 1921), TH. DE MOLÈNES (* 1932), C. MERCIER (Pseudonym COLETTE NAST, * 1913), J. OLIVER (* 1926), L. RAUZIER-FONTAYNE (* 1895), H. ROBITAILLIE (* 1909), J. SABRAN SAINT-MARCOUX (* 1920), R. SIMON (* 1916), COMTESSE MARIE THÉRÈSE DE MARNYHAC (Pseudonym T. TRILBY, 1885—1962), H. VERNES (* 1918) und O. WORMSER (* 1912).

Wie verschiedene Untersuchungen ergeben, *stehen die Comics* bei französischen Kindern *in der Reihenfolge beliebter Lektüre an erster Stelle* (s. u. a. „L'Enfant et les enfants d'aujourd'hiu" enquète pour U.O.C.F. 1971). Die „Bande dessinée", wie die Comics in Frankreich genannt werden, können dort auf eine reiche Tradition zurückblicken. Wenn man von den Vorläufern wie den Bilderbogen von Épinal oder den Bildgeschichten des Schweizers R. TOEPFFER (1799—1846) absieht, war es der Professor der Sorbonne G. COLOMB (1856—1945), der unter dem Pseudonym CHRISTOPHE im Jahr 1895 die „Bande dessinée" in Frankreich einführte. Die Serien, die er begonnen hatte, liefen noch lange nach seinem Tod bis fast zur Gegenwart weiter (La Famille Fenouillard, 1895—1958. — Les Facéties du Sapeur Camember, 1898—1960; Die Possen des Pioniers Camember. — L'Idée fixe du savant Cosinus, 1900—58; Die fixe Idee des Gelehrten Cosinus. — Les Malices de Plick et Plock, 1903—61; Die Bosheiten von Plick und Plock). Die Comics-Bände von COLOMB lesen sich heute wie eine Geschichte des französischen Humors, eines Humors, der auch die nationalen Heiligtümer mit seinen satirischen Seitenhieben nicht verschont. Gleichzeitig ergeben diese Bände eine Geschichte der Entwicklung der Technik des Comic-Zeichnens und der Special-Codes. Die ersten Folgen von COLOMBS Serien hatten noch keinen Text. Erst als COLOMBS kleiner Sohn das Lesen erlernt hatte, setzte der Vater Texte zu den Bildern hinzu.

1905 erschien in der Kinderzeitschrift „La Semaine de Suzette" die von M. LANGUEREAU (Pseudonym CAUMERY, 1867—1941) verfaßte und von J.-P. PINCHON gezeichnete Geschichte eines etwas einfältigen bretonischen Bauernjungen, der in Paris viele komische Abenteuer bestand. Dies war der Beginn der berühmten Serie von „Bécassine". Von der Zeichentechnik her gesehen, steht PINCHON noch auf der Grenze zwischen Bildgeschichte und Comic. Er stellte seine Bilder selten in einen sie einschließenden Rahmen, benutzte aber eine Art Blendentechnik, um seine Leser auf eine bestimmte Stelle aufmerksam zu machen, indem er diese Szenen mit einem Kreis kennzeichnete. In all seinen Zeichnungen kann man die familiäre wie soziale Atmosphäre seiner Epoche entdecken. Seine Bände bieten eine Chronik des französischen Lebens nach der Jahrhundertwende (L'Enfance de Bécassine, 1913; Die Kindheit von Bécassine. — Bécassine en voyage, 1921; Bécassine auf Reisen. — Bécassine nourrice, 1922; Bécassine als Amme. — Les bonnes idées de Bécassine, 1924—57; Die guten Ideen von Bécassine. — Bécassine au pensionnat, 1927—50; Bécassine im Pensionat. — Bécassine fait du scoutisme, 1931—50; Bécassine als Pfadfinder. — Bécassine dans le neige, 1933—50; Bécassine im Schnee). Auch die „Pieds Nickélés" von L. FORTON, die 1908 zum ersten Mal herauskamen, erschienen ursprünglich in einer Kinderzeitschrift, obwohl sie schon bald aufgrund ihrer politischen Anspielungen und ihrer zeitkritischen Note beliebte Lektüre der erwachsenen Franzosen wurden. Neben Serien, die aus Amerika (Tarzan, Mickey Mouse, Flash Gordon u. a.) und solchen, die aus Belgien (Tintin) nach Frankreich kamen, wurden in den 30er Jahren vor allem die Folgen von A. SAINT-OGAN (* 1895) ein großer Erfolg. So erschienen 12 Bände von „Zig et Puce" (ab 1930), 7 Bände von „Prosper l'ours" (ab 1935) und 4 Bände von „Monsieur Piche" (ab 1936). In der Gegenwart hat vor allem die Serie „Astérix" der beiden Partner R. GOSCINNY und A. UDERZO die jungen und alten Leser in Frankreich in den Bann geschlagen und ist längst über den Rhein nach Deutschland vorgedrungen, wo diese Comics-Serie zur Zeit bei den alten wie den jungen Comics-Lesern in der Beliebtheit mit an der Spitze steht.

Organisationen, Förderungsmaßnahmen zur KJL. Überschaut man die Kinder- und Jugendbuchproduktion in Frankreich seit 1811, so ergibt sich folgende Tabelle für die Anzahl der Neuerscheinungen (Les Livres pour les enfants, 1973):

1811	80	1933	250
1836	275	1948	640
1872	270	1960	1495
1890	1000	1965	1448
1900	525	1970	2282

Man erkennt, daß sich in der Epoche um 1890 ein erster Höhepunkt abzeichnet, der erst wieder 1960 übertroffen wird. Man stellt auch fest, daß in den letzten zehn Jahren das Angebot besonders stark gestiegen ist. Das Verhältnis der französischen KJL zum Gesamtbuchangebot läßt sich an einer Tabelle ablesen, die der französische Verlegerverband 1972 veröffentlichte:

	1960	1965	1969	1970
Anteil der Kinderliteratur an der Gesamtbuchproduktion	14 %	10,43 %	7,47 %	7,88 %
Anzahl der erschienenen Titel	11 440	14 138	19 384	21 571
davon Kinder- u. Jugendbücher	1 495	1 448	2 583	2 282
Anzahl der gedruckten Bücher	167 122 000	277 946 000	253 403 000	322 488 525
davon Kinderbücher	34 470 000	31 735 000	45 277 000	40 632 376
Durchschnittliche Auflage pro Titel insgesamt	14 609	16 123	12 725	14 950
bei Kinderbüchern	23 057	21 916	17 529	17 800

Es ergibt sich aus der Tabelle, daß zwar die Anzahl der Kinderbücher zunimmt, daß aber die Kinder- und Jugendbuchproduktion im Verhältnis zur Gesamtproduktion rückläufig ist. Die höheren Auflagen bei Kinderbüchern sind wohl aus der Preiskalkulation zu erklären. Da der Preis möglichst niedrig sein soll, braucht man eine hohe Auflage.

Das Bibliothekswesen ist in Frankreich weniger gut entwickelt als in anderen europäischen Staaten. So gab es 1965 in ganz Frankreich 620 Gemeindebibliotheken in Ortschaften mit mehr als 15 000 Einwohnern. Dazu kamen 79 Bibliotheken im Einzugsbereich von Paris. Eigene Abteilungen für KJL gab es jedoch nur in 60 Gemeindebibliotheken und 20 der Pariser Bibliotheken. Dazu kommen noch eine Reihe von Schulbibliotheken, die zum großen Teil in ihrem Bestand veraltet sind oder sich auf den Unterricht stützende Materialien und „wertvolle" Klassiker beschränken.

Für die *Entwicklung der KJL* in Frankreich gab vor allem die Arbeit des „Conseil de littérature de jeunesse" und des „Centre international d'information et de critique" immer neue Impulse. Beide Institutionen wurden von der belgischen Kinderbuchtheoretikerin und Bibliothekarin J. Cappe in Brüssel gegründet. Nachdem Mme Cappe 1956 verstarb, übernahm A. de Rycke bis zur Gegenwart die Leitung der beiden Institutionen. Durch Herausgabe des Besprechungsorgans „Littérature de Jeunesse", das zwar in Belgien gedruckt, aber in ganz Frankreich vertrieben und gelesen wird, versuchen die beiden Institutionen, Eltern und Pädagogen mit den wertvolleren Neuerscheinungen auf dem Kinderbuchmarkt vertraut zu machen. Daneben werden im französisch sprechenden Belgien wie in Frankreich Ausstellungen von Kinderbüchern und Vorträge organisiert.

Auf Initiative von G. Patte wurde 1963 in Frankreich die Vereinigung „La joie par les livres" gegründet. Die Vereinigung, der führende Kinderbuchtheoretiker, Autoren und Pädagogen angehören — sie sind zum großen Teil identisch mit den Mitgliedern der französischen Sektion des IBBY (International Board on Books for Young People) —, hat sich zur Aufgabe gemacht, „de développer en France les bibliothèques enfantines indépendamment de toute appartenance confessionnelle ou politique" (in Frankreich die Kinderbibliotheken unabhängig von religiöser oder politischer Zugehörigkeit zu fördern). Die Gesellschaft „La Joie par les livres" hat 1965 die Kinderbibliothek von Clamart gegründet. Sie steht unter der Leitung von Mme Patte und zählt wie die zweite große Kinderbibliothek, die 1924 gegründete „L'Heure Joyeuse" in Paris, zu den Pilotbibliotheken, die als Vorbild für das Entstehen weiterer Kinderbibliotheken in Frankreich dienen sollen. Dreimal im Jahr gibt die Vereinigung ein „Bulletin d'analyses" heraus, das den Bibliothekaren bei der Auswahl neuer Kinderbuchtitel helfen soll. Auch die Gesellschaft „Culture et Bibliothèque pour tous", die von der katholischen Kirche ins Leben gerufen wurde, gibt monatlich ein Heft „Livres Jeunes aujourd'hui" heraus. In letzter Zeit werden Rezensionen von Kinder- und Jugendbüchern häufiger in pädagogischen Zeitschriften abgedruckt: von M. Soriano in „Enfance";

M. BERMOND in „L'École des Parents"; J. et R. DUBOIS in „Camaraderie"; G. FINIFTER in „Livres Service Jeunesse", einer Broschüre, die von den Freunden der Schule Decroly herausgegeben wird; B. EPIN in „L'École et la Nation"; M. RAILLON in „Éducation et Développement".

In den großen *Wochenblättern* oder *Tageszeitungen* sind nur selten, meist vor Weihnachten oder Ostern, Kinder- und Jugendbuchrezensionen zu finden. Im *Rundfunk* kommen BERMOND und R. BOQUIÉ wöchentlich mit einer Sendung zu Wort, in der sie „Texte entdecken" wollen, um so den Hörern Zugang zur zeitgenössischen Kinder- und Jugendliteratur zu verschaffen. Ihre Sendungen werden auch von der Welle „France-Culture", die vor allem für das Ausland sendet, unter dem Titel „Le Livre, ouverture sur la vie" gebracht. I. JAN und M. DURAND dagegen wenden sich mit ihrer Sendung „La Ronde des livres" mehr an Fachleute. Im *Fernsehen* werden Kinder- und Jugendbücher kaum erwähnt.

Die Gesellschaft „Lire", in der sich Bibliothekare, Kritiker und Pädagogen auf nationaler Basis zusammengeschlossen haben, gibt jährlich eine Publikation heraus, die von Spezialisten der verschiedenen sich für die KJL engagierenden Institutionen zusammengestellt wird. Seit 1963 organisiert die Gesellschaft „Lire" eine *ständige Ausstellung* von Kinder- und Jugendbüchern, die als Wanderausstellung durch die Gemeinden Frankreichs geht und die inzwischen in rund hundert Gemeinden mit großer Publikumsbeteiligung gezeigt worden ist.

In Frankreich existieren zahlreiche *Preise*, die regelmäßig für Kinder- und Jugendbücher vergeben werden. Seit 1954 wird „Le Prix jeunesse" verliehen. Er wird von dem „Centre de documentation jeunesse éducation" ausgerichtet und kann nur nicht veröffentlichten Manuskripten von Kinder- und Jugendbüchern zugesprochen werden, die keine politischen oder religiösen Themen behandeln. Die ständige Jury setzt sich aus Schriftstellern und Wissenschaftlern zusammen.

Der „Prix Sobrier-Arnould" wird jährlich von der Académie Française erteilt. Er geht an die beiden besten Kinder- oder Jugendbücher mit belehrendem oder moralischem Inhalt. Die Autoren müssen aus Frankreich stammen.

„Le Grand Prix de la littérature enfantine du Salon de l'enfance", der mit einer Summe von 5 000 Francs verbunden ist, wurde 1953 gestiftet. Er wird jährlich für ein Manuskript in französischer Sprache verliehen, das von den Verlegern eingereicht werden muß. Die Jury besteht aus zehn Schülern, die jährlich unter den Schülern der Académie de Paris ausgewählt werden. Im jährlichen Wechsel kommen jeweils zehn Mädchen oder zehn Jungen zum Zuge.

„Le Prix de la Joie par le livre" wurde 1958 gestiftet und wird jährlich von der Bibliothek „La Joie par les livres" in Rennes vergeben. Die Jury setzt sich aus sieben Jungen und sieben Mädchen im Alter von 12—15 Jahren zusammen, die in dem jährlichen Wettbewerb der Bibliothek die meisten Pluspunkte sammeln konnten. Ausgezeichnet werden Bücher, die im Laufe des vergangenen Schuljahres erschienen sind.

„Le Prix des Treize" wurde 1966 von der „Union nationale des Parents d'élèves" gestiftet. Die Jury setzt sich aus 13 Persönlichkeiten des Öffentlichen Lebens zusammen.

Seit 1970 wird der „Prix Charles Perrault" auf Initiative von SORIANO von der „Union internationale des livres pour la jeunesse" verliehen. Vorsitzender der Jury ist Prof. SORIANO. Es wird jeweils ein Buch ausgezeichnet, das durch seine literarische Qualität, aber auch durch seine Gesamtausstattung aus dem Angebot des Jahres herausragt.

Der „Prix Fantasia" wird seit 1955 jährlich für ein in französischer Sprache geschriebenes Manuskript zu einem Kinderbuch vergeben, das sich an 6—15jährige Jungen und Mädchen richtet. Das Thema ist freigestellt, doch muß das Buch frei von politischen oder konfessionellen Tendenzen sein. Der Preis wird von der „Groupe Paris-Lyon" verliehen, die organisatorische Ausrichtung übernimmt der Verlag Magnard. *Helmut Müller*

→ Astérix, → Aufklärung, → M. Aymé, → Babar, → G. Basile, → Fr. J. Bertuch, → J. de Brunhoff, → L. de Brunhoff, → A. M. Cocagnac, → A. Cosmar, → Fr. de Fénelon, → St. de Genlis, → P. Hazard, → J. de La Fontaine, → J.-M. Leprince de Beaumont, → Märchen, → Ch. Perrault, → J. J. Rousseau, → A. de Saint-Exupéry, → S. de Ségur, → Telemach, → J. Verne

Sekundärliteratur: N. Caputo: De quatre à quinze ans. Guide de lectures (1968). — J. Despinette: Enfants d'aujourd'hui, livres d'aujourd'hui (1972). — Dictionnaire des écrivains pour la jeunesse, auteurs de langue française (1969). — P. Hazard: Les livres, les enfants et les hommes (1932; dt. Kinder, Bücher und große Leute, 1952). — I. Jan: La littérature enfantine (1969, ^{2}1973); Essai sur la littérature enfantine (1969). — Les livres pour les enfants (1973). — S. Mayence: Lectures enfantines. Les illustrés pour enfants (1964; zus. mit M. Gibon). — J. Roche-Mazon: Autour des contes de fées. Recueil d'études (1968). — J. Mistler: La librairie Hachette de 1826 à nos jours (1964). — M. Soriano: Guide de la littérature enfantine (1959); Les contes de Perrault, culture savante et traditions populaires (1968). — J. de Trigon: Histoire de la littérature enfantine (1950). — M. L. Vergnes: Les bibliothèques pour enfants (1951). — Yale French Studies. The child's part (43. 1969).

Frasconi, Antonio

*Maler, Illustrator u. a. von Bilderbüchern (Holzschnitt); * 29. 4. 1919 Montevideo/Uruguay.*

F., Sohn italienischer Eltern, wuchs zweisprachig auf. Seine künstlerische Ausbildung erhielt er im „Circulo de Bellas Artes" in Montevideo. Neben politischen Karikaturen spezialisierte er sich in seiner Freizeit u. a. auf Holzschnitt, dem er sich von 1943 an fast ausschließlich widmete. Ein Stipendium brachte ihn 1945 in die USA (zunächst New York City, später South Norwalk, Connecticut), wo er sich niederließ. Weitere Stipendien folgten, u. a. das der Guggenheim Foundation für Illustrationsarbeiten zu F. GARCIA LORCA und W. WHITMAN. Inzwischen wurden seine Holzschnitte auch in verschiedenen Bereichen der Werbung erfolgreich. Mehr als 50 Ausstellungen in den USA, Lateinamerika, Mexiko und Europa und mehrere Preise würdigten seine Arbeiten.

Werk, Tendenzen, Wirkung. F. zeichnete schon als Kind und lernte an sich selbst die Problematik kennen, mit italienischen und spanischen Kenntnissen in einem englischsprechenden Lande voranzukommen. So schuf er in den USA für seine eigenen Kinder Bilderbücher, die wie sein erstes Buch „See and say" (1955), das seine eigene mehrsprachige Erfahrung spiegelt, außerordentlichen Erfolg hatten. Durch monumental gehaltene, mehrfarbige Holzschnitt-Illustrationen in Bilderbüchern lieferte er dem modernen Bilderbuch einen wichtigen Beitrag. Die Mehrsprachigkeit seiner sehr elementar gehaltenen Arbeiten bietet neben dem optischen Reiz für Kinder einen spielerischen Lernprozeß an. F. nutzte bei seinen Büchern die ABC-Methodik, das Kettengedicht mit seinen wiederholenden Passagen, folkloristische Reime und Lieder.
Auch typografisch sind F.s Bilderbücher Pionierleistungen, da er die Buchstaben zu seinen Holzschnitt-Tafeln selbst entwarf. Von seiner überzeugenden und einfachen Methodik, Motive und Inhalte mehrsprachig verständlich zu machen, wird bei uns leider kaum Gebrauch gemacht, etwa um Verständigungsschwierigkeiten für Gastarbeiterkinder zu verringern, bzw. das Erlernen der weiteren Sprache zu erleichtern. *Horst Künnemann*

Werke: See and say (1955); The house that Jack built (1958); The snow and the sun (1961); See again, say again (1964).
Ill.: Twelve fables of Aesop (1954).

Sekundärliteratur: K. Taylor: Antonio Frasconi (in: Graphis. 77. 1958. 218—232). *IJB*

Fredebeul & Koenen KG. Verlag

Essen-Werden. Derzeitiger Leiter: Dr. A. Fischer (* 1915).
Hauptsächliche Verlagsgebiete im Bereich der Kinder- und Jugendliteratur: Kath. Katechese in Heftform und Bilderbüchern, Erzählungen, insbesondere zu biblischen Themen, über Heilige und Persönlichkeiten aus der Geschichte; ferner Märchen.
Autoren: J. Büchner, H. Fischer, A. Müller-Felsenburg, B. Senger, W. Schmitz-Bunse, J. Wisdorf u. a.
Illustratoren: J. Hohmann, A. Oehlen, P. Reding u. a.
Verlagsgeschichte. A. Fredebeul (1833—93) und H. Koenen (1841—99) gründeten den Verlag im Jahre 1866. Seine Publikationen dienen vor allem der rel. Unterweisung, die sich in erster Linie an kath. Christen richtet.

Freyhold, Karl F. Edmund von

*Maler (bes. Aquarell), Gestalter von Bilderbüchern; * 8. 7. 1878 Freiburg/Brsg., † 25. 5. 1944 Zähringen.*

F.s Studien an der Karlsruher Akademie (1898) folgten häufige Studienreisen, bes. nach Paris, die ihren stilistischen Niederschlag fanden in der Anlehnung an die franz. Schule des Impressionismus (CEZANNE, RENOIR). Die Öffentlichkeit wurde zum ersten Mal auf ihn aufmerksam durch seine Mitwirkung an R. DEHMELS Sammelband „Buntscheck" (Köln 1904). Den Katalog seines Œuvres erstellte TH. REINHARDT, Winterthur.

Werk, Tendenzen, Wirkung. Die dem „Buntscheck" folgenden eigenen Produktionen nennt F. einfach „Bilderbücher". Die Bände „Tiere" (12 farbige Blätter ohne Text, bei Schaffstein in Köln 1905 erschienen) und „Sport und Spiel" (12 farbige Tafeln ohne Text, 1906) sind durchgestaltet vom Einband, Vorsatzpapier bis zum Titelbild. Von den Bilderfolgen geht eine ruhige Erzählwirkung aus. Da F. voraussetzt, daß das Vorschulkind zusammen mit dem Erwachsenen die Bildgeschichte liest, legt er besonderen Wert auf reiche Details. Die Farben — zarte Pastelltöne — sind in ihrer Zuordnung auf erzieherische „Wirkung durch Kunst" angelegt. Hier macht sich der Einfluß der Kunsterziehungsbewegung auf F. geltend. In seiner Vorliebe für pflanzenhafte Motive und für Ornamentik finden sich Elemente des Jugendstils.
1905 erschien ebenfalls Band I der Malbücher, der 7 Blätter umfaßt, von denen eines farbig als Muster angelegt ist. 1910 kam bei Bruno Cassirer in Berlin das „Osterbuch" heraus, das 16 farbige Illustrationen zu Versen von CHR. MORGENSTERN enthält; unter dem Titel „Hasenbuch" wurde es 1960 als Inselbuch Nr. 707 in einer verkleinerten Ausgabe neu verlegt.
F. hat einen eigenen unverwechselbaren Bilderbuchstil geschaffen: Kinderpoesie im farbigen Bild (korrespondierend zu Kinderpoesie in Vers und Erzählung der Romantik), wobei das Spielerische der wichtigste Bestandteil ist. *Maria Voigt*

Ill.: R. Dehmel (Hrsg.): Der Buntscheck (1904); K. F. v. Freyhold: Bilderbücher. Band: Tiere (1905); K. F. v. Freyhold: Bilderbücher. Band: Sport und Spiel (1906); K. F. v. Freyhold: Malbücher (Nr. 1. 1905; Nr. 2. 1907); Chr. Morgenstern: Osterbuch (1910).

Sekundärliteratur: E. Schur: Vom modernen Bilderbuch (in: Zeitschr. f. Bücherfreunde. NF. 1. 1909/10. 317—323).

Karl F. v. Freyhold: Osterbuch. Verse von Christian Morgenstern (Berlin 1908). „Getanzt wird hier mit Eleganz und Schellenklang der Eiertanz".

Freytag, Gustav

*Schriftsteller, Kulturhistoriker; * 13. 7. 1816 Kreuzberg/Schlesien, † 30. 4. 1895 Wiesbaden.*

F. war von 1839—44 Dozent an der Universität Breslau, lebte dann in Dresden und Leipzig und gab mit Freunden die national-liberale Zeitschrift „Die Grenzboten" (bis 1870) heraus. 1854 veranlaßten ihn politische Differenzen, beim Herzog von Coburg Schutz zu suchen. In den darauf folgenden Jahren erschien der schnell bekannt gewordene Roman „Soll und Haben" (1855 u. 56) und die erzählerisch aufgelockerte und durch Quellen unterbaute Kulturgeschichte „Bilder aus der deutschen Vergangenheit" (1859—62). 1867—70 war F. Vertreter der national-liberalen Partei im Norddt. Reichstag, 1871—1873 Mitarbeiter der Zeitschrift „Im neuen Reich". Als Krönung seines Schaffens wird allgemein die Romanreihe „Die Ahnen" (1874—81) angesehen, „die dichterisch geschaute Geschichte eines deutschen Geschlechts von der germanischen Frühzeit bis zur Gegenwart", das die „Bilder" überhöhende „poetische Epos der vaterländischen Geschichte" (E. Ermatinger).

Werk, Tendenzen, Wirkung. Die volkserzieherisch ausgerichtete großbürgerliche Einstellung F.s, die sich im Lobpreis redlich-tüchtiger Erwerbsarbeit zur Stärkung des Nationalgefühls niederschlug, machten ihn zu einem der geistigen Repräsentanten des bürgerlichen Selbstgefühls seiner Zeit.

Auf dem Wege der Nachwirkung wurde F. mehr und mehr zum „Bildungsklassiker" aufstrebender kleinbürgerlicher Kreise, vor allem in der Weimarer Zeit. In jenen Jahren findet man F.s Namen auch in verschiedenen Ganzschriftenreihen (u. a. Auszüge aus den „Bildern" in „Aus deutschem Schrifttum" bei Beltz und in „Hirts Deutscher Sammlung" bei Hirt,

aus „Ingo", dem besten Buch der „Ahnen"-Reihe, in „Deutsche Jugend" und „Schaffsteins Blauen Bändchen"). Auch heute wird F. gelegentlich noch zur Klassenlektüre empfohlen und in Schülerbüchereien bereitgestellt.
F. sah nach seinen eigenen Worten seine schriftstellerische Aufgabe darin, „das Verhältnis des einzelnen Menschen zu seinem Volke" darzustellen; dabei suchte er in allzu optimistischer Vereinfachung „die Einwirkung der Gesamtheit auf den Einzelnen und das, was jeder Einzelne durch seine Lebensart abgibt", aufzuweisen. Er vertrat die aus antirationalistischem und aus romantischem Denken abgeleitete Theorie von der „Volksseele" als einer „höheren geistigen Persönlichkeit", die in geheimnisvoller Wechselwirkung zum individuellen Wollen steht. Die aus der Konstanz des Volkscharakters entspringende relative Unfreiheit und Gebundenheit des Individuums liberalisiert sich nach F. aber zunehmend beim Menschen der neuen Zeit. F. ist den Professoren-Dichtern der 2. Hälfte des 19. Jh.s, wie auch F. Dahn und G. Ebers, zuzurechnen, die geschichtsphilosophische, nationalerzieherische und kulturhistorische Prinzipien in dichterische Formen einzukleiden suchten. Dabei vermochten sie aber nur unzulänglich, ihren außerkünstlerischen Absichten dichterische Gestalt zu verleihen. Sie erschöpften sich weitgehend im Nachempfinden größerer Vorbilder. Es ist heute leicht, F.s zeitweilige sprachliche Sterilität, die Unglaubwürdigkeit in der Charakterisierung vieler seiner Gestalten, wie überhaupt seine künstlerische Unproduktivität zu entlarven. Indessen hat Th. Fontane schon zu Lebzeiten F.s Schwächen aufgedeckt; er nannte sein Werk „trokken und ledern und mehr historische Konrektors- als Dichter-Arbeit". *Hermann Bertlein*

Werke: Soll und Haben (Bd. 1—3. 1855 u. 56); Bilder aus der deutschen Vergangenheit (Bd. 1—4. 1859—62); Die verlorene Handschrift (1864); Die Ahnen (Bd. 1—6. 1874—81); H. M. Ester (Hrsg.): Gesammelte Werke (Bd. 1—12. 1886—88).

Sekundärliteratur: G. Freytag: Erinnerungen aus meinem Leben (1887). — H. Lindau: Gustav Freytag (1907). — F. Seiler: Gustav Freytag (1898). — H. Zuchhold: Gustav Freytag (1926). *IJB*

Friebel, Ingeborg

*Kinderbuchillustratorin; * 14. 4. 1925 Schulzendorf b. Berlin.*

Von 1947—52 studierte F. an der Hochschule für bildende und angewandte Kunst in Berlin. Neben gelegentlichen Illustrationen für Zeitschriften und Entwürfen für Briefmarken betätigt sich F. aufgrund des Erfolges ihrer Diplomarbeit, dem Bilderbuch „Lustig in die Badewanne", hauptsächlich als Kinder- und Jugendbuchillustratorin. Bei den vom Ministerium für Volksbildung veranstalteten Preisausschreiben zur Förderung der sozialistischen Kinder- und Jugendliteratur wurden ihre Illustrationen mehrmals prämiert. So erhielt sie 1952 für das Bilderbuch „Lustig in die Badewanne" den 1. Preis, 1955 für die Illustration zu L. Hardels „Otto und der Zauberer Faulebaul" und 1959 für ihre Illustrationen zu F. Fühmanns „Vom Moritz, der kein Schmutzkind mehr sein wollte" jeweils den 2. Preis.

Werk, Tendenzen, Wirkung. F. ist eine sehr produktive Illustratorin. Die Qualität ihrer Illustrationen ist häufig von der des ihr zur Verfügung stehenden Textes abhängig. So kann bisweilen der Eindruck entstehen, als wären Einzelbilder nur durch den Text zusammengekittet, u. a. in den reißfesten Starkpappebänden für Vorschulkinder „Sonne, Sonne scheine" (1964), „Sechs in einem Ring" (1960), „Drei Hasen im Schnee" (1961), „Unser Kullerball" (1963), wohingegen in anderen Werken, wie z. B. in „Lustig in die Badewanne", einem textlosen Bilderbuch, durch eine einheitliche bildnerische Aussage Bilder logisch aneinander geordnet werden. F. arbeitet mit einem differenzierten, wenn auch begrenzten Repertoire an graphischen Strukturen. So hat sie persönliche ‚Kürzel', z. B. für Gras und Laub, entwickelt, die sie nach graphischen Gesetzmäßigkeiten miteinander kombiniert, die aber auch zum Teil klischeehaft in Büchern von unterschiedlicher Aussage auftreten wie z. B. „Vom „Springinkel und den goldenen Kühen" (1958, Text von A. Geelhaar), „Vom Moritz, der kein Schmutzkind mehr sein wollte" (1959, Text von Fr. Fühmann) und „Gnugu. Eine Geschichte aus Afrika" (1961, Text von G. Feustel). Sehr häufig sind diese graphischen Strukturen von einer teilweise starken Farbfläche hinterlegt, so daß der Eindruck modischer Gebrauchsgraphik aus den 50er Jahren entsteht.
Daneben setzt die Illustratorin auch graphisch-malerische Wischtechniken ein, wie z. B. den spröden Strich eines Aquarellstiftes und wolkig weiche Farbflächen, die teilweise durch Überlavierung der Lineaturen entstanden sind. Beispiele hierfür sind die Bilderbücher „Katrinchen" (1961, Text von Feustel) und „Der kleine Kapitän" (1957, Text von W. Krumbach). Ein charakteristisches Beispiel für das Text-Bild-Verhältnis in F.s Bilderbüchern ist „Jonas und die Flunder Fanny" (1967, Text von K. Pieper). Doppelseitige Bildtafeln wechseln mit Vignetten. Die Kontur der Gegenstände steht oft vor dem weißen Hintergrund des Papiers, der Raum für eine sehr klar gegliederte Typographie bietet. In „Zappel und die Zauberzahlen" (1966, Text von B. Tenzler) wird der überschaubar gesetzte Text durch gezeichnete Zahlenstreuungen wirkungsvoll kontrastiert. Der Charakter der Bilder in „Otto und der Zauberer Faulebaul" (1956) ist rein malerisch. Die Konturen ergeben sich nur aus dem Kontrast der pastig neben- und übereinander gesetzten Farben. Strukturen und eine immer wieder in die

Fläche gedrückte Plastizität erreicht sie bei ihren durchkomponierten Bildern durch differenzierte Verwendung gleicher Helligkeiten bei verschiedenem Farbvaleur. *Klaus-Rüdiger Werner*

→ Fr. Fühmann, → L. Hardel

Ill.: I. Friebel: Katja und Martin und die acht lustigen Stunden (1951); I. Friebel: Lustig in die Badewanne (1953; NA. 1959, ^{5}1967); L. Hardel: Der freche Max (1953, ^{12}1969); L. Hardel: Das schüchterne Lottchen (1953, ^{10}1966); G. Feustel: Uli und sein Schweinchen Jo (1954); H. Fiedler: Elke und der Blumentopf (1954, ^{2}1959); G. Feustel: Mäuse, Tränen und ein Stubenzoo (1955); H. Fiedler: Fips schlägt Alarm (1955, ^{2}1957); L. Hardel: Max und Lottchen in der Schule (1955, ^{7}1968); H. Lind: Marianne hat einen Vogel (1955, ^{4}1958); A. Probst: Schulgeschichten (1955, ^{7}1961); L. Hardel: Otto und der Zauberer Faulebaul (1956, ^{2}1959); A. Geiger-Hof: Das Fischerkind (1957); L. Hardel: Die Sache mit dem Echo (1957, ^{5}1966); H. Buchmann: achtung: do meldet . . . (1957); W. Krumbach: Der kleine Kapitän (1957, ^{3}1960); A. Geelhaar: Vom Springinkel und den goldenen Kühen (1958); G. W. Pijet: Abenteuer am Kattegat und andere Erzählungen (1958); W. Püschel: Die Nacht in der Mühle (1958); F. Fühmann: Vom Moritz, der kein Schmutzkind mehr sein wollte (1959, ^{6}1967); A. Geelhaar: Andreas mit der Schulmappe (1959, ^{2}1966); W. Krumbach: Meine Puppenkinder (1959, ^{2}1962); A. Geelhaar: Sechs in einem Ring (1960, ^{2}1962); G. Feustel: Martin und die Wiesenpieper (1960, ^{3}1962); F. Fühmann: Die Suche nach dem wunderbunten Vögelchen (1960, ^{6}1969); A. Geelhaar: Drei Hasen im Schnee (1961, ^{7}1968); G. Feustel: Gnugu. Eine Geschichte aus Afrika (1961, ^{2}1962); G. Feustel: Katrinchen (1961, ^{3}1966); H. Fiedler: Schönen Tag, Soldat (1961, ^{3}1964); K. Pieper: Die große Reise des kleinen Jonas (1962, ^{2}1964); B. Kostjukowski: Die Fahrt zur Sonne (1962, ^{2}1963); R. Krenn: Püschel auf dem Feld (1962, ^{2}1964); W. Krumbach: Unser Kullerball (1963, ^{5}1967); G. Karau: Anne ist ein Sonntagskind (1963, ^{2}1964); I. Friebel: Sonne, Sonne scheine (1964, ^{3}1966); O. Hofman: Das Märchen von der alten Straßenbahn (1964, ^{2}1966); L. Hardel: Die acht Raben (1964, ^{5}1972); G. Karau: Trubel um Anne (1964); B. Kostjukowski: Wo versteckt sich die Sonne? (1965); W. Krumbach: Teddy Klaus (1965, ^{5}1970); B. Tenzler: Zappel und die Zauberzahlen (1966, ^{3}1972); K. Pieper: Jonas und die Flunder Fanny (1967).

Sekundärliteratur: C. Geheeb: Unser Porträt: Ingeborg Friebel (in: Börsenblatt/Leipzig. 49. 1958. 800—801).

Friedrich-Bödecker-Kreis e. V.

Gemeinnützige, parteipolitisch und konfessionell unabhängige „Arbeitsgemeinschaft für Buch, Film und Fernsehen".

Der F.-B.-K., eine politisch und konfessionell nicht gebundene Vereinigung, wurde 1954 in Hannover durch den Lehrer Fr. Bödecker (1896—1954) gegründet. Der F.-B.-K. will geistige Jugendhilfe leisten. Im Mittelpunkt der Arbeit steht das Bemühen um das Kinder- und Jugendbuch und seine Leser. Buchausstellungen, Lese- und Plakatwettbewerbe, Verteilung von Empfehlungsverzeichnissen, Informations- und Beratungsstände auf Hausfrauenmessen und ähnlichen Einrichtungen, Vorträge vor Eltern, Studenten, Pädagogen gehören zur Arbeit des Kreises. Die augenfälligste Öffentlichkeitsarbeit des F.-B.-K. ist die Veranstaltung von Autorenlesungen in Schulen, Büchereien, Jugendheimen und Elternkreisen im Lande Niedersachsen. Von 1960 bis 1969 haben allein in Niedersachsen 3 100 Lesungen stattgefunden. Der F.-B.-K. wird von öffentlicher und von privater Seite unterstützt. Seine Arbeit erstreckt sich seit 1968 auch auf das Bundesland Hessen, seit 1970 ebenso auf das Bundesland Nordrhein-Westfalen (selbständige Landesverbände). In anderen Bundesländern werden eigene Landesstellen angestrebt. Er arbeitet eng zusammen mit zahlreichen Organisationen und Verbänden. Die Geschäftsstelle befindet sich in Hannover (1970: 1. Vorsitzender H. Bödecker).

Friedrich-Gerstäcker-Preis

Zum Andenken an den Weltreisenden und Schriftsteller Fr. Gerstäcker (1816—72), der seine Jugend und die letzten Jahre seines Lebens in Braunschweig verbrachte, stiftete die Stadt 1947 den Friedrich-Gerstäcker-Preis, der 1962 erstmals vergeben wurde. Der mit 3 000 DM dotierte Preis wird in einem Turnus von 2 Jahren einem deutschsprachigen Schriftsteller für ein Buch verliehen, das nicht älter als 3 Jahre sein soll und in einer fesselnden Darstellung Jugendliche an Erlebnissen in der weiten Welt teilhaben läßt. Die Jury besteht aus dem Kulturdezernenten der Stadt Braunschweig bzw. seinem Vertreter, dem Inhaber des Lehrstuhls für Deutsche Sprache und Literatur an der TH Braunschweig, einem in Niedersachsen lebenden Schriftsteller sowie aus je einem Mitglied der VJA (Vereinigte Jugendschriften-Ausschüsse), der GEW (Gewerkschaft Erziehung und Wissenschaft) und der Literarischen Vereinigung Braunschweig. Die Geschäfte der Jury führt das Kulturamt der Stadt Braunschweig, dem die Vorschläge für die Preisträger und die Prüfungsexemplare der Werke einzureichen sind. Die Jury ist bei Anwesenheit von wenigstens der Hälfte ihrer Mitglieder beschlußfähig. Die Entscheidung erfolgt auf der Basis der einfachen Mehrheit. Der Preisträger wird im Rahmen einer Feier durch den Oberbürgermeister verkündet. Als äußere Zeichen der Preisverleihung werden dem Autor eine Urkunde und eine Plakette überreicht. Den Preis erhielten: 1952 K. Lütgen, 1954 Fr. Mühlenweg, 1956 H. Baumann, 1958 E. Wustmann, 1960 H. Kaufmann, 1962 K. R. Seufert, 1964 H. Plate, 1966 K. Fr. Kohlenberg, 1968 L. Welskopf-Henrich, 1970 Chr. Hagen, 1972 K. Lütgen. *Rudolf Raab*

→ Fr. Gerstäcker

Fröbel, Friedrich

*Bedeutendster Pädagoge der Romantik, Gründer des Kindergartens, Verfasser von Kinderliedern; * 21. 4. 1782 Oberweißbach/Thüringer Wald, † 21. 6. 1852 Marienthal b. Liebenstein/Thüringen.*

Mit 22 Jahren wurde F. Erzieher an der Grunerschen Musterschule zu Frankfurt a. M. und entschloß sich während dieser Tätigkeit zur pädagogischen Arbeit als Lebensaufgabe. Nach 3 Jahren Hauslehrertätigkeit in der Familie VON HOLZHAUSEN führte er sein aus finanziellen Gründen 1804 abgebrochenes Studium in Göttingen und Berlin fort. 1817 gründete er ein Landerziehungsheim („Allgemeine deutsche Erziehungsanstalt") in Keilhau/Thüringen. Seine Grundsätze faßte er dort in seinem Hauptwerk „Die Menschenerziehung, die Erziehungs-, Unterrichts- und Lehrkunst" (1826) zusammen. Nach vielseitiger pädagogischer Tätigkeit in der Schweiz (1831—36) nach Deutschland zurückgekehrt, widmete er sich ganz der Kleinkindpädagogik, baute die „Spielpflege" aus und gründete in Blankenburg/Thüringen 1838 eine „Pflege-, Spiel- und Beschäftigungsanstalt" für Kleinkinder, der er 1840 den Namen „Kindergarten" gab. Er bildete Mädchen und Frauen in Kursen zu Erzieherinnen aus und schuf 1849 in Liebenstein die „Anstalt für allseitige Lebenseinigung" (Grundlegung des Berufs der Kindergärtnerin), die er 1850 in das Schlößchen Marienthal verlegte. Auf zahlreichen Reisen verbreitete F. in Vorträgen, Kursen und Gesprächen seine damals umwälzenden Gedanken der Kleinkindererziehung und gewann Mitarbeiter und Mitarbeiterinnen, die sein Werk fortsetzten.

Lebens- und Denkgrundlage. F.s Lebens- und Denkgrundlage beruht auf einer romantisch-mystischen Auffassung des menschlichen Seins, das seinen Ursprung in der „ewig seienden Einheit" (d. i. Gott) habe, sich nach „einem ewigen Gesetz" entfalte, die Gliedschaft mit dem göttlichen Alleben im Irdischen erkennen und darstellen müsse und sich in „allseitiger Lebenseinigung" (= Bewußtwerden der Urgesetzlichkeit und Verlangen nach Einheit mit Natur, Menschheit und Gott) vollende. Aus dieser Grundlegung leitet F. ein dreifaches Streben des menschlichen Geistes ab: es zeigt sich in der Erforschung der Natur, im Erheben zu Gott und im Hinabsteigen in sich. Dieses Streben so zu fördern, daß der Mensch seiner „unableitbar individuellen" Wesenheit entsprechen könne, sieht F. als Aufgabe der Erziehung. In einem solch ganzheitlich-harmonischen, aber weitgehend ungeschichtlichen Verständnis vom Menschen und seiner Erziehung ist der Gedanke einer „Mütterschule" (Kinder- und Familienstube) tief verankert. F. hat hierin zweifellos Anregungen von J. A. COMENIUS und vor allem von J. H. PESTALOZZI empfangen, diese aber unter starker Betonung des Schöpferischen in den kindlichen Kräften in seiner Weise weitergedacht.

Kinderspiel und Kinderlied. Das genannte dreifache Streben zeigt sich für F. vor allem in der Selbsttätigkeit (dem Spiel) des Kleinkindes noch als Einheit. Dieser Tätigkeits- und Gestaltungsdrang, in dem F. das unmittelbar Göttliche im Menschen ausgedrückt sieht, soll durch Spielgaben, Bewegungs- und Darstellungsspiele und durch Kinderlieder geleitet werden. Seine 1844 erschienenen „Mutter- und Kose-Lieder" („Kommt, laßt uns unsern Kindern leben!" Mutter- und Kose-Lieder, wie auch Lieder zu Körper-, Glieder- und Sinnenspielen. Zur frühen und einigen Pflege des Kinderlebens) bezeichnete F. selbst als erste wirklich gereifte Frucht seines Lebens. Es gelang ihm damit, eine noch frühere kindliche Entwicklungsstufe zu erfassen, als es mit den „Spielgaben" möglich war. Dieses Werk gliedert sich in „Mutter- und Kose-Lieder" (d. i. versifizierte „lebenseinigende" Betrachtungen der Mutter beim spielenden Umgang mit ihrem Kleinkind) und in „Spiellieder" (d. i. vertonte und illustrierte Reime für Kinder im Laufalter; jedem Spiellied voran geht eine gereimte pädagogische Anregung bzw. Anweisung für die Mutter). In einem ausführlichen Anhang („Erklärung der Randzeichnungen") greift F. den Sinn der „Lieder" noch einmal in der ihm eigenen romantischen Sprache auf. Gestaltung und Gliederung des Werkes unterstreichen F.s Überzeugung, daß Erziehung ihr Ziel erst dann erreicht, „wenn sie mit Dichtkunst, Musik und zeichnender Kunst Hand in Hand geht". Dichtung waren seine Mutterlieder allerdings nicht. Sie sind auch nicht zu vergleichen mit den „Kinderliedern", die der Anhang von A. v. ARNIMS und CL. BRENTANOS „Des Knaben Wunderhorn" bringt, oder mit anderen Sammlungen alten Spruch- und Volksgutes. F. griff Äußerungen von Müttern aus dem Keilhauer Familienkreis auf, brachte sie, unter teilweiser Verwendung von alten, jedoch umgedichteten und ergänzten Kinderreimen, in Versform und bezog dabei eine meist durch Handzeichen unterstützte Symbolik mit ein, die ganz seiner auf Wechselbeziehung zwischen innerer Kraft und tätiger Form beruhenden, die Stufen der kindlichen Weltbemächtigung unterstützenden Erziehungsabsicht entsprach. Es versteht sich von selbst, daß F.s Reime keiner rein körperlichen Funktionsübung (wie eine einseitige Auslegung des Untertitels nahelegen könnte) dienen wollen. Melodien und Zeichnungen zu den „Mutter- und Kose-Liedern" stammen von den Mitarbeitern F.s in Keilhau, KOHL und FR. UNGER.

Wirkung der „Mutter- und Kose-Lieder" und der „Spielgaben". A. DETMERS Bücherliste von 1844 (vgl. COMENIUS) führte die Koselieder bereits auf (neben FR. R. MÜHLBACHS „Kinder-Frühling", 1843, und J. FR. HÄNELS „Freundliche Stimmen an Kinderherzen", 1844), verkennt aber den geistigen Ort der Sammlung („Gemütlichkeit und Frohsinn muß in der Kinderstube herrschen."). Ähnlich wie COMENIUS' „Orbis pictus" wurden so F.s „Mutter- und

Der kleine Gärtner.

„Willst Du des Kindes Sinn für
Lebenspfleg' entfalten,
So mache, daß es mög' für Lebens-
pflege walten;
Willst Du Dein Kind für innre
Lebenspfleg' berciten,
Verschaff ihm, wo Du kannst, der
Lebenspflege Freuden."

Komm, wir wollen in den Garten,
All' die Pflänzchen dort zu warten:
Wollen sie gar schön begießen,
Das die Knöspchen sich erschließen.
Die Knöspchen sich entfalten nun;
Sie grüßen Dich mit süßem Duft,
Womit sie durchwürzen die ganze Luft.
Belohnend ist es, wohlzuthun!

Friedrich Fröbel: Mutter- und Kose-Lieder (Leipzig 1844). Der Versuch des Pädagogen Fr. Fröbel, für Mütter Verse zur Erziehung des Kindes im frühesten Alter zu schreiben, kann nur zum Teil als geglückt angesehen werden. Die Illustrationen und Randzeichnungen Fr. Ungers zeugen von den Einflüssen, die die deutsche Romantik auf die Entwicklung dieses Künstlers ausgeübt hat.

Kose-Lieder" auf ein neutrales Geleis geschoben. Aber auch so, vielleicht sogar deswegen, wirkten sie als „Ausdruck wahren Kinderlebens und Kindertreibens" in die Reformpädagogik um 1900 hinein und halfen mit, das Jahrhundert des Kindes einzuleiten.
Kinderlied und Kinderreim als Literatur, etwa im Sinne der „einfachen Formen", zu erkennen und zu verstehen, lag dem geschichtlichen Denken F.s fern. In der Geschichte der Kinderliedforschung wird F. nicht genannt. Seine bleibende Bedeutung liegt darin, den erzieherischen Ort der Mutterlieder bestimmt zu haben, die das „heraufkeimende mütterliche Gefühl hinsichtlich der Würde des Kindes in einem zarten, aber bestimmten, zeichnenden, klaren Spiegel zu schauen" ermöglichen. Auch seine „Ballieder" (1838) dienen nur erzieherischen Ansprüchen: „Worte", die die Mütter eigentlich selbst erfinden sollten, die ihnen F. aber stellvertretend dargereicht hat, sollen das Spiel begleiten. Die Tradition der „Spielgaben" F.s und ihrer Didaktik mündet heute in die neu konzipierten Beschäftigungsspiele der Vorschulerziehung ein.

Hermann Bertlein

→ J. A. Comenius, → Vorschulerziehung

Werke: Die Menschenerziehung, die Erziehungs-, Unterrichts- und Lehrkunst (Bd. 1. 1826; NA. 1926); „Kommt, laßt uns unsern Kindern leben". Ein Ganzes von Spiel- und Beschäftigungskästen für Kindheit und Jugend. 1. und 2. Gabe: Der Ball als erstes — die Kugel und der Würfel als zweites Spielzeug des Kindes (Bd. 1 u. 2. 1838); Anweisung zu den ersten Spiel- und Beschäftigungsmitteln der Kindheit (1838); Mutter- und Kose-Lieder (1844, ^{4}1878; NA. 1880, ^{6}1924; NA. 1904, ^{4}1927); W. Lange (Hrsg.): Fr. Fröbels gesammelte pädagogische Schriften (Bd. 1, 1. u. 2.; 2. 1862—74; NA. 1966); Theorie des Spiels (Bd. 1—3. 1931—37, ^{2}1947—62); E. Hoffmann (Hrsg.): Briefwechsel mit Kindern (1940, ^{2}1952); E. Hoffmann (Hrsg.): Ausgewählte Schriften von Friedrich Fröbel (Bd. 1 u. 2. 1951, ^{2}1961); J. Scheveling (Hrsg.): Ausgewählte pädagogische Schriften (1965).
Hrsg.: „Kommt, laßt uns unsern Kindern leben!" Ein Sonntagsblatt (1. 1878. Nr. 1—26).

Sekundärliteratur: C. D. Alper: Influence of Froebel's ‚Mother Play and Nursery Songs' on kindergarden song books, 1887—1919 (Diss. 1972). — O. F. Bollnow: Die Pädagogik der deutschen Romantik. Von Arndt bis Fröbel (in: Geschichte der Pädagogik. Bd. 4. 1952, ^{2}1962). — Festschrift zum Fröbel-Gedenkjahr (1952). — K. Giel: Fichte und Fröbel (1959). — H. Hecker: Froebel und Maria Montessori (1927, ^{2}1931; zus. mit M. Muchow). — H. Heiland: Die Symbolwelt Friedrich Fröbels (1962); Literatur und Trends in der Fröbelforschung (1972). — M.-A. Kuntze: Friedrich Fröbel. Sein Weg und sein Werk (1930, ^{2}1952). — E. Lawrence (Hrsg.): Friedrich Froebel and English education (1969). — Chr. Osann: Friedrich Fröbel. Lebensbild eines Menschenerziehers (1956). — H. Reinecke: Friedrich Fröbels Leben und Lehre (Bd. 1. 1885). — K. Scholz: Fröbels Erziehungslehre. Ihre philosophischen Voraussetzungen und ihre Ergebnisse für die Auffassung des Spiels (1940). — E. Spranger: Aus Friedrich Fröbels Gedankenwelt (1938, ^{4}1964). — E.-B. Wagemann: Quadrat, Dreieck, Kugel. Die Elementarmathematik und ihre Bedeutung für die Pädagogik bei Pestalozzi, Herbart und Fröbel (1957). — L. Walter: Die Fröbelliteratur (1881).

Fröhlich, Karl

*Schriftsteller und Silhouettenschneider; * 8. 4. 1821 Stralsund, † 18. 12. 1898 Berlin.*

F., Sohn eines Schuhmachers, kam 1829 mit seinem Vater nach Berlin, wo er schon mit zehn Jahren als Hilfsarbeiter Geld verdienen mußte. Mit zwölf Jahren wurde er Laufbursche in einer Berliner Buchhandlung und noch im gleichen Jahr Buchdruckerlehrling. Da er frühzeitig arbeiten mußte, konnte er sich lediglich autodidaktisch fortbilden. Schon als Junge begann er, Reime zu verfassen und mit dem Schustermesser aus schwarzem Papier Bilder auszuschneiden sowie Reliefs in Tannenrinde zu schnitzen. Von 1839—46 unternahm F. auf seiner Gesellenfahrt weite Reisen, die ihn u. a. nach Kopenhagen, Wien und Prag führten und auf denen er mit F. Freiligrath, J. Kerner und G. Schwab bekannt wurde. 1846 kehrte er nach Berlin zurück, wo er bis zu seinem Lebensende als Schriftsteller und Silhouettenschneider wohnte.

Werk, Tendenzen, Wirkung. 1851 trat F. mit einem Gedichtband „Blumen am Wege" an die Öffentlichkeit. Sein Verleger regte ihn an, Silhouetten für große und kleine Kinder zu schneiden und Reime dazu zu verfassen. So erschien 1852 die erste Auflage der „Fabeln und Erzählungen für kleine und große Kinder in Versen und Silhouetten", die den Autor rasch in ganz Deutschland als Silhouettenschneider berühmt machten. Schon 1853 folgte die 2. Auflage des Bändchens; bis zum Tode des Verfassers erschienen noch zahlreiche weitere Werke. Zu einem Teil seiner Kinderbücher schrieb F. selbst die Texte (z. B.: A-B-C für artige Kinder in Silhouetten und Reimen, 1855; Buntes Allerlei, Reim und Bildchen nagelneu, auch für kleine Schwestern, Brüder, Spruch, Erzählung, Fabeln, Lieder, 1857; Lilgen Konfallgen. Plattdütsche Rimels un swarte Biller vœr sine lütten goden Frünn', 1858; Mutterherz, du goldner Stern, 1864; Herzblättchens rothes A-B-C, 1869), zu anderen fertigte er nur die Silhouetten an (z. B. zu H. Kletke: Jacob und sein Vetter. Ein Schattenspiel für große und kleine Kinder, 1857; Prinzeß Tausendschön, ein Märchen für Kinder von 7 bis 12 Jahren, 1858).
Während die Gedichte und Reime F.s ohne große Bedeutung blieben, wurde er als Silhouettenschneider nur noch von seinem Schüler P. Konewka (1841—71) übertroffen. In England, Holland und den skandinavischen Staaten erlangte er Anerkennung. F. blieb zeit seines Lebens der Technik des Scherenschnitts treu und versuchte sich nie an der getuschten Silhouette. Im Vorwort zu seinem ersten

Die bösen Knaben und der Tod.

Es waren einst zwei Knaben,
Die wollten Alles haben.
Wo eine schöne Blume stand,
Die brachen sie mit roher Hand.

Und wenn die Vöglein schlugen
Und froh zu Neste trugen,
Beschlossen sie voll Unart fest:
Wir nehmen aus das Vogelnest.

Doch, Kindlein, Gottes Güte
Wacht über Blatt und Blüthe,
Und auch den jungen Vögelein
Will er ein lieber Vater sein.

Das hat den bösen Knaben,
Die oft gesündigt haben,
Die Mutter und der Lehrer oft
Ins Herz gerufen und gehofft.

Sie aber schlimm im Herzen,
Sie thäten sehr verscherzen
Die Lieb' der Eltern, und der Herr
Bestrafte ihre Bosheit sehr.

Er rief: Ihr sollt auf Erden
Nicht ganz verloren werden;
Geh' Tod und hol' die böse Brut
Und gieb sie in der Engel Hut!

Da ging mit seiner Hippe
Das klappernde Gerippe.
Er traf die Büblein wieder an,
Wie sie den Vöglein weh' gethan.

Da rief der Tod mit Lachen:
„Euch will ich artig machen!"
Den Ast zerbrach sein Machtgebot;
Die Büblein stürzten, — waren todt! —

Karl Fröhlich: Fabeln und Erzählungen (Kassel ^{2}1853). Fröhlich, der auf die „Einheit des Gedankens zwischen den Versen und Bildern" besonderen Wert legte, vertrat im Vorwort zu seinen „Fabeln und Erzählungen für kleine und große Kinder" die Auffassung, daß „dem Kinde der bloße Umriß, sobald er bestimmt ausgeführt ist", sehr anziehend erscheint, „weil seiner Phantasie ein so weites Feld geboten wird, das Fehlende zu ergänzen". Mit Fröhlich und P. Konewka erreichte die in der 2. Hälfte des 19. Jahrhunderts weit verbreitete Silhouettenillustration einen Höhepunkt.

Scherenschnittbändchen (Fabeln und Erzählungen für kleine und große Kinder, 1852) sagt er: „... Oft dachte ich: ‚Wenn du malen könntest, wie herrlich sollte alles in Farben prangen!' — Aber — ich konnte nicht einmal zeichnen. Ob ich in früher Kindheit Talent zum Zeichnen besaß, weiß ich nicht, denn ich habe es erst in späteren Jahren erlernt. Dennoch suchte ich meine Ideen von Personen und Gegenständen bildlich auszudrücken und schon früh ergriff ich Schere und Papier. Da wuchsen Bäumchen und Blumen aus der Hand".

Was die Scherenschnitte F.s gegenüber den Silhouetten anderer auszeichnet, ist die filigran- und spitzenbildartige Technik, die er in dieser Ausgeprägtheit nur noch mit dem Schuhmacher W. MÜLLER aus Düsseldorf — wie F. ein Autodidakt — teilte. So sind auch einige von F.s Silhouettenreihen zu seinen Kinderbüchern in Zusammenarbeit mit MÜLLER entstanden.

Die Filigrantechnik F.s führte zu einer Vorliebe für Baum- und Gebüschszenen. Er unterscheidet sich damit von den englischen Silhouettenschneidern — England war neben Deutschland ein zweiter Schwerpunkt der Silhouettentechnik —, die vorwiegend Personen, jedoch nur äußerst selten Bäume oder Tiere abbildeten. Mit seiner Vorliebe für Ländlich-Volkstümliches stand F. den einfachen Volkskünstlern nahe. *Helmut Müller*

Werke: Fabeln und Erzählungen für kleine und große Kinder in Versen und Silhouetten (1852); A-B-C für artige Kinder in Silhouetten und Reimen (1855); Fabeln und Erzählungen für kleine und große Kinder (1856); Buntes Allerlei, Reim und Bildchen nagelneu (1857); Herzblättchens rothes A-B-C (1869).

Sekundärliteratur: E. Biesalski: Scherenschnitt und Schattenrisse (1964). — L. Brieger: Die Silhouette (1921).

Fromm, Lilo

*Malerin, Grafikerin, Illustratorin; * 27. 12. 1928 Berlin.*

F. studierte an den Hochschulen für Bildende Künste in Freiburg/Br., München und Hamburg. Während ihrer Studienzeit arbeitete sie an Werbegrafiken und Zeitungsillustrationen. Seit 1956 ist sie als Malerin und Illustratorin freischaffend tätig. Ihre Aquarelle und Gouachen wurden häufig ausgestellt (u. a. in Berlin, Freiburg, Badenweiler). Außer vielen Reisen durch Europa unternahm sie eine längere Studienreise in die USA und nach Mexiko. F. lebt den Winter über in Berlin, sonst meist in Südfrankreich. Ihre Beziehung zum Bilderbuchschaffen datiert zurück bis zu ersten Versuchen in der Kinderzeit. Neben anderen Auszeichnungen erhielt sie für ihr Bilderbuch „Der goldene Vogel" (1966) den Deutschen Jugendbuchpreis 1967 und die Goldmedaille der Bienále Ilustrácií Bratislava (BIB).

Werk, Tendenzen, Wirkung. F.s Bilderbücher und Textillustrationen — bis 1968 allein 20 Titel umfassend, darunter 10 großformatige Bände — zeichnen sich durch kindgemäße und grafisch anspruchsvolle Vielseitigkeit aus. In ihren frühen Arbeiten „Das Mondgesicht" (1960) und „Oberpotz und Hoppelhans" (1962) bevorzugt sie einen starkfarbigen, naivisierenden Stil. An Motiven tauchen Elemente auf, die später immer wieder aufgenommen werden, wie erfolglose Räuber, Tiere im Zoo, nächtliche Szenerien und phantastische Vorgänge. Ihre Federzeichnungen zu G. RUCK-PAUQUÈTS „Gespenster essen kein Sauerkraut", G. BONSELS „Max und die Männchen" und zu der eigenen Geschichte „Gusti sucht die Eisenbahn" geben sich witzig und verspielt, phantasieanregend und detailfreudig. In „Max und die Männchen" stehen kinderähnliche Zeichnungsproben neben künstlerisch überhöhten Arbeiten. Die bislang sensibelsten Federzeichnungen F.s finden sich in dem Buch „Das Kinderhaus" (1965), einer absurden Geschichte von I. BACHÉR. In ihren Märchenillustrationen, vor allem aber in „Der goldene Vogel", wandte F. einen farblich reich differenzierten, magisch-realistischen Stil an. Eine Wiederaufnahme des naivisierenden Stils bietet F. in dem Erstlesebuch „Wunderbare Sachen" (1966), das sie zusammen mit der Autorin U. WÖLFEL verfaßte. Damit wurde an den Versuch in der Schweiz angeknüpft, hervorragende Autoren und Illustratoren der aktuellen Jugendliteratur zur Gestaltung von Fibeln und Lesewerken heranzuziehen. Als Beitrag zur Neuorientierung und Diskussion von Comics und Bildergeschichten ist ihre Arbeit „Muffel und Plums" (1972) zu werten.

Horst Künnemann

Ill.: G. Bonsels: Der gestohlene Räuber und andere Geschichten (1956); I. Spenger: Das Familienauto (1957); D. Hollatz: Ditta Perlhuhn (1958); E. v. Pustan: Wenn der Bär zum Mond will (1958); F. Schieker: Der Teufel mit den drei goldenen Haaren und andere Spiele (1958); F. Forster-Burggraf (d. i. Waldfried Burggraf): Robinson soll nicht sterben (1959); I. Laarmann: Peter und die Zwillinge (1959); G. Ruck-Pauquèt: Gespenster essen kein Sauerkraut (1959); I. Spenger: Prinzeßchens erstes Schuljahr (1959); T. Michels: Karlines Ente (1960); A. Norden: Keine Zeit für Mona (1960); G. Ruck-Pauquèt: Der Floh im Sauerkraut (1960); G. M. Scheidl: Das Mondgesicht (1960); D. Weitbrecht: Der Heiland ist geboren (1960); A. Wietig: Es liegt was in der Luft (1960); G. Bonsels: Max und die Männchen (1961); H. Hegenisch: Das Kanapee sticht in See (1961); T. Michels: Mit Herrn Lämmlein ist was los (1961); T. Michels: Ohne Mumba geht es nicht (1961); E. Rechlin: Heut' wandern wir zum Zoo (1961); G. Ruck-Pauquèt: Hubert malt nur dicke Leute (1961); L. Fromm: Gusti sucht die Eisenbahn (1962); C. Duchow: Oberpotz und Hoppelhans (1962); G. Ruck-Pauquèt: Vierzehn höllenschwarze Kisten (1962); D. Hollatz: Ditta im Möwenschwarm (1963); L. Schirmann: Der neugierige Freitag (1963); I. Spenger: Wirbel bei Petermanns (1963); W. Fährmann: Samson kauft eine Straßenbahn (1964); P. Wuehr: Basili hat ein Geheimnis (1964); V. Törne: Der Drache fliegt zum Mi-Ma-Mond (1964); I. Bachér: Das

Kinderhaus (1965); H. Jeanjour: Thienemanns neues Schatzkästlein (1965); L. Arnd-Baumann: Das Haus in der Glockenbachstraße (1966); J. u. W. Grimm: Der goldene Vogel (1966); L. Fromm: Pumpernick und Pimpernell (1967); J. Lewis: Keikos Seifenblase (1967); M. Cockett: Bennys Basar (1968); S. Heuck: Cowboy Jim (1968); J. Kiesgen: Was wollen wir machen? (1968); T. Michels: Pitt auf der Rakete (1968); V. Moenckeberg-Kollmar: Die Märchentruhe (1968); L. Fromm: Geburtstag (1969); J. u. W. Grimm: Sechse kommen durch die ganze Welt (1969); F. Noxius: Der Riese Nimmersatt und andere Geschichten (1969); G. Ruck-Pauquèt: Die bezauberndsten Kinder der Welt (1969); U. Wölfel: Sinchen hinter der Mauer (1969); U. Wölfel: Das Wundertor (1969); J. u. W. Grimm: Der Eisenhans (1970); S. Heuck: Cowboy Jims Wildwest-ABC (1970); K. Rauxel: Das Apfelsinenmännchen (1970); W. Fährmann: Samson kauft eine Pferdebahn (1971); C. Meckel: Die Geschichte der Geschichten (1971); G. Schneider: Mein Onkel Harry (1971; L. Fromm: Muffel und Plums (1972); L. Fromm: Wenn du einen Drachen hast (1973).

Sekundärliteratur: H. Künnemann: Lilo Fromm (in: H. Künnemann: Profile zeitgenössischer Bilderbuchmacher. 1972, 58—71). — C. Meckel: Lilo Fromm (in: Bookbird. 3. 1970. 72—76). *IJB*

Fronemann, Wilhelm

*Lehrer, pädagogischer Schriftsteller, führende Persönlichkeit in der deutschen Jugendschriftenbewegung, Leiter der Jugendbuch-Abteilung des Instituts für Völkerpädagogik in Mainz; * 6. 4. 1880 Hörste in Westfalen, † 31. 5. 1954 Frankfurt/Main.*

F., zunächst Bauer, wurde aus Neigung Volksschullehrer und ging in das damals geistig bewegliche Frankfurt am Main. Hier wurde er bald im Jugendschriften-Ausschuß führend tätig (1911), darüber hinaus bedeutsam für die Vereinigten Jugendschriften-Ausschüsse.

Werk, Tendenzen, Wirkung. In grundlegenden Veröffentlichungen setzt er sich mit den Problemen der Jugendliteratur und der Leseerziehung auseinander. Sein Kampf gilt dem jugendgefährdenden Schrifttum. F. ist maßgeblich daran beteiligt, daß 1926 das Verbotsgesetz gegen dieses Schrifttum im Reichstag angenommen wird. Er fordert auf der Tagung der „Vereinigten deutschen Prüfungsausschüsse" 1920 in Jena: „Das Lesebuch ist durch Einzelausgaben geeigneter Literaturwerke zu ersetzen." Gleichzeitig gibt er organisatorische Richtlinien zur Reform des Schülerbüchereiwesens. F. stellt das belehrende Jugendbuch nahezu gleichberechtigt neben das dichterische. Für die Fragen des Jugendbuches und der Lese-Erziehung fordert er eine wissenschaftliche Arbeitsstätte. Im Herbst 1932 kann er im Mainzer Institut für Völkerpädagogik seine Abteilung „Das Jugendbuch der Völker" durch eine Tagung vor deutschen und ausländischen Mitarbeitern eröffnen. Er versucht in einem unerschrockenen Vorstoß (in einem Brief vom 5. 8. 1933 an den Minister für Unterricht, Wissenschaft und Volksbildung in Berlin), „die wertvollen lebendigen Kräfte, arbeitsfähigen Organisationen und die Ergebnisse 40jähriger Arbeit" zu retten (vor der Auflösung durch den NS). Er will die alten demokratischen Kräfte sammeln, „um der neuentstandenen nationalsozialistischen Form des Jugendschriftenwesens entgegenzuwirken" (P. Aley: Jugendliteratur im Dritten Reich, 1967, S. 17). Nach dem Zweiten Weltkrieg stellt er weitreichende Forderungen nach einem Umbau der „Vereinigten Jugendschriften-Ausschüsse" durch Beteiligung aller am Jugendbuch interessierten Kreise. Die ersten Versuche schlagen fehl. Auf dem kunstpädagogischen Kongreß in Fulda 1949 leitet er die Abteilung „Sprache und Dichtung". In seinem einführenden Vortrag stellt er die Forderung nach „den dichterischen Quellen der Herkunft", nach den Schicksals- und Heldensagen als Grundlage einer geistigen Erneuerung der Jugend. Neben seinen theoretischen Bemühungen war F. Herausgeber und Bearbeiter zahlreicher Jugendbücher, Dichtermärchen, Schwänke und Schwanksagen, volkskundlicher Texte, Abenteuerbücher und der Sachheftreihe „Jugend — Heimat und Welt".

Der bekannte Jugendbuch-Theoretiker W. Fronemann kennzeichnete die Bände seiner umfangreichen Kinder- und Jugendbuchsammlung mit dem von ihm selbst entworfenen Ex libris.

Der literarische Nachlaß F.s befindet sich im Institut für Jugendbuchforschung der Johann Wolfgang Goethe-Universität Frankfurt a. M. *Velten Merz*

→ Vereinigte Jugendschriften-Ausschüsse

Werke: Der Unterricht ohne Lesebuch (1921); Das Erbe Wolgasts (1927); Lesende Jugend (1930); Schrifttum und Erziehung (1951). *IJB*

Froschmeuseler

F. ist ein didaktisches, mit zeitsatirischen Zügen ausgestattetes Tierepos des späten 16. Jh.s, das ausdrücklich der „Frölichen auch zur Weyßheit und Regimenten erzogenen Jugend zur anmutigen aber sehr nützlichen Leer" gewidmet ist.

G. ROLLENHAGEN (1542—1609), Verfasser des Werkes, war Schulrektor in Magdeburg, wo er 1595 den F. unter dem Pseudonym „Marcus Hüpffinßholtz von Meusebach / der Jungen Frösch Vorsinger und Calmeuser im alten Mäschenwigk" veröffentlichte.

In einem gereimten Vortext stellt ROLLENHAGEN das didaktische Ziel des F. klar: Er „leeret wie man soll Haußhalten/ Und Weltlich Regiment verwalten. Was rathsam sey in Krieges noth. Und das der außgang stehe bey Gott [...] Wer aber nur suchet zu lachen/ Wird dabey mehr schlaffen denn wachen. Denn nie des Schreibers meinung war/ Das er wolt lachen ohne lahr."

Den drei — meist in eins gebundenen — Büchern, die in der Erstausgabe nahezu 800 Oktavseiten umfassen, stellt ROLLENHAGEN jeweils eine Inhaltszusammenfassung unter deutlicher Explizierung der Lehre voran.

Im ersten Buch geht es ihm in dem Zwiegespräch zwischen dem Froschkönig Bausback und dem Mäuseprinz Bröseldieb, in das Fabelerzählungen und Berichte des Reinicke eingeflochten sind, um Exempel für die Lehre „Das man im gemeinen Leben / und Haußhaltunge / Gottfürchtig / fleißig / gutthetig / und fürsichtig sein solle. Mit seinem stande vorlieb nehmen / und sich am geringen genügen lassen."

Im zweiten Buch berichtet Bausback von der Entstehung seines (Tier-) Königreichs, von dem Machtanspruch der Kirche (vertreten durch Beißkopf, in die Schranken gewiesen durch Elbmarx), von der Schwierigkeit, die beste Staatsform zu finden (gemäß dem Rat des alten Marx entschließt sich der Reichstag der Frösche zur gemäßigten Monarchie). Nach dem Bericht ertrinkt Bröseldieb bei einem Ritt auf Bausbacks Rücken im See. Sein Tod wird zum Anlaß des Froschmäusekriegs. Die Position ROLLENHAGENs in der von ihm gegebenen Lehre zu diesem zweiten Buch ist, daß aus einer veränderten Religion auch eine veränderte Staatsform erfolge. Für die Religion sei es am besten, wenn sich ihre Lehrer der weltlichen Macht enthalten. Für das weltliche Regiment sei es am klügsten, einen König zu haben, der nach einem Gesetz regiert; dem habe man dann in jedem Fall als von Gott eingesetzter Obrigkeit zu gehorchen.

Das dritte Buch enthält den eigentlichen Froschmäusekrieg. Bei den Fröschen wie bei den Mäusen werden Für und Wider des Krieges und verschiedene strategische Methoden erörtert. Die Schlacht findet in äußerst heftiger Form statt; als die Frösche zu unterliegen drohen, läßt Gott sie von den Krebsen unterstützen und führt so das Ende des Kampfes herbei.

Als Moral hebt ROLLENHAGEN in der Inhaltszusammenfassung hier hervor, daß der Entschluß zu einer kriegerischen Auseinandersetzung gut zu überlegen sei, da jeder Krieg allen beteiligten Parteien schade; auch könne man seinen Verlauf nicht vorhersehen, da alle „Regiment und Händel" in Gottes Hand stehen.

Entstehungsgeschichte und Quellen. Für den Anfang des ersten, das Ende des zweiten und für das dritte Buch lieferte das — ursprünglich irrtümlich HOMER zugeschriebene — griechische Epos „Batrachomyomachia" (etwa um 500 v. Chr.) mit knapp 300 Hexametern den Grundstock. Abgesehen davon, daß ROLLENHAGEN aus dem Text „den Heydnischen leichtfertigen Tand des Homeri" (3. Buch) beseitigt hat, stellen auch die übernommenen Partien keine eng angelehnte Übersetzung dar (mit Ausnahme der Namen, soweit im Ausgangstext schon vorhanden). ROLLENHAGEN selbst trägt in dem Vorwort an den „günstigen Leser" einiges zur Klärung der Quellenfrage und Entstehungsgeschichte bei. Er berichtet, daß der „griechische Sprachmeister" und Professor V. ORTEL VON WINSHEIM (1501—70) zu Wittenberg 1566 seinen Studenten das Epos vorstellte mit der Behauptung, daß nur die griechische Sprache zu solcher Vollendung beitragen könne. ROLLENHAGENs Übersetzung wurde danach angefertigt und von ORTEL mit schriftlichen Ratschlägen versehen, wie man „eine formliche Deutsche Lection/ gleichsam einer Contrafactur dieser unser Zeit" daraus machen könne. Diese Notizen ORTELs sind nicht erhalten.

Zur *Stoffgeschichte* verweist ROLLENHAGEN auf einen Mäusekrieg des CARCINUS, eine Frosch-Komödie des MENES und einen Katz-Mäusekrieg des ARISTOPHANES. Weiterhin erwähnt er, daß zu seiner Zeit „auch einander / der sich Croacum nennete / den Froschmeusekrieg Lateinisch beschrieben." Diese Mitteilung bezieht sich auf den Croacus des italienischen Humanisten E. CALENTIUS AMPHRATENSIS; Croacus ist also die Werkbezeichnung (enthalten in „Opuscula Elisii Calentii Poetae", Rom 1503, — gesondert erschienen in Straßburg 1512, Basel 1517 und Antwerpen 1545). Die ROLLENHAGENschen Entnahmen aus dieser Quelle werden gering veranschlagt und dürften sich vor allem auf den Schauplatz beziehen (vgl. E. BERNLEITHNER: Humanismus und Reformation im Werke G. ROLLENHAGENs, Diss. Wien, 1954). ROLLENHAGEN weist außerdem auf Übernahmen aus dem Reinicke des N. BAUMANN hin, der 1522 von L. DIETZ gedruckt und mit Glossen versehen in Rostock erschienen sein soll, in dem „das gantze Politische Hoffregimente/und das Römische Bapstthumb [...] uberauß weißlich und künstlich beschrieben" sei. Der Unklarheit um diese Ausgabe steht als gesichertes Ergebnis gegenüber: „ROLLENHAGEN hat in seinem ‚F.' die jüngere, d. i. die protestantische Glosse verwendet, die erstmals 1539 erschienen ist. Aus ihr schöpft er zum Großteil die in seinem Werk vorhandenen Sprüche, die er oft wörtlich ausschreibt" (BERNLEITHNER, a. a. O., S. 225).

F., der in der Tradition der Fabeldichtung mit protestantischer Tendenz des B. WALDIS (1495 bis 1557) und E. ALBERUS (um 1500—53) steht, dürfte ebenfalls sehr stark durch J. Fischart (um 1546—90) beeinflußt sein, der mit seinem Tierepos „Flöh Haz" (1573) die größere Tierdichtung in die deutsche Sprache einführt. Mit dem Nachweis des Fischartschen Einflusses auf Rollenhagen befaßte sich A. Herdt in „Quellen und Vorbilder zu Georg Rollenhagens ‚Froschmeuseler' und seine Einwirkung auf Jakob Baldes Batrachomyomachia", Diss. Straßburg, 1909. J. Bolte vermutet, daß für die Methode der von langen, verschachtelten Erzählungen durchbrochenen Unterhaltung zwischen Bausback und Bröseldieb „der Rahmen des altindischen Pañcatantra, das Rollenhagen in der Verdeutschung des Antonius von Pfore, dem ‚Buch der Beispiele der alten Weisen' zugänglich war, das Vorbild abgab" (Bolte: Quellenstudien zu Georg Rollenhagen, in: Sitzungsberichte der Preußischen Akademie der Wissenschaften, 1929, S. 681). Fest steht, daß Rollenhagen sowohl wegen seines didaktischen Ziels als auch aus Gestaltungsfreude mit all seinen Quellen großzügig umgegangen ist.

Bedeutung und Wirkung. Der F. ist zweifellos ein zeitsatirisches Werk, allerdings sicher kein Konglomerat aus Anspielungen mit unmittelbarem Übertragungscharakter. Im ersten und dritten Buch erhalten wir Aufschluß über Rollenhagens Lebenshaltung, „über seine spätmittelalterlich-bürgerlich gefärbte Moral mit Gott im Mittelpunkt alles Geschehens, mit ihrer christlich-konservativen Grundeinstellung, die jede kriegerische Auseinandersetzung ablehnt und Geduld in allen Widerwärtigkeiten des Lebens, Zufriedenheit mit dem Gegebenen als höchste Weisheit ansieht" (Bernleithner, a. a. O., S. 228). Rollenhagens entschiedener Pazifismus ist aus seinem Konservativismus gespeist, aus seiner Überzeugung, daß Veränderungen immer zum Schlechteren hinführen. Deutlich sind im F. die Ansätze protestantischer Polemik: gegen die Habgier und den Machthunger des römischen Papstes (Beißkopf), gegen die Sittenlosigkeit der Mönche, insbesondere gegen Gaunereien der Barfüßermönche, gegen das Gebot der priesterlichen Ehelosigkeit; ebenso deutlich befindet sich Rollenhagen als Lutheraner auf der Seite des Elbmarx (Luther). Allerdings zwingt der Konservativismus Rollenhagen zu Kompromissen, die wohl nicht in der Intention der Reformation lagen. Am Ende des zweiten Buches entfernt sich Rollenhagen bemerkenswerterweise von (protestantischer) Konfessionalität zu einer Art christlich-humanistischer Religiosität. „Diese Verflechtung von Humanismus und Reformation zu einem christlich-humanistischen Bildungsideal wurde erst durch weitgehende, wenngleich uneingestandene, Absagen an die Schroffheit lutherischer Formulierungen ermöglicht" (Bernleithner, a. a. O., S. 274). Der weltlichen Obrigkeit, die für die äußere Ordnung zu sorgen hat, ist Gehorsam zu leisten, die innere Glaubensentscheidung, die Entscheidung zur Konfession hin, muß dem einzelnen überlassen bleiben. Rollenhagens Hang zum Konservativen schlägt allerdings auch hier durch, indem er den alten Marx dafür eintreten läßt, daß jeder am besten an dem bisher gewohnten Glauben festhalten solle. Bernleithner sieht in dem Werk Rollenhagens das „Zeugnis eines inneren Entwicklungsprozesses, der, mit seiner Absage an alles Bekennertum skeptischem Denken zutiefst verhaftet, überleitet zu einem unchristlichen Humanismus, wie ihn uns die deutsche Klassik auf weite Strecken hin vorlebte" (a. a. O., S. 277).

Der ersten Ausgabe des F. folgten weitere Magdeburger Ausgaben 1596, 1600, 1608, 1621 und 1627, eine Frankfurter 1683 (ergänzende Hinweise in: K. H. Jördens: Lexikon deutscher Dichter und Prosaisten. Bd. 4, 1809, S. 374—391). K. Goedeke erwähnt in seiner F.-Ausgabe (s. u.) weitere von 1616, 1618 (2mal) und 1657. Die Ausgabe von 1608, die letzte von Rollenhagen besorgte, weist gegenüber der von 1600 mehrere Zusätze auf. Diese zahlreichen Ausgaben im 17. Jh. sprechen für eine gewisse Popularität und Verbreitung. Spätere Herausgeber und Bearbeiter beklagen immer wieder das Brachliegen dieses Volksgedichtes, so auch J. H. Campe, der im Vorwort der ihm zugeschriebenen Ausgabe urteilt, daß der F. „mehr, als irgend ein anderes mir bekanntes Werk in irgend einer Sprache, wahre Volksweisheit in wahrer volksmäßiger Darstellung enthält" („Der neue Froschmäusler. Ein Heldengedicht in drei Büchern", 1. Buch, 1796). Von dieser Ausgabe, die in ihrer sprachlichen Gestaltung wie in den zeitgemäßen Abänderungen als besonders gelungen bezeichnet werden kann, ist nur der erste Band erschienen. Campe beruft sich mit seiner Bearbeitung auf eine von ihm zufällig ersteigerte Bearbeitung aus dem 17. Jh., die kaum Verbreitung gefunden hatte. Auch G. Mensch bedauert in seiner besonders für die „vorgeschrittene Jugend" besorgten freien Bearbeitung („Der Froschmäusekrieg", 1871, ill. von G. Süs) den geringen Bekanntheitsgrad des F., aus dem lediglich einige wenige Passagen in Lesebüchern zu finden seien. Diese Bearbeitung ist wie die meisten anderen stark gekürzt (so die 1816 von K. Lappe bearb. Ausgabe, auch „Froschmäuseler oder Geschichte des Frösch'- und Mäusekriegs — ein Volksbuch aus dem 16ten Jh.", 1819). Im 19. Jh. nehmen allerdings die Ausgaben wieder zu: 1841 erscheint der F. hrsg. von R. Bendix (2. Aufl. 1851). 1876 besorgte K. Goedeke eine in der Orthographie modernisierte zweibändige Ausgabe (erschienen in der Reihe „Deutsche Dichter des 16. Jahrhunderts" als Bd. 8 u. 9) mit Worterklärungen und biographischen Hinweisen. Stark gekürzte Auszüge finden sich in Anthologien für Jugendliche; noch im 20. Jh. erzählte F. Weber den F. speziell für das 6.—8. Schulj. nach; diese Ausgabe erschien 1924 unter dem Titel: „Der Krieg der Mäuse mit den Fröschen". Einer kontinuierlichen und weiteren

Verbreitung des F. für die Jugend standen offenbar Sprache, Umfang und Zeitgebundenheit des Werkes im Wege. *Gerlinde Rabenstein*

Sekundärliteratur: E. Bernleithner: Humanismus und Reformation im Werke Georg Rollenhagens (Diss. 1954). — J. Bolte: Quellenstudien zu Georg Rollenhagen (in: Sitzungsberichte der Preuss. Akademie der Wissenschaften. 1929. 668—689). — A. Herdt: Quellen und Vorbilder zu Georg Rollenhagens „Froschmeuseler" und seine Einwirkung auf Jakob Baldes Batrachomyomachia (Diss. 1909). — E. Sobel: Georg Rollenhagen. Sixteenth-Century playwright, pedagogue and publicist (in: PLMA. 70. 1955. 762—780).

Fühmann, Franz

*Journalist, Schriftsteller; * 15. 1. 1922 Rochlitz/ Riesengebirge.*

Der Apothekerssohn F. fand nach Arbeitsdienst und Militärzeit auf einer Antifa-Schule über das Studium der Werke von K. Marx zum Sozialismus (1947). Nach der Entlassung aus sowjetischer Kriegsgefangenschaft (1949) hielt er sich in Weimar und Berlin auf. Heute lebt er als freier Schriftsteller in Ostberlin. 1950 begann er seine literarische und journalistische Tätigkeit. Er wurde wiederholt ausgezeichnet, u. a. 1956 mit dem Heinrich-Mann-Preis, 1963 mit dem J.-R.-Becher-Preis. Für „Shakespeare-Märchen" (1968) und „Das hölzerne Pferd" (1968) erhielt er die zweithöchste Prämie im 17. Preisausschreiben zur Förderung der sozialistischen Kinder- und Jugendliteratur.

Werk, Tendenzen, Wirkung. Literarisch tritt er zuerst als Lyriker auf, wobei er alte Versformen, die Nibelungenstrophe und symbolische Bezüge zur Märchenwelt nutzt, um moderne Gehalte und Ideen zu transponieren („Die Fahrt nach Stalingrad", 1942; „Die Nelke Nikos", 1953; „Aber die Schöpfung soll dauern", 1957; „Die Richtung der Märchen", 1962).

Als Prosaist schrieb er Reportagen und Filmszenarien sowie realistische, autobiographisch geprägte Erzählungen. „Das Judenauto" (1962 u. 1968) markiert die Entwicklungsstationen F.s vom gläubigen Anhänger der faschistischen Ideologie zum Zweifelnden hin und dann zum gläubigen Verfechter kommunistischer Ideale. Die episodischen Erzählungen sind zugleich stellvertretendes Psycho-Soziogramm einer Generation. Gesammelte Erzählungen von F. sind im Band „König Ödipus" (1966) und „Die Elite" (1970) zu finden.

Jugendliterarisch hat sich F. vor allem als Bearbeiter klassischer Stoffe eine Position geschaffen. Er hat Fabeln, Märchen, moralische Stoffe, Umweltgeschichten, Sagen und Dramen der Weltliteratur in eine Kindern gemäße Bearbeitung und ihnen zugänglichere Form gebracht. So gibt er in dem Band „Shakespeare-Märchen" (1968) die Stücke „Perikles", „Sommernachtstraum", „Wintermärchen", „Sturm" als Märchen in chronologischer Abfolge erzählt wieder. Mit „Das hölzerne Pferd" (1968) bearbeitete er die Sage vom Untergang Trojas und von den Irrfahrten des Odysseus neu. In Vor- und Nachworten — etwa zum „Reineke Fuchs" (1965, ill. von W. Klemke, Kinderbuchverlag; 1971 Verlag Middelhauve) — gab er den Umgestaltungen eine aktuelle, auf die gegenwärtigen Gesellschaftsverhältnisse abzielende Tendenz. Der reichen Tradition von ABC-Büchern in Deutschland hat er eine heitere, witzig illustrierte Valenz gegeben mit „Lustiges Tier-ABC". Dem qualitativ anspruchsvoll ausgestatteten Kinder- und Jugendbuch lieferte er durch die Zusammenarbeit mit bedeutenden Graphikern, u. a. W. Klemke, E. Binder-Stassfurth, E. J. Rubin, wesentliche Impulse. *Horst Künnemann*

Werke: Vom Moritz, der kein Schmutzkind mehr sein wollte (1959); Die Suche nach dem wunderbunten Vögelchen (1960, ^{7}1973); Lustiges Tier-ABC (1962, ^{6}1972); Reineke Fuchs (1965, ^{4}1972); Androklus und der Löwe (1966); Das hölzerne Pferd (1968); Shakespeare-Märchen (1968); Nibelungenlied(1971,^{2}1973);Sommernachtstraum(1972). *Hrsg.:* Das Tierschiff (1965).

Sekundärliteratur: H. Hilzheimer: Die Weisheit der Märchen (in: Beitr. z. K.- u. J.lit. 18. 1971. 41—51). — W. Neubert: Der Nibelungen Lesbarkeit (in: NDL. 6. 1972. 155—157). — H. Weise (Hrsg.): Franz Fühmann (1972; zus. mit E. Birr).

Fuka, Vladimir

*Illustrator (ČSSR); * 1926 Pisek.*

F. studierte an der staatlichen graphischen Schule und an der Akademie der bildenden Künste, Prag. Bis 1967 lebte er in Prag und verließ dann die ČSSR. 1964 erhielt er die Goldmedaille des „Premio Grafico", Bologna, („Il Torchiio d'Oro"). F. lebt heute in den USA.

Werk, Tendenzen, Wirkung. F.s Stil steht der „Cartoon"-Kunst und der Collage-Technik S. Steinbergs und T. Ungerers nahe. Er gestaltet die heutige und künftige Welt der Technik, angefüllt mit Fahr- und Flugzeugen, mit Weltraumstationen, Wolkenkratzern, mit Apparaten, Automaten, TV. Durch die Ausgestaltung von B. Říhas „Dětská encyklopedie" (Kinder-Lexikon) leistete F. einen schöpferischen Beitrag zur künstlerischen Illustration von Kinderenzyklopädien. F. illustrierte auch phantastische Geschichten. Mit M. Argilli, J. Kolář, Z. Mahler, A. de Saint-Exupéry, J. Sigsgaard und J. Tuwim wählte er Autoren, in deren Arbeiten sich surrealer Witz und Poesie finden, die seiner eigenen Imagination reiche Bestätigung bieten. *Horst Künnemann*

Ill.: J. Fučík: Lidé, bděte! Víbor z díla (1950, ^{3}1955); A. Gaidar: Osudy bubeníkovy (1950, ^{2}1951); A. Gaidar: Timur a jeho parta (1951); J. Junga: Nesmrtelná lod (1951); O. Syrovátka: Pojd'me, děti, do cirkusu (1953); K. S. Badigin: Hrdinové severní plavby (1953); M. Moraf: Život a práce Sergeje Čaplygina (1953); O. Syrovátka: Od země až nad oblaka (1954); D. N. Mamin-Sibirjak: Na horách (1954); J. Sigsgaard: Mít'a sám na světě (1954, ^{3}1964); J. Čarek: Co si povídaly stroje (1955); J. Tuwim: Zázraky a divy (1955, ^{2}1958); O. Syrovátka: Zatím co ty spíš (1955, ^{2}1958); J. Havel: Město velké slávy (1955); V. Cibula: Jezero Naděje (1955); F. Velkoborský: Ze světa rudých tváří (1957); J. Tuwim: Rušeň (1958, ^{2}1961); B. Říha: Dětská encyklopedie (1959, ^{2}1961); B. Bösser (Hrsg.): Mys Dobré neděje (1960); M. Argilli: Sroȟkove dobrodružstvá (1961; zus. mit G. Parca); H. Doskočilová: Pohádky pro děti, mámy a táty (1961); O. Syrovátka: Zatoulané písmenko (1961); J. Kolář: Nápady pana Apríla (1961; dt. Die Weisheiten des Herrn April, 1963); L. Aškenazy: Osamělý létající talíř (1963); M. Argilli: Sroubek v cirkuse (1963; zus. mit G. Parca); Z. Kriebel: Stradivárky z neónu (1964); J. Kolář: V sedmém nebi (1964; dt. Im siebenten Himmel, 1965); S. Prokof'jeva: Neuvěřitelné příhody plyšového tygra (1964); G. Rodari: Rozprávky po telefóne (1965); Z. Mahler: Jak se stát bubeníkem královské gardy (1965); A. de Saint-Exupery: Malý princ (1966); K. I. Galczynski: Mlynček na kávu (1968).

Sekundärliteratur: F. Holešovský: Tvár a reč ilustrácie pre deti (1971). — W. Rotzler: Wladimír Fuka (in: Graphis. 129. 1967. 14—19).

Fulla, L'udovít

*Maler, Illustrator (ČSSR); * 27. 2. 1902 Ružomberok/Slowakei.*

Nach dem Besuch des Gymnasiums erhielt F. seit Beginn der zwanziger Jahre seine künstlerische Ausbildung, orientiert an E. MUNCH und F. MASAREEL, durch HOFBAUER und FR. KYSELA, an der Kunstgewerbeschule in Prag. Mit dem befreundeten GALANDA wirkte F. 1929—31 in Ateliergemeinschaft. Von 1930—32 war er Lehrer an der Kunstgewerbeschule in Bratislava, von 1945—52 Lehrer an der neugegründeten Hochschule für bildende Künste. 1952—56 widmete er sich in seinem Atelier in Martin vornehmlich Illustrationen. 1930—64 fanden im In- und Ausland zahlreiche Ausstellungen seiner Arbeiten statt, so in Bratislava, Paris, New York, Stockholm, Helsinki, London, Athen, Ljubljana, Zagreb, Saõ Paulo und Havana. F. ist tschechoslowakischer „Nationalkünstler". Eine reiche Kollektion seines Schaffens findet sich in der Nationalgalerie in Bratislava. In seinem Heimatort besteht seit 1966/67 ein Museum, das ausschließlich seinem Schaffen gewidmet ist.

Werk, Tendenzen, Wirkung. F. revolutionierte die slowakische Malerei und Illustration, indem er neuartige formale Prinzipien mit folkloristischen Elementen seiner näheren und weiteren bäuerlichen Umgebung verschmolz. Dabei ist er frei von romantisierender Volkstümelei oder realistischem Abklatsch des Vorhandenen. Nacheinander hat F. in seinen freien Arbeiten Einflüsse des Jugendstils, des malerischen Expressionismus und Kubismus verarbeitet, ohne sich dabei von den Traditionen ländlicher Kunstpflege, der Hinterglasmalerei, bäuerlicher Tafelbilder, Ornamente, Schnitzmuster, Teppiche, Wandbehänge zu lösen. F. gewann über sein reiches Schaffen Einfluß auf Bühnenbildentwürfe und das Kunstgewerbe. Er gestaltete Portraits, Landschaften, Stilleben, Lithofolgen und zahlreiche Illustrationen in lebendiger Federzeichnungstechnik.

F.s Beziehungen zur Kunst für Kinder sind äußerst intensiv. Schon in den dreißiger Jahren richtete er — entsprechend seinen Kunstmanifesten der Jahre 1930—32 und angeregt durch den „Bauhaus"-Gedanken — Kinderkurse an der Kunstgewerbeschule ein. Ebenso widmete er sich der Lehrlingsausbildung und wirkte aktiv im Schuldienst. Für Kinder hat er Leporellos bebildert, Sammlungen von slowakischen Kinderversen und slowakische Märchen illustriert, die auch in deutschen Ausgaben erschienen (z. B. Was kocht die Maus in ihrem Haus? Verse nach slowakischen Kinderreimen von J. Krüss, 1966).

Horst Künnemann

Ill.: L. Podjavorinská: Veršíky pre maličkych (1930); K. Silnický: Priekopníci (1946); M. Príbus: Trpaslíkov poklad. Anglické rozprávky (1948); E. Pauliny (Bearb.): Sol' nad zlato (1952, ^{2}1960); E. Chmelová (Bearb.): Slovenské rozprávky (1953, ^{3}1957); M. Rázusová-Martákova: Zlatá podkova, zlaté pero, zlatý vlas (1954, ^{4}1967); Perečko belavé, červený dolomán (1954); S. J. Maršak: O dvanástich mesiačikoch. Dramatická rozprávka (1956); M. Rázusová-Martákova: Na veselej posiedke (1956, ^{3}1959); E. Pauliny (Bearb.): Janko Hraško a iné rozprávky (1957, ^{2}1959; NA. 1963; NA. 1968); E. Pauliny (Bearb.): O veternom král'ovi (1957); A koronás rozsa (1957); P. Dobšinský: Slovenske rozprávky (1961, ^{4}1968; dt. Slowakische Märchen. Aus der Sammlung Pavol Dobšinský, 1963); A. Horáková-Gašparíková: Slovenské rozprávky (1961, ^{4}1968; dt. Slowakische Märchen, 1966); E. Pauliny (Bearb.): Trojruža (1963); Varila myšička kašičku (1965, ^{3}1970; dt. Was kocht die Maus in ihrem Haus?, 1966); A skélkirály (1965); E. Pauliny (Bearb.): O veternom král'ovi (1965).

Sekundärliteratur: J. Cincík: Grafika L'uda Fulla (1944). — Z. Hlaváček: L'udovít Fulla (1962; engl. L. Fulla — modern Slovak painter, 1962). — F. Holešovský: O kouzlu Fullovy výtvarné fantazie (in: Zlatý máj. 3. 1967. 156 bis 163); Tvár a reč ilustrácie pre deti (1971). — R. Matuštík: L'udo Fulla — výstava ilustrácií. Katalóg (1960); L'udovít Fulla (1966).

Funke, Karl Philipp

*Pädagoge, Schulmann, Verfasser von Lesebuch- und Sachtexten f. d. Jugend; * 13. 7. 1752 Görtzschke b. Brandenburg, † 9. 6. 1807 Altona.*

F. wurde im Alter von 10 Jahren in die Waisenanstalt zu Halle aufgenommen und erhielt dort die schulische Voraussetzung für das Studium der Theologie, das er 1770 an der Universität Halle begann. Er unterrichtete während des Studiums bereits an den FRANCKEschen Anstalten und wurde 1776 als Inspektor und Lehrer an die Friedrichsschule in Breslau berufen; 1781 ging F. als Konrektor der Gelehrtenschule nach Dessau, wurde 1785 Inspektor des dortigen Schullehrerseminars und erhielt 1804 den Titel eines Edukationsrats.

Werk, Tendenzen, Wirkung. Während seiner Tätigkeit als Lehrer in Dessau begann F. Texte für Lesebücher, für Elementar- und Anschauungsbücher im Sinne der Schulpädagogik der Aufklärung und des Philanthropinismus anzufertigen. 1788 erschien sein „Lesebuch für Bürgerschulen", 1801 sein zweibändiges „Lehrbuch zum Unterricht der Töchter vornehmlich in mittleren Ständen". 1797 begann F. ein „Neues Elementarbuch" herauszugeben, dessen drei Bände bei der 3. Aufl. 1812 von D. STEIN um den geplanten 4. Band mit einer „politischen Geographie" ergänzt wurde. Er war bestrebt, für den Unterricht neue Nachschlagewerke zu schaffen, und zog Mitarbeiter zur Erstellung der Texte heran. Sein zweibändiges „Kleines Realschullexikon", 1804 bis 1806 als gekürzte Ausgabe des 5bändigen „Neuen Realschullexikons" (1800—05) zuerst herausgebracht, hatte mehrere Auflagen. FR. J. BERTUCH gewann F. als Verfasser der sein „Bilderbuch für Kinder" (1790 ff.) ergänzenden „Wissenschaftlichen Commentare zum Gebrauch für Eltern und Lehrer", da, wie er im Vorwort schrieb, F.s „vorzügliche Gabe in populärem Vortrage wissenschaftlicher Gegenstände beim Publikum bekannt sei". Er wußte durch Erlebnisschilderungen die bloße Beschreibung aufzulockern. F.s Geschick für Sachbuchtexte zeigte sich an zahlreichen Schulbüchern vor allem für den naturkundlichen Unterricht. Zwischen 1790 und 1813 gelangte seine „Naturgeschichte und Technologie" zu 6 Auflagen; seine mit 13 Kupfern illustrierte „Naturgeschichte für Kinder", die erst nach seinem Tode erschien, erlangte 8 Auflagen (1808—30). Auch sein „Handbuch der Physik" und die nach seinem Tode publizierte „Mythologie für Schüler" waren lange Zeit bekannt. Bei der Bearbeitung des „Neuen Orbis pictus" (1832) hat sich J. E. GAILER auf Texte F.s als Quelle berufen.

Margarete Dierks

→ Elementarbuch, → Nachschlagewerk

Werke: Lesebuch für Bürgerschulen (1788); Praktische Geschichte des Menschen (1793); Vollständiger Auszug aus seiner Naturgeschichte und Technologie (1796); Neues Elementarbuch (Bd. 1—6. 1797); Stoff zu Unterhaltungen über den 1. Theil des Rochowschen Kinderfreundes (1797); Nützliche Unterhaltungen für die gebildete Jugend (1798); Ausführlicher Text zu Bertuchs Bilderbuch für Kinder (Bd. 1—24. 1798—1806); ABC-Bogen (1799); Materialien zur Unterhaltung über die Vignetten in der neuen Bilderfibel (1799); Neues Realschullexikon (Bd. 1—5. 1800—05); Lehrbuch zum Unterricht der Töchter vornehmlich in mittleren Ständen (1801); Lesebuch zum Gebrauch in Töchterschulen (1801); Leitfaden beim Unterricht der Töchter, nach seinem Lehrbuche (1802); Kurze Entwicklung der Naturgeschichte zum Gebrauch der höheren Schule (1804); Lehrreiches Familienbilderbuch für die Jugend (1804); Moralisches Bilderbuch (1804); Naturgeschichte und Technologie für Nichtstudierende (1804); Kleines Realschullexikon (Bd. 1 u. 2. 1804 u. 1806); Allgemeiner Inbegriff der nöthigsten Wissenschaften für jeden gebildeten Menschen (1805); Handwörterbuch der Naturlehre (1805); Ankündigung und Plan einer Spielschule für Kinder beiderlei Geschlechts (1807); Mythologie für Schüler und Liebhaber der Wissenschaften (1808); Familienbilderbuch zur angenehmen und lehrreichen Unterhaltung der Jugend (1809); Naturgeschichte für Kinder (1809); Gallerie der merkwürdigsten Römer von Romulus bis auf Nero (1811). *IJB*

G

Gajdar, Arkadij Petrovič

*Feuilletonist, Erzähler, Verfasser von Kinder- und Jugendbüchern; * 22. 2. 1904 Lgow/Kursk, † 26. 10. 1941 b. Kanev/Ukraine.*

G., Sohn eines Lehrers, schloß sich kurz nach Ausbruch der Oktoberrevolution (1917) den Bolschewiki an und brach deshalb seine Ausbildung an der höheren Schule ab. Mit 14 Jahren trat er in die von L. TROTZKI geschaffene „Rote Armee" ein und avancierte bereits im Alter von 16 Jahren zum Regimentskommandeur. 1920 kämpfte G. im Kaukasus und mußte nach einer schweren Verwundung seine militärische Laufbahn aufgeben. Danach war er als Schriftsteller tätig und unternahm mehrere Reisen, u. a. nach Moskau, Leningrad, Archangelsk, Armenien, auf die Krim, nach Mittelasien und in den Fernen Osten. Noch einmal stellte sich G. trotz seiner Verwundung der Armee zur Verfügung, als die deutschen Truppen während des Zweiten Weltkrieges die Sowjetunion angriffen. G. fiel am 26. 10. 1941 in der Nähe von Kanev/Ukraine.

Werk, Tendenzen, Wirkung. Das Werk G.s ist vielgestaltig und umfaßt Feuilletons, Drehbücher, Reportagen und eine Reihe Erzählungen, von denen sich viele an jugendliche Leser wenden. Häufig schildert G. Situationen aus der Zeit der Revolution, der Epoche zwischen den beiden Weltkriegen, dann aber auch solche aus der Anfangsphase des deutschen Angriffs während des Zweiten Weltkrieges.

Eine frühe, einem jugendlichen Leserpublikum zugedachte Erzählung erschien unter dem Titel „Škola“ (1926; dt. Schule des Lebens, 1951). G. behandelt in ihr das Schicksal eines russischen Jungen namens Boris, der seine Schulausbildung abbricht und sich 1917 der revolutionären Bewegung anschließt. Die Erzählung zeigt autobiographische Züge und läßt hinter der spannenden, dialogreichen, abenteuerlichen, jedoch stets wirklichkeitsverbundenen Schilderung auch die furchtbaren Abgründe eines Bürgerkrieges offen zutage treten. Dabei zeigt sich G. als Meister der Personendarstellung in direkter wie indirekter Charakterisierung, z. B. in der Zeichnung des Kavallerieoffiziers Fedja oder des Kompanieführers Tschubuk, des väterlichen Freundes von Boris. G. erspart seinem jugendlichen Helden auch ausgesprochen tragische Situationen nicht. So führt Boris' Leichtsinn zur Gefangennahme von Tschubuk durch die Weißen. Der Junge muß anschließend untätig zusehen, wie sein bester Kamerad von den Gegnern liquidiert wird; doch bleibt trotz der Erschütterung Boris' Glaube an den Sieg der Revolution. G. gestaltet hier die Beziehung von individueller Heldenhaftigkeit und ihrer Einordnung in das solidarische Handeln des Kollektivs dialektisch. Der Konflikt entsteht immer dann, wenn der Held aus der Solidarität der Gemeinschaft bewußt oder unbewußt ausbricht. Dies löst bei ihm einen Lernprozeß aus, den auch der Leser nachvollziehen soll. Doch trifft man in anderen Erzählungen G.s, etwa in „Sud'ba barabanščika“ (1938; dt. Das Schicksal des Trommlers, 1957) oder in der hinsichtlich ihrer Wirkungsgeschichte wohl bedeutendsten Erzählung „Timur i ego komanda“ (1940; dt. Timur und sein Trupp, 1947) diese Gesichtspunkte nicht an, da G. seine Geschichten nicht schematisiert und keine langweilige, angewandte Dogmatik anbietet. Im „Schicksal des Trommlers“ zeigt der Autor einen Jungen, der ahnungslos in eine schlechte Gesellschaft schliddert, nachdem sein Vater, ein verdienter ehemaliger Kämpfer für die Revolution, wegen Unterschlagungen verhaftet und zu Recht verurteilt wird. Im Gegensatz zu den oft schematischen Lösungen in Erzählungen mit einer ähnlichen Thematik wendet sich der Sohn nicht von seinem Vater ab, sondern sehnt sich trotz dessen Verfehlung nach ihm und ist erst wieder glücklich, als er den vorzeitig aus dem Strafvollzug entlassenen Vater in die Arme schließen kann. Kein Superheld also. Die Erzählung „Timur und sein Trupp“, ursprünglich wohl zentraler und der am besten gelungene Teil eines nicht mehr vollendeten Zyklus (J. PUTILOWA: „Timur und sein Trupp“ in: Beitr. z. K.- u. Jl. 6. 1964. 9), schildert das hilfsbereite Wirken einer Jugendgruppe unter der Führung des Titelhelden Timur. Nach PUTILOWA hat G. die Handlung auf zwei Ebenen angesiedelt, die einander gegenseitig durchdringen. Die Handlung ist einmal kindliches Spiel mit der ihm eigenen Gesetzmäßigkeit, zum anderen echte Arbeit, wie sie die Welt der Erwachsenen kennzeichnet. Timur und sein Kollektiv haben in einem alten Schuppen ein „Hauptquartier“ eingerichtet, von dem aus jedes Mitglied direkt benachrichtigt werden kann. Die Gruppe hat sich zum Ziel gesetzt, den Bewohnern einer Moskauer Vorortsiedlung bei der Behebung ihrer Schwierigkeiten zu helfen, besonders den Familien, deren Väter zum Kriegsdienst eingezogen wurden bzw. bereits gefallen sind. Dabei kommt es zur Auseinandersetzung mit einer anderen Jugendgruppe, deren Verhaltensweisen als unsozial charakterisiert werden und die von den „Timuriden“ bezwungen wird. Mehrfach ist die Gruppe Timurs auch mitunter selbst verschuldeten Mißverständnissen ausgesetzt, die aber überwunden werden. Nach dem Vorbild von Timurs Kollektiv organisierten sich in der Sowjetunion bald viele Jugendliche als „Timuriden“, boten zunächst — vergleichbar etwa den Verhaltensnormen der Pfadfinder (je Tag eine gute Tat) — ihre Hilfe an, gingen aber rasch auch zu aktiver Mithilfe im Kampf gegen die deutschen Aggressoren über. Besonders bekannt wurde nach G. HOLTZ-BAUMERTS Beitrag „Gaidar und wir“ (in: Beitr. z. K.- u. Jl. 6. 1964. 23—35) der Timurtrupp aus der belagerten Stadt Kiew. Die Erzählung „Timur und sein Trupp“, die auch dramatisiert und verfilmt wurde, ist noch in einer zweiten Beziehung bedeutsam geworden: Sie beeinflußte nach dem Zweiten Weltkrieg die Entwicklung der KJL in den sozialistischen Volksdemokratien nachhaltig, besonders die Autoren der DDR.

G.s Erzählungen gehören literarisch vorwiegend zur Stilrichtung des „sozialistischen Realismus“. Der Autor bietet mit seinen dem Kollektiv verbundenen, die Revolution bejahenden und optimistischen Helden dem jungen Leser Leitbilder an, mit denen er sich identifizieren kann. G. erfüllt damit zugleich wesentliche an die Literatur der Sowjetunion seitens der Theoretiker, unter ihnen auch M. GOR'KIJ und A. S. MAKARENKO, gestellte pädagogische Forderungen.

Nach der Moskauer Gesamtausgabe von G.s Werken unter dem Titel „Sobranie sočinenij“ (4 Bde., 1955 u. 56) gab HOLTZ-BAUMERT Ende der 60er Jahre 3 Bände mit den meisten Erzählungen G.s, übersetzt von M. HUMMELTENBERG, im Kinderbuchverlag, Berlin (Ost), heraus. Sie sorgten neben den schon früher erschienenen Übersetzungen einzelner Titel zur Verbreitung von G.s Werken im deutschsprachigen Raum. In der BRD stellte der Münchner Weismann-Verlag die Erzählung „Škola“ (1929) leicht gekürzt unter dem Titel „Russische Kindheit 1917“ heraus. Dieses Buch erschien 1972. Im Rahmen einer Buchdiskussion der IJB München beurteilten die jugendlichen Leser dieses Buch weitgehend positiv, vor allem wegen seiner spannenden Handlung, der Möglichkeit zur Identifikation mit dem jugendlichen Helden und dem von ihm vertretenen Idealismus, der eine neutrale Haltung des Lesers nicht zulasse (J. SCHMITZ: „Kinderaussagen". In: BJ & L. 8. 1973. 24 u. 25). *Horst Künnemann*

→ Sozialistische Kinderliteratur, → Sozialistischer Realismus, → UdSSR

Werke: RVS (1926; dt. Der rote Reiter, 1956); Na grafskich razvalinach (1928; dt. Das Geheimnis der Schloßruine, in: Die Zeit des Trommlers. 1969. 247—346); Škola (1930; dt. Die Schule, 1935); Četvertyj blindaž (1931; dt. Der vierte Unterstand, in: Der Trommler. 1957. 291 bis 313); Dal'nie strany (1932; dt. Ferne Länder, 1951); Voennaja tajna (1935; dt. Das Geheimnis, in: Die Spur des Kühnen. 1969. 130—307); Golubaja čaška (1936; dt. Die himmelblaue Tasse, in: Der Trommler. 1957. 259 bis 290); Sud'ba barabanščika (1938; dt. Das Schicksal des Trommlers, in: Der Trommler. 1957. 5—124); Čuk i Gek (1939; dt. Tschuk und Gek, 1947); Timur i ego komanda (1940; dt. Timur und seine Freunde, 1945; 1947 u. d. T.: Timur und sein Trupp); Rakety i granaty (1942; dt. Von den Fronten des Zweiten Weltkrieges, in: Die Spur des Kühnen. 1969. 553—591); Komandir snežnoj kreposti (1945); Sobranie sočinenij (Bd. 1—4. 1955 u. 56); Die Feuertaufe. Ausgewählte Werke. Bd. 1 (1956); Der Trommler. Ausgewählte Werke. Bd. 2 (1957); Sobranie sočinenij (Bd. 1—4. 1959 u. 60); G. Holtz-Baumert (Hrsg.): Der Mann mit dem Stern (1967); G. Holtz-Baumert (Hrsg.): Die Spur des Kühnen (1969); G. Holtz-Baumert (Hrsg.): Die Zeit des Trommlers (1969).

Sekundärliteratur: F. Ebin: Obzor proizvedenij A. P. Gajdara (in: Nedelja detskoj knigi, 1950); Tvorčeskij put' A. P. Gajdara (in: F. Ebin: O detskoj literature, 1950; dt. Das Schaffen A. P. Gaidars, in: Über Kinderliteratur. Bd. 1. 1955. 107—135). — B. A. Emeljanov: Razzkazy o Gajdare (1958). — V. S. Fraerman: Ljubimyj pisatel' detej (1964). — V. S. Fraerman (Hrsg.): Žizn' i tvorčestvo Gajdara (1964). — E. O. Gimmelfarb: Tvorčeskij put' A. P. Gajdara (1954). — G. Holtz-Baumert: Gaidar und wir (in: Beitr. z. K.- u. Jl. 6. 1964. 23—35). — B. Kamov: Partizanskoj tropoj Gajdara (1968); Iz istorii sozdanija „Timura" (in: Detskaja literatura. 5. 1971. 2—7). — K. P. Kiparisova: A. P. Gajdar: Bibliografija (in: Žizn' i tvorčestvo A. P. Gajdara. 1954. 351—381). — L. Kon: Vospitatelnoe značenie proizvedenij Arkadija Gajdara (in: Literatura v škole. 1948). — N. A. Kopejkina: Tvorčestvo A. P. Gajdara (1951). — E. Pašnev: Po Gaidarovskim mestam (in: Detskaja literatura. 5. 1971. 10—17). — K. Paustovski: Begegnung mit Gaidar (in: Beitr. z. K.- u. Jl. 10. 1967. 40—49). — E. O. Putilowa: O tvorčestve A. P. Gajdara (1960). — J. Putilova: Timur und sein Trupp (in: Beitr. z. K.- u. Jl. 6. 1964. 9—22). — F. I. Setin: A. P. Gaidar — Schriftsteller, Staatsbürger und Kämpfer (in: Wiss. Zeitschr. d. Ernst-Moritz-Arndt-Universität Greifswald. Gesellschafts- u. sprachwiss. Reihe. 3. 1967. 215—222). — V. Smirnova: Arkadij Gajdar (1961); Legendy i pravda o Gajdare (in: Detskaja literatura. 5. 1972. 9—14). — V. Stanovský: Gajdarovké marginálie (1963). — I. Svirskaja: O podlinnych i mnimych tradicijach A. P. Gaidara (in: O literature dlja detej. 1964. 98—122); Ob osobennostjach poetiki A. P. Gaidara (in: O literature dlja detej. 1969. 49—69); A. P. Gajdar — borec za „svetloe carstvo" (in: V pomošč' detskim i škol'nym bibliotekam. 1968. 40—50). — B. V. Vodiščev: Tvorčestvo Arkadija Gajdara (1955). — H. Vogt: Arkadi Gaidar. Leben und Werk im Überblick (in: Russischunterricht. 3. 1954. 102—108). — Žizn' i tvorčestvo A. P. Gajdara (1951, [3]1964).

Gailer, Jacob Eberhard

*Verfasser und Herausgeber verschiedener Schriften für die Jugend, darunter „Neuer Orbis pictus für die Jugend"; * 10. 1. 1792 (oder 1802) Reutlingen, † (Datum und Ort nicht feststellbar.)*

G., Sohn eines Reutlinger Schreinermeisters, war von 1822 an Präceptor am Lyceum in Tübingen, bis er 1841 wegen Trunkenheit suspendiert wurde. Danach zog er, gänzlich verarmt, mit seiner Familie nach Großbottwar, war bis 1842 wieder als Präceptor tätig und schrieb von da an vorwiegend für Zeitungen und Wochenblätter. Von 1844 an lebte er in Nagold, wo er bereits vor seiner Tübinger Zeit mehrere Jahre gewohnt hatte.

Werk, Tendenzen, Wirkung. Unter den Comenius-Nachfahren gebührt G. ein besonderer Rang. 1832 erschien in Reutlingen sein Werk „Neuer Orbis pictus für die Jugend, oder Schauplatz der Natur, der Kunst und des Menschenlebens in 316 lithographirten Abbildungen mit genauer Erklärung in deutscher, lateinischer und französischer Sprache nach der früheren Anlage des Comenius bearbeitet und dem jetzigen Zeitbedürfnisse gemäss eingerichtet." Bereits 1835 folgte die 706 Seiten starke dritte Auflage des Werkes, vermehrt um 6 weitere Abbildungen und durch eine vierte Sprache, das Englische, sowie mit einer umgearbeiteten französischen Übersetzung. Der 5. Auflage 1842 war eine italienische Übersetzung beigegeben. In der Vorrede zur ersten Auflage bekennt sich G. zu seinem Vorbild, dem „Orbis sensualium pictus" des Comenius: „In dankbarer Erinnerung daher an das viele Vergnügen, das mir in meiner Jugend dieses Buch verschaffte, und an den vielseitigen Nutzen, den ich daraus schöpfte, habe ich es unternommen, das ganze Buch nach dem Bedürfnisse der jetzigen Zeit so umzuarbeiten, daß der größte Theil als etwas ganz Neues erscheint, was bei einer nur flüchtigen Durchsicht dem Leser klar werden wird." Dem Buch sind mancherlei Lernziele zugedacht: Es soll in die „Kenntniß der Natur, der Gewerbe und Künste und alles dessen, was im täglichen Leben vorkommt," einführen; es soll zugleich „ein gutes Hilfsmittel an die Hand geben", sich sowohl im Lateinischen als auch in den neueren Sprachen „zu vervollkommnen". Entsprechend den „Ansichten in Beziehung auf den Unterricht überhaupt" sind vor allem „die Realien in ihr Recht eingesetzt" worden. So finden sich z. B. Kapitel wie „Das Dampfschiff", „Eisenbahnen und Dampfwagen", „Die Elektrisirmaschine". Der GAILERsche Orbis pictus dokumentiert ein gewandeltes Menschen- und Weltverständnis; er ist ein Sach- und Bilderbuch seiner Zeit, „kein eigentliches Schulbuch" und „doch gewiß ein Buch für Schüler". Außer einer Anzahl historischer „Denkwürdigkeiten", die sich mit „allgemeiner Weltgeschichte", aber auch mit der Geschichte seiner engeren Heimat (z. B. mit Reutlingen, 1840, und Reichsveste

Achalm, 1841) befaßten, schrieb G. auch einige Bücher mit Sprachübungen und lateinischer Compositionslehre für die Hand des Schülers. 1836 erschien sein „Neues Fabelbuch. Eine Auswahl des Schönsten aus der Fabelwelt, in deutscher, lateinischer, französischer und englischer Sprache, für die Jugend bearbeitet mit 36 Kupfern". „Zur Belehrung und Unterhaltung" gab er 1839 das „Wunderbuch für die reifere Jugend" (eine Gallerie der merkwürdigsten und interessantesten Werke der Natur und Kunst in Erzählungen und Bildern) heraus. *Hubert Göbels*

→ Orbis pictus

Werke: Neuer Orbis pictus für die Jugend, oder Schauplatz der Natur, der Kunst und des Menschenlebens (1832, ^{5}1842); Wunderbuch für die reifere Jugend (1839, ^{2}1842). *Hrsg.:* Neues Fabelbuch (1836).

Sekundärliteratur: M. Dierks: Vom Bilderbuch zum Arbeitsbuch (1965). — K. Pilz: Johann Amos Comenius. Die Ausgaben des Orbis Sensualium Pictus (1967).

Gallwitz, Esther

*Biologin, Jugendschriftstellerin; * Stuttgart-Bad Cannstadt.*

G. wuchs in Stuttgart-Bad Cannstadt auf; nach dem Besuch des humanistischen Gymnasiums wurde sie Lehrerin in Württemberg. Einem weiteren zweijährigen Biologiestudium folgte die Promotion in Göttingen. Als wiss. Assistentin widmete sie sich bis zu ihrer Heirat mikrobiologischer Forschungstätigkeit an der TH Karlsruhe.

Werk, Tendenzen. G. hat durch eine im Jugendbuch seltene, bewußte Sprachhandhabung auf sich aufmerksam gemacht. Sie formt ihre Erzählungen reflektiert und mit einem ungewöhnlichen Reichtum an sprachlichen Mitteln. Ihre Geschichten zeichnen sich aus durch genaue Beobachtung seelischer und biologischer (Natur-) Vorgänge und eine präzise landschaftliche und zeitliche Lokalisierung.
G. wandte sich zuerst der Umweltgeschichte zu — Umwelt hier verstanden als bedingte Sozialwelt —, in der Einzelne und Gruppen in Spannung zueinander leben. Bei aller sprachlichen und kompositorischen Bewußtheit wirken „Thomas und Tomate" (1962) und „Übrigens, ich heiße Flip" (1962) jedoch noch uneinheitlich mit ihrer Vielzahl nicht voll integrierter Motive. Das Problem jugendlicher Einsamkeit und Entwicklung auf dem Hintergrund genau gesehener sozialer und politischer Umwelt ist das Thema der beiden Jugendbücher „Unter dem Wetterengel um acht" (1963) und „Freiheit 35" (1964), in denen die Autorin der Gattung Mädchenbuch originelle Akzente zu geben wußte. Im ‚Wetterengel' spiegelt sich in der Form abwechselnder Ich-Aussagen die Entwicklung zweier junger Menschen von unterschiedlicher sozialer Herkunft; beide bewegen sich geistig aufeinander zu und befreien sich gegenseitig aus einer sozial bedingten Erstarrung. „Freiheit 35" stellt den literarisch ambitionierten Versuch dar, durch ein Neben- und Ineinander verschiedener Erzählweisen sowohl dem subjektiven Erleben (hellsichtige Einsamkeit in einer blindbegeisterten Masse) als auch den objektiven Prozessen in der Hitlerzeit am Beispiel einer Jungmädchengruppe gerecht zu werden. Distanzierende Ironie erlaubt die demaskierende Verwendung zeitgebundenen Jargons. *Malte Dahrendorf*

Werke: Thomas und Tomate (1962, ^{2}1964); Übrigens, ich heiße Flip (1962, ^{2}1964); Unter dem Wetterengel um acht (1963, ^{3}1966); Freiheit 35 (1964). *IJB*

Gansberg, Fritz

*Lehrer, Schulreformer, Autor pädagogischer Schriften für Lehrer und besonders für die Schuljugend; * 9. 4. 1871 Bremen, † 12. 2. 1950 Bremen.*

G., der weltoffene Lehrer der Hansestadt Bremen, führte heftige Kämpfe gegen die Verteidiger veralteter, autoritärer Auffassungen von Unterricht und Erziehung. Trotz mancher lohnenden Angebote blieb er zeitlebens Lehrer.

Werk, Tendenzen, Wirkung. Gemeinsam mit H. SCHARRELMANN arbeitete er für eine grundlegende Umgestaltung des Schullebens: lebensnaher Unterricht, Entwicklung der Eigenpersönlichkeit des Kindes („. . . nicht Fremdes zu übertragen, sondern Eigenes zu entwickeln, das ist es; denn aus dem Eigenen entfaltet sich die zukünftige Person"). So wird er zum unüberhörbaren Fürsprecher des „freien" Aufsatzes. Gemeinsam mit seinem Freund H. EILDERMANN gab er 1905 eine Sammlung von Umweltgeschichten für Stadtkinder heraus, Sacherzählungen, die die Wirklichkeit des Lebens darbieten wollen. Die Erzählweise ist von der kindlichen Ausdrucksform bestimmt, der sachliche Inhalt nach der Auffassungsfähigkeit des Kindes orientiert. G. verfaßte in diesem Sinne eine neuartige *Fibel* „Bei uns zu Haus — Fibel für kleine Stadtleute" und ein *Milieulesebuch* „Kinderheimat". Kurz vor seinem Tode schrieb er: „Die beiden Worte, die ich zuerst für die Öffentlichkeit niederschrieb — Plauderstunden und Schaffensfreude — bedeuteten ein Leben lang einen Auftrag für mich." Und: „In einer gehobenen Aussprache sehe ich den wahren Zweck des täglichen Schulehaltens, alles andere ist demgegenüber Nebensache." *Velten Merz*

→ Fibel, → H. Scharrelmann

Werke: Plauderstunden (1902); Schaffensfreude (1902); Streifzüge durch die Welt der Großstadtkinder (1905); Unsere Jungs. Geschichten aus der Stadt Bremen (1906; zus. mit H. Eildermann); Produktive Arbeit (1909); Demokratische Pädagogik (1911); Das kann ich auch (1913);

Der freie Aufsatz (1914); Liebe Nachbarskinder (1929); Unsere Heimat. Lebensbilder aus Stadt und Land (Bd. 1 u. 2. 1929); Abenteuer in fernen Ländern (1930); Hundert Geschichten vom kleinen Helmut für all' die Kinder, die ihre Fibel schon durch haben (Tl. 1 u. 2. 1930); 50 Geschichten von der kleinen Anneli (1933); Bertholds wunderbare Reise durch Niedersachsen (1937).

IJB

Ganzschrift

(auch „Einzelschrift"). In der Jugendschriften- und Kunsterziehungsbewegung aufgekommene Bezeichnung für eine kinder- und jugendgeeignete Veröffentlichung, die im Gegensatz zur „Häppchenliteratur" des Lesebuchs ein geschlossenes Ganzes (Erzählung, Novelle, Drama usf.) oder eine Zusammenstellung von Ganzen (Märchen, Sagen, Gedichten usf.) bietet.

Als verfehlt bezeichnete es L. Ballauf, Lektüre „in Bruchstücken" zu reichen (Odyssee, Herodot). 1859 schreibt er in seinem Artikel „Über Kinder- und Jugendlektüre" (Pädagogisches Archiv, Bd. 1): „Statt jener beliebten Blumenlesen werden wir daher ganze Werke empfehlen müssen." Doch setzte sich der Gedanke der G. erst durch mit der Jugendschriften- und Volkserziehungsbewegung („Wiesbadener Volksbücher", hrsg. vom Volksbildungsverein, seit Herbst 1900). R. von Raumer, H. Goerth leiteten vom Deutschunterricht an den Höheren Schulen her die Reform ein, die Jugend ganze Werke, zunächst hier die Klassiker, lesen zu lassen.
Die Publikationsweise, z. T. auch die Auswahlprinzipien, sind aus der Tradition der älteren Kinder- und Jugendbibliotheken (-büchereien) hervorgegangen, deren Vorbild J. H. Campe mit seiner „Kleinen Kinderbibliothek" (erste Aufl. 1779—84) schuf.
So waren die ersten G.n zugleich als Privatlektüre und als Klassenlesestoff gedacht und sollten dabei als literarpädagogisches Mittel der Schundliteratur entgegenwirken. Anregungen kamen vor allem von H. Wolgast, der 1904 „Schöne alte Kinderreime" als G. herausgab, von den VJA, von Schulbuch- und Jugendbuchverlagen. Da die G.n Jugendlichen Werke der Dichtung und der volkstümlichen Überlieferung zugänglich machten, trugen Volksbildungsvereine und kulturpflegerische Vereinigungen — vor allem der *Dürerbund*, der im eigenen Verlag die Reihen „Deutsche Jugendbücherei" und „Sammlung Schatzgräber" herausgab — wesentlich zu ihrer Verbreitung bei. Neben literarischen Texten wurden bald auch Sachtexte mit Rücksicht auf den Abnehmerkreis (Schüler, Jugendliche in der Berufsausbildung, unbemittelte Eltern für ihre Kinder) als preiswerte Bändchen oder Hefte in Reihen veröffentlicht.
Seit Mitte des 20. Jh.s haben in zunehmendem Maße Taschenbücher, auch mit lizensierten Nachdrukken von Kinder- und Jugendbuchtexten, die gleiche Rolle übernommen. Der ursprüngliche Gegensatz zwischen Lesebuch und G. ist in der Lesepädagogik von heute überwunden; Lesebuch und G. stehen in einem Ergänzungsverhältnis. Reihen- und Taschenbuchtitel von G.n finden sich in den verschiedenen Auswahllisten (früher besonders der VJA; seit 1956 die Weiße Liste des Deutschen Jugendschriftenwerks) und Verlagsverzeichnissen für die Hand des Lehrers, aber auch für den Jugendlichen selbst.

→ Auswahllisten, → Dürerbund, → Vereinigte Jugendschriften-Ausschüsse, → H. Wolgast

Gast, Lise

*(verh. Elisabeth Richter). Schriftstellerin, Kinder- und Jugendbuchautorin; * 12.1.1908 Leipzig.*

Bis zu Beginn ihrer schriftstellerischen Tätigkeit war G. landwirtschaftl. Lehrerin; Krieg und Flucht haben ihren Lebensweg und ihr Schaffen wesentlich mitbestimmt. In Württemberg baute sie einen Pony-Hof als neue Heimat für ihre Kinder auf. Hier entstanden die meisten ihrer Kinder- und Jugendbücher.

Lise Gast (1908)*

Werk, Tendenzen, Wirkung. G. behandelte bereits in einem frühen Buch („Junge Mutter Randi", 1940) eines ihrer Hauptthemen: Kinderreichtum. Seit 1945 schreibt sie fast ausschließlich für die Jugend, vorwiegend für Mädchen ab etwa 10 Jahren. G. übernimmt Strukturen und Stoffe des typischen Mädchenbuches (z. B. „Junges Herz im Sattel", 1956; „Jungsein ist schwer", 1959; die „Christiane"-Bände, 1951—53). In einer festumrissenen Thematik mitmenschlicher Bezüge in- und außerhalb der Familie (z. B. Kompliziertheit des Erwachsenwerdens, Berufswahl, Situationen der Krise und

Entscheidung) kehren autobiographisch gefärbte Grundkonzeptionen und Personenbezeichnungen häufig wieder: die große Geschwistergemeinschaft, die alleinstehende, tatkräftige Mutter, das die Familie mittragende junge Mädchen (z. B. „Große Schwester Schimmel", 1952; „Meine Tochter hat's nicht leicht", 1955; „Neuer Anfang auf Wienhagen", 1958). Mit dem Themenkreis des Pferdehaltens und Reitens spricht G. durch ihre Sachkenntnis besonders an. Einige dieser Bücher sind mit Fotos ausgestattet (z. B. „Ange und die Pferde", 1959; „Ange im Turnier", 1961; „Ponies am Meer", 1966). In der Schilderung alltäglicher Begebenheiten flicht sie Probleme des Entwicklungsalters ein. Dabei geht die Autorin von der Vorstellung einer „fast vergessenen heilen Welt" aus. Sie schildert vornehmlich lebensbejahende, begeisterungsfähige Kinder und Jugendliche, die sich, meist umgeben von verständnisvollen Erwachsenen, fraglos in ihre Rolle in der Gemeinschaft einfügen. Mit dieser Festlegung auf ein begrenztes Repertoire spart G. manche der den heutigen jungen Menschen bedrängenden Konflikte aus. Hingegen stellt sie die normativen ethischen Gehalte und die von jeher bewährten Werte menschlichen Zusammenlebens dar. Nach ihrer Auffassung soll das Jugendbuch der Jugend „einen Aufbaustein fürs Leben, eine Richtlinie, einen Wegweiser" geben (JSW 11/1953). In den sechziger Jahren publizierte G. auch Geschichten für Leseanfänger und in Schreibschrift. In G.s umfangreichem Werk macht sich trotz der Gestaltenfülle die Gefahr des Klischees bemerkbar. Sie knüpft an traditionelle Sprachmuster an, die sie aber durch Humor, Farbigkeit und burschikosen Ton aufzulockern versteht. Ihre Übersetzungsarbeit widmete sie vorwiegend dem holländischen Autor D. LAAN. *Anneliese Knoop*

→ Mädchenbuch

Werke: Tapfere junge Susanne! (1936); Kopf hoch, Barbara! (1939); Das zaudernde Herz (1939); Junge Mutter Randi (1940); Die Kinder von Wienhagen (1940); Ange und die Pferde (1948); Christoph (1949); Geliebtes Heim am Berge (1949); Die Haimons Kinder (1950); Helmi und ihr größter Wunsch (1951); Christiane und die kleinen Brüder (1951); Gesellschaftsspiele im Zimmer für jung und alt (1952); Große Schwester Schimmel (1952); Peter der Spielzeugbär (1952); Das Träumerlein (1952); 2 × 2 = II (1952); Bernis Glück im Pech (1953); Christiane und die großen Brüder (1953); Sommer der Entscheidungen (1953); Was wird aus Regine? (1953); Weihnachtsgäste (1953); Wohin Christiane? (1953); Die andere Mutter (1954); Große Schwester, kleiner Bruder (1954); Die Kälberweide (1954); Meine Tochter hat's nicht leicht (1955); Die Erlenhofzwillinge (1956); Junges Herz im Sattel (1956); Neuer Anfang auf Wienhagen (1958); Unsere Ponys und wir (1958); Jungsein ist schwer (1959); Wunder im Schnee (1959); Ange und die Pferde (1959); Junger Wind in alten Gassen (1960); Das Leben findet heute statt (1960); Randi und das halbe Dutzend (1960); Zum Leben ist keiner zu alt (1960); Ange im Turnier (1961); Der alte Trostdoktor (1964); Brüder machen manchmal Kummer (1965); Das große Glück (1965); Die unsichtbare Tür (1965); Wir vier (1965); Besuch am Heiligabend (1966); Hochzeit machen, das ist wunderschön (1966); Ponies am Meer (1966); Die alte Mühle (1967); Morgen oder übermorgen (1967); Ponyscheck Hansel (1967; zus. mit I. Schreiber); Weihnachten unterwegs (1967); Guten Morgen, Petra (1968); Kleiner Bruder Ben (1968); Gute Reise Tante Britta (1969); Ein Jahr auf Probe (1969); Jeder Tag ist neu (1969); Der kleine Hirtenkönig (1969); Die Sache, die man Liebe nennt (1969); Unser kleiner Esel Jan (1969); Wuschi, der Waschbär (1969); Ferienfahrt mit Zwillingsbrüdern (1970); Geliebter Sohn (1970); Bettina und das alte Schloß (1971); Drei Dackel im Versteck (1971); Ein Sommer mit Tieren (1971); Alles ändert sich (1972); Zeit der Bewährung (1972).

Übers.: D. Laan: Das Pünkelchen-Bilderbuch (1960).

Sekundärliteratur: I. Schönbein: Die Jugendschriftstellerin Lise Gast: (in: Studien zur Jugendliteratur. 1956. 30—73).

IJB

Gattungen

G. sind in der Literaturwissenschaft Bezeichnung für die Bereiche der Dichtung: Lyrik, Epik und Dramatik („Naturformen der Dichtung", Goethe) und für die unter diesen Begriffen zusammengefaßten Grundformen wie Lied, Ode, Ballade, Roman, Novelle, Kurzgeschichte, Fabel, Märchen, Sage, Tragödie, Komödie usf. („Dichtarten", Goethe).

Die Zuordnung eines literarischen Textes zu den Grundgattungen (-formen) kann nach inhaltlichen und nach formalen Gesichtspunkten erfolgen (Erziehungsroman, Lehrgedicht); bei manchen Gattungen besteht eine notwendige Beziehung zwischen ihrer Struktur und möglichen Inhalten (Ballade, Epos, Novelle usf.). Die Kinder- und Jugendliteratur hat an allen drei Bereichen: Lyrik, Epik und Dramatik (auch Großgattungen genannt) Anteil, so etwa durch das Kindergedicht an der Lyrik, durch die verschiedenen Formen der Erzählung für Kinder und Jugendliche an der Epik und durch Puppen-, Märchen-, Schul- und sonstige kindertümliche Spiele an der Dramatik. Aber auch viele Grundgattungen erscheinen, oft in besonderen, vom jugendlichen Leser und dessen Leseneigung und Aufnahmevermögen bestimmten Ausprägungen, im Bereich der Kinder- und Jugendliteratur: Erzählende Gedichte lassen mitunter Strukturmerkmale der Ballade erkennen; viele Bilderbuchtexte variieren die Form des Lehrgedichts auf kindertümliche Weise, und eine Gattung wie der Roman findet vielfältige Entsprechungen in der Jugendliteratur (mitunter ausdrücklich als „Roman für junge Menschen" gekennzeichnet). Die Jugendbuchkunde herkömmlicher Art bedient sich indessen vielfach einer eigenen Terminologie, namentlich auf dem Gebiet des „spezifischen Jugendschrifttums". Auch hier erfolgt die Zuordnung der Texte nach den verschiedenen Gesichtspunkten: nach Alter und Geschlecht der Leser (Kinderbuch, Backfischbuch, Jungenbuch,

Mädchenbuch), nach dem Inhalt (Abenteuerbuch, Umwelterzählung, Tiergeschichte, religiöses Jugendbuch), nach der Funktion (Nahtstellenliteratur) und nach der Ausstattung (Bilderbuch, illustriertes Kinderbuch). Bei der Unbestimmtheit mancher Begriffe sind Überschneidungen unvermeidlich; jedoch wird man sich, bis eine Poetik der Kinder- und Jugendliteratur vorliegt, einstweilen weiter dieser Terminologie bedienen müssen.

Die Schwierigkeiten für die Koordination einer internationalen Forschung auf dem Gebiet der Kinder- und Jugendliteratur, die sich aus den unterschiedlichen Terminologien ergeben, veranlaßten G. Klingberg 1971 anläßlich eines Symposiums der Internationalen Forschungsgesellschaft für Kinder- und Jugendliteratur zur Vorlage eines Planes zur Entwicklung einer internationalen Nomenklatur (in: Kl. Doderer (Hrsg.): Beiträge zur Kinderliteratur und Lesersoziologie, 1972). *A.C.B.*

→ Ballade, → Erzählung, → Fabel, → Kinderlyrik, → Kindertheater, → Märchen, → Novelle, → Puppenspiel, → Sage

Gebhardt, Hertha von

*Schriftstellerin, Kinder- und Jugendbuchautorin; * 2. 2. 1896 Leipzig.*

Als Tochter eines Universitätsprofessors verbrachte G. ihre Kindheit in mehreren Universitätsstädten; seit 1913 wohnt sie in Berlin. Sie studierte Französisch und war einige Zeit Sprachlehrerin an einem Lyzeum. Heute lebt sie zusammen mit ihrer Tochter, Renate v. G. (geb. 1921), die als Redakteurin für Hörspiel und Kinderfunk auch Jugendbücher geschrieben hat. G. war von früher Jugend an schriftstellerisch tätig; sie veröffentlichte Romane und Novellen für Erwachsene, verfaßte Filmdrehbücher und übersetzte Jugendbücher ins Englische und Französische. Auf Anregung des Schaffstein-Verlages schrieb sie 1931 ihr erstes Kinderbuch, „Das Pfennighäuschen“, worin sie eigene Kindheitserlebnisse schildert. Von da an widmete sich G. vornehmlich dem Kinderbuch. Einige ihrer Bücher standen auf der Auswahlliste des Deutschen Jugendbuchpreises wie 1957 „Das Mädchen von irgendwoher“ (1956), 1959 „Toffi und das kleine Auto“ (1958), 1961 „Der Königsschnupfen“ (1960). „Das Mädchen von irgendwoher“ trug G. 1958 die Aufnahme in die Ehrenliste zum Hans-Christian-Andersen-Preis ein.

Werk, Tendenzen, Wirkung. Grundkonzeption in G.s Kinderbüchern ist in vielen Varianten die Selbstbestätigung des Kindes in der Geborgenheit, der Ausweg aus Konflikten, der Übergang in eine neue Umwelt, sei es durch tätige Anteilnahme der Bezugspersonen, sei es durch eigene Leistung und Bewährung (z. B. „Toffi und das kleine Auto“, 1958; „Bärbel und der Junge ohne Fahrkarte“, 1960; „Achtung, Junge mit Brille gesucht“, 1966). Ein überschaubarer, unsensationeller Handlungsaufbau entwickelt sich aus geläufigen Konstellationen. In einigen Büchern, wie in „Freundinnen“ (1948), „Hannes mit dem Schlüssel“ (1952), wurden sie durch eingeflochtene Nachkriegsschicksale aktualisiert. Die psychologischen Verflechtungen innerhalb der Kindergruppe in „Das Mädchen von irgendwoher“ analysierte A. Krüger in „Kinder- und Jugendbücher als Klassenlektüre“ (1963). In den Mädchenbüchern stellt G. Lebensfragen junger Mädchen nach herkömmlichen Normen weiblichen Verhaltens dar („Brigittes Kameraden“, 1938; „Pack zu, Gisela“, 1939; „Die gefährdete Freundschaft“, 1955). Wenn auch die Autorin realistische Lebenserfahrungen bewußt in die Thematik einbezieht, leben ihre Jugendlichen meist in einer geschlossenen Welt unbestrittener Werte, die von idealisiert gezeichneten Erwachsenen vertreten werden. *Anneliese Knoop*

→ Mädchenbuch

Werke: Bettine (1937); Brigittes Kameraden (1938; 1950 u. d. T.: Brigittes Windhaus); Pack zu, Gisela (1939); Die Kinderwiese (1947); Freundinnen (1948); Die Rosengretel (1948); Hannes mit dem Schlüssel (1952); Getauschte Rollen (1954); Gefährdete Freundschaft (1955); Das Mädchen von irgendwoher (1956); Toffi und das kleine Auto (1958); Der Königsschnupfen (1960); Bärbel und der Junge ohne Fahrkarte (1960); Die lebendige Puppe (1961); Die Zwillingskleider (1963); Achtung, Junge mit Brille gesucht (1966).

Gedike, Friedrich

*Schulpädagoge, Bearbeiter von Lese- und Lehrbüchern, Theoretiker zu Fragen der Leselernmethoden und literarischer Erziehung; * 15. 1. 1754 Boberow (ehem. Prov. Brandenburg), † 2. 5. 1803 Berlin.*

Mit 9 Jahren verwaist, wurde G. im Pädagogium in Züllichau erzogen. 1771 begann er ein Studium der Theologie in Frankfurt/Oder und kam 1775 als Erzieher der Söhne des Probstes Spalding nach Berlin. In den folgenden Jahren publizierte er erste pädagogische Schriften, wurde 1776 Subrektor, 1778 Prorektor und 1799 Direktor des Friedrichwerderschen Gymnasiums in Berlin. Seit 1791 neben A. F. Büsching (1724—93) Mitdirektor des Gymnasiums zum Grauen Kloster, war er ab 1793 dessen alleiniger Direktor, wurde 1787 Oberschulrat und als Mitglied der Akademie der Wissenschaften Angehöriger der Deputation zur Vervollkommnung der deutschen Sprache.

Werk, Tendenzen, Wirkung. G. war in seiner Zeit einer der bedeutendsten Schulmänner Berlins. Als Pädagoge war er der philanthropinistischen Bewegung (J. B. Basedow, J. H. Campe) zugetan. In der

Schrift „Aristoteles und Basedow“ (1779) erörterte er Fragen der Erziehung und des Schulwesens „bei den Alten und Neuern“. G.s didaktisch-methodische Bemühungen galten vor allem der Fortentwicklung des gymnasialen Unterrichts. Er schuf für die einzelnen Sprachen in den Schulen viel benutzte Lesebücher, in denen Erzählungen, Fabeln, Merkwürdigkeiten aus der Natur, Historisches, Mythologisches u. a. m. sich bunt mischten, „da man bei der noch nicht erwachsenen Jugend nie zuviel für Abwechslung sorgen kann“. (Griechisch 1781, Lateinisch 1782 und 1792 [hatte 23 Auflagen], Französisch 1785 und 1792, Englisch 1795). Schon 1787 vertrat G. in seiner Ansprache zur öffentlichen Prüfung am 11. 4. die *analytische* Leselernmethode. In der Vorstellung entwarf er ein „Lesebuch für Kinder, die noch nicht lesen können“, denen aber durch das Vorlesen und Betrachten der Bilder und Wörter zum Lesen Lust gemacht wird, und er verwies darauf, daß diese Methode nach Oberkonsistorialrat HECKER bereits zwölf Jahre lang im Waisenhaus zu Potsdam mit Erfolg benutzt worden sei. G. selbst verfaßte für Leseanfänger das „Kinderbuch zur ersten Übung im Lesen ohne Abc und Buchstabieren“ (Berlin [2]1798). In der „Vorrede zur ersten Auflage“ (1790) begründet er ausführlich die an seiner fünfjährigen Tochter erprobte Methode: „Die *analytische* Methode, die rükwärts von dem Ganzen zu den Theilen, von den Folgen zu den Gründen fortschreitet, ist unstreitig der *natürliche* Gang des menschlichen Geistes, vornehmlich des sich erst entwikkelnden Geistes. . . .Man hat lange genug die Kinder nach synthetischer Methode gequält, um sie jetzt *durch Buchstaben die Wörter* kennen zu lehren. Wie, wenn wir es einmal analytisch versuchten, und umgekehrt die Kinder übten, *durch die Wörter* und zugleich *mit den Wörtern die Buchstaben kennen zu lernen?*“ Kritisch äußerte sich G. über den Einbruch von neuen Geschäftemachern und die gängige Masse der Jugendliteratur in „Einige Gedanken über Schulbücher und Kinderschriften“: „Keine einzige litterarische Manufaktur ist so sehr im Gange als die Büchermacherei für die Jugend nach allen ihren Gradationen und Klassen. Jede Leipziger Sommer- und Wintermesse spült wie die Flut des Meers eine zahllose Menge Bücher der Art ans Ufer. Und siehe Jung und Alt eilt hin, und sammlet — wenig Perlen und Ambra, desto mehr Schlamm, höchstens buntgefärbte leere Schneckenhäuser. Da giebt es unter zahllosen Formen und Namen: Kinderalmanache, Kinderzeitungen, Kinderjurnale, Kindersammlungen, Kinderromane, Kinderkomödien, Kinderdramas, Kindergeographien, Kinderhistorien, Kinderphysiken, Kinderlogiken, Kinderkatechismen, Kinderreisen, Kindermoralen, Kindergrammatiken und Lesebücher für Kinder in allen Sprachen ohne Zahl, Kinderpoesien, Kinderpredigten, Kinderbriefe, Kindergespräche, und wie sonst noch alle der litterarische Puppenkram heißen mag, der alljährlich besonders unter dem

Einige Gedanken

über

Schulbücher

und

Kinderschriften

von

Friedrich Gedike

Königl. Oberkonsistorialrath, und Direktor des Friedrichswerderschen Gymnasiums.

Berlin 1787.

Bei Johann Friedrich Unger.

Friedrich Gedike: Einige Gedanken über Schulbücher und Kinderschriften (Berlin 1787). Dieses Werk ist eine der ältesten theoretischen Schriften zur Kinderliteratur. Es enthält kritische Bemerkungen Fr. Gedikes über Schulbücher und Kinderschriften und seine Klagen über die Geschäftemacherei „eines unabsehbaren Schwarms von Scriblern“.

für die lieben Eltern und Basen anlokkenden Nebentitel: ‚Weihnachtsgeschenk für die lieben Kinder‘ zu Markte gebracht wird“. G. hob die Kinderschriften von J. H. CAMPE, CHR. F. WEISSE, FR. E. VON ROCHOW und CHR. G. SALZMANN anerkennend hervor, unterschied aber insgesamt: „Unsre alten Schul- und Kinderbücher sind mehrentheils unausstehlich trokken und langweilig. Aber dafür sind die neuern häufig unausstehlich wässrig und kurzweilig.“ Er selbst gab pädagogisch den „für das Gedächtniß“ geschriebenen Büchern den Vorzug gegenüber den „nur für die Imagination“ geschriebenen und warnte vor einer „frühzeitig überspannten Imagination“. Grundsätzlich unterschied er: „Alle Bücher für die Jugend sind entweder Lesebücher oder Lehrbücher“, für die Schulen und zur privaten Lektüre. G.s Bildungskonzeption erstreckte sich über die Schulzeit hinaus. Mit J. F. BIESTER zusammen begründete er 1783 die „Berlinische Monatsschrift“, ein Organ der erstrebten Volksbildung. *Hubert Göbels*

Werke: Aristoteles und Basedow (1779); Praktischer Beitrag zur Methodik des öffentlichen Schulunterrichts (1781); Einige Gedanken über Schulbücher und Kinderschriften (1787); Gesammelte Schulschriften (Bd. 1 u. 2. 1789 u. 1795); Kinderbuch zur ersten Übung im Lesen ohne Abc und Buchstabieren (1790); Luthers Pädagogik (1792); Einige Gedanken über deutsche Sprach- und Stilübungen auf Schulen (1793); Vermischte Schriften (1801).

Sekundärliteratur: L. Göbelbecker: Friedrich Gedike als Analytiker des 18. Jahrhunderts (in: L. Göbelbecker: Entwicklungsgeschichte des ersten Leseunterrichts von 1477 bis 1932. 1933. 125—136). — F. Horn: Friedrich Gedike (1808). — W. H. Schmidt: Friedrich Gedike (1803). — H. W. Schmitt: Friedrich Gedike, Gymnasialdirektor und erster preußischer Oberschulrat im friderizianischen Zeitalter (Diss. 1934). — K. H. Tränkmann: Friedrich Gedike in seinem Verhältnisse zu den pädagogischen Bestrebungen seiner Zeit (Diss. 1900). *IJB*

Geibel, Emanuel

*Dichter; * 17. 10. 1815 Lübeck, † 6. 4. 1884 ebenda.*

G. war Sohn des Predigers der reformierten Gemeinde in Lübeck, studierte in Bonn und Berlin. Seine geistige Haltung wurde wesentlich bestimmt durch die Begegnung mit E. M. ARNDT, die Teilnahme an der Berliner Montagsgesellschaft und seine Begegnungen mit A. v. CHAMISSO und B. v. ARNIM, die ihn in die Hofmeisterstelle bei dem russischen Gesandten in Athen vermittelte. Seine „Klassischen Studien“ erschienen 1840 in Bonn. G.s erster Band „Gedichte“ (1840) brachte ihm vom preußischen König ein Jahresgehalt von 300 Talern ein; G. lebte längere Zeit mit F. FREILIGRATH und L. SCHÜCKING in St. Goar. 1852 wurde er vom bayerischen König als Professor der Ästhetik, Literatur und Metrik nach München berufen. Hier wurde er führendes Mitglied des epigonischen Dichterkreises „Krokodil“ und nahm regelmäßig an der königlichen Tafelrunde teil. Nach dem Tode MAXIMILIANS II. legte G. seine Ämter nieder und kehrte in seine Heimatstadt zurück. Bei G.s Tod lag die 100. Auflage seiner „Gedichte“ vor.

Werk, Tendenzen, Wirkung. Die Zusammenstellung „Ein Buch Elegien“ (Ges. Werke, 5. Bd., ²1888) enthält Autobiographisches. G. berichtet darin von den starken Erlebnissen, die ihm im Knabenalter GRIMMS Märchen, SCHILLERS Tragödien und die Dichtungen von FOUQUÉ bereiteten. G. blieb *Epigone* einer national verengten Romantik; er war Gegner des „Jungen Deutschland“ und schrieb balladische Gedichte in der Nachfolge UHLANDS („Gudruns Klage“, „Volkers Nachtgesang“), die in Lesebüchern und Anthologien für die Jugend weit verbreitet waren. *Seine politisch-patriotische Lyrik mit hohlem Pathos* verherrlichte besonders die deutschen Bestrebungen nach Einigung unter der Führung Preußens und trug ihm den Ehrentitel „Herold des Reiches“ ein. G.s sonstige Lyrik, volkstümlicher gehalten, auch liedhaft (z. B. „Der Mai ist gekommen“), entbehrt gleichfalls unmittelbarer Gefühlstiefe und spricht oder singt sogar *in rührselig-weichlichen Tönen.* Mit diesen beiden Arten G.scher Lyrik, vertreten in den vorgeschriebenen Lesebüchern und einer mehrfach aufgelegten Schulausgabe seiner Gedichte, wurden ganze Generationen junger Menschen in Deutschland erzogen und ungünstig beeinflußt. Jedoch bringt noch das „Lesebuch“ (Bd. A 5, Klett 1966) G.s lautmalerisch reiches Gedicht „Lied des Rattenfängers“, das zusammen mit der „Krokodilromanze“ auch Aufnahme fand in die Kindergedichtsammlung von J. KRÜSS: „So viele Tage wie das Jahr hat“ (1959). *Hans Eich*

Werke: Gedichte (1840); Juniuslieder (1848); Spanisches Liederbuch (1852); Neue Gedichte (1856); Brunhild (1857); Gedichte und Gedenkblätter (1864); Heroldsrufe (1871); Classisches Liederbuch (1875); Spätherbstblätter (1877); Gesammelte Werke (Bd. 1—8. 1883).

Sekundärliteratur: A. Kohut: Emanuel Geibel als Mensch und Dichter (1915). — K. L. Leimbach: Emanuel Geibel (1877, ²1894). — M. Mendheim: Emanuel Geibel (1915). *IJB*

Gellert, Christian Fürchtegott

*Schriftsteller, Theologe, Pädagoge; * 4. 7. 1719 Hainichen/Erzgeb., † 13. 12. 1769 Leipzig.*

G. war Schüler der bekannten Fürstenschule in Meißen, ab 1734 studierte er Theologie in Leipzig. Er gehörte dem Kreis um J. CHR. GOTTSCHED an. Nach seiner Habilitation (1744) hielt er (seit 1745) an der Universität Leipzig Vorlesungen über Theorie der Schönen Wissenschaften, Poesie, Rhetorik, praktische Moral. 1751 wurde er zum a. o. Prof. der Philosophie in Leipzig ernannt.

Werk, Tendenzen, Wirkung für die Kinder- und Jugendliteratur. Um die Mitte des 18. Jh.s ist G. einer der bekanntesten Schriftsteller seiner Zeit, der dem Ideal eines echten Volksschriftstellers am nächsten kommt. Diesen Ruhm verdankt er nicht seinem empfindsamen Roman „Das Leben der schwedischen Gräfin von G.“ (1747/48), mit dem er die Tradition des englischen Familienromans in Deutschland einführt; auch seine von G. E. LESSING als wahre „Familiengemälde“ gerühmten Comédies larmoyantes (Die Betschwester, 1745; Die zärtlichen Schwestern, 1747) sind zu seiner Zeit zwar sehr bekannt, doch den eigentlichen Erfolg G.s machen seine „Fabeln und Erzählungen“ im Geiste der bürgerlichen Aufklärung aus (1. Teil 1746, 2. Teil 1748). Die Fabel ist diejenige poetische Gattung, mit der sich G. auch theoretisch am stärksten auseinandergesetzt hat.

Bei den ungewöhnlich häufig auch in Anthologien, Almanachen und Lesebüchern für Kinder und Jugendliche gedruckten „Fabeln und Erzählungen" handelt es sich nur teilweise um Fabeln im eigentlichen Sinne der Tierfabel. G. selbst hat das deutlich gesehen und seiner Sammlung daher den Doppeltitel „Fabeln und Erzählungen" gegeben, ohne im einzelnen zwischen den beiden Gattungen zu trennen. Es sind leicht und gefällig gereimte, lehrhafte kleine Geschichten, denen eine moralische Auslegung entweder vorangeht oder nachfolgt. Diese Moral ist nicht aufdringlich oder streng, sondern wirkt eher freundlich-empfehlend und häufig wie mit einem kleinen Lächeln vorgetragen. Als Handlungsträger kommen neben Tieren allerlei Arten wunderlicher Zeitgenossen vor; Probleme des täglichen Lebens werden mit leichter Hand vorgeführt, Laster entlarvt, ohne daß dabei Bitterkeit oder Schärfe zu spüren ist. In seiner Zeit war G. als Autor für Kinder hoch angesehen. Im „Kinderfreund" (XXIV. Teil, 1782) wurde als Titelfigur der Sarkophag G.s gezeigt, dazu Kinder, die ihn schmücken, und der Erzieher, der G. rühmt als den Mann, der „den Weg zur Tugend lehrte und das Beyspiel selbst war."

Mit den bekanntesten seiner Fabeln (z. B.: Die Geschichte von dem Hute, Der grüne Esel, Damokles) ist G. lange Zeit in den Schullesebüchern vertreten. Man wird freilich sagen müssen, daß das darin gezeichnete Ideal einer stillen Bescheidenheit und idyllischen Tugendhaftigkeit diese Gedichte als Jugendlektüre für unsere Zeit nicht mehr unbedingt empfiehlt. Verständlich sind diese Gedichte heute eigentlich nur noch als Zeugen der Epoche der Empfindsamkeit, also im historischen Kontext. Die Welt dieser Fabeln ist heil, eng, manchmal liebenswürdig, aber für unsere Zeit zu harmlos. — Eine kritische Gesamtausgabe der Werke G.s gibt es noch nicht.

Marie Luise Linn

Werke: Lieder (1743); Fabeln und Erzählungen (Bd. 1. 1746; Bd. 2. 1748); Lehrgedichte und Erzählungen (1754); Geistliche Oden und Lieder (1757); Sämtliche Werke (Bd. 1—10. 1769—74); K. Biedermann (Hrsg.): Fabeln und Erzählungen. Geistliche Oden und Lieder (1871); S. Scheibe (Hrsg.): Fabeln und Erzählungen (1966).

Sekundärliteratur: J. A. Cramer: Christian Fürchtegott Gellerts Leben (1774). — H. Doering: Christian Fürchtegott Gellert's Leben (1833). — M. Durach: Christian Fürchtegott Gellert (1938). — G. Ellinger: Gellerts Fabeln und Erzählungen (Progr. 1895). — J. Gaßner: Über den Einfluß des Burchard Waldis auf die Fabeldichtung Gellerts (Progr. 1909). — H. Handwerck: Studien über Gellert's Fabelstil (Diss. 1891). — F. Helber: Der Stil Gellerts in den Fabeln und Gedichten (Diss. 1936). — K. May: Das Weltbild in Gellerts Dichtung (1928). — E. Michael: Aus meinen Gellertstudien (Progr. 1913). — E. R. Nedden: Quellenstudien zu Gellerts Fabeln und Erzählungen (Diss. 1899). — R. Richter: Der Stil in den Fabeln bei Gellert und Lichtwer (Progr. 1907). — C. Schlingmann: Gellert (1967). — M. H. Schuller: Über Gellerts erzieherischen Einfluß (in: Jahrbücher für Philologie und Paedagogik. Abtlg. 2. 26. 1880. 87—102 u. 113—131). — A. Stein: Christian Fürchtegott Gellert (1891, [2]1901). — A. Stucki: Christian Fürchtegott Gellert (1954). — H. Wegmann: Christian Fürchtegott Gellert (1925).

IJB

Genlis, Stéphanie — Félicité Ducrest de Saint-Aubin

*Französische Schriftstellerin und Prinzenerzieherin; * 25. 1. 1746 Schloß Champcéry b. Autun, † 31. 12. 1830 Paris.*

G. kam schon früh mit der zeitgenössischen Literatur in Berührung, u. a. durch ihre Mutter, die selbst Stücke für eigene Aufführungen schrieb, in denen auch Stéphanie auftrat. Da das elterliche Gut wegen Verschuldung verkauft werden mußte, ging der Vater nach St. Domingo, während Stéphanie mit ihrer Mutter nach Paris übersiedelte, wo sie Eingang in die Gesellschaft fand. In ihrer Ehe mit dem Grafen DE GENLIS wurden zwei Töchter geboren. Nach Reisen durch Europa als Hofdame der Herzogin von Chartres wurde sie 1777 Erzieherin von deren Kindern. Ihrer Beziehung zum Herzog von Chartres und ihrem Ehrgeiz verdankte sie es, daß dieser sie zum „gouverneur" seiner Söhne machte (1782), etwas Unerhörtes in den Augen der teilweise boshaft reagierenden Zeitgenossen. In dieser Zeit verfaßte sie mehrere pädagogische Schriften und Jugendbücher, die ihren Namen schnell bekannt machten. Nach Ausbruch der Revolution verließ G. mit der Prinzessin und zwei angenommenen Kindern Frankreich und hielt sich mit ihnen in England auf (1791), im folgenden Jahr in Belgien und in der Schweiz. Nachdem die Prinzessin zu ihrer Mutter zurückgekehrt war, zog G., als Emigrantin mehrmals des Gastlandes verwiesen, über Hamburg nach Holstein. Trotz ihrer schwierigen Lage war sie unermüdlich schriftstellerisch tätig und verfaßte außer weiteren Erziehungs- und Jugendschriften auch Gesellschafts- und Liebesromane, um sich ihren Lebensunterhalt zu verdienen. Politische, revolutionsfreundliche Äußerungen brachten ihr die Feindschaft der royalistisch gesinnten Emigranten ein. Sie erwarb die Gunst NAPOLEONS, der ihr die Rückkehr nach Frankreich gestattete und sie finanziell großzügig versorgte. In den folgenden Jahren blieb sie in Kontakt mit ihm und schrieb ihm regelmäßig Briefe über politische und andere aktuelle Themen. Ihre Verehrung für NAPOLEON hinderte sie jedoch nicht, nach seiner Verbannung sich mit der Restauration und dem wiedereingesetzten König zu arrangieren. Auch jetzt wurde es um die inzwischen Siebzigjährige nicht still: literarische Polemik und anhaltende schriftstellerische Tätigkeit kennzeichneten diese Phase, in der Romane, historische Werke, ein Lexikon der Hofetikette und ihre Memoiren neben weiteren Jugendschriften entstanden. Nachdem sie erlebt hatte, daß der älteste ihrer Zöglinge den Thron bestieg, starb sie, fast 85jährig, am 31. 12. 1830.

Werk, Tendenz, Wirkung. Die nahezu hundert Titel zählende literarische Produktion der Mme de G. umfaßt Werke verschiedener Gattungen. Unter ihren romanhaften Erzählungen mit oft historischen Stoffen gilt „Mademoiselle de Clermont" (1801) als die gelungenste. Daneben schrieb sie Abhandlungen über Gegenstände wie Botanik, Literatur, Reisen, Religion und Philosophie. Ihr zentrales Thema ist jedoch die Erziehung, über die sie unter vielen Fragestellungen schreibt: Erziehung des Dauphin, Erziehung der Kinder des Herzogs von Orleans, öffentliche Erziehung, Projekt einer Landschule für Mädchen, Methode für den Unterricht in der frühen Kindheit u. a. Mit diesem reichhaltigen pädagogischen Werk basiert sie einerseits auf FR. DE FÉNELON, ohne dessen literarische und philosophische Höhe zu erreichen, andererseits auf J. J. ROUSSEAU, dessen Plädoyer für eine „naturgemäße" Erziehung sie die kulturkritische Spitze nimmt. In ihren Schriften und ihrer Erziehungspraxis vertritt sie eine totale Pädagogisierung von Leben und Umwelt der Kinder, mit einem Eifer, den P. HAZARD (1932) aus der Sicht des 20. Jh.s mit beißender Ironie bedacht hat. Der Autorin ist aber die Faszination zugute zu halten, die von der aufklärerischen Sicht des Menschen und der optimistischen Überzeugung von seiner Erziehbarkeit auf dem Wege der vernünftigen Einsicht ausging und der sie — mehr als erträglich — ihren Tribut zollte.

Größte Verbreitung und nachhaltigste Wirkung, auch durch Übersetzungen, hatten G.' frühe Erziehungs- bzw. Jugendschriften, vor allem „Théâtre à l'usage des jeunes personnes ..." (1779), „Adèle et Théodore, ou Lettres sur l'Éducation" (1782) und „Les Veillées du Château, ou cours de morale à l'usage des enfants" (1784). In der letzten erzählt die Autorin in einer Rahmenhandlung als Mme de Clémire ihren Kindern zur Abendzeit im Schloß Geschichten, in denen Beispiele guten Verhaltens und der moralischen Umkehr häufig abgewandelt werden. Wunderbares wird als erklärbar enthüllt und die Vorliebe der Kinder für Märchen getadelt. G. vertritt damit, z. T. beeinflußt durch ROUSSEAU, Grundsätze aufklärerischen Erziehungsdenkens, das jedoch bei ihr in den Grenzen der Welt eines privilegierten Standes befangen bleibt und das seine „moralischen" Normen einerseits aus einer abstrakten Vernunftethik, andererseits aus elitären gesellschaftlichen Konventionen bezieht. Die Kinderfiguren in den Theaterstücken und Erzählungen, aufgeteilt in als gut und böse klar einzuordnende Typen von psychischer Eindimensionalität, agieren — selbst bei größtem Widerstreben — unter dem Gesetz einer geradezu zwanghaften Rationalität, wodurch die Erzählungen und Stücke ihre Wirkungsmöglichkeit als Modelle für Entscheidungen in realen Konfliktsituationen weitgehend einbüßen. Was den Schriften der Mme de G. trotz dieser — dem Zeitgeschmack durchaus vertrauten — Künstlichkeit ihre Beliebtheit sicherte, war die Eleganz des Vortrags, gepaart mit Einfallsreichtum bis zur Drastik und Gespür für die Interessen der zu dieser Zeit literarisch eben nicht verwöhnten Kinder. Auch dem Prinzip der Abwechslung ist Genüge getan — geschichtliche und biblische Themen wechseln mit solchen aus der (standesgemäßen) Umwelt und den Gegenständen aus Natur und Wissenschaft —, und alles wird geschickt so präsentiert, daß es nicht als direktes Belehren und Belehrtwerden in Erscheinung tritt.

Ein anderer Typ von Jugendschriften im Œuvre der Mme de G. sind Adaptionen bekannter literarischer Werke, z. B.: „Le petit La Bruyère, ou Caractères et Mœurs des Enfants de ce Siècle" (1800); „Émile, ou de l'éducation, par J.-J. Rousseau, à l'usage de la jeunesse ..." (1820). Dem zentralen Bildungsgut der antiken Mythologie widmete sie ein zweibändiges Werk für die Jugend: „Arabesques mythologiques ...", das sie selbst illustrierte (1810). Auch diese Stoffe werden in einen Leitfaden für Moral umfunktioniert; gleichzeitig sind sie ein ABC elementarer mythologischer Kenntnisse, über die der künftige Leser klassischer und neuerer Literatur verfügen muß.

In der Jugendliteratur des ausgehenden 18. Jh.s nimmt Mme de G. eine bemerkenswerte Stellung ein, auch durch die europäische Verbreitung vieler ihrer in mehrere Sprachen übersetzten Bücher. Ihr Werk ist jedoch zu sehr an die Aufklärungspädagogik und den literarischen Zeitgeschmack gebunden, als daß seine Wirkung von längerer Dauer hätte sein können.

Theodor Brüggemann

→ Aufklärung, → Fr. de Fénelon, → J. J. Rousseau,

Werke: Théâtre à l'usage des jeunes personnes, ou Théâtre d'éducation (Bd. 1—4. 1779 u. 80; dt. Erziehungs-Theater für junge Frauenzimmer. Bd. 1—4. 1780—82); Adèle et Théodore, ou Lettres sur l'Éducation (Bd. 1—3. 1782; dt. Adelheid und Theodor, oder Briefe über die Erziehung. Thl. 1—3. 1783); Les Viellées du Château, ou cours de morale à l'usage des enfants (Bd. 1—3. 1784; dt. Abendstunden auf dem Lande. Thl. 1—4. 1784—86); Le petit La Bruyère, ou Caractères et Mœurs des Enfants de ce Siècle (1800); Arabesques mythologiques ... pour servir à l'éducation de la jeunesse (Bd. 1 u. 2. 1810; dt. Mythologien in Arabesken. Thl. 1 u. 2. 1810 u. 11); Émile, ou de l'éducation, par J.-J. Rousseau, à l'usage de la jeunesse (Bd. 1—3. 1820); Les Jeux champêtres des enfants, contes de fées (1821); Mémoires inédits de Mme la comtesse de Genlis (Bd. 1—8. 1825 u. 26; dt. Denkwürdigkeiten über das 18. Jh. und die französische Revolution. Bd. 1—8. 1825—27).

Sekundärliteratur: J. Bertraut: Mme de Genlis (1941). — H. Bonhomme: Mme la Comtesse de Genlis (1885). — Carette: Mme la Comtesse de Genlis (1893). — A. Dobson: Four French Women (1893). — P. Hazard: Les livres, les enfants et les hommes (1932; dt. Kinder, Bücher und große Leute, 1952). — W. M. Kerby: The educational ideas and activities of Mme la Comtesse de Genlis (1926). — A. M. Laborde: L'œuvre de Mme de Genlis (1966).

Gerstäcker, Friedrich

*Reiseschriftsteller; * 10. 5. 1816 Hamburg, † 31. 5. 1872 Braunschweig.*

G., Sohn eines bekannten Bühnentenors, kam 1825 nach dem Tod des Vaters zu Verwandten in Pflege und besuchte das Nikolaigymnasium in Leipzig. Nach einer abgebrochenen Kaufmannslehre in Kassel ließ sich G. in Göben bei Grimma 1835—37 für die Landwirtschaft ausbilden, da er schon früh mit dem Gedanken spielte, nach Amerika auszuwandern und dort Farmer zu werden. 1837 schiffte er sich in Bremen auf einem Auswandererschiff nach den Vereinigten Staaten von Nordamerika ein und wanderte bis 1843 kreuz und quer durch die Union, wobei er als Jäger, Holzfäller, Koch, Matrose, Heizer, Silberschmied, Pillenschachtelfabrikant, Farmer und Hotelier den Lebensunterhalt verdiente. Erst 1843 kehrte er zu seiner Mutter nach Dresden zurück, die ohne sein Wissen während seines Amerikaaufenthaltes Auszüge aus seinen Briefen und Tagebüchern in der Zeitschrift „Rosen" erscheinen ließ. Von nun an bestand G.s Leben aus Phasen, in denen er durch die ganze Welt reiste, und solchen, in denen er in Deutschland seine Reiseeindrücke schriftstellerisch verarbeitete. 1849 brach G. mit Unterstützung des Verlages Cotta zu einer Weltreise auf, die ihn nach Südamerika, durch die Pampas, nach Kalifornien, über Hawaii und Tahiti nach Südostaustralien und in die Gründe des Walfischfangs in den Pazifik führte. 1852 nach Dresden zurückgekehrt, fand er Eingang in die Stammtischrunde der „Gartenlaube"-Mitarbeiter und schloß Bekanntschaft mit W. Raabe. Als Gast des reisebegeisterten Herzogs Ernst von Sachsen-Coburg-Gotha verbrachte G. einige Jahre auf den Schlössern Rosenau und Reinhardsbrunn. Reisen nach Ägypten, in den Sudan (1862) und nach Mittel- und Nordamerika (1867/68) folgten. Während des deutsch-französischen Krieges war er Berichterstatter. G. starb 1872 nach kurzer Krankheit.

Werk, Tendenzen, Wirkung. Was G. auf seinen ausgedehnten Reisen erlebte und beobachtete, findet sich in seinen Erzählungen und exotischen Romanen wieder. Das Schreiben war für G. immer Lebensunterhalt und geriet in die Nähe des Handwerks. Er wollte in seinen Büchern erzählen, berichten und unterhalten. Gleichzeitig jedoch sollte auch geographische und ethnographische Belehrung in die Texte einfließen. „Ich schreibe nieder, was mir gerade einfällt", sagte G. von sich selbst. Mit den Jahren wurde G.s Arbeitstempo immer hektischer. Den dreibändigen Roman „Unter den Pehuenchen" (1867) schrieb er angeblich in 48 Tagen, den gleich umfangreichen Roman „Das Erbe" (1867) in 42 Tagen. Bei gelegentlichen sprachlichen Mängeln, kolportagehafter Konzeption und spannender Handlung fehlte es seinen Romanen nicht an lebendigen und anschaulichen Landschafts- und Kulturschilderungen. Für Deutschland bereicherte G. das Stoffgebiet des völkerkundlichen Romans über die neuweltliche Indianergrenze hinaus um die Länder Südamerikas, Australiens und Ozeaniens.

Die Werke G.s, insgesamt mehr als hundert Bände, lassen sich in vier Gruppen einteilen:

1. Reine Reisebücher. „Streif- und Jagdzüge durch die Vereinigten Staaten Nordamerikas" (1844), „Reisen um die Welt" (1847), „Reisen" (1853/54), „Achtzehn Monate in Südamerika und dessen deutschen Colonien" (1862) und „Neue Reisen durch die Vereinigten Staaten, Mexiko, Ecuador, Westindien und Venezuela" (1868). In einer Zeit, da in Deutschland ein echter Auswandererboom herrschte, stießen die leicht verständlichen und doch informierenden Reisebeschreibungen G.s bei seinen Landsleuten auf außerordentliches Interesse. Nicht wenige deutsche Auswanderer benutzten seine Bücher als Orientierungshilfen für das eigene Schicksal, und die staatlichen Auswandererstellen unterstützten und begrüßten G.s Reiseschilderungen, die jedoch schon bald nach seinem Tode kaum mehr gelesen wurden und heute vergessen sind.

2. Den größten und bis heute andauernden Erfolg erzielte G. mit seinen *exotischen Romanen.* Von Ch. Sealsfield (d. i.: K. Postl, 1793—1864) beeinflußt, wandte sich G. der gleichen Stoffwelt zu. Während bei Sealsfield jedoch das Amerikabild die östlichen Städte und das westliche Siedlungsland und in diesem Zusammenhang alle Rassen und Stände umfaßte, beschränkte sich der Darstellungsbereich G.s im wesentlichen auf die kleinen Farmen in den Siedlungsgebieten des Mississippi. G. war vor allem der Welt der kleinen Kolonisten verbunden, die am Schnittpunkt von Zivilisation und Wildnis lebten.

Sein erster Roman dieser Art „Die Regulatoren in Arkansas" (1845) wurde ein großer Erfolg und ermunterte G., eine Fortsetzung zu schreiben. Diese erschien im Jahr 1848 unter dem Titel „Die Flußpiraten des Mississippi". Beide Romane sind auf abenteuerlicher Handlung aufgebaut. Während in dem ersten Teil das tägliche Leben der Siedler und Jäger im Vordergrund steht, bildet den Mittelpunkt der Fortsetzung eine versteckte Insel, die Banditen als Schlupfwinkel dient. Die kolportagehafte Verknüpfung mehrerer Handlungsstränge, die sich aus dem Doppelleben der Hauptfiguren ergibt, läßt die einzelnen Vorgänge oft unlogisch und undurchsichtig erscheinen. Die ansprechend-

sten Abschnitte der beiden Romane finden sich dort, wo G., auf eigene Anschauung und Erfahrung gestützt, die zivilisationsgeschichtlich bedeutungsvollen Schilderungen des rauhen Lebens der Grenzer wiedergibt. Schon bald wurden die ursprünglich für Erwachsene geschriebenen Romane zur Lieblingslektüre junger Leser. Die beiden ersten Romane blieben die erfolgreichsten, wurden in zahlreiche Sprachen übersetzt, mehrmals verfilmt und führten allein in Deutschland zu einem Verkauf von mehr als einer Million Exemplaren.
Auch die weiteren exotischen Romane G.s entstanden auf dem Hintergrund der eigenen Erlebnisse, so z. B. „Gold! Ein californisches Lebensbild" (1858), „Die beiden Sträflinge" (1857), „Im australischen Busch" (1864), „Tahiti" (1854). Dieser Roman erzählt von den Abenteuern eines jungen Franzosen, der von einem Walfischfänger auf die kleine Südseeinsel Aitu entflieht und die Freundschaft der jungen Eingeborenen Sadie gewinnt.
3. Kaum von Bedeutung waren G.s Versuche, im Zuge der Zeit *Moderomane* aus der Welt des Adels („Der Kunstreiter", 1861) oder dem bäuerlichen Milieu („Pfarre und Schule", 3 Bde. 1849) zu schreiben. Es bleiben blutleere Beiträge zur Familienblattliteratur seiner Zeit.
4. G. schrieb auch *einige Erzählungen speziell für junge Leser.* Das 7bändige Werk „Die Welt im Kleinen für die kleine Welt" (1857—61) versandete wie ähnliche Versuche im trockenen Berichten, statt Erlebnisse zu geben. „Fritz Wildaus Abenteuer zu Wasser und zu Lande" (1853) ist die Geschichte eines Jungen, der auf einem Seeräuberschiff die Meere befährt und dabei geographische Daten sammelt. Zwei Märchen, „Das Märchen vom Schneider, der Bauchschmerzen hatte" (1864) sowie „Der erste Christbaum" (1858), erzählen von Wichtelmännern, die auf Hunden reiten, vom Schneekönig und Eisritter, von Nixen und dem Waldmännchen und bleiben in einer langweiligen Aneinanderreihung von Märchenrequisiten hängen. Keines dieser für Kinder geschriebenen Bücher hat die Erstauflage lange überlebt. Im Gegensatz dazu werden seine Reiseromane noch heute für die Jugend neu herausgegeben und aufgelegt. So finden sich 1966 in der Reihe „Meistererzählungen" des Arena-Verlages Seegeschichten von G. Die erste Gesamtausgabe der Werke G.s erschien bereits in den Jahren 1872—79 in 43 Bänden. *Helmut Müller*

→ Friedrich-Gerstäcker-Preis, → Ch. Sealsfield

Werke: Streif- und Jagdzüge durch die Vereinigten Staaten Nord-Amerikas (Bd. 1 u. 2. 1844); Die Regulatoren in Arkansas. Aus dem Waldleben Amerikas (Bd. 1—3. 1845); Reisen um die Welt. Ein Familienbuch (Bd. 1—6. 1847); Die Flußpiraten des Mississippi. Aus dem Waldleben Amerikas (Bd. 1—3. 1848); Reisen (Bd. 1—5. 1853 u. 54); Fritz Wildaus Abenteuer zu Wasser und zu Lande (1853); Tahiti. Roman aus der Südsee (Bd. 1—4. 1854); Die Welt im Kleinen für die kleine Welt (Bd. 1—7. 1857—61); Der erste Christbaum (1858); Gold! Ein californisches Lebensbild (Bd. 1—3. 1858); Blau Wasser. Skizzen aus See- und Inselleben (1858); Unter dem Aequator. Javanisches Sittenbild (Bd. 1—3. 1860); Achtzehn Monate in Südamerika und dessen deutschen Colonien (Bd. 1—3. 1862); Die Colonie. Brasilianisches Lebensbild (Bd. 1—3. 1864); Das Märchen vom Schneider, der Bauchschmerzen hatte (1864); General Franco. Lebensbild aus Ecuador (Bd. 1—3. 1865); Sennor Aguila. Peruanisches Lebensbild (Bd. 1—3. 1865); Wilde Welt. Gesammelte Erzählungen (1865); Eine Mutter (Bd. 1—3. 1867); Unter den Pehuenchen. Chilenischer Roman (Bd. 1—3. 1867); Die Missionäre. Roman aus der Südsee (Bd. 1—3. 1868); Die Blauen und die Gelben. Venezuelanisches Charakterbild (Bd. 1—3. 1870); In Mexico. Charakterbild (Bd. 1—4. 1870 u. 71); Gesammelte Schriften (Bd. 1—43. 1872—79).

Sekundärliteratur: G. Heathcote: Friedrich Gerstäcker zum 100. Todestag (in: Braunschweigisches Jahrbuch. Bd. 53. 1972. 214—229). — B. Jacobstroer: Die Romantechnik bei Friedrich Gerstäcker (Diss. 1914). — A. Kolb: Friedrich Gerstäcker and the American frontier (Diss. 1966). — H. Plischke: Von Cooper bis Karl May. Geschichte des völkerkundlichen Reise- und Abenteuerromans (1951); Friedrich Gerstäcker als Reiseschriftsteller (in: JL. 5. 1961. 196—205). — A. J. Prahl: Gerstäcker und die Probleme seiner Zeit (1938); America in the works of Gerstäcker (in: Modern Language Quarterly. Bd. 4. 1943. 213—224). — E. Seyfarth: Friedrich Gerstäcker. Ein Beitrag zur Geschichte des exotischen Romans in Deutschland (Diss. 1930). — L. H. Woodson: American negro slavery in the works of Friedrich Strubberg, Friedrich Gerstäcker and Otto Ruppius (Diss. 1949).

Gerstäcker-Preis → Friedrich-Gerstäcker-Preis

Geschichtliche Themen im Kinder- und Jugendbuch

Stoffe aus der politischen und allgemeinen Kulturgeschichte, die im Bereich des Jugendbuchs einen festen Platz einnehmen. Die Bearbeitung kann in verschiedenen Formen erfolgen, z. B. als Erzählung, Roman oder Sachbuch.

Leserpsychologische Aspekte. Die Darstellung geschichtlicher Stoffe im Jugendbuch wirft literatur- und leserpsychologische Probleme auf. Die Leserpsychologie glaubt ein erstes, noch unbewußtes historisches Interesse durch Märchen, Legenden, biblische Geschichten gefördert zu sehen. Das Kind begegnet dabei historischen und kulturhistorischen Fakten, nicht zuletzt in den Illustrationen zu den Märchen. Die Untersuchungen von H. Roth und W. Küppers heben hervor, daß die Entstehung des Zeitwissens und die zahlenmäßige Erfassung zeitlicher Zusammenhänge etwa beim acht- bis neunjährigen Kind einsetzen. Das Interesse an Märchen wird erweitert durch das an Sagen, die das phantastisch-geheimnisvolle Moment mit realen geschichtlichen Ereignissen verbinden. Diese Wende zu realistischeren Stoffen setzt (nach Roth) vereinzelt schon um das achte, überwiegend jedoch um das neunte und zehnte Lebensjahr ein. Das sich anbahnende historische Interesse ist noch nicht an bestimmte historische Gestalten oder Epochen gebunden, kann aber durch die Vermittlung von Kenntnissen über einzelne geschichtliche Ereignisse oder historische Gestalten geweckt werden (vgl. H. SCHLIEMANNS Selbstbiographie). Die Handlung in historischen Erzählungen für diese Altersstufe muß ereignisreich sein, die historische Umwelt hat in überwiegendem Maße noch Kulissencharakter. Der Geschichtsunterricht an den Schulen vom 7. Schuljahr an beschleunigt den Wandel vom geschichtlichen Interesse zum geschichtlichen Wissen und steuert die Interessenrichtung. Die Untersuchungen von KÜPPERS haben dabei gezeigt, daß um 1960 in der BRD Themen aus dem Mittelalter und (bei Gymnasiasten) aus dem Altertum bevorzugt werden, während für neuere und neueste Geschichte nur sehr geringes Interesse besteht. Persönlichkeiten rangieren vor Ereignissen. Dieses Bild ändert sich bis zum 8. Schuljahr nur geringfügig, während danach, zumindest bei Gymnasiasten, das Interesse an der Neuzeit stärker in den Vordergrund tritt. Kulturgeschichtliche Themen sind bei allen Jahrgängen gleichbleibend beliebt. Bezeichnend für die Altersstufe ab zwölf Jahren ist das wachsende Interesse am historischen Detail, das zu einer starken Bevorzugung von Sachbüchern führt. Das erweiterte Wissen um die historischen Fakten erleichtert dann das geschichtliche Verständnis und weckt allmählich das Interesse für die seelischen Motive der handelnden Persönlichkeiten. Erst nach der Pubertät entwickelt sich ein selbständiges historisches Bewußtsein. Die Untersuchungen haben dabei ergeben, daß fast vierzig Prozent aller Jugendlichen ihr außerschulisches geschichtliches Wissen aus Büchern beziehen.

Ernst von Houwald: Buch für Kinder gebildeter Stände (Leipzig 1819). Von Houwald wählte in seinem „Buch für Kinder gebildeter Stände" als geschichtlichen Stoff die Begegnung zwischen Karl dem Großen und Wittekind.

Die Entwicklung des geschichtlichen Jugendbuchs. Sie entspricht etwa der Entwicklung des geschichtlichen Romans. Am Anfang des 18. Jh.s stehen jedoch nicht Erzählungen, sondern Sachbücher. „Weltgeschichte" und „Kulturgeschichte" bringen schon die Tafeln 74 bis 80 von J. B. BASEDOWS „Elementarwerk" (1774). J. H. CAMPE behandelte in den Bd.n 12—14 von „Sämtliche Kinder- und Jugendschriften" (Neue Gesamtausg. der letzten Hand, 1830) die Entdeckungsgeschichte Amerikas (Kolumbus, Cortez, Pizarro), als Band 15 fügte er ein „Geschichtliches Bilderbüchlein oder die älteste Weltgeschichte" an. Für die Nachfolger der Philanthropen diente die Geschichte als unerschöpfliches Reservoir edler Lebensschicksale und moralisierender Anekdoten (J. L. EWALD: Beispiele des Guten, edle Handlungen und Charakterzüge aus der Geschichte aller Zeiten und Völker, 1807). CHR. VON SCHMID siedelte seine Erzählungen überwiegend in der Ritterzeit an („Die Ostereyer", 1816; „Gottfried der junge Einsiedler", 1829), doch ist die Geschichte bei ihm nur dürftige Kostümierung und Kulisse. Mit F. PH. WILMSEN begann die lange Reihe der „vaterländischen Jugendschriften" („Pantheon deutscher Helden. Ein historisches Lesebuch für die Jugend", 1830). Eine Wende setzte ähnlich wie beim historischen Roman mit den Dichtungen des Schotten W. SCOTT ein. Seine Vorliebe für ein farbiges historisches Kolorit, gepaart mit oft minutiös genauer Schilderung von Einzelheiten, seine Erzähltechnik, die großen Gestalten der Geschichte nur als Schattenfiguren auftauchen zu lassen und die Schicksale des unbedeutenden einzelnen mit den historischen Ereignissen zu verbinden, fand bei den Jugendbuchautoren sehr rasch Nachahmer. Zu den bekanntesten gehören G. NIERITZ, FR. HOFFMANN, W. O. v. HORN, der historische Erzählungen („Vier deutsche Heldinnen aus der Zeit der Befreiungskriege", 1864; „Leben der Kurfürstin Dorothea von Brandenburg", 1856) schuf, sowie TH. DIELITZ, der vorwiegend biographische Schilderungen mit Sachbuchcharakter schrieb („Die Helden der Neuzeit", 1850). Allen diesen Geschichten war ein stark belehrender Charakter eigen. In den Erzählungen nach 1870 überwog dann ein überspitztes Nationalgefühl, das aufdringlich bei jeder sich bietenden Gelegenheit betont wird. Zu den bevorzugten Autoren zählen O. HÖCKER

(„Deutsche Treue, Welsche Tücke“ als 4. Band von „Das Ahnenschloß“, 1879—81) und Br. August. Aber auch das Sachbuch wird weitergeführt mit den aus positivistischem Geist heraus erwachsenen „Charakterbildern aus der Geschichte und Sage“ (1852) von A. W. Grube sowie „Hellas“ und „Rom“, erschienen innerhalb der III. Serie der Neuen Jugend- und Hausbibliothek (Spamer, Leipzig, 1859—64) von W. Wägner. Diese drei Bücher erfuhren noch nach dem Zweiten Weltkrieg erfolgreiche Neubearbeitungen. Als Materialsammlungen sind die Wägner-Bücher ähnlich wie einige andere Titel des alten Spamer-Verlags bis heute noch unübertroffen. D. Fr. Weinland verarbeitete 1876 im „Rulaman“ die damaligen Erkenntnisse der Vorgeschichtsforschung für junge Leser. Sein Buch verbindet geschickt Abenteuer und (heute stark überholtes) Sachwissen und wurde im süddeutschen Raum zu einer Lieblingslektüre der Jugend. Im allgemeinen überwiegen aber pädagogisierende und moralisierende Tendenzen, gegen die sich mit Recht H. Wolgast wandte, der dafür W. Alexis, V. Scheffel, G. Freytag und C. F. Meyer als Vorbilder herausstellte. Obgleich sich im Bereich des historischen Romans ein deutlicher Wandel vollzog, beginnend etwa mit Th. Fontane und vor dem Ersten Weltkrieg E. v. Handel-Mazetti, weitergeführt von E. G. Kolbenheyer und H. Benrath, blieb das geschichtliche Jugendbuch weiterhin den Strömungen des 19. Jh.s verhaftet. Ausnahmen bilden M. Luserke mit „Hasko“ und Fr. Steuben mit seinen historischen Tecumseh-Erzählungen. In der Hitlerzeit wurde auf die Vor- und Frühgeschichte Wert gelegt. Nachfahre Weinlands war G. Riek mit den „Mammutjägern vom Lonetal“. H. Fr. Bluncks Romane dienten A. v. Auerswald als Vorbild. Daneben suchte man die allerjüngste Zeitgeschichte zum Gegenstand der Jugendliteratur zu machen. Neben Hitlerbiographien für Kinder und Jugendliche und Kriegsbüchern war K. A. Schenzingers „Hitlerjunge Quex“ besonders verbreitet. Erst die Jahre nach 1945 brachten unter dem Einfluß zahlreicher Übersetzungen, vor allem aus dem Englischen, einen neuen Auftrieb des geschichtlichen Jugendbuchs. Das beweisen die Bücher von I. Engelhardt, H. Baumann, Fr. Habeck, K. Lütgen oder I. Bayer neben bekannten angelsächsischen Autoren wie R. Sutcliff oder B. Picard.

Thematische Schwerpunkte. Bei der Darstellung der Geschichte im Jugendbuch bieten sich gewisse Stoffgebiete und Themen wegen ihrer Abenteuerlichkeit und des natürlichen Spannungsgehalts besonders für eine Bearbeitung an. Während in den älteren deutschen Jugendbüchern die vaterländische Geschichte dominierte, wird seit 1945 die deutsche Geschichte stark vernachlässigt. Vor allem durch Übersetzungen ergibt sich ein deutliches Übergewicht von Themen zur außerdeutschen und vor allem außereuropäischen Geschichte. Im Gegensatz dazu bauen ausländische Jugendbuchverlage, vor allem amerikanische, große Reihen mit Themen nur aus der eigenen Geschichte und Kulturgeschichte auf und liefern so eine lebendige Ergänzung zum Unterricht. Im Bereich des deutschen Jugendbuchs dominieren in der nur wenig behandelten Vor- und Frühgeschichte die Sachbücher. Bei der Geschichte des Alten Orients werden die Themen zumeist aus dem Bereich der ägyptischen Geschichte gewählt (abenteuerliches Motiv der Grabräuber). In der antiken Geschichte gehört Alexander der Große zu den eindeutig bevorzugten Gestalten, die griechische Geschichte wird dagegen stärker vernachlässigt. Im Bereich der mittelalterlichen Geschichte wird (im Gegensatz zu den geschichtlichen Jugendbüchern vor dem Ersten Weltkrieg) das Rittertum öfter aufgegriffen als die bürgerliche Stadtkultur und das Spätmittelalter. Zu den am häufigsten behandelten Einzelgestalten gehört Marco Polo. Die meisten historischen Jugendbücher beschäftigen sich mit Stoffen aus der Entdeckungsgeschichte, vor allem mit der Erschließung Amerikas im 16. Jh., während nur wenige Bücher Themen aus dem 18. und 19. Jh. behandeln. Ein gewisses Schwergewicht hat sich dann wieder bei der

Theodor Dielitz: Die Helden der Neuzeit (Berlin, ^{4}1861). Dielitz — Schriftsteller und Direktor einer Realschule in Berlin — lieferte in seinen historischen Erzählungen „für die reifere Jugend“ eine „biographische Behandlung“ der neueren Geschichte, indem er die Fülle der Themen und Stoffe „in eine Reihe von Lebensbeschreibungen“ einkleidete. Die Titelvignette führt den Betrachter an Bord des Schiffes des Columbus’ und zeigt ihm den Matrosen auf dem Ausguck.

Carl Röchling u. Richard Knötel: Der Alte Fritz in 50 Bildern für Jung und Alt (Berlin 1895). Geschichtliche Stoffe waren im 19. Jahrhundert ein beliebtes Thema der sogenannten „Bücher für Jung und Alt". C. Röchling und R.

Zeitgeschichte gebildet. Insgesamt werden Einzelschicksale und biographische Themen vor historischen Längsschnitten oder kulturgeschichtlichen Themen von Verlagen und Autoren bevorzugt.

Gestaltungsformen. Geschichtliche Stoffe lassen sich verschieden gestaltet dem jugendlichen Leser übermitteln. In der geschichtlichen Erzählung für jüngere Leser wird ähnlich wie im genrebildlichen historischen Roman die dichterische Gestaltung hinter der Beschreibung und Darstellung der Umwelt zurücktreten. Überwiegen dabei die Fakten, nähert sich diese Art der Erzählung dem „gestalteten Sachbuch". Überwiegt dagegen das abenteuerliche Moment, wird man von einer *historischen Abenteuererzählung* sprechen.

Gelingt es einem Schriftsteller, die äußeren Ereignisse, den kulissenhaften Rahmen zurückzudrängen und sich in die Atmosphäre, in das Wesen einer Zeit zu versetzen, dann ist die Idealform der historischen Erzählung bzw. des historischen Romans geschaffen. Ziel des historischen Sachbuchs ist nicht allein die Wissensvermittlung, vielmehr geht es darum, den jungen Menschen zu einer sachlichen Begegnung mit der Geschichte zu führen, die ihm als Grundlage für eine selbständige Auseinandersetzung mit geschichtlichen und politischen Fragen dienen kann. Der Autor geschichtlicher Sachbücher muß das Material entsprechend aufbereiten. Da das geschichtliche Sachbuch in der Regel erst etwa vom 12. Lebensjahr an eingesetzt wird und das Schwergewicht beim Leser vom 14. Lebensjahr an aufwärts liegt, sind die Grenzen zum populärwissenschaftlichen Buch fließend, werden Jugendsachbücher genauso von Erwachsenen gelesen und umgekehrt. Auswahl und Aufbauprinzipien unterscheiden sich dann kaum noch.

Drei Arten von geschichtlichen Sachbüchern dominieren: 1. Historische Biographien, die für die Altersstufe ab zwölf allmählich aus den biographischen Erzählungen erwachsen; 2. geschichtliche und kulturgeschichtliche Längsschnitte, etwa die Geschichte eines Landes, Darstellungen über die Geschichte des Geldes, des Schulwesens, der Technik, der Archäologie oder der Erschließung der Erde;

Kronprinz Friedrich und Prinz Heinrich erscheinen im Tabakskollegium, um dem königl. Vater „Gute Nacht" zu wünschen.

Knötel schilderten in „Der Alte Fritz" nicht nur eine Reihe von wichtigen Ereignissen und Begebenheiten aus Preußens „großen Tagen", sondern versuchten auch den Anspruch des Vaterlandes durch geeignete Szenen und Texte wachzuhalten und mit einem deutlichen Appell an das Nationalgefühl des Lesers zu verbinden.

3. die verhältnismäßig kleine Gruppe der Quellenwerke.

Altersstufen und Leserinteressen entsprechend ist dem lebendigen Augenzeugenbericht der Vorzug vor Auszügen aus Urkunden, Dokumenten usw. zu geben. *Heinrich Pleticha*

→ Erzählung

Sekundärliteratur: H. Bertlein: Das geschichtliche Jugendbuch (in: DU. 4. 1957. 50—74); Das geschichtliche Jugendbuch auf dem Weg in die Schule (in: Zeitschr. f. J.lit. 3. 1968. 131—144); Der geschichtliche Roman und sein jugendlicher Leser (in: DU. 6. 1961. 42—57); Das geschichtliche Buch für die Jugend (1974). — L. v. Friedeburg: Das Geschichtsbild der Jugend (1964; zus. mit P. Hübner). — W. Küppers: Zur Psychologie des Geschichtsunterrichts (1961). — M. Luthner: Der historische Roman als Mittel geschichtlicher Bildung in den Schulen (Diss. 1937). — M. Pietsch: Gedanken bei der Durchsicht geschichtlicher Jugendbücher (in: JL. 3. 1962. 131—139). — H. Pleticha: Das Abenteuer im historischen Roman und im historischen Jugendbuch (in: Zeitschr. f. J.lit. 6—7. 1968. 349—368); Das Geschichtsbild im Jugendbuch (in: Jugendbücher bauen Brücken. 1960. 51—67); Schweizer Geschichte im deutschsprachigen Jugendbuch (in: JL. 11. 1961. 526—529). — H. Roth: Kind und Geschichte (1955, ^{3}1962). — W. Schlegel: Forderungen und Wünsche des Historikers an das geschichtliche Jugendbuch (in: JL. 3. 1962. 98—115). *IJB*

Geschichtsschreibung der deutschen Kinder- und Jugendliteratur

In Werken der allgemeinen Literatur- wie der allgemeinen Kunst- und Kulturgeschichte sind Bilder-, Kinder- und Jugendbücher durchweg unberücksichtigt geblieben. Zu den wenigen Ausnahmen gehören die Ausführungen von W. Menzel im 1. Teil seines Werkes „Die deutsche Literatur" (1828) und der Artikel ‚Jugendliteratur' von E. Frenzel im „Reallexikon der Deutschen Literaturgeschichte" (hrsg. von W. Kohlschmid und W. Mohr, ^{2}1958). In Zeitschriftenaufsätzen und lexikalischen Arbeiten wurden Entstehung und Entwicklung der deutschen Kinder- und Jugendliteratur schon in der ersten

Hälfte des 19. Jh.s beschrieben. Spezialwerke dieser Thematik begannen in der 2. Hälfte des 19. Jh.s zu erscheinen, als durch die Arbeit der Vereinigten Jugendschriftenausschüsse der Lehrerverbände, dann durch die Kunsterziehungs- und die Jugendschriftenbewegung das Interesse an diesem Teilbereich der Literatur auf breiter Ebene geweckt wurde. Im 20. Jh. entdeckte literarsoziologische und literarpsychologische Aspekte ließen den Stoff noch beachtenswerter erscheinen; Darstellungen und ergänzte Neuauflagen von Werken der G. folgten in kürzeren Zeitspannen.

Aus den einhundert Jahren zwischen 1867 und 1967 sind zehn Autoren der G. zu nennen: A. MERGET (1867), W. FRICKE (1886), D. THEDEN (1883), L. GÖHRING (1904), H. L. KÖSTER (1906—08, ^{4}1927), F. X. THALHOFER (1924), J. PRESTEL (1933), I. DYHRENFURTH (1942, ^{3}1967), B. HÜRLIMANN (1959, ^{2}1963), H. KUNZE (1964, ^{3}1969). Doch keines dieser unterschiedlich angelegten Werke kann nach den Maßstäben historischer Methode ganz befriedigen. Schon in der phänomenologisch, historisch-kritisch und monographisch gemischten Darstellungsweise zeigt sich eine bis heute nicht behobene Unsicherheit gegenüber dem vielschichtigen und ideengeschichtlich vielseitig verstrebten Stoff, den die Darsteller im Hinblick auf die von dieser Literatur angesprochenen Leser zugleich sichten und beurteilen wollen. Praxisbezogen für die Ausbildung von Lehrern und Bibliothekaren stellen z. B. MERGET, FRIKKE und THEDEN ihre Arbeiten vor. Weitere Schwierigkeiten in der Darstellung zeigen sich in der historischen Phaseneinteilung, die sich nicht mit den üblich gewordenen geschichtlichen oder literaturgeschichtlichen Epochen deckt. Die Dispositionen der Darstellungen nennen als Gliederungspunkte in beliebiger Mischung Epochen der Geistesgeschichte und der Pädagogik, literarische Gattungen und Typen des Kinder-, Bilder- und Jugendbuches und z. T. noch Altersstufen der Leser. Dazu fehlt es an verbindlicher Terminologie und an Eindeutigkeit der Begriffe. Vielfach kommt es durch unzureichendes Quellenstudium zu ungeprüften Übernahmen von Zitierungen und Klassifikationen (vgl. A. C. BAUMGÄRTNERS Ausführungen am Beispiel CHR. v. SCHMID in „Jugendliteratur International", 1970), zu ideologischer oder bildungspolitischer Akzentuierung oder auch emotional bedingter subjektiver Wertung. Jedoch leisten die bisher vorliegenden Gesamtdarstellungen als Stoffsammlungen — z. T. Dokumentationen bereits verlorengegangener Quellen — bedeutende Dienste und bieten auch durch die Behandlung eines vom Autor bevorzugten Gebietes brauchbare Ergebnisse und Ansatzpunkte zur Klärung des Gesamtbildes (so z. B. GÖHRING für „Die Anfänge der speziellen Kinder- und Jugendliteratur in der Epoche der Aufklärung und des Philanthropinismus"; KÖSTER vor allem für die Zeit der Jugendschriftenbewegung; DYHRENFURTH für „die bürgerliche Jugenderzählung des 19. Jh.s"; KUNZE durch die zuverlässige Kommentierung chronologisch angeordneter Text- und Illustrationsbeispiele ohne Anspruch auf Vollständigkeit). Im allgemeinen haben die Autoren in ihren Gesamtdarstellungen an der von A. THOLUCK (1799—1877) 1832 gegebenen Umschreibung des Begriffs Jugendliteratur festgehalten und darunter eine Literatur verstanden, „die dem Fassungsvermögen und dem Interessengebiet der Jugend entspricht", einerlei ob sie eigens für die Jugend geschrieben wurde oder eine Auswahl aus der für Erwachsene bestimmten Literatur ist. Als lexikalische Arbeit ist der Artikel des Rektors der Frankfurter Musterschule K. KÜHNER zum Stichwort ‚Jugendlectüre, Jugendliteratur' in K. A. SCHMIDS „Encyklopädie des gesamten Erziehungs- und Unterrichtswesens" (1862) hervorzuheben. Er bezog in den historischen Aufriß bereits außereuropäische und antike Schriften ein, die der Jugend gewidmet waren, und beschrieb ebenso europäische und deutsche Werke, die es vor den „Anfängen der deutschen Jugendliteratur" in Deutschland für die Jugend gegeben hat, z.B. den „Orbis sensualium pictus" des J. A. COMENIUS, Bücher zur religiösen Unterweisung, Zuchtbüchlein und Fabelsammlungen. Im 20. Jh. sind reichhaltige Bibliographien und Kataloge von Sammlungen und Beständen für die Forschung und G. bereitgestellt worden (z.B. K. HOBRECKER, A. RÜMANN, A. SEEBASS und die „Bibliographie der Nürnberger Kinder- und Jugendbücher", 1961).

In ihrer gesellschaftsbedingten Verflechtung mit der Schul- und Erziehungsgeschichte aufgewiesen, findet sich eine Fülle von Werken der Kinder- und Jugendliteratur bibliographiert und kommentiert in dem in der DDR erschienenen Werk von R. ALT: „Bilderatlas zur Schul- und Erziehungsgeschichte" (2 Bde. 1965/66).

Wichtige Ergänzungen des geschichtlichen Bildes sind einzelne Monographien von Kinder- und Jugendbuchverlagen wie z. B. Ensslin & Laiblin, Herder u. a. Neue fruchtbare Ansatzpunkte zur G. bieten historisch analysierende Einzeldarstellungen zur Wirkungsgeschichte ausgewählter Werke (z. B. KL. DODERER: Klassische Kinder- und Jugendbücher, 1969) und Dokumente und Kommentare zur Durchleuchtung zeitgeschichtlicher Situationen (z. B. P. ALEY: Jugendliteratur im Dritten Reich, 1967). Auch sind zuverlässige bibliographische Arbeiten über Kinderbuchautoren und -illustratoren und Monographien zu Gattungen und jugendliterarisch fruchtbar gewordenen Formen Bausteine und methodische Hilfen für eine noch zu schreibende Gesamtdarstellung der historischen Entwicklung der Kinder- und Jugendliteratur in Deutschland sowie im größeren Bezugsfeld der europäischen Sprachen.

Margarete Dierks

→ Epochen der Kinder- und Jugendliteratur

Sekundärliteratur: A. Angst: Die religions- und moralpädagogische Jugendschrift in der deutschen Schweiz von der Reformation bis zur Mitte des 19. Jahrhunderts (Diss. 1947). — G. Dittrich: Das deutsche Jugendbuch (1952). — K. Doderer (Hrsg.): Das Bilderbuch (1973; zus. mit H. Müller). — I. Dyhrenfurth: Geschichte des deutschen Jugendbuches (1942, ³1967). — W. Fricke: Grundriß der Geschichte deutscher Jugendliteratur (1886). — L. Göhring: Die Anfänge der deutschen Jugendliteratur im 18. Jahrhundert (1904; ND. 1967). — K. Hobrecker: Alte vergessene Kinderbücher (1924). — G. W. Hopf: Mittheilungen über Jugendschriften an Aeltern und Lehrer (1850, ⁵1875). — B. Hürlimann: Europäische Kinderbücher in drei Jahrhunderten (1959, ²1963). — S. Köberle: Jugendliteratur zur Zeit der Aufklärung (Diss. 1924; NA. 1972). — H. L. Köster: Geschichte der deutschen Jugendliteratur in Monographien (Bd. 1 u. 2. 1906 u. 1908, ⁴1927; ND. 1971). — D. Kraut: Die Jugendbücher in der deutschen Schweiz bis 1850 (1945). — K. Kühner: Jugendlectüre, Jugendliteratur (in: Encyklopädie des gesamten Erziehungs- und Unterrichtswesens. 1862. 3. 802—840, ²1880. 3. 859—896). — H. Kunze: Schatzbehalter (1964, ³1969). — A. Merget: Geschichte der deutschen Jugendliteratur (1867, ³1882; ND. 1967). — J. Prestel: Geschichte des deutschen Jugendschrifttums (1933); Das Lesegut der Jugend in geschichtlicher Darstellung (in: Handbuch des Deutschunterrichts im ersten bis zehnten Schuljahr. ³1963. 2. 873—910). — D. Rammensee: Bibliographie der Nürnberger Kinder- und Jugendbücher (1961). — A. Rümann: Alte deutsche Kinderbücher (1937). — J. Schmidt: Die Geschichte der deutschen Kinderliteratur von 1750 bis 1945 (1967). — E. Schwab: Beiträge zur Geschichte des Kinder- und Jugendschrifttums in Österreich (Diss. 1950). — A. Seebaß: Alte Kinderbücher und Jugendschriften (1954). — F. X. Thalhofer: Die Jugendlektüre (1924). — D. Theden: Die deutsche Jugendlitteratur (1883, ²1893).

Gespenstergeschichte

Ihr Wesen ist schwer zu bestimmen; der Übergang von der G. zur Geister-, Spuk- und Gruselgeschichte ist fließend.

Die durch rätselhafte, nächtliche Gegend mit beängstigenden Geräuschen das Unheimliche stärker betonende, beim Leser Schauer und Grauen erweckende G., die mit Resten aus Sagen, Mythen und Aberglauben durchsetzt ist, entstand noch vor dem Barock. Im Barock selbst erschien daneben die dramatisierte G., das Gespensterstück (A. GRYPHIUS: „Cardenio und Celinde“, um 1649, ersch. in Breslau 1657, und „Verlibtes Gespenste“, 1660), das seine späten Ausläufer im Wiener Volkstheater hatte (u. a. FR. GRILLPARZER: „Ahnfrau“, 1817). Seitdem tauchen G.n immer wieder auf, so etwa bei W. BERGENGRUEN, E. G. BULWER, N. W. GOGOL, W. HAUFF, E. T. A. HOFFMANN, H. v. KLEIST, G. MEYRINK, G. DE MAUPASSANT, E. A. POE, TH. STORM, L. TIECK, J. S. TURGENJEW, O. WILDE. Kämpfte die Aufklärung gegen die G. und gab sie der Lächerlichkeit preis, so erweckte später die Romantik im Gefolge von Märchen und Sagen die G. zu neuem Leben. Abgesehen von den noch bekannten Märchen (etwa dem GRIMMschen „Märchen von einem, der auszog, das Fürchten zu lernen“), in denen es mit Gespenstern meist nicht so ganz harmlos zugeht, ist die Menge der eigentlichen G.n für die Jugend mit Recht vergessen. Die nach dem Zweiten Weltkrieg in Deutschland entstandenen G.n, wie z. B. O. PREUSSLERS „Das kleine Ge-

Die *Abbildung aus Tafel XXV der Kupfersammlung zu J. B. Basedows Elementarwerk (Berlin, Dessau 1774)* enthüllt in einem Stich D. Chodowieckis die Gespensterfurcht als „falsche Einbildung“.

Aus: *Wilhelm Herchenbach: Der Gespensterseher (Regensburg 1864).*

O. *Preußler: Das kleine Gespenst (1966).* Ill.: F. J. Tripp.

I. u. L. Sandberg: Laban will nicht geistern (1965).

spenst" (1966), sind bei der Jugend sehr beliebt. Diese von Grauen und Schauer entschärften G.n nehmen wirkliche oder vermeintliche Spukgestalten nicht ernst und spielen gewissermaßen über sie hinweg. Aus den Abbildungen (vgl. S. 445 u. 446) wird der Wandel der Auffassungen in den vergangenen zweihundert Jahren deutlich. Der nüchternen Aufklärungsabsicht im 18. Jh. — in D. CHODOWIECKIS Bild aus J. B. BASEDOWS Elementarwerk (1774) entlarvt sich das Gespenst als Perückenstock, auf dem die eigenen Kleider hängen — folgt im 19. Jh. einige Lust am Gruseligen und Unaufklärlichen („Schauerromantik") — ein Pistolenschuß auf ein weißbekleidetes Skelett, ein Geisterseher in W. HERCHENBACHS Erzählung. In beiden Kinderbuchbeispielen aus den 60er Jahren unseres Jh.s erfolgt eine Verharmlosung bzw. karikierende Verfremdung von Gespenstervorstellungen. Sowohl O. PREUSSLER als auch I. u. L. SANDBERG lassen ihre Gespenster im Familienverband auftreten und menschliche Züge annehmen. *Hans Eich*

Glaßbrenner, Adolf

*(Ps.: Brennglas). Schriftsteller, Journalist, Verfasser einiger Reimerzählungen für Kinder; * 27. 3. 1810 Berlin, † 25. 9. 1876 ebenda.*

G. wandte sich neben seiner kaufm. Tätigkeit (1824 bis 1830) schon bald dem Journalismus zu. Seine erste selbständige Zeitschrift, der „Berliner Don Quixote" (1832/33) endete mit Lizenzentzug und 5jährigem Verbot jegl. redaktioneller Tätigkeit wegen „iniuriöser" Artikel gegen den Adel. Erfolgreich wurde seine 1832 begonnene Serie von Genrebildern mit dem Reihentitel „Berlin, wie es ist und — trinkt", die jedoch auch nicht ohne Zensurschwierigkeiten blieb. Der Schauspielerin A. PERONI brachte die Heirat mit G. (1840) den Verlust ihres Engagements in Berlin ein, was beide veranlaßte, 1841 nach Neustrelitz zu ziehen. G. entwickelte sich vom Jungdeutschen-Anhänger zum satirischen, tendenziösen Vormärzler, dessen Publikationen (z. B. „Neuer Reineke Fuchs", 1846; „Komischer Volkskalender", 1847—53) immer wieder von der Zensur verfolgt wurden und ihm das Aufenthaltsverbot für Berlin eintrugen. Der Märzaufstand 1848 zog G. sofort nach Berlin; ab 6. Mai erschienen seine „Freie Blätter, illustrierte politische humoristische Zeitung". Die vordringende Reaktion ließ ihn resigniert nach Hamburg übersiedeln, bis er 1858 die Erlaubnis zur Rückkehr nach Berlin erhielt. Von da an redigierte G. bis zu seinem Tode die ill. Wochenschrift „Berliner Montagszeitung".

Werk, Tendenzen, Wirkung. G., von dem FR. DIEDRICHS sagt: „Er hat den Berliner Volkswitz für den politischen Kampf nutzbar gemacht" (S. 42), verfaßte zwischen 1850 und 54 einige „ins Harmlose ausweichende ‚Kinderbücher', in denen man den ‚alten' Glasbrenner kaum wiederzuerkennen glaubt" (J. Hermand, S. 235). Th. Hosemann, der schon verschiedene von G.s politisch-satirischen Publikationen illustriert hatte, bebilderte auch die ersten Kinderbücher G.s: „Lachende Kinder. 22 Blatt mit 54 eingedr. kol. Holzschn." (1850). Anregend wirkte hier sicherlich der „Struwwelpeter". 1851 erschien „Die Insel Marzipan. Ein Kindermärchen. 40 S. mit 10 eingedr. Holzschn. und 6 kol. Holzschnitt-Tafeln". Entsprechend der unterschwelligen politischen Tendenz wird die von glücklichen Kindern bewohnte Insel Marzipan vom verwüstenden Eindringen des Königs Knicker und seiner schwarzen Gesellen befreit. Im Nachwort zu „Sprechende Tiere" (1966, Faksimiledruck der Originalausgabe a. d. J. 1854) urteilte H. Kunze: „Die ‚Insel Marzipan' ist eine ausgetüftelte Gehirnkonstruktion ohne Wärme und echte menschliche Beziehungen zum Gegenstand". Hosemanns Illustrationen schmückten auch die „Lustige Fibel. 14 Seiten mit 15 eingedr. kol. Holzschn." (1850).

„Lachende Kinder" war ein beliebtes und wiederholt aufgelegtes Bilderbuch. So ist es nicht verwunderlich, daß 1854 ein weiteres Bilderbuch „Sprechende Tiere" folgte. Ausdrücklich kündigte der Untertitel es an als: Vom Verfasser der „Lachenden Kinder". Vermenschlichte Tiere handeln in diesem Tier-Struwwelpeter. In elf Reimgeschichten („Der unvorsichtige Hahn", „Von der albernen Ente und vom albernen Frosch", „Vom Schnattergänschen" etc.) lesen die Kinder, wie Unachtsamkeit, Vorwitz, Großmäuligkeit und andere Untugenden ihre Strafe finden. Das Bildwerk schuf in diesem Falle „mit achtzehn kolorierten Bildern" C. Reinhardt (1818 bis 1877). Seiner bewährten Illustrationskunst ist bestimmt ein gebührender Anteil an der Beliebtheit dieses Bilderbuches zuzumessen. Noch die zwanzigste Auflage kam unverändert heraus. Zwei weitere Folgen erschienen, erreichten jedoch nicht die Verbreitung des ersten Teils.

Ebenfalls von C. Reinhardt illustriert ist ein Bilderbuch von H. J. Horwitz, das den Glassbrennerschen Titel abwandelte: „Neue Sprechende Tiere. Eine komische Kinderschrift" (1854). Es erreichte das 90.—100. Tausend. *Hubert Göbels*

Werke: Neuer Reineke Fuchs (1846, [4]1866); Komischer Volkskalender (1847—53); Lachende Kinder (1850, [14]1884); Lustige Fibel (1850); Die Insel Marzipan (1851, [4]1885); Sprechende Tiere (1854, [34]1929).

Sekundärliteratur: C. Beyer-Boppard: Einführung in die Geschichte der deutschen Literatur (1905). — L. Brieger: Theodor Hosemann (1920). — R. Rodenhauser: Adolf Glaßbrenner (1912). — A. Rümann: Die illustrierten deutschen Bücher des 19. Jh.s (1926).

Glatz, Jakob

*(Ps.: J. Stille; H. K. Gutmann). Theologe, Pädagoge, Schriftsteller für die Jugend; * 17. 11. 1776 Poprad/Oberungarn, jetzt Slowakei, † 25. 9. 1831 Preßburg.*

G.' Vater war Schmied und Leinwandhändler, die Mutter wird als „umsichtige emsige Hausfrau mit zartem Gemüt" geschildert. In seinem Elternhaus entwickelte G. frühzeitig Sinn für Ordnung und Tätigkeit. Die erste schulische Bildung in seiner Vaterstadt nach verbalistisch-dogmatisierender Methode ergänzte G. durch Privatlektüre, bes. der „Acerra philologica", einer Sammlung von 700 kurzen Erzählungen aus Mythologie, Geschichte und Naturgeschichte, und durch Erlernen des Orgelspiels. Mit zwölf Jahren entschied G. sich für den Beruf des evang. Geistlichen. Seine schulische Ausbildung — 2 Jahre Besuch des evang. Gymnasiums in Kesmark, Fortbildung am reformierten Gymnasium in Mischkolz (zur Erlernung der ungar. Sprache in reiner Form), dann wieder in Kesmark — schloß er auf dem evang. Lyzeum in Preßburg ab. In den Preßburger Jahren zeigte G. bereits starkes philosophisches und pädagogisches Interesse. Er las philosophische Schriften, u. a. I. Kant (1724—1804), die er aus „Leseinstituten", d. i. Leihbibliotheken, entlieh, schaffte sich selbst eine pädagogische Bibliothek an und gründete eine Deutsche Gesellschaft zu „gründlichem Studium der deutschen Sprache und Übungen im deutschen Style". G. studierte die Werke der namhaftesten zeitgenössischen Pädagogen — J. B. Basedow, Chr. G. Salzmann, J. H. Campe — und trug sich zeitweilig mit dem Plan, auch eine pädagogische Gesellschaft zu gründen.

Auf Anraten Salzmanns, mit dem er nachweislich seit 1794 in brieflicher Verbindung stand, begann G. 1794 das Studium an der Universität Jena, die im Gegensatz zu den österreichischen Universitäten freie Wahl des Studiengegenstandes und der Hochschullehrer bot. G. hörte u. a. bei J. G. Fichte (1762 bis 1814) und Schütz und belegte neben seinen Fachstudien Vorlesungen aus den Gebieten der Geistes-, Rechts- und Naturwissenschaften. Von 1797—1803 wirkte G. erfolgreich als Lehrer bei Salzmann an der Anstalt in Schnepfenthal und nutzte die Ferien für Reisen durch Deutschland, u. a. auch zu Campe. Ein geplanter Besuch bei J. H. Pestalozzi kam nicht zustande. 1803 als Lehrer an die protestantische Schulanstalt in Wien berufen, vertauschte er schon 1804 das Lehramt mit dem Predigeramt an der evang. Gemeinde in Wien, mußte dieses aber bereits 1816 wegen eines gichtischen Leidens niederlegen. Dagegen verblieb er auf ausdrücklichen Wunsch des Kaisers weiterhin im Konsistorium, in welches er 1806 als k. u. k. Konsistorialrat berufen worden war. 1824 verlegte er seinen Wohnsitz nach Preßburg, wo er 1831 starb. „Wegen seiner theologischen und philosophischen Gelehrsamkeit, die er in seinen homiletischen und pädagogischen Schriften kund gegeben", verlieh ihm die Universität Göttingen 1830 die Ehrendoktorwürde.

Werk, Tendenzen, Wirkung. Unbestritten sind G.' Verdienste um eine Verbesserung der kulturellen Verhältnisse in Ungarn und sein Einsatz für die Belange der evang. Kirche in Österreich. Er hat wesentlichen Anteil an der Aufhebung der Zensur evang. Schrifttums und an der Organisation der 300-Jahrfeier der Reformation in den evang. Gemeinden Österreichs. Als Theologe vertrat er eine „vernünftige Auffassung der religiösen und sittlichen Ideen des Christentums", *fernab* von allem *mystischen Pietismus,* auf der Grundlage *interkonfessioneller Toleranz.* Seine schriftstellerische Tätigkeit, die sich nach seinen eigenen Angaben unter sehr raschem Arbeitstempo vollzog, erstreckt sich auf den Zeitraum von 1799 bis zu seinem Tode und umfaßt außer Jugendschriften auch Erbauungsbücher für verschiedene Alters- und Bevölkerungsgruppen und theologische (meist homiletische) Veröffentlichungen. Besonders in der letzten Schaffensperiode entstehen Predigtsammlungen, Beichtbüchlein, Trost- und Andachtsbücher und u. a. ein evang. Gesangbuch für die Gemeinden in Österreich. Viele seiner Zeitgenossen schätzten G. nach seinen volkserzieherischen Tendenzen als „Volksschriftsteller" ein.

G. als Jugendschriftsteller. Mit über 100 Bänden für Kinder und Jugendliche, die im Kontext mit seinen volkserzieherischen Bemühungen stehen, weist G. sich auch als spezifischer Jugendschriftsteller aus. Mit anderen namhaften Jugendschriftstellern wie Chr. F. Weisse, J. H. Campe und G. K. Pfeffel stand er in Verbindung. G. schrieb seine Werke für die Jugend z. T. aus finanzieller Not, aber nie ohne pädagogischen Impetus. Drei Perioden seines jugendliterarischen Schaffens lassen sich feststellen:

Die Schnepfenthaler Zeit (1797—1804): Bereits in dieser Epoche entstehen ca. zwölf, teilweise mehrbändige Jugendschriften, in denen die gesamte Schaffensbreite G.' sich zeigt: *moralische* Unterhaltungsbücher für Kinder und Jugendliche verschiedener Altersgruppen und Bildungsschichten (z.B. „Kleine Geschichten und Erzählungen für die Jugend", 2 Bde., 1803), *Lesebücher* (z.B. „ABC- und Lesebuch für die Jugend beiderlei Geschlechtes", 3 Bde., 1804), spezielle *Mädchenbücher* (z.B. „Iduna, ein moralisches Unterhaltungsbuch für die weibliche Jugend", 2 Tle., 1803). Unter *philanthropischem* Einfluß entstehen „Merkwürdige Reisen in fremde Welttheile" (1802—04) und „Taschenbuch für die Deutsche Jugend" (1803—05) mit Unterstützung von J. W. L. Gleim, J. Chr. Fr. Gutsmuths, K. F. Lossius, Chr. A. Overbeck, Pfeffel, Salzmann, Weisse u. a. Das „Naturhistorische Bilder- und Lesebuch" (1803), das G. im Auftrage des Verlegers mit einem anonymen Poeten zusammen verfaßt hat, enthält gut gestochene und sorgfältig kolorierte Kupfertafeln; auf ihnen drängen sich zwar die Abbildungen, wodurch die Wirkung geschmälert ist, aber die Größenverhältnisse der abgebildeten Gegenstände sind wie bei Fr. J. Bertuch und gemäß seiner Forderung gewahrt. Die beigefügten Gedichte (nicht von G.) und G.' Erzählungen haben keinen besonderen literarischen Wert. Zahlreiche Geschichten aus dieser Epoche zeigen die Orientierung an Campe und Weisse. Doch *setzt sich G.* in dieser Zeit bereits mit der *philanthropinistischen Erziehung und dem neuen Gedankengut des Idealismus auseinander* (neuerliche Beschäftigung mit Fichte und Plato, mit Klassik und Romantik; Studium J. W. v. Goethes, insbes. von „Wilhelm Meister", Fr. v. Schillers und J. Pauls), wodurch er in der Folgezeit zu *dem* exponierten klassisch-idealistischen Jugendschriftsteller mit romantischen und philanthropischen Einschlüssen wurde. So schreibt G.: „An der Schnepfenthaler Erziehungsanstalt wird sicher viel zu wenig für die Bildung des Gefühlsvermögens getan; daher auch sichtbarer Mangel an höherem Schwunge, wahrer Religiosität, Erhebung zum Idealischen." Besonders *mißfällt* G. die *emanzipierende* Mädchenerziehung Salzmanns, der er das Frauenbild eines religiösen klassischen Idealismus (in Habitus, Kleidung und sozialer Einschätzung) entgegensetzt. Dazu gewinnt das *nationale* Moment immer größere Bedeutung, wie die Adressate seiner Schriften „für Deutschlands Töchter" oder „für Deutschlands Söhne" zeigen. Die Scheidung nach Ständen findet sich in G.' Jugendschriften selten und dient, wo sie auftritt, nicht unterschiedlichen Zielen (das Idealbild gilt für alle), sondern trägt den bestehenden *Sprachbarrieren* Rechnung. Erziehung ist für G. Weckung und Veredelung sittlicher und religiöser Gefühle, die Welt bedeutet ihm im Fichteschen Sinne „sinnliches Material der Pflicht".

Die Wiener Amtszeit (1804—16): In dieser zweiten Schaffensperiode bringt G. thematisch wenig Neues, er formt aber die bereits angelegten Bereiche vielfältig aus und erarbeitet einen systematischen Aus- und Aufbau seiner Schriften im Sinne einer zu schaffenden Bibliothek für die Jugend. Es entstehen zahlreiche „Seitenstücke" zu seinen Büchern, die entweder als Vorlektüre oder als Anschlußstoffe zu bereits erschienenen Werken gedacht oder als Gegenstück für das andere Geschlecht konzipiert sind, z. B. in der Mädchenlektüre zu „Iduna" (1803, für 12—15jährige) „Theone" (1806, für erwachsene Mädchen), „Minona" (1807, für Mädchen von 7 bis 12 J.); „Rosaliens Vermächtnis" (1809) als Seitenstück zu „Woldemars Vermächtnis" (1808). Zu dieser Zeit ist G. als Jugendschriftsteller bereits so bekannt, daß mehrere seiner Bücher mit zweisprachigem Text erscheinen. Zu den interessantesten Werken gehören „Die frohen Kinder, oder Erzählungen und Bilder aus der Kinderwelt" (1806). Dem deutsch-französischen Text fügt G. kolorierte Kupfer nach englischem Vorbild bei, auf denen, ohne Szenerie und ohne Erwachsenenpersonen, jeweils zwei bis drei Kinder in klassischer Kleidung mit ihren Spielgefährten dargestellt sind. Die in diesem Buch enthaltenen Umweltgeschichten erzählt G. in

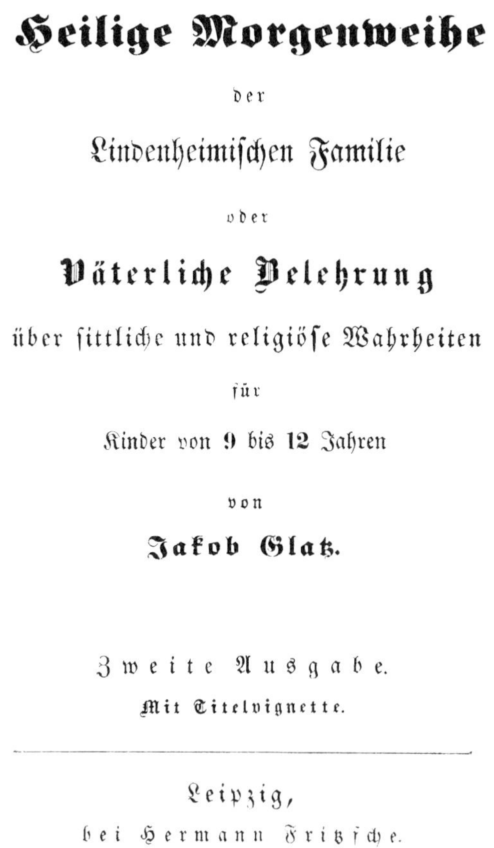
Heilige Morgenweihe

der

Lindenheimischen Familie

oder

Väterliche Belehrung

über sittliche und religiöse Wahrheiten

für

Kinder von 9 bis 12 Jahren

von

Jakob Glatz.

Zweite Ausgabe.

Mit Titelvignette.

Leipzig,

bei Hermann Fritzsche.

Jakob Glatz: Heilige Morgenweihe der Lindenheimischen Familie oder Väterliche Belehrung über sittliche und religiöse Wahrheiten (Leipzig, ^{2}1846). Glatz, der in Jena Theologie studiert hatte und dann in Salzmanns Erziehungsanstalt in Schnepfenthal tätig war, verfaßte die „Väterliche Belehrung über sittliche und religiöse Wahrheiten für Kinder von 9 bis 12 Jahren“, die mit der Anspielung auf die „Heilige Morgenweihe der Lindenheimischen Familie“ an die damals beliebte Form der „Familiengemälde“ oder „Moralischen Gemälde“ erinnert. Die Abbildung zeigt das Titelblatt zur zweiten Ausgabe.

unpathetischer, kindgemäßer Sprache. Kurze Sätze dienen ihm als Stilmittel. Das 1809 erschienene „Neue Bildercabinett“ ist in Aufbau und Methode stark philanthropisch (vgl. Beschreibung der Kokospalme mit Verweis auf die von CAMPE), die von G. zur Illustration ausgewählten Kupfer dagegen sind im klassischen Stil. Als Handbuch für Eltern und Erzieher bringt G. 1808 ein „Magazin von moralischen Erzählungen für alle Fälle der Sittenlehre, alphabetisch geordnet“ (2 Bde.) unter dem Pseudonym H. K. GUTMANN heraus. 1811 erscheint STILLES (2. Pseudonym) „Gratulationsbüchlein für die Jugend“.

Zeit des Ruhestandes (1816—31): Es entstehen nur noch wenige Werke für die Jugend, so z. B. „Die neue Jugendbibliothek“ (6 Bde., 1817), eine „Sammlung ausgewählter Lieder“, die 411 Lieder älterer und neuerer Dichter, allerdings ohne Nennung der Verfasser, enthält und als letztes Werk G.' ein „Gesangbuch für die Jugend“ (1831).

Bereits während seiner zweiten Schaffensperiode hat G. auch eine *literarpädagogische Theorie* für die Jugend entwickelt. So fordert er *altersgemäßen Lesestoff* nach *Inhalt* und *Sprache,* Berücksichtigung der verschiedenen Interessen von Knaben und Mädchen, intensive Beschäftigung mit dem Lesegut (Kopieren der Bilder, dazu kleine schriftliche Nacherzählungen, Notizen eigener Gedanken zum Thema), Führen eines Lesetagebuches, Merken der Namen guter Schriftsteller und Lesen anderer von ihnen erschienener Werke. Auch empfiehlt er, das in Wort und Bild Dargestellte mit der Wirklichkeit zu vergleichen, es auf seine Relationen zu überprüfen und die eigenen Gedanken darüber in Gesprächen zum Ausdruck zu bringen. Gerade dies stellt er auch in den Dienst der Vervollkommnung der Sprache. Insbesondere rät er den Mädchen, nicht zur Anregung der Einbildungskraft oder zur reinen Unterhaltung zu lesen, sondern zur Bildung des Verstandes und Herzens und um ihre Pflichten vollständig kennenzulernen. Bei der Auswahl von Lektüre sollen sie sich von vernünftigen Männern beraten lassen. G. warnt vor Romanen und empfiehlt den Mädchen statt dessen „die Schriften eines J. CHR. F. GELLERT, ZOLLIKOFER, REINHARD, WEISSE, CAMPE, SALZMANN, EWALD, MAREZOLL, W. MATTHIESSEN, CHR. A. TIEDGE, SCHILLER, J. H. VOSS“ u. a.; oft flicht er Gedichte solcher Autoren einzeln oder als kleine Anthologie (z. B. in „Rosaliens Vermächtnis“) in seine Werke mit ein.

G. war zu seiner Zeit vielgelesener Autor, mit hohen Auflagen, unerlaubten Nachdrucken seiner Bücher und Übersetzungen in andere Sprachen (insbes. franz., engl. und ital.). Von der zeitgenössischen *Kritik* wurden seine Leistungen unterschiedlich beurteilt. H. WOLGAST und die Jugendschriftenbewegung sowie die Jugendliteratur-Geschichtsschreibung (mit Ausnahme von A. MERGET, der sich um eine geistesgeschichtliche Einordnung bemüht) bewerten G. zu einseitig und oberflächlich als sentimental-moralisierend und damit negativ.

Luise Siegling

Werke: Familiengemälde u. Erzählungen f. d. Jugend (Bd. 1 u. 2. 1799, ^{3}1827); Erzählbuch, oder kleine Bibliothek für Kinder (Bd. 1—4. 1802—17; unter J. Stille); Moralische Gemälde für die gebildete Jugend (Thl. 1 u. 2. 1802, ^{2}1807); Naturhistorisches Bilder- u. Lesebuch (1803, ^{3}1823); Iduna (Bd. 1 u. 2. 1803, ^{5}1831); ABC- und Lesebuch für die Jugend (Thl. 1—3. 1804, ^{3}1835); Die frohen Kinder (H. 1 u. 2. 1806); Theone (Bd. 1 u. 2. 1806, ^{4}1828); Minona (Bd. 1 u. 2. 1807, ^{4}1828); Woldemars Vermächtnis an seinen Sohn (1808, ^{2}1823); Rosaliens Vermächtnis an ihre Tochter Amanda (1809, ^{6}1861); Neue Familiengemälde (Thl. 1 u. 2. 1809); Neues Bildercabinett (1809); Die Kinderwelt in Bildern

und Erzählungen (1809); Gratulationsbüchlein für die Jugend (1811; NA. 1814, ³1817; unter J. Stille); Die neue Jugendbibliothek (Bd. 1—6. 1817); Rosaliens Erinnerungen aus ihrem Leben (1821, ²1830).
Hrsg.: Taschenbuch für die deutsche Jugend (Jg. 1—4. 1803—1805).

Sekundärliteratur: J. G. Wenrich: Jakob Glatz, eine biographische Skizze (1834).

Gleim, Johann Wilhelm Ludwig

*Hauslehrer, Jurist, Dichter der Anakreontik, Verfasser zahlreicher Fabeln; * 2. 4. 1719 Ermsleben/Halberstadt, † 18. 2. 1803 Halberstadt.*

G. studierte Jura in Halle 1739/40, danach war er Hauslehrer. Im Gefolge des Prinzen WILHELM nahm er am 2. Schlesischen Kriege (1744) teil und erhielt nach kurzer Übergangszeit ein Amt als Domsekretär und Kanonicus in Halberstadt, das er bis zu seinem Tode innehatte. Die materiell gesicherte, ruhige Stellung erlaubte dem Unverheirateten ein behagliches Leben, die Pflege der zahlreichen, teilweise sehr gefühlvollen Freundschaften mit zeitgenössischen Autoren (A. G. BAUMGARTEN, G. F. MEIER, E. CHR. v. KLEIST, I. J. PYRA, K. W. RAMLER, J. P. Uz) und ließ ihm genügend Zeit für seine schriftstellerische Tätigkeit.

Werk, Tendenzen, Wirkung. G. wurde zunächst bekannt durch „Versuche in scherzhaften Liedern" (1744 u. 1745) und ein viel gespieltes Schäferspiel „Der blöde Schäfer". 1756 versuchte er sich in Fabeln in der Manier CHR. F. GELLERTS und FR. HAGEDORNS. Er faßte seine Dichtung im Sinne der Anakreontik als schäferliches Spiel und moralisierenden Zeitvertreib auf, erreichte den Höhepunkt seines literarischen Ruhms mit den Gedichten „Preußische Kriegslieder in den Feldzügen 1756 und 1757 von einem Grenadier", überschwenglich-allegorische Verklärungen des Siebenjährigen Krieges und FRIEDRICHS II. Seine „Lieder für das Volk" (1772) zeigen allzu deutlich das erzieherisch-herablassende Bemühen um Aufklärung, ebenso ist sein der Jugend zugedachtes Werk „Halladat oder Das rothe Buch" (1774) eine platte, mit orientalischen Begriffen und Namen aufgeputzte Sammlung moralisch-religiöser Lebensweisheiten, „zum Vorlesen in Schulen" (so der Untertitel) gewiß nicht geeignet. Es hat auch kaum Verbreitung gefunden.
Die Fabeln G.s gehörten in seiner Zeit zur vielgelesenen Jugendliteratur und wurden in Kinderbibliotheken (J. H. CAMPE), Kinderzeitschriften und Anthologien nachgedruckt. Fabeln wie die „Von der Eichel und dem Kürbis" fanden sich auch später noch häufig in Schullesebüchern. Doch gibt es — im Gegensatz etwa zu den Fabeln GELLERTS — kaum Sammelausgaben der G.schen Fabeln. Der erzählende Teil fällt bei ihnen in der Regel knapper aus als die breit ausgewalzte Moral, so daß sie reichlich zäh und langweilig erscheinen. Als Lesestoff für unsere Zeit wird G. kaum noch in Frage kommen. *Marie Luise Linn*

Werke: Fabeln (Bd. 1 u. 2. 1756 u. 57); Romanzen (1757); Lieder, Fabeln und Romanzen (1758); Sämmtliche Schriften (Bd. 1—4. 1765—78); Lieder für das Volk (1772); Halladat, oder das rothe Buch, zum Vorlesen in Schulen (1774); Fabeln für die Jugend (1795); Kinderlehren (1796); W. Körte (Hrsg.): Fabeln und Erzählungen (1810); W. Körte (Hrsg.): Sämmtliche Werke (Bd. 1—7. 1811—13).

Sekundärliteratur: K. Baer: Der junge Gleim und die Hallische Schule (Diss. 1924). — K. Becker: Gleim (1919). — W. Körte: Johann Wilhelm Ludewig Gleims Leben (1811). — H. Pröhle: Gleim auf der Schule (1857). *IJB*

Göhring, Ludwig

*(Ps.: F. W. Blau-Berlin, auch: Melchior). Schulpädagoge, Schriftsteller; * 22. 11. 1860 Ansbach, † 29. 12. 1942 Erlangen.*

Nach dem Besuch von Volks- und Realschule und der Ausbildung am Lehrerseminar wurde G. Volksschullehrer in Nürnberg, wo er durch reiches historisches Material zur Beschäftigung mit Jugendbuchfragen angeregt wurde. Aus gesundheitlichen Gründen zur Aufgabe des Lehrerberufs gezwungen, wandte sich G. journalistischer und schriftstellerischer Arbeit zu. Von 1890—1918 war er Hauptredakteur der Tageszeitung „Fränkische Nachrichten". Im Jahre 1900 gründete er die „Bayerische Schulzeitung" (1934 umben. in „Die Freie Deutsche Schule", Fürth), 1902 den „Bayerischen Schulwart" und blieb durch Jahrzehnte Herausgeber dieser Zeitschriften. 1921—31 war G. Archivar der Stadt Erlangen. Zunächst hauptamtlicher Leiter der Volksbücherei, wurde er dazu 1924 nebenamtlicher Leiter des städtischen Museums und der Sammlungen. Für den „Fränkischen Kurier" (Nürnberg) war G. außerdem jahrzehntelang örtlicher Berichterstatter für alle kommunalpolitischen, Universitäts- und kulturellen Angelegenheiten Erlangens.

Werk, Tendenzen, Wirkung für die Geschichtsschreibung der deutschen Kinder- und Jugendliteratur. Neben der Tages- und schulpädagogischen Zeitschriftenpublizistik widmete sich G. später Themen der Heimat-, Volks- und Mundartkunde („Führer durch die Fränkische Schweiz und ihre Vorberge", ¹⁰1927; „Streifzüge in Franken", 1926; „Volkstümliche Redensarten und Ausdrücke", 1937). Zusammen mit K. WEISS gab er 1910 ein „Lesebuch für Mädchenfortbildungsschulen" heraus. Mit der Bearbeitung des „Buches der Beispiele der alten Weisen", die er 1911 unter dem Titel „Alte Fabeln und Erzählungen" herausbrachte, wandte sich G. an „die Jugend mittleren Alters". Mit eigener dichterischer Prosa drang er nicht durch. Von allen Arbeiten G.s hat einschneidende und bis heute fortwirkende Bedeutung allein seine Artikelserie erlangt, die A. RICHTER in seiner Zeitschrift „Der praktische Schulmann" 1888/89 veröffentlichte und die 1904, um drei weitere Artikel ergänzt, als Buch erschien: „Die Anfänge der deutschen Jugendliteratur im 18. Jahrhundert. Ein Beitrag zur Geschichte der deutschen Jugendliteratur. Mit einem Anhang: Drei Kinderdichter: Hey, Hoffmann von Fallersleben, Güll" (Nürnberg, 1904). Zwölf Jahre nach der Erstveröffentlichung fühlte sich G. „auf geschichtlichem Felde noch nicht überholt" (Vorwort). In seiner Rezension in der „Jugendschriften-Warte" (Nr. 6, Juni 1904, S. 22 u. 23) schätzte FR. v. BORSTEL das Buch als „die erste und gleich eine mustergültige solcher historischen Monographien" ein. Es war der erste Versuch, das Phänomen Jugendschrifttum aus den philosophischen, pädagogischen und literarischen Tendenzen der Aufklärung im 18. Jh. zu erklären und zu einer Wertung der literarpädagogischen Strömungen jenseits der Einflüsse der Romantik zu kommen. G. vertrat die Berechtigung der spezifischen Jugendschrift im Sinne von J. H. CAMPE, G. SALZMANN, CHR. WEISSE und bezog kritisch Stellung gegenüber den „Anleihen in der ‚großen Literatur'", dem „Bearbeiten" für Kinder. Hoch bewertete er J. G. HERDERS Absage an die „moraltriefenden Kinderschriften". G. betonte, daß Jugendschriften „keine reine Gattung, sondern eine Mischart bilden"; er unterschied in seiner Darstellung nach literarischen Formen (Periodische Jugendschriften, Das Lesebuch, Anthologien und Erzählungen, Schauspiele für Kinder usw.), aber auch nach inhaltlicher Tendenz (Religiöse und Erbauungsschriften, Didaktische Schriften). G.s reiche Bibliographie zu seiner Epoche war zur Auffindung weiterer Quellen behilflich. In der Bewertung rangierten bei ihm vor der pädagogischen Frage die Berücksichtigung der „Bedürfnisse der Kinderseele" und die ästhetische Qualität. In den Werken von W. HEY, A. H. HOFFMANN VON FALLERSLEBEN und FR. GÜLL sah er je auf andere Weise die ästhetischen Forderungen an eine Dichtung für Kinder unter Berücksichtigung der Eigentümlichkeit der Kinderseele erfüllt. In G.s Artikel über diese drei Dichter finden sich noch heute gültige Ansätze zur Ästhetik der Kinderlyrik. Obwohl G. eine nähere Verbindung zur Jugendschriftenbewegung nicht eingegangen ist, wurden seine kritischen Grundgedanken von ihr aufgenommen und seine Monographie zu einem der von ihr tradierten Standardwerke. 1967 erfolgte der Nachdruck der Originalausgabe von 1904.

Margarete Dierks

→ Aufklärung, → Geschichtsschreibung der Kinder- und Jugendliteratur, → Fr. Güll, → J. G. Herder, → W. Hey, → A. H. Hoffmann von Fallersleben, → Philanthropinismus

Werke: Die Anfänge der deutschen Jugendliteratur im 18. Jahrhundert. Mit einem Anhang: Drei Kinderdichter. Hey, Hoffmann von Fallersleben, Güll. (1904; NA. 1967); Alte Fabeln und Erzählungen (1911).

Görres, Guido von

*Redakteur, Schriftsteller, Herausgeber und Bearbeiter von Jugendliteratur; * 28. 5. 1805 Koblenz, † 14. 7. 1852 ebenda.*

G., Sohn des Herausgebers der Deutschen Volksbücher JOSEPH VON G., studierte in Bonn und promovierte zum Dr. phil.; zusammen mit G. PHILIPPS gab er ab 1838 die „Historisch-politischen Blätter für das Katholische Deutschland" heraus, die nach seinem Tode von E. JÖRG weiter redigiert wurden.

Werk, Tendenzen, Wirkung. G. wurde bekannt vor allem durch die erste illustrierte Jugendzeitschrift in Deutschland, deren Herausgeber er war: „Festkalender in Bildern und Liedern, geistlich und weltlich" (H. 1—15. München 1835—38). Auf dem Titel dieser Zeitschrift mit religiös-vaterländischem Gehalt war als Mitherausgeber FR. POCCI genannt und unter zahlreichen Mitarbeitern auch L. GRIMM, W. KAULBACH, K. BRAUN, L. WOLF und C. ENDLICHER. G. schrieb selbst Märchen im Stil der Zeit („Schön Röslein. Ein Märchen", illustriert von POCCI, 1838; „Das Weihnachtskripplein und Prinz Schreimund und Prinzessin Schweigstilla. Ein Christtagsbüchlein", 1843) und gab Sagen und Legenden in Bearbeitungen für die Jugend heraus („Der hürnen Siegfried und sein Kampf mit dem Drachen", ill. von KAULBACH, 1843). Er publizierte die Märchen von CL. BRENTANO (außer „Gockel, Hinkel und Gackeleia") mit einer biographischen Einleitung: „Die Märchen des Clemens Brentano. Zum Besten der Armen Nach dem letzten Willen des Verf. hrsg." (2 Bde., 1846 u. 47, Cotta). Eine Anthologie für die Familie mit Beiträgen für Jugendliche und Kinder war sein „Deutsches Hausbuch", das in zwei Bänden (jährlich 6 Hefte) 1846 und 47 erschien. Sein Biograph, H. HOLLAND, gibt in der ADB (Bd. 19) an, daß alle Schriften von G. vergriffen seien. *Margarete Dierks/Hubert Göbels*

→ J. v. Görres

Werke: Die Jungfrau von Orleans (1834, ^{2}1883); Die Jungfrau von Orleans. Eine Festgabe für die christliche Jugend (1835, ^{2}1883); Schön Röslein (1838, ^{2}1883); Der hürnen Siegfried und sein Kampf mit dem Drachen, eine altteutsche Sage (1843, ^{2}1883); Das Weihnachtskripplein und Prinz Schreimund und Prinzessin Schweigstilla (1843; NA. 1883); Frische Lieder für frische Kinder (1849).

Hrsg.: Festkalender in Bildern und Liedern, geistlich und weltlich (H. 1—15. 1835—38); Deutsches Hausbuch (Jg. 1 u. 2. 1846—47); C. Brentano: Die Märchen. Zum Besten der Armen. Nach dem letzten Willen des Verfassers (Bd. 1 u. 2. 1846 u. 47).

Sekundärliteratur: J. A. M. Brühl: Geschichte der katholischen Literatur Deutschlands vom 17. Jh. bis zur Gegenwart (1854, ^{2}1861. 501—513).

Görres, Joseph von

*Vielseitiger Gelehrter und Publizist; * 25. 11. 1776 Koblenz, † 29. 1. 1848 München.*

G., Sohn eines rheinischen Floßhändlers und einer Mutter italienischer Herkunft, war Vater des GUIDO G. Er war „Professor der Physik an der Sekundarschule in Koblenz" (ab 1804), nach seiner Habilitation (1806) Professor in Heidelberg mit erstaunlich weitem Lehrfeld; 1826 wurde er als Prof. für Geschichte nach München berufen. Während eines längeren Koblenzer Aufenthaltes (ab 1817) leitete er einen Verein zur Linderung der Hungersnot am Rhein und gleichzeitig das öffentliche Unterrichtswesen. Neben seiner Lehrtätigkeit war G. auf mannigfache Weise publizistisch engagiert. Das dokumentieren zahlreiche Blätter, deren Mitarbeiter oder Initiator er war: 1797 Redakteur von „Rothes Blatt", 1798 von „Rübezahl", in der Heidelberger Zeit Mitarbeiter an der „Zeitung für Einsiedler", 1814 Gründung des „Rheinischen Merkur", seit 1824 Mitarbeiter an „Der Katholik", Gründung der „Historisch-politischen Blätter". Wiederholt kollidierte er dabei mit den Machtträgern seiner Zeit (z. B. Verbot des „Rheinischen Merkur" lt. Cabinetsorder vom 3. 1. 1816; Haftbefehl durch die preuß. Regierung wegen seiner Schrift „Deutschland und die Revolution", 1819).

Bedeutung für die Jugendliteratur. 1806 hatte der junge G. „den Versuch einer Kindermythe ‚Christkindchen' unternommen" (J. PRESTEL), die er in einem Prolog vor allem den „holden Frauen" weiht. In einem Nachdruck im „Deutschen Hausbuch" gibt GUIDO G. das Entstehungsjahr mit 1802 an. Unter dem Einfluß der romantischen Bewegung (Brüder GRIMM, Märchen u. Sagen; A. v. ARNIM u. CL. BRENTANO, Des Knaben Wunderhorn) befaßte sich G. in seiner Heidelberger Zeit mit den deutschen Volksbüchern. „Ludwig Tieck war ... der erste, der 1797 unter dem Namen Peter Leberecht in seinen Volksmärchen einige der Volksbücher nacherzählte ... Schlegel wies in seinen Vorlesungen auf die Volksbücher hin. Görres endlich schrieb 1807 eine begeisterte Würdigung voll feiner Bemerkungen in seinem Buch ‚Die teutschen Volksbücher'" (H. L. KÖSTER). In seiner Vorrede bezeichnet G. den Stellenwert dieses Gutes der Volksliteratur: „So weit teutsche Zungen reden, sind [die Volksbücher] überall vom Volke geehret und geliebt; von der Jugend werden sie verschlungen, vom Alter noch mit der Freude der Rückerinnerung belächelt, kein Stand ist von ihrer Einwirkung ausgeschlossen". G. selbst wollte die Volksbücher neu herausgeben; es kam nicht dazu. Sein Verdienst ist, die „Charakteristiken der einzelnen Volksbücher" (J. PRESTEL) in seinem Buche dargeboten zu haben. Er hat damit „jeglichen Vorbildes entbehrend, das erste literar-historische Werk geschaffen, das ... weit über den ihm vom Verfasser gespannten Rahmen hinausreichen sollte, anregend und befruchtend bis in unsere Zeit" (L. MACKENSEN: Die deutschen Volksbücher, 1927). — Eine erste Ausgabe der Volksbücher erfolgte durch G. SCHWAB (1835), der in der Vorrede dazu erklärt, G. sei „sein Führer zu diesen alten Schätzen gewesen". *Hubert Göbels*

→ G. v. Görres, → Volksbuch

Werke: Die teutschen Volksbücher (1807); Altteutsche Volks- und Meisterlieder aus den Handschriften der Heidelberger Bibliothek (1817); Lutz Mackensen (Hrsg.): Die teutschen Volksbücher (1925); W. Schellberg u. a. (Hrsg.): Gesammelte Schriften (Bd. 1—13, 15—16. 1926—58); Kindermythen (in: J. Görres: Ges. Schriften, Bd. 3. 1926. 131—138).

Sekundärliteratur: E. Kokott: Der nationalpädagogische Gedanke bei Joseph Görres in seiner Nachheidelberger Zeit bis zur Entlassung aus dem rheinischen Schuldienst. 1809—1816 (Diss. 1964). — A. Schagen: Joseph Görres und die Anfänge der Preußischen Volksschule am Rhein 1814—1816 (1913).

Goethe, Johann Wolfgang von

** 28. 8. 1749 Frankfurt a. M., † 22. 3. 1832 Weimar.*

Goethes Verhältnis zur Jugendliteratur. Zu Goethes Kinder- und Knabenzeit gab es nur wenige Kinderbücher, darunter herausragend A. COMENIUS' „Orbis pictus", den die Bibliothek von G.s Vater in zwei Ausgaben enthielt — vgl. neben „Dichtung und Wahrheit" (künftig: „D. u. W.") I, 1. Buch, etwa den Brief an J. G. HERDER vom 17. Febr. 1787. Als Greis lobt G. J. H. CAMPES „Kleine Kinderbibliothek" (1. Aufl. 1779—84) laut J. P. ECKERMANN (29. März 1830) mit geringer Einschränkung: CAMPE „hat den Kindern unglaubliche Dienste geleistet ...". J. G. SCHNABELS Robinsonade, die „Insel Felsenburg", nennt G. mit einer Betonung des Selbstverständlichen. Seine Liste enthält weiterhin jene nicht nur seiner Zeit bekannte Reihe von Volksbüchern aus der Kolportageliteratur: „diese schätzbaren Überreste der Mittelzeit". G.s Zuneigung zu dieser Art Literatur war ernsthaft, und er befürwortete Volksbücher gerade auch als Jugendlektüre. Seine Kritik in „D. u. W." richtet sich lediglich gegen die äußere Form: „... auf das schrecklichste Löschpapier fast unleserlich gedruckt." G. kannte Kindertheater, wie es die Wandertruppen mit sich führten, und plante ein Kinderballett. „Das Puppentheater", so M. SOMMERFELD (G. in Umwelt und Folgezeit, 1935; S. 107), „das die Großmutter dem vierjährigen als weihnachtliche Gabe zudachte, ist jedenfalls das Instrument, dem er die frühesten dichterischen Vorahnungen verdankt." In seinem unveröffentlichten „Vorschlag zur Einführung der deutschen Sprache in Polen" (Cottasche Jubiläumsausgabe 1902—12, künftig: JA, 37, S. 33 ff.) erinnert er sich anerkennend, daß „wir Deutsche für Kinder eigens eingerichtete kleine Stücke" haben und daß die Jesuiten „gewiß wußten, wie man Menschen zu behandeln hat." Viele Jahre früher, zu Anfang seiner Reise nach Italien, begab er sich in Regensburg „gleich in das Jesuitenkollegium, wo das jährliche Schauspiel durch Schüler gegeben ward".

H. Pfeiffer: Goethe, den Kindern des Kriegsrates Merck vorspielend. Schattenriß aus der Schrift *„Goethe und Merck im Darmstädter Freundeskreis" (1932).*

Obwohl G. sich nicht eingehend über Kinder- und Jugendliteratur geäußert hat, findet man in einigen seiner Schriften Gedanken, die auf bestimmte Vorstellungen von einer richtigen Lektüre für Kinder und junge Leser schließen lassen. Zu dem von F. J. NIETHAMMER 1808 der bayerischen Regierung vorgelegten Plan „eines Nationalbuches als Grundlage der allgemeinen Bildung der Nation" liegt aus dem gleichen Jahr ein Gutachten G.s vor: „Über den Plan eines lyrischen Volksbuches" (JA 37, S. 3ff.). Auf die selbstgestellte Frage, wessen die Menge (verengt: die Jugend) bedürfe, antwortet darin G.: „Ein Höheres, aber ihrem Zustande Analoges". Als Analoges fordert er „das Vortreffliche aller Art, das zugleich populär wäre", und fügt skeptisch hinzu, das sei „das Seltenste"; neben dem „Guten, Nützlichen" sei auch das „Vorbereitende" aufzunehmen (im Sinne der Herausforderung durch eine höhere Bildungsstufe). Wiederholt betont G., auch in der Rezension der Gedichte J. K. GRÜBELS (JA 36, S. 154), eine kulturpädagogische Absicht: „... eine weit höhere Kultur wird bei Kindern und Erwachsenen eingeleitet, wenn man nur bewirken kann, daß sie über sich selbst reflektieren"; ähnlich auch in seiner Besprechung „Lyrische Gedichte von Johann Heinrich Voß" (JA 36, S. 222ff.): „Denn der erste Grad einer wahren Aufklärung ist, wenn der Mensch über seinen Zustand nachzudenken und ihn dabei wünschenswert zu finden gewöhnt wird". Die Frage einer besorgten Mutter, ob sie ihren Töchtern den Roman „Gabriele" von J. SCHOPENHAUER zu lesen geben könne, regt die Überlegung an: „Erziehung heißt: die Jugend an die Bedingungen gewöhnen, zu den Bedingungen bilden, unter denen man in der Welt überhaupt, sodann aber in besonderen Kreisen existieren kann" (JA 37, S. 225f.). Von größter Wichtigkeit bleibt immerhin noch die Frage nach inhaltlichen Bestimmungen, die eine Literatur für das Volk (und die Jugend) zu charakterisieren hätten. Das Gutachten bietet folgende Zusammenfassung: „Kein Stoff wäre auszuschließen; nur hätte man das Extreme: das Abstruse, das Flache, das Freche, das Lüsterne, das Trockene, das Sentimentale zu vermeiden". Für geeignet hält G.: „Tugend, Tauglichkeit, Sitte, Sittlichkeit, Anhänglichkeit an Familie und Vaterland". Hervorzuheben ist schließlich noch eine Bemerkung, die den Zusammenhang mit dem später von G. gefaßten Gedanken einer „Weltliteratur" erkennen läßt: „... man müßte ausdrücklich auf Verdienste fremder Nationen hinüberweisen, weil man das Buch ja auch für Kinder bestimmt, die man besonders jetzt schon früh genug auf die Verdienste fremder Nationen aufmerksam zu machen hat".

Werk, Tendenzen, Wirkung. G., der nie direkt für junge Leser geschrieben hat, wurde mit seinem Werk vor allem im Rahmen der humanistischen bzw. literarischen Bildung des 19. und 20. Jh.s in den Schulen für junge Leser wirksam.

J. P. ECKERMANN läßt, gestützt auf F. J. SORET, G. am 19. März 1830 u. a. folgendes sagen: „Er [gemeint ist J. H. CAMPE] hatte sein ganzes Leben lang nur für Kinder geschrieben; ich dagegen gar nichts für Kinder, ja nicht einmal für große Kinder von zwanzig Jahren" (Bd. III). G. mag sich hier gegenüber CAMPE überspitzt distanziert haben, schwerlich aber werden sich mit Ausnahme etwa von Stammbuchversen spezifische kinder- und jugendliterarische Absichten bei G. entdecken lassen. Das gilt bezeichnenderweise schon für solche Beispiele, die in einen Kanon kinder- und jugendtümlicher Texte eingegangen sind. Das „Heidenröslein" steht, abgesehen von der nur losen Verfasserschaft, im engsten Zusammenhang mit HERDERS Volksliedsammlung und wird nur von ihm als „ein älteres deutsches Lied für Kinder" bezeichnet; es gewinnt ja auch durch die leichte Veränderung in der dritten Strophe den bekannten biographischen Bezug auf das Sesenheimer Ereignis. „Die wandelnde Glocke", zuerst „Die wackelnde Glocke" genannt, verdankt ihre Entstehung einer offenbar amüsanten Gelegenheit in Teplitz (Mai 1813): G. greift einen Scherz auf, den sich F. W. RIEMER und Sohn August mit einem Knaben geleistet haben zu scheinen (vgl. JA 1, S. 344). „Gefunden" ist bekanntlich eine Huldigung an Christiane nach 25 Jahren (1813); „Der getreue Eckart" wiederum eine „Reisegelegenheit", gedichtet in Eckartsberga am 17. 4. 1813. Das „Hochzeitslied" gehört zu den

Geselligkeitsliedern und sollte vermutlich der Unterhaltung einer geselligen Vereinigung von Erwachsenen dienen (vgl. JA 1, S. 340). Ihnen reihen sich etliche der unter die Gruppe „Parabolisch und Epigrammatisch" geordneten Spruchgedichte dicht an; sie treffen in ihrem schlichten, dabei scherzend pointierten, manchmal etwas aufklärerisch lehrhaften Ton durchaus noch kindgemäße Sprache, reden Kinder sogar gelegentlich direkt an (in „Erklärung einer antiken Gemme": „Quiriten" [Lateinschüler], „Ihr Kinder"), doch kennen sie Kinder gleichwohl nicht ausdrücklich als Adressaten: etwa so reizend einfache Verse wie „Zu der Apfelverkäuferin/kamen Kinder gelaufen ..." (Nr. 14) sendet G. 1820 als „Prosit vom gestrigen Jahrmarkt. Parabel" an K. F. ZELTER (JA 2, S. 314). Für ein Kinderballett vorgesehen war allerdings nach einer Mitteilung RIEMERS das Lied „Der Rattenfänger".

Die Rolle des Vermittlers für G.s Werk an die Jugend hat im wesentlichen die Schule übernommen. Eine in der Zeitschrift DU veröffentlichte statistische Erhebung (als Beilage zu H. 3. 1965) weist G. als den in der gymnasialen Oberstufe in Hessen am meisten gelesenen Autor aus. In dem Gesamtregister des DU für die Jahrgänge 1—15 (1947 bis 1963) hielt G. unter den Autoren ebenfalls die Spitze. Ein Echo der Schüler auf dieses massive G.-Angebot durch Lehrpläne und Lehrende ist allerdings schwer aufzunehmen, und man hat sich bisher auch nur gelegentlich darum bemüht. M. GUMP unternahm eine einschlägige Untersuchung („G. an der höheren Schule im Deutschl. der Nachkriegszeit", German Quarterly, XXXIV, Jan. 1961). Das zugrundeliegende Material aus den Jahren 1956/57 ließ den Schluß zu, daß die Rolle G.s an der höheren Schule sich ausgeweitet hatte, daß darüber hinaus auch ein Einfluß auf die Privatlektüre zu verzeichnen war.

Schon zu G.s Lebzeiten sind Texte von ihm in die Literatur für Erziehung und Unterricht eingegangen, etwa in den „Lebensspiegel für die Jugend" (Berlin 1823), ein Lesebuch, das, wie es im Vorwort heißt, „nicht Sprachbildung alleine, sondern in gleichem, ja weit höherem Maße die Bildung und Richtung des Sinnes nach einem zeitgenössischen ernsten Ziel beabsichtigt". Das um sittliche Erziehung bemühte „Bildungsbuch für Deutschlands Töchter" des Wiener Ministerialrats J. GLATZ (1776—1831) bringt in einem Anhang („Einiges aus Rosaliens Poetischem Blumenkranz") die Gedichte „Das Göttliche" und „Das Blümlein Wunderschön". A. STIFTERS „Lesebuch zur Förderung humaner Bildung" (zus. mit J. APRENT 1854 hrsg., amtl. jedoch nicht eingeführt), für welches, so schreibt STIFTER an A. I. v. KRIEGSAU, „das beste für die Jugend geeignete Geistesgut ausgewählt" wurde, enthält allein zu 18 % Texte von G. Sein Weg in die Schule wird auch noch anders markiert: 1841 spricht A. DIESTERWEG über „G. als Vorbild für Lehrer".

Auffällig, jedoch bezeichnend an STIFTERS, übrigens 1947 in Bayern noch einmal herausgegebenen „Lesebuch zur Förderung humaner Bildung" von 1854, ist die Betonung G.scher Prosa (sie deckt 24 % aller Prosaseiten); es besitzt damit eine Tendenz, die heute wieder, und zwar zunehmend, zu beobachten ist, etwa im neuen Oberschullesebuch des Klett Verlages (1967/68): die Bände für die Unter- und Mittelstufe bringen weniger Gedichte, statt dessen außer Stellen aus „D. u. W." noch zwei Proben aus der „Italienischen Reise" und eine aus „Werthers Leiden". Der Schwerpunkt in der Rezeption G.schen Dichtens und Denkens aber lag und liegt, soweit vor allem die Berücksichtigung des jungen Lesealters maßgebend ist, bei der Lyrik, besonders der volksliednahen, ganz entschieden bei den Balladen und bei den einfachen Sprüchen. Das von TH. MANN aus seiner Schulerinnerung so berühmte „Deutsche Lesebuch" stellt in seinem Schriftstellerverzeichnis G. in erster Linie als „größten deutschen Lyriker" vor (Tertia-/Untersekunda-Bd., [29]1903). Bei allem Wandel des Geschmacks, auch des G.bildes, sind einige lyrische Texte für Lesebücher unterer Schulstufen nahezu kanonisch geworden und als kindertümlich festgehalten, z. B. „Legende", „Hochzeitslied", „Gefunden" und die bekannten Balladen. „Die wandelnde Glocke" wird man jedoch heute kaum noch finden.

H. WOLGAST hat Anfang dieses Jh.s Gedichte G.s in seine Ganzschriftensammlung „Quellen" aufgenommen, vermutlich der erste Versuch, den Lyriker G. in einem die Möglichkeit des Lesebuchs übersteigenden Sinne zum Klassenlesestoff zu erheben. Dem reiferen Jugendlichen begegnet der Lyriker G., wenn er nicht zu einer Werkausgabe greift, nach wie vor in Anthologien, die ja auch in die Schule längst Eingang gefunden haben; als berühmtestes Beispiel mag hier der „Echtermeyer" genannt sein, dessen erste Auflage (1836) bereits Gedichte G.s enthielt; mit mehr als einem halben Hundert Titel überragt G. inzwischen seit vielen Auflagen bis in das 585. Tausend (1962) alle anderen Dichter um wenigstens das Doppelte, obgleich ein Wandel in der Auswahl ebenso zum Stil dieser Sammlung gehört wie die Bereitschaft, der jeweiligen Gegenwartsdichtung einen angemessenen Platz einzuräumen.

Den „jugendfernen" G. gerade auch den jüngeren Lesern wenigstens vorzustellen, dazu sind auch außerhalb der Schullesebücher mit ihrer bekannten Auswahl von Abschnitten aus „D. u. W." Versuche gemacht worden. Einige wenige Beispiele können hier nur stehen: Die Nr. 36 des Berliner Kinder-Wochenblatts von 1835 bringt einen Aufsatz biographischen Charakters („Der Hof in Göthe's väterlichem Hause"); im „Deutschen Jugendalmanach" von 1844 befinden sich ein Bild G.s und eine Beschreibung seines Wirkens; der Band 3 aus F. SCHMIDTS Jugendbibliothek („G.s Jugend- und Jünglingsjahre") lag 1882 in dritter Aufl. vor;

die Kinderbeilage zu Cl. Zetkins Frauenzeitschrift „Die Gleichheit" (Nr. 9/1906) enthält einen Spruch G.s. In der „Geschichte der deutschen Jugendliteratur" von A. Merget (³1882) wird G. allerdings nicht erwähnt. Das Jubiläumsjahr 1949 schließlich brachte Veröffentlichungen wie die von H. M. Lux: „Der Geheimbde Rat und die Kinder, eine Erzählung um G. und eine Auswahl seiner Gedichte" und A. Bäumer (d. i. A. Stützer): „G. für Jungen und Mädchen", eine anspruchsvolle Sammlung, die zeigt, daß schwerlich ein Band „für die jungen Menschenkinder" aus dem Werk G.s zusammengestellt werden kann. Den Versuch, G. Kindern zu vermitteln, zeigen auch Illustrationen zu einigen Gedichten, darunter vor allem „Der Zauberlehrling" mit Bildern von R. Seewald (1964). Dem reiferen Jugendlichen wird in der Schule längst ein Kanon G.scher Dramen geboten: „Götz von Berlichingen", „Egmont" (auch in der Oberstufe der Volksschule), „Tasso", vor allem aber „Iphigenie" und „Faust" (der zweite Teil jedoch immer noch nur in einer Auswahl). Gerade mit den beiden letzten Dramen, ihrem „humanistischen" Gehalt, rückt nun G.s „Weltanschauung" in die pädagogische Situation ein und G. wird, etwa neben Schiller, zum Problem des im weitesten Sinne „Klassischen" überhaupt, nachdem sich in den letzten beiden Jahrzehnten das „moderne" Theater einen breiten Raum im Unterricht erobert hat. Die an den Universitäten seit dem Zweiten Weltkrieg verstärkt geübte und inzwischen reich veröffentlichte Werkinterpretation und eine aus der Katastrophe von 1945 datierende weltanschauliche Entlastung haben allgemein distanzierend gewirkt, dabei dem Künstlerischen seinen bildenden Lebensraum in der Schule geöffnet: Faust ist nicht mehr der „deutsche Mythos" des „immerstrebenden Tatmenschen", „Blut" nicht mehr „ein ganz besondrer Saft" im Sinne eines biologischen Monismus (z. B. als Thema eines Abituraufsatzes), das „Auf freiem Grund mit freiem Volke stehn" nicht mehr „Kernspruch" eines nordisch-germanischen Edelbauerntums. Es ist inzwischen legitim geworden, Abiturienten nach der dramatischen Funktion der lyrischen Aussagen Gretchens zu fragen oder sie zu kritischen Stellungnahmen gegenüber einer schulischen Beschäftigung mit dem „Faust" herauszufordern (beides Prüfungsaufgaben). Unter den 75 meistbehandelten Schriften der gymnasialen Oberstufe stand der „Faust" 1961/62 in Hessen an erster Stelle, an vierter nach Schillers „Wallenstein" und Lessings „Nathan" folgte „Iphigenie". Daß die Titelheldin einmal „eine nordische Frauengestalt in großem Stil" darstellen mußte, wie es ein Hdb. f. d. Deutschunterricht 1938 empfahl, mag als eine groteske Verirrung am Rande erwähnt sein. Heute geht es letztlich um die Frage, ob Bildung an „klassischen" Werken überhaupt noch sinnvoll oder eine verhängnisvolle Selbsttäuschung ist.

So ist „Hermann und Dorothea" gleichfalls nicht mehr „das große idyllische Epos der Deutschen". Wolgast hatte dieses Epos seinerzeit in die Sammlung „Quellen" aufgenommen und es damit dem Grundbestand später Volksschullektüre eingefügt, auch waren wenigstens Auszüge „der schönsten Stellen" bis vor kurzem noch selbstverständlich, sollte die Stilisierung Dorotheas zum „Urbild des im klassischen Sinne harmonischen Menschen" (R. Ulshöfer) den Jugendlichen ins Geordnete verweisen. Daß das Epos aus Lektürevorschlägen für die gymnasiale Oberstufe, wo es in den 50er Jahren noch einen festen Platz behauptete, verschwunden ist, macht eine umfassende, auf Wirkungsforschung gestützte literaturpädagogische Erörterung keinesfalls überflüssig. Ein Schattendasein führte und führt das andere Epos: G.s Um- und Nachdichtung des „Reineke Fuchs"; besonders bekannt unter den auch von Jugendlichen rezipierten Ausgaben wurde die von W. Kaulbach illustrierte (1857). Darüber hinaus gab es auch eigens für die Jugend bearbeitete Ausgaben wie z. B. die von G. Mensch mit acht Originalbildern nach Aquarellen von H. Leutemann (1874) oder die von H. Fraungruber mit den Illustrationen K. Fahringers (1902). Die Bilderbuchausgabe von Janosch als jüngerer Versuch (1963) fand allerdings abwertende Kritik (in: „Jugendliteratur" 9/1963).

Unter den Romanen scheinen „Die Leiden des jungen Werthers" ihre Rolle verbindlicher Schullektüre inzwischen einzubüßen. Diese epochale Dichtung, für die „Jünglinge" um 1770 „Medium des Selbstverständnisses" und „Verstärker ihres dem herrschenden Zeitgeist entgegengesetzten Lebensgefühls" (H. H. Much: Jugend und Zeitgeist, 1962, S. 81), 1776 im Wiener Katalog verbotener Bücher, nach E. Chr. Trapp (1780) von Schülern „heimlich" gelesen (Much, S. 82), „dem weitaus größeren Teil der heutigen Jugend" nahezubringen, „gilt als schwierig" (R. Roche im DU 17. 3, 1965, S. 106). Roche zitiert F. Schnass (Die Einzelschrift im Deutschunterricht, Bd. 2, 1955, S. 178): „Oberprimaner machen sich einen Spaß daraus, die vielen Tränen und das häufige Herz zu zählen". Vor dem Hintergrund verbindlich gemachter Lektüre allerdings wurden die „Leiden des jungen Werthers" 1961/62 noch 63 % aller Oberschüler in Hessen bekannt; das Werk stand an der Spitze aller in der Oberstufe gelesenen Prosa. Jüngere Richtlinien jedoch (Nordrhein-Westf., Bayern, Niedersachsen) führen es nicht mehr unter der Pflichtlektüre an. Das Feld dichterischer Prosa hat sich in der Schule erweitert: neben das geniale Jugendwerk treten neuerdings, wenn auch zögernd, „Die Wahlverwandtschaften" und machen gelegentlich schon dem „Wilhelm Meister" Konkurrenz, dem Werk, das in einer beliebten Reihe deutscher Bildungsromane auch in der Schule zu beinahe „kanonischer" Bedeutung gelangt war. Darüber hinaus werden in den Nieders. Richtlinien (1965) auch die

„Novelle“ und die „Unterhaltungen deutscher Ausgewanderten“ als verbindlich genannt. Von außerdichterischer Prosa sind neben gelegentlichen Auszügen aus Briefen, Tagebüchern und Gesprächen etwa „Von deutscher Baukunst“, „Rede zum Schäkespears-Tag“ oder „Über den Granit“ traditioneller Lesebuchbestand. *Harald Riebe*

Golozubov, Vladimir

*Russischer Grafiker, Kinderbuchillustrator; * 29. 9. 1925 Kiew.*

G. wuchs in Kiew auf. Ab 1943 nahm er als Kriegsfreiwilliger am Zweiten Weltkrieg teil. 1946 kehrte er nach Kiew zurück und verfolgte konsequent das Ziel, Künstler zu werden. G. besuchte verschiedene künstlerische Ausbildungsstätten und studierte von 1952 an Grafik bei I. Plešinskij. 1958 schloß er seine Studien mit dem Diplom ab, zu dem er als Diplomarbeit Illustrationen zu E. Bagrizkijs „Duma pro Opanasa“ vorlegte. Für den Verlag „Veselka“ in Kiew arbeitete G. dann an Illustrationen für Kinderbücher. 1971 wurde das von ihm gestaltete Bilderbuch „Dva petuška“ (1970) im Rahmen der BIB mit dem Goldenen Apfel ausgezeichnet.

Werk, Tendenzen, Wirkung. In seinen ersten Arbeiten für Kinder versuchte G. das Problem zu lösen, die Illustration nicht zu verselbständigen. Mitte der 60er Jahre hatte er seinen eigenen Bilderbuchstil entwickelt. Charakteristisch für ihn ist die sorgfältige Einbeziehung jedes Buchdetails (selbst des Impressums) in die grafische Ausgestaltung. Die einzelne Bildseite ist, ähnlich einem Wandbehang, als Gesamttableau entworfen, dessen äußerer Rahmen durch übergreifende — häufig dekorative — Bildelemente überschritten wird. Die agierenden Figuren und deren Szenarium hebt G. in einer reliefartigen Plastizität vom Hintergrund ab. Die Größenrelationen des Abgebildeten werden der Bedeutung entsprechend verschoben. Durch raffinierte Raumaufteilung (z. B. steht oftmals das vom Text Akzentuierte vergrößert im Hintergrund, während der Vordergrund von lebhafter Aktion erfüllt ist) erreicht G. in seinen Bildern starke Spannung. Das erste Buch dieser Art war „Sorokabeloboka“ (1968 entstanden, 1970 gedruckt; Die Elster mit den weißen Seiten). Die abgebildeten Tierfiguren sind in Dimension und Form in Richtung einer dezenten Anthropomorphisierung verschoben. Bereits hier, aber noch ausgeprägter in „Dva petuška“ (1970, Die zwei Hähnchen) und „Ja tebja, volčen'ka, ne bojus'“ (1971, Ich fürchte dich Wölflein nicht), beides Bilderbücher nach ukrainischen Volksliedern, arbeitet G. mit einer Vielzahl folkloristischer Elemente, die an Bauernmalerei erinnern. Sie treten als prägender Bestandteil der Stileinheit auf, sind aber auch nach dekorativen Gesichtspunkten verselbständigt ins Bildganze eingesetzt. G. hat damit für die aus dem Bereich des Volksgutes kommenden Stoffe, die er bevorzugt, integriert-moderne Ausdrucksformen gefunden. *Gerlinde Rabenstein*

Ill.: Medved' — muzykant. Karel'skaja narodnaja skazka (1964); Jarty-Gulok. Turkmenskaja narodnaja skazka (1966); B. Šinkuba: Chrabryj kozlenok (1967); Sorokabeloboka (1970); Dva petuška. Ukrainskaja narodnaja pesenka (1970); Ja tebja, volčen'ka, ne bojus'! Ukrainskie narodnye pesenki (1971); M. Voronoj: Snežinki (1971); P. Voron'ko: Snežinki (1971).

Sekundärliteratur: A. Zavarova: Chudožnik Golozubov (in: Detskaja literatura. 2. 1972. 79—81).

Gording, Peter

*(d. i. Helmut Schultz). Kapitän, Autor maritimer Jugendbücher; * 27. 10. 1909 Lehe.*

G. verbrachte seine Jugend in Lehe bei Bremerhaven. Als Schiffsjunge fuhr er auf einem kleinen Schoner, als Matrose auf einem Fünfmaster, auf Tankern und großen Passagierschiffen, auch auf einem amerikanischen Langleinenfischer, als Bestmann auf Nordseeschollenkuttern und als Steuermann und Funker auf einem Trawler. G. befuhr alle Weltmeere, stieg zum nautischen Offizier und zum zweiten Offizier eines Fischereiforschungsschiffes, schließlich zum Kapitän eines Hafenschleppers auf. Zeitweilig war G. auch Kapitän einer amerikanischen Hochseejacht. Heute lebt er als Kapitän i. R. in Bremen.

Werk, Tendenzen, Wirkung. Erlebnis-, Abenteuer- und Sachbücher sind Belege für die genaue Kenntnis, die G. von den verschiedenartigsten Lebens- und Arbeitsbereichen der Seefahrt besitzt. Thematisch skizzieren seine Bücher den Übergang von der harten, romantisch umwehten Segelschiffahrt zum modernen, technisierten Seeverkehr mit seinen erhöhten Anforderungen an den Sachverstand und die Verantwortung des einzelnen.
G.s Gestalten aus dem Seemannsleben sind differenziert charakterisiert. Er vermag es, historisch zurückliegende Etappen der Seefahrt abwechslungsreich zu schildern. Auch komplizierte technische Vorgänge und Prozesse in der gegenwärtigen Küsten- und Hochseeschiffahrt vermittelt er jungen Lesern anschaulich und erzählerisch interessant, mit modernen Berufsbildern verknüpft.
Horst Künnemann

Werke: Die nasse Hölle von Alaska und Kap Hoorn (1958); Wettrennen um Kap Hoorn (1959); Die grausige See (1962); Der schwimmende Sarg (1962); Schiff ohne Hoffnung (1962); Erbarmungslose See (1964); Kurs Goldland Alaska (1964); Trawler vor Grönland (1964); Entfesselter Atlantik, verwegene Kapitäne (1965); Wir segeln dem Teufel die Hörner ab (1965). *IJB*

Gor'kij, Maksim

*(d. i. Aleksej Maksimovič Peškow). Russischer Schriftsteller, Literaturtheoretiker (einschl. Kinderliteratur); * 28. 3. 1868 Nischnij Nowgorod (seit 1932 Gorkij), † 18. 6. 1936 Moskau.*

G. wuchs in ärmlichen Verhältnissen auf. Nach dem Tod seines Vaters (1871) lebte er bei seinen Großeltern, besuchte von 1877 an für zwei Jahre die Schule, war aber bereits mit elf Jahren nach dem Tod der Mutter (1879) darauf angewiesen, seinen Lebensunterhalt selbst zu verdienen. Er arbeitete u. a. als Laufjunge, Geschirrwäscher auf Wolgadampfern, Lehrling in einer Werkstatt für Ikonenmalerei und nach seiner Übersiedlung nach Kasan (1884) als Gelegenheitsarbeiter im Hafen, in Fabriken, als Gärtner und Hausknecht. In Kasan begann G.s Kontakt zu revolutionär gesinnten Kreisen und illegalen Bildungszirkeln. 1891/92 wanderte er durch das Wolgagebiet, die Ukraine, durch Bessarabien bis Odessa, die Krim bis nach Tiflis. Lektürestudien, Kontakte mit vielen Menschen, das Erleben von Klassengegensätzen und sozialer Ungerechtigkeit waren Basis seiner autodidaktischen Weiterbildung und Motivation zu schriftstellerischer Tätigkeit, mit der er in Tiflis begann. Ihren direkten literarischen Niederschlag fanden seine Erfahrungen später in den autobiografischen Werken „Detstvo" (1913; dt. „Meine Kindheit" 1917), „V ljudjach (1916; dt. „Unter fremden Menschen", 1918) und „Moi universitety" (1923; dt. „Meine Universitäten", 1937). Seiner ersten Erzählung „Makar Čudra" (1892; dt. „Makar Tschudra", 1924), die in der Tifliser Zeitung „Kavkaz" unter erstmaliger Verwendung seines Pseudonyms abgedruckt war, folgten weitere Publikationen in Zeitungen; als Redakteur der „Samarskaja gazeta" (1895) trat G. in gesellschaftskritischen Feuilletons u. a. für eine bessere Ausbildung der Kinder ein, indem er sich scharf gegen Platzmangel an Schulen, minderwertige Lehrbücher und veraltete Lehrmethoden wandte (z. B. 1895, Nr. 201 u. 203). 1898 befaßte er sich mit dem Aufbau einer Hilfsorganisation für Schulen, denen es an Bibliotheken und Anschauungsmaterial mangelte. Mit einer Sammlung von Skizzen und Erzählungen („Rasskazy i očerki", 1898) wurde G. auch in Westeuropa bekannt; unter den zahlreichen Übersetzungen seiner folgenden Werke erwies sich besonders „Na dne" (1902; dt. „Nachtasyl", 1903) als großer Erfolg. 1902 übernahm G. mit K. P. Pjatnickij die Leitung des Buchverlags der Gesellschaft „Znanie", in dem von 1904 an seine Werke herausgegeben wurden. 1905 wurde G. wegen Vorbereitung revolutionärer Aktivitäten verhaftet, auf weltweiten Protest hin jedoch wieder freigelassen. Wenige Monate nach seinem Eintritt in die Partei der Bolschewiki lernte er W. I. Lenin kennen, reiste 1906 im Auftrag der Partei illegal in die USA und siedelte sich dann bis zum Erlaß einer Amnestie (1913) auf Capri an. Nach seiner Rückkehr widmete er sich neben seinen journalistischen Arbeiten (u. a. Mitarbeiter an der „Prawda" u. „Zvezda" und Gründer der „Letopis'") und dem literarischen Schaffen für Erwachsene verstärkt der Aktivierung von Kinderliteratur. So versuchte er auf die Gestaltung von Verlagsplänen Einfluß zu nehmen, Autoren für Kinderliteratur zu interessieren und in ihrem Schaffen zu fördern (Schriftwechsel mit S. Maršak, W. Bianki, B. Žitkov, N. Tichonov, K. Čukovskij, A. Makarenko), in Briefwechsel mit Kindern Meinungen zu eruieren und zu prägen und schriftstellernde Kinder und -kollektive zu unterstützen. Ab 1915 plante er eine Biografienserie; zur gleichen Zeit arbeitete er an der Konzeption eines 12bändigen Werkes, das Texte der neuen Kinderliteratur umfassen sollte und dessen einziger Band 1918 erschien (‚Der Tannenbaum', enthalten sind u. a. zwei Märchen G.s: „Der Samowar" und „Vom dummen Iwanuschka"). 1919/20 erschien unter G.s Vorsitz die von einem Redaktionskollektiv erstellte erste sowjetische Kinderzeitschrift „Severnoe sijanie" (Das Nordlicht). Von 1921 an lebte G. bis 1928 wieder im Ausland (Deutschland, Tchechoslowakei, ab 1924 Sorrent). In Berlien erschienen 1922/23 erstmalig seine gesammelten Werke in 22 Bänden in russischer Sprache, 1926/30 folgte im Malik-Verlag die bis dahin umfangreichste deutsche Gesamtausgabe in 17 Bänden. 1933 wurde auf G.s Initiative hin der staatliche Kinderbuchverlag

Maksim Gor'kij (1868—1936)

„Detgiz" gegründet. 1934 leitete er den ersten Allunionskongreß der Sowjetschriftsteller, der sich auch mit Fragen der Kinderliteratur befaßte, und wurde zum Vorsitzenden des sowjetischen Schriftstellerverbandes gewählt.

Werk, Tendenzen, Wirkung. Für die Entwicklung und Verbreitung einer sozialistischen Kinderliteratur hat G. wichtige Impulse und Ideen geliefert. Er hat in eigenen praktischen Versuchen, in Anregungen und Verlagsprogrammen sowie in zahlreichen theoretischen Aufsätzen, Briefen und Aufrufen einer eigenständigen, proletarischen Kinderliteratur den Weg gewiesen. Viele seiner theoretischen Ausführungen sind Repliken auf vulgärsoziologische Richtungen der sowjetischen Kinderliteratur und -theorie. „Unsere Kinderbücher dürfen nicht lehrhaft, nicht grob tendenziös sein. Sie sollen in der Bildersprache reden, Kunstwerke sein" („Literatur für die Kinder", in: „Über Kinderliteratur", 1953, S. 124). *Eine wichtige Funktion der sozialistischen Kinderliteratur sah er in der Förderung der Fantasie.* Fiktionen aus der Kinderliteratur zu verbannen, hieße, eine schöpferische Eigenschaft in den Kindern zu ersticken. So sieht er den Wert der Märchen vor allem in ihrem fantastischen Gehalt, der einen schöpferischen Entwurf in die Zukunft bietet, den es durch Tatkraft zu realisieren gelte (Vgl.: G.: „Noch ein Wort über Bildung", 1928, in: „Über Kinderliteratur", 1953). Die Entwicklung der Gesellschaft macht allerdings neue Märchen notwendig: „Ich bin nicht gegen die heroische Phantastik der alten Märchen, aber ich bin dafür, daß neue Märchen geschaffen werden, die den Menschen aus einem widerwilligen ungelernten Arbeiter oder einem gleichgültigen Fabrikarbeiter umerziehen zu einem freien und aktiven Schöpfer einer neuen Kultur" (ebenda S. 95). In Ablehnung der bürgerlichen sentimentalen Kinderliteratur schreibt G. *dem Humor eine tragende Rolle zu.* Um sozialen Lastern das Verführerische zu nehmen, müssen sie „in leichter satirischer Form als widerliche und lächerliche Verunstaltungen gezeigt werden" (ebenda S. 103), wobei heiterer Behandlung ernster Themen wiederum die Funktion zukommt, Fantasie und Intuition zu wecken (ebenda S. 108).
Der geringe Erfolg seiner permanenten Aktivitäten, für den er mangelnde Einsicht in die Auswirkungen von Kinderliteratur auf die sozialistische Erziehung verantwortlich macht, läßt ihn 1933 den Spezialkinderbuchverlag „Detgiz" fordern, der die Aufgabe haben soll, eine geschmackvolle und sorgfältige Auswahl der wertvollsten Bücher aus der sowjetischen und der Weltliteratur — der Kinderliteratur wie der allgemeinen — zu publizieren und Schriftsteller, Wissenschaftler und Künstler gemeinsam zur Arbeit am Kinderbuch heranzuziehen. Großes Gewicht legte G. dabei auf die Entwicklung von Büchern, die wissenschaftliche Erkenntnisse vermitteln, indem sie nicht fertige Ergebnisse darstellen, sondern den Leser mit in den Forschungsvorgang einbeziehen. Zur Sondierung der Interessen der Kinder regte G. in der „Pionerskaja Pravda" eine Umfrage bei Kindern an, die in über 2000 Zuschriften beantwortet wurde.
G.s Verhältnis zu Kindern zeichnet sich schon in den Kindergestalten einiger vor der Jahrhundertwende entstandener Erzählungen ab: „Niščenka" (1893; dt. Die kleine Bettlerin), „Vstrjaska" (1898; dt. Der Denkzettel) und „Ded Archip i Lenka" (1894; dt. Großvater Archip und Ljonka) zeigen Kinder, die sich mit der feindlichen Umwelt auseinandersetzen und im Rahmen der ihnen gegebenen Möglichkeiten um ihre Existenz kämpfen. „O mal'čike i devočke . . ." (1894; dt. Von einem Knaben und einem Mädchen, die nicht erfroren sind) erzählt als Polemik gegen das traditionelle Genre der sentimentalen Weihnachtsgeschichten von zwei Bettelkindern, die sich von ihrem erbettelten Geld selbst eine Weihnachtsfreude bereiten. G.s spezielle kinderliterarische Versuche beschränken sich auf wenige Märchen und Erzählungen wie z. B. „Jaška", ein Kindermärchen mit antireligiösem Gehalt, abgedruckt 1919 in „Severnoe sijanie", „Pudik" (Der kleine Spatz, erstmals in der Märchensammlung „Golubaja knižka" 1912 veröffentlicht, 1917 als Einzelausgabe im „Parus"-Verlag) oder „Slučaj s Evsejkoj" (Erstveröffentlichung in der Beilage zur Zeitung „Denj" 1912; 1919 in der „Severnoe sijanie"). G.-Ausgaben für Kinder enthalten häufig Texte, die ursprünglich nicht für Kinder gedacht waren, so wählte G. selbst 1919 für den Band „Kinder" aus seinen „Skazki ob Italii" (Italienische Märchen) Märchen aus, die er für junge Leser geeignet fand (Der Tunnel, Der Streik, Pepe, Die Blume). Dabei lehnte er Umarbeitungen und Kürzungen ab; den gleichen Grundsatz vertrat er bei der Redigierung einer Neuübersetzung von A. FRANCES „Abeille" (Das Bienchen) ins Russische (1919). G. setzte sich aktiv mit Kindertheater auseinander, bearbeitete das Gedicht „Vom Froschmäusekrieg" für die Bühne, leitete die Proben selbst und brachte einige Male B. GLAGOLINS Stück „Tom Sawyer" nach M. TWAINS Erzählung zur Aufführung.
Intensiv waren G.s Bemühungen, in Verlagen die Arbeit auf dem Gebiet der Kinderliteratur zu aktivieren. 1915/17 plante er, in dem von ihm gegründeten Verlag „Parus" eine Biografienserie herauszubringen, zu der R. ROLLAND den Beitrag über Beethoven, H. G. WELLS über Edison, FR. NANSEN über Kolumbus, K. A. TIMIRJAZEV über Darwin schreiben sollten. Er selbst wollte das Buch über Garibaldi übernehmen. Später sollte der Verlag „Parus" sich akzentuiert der Auswahl und Herausgabe der besten für Kinder und Jugendliche geeigneten Literatur aus der Zeit vor der Revolution widmen, während die erste sowjetische Kinderzeitschrift „Severnoe sijanie", die nur zwei Jahre lang erscheinen konnte, als flexibleres Medium die neu-

este Literatur vermitteln sollte. Dem Verlag „Russkaja Literatura" schrieb G. in einem Memorandum vom 19. 12. 1918 („Über die Herausgabe der russischen schöngeistigen Literatur", in: „Über Kinderliteratur", 1953) die Aufgabe zu, der Arbeitsschule die von ihr benötigten Lehrbücher zur russischen Literatur zu liefern, dem Verlag „Wsemirnaja Literatura" die Aufgabe, Werke der Klassiker herauszugeben, die jeweils Biografie und Porträt des Autors sowie kritische Aufsätze mit kurzer Darstellung der historischen Bedeutung enthalten sollten. Als Mitglied des Redaktionskollegiums des Gržebin-Verlages (1920/21) war G. an der Erstellung des Projektplanes der Kinderbuchabteilung beteiligt, der dem Entwurf verwandt war, den er bereits vor der Revolution bei „Znane" für die Herausgabe von Kinderliteratur erarbeitet hatte. Zu den Autoren, deren Werk er mit kritischen Ratschlägen in ausgedehnten Briefwechseln verfolgte und unterstützte, gehörte auch A. S. Makarenko, dessen pädagogische Prinzipien er bejahte und dem er bei der Arbeit an „Pedagogičeskaja poema" (1933ff.; dt. Der Weg ins Leben, 1949) mit Anregungen zur Seite stand. Sehr ernsthaft widmete sich G. der Korrespondenz mit Kindern. Das Buch „Das Lager der Stupsnasen", der von ihm unterstützten Irkutsker Pioniere, regte weitere Kinderkollektive zum Schreiben an; unter dem Titel „Včera i segodnja" (1933, Gestern und heute) erschien mit einem Vorwort G.s der von ihm redigierte Almanach mit Beiträgen ehemals verwahrloster Jugendlicher.

Gesammelte Beiträge G.s finden sich unter dem Titel „M. G.: Über Kinderliteratur", Berlin 1953, Verlag Neues Leben. Eine revidierte und geänderte Fassung dieses Buches erschien 1968 im Kinderbuchverlag, Berlin, herausgegeben und kommentiert von N. Ludwig. *Horst Künnemann*

Werke: Makar Čudra (in: Kavkaz. 242. v. 12./24. 9. 1892; dt. Makar Tschudra, in: Aus fremden Zungen. 3. 1901. 130—135); Niščenka (in: Vol'gar. 259. v. 31. 10. 1893; dt. Die kleine Bettlerin, in: Erzählungen. Bd. 1. 1953. 133—149); O mal'čike i devočke ... (in: Nižegerodskoj listok. 349. v. 25. 12. 1894; dt. Von einem Knaben und einem Mädchen, die nicht erfroren sind, in: Erzählungen. Bd. 1. 1953. 473—481); Ded Archip i Lenka (in: Vol'gar. 35, 37, 39, 41, 43 v. 13., 16., 18., 20., 23. 2. 1894; dt. Großvater Archip und Ljonka, in: Aus fremden Zungen. 1. 1901. 26—36); Starucha Izergil' (in: Samarskaja gazeta. 80, 86, 89 v. 16., 23., 27. 4. 1895; dt. die Isergil, in: Wiener Rundschau. 11. 1900. 157—161 u. 13. 1900. 217—222); Pesnja o sokole (1895; dt. Das Lied vom Falken, in: Aus fremden Zungen. 7. 1900. 316—318); Vstrjaska (in: Nižegorodskoj listok. 237. v. 30. 8. 1898; dt. Der Denkzettel, in: Erzählungen. Bd. 3. 1954. 395 bis 402); Rasskazy i očerki (Bd. 1 u. 2. 1898); Čelovek (1903; dt. Der Mensch, in: Leipziger Volkszeitung. 161. v. 14. 7. 1904, Beilage); 9-oe janvarja (1907; dt. Der 9. Januar, 1926); Skazki ob Italii (1911—13; dt. Italienische Märchen, in: Märchen der Wirklichkeit, 1913); Slučaj s Evsejkoj (in: Denj. 82. 1912, Beilage; dt. Jewseka und sein Erlebnis, in: Vorwärts v. 25. 1. 1918, Unterhaltungsblatt); Vorob'iško (in: Golubaja knižka 1912; dt. Das Spätzlein, in: Iwanuschka der Narr. Das Spätzlein, 1952); Skazki destvitel'nosti (1912; dt. Märchen der Wirklichkeit, 1913); Detstvo (1913; dt. Meine Kindheit, in: Vossische Zeitung. 209—294. 1914, Beilage); V Ljudjach (1916; dt. Unter fremden Menschen, 1918); Devuška i smert (1917; dt. Das Mädchen und der Tod, in: Internationale Literatur. 1. 1938. 3—8); Pro Ivanuškaduračka (1918; dt. Vom dummen Iwanuschka. Das Spätzlein, 1952); Moi universitety (1923; dt. Wanderer in den Morgen, 1926; 1937 u. d. T. Meine Universitäten); Sobranie sočinenij (Bd. 1—28. 1923—28); Gesammelte Werke in Einzelausgaben (Bd. 1—17. 1926—30); Akad. Nauk (Hrsg.): Sobranie sočinenij (Bd. 1—30. 1949—55); N. B. Medvedeva (Hrsg.): Maksim Gor'kij o detskoj literature (1952; dt. Über Kinderliteratur, 1953); Erzählungen (Bd. 1—6. 1953—55); Akad. Nauk (Hrsg.): Sobranie sočinenij (Bd. 1—18. 1960—63); N. Ludwig (Hrsg.): Über Kinder und Kinderliteratur (1968).

Sekundärliteratur: D. S. Baluchatyl: Literaturnaja rabota Maksima Gor'kogo (1936; Nachtrag 1941). — E. Czikowsky: Maxim Gorkij in Deutschland (1968). — V. Desnickij: Maksim Gor'kij (1935); Maksim Gor'kij. Očerki, žizni i tvorčestva (1959). — H. Eich: Maxim Gorki, Dichter der Jugend? (in: JL. 9. 1962. 405—407). — N. Gourfinkel: Gorki par lui-même (1954; dt. Maxim Gorki in Selbstzeugnissen und Bilddokumenten, 1958). — I. Grusdev: Gor'kij. Biografija (1927; dt. Das Leben Gorkis, 1928). — F. Holtzmann: The younger M. Gorki 1868 bis 1902 (1949). — H. Künnemann: Maxim Gorki und die Geburt des sowjetischen Jugendbuches (in: JL. 9. 1962. 401—405). — N. Ludwig: Die grundlegenden Wesenszüge der sowjetischen Jugendliteratur — einer Literatur des sozialistischen Realismus (Diss. 1955); Maxim Gorki. Sein Leben und Werk (1968); Maxim Gorki und die Kinder (in: Maxim Gorki: Über Kinder und Kinderliteratur. 1968. 5—18). — G. Mayer: Der junge Gorki. 1868 bis 1904 (Diss. 1960). — N. B. Medvedeva: Gor'kij i detskaja literatura (1951). — B. Michajlovskij: Tvorčestvo Maksima Gor'kogo (1951). — A. Roskin: Maksim Gor'kij (1944; dt. Maxim Gorkij, 1947). — G. Schaumann: Maxim Gorki und die Kinderliteratur (in: Russischunterricht. 6. 1955. 242—249). — I. Weil: Gorky. His literary development and influence on Soviet intellectual life (1966).

Goscinny, René

*Französischer Texter, u. a. der Comic-Serie „Astérix"; * 14. 8. 1926 Paris.*

Mit dem 2jährigen René G. übersiedeln seine Eltern nach Buenos Aires. Dort verbringt er 17 Jahre seines Lebens. Am „Collège Français" in Buenos Aires schließt G. seine Studien mit dem Bakkalaureat-Examen ab. Nach einem kurzen Arbeitsaufenthalt in einer Kautschuk-Kocherei wird er als Zeichner bei einer Werbeagentur angestellt. 1945 zieht G. nach New York, arbeitet dort als Sekretär einer Exportfirma und kehrt 1946 nach Frankreich zurück. Dort leistet er seinen Militärdienst ab. Danach reist er wieder in die USA, arbeitet zuerst als Zeichner, dann als „Artdirector" in einem Kinderbuchverlag. Als dieser in Konkurs geht, fährt G. nach Frankreich zurück und arbeitet dort für eine französisch-belgische Presseagentur, für die er schon in New York als Korrespondent tätig war. G. gibt das Zeichnen zugunsten des Schreibens auf und verfaßt humoristische Artikel, Bücher und Texte für Comic-Strips.

Werk, Tendenzen. G. begegnet 1951 A. UDERZO und arbeitet mit ihm zusammen an den Comic-Serien „Oum-pah-pah-le peau rouge" und „Astérix le Gaulois". Daneben ist er Autor der Serie „Petit Nicolas" (mit J. J. SEMPÉ) und textet den Comic-Streifen „Lucky Luke" sowie die Comic-Serie „Les aventures du Calife Haroun el Poussah". Die Westernpersiflage „Lucky Luke" wurde seit 1947 von dem Belgier MORRIS (M. DE BEVÈRE) für die belgische Zeitschrift „Spirou" getextet und gezeichnet, bis G. das Texten übernahm. Ab 1968 erschien „Lucky Luke" in der französ. Comics-Zeitschrift „Pilote", die 1959 von G. mitbegründet worden war. „Pilote" ist auch das erste Verbreitungsorgan für „Asterix". *Wolfgang Kempkes*

→ Asterix, → Comics

Sekundärliteratur: G. Metken: Comics (1970).

Gotthelf, Jeremias

*(d. i. Albert Bitzius). Schweizer Pfarrer, Schriftsteller; * 4. 10. 1797 Murten, † 22. 10. 1854 Lützelflüh/Emmental.*

G. war Pfarrerssohn aus einer Berner Bürgerfamilie; nach dem Studium der Theologie in Bern und Göttingen wurde er Vikar in Utzenstorf, seit 1832 war er Pfarrer in Lützelflüh.

Werk, Tendenzen, Wirkung. Schon dem Studenten schwebte die Volkserziehung auf christlicher Grundlage nach dem Vorbild J. H. PESTALOZZIS als Aufgabe vor. In „Der Bauern-Spiegel oder Lebensgeschichte des J. G., von ihm selbst geschrieben" (1837), dem ersten europäischen Bauernroman, schilderte er realistisch die sozialen, politischen und sittlichen Zustände im Berner Bauerntum. Mit politischen Zeitromanen (Leiden und Freuden eines Schulmeisters, 1838 u. 39; Zeitgeist und Berner Geist, 1852) suchte er *reformkämpferisch* zu wirken. In seinen Meisterromanen und Erzählungen (u. a.: Wie Uli, der Knecht, glücklich ward, 1841; Geld und Geist, 1844; Die schwarze Spinne, in: Bilder und Sagen aus der Schweiz, 6 Bde., 1842 bis 1846) gehen die sozialkritische Tendenz und das ethisch-religiöse Anliegen ein in die epische Gestaltung, die sich zu überzeitlich gültiger Dichtung erhebt. Die Hauptfiguren, die G. aus der Vergangenheit und Gegenwart des bäuerlichen Emmentals nahm, waren und blieben großartig gestaltete Typen nicht nur von G.s engerer Heimat, sondern der Menschheit überhaupt. Auffallend ist G.s Beliebtheit auch bei nichtalemannischen Lesern trotz dem gar nicht leichten, oft unbekümmerten realistischen Überschreiten der Grenze zwischen Schriftsprache und Mundart.

Im eigentlichen Sinne nicht Jugendschriftsteller, beschäftigte sich G. jedoch auch mit Fragen der Jugendliteratur, schrieb eine Vorrede zur ersten Nummer der „Kinderzeitung", die 1841 in Bern erschien, und verfaßte, ermuntert von seinem Verleger J. SPRINGER (Brief vom 28. 8. 1843: „Nur wenigen ist diese klare, natürliche, ja ich möchte sagen wohltuende Darstellungs- und Schreibweise gegeben, wie sie in Ihren Werken sich gibt, und wie solche gerade in einer Jugendschrift am schönsten wirkt und am besten angewandt ist . . ."), eine „Geschichte für die Jugend": Im Oktober 1845 war „Der Knabe des Tell" im Manuskript fertig. Die 2. Aufl. von 1852 wurde von G. sorgfältig betreut. Die Erzählung, eine der ersten nennenswerten historischen Erzählungen für die Jugend mit dichterischer Gestaltungskraft, erscheint bis in die Gegenwart in immer neuen Auflagen, allen kritischen Vorbehalten zum Trotz. Mit dieser Schrift wollte G. „die Kinder vom NIERITZschen Brei erlösen und an kräftigere Kost setzen" (Brief an K. R. HAGENBACH vom 21. 12. 1845). In einer Bearbeitung von B. HÜRLIMANN (1965) wird der Text jüngeren Lesern zugänglich gemacht (Bilder von P. NUSSBAUMER). Auch andere Erzählungen von G. sind der Jugend zugänglich und erschienen seit Ende des 19. Jh.s auch in Deutschland in schul- und jugendgemäßen Ausgaben und Bearbeitungen; die lebensvolle Schilderung der Personen (darunter oft Kinder) und der Handlung läßt sie nicht veralten. In die stark moralisierende Jugendliteratur der Schweiz damaliger Zeit brachten diese Erzählungen *Ton und Farbe der Wirklichkeit bäuerlichen und handwerklichen Lebens auf dem Dorf.* Einige dieser Erzählungen sind: Barthli der Korber; Der Besenbinder von Rychiswil; Elsi, die seltsame Magd; Das Erdbeeri Mareili; Hans Berner und seine Söhne; Das arme Kätheli; Der Sonntag des Großvaters; Der letzte Thorberger; Das gelbe Vögelein und das arme Margrithli; Die Wege Gottes und der Menschen Gedanken; Wurst wider Wurst.

Hans Cornioley

→ Schweiz

Werke: Der letzte Thorberger (Bd. 1 u. 2. 1840 u. 41); Wie Uli, der Knecht, glücklich ward (1841); Die schwarze Spinne (1842); Bilder und Sagen aus der Schweiz (Bd. 1 bis 6. 1842—46); Elsi, die seltsame Magd (1843); Kurt von Koppigen (1844); Der Knabe des Tell (1846); Uli, der Pächter (1849); Erzählungen und Bilder aus dem Volksleben der Schweiz (Bd. 1—5. 1850—55); Sage vom Meyer auf der Mutte (1851); Der Besenbinder von Rychiswil (1852); Das Erdbeeri Mareili (1858); R. Hunziker u. H. Bloesch (Hrsg.): Sämtliche Werke (Bd. 1—24. 1911 bis 32); W. Muschg (Hrsg.): Werke (Bd. 1—20. 1948 bis 49); W. Juker (Hrsg.): Erzählungen und Kalendergeschichten (Bd. 1 u. 2. 1952).

Sekundärliteratur: H. Bausinger: Sitte und Brauch. Zu Jeremias Gotthelfs Erzählung Die schwarze Spinne (in:

DU. 2. 1962. 100—114). — O. v. Greyerz: Jeremias Gotthelf (1918, ^{2}1932). — W. Günther: Jeremias Gotthelf (1934, ^{2}1954); Neue Gotthelf-Studien (1958). — K. Guggisberg: Jeremias Gotthelf (1939). — E. Hagnauer: Gotthelf und seine Zeit (1931). — R. Huch: Jeremias Gotthelfs Weltanschauung (1917). — R. Hunziker: Jeremias Gotthelf (1927). — A. Ineichen: Die Weltanschauung Jeremias Gotthelfs (1920). — P. Mäder: Gotthelfs historische Novellistik und ihre Quellen (Diss. 1932). — C. Manuel: Albert Bitzius (1857, ^{2}1923). — G. Muret: Jeremias Gotthelf und seine Beziehungen zu Deutschland (1913). — W. Muschg: Gotthelf (1931; ND. 1967); Jeremias Gotthelf (1954, ^{2}1960). — E. Strübin: Gotthelf als Erzieher (1963). *IJB*

Grabiański, Janusz

*Grafiker, Illustrator; * 24. 7. 1929 Szatmotuly/ Polen, † 20. 10. 1976 Warschau.*

G., der seine erste künstlerische Förderung durch einen Onkel erhielt, studierte an Kunstakademien in Warschau und Krakau. Schon während seines Studiums wurde er als Illustrator bekannt. Danach widmete er sich vor allem der Illustration von Tiergeschichten, Märchen und klassischen Stoffen der Jugendliteratur. Unter seinen freien grafischen Arbeiten finden sich Entwürfe für Briefmarkenserien der polnischen Staatspost (1963 Hundeserie, 1964 Katzenserie). G. unternahm Reisen nach Australien, der Schweiz, Italien, Griechenland und 1966 in die USA. Unter den zahlreichen Auszeichnungen, die er erhielt, sind der polnische Staatspreis für sein Gesamtschaffen als Kinderbuchillustrator (1958) und die Goldmedaille für Kinderbuchillustrationen (Mailand 1960).

Werk, Tendenzen, Wirkung. In seinen Illustrationen bevorzugt G. einen pastellartigen, weichen Aquarellstil. Souverän setzt er impressionistische Mittel ein, um Atmosphäre und exotische Stimmung zu erzeugen. Das kommt sowohl seinen zahlreichen Tierbüchern als auch den in fremden Ländern oder fernen Zeiten spielenden Märchen zugute. Die Gefahr für G.s Kunst liegt darin, den einmal

Bruno Horst Bull: Katzen. Kinderreime. Bilder von Janusz Grabiánski (Wien, Heidelberg 1967). J. Grabiánski bevorzugt als Sujet Szenen mit Tieren. Er illustrierte aber auch Märchen und klassische Werke der Kinderliteratur. Seine farbenfrohen Aquarelle gewinnen häufig durch die Momentaufnahme eines Bewegungsablaufs innere Spannung und Ausdruckskraft.

gefundenen Stil in artistisch beherrschter Manier beizubehalten. Übersetzungen der von ihm illustrierten Märchen- und Tierbücher erschienen bis 1968 in 24 Sprachen, darunter ins Deutsche, Englische, Finnische, Hebräische und Japanische.

Horst Künnemann

Ill.: M. Konopnicka: Franek (1956, ^{5}1962; dt. Fränzchen, 1958); J. Wernerowa: Rudzia (1958, ^{2}1960; dt. Rotfellchen, 1958, ^{3}1961); S. Jachowicz: Chory kotek (1959, ^{2}1963; dt. Das kranke Kätzchen, 1961); B. Hayde (Hrsg.): Das große Buch für unsere Kleinen (1959); K. Iłłakowiczówna: Zwierzaki i zioła (1960; dt. Meine bunte Welt, 1964); C. Lewandowska: Bogatki z jabłoniowej dziupli (1960; dt. Federbällchen. Das Jahr der Meisen, 1965); Frohes Singen, frohes Klingen (1960); Das große Buch der Tiermärchen (1961); J. u. W. Grimm: Kinder- und Hausmärchen (1962); V. Kataev: Dudoczka i kuwszyncik (1963; dt. Wie Evchen Walderdbeeren suchte, 1965; Das Erdbeermännchen, 1966); Ueberreuter-Kinderkalender (1964 ff.); Alf laila wa-laila. Tausendundeine Nacht (1964); E. Leitgeb: Das Buch vom Osterhasen (1965); K. Recheis (Bearb.): Das große Fabelbuch (1965); Das große Buch der kleinen Freunde (1966); M. Lobe: Meine kleine Welt (1966); H. Bull: Pferde (1967); H. Chr. Andersen: Die schönsten Märchen (1967); J. Guggenmos: Vögel (1968); J. Guggenmos: Hunde (1968); K. Wölfflin: Tiere der Wildnis (1969); W. Hauff: Märchen (1970).

Grandville

*(d. i. Gérard, Jean Ignace Isidore). Französischer Karikaturist, Zeichner und Illustrator; * 15. 9. 1803 Nancy, † 17. 3. 1847 Vanves b. Paris.*

G. erlernte seine handwerklichen Fertigkeiten bei seinem Vater, einem Miniaturmaler. Sein Pseudonym legte sich der Künstler nach dem Bühnennamen seiner Großeltern zu, die Komiker waren. Mit 20 Jahren reiste G. nach Paris, um dort bei dem Miniaturmaler MANSION seine Studien zu vervollkommnen. In Paris lernte er die neuentwickelten Techniken der Lithografie und des Holzschnitts, besonders des durch die Engländer verfeinerten Holzstiches, kennen. Diese gewandelten Techniken wendete G. in seinen künftigen Karikaturen und Illustrationen an. Seine ersten Lithografien wurden 1827 veröffentlicht; den ersten großen Erfolg brachte ihm ein Zyklus von 73 farbigen Lithografien ein, die „Metamorphoses du jour" (1829). G. ist von oft makabrem Witz und von entfesselter Phantasie in seinen galligen und bösartigen Zusammensetzungen und Metamorphosen von Menschen und Tieren, in seinen satirisch kommentierten Zeichnungen zu technischen Neuerungen. Er gehört zu den *Vorläufern des Surrealismus.* Fünf Jahre lang erschienen G.s Karikaturen in „La Caricature" (ab 1830) und „Charivari" (ab 1832). 1842 starben G.s Frau und zwei seiner Kinder kurz nacheinander, 1847 das dritte Kind; wenig später verschied er selbst in geistiger Umnachtung.

Werk, Tendenzen, Wirkung. G.s Beitrag zur Illustrationskunst für Kinder beruht auf seinen hervorragenden Holzschnitten und Stichen zu J. DE LA FONTAINES „Fables", zu den französischen Übersetzungen der Werke J. SWIFTS und D. DEFOES, „Voyages de Gulliver" und „Aventures de Robinson Crusoë", in denen er seiner Phantasie freien Lauf und seine technischen Fähigkeiten spielen lassen konnte. Sowohl spätere spezielle Jugendausgaben der zu Klassikern der Kinder- und Jugendliteratur avancierten Romane DEFOES und SWIFTS als auch Fabelsammlungen wurden mit G.s Illustrationen ausgestattet. 1962 noch wurde die von P. ALVERDES herausgegebene Sammlung „Rabe, Fuchs und Löwe" mit Holzstichen G.s versehen; auch in die Anthologie „Ein Fisch mit Namen Fasch" (1972 von E. BORCHERS herausgegeben) wurden Beispiele aus „Scènes de la Vie privée et publique des Animaux" aufgenommen.

Horst Künnemann

→ Frankreich

Werke: Scènes de la Vie privée et publique des Animaux (Bd. 1. u. 2. 1840 u. 42; dt. Bilder aus dem Staats- und Familienleben der Thiere. Bd. 1 u. 2. 1846 u. 47); G. Sello (Hrsg.): Das gesammelte Werk (Bd. 1 u. 2. 1969).
Ill.: J. de La Fontaine: Fables (Bd. 1 u. 2. 1837; dt. Hundert Fabeln mit hundert Bildern, 1840); J. Swift: Voyages de Gulliver (Bd. 1 u. 2. 1838; dt. Gulliver's Reisen in unbekannte Länder. Bd. 1 u. 2. 1839, ^{2}1843); J. P. C. de Florian: Fables (1839); D. De Foe: Aventures de Robinson Crusoë (1840; dt. Abenteuer des Robinson Crusoe. 1841, ^{2}1850); J. I. I. Grandville: Scènes de la Vie privée et publique des Animaux (Bd. 1 u. 2. 1840 u. 42; dt. Bilder aus dem Staats- und Familienleben der Thiere. Bd. 1 u. 2. 1846 u. 47); M. de Cervantes Saavedra: L'ingénieux Chevalier Don Quichotte de la Mancha (1848; dt. Der sinnreiche Junker Don Quijote von der Mancha, 1956).

Sekundärliteratur: J. Adhémar: Grandville le maudit (in: Bizarre. 2. 1953. 11 ff.). — C. Blanc: Jean Ignace Isidore Gérard dit Grandville (1855). — S. Clogenson: Jean Ignace Grandville (1853). — L. Garcin: Jean Ignace Grandville, révolutionnaire et précurseur de l'art du mouvement (1970). — L. Münz: Über die Bildersprache Jean Ignace Isidore Gérards dit Grandville (in: Alte und neue Kunst. 3. 1954. 133—154).

Greenaway, Kate

*Englische Illustratorin, Verfasserin von Kinderreimen; * 17. 3. 1846 Hoxton, † 6. 11. 1901 Frognal/ Hampstead.*

Schon durch den Beruf des Vaters John G., der Holzschneider und Zeichner war, ergaben sich für G. Beziehungen zur Kunst der Illustration. Ihre Neigung zum Landleben, zu Gartenszenen und zu Kindern wurde gefördert durch den Umzug der Eltern nach Highbury, als sie 6 Jahre alt war, und durch Aufenthalte bei einer Großtante auf dem Lande in Nottinghamshire. Früh beginnt G. zu zeichnen und zu malen; Kunstunterricht erhält sie in der Slade School in London. Ihre ersten Erfolge zeigen sich nach einer Ausstellung (Dudley Gallery), Veröffentlichungen folgen und bald auch Aufträge zu Buchillustrationen. 1877 legt G.s Vater dem Graveur und Drucker E. EVANS Blätter seiner Tochter vor und verhilft ihr damit zum entscheidenden Erfolg. Ebenfalls wichtig für ihre künstlerische Entwicklung wird die Freundschaft mit dem Kritiker J. RUSKIN, die in einem intensiven Briefwechsel (seit 1880) dokumentiert ist (abgedruckt in: M. H. SPIELMANN und C. S. LAYARD: Kate Greenaway; Black, 1905). Kurz vor ihrem Tode wird sie Mitglied des „Royal Institute of Water Color". Der bedeutendste englische Bilderbuchpreis trägt ihren Namen: Kate Greenaway Award.

Werk, Tendenzen, Wirkung. Um 1871 illustriert G. „Diamonds and Toads", einen Band der Reihe „Aunt Louisa's London Toy Books (WARNE & Co.), 1874 „School Days in Paris" von M. S. JEUNE, 1873 erscheinen von ihr Bilder in „Little Folks", einem weitverbreiteten Kindermagazin; sie bleibt mit diesen Publikationen jedoch im durchschnittlichen Rahmen. Hauptsächlich arbeitet G. in dieser Zeit an Entwürfen für Weihnachtskarten. Der Durchbruch gelingt ihr mit Unterstützung des Farbholzdruckers EVANS, der bei Routledge eine Erstauflage ihres „Under the Window" (1879; übers. ins Deutsche von K. FREILIGRATH-KROCKER, 1880), zu dem sie auch die Verse selbst verfaßt hat, mit 20 000 Exemplaren durchsetzt. Mit diesem ihrem ersten Bilderbuch wird G. schlagartig in Europa (zu ihren Lebzeiten erreichte es in England eine Gesamtaufl. von 70 000, in den dt. u. franz. Übersetzungen von 30 000) und in Amerika bekannt. Ebenfalls eigene einfache Verse enthält „Marigold Garden" (1885), wobei wie schon in „Under the Window" den Illustrationen das weitaus größere künstlerische Gewicht zukommt. G. schafft einen Kindertyp, in dem sich charakteristische Merkmale der viktorianischen Zeit spiegeln. Diese Miniaturen der Erwachsenenwelt, zart koloriert in Rüschenkleidern, halfen den Geschmack der Zeitmode mitzubestimmen. Mit dem befreundeten, gleichaltrigen R. CALDECOTT teilt G. die Vorliebe für rustikale Szenen und Arrangements, die aber bei ihr sensibler, intimer und atmosphärisch dichter geraten. Neben Kinderdarstellungen tauchen bei G. immer wieder Blumenarrangements auf, Reminiszenzen an ihre Liebe zum Landleben, wie die besonders gelungenen in „A Day in a Child's Life" (1881). CALDECOTT verwandt ist bei G. auch das musikalische Element und die Vorliebe dafür, gereimte Texte, Lieder und Verse zu ihren Bildern zu gruppieren. Ihr „Birthday Book for Children" (1880) mit Versen, Gedichten und Bildern inspirierte R. L. STEVENSON zu seinem verwandten „A Child's Garden of Verses" (1885; dt. Im Versgarten, 1960). Erfolgreich wurde auch G.s „Mother Goose" (1881), in dem nach B. HÜRLIMANN „ihr Künstlertum und die Drucktechnik von E. Evans an einem Höhepunkt angelangt" (HÜRLIMANN: Europäische Kinderbücher, S. 193) sind. Zu bibliophilen Kostbarkeiten entwickelt haben sich G.s Almanacks, die von 1883—97 (mit Ausnahme von 1896) regelmäßig erschienen. Die farbigen Valeurs der G. sind zart, sehr sensibel gesetzt und beeinflussen in ihren Vorformen des Jugendstils auch den bedeutenden englischen Bilderbuchkünstler W. CRANE. Im Werk der G. vereinigen sich Harmonie zwischen Kind, Tier und Natur. Die geborgene, intakte Welt, die ihre Bilder widerspiegeln, mag mit einen entscheidenden Grund ihres Dauererfolgs bis zur Gegenwart ausmachen. Immer wieder gab es Nachdrucke der oft kleinformatigen, zerbrechlich wirkenden Bücher und Ausstellungen ihrer Werke. Mit der Anerkennung und Verbreitung ihrer Bücher setzten auch die negative Wirkung und die nachahmende Arbeit von Kopisten und Epigonen in England und auf dem europäischen Festland ein.

Horst Künnemann

→ R. Caldecott, → W. Crane, → Großbritannien

Ill.: M. La Mothe: Madame d'Aulnoy's Fairy Tales (1871); L. Valentine: Aunt Louisa's London Toy Books (1871); K. Greenaway: Under the Window (1879; dt. Am Fenster, 1880); S. L. D. Barker: Kate Greenaway's Birthday Book for Children (1880; dt. Geburtstagsbuch für Kinder, 1880); K. Greenaway: Mother Goose or the Old Nursery Rhymes (1881); B. M. Foster: A Day in a Child's Life (1881); J. Taylor: Little Ann and other Poems (1882); K. Greenaway: Almanacks (Bd. 1—14. 1883—95 u. 97); K. Greenaway: Dame Wiggins of Lee and Her Seven Wonderful Cats (1885); K. Greenaway: Kate Greenaway's Alphabet (1885); K. Greenaway: Marigold Garden (1885); K. Greenaway: An Apple Pie (1886); W. Allingham: Rhymes for the Young Folk (1887); K. Greenaway: K. G.'s Book of Games (1889); R. Browning: Pied Piper of Hamelin (1889); A. M. Arnim: April Baby's Book of Tunes (1900); K. Greenaway: Kate G. Pictures from Original Presented by Her to Her Friends (1921).

Sekundärliteratur: M. L. Cimino: Kate Greenaway. Randolph Caldecott (in: Library Journal. 71. 1946. 652—653). — M. Hardie: Edmund Evans, Crane, Greenaway, and Caldecott (in: M. Hardie: English coloured books. 1906. 266—282); Neglected centenaries (in: The Studio. 136. 666. 1948. 75—78). — A. M. Jordan: Kate Greenaway and Randolph Caldecott (in: Junior Bookshelf. 10. 1946. 9—14). — A. Parrish: Flowers for a birthday (in: Horn Book. 1946. 96—108). — M. H. Spielmann: Kate Greenaway (1905; zus. mit G. S. Layard). *IJB*

Greulich, Emil Rudolf

*Feuilletonist, Verfasser von politischen Romanen, Kabarett-, Spiel- und Filmtexten; * 6. 10. 1909 Berlin.*

G. lernte den Beruf eines Schriftsetzers, trat nach Betätigung in der sozialistischen Jugendbewegung 1929 in die KPD ein, wanderte durch Deutschland und verschiedene europäische Länder. Nach 1933 zwangen die politischen Verhältnisse G. zu illegaler Opposition; er wurde 1939 durch die Gestapo verhaftet, 1940 wegen „Vorbereitung zum Hochverrat“ verurteilt und 1942 in die Strafdivision 999 eingezogen. Er kam 1943 in Tunis in amerikanische Gefangenschaft und setzte in US-Gefangenenlagern seine antifaschistische Tätigkeit fort. 1946 kehrte er nach Berlin zurück, wo er zu den Gründern des Deutschen Schriftstellerverbandes und des Deutschen Presseverbandes (DDR) gehörte.

Werk, Tendenzen, Wirkung. G.s Bedeutung liegt in seinem Beitrag zur Neubegründung einer Jugendliteratur, besonders in Form von Abenteuerbüchern, auf den Grundlagen des DDR-Marxismus und eines DDR-Staatsbewußtseins, vor allem durch seine zwei zeitgeschichtlichen Romane „Keiner wird als Held geboren. Ein Lebensbild aus dem deutschen Widerstand“ (1961) und „... und nicht auf den Knien. Roman vom streitbaren Leben des Arthur Becker“ (1964), in denen er auch eigene Erfahrungen verarbeitete. „Keiner wird als Held geboren“ stellt in romanhaft freier Form den illegalen Kampf der kommunistischen Widerstandsgruppe Saefkow während der Hitlerzeit dar; „... und nicht auf den Knien“ gibt das Lebensbild eines Kommunisten, der den kommunistischen Jugendverband mit aufbauen half, nach Hitlers Machtübernahme vom Ausland her weiterkämpfte und in Spanien auf republikanischer Seite fiel. Die Romane sind prall von realistischer und szenischer Darstellung, streng aus parteilicher Sicht geschrieben und gekennzeichnet durch das Bemühen, ein Stück Vorgeschichte der DDR zu vermitteln. Dabei verbindet sich treffsichere Realistik der Beobachtung mit gelegentlicher Neigung, die Hauptfiguren zu heroisieren. Politische Schwarzweißmalerei läßt die innerkommunistische Welt als vollkommen geschlossen, widerspruchsfrei und heil, die Gegenwelt als vollkommen heillos, zerrüttet und der kommunistischen Erlösung bedürftig erscheinen. Alle gegenteiligen Informationen werden entweder verschwiegen oder uminterpretiert; dennoch kommt in den Romanen G.s beachtenswertes schriftstellerisches Talent zur Geltung, auch behalten sie ihren Wert als Informationsquelle. *m. d.*

Werke: Zum Heldentod begnadigt (1949); Das geheime Tagebuch (1951); Berlin — nicht kleenzukriejen (1952); Robinson spielt König (1953); Die glücklichen Verlierer (1956); Der verpatzte Krieg (1961); Keiner wird als Held geboren (1961); Der durchlöcherte Himmel (1962); ... und nicht auf den Knien (1964); Mit Mut und List (1968); Tamtam um die Geisterburg (1968). *IJB*

Grieder, Walter

*Schweizer Maler, Grafiker, Illustrator; * 21. 11. 1914 Basel.*

G. verbrachte einige Jahre seiner Kindheit (6.—10. Lj.) unter Artisten in Frankreich. Er studierte an der Kunstgewerbeschule in Basel und war als Werbegrafiker in London und Paris tätig. 1957 eröffnete er in Basel ein eigenes Atelier. Für sein grafisches Schaffen — Buchumschläge, Plakate, Werbegrafiken — wurde er durch verschiedene Auszeichnungen und in der in- und ausländischen Presse gewürdigt. Sein erstes Bilderbuch („Die Geburtstagsreise“) erschien 1961.

Werk, Tendenzen, Wirkung. In G.s Bilderbuchillustrationen fließen eigene Kindheitserinnerungen, Phantasien und Wunschträume ein, die er farblich kraftvoll, teilweise der zeitgenössischen Werbegrafik verwandt, gestaltet. Außerdem hat er den Holzschnitt im modernen Bilderbuch angewandt. Seine Bilder über Reisen, das fahrende Volk der Zirkusleute, Kinder, ihre Feste und Freundschaften mit Tieren gestaltet er großformatig und sehr vital. Gegenüber der überlegen gehandhabten Gestaltung von Landschaften und verschiedenartigen Interieurs, die mit großer Neigung zum genau erfaßten Detail wiedergegeben sind, stilisiert er die Menschen gelegentlich karikaturhaft. Das Bilderbuch „Die Geburtstagsreise“, zu dessen stofflicher Basis G. eine Tankerfahrt auf dem Rhein unternahm, mischt in mehrsträngiger Erzähllage phantastische Elemente. Nach G. will das Buch mehr als nur Beschreibung bieten: „Das Kind tritt in eine Gefühlswelt ein, die seinen geistigen Anspruch auf das Leben unterstützt; so betrachtet, sollte das Kinderbuch nicht nur Unterhaltung, vielmehr Verantwortung sein“. Sein nächstes Bilderbuch „Das verzauberte Schloß“ (1965) ist entsprechend der archaischen Handlung in rustikalen Holzschnitten mit ornamentaler Binnenstruktur gestaltet. Am stärksten von Kindheitserinnerungen getragen zeigt sich das im selben Jahr erschienene „Pierrot und seine Freunde im Zirkus“. 1968 markiert als besonders erfolgreiches Jahr G.s Durchbruch. Drei Bilderbücher erscheinen in dem neu gegründeten Kleinverlag Joy-Books in Basel: „Der Besuch in der Fabrik“, „Die tollen Zwillinge“ und „Bruder Ibu“, die Geschichte eines tierliebenden alten Herrn, in einem malerischen Cartoon-Stil dargeboten, die die humanitäre Sendung thematisiert, die Utopie eines konfliktlosen Zusammenlebens. „Die verzauberte Trommel“ (ebenfalls 1968) ist eine mehrdimensionale Geschichte von einem Burschen, der durch einen Alptraum zu einem fleißigen Trommler anläßlich der Baseler Fastnacht wird. In den Tafeln, die die vorbereitenden Dekorationsarbeiten zeigen, finden sich Bildzitate V. van Goghs und P. Picassos. Den eigentlichen Zug bilden Tafeln in flammend nächtlichen Farben ab; Kinder und mitfeiernde Tiere fügen sich natürlich ein in die Umgebung der skurrilen und dämonischen Gestalten mit lokalgebunden-folkloristischen und überregional-heidnischen Zügen. *Horst Künnemann*

Ill.: W. Grieder: Die Geburtstagsreise (1961); W. Grieder: Pierrot und seine Freunde im Zirkus (1965); W. Grieder:

Das verzauberte Schloß (1965); M. Benary-Isbert: Unter dem Sichelmond (1965); D. Faber: Herz im Koffer (1965); W. Grieder: Das große Fest (1966); G. Gisin: Pekka und sein Pony (1967); W. Grieder: Die tollen Zwillinge (1968); W. Grieder: Bruder Ibu (1968); M. Aebersold: Die verzauberte Trommel (1968); H. Baumann: Buchstaben zu verkaufen (1970); H. Gross: Willi und die fliegende Straßenbahn (1970); R. Inhauser: Moritz Blunz und die Hühner (1970); H. Künnemann: Drachen, Schlangen, Ungeheuer (1970); H. Molsner: Das Bärchen Oli Gwahna (1970); K. Lütgen: Kapitäne, Schiffe, Abenteurer (1971); G. Schneider: Das rote Pferd (1971); H. Künnemann: Die gute Tat der dicken Kinder (1972); H. Künnemann: Das große Seeräuberbuch (1972); G. Stottele: Nimm mich mit Frau Vogelnase (1972); M. Beheim-Schwarzbach: Deutsche Heldensagen (1973).

Sekundärliteratur: B. v. Grünigen: Walter Grieder (in: Graphis. 86. 1959. 524—529 u. 549). — H. Künnemann: Walter Grieder (in: H. Künnemann: Profile zeitgenössischer Bilderbuchmacher. 1972. 72—79). — W. Rotzler: Walter Grieder (in: Graphis. 126. 1966. 338—351). *IJB*

Grimm, Ludwig Emil

*Maler und Radierer; * 14. 3. 1790 Hanau, † 4. 4. 1863 Kassel.*

Als 13jähriger begann G., der jüngste Bruder von Jakob und Wilhelm Grimm, mit seiner künstlerischen Ausbildung im Zeichnen und Radieren an der Akademie in Kassel und bei Prof. W. Böttner († 1805). 1808 reiste er auf Vermittlung der Brüder nach Heidelberg zu A. v. Arnim, Cl. Brentano und J. Görres und bekam dadurch Gelegenheit, Illustrationen zu „Des Knaben Wunderhorn“ und der „Zeitung für Einsiedler“ zu schaffen. Von 1809 an studierte er an der Akademie in München, vorwiegend bei Prof. E. Chr. Hess. Während dieser Zeit hatte er lebhaften Kontakt zu B. Brentano, Cl. Brentano, den Savignys u. L. Tieck. Seinen ersten eigenen Band konnte er 1815 veröffentlichen: „Suite de différents sujets gravés à l'Eau forte par L. E. Grimm. Première Livraison composée de 25 pièces. Mannheim chez D. Artaria, 1815“ (15 Tafeln mit 25 Bildern).
Nach der Teilnahme am Feldzug gegen Frankreich (1814), einer Italienreise mit Brentano (1816) und mehreren Aufenthalten in München, Frankfurt u. Göttingen wurde er 1832 Professor an der Akademie der Bildenden Künste in Kassel. Im selben Jahr heiratete er M. Böttner († 1842); 1833 wurde seine Tochter Friederike geboren. 1845 ging G. eine zweite Ehe ein.

Werk, Tendenzen, Wirkung. Der mit seiner hessischen Heimat eng verbundene Illustrator bemühte sich besonders in den Details seiner Werke um eine naturgetreue Wiedergabe der dargestellten Objekte und Personen. Seine Bedeutung liegt in der Porträtkunst (u. a. Porträts von J. und W. Grimm, B. v. Arnim, Cl. Brentano, J. Görres, G. V. Savigny, aber auch vieler „einfacher“ Leute). Ohne Brentano (Illustrationen u. Korrekturen von Brentanos eigenen Bildern zu „Gockel, Hinkel u. Gackeleia“, 1837) und später seinen Bruder Wilhelm wäre er nicht Illustrator von Märchen geworden, wobei er weitgehend Wilhelms Intentionen folgt. Für die 2. vermehrte und verb. Aufl. der „Kinder- und Hausmärchen“, Kassel 1819, 2 Bde., stammen die Titelbilder von L. E. G. (Bd. I: Brüderchen und Schwesterchen, Bd. II: Niederzwehrener Märchenfrau Viemann). Für die 1825 erschienene „Kleine Ausgabe“ der Märchen schuf er 6 Radierungen und 1 Titelkupfer, für die 1836 erschienene 3. Aufl. der großen Ausg. machte L. Lödel die Stahlstiche nach Vorlagen von G., wobei die „Nazarenerhafte Moderne“ den ursprünglich romantischen Stil G.s veränderte. *Maria Voigt*

→ Brüder Grimm, → Kinder- und Hausmärchen

Ill.: J. u. W. Grimm: Kinder- und Hausmärchen ([2]1819); Kinder- und Hausmärchen. Kleine Ausgabe (1825).

Sekundärliteratur: I. Bang: Die Entwicklung der deutschen Märchenillustration (1944). — K. Dielmann: Märchenillustrationen von Ludwig Emil Grimm (in: Hanauer Geschichtsblätter. 1962. 281—306). — L. E. Grimm: Erinnerungen aus meinem Leben (1950); Reisetagebuch in Bildern (1960). — Historisches Museum Hanau (Hrsg.): Ludwig Emil Grimm. 1790—1863 (1963). — W. Praesent (Hrsg.): Ludwig Emil Grimm. Ein deutsches Bilderbuch (1940). — E. Probst: Die deutsche Illustration der Grimmschen Märchen im 19. Jh. (1935. 14—19).

Grimm, Brüder

*Grimm, Jacob, * 4. 1. 1785 Hanau, † 20. 9. 1863 Berlin. Grimm, Wilhelm, * 24. 2. 1786 Hanau, † 16. 12. 1859 Berlin. Zusammen auch „Brüder Grimm“ genannt. Deutsche Sprach- und Kulturwissenschaftler, Märchensammler.*

Aus kinderreicher Juristenfamilie stammend, führten J. und W. G. ein Leben „in gänzlicher unangefochten und ungestört beibehaltener Gemeinschaft [ihrer] Habe und Bücher ...“ (J. G. in der Rede auf seinen verstorbenen Bruder in der „Königlichen Akademie der Wissenschaften“, Berlin 1860). Beide gingen in Kassel zur Schule, studierten in Marburg (Lahn) — J. G. ab 1802, W. G. ab 1803 — Rechtswissenschaften, waren zeitweilig Bibliothekare am Hessischen Hof in Kassel und nahmen zur gleichen Zeit (1830) einen Ruf an die Universität Göttingen an. Sie gehörten beide zu den Professoren, die 1837 wegen ihrer liberalen Gesinnung und ihres Protestes gegen die willkürliche Aufhebung der Verfassung durch den König in Hannover aus dem Dienst entlassen und des Landes verwiesen wurden („Göttinger Sieben“). Nach einer bangen Zwischenzeit in Kassel nahmen J. und W. G. den von Friedrich Wilhelm IV. von Preußen ergangenen Ruf als Mitglieder der Akademie der Wissenschaften und als Professoren der Berliner Universität an. Sie blieben bis zu ihrem Tod in Berlin.

Jacob und Wilhelm Grimm (1785—1863 / 1786—1859)

Werk, Wirkung, Bedeutung für die Kinder- und Jugendliteratur. Leben und Werk des J. G. weisen ihn als rührigen, kritischen, vielseitig interessierten, zu theoretischen Gedanken neigenden und auch zu politischem Handeln bereiten Zeitgenossen aus. Er war in diplomatischen Angelegenheiten 1814 in Paris, 1815 auf dem Wiener Kongreß, 1848 Mitglied der Nationalversammlung in der Frankfurter Paulskirche. W. G.s Stärke war weder das Entwickeln von Theoremen, noch die politische Aktion oder das Kennenlernen der Welt durch Reisen — sein Bruder J. war 1843 in Italien, 1844 in Skandinavien —, vielmehr ein starkes Einfühlungsvermögen in Sprache und Dichtung und ein äußerst sensibles Erzählertalent. Seine „anziehenden Abhandlungen" zu den „Kinder- und Hausmärchen" (gewöhnlich abgekürzt: KHM) — so urteilt J. G. 1860 — seien „mit sanfter Feder abgefaßt" und hielten sich „scheu zurück vor den ihm noch unverlässigen Ansichten", die er (i. e. J. G.) im Reinhart und in der Mythologie ausgesprochen habe. W. G.s Arbeitskraft war geringer, die Grenzen seines Lebenswerks waren enger als bei seinem Bruder. Jedoch hat er an der Bearbeitung der KHM, an der Entwicklung des spezifischen Erzähltons der „Gattung Grimm" innerhalb des Volksmärchens und damit auch an der außergewöhnlich großen Wirkung der KHM im 19. und 20. Jahrhundert auf die Kinder- und Jugendliteratur bis heute den ausschlaggebenden Anteil. — Die bedeutsamsten, gemeinsam herausgegebenen Werke der Brüder G. sind die Sammlung der KHM (Bd. 1. 1812; Bd. 2. 1815; Bd. 3. 1822), die der „Deutschen Sagen" (Bd. 1. 1816; Bd. 2. 1818), die „Irischen Elfenmärchen" (1826) und die ersten vier Bände des „Deutschen Wörterbuchs" (J. G.: Bd. 1, 3, z. Tl. 4; W. G.: Bd. 2). Sowohl J. als auch W. G. waren geniale Sammler von historischen Zeugnissen und äußerst sorgfältige Philologen, die mit historischem Einfühlungsvermögen und umfangreichen Kenntnissen ausgestattet waren. Die zahlreichen Herausgaben mittelhochdeutscher Texte und die Sagenforschung kennzeichnen W. G.s Schwerpunkte: „Altdänische Heldenlieder, Balladen und Märchen" (Übers. 1811), „Graf Rudolf" (1828), „Die deutsche Heldensage" (1829), „Freidank" (1834), „Rolandslied" (1838) und Konrad von Würzburgs „Goldene Schmiede" (1840). Sein Bruder J. G. erarbeitete neben zahlreichen kleineren und größeren Abhandlungen u. a. folgende Werke: „Deutsche Grammatik" (1819—37), „Deutsche Rechtsalterthümer" (1828), „Reinhart Fuchs" (1834), „Deutsche Mythologie" (1835), „Geschichte der deutschen Sprache" (1848) und „Weisthümer" (Bd. 1—4. 1840 bis 1863).

Die Beziehung der Brüder G. zur Kinderliteratur ist kompliziert und hängt mit den ideologischen Hintergründen ihres Werkes eng zusammen. Verursacht durch die anfänglich weitgehende Interessenidentität und die von ihrem akademischen Lehrer Fr. von Savigny in Marburg ausgegangenen Impulse, weiterhin durch den Kontakt zu Cl. und B. Brentano, A. von Arnim und dem Kreis der Heidelberger Romantik, entstand die Sammlung der KHM, deren Vorarbeiten bis zum Jahr 1805 zurückgehen. Auf der Suche nach einer ursprünglichen Poesie, die nach ihrer Meinung noch nicht durch rationalistische Zutaten und abstrakte Stilelemente verunreinigt sei, stießen sie auf volkstümliche Erzählungen wie Märchen, Fabeln und Sagen, wie sie in Kinder- und Spinnstuben noch mündlich tradiert wurden und aus mittelalterlichen Handschriften und frühhochdeutschen Texten teilweise erschließbar waren. Sie sahen in diesen Kleinformen Reste alter Mythen und einer in ihrer Zeit verdeckten, jedoch wiederzuentdeckenden Naturpoesie. Nationale, politische Intentionen in der Epoche der Napoleonischen Kriege und der Restauration sind bei der Sammlung der Märchen im Spiel, ebenso bei dem Versuch der Rekonstruktion einer „deutschen Mythologie", die der herrschenden „klassischen" entgegengesetzt werden sollte. Auch die deutsche Sprache, ihre Grammatik, Geschichte und ihren ursprünglichen Wortschatz wollten sie dem „Volk" zurückschenken. So war ohne Zweifel der Ausgangspunkt J. und W. G.s nicht der, Kinderliteratur zu finden und herauszugeben. „Das Märchenbuch ist mir daher gar nicht für Kinder geschrieben, aber es kommt ihnen recht erwünscht und das freut mich sehr" schrieb J. G. an ARNIM (28. Januar 1813). In demselben Brief hat J. G. seine Vorstellung von der Kinder- und Jugendliteratur noch verallgemeinert: „Sind denn diese Kindermärchen für Kinder erdacht und erfunden! Ich glaube dies so wenig, als ich die allgemeine Frage nicht bejahen werde: ob man überhaupt für Kinder etwas eigenes einrichten müsse?". Für die Brüder G. war das Kind in seinem noch naiven Geisteszustand aufnahmefähig für die Volkspoesie, wie es auch im Geiste einer anschaulichen deutschen Sprache aufwachsen sollte. Das Deutsche Wörterbuch sollte die Funktion eines Handbuchs (aus dem bei Tisch vorgelesen werden sollte) übernehmen, also auch Kinderliteratur werden. Während J. G. sich nach Erscheinen der 1. Ausgabe der KHM anderen Forschungsgebieten zuwandte — aber noch 1860 eine „Schrift über Märchen und Tierfabel" plante —, sagte er selbst von W. G.: „Von allen unsern Büchern lag ihm die Märchensammlung zunächst am Herzen, und er verlor sie nicht aus den Augen". W. G. hat bei seinen tiefgreifenden stilistischen und auch inhaltlichen Bearbeitungen in den auf die 1. Auflage folgenden Ausgaben die tatsächlich eingetretene Wirkung auf den Leser akzeptiert — bis 1857 (Ausgabe letzter Hand) waren die 200 gesammelten und bearbeiteten Märchen schon zum 7. Mal aufgelegt worden — und ein speziell für Kinder zubereitetes, stilistisch recht einheitliches Werk geschaffen, das unter dem Anschein, altes Volksgut getreu wiederzugeben, eine höchst artifizielle Sprache und eine ebenso artifizielle, dem romantischen Weltbild des frühen 19. Jahrhunderts zuzuordnende Ideologie, speziell für Kinder zubereitet, bietet. Die Brüder G. haben nicht nur Grundsteine für die Entwicklung der Germanistik und Folkloreforschung gelegt, sie haben auch die Vorstellung vom Märchen-Erzählton weitgehend international bestimmt und ein mehr als 150 Jahre fast unangefochten gültiges Muster für Literatur in deutscher Kinderstube geschaffen. Die deutschen Märchen in der G.schen Fassung sind vielfach übersetzt und Kinderweltliteratur geworden. Die Vorstellung der Brüder G., daß das Kind unverbildet, rein und der ursprünglichen Poesie nahe sei und am Anfang seines Wegs in die Welt der Literatur mit diesen volkstümlichen Dichtungsformen bekannt gemacht werden müsse, hat über H. WACKERNAGEL, FR. FRÖBEL, R. HILDEBRANDT bis zu J. ANTZ und P. NENTWIG die literaturdidaktischen Theorien über den Aufbau des Curriculums und die pädagogischen Auswahlprinzipien bestimmt bzw. beeinflußt. Innerhalb der Kinder- und Jugendliteratur-Theorien des 20. Jahrhunderts dürften P. HAZARD und L. SANTUCCI in besonderer Weise auf die Vorstellungswelt der Brüder G. zurückgreifen. Neuerdings wird das Werk der Brüder G., vor allem ihre restaurativen Ansichten (J. G.: „unruhige schullehrer, communisten und proletarier" stellten gefährliche Forderungen; Kleine Schriften, Bd. 1, S. 228), kritischer gesehen. Seit 1960 gibt es in der Kasseler Landesbibliothek das „Brüder Grimm-Museum". *Klaus Doderer*

→ Märchen, → Romantik, → Sage

J. Grimm
Werke: Kinder- und Haus-Märchen (Bd. 1—3. 1812 bis 22; zus. mit W. Grimm); Deutsche Sagen (Bd. 1 u. 2. 1816—18, ³1891; NA. 1965; zus. mit W. Grimm); Kinder- und Haus-Märchen. Kleine Ausgabe (1825; zus. mit W. Grimm); Reinhart Fuchs (1834); Deutsche Mythologie (1835, ²1843 in 2 Bdn., ⁴1875—78 in 4 Bdn.).
Übers.: Irische Elfenmärchen (1826; zus. mit W. Grimm).

W. Grimm
Werke: Kinder- und Haus-Märchen (Bd. 1—3. 1812 bis 22; zus. mit J. Grimm); Deutsche Sagen (Bd. 1 u. 2. 1816—18, ³1891; NA. 1965; zus. mit J. Grimm); Kinder- und Haus-Märchen. Kleine Ausgabe (1825; zus. mit J. Grimm); Die deutsche Heldensage (1829, ⁴1957).
Übers.: Altdänische Heldenlieder, Balladen und Märchen (1811); Irische Elfenmärchen (1826; zus. mit J. Grimm).

Sekundärliteratur: W. Boehlich: Aus dem Zeughaus der Germanistik. Die Brüder Grimm und der Nationalismus (in: Der Monat. 18. 1966. 56—68). — H. Gerstner (Hrsg.): Die Brüder Grimm. Ihr Leben und Werk in Selbstzeugnissen, Briefen und Aufzeichnungen (1952); Die Brüder Grimm (1970). — G. Heilfurth (Hrsg.): Brüder Grimm Gedenken (1963; zus. mit L. Denecke u. I.-M. Greverus). — M. Lemmer: Die Brüder Grimm (1963). — F. v. d. Leyen: Das deutsche Märchen und die Brüder Grimm (1964). — H. Lucke: Der Einfluß der Brüder Grimm auf die Märchensammler des 19. Jahrhunderts (Diss. 1933). — R. Michaelis-Jena: The Brothers Grimm (1970). — M. B. Peppard: Path through the forest: A biography of the Brothers Grimm (1971). — W. Schoof: Zur Entstehungsgeschichte der Grimmschen Märchen (1959). — W. Schoof (Hrsg.): Jacob Grimm. Aus seinem Leben (1961); Wilhelm Grimm. Aus seinem Leben (1960). — K. Schulte Kemminghausen: Die Brüder Grimm in Bildern ihrer Zeit (1963; zus. mit L. Denecke).

Grimmelshausen, Hans Jakob Christoph von

*(Ps.e u. a.: Samuel Greifson von Hirschfeld, German Schleifheim von Sulsfort, Melchior Sternfels von Fuchshaim). Dichter und Kalenderschriftsteller, Verfasser des „Simplicissimus"; * um 1620 Gelnhausen, † 17. 8. 1676 Renchen b. Offenburg.*

Über den Lebenslauf G.s und seinen geistigen Werdegang sind wir nur unzureichend unterrichtet. Als Quelle für die Jugendjahre dient weitgehend der „Simplicissimus"-Roman mit seinem autobiographischen Gehalt. G. ging aus bürgerlicher, möglicherweise ehemals adliger Familie hervor. Bis zur Zerstörung Gelnhausens (1634) besuchte G. vermutlich die Lateinschule dieser Stadt, gelangte dann über Hanau nach Nordhessen, Magdeburg, Westfalen und an den Oberrhein. 1639—47 versah er wahrscheinlich Kriegs-, dann Kanzleidienste in Offenburg und war 1648 Regimentssekretär im Elterschen Regiment. Nach dem Friedensschluß wurde er in der Ortenau seßhaft, heiratete 1649 die Tochter des Wachtmeisterleutnants HENNINGER, war 1649—60 „Schaffner" der Freiherrn von SCHAUENBURG in Gaisbach und wahrscheinlich 1662—65 Burgvogt auf der Ullenburg. 1665 ist G. als Inhaber der Wirtschaft „Zum Silbernen Stern" wiederum in Gaisbach bezeugt. 1667 wurde er bischöflich-straßburgischer Schultheiß in Renchen. Dieses Amt hatte er bis zu seinem Tode im Jahre 1676 inne. In diesem Jahrzehnt, 1666—76, entstanden G.s große Dichtungen, vor allem der „Simplicissimus". Das Bildungsgut seines Jh.s, von dessen Kenntnis seine Werke zeugen, erwarb sich G. als Autodidakt, großenteils vermutlich während seiner Kanzleidienstjahre in Offenburg. Möglich ist, daß G. WOLFRAM VON ESCHENBACHS „Parzival" kannte, sicher waren ihm H. SACHS, J. FISCHART, die Volksbücher und Schwanksammlungen des 16. Jh.s ebenso wie Schriften der Renaissance-Theologen und naturphilosophische Traktate aus dem Kreise des PARACELSUS nicht unbekannt. Hinzu kommen geographische und historische Schriften, Reisebeschreibungen und Kriegsbücher. Für das literarische Schaffen G.s waren die spanischen Schelmenromane (z. B. M. ALEMÁNS „Guzmán de Alfarache") und die humoristischen Romane des Franzosen CH. SOREL von großer Bedeutung. Aber auch mit den zeitgenössischen dt. Schriftstellern war G. vertraut (z.B. mit J. PRÄTORIUS, J. M. MOSCHEROSCH, G. PH. HARSDÖRFFER).

Werk, Tendenzen, Wirkung. In seinen Werken geht es G. hauptsächlich um die Gestaltung der Spannung zwischen Diesseits und Jenseits, Gott und Welt, Gut und Böse. Starke weltanschauliche Antithesen bestimmen sein Werk bis in die Struktur hinein. Im Sinne der Zeit wird das Diesseits, obwohl in den Erzählungen ein derber Realismus angetroffen wird, zugunsten des Jenseits abgewertet. Im Zentrum seines Weltbildes steht die Anschauung, daß alle irdischen Güter eitel und vergänglich sind (Vanitas-Gedanke). G.s literarisches Schaffen will bewußt erzieherisch wirken. G. will lehren, mahnen und verbessern. Zu diesem Zweck bedient er sich häufig der offenen Kritik und der Satire. Direkt an die Jugend wendet sich G. nach J. PRESTEL (Geschichte des deutschen Jugendschrifttums, 1933) lediglich mit „Der stolze Melcher" (1673), den er „der gernkriegenden deutschen Jugend zum Meßkram verehrt" hat. Die Geschichte von Abweg und Rettung eines verzogenen Bauernburschen wird erzählt, um „auch andere ungeratene mutwillige Bursch und böse Buben zur Besserung zu weisen und sie vor dem gefährlichen welschen Soldaten Handwerk zu warnen". Der „Simplicissimus" selbst ist nicht für die Jugend geschrieben worden, erfuhr aber schon frühzeitig Bearbeitungen, was nicht zuletzt der lehrhaften Tendenz zuzuschreiben sein dürfte. Mehrere Auflagen erreichten z. B. R. WEITBRECHTS „Simplizius Simplizissimus, der Jäger von Soest. Ein Soldatenleben aus dem 30jährigen Kriege. Dem Roman des H. J. CHR. v. G. für die Jugend u. Familie nacherzählt" (1885) und C. F. LAUCKHARDS „für die reifere Jugend und das Volk" bearbeitete Ausgabe (1873). Gekürzte Fassungen des ersten Buches gehören nach PRESTEL „zum eisernen Bestand einer Jugendbücherei" in den 30er Jahren, in denen sich im übrigen Neubearbeitungen und -ausgaben um ein Vielfaches vermehrt haben.

Die Kritik zu Bearbeitungen relativ textgetreuer Ausgaben für die Jugend setzt im wesentlichen an drei Punkten an: an den naturalistisch geschilderten Kriegsgreueln, der Derbheit in der Darstellung erotischer Szenen und der Unverständlichkeit der Sprache. Der Erfolg von FR. HELKES Intention, mit drastischer Darstellung von Kriegsereignissen eine abschreckende Wirkung zu erzielen (HELKE: Der abenteuerliche Simplicissimus, Lebensbeschreibung eines einfältigen, wunderlichen u. seltsamen Vaganten, 1950), wird von J. LANGFELDT auch für diese von ihm sehr gelobte Bearbeitung grundsätzlich in Frage gestellt (BuB. 3. 1951. 191). Ähnlich begründet er seine Ablehnung der Bearbeitung durch W. PFEIFFER-BELLI als Jugendausgabe (1960), in der Darstellungen harter Szenen noch weniger geglättet sind. Im übrigen bot der „Simplicissimus" auch nach dem Zweiten Weltkrieg Stoffvorlage für Abenteuerbücher wie z. B. zu der freien Nacherzählung von H. KRANZ „Der abenteuerliche Simplicissimus" (1967), in dem der Krieg als „eine der mannigfachen Wirren im Irrgarten der Welt" gezeigt wird, in der sich Simplicissimus zurechtfinden muß, „bis er mit dieser Welt seinen Frieden schließen kann". Außer in Adaptionen als Jugendliteratur erscheint der „Simplicissimus" auch relativ früh in speziellen Schulausgaben (z. B. „Sammlung deutscher Schulausgaben", Velhagen & Klasing, 1899). Einzelne Kapitel (z. B. 1. Buch, 4. Kapitel) wurden auch immer wieder als zeitgeschichtliches Zeugnis für den 30jährigen Krieg in Materialien für den Geschichtsunterricht aufgenommen.

Peter Hasubek

Werke: Der Abentheurliche Simplicissimus Teutsch (1669); Continuatio des abenteurlichen Simplicissimi (1669); Der erste Bärnhäuter (1670); Ewig währender Calender (1670); Der seltzame Springinsfeld (1670); Trutz Simplex oder ... Lebensbeschreibung der Ertzbetrügerin und Landstörtzerin Courasche (1670); Das wunderbarliche Vogelnest (Bd. 1 u. 2. 1672); Simplicissimi Galgen-Mannlin (1673); H. H. Borcherdt (Hrsg.): Grimmelshausens Werke in 4 Teilen (Bd. 1—3. 1921); R. Tarot (Hrsg.): Gesammelte Werke in Einzelausgaben [10 Bde.]. (Bd. 1—9. 1967—70).

Sekundärliteratur: R. Alewyn: Grimmelshausen-Probleme (in: Zeitschr. f. Deutschkunde. 2. 1930. 89—102). — J. Alt: Grimmelshausen und der Simplicissimus (1936). — A. Bechtold: Grimmelshausen und seine Zeit (1914, ^{2}1919). — C. A. v. Bloedau: Grimmelshausens Simplicissimus und seine Vorgänger (1908; Repr. 1967). — L. Domagalla: Der Kalendermann Grimmelshausen und sein Simplicissimus (Diss. 1942). — E. Ermatinger: Weltdeutung in Grimmelshausens Simplicius Simplicissimus (1925). — G. Giefer: Held und Umwelt in Grimmelshausens Simplicissimus (Diss. 1938). — M. Günther: Zur Quellengeschichte des Simplizissimus (in: GRM. 1922. 360—367). — G. Herbst: Die Entwicklung des Grimmelshausenbildes in der wissenschaftlichen Literatur (1957). — H. Knauss: Studien zum Stil von Grimmelshausens Simplizissimus (Diss. 1935). — G. Könnecke: Quellen und Forschungen zur Lebensgeschichte Grimmelshausens (Bd. 1 u. 2. 1926 bis 1928). — G. Kühl: Untersuchungen zur Romankunst Grimmelshausens im Simplicissimus (Diss. 1960). — G. Rohrbach: Figur und Charakter (1959). — M. Schnitzer: Grimmelshausens Bärenhäuter (in: Zeitschr. f. Bücherfreunde. 1919. 129—132). — J. H. Scholte: Der Simplicissimus und sein Dichter (1950). — W. Schuchardt: Studien zu Grimmelshausen (1928). — H. Sommer: Die Geschichte der Grimmelshausenforschung (Diss. 1943). — E. Stemmann: Der epische Aufbau von Grimmelshausens Simplicissimus (Diss. 1939). — G. Weydt (Hrsg.): Der Simplicissimusdichter und sein Werk (1969). *IJB*

Großbritannien und Nordirland

(United Kingdom of Great Britain and Northern Ireland). Staatsgebiet: 244 030 km², Einwohner: 52,72 Millionen. Das Vereinigte Königreich von Großbritannien und Nordirland umfaßt England, Wales, Schottland, Nordirland, die Insel Man und die Kanalinseln und bildet das Kernstück des Commonwealth of Nations. Die vorwiegend protestantische Bevölkerung gehört der anglikanischen Staatskirche an. Daneben bestehen zahlreiche Sekten. Landessprache ist Englisch. Reste der Bevölkerung, vor allem in Wales, sprechen noch Keltisch (Walisisch, 4 %).

Entwicklung der KJL im 15. Jh. — Vorformen der Fibel und des Lesebuchs. 1. A B C - B ü c h e r. Bis zum Ende des Mittelalters waren in England keine Kinder- oder Jugendbücher bekannt. Die ersten Vorläufer fanden sich im 15. Jh. als Ergebnis der *Reformation* und des *Humanismus* und im Zuge der Erweiterung der drucktechnischen Kapazität in England. Soweit solche frühen Drucke für junge Leser gedacht waren, handelte es sich um ABC- und Schullesebücher sowie um Sittenbüchlein und religiöse Unterweisungen. Zwei Sonderformen früher ABC-Bücher bildeten die „Horn-Books" oder „Criss-Cross-Rows" (auch Christ-Cross Row) und die „Battledores". Mit dem Horn-Book, das für das 15. Jh. erstmals nachgewiesen werden konnte, gab man dem jungen Leser ein stabiles und preisgünstiges ABC-Buch in die Hand. Es bestand aus einem bedruckten Blatt Papier, das auf eine rechteckige Holztafel aufgeklebt und mit einer durchsichtigen Hornschicht überzogen wurde. Die Tafel hatte einen Griff mit einem Loch, an dem die Kinder das Horn-Book in ihrem Gürtel anhängen konnten. Die benutzten Druckseiten enthielten das Alphabet in großen und kleinen Buchstaben, einige Silbenkombinationen, die Formel „In the Name of the Father and of the Son and of the Holy Ghost" und das Vaterunser. Den Abschluß bildeten die römischen Ziffern. Der Name „Criss-Cross-Row" stammte wahrscheinlich von dem großen Kreuz, das dem Alphabet auf dem Druckblatt vorgesetzt war. Gegen Ende des 17. Jh.s wurden die Horn-Books von den Battledores verdrängt. Ein „Battledore" bestand aus drei zusammenfaltbaren Kartonblättern, die neben dem Alphabet und den Zahlen eine Reihe von Silbenzusammenstellungen und erste Leseübungen sowie eine Reihe roher Holzschnitte enthielten, die die kleinen Leseübungen veranschaulichen sollten. Von beiden Formen sind nur wenige Exemplare erhalten geblieben.

Neben diesen ABC-Blättern war der „Primer", das erste Lesebuch für Kinder, weit verbreitet. Der älteste Primer, der erhalten geblieben ist, wurde von dem Drucker Th. Petyt im Jahr 1538 herausgegeben. Er zeigt deutlich, wie in diesen ersten Jahren nach der Reformation der Hauptzweck des Lesenlernens im Kennenlernen der christlichen Lehre gesehen wurde. Wie die meisten frühen Primers enthält Petyts „BAC bothe in Latyn and in Englysshe" neben dem Alphabet, einigen Silbenkombinationen und den Ziffern das Vaterunser, eine Auswahl weiterer Gebete für alle Anlässe, christliche Sprüche und die zehn Gebote, die zum leichteren Auswendiglernen vielfach in Reime gefaßt waren:

Lord grant me grace to honour Thee
One God, and never to swear in vayne.
The Holy Day to be kept by me
My parents to obey and mainteyne.

Petyts Primer, der, wie viele andere Druckerzeugnisse dieser Epoche, ohne die vorgeschriebene königliche Genehmigung gedruckt und verbreitet wurde, verdeutlicht den im 16. Jh. in England sich abspielenden Kampf des neuen Glaubens gegen den alten. In späteren Jahren verschwanden die religiösen Elemente immer mehr aus den Primers, die bis zum Ende des 18. Jh.s die verbreitetste Form des Schullesebuchs bildeten, um mehr und mehr durch Einfügung von Rätseln, lustigen Versen, kleinen Holzschnitten und kindertümlichen Zwischentexten das Lesebuch aufzulockern und die Kinder das Lesenlernen mehr als Spaß denn als schwere Arbeit empfinden zu lassen. Besonders bekannt geworden ist das unter der Regierung der KÖNIGIN ANNA 1712 herausgekommene Lese- und Buchstabierbüchlein „A Little Book for Little Children", eines bis auf die Anfangsbuchstaben T. W. unbekannt gebliebenen Autors, das neben winzigen Bildchen zu jedem einzelnen Buchstaben einen Merkvers bringt und unter anderem den berühmt gewordenen Vers enthält:

A was an archer and shot a frog.
B was a blind and led by a dog.

2. Anstands- und Sittenbüchlein. Im 15. Jh. erhielten Kinder der gehobenen Stände Anstands- und Sittenbüchlein, wie sie im vorhergehenden Jh. bereits in Frankreich und Italien verbreitet waren. Die schmalen Büchlein enthielten meistens gereimte Regeln für das Benehmen des jungen Adligen oder Bürgers. Ursprünglich in Latein abgefaßt, wurden sie schon bald in englischer Sprache herausgegeben, wie das aus dem Jahr 1475 stammende „The Babees Book" eines unbekannten Autors, der im Vorwort schreibt: „May he who formed mankind in his image support me while I turn this treatise out of Latin into my common language, that through this little comment all of tender Years may receive instruction in courtesy and virtue . . .".

1532 kam unter dem Titel „Lytil Booke of good Manners for Chyldren, nowe lately compiled and put forth by Robert Whyttington, Laureate poet" die englische Übersetzung der Schrift „De Civilitate Morum Puerilium" (1526) des ERASMUS VON ROTTERDAM heraus, in dem englischer und lateinischer Text nebeneinander standen. Zahlreiche Auflagen bis zum Beginn des 19. Jh.s erlebte das Sittenbüchlein „A Cap of Gray Hairs for a green Head: or the counsel to his son, an Apprentice in London. Containing wholesome Instructions for the Management of a Mans whole Life" (1671) eines C. TRENCHFIELD, über den sonst nichts bekannt geworden ist.

3. Fabeln. Nachdem W. CAXTON (1412—91) im Jahr 1484 die Fabeln des AESOP aus dem Französischen ins Englische übersetzt und gedruckt hatte, wurden Fabelausgaben in England rasch beliebt. Man hielt sie — vor allem wegen der angehängten Nutzanweisung — für besonders geeignete Schullesetexte. Oft überwogen jedoch diese moralischen Erläuterungen und Überlegungen bei weitem die meist kurz und prägnant gehaltenen Fabeln selbst, so daß solche Ausgaben dem Geschmack der Schüler durchaus nicht entsprachen.

Die früheste für junge Leser herausgegebene Fabelsammlung stammt von dem Schulmeister und Poeten R. HENRYSON (um 1435—1506) und wurde 1570 u. d. T. „The Morall Fabillis of Esope the Phrygian, Compylit in Eloquent, and Ornate Scottis Meter, be Maister Robert Henrisone, Scholemaister of Dunfermeling" in Edinburgh gedruckt. Weitere Ausgaben waren J. BRINSLEYS „Pueriles Confabulatiunculae — Children's Dialogues, little conferences or talkings together" (1617), J. OGILBYS (1600—76) recht trockene Übersetzung in Versen „The Fables of Aesop, Paraphras'd in Verse, and adorn'd with Sculptures" (1651) und „The fables of Aesop and other Eminent Mythologists: with Morals and Reflections" des Verlegers und Schriftstellers R. L'ESTRANGE, die in der ersten Auflage 1692 herauskamen, zwei Jahre nachdem J. LOCKE den Aesop als erste Lektüre für Kinder besonders warm empfohlen hatte. L'ESTRANGE traf den einfachen und knappen Fabelstil am besten. Seine Fabelausgabe erlebte ungezählte Auflagen. Noch 1927 brachte die „Golden Cockerel Press" eine Auswahl aus dem Werk, das mit rund fünfhundert Fabeln nach AESOP, PHAEDRUS, AVIAN und den neueren des LA FONTAINE die umfangreichste Fabelsammlung in englischer Sprache darstellt.

Obwohl von Lehrern und Eltern wärmstens empfohlen, zogen die englischen Kinder des 17. und 18. Jh.s diesen Fabelausgaben andere Lesestoffe vor. Sehr deutlich wird dies in der Klage des Mr. BICKERSTAFFE, die 1709 in der Zeitschrift „The Tatler" abgedruckt wurde. BICKERSTAFFE berichtet, was er anläßlich eines Besuches bei seinem Patensohn feststellen mußte: „I perceived him a very great historian in Aesop's Fables, but he frankly declared to me his mind, that he did not delight in that learning, because he did not believe that they were true. For which reason I found that he had very much turned his studies for about a twelvemonth past, into the lives and adventures of Don Bellianis of Greece, Guy of Warwick, the Seven Champions, and other historians of that age".

Entwicklung der KJL im 16. Jh. — Ritterromane und Heldenballaden — Chapbooks. Hauptlesestoff des 16. und 17. Jh.s bildeten die Ritterromane, Heldenballaden und Volksbücher. Ursprünglich wurden solche Bücher wie SIR TH. MALORYS (um 1408—71) „King Arthur and the Knights of the Round Table" (1485 bei Caxton gedruckt) im Familienkreis gelesen. Bald konnten die jugendlichen Zuhörer die geliebten Geschichten in Gestalt von „Chapbooks" selbst lesen.

Für zwei Jahrhunderte spielten die „Chapmen" von der Mitte des 16. Jh.s an die wichtigste Rolle hinsichtlich der Verbreitung von Druckerzeugnissen in England. Chapmen waren Hausierer, die durch das Land zogen und neben anderen Utensilien des täglichen Lebens auch billige Bücher verkauften. Der Preis pro Stück lag zwischen einem half-penny und einem sixpence.

Chapbooks waren nicht wie die übrigen Bücher der Zeit in Leder gebunden, sondern kamen als Pappbände im Taschenbuchformat in den Handel. Oft bestanden sie nur aus sechzehn Seiten, einem achtfach gefalteten Blatt ohne Einband. Meistens waren sie mit groben und naiven Holzschnitten versehen. Die Stoffe waren zum großen Teil triviale Bearbeitungen berühmter Ritterromane und Volksballaden. Die Verkürzung der oft langatmigen und voluminösen Originale auf wenige Seiten und die Anpassung in Sprache und Inhalt an das Verständnis des einfachen Mannes auf dem Lande unter Verzicht auf die philosophischen Erörterungen und die höfischen Zwiegespräche machten die Chapbooks, obwohl sie ursprünglich keineswegs für Kinder gedacht waren, zum begehrten Lesestoff der jungen Engländer. Unter den angebotenen Titeln fanden sich Ritterromane und Balladen wie „Jack-the-Giant-Killer“, „Dick Whittington“, „The four Sons of Aymon“, „Robin Hood“, „Friar Bacon“, „The Wandering Jew“, „Fortunatus and his purse“, Geschichten um den Artuskreis wie „King Arthurs Book“, „Sir Gawain“, „Huon of Bordeaux“, humoristische, oft sehr derbe Geschichten wie „Little Jack Horner“, „The Fortunes and Misfortunes of Moll Flanders“, „The French Kings Wedding“, aber auch triviale Kurzfassungen der Aesopschen Fabeln oder „Tales of Mother Goose“, eine englische Kurzfassung der Märchen von Ch. Perrault. Obwohl die Chapbooks auf schlechtem Papier gedruckt und in einem sehr mangelhaften Stil geschrieben waren, bildeten sie bis zum Ende des 18. Jh.s die ‚Bestseller‘ für jugendliche Leser. Mit diesen Chapbooks, die die Chapmen bis in die entlegensten Gegenden brachten, gelangte zu einer Zeit, da in anderen Ländern das Lesen weitgehend den gebildeten Ständen vorbehalten blieb, relativ billiger Lesestoff, der auch von ärmeren Schichten erworben werden konnte, in großer Anzahl in die Hände englischer Kinder. Unter den trivialen Bearbeitungen für Kinder fanden sich D. Defoes „Robinson“ (1719), J. Swifts „Gulliver“ (1726) oder J. Bunyans „Pilgrim's Progress“ (1678). In den wenigen Fällen, in denen sich die Autoren von Chapbooks direkt an Kinder wandten, handelte es sich um grobe Ermahnungen, auf dem rechten Weg zu bleiben, z. B. in „The Children's Example“ (1691), in dem ein kleines Mädchen auf dem Weg zur Schule den Teufel trifft und von diesem aufgefordert wird, das Lügen, Fluchen und Verleumden zu erlernen. Das brave Kind jedoch jagt den Teufel davon:

Satan avoid hence of Hand,
In Name of Jesus I command!
At which the Devil instantly,
In flames of Fire away did fly.

Eine Ausnahme bildet das Büchlein „A Booke in Englyssh Metre, of the great Marchante Man called Dives Pragmaticus, very preaty for children to reade“, das von dem ansonsten unbekannten Autor Th. Newbery stammt und im Jahr 1563 bei A. Lacy verlegt wurde. Das Büchlein besitzt Taschenbuchformat und hat acht Seiten Umfang. Der Text besteht aus gereimten Zweizeilern. Hauptzweck des kleinen Büchleins ist das Lesenlernen. Die Verse jedoch, die sich an Händler und Handwerker richten, denen der Kaufmann Dives Pragmaticus seine Waren verkaufen will, zeigen deutlich das Anliegen des Autors, kindgemäße Verse zu schreiben, die den Kindern nicht nur als Vorlage zum Lesenlernen dienen, sondern ihnen auch Vergnügen bereiten sollen:

Dripping pans, pot hooks, old cats and kits;
And preaty fine dogs, without fleas or nits.
Axes for butchers, and fine glass for wives:
Medicines for rats to shorten their lives.

Der volkstümlichste Held aller Balladen und später der Chapbooks war Robin Hood. Vor allem die Kinder erwählten den Geächteten zu ihrem Lieblingshelden. Die frühesten gedruckten Balladen um die Gestalt des Robin Hood finden sich um 1500. Die meisten heute noch existierenden Balladen entstanden allerdings nicht im Mittelalter, sondern erst im Laufe des 16. und 17. Jh.s. In dieser Zeit bildeten sich auch die Legenden um Robin Hoods Gefährten und um „Maid Marian“. Ursprünglich in Versen, wurde der Stoff um Robin Hood im 16. Jh. auch Gegenstand von Prosabearbeitungen. Eine der ältesten Balladen um Robin Hood, die gedruckt überliefert ist, ist „Robyn Hood and the monk“, die um 1450 entstanden ist. Sie schildert eine Welt, in der der „Outlaw“ Aufrichtigkeit, Tapferkeit, Mut, treue Kameradschaft untereinander und hilfreiche Zuwendung zu den Armen und Geplagten verkörpert. Es wird ein Volksheld vorgestellt, der den Ausgebeuteten und Unterdrückten hilft, der Gott und den König achtet und die Treue hält, der aber gleichzeitig in unerbittlichem Kampf mit der Tyrannei der Barone und den Amtsträgern der Kirche liegt. Unter den fünfzig verschiedenen Balladen um Robin Hood, die erhalten geblieben sind, sind „Robin Hood and Guy of Gisborne“, „Robin Hood and the potter“ und „Robin Hood's Death“ (als Fragment) am bekanntesten geworden. Wichtigste Quelle für moderne Kinder- und Jugendbücher um die Gestalt des Robin Hood ist bis heute das im 15. Jh. entstandene rustikale Volksepos „The Lytell Geste of Robyn Hode“ geblieben. Die Verserzählung wurde zum ersten Mal zwischen 1495 und 1500 von Wynken de Worde gedruckt. In 256 vierzeiligen Versen wird von Robin Hoods Hilfe für den armen Ritter Sir Richard at the Lee erzählt, von der Gefangennahme des Sheriffs von Nottingham durch Robins Gefährten Little John, von dem Besuch des Königs in Greenwood und der Einladung Robins an den Hof. Robin bleibt fünfzehn Monate am Hofe des Königs, dann kehrt er zu seinem alten Leben in die Wälder zurück:

If I dwell longer with the Kynge,
Sorrow will me slay.

Das Epos endet mit dem Bericht von dem Verrat der Priorin von Kirklee, der zum Tode des Helden führt. Bis heute lebt die Gestalt Robin Hoods in zahlreichen Jugendbüchern, Comics, Filmen und Fernsehspielen weiter, hat längst Eingang in die internationale Jugendliteratur gefunden.

Entwicklung der KJL im 17. Jh. — Religiöse Kinderbücher. Die Kinderbuchszene in England von der Mitte des 17. Jh.s an war durch das Vorherrschen kalvinistisch-puritanischer Kinderbücher gekennzeichnet. Es war das Anliegen der Autoren solcher Schriften, die Kinder „vor dem Weg zur Hölle“ zu bewahren. Viele von diesen strenggläubigen Kalvinisten mußten wegen ihrer starren Glaubenshaltung ins Gefängnis gehen. Sie waren von dem unerschütterlichen Glauben beseelt, daß das diesseitige Leben nur eine Vorbereitung auf das Jenseits und damit auf Hölle oder Himmel sein könne. Wie W. SLOANE in seinem Werk „Children's books in England and America in the seventeenth century“ (1955) angibt, konnte er für die Zeit zwischen 1557 und 1710 die Herausgabe von insgesamt 261 Kinderbüchern ermitteln, deren Aussage zum weitaus größten Teil auf kalvinistisch-puritanische Glaubenshaltung zurückgeht. In dieser Zahl sind reine Lehr- und Schulbücher nicht eingeschlossen.
Oft standen die Titel solcher Ausgaben in krassem Gegensatz zum Inhalt, wie etwa „The Child's Delight“ (1671) von TH. LYE, das den kleinen Lesern schlimme Aussichten für ihr Leben nach dem Tode verhieß.
Eines der populärsten und verbreitetsten Bücher dieser Zeit, das bis zum Ende des 18. Jh.s zahlreiche Neuauflagen erlebte und noch in der ersten Hälfte des 19. Jh.s nachgedruckt wurde, war „A Token for Children“ (1671) mit dem bezeichnenden Untertitel „being an exact account of the conversion, holy and exemplary lives and joyful deaths of several young children“. Es stammte von dem Geistlichen J. JANEWAY (1636—74), der 1662 wegen seiner Weigerung, sich den neuen kirchlichen Richtlinien anzupassen, aus seinem Amt verwiesen wurde. In dem zweiteiligen Werk schildert der Autor Kinder, die in sehr jungen Jahren — sie waren meist nicht älter als vier, fünf Jahre — starben. Sie werden beispielhaft in ihrem religiösen Verlangen nach Seligkeit gezeichnet. Wenn sie feststellen, daß sie von einer schlimmen Krankheit gezeichnet sind, zeigen sie sich dankbar dafür, „von dem Herrn auserwählt worden zu sein“. Sie bitten nie um Mitleid für ihre Leiden, und die Angehörigen sind sehr betroffen von der freudigen Erwartung, mit der diese Kinder sich auf die ewige Seligkeit vorbereiten. Das Büchlein fand vor allem durch die tiefe, wenn auch überzogene Religiosität und die eindrucksvolle Schilderung der Hölle und ihrer Qualen großen Anklang. Ein anderer Autor, der ebenso den fanatischen Kalvinisten zuzuordnen ist, war TH. WHITE, dessen Warnungen vor dem Schicksal, das ungehorsame Kinder zu erwarten hätten, noch schrecklicher waren als die von JANEWAY. In „A Little Book for Little Children“ (1674) warnt WHITE die jungen Leser vor Feuer und Schwefel, die über die Welt kommen werden, und erinnert sie daran, daß zu jedem Augenblick „the Devil at Thy Elbow“ sei. Viele Seiten seines Büchleins erzählen von grausamen Leiden christlicher Märtyrer, die sich so die ewige Seligkeit verdienten. Das Buch enthält auch ein gereimtes ABC, in dem es zu dem Buchstaben C heißt:

Children that make their parents bleed,
May Live t'have Children to revenge that deed.

Obwohl diese Autoren die KJL in England, aber auch den Erziehungsstil und die Moralauffassung bis ins 20. Jh. hinein nachhaltig beeinflußten, sind ihre Werke heute so gut wie vergessen.
Der Puritanismus im England des 17. Jh.s brachte allerdings auch ein Werk hervor, das längst zum Jugendbuchklassiker geworden ist, obwohl es ursprünglich ebenso wie der „Robinson“ oder der „Gulliver“ für Erwachsene geschrieben war. „The Pilgrim's Progress from this World, to that which is to come: Delivered under the Similitude of a Dream Wherein is Discovered, the manner of his setting out, His Dangerous Journey; And safe Arrival at the Desired Countrey“ (1678; dt. Eines Christen Reise nach der Seeligen Ewigkeit. Welche unter unterschiedlichen artigen Sinnen-Bildern Den gantzen Zustand einer Bußfertigen und Gottsuchenden Seelen vorstellet, 1685) war von J. BUNYAN (1628—88) nicht für kindliche Leser gedacht. Die Kinder aber fanden diese Allegorie rasch viel anziehender und interessanter als die vielen speziell für sie geschriebenen Bücher der Zeit. Das Buch hat seinen Platz in den Kinderbibliotheken bewahrt, wenn es heute auch weniger gelesen wird als zu einer Zeit, in der es praktisch keine Konkurrenz dafür gab. Eine große Anzahl von Illustratoren haben sich an dem Werk versucht, und die Anzahl der Jugendbearbeitungen bis in die Gegenwart hinein ist unübersehbar geworden.
BUNYAN, der kaum eine Ausbildung genossen hatte, ergriff schon in jungen Jahren den Beruf seines Vaters und wurde Kesselflicker. Nach seiner Rückkehr aus dem Dienst bei der Truppe der Puritaner widmete er sich mehr und mehr religiösen Meditationen. Er entwickelte religiöse Ansichten, die von den offiziellen abwichen, und zog als Prediger umher. Da er dies ohne Lizenz tat, wurde er ins Gefängnis geworfen. Zwölf Jahre verbrachte der Autor in den Gefängnissen von Bedford. In der letzten Etappe seines Gefängnisaufenthaltes schrieb er in Form eines Traums die Geschichte von Christians Pilgerfahrt.
Die Erzählung enthält alle Elemente, die junge Leser anziehend finden: ohne auf die theologischen Einschübe achten zu müssen, konnten sich Kinder an den unerschöpflichen Abenteuern des Helden mit Riesen und üblen Bösewichtern wie Apoll, an der Überwindung von Gefahren und Fallen wie dem „Slough of Despond“ oder dem „Vanity Fair“, an der unverbrüchlichen Treue guter Freunde und den Intrigen gefährlicher Feinde ergötzen. Noch besser war dies bei der Lektüre des 1684 erschienenen und weniger mit theologischen Einschüben befrachteten zweiten Teils der Fall, in dem die

Pilgerfahrt von Christiana, Christians Weib, ihren vier Kindern und ihrer Freundin Mercy geschildert wird und in dem Mr. Greatheart die Rolle des tapferen Helden zugedacht ist.
Den typischen Kinderbüchern der puritanischen Epoche näher stand ein anderes kleines Werk, das BUNYAN 1686, im Alter von 58 Jahren, u. d. T. „A Book for Boys and Girls; or, country rhymes for children" schrieb. Die Motivation für die Abfassung des Büchleins war wohl in der Hinneigung BUNYANS zu seinen eigenen Kindern, vor allem zu seiner „poor blind Mary" zu suchen; von der Form her steht es den späteren „Enblem-Books" nahe. Enblem-Books waren Bücher, in denen Vorgänge und Gegenstände des Alltags benutzt wurden, um an ihnen sinnbildlich göttliche Wahrheiten oder moralische Grundsätze zu erläutern. Meistens bedienten sich solche Enblem-Books einer Reihe von Illustrationen, die die im Text genannten Gegenstände bildlich vorstellen sollten. BUNYANS erste Ausgabe blieb allerdings ohne Bebilderung; erst eine Ausgabe aus dem Jahr 1707 weist eine Reihe von Illustrationen auf. In der 9. Auflage von 1724 wurde der Titel des Büchleins dann in „Divine Enblems; or, temporal things spiritualized" umgewandelt. In der Originalausgabe wurden insgesamt vierundsiebzig Gegenstände von BUNYAN für seine Meditationen ausgewählt. Jede Erörterung zu jedem dieser Gegenstände ist in Reime gekleidet, die in ihrer einfachen Sprache plastisch das tägliche Leben in den Dörfern und Feldern Englands im 17. Jh. spiegeln. Obwohl sich die Sprache sehr von der harten, düsteren Diktion eines JANEWAY abhebt, hat jedes Thema seinen religiösen Gehalt. Nichts war BUNYAN zu unbedeutend, um es in Verse einzukleiden. Es gibt Reime zu „The Frog", „The Snail", „A Penny Loaf", „The Fly and the candle", „The Cackling of a hen", „A Lanthorn", aber auch zu „Death", „Time and Eternity" und „Beauty". Obwohl BUNYAN wie seine Zeitgenossen an den Anfang des Büchleins ein Alphabet stellt, weist er in seinem Vorwort darauf hin, daß das Buch auch für jene großen Jungen und Mädchen geschrieben worden sei, die „with all the frantic fopperies of this Age" spielen. Es ist seine Absicht:

To show them how each Fingel-fangle,
on which they doting are, their souls entangle.

Obwohl sich BUNYAN sehr bemühte, mit seinen Versen kindlichem Verständnis entgegenzukommen, reichte „A Book for Boys and Girls" nicht entfernt an den Erfolg von „Pilgrim's Progress" heran. Er erreichte auch in keinem anderen Werk wieder die Plastik und Harmonie der Sprache, wie sie ihm in „Pilgrim's Progress" an vielen Stellen gelungen war.
Nüchterner in der Absicht und härter im Ton gibt sich „A Looking Glass for Children" (1672) von A. CHEAR und H. JESSEY. Am bekanntesten daraus wurde der Vers, in dem sich ein hübsches kleines Mädchen, das vor dem Spiegel Eitelkeit darüber empfindet, „how sweetly God did form her", düsteren Gedanken hingibt:

Tis pitty, such a pretty Maid,
as I should go to Hell.

Entwicklung der KJL im 18. Jh. 1. Kinderlieder und -gedichte. Das erste Viertel des 18. Jh.s bescherte England drei Bücher, die schon bald Weltgeltung erlangen sollten und die für Jahrhunderte hindurch von Kindern der ganzen Welt gelesen wurden, obwohl zwei von ihnen ganz und gar nicht für Kinder konzipiert waren. Gemeint sind „Divine Songs attempted in easy Language for the Use of Children" (1715) von I. WATTS (1674—1748), ferner „The Life, and Strange Surprizing Adventures of Robinson Crusoe; at York, Mariner" (1719; dt. Das Leben und die gantz ungemeine Begebenheiten des berühmten Engelländers Mr. Robinson Crusoe, 1720) von D. DEFOE (1661—1731) und „Travels into Several Remote Nations of the world, by Lemuel Gulliver" (Bd. 1 u. 2. 1726; dt. Des Capitains Lemuel Gulliver Reisen in unterschiedliche, entfernte und unbekannte Laender, Th. 1—3, 1727 u. 28) von J. SWIFT (1667—1745).
WATTS, Sohn eines Schneiders, war eine bekannte Persönlichkeit im Lager der religiösen Unabhängigkeitsbewegung im England des 17. und 18. Jh.s und verbrachte einen Teil seines Lebens in Gefängnissen oder auf der Flucht, da er sich weigerte, zur Unitaristischen Kirche überzutreten. Er wurde schließlich Geistlicher einer kleinen, unabhängigen Gemeinde unter dem Patronat der einflußreichen Familie ABNEY. Im Alter wandte er sich dann immer mehr der unitaristischen Richtung zu, ohne jedoch den endgültigen Übertritt zu vollziehen. Die düstere Härte der Glaubensbekenntnisse vieler Dissidenten lehnte er ab, vor allem deren Vorstellung von Musik als einer Erfindung des Teufels. WATTS, bemüht, das Singen von Psalmen einzuführen, schrieb selbst etwa 450 Kirchenlieder, die zum Teil heute noch in den Gemeinden Englands gesungen werden.
Seine „Divine Songs" präsentierten zum ersten Mal in der Geschichte der englischen Kinderliteratur dem kindlichen Verständnis angemessene religiöse Verse, die dazu noch wegen ihres rhythmischen Aufbaus leicht im Gedächtnis zu behalten waren. Zwar war es WATTS ebenso ernst mit der Moral und der Erbauung wie seinen puritanischen Vorläufern und Zeitgenossen, doch erkannte er auch, daß Kinder Verse brauchen, die sie ansprechen, die mehr überzeugen als abschrecken. Obwohl WATTS Verse Generationen englisch sprechender Kinder in der ganzen Welt von den Erwachsenen zum Lernen aufgegeben wurden, kamen sie bei Kindern an. Im Vorwort, das WATTS an „all concerned in the education of children" richtete, sagt er etwas über den Zweck, den er mit der Herausgabe seiner „Divine Songs" verband. Er hoffte, daß seine Hymnen einen netten Zeitvertreib für Kinder bilden möchten und daß diese wöchentlich eines der Lieder auswendig lernen könnten. Seinen Hymnen gesellte er eine Reihe

„moral songs" zu, die die Kinder davon abhalten sollten, unnütze, gewöhnliche und sittenlose Lieder zu erlernen. Seine moralischen Lieder haben sich in Kinderbüchern länger gehalten als seine Hymnen. Zwei von ihnen, „'Tis the voice of the sluggard" und „How doth the little busy bee", wurden 150 Jahre später von L. CARROLL in „Alice's Adventures in Wonderland" parodierend wieder verwandt. CARROLL war davon ausgegangen, daß Alice, wie jedes wohlerzogene englische Mädchen, die „moral songs" von WATTS auswendig kannte.

Eine Reihe der Lieder von WATTS sind inzwischen in das englische Volksgut eingegangen, wie die Verse:

Birds in their little nests agree
And 'tis a shameful sight
When children of one family
Fall out and chide and fight.

Besonders reizvoll ist der Anfang des Wiegenliedes:

Hush' my dear, lie still and slumber
Holy angels guard thy bed!
Heav'nly blessings without number
Gently falling on thy bed.

WATTS „Divine Songs" eroberten sich im Sturm ganz England. Im Laufe von nur fünfzehn Jahren mußten bereits 8 Auflagen gedruckt werden. WATTS Verse kennzeichnen den Ausgangspunkt des englischen Kindergedichts und gaben ganzen Generationen von Autoren Impulse zum Schreiben von Kinderliedern. Allerdings gelang es seinen Nachahmern erst hundert Jahre nach dem Ersterscheinen der „Divine Songs", die einfache und kindgemäße Sprache wieder zu treffen.

2. Adaptionen aus der Erwachsenenliteratur — „Robinson Crusoe" und „Gulliver". Am 25. April 1719 erschien der erste Teil von DEFOES „Robinson Crusoe". Dieser Zeitpunkt markiert gleichzeitig den Beginn der Abenteuergeschichten für junge Leser. Obwohl für Erwachsene geschrieben, eroberten sich die Kinder sehr schnell diese atemberaubende Erzählung des Matrosen, „who lived eight and twenty years, all alone on an uninhabited Island on the cost of America, near the Mouth of the Great River Oroonoque". Der Autor mischt in seine Erzählungen so viele Details und versteht es, so spannend zu berichten, daß bei den jungen Lesern der Eindruck einer Schilderung wirklich erlebter Abenteuer entstehen mußte. Der junge Leser erfährt durch DEFOES Buch die elementaren Probleme des auf sich allein gestellten jungen Robinson auf einer unbewohnten Insel, der Tag für Tag um das Überleben zu kämpfen hat. Dazu kommt die menschlich anziehende Freundschaft zu dem „Wilden" Freitag, der Kampf mit den Eingeborenen, das aufregende Kapitel von den Meuterern und schließlich die Rückkehr nach England nach langen Jahrzehnten zwischen Verzweiflung und Hoffnung. Die moralisch-ökonomischen Erörterungen, die englische Mischung von Gottvertrauen und Utilitarismus, die dem erwachsenen Leser als puritanische Wirtschaftsmoral vorgesetzt wurden, die Erkenntnis von der Notwendigkeit von Arbeitstüchtigkeit und moralischer Selbstsicherheit, die sorgsame Aufzeichnung des moralischen Solls und Habens — für die erwachsenen Leser des England des 18. Jh.s das Wichtigste an DEFOES „Robinson Crusoe" — beachteten die jungen Leser kaum. Ihnen ging es in erster Linie um das Abenteuer, um die spannende Darstellung der Überwindung zahlreicher Gefahren, um die Schilderung der den jugendlichen Nachahmungstrieb reizenden Entwicklungsgeschichte menschlicher Technik im Zeitraffertempo. Sehr rasch erschienen zahlreiche stark gekürzte Raubdrucke, die zu Vorläufern der vielen späteren Jugendbearbeitungen wurden und die auch als Chap-books auf den englischen Buchmarkt kamen. Die beiden Fortsetzungen, die DEFOE schrieb, der 1719 erschienene Band „Farther Adventures of Robinson Crusoe" (dt. Das Leben und die gantz ungemeinen Begebenheiten des berühmten Engelländers, Mr. Robinson Crusoe, Zweyter und letzter Theil, 1720) und der 1720 herausgekommene Band „Serious Reflections during the Life and Surprizing Adventures of Robinson Crusoe" (dt. Ernstliche und wichtige Betrachtungen Des Robinson Crusoe, welche er bey den Erstaunungsvollen Begebenheiten seines Lebens gemacht hat, 1721), in denen die Rückkehr Robinsons auf seine Insel und der Kampf mit angreifenden Wilden, wobei Freitag getötet wird, geschildert werden, spielten als Lesestoff für Kinder und Jugendliche kaum eine Rolle. Sehr rasch entstanden auch Bearbeitungen und Umdichtungen des Originalstoffes und eine Fülle von „Robinsonaden".

1779 erschien in Hamburg „Robinson Crusoe der Jüngere" von J. H. CAMPE (1746—1818) in zwei Bänden. Bereits 1781 übersetzte CAMPE selbst sein Buch unter dem Titel „Robinson the Younger" ins Englische. Die in England verbreitetste Ausgabe des CAMPEschen Robinson war die im Jahr 1788 in vier Bänden erschienene Bearbeitung und Übersetzung des Verlegers J. STOCKDALE mit 32 Holzschnitten von J. BEWICK (1760—95).

Eine zweite international verbreitete Bearbeitung des Robinson Crusoe war „Der Schweizerische Robinson" des schweizerischen Predigers J. D. WYSS (1743—1818). Das Werk erschien 1812—13 in zwei Bänden. Die erste englische Ausgabe davon kam bereits 1814 unter dem Titel „The Family Robinson Crusoe: or, Journal of a father shipwrecked with his wife and children, on an uninhabited Island" heraus. Die Übersetzung stammte von W. GODWIN (1756—1836), dem Schwiegervater des Dichters P. B. SHELLEY.

Auch SWIFTS „Gulliver" war ein Schiffbrüchiger wie Robinson. Allerdings gerät Gulliver auf keine unbewohnte Insel, vielmehr in hochentwickelte Staaten wie die Reiche „Lilliput" und „Brobdingnag" und den Staat der mit weiser Vernunft begabten Pferde, deren Diener degenerierte Menschenwesen sind. Swift diente die Schilderung dieser Staatswesen als Möglichkeit, an ihnen symbolhaft die Zustände in England mit ätzender Satire zu geißeln. Was Kinder an diesem Buch allerdings mehr interessierte als die Satire der gesellschaftlichen Zustände in ihrem Heimatland, war die von Swift vorgeführte Welt der Liliputaner und Riesen, diese auf den Kopf gestellte Wunderwelt. Am 28. Oktober 1726 erschien die erste Ausgabe des „Gulliver" in zwei Bänden, von der innerhalb von drei Monaten 10 000 Exemplare verkauft wurden. Schon 1727 kam als Raubdruck eine gekürzte Version des „Gulliver" heraus, die nur noch die Abenteuer bei den Liliputanern und den Riesen enthielt und in der alle satirisch-philosophischen Erörterungen und Anspielungen ausgelassen waren. Weitere Bearbeitungen für junge Leser folgten dann schnell aufeinander. Erstaunlich ist die Tatsache, daß Chap-book-Ausgaben des „Gulliver" kaum bekannt wurden. Vielleicht war es nicht so einfach, Swifts in differenzierter Sprache geschriebenen „Gulliver" radikalen Kürzungen zu unterwerfen, wie das bei Defoes „Robinson" verhältnismäßig einfach geschehen konnte. Beide Bücher, Defoes „Robinson" wie Swifts „Gulliver", gehören bis heute zum Bestand des internationalen KJL-Angebotes und haben zu einer unübersehbaren Fülle mehr oder weniger gelungener Übersetzungen, Bearbeitungen und Nachahmungen geführt.

3. Heitere, sentimentale und der Aufklärung verpflichtete Kinderbücher. In den 40er Jahren des 18. Jh.s machte sich in England auf dem Gebiet der Kinderbuchproduktion eine radikale Änderung bemerkbar. So brachte der Verleger Th. Boreman in London zwischen 1730 und 1743 eine Serie kleiner Büchlein für Jungen und Mädchen heraus, die er „Gigantick Histories" nannte, ganz im Gegensatz zu ihrer Winzigkeit. Sie maßen 2 Inches im Quadrat und waren kleiner als die später weit verbreiteten „Liliput"-Bücher, die J. Newbery herausbrachte. Jedes Büchlein war mit einem farbenfrohen Einband und dem Vermerk „For Little Masters and Misses" versehen. „During the infant age, every busy and always inquiring, there is no fixing the attention of the mind but by amusing it", stellte der Herausgeber im Vorwort des ersten Büchleins seiner Reihe fest. Am Ende eines jeden Exemplars versprach der Verleger und Herausgeber seinen jungen Lesern:

Then very soon
I'll print another
Which for its size
Will be its brother.
Such pretty thoughts
It will contain
You'll read it o'er
And o'er again.

Die kleinen Bücher beschäftigen sich vor allem mit der Beschreibung und Geschichte der Stadt London, wobei das Element des Wunderbaren durch die Figuren der beiden Riesen Gogmagog und Corineus Beachtung fand, so etwa in dem 1740 erschienenen Büchlein „The Gigantick History of the two famous Giants; And other Curiosities". Im März 1744 brachte Mrs. M. Cooper, die um 1740 die Buchhandlung ihres verstorbenen Mannes übernommen hatte, ein kleines Buch mit dem Titel „Tommy Thumb's Song Book for all little Masters and Misses" heraus, das mit dem fingierten Autorennamen Nurse Lovechild versehen war.

In diese Zeit des ersten Auftauchens englischer Kinderbücher, die einen neuen Ton anschlugen, der sehr im Gegensatz zu den herkömmlichen puritanischen und humorlosen Kinderschriften stand, fiel im Jahr 1741 das Erscheinen eines achtbändigen Werkes mit dem Titel „Pamela: or Virtue Rewarded. In a Series of Familiar Letters from a Beautiful Young Damsel to her Parents" (dt. Pamela oder die belohnte Tugend eines Frauenzimmers, 1772) von S. Richardson (1698—1761), der als erster den Familienroman und gleichfalls den Roman in Briefform in die europäische Literatur einführte. Obwohl das Werk mit dem Untertitel „Now first Published in order to cultivate the Principles of Virtue and Religion in the Minds of the Youth of both sexes" versehen war, der Autor es also vor allem für die Erbauung und moralische Ausrichtung Heranwachsender bestimmt hatte, wurde das Buch in kurzer Zeit zu einem Bestseller der erwachsenen Leserschaft in ganz Europa, was nicht ausschloß, daß es gleichzeitig von zahlreichen Jugendlichen gelesen wurde. Gleichen Erfolg hatten die weiteren Familienromane von Richardson, seine „Clarissa; or the History of a young Lady" (1747 u. 48; dt. Klarisse oder Geschichte eines jungen Frauenzimmers, 1790) und das ebenfalls achtbändige Werk „The History of Sir Charles Grandison" (dt. Geschichte des Herrn Grandison, 1754—59), das in den Jahren 1753—55 erschien. Bereits 1756 brachte der Londoner Verleger Baldwin unter dem Titel „The Path of Virtue delineated" eine Ausgabe heraus, die in verkürzter Form alle drei Werke in einem Band von 240 Seiten Umfang vereinte und die mit dem Untertitel versehen war „Familiarised and Adapted To the Capacities of Youth". Der große Erfolg der Romane Richardsons war u. a. darauf zurückzuführen, daß er mit der Betonung dessen, was er „zartere Sittlichkeit" nannte, die Atmosphäre der Empfindsamkeit in die Literatur einführte und damit die gefühlsmäßigen Voraussetzungen traf, die dem Bedürfnis und dem Geschmack seiner Zeitgenossen entgegenkamen, war es doch gerade das erstarkende Bürgertum, das trotz aller Aufklärung nur zu gerne in Tränenseligkeit schwelgte. Noch der junge Goethe erlebte den Ruhm des Engländers, und Pamela wurde in Europa zum Sinnbild preiswürdiger Jungfräulichkeit, während der Verführer Lovelac zum verabscheuungswürdigen Beispiel eines besonders üblen Don Juan hochstilisiert wurde.

Am 18. Juni 1744 erschien im „Penny London Morning Advertiser" eine Anzeige mit folgendem Text: „This Day is publish'd According to Act of Parliament (Neatly bound and gilt) ‚A Little Pretty Pocket-Book', intended for the Instruction and Amusement of little Master Tommy and pretty Miss Polly; with an agreeable Letter to each from Jack the Giant-Killer; as also a Ball and Pincushion, the Use of which will infalliably make Tom a good Boy and Polly a good Girl." Der Herausgeber des angezeigten Büchleins war der Buchhändler und spätere Druckereibesitzer und Herausgeber J. Newbery (1713—67), Sohn eines Landmanns in Berkshire.

Im Zeitalter der Aufklärung bestand ein wachsendes Interesse für die Erziehung. Jetzt konnten auch ärmere Kinder in den während der Regierung von Königin Anna eingerichteten Armenschulen das Lesen erlernen. Zwar war noch immer das Lesen der Bibel oberstes Ziel eines solchen Leseunterrichtes, aber allmählich erkannten die Verantwortlichen, daß Kinder auch andere Bücher nötig hatten. Vor allem der Einfluß von J. Locke (1631—1704) wurde nun in der Erziehung, aber auch in der Kinderliteratur spürbar. Eine seiner wichtigsten Lehren, daß nämlich das Kind leer wie ein unbeschriebenes Blatt sei und menschliche Perfektheit allein durch richtige Erziehung und Einübung erlangt werden könne, prägte den Erziehungsstil und die einschlägige Literatur der Zeit. Vor allem Lockes Werk „Some Thoughts concerning Education", das 1693 erschienen war, beeinflußte den Herausgeber Newbery stark, der seine Erziehungsmaximen, die er in seinen Kinderbüchern anwandte, weitgehend diesem Werk entnahm. Schon das erste Buch Newberys, „A Little Pretty Pocket-Book", war ein großer Erfolg. Bereits im Jahr 1767 wurde die 11. Auflage gedruckt. Zum Preis von sechs Pence (acht Pence mit Ball und Nadelkissen) erhältlich, enthielt das Buch das Alphabet, moralische Lehren, Kinderverse, Sprichwörter und vier Fabeln von Aesop. Dazu kamen Briefe von Jack the Giant-Killer an die jungen Leser, die allerdings wenig mit Märchenwundern zu tun hatten, vielmehr der handfesten Anleitung zum richtigen Verhalten dienen sollten. Das Buch unterscheidet sich in zwei Punkten wesentlich von allen bis dahin in England und auch sonst in Europa gedruckten Kinderbüchern: Es war in einem durchgängig humorvollen, fröhlichen Ton geschrieben und enthielt in Verse gesetzte Beschreibungen von allerlei Spielen, die jedes Kind der Zeit kannte und gerne betrieb. Die Spiele wie „Cricket", „Stool-Ball", „Base-Ball", „Trap-Ball", „Leap-Frog", „Hop-Scotch" und andere, die jeweils an einem Buchstaben des ABC aufgehängt und durch kleine informative Holzschnitte illustriert waren, wurden von lustigen Versen begleitet. Die unter den Versen stehenden, zweizeiligen, gereimten Lebensregeln (Rule of Life) wurden weniger von den Kindern als von den Eltern beachtet. Nicht große Qualität, doch ein fröhlicher und spielerischer Geist, der auch nicht durch die eingestreuten moralischen Nutzanwendungen gestört wird, kennzeichnen das Büchlein.

In der Zeit von 1744 bis 1767 erschienen rund 60 Kinderbücher bei Newbery, von denen nur wenige bis auf den heutigen Tag erhalten geblieben sind. Vor allem Erstauflagen sind kaum mehr zu finden. Newbery, der ein guter Kaufmann und ein ausgezeichneter Werbefachmann war, erkannte sehr schnell, wie sich mit dem Verkauf dieser neuen Art von Kinderbüchern, mit der er konkurrenzlos auf dem Markt war, ein gutes Geschäft machen ließ. Trotz seines Geschäftssinns gerieten seine Bücher nie zur Serienware. Jede der neu erschienenen Ausgaben zeugte von dem echten Verständnis des Herausgebers für das Kindgemäße, für das, was Kindern Spaß machte, soweit dies im Zeitalter der Vorherrschaft des Rationalismus überhaupt möglich war. So redete er seine kleinen Leser grundsätzlich mit „My little Friends" an und bezeichnete sich selbst immer wieder als „Your old Friend". Die Seiten seiner Bücher sind voll von humoristischen Szenen und Versen, und er kannte wohl die Faszination, die Tiere und ausgefallene Namen auf die Phantasie der Kinder ausüben.

Newbery rief auch das erste Periodicum für Kinder ins Leben, „The Lilliputian Magazine", das ab 1751 erschien.

Die meisten der Kinderbücher, die Newbery herausgab, erschienen anonym. Es ist daher kaum noch möglich herauszufinden, wer als Autor für die einzelnen Ausgaben in Frage kommt. Fest steht, daß Newbery selbst als Autor an seinen Büchern beteiligt war und daß er eine Anzahl fest angestellter Mitautoren hatte, wie O. Goldsmith (1728 bis 74), dem auch die Autorenschaft für das interessanteste von Newberys Büchern, die „History of Little Goody Two-shoes" (1765), zugeschrieben wird.

Die Geschichte, die das Büchlein erzählt, enthält ebensoviel soziale Elemente wie individualistische. Es wird sehr plastisch das ländliche Leben im England des 18. Jh.s geschildert. Die Sympathien des Autors gelten dabei offensichtlich den hart arbeitenden Bauern, die unter hartherzigen Landbesitzern zu leiden haben. Sehr kurz wird der Lauf der Geschichte in den Versen zusammengefaßt, die auf der Titelseite des Büchleins stehen:

For the benefit of those
Who from a state of rage and care
And having Shoes but half a pair
Their Fortune and their Fame would fix
And gallop in a Coach and six.

Man muß sich daran erinnern, daß Newberys Kinderbücher auf die Bedürfnisse seiner Zeit zugeschnitten waren. Sie sollten vor allem der aufkommenden Mittelklasse dienen, die Kinderbücher verlangte, die mit ihren moralischen und weltanschaulichen Vorstellungen übereinstimmten.

Mit der Wandlung der Gesellschaft im 19. Jh. wurden NEWBERYS Kinderbücher überflüssig. Es bleibt jedoch sein Verdienst, als erster attraktive Kinderbücher für „Young Masters and Misses" herausgebracht zu haben, die als Ausgangspunkt für eine kindgemäße Kinderbuchproduktion dienen konnten, und so die Voraussetzungen für die heutige moderne Kinderbuchproduktion in der ganzen Welt mitgeschaffen zu haben. Die in den Vereinigten Staaten von Nordamerika für das beste Buch des Jahres gestiftete „John Newbery Medal", die seit 1921 verliehen wird, erinnert jährlich an die großen Verdienste, die sich der in den Geschichten der Weltliteratur kaum erwähnte englische Buchhändler und Verleger um das literarische Wohl aller Kinder der Welt erworben hat.

4. Verfolgung karikativer Ziele in Kinderbüchern — der Einfluß der Sonntagsschulen. Mit dem Beginn der Kinderbuchproduktion NEWBERYS verschwanden die religiös intendierten Kinderbücher keineswegs von der Bildfläche. Eine Anzahl von Autoren versuchte sich in der Nachahmung von WATTS religiösen Kinderversen, wie etwa CHR. SMART (1722—70), ein Schwiegersohn NEWBERYS, dessen etwas hölzerne Verse in seinen „Hymns for the Amusement of Children" (1770), einer Mischung aus kindlicher Naivität und hochgestochener Religionsphilosophie, nicht an WATTS „Divine Songs" heranreichten.

Gegen Ende des 18. Jh.s breitete sich in England ein neuer religiöser Geist aus, der besonders in den Predigten von J. WESLEY (1703—91) zum Ausdruck kam. Diese neue religiöse Bewegung setzte sich dafür ein, im Geiste christlicher Nächstenliebe die für große Teile der arbeitenden Bevölkerung durch die Industrierevolution hervorgerufenen Härten zu mildern. Eine Konsequenz dieser Bemühungen sahen die Vertreter der neuen Richtung in dem notwendigen Versuch, den Kindern der ärmeren Schichten besseren Zugang zur Bildung zu verschaffen. So entstanden in schneller Folge in ganz England sogenannte „Sunday-Schools". Zweck der Sonntagsschulen sollte es sein, die Massen der arbeitenden Bevölkerung davon abzubringen, am arbeitsfreien Sonntag ihre Zeit mit Herumlungern in Schenken, mit Glücksspielen, Wetten, Raufen und Trinken zu vertun, und sie über den Weg der Bildung zu einem gottgefälligen Leben zu führen. Vor allem die jüngeren Jahrgänge sollten für die Sonntagsschulen gewonnen werden. Zu diesem Zweck wurden Frauen angestellt, oft ehrenamtlich oder für einen Schilling pro Sonntag, die in der Lage waren, den Sonntagsschülern das Lesen und Schreiben beizubringen. Die Verbindung zwischen offizieller Kirche und Sonntagsschul-Bewegung war sehr eng. Schon 1787 konnte der Buchdrucker und Verleger R. RAIKES, der sich mit besonderer Energie für die Schaffung von Sonntagsschulen eingesetzt hatte, die Feststellung treffen, daß eine viertel Million Kinder aus den ärmeren Schichten „were now taken into these little seminaries of instruction". Zwar stand die religiöse Unterweisung der Kinder im Vordergrund der Bemühungen der Anhänger der Sonntagsschul-Bewegung, jedoch bildeten diese Institutionen für die Kinder der ärmeren Schichten oft die einzige Gelegenheit, in den Genuß des Lesens und Schreibens zu gelangen. Schon bald erkannte man allgemein, daß das Anliegen der Sonntagsschulen durch speziell zur Durchsetzung der Ziele der Sonntagsschulanhänger verfaßte Schriften gefördert werden sollte. Gleichzeitig hoffte man, so den Kinderbüchern im Geiste der Ideen ROUSSEAUS, die als verderblich für junge Gemüter angesehen wurden, entgegenzuwirken.

Von dieser Erkenntnis ausgehend, verfaßte die Lehrerin und Schriftstellerin S. TRIMMER (1741 bis 1810), eine der eifrigsten Anhängerinnen der Sonntagsschul-Bewegung, im Jahr 1780 ihre Schrift „An Easy Introduction to the Knowledge of Nature" (dt. Leichter Unterricht zur Kenntnis der Natur und Lesung der heiligen Schrift, 1790), in der sie die Biblische Geschichte „to youth and immature minds" verständlich machen wollte. Den gleichen Zweck hatte ihr sechsbändiges Werk „Sacred History selected from the Scriptures" (1782—86). Mrs. TRIMMER gab eine große Anzahl kürzerer Schriften heraus, die von der „Society for Promoting Christian Knowledge" übernommen und in hohen Auflagen in Form billiger Traktate verteilt wurden wie „Abridgement of Scripture History", „Teacher's Assistant", „Scripture Catechism", „Charity School Spelling Book", „Servant's Friend" und ähnliche Titel, die zwischen 1785 und 1800 Verbreitung fanden. Mrs. TRIMMER begründete daneben zwei Zeitschriften, „The Family Magazine" (1788—89) und „Guardian of Education" (1802 bis 1806), die vor allem „for the use of the servant's hall or kitchen" bestimmt waren und deren Zweck es sein sollte, die Leser in die Prinzipien orthodoxer christlicher Erziehung einzuführen und mit Hilfe von Kinderbuchbesprechungen dem verderblichen Einfluß weltlicher und rousseauistisch gefärbter Kinderschriften entgegenzuwirken.

Während Mrs. TRIMMERS religiöse Sonntagsschulschriften kaum über das erste Viertel des 19. Jh.s hinaus gelesen wurden, war ihr Geschichtenbuch „Fabulous Histories" (1786; dt. Fabeln und Geschichten zum Unterricht für Kinder, 1787) noch in der viktorianischen Ära u. d. T. „The History of the Robins" (dt. Das Rotkehlchen. Tl. 1 u. 2. 1802) fast in jeder Kinderstube anzutreffen. Diese Erzählungen, die Mrs. TRIMMER ursprünglich für die eigenen Kinder geschrieben hatte, richteten sich an die Kinder der besser gestellten Stände. Die Geschichte von den Rotkehlchen — von der Autorin der PRINZESSIN SOPHIA gewidmet — wollte die Kinder Liebe zu der einfachen Kreatur lehren. Ähnliches versuchte die Verfasserin mit ihrem Buch „The Two Farmers" (1786) für Leser aus den ärmeren Schichten.

Auch H. MORE (1745—1833) setzte sich für die Ziele der Sonntagsschulen ein. Wie Mrs. TRIMMER und andere Anhänger der Sonntagsschul-Bewegung war sie von der Notwendigkeit überzeugt, als Gegengewicht zu den zahlreichen weltlichen, vulgären und teilweise antireligiösen Kinderschriften „safe books" zu schaffen. Neben Lehrbüchern sollte es auch interessante erzählende Kinderschriften geben. MORES Initiative war es zu verdanken, daß die Aktion „Cheap Repository Tracts" ins Leben gerufen wurde. Im Aussehen, Umfang und Preis eine Kopie der Chap-books, wurden große Mengen solcher religiös gefärbter Traktate gedruckt. Obwohl der Vertrieb erst Ende 1795 eingesetzt hatte, konnten bis Jahresschluß bereits über 300 000 Traktate verkauft werden. Sie wurden durch den Londoner Verleger J. MARSHALL vertrieben, dessen Verkaufsverzeichnis schon 1798 über hundert verschiedene Titel auswies. Die Serie endete im Jahr 1798 und wurde dann von der „Religious Tract Society" abgelöst, die fortan und noch das ganze 19. Jh. hindurch billige Kinderschriften lieferte, die die Arbeit der Sonntagsschulen unterstützen und die christliche Erziehung der Kinder aus den ärmeren Schichten voranzutreiben half.

MORE schrieb eine große Anzahl dieser Traktate selbst, viele unter ihrem Pseudonym „Z". Es gelang ihr, mit ihren Schriften die englische Öffentlichkeit mit dem Elend der arbeitenden Massen zu konfrontieren und die Reichen auf ihre Pflicht zu helfen und auf ihre Verantwortung für das Los der Armen aufmerksam zu machen. In einer verbreiteten Schrift, „The Shepherd of Salisbury Plain" (um 1820), schildert Mrs. MORE eindringlich die verzweifelten, aber vergeblichen Anstrengungen eines ehrlichen, fleißigen Arbeiters, seine Familie mit einem Wochenlohn von acht Schillingen durchzubringen. Weit verbreitet war auch ihr Buch „Sacred Dramas: Chiefly intended for Young Persons" (1782; dt. Geistliche Dramen und biblische Geschichten . . . für junge Personen, 1792), in dem die Autorin in Form von Versdialogen die Geschichten von Moses, David und Goliath, Daniel und anderen biblischen Gestalten aus dem Alten Testament erzählt.

Obwohl die Erzählungen von M. SHERWOOD (1775 bis 1851) im 19. Jh. entstanden, gehört die Autorin mit ihrem erzählerischen Anliegen noch ganz in die Periode der Sonntagsschul-Erzählerinnen. Mrs. SHERWOOD, deren Geschichten auch in andere europäische Sprachen Eingang fanden, übernahm bereits mit 26 Jahren die Leitung einer Sonntagsschule. Nachdem sie 1803 ihren Vetter, den Armeeoffizier H. SHERWOOD, geheiratet hatte, ging sie mit ihm nach Indien, wo sie bis 1816 wohnte. Dort kümmerte sie sich vor allem um die Erziehung der Soldatenkinder.

Die Autorin war von der Verderbtheit der menschlichen Seele überzeugt. In ihrer Haltung von dem berühmten Missionar H. MARTYN bestärkt, versuchte sie in ihren Erzählungen, die Anfälligkeit des Menschen für die Sünde und den notwendigen dauernden Kampf dagegen in den Vordergrund zu stellen. Während sie mit ihren ersten beiden Erzählungen „The History of Susan Grey" (1802) und „Lucy Clare" (1815) wenig Erfolg hatte, erfreuten sich die nächsten beiden Bücher „The Indian Pilgrim" (1817), eine für Hindus gedachte Nachahmung von BUNYANS Dichtung, und die Erzählung „Little Henry and His Bearer" (1814), die erste Missionsgeschichte in der Kinderliteratur, auf Anhieb großer Beliebtheit. In dem zweiten Buch gelang es der Verfasserin nicht nur, die Bekehrung des indischen Trägers überzeugend darzustellen, sie verstand es auch, ein sehr lebendiges Bild von dem Leben in Indien zu zeichnen. Als Mrs. SHERWOOD 1816 nach England zurückkehrte, konnte sie sich von dem großen Erfolg ihrer Kinderbücher im Heimatland überzeugen. Für die kommenden 30 Jahre widmete sich die Autorin neben der Erziehung ihrer Kinder dem Schreiben von Kinderbüchern, die in großer Zahl bis zu ihrem Tod erschienen. Am berühmtesten wurde die dreiteilige Familiengeschichte „The History of the Fairchild-Family", deren erster Teil noch in Indien begonnen worden war und 1818 erschien (dt. Die Familie Fairschild, 1839). Der zweite und dritte Teil folgten 1842 bzw. 1847. Zum ersten Mal in der Darstellung englischen Familienlebens in Kinderschriften wurden in diesem Werk die Kinder nicht als puppenhafte Wesen mit klischeehafter Haltung vorgestellt, sondern als differenzierte Charaktere mit ganz individuellen Gefühlen und Absichten gezeichnet. Den Zweck des Buches beschreibt die Autorin auf dem Titelblatt: „A child's manual, being a collection of stories calculated to show the importance and effects of a religious education". Die drei Kinder der Familie Fairchild, Lucy, Emily und der kleine Henry, wachsen in einer Atmosphäre des absoluten Gehorsams auf. Trotzdem erleben sie eine fröhliche und abwechslungsreiche Kindheit. Die Gewißheit, für Unarten bestraft zu werden, hindert sie nicht daran, immer wieder Verbotenes zu tun. Die Eltern bemühen sich, den Kindern die Notwendigkeit der Bestrafung zum Wohle der Kinder selbst zu erklaren. „I did not punish you, my child, because I dont love you", sagt Mrs. Fairchild zu dem kleinen Henry, der zwei Äpfel gestohlen und die Tat abgeleugnet hat und dafür ohne Essen und Trinken einen Tag in einen dunklen Raum gesperrt wird, „but because I wished to save your soul from hell". Eine der abschreckendsten Passagen der ersten Ausgabe wurde in den meisten späteren Auflagen weggelassen. Es ist dies die Szene, in der der Vater Fairchild seine Kinder zum Galgen führt, um ihnen an dem frisch Gehenkten den Lohn der bösen Tat vor Augen zu führen. Sogar der kleine Henry wird von einem Diener auf dem Arm zum Galgen getragen, damit auch er den verwesenden Körper des in Ketten Gehenkten sehen kann.

Eine der nettesten Geschichten von Mrs. SHERWOOD ist „The little Woodman and his dog Caesar" (1818), in der das religiös-didaktische Anliegen der Autorin weniger als in ihren übrigen Büchern zum Ausdruck kommt. Die Geschichte, die auf die biblische Erzählung von Joseph und seinen Brüdern zurückgeht, zeigt in der Szene, in der der kleine William von den bösen Brüdern im Wald ausgesetzt und von seinem treuen Hund Caesar vor einem hungrigen Wolf gerettet wird, schon die Spannung und Kraft guter Abenteuergeschichten des 19. Jh.s.

Auch L. CAMERON (1781—1845), die Schwester von Mrs. SHERWOOD, schrieb eine Anzahl religiös gefärbter Kindergeschichten, die weite Verbreitung fanden.

5. Der Einfluß Rousseaus. Der Einfluß der Schriften von J. J. ROUSSEAU, vor allem seines „Émile", auf die Entwicklung der europäischen KJL war außerordentlich groß. In seinen Vorstellungen ging der franz. Philosoph in vielen Punkten auf die Lehren des engl. Philosophen LOCKE zurück. Wie dieser war ROUSSEAU gegen Märchengeschichten und phantastische Erzählungen. Kinder sollten die nackte Wahrheit erfahren. Zu starke Einbildungskraft lehnte er als gefährlich für Kinder ab, gleichzeitig aber — und hier stand er im Gegensatz zu LOCKE — sah er die Überbetonung der Vernunft als falsch an. Das Gefühl, das Empfindungsvermögen, die Sprache des Herzens waren für ROUSSEAU die Pfeiler, auf die sich die Lebenshaltung des einzelnen zu stützen hatte. Unter ihrem Einfluß sollte mehr das individuelle Gewissen als der Verstand den Weg zum richtigen Handeln weisen. ROUSSEAU war der Meinung, daß die Errungenschaften der Zivilisation zum Verderb der Menschheit führen. Er predigte daher den Weg zurück zur Natur, zurück zum einfachen ländlichen Leben und pries die manuelle Tätigkeit des Menschen. Einer seiner treuesten Anhänger in Frankreich war A. BERQUIN (1749—91), dessen „L'Ami des Enfans" mit der ersten Nummer im Januar 1782 erschien. Bereits 1786 wurden die 24 Bände des BERQUINschen Kinderfreundes von dem Geistlichen M. A. MEILAN ins Englische übersetzt. Sie erschienen u. d. T. „The Children's Friend". Andere englische Versionen folgten bald nach. Die bekannteste wurde die Bearbeitung durch R. JOHNSON, die u. d. T. „The Looking Glass for the Mind" 1787 auf den Markt kam. Auch die Werke der COMTESSE DE GENLIS (1746—1830), einer anderen Anhängerin ROUSSEAUS, kamen schon bald nach dem französischen Ersterscheinen in englischen Ausgaben heraus.

Der eifrigste Verfechter der Thesen ROUSSEAUS in England war TH. DAY (1748—89). Seine Begeisterung für die Ideen ROUSSEAUS ging so weit, daß er zwei Waisenmädchen bei sich aufnahm, um sie nach den Erziehungsgrundsätzen des „Émile" aufzuziehen. DAY hielt sein ganzes Leben hindurch mit einer unerschütterlichen Ausdauer an den Ideen des französischen Philosophen fest. Allerdings folgte er bei aller Anhänglichkeit ROUSSEAUS Vorstellungen nur so weit, wie sich dies mit seinen persönlichen vereinbaren ließ. Während ROUSSEAU es abgelehnt hatte, Kinder durch Vernunft überzeugen zu wollen, wiesen viele seiner englischen Schüler, so auch DAY, diesen Teil der ROUSSEAUschen Lehre zurück und hielten sich in diesem Punkt mehr an LOCKE, der die Meinung vertreten hatte, daß ein Kind von frühester Jugend an auf die Benutzung seines Verstandes hin geschult werden müsse. Es sei notwendig, dem Kind zu zeigen, wie es den eigenen Verstand gebrauchen und sich ein eigenes Urteil bilden könne, um es zur Einsicht zu bringen, daß ein vernünftiges Leben zum Glück führen, ein unvernünftiges dagegen unweigerlich das Elend heraufbeschwören müsse.

DAYS Interpretation von ROUSSEAUS „Émile" findet sich in der dreibändigen moralischen Erzählung „Sandford and Merton" (1783—89; dt. Geschichte Sandford's und Merton's. Bd. 1—3. 1788—91). Die Geschichte erzählt von der Wirkung der Erziehung auf zwei Jungen, deren Charaktere zum Beginn der Handlung im krassesten Gegensatz stehen. Tommy Merton ist der verwöhnte Sohn eines reichen Kaufmanns aus Westindien. Harry Sandford ist der Sohn eines kleinen Farmers, der alle Eigenschaften aufweist, die ROUSSEAU in seinem „Émile" hervorhebt. Er ist gutmütig, mutig, erfindungsreich. Die Erzählung zeigt, wie durch den Einfluß der richtigen Erziehung der verwöhnte Tommy bald zu den gleichen Tugenden gelangt, die den in ländlich-robusten Verhältnissen groß gewordenen Harry von Anbeginn an auszeichnen. Die Erzählung ist von zahlreichen moralischen Erörterungen durchsetzt und zeigt in ihrer starren Zielgerichtetheit nicht den geringsten Anflug von Fröhlichkeit oder Humor. Trotzdem wurde „Sandford and Merton" rasch in ganz Europa bekannt und gehörte zu den meistgelesenen Kinderbüchern der Zeit.

Auch ein zweites Kinderbuch von DAY, „The History of Little Jack, who was suckled by a Goat" (1787; dt. Der kleine Jack, um 1813), erlebte Übersetzungen in zahlreiche europäische Sprachen. Das Buch erzählt von dem Schicksal eines Findlings, der von einem alten, gottesfürchtigen Mann in der Wildnis, weitab von menschlicher Betriebsamkeit, aufgezogen und von einer Geiß gesäugt wird. Nach dem Tod des alten Mannes kehrt Jack in die Welt zurück, wird in Indien Matrose, dann Kaufmann in England und gelangt zu Glück und Wohlstand, weil er schon als Junge von seinem alten Lehrmeister gelernt hatte, daß Müßiggang und Genußsucht die größten Feinde des Menschen seien, eine Regel, nach der er sein ganzes Leben ausgerichtet hatte.

Um das Jahr 1780 herum gab es in England eine große Anzahl von Autoren, vorwiegend Frauen, die im Sinne ROUSSEAUscher Philosophie Kinderbücher verfaßten.

Neben DAY wurden vor allem die moralischen Kinderschriften von LADY E. FENN (1743—1813) und den beiden Schwestern D. KILNER (1755—1836) und M. J. KILNER (1753—1839) gern gelesen. LADY FENN schrieb ihre Bücher zumeist u. d. Pseudonymen LOVECHILD oder TEACHWELL, während die Schwestern KILNER ihre Bücher mit M. P. (DOROTHY) oder S. S. (MARY JANE) signierten. Von LADY FENN wurden besonders ihre „School Dialogues, for Boys" (Bd. 1 u. 2. 1783), in deren Vorwort die Verfasserin den jungen Lesern gegenüber den Wunsch ausspricht „may God preserve you blameless admidst a crooked and perverse generation", und das Buch mit dem symbolischen Titel „Cobwebs to Catch Flies" (Bd. 1 u. 2. 1783) bekannt. Von den Schwestern KILNER waren die Bücher „Anecdotes of a Boarding-School; or, an Antidote to the Vices of those Useful Seminaries" (Bd. 1 u. 2. 1781, von DOROTHY) sowie „A Course of Lectures for Sunday Evenings" (1783, von MARY JANE) weit verbreitet.

M. WOLLSTONECRAFT (1759—97), die spätere Ehefrau des Verlegers W. GODWIN, erfand für ihre „Original Stories from Real Life" (1788) in der Gestalt der Mrs. Mason das weibliche Gegenstück zu DAYS Mr. Barlow, dem Erzieher in „Sandford and Merton". Das Buch berichtet von der Erziehung der beiden Mädchen Mary und Caroline. Die Erziehungsdevisen von WOLLSTONECRAFT werden in einem Ausspruch deutlich, den die Verfasserin ihrer Mrs. Mason in den Mund legt: „Children must be governed and directed, until their reason gains strength to walk by itself". Mrs. WOLLSTONECRAFT übersetzte auch CHR. G. SALZMANNS „Moralisches Elementarbuch" ins Englische. Die Übersetzung erschien im Jahr 1790 in zwei Bänden unter dem Titel „Elements of Morality".

Größten Einfluß auf dem Gebiet der moralischen Erzählung gewannen die Geschichten von M. EDGEWORTH (1767—1849). Ihr Vater R. L. EDGEWORTH pflegte die Freundschaft zu DAY. So hatte DAY auch Anteil an der Erziehung der jungen MARIA. Mit fünfzehn Jahren verließ M. EDGEWORTH mit ihrem Vater, den zahlreichen Geschwistern und Halbgeschwistern England, um sich auf einem Landgut in Irland niederzulassen. Im Jahr 1796 erschien M. EDGEWORTHS erstes Buch, „The Parent's Assistent", eine Geschichtensammlung, die bereits einige ihrer besten Geschichten enthielt. Die Autorin verstand es vor allem, eine Reihe von Kinderfiguren für junge Leser anziehend zu gestalten, wie etwa das Mädchen Rosamond, das den nutzlosen purpurroten Krug aus dem Schaufenster des Apothekers einem dringend benötigten Paar neuer Schuhe vorzieht. Das Mädchen gewinnt die Herzen der Leser durch seine kleinen, so menschlichen Fehler und seine Anstrengungen, sich in einer Welt, in der die Ordnung der Erwachsenen herrscht, zu behaupten. Weit verbreitet waren auch die Titel „Moral Tales" (1801; dt. Moralische Erzählungen für die gebildete Jugend, 1828) und „Popular Tales" (1804) sowie die Erzählungen aus dem irischen Alltag „Castle Rackrent" (1800).

In die Gruppe der „moralischen" Kinderbuchautorinnen gehören noch die Schwestern ANN TAYLOR (1782—1866) und J. TAYLOR (1783—1824), die ihre moralischen Anliegen in Form von Kinderversen vortrugen (Original Poems for Infant Minds, 1804; Rhymes for the Nursery, 1806; Hymns for Infant Minds, 1810; u. a.), die zum ersten Mal seit WATTS in Sprache und Form gleichberechtigt neben dessen „Hymns" stehen konnten, ferner E. TURNER, von der nur das Todesjahr 1846 bekannt ist und die mit ihren Versen zu bebilderten Unglücksgeschichten als Vorläuferin des Struwwelpeterautors H. HOFFMANN angesehen werden kann, sowie A. L. BARBAULD (1743—1825), die schon unter ihrem Mädchennamen AIKIN einige ihrer moralischen Geschichten verfaßt hatte.

6. Bewegung gegen die Verabsolutierung der Vernunft — romantische KJL. Lange vor Beendigung des 18. Jh.s setzte die Gegenbewegung gegen die Vorherrschaft von Vernunft und Verstand in der Literatur ein. In England wurde sie vor allem durch den Dichter und Künstler W. BLAKE (1757—1827) eingeleitet, dessen „Songs of Innocence" (1789) am Anfang der romantischen Kinderliteratur in England standen.

Für BLAKE war die mechanistische Weltsicht eines NEWTON oder LOCKE unannehmbar: für ihn lag hinter der sichtbaren Welt des Alltags verborgen eine Welt der Phantasie und der künstlerischen Kreationsfähigkeit, die er als „the Divine Body in Every Man" bezeichnete. Diese revolutionäre Idee von der alles durchdringenden Kraft der Phantasie veränderte auch total die bisherigen Vorstellungen von der Natur und den Bedürfnissen des Kindes und hatte einen nachhaltigen Einfluß auf die KJL. Das Kind wurde jetzt nicht mehr als ein kleiner Erwachsener angesehen, der sich lediglich durch seine Größe und seine mangelnde Erfahrung von den Großen unterschied. Man sah es als ein eigenständiges Wesen mit einer von der der Erwachsenen grundsätzlich verschiedenen Vorstellungswelt. Man fand heraus, wie stark die Macht der Phantasie auf das kindliche Gemüt einzuwirken vermag. So ging die romantische Kinderliteratur dazu über, das Kind in den Mittelpunkt zu stellen unter Verzicht auf rationalistische oder didaktische Ziele. Die Berechtigung des Kindes zum Lachen und Träumen wurde anerkannt; man gestand ihm zu, in einer eigenen, phantasiedurchwobenen Welt inmitten der realen Erwachsenenwelt zu leben. Ein großer Teil der Kinderliteratur im England des ausgehenden 18. Jh.s war von diesen Vorstellungen geprägt. Allerdings führten diese auch zu Ausuferungen, vor allem in der zweiten Hälfte des 19. Jh.s, die in der mißverstandenen Anbiederung unfähiger Autoren an das, was sie unter kindlicher Eigenwelt verstanden, sichtbar wurden.

The Elegant Girl (London 1807). Die Illustration der Titelseite interpretiert das bekannte Gedicht „My Mother" von Ann Taylor. Text und Bild zeigen Merkmale der nach-rousseauschen Empfindsamkeit.

KJL im 19. Jh. 1. Erweiterung des literarischen Marktes durch das Aufblühen von Elementarschulen. Im 19. Jh. wuchs das Bedürfnis nach Lesestoffen für Kinder unverhältnismäßig stark an. Die Verleger erkannten rasch die Marktlücke und bemühten sich, ein Buchangebot zustandezubringen, das den neu erkannten Bedürfnissen der Kinder entgegenkommen sollte. Mit dem Fortschreiten der Technik war es jetzt auch möglich, die bisher vielfach rohen Holzschnitte in Kinderbüchern durch ansprechende, bisweilen ganze Seiten ausfüllende Illustrationen verschiedener Techniken zu ersetzen. Vor allem TH. BEWICK (1753—1828) war ein Wegbereiter für die Kinderbuchillustration des 19. Jh.s.

Auch die Lesefertigkeit der englischen Kinder nahm im 19. Jh. rapide zu. Von Beginn des Jh.s an hatten A. BELL (1753—1832), der der alten englischen Staatskirche angehörte, und J. LANCASTER (1778 bis 1838), der Quäker war, damit begonnen, ein Schulsystem in London einzurichten. Obwohl beide Männer häufig Streitigkeiten um ihre Zielsetzungen austrugen, schufen sie den Beginn eines Elementarschulsystems, das bald ganz England erfaßte. Während noch 1803 jeweils von 23 Kindern nur 1 Kind Schulunterricht in irgendeiner Form erhielt, hatte sich das Verhältnis bis 1833 schon auf 1:10 verbessert. Zwei Schulorganisationen, „The National Society for Promoting the Education of the Poor in the principles of the Established Church throughout England and Wales" (1811) und die „Royal Lancastrian Association" (1810), bemühten sich vereint, mit Hilfe des Staates den Unterricht für alle Kinder verbindlich zu machen. Gleichzeitig entstand eine *Bibliotheksorganisation*, die 1850 bereits zahlreiche englische Gemeinden umfaßte und entschieden mithalf, junge Leser zu gewinnen.

Mit der Entwicklung eines ausgedehnten Kinderbuchmarktes ging in England auch die Entdeckung einher, daß nicht alle Kinder gleich geartet sind, sich vielmehr in ihren Bedürfnissen wie in ihren Verhaltensweisen stark unterscheiden. Dem entsprach, daß die bis dahin relativ geschlossene Kinderliteratur sich in viele Zweige spaltete und so das entstand, was heute als „Kinderbuchgattungen" angesehen wird. Es darf allerdings nicht vergessen werden, daß weit ins 19. Jh. hinein auch noch die religiös befrachteten und die moralischen Kinderschriften als ein Zweig der rasch anwachsenden Kinderliteratur großen Einfluß behielten.

2. Folgen der Romantik — Belebung des Volksgutes. Der Einfluß der Romantik brachte der englischen Kinderliteratur des 19. Jh.s die Rückbesinnung auf altes Volksgut wie *Märchen, Sagen, Legenden und Kinderreime*. Gleichzeitig gewannen phantastische Elemente in der Kindererzählung eine große Bedeutung. Neben dem Rückgriff auf die Volksüberlieferung entstanden neue Erzählungen, in denen Realität und phantastische Elemente miteinander verwoben wurden und die durch Einfügung von *Nonsense*-Elementen zu einer speziellen Form der phantastischen Kindergeschichte führten, die bis heute in den angelsächsischen Ländern von Autoren gepflegt wird.

Großen Einfluß gewannen ausländische Märchenerzähler wie die Brüder GRIMM, deren „Kinder- und Haus-Märchen" (1812 ff.) in den Jahren 1823 und 1826 erstmals in zwei Bänden u. d. T. „German Popular Stories" in Englisch erschienen. Der Übersetzer, E. TAYLOR, hatte für seinen ersten Band 31, für den zweiten 24 Märchen aus der Sammlung der Brüder GRIMM ausgewählt. Schon 1818 war eine englische Übersetzung von FR. DE LA MOTTE FOUQUÉS Kunstmärchen „Undine" (1811) erschienen. Besonders großen Einfluß auf die englischen Autoren hatten die Kunstmärchen von H. CHR. ANDERSEN (1835 ff.), die ab 1846 in englischen Übersetzungen herauskamen.

Die Reihe englischer Märchenausgaben für Kinder setzte 1825 mit der Sammlung „Fairy Legends and Traditions of the South of Ireland" von TH. CROKER (1798—1845) ein. CROKER hatte die Märchen in Irland gesammelt. Sie wurden von den Brüdern GRIMM ins Deutsche übersetzt (Irische Elfenmärchen, 1826).

C. SINCLAIR (1800—64) brachte in ihrem Geschichtenband „Holiday House" (1839) die Erzählung „Uncle David's Nonsensical Story about Giants and Fairies", in der sich märchenhafte Elemente mit deftigem Nonsense-Spaß mischen. Ähnlich angelegt war das Kinderbuch „The Hope of the Katzekopfs; or, the sorrows of selfishness" (1845) von F. E. PAGET, das u. d. Pseud. WILLIAM CHURNE OF STAFFORDSHIRE erschien und in dessen Vorwort der Verfasser die Frage aufwarf, „if the present generation of young people could learn wisdom from a Tale of Enchantment". Obwohl hier noch ein pädagogisches Anliegen durchschimmert, nämlich die Absicht aufzuzeigen, wie Selbstsucht und Eigenwilligkeit zu Unglück und Elend führen, bietet die Handlung eine vergnügliche Mischung von fröhlichen Ereignissen und märchenhaften Begebenheiten, wie sie für die späteren phantastischen Erzählungen englischer Autoren bezeichnend sind. J. RUSKIN (1819—1900), ein glühender Verehrer der Brüder GRIMM, verfaßte 1851 auf Veranlassung der zwölfjährigen E. GRAY, seiner späteren Gattin, die märchenhafte Erzählung „The King of the Golden River" (dt. Der König des Goldflusses oder die schwarzen Brüder, 1861), die noch heute im Buchangebot für englische Kinder zu finden ist. Mit der Geschichte von Stiria und den drei Brüdern, die den goldenen Fluß suchen — ein auf alte normannische Legenden zurückgehendes Motiv — versucht der Autor den jungen Lesern in sehr kindgemäßer Sprache und ohne didaktische Überfrachtung die Erkenntnis beizubringen, daß Güte und uneigennütziges Verhalten die Voraussetzungen für ein glückliches Leben seien. Interesse für das Märchengut anderer Völker zeigt die Herausgabe des Buches „Fairy Tales of All Nations" (1849), das über dreißig in England bis dahin unbekannte Märchen enthielt, die großenteils slawischer und fernöstlicher Herkunft waren.

3. Nonsense- und phantastische Geschichten. Eine Anzahl englischer Autoren des 19. Jh.s, die vor allem für Erwachsene schrieben, machten sich das Vergnügen, für eigene oder befreundete Kinder Märchen zu schreiben, die zumeist auch eine tüchtige Portion Nonsense enthielten. So verfaßte W. M. THACKERAY (1811—63) die Geschichte „The Rose and the Ring" (1855; dt. Rose und Ring, 1855), die er seine „extravaganza" und seine „fireside pantomime" nannte. Die Handlung bezieht sich auf zwölf Gute-Nacht-Bilder, die der Autor für seine beiden Töchter und deren Freundinnen gezeichnet hatte. In vielen komischen Geschehnissen erfährt man von den königlichen Hofhaltungen von Paflagonia und der Crim Tartary sowie dem Prinzen Giglio, der sein verlorenes Königreich nach vielen Abenteuern wiedergewinnt und die verschollene und wiedergefundene Prinzessin Rosalba zur Frau erhält. Eine der heitersten Szenen ist die Stelle, an der die Fee Blackstick Gruffanuff, den Torhüter des königlichen Palastes, in einen Türdrücker aus Messing verwandelt, als er ihr den Zugang ins Schloß verweigern will. Der Verfasser, der seine Märchengeschichte selbst illustrierte, ließ das Buch u.d. Pseud. M. A. TITMARSH herausbringen.

Der blinde Autor F. BROWNE (1816—79) brachte 1856 das Buch „Granny's Wonderful Chair and its Tales of Fairy Times" heraus, das sieben phantastische Geschichten enthält, die ein magischer Lehnstuhl den lauschenden Kindern erzählt.

Ein bis heute berühmt gebliebenes phantastisches Kinderbuch ist „The Water Babies" (1863; dt. Die kleinen Wasserkinder, 1880) von CH. KINGSLEY (1819—75). Der Autor verstand es ausgezeichnet, die Lebewesen von Flüssen und Seen lebendig werden zu lassen und Kinder zur Hochachtung vor jeglicher Kreatur anzuregen. Seine Abneigung gegen soziale Ungerechtigkeiten kommt in der Gestalt des Kaminfegerjungen Tom zum Ausdruck, der den Härten und Zwängen eines harten Broterwerbs entflieht und als „Water Baby" in einem Fluß ein neues Leben beginnt. Ganz im Gegensatz zu dieser von Natursymbolik geprägten Erzählung KINGSLEYS stand ein Kinderbuch, das 1865 erschien. Der Mathematik-Lehrer CH. L. DODGSON (1832—98), der u. d. Pseud. LEWIS CARROLL weltbekannt wurde, machte 1859 die Bekanntschaft von drei kleinen Mädchen, den Töchtern des D. LIDDELL. Auf einem Spaziergang mit den Mädchen erfand DODGSON aus dem Stegreif die Geschichte von der kleinen Alice, die in einem Kaninchenloch verschwindet. Diese Geschichte schrieb DODGSON auf Wunsch von ALICE LIDDELL nieder, zeichnete eine Reihe von Bildern dazu und überreichte seiner kleinen Freundin im Februar 1863 die fertige Erzählung, die er „Alice's Adventures Underground" getauft hatte. 1865 erschien die Erzählung in Buchform, jetzt unter dem Titel „Alice's Adventures in Wonderland" (dt. Alicens Abenteuer im Wunderland, 1869) und mit den Illustrationen von J. TENNIEL (1820—1914). Die erste Ausgabe wurde sofort nach Fertigstellung von Verfasser und Illustrator aus dem Verkehr gezogen, da beide mit dem Druck unzufrieden waren. Erst im November des gleichen Jahres erschien eine zweite Ausgabe, die den Vorstellungen von Autor und Illustrator entsprach. Sehr rasch erschienen deutsche und französische Übersetzungen. Schon 1872 veröffentlichte DODGSON eine Fortsetzung der Abenteuer von Alice, den Band „Through the Looking-Glass and what Alice found there" (dt. Alice im Spiegelreich, 1948). Auch dann noch, sieben Jahre nach Erscheinen des ersten Bandes, hielt DODGSON seine wahre Identität geheim.

Mit den beiden Alice-Büchern erreichte die phantastische Kinderliteratur in England ihren Höhepunkt, der bis zur Gegenwart nicht mehr übertroffen wurde. Handlung und Sprache bilden in den Alice-Bänden eine gelungene Einheit. Auch Erwachsene begeistern sich für die verborgene Logik, die zum Zitieren verlockenden Formulierungen und den gescheiten Nonsense. Kinder waren vor allem von den zahlreichen spaßigen Kreaturen angetan, die in überzeugender Weise die seltsamsten Handlungen begehen. In beiden Bänden ist die Handlung nach einem genau eingehaltenen logischen Muster aufgebaut: der erste Band basiert auf einem Kartenspiel, der zweite baut sich auf der Logik des Schachspiels auf. Beide Bände wurden von TENNIEL illustriert, der ungeachtet zahlreicher Versuche späterer Illustratoren mit seinen einfühlsamen Zeichnungen dem Anliegen des Autors am nächsten gekommen ist. Die späteren Bücher DODGSONS wie „Sylvie and Bruno" (1889), „Sylvie and Bruno concluded" (1893) oder „An Easter Greeting to every child who loves Alice" (1876) brachten nicht mehr den großen Erfolg der Alice-Bände. Allerdings konnten sich auch die Abenteuer der Alice im nicht-englischsprechenden Ausland nie so recht durchsetzen, nicht zuletzt wohl wegen der zahlreichen Sprachspiele und der auf die spezielle Struktur der englischen Sprache hinzielenden Nonsense-Elemente, die teilweise unübersetzbar sind.

DODGSONS Alice-Bücher inspirierten zahlreiche Nachfolger zu ähnlichen Kindergeschichten. Vielen geriet der Versuch zu einer Anhäufung von nichtssagenden Blödeleien; andere erkannten, daß sie den Autor der „Alice" nicht erreichen und schon gar nicht übertreffen konnten und wichen in andere Gebiete der phantastischen Erzählung aus. So gelang DODGSONS Zeitgenosse und Freund G. MACDONALD (1824—1905) mit seinem Kinderbuch „Dealings with the Fairies" (1867) ein großer Erfolg. Noch heute werden seine beiden Bücher „The Princess and the Goblin" (1872) und „The Princess and the Curdie" (1873) von den Kindern gerne gelesen. Beide Bücher erzählen von der Prinzessin Irene und ihrer feenhaften Ururgroßmutter. Die spannenden Geschichten zeigen symbolisch den Kampf des Guten mit dem Bösen. Unübertroffen ist MACDONALD in der detaillierten Beschreibung böser Kobolde und ähnlicher, Unheil anrichtender Kreaturen.

Auch CH. DICKENS (1812—70), dessen zahlreiche sozialkritische Romane für Erwachsene geschrieben wurden, sich aber bei jungen Lesern großer Vorliebe erfreuten — vor allem „A Christmas Carol in prose" aus dem Geschichtenband „Christmas Book" (1843; dt. Ein Weihnachtslied in Prosa, 1843) wurde zu einer Lieblingsgeschichte von Kindern —, verfaßte ein phantastisches Kinderbuch, das unter dem Titel „A Holiday Romance" erschien. Es besteht aus vier Geschichten, die von vier sechs- bis neunjährigen Kindern erfunden werden, um die Erwachsenen damit „umzuerziehen". Die Geschichten „The Trial of William Tinkling", „The Magic Fishbone", „Captain Boldheart and the Latin Grammar Master" und „Miss Orange" erschienen 1868 gleichzeitig in einem amerikanischen Kindermagazin und in der englischen Kinderzeitschrift „All the Year Round".

Auch J. H. EWING, geborene GATTY (1841—85), schrieb eine Anzahl weit verbreiteter phantastischer Kinderbücher, die zumeist „in der guten alten Zeit" spielen und unterschwellig Lebensweisheiten zu vermitteln suchen. Am bekanntesten wurde ihre Geschichte „The Brownies" (dt. Zwei Heinzelmännchen, 1928), die 1865 in der Jugendzeitschrift „Monthly Packet" erschien und die von zwei mutterlosen Jungen handelt, die sich aufmachen, um einen „Brownie" (Heinzelmännchen) zu suchen, der nachts in die Wohnung kommen und die Hausarbeiten verrichten solle. Die Autorin versteht es, den jungen Lesern auf fröhliche und eindringliche Art verständlich zu machen, wie die beiden Jungen zu der Erkenntnis kommen, daß sie selbst die „Brownies" sind, und wie diese daher künftig früh aufstehen, um gemeinsam die Hausarbeiten auszuführen. Nach dieser Erzählung nannten sich die jüngeren Jahrgänge der englischen weiblichen Pfadfinderinnen „Brownies". In der Buchausgabe, die 1870 unter dem Titel „The Brownies and other tales" erschien, sind zusätzlich die beiden Geschichten „Timothy's Shoes" und „Amelia and the Dwarfs" (dt. Rose bei den Zwergen, 1928) enthalten. In ihnen wird von einem Paar Schuhe erzählt, die Timothy immer dann kneifen, wenn er etwas Verkehrtes tut, sowie von dem Mädchen Amelia, das zu Zwergen gerät und dort die Pflichten eines anständigen viktorianischen Mädchens erlernt. Ähnliche Geschichten schrieben M. L. STEWART, spätere Mrs. MOLESWORTH (1839—1921), und E. H. KNATCHBULL-HUGESSEN (1829—93), der später als LORD BRABOURNE bekannt geworden ist.

Gegen Ende des 19. Jh.s war es vor allem der schottische Lehrer, Dichter und Folklorist A. LANG (1844—1912), der Sammlungen und Bearbeitungen bekannter Märchen und Legenden edierte und auch phantastische Geschichten für Kinder verfaßte. Er gab die Serie der „Colour Fairy-Books" heraus, die 1889 mit dem Band „The Blue Fairy Book" einsetzte, in dem er Märchen der Brüder GRIMM, der Mme D'AULNOY, von CH. PERRAULT, aus „Tausendundeine Nacht" und aus englisch-schottischer Volksüberlieferung zusammenstellte. „The Pinky Fairy Book" folgte 1897, „The Lilac Fairy Book" 1910. Von seinen eigenen märchenhaften Erzählungen erfreuten sich vor allem die Geschichten um „Prince Prigio" (1889) und „Prince Ricardo" (1893) großer Beliebtheit.

Ein anderer Folklorist, J. JACOBS (1854—1916), sammelte englische und keltische Märchen und brachte diese in den Sammlungen „English Fairy Tales" (Bd. 1 u. 2. 1890—94) und „Celtic Fairy Tales" (Bd. 1 u. 2. 1892—94) heraus.

Um die Jahrhundertwende traten noch einmal zwei Dichter mit phantastischen Kindergeschichten hervor, die weit über England hinaus bekannt wurden. Beide Autoren, O. WILDE (1856—1900) und L. HOUSMAN (1865—1959), zeichneten sich durch poetisches Stil- und Sprachgefühl aus. WILDE schuf insgesamt neun Erzählungen für Kinder, die in den beiden Bänden „The Happy Prince and other Tales" (1888; dt. Der glückliche Prinz, in: Sämtliche Werke, Bd. 3. 1906) und „A House of Pomegranates" (1891; dt. Das Granatapfelhaus, 1904) versammelt sind und von denen manche durch eine etwas zynische Weltsicht, andere durch religiös-moralisch verbrämte Allegorien gekennzeichnet sind. Die Geschichten von HOUSMAN sind weniger dramatisch und von einer insgesamt optimistischen Haltung getragen. Von HOUSMAN erschienen im letzten Jahrzehnt des 19. Jh.s „A Farm in Fairyland" (1894), „The House of Joy" (1895) und „The Field of Clover" (1898).

Das Element des Nonsense trat besonders rein in Kinderversen hervor. Schon eine Reihe von Versen des 18. und angehenden 19. Jh.s war von derartigen Sprach- und Wortspielen geprägt, die Kinder zu herzlichem Lachen und langanhaltenden Schmunzeln verführten. So war das bei NEWBERY schon 1758 gedruckte Buch „Be merry and wise; or, the Cream of the Jests and Marrow of Maxims for the Conduct of Life, published for the Use of all good little Boys and Girls, by Tommy Trapwit" von Nonsense geprägt. Das erste englische Kinderbuch mit Limericks kam bei dem Verleger J. HARRIS im Jahr 1820 unter dem Titel „The History of Sixteen Wonderful Old Women" anonym heraus. Auch das Verlagshaus GODWIN verlegte Kinderbücher mit Limericks. Am bekanntesten wurde aus diesem Verlag das 1823 erschienene Buch „Dame Wiggins of Lee and her seven wonderful cats, written principally by an old lady of ninety".

Edward Lear: A Nonsense Alphabet (London 1952). Illustration und Text wurden von Lear im Jahre 1880 während einer Italienreise für den jungen Charles Pirouet geschaffen. Der Junge, der im gleichen Hotel wie Lear wohnte, fand täglich einen illustrierten Vers auf dem Frühstückstisch. Die im Victoria & Albert Museum in London aufbewahrten Skizzen wurden 1952 und erweitert 1962 von dem Direktor des Museums, Trenchard Cox, als Faksimiledruck herausgegeben.

Der Begriff „Nonsense“ tauchte indessen erst sehr viel später im Titel eines Buches als Hinweis auf dessen Inhalt auf. Das Jahr 1846 brachte ein schmales Büchlein hervor, das u. d. T. „Book of Nonsense“ (dt. Nonsense-Verse, 1964 übers. v. H. C. ARTMANN) auf den Markt kam und das Nonsense-Verse zum täglichen Zeitvertreib englischer Kinder der Viktorianischen Ära werden ließ. Das anonym erschienene Büchlein brachte eine Reihe von Limericks, die von absurd-komischen Zeichnungen begleitet waren, und trug auf dem Titelblatt die Verse:

There was an old Derry-down-Derry
Who liked to see little folks merry,
So he wrote them a book
And with laughter they shook
At the Fun of that Derry-down-Derry.

Das Büchlein stammte von E. LEAR (1812—88), einem jungen Künstler, der um die Mitte des 19. Jh.s damit beschäftigt war, die umfangreiche Sammlung von Tieren und Vögeln des LORD DERBY in Lancashire zu zeichnen und der oft die Kinder des Hauses mit seinen Nonsense-Versen in Lachen versetzte. LEARS Buch enthält reinen und absoluten Nonsense, der von kindgemäßen Zeichnungen begleitet ist, die Frauen und Männer aus Sparta, Calcutta, Dorking und anderen Teilen der Welt vorstellen und die die Absurdität der Sprache noch erhöhen. Erst um 1870 identifizierte sich LEAR mit seinen Büchern. Bis dahin war er lediglich als seriöser Landschaftsmaler bekannt. 1871 erschien der Band „Nonsense Songs, Stories, Botany and Alphabets“, aus dem besonders die Verse „The Owl and the Pussey Cat“ und „The Jumbles“ berühmt geworden sind. „More Nonsense“ kam 1872 heraus, und im Jahr 1877 veröffentlichte er die Sammlung „Laughable Lyrics“. Auch DODGSON, dessen Alice-Bücher voller Nonsense stecken, brachte 1876 unter dem Titel „The Hunting of the Snark“ Nonsense-Verse heraus, die zahlreiche Literaturwissenschaftler zum Nachdenken über den „Snark“ veranlaßten, von dem DODGSON selbst erklärt hatte, daß er keine Ahnung habe, was dies sei. Nach LEAR traten vor allem noch D'ARCY WENTWORTH THOMPSON (1829—1909) und H. BELLOC (1870—1953) mit Nonsense-Versen hervor. Von THOMPSON wurde besonders der Band „Nursery Nonsense“ (1864) bekannt, der die Verse enthält:

Crazy arithmetic
4 in 2 goes twice as fast
If 2 and 4 change places.
But how can 2 and 3 make four,
If 3 and 2 make faces.

BELLOC brachte 1896 „The Bad Child's Book of Beasts“ und 1897 „More Beasts for worse Children“ heraus.

Mit Kindergedichten einer mehr seriösen Art wurden vor allem CHR. ROSSETTI (Pseud.: ELLEN ALLAGNE; 1830—94) mit „Goblin Market“ (1862) und „Singsong“ (1872), C. PATMORE (1823—96) mit „The Children's Garland from the best poets“ (1862) und R. L. STEVENSON (1850—94) mit seinem in zahlreiche Sprachen übersetzten Gedichtband „A child's Garden of Verses“ (1885; dt. Im Versgarten, 1960) bekannt.

4. Umwelterzählungen. Eine große Anzahl englischer Kinder- und Jugendbücher des 19. Jh.s hatten die engere Umwelt von Kindern und ihre Erlebnisse im Familienverband und in der Schule zum Thema. Nur wenige dieser zahlreichen Familien- und Schulgeschichten brachten es zu einem längeren Erfolg. Vorläufer der Gattung waren die moralischen Erzählungen des 18. Jh.s, die allerdings den Schwerpunkt auf die Schilderung abschreckender oder vorbildlicher Verhaltensweisen von Kindern gelegt hatten, während die Familiengeschichte um die Mitte des 19. Jh.s das wirkliche Leben der Kinder in der Viktorianischen Ära widerspiegeln wollte.

a. Familiengeschichten. Als eine der ersten Kinderbuchautorinnen verurteilte C. SINCLAIR (1800 bis 1864) die schemahafte Darstellung von Kindern in den moralischen Erzählungen herkömmlicher Art. Ihrer Meinung nach sollten Kinderbücher vor allem an das Gemüt der jungen Leser appellieren und daher lebensechte Kindergestalten präsentieren, die geeignet seien, bei den Kindern Zuneigung und Mitgefühl auszulösen. In diesem Sinne schrieb die Autorin ihre Erzählung „Holiday House“ (1839), in der sie „noisy, frolicsome, mischievous children“ beschreiben wollte. Sie glaubte, daß Kinder eher „wild horses on the prairies“ als „well-broken hacks on the road“ ähnelten. In „Holiday House“ wird das tägliche Leben von Harry und Laura geschildert, die als anhängliche, nette, stets zu Strei-

Robert Louis Stevenson: A Child's Garden of Verses (London 1921). Die Illustration von Charles Robinson, die den Text in die künstlerische Komposition einbezieht, interpretiert einen der bekanntesten Verse aus Stevensons Kindergedichten. Robinson war einer der Hauptvertreter des englischen Jugendstils.

chen aufgelegte Kinder gezeigt werden. Die erwachsenen Hauptpersonen der Geschichte sind die Gouvernante Mrs. Crabtree, die wie ein echter Drache beschrieben wird, und der gutmütige und verständige Onkel David, der den Kindern Nonsense-Geschichten wie die Geschichte von „Master-No-Book" erzählt. Der Onkel und die Großmutter verstehen es, die Kinder mit Güte und Verständnis besser zu erziehen als die strenge Gouvernante mit ihren Schimpftiraden und Püffen. Das Buch hat keine zusammenhängende Handlung. Es enthält vielmehr eine Aneinanderreihung einzelner Streiche und Erlebnisse aus dem Alltag der Kinder.

Erfolgreich war auch W. HOWITT (1792—1879) mit seinem Jugendbuch „The Boy's Country Book; being the real life of a country boy, written by himself" (1839), das aus autobiographischer Sicht das Leben eines englischen Bauernjungen beschreibt.

An Mädchen wandte sich vor allem CH. M. YONGE (1823—1901), die auch Zeitromane für Erwachsene schrieb. Ihr Roman „The Heir of Redclyffe" (1853; dt. Der Erbe von Redclyffe, Bd. 1—4. 1860) war zwar nicht speziell für junge Leserinnen geschrieben, erfreute sich aber bei diesen großer Beliebtheit. YONGES Erzählungen repräsentierten den festen Glauben der Autorin an die Church of England, die um die Mitte des 19. Jh.s unter dem Einfluß von J. KNEBLE und der Oxford-Bewegung einen neuen Aufschwung erlebte. Die erste Erzählung, die YONGE für junge Leser schrieb, erschien 1855 in der von der Autorin begründeten und geleiteten Kinderzeitschrift „Monthly Packet" und 1856 dann in Buchform. „Daisy Chain" erzählt von dem Alltag einer typischen viktorianischen Mittelstands-Familie. Der Vater, Dr. May, ist Arzt und hat elf Kinder, von denen bei Beginn der Geschichte das Jüngste sechs Wochen alt ist, während der älteste Sohn schon in Oxford studiert. Durch einen Unfall kommt die Mutter ums Leben, die älteste Tochter wird schwer verletzt und bleibt verkrüppelt. Hauptperson des Buches ist die 15jährige Ethel, die auf der Schule gute Fortschritte macht und in Latein und Griechisch sogar dem ältesten Bruder ebenbürtig ist. Nach dem Tod der Mutter sieht Ethel ein, daß sie nun andere Pflichten für die Familie zu erfüllen hat und gibt ihr Studium auf. Das Buch ist ein Spiegel viktorianischen Familienlebens in den Kreisen der High-Church-Anhänger und zeugt wie die 1862 erschienene Erzählung „Countess Cate" von der Fähigkeit der Autorin, differenzierte Charaktere zu zeichnen.

Die Jugendromane von J. H. GATTY, der späteren Mrs. EWING, haben zwar einen traurigen, doch nie pessimistischen Zug. Am bekanntesten wurde ihre Erzählung „Six to sixteen" (1875), die zuerst in „Aunt Judy's Magazine" erschien. Sie berichtet von einem jungen Mädchen, Margery, das in Indien seine Eltern verliert und bei entfernten Verwandten in England Unterschlupf findet. Margery und ihre Freundin bemühen sich, durch Fleiß und gute Leistungen in der Schule zu einem sozialen Aufstieg zu kommen. Die vermutlich mit zahlreichen autobiographischen Zügen ausgestattete Geschichte enthält viel Lebensweisheit und Menschlichkeit. Das Buch war die Lieblingslektüre des jungen KIPLING, der in seiner Autobiographie („Something of Myself", 1937) davon sagt: „I owe more in a circuitous way to that tale than I can tell. I knew it as I know it still, almost by heart". Mrs. EWINGS „The Story of a Short Life" (1885) erzählt von einem Jungen, der sich schwer verletzt, als er seinem Hund das Leben rettet, und der für den Rest seines kurzen Lebens ein Krüppel bleibt. Er findet Tröstung darin, bis zu seinem Tod die Haltung eines guten Soldaten bewahrt zu haben. Auch der Jugendroman „Jackanapes" (1884) hat als Hintergrund das Soldatenleben. Jackanapes, der Sohn eines bei Waterloo gefallenen Offiziers, wird bei einer unverheirateten alten Tante aufgezogen, tritt schon früh in die Armee ein und stirbt schließlich auf dem Schlachtfeld. Viele Jugendbücher von Mrs. GATTY-

EWING wurden von R. CALDECOTT (1846—86) illustriert.
Mrs. MOLESWORTH, deren phantastische Erzählungen großen Anklang fanden, schrieb auch einige Familiengeschichten. Sie wählte als Helden ihrer Erzählungen vorwiegend sehr kleine Kinder. Ihre bekannteste, „Carrots" (1876), erschien u.d. Pseud. ENNIS GRAHAM. Das Buch gibt ein lebendiges Bild vom Leben kleiner Kinder in den Kinderstuben gut situierter Familien der Viktorianischen Epoche. Der Vater, unbestrittenes Oberhaupt der Familie, bleibt fast immer hinter der Tür des Arbeitszimmers verborgen. Die Mutter wird zwar als liebevoll und zärtlich geschildert, bleibt aber im Hintergrund. Die weitaus meiste Zeit verbringen die Kinder unter der Obhut des Kindermädchens. „Carrots" wurde von W. CRANE (1845—1915) illustriert, der auch weitere Bücher der Autorin mit Bildern ausschmückte. Eine zweite, sehr amüsante Geschichte der Autorin ist „The Adventures of Her Baby" (1881), die von den kleinen, aber so ungeheuer wichtigen Ereignissen aus dem Leben eines Vierjährigen erzählt. Beifall fanden auch „Us: an old-fashioned story" (1885) und „Carved Lions" (1895).
Eine sehr populäre Zeitgenossin von Mrs. MOLESWORTH war FR. H. BURNETT (1849—1924), die sehr jung nach Amerika ging, dort einen Amerikaner heiratete und mit ihrem Buch „Little Lord Fauntleroy" (1886; dt. Der kleine Lord, 1889) Weltruhm erlangte. Die von R. BIRCH (1856—1943) illustrierte Erzählung erschien zuerst (1885—86) in dem amerikanischen Jugendmagazin „St. Nicholas". Das Buch enthält neben der lebendigen Schilderung des Gegensatzes von amerikanischer und englischer Lebenshaltung viel Sentimentalität. Weniger sentimental ist ein anderes Buch der Autorin, „Sara Crewe; or, what happened at Miss Minchin's" (1888).
Erst mit E. NESBITS (1858—1924) Erzählung „The Story of the Treasure Seekers" (1899) endete die Ära der sentimentalen Familiengeschichten der Viktorianischen Zeit, und es begann ein neuer, herzlicher und robuster Ton in die „Domestic Novels" für junge Leser einzuziehen.
b. Schulgeschichten. Eine Gruppe der Familien- oder Umweltgeschichte war in England schon früh die Schulgeschichte, die sich bis heute bei englischen Kindern großer Beliebtheit erfreut. Dies hängt wohl damit zusammen, daß in England mehr als anderswo in Europa Kinder besser gestellter Eltern ihre Erziehung in Internatsschulen erhalten. Schulgeschichten leben von den Streichen und Abenteuern, die Jungengruppen — erst viel später auch Mädchengemeinschaften — gemeinsam begehen und erleben. Die früheste Erzählung dieser Art erschien schon 1749 unter dem Titel „The Governess; or, the little female Academy" und stammte von S. FIELDING (1710—68), der Schwester des berühmten englischen Dichters. Es wird darin berichtet, wie die Witwe eines Geistlichen neun adlige Mädchen in ihr Haus zur Erziehung aufnimmt. Die erste wirkliche Schulgeschichte allerdings kam erst 1841 heraus. Sie stammte von H. MARTINEAU (1802—76) und erschien u. d. T. „The Crofton Boys" (dt. Die Schule in Crofton, 1858). Hier werden die Erlebnisse des kleinen Hugh an der Crofton School berichtet, einer kleinen Boarding-School, die lediglich von einem Lehrer und einem Pedell versorgt wird.
Ein Schüler des berühmt gewordenen Pädagogen A. VON RUGBY, TH. HUGHES (1822—96), schrieb in der Erinnerung an seine eigene Schulzeit das Buch „Tom Brown's Schooldays" (1856; dt. Tom Brown's Schuljahre, 1867), das in England bis heute als Klassiker unter den Schulgeschichten gilt. Obwohl der Autor der Meinung war, „young men win their way to the worship of Him who is King and Lord of Heaven", geriet ihm seine Erzählung keineswegs zur blutleeren Predigt. Viele aufregende und lebendig geschilderte Episoden brachten dem Autor bis heute ungezählte begeisterte junge Leser. Andere Schulgeschichten des 19. Jh.s, die noch heute aufgelegt werden, sind „Eric; or, little by little" (1858; dt. St. Winifred oder die Schülerwelt, 1883) von F. W. FARRAR (1831—93) und „The Fifth Form at St. Dominics" (1887) von T. BAINES REED (1852—93). Als Gegenstück zu der konventionellen Schulgeschichte mit ihrem durchgängig hochgehaltenen Ethos kam 1899 „Stalky & Co." (dt. Lange Latte und Genossen, 1909) von R. KIPLING (1865—1936) heraus. Das Buch geht auf die eigenen Erfahrungen von KIPLING am United Services College in Devon zurück und stellt das Schulleben in einer absolut unsentimentalen, realistischen Berichterstattung vor, die auch nicht mit Kritik an dem englischen Schulleben spart.
Mädchen kamen erst ab der Jahrhundertwende als Handlungsträger in Schulgeschichten vor. Erste Vorläufer dazu waren die Erzählungen von E. T. SMITH (1854—1914), deren erstes Mädchenbuch „A World of Girls" 1886 erschien.
5. Abenteuerbücher. Das Abenteuerbuch für junge Leser erlebte in England um die Mitte des 19. Jh.s seine Blütezeit. Nach „Robinson Crusoe" und seinen zahlreichen Nachahmungen hatte vor allem der Amerikaner J. F. COOPER (1789—1851) mit seinen „Leather-Stocking-Tales", die ab 1820 erschienen und rasch in ganz England zur beliebten Jungenlektüre wurden, einen großen Einfluß auf die englischen Autoren von Abenteuerbüchern.
Als erster englischer Autor verfaßte Captain F. MARRYAT (1792—1848) Abenteuerbücher für junge Leser. Schon mit vierzehn Jahren war er mit LORD COCHRAN auf große Fahrt gegangen. Nach 1830 begann MARRYAT seine Lebenserfahrungen in Abenteuerbücher umzusetzen. Seine ersten, für Erwachsene geschriebenen Erzählungen, „Peter Simple" (1832—33 in Metropolitan Magazin, Buchausg. Bd. 1—3. 1834; dt. Peter Simpel, Bd. 1—3. 1836) und die humorvolle Geschichte „Mr. Mid-

shipman Easy" (1836; dt. Mr. Midshipman Easy, Bd. 1—3. 1836), wurden von den jungen Lesern adaptiert. Nach Reisen durch Amerika und Kanada ließ sich MARRYAT mit seiner Familie in der Nähe von London, später in Norfolk nieder. Anfang 1840 plante er sein erstes Kinderbuch, zu dem ihm die Idee bei der Lektüre des „Schweizerischen Robinson" gekommen war. Er bemängelte an diesem Werk, daß der Verfasser offenbar keine Ahnung von seemännischem Fachwissen gehabt habe. So erschienen in den Jahren 1841 u. 42 die 3 Bände „Masterman Ready: or, The wreck of the Pacific" (dt. Der neue Robinson oder Schiffbruch der Pacific, 1843), die wie alle Abenteuerbücher MARRYATS von der Einsicht des Autors geprägt waren: „Fiction, when written for young people, should at all events be based on truth". Das Buch erzählt von dem Schiffbruch der Familie Seagraves und ihrem Leben auf einer Insel in der Südsee. Besonders anziehend für Kinder ist die Gestalt des alten Seemanns Ready, ohne dessen Hilfe die Familie kaum am Leben geblieben wäre und der am Ende des Buches bei einer Belagerung durch feindliche Eingeborene, als er für die Eingeschlossenen Wasser holen will, getötet wird. „Masterman Ready", wie alle anderen Bücher MARRYATS, erlebte zahlreiche Übersetzungen, vor allem ins Deutsche und Französische. Weitere Abenteuererzählungen für Kinder des gleichen Autors sind „Settlers in Canada" (1844; dt. Die Ansiedler in Canada, Bd. 1—3. 1844), „The Mission; or, scenes in Africa" (1845; dt. Die Sendung oder Scenen in Afrika, Bd. 1—3. 1845), „Children of the New Forest" (1847; dt. Die Kinder des Neuwaldes, Bd. 1—7. 1852) und „The Little Savage" (Bd. 1 u. 2. 1848 u. 49).

In den 40er Jahren des 19. Jh.s traten nun auch englische Autoren hervor, welche die Abenteuererzählung für junge Leser dazu benutzten, das Leben und Denken fremder Völker vorzustellen. Dies ist der Fall bei H. MARTINEAU, die in ihrem Band „Feats and Fjord" (1841) das Leben und Treiben einer kleinen norwegischen Gemeinde in der Nähe der Arktis schildert. Hierher gehören auch W. HOWITTS „A Boy's Adventures in the wilds of Australia" (1845; dt. Abenteuer in den Wildnissen von Australien, 1856) und das vom Leben holländischer Kinder handelnde Buch „Hans Brinker; or, the Silver Skates" (1865) von M. M. DODGE (1831 bis 1905).

Eine unübersehbare Anzahl von Abenteuergeschichten für junge Leser verfaßten die beiden Autoren TH. M. REID (1818—83) und W. H. G. KINGSTON (1814—80).

Captain REID begann seine Karriere als Jugendschriftsteller mit dem zweibändigen Werk „The Rifle Rangers; or, adventures of an Officer in Southern Mexico" (1850; dt. Die Freischaar, Tl. 1—3. 1852), das auf des Verfassers eigene Erlebnisse im Krieg zwischen den USA und Mexiko zurückgeht. Als nächster Band folgte ein vor allem im Ausland berühmt gewordenes Buch, „The Scalphunters; or, romantic adventures in Northern Mexico" (1851; dt. Die Skalpjäger, Tl. 1—4. 1852). Wie das erste besteht auch das zweite Buch aus haarsträubenden Ereignissen und gefährlichen Abenteuern von Siedlern aus der Pionierzeit des Wilden Westens mit feindlichen Indianern. Immer wieder neu aufgelegt wurden auch „The Boy Hunters of the Mississippi" (1852), ein Buch, in dem die Erlebnisse dreier Jungen geschildert werden, die ausziehen, um einen Büffel mit weißem Fell zu erlegen, „The Young Voyageurs" (1853) und „The Bush Boys" (1856; dt. Die Buschknaben, Bd. 1—3. um 1858). Der „Juvenile Catalogue" des Verlages Routledge verzeichnet im Jahr 1881 über vierzig Abenteuerbücher von REID.

Über hundert Abenteuerbücher für Jungen schrieb REIDS Zeitgenosse KINGSTON. Die meisten seiner Geschichten erzählen von Seeabenteuern, einige auch von Erlebnissen in der Arktis. Am bekanntesten wurde sein erstes Buch, „Peter the Whaler" (1851; dt. Peter, der Walfischfänger, 1852), in dem ein sechzehnjähriger Junge aus Südirland, der wegen einer Schmuggelaffäre zur See gehen muß, seine Erlebnisse selbst erzählt.

Am längsten hielten sich die Abenteuergeschichten von R. M. BALLANTYNE (1825—94), dessen erzählerische Qualitäten die seiner Zeitgenossen übertreffen. BALLANTYNE, der als 16jähriger nach Kanada ging und dort Angestellter der Hudson Bay Company wurde, bereiste einen großen Teil Kanadas. Sein erstes Buch, „Snowflakes and Sunbeams; or, The Young Fur-Traders" (1856), besticht durch die eindringliche Schilderung der kanadischen Landschaft mit ihrer unberührten Wildnis. Als erster brachte BALLANTYNE auch Frauen- und Mädchengestalten in seine Abenteuergeschichten hinein, doch ist diesen mehr die Rolle des helfenden Engels als die eines aktiven Teilhabers an der vorwärtsschreitenden Handlung zugedacht. In seinem Buch „Ungava" (1857) erzählt der Autor von der 10-jährigen Edith, die in Nordkanada dem Titelhelden das Leben rettet und von Eskimos entführt wird. Am bekanntesten wurde BALLANTYNES Erzählung „The Coral Island" (1857; dt. Die Schiffbrüchigen auf der Coralleninsel im stillen Meer, 1863). Hier greift der Autor das Inselmotiv auf und schildert die Erlebnisse von drei Jungen auf einer kleinen Insel in der Südsee. Größere Verbreitung fanden außerdem die Abenteuererzählungen von G. M. FENN (1831—1909) und G. A. HENTY (1832—1902).

Die technisch-utopischen Erzählungen von J. VERNE (1828—1905) erschienen ab 1863 in England in zahlreichen Ausgaben und hielten sich bis weit ins 20. Jh. hinein auf der Liste der gern gelesenen Jugendbücher. Die beiden Utopien „The Time Machine" (1895; dt. Die Zeitmaschine, 1904) und „The first Men in the Moon" (1901; dt. Die ersten Menschen im Mond, 1905) von H. G. WELLS (1866 bis

1946) überragten an dichterischem wie sozialpolitischem Gehalt die Schriften von VERNE bei weitem, fanden jedoch bei den jungen Lesern niemals so großen Anklang wie die Bücher seines französischen Kollegen.

Das Jahr 1883 bescherte den jungen Lesern in England noch ein Buch, das inzwischen zum klassischen Bestand der internationalen Jugendliteratur gehört. In diesem Jahr erschien „Treasure Island" (dt. Die Schatzinsel, 1897) von STEVENSON, ein Buch, das als ein Meisterwerk der Abenteuerliteratur anzusehen ist. In Atmosphäre und Spannung hat dieses Buch kaum einen Rivalen.

Eine andere Schatzsuche beschrieb H. R. HAGGARD (1856—1925) in seinem Buch „King Solomon's Mines" (1885; dt. König Solomons Schatzkammer, 1888), das in Südafrika spielt und das sich wie die „Schatzinsel" bis heute in der Gunst der jungen Leser behaupten konnte.

Abenteuergeschichten mit detektivischem Einschlag brachte als erster SIR A. C. DOYLE (1859—1930) mit seinen Geschichten um Sherlock Holmes und Dr. Watson (z. B. The Adventures of Sherlock Holmes, 1892; dt. Die Abenteuer des Dr. Holmes, 1895). Obwohl DOYLES Erzählungen eine Lawine von Detektiv- und Kriminalgeschichten auslösten, werden noch heute die Sherlock-Holmes-Bücher von englischen Jungen späteren Detektivgeschichten vorgezogen.

Abenteuer, in denen Mädchen als Hauptfiguren agieren, schrieb als erste um die Jahrhundertwende B. MARCHANT (1862—1941).

Sensation um ihrer selbst willen war das Anliegen ungezählter Abenteuerhefte, die als „Penny dreadfuls" in der zweiten Hälfte des 19. Jh.s die Nachfolge der Chapbooks antraten.

6. KJL mit historischem Hintergrund. Der Einfluß der Romantik mit ihrer Vorliebe für Sagen und Legenden aus der Vergangenheit führte im 19. Jh. zum Entstehen historischer Kinderbücher. Bahnbrechend für diese Gattung war SIR W. SCOTT (1771—1832), der als Begründer des historischen Romans für erwachsene wie für jugendliche Leser zu gelten hat. Obwohl seine Bücher heute mehr von Jugendlichen gelesen werden, waren sie das ganze 19. Jh. hindurch bevorzugte Lektüre der erwachsenen Leserschaft von ganz Europa. SCOTT weckte bei seinen Zeitgenossen das Gefühl für die Vergangenheit mit ihren großen Persönlichkeiten und schuf romantisch verbrämte Erzählungen, die trotz zahlreicher historischer Details, in deren Zeichnung es der Autor zur unübertroffenen Meisterschaft brachte, nie langweilig oder dünn gerieten. Seine Themen deckten fast alle historischen Epochen bis in seine Zeit hinein ab. Die jungen Leser begeisterten sich vor allem für diejenigen seiner Figuren, die als fiktive Gestalten in das historische Geschehen eingefügt wurden, und für Zeitabschnitte wie das Mittelalter, zu denen historisch Belegbares nicht allzu reichlich vorhanden war, die aber in besonderer Weise die Möglichkeit zum Einbau kampfbewegter Szenen und hochherziger Taten gaben. Solche Romane waren vor allem „Ivanhoe" (Bd. 1—3. 1820; dt. Ivanhoe, Bd. 1—5. 1827), der unter der Regierung RICHARDS I. in England spielt, „Quentin Durward" (Bd. 1—3. 1823; dt. Quentin Durward, Bd. 1—4. 1823), die Geschichte eines jungen schottischen Bogenschützen im Frankreich LUDWIGS XI., oder „The Talisman" (1825; dt. Der Talismann, Bd. 1 u. 2. 1825), ein Roman aus der Zeit der Kreuzzüge, in dem SCOTT ein bemerkenswertes Portrait von SALADIN gelang. SCOTT schrieb nur ein Werk, das er speziell für Kinder konzipiert hatte, es waren die „Tales of a Grandfather" (1827 bis 37; dt. Erzählungen eines Großvaters, Bd. 1—3. 1828), die er für seinen 6jährigen Enkelsohn J. H. LOCKHART verfaßte. Sicher war der 6jährige mit dem vierteiligen Werk überfordert, doch gelang es SCOTT überzeugend, mit diesem Werk jungen, historisch interessierten Lesern einen faszinierenden Überblick über die englische Geschichte bis in die Gegenwart des Schriftstellers hinein zu geben.

Der Erfolg SCOTTS veranlaßte zahlreiche englische Kinder- und Jugendbuchautoren, einen Teil ihrer Geschichten mit einer historischen Kulisse auszustatten. So verfaßte MARTINEAU für ihre „Playfellow"-Serie, die 1841 herauskam, den zweiteiligen Jugendroman „The Peasant and the Prince" (dt. Der Bauer und der Fürst, 1850), der in der Französischen Revolution spielt. Während der erste Teil die Leiden der Bauernbevölkerung im Frankreich vor Ausbruch der Revolution schildert, beschäftigt sich der zweite Band mit dem Untergang der Familie LUDWIGS XVI., wobei Leben und Tod des kindlichen Dauphin im Vordergrund stehen. Auch Captain MARRYAT verlegte eine seiner Abenteuergeschichten in die Vergangenheit. Sein Roman „The Children of The New Forest" schildert den Kampf der „Round-Heads", der Anhänger O. CROMWELLS, gegen die Getreuen des Königs.

Mit dem Mittelalter beschäftigte sich vor allem CH. M. YONGE in ihren historischen Erzählungen, die zu einer romantischen Verklärung dieser Epoche neigen. 1854 erschien „The Little Duke" (dt. Der kleine Herzog oder Richard ohne Furcht, ^{2}1875). Die Geschichte stellt RICHARD DEN FURCHTLOSEN, den späteren Herzog der Normandie, im Alter von 8 Jahren in den Mittelpunkt der Handlung. Andere Erzählungen der Autorin sind „The Prince and the Page" (1865; dt. Prinz und Page, 1868), „The Lances of Lynwood" (1855) und „The Dove in the Eagle's Nest" (1866; dt. Die Taube im Adlerhorst, Tl. 1 u. 2. 1866). Besonders beliebt bei Mädchen war ihre Erzählung „Unknown to History" (Bd. 1 u. 2. 1882), in welcher der fiktiven Tochter von MARY VON SCHOTTLAND und LORD BOTHWELL die Hauptrolle zufällt.

KINGSLEY verfaßte die Erzählungen „Westward Ho!" (1855; dt. Westward ho!, Tl. 1 u. 2. 1885) und „Hereward the Wake" (1866; dt. Hereward,

der Wachsame, Tl. 1—3. 1867), welche die Küstenbevölkerung treffend charakterisieren und in denen eine starke antikatholische Haltung zur Geltung kommt.
Bis heute werden die zahlreichen historischen Erzählungen von G. A. Henty gelesen, der seine Schriftstellerlaufbahn mit dem Buch „Out on the Pampas" (1871) begann. Während in dieser Geschichte, die das Leben einer englischen Auswandererfamilie in Argentinien schildert, das spannende Abenteuer noch im Vordergrund steht, sind die späteren Werke des Autors durch das Vorherrschen der historischen Komponente gekennzeichnet. Einige seiner Romane berichten von historischen Ereignissen, die er als Soldat selbst miterlebt hatte, wie „Out with Garibaldi" (1901) und „Through three Campaigns: a story of Chitral, Tirah and Ashantee" (1904). Besonders beliebt bei jungen Lesern waren Hentys Erzählungen um die Geschichte Englands wie „Beric the Britain" (1893) oder „Wulf the Saxon" (1895) und der Roman aus dem alten Ägypten „The Cat of Bubastes" (1888). Henty steht mit seinen historischen Jugendbüchern zwischen den Autoren, die historische Genauigkeit und stimmige Details verlangen, und jenen, denen es lediglich auf die Kulisse für eine aufregende Abenteuergeschichte ankommt.
Einen mehr gelehrten Aspekt vertrat A. J. Church (1829—1912) in seinen geschichtlichen Romanen. Church war Professor für Geschichte und alte Sprachen und schuf unter anderem Nacherzählungen der Homerischen Gesänge sowie Auszüge aus den Werken von Livius, Josephus, Thukydides für junge Leser. Besonders beliebt waren die beiden Bände „Stories of Charlemagne and the Twelve Peers of France" (1902) sowie „The Count of the Saxon Shire; or, The Villa in Vectis" (1887).
Um die Jahrhundertwende trat eine Reihe von Jugendbuchautoren hervor, die in ihren historischen Erzählungen weitgehend auf die Romantisierung vergangener Epochen verzichteten und mehr die sozialen Verhältnisse in den Vordergrund der Handlung stellten. Zu ihnen gehören H. St. Scott (1862—1903), der u. d. Pseud. Henry Seton Merriman bekannt wurde, und J. Bunchan, späterer Lord Tweedsmuir (1875—1940).
7. Tierbücher. Tiere im Märchen und in der Fabel waren schon recht früh Hauptfiguren kindlicher Lesestoffe. Aber erst in der zweiten Hälfte des 18. Jh.s erschienen Kinderschriften, in denen Tiere in ihrer Kreatürlichkeit gesehen wurden und in denen um Mitleid und Verständnis für sie bei den jungen Lesern geworben wurde. Hierher gehören vor allem zwei bei Newbery herausgekommene Bücher, „The History of Little Goody Twoshoes" (1765) und „The Valentine's Gift" (1766). In der zweiten Erzählung spielt „Old Zig-Zag" eine wesentliche Rolle, der die Sprache von Tieren und Vögeln versteht. Zig-Zag kommt zu der Erkenntnis, „man, proud, imperious, cruel man, is the most unjust of the animals". Auf seinen Reisen hat Zig-Zag erfahren, wieviel Unrecht Menschen an Tieren begangen haben.
Tierfiguren wurden nun in ihrem Verhalten mehr wie echte Tiere geschildert, wenn ihnen auch noch bestimmte menschliche Fähigkeiten zugeschrieben wurden. Eine der ersten und bekanntesten Geschichten des 18. Jh.s, die ein Tier in den Mittelpunkt der Handlung stellt, ist „The Life and Perambulations of a Mouse" (Bd. 1 u. 2. 1783) von D. Kilner. Die Erzählung erschien u. d. Pseud. M. P. Die Pflicht, Tieren gegenüber Verständnis zu zeigen, ist ein Hauptanliegen dieser Geschichte. Haustiere — vor allem Hunde — wurden besonders häufig in den Mittelpunkt von Tiergeschichten für junge Leser gestellt. Weit bekannt wurde H. Parr (1828—1900), die u. d. Pseud. Holme Lee schrieb, mit ihrer Hundegeschichte „The True, Pathetic History of Poor Match" (1863). Mit viel Humor und großem Einfühlungsvermögen erzählt die Autorin die Geschichte von Match, dem Liebling einer englischen Familie. Match ist ein eigensinniger Terrier, der Anlaß zu zahlreichen aufregenden und humorvollen Ereignissen in der Yorker Familie gibt. Packender ist die Tiercharakterisierung in Ballantynes „The Dog Crusoe and his Master" (1861), eine Erzählung, die von einem Hund berichtet, der als hilfloses Junges von einem kanadischen Jäger aufgefunden und großgezogen wird und als treuer Gefährte Gefahren und Abenteuer seines Herrn teilt.
A. Sewell (1820—78) wurde mit der Erzählung „Black Beauty" (1877; dt. Schön Schwarzhärchen, 1891) die bis zur Gegenwart zahlreiche Auflagen erlebte, über England hinaus bekannt. Das Buch — Sewells einzige Veröffentlichung — berichtet von dem schweren Los eines Pferdes, das zu harten Arbeiten herangezogen wird, wie es im England des 19. Jh.s üblich war. Als Kind durch einen Unfall auf Lebenszeit gelähmt, hatte die Autorin offensichtlich ein besonderes Gespür für die Leiden der Kreatur. In ihrem Tagebuch schreibt die Autorin, es sei ihre Absicht „to induce kindness, sympathy, and an understanding treatment of horses".
Gegen Ende des 19. Jh.s trat in England ein Autor hervor, welcher der Tiererzählung neue Dimensionen gab. 1888 erschien der Erzählband „Wee Willie Winkie and other stories" von R. Kipling, in dem der Verfasser aus seiner Jugend in Indien erzählt. Aber erst mit seinen Bänden „The Jungle Book" (1894; dt. Im Dschungel, 1898) und „The second Jungle Book" (1895; dt. Das neue Dschungelbuch, 1899) errang Kipling Weltruhm. Die ersten drei Geschichten des Dschungelbuches führen den Leser in eine Welt der wilden Tiere, in der das Gesetz des Dschungels oberste Richtschnur des Handelns für alle Lebewesen ist. Unter den Tieren lebt Mogli, der als Kind von dem Tiger Shere Khan gerettet und von Vater und Mutter Wolf

zusammen mit einigen Jungen aufgezogen wird. Kiplings Dschungelgeschichten vereinen magisch-mythische Elemente und realistische Tierbeobachtungen in einer gelungenen Synthese.

Mit E. Th. Seton (1860—1946), einem in England geborenen, aber in Kanada aufgewachsenen Autor, begann die Tiererzählung, die das Tier als eigenständiges Lebewesen in seiner speziellen Umwelt ohne Verniedlichung beschreibt. 1898 erschien sein erstes Buch „Wild Animals as I have known" (dt. Bingo und andere Tiergeschichten, 1900), dem bis 1945 rund dreißig Bände folgten. Alle seine Bücher sind gekennzeichnet von einer absoluten Authentizität und begründen sich auf eigene Erfahrungen und Beobachtungen von Tieren in freier Wildbahn.

Bedeutung und Entwicklung der Illustrationen. Vom ersten Entstehen der englischen KJL an spielte die Illustration eine wesentliche Rolle. Allerdings erlaubte die mangelnde Technik zunächst nur, verhältnismäßig rohe Holzschnitte und Kupferstiche in Kinderbücher zu übernehmen. Erst Th. Bewick und sein jüngerer Bruder John gaben den von ihnen illustrierten Kinderbüchern neue künstlerische Impulse. W. Mulready (1786—1863) und G. Cruikshank (1792—1878) führten das Werk der Bewicks weiter. Zu Beginn des 19. Jh.s entstanden zahlreiche Kinderbücher mit handkolorierten Illustrationen, die als Vorläufer spezieller Kinderbilderbücher im modernen Sinne angesehen werden können. Erst in den Jahren zwischen 1820 und 1830 brachte der Verlag Dean and Munday eine Reihe von Büchlein für Kleinkinder heraus, die als echte Bilderbücher angesprochen werden können. Fast jede Seite enthielt eine oder mehrere Illustrationen. Die Texte waren Kinderreime, Nonsense-Verse, Rätsel und Umweltgeschichten oder im Volksmund überlieferte Legenden wie „The Gaping", „Wide-mouthed Waddling Frog", „Aldoborontiphoskyphorniostikos" (eine Art Nonsense-Alphabet), „Jack-the-Giant-killer" (in verschiedenen Ausgaben) oder „The Children in the Wood". Die Ersterscheinungsjahre dieser Büchlein sind heute nicht mehr festzustellen. Der erste Farbdruck mit Holzstöcken erfolgte in England im Jahr 1835 durch G. Baxter (1804—67). Lithographien wurden bereits in den ersten Jahren des 19. Jh.s in Kinderbüchern benutzt, während die Chromo-Lithographie erst gegen 1850 Einzug in englische Kinderbücher hielt. Der Einfluß des deutschen Bilderbuches auf die Entwicklung des englischen war besonders stark. Im Jahr 1848 erschien die erste englische Ausgabe des „Struwwelpeter" unter dem Titel „The English Struwwelpeter; or, Pretty Stories and Funny Pictures for Little Children" (deutsche Erstausgabe 1845), die auf der sechsten deutschen Ausgabe beruhte, in Leipzig gedruckt und in London vertrieben wurde. Spätere in England gedruckte Struwwelpeter-Ausgaben waren u. d. T. „Shock-headed Peter" in englischen Kinderstuben verbreitet.

Einen Höhepunkt erlebte das englische Bilderbuch in der zweiten Hälfte des 19. Jh.s. Die Initiative dazu ging von dem Drucker und Stecher E. Evans (1826—1906) aus. Er begann bereits um 1850 mit der Herstellung von Farbdrucken für Kinderbilderbücher, der Durchbruch gelang ihm jedoch erst in der Zusammenarbeit mit W. Crane, der ab 1864 im Verlag Routledge and Sons seine von Evans gedruckten „Toybooks" herausbrachte. Aus dieser Serie, die in enger Zusammenarbeit von Drucker und Illustrator entstand, hatten die Bilderbücher „The Railroad Alphabet" (1864), „The Farmyard Alphabet" (1865) und „Sing a Song of Sixpence" (1866) besonders großen Erfolg. Crane beeinflußte mit seinem neuen Stil, der mithalf, den Jugendstil in Europa einzuführen, nachhaltig die Kinderbuchproduktion der europäischen Länder. Vor allem seine späteren Bilderbücher, „The Baby's Opera" (1877), „The Baby's Bouquet" (1878) und „The Baby's Own Aesop" (1887), die sich besonders durch Einbeziehung des Textes in das graphische Gesamtbild auszeichnen, gehören bis heute zu den Höchstleistungen europäischer Bilderkunst. Einige von Cranes Bilderbüchern, besonders deutlich „Flora's Feast" (1889), zeigen die Vorliebe des Illustrators für fernöstliche, vor allem japanische Kunst.

Walter Crane: Flora's Feast. A Masque of Flowers (London, 1889). Titelblatt der Erstausgabe. Die Abbildung zeigt besonders deutlich die Einbeziehung des Textes in die graphische Gesamtkomposition. Der Illustrationsstil von Crane, einem der Hauptvertreter des englischen Jugendstils, beeinflußte nachhaltig die europäische Bilderbuchproduktion des späten 19. Jahrhunderts.

Eine zweite herausragende Bilderbuchkünstlerin der Epoche war K. GREENAWAY (1846—1901). Auf EVANS Rat hin schuf sie 1879 ihr erstes Kinderbilderbuch, „Under the Window" (dt. Am Fenster, 1880), von dem in kurzer Zeit 20 000 Exemplare verkauft werden konnten. Sie kreierte mit ihren kleinen Mädchen in knöchellangen, mit Volants verzierten Kleidchen und mit den breitrandigen Sommerhüten eine neue Kindermode, die sich rasch über ganz England verbreitete. Die Illustratorin, die für eine Reihe ihrer Bücher eigene Verse schrieb, hat in dem Bilderbuch „Marigold Garden" (1885) wohl den Höhepunkt ihres Schaffens erreicht.

Der dritte der großen Illustratoren um EVANS war R. CALDECOTT, zu dessen Erinnerung in Amerika seit 1937 jährlich die „Caldecott-Medal" für das bestillustrierte Kinderbuch des Jahres verliehen wird. 1877 begann CALDECOTT mit der Arbeit an seinen Bilderbüchern, von denen die ersten beiden, „The House that Jack built" und „Divirting history of John Gilpin" (nach der Ballade von W. COWPER), 1878 bei Routledge and Sons herauskamen. Jedes der kleinen Bilderbücher wurde zu dem geringen Preis von einem Schilling abgegeben, so bekam die ganze Serie — bis zum Tode CALDECOTTS waren insgesamt 14 Titel erschienen — den Namen „Shilling-Picture-Books". Der Künstler zeigte eine besondere Vorliebe für die Linie, inhaltlich für Hunde, Pferde und ländliche Szenen, und verfügte über einen kindgemäßen Humor. Er verstand es, mit seinem Stift kleine Geschichten zu erzählen, die unabhängig vom vorgegebenen Buchtext diesen auf besondere Weise interpretierten oder erweiterten. Bis heute sind die Bilderbücher „The Three Jovial Huntsmen" (1880), „Hey Diddle and Baby Bunting" (1882), „Elegy on the Death of a Mad Dog" (1879), „An elegy on the glory of her sex, Mrs. Mary Blaize" (1885) und „The Great Panjandrum himself" (1885) mit den Nonsense-Versen von S. FOOTE in den englischen Kinderstuben zu finden.

Weitere Illustratoren des 18. Jh.s, deren Bilder viel zum Ruhm der von ihnen illustrierten Kinderbücher beitrugen, waren H. WEIR (1824—1906), L. SAMBOURNE (1844—1910), G. BROWNE (1858—1932), H. J. FORD (1860—1941) und J. D. BATTEN (1871 bis 1932).

Kinder- und Jugendzeitschriften. Das 19. Jh. brachte den englischen Kindern eine Fülle von Kinder- und Jugendzeitschriften, die zum Teil von recht kurzer Dauer waren, zum Teil aber bis ins 20. Jh. hinein fortgesetzt werden konnten. Insgesamt erschienen in diesem Jahrhundert weit über hundert Periodika für junge Leser.

Neben NEWBERYS Versuch mit „The Lilliputian Magazine" (1751) und dem „Juvenile Magazine" von J. MARSHALL, das ab Januar 1788 erschien und zwölf Monate lang fortgeführt wurde, kannte das 18. Jh. kaum Kinder- und Jugendzeitschriften, die über eine regional und zeitlich begrenzte Bedeutung hinausgelangten. Erst das 19. Jh. mit der Errichtung von Sonntagsschulen schuf Sonntagsschul-Magazine, die weit verbreitet waren und eine verhältnismäßig lange Lebensdauer hatten.

Am verbreitetsten waren zwei Zeitschriften: 1. „The Child's Companion; or, Sunday Scholar's Reward". Sie kam im Januar 1824 zum ersten Mal heraus, wurde 1846 in „The Child's Companion and Juvenile Instructor" umgetauft und erschien mit kleinen Veränderungen bis ins Jahr 1930. 2. „The Children's Friend". Sie wurde 1826 von dem Geistlichen W. C. WILSON begründet und konnte sich bis 1860 halten. Eine inhaltlich und ausstattungsmäßig qualitätvolle Kinderzeitschrift, die wöchentlich für einen half-penny erschien, war „The Chatterbox", die bis zu Beginn des Ersten Weltkrieges existierte. Die bedeutendste Zeitschrift für Jungen war „The Boy's Own Paper", die am 18. Januar 1879 zum ersten Mal erschien und wöchentlich zum Preis von einem Penny abgegeben wurde. Schon bald nahm das Blatt den Rang einer britischen Institution ein und wurde, unter dem Markenzeichen für spannende Jugendlektüre „B. O. P." bekannt, von jungen Lesern des ganzen Empire verschlungen. Es enthielt Informationen über sportliche Ereignisse, Hobbys sowie naturwissenschaftliche Entdekkungen und Erfindungen, die in einer leicht verständlichen Sprache angeboten wurden. Dazu kamen Serien von aufregenden Abenteuergeschichten, in denen junge Briten in harten Kämpfen über nichtenglische Bösewichter triumphierten und alle Hindernisse wie gefährliche Dschungelgebiete oder endlose Wüsten ohne Schaden bewältigten. Das Blatt brachte auch Schulgeschichten in vielen Variationen.

Weitere bekannte Kinderzeitschriften, die sich vor allem an Jungen wandten, waren „The Monthly Packet" (1851—93) und „Aunt Judy's Magazine" (1866—85). Für kleine Kinder brachten es „Our Little Dots" (1887—1923) und „Tiny Tots" (1899—1948) auf beträchtliche Auflagen. Als Gegenstück zum „B. O. P." kam ab 1880 die Mädchenzeitschrift „Girl's Own Paper" heraus, die bis um 1900 erschien, mit ihrem stark religiös gefärbten Inhalt jedoch nie ein ernsthafter Rivale von „B. O. P." werden konnte.

Entwicklung der KJL im 20. Jh.: Markt- und drucktechnisch bedingte Ausweitung der Produktion. Pluralität der Stilrichtungen. Große Themenbreite. Das 20. Jh. brachte für die Entwicklung der englischen KJL parallel zur Kinderbuchentwicklung im übrigen Europa eine Zeit der quantitativen wie qualitativen Ausweitung. Der Fortschritt auf dem Gebiet der Drucktechniken erlaubte große Auflagen, die mit hervorragenden Farbillustrationen versehen werden konnten. Im Zuge der ab den 50er Jahren immer mehr um sich greifenden internationalen Kooperation großer Verlage und der dadurch möglich werdenden verhältnismäßig niedrigen Preiskalkulation einerseits sowie durch das Anwachsen der Kaufkraft der Masse der Verbraucher und das ansteigende Interesse an Kinder- und Jugendbüchern auch in den Kreisen der Arbeiter- und Angestelltenfamilien andererseits wurde die Kinder- und Jugendbuchproduktion zu einem ökonomisch interessanten Zweig des Verlagsgewerbes.

Die Kinder- und Jugendbuchproduktion des 20. Jh.s stand und steht immer mehr im Zeichen einer thematischen wie ausstattungsmäßigen Pluralität. Drei Schwerpunkte zeichnen sich thematisch bis in die Gegenwart hinein ab: Das phantastische Kinderbuch hat in England wie in kaum einem anderen europäischen Land eine Hochburg, zu deren Pflege die englische Kinderbuchtradition viel beiträgt. Mit der spezifisch englischen Mischung von Nonsense-Elementen, märchenhaften Ereignissen und harter Realität ist diese Buchgruppe schon fast zu einem Markenzeichen für englische Kinderliteratur geworden. Fast ebensogroß ist der Anteil der Umwelt- und Familiengeschichten, denen als Untergruppe noch die Schulgeschichten zuzurechnen sind. Einen großen Raum nimmt auch die historische Erzählung für junge Leser ein, wie es in diesem Ausmaß in keinem anderen europäischen Land zu beobachten ist. Die große Anzahl englischer Autoren, die im Laufe des 20. Jh.s bis zur Gegenwart hin auf dem Gebiet der KJL tätig geworden sind, erlaubt es lediglich, die von der literarischen Qualität wie von der Wirkungsgeschichte ihrer Bücher her bedeutsamsten vorzustellen.

1. Fortsetzung der phantastischen KJL. Am 27. Dezember 1904 fand im Duke of York's Theatre in London die Uraufführung eines Kinderstückes statt, die zum Ausgangspunkt eines der größten internationalen Kinderbucherfolge des 20. Jh.s geworden ist. Das Stück hieß „Peter Pan" und stammte von Sir J. M. Barrie (1860—1937). Peter Pan ist das Symbol für die unsterbliche Kindheit geworden. Es ist die Geschichte von dem Jungen, der einerseits mit glühenden Ohren den aufregenden Abenteuern von Indianern und Seeräubern lauscht, andererseits aber noch ganz in der mythisch-magischen Welt des Märchens lebt und der sich weigert, erwachsen zu werden und damit die Wunder des Never-Never-Landes zu verlieren. „Peter Pan" geht auf zwei Erzählungen zurück, die Barrie einige Jahre vorher geschrieben hatte. In „Tommy and Grizel" (1900) kommt ein kleiner Junge vor, der voller Freude feststellt, daß er verlorengegangen ist; denn er weiß, wenn ihn seine Eltern wiederfinden, ist er gezwungen, erwachsen zu werden. In „The Little White Bird" (1902) handeln sechs Kapitel von dem kleinen Peter Pan. Barrie ließ diese Kapitel im Jahr 1906 gesondert unter dem Titel „Peter Pan in Kensington Gardens" (dt. Peter Pan im Waldpark, 1911) erscheinen. Das Buch hatte aufgrund der einfühlsamen Illustrationen von A. Rackham besonders großen Erfolg. Es wird als Barries stärkste Erzählung angesehen, die mit ihrer zurückhaltenden Phantasie und dem psychologisch geschickten Eingehen auf die geheimsten Wünsche von Kindern rasch zu einem Welterfolg wurde. Erst 1911, lange nachdem das Theaterstück mit international großem Erfolg aufgeführt worden war, kam dieses in Buchform unter dem Titel „Peter and Wendy" auf den Markt und überflügelte als Buch noch den Welterfolg des Stückes. Bis heute ist „Peter Pan" als Stück wie als Buch und neuerdings auch als Film und Sprechplatte erfolgreich.

Mit K. Grahame (1859—1932), der nach Abschluß seiner Schulzeit zunächst als Bankangestellter arbeitete, trat ein Kinderbuchautor hervor, dessen nicht sehr umfangreiches Werk nach Einschätzung vieler englischer Literaturkritiker zu den gekonntesten Prosadichtungen gehört, die im England des 20. Jh.s geschrieben wurden. Bereits 1895 kam Grahames Geschichtensammlung „The Golden Age" (dt. Das goldene Zeitalter, 1900) heraus, gefolgt von dem Erzählband „Dream Days" (1898). Obwohl diese Bücher als Kinderliteratur eingestuft wurden, waren sie wohl mehr psychologisch gut erfaßte Studien kindlicher Lebensart und Denkweise für erwachsene Leser. Das eigentliche Kinderbuch, das dem Autor Weltruhm verschaffte, erschien erst 1908 unter dem Titel „The Wind in the Willows" (dt. Die Leutchen um Meister Dachs, 1951; 1973 u. d. T. Der Wind in den Weiden). Als Grahame das aus Briefen an seinen Sohn zusammengestellte Manuskript an mehrere Verleger sandte, wurde es abgelehnt. Erst der Londoner Verlag Methuen and Company entschloß sich nach längerem Zögern zur Annahme des Manuskriptes. Die ersten Kritiken waren mittelmäßig, und es brauchte einige Jahre, bis sich „The Wind in the Willows" zu einem der beliebtesten Kinderbücher im In- und Ausland, vor allem in Amerika, durchgesetzt hatte. Das Buch kennt eine Reihe von Höhepunkten, die alle auf das Grundthema, nämlich die Unruhe und unbestimmte Sehnsucht, die alle Lebewesen erfüllt, eingestimmt sind. Im ersten Kapitel wird mit viel Wärme und Sympathie erzählt, wie der Maulwurf sich durch den Fluß verzaubern und in einen Zustand der inneren Zufriedenheit versetzen läßt. Im Gegensatz dazu charakterisieren die dem Nonsense verwandten verwirrenden Abenteuer der hochnäsigen Kröte den Geist derjenigen, die auf der immerwährenden Suche nach neuen Sensationen zu keiner inneren Ruhe gelangen können. Da wird in dem Heimweh des Maulwurfs, als er am Heiligen Abend den Geruch der langvergessenen Heimat wahrnimmt, die Sehnsucht nach einem eigenen, warmen Zuhause sichtbar. Wieder im Gegensatz dazu steht die farbige Romantik des Fernwehs, das die Seeratte immer neu in die Ferne treibt.

Der Journalist A. A. Milne (1882—1956) brachte 1926 das Kinderbuch „Winnie-the-Pooh" (dt. Pu der Bär, 1928) heraus, dem 1928 der Band „The House at Pooh Corner" (dt. Wiedersehen mit Pu, 1953) folgte. Die Erzählungen von dem kleinen Jungen, dessen Spielzeugtiere in einem englischen Wald zu Leben erwachen, errangen sich schnell die

Liebe der kleinen Leser im In- und Ausland und gehören heute zur klassischen Kinderliteratur. Die Geschichten gehen auf wirkliche Spielzeugtiere zurück, die der dreijährige Sohn des Autors, CHRISTOPHER ROBIN, besaß, für den MILNE seine Geschichten erfand. Heute stehen die Spielzeugtiere, die den Anlaß für MILNES weltberühmt gewordene Kindergeschichten gaben, im Büro der amerikanischen Verlagsgesellschaft Dutton and Co. in New York.

H. LOFTING (1886—1947), der während des Ersten Weltkrieges als englischer Soldat Dienst tat, schrieb seinen in den USA wohnenden Kindern regelmäßig Briefe, die Geschichten von Tieren enthielten, die im Krieg wie die Menschen ihre Pflicht taten, aber nie die notwendige medizinische Versorgung erhielten. So erfand er die Gestalt des exzentrischen Doctor Dolittle, der seine Arztpraxis aufgibt, und ganz der Sorge seiner Tierlieblinge lebt. Das erste Buch, das aus diesen Geschichten erwuchs, „The Story of Doctor Dolittle" (dt. Doktor Dolittle und seine Tiere, 1926), erschien 1920 in New York. Auch die späteren Bände erschienen fast alle zuerst in amerikanischen Ausgaben. Jeder der Bände erzählt von einer Reise, die Dr. Dolittle unternimmt, um kranken Tieren Hilfe zu bringen. Die Entwicklung der Geschichten ist in sich geschlossen und absolut logisch, eine Logik, die auch die zahlreichen Nonsense-Elemente einbezieht und so, wie früher DODGSON, zu einem „logischen Nonsense" führt. Mit dem gütigen, weisen und doch zu allen Abenteuern bereiten Dolittle kam eine Gestalt in die Kinderliteratur, die rasch zum erklärten Liebling der kleinen Leser im In- und Ausland wurde. Bis zu seinem Tode verfaßte der Autor 12 Dolittle-Bände, die in fast alle europäischen Sprachen übersetzt wurden.

Der 1899 geborene Literaturprofessor E. LINKLATER erhielt für sein 1944 erschienenes Kinderbuch „The Wind on the Moon" (dt. Wind im Mond, 1947) die Carnegie Medal. Das Buch erzählt von den beiden Mädchen Dinah und Dorinda, die in Känguruhs verwandelt werden und in einem Zoo leben, in dem sie vielen merkwürdigen Wesen begegnen, wie Mr. Parker, der Giraffe, die sich als Detektiv betätigt, oder Bendigo, dem Bären, der täglich die „Times" liest.

M. BIANCO (1881—1944) schrieb eine Reihe phantastischer Erzählungen für kleinere Kinder, in denen sie die Spielzeug- und Puppenwelt der Kinder lebendig werden läßt. Ihr berühmtestes, in England wie in den USA bis heute verbreitetes Buch war „The Velveteen Rabbit" (1922). Die Autorin hatte sich ursprünglich als Verfasserin von Romanen für Erwachsene betätigt, war mit ihrem Werk jedoch nicht zufrieden und wollte etwas Neues beginnen. Ihre eigenen Kinder befanden sich im Spielzeugalter, und sie selbst hatte in ihrer eigenen Kindheit ein sehr enges, phantasievolles Verhältnis zu Puppen und Spielzeugtieren. Das veranlaßte sie, die Erzählung von dem Spielzeugkaninchen zu schreiben. Auch ihre weiteren Kinderbücher, die sie in einer Kleinkindern gut verständlichen Sprache und mit großem Einfühlungsvermögen in die Psyche des Kleinkindes schrieb wie „The Skin Horse" (1927), das ihre Tochter PAMELA illustrierte, oder „The Little Wooden Doll" (1925), griffen das Thema des lebendig gewordenen Spielzeugs wieder auf.

Das jugendschriftstellerische Schaffen von W. J. DE LA MARE (1873—1956, Pseud. WALTER RAMAL) erstreckte sich auf zwei Arbeitsphasen. In den Jahren zwischen 1902 und 1927 verfaßte der Autor eine Reihe von Gedichtbänden, die in einer kindgemäßen und zugleich poetischen Sprache abgefaßt sind. Sie enthalten Szenen aus dem Alltag des Kleinkindes, märchenhafte und Nonsense-Elemente. DE LA MARES Hang zum Phantastisch-Mythischen wurde in der zweiten Arbeitsphase deutlicher, als er zwischen 1925 und 1946 eine Reihe phantastischer Kindergeschichten schuf, die mit zu dem Besten gehören, was England im 20. Jh. auf diesem Gebiet vorzuweisen hat. Die erste dieser Erzählungen, „The Three Mulla-Mulgars", erschien bereits 1910, wurde aber erst in der Ausgabe von 1935 unter dem Titel „The Three Royal Monkeys" zu einem durchschlagenden Erfolg. Die literarisch formvollendete Erzählung berichtet von den wunderbaren Abenteuern dreier Affen, die sich gemeinsam auf eine lange Reise begeben. Von seinen weiteren Kinderbüchern fanden vor allem „Broomsticks and Other Tales" (1925), „The Lord Fisher and Other Stories" (1933), „Animal Stories" (1939) und „The Dutch Cheese and Other Stories" (1946) bei Kindern großen Anklang. Der Autor, der auch zwei Gedichtanthologien für Kinder zusammenstellte, die bis heute in englischen Schulen Verwendung finden („Come Hither", 1923, und „Tom Tiddler's Ground", 1931), wurde mit dem Order of Merit ausgezeichnet und erhielt von zahlreichen englischen Universitäten akademische Ehrungen.

Die 1908 in Manchester geborene R. AINSWORTH schrieb für die Kinderfunkserie „Listen With Mother" der BBC eine Reihe von Geschichten um den Kobold Rufty Tufty, die ab 1952 in Buchform („Rufty Tufty the Golliwog" u. a.) erschienen.

Der weltweit erfolgreiche Schriftsteller G. GREENE (* 1904) schrieb neben seinen Romanen für Erwachsene auch vier Kinderbücher, die sich mit den Abenteuern vermenschlichter Verkehrsmittel befassen und die auch im Ausland recht erfolgreich wurden: „The Little Train" (1946; dt. Die kleine Lok, 1953); „The Little Fire-Engine" (1950; dt. Die kleine Feuerspritze, 1954); „The Little Horse-Bus" (1952; dt. Der kleine Pferdebus, 1955) und „The Little Steam-Roller" (1953).

Die 1907 geborene RUMER GODDEN (d. i. M. RUMER HAYNES DIXEN), die auch zahlreiche Romane für Erwachsene schrieb, verfaßte eine Reihe von Kinderbüchern, die Puppen als Handlungsträger zeigen. Ihr erstes Kinderbuch, „The Doll's House" (1947; dt. Das Puppenhaus, 1949), deutet schon die Richtung ihrer späteren Puppengeschichten an und wurde von den Kritikern als bestes Kinderbuch zum Thema ‚Puppe' erklärt. Es schildert den Alltag in einem Puppenhaus mit den Ängsten und Sorgen, aber auch den Freuden und fröhlichen Abenteuern der Puppen und kann als Parabel für das reale Leben außerhalb des Puppenhauses angesehen werden. Auch ihre Erzählung „The Mousewife" (1951), eine zarte und bezaubernde Geschichte von der ungewöhnlichen Freundschaft einer Maus mit einer in einem Käfig eingesperrten Taube, kann als Parabel für das Los der Unterdrückten einer Gesellschaft stehen. Weitere Puppengeschichten von Rumer Godden sind „The Fairy Doll" (1956; dt. Die Feen-Puppe, 1958), „Mouse House" (1957), „The Story of Holly and Ivy" (1958), „Candy Floss" (1960), „Miss Happiness and Miss Flower" (1961), „Little Plum" (1962; dt. Das verbotene Haus, 1967) und „Home is the Sailor" (1964). Die Autorin besitzt eine der umfangreichsten Sammlungen von Puppen und Puppenhäusern in England.

Die 1892 geborene L. M. Boston schrieb mit 62 Jahren ihr erstes Kinderbuch, „The Children of Green Knowe" (1954; dt. Die Kinder von Green Knowe, 1968). Green Knowe ist ein altes Gebäude in der Nähe von Cambridge, in dem der kleine Tolly mit seiner Großmutter lebt. Beim Durchstöbern des alten Hauses begegnet er den Geistern seiner Vorfahren, die als Kinder in diesem Hause gelebt hatten und von denen ihm seine Großmutter schon viel erzählt hat; Vergangenheit und Gegenwart werden ineinandergewoben. Dem ersten Band folgen eine Reihe weiterer Erzählungen, die sich alle um Green Knowe ranken, wie „The Chimneys of Green Knowe" (1958; dt. Die Kamine von Green Knowe, 1969), „The River at Green Knowe" (1959; dt. Der Fluß bei Green Knowe, 1970) und „An Enemy at Green Knowe" (1964). Für das Buch „A Stranger at Green Knowe" (1961) erhielt die Autorin die Carnegie Medal.

Die 1906 geborene B. Sleigh hat eine Reihe phantastischer Kindergeschichten geschrieben, die fast alle in Sendungen der BBC übernommen wurden. Am bekanntesten wurden ihre „Carbonel"-Geschichten, die von einer über magische Kräfte verfügenden Katze erzählen und die sich durch einen trockenen Humor auszeichnen („Carbonel", 1955; dt. Der verzauberte Kater, 1963; und „The Kingdom of Carbonel", 1959; dt. Im Reich des verzauberten Katers, 1964).

Die um 1900 in Australien geborene P. L. Travers, Tochter eines irischen Vaters und einer schottischen Mutter, schuf die Gestalt der Mary Poppins, die als Gouvernante bei den Kindern der englischen Familie Banks lebt. Nach außen hin verkörpert Mary Poppins das Urbild der strengen, auf korrekte Haltung bedachten Lehrerin viktorianischer Tradition, für die Kinder jedoch ist sie die zauberkräftige, gütige Freundin unerhörter Abenteuer. 1934 erschien der erste Band „Mary Poppins" (dt. Jungfer Putzig, 1935; 1952 u. d. T. Mary Poppins). Bis 1963 kamen „Mary Poppins Comes Back" (1935; dt. Mary Poppins kommt wieder, 1952), „Mary Poppins Opens the Door" (1944; dt. Mary Poppins öffnet die Tür, 1954), „Mary Poppins in the Park" (1952; dt. Mary Poppins im Park, 1955) und „Mary Poppins From A to Z" (1963; dt. Mary Poppins von A bis Z, 1964) hinzu. Die Mary-Poppins-Geschichten gehören heute zur internationalen Kinderliteratur und erfuhren durch das 1964 verfilmte Musical „Mary Poppins" noch eine Steigerung ihrer Popularität.

Im Jahr 1958 erschien das von der Autorin A. Ph. Pearce (* 1920) verfaßte Jugendbuch „Tom's Midnight Garden" (dt. Als die Uhr dreizehn schlug, 1961), das als bestes Buch des Jahres mit der Carnegie Medal ausgezeichnet wurde. Die faszinierende Erzählung berichtet von dem Jungen Tom, der bei seiner Tante in einem alten, umgebauten Haus wohnt. Immer wenn die alte Standuhr um Mitternacht dreizehn schlägt, geht der Junge in den Garten hinaus und findet sich in das Viktorianische Zeitalter zurückversetzt. Er spielt dort mit einem Mädchen, das von Begegnung zu Begegnung älter wird und ein halbes Jahrhundert vor Toms Geburt in dem alten Haus gelebt hatte. Auch die weiteren Bände der Autorin lassen ihre Fähigkeit erkennen, ungewöhnliche Themen in eine junge Leser ansprechende Form zu gießen und dabei die geheimnisvolle Atmosphäre des Ineinanderfließens von Traumbegehren junger Menschen und der Wirklichkeitsbezogenheit der Handlung voll zu treffen, wie in „Minnow On the Say" (1955; dt. Die Fährte des Herrn Labudan, 1958) oder „A Dog So Small" (1962; dt. Ben und sein kleiner Hund Chiquitito, 1964), der Geschichte eines Londoner Arbeiterkindes, das viel Zeit damit verbringt, sich mit einem nur in seiner Einbildung existierenden Hund zu beschäftigen. Am Ende der Erzählung erhält Ben einen Straßenköter anstelle des erträumten Chihuahua, der ihn in die Wirklichkeit zurückholt, in der ein fröhliches Zusammenleben mit dem neuen Lebenskameraden möglich wird. „The Strange Sunflower" (1966) ist die Erzählung von einem Jungen, der davon träumt, in das Land der Sonnenblumen zu gelangen.

Eine Ausnahmestellung auf dem Gebiet der phantastischen Erzählung nimmt der Professor für Englische Philologie J. R. R. Tolkien (1892 bis 1973) ein, der mit seinen Dichtungen eine eigenständige Welt geschaffen hat, die in all ihren Details stimmig ist. 1937 erschien sein Kinderbuch „The Hobbit" (dt. Kleiner Hobbit und der große Zauberer, 1957). Ein Hobbit ist ein Wesen, das zwischen Mensch, Zwerg und Gnom steht. Der Held der Geschichte ist der Hobbit Bilbo Baggins, der dazu ausersehen ist, für das Volk der Zwerge einen Schatz zurückzugewinnen, den der Drache

Smaug gestohlen hat. Die Fahrt des Hobbit ist voll von Gefahren und Abenteuern. Obwohl die Geschichte in einer mythischen Welt spielt, die der unseren fremd ist, in einer Welt, die ihre eigenen Gesetze, ihre eigenen Sprachen, ihre eigene historische Vergangenheit besitzt, wirkt die Darstellung so überzeugend, als würde ein Stück unserer Welt geschildert. Die Erzählung widerlegt mit ihrer Interpretation unserer Wirklichkeit die Meinung von Kritikern, die in phantastischen Erzählungen eine Flucht aus der Realität sehen.

Bald nach dem Erscheinen der Erzählung „The Hobbit" begann TOLKIEN mit der Planung einer umfassenden Trilogie, deren Fertigstellung 13 Jahre in Anspruch nahm. Die Trilogie „The Lord of the Ring" (dt. Der Herr der Ringe), deren erste beiden Bände „The Fellowship of the Ring" (dt. Die Gefährten, 1972) und „The Two Towers" (dt. Die zwei Türme, 1972) 1954 herauskamen und deren dritter Teil „The Return of the King" (dt. Die Rückkehr des Königs, 1972) 1955 erschien, war von TOLKIEN keineswegs für junge Leser konzipiert, wird aber heute von einer begeisterten Leserschaft im Alter zwischen elf und siebzig Jahren gelesen. Auf seine Erzählung „The Hobbit" aufbauend, erweiterte der Autor seine phantastische Welt zu einem umfassenden Universum von Figuren und Geschehnissen, das auf systematisch und wissenschaftlich entworfener Mythologie, Tradition, Historie und mythischer Weltsicht basiert und das Werk zu einem gewaltigen Epos werden läßt. Zwischen Science Fiction und Geschichtsepos angesiedelt, ist dem Verfasser ein zeitloses Kolossalgemälde gelungen, welches das Ringen der Dämonen des Bösen mit den guten Geistern der Toleranz und Menschlichkeit beschwört und das als eine literarische Schöpfung anzusehen ist, wie sie nur selten gelingt und von der angenommen werden kann, daß sie das 20. Jh. weit überdauern wird. Der Erfolg der Trilogie im In- und Ausland war unerwartet groß, obwohl der Autor die Trilogie, wie er selbst erklärte, nur zu seinem persönlichen Vergnügen geschrieben hat. In England allein erschienen inzwischen über drei Millionen Exemplare in zwölf Auflagen. In den USA wurde das Buch Anlaß zu einem verbreiteten „Hobbit"-Kult. Wie kaum ein anderes Werk scheint TOLKIENS Trilogie ebensosehr für junge Leser wie für Erwachsene prädestiniert zu sein.

2. Nachfolger der Umwelterzählungen. Im Jahr 1919 erschien die amüsante Familiengeschichte „The Young Visiters", die mit einem Vorwort von J. BARRIE versehen war und in einer Mischung von Welterfahrung und Naivität Einblicke in das spätviktorianische Familienleben englischer Mittelstandsschichten gab. Viele waren der Meinung, daß hinter dem unbekannten Autorennamen D. ASHFORD sich BARRIE selbst verberge.

Das Buch stammte jedoch tatsächlich von der 1881 geborenen Autorin, die die Geschichte bereits im Alter von neun Jahren aufgeschrieben hatte. Im Alter von 38 Jahren holte Mrs. ASHFORD das vergessene Manuskript aus der Schublade und sandte es einer erkrankten Schulfreundin, in der Hoffnung, daß ihre Freundin sich mit der Lektüre die Zeit vertreiben könne. Die Freundin übergab jedoch das Manuskript einem befreundeten Verleger, der es druckte und dabei alle Schreib- und Satzzeichenfehler übernahm, die sich die 9jährige DAISY hatte zuschulden kommen lassen. Bis heute wird das Buch „The Young Visiters" immer wieder neu aufgelegt.

Zu den besten Umweltgeschichten der englischen Kinderliteratur des 20. Jh.s gehören die Erzählungen von A. RANSOME (1884—1967), der einen Teil seiner Bücher selbst illustrierte. Sein erstes Buch „Swallows and Amazons" (1930; dt. Der Kampf um die Insel, 1933) führte die Walker-Kinder (John, Susan, Titty und Roger: die „Swallows") und die Blackett-Kinder (Nancy und Peggy: die „Amazons") in die englische Kinderliteratur ein. Es sind Kinder verschiedenen Alters, die sich zu einer Spielgruppe zusammengeschlossen haben und die gemeinsam Abenteuer erleben, von denen Erwachsene weitgehend ausgeschlossen bleiben. Die Erzählungen RANSOMES hatten großen Einfluß auf englische Autoren, die später ähnliche Kindergeschichten schrieben. Als „Holiday Adventures" bilden sie eine eigene Untergruppe der Umwelterzählung. Für das Buch „Pigeon Post" (1936) erhielt RANSOME die Carnegie Medal, die aus diesem Anlaß zum ersten Mal verliehen wurde. Die Kinder werden von dem Autor als natürlich, realistisch und weltaufgeschlossen geschildert. Ihre mit viel Phantasie und Spielfreude inszenierten Erlebnisse geben ein Bild vom Verhalten englischer Kinder in der Freizeit; gleichzeitig enthalten sie eine Fülle praktischer Winke für junge Leser.

M. E. ATKINSON (* 1899) schrieb seit 1936 etwa 20 Umwelterzählungen. Eine Serie dreht sich um die Lockett-Familie (dt. Die Lockett-Kinder, Bd. 1—6. 1954—60) und hier vor allem um die Kinder Jane, Bill und Oliver; in einer zweiten Serie werden die junge Fricka Hammond und deren Vettern Adrian und Hugo in ihren Alltagserlebnissen gezeigt. Die gern gelesenen Erzählungen wie „The Monster of Widgeon Weir" (1943), „The Nest of the Scarecrow" (1944) oder „Castaway Camp" (1951; dt. Die Vier von der Insel, 1952) erlebten zahlreiche Auflagen und gehören zum gängigen Lesefutter englischer Kinder.

Von der 1926 geborenen G. AVERY stammen neben zahlreichen Familiengeschichten aus der spätviktorianischen Epoche wie „The Warden's Niece" (1957) oder „The Call of the Valley" (1966) eine Reihe von Anthologien, in denen sie Erzählungen bekannter Autoren des 19. Jh.s präsentiert, wie in dem Band „The Hole in the Wall" (1968). Die Autorin setzt sich auch für die Wiederentdeckung von Umweltgeschichten aus dem 19. Jh. ein.

Umweltgeschichten mit abenteuerlichem Geschehen schrieb in zahlreichen Serien ENID M. BLYTON (1896—1968), die mit ihrem gesamten Werk im In- und Ausland zu den meistgedruckten Autoren in der Welt gehört. In England können allein W. SHAKESPEARE und die Kriminalschriftstellerin A. CHRISTIE mit höheren Gesamtauflagen aufwarten. BLYTON schrieb um die Mitte der 30er Jahre ihr erstes Kinderbuch. Ihre — von Kindern gern gelesenen — Bücher leiden unter dem Gesetz der Serie, das zu immer gleichen Handlungsschemata und Personenkonstellationen verführt. Die rund 400 Bücher, welche die Autorin bis zu ihrem Tode schrieb, teilen sich auf in Serien mit mehr umweltbezogener, abenteuerlicher oder kriminalistischer Thematik. Besonders erfolgreich sind die Serien „The Famous Five", „The Secret Seven", „Noddy", „Mrs. Galliano's Circus", „The Three Golliwogs" und „The Six Cousins", die in zahlreiche Sprachen übersetzt wurden. Der ungeheuere Erfolg der Autorin im In- und Ausland — sie hat in England 25, im Ausland über 40 Verleger und allein von der „Noddy"-Serie wurden über 11 Millionen Exemplare verkauft — steht in keinem Verhältnis zu der recht durchschnittlichen Qualität ihrer Bücher.
W. MAYNE (* 1928) schrieb eine Reihe von Umweltgeschichten für ältere Jugendliche, die sich besonders durch psychologisch fundierte Charakterisierung der Personen und durch Dichte der geschilderten Atmosphäre auszeichnen. Die meisten seiner Bücher spielen in den Yorkshire Dales, wo der Verfasser seine Kindheit verbrachte und als Lehrer tätig war. Für sein Buch „A Grass Rope" (1957; dt. Das Wirtshaus zum Einhorn, 1966) erhielt der Autor die Carnegie Medal.
Auch das 20. Jh. brachte als Untergruppe der Umwelt- und Familienerzählungen zahlreiche Schulgeschichten hervor. D. COKE (1879—1941) schrieb eine Reihe solcher Erzählungen wie „The House Prefect" (1907), „The School across the Road" (1913) oder „The Worst House at Sherborough" (1913), zu denen er die Stoffe weitgehend aus seinen langjährigen Erfahrungen als Schulleiter nahm und die bis heute in englischen Buchhandlungen erhältlich sind.
A. BRAZIL (1868—1947) verfaßte in der Zeit zwischen 1906 und ihrem Tod rund 50 Schulgeschichten für Mädchen. Am bekanntesten wurden die Bücher „Manor House School" (1911), „A Pair of Schoolgirls" (1912), „The School by the Sea" (1914), „A Patriotic Schoolgirl" (1918), „Captain Peggie" (1924), „An Exciting Term" (1936), „The New School at Scarsdale" (1940) und „The School on the Loch" (1946). 1936 verfaßte die Autorin, deren Erzählungen oft nationalistische Tendenzen zeigen, die Autobiographie „My Own Schooldays".
Die Lehrerin R. CROMPTON (d. i. RICHMAL CROMPTON LAMBURN, * 1890), die ursprünglich Kurzgeschichten für Erwachsenenzeitschriften verfaßte, brachte im Jahr 1922 einen Erzählband mit dem Titel „Just William" heraus, der eine Reihe von Geschichten um die Gestalt des Schuljungen William enthielt. Das Vorbild für William fand die Autorin in ihrem kleinen, jederzeit zu Streichen aufgelegten Neffen. Der Erfolg des William-Bandes veranlaßte den Verleger, bei CROMPTON darauf zu drängen, daß sie aus dem Schuldienst ausscheiden und sich ganz der Schriftstellerei widmen möge. Die Autorin befolgte den Rat ihres Verlegers und schrieb bis 1970 rund 40 weitere Bände, die sich alle um „William" bewegen und die auch im Ausland weite Verbreitung fanden. Einige der „William"-Titel werden in deutschen Schulen als Schullektüre verwandt. Die Abenteuer Williams — allein in England in mehr als 8 Mill. Exemplaren aufgelegt — wurden auch verfilmt.
Großen Erfolg im In- und Ausland hatte A. M. BUCKERIDGE (* 1912) mit seinen in der Tradition der Schulgeschichten des 19. Jh.s stehenden Serien um den Schuljungen Jennings und dessen Freunde, die im Internat der Linbury Court School leben und ihren Alltag mit vielen Jungenstreichen auflockern. Die fröhlichen und abwechslungsreichen Geschichten, zu denen BUCKERIDGE die Stoffe zum großen Teil aus seinen persönlichen Erfahrungen und Erlebnissen als Lehrer nahm, kommen, wie seine Erzählungen um den energischen Schuljungen Rex Milligan, über nette Verbrauchsliteratur nicht hinaus.
3. Abenteuerbücher. Captain W. E. JOHNS (1893—1968), der im Ersten Weltkrieg als Kampfflieger in Frankreich stationiert war und in einem Luftkampf von E. UDET abgeschossen und verwundet wurde, schrieb im Jahr 1932 sein erstes Buch „Fighting Planes and Aces" (dt. Feindliche Flieger in Sicht, 1936), in dem er von seinen Erlebnissen als Kampfflieger berichtete. Als Herausgeber der Monatszeitschrift „Popular Flying" erfand er die Figur des Captain James Biggleworth, of Squadron No. 266, RFC. Ab 1935 folgten etwa 70 Bücher, die alle die Abenteuer des heldenhaften Flugkapitäns schildern, der später auch die Rolle eines Interpol-Detektivs und nach 1945 die eines Agenten des englischen Geheimdienstes übernimmt. Die Biggles-Bücher (dt. Biggels' großer Fang, 1956; Biggels im Dschungel, 1957; Es geht nicht ohne Biggels, 1963 u. a.), die von Kindern mit Begeisterung gelesen werden und die oft einen überzogenen Nationalismus propagieren, dienten während des Zweiten Weltkrieges als Werbemittel für Rekruten der RAF. JOHNS schrieb noch einige andere Kinderbuchserien, die von fiktiven Geheimdienstleuten und Detektiven handeln. Insgesamt brachte er es auf über 200 Titel.
Der 1893 geborene R. CHURCH, der mit seinen Gedichtbänden und Romanen für Erwachsene mit mehreren Literaturpreisen ausgezeichnet wurde, schrieb im Jahr 1941 sein erstes Kinderbuch, „A Squirrel Called Rufus", in dem von einem Krieg zwischen den roten und den grauen Eichhörnchen

in einem ausgedehnten Wald erzählt wird. Unter der Oberfläche der spannenden Geschichte verbergen sich grundlegende Einsichten zu der Rolle des Krieges in den Auseinandersetzungen der Menschen, wobei CHURCH eine pazifistische Haltung einnimmt. Noch eindrucksvoller ist sein zweites Jugendbuch, „The Cave" (1950), in dem die Abenteuer einer Jugendgruppe während einer Höhlenexpedition geschildert werden. Die Geschichte setzt mit einem fröhlichen Ferienabenteuer ein und führt immer mehr zu einer dramatischen Enthüllung der grundverschiedenen Charaktere der teilnehmenden Jungen, die sich lebensgefährlichen Gefahren ausgesetzt sehen und darauf unterschiedlich reagieren.
Der 1903 in Northumberland geborene R. ARMSTRONG greift in seinen Jugendbüchern weitgehend auf seine eigenen Erfahrungen als Stahlarbeiter und Seemann zurück. Sein erstes Jugendbuch erschien 1943 u. d. T. „The Mystery of Obadiah". Die Erzählung spielt inmitten der Moore und Fabriken von Tyneside und berichtet von den Erlebnissen dreier Jungen, die einen Dieb verfolgen und diesen nach langer Verfolgungsjagd in einer stillgelegten Mine stellen. Was die spannende Geschichte auszeichnet, ist die eindrucksvolle Schilderung der Menschen und ihrer Probleme im Industriegebiet von Northumberland. Auch die späteren, insgesamt sehr spannenden Erzählungen von ARMSTRONG zeugen von der Fähigkeit des Autors, Charaktere, Probleme und Landschaften differenziert und authentisch in einer jungen Lesern eingängigen Sprache darstellen zu können. 1946 erschien das Buch „Sabotage at the Forge", das in einem großen Stahlwerk spielt, 1948 „Sea Change" (1948 mit der Carnegie Medal ausgezeichnet), das die Erfahrungen eines Schiffsjungen beschreibt, der seine erste Fahrt in der englischen Handelsmarine zu den Barbados-Inseln macht. Das harte und entbehrungsreiche Leben der Seeleute wird realistisch und ohne die in Kinderbüchern oft anzutreffende Verklärung beschrieben und das Hineinwachsen des jungen Seemanns in die arbeitsreiche und verantwortungsvolle Welt des Seemannsberufes eindringlich vorgestellt. Weitere bei jungen Lesern sehr beliebte Titel des Autors, die sich zum Teil wieder mit der Handelsschiffahrt befassen, sind „The Whinstone Drift" (1951), „Danger Rock" (1955), „Out of the Shallows" (1961), „Island Odyssey" (1963), „Greenhorn" (1966) und „The Mutineers" (1968; dt. Die Rebelleninsel, 1972).
N. MITCHISON (* 1897) schrieb eine Anzahl historischer Jugendbücher, wie „The Conquered" (1923; dt. Jenseits des Sieges, 1952) und „Black Sparta" (1928), die auf antike Stoffe zurückgreifen. Ihre späteren Jugendbücher wie „Graeme and the Dragon" (1954) oder „Karensgaard" (1961) stellen das Abenteuerliche über den historischen Hintergrund ihrer Erzählungen.
Der Seekapitän F. KNIGHT (* 1905) verfaßte etwa 20 Jugendbücher, die sich mit der Geschichte der Seefahrt befassen und wichtige Ereignisse und Höhepunkte dieser Entwicklung in Form handlungsgeladener Erzählungen mit abenteuerlicher Note vorstellen. Besonders bekannt wurden seine Bücher „The Golden Monkey" (1953), „Clemency Draper" (1963), „Young Drake" (1962), „Young Columbus" (1963) und „Captain Cook" (1964).
Der Geschichtsprofessor W. CR. DICKINSON (1897 bis 1964) schrieb eine Reihe von Kinderbüchern, die den jungen Lesern in einer Mischung von Fiktion, Legende und Mythe sowie anhand von Erkenntnissen aus der vorgeschichtlichen Forschung Einblicke in Leben und Atmosphäre des vorgeschichtlichen England vermitteln sollen wie in „Borrobil" (1944), „The Eildon Tree" (1947) oder „The Flag from the Isles" (1951).
C. SC. FORESTER (1899—1966) wurde weit über England hinaus mit seinen „Hornblower"-Romanen bekannt, die die Gestalt des von FORESTER erfundenen Kapitäns Horatio Hornblower in den Mittelpunkt der abenteuerlichen und farbigen Ereignisse stellen. Horatio Hornblower ist inzwischen in den englisch sprechenden Ländern zu einer der bekanntesten literarischen Figuren geworden. Die Romane erzählen den Aufstieg von Hornblower vom Midshipman zum Admiral und Lord in der Zeit der Kriege gegen NAPOLEON I. Hornblower ist das Musterbild eines in allen Episoden absolut menschlichen und unheldischen „Helden". Die Schilderung der seemännischen Welt sowie der seegeschichtlichen Ereignisse ist authentisch und stützt sich auf die Nachrichten des „Naval Chronicle", einer Monatszeitschrift für Seeoffiziere, die zwischen 1790 und 1820 in England erschien und die FORESTER als Quelle für seine Romane benutzte. Obwohl die Romane dieses Autors auch von Erwachsenen gern gelesen werden, sind sie in England beliebte Lektüre Jugendlicher geworden. Im Jahr 1937 erschien der erste Hornblower-Roman u. d. T. „The Happy Return" (dt. Der Kapitän, 1938), ihm folgten „A Ship of the Line" (1938; dt. An Spaniens Küsten, 1939), „Flying Colours" (1938; dt. Unter wehenden Flaggen, 1940), „The Commodore" (1944; dt. Der Kommodore, 1946), „Lord Hornblower" (1946; dt. Lord Hornblower, 1947), „Mr. Midshipman Hornblower" (1950; dt. Fähnrich zur See Hornblower, 1950), „Lieutenant Hornblower" (1952; dt. Leutnant Hornblower, 1953), „Hornblower and the ‚Atropos'" (1953; dt. Hornblower wird Kommandant, 1955), „Hornblower in the West-Indies" (1958; dt. Hornblower in Westindien, 1960) und „Hornblower and the ‚Hotspur'" (1962). Neue Gesamtausgaben erscheinen meist in der chronologischen Reihenfolge der Ereignisse. In den letzten Jahren erlebten die Hornblower-Romane FORESTERS zahlreiche Verfilmungen.
H. BURTON, Tochter eines Arztes und Lehrerin an einer höheren Schule, brachte ihr erstes Buch „The Great Gale" 1960 heraus. Darin schildert die Autorin spannend und mit großem Einfühlungs-

vermögen menschliche Problemsituationen während der großen Überschwemmungen in England im Jahr 1953. In ihren späteren Büchern bevorzugte sie historische Stoffe. Es geht ihr in erster Linie um das Aufzeigen menschlicher Bewährung in ernsten Konfliktsituationen, wobei sie die Geschehnisse um die fiktiven Figuren ihrer Erzählungen in den sozialpolitischen Zusammenhang der Epoche stellt. Besonders viel Beifall fanden „Time of Trial" (1963; dt. Zeit der Prüfung, 1968), die Geschichte eines Sozialreformers und seiner Familie im England des 19. Jh.s, für die sie die Carnegie Medal erhielt, sowie „No Beat of Drum" (1966; dt. Kein Trommelschlag hat sie begrüßt, 1971), eine Erzählung, in der sie das Los nach Australien verschiffter Sträflinge schildert, die wegen Bagatellen zu schweren Strafen verurteilt worden waren.

Die 1920 geborene R. SUTCLIFF, die sich ursprünglich der Malerei zugewandt hatte und zu den bekanntesten Miniaturmalern gehörte, gab im Alter von 30 Jahren die Malerei auf und widmet sich seitdem ganz der Schriftstellerei.

Heute wird sie von englischen Literaturkritikern als diejenige Jugendbuchautorin anerkannt, welche die besten historischen Erzählungen des 20. Jh.s für junge Leser schreibt. Was die Verfasserin besonders auszeichnet, ist neben den gründlichen Studien die Intuition, mit der sie sich in die jeweilige geschichtliche Epoche zu versetzen vermag und die sie befähigt, lebendige Zeitgemälde zu schaffen. Ihre Bücher sind gekennzeichnet von detaillierten Landschafts- und Umweltbeschreibungen, die auf hervorragende Beobachtungsgabe der Verfasserin hinweisen, von einem logisch und zwingend aufgebauten Handlungsverlauf sowie von der Differenziertheit der Charaktere ihrer teils historischen, teils fiktiven Hauptfiguren. Ihr erstes Buch „The Chronicles of Robin Hood" erschien 1950, ihr zweites „The Queen Elizabeth Story", das von einem kleinen Mädchen aus einem Dorf bei Devon erzählt, dessen größter Wunsch es ist, einmal die Königin sehen zu dürfen, kam 1951 heraus. Am bekanntesten wurde der Band „The Eagle of the Ninth" (1954; dt. Der Adler der Neunten Legion, 1964), der von den letzten Jahren der römischen Besatzung in Britannien berichtet und für eine Hörspielserie von der BBC übernommen wurde. Für ihr Buch „The Lantern Bearers" (1959; dt. Drachenschiffe drohen am Horizont, 1962) erhielt die Autorin die Carnegie Medal. Bis 1970 lagen 26 historische Romane der Autorin vor, die sich alle, in besonderem Maße „The Mark of the Horse Lord" (1965; dt. Das Stirnmal des Königs, 1969), die Geschichte eines römischen Gladiators, auch bei erwachsenen Lesern großer Beliebtheit erfreuen.

Der 1918 in Norwich geborene R. L. GREEN wurde vor allem durch seine zahlreichen Biographien von Kinderbuchautoren und seine Essays zu berühmten Kinderbuchfiguren bekannt. Neben diesen theoretischen Schriften verfaßte er eine Anzahl von Kinderbüchern, in denen er Sagen, Legenden und Mythen der verschiedenen Völker in eine Kindern verständliche Sprache umsetzte. Auf die Sagen des Altertums bezog er sich in den Bänden „Mystery at Mycenae" (1957), „The Tale of Troy" (1958), „Tale of the Greek Heroes" (1958), „Jason and the Golden Fleece" (1958) und „The Luck of Troy" (1961). Nordische Mythen und Sagenwelt sowie Legenden aus der britischen Vorgeschichte benutzte er für die Bände „Land beyond the North" (1958), „The Saga of Asgard" (1960), „Myths of the Norsemen" (1960), „King Arthur and His Knights of the Round Table" (1953) und „Sir Lancelot of the Lake" (1967).

4. Kinderlyrik. Die Lehrerin R. FYLEMAN (1877 bis 1957), die unter anderem die „Père Castor"-Bücher aus dem Französischen übersetzte, wurde mit einer Reihe von Kindergedichtbänden bekannt. Die Gedichte der Autorin zeichnen sich sprachlich durch kindgemäße Einfachheit und Klarheit aus, thematisch bevorzugen sie märchenhafte Elemente. Von 1918 bis 1950 erschienen rund zwanzig Bücher der Autorin, von denen „Fairies and Chimneys" (1918), „Fairies and Friends" (1925), „Fifty new Nursery Rhymes" (1931), „The Princess comes to Our Town" (1941) und die Anthologie internationaler Kinderverse „Widdy-Widdy-Wurkey" (1934) am bekanntesten wurden.

Einen Höhepunkt erlebte die englische Kinderliteratur des 20. Jh.s mit dem Schaffen von E. FARJEON (1882—1965). Die Autorin, die schon mit sieben Jahren als Autodidaktin lesen und schreiben konnte und in diesem Alter mit dem Niederschreiben von Gedichten begann, ließ 1914 in der Zeitschrift „Punch" ihre ersten Kindergedichte anonym erscheinen, die dann zwei Jahre später unter dem Titel „Nursery Rhymes of London Town" in Buchform herauskamen. 1921 erschien das Buch, das ihr den größten Erfolg einbrachte, „Martin Pippin in the Apple Orchard", das ursprünglich für Erwachsene herausgegeben wurde, sich aber bald die Herzen der jungen Leser eroberte und in späteren Ausgaben als Kinderbuch gekennzeichnet war. Die Arbeiten der Autorin sind von einer umfassenden thematischen wie formalen Breite.

Neben poetischen Gedichten und naiven Kinderversen schrieb sie Theaterstücke für Kinder, den Text für Singspiele, auf legendären Überlieferungen beruhende historische Geschichten („Mighty Men", 1926), Umwelterzählungen und phantastische Geschichten. Was die Autorin selbst als ihre besten Gedichte und Erzählungen ansah, faßte sie in drei Bänden zusammen, die 1951 („Silver-sand and Snow"), 1957 („Children's Bells") und 1958 („Then There Were Three") herauskamen. Im Jahr 1955 erhielt FARJEON für ihr Buch „The Little Bookroom" (1955; dt. Verzauberte Welt, 1957), das eine Auswahl von Geschichten aus dem Gesamtwerk der Autorin enthält, die Carnegie Medal und im gleichen Jahr als internationale Auszeichnung die damals erstmalig verliehene Hans-Christian-Andersen-Medaille.

5. Sachbücher. Der Journalist A. H. Mee (1875—1943), der das 50teilige Werk „Children's Encyclopaedia" (1908—10) herausgab, das bis heute das Standardlexikon für englisch sprechende junge Leser geblieben ist, edierte noch eine Reihe anderer Nachschlagewerke für junge Leser wie „Harmsworth's History of the World" (1907—09), „The World's Great Books" (1909—10), „I see all: A Pictorial Encyclopaedia" (1928—30) und „Arthur Mee's Thousand Heroes" (1933—34). Alle Nachschlagewerke wurden in späteren Ausgaben auf den jeweilig neuesten Stand gebracht.
Eine Reihe gern gelesener Sachbücher über Freizeitgestaltung und technische Hobbies schrieb der Journalist J. Cox (* 1915), der von 1946 bis 60 Herausgeber der berühmtesten englischen Jugendzeitschrift „Boy's Own Paper" war. Besonders erfolgreich war der Autor mit „Camping for All" (1953), „Boy's Own Book for Hobbies" (1958), „Fun with Radio, Fun with Electronics" (1962) und „Outdoor Hobbies" (1960).

Bilder- und illustrierte Kinderbücher. Die in Edinburgh 1863 geborene H. B. C. Bannermann war die Tochter eines Armeegeistlichen, der in vielen dem Empire zugehörenden Ländern stationiert war und seine Familie jeweils mit an seinen Dienstort nahm. So lernte die junge Helen viele fremde Länder und Völker kennen und heiratete schließlich einen Arzt, mit dem sie 30 Jahre in Indien verbrachte. Als ihre beiden kleinen Töchter, die zur Erziehung nach Schottland gebracht worden waren, nach ihrer Mutter Heimweh bekamen, schrieb und illustrierte Bannermann ein kleines, farbenfrohes Bilderbuch, das sie „The Story of Little Black Sambo" (dt. Der kleine schwarze Sambo, 1928) nannte und das sie ihren Kindern nach Schottland sandte. Ein Verleger bekam das Büchlein zu Gesicht und brachte es noch im Jahr 1899 heraus; schon im Jahr darauf erschien das Bilderbuch mit großem Erfolg in einem nordamerikanischen Verlag. Die Geschichte von dem kleinen schwarzen Jungen, der durch den Urwald zieht, atemberaubende Begegnungen mit wilden Tigern hat und nach seiner Rückkehr „169 Eierpfannkuchen aufißt, weil er so entsetzlichen Hunger hat", wurde lange Zeit als besonders für Vorschulkinder und Schulanfänger geeignete Lektüre von englischen und amerikanischen Pädagogen empfohlen. In den letzten Jahren allerdings erfuhr das Bilderbuch in den USA vor allem durch Kritiker, die dem schwarzen Bevölkerungsteil angehören, massive Kritik, da es den Neger als dumm, naiv und tollpatschig zeichne und so rassistischen Vorurteilen Vorschub leiste.
Auch die späteren Bilderbücher der Autorin wie „Little Black Mingo" (1901), „Little Black Quibba" (1902), „Little Kettle-Head" (1904), „Pat and the Spider" (1905), „The teasing Monkey" (1907), „Little Black Quasha" (1908) und „Little Black Bobtail" (1909) waren erfolgreich. Auf Wunsch ihres amerikanischen Verlegers schuf die Autorin 1937 noch eine Fortsetzung ihres ersten Buches, die unter dem Titel „Sambo and the Twins" erschien. Lange nach dem Tod der Autorin, die 1946 in Schottland starb, kam im Jahr 1965 ein letztes Bilderbuch von ihr heraus, das man in ihrem Nachlaß gefunden hatte, „Little White Squibba".
Die in London geborene H. B. Potter (1866 bis 1943) beschäftigte sich von Kind an mit dem Zeichnen von Pflanzen, Blumen und Tieren. Da sie sehr zurückgezogen lebte, begann sie zu ihrem Zeitvertreib kleine Geschichten zu zeichnen. Im Jahr 1893 sandte sie einem kleinen befreundeten Jungen einen Brief, in dem sie ihm die Geschichte von vier kleinen Kaninchen „Flopsy, Mopsy, Cottontail and Peter" erzählte. Acht Jahre später erbat sie sich den Brief zurück, um daraus ein Kinderbuch zu machen. So entstand ihr erstes Bilderbuch „The Tale of Peter Rabbit" (dt. Die Geschichte um Peter Hase, 1973), das sie einigen Verlagen anbot, die es jedoch ablehnten. 1902 erschien das Bilderbuch in Kleinformat ($5^3/_4 \times 4^1/_4$ inches) als Privatausgabe der Verfasserin. Auch ihr zweites Bilderbuch „The Tailor of Gloucester" (1903) erschien noch im Eigenverlag. Erst von dem Erscheinen ihres dritten Bilderbuches („The Tale of Squirrel Nutkin", 1903) an fand sich ein Verlag, der Potters Bilderbücher übernahm und bald zu Weltruhm brachte. Bis 1918 erschienen jährlich ein oder mehrere der kleinen fast quadratischen Bilderbücher, die mit ihrer Form, ihren Zeichnungen und ihren Geschichten Kinder begeisterten. Das Anziehende an den Bilderbüchern liegt nicht zuletzt in der absoluten Harmonie zwischen Inhalt und Bildführung. Sie zeichnen sich aus durch die zarte und doch klare Qualität ihrer Phantasie, die disziplinierte Zurückhaltung im Detail — sowohl in der Illustration wie im Text — und das große Einfühlungsvermögen der Autorin in die Erwartungen der Kinder. Vor allem versteht sie es, ihre Tiergestalten einerseits sehr menschlich agieren und sie andererseits doch ganz Tier bleiben zu lassen.
Der Kinderbuchillustrator A. Rackham (1867 bis 1939) zählt zu den hervorragendsten Illustratoren des 20. Jh.s. Seine Zeichnungen und Aquarelle nehmen den Beschauer sofort gefangen. In der Darstellung knorriger Bäume, düsterer Waldstücke, Kobolde, Hexen, Feen und bizarrer alter Frauen und Männer blieb er unübertroffen. Er bevorzugte braune und graue Farben und alle seine Illustrationen scheinen von einer Spätherbst- oder Winterstimmung beherrscht zu sein. Die oft sehr aufwendigen Bände mit Rackhams Illustrationen waren teuer und werden heute von Antiquariaten gesucht und hoch bezahlt. Besonders geschätzt wurden seine Märchenausgaben wie „Grimm's Fairy Tales"

(1900), „English Fairy Tales“ (1918), „Irish Fairy Tales“ (1920) und „The Arthur Rackham Fairy Book“ (1933). Großer Beliebtheit erfreuten sich auch W. Irvings „Rip van Winkle“ (1905), Barries „Peter Pan in Kensington Gardens“ (1906; dt. Peter Pan im Waldpark, 1911) und Grahames „The Wind in the Willows“, das posthum 1940 erschien.
J. Fr. Horrabin (1884—1962) errang mit seinen „Happy and Japhet“-Comic-Strips, die von 1919 bis 1950 in dem „London News Chronicle“ erschienen, in der englisch sprechenden Welt großen und langanhaltenden Erfolg.
Der 1909 geborene C. W. Hodges wurde besonders durch seine Illustrationen zu den historischen Romanen von R. Sutcliff bekannt.
M. L. Attwell (1897—1964) trat vor allem mit Illustrationen zu Ausgaben von „Alice in Wonderland“, „The Water Babies“, „Peter Pan and Wendy“, „Hans Andersen's Fairy Tales“ und „Grimm's Fairy Tales“ hervor.
Die 1922 geborene P. D. Baynes errang mit ihren Illustrationen zu „The Arabian Nights“ (1957) großen Erfolg.
Der 1935 geborene J. Burningham schrieb und illustrierte 1963 sein erstes Bilderbuch „Borka: The Adventures of a Goose With No Feathers“ (dt. Borka, 1963), für das er die Kate Greenaway-Medaille erhielt. Im Ausland bekannt wurden auch seine Bilderbücher „Trubloff: The Mouse Who Wanted to Play the Balalaika“ (1964; dt. Trubloff. Die Maus, die Balalaika spielte, 1971), „John Burningham's A.B.C.“ (1964), „Humbert, Mr. Firkin and the Lord Mayor of London“ (1965; dt. Humbert und der Oberbürgermeister von London, 1966) und „Harquin: The Fox Who Went Down to the Valley“ (1967; dt. Harquin, der Fuchs, 1969).
Zu den talentiertesten englischen Kinderbuchillustratoren der Gegenwart gehört B. Wildsmith (* 1930), der vor allem mit seinen Bilderbüchern zu Fabeln von La Fontaine im In- und Ausland große Erfolge errang. In seinen farbenfreudigen Bilderbüchern dominiert die Farbe über den Strich. Daneben hat er auch ausgezeichnete Federzeichnungen geschaffen. Für sein Bilderbuch „Brian Wildsmith's A.B.C.“ (1962) erhielt der Illustrator die Kate Greenaway-Medaille.
Als Kinderbuchillustratoren sind im 20. Jh. auch H. Jones (* 1904) und der 1934 geborene R. Briggs hervorgetreten.
Organisationen, Förderungsmaßnahmen, Literatur zur KJL. Die Bemühungen um die Verbreitung guter KJL in Großbritannien und Nordirland gehen in erster Linie von Persönlichkeiten aus dem Bibliothekswesen aus. In England setzte die Entwicklung des öffentlichen Bibliothekswesens verhältnismäßig spät ein. Zwar gab es schon 1861 den „Public Libraries Act“, doch konnten sich aufgrund zahlreicher verwaltungstechnischer Restriktionen nur wenige Gemeinden eine größere öffentliche Bibliothek leisten. Erst die neue Fassung des

Brian Wildsmith: Mother Goose (London 1964). Besonders originelle Illustration zu dem alten englischen Kinderreim „Humpty Dumpty“.

„Public Libraries Act“ vom Jahr 1919 erlaubte den Gemeinden und Behörden, größere Zuwendungen an die Öffentlichen Bibliotheken zu vergeben. Soweit Kinderbücher in den frühen englischen Bibliotheken vorhanden waren, wurden sie nur an größere Kinder ab 12 Jahren ausgeliehen.
Im Rahmen der LA („Library Association“) bildete sich 1947 die „Youth Libraries Section“, die von E. Colwell ins Leben gerufen wurde. Diese Gruppe setzt sich am aktivsten für die Belange der KJL ein. Auch die „School Library Association“, die 1937 unabhängig von der LA gegründet wurde, beteiligt sich an Aktivitäten zur Propagierung wertvoller KJL. Die Arbeit beider Gruppen leidet unter der Tatsache, daß es bis heute nicht genügend Bibliothekare gibt, die eine Spezialausbildung für das Gebiet der KJL aufweisen können. Seit 1972 gibt es auch wieder eine englische Sektion des IBBY (International Board on Books for Young People). Die Sektion hat durchweg Einzelmitglieder, die fast ausschließlich aus den Kreisen der Bibliothekare kommen. Die Zusammenarbeit von Kinder- und Jugendbuchverlegern mit den Bibliothekaren wird erst in den letzten Jahren enger. So wird neuerdings die jährliche Kinderbuch-Woche gemeinsam organisiert und durchgeführt.
Die wichtigsten Besprechungsorgane für Kinder- und Jugendbücher sind „Junior Bookshelf“ (seit 1936) und „Children's Book Review“ (im Jahr 1970 nach dem Auslaufen der „Children's Book News“ von V. Alderson ins Leben gerufen). Da-

neben gibt es das Organ „The School Librarian", das den Schulbibliothekaren Ratschläge und Vorschläge für ihre Arbeit geben will und das einen Teil seines Inhalts der Besprechung von neuen Kinder- und Jugendbüchern widmet.
In den Jahren 1969, 1970 und 1971 fanden Tagungen von Bibliothekaren und Pädagogen statt, auf denen die Rolle der Kinder- und Jugendlektüre in der Erziehung im Mittelpunkt der Referate und Diskussionen stand. Als Ergebnis dieser Konferenzen wurde die Zeitschrift „Children's Books in education" gegründet, die vierteljährlich herausgegeben wird. An Universitäten und Ausbildungsstätten für Lehrer wird das Gebiet der KJL nur sporadisch je nach dem Interesse der einzelnen Lehrkräfte in das Lehrprogramm hineingenommen. Eine vorgeschriebene Spezialausbildung für Bibliothekare an Kinder- und Jugendbibliotheken gibt es erst seit 1954.
Auch die „National Book League", deren Hauptaufgabe es ist, das Lesen auf breiter Basis zu propagieren, nimmt sich besonders der KJL und des jungen Lesers an. Ihre Mitglieder setzen sich aus Autoren, Verlegern, Buchhändlern, Bibliothekaren und allgemein interessierten Privatpersonen zusammen. Auch bei dieser Vereinigung kommen die meisten Mitglieder aus dem Bibliothekswesen. Die Organisation hat Ähnlichkeit mit dem Arbeitskreis für Jugendliteratur in der Bundesrepublik Deutschland, beschäftigt sich allerdings im Gegensatz zu der bundesdeutschen Dachorganisation mit der Literatur für alle Altersstufen. Die National Book League erstellt Buchlisten zu verschiedenen Zwekken, organisiert Vorträge und Ausstellungen und erteilt auf Anfragen individuelle Informationen. Speziell die Unterorganisationen „Educational Service" (Beratung von Pädagogen und Schulbibliothekaren) und „Book Information Bureau and Library" (Informationen für Bibliothekare und Privatpersonen) widmen sich der Aufgabe der umfassenden Information in allen Fragen der Literatur und Lesekultur. Ein großer Anteil der Informationsarbeit entfällt auf das Gebiet der KJL.
Seit 1937 wird von der LA die Carnegie Medal verliehen. Sie wird jährlich an ein überdurchschnittliches Kinderbuch, das von einem im Vereinigten Königreich lebenden Bürger geschrieben ist und im vergangenen Jahr veröffentlicht wurde, vergeben. Ein besonderes Komitee des britischen Bibliotheksverbandes wählt aus den Vorschlagslisten der Jugendbibliothekare aus ganz England das Preisbuch aus. Jede Vorschlagsliste darf drei Titel enthalten. Der Preis wurde anläßlich des 100. Geburtstags von A. Carnegie, der einen großen Teil seines Vermögens für die Förderung des öffentlichen Bibliothekswesens in Großbritannien und den USA stiftete, eingerichtet. Seit 1955 vergibt die „British Library Association" zusätzlich die Kate Greenaway Medal für die besten Illustratoren von Kinder- und Jugendbüchern. Die Organisation der Preisvergabe und die Ermittlung der Preisträger erfolgen in ähnlicher Weise wie bei der Vergabe der Carnegie Medal.
Der „Children's Book Circle", der sich aus Persönlichkeiten zusammensetzt, die sich in besonderer Weise für die Verbreitung guter KJL engagieren, stiftete im Jahr 1965 den Eleanor Farjeon Award, der an Persönlichkeiten verliehen werden soll, die sich um die Kinder- und Jugendliteratur besonders verdient gemacht haben.
Die Sekundärliteratur zu Fragen der Kinder- und Jugendliteratur nimmt in Großbritannien einen verhältnismäßig großen Raum ein. Insbesondere sind zahlreiche ausführliche und fundierte Werke zur Geschichte und Entwicklung der KJL herausgekommen, von denen die Arbeiten von F. J. H. Darton (Children's books in England, 1932, [4]1966), P. H. Muir (English children's books 1600 to 1900, 1954) und M. F. Thwaite (From primer to pleasure, 1963) die bedeutendsten sind.

Helmut Müller

→ ABC-Buch, → Abenteuerbuch, → Alice [im Wunderland], → Aufklärung, → J. M. Barrie, → J. Bewick, → Th. Bewick, → E. Blyton, → A. M. Buckeridge, → Fr. H. Burnett, → R. Caldecott, → J. H. Campe, → L. Carroll, → J. F. Cooper, → W. Crane, → G. Cruikshank, → D. Defoe, → Ch. Dickens, → Fabel, → E. Farjeon, → Fiction-Literatur, → K. Greenaway, → Gullivers Reisen, → R. Kipling, → H. Lofting, → Fr. Marryat, → J. Newbery, → Nonsense, → Peter Pan, → A. Rackham, → Robinson Crusoe, → Romantik, → J. J. Rousseau, → Science Fiction, → R. L. Stevenson, → R. Sutcliff, → J. Swift, → J. Tenniel, → J. Verne

Sekundärliteratur: J. Ashton: Chap-books of the eighteenth century; with facsimiles, notes, and introductions (1882). — G. E. Avery: Nineteenth century children. Heroes and heroines in English children's stories, 1780—1900 (1965). — L. Böckheler: Das englische Kinderlied (1935). — F. J. H. Darton: Children's books in England (1932, [4]1966). — B. Doyle: The Who's Who of children's literature (1968). — M. Fisher: Intent upon reading. A critical appraisal of modern fiction for children (1961, [2]1964). — B. Folmsbee: A little history of the horn-book (1942). — M. Fuller (Hrsg.): More junior authors (1963). — R. Hildebrandt: Nonsense-Aspekte der englischen Kinderliteratur (1970). — L. Kingman: Illustrators of children's books, 1957—1966 (1968; zus. mit M. J. Foster u. R. G. Lontoft). — S. T. Kunitz: The junior book of authors (1951; zus. mit H. Haycraft). — N. Larrick: A parent's guide to children's reading (1958, [2]1964). — C. Meigs: A critical history of children's literature (1953, [2]1969; zus. mit A. T. Eaton, E. Nesbitt u. R. H. Viguers). — B. E. M. Miller (Hrsg.): Illustrators of children's books, 1744—1945 (1947, [2]1961; zus. mit L. P. Latimer u. B. Folmsbee). — C. H. Morris: The illustration of children's books (1957). — P. Muir: English children's books, 1660 to 1900 (1954). — V. E. Neuburg: The penny histories; a study of chapbooks for young readers over two centuries (1968). — D. Petzold: Formen und

Funktionen der englischen Nonsense-Dichtung im 19. Jahrhundert (1972). — E. Quayle: The collector's book of children's books (1971). — E. Sewell: The field of nonsense (1952). — W. Sloane: Children's books in England & America in the seventeenth century (1955). — M. F. Thwaite: From primer to pleasure (1963). — J. R. Townsend: Written for children (1965). — R. Vigueurs: Illustrators of children's books, 1946—1956 (1958; zus. mit M. Dalphin u. B. E. M. Miller).

Groth, Klaus Johann

*Pädagoge, Literaturwissenschaftler, Schriftsteller; * 24. 4. 1819 Heide/Norderdithmarschen, † 1. 6. 1899 Kiel.*

G., Sohn eines Müllers und Landwirts, besuchte von 1838—42 das Volksschullehrerseminar in Tondern und trat 1841 als Mädchenschullehrer in Heide den Dienst an. In diese Zeit fällt die erste Beschäftigung G.s mit dem weithin verachteten Plattdeutsch. 1847 quittierte G. den Schuldienst, um in Kiel das philosophische Studium aufzunehmen. Aus gesundheitlichen Gründen mußte er unterbrechen und zog sich auf die Insel Fehmarn zurück, wo er bei seinem Freund L. Selle mit dem Studium des Plattdeutschen in Wort und Schrift begann und den größten Teil seiner plattdeutschen Gedichte schrieb. Mit Hilfe von Prof. K. Müllenhoff (1818—84) entwickelte er dabei die plattdeutsche Orthographie. Ein Stipendium der dänischen Regierung ermöglichte G. 1853 die Rückreise nach Kiel und schließlich nach Bonn, wo er C. Jahn (1813—96), E. M. Arndt (1769—1860) und K. Simrock (1802 bis 1876) kennenlernte. 1856 verlieh ihm die Philosophische Fakultät der Universität Bonn das Doktordiplom für seine poetischen und wissenschaftlichen Verdienste auf dem Gebiet des Plattdeutschen. 1858 habilitierte er sich für deutsche Literatur und Sprache an der Universität Kiel und wurde 1866 zum Professor ernannt. 1890 wurde ihm der große Schiller-Preis zuerkannt, im gleichen Jahr erhielt er auch vom König von Preußen die große goldene Medaille für Kunst und Wissenschaft. Zu seinem 80. Geburtstag ernannten ihn die Städte Kiel und Heide zum Ehrenbürger.

Werk, Tendenzen, Wirkung. G. führte das Plattdeutsch als Literatursprache ein. Durch seine plattdeutschen Dichtungen wurde er zum eigentlichen Verbreiter der norddeutschen Mundart, indem er über den Rahmen der bis dahin üblichen Verwendung des Plattdeutschen Dialektes hinausging und durch ernste Gestaltung gemüthafter Themen neue Beispiele für die dichterischen Ausdrucksmöglichkeiten des Niederdeutschen gab, gleichzeitig jedoch seine Reime im Hinblick auf Syntax und Flexion dem Hochdeutschen annäherte.
Als erstes und wichtigstes Werk G.s erschien 1852 die Gedichtsammlung „Quickborn. Volksleben in plattdeutschen Gedichten dithmarscher Mundart". In meisterhafter Form spiegelt die Sammlung Landschaft und Menschen des niederdeutschen Raumes wider. Es finden sich Kinderlieder („Still min Hanne") und verhaltene Liebesgedichte („He sä mi so vel"), Tiergedichte („Matten Has") und Balladen mit Stoffen aus der niederdeutschen Sage („Öl Büsum", „Hans Iwer"), aber auch Beobachtungen aus dem täglichen Leben („Orgeldreier", „Dagdeef") und volkstümliche Spruchdichtung („Bispill", „Kedenrim"). Von der ersten bis zur siebenten Auflage (1857) erfuhr die Sammlung ständige Erweiterung und erhielt in Zusammenarbeit mit dem Philologen Müllenhoff ein wissenschaftliches Glossar zur Worterklärung. Stark verbreitet waren die Ausgabe von 1856 mit den Holzschnitten nach Zeichnungen von O. Speckter (1807—71) und die nachfolgenden, die diese Zeichnungen wiederverwandten. Trotz der geschlossenen dichterischen Form wurde der „Quickborn" sehr schnell ein Volksbuch, das große Verbreitung auch außerhalb des niederdeutschen Sprachbereiches gewann und schon bald den Zugang zu kindlichen Lesern fand. Im Jahre 1871 kam ein „Zweiter Theil" des „Quickborn" heraus, der als wichtigstes Stück das Epos „De Heisterkrog" enthalt.
Den Erfolg von „Quickborn" als Kinderbuch übertraf noch die 1858 herausgegebene Sammlung von Kinderreimen „Voer de Goern" mit dem Untertitel „Kinderreime alt und neu" und 52 Holzschnitten nach Originalzeichnungen von L. Richter (1803—84). Jede Seite enthält einen zumeist vier- bis zehnzeiligen Reim, jede zweite Seite dazu einen Holzschnitt von Richter. Unter den Reimen steht die hochdeutsche Übertragung. Der Reim auf der ersten Seite lautet:

„Dit Bok is mi leef,
De mi't stehlt is en Deef,
De dat utdach weer en Dichter,
De dat utmal Ludwig Richter,
De dat rutgev heet Georg,
De dat lehnt hett dat blot to Borg,
De mi't schenkt hett weer ni klok,
Denn son Dünnjens dünkt mi kann ik ok."

Die Anspielung auf den „Georg" meint den Herausgeber Georg Wigand (1808—58).
Zahlreiche plattdeutsche Gedichte G.s fanden Eingang in Lesebücher und Anthologien für Kinder. So findet sich etwa das Tiergedicht „Matten Has" aus dem „Quickborn" mit fünf schwarzen Silhouetten von P. Konewka (1841—71) in dem Großband „Lose Blaetter. 5 Silhouetten" des Berliner Silhouettenschneiders. Die nach 1852 herausgekommenen plattdeutschen Dichtungen gehen weitgehend auf G. zurück, wie es von dem Verfasser K. Fröhlich (1821—98) in seinem Büchlein „Lilgen Konfallgen. Plattdütsche Rimels un swarte Biller voer sine lütten goden Frünn", das 1858 erschien, ausgesprochen wird.

Helmut Müller

Werke: Quickborn (1852); Voer de Goern (1858); Quickborn. 2. Theil (1871); Gesammelte Werke (Bd. 1—4. 1892).

Sekundärliteratur: K. Batt: Untersuchungen zur Auseinandersetzung zwischen Klaus Groth und Fritz Reuter (1958). — U. Bichel: Dissertationen über Klaus Groth (in: Klaus Groth-Gesellschaft. Jahresgabe. 13. 1969. 35—58). — H. Heidenreich: Klaus Groth in seiner Beziehung zur Schule und Kinderwelt (1919). — R. A. Kock: Einfluß der hochdeutschen und plattdeutschen Volksreime aus Klaus Groths Quickborn (1922). — G. Rühsen: Untersuchungen zu Klaus Groths Quickborn (1930).

Grotkop, Edith

*Autorin zahlreicher Tiererzählungen, Abenteuer- und Mädchenbücher; * 17. 10. 1896 Stralsund/ Mecklenburg.*

G., Tochter eines Arztes in Stralsund, wurde schon frühzeitig im Umgang mit eigenen Tieren und durch häufige Besuche in der Tierklinik ihres Großvaters in ihrem Interesse für Tiere gefördert, das sie auch nach der Übersiedlung nach Dresden (1911) intensiv weiter verfolgte. Seit 1928 führte G. ein Pensionshaus ihrer Mutter in Sellin auf Rügen, das später ihr Eigentum wurde. Es diente seit Beginn des Zweiten Weltkrieges und in der Nachkriegszeit als Kinderheim. Die Begeisterung der Ferienkinder für ihre Tiergeschichten veranlaßte sie zur Aufnahme ihrer schriftstellerischen Tätigkeit; 1947 erschien in Rostock ihr erstes Buch „Nick der Seehund“. Es folgte 1952 „Vom gelben Vogel und anderen Tieren“. Seit 1953 lebt G. in der BRD. Nach zunächst schwierigem Neuanfang konnte sie ab 1955 schließlich ihre schriftstellerische Tätigkeit fortsetzen. 1956 wurde „Nick der Seehund“ in neuer Fassung herausgegeben und ins Holländische, Französische und Portugiesische übersetzt. Es folgten ein Bärenbuch „Ursa und ihre Jungen“ (1958) und weitere Tierbücher wie „Schnurps. Der Keiler vom Moorteich“ (1959) und „Kläff und seine Sippe“ (1961). „Thore Isbjörn, den man den Eisbär nannte“ (1961) wurde 1962 in die DJA aufgenommen und in Frankreich (Aufnahme in die „Sélection des Treize“), Holland, Portugal und Südafrika übersetzt. Seit 1963 werden G.s Bücher vorwiegend als ‚peb-Bücher‘ (preiswerte Engelbert-Bücher) verlegt.

Werk, Tendenzen, Wirkung. Das umfangreiche Werk der Autorin enthält neben zahlreichen abenteuerlichen Mädchenbüchern (allein ca. 30 peb-Mädchenbücher mit einer Gesamtauflage von fast 700.000) vor allem Tierbücher, in deren Mittelpunkt die fast biografische Darstellung von ‚Tierhelden‘ und deren besondere Beziehungen zum Menschen steht. In ihrem ersten Buch „Nick der Seehund“ schildert G., wie der ‚Heuler‘ Nick, ein junger, von der Mutter zurückgelassener Seehund, unter der liebevollen und sachgerechten Pflege des Fischerjungen Lars auf den Hallig-Inseln aufwächst, dann aber mit seinen freilebenden Artgenossen auf Wanderung geht. In ‚Nick‘, wie auch häufig in anderen Erzählungen, verweist die Autorin deutlich auf die Grenzen einer Bindung von wildlebenden Tieren an den menschlichen Pfleger. Den Existenzkampf eines in Gefangenschaft aufgewachsenen, aus dem Zwinger ausgebrochenen und in freier Wildbahn zunächst ziemlich erfahrungslosen Fuchses schildert G. in der Tiererzählung „Kläff und seine Sippe“, 1961. Detailliert entwickelt G. Tierbiografien auch in „Ursa und ihre Jungen“, einer Erzählung von der Freundschaft des ungarischen Hirtenjungen Imre mit zwei jungen Karpatenbären, die er als Tierpfleger in einem heruntergekommenen Wanderzirkus betreut und dressiert. Obwohl G.s Tierdarstellungen auf fundierten tierpsychologischen und zoologischen Kenntnissen beruhen, überinterpretiert sie bisweilen bestimmte Verhaltensweisen der Tiere untereinander und gegenüber dem Menschen. So entstehen z. T. gefühlsselige Anthropomorphisierungen, denen die gelungene Schilderung von Milieu und Lebensgewohnheiten der Tiere entgegensteht. Forsthausmilieu, die Freundschaft und abenteuerlichen Erlebnisse von Kindern mit Tieren und nicht zuletzt die Bekämpfung von Wilderern sind zentrale Motive in zwei weiteren Tierbüchern: „Martinas vierbeiniger Freund“ (1963) und „Herrliche Wochen im Forsthaus“ (1971). Eine häufig wiederkehrende Grundthematik in G.s Jugendbüchern stellt die besondere Hilfsbereitschaft von Kindern gegenüber in Not geratenen Menschen und vor allem Tieren dar, wobei die sie praktizierenden Handlungsträger jedesmal in besondere Abenteuer verwickelt werden (z. B. „Britta macht es“, 1969). In ihren Personenschilderungen neigt sie zu starken Typisierungen; in vielen ihrer Mädchenbücher (z. B. in „Auf Sylke kam es an“, 1971, oder „Ein Mädchen sieht sich selbst“, 1966) entwirft sie ein klischeehaftes Bild von Menschen und ihrem Milieu. G. streift zwar Bedingtheiten für ‚moralisch mißratene‘ Menschen, reflektiert jedoch nicht den Zusammenhang zwischen Milieu und ‚Sosein‘ ihrer ‚Bösewichte‘. Dies gilt neben drastischen Darstellungen von Wilderern etc. (z. B. in „Ursa und ihre Jungen“, „Martinas vierbeiniger Freund“, „Herrliche Wochen im Forsthaus“) auch für die Schilderung tierquälender ‚Barackenjungen‘ in „Kirstin, der Besuch aus Afrika“ (1971), die im Gegensatz zu den guten, hilfsbereiten Kindern aus dem Villenviertel stehen. Die soziale Problematik, die in diesem Buch neben den Tiererzählungen ansatzweise enthalten ist, wird auf der Privatebene belassen und durch individuelle Wohltätigkeit, durch Wiederherstellung der ‚heilen Welt‘ für die Kinder aus dem Bungalowviertel gelöst.

Ein abenteuerliches Kinderschicksal behandelt „Thore Isbjörn, den man den Eisbär nannte“ (1961), das wohl erfolgreichste Buch G.s. Sie gestaltet darin die Prägung des Norwegerjungen

Thore, der als einziger Überlebender eines Schiffsunglücks von seinem 4.—13. Lebensjahr bei den Eskimos in Grönland aufwächst, und die psychische Problematik einer Integration nach Rückkehr zu seinen Familienangehörigen. Die Lösung findet sich schließlich im klischeehaften „Happy-End".

Mechthild Werner

→ Mädchenbuch, → Tierbuch

Werke: Nick, der Seehund u. andere Tiergeschichten (1947); Vom gelben Vogel, der braunen Bärin und anderen Tieren (1952); Ursa und ihre Jungen. Abenteuer mit Karpatenbären (1958); Schnurps. Der Keiler vom Moorteich (1959); Thore Isbjörn, den man den Eisbär nannte (1961); Kläff und seine Sippe (1961); Blizzard. Hannelore und ihre Hengstfohlen (1962); Martinas vierbeiniger Freund (1963); Ein Herz für Pferde (1965); Ute und die „Seeräuber" (1965); Das Mädchen Beryll und die Wölfe (1966); Ein Mädchen sieht sich selbst (1966); Lausbub Andrea (1967); Aufregende Ferien (1967); Ferien im Zelt (1968); Isabell als Gaunerschreck (1969); Ragna auf Island (1969); Rätsel um Petra (1970); Herrliche Ferien im Forsthaus (1971); Kirstin, der Besuch aus Afrika (1971); Sabine auf Gestüt Landstein (1971).

Grüger, Johannes

*Buchillustrator, Bilderbuchkünstler; * 12. 2. 1906 Breslau.*

Die ursprüngliche Absicht, Musiker zu werden, gibt G. nach dem ersten geglückten Versuch, ein Bilderbuch zu illustrieren, auf. Unter Prof. H. Wildermann erhält G. in den Jahren 1925—28 seine Ausbildung zum Bühnenbildner in der Theater-Klasse der Breslauer Kunstgewerbeschule. 1927 erscheint sein erstes Bilderbuch, und zwar der 1. Bd. der „Liederfibel". Der 2. und 3. Bd. folgen im Laufe der nächsten 6 Jahre. In der „Liederfibel", die mit einer Auflage von 400.000 Exemplaren einen beachtlichen Erfolg erzielt und von Lippincott in Philadelphia in einer amerikanischen Ausgabe verlegt wird, überträgt G. die Noten seines Bruders in bildliche Darstellungen. Ermuntert durch seine Erfolge gibt G. schließlich die Tätigkeit als Bühnenbildner zugunsten der Buchillustration auf und heiratet 1934. Für die Dauer des Zweiten Weltkrieges muß er seine künstlerische Arbeit unterbrechen, weil er zum Kriegsdienst eingezogen wird. Nach 1945 wohnt G., der viele seiner Werke infolge des Krieges verloren hatte, zunächst in Niederbayern; er beteiligt sich 1947 an einer Kollektivausstellung in der Kunsthalle von Regensburg und übersiedelt 1951 nach Düsseldorf.

Neben einem umfangreichen Schaffen für Kinder hat er sich als Gebrauchsgraphiker, Mitgestalter von Kirchenausstattungen, Maler von Kirchenfenstern und Wandbildern betätigt. Mit der Bilderbuchgestaltung der „Heinzelmännchen" von A. Kopisch und den Illustrationen zu „Die Kürbiskinder. Afrikanische Märchen" von K. Arnott gelangte G. 1958 und 1967 (Prämie) auf die Auswahlliste zum Deutschen Jugendbuchpreis.

Werk, Tendenzen, Wirkung. Gegenüber modernen Kunstströmungen im Bilderbuch der Nachkriegsjahre vertritt G. einen traditionellen Standpunkt. Seine Bilder und Illustrationen zum literarischen Volksgut, vor allem zu religiösen Stoffen, sind stark stilisierend und an archaischen Gestaltungen frühchristlicher Mosaike und der Tafelmalerei des Trecento orientiert. Nachhaltige literarische Anstöße hat er aus den Erzählungen von E. T. A. Hoffmann, den Märchen der Brüder Grimm und dem „Don Quijote" von M. de Cervantes erhalten. Sein Schaffen ist vielseitig; ihm gelingt die stilistische Umsetzung exotischer Folklore in eine eigene Bildsprache ebenso wie die ehrfurchtgebietende Statuarik biblischer Gestalten in der Kinder- und Bilderbuchillustration und eine bewegte, farbenfreudige Heiterkeit wie in Bildern zu den „Heinzelmännchen" von Kopisch oder der Kasperlegeschichte von Fr. Pocci „Das geheimnisvolle Ei" (1957).

G. trug zur Prägung eines neuen christlichen Bilderbuch-Typs bei und allgemein zur anspruchsvollen Ausstattung von Bilder-, Kinder- und Jugendbüchern durch überzeugende Holzschnitte, Federzeichnungen und farbige Tafeln, die er zu verschiedenen Märchensammlungen, zu moderner Kinderlyrik (Chr. Busta: Die Sternenmühle, 1959) sowie zu modernen und klassischen Stoffen der Jugendliteratur schuf.

Horst Künnemann

Ill.: H. Grüger: Liederfibel (Bd. 1—3. 1927—33; NA. 1968—69, ^{2}1971); M. Batzer: Der erste Schnee (1939); H. Menken: Marli (1946); A. Kopisch: Die Heinzelmännchen (1951, ^{2}1956); J. Quadflieg: Das Buch von den heiligen Namenspatronen (1954, ^{13}1970); E. Steinmann: Der Sohn des Gondoliere (1956, ^{3}1964); J. u. W. Grimm: Die Bremer Stadtmusikanten (1956); E. Steinmann: Lia und die roten Nelken (1958, ^{4}1964); M. Hoberg: Peter und Francesca und die große Stadt Rom (1958, ^{11}1966); E. Steinmann: Remo und die Steppenhirten (1962); J. Quadflieg: Das große Buch von den heiligen Namenspatronen (1962, ^{5}1968); K. Rauch (Hrsg.): Die Reise zur Schwester Sonne (1964, ^{2}1967); S. MacManus: Die Königin der Kesselflicker (1965, ^{2}1966); K. Arnott: Die Kürbiskinder (1966, ^{2}1969); H. Hoffmann: Bilder für Kinder aus dem Leben Jesu (1966); K. Rauch (Hrsg.): Die singende Muschel (1967); K. Hirsch: Die Geschichte vom Fohlen, das rückwärts ging (1970).

Güll, Friedrich Wilhelm

*Lehrer, Kinderlieddichter; * 1. 4. 1812 Ansbach, † 23. 12. 1879 München.*

G., Sohn eines Goldschmieds, wurde nach Abschluß des Lehrerseminars in Altdorf (1831) Schulgehilfe in Flachslanden bei Ansbach, zwei Jahre später Lehrer an der höheren Töchterschule in Ansbach, wo er nebenbei auch an der neu gegründeten Kleinkinderschule tätig war. Seit 1842 lehrte er an der protestantischen Pfarrschule in München; die finanzielle Sorge für seine große Familie zwang ihn, darüber hinaus sehr viele Privatstunden zu erteilen, u. a. leitete er deshalb von 1844—70 einen Fortbildungskursus für Töchter höherer Stände und war acht Jahre lang Erzieher in der Familie des Prinzen EDUARD VON SACHSEN-ALTENBURG. MAX II. VON BAYERN würdigte G.s Verdienste mit einer jährlichen Subvention. Die berufliche Beanspruchung in München schmälerte G.s Schaffenskraft und -zeit als Schriftsteller sehr stark, bis er 1876 nach fast 45jährigem Dienst in den Ruhestand trat.

Werk, Tendenzen, Wirkung. Als 24jähriger veröffentlichte G. seinen ersten Band mit Kindergedichten unter dem Titel „Kinderheimath in Bildern und Liedern" (1837), versehen mit einem empfehlenden Vorwort von G. SCHWAB, der auf den Einfluß von FR. RÜCKERTS Kinderliedern verweist. Nach L. GÖHRINGS „Die Anfänge der deutschen Jugendliteratur im 18. Jahrhundert" (1904) wurde G. auch durch die Lektüre von „Des Knaben Wunderhorn" zu eigenen Kinderliedern und -gedichten angeregt. Die erste Ausgabe der „Kinderheimath" war mit Steinradierungen von A. GNAUTH nach Zeichnungen des Stuttgarters A. NISLE ausgestattet. Eine zweite „reich vermehrte" Auflage (1846) weist als Mitverfasser FR. POCCI aus, der die 75 Gedichte mit insgesamt 60 Holzschnitten illustrierte. Ein weiterer Teil, auch unter dem Titel „Scherz und Ernst für Jung und Alt", erschien 1859 mit Bildern von BÜRKNER, ein dritter, ebenfalls mit Bildern von H. BÜRKNER 1875; eine Zusammenfassung der drei Teile in einem Band erschien als Volksausgabe 1875, ein Auswahlband 1901.

Die schon im ersten Teil enthaltenen Gedichte „Kletterbüblein" und „Vom Büblein auf dem Eis" zählen nach H. KUNZE „zum klassischen und bleibenden Schatz deutscher Kinderpoesie" (Nachwort zu „Kinderheimath", Faksimiledruck der Originalausgabe von 1846, Carlsen, Reinbek 1966). Mehrfach in Anthologien und Grundschullesebüchern fanden außerdem u. a. Aufnahme: „Vom Mäuslein", „Der erste Schnee", „Ein Mährchen vom Bauern und Riesentöchterlein". Einige von G.s Gedichten wurden auch vertont, so „Wer will unter die Soldaten" und „Vom Finklein und Bäuerlein".

G., von J. KRÜSS „Meister des legitim verwendeten Diminutivs" genannt (Naivität und Kunstverstand, 1969, S. 93), schrieb seine Verse, in denen das Korrektiv durch den ständigen Umgang mit den eigenen und den zu erziehenden Kindern spürbar ist, in einem heiteren, humorigen, kindertümlichen Ton, der häufig mit W. HEY und R. REINICK verglichen wird. 1847 gab G. eine „Systhematische Bilderschule für das zarte Kindesalter" heraus (Nürnberg 1847, eine „Neue systhematische Bilderschule" ebenda 1851), der Erklärungen in deutscher, französischer und englischer Sprache beigegeben waren.

Den „Weihnachtsbildern" (1840) folgten 1849 „Neue Bilder für Kinder" von T. MUTTENTHALER mit Liedern von G., die zum größten Teil die Frische seiner frühen Gedichte vermissen lassen und stark moralisieren (z. B. „Der Glockenhansel") oder eine ins Süßliche abgleitende fromme Färbung aufweisen (z. B. „Weihnachtsabend"). Neben Kindergedichten widmete sich G. in seinen späteren Jahren vor allem Sprüchen und Rätseln für Kinder und Jugendliche.

J. LOHMEYER, der von G. selbst mit der Herausgabe seines Nachlasses betraut worden war, gab 1881 das Spruchbrevier „Leitsterne auf der Lebensfahrt" für Jugendliche heraus, 1882 das „Räthselstübchen" für Kinder, das in fünf „Eckchen" und einem „Winkelchen" insgesamt 342 selbstverfaßte, gereimte Rätsel enthält.

Die Wertschätzung, die G. im 19. Jh. erfuhr, wird ihm heute nicht mehr uneingeschränkt zuteil: „Seine riesige literarische Produktion enthält auch sehr viel Mittelmäßiges und Plattes ... Wir schätzen ihn in erster Linie als einen sauberen, geschmacksbildenden Kinderdichter, in zweiter Linie als Verfasser einiger Goldkörner der Kinderpoesie" (H. KUNZE: Schatzbehalter, 1964). *Hans Eich*

Werke: Kinderheimath in Bildern und Liedern. 1. Gabe (1837, [6]1889); 2. Gabe. Scherz und Ernst für Jung und Alt (1859, [7]1905); 3. Gabe. Für unsere Kleinen. Lieder, Sprüche, Rätsel (1875); 3 Gaben in 1 Bd. Volksausgabe (1875); Weihnachtsbilder (1840); Neue Bilder für Kinder (1849); J. Lohmeyer (Hrsg.): Räthselstübchen (1882).
Hrsg.: Systhematische Bilderschule für das zarte Kindesalter (1847); Neue systhematische Bilderschule für das Jugendalter (1851).

Sekundärliteratur: L. Bayerl: F. Güll, der Neugestalter des Kinderliedes (in: JL. 6. 1962. 241—245). — F. Gärtner: F. Güll. Ein Bild seines Lebens und Wirkens (1890). — L. Göhring: Die Anfänge der deutschen Jugendliteratur im 18. Jh. Ein Beitrag zur Geschichte der deutschen Jugendliteratur. Mit einem Anhang: Drei Kinderdichter: Hey, Hoffmann von Fallersleben, Güll (1904; ND. 1967).

Gündel, Emma

*(d. i. Emma Gündel-Knacke). Pädagogin, Schriftstellerin; * 29. 4. 1889 Hamburg, † 16. 2. 1968 Reinbek.*

G. war Lehrerin in Hamburg und seit 1932 freie Schriftstellerin. Bekannt geworden ist sie vor allem durch ihre 10bändige Buchserie „Elke".

Werk, Tendenzen, Wirkung. G. setzte mit „Elke" die Tradition des *sentimentalen* Jungmädchenbuches fort, dessen Typus von Autorinnen des 19. Jh.s geschaffen wurde (A. SCHOPPE, TH. v. GUMPERT u.a.). In den „Elke"-Bänden herrscht bei vordergründigen Handlungen die moralisierende Betrachtung vor; *Welt und Lebensverhältnisse werden auf einfache Weise entproblematisiert und harmonisiert.* Zugrunde liegt eine *konservative Ideologie,* durch die das Leben in der modernen industriellen Stadtkultur, technischer Fortschritt und kritischer Geist herabgesetzt werden gegenüber dem Leben in idyllischer Einfachheit, rein aus dem Gefühl und in hingebungsvoller Opferbereitschaft. Es waltet eine primitive Gerechtigkeit, in der keine böse Handlung ohne Strafe und keine gute ohne Belohnung bleibt. Der ständig spürbaren pädagogischen Absicht und Sentimentalität entspricht formale Klischeehaftigkeit. Psychologisch beruht die Wirkung auf 10- bis 12jährige Leserinnen darin, daß die Serie ihnen eine vollkommene Gegenwelt ihrer vorpubertären Unsicherheit bietet und die sozial vermittelten Rollen-Erwartungen bestätigt. Die *schablonisierte Leitbildfigur* Elkes erlaubt bequeme Identifikation und Kompensation eigener Schwierigkeiten, zugleich Genuß von Selbstlosigkeit und eines daraus resultierenden Glücks. *m. d.*

→ Backfischbuch, → Mädchenbuch

Werke: Drei Mädels und eine Wette (1937); Sepperl, der Eichkater (1937); Elke (Bd. 1—10. 1937—53); Der verhexte Rucksack (1938); Ein kleines Wort, das Wunder tat (1939); Sebastian ist andrer Meinung (1940); Momme und Mucki, die Freunde (1948); Die Sache mit Tobi (1952); Braves Pferd Lisa (1954); Elisabeth und ihre Schwalben (1956).

Gürtzig, Erich

Graphiker, Kinderbuchautor und Illustrator; * *26. 9. 1912 Hamburg.*

G. wuchs in Berlin auf. Nach Abschluß des Studiums an der Hochschule für Bildende Kunst in Berlin fertigte er zunächst Karikaturen und Sportillustrationen für die Zeitung an. Im Zweiten Weltkrieg war er als technischer Zeichner in einem Rüstungsbetrieb dienstverpflichtet. Von 1946—50 arbeitete er für die Zeitschrift „Frau von heute", danach für die „ABC-Zeitung", eine Kinderzeitung in der DDR. Aus seiner Liebe und seinem Interesse für Kinder spezialisierte sich G. in den sechziger Jahren auf Kinderbuchillustrationen, vorwiegend für Kinder des Vorschul- und Erstlesealters, wobei er durch Zusammenarbeit mit Kindergärtnerinnen, u. a. auch mit dem Berliner Kinderbuchverlag, stets auf die Altersbesonderheiten seiner Betrachter eingeht. G. gehört mit zu den produktivsten Kinderbuchautoren und -illustratoren der DDR. 1957 wurde das Buch „Das Katzenhaus", Text von S. MARŠAK, unter die schönsten Bücher des Jahres aufgenommen. Bei dem vom Ministerium für Kultur veranstalteten Preisausschreiben erhielt er 1962 die höchste Prämie für „Hähnchen Schreihals" (1961), einem ukrainischen Volksmärchen, und für „Der verlorene Schuh" (1962; Text von E. ANDERSON). G. lebt heute mit seiner Familie in Berlin-Weißensee (DDR). 1975 erhielt er den zum 1. Mal vergebenen Illustratoren-Preis der DDR.

Werk, Tendenzen, Wirkung. G. fordert in seinem Aufsatz „Über verschiedene Möglichkeiten und Methoden, eine Bilderbuchgeschichte zu illustrieren" (in: Der Bibliothekar. Berlin. 19. 1965. H. 7. 731—735) vom Autor und Illustrator, Bücher zu schaffen, die höchste Ansprüche in ästhetisch-künstlerischer wie literarisch-pädagogischer Hinsicht erfüllen, denn das Einwirken des „Kunstwerkes" Bilderbuch „auf das Kind im Vorschulalter und im Erstlesealter ist grundlegend für die Gesamtentwicklung unserer Jugend". Dabei trägt „das Bild im besonderen Maße dazu bei, dem Kind die Umwelt zu erschließen, verdichten, zu klären". Ein eindrucksvolles Beispiel für G.s didaktische Zielsetzung ist das für Kinder ab 5 Jahren bestimmte Buch „Thomas und der fliegende Kran" (1966; Text von L. Lux), in dem die Mechanik und die Einsatzmöglichkeiten eines Hubschraubers in dezenter Farbigkeit bei vorwiegend graphisch-linearen Strukturen gemäß dem technischen Sujet erläutert werden. G. verwendet hier ebenso wie bei den Illustrationen zu dem Märchen von MARŠAK „Vom klugen Mäuschen" (1959) die spröde Textur der Aquarellstifte auf körnigem Papier mit Lavierungen. In „Das Katzenhaus" (1957; Text von MARŠAK, in einer Nachdichtung von M. REMANÉ) bilden dagegen differenzierte Federzeichnungen den Rahmen für bisweilen süßliche Aquarelltöne, während z. B. in „Meister Hans Röckle und Mister Flammfuß" (1968; Text von I. und V. KORN) schwere schwarze Pinselkonturen — wie etwa bei M. BECKMANN — den Rahmen für seine differenzierten malerischen Aktionen bilden.

Immer ist bei G. die Technik den zu beschreibenden Sachverhalten gemäß eingesetzt. Er verfügt souverän über ein umfangreiches Repertoire malerischer Ausdrucksmittel: wolkige Lasuren, spröde, trockene Pinselstriche und farbige Guaschtöne, die er je nach Thematik mit graphischem Schwarzweiß oder Farbkonturen kombiniert oder alleine wirken läßt. Stets erstrebt er ein einheitliches Ganzes aus Text, Typographie und Bild.

Im dem Hartpappenbuch „Brummel der Seefahrer" (1966, [5]1971; Verse von W. KRUMBACH) illustrieren G. und seine Frau für 3—6jährige Kinder jeweils ein Textereignis in einer klar überschaubaren Komposition, wobei der Einsatz von Farbstiften auf farbigem Grund teilweise an Strandbilder von R. DUFY erinnert. Bei „Teddy im Zirkus" (1966; Text von KRUMBACH) zeigt sich G.s Vorliebe für Dramatik und Bewegung als Bildmotive ebenso wie in „Peter und der Büffel Boni" (1964; Text von LUX), das die Information über die Feuerwehr zum Inhalt hat. Im Zirkusbuch werden die Geschehnisse um einen Spielzeugteddy sowohl textlich als auch bildlich als Mittel benutzt, um ein komplettes Zirkusprogramm abrollen zu lassen. Der Text steht jeweils zusammen mit einer Strichzeichnung einer farbigen Bildtafel gegenüber. In leuchtenden Farben hebt sich das meist stark bewegte Motiv von den kom-

pensierenden Mischtönen des statischen Runds der Manege und Zuschauermenge ab.
Farbenfreude, Phantasie und Humor, drei Forderungen, die G. für den Bilderbuchmacher aufstellt, zeigt er vor allem in seinen Märchenillustrationen. In K. ČUKOVSKIJS Märchen „Die gestohlene Sonne" (1962) entwickelt er in vorwiegend auf Doppelseiten dynamisch angelegten Großkompositionen den Kampf der Tiere gegen ein Krokodil, das die Sonne in seinem Maul gefangenhält. Während im „Katzenhaus" die Tiere angezogen und vermenschlicht agieren, zeigt G. die Tiere hier in ihrem typischen Bewegungsablauf und in der charakteristischen Stofflichkeit ihres Fells. Bei „Hähnchen Schreihals" (1961) verschmelzen auf den Doppelseiten Typographie und Bild zu einer Einheit aus Schwarz und den Grundfarben Gelb, Rot und Blau auf weißem Grund. Aus dem Federkleid des fleißig arbeitenden Hähnchens und den Barthaaren, Extremitäten und langen Schwänzen der vergnügungssüchtigen Mäuschen „Springschön" und „Singschön" entsteht eine eindrucksvolle, lustige Kalligraphie.

Klaus-Rüdiger Werner

Ill.: A. I. Uljanowa: Wladimir Iljitsch Lenins Kinder- und Schuljahre (1952, ²1956); A. T. Šachov: Auf Rentierpfaden (³1954); J. u. W. Grimm: Die Bremer Stadtmusikanten (1955, ³1957); J. u. W. Grimm: Der Wolf und die sieben jungen Geißlein (1955, ⁶1960); J. u. W. Grimm: Die goldene Gans (1956, ³1960); A. Geelhaar: Die stolze Gigaka (1956, ²1970); H. A. Stoll: Vom Räuber Viting (1956, ³1961; zus. mit K. Hallacz); S. J. Maršak: Das Katzenhaus (1957, ⁶1967); E. Gürtzig: Tanz, tanz, Gretelein (1958); E. Gürtzig: Die fünf Kätzchen (1958); Die sieben Schwaben (1958, ²1959); Das Sonnenkind (1958, ⁴1961); H. A. Stoll: Der stralsundische Ratskutscher (1958, ²1969; zus. mit K. Hallacz); Unser Balladenbuch (1959); J. u. W. Grimm: König Drosselbart (1959); G. Holtz-Baumert: Guten Tag, Hops (1959, ³1966); S. Maršak: Vom klugen Mäuschen (1959, ⁴1969); J. Permjak: Der Hirte und die Geige (1959); R. Strahl: Mit der Postkutsche nach Afrika (1960); W. Krumbach: Der vergessene Teddybär (1960, ⁵1968); F. Rodrian: Das Entenliesel (1960, ²1962); F. Rodrian: Felix und das Täubchen Turr (1960, ³1970); G. Feustel: Wir aus der 2a (1961); A. Geelhaar: Der Schneemann sucht eine Frau (1961, ²1963); Hähnchen Schreihals (1961, ⁷1970); R. Strahl: Rolli im Zoo (1961, ⁴1964); R. Strahl: Ulli kauft ein (1961, ²1962); E. Anderson: Der verlorene Schuh (1962, ³1964); W. Bianki: Der schlaue Fuchs und das kluge Entlein (1962, ²1963); W. Krumbach: Der frohe Kindertag (1962, ³1963); W. Küchenmeister: Daniel und der Weltmeister (1962, ²1964; zus. mit C. Küchenmeister); D. N. Mamin-Sibirjak: Langohr, der tapfere Hase (1962); K. Čukovskij: Die gestohlene Sonne (1962, ²1963); W. Krumbach: Teddys toller Tag (1963); W. Küchenmeister: Daniel und der Maler (1963, ³1968; zus. mit C. Küchenmeister); W. Schmoll: Die Detektive vom Wenzelsplatz (1963, ²1964); G. Holtz-Baumert: Paule Prinz (1964); W. Krumbach: Das freche Böcklein (1964, ³1967; NA. 1970, ²1972); L. Lux: Peter und der Büffel Boni (1964, ³1971); T. Becker: Storch Schnapp (1965, ²1968); W. Krumbach: Brummel, der Seefahrer (1966, ⁵1971; zus. mit I. Gürtzig); W. Krumbach: Rotpelzchen (1966, ⁶1971; zus. mit I. Gürtzig); W. Krumbach: Teddy im Zirkus (1966); L. Lux: Thomas und der fliegende Kran (1966); G. Feustel: Die drei Cäcilien (1968, ⁵1971); I. Korn: Meister Hans Röckle und Mister Flammfuß (1968, ²1970; zus. mit V. Korn); E. Taege-Röhnisch: Thomas und der Gartenschlauch (1969, ²1971); R. Strahl: Kleiner Spatz im großen Zoo (1969); I. Feustel: Borstels Waldlesebuch (1970); G. Rodari: Das fliegende Riesending (1970); E. Gürtzig: Auto-Leporello (1971; zus. mit I. Gürtzig); F. Wolf: Das Osterhasenfell (1971, ²1972); M. Weinert: Ein Blumenstrauß für Vater (1972); E. Bergner: So blau wie der Himmel (1973).

Sekundärliteratur: E. Gürtzig: Über verschiedene Möglichkeiten und Methoden, eine Bilderbuchgeschichte zu illustrieren (in: Der Bibliothekar. 7. 1965. 731—735). — G. Wettstädt: Wir stellen vor Erich Gürtzig — Illustrator vieler beliebter Kinderbücher (in: Neue Erziehung im Kindergarten. 16. 1962. 22—23).

Guggenmos, Josef

*Lyriker, vor allem Lyrik für Kinder; Verfasser auch von Prosa für die Jugend; Übersetzer; * 2. 7. 1922 Irsee/Allgäu.*

G. studierte Literaturgeschichte, Kunstgeschichte und Indologie. Nach längerem Aufenthalt in Finnland und seiner Tätigkeit als Verlagsdirektor lebt G. heute als freier Schriftsteller in Irsee. Sein Buch „Was denkt die Maus am Donnerstag? 123 Gedichte für Kinder" (1967) wurde 1968 durch die Prämie des Deutschen Jugendbuchpreises ausgezeichnet und erhielt einen Platz auf der Ehrenliste des europäischen Jugendbuchpreises „Città di Caorle".

Josef Guggenmos (1922)*

Werk, Tendenzen, Wirkung. Mit Kindergedichten und -geschichten und als Bearbeiter und Übersetzer von Kinder- und Jugendbüchern ist G. seit den 60er

Jahren bekannt geworden. Sein lyrischer Zyklus — nicht für Kinder und Jugendliche konzipiert — „Gugummer geht über den See" erschien 1957 ([2]1968). Gugummer, der „seine Ahnen ... am ehesten ... im Umkreis von Palmström und Korf ... findet" (P. HÄRTLING), trägt autobiographische Züge (Namens-Assoziation), „seine Naivität ist ein Ausdruck vergeblicher Wahrhaftigkeit, die sich immer wieder müht".

Die gleiche Naivität kennzeichnet G.' Lyrik und Prosa für Kinder. Mit dem Sammelband „Ein Elefant marschiert durchs Land" (1968; illustriert von E. J. RUBIN) blätterte er beides in buntem Wechsel durch den Jahreslauf hin. 1967 erschien sein Buch humorvoller Kindergedichte „Was denkt die Maus am Donnerstag?" (mit Graphiken von G. STILLER), das ihm die Anerkennung als Dichter für Kinder brachte. Im Nachwort zu diesem Bande bezeichnet G. die „Liebe zum Schlichten, zu den Dingen mit einem hohen Gehalt an Schweigen" als das Besondere, das der Verfasser von Kindergedichten mitbringen muß. Er gibt der Poesie für Kinder den gleichen Grund und Rang, wie sie große Dichtung besitzt. Oft greift G. Themen aus der Tier- und Pflanzenwelt auf, z. B. „Warum die Käuze große Augen machen"; aber auch Phantasie- und Märchenfiguren, Gegenstände und Geschehnisse aus der Umwelt des Kindes verknüpft G. in heiteren, oft mit Situationskomik und Witz pointierten Handlungsabläufen. Viele seiner Verse sind Wort- und Sprachspiele, mit dem englischen Limerick („Loch Ness") und den Zungenbrechern verwandt. Doch sind seine Erfindungen von originellem naiven Zauber, so z. B. das Gedicht „Wick", das als Zwergennamen nennt „Schnigelschnagelguckgagelzibelzabeldiwick". Zahlreiche Tiergestalten, große und winzige, inspirieren ihn mit ihrem Wesen, ihren Namen zu Gedichten eigentümlich bewegter, *humorvoller* Poesie, die gelegentlich belehrenden Effekt mitbringt, z. B. in dem „Gespräch mit der Bienenkönigin" über den Wert von einem Glas Honig:

„Zwölftausend Stunden waren zu fliegen,
um so viel Honig zusammenzukriegen.

Ja, meine Leute waren fleißig!
Die Stunde? Ich rechne zwei Mark dreißig.

Nun rechnen Sie sich's selber aus!
27.000 kommt heraus.

27.000 Mark und mehr.
Hier ist die Rechnung, ich bitte sehr!"

Nach eigener Auskunft kam G. durch die Arbeit an der Übersetzung der Kindergedichte von R. L. STEVENSON dazu, selbst für Kinder zu schreiben. Die Übersetzungen erschienen 1969 als Nachdichtung unter dem Titel „Mein Königreich", illustriert von BR. WILDSMITH. G. schrieb auch Sachbücher („Der junge Naturforscher", 1967) und verfaßte Kasperlspiele („Seid ihr alle da?", 1970). Am bekanntesten aber wurden seine Gedichte, die Aufnahme in fast alle zeitgenössischen Anthologien und Lesebücher für Kinder fanden.

Margarete Dierks / Brigitte Nottebohm

Werke: Kreuzweg (1956); Lustige Verse für kleine Leute (1956); Gugummer geht über den See (1957); Ich mache grosse Schritte (1957); Immerwährender Kinderkalender (1957); Weihnacht in Warteinweilchen (1957); Das Buch der Flüsse und Seen (1961); Kinderaugen-Kinderherzen (1961); Mutzebutz (1961); Das kunterbunte Kinderbuch (1962); Mein Haus (1963); Wir gehen mit Waldi spazieren (1963); Hoppeldipoppel weiss einen Schatz (1964); Zilli, die Ziege (1965); Helmut bei den Räubern (1966); Der junge Naturforscher (1967); Tetradrachme (1966); Die Schatzkiste (1967); Was denkt die Maus am Donnerstag? (1967); Ein Elefant marschiert durchs Land (1968); Hunde (1968); Vögel (1968); Warum die Käuze große Augen machen (1968); Wer nie ein Nilpferd gähnen sah (1969); Alle meine Blätter (1970); Ein Körnchen für den Pfau (1970); Ich hab's mit eigenen Ohren gesehn (1970); Seid ihr alle da? (1970); Gorilla, ärgere dich nicht! (1971); Sieben kleine Bären (1971); Drei Spechte in der großen Stadt (1972); Hausbuch deutscher Sagen und Schwänke (1972); Hans mein Hahn (1973); Ich bin geboren mit langen Ohren (1973).

Übers.: J. F. Cooper: Lederstrumpfgeschichten (1954); F. Marryat: Sigismund Rüstig (1954); A. Kivi: Die sieben Brüder (1961); R. L. Stevenson: Mein Königreich (1969).

Sekundärliteratur: H.-J. Gelberg: Dichter der kleinen Form (in: Publikation. 1968. 15 u. 16). — J. Guggenmos: Das Schreiben von Kindergedichten als schöne Kunst betrachtet (in: J. Guggenmos: Was denkt die Maus am Donnerstag? 1967. 100 u. 101). — P. Härtling: Verwandlung der Einfalt — Gugummer (in: P. Härtling: Palmström grüßt Anna Blume. 1961. 105—110). *IJB*

Guillot, René

*Französischer Schriftsteller, Lehrer; * 24. 1. 1900 Courcoury/Saintonge, † 25. 3. 1969 Dancennes.*

G., Sohn eines Lehrers, verbrachte seine Kindheit und Jugend auf dem Lande. Er studierte Naturwissenschaften in Bordeaux. Nach kurzem Aufenthalt in Paris ging G. 1925 nach Senegal, wo er an der Public High School Mathematik lehrte. Die Jahre des Zweiten Weltkrieges verbrachte G. im französischen Heeresdienst in Europa. 1946 kehrte er nach Senegal zurück, ließ sich aber 1950 nach Paris berufen, wo er als Lehrer am Lycée Condorcet tätig war. Etwa 20 Jahre hat G. insgesamt in Afrika verbracht und dort alle Ferien benutzt, den Kontinent zu bereisen (u. a. Sudan, Chad, Guinea, Nigeria), Großwild aufzusuchen und in den Dörfern Legenden und Folklore zu sammeln. Aus der Begegnung mit Afrika und seiner Tierwelt erwuchsen mehrere Bücher für die Jugend, mit denen er zahlreiche Preise gewann, u. a. den Welt-Kinderbuchpreis (Prix Enfance du Monde, 1958, für „Grichka et son ours", 1958; dt. Grischka und sein Bär, 1959). Mit mehreren Titeln gelangte er auf die Auswahlliste zum Deutschen Jugendbuchpreis und wurde für sein Gesamtschaffen 1964 mit der Hans-Christian-Andersen-Medaille gewürdigt. Für seine „Encyclopédie Larousse des enfants" (1956) wurde er von der Académie Française ausgezeichnet.

Werk, Tendenzen, Wirkung. G. trat zuerst mit Kolonial- und Abenteuerromanen hervor, die preisgekrönt wurden, und schrieb Detektivgeschichten, auch Manuskripte für den Funk. Die große erzählerische Entfaltung gelang ihm vor allem im Jugendbuch mit dem Themenkreis: *Verhältnis zwischen Mensch und Tier, Freundschaft mit Tieren, Brüderlichkeit zwischen Menschen.* G. forderte von der Jugendlektüre, sie müsse „aufrichtig sein, unverdorben, ernsthaft, anregend und spannend" und sie solle „fröhlich machen". Ihn zeichnet Vitalität und Gestaltungskraft, Reichtum der Phantasie, Einfühlung in Mensch und Tier und Abenteuersehnsucht aus. Aufgrund persönlicher Kenntnis kann er die jeweilige Umwelt, in der seine Geschichten spielen, genau gestalten. G. setzt die große europäische Tierbuchtradition mit dem besonderen Akzent für die Jugend fort. Als *Sachbuchautor* wandte er sich auch *der Weltraumfahrt und Planetenforschung* zu. Seine Bücher (etwa 50 Titel) wurden in viele Sprachen übersetzt und erreichten großenteils hohe Auflagen; einzelne Titel (z. B. „Les compagnons de la fortune", 1950; dt. Das Rätsel der Belle Ande, 1957. „Maraouna du Bambassou", 1948; dt. Das Mädchen aus Lobi, 1956) erschienen auch als Taschenbücher.

Hans Rücker

Werke: Maraouna du Bambassou (1948; dt. Das Mädchen aus Lobi, 1956); Sama, prince des éléphants (1949; dt. Sama, der Elefantenprinz, 1957); Sirga la lionne (1952; dt. Ule, der Löwenhüter, 1955); L'extraordinaire aventure de Michel Santanréa (1952); Luc-la-baleine, corsaire du roi (1952); Les éléphants de Sargabal (1956; dt. Die Elefanten von Sargabal, 1960); Le clan des bêtes sauvages (1956; dt. Mokokambo. Das Reich der wilden Tiere, 1963); Encyclopédie Larousse des enfants (1956); Grichka et son ours (1958; dt. Grischka und sein Bär, 1959); Le maître des éléphants (1960; dt. Der Herr der Elephanten, 1962); Grichka et les loups (1960; dt. Grischka und die Wölfe, 1961); Fonabio et le lion (1963; dt. Fonabio und der Löwe, 1964); Le grand livre de la brousse (1964).

Sekundärliteratur: C. Bron: René Guillot (in: Romanciers choisis. 1972. 75—94). — R. Dubois: René Guillot (1969). — P. Lavayssière: Hommage à René Guillot (1969). — G. Marsh: Discours à la conférence de presse 1964 de René Guillot (1964). — Un auteur, une œuvre: René Guillot (in: Bulletin d'analyses de livres pour enfants. 16. 1969. 19—20).

IJB

Gullivers Reisen

Übersetzungs-Titel eines von J. Swift geschriebenen, 1726 in England erschienenen, satirisch-abenteuerlichen Reiseberichts, dessen 1. und 2. Teil zum international bekannten klassischen Jugendbuch wurde.

Originaltitel und Originalgestalt. Der vollständige Originaltitel des unter „Gullivers Reisen" [hier: G. R.] in Deutschland bekannten Werkes von J. Swift lautet: Travels into several remote nations of the world. In four parts. By Lemuel Gulliver, first a surgeon, and then a captain of several ships (London MDCCXXVII [erschienen bereits 1726]). Die erste deutsche Übersetzung von 1727 beruht auf einer französischen Übertragung. Noch heute ist die Übersetzung von Fr. Kottenkamp aus dem Jahre 1839 maßgeblich (Neuauflage 1938) mit den Illustrationen von Grandville (d. i. Ignace Isidore Gérard, 1803—47).

Der äußeren Form nach *abenteuerlicher Reisebericht,* ist der Roman in wesentlichen Zügen *politische Satire* auf die englischen Verhältnisse und Verhaltensweisen zur Zeit Swifts. Der Autor hat teilweise *phantastisch-märchenhafte Züge* eingearbeitet. Das Werk besteht aus vier Teilen, von denen die beiden ersten Erzählungen, „Eine Reise nach Liliput" und „Eine Reise nach Brobdingnag", durch den Kontrast Groß-Klein einander kontrapunktisch zugeordnet sind. Sie bilden dadurch eine kompositorische Einheit: die Reise nach Liliput *schildert die Machtstellung eines Menschen gegenüber dem Kleinen, Schwachen;* die Reise nach Brobdingnag zeigt *denselben Menschen* selbst *als Schwachen, Hilflosen,* der auf das Wohlwollen der Großen, Mächtigen angewiesen ist. Die Überlegenheit über die Liliputaner, die Gulliver im ersten Teil zeigt, kontrastiert mit der Abhängigkeit, die Gulliver bei den Riesen im zweiten Teil erfahren muß. Die Aufbauschemata beider Teile sind ähnlich: Ankunft in dem fremden Land, Zeit der „Gefangenschaft" (Leiden), Leben am Hofe mit Schilderung der Landessitten, Intrigen, Abreise (Entführung). Einzelne motivische Parallelen zwischen beiden Teilen begegnen mehrfach. Der dritte Teil, „Reise nach Laputa", *ist eine Satire auf die Gelehrsamkeit,* weist jedoch inhaltliche Komplikationen und künstlerische Unzulänglichkeiten auf; im vierten Teil, der „Reise in das Land der Houyhnhnms", prägt sich stark Swifts grundsätzlich *pessimistische Einstellung* zum Menschen aus.

Die politische Satire des Werkes bezieht sich auf *innerpolitische Vorfälle und Persönlichkeiten* im England zu Beginn des 18. Jh.s (z. B. Whigs und Tories, Königin Anna, Georg I., Finanzminister Robert Walpole, Ordensvereinigungen) und auf das Verhältnis England-Frankreich (im Roman Liliput-Blefuscu) mit Anspielungen, die dem heutigen Leser meist unbewußt bleiben. Aus den Verknüpfungen mit der Zeitgeschichte entfaltet sich aber auch frei Swifts *dichterische Phantasie,* und diese Phantastik ist weitgehend die Ursache für die Beliebtheit des Buches noch in heutiger Zeit.

G. R. als Jugendbuch. Der ganzen Komposition nach sind Gullivers phantastische Reisen (Teil 1 und 2) besonders von *jugendliterarischer Relevanz.* Das phantastische und märchenhafte Element (z. B.

Gullivers Reisen. Nacherzählt von Erich Kästner mit vielen Bildern von Horst Lemke (Wien, Heidelberg 1963). Von den großen Romanen der Weltliteratur wurde auch J. Swifts „Gulliver" als Kinderlektüre bearbeitet. H. Lemke entwarf diese Szene zu E. Kästners Nacherzählung. Sie zeigt die große Parade vor dem Kaiser in dem Augenblick, in dem die Infanterie- und Kavallerieregimenter „mit klingendem Spiel" zwischen den „gegrätschten Beinen" des Helden hindurchmarschieren.

Riesen, Zwerge), verbunden mit humoristischen Zügen (z. B. Namensgebung, Schilderung des Alltäglichen als ein durch das veränderte Größenverhältnis Ungewohntes), sprechen den jugendlichen Leser in erster Linie an. P. Hazard betont für die Geschichte der Bearbeitungen und Kürzungen des Werkes für die Jugend, daß die Kinder „Gulliver" selbst für sich entdeckt hätten. Er bestätigt damit die bleibende psychologische Aktualität der phantastischen abenteuerlichen Erzählung Swifts für eine kindliche Entwicklungsphase. „Gewiß, die Kinder haben manchmal Intuitionen, die sie unmittelbar mit großen Seelen in Berührung bringen ... Was sie bei Swift lieben, ist eine Phantasie, die sie überrascht, sie entzückt und der sie doch zu folgen vermögen ... Die Kinder finden sich selbst in den erstaunlichen Erlebnissen wieder, die ihnen vorgeführt werden" (P. Hazard: „Kinder, Bücher und große Leute", 1952, S. 93). Aber auch satirische Züge, soweit sie zeitlosen Charakter tragen, vermag der Jugendliche geistig zu verarbeiten (z. B. Seiltanzen und Stockspringen der Politiker). Im fortgeschrittenen Lesealter wird der Literaturpädagoge mit Hilfe dieser allgemeinen satirischen Merkmale zum Verständnis tieferer Schichten des Werkes hinführen können. Die abenteuerliche Schicht, besonders zu Beginn der einzelnen Teile (Seefahrt, Schiffbruch usw.), kommt den Leseneigungen des Jugendlichen ebenfalls entgegen. Die Geschichte von G. R. als Jugendbuch ist so alt wie der Roman selbst. Wenige Tage nach der Veröffentlichung des Werkes schrieben A. Pope und J. Gay an Swift: „Von den Höchsten bis zu den Niedersten wird es gelesen, vom Ministerrat bis zur Kinderstube" (zit. nach der Winkler-Ausgabe, 1958, S. 482).

Erst im 19. und 20. Jh. wurden Swifts G. R. auch in Deutschland zur Jugendlektüre, im Text in der Hauptsache beschränkt auf die ersten beiden Teile des Romans. Hier sind Kürzungen kaum erforderlich. Umfangreiche Sätze werden im allgemeinen vereinfacht, lange Erzählpartien in kurze, übersichtliche Absätze gegliedert. Die Anrede des Lesers durch den fiktiven Herausgeber Richard Sympson und der Brief Gullivers an seinen Vetter

Sympson (der erst in der Auflage von 1735 beigefügt wurde) fehlen in den Bearbeitungen für die Jugend.

Ausgaben für die Jugend und Illustrationen. Bis 1798 gab es in Deutschland 4 Übersetzungen von G. R., jedoch war *keine* als Buch für die Jugend gedacht. Es fehlen auch aus dieser Zeit autobiographische Zeugnisse für eine Gulliver-Lektüre in der Kindheit, wie sie z. B. für „Robinson Crusoe" vorliegen. Daß aber auch „Gulliver" für die Jugend in Deutschland bereits ein Begriff gewesen sein muß, geht aus dem Titel einer „Bibliothek für Kinder" (Berlin 1782) hervor: „The Lilliputian Library, or Gullivers Museum . . . Compute System of Juvenile Knowledge . . . by Lilliputions Gulliver, Citizen of Utopia and Knight of the most noble ordre of human prudence." Die erste Schulausgabe in Deutschland ist mit 1833 datiert, eine englische Ausgabe („Lemuel Gullivers Voyage to Lilliput") mit einem vollständigen Wörterbuch für den Unterricht in englischer Sprache. Zwischen 1833 und 40 erschienen die vier Teile des Romans, übersetzt von L. v. ALVENSLEBEN, in vier Heften mit den ausdrucksvollen Illustrationen von GRANDVILLE, mit denen zum ersten Male die Ausgabe von 1838 in England, 1839 die Übersetzung von FR. KOTTENKAMP ausgestattet waren. Nun folgten Schulausgaben und Bearbeitungen für die Jugend häufiger; besonders bekannt wurde das „Für die Jugend und deren Freunde frei nach dem Englischen" bearbeitete Buch von FR. HOFFMANN: „Gullivers Reisen in unbekannte Länder von Jonathan Swift" mit Illustrationen und Farbdrucken nach Aquarellen von C. OFFTERDINGER (1844, ^{2}1869, letzte Aufl. 1897). In einer Bearbeitung von K. SEIFERT (1870) waren Illustrationen von GRANDVILLE und OFFTERDINGER vereint; von M. KYBER wurde diese Ausgabe 1922 neu herausgegeben. Ende des 19. Jh.s lagen zahlreiche Schul-, Volks- und Jugendausgaben, auch innerhalb billiger Reihen, vor (in der „Universalbibliothek für die Jugend", Nr. 5/6, 1880, eine Bearbeitung von F. WERNER); diese Welle setzte sich Anfang des 20. Jh.s fort (in den Reihen „Bunte Jugendbücher", „Schaffsteins Blaue Bändchen", Ullstein Jugendbücher zwischen 1911 und 1920). Bemerkenswert ist die Bearbeitung aller vier Teile des Romans von H. GÜNTHER mit 12 farbigen Bildern von A. RACKHAM (1937). Zu den zahlreichen nach 1945 erschienenen Ausgaben von G. R. für die Jugend gehört auch die Nacherzählung von E. KÄSTNER mit den Illustrationen von H. LEMKE (19. Tsd. 1963). Die Übersetzung von FR. KOTTENKAMP erschien in neuer Bearbeitung von A. SELLIN mit mehrfarbigen Illustrationen von H. BALTZER (1958). Eine neue Übertragung von W. SCHERF kam 1970 mit Bildern von P. BESTE heraus.

Außer den genannten Illustratoren haben sich noch viele andere Künstler des 19. und 20. Jh.s mit dem Thema G. R. beschäftigt. Die Illustrationen einer kleinformatigen Ausgabe von 1850 (Leipzig) sind mit RICHTER S. B. signiert. Die Übertragung von O. ERNST (1912) bebilderte F. KOCH-GOTHA. Bibliophile Ausgaben wurden von L. CORINTH (1922) und R. JANTHUR (1919) gestaltet. Zu den interessantesten Illustrationen seit 1945 gehören die Zeichnungen von J. HEGENBARTH (1954). Der Autor SWIFT hatte sich schon für eine Ausgabe 1727 zustimmend zur Bebilderung seines Werkes geäußert und Vorschläge gemacht, welche Szenen sich am besten für die Illustration eignen könnten. Grundsätzlich meinte er: „Der Titel mit den kleinen Menschen wird Illustrationen viel besser vertragen als der von den großen" (zit. nach der Winkler-Ausgabe, 1958, S. 510).

Margarete Dierks / Peter Hasubek

→ Bearbeitung von Texten für Kinder und Jugendliche, → Großbritannien, → J. Swift

Sekundärliteratur: F. Brady (Hrsg.): Twentieth Century Interpretations of ‚Gulliver's Travels' (1968). — A. E. Case: Four Essays on Gulliver's Travels (1946; NA. 1958). — C. Dege: Utopie und Satire in Swifts Gulliver's travels (Diss. 1933). — W. A. Eddy: Gulliver's travels. A critical study (1923; NA. 1963). — M. P. Foster (Hrsg.): A casebook on Gulliver among the Houyhnhnms (1961, ^{6}1970). — P. Gleeson: Gulliver's travels as a version of grotesque (Diss. 1964). — L. Handro: Swift: Gulliver's travels. Eine Interpretation im Zusammenhang mit den geistesgeschichtlichen Beziehungen (1936). — J. I. McNelis: The education of Lemuel Gulliver (Diss. 1954). — L. Neubauer: Jonathan Swifts „Gullivers Reisen". Ihre Entwicklung von der Satire zum Jugendbuch (Diss. 1948). — V. Philippović: Swift in Deutschland (Diss. 1903). — R. Quintana: The mind and art of Jonathan Swift (1936; NA. 1953). — A. Ross: Swift: Gulliver's travels (1968). — J. J. Stathis: A bibliography of Swift studies. 1945—1965 (1967. 78—104). — P. Thierkopf: Swifts Gulliver und seine französischen Vorgänger (Progr. 1899). — J. W. Tilton: Generic criticism of Gulliver's travels (Diss. 1962). — M. Voigt: Gulliver's travels (in: M. Voigt: Swift and the twentieth century. 1964. 65—123). — P. Wolff-Windegg: Gullivers Reisen (in: P. Wolff-Windegg: Swift. 1967. 181—215).

Gumpert, Thekla von

*(verh. Thekla von Schober). Kinder- und Jugendschriftstellerin, Herausgeberin des „Töchter-Albums" und von „Herzblättchens Zeitvertreib"; * 28. 6. 1810 Kalisch, † 1. 4. 1897 Dresden.*

Als Tochter eines Regierungs-Medizinalrats verbrachte G. den größten Teil ihrer Jugend in Posen, wo sie einem adligen Kränzchen angehörte und mit einer Tochter des preußischen Statthalters Fürst RADZIWILL, WANDA, eng befreundet war. Ihr widmete sie später ihr erstes Buch (Der kleine Vater und das Enkelkind, 1843). Nach dem Tode des Vaters zog die Familie auf ihr Landgut in Westpreußen. Als WANDA, mittlerweile mit dem Fürsten CZARTORYSKI verheiratet, gestorben war, übernahm G. für sechs Jahre in Dresden die Erziehung ihrer

Kinder. Danach zog sie mit ihrer Mutter nach Berlin, um sich vorwiegend schriftstellerisch zu betätigen. Auf Reisen in Deutschland und England studierte sie Einrichtungen der Inneren Mission, zu deren Förderung sie dann ein Buch veröffentlichte (Grüß Gott! Lebensbilder für die reifere Jugend und Jugendfreunde, 1852). 1856 heiratete sie in Dresden den Legationsrat FR. V. SCHOBER.

Werk, Tendenzen, Wirkung. 1855 begann G. in Dresden mit der Herausgabe ihres „Töchter-Albums" (Untertitel: Unterhaltungen im häuslichen Kreise zur Bildung des Verstandes und Gemütes der heranwachsenden weiblichen Jugend) und mit der Herausgabe von „Herzblättchens Zeitvertreib" (Untertitel: Unterhaltungen für kleine Knaben und Mädchen zur Herzensbildung und Entwickelung der Begriffe). Beide Titel erschienen zunächst als Zeitschriften, dann aber bis 1897 auch als gebundene Jahrbücher. Das „Töchter-Album" wurde sogar über den Tod G.s hinaus fortgeführt bis 1931; Bd. 77 u. 78, 1932—33, erschienen u.d.T. „Wir sind jung"; ab 1934, Jg. 1 u.d.T. „Mädeljahr".

Vom „Töchter-Album" und den zahlreichen Erzählungen und moralischen Beispielgeschichten, die sie darin veröffentlichte, ging G.s Hauptwirkung aus. Sie verfolgte damit *keine literarerzieherischen, sondern ausschließlich pädagogische Ziele:* Stärkung des Gewissens („Gottes Stimme im Menschen"), Verbreitung christlicher Gesinnung (Nächstenliebe, Gehorsam und Demut, Auffassung des Erdenlebens als Vorbereitung auf ein künftiges besseres Dasein), Förderung des Staatsbewußtseins (Beachtung der Bedürfnisse der Niederen und der Rechte der Höheren, Untertanentreue). Die „höheren" Töchter sollten erfahren, wie es in der Welt zugeht, und zur Wohltätigkeit angehalten werden, die Töchter der unteren Schichten, daß sie trotz Armut „ordentlich" und „rechtschaffen" zu bleiben hatten und daß ihre Belange bei den pflicht- und verantwortungsbewußten höheren Ständen gut aufgehoben seien. *Trotz des sozialen Einschlags ihrer pädagogischen Bemühungen waren G. Sozialkritik und revolutionäre Gesinnung ein Greuel.* Erwähnt sie sie, so nur in tendenziöser Verzerrung. Soziale Not ist für sie etwas von Gott Auferlegtes. Die politisch-restaurative Tendenz verstärkte sich noch mit der Zeit.

G.s Pädagogik ist bestimmt durch ihre engen Beziehungen zum preußischen Adel und eine altväterische, unproblematische Religiosität. Damit wollte sie die jungen Mädchen auf eine Gesellschaft vorbereiten, deren ständische Gliederung für sie sakrosankt war. Ihr Wirken fand daher auch allerhöchste Anerkennungen; das zeigen die vielen Widmungen und Autographen der Regierenden und ihrer Familien, mit denen sie ihre „Töchter-Alben" schmückte.

Formal sind ihre Erzählungen anspruchslos; sie beschränken sich thematisch auf die Zeichnung von Genrebildern aus dem Alltag, wobei die umständlichen Umweltschilderungen aus dem Leben der höheren Stände besser gelangen als die aus dem Arbeiter- und Elendsmilieu. Die Grenzen zu christlichem Erbauungsschrifttum und schlichten Traktätchen verwischen sich. Diesem Mangel an literarischer Qualität, aber ebenso ihren restaurativen Erziehungsintentionen verdankt G. die heftige Ablehnung, die sie in der Jugendschriftenbewegung erfuhr. H. WOLGAST beklagt darüber hinaus die verheerende Wirkung des „Töchter-Albums" auf die übrige „weibliche Jugendschriftstellerei". Wenn auch G.s Domäne weniger der Backfischroman als die moralische Kindererzählung war, so wurde doch nach I. DYHRENFURTH das „Töchter-Album" „zum Prototyp einer Gattung von Jungmädchenliteratur von nachhaltiger Wirkung." *Malte Dahrendorf*

→ Album, → Mädchenbuch

Werke: Der kleine Vater und das Enkelkind (1843); Die Badereise der Tante (1844); Mein erstes weißes Haar (1844); Erzählungen für Kinder (1847); Grüß Gott! (1851); Mutter Anne und ihr Gretchen (1852); Der Heckpfennig (1853); Die Herzblättchen (Bd. 1 u. 2. 1855 u. 56); Mich dürstet (1856); Ein Jahr (1858); Nach der Schule (1861); Schloßpeterchen und Bauernhänschen (1861); Erzählungen für meine jungen Freundinnen (Bd. 1—4. 1865—67); Der alte Stelzfuß (1866); Mutter Anne und ihr Hänschen (1869); Der dritte August (1870); Für die Kinderstube (1879); Das Konfirmationsjahr (1880); Nächstenliebe und Vaterlandsliebe (1882); Backfische (1883); Vier Erzählungen aus der Kinder Welt (1888—90); Bücherschatz für Deutschlands Töchter (1889); Lebensbilder (1889); Rosen und Dornen (1894); Grüß Gott! Ann'Rosel. Der Herbergsvater (1897); Das Vaterunser in Erzählungen für die Jugend (1897); Beate (1907); Die Geschichte eines braven Knaben (1912).
Hrsg.: Herzblättchens Zeitvertreib (Jg. 1—43. 1855—97); Töchter-Album (Bd. 1—42. 1855—97).

Sekundärliteratur: T. v. Gumpert: Autographen und Erinnerungen (1893); Unter fünf Königen und drei Kaisern (1891). — H. Schwerdt: Thekla v. Gumpert. Ein biographisch-kritisches Denkmal zur 25jährigen Jubelfeier ihrer schriftstellerischen Thätigkeit (1868). *IJB*

D. Gundert Verlag

Hannover. Derzeitiger Leiter: G. d'Hoedt *(* 1924). Hauptsächliche Verlagsgebiete im Bereich der Kinder- und Jugendliteratur:* Kinderbücher (hervorzuheben ist die Reihe „Sonne und Regen im Kinderland", die im Jahre 1970 bereits 100 Bändchen umfaßte und inzwischen eine Auflage von mehr als 3 Millionen Exemplaren erreicht hat, und die Reihe „Gundert-Kinderbücher"), Erzählungen und Sachbücher.

Autoren: Fr. Bauer, M. Benary-Isbert, L.-M. Blum, H. Kocher, O. Koke, E. Pausewang, A. Rommel, A. Sapper, H. Schranz, H. Sponsel u. a.

Verlagsgeschichte. D. Gundert (1850—1945) gründete 1878 den Verlag in Stuttgart. Fr. Gundert

(1897—1946), der den Betrieb von seinem Vater übernahm, legte besonderen Wert auf moderne christliche Jugendbücher. Im Jahre 1956 übernahm Guy d'Hoedt, Inhaber des Theodor-Oppermann-Verlages, die Firma Gundert; seitdem hat der G.-Verlag seinen Sitz in Hannover.

Gute-Nacht-Geschichte

Der Begriff G. ist seit 1950 im Deutschen gebräuchlich geworden für kurze, meist phantastische, nicht formstrenge Geschichten, die Kindern vor dem Einschlafen erzählt werden. Die Bezeichnung wurde von J. LEPMAN eingeführt, die im Zusammenhang mit ihrer in München zentrierten internationalen Kinderbucharbeit nach 1945 durch die Presse um Einsendung solcher mündlich überlieferten oder spontan selbst erfundenen Kurzerzählungen für Kinder bat. Daraus erwuchs der Band „Die schönsten G.n", ges. von J. LEPMAN. Einige G.n hat LEPMAN selbst geschrieben, z. B. „Von der Giraffe, die an den Blumen roch", „Der Katzen-Fischzug", „Die Geschichte von der Königinpastete". Der Begriff G. wurde inzwischen ausgedehnt auf eine Fülle kurzer Geschichten, Märchen und Fabeln aus der traditionellen Kinderliteratur, auch auf belehrende Anekdoten, auf Scherz-, Rätsel- und Erzählgedichte und auf Anthologien in Bilderbuchform.

Margarete Dierks

→ Erzählung, → J. Lepman

Sekundärliteratur: J. Lepman: Die Kinderbuchbrücke (1964).

Guts Muths, Johann Christoph Friedrich

*Pädagoge, bes. Methodik der Leibeserziehung, Geographie und Technologie; Verfasser von didaktischer und Fachliteratur sowie des ersten systematischen Spielbuchs für die Jugend; * 9. 8. 1759 Quedlinburg, † 21. 5. 1839 Ibenhain / Kr. Gotha.*

Von 1779—82 studierte G. in Halle Theologie, hörte Pädagogik bei CHR. TRAPP und befaßte sich mit Naturwissenschaften, Mathematik, neueren Sprachen und Geschichte (1773—79 und 1782 bis 1785); als Hauslehrer und Erzieher des später bedeutenden Geographen C. RITTER tätig, orientierte er sich vornehmlich an den Schriften B. BASEDOWS und J. J. ROUSSEAUS und entwickelte Vorstellungen über eine lebendige Methode des Geographieunterrichts. 1785 wurde er Lehrer an der SALZMANNschen Erziehungsanstalt in Schnepfenthal (er heiratete eine Nichte Salzmanns) und unterrichtete an dieser Anstalt über 50 Jahre bis kurz vor seinem Tode Geographie, Technologie, Französisch, Gymnastik und Schwimmen.

Werk, Tendenzen, Wirkung. Als einer der bedeutenden Pädagogen des Philanthropinismus tritt G. für die Förderung einer natur- und jugendgemäßen Erziehung des Körpers und Geistes durch Leibesübungen und für den lebensnahen Geographieunterricht ein. Mit seiner epochemachenden Schrift „Gymnastik für die Jugend" (1793) will er einen „Beitrag zur nöthigen Verbesserung der körperlichen Erziehung" leisten. In seiner theoretischen Grundlegung knüpft er an die hohe Leibeskultur der Antike an, beruft sich auf die medizinischen Kenntnisse seiner Zeit (PH. GALEN, CHR. W. HUFELAND u. a.) und verbindet in seiner pädagogischen Intention *Nützlichkeitsgesichtspunkte mit moralischen Zielsetzungen.* Zugleich legt er mit diesem Werk die erste Methodik des Schulturnens und der Körpererziehung nebst einer *funktionsgemäß* gegliederten Übungssammlung vor. Mit seinen nachfolgenden Werken „Kleines Lehrbuch der Schwimmkunst zum Selbstunterricht" (1798), „Turnbuch für die Söhne des Vaterlandes" (1817), das der nationalen Tendenz der Zeit Rechnung trägt, und „Katechismus der Turnkunst, ein Leitfaden für Lehrer und Schüler" (1818) erweitert er den Bereich der Leibeserziehung und verschafft seinen Ideen größere Verbreitung. Die *enge Verknüpfung* von *Gymnastik* und *zweckgebundener Funktionsschulung* in G.' Theorie der körperlichen Erziehung zeigt sich in „Mechanische Nebenbeschäftigungen für Jünglinge und Männer, oder Anweisung zur Kunst des Drehens, Metallarbeitens und Schleifens optischer Gläser ..." (1801, ^{2}1817), die als „Anhang zu seiner Gymnastik" erschienen, heute aber dem Bereich der Technologie zugeordnet werden und als eines der ersten Werkbücher gelten können. Nicht minder hoch schätzt G. die freie Funktionsübung, wie sie das *Spiel* darstellt, ein. „Spiele verbreiten im jugendlichen Kreise Heiterkeit und Freude, Lust und Gelächter". G. stellt eine pädagogisch begründete, auf praktischer Erfahrung aufgebaute Theorie über Zweck, Wesen, erzieherische Wirksamkeit und moralischen Wert des Spielens auf und nimmt z. T. die Vorstellung der Romantik vorweg, die das Spiel als wesensbestimmend für die kindliche Entwicklung ansieht. G. schrieb das erste pädagogisch fundierte Spielbuch: „Spiele zur Uebung und Erholung des Körpers und Geistes f. d. Jugend" (1796). Es wurde wegweisend für die pädagogische Spielliteratur, ist aber vorwiegend als Anregung für Eltern und Erzieher gedacht. Diese Sammlung enthält 106 überlieferte Spiele, meist aus Deutschland, aber auch aus anderen Ländern. G. hat sie mit seinen Schülern erprobt, beschrieben und in ein System gebracht. Er unterscheidet *„Bewegungsspiele"* und *„Sitzende oder Ruhespiele"*; verschiedene Ball-, Scheiben-, Kugel-, Nacht- und Winterspiele. „Einsame" Spiele und Gesellschaftsspiele für drinnen und draußen werden in ihrem Verlauf und mit ihren Spielregeln genau beschrieben und außerdem mit *Beurteilungen* über ihren pädagogischen Gehalt versehen. Die Anordnung erfolgt nach Prinzipien, die sich aus der Funktion der einzelnen Spielarten ergeben: „Spiele des Beobachtungsgeistes und des sinnlichen Beurtheilungsvermögens; Spiele der Aufmerksamkeit; Spiele des Gedächtnisses; Spiele der Phantasie und des Witzes; Spiele des Geschmacks; Spiele des Verstandes und der höhern Beurteilungskraft". Für jugendliche Leser schrieb G. den „Spielalmanach für die Jugend" (1802 u. 03), der in einer stark erweiterten Ausgabe 1809 (^{3}1885) unter dem Titel „Unterhaltungen und Spiele der Familie zu Tannenberg" als Taschenbuch erschien. Nur wenige von G.s geographischen Veröffentlichungen sind für die Jugend verfaßt, so die „Zusammenkünfte am Atlas, zur Kenntniß der Länder, Völker und ihrer Sitten" (1785) und „Kurzer Abriß der Erdbeschreibung" (1819, ^{3}1829).

Von 1800—20 betrieb G. die Herausgabe einer pädagogischen Zeitschrift, die bis 1807 den Titel „Bibliothek der Pädagogischen Literatur" trug, danach unter zweimal wechselndem Titel weitererschien. Fast vergessen sind heute G.' Beiträge zur Jugendliteratur in den Werken von CHR. G. SALZMANN und J. GLATZ. Der 7. Teil von SALZMANNS „Unterhaltungen für Kinder" (1786) ist fast ganz von G. verfaßt (nämlich von S. 21—150 und von S. 169—178); ebenso der 4. und 5. Teil der „Reisen der Salzmannischen Zöglinge" (1787). Auch als Mitarbeiter an J. GLATZENS „Taschenbuch für die deutsche Jugend" (1803—05) wird G. neben W. L. GLEIM, C. F. LOSSIUS, CHR. A. OVERBECK, G. K. PFEFFEL, CHR. G. SALZMANN und CHR. F. WEISSE namentlich genannt.

Zu seinen Lebzeiten wurden G.' Verdienste zuweilen verkannt. K. RITTER und F. L. JAHN, die viele seiner Ideen aufgriffen und weiterführten, standen in höherem Ansehen. Doch gehen G.' Einfluß und seine Wirkung weit über seine Zeit und über Deutschland hinaus. Dagegen fand die Persönlichkeit G.' in einer beachtenswerten biographischen Darstellung für die Jugend eine zeitgenössische Würdigung. GLATZ bringt in Teil 2 seiner „Moralischen Gemählde für die gebildete Jugend" (1802) neben einem Bildnis von G. eine anschauliche Darstellung insbes. der Kindheits- und Jugendjahre seines Kollegen und Freundes. *Anneliese Knoop*

Werke: Gymnastik für die Jugend (1793); Spiele zur Übung und Erholung des Körpers und Geistes, f. d. Jugend (1796); Mechanische Nebenbeschäftigungen für Jünglinge und Männer (1801); Spielalmanach für die Jugend (1802 u. 03); Kurzer Abriß der Erdbeschreibung, als Leitfaden u. Memorienbuch für die Schulen (1819).

Hrsg.: Zusammenkünfte am Atlas, z. Kenntniß d. Länder, Völker u. ihrer Sitten (1785); Bibliothek der Pädagogischen Literatur (Jg. 1—6. 1800—06); Zeitschrift für Pädagogik, Erziehung ... (Jg. 1 u. 2. 1806 u. 07); Neue Bibliothek für Pädagogik, Schulwesen ... (Jg. 1—9. 1808—16; NF. Bd. 1—4. 1817—20).

Sekundärliteratur: Festschrift zum 200. Geburtstag von Johann Christoph Friedrich Gutsmuths (1959). — I. Goslar: Die GutsMuths'sche Systematik in ihrem Verhältnis zur zeitgenössischen Pädagogik (Diss. 1947). — M. Hobohm: Johann Christoph GutsMuths (1939). — H. Lorenz: Johann Christoph GutsMuths (in: Thüringer Erzieher. 1966. 102—112). — A. B. Netsch: GutsMuths' pädagogisches Verdienst um die Pädagogik, die Geographie und das Turnen (Diss. 1901). — K. Wassmannsdorff: Johann Christoph Friedrich GutsMuths (1884). *IJB*

H

Haacken, Frans

*Graphiker, Kinderbuchautor; * 7. 1. 1911 Aachen.*

Nach seiner Ausbildung an der Kunstgewerbeschule Aachen (Werkstattschüler bei Prof. A. WENDLING) ging H. 1936 nach Berlin, arbeitete als Gebrauchsgraphiker (u. a. Zeichentrickfilm), mußte aber seine Tätigkeit infolge der Militärzeit und eines Lazarettaufenthaltes unterbrechen. Nach dem Kriege setzte er seine künstlerische Arbeit zunächst in Berlin, dann in Hamburg fort. Heute lebt H. in den Niederlanden.

Werk, Tendenzen, Wirkung. Nach ersten Erfolgen in Plakat- und Programmheftgestaltungen für B. BRECHT und das „Berliner Ensemble" („Mutter Courage", „Herr Puntila und sein Knecht Matti"; „Wassa Schelesnowa" von M. GORKIJ; „Der Hofmeister" nach J. M. R. LENZ) schuf H. Plakate und Programmhefte für die Staatsoper in Berlin („Wozzek" von A. BERG und „Coppelia" von L. DELIBES). Daneben entstanden zahlreiche Kinderbuchillustrationen für den Kinderbuchverlag und den Verlag Alfred Holz, Berlin. 1958 übernahm H. die Leitung eines Trickfilm-Ateliers bei einer Werbefirma in Hamburg. Seit 1962 machte er selbständig Fernsehfilme, Fernseh-Bühnenbilder, Unterrichtsfilme, gestaltete Kirchenfenster und sakrale Kunstwerke.

Durch Schabblatt-Technik und Verwendung von Papierplastiken hat er dem modernen Bilderbuch neue Ausdrucksmittel hinzugewonnen. H. betrachtet seine Arbeit weniger vom künstlerischen Anspruch als von der handwerklichen Qualität her. In seinen Schabblättern, die Wirkungen farbiger Holzschnitte entwickeln, pflegt H. einen humorvoll stilisierten Realismus. Seine Illustrationen zu „Peter und der Wolf" von S. PROKOFJEW (weit über 100.000 Expl., 7. Auflage 1971) zählen zu seinen größten Erfolgen, vor allem durch die präzise und humorvolle Darstellung der Typen. Witz und hintergründiges Spiel herrschen auch im Bilderbuch „Die turnende Tante und andere Pinneberger Geschichten" und noch stärker in seinen Illustrationen zu „Alice im Wunderland" von L. CARROLL vor.

Horst Künnemann

Werke: Das Loch in der Hose (1951); Die turnende Tante und andere Pinneberger Geschichten (1968); Pflaumenmus tut's auch (1972); Eine Kuh aus Pinneberg (1972); Der violette Studienrat (1972); Ein Narr, ein Weiser und viele Tiere (1973).
Ill.: Das Kinderliederhaus (1948); B. Brecht: Der verwundete Sokrates (1949); I. D. Vasilenko: Peps und Peter (1950, [6]1959); I. D. Vasilenko: Peter bei den Gymnasiasten (1950, [4]1960); S. Marsak: Mister Twister (1950); A. Maurois: Das Land der 36000 Wünsche (1951); F. Haacken: Das Loch in der Hose (1951); L. Tetzner: Der kleine Su aus Afrika (1952); L. Tetzner: Su und Agaleia (1953); S. Prokofjew: Peter und der Wolf (1958, [7]1971); I. D. Vasilenko: Peter und der Puppenspieler (1961); L. Carroll: Alice im Wunderland (1967, [2]1969); F. Haacken: Die turnende Tante und andere Pinneberger Geschichten (1968); F. Haacken: Pflaumenmus tut's auch (1972); F. Haacken: Ein Narr, ein Weiser und viele Tiere (1973).

Habeck, Fritz

*Österreichischer Romanschriftsteller, Jugendbuchautor; * 8. 9. 1916 Neulengbach b. Wien.*

H. studierte Rechtswissenschaften an der Universität Wien und promovierte 1950 zum Dr. jur. Schon während des Studiums beschäftigte er sich mit schriftstellerischen und künstlerischen Aufgaben (er arbeitete u. a. als Regieassistent und Dramaturg am Theater in der Josefstadt in Wien), ab 1955 war er einige Zeit im Funkstudio Wien, später freiberuflich tätig als Schriftsteller, Drehbuchautor und Übersetzer (J. ANOUILH, J. COCTEAU, M. ACHARD). Seit 1969 leitet er die Abteilung Literatur im Studio Wien des Österreichischen Rundfunks. Für sein jugendliterarisches Schaffen erhielt er neben anderen Auszeichnungen wiederholt den Jugendbuchpreis der Stadt Wien (1960, 61, 63, 67 und 70). Für „Aufstand der Salzknechte" wurde er 1967 mit dem Österreichischen Staatspreis ausgezeichnet.

Werk, Tendenzen, Wirkung. H. gehört zu den bekanntesten österreichischen Romanciers der Gegenwart. Obwohl der Beginn seiner schriftstellerischen Tätigkeit nicht der Jugendliteratur galt, weisen ihn seine Werke in formaler Hinsicht auf dieses Gebiet: H. schreibt relativ einfach, packend, anschaulich; er schafft dramatische Szenen, die Spannung erzeugen, und versteht es, die Menschen mehr durch ihre Handlungen als durch Reflexionen zu charakterisieren. Für „Der Kampf um die Barbacane" (1960) erhielt er den Handel-Mazzetti-Preis (wird für Romane für Erwachsene vergeben) und gleichzeitig zum ersten Mal den Jugendbuchpreis der Stadt Wien. Von da an folgten neben Büchern für Erwachsene regelmäßig Jugendbücher, die fast alle preisgekrönt wurden. Wie in seinen Romanen für Erwachsene behandelt H. auch in seinen Jugendbüchern mit Vorliebe geschichtliche Stoffe: in „Kampf um die Barbacane" gestaltet er ein Jungenschicksal aus der Zeit der Türkenkriege, in „Der einäugige Reiter" die Erlebnisse eines Mühlviertler (Oberösterreich) Bauernburschen im 30jährigen Krieg, in „Aufstand der Salzknechte" die Konflikte, in die ein junger Edelmann gerät, der die soziale Not der Salzknechte aus eigenem Erleben kennenlernt.

In „Taten und Abenteuer des Dr. Faustus" versucht H. eine neue Deutung des Faust-Stoffes, indem er aus der Sicht von Fausts Magister die vielen seltsamen Abenteuer Fausts als durch Dummheit und Engstirnigkeit seiner Zeitgenossen erst möglich geworden schildert. Mit der Beschreibung des studentischen Lebens im Mittelalter gelingt dem Autor gleichzeitig ein für den jungen Leser von heute interessanter Rückblick. Es ist ein Charakteristikum seiner Werke, daß er sich bemüht, historisch genau zu sein, aber in diesem Rahmen Sach- u. Problemzusammenhänge darzustellen, die den Jugendlichen von heute tangieren. *Lucia Binder*

Werke: Der Kampf um die Barbacane (1960); Die Stadt der grauen Gesichter (1961); Der einäugige Reiter (1963); Die Insel über den Wolken (1965); König Artus und seine Tafelrunde (1965); Aufstand der Salzknechte (1967); Marianne und der Wilde Mann (1968); Taten und Abenteuer des Dr. Faustus (1970).

Hacks, Peter

*Dramatiker, Lyriker, Kinderbuchautor; * 21. 3. 1928 Breslau.*

H., Sohn eines Rechtsanwaltes, studierte in München Soziologie, Philosophie, neuere Literatur und Theaterwissenschaften. 1951 promovierte er mit einer Arbeit über das „Theaterstück des Biedermeier (1815—1840)". Bis 1953 verfaßte er mehrere Hörspiele für den Kinderfunk. 1955 siedelte H. in die DDR über, wurde Mitglied des Brecht-Ensembles und war bis 1963 Dramaturg am Deutschen Theater in Ostberlin; seitdem lebt er dort als freier Schriftsteller. H.s hervorragende Bedeutung liegt in seinem dramatischen Schaffen, mit dem er sich in der Nachfolge B. BRECHTS sieht. (Zu seinen Vorstellungen über die Ästhetik des sozialistisch-realistischen Schauspiels vgl. seinen Essay „Einige Gemeinplätze über das Stückeschreiben" in: NDL, Nr. 9/1956.) Er wurde u. a. 1956 mit dem Lessing-Preis, 1965 mit dem F.-C.-Weiskopf-Preis ausgezeichnet.

Werk, Tendenzen, Wirkung. Für Kinder schrieb H. Hörspiele, Theaterstücke, Gedichte und Geschichten. Genuin ist in seinem Werk, daß es Fantasie und Intellekt gleichermaßen in Bewegung hält. 1956 erschienen seine ersten Geschichten um Onkel Titus und Henriette in „Das Windloch",

illustriert von P. Flora, 1964 folgte der Band „Das Turmverließ", illustriert von E. Binder-Stassfurt. Skurrile Zwangssituationen bilden jeweils den Rahmen und die Motivation zum Erzählen skurriler Geschichten; so entstehen zwei Zyklen, die, mit Sprache und Nonsenseelementen spielend, zwischen Fantastik und Wirklichkeit pendeln.
1965 erschien, illustriert von H. Hegewald, „Der Flohmarkt", eine in „6 Gassen" gegliederte Sammlung H.scher Gedichte. Einige von ihnen fanden erste Verbreitung durch die Anthologie „So viele Tage wie das Jahr hat" (1958) von J. Krüss, so z. B. „Der Walfisch" und „Ladislaus und Komkarlinchen", andere waren eingefügt in die Titus- und Henriette-Geschichten. Heiter, fantastisch und gereimt nehmen sie vorwiegend Themen der Kinderlyrik auf wie Tiere, Jahreszeiten, Figuren aus dem Märchen-, Sagen- und historischen Bereich. Charakteristisch ist jedoch H.' durch Witz geprägte Distanz, die ihm unaufdringliche Stellungnahme ermöglicht. 1966 erschien als Kinderbuch das Märchen „Der Schuhu und die fliegende Prinzessin", das zuerst in „Sinn und Form" (2. Heft, 1964) abgedruckt war und auch als Märchenspiel zur Aufführung kam (1968 in München). Im „Theater der Jugend" in Dortmund wurde das H.sche Theaterstück „Kasimir der Kinderdieb" aufgeführt. Mit „Die Katze wäscht den Omnibus" (1972) bringt H. skurrilen Spaß auch ins Bilderbuch.

Marie Luise Linn

→ Nonsense

Werke: Das Windloch (1956); Das Turmverließ (1962); Der Flohmarkt (1965, ^{2}1970); Der Schuhu und die fliegende Prinzessin (1966); Die Katze wäscht den Omnibus (1972). *IJB*

Häppchenliteratur

H. ist eine herabsetzende Bezeichnung für das stilistische und inhaltliche Vielerlei der ausschnitthaften Textproben im Lesebuch. Als Reaktion darauf wurde die Ganzschrift gefordert. Der Ausdruck H. tauchte im Zusammenhang der Jugendschriftenbewegung um die Jahrhundertwende zuerst auf und wurde nach dem Zweiten Weltkrieg wieder aufgenommen. (B. Schulz, R. Bamberger).

→ Ganzschrift, → Lesebuch

Härtling, Peter

*Schriftsteller, Jugendbuchautor; * 13. 11. 1933 Chemnitz.*

H. wuchs während des Krieges in Olmütz auf, war nach 1945 zunächst in Österreich, dann in Nürtingen/Württbg. ansässig und lebt jetzt in Walldorf/Hessen. Nach seiner Gymnasiastenzeit in Nürtingen (bis 1952) war H. Journalist, Feuilletonredakteur bei der „Deutschen Zeitung" (1956 bis 1962), danach Mitarbeiter der Hamburger „Welt der Literatur", Cheflektor des S. Fischer Verlags (1967—73) und von 1962—70 Herausgeber der Zeitschrift „Der Monat".

Werk, Tendenzen, Wirkung. H., zu dessen Schaffen Lyrik, Roman, Erzählung, Schauspiel und Essay gehören, gab 1970 sein erstes Kinderbuch heraus: „Und das ist die ganze Familie". Es erregte Aufsehen, weil es stilistisch und thematisch neue Wege ging. In ihm berichten Kinder in ihrem Satzbau und Wortschatz ihre alltäglichen Erlebnisse und Erfahrungen in einer Familie. Der Wortlaut der spontanen Aussagen erscheint scheinbar ohne Korrektur (z. B.: „Clemens: Der Fabian ist blöd. Der fährt doch immer Fahrrad. Friederike: Ja, das war mit dem Dreirad vom Luc. Ist gut.", S. 35). H.s erstes Kinderbuch versucht abstandslos die Wirklichkeit der Kinder zu reproduzieren, verleugnet dabei aber weder den Traum noch die Phantasie. Es erinnert in seiner Intention an Tendenzen innerhalb der jugendliterarischen Reformbewegung um die Jahrhundertwende, die eine Gestaltung des Kinderbuchs „vom Kinde aus" postulierte. Das Durchbrechen sprachlicher Klischeevorstellungen über das, was Kindern zukomme, und das Abrücken von herkömmlicher Inhaltsformation im Kinderbuch hat eine deutlich provokatorische Absicht: „Literatur übt von sich aus notwendig Widerstand" erklärt H. in seiner aus Anlaß der Verleihung des Deutschen Jugendbuchpreises 1969 in Bayreuth gehaltenen Rede. In ihr fordert der Autor auch zu radikaler Ehrlichkeit auf mit den Worten: „Es gibt eine Literatur für Kinder, deren Verlogenheit kränkend ist" und meint: „die Literatur der Kinder ist auch die Wirklichkeit der Kinder". Deshalb reduziert H. seine schriftstellerische Arbeit für jugendliche Leser auf „Tagesbeschreibungen" und z. T. auch auf die Reproduktion des Bewußtseinsstromes von Kindern. Sein zweites Kinderbuch „Das war der Hirbel" (1973) wie auch seine Erzählung „Der Ausreißer" (in: H.-J. Gelberg [Hrsg.]: Am Montag fängt die Woche an, 1973) setzt die sozialkritische Thematik verstärkt fort, zeigt H. aber auch von der Seite eines strengen Erzählers. In schonungslos wiedergegebenen Details wird das Schicksal eines Jungen namens Hirbel berichtet, der als Heimkind — innerlich total vereinsamt — der Umwelt Widerstand leistet, aggressiv wird, flieht und in Kliniken endet. Die Kunst H.s besteht nicht nur in der einfachen Diktion, dem engen Entlanggehen an der Wirklichkeit, sondern auch im Gegenwurf dazu in der Entlarvung der Umwelt, die hier dem Hirbel gegenüber versagt.

Klaus Doderer

Werke: ... und das ist die ganze Familie (1970); Das war der Hirbel (1973); Oma (1975); „Zum laut und leise lesen" (1976).
Beiträge: Die Wirklichkeit der Kinder. Rede aus Anlaß der Verleihung des Deutschen Jugendbuchpreises 1969 (1969).

Häusermann, Gertrud

*(Ps.: Käthe Hausmann). Schweizer Schriftstellerin, Mädchenbuchautorin, Mitarbeiterin am Schweizer Rundfunk; * 7. 8. 1921 Reuß-Gebenstorf/Kanton Aargau.*

H., Tochter eines Spinnerei-Werkmeisters, war zunächst Buchhändlerin, mußte aber 1944 krankheitshalber ihren Beruf aufgeben. Entscheidende Impulse zur schriftstellerischen Tätigkeit empfing sie durch M. Voegeli (d. i. M. West), mit dem sie von 1948 bis 1961 verheiratet war. H. unternahm häufig Reisen nach Deutschland, England und Frankreich und lebt heute in Genf. 1954 wurde der Band ihrer Erzählungen „Heimat am Fluß" (1953) mit dem Schweizer Jugendbuchpreis ausgezeichnet. Mit „Die silberne Kette" (1956) gelangte sie 1958 auf die Ehrenliste zum Hans-Christian-Andersen-Preis.

Werk, Tendenzen, Wirkung. H. schrieb 1947 ihr erstes Mädchenbuch, „Irene", dem etwa ein Dutzend weitere folgten. In allen ihren Büchern kehren Grundthemen und Motivkreise des konventionellen Mädchenbuches wieder wie z. B. Berufswahl, Heimatliebe, Freundschaft und erste Liebe, Verhältnis von Mutter und Tochter. H. zeichnet tüchtige, lebensvolle Mädchen, die Verantwortungsbewußtsein und Pflichterfüllung anstreben, sich bei frühzeitiger Anforderung behaupten und es lernen, sich den Mitmenschen selbstlos zuzuwenden. Auftauchende Krisen werden durch die positive Einstellung der Handlungsträger und den Beistand der Umweltpersonen überwunden. H. griff auch Probleme der gestörten Familie auf und integrierte sie in die traditionelle Jugenderzählung, z. B. in „Licht und Schatten um Perdita" (1948), „Die silberne Kette" (1956), „Simone" (1960). Sie vertritt ideale Welt- und Wertvorstellungen.
Ihre Bücher wurden von R. Bamberger (Jugendlektüre, 1965), D. Larese (Schweizer Jugendschriftsteller, 1963) und I. Dyhrenfurth (Geschichte des deutschen Jugendbuches, [3]1967) als beachtlich und symptomatisch für die Schweizer Mädchenliteratur der 50er Jahre gewürdigt. Ihre autobiographischen Erzählungen „Heimat am Fluß" (1953) enthalten lebendig geschilderte Jugenderinnerungen, die wegen der psychologisch differenzierten Darstellungsweise auch von Erwachsenen gerne gelesen werden.

Anneliese Knoop

→ Mädchenbuch, → Schweiz

Werke: Irene (1947); Licht und Schatten um Perdita (1948); Barbara (1948; unter Käthe Hausmann); Anne und Ruth (1949); Das Fischermädchen (1950); Marie Vögtlin (1951); Marianne (1952); Heimat am Fluß (1953); Franziska und Renato (1954); Die silberne Kette (1956); Katja (1956); Die Geschichte mit Leonie (1958); Simone (1960); Simone in der Bretagne (1962).

Sekundärliteratur: D. Larese: Gertrud Häusermann (in: D. Larese: Schweizer Jugendschriftsteller der Gegenwart. 1963. 49—52).

IJB

Hagedorn, Friedrich von

*Lyriker und Fabeldichter des hanseatischen Rokoko; * 23. 4. 1708 Hamburg, † 28. 10. 1754 ebenda.*

Nach rechtswissenschaftlichem Studium in Jena war H., der Sohn eines dänischen Staats- und Konferenzrates, von 1726 bis 1729 Privatsekretär des dänischen Gesandten in London, seit 1733 Sekretär bei einer englischen Handelsgesellschaft in Hamburg. Hier bildete sich ein Kreis von Freunden der Kunst und Dichtung um ihn.

Werk, Tendenzen, Wirkung. In seinem „Versuch in poetischen Fabeln und Erzehlungen" (1738) plauderte H. witzig und anspielungsreich, im leichten Tone La Fontaines von Tieren, von Menschen aus Sage oder Geschichte und von allegorischen Figuren. Inmitten dieser findet sich die volkstümliche und noch heute lebendig gebliebene Geschichte „Johann, der muntre Seifensieder", deren Stoff bereits B. Waldis im 16. Jh. behandelt hat. In seiner „Sammlung Neuer Oden und Lieder", deren 3 Bände 1742, 1747 und 1752 erschienen, besang H. die Liebe, den Wein, die Natur, die „Landlust" mit verschwärmtem Bauernleben, dabei ein gewisses „Vorzugsrecht" der Jugend an heiterem Lebensgenuß betonend. H. wurde zum „Vater der deutschen Anakreontiker".
Seine Fabeln und Verserzählungen waren nicht nur Lehrstoff in den Schulen, sondern auch eine beliebte freiwillige Lektüre der jungen Menschen. Außerdem sang die intellektuelle Jugend seiner Zeit H.s Lieder der Freundschaft und Freude und wurde dadurch schon früh für eine heitere Geselligkeit und einen weltzugewandten Lebenssinn gewonnen. In verschiedenen Sammlungen von Fabeln ist H. noch heute vertreten, aber diese Stellen, genauso wie die in manchen Lesebüchern, lassen diese ehedem so wirksame Dichtergestalt mit einer gesunden Weltbetrachtung und einem bejahenden Lebensgefühl aus einem vergangenen Jahrhundert nicht mehr sichtbar werden.

Hans Eich

Werke: Versuch in poetischen Fabeln und Erzehlungen (1738); Sammlung Neuer Oden und Lieder (Thl. 1—3. 1742—52); Poetische Werke (Thl. 1—3. 1757, [2]1769); J. J. Eschenburg (Hrsg.): Poetische Werke (Bd. 1—5. 1800, [2]1825).

Sekundärliteratur: W. Eigenbrodt: Hagedorn und die Erzählung in Reimversen (1884). — K. Epting: Der Stil in den lyrischen und didaktischen Gedichten Fr. v. Hagedorns (1929). — K. S. Guthke: Fr. v. Hagedorn und das literarische Leben seiner Zeit (in: Jb. des Freien Deutschen Hochstifts. 1966. 1—108). — F. L. Meinhold: Hagedorns Gedanken von sittlicher und geistiger Bildung (Diss. 1894). — R. Petsch: Fr. v. Hagedorn und die deutsche Fabel (in: Festschrift von Melle. 1933. 160—188). — H. Stierling: Leben und Bildnis Hagedorns (1911). — G. Stix: Fr. v. Hagedorn, Menschenbild und Dichtungsauffassung (1961).

Hager, Christoph Achatius

*Rechenmeister und Schriftsteller; * 9. 3. 1584 Frankenberg im Meißnischen, † 22. 3. 1657 Hamburg.*

H. war der Sohn des Stadtpredigers zu Frankenberg. Um 1610 ließ er sich in Hamburg nieder und war dort als Rechenmeister tätig. Neben einer Reihe von Büchern über die Rechenkunst („Arithmetischer Wegweiser der Brüche", „Schatzkammer des italiänischen Buchhaltens" u. a.) und Werken über deutsche Sprache und deutsche Orthographie veröffentlichte er 1616 einen „Jugendt Spiegel Von Ehrbar' und Höflichen Sitten, vor die Auffwachsende Jugendt". Das Buch ist eine Sammlung von „schönen, nützlichen Vermahnungen, Diskursen, Zuchtregeln und moralischen Historien", die zu erhöhter pädagogischer Wirksamkeit auch wesentliche Teile aus J. Wickrams realistischem Ritterroman „Knabenspiegel" (1554) wiederaufleben ließ.

M. D.

→ Knabenspiegel

Werke: Jugendt Spiegel Von Ehrbar' und Höflichen Sitten, vor die Auffwachsende Jugendt (1616).

Halbey, Hans Adolf

*Autor und Kritiker von Bilderbüchern, Dozent an der Bibliotheksschule der Stadt- und Universitätsbibliothek sowie Lehrbeauftragter für Fragen des Bilderbuches an der Universität Frankfurt/M., Direktor des Klingspor-Museums der Stadt Offenbach/M.; * 19. 7. 1922 St. Wendel/Saar.*

H. studierte von 1947—55 Kunstgeschichte, Buchkunde, Geschichte und Literatur an der Universität Mainz, wo er 1955 promovierte. H. leitet seit 1957 das Klingspor-Museum (Buch- und Schriftkunst) der Stadt Offenbach, zu dessen Direktor er im Jahre 1970 ernannt wurde. Seit 1967 ist H. Mitglied der Jury für die BIB. 1958 nahm er seine Lehrtätigkeit an der Bibliotheksschule der Stadt- und Universitätsbibliothek Frankfurt/M. auf. Seit 1971 hat er an der J. W. Goethe-Universität einen Lehrauftrag zu Fragen der KJL, besonders des Bilderbuchs, übernommen. H. hält ferner Gastvorlesungen an der Deutschen Buchhändlerschule.
In Tageszeitungen, Zeitschriften und Büchern, in den beiden Ton-Dia-Reihen des Deutschen Jugendschriftenwerkes „Schneewittchen ohne Kosmetik" und „Brücken der Phantasie" (beide erschienen bei Jünger, Frankfurt/M. 1962 und 1969) und in Ausstellungen sowie Beiträgen zu deren Katalogen, wie z. B. in „Bunte Kinderwelt. Die schönsten Bilderbücher der letzten Jahre aus aller Welt" (Katalog der Kunsthalle Recklinghausen zur gleichlautenden Ausstellung Sept. —Nov. 1966), setzt sich H. für die ästhetische Qualität des Bilderbuchs ein. In anderen Forschungsbeiträgen geht H. dem historischen Wandel ästhetischer Auffassungen von Bilderbuchautoren der letzten Jahrzehnte nach, wie in „Das Bilderbuch in Deutschland im 20. Jahrhundert" (1968) und dem umfangreichen Essay „Das Bilderbuch im Jugendstil" (1973). Es erscheint H. besonders wichtig, daß die Illustrationen der Bilderbücher die Phantasie der Kinder zu eigener Kreativität motivieren.
H. hat selbst einige Texte für Bilder- und Kinderbücher verfaßt, u. a. zu dem von G. Stiller illustrierten Bilderbuch „Pampelmusensalat" (1965), und die Beiträge „Der Eselsritt" sowie „Flattergeist Alwine" zu den von H.-J. Gelberg herausgegebebenen Kinderbüchern „Kinderland Zauberland" (1967) und „Die Stadt der Kinder" (1969).

Rudolf Raab

Werke: Pampelmusensalat. Dreizehn Verse für Kinder (1965); Vatterchen Rotkopf (1967).
Mithrsg. der Reihe: Internationale Untersuchungen zur Kinder- und Jugendliteratur (1969 ff.).
Beiträge: Künstlerische Qualität im Bilderbuch (in: Graphis. 111. 1964. 30—51 u. 82); Entwicklung des deutschen Kinderbuchs (in: Graphis. 131. 1967. 225 u. 306); Das Bilderbuch in Deutschland im 20. Jahrhundert (in: A. C. Baumgärtner (Hrsg.): Aspekte der gemalten Welt. 1968. 11—31); Das kleine Blau und das kleine Gelb (in: Gebt uns Bücher. Gebt uns Flügel. 1969. 125—129); Die offene und geschlossene Form im Bilderbuch (in: Buch — Bibliothek — Leser. 1969. 533—538); Das Bilderbuch im Jugendstil (in: K. Doderer u. H. Müller (Hrsg.): Das Bilderbuch. 1973. 225—272).

Halden, Elisabeth

*(d. i. Agnes Breitzmann). Jugendschriftstellerin; * 27. 5. 1841 Templin/Mark Brandenburg, † 10. 10. 1916 Berlin.*

H. entstammt einer alten Arztfamilie. Noch nicht mündig, verlor sie beide Eltern und fand mit einer wesentlich jüngeren Schwester Zuflucht in der seltsam-wunderlichen Häuslichkeit einer hochbetagten Großtante in Magdeburg. Ihrer Schwester zuliebe nahm H. sechs junge Mädchen im gleichen Alter zur Erziehung ins Haus. Ein beginnendes Herzleiden veranlaßte sie, Bad Nauheim zu ihrem Wohnsitz zu wählen. Von dort aus bereiste sie zusammen mit ihrer Schwester viele Länder Europas. Im Jahre 1898 zog sie für immer nach Berlin. Zeitlebens legte sie Wert darauf, in Schriftsteller-Lexika als „Rentnerin" und „Fräulein" bezeichnet zu werden.

Werk, Tendenzen, Wirkung. An ihren weiblichen Zöglingen im Hause lernte H. Psyche, Interessen und Nöte der jungen Mädchen bürgerlicher Kreise in reichem Maße kennen und nahm daraus den Stoff für ihre ersten Erzählungen („Das Nest"; „Tante Adelgundens Nichten" u. a.). Sie adressierte diese, wie auch weitere Erzählungen, vorwiegend an „junge Mädchen", schrieb aber auch viele Bände

Geschichten und die Natur idyllisierende, Tiere vermenschlichende Märchen für Kinder. In das Grundschema der Familien-, Pensionats-, Reise- und Tiergeschichten bezog sie gelegentlich historische Stoffe ein. H. WOLGAST stellte in seinem kritischen Werk „Das Elend unserer Jugendliteratur" (1896) zwar fest, daß H. „eine beliebte und fruchtbare Erzählerin für junge Mädchen" sei, stellte jedoch ihre Backfischgeschichten auf eine Ebene mit denen von CL. HELM und E. v. ROHDEN. Mit Belegen aus den Büchern charakterisierte er schonungslos auch ihre Erzählweisen für Kinder (z. B. „Auf Reisen"): „Was nur an harmlosen Unglücksfällen und Dummheiten auf einer Reise, die der Onkel Referendar mit zwei Neffen und zwei Nichten macht, in Eisenbahnwagen, Wartesaal und Hotel vorkommen kann, wird in den kleinen Rahmen der Wartburgreise gepackt. Nebenbei wird das ganze Sagen- und Geschichtspensum, das an die Wartburg sich knüpft, von dem Onkel vorgetragen und von den Kindern glossiert. Auch hier wieder das Haschen nach Effekten, ohne Rücksicht auf psychologische Wahrscheinlichkeit" (^{7}1950, S. 208 u. 210). H.-Titel sind jahrzehntelang im breiten Strom der Trivialliteratur für die Jugend (auch in „Jugendbibliotheks"-Reihen) mitgeschleppt worden. *Hans Eich*

Werke: Das Nest (1883); Tante Adelgundens Nichten (1885); Reseda (1889); Mamsell Übermut (1891); Evas Lehrjahre (1892); Bunte Steine (1893); Das Schloß am Meer (1893); Das wahre Glück (1894); Die Rosen von Hagenow (1895); An des Lebens Pforte (1896); Etwas Neues (1896); Das Waldfräulein (1896); Mädchengeschichten (1896, ^{2}1897); In Heimat und Fremde (1897); In Treue bewährt (1897); Die Familie Ritzewitz (1898); Neue Mädchengeschichten (1898); Kindergeschichten (1899); Königin Louise (1899); Eine edle Frau (1900); Vor 500 Jahren (1900); Goldschmieds Töchterlein (1901); Aus rosiger Zeit (1902); Im Doktorhause (1902); Im Kampf um die Krone (1902); Mamsell Übermut als Braut (1902); Aus goldener Jugendzeit (1903); Der Kinder Freud und Leid (1903); Lustige Geschichten (1903); Die Schwestern (1903); Die Tochter des Generals (1904); Klippen (1905); Unser Schwalbenheim (1905); Feriengeschichten (1906); Marienkäferchen (1907); Mamsell Übermut als junge Frau (1908); Verwaist (1909); Starke Treue (1911); Das fünfte Rad (1912); Schön-Elschen, die Burggräfin v. Nürnberg (1913); Neue lustige Feriengeschichten (1914); Tiergeschichten (1925). *IJB*

Haller, Hildegard von

*(Ps.: Hildegard Diessel). Übersetzerin, Jugendschriftstellerin; * 31. 3. 1918 Osnabrück, † 29. 5. 1971 Bad Neuenahr.*

H. war Kindergärtnerin, später Lektorin und übersetzte mehr als 20 Bücher aus dem Englischen und Amerikanischen.

Werk, Tendenzen, Wirkung. Seit den 50er Jahren veröffentlichte sie eine große Anzahl konventioneller Jugendbücher, deren Eingängigkeit aufgrund unkomplizierter Handlungsführung und eines frischen, flüssigen Erzählstils dem „Schmöker"-bedürfnis junger Leser — vor allem der Mädchen — sehr entgegenkommt. Ein Großteil ihrer Bücher, die vorwiegend gängiger Mädchenbuchproduktion zuzurechnen sind, sind in Serien erschienen wie „Iris" (Wo Iris ist, scheint Sonne — Reisebegleiterin Iris — Iris im Traumland des Südens, 1960), „Ortrun" (Schwesterschülerin Ortrun — Ortrun unter der Haube — Ortruns erste Nachtwache, 1963) und „Resi" (Resi findet Anschluß — Resi auf dem Gipfel — Resi hat Heimweh — Resi kraxelt sich hoch, 1963). Als am langlebigsten erwies sich die Serie „Putzi", die seit 1959 in immer neuen Erlebnisketten erscheint (z. B. Putzi in Afrika [davon wieder Teilausgaben: Putzis Freunde — Putzi in Gefahr — Putzi als Schiffsmädchen] — Putzi wird berühmt — Putzi als Pfadfinderin — Putzi auf dem Wacholderhof — Putzi kann so bleiben — Putzi rettet Hundekinder — Putzis Tiergarten — Putzis unfreiwillige Reise).
H. wiederholt sich häufig. Einige von H.s Büchern sind mit unterschiedlichen Titeln bei verschiedenen Verlagen erschienen, etwa: „German Girl in England. Haustochter bei einer englischen Familie" (Stuttgart 1959) und „Das kann ja heiter werden! Als ‚german girl' in England" (Göttingen 1965) oder „Reisebegleiterin Iris" (Göttingen 1960) und „Reisebegleiterin gesucht" (Wien, Heidelberg 1966). *Hans Eich*

→ Mädchenbuch

Werke: Gino zieht durch Rom (1958); Man lacht über Putzi (1959; NA. 1966); Putzis Tiergarten (1959; NA. 1966); Putzi kann so bleiben (1959; NA. 1966); Putzi wird berühmt (1959; NA. 1966); German Girl in England (1959); Wo Iris ist, scheint Sonne (1960, ^{3}1970); Reisebegleiterin Iris (1960, ^{2}1969); Iris im Traumland des Südens (1960, ^{3}1969); Neues von Putzi (1960); Flug in eine andere Welt (1963); Schwesternschülerin Ortrun (1963, ^{4}1964); Ortrun unter der Haube (1963); Ortruns erste Nachtwache (1963, ^{4}1964); Putzi in Afrika (1964); Solch ein Affentheater (Tl. 1—3. 1965); Das kann ja heiter werden! (1965); Sein großes Geheimnis (1965); Italo und die Schmuggler (1965); Italo kann schweigen (1965); Reisebegleiterin gesucht (1966); Putzis unfreiwillige Reise (Tl. 1—3. 1966); Die heimliche Reise (1968).

Haller, Margarete

*(d. i. Margarethe Deinet). Buchhändlerin, Jugendschriftstellerin; * 1. 8. 1893 Hamburg.*

Werk, Tendenzen, Wirkung. M. H. gehört mit 30 Titeln und einer Gesamtauflage von über 4,5 Mill. (1967) zu den erfolgreichsten für Mädchen schreibenden deutschen Autorinnen der 30er bis 50er Jahre. Sie steht in der Tradition der Backfischliteratur E. RHODENS, E. URYS, M. TROTTS u. a., bemühte sich aber um einen neuen Ton, indem sie sentimentale Gefühligkeit weitgehend mied. Ihre meist 10- bis 14jährigen Mädchengestalten zeichnen sich aus durch Unternehmungslust, Frische und Einfallsreichtum. Unbeschwert, ohne tiefere Probleme und Sorgen, unentwegt fröhlich und stets zu lustigen Streichen aufgelegt, segeln sie vor dem Wind eines gütigen, aber verdienten Geschicks dahin. Zu ihrer überschaubaren Typik gehört ferner die Herzensgüte, die sie mit ihren Vorgängerinnen (Heidi, Nesthäkchen, Pucki) teilen; sie sind begeisterungsfähig für das Gute in jeglicher Gestalt, tüchtig und den Eltern zugetan im Sinne einer hausbacken-traditionellen Gehorsamkeitspädagogik. Ihr Leben besteht im wesentlichen aus Fahrten und Reisen, aus selbstlosen Taten sowie Schulstunden, in denen sie Gelegenheit erhalten, sich durch Können oder soziales Verhalten hervorzutun. Im Mittelpunkt steht, neben dem Familienbezug, fast immer das Motiv der Freundschaft und Kameradschaft zu Gleichaltrigen.

Die Erzählweise reiht naiv Ereignis an Ereignis. H. beschränkt sich darauf, das zum Verständnis des Handlungsfortschritts eben Notwendige mit einem möglichst geringem Aufwand an Wortschatz und syntaktischen Formen unter Bevorzugung eingängiger Umgangssprache mehr zu berichten als zu erzählen. Durch ununterbrochene Reihung von Geschehnissen entsteht der Eindruck atemloser Hast. Auf Lokalkolorit wird zugunsten von Ortsklischees weitgehend verzichtet, auch der historische Hintergrund wird nur vage angedeutet. Die Erzählungen H.s kommen der Sehnsucht junger Mädchen nach einem konfliktlosen Dasein und spielend zu meisternden Problemen entgegen und suggerieren die Möglichkeit eines Lebens, das nichts als Spaß bringt und dessen Schattenseiten lediglich die Funktion einer Steigerung des Vergnügens an einer ausgleichenden Gerechtigkeit haben. Psychologisch nicht ungeschickt, vermögen sie die Mädchen unabhängig von ihrer sozialen Herkunft zum Lesen zu reizen, verleiten sie aber auch zu unkritisch-hastigem Schmökern. Bei den Vorlesewettbewerben, die seit 1958 in der BRD unter Schülern der 6. Schuljahre aller Schularten stattfinden, rangiert H. hinter E. Kästner, E. M. Blyton u. a. meistens unter den am häufigsten zitierten Autoren.

Malte Dahrendorf

→ Mädchenbuch

Werke: Erika (1931); Erika und Anneliese (1932); Gisel und Ursel, die beiden Glücksmädel (1932); Die Mädel von Oberhofen (1933); Bravo, Tante (1934); Vier Mädel fahren an den Rhein (1934); Gretel und die Quinta (1935); Liselotte (1935); Ilse und der Wettbewerb (1936); Lotte und der Bund der Vier (1936); Christas neue Heimat (1937); Gisel und Ursel, die beiden Sportsmädel (1938); Gisel und Ursel auf Fahrt (1940); Helga und ihre Freundinnen (1940); Marias große Reise (1940); Hilde (Bd. 1 bis 4. 1951—56); Die Fünfte hält zusammen (1953); Gretel schießt den Vogel ab (1953); Die kleine Neli (1956); Trixi (Bd. 1—3. 1957—59); Marianne und ihre neue Freundin (1959); Ute du bist unmöglich (1960); Falsch verbunden und doch richtig (1962). *IJB*

Hamsun, Marie

*(geb. Andersen). Norwegische Erzählerin, Gattin des Dichters Knut H. (d. i. Knud Pedersen), Verfasserin der mehrbändigen Erzählung für die Jugend „Die Langerudkinder"; * 19. 11. 1881 Elverum, † 1969.*

Aus ärmlichen Verhältnissen arbeitete sich Marie Andersen empor, war zunächst Lehrerin, folgte aber bald ihrer Neigung und Begabung zum Theater. Als Mitglied der noch wandernden „Norwegischen Schauspielergesellschaft" erwarb sie große Anerkennung, spielte in bedeutenden Rollen auch am Kristiania-Theater und verhalf Dramen von H. Ibsen (1828—1906) und ersten Dramen von Knut H. (1859—1952) zum Erfolg. Im Jahre 1909 schloß sie die Ehe mit Knut H. und lebte mit ihm seit 1918 auf Gut Nørholm b. Grimstad.

Werk, Tendenzen, Wirkung. In den autobiographischen Büchern „Regnbuen" (1953; dt. Der Regenbogen, Erinnerungen, 1954) und „Under gullregnen" (1959; dt. Die letzten Jahre mit Knut H., 1961) hat M. H. nach der Darstellung ihrer eigenen Jugend von ihrer beider Schicksal berichtet, das zunächst durch künstlerische Auseinandersetzung bestimmt war, mit dem Zweiten Weltkrieg dann erschwert war durch die Folgen ihrer Parteinahme für Deutschland. Aus dem erzählenden Werk von M. H. sind vor allem die Geschichten aus dem Leben norwegischer Kinder auf dem Lande, in Gebirgstälern und auf den Almen bekannt geworden. Unverkennbar und für Kinder anschaulich und abwechslungsreich erzählt M. H. hier aus eigenen frühen Erlebnissen und späteren Beobachtungen und Erfahrungen. In Deutschland gehörten jahrzehntelang die ersten vier Bände ihrer Fortsetzungsgeschichte von den „Langerudkindern" zu den Lieblingsbüchern: „Bygdebarn. Hjemme og paa sæteren" (1924; dt. Die Langerudkinder im Sommer, 1928), „Bygdebarn om vinteren" (1926; dt. Die Langerudkinder im Winter, 1929), „Bygdebarn. Ola i byen" (1928; dt. Ola Langerud in der Stadt, 1930), „Bygdebarn. Ola og hans søsken" (1932; dt. Die Langerudkinder wachsen heran, 1933); dazu kam 1958 die deutsche Übersetzung eines 5. Bandes „Bygdebarn. Folk og fe på Langerud" (1957; dt. Die Enkel auf Langerud). Die ersten beiden Bände erreichten eine Gesamtaufl. von über 270.000; für die Volksausgabe von „Ola Langerud in der Stadt" und „Die Langerudkinder wachsen heran" (1952) zeichnete O. Gulbransson das Umschlagbild; ihre Gesamtauflage erreichte über 120.000 Expl. Auch die Mädchenerzählung „Tina Toppen" (1955; dt. Tina und ihre Freundinnen, 1956) wurde in Deutschland noch einmal ein Erfolg. Heute haben die Erzählungen M. H.s mit den reichen, lebendigen Schilderungen des alltäglichen Lebens auf dem Lande, der Sitten und Gebräuche zu den Festen, der Familien- und Schulerziehung in bescheidenen

Verhältnissen vorwiegend historischen Wert (Folklore). Sie sind farbige, anschauliche Berichte aus einer Welt von „früher“, in der Familien im Zusammenleben von Mensch und Tier ihren Bedarf weitgehend selbst produzieren und in der Kinder in dieser Umgebung mit der Kraft für eigene Lebensgestaltung begabt werden. *Margarete Dierks*

→ Norwegen

Werke: Smaadikte (1922); Bygdebarn. Hjemme og paa sæteren (1924, ^{7}1968; dt. Die Langerudkinder im Sommer, 1928); Barnebilleder (1925); Bygdebarn om vinteren (1926, ^{5}1968; dt. Die Langerudkinder im Winter, 1929); Bygdebarn. Ola i byen (1928, ^{2}1956; dt. Ola Langerud in der Stadt, 1930); Bygdebarn. Ola og hans søsken (1932, ^{2}1957; dt. Die Langerudkinder wachsen heran, 1933); Tripp og Trapp og Trulle (1932); Vintergrønt (1934); Tina Toppen (1955; dt. Tina und ihre Freundinnen, 1956); Bygdebarn. Folk og fe på Langerud (1957; dt. Die Enkel auf Langerud, 1958).

Hanák, Mirko

*Maler und Illustrator; * 26. 6. 1921 Martin/Slowakei, † 4. 11. 1971 Prag.*

H., Sohn eines Sägemüllers, verbrachte seine Kindheit und Jugend in ländlicher Umgebung. Nach dem Krieg studierte er an der Kunstakademie in Prag, kehrte aber zum Jagen und Fischen immer wieder in die Berge von Jeseníky zurück, wohin sein Vater versetzt worden war. 1951 erschienen H.s Illustrationen zu einem Band mit Jagdgeschichten. Seitdem illustrierte er über 150 Bücher. Neben freier Malerei und Grafik schuf er Cartoons, Posters und Designs für Briefmarken. In der Reihe „Jagd ohne Waffen“ stellte ihn das tschechoslowakische Fernsehen vor. Durch Übertragungen verschiedener von ihm illustrierter Bücher wurde er weit über die ČSSR hinaus bekannt. H., der mit der Bildhauerin DAGMAR H. verheiratet war, lebte bis zu seinem Tod in Prag.

Werk, Tendenzen, Wirkung. H.s Qualitäten als Kinder- und Jugendbuchillustrator beruhen auf seiner intimen Beobachtungsgabe für Natur und Tierleben, der stimmungsreichen, sensibel differenzierten Umsetzung in sehr ästhetische Aquarelle. In der Technik verraten seine Arbeiten den Einfluß chinesischer und japanischer Tusch- und Rollenbildkunst. Daneben hat H. Feder- und Pinselzeichnungen zu Kinder- und Bilderbüchern geschaffen, zu Reimsammlungen und Naturbüchern. In lyrisch-impressionistischer Stillage beherrscht H. das komprimierende Bildstenogramm wie die phantasieanregende illustrierende Ausgestaltung einer literarischen Vorlage.
In deutschen Übertragungen erschienen seine Illustrationen in R. MORICS „Wenn der Kuckuck ruft“ (Arena 1967) und „Sternchen“ (Spectrum 1970), J. TOMEČEKS „Jan und die Tiere“ (Franckh 1968) sowie in Tierkalendern (1970—73) desselben Verlages. Weite Anerkennung fanden H.s Eisvogelbilder in „Der Fischer von der Blauen Bucht“ von K. NOVÝ und die Illustrationen zu B. ŘÍHA's „Das wilde Pferd Ryn“, das im Rahmen des Preises „Città di Caorle“ ausgezeichnet und 1970 in die Liste zum Deutschen Jugendbuchpreis aufgenommen wurde. H. illustrierte ferner Werke von NĚMCOVÁ, PRIŠVIN, SETON, SALTEN, TSCHECHOV und VRBA.
Horst Künnemann

→ Tschechoslowakei

Werke: Moje zvieratká (1966; dt. Meine lieben Freunde die Haustiere, 1967); Zvieratká z lesa (1968).
Ill.: K. Nový: Rybaříci na Modré zátoce (1953, ^{5}1967; dt. Eisvögel in der Blauen Bucht, 1957; 1967 u. d. T. Der Fischer von der Blauen Bucht); I. A. Aramilev: Lovecké povídky (1954, ^{2}1955); J. Vrba: Toulky přírodou (1955, ^{7}1968); V. V. Bianki: Dobrodružné lovy (1955); V. V. Bianki: Kotrmelec a jiné povídky (1956, ^{2}1958); A. Mikula: Jelen Švihlík (1956); V. Hálek: Poldík rumař a jiné povídky (1957); O. V. Perovskaja: Tygřík Vaska (1958, 1965); N. Sladkov: Medvědí hůrka a jiné povídky o zvířátkách (1958); E. Th. Seton: Zálesák Rolf (1959, ^{2}1964); A. P. Čechov: Step (1960); D. Lhotová: Vyzvání na cestu (1961); M. M. Prišvin: Na lovu (1961); R. Moric: Z poľovníckej kapsy (1961, ^{4}1970; dt. Aus des Försters Tasche, 1969); V. Pazourek: Šelmy hledají domov (1961, 1963); J. Tomeček: Admirál na Dyji (1962, ^{2}1967; dt. Jan und die Tiere. Das Jahr am Fluß, 1968); K. J. Erben: Pták Ohnivák a liška Ryška (1963); F. Gipson: Zrzoun (1963); A. Pludek: Horami jde březen (1963); J. Roubal: Zoologie (1963, ^{6}1968): L. Žukowski: S lasom, pascou a sieťou (1963); K. Nový: Potulný lovec (1963, 1968); K. Bendová: Trnky, brnky na ty hrnky (1964; dt. Fiedel, Didel, Geigenlied, 1966, ^{3}1968); N. Argunova: Medvedík vo vlaku (1964); J. Tomeček: Stříbrný lipan (1965); R. Moric: Kukučia rozprávka (1965, ^{2}1967; dt. Wenn der Kuckuck ruft, 1967); M. Hanák: Moje zvieratká (1966; dt. Meine lieben Freunde die Haustiere, 1967); J. Tomeček: Smaragdové stopy (1966); F. Salten: Bambi (1966, ^{2}1967); B. Říha: Divoký koník Ryn (1966; dt. Das wilde Pferdchen Ryn, 1969); R. Moric: Srnka s červenými hviezdičkami (1967; dt. Sternchen, 1970); J. London: Bílý tesák (1967, 1970); J. Tomeček: Marko (1967; dt. Marko der Wilderer, 1970); M. Hanák: Zvieratká z lesa (1968); F. Salten: Bambiho rodinka (1968); M. Lukešova: Bačkůrky z mechu (1968); R. Moric: Ako vretenica Klukatá o chvost prišla (1969).

Hardel, Gerhard

*Redakteur, Schriftsteller, Verfasser von Kinder- und Jugendbüchern; * 13. 7. 1912 Bromberg.*

Der Lehrerssohn H. machte 1933 auf der Schulfarm Scharffenberg Abitur. Reisen und Wanderungen durch Europa und in Afrika bereicherten sein Studium der Ökonomie, Geschichte, Philosophie (bis 1937). Seit 1938 war er als Wirtschaftsberater tätig; von 1941—44 nahm er am Krieg teil. 1945 begann

H. zu schreiben, war aber auch als Buchhändler, Redakteur und in der Verwaltung tätig. H. ist mit der Autorin L. HARDEL verheiratet. Seit 1953 ist er Mitglied des Deutschen Schriftstellerverbandes; er lebt als freischaffender Autor in Strausberg bei Berlin. 1967 erhielt er für „Treffen mit Paolo" einen Preis im jährlichen Wettbewerb des Kultusministeriums der DDR.

Gerhard Hardel (1912) und Lilo Hardel (* 1914)*

Werk, Tendenzen, Wirkung. Als Autor für Kinder und Jugendliche hat H. ein umfangreiches Schaffen vorzuweisen. Erzählungen und biographische Darstellungen, z. B. über die mit K. MARX vermählte J. VON WESTPHALEN und FR. ENGELS, sind in realistischer Stillage geschrieben. Die Geschichte „Treffen mit Paolo" spielt hauptsächlich in der BRD und behandelt mit polemischer Schwarzweißmalerei für Jugendliche die Schwächen westlicher Lebensformen. H. sieht als parteilich engagierter sozialistischer Autor bestimmte Mechanismen geschichtlicher Entwicklung, die bei ihm durch den Kapp-Putsch und die Neugruppierung wirtschaftlicher Machtverhältnisse nach dem Zweiten Weltkrieg gekennzeichnet sind. Übersetzungen seiner Arbeiten erschienen in polnischer Sprache (dort auch in deutschsprachigen Lesebüchern), in slowakischer, ungarischer, tschechischer und bulgarischer Sprache.

Horst Künnemann

Werke: Wir bauen die schönsten Boote (1951); Eine kleine Sommerferienliebe (1952); Das Geheimnis des langen Lebens (1953); Um 7.30 platzt die Bombe (1953); Viola oder Verliebt in einen Stern (1955); Acht Tage Glück (1956); Das Mädchen von Simsdorf (1957); Schachlehrbuch für Kinder (1959); Jenny (1961); Marie und ihr großer Bruder (1964); Treffen mit Paolo (1967); Der Tod des Bischofs (1968); Das ungewöhnliche und bemerkenswerte Leben des Hannes Kraus aus Biebenhausen (1973).

Sekundärliteratur: G. Ebert: Geschichte und Geschichten. Lilo und Gerhard Hardel als Kinderbuchautoren (in: Beitr. z. K.- u. J.lit. 13. 1969. 37—54). *IJB*

Hardel, Lilo

*Kinder- und Jugendbuchautorin; * 22. 6. 1914 Berlin.*

H., Tochter eines Schlossers, war seit 1928 Mitglied des Sozialistischen Schülerbundes und des Kommunistischen Jugendverbandes. Sie mußte die Schule verlassen, lebte von 1933—36 in Frankreich im Exil, war Lehrerin in Paris, kehrte aber nach Berlin zurück und war dort als Stenotypistin tätig. Während des Krieges war sie im antifaschistischen Widerstand. Nach 1945 war H. beim Schulfunk tätig, schrieb Hörspiele u. wandte sich überwiegend dem Kinder- und Jugendbuch zu. Sie ist mit GERHARD HARDEL verheiratet und lebt als freischaffende Schriftstellerin in Strausberg bei Berlin. L. H. ist Mitglied des Deutschen Schriftstellerverbandes. Für ihre Arbeiten erhielt sie wiederholt den Preis des Ministeriums für Kultur der DDR, 1968 wurde sie zusammen mit ihrem Mann Träger des Nationalpreises.

Werk, Tendenzen, Wirkung. H. schreibt für Kinder und Jugendliche. Als überzeugte Kommunistin sind ihre meisten Erzählungen vom parteilichen Standpunkt her bestimmt. Übersetzungen ihrer Arbeiten erschienen in ungarischer, bulgarischer, polnischer und japanischer Sprache (als Lehrbuch für den Unterricht). Sie schreibt Kinder- und Mädchenbücher, heitere Umweltgeschichten und historische Darstellungen über bedeutende Gestalten der deutschen Arbeiterbewegung, u. a. über CL. ZETKIN: „Das Mädchen von Wiederau". Ein Buch über N. KRUPSKAJA, die Frau LENINS, erschien 1970. Der Ton der meisten ihrer Bücher ist locker und gelöst. Gelegentlich nutzt sie in ihren sonst realistisch gehaltenen Erzählungen eine moderne Blendentechnik.

Horst Künnemann

Werke: Pieps und Hanna (1952); Der freche Max (1953); Das schüchterne Lottchen (1953); Max und Lottchen in der Schule (1955); Otto und der Zauberer Faulebaul (1956); Karlas große Reise (1957); Die Sache mit dem Echo und andere Geschichten von Tieren und Kindern (1957); Theater in der kleinen Stadt (1959); Die acht Raben (1964); Das Mädchen von Wiederau (1964); Die lustige Susanne (1968, [6]1973).

Sekundärliteratur: G. Ebert: Geschichte und Geschichten. Lilo und Gerhard Hardel als Kinderbuchautoren (in: Beitr. z. K.- u. J.lit. 13. 1969. 37—54). — I. Ploog: Theoretisch erkennen — in der Praxis ausüben. Lilo Hardel (in: Börsenblatt/Leipzig. 46. 1966. 833—834). *IJB*

Hauff, Wilhelm

Dichter aus der Nachbarschaft der sog. Schwäbischen Schule; Verfasser von Erzählungen und Märchen, die noch heute von der Jugend gelesen werden. *29. 11. 1802 Stuttgart, † 18. 11. 1827 ebenda.*

H.studierte als Tübinger Stiftler und wurde Kandidat des Predigtamtes und Doktor der Philosophie. 1824 übernahm er die Stelle des Hauslehrers in einer Stuttgarter Offiziersfamilie, ging 1826 auf Reisen — mit längerem Aufenthalt in Paris — und wurde 1827 Redakteur des „Morgenblatts für gebildete Stände" im Verlag Cotta.

Werk, Tendenzen, Wirkung. H. schrieb Gedichte, von denen einige zu Volks- und Soldatenliedern wurden (u. a. „Morgenrot, Morgenrot, leuchtest mir zum frühen Tod" und „Steh ich in finstrer Mitternacht"), doch überwiegt sein episches Schaffen: Novellen (u. a. „Jud Süß", 1827), die „Mittheilungen aus den Memoiren des Satans" (1826—29), die „Phantasien im Bremer Rathskeller" (1827) und die Roman-Parodie auf H. Claurens Stil „Der Mann im Monde" (1826). Zu jugendliterarischer Bedeutung kamen H.s historischer Roman „Lichtenstein", den er „romantische Sage" nannte (3 Tle., 1826), und vor allem seine Märchen, zuerst als „Mährchenalmanach auf das Jahr 1826" (1825), dann erweitert in neuen Auflagen als „Märchen für Söhne und Töchter gebildeter Stände". Als erster veranstaltete G. Schwab eine Ausgabe sämtl. Werke von H. (36 Bde., 1830f.). H.s Märchen erschienen in vielen Sprachen, z. T. in zweisprachigen Ausgaben.
H.s Märchen. Die Märchen von H. liegen in zahlreichen Gesamt-, Auswahl- und Einzelausgaben vor (16. Aufl. bereits 1879). Sie dürfen als die meistverbreiteten deutschen Kunstmärchen gelten. In zahlreichen Erwähnungen stehen sie dem Grade ihrer Beliebtheit nach neben denen von H. Chr. Andersen. Sie verdanken ihre Entstehung dem mündlichen Erzählen, mit dem H. seine Zöglinge in Stuttgart unterhielt. Die Form der Rahmenerzählungen „Die Carawane" und „Der Scheikh von Alexandria" sowie die farbige Mischung von Abenteuer und Märcheneigentümlichkeit (auch im 3. Band, „Das Wirtshaus im Spessart") lassen den Einfluß der orientalischen Märchen „Tausendundeine Nacht" erkennen, die H. in jugendlichem Alter gelesen hatte. In seiner Einleitung „Märchen als Almanach" adressierte H. sie ausdrücklich an Kinder und distanzierte sie im Titel „für Söhne und Töchter gebildeter Stände" vom Volksmärchen. Trotz dieser gehobenen Zuordnung wurden „H.s Märchen" im weiten Sinne volkstümlich. Sie kommen inhaltlich und in der Erzählweise frühesten und frühen Leseneigungen entgegen und werden auch heute noch „ganz" (d. h. einschl. der Erzählerrahmen) gelesen (vgl. Hdb. d. DU. ³1963. S. 770 u. 776). In der Schule hat H. noch immer seinen Platz. Bezeichnenderweise findet er sich auch unter den Titeln der ersten Ganzschriften (in: H. Wolgasts „Quellen" und in der „Deutschen Jugendbücherei", beide seit 1909). Eine eigentümliche Leichtigkeit im Umgang mit H.schen Texten verraten Hinweise auf deren vielseitige Verwendbarkeit; R. Ulshöfer nennt in seiner „Methodik des Deutschunterrichts" (I, ³1967, und II, ⁷1968) einige von ihnen als geeignet für das Umschreiben in szenisches Spiel (I, S. 64), für das Bebildern (I, S. 171ff.), zur Dialogisierung (I, S. 185) und für Hörspielversuche (II, S. 223; vgl. auch die Arbeiten anderer Verfasser im DU, Jg. 8, H. 6, und Jg. 12, H. 4). Diese „Leichtigkeit" darf wohl in den Zusammenhang mit gelegentlicher Kritik gerückt werden. Schon A. Merget reduzierte in seiner „Geschichte der deutschen Jugendliteratur" (1867) die seitherige Bewertung mit dem Satz: „Mehr als Unterhaltung möchten wir von ihrer [der Märchen] Lectüre der Jugend indeß nicht versprechen" (S. 80). H. L. Köster bemerkte in seiner „Geschichte der deutschen Jugendliteratur" (1906, ⁴1927), daß das „Hinarbeiten auf Spannung schon ans Unkünstlerische" grenze (S. 184). R. Bamberger räumt nur einigen der Märchen Kindertümlichkeit ein und schreibt („Jugendliteratur", ²1965), daß etwa „Das Gespensterschiff" „mit seinem blutrünstigen Realismus zwischen der alten Hintertreppen-Literatur und den unheimlichen Grotesken eines E. A. Poe" (1809—49) stehe (S. 135f.). Eine Unsicherheit im Urteil, welche der Märchen und wie weit sie als „Jugendliteratur" gelten könnten, beweist auch die Tatsache ihrer Bearbeitung in Jugendausgaben, die eine Zeit lang die Originale verdrängten, Bearbeitungen z.B. von A. L. Grimm (1870, ³1878), von K. Hobrecker (1928, ²1939) und W. Fronemann (⁵1930, ³⁷1949). Doch hat sich inzwischen ein gewisser Kanon herausgebildet, bei dem wohl auch die Berücksichtigung des Lesealters eine Rolle spielte: „Die Geschichte von dem kleinen Muck", „Die Geschichte von Kalif Storch" (aus der „Carawane"), „Der Zwerg Nase" (aus: „Der Scheikh von Alexandria und seine Sclaven"), „Die Sage vom Hirschgulden" und „Das kalte Herz" (aus: „Das Wirtshaus im Spessart"). H. v. Hofmannsthal (1874—1929) nannte „Das kalte Herz" das schönste deutsche Dichtermärchen. Der Text wurde von K. E. Walter als Libretto für N. Schultzes Oper „Das kalte Herz" (1943) bearbeitet. „Das Wirtshaus im Spessart" wurde 1957 — allerdings weniger für Kinder, sondern mit stark parodistischen Zügen für Erwachsene — verfilmt, viele der Märchen erschienen einzeln in billigen Reihen für die Jugend. In den letzten Jahren wurden sie häufig mit musikalischen Einblenden für Sprechplatten bearbeitet. H.s Märchen haben zahlreiche Künstler zu Illustrationen angeregt, darunter im 19. Jh. Th. Hosemann (1871), J. Schnorr (1877). Eine Prachtausgabe der Märchen mit über 300 Illustrationen deutscher Künstler wurde in 40 Lieferungen von C. Flaischlen (1891/92) herausgebracht. An bekannten Graphi-

Wilhelm Hauff: Zwerg Nase (Berlin, Leipzig 1901). Die romantischen Märchendichtungen Hauffs wurden um die Jahrhundertwende von W. Tiemann illustriert. Zeitgenossen des Künstlers lobten die „Gemütstiefe“ seiner Entwürfe.

kern im 20. Jh. sind mit H.s-Märchen-Illustrationen zu nennen W. Tiemann („Zwerg Nase“, 1901), A. Kubin (Werkausgabe 1914), F. Kreidel (ausgew. Märchen 1939; „Kalif Storch“, 1940), B. Braun-Fock (Märchen, 1952; „Die Karawane“, 1959), J. Hegenbarth („Die Karawane“, 1966), J. Trnka („Die Karawane“, 1959).

H.s „Lichtenstein“. Hinter der Beliebtheit der Märchen ist die des historischen Heimatromans „Lichtenstein“ im Laufe der Zeit zurückgetreten. H. hat mit ihm in Nachbarschaft zu A. v. Arnim und W. Alexis (d. i. W. Häring, 1793—1871) unter dem Einfluß von W. Scott (1771—1832) den historischen Heimatroman in Deutschland populär gemacht. *Harald Riebe*

→ Märchen

Werke: Kriegs- und Volkslieder (1824); Maehrchenalmanach auf das Jahr 1826 (1825); Maehrchenalmanach auf das Jahr 1827 (1826); Maehrchenalmanach auf das Jahr 1828 (1827); Lichtenstein (Bd. 1—3.1826); G. Schwab (Hrsg.): Sämtliche Schriften (Bd. 1—36.1830 u. 31).

Sekundärliteratur: J. Arnaudoff: Wilhelm Hauffs Märchen und Novellen (Diss. 1915). — G. M. Drescher: Die Quellen zu Hauffs Lichtenstein (1905). — A. R. A. Fattah: Wilhelm Hauff und „1001 Nacht“ (Diss. 1970). — H. Hofmann: Wilhelm Hauff (1902). — A. Jaschek: Wilhelm Hauffs Stellung zwischen Romantik und Realismus (Diss. 1956). — J. Klaiber: Wilhelm Hauff (1881). — J. Klosse: Wilhelm Hauffs Märchen in ihrem Verhältnis zum Volksmärchen (Diss. 1923). — E. Martinez: Guglielmo Hauff (1966). — M. Mendheim: Der ursprüngliche Text von Hauffs Märchenalmanach auf das Jahr 1827 (in: Zeitschr. für den deutschen Unterricht. 5/6. 1895. 405—412). — H. Schulhof: Wilhelm Hauffs Märchen (in: Euphorion. 1/2. 1928.108—132). — M. Schuster: Der geschichtliche Kern von Hauffs ‚Lichtenstein‘ (1904).
IJB

Hauptmann, Gerhart

*Dramatiker, Prosaschriftsteller; *15.11.1862 Obersalzbrunn/Schlesien, † 6.6.1946 Agnetendorf/Schlesien.*

H., Sohn eines Gastwirts, mit pietistisch-herrnhutischem Gedankengut durch die Mutter vertraut, besuchte zwei Jahre lang die Kunstschule in Breslau, danach naturwissenschaftliche und philosophische Vorlesungen (E. Haeckel, R. Eucken) in Jena. Reisen führten den jungen H. in die Schweiz, nach Spanien und Italien. Sein Versuch, Bildhauer zu werden, scheiterte. In seiner ersten schriftstellerischen Schaffensphase in Berlin war er Mitbegründer und ein Hauptvertreter des Naturalismus (Dramen: „Vor Sonnenaufgang“, 1889; „Die Weber“, 1892). Später — im Riesengebirge (Agnetendorf) und auf Hiddensee lebend — wandelte er sich zum Symbolisten. Elementare sinnliche Beschreibung, die Ethik des sozialen Mitleidens und die Offenheit für Märchen- und Traumhaftes sind Züge seines umfangreichen Gesamtwerks. H. erhielt 1912 den Nobelpreis für Literatur.

Werk, Tendenzen, Wirkung. Für Jugendliche — gewidmet seinem zwölfjährigen Sohn Benvenuto — schrieb H. eine stark verkürzte und freie Prosabearbeitung des Parsival-Epos („Parsival", 1914, und „Lohengrin", 1913). Die Bearbeitung hebt das Abenteuerliche hervor und versucht so, mit Hilfe zeitgemäßer Vergleiche, den Stoff für das Kind zu aktualisieren. Besonders akzentuiert H. die mythischen Elemente der Gralssage, deren Pathos die pseudoklassizistisch im Stil der Nazarener gehaltenen Illustrationen von F. Staiger unterstützen. Eine negative Beurteilung von H.s „Lohengrin" findet sich in dem 1914 erschienenen Buch des Düsseldorfer Lehrers und Literaturdidaktikers Severin Rüttgers „Die Dichtung in der Volksschule. Ein Handbuch für Lehrende" (Leipzig 1914, ²1923). Rüttgers meinte, H. erzählte zwar den Lohengrin für die Kinder, aber er habe „ — was wir mit größtem Bedauern sagen müssen — wohl das unglückseligste aller deutschen Kinderbücher" geschaffen. Auch der Volkskundler und Märchenforscher Friedrich von der Leyen hatte seinerzeit gesagt: „So müssen wir feststellen, daß wir seit langem keine schmerzlichere Enttäuschung erlebten als diesen neuesten Hauptmann." Im Grunde richtete sich die Kritik gegen die Bearbeitungen von original überlieferten Texten älterer deutscher Literatur in der Serie von Ullsteins Jugendbüchern, denen von der Leyen „Entstellung und Verfälschung" „schöner und tiefsinniger Schöpfungen des Mittelalters" nachsagte.
H.s jugendliterarische Bedeutung wurde und wird weitgehend von der Schule bestimmt. So fanden sich beispielsweise in den Bildungsplänen für Gymnasien in Hessen vom März 1957 als Werke H.s unter „Pflichtlektüre zur Auswahl" für die 10. Klasse „Die Weber" und „Bahnwärter Thiel" und für die Oberstufe als „Lektüre zur freien Auswahl" „Fuhrmann Henschel", „Die Ratten" und „Rose Bernd". In Lesebüchern werden vereinzelt Ausschnitte aus „Bahnwärter Thiel" oder aus den „Webern" wiedergegeben. H.s Werke gelten im Literaturunterricht als exemplarisch für den Naturalismus und dienen der Analyse sozialkritischer Momente in einem politisch-gesellschaftlichen Zeitbild (bes. „Die Weber") als Materialien für den Geschichts- bzw. gesellschaftskundlichen Unterricht. H.s „Traumdichtung in 2 Akten, Hannele Matterns Himmelfahrt", 1893 (Erstveröffentlichung als Buchausgabe unter dem Titel „Hannele", 1894), die früher mit 12—14jährigen gelesen wurde, wird in den Schulen kaum noch eingesetzt. Diese „Traumdichtung" erlangte — wie die ebenfalls nicht an Kinder und Jugendliche gerichteten Sagen- u. Märchenspiele — eine gewisse Bedeutung in Theateraufführungen für Jugendliche (bes. zur Weihnachtszeit), heute werden sie allenfalls noch in Funk- oder Fernsehbearbeitungen zus. mit den Erwachsenen rezipiert. Im Mittelpunkt von „Hanneles Himmelfahrt" stehen die Sterbeszene und die ‚Himmelsträume' der 14jährigen Hannele Mattern, die aus Angst vor ihrem trunksüchtigen, brutalen Stiefvater mitten im Winter ins Wasser gegangen ist, von einem Holzfäller gerettet, beim Lehrer Gottwald mit trockenen Kleidern versehen und dann von ihm ins Armenhaus gebracht wird. Während die Szenen anfangs noch naturalistisch gestaltet sind — so beispielsweise die Darstellung des Armenhausmilieus in einem schlesischen Bergdorf mit seinen asozialen, armseligen Insassen —, vollzieht sich im weiteren Verlauf ein Umschwung auf eine neuromantische Gestaltungsebene mit an herrnhutisch-pietistischen und mystischen Vorstellungen reichen Traumvisionen.
In den z. T. heute schwer verständlichen Sagen- und Märchenspielen H.s (z. B. „Die versunkene Glocke", 1896, und „Und Pippa tanzt", 1906) dominieren ebenfalls religiöse und phantastische Elemente, die H. vor allem aus der schlesischen Naturmystik und dem Sagen- und Märchengut seiner Heimat schöpfte. *Mechthild Werner*

Werke: Hannele Matterns Himmelfahrt (1893); Hannele (Buchausg. 1894); Hanneles Himmelfahrt (1897); Lohengrin (1913); Parsival (1914); Das gesammelte Werk (Bd. 1—17.1942); H.-E. Hass (Hrsg.): Sämtliche Werke (Bd. 1—10. 1962—70).

Sekundärliteratur: P. Fechter: Gerhart Hauptmann (1961). — K. S. Guthke: Gerhart Hauptmann. Weltbild im Werk (1961). — F. W. J. Heuser: Gerhart Hauptmann. Zu seinem Leben und Schaffen (1961). — E. Hilscher: Gerhart Hauptmann (1969). — K. L. Tank: Gerhart Hauptmann in Selbstzeugnissen und Bilddokumenten (1959). — H. D. Tschörtner: Gerhart Hauptmann (1962).

Verlag Haus Altenberg GmbH

Düsseldorf. Derzeitiger Leiter: H. Klimke (* 1930).
Hauptsächliche Verlagsgebiete im Bereich der Kinder- und Jugendliteratur: Publikationen zur Jugendseelsorge, Jugendpädagogik, Jugendsozialarbeit und zu Filmen, ferner Taschenbuchkalender für die kath. Jugend und Romane, u. a. die Reihe „Die schwarzen Bücher".
Autor: J. Wisdorf u. a.
Verlagsgeschichte: C. Mosters (1874—1926) gründete 1921 den Verlag unter dem Namen „Jugendführungsverlag". Nach der Unterbrechung der Verlagsarbeit durch die Nationalsozialisten entstand der Verlag 1946 aufgrund der Initiative der Prälaten L. Wolker (1887—1955) u. H. Klens (* 1880) neu als GmbH unter dem jetzigen Namen.

Haushofer, Marlen

*Österreichische Schriftstellerin, Kinderbuchautorin; * 11. 4. 1920 Frauenstein, † 21. 3. 1970 Wien.*

Nach dem Besuch des Realgymnasiums der Ursulinen in Linz studierte H. Germanistik in Wien und Graz. Sie heiratete einen Arzt. Seit 1951 veröffentlichte sie Erzählungen, Romane, seit 1964 auch Bücher für Kinder. H. war Mitglied des Österreichischen PEN-Clubs; sie erhielt 1956 den Preis der Theodor-Körner-Stiftung, 1963 den Arthur-Schnitzler-Preis und wurde 1965 und 1967 mit dem Kinderbuchpreis der Stadt Wien ausgezeichnet.

Werk, Tendenzen, Wirkung. Seit 1946 veröffentlichte sie Erzählungen in verschiedenen Zeitschriften. In Novellen (Sammelbände: „Das fünfte Jahr", „Die Vergißmeinnichtquelle", „Wir töten Stella") und Romanen („Eine Handvoll Leben", „Die Tapetentür", „Die Wand", „Die Mansarde") greift sie Probleme gegenwärtiger Lebenshaltung auf und führt auf psychologische Grundvorgänge und auf Daseinsrealität auch im phantastischen Entwurf zurück, z. B. „Die Wand" (1963), Roman einer Frau, die allein mit einigen Tieren die Weltkatastrophe überlebt. Schon in manchen dieser Werke gilt das besondere Interesse der Autorin dem Erlebnis der Kindheit; das Werk „Himmel, der nirgendwo endet" (1969) ist ausschließlich Entwicklungsroman eines Mädchens von früher Kindheit bis zum 14. Lebensjahr. H. schildert die Sensibilität von Kindern und Jugendlichen, das Verhältnis zum Tier und die Psyche des Tieres. In ihren Büchern für Kinder wendet sie sich diesen Themen gänzlich zu und erzählt aus genauer Beobachtung (z. B. des Katzenlebens) und sicherer Erfahrung anschaulich und spannend abenteuerliche Kinder- und Tiererlebnisse. Für das Buch „Müssen Tiere draussenbleiben?" erhielt sie 1967 den Kinderbuchpreis der Stadt Wien. Unter dem Titel „Brav sein ist schwer" (1965), der seine Fortsetzung mit dem posthum erschienenen Buche „Schlimm sein ist auch kein Vergnügen" (1970) fand, wagte sie die Ich-Erzählung eines kleinen Jungen, wodurch neben den Bildern der Wirklichkeit die subjektiv verschobene Perspektive erscheint, eine anspruchsvolle Lektüre für Leser etwa ab 11. Lebensjahr, doch mit Humor und farbenreicher Frische zugleich sehr anziehend für junge Leser gestaltet. O. J. Tauschinski betont in seinem Nachruf für H. die Bedeutung der eigenen Kindheit der Autorin und der Intensität ihres Erlebens für ihr Gesamtschaffen. *Margarete Dierks*

Werke: Bartls Abenteuer (1964); Brav sein ist schwer (1965, [5]1973); Müssen Tiere draussenbleiben? (1967, [3]1972); Wohin mit dem Dackel? (1968); Schlimm sein ist auch kein Vergnügen (1970, [3]1973).

Sekundärliteratur: O. J. Tauschinski: Marlen Haushofer in usum delphini (in: Jugend und Buch. 2.1970. 15—18). *IJB*

Haviland, Virginia

*Amerikanische Jugendliteraturtheoretikerin, Leiterin der Kinderbuchabteilung in der Library of Congress in Washington/D.C., Dozentin für Kinder- und Jugendliteratur; * 21. 5. 1911 Rochester/USA.*

Nach dem Studium der Bibliothekswissenschaften (1934—36) und dem B. A.-Examen arbeitete H. bis 1957 als Bibliothekarin, Abteilungsleiterin und als Beraterin der Kinder in der Kinderbuchabteilung der Boston Public Library (Öffentliche Bücherei der Stadt Boston).
Seit 1957 ist H. an verschiedenen Colleges und Universitäten als Dozentin für Kinder- und Jugendliteratur tätig (School of Library Science am Simmons College/Boston, Case Western Reserve University in Cleveland/Ohio und Trinity College in Washington/D.C.). Seit 1963 leitet H. die Kinderbuchabteilung in der Library of Congress in Washington. H. hat ihre Erfahrungen auf dem Gebiet der Kinder- und Jugendliteratur in den Dienst zahlreicher Organisationen gestellt. So ist sie seit 1958 Mitglied und seit 1970 Präsidentin der Jury des Hans-Christian-Andersen-Preises. Außerdem war H. in den Jahren von 1951—63 Mitglied, von 1953—54 auch Chairman des Newbery-Caldecott Medal Committee. Ferner war sie von 1954—55 Präsidentin der Children's Library Association innerhalb der American Library Association.
In zahlreichen Publikationen hat sich H. zu verschiedenen Fragen der Kinder- und Jugendliteratur geäußert. Teils behandeln die Veröffentlichungen historische Aspekte, wie z. B. „The Travelogue Storybook of the Nineteenth Century" (1950), teils sind es Handreichungen für Bibliothekare, Eltern oder selbst für die jungen Leser, wie z. B. die seit 1965 mit W. Watt und einem Beratungsstab jährlich herausgegebene Schrift „Children's Books" oder die zusammen mit W. J. Smith kommentierte Bibliographie „Children & Poetry, a selected annotated bibliography".

Werke: The Travelogue Storybook of the nineteeth century (1950); Ruth Sawyer (1965); Children's literature (1966); Children & poetry (1969; zus. mit W. J. Smith); Favorite fairy tales told in Denmark (1971).
Hrsg.: Children's books (1965 ff.; zus. mit L. W. Watt).
Beiträge: 100 Best books for children (in: Mc Call's Magazine. 84.1956; zus. mit R. Gagliardo u. E. Nesbitt); Search for the real thing (in: School Library Journal. 8.1961.4332—4336); Building the Foundation: The book collection (in: Library Trends. 12.1963.14—23); Serving those who serve children (in: Quarterly Journal of the Library of Congress. 22.1965.300—316); The Children's Book Section, Library of Congress (in: Social Education. 33.1969.551 u. 552); The new National Book Award for children's literature (in: Horn Book Magazine. 45.1969. 283—286); A new internationalism (in: de openbare bibliotheek. 14.1971.419—423); A second Golden Age? In a time of flood? (in: Horn Book Magazine. 47.1971. 409—419); The wide world of children's books (in: Horn Book Magazine. 48.1972.241—248).

Hazard, Paul

*Franz. Literaturwissenschaftler, auch Jugendliteraturtheoretiker, Professor für vergleichende Literaturwissenschaft der Universität Lyon und der Sorbonne; * 20. 4. 1878 Nordpeene/Lille, † 13. 4. 1944 Paris.*

H. erhielt 1911, ein Jahr nach seiner Promotion, einen Ruf an die Universität Lyon. Von dort ging er an die Sorbonne, wo er die vergleichende Literaturwissenschaft einführte. 1925 wurde H. an das Collège de France berufen, an dem er vergleichende Literaturwissenschaft der modernen Literatur lehrte. H. hielt sich wiederholt in Nord- und Südamerika auf. Er war Kodirektor der Zeitschrift „Revue de littérature comparée" und Mitarbeiter bei „Revue des deux mondes". 1940 wurde der Literaturwissenschaftler in die Académie Française aufgenommen.

Die bekanntesten Publikationen H.s, von denen sich die meisten auf das 18. Jh. beziehen, weisen ihn als Literaturhistoriker und Philosophen aus, so z. B. die gemeinsam mit J. Bédier herausgegebene „Histoire illustrée de la littérature française" (1923 u. 24) und das 3bändige Werk „La crise de la conscience européenne" (1935; dt. Die Krise des europäischen Geistes, 1939). Diese Analyse versucht den Aufstieg und den Verfall der Epoche der Aufklärung nachzuzeichnen. Zwei Werke H.s hängen mit der KJL zusammen. 1930 erschien seine Untersuchung zu M. de Cervantes Saavedras „Don Quijote" unter dem gleichnamigen Titel „Don Quichotte". Das Buch geht zwar primär nicht der jugendliterarischen Bedeutung des spanischen Romans nach, sondern mehr seiner Standortbestimmung innerhalb der spanischen und der europäischen Literatur, doch vermittelt die Publikation wesentliche Einsichten über den „Don Quijote", die auch für die Theorie der Jugendliteratur von Belang sind. So weist H. z. B. auf die verschiedenen Erzählebenen oder -schichten des Romans hin, auf das an Wahnsinn grenzende Verhalten des Helden, das den naiven Leser lachen lasse, während ihm der satirische Spott verschlossen bleibe. Zu dessen Verständnis müsse der Leser die literarischen Anspielungen durchschauen, d. h. die historische Situation kennen, aus der heraus die Handlung und die Charaktere ihre ironische Funktion gewinnen.

Die Untersuchung „Les livres, les enfants et les hommes" (1932; dt. Kinder, Bücher und große Leute, 1952 — mit einem Vorwort von E. Kästner) ist im Vergleich zu „Don Quichotte" als direkter Beitrag zur Theorie der KJL zu werten. Das Buch ist weniger eine streng wissenschaftliche Analyse, verfolgt vielmehr in feuilletonistischem Stil die Frage, weshalb sich Kinder bestimmten Büchern, unter ihnen vor allem auch solchen, die zunächst für Erwachsene gedacht waren, zugewandt haben, während sie andere, oft eigens für Kinder geschriebene, verschmähten. Anhand verschiedener Klassiker, so z. B. D. Defoes „Robinson", C. Collodis „Pinocchio", den Märchen der Brüder Grimm und H. Chr. Andersens u. a. m., entwickelt H. seine Vorstellung vom Leseinteresse und der Lebenseinstellung der Kinder. Er betont dabei vor allem die Fähigkeit der Kinder, sich einer groben Bevormundung der Erwachsenen geschickt zu erwehren, ihre Freude am Spiel bis zur Grenze des nur noch in der Phantasie Möglichen, die Lust am Humor und das Interesse an einer im Grunde geordneten und heilen Welt. H. zeigt ferner auf, wie international verflochten die KJL ist, und er glaubt, am Leseerfolg der von ihm eklektizistisch verarbeiteten Klassiker nachweisen zu können, daß diese auch hohe ästhetische Anforderungen zufriedenstellen. H. leitet dabei — das geht aus seinen Ausführungen allerdings nur mittelbar hervor — die Merkmale für den Kunstrang der Werke aus den Vorstellungen der Klassik und Romantik ab. Wenn man auch diesen Voraussetzungen und dem Bild H.s von der Lebenseinstellung der Kinder — allzu sehr der frühen Schule der Entwicklungspsychologie verhaftet — heute nicht mehr voll zustimmen kann, so behalten doch eine Reihe von Beobachtungen des Literaturwissenschaftlers ihre Gültigkeit, z. B. die über den Einfluß des Humors auf die Motivation zum Lesen bei Kindern und Jugendlichen. *Rudolf Raab*

→ Don Quijote, → Frankreich

Werke: Les livres, les enfants et les hommes (1932; dt. Kinder, Bücher und große Leute, 1952).

Hebel, Johann Peter

*Theologe, Pädagoge, Schriftsteller; * 10. 5. 1760 Basel, † 22. 9. 1826 Schwetzingen.*

H. war mit 13 Jahren bereits Vollwaise; sein Vater Johann Jakob H., Diener und Bursche bei den Patriziern Iselin-Ryhiner, erst kurz als Leineweber in Hausen tätig, starb 1761, seine Mutter Ursula H. 1773. Von 1774 an besuchte H. das Gymnasium in Karlsruhe und studierte 1778—80 in Erlangen Theologie. Nach dem Examen in Karlsruhe (1780) und Umweg über eine Hauslehrerstelle wurde H. 1783 Präzeptoratsvikar am Pädagogium in Lörrach. Vergeblich bemühte er sich um eine Pfarrstelle, wurde aber schließlich (1791) als Subdiakon an das Karlsruher Gymnasium berufen und mit gelegentlicher Predigertätigkeit beauftragt. 1792 folgte die Ernennung zum Hofpfarrer, 1798 die zum Professor des Hebräischen und der Dogmatik. In seinen Mußestunden schrieb H. Verse in alemannischer Mundart, die „für Freunde ländlicher Natur und Sitten" 1803 bei Macklott als „Allemannische Gedichte" in einer Auflage von 1200 Exemplaren erschienen. Als „Kalendermann" übernahm er 1807 die Redaktion des „Landkalender für die badische Markgrafschaft lutherischen Anteils", an dem er schon seit 1802 mitgearbeitet hatte, und gab ihm den neuen Titel „Rheinländischer Hausfreund, oder: Neuer Kalender auf das Schaltjahr 1808 mit lehrreichen Nachrichten und lustigen Erzählungen". In kurzer Zeit stieg die Auflage auf 50000 Exemplare. Später (1814 u. 15) hieß er „Rheinischer Hausfreund". 1814 schied H. aus der Redaktion wegen Mißhelligkeiten, die um seine Erzählung „Der fromme Rat" entstanden waren, aus, übernahm allerdings für 1819 nochmals die Redaktion. Inzwischen setzte er seinen stetigen Aufstieg fort. 1814 wurde H. als Mitarbeiter in die Ministerialabteilung des Landes Baden geholt. Als das badische Land 1818 eine Verfassung und ein Zweikammersystem erhielt, gehörte der Prälat H. der Ersten Kammer als der höchste geistliche Würdenträger an. 1821 gelang ihm auf einer Synode die Einigung des lutherischen und des reformierten Bekenntnisses in einer Landeskirche. Dieser Religionsgemeinschaft schenkte er 1822 mit seinen „Biblischen Geschichten", in die der „Kalendermann" mit hineinschlüpfte, ein neues und wertvolles Religionsbuch.

Werk, Tendenzen, Wirkung. Die „Allemannischen Gedichte" machten H. schnell über seinen engeren Kreis hinaus bekannt, so daß bereits 1804 die nächste Auflage gedruckt werden mußte. Sowohl J. Paul als auch J. W. Goethe rezensierten sie günstig. Goethe urteilte: „Überhaupt hat der Verfasser den Charakter der Volkspoesie darin sehr gut getroffen, daß er durchaus, zarter oder derber, die Nutzanwendung ausspricht, er hat nach unserem Gefühl das fabula docet meist sehr glücklich und mit viel Geschmack angebracht". Wiederholt erfuhren die „Allemannischen Gedichte" Übertragungen ins Hochdeutsche, so bereits 1811 von J. G. Schaeffner in Königsberg, 1817 von Fr. Girardet in Leipzig und 1817 von J. V. Adrian in Stuttgart. 1903 stellte der Hamburger Jugendschriftenausschuß für Kinder eine von L. Richter illustrierte Auswahl der Gedichte zusammen, der zum besseren Verständnis Übertragungen von R. Reinick gegenübergestellt waren. Eine noch breitere Rezeption, auch unter Kindern und Jugendlichen, fand das „Schatzkästlein des Rheinischen Hausfreundes", das als Auswahl der besten Beiträge der ersten Jahrgänge des „Rheinischen Hausfreundes" erstmals 1811 bei Cotta gedruckt wurde. Seither gehört es mit „Kannitverstan", „Unverhofftes Wiedersehn", „Seltsamer Spazierritt" und vielen anderen Geschichten zum Bestand der deutschen Volks- und Lesebuchliteratur. J. Paul schrieb: „Im Hausfreund wie in den Alemannischen Gedichten tritt einem eine wohltuend mit sich einige, gesunde, im Ebenmaß schöne Menschennatur entgegen, zugleich lebensfreudig und fromm, jetzt erhaben und jetzt schalkhaft; [...] die didaktische Beimischung wieder durch die anmutige Laune verschönt. Bei wenigen Schriftstellern ist ‚der Stil' so ganz ‚der Mensch' wie bei Hebel".

Auszüge aus dem „Rheinischen Hausfreund" wurden seither in zahllosen Reihen und Sammlungen für die Jugend herausgegeben. Als besonders langlebig unter den frühen Ausgaben erwiesen sich die von K. Stöber für die „reifere Jugend" 1847 aufgelegten „Ausgewählten Erzählungen des rheinländischen Hausfreunds", das von P. Diehl 1875 für die Jugend aus den „sämmtlichen Erzählungen" ausgewählte und mit einer biografischen Einleitung versehene „Schatzkästlein des rheinischen Hausfreunds" und die 1905 „in freier Auswahl f. d. Jugend" von R. Reichhardt zusammengestellte Ausgabe. Derbheiten des Ausdrucks, Unvollkommenheit des Satzbaus und eine Häufung von Fremdwörtern machten nach 1900 Sprachreiniger zum Gegenstand ihrer Kritik an H. als Schriftsteller für Jugendliche. Der Forderung nach einer gereinigten Ausgabe widersprach abschließend A. Volquardsen in der JSW (Aug. 1902), der bereits in der JSW im Nov. 1900 das „Schatzkästlein" den KHM der Brüder Grimm als eines der „vorzüglichsten Kinderbücher" an die Seite stellte. Die unmittelbare und bis heute fortdauernde Wirkung H.s dürfte darin begründet sein: Er „hatte immer sein oberländisches Landvolk vor Augen, dem er persönlich erzählte, und damit erzählte er für jedermann, das heißt in vielen Fällen auch für die Jugend" (I. Dyhrenfurth: Geschichte des deutschen Jugendbuches, ^{3}1967, S. 75).

Hubert Göbels

→ Almanach, → Anekdote, → Fabel, → Kalendergeschichte, → Mundartdichtung

Werke: Allemannische Gedichte für Freunde ländlicher Natur und Sitten (1803, ^{11}1860); Schatzkästlein des Rheinischen Hausfreundes (1811); Biblische Geschichten für die Jugend (Bd. 1 u. 2. 1822, ^{2}1824); Sämmtliche Werke (Bd. 1—8. 1832—1834); W. Altwegg (Hrsg.): J. P. Hebels Werke (Bd. 1—3. 1943, ^{2}1958).
Hrsg.: Der Rheinländische Hausfreund, oder: Neuer Kalender, mit lehrreichen Nachrichten und lustigen Erzählungen (1808—11, 1814 u. 15).

Sekundärliteratur: W. Altwegg: J. P. Hebel (1935). — J. Antz: Führung der Jugend zum Schrifttum (^{3}1955). — T. Bohner: J. P. Hebel, des deutschen Volkes Hausfreund (1936). — H. Bürgisser: J. P. Hebel als Erzähler (1929). — H. Göbels: J. P. Hebel in der Schule (1949). — M. Lutz: Der Erzieher J. P. Hebel (1964).

Heck, Lutz

*Prof. Dr. phil., Zoologe, Verfasser jugendgeeigneter Tier-, Jagd- und Tierfangberichte; * 23. 4. 1892 Berlin.*

H. ist der Sohn L. Hecks, des Erbauers und Direktors des Berliner Zoologischen Gartens (1888 bis 1932). H. wurde 1932 Nachfolger seines Vaters am Berliner Zoo und lebt seit 1945 als freier Schriftsteller in Wiesbaden. Zusammen mit seinem Bruder Heinz züchtete er, rückkreuzend aus verschiedenen

Rinderrassen, Ure und aus verschiedenen Pferderassen Tarpane.

Werk und Wirkung. Gewinn aus großen Expeditionen, auf denen er auch als Tierfänger arbeitete, waren eindrucksvolle Berichte, Bücher und Filme. Die verständnisvolle Darstellung des Umgangs mit den verschiedenen Tieren in wechselnder Landschaft, des Naturgeschehens in europäischer und exotischer Umwelt und seiner Fahrt-, Jagd- und Tierfangerlebnisse haben H. weite Kreise erwachsener, besonders aber auch junger Leser gewonnen.

Hans Eich

Werke: Aus der Wildnis in den Zoo (1930); Schrei der Steppe (1932); Der Wald erschallt (1933); Der deutsche Edelhirsch (1935); Auf Urwild in Kanada (1937); Schwarzwild (1950); Tiere, meine Abenteuer (1952); Erlebnisse in Wildnis und Zoo (1954); Großwild im Etoschaland (1955); Der Rothirsch (1956); Zum weißen Nashorn (1957); Tiere in Afrika (1957); Wildes, schönes Afrika (1960).

IJB

Heckmann, Herbert

*Kinderbuchautor, Lyriker, Verfasser von Romanen und Erzählungen; * 25. 9. 1930 Frankfurt/M.*

H. verbrachte seine Kindheit und den ersten Teil seiner Schulzeit in Frankfurt/M. 1944 ‚ausgebombt', verließ H. Frankfurt und besuchte bis zum Abitur das Realgymnasium in Gelnhausen. Von 1950 an studierte er in Frankfurt Philosophie, Germanistik und Geschichte. Nach seiner Promotion (1957) war H. als literaturwissenschaftlicher Assistent an den Universitäten in Münster und Heidelberg tätig.
1958 erhielt er nach Erscheinen seines ersten Werkes „Das Portrait" ein Rom-Stipendium (Villa Massimo), 1959 den Förderungspreis des Kulturkreises im Bundesverband der deutschen Industrie und 1962 den Bremer Literaturpreis. Von 1965—67 übernahm H. eine Gastdozentur für deutsche Literatur an der North-Western University in Eveston/Illinois (USA). Seit 1963 gibt H. „Die Neue Rundschau" mit heraus. Er lebt als freier Schriftsteller bei Bad Vilbel.

Werk, Tendenzen, Wirkung. Im Verlauf seiner schriftstellerischen Tätigkeit verfaßte H. zunächst Erzählungen, Essays und einen Roman (Benjamin und seine Väter, 1962). Seine erste Kindergeschichte „Pit kommt zu einem Hund" schrieb H. für „Dichter erzählen Kindern" (1966), ein von Gertraud Middelhauve herausgegebener Band mit 36 Originalgeschichten deutschsprachiger Autoren. Wie H. selbst bekennt, schreibt er gern für Kinder: „Sie sind bei aller Phantasie, die sie haben, strenge Empiriker. Für sie ist Logik noch ein freudiges Ereignis". In humorvoller Erzählweise — von Rezensenten oft mit E. Kästner verglichen — geht H. geschickt auf die kindliche Art des Erzählens ein, indem er scheinbar spontan-naiv fabuliert. In seinem ersten Kinderroman „Der kleine Fritz — ein Roman für Kinder und solche, die es werden wollen" (1968) schildert H. die besonderen Schul- und Ferienerlebnisse eines pfiffigen Jungen, der durch sein gewitztes und phantasievolles Auftreten in Situationen gerät, die Erwachsene als vorlaute und absichtlich inszenierte Streiche mißverstehen. Dabei verdeutlicht H. anhand der auf verschiedenen Ebenen eingesetzten David-und-Goliath-Parabel die unterschiedlichen Denk- und Handlungsmuster von Kindern und Erwachsenen und die daraus resultierenden gegenseitigen Verständnisbarrieren. In Onkel Toby dagegen wird ein Erwachsener gezeigt, der in seiner Denk- und Lebensart nicht völlig den Normen der Erwachsenenwelt entspricht und daher (trotz seiner physischen Überlegenheit) unmittelbares Verständnis und einen Zugang zur kindlichen Vorstellungswelt bewahrt hat.
Zwei Jahre später, 1970, erschienen die „Geschichten vom Löffelchen". In den einzelnen, jeweils abgeschlossenen 19 Geschichten schildert H. die Erlebnisse von Löffelchen, einem Jungen, der diesen Namen seinen abstehenden Ohren verdankt, einen Kopf kleiner als die anderen, aber dafür besonders pfiffig und phantasievoll ist.

Mechthild Werner

Werke: Pit kommt zu einem Hund (in: Dichter erzählen Kindern, 1966); Der kleine Fritz (1968); Geschichten vom Löffelchen (1970); Der Sägmehlstreuer (1973).

Hedin, Sven Anders

*Schwedischer Asienforscher, Reiseschriftsteller; * 19. 2. 1865 Stockholm, † 26. 11. 1952 ebenda.*

Nach dem Abitur (1885) übernahm H. für ein halbes Jahr eine Hauslehrerstelle in Baku. Seitdem wandte er sein Interesse Asien zu und gab sein durch A. E. Nordenskjölds (1832—1901) Erkundung der Nordostpassage angeregtes Vorhaben, Polarforscher zu werden, auf. Nach der Genesung von einem Augenleiden (Iritis), das auch später noch mehrmals auftrat, führte er seine erste Reise bis nach Buschir am Persischen Golf durch. Nach der Rückkehr entschloß er sich, Geologie zu studieren. Von 1899 an hörte H. bei dem damaligen China-Experten F. von Richthofen (1833—1905) in Berlin. Schon damals verfügte H. über außerordentliche kartographische Fähigkeiten und über genaue Kenntnis der bis dahin nur in russischer Sprache vorliegenden Reisebeschreibungen des Asienforschers N. M. Prschewalskij (1839—88). H. hat dessen Schriften wenig später ins Schwedische übersetzt und in einer gerafften Form publiziert; diese Schrift erschien 1922 in Deutschland unter dem Titel „General Prschewalskij in Innerasien". Nach einer zweiten Reise durch Persien (1890—91) schloß H. sein Studium mit der Promotion bei A. Kirchhoff (1838—1907) in Halle/Saale ab. Es folgten 3 wissenschaftlich erfolgreiche Expeditionen in den Jahren 1893—97, 1899—1902 und 1905—09. Der Erste Weltkrieg und seine Folgen bewirkten für H.s Forschungsreisen eine längere Pause, die er mit schriftstellerischen Arbeiten ausfüllte. 1927—35 fand dann die letzte, ausgedehnteste Expedition statt, die als Teamwork mit einer internationalen Forschergruppe aus verschiedenen Wissensgebieten durchgeführt wurde. Da sich in ihrem Verlauf die politischen Schwierigkeiten ständig steigerten, kam H. selbst nicht mehr zum wissenschaftlichen Arbeiten, sondern wirkte in erster Linie als Organisator. Dennoch kehrte die Expedition mit einem außergewöhnlich umfangreichen Forschungsergebnis zurück. Die wissenschaftlichen Erkenntnisse der Forschungsreisen stellte H. nicht nur in den entsprechenden Publikationen dar, sondern auch in zahlreichen Vorträgen inner- und außerhalb Europas. H. war Mitglied mehrerer geographischer Gesellschaften in Europa, der Schwedischen Akademie der Wissenschaften und der Schwedischen Akademie und erhielt zahlreiche Auszeichnungen.

Werk, Tendenzen, Wirkung. H. verarbeitete seine Reisen u. a. in popularwissenschaftlichen Publikationen, die sich auch an jugendliche Leser richteten. Einen Teil dieser Publikationen gab der Verlag Brockhaus in stark gekürzter Form als Heftchen heraus, die eigens als billige Unterhaltungsliteratur für die deutschen Soldaten im Ersten Weltkrieg gedacht waren. Drei Titel waren ausschließlich als Jugendbücher konzipiert. In diesen Veröffentlichungen steht das Abenteuerliche der Reisen und Expeditionen im Vordergrund, um, wie H. sich verschiedentlich äußerte, die Jugend zu begeistern und anzuspornen. Da er selbst ein genialer Expeditionsleiter war, trafen jugendliche Leser in ihm auf eine Person, die in der Jugend damals lebendige Ideale einer Führerpersönlichkeit verwirklichte. Erfolgsfördernd für diese Reiseberichte dürften außerdem noch gewirkt haben: das Tempo der Sprache, ihr Reichtum an bildhaften Ausdrücken und Dialogen sowie der Schauplatz der Geschehnisse in exotischer Ferne. Was in H.s umfangreichem Werk dem Leser als Abenteuer begegnet, ist der Konflikt zwischen rationaler Planung der Forschungsreisen auf ein Ziel wissenschaftlicher Erkenntnis hin und den Widerständen, die sich von der Natur, aber auch von den nicht kalkulierbaren Verhaltensweisen der an den Expeditionen beteiligten Menschen her dieser Planung entgegenstellen. K. Lütgen (* 1911) nennt deshalb in „Gestaltungsprobleme beim Abenteuerbuch aus der Sicht des Autors" (Zeitschrift f. J.lit. 2. 1968, S. 68) H. einen Darsteller von Forschungsabenteuern „katexochen". Für das Deutsche fand H. in M. Langfeldt eine kongeniale Übersetzerin; A. Brockhaus (1855—1921) beriet ihn hinsichtlich Lesepublikum und Absatzchancen. Die Briefe H.s an Brockhaus vermitteln einen Einblick in die Arbeitsweise und Überlegungen des Schriftstellers, so z. B. die Briefe v. 23. 2. 1904 und v. 29. 7. 1909. In ihnen teilt H. mit, daß er einen Text unmittelbar anhand seiner Tagebuchnotizen erstelle; das Jugendbuch, dem er später den Titel „Abenteuer in Tibet" gab, nicht einfach durch eine kürzende Bearbeitung der popularwissenschaftlichen Veröffentlichung „Im Herzen von Asien" herzustellen gedenke, sondern es vielmehr ganz neu schreiben wolle. Es müsse spannend und reich illustriert sein, dürfe nicht mehr als 3—4 Mark kosten und solle auf gar keinen Fall ausgesprochen wissenschaftliche Angaben und Beschreibungen enthalten. Die deutsche Jugendausgabe erschien 1904 zusammen mit dem schwedischen Original „Tibetanska äfventyr" und der englischen Übersetzung „Adventures in Tibet" im Handel. Die gleichzeitige Auslieferung in den drei Sprachgebieten war deshalb wichtig, weil Schweden zu dieser Zeit der Berner Konvention noch nicht angehörte und Publikationen schwedischer Autoren damit urheberrechtlich nicht geschützt waren. So gab es in Deutschland Raubdrucke von H.s Büchern (s. Brief an Brockhaus v. 30. 1. 1913). Den Erfolg von „Abenteuer in Tibet" verdeutlichen folgende Zahlen: Bonnier druckte die schwedische Ausgabe in einer Erstauflage von 6.000 Exemplaren; sie war bereits nach 14 Tagen vergriffen. Brockhaus druckte von diesem Jugendbuch 1968 die 9. Auflage. Von den übrigen zahlreichen Werken H.s erwies sich in Deutschland vor allem „Transhimalaja" als erfolgreich, ein Reisebericht über die dritte Expedition, der in 3 Bänden von 1909—12 erschien und in zahlreiche Sprachen übersetzt wurde. Die deutsche Ausgabe erlebte bis 1923 die 8. Aufl., und 1961 hatte die NA. die 3. Aufl. erreicht. Unter dem gleichen Titel hat H. auch eine einbändige Jugendausgabe veröffentlicht. Ebenfalls sehr erfolgreich war in Deutschland „Von Pol zu Pol". Die drei Bände dieses Titels erschienen in den Jahren 1911 und 12. Sie waren eine stark bearbeitete Übersetzung des erdkundlichen Unterrichtswerkes „Från pol till pol", das H. ab 1911 für schwedische Schulen verfaßt hatte. Die deutsche Ausgabe erlebte bis 1944 83 Auflagen. Für die Schullektüre haben H.s Werke im übrigen in Deutschland nur geringe Bedeutung erlangt. Anfang der 30er Jahre bot der Verlag D. W. Callwey als Titel Nr. 42 der Reihe „Der Schatzgräber" in billiger Heftform den Beitrag „Das Neujahrsfest in Taschilunpo" aus „Transhimalaja" den Schulen als Klassenlektüre an. Daneben gab es auch noch andere kurze Auszüge der teils mehrbändigen popularwissenschaftlichen Ausgaben, so z. B. „Im Höllenloch des Ngari-tsangpo" (1923 von der Lehrervereinigung für Kunstpflege Berlin [Dürerbund] herausgegeben) oder „Drei Jahre im innersten Asien" (1921 erschienen in der Reihe „Wissenschaftliche Volksbücher für Schule und Haus" bei Westermann). In Lesebüchern der nationalsozialistischen Ära wurden einige Beiträge aus „Von Pol zu Pol" aufgenommen, die das Heldenhafte von Forschern betonen, so z. B. „Andrées Flug zum Nordpol" in „Deutsches Lesebuch für Volksschulen" (4. 1943). In neueren Lesewerken findet man kaum noch Beiträge aus H.s Publikationen. In „Jugendbuch und Unterricht" empfiehlt H. SCHMIDT für die Behandlung des Themas „China" neben anderen Veröffentlichungen auch H.s „Die Flucht des großen Pferdes" (1935, NA. ^{3}1969).

Rudolf Raab

→ Abenteuerbuch, → Schweden

Werke: Genom Asiens öknar (Bd. 1 u. 2. 1899; dt. Durch Asiens Wüsten. Bd. 1 u. 2. 1899, ^{8}1923; NA. 1949, ^{10}1969); Im Herzen von Asien (Bd. 1 u. 2. 1903, ^{6}1929); Tibetanska äfventyr (1904; dt. Abenteuer in Tibet. 1904, ^{9}1968); Transhimalaya (Bd. 1—3. 1909—12; dt. Transhimalaja. Bd. 1—3. 1909—12, ^{8}1923; NA. 1951, ^{3}1961); Öfver land till Indien (Bd. 1 u. 2. 1910; dt. Zu Land nach Indien. Bd. 1 u. 2. 1910, ^{3}1922); Från pol till pol (1911; dt. Von Pol zu Pol. Bd. 1—3. 1911 u. 12, $^{69-83}$1943 u. 44); Tsangpo Lamas vallfärd (Bd. 1 u. 2. 1920 u. 22; dt. Tsangpo Lamas Wallfahrt. Bd. 1 u. 2. 1921 u. 22); Mount Everest och andra asiatiska problem (1922; dt. Mount Everest, 1923); Verwehte Spuren (1923); Från Peking till Moskva (1924; dt. Von Peking nach Moskau. 1924, ^{6}1929); Auf großer Fahrt (1929, ^{13}1942); Gobiöknens gåtor (1930; dt. Rätsel der Gobi. 1931, ^{8}1942); Jehol kejsarstaden (1931; dt. Jehol, die Kaiserstadt. 1932, ^{7}1942); Stora hästens flykt (1935; dt. Die Flucht des Großen Pferdes, 1935; NA. 1959, ^{3}1969); Sidenvägen (1936; dt. Die Seidenstraße, 1936); Den vandrande sjön (1937; dt. Der wandernde See. 1937, ^{13}1945; NA. 1965).

Sekundärliteratur: S. Brockhaus: Sven Hedin und Albert Brockhaus. Ein Briefwechsel (1942, ^{2}1956). — R. Essén: Sven Hedin (1959). — A. Hedin: Mein Bruder Sven (1925). — S. Hedin: Mein Leben als Entdecker (1928); G. Montell (Hrsg.): Mein Leben als Zeichner (1965). — W. Hess: Die Werke Sven Hedins (1962).

Hegenbarth, Josef

*Graphiker, Illustrator; * 15. 6. 1884 Böhmisch-Kamnitz, † 27. 7. 1962 Dresden.*

H., vor 1933 Mitglied der Prager Sezession, des Deutschen Künstlerbundes und der Dresdener Künstlervereinigung, erhielt in den Jahren 1908 bis 1915 seine Ausbildung an der Kunstakademie in Dresden. Während des Zweiten Weltkrieges wohnte er an seinem Geburtsort und verlor 1945 einen großen Teil seiner Werke. Nach dem Krieg hielt sich H. wieder in Dresden auf, wurde 1946 Professor der Akademie für Bildende Künste in Dresden und erhielt 1954 den Nationalpreis der DDR. Die Bedeutung H.s als Graphiker und Illustrator kommt u. a. auch in seiner Mitgliedschaft mehrerer Akademien und Kunstvereinigungen in der DDR und BRD zur Geltung, darunter die Deutsche Akademie der Künste in Berlin (Ost) und die Akademie der Künste in Berlin (West). In zahlreichen Ausstellungen — so 1959 in der Nationalgalerie anläßlich des 75. Geburtstages des Künstlers, in Frankfurt/Main und Offenbach (Klingspormuseum), in Hamburg, Bochum und in der Kunsthalle Recklinghausen — wurde das Werk H.s einem breiten Publikumskreis vorgestellt. Arbeiten von H. finden sich heute in mehreren Museen und Galerien des In- und Auslands.

Werk, Tendenz, Wirkung. H.s Rang als Illustrator von zahlreichen Büchern der Weltliteratur beruht auf seiner genialen Umsetzung der vorliegenden Fabel in bewegte Zeichnungen mit der Feder oder dem Pinsel. Die auch zahlenmäßig umfangreichen Illustrationen erläutern den jeweiligen Text und erweitern ihn interpretierend. Einige Beispielzahlen: J. K. A. MUSÄUS: „Volksmärchen der Deutschen", rd. 280 Zeichnungen; J. SWIFT: „Gullivers Reisen", 76 Zeichnungen; M. CERVANTES: „Don Quijote", in zwei Versionen 268 Tuschzeichnungen bzw. 241 Federzeichnungen; G. BASILE: „Das Pentameron", 316 Federzeichnungen; H. J. CHR. v. GRIMMELSHAUSEN: „Simplizissimus", 150 Federzeichnungen. H.s Illustrationen in den Büchern von G. FLAUBERT, J. W. v. GOETHE, J. STEINBECK, CH. DE COSTER, P. EIPPER, J. GAY, L. TOLSTOI, CHR. REUTER, CH. DICKENS, E. T. A. HOFFMANN, A. PUSCHKIN, N. GOGOL, E. A. POE u. a. erschienen in der BRD und in der DDR, in Österreich, vereinzelt auch in der ČSSR und in englischsprachigen Übersetzungen. Mehrere Bände seiner Illustrationskunst sind dem *Zirkus* und der *Tierwelt* gewidmet. Nach jahrzehntelangen Erfahrungen mit den unterschiedlichsten Stoffen der Weltliteratur wandte er sich in seinem Spätwerk den SHAKESPEARE-Dramen und den bibliophil ausgestatteten Bibel-Illustrationen zu.

H.s Bedeutung für die moderne Bilderbuch- und Jugendbuch-Illustration liegt in einer *außerordentlich anspruchsvoll gehaltenen Zeichensprache,* die zugleich *realistisch* und sensibel *impressionistisch,* bewegt und „offen" in dem Sinne ist, daß die Illustration als Bestandteil eines Buchganzen Eigenleben und künstlerische Souveränität behauptet. Im Gegensatz zu vielen anderen erfolgreichen Graphikern macht H. keinen Unterschied in der bildlichen Ansprache des Erwachsenen und des Kindes. Die von ihm für Kinder und junge Leser geschaffenen Bilder sind ein starker qualitativer Gewinn im Bilderbuchschaffen des 20. Jh.s.

Horst Künnemann

Ill.: Wieland der Schmied (1916); S. Hirzel: Im Zoo (1947); J. K. A. Musäus: Volksmärchen der Deutschen (Bd. 1—4. 1947—49); Äsop: Fabeln (1949); W. Dalj: Kater und Füchsin (1950); J. W. v. Goethe: Reineke Fuchs (1950 u. 1964); J. u. W. Grimm: Das Lumpengesindel (1950); J. u. W. Grimm: Der Wolf und der Fuchs (1951); J. u. W. Grimm: Die goldene Gans (1951); G. A. Bürger: Wunderbare Reisen, Feldzüge und lustige Abenteuer des Freyherrn von Münchhausen (1951); M. de Cervantes Saavedra: Leben und Taten des scharfsinnigen Edlen Don Quijote von La Mancha (Bd. 1 u. 2. 1951; 2. Fassung

1955); G. Basile: Das Pentameron (1954, ²1958); J. Swift Reisen in verschiedene ferngelegene Länder der Erde von Lemuel Gulliver (1954); F. Fabian (Hrsg.): Tiergeschichten, Märchen, Gedichte und Fabeln aus der deutschen Literatur (1955, ³1958); P. P. Althaus (Hrsg.): Wunderseltsame, abenteuerliche, unerhörte Geschichten und Taten der Lalen zu Laleburg (1956); P. Busch: Simba und Samba (1958); H. J. Chr. v. Grimmelshausen: Der abenteuerliche Simplizissimus (1961); J. W. v. Goethe: Reineke Fuchs (1964); S. Fleuron: Strix (1966); W. Hauff: Die Karawane (1966); F. Fabian (Hrsg.): Tiergeschichten aus andern Ländern (1967); M. Gorki: Erzählungen aus dem alten Rußland (1967); J. u. W. Grimm: Märchen (1969).

Sekundärliteratur: W. Grohmann: J. Hegenbarth (1948 u. 1959). — F. Löffler: J. Hegenbarth als Illustrator (in: Buchkunst. 3. 1959. 173—188); J. Hegenbarth (1959). — S. Taubert: Der Buchillustrator J. Hegenbarth (in: Das werck der bucher. Eine Festschrift für Horst Kliemann. 1956. 302—331).

Heidi

Kindliche Hauptfigur aus dem zweiteiligen Jugendroman (1. Tl.: „Heidis Lehr- und Wanderjahre", 1880; 2. Tl.: „Heidi kann brauchen, was es gelernt hat", 1881) der Schweizer Arzttochter und Jugendschriftstellerin Johanna Spyri (1827—1901).

Charakterisierung und Funktion H.s. Das Mädchen H., aus abgelegenem Alpendorf stammend und als Kleinkind verwaist, wächst in ärmlichem Milieu auf. J. Spyris Buch verfolgt H.s Entwicklung bis in deren 10. Lebensjahr. Zunächst von ihrer Tante großgezogen, verbringt H. zwei Jahre auf einer einsamen Alm mit dem schwer zugänglichen, siebzigjährigen, kauzigen Großvater, dem „Alm Öhi", der sich der Aufforderung des Pfarrers widersetzt, das Kind aus der Isolation freizugeben. Von dem Umgang mit Gleichaltrigen — mit Ausnahme des elfjährigen Hütejungen, des „Geißenpeter" — ist H. ausgeschlossen. Als Achtjährige kommt H. auf Betreiben der Tante als Gespielin zu einem gelähmten, in wohlhabendem Haus aufwachsenden zwölfjährigen Mädchen Klara nach Frankfurt am Main. Hier wird sie mit den elementaren allgemeinen Bildungsgütern in Berührung gebracht. Das naive Landkind H. kann den krassen Milieuwechsel nicht ertragen. Ehe ein Jahr vergangen ist, wird sie zurück auf die Alm zum Großvater gebracht, den sie — als Achtjährige — mit Hilfe des Gleichnisses vom verlorenen Sohn zur Rückkehr in die dörfliche und zugleich kirchliche Gemeinschaft bewegen kann. Im zweiten Teil des Jugendromans wird H. als Neunjährige mit einer sie wirtschaftlich sichernden Erbschaft, mit einem Wohnsitz für sich und den Großvater im dörflichen Gemeinwesen und mit harmonischen Beziehungen zu all den Personen, die im Laufe ihres Kinderlebens eine Rolle gespielt haben, ausgestattet. Obwohl SPYRI die Figuren um H. individuell profilierte, sind sie im Roman durch ihr Verhältnis zur Hauptfigur bestimmt. Das moralisch-theologische Konzept der Autorin teilt dem Kind H. die Funktion zu, kraft seines naiven, unverdorbenen, natürlichen Soseins gestörte Beziehungen der Menschen untereinander wieder in die rechten Bahnen zu lenken und damit die Harmonisierung der dargestellten Welt zustande zu bringen. H. ist eine Figur aus einem religiös fundierten Heimatroman des 19. Jh.s, in dem „heile Welt" als Folge natürlichen Lebens, Sünde als Folge des Abfalls von der Gemeinschaft, Reichtum als innere Seligkeit erscheinen.

Wirkung. H. hat seit der Erstveröffentlichung der beiden Bände (1880/81) als Identifikationsfigur eine ungeheure Anziehungskraft auf den jugendlichen Leser ausgeübt, die — betrachtet man die Verkaufsziffern der Ausgaben des Buches, die Anzahl der Übersetzungen, die Verfilmungen und Schallplattenbearbeitungen — ungebrochen bis heute bestehen geblieben ist. In Deutschland ist allein die ungekürzte Ausgabe des Buches in mehr als einer halben Million Exemplaren verbreitet. Bei den elf- und zwölfjährigen Siegern des westdeutschen Vorlesewettbewerbs des Börsenvereins des deutschen Buchhandels rangiert seit Jahren „Heidi" als beliebter Vorlesestoff auf einem der besten Plätze. Es gibt Übersetzungen in alle Weltsprachen, auch in die Blindenschrift. Besonders in den USA gilt „Heidi" weithin noch heute als klassisches Kinderbuch. Die Figur ist dort so populär, daß Eltern ihren Kindern bewußt nach diesem Vorbild den Namen Heidi geben und daß Fluggesellschaften damit werben. Die Kritik ist bis heute in ihrer Einschätzung gespalten. H. WOLGAST hat schon 1896 in seiner Publikation „Das Elend unserer Jugendliteratur" das Buch angegriffen und ihm mangelnden Kunstverstand und unrealistische Abkehr von der Gegenwart aufgrund der religiösen Tendenz vorgeworfen. B. HÜRLIMANN meint über ein halbes Jahrhundert später in ihrem Buch „Europäische Kinderbücher in drei Jahrhunderten" (2. erw. Aufl., 1963, S. 266), H. sei „durch seine kindliche Heldin, durch den Heimwehgedanken und die einzigartige Beschreibung schweizerischer Landschaft" zu einem „Weltreißer für Kinder" geworden. Sie verteidigt „Heidi" gegen seine Kritiker wie auch R. BAMBERGER, der lobend hervorhebt: „Da ist Spyris Kenntnis von Land und Leuten, da sind echte Menschen in realistischer Umwelt, echte Religiosität und Menschlichkeit. Und wenn wir vom Formalen an die Bücher herangehen, finden wir den gelungenen Aufbau, den geschlossenen Handlungsbogen und eine eigene Sprache" (BAMBERGER: Jugendlektüre, ²1965, S. 178 f.). Einer eingehenden ideologiekritischen Untersuchung unterzogen I. und KL. DODERER das Buch (in: KL. DODERER [Hrsg.]: Klassische Kinder- und Jugendbücher, 1969). Hinsichtlich der Bedeutung für eine heutige Rezeption resümierten sie: „was soll unserer Jugend ein Roman bedeuten, in dem zwar die sozialen Verhältnisse aus der Sicht der zweiten Hälfte des 19. Jahrhunderts geschildert, die sozialen Probleme aber ins Irrationale abgeschoben, ja tendenziell sogar ins Gegenteil verkehrt werden (Der Arme ist reich, weil er Gott leichter nahe sein kann)? Welcher Theologie kann heute noch die in diesem Buch verbreitete schlichte, aber zugleich auch so totale Frömmigkeit, welche die Menschen letztlich zu unkritischem Hinnehmen auch in säkularen Bereichen kommen läßt, als Modell dienen? Und was hat der heutige Leser von einem sentimentalen Roman zu erwarten, aus dem heraus sich aufgrund der immer wieder zum Vorschein kommenden einseitigen Hochschätzung der abgeschlossenen Bergwelt leicht Antipathien gegen unsere technisierte Umgebung sammeln lassen? Johanna Spyris Heidi sollte daher nur noch literarhistorische Bedeutung haben" (a. a. O., S. 130). *K. D.*

→ J. Spyri, → Schweiz

Sekundärliteratur: F. Caspar: Johanna Spyri (1968). — I. u. K. Doderer: Johanna Spyris ‚Heidi' (in: K. Doderer (Hrsg.): Klassische Kinder- und Jugendbücher. 1969, ^{2}1970. 121—134). — H. Kiepe: Landschaft Gottes. Zur Rolle der Verbzusätze in Johanna Spyris ‚Heidi' (in: WW. 6. 1967. 410—429). — M. Paur-Ulrich: Johanna Spyri (1927, ^{2}1940). — E. Rothemund: Johanna Spyri und das Mädchenbuch (in: Jugendbücher der Weltliteratur. 1952.5—44).

Heiduczek, Werner

*Schriftsteller, Verfasser von Erzählungen, Hörspielen und Schauspielen für Kinder und Jugendliche; * 24. 11. 1926 Zabrze/Oberschlesien.*

Nach Krieg und Gefangenschaft absolvierte H. einen Neulehrerkurs; mit 25 Jahren wurde er Schulreferent, dann Schulrat. Von 1961—64 war er als Deutschlehrer an der bulgarischen Schwarzmeerküste tätig, danach als Dozent in Leipzig. Als freischaffender Schriftsteller lebt er seitdem in Halle. Seine schriftstellerische Laufbahn begann er mit Kindergeschichten, Hörspielen für Kinder, Erzählungen und Schauspielen für Jugendliche; 1958 erhielt er einen Preis der „Deutschen Lehrerzeitung" (DDR) für eine Kurzgeschichte, 1959 wurde sein Kinderhörspiel „Schön, weil es schwer war" als bestes des Berliner Rundfunks ausgezeichnet. Das nach seiner Erzählung „Jule findet Freunde" dramatisierte Jugendstück stand auf den Spielplänen aller Jugendtheater der DDR. Sein erster Roman für Erwachsene, „Abschied von den Engeln", erschien 1968 und wurde für Hörfunk und Fernsehen dramatisiert. 1969 wurde H. mit der Johannes-R.-Becher-Medaille in Gold ausgezeichnet und erhielt den Heinrich-Mann-Preis der Deutschen Akademie der Künste.

Werk, Tendenzen, Wirkung. H.s Themenkomplex in seinem kinder- und jugendliterarischen Schaffen ist vorwiegend politisch akzentuiert. Dem Jugendbuch „Matthes" (1962) gingen 1961 die Erzählung „Matthes und der Bürgermeister" und die dramatische Umsetzung unter dem Titel „Leben, aber wie?" voraus. Aus der Perspektive der Jungen Matthes, Wolf, ‚Rotkopf' und Kalle entwirft H. das sich wandelnde Bild eines Dorfes unter der Einwirkung des Zweiten Weltkrieges, der nationalsozialistischen Herrschaft, des Elendes der Nachkriegsjahre, des mühsamen Wiederaufbaus bis hin zu einem „Dorf der Jugend". Die in diesen Zeitbogen eingespannte Entwicklung der vier Jungen verläuft qualitativ differenziert; der Idealfall ist in Matthes vorgegeben, der sich vom begeisterten Hitlerjungen zu einem verantwortungsbewußten kritischen FDJ-Funktionär entwickelt. Der Verdeutlichung dient eine stark typisierende Personenkontrastierung („Nazis", „Kapitalisten" einerseits — selbstlose, verantwortungsbewußte Kommunisten andererseits), ein Stilmittel, das er auch in seiner Novelle für Jugendliche "Die Brüder" (1968) einsetzt. Der 20jährige DDR-Grenzsoldat Heinz Gerau wird 1955 an der Grenze im Harz vom 13jährigen Daniel Kreizinger, der mit einem älteren Mann als Grenzgänger aus der DDR zurück in die BRD flüchten will, niedergeschossen. Der schwerverletzte Grenzsoldat glaubt in Daniel seinen Bruder Ani (= Hans) wiedererkannt zu haben, den er als Kind 1944 auf der Flucht auf tragische Weise verloren hat. Rückblenden, teilweise inhaltlich Ergebnisse von Recherchen, zeichnen das Schicksal der beiden Hauptpersonen nach und lassen indirekt eine Vorstellung von der Grausamkeit des Krieges und der Brutalität des Faschismus entstehen. Wie in „Abschied von den Engeln" (1968) wird dabei die menschliche Problematik des geteilten Deutschland mit beleuchtet, wobei der Entwurf der Verhältnisse in der DDR idealtypisch gegen die Verhältnisse in der kapitalistischen BRD abgesetzt wird. In den drei Erzählungen des Sammelbandes „Jule findet Freunde" versucht H. anhand des ‚jugendlichen Helden' Jule antifaschistischen Widerstand durch die Kommunistische Partei aufzuzeigen.
Für jüngere Leser gestaltete H. die Kinderbuchtexte der Reihe „a b c, ich kann lesen" in „Jana und der kleine Stern", 1968, und „Laterne vor der Bambushütte", 1969. Im Mittelpunkt dieser märchenhaften, mit modernen Attributen versetzten Geschichten stehen die Traumerlebnisse der kleinen Jana. In „Jana und der kleine Stern" versucht die Titelheldin einem kleinen Stern, der, als er nach ihr sehen wollte, vom Himmel fiel, zu helfen. Nachdem alle Rettungsaktionen fehlgeschlagen sind, bringt schließlich der Kosmonaut mit einer Rakete den kleinen Stern zurück an den Himmel. Die „Laterne vor der Bambushütte" intendiert Hilfsbereitschaft für vietnamesische Kinder und Solidarität mit ihnen. Die poetische Umsetzung erfolgt mit Hilfe des Traumes vom Sandmann, der versucht, den vietnamesischen Kindern in ihrer vom

Krieg geprägten Umwelt Schlaf zu bringen. Wieder ist es Jana, die mit Hilfe der Sterne Sandmanns Vorhaben zum guten Ende bringt. Der Schlußverweis auf den für eine reale Hilfe einzuholenden Rat der Mutter ändert nichts an der fantastischen Gestaltung des Themas. *Mechthild Werner*

Werke: Matthes und der Bürgermeister (1962, ^{4}1971); Die Brüder (1968, ^{4}1972); Jana und der kleine Stern (1968, ^{5}1973); Laterne vor der Bambushütte (1969); Der kleine häßliche Vogel (1973).

Sekundärliteratur: Gespräch mit Werner Heiduczek (in: NDL. 8. 1971. 19—23). — J. Spriewald: Werner Heiduczek: Die Brüder (in: Beitr. z. K.- u. J.lit. 12. 1969. 141—145).

Heimann, Erich Hermann

*Sachbuchautor; * 5. 10. 1939 Düsseldorf.*

H. wuchs in Düsseldorf auf und besuchte dort ein naturwissenschaftliches Gymnasium. Sein frühes Interesse für Technik wurde einerseits durch den Freundeskreis seines Vaters mitgeprägt, der als selbständiger Kaufmann und technischer Berater in der Schwerindustrie tätig war, andrerseits durch den Großvater, der um die Jahrhundertwende Flugexperimente mit einer selbstentworfenen Motormaschine unternommen hatte. Schon als Schüler befaßte sich H. mit dem Flugmodellbau; 1960 und 61 wurde er Deutscher Modellflugmeister. Aus gesundheitlichen Gründen zur Aufgabe seines Berufszieles Hütteningenieur gezwungen, studierte H. Germanistik und Anglistik; gleichzeitig beschäftigte er sich mit dem Gebiet ‚Geschichte der Technik'. Noch während seines Studiums bekam H. Kontakt zum Journalismus und wurde nach gelegentlichen Arbeiten für technische Zeitschriften und Pressestellen der Industrie zum ständigen Mitarbeiter populär-technischer Zeitschriften (hobby, Flugrevue). 1967 erschien bei J. F. Schreiber H.s erstes, zusammen mit W. Jaeger verfaßtes Jugendsachbuch „Schiffe — Guffas, Galeeren und Giganten". Für sein zweites Sachbuch (ebenfalls 1967 erschienen, Franckh'sche Verlagshandlung) „... und unter uns die Erde" wurde H. 1968 mit dem Deutschen Jugendbuchpreis ausgezeichnet.

Werk, Tendenzen, Wirkung. H. bearbeitet als Sachbuchautor Themen aus den Bereichen der allgemeinen Technik, Geschichte der Technik und insbesondere aus seinen Spezialgebieten Luftfahrt und Kunststoffe. Seine ersten Sachtexte für Erwachsene (z. B. das Kapitel „Der Traum vom Fliegen" in R. Jungks „Menschheitsträume", 1969; „Vom Zeppelin zum Jumbo-Jet", 1971; „Aus Kunststoff selbstgemacht", 1973) schrieb H. erst nach den ersten Erfolgen als Sachbuchautor für die Jugend. Seine Darstellungen für die Jugend sind streng sachbezogen und einsichtig entwickelnd. Das Verständnis wird gestützt durch technische Skizzen, Fotografien und Tabellen. Die Darstellungsart ist keineswegs jugendfixiert, sondern ebenso dem Sachbuch für Erwachsene angemessen.
H.s erstes Sachbuch, für das er als Alleinautor zeichnet, „... und unter uns die Erde" erschien 1971 — auf den letzten Stand gebracht — als dtv-Taschenbuch. Inhaltlich bietet der Band Klärung der physikalischen Voraussetzungen und technischen Grundlagen der Stabilität, Steuerung und Triebwerke, die Entwicklung des Flugzeugbaus, Probleme der Flugsicherung und die Entwicklung des deutschen Luftverkehrs. In „Um die Wette mit dem Schall" (1969 bei Schwann; 1970 in die Auswahlliste zum DJP aufgenommen) beschreibt H. die Stationen des technischen Fortschritts auf dem Gebiet der Luftfahrt, die dramatischen Höhepunkte der Erprobungs- und Wettbewerbsphasen, das sich immer wiederholende Spannungsfeld zwischen Konstruktion, Realisation, Erfahrung und Weiterentwicklung. Ende 1969 erschien „Sie eroberten den Himmel" mit dem Untertitel „Piloten, Planer, Pioniere — 50 Jahre Flugverkehr", ein Buch über Pionierleistungen im zivilen Luftverkehr. Für Jugendliche wie für Erwachsene gedacht ist der Band 23 der hobby-Bücherei „Fliegen — mein Hobby" (1969), der sowohl dem Hobby-Interessenten als auch für professionelle Orientierung Informationen über verschiedene, das Fliegen tangierende Beschäftigungsbereiche bietet. Mit englisch/deutschen Texten und einem mobilen Bildteil versehen, erschien 1971 H.s Sammlung „So fliegen die Deutschen". Innerhalb seiner Spezialgebiete betätigt sich H. auch als Übersetzer (z. B. von J. Chaplin: Weite Welt der Luftfahrt, 1971). Die von H. verfaßte Sachliteratur ist beispielhaft dafür, wie wenig Sachbücher für Jugendliche gegenüber popularwissenschaftlichen Darstellungen und Sachbüchern für Erwachsene interessen- und altersgruppenspezifisch zu modifizieren sind. *Gerlinde Rabenstein*

Werke: Schiffe. Guffas, Galeeren und Giganten (1967; zus. mit W. Jaeger); Und unter uns die Erde. Fliegen, schneller, weiter, höher (1967, ^{3}1971); Sie eroberten den Himmel. Piloten, Planer, Pioniere (1969); Fliegen, mein Hobby (1969); Um die Wette mit dem Schall (1969); Vom Zeppelin zum Jumbo-Jet (1971); Spielregeln der Technik: Automation (1971); So fliegen die Deutschen (1971).

Held, Kurt

*(d. i. Kurt Kläber). Schriftsteller, Journalist, Jugendbuchautor; * 4. 11. 1897 Jena, † 9. 12. 1959 Carona/Kanton Tessin.*

Aus dem Ersten Weltkrieg kehrte H. verwundet und schwer krank zurück. Kaum wiederhergestellt, engagierte er sich als Journalist und als Redner für die junge deutsche Republik. Er bezeichnete sich selbst als „Berufsrevolutionär für die Gerechtigkeit", liierte sich aber mit keiner Partei. Eine Zeitlang gehörte er dem Thüringischen Kultusministerium an, doch nahm er bald sein Wanderleben wieder auf, das ihn schon vor 1914 durch viele Länder Europas geführt hatte. Er war „fliegender Buchhändler", politischer Journalist, Redner, Arbeiterlyriker und Geschichtenerzähler. Um die Probleme der Arbeiterschaft intensiver kennenzulernen, nahm er, der als Schlosser und Mechaniker ausgebildet war, in verschiedenen Betrieben vorübergehend Stellungen an. 1924 schloß er die Ehe mit L. TETZNER, die er 1919 kennengelernt hatte. Als H. 1933 der Mitvorbereitung des Reichstagsbrandes verdächtigt wurde, floh er nach kurzer Haftzeit über Österreich in die Schweiz. Seine Frau folgte ihm nach Carona, das schon vor ihrer Emigration ihr zweites Domizil war und sie nach zwanzig Jahren einbürgerte. In diesen zwei Jahrzehnten schuf H. seine bekanntesten Bücher für die Jugend und veröffentlichte sie unter dem vor Generationen von der Familie TETZNER gebrauchten Namen „HELD".

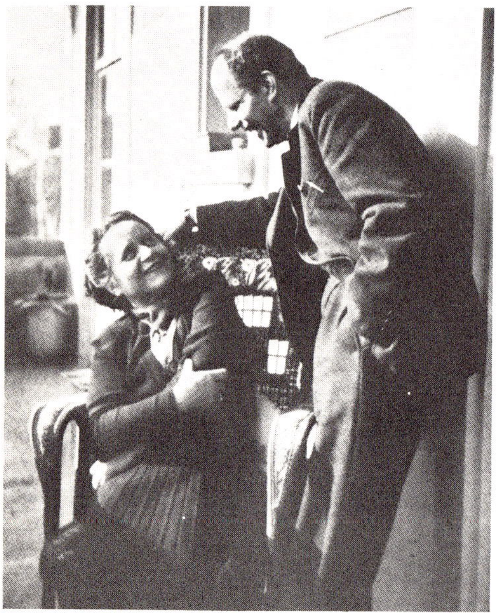

Lisa Tetzner (1894—1963) und Kurt Held (d.i. Kurt Kläber, 1897—1959).

Werk, Tendenzen, Wirkung. H. hatte schon in jungen Jahren in seinen journalistischen Arbeiten und seinen Gedichten Kritik an der bestehenden gesellschaftlichen Ordnung geübt und versucht, in diesem Sinne die geistige und politische Bildung von Wandervogel- und bündischen Jugendgruppen zu beeinflussen. „Ich gehörte zu den Weltverbesserern und ketzerischen Don Quichotten", sagte er 1957 über diese Lebensphase. Seine Begabung, „zur Jugend in ihrer Sprache zu sprechen", hob W. HUMM in seinen „Erinnerungen an K. H." (in: L. TETZNER-KLÄBER: Das war K. H., 1961, S. 111) bereits für die damalige Zeit hervor, in der H. die Reihe der „Drachenbücher" im Verlag Sauerländer herausgab. Zusammen mit L. TETZNER arbeitete H. an dem Buch „Die schwarzen Brüder" (2 Bde. 1952). Nach einer Reise nach Jugoslawien, auf der H. ZORA LA ROUQUINE und ihrer Bande begegnete, entstand sein erstes Jugendbuch „Die rote Zora und ihre Bande, Erzählung aus einem Fischerdorf in Dalmatien" (1941, [14]1967). Er selbst berichtet, daß er es in Fortsetzungen geschrieben und den Kindern erzählt habe, die „heimat- und elternlos" im Kriege ins Dorf gekommen waren. Das Elend der Kinder vor Augen, schrieb H. auch seine anderen Erzählungen: „Der Trommler von Faido" (Historische Erzählung aus der Levantina, 2 Bde. 1947 u. 49), „Matthias und seine Freunde" (1950), „Alles für zwanzig Rappen" (1951) und den vierbändigen Zyklus „Giuseppe und Maria" (1955, 1. „Die Reise nach Neapel", 2. „Von Schmugglern, Zöllnern und Soldaten", 3. „Die Kinderstadt", 4. „Der Prozeß"). Er zeigte in allen diesen Büchern die Kinder als Leidtragende der bestehenden Gesellschaftsordnung, der Trennung in „arm" und „reich" und als Opfer der Kriege. Er gestaltete spannungsreich und realistisch, zu welchem Verhalten Kinder in Not gelangen, um zu überleben oder zu ihrem Recht zu kommen. H. schuf mit diesen Büchern, die er auch an die Erwachsenen adressierte, einen neuen Typ des realistischen und zugleich abenteuerlichen Umweltbuches mit sozialer Tendenz: Der einzelne Jugendliche mit seiner Problematik interessiert ihn wohl auch in seinem individuellen Schicksal, in Wahrheit aber gilt er als Vertreter seiner Gruppe, die in ihrer Gesamtheit zum Träger des Geschehens und des Gehalts wird, wobei H. die „Bande" („Die rote Zora"), unter anderen Umständen (Nachkriegszeit in Italien, „Guiseppe und Maria") die „Kinderrepublik" entstehen läßt. Er zeichnete keine Utopie, sondern Möglichkeiten des Zusammenlebens von Kindern und Erwachsenen in einer gerechteren Ordnung. H.s Bücher erreichten zahlreiche Auflagen („Die rote Zora" 1957 bereits 100.000 Expl.) und Übersetzungen in mehrere europäische Sprachen. F. HOFFMANN, H. STRUB und E. ZBINDEN illustrierten H.s Bücher. In Artikeln und Gesprächen hat sich H. mehrfach dazu geäußert, daß Bücher für die Jugend keine „Schonkost" bieten sollten, da die 12—15jährigen die Probleme ihrer Zeit auch miterleben müßten.

L. TETZNER kritisierte an H.s Stil, besonders in dem letzten Werk, die Breite, durch die das Ganze an Proportion verliere. Doch fand gerade der vierbändige Zyklus „Guiseppe und Maria" als ein Dokument der Nachkriegszeit Empfehlungen durch die Jugendschriftenkommission und den Schweizerischen Lehrerverein sowie durch entsprechende Gremien in der Bundesrepublik. *Richard Bamberger*

→ L. Tetzner

Werke: Die rote Zora und ihre Bande (1941); Der Trommler von Faido (Bd. 1 u. 2. 1947 u. 49); Matthias und seine Freunde (1950); Alles für zwanzig Rappen (1951); Giuseppe und Maria (Bd. 1—4. 1955 u. 56); Direktor Malsch (1956); Der Zinnsoldat (1956).

Sekundärliteratur: H. Alfken: Kurt Kläber zum Gedächtnis (in: JL. 4. 1961. 169—172). — K. Denk: Zum Stil der Roten Zora Kurt Helds (in: Studien zur Jugendliteratur. 2. 1956. 74—88 u. 107). — W. Humm: Erinnerung an Kurt Held (in: JL. 4. 1961. 173—178); Gespräch mit Kurt Held (in: JL. 3. 1957. 147—151). — A. Krüger: Kurt Held: Die rote Zora und ihre Bande (in: Kinder- und Jugendbücher als Klassenlektüre. 1963. 228—254, [3]1973. 255—281). — K. Obermüller: Der Mann hinter der roten Zora (in: Rotstrumpf. 1. 1975. 237—246). — H. Schönhorst: Kurt Held: Der Trommler von Faido (in: Studien zur Jugendliteratur. 2. 1956. 89 bis 106 u. 108). — L. Tetzner: Das war Kurt Held (1961). - C. Winther: Lisa Tetzner & Kurt Held (1969). *IJB*

Helke, Fritz

*(Ps.: Ruby Cross). Schriftsteller (hervorgetreten auch als Herausgeber, Übersetzer und Bearbeiter); * 1. 5. 1905 Biesenthal/Mark Brandenburg, † 13. 9. 1967 Kriftel/Taunus.*

H., der in den dreißiger Jahren als Lektor des Kulturamtes der Reichsjugendführung bei der Herausgabe von Bücherauswahlverzeichnissen und bei der Erarbeitung von Beurteilungskriterien für das zeitgenössische Schrifttum mitwirkte, wurde zuerst durch die Erzählungen „Preußische Rebellion" (1935) und „Fehde um Brandenburg" (1936) bekannt. 1937 erhielt er den kurmärkischen Schrifttumspreis. Seit Kriegsende lebte er in der Bundesrepublik. In den Jahren 1954—58 besuchte er mehrfach die Vereinigten Staaten. Seine Hauptschaffensperiode als Jugendschriftsteller fällt in die Mitte der 50er und in den Anfang der 60er Jahre.

Werk, Tendenzen, Wirkung. H. bevorzugte eine besondere Sparte der Abenteuererzählung, in der die Begebenheiten aus der Geschichte eines Volkes mit den Geschehnissen und überraschenden Ereignissen, in die die Zentralfiguren in der Gegenwart verwickelt werden, eng verknüpft sind. Die Verbindung von Handlungssträngen ist auch für einige Romane charakteristisch, in denen die Indianerkulturen Mittelamerikas das Thema bilden. Die Darstellung der versunkenen Welt des Mayareiches oder der Kultur der Azteken wird durch äußere Handlung belebt. In „Die Federschlange" z. B. sind Lebensbilder aus dem heutigen Mexiko gezeichnet, die — in das Genre einer Kriminalgeschichte passend — den kulturgeschichtlichen Hintergrund überlagern. In „Die letzte Bastion" gestaltet H. aufgrund des Studiums alter Quellen das Schicksal des habsburgischen Erzherzogs Ferdinand Maximilian, des Kaisers von Mexiko, nach. Ebenfalls auf authentischen Unterlagen basiert die Darstellung von Begebenheiten aus dem amerikanischen Bürgerkrieg in der Erzählung „Flammenkreuz am Potomac". In „Gefangen — Entronnen" sind verschiedene Beispiele der Gefangenschaft und Flucht in Geschichte und Gegenwart geschildert. In dem zweibändigen Werk „Hiawatha" und „stud. med. Hiawatha" behandelt H. den tragischen Abstieg der Indianer Nordamerikas, vor allem aber das Leben und die Entwicklung eines Indianermädchens, das angesichts der notwendigen Aufgabe der medizinischen Versorgung ihrer Stammesbrüder in der Reservation unter persönlichen Opfern den Beruf der Ärztin ergreift. „Das kalifornische Abenteuer" und „Flammenkreuz am Potomac" gehören zu seinen bekanntesten Büchern und sind weit verbreitet. *Peter Aley*

Werke: Preußische Rebellion (1935); Fehde um Brandenburg (1936); Das kalifornische Abenteuer (1954); Die letzte Bastion (1954); Die Federschlange (1956); Hiawatha (1956; unter Ruby Cross); stud. med Hiawatha (1957; unter Ruby Cross); Die grünen Götter (1959); Gefangen — Entronnen (1959); Flammenkreuz am Potomac (1960); Juanita und Miguel (1962; unter Ruby Cross); Das ferne Licht (1963); Das Gesetz von Oaksville (1964); Die Jason-Bande (1966).

Helm, Clementine

*(verh. Clementine Beyrich). Jugendschriftstellerin; * 9. 10. 1825 Delitzsch/Prov. Sachsen, † 26. 11. 1896 Berlin.*

H. war Tochter eines Kaufmanns und wurde, früh verwaist, bei einem Onkel, einem Schulrat in Merseburg, erzogen, später dann bei dessen Bruder, einem bekannten Mineralogen. 1848 heiratete sie den Geologieprofessor E. Beyrich in Berlin.

Werk, Tendenzen, Wirkung. H. schrieb zunächst Märchen und Kinderlieder, widmete sich dann fast ausschließlich der Abfassung von im 19. Jh. vielgelesenen Backfischbüchern. Sie übersetzte und bearbeitete auch aus dem Französischen und ist außerdem als Herausgeberin eines Almanachs („Junge Mädchen") hervorgetreten. Ihr erstes Backfischbuch „Backfischchens Leiden und Freuden" (1863) brachte ihr jedoch einen so großen Erfolg ein, daß sie an diesem Genre festhielt. Ihre Erzählungen sind romanhaft eingekleidete Pädagogik; sie behandeln vorzugsweise die Erziehung von ‚Backfischen' zu gesellschaftlichem Anstand und damenhaftem Benehmen. Mit gewissem Talent werden abstrakte Personenschemata zu leicht faßlichen Handlungen verbunden, die nicht zeigen sollen, wie es im Leben zugeht, sondern wie es nach Meinung der Verfasserin sein sollte: die Hochmütige wird gedemütigt, scheitert und muß sich bekehren, die Bescheidene wird erhoben und findet ein auch äußerlich glanzvolles Glück. Dies wird meist in einer gutbürger-

lichen Ehe mit Männern höheren Standes gefunden. *Das propagierte Frauenideal ist geprägt durch ein bürgerliches Tugendsystem.* Die passiven Tugenden der Hingabe und Selbstverleugnung werden höher bewertet als die aktiven der Tatkraft und Selbstbestimmung. „Blaustrümpfe" sind flatterhafte, oberflächliche Typen, werden verächtlich gemacht und vom Schicksal vernachlässigt oder bestraft.
H.s Romane wurzeln in der *rationalen Aufklärungspädagogik* und in der *Tugendempfindsamkeit* des 18. Jh.s (Richardson, Gellert) und stellen *eine Trivialisierung des literarischen Biedermeier* dar. Sie waren die Lektüre der höheren Bürgertöchter des wilhelminischen Spätbürgertums und sind geprägt von den Idealen des bürgerlich-monarchischen Ständestaates. Soziale Problematik und Generationskonflikte fehlen. Die scharfen Angriffe H. Wolgasts u. a. auf diese Art von Mädchenlektüre konnten weder ihre Beliebtheit noch das Nachwuchern zahlreicher weiterer Backfisch- und Pensionsgeschichten eindämmen. *Malte Dahrendorf*

Werke: Märchen (1859); Kinder-Lieder (1861); Backfischchens Leiden und Freuden (1863); Licht und Schattenbilder (1864); Die Brieftaube (1871); Lilli's Jugend (1871); Drei Erzählungen für junge Mädchen (1873); Das Kränzchen (^{2}1875); Frau Theodore (1875); Prinzeßchen Eva (1875); Dornröschen und Schneewittchen (1877); Vater Carlet's Pflegekind (1877); Die Stiefschwestern (1887); Klein Dina's Lehrjahr (1888); Vom Backfisch zur Matrone (1889); Elfriede (1890); Seines Glückes Schmied (1890); Auf Irrwegen und andere Erzählungen für junge Mädchen (1891); Die Geschwister Leonhard (1891); Frieda's Mädchenjahre und andere Erzählungen für junge Mädchen (1892); Tante Regine (1892); Das Heimchen (1894); Hans und Hanna (1895); Die kleine Herrin (1895); Unser Sonnenschein (1897). *IJB*

Helmers, Hermann

*Literaturwissenschaftler, Didaktiker für deutsche Sprache und Literatur, Jugendbuchtheoretiker, Professor für Didaktik der deutschen Sprache und Literatur, Mitglied des Gründungsausschusses der Universität Oldenburg; * 14. 8. 1923 Varel.*

H. studierte von 1949—51 und von 1955—59 neben Pädagogik und Psychologie Germanistik und Anglistik an der PH Oldenburg und an der Universität Göttingen, wo er 1959 promovierte. H. war seit 1951 im Schuldienst tätig und wurde 1961 Dozent für deutsche Sprache an der PH Göttingen. Im gleichen Jahr erhielt er einen Ruf als Professor an die PH Bonn. Zwei Jahre später übernahm er den Lehrstuhl für Didaktik der deutschen Sprache und Literatur in der Abtlg. Oldenburg der Pädagogischen Hochschule Niedersachsen.
H.' Publikationen zeigen deutlich einen fachdidaktischen und einen fachwissenschaftlichen Akzent, die miteinander verbunden sind. Das Hauptwerk in seinen auf die Konstituierung einer wissenschaftlichen Fachdidaktik gerichteten Forschungen bildet die „Didaktik der deutschen Sprache", die 1966 erschien und 1972 die 7. Aufl. (50. Tsd.) erreichte. In zahlreichen Aufsätzen hat H. sein System einer wissenschaftlichen Didaktik näher erläutert und insbesondere (auch durch Mitarbeit in hochschulpolitischen Gremien) deren Realisation in der Lehrerausbildung verfolgt. Ein Akzent der fachdidaktischen Forschung von H. liegt in der Literaturdidaktik, deren gesellschaftlich-historische Bedingungen er in der „Geschichte des deutschen Lesebuchs in Grundzügen" (1970) analysiert. In der Übergangszone zwischen Fachdidaktik und Fachwissenschaft stehen H.' Untersuchungen zu den Problemen von Humor und Komik. In „Sprache und Humor des Kindes" (1965) gelangt er aufgrund empirischer Untersuchungen zu einer genetischen und gesellschaftsbezogenen Theorie der kindlichen Komik und des Humors. In „Lyrischer Humor. Strukturanalyse und Didaktik der komischen Versliteratur" (1971) wurden die bisher vernachlässigten Phänomene der komischen Versliteratur, insbesondere auch aus der Jugendliteratur, systematisch untersucht und für den Literaturunterricht analysiert. Ansätze zu einer gesellschaftlich orientierten Literaturwissenschaft zeigen sich in H.' spezifisch fachwissenschaftlichen Arbeiten, insbesondere in „Wilhelm Raabe" (1968).

Werke: Sprache und Humor des Kindes (1965, ^{2}1971); Didaktik der deutschen Sprache (1966, ^{7}1972); Geschichte des deutschen Lesebuchs in Grundzügen (1970); Lyrischer Humor (1971); Fortschritt des Literatur-Unterrichts (1974).
Hrsg.: Moderne Dichtung im Unterricht (1967, ^{2}1972); Die Diskussion um das deutsche Lesebuch (1969); Zur Sprache des Kindes (1969).
Beiträge: Moderne Lyrik in der Volksschule (in: WPB. 8. 1963. 330—339); Der kindliche Humor und die Kategorien des literarisch Komischen (in: WW. 2. 1965. 99 bis 110); Über die Sprache im Kasperlespiel des Kindes (in: WPB. 1. 1965. 37—44); Das Lesebuch als literarisches Arbeitsbuch (in: DU. 4. 1966. 9—18); Perspektiven der Jugendliteratur (in: WPB. 1. 1969. 13—16); Die Analyse des kindlichen Humors als Voraussetzung für das Verfassen und Interpretieren von Jugendliteratur (in: Jugend und Buch. 4. 1969. 3—8); Zehn Thesen zur literarischen Bildung (in: WPB. 5. 1969. 250—56); Die vier Aufgaben des Literaturunterrichts (in: A. C. Baumgärtner u. M. Dahrendorf (Hrsg.): Wozu Literatur in der Schule. 1970. 77—86); Schwärmerei oder Aufklärung? (in: Diskussion Deutsch. 6. 1971. 289—301); Didaktik der deutschen Sprache als wissenschaftliche Disziplin (in: G. Wilkending (Hrsg.): Literaturunterricht. 1972. 58—68); Die ‚Wahrheit' in der Dichtung und der Lehrplan des Literaturunterrichts (in: G. Wilkending (Hrsg.): Literaturunterricht. 1972. 104—122).

Henstra, Friso

*Niederländischer Grafiker, Kinderbuchillustrator; * 9. 2. 1928 Amsterdam.*

H. studierte von 1947—49 Malerei an der Nationalen Kunsthochschule (Amsterdam). Nach seinen ersten Veröffentlichungen 1950 (u. a. im satirischen Magazin Mandril) widmete H. drei weitere Studienjahre der Bildhauerkunst. H. lebt und arbeitet in Amsterdam und lehrt an der Kunstschule in Arnheim. Für die Produktion in den Niederlanden gestaltet H. hauptsächlich Buchumschläge, aber auch Illustrationen für Zeitungen und Zeitschriften. Die meisten von ihm illustrierten Kinderbücher erschienen bisher in den USA (bei Parents' Magazine Press). Dementsprechend wurde H. für seine Kinderbuchillustrationen auch vor allem in den USA prämiert (1969 The S.L.J., Best Books of the Year; 1969 American Ambassador Books; 1970 Graphic Arts Award; 1971 Gold Medal, Society of Illustrators; 1971 Top Honor Books u. a.). Für „The Practical Princess“ (1969) wurde H. 1969 im Rahmen der BIB mit dem Goldenen Apfel ausgezeichnet.

Werk, Tendenzen, Wirkung. H. illustriert vor allem Märchen oder Geschichten mit märchenhaften Elementen. Besonders häufig bearbeitet er Texte von J. Williams, mit dem er im Witzig-Ironischen vorzüglich harmoniert (z. B. The Practical Princess; School for Sillies, 1969; Stupid Marco, 1970; Seven at one Blow, 1971; Petronella, or the Three Secrets, 1972). H. überträgt in die Kinderbuchillustration zahlreiche Elemente der Pop-Art, so die aus der künstlerischen Fotografie bekannten Verzerrungen. Er liefert absolut richtige, aber überzeichnete Perspektiven. In der Differenzierung der Personen setzt er Methoden des Pop-Realismus ein: die industriell gefertigten Teile (genaue Nähte, exakte Schuhwiedergabe) heben die einzelnen Personen voneinander ab. Weiterhin werden zahlreiche comic- und popverwandte Symbole (Blitze, vereinfachtes Augenrollen) in die Kinderbuchillustration übernommen. In der Farbgebung dezenter als andere der Pop-Art nahestehende Illustratoren, arrangiert H. in seinen Märchenillustrationen fantasievollen Bildspaß. Für zeitgemäße Märchenillustration und -interpretation kann H.s Schaffen als beispielhaft gelten. *Gerlinde Rabenstein*

Ill.: J. Williams: The practical princess (1969); J. Williams: School for sillies (1969); B. K. Walker: The round sultan and the straight answer (1970); J. Williams: Stupid Marco (1970); J. Williams: Seven at one blow (1971); J. Williams: The silver whistle (1971); J. Williams: Petronella, or the three secrets (1972); J. Williams: The youngest captain (1972).

Herder, Johann Gottfried

*Bedeutender Geschichtsphilosoph, Sprachen- und Mythenforscher, Theologe, Schriftsteller, Begründer der Volksliedforschung, von praktischem und theoretischem Einfluß auf die Jugendliteratur; * 25. 8. 1744 Mohrungen/Ostpreußen, † 18. 12. 1803 Weimar.*

H., der Sohn eines pietistischen Kantors und Mädchenschullehrers, erlangte aufgrund autodidaktischer Vorbildung den Anschluß an das Universitätsstudium (Medizin, Theologie, Philosophie) in Königsberg (Schüler I. Kants). Er übernahm religiöse Ideen von J. G. Hamann (1730—88) in seine Konzeption. 1764 als Prediger und Lehrer an die Domschule zu Riga berufen, publizierte er aufsehenerregende literaturkritische Schriften. Auf seiner Schiffsreise nach Frankreich verfaßte er das „Journal meiner Reise im Jahr 1769“, das bereits seine philosophischen und pädagogischen Ideen im Kern enthielt, vorgetragen als Erziehungsplan für Livland, das er in „eine Republik für die Jugend“ umzugestalten gedachte. Nach Reisen im westlichen Europa — in Hamburg Verbindung mit G. E. Lessing und M. Claudius, in Straßburg erste Begegnung mit J. W. Goethe — und fünfjähriger Tätigkeit als Hofprediger und Konsistorialrat in Bückeburg wurde H. auf Anregung Goethes 1776 nach Weimar berufen. Dort wirkte er, bald deprimiert durch die Enge der Verhältnisse und die Begrenztheit seines Einflusses, als Hofprediger, Konsistorialrat, Generalsuperintendent und Schulaufseher, zuletzt noch Präsident des Oberkonsistoriums. Seit 1773 war H. verheiratet mit Caroline Flachsland (Darmstadt), die nach seinem Tod an der Herausgabe seines umfangreichen Werkes und Nachlasses mitarbeitete und über sein Leben berichtete. — Eine für die Jugend geschriebene Kurzbiographie H.s erschien in der „Jugendbibliothek“ (1853, Berlin) als Bd. 6: „H. als Knabe und Jüngling“ von F. Schmidt.

H.s Einfluß auf die Kinder- und Jugendliteratur. In die Geschichte der Kinder- und Jugendliteratur ist H. vor allem eingegangen durch das Vorwort zu der Sammlung „Palmblätter. Erlesene morgenländische Erzählungen für die Jugend“, deren 1. Teil 1786 und 2. Teil 1788 von A. J. Liebeskind († 1793) herausgegeben wurden. Ein 3. Teil folgte 1796. Unter dem Titel „Über den Wert morgenländischer Erzählungen zur Bildung der Jugend“ (datiert: Weimar, den 25. Februar 1786; abgedr. im 9. Bd. der Cotta'schen Gesamtausgabe der Werke H.s) nimmt H. im Einklang mit seiner grundlegenden Idee von der Poesie als Muttersprache der Völker Stellung zum literarischen Angebot für die Jugend allgemein. Im Hinblick auf die bildsamen Phantasiekräfte in der Jugendzeit fordert er, daß diese Kräfte auf „Beyspiele des Guten und Edlen“ gerichtet werden. „Goldene Sittensprüche und Regeln“ müßten durch die poetische Einkleidung „in die Erfahrung“ zurückkehren, aus der sie genommen seien; die „Sittenlehre werde in Handlung gesetzt oder sie entspringe selbst vielmehr aus der Handlung“. Dafür nennt H. die aesopischen Fabeln als erstrangiges Beispiel. Er verwendet das Wort „aesopisch“ als gattungsbestimmend für die strenge Form der belehrenden Tierfabeln, für die er auch beispielhafte Autoren des 18. Jh.s nennt. Die Tierfabeln, in denen der Tiercharakter gewahrt sein müsse, sollen mit den morgenländischen Erzählungen „Menschenfabeln" gegenübergestellt werden, „in der Zeichnung der Charaktere ähnlich wie die aesopischen Fabeln". Diese Erzählungen, hebt H. hervor, sind „nicht von der kleinlichen Art, die in unsern, insonderheit artigen Erzählungen herrschet"; sie lassen sich keiner besonderen Altersstufe zuordnen, sie sind allgemein besonders geeignet für die Jugend, denn: „Die Dichtung ist kühn und groß; die Lehre, die in ihr dargestellt wird, ungemein und rührend. Der Ton endlich ist, wie in allen orientalischen Schriften, ja der Bibel selbst, morgenländisch, d. i. einfach, groß und edel". H. rückte in Erinnerung an eine GELLERTsche Fabel, die er in Kindertagen gelesen, die morgenländischen Erzählungen in den höchsten Rang der Eignung für die Jugend und erklärte diesen mit der hohen Einfalt, dem Glanz des Wunderbaren, dem reinen Umriß und der „Simplicität der Gestalten und Wahrheiten selbst". Er teilte mit, daß er zu der Sammlung „Palmblätter" Anleitung gegeben habe, daß aber LIEBESKIND die Geschichten für die Jugend „eingerichtet, sie also auch vorzüglich klar und verständlich erzählt" habe, des Schwulstes entkleidet, „den die Europäer lange für morgenländische Erhabenheit hielten". Ausdrücklich lehnt H. jede „falsche Schminke" in der Literatur für die Jugend ab. „Die Seele eines Kindes ist heilig, und was vor sie gebracht wird, muß wenigstens den Werth der Reinigkeit haben". Die „Palmblätter" gehörten in verschiedenen Ausgaben zur bevorzugten Jugendliteratur des ausgehenden 18. und beginnenden 19. Jh.s. Noch 1857 erschienen in einer von F. A. KRUMMACHER besorgten Ausgabe alle drei Teile in einem Bande, illustriert von TH. HOSEMANN.

Das Vorwort zu „Palmblätter" ist der ausführlichste und geschlossenste Beitrag, den H. zum Thema Kinder- und Jugendliteratur geschrieben hat. Daneben sind zahlreiche Äußerungen in den philosophischen, pädagogischen und literaturkritischen Schriften H.s über die Bedeutung zu beachten, die er der Literatur, dem Lesen, Vorlesen und Sich-Einprägen von Dichtung für die Erziehung von Kindheit an beigemessen hat unter dem von ihm zu oberst und neu interpretierten Bildungsziel: Humanität. Demgemäß forderte er — und gab als Schulaufsichtsbeamter in Weimar auch praktische Anleitung dazu — „ausgebreitetes Lesen" der besten Schriftsteller schon in der Jugend, zunächst in der Muttersprache, dann, je nach Schulbildung, auch in anderen und vor allem in den alten Sprachen, eine „geistbildende und veredelnde Lektüre" (vgl. dazu besonders: „Von der Ausbildung der Rede und der Sprache in Kindern und Jünglingen", Schulrede, 1796). In seiner Preisschrift „Über den Einfluß der schönen in die höheren Wissenschaften" (1779) sagte H.: „Treffliche Beispiele wohlgeordneter Bilder und Phantasien in einer schönen Sprache ihnen ins Gemüth prägen, das bildet und nützt lebenslang". In Sprachen, Poesie, Rhetorik, Geschichte, den „Humaniora", die „das Gefühl der Menschlichkeit", den Sensus humanitatis, bilden und verfeinern, sollten alle Kinder unterwiesen werden, bevor die Trennung in gymnasiale und berufsbildende Schulzweige erfolge. In Entwürfen und Schulreden forderte H. die Auswahl guter Literatur für die Jugend, die Einrichtung und vielseitige Ausstattung von Schulbibliotheken. Sein Plan aufbauender Lesebücher als Anthologien konnte nicht verwirklicht werden, doch wurde das von H. geschaffene „Buchstabir- und Lesebuch" (1786) für die Elementarklasse am Weimarer Gymnasium eingeführt, die erste Fibel, die anstelle der Bibelsprüche und Gebete dem Kinde Sprichwörter, Lebensregeln und kurze Betrachtungen anbot. H. interpretierte die kulturhistorischen Frühphasen als „Kindheit" und „Jugend" der Völker und entdeckte dabei in Sprache und Form der älteren Mythen, Sagen, Märchen, Fabeln, Legenden, Lieder und in der Dichtung, die in deren Ton gehalten war, jene poetische Anschaulichkeit („Bildersprache") und erziehende Beispielhaftigkeit, die auf die Phantasiekräfte des Jugendlichen am stärksten wirken und ihnen Richtung geben sollten. Eine gewisse Armut der deutschen Sprache in solch volkstümlicher Dichtung räumte H. ein („Aus dem deutschen Museum", 1777); in die Abteilung „Teutsche Lieder" seiner Sammlung „Stimmen der Völker in Liedern" nahm er außer Liedern aus älteren Quellen einige zu Volksliedern gewordene Gedichte von S. DACH (1605—59), P. FLEMING (1609—40), M. LUTHER und, aus seiner Zeit, von M. CLAUDIUS auf. An dem von ihm als Volkslied („kindisches Fabelliedchen") entdeckten Gedicht „Es sah ein Knab ein Röslein stehen" (dessen Text er an GOETHE weitergab), bemerkte er den „Kinderton" (in: „Von deutscher Art und Kunst", 1773). Obwohl H. die Romantik, die ihm nur in ihrer ersten revolutionären Phase bekannt wurde, ablehnte, hat er mit seiner Volksliedforschung und seiner Idealisierung der volkstümlichen literarischen Überlieferung der Sammel- und Editionsarbeit der Romantiker auf diesem Gebiet wesentliche Anregungen gegeben. Er hat damit auch der Aufnahme dieses älteren Volksgutes und seiner Nachdichtungen in die Kinder- und Jugendliteratur den Weg bereitet. Bei ihm knüpfte auch der Gedanke der nationalen Bildung im Geiste der Humanität an durch die nationale, das hieß zunächst: die muttersprachliche Literatur.

H. selbst wollte nicht als Dichter gelten, doch hat er einige Gedichte, kurze Erzählungen und Fabeln in Reim und Prosa geschrieben („Zerstreute Blätter", 5. u. 6. Sammlung). Nur weniges davon ist eigens für Kinder bestimmt, wie z. B. Texte für Kantaten, in denen Kinderchöre auftraten, und das moralisch belehrende, dialogische Gedicht „Der erste Nachtigallen-Ausflug, ein Kinderlied". Eine Reihe seiner Fabeln, Erzählungen, Gedichte und immer neue Textstellen aus seinen Hauptwerken wurden bis in die Gegenwart in Anthologien für die Jugend und Schullesebücher aufgenommen. Noch 1967 erschien in Rumänien ein H.-Band im Bukarester Jugendverlag. *Margarete Dierks*

→ Romantik, → Volkslied

Werke: Vorwort zur Sammlung „Palmblätter". Hrsg. v. A. J. Liebeskind (Bd. 1. 1786); B. Suphan (Hrsg.): Sämtliche Werke (Bd. 1—33. 1877—1913); H. Kaferstein (Hrsg.): Pädagogische Schriften und Äußerungen (1902).

Sekundärliteratur: B. Deliiwanowa: Die Ansichten Herders über die Volkspoesie (Diss. 1967). — O. Francke: Herder und das Weimarische Gymnasium (1893). — H. Nohl: J. G. Herder (in: H. Nohl: Pädagogische Aufsätze. ^{2}1930. 1—64). — W. Wiora u. H. D. Irmscher (Hrsg.): Herder Studien (1960).

Verlag Herder

Freiburg, Basel u. Wien. Derzeitiger Leiter: Dr. H. Herder-Dorneich (* 1926).
Hauptsächliche Verlagsgebiete im Bereich der Kinder- und Jugendliteratur: Bilder-, Abenteuer- und Sachbücher (systematisches Nachschlagewerk: „Herders Kleines Bildungsbuch", 1956).
Autoren: L. Fatio, F. Hetmann, W. Matthießen, F. Mühlenweg, S. Rüttgers, J. Svensson u. a.
Illustratoren: R. Duvoisin, R. André u. a.
Verlagsgeschichte. B. Herder (1774—1839) gründete den Universalverlag 1801 in Meersburg. H. Herder (1864—1934), der Enkel des Gründers, erweiterte das Verlagsprogramm wesentlich und gründete weitere Firmen im In- und Ausland. Sein Schwiegersohn Dr. Th. Herder-Dorneich (* 1898) baute den Verlag nach dem Zweiten Weltkrieg wieder auf. Im Jahre 1965 folgte dessen Sohn Dr. H. Herder-Dorneich in der Geschäftsführung. Das Verlagsprogramm ist reich gefächert: vom Bilderbuch über die Belletristik bis zur Fachliteratur und zum Lexikon verschiedener Wissensgebiete. Mit der Entwicklung im Bereich der Literatur für Kinder ist der Verlag seit seiner Gründung verbunden.

Hergé

*(d. i. Georges Remi). Belgischer Zeichner und Texter der französischen Comic-Serie „Tintin" (dt. „Tim und Struppi"); * 22. 5. 1907 Brüssel.*

H. arbeitete als Zeichner seit 1923 bei „Le Boy-Scout Belge" mit. Der darin in Erscheinung tretende Hauptheld „Tortor" wird das Vorbild des späteren Erfolgshelden „Tintin". Am 10. 1. 1929 erschien in „Le Petit Vingtième", einer Wochenbeilage der Brüsseler Tageszeitung „Le XXe Siècle", erstmals ein Abenteuer Tintins und seines Foxterriers Milou auf der Titelseite. H. begann seine Bildgeschichten individuell zu zeichnen, unterhält aber heute ein Studio mit etwa einem Dutzend Mitarbeitern.

Werk, Tendenzen, Wirkung. Von 1930 bis 1971 erschienen Tintins Abenteuer in 22 Alben. Zusammen mit H.s weiteren Serien, den 5 Alben von „Jo et Zette" und den 11 um „Quick et Flupke", haben sie in aller Welt eine Gesamtauflage von 22,5 Millionen erreicht.
Mit „Tintin" hat H. im Rahmen der Comic-Entwicklung eine der wenigen europäischen Bildgeschichten gefunden, die sich gegen die starke amerikanisch-englische Konkurrenz durchsetzen konnte. Tintin, der Junge ohne familiäre Bindungen, der unentwegt auf Abenteuer aus ist, besitzt viele überdurchschnittliche Fähigkeiten; gelegentlich kommen ihm auch Zufall oder Telepathie zu Hilfe. Dennoch bleibt er in menschlich faßbaren Dimensionen; er irrt sich und korrigiert Denk- und Handlungsfehler. Neben dem schlauen Hund Milou haben sich im Laufe der Entwicklung aus der Vielzahl von Gestalten als zur Kerngruppe gehörig herausgeschält: Tournesol, der zerstreute und schwerhörige Professor, die Kriminalbeamten Dupond und Dupont (dt. Schulz und Schultz) und der trinkfreudige Kapitän Haddock. In der Entwicklung seiner Geschichten folgt H. dem Abenteuer-, Kriminal- oder Detektivgeschichten-Modell. Verbrechen geschehen, und die Missetäter werden über Länder und Kontinente hinweg verfolgt, wobei das „Law-and-Order"-Prinzip dominiert. Gegenüber dem stereotyp karikierenden Strich bei Personendarstellungen setzt er den Realismus im gezeigten Detail der Umwelt. Exotische Kulissen, Meer, Wüste, Tibet, Afrika, Amerika sind mit genau erfaßten Einzelheiten wiedergegeben. Tag- und Nachtwechsel, Mondszenerien und Klimastürze, technische Perfektion, Wetterwechsel charakterisiert er durch eine differenzierte Farbskala. Vielen seiner Geschichten hat H. aktuelle Bezüge beigegeben: Krise im Nahen Osten, Mondflug, Waffenhandel, Rauschgiftsucht und damit verbundenes Gewinnstreben, Fluch der Publicity, Wirkung der Massenmedien Presse und TV u. a. H.s Qualitäten erweisen sich in „slapstick-Effekten", differenzierender Ironie und wirkungsvoller Situationskomik. Übersetzungen der „Tintin"-Serie erschienen in den Niederlanden, Großbritannien, den USA, in Deutschland, Spanien, Portugal, Brasilien, Italien, Israel, in skandinavischen Sprachen und auf Katalanisch.
Vielfach trat „Tintin" in anderen Medien auf. 1940 hatte H. zusammen mit J. VAN MELKEBEKE zwei Theaterstücke um Tintin verfaßt: „Tintin aux Indes, ou le mystère du diamant bleu" und „Monsieur Boullock a disparu". 1946 gab der Belgier R. LEBLANC in seinem 1945 gegründeten Verlag Editions du Lombard erstmals die Jugendzeitschrift „Tintin" heraus, die sich mit verschiedenen Ausgaben bis zu einer wöchentlichen Gesamtauflage von 650.000

Exemplaren ausgeweitet hat. Das in der ersten Nummer abgedruckte „Tintin"-Abenteuer „Le temple du soleil" wurde 1969 von der Filmabteilung des Verlags, Belvision, verfilmt. Außer in weiteren Filmen wie „Tintin et le mystère de la Toisin d'or" und „Tintin et les oranges bleues" erschien Tintin in Malheften, im Wachsfigurenkabinett „Musée Grevin" Paris, als Werbefigur, in Fernsehzeichentrickfilmen und auf Schallplatten.
Horst Künnemann

Werke: Les aventures de Tintin reporter du „Petit Vingtième" au Pays des Soviets (1930); Tintin au Congo (1931; NA. 1970); Tintin en Amérique (1932); Les Cigares du Pharaon (1934); Le Lotus Bleu (1936); L'oreille cassée (1937); L 'Ile Noire (1938; dt. Die schwarze Insel. 1955; NA. 1968); Le sceptre d'Ottokar (1939; dt. König Ottokars Zepter. 1953; NA. 1967); L'étoile mystérieuse (1943; dt. Der geheimnisvolle Stern, 1954); Le secret de la Licorne (1944; dt. Das Geheimnis der „Einhorn", 1952); Le crabe aux pinces d'or (1945; dt. Die Krabbe mit den goldenen Scheren. 1953; NA. 1967); Le trésor de Rackham le Rouge (1947; dt. Der Schatz Rackhams des Roten, 1952); Les sept boules de cristal (1948); Le temple du soleil (1949); Au pays de l'or noir (1950; dt. Im Reich des schwarzen Goldes, 1967); Les aventures de Jo, Zette et Jocko: Le stratonef (Bd. 1 u. 2. 1951); Le rayon du mystère (Bd. 1 u. 2. 1952); Objectif lune (1953; dt. Reiseziel Mond. 1960; NA. 1967); On a marché sur la lune (1954; dt. Schritte auf dem Mond, 1967); L'affaire Tournesol (1956; dt. Der Fall Bienlein, 1968); Tintin au Tibet (1960; dt. Tim in Tibet, 1967); Les bijoux de la Castafiore (1963); Vol 714 pour Sydney (1968; dt. Flug 714 nach Sydney, 1969).

Sekundärliteratur: N. Leurs: Form und Gehalt der Bildgeschichten-Serie „Tintin" von Hergé (Examensarbeit 1969). — H. Ostertag: Tim und Struppi. Eine erfreuliche Comicserie (in: Schweizerische Lehrerzeitung. 43. 1972. 1659—1665). — J. Rodenbeck: The Tin-Tin series: Children's literature and popular appeal (in: F. Butler (Hrsg.): Children's literature. The Great Excluded. Bd. 1. 1972. 93—97). — W. Scherf: Gibt es gute Comics? (in: JL. 9. 1959. 406—411 u. 528—529). — P. Vandromme: Le monde de Tintin (1959).

Hering, Elisabeth

*(geb. Leicht; Ps.: Elisabeth Ackner). Schriftstellerin, auch Kinder- und Jugendbücher; * 17. 1. 1909 Klausenburg/Siebenbürgen.*

H. ist deutscher Abstammung, wuchs in Schäßburg (Sighisoara) auf, lebte viele Jahre in Hermannstadt (Sibiu) und unternahm Reisen durch Ungarn, Polen, die Tschechoslowakei und Bulgarien. In zweiter Ehe heiratete sie Walter H. (* 11.6. 1895), der ebenfalls für die Jugend schreibt, Buchherausgaben mit seiner Frau vorbereitet und für den Funk (Hörspiel) tätig ist. H., mit ihrem Mann seit einigen Jahren in Leipzig ansässig, erhielt nach ersten Märchenpublikationen für den kulturhistorischen Roman „Südseesaga" (illustriert von R. Nehmer) einen Preis im Jugendbuchwettbewerb des Ministeriums für Kultur (DDR) 1956.

Werk, Tendenzen, Wirkung. Unter dem Namen Elisabeth Ackner (nach ihrer ersten Eheschließung) veröffentlichte H. ihr erstes Buch, „Der Oirol", zwei Liebesgeschichten aus dem alten Korea, die sie nach literarischen Vorlagen erarbeitet hatte. Nach der viel beachteten „Südseesaga" schrieb sie Romane religiöser (Ihm zum Bilde, 1965) und kulturhistorischer Thematik, von denen mehrere als Jugendbücher in Ost und West erschienen (Die Magd der Pharaonen; Der Bildhauer des Pharao). H. schrieb auch biographische Erzählungen für die Jugend (Drei Lebensretter), übertrug Märchen aus der rumänischen Sprache (Der goldene Birnbaum) und gab deutsche Märchen und Sagen in neuer Bearbeitung heraus. Ein Märchenbuch eigener Phantasie ist die Rückkehrgeschichte der Kölner Heinzelmännchen (Heinzelmännchens Wiederkehr). Einzelne ihrer Jugendbücher wurden ins Italienische und Russische übersetzt, ihre populärwissenschaftliche Darstellung „Rätsel der Schrift" ins Ungarische und Rumänische.
Margarete Dierks

Werke: Der Oirol (1951; unter E. Ackner); Hong Kil Tong und andere Märchen (1952); Der Heinzelmännchen Wiederkehr (1955; 1957 u. d. T.: Heinzelmännchens Wiederkehr); Drei Lebensretter (1955; 1962 u. d. T.: Ein tapferes Herz); Märchen aus Rumänien (1956; zus. mit W. Hering; 1959 u. d. T.: Der goldene Birnbaum); Schrieb Noah schon? (1956; 1961 u. d. T.: Rätsel der Schrift); Südseesaga (1956); Die Magd der Pharaonen (1958); Sagen und Märchen von Donau und Rhein (1959); Savitri (1959); Sagen und Märchen von der Nordsee (1961); Der Bildhauer des Pharao (1963); Kostbarkeiten aus dem deutschen Märchenschatz (Bd. 1 u. 2. 1963 u. 1966); Aspasia (1967).
IJB

Herold Verlag Brück KG

Stuttgart. Derzeitiger Leiter: E. Müller (* 1940).
Hauptsächliche Verlagsgebiete im Bereich der Kinder- und Jugendliteratur: Bilder-, Kinder-, Abenteuer- und Mädchenbücher verschiedener Thematik sowie Anleitungen zu Kasperle-Spielen.
Autoren: P. Alverdes, B. Bartos-Höppner, I. Bayer, M.-L. Bernhard von Luttitz, L. Betke, E. Blyton, L. Bourliaguet, W. Ecke, R. Fea, H. von Gottberg, J. ter Haar, A. Himmel, R. Jonsson, E. Kant, I. Korschunow, D. Laan, Fr. Langer, I. Ott, E. Peroci, R. Remy, G. Rodari, M. Rodman, K. von Roeder-Gnadenberg, T. Schumacher, J. Siebe, C. Wethekam u. a.
Illustratoren: H. Deininger, W. und O. Frick, E. Hölle, W. Kretzer, H. Lemke, N. Plump, L. Rasch-Nägele, H. Rothfuchs, U. Schramm, Fr. J. Tripp, K. Wendland u. a.
Verlagsgeschichte. Der Verlag entstand 1871 unter dem Namen „Verlag Levy und Müller" in Stuttgart. Nach 1933 änderten die Brüder Dr. R. Levy und E. Levy offenbar unter dem Druck der politischen Verhältnisse ihren Namen in Lenk und den

der Firma in „Jugendschriften-Verlag R. und E. Lenk".

Im Jahre 1936 verkauften sie den Betrieb an die Christliche Verlagshaus GmbH, Stuttgart. Der Verlag änderte damit zum zweiten Mal die Bezeichnung und firmierte von diesem Augenblick an unter dem Namen „Herold Verlag GmbH". Nach dem Krieg erhielten die Brüder Lenk ihr Eigentum zurückerstattet (1946/47). Der Verlagsname blieb, bis ihn seine derzeitigen Inhaber, nachdem sie den Herold Verlag im Jahre 1951 übernommen hatten, zu der Bezeichnung „Herold Verlag Brück KG" erweiterten.

Hetmann, Frederik

*(d. i. Hans-Christian Kirsch). Schriftsteller, Übersetzer; * 17. 2. 1934 Breslau.*

H. flüchtete 1945 nach Thüringen, 1949 in die Bundesrepublik. Er studierte Pädagogik, Anglistik, Romanistik und politische Wissenschaften. Anschließend unternahm er ausgedehnte Studienreisen ins Ausland. Nach seiner Tätigkeit als Lehrer, Lektor und Redakteur arbeitete H. seit 1963 als Rundfunk-, Fernsehautor, Übersetzer und freier Schriftsteller. Seit 1973 gibt er zusammen mit I. Brender die Reihe „diskussion" (O. Maier, Ravensburg) heraus. Er lebt in Wiesbaden, ist in der Jugendarbeit aktiv und regelmäßig an Autorenlesungen beteiligt. 1965 und 1973 wurde er mit dem Deutschen Jugendbuchpreis ausgezeichnet (Amerika-Saga, 1964; Ich habe sieben Leben, 1972).

Werk, Tendenzen, Wirkung. Nach ersten lyrischen Arbeiten (André ist hinter dir, Balladen, 1953; aber mein lied ist nicht gelb, 1957) schrieb H. Hörspiele und Bücher, die u. a. über das Leben junger Menschen berichten, jedoch nicht ausdrücklich für Jugendliche konzipiert waren (Blues für Ari Loeb, 1961; Bring den Schnee durchs Feuer, 1962). Für seine 1964 erschienene „Amerika-Saga. Von Cowboys, Tramps und Desperados", mit Holzschnitten von G. Stiller, erhielt H. den Deutschen Jugendbuchpreis 1965. Das Buch bringt eine neuartige Darstellung der Geschichte Amerikas in verschieden akzentuierten Epochen und bezieht jeweils charakteristische Folklore — Stories und Songs — ein. Ähnlich konzipiert erschienen in den folgenden Jahren: Amerika singt (1965); Rußlandsaga (1967) u. a. Außer dem folkloristisch-historischen Bereich gehört H.s Interesse der gegenwartsgeschichtlichen und sozialpolitischen Thematik. 1961 gab er eine Dokumentation zum Leben junger Deutscher in der DDR heraus, „Die enteigneten Jahre", und versuchte damit ebenso wie mit den Bänden „Profile der Demokratie" (1969), „England aus erster Hand" (1969) u. a. ausdrücklich jugendliche Leser zu erreichen. In seinem Roman „Deutschlandlied" (1969) werden die Ereignisse vor, während und nach dem 17. Juni 1953 dargestellt. Für Funk, Fernsehen, Zeitschriften und Tagespresse verfaßte H. zahlreiche sozialkritische Beiträge mit aktueller Problematik (Biafra, Indianer heute u. ä.), mit denen er bewußt an das Interesse junger Leser und Hörer anknüpft. Er nimmt auch Stellung zur zeitgenössischen Jugendliteratur („Jugendbuch und Zeitgeschichte", 1967). Das Leben des lateinamerikanischen Sozialrevolutionärs Che Guevara stellte H. in „Ich habe sieben Leben" (1972) dar.

Brigitte Nottebohm

Werke: Unterwegs durch Europa (1960; unter H.-Chr. Kirsch); Blues für Ari Loeb (1961); Enteignete Jahre (1961); Bring den Schnee durchs Feuer (1962); Amerika-Saga (1964); Jahrgang 1934 (1964; unter H.-Chr. Kirsch); Rußlandsaga (1967); Sheriffs, Räuber, Texas Rangers (1968); Von Cowboys, Tramps und Desperados (1968); Wer bekommt das Opossum? (1968); Abenteuer einer Jugend (1969; unter H.-Chr. Kirsch); Mustangs, Rinder, Schienenstrang (1969); Profile der Demokratie (1969); Die Spur der Navahos (1969); Goldrausch in Alaska (1970); Das Schwarze Amerika (1970); Von Trappern und Scouts (1970); Die Pinkerton-Story (1971); Weißes Pferd, schwarzer Berg (1971); Bitte nicht spucken (1972); Ich habe sieben Leben (1972); Wildwest Show (1973).

Hrsg.: . . . leben in Europa (1962; unter H.-Chr. Kirsch); England aus erster Hand (1969; unter H.-Chr. Kirsch); Protest, Lieder aus aller Welt (1969); Indianermärchen aus Nordamerika (1970). *IJB*

*Frederik Hetmann (d. i. Hans-Christian Kirsch, * 1934)*

Hetzer, Hildegard

*Psychologin, emer. o. Professor, Gießen, Verfasserin jugendpsychologischer Schriften, in denen auch jungleserpsychologische Beobachtungen behandelt werden; * 9. 6. 1899 Wien.*

Zunächst war H. in der Wohlfahrtspflege, dann als Schülerin und Assistentin Ch. Bühlers von

1924—31 am Psychologischen Institut der Stadt und Universität Wien tätig (gemeins. Veröffentlichungen mit Ch. Bühler). H. lehrte an der Päd. Akademie Elbing, am Päd. Institut Weilburg und seit 1961 als o. Professor und Direktor des Seminars für Päd. Psychologie an der Universität Gießen. H. ist Herausgeber des Bandes 10 des Handbuchs der Psychologie (Päd. Psychologie, 1959) und seit 1959 korr. Mitglied der Deutschen Vereinigung für Kinderpsychiatrie.

Werk und Wirkung. H. hat zahlreiche Untersuchungen auf dem Gebiet der allg. Entwicklungspsychologie und der Entwicklungsdiagnostik gemacht. H. führt in die Entwicklungspsychologie den *sozialen Aspekt* ein und macht die *Entwicklung* des Kindes und Jugendlichen unter *unterschiedlichen sozialen* und *milieubedingten Gegebenheiten* zum *Forschungsgegenstand.*
Lesen sieht H. als einen Bestandteil der menschlichen Gesamtentwicklung und bezieht daher Leserbeobachtung in zahlreiche ihrer Untersuchungen ein. Von besonderer Bedeutung sind ihre Aussagen über das Leseverhalten *sozial benachteiligter* Mädchen und Knaben in der negativen Phase der Pubertät und die aus Dorfuntersuchungen in Hessen gewonnenen, sehr differenzierten Aufschlüsse über das Lesen bei der ländlichen Jugend. Im Rahmen ihrer Arbeit über *Testverfahren* bei Kindern weist H. nach, daß der Bücherkatalogtest kein objektives Verfahren für die Ermittlung der wirklichen Leseinteressen ist. In der Diskussion über die Verfilmung von Märchenstoffen (anl. der Puppen-Filme der Brüder Diehl) tritt sie für die künstlerische Verfilmung ein und sieht darin eine wichtige Anschauungsgrundlage für Phantasieerleben und ästhetischen Genuß beim Kinde. Auch die schriftsprachlichen Ausdrucksformen von Kindern und Jugendlichen hat H. untersucht. *Luise Siegling*

→ Ch. Bühler, → Jungleserpsychologie

Werke: Der Einfluß der negativen Phase auf soziales Verhalten und literarische Produktion pubertierender Mädchen. — Das soziale Verhalten von Mädchen während der Reifezeit von Lucia Vecerka (1926); Die symbolische Darstellung in der frühen Kindheit (1926); Seelische Hygiene — Lebenstüchtige Kinder (1930); Soziale Umwelt und Entwicklung der kindlichen Persönlichkeit (1930); Einfluß von Begabung und Milieu auf die Zukunftswünsche junger Mädchen (1931); Erziehungsfehler (1931); Kind und Schaffen: Experimente über konstruktive Betätigungen im Kleinkindalter (1931); Richtiges Spielzeug für jedes Alter (1931); Kleinkinder-Tests (1932); Lied und Musik im Kinderleben (1933; zus. mit K. Ameln); Schüler und Schulzeugnis (1933); Welches Spielzeug kaufen? (1933); Das Kind wächst heran (1935); Psychologische Beobachtungen bei den konstitutionsmedizinischen Untersuchungen des Jugendarztes (1936; zus. mit W. Zeller); Die seelischen Veränderungen des Kindes bei dem ersten Gestaltswandel (1936); Mütterlichkeit (1937); Psychologische Untersuchung der Konstitution des Kindes (1937); Psychologische Begutachtung von Grundschülern (1939); Kind und Jugendlicher in der Entwicklung (1948); Entwicklungstest-Verfahren (1950); Lisa ist launisch (1951); Kind und Jugendlicher auf dem Lande (1952; zus. mit G. Morgenstern); Die entwicklungsbedingten Stilformen von kindlichen und jugendlichen Schreibern (1955); Das Spiel in der Schule (1957); Der Schulreifetest (1958; zus. mit L. Tent); Kinderspiel im Freien (1966; zus. mit L. Benner u. L. Pée); Zur Psychologie des Kindes (1967); Spielen lernen, spielen lehren (1969). *IJB*

Heuck, Sigrid

*Graphikerin; * 11. 5. 1932 Köln/Rhein.*

H. erhielt ihre Ausbildung an der Kunstakademie in München und lebt in der Grabenmühle, Einöd/Bayern. Im Rahmen der Triennale in Mailand erhielt sie 1960 die Silbermedaille. Einige ihrer Bücher gelangten auf die „Auswahlliste“ zum Deutschen Jugendbuchpreis.

Werk, Tendenzen, Wirkung. Ländliche Motive, Tierleben, die Ponyfarm ihrer Mutter haben sie in ihrem Schaffen entscheidend beeinflußt. Trotz moderner Techniken im Bilderbuch, Collagen, plakativer Temperamalerei bevorzugt H. einen realistisch orientierten Stil. Neben Klebebildern sind es Linoldruck, Holzschnitt, Federzeichnung. Wesentliche Vorbilder waren ihr in der Arbeit, auch in thematischer Hinsicht, E. Kreidolfs „Alpenblumenmärchen“ und „Die Wiesenzwerge“, E. Beskows „Hänschen im Blaubeerenwald“. Auch ein nachhaltiger Einfluß der „Dr. Dolittle“-Bücher von H. Lofting läßt sich feststellen.
Seit 1959 hat H. eine Reihe von Kinder- und Jugendbüchern illustriert, Schulbücher bebildert und in von ihr auch getexteten Bilderbüchern Tiere in märchenhafter Umgebung und in klarer Farb- und Formgebung gestaltet. Ihre Bücher und freien Arbeiten wurden wiederholt in Ausstellungen gezeigt, u. a. in München und Bratislava.

Horst Künnemann

Werke: Das Mondkuhparadies (1959); Der Vogelbaum (1963); Büffelmann und Adlerkönig (1968); Cowboy Jim (1968); Der Zwerg (1970); Zacharias Walfischzahn (1971).
Ill.: S. Heuck: Das Mondkuhparadies (1959); G. Ruck-Pauquèt: Pony (1961, ²1965); G. Ruck-Pauquèt: Mit Spargel schießt man keine Hasen (1961); R. Neumann: Die Geschichte von dem ganz besonderen Tier (1961); G. Ruck-Pauquèt: Joschko (1963); S. Heuck: Der Vogelbaum (1963); J. Guggenmos: Mein Haus (1963); K. Allfrey: Penny Brown (1964); B. Klaffke: Märchenreise durch Deutschland (1965); L. Hille-Brandts: Die Henne Gudula (1965); K. Allfrey: Dimitri (1966); G. Ruck-Pauquèt: Das kleine Murmel (1966); A. Setälä: Namenlos sucht einen Namen (1966); L. Hille-Brandts: Gudulas Heimkehr (1967); S. Heuck: Büffelmann und Adlerkönig (1968); G. Luebbe-Grothues: Mein Futterhäuschen (1969); S. Heuck: Der Zwerg (1970); S. Heuck: Zacharias Walfischzahn (1971); F. J. Tripp: Emilio Feuerrohr (1971); S. Heuck: Malpeter (1972); S. Heuck: Ich geh raus (1972); S. Heuck: Roter Ball und Katzendrache (1972).

Hey, Johann Wilhelm

*Pfarrer, Verfasser der „Funfzig Fabeln für Kinder", Kinderlieddichter; * 26. 5. 1789 Leina b. Gotha, † 19. 5. 1854 Ichtershausen.*

H. war Sohn eines Pfarrers, studierte nach dem Schulbesuch in Gotha, Jena und Göttingen Theologie und war nach seiner Hauslehrertätigkeit 1811 bis 1814 in Holland Mitlehrer der Vorbereitungsklasse für das Gymnasium in Gotha; er übernahm die Pfarrstelle in Töttelstedt und wurde 1827, nach dem Tode seiner ersten Frau, Hofprediger in Gotha, wo er den Verleger Fr. Perthes zum Freund gewann. H. schloß eine zweite Ehe und ging als Superintendent und Bezirks-Schulinspektor nach Ichtershausen, wo er trotz schweren Leidens bis zu seinem Tod tätig blieb.

Werk, Tendenzen, Wirkung. Von Freunden dazu veranlaßt, veröffentlichte H. 1816 einen Band eigener Gedichte, 1829 und 1832 seine Predigten. Anonym erschienen bei Perthes 1833 zuerst seine „Funfzig Fabeln für Kinder, nebst einem ernsthaften Anhange". Mit den Illustrationen von O. Speckter wurde das kleine Buch zu einem „Classiker der Kinderliteratur" (L. Göhring) im 19. Jh. (Ebenfalls noch 1833 erschien die Ausgabe in französischer Sprache „Cinquantes fables pour les enfants"). H. hatte das Buch mit einem Vorwort „An die Eltern" versehen. Er empfahl darin für Kinder von vier bis sieben Jahren seine Fabeln, für ältere den Anhang der frommen Gedichte, Sprüche und Bibelzeilen. Dieser Anhang solle zum Auswendiglernen dienen, das ganze Büchlein aber über längere Zeit „für Sinn und Gemüt wahrhaft bildend" werden.

In Deutschland kam 1834 des großen Erfolges wegen eine wohlfeile Ausgabe in großer Auflage heraus; im Herbst 1837 erschien ein zweiter Band: „Noch 50 Fabeln, gezeichnet von Otto Speckter". Bereits 1841 lagen Übertragungen auch ins Englische und Holländische vor. Die erste Ausgabe hatte Lithographien, die zweite Ausgabe 1834 brachte die Illustrationen in Tiefdruck (Steinradierung), die Neue Ausgabe 1836 zeigte Kupferstiche. 1840 kam eine Ausgabe in französischer Sprache mit Holzschnitten heraus, 1850 bei Perthes „Funfzig Fabeln für Kinder. Neue Ausgabe mit Holzschnitten nach neuen Zeichnungen".

Nicht mehr Fabeln im klassischen Sinne, jedoch auch nicht im philanthropinistischen Sinne lehrhaft, schildern die naiv reimenden Sechszeiler H.s kleine Tierszenen und lassen Tiere, Kinder, Dinge in der Umwelt des Kindes sprechen. Kindgemäß anschaulich, heiter, voll Wärme, Humor und einer ursprünglichen Poesie, bringen diese Verse einen neuen Klang in die Kinderlyrik. Die jeweils zweiten sechszeiligen Strophen zu den ersten seiner Fabeln hat H. auf Bitten seines Verlegers Perthes hinzugedichtet; bei vielen gelang die Weiterentwicklung zwanglos, bei einigen trat damit die vorher vermiedene ‚Belehrung' hinzu. 1905 gab der Hamburger Jugendschriftenausschuß eine Auswahl heraus, in der die zusätzlich angereimten zweiten Strophen weggelassen und nur die ursprünglichen ersten beibehalten waren. Als Bändchen Nr. 309 brachte der Insel-Verlag H.s „50 Fabeln für Kinder" 1928 mit der Bildwiedergabe nach den Probedrucken der Lithographien von Speckter zur ersten Ausgabe heraus. Die verschiedenen Ausgaben gehören zu den gesuchtesten bibliophilen Werken der Kinderliteratur. H.s Fabeln wurden auch in die Schullesebücher aufgenommen. Seminardirektor C. Kehr und nach ihm Seminarlehrer A. Kleinschmidt weiteten sie mit den Bildern, die der Münchner Maler W. Pfeiffer dazu geschaffen hatte, für den Anschauungsunterricht aus, ein „anschauliches" Beispiel der „Verschulung" von Kinderliteratur im Rückschlag auf die Prinzipien der Jugendschrift in der Aufklärung. Das Buch für die Hand des Lehrers enthielt sogar eine systematische „Anweisung zur Besprechung der Heyschen Fabeln auf Grundlage der Pfeifferschen Bilder" mit dem ausdrücklichen Hinweis, „daß bei dieser Art des Anschauungsunterrichts nicht allein die Gemüts- sondern auch die Verstandes- und Sprachbildung zu ihrem vollen Rechte kommen" könnten. Das sollte geschehen durch die Aufzählung der Körperteile der abgebildeten Tiere, der Kleidungsstücke der Kinder u. ä. sowie durch Lehrerfragen, die Vergleiche zum Text herbeinötigten. Eine Jubiläumsausgabe der 1. Auflage „Funfzig Fabeln für Kinder" erfolgte 1883 bei Perthes, originalgetreu mit dem „ernsthaften Anhange" frommer Kinderlieder des dichtenden Pfarrherrn. Von H.s Kindergedichten sind viele in Lesebüchern verstreut erschienen und einige der innigsten, die kongeniale Vertonungen fanden, in den Grundbestand des deutschen Kinder- und Volksliederschatzes eingegangen, u. a. „Weißt du, wieviel Sternlein stehen", „Alle Jahre wieder", „Aus dem Himmel ferne", „Wer hat die Blumen nur erdacht", „Vöglein im hohen Baum". H.s Kindergedichte „haben in die Jugenddichtung wirkliche Poesie gebracht, Sonnenschein in ein frostiges Haus", urteilte L. Göhring, der H. im „Triumvirat der ersten echten Kinderdichter" (Hoffmann v. Fallersleben, Fr. Güll) als den „liebenswürdigen, gemütlichen Maler Himmels und der Erden" bezeichnete, einen „Novalis der Kinder".

H. hat auch Texte geschrieben zu Bildern von H. J. Schneider („Das Kind von der Wiege bis zur Schule", 1850) und von M. Prätorius („Das Leben eines Kriegspferdes", 1850). Seine „Erzählungen aus dem Leben Jesu für die Jugend" zu Oliviers Volksbilderbibel sind Ausdruck einer schlichten Frömmigkeit, wie er sie in Kindern erwecken wollte.

Margarete Dierks

Werke: Gedichte (1816); Funfzig Fabeln für Kinder (1833, ²1834); Noch funfzig Fabeln für Kinder (1837); Erzählungen aus dem Leben Jesu für die Jugend (1838); Das Leben eines Kriegspferdes (1850, ^{2}1853).

Sekundärliteratur: J. Bonnet: Der Fabeldichter Wilhelm Hey, ein Freund unserer Kinder (1885). — A. Bütow: Wilhelm Hey (1889). — L. Göhring: Wilhelm Hey (in: L. Göhring: Die Anfänge der deutschen Jugendliteratur im 18. Jahrhundert. 1904; ND. 1967. 93—102). — T. Hansen: Wilhelm Hey (1886). — N. Knauf: Der Fabeldichter Wilhelm Hey und seine Bedeutung für die Schule (in: Lehrer-Prüfungs- u. Informations-Arbeiten. 1889, ^{4}1910. 20. 3—38). — G. Schneider: Zum hundertjährigen Geburtstag des Fabeldichters W. Hey (1889).

Heyduck-Huth, Hilde

*Malerin, Grafikerin, Illustratorin; * 18. 3. 1929 Niederweisel/Taunus.*

H. verbrachte ihre Kindheit und Jugend in Frankfurt a. M. Nach dem Abitur studierte sie an der Hochschule für bildende Künste in Kassel und war nach dem Staatsexamen einige Jahre Kunsterzieherin. 1956 heiratete sie den Bühnenbildner Chr. Heyduck, ist seit der Geburt ihres Sohnes (1958) freischaffend tätig und widmet sich der Malerei und Illustrationsgrafik (Ausstellungen in Frankfurt a. M., Kassel, Essen und Bologna) und architekturgebundenen Arbeiten. Ihr Bilderbuch „Drei Vögel" (1966) wurde 1967 mit dem Typografiepreis für das bestgestaltete Kinderbuch („Premio grafico Fiera di Bologna") ausgezeichnet.

Hilde Heyduck-Huth (1929)*

Werk, Tendenzen, Wirkung. In den seit 1960 veröffentlichten Bilderbüchern hat H. dem Typ der „unzerreißbaren" Titel für Kinder des ersten Lesealters, mehr noch der ersten Bilderbuchphase neue Akzente gegeben. Sie bevorzugt eine farblich klar differenzierte Palette, eine formal rasch erfaßbare Zweidimensionalität, deutlich stilisierende Formen und vor allem kindgemäße Stoffe der Wohnumwelt des Kindes, des Stadtlebens, der Tierwelt und des ländlichen Daseins. Typografisch und bildlich sind die im einheitlichen Format gehaltenen Bände harmonisch aufeinander abgestimmt. Als Anschauungsmaterial und Medien erster bildlicher Begegnung und Schulung im Umgang mit kindgemäßer Kunst sind sie Hilfen für Vorschulpädagogik und Kindergärten. *Horst Künnemann*

Ill.: H. Heyduck-Huth: Wenn die Sonne scheint (1961, ^{10}1972); Kommt in den Wald (1964, ^{7}1972); Drei Vögel (1966, ^{4}1970); Thomas im Dorf (1968, ^{4}1972); Jahreszeiten-Bilderbuch (1968, ^{3}1972); Fahrzeuge (1968, ^{3}1972); Malen und zeichnen (Tl. 1 u. 2. 1970); Kinderspiele (1970); Weihnachten (1971); Was soll ich malen (1972).

Hobrecker, Karl

*Bibliothekar, Literaturwissenschaftler und Kinderbuchsammler; * 25. 12. 1876 Westig b. Iserlohn, † 22. 6. 1949 Hemer.*

Nach dem Studium der Literatur- und Bibliothekswissenschaft war H. als Leiter verschiedener öffentlicher Bibliotheken tätig. Daneben begann er schon als junger Mann mit dem Sammeln alter Kinderbücher. Seine besondere Vorliebe galt Bilderbüchern, Märchen- und Fabelausgaben, Rätsel-, Lieder- und Kinderreimsammlungen, vor allem aber Kinderbuchausgaben mit handkolorierten Kupferstichen bzw. Steindrucken. 1942 erhielt H. den von dem damaligen NS-Reichsjugendführer B. von Schirach neu gestifteten „Jugendbuchpreis von Weimar" in der Gruppe Bilder- und Kinderbücher für die Neuherausgabe und Bearbeitung der Grimmschen Märchen in dem Band „Kindermärchen", der 1935 erschien und bis zum Ende des Zweiten Weltkrieges wiederholt neu aufgelegt wurde.

Werk, Tendenzen, Wirkung. Bis zum Beginn des nationalsozialistischen Regimes im Jahr 1933 war H.s Kinderbuchsammlung auf über 12.000 Bände angewachsen. Der Umfang der Sammlung läßt sich aus einer erhalten gebliebenen Beschreibung des Katalogs der Sammlung H. ungefähr ersehen, wonach H. im Laufe seiner Sammlertätigkeit Kinderbücher aus fünf Jahrhunderten zusammengetragen hatte, die nach Schwerpunkten wie Bilderbücher, deutsche und fremdländische Märchen, religiöse Jugendbücher, erzählendes Schrifttum, Bücher aus dem Kinderleben und Laienspiele gegliedert waren. Im Sommer 1933 wurde die Sammlung H. in die Reichsjugendbücherei übernommen, die von der Reichsjugendführung am 17. Juni 1933 in Berlin (Kronprinzenufer 10) eingerichtet worden war. Gleichzeitig wurde H. zum Kustos der Reichsjugendbücherei ernannt. H., der dem Nationalsozialismus kritisch gegenüberstand, sah in seiner neuen Funktion die einzige Möglichkeit, seine Sammlung erhalten und weiterhin auf dem Gebiet der älteren Kinder- und Jugendliteratur als Bibliothekar, Sammler und Propagandist tätig bleiben zu können. Mit Hilfe zahlreicher Veröffentlichungen und Spezialbibliographien versuchte er sein ganzes Leben hindurch, in weiten Kreisen Interesse für das alte Kinderbuch zu wecken.

Am bekanntesten wurde H.s Buch „Alte vergessene Kinderbücher", das im Jahr 1924 herauskam und in dem er im bibliophilen Plauderton einen kurzen Gang durch die Geschichte der Kinder- und Jugendliteratur unternimmt. Das Buch besticht einmal durch die zahlreichen farbigen Wiedergaben alter handkolorierter Kinderbuchillustrationen, zum anderen aber auch durch die Bibliographie, in der 132 alte Kinderbücher bibliographisch exakt und mit vielen interessanten Anmerkungen versehen beschrieben werden. Trotz des feuilletonistischen Tons des Buches, der auch in den übrigen Veröffentlichungen H.s vorherrscht, sind alle Beiträge von einer fundierten Sachkenntnis getragen, die H. als einen der wenigen Experten seiner Zeit auf dem Gebiet der älteren Kinder- und Jugendliteratur ausweisen.

Zu zwei der fruchtbarsten Kinder- und Jugendbuchillustratoren des 19. Jh.s stellte H. in ihrer Gründlichkeit und Vollständigkeit bis heute unübertroffene Bibliographien zusammen. Es sind dies die Illustratoren Th. Hosemann (L. Brieger: Theodor Hosemann. Mit einem Katalog der graphischen Werke von K. H., 1920) und O. Speckter, zu dem er gleich für zwei Arbeiten 1920 und 1930 Bibliographien zusammentrug.

H.s Aufsätze, die vorwiegend in allgemeinen Kulturzeitschriften (Daheim; Gartenlaube; Der Türmer; Westermanns Monatshefte u. a.), aber auch in Fachzeitschriften für Bibliophile, Pädagogen und Psychologen erschienen, enthalten neben allgemeinen Abhandlungen zum alten Kinderbuch („Alte Kinderbücher", Die Schule 1925; „Aus der Vergangenheit des deutschen Kinderbuches", Universum 1926; „Kinderbuchsammlers Leiden und Freuden", Philobiblon 1932) auch Beiträge zu speziellen Teilgebieten wie Bilderbuch („Neues aus Struwwelpeters Leben und Verwandtschaft", Daheim 1926; „Verwandlungsbilder", Westermanns Monatshefte 1937; „Über bewegliche Bilderbücher", Wegweiser für Spielzeug 1938), Märchenbuch („Fund beim Fundevogel", Zeitschrift für Bücherfreunde 1923; „Ausflug nach Liliput. Zwerge im Märchen", Daheim 1932; „Die erste Ausgabe unserer klassischen Kindermärchen", Der Türmer 1935), einzelne Kinderbuchillustratoren („Oscar Pletsch zum 100. Geburtstag", Daheim 1930) oder mehr ausgefallene Aspekte des Kinderbuchsammelns („Der klassische Herr Schneemann", Daheim 1929; „Der Teufel im Kinderbuch", Gartenlaube 1932; „Der drastische Biedermeier", Westermanns Monatshefte 1943).

H. verfaßte den Text zu einigen Bilderbüchern wie „Lustiges Bilder-ABC" (1925) und „Das Reisegepäck" (1929). Das 1926 erschienene Bilderbuch „Sause, Kreisel, sause" hat H. herausgegeben. Großen Anklang fand das originelle, in Leporello-Form gedruckte Büchlein „Rundfunk-Struwwelpeter" (1926), das eine Satire auf die Frühzeit des öffentlichen Rundfunks darstellt und das auch noch heute mit Vergnügen gelesen werden kann. Größeren Einfluß als mit seinen eigenen Bilderbüchern gewann H. mit der Besorgung und Bearbeitung zahlreicher Neuausgaben von Märchensammlungen der Brüder Grimm, von Andersen, Hauff und Bechstein sowie einer großen Anzahl „klassischer" Kinder- und Jugendbücher wie Campes Robinson, Gellerts Fabeln, Coopers Lederstrumpfgeschichten, Beecher-Stowes Onkel Toms Hütte oder Spyris Mädchen- und Heimatbücher.

Die Sammlung H., deren Bücher alle den Prägestempel von Karl H. eingedruckt haben und deshalb leicht zu identifizieren sind, ging während der Kriegsereignisse verloren und konnte bis heute nicht wieder aufgefunden werden. Ein Teil der Sammlung geriet nach dem Krieg auf abenteuerlichen Umwegen nach Braunschweig (PH, jetzt Universitätsbibliothek).

Helmut Müller

Werke: Alte vergessene Kinderbücher (1924); Lustiges Bilder-ABC (1925); Rundfunk-Struwwelpeter. Leporello (1926); Das Reisegepäck (1929); Otto Speckter: Neunundzwanzig Bilder auf dreizehn Tafeln. Mit einer Bibliographie von Karl Hobrecker (1930); Technischer Tierfang (1935).

Mitarb.: L. Brieger: Theodor Hosemann. Mit einem Katalog der graphischen Werke des Künstlers von Karl Hobrecker (1920); F. H. Ehmcke: Otto Speckter. Mit einer Bibliographie von Karl Hobrecker (1920); J. F. Hoff: Adrian Ludwig Richter, Maler und Radierer. Hrsg. v. K. Budde (^{2}1922).

Hrsg.: Das Rapunzelbuch. Eine Auswahl der schönsten deutschen Volksmärchen (1925); Der Guckkasten (1925); Das Rätsel-Bilderbuch (1926); Kommt herbei. Suchen wir das Osterei! Leporello (1926); Sause, Kreisel, sause! (1926); Chr. F. Gellert: Ausgewählte Fabeln und Erzählungen (1926); J. H. Campe: Robinson der Jüngere (1927); Vom Gang der Jahreszeiten laß fröhlich dich begleiten! (1927); F. Werner: Die schönsten Märchen aus Tausend und eine Nacht (1929); J. F. Cooper: Lederstrumpfgeschichten (1930); H. Beecher-Stowe: Onkel Toms Hütte (1931); J. u. W. Grimm: Kindermärchen (1935); H. Chr. Andersen: Märchen (1938, ^{2}1952); W. Hauff: Märchen (1939); Das goldene Kinderbuch (1939, ^{7}1942; zus. mit E. Steup); L. Bechstein: Märchen und Sagen (1940); Die schönsten Märchen der deutschen Jugend (1941); J. Spyri: Aus den Schweizer Bergen (1942); J. Spyri: Heidi (1942); J. Spyri: Aus Heidis Heimat (1942); J. Spyri: Gritlis Kinder (1942); P. Alverdes: Mauz, die verlorene Katze (1943); P. Alverdes:

Schlupp, der böse Hund (1943); Lieder und Bilder für Kinder (1944).
Beiträge: Fund beim Fundevogel (in: Zeitschr. f. Bücherfreunde. NF.5/6.1923. 143—144); Geschichte des Rätsels (in: Daheim. 28.1923/24. 10—12); Die Schicksale der Puppe Wunderhold (in: Daheim. 13/14.1923/24. 14—15); Lebenserfahrung in der Kinderstube (in: Daheim. 45.1923/24. 13—14); Reineke Fuchs-Ausgabe mit den Bildern Richters (in: Zeitschr. f. Bücherfreunde. NF. 6.1924. 138—140); Theodosia und Wunnibald (in: Daheim. 1. 1924/25. 14—15); Sprachscherze und Scherzreime (in: Daheim. 1.1924/25. 13—14); Alte Kinderbücher (in: Die Schule. 1.1925. 6—11); Neues aus Struwwelpeters Leben und Verwandtschaft (in: Daheim. 9.1925/26. 16—17); Aus Biedermeiers späten Tagen (in: Daheim-Kalender. 1928. 49—55); Der Humor im alten deutschen Bilderbuch (in: Westermanns Monatshefte. 857.1928. 537—546); Die Sammlung Eisenmann (in: Der Kunstwanderer. 1/2.1928. 36ff.); Der Teufel im Kinderbuch (in: Gartenlaube. 8.1932. 158—159); Kinderbuchsammlers Leiden und Freuden (in: Philobiblon. 5.1932. Beilage 4); Weltliteratur im deutschen Kinderbuch (in: Imprimatur. Bd. 4.1933. 99—115); Die erste Ausgabe unserer klassischen Kindermärchen (in: Der Türmer. 3.1935. 201—208); Verwandlungsbilder (in: Westermanns Monatshefte. 976.1937. 277—280); Über bewegliche Bilderbücher (in: Wegweiser für Spielzeug. 9.1938. 10ff.); Das Kinderbuch (in: Die Buchbesprechung. 1938, II. 239—244).

Hoch-Verlag GmbH

Düsseldorf. Derzeitiger Leiter: H. Kulmann (* 1914).
Hauptsächliche Verlagsgebiete im Bereich der Kinder- und Jugendliteratur: Bilder-, Märchen-, Abenteuer-, Tier- und Sachbücher verschiedener Thematik.
Autoren: R. Bolt, E. Calic, A. Hageni, H. Heisinger, M. Henry, M. Kruse, K. Kuberzig, F. Lützkendorf, R. Menzel, T. Michels, H. Plate, H. Radau, Kl. Reuter, U. Wölfel u. a.
Illustratoren: H. Baltzer, J. Bartsch, H. Lemke, I. Schneider, R. Stoye, Fr. Schwarzat, J. Tripp, H. Rothfuchs u. a.
Verlagsgeschichte. O. Hoch (* 1912) und E. Hoch (* 1913) gründeten 1949 den Verlag, bei dem es sich um eine Schwesterfirma des 1887 gegründeten Unternehmens H. Hoch Druckerei und Verlag, Düsseldorf, handelt.

Höcker, Oskar

*Schauspieler, Verfasser moralischer, historischer und kulturhistorischer Jugendbücher patriotischer Prägung; * 13. 6. 1840 Eilenburg/Saale, † 8. 4. 1894 Berlin.*

Nach abgebrochenem naturwissenschaftlichen Studium wurde H. Schauspieler. Über Meiningen und Karlsruhe kam er nach Berlin und war dort am Deutschen Theater und am Lessingtheater tätig. Nach seinem Tode würdigte man ihn als einen der bedeutendsten dramatischen Künstler der deutschen Bühne. „Seine Erfindungsgabe [und] seine Lust, Spannung zu erregen" (nach Worten seines Sohnes O. P. Höcker) bewogen ihn, sich auch literarisch zu betätigen. Als „spezifischer" Jugendschriftsteller, von seinem Ausgangsverlag Schmidt und Spring auf Hoffmanns und Nieritz' Manier festgelegt, gehörte er zu jenen fruchtbaren Autoren, die eine materielle Notlage zu fleißigen Lohnarbeitern machte. Für seine Produktivität sprechen die 38 Titel, die der „Hinrichs" von 1891—95 aus der Feder H.s aufführt; „Kayser" notierte in der Zeit von 1871—94 rund 150 Erstauflagen.

Werk, Tendenzen, Wirkung. In seinen Büchern, die die Stabilisierung der monarchisch-ständischen Herrschaft intendierten, erweist sich H. als typischer Repräsentant und Befürworter der bestehenden politischen und sozialen Verhältnisse. Dabei bemühte er sich ebenso um die historische Legitimierung jener Herrschaftsstrukturen wie auch um ihren moralischen Aufweis und ihre Verankerung im deutschen „Sinngut". Nachhaltiger als seine „moralischen" Erzählungen dürften seine historischen und kulturgeschichtlichen „Cyclen" den jugendlichen Leser seiner Zeit beeinflußt haben, wie „Das Ahnenschloß" (4 Bde., 1879—81), „Der Sieg des Kreuzes" (5 Bde., 1884—88), „Preußens Heer — Preußens Ehr!" (4 Bde., 1883—89). Der „deutschen Treue" die „welsche Tücke" (4. Bd. vom „Ahnenschloß") entgegenzustellen, entsprach einer zu H.s Zeit erwünschten Gesinnungsbildung, die in den Herzen der jungen Leser das Feuer nationalloyaler Begeisterung entfachen sollte. Wenn man dazu noch die Angabe des Verlages zur Kenntnis nimmt, daß das „in protestantisch-nationalem Sinn geschriebene" „Ahnenschloß" 1885 bereits in 22000 Bänden verbreitet gewesen sei (1914 lag die 15./17. Auflage vor!), dann war H. Wolgasts Warnung vor der Verbreitung der „patriotischen Gefühle" im Jugendbuch verständlich. Die Kompositionstechnik der „Romanreihe" G. Freytags, die H. in den genannten „Cyclen" aufgreift, ist allerdings völlig unzureichend eingesetzt: die Zusammenhänge werden allein durch äußere Beziehungen (Verweise des Autors, breite Vorankündigung des Verlags am Ende des jeweils vorausgehenden Bandes) hergestellt.
Nebenbei trat H. auch als Bearbeiter „klassischer" Jugendliteratur in Erscheinung. So brachte er u. a. eine Neufassung von J. F. Coopers Lederstrumpf und D. Defoes Robinson und erzählte die dt. Heldensagen für die Jugend — in der Sprache eines bürgerlichen Spektakels — nach.
Schon zu seiner Zeit fand er unterschiedliche Beurteilung. Während A. Rude 1897 in W. Reins „Encykl. Handbuch der Pädagogik" H. als Schöpfer von erzieherisch höchst wichtigen Lebensbildern bedeutender Persönlichkeiten preist, lehnt ihn Wolgast zur selben Zeit als einen der „allerschlech-

testen Jugenderzähler" ab. Die moralisierenden Absichten werden ihm ebenso als künstlerische Schwäche angekreidet wie die patriotische Verherrlichung der kriegerischen Taten der Deutschen in Vergangenheit und Gegenwart.
H.s tendenziöse Absichten werden unterstrichen durch sein trivialisierendes Verfahren der Darstellung (Schablonierung der Handlung, unechte Polarisierung der Personen, künstliche Spannung, aufdringliche Belehrung), das bereits 1906 von H. Köster gerügt wurde. *Hermann Bertlein*

Werke: Das Ahnenschloß (Bd. 1—4. 1879—81, [21-25]1924 — 1926); Preußens Heer — Preußens Ehr! (Bd. 1—4. 1883—1889, [11-14]1926); Der Sieg des Kreuzes (Bd. 1—5. 1884—88, [4-9]1909—12); Deutsche Heldensagen (1885, [4]1912); Ausgewählte Erzählungen für die Jugend (Bd. 1 bis 5. 1909).
Bearb.: J. F. Cooper: Lederstrumpf. 5 Erzählungen (1885, [24]1933; NA. 1946, [45]1951); D. Defoe: Robinson Crusoe's Fahrten und Erlebnisse zu Wasser und zu Lande (1886, [5]1899).

Högner, Franz

*Graphiker und Maler; * 12. 6. 1903 Landshut/Bayern.*

Seit 1914 besuchte H. die Realschule; er erhielt seine künstlerische Ausbildung (1920—27) an der Akademie der Bildenden Künste in München und war danach als freischaffender Maler und Graphiker tätig. H. heiratete 1933; erste Bilderbücher für Kinder veröffentlichte er nach dem Zweiten Weltkrieg. Heute lebt und arbeitet H. in Landshut.

Werk, Tendenzen, Wirkung. H. bevorzugt in seinen Arbeiten für Kinder ein stark aktivierendes Element, das entweder durch Fragen in Verbindung mit stilisierenden, asketischen Graphiken oder phantasiebeflügelnd bei Klecksographien hervortritt. In seinen beiden ersten Versuchen beschränkte sich H. auf episodische Darbietung von kolorierten Federzeichnungen oder mit Strichen verstärkten Aquarell-Klecksographien. Im Beitrag zur „Middelhauve-Kinderbücherei" entwickelt er eine witzig-absurde Handlung um zwei entführte Tiere, Schwein und Henne, deren Pointen dem „schwarzen Humor" und in ihren ironischen Bezügen den gängigen Tierwitzen mit Nonsense-Einschlag verbunden sind, wie sie in den fünfziger Jahren bei intellektuellen Spaßmachern geschätzt wurden.
Horst Künnemann

Ill.: E. Stahleder: Ich sehe was, was du nicht siehst (1964); F. Högner: Das Klecksbilderbuch (1966); F. Högner: Heinerich, ein Schweinerich (1968); F. Högner: Vom Plan zum Haus (1973). *IJB*

Hölder, Anneliese

*Jugendliteraturtheoretikerin, Dozentin für Jugendliteratur; * 12. 10. 1909 Calw/Württbg.*

Im Anschluß an ihre Ausbildung zur Kindergärtnerin und Hortnerin (1932—33) studierte H. die Fächer Deutsch, Psychologie, Pädagogik und Philosophie an der Universität Tübingen. 1936 mußte H. ihr Studium unterbrechen, nahm es 1942 wieder auf, mußte aber infolge einer Denunziation 1945 nochmals aussetzen. H. promovierte 1947 über ein Thema, das im Grenzbereich zwischen den Theorien zur Jugendliteratur und zur Entwicklungspsychologie liegt: „Die Entwicklung des literarischen Interesses in der männlichen Reifezeit im Rahmen des Abenteuerbuches". H. übernahm seit 1953 verschiedene Aufgaben im Schulverband „Schwäbischer Frauenverein" (Frauenfachschulen) und erhielt 1967 einen Lehrauftrag für Jugendschrifttum am Seminar für Deutsch der PH Ludwigsburg/Württbg. H. ist seit 1956 Dozentin für Jugendliteratur an verschiedenen Fachschulen bzw. Fachhochschulen für sozialpädagogische Berufe und hat zudem einen Lehrauftrag für das Fach Politische Bildung. Der Vertrieb des von ihr verfaßten und von D. à Wengen illustrierten Kinderbuches „Christophs Weihnachtswunsch" (Nürnberg 1941) wurde von der Reichsschrifttumskammer verboten. Erst 1946 war das Buch wieder erhältlich. H. erhielt 1969 den europäischen Kinderbuchpreis „Premio Europeo Città di Caorle" in Padua.
In ihren theoretischen Publikationen setzt sich H., von entwicklungspsychologischen Erwägungen ausgehend, vor allem mit dem Begriff des „Abenteuers" sowie mit den Leseinteressen der entsprechenden Altersgruppen von Kindern und Jugendlichen auseinander. Da H. vom Abenteuerbuch klare ethische Normen erwartet, lehnt sie eine pragmatische, literarsoziologische Deutung des Wortes „Abenteuer" ab.

Werke: Christophs Weihnachtswunsch (1941); Das Abenteuerbuch im Spiegel der männlichen Reifezeit (1967).
Beiträge: Die bisherigen Forschungen auf dem Gebiet der Jugendschriften und Jungleserkunde und deren kritische Beurteilung (in: Bildung und Erziehung. 6. 1953. 287 bis 311); Das Wort Abenteuer in seiner heutigen Bedeutung für den Jugendlichen und in seinem ursprünglichen Sinn (in: Zeitschr. f. J.lit. 2. 1958. 55—57); Das Unterrichtsfach Jugendschriftenkunde an den sozialpädagogischen Fachschulen (in: Jubiläumsschrift des Deutschen Jugendschriftenwerkes. 1966. 29—37); Zwei Kleinkindfibeln — Kritik (in: Blätter des Pestalozzi-Fröbel-Verbandes. 1. 1969. 20—22).

Hölty, Ludwig Christoph Heinrich

*Zu seiner Zeit weithin bekannter Dichter von intensiver, gefühlsbetonter (Natur-)Lyrik; mit G. A. Bürger Schöpfer der neueren deutschen Ballade; * 21. 12. 1748 Mariensee b. Hannover, † 1. 9. 1776 Hannover.*

H. litt nach Durchstehen der Blattern mit neun Jahren bis zu seinem durch Schwindsucht verursachten frühen Tode an Depressionen. Er studierte 1769—72 Theologie in Göttingen. Danach erteilte H. Privatunterricht im Griechischen, Englischen und Italienischen und fertigte Übersetzungen für den Leipziger Verleger Weygand an. Er teilte die Scheu der jungen Dichtergeneration vor einer dem Broterwerb dienenden geregelten Tätigkeit. H. gehörte zu den Gründern des unter dem Namen „Göttinger Hain" in die Literaturgeschichte eingegangenen Bundes junger Dichter, die die deutsche Dichtung im Sinne F. G. KLOPSTOCKS revolutionieren wollten.

Werk, Tendenzen, Wirkung. H.s Werk besteht (neben den Briefen) aus rund 140 Gedichten, die zwischen 1769 und 1776 entstanden und zum Teil in verschiedenen Musenalmanachen und Anthologien erschienen waren, zum Teil sich erst im Nachlaß fanden. Für die Jugendliteratur bedeutsam waren außer „Üb immer Treu und Redlichkeit" (gesungen nach der Melodie „Ein Mädchen oder Weibchen" aus MOZARTS „Zauberflöte" von 1791) und den Freundschaftsgedichten besonders die Erzeugnisse der Naturlyrik. Die im anakreontischen Stil gehaltenen Dichtungen H.s wie auch seine damals bahnbrechenden Balladenerfolge können heute nur als historisch relevant gelten. In Anthologien für die Jugend und in Schullesebüchern sind gegenwärtig kaum noch Gedichte von H. anzutreffen. Lebendig blieben jedoch viele Gedichte durch die Vertonungen, die BEETHOVEN, SCHUBERT, BRAHMS, MENDELSSOHN-BARTHOLDY, TSCHAIKOWSKIJ, CORNELIUS und andere zu H.s Versen schufen.

Richard Schaeffer

→ Ballade

Werke: J. H. Voss u. F. L. v. Stolberg (Hrsg.): Gedichte (1804); U. Berger (Hrsg.): Werke und Briefe (1966).

Sekundärliteratur: E. Albert: Die historischen Voraussetzungen und der Inhalt in Höltys Naturgefühl (Diss. 1910). — G. K. Brand: Hölty (in: G. K. Brand: Die Frühvollendeten. 1929. 109—122). — W. Michael: Überlieferung und Reihenfolge der Gedichte Höltys (1909). — T. Oberlin-Kaiser: H. C. Hölty (Diss. 1964).

Hörspiel

Akustisches Medienspiel, Teamproduktion im Studio (Autor, Regisseur, Techniker, darstellende Künstler), reproduziert mit Hilfe des Radiogeräts im Augenblick der Sendung für die Phantasie des Hörers, seine „innere Bühne". Wenige Personen charakterisieren sich monologisch oder dialogisch als Stimmen, unterstützt durch Geräusche, Musik und Studioakustik.

Das H. bietet keine „Szenen", vielmehr „verblendet" der Hörer, ähnlich wie beim Film, die Einzelphasen zum Spielganzen. Durch Blendwechsel wird eine äußerst freie Verknüpfung von Zeit-, Raum- und Realitätsvorstellungen ermöglicht. Akustische Abstraktion begünstigt surreal-poetische Verfremdung (Traum, Märchen, Vision, Stimmungen). Zwei Grundformen haben sich herausgebildet: das vom Wort ausgehende literarische Hörspiel, dann das elektronisch-akustische „Schallspiel". Literatur- und Schallspiel mischen sich im „Neuen Hörspiel".

Geschichte. Als erstes H. wurde 1924 „Danger" von R. HUGHES in London gesendet, das 1925 auch in Hamburg als erstes Originalhörspiel übertragen wurde. In Deutschland erreichte das H. seine erste Blütezeit um 1930, als literarische Kunstform nach 1945. Das „Neue Hörspiel" entwickelte sich Ende der sechziger Jahre.

Tendenzen und Wirkung. Die jugendpsychologisch-pädagogische Wirkung des H.s wird in der Erziehung zur Stille, zur Konzentration, zum kreativen Mitspielen in der Phantasie gesehen, auch in der Gegenkraft zur Lärm- und Bildüberflutung des Alltags. Heute hat das H. eine schwierige Stellung als Konkurrenz zum Fernsehen. H.e für Kinder und Jugendliche werden in drei Programmbereichen produziert:

1. im Kinderfunk: Märchen-, Traum-, Gespenster- und Abenteuerspiel unter Ausnutzung der surrealen Möglichkeiten. Alltagsspiele aus dem Kinderleben.
2. im Jugendfunk: dokumentarische Hörberichte (Features), Lehrspiele mit sozialen, psychologischen, politischen Problemen (z. B. „Abend für junge Hörer", NDR Hamburg).
3. im Schulfunk: (seit Mitte der 20er Jahre) Veranschaulichung von Persönlichkeiten, Sachfragen und Problemen. H.e sind oft mit Erzähler und dokumentarischen Teilen (Zitatensprecher) verbunden.

Mit dem literarischen H. finden Unterrichtsversuche seit ungefähr 1953/54 statt. Als Unterrichtsmaterial stehen zur Verfügung: Lektüre (über 500 Textausgaben, z. B. Reclam, Schöningh u. a.), Tonbänder und Schallplatten mit lit. H.n; eine Variation der mediengerechten Erarbeitung bildet das Nachspielen in Projektgruppen mit Tonbandgeräten, privat und in der Schule.

Relativ wenige H.e finden sich abgedruckt in Kinder- u. Jugendbüchern. Unter ihnen ist das mit über hundert Sendungen berühmt gewordene H. „Sängerkrieg der Heidehasen" von J. KRÜSS. Den Weg vom Kinder-H. in Form dramatisierter Funkerzählung zum Kinderbuch beschritt E. KAUT mit der Sendereihe „Geschichten vom Kater Musch" im BR, der das Buch „Musch macht Geschichten" (1957) folgte. Ebenso liefen den verschiedenen „Pumuckl"-Titeln (von 1965 an) die Sendereihen „Meister Eder und sein Pumuckl" im BR und „Immer dieser Fizzibitz" im WDR voraus. Wesentlich häufiger ist der umgekehrte Weg, daß erfolgreiche Kinder- u. Jugendbücher in Hörspielfassungen übertragen werden. Dramatisierungen dieser Art finden heute ebenfalls weite Verbreitung als Schallplatte. *Werner Klose*

→ Schallplatte

Sekundärliteratur: W. Klose: Das Hörspiel im Unterricht (1958, [3]1962); Hör- und Fernsehspiele in der Schule (1971). — H. Müller: Das Hörspiel (in: H. Müller: Dramatische Werke im Deutschunterricht. 1971. S. 85—107). — H. Schwitzke: Das Hörspiel. Dramaturgie und Geschichte (1963). — H. Schwitzke (Hrsg.): Reclams Hörspielführer (1967).

Hofbauer, Friedl

*(geb. Friedl Kauer, verw. Mellach). Österreichische Schriftstellerin, Kinder- und Jugendbuchautorin, vorwiegend Kinderlyrik; * 19. 1. 1924 Wien.*

H. studierte an der Wiener Universität Germanistik und moderne Sprachen. Schon während ihrer Studienzeit war sie literarisch tätig und arbeitete am Österr. Hochschulstudio, der damaligen Wiener Studienbühne, mit. 1960 veröffentlichte sie ihren ersten Roman, „Am Ende ists doch nur Phantasie", in dem sie die letzten Tage im Leben F. Raimunds gestaltet. 1971 erschien ihr zweiter Roman, „Der kurze Heimweg". Für das Hörspiel „Orpheus in der Oberwelt" erhielt sie den Hörspielpreis des Österreichischen Rundfunks. Eine erste Sammlung ihrer Lyrik erschien 1969 unter dem Titel „Traumfibel".
H.s erstes Kinderbuch, „Der Schlüsselbund-Bund" (1962), stand auf der Ehrenliste zum Jugendbuchpreis der Stadt Wien. Noch erfolgreicher erwies sie sich als Verfasserin von Kindergedichten. Für die beiden Bände „Die Wippschaukel" (1966) und „Der Brummkreisel" (1969) erhielt sie jeweils den Österreichischen Staatspreis und den Preis der Stadt Wien für das beste Kinderbuch.

Werk, Tendenzen, Wirkung. Das Kinderbuch „Der Schlüsselbund-Bund" beschäftigt sich mit dem Problem der „Schlüsselkinder", die versuchen, eine Gemeinschaft aufzubauen, in der sie die Geborgenheit finden, die die Erwachsenen ihnen notgedrungen schuldig bleiben. Schon diese erste Erzählung zeigt, was auch für die späteren Werke H.s charakteristisch ist: realistische Milieu- und Charakterzeichnung und Herausarbeitung eines zentralen Problems unserer Zeit. Den großen Durchbruch aber brachten H. erst ihre Kindergedichte, in denen sie inhaltlich und formal neue Wege in der Kinderlyrik einschlägt. Ihre Gedichte schöpfen aus der Welt des heutigen Kindes, in dessen tägliches Leben die Waschmaschine und Gespräche über Raketen ebenso gehören wie der Gang zum Zahnarzt oder eine Fahrt auf dem Dreirad rund um den nächsten Häuserblock. In freien Rhythmen sucht H. vom Kindergedicht aus eine Brücke zu den Formen der modernen Lyrik für Erwachsene zu finden. Oftmalige Wiederholungen, Klangmalerei und einfache, der Sprache des Kindes angenäherte Formulierungen prägen ihren Stil. *Lucia Binder*

Werke: Der Schlüsselbund-Bund (1962); Eine Liebe ohne Antwort (1964); Die Wippschaukel (1966); Fräulein Holle (1967); Der Brummkreisel (1969); Traumfibel (1969); Zwei Kinder und ein Mondkalb (1972); Die Träumschule (1972); Von allerlei Leuten (1973); Im Lande Schnipitzel (1973); Der Benzinsäugling (1973).

Hofer, Karl

*(Signum CH). Maler, Mitgestalter von Bilderbüchern; * 11. 10. 1878 Karlsruhe, † 3. 4. 1955 Berlin.*

Nach Waisenhausaufenthalt und Lehre in einer Buchhandlung wurde H. Schüler der Akademie in Karlsruhe (1896—1901). Seine Lehrer waren Pötzelberger, dem er „gediegenen Zeichenunterricht" verdankt, sowie L. Graf v. Kalckreuth und H. Thoma (s. auch K. Fr. v. Freyhold, der zur gleichen Zeit — 1898 — in Karlsruhe studierte). Wie Freyhold erfuhr auch H. durch den Schweizer Mäzen O. Reinhart in Winterthur Förderung und finanzielle Unterstützung. Von 1903 an hielt er sich in Rom auf, 1908 in Paris, 1909 und 1911 in Indien. Seit 1920 war H. in Berlin Lehrer an der Berliner Hochschule für Bildende Künste, 1933 wurde er aus dem Hochschuldienst entfernt. 1943 verlor er durch Kriegseinwirkung sämtliche Bilder; 1945 wurde er wieder als Lehrer an der Berliner Hochschule eingesetzt und begann aus der Erinnerung seine verbrannten Bilder neu zu schaffen.

Werk, Tendenzen, Wirkung. Durch den Kölner Verleger H. Schaffstein, unterstützt durch H. Thomas volkstümliche Kunsterziehungsbemühungen, wurde H. zur Mitarbeit am „Künstlerischen Bilderbuch" der Zeit aufgefordert. 1903 erschien „Rumpumpel. Ein Buch für junge Mütter und ihre Kleinsten" von P. Dehmel. H. schuf das Titelbild, 15 farbige Bilder und 2 Vignetten. 1904 gab R. Dehmel den Sammelband „Buntscheck" heraus, zu dem H. neben E. Kreidolf, Freyhold, E. R. Weiss Beiträge lieferte. H.s Illustrationen zu „Rumpumpel" finden durch A. Halbey eingehende Würdigung: „Das Neue an H.s Bildkunst ist vor allem dies: daß er in weitester Freiheit und in glaubhaft kindlicher Art paraphrasiert" (in: A. C. Baumgärtner (Hrsg.): „Aspekte der gemalten Welt", 1968, S. 19). In bezug auf den „Buntscheck" schreibt Halbey H. die stärkste künstlerische Persönlichkeit zu, deren Ausstrahlung die Mit-Illustratoren dieses Bandes beeinflußt habe. H. ist eigentlich kein Illustrator, es widerstrebt ihm, sich einem fremden Text zu unterwerfen. Es ist anzunehmen, daß H. seine Mitarbeit am Kinderbilderbuch selbst nicht hoch einschätzte, denn in seiner Lebensdarstellung und in seinen zahlreichen Aufsätzen äußerte er sich nicht zu diesem Aufgabenkreis. Außerdem hat er seine frühen Arbeiten abgelehnt und, soweit sie

ihm erreichbar waren, vor seiner Übersiedelung nach Rom (1903) verbrannt.
H.s Kinderbuchillustration liefert ein Beispiel für einen oft festzustellenden Widerspruch: Innerhalb der Entwicklung des Bilderbuchs nimmt „Rumpumpel" einen bedeutenden Platz ein, innerhalb der Kunst- oder Literaturgeschichte spielt dieses Kinderbuch keine Rolle. *Maria Voigt*

→ P. Dehmel, → R. Dehmel, → K. Fr. E. v. Freyhold, → E. Kreidolf, → Kunsterziehungsbewegung, → H. Thoma

Ill.: P. Dehmel: Rumpumpel (1903, [4]1929); R. Dehmel (Hrsg.): Der Buntscheck (1904).

Sekundärliteratur: H. A. Halbey: Das Bilderbuch in Deutschland im 20. Jahrhundert (in: A. C. Baumgärtner (Hrsg.): Aspekte der gemalten Welt. 1968. 11—31). — K. Hofer: Aus Leben und Kunst (1952). — K. Martin: Rede auf Karl Hofer (1957). — E. Rathenau (Hrsg.): Karl Hofer. Das graphische Werk (1969). — P. Samuleit: Das deutsche Bilderbuch (in: Kind und Kunst. 1928. 61—113). — E. Schur: Vom modernen Bilderbuch. Kreidolf, Hofer, Freyhold, Weiß (in: Zeitschr. f. Bücherfreunde. NF. 1. 1909/10. 317—23).

Erich Hoffmann Verlag

Heidenheim. Derzeitiger Leiter: E. Hoffmann (* 1902).
Hauptsächliche Verlagsgebiete im Bereich der Kinder- und Jugendliteratur: Der Verlag publiziert ausschließlich Kinder- und Jugendbücher, die von Pferden und dem Reitsport berichten, u. a. Reiter-Bilderbücher für 4—7jährige und Reitlehren für die Jugend.
Autoren: E. E. Dwinger, L. Gast, M. Molander, W. Seunig, V. Smith, J. Tickner u. a.
Illustratoren: W. M. Busch, F. Fischer, I. Koblischek, U. Lixfeld, J. Tickner u. a.
Verlagsgeschichte. E. Hoffmann (* 1902), von 1928 bis 1940 Verlagsleiter im Wilhelm Goldmann Verlag, Leipzig, gründete den Verlag im Jahre 1945. Im Verlagsprogramm waren von Anfang an nur Bücher über Pferde und über den Reitsport.

Hoffmann, Ernst Theodor Amadeus

*(aus Verehrung für Mozart führte H. dessen Vornamen A. anstelle seines Taufnamens Wilhelm). Deutscher Dichter der Romantik von europäischer Nachwirkung, der auch für Kinder Märchen und Erzählungen schrieb; Komponist, Musiker, Musikkritiker, Zeichner und Maler; * 24. 1. 1776 Königsberg, † 25. 6. 1822 Berlin.*

H. studierte Jura; er stieg — mit kriegsbedingten Unterbrechungen — als Beamter bis zum Regierungsrat am Kammergericht zu Berlin auf (1816) und nahm seinen Abschied aus Protest gegen ein ungerechtfertigtes Urteil (1822). Der vielseitig und außergewöhnlich begabte H. verdiente zeitweilig seinen Unterhalt in Berlin als Musiker, Musikpädagoge, Literat und Zeichner, 1808—13 als Kapellmeister, Regisseur, Dekorationsmaler, Maschinenmeister und wieder Musiklehrer und Musikkritiker in Bamberg. Nach kurzer Tätigkeit als Musikdirektor bei SECONDAS Schauspielertruppe in Leipzig und Dresden kehrte er 1814 nach Berlin zurück. In diesem Jahre erschienen seine ersten Erzählungen, die „Fantasiestücke in Callots Manier", die ihn sogleich berühmt machten. Er wurde der führende Kopf im Berliner literarischen Romantikerkreis, zu dem der Verleger J. E. HITZIG, die Schriftsteller A. v. CHAMISSO, FR. DE LA MOTTE-FOUQUÉ, C. W. CONTESSA-SALIS und der Schauspieler L. DEVRIENT gehörten. Ihre Zusammenkünfte, die Runde der „Serapionsbrüder", gaben Titel und Rahmenhandlung ab für H.s gesammelte Erzählungen und Märchen „Die Serapionsbrüder" (1819—21).
H.s Bedeutung für die Kinder- und Jugendliteratur. In seinen Erzählungen hat H. Realismus mit Phantastik der verschiedenen Spielarten verbunden. Er bezog dabei Elemente naiven Aberglaubens, alchimistischer Erkenntnissuche und schwarzer Magie ebenso ein wie Phänomene der Tiefenpsychologie und der Psychopathologie (vgl. vor allem „Der Sandmann", 1817). Er schuf den Prototyp der modernen phantastischen Erzählung als Traum-, als Gespenster-, auch als Kriminalgeschichte (vgl. „Das Fräulein von Scudéri", 1819). H.s Thema ist oft der junge Mensch im Liebesabenteuer und sein Schwanken zwischen phantasievoller Idealität der künstlerischen Existenz und der Ergebung in bürgerlich abgesicherte Realität (vgl. „Der goldene Topf", 1814). Bewußt griff er das Märchen als Kunsterzählung für Kinder auf und wahrte als Autor für das junge Lesepublikum die gleiche Position wie für das erwachsene. Zusammen mit FOUQUÉ und CONTESSA-SALIS gab er zwei Bändchen „Kinder-Mährchen" heraus (1816/17), für die er selbst den zeichnerischen Buchschmuck schuf. Seinen literarischen Beitrag „Nussknacker und Mausekönig" übernahm er später in die Sammlung der „Serapionsbrüder"; dort verteidigt der fingierte Erzähler Lothar das Märchen als anspruchsvolle Erzählung gegenüber „inhaltsleeren Faseleien, wie sie oft unter dem Namen Märchen vorkommen" und Kindern angeboten werden: „Ei — sie verlangen wohl was Besseres". H. adressiert sein Märchen an „lebhafte phantasiereiche Kinder" und läßt Lothar von der Geschichte „Nussknacker und Mausekönig" sagen, „der tolle Spukgeist Droll selbst" habe sie ihm eingegeben. Zwischen Wirklichkeit und dem phantastischen Leben, zu dem Spielsachen der bürgerlichen Kinderstube erwachen, setzte H. in diesem Märchen als Mittler die im Bewußtsein des siebenjährigen Mädchens entstandene Rolle ihres Onkels, eines phantasiereichen Bastlers, und den Zustand des Träumens in Ohnmacht und Schlaf ein. Unmittelbar gehen Phantasie und Wirklichkeit inein-

ander über in der gleichfalls aus den „Kinder-Mährchen“ in die Erzählungen der „Serapionsbrüder“ aufgenommenen Märchengeschichte „Das fremde Kind“. Sie ist poetische Einkleidung einer deutlichen Absage an eine bloß intellektuell und moralisch pädagogisierende Literatur (und Beschäftigung) für Kinder. In Kindesgestalt führt die Phantasie Kinder zu dem ihnen gemäßen natürlichen Spiel, wird aber von dem „Magister Tinte“, der auf Wunsch der Eltern die Kinder „Wissenschaft“ zu lehren hat, ausgeschlossen. In seiner Bosheit erkannt, wird der Magister schließlich wieder aus dem Hause gejagt, doch nun erkrankt der Vater im Zwiespalt seiner vernünftigen Eingepaßtheit in den Alltag und wieder erstarkten Sehnsucht seiner eigenen Jugend nach dem „holden Zauberkind“.

Der von H. geschaffene Typus des „romantischen Kunstmärchens“, seine Behandlung von Wirklichkeit und Illusion wirkten sich besonders aus für das Märchenschaffen W. Hauffs, H. Chr. Andersens, E. Mörikes und anderer, die mit dem Märchen als Kunstform sich zugleich an Erwachsene und Kinder als Lesepublikum wandten. Außer bei großen Erzählern wie E. A. Poe (1809—49), O. Wilde (1854—1900), F. M. Dostojewskij (1821—81) und anderen läßt sich der Einfluß von H.s Erzählkunst noch in der Kinderliteratur der Gegenwart, vor allem der phantastischen Abenteuererzählung feststellen. H.s eigene Erzählungen fanden musikalische Bearbeitung in J. Offenbachs (1819—80) Spieloper „H.s Erzählungen“ und der Märchenoper von W. Petersen „Der goldene Topf“ (1942). Das Nußknacker-Motiv aus H.s „Nussknacker und Mausekönig“ wanderte durch ein Märchen von A. Dumas in eine Balettkomposition von P. I. Tschaikowskij (1840—93), wurde nacherzählt von E. Petiška und kehrte 1968 übersetzt in die deutsche Jugendliteratur zurück. Bearbeitungen für die Jugend fanden weiterhin H.s Märchen „Klein Zaches genannt Zinnober“ (1819) und der autobiographisch-phantastische Bericht des Katers Murr und Kapellmeisters Kreisler, den V. Blüthgen als Jugendbuch herausgab. Mehrfach erschien „Nußknacker und Mausekönig“ als Bilderbuch.

Margarete Dierks

→ Märchen, → Romantik

Werke: Der goldene Topf (in: Phantasiestücke in Callots Manier. 2 Th.e. Bd. 3. 1814; NA. 1819); Kinder-Mährchen (Bd. 1 u. 2. 1816 u. 17; NA. 1839; zus. mit E. W. Contessa u. F. de la Motte Fouqué); Nussknacker und Mausekönig (in: Kinder-Mährchen. Bd. 1. 1816); Klein-Zaches, genannt Zinnober (1819, ^{2}1824); Die Serapionsbrüder (Bd. 1—4. 1819—21); Meister Floh (1822); Lebensansichten des Katers Murr (Bd. 1 u. 2. 1822; NA. 1828); Ausgewählte Schriften (Bd. 1—15. 1827—39); Gesammelte Schriften (Bd. 1—12. 1844 u. 1845, ^{3}1857); C. G. v. Maassen (Hrsg.): Sämtliche Werke. Historisch-kritische Ausg. (Bd. 1—4, 6—10. 1908—1928); Poetische Werke (Bd. 1—12. 1957—62); W. Müller-Seidel (Hrsg.): Sämtliche Werke in Einzelausgaben (Bd. 1—5. 1960—65).

Sekundärliteratur: R. Alsheimer: Die psychologisch-erzieherische Arbeit in den Kindermärchen E. T. A. Hoffmanns (Magisterarbeit. Frankfurt 1967). — W. Bergengruen: E. T. A. Hoffmann (1939; 1960). — H. Dahmen: Studien zu E. T. A. Hoffmanns ‚Goldnem Topf‘ (Diss. 1925). — L. Hirschberg: Die Zeichnungen Ernst Theodor Amadeus Hoffmanns (1921). — K. Kanzog: Grundzüge der E.T.A.-Hoffmann-Forschung seit 1945 (in: Mitteilungen der E.T.A.-Hoffmann-Gesellschaft. 9. 1962. 1—30). — F. Martini: Die Märchendichtungen E. T. A. Hoffmanns (in: DU. 2. 1955. 56—78). — U. O. v. Planta: E. T. A. Hoffmanns Märchen „Das fremde Kind“ (1958). — O. Reimann: Das Märchen bei E. T. A. Hoffmann (Diss. 1925). — G. Salomon (Hrsg.): E. T. A. Hoffmann. Bibliographie (1924, ^{2}1927; 1963). — P. Schau: „Klein Zaches“ und die Märchenkunst E. T. A. Hoffmanns (Diss. 1966). — W. Steffen u. H. v. Müller (Hrsg.): Handzeichnungen E. T. A. Hoffmanns (1925). — K. F. Sturm: E. T. A. Hoffmanns Kindermärchen (in: Zeitschr. f. d. deutschen Unterricht. 1909. 541—547). — B. Tecchi: Le fiabe di E. T. A. Hoffmann (1962). — J. Voerster: 160 Jahre E. T. A. Hoffmann-Forschung. 1805—1965 (1967). — G. Wittkopp-Ménardeau: E. T. A. Hoffmann in Selbstzeugnissen und Bilddokumenten (1966).

Hoffmann, Felix

*Schweizer Grafiker, Illustrator von Kinder- und Bilderbüchern; *18.4.1911 Aarau, †16.6.1975 Aarau.*

H., Sohn eines Musikers, erhielt seine Ausbildung an den Kunstschulen von Karlsruhe und Berlin. Neben ersten Kinder- und Jugendbuchillustrationen schuf er Glasmalereien in Kirchen und Rathäusern. 1945—48 entstanden für seine Kinder ohne Publikationsabsichten die ersten vier Bilderbücher, die seine Vorliebe für Grimmsche Märchen zeigen. 1957 wurde ihm für sein Schaffen auf dem Gebiet der Jugendbuchillustration der Schweizer Jugendbuchpreis verliehen, 1963 für „Die sieben Raben“ (1962) der New York Herald Tribune Children’s Book Award. Mit seinen Märchenillustrationen wurde er außerdem wiederholt auf der Ehrenliste zum Hans-Christina-Andersen-Preis aufgeführt (1960 und 62).

Werk, Tendenzen, Wirkung. Neben Wandmalereien und Sgraffitos gestaltet H. Radierungen, Holzschnitte und Lithografien. Für seine Kinderbuchillustrationen wendet er ausschließlich die Lithografie an. Den künstlerischen Steindruck nutzt er in einem strengen realistischen Stil, bei dem die archaischen Stoffe in die Schweizer Gegenwart gerückt werden. H. illustrierte zahlreiche Jugendbücher (u. a. von A. Haller, K. Hausmann, K. Held, L. Tetzner und M. Voegeli); für seine Bilderbuchillustrationen bevorzugt er die Märchen der Brüder Grimm und volkstümliche Themen. Insbesondere seine Märchenbücher erfuhren, nicht zuletzt durch zahlreiche Übersetzungen, weite Verbreitung: „Der Wolf und die sieben Geisslein“ wies bis 1969 eine Gesamtauflage von 120.000 auf, „Dornröschen“ eine Gesamt-

Bilderbibel. 100 Lithographien von Felix Hoffmann. Texte von Paul Erismann (Zürich, Stuttgart 1961). Neben den Märchenbilderbüchern des Schweizer Illustrators fand vor allem seine Bilderbibel weite Verbreitung. Die Abbildung zeigt die Kampfszene zwischen David und Goliath.

auflage von 100.000, „Die sieben Raben" von 95.000, „Rapunzel" von 80.000, „Die vier kunstreichen Brüder" von 50.000. 1972 belief sich die Gesamtauflage der Bilderbücher auf über 600.000. Mit Eingriffen in den ursprünglichen Text der GRIMMschen Märchen setzte er sich verschiedentlich der Kritik aus. Für „Rapunzel", den am meisten veränderten Text, verweist H. auf die Entstehungsgeschichte dieses Buches, zu dem er für seine Tochter aus seiner Erinnerung an dieses Märchen Zeichnungen entworfen hatte, sie für die Veröffentlichung als Handlithos auf den Stein zeichnete und erst anschließend die Divergenz zu der GRIMMschen Fassung feststellte. Im übrigen ist er neuerdings der Meinung, „daß die GRIMM-Texte nicht verändert werden dürfen" (Interview in: H. KÜNNEMANN: Profile, 1972, S. 86).

Horst Künnemann

Ill.: J. Faber du Faur: Die Kinderarche (1935); A. Haller: Heini von Uri (1942); A. Haller: Heinrich Pestalozzi (1946); K. Held: Der Trommler von Faido (Bd. 1 u. 2. 1947—49); M. Voegeli: Die abenteuerlichen Geschichten des Robin Hood (1947); A. Haller: Der verzehrende Brand (1948); E. Balzli: Hanni Steiner (1949); J. u. W. Grimm: Rapunzel (1949); Auswahl von biblischen Geschichten (1949); J. Reinhart: Schweizer, die wir ehren (1950); K. Held: Alles für zwanzig Rappen (1951); V. Winter: Grüne Steppen, weiße Jurten (1951); M. Voegeli: Die wunderbare Lampe (1952); A. Haller: Tanz um den Freiheitsbaum (1954); A. Haller: Beresina (1956); J. u. W. Grimm: Der Wolf und die sieben Geisslein (1957); L. Tetzner: Das Füchslein und der zornige Löwe (1958); M. Voegeli: Prinz von Hindustan (1958); J. u. W. Grimm: Dornröschen (1959); A. Haller: Der Page Orteguill (1959); H. Chr. Andersen: Der standhafte Zinnsoldat (1960); R. Guillot: Die Elefanten von Sargabal (1960); R. Schedler: Der Schmied von Göschenen (1960); P. Erismann: Bilderbibel (1961); J. u. W. Grimm: Die sieben Raben (1962); Joggeli wott go Birli schütte (1963); E. Mörike: Mozart auf der Reise nach Prag (1963); V. Haviland: Favorite fairy tales told in Poland (1963); Jockel soll die Birnen schütteln (1964); J. u. W. Grimm: Die vier kunstreichen Brüder (1966); J. u. W. Grimm: König Drosselbart (1969); S. O'Dell: Die schwarze Perle (1970); A. Büchli: Schweizer Sagen (1971); J. u. W. Grimm: Der Däumling (1972).

Sekundärliteratur: A. Hernandez: Bilderbücher in unserer Zeit (in: Jugendliteratur. 7. 1961. 514—522). — H. Künnemann: Felix Hoffmann (in: H. Künnemann: Profile zeitgenössischer Bilderbuchmacher. 1972. 80—87). — C. Tschopp: Felix Hoffmann als Illustrator (1957). *IJB*

Hoffmann, Franz Friedrich Alexander

*Jugend- und Volksschriftsteller, Buchhändler, Herausgeber des Jahrbuchs „Neuer Deutscher Jugendfreund"; * 21. 2. 1814 Bernburg, † 11. 7. 1882 Dresden.*

Nach der Schulzeit ging H. als Buchhändlerlehrling nach Stuttgart in die Buchhandlung seines Bruders. Vom Beruf des Schauspielers, zu dem er Neigung hatte, ließ er sich abraten. 1839 versuchte er in Zürich, später in Goslar,eine eigene Buchhandlung zu führen. Seine ersten Jugendschriften 1842 hatten jedoch so großen Erfolg, daß er beschloß, nur noch schriftstellerisch zu arbeiten. Er ergänzte seine Bildung, studierte in Halle und promovierte zum Doktor der Philosophie. Mehrmals wechselte er den Wohnsitz (Ballenstedt, Stuttgart, Halle, Dessau) und ließ sich 1856 endgültig in Dresden nieder, wo er völlig zurückgezogen lebte.

Werk, Tendenzen, Wirkung. H. hat in vierzig Jahren etwa 250 größere und kleinere Erzählungen geschrieben, oft unter Zwang vertraglich festgesetzter Termine. Das führte zu merklicher Schematisierung in Aufbau und sprachlichem Ausdruck seiner Erzählungen, die jedoch ungewöhnliche Breitenwirkung hatten. Kritisch beurteilte sie als Zeitgenosse bereits Rektor A. KÜHNER in seinem Aufsatz „Jugendlectüre" in der „Encyklopädie des gesammten Erziehungs- und Unterrichtswesens" (1857 ff.). Er schrieb, daß „die Speculation auf den Phantasiereiz fast die einzige Tendenz seiner Schriften" sei. H.s Geschichten für Kinder und jugend-

Die Fuchsfalle.

Franz Hoffmann: Hundertundfünfzig moralische Erzählungen für kleine Kinder (Stuttgart ³1848). Der Vielschreiber Fr. Hoffmann (1814—82) stellt in den kurzen Beispielgeschichten dar, wie dem Ungehorsam die Strafe auf dem Fuße folgt. Am Schluß der 133. Erzählung, aus der die Abbildung stammt, heißt es: „Julius mußte lange leiden und viele Schmerzen ausstehen, doch hatte er es für seine Bosheit nicht besser verdient".

liche Leser enthalten aber auch stark moralisch-religiöse Tendenzen, wobei er jedoch keiner Konfession das Wort redet, oft Toleranz als gottgefällige Tugend erscheinen läßt (z. B. in „Moschele", 1854, und bezüglich der Rassenfrage in „Mohr und Weißer", 1850; hier lautet der Schlußsatz: „Er begriff, daß nicht die Farbe der Haut, sondern die Tugend des Herzens den Menschen adelt"). Stets führt in H.s Geschichten Tugendhaftigkeit durch Leid zur Belohnung, die oft durch phantastische „Zufälle" ausgelöst wird. Der Lasterhafte scheitert (z. B. „Wie man's treibt, so geht's", 1869; „Der Mensch denkt, Gott lenkt", 1851, und viele andere). Fast an erzählende Erbauungsschriften reichen die Sammlungen „Neue moralische Erzählungen für Kinder von 5 bis 8 Jahren" und „150 moralische Erzählungen für kleine Kinder" heran.
Auch für Jugendliche schilderte er glückliches Familienleben in ärmsten Verhältnissen, zeigte „Ohnmacht des Reichtums" und „Das wahre Glück". In ähnlicher Manier sind „fürs Volk" die „Kalendergeschichten" geschrieben. Eine große Anzahl von Werken außerdeutscher Schriftsteller übersetzte und bearbeitete H. zu Jugendausgaben, z. B. „Don Quijote", einige von J. F. COOPERS Lederstrumpferzählungen, von FR. MARRYAT Seeabenteuergeschichten („Der neue Robinson"; „Jack, der tapfere Midshipman") und exotische Abenteuerbücher verschiedener Schriftsteller. Durch die Beschäftigung mit diesen Stoffen wurde er angeregt, eigene Robinsonaden und Abenteuererzählungen zu produzieren, in denen sich manches Plagiat findet. Sie spielen in allen Weltteilen; in der Spannungsaufladung übersteigerte H. sich in ‚horrorstriphafte' Darstellungen von Mord, kriegerischem Blutvergießen, Marter- und Schreckensszenen. Doch wurde diese Trivialliteratur von anspruchslosen Lesern auch damals in großer Menge konsumiert. Aus Märchen, Fabeln, Sagen und Geschichte nahm H. sich unbedenklich weitere Stoffe und Motive zu eigener Produktion. Mit der Tendenz, Vorbilder zu schildern und Nacheiferung zu erwecken, bearbeitete er Biographien für die Jugend, z. B. „Ludwig van Beethoven", „Mozart's Jugendjahre", „Schillers Jugendjahre". 1844—46 gab er das „Taschenbuch für die deutsche Jugend" heraus. Daran schloß er die Jahres-Sammelbände an, die immer kurz vor Weihnachten erschienen, zunächst mit dem Titel: „Der neue Deutsche Jugendfreund. Zeitschrift für Unterhaltung und Veredelung der Jugend", 1846—49; 1850—63 lautete der Titel „Der neue deutsche Jugendfreund für Unterhaltung und Veredelung der Jugend". Ab 1864 war der Herausgebername vorangestellt, und die Jahresbände hießen: „Fr. H.s Neuer Deutscher Jugendfreund für Unterhaltung und Veredelung der Jugend". Die Reihe wurde über seinen Tod hinaus und bis in die Zeit des Ersten Weltkrieges fortgesetzt. Nur hat man Anfang des 20. Jh.s anstelle der Absicht „Veredelung" die Absicht „Belehrung" geschrieben. Unter H.s Leitung dominierten in allen Bänden seine eigenen Erzählungen, Lebensbilder, Spielvorschläge, Rätselaufgaben, Scharaden. Jeder Band brachte bunte Illustrationen und schwarzweiße Abbildungen. H. nahm viele naturkundliche Beiträge, Landschafts- und Reiseschilderungen auf, ohne Verfasser zu nennen. Einzig zu Gedichten nannte er die Autoren wie z. B. TH. STORM, FR. HEBBEL, FR. HOFFMANN, K. ENSLIN (1819—75). Doch erst die nach seinem Tode erschienenen Bände bringen ausgesprochene Kinderlieddichter wie J. TROJAN, der auch das Erscheinen des 50. Bandes 1895 mit einem längeren Gedicht begrüßte. — Von den kritischen Geschichtsschreibern der Jugendliteratur hat vor allem H. WOLGAST das niedrige Niveau der Produktion H.s charakterisiert („Das Elend unserer Jugendliteratur", 1896, ^{7}1950, S. 125ff. u. 133ff.) und an Beispielen die Nachlässigkeit der Sprache und die tendenziöse Verfälschung der Wirklichkeit gezeigt mit der Schlußüberlegung, „wieviel Wirklichkeitsgefühl die Jugend hier einbüßt, wieviel Heuchelei geweckt und gefördert wird" und „daß die Lektüre dieser literarischen Ungeheuer bei der Mehrzahl der jugendlichen Leser eine völlige Verwüstung des poetischen Empfindens anrichten muß". Mit am längsten hielten sich die von H. zusammengestellten und herausgegebenen Sammlungen und Bearbeitungen von Stoffen aus der Volksliteratur. Die Ausgaben „Deutsche Volks-Märchen" (1847) und „Deutsche Sagen" (die letztere Sammlung erschien in vier Bänden in den Jahren 1848—50 und zog des großen Erfolges wegen einen weiteren Band „Rübezahl und andere deutsche Sagen" (1853) nach sich) erlebten schon im 19. Jahrhundert bis zu acht Auflagen und wurden in Auszügen noch in den Zwanziger Jahren, teilweise sogar nach 1945 neu aufgelegt. Neuere Einzelanalysen über H. fehlen; sie könnten interessante leserpsychologische und soziologische Ergebnisse erbringen.

Margarete Dierks

Werke: Hundertundfünfzig moralische Erzählungen für kleine Kinder (1842, ^{15}1876); Märchen und Fabeln für kleine Kinder (1842, ^{8}1876); Die Noth am höchsten und die Hülfe am nächsten (1843, ^{3}1851); Geschichtenbuch für die Kinderstube (1844, ^{7}1879); Arm und Reich (1845, ^{4}1853); Peter Simpel (1845, ^{4}1853); Loango (1845, ^{4}1853); Die Geschichte vom Tell (1845, ^{4}1853); Das wahre Glück (1846, ^{7}1864); Die erzählende Mutter (1846, ^{8}1875); Die Schule der Leiden (1846, ^{4}1853); Der alte Gott lebt noch (1847, ^{5}1855); Neue moralische Erzählungen für Kinder von 5 bis 8 Jahren (1848, ^{7}1899); Was Gott thut, ist wohlgethan (1848, ^{10}1915); Der Schein trügt, die Wahrheit siegt! (1848, ^{3}1853); Land- und See-Bilder (Bd. 1 u. 2. 1848 u. 1849, ^{3}1873); Treue Kindesliebe (1849, ^{9}1899); Der Segen des Herrn macht reich ohne Mühe (1849, ^{3}1854); Du sollst nicht stehlen. Mohr und Weißer (1850); Neue hundertundfünfzig moralische Erzählungen für kleine Kinder (1850, ^{16}1899); Die Großmutter im Kreise ihrer Enkel (1851, ^{5}1896); Kalender-Geschichten (1852, ^{2}1858); Moschele (1854); Schmulche-Leben (1855, ^{6}1865); Brave Leute (1856, ^{2}1857); Fritz

Heiter (1859, [5]1865); Ohnmacht des Reichthums (1859); Der Silbergroschen (1862); Eine Familiengeschichte (1863); Drei Auswanderer (1864); Häusliche Abende (1865, [4]1873); Was du thu'st, thu'st du dir selbst (1868); Mozart's Jugendjahre (1870); Ludwig van Beethoven (1871); Schillers Jugendjahre (1872); Abentheuer aller Arten und Orten (1873, [2]1879); Gute Kameraden (1874); Böser Lohn (1877); Kinder sollen dankbar sein den Eltern (1878); Lebensbilder (1880; zus. mit J. Dohmke).
Hrsg.: Märchen und Fabeln für kleine Kinder (1842, [11]1895); Taschenbuch für die deutsche Jugend (1.—3. Jg. 1844—46); Der neue Deutsche Jugendfreund (Jg. 1—37. 1846—82); Neuer deutscher Volksfreund (1846); Die Geschichte von Reineke dem Fuchs (1847, [6]1878); Deutsche Volks-Märchen (1847, [6]1874); Deutsche Sagen (Bd. 1—4. 1848—50, [6]1880); Charaden, Worträthsel und Räthselfragen (1849, [3]1850); Die schönsten Mährchen der Tausend und Einen Nacht (1851, [8]1886); Jagdbilder (1851); Rübezahl und andere deutsche Sagen (1853); Aus allen Welttheilen (1855); Bilder und Skizzen nach der Natur (1856); Kriegsbilder (1857).
Bearb.: F. Marryat: Der neue Robinson, oder Schiffbruch des Pacific (1843, [6]1876); J. Swift: Gulliver's Reisen in unbekannte Länder (1844, [10]1896); M. Cervantes de Saavedra: Leben des edlen und tapfern Ritters Don Quixote von La Mancha (1844, [7]1913); J. F. Cooper: Lederstrumpf-Erzählungen (Bd. 1 u. 2. 1846, [9]1876); F. Marryat: Erziehung und Leben (1847, [2]1863; 1873 u. d. T.: Jack der tapfere Midshipman); M. Reid: Die Ansiedler in der Prairie (1854); J. F. Cooper: Mark's Riff (1855, [3]1881); J. F. Cooper: Conanchet (1857, [8]1912); J. F. Cooper: Der rothe Seeräuber (1861, [3]1898); S. v. Ségur: Sophiens Leiden (1864, [2]1880); J. K. A. Musäus: Volks-Mährchen (1867, [3]1881); J. F. Cooper: Capitän Spike oder die Golf Inseln (1869, [2]1880); M. Reid: Die Büffeljäger am Lagerfeuer (1875, [3]1899).

Sekundärliteratur: H. Schwerdt: Franz Hoffmann (in: Centralblatt für deutsche Volks- und Jugendliteratur. 3. 1857. 210—216).

Hoffmann, Friedrich August

*Ev. Theologe, Verfasser von Dramen, religiösem Schrifttum und Jugendliteratur; * 17. 7. 1796 Bernburg, † 18. 9. 1874.*

H. besuchte die Hauptschule zu Bernburg, begann 1814 das Studium der Theologie an der Universität Halle und unterrichtete anschließend an seiner ehemaligen Schule, bis er 1819 zum Rektor an die Stadtschule in Ballenstedt berufen wurde. Der Umgang mit dem dortigen Oberhofprediger Starke beeinflußte seine weiteren theologischen Studien und seine schriftstellerischen Vorhaben. Seit 1827 war H. Pastor in Opperode, gleichzeitig fungierte er als zweiter Prediger an der Schloßkirche in Ballenstedt, wo man ihn 1828 zum Hofprediger ernannte. Neben Dramen zu lokalen Anlässen verfaßte H. vor allem Schriften zur Verteidigung und Festigung des Protestantismus; u. a. war er ständiger Mitarbeiter der Zeitschrift „Der Protestant". Darüber hinaus arbeitete H. mit Gedichten und Aufsätzen an zahlreichen Zeitungen und Zeitschriften im anhaltischen Bereich mit.

Werk, Tendenzen, Wirkung. Seine Arbeiten für Kinder beschränken sich zunächst auf das Gebiet der religiösen und allgemeinen Erziehung; so veröffentlichte er 1829 in Halle für „Schule und Haus" ein „Handbuch zum Unterricht der christlichen Religion". Schon 1826 erschien „Der christliche Kinderfreund" unter dem Namen des Autors, im selben Jahr eine von ihm verfaßte Fibel für Stadt- und Landschulen. Seine eigentlichen jugendliterarischen Arbeiten setzten erst in den 40er Jahren ein. H. schrieb Kindergedichte, Rätsel, Fabeln, Parabeln, Biografien historischer Persönlichkeiten und Schilderungen bedeutender geschichtlicher Ereignisse. Er veröffentlichte u. a. „Lebensweisheit in Fabeln für die Jugend. Mit 100 Bildern" (1840), „Die Belagerung von Ostende. Erzählung für die Jugend" (Bagel Verl. 1846), „Gedenkbuch deutscher Kraft und Größe. Für die reifere Jugend bearbeitet" (Bd. 1. u. 2. Bagel Verl. 1847). Seine pädagogische Tendenz wird deutlich, wenn er in seinem „Gedenkbuch" schreibt: Es „soll dazu dienen, an die großen Thaten edler Männer aus unserm Volke zu erinnern, Nacheiferung zu wecken, Liebe zum Vaterlande zu entzünden und schon frühe den Ernst in den Seelen hervorzurufen, ohne welchen nichts Tüchtiges begonnen und vollendet werden kann". H. war Mitarbeiter an Franz Hoffmanns (Bruder H.s) „Taschenbuch für die Jugend" (1844) und Herausgeber von „Lafontaine's Fabeln" (1850). I. Dyhrenfurth-Graebsch erinnert an seine Erfolge: „Sehr beliebt und deshalb (mit verschiedenen Illustrationen) immer wieder neu gedruckt war ‚Der Kinder Wundergarten. Märchen aus aller Welt' (1871) von Fr. H. ausgewählt. Einige neue Märchen sind ihm zu verdanken, so ‚Die kleine Meta', ‚Der goldene Rehbock', ‚Der Glasberg' u. a.' (in: Geschichte des deutschen Jugendbuchs, [2]1951, S. 105).

Velten Merz

→ Fr. Hoffmann

Werke: Der christliche Kinderfreund, ein Lese- und Hülfsbuch für Volksschulen (Tl. 1 u. 2. 1826, [9]1857); Fünfzig Räthsel und Bilder für Kinder von 8—12 Jahren (1839); Freundliches für freundliche Kinder von 4—6 Jahren (1840); Einhundert neue Fabeln für die Jugend (1840); Lebensweisheit in Fabeln für die Jugend (1840); Sprichwörter-Wäldchen. Fabeln, Erzählungen und Gleichnisse über hundert deutsche Sprichwörter (1840); Neues Mährchenbuch für die Jugend (1841); Neue Rätsel und Bilder (Bd. 2. 1841); Zweites Räthselbuch (1841); Christgeschenk. Unterhaltung für die Winterabende in Erzählungen, Fabeln und Sagen für Kinder von 8—10 Jahren (1842); Weihnachtsbaum für arme Kinder (1844); Amak, der Kaffer (1845); Die Belagerung von Ostende (1846); Die Entdeckung Amerikas (Bd. 1—3. 1846—49, [3]1876); Die Seeschlacht von Lepanto und die Eroberung von Constantinopel durch die Kreuzfahrer (1846); Gedenkbuch deutscher Kraft und Größe (Bd. 1 u. 2. 1847); Die Eroberung von Jerusalem durch die Kreuzfahrer (1848); Neueste Fabeln und Bilder für die Jugend (1850); Sommerlust auf dem Lande (1850); Bilder aus Geschichte und Menschenleben (1852); Christbäumchen. Lieder, Er-

zählungen und Fabeln (1855); Historische Erzählungen für die reifere Jugend (1858).
Hrsg.: Die schönsten Mährchen der Tausend und Einen Nacht (1842); Der Weltspiegel (1844); Lafontaine's Fabeln (1850).

Hoffmann, Heinrich

*Arzt, Bilderbuchautor, u. a. des „Struwwelpeter"; * 13. 6. 1809 Frankfurt/M., † 2. 9. 1894 ebenda.*

H., Sohn des Architekten und Wasser-, Wege- und Brückenbauinspektors der Stadt Frankfurt, PH. J. HOFFMANN, wurde nach dem Medizinstudium in Heidelberg (1829—32), Halle (1832—33) und Paris (1833—34) und nach dem von der freien Reichsstadt Frankfurt vorgeschriebenen Sonderexamen praktischer Arzt in seiner Heimatstadt. Von 1844—51 hielt er anatomische Vorlesungen am Senckenbergischen Institut. Ab 1851 bis zu seiner Pensionierung im Jahre 1888 war H. leitender Arzt der Frankfurter Städtischen Irrenanstalt, deren Neubau er selbst propagiert und mitgeschaffen hatte. Seine ärztliche Tätigkeit und vor allem sein Wirken für die Erneuerung der Irrenanstalt und die Reform der psychiatrischen Behandlungsmethoden bildeten die eigentlichen Lebensaufgaben für H., wie aus seinen Lebenserinnerungen deutlich hervorgeht. Von 220 Seiten Lebenserinnerungen nimmt sein Bilderbuchschaffen lediglich ein Kapitel von 10 Seiten Umfang ein. Die Vorliebe für das Zeichnen und Fabulieren half H. oft bei der Behandlung kleiner, ängstlicher Patienten. So bemühte sich H., als er 1844 sein erstes Bilderbuch, den „Struwwelpeter", zeichnete und reimte, in einem Heft alle Geschichten zu sammeln, die er in jahrelangen Routinezeichnungen im Sinne einer Kinderberuhigungs-Therapie erfunden und ausgestaltet hatte.

Heinrich Hoffmann (1809—1894). Die Portrait-Photographie H. Hoffmanns trägt die eigenhändige Aufschrift „Beschau dir dieses Angesicht! Ist er's, oder ist er's nicht?".

Werk, Tendenzen, Wirkung. Der „Struwwelpeter" entstand eigentlich aus der Verärgerung eines geplagten Vaters, der vor Weihnachten 1844 vergeblich versuchte, für seinen vierjährigen Sohn ein Bilderbuch aufzutreiben. So begann er ein eigenes Bilderbuch zu entwerfen, das er am Heiligen Abend 1844 dem kleinen Carl schenkte. H. dachte zunächst nicht daran, sein Bilderbuch drucken zu lassen. Durch Zufall sah es jedoch der Frankfurter Verleger Dr. LOENING und beschloß, das Bilderbuch in seinen Verlag zu nehmen. Zu Weihnachten 1845 erschien die Erstauflage des im Lithographie-Verfahren gedruckten Bilderbuches unter dem Titel: „Lustige Geschichten und drollige Bilder mit 15 schön kolorierten Tafeln für Kinder von 3 bis 6 Jahren".
Der „Struwwelpeter" kann aus verschiedenen Gründen als Sonderfall innerhalb der deutschen Kinderliteratur angesehen werden: Ein Dilettant auf dem Gebiet der Schriftstellerei und der Zeichenkunst hat das Bilderbuch zum Privatgebrauch in der eigenen Familie geschaffen; seit dem Erscheinen der Erstauflage in Frankfurt im Jahre 1845 hat es mehr als 500 Auflagen in deutscher Sprache erlebt, die nach dem Ablauf des Urheberschutzes erfolgten Nachdrucke nicht eingerechnet; es ist schon bald nach dem Ersterscheinen zu internationaler Berühmtheit gelangt und in die meisten Kultursprachen übersetzt worden; es hat Beifall und Kritik herausgefordert und steht bis heute im Meinungsstreit der Befürworter und Gegner; es hat einer Phase der geistigen Entwicklung in der Entwicklungspsychologie den Namen gegeben („Struwwelpeter-Alter"); es hat Anlaß zu vielen und vielfältigen Parodien und Travestien gegeben und bis heute seine Beliebtheit behalten.
H. schuf neben dem „Struwwelpeter" noch eine Reihe anderer Kinderbilderbücher. Manche darunter brachten es zu beachtlichen Auflagehöhen, so der „König Nußknacker" mit rund 40 Auflagen. Keines dieser Bücher reichte aber auch nur annähernd an den großen Erfolg seines Erstlingsbilderbuches heran. Heute sind diese Bilderbücher rar geworden. Neuauflagen sind selten und dann meistens nur für einen kleinen Kreis bibliophil interessierter Sammler gedacht.
1851 erschien „König Nußknacker und der arme Reinhold", die Bildgeschichte, die dem Verfasser selbst am liebsten war. Sie erzählt von dem armen Reinhold, der von einem Engel in die Welt des Spiel-

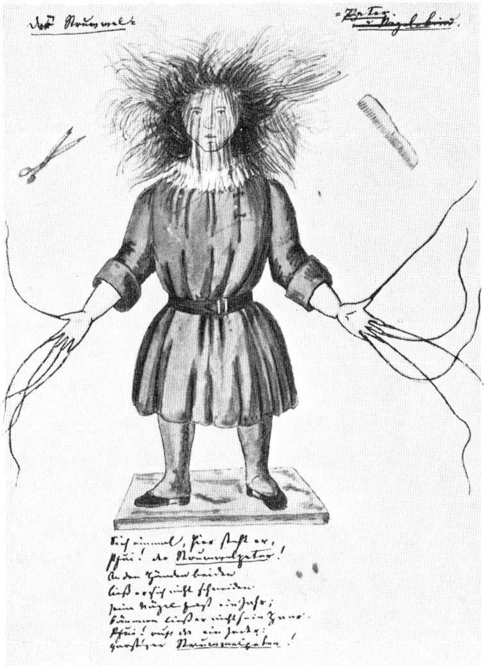

Heinrich Hoffmann: Der Struwwelpeter (Frankfurt 1845). Die beiden aquarellierten Federzeichnungen zeigen das Struwwelpeter-Bild und die „Schwarzen Buben" in der Urfassung des weltbekannten Bilderbuches. Das lange Zeit verschollene Urmanuskript tauchte erst 1902 unter Geschäftspapieren einer Nürnberger Kunst- und Kolorieranstalt wieder auf und ist heute im Besitz des Nürnberger Germanischen National-Museums. Zum Vergleich stellen wir die entsprechenden Seiten einer späteren Druckfassung jeweils darunter.

zeugs geführt wird, wo er unter Begleitung des Nußknackers all die vielen lebendig gewordenen Spielzeugträume von Kindern erleben darf. Auf Seite 29 begegnet Reinhold den Gestalten aus dem „Struwwelpeter". Im Jahre 1854 erschien in der JAEGERschen Buchhandlung in Frankfurt „Bastian der Faulpelz. Eine Bildergeschichte für Kinder". Sie handelt von dem faulen Bastian, der das ABC nicht erlernen will und der, als er von der Schule wegläuft, von den personifizierten Buchstaben des ABC wieder in die Schule zurückgetrieben wird.

1857 erschien bei Rütten & Loening „Im Himmel und auf der Erde. Herzliches und Scherzliches aus der Kinderwelt". Das Buch enthält eine Reihe von Bildgeschichten wie etwa „Der Herr Knirps" oder „Süßes Naschwerk", die in Diktion und Gestaltung dem „Struwwelpeter" sehr nahestehen.

Als letztes Bilderbuch erschien 1870, auf das Jahr 1871 vordatiert, das Märchen „Prinz Grünewald und Perlenfein mit ihrem lieben Eselein", in dem ein Esel die Hauptrolle spielt. Diesem Esel wachsen sogar Flügel. Er führt den eingebildeten Prinzen durch die Luft davon in einen tiefen Wald, wo dieser Holz hacken und andere schwere Arbeiten verrichten muß. In der Diktion der Verse klingt auch hier wieder der „Struwwelpeter" durch.

1924 kam unter dem Titel „Besuch bei Frau Sonne" noch ein Bilderbuch H.s heraus, das kurze Bildgeschichten enthält, die der Struwwelpeterautor für die eigenen Kinder und Enkel im engsten Familienkreis geschrieben und gezeichnet hatte. Im Nachlaß H.s fanden sich fünf bunt bemalte Bildgeschichtenblätter, zu denen jedoch kein Text vorlag. Offensichtlich handelt es sich um die Bruchstücke eines unvollendeten Bilderbuches.

Neben den Bilderbüchern veröffentlichte H. einige andere Schriften, zumeist satirischer Natur, die jedoch kaum bekannt wurden. Einen größeren Leserkreis erreichten lediglich eine im Jahr 1848 geschriebene politische Satire, die unter dem Titel „Handbüchlein für Wühler oder kurzgefaßte Anleitung, in wenigen Tagen ein Volksmann zu werden" und mit dem Pseudonym PETER STRUWWEL erschien, sowie das im Jahr 1849 als Gegenstück erschienene Büchlein „Heulerspiegel", das H. unter HEULALIUS VON HEULENBERG herausgab und das eine Satire auf die Superreaktionäre nach der mißglückten Revolution von 1848 darstellte.

Mit seinen Bilderbüchern brachte H. eine Hinwendung zum Kinde, die bis dahin unbekannt war. Er appellierte an Phantasie und Spieltrieb, praktizierte eine handfeste Morallehre und eine rabiat erscheinende Verbindung von Ursache und Wirkung, Vergehen und Strafe. H. hatte Einsichten in die kindliche Mentalität und verband in seinen Bilderbüchern psychologische Überlegenheit mit Elementen der Nonsense-Literatur und der Groteske. So ist ihm mit seinen Bilderbüchern eine Synthese von romantischer Märchengläubigkeit und realistischer Weltauffassung geglückt.

Die Kritik an H.s Arbeiten richtete sich vornehmlich gegen die Grausamkeit seiner Bestrafungen, gegen die Intensität schreckenerregender Bilder, die sensiblen Kindern ein Trauma bereiten könnten. Heute wird der „Struwwelpeter" auch wegen seiner ganz dem bürgerlichen Tugendkanon verschriebenen autoritären Haltung abgelehnt. Dennoch sind die von H. entworfenen Zeichnungen und Verse, vor allem die des „Struwwelpeter", zu weltweiter Beliebtheit gelangt. Die Ursachen dafür dürften nicht zuletzt in der Einprägsamkeit der Verse und den archetypischen Situationen von Kindern zu suchen sein, die zur Identifikation mit den Betroffenen anregten. *Horst Künnemann/Helmut Müller*

→ Der Struwwelpeter, → Struwwelpetriaden

Werke: Lustige Geschichten und drollige Bilder für Kinder von 3 bis 6 Jahren (1845); Der Struwwelpeter oder lustige Geschichten und drollige Bilder für Kinder von 3 bis 6 Jahren (1847); König Nußknacker und der arme Reinhold (1851); Bastian der Faulpelz (1854); Im Himmel und auf der Erde (1857); Prinz Grünewald und Perlenfein mit ihrem lieben Eselein (1871); Besuch bei Frau Sonne. Aus d. Nachlaß hrsg. v. E. u. W. Hessenberg (1924).

Sekundärliteratur: G. A. E. Bogeng: Der Struwwelpeter und sein Vater (1939). — H. Hoffmann: Struwwelpeter-Hoffmann erzählt aus seinem Leben (1926). — G. Mann: Struwwelpeter-Hoffmann (1959). — H. Müller: Der Struwwelpeter. Der langanhaltende Erfolg und das wandlungsreiche Leben eines deutschen Bilderbuches (in: K. Doderer (Hrsg.): Klassische Kinder- und Jugendbücher. 1969, ^{2}1970. 55—97); „Struwwelpeter" und Struwwelpetriaden (in: K. Doderer u. H. Müller (Hrsg.): Das Bilderbuch. 1973. 141—182). — V. Stybe: Historien om Struwwelpeter eller Den store Bastian (1971). — E. u. J. Vogt: Und höre nur, wie bös er war (in: D. Richter u. J. Vogt (Hrsg.): Die heimlichen Erzieher. 1974. 11—30).

Hoffmann, Hilde

*Bilderbuchkünstlerin, Kunstpädagogin; * 28. 7. 1927 Peiting/Schongau.*

Nach Abschluß des Gymnasiums in München besuchte H. die Blochererschule und die Akademie für Bildende Künste in München (Ausbildung in Porträt- und Landschaftsmalerei und Komposition). Seit einigen Jahren lebt sie in den USA, vornehmlich in New York.

Werk, Tendenzen, Wirkung. H. hat eine Reihe von Bilderbüchern für das Vorschulkind und für 6- bis 9jährige gestaltet. Themen und Motive entnahm sie dabei der älteren Folklore sowie einzelnen Gedichten, z. B. von HOFFMANN VON FALLERSLEBEN oder aus „Des Knaben Wunderhorn". Sie bevorzugt einen temperamentvollen Bildvortrag, der zeichnerisch nicht immer ganz klar durchgestaltet ist, manchmal auf Kosten der Erkennbarkeit wesentlicher Details geht, z. B. in den Bildern zu FR. RÜCKERTS „Vom Büblein, das überall hat mitgenommen sein wollen". Gelungener sind die Bilderbücher, in denen die Künstlerin einen naivisierenden, der Kinderkunst angenäherten Stil benutzt, z. B. „Es war einmal ein Mann" oder „Steht ein bucklicht Männlein da". Auch dem Kinderreim hat H. in einzelnen Büchern eine modernere Bildinterpretation in heiterer Farbigkeit und bisweilen auch übermütiger Gesamtkomposition zugeordnet, z. B. „Ach Wunder, liebes Wunder" nach einem alten jiddischen Kinderlied. Besonders beliebt wurde für das Vorschulalter ihr Bilderbuch „Ich baue mir ein Häuschen" nach einem russischen Kindergedicht. Mehrere Titel von H. gelangten in die Auswahllisten zum Deutschen Jugendbuchpreis.

Horst Künnemann

Werke: Der Winter und die Kinder (1959).

Ill.: M. Polder (d. i. James Krüss): Es war einmal ein Mann (1959); Der Herr, der schickt den Jockel aus, er soll den Hafer schneiden (1961); H. Hoffmann: Ich baue mir ein Häuschen (1961); B. Teutsch: Unser Kind (1961); A. H. Hoffmann v. Fallersleben: Ward ein Blümchen mir geschenket (1963); R. Neumann: Wenn das Wörtchen „wenn" nicht wär (1963); H. Hoffmann: Steht ein bucklicht Männlein da (1964); A. H. Hoffmann v. Fallersleben: Spiel in der Sonne (1966); H. Hoffmann: Es tanzt ein Bi-Ba-Butzemann (1966); F. Rückert: Vom Büblein, das überall hat mitgenommen sein wollen (1966); Ach Wunder, liebes Wunder (1968); Alle Tage fröhlich sein (1969). *IJB*

Hoffmann von Fallersleben

*(d. i. August Heinrich Hoffmann). Verfasser bis heute beliebter Kinderlieder und geselliger, auch gesellschaftskritischer sowie vaterländischer Lieder, darunter „Deutschland, Deutschland über alles"; *2. 4. 1798 Fallersleben, † 19. 1. 1874 Schloß Corvey b. Höxter/Weser.*

Nach seinem Geburtsort, dem Landstädtchen Fallersleben, nannte sich H., Sohn eines Kaufmanns und langjährigen Bürgermeisters, H. v. F. Von dem 1816 in Göttingen begonnenen Studium der Theologie, das ihn unbefriedigt ließ, wechselte er auf den Rat J. Grimms (erste Begegnung mit den Brüdern Grimm in Kassel, 1818) zur Germanistik über. Sein Hauptinteresse galt der Erforschung des Volksliedes vom 14. bis 17. Jh. Die Beschäftigung mit der älteren flämischen Literatur (Reisen nach Holland, Aufenthalt in Leiden) regte ihn zur Herausgabe der „Horae Belgicae" (12 Bde., 1830 bis 1862) an. Als Kustos der Zentralbibliothek gelangte H. 1823 nach Breslau (Schlesien). Aufgrund seiner wissenschaftlichen Publikationen wurde er an der dortigen Universität zum Professor der deutschen Sprache und Literatur ernannt (1830). Reisen nach Österreich, Holland, Belgien, Dänemark förderten seine Sprach- und Volksliedforschung. Inzwischen war H. auch schon als Liederdichter und „Rhapsode" seiner eigenen Dichtung hervorgetreten. Bei seinem Aufenthalt auf Helgoland schrieb er im August 1841 das Lied „Deutschland, Deutschland über alles", das mit der Melodie aus dem Kaiserquartett von J. Haydn durch Erlaß des Reichspräsidenten (1922) zur deutschen Nationalhymne erhoben wurde. Wegen der Publikation schon des 1. Teiles seiner gesellschaftskritischen „Unpolitischen Lieder" (1840, 2. Teil 1841) wurde gegen H. ein Staatsprozeß eingeleitet, der im Dezember 1842 mit der Verweisung aus dem Amt endete (rehabilitiert 1848). In den folgenden 18 Jahren führte H. ein unstetes Wanderleben. Neben neuen freiheitlich-patriotischen Liedern veröffentlichte er in verschiedenen Sammelbänden zahlreiche Kinderlieder, die über das gesellige Familienleben und den Gesangunterricht in den Schulen in die kulturelle Tradition einer breiten bürgerlichen Schicht eingingen. 1854 wurde H., inzwischen mit seiner Nichte Ida (geb. zum Berge) verheiratet, nach Weimar berufen als Mitherausgeber eines „Weimarischen Jahrbuchs für deutsche Sprache, Literatur und Kunst", das nach anfänglichem Erfolg 1857 eingestellt werden mußte. Durch Vermittlung fand H. bei dem Herzog Viktor v. Ratibor (1818 bis 1893) eine Anstellung als Bibliothekar in dessen Besitzung Schloß Corvey. Im Sommer 1860 zog die Familie dort ein; schon am 29. Oktober starb Ida H., die durch ihre musikalische Begabung und Ausbildung die Lieddichtung H.s stark gefördert hatte. Er blieb weitere 14 Jahre wissenschaftlich und dichtend tätig, verfaßte seine Selbstbiographie („Mein Leben", 6 Bde., 1868; zweibändige Ausgabe 1892/1894) und bereitete eine Gesamtausgabe seiner Lyrik vor. Auch Kinderlieder entstanden noch bis in seine letzte Lebenszeit hinein („Vom Honigkuchenmann", datiert mit 22. 12. 1873).

Die Kinderlieder H.s. Vom Jahre 1827 an, als H. in Breslau, von der befreundeten Familie v. Winterfeld zu Gevatter gebeten, als Patengabe das „Siebengestirn gevatterlicher Wiegen-Lieder" überreichte, war die Kinderlieddichtung wesentlicher Teil seines Gesamtschaffens. Aus der Fülle seiner in der Qualität sehr unterschiedlichen Kinderlieder wurde eine stattliche Anzahl auch noch in stark beachtete Anthologien der zweiten Hälfte des 20. Jh.s übernommen (vgl. J. Krüss: So viele Tage wie das Jahr hat, 1959; H. Kunze: Schatzbehalter, 1964; J. Metzger: Das Liederkarussell, 1967). Zu den am meisten bekannt gewordenen, die heute noch in Familie, Kindergarten und Grundschule weiter vermittelt werden, gehören u. a.: Räthsel („Ein Männlein steht im Walde", Melodie volkstümlich), Frühlings Ankunft („Alle Vögel sind schon da", Melodie volkstümlich), Winters Abschied („Winter, ade!"), Bienchen („Summ summ summ"), Frühlingsbotschaft („Kuckuck, Kuckuck ruft's aus dem Wald", Melodie volkstümlich), Von meinem Blümchen („Ward ein Blümchen mir geschenket"; ursprünglicher Titel: „Sigismund und sein Blümchen"; als Bilderbuch von H. Hoffmann, 1963),

Das Lied vom Monde („Wer hat die schönsten Schäfchen", Melodie von J. F. REICHARD, 1752 bis 1814), Wettstreit („Der Kuckuck und der Esel", Melodie von C. FR. ZELTER, 1758—1832). Die von H. für eine Ausgabe letzter Hand vorgesehene Zusammenstellung seiner sämtlichen Dichtungen für Kinder enthält der 2. Band der Ges. Werke (hrsg. von H. GERSTENBERG, 1891). Einem größeren Kreis als Kinderlieddichter bekannt wurde H. zuerst durch Beiträge in Sammelbänden wie in den „Poesien der dichtenden Mitglieder des Breslauer Künstlervereins" (1830, S. 115—174); in dem von D. ELSTER 1835 herausgegebenen Bande „Kindheit. Schönstes Geschenk für Kinder, die Clavier spielen und etwas singen" (46 von diesen 47 Liedern waren von H. gedichtet); in dem von E. RICHTER (1805—76), Seminarlehrer und Musiker, in Breslau herausgegebenen Werk „Unterrichtlich geordnete Sammlung von ... Liedern" (1836/37; darin 23 Lieder von H.). Von den von ihm selbst hrsg. Kinderlieder-Sammlungen wurden weit verbreitet: „50 Kinderlieder. Nach Original- und bekannten Weisen mit Clavierbegleitung von E. RICHTER" (1843); „Fünfzig neue Kinderlieder. Nach Original- und bekannten Weisen mit Clavierbegleitung von E. RICHTER. Mit Beiträgen von MARX, F. MENDELSSOHN-BARTHOLDY ... L. SPOHR" (1845); „Vierzig Kinderlieder. Nach Original- und Volks-Weisen komponiert" (1847, mit Beiträgen von M. NATHUSIUS); ohne Melodien erschien 1853 der Sammelband „Kinderwelt in Liedern"; 1859 veröffentlichte H. die für den eigenen Sohn geschriebenen Gedichte „Fränzchens Lieder", die 1862 in 2. Auflage erschienen (1. Teil „Kind und Natur", 28 Lieder; 2. Teil „Kind und Haus", 12 Lieder; 3. Teil „Kinderleben", 12 Lieder). 1860 folgte der Zyklus „Die vier Jahreszeiten, 4 Kindergesangfeste" (2. erweiterte Aufl. 1864). L. ERK (1807—83), der in seinen Band „100 Schullieder" (1847) 59 Beiträge von H. aufgenommen hatte, gab 1873 die „Alten und neuen Kinderlieder von H." heraus. Eine Gesamtausgabe besorgte L. v. DONOP 1877.

Die Anregungen zu der ungewöhnlich reichen Produktion verdankte der Dichter u. a. der Teilnahme am Familienleben seiner Freunde und später der Beziehung zu dem eigenen kleinen Sohn. Selbst sehr musikliebend und vertraut mit der Volksliedliteratur europäischer Völker, vermochte er für einmal erfaßte Singweisen leicht einen neuen Text zu schreiben. Bewußt strebte er damit an, abgesunkene und schon halb vergessene Melodien in eine neue Tradition zu retten. Die Texte waren oft an älteren Vorbildern (z. B. in „Des Knaben Wunderhorn", 1808), an Kniereiter- und Abzählversen orientiert; sie brachten Kehrreime, Wort- und Klangspielerei mit. R. PRUTZ (1816—72), der bereits in seinen Vorträgen über „Die Deutsche Literatur der Gegenwart, 1848—1858" ([2]1870) H. als Kinderlieddichter gewürdigt hat, sah mit Recht seine Bemühungen für das Kinderlied, wie seine gesamte Poesie, seine gelehrten Studien und seine Bemühungen um das ältere deutsche Volkslied in der „nächsten und fruchtbarsten Verwandtschaft" und folgerte: „Das pädagogische Interesse ging aus dem poetischen und musikalischen hervor" (S. 92). An anderer Stelle nennt er ihn den „Dolmetscher der Kinderwelt und ihrer Geheimnisse". Doch bleibt der Blick des Dichters ausschließlich auf das Kinderleben im behüteten bürgerlichen Familienkreise gerichtet. Hier gehören zu seiner Thematik Haus, Garten, Tiere und freie Natur, Tages- und Jahreszeiten, Heimat im engeren Sinne und als Vaterland, gehört der „Reichtum der Kinderwelt, vom ersten Kuckuckruf bis zu Schlittenfahrt und Schneemann, von Kreisel und Steckenpferd bis zu den ersten Stiefelchen, in denen der kleine Herr stolz daherknarrt, die Langeweile des schmollenden Kindes und selbst auch das Grab der Mutter" (PRUTZ, S. 94 f.). H. hat oft bürgerliches Familienleben des 19. Jh.s in seinen Gedichten für Kinder abgespiegelt und hat es zugleich ausprägen helfen vor allem durch die Bindung von Text und Melodie an die Klavierbegleitung. Er lieferte — mehr noch mit seinen geselligen und den vaterländischen Liedern — „Literatur" für das Klavier als Hausinstrument des gebildeten Bürgertums („Statussymbol"); wiederum aber wurden durch das häusliche Singen und Musizieren am Klavier seine Lieder in kurzer Zeit volksliedhaft bekannt.

Im allgemeinen überwiegen „heile Welt", Heiterkeit und Humor in diesen Kinderliedern. Gelegentlich tauchen didaktische und pädagogische Elemente auf (z. B.: „Wer ist schuld daran?"; „Niemand zufrieden").

Aus seinen satirischen, Adel und höfische Gesellschaft karikierenden Gedichten hat H. manch eins in die Kinderlieder übernommen, z. B. aus den „Unpolitischen Liedern" die Fabel vom Fest der „Mauskätzchen".

Die Verfasser von Abrissen zur Geschichte der deutschen Jugendliteratur (L. GÖHRING, H. L. KÖSTER, I. DYHRENFURTH) haben mit jeweils nur kurzem Seitenblick auf die Menge seiner poetisch mißglückter Gedichte (vgl. PRUTZ, S. 83: er könne oft „concret bis zum Trivialen sein"; KUNZE, S. 103: „Klapperndes und Plattes") H. als Kinderlieddichter hoch eingestuft und seine Bedeutung gerühmt (vor allem GÖHRING im „Praktischen Schulmann", 40. Bd., 1891). An Einzelanalysen fehlt es bis heute.

Gesamtwerk und Wirkung. Die wissenschaftlichen Arbeiten H.s haben über das 19. Jh. hinaus kaum Beachtung gefunden, auch nicht seine zu seiner Zeit bekannten Liedersammlungen und -bearbeitungen wie z. B. „Die deutschen Gesellschaftslieder des 16. und 17. Jh.s" (1844); „Ruda. Polnische Volkslieder der Oberschlesier" (1865); „Lieder der Landsknechte unter Georg und Caspar von Frundsberg" (1868).

Seine zeitkritische, patriotische Lyrik aber wurde sofort begeistert aufgenommen und weitergegeben.

H. knüpfte bei der Volksstimmung der Befreiungskriege an, durch die er selbst in der Jugend entscheidend beeinflußt worden war (erste Publikation: „Deutsche Lieder von A. H. H.", 1818), und schrieb Lieder gefühlsbetonter Vaterlandsliebe, die, besonders nach der Reichsgründung von 1871, in die Lese- und Liederbücher für die Schuljugend eingingen (z. B.: „Treue Liebe bis zum Grabe schwör ich dir mit Herz und Hand"). Bewußt hatte H. seine Lieder auch der Jugend gewidmet (z. B.: „37 Lieder für das junge Deutschland", 1847). PRUTZ sah in ihm „den deutschesten Dichter der Gegenwart", erkannte aber auch die „einfachen Elemente der Epoche" in ihm. Er anerkannte, daß er „dem deutschen Michel seine schwachen Seiten mit bewunderungswürdigem Scharfsinn abgelauscht" habe, urteilte aber auch: „H. v. F. sieht als ächter politisierender Spießbürger nicht weiter als seine Nase reicht" (PRUTZ, S. 83ff.). Heute, etwa einhundert Jahre nach seinem Tode, ist — bis auf den Wortlaut des Deutschland-Liedes — die politische und die gesellige Lied- und Gelegenheitsdichtung H.s vergessen. Als Liederdichter, der singbare, aber auch beim Singen verständliche Verse schrieb, ist H. „ein Glücksfall" in der deutschen Kinderdichtung. „Es gibt niemanden, den man ihm in dieser Hinsicht an die Seite stellen könnte", urteilte noch 1959 J. KRÜSS (in: „So viele Tage wie das Jahr hat", S. 293). Seit Ende der 60er Jahre zeichnen sich freilich in der Vor- und Grundschulerziehung Tendenzen ab, nach denen auch eine solche Lieddichtung für Kinder nicht mehr unreflektiert weitergegeben wird. Umgesetzt in Singspiele und Musicals mit Chorsätzen und Instrumentalgruppen (ORFFsche Schulwerke) sind Melodien und Texte des Kinderlieddichters H. (meist ohne die Nennung seines Namens) noch häufig anzutreffen.

Margarete Dierks

→ Kindergedicht, → Kinderlied, → Volkslied

Werke: Siebengestirn gevatterlicher Wiegen-Lieder für Frau Minna von Winterfeld (1827); Reineke Fuchs (1834); Kindheit (1835); Fünfzig Kinderlieder (1843); Die deutschen Gesellschaftslieder des 16. und 17. Jahrhunderts (1844); Fünfzig neue Kinderlieder (1845); Vierzig Kinderlieder (1847); Hundert Schullieder (1848); Soldatenlieder (1851); Die Kinderwelt in Liedern (1853); Kinderleben (1855); Fränzchens Lieder (1859); Die vier Jahreszeiten (1860); 43 Kinderlieder (1865); Lieder der Landsknechte (1868); Vaterlandslieder (1871); Alte und neue Kinderlieder (1873); L. v. Donop (Hrsg.): Kinderlieder. Vollst. Ausg. (1877); H. Gerstenberg (Hrsg.): Gesammelte Werke (Bd. 1—8. 1890—93).

Sekundärliteratur: E. Berneisen: Hoffmann von Fallersleben als Vorkämpfer deutscher Kultur in Belgien und Holland (1915). — H. Gerstenberg: Deutschland, Deutschland über alles! (1916); Hoffmann von Fallersleben und sein deutsches Vaterland (1890). — L. Göhring: Hoffmann von Fallersleben (in: L. Göhring: Die Anfänge der deutschen Jugendliteratur im 18. Jahrhundert. 1904; ND. 1967. 103—123). — W. Heidrich: Die Kinderlieder Hoffmanns von Fallersleben (Diss. 1925). — A. H. Hoffmann von Fallersleben: An meine Freunde (1907); Mein Leben (Bd. 1—6. 1868). — H. Kraus: Hoffmann von Fallersleben in Corvey (1952). — F. A. Löffler: Der Einfluss des Volkslieds auf Hoffmann von Fallersleben (Diss. 1922). — J. M. Wagner: Hoffmann von Fallersleben 1818—1868 (1869).

IJB

Hoffnung, Gerard

*Englischer Cartoonist und Kinderbuchillustrator deutscher Abstammung; * 22. 3. 1925 Berlin, † 28. 9. 1959 London.*

1937 verließ H. Deutschland. Seine künstlerische Ausbildung erhielt er an der Highgate School und an der Harrow School of Art. In der Stamford School und in Harrow war er Zeichenlehrer. Anschließend arbeitete er als Karikaturist für zahlreiche Blätter in Großbritannien und den USA, u. a. für den „Punch", die Kinderzeitschrift „Lilliput" und „Sports Illustrated". Internationalen Ruhm gewann H., der selbst Baßtuba spielte, durch seine Konzerte in der London Festival Hall (1951, 1956, 1959), in denen zum gewohnten Symphonieorchester Staubsauger, Preßluftbohrer und Schreibmaschinen ironisierende Varianten spielten (3 Schallplatten).

Werk, Tendenzen, Wirkung. H.s phantastischer Intellekt für musikalische Späße schlägt sich auch in seinem graphischen Werk nieder: er zeichnete über 10 Bände mit „Cartoons", von denen allein 6 Bände musikalischen Themen gewidmet sind. Im Rahmen der Kinder tangierenden Cartoons hat er ein freundlich-humorvolles Buch über sexuelle „Aufklärung", im Rahmen der Kinderbuchillustration einen Band über die Katzeninsel und eine Geschichte über einen launenhaften kleinen Jungen illustriert, der sich nur Feinde schafft, bis er durch charakterliche Wandlung die Freundlichkeit der Welt erfährt. Die Geschichte wurde anfangs von H. nach der Oper von M. RAVEL „L'Enfant et le Sortilège" gezeichnet, doch war S.-G. Colette von den Bildern so angetan, daß sie trotz vorhandener Libretti dazu einen Kurztext verfaßte, den CHR. FRY ins Englische übertrug.

H.s Stärke liegt in der Parodie, dem pointensicheren Strich, der Methode, menschliche Schwächen und musikalische Lächerlichkeiten freundlich aufzuspießen. Seine Illustrationen für Kinder sind ebenfalls doppelbödig, doch frei von bösartiger Satire, die auch seinen sonstigen „Cartoons" fehlt. Die meisten der Bildergeschichten von H. wurden in Zeichenfilme umgesetzt.

Horst Künnemann

Werke: Birds, bees and storks (1960).

Ill.: J. Symonds: The isle of cats (1955, ^{2}1962); G. Hoffnung: Birds, bees and storks (1960); S.-G. Colette: The boy and the magic (1964).

Sekundärliteratur: R. Karrer-Kharberg: Wer zeichnet wie? (1963. 70—73). — U. Roedl: Gerhard Hoffnung (in: Graphis. 40. 1952. 118—123 u. 182—183).

Hofman, Ota

*Tschechischer Schriftsteller, Filmemacher und Fernsehautor; * 10. 4. 1928 Prag.*

H. studierte an der FAMU (filmová fakulta Akademie muzických umění), Prag, bei Prof. I. Oswald, wo er 1952 u. a. mit einer theoretischen Arbeit über Kinderfilm abschloß. Danach konzentrierte er sich in seinem Schaffen wesentlich auf Kinder- und Jugendfilme. Von 1954—55 war H. Assistent an der FAMU, von 1955 an Dramaturg im Filmstudio Barrandow bei Prag. Als Dramaturg und Theoretiker des jungen tschechischen Kinder- und Jugendfilms hat er anfangs Bücher bekannter Autoren der ČSSR ins Filmische übersetzt; 1957 verfilmte er B. Říhas „Honzíkova cesta" und 1960 „O letadélku Káněti". 1957 schuf er das Szenarium zu M. Majerovás „Robinsonka". Seit 1960 hat H. in zunehmendem Maße eigene Ideen realisiert.
H. wurde mehrmals ausgezeichnet; u. a. erhielt er für sein Jugendbuch „Útěk" (1966; slowak. Útek, 1967; dt. Die Flucht, 1973) in der ČSSR 1965 den ersten Preis in dem Wettbewerb „Für die Jugend des Atomzeitalters" und 1970 für sein Buch „Hodina modrých slonů" (1969, Die Stunde der blauen Elefanten) den Kritikerpreis der ČSSR.

Werk, Tendenzen, Wirkung. In der Kombination von Filmemacher und Kinderbuchautor stellt H. einen neuen Typus des Medienautors für Kinder dar. Ein Spezifikum seiner über 20 Drehbücher ist die variantenreiche Mischung von Realität und Fantastik. Zwischen 1969 und 1972 wurden in der ČSSR — unter bundesdeutscher und österreichischer Mitarbeit — die ersten 13 Folgen der Fernseh-Serie „Pan Tau" hergestellt. Diese Gestalt des Kinderfreundes schuf H. gemeinsam mit Regisseur Polák und dem Schauspieler O. Šimánek. In dieser Serie verbindet H. Elemente seiner schöpferischen Fantasie mit Einflüssen der Chaplin-Filme und früher slapstick-Komödien und realbezogenen Umweltszenen. Der Erfolg der ersten Serie ermutigte die kooperierenden Gruppen zur Produktion weiterer 13 Folgen, zu denen wiederum H. die Drehbücher verfaßte. In der BRD erschienen, von J. Krüss erzählt, „Pan Tau"-Geschichten in mediengerechter Aufmachung (Pan Tau und die Kinder im Schnee, 1970; Pan Tau und eine schöne Bescherung, 1970; Pan Tau, ein Junge und ein großer Dampfer, 1970; alle bei Gertraud Middelhauve Verlag). 1974 veröffentlichte der Georg Bitter Verlag H.s „Pan Tau a tisíc zázraků" (1973) unter dem Titel „Pan Tau. Seine ganze Geschichte, wie er verlorenging und wiedergefunden wurde", in der Übersetzung von E. Honolka und mit Illustrationen nach Aquatintaradierungen von G. Lawrenz.
Mehrere seiner Filmszenarien hat H. auch in Buchform umgesetzt, so „Pohádka o staré tramvaji" (1961; dt. Das Märchen von der alten Straßenbahn Therese, 1964; Film 1962), „Králíci ve vysoké trávě" (1962, Die Kaninchen im hohen Gras; Film 1962) und „Klaun Ferdinand a raketa" (1965; dt. Clown Ferdinand und die Rakete, 1967; Film 1963).
Deutlich sind die Einflüsse filmischer Technik auf die Gestaltung des Jugendbuchs „Útěk": die harten Schnittfolgen, raschen Szenenwechsel zwischen Handlung und Denken, Wachen und Träumen in dieser Fluchtgeschichte sind ohne filmische Erfahrung nicht denkbar. *Horst Künnemann*

→ Pan Tau

Werke: Pohádka o staré tramvaji (1961, ^{2}1968; dt. Das Märchen von der alten Straßenbahn Therese, 1964, ^{2}1966); Králíci ve vysoké trávě (1962); Klaun Ferdinand a raketa (1965; dt. Clown Ferdinand und die Rakete, 1967); Útěk (1966; dt. Die Flucht, 1973); Cesta na planetu Mikymaus (1969); Hodina modrých slonů (1969); Pan Tau und die Kinder im Schnee (1970); Pan Tau und eine schöne Bescherung (1970); Pan Tau, ein Junge und ein großer Dampfer (1970); Pan Tau a tisíc zázraků (1973; dt. Pan Tau, seine ganze Geschichte, wie er verlorenging und wiedergefunden wurde, 1974).
Drehbücher: Punt'a a čtyřlístek (1955); Robinsonka (1956); Honzíkova cesta (1956); V 6 ráno na letišti (1957); Ročník 1921 (1957); Prázdniny v oblacích (1959); Kouzelný den (1960); Pohádka o staré tramvaji (1961); Anička jde do školy (1962); Klaun Ferdinand a raketa (1962); Kát'a a krokodýl (1965).

Holešovský, František

*Theoretiker der Kinderbuchillustration und der ästhetischen Erziehung, emer. Professor der Universität Brno (Brünn), vormals Direktor des Pädagogischen Forschungsinstituts in Brno und Mitarbeiter der tschechischen Akademie der Wissenschaften in Prag; * 28. 11. 1904 Omice/Tschechoslowakei.*

Nach seiner Tätigkeit als Grundschullehrer und noch während seines Dienstes als Hauptschullehrer (bis 1945) setzte H. seine Studien, die er wegen der deutschen Okkupation der Tschechoslowakei zeitweilig unterbrechen mußte, in den Fächern Ästhetik und Kunsttheorie bis 1948 fort und anschließend bis 1958 in Pädagogik und Psychologie. Er promovierte in Erziehungswissenschaften, Philosophie und Jura. Von 1945—49 war H. als Landschulrat von Mähren tätig und leitete von 1949—60 das Pädagogische Forschungsinstitut in Brno. 1959 erhielt er einen Ruf an die Universität Brno; im gleichen Jahr erfolgte auch seine Aufnahme in die Akademie der Wissenschaften, in der er neben seiner Lehrtätigkeit an Forschungsprojekten mitwirkte.
H. setzt sich vor allem mit Fragen der Kinder- und Jugendbuchillustration auseinander und versucht, die Ergebnisse seiner Forschung im pädagogischen Bereich fruchtbar zu machen. H. befürwortet eine Illustrationskunst, die mit den bildnerischen Mitteln experimentiert. Er unterstützt, mitunter in Opposition zu vulgärpädagogischen Auffassungen, die

Tendenz, ästhetisch anspruchsvolle Illustrationen in Schulbücher der ČSSR aufzunehmen. Er vertritt ferner die Meinung, daß Illustrationen im Kinder- und Jugendbuch eine kaum zu unterschätzende Bedeutung im Erleben junger Menschen haben. H. untersucht deshalb in den jüngeren Veröffentlichungen die Dominanz und Konkurrenz bestimmter Funktionen der Illustrationskunst, dabei insbesondere ihre Motivationsfähigkeit zur Entfaltung der Kreativität bei Kindern. Bei seinen Untersuchungen unterscheidet er zwischen der Illustration als selbständigem Gebiet der Kunst mit dem Zug zur Progressivität und der Illustration als realistischem Abbild von Sachverhalten mit belehrender Funktion, wie sie vor allem im Bereich der Schule anzutreffen ist. *Rudolf Raab*

Werke: Práce s obrazem na mateřské škole (1958); K systému estetické výchovy na národní škole (1960; dt. Zum System der ästhetischen Erziehung, 1963); Naše ilustrace pro děti (1960); Výchova estetického vztahu k práci (1964); Ciele estetickej výchovy a ich konkretizácia (1967); Tvár a reč ilustrácie pre deti (1970).

Beiträge: Čeští ilustrátoři pohádek pro děti (in: O pohádkách. 1960. 159—203); K otázce funkčnosti výtvarné stránky učebnic (in: Pedagogika. 3. 1963. 355—363); Funkce a smysl ilustrace v knize pro mládež (in: Sborník PF. 1966. 189—194); K podstatě a prostředkům výtvarně est. výchovy v předškolním věku (in: Sborník PF. 1966. 109—136); Bild und Bildverständnis im Vorschulalter (in: A. C. Baumgärtner (Hrsg.): Aspekte der gemalten Welt. 1967. 88—95); Slovo o ilustráciach (in: Čitatel'. 12. 1967. 442 u. 443); Kniha a obraz u nejmenších (in: Impuls. 3. 1968. 569—573); On the specific features of illustrations for children (in: Bookbird. 1. 1970. 56—63); Der junge Leser im Prozeß der ästhetischen Erziehung (in: K. Doderer (Hrsg.): Jugendliteraturforschung international. 1970. 25—30).

Hollatz, Dorothea

*(Ps.: Theo Holl). Schriftstellerin, Kinder- und Jugendbuchautorin; * 20. 1. 1900 Stralsund.*

Als Tochter des pommerschen Schriftstellers K. Mass (1867—1950), der Ratsherr zu Schwerin, später Bürgermeister in Görlitz wurde, verbrachte H. Kindheit und frühe Jugend in Pommern und Schlesien. Nach dem Besuch der Frauenschule in Erfurt heiratete sie den Juristen Prof. Dr. H. und zog mit ihm nach Darmstadt, wo sie, 1931 verwitwet, ihren Wohnsitz behielt.

Werk, Tendenzen, Wirkung. Neben Romanen und Novellen schrieb H. Märchen und Geschichten für Kinder (in vielen Anthologien, auch Lesebüchern), Erzählungen und Jugendbücher. Ihre Begabung zum anschaulichen, spannungsvollen Erzählen bildete sie schon in jungen Jahren aus, ebenso ihre Fähigkeit, Probleme des Kindes und Jugendlichen zur Sprache zu bringen. In dem Prosa-Zyklus „Tau und Tränen der Frühe" (1956, [2]1965) schildert sie „typische" Erlebnismomente in der Kindheit und Entwicklung bis zum 14. Lebensjahr, ein Buch, das Eltern ihre Verantwortung bewußt machen will. H. begann in den zwanziger Jahren zu veröffentlichen; sie wurde mit dem Roman eines jungen Menschen, „Kilian und die Winde" (1938), erfolgreich. Nach 1945 schrieb sie außer Romanen und Novellen, die Erwachsene in zeitbedingten Konflikten zeigen, eine Reihe von Kinder- und Jugendbüchern, in deren Grundgehalt Erinnerungen an eigene Kindheit und Jugend in heimatlicher Umwelt und auf froher Fahrt mit einer Gruppe eingegangen sind. Mehrfach aufgelegt wurden „Metti von der Insel" (1954), „Frosch plus vier auf großer Fahrt" (1955, auch als Taschenbuch) und das Mädchenbuch „Assi und ich" (1964), in dem der Weg verschieden gearteter Schwestern durch Schwierigkeiten der Berufswahl und Ausbildung geschildert wird. Als Kinderbücher kamen „Ditta Perlhuhn" (1958) und die Fortsetzung „Ditta im Mövenschwarm" (1963) heraus, eine Geschichte aus dem Schulreifealter, in dem ein Mädchen die Umstellung von der städtischen auf die ländliche Umwelt und auf eine neue städtische vollziehen muß. Einige Erzählungen von H. wurden auch im Kinderfunk gesendet. *Margarete Dierks*

Werke: Ein Mädchen geht gradaus (1936); Der Täufling von Waldrü (1937; 1940 u. d. T.: Handstand in der Hütte; 1953 u. d. T.: Conni, Pantoffel und Pulverschnee); Kilian und die Winde (1938); Das blaue Lämmleinbuch (1944); Ich komme wieder, Otti (1949); Brita (1954); Metti von der Insel (1954); Frosch plus vier auf großer Fahrt (1955); Marei und ihre Brüder (1955); Bazi und Alexis (1955; unter T. Holl); Ditta Perlhuhn (1958, [5]1967); Im Zweifelsfall geradeaus (1958); Ditta im Mövenschwarm (1963); Assi und ich (1964).

Holst, Adolf

*Lehrer, Schriftsteller; * 7. 1. 1867 Branderoda b. Freiburg a. d. Unstrut, † 4. 1. 1945 Bückeburg.*

H., Sohn eines Pfarrers, studierte nach dem Besuch des Pädagogiums der Franckeschen Stiftung in Halle an der Universität Tübingen Philologie, an der Universität Berlin Geschichte, Geographie und Philosophie. 1893 promovierte er in Tübingen zum Dr. phil. Nach Auslandsaufenthalten in Genf und Paris war er ab 1895 Hauslehrer in Florenz, Lehrer und Direktor der deutschen Schule in Genua, Erzieher und Privatlehrer des jüngsten Prinzen zu Schaumburg-Lippe (1901—07), Direktor der Deutschen Schule in Florenz (1907—08), hierauf Hofbibliothekar in Bückeburg, seit 1918 freier Schriftsteller.

Werk, Tendenzen, Wirkung. In den Jahren 1905 bis 1936 verfaßte H. die zumeist gereimten Texte für rund 50 Bilderbücher und wurde damit zum fruchtbarsten Reimelieferanten der Bilderbuchillustratoren seiner Zeit. Die meisten Verse H.s kommen über das Mittelmaß nicht hinaus. Von wenigen gelungenen abgesehen, merkt man den Versen an, wie mühsam sie entstanden sind. Sie klingen zum

Teil holprig und verwenden vielfach abgedroschene Reimklischees. Inhaltlich bewegt sich H. im Bereich einer verniedlichenden Wichtelmann- und Tierweltromantik. Märchenhafte Gestalten und Tierfiguren zeigen die typischen Verhaltensweisen der kleinbürgerlichen Welt und führen dem Kind am Beispiel musterhaften oder negativen Verhaltens ungezogener und fauler Außenseiter den bürgerlichen Tugendkatalog als Richtschnur für kindliches Benehmen vor.
Besonders eng arbeitete H. mit G. CASPARI zusammen („Lustiges Kleinkinderbuch", 1907; „König ist unser Kind", 1910; „Von Himmel und Erde", 1913), ferner mit E. KUTZER („Osterhas auf Reisen", 1917; „Fridolin der Osterhase", 1919; „Der Weihnachtsstern", 1921; „Hans Quak und andere Märchen", 1922; „Juchhe und Juchhei", 1923; „Schlaraffenland", 1927; „Ringel-Ringel, Reihe", 1928) und E. WENZ-VIËTOR („Hochzeit im Walde", 1921; „Die glücklichen Mausleut", 1929; „Die Schule im Walde", 1931; „Grete kocht", 1933; „Hochzeit im Winkel", 1934). Daß nach 1945 eine große Anzahl der von H. getexteten Bilderbücher neu herausgegeben wurde, bis in die sechziger Jahre Neuauflagen erlebte und zum Teil noch heute im Buchhandel zu haben ist (vor allem „Osterhas auf Reisen" und „Die Schule im Walde"), liegt wohl mehr an den beliebten Illustrationen der betreffenden Bilderbuchkünstler als an den begleitenden Versen H.s. *Helmut Müller*

→ G. Caspari, → E. Wenz-Viëtor

Werke: Allerliebster Plunder (1905); Lustiges Kleinkinderbuch (1907); Die blaue Kutsche (1907); Komische Käuze (1909); Kinderland, du selig Land (1909); So geht es im Schnützelputzhäusel (1910); Mein Tierbilderbuch (1910); Lustige Vögel aus meinem Garten (1910); König ist unser Kind (1910); O Tannenbaum, o Tannenbaum (1910); Guck hinein (1911); Mein erstes Buch (1911); Heiteres Spiel (1911); Soldatenlieder (1912); Ringsumher (1912); Für die Kleinen (1912); Für unsere Einjährigen (1912); Das goldene Tor (1912); Lirum, larum (1913); Von Himmel und Erde (1913); In Feindesland (1915); Osterhas auf Reisen (1917); Fridolin der Osterhase (1919); Neue Kinderlieder (1921); Hochzeit im Walde (1921); Der Weihnachtsstern (1921); Hans Quak und andere Märchen (1922); Goldene Stunde (1922); Guckt hinein, schaut der Tiere Kinderlein (1923); Juchhe und Juchhei (1923); Schlaraffenland (1927); Ringel-Ringel, Reihe (1928); Die glücklichen Mausleut (1929); Die Schule im Walde (1931); Grete kocht (1933); Hochzeit im Winkel (1934).

Holtz-Baumert, Gerhard

*Redakteur, Schriftsteller, Jugendliteraturtheoretiker, Generalsekretär des Kuratoriums sozialistischer Kinderliteratur der DDR, Abgeordneter (SED) in der Volkskammer; Nationalpreis der DDR, II. Klasse 1975; * 25.12.1927 Berlin.*

H.-B. studierte von 1952—58 mit dem Berufsziel, Lehrer oder Journalist zu werden, und war von 1951—58 als Chefredakteur von zwei literarischen Kinderzeitungen tätig. 1958—59 setzte er sein Studium am Literaturinstitut in Leipzig fort, bekleidete bis 1961 das Amt des Sekretärs des Deutschen Schriftstellerverbandes (DDR) und wirkte anschließend als freischaffender Schriftsteller. Seit 1962 ist H.-B. Chefredakteur der Zeitschrift „Beiträge zur Kinder- und Jugendliteratur", die unter seiner Leitung ein bedeutendes Diskussionsforum zu Fragen der sozialistischen, vorwiegend der DDR-KJL wurde.
In seinen Essays zu Fragen der KJL vertritt H.-B. die Auffassung, daß der KJL wie der Literatur überhaupt eine bedeutende pädagogische Aufgabe zufalle. Die damit verbundene Gefahr einer einseitigen moralisierenden und daher langweiligen KJL sieht H.-B. durchaus und verlangt deshalb vom Autor eines Kinder- oder Jugendbuches, daß die erzieherischen Intentionen durch ästhetische Kategorien zu vermitteln sind. Dazu gehört nach H.-B. vor allem auch die Verwendung sprachlicher Mittel, die weitab vom gebräuchlichen Schuldeutsch liegen könnten, was die Pädagogen in Kauf zu nehmen hätten, wenn ein Autor beispielsweise Personen charakterisiere. H.-B. verlangt ferner von der KJL Realitätsnähe und sozialistische Parteilichkeit, was man in enger Beziehung mit ihrem pädagogischen Auftrag sehen muß. Schablonisierungen lehnt H.-B. indessen strikt ab. In einigen seiner Beiträge findet man exemplarische Rezensionen, in denen er am Beispiel seine theoretische Ausgangsbasis konkretisiert.
Neben den theoretischen Ausführungen ist H.-B. als sehr erfolgreicher Erzähler für Kinder (z.B. Alfons Zitterbacke; Der kleine Trompeter und sein Freund) und als Herausgeber deutscher Übersetzungen von Werken der sowjetischen KJL hervorgetreten; erwähnenswert sind hier besonders die drei von M. HUMMELTENBERG übersetzten Auswahlbände des Werkes von A. GAIDAR: „Der Mann mit dem Stern", „Die Spur der Kühnen" und „Die Zeit des Trommlers", 1967 und 1969 in Berlin erschienen. Unter dem Titel „Von lustigen Wichten zwölf kleine Geschichten" (1968) verfaßte H.-B. 12 vierzeilige Kinderreime, die sich auf die Reihenfolge der Monate im Jahresablauf beziehen, und zu denen E. SHAW die Illustrationen schuf.
Rudolf Raab

→ DDR, → E. Shaw

Werke: Alfons Zitterbacke (1958, [12]1969; NA. 1970, [2]1972); Das rote Päckchen (1958); Fidibus paß auf (1959, [3]1963); Guten Tag, Hops (1959, [3]1966); Der kleine Trompeter und sein Freund (1959, [12]1972; zus. mit I. Holtz-Baumert); Vier Pferde gehen fort (1961, [2]1963); Alfons Zitterbacke hat wieder Ärger (1962, [11]1969); Paule Prinz (1964); Von lustigen Wichten zwölf kleine Geschichten (1968); Überhaupt brauchen wir eine sozialistische Literatur ... (1972); Die Drei Frauen und ich (1973).
Beiträge: Pony Pedro und Pawlow. Zu Ernst Strittmatters 50. Geburtstag (in: Beitr. z. K.- u. J.lit. 1. 1962. 43—50);

Gaidar und wir (in: Beitr. z. K.- u. J.lit. 6. 1964. 23—35); Bei der Beschäftigung mit „Europäischen Kinderbüchern" (in: Beitr. z. K.- u. J.lit. 7. 1965. 177—181); Kinderliteratur und Pädagogik — eine Streitfrage? (in: Beitr. z. K.- u. J.lit. 8. 1965. 114—127); Blick nach drüben (in: Beitr. z. K.- u. J.lit. 9. 1967. 118—126); Unser aller Jubiläum (in: Beitr. z. K.- u. J.lit. 10. 1967. 26—34); Neues und Altbekanntes aus Westdeutschland (in: Beitr. z. K.- u. J.lit. 12. 1969. 122—133); Einiges Wenige über Rodari (in: Beitr. z. K.- u. J.lit. 13. 1969. 78—86); Skizzenhaftes zum Kampf um eine sozialistische deutsche Kinderliteratur (in: Beitr. z. K.- u. J.lit. 17. 1970. 88—92); Kinderliteratur aus der DDR (in: Jugend u. Buch. 4. 1970. 15—18).
Hrsg.: A. Gaidar: Der Mann mit dem Stern (1967); A. Gaidar: Die Zeit des Trommlers (1969); A. Gaidar: Die Spur des Kühnen (1969); Menschen, liebe Menschen, laßt die Erde stehn (1969, [3]1970); Der Junge mit dem Schmetterling (1970, [2]1971).

Alfred Holz Verlag

Berlin (Ost), Leiter bis 1974: A. Holz (1904 bis 1975). *Hauptsächliche Verlagsgebiete im Bereich der Kinder- und Jugendliteratur:* Mythen, Volksmärchen und Sagen aus fremden Ländern, Legenden, Fabeln sowie Abenteuerbücher, u. a. Tier- und Jagdgeschichten.
Autoren: M. R. Anand, L. Carroll, C. Collodi, J. Krüss, H. Lofting, S. Maršak, S. Prokofjew, A. Tolstoj, A. Wedding, F. Wolf u. a.
Illustratoren: H. Baltzer, E. Binder, Fr. Haacken, B. Heller, W. Klemke u. a.
Verlagsgeschichte. A. Holz gründete den Verlag im Jahre 1945 und ist seither dessen Leiter gewesen. Der Verlag wurde 1975 vom Kinderbuchverlag übernommen als Edition Holz.

Honegger-Lavater, Warja

*Schweizer Grafikerin, Illustratorin; * 28. 9. 1913 Zürich.*

H.-L. verbrachte ihre Jugendjahre in Rußland, Griechenland und der Schweiz. Nach der Gymnasialausbildung absolvierte sie die Kunstgewerbeschule in Zürich mit Diplomabschluß. Kontakte zu Kindern und Jugendlichen gewann sie durch ihre redaktionelle und künstlerische Mitarbeit an der „Jugendwoche" und dem „Jeunesse Magazine". 1957 schuf sie für die „Saffa" (2. Schweizerische Ausstellung für Frauenarbeit) in Zürich eine monumentale Wandgestaltung mit dem Thema „Die Frau in der Schweizer Geschichte". 1958 gestaltete sie 50 mehrfarbige Tafeln zu einem Band der internationalen Enzyklopädie „Visual", die die künstlerische Veranschaulichung wissenschaftlicher Prozesse leisten sollen. Gouachen, Radierungen und Lithografien H.-L.s werden seitdem in mehreren in- und ausländischen Ausstellungen gezeigt. In Fachaufsätzen der in- und ausländischen Presse setzte sie sich theoretisch mit ihrer Arbeit auseinander. 1958—60 war sie wiederholt und auf längere Zeit in den USA. Seit 1960 lebt H.-L., die mit dem Grafiker G. Honegger verheiratet ist, in Zürich und Paris.

Werk, Tendenzen, Wirkung. Seit den fünfziger Jahren erscheinen bei verschiedenen Verlagen, vor allem der Basilius-Presse, von japanischen Faltbüchern inspirierte „Folded Stories" der H.-L., Leporellos mit zeichenhaften, sich abstrakter Elemente bedienenden Gestaltungsweisen. In Bildfriesen für Kinder verarbeitete H.-L. volkstümliche Erzählungen, den „Wilhelm Tell", Märchen H. Chr. Andersens und der Brüder Grimm und den „Gulliver" als ironisierte Fassung in „Außerordentlicher Gulliver" (1966/67). Ihre Grafiken gehen von einer sehr differenzierten, anspruchsvollen Bildauffassungsgabe des Kindes unserer Zeit aus. Ihre eigene, sehr exzeptionelle Idee von der bildlichen Fixierung abstrakter und konkreter Vorgänge, gefaßt in verschlüsselte Symbole, signethafte Elemente der Kartografie und malerisch-zeichnerische Kürzel, appelliert an die schöpferische Fantasie und Vorstellungskraft. In „Die Geschichte von Wilhelm Tell" (1962) sind die Bilder — abgesehen von der Zeichenerklärung zu Anfang — ohne jeden Text als Handlungssteno und Aktions-Ideogramm aufgebaut. Die meisten dem „Tell" folgenden Bildgeschichten hat H.-L. mit einem aufschlüsselnden Blatt mit Zeichenerklärungen und mehrsprachigen Kurztexten der zugehörigen Märchen und Erzählstoffe versehen. *Horst Künnemann*

Ill.: W. Honegger-Lavater: Sandy und die Kinder (1950); W. Honegger-Lavater: Tyll Ulenspiegel (1951); W. Honegger-Lavater: Wilhelm Tell (1962, [2]1966); J. u. W. Grimm: Hans im Glück (1965, [2]1967); H. Chr. Andersen: Das häßliche Entlein (1965, [2]1967); J. de La Fontaine: Die Grille und die Ameise (1965); W. Honegger-Lavater: Außerordentlicher Gulliver (1966/67).

Sekundärliteratur: W. Honegger-Lavater: W. Honegger-Lavater (in: Graphis. 102. 1962. 418—429). — H. Künnemann: Warja Honegger-Lavater (in: H. Künnemann: Profile zeitgenössischer Bilderbuchmacher. 1972. 88—94).

Horn, W. O. von

*(d. i. Friedrich Wilhelm Philipp Oertel). Ev. Geistlicher, Volks- und Jugendschriftsteller; * 15. 8. 1798 Horn b. Boppard, † 14. 10. 1867 Wiesbaden.*

H., Sohn des Pfarrer P. P. Oertel, litt als Folge einer Kinderkrankheit an einer Lähmung des linken Beines, die ihm den Besuch der öffentlichen Schulen unmöglich machte. Er wurde deshalb vom Vater unter Mithilfe eines Elementarlehrers unterrichtet. Nach dem Umzug der Familie nach Manubach (St. Goar), wo der Vater 1812 eine neue Pfarrstelle übernahm, erhielt H. wegen Arbeitsüberlastung des Vaters häufig Unterricht bei seinem um fünfzehn Jahre älteren Bruder, der als Pfarrer in Oberdiebach amtierte. Ab 1815 studierte H. in Heidelberg Theologie. Während seines Studienaufenthaltes besuchte H. häufig die Familie des Kirchenrats Dr. SCHWARZ, bei dem er auch J. PAUL und JUNG-STILLING kennenlernte. Nach Beendigung des Studiums erhielt H. am 15. August 1819 vom Vater, der inzwischen zum Superintendenten der Synode von Koblenz befördert worden war, die Weihe zum geistlichen Amt. Ab 1820 übernahm H. als Pfarrverwalter in Manubach die Nachfolge seines im Dezember 1819 verstorbenen Vaters, wurde 1822 ordentlicher Pfarrer und heiratete im gleichen Jahr die Tochter des Herzoglich-Nassauischen Cabinets-Kanzlei-Direktors von Sankt Georgen in Weilburg. In diese Zeit fallen auch H.s erste schriftstellerischen Versuche. 1835 ging er als Superintendent nach Sobernheim und wurde gleichzeitig zum Kreisschulinspektor ernannt. Nach seiner Pensionierung im Jahr 1863 zog H. mit seiner Familie nach Wiesbaden, wo er sich bis zu seinem Tode im Jahr 1867 seinen schriftstellerischen Arbeiten widmete.

Werk, Tendenzen, Wirkung. Die schriftstellerische Tätigkeit H.s läßt sich in drei Abschnitte gliedern. Da H. in der ersten Zeit seines Pfarramtes in der kleinen Gemeinde Manubach über reichlich Freizeit verfügte, begann er, zunächst zur eigenen Weiterbildung, kleine Aufsätze wissenschaftlich-belehrenden Inhalts, mehrfach mit historischer Thematik, zu schreiben. Die Sichtung seines Pfarrarchivs weckte in ihm die Lust zu ortsgeschichtlichen Forschungen. So entstanden eine Anzahl historisch-romantischer Erzählungen auf dem Hintergrund der Ortsgeschichte der näheren Umgebung, die H. in der Frankfurter Zeitschrift Didaskalia unter dem Pseudonym „F. W. LIPS" erscheinen ließ. „F." und „W." standen als Abkürzung der Vornamen Friedrich und Wilhelm, „Lips" als rheinische Abkürzung des dritten Vornamens Philipp. Diese Geschichten erschienen 1833 u. 34 in einer dreibändigen Sammlung unter dem Titel „Sämmtliche historisch-romantische Erzählungen und Geschichten" im Verlag Sauerländer. Durch seine ortsgeschichtlichen, romantisch verbrämten Geschichten wurde H. bald in den gebildeten Kreisen bekannt. Eine seiner Erzählungen über die Burg Rheinstein veranlaßte den Prinzen FRIEDRICH VON PREUSSEN zur Restauration dieser Burgruine. Kurz nach dessen Thronbesteigung als König FRIEDRICH WILHELM IV. verlieh er H. den roten Adler-Orden IV. Klasse für seine heimatkundlichen Forschungen.

Der zweite Abschnitt in der schriftstellerischen Tätigkeit H.s wurde durch den finanziellen Druck ausgelöst, unter dem H. stand. Auf sein schmales Pfarrergehalt angewiesen, wurde es ihm immer schwerer, die bis 1843 auf sieben Kinder angewachsene Familie zu ernähren. Der Leserkreis seiner Schriften war relativ klein geblieben, da sich die einfachen Schichten nicht davon angezogen fühlten. H. beschloß daher, sich von den romantisch-historischen, teilweise belehrend geschriebenen Erzählungen abzuwenden und ebenfalls das Pseudonym LIPS aufzugeben. Durch seinen Beruf gewann H. schnell Einsichten in die Anliegen der einfachen Leute und lauschte gerne und oft den im Volksmund überlieferten Geschichten, die in Gasthäusern und Spinnstuben erzählt wurden. Als Gegenstück zu den nach seiner Meinung „schlüpfrigen Geschichten und faulen Witzen" der damals weit verbreiteten Volkskalender wollte H. mit „veredelnder Volkslektüre" auf das Volk einwirken „und zur Erhellung seiner dunklen Schattenseiten" beitragen. Im Jahr 1845 erschien „Friedel", die erste Erzählung dieser Art, zunächst in der Zeitschrift Didaskalia abgedruckt, dann aber unter dem neuen Pseudonym W. O. VON HORN (Wilhelm Oertel von Horn) als selbständige Veröffentlichung bei dem Darmstädter Buchhändler LANGE. Es folgte die Herausgabe von H.s „Spinnstube", deren erster Jahrgang 1846 der Verlag Mettenius in Frankfurt/M. publizierte und die H. schnell zu einem der verbreitetsten und beliebtesten Volksschriftsteller seiner Zeit werden ließ. Ab 1847 übernahm der Verlag Sauerländer die „Spinnstube", die bis zum 25jährigen Jubiläum 1870, über den Tod von H. hinaus, jährlich erschien. Die „Spinnstube" sprach vor allem viele Leser aus den einfacheren Volksschichten, aber auch eine große Anzahl Jugendlicher an. Eltern legten ihren Kindern und Erzieher ihren Zöglingen die „Spinnstube" als geeignete Lektüre besonders ans Herz.

Man hat H. den „Erben der Hebelschen Muse" genannt, wenn auch der Verfasser des „Rheinischen Hausfreundes" und des „Schatzkästleins" literarisch einige Qualitätsstufen höher einzuordnen ist. Die Geschichten der „Spinnstube" werden alle von einer Rahmenerzählung zusammengehalten, in der der alte stelzfüßige Schmiedjakob am Abend in der Spinnstube seine Erzählungen zum besten gibt. Das Vorbild zu seinem Schmiedjakob fand H. während seiner häufigen Aufenthalte bei seinem Bruder in Oberdiebach in dem dort ansässigen erzählfreudigen Dorfschmied. H.s Geschichten sind schlichte Volkserzählungen, die in der Welt der Bauern und Kleinbürger spielen. Die Handlung, zumeist ein Vorfall aus dem täglichen Leben, geht ohne Umschweife auf ihr Ziel zu. Die bösen Eigenschaften der aufgezeigten Personen werden ebenso drastisch geschildert wie die guten.

Auch H.s Sprache, durchsetzt mit zahlreichen Dialektwendungen und Redensarten, ist derb und plastisch und kam der sprachlichen Erfahrung der einfachen Leser entgegen. H. wollte seine Leser, unter ihnen vor allem die jungen, keineswegs nur unterhalten. Er versuchte, mit seinen Erzählungen der von ihm gebrandmarkten „Verweltlichung der Gemüter und Lockerung der Sitten" einen Damm vorzusetzen. Dies trachtete er durch liebevolle Schilderung der „guten alten Volkssitten" und Anprangerung „unnötiger Neuerungen der Zeit" zu verwirklichen.

Den Grund allen Übels sah H. in der Abnahme der Gottesfurcht. Daher mahnte er immer aufs neue, um Gottes willen das Gute zu tun und das Böse zu lassen. Alle seine Spinnstubengeschichten sind erfüllt von einem geradezu rührenden kindlichen Vertrauen auf die weise Führung Gottes, das heutigen Lesern kaum mehr verständlich erscheint. H. hat die „Spinnstube" von 1846 an bis zu seinem Tode herausgegeben. Neben Erzählungen finden sich darin auch Rätsel, Anekdoten und moralische Betrachtungen. Schon 1847 bewarb sich L. Richter um die Illustration der Volksbuchreihe, da sie ihm für die von ihm bevorzugte Holzschnitttechnik besonders geeignet erschien; Richter illustrierte die Jahrgänge 1849—60 und zog sich erst von dieser Arbeit zurück, als ihn eine Augenschwäche dazu zwang. Seine Holzschnitte und die Erzählungen H.s wuchsen zu einer Einheit zusammen, die nicht zuletzt für die nachhaltige und breite Wirkung der „Spinnstube" sorgte. Die ersten Jahrgänge der „Spinnstube" waren so rasch vergriffen, daß bereits 1853 u. 54 zur Befriedigung der großen Nachfrage ein dreibändiger Nachdruck unter dem Titel „Des alten Schmiedjacob's Geschichten" aufgelegt werden mußte. Noch 1927 brachte K. M. Schiller eine sechsbändige Neuausgabe der „Spinnstube" heraus, die ausgewählte Geschichten aus den Jahrgängen von 1849—60 mit den Illustrationen Richters enthält.

Neben der „Spinnstube" brachte der Verlag Sauerländer in den Jahren 1850—59 alle bisher erschienenen Erzählungen H.s in einer dreizehn Bände umfassenden Gesamtausgabe heraus.

Ab 1850 schrieb H. neben der „Spinnstube" eine Reihe kleinerer Schriften, mit denen er unmittelbar auf das Volk einwirken wollte. So erschienen 1850 der „Nothpfennig", in dem er an Hand ausgewählter deutscher Sprichwörter und durch volkstümliche Auslegung derselben „die Weisheit auf der Gassen in die Herzen und Häuser hineinzuführen" suchte. In „Lehrgeld oder Meister Conrads Erfahrungen im Jungen-, Gesellen- und Meisterstande", ebenfalls 1850, bewies H., daß er ein offenes Auge für die Sorgen und Anliegen des Handwerkerstandes seiner Zeit besaß. Dem gleichen Stand war das 1851 erschienene Büchlein „Franz Kerndoerfer, eine Geschichte aus dem lieben Handwerkerstande und für ihn" gewidmet. Das 1852 aufgelegte Buch „Hand in Hand" stellte einen Beitrag H.s zur sozialen Frage dar. Unter der Losung „Hand in Hand" appellierte das Büchlein an alle Schichten der menschlichen Gesellschaft, in brüderlicher Liebe gemeinsam die soziale Frage zu lösen.

Der dritte Arbeitsabschnitt in H.s Schaffen begann mit der Herausgabe der Schriftenreihe „Jugend- und Volksschriften", die von dem Wiesbadener Verleger J. Nidner angeregt und verlegt wurde. Bis zu seinem Tode gab H. 75 Bändchen heraus, von denen jeweils fünf in einem Jahr erschienen und die alle von ihm selbst verfaßt waren. Vielen dieser Bändchen gingen umfangreiche Studien H.s in großen Bibliotheken und Archiven voraus. Die Reihe war vorwiegend für die Bildung und Unterhaltung der Heranwachsenden bestimmt. Auch diese Jugenderzählungen stehen alle auf dem Boden einer tiefen christlichen Frömmigkeit, die allerdings konfessionell so wenig gebunden ist, daß die Büchlein ebenso von evangelischen wie von katholischen Kindern gelesen werden konnten. Thematisch verfügen die von H. verfaßten Jugendbändchen über eine sehr breite Palette. Da werden eine Reihe geschichtlicher Persönlichkeiten vorgestellt, die in ihrer Gottesfürchtigkeit, in ihrem Leben ohne Furcht und Tadel, aber auch in ihren Erfolgen als nachahmenswerte Vorbilder dem jungen Leser vorgeführt werden (Das Leben des Feldmarschalls Derfflinger, 1853; Das Büchlein von dem Feldmarschall von Blücher, 1854; Das Leben der Kurfürstin Dorothea von Brandenburg und der frommen Landgräfin Elisabeth von Thüringen, 1856; Der Engel der Gefangenen, 1860 u. a.). Historische Ereignisse werden geschildert, wobei die Leiden der Bevölkerung, aber auch das duldsame Ertragen schwerer Prüfungen in braver Gottergebenheit eher im Vordergrund stehen als die Historie an sich (Der Brand von Moskau, 1853; Das Erdbeben von Lissabon, 1853; Die Belagerung von Wien, 1858; Während und nach der Zerstörung von Magdeburg, 1863 u. a.). Moralische Erzählungen mit exotischer Kulisse (Der Orkan auf Cuba, 1853; Ein Kongo-Neger, 1854; Ein Ostindienfahrer, 1854; Die Biberfänger, 1856; Simon. Lebensgeschichte eines Negersklaven in Brasilien, 1857; Auf dem Mississippi, 1859 u. a.), aber auch moralische Geschichten aus der engeren Heimat im Stile eines G. Nieritz oder Fr. Hoffmann oder anderer Vielschreiber der Zeit finden sich im Angebot der Reihe (Der Herr ist mein Schild, 1854; Gottes Finger, 1855; Vormund und Mündel, 1857; Was aus einem armen Hirtenbüblein werden kann, 1865 u. a.).

Beliebt blieben die Schriften H.s noch lange über seinen Tod hinaus, das beweisen die zahlreichen Neudrucke, die bis zum Beginn des Ersten Weltkrieges erschienen und die in einigen Titeln sogar nach 1945 wieder aufgelegt wurden. Nicht wenige der Jugendschriften H.s erlebten zehn und mehr Auflagen. Als letzte Arbeit H.s kam 1868 eine Neubearbeitung von Campes „Robinson" heraus, die der Autor kurz vor seinem Tode fertiggestellt hatte und die weite Verbreitung und Anklang bei Pädagogen und Erziehern der Zeit fand.

Helmut Müller

Werke: Sämmtliche historisch-romantische Erzählungen und Geschichten (Bd. 1—3. 1833 u. 34; unter F. W. Lips); Friedel (1845, [5]1875); Die Spinnstube. Ein Volksbuch (Jg. 1—25. 1846—70); Nothpfennig für Jedermann (1850, [3]1875); Lehrgeld oder Meister Conrads

Deutsche Bilderbogen
für Jung und Alt.

Nr. 71.

Aschenputtel (nach Grimm).
Gezeichnet von Th. Hosemann.

1.

Einem reichen Manne starb seine Frau, von der er ein einziges Töchterchen hatte. Es war noch kein Jahr verflossen, so nahm er sich eine andere Frau, die brachte ihm zwei Töchter ins Haus, schön von Angesicht, aber garstig und schwarz von Herzen. Da ging eine schlimme Zeit für das arme Stiefkind an. „Soll die dumme Gans bei uns in der Stube sitzen?" sprachen die Schwestern, „wer Brot essen will, muß es verdienen; hinaus mit der Küchenmagd"; und sie nahmen ihm seine schönen Kleider, es mußte einen grauen Kittel und hölzerne Schuhe anziehen, die schwersten Arbeiten thun, und abends, statt in ein Bett, sich in die Asche neben den Herd legen. Weil es darum immer staubig und schmutzig aussah, nannten sie es Aschenputtel.

2.

Als der Vater einmal verreiste, wünschten die Stieftöchter, er möchte ihnen schöne Kleider und Edelsteine mitbringen, Aschenputtel aber bat: „Vater, das erste Reis, das Euch auf Eurem Heimweg an den Hut stößt, das brecht für mich ab." Er brachte den Stiefschwestern schöne Kleider mit, Aschenputtel aber ein Haselreis, welches sie auf der Mutter Grab pflanzte; sie weinte dabei so sehr, daß die Thränen niederfielen und es begossen. Es wuchs aber und wurde ein schöner Baum. Aschenputtel ging alle Tage dreimal darunter, weinte und betete, und allemal kam ein weißes Vögelein und warf ihr herab, was sie nur wünschte.

3.

Eines Tages lud der König alle schönen Jungfrauen im Lande zu einem Feste ein, damit sich sein Sohn eine Braut aussuche. Die Stiefschwestern sollten erscheinen, Aschenputtel aber nicht, weil sie voll Staub und Schmutz sei. Sie bat und weinte, bis endlich die Stiefmutter sagte: „Hier habe ich dir eine Schüssel Linsen in die Asche geschüttet, wenn du sie in zwei Stunden ausgelesen hast, sollst du mitgehen." Aschenputtel ging in die Küche und rief: „Ihr zahmen Täubchen, ihr Turteltäubchen, all' ihr Vöglein unter dem Himmel, kommt und helft mir lesen, die guten ins Töpfchen, die schlechten ins Kröpfchen." Und es schwirrte und schwärmte herein und pik pik pik lasen die Vögelein die guten Körnlein in die Schüssel.

5.

Der Königssohn wollte aber den ganzen Abend nur mit ihr tanzen und wenn ein anderer sie aufforderte, sprach er: „Das ist meine Tänzerin." Und als es spät wurde, wollte der Königssohn sie heimbegleiten, sie entwischte ihm aber und sprang in das Taubenhaus. Da man sie darin suchte, war sie schon wieder hinten hinabgesprungen, und als die Schwestern heimkamen, fanden sie Aschenputtel in den schmutzigen Kleidern in der Asche. Den nächsten Tag ging es ebenso, den dritten Tag gebrauchte aber der Königssohn die List, die Treppen mit Pech zu bestreichen, so daß der linke Pantoffel des Mädchens hängen blieb.

4.

Die Stiefmutter hieß sie dennoch zu Hause bleiben, weil sie keine Kleider habe und nicht tanzen könne, so daß sie ausgelacht würde und sie sich ihrer schämen müßte. Als alle fort waren, ging Aschenputtel unter den Haselbaum und rief: „Bäumchen rüttel dich und schüttel dich, wirf Gold und Silber über mich!" Da warf der Vogel ein golden und silbern Kleid herunter und mit Seide und Silber gestickte Pantoffeln, und Aschenputtel zog alles an und ging zur Hochzeit. Von den Schwestern und der Mutter wurde sie nicht erkannt, sondern für eine fremde Königstochter gehalten, so schön sah sie in dem goldenen Kleide aus. An Aschenputtel dachten sie gar nicht und glaubten, es liege daheim im Schmutz.

6.

Der Königssohn hob ihn auf und sagte: „Keine andere soll meine Gemahlin werden, als die, an deren Fuß dieser Schuh paßt." Er kam damit auch zum Vater Aschenputtels und die älteste der Schwestern probierte ihn in ihrer Kammer an, und weil sie mit der großen Zehe nicht hineinkommen konnte, schnitt sie diese ab, worauf der Königssohn sie als seine Braut aufs Pferd nahm und fortritt. An dem Grabe riefen aber die zwei Täubchen: „Rucke di guck, rucke di guck, Blut ist im Schuck: der Schuck ist zu klein, die rechte Braut sitzt noch daheim." Da brachte er die falsche Braut wieder nach Haus, und der zweiten Schwester,

7.

welche die Ferse abhieb, um in den Schuh zu kommen, erging es auch nicht besser. — Da mußten sie endlich Aschenputtel hereinrufen und diese zog vor dem Königssohn mit Leichtigkeit den Schuh an und wie er ihr Gesicht sah, sagte er: „Das ist die rechte Braut." Er nahm sie aufs Pferd, und diesmal riefen die Täubchen: „Rucke di guck, rucke di guck, kein Blut im Schuck: der Schuck ist nicht zu klein, die rechte Braut die führt er heim." Und die Hochzeit wurde gefeiert, und sie lebten in Glück und Freuden — den beiden Schwestern hackten aber die Täubchen zur Strafe die Augen aus.

Druck der Hoffmann'schen Buchdruckerei in Stuttgart.

Verlag von Gustav Weise in Stuttgart.

Preis 10 Pfennig, koloriert 20 Pfennig.

Theodor Hosemann: Aschenputtel. Deutsche Bilderbogen Nr. 71 (Stuttgart 1869). Hosemann gestaltete neben zahlreichen Kinder- und Jugendbüchern auch einige Blätter der „Deutschen Bilderbogen", die in dem Stuttgarter Verlag Gustav Weise herauskamen. Er bevorzugte Märchenstoffe. Neben „Aschenputtel" zeichnete er auch die Bilderbogen zu „Schneewittchen" und zu „Hänsel und Gretel".

Erfahrungen im Jungen-, Gesellen- und Meisterstande (1850, ^{5}1906); Franz Kerndoerfer (1851, ^{3}1881); Hand in Hand (1852, ^{4}1900); Der Brand von Moskau (1853, ^{1}1907); Das Erdbeben von Lissabon (1853, ^{8}1905); Das Leben des Feldmarschalls Derfflinger (1853, ^{6}1907); Der Orkan auf Cuba (1853, ^{10}1909); Prinz Eugenius, der edle Ritter (1853, ^{9}1907); Das Büchlein von dem Feldmarschall von Blücher (1854, ^{8}1907); Der Herr ist mein Schild (1854, ^{10}1907); Ein Kongo-Neger (1854, ^{8}1909); Ein Ostindienfahrer (1854, ^{8}1906); Von den zwei Savoyarden-Büblein (1854, ^{10}1906); Der Strandläufer (1855, ^{7}1908); Von dem Manne, der uns den Weg nach Amerika gewiesen hat (1855, ^{7}1909); Die Biberfänger (1856, ^{6}1903); Die Gemsjäger (1856, ^{7}1909); Das Leben der Kurfürstin Dorothea von Brandenburg und der frommen Landgräfin Elisabeth von Thüringen (1856, ^{4}1903); Die Vergeltung (1856, ^{6}1907); Das Leben und die Thaten Hans Joachims von Ziethen's (1857, ^{8}1908); Simon. Lebensgeschichte eines Negersklaven in Brasilien (1857, ^{5}1899); Drei Tage aus Gellert's Leben (1857, ^{11}1900); Vormund und Mündel (1857, ^{2}1870); Die Belagerung von Wien (1858, ^{5}1906); Blücher's Schützling (1858, ^{6}1909); Von Einem, der das Glück gesucht (1858, ^{5}1910); Christian Fürchtegott Gellert (1858, ^{6}1905); Auf dem Mississippi (1859, ^{4}1899); Von dem frischen und muthigen Seydlitz (1859, ^{7}1906); Der Engel der Gefangenen (1860, ^{4}1907); Der Schiffsjunge und sein Lebensgang (1860, ^{6}1909); James Watt der Erfinder (1861, ^{5}1909); Olaf Thorlacksen (1862, ^{3}1910); Franz Drake, der Mann, der uns die Kartoffeln gebracht hat (1863, ^{4}1909); Benjamin Franklin (1863, ^{2}1869); Die Silberflotte oder der Herr verläßt die seinen nicht (1863, ^{5}1906); Während und nach der Zerstörung von Magdeburg (1863, ^{3}1893); James Cook (1864, ^{5}1903); Deutsche Treue (1864, ^{6}1903); Vier deutsche Heldinnen aus der Zeit der Befreiungskriege (1864, ^{6}1910); Der alte Fritz, Held und Liebling des deutschen Volkes (1865, ^{8}1910); Die Kaiserin Maria Theresia (1865, ^{4}1899); Was aus einem armen Hirtenbüblein werden kann (1865, ^{7}1907); Der Lebensweg George Washingtons (1867, ^{3}1908); Der Lumpensammler von Paris (1867, ^{6}1905); Scharnhorst (1867, ^{4}1909); Durch die Wüste (1868, ^{4}1904); Silberblicke. Züge aus dem Leben ausgezeichneter Menschen (Bd. 1 u. 2. 1876, ^{4}1892).

Bearb.: J. H. Campe: Robinson der Jüngere (1868).

Sekundärliteratur: W. O. von Horn, ein wahrer Freund des Volkes. Ein Lebensbild für das deutsche Volk, gezeichnet von Einem, der ihn lieb gehabt hat (1868).

Hosemann, Theodor

*Maler, Illustrator, Karikaturist, Gebrauchsgrafiker; * 24. 9. 1807 Brandenburg a. d. Havel, † 15. 10. 1875 Berlin.*

Wegen der Teilnahme seines Vaters, eines Leutnants, an napoleonischen Feldzügen verbrachte H. mit Mutter und Schwester die ersten acht Jahre seines Lebens vorwiegend bei Verwandten in Oggersheim, Heidelberg und Mannheim. 1816 ließ sich die Familie in Düsseldorf nieder, wohin der Vater nach einer Berufung nach Salz-Werl 1820 als pensionierter invalider Offizier zurückkehrte. Aus finanzieller Not nahm H. bereits 1819 eine Lehrstelle in der lithografischen Anstalt von Arnz & Winckelmann an, wo seine Aufgabe zunächst vorwiegend im Kolorieren lag. 1822 wurde er als Zeichner angestellt und konnte von da an wesentlich zum Unterhalt seiner Familie beitragen. Sein Arbeitsgebiet beschränkte sich auf Gebrauchsgrafik (Briefköpfe, Firmenzeichen, Etiketten), verhalf ihm jedoch zu technischer Vervollkommnung. Nebenher besuchte er die Akademie als Schüler P. v. Cornelius' und (von 1826 an) W. v. Schadows. Als Winckelmann sich gegen 1828 von seinem Sozius trennte, um in Berlin einen Verlag zu gründen, nahm er H. als Zeichner mit. Dank seines Talentes wurde H. bald zum gefragten Mal- und Zeichenlehrer der Berliner Adelskreise. 1830 vervollkommnete er bei dem Marinemaler W. Krause die Technik seiner Malerei und beschickte von da an die Ausstellungen der Akademie. Daneben entwickelte er seine Gebrauchsgrafik zu humoristischer Kleinkunst in Form von zahlreichen Festkarten, Einladungen und Speisekarten (1834 mit A. Menzel gemeinsame Erinnerungskarte an das Stiftungsfest der Berliner Künstler). Ebenfalls Anfang der 30er Jahre beginnt H.s Entwicklung zum Genremaler und Grafiker des im Zeitalter des Industrialismus aufblühenden Stadtlebens (später neue Anregungen durch das Studium P. Gavarnis). Als Karikaturist und Illustrator fixiert er Berliner Originale, Marktfrauen, schrullige und kauzige Gestalten, den „Eckensteher Nante", Bettler, Schusterjungen und die bürgerliche Umwelt. 1834 kommt er zur ersten

Theodor Hosemann (1807—1875)

gemeinsamen Veröffentlichung mit A. GLASSBRENNER in „Berlin wie es ist und — trinkt", Heft 6. Für den Verlag Winckelmann & Söhne, der sein Hauptauftraggeber blieb, illustrierte er vorwiegend Kinder- und Jugendbücher und verhalf im Gefolge der von O. SPECKTERS Illustrationen zu J. W. HEYS „Funfzig Fabeln für Kinder" (1833) initiierten Bewegung der Kinder- und Jugendbuchillustration zu neuem Stil.
Der Zwang zu anhaltender Produktivität, auch zur Illustration oftmals recht flacher Textvorlagen, bewirkte im Laufe der Jahre mitunter ein Nachlassen der Qualität. Unbeeinträchtigt davon blieben die Illustrationen zu E. T. A. HOFFMANNS „Gesammelten Schriften" (1844, 1857), K. IMMERMANNS „Tulifäntchen" (1861) und E. SUES „Die Geheimnisse von Paris" (1843). Auf Betreiben des Prinzen GEORG VON PREUSSEN, den er im Zeichnen unterrichtete, wurde H. 1857 zum Professor ernannt und danach als Mitglied in die Berliner Akademie aufgenommen.

Werk, Tendenzen, Wirkung. Unter den 399 „im Buchhandel erschienenen Werken", die K. HOBREKKER in seiner 1919 abgeschlossenen Bibliografie H.scher Grafiken (in: L. BRIEGER: Th. H. Ein Altmeister der Berliner Malerei) aufführt, zählt der Hauptanteil zur Kinder- und Jugendliteratur. G. SICHELSCHMIDT u. a. geben die Gesamtzahl mit 250 Bänden an, darunter befinden sich klassische Stoffe, Märchen, Sagen und Fabeln, moralische Erzählungen, gefühlvolle Tier- und Umweltgeschichten, Gedichte, Bücher abenteuerlichen und belehrenden Inhalts. Als Autoren besonders häufig vertreten sind TH. DIELITZ, G. HOLTING, G. NIERITZ (z. B. „Jugendbibliothek"), H. KLETKE, R. KOCH, A. STEIN, A. HILLERT, J. HIRSCHMANN. H.s Illustrationen zeichnen sich durch textbezogene Konzentration und künstlerische Sorgfalt aus. Sie zeigen sich als besonders gelungen, wenn er Anregungen zur Gestaltung seiner realen Umwelt entnehmen konnte, so die Illustrationen zu A. COSMARS „Die Schicksale der Puppe Wunderhold" (1839), TANTE AMANDAS „Der kleine Frieder" (1847). Unscheinbare literarische Produkte verwandelte er so in bibliophile Kostbarkeiten. Nicht immer überlegen ist er in der Behandlung ferner und abenteuerlicher Begebenheiten (z. B. zu DIELITZ), dennoch verdanken Massenautoren ihrer Zeit wie DIELITZ und NIERITZ vorwiegend ihrem Illustrator längere literarische Lebensdauer. Auch in seinen Märchenillustrationen ist H. Realist; er gestaltet sie nüchtern, mitunter mit Ironie oder groteskem Witz versetzt. Neben zahlreichen Bearbeitungen durch KLETKE und HOLTING illustrierte er „Volksmärchen der Deutschen" (1839) von J. K. A. MUSÄUS, die erste vierbändige Ausgabe der Märchen H. CHR. ANDERSENS (1844—49), die „Märchen" W. HAUFFS (1871) und die WIEDEMANNsche Ausgabe „Deutsche Märchen" von 1871.
Besonderer Rang kommt auch seinen Illustrationen zu „Des Freiherrn von Münchhausen wunderbare Reisen und Abenteuer" (1840) zu. Als Mitarbeiter der „Deutschen Bilderbogen", als Illustrator so vieler Kinder- und Jugendbücher verhalf H. im 19. Jh. dem preiswerten Buch für Kinder mit künstlerischer Ausstattung zum Durchbruch.
Aus der Zusammenarbeit mit GLASSBRENNER gingen Bilderbücher wie „Lachende Kinder" (1850) und „Die Insel Marzipan. Ein Kindermärchen" (1851) hervor.

Wie hoch H.s Leistung eingeschätzt wird, geht aus H. KUNZES Bemerkung hervor: „Th. H., das ist eine ganze Kinderbuchwelt für sich und ein besonderes Kapitel Kinderbuch-Illustration des 19. Jh.s in Deutschland". Man dürfe H. schon zubilligen, „daß er das illustrierte Jugendbuch des 19. Jh.s überhaupt erst geschaffen hat" (Schatzbehalter, S. 234/5). *Horst Künnemann*

→ A. Glaßbrenner, → Illustration in der KJL, → Münchhausen, Münchhausiade

Ill.: G. Holting: Berliner Bilder ABC (1831); A. Cosmar: Die Schicksale der Puppe Wunderhold (1839); J. K. A. Musäus: Volksmärchen der Deutschen (Bd. 1—6. 1839); Des Freiherrn von Münchhausen wunderbare Reisen und Abenteuer (1840); G. Holting: Märchen vom kleinen Däumling (1841); H. Chr. Andersen: Märchen (Bd. 1—4. 1844—49); A. Stein: 50 Kinderbriefe für kleine Kinder (1845); R. Koch: Iduna (1846); A. Stein: Zweiundfünfzig Sonntage oder Tagebuch dreier Kinder (1846); A. Hoppe: Der kleine Frieder (1847; unter Tante Amanda); A. Glaßbrenner: Lachende Kinder (1850); A. Glaßbrenner: Die Insel Marzipan (1851); H. Kletke: Das Buch der Reisen (1852); K. Immermann: Tulifäntchen (1861); R. Löwenstein: Kindergarten (1864); A. Hoppe: Eine Häschen- und Kätzchengeschichte (1872); R. Koch: Die Kinderzeit (1876).

Sekundärliteratur: L. Brieger: Theodor Hosemann. Ein Altmeister der Berliner Malerei (1920). — G. Sichelschmidt: Theodor Hosemann (in: Das gute Jugendbuch. 2. 1964. 31—34). — F. Weinitz: Ein Berliner Jugendschriftenverlag und sein Illustrator (in: Zeitschr. f. Bücherfreunde. 2. 1898. 99).

Houwald, Christoph Ernst Freiherr von

*Gutsbesitzer, höherer Verwaltungsbeamter und Schriftsteller; * 29. 11. 1778 auf dem Familiensitz Straupitz/Niederlausitz, † 28. 1. 1845 Neuhaus b. Lübben.*

H. verlebte seine Kindheit auf dem Familiensitz und bezog 1793 das Pädagogium in Halle. Nach dem Studium der Kameralwissenschaften (1799 bis 1802) verwaltete H. den durch Kauf und Heirat erworbenen Landsitz, wurde Landesdeputierter der Niederlausitz, für die er während der Befreiungskriege als Distriktkommissar im damaligen russischen Gouvernement Sachsen tätig war, und stand von 1821 bis zu seinem Tode als Landessyndikus an der Spitze der regionalen ständischen Verwaltung. Im privaten und öffentlichen Bereich zeigt sein Handeln ausgeprägte soziale Züge: den verwitweten K. W. Contessa mit Sohn nahm er in seine Familie auf, die mehr als zehn Kinder und Pflegekinder zählte; als Vorsitzender eines Hilfsausschusses bemühte er sich nach dem Ende der Napoleonischen Kriege um die Resozialisierung von umherirrenden verwaisten Kindern; auf seine Initiative geht die Gründung der ersten deutschen Sparkasse in Lübben zurück.

Werk, Tendenzen, Wirkung. Das schriftstellerische Werk H.s umfaßt epische Dichtungen („Romantische Akkorde", 1817), Dramen („Das Bild", 1819; „Der Leuchtturm", 1819; „Fluch und Segen", 1820; „Der Fürst und der Bürger", 1822; „Die Feinde", 1823; „Die Seeräuber", 1827) und Kinderschriften. Bekannt war H. vor allem durch seine von A. W. Iffland beeinflußten Schicksalsdramen, die sich wegen ihrer starken Gefühlsbetontheit als sehr publikumswirksam erwiesen, jedoch auch heftig kritisiert wurden, besonders von L. Tieck und L. Börne.

H.s literarische Produktion für Kinder ist in enger Verbindung zur Funktion des gebildeten Hausvaters zu sehen, der die Erziehung seiner Kinder (und Pflegekinder) selbst besorgt und der seine erzieherischen Intentionen zugleich literarisch artikuliert. So entstanden Erzählungen, geschichtliche Lebensbilder, Märchen, Sagen, Gedichte und Schauspiele, die in z. T. mehrbändigen Werken mit gemischtem Inhalt veröffentlicht wurden. Es erschienen: Buch für Kinder gebildeter Stände, 3 Bde., Leipzig 1819 bis 1824 (Neue verb. Ausg. in 2 Bdn., Leipzig 1829 bis 1832); Bilder für die Jugend, 3 Bde., Leipzig 1828—32; Abend-Unterhaltungen für Kinder, Leipzig 1833.

Außerdem kamen verschiedene Publikationen mit Auswahlen aus diesen Hauptwerken heraus. Die meisten Titel erlebten Neuauflagen bis gegen Ende des 19. Jh.s; eine Ausnahme bildet „Bilder für die Jugend", dessen 16. Auflage noch 1938 erschien.

H. knüpft in seinen Kinderschriften an die Tradition der Aufklärung und ihrer belehrend-erziehenden Jugendliteratur an. Vor allem das Vorbild von Chr. F. Weisses „Kinderfreund" wirkt bei ihm nach, wie M. Diezel nachweist. Das auf Tugendhaftigkeit gegründete Glücksstreben der Aufklärung wird jedoch bei H. stärker zu einer religiös motivierten Übung des Guten, die zugleich stark vom Gefühl bestimmt ist. Dies wirkt sich besonders in seinen Kinderspielen aus, die (wie auch sein sonstiges dramatisches Schaffen) Einflüsse von Ifflands Familiendramen erkennen lassen. „Wie bei Iffland gipfelt der Haupteffekt immer in einer Rührszene; Edelmut, Patriotismus oder verschämte Wohltätigkeit sind ihre Träger. Da überbieten

Christoph Ernst von Houwald: Buch für Kinder gebildeter Stände. Bd. 1 (Leipzig 1819). Der seinerzeit bekannte Autor vereinte in diesem Band eine Reihe von Kinderschauspielen, Märchen, Romanzen und Erzählungen. Das Titelbild dürfte als allegorische Darstellung der Geschenke und Gaben der Poesie zu interpretieren sein.

sich Kinder und Eltern im Eifer, ihr Leben für den Fürsten zu opfern, da will eine Mutter lieber mit ihren Kindern ins Elend ziehen, als von einem fremden Juden eine Schuld einzufordern" (Diezel, S. 24). Das letztere bezieht sich auf das Stück „Der Schuld-Brief", in dem nach dem Vorbild von G. E. Lessings „Nathan" verkündet wird: „Hätt der Jud nit aach an Herz wie der Christ? Es giebt verschiedene Glauben auf der Welt, oder (!) es giebt doch nur ane Tugend und anen Gott!". Was jedoch im „Nathan" durch die Ringparabel zu rationaler Einsicht gebracht wird, soll bei H. durch Vorbilder edelmütigen Handelns vor allem emotional beeindrucken. Diesem Ziel wird die dichterische Glaubwürdigkeit weitgehend geopfert, wenn auch im Detail — etwa durch Verwendung der Umgangssprache — ein gewisser Wirklichkeitsbezug erreicht wird.

Insgesamt bleiben H.s Kinderschriften dem Grundschema einer bildungs- und standesbewußten Dichtung verhaftet, in der sich Toleranz und Humanitätsideale mit romantischem Empfinden vereinen. Diese im Grunde rückwärtsgewandte Einstellung, wie H. sie mit dem Bildungsbürgertum seiner Zeit teilte, das den „niederen Klassen“ mit abstrakten Menschlichkeitsidealen und Distanz bewahrenden Akten der Wohltätigkeit begegnete, mag einer der Hauptgründe dafür sein, daß seine Kinderschriften, wenngleich sie hoch über dem Niveau der Tagesproduktion lagen, keine in die Breite gehende und länger anhaltende Wirkung hatten.

Theodor Brüggemann

Werke: Buch für Kinder gebildeter Stände (Bd. 1—3. 1819—24); Vermischte Schriften (Bd. 1 u. 2. 1826); Bilder für die Jugend (Bd. 1—3. 1828—32); Abend-Unterhaltungen für Kinder (1833); Sämtliche Werke (Bd. 1—5. 1851 u. 52).

Sekundärliteratur: M. Diezel: Eine Untersuchung über Houwalds Kinderschriften (Diss. 1940). — O. Schmidtborn: Chr. E. Frh. v. Houwald als Dramatiker (1909).

Hrubín, František

*Lyriker, Erzähler, Herausgeber von Kinder- und Jugendbüchern; * 17. 9. 1910 Prag, † 1. 3. 1971.*

Schon während seiner Tätigkeit als Bibliotheksbeamter von 1935—45 gab H. engagierte Lyrik heraus, die sich gegen die deutsche Okkupation wandte und gegen jeden Mißbrauch der Macht. Während der kurzen Liberalisierungswelle in der ČSSR um 1968 gehörte H. zum Herausgeberkreis der stark beachteten Zeitschrift „Literární Listy“. Für sein Kinderbuchschaffen wurde H. mit dem Staatspreis der ČSSR ausgezeichnet.

Werk, Tendenzen, Wirkung. H. hat ein reiches lyrisches Schaffen aufzuweisen, das Natur- und Liebeslyrik, schlichte Verse und philosophisch kontemplative Gedichte umfaßt. Für Kinder hat er in oft heiterer Gelöstheit, beeinflußt von der reichen tschechischen Folklore, Natur- und Jahreszeitenerlebnis, Kinderspiele und kindliche Umwelt in Gedichte gebracht. H. ist stimmungsreich und realistisch zugleich; seine Themen umfassen Phantastisches und Motive der gegenwärtigen Arbeitswelt, des Raumflugs und aus dem Leben unserer Zeit. H. ist auch als Märchenerzähler für Kinder bekannt geworden. Er schrieb eigene Märchen und hat auch klassische Stoffe aus der Sammlung der Brüder GRIMM und aus „1001 Nacht“ für tschechoslowakische Kinder neu erzählt. Wesentlichen Anteil hatte er durch die Zusammenarbeit mit bedeutenden Bilderbuchkünstlern an der internationalen Verbreitung der Illustrationen von J. ČAPEK, O. JANEČEK, Z. MILER, K. LHOTÁK, J. TRNKA, A. ZÁBRANSKÝ und H. ZMATLÍKOVÁ. Einige der wichtigsten Arbeiten von H. liegen auch in deutschen Übertragungen vor. *Horst Künnemann*

Werke: Říkejte si se mnou (1943, [8]1963; dt. Sag auf!, 1955); Říkejte si pohádku (1946, [4]1953; dt. Bitte, bitte, noch ein Märchen, 1955); Zvířátka a Petrovští (1947; dt. Abenteuer im Walde. 1952, [2]1957); Modré nebe (1948, [3]1957); Jak se chytá sluníčko (1947, [2]1958); Paleček (1949, [6]1966); Ladův veselý přírodopis (1950, [6]1961; zus. mit J. Lada); Tři kluci sportovci (1950); To je jízda, to je let! (1949; NA. 1955); Nesu, nesu kvítí (1951, [2]1960); Je nám dobře na světě (1951, [3]1961); Kuřátko a obilí (1953, [4]1963; NA. 1967; dt. Das Küken im Korn, 1955); Mánesův orloj (1953); Hrajte si s námi (1953, [4]1963); Zimní pohádka o Smolíčkovi (1954, [2]1955); Pasáček a sluníčko (1954); Dívej se a povídej (1955, [2]1961); Hrajeme si celý den (1955, [4]1967); Pohádka o Květušce a její zahrádce plná zvířátek, ptáků, květin a nakonec dětí (1955, [2]1956; dt. Röschen und die Winterhexe. 1964, [2]1966); Pohádky z Tisíce a jedné noci (1956, [3]1967; dt. Märchen aus Tausendundeiner Nacht. 1960, [5]1965); Školáčkův rok (1956); Špalíček pohádek (1957, [2]1968; dt. Die schönsten Märchen, 1959); Dvě veselé pohádky (1957); Běží, ovce, běží (1957); Dvakrát sedm pohádek (1958, [2]1965); Kytička z náčrtníku (1958); Slnečny úsmev (1960; dt. Leih mir die Flügel, 1961); Špalíček veršů a pohádek (1960, [2]1964); Svit', sluníčko, svit' (1961); Kolik je sluníček? (1961); Pohádka o tom, jak přišla kukačka o chocholku (1961); Bud'me všichni básníky (1966); Letadlo se skokany (1968).
Hrsg.: P. P. Jeršov: Koník Hrbáček (1956); W. Hauff: Karavana (1957);
Übers.: M. Rázusová-Martáková: Zatoulané house (1958).

Sekundärliteratur: S. Šmatlák: Básnik a diet'a (1963). — V. Stejskal: Cesty současné literatury pro deti (1960). — Z. Heřman: Der glückliche Dichter František Hrubín (in: Zeitschr. f. J. lit. 4. 1968. 210 u. 211).

Huckleberry Finn

Titelfigur aus Mark Twains (d. i. Samuel Langhorne Clemens) „The Adventures of Huckleberry Finn. Tom Sawyer's Comrade“ (1884; dt. „Abenteuer und Fahrten des Huckleberry Finn“, übers. von Henny Koch, ersch. in der Reihe ‚Amerikanische Humoristen und Novellisten‘ bei Lutz, Stuttgart, 1890).

H. taucht erstmals im 6. Kapitel von „The Adventures of Tom Sawyer“ auf (1876; dt. Die Abenteuer Tom Sawyers, als Bd. 11 der Reihe ‚Amerikanische Humoristen‘ bei Grunow, Leipzig, 1876). In den beiden späteren, sich an den Erfolg der zwei ersten anhängenden Bänden, tritt H. wie in „The Adventures of Tom Sawyer“ als Abenteuergefährte Toms auf. Es handelt sich dabei um die Titel „Tom Sawyer Abroad“ (1894) und „Tom Sawyer Detective“ (1896). Unter dem Titel „Tom, der kleine Detektiv“ (1901) erschien die zweite Erzählung zuerst in deutscher Übersetzung; zwei Jahre danach (1903) folgte der Band „Tom Sawyers neue Abenteuer“, der noch einmal den Titel „Tom, der kleine Detektiv“ enthielt und außerdem „Tom Sawyer im Luftballon“ brachte. Alle 4 Bände um

Tom und Huck wurden in der Originalsprache bald nach ihrem ersten Erscheinen in die Reihe „Collection of British Authors" bei Tauchnitz, Leipzig, aufgenommen.
In „The Adventures of Tom Sawyer" wird H. als Paria des Ortes St. Petersburg eingeführt, als Sohn eines Landstreichers und Trunkenbolds. Er wird zum Gefährten Toms, kommt schließlich durch einen Schatz zu Vermögen und soll von der Witwe Douglas zivilisiert werden. H. fügt sich den Zivilisationsbemühungen der Witwe und deren Schwester Miss Watson nur mit großer Abneigung; nach einem Fluchtversuch bringt ihn lediglich Toms Argument, er könne ohne anständigen Familiennachweis nicht in dessen Räuberbande aufgenommen werden, in den Zwang der Zivilisation zurück.
Der Band „The Adventures of Huckleberry Finn" beginnt mit dem nach Toms literarischen Vorbildern organisierten Räuberleben, das für H.s Realitätssinn enttäuschend endet. Schließlich entführt der alte Finn, der an das Geld seines Sohnes kommen will, H. aus der zivilisierten Welt, engt ihn aber wiederum durch autoritäre Zwänge ein. Den neuen Fesseln entflieht H. durch Vortäuschung seines eigenen Mordes. Auf seiner Flucht trifft er auf den Miss Watson entlaufenen Negersklaven Jim. Gemeinsam wollen sie mit einem Floß den Mississippi entlang entkommen.
Die Fluchtgeschichte beendete TWAIN 1876; nach drei Jahren führte er sie mit neuen Plänen fort, indem er sie mit einer satirischen Schilderung der Gesellschaft des Vorkriegssüdens verknüpfte. Zur Motivierung der satirischen Landepisoden werden zwei Gauner, Duke und King, mit auf das Floß genommen, die Jim und H. unterdrücken, H. aber jeweils für ihre betrügerischen, die Schwächen der degenerierten Gesellschaft nutzenden Geschäfte mit an Land nehmen. Während Jim schließlich als Sklave weiterverkauft wird, entkommt H. der Gefangenschaft, wird aber durch Jims Schicksal in eine tiefe moralische Krise gestürzt, in der er zwischen seinem unmittelbaren Empfinden für den Freund Jim und den ihm durch die Sklavenhaltergesellschaft dem Nigger gegenüber vermittelten Denk- und Verhaltensweisen hin und her schwankt. Schließlich entscheidet sich H. für die Befreiung Jims.
Mit dem Ende der Geschichte greift TWAIN das Konzept eines jugendlichen Schelmenromans wieder auf. In einer Verwechslungskomödie, in der Tom Sawyer erneut regieführend auftaucht, wird die Befreiung Jims nach Toms literarischen Vorbildern durchgeführt — ohne Notwendigkeit, denn Jims Freiheit ist bereits durch Miss Watson testamentarisch verfügt. H., am Ende wieder in Gefahr, zivilisiert zu werden, beschließt, ins Indianerterritorium zu neuen Abenteuern aufzubrechen. Diese Fortsetzung unter dem Titel „Huck Finn and Tom Sawyer among the Indians" blieb allerdings unvollendet.
Der Band „The Adventures of Huckleberry Finn" ist zwar formal eine Fortführung von „The Adventures of Tom Sawyer"; die Einführung H.s als Erzählperson bedingt allerdings völlig neue Konsequenzen für Erzählperspektive und Stil. Der volkstümliche Erzählton und die verbalen Eigenarten des gesellschaftlichen Außenseiters H. begründeten den hervorragenden Ruf des Buches, wenn auch einige Zeitgenossen schockiert reagierten. So wurde es aus der Concord Public Librarian ausgeschlossen, weil es die Zuständigen als „rough, coarse, inelegant, dealing with a series of experiences not elevating, the whole book being more suited to the slums than to intelligent respectable people" charakterisierten (zit. bei B. CARSTENSEN: The Adventures of Huckleberry Finn: Die Problematik des Schlusses. In: Amerika. Vision und Wirklichkeit; hrsg. v. F. H. LINK, 1968, S. 199). Die positiven Einschätzungen setzten sich generell durch. L. TRILLING resümiert: „Die Prosa des ‚Huckleberry Finn' hat die Bedeutung der Umgangssprache für das erzählende Schrifttum ein für allemal erwiesen" (TRILLING: Die Größe des ‚Huckleberry Finn'. In: MARK TWAIN: Gesammelte Werke, hrsg. von K.-J. POPP, Bd. I, 1965, S. 954). G. P. ELLIOTT preist die situationsgerechte Flexibilität dieses Stils (ELLIOTT: Wonder for Huckleberry Finn. In: Twelve Original Essays; hrsg. v. CH. SHAPIRO, 1958, S. 84f.), und H. NASH-SMITH weist darauf hin, „daß der Konflikt in Huck zwischen generösem Impuls und falscher Überzeugung vermittels des Kontrastes von umgangssprachlichem und gehobenem Stil geschildert wird: In Augenblicken der Krise spricht sein Gewissen in der Sprache der herrschenden Kultur an" (SMITH: Gesundes Empfinden und verformtes Gewissen: Mark Twains ‚Huckleberry Finn'. In: Amerikanische Literatur des 19. Jh.s; hrsg. v. G. HOFFMANN, 1971, S. 301). E. HEMINGWAY urteilt: „All modern American literature comes from one book by Mark Twain called Huckleberry Finn" (HEMINGWAY: Green Hills of Africa, London 1954, S. 29), und T. S. ELIOT erscheint H. als der Einsame der Literatur schlechthin, „... als eine der zeitlos symbolischen Gestalten der Literatur, nicht unwürdig, einen Platz einzunehmen neben Odysseus, Faust, Don Quijote, Don Juan, Hamlet und anderen, in denen der Mensch so viel über sich selbst entdeckt hat" (ELIOT: Einführung in ‚Huckleberry Finns Abenteuer'. In: Mark Twain. Gesammelte Abenteuer; hrsg. v. K.-J. POPP, S. 931). Das Charakteristikum des H.schen Stils und damit auch die Differenziertheit der Persönlichkeit H.s ist in deutschen Übersetzungen mit wenigen Ausnahmen (z. B. L. KRÜGERS Übersetzung für die von POPP besorgte Gesamtausgabe) durch Glättung des Dialekts und der kräftigen Ausdrücke allerdings eingeebnet.
Um H. gibt es zahlreiche Interpretationsbemühungen. Im Zentrum stehen wiederholt das Verhältnis von H. zu Jim, die moralische Krise H.s,

die Darstellung Jims als Persönlichkeit, das Außenseiterproblem, der gesellschaftskritische Aspekt, die Bedeutung des Flusses. Für ELIOT wie für TRILLING ist der Mississippi die symbolische Achse des Buches, prägend und symbolisch auch für H., den ELIOT folgendermaßen charakterisiert: „Seine Existenz stellt die Wertbegriffe Amerikas ebenso in Frage wie die Europas; er steht in krassem Gegensatz zum ‚Pioniergeist' und zum ‚Unternehmergeist'; seine Veranlagung stellt ihn ebenso außerhalb der Ereignisse wie es der Zustand der Heiligkeit tut. In einer geschäftigen Welt verkörpert er den Müßiggänger, in einer erwerbs- und konkurrenzbesessenen Welt besteht er darauf, von der Hand in den Mund zu leben." (POPP, a. a. O., S. 939). Zahlreiche Arbeiten widmen sich auch dem Schluß, den außer ELIOT und TRILLING, die die Einmündung ins Burleske als Kunstgriff ansehen, die meisten Kritiker für fragwürdig halten. CARSTENSEN bringt die Folgerichtigkeit des Schlusses in den Zusammenhang mit den unterschiedlichen Interpretationsansätzen und kommt dabei zu dem Urteil, daß der Schluß in jedem Falle als unbefriedigend und unorganisch anzusehen ist (CARSTENSEN: Die Problematik des Schlusses, a. a. O.).
Das Ausmaß der Verbreitung von „The Adventures of Huckleberry Finn", die kaum verfolgbare Anzahl von Übersetzungen und Adaptionen durch andere Medien läßt sich nur ungefähr durch Zahlen fixieren. W. BLAIR schätzt 1960 die Gesamtauflage auf 10 Millionen (BLAIR: Mark Twain & Huck Finn, 1960). Dazu kommen zahlreiche Verfilmungen, so die ersten Stummfilme, produziert von Paramount (Tom and Huck, 1918; Huckleberry Finn, 1920) und die ersten Tonfilme 1931 bei Paramount und 1939 bei Metro-Goldwyn-Mayer; weiteren Filmen folgten mehrere Fernsehproduktionen. 1945, 1956 und 1959 erschienen Comics-Ausgaben in der Reihe „Classics Illustrated Series" (dt. in der Reihe „Illustrierte Klassiker"). Allein auf dem amerikanischen Markt befanden sich stets mehrere Ausgaben nebeneinander in Konkurrenz (nach BLAIR, S. 373, waren es im Zeitraum von 1885 bis 1900 sieben verschiedene Ausgaben, von 1941 bis 1950 neunundzwanzig).

Gerlinde Rabenstein

→ Mark Twain, → USA

Sekundärliteratur: T. Ayck: Mark Twain in Selbstzeugnissen und Bilddokumenten (1974). — W. Blair: Mark Twain & Huck Finn (1960). — B. Carstensen: The Adventures of Huckleberry Finn: Die Problematik des Schlusses (in: F. H. Link (Hrsg.): Amerika. Vision und Wirklichkeit. 1958. 199—209). — T. S. Eliot: Einführung in „Huckleberry Finns Abenteuer" (in: K.-J. Popp (Hrsg.): Mark Twain. Gesammelte Werke. Bd. 1. 1965. 929—940). — G. P. Elliott: Wonder for Huckleberry Finn (in: C. Shapiro (Hrsg.): Twelve original essays on great American novels. 1958. 69—95). — R. Geissler u. P. Hasubek: Mark Twain: Die Abenteuer des Huckleberry Finn (in: R. Geissler u. P. Hasubek: Der Roman im Unterricht. 1968, ²1972. 97—111). — H. Nash-Smith: Gesundes Empfinden und verformtes Gewissen: Mark Twains „Huckleberry Finn" (in: G. Hoffmann (Hrsg.): Amerikanische Literatur des 19. Jahrhunderts. Bd. 10. 1971. 290—310). — L. Trilling: Die Größe des „Huckleberry Finn" (in: K.-J. Popp (Hrsg.): Mark Twain. Gesammelte Werke. Bd. 1. 1965. 941—956).

Hürlimann, Bettina

*(geb. Kiepenheuer). Verlegerin, Journalistin, Publizistin zur Kinder- und Jugendliteratur; * 19. 6. 1909 Weimar.*

H., Tochter des Buchhändlers und Verlegers G. KIEPENHEUER, wohnte ab 1918 in Potsdam und schloß dort ihre Schulbildung mit dem Abitur ab. Nach ihrer Ausbildung für den Verlagsberuf an der Akademie für Graphische Künste und Buchgewerbe und am Bibliographischen Institut in Leipzig ging H. als Praktikantin für Typographie nach England und zum Atlantis-Verlag in Berlin. 1933 heiratete sie M. HÜRLIMANN, arbeitete bei der Zeitschrift „Atlantis" mit, war intensiv im Atlantis-Verlag tätig, dessen Kinder- und vor allem Bilderbuchabteilung sie seit 1936 nach modernen Gesichtspunkten strukturierte. In dieser Zeit begann H. auch mit dem Aufbau einer vornehmlich auf Bilderbücher gerichteten Sammlung. 1939 übersiedelte H. nach Zollikon bei Zürich und leitete trotz der Belastung als Mutter von vier Kindern die Kinderbuchabteilung des Atlantis-Verlages. H. ist Mitglied im Internationalen Kuratorium für das Jugendbuch, der Internationalen Forschungsgesellschaft für Kinder- und Jugendliteratur, Jurorin bei der Vergabe des Hans-Christian-Andersen-Preises und bei der Biennale für Illustration (Bratislava). H. unternahm ausgedehnte Reisen durch Europa, nach Fernost (Hongkong und Japan) und in nord- und lateinamerikanische Länder.

Werk, Tendenzen, Wirkung. Neben der Verlagsarbeit ist H. bis in die Gegenwart hinein journalistisch tätig, u. a. in „du/atlantis", in der „Neue Zürcher Zeitung" und in der Fachpresse zu Themen des Jugendbuches, in „Jugendliteratur" und „Jugend und Buch". Ferner verfaßte sie selbst Bilderbuchtexte, Übertragungen, Reisereportagen.
H. hat vor allem mit ihren theoretischen und informierenden Büchern „Europäische Kinderbücher in drei Jahrhunderten" und „Die Welt im Bilderbuch" wesentlich dazu beigetragen, das Völkerverbindende der Kinderliteratur bewußt zu machen und die im deutschsprachigen Raum vorherrschende Kluft zwischen Kinder- und Jugendliteratur einerseits und der Erwachsenenlektüre andererseits zu überbrücken. Sie hat in ihren großen Arbeiten überzeugend die Einheit der Gesamtliteratur und den erheblichen künstlerischen Anspruch des traditionellen und des modernen Bilderbuches nachgewiesen. Übersetzun-

gen ihrer Bücher erschienen in englischer, amerikanischer und japanischer Sprache.

Horst Künnemann

Werke: Die Jahreszeiten (1938); Michaels Haus (1949); Kinderbildnisse in fünf Jahrhunderten (1949); Europäische Kinderbücher in drei Jahrhunderten (1959); Die Welt im Bilderbuch (1965); Der Knabe des Tell (1965); Barry (1967).
Beiträge: Jella Lepman and the International Board on Books for Young People (in: 20 years of IBBY. 1973. 64—78).

Hürlimann, Ruth

*Schweizer Grafikerin, Kinderbuchillustratorin; * 22. 9. 1939 Zug.*

H., Lehrerstochter aus Rotkreuz im Kanton Zug, besuchte in Zug die Primar- und Sekundarstufe, anschließend fünf Jahre die Kunstgewerbeschule in Luzern. Drei Jahre lang arbeitete H. als Werbegrafikerin in Zürich, weitere vier in einem Atelier in Paris. Danach machte sie sich als Grafikerin und Illustratorin selbständig. 1969 kehrte sie in die Schweiz zurück. Ihr erstes Bilderbuch „Stadtmaus und Landmaus" (1971, Atlantis Verl.) wurde im Rahmen der dritten BIB (1971) mit der goldenen Plakette ausgezeichnet; anläßlich der Kinderbuchmesse in Bologna 1972 wurde dem Buch der Premio grafico zugesprochen.

Werk, Tendenzen, Wirkung. H. schreibt die Texte zu ihren Bilderbüchern selbst; in ihren ersten Veröffentlichungen zeigt sie dabei eine Vorliebe für Bearbeitungen tradierter Fabeln. Mit „Stadtmaus und Landmaus" (engl. „The Mouse with the Daisy Hat", 1971) griff sie die häufig bearbeitete HORAzische Fabel von der Stadtmaus und der Feldmaus auf, modernisierte sie zu einer heiteren, geschlossenen Erzählung, änderte jedoch nichts an der Warnung vor dem üppig-dekadenten, gefahrvollen Stadtleben. Die Illustrationen zeigen H.s handwerkliche Fantasie, ihre Detailfreude und Begabung zur Gestaltung skurriler Figuren. Mit Anthropomorphisierungsmerkmalen verfährt H. gekonnt dezent, so auch in den weiteren ‚Mäusebüchern' „Katze und Maus in Gesellschaft" (1973) und M. Bonds „Ich heiße Donnerstag" (1973). Die häufig — u. a. von J. DE LA FONTAINE — bearbeitete Fabel „Der Fuchs und der Rabe" veränderte H. durch Aufnahme zahlreicher Wiederholungselemente kindgemäß; zur Illustration setzte sie die gleichen Stilmittel ein, die sie bereits bei ihrem ersten Buch erfolgreich erprobt hatte.

Gerlinde Rabenstein

Ill.: R. Hürlimann: Stadtmaus und Landmaus (1971); R. Hürlimann: Der Fuchs und der Rabe (1972); M. Bond: Ich heiße Donnerstag (1973); R. Hürlimann: Katze und Maus in Gesellschaft (1973).

Hüttner, Hannes

*Soziologe, Kinderbuchautor; * 20. 6. 1932 Zwickau.*

H. studierte in Leipzig Journalistik und durch Fernlehrgang Ökonomie. Nach 10jähriger Tätigkeit als Journalist, zuletzt als Chefreporter bei der „Wochenpost", studierte er weitere vier Semester Medizin. 1970 promovierte er mit einer soziologischen Arbeit an der Humboldt-Universität in Berlin. Seit 1969 ist H. Leiter des Bereichs Medizinsoziologie an der Akademie für ärztliche Fortbildung in Berlin. Zum Kinderbuchautor wurde H. durch das Geschichtenschreiben für seine eigenen Kinder. Für Erwachsene verfaßte er die Szenarien für die Filme „Dr. med. Sommer II" und „Wenn Robinson hustet", einem Studentenfilm. 1971 erhielt H. den Kunstpreis des FDGB.

Werk, Tendenzen, Wirkung. H.s Schaffen für Kinder ist vielgestaltig; es reicht vom populärwissenschaftlichen Text bis zum Märchen. Seine Hauptadressaten sind Kinder im Kindergarten- bzw. ersten Schulalter.
Von 1963—66 schrieb H. an dem populärwissenschaftlichen Buch „Die Leute mit den runden Hüten" (1968), das den „Versuch einer Politökonomie des Sozialismus für Leser von zehn Jahren an" darstellt (H. MEYER: Populärwissenschaftliche Kinderliteratur — Bilanz und Perspektive. In: Beitr. z. K.- u. Jl. 19. 1971. S. 37). Unter historischen Rückgriffen beschreibt H. darin eine Entwicklung, deren Motor der Mensch und seine — auf Wissen und Können basierende — Arbeit ist. Den erzieherischen Wert des Buches sieht A. LEMNITZ vor allem in der Vermittlung der „Freude an der schöpferischen Arbeit und ihre[r] zukunftsgestaltende[n] Rolle im Sozialismus" (Rezension. In: Beitr. z. K.- u. Jl. 14. 1970. S. 100). H. wurde zu diesem Buch durch sein Ökonomiestudium angeregt, bezeichnet es aber 1971 als von der Wirklichkeit überholt (E. M. KOHL: Gespräch mit Hannes Hüttner. In: Beitr. z. K.- u. Jl. 19. 1971. S. 46). Er spricht sich entschieden für den ‚schreibenden Wissenschaftler' als Autor von populärwissenschaftlichen Büchern aus, da dieser allein über die souveräne Fachkompetenz verfüge, die zum spielerischen Umgang mit dem Stoff befähigt.
Ein von H. für die Vermittlung realer Verhaltensweisen bevorzugtes Genre ist das Märchen, in dem er die Möglichkeit sieht, „das Außergewöhnliche reizvoll zu gestalten, Extremwerte zu setzen und sie trotzdem als Indikator des Realen zu verwenden" (Gespräch mit Hannes Hüttner, a. a. O., S. 47); eine lohnende Aufgabe stelle sich in der „Belegung tradierter Märchenstereotypien mit neuen sozialistischen Inhalten" (ebenda). In der Reihe „Die kleinen Trompeterbücher" erschien 1968, ill. von D. ELSNER-SCHWINTOWSKY, das Bändchen „Das Mitternachtsgespenst", das die Märchen „Der Hund mit dem Pfeffer", „Das verschwundene Kornfeld",

„Das Mitternachtgespenst" und „Das Ungeheuer von Kokania enthält", in denen sich nach I. Spriewald „das Gute und Vernünftige und das Einanderbeistehen" durchsetzen (Rezension. In: Beitr. z. K.- u. Jl. 13. 1969. S. 127). Dabei gehen in H.s Märchen neben abenteuerlichen Elementen auch schwankhafte ein (wie in „Das verschwundene Kornfeld" und „Das Mitternachtsgespenst"). Die erzählerischen Elemente überlagern allerdings nie die didaktische Tendenz, wie sie z.B. trotz aller Handlungsspannung und Fabulierfreude in der Demonstration von Konsequenzen des Faulheitszwanges in „Das Ungeheuer von Kokania", einem modernen Schlaraffenmärchen, zum Ausdruck kommt.

Märchenhafte Züge trägt auch der Bilderbuchtext zu „Pommelpütz" (1971, ill. von K. Golz) und — in Ansätzen — die teilweise kindertümelnd-anthropomorphisierte Umweltgestaltung der ansonsten realistischen „Taps und Tine"-Bände (Taps und Tine, 1963; Troddel, Taps und Tine, 1965; Taps und Tine im Garten, 1967; alle ill. von G. Zucker). In letzteren erweist sich H. als sensibler Bilderbuchtexter, der psychologisch einfühlsam Gefühle und Verhaltensweisen gerade im Rahmen der Alltäglichkeit treffend erfaßt und in einem behutsamen Identifikationsangebot Chancen für Sprechanlässe mitliefert. Ein Bilderbuch gegen monokausale Kurzschlüsse ist „Das Huhn Emma ist verschwunden" (1967, ill. von E. Gürtzig), in dem die Suche nach verschiedenen Erklärungsmöglichkeiten für eine Erscheinung methodisiert ist. Ein humorvoll eingekleidetes Sachbilderbuch legte H. mit „Bei der Feuerwehr wird der Kaffee kalt" (1969, ill. von G. Lahr) vor; an drei exemplarischen Fällen werden Einsatzmöglichkeiten für die Feuerwehr vorgeführt; die Rahmenhandlung ist methodisch auf Wiederholungs- und bestätigte Erwartungsfreude von Kindern hin konzipiert. H. hat auch zu einigen Kleinkinder-Bilderbüchern die Texte geliefert (Singe, Vöglein, singe, 1966; Spielen, haschen, Äpfel naschen, 1968; Rolle, rolle Rad, 1969); außerdem veröffentlichte er zu Beginn der 60er Jahre zwei Erzählungen für größere Kinder bzw. Jugendliche (Nachtalarm, 1961; Fracht für Alexandria, 1963), die in ihrer Darstellung von Aktivitäten des Staates bzw. von in ihm wahrzunehmenden Funktionen auf die Förderung und Stärkung einer positiven Einstellung des jungen Lesers zielen. *Gerlinde Rabenstein*

Werke: Die seltsamen Abenteuer des Reisenden Cäsar Punkt (1957); Nachtalarm! (1961, [3]1963); Fracht für Alexandria (1963); Taps und Tine (1963, [3]1965); Troddel, Taps und Tine (1965; ND. 1966); Kleiner Bruder Staunemann (1966, [2]1971); Singe, Vöglein, singe (1966, [3]1969); Das Huhn Emma ist verschwunden (1967, [3]1971); Taps und Tine im Garten (1967); Die Leute mit den runden Hüten (1968); Das Mitternachtsgespenst (1968); Spielen, haschen, Äpfel naschen! (1968, [3]1972); Bei der Feuerwehr wird der Kaffee kalt (1969); Rolle, rolle Rad (1969); Was ich alles kann (1970); Pommelpütz (1971, [2]1973); Das Blaue vom Himmel (1973, [2]1975).

Sekundärliteratur: E. M. Kohl: Gespräch mit Hannes Hüttner (in: Beitr. z. K.- u. Jl. 19. 1971. 45—48). — A. Lemnitz: Hannes Hüttner: „Die Leute mit den runden Hüten" (in: Beitr. z. K.- u. Jl. 14. 1970. 98—101). — I. Spriewald: Hannes Hüttner: Das Mitternachtsgespenst (in: Beitr. z. K.- u. Jl. 13. 1969. 126—128).

Humor in der Kinder- und Jugendliteratur

Humor wird im folgenden verstanden als „ein Verhalten, das durch momentane oder dauernde Abweichung von Normen des Repertoires gesellschaftlicher Kommunikation auf Grund bestimmter Regeln dialektische Sachverhalte evoziert, die als komisch gelten" (Helmers: Sprache und Humor des Kindes, 1971).

Aufgrund empirischer Untersuchungen kann speziell als Humor des Kindes ein Verhalten begriffen werden, „das Normen des Repertoires gesellschaftlicher Kommunikation momentan und akzidentell in Frage stellt, um durch das Lachen als mimisches Signal das Repertoire als solches zu bestätigen". Für den Humor des Kindes sind folgende Faktoren bedeutsam: 1. Humor ist ein soziokulturell determiniertes Verhalten, das Komik produziert. 2. Humor und Komik sind an gesellschaftlich bedingten Normen orientiert. 3. Von den beiden Konstituenten des Humors, soziale Integration und Emanzipation, überwiegt beim Kind bis zur Pubertät die Integration; während der Pubertät liegt der Akzent auf der Emanzipation. 4. Der Humor des Kindes basiert auf Mechanismen und Regeln, die erlernt werden.

Sofern sich der Humor mit literarischen Objekten befaßt, entsteht das literarisch Komische. Es erscheint in drei Teilphänomenen: als das Komische im engeren Sinn, als die Verfremdung (= Satire), als das Groteske. Das Komische im engeren Sinn basiert auf einem regelmäßigen Spiel mit den literarischen Normen, wobei die Normenabweichungen stets zurückgenommen werden. Voraussetzung des Komischen im engeren Sinn ist die Geschlossenheit der sozialen und makroästhetischen Struktur. Die Verfremdung (Satire) setzt in traditionelle Normen Fremdkörper ein und zerstört dadurch überlieferte Normationen. Voraussetzung der Verfremdung ist das Vorhandensein progressiver Formen, die als Gegenbild und Kriterien auftreten. Die Groteske vergleicht chaotische Phänomene mit den Normenabweichungen des Komischen, um über das Chaos zu lachen. Voraussetzung der Groteske ist gesellschaftliche Dekadenz und Normenverlust.

Sofern Humor als Verhalten literarische Objekte evoziert, die von Kindern und Jugendlichen als komisch rezipiert werden (über die also gelacht werden kann), erscheint als Ergebnis die komische Kinder- und Jugendliteratur. Damit werden die didaktischen Untersuchungen zur Genese des Humors für die Theorie der Kinder- und Jugendliteratur wichtig. Auf einer ersten Stufe (etwa ab 2. Lebensjahr) beginnt die Genese des Humors mit der Umstrukturierung von Sprachelementen. Das Kind lernt, in allen Strukturschichten der Sprache Abweichungen von den sprachlichen Normen zu produzieren und als komisch zu rezipieren. Das Kind lacht über die Abweichungen, um durch das Lachkollektiv sich der sprachlichen Normen zu versichern. Die zweite Stufe der Humor-Genese setzt etwa im 3./4. Lebensjahr als semantische Verkehrung ein. Sie hat ebenfalls primär die soziale Integration zum Ziel, auch wenn eine vorübergehende Abweichung von den logischen Normen stattfindet. Als dritte Stufe realisiert die Humor-Genese (etwa im 9./10. Lebensjahr) die Episierung: Witze werden „gemacht". Auf dieser Stufe beherrscht das Kind in hohem Maße die Regeln der Komik-Produktion und Komik-Rezeption. Auf einer vierten Stufe erfolgt während der Pubertät (etwa ab 12. Lebensjahr) eine Verselbständigung der komischen Tendenzen. In den Formen der Herabsetzung, der Befreiung und der Ablösung tritt die Emanzipation vor die Integration.

Komische Kinder- und Jugendliteratur entsteht, sobald literarisch für bestimmte Altersgruppen die Mechanismen der Komik-Produktion in Texten aktualisiert werden. Einzelne Genres der Literatur eignen sich besonders für die Erzeugung komischer Tendenzen. In der Lyrik ist es das Genre der komischen Versliteratur (lyrischer Humor). Spielarten des lyrischen Humors innerhalb der KJL sind: 1. Klanglyrik (Lautgedicht, Zungenbrecher); 2. Buchstaben- und Reimspiele (ABC-Reim, Kettenreim, Leberreim, Klapphornvers); 3. Verkehrte Welt; 4. Lügengedichte (Seemannsgarn, Jagdgeschichte, Reiseabenteuer); 5. Lachende Moral (Versfabel, Epigramm); 6. Komische Erzählgedichte (Romanze, Verswitz, Moritat). — In der Epik ist es das Genre Witz. Der Witz entsteht beim Kind auf der Stufe der Episierung. Durch die Anwendung bestimmter Gestaltungsmittel des Komischen wird das Komische in seiner Wirkung potenziert. Solche Gestaltungsmittel sind: Verzögerung der Pointe, Endstellung der Normabweichung, Spannungsbogen, Überraschung. — Neben dem lyrischen Humor und dem Witz gibt es weitere Genres, die eine gute Basis für die Komik-Produktion der Kinder- und Jugendliteratur bieten; dazu gehören insbesondere der Schwank, das komische Stegreifspiel, Puppenspiele, Comics und sog. Umweltgeschichten. Dabei handelt es sich in der Kinder- und Jugendliteratur im wesentlichen um das Komische im engeren Sinn. Verfremdung und Groteske sind in der Kinderliteratur selten, da sie zu starke emanzipatorische oder anarchistische Züge enthalten.

Die besondere Bedeutung der Komik in der Kinder- und Jugendliteratur ergibt sich aus den gesellschaftlichen Funktionen der Komik. Mit dem Faktor Integration wird durch den Humor die Einordnung in die Gesellschaft erleichtert. Mit dem Faktor Emanzipation wird durch den Humor die Progression der Gesellschaft gefördert. Für das Kind wird durch den Humor der Normerwerb unterstützt. Da im Humor stets auch der Faktor Emanzipation dialektisch enthalten ist, verschafft der Humor der Kinder- und Jugendliteratur einen Ausweg aus der Problematik, die mit dem Begriff „heile Welt" verbunden ist. Der nach bestimmten (sozial determinierten) Regeln produzierte und rezipierte literarische Humor läßt das Kind einerseits die Altersnormen und Normen seiner Gesellschaft erkennen, fügt aber andererseits der Normerkenntnis die Faktoren kritischer Reflexion und Kreativität hinzu. *Hermann Helmers*

Sekundärliteratur: H. Helmers: Sprache und Humor des Kindes (1965, ^{2}1971); Lyrischer Humor (1971). — K. Hobrecker: Der Humor im alten deutschen Bilderbuch (in: Westermanns Monatshefte. 857. 1928. 537—546). — Humor in der Kinder- und Jugendliteratur (1970). — I. Opie: The lore and language of school-children (1959, ^{2}1960; zus. mit P. Opie). — M. Wolfenstein: Children's humor (1954).

Lexikon der Kinder- und Jugendliteratur

Zweiter Band: I–O

Erarbeitet im Institut für Jugendbuchforschung
der Johann Wolfgang Goethe-Universität in Frankfurt/Main

Redaktion: Klaus Doderer, Winfred Kaminski, Helmut Müller,
Rudolf Raab, Gerlinde Rabenstein, Rosmarie Rauter

Beltz Verlag, Weinheim und Basel

CIP-Kurztitelaufnahme der Deutschen Bibliothek

Lexikon der Kinder- und Jugendliteratur : Personen-, Länder- u. Sachart. zu Geschichte u. Gegenwart d. Kinder- u. Jugendliteratur ; in 3 Bd. (A–Z) u. e. Erg.- u. Reg.-Bd. / [erarb. im Inst. für Jugendbuchforschung d. Johann-Wolfgang-Goethe-Univ. in Frankfurt am Main]. Hrsg. von Klaus Doderer. – Sonderausg. in Kassette – Weinheim ; Basel : Beltz
ISBN 3-407-56520-8
NE: Doderer, Klaus [Hrsg.]; Institut für Jugendbuchforschung <Frankfurt, Main>
Bd. 2. I–O / Red.: Klaus Doderer... [Mitarb. dieses Bd. Sigrid Abel-Struth...]. – 1984.

Redaktionsschluß: Dezember 1975 (mit Nachträgen bis Ende 1976)

Umschlagentwurf: Günther Stiller, Taunusstein
Gesetzt aus der 8 Punkt Garamond für die Grundschrift
Gesamtherstellung: Beltz Offsetdruck, 6944 Hemsbach über Weinheim
Printed in Germany

ISBN 3 407 56520 8

Mitarbeiter dieses Bandes

Sigrid Abel-Struth, Frankfurt/M.
Dina Abramowicz, New York (USA)
Peter Aley, Essen
Dieter Arendt, Gießen
Eva Aszódi, Budapest (Ungarn)
Dieter Baake, Bielefeld
Richard Bamberger, Wien (Österreich)
Ulrike Bastian, Mainz
Anton Baumeister, Freiburg
Alfred Clemens Baumgärtner, Würzburg
Jörg Becker, Frankfurt/M.
Hermann Bertlein, Worms
Lioba Betten, München
Wolfgang Biesterfeld, Moers
Lucia Binder, Wien (Österreich)
Ursula Bode, Hannover
Viktor Böhm, Wien (Österreich)
Dietrich Boueke, Bielefeld
Ivo Braak, Kiel
Irmela Brender, Sindelfingen
Theodor Brüggemann, Köln
Dušan Cackov, Štip (Jugoslawien)
Jan Červenka, Prag (ČSSR)
Marie-Luise Christadler, Klein-Karben
Milan Črnkovic, Rijeka (Jugoslawien)
Michael Czernich, Leinfelden-Echterdingen
Götz Dahlmüller, Hildesheim
Malte Dahrendorf, Hamburg
Ingeborg Daube, Frankfurt/M.
Margarete Dierks, Lübeck
Ottilie Dinges, Essen
Ingrid Doderer, Darmstadt
Klaus Doderer, Frankfurt/M.
Bernd Dolle, Frankfurt/M.
Hans Eich, Taufkirchen
Christa Erichson, Frankfurt/M.
Dietrich Fischer, Bad Schwartau
Karlhans Frank-Ostkamp, Schöneck
Christian Freitag, Gießen
Konrad Friesicke, Bonn-Bad Godesberg
Wolfram Frommlet, Köln
Hans Gärtner, Polling b. München
Klaus F. Geiger, Göttingen
Manfred Geiss, Mörfelden
Otto F. Gmelin, Frankfurt/M.
Hubert Göbels, Essen
Gisela Goldbach, Kronberg
Norbert Groeben, Heidelberg
Jutta Grützmacher, Berlin
Sonja Hagemann, Oslo (Norwegen)
Friedrich Hahn, Lich
Hans A. Halbey, Mainz
Ulrich Hann, Groß Lengden
Peter Hasubek, Göttingen
Heinz Hengst, Bremen
Götz Hillig, Marburg
František Holešovský, Prag (ČSSR)
Bettina Hürlimann, Zollikon (Schweiz)
Martin Hussong, Speyer
Christoph Jahn, Erlangen
Hannelore Jouly, Reutlingen
Winfred Kaminski, Frankfurt/M.
Theodor Karst, Reutlingen
Wolfgang Kempkes, Hasloh
Hans Kerst, Hamburg
Albert Klein, Iserlohn
Werner A. Kleye, Berlin
Hans Jürgen Kliewer, Landau
Karl-Heinz Klimmer, Bad Homburg
Klaus Klöckner, Frankfurt/M.
Anneliese Knoop, Bühl-Waldmatt
Marga Köhler, Frankfurt/M.
Hildegard Krahé, Neu Wulmstorf
Friedel Kriechbaum, Gießen
Otwald Kropatsch, Radkersburg (Österreich)
Horst Künnemann, Hamburg
Horst Kunze, Berlin (DDR)
Lydia Kyselova, Bratislava (ČSSR)
Sigrid Lichtenberger, Saarbrücken
Burkhardt Lindner, Frankfurt/M.
Marie Luise Linn, Konstanz
Max Lüthi, Zürich (Schweiz)
Leena Maissen, Basel (Schweiz)
Rolf Majonica, München
Bernd Meier, Nürnberg
Velten Merz, Frankfurt/M.
Horst Mischke, Hamburg
Igor Motjaschow, Moskau (UdSSR)
Helmut Müller, Frankfurt/M.
Gerhard Müller-Hornbach, Frankfurt/M.
Hans-Wolfgang Nickel, Berlin
Magdalena Nima-Rolf, Bochum
Charlotte Oberfeld, Marburg
Walter Pape, Hürth-Hermülheim
Gertrud Paukner, Wien (Österreich)
Dietger Pforte, Berlin
Heinrich Pleticha, Würzburg
Carla Poesio, Florenz (Italien)
Rudolf Raab, Hanau
Gerlinde Rabenstein, Schöneck
Detlef Ram, Hofheim
Rosmarie Rauter, Frankfurt/M.

Hans Ries, Gilching
Josef Rölz, Frankfurt/M.
Hans Rudolph, Gießen
Peter Sachsenmeier, Hamburg
Richard Schaeffer, Weingarten
Brigitte Scheele, Heidelberg
Walter Scherf, München
Klaus Scheunemann, Frankfurt/M.
Wolfgang Schlegelmilch, Freiburg
Wolfgang Schneider, Frankfurt/M.
Peter Schuler, Bern (Schweiz)
Eberhard Semrau, München
Joszef Seres, Budapest (Ungarn)
Gustav Sichelschmidt, Berlin
Luise Siegling, Frankfurt/M.
Martina Šircelj, Ljubljana (Jugoslawien)
Reinhard Stach, Duisburg
Rudolf Stefen, Bonn-Bad Godesberg
Christiane Steinhart, Offenbach/M.
Erich Strobach, Bielefeld
Reinbert Tabbert, Reutlingen
Béla Tóth, Budapest (Ungarn)
Axel Vielau, Oldenburg
Erwin Wackermann, Hamburg
Ursula Walz, Wiesbaden
Heinz Wegehaupt, Berlin (DDR)
Siegfried Weitz, Marburg
Klaus-Rüdiger Werner, Neuwied
Imma Wick, Duisburg
Steffen Wolf, München
Peter Zimmermann, Hamburg
Barbara Zinecker, Frankfurt/M.

Bildnachweis

Bei den hier nicht aufgeführten Illustrationen ist die Quelle aus der jeweiligen Bildlegende ersichtlich.

S. 2: R. Alt. Bilderatlas zur Schul- und Erziehungsgeschichte. Bd. 1. Berlin 1966. – S. 21: IBBY-Sekretariat, Basel. – S. 52: Julius Beltz Verlag, Weinheim. – S. 55: B. Tóth, Budapest. – S. 125: Oetinger Almanach. Gebt uns Bücher, gebt uns Flügel. Bd. 13. Hamburg 1975. – S. 126: Privatbesitz Kl. Honold, Darmstadt. – S. 207: I.-M. Hammerich, Frankfurt/Main. – S. 209: TAT, Frankfurt/Main; Katakombe, Frankfurt/Main. – S. 244: Börsenverein des Deutschen Buchhandels, Frankfurt/Main. – S. 246: Julius Beltz Verlag, Weinheim. – S. 273: Verlag Friedrich Oetinger, Hamburg. – S. 278: Literatur der Völker der Sowjetunion. Hrsg. v. H. Jünger. Leipzig [2]1968. – S. 290: Buch – Bibliothek – Leser. Festschrift zum 60. Geburtstag von Horst Kunze. Berlin 1969. – S. 299: J. de la Fontaine. Die Fabeln. Gesamtausgabe in deutscher und französischer Sprache. Wiesbaden o. J. – S. 301: Die schönsten Geschichten der Lagerlöf. Hrsg. v. W. von Molo. München o. J. – S. 315: C. Larsson. Das Haus in der Sonne. Düsseldorf u. Leipzig 1906. – S. 324: D. R. Godine. Early children's books and their illustration. The Piermont Morgan Library. Boston 1975. – S. 339: Lux Film, München. – S. 341: H. G. Lenzen, Meerbusch. – S. 343: IBBY-Sekretariat, Basel. – S. 362: E. Schwartz. Der Leseunterricht. Braunschweig [4]1971. – S. 363 r.: E. Schwartz. Der Leseunterricht. Braunschweig [4]1971. – S. 373: Oetinger Almanach. Gebt uns Bücher, gebt uns Flügel. Bd. 13. Hamburg 1975. – S. 376: L. Lionni, Rada in Chianti. – S. 384: W. McCay. Little Nemo. Melzer Verlag, Darmstadt 1972. – S. 397: J. London. Was mir das Leben bedeutet. Berlin 1974. – S. 434: Wl. Majakowski. Werke. Bd. 2. Frankfurt/Main 1974. – S. 441: Fr. Holešovský, Prag. – S. 452: K. May. Ich. Bamberg 1971. – S. 456: W. McCay. Die sonderbaren Träume des Feinschmeckers, der immer nur Käsetoast aß. Darmstadt 1975. – S. 461: DDR-Zentrum für Kinderliteratur, Berlin. – S. 478: B. Tóth, Budapest. – S. 505: P. Schuler, Bern. – S. 510: Stadtarchiv, Stuttgart. – S. 555: Spamer's Illustrirtes Konversations-Lexikon. Bd. 6. Leipzig u. Berlin 1877. – S. 562: Schaffstein Verlag, Dortmund. – S. 563: Julius Beltz Verlag, Weinheim. – S. 589: Walter Verlag, Olten. – S. 602: Internationales Institut für Jugendliteratur und Leseforschung, Wien. – S. 625: I. Cutler. Das erste Frühstück. Reinbek b. Hamburg 1973.

Abkürzungsverzeichnis: Siehe Band 1, Seite X–XII

Vorwort des Herausgebers

Knapp zwei Jahre nach Erscheinen des ersten Bandes können wir den zweiten Band mit Artikeln zur Buchstabengruppe I bis O vorlegen. Ich habe allen Beteiligten, den Mitarbeitern, Redakteuren und dem Verlag herzlich für die stets erfreuliche Zusammenarbeit zu danken. Die außerordentlich umfangreichen redaktionellen Arbeiten für den vorliegenden, seitenstarken und inhaltsreichen Band wurden ganz entscheidend erleichtert durch die Hilfe der Deutschen Forschungsgemeinschaft. Dafür möchte ich besonders danken.

Die Zahl der Mitarbeiter hat sich vom ersten zum zweiten Band um mehr als das Doppelte erhöht. Wir hoffen, mit ihrer Unterstützung sehr bald den dritten, die Buchstabengruppe P–Z enthaltenden Band folgen lassen zu können.

An den im Vorwort zum 1. Band erwähnten grundsätzlichen Äußerungen zur Struktur und zu den Auswahlkriterien des Gesamtwerkes hat sich nichts geändert. Einige kleinere, zumeist typographische Verbesserungen dürften die Lesbarkeit der Texte und Abbildungen noch erhöhen.

Die positive Kritik bei Erscheinen des ersten Bandes des „Lexikons der Kinder- und Jugendliteratur" hat uns ermutigt, dieses wahrlich nicht leicht zu erarbeitende Werk fortzusetzen und möglichst bald abzuschließen. Was sich jedoch – nicht zuletzt auf Grund der vielen Hinweise aus dem Kreise der Kritiker und Benutzer – schon jetzt herausgestellt hat, ist, daß ein Ergänzungsband notwendig werden wird. Er soll bisher festgestellte Lücken schließen und übrigens auch ein umfangreiches Register enthalten, das eine weitere Erschließung des Gesamtwerkes erlauben wird.
Für Anregungen und Hinweise sind Redaktion und Herausgeber weiterhin dankbar.

Klaus Doderer

I

Ib Spang Olsen → Spang Olsen, Ib

IBBY → Internationales Kuratorium für das Jugendbuch

Ilias

Die I. ist das um 750 v. Chr. entstandene, älteste erhaltene griechische Heldenepos vom Trojanischen Krieg, überliefert mit etwa 15000 Hexametern, das in alle wichtigen Sprachen übertragen wurde. Seit der Wiederentdeckung im Humanismus gilt die I. als abendländisches Bildungsgut und wurde zur Schullektüre. Die verschiedenen Prosabearbeitungen gehören zu den klassischen Werken der Jugendliteratur.

Zur Entstehungsgeschichte. Die I. schreibt man einem Dichter des 8. Jahrhunderts v. Chr. zu, ursprünglich MELESIGENES geheißen, nach dem Fluß Meles bei Smyrna, seinem Geburtsort; später wurde er wegen einer besonderen Eigenschaft (Bürge, Geisel oder Blinder) HOMER genannt. Er soll als wandernder Rhapsode an ionischen Fürstenhöfen gewirkt haben und auf der Insel Ios begraben liegen. Die in der I. geschilderte Welt setzen die Forscher gleich mit der kretisch-mykenischen Epoche um 1200 v. Chr. Aus dem äolisch-ionischen Dialekt des Epos deuten sie, es habe mit äolischen Heldenliedern begonnen und sei von den später nach Kleinasien eingewanderten Ioniern übernommen und weiter ausgestaltet worden.

Zum Inhalt der I. und des Troischen Zyklus. Die I. erzählt weder den ganzen trojanischen Krieg noch die Eroberung von Ilion (= Troja), einer antiken Stadt im Nordwesten Kleinasiens, nahe dem heutigen Hissarlik, sondern nur zahlreiche Episoden aus den 51 entscheidenden Tagen der zehnjährigen Belagerung.
Leitendes Thema ist der Zorn des Achilleus, Sohn des Königs Peleus und der Meeresgöttin Thetis, Urenkel des Zeus. Als der Oberfeldherr Agamemnon, der „Hirte der Völker", die dem Achilleus als Kriegsbeute zugesprochene Königstochter Briseis raubt, fühlt sich der strahlende Held bitter in seiner Ehre verletzt, sagt seine und seiner Truppen weitere Teilnahme am Kampf gegen die Trojaner ab. Als das griechische Heer in größte Gefahr gerät, erlaubt Achilleus seinem besten Freund Patroklos, in seiner Rüstung und mit seinen Truppen in den Kampf einzugreifen. Patroklos fällt durch die Hand des trojanischen Königssohnes Hektor. Rasend vor Schmerz jagt und treibt Achilleus Hektor dreimal um die Stadtmauer Trojas, besiegt und tötet ihn. Mit der Trauerfeier für Patroklos und der auf flehentliches Bitten des greisen Vaters veranlaßten Übergabe der Leiche Hektors zur Bestattung an die Trojaner schließt die I.
Die I. ist die Keimzelle des Troischen Zyklus, eines zum Teil verlorengegangenen Kreises epischer Gedichte (hauptsächlich der „Kyprien", der „Kleinen Ilias" und der „Iliupersis"), deren Inhalt durch entsprechende Hinweise und Zitate griechischer Schriftsteller überliefert ist. Dieser Troische Zyklus enthält, was der I. ursprünglich fehlte, ihr aber zugesetzt wurde. Als einleitendes Epos zur I. erzählen die „Kyprien" den Anlaß des Trojanischen Krieges, die Geschichte von Paris, vom Raub der Helena und dem Auszug der Griechen. Was im zehnten Jahr der Belagerung geschieht, schildert die „Ilias", darauf folgt die „Kleine Ilias". Sie berichtet, wie Penthesilea mit den Amazonen und Memnon mit den Äthiopiern eingreifen, die Achilleus beide überwindet, der dann selber vom göttlich gelenkten Pfeil des Paris tödlich getroffen wird. Darauf folgen der Streit um die Waffen des Achill und die Rückberufung des Philoktet. Schließlich rät Odysseus, ein hölzernes Pferd zu bauen, worin die besten griechischen Helden verborgen sind. Wie in der „Iliupersis" (= die Zerstörung Ilions) erzählt wird, ziehen die Griechen anscheinend ab. Die Trojaner bringen das zurückgelassene hölzerne Pferd in die Stadt als Weihegeschenk der Göttin Athene. Sie ahnen nicht, daß sie damit die Eroberer einschleusen, die nachts aus ihrem Schlupfwinkel kommen, Troja zerstören, die meisten Einwohner umbringen und die übrigen in die Sklaverei verschleppen.
Erst sehr spät (im 20. Jahrhundert) riefen die Zusätze zur I. aus dem troischen Epenzyklus Widerspruch hervor. Als Lösung wurde von verschiedenen Forschern der Versuch einer „Ur-Ilias" angeboten, so von E. WENDLING (1927), von H. RÜTER (1929) und von einem Ungenannten „Achilleis, Homers Ur-Ilias" (1946).

Zur Werk- und Wirkungsgeschichte. Der durch HOMERS Namen dem abendländischen Bewußtsein fest eingeprägte trojanische Sagenkreis bestimmte schon im Altertum die Griechen in ihren Vorstellungen der Götter, ihrer Dichtung, Kunst und Geschichtsschreibung und wurde allgemeines Bildungsgut. Das Mittelalter übernahm das Erbe; während aber Byzanz es unvermindert pflegte, bevorzugte der lateinische Westen dafür VERGIL (70–19 v. Chr.) mit seinem Hauptwerk, der „Äneis" (aus dem Nachlaß herausgegeben),

Teile einer um Christi Geburt datierten, in Italien ausgegrabenen sogenannten „Tabula Iliaca". Vermutlich zu didaktischen Zwecken sind den bildlichen Darstellungen kürzere Texte beigegeben. Der Buchstabe neben den abgebildeten Szenen weist jeweils auf den entsprechenden Gesang der Ilias hin. Auf dem obersten Bildstreifen ganz rechts sitzt Achill im Zelt, vor ihm hilfeflehend auf dem Boden Priamus. Dieser bittet um die Herausgabe der Leiche Hektors. Männer laden Lösegeld von einem Wagen und drei Krieger bringen Hektors Leichnam.

dem Heldenlied von ÄNEAS und der Vorgeschichte Roms. Einigermaßen bekannt war nur noch der „Homerus Latinus", der metrische Auszug der I.
Das Wiederaufleben HOMERS begann in England, wo G. CHAPMAN (1559–1634) seine „Iliad" 1611 schuf und die von A. POPE (1688–1744) umgedichtete „Iliad" 1720 erschien. In Deutschland war schon lange vorher eine unverdientermaßen wenig beachtete Übersetzung der I. herausgekommen: „Ilias Homeri. Die Bücher von dem Khrig so zwischen den Griechen und Troianern vor der stat Troja beschehen. Durch mich Johannem Baptis. Rexium verteütscht, allen lustig zu lesen" (1584), neu herausgegeben von R. NEWALD (1929). Die Anregungen aus England wurden von den Deutschen besonders erfolgreich aufgenommen. Vor allem J. J. WINCKELMANN (1717–1768), G. E. LESSING (1729–1781) und J. W. VON GOETHE (1749–1832) beschäftigten sich eingehend mit HOMER. G. A. BÜRGER (1747–1794) schrieb 1769 „Etwas über eine deutsche Übersetzung des Homer" und gab 1771 diesen Aufsatz überarbeitet heraus als „Gedanken über die Beschaffenheit einer deutschen Übersetzung des Homer in reimfreien Jamben". Er hatte einige Probefragmente beigefügt, einen Teil der von ihm in fünffüßigen Jamben übersetzten I. Obwohl sehr gelobt und bewundert, war diese Übertragung keineswegs bahnbrechend. Nach BÜRGERS Meinung mußte die alte griechische „Iliade" germanisiert werden, alles homerisch Ausgedrückte zeitgemäß angepaßt werden. Der hainbündlerische Balladenton hier behagte aber BÜRGERS Zeitgenossen nicht. Auch die 1778 von F. L. ZU STOLBERG (1750–1819) getreuer übersetzte „Ilias" traf nicht die richtige Stimmung. Nachhaltig wirksam dagegen wurde die Übersetzung der „Ilias" (1793) des J. H. VOSS (1751–1826). In neuerer Zeit sind neben dem immer noch gebliebenen VOSS als Übersetzer auflagenreicher I.-Bände hervorgetreten: 1914 TH. VON SCHEFFER (1873–1951), 1929 A. SCHAEFFER (1885–1950); 1943 R. A. SCHRÖDER (1878–1962), 1948 H. RUPÉ. Die neueste Übersetzung der I. in Prosa (1975) stammt von W. SCHADEWALDT (1900–1975).

Die I. als Jugendliteratur. Die ausgesprochenen Jugendbearbeitungen mit abenteuerlicher Handlung führen selten den Titel „Ilias", vielmehr „Troja", „Kampf um Troja" oder „Zerstörung Trojas", wie z.B. der 3. Teil der 1803 veröffentlichten „Erzählungen aus der alten Welt für die Jugend" von K. FR. BECKER (1777–1806) heißt. G. SCHWAB (1792–1850) nennt den 2. Band (1839) seiner dreibändigen „Schönsten Sagen des klassischen Altertums", einfach „Troja", während eine neuere Ausgabe SCHWABS (1953) sich „Kampf um Troja" betitelt. „Troja. Die schönsten Sagen der alten Griechen für die Jugend, Homer nacherzählt" (1948) stammt von H. BRACHER (1882–1963). E. WILDHAGEN (* 1890) hat 1954, ebenso wie 1971 G. SACHSE (* 1916) einen „Kampf um Troja" verfaßt.

→ Odyssee

Sekundärliteratur: Th. Bleicher: Homer in der deutschen Literatur (1450–1740). Zur Rezeption der Antike und zur Poetologie der Neuzeit (1972). – F. Eichhorn: Homers Ilias. Ihr allmähliches Werden unter der Hand des Dichters und ihre endgültige Gestalt (1971). – H. C. Fay: Chapman's Iliads of Homer. A Critical Introduction (1954). – G. Finsler: Homer in der Neuzeit von Dante bis Goethe. Italien – Frankreich – England – Deutschland (1912). – K. J. Heinisch: Homer im Deutschunterricht (1965). – C. Hermann: Erläuterungen zu Homers Ilias, in Auswahl (1958). – W. Kullmann: Das Wirken der Götter in der Ilias. Untersuchungen zur Frage der Entstehung des Homerischen „Götterapparats" (1956); Die Quellen der Ilias – Troischer Sagenkreis (1960). – K. Lachmann: Betrachtungen über Homers Ilias (1837/38, ³1873). – D. Page: History in the Homeric Iliad (1959). – G. Raddatz: Die Homerlektüre am Gymnasium (1940). – W. Schadewaldt: Der Aufbau der Ilias (1975). – A. Schroeter: Geschichte der deutschen Homer-Übersetzung im 18. Jahrhundert (1882). – Ch. Semler: Das Weltbild der Ilias und seine Bedeutung für unsere Zeit (1885). – A. Trestik: Das deutsche Homerbild des 18. Jahrhunderts (Diss. 1939). – U. von Wilamowitz-Moellendorff: Die Ilias und Homer (1916).

Hans Eich

Ille, Eduard

*Illustrator, Schriftsteller; * 17.5.1823 München, † 17.12.1900 München.*

I. besuchte die Münchener Kunstakademie unter der Leitung von H. V. SCHNORR VON CAROLSFELD (1764–1841) und arbeitete anschließend als Schüler von M. VON SCHWIND (1804–1871) in dessen Atelier. Im Auftrag LUDWIG II. von Bayern malte I. 1865 im Schloß Berg am Starnberger See einen Zyklus „Aus deutscher Sage und Geschichte" in Aquarellen und schuf 1870 im Ankleidezimmer des Königs auf Schloß Neuschwanstein Wandmalereien auf Gobelin-Leinwand zu dem Thema „Aus dem Leben des Hans Sachs und Walthers von der Vogelweide".

Werk, Tendenzen, Wirkung. Mit seinen derb-karikaturistischen Holzschnitten gehörte I. zu den beliebtesten und volkstümlichsten Zeichnern der zweiten Hälfte des 19. Jahrhunderts. Eine besondere Vorliebe entwickelte der Künstler für die Tiersatire, in der sich die Beeinflussung durch W. VON KAULBACH (1809–1879) verrät. Seine Zeichnungen erschienen in den „Fliegenden Blättern" und in der „Illustrierten Zeitung". Im Bereich der Kinder- und Jugendliteratur gehörte er neben W. BUSCH (1832 1908), L. MEGGENDORFER (1847–1925) und A. OBERLÄNDER (1847–1923) zu den Hauptlieferanten humorvoller, besonders auf ein kindliches Publikum zielender Bildgeschichten für die „Münchener Bilderbogen". In den meisten Bildgeschichten spielen Tiere, oft satirisch verfremdet und in Stellvertretung für den Menschen, eine Hauptrolle. Diese Tendenzen zeigen auch die beliebtesten seiner Bildgeschichten, die in dem Münchener Bilderbogen-Verlag Braun & Schneider auch gesondert in der Reihe der „Münchener Bilderbücher" erschienen (Nr. 12: Wenn es dem Esel zu wohl wird, geht er aufs Eis tanzen. Herr Isegrimm, 1863; Nr. 35: Der Knabe Whittington und seine Katzen. Eine lustige Geschichte für Kinder, 1870; Nr. 36: Der Maskenball der Tiere. Des Löwen Geburtstags-

Staberl gibt sich den Kindern zu erkennen.

Staberl.

Guten Tag, liebe Kinder! Ihr fragt wer ich bin?
Ich bin der Herr Staberl, Paraplümacher aus Wien.
Einen Haarzopf hab' ich, und brennrothen Frack,
Doch jahraus, jahrein keinen Pfennig im Sack,
Und bin doch der lustigste Kauz auf der Welt,
Dem nie etwas abgeht und nie etwas fehlt,
Fragt nur meinen Vetter, den fidelen Hanswurst,
Bekannt durch beständigen Hunger und Durst,
Mit dem ich vollbrachte manch' tollen Streich —
Der wird mich am besten empfehlen bei Euch.

feier, 1871). I., der auch zahlreiche Gelegenheitsgedichte, Operntexte und Dramen schrieb, lieferte zu den meisten seiner Bildgeschichten und selbständig erscheinenden Bilderbüchern die Texte selbst. Die Vorliebe für volkstümlich-derbe Szenen und mit drastischer Situationskomik angereicherte Darstellungen wird vor allem in den beiden Bilderbüchern sichtbar, die als „Lampart's lebendige Bilderbücher mit beweglichen Figuren" im Verlag Lampart in Augsburg erschienen. Die einseitig bedruckten Seiten der Bilderbücher sind als Puppentheater angelegt. Im gezeichneten Bühnenausschnitt sind jeweils zwei Figuren zu sehen, die durch Ziehen von Papierlaschen am Fuße der Seiten bewegt werden können. Bewegliche Figuren, Bühnenausschnitt mit Hintergrund und im unteren Teil der Seite eingezeichnete weitere Figuren sind handkoloriert. Als Hauptfigur agieren Hanswurst und Staberl, die süddeutsche Version für den Kasper. Die in die Bildseiten gedruckten Szenentitel und Dialoge interpretieren die dargestellten Szenen („Staberl wird vom Nachtwächter arretirt und auf die Polizei geführt" usw.). Von seinen satirischen Darstellungen weichen die drei Holzschnitte für „Grimm's Kinder- und Hausmärchen" (1874) und die acht Holzschnittafeln zu der Folge „Die sieben Todsünden" ab. In diesen Blättern knüpft I. an die alten deutschen Holzschnitte an. Auch für die von I. von Braun ab 1855 herausgegebenen „Jugendblätter. Für christliche Unterhaltung und Belehrung" lieferte I. zahlreiche Illustrationen.

Werke: E. Ille: Die sieben Todsünden (1861); E. Ille: Wenn es dem Esel zu wohl wird, geht er aufs Eis tanzen. Herr Isegrimm. Zwei belehrende und erheiternde Geschichten für die Jugend (1863); E. Ille: Lampart's lebendiges Bilderbuch mit beweglichen Figuren. Zur Belustigung für Kinder. Münchener Bilderbuch Nr. 12 (1863); E. Ille: Zweites lebendiges Bilderbuch mit beweglichen Figuren. Zur Belustigung für Kinder. Staberl's Reiseabenteuer (1864); Fr. v. Kobell: Der Türken-Hansl, a' Geschichtl aus'n Krieg vo' 1870 (1870); E. Ille: Der Knabe Whittington und seine Katzen. Eine lustige Geschichte für Kinder. Münchener Bilderbuch Nr. 35 (1870); E. Ille: Der Maskenball der Tiere. Des Löwen Geburtstagsfeier. Zwei lustige Geschichten in Bildern. Münchener Bilderbücher Nr. 36 (1871); E. Ille: Affen- und Hunde-Komödie (1874); J. und W. Grimm: Grimms Kinder- und Hausmärchen in Bildern (1874).

Helmut Müller

Immermann, Karl Leberecht

*Jurist, Theaterdirektor, Schriftsteller; * 24. 4. 1796 Magdeburg, † 25. 8. 1840 Düsseldorf.*

Nach Jurastudium in Halle trat I. in den Staatsdienst. Seit 1827 war er Landgerichtsrat in Düsseldorf. Dort übernahm er (1834–1837) die Leitung des Theaters. Trotz vielbeachteter Erfolge scheiterte das Unternehmen, letztlich aus wirtschaftlichen Gründen. I. kehrte, wenn auch ungern, in den Staatsdienst zurück.

Werk, Tendenzen, Wirkung. I.s zahlreiche Trauerspiele (als wichtigstes „Alexis. Eine Trilogie", 1832) sind heute weitgehend vergessen; zu Unrecht wenig beachtet blieb auch seine Leistung als Rezensent (erste positive Rezeption Heines, 1822). In seinem erzählerischen Werk erweist er sich als zeitkritischer Schilderer der sozialen Veränderungen des beginnenden Industriezeitalters. Er empfindet seine Zeit als epigonal, zerrissen und als Zeitalter des Übergangs. In diesem Bezug steht auch das satirisch-parodistische Kleinepos vom „Tulifäntchen" (1830), mit dem I. die Epigonenkritik einleitet. Tulifäntchen, ein däumlingsgroßer „Held", ist „Repräsentant der Restaurationszeit" (Windfuhr), der Zeit der „großen Taten kleiner Leute". Im Kern sind hier die wesentlichen Elemente der zeitkritischen Großromane I.s bereits enthalten. Diese auch formal gelungene Parodie eines Großepos kann auch unabhängig von ihrer satirischen Zielsetzung als komisches Kunstmärchen gelesen werden. Als Kinderbuch erfreute sich die Ausgabe von 1862 großer Beliebtheit, vor allem wegen der einfühlsamen, drastisch-komischen Farbillustrationen von Th. Hosemann. Eine neue Bilderbuchausgabe kam 1936 unter dem Titel „Tulifäntchen der Zwergheld von Karl Immermann. Für Kinder erzählt von Eva von Eckardt" heraus. Das groß- und querformatige Bilderbuch bringt eine sehr freie, dem Sprachverständnis des Grundschulkindes angepaßte Bearbeitung des I.schen Textes. Großen Anteil an der Beliebtheit dieses Bilderbuches, das mehrere Auflagen erlebte und auch nach 1945 neu herauskam, hatten die zum Teil ganzseitigen Farbzeichnungen von E. Eisgruber.

Neben dem umfangreichen Roman „Die Epigonen" (1836) erlangte besondere Bedeutung sein letzter Roman „Münchhausen" (1837–1839), der nur geringe Beziehung zu den Münchhausen-Erzählungen hat; in der Person des Titelhelden verkörpert sich der „Schwindelgeist" der Epoche. Dem mechanisch Schwindelhaften der „modernen" Welt stellt I. in der Gestalt eines westfälischen Dorfschulzen eine konservativ-organische, „heile" Gegenwelt gegenüber. Die lockere Erzählform des Romans erlaubt es, die Erzählepisode um den „Oberhof" herauszulösen, die auf diese Weise wegen ihrer pädagogischen Tendenz und teilweise idealisierend restaurativer Darstellung eines scheinbar gesunden Bauerntums selbständige Verbreitung erlangte und wesentlich häufiger gedruckt wurde als der Gesamtroman, auch als Schullektüre.

→Th. Hosemann, →Münchhausen und Münchhausiaden

←
Eduard Ille (1823–1900). Seite aus dem Bilderbuch „Staberl's Reiseabenteuer" (¹1875) mit beweglichen Figuren. Der Verleger kündigt das Werk als „Lampart's Zweites lebendiges Bilderbuch mit beweglichen Figuren zur Belustigung für Kinder" an. Die abgebildeten Figuren sind teilweise beweglich. Mit Hilfe einer Zuglasche am unteren Seitenrand sind sowohl der „Paraplümacher" Staberl als auch die Frau mit Kind vor dem schwarzen Bühnengrund verschiebbar, ebenso der vordere Arm des Hanswursts.

Illustration zu K. Immermanns „Tulifäntchen". Elsa Eisgruber (1887–1968) illustrierte die von Eva von Eckardt nacherzählte Geschichte Karl Immermanns „Tulifäntchen der Zwergheld" (Leipzig 1936). Die Abbildung zeigt in zarten Strichen und Farbtönen den Riesen Schlagadodro, versonnen mit einem Buch in der Hand auf der Mauer sitzend.

Werke: Tulifäntchen (1830); Die Epigonen. Familienmemoiren in neun Büchern (Th. 1–3. 1836); Münchhausen. Eine Geschichte in Arabesken (Th. 1–4. 1838–1839); B. v. Wiese (Hrsg.): Werke (Bd. 1–5. 1971).

Sekundärliteratur: P. Hasubek: Karl Immermanns Tulifäntchen. Mit Heines Änderungsvorschlägen und Dokumentenanhang (1968). – H. Maync: Immermann. Der Mann und sein Werk im Rahmen der Zeit- und Literaturgeschichte (1921). – B. v. Wiese: Karl Immermann. Sein Werk und sein Leben (1969). – M. Windfuhr: Immermanns erzählerisches Werk (1957).

Marie-Luise Linn

Indianerbuch

Unter I. ist ein Buch zu verstehen, das eine Indianergestalt, die Stammesgeschichte oder die Lebenswelt der Indianer zum Thema hat. Oft sind Berichte oder Erzählungen von Kämpfen und Begegnungen zwischen „Rothäuten" und Weißen das Thema. Dem strukturellen Gepräge nach entspricht das I. im 19. Jahrhundert dem Abenteuerbuch. Im 20. Jahrhundert wird die Thematik auch für das Mädchenbuch in Anspruch genommen, desgleichen für das Umweltbuch, das Bilder- und Fotobilderbuch für Kinder, ist aber auch in das Klischeearsenal der Comics übernommen worden. Nachdem völkerkundlich historische Studien das idealisierend oder abwertend verzeichnete Bild des Indianers korrigiert hatten, erschienen auch in Deutschland für die Jugend kulturhistorisch fundierte I.er, biographisch und autobiographisch gefaßte Lebensbilder großer Häuptlinge und weißer Freunde der Indianer sowie Sachbücher zur Lebenswelt und Geschichte der Indianer.

Struktur und Thematik des I.s. Im I. sind wertvolle Eigenschaften, wie Selbstbeherrschung, Zähigkeit, Geschicklichkeit, Willensstärke, Wahrheitsliebe, Edelmut, Stolz, Ehrgefühl meist der indianischen Zentralfigur – oftmals dem Häuptling – unterstellt. Er wird in der Phantasie des jugendlichen Lesers leicht zum Vorbild. Zum positiven Bild des Indianers tritt nicht selten als negatives Gegenbild der Weiße. Er ist verschlagen, lasterhaft und brutal. Der Sittenverfall der roten ist die Folge des Umgangs mit den negativen Vertretern der weißen Rasse. Soziologisch gesehen läßt sich das Figurenarsenal des I.s in folgende Gruppen gliedern:

Häuptling der Schwarzfuß-, Sarsi- und Blood-Stämme. Das Originalgemälde von Paul Kane befindet sich im Royal Ontario Museum (Kanada). Die Abbildung ist dem bekannten Sachbuch „Die Welt der Indianer" (1961) von Oliver La Farge (1901–1963) entnommen, das sich auf des Verfassers englisches Werk „A pictorial history of the American Indian" (1956) stützt.

Die Weißen erscheinen als Siedler (Bauern), Jäger und Soldaten; die rote Rasse wird vornehmlich unter dem Aspekt des Kriegers geschildert. Der Jäger bildet häufig das Bindeglied zwischen Weiß und Rot, da er über die größten Verstehensmöglichkeiten für das Wesen der Roten verfügt. Die Gegenüberstellung von Rotem und Weißem zeitigt im erzählenden I. eine kontrastreiche Erzählstruktur, der inhaltlich in vielen Fällen die Durchführung des Gegensatzes von Kultur (Zivilisation) und Natur in Analogie zu ROUSSEAUS Kulturtheorie entspricht. – Der Kreis der Motive des I.s ist begrenzt: am häufigsten begegnen die Motive des Kampfes (Zweikampf oder in Gruppenverbänden), der Jagd (Reiten), des Kundschaftens (Anschleichens) usw. Der geographische Raum des I.s ist ursprünglich im 18. und 19. Jahrhundert Nordamerika, doch verlegen manche Autoren die Handlung in die heutigen Urwälder Südamerikas. Eigentümliche Sprach- und Stilmerkmale weist das I. im allgemeinen nicht auf, abgesehen von den eingefügten Brocken und Namen aus der Indianersprache. Das Lesealter liegt beim I. zumeist zwischen dem 7. und 16. Lebensjahr. Eine Häufung in der Wahl von I.ern ist vom 10. bis zum 12. Lebensjahr festzustellen.

Geschichte des I.s. Die Beschreibungen von der Eroberung des Landes im 16. Jahrhundert und die Schilderung seiner Bewohner durch die spanischen Konquistadoren können nicht als echte Vorstufen des I.s betrachtet werden. Die Geschichte des I.s beginnt mit J. H. CAMPES (1746–1818) Jugendbearbeitung (1781, in späteren Ausgaben unter dem Titel „Das Anziehendste und Merkwürdigste aus Johann Carver's Reisen durch die innere Gegend von Nordamerika") der mit einer der ersten blutrünstigen Marterpfahlzeremonien versehenen Reisebeschreibung (Travels through the interior parts of North-America in the years 1766–1768, London (1778) von J. CARVER (1732–1780). Die „Lederstrumpf"-Romane (1823–1841) J. F. COOPERS (1789–1851), des eigentlichen Klassikers des I.s, die in zahlreichen, verschieden stark gekürzten Jugendbearbeitungen im Umlauf sind, schildern das Verhältnis zwischen Roten und Weißen im 18. Jahrhundert, dessen Hintergrund von dem Thema der Landnahme durch die weißen Siedler bestimmt wird. Die historischen Vorgänge sind erkennbar, so daß die Romane COOPERS den Typus des I.s nach der Seite des historischen und ethnologischen Abenteuerbuches hin erweitern. Die Rezeption COOPERS ist bis heute ungebro-

Mathoree im Lager der Auswanderer

„Der Sioux beugte sich über das Antlitz des Schläfers und schaute mit schadenfrohem Blick auf sein Opfer, dessen Schicksal in seine Hand gegeben war.“ So lautet die Stelle aus „Coopers Lederstrumpf-Erzählungen. Für die Jugend bearbeitet von Adam Stein“ (Leipzig, 91875). Die Vorlagen für die sechs Farbdrucke dieser Ausgabe sind von W. Schäfer.

chen. Im 19. Jahrhundert wird das Thema der Auseinandersetzung zwischen Weiß und Rot u.a. von CH. SEALSFIELD (i.e. K. A. POSTL, 1793–1864, Der Legitime und der Republikaner, 1853) und ARMAND (i.e. FR. A. STRUBBERG, 1808–1889, Amerikanische Jagd- und Reiseabenteuer in den westlichen Indianergebieten, 1858) fortgesetzt. I.er schreiben auch B. MÖLLHAUSEN (Das Mormonenmädchen, 1864) und S. WÖRRISHÖFFER (Auf dem Kriegspfade, 1888). Trotz vieler empfehlender Hinweise, z.B. von H. WOLGAST, konnte sich bei der Jugend SEALSFIELD weniger durchsetzen als der in der Linie der rauhen Grenzergeschichte liegende GERSTÄKKER, in dessen trivialisierter Nachfolge die Westernhefte und entsprechende Filme stehen. – Zu dem Motiv der Landnahme kommen im 19. Jahrhundert die Themen des Goldrausches und des Eisenbahnbaues vom Atlantik zum Pazifik als Antriebe der Eroberung des Wilden Westens hinzu. Einen publizistischen Höhepunkt des I.s bilden vom Ende des 19. Jahrhunderts an die Romane K. MAYS (1842–1912), dessen „Winnetou“ ab 1893 erschien. Bei MAY wird der Wilde extrem humanisiert und idealisiert. Winnetou verkörpert alle nur denkbaren edlen Eigenschaften. Ihm zur Seite tritt der nicht minder edelmütige weiße Old Shatterhand.

Das I. im 20. Jahrhundert. Im 20. Jahrhundert nimmt das I. vielfach neue Motive auf und nähert sich anderen Jugendbuchtypen an. Unter dem Einfluß der Entwicklungspsychologie und des Grundsatzes der Kindgemäßheit erscheinen I.er für verschiedene Lebensalter und für beide Geschlechter gesondert. Schon für den 7- bis 8jährigen Leser gibt es I.er, die auf der Grundlage phantastischer Motive und Darstellung in die Welt des Indianers einführen und dabei auf den Wahrheitsgehalt weniger streng Rücksicht nehmen (A. N. CLARK: Blaukehlchen das Indianerkind, 1969; G. DRABSCH: Die Indianergeschichte, 1938; M. E. MASON: Hominy, 1951; K. RECHEIS: Kleiner Adler und Silberstern, 1961; Sinopa und das Pony, 1963; U. WÖLFEL: Fliegender Stern, 1963; H. ZACHÄUS: Kulluka und Rok, 1947; u.a.). Durch die Aufnahme märchenhafter Motive werden Brücken zum Lesealter der Kinder im Grundschulalter geschlagen. Bezeichnend ist auch, daß in derartigen Erzählungen Kinder und Jugendliche zu

Alfred Zacharias. Holzschnitt aus dem Kinderbuch von Gerhard Drabsch „Indianergeschichte“ (1. Auflage 1938), in dem kleine Leser an den Handlungen eines Indianerjungen ihre eigenen Erfahrungen beim Lernen des Schwimmens oder beim Spielen nachvollziehen können.

Helden der Geschichte erhoben werden. Im I. des 19. Jahrhunderts ist eine solche Verfahrensweise nicht üblich. Oft dient freilich das Thema vom Indianer hier nur als Vorwand, um eine der gängigen phantastischen Kindergeschichten zu schreiben.

Das eigentliche Interesse der 11- und 12jährigen Leser gehört den abenteuerlichen I.ern, unter ihnen solchen von M. Felde, J. F. Hayes, E. Hearting (i.e. E. Herzig), H. Kranz, H. McCracken, A. Müller-Tannewitz (i.e. A. Jürgen), W. M. Rush, W. E. Sanderson, E. Thompson-Seton, H. Weiss-Sonnenburg (i.e. H. Wyss). Eine besondere Stellung nehmen F. Steuben (i.e. E. Wittek) und L. Welskopf-Henrich ein. Steuben folgt in seinen I.ern (Der fliegende Pfeil, 1930; Der rote Sturm, 1931; Tecumseh, der Berglöwe, 1932; Schneller Fuß und Pfeilmädchen, 1935; usw.) dem Prinzip einer wirklichkeitsnahen, historisch getreuen und individualisierenden Menschenschilderung. Welskopf-Henrich strebt in ihren Büchern (Die Söhne der Großen Bärin, 1951–1967) besonders das Ziel an, die ethnische, soziale und politische Problematik des Indianers auf wissenschaftlicher Grundlage darzustellen. Einige Autoren (z.B. O. Burt, E. Hearting, C. Holling, O. Plawenn) versuchen Ähnliches, schildern die Lebensweise und Gebräuche der Indianer und betonen dabei ihre Treue zu den historischen Quellen. In dem Maße, in dem ethnische, geschichtliche und geographische Elemente zunehmen, werden die abenteuerliche Struktur und die romantische Kampfesstimmung abgebaut. Derartige I.er sprechen das Sachinteresse des Jugendlichen an und nehmen Züge des Sachbuches auf. Das Moment der Belehrung tritt stärker in den Vordergrund. Bleibt der erzählerische Grundton im allgemeinen noch erhalten, so werden doch die literarischen Gesetze des Sachbuches in hohem Grade verwirklicht (E. Lips: Das Indianerbuch, 1956; H. Künnemann: Wigwams, Büffel, Indianer, 1969).

Wendete sich in früheren Zeiten das I. bewußt an den männlichen Jugendlichen, so werden neuerdings neue Leserkreise angesprochen, indem I.er auch für Mädchen verfaßt werden (A. Müller-Tannewitz; L. Lenski; Gr. Moon). Im Mittelpunkt steht meist eine junge Indianerin mit ihren Problemen. Neue Motive spielen eine Rolle: Freundschaft, Liebe, Familie, Ehe. Damit nähert sich das I. dem Typus des Mädchenbuches an.

→ Abenteuerbuch, → J. F. Cooper, → Lederstrumpf

Sekundärliteratur: R. Beissel: Der Indianerroman und seine wichtigsten Vertreter (in: Karl-May-Jahrbuch. 1. 1918. 219–253). – A. Bodensohn: Abenteuer: Rothaut und Bleichgesicht. (1967). – H. Plischke: Von Cooper bis Karl May. Eine Geschichte des völkerkundlichen Reise- und Abenteuerromans. (1951). – W. Köhlmann: Neue Indianerbücher (in: Studien zur Jugendliteratur. 3. 1957. 58–123). – K. Langosch: Das Indianerbuch heute und Karl May (in: Jugendliteratur. 3. H. 8. 1957. 344–355).

Peter Hasubek

Das Leben eines Indianerjungen in der Gesellschaft seines Stammes ist das Thema des Fotosachbuchs für Kinder „Parana. Der kleine Indianer" (1956; „Parana, le petit indien", Paris 1953) mit Text von Francis Mazière und Fotos von Dominique Darbois.

Titelblatt zu Rabindranath Tagore: „Kabuliwallah, o Kabuliwallah" (Alfred Holz Verlag, Berlin 1961). Illustrationen: Werner Klemke.

Indien

(Indische Union. Bharat). Staat in Vorderindien (Süd-Asien). Staatsgebiet: rund 3046000 km²; Einwohner: 511115000 (Schätzung 1967). Das am 25. 8. 1947 unabhängig gewordene I. ist auch nach der Erlangung der eigenen Souveränität Mitglied des britischen Commonwealth geblieben. Auf Grund der am 26. 11. 1949 in Kraft getretenen Verfassung ist I. ein Bundesstaat mit parlamentarisch-demokratischer Regierungsform. Die in der Indischen Union zusammengeschlossenen Völker und Stämme zerfallen in zahlreiche Sprachgebiete. Es gibt vierzehn durch die Verfassung anerkannte Hauptsprachen. Amtssprachen sind Hindi und zur Zeit noch Englisch (bis 1978).

Eine Analyse der Kinder- und Jugendliteratur I.s sieht sich vor viele Probleme gestellt. Das schwierigste ist das Sprachproblem. Es gibt in I. eine Vielzahl von Dialekten, die jeweils von mehreren Millionen Menschen gesprochen werden und die doch sehr wenig miteinander gemein haben. Am krassesten ist der Gegensatz zwischen den vom Indoarischen abstammenden Dialekten und denen, die vom Dravidischen herkommen. Hinzu kommt, daß schon in sehr früher Zeit mit dem Sanskrit eine Literatursprache geschaffen wurde, die nur Wenigen zugänglich war. Diese Situation hat dennoch nicht verhindert, daß es in I. eine lange und ertragreiche literarische Tradition gibt, die allerdings überwiegend auf mündliche Überlieferungen abgestellt war und ist. So wurden die Veden über Jahrtausende auf diese Weise vom Lehrer zum Schüler übermittelt. Die Stärke dieser eigenen Kulturtradition läßt sich auch daran ermessen, daß die ersten Versuche europäischer Kolonisatoren, z. B. das Portugiesische als Umgangssprache durchzusetzen, scheiterten. Erst die Engländer, gestützt auf die ökonomische Macht der Ostindischen Kompanie, verstanden es, die zahlenmäßig kleine indische Oberschicht für sich und ihre Ziele zu gewinnen und zumindest im Verwaltungswesen die englische Sprache einzuführen. Das geschah aus einem europazentrierten Weltbild heraus, das die eigenständige Kultur I.s kaum beachtete. Die kolonialistische Kulturpolitik hatte zur Folge, daß viele Inder der Oberschicht zwar MILTON, SHAKESPEARE, BYRON und andere Größen europäischer Tradition kannten und verstanden, aber unfähig waren, die großen Dichter ihres Volkes zu lesen (vgl. dazu H. von Glasenapp, Die Literatur Indiens, 1961, S. 28ff.). Zwar konnte das Englische in der Poesie nur partiell Fuß fassen, jedoch besetzte es völlig das Feld der wissenschaftlichen Literatur. Berühmte indische Autoren wie S. Aurobinda und R. Tagore schrieben und konzipierten ihre Werke in englisch oder übersetzten sie aus dem Indischen ins Englische. Erst mit der Befreiung I.s von englischer Beherrschung und Bevormundung setzte unter dem politischen Einfluß M. Gandhis auch eine Dekolonisierung der Literatur ein. In verändertem Maßstab trifft dies auch auf die indische Kinder- und Jugendliteratur zu.

Entwicklung der Kinder- und Jugendliteratur und gegenwärtiger Stand. Bislang ist die Geschichte der indischen Kinder- und Jugendliteratur nur wenig erforscht. Zwei größere Arbeiten von A. Gangopadhyaya und K. Mitra (beide in Bengali) sind allerdings bemerkenswert. Ihre Skizze der Geschichte der indischen Kinder- und Jugendliteratur läßt sich kurz so darstellen: Der eigentliche Beginn der Kinder- und Jugendliteratur im modernen Sinne liegt in I. um 1800. Die ersten größeren Institutionen, die ihre Entwicklung forcierten, sind die „Calcutta School Book Society" und die „Christian School Book Society". Diese Periode wird die traditionelle und auch missionarische Periode genannt. Sie dauert von 1818 bis 1850. Die zweite Periode (1845–1870) ist die J. Ch. Vidyasagars. Vidyasagar war Erzieher und Sozialreformer. Er versuchte, in einer reinen, einfachen Sprache zu schreiben und ließ sich weder auf die Anglizismen der missionarischen Literatur noch auf die traditionelle Struktur der bengalischen Literatur, die dem Sanskrit sehr viel verdankte, ein. Allerdings tritt bei Vidyasagar der literarische Aspekt zumeist hinter die erzieherische Intention und seine sozialreformerischen Vorstellungen zurück. Bahnbrechend allerdings war, daß er sich nicht der englischen Sprache bediente. Die nächste Periode kann als die Periode des „vernacular development" beschrieben werden und als das Zeitalter der Kinder- und Jugendzeitschriften (1878–1900). Schließlich folgt das „goldene Zeitalter" Tagores, der auch für Kinder schrieb und vor allem durch seine Schulgründungen auf dem Gebiet des Erziehungswesens Bedeutung erlangte. Es folgen die Periode der Unabhängigkeitsbewegung und die ersten Jahre des 20. Jahrhunderts. Diese kontinuierliche Darstellung darf allerdings nicht darüber hinwegtäuschen, daß auch noch die gegenwärtige indische Kinder- und Jugendliteratur in ihren Anfängen steckt und der Zugang zu ihr vorwiegend über das Englische möglich ist. Soweit Schriften in den einheimischen Sprachen für Kinder verfaßt werden, liegt der Schwerpunkt eindeutig auf der Schaffung von Lehrbüchern für den Schulgebrauch. In I. scheint trotz der Bemühungen um Selbständigkeit und Rückbesinnung auf die eigene kulturelle Überlieferung, das europäische Vorbild noch immer dominant zu sein. So schreibt V. Kumble im „Horn-Book Magazine" (6/1965), daß für sie Märchen der Brüder Grimm zum unauslöschlichen Leseerlebnis wurden und literarische Figuren wie Alice, Katy Carr, Tiny Tim und William Brown ihr näher als andere stehen (S. 248).
In I. gab es für Jahrhunderte keine geschriebene Literatur. Die Kinder werden noch heute von ihren Großeltern und Eltern mit Märchen und Geschichten mythologischen Ursprungs unterhalten und trotz der zunehmenden Zahl lesekundiger Kinder (1976 besuchten rund 10 % der indischen Kinder Schulen) geht der Hauptanteil der indischen Kinder- und Jugendliteratur auf die überlieferten Mythen, Märchen und Legenden und die Geschichten aus den beiden großen Epen „Mahabharata" und „Ramayana" sowie auf die große Sammlung „Panchatantra", der Quelle fast aller auch in Europa bekannten Fabeln zurück (M. Panjabi in: Bookbird. 2. 1974. S. 59 und D. R. Kalia in: Jugend und Buch. 4. 1963. S. 30ff.).

Ramayana, Mahabharata und Panchatantra. „Ramayana" bedeutet so viel wie die Geschichte von Rama. Dieses Werk ist beinahe 2000 Jahre alt. Es besteht aus sieben Büchern und zählt ca. 24000 Verse. Es soll das Werk Valmikis sein. Das „Ramayana" ist die Geschichte eines durch eine Palastrevolte von zu Hause vertriebenen Sohns. Nachdem die Zeit seines Exils, zu dem er verurteilt worden war, abgelaufen war, kehrte er heim und rächte seinen verstorbenen Vater. Er konnte den Herrscherthron zurückerobern und wurde ein idealer Herrscher. Sein Leben wird schließlich noch dadurch überhöht, daß er nach seinem Tode in seiner wahren Gestalt „Vishnu" zum Himmel auffährt.
Das Epos „Mahabharata" ist das Werk Kyasas. Es umfaßt achtzehn Bücher und zählt ca. 90000 Verse. Die Hauptpersonen des „Mahabharata" sind die beiden Brüder Dhrtavastra und Pandu. Als Pandu von der Herrschaft zurücktritt, beginnt unter den Kindern der beiden Brüder der Streit um die Vormacht. Dhrtavastras Kinder sind auf Pandus Kinder eifersüchtig. Sie behandeln sie nach dem Tod ihres Vaters Pandu schlecht und lassen sie ihre Macht und Stärke spüren. Dennoch läßt Dhrtavastra auch Pandus Kinder standesgemäß erziehen. Diese waren gelehrige Schüler und wurden bald zu gefürchteten Kriegern. Darüber ergrimmen Dhrtavastras Kinder noch mehr und zwangen Pandus Kinder schließlich ins Exil. Als die Zeit der Verbannung zu Ende ist, kehren sie zurück und beanspruchen ihren Anteil an der Macht. Als er ihnen verweigert wird, bereiten sie einen großen Feldzug vor und erobern den Thron ihres Vaters zurück. Vor allem die breit ausgemalten Episoden der Zurückeroberung des Thrones werden in unzähligen Varianten noch heute Kindern vorgetragen und von diesen sehr geliebt.
Der Anlaß für die Entstehung des „Panchatantra" war die Sorge eines Königs um seine ungebildeten und unbelehrbaren Söhne. Daher rief er die Weisen seines Reichs zusammen und fragte sie um Rat, was zu tun sei, damit seine Söhne einstmals ebenso gute und kluge Herrscher würden wie er selbst. Die Weisen zauderten und verloren sich in lange gelehrte Diskussionen. Doch damit war dem König nicht geholfen. Nur Vishnu-

SHARMA versprach, den Söhnen des Königs in sechs Monaten die notwendige Lebensweisheit zu vermitteln. Er nahm die Söhne zu sich nach Hause und verfaßte zu ihrer Belehrung das Panchatantra. Dieses Werk gliedert sich in fünf Abschnitte: 1. Die Entzweiung von Freunden; 2. Wie man sich Freunde erwirbt; 3. Der Krieg der Eulen und Krähen; 4. Der Verlust des Erworbenen und 5. Handeln und Überlegung. Diese Bücher ließ er die Königssöhne studieren. Tatsächlich gelang es ihm, sie in sechs Monaten zu rechtschaffenen Männern zu machen: „Von da an dient dies Lehrbuch der Lebensweisheit, das Fünfbücherwerk, zur Belehrung der Jugend." Jedes Buch der Dichtung hat eine Rahmenerzählung, innerhalb derer die Geschichten vorgetragen werden. Kindern gegenüber wird die Rahmenhandlung gern vernachlässigt, sie bekommen häufig nur die einzelnen Geschichten zu hören. Besonderes Gewicht wird auf die in die Fabeln verwobenen epigrammatischen Verse gelegt, die der moralischen Erziehung der Kinder dienen sollen. Einen guten Eindruck dieser erzieherischen Tendenz vermittelt der Anfang des vierten Buches, das „den Verlust des Erworbenen" behandelt. Die ersten Verse lauten in englischer Übersetzung:

Blind Folly always has to pay
For Giving property away
Because of blanishments and guile –
The monkey tricked the crocodile.

Auf die Frage seiner beiden Schüler, was diese Verse zu bedeuten hätten, erläutert VISHNUSHARMA den Lehrgehalt der Verse durch die gleichnishafte Geschichte vom Affen und dem Krokodil. Die Geschichte wird immer wieder unterbrochen durch moralische Reflexionen, die jeweils anhand besonderer Situationen exemplifiziert werden. In der Geschichte vom Affen und dem Krokodil geht es hauptsächlich um das Gastrecht. Von der Mitte des 19. Jahrhunderts an haben die Fabeln des Panchatantra auch Eingang in Fabelsammlungen für europäische Kinder gefunden.

Die Situation der Kinder- und Jugendliteratur in I. Mitte der sechziger Jahre. Das „Who's Who of Indian Childrens Literature", das von P. R. DEY erarbeitet wurde und 1962 in Calcutta erschien, verzeichnet ca. 150 indische Autoren, die hauptsächlich auf dem Gebiet der Kinder- und Jugendliteratur tätig sind und in einer der indischen Sprachen schreiben. Die Artikel unterrichten kurz über Lebensdaten, Wohnort, Auszeichnungen und die wichtigsten Werke der Autoren.
Eine der wichtigsten Organisationen im Bereich der indischen Kinder- und Jugendliteratur ist für den südindischen Einzugsbereich der „Southern Languages Book Trust" in Madras. Er ist vor allem durch eine Reihe wissenschaftlicher Untersuchungen zu Problemen der Kinder- und Jugendliteratur hervorgetreten. Die Untersuchungen entstanden in Zusammenarbeit mit der UNESCO Anfang der sechziger Jahre. Die Titel der wichtigsten Untersuchungen sind: „A Report on the Survey of the Problems Relating to the Preparation, Production and Distribution of Literature for Children and Juveniles Reading in the Languages of South India", „National Seminar on Children's Books – A Report" und „A Report on the Survey of the Reading Interests of Juveniles in Tamil". Die Autoren dieser Berichte waren K. SESHADRI und A. VALLIAPPA.
VALLIAPPAS Untersuchungen über die Leseinteressen Tamil-sprechender Kinder fanden 1960 statt. Aus dem Bericht wird ersichtlich, daß seit der Mitte der vierziger Jahre auf dem Gebiet der Kinder- und Jugendliteratur ein wachsendes Interesse festzustellen ist, aber bedingt durch den weitverbreiteten Analphabetismus noch vieles zu tun bleibe. Die Mehrzahl der Bücher, die die Kinder in die Hand bekommen, sind sogenannte Textbücher, die vor allem der Verwendung in der Schule dienen. Sie zählen nicht zur eigentlichen Kinder- und Jugendliteratur. Bücher für Kinder und Jugendliche gab es 1960 nicht mehr als 400, von denen höchstens fünf bis sieben für Kinder im Vorschulalter geeignet waren. Schulbüchereien sind so gut wie keine vorhanden. VALLIAPPA vertritt die optimistische Ansicht, daß schon eine Verbesserung der Buchqualität und des Vertriebssystems zu positiven Veränderungen führen könnte. So liegt der Schwerpunkt seiner Untersuchung auch vor allem auf dem Versuch, den technischen und ökonomischen Aspekt der Kinder- und Jugendbuchproduktion herauszuarbeiten und damit Autoren, Verlegern und Bibliothekaren hilfreiche Hinweise zu geben.
Die vorgestellten statistischen Angaben beziehen sich auf mögliche Unterschiede in den Lesegewohnheiten von Jungen und Mädchen, von Land- und Stadtkindern. Auffallend ist, daß VALLIAPPA keine größeren Differenzen in den Lesegewohnheiten der unterschiedenen Gruppen feststellt. Das etwas fragwürdige Ergebnis hängt sicher mit der kleinen Anzahl von Versuchspersonen zusammen, die dazu zum größten Teil die High-Schools besuchten und daher keinesfalls repräsentativ für die indische Gesamtbevölkerung sein können.
VALLIAPPA versuchte auch herauszufinden, ob die jungen Leser mehr durch den Inhalt, den Buchtitel, den Namen des Autors, die Illustrationen oder äußere Aufmachung der Bücher zum Lesen angeregt werden und welcher Gattung oder Buchgruppe sie, altersspezifisch und geschlechtsspezifisch getrennt, den Vorzug geben. Interessant war die Antwort der Kinder und Jugendlichen auf die Frage, wie sie selbst das Lesen von Büchern einschätzten. So forderten die befragten jungen Leser mehr Kinder- und Jugendzeitschriften, mehr Schulbibliotheken, mehr Fahrbüchereien. Insgesamt sollte die Anzahl der angebotenen Kinder- und Jugendbücher zunehmen, die Ausleihungen von einem Buch pro Woche auf mehrere erhöht, Kinder- und Jugendbücher in den Unterricht einbezogen werden. Auch wurde das Fehlen von Büchern der Gattung Science Fiction und von solchen zur Einführung und Anleitung für junge Handwerker bemängelt.
Beschäftigte sich VALLIAPPA vor allem mit den Interessen und Problemen lesender Kinder und Jugendlicher,

so befaßte sich SESHADRIS Untersuchung vor allem mit der Vorbereitung, der Herstellung und dem Vertrieb von Kinder- und Jugendbüchern in Süd-I. und den dabei auftretenden Problemen. Die Untersuchung wurde 1963 durchgeführt. Sie bringt Informationen über Institutionen und Einrichtungen, die sich hauptsächlich mit Problemen der Kinder- und Jugendliteratur in I. beschäftigen. SESHADRI zählt dazu das „Research Unit" in Madras, das „Educational Research Bureau" in Bangalore und „The Southern Languages Book Trust" (Madras). Nebenbei erfährt der Leser wichtiges über Bibliotheken im allgemeinen und Schulbüchereien im besonderen. Aufschlußreich sind auch die Hinweise auf die mögliche Funktion von Magazinen und Zeitschriften für Kinder und Jugendliche. SESHADRI macht auch Vorschläge, um die Lesegewohnheiten der Kinder und Jugendlichen zu erweitern: Intensivere Forschungen auf dem Gebiet der Leserpsychologie, intensiveres Schreib- und Lesetraining, die Förderung von jungen Autoren, Einführung einer Erzählstunde in Rundfunk und Fernsehen.
SESHADRI interessiert sich wie schon VALLIAPPA für die beliebtesten Gattungen, wobei bei ihm Tiergeschichten und Märchen an der Spitze stehen. Er stellt auch fest, daß indische Kinder dialogreiche, in sich abgeschlossene Geschichten bevorzugen. Die durchschnittliche Auflagenhöhe von Kinderbüchern sieht er bei 2000, in seltenen Fällen bei 3000 bis 5000 Exemplaren. SESHADRI sieht die Lösung der Probleme vor allem in einem geschickteren Marketing der Verlage. Als Erfolgsmittel preist er gegenüber den traditionellen Vertriebswegen über Schulen und Büchereien vor allem das „Mass-Marketing". Sowohl VALLIAPPAS wie auch SESHADRIS Untersuchungen sind die ersten speziellen Erhebungen zur indischen Kinder- und Jugendliteratur und noch mit großen Unzulänglichkeiten belastet. Vor allem können ihre Materialien nicht als repräsentativ angesehen werden. So werden denn auch in dem Bericht über das „National Seminar on Children's Books" (1964), das mit Unterstützung der UNESCO veranstaltet wurde, weitere Erhebungen mit verbesserten Untersuchungsmethoden gefordert.

Die Situation der indischen Kinder- und Jugendliteratur Anfang der siebziger Jahre. Umfassende Information über die aktuelle Lage der Kinder- und Jugendliteratur in I. bietet das Heft „Children's Books in India" der Zeitschrift „The Indian Publisher and Bookseller" (Vol. XXI. No. 8. August 1971. Hrsg. N. und S. BHATKAL). Das Heft wird mit einer Übersicht über „The National Prize Competition for Children's Literature", der bislang fünfzehnmal durchgeführt wurde und in dessen Verlauf 283 Bücher ausgezeichnet wurden, eingeleitet. Der Preisträger erhält 1000 Rupien, und der indische Staat verpflichtet sich zur Abnahme einer größeren Zahl der erfolgreichen Bücher. Der Wettbewerb wird sowohl auf nationaler Ebene in Hindi, Sindhi und Urdu, wie auch in den regionalen Sprachen durchgeführt. Weiter wird von der „Nehru Library of Children's Books" berichtet, bei deren Gründung die Idee der nationalen Vereinheitlichung im Vordergrund stand: Kinderbücher sollten mit dazu beitragen, das Ziel der nationalen Einheit zu erreichen. Es kommen nur solche Bücher in die Bibliothek, die die geforderten kognitiven, emotionalen und konstruktiven Kriterien erfüllen. So sollen die ausgewählten Bücher die Kinder überzeugen helfen, daß alle indischen Kinder trotz der nationalen und regionalen Vielfalt des Bundesstaates das gleiche kulturelle und soziale Erbe besitzen.
Besondere Schwierigkeiten machte bisher die Neuausgabe von Bilderbüchern. Das änderte sich erst mit der Bildung der Organisation „Ratnabharati", die es sich zum vornehmlichen Ziel setzte, gute und künstlerisch wertvolle Bilderbücher zu produzieren. Für lange Zeit gab es in I. nur ausländische Bilderbücher. Die Schaffung eigener indischer Bilderbücher stellte ein ökonomisches Wagnis dar. Diese besondere Situation zwang zu neuen Arbeitsmethoden. Vor allem mußte das Auseinanderlaufen der Vorstellungen von Autor und Illustrator verhindert und neue Formen der Kooperation geschaffen werden. Das Resultat kooperativer Bemühungen war ein Buchtyp, der zwischen Comicheften und herkömmlicher Erzählung steht. Erfolgreiche Titel dieses Buchtyps sind: „My Story-Bapu" und „With Love-Bapu". Beide Bände sind mit Kreidezeichnungen illustriert. Für schon ältere Kinder wurden Bücher geschaffen, die sich vor allem mit indischer Kultur und Geschichte befassen („Indian – the land and its people"; „The Ganga – from snows to sea"; „The Yamuna on its perennial journey"). Für Kinder zwischen sieben und zehn Jahren erschienen „Animal life. Book one" und „Animal life. Book two". An Fünf- bis Achtjährige wenden sich die Bücher „Cock – a – doodle – doo", „Quack! Quack!", „Lamb and kids", „Six little Mice", „A noble animal" und „Big cats and their cubs". Die Organisation „Children's Book Trust" veranstaltet Mal- und Zeichenwettbewerbe für Kinder. In den vergangenen Jahren haben rund 25 000 Kinder aus über 100 Regionen I.s daran teilgenommen. Die Gesamtzahl der eingesandten Zeichnungen betrug 250 000. Berühmt ist auch die internationale Puppensammlung dieser Organisation, die über 5000 Puppen aus 85 Ländern beherbergt. In der von dem „Children's Book Trust" geleiteten „B. C. Roy Memorial Children's Library" sind mehr als 15 000 Kinder- und Jugendbücher gesammelt. Außerdem gibt die Organisation die Kinder- und Jugendzeitschrift „Children's World", die wöchentlich erscheint, heraus. Für die Zukunft ist geplant, alljährlich Zeltlager für Kinder zu veranstalten, sogenannte „Children's Republics", in denen sich 2000 Kinder aus ganz I. treffen und kennenlernen sollen.
Ein herausragendes Unternehmen ist die erste Kinderenzyklopädie, die in einem indischen Dialekt, dem Kannada, erschienen ist. Bedeutung erlangten in letzter Zeit auch Kinder- und Jugendbücher in Urdu, einer anderen indischen Sprache. Zwar wurde schon 1887 das erste Kinder- und Jugendbuch in Urdu geschrieben („Guldasta"), dies blieb aber lange Zeit ein Einzelfall. Als Übersetzungen in Urdu gibt es SWIFTS „Gulliver",

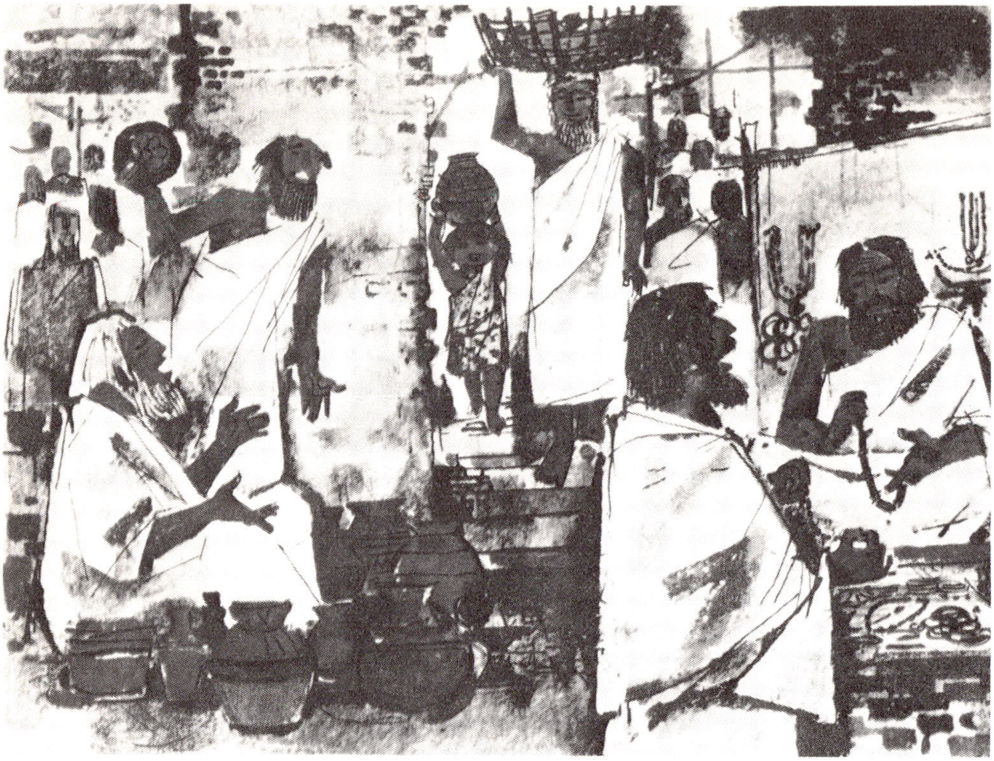

*„A day in the life of Maya of Mohenjo-daro" lautet der Titel des 1968 entstandenen indischen Buches, welches von Mulk Raj Anand (*1941) illustriert ist. Der Künstler ist in Dacca (Ostpakistan) geboren und lebt in Neu Delhi. Er wurde international durch seine Kinderbuchillustrationen bekannt und errang für seinen Verlag auf der BIB 1969 ein Anerkennungsdiplom.*

den „Robinson Crusoe", den „Schweizerischen Robinson", „Aschenbrödel", „Ali Baba", „David und Goliath" und „Jack, the giant killer".
Auch die „Association of writers for children" und das „Indian Book House", das vor allem indische Geschichte und Mythologie verlegt, bemühen sich um Fortschritte auf dem Gebiet der Kinder- und Jugendliteratur.
Vorläufer der Comics werden in I. in den 2000 Jahre alten Fresken in den Ajanta-Höhlen, die die Geschichte Buddhas bildlich darstellen, in den Rajasthani- und Pahari-Malereien, die die Geschichte Krishnas erzählen, gesehen. Allerdings fehlt diesen beiden Vorläufern noch die Sprechblase, die für moderne Comics charakteristisch ist. Der erste moderne Comicstrip erschien in I. 1928 in „The Times of India". Ein Pionier auf diesem Gebiet war P. C. Lahiri, der auch heute noch für eine Zeitschrift in Calcutta arbeitet. Eines der ehrgeizigsten Unternehmen wurde von der Dunlop Rubber Co. of India Limited begonnen. Sie ließ das große Epos „Mahabharata" in das Medium Comic umsetzen.

Sekundärliteratur: N. Bhatkal (Hrsg. zus. mit S. Bhatkal): Children's books in India (in: The Indian Publisher and Bookseller. XXI. 8. 1971. 1–258). – P. D. Dey: Who's Who in Indian children's literature (1962). – H. v. Glasenapp: Die Literaturen Indiens (1961). – National Seminar on children's books – a report (1964). – A. Pellowski: The World of Children's Literature (1968). – K. Seshadri: A Report on the Survey of the Problems Relating to the Preparation, Production and Distribution of Literature for Children and Juveniles Readings in the Languages of South India (1963). – A. Valliappa: A Report on the Survey of Reading interests of juveniles in tamil (1960).

Winfred Kaminski

Insel Verlag

Frankfurt/M. Klassische Kinderbücher sowie anspruchsvolle Bilderbücher.

O. J. Bierbaum (1865–1910), A. W. Heymel (1878–1914) und R. A. Schröder (1878–1962) begannen 1899 in Leipzig die Zeitschrift „Die Insel" herauszugeben. Sie war für damalige Verhältnisse ungewöhnlich aufwendig ausgestattet, in den Illustrationen besonders dem Jugendstil verpflichtet und sollte nach Meinung ihrer drei Herausgeber „etwas für die Entwicklung unserer Literatur- und Kunst-Verhältnisse Ersprießliches" bieten (vgl. Insel-Almanach auf das Jahr 1975, Insel Verlag, Frankfurt/M. 1974, S. 9). Die Zeitschrift, von der insgesamt drei Jahrgänge erschienen, enthielt

Erstveröffentlichungen und Übersetzungen bedeutender Autoren, z.B. H. v. Hofmannsthal, A. Holz, O. Wilde. Auch das erste Kinderbuch von P. und R. Dehmel „Fitzebutze" befand sich im Jahre 1900 darunter. 1905 entwickelte sich aus der Redaktion der Zeitschrift der Insel Verlag, dessen Geschäftsleitung A. Kippenberg (1874–1950) übernahm. Im Jahre 1912 entstand die „Insel-Bücherei" (eine preiswerte und in ansprechender Form herausgegebene Buchreihe literarisch anspruchsvoller Werke), die viel zur Popularität des Verlages beigetragen hat und heute als „insel taschenbuch" bzw. „das schöne insel taschenbuch" noch immer beiträgt. Nach dem Zweiten Weltkrieg entstand in Wiesbaden eine Zweigniederlassung des Verlages unter Fr. Michael, die 1960 nach Frankfurt/M. übersiedelte, wo seit 1965 S. Unseld neben dem Suhrkamp- auch den Insel Verlag leitet.
Im Jahre 1969 führte der Insel Verlag sein neues Bilderbuchprogramm mit W. Schmögners „Das Drachenbuch für Kinder" und A. Albus' „Der Himmel ist mein Hut. Die Erde ist mein Schuh" ein. Diese Publikation enthält zu den von A. Albus entworfenen Illustrationen Geschichten, die Kinder verfaßt haben. Weitere Werke dieses Programms sind G. Mordillos „Crazy Cowboy" und „Das Piratenschiff", A. (Illustrationen) und R. Gernhardts „Ich höre was, was du nicht siehst", A. Puschkins Märchen „Das Märchen vom Zaren Saltan" und „Der goldene Hahn", illustriert von I. Bilibin, sowie „Das Schlaraffenland" von H. Sachs, illustriert von K. Arnold. 1976 wurde W. Schlotes im Insel Verlag herausgegebenes Bilderbuch „Heut wünsch ich mir ein Nilpferd" (1975) mit dem Deutschen Jugendbuchpreis ausgezeichnet. Die Verse zu diesem Buch verfaßte E. Borchers, die die Bilderbuchabteilung des Verlages leitet.

Rudolf Raab

Inselmotiv

Das I. ist eines der weitverbreitetsten und ältesten Motive in der Kinder- und Jugendliteratur. Die mehrdeutige Interpretierbarkeit – die Insel als Fluchtpunkt, als Bewährungsstätte, als Freiraum, als Gegenwelt usw. – wurde innerhalb der Geschichte der Kinder- und Jugendliteratur bis heute mehrfach durchgespielt. Viele Autoren, unter ihnen D. Defoe, J. H. Campe, Mark Twain, R. L. Stevenson, Fr. Marryat, A. Th. Sonnleitner, J. Verne, H. Baumann, Sc. O'Dell, haben das I. benutzt.

Alter und Bedeutung des I.s. Die Insel-Phantasie hat die Vorstellungen der Menschheit seit je in verschiedener Gestalt beschäftigt (außer „Insel" i.e.S.: Höhle, Schiff und Floß, Eremitage, Wildnis und Dschungel, Rodung usw.). Offenbar hat sich das Bild schon früh als geeignet erwiesen zur Projektion bestimmter Erfahrungen, Ängste und Befürchtungen, aber auch Hoffnungen, Theorien und Utopien. Literarische Fixierungen liegen z.B. vor in Platons Höhlen-Gleichnis, in der Odyssee, in Grimmelshausens „Continuatio des abenteuerlichen Simplizissimus" (1669), in J. Swifts „Gullivers Travels" (1726), D. Defoes „Robinson" (1719), J. G. Schnabels „Insel Felsenburg" (1731–1743), J. J. Rousseaus „Emile" (1781), bis zu den Romanen und Erzählungen H. Melvilles (Taipi, 1846; Omu, 1847), J. Londons „Der Seewolf" (1904), J. Conrads, B. Travens, L. Bruuns (Van Zanten-Romane, dt. 1911–1930. Auch G. Hauptmann („Die Insel der großen Mutter", 1924), Th. Mann („Der Zauberberg", 1924), E. Wiechert („Wälder und Menschen", 1936), H. Hesse („Das Glasperlenspiel", 1943) sowie G. Gaiser („Ein Schiff im Berg", 1955) bedienen sich mehr oder weniger ausdrücklich dieses Motivs. Psychologisch-anthropologische und historisch-gesellschaftliche Gegebenheiten dürften die Anziehungskraft des Symbols innerhalb der abendländischen Kultur- und Literaturgeschichte verursacht haben. Das I. hatte von vornherein eine starke Affinität zur Abenteuer- und über diese zur Kinder- und Jugendliteratur. Das Bild der Insel evoziert die Vorstellung von Reise, Seefahrt, Gefahr und Scheitern, Strandung und Rettung. Nach der vorrobinsonschen Verwendung des Motivs bei Grimmelshausen gerät es über den „Robinson" des D. Defoe, J. G. Schnabels „Felsenburg" und J. H. Campes „Robinson der Jüngere" (1779) in die Kinder- und Jugendliteratur, wo es seitdem, einschließlich seiner Abwandlungen, in Robinsonaden und Seegeschichten einen festen Platz hat.
Ein entscheidender Grund für die Anziehungskraft des I.s ist sicher seine Ambivalenz und Ambiguität. In der Neuzeit und besonders seit der bürgerlichen Aufklärung im 18. Jahrhundert spielt es vor allem zwischen zwei Bedeutungsrichtungen hin und her: Erstens Rückzug aus der Welt, Flucht in geschichtslose Idylle und eine Art „Naturzustand" aus Zivilisationsmüdigkeit (diese „rousseauistische" Variante gilt von der „Insel Felsenburg" über H. Melville und L. Bruun bis G. Hauptmann, H. Hesse, E. Wiechert und G. Gaiser) und zweitens die Möglichkeit der Bewährung in einer Situation totaler Einsamkeit und Isolierung. Alle weiteren Bedeutungsvarianten lassen sich zu den Grundbedeutungen in Beziehung setzen: Insel als Symbol der Geborgenheit, als Zeichen für „Freiheit", als Modell und Utopie neuer gesellschaftlicher Möglichkeiten (Staatsutopie und I. liegen oft nahe beieinander, so bereits in T. Morus' „Utopia" (1516), bei Schnabel, bei L. Stolbergs „Die Insel" (1788), schließlich in Hauptmanns „Großer Mutter").

I. als Thema in der Kinder- und Jugendliteratur. Es liegt auf der Hand, daß die zweite Hauptvariante – Bewährung, Freiheit – nebst ihren Entfaltungsmöglichkeiten in der Abenteuer- und Kinder- und Jugendliteratur im Vordergrund steht. Die Insel als der feste Boden, auf den man sich nach Irrfahrt und Scheitern rettet, steht der Zuflucht-Bedeutung noch nahe. Einen anderen Gehalt nimmt das Motiv an, wenn die Insel als abgegrenzter, von gesellschaftlichen Zwängen freier Handlungsraum erscheint, der dem Menschen die Entfaltung all seiner Kräfte und Fähigkeiten ermög-

licht, bzw. ihn dazu herausfordert, ohne daß ihm Hilfe von anderen oder durch die Produkte menschlicher Erfindungskraft zuteil wird. Im Abenteuerbuch für jugendliche Leser steht das I. fast immer in enger Beziehung zum „Robinson", kann dabei aber sowohl die Variante Zuflucht und Loslösung von gesellschaftlicher Gebundenheit als auch die Variante Bewährung und Freiheit betonen. MARK TWAIN hat das Motiv in doppeltem Sinne verwendet, wenn er Tom und Huck auf ihrer Mississippi-Insel Zuflucht suchen läßt („The adventures of Huckleberry Finn", 1884). In dieser Paraphrase des I.- und Robinson-Motivs wird das Motiv bereits in einer modern anmutenden Weise mit dem unter Erziehungsrepressionen leidenden Jugendlichen, der aus bürgerlicher Ordnung und täglichem Einerlei ausbricht, in Beziehung gesetzt. Da Tom und Huck ihre Inselabenteuer zugleich „spielen", d.h. simulieren, wird hier ein entscheidender Aspekt der Leser-Funktion des literarischen Insel-Abenteuers und des literarischen Abenteuers überhaupt verdeutlicht.
Neben den jugendliterarischen Insel-Abenteuern i.e.S. wie z.B. J. D. WYSS' „Der Schweizerische Robinson" (1812/13), FR. MARRYATS „Masterman Ready" (1841), A. RANSOMES „Der Kampf um die Insel" (1930; dt. 1931 und 1966), L. TETZNERS „Die Kinder auf der Insel" (1944), SC. O'DELLS „Insel der blauen Delphine" (1962), K. ALLFREYS „Delphinensommer" (1963), R. ARMSTRONGS „Rebelleninsel" (1972) u.a. stehen Romane und Erzählungen, die das I. in einem weiteren und übertragenen Sinne verwenden – so bei J. F. COOPER, K. MAY, J. LONDON, B. TRAVEN, J. CONRAD, J. VERNE, K. LÜTGEN – Höhlen-Abenteuer in A. TH. SONNLEITNERS „Die Höhlenkinder" (1918; 1919; 1921) und in H. BAUMANNS „Die Höhlen der großen Jäger" (1953); als Schiffserzählungen bei H. MELVILLE, J. CONRAD, J. VERNE und N. v. MICHALEWSKI und gruppenpsychologisch interessanten Lager- und Banden-Geschichten, so z.B. in H. G. NOACKS „Das große Lager" (1960), K. HELDS „Die rote Zora" (1941), E. F. LEWIS' „Schanghai 41" (1959). In dem ausschnittweise auch als Jugendbuch erschienenen Roman „Frühling des Lebens" von M. K. RAWLINGS (The Yearling, 1938; Ausschnitt im Deutschen Lesewerk u.d.T. „Jody und Flag", 1951) wird die Rodung, auf der die Geschichte spielt, zutreffend auch als „Insel" bezeichnet. Im Gegensatz zu dem auf sich allein gestellten robinsonartigen Abenteurer, der in inselhafter Abgeschiedenheit zur Entfaltung seines gesamten Kräftepotentials gezwungen ist, wenn er sich behaupten will, steht die inselhaft von der Außenwelt isolierte Gruppe vor der Aufgabe, zur Realisierung ihrer Ziele solidarisch zusammenzustehen bzw. eine innere Ordnung hervorzubringen, in der alle Mitglieder Rücksicht aufeinander nehmen und die durch das Zusammenleben bedingten antisozialen und aggressiven Bedürfnisse beherrschen lernen. – Schließlich taucht das I. in der Kinder- und Jugendliteratur verschlüsselt als umweltentzogene und umweltfeindselige Ichbefangenheit auf vorrationaler Entwicklungsstufe auf (z.B. in U. WÖLFELS „Sinchen hinter der Mauer", 1960, und A. LINDGRENS „Lotta zieht um", 1963). Auch die immer wieder geschilderte Trotzsituation ist ein Beispiel für quasi inselhafte Isolierung, die es entweder behutsam aufzulösen oder in einen Prozeß emanzipatorischer Ablösung von den Eltern überzuführen gilt. Hier sind außer „Sinchen" und „Lotta" auch U. WÖLFELS „Joschis Garten" (1965), K. ALLFREYS „Delphinensommer" (1963) und E. MARDERS „Der kleine Straßenkehrer" (1967) zu nennen. Auch die Familie kann, besonders in ihrer bürgerlichen, hermetischen Kleinform, Züge einer „Insel" annehmen; eine große Anzahl von Kinder- und auffällig viele Mädchenbücher führen, bürgerlichen Wertvorstellungen entsprechend, die Einübung der Kinder in ihre Rollen im Rahmen familiärer Insel-Situationen vor.
Ferner spielt seit einiger Zeit auch in der Science-Fiction-Literatur sowohl der Erwachsenen wie auch der Jugendlichen (L. PEŠEK, J. CHRISTOPHER, M. BRANDIS, d.i. N. v. MICHALEWSKY) die „Insel im All" eine Rolle, eine Variante des I.s, welche die seit jeher enge Beziehung von I. und dem Mythos des omnipotenten Helden drastisch verdeutlicht und in der sich auf handgreifliche Weise Aggressionsphantasien und irrationale Ängste um so hemmungsloser entfalten können, als die Isolierung der All-Insel eine vollkommene ist.

Die Insel als vielfältig ausdeutbares Sinnbild. Das I. in der Kinder- und Jugendliteratur ist geeignet, wesentliche Aspekte menschlichen Lebens in einem vielfältig ausdeutbaren Sinnbild den Lesern nahezubringen. Die Begrenztheit des Bildes liegt darin, daß es seine Intensität einer Abstraktion verdankt, die es in das Reich einer die Wirklichkeit beschneidenden Phantasie verweist: die „Insel" sowohl als aufschließendes Symbol wie auch als sekundäres System (R. BARTHES), als „Mythos". Die „Insel" steht in krassem Gegensatz zu der den Menschen aufgegebenen Wirklichkeit und kann daher den heutigen Lesern seine auf diese Wirklichkeit bezogenen Aufgaben kaum genügend klarmachen. Dem entsprechen viele Autoren, indem sie der „Insel" im Kinder- und Jugendbuch eine transitorische Funktion geben: Robinson füllt seine Insel mit „Gesellschaft" auf, Sinchen und Joschi verlassen ihre Gärten, das den Fluß der Wirklichkeit unterbrechende Spiel wird aufgehoben. Nur im trivialen Abenteuerbuch (E. BLYTON) und in der trivialen Kinder- und Mädchenliteratur wird den Helden und Lesern die Rückkehr aus der Abstraktion erspart, der apolitische Fluchtraum behauptet sich und wird als mögliche Dauerlösung suggeriert.
Ideologiekritisch betrachtet, steht die Insel-Phantasie der Neuzeit im Zusammenhang mit der Entwicklung des bürgerlichen Handelskapitalismus mit seinen Konsequenzen: Zivilisationsmüdigkeit, Eskapismus und Entfremdung. Sozialhistorische Anknüpfungspunkte sind, wenn auch zumeist vom Autor unerkannt, die profitablen Kolonisierungen, die weniger auf Forschergeist als auf imperialistischen Expansionsdrang zurückzuführen sind. Spezifisch „bürgerlich" ist schließlich der Optimismus: Ein Mensch in totaler Isolierung

könnte, ausschließlich auf seine anthropologische Mitgift angewiesen, aus sich allein die Kultur neu hervorbringen. Die Insel-Phantasie hat daher auch eine ideologische Funktion: Die Beweisführung für die Rechtmäßigkeit individualistisch-liberaler Lebensauffassung zu ermöglichen und zur Verdrängung ökonomisch-materieller Handlungsmotive beizutragen.

→J. H. Campe, →D. Defoe, →Fr. Marryat, →Sc. O'Dell, →Robinson, →Robinsonaden, →J. D. Wyß

Sekundärliteratur: W. Biesterfeld: Die literarische Utopie (1974). – A. Bodensohn: Abenteuer: Meer, Insel, Schiff ([2]1965). – H. Brunner: Die poetische Insel (1967). – E. Frenzel: Stoffe der Weltliteratur ([2]1963).

Malte Dahrendorf

Institut für Jugendbuchforschung

1963 gegründetes Universitätsinstitut, das sich ausschließlich mit der wissenschaftlichen Erforschung und der Lehre der Kinder- und Jugendliteratur beschäftigt; Betriebseinheit des Fachbereichs „Neuere Philologien" der Johann Wolfgang Goethe-Universität in Frankfurt/Main. Geschäftsführender Direktor seit Gründung: Prof. Dr. Kl. Doderer.

Geschichte, Organisation und Aufgabenbereich. Im Jahre 1963 veranlaßte der Hessische Kultusminister E. Schütte auf Betreiben mehrerer Jugendbuchfachleute und Hochschullehrer die Gründung des Instituts. Die neue Einrichtung konnte dabei auf Vorarbeiten von K. Langosch und der ehemaligen „Forschungsstelle für Jugendliteratur" am inzwischen aufgelösten Pädagogischen Institut Darmstadt in Jugenheim zurückgreifen sowie Teile von deren Bibliothek übernehmen. Seit der Gründung steht dem Institut ein Beirat zur Seite, dem u.a. der jeweilige Dekan des Fachbereichs, ein Vertreter des Kultusministeriums in Hessen, Vertreter des Börsenvereins des Deutschen Buchhandels (Frankfurt), des Bundesfamilienministeriums, die Vorsitzenden des Arbeitskreises für Jugendliteratur und der Arbeitsgemeinschaft der Jugendbuchverleger angehören. In regelmäßig stattfindenden Konferenzen und Klausuren legen die Mitarbeiter des Instituts gemeinsam die Forschungsschwerpunkte und Einzelprojekte fest. Die Ergebnisse werden in der Regel publiziert, zum Teil in Broschüren, in Aufsätzen, Monographien und auch umfangreichen Fortsetzungswerken. Thematisch reichen die Arbeiten von statistischen Erhebungen und Auswertungen (Kinder- und Jugendbuch-Produktionszahlen, Leseinteressenanalysen bei Vorlesewettbewerben) über Untersuchungen zu aktuellen Problemen der heutigen Kinder- und Jugendliteratur bis zu Abhandlungen zur Geschichte des Bilder-, Kinder-, Jugendbuches und der Jugendzeitschriften. So entstand z.B. die kommentierte Dokumentation „Jugendliteratur im Dritten Reich" (P. Aley) als Beitrag zur Erkenntnis der Verflechtung von Politik und literarischer Erziehung innerhalb des deutschen Faschismus; die ideologiekritische Analyse der Comics in den fünfziger Jahren „Die Welt der Comics" (A. Cl. Baumgärtner) legte die Weltanschauung der Abenteuer-Comics frei, das umfangreiche Werk „Das Bilderbuch" (Hrsg.: Kl. Doderer und H. Müller) ist eine erste Geschichte des Bilderbuchs in Deutschland von den Vorläufern bis zur Gegenwart. Die Veröffentlichungen des Instituts haben zum Teil dokumentarisch-informativen, zum Teil auch ausgesprochen provokant-kritischen Charakter. Letzteres trifft etwa die Publikationen: „Das Elend der Jugendzeitschriften" (H. Müller), „Zwischen Verkündigung und Kitsch" (Fr. Hahn), „Bilderbuch und Fibel" (Hrsg.: Kl. Doderer). Das umfangreichste, schwierigste und langwierigste Institutsprojekt ist die Erarbeitung und Herausgabe des „Lexikons der Kinder- und Jugendliteratur", an dem seit Gründung des Instituts gearbeitet wird (Band I, A–H, 1975). Die Veröffentlichung einer Untersuchung über den Zustand der Schulbibliotheken in der Bundesrepublik Deutschland „Die moderne Schulbibliothek. Bestandsaufnahme und Modell" (1970) führte 1971 zur Einrichtung des auf drei Jahre befristeten Folgeprojekts „Zentrale Beratungsstelle für das Schulbibliothekswesen in der BRD", das u.a. auch aus Mitteln des Bundesministeriums für Wissenschaft und Forschung gefördert wurde. Die Beratungsstelle (Projektleiter: K. Schleusener) veranstaltete Tagungen, übernahm die wissenschaftliche Begleitung von Modell-Schulbibliotheken und gab eine Heftreihe „Informationen" (Nr. 1–6) heraus. 1975 übergab das Institut nach Abschluß des Projekts die Arbeiten an die „Arbeitsstelle für Bibliothekswesen" in Berlin.

Bibliothek. Die Bibliothek umfaßt 1976 ca. 50000 Bände und gliedert sich in die magazinierten Bestände der Kinder- und Jugendbücher (Quellen) sowie den Bestand an Sekundärliteratur, die Fachleuten während der Öffnungszeit des Leseraumes zur Verfügung stehen. Die Kinder- und Jugendbücher der Gegenwart werden laufend ergänzt. Dies kann nur geschehen, weil sich die Verleger von Kinder- und Jugendbüchern in der Bundesrepublik Deutschland, der Deutschen Demokratischen Republik, in Österreich und der Schweiz seit Gründung des Instituts bereitgefunden haben, durch Überlassen von Belegexemplaren ihrer Neuerscheinungen eine dokumentarische Sammlung zu Forschungszwecken zu ermöglichen. Das Institut verfügt ferner dank Stiftungen und durch Zukauf aus Antiquariaten über eine wertvolle Sammlung alter Kinder- und Jugendbücher, die bis in das 16. Jahrhundert zurückreicht. Ein Archiv, das wertvolle handschriftliche Zeugnisse, besonders aus der Hitlerzeit und den zwanziger Jahren unseres Jahrhunderts, enthält, ist im Aufbau begriffen.

Lehre. Während das Institut anfangs keine eigenen Lehrveranstaltungen durchführte, bieten die Mitarbeiter gegenwärtig in jedem Semester Vorlesungen, Seminare und Übungen zu Fragen der Kinder- und Jugendliteratur an. Der curriculare Aufbau der Veranstaltungen erlaubt, daß Studenten für das Lehramt an Grund-, Haupt- und Realschulen sowie der Sekundarstufe I sowohl ihre schriftliche wie auch ihre mündliche Prüfung im Wahlfach Deutsch bei den Prüfungsberechtigten des Instituts ablegen können. Das gleiche gilt für den Magister Artium und für die Promotion. Neben den regulären Veranstaltungen bietet das Institut ferner in jedem Semester Gastvorträge oder Lesungen an. U. a. kamen folgende Autoren und Theoretiker zu Wort: R. BAMBERGER (Wien), K. BRUCKNER (Wien), M. DAHRENDORF (Hamburg), M. ENDE (München), J. GUGGENMOS (Irisee/b. Kaufbeuren), P. HÄRTLING (Walldorf), H. HAMM-BRÜCHER (Bonn), FR. HOLEŠOVSKÝ (Prag), JANOSCH (München), E. KÄSTNER †, H. CHR. KIRSCH (Wiesbaden), G. KLINGBERG (Göteborg), J. KRÜSS (München), J. LEPMAN †, A. LINDGREN (Stockholm), H. NOMURA (Tokio), O. PREUSSLER (Rosenheim), W. SCHNURRE (Berlin), L. WELSKOPF-HENRICH (Berlin-DDR).

Besondere Veranstaltungen. Das Institut hat mehrere spezielle Veranstaltungen durchgeführt. So geht auf seine Initiative die öffentliche Ehrung der J. W. Goethe-Universität für J. LEPMAN (1891–1970) für ihre Verdienste zur Förderung internationaler Verständigung durch das Jugendbuch zurück. E. KÄSTNER hielt in der Feier am 3.7.1969 die Laudatio. Im Oktober 1971 führte das Institut in Verbindung mit der Internationalen Forschungsgesellschaft für Kinder- und Jugendliteratur („International Research Society for Children's Literature") in Frankfurt ein internationales Symposium durch und zeigte dabei in einer Ausstellung Sachbücher des 18. und 19. Jahrhunderts aus eigenen Beständen. Die Internationale Forschungsgesellschaft selbst war ein Jahr zuvor unter der maßgeblichen Beteiligung von drei Mitarbeitern des Instituts (P. ALEY, KL. DODERER und H. MÜLLER) gegründet worden. Anläßlich des 10jährigen Bestehens des Instituts fand im November und Dezember 1973 eine Bilderbuchausstellung aus Beständen des Instituts in der Universitätsbibliothek in Frankfurt statt. Die dort ausgestellten Bücher bildeten einen repräsentativen Querschnitt des Quellenmaterials, auf dem die ebenfalls im November 1973 in erster Auflage erschienene, von KL. DODERER und H. MÜLLER herausgegebene Untersuchung „Das Bilderbuch. Geschichte und Entwicklung" basiert.

Publikationen des Instituts. P. ALEY, Jugendliteratur im Dritten Reich. Dokumente und Kommentare. (Schriften zur Buchmarktforschung 12) Hamburg, Verlag für Buchmarktforschung ²1968, 264 Seiten. A. CL. BAUMGÄRTNER, Die Welt der Comics, Probleme einer primitiven Literaturform. Bochum, Kamp ⁴1971, 121 Seiten. Die moderne Schulbibliothek. Bestandsaufnahme und Modell. Untersuchungen zur Situation der Schulbibliotheksverhältnisse in der BRD und West-Berlin. Vorschläge zu ihrer Verbesserung. Teamarbeit des Instituts für Jugendbuchforschung. (Schriften zur Buchmarktforschung 19). Hamburg, Verlag für Buchmarktforschung 1970, 260 Seiten. M. DIERKS, Vom Bilderbuch zum Arbeitsbuch. Reutlingen, Enßlin & Laiblin, 1965, 71 Seiten (Jahresgabe des Verlages – nicht im Buchhandel erhältlich). KL. DODERER, Das Sachbuch als literarpädagogisches Problem. Frankfurt, Diesterweg 1962, 72 Seiten (vergriffen). KL. DODERER, Fabeln. Formen – Figuren – Lehren. Zürich/Freiburg, Atlantis 1970, 338 Seiten. KL. DODERER/H. MÜLLER (Hrsg.), Das Bilderbuch. Geschichte und Entwicklung. Weinheim, Beltz 1973, ²1975, 542 Seiten. Lexikon der Kinder- und Jugendliteratur, Bd. I: A–H hrsg. v. KL. DODERER. Weinheim/Basel, Beltz und Pullach b. München, Verlag Dokumentation, 1975, XIV und 579 Seiten. In der Reihe „Jugendliteratur heute", Hrsg. KL. DODERER, Weinheim, Beltz, erschienen bisher: Jugendliteratur heute. Eine Querschnittsanalyse des Jahrgangs 1964. (Band I) 1965, 64 Seiten (vergriffen). H. MÜLLER, Das Elend der Jugendzeitschriften. Eine kritische Betrachtung. (Band 2) 1967, 107 Seiten (vergriffen). FR. HAHN, Zwischen Verkündigung und Kitsch – Religiöse Probleme der heutigen Jugendliteratur. (Band 3) 1968, 98 Seiten (vergriffen). KL. DODERER, Klassische Kinder- und Jugendbücher – Kritische Betrachtung. (Band 4) ³1975, 162 Seiten. KL. DODERER (Hrsg.), Jugendliteraturforschung international – Schwerpunkte und Richtungen. Frankfurter Kolloquium 1969. (Band 5) 1970, 140 Seiten. KL. DODERER (Hrsg.), Bilderbuch und Fibel. Eine kritische Analyse der Literatur für Leseanfänger. (Band 6) 1972, 264 Seiten. J. P. DIÉNY, Die Welt gehört den Kindern. Das moderne China und seine Kinderbücher. (Band 7) 1973, 152 Seiten.

→P. Aley, →Kl. Doderer, →Internationale Forschungsgesellschaft, →Kinder- und Jugendliteraturforschung, →K. Langosch, →H. Müller, →Sammlungen, →Schulbibliothek/Mediothek

Sekundärliteratur: Kl. Doderer: Jugendliteratur und Forschung. Vortrag anläßlich der Gründungsfeier (in: Börsenblatt für den Deutschen Buchhandel Frankfurt. 96. 1963. 2226–2230); Das Institut für Jugendbuchforschung in Frankfurt, seine Aufgaben und seine Ziele (in: I. Lichtenstein-Rother: Jugend und Buch in Europa. Untersuchungen und Berichte aus fünf Ländern. 1967. 175–181); Das Institut für Jugendbuchforschung (in: Die Grundschule. 7. 1975. 392–394). – H. Müller: Das Institut für Jugendbuchforschung in Frankfurt (in: Westermanns Pädagogische Beiträge. 2. 1968. 90–91); Alte Kinder- und Jugendbücher im Institut für Jugendbuchforschung der Universität Frankfurt (in: Bertelsmann Briefe. 64. 1969. 22–25); The Institute for Research on Juvenile Books in Frankfurt (in: Bookbird. 4. 1971. 45–47).

Rudolf Raab

Internationale Forschungsgesellschaft für Kinder- und Jugendliteratur

Die Internationale Forschungsgesellschaft für Kinder- und Jugendliteratur (IFG) ist eine Organisation zum Zwecke der Förderung der Kinder- und Jugendliteratur. Sie wurde 1970 in Frankfurt am Main gegründet und hat nur Einzelpersonen zu Mitgliedern. Sekretariat: zur Zeit (1977) Stockholm, Tjärhovsgatan 36.

Gründung. Die Gründung der IFG geht auf das jugendliteraturtheoretische „Frankfurter Kolloquium

1969" zurück, auf dem Mitglieder des Instituts für Jugendbuchforschung der Johann Wolfgang Goethe-Universität die Gründung einer internationalen Forschungsvereinigung für Kinder- und Jugendliteratur vorschlugen. Im Mai 1970 trafen sich Spezialisten aus fünf Ländern (Bundesrepublik Deutschland, ČSSR, Österreich, Schweiz und Spanien) zur konstituierenden Versammlung. Seitdem ist die Gesellschaft in Frankfurt am Main im Vereinsregister eingetragen.

Ziele und Mitgliedschaft. Ziel der Gesellschaft ist, die Forschung auf dem Gebiet der Kinder- und Jugendliteratur, der Leseerziehung und verwandter Gebiete zu fördern. Zu diesem Zweck sollen vor allem fachliche Informationen ausgetauscht, theoretische Fragen erörtert, Forschungsvorhaben angeregt und, wenn möglich, koordiniert werden. Die Mitgliedschaft können nur Einzelpersonen beantragen, die auf dem Gebiet der Kinder- und Jugendliteratur wissenschaftlich tätig sind. Über den schriftlichen Aufnahmeantrag entscheidet der Vorstand. 1975 hatte die Gesellschaft Mitglieder aus 22 Ländern (Bundesrepublik Deutschland, Canada, ČSSR, Dänemark, Deutsche Demokratische Republik, England, Finnland, Israel, Japan, Jugoslawien, Niederlande, Norwegen, Österreich, Polen, Schweden, Schweiz, Spanien, Südkorea, UdSSR, Ungarn, USA und Venezuela). Jedes zweite Jahr findet statutengemäß eine Mitgliederversammlung statt (gewöhnlich mit einem Symposium kombiniert). Auf ihr wird u.a. der Präsident gewählt (1970–1974 Kl. Doderer, Frankfurt/Bundesrepublik Deutschland; ab 1974 G. Klingberg, Göteborg/Schweden).

Aktivitäten. Das Bestehen der Gesellschaft ermöglicht Forschern aus verschiedenen Ländern, die, von ihren unterschiedlichen wissenschaftlichen Disziplinen ausgehend, Fragen der Kinder- und Jugendliteratur untersuchen, miteinander in persönliche Beziehung und Gedankenaustausch zu treten. Berichte über laufende und abgeschlossene Forschungsprojekte werden an das Sekretariat gesandt und dann gekürzt an die Mitglieder weitergereicht. Ferner untersucht ein Komitee als wichtigen Beitrag zur internationalen wissenschaftlichen Kommunikation das bislang einzige gemeinsame Projekt: die gebräuchlichen Fachbegriffe im Kontext der verschiedenen Nationalsprachen. Von der Gesellschaft werden Symposien abgehalten. Das erste fand in Frankfurt am Main im Jahre 1971 unter der Förderung der Deutschen UNESCO-Kommission und des „Instituts für Jugendbuchforschung" der Johann Wolfgang Goethe-Universität statt. Es brachte eine Generaldiskussion über Kinderliteratur als Forschungsobjekt hervor, enthielt Berichte über den Stand der wissenschaftlichen Untersuchungen in den einzelnen Ländern und stellte ein österreichisches Projekt zum Leseverständnis und Leseverhalten Zehnjähriger zur Debatte. Weitere Themen waren: internationale Fachterminologie; antiautoritäre Kinderbücher; Sachbücher des 18. und 19. Jahrhunderts; Kinderlyrik; Kindertheater. Das zweite Symposium fand 1974 in Boldern/Zürich mit Unterstützung des Schweizerischen Jugendbuch-Institutes (Zürich) und eines besonderen schweizerischen Organisationskomitees statt. Dort waren die Hauptthemen eine britische Studie über Leseverhalten und die Ergebnisse einer Untersuchung von geschlechtsspezifischen Rollenstereotypen in der derzeitigen Kinder- und Jugendliteratur. Das dritte Symposium der Gesellschaft fand 1976 in Södertälje/Stockholm statt. Es widmete sich den Fragen der Übersetzung von Kinder- und Jugendbüchern und ihrer internationalen Verbreitungskanäle.

→ Kl. Doderer, → Institut für Jugendbuchforschung, → G. Klingberg

Sekundärliteratur: Kl. Doderer (Hrsg.): Beiträge zur Kinderliteratur und Lesersoziologie. Internationales Symposium für Kinder- und Jugendliteratur vom 18. bis 22. Oktober 1971 in Frankfurt am Main (1972); Jugendliteraturforschung international. Frankfurter Kolloquium 1969 (1970).

Klaus Doderer

Internationale Jugendbibliothek

Die Internationale Jugendbibliothek (IJB) ist ein auf Initiative von J. Lepman 1948 mit dem Ziel internationaler Verständigung durch Kinder- und Jugendbücher gegründetes und der UNESCO assoziiertes Studien- und Informationszentrum in München (Kaulbachstraße 11a). Derzeitiger Direktor (seit 1957): W. Scherf.

Aufgabe und Geschichte. Im Jahre 1948 hat J. Lepman noch unter dem Eindruck des Desasters des Zweiten Weltkrieges die IJB gegründet als ein organisatorisches Instrument, das der Völkerverständigung dienen soll, indem es sich verschiedenen Aspekten der Arbeit mit Kinder- und Jugendbüchern auf internationaler Ebene widmet, z.B. durch Anregung von Übersetzungen. Die Rockefeller Foundation überbrückte mit einer Starthilfe die anfänglichen finanziellen Schwierigkeiten. Gegenwärtig finanzieren die Bundesrepublik Deutschland, das Land Bayern und die Stadt München die internationale Bibliothek, deren Träger ein eingetragener Verein ist. Zu den Beständen der IJB gehören (1976) rund 250000 Bände aus etwa 80 Ländern, darunter etwa 30000 vor 1945 erschienene Kinder- und Jugendbücher, ferner eine allgemeine Bibliografie und eine umfangreiche Abteilung mit Sekundärliteratur. Eine mehrsprachige Ausleihabteilung für Kinder, Gruppeneinrichtungen verschiedener Art und auch ein Malstudio sind vorhanden. Ein umfassendes Katalogsystem (Bandkatalog 1969 in Boston bei Hall, Neufassung für 1977 vorgesehen) erschließt die Bestände der Bibliothek. Die von Verlegern der ganzen Welt zur Verfügung gestellten Freiexemplare erlauben eine umfangreiche Dokumentation der zeitgenössischen Kinder- und Jugendliteratur.

Organisation und Öffentlichkeitsarbeit. Die IJB, der seit einigen Jahren die Historische Kinderbuchgesellschaft angeschlossen ist, gliedert sich in folgende Abteilungen: Englischsprachiges, Französischsprachiges, Deutschsprachiges Referat, Referat für osteuropäische Sprachen, Referat für westromanische Sprachen, Skandinavisches Referat, Japanisches Referat, Theoretisch-historisches Referat, Katalog und Bibliografie, Ausleihabteilung für Kinder, Buchdiskussions-, Sprach- und Malgruppen. Zur Zeit sind zwanzig Mitarbeiter ganztags und weitere zehn teilzeitbeschäftigt. Wichtige Informationen gehen ständig aus etwa 70 Ländern und Sprachgruppen der internationalen Bibliothek zu. Jährlich gewährt sie an ausländische Fachkräfte acht Dreimonatsstipendien. Der Wahrnehmung der ihr gestellten Aufgaben dienen vor allem: Studien- und Übersetzungsberatungen, die Organisation von Ausstellungen – zum Teil als Wanderausstellungen –, die Stipendienvergabe, Zusammenstellung spezieller Buchlisten, Publikation von Auswahlverzeichnissen, Arbeitsmaterialien und Katalogen, Vorträge, Fachveranstaltungen, Unterstützung bei empirischen Untersuchungen über das Leseverhalten usw. Die Wanderausstellungen haben gewöhnlich internationalen Charkter (moderne Kinderbuchillustrationen, Bilderbücher, Märchenausgaben, Preisbücher, biblische Geschichten, Kinderreimsammlungen, politische Kinderliteratur u. s. f.), jedoch werden auch nationale Übersichten gezeigt (z. B. von Schweden, Jugoslawien, der ČSSR, Japan, Frankreich, der Sowjetunion) oder Ausstellungen einzelner Autoren bzw. Illustratoren. Während der Internationalen Kinderbuchmesse in Bologna führt die IJB seit Beginn einen Beratungs- und Ausstellungsstand im Dienste des Übersetzungsaustausches. Ein Quartalsprogramm zeigt die örtlichen Veranstaltungen an. Intern wird ein Veranstaltungskalender herausgegeben. Bislang herausgegebene wichtige Veröffentlichungen: Preisgekrönte Kinderbücher (1969); Reprint der 4. Auflage 1927 von H. L. KÖSTER: Geschichte der deutschen Jugendliteratur in Monografien (1971; als Uni-Taschenbuch 1972); Die Besten der Besten (1971; 1975); Bewältigung der Gegenwart? (1974); Volksbuch und Jugendliteratur (1976); Die Rolle der Frau in der Jugendliteratur (1976).

→ Arbeitsgemeinschaft von Jugendbuchverlegern in der BRD e. V., → Bundesrepublik Deutschland, → J. Lepman, → W. Scherf

Sekundärliteratur: G. Arnold: Internationale Jugendbibliothek (in: Zeitschrift für Jugendliteratur. 2. 1968. 1. 60–61). – W. M. Crossley: House of hundred windows. The International Youth Library (in: Horn book magazin. 118. 1972. 4. 405–407). – F. Fotheringham: The International Youth Library (in: Library Journal. 91. 1966. 20. 5704–5705). – J. Lepman: Die Kinderbuchbrücke (1964). – W. Scherf: Zur Entstehung der Internationalen Jugendbibliothek. Ein Rückblick auf zwei Jahrzehnte (in: Buch und Bibliothek. 23. 1971. 6. 567–576); In regem Kontakt mit dem Ausland. Die Internationale Jugendbibliothek (in: Das Parlament. 22. 1972. 39. 12); Die Internationale Jugendbibliothek in München (in: Librarium. 16. 1973. 3. 165–171); Die Internationale Jugendbibliothek. Ein assoziiertes Projekt der UNESCO (in: Die Grundschule. 7. 1975. 7. 390–391). – E. Welch: The International Youth Library (in: YLG news. 15. 1971. 3. 4–7).

Walter Scherf

Internationale Kinder- und Jugendbuchausstellung (IKiBu)

IKiBu ist die Abkürzung für „Internationale Kinder- und Jugendbuchausstellung". Die IKiBu wurde 1971 von der Stadtbibliothek Duisburg als Veranstaltung der Stadt Duisburg ins Leben gerufen.

Die Intention war, einen Einblick in die Vielfalt, aber auch in die besondere Situation und Problematik der Kinder- und Jugendliteratur zu geben. Das Veranstaltungsteam – Stadtbibliothek, Jugendamt, Schulamt, Presse- und Werbeamt, das Lehmbruck-Museum, das Filmforum und die Mercatorhalle (als Veranstaltungsort) – wollte die Öffentlichkeit auf das Kinderbuch aufmerksam machen und über die Breite und Aktualität der Angebote informieren. Es sollte ein neuer Stil der Begegnung von Autoren und jungen Lesern gefunden und den Kindern die Gewißheit gegeben werden, daß ihre Kritik ernst genommen wird. Die IKiBu findet seit 1971 jeweils an 10 Tagen im Spätherbst statt. Ihr Kernstück ist die Kinderbuchausstellung, die nach Altersgruppen gegliedert ist und die jährlichen Neuerscheinungen und thematische Überblicke (z. B. Kinderbücher in Originalsprachen) bringt.

Das Rahmenprogramm (mit über 200 Veranstaltungen im gesamten Stadtgebiet) umfaßt Kindertheater, Puppenspiel, Film, Musik, Begegnung mit Autoren, Spiel- und Malaktionen, improvisiertes Rollenspiel und selbstinszeniertes Theater. Den Organisatoren war bald deutlich geworden, daß die Präsentation eines umfangreichen literarischen Angebotes nur sinnvoll ist, wenn zugleich andere Erlebnisbereiche des Kindes angesprochen werden.

Weiterhin zeigt die IKiBu in der Mercatorhalle Spiele und didaktische Spielmaterialien, Originalgrafiken und Zeichnungen aus Bilderbüchern. Vorhanden sind auch Schallplattenbar, Diaschau, Kindergarten, Spielzentrum mit Bewegungselementen vom Hüpfball bis zu modernen Plastikbauelementen, Buch- und Spielzeugladen.

Die große Zahl der Besucher (200 000) zwang, den Ausstellungsstil zu verändern, um das Erlebnis- und Betätigungsangebot zu erhöhen und mehr Mitspielen, Mitdiskutieren, Selbermachen zu ermöglichen. Veranstaltungen mit Werkstattcharakter traten seit 1973 stärker in den Vordergrund. Bestand 1971 die IKiBu noch aus einer Bücherschau von 2000 Bänden mit historischen Kinder- und Jugendbüchern und bibliophilen Bilderbuchausgaben, so hieß 1975 das prägende Thema: Kreativität – Phantasie – soziales Lernen. Die IKiBu versteht sich als eine Werkstatt für die Entwicklung der kindlichen Phantasie. Seit 1972 gibt es auch eine IKiBu für Erwachsene, die Verbraucheraufklärung in Sachen Kinder- und Jugendliteratur betreiben will.

Die IKiBu zeigt modellhaft, was in einer Stadt durch koordinierte Zusammenarbeit aller Ämter geleistet werden kann. Sie beschleunigte in Duisburg die Entwicklung der Bibliothek zur Mediothek. Viele der „angespielten Veranstaltungen" wurden in der städtischen Jugendbibliothek das Jahr über weitergeführt. Seit Juni 1975 wurde das neueröffnete Erdgeschoß der Stadtbibliothek mit dem Kinderpool – einer kuscheligen Lesehöhle – zum Freizeittreff. Der Unterschied der Duisburger Veranstaltung zu ähnlichen Unternehmen besteht in dem Werkstattmäßigen und stets Veränderbaren, dem Informierenden und Aktivierenden, das sich gegenseitig stützt und anregt.

Imma Wick

Internationaler Hans Christian Andersen-Preis

Internationaler Jugendbuchpreis, der seit 1956 alle zwei Jahre vom Internationalen Kuratorium für das Jugendbuch vergeben wird.

Auf Anregung von J. Lepman wurde 1956 erstmals vom Internationalen Kuratorium für das Jugendbuch ein Internationaler Preis für Jugendliteratur gestiftet, der seither alle zwei Jahre vergeben wird. Der Preis wird in Form einer Goldmedaille für das Gesamtwerk

Vorderseite der Hans Christian Andersen-Medaille.

eines lebenden Schriftstellers verliehen, dessen Schaffen den Statuten entsprechend als bleibender Beitrag zur Jugendliteratur zu werten ist. Seit 1966 wird eine zweite Medaille für das Werk eines Kinderbuchillustrators vergeben. Darüber hinaus kann das Werk einiger Autoren und Illustratoren im Rahmen des Internationalen Hans Christian Andersen-Preises „highly commended" (besonders empfohlen) werden. In einer „Ehrenliste" werden außerdem empfehlenswerte Bücher aus allen Ländern, die dem Internationalen Kuratorium für das Jugendbuch angehören, vorgestellt. Der Jury für den Hans Christian Andersen-Preis gehören Jugendbuchfachleute und Kritiker verschiedener Länder an. Sie werden von den Landessektionen des Internationalen Kuratoriums für das Jugendbuch (IBBY) alle zwei Jahre vorgeschlagen und vom Exekutivkomitee des IBBY bestellt. Der Jury-Präsident wird bei den ebenfalls im Abstand von zwei Jahren stattfindenden Kongressen des IBBY gewählt. Bisher hatten dieses Amt inne: A. de Azaola; V. Haviland; L. Binder. Das Ziel des Hans Christian Andersen-Preises ist, die Verbreitung guter Jugendbücher zu fördern vor allem durch die Anregung von Übersetzungen. Teilnahmeberechtigt sind Autoren aller dem IBBY angehörenden Länder. Die jeweilige Landessektion reicht die Kandidaten (einen Autor und einen Illustrator) ihres Landes ein. Die Jury entscheidet dann auf Grund dieser Vorauswahl über die Vergabe der Medaillen und „highly commended"-Diplome. Die Zusammenstellung der „Ehrenliste" erfolgt auf Grund der Vorschläge von den Landessektionen; sie wird nicht von der Jury ausgewählt.

Folgende Autoren haben bislang die Hans Christian Andersen-Medaille erhalten: 1956 E. Farjeon (Großbritannien); 1958 A. Lindgren (Schweden); 1960 E. Kästner (Bundesrepublik Deutschland); 1962 M. de Jong (USA); 1964 R. Guillot (Frankreich); 1966 T. Jansson (Finnland); 1968 J. Krüss (Bundesrepublik Deutschland), J. M. Sánchez-Silva (Spanien); 1970 G. Rodari (Italien), Sc. O'Dell (USA); 1974 M. Gripe (Schweden); 1976 C. Bødker (Dänemark).

Im Rahmen des Hans Christian Andersen-Preises besonders empfohlene Autoren: 1966 K. Bruckner (Österreich), G. Rodari (Italien), J. M. Sánchez-Silva (Spanien); 1968 E. Coatsworth (USA), G. Rodari (Italien); 1970 A. M. Matute (Spanien), E. Peroci (Jugoslawien), E. B. White (USA); 1972 M. Gripe (Schweden), A. M. Matute (Spanien), S. Michalkov (UdSSR), O. Preussler (Bundesrepublik Deutschland), C. Vivier (Frankreich); 1974 C. Bødker (Dänemark), C. Vivier (Frankreich), R. Sutcliff (Großbritannien); 1976 A. Barto (UdSSR), E. B. White (USA).

Folgende Illustratoren haben bislang die Hans Christian Andersen-Medaille erhalten: 1966 A. Carigiet (Schweiz); 1968 J. Trnka (ČSSR); 1970 M. Sendak (USA); 1972 Ib Spang Olsen (Dänemark); 1974 F. Meshgali (Iran); 1976 T. A. Mawrina (UdSSR).

Im Rahmen des Hans Christian Andersen-Preises besonders empfohlene Illustratoren: 1966 J. Trnka (ČSSR), Br. Wildsmith (Großbritannien); 1968 R. Duvoisin (USA), Ib Spang Olsen (Dänemark), Br. Wildsmith (Großbritannien); 1970 Ib Spang Olsen (Dänemark), L. Osterc (Jugoslawien), D. Ota (Japan); 1972 B. Berg (Schweden), E. Cleaver (Kanada), F. Hoffmann (Schweiz), Janosch (Bundesrepublik Deutschland), A. Zábranský (ČSSR), P. Zambellis (Griechenland); 1974 H. Aichinger (Österreich), N. Claveloux (Frankreich), Ch. Keeping (Großbritannien); 1976 L. Fulla (ČSSR), S. Otto (Dänemark).

Sekundärliteratur: D. Larese: Im Zeichen Hans Christian Andersens (1968). – R. Bamberger (Hrsg. zus. mit L. Binder u. B. Hürlimann): 20 Years of IBBY (1973).

Lucia Binder

Internationaler Kinderbuchtag

Der Internationale Kinderbuchtag wird seit 1966 jährlich am 2. April, dem Geburtstag H. Chr. Andersens (1805–1875), auf Anregung des Internationalen Kuratoriums für das Jugendbuch (IBBY) in vielen Ländern der Erde begangen. Die Initiatorin des Kinderbuchtages, J. Lepman (1891–1970), sah hier eine Möglichkeit, im Sinne der Bemühungen des IBBY und im Geiste der Ziele der UNESCO, weltweite Aufmerksamkeit auf Kinderbücher als Sendboten und Hilfen zu internationaler Verständigung zu richten. Als Auftakt wurde von der University of Michigan (USA) am 2. April 1966 eine große Kinderbuchausstellung eröffnet. Spezielle Veranstaltungen zum Kinderbuchtag finden in vielen Ländern statt. Um die verschiedenen Aktivitäten zu koordinieren, wurde beschlossen, daß jedes Jahr eine Nationale Sektion des IBBY für die Organisation des Tages zuständig sein soll. Diese Sektion bestimmt das Motto des Tages und besorgt die Unterlagen (Botschaft und Plakat), die durch IBBY allen Ländersektionen zugänglich gemacht werden. Diese Materialien sollen als Anregungen zu Ausstellungen, Buchgesprächen, Vorlesungen, Kinderaufführungen, Malwettbewerben, Besuchen bei kranken Kindern, Film-, Rundfunk- und Fernsehprogrammen und Presseberichten dienen. Bekannte Kinderbuchautoren und Illustratoren haben zum Erfolg des Kinderbuchtages beigetragen. Zum Kinderbuchtag 1967 schrieb Lepman selbst die Botschaft; ein Jahr später wurde sie von dem jugoslawischen Autor Fr. Beyk verfaßt. In den nachfolgenden Jahren arbeiteten an der Erstellung der Materialien die Nationalen Sektionen von Schweden, Jugoslawien, Österreich, den USA, der ČSSR, Großbritannien und Dänemark mit, die Botschaften stammten von A. Lindgren, E. Peroci, E. Lillegg, M. de Jong, B. Říha, J. Aiken und A. Wilson. Plakate entwarfen V. Bombova, J. Burningham, Ib Spang Olsen, M. Sendak sowie A. Zábranský. Botschaften und Plakatentwürfe wurden seit Beginn des Internationalen Kinderbuchtages in den einzelnen Jahrgängen der Zeitschrift „Bookbird“ veröffentlicht.

→ IBBY, → J. Lepman

Sekundärliteratur: L. Binder: International Children's Book Day (in: R. Bamberger (Hrsg.): 20 Years of the IBBY. 1973. 100–110; zus. mit L. Binder und B. Hürlimann).

Leena Maissen

Internationales Institut für Jugendliteratur und Leseforschung

Österreichische internationale Arbeits- und Koordinierungsstelle sowie Dokumentations- und Forschungszentrum für Jugendliteratur und Lesetheorie in Wien (Fuhrmannsgasse 18a). Direktor seit Gründung: R. Bamberger.

Geschichte. R. Bamberger hat das Institut 1965 unter der Bezeichnung „Internationales Institut für Kinder-, Jugend- und Volksliteratur“ (UNESCO Category C) gegründet. Die Umbenennung erfolgte 1972. Das Sekretariat des Internationalen Kuratoriums für das Jugendbuch wurde während der Präsidentschaft R. Bambergers (1962–1966), ebenso wie die Theoretische Arbeitsstelle des Österreichischen Buchklubs der Jugend, eingegliedert.

Die Organisation des Instituts. Das I., zugleich auch die Geschäftsstelle der Österreichischen Sektion des Internationalen Kuratoriums für das Jugendbuch und der Österreichischen Gesellschaft zur Erforschung und Förderung des Lesens (Österreichische Sektion der International Reading Association, IRA), ist ein gemeinnütziger, nicht auf Gewinn gerichteter Verein zur Förderung der Jugendliteratur (Ehrenpräsident: J. Stummvoll; Präsident: A. März; Vizepräsident: W. Lussnigg; Direktor: R. Bamberger; Vizedirektor: O. Kropatsch).
Die Mitglieder (Einzelpersonen und Kollektive, wie Verlage, Vereine, Gesellschaften, Bibliotheken u.a. Institutionen) sollen an den Aufgaben des Instituts mitwirken und können an der Generalversammlung und an anderen allgemeinen Veranstaltungen des Instituts teilnehmen. Mit dem jährlichen Mitgliedsbeitrag kann der ermäßigte Bezug der Zeitschriften des Instituts verbunden werden. Das Institut versucht, theoretische Grundlagen für den Österreichischen Buchklub der Jugend zu erarbeiten, doch kommen die Ergebnisse auch anderen mit dem Jugendbuch befaßten Stellen, besonders den Pädagogischen Akademien, Verlagen, Jugend- und Büchereiverbänden zugute. Schriftsteller, Studierende, Lehrer und Bibliothekare erhalten ebenfalls beratende Auskunft. Die Leitung der laufenden Arbeit, die von rund zehn Angestellten und externen Mitarbeitern durchgeführt wird, liegt bei L. Binder, die auch Jugendschriftenkunde an den Pädagogischen Akademien Linz und Wien lehrt, die Zeitschriften „Jugend und Buch“ und „Bookbird“ redigiert und 1975 zur Präsidentin der Jury des Hans Christian Andersen-Preises gewählt wurde. Sie ist Herausgeberin einiger Bände der „Schriften zur Jugendlektüre“ und publizierte zahlreiche Aufsätze über Jugendliteratur.

Ziele und Aufgaben des Instituts. 1. Sammlung, Auswertung und Weitergabe der Ergebnisse der Forschungen vieler Länder auf den Gebieten der Jugendliteratur und des Lesens in Verbindung mit der Entwicklung einer wissenschaftlichen Fachbücherei und der ständigen Arbeit an einer internationalen Bibliographie des Fachschriftentums. 2. Veranstaltungen von Tagungen, Ausstellungen und Enqueten und die Veröffentlichung ihrer Ergebnisse in der Reihe „Schriften zur Jugendliteratur“. Die Themen der bisherigen Tagungen geben Einblick in die laufende Arbeit: 1965 „Funktion und Stilformen des Bilderbuches“; 1966 „Das Sachbuch und seine Rolle als modernes Bildungsmittel“; 1967 „Das Irrationale im Jugendbuch“; 1968 „Wege zum Buch“; 1969 „Trends in der modernen Jugendliteratur“; 1970 „Erfolg und Wirkung der Lektüre“; 1972 „Interpretation, Analyse und Kritik von Jugendbüchern"; 1973 „Leseforschung und Jugendliteratur"; 1974 „New Horizons of Reading" (in Verbindung mit der International Reading Association); 1975 „Jugendbuch und Jugendbuchtheorie heute"; 1976 „Neue Formen der Jugendliteratur und ihre Aufnahme durch die Jugend". 3. Zusammenstellung und Veröffentlichung von Empfehlungslisten und einer Jugendbuchkartei, Einrichtung und Ausbau einer Dokumentations- und Beratungsstelle für alle Gebiete der Jugendbucharbeit. 4. Durchführung von Studien zur Jugendliteratur und zum Lesen in Arbeitskreisen oder als Arbeitsauftrag. Gegenwärtig stehen Forschungsprojekte zur Readability (Lesbarkeit) und zur Effizienz der Lektüre für die Bildung des Lesers im Vordergrund. 1976 wurde das Forschungsprojekt „Das Leseverhalten, die Leseinteressen und die Leseleistung Zehnjähriger" abgeschlossen. Derzeit arbeitet das Institut an einem internationalen Überblick zur Leseforschung.

Publikationen des Instituts. 1. Zeitschriften: Die 64seitige Vierteljahreszeitschrift „Jugend und Buch" (gemeinsam mit dem Österreichischen Buchklub der Jugend). Sie enthält neben der Erörterung grundsätzlicher oder spezieller Fragen Listen preisgekrönter Jugendbücher, Rezensionen von Fachliteratur zur Jugendschriftenfrage und Besprechungen von Kinder- und Jugendbüchern. Die internationale Vierteljahreszeitschrift zu Jugendschriftenfragen in englischer Sprache „Bookbird" (gemeinsam mit dem Internationalen Kuratorium für das Jugendbuch): Die Schrift bietet Berichte aus der internationalen Jugendbucharbeit; Besprechungen der internationalen Fachliteratur zu Fragen der Kinder- und Jugendliteratur, Empfehlungslisten, Übersichten zu preisgekrönten Kinder- und Jugendbüchern, einen internationalen Übersetzungsdienst und Nachrichten der BIB (Biennale der Illustrationen in Bratislava). „PA-Kontakte" ist ein unregelmäßig erscheinendes Mitteilungsblatt, das die Verbindung zwischen den Pädagogischen Akademien, dem Buchklub der Jugend und dem I. aufrechterhält. „International Press Service" gibt Nachrichten aus der Jugendbucharbeit aus aller Welt. 2. Gemeinsam mit dem „Buchklub der Jugend" veröffentlichte Buchlisten (z.B. „1001 Buch"). 3. „Schriften zur Jugendlektüre". Sie setzen die „Schriftenreihe des Österreichischen Buchklubs der Jugend" (20 Bände) fort und umfaßten bis 1976 22 Bände. Aus ihnen seien besonders hervorgehoben: Bd. VI. L. Binder (Hrsg.): Lexikon der Jugendschriftsteller in deutscher Sprache (1968); Bd. XII. R. Bamberger: Lese-Erziehung (1971); Bd. XIII. R. Bamberger (Hrsg.): Moderne Leseerziehung im schulischen Bildungsprozeß (1973).
Seit 1975 ist das I. in Zusammenarbeit mit der „Jugendschriftenkommission" und der „Studien- und Beratungsstelle für Jugendliteratur" um Öffentlichkeitsarbeit über Presse und die Massenmedien sowie durch Vorträge bemüht.

→ R. Bamberger

Richard Bamberger

Internationales Kuratorium für das Jugendbuch

(International Board on Books for Young People, Abkürzung: IBBY). Internationale Dachorganisation vieler im Bereich der Kinder- und Jugendliteratur wirkenden und zu nationalen Sektionen zusammengeschlossenen Institutionen und Privatpersonen aus zahlreichen Ländern in Ost und West; 1953 auf Initiative von J. Lepman (1891–1970) gegründet. IBBY ist ein gemeinnütziger, der UNESCO assoziierter Verein mit Sitz in Zürich/Schweiz.

Ziel und Aufgabe. Ziele und Aufgaben von IBBY sind in den Statuten festgehalten. Danach soll die Organisation einen Beitrag zur Völkerverständigung leisten und mithelfen, neue Kriege zu vermeiden. Diesem Ziel dienen folgende Aufgaben: Förderung nationaler und internationaler Jugendbibliotheken, Zusammenarbeit mit der International Federation of Library Associations, der UNESCO und der UNICEF, die Förderung der Herausgabe und Distribution wertvoller Kinder- und Jugendlektüre, Einsatz für die Errichtung wissenschaftlicher Forschungsstellen für die Kinder- und Jugendliteratur und Verleihung internationaler Preise. Diesem Zweck entspricht seit 1956 der internationale Hans Christian Andersen-Preis (mitunter auch als „Kleiner Nobel-Preis" bezeichnet). Die Intention, sogenanntes jugendgefährdendes Schrifttum aktiv zu bekämpfen, war aus der historischen Situation zur Zeit der Gründung des IBBY verständlich, ist aber heute in den Hintergrund getreten. Eine jüngere Initiative ist der Internationale Kinderbuchtag, der jeweils am 2. April in allen dem IBBY angeschlossenen Ländern propagiert und begangen werden soll.

Organisation. Das IBBY setzt sich aus nationalen Sektionen zusammen, die auch den Finanzbedarf des IBBY zu tragen haben. Privatpersonen können nur dann direkt Mitglied der Dachorganisation werden, wenn in ihren Ländern entweder eine nationale Sektion nicht besteht oder diese nur juristische Personen umfaßt. Während der meistens im Abstand von zwei Jahren stattfindenden Kongresse in verschiedenen Städten der Welt (Zürich 1953, Wien 1955, Stockholm 1956, Florenz 1958, Luxemburg 1960, Hamburg 1962, Wien 1963, Madrid 1964, Ljubljana 1966, Amrisvil 1968, Bologna 1970, Nizza 1972, Rio de Janeiro 1974) werden durch die Generalversammlung aus den nationalen Sektionen die acht Mitglieder des Exekutivkomitees sowie der Präsident des Kuratoriums gewählt. Als offizielle Veranstaltungssprachen gelten Deutsch, Englisch, Französisch und Spanisch. Das Exekutivkomitee bildet das eigentliche Koordinationszentrum von IBBY. Während der Präsident zugleich als Leiter des Exekutivkomitees stimmberechtigt ist, dürfen folgende Mitglieder kein Stimmrecht ausüben: der Präsident der Jury für die Vergabe des Hans Christian Andersen-Preises, der Herausgeber der als offizielles Publikationsorgan von IBBY geltenden Fachzeitschrift „Bookbird" (erscheint vierteljährlich), der Schatzmeister und der Expräsident. Die Jury für den Hans Christian Andersen-Preis besteht aus dem von der Mitgliederversammlung gewählten Präsidenten und acht weiteren Juroren, die nicht zugleich Mitglied des Exekutivkomitees sein können. Jede nationale Sektion kann einen Kandidaten für die Wahl in die Jury vorschlagen. Zur Zeit gehören der IBBY 39 Ländersektionen an: Argentinien, Australien, Bolivien, Brasilien, Bulgarien, Bundesrepublik Deutschland, Chile, ČSSR, Dänemark, Deutsche Demokratische Republik, Ekuador, Finnland, Frankreich, Ghana, Griechenland, Großbritannien, Indien, Iran, Israel, Italien, Japan, Jugoslawien, Niederlande, Nigeria, Norwegen, Österreich, Paraguay, Peru, Polen, Portugal, Schweden, Schweiz, Spanien, Türkei, UdSSR, Uruguay, USA, Venezuela und Zypern.

Sekundärliteratur: R. Bamberger (Hrsg. zus. mit L. Binder und B. Hürlimann): 20 years of the International Board on Books for Young People.

Rudolf Raab

Ionesco, Eugène

*Dramatiker, Lyriker; * 26. 11. 1912 Slatina.*

Der in Rumänien geborene I. verlebte seine Kindheit in Paris, wurde Gymnasiallehrer und trat als Literatur- und Theaterkritiker hervor. Seine „Contes pour enfants" notierte er zuerst in seinem 1968 veröffentlichten Tagebuch. I. lebt in seiner Wahlheimat Frankreich.

Werk, Tendenzen, Wirkung. I. wurde als Dramatiker des Absurden und Grotesken bekannt (La cantatrice chauve, 1948; dt. Die kahle Sängerin, 1959; Le Rhinocéros, 1959; dt. Die Nashörner, 1960), die er gezielt bürgerlicher Saturiertheit entgegensetzte. – Seine von E. Delessert kongenial in surreal-spukhafte Bilderfolgen umgesetzten Texte (Premier conte pour enfants, 1967; Deuxième conte pour enfants, 1967) versuchen die Kinderliteratur für das absurd Widersprüchliche und für wirklichkeitsverändernde Spielelemente zu öffnen. Beide bisher veröffentlichten Geschichten gehören zu den vier im Tagebuch festgehaltenen und nachgestalteten Geschichten der Tochter I.s. Offensichtlich zeit- und gesellschaftskritische Absichten und Anspielungen (gegen Nivellierungen, gegen Gleichsetzung von Menschen und Sachen und sprachliche Verarmung – s. A. Werner), provokatorischer Zweck und Befremdlichkeit der Texte stehen in Spannung zum Medium Bilderbuch mit Kindern als Adressaten und zu I.s eigener Bezeichnung „für Kinder unter drei Jahren" im Tagebuch. (Eine ähnliche Spannung finden wir in P. Bichsels Kindergeschichte „Ein Tisch ist ein Tisch", 1966, die mit ähnlichen sprachlichen Mitteln arbeitet wie I.s Texte.)

→ E. Delessert

Werke: Premier conte pour enfants (1967; dt. Geschichte Nr. 1. 1969); Deuxième conte pour enfants (1967; dt. Geschichte Nr. 2. 1971).

Sekundärliteratur: A. Werner: Ionescos Kindergeschichten. Motivationen zum Sprachhandeln und zum Nachdenken über Sprache (in: Das gute Jugendbuch. 23. 1973. 1. 1–12).

Malte Dahrendorf

Iran

(Keshvaré Shahanshahiyé Iran. Früher Persien). Kaiserreich in Vorderasien. Staatsgebiet: rund 1 630 000 km². Einwohner: rund 25 800 000 (davon 650 000 Voll- und 2 500 000 Halbnomaden). Das traditionelle Staatsvolk sind die persisch sprechenden Iraner (etwa 66 % der Gesamtbevölkerung). Daneben gibt es als Minderheiten Kurden (etwa 1 Million), Türken oder Turktataren (600 000), Araber (400 000) und Armenier. Nach der Verfassung vom 30. 12. 1906 ist der I. eine konstitutionelle Monarchie unter der Dynastie Pahlewi (seit 1925). Landessprache ist persisch.

Entwicklung der Kinder- und Jugendliteratur und gegenwärtiger Stand. Die klassische persische Literatur kennt keine eigenständige Kinder- und Jugendliteratur. Jahrhundertelang lag die Erziehung in der Verantwortlichkeit religiöser Gruppen. Soweit Kinder überhaupt lesen und schreiben lernten, geschah dies in Schulen, die „Maktab" genannt wurden, und in denen man Kinder und Erwachsene zugleich unterrichtete. Die bevorzugten Bücher, die man im Unterricht benutzte, waren das „Kelileh va Demmeh" (11. Jahrhundert) und das „Marzban Nameh" (10. Jahrhundert). Diese Bücher waren auf Grund ihrer Erzählweise und analogischen Darstellungsform auch für Kinder zugänglich. Jedoch weder ihr ethischer Inhalt noch ihre schwierige Sprache waren den Kindern verständlich. Erst das im 13. Jahrhundert erscheinende Werk „Masnavi-Al-Atfal" zeigt Ansätze, die Sprache zu vereinfachen. Ein Mittel, das schon damals angewandt wurde, um Kindern schwierige Texte eingängig zu machen, war ihre Abfassung in Reimen. So ist z. B. das „Nesab-Al-Sabiyan" (13. Jahrhundert) in einfachen Reimen geschrieben. Die große Masse der persischen Kinder jedoch erlebte Literatur, wie in den meisten übrigen Ländern des Vorderen Orients, vor allem als erzählte Märchen, Sagen oder Legenden, wie sie auch in die umfangreiche Sammlung „Märchen aus 1001 Nacht" eingegangen sind. Für viele persische Kinder ist der traditionelle Erzähler bis heute der Lieferant persischen Märchen- und Sagenguts geblieben, von wenigen Schullehrbüchern abgesehen, die den Kindern im Zuge der Bildungsbemühungen des persischen Staats in die Hand kommen.

Die Anfänge einer eigenständigen Kinder- und Jugendliteratur im I. Eine grundlegende Änderung auf dem Gebiet der Kinder- und Jugendliteratur trat erst mit dem Beginn des 20. Jahrhunderts und der konstitutionellen Revolution im I. ein. 1901 erschien in Istanbul das erste illustrierte Buch in persischer Sprache, das eigens für Kinder und Jugendliche geschrieben wurde. Es hieß „Ahmad's Buch" und stammte von A. T.

NAJERZADEH, der als TALEBOV bekannt wurde. Das erste Buch für Kinder und Jugendliche, das im I. selbst hergestellt wurde, schrieb J. ASKARZADEH, der unter dem Namen BAGHCHEBAN Berühmtheit erlangte. „A Children's life, for Kindergarten and primary schoolage children" heißt die englische Übersetzung des Titels dieses Buches, das 1929 in Shiraz gedruckt wurde. BAGHCHEBAN gilt als der Pionier der persischen Kinder- und Jugendliteratur. Er publizierte zahlreiche Bände mit Geschichten, Versen und Spielen für Kinder. Neben BAGHCHEBAN kann auch I. MIRZA zu den Begründern der Kinder- und Jugendliteratur I.s gerechnet werden. Er wurde vor allem durch seine in der Umgangssprache abgefaßten Kindergedichte bekannt. Auch Y. DOLATABADI verfaßte Kinderreime. Landesweit bedeutsam wurde A. N. VAZIRI mit seiner dreibändigen Sammlung „A Children's reading is a Fairy-tale". Er lieferte zu den gesammelten Liedertexten auch Notenbeispiele. Bei VAZIRI tritt die didaktische Intention deutlich hinter der literarischen zurück. Zu den Vorläufern der iranischen Kinder- und Jugendliteratur gehören neben den genannten Autoren noch B. AHMAD, S. HEDAYAT, K. KERMANI, ROWHANI, A. Y. SHARIFF, SHAHRZAD und N. YUSHIJ.
Die herausragende Persönlichkeit im Bereich der Kinder- und Jugendliteratur in den vierziger Jahren war der Erzähler SOBHI MOHTADHI. Im Stil des traditionellen Märchenerzählers erzählte SOBHI jeden Freitagmittag in der Rundfunksendung „Bachela Salam" (Hallo, Kinder) Märchen und Geschichten. SOBHI forderte die Kinder und Zuhörer auf, ihm alte oder neue selbsterfundene Geschichten zuzusenden. Diese Aktion wurde ein großer Erfolg, zahlreiche Geschichten gingen bei ihm ein. Viele davon waren vorher noch nicht publiziert worden. Die gesammelten Geschichten wurden von SOBHI überarbeitet und in einer fünfbändigen Reihe herausgebracht.

Die gegenwärtige Situation der Kinder- und Jugendliteratur im I. In den vierziger Jahren öffnete der I. sich ausländischer Literatur und eine Flut von Übersetzungen füllte die Buchläden. Zwanzig Jahre lang bestimmten ausländische Kinder- und Jugendbücher, vor allem in englischer und französischer Sprache, sowie Übersetzungen und Bearbeitungen ausländischer Kinder- und Jugendbücher den iranischen Markt.
1961 war ein bedeutendes Jahr in der Geschichte der iranischen Kinder- und Jugendliteratur. Ein Wechsel in den Leselernmethoden senkte den Zeitpunkt des Beginns des Erstleseunterrichts um drei Jahre, so daß die Zahl der lesekundigen Kinder wuchs. Die Aktivitäten im Rahmen der Kampagne zur Bekämpfung des Analphabetismus führten auch zu einem steigenden Leseinteresse bei Kindern und Jugendlichen. Seit ungefähr 1964 finden Kinder verschiedener sozialer Schichten vermehrt Zugang zu Büchern. Wie sehr das Interesse an Kinder- und Jugendbüchern wuchs, zeigt die ansteigende Zahl der Kinder- und Jugendbuchtitel. Während noch 1959 knapp einhundert Kinder- und Jugendbücher auf dem Markt waren, erschienen 1963 bereits 270, von 1964 bis 1970 wuchs die Zahl der Kinder- und Jugendbuchausgaben auf 950 (F. SHIRVANLOO, S. 34). Unübersehbar ist die pädagogische und politische Bedeutung, die von der Regierung der Kinder- und Jugendliteratur im I. zugemessen wird. So arbeitet die persische Kaiserin aktiv im Präsidium des „Institute for the Intellectual Development of Children and young Adults" mit. Das Ziel der Kinder- und Jugendliteratur soll es sein, die Kinder mit der Realität des gesellschaftlichen Lebens vertraut zu machen, ihnen zu helfen, logisches Denken zu üben, kausale Relationen und Interaktionen zu suchen und zu erkennen und eine Denkart zu wählen, die konstruktive Kritik ermutigt. F. SHIRVANLOO stellt dem von ihm abgelehnten statischen erzieherischen System, das durch das Hervorbringen unwissender, gehorsamer Personen und durch fatalistische und fetischistische Verhaltensweisen geprägt sei, das dynamisch-erzieherische System des neuen I. entgegen, in dem das Individuum ein „Neuerer" sein soll, der wissenschaftliche Wahrheiten akzeptiert und mit Vernunft und Wissenschaft auf die Zukunft hin orientiert ist (F. SHIRVANLOO, S. 35 und S. 37).
Das „Institute for the Intellectual Development of Children and young Adults", das die überwiegende Zahl der Publikationen im Bereich der Kinder- und Jugendliteratur im I. herausgibt, hat eine marktbeherrschende Stellung und dient gleichzeitig der Steuerung der iranischen Kinder- und Jugendliteratur durch den Staat. Erstaunlich ist die hohe Qualität der Buchausstattung, vor allem der Illustrationen, die iranische Kinder- und Jugendbücher auch international bekannt werden ließen. So erscheinen zahlreiche Verlagsangebote in englischer Sprache mit englischen Buchtiteln und weisen auf Exportbemühungen hin. Allerdings liegen die Kaufpreise solcher gut ausgestatteter Kinderbücher so hoch, daß ihr Kauf für einen Großteil der iranischen Bevölkerung nicht in Frage kommt.
Einen breiten Raum in der iranischen Kinder- und Jugendliteratur nehmen Sagen und Mythen ein. So erschienen 1972 mit den Illustrationen von A. A. SADEGHI die Geschichten von „Abdol Razzagh". Razzagh gehört zu der Gruppe der guten Helden der iranischen Sagenwelt. Er lebte während der Mongolenherrschaft in Khorrasan, nahm den Kampf gegen die Eindringlinge auf und herrschte schließlich selbst in der Stadt Sabzevar. Auch die Geschichte von „Bastoor" (1968) ist auf der Grundlage eines alten persischen Mythos entstanden. M. BAHER richtete ihn für Kinder ein und N. NOJOOMI besorgte die Illustrierung. Bastoor ist ein kleiner Junge, der nicht erwarten kann, endlich erwachsen zu sein. Als er schließlich groß ist, rächt er sich an den Mördern seines Vaters und befreit Persien von seinen Feinden. Die Illustrationen zu der Erzählung „Uncle New Year", die ebenfalls auf eine alte persische Sage zurückgeht, sind von F. MESGHALI. F. FARDJAM und M. AZAD bearbeiteten den Stoff für Kinder. 1975 erlebte das Buch seine vierte Auflage. Es berichtet von einer fröhlichen alten Frau, die einen schönen Garten besitzt. Jedes Jahr bei Frühlingsbeginn vor Sonnenaufgang wäscht sie, putzt sie, sagt ihr

Morgengebet und wartet auf die Ankunft von „Uncle New Year". Bevor dieser eintrifft, schläft sie jedoch jedesmal wieder ein. 1967 wurde das Buch vom iranischen Book Council zum Buch des Jahres gewählt.
C. Tahbaz bearbeitete die Sage von „Gord Afarid" (1973) für Kinder (Illustrationen von A. A. Sadeghi). Gord Afarid ist eine Figur aus Firdausis berühmtem Epos „Shahnameh" (Buch der Könige). Sie ist eine der wenigen Heldinnen in der persischen Literatur und war für ihren Mut berühmt. Mittelpunkt der Bearbeitung ist die Episode, in der sie allein, nachdem sich schon alle Sohrab, dem Sohn Rostams, ergeben haben, weiterhin Widerstand leistet. Sadeghis illustrierte auch die Geschichte von „The hero of champions" ([2]1973). Im alten Persien mußten die Helden nicht nur gute Ringkämpfer sein, sie hatten in ihrem Leben auch den vorgeschriebenen Moralkodex zu beachten. Einer der berühmtesten Helden war Pooriayeh Vallee. Als er mit einem jungen Mann kämpfte und von diesem besiegt wurde, forderte das enttäuschte Volk die Mutter des jungen Kämpfers auf, diesen zu verfluchen. Pooriayeh jedoch hielt sie davon ab und machte allen klar, daß es nur selbstverständlich ist, wenn ein junger Mann einen alten besiegt. Die älteste mythologische Erzählung der Welt ist das Gilgameschepos. Die Nacherzählung von H. Alkhas und M. Safarzadehs Illustrationen machten dieses Epos auch den persischen Kindern zugänglich (1972). Gilgamesch sieht den Tod im Gesicht seines Freundes und zieht in die Welt, um das Geheimnis der ewigen Jugend und des Lebens zu ergründen. Er hat dabei viele Gefahren und Schwierigkeiten zu bestehen. Mythische Figuren spielen auch die Hauptrolle in der Geschichte „The crows" ([2]1974), die N. Ebrahimi aufschrieb und N. Zarrinkelk illustrierte. Dieses Buch wurde auf der

Noureddin Zarrinkelk (1937). Illustration aus dem iranischen Bilderbuch „The story of a silkworm" (1973). In Wort und Bild werden von Noureddin Zarrinkelk die Metamorphosen einer Seidenraupe nacherzählt.*

BIB (1971) ausgezeichnet und erhielt 1970 in Japan einen Preis des „Japan National Committee for UNESCO".
Aus Firdausis „Shahnameh" stammt ebenfalls die Geschichte von „Zall und Simorgh" (1972), die M. Azad für Kinder bearbeitete und N. Zarrinkelk illustrierte. Zall ist das weißhaarige, neugeborene Kind von Sam. Sam, der nie zuvor ein weißhaariges Kind gesehen hatte, wird böse. Seine Furcht über das Geschwätz der Nachbarn bringt ihn in Zorn und er befiehlt, das neugeborene Kind am Fuß der Alborz-Berge auszusetzen. Damit beginnt die lange Leidensgeschichte von Zall. Die griechische Mythologie findet bei den persischen Kindern ebenfalls Freunde. B. Forsi und der Illustrator B. Dadkhah richteten die Sage von „Häphaistos" (1973) für sie ein.
Auch die modernen Kinderbücher, die nicht auf die iranische Märchen-, Sagen- und Mythentradition zurückgehen, bevorzugen die Einbeziehung märchenhaft-phantastischer Elemente. Vor allem das Traummotiv wird häufig benutzt. Die wenigen Umweltgeschichten, die vorhanden sind, führen vorwiegend allgemeine Lebensweisheiten anhand beispielhafter Erzählungen vor. Mit der realen Umwelt und den wirklichen Problemen der Masse der Bevölkerung beschäftigen sich die Kinder- und Jugendbücher des I. nicht. Sicher wird diese Abstinenz von staatlicher Seite unterstützt.
N. Ebrahimi schrieb die Erzählung „The golden goat", die mit Illustrationen von K. Azargine 1974 bereits in der zweiten Auflage erschien. Die Geschichte handelt von einem geizigen alten Mann, der eine goldene Ziege besaß. Aus Furcht, seinen Schatz zu verlieren, hielt er die Ziege vor den Nachbarn verborgen. Eines Tages lief ihm die Ziege davon. Es blieb ihm nichts anderes übrig, als den Leuten, die in seiner Nähe wohnten, von dem Verlust des wertvollen Tieres zu erzählen, um ihre Hilfe bei der Suche zu erhalten. Bald mußte er erleben, daß ihm die Nachbarn keinen Glauben schenkten, da nie einer von ihnen die goldene Ziege gesehen hatte, und er erkannte schnell, daß es besser gewesen wäre, wenn er das Wundertier nicht vor den Nachbarn versteckt gehalten hätte. Ebrahimi versteht diese Geschichte als Parabel von Menschen, die reich werden, ihren Reichtum aber weder zum eigenen Nutzen, noch zum Nutzen ihrer Mitmenschen zu gebrauchen verstehen.
1972 erschien mit Illustrationen von Aidin Sh. Parsipours Erzählung „The Story of the Little Red Ball". Der Autor berichtet von einem kleinen Jungen, der im Land der Bälle nach dem kleinen roten Ball sucht. Als er ihn endlich gefunden hat, muß der Junge erfahren, daß er den Ball erst bekommen kann, wenn er erwachsen geworden und bis dahin höflich und klug geblieben ist.
Die Erzählung „Nach dem Winter in unserem Dorf" von S. Kasraii, die 1974 in dritter Auflage erschien, berichtet von einem Winter, der nicht zu Ende gehen wollte. Als der Frühling noch immer nicht kommt, die roten Rosen ihre schönen Blüten nicht zeigen und die Flüsse nicht in das Tal fließen können, macht sich der kleine Ali schließlich voller Hoffnung auf den Weg, um den Vogel zu finden, der als Bote den Frühling

ankündigt. Er findet ihn, sieht aber, daß er verletzt ist. Mit Hilfe der anderen Dorfbewohner wird der Vogel geheilt und endlich kann der Frühling einziehen. Dieses Buch wurde 1967 vom Children's Book Council of Iran zum besten Buch des Jahres gewählt.
Die gleiche Auszeichnung erhielt 1970 ein Buch von Baghcheban. Seine Erzählung „Daddy Snowman" erschien 1973 bereits in der zweiten Auflage. Die Illustrationen stammen von A. Bailhade. In dieser Geschichte bauen Kinder einen Schneemann, der wie ihr Großvater aussieht. Als der Schneemann zu schmelzen beginnt, geraten sie in Furcht, daß nun auch ihr Großvater verschwinden werde.
Großen Erfolg hatte das 1973 in siebenter Auflage erschienene Buch „The little black fish" von S. Behrangi mit Illustrationen des bekannten Illustrators F. Meschali. Behrangis Geschichte erzählt von einem kleinen schwarzen Fisch, der auszieht, ein neues Leben zu beginnen. Während seiner Reise erlebt er viele Abenteuer und lernt die schönen und häßlichen Gesichter des Lebens kennen. 1968 wurde dieses Buch vom Children's Book Council zum Buch des Jahres ernannt.

Farshid Mesghali (1943). Illustration aus dem 1967 als bestes iranisches Kinderbuch ausgezeichneten Band „King Jamshid" von Mehrdab Bahar. König Jamshid ist eine Figur aus der iranischen Mythologie; er ist der erste Herrscher der Erde, dem Menschen und Tiere zugleich untertan waren.*

Mesghalis Illustrationen zu diesem Buch wurden sowohl mit der Goldenen Medaille der Bologna Book Exhibition als auch mit der BIB-Plakette ausgezeichnet.
A. Khalilis „The Fisherman and the Sea" (1973) wurde von N. Taghavi illustriert. Die Handlung spielt an der Südküste Persiens, wo ein kleiner Junge lebt, dessen Vater eines Tages vom Fischfang nicht zurückkehrt. Tag für Tag wartet der Junge am Ufer auf die Rückkehr seines Vaters. Schließlich nimmt er ein Boot und fährt hinaus, um seinen Vater zu suchen. Aber die Suche ist vergebens, nirgendwo findet er ihn. Jedoch er findet etwas, was er nicht erwartet hatte. Sein Netz ist voll von Fischen, genau wie früher das seines Vaters und das der anderen Fischer.
Von einem kleinen Jungen und seiner Traumwelt handelt auch die Geschichte „I have something to say that only you children can believe" von A. R. Ahmadi (Illustrationen von A. Kiarostami, 1971).
1970 zeichnete die National Commission of UNESCO von Japan das Buch „The crystal flower and the sea" (^{2}1971) von F. Farjam mit den Illustrationen von N. Nojoomi aus. Diese Erzählung berichtet von der Liebe zwischen der Kristallblume und der Sonne. Als die Sonne über dem Nordpol scheint und die Erde warm wird, kommt die Kristallblume aus dem Eis. Sie schaut die Sonne an und verliebt sich in sie. Als die Sonne weiterziehen muß, bittet die Kristallblume die Sonne, sie doch mitzunehmen. Heute noch, so erzählt Farjam, wenn man zur Sonne aufschaut, sieht man dort einen kleinen Fleck: die Kristallblume.
Vor allem durch die Illustrationen F. Mesghalis wurde T. Kiarostamis Geschichte „The Hero" (^{2}1975) bekannt. Sie erzählt von einem bösen Riesen, der die Häuser und Felder zerstört und die Menschen in die Berge und Wüsten treibt. Nachdem die Menschen lange Zeit vergebens auf die Hilfe eines fremden Helden gewartet haben, raffen sie sich zum Widerstand auf und besiegen gemeinsam den Riesen.
N. Zarrinkelk lieferte die Bilder zu den historischen Erzählungen um „Hamzeh" (^{2}1973) von M. A. Sepanloo. Hamzeh und Ayar sind Freunde von Kindesbeinen an und gehören zu den alten Helden des I.s. Als junge Männer kämpfen sie gegen alle, die die Menschen unterdrücken. Das machte sie so berühmt, daß der große Sassaniden-Herrscher Anonshiravam Adel sie nach Madaen in seine Hauptstadt einlud. Dort erlebt Hamzeh viele Abenteuer und verliebt sich in die Königstochter.
„Überraschende Gäste" heißt die Erzählung von F. Farjam, die 1975 in dritter Auflage erschien. Sie wurde von J. Farman-Farmaian illustriert. Hier wird von einer alten Frau, die allein lebt, berichtet. In einer stürmischen Nacht begehren nach und nach Tiere und Vögel bei ihr Unterschlupf, und das kleine Haus wird schnell dicht bevölkert. Am nächsten Morgen wollen die ungeladenen Gäste nicht gehen. Die nette alte Frau lud sie ein, zu bleiben unter der Bedingung, daß sie sich mit ihr in die Hausarbeit teilen.
Nach Nordpersien führt die Geschichte „Gilan" den Leser. Dieses Buch wurde von B. Daokhah (^{2}1974) geschrieben und illustriert. Es erzählt von einem kleinen Mädchen, das sich aus der Schulstube in andere Teile Persiens hinwegträumt. Es stellt sich vor, wie es auf einer weißen Wolke über die Berge zu den Städten am Meer fliegt.
„The story of the little country" (1971) von M. Atashi mit Illustrationen von J. Ramezani erzählt von Riesen, die den Frieden und die Schönheit eines kleinen Landes zerstören. Erst den Kindern dieses Landes gelang es, die Burg der Riesen anzugreifen und sie gefangen zu nehmen.

Zwei Auflagen erlebte die Geschichte von „Khorshid Khanon“ (Lady Sunshine, ^{2}1973) von M. E. Beh-Azin (Illustrationen von J. Ramezami). Eines Tages fiel die Sonne bei ihrer Himmelswanderung in einen Brunnen. Eine alte Frau, die das gesehen hat, will die Sonne für sich behalten. Sie ruft ihre Kinder und befiehlt ihnen, die Sonne aus dem Brunnen heraufzuholen. Diese wollen die Sonne der Mutter nicht überlassen, sondern möchten sie gerne für sich selbst behalten. Beh-Azin versucht den kleinen Lesern klar zu machen, daß viele Menschen im Leben scheitern, weil sie zu egoistisch sind.

N. Ushihs Geschichte „The ortolan in the cage“ (^{3}1973) berichtet von einem kleinen Vogel, der seit dem Winter in einem Vogelbauer lebt. Obgleich er genügend Nahrung und Wasser erhält, ist er nicht glücklich. Er möchte in die Berge fliegen, Bäume und Wälder sehen. Er fühlt, daß die Freiheit selbst den Hunger aufwiegt. Als die anderen Tiere ihm nicht helfen wollen, versucht er schließlich selbst, sein Gefängnis zu zerbrechen und sich zu befreien. 1973 wurden die Illustrationen dieses Buches mit der BIB-Plakette ausgezeichnet.

1970 erschien mit F. Mesghalis Illustrationen F. Hadayatpoors Buch „The city of snakes“. Schlangen beherrschen die Menschen einer Stadt und machen sie zu ihren Dienern. Erst als ein junger Mann das Geheimnis der Schlangen aufdeckt, können sie mit der Hilfe des Volkes aus der Stadt verjagt werden. Auch für die Geschichte „The blue eyed boy“ (1972) zeichnete F. Mesghali die Bilder, den Text schrieb J. Mojabi. Mojabi berichtet von einem Dorfjungen, der alle Lebewesen und Dinge in blauer Farbe sieht. Die Eltern bringen ihn deshalb zum Arzt, der auch als Zauberer gilt. Damit beginnt eine Reihe heiterer und verwickelter Erlebnisse. Zu den bedeutendsten Werken der Kinder- und Jugendliteratur des I.s gehört auch B. Beyzais preisgekröntes Buch „Truth and the wise man“ (1972).

Die wenigen Sachbücher, die iranische Autoren für Kinder und Jugendliche geschrieben haben, greifen ganz verschiedene Themengebiete auf. Die jungen Leser werden z. B. in die islamische Kultur eingeführt, indem ihnen Aussprüche Mohammeds vorgeführt werden. Sie lernen daran richtiges Denken und Glauben und die Umsetzung der Lehren in die Praxis (There is no Pray like Thinking, 1973, illustriert von A. A. Sadeghi). Ein anderes Buch handelt von der alten persischen Kunst der Kachelglasur („Persian glazed tiles“, 1973, mit Illustrationen von M. R. Adnani). Adnani ist auch der Illustrator des Buches „Animals pattern in the Iran's historical traces“ (1973). Es stellt Tierzeichnungen und -reliefs vor, die vor Jahrhunderten von unbekannten Künstlern in Stein, Lehm und Metall eingeritzt wurden. N. Zarrinkelk beschäftigt sich in N. Ebrahimis Buch „The Story of the carpet's flower“ (1973) mit der alten persischen Kunst des Teppichknüpfens. Das Buch soll Kindern Einblick in Geschichte und Methode dieses Handwerks geben. K. Golestan beschäftigt sich in „Ghalamkar“ ebenfalls mit einem weiteren alten persischen Handwerk, dem Stoffdruck (1973). Eine Einführung in die traditionelle persische Kunst gibt M. R. Adnanis Buch „Persepolis“ (1972).

In den letzten Jahren treten auch häufiger Autoren mit Kindergedichten auf. Zu den herausragenden Werken dieser Art gehört M. Azads Buch „The story of the little Robin“ (^{2}1972). Es ist ein Gedicht über den kleinen Vogel „Robin“, der einen Baumwollsamen findet, ihn aufpickt und seinem Vater bringt. Sein Vater erzählt ihm, daß daraus herrliche Kleider angefertigt werden. So beschreibt das Gedicht die Anstrengungen und Methoden der Kleiderherstellung, die Illustrationen stammen von N. Haghighat.

C. Tahbaz gab 1972 eine „Anthology of persian Poetry“ heraus. Es ist eine Sammlung mit Werken alter und moderner Autoren. Hauptinhalt der Gedichte ist die Naturbetrachtung. Dieses Buch wurde 1972 auf der Bologna Book Exhibition ausgezeichnet. B. Dadkhah ist der Illustrator dieses Buches.

B. Dadkhah illustrierte auch das Buch „The poet and the sun“ von C. Tahbaz (^{2}1973). In diesem Werk wird das lesende Kind in die Gedankenwelt der Dichter eingeführt. „Poems of Children“ (1971) wurde von M. Azad herausgegeben und ebenfalls von B. Dadkhah illustriert. Dieses Buch enthält Gedichte moderner Autoren. Dieses Buch wurde 1971 in Bologna preisgekrönt.

Nikzad Nojoomi. Illustration aus dem iranischen Kinderbuch „The spell of the dark town“ (1967) von Reza Marzban. Die märchenhafte Geschichte schildert die Suche von Kindern nach dem Schlüssel zur Glückseligkeit.

Organisationen, Förderungsmaßnahmen, Literatur zur Kinder- und Jugendliteratur. Eine wesentliche Rolle in der Förderung der iranischen Kinder- und Jugendliteratur spielt seit seiner Gründung 1965 das „Institute for the Intellectual Development of Children and young

Adults", eine staatliche Einrichtung, die unter dem direkten Vorsitz der iranischen Kaiserin FARAH PAHLEVI arbeitet. Die Gründung dieses Instituts geht auf eine Idee von L. J. ARJOMAND zurück, die an der Rutgers-Universität in New Jersey/USA zur Kinderbibliothekarin ausgebildet wurde. Die Tätigkeit des Instituts beschränkt sich allerdings nicht nur auf Kinder- und Jugendbücher, sondern umfaßt Aktivitäten, die sich von der Ausrichtung des „International Children's Film Festival" (erstmals 1966) bis zu Kampagnen zur Bekämpfung des Analphabetismus erstrecken. Das Institut betreut die Errichtung und Verwaltung von Bibliotheken für Kinder und Jugendliche in Städten und Dörfern im Lande. Weiter entstehen unter der Aufsicht und im Auftrag des Instituts Bücher und anderes Lesematerial, das in die Bibliotheken Eingang findet und auch in den Buchläden des Landes vertrieben wird. Dazu kommt die Produktion von Filmen und audiovisuellen Materialien für Unterricht und Freizeit. Schließlich pflegt das Institut auch internationale Kontakte. Bis 1976 entstanden unter der Betreuung durch das Institut 115 Kinder- und Jugendbücher, die zum Teil internationale Auszeichnungen erhielten. Zu den Aktivitäten des Instituts gehören auch die Ausbildung der Bibliothekare, der Kontakt zum Leser, die Organisation von Filmabenden, die Anregung von Wandzeitungen durch Kinder, Ausstellungen von Kinderzeichnungen und Handarbeiten. Erzählstunden werden abgehalten und Diskussionen finden in Buchklubs statt. Seit 1966 läuft ein mobiles Büchereiprogramm, das die Schulen und Vororte Teherans durch Fahrbüchereien versorgt.
Der „Children's Book Council" besteht seit 1962. Die Gründer dieser privaten Institution waren Erzieher, Künstler, Autoren und Bibliothekare. Ziel der Institution ist es, die Produktion von guten Kinder- und Jugendbüchern zu forcieren. Vor allem sollen Verleger und Autoren dazu ermutigt werden, Kinderbücher herzustellen, die der eigenen Kultur entstammen. Die erste Unternehmung des Council war eine Liste, die eine Auswahl guter iranischer Kinder- und Jugendbücher anbot. Dieses vierteljährlich erscheinende „Bulletin" zirkuliert in Schulen, geht an Verleger, Studenten und an andere Personen, die an Kinder- und Jugendliteratur interessiert sind. Im Laufe der Jahre entwickelte sich diese Einrichtung zum Zentrum der Forschung und Organisation auf dem Gebiet der Kinder- und Jugendliteratur im I. Sie mustert jährlich alle im Laufe des Jahres erschienenen Bücher für Kinder und wählt das „Best Book of the Year" aus. Enger Kontakt besteht zu den Schulbibliotheken.
1973 fand in Teheran das dritte Seminar über Kinder- und Jugendliteratur statt, das vom iranischen Children's Book Council veranstaltet wurde. 180 Personen nahmen an diesem Treffen teil. Die Hauptdiskussion umfaßte vier Themen: 1. Die persische Sprache in der Kinder- und Jugendliteratur, 2. die Unterschiede zwischen Kinder- und Jugendliteratur und Literatur für Erwachsene, 3. Dichtung für Kinder und 4. Sachliteratur für Kinder und Jugendliche. Die Vortragenden waren N. EBRAHIMI, F. BADREI, M. KIANOOSH und F. TONEKABONI.
1972/1973 zeichnete das Children's Book Council folgende Bücher aus: Für das Vorschulalter erhielten J. und R. BARRETT für ihr Buch „Animals Should Definitely Not Wear Clothes" (1972) den Preis; für die Kinder, die den ersten Grad im Lesen erreicht haben, wurde das Buch „The Two Birds" (1973) von G. GHAZINOOR ausgezeichnet; für die älteren Kinder gewann B. BEYZANI für sein Buch „The Truth and the Wise Man" (1971) den Titel.
Zu den für die Kinder- und Jugendliteratur wichtigen Institutionen gehört auch das iranische Erziehungsministerium, das in Zusammenarbeit mit den Franklin Publications seit 1964 die Kinder- und Jugendzeitschrift „Paik" herausgibt. Die Zeitschrift hat große Verbreitung gefunden, vor allem weil sie auf fünf verschiedene Lesestufen hin angelegt ist. Vorgänger der „Paik" waren nach dem Zweiten Weltkrieg die Zeitschriften „Nonakalan" und „Bazi". Neben den Franklin Publications sind die Verlage Noor Jahan Publishing Co., Amir Kabir Publishing Co. und Padideh Publications auf dem Sektor der Kinder- und Jugendliteratur tätig.

Sekundärliteratur: F. Shirvanloo: Literature for Children and Young People in Iran (in: Bookbird. IX. 3. 1971. 32–37 und X. 1. 1972. 19–21). – J. Rypka: Iranische Literaturgeschichte (1959).

Winfred Kaminski

Iselin, Isaak

*Pädagogischer Schriftsteller, Ratsschreiber; * 7. 3. 1728 Basel, † 20. 7. 1782 Basel.*

Nach dem 1747 begonnenen Studium der Rechte in Göttingen kehrte I. in seine Vaterstadt Basel zurück. Dort trat er 1756 die Stellung eines Ratsschreibers an, die er bis zu seinem Tode innehatte.

Werk, Tendenzen, Wirkung. Ergriffen von den neuen Ideen in seiner Zeit, widmete sich I. neben seiner Tätigkeit als Ratsschreiber dem Studium der Aufklärungsphilosophie und Pädagogik, setzte sich nachdrücklich für die Verbesserung des Schweizer Schulwesens ein und publizierte zahlreiche Schriften zur Erziehung im Sinne der Aufklärung und des Philanthropinismus. Besondere Bedeutung erlangte seine 1775 in Basel erschienene Schrift „Philanthropische Aussichten redlicher Jünglinge, ihren denkenden und fühlenden Mitmenschen übergeben", die vor allem älteren Jugendlichen in der Schweiz als besonders empfohlene Lektüre diente. Für die Entwicklung der Jugendliteratur und des Lesebuchs wirkte seine „Sammlung dem Nutzen und dem Vergnügen der Jugend geheiligt" (1768, ³1776) außerordentlich fortschrittlich. Das Werk gilt als das erste weltliche Lesebuch in deutscher Sprache. Im Sinne J. J. ROUSSEAUS forderte I. in seinem Schulreformplan die Muttersprache Deutsch als Unterrichtsfach. Er vertrat J. B. BASEDOWS Pädagogik in der Schweiz und warb in mehreren Schriften für die Einrichtung neuer Erziehungsanstalten im Sinne des BASEDOWschen Philanthropin („Schreiben an die Helvetische Gesellschaft, über Basedows Vorschläge zur Verbesserung des Unterrichts der Jugend", 1769; „Schreiben an Ulysses von Salins-Marschlins, über die Philanthropinen in Dessau und in Graubündten", 1776). Er förderte J. H. PESTALOZZI, der 1774 Mitglied der von I. begründeten „Helvetischen Gesellschaft" wurde und mehrere bedeutende Arbeiten in I.s „Ephemeriden der Menschheit oder Bibliothek der Sittenlehre und Politik" veröffentlichte. 1781 vermittelte I. an PESTALOZZI für dessen pädagogischen Roman „Lienhard und Gertrud" den Verleger DECKER. Die von I. 1771 in Basel gegründete „Gesellschaft des Guten und Gemeinnützigen" bestand über zweihundert Jahre fort.

→Aufklärung, →B. Basedow, →J. H. Pestalozzi, →Philanthropinismus, → J. J. Rousseau

Werke: Philosophische Muthmaßungen über die Geschichte der Menschheit (Bd. 1–2. 1764); Sammlung, dem Nutzen und Vergnügen der Jugend geheiligt (Bd. 1–2. 1768, [3]1776); Schreiben an die Helvetische Gesellschaft, über Basedows Vorschläge zur Verbesserung des Unterrichts der Jugend (1769); Philanthropische Aussichten redlicher Jünlinge, ihren denkenden und fühlenden Mitmenschen übergeben (1775); Schreiben an Ulysses von Salis-Marschlins, über die Philanthropinen in Dessau und in Graubündten (1776); Versuch über die Verbesserung der öffentlichen Erziehung (1781).
Hrsg.: Ephemeriden der Menschheit, oder Bibliothek der Sittenlehre und Politik (1776–1781).

Sekundärliteratur: P. Zinck: Iselin als Pädagoge (1900).

Margarete Dierks

Israel

(Medinat Israel). Staat im Vorderen Orient, an der Südost-Küste des Mittelmeeres. Staatsgebiet (ohne die 1967 hinzugekommenen Gebiete): 20700 km²; Einwohner: 2657400. Am 15.5.1948 erlosch das britische Mandat über Palästina. Daraufhin riefen der Nationalrat der Juden in Palästina und der Generalrat der zionistischen Weltbewegung in Tel Aviv den unabhängigen Staat I. aus. Die Zusammensetzung der jüdischen Bevölkerung ist uneinheitlich. Anfangs stellten Auswanderer aus Mitteleuropa den größten Teil der Bevölkerung. Später kamen viele Auswanderer aus den muslimischen Ländern von Nordafrika bis Irak dazu (sie stellen heute etwa die Hälfte der jüdischen Einwohner I.s). Neuerdings kommen auch Auswanderer aus osteuropäischen Staaten. Neben dem jüdischen Bevölkerungsanteil finden sich vorwiegend arabische Minderheiten (etwa 250000 Muslims, 60000 Christen und 32000 Drusen). Amtssprachen sind Hebräisch und Arabisch.

Vorläufer und Entwicklung der Kinder- und Jugendliteratur. Die israelische Kinder- und Jugendliteratur ist Ergebnis vieler historischer Faktoren und Prozesse: 1. Zur Zeit der Spätaufklärung (Ende des 18. Jahrhunderts) entstanden zuerst in Mitteleuropa, dann in Osteuropa im Zuge einer liberaleren Behandlung der jüdischen Minderheiten nicht nur jüdische Schulen, sondern (überwiegend für diese) auch eine hebräische Kinderliteratur, die sich mit der zeitgenössischen Kinderliteratur der Wirtsvölker durchaus vergleichen läßt (Lesebücher mit moralischen Beispielgeschichten, Fabeln, Kindergedichten, überwiegend aus den Sprachen der Wirtsvölker übersetzt). 2. Ein entscheidender Impuls war dann hundert Jahre später – parallel zum Zionismus (1. Zionistenkongreß Basel 1897) – die Bewegung zur Erneuerung des Hebräischen, deren bedeutendster Anreger und Förderer E. BEN-YEHUDA sich auch um Kinderliteratur als Herausgeber von Sammlungen und der ersten hebräischen Kinderzeitschrift (1893) sehr verdient gemacht hat. 3. Letzter Anstoß war die Gründung des Staates I. (1948) und die dadurch möglich gewordene nationalstaatliche Entwicklung des Landes. – Zusammenfassend lassen sich aus den historischen Bedingungen der Entstehung einer israelischen Kinder- und Jugendliteratur folgende Konsequenzen ziehen: Die israelische Kinder- und Jugendliteratur wurzelt in der europäischen Bildungsgeschichte der letzten 200 Jahre, d.h. wurde von den ashkenasischen Einwanderern angeregt, entwickelt und auf ihren heutigen Stand gebracht. Sie kann daher als Teil der im Lande tonangebenden, entscheidend von „westlichem Geist" geprägten Kultur angesehen werden, deren Träger zugleich auch die politische und ökonomische Macht in der Hand haben. Diese Entwicklung wird dadurch noch gefördert, daß weder die sefardische, das heißt aus den östlich-arabischen Ländern stammenden Einwanderer noch die unter israelischer Herrschaft lebenden Araber über eine entwickelte moderne literarische Kultur noch auch über eine Kinderliteratur verfügen, die über einige Klassiker oder Ansätze einer Kinderpresse hinausgeht. Ferner muß festgestellt werden, daß die „Pionierzeit" der Vorbereitung auf den Staat, die Einwanderungsschübe (Aliyahs, seit etwa 1880) sowie die Aufbauphase und die Existenzkriege gegen die arabischen Nachbarländer der Entwicklung einer israelischen Kinderliteratur nicht förderlich gewesen sind, da die Schwierigkeiten zur Konzentration aller Kräfte und Mittel zwangen. Auf der anderen Seite haben Einsichtige immer wieder auf die Chance einer neuhebräischen Literatur, auch Kinderliteratur hingewiesen, zur Integration der aus über 90 Ländern stammenden Bevölkerung beizutragen und vor allem sprachliche „Entwicklungshilfe" zu leisten. Es zeigt sich jedoch auch in I., daß das „Buch" erst auf einer verhältnismäßig fortgeschrittenen Stufe kultureller Entwicklung eine Funktion gewinnt, während Bildergeschichten und Presseerzeugnisse bereits auf früher Stufe eine Rolle spielen können.

Zur Entwicklung der Kinderliteratur in vorisraelischer Zeit seien noch einige Details ergänzt. Nach den hebräischen Lesebuchanfängen in Wien und Berlin um 1790 wirkte in Breslau D. ZAMOSC, der über zwanzig Bücher mit Geschichten und Gedichten und sogar Theaterstücke für Kinder schrieb oder herausgab und der 1824 CAMPES „Robinson der Jüngere" (1779/80) ins

Hebräische übersetzte. A. MAPU ließ 1868 in Königsberg den ersten originalhebräischen Jugendroman – „Liebe zu Zion" – erscheinen, der so erfolgreich war, daß er bis 1929 immer neue Auflagen erlebte. Ende des 19. Jahrhunderts entstanden in Warschau, Wilna und Odessa die ersten hebräischen Verlage, die sich auch um das Kinderbuch kümmerten, die ersten auf palästinensischem Boden um 1916 herum. In dem damals türkisch beherrschten Palästina erschien 1887 BEN-YEHUDAS und D. YELLINS Buch „Mikra" („Anthologie für jüdische Kinder"), 1893 ein von BEN-YEHUDA u.a. herausgegebenes Kindermagazin. Wichtig in dieser Phase der hebräischen Kinderliteratur waren auch Y. GORR mit seinen rund 90 Originalwerken und Übersetzungen, A. MORDECHAI PIORKO, der sich sein ganzes Leben für die Kinderliteratur einsetzte und 1899 eine Wochenzeitung für Kinder herausgab, sowie L. KIPNIS (* 1894), der über 50 Jahre lang Gedichte, Geschichten, Märchen und Spiele für Kinder schrieb. In den zwanziger und dreißiger Jahren dieses Jahrhunderts, zur Zeit des britischen Mandats, machte die hebräische Kinderliteratur weitere Fortschritte; neue Verlage wurden gegründet, Zeitschriften herausgeben, immer mehr Autoren, auch der allgemeinen Belletristik, widmeten sich der Kinderliteratur, wenn auch die israelische Kinder- und Jugendliteratur bis weit in die Zeit des Staates I. hinein zu einem erheblichen Teil aus Übersetzungen der (westlichen) Kinderklassiker bestand (noch 1968 machten Übersetzungen insgesamt 50 % der Kinder- und Jugendbuchproduktion des Landes aus).

Gegenüber der hebräischen Kinderliteratur sind die jiddischen Ansätze zur modernen israelischen Kinderliteratur spärlich geblieben, vor 1900 ist nur SH. ALEICHEM mit Geschichten und K. MOLODOWSKA (USA) mit Gedichten für Kinder hervorgetreten; eine gewisse Blüte gab es in den zwanziger Jahren in Europa, während Amerika in der Folgezeit für die jiddische Kinderliteratur mehr und mehr bedeutend wurde.

Gegenwärtiger Stand. Der kulturbestimmende Einfluß des „Westens" einschließlich seiner wirtschaftlichen Strukturen (kapitalistische Marktwirtschaft, allerdings mit starkem Gegengewicht staatsautoritärer Gewerkschaften und dem sozialistischen Modell der Kibbuzim) führt jedoch zu Bedingungen, die denen westlicher Länder sehr ähnlich sind. Eine starke Einfuhr von Büchern, Zeitschriften und Illustrierten – zur Hauptsache aus England, der ehemaligen Mandatsmacht, deren Sprache immer noch zweite Sprache des Landes ist sowie aus den hauptsächlichen Herkunftsländern der Israelis – unterstützt diese Entwicklung, die dazu führt, daß die städtische Bevölkerung – deren Anteil an der Gesamtbevölkerung ständig zunimmt und heute bereits über 80 % beträgt – ein ähnliches Konsumverhalten wie die Bevölkerungen westlicher Länder an den Tag legt. Pornographie, Western- und Comicserien gehören ebenso dazu wie vulgäre Zeitschriften mit den im Westen üblichen Inhalten. Der Entwicklung zum lediglich unterhaltenden Verbrauch von Literatur steht eine nur geringe, wenn auch zunehmende, aber durch die finanzielle Belastung des Staates behinderte staatliche und schrifttumspolitische Aktivität gegenüber. Unter den (negativen) Abwehrmaßnahmen ist eine auf gesetzlicher Basis arbeitende Kommission zur Abwehr pornographischen Schrifttums zu nennen; unter den positiv fördernden sind mehrere staatliche, halbstaatliche und private Jugendbuchpreise zu nennen: Isaak Lamdan-Preis der Gemeinde Ramat Gan, zuerst 1954 verliehen; Esther Rabinowitz-Preis, verliehen von einer Pädagogischen Akademie, zuerst 1968; Aaron Zeev-Preis, Staatspreis (Erziehungsministerium), zuerst 1971 und bisher zweimal verliehen: an M. YALAN STEKELIS und an E. SMOLLY; schließlich der Yatziv-Preis der Kinderzeitung „Davar", zuerst 1954. Ferner werden die Kinderabteilungen der öffentlichen Bibliotheken staatlicherseits subventioniert. Gefördert werden auch die Kibbuz-Büchereien sowie die Bibliotheken der Grund- und Mittelschulen, zum Teil mit Grundstockbeständen bei Neueinrichtung. Die Schulbüchereien werden auf Grund einer seit 1971 vom Ministerium für Erziehung und Kultur bzw. von durch das Ministerium berufenen Fachleuten regelmäßig herausgegebenen und inzwischen mehrfach erweiterten Empfehlungslisten ständig ausgebaut. Unmittelbar der Eingliederung von Neueinwanderern dient eine von der Frau des ersten Präsidenten, R. J. BEN-ZWI, ins Leben gerufene Stiftung, aus der – wie auch aus weiteren Schenkungen – Tausende von eingewanderten Kindern Buchgeschenke erhielten. – In abgelegenen Gegenden werden Büchereibusse mit Kinderabteilungen eingesetzt. Staatlich unterstützt wird auch die seit 1974, u.a. von U. OFEK, G. BERGSON und E. TARSI-GAY betreute Zeitschrift „Kinder- und Jugendliteratur"; sie erscheint viermal im Jahr und wird allen Schulen des Landes zur Verfügung gestellt. Sie ist die erste und bisher einzige Fachzeitschrift I.s für das Gebiet, das im übrigen sonst von den Fachzeitschriften für Pädagogik, besonders der der Kindergärtnerinnen, mitbetreut wird.

Die Kinder- und Jugendliteratur profitiert auch von der jährlich stattfindenden, von den Verlagen organisierten „Buchwoche" mit ihren Autorenlesungen, Ausstellungen und Bücherbasaren.

Trotz dieser gewiß nicht geringen staatlichen und privaten Aktivitäten sind jedoch Buchwerbung und -versorgung im Verhältnis zum Notwendigen noch unzulänglich. Die Gründe sind in der finanziellen Notlage des Staates, dem der Aufbau neuer Städte und Industrien und die Sicherung nach außen vordringlich erscheinen müssen, sowie in der Arbeitsüberlastung der Bewohner zu suchen. Die äußere Qualität der Bücher läßt überdies häufig zu wünschen übrig, ein Mangel, der sich vor allem im Bilderbuch auswirkt. Ein erschwinglicher Preis läßt sich bei dem geringen Umfang der angesichts der rund 2,7 Millionen Einwohner (1974, ohne die besetzten Gebiete) verkäuflichen Auflagen (2000–3000) nur durch Qualitätsminderung erreichen. Er muß gerade im Hinblick auf die Literarisierung von Einwanderern aus orientalischen Ländern niedrig gehalten werden. Damit ist das Problem des Analphabetismus und der Buchfremdheit aus dem Orient stark mender Einwanderer und der Araber des Staatsgebietes und der 1967 und 1973 eroberten Gebiete angesprochen. Es handelt sich teils um ein soziales Problem (unterprivilegierte Schichten), teils um ein Bildungsproblem, wenn man nicht beide miteinander verbunden sieht. Es ist, wenn überhaupt, erst in der zweiten Generation lösbar (immerhin hat eine Statistik ergeben, daß Kinder amerikanischer und europäischer Einwanderer – man darf hinzufügen: nur – 2,5 mal und die im Lande geborenen Kinder 2 mal so viel lesen wie die Kinder orientalischer Einwanderer). Ungelöst ist auch die Frage, wie die nach dem 6-Tage-Krieg 1967 und dem Yom Kippur-Krieg 1973 sprunghaft gewachsene arabische Minderheit gefördert werden kann; sie ist immerhin von der Buchproduktion der arabischen Länder abgeschnitten (wenn auch im Prinzip die Möglichkeit der Einfuhr und des Verkaufs arabischer Kinderliteratur besteht, zumindest seit dem 6-Tage-Krieg 1967) und hat im eigenen Land keine nennenswerte aufzuweisen. Dem Angebot minderwertiger Hefterzeugnisse steht nur eine geringe Anzahl Klassiker des Arabischen gegenüber, die politisch unverfänglich sind. Eine nennenswerte Kinder- und Jugendliteratur gibt es aber auch in den arabischen Nachbarländern kaum. Etwas günstiger scheint die Situation an den arabischen Schulen in I. Doch darf nicht übersehen werden, daß die Lage bei den Bevölkerungen der arabischen Länder keineswegs günstiger ist und daß I. einige Anstrengungen unternommen hat, um die Araber zu alphabetisieren – bis hin zu Schulen für die Beduinen I.s, die von dem Angebot wenigstens für den männlichen Nachwuchs ausgiebigen Gebrauch machen.

I. hat ca. 80 Buchverlage aufzuweisen, von denen 50 auch Kinder- und Jugendbücher herausbringen. Ausschließliche Jugendbuchverlage gibt es kaum, doch bemühen sich einige Verlage besonders um das Kinder- und Jugendbuch, vor allem die Verlage der beiden Kibbuzorganisationen (u.a. der halbstaatlichen Gewerkschaft Histadruth). Die Gesamtzahl der Neuerscheinungen und Neuauflagen pro Jahr liegt zwischen 200 und 300 Kinder- und Jugendbüchern, davon (mit abnehmender Tendenz) ungefähr die Hälfte Übersetzungen.

Bedingt durch die Herkunft der meisten am literarischen Leben Beteiligten (der produzierenden und lesenden Schichten), aber auch durch den Entwicklungsrückstand einer nationalen israelischen Kinder- und Jugendliteratur, begegnet die klassische bis moderne Kinder- und Jugendliteratur des Abendlandes einem hervorragenden Interesse; verbreitet und bekannt sind die Bücher von H. Chr. Andersen, H. Beecher-Stowe, L. Carroll, C. Collodi, D. Defoe, Ch. Dickens, M. Ende, den Brüdern Grimm, T. Jansson, E. Kästner, J. Korczak, A. Lindgren, J. London, K. May, H. Melville, A. A. Milne, R. L. Stevenson, J. Spyri, J. Swift, L. Tolstoi, P. Travers, A. Tschechow, Mark Twain, J. Verne. Bei einer Befragung unter 14jährigen Volksschülern erwies sich der „Robinson" als das bei weitem beliebteste und bekannteste Buch, gefolgt von „Prinz und Betteljunge", „Pinocchio", „Alice im Wunderland" und der „Schatzinsel". Unter den ersten 40 Titeln befanden sich 60% solcher „Klassiker", aber nur 10% moderne israelische Literatur. Das ist sicher auch auf „typisch" jugendliche Leseinteressen zurückführen (Leben in fernen Ländern und Zeiten, Abenteuer), zum anderen fehlt es auch in I. wie in vielen westlichen Ländern an einer breite Leserkreise ansprechenden, gut unterhaltenden Spannungsliteratur von einigem Niveau.

Themen, Inhalte, Richtungen. Bereits die ersten in den zwanziger und dreißiger Jahren dieses Jahrhunderts entstehenden hebräischen Originalwerke der Kinder- und Jugendliteratur wandten sich von dem bis dahin vorherrschend gewesenen Interesse an historischen, vor allem biblischen Figuren und Vorgängen ab und der gegenwärtigen Situation der Kolonisierung und Urbarmachung von Neuland und des Heimischwerdens in Palästina zu. Es entstand eine neue Abenteuerliteratur und eine Literatur der Propaganda für die Rückkehr aufs Land, der Mensch in Auseinandersetzung mit ungünstigen natürlichen Bedingungen, besonders bei der Gründung neuer Niederlassungen, Kibbuzim, Kampf gegen die arabische Bedrohung und die verschiedenen Kriege seit der Staatsgründung, aber auch Probleme der Integration von Einwanderern, der israelisch-arabischen Verständigung. Ein gewisser Friedensoptimismus ist seit dem Yom Kippur-Krieg 1973 einer erheblichen Skepsis gewichen, in der sich die offizielle Politik des Staates ebenso spiegelt wie eine verbreitete Stimmung des Volkes. Der Gefahr chauvinistischer Tendenz wird von vielen Einsichtigen entgegengearbeitet (vgl. Regev 1970). Die Sparte Mädchenbuch ist in I., abgesehen von einigen Übersetzungen, kaum vertreten, wie überhaupt eine spezielle Jugendliteratur (für die über 13jährigen) wenig entwickelt ist. Neben den mehr oder weniger realistischen und gegenwartsnahen, zwischen Politik und Abenteuer schwankenden Erzählungen, die zum Teil auch in marktgängigen „Serien" herauskommen, hat in I. die Kinderpoesie eine alte, auch heute noch gepflegte Tradition; einer der Begründer der modernen hebräischen Literatur und von vielen als der größte Nationalpoet der modernen hebräischen Literatur überhaupt eingeschätzt, Ch. Nachman Bialik (1873–1934), schrieb Kindergedichte, die vielfach im Vorschul- und Primarstufenbereich verwendet werden und unter israelischen Kindern ziemlich verbreitet sind, außerdem Geschichten nach biblischen Motiven und Nachdichtungen z.B. des „Wilhelm Tell" und „Don Quijote"; L. Goldberg (1911–1970), A. A. Pinkerfeld (*1902), A. Hillel (*1926), M. Y. Stekelis (*1900) und D. Ravikovitch sind hier einige der bekannteren neueren Autoren, die zum Teil auch preisgekrönt wurden und im Westen bekannt sind (L. Goldbergs Koproduktion mit A. Lindgren). An weiteren Namen sind erwähnenswert: N. Gutmann (*1898), E. Smoly (*1901; dt. Sie waren die ersten, 1965), S. Itzhar (Iz'har, *1916, z.B.: Sechs Sommererzählungen, Barfuß), M. Shamir (*1921; dt. Fahrt mit Umwegen, 1964), U. Ofek (*1926, autobiographische Erzählungen, Aaron Zeev-Preis; dt. Rauch über Golan, 1975). Nur in deutscher Sprache schreiben die israelischen Autorinnen R. LAMPEL (* 1901) und A. SCHWARZ; sie wurden auch nur in Verlagen des deutschsprachigen Raums verlegt und sind in I. selber weitgehend unbekannt geblieben. – Auch in I. ist die Trivialliteratur für Kinder ein Problem. Nicht nur werden die fortwährenden israelisch-arabischen Kriege von tüchtigen Schreibern gewinnträchtig seriell ausgebeutet, sondern auch im Kinder- und Bilderbuch finden sich viele Geschmacklosigkeiten, die wie in Europa zum Teil über Kaufhäuser vertrieben werden, abgesehen von den auch in I. verbreiteten, meist aus Amerika importierten und zum Teil englischsprachigen Comicheften. Das Kinder-Zeitschriftenwesen ist relativ gut ausgebaut; insgesamt lesen Kinder mehr spezielle Zeitschriften mit ihrem bunten und abwechslungsreichen Angebot als Bücher, und zwar die Zeitschriften der politischen und religiösen Jugendorganisationen. – In I. gibt es kaum „reine Kinder- und Jugendbuchautoren". Wie bereits die Pioniere der israelischen Kinder- und Jugendliteratur schreiben die meisten heutigen Kinder- und Jugendbuchautoren auch oder nebenbei für Kinder; das wird von israelischen Fachleuten als Hauptgrund für das im ganzen hohe Niveau der israelischen Kinderliteratur angesehen. Ein besonderes Problem ist die Entwicklung der Kinder- und Jugendbuchkritik. Wie in den meisten übrigen Ländern hält sich die etablierte universitäre Literaturwissenschaft I.s (abgesehen von ersten Ansätzen in Haifa) aus der wissenschaftlich-kritischen Beschäftigung mit der Kinder- und Jugendliteratur heraus. Daher steht die Kinder- und Jugendliteraturtheorie in I. noch in den Anfängen. Erst in Verbindung mit pädagogischen und didaktischen Fragen, d.h. im Bereich der Erzieher- und Lehrerausbildung und im Hinblick auf die Schulpraxis hat das Kinder- und Jugendbuch seinen Ort, wie es – bis zur Gründung der Zeitschrift „Kinder- und Jugendliteratur" – auch nur in pädagogischen Fachzeitschriften kritisch behandelt wurde. U. OFEK gab 1970 unter dem Titel „Junge Welt" eine Enzyklopädie der Kinderliteratur (Lexikon der Kinder- und Jugendbuchautoren aus aller Welt, soweit in I. verbreitet oder bekannt) heraus; E. TARSI-GAY veröffentlichte eine Sammlung von Kritiken von Kinder- und Jugendbüchern, M. REGEV u.a. didaktische Handreichungen. Auch die allgemeine Presse kümmerte sich um die Kinder- und Jugendliteratur kaum; nicht einmal die Kinder- und Jugendbuchpreise finden hier Resonanz. Besser sieht es bei einigen weniger bekannten Zeitungen sowie im Rundfunk aus, wo eine wöchentliche Sendereihe „Ich kenne ein Buch" lief, aber auch alle in der Bundesrepublik verbreiteten amerikanischen Western- und Abenteuerserien; auch die Sesamstraße wurde im Fernsehen gesendet. – In Fachkreisen wird seit vielen Jahren eine rege Diskussion über die Kriterien der Kinder- und Jugendbuchkritik geführt, an der sich u.a. U. OFEK, M. REGEV, E. TARSI-GAY und M. ROTH beteiligt haben. An den Fach- und Hochschulen ist Kinder- und Jugendliteratur obligatorisches Lehrgebiet für Bibliothekare, Lehrer aller Stufen, besonders im Primarbereich, für Jugendleiter und Kindergärtnerinnen. An der Hebräischen Universität Jerusalem ist Kinder- und Jugendliteratur Lehrgebiet für die Ausbildung der Bibliothekare, an der Akademie für Lehrerbildung Jerusalem besteht ein Institut für Kinderliteratur, das M. REGEV gegründet hat und leitet.

→ Jiddische Kinder- und Jugendliteratur

Sekundärliteratur: M. Dahrendorf: Israel als Jugendbuchthema (in: R. Bamberger (Hrsg.): Probleme des Sachbuchs für die Jugend. 1968. 124–134). – Ch. Hagitti: Aus meiner Büchereierfahrung in Israel (in: Jugendliteratur. 7. 1961. 9. 393–396). – H. Lebrecht: The Juvenile Book in Israel (in: Bookbird. 1965. 4. 18–26). – P. Navè: Die neue hebräische Literatur (1962). – U. Ofek: The beginning of Hebrew Children's literature (1959). – A. Pellowski: The World of Children's Literature (1968). – M. Regev: Das Bild des Arabers in israelischen Kinderbüchern (in: Emuna Horizonte. 5. 1970. 6. 392–409).

Malte Dahrendorf

Italiaander, Rolf

*Schriftsteller, Ethnologe, Forschungsreisender, Herausgeber ethnologischer und literarischer Werke, Mitbegründer der „Freien Akademie der Künste in Hamburg"; * 20.2.1913 Leipzig.*

I. studierte an der Universität und Kunsthochschule in Leipzig, später in Berlin, Rom und Oxford. Aus politischen Gründen erfolgte 1934 der Abbruch des Studiums und Beschneidung seiner schriftstellerischen Arbeit. In dieser Zeit unternahm I. Reisen und Expeditionen durch Afrika; zeitweilig gehörte er der Fremdenlegion in Algerien an. Nach 1945 erfolgten zahlreiche Überseereisen. Der Jugendroman „Hans und Jean" (1951) wurde vom Norddeutschen Schriftstellerverband für seine völkerverbindende Tendenz mit einem Diplom ausgezeichnet. 1964 wurde I. der Hans Henny Jahnn-Preis der Stadt Hamburg verliehen. I. lebt heute als freier Schriftsteller in Hamburg.

Werk, Tendenzen, Wirkung. In I.s Kinder- und Jugendbüchern geht es, zuweilen mit moralisierender Tendenz, um die Erziehung zur Toleranz gegenüber dem Mitmenschen, ohne Rücksicht auf dessen nationale, rassische oder religiöse Zugehörigkeit (z.B.: Hans und Jean, 1951; Mubange, der Junge aus dem Urwald, 1957). Alle Werke I.s zeigen das Bemühen, dem Friedensgedanken zu dienen. Die Biographien, Reisebeschreibungen und anderen Sachbücher vermitteln darüber hinaus sachliche Information und Begegnung mit Menschen, die außerordentliche Situationen zu bestehen haben (Die neuen Männer Afrikas, 1963; Die Friedensmacher, 1965; Terra Dolorosa, 1969). Unverbindlichen Abenteuer- und Detektivgeschichten steht I. kritisch gegenüber. Er möchte „wieder mehr Poesie in das Leben der Kinder hineintragen" und versucht dies in dem afrikanischen Tiermärchen „Das Elefanten-Mädchen" (1972) sowie in den im Südseeraum gesammelten Märchen und fantastischen Geschichten „Kiri-

Geister der Südsee" (1975), wo sich Geister- und Wunderglaube der Südsee mit eigenem Erleben verbinden.

Die Liebe zum Tier zu fördern, ist ein weiteres Merkmal der pädagogischen Intentionen des Autors (Geliebte Tiere, 1957; Bingo und Bongo vom Kongo, 1967). In jüngster Zeit verfaßte I. auch Theaterstücke für Kinder und Jugendliche (Jeder ist ein Glied in der Kette, 1974; Das große Glück der Lampenputzer, 1975). Beide Stücke kamen auch als Sprechplatte im Rahmen der von I. herausgegebenen Platten-Serie „Die gute Tat" (WEA-Musik GmbH, 1975) heraus. Kern der beiden Stücke ist die Darstellung der Verwirklichung von Solidarität und Menschlichkeit.

Werke: Seid Ihr alle da? (1948); Das Wunderpferd. Märchen (1946); Hans und Jean (1951); Der Überfall auf die Saharaschule (1953); Im Lande Albert Schweitzers (1954); Mubange, der Junge aus dem Urwald (1957); Geliebte Tiere (1957); Der ruhelose Kontinent (1958); Die neuen Männer Afrikas (1960); Schwarze Haut im roten Griff (1961); Die Friedensmacher (1965); Bingo und Bongo vom Kongo (1967); Terra Dolorosa (1969); Das Elefanten-Mädchen (1972); Kiri – Geister der Südsee (1975).

Sekundärliteratur: Unterwegs mit Rolf Italiaander – Begegnungen und Betrachtungen, Bibliografie (1963). – G. Fried (Hrsg.): Die Welt des Rolf Italiaander (1973).

Anneliese Knoop

Italien

(Republica Italiana). Republik in Südeuropa. Staatsgebiet: 301249 km². Einwohner: 53330000. Nach dem Zweiten Weltkrieg wurde am 27.12.1947 die neue Verfassung verkündet, die am 1.1.1948 in Kraft trat. Nach ihren in Artikel 1–12 festgelegten Grundsätzen (Principi Fondamentali) ist I. „eine auf Arbeit gegründete demokratische Republik". Den Hauptanteil der Bevölkerung stellen die Italiener. Außerdem umfaßt das Staatsgebiet im Norden das deutsche Sprachgebiet Südtirol, eine französischsprechende Minderheit im Aostatal, slowenischsprechende Minderheiten in Friaul und kleine Gruppen Albaner in Süd-I. und Sizilien. Landessprache ist italienisch (in der autonomen Region Aostatal auch französisch, in der Provinz Bozen auch deutsch).

Entwicklung der Kinder- und Jugendliteratur und gegenwärtiger Stand. Die Entstehung der italienischen Kinderliteratur fällt in die Zeit des Barock, das heißt ins 17. Jahrhundert. Es ist die Zeit des „Wunderbaren", der Feenmärchen, deren Geistesverwandtschaft zu Kindern sehr groß ist. In Frankreich hatte Ch. Perrault dem Märchen zu neuem Leben verholfen, in I. wurde das Märchen ein Jahrhundert früher von G. B. Basile (1575–1632) wiederentdeckt. Sein Buch „Lo cunto de li cunti" (Das Märchen der Märchen) ist die Niederschrift von Erzählungen aus dem Volksmund. Sie wurden posthum 1634–1636 in neapolitanischem Dialekt unter dem Titel „Pentamerone" (dt. Der Pentamerone oder Das Märchen aller Märchen. Bd. 1 und 2; 1846) von G. A. Abbattutis veröffentlicht, wobei G. A. Abbattutis ein Anagramm von G. B. Basile darstellt. Der Titel spiegelt die inhaltliche Aufteilung wider: um die zentrale Erzählung der an Schwermut erkrankten Prinzessin Zosa sind fünfzig Märchen angeordnet, die an fünf Tagen von zehn alten Leuten erzählt werden. Die Zeit der größten Verbreitung des „Pentamerone" war das 19. Jahrhundert, als sich Literaturwissenschaftler vermehrt der Suche nach Volksmärchen widmeten. J. Grimm äußerte sich in einem kritischen Nachwort zu seinen Märchen lobend über diese italienische Märchensammlung. Das Verdienst Basiles besteht darin, dem Volksmärchen literarische Würde verliehen und den Weg gewiesen zu haben, den etwas später Perrault beschritten hat.

Es handelt sich noch nicht um Kinderliteratur im eigentlichen Sinn, sie war jedoch, zusammen mit der italienischen Novellendichtung dieses Jahrhunderts, die oft spaßhafte und doppeldeutige Züge aufwies, den Kindern sehr wohl bekannt, so daß eine der ersten Zielsetzungen des pädagogisierenden 18. Jahrhunderts darin bestand, neben das Märchen etwas von der Ausdrucksweise her Gehobeneres mit moralischem und erzieherischem Inhalt zu stellen. Es entstanden die für das 18. Jahrhundert typischen moralischen Geschichten, die Gegenstücke zu den englischen „moral tales".

Um die Schriftsteller und Dichter zu ermutigen, sich dieser Art literarischer Produktion zu widmen, wurden Wettbewerbe veranstaltet. Der erste Wettbewerb dieser Art wurde von der Società patriottica di Milano (der Patriotischen Gesellschaft Mailands) im Jahre 1775 auf Initiative des Herzogs Carlo Bettoni ausgeschrieben, der als Preis für eine Sammlung moralischer und belehrender Erzählungen einhundert Zechinen bot. Interessanterweise fand er niemand, der ihm des Preises würdig erschien. In einem zweiten Wettbewerb wurde der Preis an G. Padovani und Fr. Soave (1743–1806) in Anerkennung gleicher Leistungen verliehen. Fr. Soave war Priester und hatte sein Buch mit dem Titel „Novelle morali" (Moralische Geschichten) bereits im Jahre 1782, vor Ausschreibung des Wettbewerbs, verfaßt, und hatte ihm im Jahre 1786 die endgültige Fassung gegeben. Das Buch genoß einen außergewöhnlichen Ruf.

In das 18. Jahrhundert fällt auch die Entstehung der Zeitschriften für Kinder. Die Initiative ging von E. Caminer Turra (1751–1796) aus, der ersten weiblichen Journalistin I.s, die die bekannte Zeitschrift von Berquin „L'Ami des Enfans" (dt. Der Kinderfreund. T. 1 und 2, 1808) aus dem Französischen übersetzt hatte.

Eine literarische Richtung des 19. Jahrhunderts zielte auf das Volksgut, die überlieferten Märchen und Sagen hin. Für die Kinderliteratur bringt dies einerseits Vorteile, andererseits kommt jedoch eine starke Tendenz zur Moralisierung auf, zur belehrenden Form, welche die Produktion nicht unwesentlich behindert. Während sich die Literatur des 19. Jahrhunderts im wesentlichen an das Bürgertum wendet, richtet sich die des 18. Jahrhunderts an die aristokratische Klasse. Auf dieser Linie finden wir G. TAVERNA (1764–1850), Verfasser der „Le prime letture dei fanciulli" (1808; Erste Lektüre für Kinder) und einer Sammlung von „Racconti storici" (1803; Erzählungen aus der Geschichte). Beide Bücher sind von lebhaftem erzieherischen Eifer geprägt. Sie wurden zusammen in einem Band im Jahre 1836 veröffentlicht und stellten für lange Zeit einen der verbreitetsten außerschulischen Lesestoffe dar.

Eine andere Richtung repräsentierten Schriftsteller, die ihre Bücher mit der Absicht des pädagogischen Enzyklopädismus schrieben. Der bekannteste ist A. L. PARRAVICINI (1799–1880), ein Pädagoge, der im Jahre 1837 in Como ein Buch mit dem Titel „Giannetto" veröffentlichte. Der „Giannetto" ist eine Enzyklopädie für Kinder in sechs Teilen, die von einem lockeren Erzählfaden zusammengehalten werden und die vollgepackt sind mit wissenschaftlichen, künstlerischen, kulturellen Informationen und praktischen Lehren. Die Hauptfigur, Giannetto, hört alles mit großem Eifer und Verstand an, ein braver und tüchtiger Junge, der ein Vorbild für die Leser abgeben soll. In seinem pädagogisierenden Ton ist das Buch für den heutigen Leser als Lektüre unzumutbar. Das Buch PARRAVICINIS wurde durch einen im Jahr 1836 ausgeschriebenen Wettbewerb bekannt, nachdem der zuvor im Jahr 1833 ausgeschriebene Wettbewerb ohne Ergebnis verlaufen war. Die „Società fiorentina per le scuole di mutuo insegnamento", eine Gesellschaft zur Förderung der Schulen, die den Wettbewerb veranstaltete, hatte klar zum Ausdruck gebracht, daß man an ein Buch denke, dessen Zielsetzung die Erziehung des Lesers sein sollte. Ästhetische oder künstlerische Gesichtspunkte spielten dabei keine Rolle. P. THOUAR (1809–1861) schrieb zunächst für zwei bekannte Zeitschriften der Zeit, für „Il giornale dei fanciulli" (Zeitschrift für Kinder), die er selbst im Jahre 1834 gegründet hatte, und „La guida dell' educatore" (Wegweiser für Erzieher), die für Lehrer bestimmt war. Die Leitung der zuletzt genannten Zeitschrift hatte der Abt LAMBRUSCHINI inne. THOUARS schriftstellerische Begabung erlaubte es ihm, den moralischen und erzieherischen Absichten das künstlerische Element hinzuzufügen. THOUAR schrieb Bücher für die Jugend und für das Volk. Zu den besten gehören „I'racconti per i fanciulli" (1845, Erzählungen für Kinder) und „La Madre" (1847, Die Mutter).

Zu den Schriftstellern, die ähnliche Intentionen wie THOUAR verfolgten, gehören P. DAZZI (1837–1896) mit „Il primo libro della bambina" (Das erste Buch des kleinen Mädchens), „Il bambino" (Das Kind), „Il fanciullo" (Der Knabe) und G. TARRA (* 1822) mit „Letture graduate al fanciullo italiano" (Ausgewählte Lesestoffe für das italienische Kind), ein Buch, das patriotische Züge in stark romantischem Gewand aufweist. Beim Übergang von der ersten zur zweiten Hälfte des Jahrhunderts findet ein tiefgreifender Wandel in der Literatur, der Kunst, aber auch der Politik und der Gesellschaft I.s statt. In der Jugendliteratur beginnt sich der künstlerische Anspruch deutlicher abzuzeichnen. An diesem Wendepunkt stehen Autoren von großer literarischer Bedeutung für die Kinder- und Jugendliteratur wie COLLODI, DE AMICIS, CAPUANA.

Die italienische Kinder- und Jugendliteratur seit 1850. Nach der im Realismus vorherrschenden Einstellung, die dominierende literarische Bewegung der Zeit, wählten die Schriftsteller ihre Protagonisten nicht mehr aus Adel und Klerus, sondern aus dem Bürger- und Kleinbürgertum. Außerdem fand eine Verlagerung vom städtischen zum ländlichen Milieu statt. Hier beschrieben sie lebensnah Waisen oder einsame, unglückliche Kinder, auf denen schon die Last harter Arbeit lag. Diese Kindertypen finden sich hauptsächlich in den Büchern von CAPUANA. Dieses Phänomen ist jedoch nicht auf I. beschränkt: ähnliches findet sich in den von dem Franzosen MALOT beschriebenen Kindergestalten, in bestimmten Figuren des Ungarn MOLNAR oder in denen von CH. DICKENS und seinen Fortsetzerinnen wie F. S. MONTGOMERY und M. S. CUMMINS.

In die letzten Jahrzehnte des 19. Jahrhunderts fällt die institutionelle Sicherung und die Entwicklung der Zeitschriften, die bereits in der ersten Hälfte des Jahrhunderts entstanden waren. Zu den bekanntesten Kinder- und Jugendzeitschriften gehörten „Cordelia", 1881 gegründet, und zuerst von A. DE GUBERNATIS, später von I. BACCINI geleitet, sowie „Il giornale per i bambini" (Die Zeitung für Kinder), die ebenfalls im Jahr 1881 von dem bekannten Literaten F. MARTINI (1841–1928) gegründete Zeitschrift. MARTINI übergab später die Leitung an COLLODI, als die Redaktion der Zeitung von Rom nach Florenz verlegt wurde. Mitarbeiter dieser Zeitung waren berühmte Literaten und Kinderschriftsteller. COLLODI veröffentlichte in ihr „Le avventure di Pinocchio" (1881; Die Abenteuer Pinocchios) als Fortsetzungsgeschichte. Im Jahre 1889 fand eine Fusion mit dem „Giornale dei fanciulli" (Zeitschrift für Kinder) statt, dessen Leitung V. TREVES TEDESCHI (1849–1916) inne hatte, die unter dem Pseudonym CORDELIA schrieb. Sie gründete im Jahr 1886 eine weitere Zeitschrift, „Mondo piccino" (Die Welt der Kleinen), die bis zu Anfang des 20. Jahrhunderts erschien. Die Entstehung und Durchsetzung einer für Kinder bestimmten Verlagstätigkeit machen deutlich, daß die Jugendliteratur nach und nach einen eigenen Stellenwert erhielt, auch wenn sie noch vielfach als mindere Literatur angesehen wurde.

Eine der Schriftstellerinnen, die neben den erzieherischen auch die künstlerischen und kinderpsychologischen Aspekte wahrnahm, war I. BACCINI (1850–1911). Ihr bekanntestes Buch trägt den Titel „Memorie di un pulcino" (1875; Erinnerungen eines Küken). In ihm werden Einflüsse ausländischer Kinderliteratur deutlich. Zum ersten Mal ist die Hauptfigur eines italienischen Buches für Kinder ein Tier, das denkt und handelt wie ein Kind, und das viel lebendiger und lebensechter wirkt als viele „omini e donnine" („Männlein und Weiblein"), die bis dahin die Erzählungen für Kinder bevölkert hatten. Eine andere ziemlich bekannte Erzählung BACCINIS ist „Una famiglia di saltimbanchi" (1901; Eine Familie von Seiltänzern).

Zu einem internationalen Kinderbuchklassiker wurde die Puppengeschichte „Avventure di Pinocchio". Der Autor des Buches, der Florentiner C. Lorenzini (1826–1890) schrieb unter dem Pseudonym Collodi, dem Namen des Geburtsortes seiner Mutter. Er widmete sich dem Journalismus, lebte aber hauptsächlich von Einkünften aus dem Staatsdienst. Am Unabhängigkeitskrieg des Jahres 1848 nahm er als Freiwilliger teil. Der Jugendliteratur widmete er sich erst in den letzten Jahren seines Lebens. Im Jahr 1875 übersetzte er die Märchen Perraults, der Mme. d'Aulnoy und von J. M. Leprince de Beaumont auf brillante Weise aus dem Französischen. Sie sind in „Il libro delle fate" (Das Buch der Feen) zusammengefaßt. Als nächstes Buch schrieb er den „Giannettino" (1876), der eine Fortsetzung des „Giannetto" des Parravicini sein sollte. Lorenzini machte daraus jedoch ein völlig neues Buch, das neue Ideen in die italienische Schule brachte. Die Hauptfigur dieses verbreiteten Buches ist Giannetto, ein verwöhnter, gewalttätiger und überheblicher Junge, der durch die Hilfe des Dr. Boccadoro (Goldmund), einem „Hauslehrer des gesunden Menschenverstandes", durch tägliche auf Lebensweisheiten zurückgreifende Lehren von seinen Unarten geheilt wird.

Im Jahr 1878 folgte „Minuzzolo", eine Fortsetzung des „Giannettino". Die Hauptfigur, Minuzzolo, trat schon im ersten Buch als Gegner von Giannettino auf. Auch hier sind die alltäglichen Erlebnisse Anlaß, dem Leser Kenntnisse aus der Geschichte, der Geografie, den Naturwissenschaften zu vermitteln und, auf humorvolle Weise, Morallektionen zu erteilen. F. Martini forderte Collodi auf, an der „Zeitschrift für Kinder" (Giornale per i bambini) mitzuarbeiten, in der er in Fortsetzungen, beginnend im Jahre 1881, „La storia di un burattino" (Die Geschichte eines Hampelmanns) veröffentlichte, die im Jahr 1883 als Buch unter dem Titel „Le avventure di Pinocchio" (dt. Zäpfelkerns Abenteuer, 1905) erschien. Im gleichen Jahr betraute Martini Collodi mit der Leitung der Zeitschrift.

In den 36 Kapiteln von „Le avventure di Pinocchio" wird erzählt, wie ein armer Holzschnitzer, Meister Kirsche, seinem Freund Geppetto ein seltsames Stück Holz schenkt, das lacht und weint wie ein Kind. Geppetto will daraus einen wunderbaren Hampelmann schnitzen. Er macht sich an die Arbeit und verhilft so einem Hampelmann zum Leben, der sich von Anfang an als ein schrecklicher Junge erweist, der immer zu wilden Streichen aller Art aufgelegt ist, aber im Grunde ein gutes Herz hat. Nach jedem seiner Streiche und Ausreißversuche bereut er seine Taten sofort, aber kurz darauf hat er alle guten Vorsätze vergessen. Es beginnt eine lange Reihe von Abenteuern, in denen die Hauptetappen jene sind, in denen er dem schrecklichen Puppenspieler Feuerfresser begegnet, der jedoch Mitleid hat und ihm fünf Goldstücke schenkt, dann das Zusammentreffen mit Kater und Fuchs, zwei dunklen, verdächtigen Gesellen, die alles daran setzen, den Hampelmann seines Geldes zu berauben, und die Begegnung mit „la bella fatina dai capelli turchini" (der schönen Fee mit den türkisfarbenen Haaren), der

Alberto Longoni (1921). Illustration zu einer Neuausgabe von Carlo Collodis Pinocchio (Mailand 1964).*

einzigen weiblichen Figur der Geschichte, einer Fee, die für Pinocchio warme mütterliche Liebe empfindet; da ist die Reise ins Land Dummenfang, der harte Dienst Pinocchios als Wachhund eines Bauern, das Abenteuer mit dem grünen Fischer, die Rückkehr der Fee, die Reise ins Spielzeugland, wo Pinocchio in einen Esel verwandelt wird, das Auftreten als Esel in einem Zirkus; da ist der Sprung ins Meer, nachdem der „Esel" Pinocchio von den Fischen verschlungen wird. Die hölzerne Beschaffenheit des Hampelmanns bewahrt ihn jedoch vor dem Tod; er verliert nur die Eselshaut und wird später von einem Riesenfisch verschluckt. Im Bauch des Riesenfisches findet Pinocchio seinen Vater Geppetto wieder. Mit ihm zusammen gelingt es, dem seltsamen Gefängnis zu entkommen und das Ufer zu erreichen. Von diesem Augenblick an macht sich Pinocchio auf alle nur erdenkliche Weise daran, für den Lebensunterhalt seines Vaters zu sorgen. Schließlich verwandelt ihn die Fee mit den türkisfarbenen Haaren in einen Jungen aus Fleisch und Blut als Belohnung für seine endgültige Läuterung. Pinocchio ist eine Kinderfigur, mit der sich Kinder voll und ganz identifizieren können. Humor, spannende Erzählweise und der gesunde Menschenverstand, der aus dem Buch spricht, haben das Buch bis heute in den Kinderbuchprogrammen der Verlage der ganzen Welt seinen Platz behalten lassen.

Im Jahr 1887 veröffentlichte Collodi die „Storie allegre" (Lustige Geschichten), eine Sammlung von

Erzählungen, von denen die bekannteste „Pipi o lo scimmiottino color di rosa“ (Pipi oder das rosafarbene Äffchen) ist.
Ein anderer wichtiger Schriftsteller aus der Epoche des Realismus ist L. CAPUANA (1839–1915), ein Sizilianer. Er ist Verfasser zahlreicher Erzählungen und Romane für Erwachsene: sein interessantester Roman, der heute noch eine gewisse Gültigkeit hat, ist „Il marchese di Roccaverdina“ (1901; Der Marquis von Roccaverdina). Er lebte einige Jahre in Florenz, wo er als Theaterkritiker der Zeitung „La Nazione“ (Die Nation) arbeitete. Nach einem Zwischenaufenthalt in Sizilien wurde er in Rom seßhaft, wo er abwechselnd als Schriftsteller und Universitätslehrer für italienische Literatur tätig war. Im Jahr 1892 wurde ihm die Leitung der Kinderzeitschrift „Cenerentola“ (Aschenputtel) übertragen. In seinen reifen Jahren widmete er einen großen Teil seiner Aktivität der Kinderliteratur und schrieb Erzählungen wie „Scurpiddu“ (1898), „Gambalesta“ (1903); „Cardello“ (1907; Distelfink). Die Hauptfiguren seiner Bücher sind Kinder vom Lande. Sehr oft sind sie arm und gezwungen, sich auf irgendeine Weise zu arrangieren, um leben zu können. Der Einfluß des Realismus ist unverkennbar, er entspricht der besonderen italienischen Ausrichtung, die die Bezeichnung „Verismo“ (Verismus) trägt, und zu deren Hauptcharakteristika die Ansiedlung der Handlung im Provinzmilieu und weniger in dem der Großstadt gehört, ebenso die Beschreibung lokaler Gewohnheiten, Bräuche und Verhaltensweisen.
Am verbreitetsten wurden CAPUANAS Märchen, von denen er verschiedene Sammlungen veröffentlichte; zu den wichtigsten gehören „Il regno delle fate“ (1883; Das Reich der Feen), „Il racconta-fiabe“ (1894; Der Märchenerzähler), „Schiaccianoci“ (1897; Der Nußknacker), „Chi vuol fiabe, chi vuole?“ (1908; Wer will Märchen, wer will?), „Nel paese della zagara“ (1910; Im Land der Orangenblüte).
In der zweiten Hälfte des 19. Jahrhunderts entwickelte sich auch das belehrende Sachbuch für Kinder, das naturwissenschaftliche und historische Themen bevorzugte. Einer der typischen Vertreter dieser Richtung war A. STOPPANI (1824–1890), der Verfasser eines weitverbreiteten erzählenden Sachbuchs, das den Titel „Il bel paese“ (1875; Das schöne Land) trägt. Es enthält Dialoge zwischen dem Autor und seinen Neffen. In vierunddreißig Gesprächen beschreibt er I. und die bekanntesten, auf der Halbinsel vorkommenden Naturwunder (fenomeni naturali). T. CATANI (1858–1925) bot Kindern und Jugendlichen botanische und zoologische Informationen. Die Vermittlung von Kenntnissen aus den genannten Bereichen erfolgte in erzählender Form, wodurch die belehrenden Informationen aufgelockert wurden. Zu seinen Werken zählen „Uno sciopero nel pollaio“ (Streik im Hühnerstall), „Avventure di due scarabei“ (Abenteuer zweier Skarabäuskäfer), „Il cavaliere Mirtillo“ (Der Reiter Mirtillo), „Al paese verde“ (Zum grünen Land). An größere Kinder, die bereits über einige Kenntnisse aus der Geschichte und den Naturwissenschaften verfügten, wandte sich P. LIOY (1834–1911). In seinen Büchern, zu denen „Piccolo mondo ignoto“ (Kleine unbekannte Welt), „Vita dell' universo“ (Leben des Universums), „Notte e ombra“ (Nacht und Schatten) gehören, vereinigte präzises Sachwissen, pädagogische Begabung und künstlerische Gestaltungsfähigkeit. Auch geschichtliche Erzählungen trafen auf besonders große Lesergunst. Zu den besten Schriftstellern auf diesem Gebiet gehörten U. POGGI (1829–1902) mit seinem Buch „La vita d'Italia“ (Das Leben Italiens) und G. CESARE ABBA (1838–1911). ABBA war ein unternehmungslustiger Mann, der als Freiwilliger an dem abenteuerlichen Feldzug GARIBALDIS zur Eroberung des „Reiches beider Sizilien“ (1860) teilnahm. Das Unternehmen wurde gemeinhin „Der Zug der 1000“ genannt, wegen der Anzahl der Freiwilligen, die von Quarto in Ligurien loszogen. In seinen reifen Jahren war ABBA Lehrer und schrieb verschiedene Bücher für Kinder. Von ABBA stammt ein Tagebuch, das den „Zug der 1000“ beschreibt und noch heute von Jugendlichen viel gelesen wird. Es trägt den Titel „Da Quarto al volturno, noverelle di uno dei mille“ (1860; Vom Quarto zum Volturno, Notizen von einem der Tausend).
„Cuore“ ist eines der Werke der italienischen Jugendliteratur, die sowohl in I. als auch im Ausland große Verbreitung gefunden haben. Der Verfasser, E. DE AMICIS (1846–1908), widmete, nachdem er verschiedene Bücher für Erwachsene geschrieben hatte, den Kindern ein Lesebuch für die Grundschule, dem er den Titel „Cuore“ (dt. Herz. Ein Buch für die Knaben, 1889) gab. Ein Junge aus der dritten Volksschulklasse einer öffentlichen Schule in Turin schreibt in seinem Tagebuch alles nieder, was um ihn herum im Verlauf eines Schuljahres geschieht. Die Tagebuchnotizen werden unterbrochen von Ermahnungen, Vorwürfen, Gedanken und Ratschlägen der Eltern oder der Schwester, einer Hauptfigur des Buches, die in Form von Briefen abgefaßt sind. Außerdem finden sich zwischen den Tagebuchnotizen Geschichten, die der Lehrer den Schülern einmal im Monat erzählt. DE AMICIS' Ziel war die moralische und kulturelle Bildung des Lesers und die Verherrlichung sozialer Ideen, die seiner Generation besonders opportun erschienen, deren Lebensgewohnheiten nach den Kämpfen der Unabhängigkeitskriege ziemlich kraftlos und bürgerlich geworden waren. Der Stil DE AMICIS' ist oft sentimental und rhetorisch. Darauf sind auch die negativen Urteile besonders nach dem Zweiten Weltkrieg zurückzuführen. Die Lektüre ist dem heutigen Leser nur dann zu empfehlen, wenn sie mit einer geschichtlichen Milieuschilderung einhergeht, d.h. wenn zugleich die Zeit, in der DE AMICIS lebte, mitgedacht wird und die Gründe angegeben werden, die DE AMICIS veranlaßten, das Buch zu schreiben. Aus diesem Grund ist das Buch für junge Leser heute kaum noch geeignet.
Die Hauptcharakteristika der Zeit des Realismus, von denen die Bücher CAPUANAS und DE AMICIS' geprägt sind, finden sich auch bei der Schriftstellerin E. PERODI (1850–1918). In zwei Romanen, deren Hauptfiguren unglückliche Kinder sind, nämlich „Flick o tre mesi in

me circo" (Drei Monate in einem Zirkus) und „Un Cuoricino ben fatto" (Ein wohlgeformtes kleines Herz) wird der Einfluß von DE AMICIS deutlich. Origineller und den Büchern CAPUANAS näher sind die Märchensammlungen „Al tempo dei tempi" (In uralten Zeiten), „Fiabe e leggende del mare di Sicilia" (Märchen und Sagen des Meeres von Sizilien), vor allem aber „Novelle della nonna" (Märchen der Großmutter, 1892), ein Buch, in dem Märchen und Sagen sich mit toskanischer Tradition und schriftstellerischer Originalität verbinden. E. PERODI leitete auch einige Jahre die „Zeitschrift für Kinder" (Giornale per i bambini).

R. FUCINI (1843–1921) schrieb für Kinder ein Buch mit dem Titel „Il mondo nuovo" (1907; Die neue Welt), eine Sammlung von Erzählungen, die zwischen Märchen und Fabeln stehen und von einem sympathisch-volkstümlichen Ton getragen sind. Für Kinderanthologien sind auch andere Bücher, die er für Erwachsene schrieb, geeignet so z. B. „Le veglie di Neri" (1882; Die Nachtwachen Neris), ein Buch, das bei Jugendlichen außergewöhnlich verbreitet war.

Die Kinder- und Jugendliteratur I.s im 20. Jahrhundert. Die italienische Kinder- und Jugendliteratur des 20. Jahrhunderts ist durch das Nachlassen lehrhafter Tendenzen geprägt. Es gibt darüber hinaus eine neue Richtung, die sich langsam durchsetzt, und die von der Beachtung der „Dimension des Kindes" gekennzeichnet ist. Die Verbreitung von Kinderzeitschriften wächst. Viele der Zeitschriften sind mit den Namen bekannter Schriftsteller und Erzieher verbunden, so z. B. „Il giornalino della Domenica" (1906 bis 1927; Die Kinderzeitung am Sonntag), zu deren Herausgeberteam L. BERTELLI und G. FANCIULLI gehörten, sowie „Il Corriere dei piccoli" (Die Zeitung der Kleinen), die im Jahre 1908 von S. SP. FILIPPI gegründet wurde. Bis zum Ersten Weltkrieg bestehen nebeneinander das Kinderbuch mit pädagogischer Tendenz, dessen Initiator P. THOUAR war, und das mehr unterhaltende Kinderbuch, wie es von COLLODI begonnen worden war. Zahlreiche Kinder- und Jugendbücher enthalten nun auch beide Tendenzen. So finden wir ein vorwiegend erzieherisches Interesse bei S. BISI ALBINI (1856–1919), die die Zeitschrift „La Rivista delle Signorine" (Die Zeitschrift für junge Mädchen) herausgab. Sie hat „Una nidiaba" (1887; Die Kinderschar) geschrieben. Die gleichen Tendenzen zeigen die Schriften der Autorin M. PEZZE PASCOLATO (1868–1933), die zu den Begründerinnen von Kinderbibliotheken in I. gehörte und russische und deutsche Kinderliteratur sowie einen großen Teil der Märchen von H. CHR. ANDERSEN ins Italienische übersetzte. Von ihren Büchern verdienen „Pif Paf" (1908) und „Cose buone" (1908; Gute Dinge) Erwähnung.

P. C. LOMBROSO (1871–1954), Tochter des bekannten Psychiaters und Anthropologen, interessierte sich für Psychologie und Soziologie. Sie gründete eine Gesellschaft für Bibliotheken auf dem Land und arbeitete bei anderen humanitären und sozialen Projekten mit. Unter dem Pseudonym ZIA MARIU war sie von der ersten Ausgabe an Mitarbeiterin an der Zeitschrift „Corriere dei Piccoli" (Die Zeitung der Kleinen). Zu ihren Büchern zählen „Le Fiabe di zia Mariu" (1912; Die Geschichte der Tante Mariu) und „Storie vere di Zia Mariu" (1916; Wahre Geschichten von Tante Mariu).

Zwei Schriftsteller zeichnen sich durch die gelungene Kombination von Humor und Phantasie in ihren Kinderbüchern aus. Es sind O. FAVA (1859–1937) mit seinen Büchern „Granellin di pepe" (1890; Pfefferkorn) und „Francolino" (1895) sowie A. PANZINI (1863–1939), der Verfasser des noch heute gelesenen Buches „Novelline divertenti per bambini intelligenti" (1934; Unterhaltsame Geschichten für intelligente Kinder). PANZINI gehört zu den Autoren, die auch bei Erwachsenen wohlbekannt sind. Für Kinder und Erwachsene schrieben auch L. ZUCCOLI (1870–1929), mit seinem viel gelesenen Kinderbuch „I piaceri e i dispiaceri di Trottapiano" (1918; Die Freuden und Leiden von Trottapiano); G. GOZZANO (1833–1916) verfaßte zwei Märchenbände „La principessa si sposa" (1917; Die Prinzessin heiratet) und „I tre talismani" (1914; Die drei Talismane); F. PAOLIERI (1879–1928) ist der Autor der „Novelle Toscane" (1914; Märchen aus der Toskana); A. BALDINI (1889–1962) ist der Verfasser des Buches „La strada delle meraviglie" (1923; Die Straße der Wunder).

Abenteuergeschichten im Stile K. MAYS, die internationale Verbreitung fanden, schrieb E. SALGARI (1863–1911). Nach ausgedehnten Seereisen wurde er Redakteur der Zeitung „Nuova Arena" (Neue Arena), in der er die erste seiner zahlreichen Abenteuererzählungen veröffentlichte. Unglückliche Familienverhältnisse und die geringe Vergütung, die er vom Verleger erhielt, zwangen ihn zu einer entnervenden Lohnschreiberei, die ihn später zum Selbstmord trieb. Seine Bücher hatten bei den jungen Lesern innerhalb und außerhalb I.s großen Erfolg. Die Literaturkritik warf ihm vor, sein Stil sei schlampig und seine Bücher hätten kein künstlerisches Niveau. Es fehle die erzieherische Verantwortung und die psychologische Durcharbeitung. Heute werden seine Qualitäten als Autor spannender Jugendbücher wieder entdeckt und seine unerschöpfliche Phantasie sowie die kindgemäße Erzähltechnik gelobt. Seine Bücher vermitteln intensives Abenteuergeschehen. Abenteuer reiht sich an Abenteuer. SALGARIS Bücher können in Themenkreise gegliedert werden. Eine Gruppe von Erzählungen berichtet von malayischen Piraten („Le tigri di Mompracem", Die Tiger von Mompracem; „I misteri della giungla nera", Die Geheimnisse des schwarzen Dschungels; „I pirati della Malesia", Die Piraten von Malaysia; „Le due tigri", Die zwei Tiger; „Sandokan alla riscossa", Der Aufruhr von Sandokan; „La riconquista di Mompracem", Die Wiedereroberung von Mompracem; „La rivincita di Yanez", Die Vergeltung von Yanez). Mit den europäischen Korsaren des 17. und 18. Jahrhunderts befaßt sich ein zweiter Themenkreis („Il Corsaro Verde", Der grüne Korsar; „Iolanda, la figlia del Corsaro Nero", Iolanda, die Tochter des schwarzen Korsaren). In Afrika spielen „I predoni del Sahara" (Die Räuber der

Sahara) und „La figlia dei Faraoni“ (Die Tochter der Pharaonen). Eine exakte Datierung des Ersterscheinens der Werke SALGARIS ist schwierig. Er schrieb vermutlich mehr als achtzig Erzählungen. Nach seinem Tode wurden einige unvollendet hinterlassene Geschichten von seinem Sohn und anderen Schriftstellern zu Ende gebracht. Wieder andere wurden nach seinem Tode von Verlegern unter seinem Namen herausgegeben, weil sie glaubten, daß der Name SALGARIS guten Profit verspreche, so daß man annehmen kann, daß SALGARI nur die Hälfte der Schriften selbst verfaßte, die seinen Namen trugen.

SALGARI fand eine Reihe von Nachahmern. Der bekannteste ist L. MOTTA (1881–1957), der an Reise- und Abenteuerzeitschriften mitwirkte und dessen Erzählung „I misteri del mare indiano“ (Die Geheimnisse des indischen Meeres) weit verbreitet war; außerdem führte er unvollendete Werke SALGARIS zu Ende. Auch U. MIONI (1870–1935), ein Priester, verfaßte Abenteuergeschichten. Mit der beispielhaften Haltung seiner Helden verfolgte der Autor eine erzieherische Intention („Nella Giungla“, Im Dschungel, und „Nelle montagne rocciose“, Im Felsengebirge). Ein besonders fruchtbarer Abenteuerschriftsteller war auch der unter dem Pseudonym J. LA BOLINA schreibende A. V. VECCHI (1842–1932), Mitarbeiter des „Giornalino della Domenica“ (Die Sonntagszeitung für Kinder) und Verfasser von Büchern, in denen seine Erfahrung als Seeoffizier durchscheint („Vita di bordo“, Leben an Bord, „Racconti di mare e di guerra di Simbad al-Bahari“, Kriegs- und Seegeschichten von Sindbad).

Eine andere Art der Abenteuererzählung, die zwischen Märchen und Realität angesiedelt ist, stellt L. BARZINIS (1874–1947) phantastisch-abenteuerliche Erzählung „Le avventure di Fiammiferino“ (1909; Die Abenteuer eines Streichhölzchens) dar. Held der Geschichte ist ein Streichholz, dessen Erlebnisse von den Erfahrungen des Autors an der japanischen Front im russisch-japanischen Krieg geprägt sind.

Auch E. NOVELLI (1876–1943) war Journalist wie BARZINI. Für seine Kinderbücher gebrauchte er das Pseudonym YAMBO. Die Handlungsführung seiner Bücher ist äußerst lebhaft und originell. Er verfügte außerdem über viel Humor. Zu seinen besten Büchern gehören „Li avventure di Ciuffettino“ (1901; Ciuffettinos Abenteuer) und „Burchiello, l'amico di Ciuffettino“ (1905; Burchiello, Ciuffettinos Freund). In dem Buch „Due anni in velocipede“ (1899; Zwei Jahre auf dem Hochrad) erzählt er von einer phantastischen Reise um die Welt. Außerdem verfaßte er noch „Capitan Fanfara“ (1904; Kapitän Fanfara). In diesem Buch findet ein sensationeller Wettkampf zwischen einem fanatischen Anhänger des Automobils und einem fanatischen Verteidiger des Fahrrads statt. Der Autofahrer verfolgt den Fahrradfahrer um die ganze Welt. Das Buch ist reich an unvorhergesehenen Abenteuern und an wunderlichen Personen. Kritiker behaupten, daß YAMBO von SALGARI und J. VERNE beeinflußt worden sei, das trifft jedoch nur bedingt zu. YAMBO nimmt gegenüber der Fortschrittsgläubigkeit seiner Zeit eine ironische und polemische Haltung ein. Seine „Zukunftsgläubigkeit“ neigt eher zu Karikatur und witziger Schlagfertigkeit. YAMBO hat seine Bücher selbst illustriert. Er leistete auch einen beachtenswerten Beitrag zum Kindertheater, indem er ein Marionettentheater („I fantocci di Yambo“, Yambos Marionettentheater) gründete, das sowohl in I. wie im Ausland großen Erfolg hatte.

Das interessanteste Ereignis des beginnenden 20. Jahrhunderts auf dem Gebiet der Kinder- und Jugendliteratur in I. war die in Florenz 1906 von L. BERTELLI (1860–1920) gegründete Sonntagszeitung für Kinder „Il giornalino della Domenica“. BERTELLI, der auch unter dem Pseudonym VAMBA schrieb, kam über den Journalismus zur Kinder- und Jugendliteratur. Die von ihm gegründete Kinderzeitschrift unterschied sich von anderen durch die moderne Zielsetzung, die den jungen Leser anschaulich mit verschiedenen Meldungen und Tendenzen zu konfrontieren suchte. So schuf BERTELLI die sogenannte „Pagine rosa“ (Rosa Seiten), auf denen ein angeregter Dialog zwischen Lesern und Herausgebern stattfand. BERTELLI bemühte sich ständig, die besten Kinderschriftsteller I.s für die Mitarbeit an seiner Zeitschrift zu interessieren. Er schuf die „Confederazione giornalinesca“ (Arbeitskreis für Kinderzeitschriften), deren Mitglieder die jungen Leser dieser Hefte waren und die sich sozialer Aufgaben annahmen. Die Konföderation stellte so etwas wie eine „Republik der Kinder“ dar. BERTELLI propagierte die Idee der sozialen Brüderlichkeit, die er mit einem Vaterlandskult verband, der vor allem vor Ausbruch des Ersten Weltkrieges seine Zeitschrift prägte. Nach einer Pause von 1911 bis 1918 erschien die Zeitschrift erneut unter der Schriftleitung von BERTELLI, die dieser bis zu seinem Tode inne hatte. BERTELLI schrieb auch Kinderbücher, zu denen „Novelle lunghe per i ragazzi che non si contentano mai“ (1920; Lange Geschichten für Kinder, die nie zufrieden sind) sowie einige Gedichtbände, z. B. „Storia di un naso“ (1906; Geschichte einer Nase) gehören. Das Buch, das ihn bekannt machte, und das noch heute mit Interesse gelesen wird, ist „Il giornalino di Gian Burrasca“ (1912; Die Kinderzeitung von Gian Burrasca). Die Idee entnahm er einem aus dem Englischen übersetzten Buch („A bad boy's Diary“), das in I. anonym erschienen war. BERTELLIS Hauptfigur, Giannino Stoppani, und die Handlung der Erzählung sind jedoch Neuschöpfungen. BERTELLI erzählt die Geschichte der Rebellion eines sehr lebhaften kleinen Jungen, der Heuchelei und Befehle nicht ertragen kann und der der braven bürgerlichen Familie, der er entstammt, alle erdenklichen Streiche spielt. Daher auch sein Spitzname Gian Burrasca; Burrasca ist die Bezeichnung für einen wilden Sturm. Der Junge stiftet im Internat, in das man ihn schickte, eine Verschwörung gegen die autoritäre Internatsleitung an. Über das Buch wurde viel diskutiert. Einige Kritiker sehen in ihm einen Aufruf zur Rebellion. In Wirklichkeit handelt es sich um eine Satire auf kleinbürgerliche Kompromißbereitschaft, Opportunismus und Konformismus. Das Buch zieht noch heute das Leseinteresse auf sich.

Mitarbeiter des „Giornalino della Domenica“ waren die besten Kinderschriftsteller der Zeit. Zu ihnen gehörte E. PISTELLI (1862–1927), ein Piaristenpater, der unter dem Pseudonym OMERO REDI schrieb. Seine Beiträge zu der Kinderzeitschrift erschienen in Briefform, die auch in einem Sammelband mit dem Titel „Le pistole d'Omero“ (1917; Die Episteln Homers) veröffentlicht wurden. Als fiktiver Briefautor fungierte ein unbekümmerter Junge. Der Journalist G. BORSI (1888–1915), der schon als Jugendlicher im „Giornalino“ Verse mit großem Erfolg veröffentlichte und später eine Abenteuererzählung mit dem Titel „Capitan Spaventa“ schrieb, die posthum veröffentlicht wurde, verstarb sehr jung während des Ersten Weltkrieges. Zu den Mitarbeitern des „Giornalinos“ gehörte auch G. FANCIULLI (1881–1951), der BERTELLI am nächsten stand und nach dem Tod seines Freundes die Leitung der Zeitung übernahm, die er bis zum Jahr 1924 betreute. Er schrieb unter verschiedenen Pseudonymen. Das bekannteste war MASTRO SAPONE (Meister Seife). FANCIULLIS Arbeitsfeld reichte vom Theatermärchen bis zum populärwissenschaftlichen Buch. In seinen Büchern werden Einflüsse verschiedener italienischer Kinderschriftsteller sichtbar (BACCINI, COLLODI) aber auch von ausländischen Autoren wie H. CHR. ANDERSEN. Er suchte immer den Kontakt zu den Kindern. So lassen seine Bücher ein tiefes Verständnis der kindlichen Psyche erkennen. Bekannte Erzählungen sind „L'omino turchino“ (1912; Das türkisfarbene Püppchen) und „Il castello di carta“ (1914; Das Schloß aus Papier). Beide Bücher wenden sich an die ganz kleinen Leser. In „L'omino turchino“ erzählt er die Abenteuer eines Püppchens, das von einem kleinen Mädchen auf eine Postkarte gezeichnet wird, die um die Welt reist (in Wirklichkeit ist es nur der Garten des Hauses) und auf ihm unbekannte Dinge trifft. An ältere Kinder wenden sich die Bücher „Fiore“ (1927; Blume), die Geschichte eines Waisenkindes, das von hartherzigen Verwandten aufgenommen wird, die es durch seine einzigartige dichterische und musikalische Begabung gütiger, offener und verständnisvoller werden läßt, und „Lisabetta“ (1932), die Geschichte eines kleinen Mädchens mit gespaltener Persönlichkeit; der bessere Teil in ihm gewinnt die Überhand, und es spielt eine wichtige Rolle bei der positiven Lösung eines langen und schweren Konfliktes zwischen zwei Familien.

Die Kinderinszenierungen FANCIULLIS sind beachtenswert. Hervorzuheben sind „Il teatro di Takiù“ (1923; Das Theater von Takiù). Die Hauptfigur darin ist eine japanische Puppe; „Il sole di Occhiverdi“ (1926; Die Sonne von Occhiverdi), ein Stück, in dem Dolcetta, um ihre Mutter zu retten, in den Himmel klettert, wo sie den Lauf der Stunden unterbrechen will, und „Zufrin“ (1932), worin Fiorello durch die Hilfe des Geistes der Poesie und Musik zu Ruhm gelangt. Zufrin wird jedoch von dem Geist verlassen, als er böse und egoistisch wird.

Ein Schriftsteller mit großer Phantasie war A. BELTRAMELLI (1879–1930). Er gründete und leitete von 1912 bis 1915 „La Rivista dei ragazzi“ (Die Zeitung für Kinder); diese Tätigkeit unterbrach er während der Kriegsjahre. 1921 gab er die Zeitung neu heraus, nun unter dem Titel „Girotondo“ (Ringelreihen). Zu seinen bedeutendsten Kinderbüchern gehören „Le gaie farandole“ (1909; Die lustige Farandola) und „La signorina Zesi“ (1914; Das Mädchen Zesi) sowie „Il piccolo Pomi“ (1914; Der kleine Pomi).

In die Jahre vor dem Ersten Weltkrieg und die Zeit zwischen dem Ersten und Zweiten Weltkrieg fällt die Arbeit dreier Schriftstellerinnen. Die erste ist C. DEL SOLDATO (1862–1940), die ein reiches Werk hinterließ, das von großem Realitätssinn und gesundem Optimismus geprägt ist. Besonders erwähnenswert sind ihre Bücher „Memorie di un merlo zoppo“ (1928; Erinnerungen einer lahmen Amsel), „La novella delle novelle“ (1926; Geschichte der Geschichten) und „Storia di 14 ragazzi“ (1930; Die Geschichte der vierzehn Jungen). Die zweite ist C. T. UBERTIS-GAY, die unter dem Pseudonym TERESAH zahlreiche Erzählbände schrieb („I racconti di sorella Orsetta“, 1910; Die Erzählungen der Schwester Orsetta; „Ridibene e Quasibene“, 1913; „L'omettino senza un quattrino“, 1920; Das Männchen ohne einen Heller; „La leggenda del giullaretto“, 1924; Die Spielmannssage). Die dritte Autorin, L. ORVIETO, unterschied sich mit ihren Büchern von denen ihrer Zeitgenossinnen durch einen sehr stark ausgeprägten Sinn für Humor, den sie aus der angelsächsischen Welt, mit der sie vertraut war, übernommen hatte. Ihr erstes Buch, das heute noch viele Leser findet, war der Band „Storia delle storie del mondo“ (1911; Geschichte der Geschichten der Welt), in dem sie die italienischen Kinder zum ersten Mal mit einer Reihe von Sagen aus der griechischen Mythologie bekannt machte. Das gleiche mythologische Thema kehrt auch in einem sehr unterhaltsamen und geistreichen Buch aus dem Jahr 1935 wieder, das den Titel „Storie di bambini molto antichi“ (Geschichten von Kindern der Antike) trägt, das jedoch durch die faschistischen Machthaber verboten wurde, weil ORVIETO aus einer jüdischen Familie stammte. Das Buch wurde im Jahr 1972 mit großem Erfolg neu aufgelegt. Es erzählt die Geschichte der Kindheit der griechisch-römischen Götter, die ORVIETO humorvoll verspottet, ohne sie jedoch zu entmythologisieren. Die Autorin läßt Raum für eine stimmungsvolle Wiedergeburt der antiken Welt. ORVIETO gründete und leitete die Wochenzeitschrift „La settimana dei ragazzi“ (Wochenzeitung für Kinder), die von 1945 bis 1947 erschien.

Humor als wesentliche Komponente der Kinder- und Jugendliteratur ist zwischen den beiden Weltkriegen in I. selten. Gemeinsam mit L. ORVIETO ist S. TOFANO (1886–1973) eine glückliche Ausnahme. Unter dem Pseudonym STO stellte er zum ersten Mal 1971 im „Corriere dei piccolo“ den Hampelmann „Herrn Bonaventura“ vor, einen braven Mann, der kein Geld hat und dessen Unternehmungen immer fehlschlagen. Er bleibt jedoch so ehrlich, daß er fast schon wieder unglaubwürdig wird. Auf dem Höhepunkt der Handlung verwandelt sich sein Unglück in Glück, er erhält als unerwartete Belohnung eine Million Lire. TOFANO dachte sich seine Figuren aus und zeichnete sie selbst, dazu schuf er Versgeschichten. Neben Bonaventura tritt ein Dackel auf, der treue Begleiter in Freud und Leid; der auch dabei ist, als das unerwartete weiße Papier mit der Aufschrift „eine Million“ in die Hände des Helden flattert. Von den Vignetten der Wochenzeitschrift übertrug TOFANO seine Figur auf die Bühne, und es entstand so ein Kindertheaterstück, das bis heute zu den bekanntesten und unterhaltsamsten in I. gehört. Zu den Stücken, die nach dem Zweiten Weltkrieg von TOFANO erschienen sind, gehören „La regina in Berlina“ (1952; Die Königin in der Kutsche), „Bonaventura veterinario per forza“ (1951; Bonaventura als unfreiwilliger Tierarzt), „Qui comincia la sventura“ (1953; Hier beginnt das Unglück), „Bonaventura precettore a corte“ (1953; Bonaventura als Hauslehrer), „Una losca congiura“ (1956; Eine dunkle Verschwörung). TOFANO war als Schauspieler und Regisseur am Theater tätig. Seine praktischen und künstlerischen Bühnenerfahrungen verstand er mit seiner Begabung als Kinderbuchautor zu verbinden. Seine Sprache ist witzig und bildreich. Weitere Versbände von TOFANO sind „Sette favole coi fiocchi“ (1930; Sieben Fabeln mit Schleifchen), „Felicetta“ (1952), „Felicino e Felicina“ (1953), „Le novantanove storie del signor Bonaventura“ (1964; 99 Geschichten des Herrn Bonaventura).

M. DANDOLO (1890–1946) steht als Schriftstellerin dem Engländer J. M. BARRIE nahe, dessen „Peter Pan“ sie ins Italienische übersetzte. Mit ihm verbindet sie poetische Sensibilität, Einfallsreichtum und der Sinn für das Magische und Wunderbare, das auf unerwartete Weise den Alltag durchbricht. Zu den besten Büchern dieser Schriftstellerin zählen Sammlungen phantastischer Erzählungen wie „Sette regni e una bambina“ (1930; Die sieben Reiche und ein kleines Mädchen), „Storie meravigliose del cielo e della terra“ (1930; Wunderbare Geschichten von Himmel und Erde), „Figli di re“ (1934; Die Söhne des Königs) und „Cuori in cammino“ (1931; Herzen auf dem Wege).

S. GOTTA (*1887) wurde 1926 mit seiner Erzählung „Piccolo Alpino“ (1926; Der kleine Gebirgsjäger) bekannt. Die Hauptfigur ist ein kleiner Junge, der in die Kriegsereignisse an der Front im Ersten Weltkrieg verwickelt wird. Die Zeit, in der das Buch geschrieben wurde, hatte eine Vorliebe für patriotische Themen. GOTTA verfaßte auch die Erzählungen „Una bambina alla ventura“ (1953; Ein Mädchen im Glück) und „Il figlio del Cervino“ (1956; Ein Sohn vom Matterhorn). Sein bestes Buch ist eine Sammlung von Erzählungen, Erinnerungen und Landschaftsbeschreibungen, die unter dem Titel „La più bella novella del mondo“ (1953; Die schönsten Geschichten der Welt) zusammengefaßt sind.

M. TIBALDI CHIESA (1896–1968) trat vor allem als Sammlerin und Übersetzerin russischer, chinesischer, skandinavischer und koreanischer Märchen in Erscheinung. Sie stellte den italienischen Kindern aber auch die Werke ANDERSENS, der Brüder GRIMM, HAUFFS, KRYLOWS, PERRAULTS, PUSCHKINS, TOLSTOIS und WILDES vor. Als eigenständige Arbeiten schrieb sie „Leggende del Cervino“ (1933; Sagen vom Matterhorn) und „Nel paese delle fate“ (1933; Im Land der Feen). TIBALDI CHIESA verfaßte auch eine beachtenswerte „Storia della letteratura giovanile“ (1943; Geschichte der Jugendliteratur), die zu einer Zeit erschien, als sich in I. die Bemühungen um die wissenschaftliche Aufarbeitung der Kinder- und Jugendliteratur zu intensivieren begannen. Zwischen den beiden Weltkriegen entstanden weitere Versuche zu einer Geschichte der italienischen Kinder- und Jugendliteratur. O. VISENTINI (1893–1961) verfaßte den Band „Libri e ragazzi“ (1933; Bücher und Kinder), dem die Autorin 1943 die Arbeit „Scrittori per ragazzi“ (Kinderschriftsteller) folgen ließ. VISENTINI ist auch als Autorin von Kinder- und Jugendbüchern bekannt. Sie befaßte sich vorwiegend mit drei Themenkreisen, nämlich Umweltgeschichten, Märchen und lustigen Geschichten für die Kleinsten („Alisella“, 1926). Für junge Mädchen schrieb sie „La zingarella e la principessina“ (1920; Die Zigeunerin und das Prinzeßchen). In der historischen Erzählung „Belfiore“ (1952; Goldblume) beschreibt sie dramatisch, aber ohne leere Rhetorik, Ereignisse um das Risorgimento (Einigungsbewegung in I. in der Mitte des 19. Jahrhunderts).

Die Kinder- und Jugendliteratur nach 1945. Die Veränderungen nach 1945 auf der politischen Szene I.s blieben nicht ohne Einfluß auf die Kinder- und Jugendliteratur. Von Zwängen und der Bevormundung durch das faschistische Regime befreit, konnten sich die Autoren jetzt Thematik und Erzählstil frei wählen. Es kamen neue Strömungen und Tendenzen zum Tragen. Zahlreiche engagierte Bücher zeigten die Bemühung um die Verteidigung der wiedergewonnenen menschlichen Würde und der Werte der Freiheit, die man sich mit großen Opfern erkämpft hatte. Sie spiegelten aber auch die Hoffnung auf eine neue soziale Gerechtigkeit, die noch weit von ihrer Verwirklichung entfernt erschien. Bedeutend wurde jetzt auch der Einfluß der Kinderliteratur, die jenseits der Alpen entstand. Auf eine Zeit, in der der Kontakt mit anderen Ländern weitgehend eingeschränkt war, folgte eine Periode, in der auch auf dem Gebiet der Kunst und Literatur ein fruchtbarer Austausch von Erfahrungen, Ideen und neuen Formen ihrer Verwirklichung stattfand. Kinder- und Jugendbuchautoren erkennen die neuen Interessen und Bedürfnisse einer Generation von Kindern, die im Vergleich zu ihren Altersgenossen vor dem Krieg „schneller herangewachsen“ sind, mit Informationen durch die neuen audiovisuellen Medien überflutet werden und von der Technologie einer sich ständig wandelnden Gesellschaft geprägt sind. Zwischen der Kinder- und Jugendliteratur vor und nach dem Zweiten Weltkrieg ist dennoch kein eindeutiger Trennungsstrich zu ziehen. Was z. B. das Märchen angeht, so griffen zahlreiche Autoren nach 1945 mit viel Einfühlung auf die traditionellen Quellen aus Sage und Folklore zurück. Überlieferte Requisiten und phantastische Elemente werden in ein neues Gewand gekleidet, die Themen phantastischer Erzählungen umfassen aktuelle soziale Probleme. Ein

Vertreter der neuen Richtung ist C. Dei (* 1914) mit den Büchern „Il libro di Madur“ (1958; Das Buch von Madur), „Il viaggio di Pulcino Pip“ (1967; Die Reise des Kükens Pip) und „L'isola blu“ (1969; Die blaue Insel). Zu nennen ist auch L. Draghi mit „Le storie del l'Angelo custode“ (1958; Die Geschichte des Schutzengels). E. Bossi zeichnet sich durch eine poetische Sicht der Realität und psychologisches Einfühlungsvermögen aus. Ihr bestes Buch ist „Pierino in guerra“ (1960; Pierino im Krieg). A. Sven verfaßte „Storia di un cavallo bizzarro“ (1961; Geschichte eines seltsamen Pferdes) und „Il pulcino ballerino“ (1968; Das tanzende Küken). Die Natur und ihre Wunder sind das Grundthema von F. Tombari (* 1899), dem Verfasser von „Il libro di Tonino“ (1955; Das Buch von Tonino) und von „Il gioco dell'oca“ (1966; Das Spiel der Gans).
Zwei Schriftstellerinnen, die ihren literarischen Durchbruch zur Zeit des Zweiten Weltkrieges gefunden haben, zeichnen sich durch einen überaus modernen Umgang mit dem Märchenhaften und einer unbekümmerten und geistreichen Darstellung von Gefühlen aus. Es sind L. Martini mit „La cavalcata dello zingaro“ (1962; Der Ritt des Zigeuners), „Il carro incantato“ (1963; Der verzauberte Wagen) und „Novelle nuove“ (1972; Neue Geschichten), L. Tumiati mit „Una cartella di sogni“ (1968; Eine Tasche voller Träume). Bei beiden Schriftstellerinnen ist eine große Realitätsnähe zu verzeichnen. L. Tumiati, die sich an sehr junge Leser wendet, schildert auf humorvolle Weise einfache, alltägliche Ereignisse der kleinen Protagonisten. Sie belebt ihre Geschichten durch überraschende Ereignisse und Entdeckungen, so z.B. in „Caro bruco capellone“ (1974; Liebe langhaarige Raupe) und „Caro maestro capellone“ (1975; Lieber langhaariger Meister). In „Saltafrontiera“ (1961; Der Grenzgänger) wendet sie sich an ältere Leser. Dieses Buch behandelt das Thema der Freundschaft. Es beschreibt die Erfahrungen, die ein Junge, Sohn eines Diplomaten, mit seinen vielen Freunden aus den verschiedensten Teilen der Welt machte. Auch in den Kinderbüchern von L. Martini ist eine ähnliche Entwicklung festzustellen. Ihr bekanntestes Buch ist „Marco in Sicilia“ (1972; Marco in Sizilien). Es erzählt von der Freundschaft zweier Jungen, die verschiedenen Gesellschaftsklassen angehören. Das Buch greift ein Thema auf, das eines der dringendsten sozialen Probleme I.s darstellt: das soziale Gefälle zwischen Nord und Süd der italienischen Halbinsel. Ein anderes Buch von Martini „Assuntina“ (1976) behandelt ebenfalls das Thema der Freundschaft. Die Autorin greift hier das soziale Phänomen der Landflucht und des Zugs in die Großstadt auf. In „Addio al pianeta Terra“ (1965; Auf Wiedersehen Planet Erde) hält sie den jungen Lesern die Zerstörung der Erde durch den Menschen vor Augen und zeigt ihre Folgen für die Kinder. Die Erfahrungen von Kindern mit der Realität und ihren oft harten und schmerzreichen Aspekten, mit den sich wandelnden Bedingungen, in einem Wort die „Mühe“ des Heranwachsens sind Themen, die vielen Schriftstellern der letzten Jahre von Bedeutung erscheinen. Zu ihnen zählt G. Bufalari (* 1927) mit „La barca gialla“ (1966; dt. Das gelbe Boot, 1970), dem ersten Band einer Trilogie. Die Handlungsorte in beiden Büchern sind Fischerdörfer, in denen die Realität des Alltags noch mit Mythos, Sage und Aberglaube durchtränkt scheint. In „Pezzo da novanta“ (1971; dt. Die Männer der ehrenwerten Gesellschaft, 1973) behandelt Bufalari die Mafia. In dieser Erzählung versucht der Autor eine neue Art der Darstellung, er wechselt zwischen Dokumentarberichten und erzählerischen Teilen. G. Vaj Pedotti (1897–1959) liefert in ihren Kinderbüchern eine Chronik des Lebens auf dem Lande. Der Band „Sette piedi in cerca di Tulì“ (1952; Sieben Füße auf der Suche nach Tuli) ist die Geschichte der Reise dreier kleinerer Brüder in die Stadt Mailand, wo sie ihre ältere Schwester wiedersehen wollen, die dort arbeiten muß. Ein anderes Buch „La malga del lupo e gente con le ali“ (1954; Die Hütte des Wolfes und die Leute mit den Flügeln), berichtet von den Erlebnissen Jugendlicher auf dem Hintergrund der alpinen Landschaft. A. Latini hat mit ihren beiden romanhaften Erzählungen „Za' il tartufaio“ (1954; Der Trüffelsammler) und „Opiè ragazzo serparo“ (1963) für die Kinder- und Jugendliteratur das Milieu der Provinz und des Landes wieder entdeckt, gleichzeitig beschäftigt sie sich mit den Problemen der Landflucht. M. Lodi (* 1922), der durch neue Unterrichtsmethoden mit Betonung der wichtigen Funktion des freien Ausdrucks der Kinder bekannt geworden ist („Il paese sbagliato“, 1970, Das fehlerhafte Land, und „Insieme“, 1974, Zusammen), hat für die kleinsten Leser folgende Bücher geschrieben: „Il soldatino del pim pum pà“ (1963; Der kleine Soldat von Pimpumpa), „Il lupo della prateria“ (1972; Der Wolf von der großen Wiese), „La strabomba“ (1972; Die Riesenbombe). In diesem Buch schildert der Autor in Form eines Märchens aktuelle soziale Probleme. Wenn er sich an größere Leser wendet, gebraucht er die Sprache des realistischen Romans, so in „Il permesso“ (1968; Die Erlaubnis). Die Erzählung „Il corvo“ (1971; Der Rabe) ist in Tagebuchform gehalten. G. Anguissola (1906–1966) ist die Verfasserin zahlreicher Jugendschriften. Sie zeichnet sich durch großes Einfühlungsvermögen in die Psyche junger Menschen, vor allem heranwachsender Mädchen, aus. Ihre wichtigsten Bücher sind „Il diario di Giulietta“ (1954; Das Tagebuch Giulettas), „Io e mio zio“ (1960; Ich und mein Onkel), „Violetta la timida“ (1963; Violetta, die Schüchterne) und „Seguendo una lira“ (1966; Auf der Suche nach einem Pfennig). In der Erzählung „Il Signor Serafino“ (1957; Der Herr Serafino) behandelt Anguissola die schwierige Eingliederung eines Jungen aus Süd-I. in eine der Metropolen des Nordens. Es ist der erste Band einer Reihe von Jugendschriften, die dieses wichtige soziale Problem in der italienischen Jugendliteratur behandeln. Auch R. Reggiani beschäftigt sich in ihrem Buch „Avventure di cinque ragazzi e un cane“ (1960; Abenteuer von fünf Jungen und einem Hund) mit diesem Thema. Die komplizierte Wirklichkeit in den Gebieten des italienischen Südens hat der Schriftstellerin für zwei weitere wichtige Erzählungen den Stoff geliefert: „Domani

dopodomani" (1964; Morgen, übermorgen) und „Carla degli scavi" (1968; Carla aus dem Steinbruch).
Zu den besten Arbeiten von R. GUARNIERI gehören „Non può accadere a noi" (1968; Das kann uns nicht passieren), ein Buch, das die Probleme der Kinder während des Krieges aufgreift, außerdem der Band „Gente d'Irlanda" (1972; Menschen aus Irland), in dem der englisch-irische Konflikt als Thema genommen wird. Die Erzählung „Straniero tra noi" (1975; Fremder bei uns) beschreibt das Entfremdungsgefühl, das einen jungen Immigranten in einer Großstadt quält. E. DEMATTE (* 1927) greift das Thema der Kinderarbeit in seinem Buch „Il regno sul fiume" (1967; Das Reich am Fluß) auf, dem zwei weitere Bände mit gleich wichtigen Themen folgten: „Io e la capra" (1970; Ich und die Züge) und „Gente di confine" (1972; Menschen an der Grenze). Das Thema der Kinderarbeit wird von G. BOLDRINI in ihrem Buch „Ragazzi invendita" (1968; Kinder zum Verkauf) behandelt. Es ist die Befürchtung laut geworden, daß ein Großteil der genannten Bücher bei den jugendlichen Lesern nicht ankomme, weil sie zu belehrend und zu bevormundend seien. Das trifft jedoch nicht zu. Es handelt sich vielmehr um Erzählungen, die den persönlichen Erfahrungen der jungen Leser entsprechen. Außerdem sind die erzählten Ereignisse dem Verständnis des Lesers voll angepaßt. Es werden Ereignisse geschildert, die auf das Interesse der jungen Leser stoßen und diese zum Nachdenken anregen. Die meisten Autoren von Jugendbüchern mit sozialer Thematik zielen darauf ab, den Leser in die Diskussion um das vorgestellte Problem einzubeziehen, indem sie ihn zur Artikulierung seiner eigenen Meinung provozieren.
Auf der gleichen Linie liegt die Erzählung „Due mattoni di casa" (1975; Zwei Ziegelsteine) von A. IESI. Sie beschäftigt sich mit den Problemen der Barackenstädte und ihren Auswirkungen auf die Kinder. Das Thema Generationskonflikt behandelt G. VALLE (* 1912) in „Lancia N.3" (1968) sowie M. ARGILLI (* 1926) in „Ciao Andrea" (1971; Auf Wiedersehen Andrea) und „Marta quasi donna" (1976; Marta, fast eine Frau). Die Erzählungen dieser Autoren zeichnen sich dadurch aus, daß sie keine fertigen Lösungen anbieten, sondern den Leser ermuntern, darüber nachzudenken, welche Lösungen gefunden werden können.

Das phantastische Kinder- und Jugendbuch. Auch die Autoren phantastischer Erzählungen erweisen sich meistens als sehr realitätsgebunden. Sehr oft stellt die phantastische Situation, die sie beschreiben, nichts anderes als eine surrealistische Projektion der Wirklichkeit dar. Diese wichtige Strömung in der Kinder- und Jugendliteratur ist von Humor und Phantasie geprägt, von realen und surrealen Elementen. Die moderne phantastische Erzählung schließt zum Teil an die italienische Tradition des phantastischen Realismus an, andererseits entspricht sie der modernen europäischen Kinder- und Jugendliteratur, insbesondere der nordeuropäischen; in den Jahren nach 1950 wurden zahlreiche phantastische Bücher aus dem skandinavischen und

Giancarlo Farloni. Illustration aus Gianni Rodaris Buch „Gip nel televisore" (Mailand 1962).

angelsächsischen Bereich nach I. eingeführt, wie die Schriften von T. JANSSON, A. LINDGREN, M. NORTON oder P. TRAVERS. Diese Erzählungen enthalten oft Umsteigesituationen, an denen man aus der realen Welt durch „ein immer offenes Tor" in die Welt des Irrealen gelangen kann. Die phantastischen Elemente werden nicht lediglich zur Unterhaltung und als bloßes Spiel der Phantasie verwandt, oft dienen sie als Transportmittel für wichtige Erkenntnisse und Einsichten, die die Autoren den jungen Lesern auf diese Weise vermitteln wollen. Zu dieser Richtung gehören die Bücher von G. RODARI (* 1924), dem bedeutendsten italienischen Kinderschriftsteller der letzten Jahre. Eines seiner wichtigsten Bücher ist „Le avventure di Cipollino" (1951; dt. Zwiebelchen, 1956), dessen Hauptfiguren der Welt des Obstes und des Gemüses entnommen sind. Es wird von einem Land berichtet, in dem der Prinz Zitrone diktatorisch regiert. In diesem Land haben Diebe und Mörder das Sagen, während die ehrlichen Leute als gefährliche Subjekte ins Gefängnis gesteckt werden. Am Schluß des Buches finden die von Cipollino geführten Schwachen und Unterdrückten die Kraft, sich zu organisieren und den Herrscher und seine Soldaten zu überwältigen. In „Gelsomino nel paese dei bugiardi" (1959; dt. Gelsomino im Lande der Lügner, 1966) ist die Situation noch paradoxer. Gelsomino, die Hauptfigur, kommt in ein Land, in dem der riesige Pirat Giacomone für seine dunklen Ziele ein Reich der Lügen errichtet hat. Wer die Wahrheit sagt, kommt in die Heilanstalt oder ins Gefängnis. Aber Gelsomino läßt durch seine starke Stimme die Mauern zusammenbrechen und indem er seine Ideen hinausschreit, bringt er Verwirrung ins Reich. Darüber hinaus gelingt es ihm, einen Aufstand zu organisieren, der dem Volk die Freiheit und die Wahrheit wieder bringt. „Favole al telefono" (1962; dt. Gutenachtgeschichten am Telefon, 1964) ist eine Sammlung kurzer Erzählungen, die ein Handlungsreisender seiner kleinen Tochter des Abends am Telefon erzählt. Das Mädchen wartet sehnsüchtig darauf, die Stimme ihres Vaters zu hören, der die ganze Woche über zur Arbeit von zu Hause fort ist. „Il pianeta degli alberi di Natale" (1962; Der Planet der Weihnachtsbäume) ist die Geschichte eines Planeten, auf dem die Begriffe Geld, Krieg und Haß aus dem Wortschatz gestrichen sind und man so ein friedliches Zusammenleben verwirklicht hat, das die Bewohner des Planeten auch den Erdenbürgern vorschlagen wollen. „La torta in cielo" (1966; dt. Das fliegende Riesending, 1968) erzählt von der Landung einer riesigen Torte in der Nähe Roms. Auf Grund eines Rechenfehlers entstand anstelle einer Superatombombe eine Supertorte. Der Wissenschaftler, der die Atombombe erfinden sollte und der wegen seines Fehlers voller Scham ist, erlebt, versteckt im Innern der Torte, ihre Erstürmung durch die Kinder Roms und deren Freude beim Anblick des kolossalen Kuchens. Da sieht er ein, daß es besser ist, Torten statt Atombomben zu produzieren. „Tante storie per giocare" (1971; Viele Spielgeschichten) ist eine Sammlung von Erzählungen. Für den Ausgang jeder Geschichte schlägt der Autor drei Lösungen vor und fordert die jungen Leser auf, eine Lösung zu wählen, und die Gründe für die Wahl anzugeben. Am Schluß des Bandes stehen die Lösungen, die der Autor gewählt hätte. Dadurch wird der Leser in den Aufbau der Erzählung mit einbezogen und seine Phantasie angesprochen, ein Vorgang, dem RODARI große Wichtigkeit beimißt. Er betrachtet die Kräfte der Phantasie als einen Beweis der geistigen Freiheit und als Gradmesser für die persönliche Einstellung gegenüber der Wirklichkeit. In vielen pädagogischen Artikeln vertritt RODARI den Standpunkt, daß die Phantasie keine Flucht aus der Realität sein soll, sondern ein Mittel, die Realität besser zu durchschauen, um die „andere Seite der Medaille" erkennen zu können und die Kritikfähigkeit zu entwickeln. Von den zahlreichen Möglichkeiten, die Kreativität des Kindes anzuregen, spricht RODARI in seinem an Erzieher gerichteten Buch „La grammatica della fantasia" (1974; Die Grammatik der Phantasie). Darin zeigt er die Möglichkeit auf, mit Hilfe der Phantasie über einen Prozeß der Neuschöpfung der Wirklichkeit sich selbst zu befreien. Auch der Humor, der ein wesentliches Element seiner Bücher darstellt, erscheint als konstruktive Kraft, die auf verschiedenen Ebenen, je nach dem Alter des Lesers, zur Beobachtung der Umwelt anregen kann und diese in ihren lächerlichsten Aspekten, ihren Mißklängen und ihrem Konventionalismus zu entlarven vermag.

Die moderne humorvoll-phantastische Erzählung, als deren Pionier RODARI in I. gelten kann, wird auch von anderen Schriftstellern gepflegt. Einer der fähigsten ist M. ARGILLI (*1926), der einige Jugendromane mit psychologischem Hintergrund schrieb. In anderen Büchern, mit denen er sich an jüngere Leser wendet: „Le avventure di Chiodino" (1963; Nägelchens Abenteuer, zusammen mit G. PARCA), „Atomino" (1968; Das Atomteilchen), „Fiabe dei nostri tempi" (1968; Märchen aus unserer Zeit), „Le dieci citta" (1970; Die zehn Städte) finden wir eine Verbindung von Humor und Sozialkritik. Die humorvolle Darstellungsweise ARGILLIS und anderer Autoren der gleichen Ausrichtung fordert zum Nachdenken über die Möglichkeiten der Schaffung einer von leeren Konventionen, unnötigen Dogmen, Vorurteilen, Gleichgültigkeit und Herzlosigkeit befreiten Welt heraus. Ein anderes Motiv, das oft in den Büchern ARGILLIS erscheint, ist die „Maschine", die auf phantastische Weise Leben erhält und im Gegensatz zur menschlichen Natur steht, die von Tag zu Tag liebloser, mechanischer, seelenloser wirkt. Seine Helden, Chiodino und Atomino, sind zwei Marionetten, die in dem Labor eines alten Wissenschaftlers entstanden sind. Chiodino ähnelt als Figur dem berühmten „Geppetto", dem Vater Pinocchios. Atomino ist ein alchimistisches Gebilde. Diese Figuren zeigen mehr Herz und wirken menschlicher als die in der Erzählung auftretenden Menschen. Andere phantastische Figuren ARGILLIS zeigen ähnliches menschliches Verhalten. Das „verliebte Unterseeboot" z.B. verläßt die Militärübungen aus Liebe zu einem Walfisch, und die Schreibmaschine weigert sich, Dinge zu schreiben, die sich nicht mit der menschlichen Würde vereinbaren lassen.

Auch ein anderer Schriftsteller hat die Welt der Maschine auf brillante Weise belebt. Es ist C. BRIZZOLARA (*1911) mit seinem originellen Buch „Titina F5, diario di una piccola cilindrata (1972; Titina F5, Tagebuch eines kleinen Zylinders). Ein früheres Buch von ihm war „Il pennacchio" (1965; Der Federbusch). In ihm zeigte sich bereits BRIZZOLARAS Humor und Einfallsreichtum.

Die phantastische Erzählung für Kinder „La famosa invasione degli orsi in Sicilia" (1945; Die berühmte Invasion der Bären in Sizilien) des bekannten, sonst für Erwachsene schreibenden Autors D. BUZZATI (1906–1972) ist in einer mythischen Zeit angesiedelt. BUZZATI verwandt ist der Schriftsteller I. CALVINO (*1923), der auch vorwiegend als Erwachsenenautor Bedeutung erlangt hat. Sein Kinderbuch „Marcovaldo o le quattro stagioni in città" (1963; Marcovaldo und die vier Jahreszeiten in der Stadt) ist inzwischen zu einem Klassiker der italienischen Jugendliteratur geworden. Es ist die Geschichte eines einfachen Angestellten in einer großen Stadt, der gezwungen war, seine Heimat auf dem Land zu verlassen. Sein tägliches Leben ist eine mühevolle Suche nach neuen Kontakten zum Landleben, die von den zahlreichen Familienmitgliedern geteilt wird. Die Erzählung symbolisiert die Suche nach der verlorenen Natur. Dabei ergeben sich Kontakte, die paradoxe Mißverständnisse und Enttäuschungen entstehen lassen. Ein andere Erzählung CALVINOS war ursprünglich ein Kinderbuch, wird aber heute ebenso sehr von Erwachsenen gelesen („Il barone rampante", 1956; Der Baron mit der erhobenen Tatze). Der Held dieser Geschichte ist ein Edelmann, der sich bereits in seiner Kindheit aus Opposition gegenüber der Welt, die ihn umgibt, dafür entscheidet, für immer auf Bäumen zu leben. Die jungen Leser werden allerdings mehr an dem Einfallsreichtum der Figur ihren Spaß haben als den philosophischen Gehalt der Erzählung verstehen. CALVINO verdanken wir auch eine umfangreiche Ausgabe „Fiabe italiane" (1956; Italienische Märchen), die er aus den Dialekten der einzelnen Regionen auswählte und bearbeitete.

C. ZAVATTINI (* 1902), ein bekannter Autor für Erwachsene und Drehbuchautor für Spielfilme, hat den Kindern ein Buch mit dem Titel „Toto il buono" (1960; Toto, der Gute) gewidmet. Darin verbindet er den für seine Bücher typischen bizarren Humor mit sehr originellen Einfällen und einem nachdrücklichen sozialen Anliegen.

G. ARPINO (* 1927), Verfasser zahlreicher Werke für Erwachsene, hat drei Bücher für Kinder geschrieben, in denen sich Phantasie und Realität auf dem Hintergrund sozialer Problematik vereinen („Rafe e Micropiede", 1960, Rafe und Micropiede; „Mille e una Italia", 1961, Tausendundein Italien; „Assalto al treno", 1965, Der Überfall auf den Zug).

Ein Kinderbuch von E. LIBENZI (* 1936) trägt Züge der Science Fiction-Erzählung, auch wenn darin Situationen beschrieben werden, die auf Torheiten basieren, die von Menschen unserer Zeit begangen werden. Es heißt „Il planeta dei matti" (1971; Der Planet der Verrückten). Poetische Gestaltungskraft und humorvolle Schilderungen enthält ein Kinderbuch von M. GOBETTI (1902–1968) mit dem Titel „Storia del gallo Sebastiano" (1963; Die Geschichte des Hahns Sebastian), das die Erlebnisse eines nonkonformistischen Hahns erzählt.

G. ZUCCONI (* 1919) ist der Erfinder ausdrucksvoller Figuren, die enge Verwandtschaft zu den von CH. CHAPLIN dargestellten Figuren zeigen: „Scaramacai" (1961), „Scaramacai e la donna Baronessa" (1963; Scaramacai und die Frau Baronin), „Bilico" (1971; Gleichgewicht).

Interessant ist die Verwendung phantastischer Elemente bei S. MARIANELLI (* 1933), besonders in „Damiano dal viaggio strano" (1971; Damiano und die seltsame Reise) und die Bearbeitung von L. CARROLLS „Through the looking glass, and what Alice found there" (1872; dt. Alice hinter dem Spiegel, 1923) „Fuga nel quadro" (1973). Ein wahres Feuerwerk von Ideen, in denen sich traditionelle Magie mit modernen Motiven verbindet, findet sich in dem Buch von P. CARPI „Il paese dei maghi" (1974; Das Land der Zauberer).

Zu den phantastischen Erzählungen der italienischen Kinderliteratur gehört auch das Buch „Le straordinarie avventure di Caterina" (1959; Die außergewöhnlichen Abenteuer Katharinas) der bekannten Autorin E. MORANTE. Eine Reihe bekannter Erwachsenenautoren wendet sich dem traditionellen Schatz an Märchen, Sagen und Folklore zu, die sie mit großer Sensibilität neu erstehen lassen. Einige Schriftsteller R. LA CAPRIA (* 1922) und L. SCIASCIA (* 1921) greifen mit „Colapesce" (1974) und „Il fuoco nel mare" (1976; Das Feuer im Meer) die bekannte Fischersage von Colapesce auf. M. SOLDATI (* 1906) erzählt in seinem Buch „Il polipo e i pirati" (1974; Der Polyp und die Piraten) eine Sage der ligurischen Küste neu. B. S. DONGHI hat sowohl in der Sammlung „Fiabe incatenate" (1967; Kettenmärchen) als auch in „La grande fiaba intrecciata" (1972; Das große verschlungene Märchen) Elemente aus dem Volksmärchen originell gestaltet.

Historische Kinder- und Jugendbücher. Eine wichtige Gruppe moderner italienischer Kinder- und Jugendbücher sind die historischen Erzählungen, sowohl wegen der Gründlichkeit und Sorgfalt der Verwendung historischer Quellen als auch wegen der vielfältigen Anregungen und Vergleichsmöglichkeiten, die diese Bücher bieten. Die Beschäftigung mit der Vergangenheit als unerläßliche Voraussetzung für das Verständnis der Gegenwart ist die in diesen Büchern angestrebte Geisteshaltung. In diese Gruppe gehört G. BOLDRINI mit „Il segreto etrusco" (1965; Das Geheimnis der Etrusker). „Il leone di Micene" (1967; dt. Der Löwe von Mykene, 1973), „Il sigillo dell'Imperatore" (1973; Das Siegel des Kaisers), „Verso le Idi di Marzo" (1975; Auf dem Weg zu den Iden des März) und „Maja delle streghe" (1971; Maja und die Hexenprozesse). Das letztere Buch enthält eine Schilderung der Hexenprozesse des 16. Jahrhunderts und stellt eine Anklage gegen jede Art von Intoleranz dar. Wichtige Beiträge zu dieser Gruppe lieferte auch D. VOLPI (* 1925) mit „Le falangi di Alessandro" (1969; Die Phalanx Alexanders), „La battaglia di Ponte Milvio" (1970; Die Schlacht von Ponte Milvio), „Ankur il Sumero" (1972; Ankur, der Sumerer) und „Qualcosa splende nel buio" (1973; Licht in der Dunkelheit). Die historischen Erzählungen der Gegenwart sind vielfach von einer neuen Auffassung der Biografie geprägt. Es wird jede Überhöhung der Person, die im Mittelpunkt der Darstellung steht, vermieden. Stattdessen erfolgt eine möglichst genaue Milieuschilderung, man erlebt interessante Einblicke in Zeit und Gesellschaft, lernt die Vorgeschichte der Hauptperson kennen und auch die menschlichen und kulturellen Erfordernisse, die sein Handeln bestimmt haben. So wird das Handeln des Einzelnen in gesellschaftlichem Zusammenhang und nicht isoliert gesehen. Solche Biografien stammen von G. VALLE („Magellano", 1966; Magellan), G. PISTOSO („Le grandi regine", 1970; Die großen Königinnen) und „Robespierre la coscienza della rivoluzione", 1973; Robespierre, das Gewissen der Revolution), F. CHILANTI (* 1914) mit „Tre bandiere per Salvatore Giuliano" (1968; Drei Fahnen für Salvatore Giuliano), I. BELSKI LAGAZZI mit „Alessandro Volta" (1960; Alexander Volta), E. PETRINI (* 1916) mit „Il mancino di Vinci" (1969; Leonardo da Vincis linke Hand), D. PINI mit „La regina di Palmira" (1969; Die Königin von Palmyra). L. UGOLINI (* 1891), der zahlreiche historische Erzählungen schrieb, verdient, wegen seines klaren Stils und der durchsichtigen Komposition erwähnt zu werden. Er begann seine Tätigkeit als Schriftsteller zwischen den beiden Weltkriegen. Von seinen zahlreichen Werken seien genannt: „Con Magellano intorno al mondo" (1939; Mit Magellan um die Welt), „Il romanzo di Michelangelo" (1941; Der Roman Michelangelo), „Il romanzo di Lorenzo il Magnifico" (1959; Der Roman von Lorenz dem Großen), „Il romanzo di Garibaldi" (1959; Der Roman von Garibaldi), „Il romanzo di Nicolò Machiavelli" (1973; Der Roman von Nicolo Machiavelli). P. PIERONI (* 1929), hat sich auf die Darstellung der Geschichte der Indianer in Nordamerika und der amerikanischen Geschichte allgemein spezialisiert. Er verfaßte unter anderem „I grandi capi indiani" (1963; Die großen Indianerhäuptlinge), „Sceriffi e banditi del vecchio west" (1966; Sheriffs und Banditen des Wilden Westens), „Mandrie e cowboys" (1964; Viehherden und Cowboys), „Indiani maledetti indiani" (1973; Indianer, verdammte Indianer) und „Pellerossa" (1973; Rothäute). PIERONIS Abneigung gegen jegliche leere Rhetorik wird auch in seinen Büchern über die italienische Geschichte deutlich, „Avventure italiane" (1967; Italienische Abenteuer) und „L'Italia in Africa" (1974; Italien in Afrika).

Neuere Abenteuerbücher für junge Leser. Eine Reihe moderner Abenteuererzählungen für junge Leser zeichnen sich dadurch aus, daß ihre Helden Wissensdurst, Solidarität und Einsatzbereitschaft verkörpern. Das Abenteuer besteht nicht nur im schnellen Gebrauch der Waffe und in dem Ausmalen von Gewalttätigkeiten, sondern vielmehr im täglichen Kampf gegen Egoismus, Gleichgültigkeit und Faulheit. Der erste Platz in der Reihe der Autoren solcher Abenteuergeschichten gebührt M. MILANI (* 1928). Aus seinem umfangreichen Werk sind folgende im Wilden Westen spielende Bücher besonders hervorzuheben: „Il cuore sulla mano" (1958; Das Herz in der Hand), „Il fiume non si ferma" (1959; Der Fluß steht nicht still) und „Tommy River" (1967); Tommy River ist auch die Hauptfigur einer Reihe weiterer Erzählungen. In einem anderen Milieu spielen „I quattro di Candia" (1973; Die vier von Candia) und „Efrem" (1973; Ephraim).
Großen Erfolg hatte A. MANZI (* 1924) mit „Orzowei" (1962), eine Erzählung, in der die Freundschaft zwischen Menschen aus verschiedenen Erdteilen geschildert wird. In „Robinson dello spazio" (1969; Robinson im Weltraum) hat G. PADOAN (* 1927) den Robinsonmythos in das Milieu der Weltraumfahrt verlegt. Auch D. VOLPI hat Abenteuerbücher neuer Art geschrieben. Der Held seines „Chioma di papavero" (1965; Die Krone der Mohnblüte) ist ein Junge, der mit seiner Familie in einem Treck von Auswanderern eine lange und harte Reise in den fernen Westen unternimmt. Fast täglich wird er gezwungen, eigenverantwortlich zu handeln und dabei Angst, Zögern und Egoismus zu überwinden, um schließlich in der täglichen Bewährung zu einer Persönlichkeit heranzureifen.

Sachbücher für Kinder und Jugendliche. Das Sachbuch erfreut sich bei italienischen Kindern steigender Beliebtheit. Neben naturwissenschaftlichen und technischen Themen greifen moderne Autoren immer häufiger auch ökologische, soziale und politische Themen auf. In ihnen wird die Tendenz deutlich, den Kindern Zugang zu ihrer Umwelt zu verschaffen und ihnen ein schrittweises Eindringen in die aus der Umwelt resultierenden Probleme zu erleichtern. Diese Bücher wollen es den Kindern ermöglichen, eigene Positionen in der Welt der Erwachsenen zu beziehen. Auf dem Gebiet der populärwissenschaftlichen Kinder- und Jugendliteratur haben sich zahlreiche italienische Autoren mit Erfolg versucht. Eine Reihe von ihnen hat erfreulicherweise zu einem Sprachduktus gefunden, der es erlaubt, verständlich und ohne Auslassung auch negativer Aspekte die oft komplexen und differenzierten Probleme vorzutragen. Für kleine Leser sind vor allem Bücher über die Natur bestimmt. In ihnen werden Pflanzen, Tiere, Naturschätze und meteorologische Phänomene geschildert. Als eine der ersten versuchte sich in dieser Gattung P. BORANGA (* 1891) mit „Avventure nel bosco" (1943; Abenteuer im Wald), „Avventure nell'orto" (1946; Abenteuer im Garten), „Avventure nell prato" (1951; Abenteuer auf der Wiese), „Avventure nello stagno" (1962; Abenteuer am Teich). Eine andere Sachbuchautorin ist R. SCHIAVOCAMPO. Von ihr stammen „Le piante: un mondo magico" (1970; Die Pflanzen, eine magische Welt), „Come parlano gli animali" (1973; Die Sprache der Tiere) und eine Enzyklopädie für Vorschulkinder und Leseanfänger („Io e il mondo", 1974; Ich und die Welt).
Für schon ältere Kinder sind Darstellungen aus den Bereichen Technik und Biologie, aber auch geografische und solche aus der Geschichte der Entdeckungen bestimmt. Viele davon sind in erzählender Form geschrieben, ohne die wissenschaftliche Exaktheit zu beeinträchtigen. Zu den zahlreichen Sachbuchautoren gehören: G. MASINI mit „Il romanzo dell'universo" (1970; Die Geschichte des Universums), „Sulle tracce della vita" (1972; Auf den Spuren des Lebens), „Gli architetti delle molecole" (1972; Die Architekten der Moleküle), „La rivincita di Icaro" (1973; Die Rache des Ikarus), „Il romanzo dei numeri" (1973; Die Geschichte der Zahlen), „Sulla giostra delle stelle" (1973; Das Karussell der Sterne); U. DETTORE mit „La medicina nel tempo" (1968; Die Entwicklung der Medizin) und „Storia delle esplorazioni" (1968; Geschichte der Entdeckungen); B. VAILATI mit „Alla scoperta del mare" (1972; Bei der Entdeckung des Meeres); G. REPOSSI mit „I giganti invisibili" (1973; Die unsichtbaren Riesen), „Questione di vita o di morte" (1974; Frage von Leben oder Tod) und „Il sogno delle macchine" (1974; Der Traum der Maschinen).
Auch zwei Forschungsreisende lieferten den jungen Lesern Sachliteratur, die teilweise auf eigene Erfahrungen zurückgeht. S. ZAVATTI ist der Autor einer Geschichte der Entdeckungen „Alla scoperta del mondo" (1968) und von „L'esplorazione dell'Antartide" (1974; Die Erforschung der Antarktis). F. QUILICI schrieb „Alla scoperta dell'Africa" (1966; Die Entdeckung Afrikas), „Safari intorno al mondo" (1967; Safari um

die ganze Welt), „I grandi deserti“ (1969; Die großen Wüsten) und „Oceano“ (1972; Der Ozean).
Auf dem Spezialgebiet des Kunstbuches für junge Leser ist G. Pischel mit „Primo incontro con L'arte“ (1972; Erste Begegnung mit der Kunst) bekannt geworden. In dem Band „L'arte per i bambini“ (1972; Kunst für Kinder) stellt die Autorin den Kindern Bilder von zumeist modernen Malern vor und fordert die Kinder auf, diese für sich zu entdecken. Die Bilder werden im Rahmen einer phantastischen Erzählung vorgestellt, die von einem bestimmten Bild ausgeht, ohne jedoch eine genaue Bildinterpretation geben zu wollen. Der Autor P. Carpi verfaßte den Band „L'isola dei quadrati magici“ (1973; Insel der magischen Quadrate), in dem er über die Bilder P. Klees erzählt, sowie „La notte stellata“ (1973; Die Sternennacht), ein Buch über die Bilder von van Gogh und „La zingara nella giungla“ (1974; Die Zigeunerin im Dschungel) als Versuch, Bilder von Rousseau vorzustellen.
Eine neue Buchform, die zwischen Sachbuch und Lehrbuch steht, und nach Meinung von Pädagogen und Lehrern das Schulbuch ersetzen oder ergänzen soll, bringt eine Mischung aus Interviews, Untersuchungsergebnissen und Dokumentation. Teilweise werden die in dem Buch vorgestellten Materialien von Kindern selbst zusammengetragen, häufig sind die Sachaussagen in eine Rahmenerzählung eingebettet. Hefte dieser Art werden von der Gruppe „Biblioteca di lavoro“ (Arbeitsbibliothek) herausgegeben, deren Haupt M. Lodi ist. Zu den gelungensten gehören: „La storia più bella“ (1972; Die schönsten Geschichten), „Il lupo nella prateria“ (1973; Der Wolf auf der großen Wiese), „I piccioni della città“ (1974; Die Tauben einer Stadt), „Nonno Agostino“ (1974; Großvater Agostino), „Uno come noi“ (1976; Einer wie wir). Aus der Beobachtung alltäglicher Situationen, die oft symbolischen Charakter annehmen, sind die Erzählungen entstanden, die der Lehrer L. Gori gemeinsam mit seinen Kindern unter dem Titel „Storie scritte insieme“ (1976; Gemeinsam geschriebene Geschichten) geschrieben und herausgegeben hat. Das Buch stellt einen interessanten Versuch dar, Kinder an soziale Probleme heranzuführen. Die Themen behandeln das ökologische Gleichgewicht, das Fehlen von Grünflächen in den Städten, die Solidarität mit dem Nachbar, den Hunger in der Welt, die Verbreitung von Informationen und die Pressefreiheit.

Gedichte für Kinder und Jugendliche. Die modernen Kindergedichte italienischer Autoren zeichnen sich durch die Unmittelbarkeit ihrer Bilder, durch Originalität und eine flüssige Sprache aus, die weder durch metrische noch Reimzwänge eingeengt wird. Poesie gibt sich hier als Akt der Unmittelbarkeit, als prägnante Darstellung seelischer Zustände, als schöpferischer Ausdruck ohne belehrende Intention. Für die Kleinen bringt die neuere Kinderpoesie die Rückkehr des Kinderreims.
In der ersten Hälfte des Jahrhunderts gab es eine Autorengruppe von beachtenswertem Niveau, wenn auch einige Kritiker meinten, daß diese Autoren dem „crepuscolarismo“ nahestånden, eine poetische Tendenz, die dem französischen „Dekadentimus“ ähnelt, der seine Aufmerksamkeit auf die kleinen Dinge richtete und diese mit einem Gefühl der Traurigkeit und der Demut beschrieb. Einer ihrer Vertreter ist D. Valeri (* 1887), dessen Gedichtsammlung „Il campanellino“ (1929; Das Glöckchen) bekannt geworden ist, außerdem R. Pezzani (1898–1951) mit „Odor di cose buone“ (1950; Der Geruch guter Dinge) und seinen „Filastrocche e indovinelli“ (1959; Kinderreime und Rätsel) sowie L. Schwarz (1876–1947) mit „Ancora“ (1910; Noch) und „E poi basta“ (1930; Und dann genug). Die Autoren nach dem Zweiten Weltkrieg zeichnen sich durch mehr Lebensfreude aus, die oft humoristische Züge trägt. Repräsentativ für diese Autoren ist A. Gatto (1909–1976) mit der Gedichtsammlung „Il sigaro di fuoco“ (1944; Die Feuerzigarre), der „Il vaporetto“ (1963; Der Dampfer) folgte. Beide Sammlungen bringen neue, fröhliche Töne in das italienische Kindergedicht. Eine beachtenswerte Gedichtsammlung ist auch „Barchette di carta“ (1967; Papierschiffchen) von der Autorin E. Bossi. Zu den modernen Kindergedichtautoren zählen auch I. Drago (* 1902) mit „Stagioni in festa“ (1951; Festzeit) und „Uccellino“ (1961; Das Vögelchen), L. Santucci (* 1925) mit „Poesie con le gambe corte“ (1966; Gedichte mit kurzen Reimen), A. Russo (* 1936) mit „Poesie come farfalle“ (1969; Gedichte wie Schmetterlinge) sowie T. Parri mit „Navigaluna“ (1965; Mondwanderung). Die neue Welle der Nonsenseverse wurde durch einen Beitrag G. Rodaris ausgelöst („Filastrocche in cielo in terra“, 1960; Kinderreime im Himmel und auf der Erde). Diese Reime sind von sozialem Engagement und erlösendem Humor gekennzeichnet. Von Rodari stammen auch einige Bände, die in bunter Mischung Reime und Prosatexte enthalten: „Il libro degli errori“ (1964; Das Buch der Fehler), „Il castello di carte“ (1963; Das Kartenhaus), „I viaggi di Giovannino Perdigiorno“ (1971; Die Reise von Hänschen Tagedieb). Von L. Martini stammt das Buch „Filastrocche a Drocchinella“ (1972; Kinderreime und anderes). N. Orengo (* 1914) hat alte Kinderreime gesammelt und teilweise neu formuliert. Die in seiner Sammlung „A-uli-ulè“ (1972) zusammengetragenen Kinderreime und Wiegenlieder entnahm er der volkstümlichen Tradition. Ähnlich verfuhr L. Sostegni mit „Ambarabà-Ciccì-Coccò“ (1968). Beide Bände wirken wie eine Einladung zum Spiel. Die jungen Leser werden aufgefordert, daran teilzunehmen und eventuell auch eigene Beiträge zu liefern. Die Autoren appellieren an die schöpferischen Kräfte des jungen Lesers. Anregungen zu eigener kreativer Tätigkeit der jungen Leser wollen vor allem auch die Bilderbücher geben, die oft von demselben Autor getextet und gezeichnet werden. Bilder, die die Seiten sprengen und die an Einzelheiten so reichen Darstellungen, regen den Betrachter an, Neues hinzuzufügen. Andere Bilderbücher zeigen klar konturiert sehr einfache Dinge, z. B. Steine wie in „Da lontano era un'isola“ (1971; Von fern war es eine Insel) von Br. Munari (* 1915). Munari bedient sich beson-

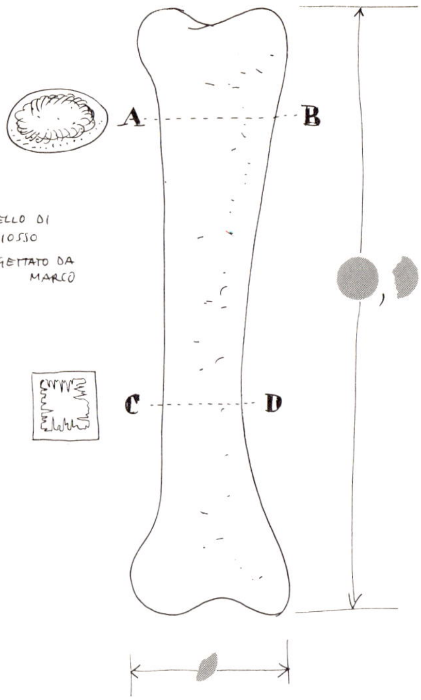

Bruno Munari. Illustration zu Gianni Rodaris Buch „Il Pianeta degli alberi di Natale" (Turin 1962).

derer zeichnerischer Mittel. Mit Hilfe bizarrer Linien, durch ungewohnte Darstellungstechnik und durch Anleitung zur speziellen Betrachtung (z.B. aus der Ferne) gibt er den Kindern die Möglichkeit, seltsame Figuren, Landschaften und phantastische Welten zu entdecken. Zu den besten Bilderbüchern MUNARIS gehört „Nella nebbia di Milano" (1968; Im Nebel Mailands). Hier versucht er mit Hilfe transparenter Seiten, die Vorstellung des Nebels zeichnerisch umzusetzen und so die Neugier und den Einfallsreichtum der Kinder anzuregen. Eine Reihe von Bilderbüchern verzichtet ganz auf Texte und überläßt es den ausdrucksvollen Illustrationen, natürliche Abläufe zu vermitteln, so werden z.B. die Metamorphosen einer Raupe in einen Schmetterling dargestellt oder das Entstehen eines Spinnengewebes. Diese Prozesse sind von einer poetisch zu nennenden Intensität des Ausdrucks getragen. Zu den wichtigsten zählen „La mela e la farfalla" (1969; Der Apfel und der Schmetterling) und „L'uovo e la gallina" (1969; Das Ei und die Henne) von I. und E. MARI sowie „Il palloncino rosso" (1967; Der kleine rote Ball) von I. MARI allein. Es gibt auch belehrende Bilderbücher wie „Sembra questo sembra quello" (1969; Es scheint dies, es scheint das) von M. E. AGOSTINELLI. „Storia di prestoria" (1967; Geschichte der Vorzeit). „Le tiritera del buon dì" (1967; Das endlose Geschwätz eines lieben langen Tages) und „Chicco nero" (1968; Die schwarze Bohne) stammen von E. FORTIS DE HYERONYMIS. „I paladini di Francia" (1962; Die Paladine Frankreichs), „La gazza ladra" (1964; Die diebische Elster) und „Alì Baba e i quaranta ladroni" (1968; Ali Baba und die 40 Räuber) enthalten Illustrationen von E. LUZZATI. Das Buch „La Giovanna a fumetti" (1974; Der Comic über Giovanna) wurde von den beiden Illustratoren CR. LASTREGO und FR. TESTA gestaltet. Sie verwenden eine Zeichentechnik, die sich an die Comics anlehnt. Die Bilder zeigen an Stelle eines Textkommentars Sprechblasen, die die beiden Autoren auch in einem anderen Buch mit dem Text von N. ORENGO („Nochenò", 1974, Nein, nur das nicht) verwandt haben. Hier dringen Elemene der Massenpresse, die in Form der Fumetti gerade von jungen Lesern stark konsumiert werden, in das moderne Kinderbilderbuch ein.

Organisationen, Förderungsmaßnahmen, Literatur zur Kinder- und Jugendliteratur. Periodika, die sich mit Kinder- und Jugendliteratur beschäftigen, sind „Il giornale dei genitori" (Florenz), „Il Minuzzolo" (Genua; offizielles Organ des Studienzentrums für Jugendliteratur in Genua), „La parola e il libro" (Rom; wird vom Nationalverband der öffentlichen und Schulbibliotheken herausgegeben), „Schedario" (Florenz; Organ der Abteilung für Jugendliteratur des nationalen didaktischen Zentrums für Studien und Dokumentation), „Specchio del libro per ragazzi" (Padua) und „Vita dell'Infanzia" (Florenz; Organ des Montessoriwerks in Rom). Studienzentren, die sich mit Problemen der Jugendliteratur beschäftigen, sind das „Centro di Studi di Letteratura giovanile" (Studienzentrum für Jugendliteratur), das mit der Internationalen Kinderbibliothek in Genua verbunden ist, „Sezione di Letteratura giovanile del Centro Didattico Nazionale di Studi e Documentazione di Firenze" (Sektion für Jugendliteratur des nationalen didaktischen Zentrums für Studien und Dokumentation in Florenz), „Sezione di Letteratura giovanile dell'Università di Padova" (Sektion für Jugendliteratur der Universität Padua, die an den Lehrstuhl für Jugendliteratur dieser Universität angeschlossen ist). Die Pädagogischen Institute der italienischen Universitäten beschäftigen sich mit verschiedenen Aspekten des Kinder- und Jugendbuches. Die aktivsten sind die von Bari, Florenz, Parma, Rom, Triest und Turin.

In I. gibt es eine Reihe von Literaturpreisen für Kinder- und Jugendbücher. Der Preis „Giana Anguissola", der den Namen der Schriftstellerin ANGUISSOLA trägt, wird jährlich für einen noch unveröffentlichten Roman in Mailand verliehen. „Bancarellino" wird jährlich einmal in Pontremoli (Massa Carrara) von einer aus Kindern bestehenden Jury verliehen, die auf der Grundlage einer Vorauswahl durch Buchhändler über die eingesandten Werke zu befinden haben. Der Kinder- und Jugendbuchpreis „Castello" wird einmal jährlich von der Kunstschule in Sanguinetto (bei Verona) für ein bereits veröffentlichtes Jugendbuch verliehen. Der „Premio H. Chr. Andersen – Baia delle Favole" wird ebenfalls jährlich in Sestri Levante (bei Genua) für eine noch unveröffentlichte märchenhafte Erzählung verliehen.

Der Preis „Critici in erba" wird anläßlich der Kinderbuchmesse in Bologna verliehen. Die Jury, die ein bereits veröffentlichtes Werk auszeichnet, setzt sich aus Kindern zusammen. Weitere bedeutende italienische Jugendbuchpreise sind: Premio europeo Citta di Trento, Premio Monza, Premio Laura Orvieto und Premio Olga Visentini.

→Città di Caorle, Premio Europeo, →C. Collodi, →G. Rodari

Sekundärliteratur: A. M. Bernardinis: Pedagogia della letteratura giovanile (1971). – A. Cibaldi: Storia della letteratura per l'infanzia e l'adolescenza (1967); Criteri di scelta e valutazione del libro per l'infanzia (1970). – I. Drago: La poesia per ragazzi in Italia (1971). – A. Faeti: Guardare le figure (1973). – A. Lugli: Letteratura per la gioventù (1967). – J. Marchetti: Buonincontro (zus. mit E. Petrini, 1969); Breve storia della letteratura giovanile (zus. mit E. Petrini, 1970). – A. Michieli: Svolgimento storico della letteratura per ragazzi (1967). – G. Nesti: Pinocchio libro per adulti (1969). – L. Santucci: La letteratura infantile (1960). – M. Valeri: Critica pedagogica dei linguaggi narrativi (1970); Comico, creatività, educazione (zus. mit G. Genovesi, 1973). – L. Volpicelli: La verità su Pinocchio. Saggio su Cuore e altri scritti sulla letteratura infantile (1971).

Carla Poesio

J

Jacobs, Christian Friedrich Wilhelm

*Philologe, Schriftsteller, Bibliothekar; * 6. 10. 1764 Gotha, † 30. 3. 1847 Gotha.*

Nach dem Besuch des Gymnasiums seiner Vaterstadt studierte J. an der Universität Jena Theologie. Er gewann dort die Freundschaft des Dichters und Historikers J. K. Fr. Manso (1759–1826), dessen Persönlichkeit ihn sehr beeinflußte. Ab 1784 studierte J. in Göttingen Philologie und übernahm schon 1785 in Gotha ein Lehramt am dortigen Gymnasium. Eine Aufbesserung seiner bescheidenen finanziellen Verhältnisse erbrachte seine zusätzliche Arbeit in der herzoglichen Bibliothek in Gotha. Im Jahre 1807 folgte J. einem Ruf als Professor an das Lyceum zu München und wurde Mitglied der bayerischen Akademie der Wissenschaften. Nach einem glücklichen Anfang in München bekam J. erhebliche Auseinandersetzungen mit dem Oberhofbibliothekar Freiherr Chr. v. Arrentin, die ihm den Aufenthalt vergällten. So kehrte er 1810 nach Gotha zurück, wo er wieder das Lehramt übernahm, das er insgesamt über fünfzig Jahre ausübte. Zusätzlich erhielt er die Ämter eines Oberbibliothekars und des Direktors des Münzkabinetts. Seine wissenschaftliche und schriftstellerische Tätigkeit verschaffte ihm vielseitige Anerkennung. J. wurde 1839 als der Nestor der deutschen Philologie gefeiert.

Werk, Tendenzen, Wirkung. J.' wesentliche Verdienste liegen auf dem Gebiet der klassischen Philologie. Hier zeugen seine Schriften immer wieder von einer erstaunlichen Belesenheit. Als Jugendschriftsteller ist J. vor allem durch das für seinen Sohn Friedrich Josias geschriebene Buch „Alwin und Theodor" (1802) bekannt geworden. Mit dieser Schrift wollte J. dem damals beliebten, lehrhaften und religiös gefärbten Lesestoff für Kinder entgegentreten, wie er von J. Hübner (1668–1731) und anderen bis weit ins 19. Jahrhundert hinein geboten wurde. J. verfocht dagegen die aufklärerisch-unterhaltende Richtung, die von J. H. Campe ausging und sich in Schriftstellern wie Chr. G. Salzmann, J. A. Chr. Löhr, C. Fr. Lossius und J. Glatz fortsetzte. Das erfolgreiche Buch „Alwin und Theodor" wurde bis Mitte des 19. Jahrhunderts immer wieder nachgedruckt, wir wissen, daß Hölderlins Diotima es ihrer Tochter schenkte. In die Geschichten aus dem täglichen Leben der beiden Knaben Alwin und Theodor werden Hinweise auf eine christlich-tugendhafte Gesinnung, naturwissenschaftliche Belehrungen, Tagebuchnotizen, die Schilderung der Erlebnisse eines in algerische Sklaverei geratenen Jungen, die dem damals beliebten Robinsonschema folgt, eingestreut. Die beiden Erzählbände „Die Feierabende in Mainau" (1820) und „Kleine Erzählungen des alten Pfarrers von Mainau" (1846) wenden sich an schon ältere Jugendliche. Obwohl keine eigentliche Jugendschrift, sondern mehr als Auseinandersetzung des Autors mit den Problemen um den Tod der eigenen Frau entstanden, wurde die Schrift „Rosaliens Nachlaß" (1812) zur beliebten und von Erziehern empfohlenen Lektüre heranwachsender Mädchen. Die Wirkung der Schriften J.' auf seine Zeitgenossen ist uns heute nicht mehr so ganz verständlich. Vielleicht mag die liebenswürdige und vorbehaltlose ehrliche Persönlichkeit J.' eine Rolle gespielt haben.

Werke: Alwin und Theodor (1802, [6]1847); Rosaliens Nachlaß. Mit einem Anhang (1812, [5]1842); Die Feierabende in Mainau (1820–1821, [2]1843); Kleine Erzählungen des alten Pfarrers von Mainau (1846); K. G. Jacobs (Hrsg.): Schriften für die Jugend von Friedrich Jacobs (Bd. 1–3. 1847).

Sekundärliteratur: K. G. Jacobs: Schriften für die Jugend von Friedrich Jacobs. Vorrede (1. Bd. 1847. I–XXIII).

Erich Strobach

Jäde, Karl Heinrich Christian

*Jugendschriftsteller, Redakteur; * 24. 7. 1815 Weimar, † 16. 1. 1873 Weimar.*

J. (im Geburtsregister Gäde genannt) lebte in der traditionsreichen Stadt Weimar. Er ist der Sohn des Schneidermeisters Siegfried J. (Gäde). In der Bevölkerung als „Literat" bezeichnet, betätigte sich J. als

Verfasser von Kinderbüchern und später als freischaffender Korrektor für den Verlag Voigt, zeitweise auch als Redakteur. Auf Grund dieser Tätigkeit war J. auch politisch engagiert. Er vertrat zunächst linksliberale, seit 1848 gemäßigt-demokratische Auffassungen. Seine bedeutendste politische Rolle spielte er als Führer der Weimarer Demokraten 1848 und in den nachrevolutionären Jahren. Nachdem er führend in der Turnbewegung hervorgetreten war, nahm er am kurzen Wiederaufschwung der Weimarer Demokraten 1866 bis 1868 teil. J. verstarb unverheiratet.

Werk, Tendenzen, Wirkung. J.s Kinderbücher sind durch drei Charakteristika geprägt. Der Text der Bücher ist zumeist in Reime gefaßt und erinnert bisweilen an die Mutter- und Koselieder Fr. Fröbels. Seine Bücher dienten vornehmlich der frühkindlichen Bildung. J. übernahm diese Aufgabe bewußt; denn neben den oft gekünstelten Reim als sprachliche Vorgabe tritt als zweites charakteristisches Merkmal die farbige Lithographie als illustrative Texterschließung und -ergänzung. Das dritte Kennzeichen ist die eng umrissene Themenwelt. J. wählte einfache, der kindlichen Lebenswelt zugehörige Sachverhalte und Ereignisse. Im „Büchlein vom Hanf“ (1857) berichtet er beispielsweise über die Verarbeitung und Verwendung des Hanfs zu Öl, Bindfaden, Leinen, Zelten, Segeln, Netzen, Lumpen und Papier. Die verschiedentlich in mehreren Auflagen erschienenen Bücher verdankten ihre Beliebtheit nicht zuletzt den schönen und durchgängig gerühmten Bildern. Für zahlreiche Kinderbücher J.s lieferte sein Bruder Franz J. die Illustrationen.

Werke: Das Roggenkörnlein (1852); Alles was Federn hat fliegt! Geschichtchen aus dem Reiche der Vögel in Bildern und Versen (1852); Hans Hänschen, das etwas werden wollte. Humoristische Wanderung durch das Gewerbeleben in Gedichten und Bildern (1853); Die Abenteuer Klein-Binkelbink's. Ein Naturgeschichtchen (1853; NA u. d. Titel: Die Abenteuer Klein-Binkel-Blink's. Geschichte eines Wassertröpfchens, 1858); Der kleine Urian. Humoristische Fahrten durch alle Theile der Erde und poetische Bilder aus der Länder- und Völkerkunde (1853); Helläuglein oder Blicke in Natur und Menschenleben in Bildern und Reimen (1853; NA u. d. Titel: Hellmund und Helläuglein. Bilder und Klänge für Kinder und Kinderfreunde, 1872); Häschen im Kraut (1856); Ein Büchlein vom Hanf. Gedichte und Bilder (1857); Aus dem Morgenlande. Thier-Novellen nach Bidpai (1859); Die Thiere im Leben des Menschen. Ein Buch für Jung und Alt (1861); Frisch, Frei, Fröhlich, Fromm. 88 Lieder für die turnende Schuljugend (1863).

Sekundärliteratur: A. Merget: Geschichte der deutschen Jugendliteratur (1882). – G. Günther (Hrsg.): Geschichte der Stadt Weimar (1975; zus. mit L. Wallraf).

Reinhard Stach

Jägersberg, Otto

*(d. i. Jägersberg, Horst). Schriftsteller; * 19. 5. 1942 Hiltrup/Westfalen.*

Nach einer Buchhändlerlehre in Münster arbeitete J. als Buchhändler in München und Zürich. Heute lebt er als Schriftsteller in Baden-Baden.

J.s erste Prosaarbeit erschien 1963 in einer Anthologie von V. O. Stomps (Eremitenpresse, Stierstadt). Es war ein Kapitel aus dem Roman „Weihrauch und Pumpernickel“, den 1964 der Diogenes-Verlag publizierte. Dieser Erstling wurde von den Kritikern positiv aufgenommen. Weitere Werke für Erwachsene sind „Nette Leute“ (1967), „Der Waldläufer Jürgen“ (1969), „Cosa Nostra“ (1971), „Land“ (1975), „He, he, ihr Mädchen und Frauen“ (1975). J. schrieb Hörspiele und Fernsehfilme.

Werk, Tendenzen, Wirkung. Die erste Arbeit für Kinder von J. erschien 1969 im Middelhauve-Verlag: „Der große Schrecken Elfriede“, nach dem amerikanischen „Millicent the monster“ (1968, Text von M. Lystad und Bilder von V. Chess). Es war eines der frühen Bücher der antiautoritären Kinderbuchwelle. 1973 erschien von J. „Das Kindergasthaus“ mit Bildern von H. Baerenz. Hier wird erzählt, wie Kinder mit Hilfe einiger alter Damen in einem leerstehenden Haus ein Kindergasthaus einrichten.
Neben Beiträgen für Kinder in einigen Anthologien erschienen von J. mit Bildern von L. Leonhard im Melzer-Verlag „Rüssel in Komikland“ und „Glücksucher in Venedig“ (zwei Bände ab 1972). In diesen Bilderbüchern werden mit intellektuellen und phantastischen Mitteln die Comics nicht nur parodiert, sondern gleichzeitig wieder nutzbar gemacht zu einer Art Comics der Comics. J. ist dem Zeichner Leonhard nicht nur kongenial in Handhabung, Entlarvung und Sublimierung von Trivialem, er versteht es außerdem, die Welt der Bilder zu kanalisieren und mit sprachlichen Mitteln fast greifbar zu machen. Die Rezeption durch Kinder allerdings ist durch die Doppelbödigkeit der Mittel erschwert.

→ L. Leonhard

Werke: Der große Schrecken Elfriede (1969); Rüssel in Komikland (1972); Das Kindergasthaus (1973); Glücksucher in Venedig (Bd. 1–2. 1973–1974).

Karlhans Frank-Ostkamp

Jahrbuch

J.er sind periodisch erscheinende Publikationsorgane, in denen die Mitglieder von Interessenverbänden oder wissenschaftlichen Vereinen ihre Ziele und den Stand ihrer wissenschaftlichen Bemühungen darstellen. Bedeutende Beispiele sind die „Hallischen Jahrbücher“ von Echtermeyer und Ruge (1834–1841) sowie die „Preußischen Jahrbücher“ (1858–1935). Eine besondere Form des J.s entwickelte sich demgegenüber in der Kinder- und Jugendliteratur. Unter der Bezeichnung Album, Almanach, Taschenbuch, Magazin, Bazar erscheinen seit dem ausgehenden 18. Jahrhundert, meist in jährlichem Abstand, Textsammlungen, deren ähnliche Struktur es nahelegen, von einer eigenen Gattung zu sprechen.

Entstehung und Struktur. Die Entstehung dieser Gattung steht im Zusammenhang neuer Leseinteressen und der pädagogischen Ziele der Aufklärung. Vorläufer waren Kalender und Zeitschriften, vor allem die moralischen Wochenschriften. Anregungen kamen auch von Lesebüchern in der Art von ROCHOWS „Kinderfreund" (1776). Viele der ersten J.er enthielten zunächst noch Kalendarien oder im Titel die Bezeichnung „Neujahrsgeschenk" oder „Weihnachtsgeschenk" (Hamburgischer Kinderalmanach oder Weihnachtsgeschenk für kleine Kinder in angenehmen und lehrreichen Unterhaltungen, die ihrer Fähigkeit angemessen sind oder Kleine Kinderbibliothek von J. H. CAMPE, 12 Bändchen, 1779–1785). Noch heute erscheinen Jugendjahrbücher meist im Herbstprogramm und werden als Weihnachtsgeschenke oder zur Konfirmation gekauft. Inhaltlich unterscheiden sich die J.er kaum von den Jugendzeitschriften der Zeit, etwa dem „Kinderfreund" (Leipzig 1775–1782) CHR. F. WEISSES: Neben belehrenden Gesprächen stehen moralische Erzählungen, Gedichte, Rätsel, dramatische Szenen, Lieder, Artikel über Realien, besonders Naturgeschichte (Tiere, Pflanzen) und Geographie, seltener über Technik. Viele der erfolgreichsten Zeitschriften erscheinen in späteren Auflagen auch in Buchform, einige Zeitschriften werden schließlich zu J.ern, z.B. die 1887 erstmals in Stuttgart erschienene illustrierte Knabenzeitung „Der gute Kamerad" (ab. Jg. 40, 1926). Von den Zeitschriften übernehmen J.er den unsystematischen Aufbau, bisweilen sogar die Fortsetzungsgeschichte: Zusammenhängende Artikel werden in Abschnitten über das ganze Buch verteilt.

J.er des 19. Jahrhunderts. Es ändern sich Stil und Inhalt, nicht aber die Struktur. Die maximenhafte moralische Belehrung tritt zugunsten unterhaltender Erzählungen mit allerdings deutlicher didaktischer Intention zurück. Neu sind die historischen Erzählungen, Biographien, Reise- und Abenteuergeschichten. Naturwissenschaftliche Artikel nehmen zwar meist noch geringen Raum ein, bemühen sich aber um umfassende, verständliche Information.

Wie Untertitel und Titelblätter zeigen, waren die J.er für die Lektüre im Familienkreis gedacht. Offensichtlich rechnete man auch mit gegenseitigem Vorlesen. Auf dem Titelbild des 26. Jahrgangs (Neue Folge Bd. 9, 1877) des „Jugend-Albums, Blätter zur angenehmen und lehrreichen Unterhaltung im häuslichen Kreis" (Stuttgart 1850–1881, zunächst als Monatszeitschrift, ab 1868 als Jahrbuch) ist z.B. im mittleren Feld eine Familienszene abgebildet: Unter einem Baum versammeln sich die Kinder um den Vater, der, das Buch in der Hand und belehrend mit dem Zeigefinger darauf zeigend, mit einem der Kinder spricht. Ohne Zweifel haben solche J.er zur ideologischen Ausrichtung und Entpolitisierung des Bürgertums im 19. Jahrhundert beigetragen. Dazu gehört, daß Unglück und Krieg als Schicksalsschläge dargestellt werden, in denen sich die Guten gegenüber den Bösen zu behaupten haben. Religion hat im wesentlichen die Aufgabe, die schlechten gesellschaftlichen Verhältnisse zu legitimieren und schließlich, in einem durchaus nicht jenseitigen Gericht, die Bösen zu bestrafen und/oder zu bekehren, die Guten zu belohnen. Da die Blütezeit der meisten J.er nach 1850 liegt, ist es nicht verwunderlich, daß progressive liberale Ideen fast gänzlich fehlen, während nationalistische dominieren. Eine gewisse Aversion herrscht gegenüber dem oft als moralisch dekadent geschilderten Adel, vielfach findet sich auch ein massiver Antisemitismus. Die vorherrschenden Ideale sind: Bescheidenheit, Mitleid, Treue, Ernst, Sauberkeit, strenge häusliche Ordnung, Vaterlandsliebe, ein starkes Regiment des Staates u.ä. Zunehmend treten als neue Ideale auch Klugheit, Beharrungs- und Durchsetzungsvermögen sowie Unternehmergeist hinzu. Neben die Vorbilder aus Geschichte und Kultur tritt der Wissenschaftler, Erfinder und Unternehmer, der als „thätiger, umsichtiger Geschäftsmann", „sein Werk mit Lust und Liebe betreibt". „Seine zahlreichen Arbeiter betrachten ihn mehr als einen Freund, denn als strengen Gebieter". („Der Jugend Lust und Lehre, Album für das reifere Jugendalter", hrsg. v. H. MASIUS, Glogau 6. Jg. 1862, S. 256.) Der Unternehmer erscheint hier fast als Feudalherr.

J.er für Mädchen. Mädchenjahrbücher entwickeln ein eigenes Gepräge. Sie sind ganz auf das Rollenbild der bürgerlichen höheren Tochter, der Hausfrau und Mutter abgestimmt. Eine wesentliche Rolle spielen triviale, sentimentale Erzählungen wie z.B. in O. WILDERMUTHS „Der Jugendgarten, Eine Festgabe für die deutsche Jugend" (Stuttgart 2. Jg. 1877, S. 3), wo einige bezeichnende Topoi in dem Satz zu finden sind: „Vor einer dieser Hütten saß auch im Abendlicht ein Mägdlein, ein Kind von bald vier Jahren, allein, allein auf der weiten Gotteswelt". Zu Beginn des 20. Jahrhunderts erhielt dieses 1876 erstmals erschienene J. den neuen Untertitel „Eine Festgabe für junge Mädchen". In dieser Form erschien es bis 1958, wurde dann unter dem Titel „Wir Mädchen" bis heute weitergeführt. Die Titeländerungen brachte keine Änderung der Grundtendenz. Der Zeit entsprechend traten an die Stelle von Liedern und Gedichten mehr Informationen über Mode, Kosmetik und rollenangemessene Freizeitbeschäftigung. Zu den verbreitetsten Mädchenjahrbüchern gehörte TH. VON GUMPERTS „Töchter-Album, Unterhaltungen im häuslichen Kreise zur Bildung des Verstandes und Gemüthes der heranwachsenden weiblichen Jugend". Es erschien von 1855 bis 1932 und wurde dann noch einige Jahre unter wechselndem Titel fortgeführt („Wir sind jung", „Mädchenjahre").

J.er für Jungen. Eine neue Generation des J.s bringt das 1880 in Stuttgart zum ersten Mal erschienene „Neue Universum" mit dem Untertitel „Die interessantesten Erfindungen und Entdeckungen auf allen Gebieten, ein Jahrbuch für Haus und Familie, besonders für die reifere Jugend". 1975 erschien der 92. Band, ohne daß sich an der Grundkonzeption etwas geändert hätte. Moralische, religiöse und schöngeistige Tendenzen treten ganz zurück hinter Berichten über aktuelle technische Neuerungen, eingebunden in einen ungebrochenen Fortschrittsglauben. Aufgelockert wird die

Sachinformation durch reiche und eindrucksvolle Bebilderung, Entdeckungs- und Abenteuergeschichten. K. MAY fand im „Neuen Universum" einen weiteren Leserkreis. Wie sehr hier bis heute Fortschritt rein quantitativ als Folge technischer Entdeckung erscheint, zeigen die im gleichen Verlag erschienenen letzten Bände des „Guten Kamerads" (dessen Erscheinen allerdings zu Beginn der siebziger Jahre eingestellt wurde): Technik ist die Darstellung des Größten, Höchsten, Stärksten. Trotz bzw. gerade wegen dieses durchgehaltenen Grundgedankens unterlagen diese technischen J.er großen Wandlungen. Sie wurden jeweils wechselnden politischen Ideologien dienstbar. Dies läßt sich vor allem an den während des Nationalsozialismus erschienenen Bänden nachweisen. In dieser Zeit kam es neben den erfolgreichen alten J.ern „Das neue Universum" und seinem Konkurrenten, dem 1923 begründeten „Durch die weite Welt", auch zu Neugründungen, z.B. „Auf guter Fahrt, Jahrbuch für Unterhaltung, Technik, Natur, Sport und Lebenskunde" (München, 1936–1943). Ein Beispiel für ideologische Information ist auch das zu Beginn des Jahrhunderts erschienene, auf geographische Berichte spezialisierte J. „Das große Welt-Panorama der Reisen, Abenteuer, Wunder, Entdeckungen und Kulturtaten in Wort und Bild, ein Jahrbuch für alle Gebildeten" (Stuttgart, 1901–1917). Es verbreitete vor allem kolonialistische und imperialistische Vorstellungen.

Neue J.er. In den letzten Jahren gerieten die traditionellen J.er offensichtlich in Schwierigkeiten. Einige stellten ihr Erscheinen ein, andere wechselten den Verlag. Zugleich gibt es eine Reihe von Versuchen, innerhalb der alten Gattung neue Ideen und Inhalte zu vermitteln, z.B. „Signal, Das Buch für junge Menschen", hrsg. v. H. FREVERT (Baden-Baden, Bd. 1 1959, Bd. 7 1973) und „Der neue Columbus", hrsg. v. E. HUBACHER und J. BLUM (Bern/Stuttgart, seit 1971, Fortführung des bis 1970 in 20 Bänden erschienenen „Columbus"). Mitarbeiter an „Signal" sind u.a. bekannte Jugendbuchpädagogen wie M. DAHRENDORF. Neu an diesen Büchern ist nicht nur eine differenziertere und kritischere Darstellung alter Themen, z.B. Technik, sondern vor allem die Betonung bisher vernachlässigter Aspekte und Themen: Erstmals sind soziale und politische Themen im Zentrum. Ein Versuch der Erneuerung des Mädchenjahrbuchs ist der von H. WYSS und I. SCHAAD herausgegebene „Rotstrumpf" (Zürich/Köln, Bd. 1, 1975). Ohne daß hier traditionelle Themen vermieden werden, soll gerade an ihnen einer Rollenfixierung entgegengewirkt werden. Dieses J. versucht weiterhin Beispiele, Fragen, Anregungen zum Thema des Sichverstehens, der Verständigung zu bringen (Bd. 1, S. 11). Einen völlig neuen Weg gehen die „Jahrbücher der Kinderliteratur", hrsg. v. H.-J. GELBERG „Geh und spiel mit dem Riesen" (1971), „Am Montag fängt die Woche an" (1973), „Menschengeschichten" (1975). Als Experimentierfeld junger Autoren für neue Formen der Kinderliteratur sind diese J.er eher Anthologien, in denen auf sehr verschiedene Weise die Realität, die

Hans-Joachim Gelberg (1930). Herausgeber der als Anthologien moderner anspruchsvoller Belletristik für die Jugend entworfenen „Jahrbücher für Kinderliteratur" wie „Geh und spiel mit dem Riesen" (1971), „Am Montag fängt die Woche an" (1973) und „Menschengeschichten" (1975). Gelberg gehört zu den profiliertesten und einflußreichsten Lektoren für Kinder- und Jugendliteratur in der Bundesrepublik Deutschland.*

Konflikte der Kinder in ihren sozialen und politischen Bezügen verständlich gemacht werden sollen. Ohne fertige Lösungen zu bieten, provozieren sie neue Rezeptionsformen und versuchen, kritische Phantasie zu wecken.

→Album, →Almanach, →Aufklärung, →Magazin, →Taschenbuch, →Töchteralbum, →O. Wildermuth

Sekundärliteratur: E. Diesel: 75 Bände Das neue Universum. Würdigung einer Epoche und eines Buches (1958). – S. Köberle: Jugendliteratur zur Zeit der Aufklärung (1972). – M. Lanckorońska: Geschichte der deutschen Taschenbücher und Almanache aus der klassisch-romantischen Zeit (1954, zus. mit A. Rümann).

Martin Hussong

Jais, Aegidius

*(Taufname: Josef) Benediktiner, Pädagoge, Schriftsteller; * 17.3.1750 Mittenwald; † 3.12.1822 Benediktbeuern.*

J., Sohn eines Geigenbauers, begann seine Studien, besonders Poetik und Rhetorik, 1762 in Benediktbeuern und setzte sie 1766 im Münchener Jesuitenkolleg fort. Hier lernte er J. M. SAILER kennen, dem er zeitlebens freundschaftlich verbunden blieb. Nach dem Studium der Theologie in Regensburg und der Priesterweihe 1766 wurde J. Gymnasialprofessor in Salzburg, wo er 1784–1788 auch als Schulpräfekt wirkte. Aus dieser pädagogischen Tätigkeit entstanden die ersten schriftstellerischen Arbeiten wie das „Lesebuch für meine Schüler" (1784). Beide Arbeitsgebiete, Erziehungstätigkeit und Jugendschriftstellerei, blieben zeitlebens bestimmend, obgleich J. in den Jahren zwischen 1788 und 1814 als Pfarrseelsorger, Novizenmeister, Prinzenerzieher und Universitätsprofessor sich den verschiedensten Aufgaben widmete. 1814 kehrte der inzwischen zum „Herzoglich-würzburgischen Rat" und zum „Toskanischen Rat" Ernannte nach Benediktbeuern zurück. In den Jahren bis zu seinem Tode 1822 entfaltete er hier als Mönch eine wirksame Tätigkeit.

Werk, Tendenzen, Wirkung. Das jugendliterarische Werk und die erzieherische Tätigkeit J.' werden bestimmt durch den pädagogischen Impetus und durch die christliche Weltanschauung. J. war jedoch offen für die pädagogischen Anregungen seiner Zeit, die im deutschsprachigen Raum durch das philanthropistische Erziehungsdenken geprägt wurden. Seine langjährige praktische Erfahrung verschaffte ihm allerdings einen Blick für die Grenzen der Reform.
Seine Schriften wirkten weniger unmittelbar auf die führenden Pädagogen seiner Zeit, als vielmehr auf die Jugend und das Volk selbst. Angeregt durch E. von Rochows „Kinderfreund" (1776) schuf J. eine Anzahl von ähnlich strukturierten Lesewerken sowie Sitten- und Erbauungsbücher. J.' Schriften waren nach M. Dietls bibliographischen Angaben 1826 schon außerordentlich verbreitet. Dietl, der seine Schrift über J. anonym herausbrachte, war Novize unter J. und später dessen Freund. Die theologische Orthodoxie, die praxisorientierte Psychologie und die pädagogische Philanthropie geben J. als einen aufklärerischen Reformer im süddeutschen Raum zu erkennen, der ähnlich wie J. H. Campe und Chr. G. Salzmann durch Pädagogik und Jugendschrifttum dem reformerischen Erziehungsdenken Breitenwirkung verleihen wollte.

Werke: Lesebuch für meine Schüler zur Bildung ihres Herzens (1784); Das Wichtigste für Eltern, Schullehrer und Aufseher der Jugend, also auch, und besonders für Seelsorger (1786); Guter Samen auf gutes Erdreich. Ein Lehr- und Gebethbuch samt einem Haus- und Krankenbüchlein für gut gesinnte Christen, besonders fürs liebe Landvolk (1792); Lehr- und Beth-Büchlein für die lieben Kinder, das auch wohl Erwachsene brauchen können (1792); Geschichten und lehrreiche Erzählungen zur Sittenlehre für Kinder (Bd. 1–2. 1792); Amulet für Jünglinge oder Gebeth und Lehren, die ein tugendliebender Jüngling öfters wohl zu Herzen nehmen soll (1797); Amulet für Jungfrauen, oder Gebeth und Lehren, die eine tugendhafte Jungfrau und jede schamhafte Weibsperson öfters zu Herzen nehmen soll (1797); Gebete und Lehren, die christliche Eheleute recht oft und wohl zu Herzen nehmen sollten (1798); Unterricht in der christkatholischen Glaubens- und Sittenlehre. Mit einer Vorerinnerung über den Religionsunterricht. (1807); Walter und Gertraud, für das Landvolk auf dem Lande geschrieben (1809); Gebethbuch für gottesfürchtige Mütter, das auch erwachsene Töchter größtentheils gebrauchen können (1812); Vertrautes Wort des Vaters an seinen Sohn, der zum Soldatenstand gerufen ist (1813); Goldener Spiegel für Mütter (1813); Katechismus der christkatholischen Glaubens- und Sittenlehre als Noth- und Hülfsbüchlein zu seinem Katechismus besonders für Eltern (1813).

Sekundärliteratur: M. Dietl: P. Aegidius Jais nach Geist und Leben geschildert von einem seiner Freunde (1826). – J. Heigenmooser: P. Ägidius Jais OSB als Pädagog (in: Christliche Schule. 2. 1911. 1. 14–26); Jais, Ägidius (in: E. M. Roloff (Hrsg.): Lexikon der Pädagogik. 1913. Bd. II. Sp. 995–997). – P. Regner: P. Aegidius Jais als Pädagoge, 1750–1822 (1928). – C. A. Riedhofer: Kleine Nachlese zu des P. Aegidius Jais Biographie, in kurzen Erzählungen vorgetragen (1829). – J. Uttenweiler: Jais, Ägidius (in: Lexikon der Pädagogik. 1953. Bd. II. 803).

Reinhard Stach

Jandl, Ernst

*Lehrer, Schriftsteller; * 1. 8. 1925 Wien*

J. studierte Germanistik und Anglistik in Wien und ist seit 1949 – bei zeitweiliger Beurlaubung – als Gymnasialprofessor (Dr. phil.) tätig; er lebt vorwiegend in Wien. 1970/71 war er als Gast des Deutschen Akademischen Austauschdienstes (DAAD) im Rahmen des Berliner Künstlerprogramms in Berlin, im Winter 1971 als Visiting German Writer an der Universität Austin/Texas; 1972 unternahm er eine Vortragsreise durch die Vereinigten Staaten von Amerika. J. wurde 1969 mit dem Hörspielpreis der Kriegsblinden ausgezeichnet (für „fünf mann menschen", zus. mit Fr. Mayröcker) und 1974 mit dem Georg Trakl-Preis.

Werk, Tendenzen, Wirkung. J. schreibt nicht für bestimmte Zielgruppen; vor allem seine Lyrik (u.a. „Laut und Luise", 1966; „Der künstliche Baum", 1970; „für alle", 1974) wendet sich gleichermaßen an Erwachsene und Kinder. Seine experimentellen Gedichte, in denen er auf unkonventionelle Art Laute, Silben und Wörter spielerisch montiert oder Buchstaben zu optisch sinnfälligen Anordnungen fügt, gehören weitgehend in das Feld der konkreten Poesie, die er maßgeblich mitbestimmt hat in ihren modernen Textvarianten. J. schlägt vor, daß Kinder „künstliche Gebilde" wie Gedichte nicht nur hören und lesen, sondern auch selber „herstellen" im spielerisch-schöpferischen Umgang mit dem Alltagsmaterial Sprache; darin erst bestehe das „Erlernen von Gedichten" (in: Praxis Deutsch, 11, 1975, S. 5). Seine lyrischen Texte sind in modernen Lesebüchern vertreten (in „lesen", 1970; „drucksachen", 1974; „Lesarten", 1974; „Kritisches Lesen", 1974; „TS", 1975) und in neueren Anthologien für Kinder („Das große Lalula", 1971; „Ein Fisch mit Namen Fasch", 1972, hrsg. von E. Borchers; „Am Montag fängt die Woche an", 1973; „Menschengeschichten", 1975, hrsg. von H.-J. Gelberg; „Die mechanische Ente", 1974, hrsg. von R. Wildermuth). Auf mehreren Schallplatten liest J. seine Sprechgedichte, u.a. auf der Schallplatten-Anthologie für Kinder „Warum ist die Banane krumm?" (Wagenbachs Quartplatte 7), „laut und luise" (1968), „der künstliche baum" (1970) und „hosi + anna" (1972). Zu L. Lionnis Bilderbüchern „Seine eigene Farbe" (1974) und „Am Strand sind Steine, die keine sind" (1975) schrieb J. die deutsche Textfassung. Das Bilderbuch „Alle freut, was alle freut" (1975), das im Untertitel

„Ein Märchen in 28 Gedichten" heißt, entstand zu Bildern von W. Trier (1890–1951), die hier zum ersten Mal veröffentlicht wurden und ursprünglich einen anderen, heute verschollenen Text („Die Spielzeugstadt") hatten.

→ L. Lionni, → W. Trier

Werke: Laut und Luise (1966, NA 1971); Der künstliche Baum (1970, [4]1972); für alle (1974); Alle freut, was alle freut (1975).

Sekundärliteratur: A. Binder: Visuelle Gedichte Ernst Jandls (in: Der Deutschunterricht. 1973. 1. 78–89). – D. Schmieder und G. Rücker: Konkrete Poesie in der Grundschule (in: Westermanns Pädagogische Beiträge. 1974. 10. 550–555).

Jutta Grützmacher

Janeček, Ota

*Tschechischer Maler, Bildhauer, Grafiker und Illustrator; *15.8.1919 Pardubičky bei Pardubice/Ostböhmen.*

J. studierte von 1938 bis 1941 an der Technischen Hochschule in Prag bei O. Blažíček und C. Bouda (*1900) Zeichnen und darstellende Geometrie, unterbrach nach Schließung der tschechischen Hochschulen für kurze Zeit seine Studien und setzte sie von 1941 bis 1942 an der Kunstgewerbeschule in Prag fort. Seit 1941 beteiligt sich J. an Kollektivausstellungen. Sein umfangreiches Ouevre – Ölbilder, Zeichnungen, Keramik, Textilentwürfe, Grafik, Plastik, Umschlaggestaltung, Buchillustrationen, Briefmarken und Plakate – präsentierte der Künstler bislang in mehr als 40 Einzelausstellungen, im Ausland u.a. in London (1962), Berlin (1967), Antwerpen (1967), Austin (1967 und 1968). Als Kinderbuchillustrator stellte er sich auf der Bienále ilustrácií Bratislava (1967), bei der Ausstellung „Tschechoslowakische Kinderbuchillustratoren" in München (1969) und mit einer Einzelausstellung „Ota Janeček dětem" 1969 in Louny vor. – Für sein Illustrationsschaffen, speziell auch für seine Kinderbuchgestaltung, wurde J. mehrfach ausgezeichnet: u.a. gewann er 1963 auf der Biennale in São Paulo die Goldmedaille für „Dětem" (1954; dt. Kinderparadies; Text von Fr. Halas) und für „Princezna s lískovými oříšky" (1963; dt. Englische Märchen, 1965) den Marie Majerová-Preis. Im Rahmen des Wettbewerbs um das schönste Buch des Jahres wurden „Rozprávky strýcka" (1959; dt. Onkel Remus erzählt; Text von J. Ch. Harris), „Die Prinzessin mit dem goldenen Stern" (1960; Text von K. M. Walló), „Tri labutie panny" (1960), „Der glückliche Prinz" (1968; Text von O. Wilde) ausgewählt. Für andere Buchillustrationen erhielt J. Anerkennungsdiplome, den Preis des Ministeriums für Kultur der ČSSR (1969), Preise der Verlage Odeon (1969) und Albatros (1972), den Silbernen Adler auf der internationalen Buchausstellung in Nizza (1970). – Seit 1943 ist J. Mitglied des Künstlerverbandes „Mánes", 1945 trat er dem Verein tschechischer grafischer Künstler „Hollar" bei, an dessen gleichnamigen Publikationsorgan er mitarbeitete. J. hat auch an mehreren Filmen mitgewirkt; für „Vlčí jáma" (1958; Die Wolfsgrube) wurde er ausgezeichnet. J. lebt in Prag.

Werk, Tendenzen, Wirkung. J. gilt als Anreger und Wegbereiter des modernen illustrierten tschechischen Bilderbuchs. Dieser Bereich seines Schaffens muß im Zusammenhang mit seiner Entwicklung als Maler, Grafiker und Zeichner betrachtet werden: Einflüsse der kubistischen und abstrakten Malerei, die in den fünfziger Jahren zunehmende Beschäftigung mit Strukturen und Ausdrucksformen von Pflanzen, Vögeln, Landschaften und der damit einhergehende Wandel der koloristischen Komponenten sowie der Behandlung der Oberfläche ist auch an den Illustrationen für Kinder- und Jugendbücher ablesbar. J. verwendet innerhalb eines Buches häufig die unterschiedlichsten Techniken: Federzeichnungen, Gouache, Pastell, illuminiertes Aquarell, Kollage, Spritztechnik und vielfältige Mischformen. Hierbei ist die Zeichnung Grundlage und organisierende Komponente der künstlerischen Struktur, während die Farbe zur Poetisierung und Intensivierung des Bildinhalts beiträgt. So ist bei Texten von dichterischer Imagination die Farbe das primäre Element und bringt lyrische Qualitäten und emotionelle Kräfte des Textes zum Ausdruck, während die Zeichnung als mehr episches Charakterisierungselement, als Träger des Humors und der Ironie dient. Der Grad der Bevorzugung hängt wesentlich von dem Charakter des jeweiligen Textes ab: Während im „Glücklichen Prinz" die malerischen Komponenten dominieren, sind in den ganzseitigen Illustrationen zu den Kindergedichten von Fr. Halas „Dětem" beide Elemente, Farbe und Zeichnung stärker ausgewogen. In Sammlungen wie „Princezna s lískovými oříšky" oder „Vom klugen Esel und anderen Tierfabeln" (1972) werden die farbigen Abbildungen noch durch eine Fülle von oft karikierenden, großzügigen Umrißzeichnungen ergänzt.

Eine experimentierfreudige Bildauffassung und kindgemäßer, freundlicher Humor sind für J. charakteristisch. Neben Witz und Heiterkeit haben poetische Zartheit und musikalische Akzente ihren Platz, die Voraussetzungen dafür sind, daß J. so unterschiedliche Formen und Themenkreise wie Märchen und Fabeln, Tier- und Phantasiegeschichten, Reim- und Gedichtsammlungen, Fibeln und Liederbücher für die Schule, Ovids Liebeskunst (1965 und 1969), Gedichte von P. Neruda (1971) oder japanische Poesie illustriert hat. Bislang umfaßt sein Werk mehr als hundert Titel, von dem vor allem die Märchensammlungen auch in deutsch, englisch, französisch, teilweise auch in finnischen, dänischen oder norwegischen Ausgaben (Der glückliche Prinz) erschienen sind.

Werke: Fr. Pátek: Pohádky a povídky (1953); Fr. Halas: Počitadlo (1953); Fr. Halas: Dětem (1954; dt. Kinderparadies, 1960); J. Reitmannová: Velká voda (1959); R. Těsnohlídek: Čimčírínek a chlapci (1959, [2]1967); J. Ch. Harris: Rozprávky strýčka Remuse (1959; dt. Onkel Remus erzählt, 1965); K. M. Walló: Die Prinzessin mit dem goldenen Stern (1960); Fr. Halas: Počitadlo (1960); Tri labutie panny (1960); A. Kuprin: Nezvedený kozlíček (1961); W. Mayne: Záhada žlutého jednorožce (1961); J. R. Jiménez: Stříbrák a já (1961); L. Dvořák: Z modré konvičky prší na Žofín (1961); Fr. Hrubín: Pohádka o tom, jak přišla kukačka o chocholku (1961); M. Dabrowská: Čistá srdce (1962); B. Říha: O lékaři Pingovi (1962); V. Reisel: Zázračná muzika (1962, ^{2}1969); L. Dvořák: Kam chodí sluníčko spát (1963); Z. Kriebel: Co dělá sluníčko v parku (1963); J. Neruda: Dětem (1963); J. Vladislav: Princezna s lískovými oříšký (1963; dt. Englische Märchen, 1965, ^{4}1976); H. Franková: Panáček Švícko (1964); R. Krátký: Myšulín (1964); J. Hanzlík: Princ a želva (1964); B. Němcová: Pohádky (1965); A. Fournier: Kouzelné dobrodružství (1966); A. Miller: Jana (1967); L. Dvořák: Nejmenší větrný zámek (1968); O. Wilde: Der glückliche Prinz (1968); J. Vladislav: Französische Märchen (1970); R. Krátký: Jak Rybbaba své zemi vládl (1971); Pohádky a povídky pro malé čtenáře (1971); Fr. Halas: Před usnutím (1972); Fr. Hrubín: Kráska a zvíře (1972); J. Vladislav: Zvířecí epos (1972); Vom klugen Esel und andere Tierfabeln (1972); Dornröschen (1972); Verše psané na vodu (1973).

Sekundärliteratur: P. Hartmann: Ilustrátor Ota Janeček (in: Knižní kultura. 2. 1. 1965. 16–26); Ota Janeček (1973). – W. Huder: Der Maler Ota Janeček (in: Artis. 22. 1970. 32–33). – M. Nyklová: Příroda je klíč k umění (in: Zlatý máj. 2. 1974. 89–91).

Horst Künnemann

Janikovszky, Éva

*Ungarische Kinder- und Jugendbuchautorin, Chefredakteurin des Jugendbuchverlages Ferenc Móra. *23. 4. 1926 Kispál.*

J.s Vater war Journalist, die Mutter leitete eine Buchhandlung, so hatte sie schon in früher Kindheit Kontakte zur Literatur. Nach dem Abitur studierte sie an der philosophischen Fakultät zu Szeged; in Budapest beendete sie ihr Studium. Seit 1954 ist J. im Jugendbuchverlag Ferenc Móra tätig. Sie schrieb zuerst Novellen und populärwissenschaftliche Bilderbücher. Für „Große dürfen alles“ (1972; ungar.: Ha én felnött volnék; 1965) wurden J. und der Grafiker L. Réber 1973 mit dem Deutschen Jugenbuchpreis ausgezeichnet.

Éva Janikovszky (1926)*

Werk, Tendenzen, Wirkung. In ihren Bilderbüchern beschreibt J. in einer ungezwungenen Art Probleme zwischen Kindern und Erwachsenen. Sie kreierte eine „befreite“ Gattung, in der mit scheinbarer Naivität und prächtigem Humor der Fragenkomplex um Erzogenwerden und Sicherziehenlassen aufbereitet wird. Zu den in dieser Art verfaßten Werken zählen: „Te is tudod“ (dt. Weißt du es auch?), „Große dürfen alles“ (bzw. Wenn ich nicht mehr klein bin, Ausgabe der DDR), „Akár hiszed, akár nem (dt. Ob du's glaubst oder nicht), „Felelj szépen ha kérdeznek (dt. Antworte schön, wenn du gefragt wirst), „Valem mindig történik valami (dt. Mir passiert immer etwas) und „Jó nekem“ (Mir geht es aber gut). Es sind Monologe eines Jungen, von kindlich-groteskem Standpunkt aus geschrieben. Alle diese Bücher illustrierte L. Réber. Seine Zeichnungen sind in einem postimpressionistischen, grotesken, Kinderzeichnungen nachahmenden Stil gehalten und mit dem Text sowohl durch den der Kinderperspektive angenäherten Stil als auch durch die typografische Gestaltung symbiotisch verbunden. In „Akár hiszed, akár nem“, in dem die Erwachsenen Kindern als ehemalige Kinder nähergebracht werden, sind mit dokumentarischem Effekt zwischen Zeichnungen und Text alte Fotos einkomponiert. Den größten Erfolg im deutschsprachigen Gebiet brachte „Große dürfen alles“. Die Popularität, durch den Deutschen Jugendbuchpreis und Fernsehsendung gefördert, beruhte zum Teil auch auf einer Fehleinschätzung des Buches als einem antiautoritären Produkt. Für das Teenageralter schrieb J. ein humorvolles Buch unter dem Titel „Kire ütött ez a gyerek“ (1974; Von wem hat er das?). J. beherrscht aber nicht nur diesen spezifischen Stil, sondern versteht ebenso einfühlsam die Welt und das Empfinden junger Mädchen, was in zwei erfolgreichen Mädchenbüchern bewiesen wird („Szalmaláng“, 1960, Strohfeuer; „Aranyesö“, 1962, dt. Goldregen). „Aranyesö“ erschien in deutscher Sprache unter dem Titel „Goldregen“, übersetzt von I. Szent-Ivány, im Kinderbuchverlag; diese Übersetzung wurde in zwei Teilen (1974: Jung und voller Illusionen; 1975: Freundschaft auf Umwegen) später vom Schneider-Verlag übernommen; 1968 bereits war „Goldregen“ in einer Übersetzung von K. E. Wick bei Sauerländer verlegt worden. J.s glänzender Humor zeigt sich auch in den Büchern, die sie für die Kleinsten schrieb: „Bertalan és Barnabás“ (1963; dt. Balthasar und Barnabas, 1969) und „Már óvodás vagyok“ (1975; Ich darf schon in den Kindergarten gehen), sowie in den beiden Kinderromanen „Málnaszörp és szalmaszál“ (1970; Himbeersaft und Strohhalm) und „A nagy zuhé“ (1976; Der große Regen). Ihre Bücher sind in 17 Sprachen übersetzt und wurden in zahlreichen europäischen Ländern aufgelegt (u. a. England, Finnland, Frankreich, Jugoslawien, Polen, Tschechoslowakei); für die BRD und DDR existieren oft Parallelübersetzungen.

Werke: Szalmaláng (1960, ^{3}1970); Aranyesö (1962, ^{2}1972; dt. Goldregen, 1967; NA. Goldregen 1968; NA. in 2 Bden.: Jung und voller Illusionen, 1974 und: Freundschaft auf Umwegen, 1975); Te is tudod? (1963, ^{2}1975; dt. Weißt du es auch?, 1965);

Ha én felnött volnék (1965, ²1975; dt. Wenn ich nicht mehr klein bin, 1971; NA. Große dürfen alles, 1972, ²1973); Akár hiszed, akár nem (1966; dt. Ob du's glaubst oder nicht, 1972, ²1973); Jó nehem', (²1975); Felelj szépen, ha kérdeznek (1968; dt. Antworte schön, wenn du gefragt wirst, 1974); Beralan és Barnabás (1969; dt. Balthasar und Barnabas, 1969); Málnaszörp és szalmaszál (1970); Velem minding történik valami (1972, dt. Mir passiert immer etwas, 1973); Kire ütött ez a gyerek? (1974); Már óvodás vagyok (1975).

Éva Aszódi

Janosch

*(d.i. Horst Eckert). Bilderbuchkünstler, Maler, Illustrator und Erzähler; *11.3.1931 Zaborze b. Hindenburg (Oberschlesien).*

J., Sohn eines Eisengießers, begann als 13jähriger eine Schmiede- und Schlosserlehre, arbeitete mehrere Jahre als Hilfsarbeiter, u.a. in einer Textilfabrik in Oldenburg. Mit 23 Jahren kam er nach München. Sein Versuch, 1953 an der Kunstakademie in München bei E. Geitlinger (*1895) zu studieren, scheiterte. J. arbeitete in der Folgezeit als Tapetendesigner, veröffentlichte Erzählungen und Illustrationen in der „Süddeutschen Zeitung", „Der Zeit", in der satirischen Zeitschrift „Pardon". Seine ersten Bilderbücher, „Die Geschichte von dem Pferd Valek", „Valek und Jarosch", „Der Josa mit der Zauberfiedel", erschienen 1960 im Verlag von G. Lentz (*1928), der ihm auch seinen heutigen Künstlernamen anriet. Nach Auflösung des Georg Lentz-Verlages wurden alle Bilderbücher von J. vom Parabel-Verlag, München, übernommen, der 1975 21 Titel von J. im Programm führte. Neben Kinderbüchern, die auch von Künstlern wie Fr. Kohlsaat (*1924) und J. Wilkon (*1930) illustriert wurden, schrieb J. zwei Romane für erwachsene Leser, „Cholonek oder Der liebe Gott aus Lehm" (1970, NA. 1976) – hierfür erhielt J. den Kulturförderungspreis für Literatur der Stadt München – und „Sacharin im Salat" (1975). – Mehrere seiner Kinder- und Bilderbücher standen auf der Auswahlliste zum Deutschen Jugendbuchpreis (u.a. Das Auto hier heißt Ferdinand, Der Josa mit der Zauberfiedel, Herr Wuzzel und sein Karussell, Wir haben einen Hund zu Haus, Flieg Vogel flieg, Ich bin ein großer Zottelbär, Mein Vater ist König) oder wurden in die Liste der „Schönsten deutschen Bücher" aufgenommen (Böllerbam und der Vogel, Ach lieber Schneemann, Flieg Vogel flieg, Globeriks, Bd. 2). J. lebt heute in München und in einer Hütte am Ammersee.

Werk, Tendenzen, Wirkung. J. gehört seit mehr als einem Jahrzehnt und mit ca. 80 eigenständigen Arbeiten als Bilderbuchgrafiker, Erfinder von Kinderreimen, Bildergeschichten, Comics und Erzählungen vorwiegend fantastischer Natur, als Illustrator und Romancier zu den einfallsreichsten und produktivsten Kinderbuchmachern des deutschsprachigen Raums. Zu sehr verschiedenartigen Bereichen der Kinderliteratur, zu mannigfaltigen Motiven, Inhalten und ihrer Gestaltung hat er wesentliche Beiträge geleistet: Zum Anfangsbilderbuch (Das Auto hier heißt Ferdinand, 1964; Ferdinand im Löwenland, 1965; Das starke Auto Ferdinand, 1975), zum Kinderreim und Kindervers mit oft kritisch-emanzipatorischem Klang (Heute um neune hinter der Scheune, 1965; Ene bene Bimmelbahn, 1971; Wir haben einen Hund zu Haus, 1968; Hottentotten, grüne Motten, 1973), zum Beschäftigungs- und Aktivierungsbilderbuch (Filipo und sein Wunderpinsel, Text von M. Damjan, 1968; Flieg Vogel flieg, 1971), zum Fantastischen (Herr Wuzzel und sein Karussell, 1968; Onkel Poppoff kann auf Bäume fliegen, 1964), zur Lügengeschichte (Lari fari Mogelzahn, 1971 und 1974), zum ironisch gebrochenen Anti-Märchen (Janosch erzählt Grimm's Märchen, 1972), zur zeitkritischen Umweltgeschichte, in die sich Fantasie- und Nonsense-Elemente mischen (Hannes Strohkopp und der unsichtbare Indianer, 1966; Leo Zauberfloh, 1966; Böllerbam und der Vogel, 1968), zur modernisierten Moritat (Familie Schmidt, 1974), zur kritisch-witzigen Entlarvung von Räubergeschichten und Westernserien im Fernsehen, im Film und in der Kolportage- und Trivialliteratur (Der Räuber und der Leiermann, 1961; 3 Räuber und 1 Rabenkönig, 1969; Der Mäuse-Sheriff, 1969), zu neuartigen Comics (Die Globeriks, Bd. 1–5. 1973–1975).

Fast allen Geschichten von J. haftet eigenständiger Witz, Humor und eine stark unterhaltsame Note an. J. kultiviert seit Beginn seiner Tätigkeit als Bilderbuchkünstler und Illustrator einen naivisierenden Stil sowohl in seinen Federzeichnungen als auch in den meist leuchtenden, wirkungsvollen Farbtafeln. Sein Figurenarsenal ist durch erheiternd klingende Namen charakterisiert. Seine Helden sind einprägsam, reizen zur Identifikation des lesenden und betrachtenden Kindes und rühren Alltagsprobleme wie Schulsorgen, Streit mit der Umwelt, Langeweile, Umweltverschmutzung, Kreativität in beengender Wohnwelt auf vielfältige und meist humorige Weise an. In Wort und Bild wird ein Kindern leicht eingängiger Witz bemüht, der in einzelnen Fällen bis an die Grenze der Ironie und Satire vorstößt, etwa in J.s Darstellung des Wilden Westens oder älteren Kinderbuchklassikern: „Reineke Fuchs" (1962), „Grimms Märchen" oder „Das Apfelmännchen" (1965). Diese Komponenten, manchmal noch um vorsichtig eingesetzte Collage- oder Montageelemente aus Zeitungsschnipseln oder Paß- und Familienfotos erweitert, erzählerisch durch aktuelle Anspielungen auf allbekannte Zustände der Verkehrsraserei, der Müllhalden und nicht existierender Spielgelegenheiten durchvariiert, finden sich nicht allein in seinen Bilderbüchern für Kinder, sondern auch in seinen Tafelbildern für Erwachsene wieder. Im Rahmen der seit Beginn der siebziger Jahre versachlichten Comicdiskussion hat J. für O. Maier eine neue Taschenbuchreihe mit den Geschichten um den „Globerik" und seine Freunde geschaffen, ein Mythos, der von seinen gestalterischen Mitteln ein Zwischending von farbig anspruchsvollem Farbbilderbuch, Bildergeschichte und seriell veröffentlichtem Comicbuch darstellt. Auch hier sind Freundlichkeit, Eingehen auf kindliche Bedürfnisse und ein vital bis feinsinnig differenzierender Humor zu finden.

Janosch (1931). Illustration zur Geschichte „Traumstunde für Siebenschläfer" in „Das Große Janosch Buch" (1976). Die Unterschrift lautet: „Es waren einmal zwei gute Freunde, die hießen Popov und Piezke." Dieser Satz ist zugleich der Anfang der phantastischen Erzählung, in der Popov fliegen kann und Piezke, ein Siebenschläfer, immer schläft.*

Neben Kindern und Erwachsenen sind es immer wieder Tiergestalten in J.s Bilderbüchern und Geschichten, die dazu beitragen, handfesten Witz und Situationskomik in Bewegung zu setzen (Löwe, spring durch den Ring, 1971; Ich bin ein großer Zottelbär, 1972; Bärenzirkus Zampano, 1975; Flieg Vogel flieg, 1971).

Außerdem spielen Instrumentalmusik und Gesang eine wesentliche Rolle (Der Josa mit der Zauberfiedel, 1960; Onkel Poppoff kann auf Bäume fliegen; Der Räuber und der Leiermann). Von hier aus eröffnet sich auch ein breiter Zugang zum Markt der Kinderschallplatte, für den einige der wirkungsvollsten Bücher J.s umgearbeitet wurden (Lari fari Mogelzahn, Onkel Poppoffs wunderbare Abenteuer, Janosch erzählt Grimms Märchen, Hannes Strohkopp, Leo Zauberfloh, Der Mäuse-Sheriff u.a.).

Seine Einflußnahme auf kindliche Rezipienten hat J. dadurch noch erheblich erweitert, daß er Anfangsfibeln und Primarschullesebücher illustrierte (Westermann-Verlag), daß er wichtige moderne Kindergedichtsammlungen bebilderte (Die Stadt der Kinder, 1969) und vor allem dadurch, daß eine Reihe seiner älteren Titel in Taschenbuchausgaben oder neue Geschichten und Bilder in preisgünstigen Originalausgaben auf den Markt kamen (vor allem bei der rororo-Rotfuchs-Produktion). Außerdem wurden seine Arbeiten gewerblich für Kataloge, Kinder-Poster, Kalender und Verlagsanzeigen benutzt.

Übersetzungen von J.s Büchern gibt es in 23 Sprachen; der größte Teil der Titel ist auch in der DDR erschienen. Einige der Bilderbücher erreichten sehr hohe Auflagen; so wurden 1975 von den im Parabel-Verlag publizierten Werken mehr als 500000 gedruckte Exemplare angegeben: „Der Josa mit der Zauberfiedel" (122000), „Komm mit nach Iglau Krokodil" (114000), „Das Auto hier heißt Ferdinand" (93000), „Ach lieber Schneemann" (75000), „Heute um neune hinter der Scheune" (69000), „Ich bin ein großer Zottelbär" (53000), „Schlafe lieber Hampelmann" (50000).

Werke: Janosch: Die Geschichte von Valek dem Pferd (1960); Janosch: Valek und Jarosch (1960); Janosch: Der Josa mit der Zauberfiedel (1960; neuill. Ausg. 1967); Janosch: Das kleine Schiff (1960); Janosch: Der Räuber und der Leiermann (1961); J. W. v. Goethe: Reineke Fuchs (1962); Janosch: Das Auto hier heißt Ferdinand (1964); Janosch: Onkel Poppoff kann auf Bäume fliegen (1964); Janosch: Ferdinand im Löwenland (1965); Janosch: Das Apfelmännchen (1965); Janosch: Heute um neune hinter der Scheune (1965); Janosch: Hannes Strohkopp und der unsichtbare Indianer (1966; NA. 1972); Janosch: Leo Zauberfloh oder Wer anderen eine Grube gräbt ... (1966); Janosch: Rate mal, wer suchen muß (1966); Janosch: Poppoff und Piezke (1966); Janosch: Ich male einen ... (1966); Janosch: Reite, reite Jockel (1966); Janosch: Schlafe, lieber Hampelmann (1967); Janosch: Rabenkönig Mucklbaß (1967); H. Heckmann: Der kleine Fritz (1968); M. Damjan: Filipo und sein Wunderpinsel (1968); Janosch: Ich male einen Bauernhof (1968); Janosch: Wir haben einen Hund zu Haus (1968); Janosch: Böllerbam und der Vogel (1968); Janosch: Herr Wuzzel und sein Karussell (1968); Janosch: Lukas Zauberkünstler (1968; 1971 erw. NA.); Janosch: Die Löwenkinder (1968); Janosch: 3 Räuber und 1 Rabenkönig (1969); Janosch: Das Regenauto (1969); Janosch: Der Mäuse-Sheriff (1969); Janosch: Ach lieber Schneemann (1969); H. Baumann: Der wunderbare Ball Kadalupp (1969); H.-J. Gelberg (Hrsg.): Die Stadt der Kinder (1969); H. Heckmann: Geschichten vom Löffelchen (1970); Janosch: Autos, Autos, viele Autos (1970); Janosch: Komm mit nach Iglau Krokodil (1970); Janosch: Löwe, spring durch den Ring (1971); Janosch: Ene bene Bimmelbahn (1971); Janosch: Flieg Vogel flieg (1971); Janosch: Lari fari Mogelzahn. Jeden Abend eine Geschichte (1971); B. Cleary: Die Maus und das Motorrad (1971); Janosch: Leo Zauberfloh oder Die Löwenjagd in Oberfimmel (1970); H. Baumann: Bombo in seiner Stadt (1972); Janosch: Das Regenauto (1972); B. Cleary: Mäuserich Ralf haut ab (1972); Janosch: Ich bin ein großer Zottelbär (1972); Janosch: Janosch erzählt Grimm's Märchen (1972); Janosch: Wohin rast die Feuerwehr (1972); W. D. Edmonds: Das Mäusehaus (1972); Janosch: Der Räuber und der Leiermann (1972); Janosch: Die Globeriks (Bd. 1–5. 1973–1975); Janosch: Hottentotten, grüne Motten (1973); H. Baumann: Nucki darf alles. Mülltonnen-Ali (1973); J. Kowal: Wasja kauft den Hund im Sack (1973); P. Maar: Die Kikerikiste (1973); A. Rose: Mein Vater ist König (1974); Janosch: Familie Schmidt (1974); Janosch: Lari Fari Mogelzahn. Die Löwenreise (1974); Janosch: Bärenzirkus Zampano (1975); Janosch: Das starke Auto Ferdinand (1975); Janosch: Das große Janosch-Buch (1976).

Sekundärliteratur: Janosch: und dann und wann ein schönes Bild oder: Oh Lust des Bücherfabulierens (in: Bulletin Jugend + Literatur. 0. 1969. 15–17). – Janosch kompreß (in: Bulletin Jugend + Literatur. 2. 1973. 16); Janosch im Comicland (in: Bulletin Jugend + Literatur. 11. 1973. 15). – H. Künnemann: Janosch. Käuze, Fabulierkunst und Skurrilität (in: H. Künnemann: Profile zeitgenössischer Bilderbuchmacher. 1972. 95–106); Janosch. Oder: Exkurs über Phantasie im modernen Bilderbuch (in: Jugend und Buch. 2. 1973. 10–13). – Kl. F. v. Sobbe: „Jach, jach, där Mensch ...". Von einem, der gerne und viel lügt und über 80 Bücher gezeichnet und geschrieben hat (in: Börsenblatt für den Deutschen Buchhandel. 76. 1975. 1248–1249).

Horst Künnemann

Jansson, Tove

*Finnisch-schwedische Kinderbuchautorin und Zeichnerin; *9.8.1914 Helsingfors.*

J., Tochter des Bildhauers V. Jansson und der schwedischen Zeichnerin S. Hammersten, studierte an Kunstschulen in Helsingfors, Stockholm und Paris. Heute arbeitet sie als Malerin, Illustratorin und Schriftstellerin. Ihre erfolgreichen Trollmärchen schrieb sie in schwedisch. Für ihr literarisches Werk wurde J. mehrfach ausgezeichnet. So erhielt sie 1953 die Nils Holgersson-Plakette, 1958 den Preis der schwedischen Akademie, 1966 die Hans Christian Andersen-Medaille und 1963 und 1971 den finnischen Staatspreis. J. unternahm zahlreiche Reisen, die sie durch Europa führten. Sie lebt unverheiratet auf einer einsamen Insel vor der Küste Finnlands. Seinen Niederschlag fand der Erfolg ihrer Mumin-Bücher in zahlreichen Übersetzungen. Außerdem wurden J.s Trollgeschichten durch Fernsehfilme – als Puppenspiel von der Augsburger Puppenkiste W. Oehmichens 1959 und 1961 produziert –, als Comic-Strips, die allerdings mehr und mehr von ihrem Bruder Lars J. betreut wurden, in Zeitschriften und auch als Hörspiel sowie auf dem Theater verbreitet.

Werk, Tendenzen, Wirkung. Die erste Geschichte J.s um den Troll Mumin entstand bereits 1939, wurde aber nicht sofort publiziert. Mumin ist die Hauptfigur der märchenhaft-mythischen Geschichten J.s. Von den skandinavischen Trollen nordischer Sagen und Märchen unterscheiden sich die Mumins grundlegend, da sie weder boshaft noch hinterhältig und niemandem Feind sind. Die Muminfamilie ist vielmehr durch einen gewissen Grad an freundlicher Verwirrung, positive Einstellung zur Umwelt und eine auffallende Selbstzufriedenheit charakterisiert. Ihr Äußeres läßt sie tierähnlich erscheinen, sie sind winzig klein und schwimmen gern. Neben den Mitgliedern der Muminfamilie treten weitere Fabelwesen auf wie Snorks, Hemuls, Morra, Schnüferl und Schnupferl sowie die Hatifnatten. Die Mumins handeln, obwohl keine Menschen, doch nach menschlichen Motiven. Kennzeichnend für die märchenhaften Mumingeschichten ist das Ineinander von fraglos Wunderbarem und moderner Realität mit ihrer nüchtern-sachlichen Gesetzmäßigkeit. Die alles übergreifende Regel des Muminlebens ist die Regellosigkeit, die zwar das plötzliche Eingreifen übernatürlicher Dinge und Wesen nicht garantieren kann, aber doch wahrscheinlich macht. Wenn etwas derart Unvorhergesehenes geschieht, so kommt es doch gelegen. Aus dieser Übermächtigkeit unbeherrschbarer Naturgewalten erklären sich die Gleichgültigkeit der Mumins gegenüber Katastrophen u.ä. Sie akzeptieren die Dinge und Ereignisse ohne Anklage und nehmen das, was auf sie zukommt, an, ohne es beeinflussen oder ändern zu wollen. Ihre ganze Haltung verrät eine Bindung an den Augenblick. Sie kennen weder Vergangenheit noch Zukunft, weder Erinnerung noch Voraussicht. Für sie zählt allein das Hier und Jetzt. Im großen und ganzen stehen sie der Welt, so wie sie ist, mit einer optimistischen gemütvollen Grundhaltung gegenüber. Ihre objektive Ahnungslosigkeit ist ihr Schutz. Sie empfinden ihr Leben trotz allem als schön und glücklich. Nur die Langeweile fürchten sie. Es passiert jedoch immer etwas, das die drohende Routine unterbricht. So sehr ihnen die Technik auch Mühe macht, sie wissen ihren Wert zu schätzen, ohne sie die Oberhand gewinnen zu lassen. Werden die Schwierigkeiten, seien sie nun simpel technischer Art oder unheimlichen Ursprungs, zu groß, dann werden sie durch befreiendes Lachen oder beruhigenden Schlaf überwunden.

Völlig gegensätzlich zu den Mumins sind die Hemuls, die nur das Rechenhafte und Wägbare kennen. In „Muminvaters wildbewegter Jugend" werden die Hemuls folgendermaßen beschrieben: „Ein Hemul tut nichts, weil es Spaß macht, sondern nur, weil es getan werden muß, und erzählt einem die ganze Zeit, was man selbst hätte tun sollen ...". Hemuls sind humorlos. Ihr Dasein ist peinlich geordnet und wohlorganisiert, ihre Sprache gebieterisch. Die Hemuls gehen voll und ganz in ihrer Funktion, zumeist als Wächter und Aufpasser, auf. Sie verkörpern das wandelnde Pflichtbewußtsein. Die Buchstaben des Gesetzes halten sie für Gerechtigkeit und Gehorsam für Einverständnis. Alles wird ihnen zur Schablone und zum Schema.

In der Muminwelt, die einen Hauch von Plüsch und Spießbürgerlichkeit nicht verleugnen kann, ist letztlich alles einfach. Ebenso, wie es in der Welt dieser Trolle kein Geld und kein Eigentum gibt, gibt es keine Notwendigkeit zu arbeiten. Allenfalls hat man eine lustvolle Beschäftigung. Bedeutungsvoll für die Mumins ist das Zuhausesein und, mit gleichem Gewicht, die Heimkehr.

J. sieht die Aufgabe der Mumingeschichten vor allem darin, den Leser zu unterhalten und ihm dabei zu helfen, sich in das Land Irgendwo-Nirgendwo fortzuträumen. Wichtig ist ihr, daß sie bewußt keinen Versuch macht, ihre Leser zu erziehen und auf ein bestimmtes Ziel auszurichten. Wenn J. allerdings z.B. das unheimliche Wesen „Morra", in dessen Nähe alles Leben gefriert, zeichnet, so deutet sich dennoch in ihrem sonst so verspielt-skurrilen Werk eine pädagogische Schicht an. Prägnant stellt J. durch dieses Wesen dar, wie eine einmal erfolgte soziale Stigmatisierung dazu führt, daß der so Stigmatisierte nur noch, was immer er auch unternimmt, seine Isolierung verstärkt und unfähig wird, solche sozialen Beziehungen aufzubauen, die den anderen nicht schädigen. Das Wesen „Morra" wird als schrecklich und unheimlich beschrieben, ohne als Feind dargestellt und behandelt zu werden.

J. traut ihren jungen Lesern viel zu, wenn sie in der Rede zur Verleihung des Andersen-Preises die aktive Rolle des Rezipienten ihrer Bücher betont: „In einem Kinderbuch sollte immer etwas unerklärt bleiben und ohne Illustration. Man muß dem Kind gestatten, allein weiterzudenken – oder weiterzufühlen, zwischen Möglichem und Unmöglichem. Es sollte einen Pfad geben, an dem der Autor respektvoll halt macht und den das Kind allein weitergeht. Denn der Erzähler ist trotz allem nichts als ein Eindringling, der aus seiner eigenen Welt geflohen ist. Sein Sich-der-Dinge-bewußt-sein setzt ihm Grenzen."

Bis 1974 betrug im Schwedischen die Auflage der Bücher über die Welt der Mumins 344 Tausend, im Finnischen 207 Tausend, in der BRD 115 Tausend (die Taschenbuch- und Buchgemeinschaftsausgaben nicht eingerechnet). Übersetzungen gibt es außerdem ins Dänische, Englische, Französische, Hebräische, Holländische, Isländische, Italienische, Japanische, Lettische, Littauische, Norwegische, Persische, Polnische, Portugiesische, Russische, Slowakische, Slowenische, Spanische, Ukrainische und Walisische. Neben den Büchern schuf J. mit den Mumin-Figuren Comicstrips, eine dreizehnteilige Fernsehserie (1969) und das von I. Kuusisto vertonte Libretto zur Oper „Troll i kulisserna" (1974). Daneben zeichnete J. Illustrationen zu L. Carrolls „The Hunting of the Snark" (1959) und „Alice in Wonderland" (1966) und zu J. R. R. Tolkiens „The Hobbitt" (1962).

→ Finnland

Werke: Småtrollen och den stora översvemningen (1945); Kometjakten (1946; dt. Komet im Mumintal, 1961, [2]1963); Trollkarlens hätt (1949; dt. Eine drollige Gesellschaft, 1954, [6]1970); Muminpappans bravader (1950; dt. Muminvaters wildbewegte Jugend, 1963, [2]1973); Hur gick det sedan? (1952); Farlig midsommer (1954; dt. Sturm im Mumintal, 1955, [5]1969); Trollvintar (1957; dt. Winter im Mumintal, 1968, [3]1972); Vem ska trösta Knyttet? (1960); Det osynliga barnet (1962; dt. Geschichten aus dem Mumintal, 1966, [4]1974); Pappan och havet (1965; dt. Mumins Inselabenteuer, 1970, [2]1972); Sent i november (1970; dt. Herbst im Mumintal, 1972); Lyssnerskan (1971); Sommarbokan (1972); Solstaden (1974).

Sekundärliteratur: M. Hellmann: Phantastisches oder realistisches Kinderbuch. Versuch einer Interpretation der Mumin-Bücher von Tove Jansson (in: Das gute Jugendbuch. 25. 1975. 2. 56–59). – T. Jansson: From the world of children's books (in: R. Bamberger (Hrsg. zus. mit L. Binder und B. Hürlimann): 20 years of IBBY. 1973. 156–160); Bildhuggarens dotter (1968); Glückliche Kindheit (in: Das gute Jugendbuch. 20. 1970. 1. 17–18). – H. Künnemann: Tove Jansson. Mumins, Hemuls und ein nordischer Troll-Mythos (in: Profile zeitgenössischer Bilderbuchmacher. 1972. 107–112). – H. Kuhn: Die Mumin Tove Janssons mit Erwachsenenaugen für Kinder gesehen (in: Das gute Jugendbuch 20. 1970. 1. 7–15).

Winfred Kaminski

Japan

(Nippon, auch Nihon). Kaiserreich in Ostasien. J. besteht aus den Inseln Honschu, Kiuschu, Schikoku und Hokkaido sowie aus 3422 kleineren Inseln. Staatsgebiet: 369881 km². Einwohner: rund 100 Millionen. Mit der Verfassung vom 3. 11. 1946, die am 3. 5. 1947 in Kraft getreten ist, liegt die oberste Gewalt beim Volk. Die neue, mit einem umfassenden Grundrechtskatalog ausgestattete Verfassung trat an die Stelle der Verfassung von 1889, nach der J. eine konstitutionelle Monarchie nach preußischem Muster war. Das erbliche Kaisertum blieb zwar erhalten, doch ist der Kaiser nicht mehr Souverän, sondern nur das Symbol J.s. Seine Stellung beruht auf dem Willen des Volkes, ihm stehen heute nur noch formelle Befugnisse zu. Die Bevölkerung besteht weitgehend aus Japanern. Der geringe Anteil der Ureinwohner, der Ainu, geht immer mehr in dem japanischen Bevölkerungsanteil auf. Landessprache ist japanisch.

Entwicklung der Kinder- und Jugendliteratur und gegenwärtiger Stand. Bis zum Beginn der Meji-Ära um 1867 war die japanische Literatur gekennzeichnet durch eine totale Abgeschlossenheit von allen außerjapanischen Einflüssen. In dieser Zeit gab es auch keine spezielle Kinder- und Jugendliteratur. Soweit die Kinder der kleinen Oberschicht lesen und schreiben konnten, nahmen sie weitgehend an der Literatur der Erwachsenen Anteil. Die Kinder der großen Masse der analphabetischen Bevölkerung hörten von den Erzählern die volkstümlichen Märchen, Sagen, Legenden und Chroniken, die vor allem durch den Einklang von bäuerlicher Lebensweise und religiösen Mythen geprägt waren. Die Entfaltung einer reichen Erzählpalette geht in das zehnte vorchristliche Jahrhundert zurück. Aus dieser Zeit stammt das Märchen vom Bambussammler, der in einem Stamm ein winziges Mädchen findet, das unter seiner Obhut zu außergewöhnlicher Schönheit heranwächst und schließlich, nachdem zahlreiche Freier vergeblich um es warben, von Boten des Himmels hinweggeführt wird. Das Märchen hat die japanische Literatur und Erzähltradition bis in die Gegenwart hinein befruchtet. Die Jugendlichen der Oberschicht lasen vor allem das Standardwerk des gebildeten Japaners, das „Genji-Monogatari" (Die Geschichte vom Prinzen Genji), das zwischen 1001 und 1015 entstanden sein soll. Die Autorin des Werkes ist unbekannt geblieben. Nach der zweiten Hauptfigur des Romans wird sie als Hofdame Murasaki in der Literaturgeschichte aufgeführt. Das Genji-Epos erzählt von der Jugend und den zahlreichen Abenteuern des Prinzen, die vor allem der Liebe gewidmet waren. Durch die Verschmelzung der auftretenden Gestalten mit der natürlichen Umgebung, der Landschaft, der Witterung, dem Raum zu einer sinnlich-psychischen Einheit erhält das Werk eine lyrische Prägung, die ihre Entsprechung in der ostasiatischen Bildkunst findet. Als Ergänzung dieser mehr höfisch-exklusiven Dichtung dienten die zahlreichen romantisch-heroischen Sagen, die zum Teil wie das „Heike-Monogatari" und das „Gempei-Seisuiki" zu gewaltigen und heroischen Versdichtungen anwuchsen. Die Haupthelden dieser Epen waren die Samurai, die etwa den europäischen Rittern des Mittelalters entsprachen und die in zahlreichen Variationen das ideale Kämpferethos, das Bushido, das die unverbrüchliche Treue beschwört, propagierten. Als Höhepunkt der japanischen Literatur galt jedoch die Lyrik, die auch in den zahlreichen aus Kulthandlungen erwachsenen Dramen, den No-Spielen, vorrangiges Element darstellten. Für die Masse der Japaner beliebter und vor allem auch den Kindern zugänglicher waren die mehr volkstümlichen, oft sehr derben Schwänke, die „Kabuki" und das Puppenspiel, das „Joruri", das oft mit lebensgroßen Puppen hantierte. Als Textlieferanten für das Puppenspiel dienten die inzwischen zu den japanischen Klassikern zu zählenden Tschikamatsu Monzaimon (1653–1724) und Takeda Izuma (1688–1756).

Während der Edo-Zeit (1603–1867) waren in den Kreisen der wohlhabenden Bevölkerung die sogenannten „Otogizōshi" („unterhaltsame Hefte") verbreitet. Es waren in Heftform gedruckte, volkstümliche Geschichten, schriftliche Überlieferungen der in der Zeit der Muromachi (1338–1573) entstandenen und von Erzählern mündlich weitergetragenen Geschichten. Besonders Frauen und Kinder zählten zu den Lesern dieser Hefte, die in der leicht lesbaren japanischen Silbenschrift (hiragana) abgefaßt waren und die pro Blatt eine ganzseitige Illustration enthielten. Schwierige Ausdrücke und chinesische Schriftzeichen wurden dabei weitgehend vermieden. Inhaltlich spiegelten diese Hefte die Ideale der höfischen Zeit ebenso wie die Hoffnung und Wünsche der ländlichen, oft unterdrückten Bevölkerung.

Kinder- und Jugendliteratur in der Zeit von 1868 bis 1887. Mit dem Beginn der Meji-Ära etablierte sich in J. die bürgerliche Gesellschaft, die nun von liberalistischen Tendenzen gekennzeichnet war. Dem Kind wurde jetzt innerhalb der Gesellschaft größere Bedeutung als bisher zugesprochen. Als künftige Glieder der neuen japanischen Gesellschaft sollten die Kinder eine Erziehung erhalten, die sich in Bildung und Ausbildung aufteilte. In diesem Zusammenhang erhielt auch eine spezielle Literatur für Kinder und Jugendliche einen neuen Stellenwert. Sie sollte den heranwachsenden jungen Japanern die moralischen Wert- und Normvorstellungen der bürgerlichen Schicht und damit der herrschenden Klasse vermitteln. So wird die Zeit von 1868 bis 1887 als „taidōki" (Zeit der Bewegung des Kindes im Bauch der Mutter) bezeichnet. Die Jahre von 1868 bis 1887 sind gekennzeichnet durch das Vordringen liberaler Anschauungen, aber auch, in der zweiten Hälfte dieser Zeitspanne, durch den konservativen Rückschlag der Konfuzianer.

Am Anfang der speziellen Kinder- und Jugendliteratur standen Jugendbearbeitungen berühmter Erwachsenendichtungen und Übersetzungen aus dem westlichen Ausland, nachdem die Meji-Ära die Öffnung gegenüber der nichtjapanischen Außenwelt mit sich brachte. Bedeutsamste Jugendbearbeitung war eine Adaption des berühmten Romans „Nansō Satomi Hakkenden" (Acht-Hundertritter), der von TAKIZAWA BAKIN (1767–1848), einem der fruchtbarsten Romanautoren der Edo-Zeit, der über 260 Werke verfaßte, geschrieben wurde. Hauptanliegen seiner Romane war das „kanzen chōaku" (Ermunterung zum Guten und die Warnung vor dem Bösen), eine moralisierende Tendenz, die den Befürwortern der neuen Kinder- und Jugendliteratur in ihre pädagogischen Absichten paßte. Auch die Auswahl der westlichen Jugendbücher, die der Übersetzung ins Japanische für wert befunden wurden, zeigt die Absicht, den jungen Japanern Bildung im Sinne einer moralisch-ethischen Lebenshaltung zu vermitteln, die allerdings auch gleichzeitig von einem utilitaristisch-praktischen Denken gekennzeichnet war. So wurde bezeichnenderweise als erstes westliches Kinderbuch der Sammelband „Self-Help" von S. SMILES (1812–1904), einem schottischen Arzt und Verfasser populärer Morallehrbücher, ins Japanische übersetzt. Während dieses Buch in der europäischen Literatur kaum eine Rolle spielte, kam es den Bestrebungen der japanischen Pädagogen sehr entgegen. Der Band enthielt eine Sammlung von Kurzbiographien „großer Männer", die es auf Grund „ihrer eigenen Selbstbildung, Selbstdisziplin und Selbstkontrolle ... zu etwas gebracht haben". Eigenschaften wie „Fleiß und Ausdauer", „Energie und Mut", „Selbstbildung und Selbständigkeit" und vor allem „die Bereitschaft zum Lernen" wurden hier als maßgeblich für den Erfolg der vorgestellten Persönlichkeiten angeführt, alles Eigenschaften, die auch FUKUZAWA YŪKICHI (1834–1901), der bedeutendste „Aufklärer" während des japanischen Liberalismus, in seiner berühmten Schrift „Gakumon no susume" (Ermunterung zum Lernen, 1872–1876) als wichtigste Voraussetzungen für eine liberalistische Aufstiegsideologie postulierte. Die Übersetzung von SMILES Buch erschien 1871. 1872 kam die zweite Übersetzung eines berühmten westlichen Werkes heraus. Es war die Übersetzung des „Robinson Crusoe" von D. DEFOE, die unter dem Titel „Robinson zenden" erschien. Übersetzer war SAITŌ RYŌAN. Hier waren es vor allem die Abenteuer Robinsons auf seiner Insel, die im Sinne der japanischen Aufklärungsideologie „Strebsamkeit, Fleiß, Erwerbssinn und Sparsamkeit" vermittelten, jene notwendigen Bestandteile des neuen bürgerlichen Bewußtseins. Auch „Äsops Fabeln" („Isoppo monogatari", 1873), „Tausendundeine Nacht" (Arabya hanashigusa", 1873), „Reinecke Fuchs" von GOETHE („Kitsune no saiban", 1884), ausgewählte Märchen von GRIMM („Seyō koji shinsen sōwa", 1887) „Gullivers Reisen" („Daijin kokuryōkō", 1887) und „Die Karawane" von W. HAUFF („Sabaku ryōkō Arabya kidan", 1887) kamen in japanischen Übersetzungen heraus. Einen richtigen Boom erlebten die zahlreichen Übersetzungen der technisch-utopischen Erzählungen von J. VERNE, die ab 1880 in J. Verbreitung fanden. Der große Erfolg der Übersetzungen von VERNES Erzählungen hatte mehrere Gründe: Einmal stellten sie eine Gesamtdarstellung der geographischen, geologischen, physikalischen und astronomischen Kenntnisse des Westens dar, die die Japaner erst einmal zur Kenntnis nehmen mußten. Außerdem kamen die technischen Beschreibungen VERNES dem Interesse der Japaner an der westlichen Technik entgegen, die sie im Zuge der Liberalisierung und der Öffnung gegenüber dem Westen in J. für die beginnende Industrialisierung benötigten. Allerdings waren die Adaptionen berühmter japanischer Erwachsenenwerke sowie die Übersetzungen westlicher Kinder- und Jugendbücher lediglich für die Kinder begüterter Bürgerschichten erschwinglich. Um eine Freizeitlektüre auch für die Kinder der breiten Massen bereitzustellen, mußten erst neue Möglichkeiten gesucht werden. Eine Möglichkeit sah man in der Gründung spezieller, billiger Zeitschriftenausgaben für junge Leser.

Ab 1872 entstanden in J. zahlreiche Kinder- und Jugendzeitschriften. Sie wurden in verhältnismäßig hohen Auflagen (20000 bis 50000) gedruckt und verteilt. Als eine der ersten Kinderzeitschriften erschien ab 1875 die „Shimbun shōgakut" (Zeitungsschule), die zweimal im Monat herauskam und jeweils mit einem Umfang von 15 Seiten 6 Sen und 3 Rin kostete, einen Preis, der ungefähr dem für ein Pfund Reis entsprach. Als Inhalt hatte diese Zeitschrift für Kinder bearbeitete und angepaßte Artikel zu den aktuellen Tagesereignissen, die zum Teil auch in der Schule Verwendung fanden. Daneben enthielten die Folgen moralische Erzählungen von „guten und braven Kindern", „treuen Frauen" und „gehorsamen Dienern".

Eine ganze Anzahl der neuen Kinderzeitschriften zeigte eine Tendenz, die den westlichen Ländern kaum bekannt war, andererseits aber eng mit den japanischen Bildungsvorstellungen zusammenhing. So stand in den japanischen Volks- und Mittelschulen neben Rechnen und Lesen das Schreiben von Aufsätzen („sakubun") im Mittelpunkt der Ausbildung. Um den guten Aufsatzschreibern eine Belohnung zu geben, aber auch um die übrigen Schüler zu ähnlichen Leistungen anzuspor-

nen, versuchte man die guten Aufsätze einzelner Schüler im ganzen Land bekanntzumachen. So entstand die Zeitschrift „Eisai shinshi" (Neues von Talenten), die ab März 1877 erschien und die zum größten Teil aus Beiträgen jugendlicher Leser bestand. Fast alle später bekanntgewordenen Schriftsteller J.s waren mit 13 oder 14 Jahren Mitarbeiter von „Eisai shinshi". Die Aufsätze stammten zumeist von Acht- bis Vierzehnjährigen und behandelten den Alltag der Schulkinder. Heute stehen japanische Pädagogen und Jugendbuchfachleute diesen Schüleraufsätzen skeptischer gegenüber. Man tadelt, daß diese Aufsätze zu sehr der Schreibweise Erwachsener verhaftet waren und die Intention einer spontanen, kindgemäßen Aussage fehlte. Eine ähnliche Tendenz verfolgte die Zeitschrift „Shōgaku kyōbun zasshi" (Zeitschrift für die Aufsatzerziehung an Volksschulen), die neben Schüleraufsätzen auch Beiträge von bekannten Pädagogen der Zeit und Journalisten enthielt.
Nachdem um 1880 auf Betreiben der Konfuzianer der Moralunterricht an die erste Stelle der Unterrichtsfächer getreten war, begannen verschiedene Verlage mit der Herausgabe sogenannter „Kyōkun zasshi" (Moralhefte) für Kinder. Die in großen Auflagen vertriebenen und meist von Hausierern angebotenen Hefte, die speziell auf die Volksschüler zugeschnitten waren, entsprachen in etwa den Chap-Books in England. Die Schulbehörden lehnten eine Aufnahme dieser Hefte als „Preisbücher" in der Schule wegen formaler wie inhaltlicher Mängel ab.

Kinder- und Jugendliteratur in der Zeit von 1888 bis 1945. Mit dem Jahr 1888 war die erste industrielle Aufbauphase in J. beendet. Im Rahmen der Konsolidierung der kapitalistischen Wirtschaftsordnung erfolgte ein spürbarer Aufschwung des japanischen Verlagswesens. In der Politik nahmen nationalistische Tendenzen zu. J. drängte darauf, zu den führenden Nationen der Welt zu gehören. So wurde die Schule immer mehr als eine Institution strenger Ordnung und Disziplin angesehen. Als Ausgleich zu den schulischen Forderungen sollten den jungen Japanern für die Freizeit Zeitschriften und Jugendschriften zur Verfügung stehen, die ihnen Spaß machten und die von Kindern als angenehme Bereicherung ihrer Freizeit verstanden werden sollten. Neben der fachlichen Ausbildung in der Schule sollte die „moralische Bildung" des jungen Japaners durch Freizeitlektüre stehen.
Im Gegensatz zu den bis dahin verbreiteten Leserbeitragszeitschriften wollten die neuen Kinder- und Jugendzeitschriften mehr zur Unterhaltung der Kinder beitragen. So erschien am 3.11.1888, dem Geburtstag des Kaisers, die erste Nummer der Zeitschrift „Shōnenen" (Jugendgarten), die zweimal im Monat in einer Auflage von zunächst 12000, später 20000 Exemplaren herauskam. Sie enthielt neben Leitartikeln der verantwortlichen Redakteure Wissenswertes aus den verschiedenen Wissenschaftsgebieten, aber auch Erzählungen, aktuelle Nachrichten und in einem knappen Teil Leserbeiträge, auf die man doch nicht ganz verzichten wollte. Die Zeitschrift richtete sich an die oberen Klassen der Volksschulen, also an die Zehn- bis Vierzehnjährigen.
Die Tendenz der neuen Zeitschrift und damit auch die Tendenz der zahlreichen weiteren nun herauskommenden Kinder- und Jugendzeitschriften wird deutlich, wenn man den Leitartikel zur ersten Nummer der Zeitschrift „Shōnenen" liest. So preist der Chefredakteur Yamagata Teisaburō den japanischen Erziehungsstil, vor allem die Einheit von körperlicher und geistiger Ausbildung. Der Westen gilt nun nicht mehr als das absolute Vorbild. Im Gegenteil, man versucht, die Jugend gegen eine „West-Vergiftung" immun zu machen. Zwar soll man die wissenschaftlichen und technischen Kenntnisse und Errungenschaften des Westens übernehmen, doch gleichzeitig den „äußeren Werten" des Abendlandes die „inneren Werte" J.s entgegensetzen. Mit den „inneren Werten" ist die Mischung aus konfuzianischem, konservativem Denken und nationalistischem Selbstgefühl und Streben gemeint, die den Kindern vor allem auch durch die neuen Jugendzeitschriften als „moralische Bildung" vermittelt werden sollten. So hielt Yamagata Teisaburō vor allem solche Schriften für nützlich, die wie „... die ‚Selbsthilfe'- und Etikettenbücher, Biographien von weisen Menschen und berühmten Helden, dann Historisches, Geographisches, Naturwissenschaftliches, Geschichte von Industrie und Handwerk bei der Erziehung der Jugend nicht fehlen dürfen ...". So stand die Vermittlung von Wissen, aber auch moralischer Wertvorstellungen in allen Leitartikeln der Zeitschrift „Shōnenen" im Vordergrund. Dazu kam ein starkes Engagement für den neuen Meji-Staat, für einen streng hierarchisch geordneten Beamtenstaat mit monarchischer Spitze. Nationalistische Tendenzen wurden vor allem dann sichtbar, wenn die Jugend als „Basis der Zukunft des Staates" angesprochen wurde, die für eine „mutige und starke Armee" gebraucht werde, die „immer für das Vaterland kämpfe und allzeit bereit sei, den Feind zu töten". Mit dem Feind war zu jener Zeit vor allem der „gemeine, feige und keine Ordnung kennende Chinese" gemeint.
Weitere bedeutende Kinder- und Jugendzeitschriften der Zeit waren „Shōnen bunko" (Jugendbibliothek), „Hihon no shōnen" (Japanische Jugend), „Kodomo" (Kinder), „Shōkokumin" (Junges Volks), „Koganshi" (Rotbacke) und „Yōnen zasshi" (Kinderzeitschrift). Die imperialistische Zeittendenz sprach besonders aus der Zeitschrift „Shōnen bumbu" (Feder und Schwert für die Jugend), die im Januar 1890 zum erstenmal erschien und in deren Leitartikel zur ersten Nummer der Herausgeber feststellte: „... Der Hauptgrund, warum ich ‚Feder und Schwert für die Jugend' herausgebe, liegt in der wahren Absicht, vornehmlich Euch, Ihr lieben jungen Freunde, zu Feder und Schwert zu erziehen. In den bisherigen Anzeigen hieß es ja bereits, ‚Feder und Schwert für die Jugend' sei eine Halle mit den vier Pfeilern Kriegskunst, Literatur, Naturwissenschaft und Schöne Künste. In dieser Halle herrscht der Geist der Ergebenheit, der Kindesliebe, der Treue und der Rechtlichkeit. Diese vier Pfeiler bilden wahrlich das

Wesen dieser unserer Zeitschrift. Bestimmt fragt Ihr Euch, aus welchen Gründen ich diese vier Dinge betone: Verweist man auf die Lehre der Heiligen und Weisen der alten Zeiten, so heißt es dort: das Gesetz der zwei Wege von Feder und Schwert ist gleich dem von zwei Rädern an einem Wagen oder dem von zwei Flügeln bei einem Vogel. So schätzen wir besonders den Weg des Schwertes. Heute ist das alles anders als früher. Die Achtung der kriegerischen Künste hat sich gewandelt. Doch wenn man als Mensch nichts von den kriegerischen Künsten versteht, wird man oft eine Niederlage erleiden, und das ist höchst beschämend...".

Als spezielle Leserbeitrags-Zeitschrift erschien ab 1891 die „Nihon zenkoku shōgaku seitō hissenjō" (Pinselschlachtfelder der Volksschüler von Gesamt-Japan). Im Titel „Pinselschlachtfelder" wird der Gedanke der Konkurrenz sichtbar, der in der neuen japanischen Leistungsgesellschaft auf allen Ebenen des täglichen Lebens eine ausschlaggebende Rolle zu spielen begann. Nach zwei Jahren veränderte sich die Zeitschrift zur „Gakusei hissenjō" (Pinselschlachtfeld der Studenten). Wegen ihres monatlich stattfindenden Aufsatzwettbewerbs war die Zeitschrift unter den jungen Lesern J.s sehr beliebt.

Im Jahre 1891 begann der Hakubunkan-Verlag mit der Herausgabe einer Jugendbuchserie, die er „Shōnen bungaku" nannte. Im Vorwort des Herausgebers wird die Herkunft dieses Titels auf deutsche Vorbilder zurückgeführt. Es heißt dort: „... Diese Serie hat den Obertitel ‚Jugendschriften', das bedeutet Literatur für die Jugend und kommt von dem deutschen Wort ‚Jugendschrift' (‚juvenile literature'). In unserem Land gibt es dafür noch kein passendes Wort, deshalb nennen wir diese Reihe vorläufig so ...". Die neuen Jugendschriften waren für junge Leser im Alter von zwölf bis sechzehn Jahren gedacht. Die erzieherische Funktion der Serie wird klar ersichtlich aus den Sätzen, mit denen die Verlagsleitung die neue Serie anpries: „... Die Jugend ist die Blüte des Lebens. Trägt sie eines Tages Früchte, dann ist sie das Fundament des japanischen Reiches. Man darf also nicht versäumen, die Jugend richtig zu erziehen. Hält man sich dabei aber nur an strenge Lehren und genaue Vorschriften, so ist zu befürchten, daß strenger Frost und starke Hitze die Blüten welken und den Duft erkalten lassen. Vielmehr sollen milde Winde und sanfter Regen die Jugend in angenehmer Weise aufziehen. Betrachtet man aber die heutige literarische Welt, so gibt es unglaublich viele Romane und Novellen ... doch für die Erziehung der Jugend ist selten etwas Passendes vorhanden. Deshalb gibt unser bescheidener Verlag diese Reihe der ‚Jugendschriften' heraus mit der Bitte an die großen Schriftsteller, lustige und moralische Geschichten zu verfassen. Diese ‚Jugendschriften' sind nicht nur ein Phänomen innerhalb der literarischen Welt, sondern letztlich auch eine Hilfe für die Erziehung in der Familie ...". Die Jugendschriften erschienen von Januar 1891 bis Dezember 1894 in zweiunddreißig Bänden. Die bekanntesten Autoren der Zeit schrieben für die Serie. Sie enthielt Märchen (dōwa), realistische Jugenderzählungen (shajitsutekina shōnen shōsetsu), historische Erzählungen (rekishi shōsetsu) und biographische Erzählungen (denki shōsetsu). Mehr als die Hälfte der Erzählungen waren historisch-biographische, die ihren Stoff aus der Vergangenheit nahmen. So erfuhren die jungen Leser vor allem von den Verdiensten berühmter Männer, die sich durch die konfuzianischen Tugenden der Loyalität und der kindlichen Pietät, die bürgerlichen Tugenden der Sparsamkeit, des Fleißes und des Unternehmungsgeistes und die kriegerischen Tugenden des Gehorsams und der Tapferkeit auszeichneten.

Von 1890 bis 1945 traten eine Anzahl von japanischen Kinder- und Jugendbuchautoren auf, die heute bereits zu den Klassikern in J. gerechnet werden und deren Bücher bis heute immer wieder aufgelegt, empfohlen und gelesen werden. Die in Wakamatsu geborene und Kashi Shimada genannte Shizuko Wakamatsu (1864–1896), die am Ferris-Seminar in Yokohama englische Sprache und Literatur lehrte, trug durch ihre zahlreichen Übersetzungen viel zur Verbreitung westlichen Literaturgutes in J. bei. So veröffentlichte sie in der Zeitschrift „Jogaku Zasshi" (Zeitschrift für Schülerinnen) Übersetzungen der Märchen von H. Chr. Andersen. Am bekanntesten wurde ihre Übersetzung von Burnetts „Little Lord Fauntleroy", die von 1890 bis 1892 in Fortsetzungen in der genannten Mädchenzeitschrift erschien. Unter dem Titel „Shokoshi" wird die Übersetzung noch heute in Buchform nachgedruckt. Einer der einflußreichsten Kinderbuchautoren J.s war der als Sohn eines Arztes in Tokio geborene Iwaya Sazanami (1870–1933), der bereits in seiner Volksschulzeit Deutsch lernte und von seinem in Deutschland studierenden Bruder das Buch „Der Jugend Lieblings-Märchenschatz. Haus- und Volksmärchen. Sagen und Schwänke aus aller Herren Länder" (1880) von Fr. O. Spamer, der unter dem Pseudonym Franz Otto schrieb, geschenkt bekam. Durch dieses Buch in Berührung mit westlicher Kinderliteratur gebracht, trat Iwaya bereits 1888 in den literarischen Klub „Kenyusha" ein und machte die Bekanntschaft des Klubleiters Koyo Ozaki. In der Klubzeitschrift veröffentlichte der Autor in der Folgezeit zahlreiche Märchen, Erzählungen und Übersetzungen aus der westlichen Kinder- und Jugendliteratur. Am bekanntesten wurde Iwaya durch seine Erzählungen, die er für die Serie „Shōnen Bungaku" des Hakubunkan-Verlages schrieb. Vor allem die 1891 erschienene Erzählung „Koganemaru" (Der Goldjunker) machte den Autor populär. Die märchenhafte Erzählung hat die Blutrache innerhalb einer Tiergesellschaft zum Thema. Der Tiger steht für den Feudalherren, Fuchs und Affe für die Vasallen, Hunde verkörpern das dienende und unterwürfige Volk. Im Sinne der feudalistischen Moralauffassung wird für begangenes Unrecht Blutrache genommen. Für erwiesene Wohltaten dagegen wird Dankbarkeit gezeigt, auch wenn diese zu dem Verlust des eigenen Lebens führt. Um gegen die Gewalt und Willkür der Oberen anzukämpfen, bedienen sich die einfachen Leute aus dem Volks der List, die im Gegensatz zur

Hinterlist ethisch gerechtfertigt erscheint. Mit Hilfe der List, aber auch der konfuzianischen Tugenden, bleibt der Held „Goldjunker" Sieger. Er bedient sich dabei des „ethisch-literarischen" Prinzips „kanzen chōaku" (Ermunterung zum Guten und Warnung vor dem Bösen). Die Erzählung „Konganemaru" gehört zu der Gattung der Tierfabel. Menschliche Verhältnisse der Feudalzeit werden durch Verlegung in ein Tierreich vorgeführt. Die Helden der Geschichte sind Tiere, die stellvertretend für die Menschen wie Menschen handeln. Die Handlung ist im Sinne des Märchens als Reihung von Abenteuern angelegt, in denen der Held seinen Auftrag erst nach Überwindung vieler Hindernisse ausführen kann. Wiederholungen und Steigerungen im Handlungsablauf fördern die Spannung und das Interesse des jungen Lesers. Wie der Autor in dem Vorwort zu seiner Geschichte angibt, hat er sich inhaltliche und formale Anregungen aus GOETHES „Reinecke Fuchs" und den GRIMMschen Märchen geholt. Das Wohlwollen, das der Erzählung IWAYAS in J. entgegengebracht wurde, ist nicht zuletzt darauf zurückzuführen, daß der Autor mit seiner Geschichte der Ideologie des sozialen Aufstiegs innerhalb der neuen japanischen Gesellschaft entgegenkam. Die moralischen Anschauungen des neuen Bürgertums, die auch die Richtlinien der Schul- und Familienerziehung bestimmten, motivierten die Helden von IWAYAS Erzählung zu ihrem Handeln. So muß der Held, kaum geboren, schon einen Auftrag erfüllen, nämlich den, Rache für seine Eltern zu nehmen. Nach zahlreichen Kämpfen und Auseinandersetzungen tritt er, durch die Tugend der Loyalität und der kindlichen Pietät motiviert, wieder in die Abhängigkeit, allerdings jetzt mit einem „goldenen Halsband" angetan. „Koganemaru" wurde von den Familien des Bürgertums mit großem Beifall aufgenommen und war epochemachend für die weitere Entwicklung der japanischen Kinder- und Jugendliteratur. War diese erste Erzählung IWAYAS noch in klassischem Japanisch geschrieben, so gebrauchte er bei seinen weiteren zahlreichen Erzählungen und Märchen – wie die Brüder GRIMM betätigte er sich auch als Philologe und Märchensammler – die den Kindern auch der unteren Schichten gebräuchliche Umgangssprache. Nicht zuletzt deshalb wird der Autor heute auch der Vater der japanischen Kinderliteratur genannt. Seine Werke für junge Leser erschienen in zahlreichen Gesamtausgaben („Nippon Mukashibanashi", 24 Bände, 1894–1896; „Nippon Otogibanashi", 24 Bände, 1896–1899; Sekai Otogibanashi", 100 Bände, 1899–1907; „Sazanami Otōgi Zenshu", 15 Bände, 1928; „Sazanami Otōgi Zenshu", 18 Bände, 1933).

OGAWA MIMEI (1882–1961), der an der Universität Waseda Englische Literatur studierte, war ab 1906 Herausgeber der Jugendzeitschrift „Shōnen Bunko" (Jugendbücherei) und ab 1907 Mitarbeiter der großen Zeitung „Yomiuri". 1910 erschien seine erste Märchensammlung unter dem Titel „Akai fune" (Rotes Schiff). Der Autor, der zeitweilig in großer Armut lebte, fand den Weg zum Sozialismus und war ab 1920 Mitglied des japanischen sozialistischen Vereins. Nach seiner Hinwendung zu sozialistischen Ideen wandelten sich seine ursprünglich romantischen Märchen immer mehr zu realistischen, auch soziale Anklage erhebenden Erzählungen. Am bekanntesten wurden MIMEIS Schriften „Akai Rōsōku to Ningyō" (Meerweib und rote Kerze) und „Aozora nō Shita nō Harappa" (Feld unter blauem Himmel). Seine gesammelten Werke erschienen 1950 in zwölf Bänden („Ogawa Mimei Dōwa Zenshu").

Der in Hiroshima geborene SUZUKI MIEKICHI (1882–1936) studierte in Tokio Englische Literatur und war danach in Narita Englischlehrer. Nachdem er mit dem Schreiben von Novellen für Erwachsene seine schriftstellerische Laufbahn begonnen hatte, veröffentlichte er 1916 die beiden Märchensammlungen „Kōsui nō Onna" (Die Frau am See) und „Sekai Dōwa-shu" (Märchen der Welt). Am bekanntesten wurde er jedoch als Verleger und Herausgeber der Kinderzeitschrift „Akai Tōri" (Roter Vogel), der ersten Kinder- und Jugendzeitschrift J.s, die nicht von finanzstarken Verlagsunternehmen, sondern von einem einzelnen Literaten herausgegeben wurde. Die Kinderzeitschrift MIEKICHIS war im Gegensatz zu den herkömmlich pädagogisch-moralisch postulierenden Zeitschriften mehr ästhetisch ausgerichtet und trug viel zur Schaffung des modernen japanischen Kindergedichts und Kinderliedes bei. Die Zeitschrift „Akai Tōri" bestand bis zum Tode SUZUKI MIEKICHIS im Jahr 1936.

Der Lehrer an der Landwirtschaftsschule in Hanamaki MIYAZAWA KENJI (1896–1933), der später als agrartechnischer Berater der japanischen Bauern das ganze Land bereiste, war eng der buddhistischen Lehre verhaftet. So zeugen seine zahlreichen märchenhaften Geschichten von einer buddhistischen Lebenshaltung wie auch von seiner Nähe zu der einfachen Landbevölkerung. Zahlreiche seiner Motive fand er in alten Überlieferungen und Sagen. Grundidee seiner Erzählungen war „Makoto" (Die Wahrheit). So sind seine Erzählungen gekennzeichnet durch eine Gegenüberstellung der „wahren" und der „unwahren Welt", die er oft ironisch gebrochen vorführt. Der Autor starb bereits 1933 an einer Lungenerkrankung. Seine bekanntesten Erzählungen sind „Shishi Odori nō Hajimari", 1921 (Der Hirschtanz beginnt), „Donguri to Yamanekō", 1921 (Die Wildkatze und die Eicheln), „Gusuko Budori nō denki", 1932 (Gusko Budoris Lebensgeschichte) und „Ginga Tetsudō nō Yoru", 1932 (Der Nachtzug auf der Milchstraße). Auch NIIMI NANKICHI (1913–1943) war mit seinen Kinderliedern und märchenhaften Erzählungen einer buddhistischen Grundstimmung verhaftet („Gongitsume", 1932, Der Fuchs Gon; „Tebukurō ō kaini", 1933, Der Handschuhkauf; „Ojiisan nō Rampu", 1942, Großvaters Lampe).

HAMADA HIROSUKE (1893–1973), der Englische Literatur studierte und ein besonderer Liebhaber der Märchen von H. CHR. ANDERSEN war, wurde vor allem durch seine Bemühungen um die Schaffung wertvoller Kinderbücher für kleinere Kinder bekannt. Für seinen Märchenband „Ogon nō Inataba" (Das Bündel der goldenen Reiser), 1917, erhielt der Autor den Preis der

Zeitung „Asahi“. Er gründete 1932 die Kinderzeitschrift „Dōwa-Doyo“ (Märchen und Kinderlieder) und war Präsident des Vereins „Nippon Jido-Bungeika Kyokai“ (Verein japanischer Kunstschaffender für Kinder).

TSUBOTA JOJI (*1890), Sohn eines Dochtfabrikanten, widmete sich nach dem Studium der Englischen Literatur ganz der Schriftstellerei. Neben Werken für Erwachsene wurde er auf dem Gebiet der Kinderliteratur zum Vertreter der realistischen Umweltgeschichte, wobei er sich bemühte, der kindlichen Weltauffassung und den kindlichen Eindrücken von der Alltagswelt gerecht zu werden. Seine psychologischen Erzählungen, die auch häufig den Tod von Kindern zum Thema haben, spiegeln seinen Pessimismus gegenüber der Welt der Erwachsenen. So schildert er immer wieder eine von der Welt der Erwachsenen getrennte bessere Kinderwelt, in der die Kinder nur dann ihre volle Erfüllung finden können, wenn sie, wie BARRIES „Peter Pan“, ewig im Zustand des Kindseins bleiben. Seine bekanntesten Kinderbücher sind: „Shota nō Uma“, 1920 (Shotas Pferd); „Kappa nō Hanashi“, 1927 (Die Geschichte von Kappa); „Ogawa nō A shi“, 1928 (Das Schilfrohr am Fluß); „Kaze nō Naka nō Kodō mo“, 1936 (Kinder im Wind) und „Shōnen nō Hi“, 1954 (Der Tag des Jungen).

CHIBA SHOZO (*1892), Sohn eines Schulleiters, wollte ursprünglich Politiker werden, mußte aber von dem Studium der Politikwissenschaft zurücktreten, da er schwer erkrankte. Seine Umweltgeschichten und phantastischen Erzählungen zeigen realistische Züge. Ursprünglich sehr von MIMEI OGAWA beeinflußt, gewann er mit den Jahren einen eigenen Stil, der sich vor allem durch die Hineinnahme von Dialektsprache und kindlicher Umgangssprache in seinen Erzählungen Ausdruck verschaffte. Viele seiner Geschichten spiegeln eigene Erfahrungen aus der Kinderzeit („Wan-wan nō Ohanashi“, 1923, Die Erzählung vom Hund; „Torachan nō nikki“, 1925, Das Tagebuch von Tora-cham; „Rakeyabu“, 1938, Das Bambusgebüsch).

Kinder- und Jugendliteratur der Gegenwart. Die Jahre nach 1945 sind von zwei Faktoren gekennzeichnet: Einmal öffnete sich die japanische Kinder- und Jugendliteratur weit gegenüber dem Ausland. Zahlreiche japanische Kinder- und Jugendbücher erscheinen jetzt in Übersetzungen in den verschiedenen europäischen Ländern und in den USA. Andererseits wird die japanische Kinder- und Jugendbuchproduktion von zahlreichen Übersetzungen aus Europa und den USA mitbestimmt. So ist die japanische Kinder- und Jugendbuchproduktion heute sehr auf Export eingestellt. Bei zahlreichen Neuausgaben erscheinen gleichzeitig mit der japanischen Originalausgabe Versionen in englischer Sprache. Fast alle Verlage geben ihre Kinder- und Jugendbuchprospekte auch in englischer Sprache heraus. In diesen englisch gedruckten Prospekten erscheinen die japanischen Originaltitel nicht mehr, lediglich die englische Übersetzung wird aufgeführt. Zum zweiten ist die moderne Kinder- und Jugendbuchproduktion durch einen starken Anteil an Bilder- und reich illustrierten Kinderbüchern gekennzeichnet. Auch dieser Trend hat sicher mit dem Export zu tun, da der für die japanische Kinderbuchillustration typische Illustrationsstil in seiner Verbindung von alter ostasiatischer Bildtradition und moderner Thematik auch im westlichen Ausland und vor allem in den USA auf großes Interesse gestoßen ist. Schon um die Jahrhundertwende und weit bis in die zwanziger Jahre hinein waren die europäischen Jugendstilanhänger und Bilderbuchmacher von der ostasiatischen Malerei beeindruckt. So zeigten sich Anklänge an japanische Illustrationskunst sowohl in den Bilderbüchern von W. CRANE und K. GREENAWAY als auch bei E. EISGRUBER.
International bekannt ist vor allem die 1930 geborene Bilderbuchautorin CHIYOKO NAKATANI. Besondere Verbreitung fanden ihre Bilderbücher „Taro and the Dolphins“ mit eigenen Texten und die beiden Bände „Hippopotamus“ und „Hippo's Boat“, beide mit Gedichten von ERIKO KISHIDA. Beide Bücher erzählen von der Mutter Nilpferd und ihrem Kind und ihren täglichen Erlebnissen im Zoo.

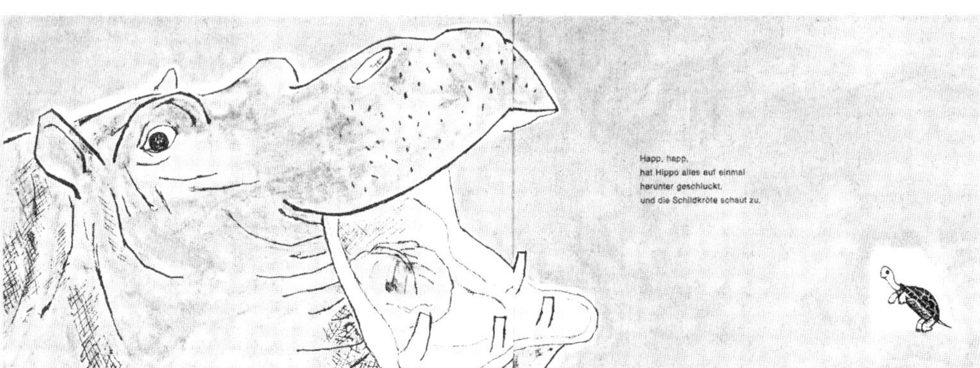

Chiyoko Nakatani. Illustration aus einem modernen japanischen Bilderbuch (Text Eriko Kishida), das unter dem Titel „Ein schöner Sonntag mit Hippo, dem Nilpferd im Zoo“ auch deutschsprachigen Betrachtern zugänglich ist (Zürich 1964).

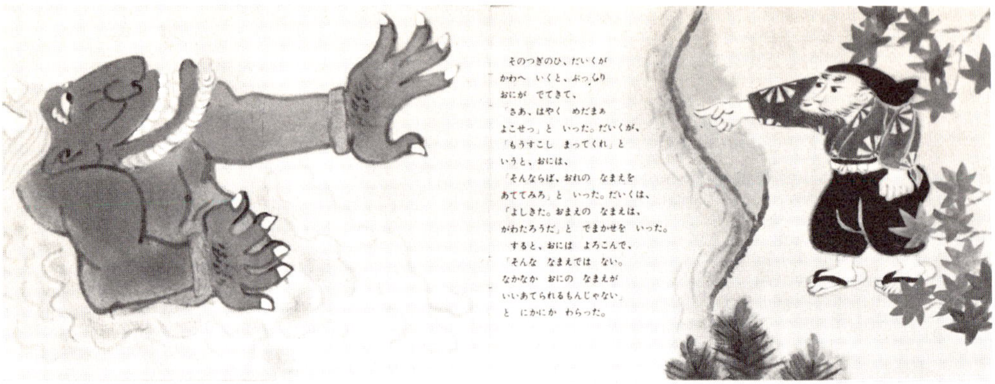

Suekitschi Akaba (1928). Illustration zu dem japanischen Bilderbuch „Oniroku and the carpenter". In ihm erzählt Tadashi Matsui ein altes, an unser Rumpelstilzchen erinnerndes Märchen.*

Der 1933 geborene Yasuo Segawa vereint in seinen Bilderbüchern und Kinderbuchillustrationen moderne Ölmalerei und klassische japanische Tuschezeichnung. Für den Band „Taro and the Bamboo Shoot" mit dem Text von Masak Matsuno erhielt Segawa 1967 den Großen Preis der ersten Bienale ilustracií Bratislava (BIB) in der Tschechoslowakei. Die Geschichte erzählt von dem Bauernjungen Taro, der eines Tages einen Bambussproß ausgraben wollte und erleben mußte, wie die Bambuspflanze höher und höher in den Himmel hineinwuchs und ihn mitnahm. Das in alter japanischer Zeichentechnik illustrierte Bilderbuch erzählt im Rahmen der phantastischen Geschichte anschaulich von dem Leben der Bergbauern im alten J. Auch die Bilderbücher „The three Sons" und „The fox Wedding" erlebten zahlreiche Auflagen und Übersetzungen im Ausland. Der 1920 geborene Suekichi Akaba, der Archäologie studierte und sich lange mit der Geschichte der Mongolei beschäftigte, berichtet in seinen Bilder- und Kinderbüchern von buddhistischen Traditionen und alten japanischen Legenden. Seine Bilderbücher „Monotaro, the Peach Boy" und „Oniroku and the Carpenter", beides in J. seit Jahrhunderten beliebte Volksmärchen, bringen einen modernen Text von Tadashi Matsui und zeigen in der Illustration die Rückbesinnung auf die alte, folkloristisch akzentuierte Pinselzeichnung der höfischen Epoche. Die Legende von „Oniroku and the Carpenter" erzählt von einem Zimmermann, der eine Brücke bauen soll und einem schrecklich aussehenden Monsterwesen, das in dem Flußwasser haust, begegnet. Der größte Teil des Buches, das an das deutsche Volksmärchen von Rumpelstilzchen erinnert, berichtet von dem humorvollen Wortzweikampf der beiden Hauptfiguren. Weitere, auch in Europa und in den USA bekannt gewordene Bilder- und Kinderbuchautoren und Illustratoren sind Fuku Akina (*1908), Soya Nakagawa (*1932), Seiichi Horiuchi (*1932), Yuriko Omura (*1941) und Toshi und Iri Maruki.

Organisationen, Förderungsmaßnahmen, Literatur zur Kinder- und Jugendliteratur. Am 17. März 1946 wurde von rund zwanzig Kinderbuchautoren der Verein „Nippon Jidobungako-sha Kyokai" (Verein der japanischen Kinderbuchautoren) gegründet. Die Mitglieder wollten ihre Arbeit vor allem in den Dienst einer antimilitaristischen Kinder- und Jugendliteratur als Gegenpol zu der nationalistisch und imperialistisch ausgerichteten Kinder- und Jugendliteratur der Vorkriegszeit stellen. Heute zählt der Verein mehr als 500 Mitglieder, daneben auch Kritiker und Journalisten. Aufgenommen als Mitglied wird jeder, der bereits einige Kinder- oder Jugendbücher, aber auch wichtige Arbeiten zur Theorie der Kinder- und Jugendliteratur verfaßt hat. Jährlich verleiht der Verein einen Preis für das beste Kinderbuch sowie einen weiteren Preis für das beste Mädchenbuch.

Auch der Verein „Nippon Dowa-kai" (Japanischer Märchen-Verein) entstand nach dem letzten Krieg (Gründungstag 11.2.1946). Er pflegt vor allem die Rückbesinnung auf das Volksmärchen und die Dorflegende, enthält neben der Abteilung Märchen, aber auch die Abteilungen Mädchenbuch und Theater für Kinder. Der Verein erteilt jährlich den Nippon Dowa-kai-Preis.

Der Verein „Nippon Bungeika Kyokai" (Verein japanischer Kunstschaffender für Kinder) wurde 1955 gegründet. Seine Mitglieder, die heute etwa 400 Personen zählen, setzen sich aus Kinder- und Jugendbuchautoren, -illustratoren, aber auch Regisseuren von Film, Rundfunk und Fernsehen zusammen.

In dem Verband „Nippon Bungaku Kyoiku Renmei" (Verband der an der Literaturerziehung interessierten japanischen Lehrer), der 1957 gegründet wurde, finden sich Lehrer zusammen, die an der Erforschung der Theorie und Praxis der literarischen Erziehung interessiert sind. Neben der Frage nach den Methoden einer modernen Literaturerziehung in der Schule wird auch der Freizeitlektüre der jungen Japaner Aufmerksamkeit geschenkt. Einmal jährlich treffen sich die rund 600

Mitglieder zu einer Tagung, an der bekannte Kinderbuchautoren und -theoretiker Referate halten und an der Diskussionen stattfinden.
Die Vereinigung „Jido Toshokan Kenkvu-kai“ (Arbeitsgemeinschaft der Kinderbüchereien) schließt die Bibliothekare zusammen, die in den Kinderbuchabteilungen der öffentlichen Bibliotheken tätig sind.
Auf Grund des Schulbibliotheksgesetzes von 1953 soll jede Schule, von der Grundschule bis zum Gymnasium, eine Schulbibliothek erhalten. Die Bibliothek ist von dem hauptamtlich tätigen Schulbibliothekar zu betreuen, der ein Lehrer mit spezieller Bibliothekarausbildung sein muß. Die Schulbibliotheken werden teilweise von der öffentlichen Hand (zu 45 % bis 70 %), teils von Spenden der Eltern der Schulkinder getragen, wobei die Elternspenden einen weitgehend obligatorischen Charakter haben. Die Schulbibliotheken sind in dem Nationalverband der Schulbibliotheken („Zenkoku Gakkotoshokan Kyogikai“) zusammengeschlossen. In dem 1967 gegründeten Verband „Nippon Kodomo nō hon Kenkyu-kai“ (Arbeitsgemeinschaft für Kinderliteratur in Japan) haben sich Fachleute verschiedener Fachrichtungen zusammengeschlossen, die die Herausgabe wertvoller Kinder- und Jugendbücher anregen und vorantreiben wollen. Der Verband gibt monatlich eine Liste empfehlenswerter Neuerscheinungen heraus. Seit 1974 gibt es auch eine japanische Sektion des „International Board on Books for young People“ (IBBY), deren Mitglieder weitgehend mit den Mitgliedern des Verbandes „Nippon Kodomo nō hon Kenkyu-kai“ identisch sind.
Im Jahr 1973 kamen in J. 2436 Kinderbücher heraus, von denen 1421 Neuerscheinungen waren. In der Gesamtbuchproduktion J.s machen die Kinder- und Jugendbücher einen Anteil von 8,9 % aus. Kinderbücher kosten im Durchschnitt etwa ein Drittel des Preises für ein belletristisches Erwachsenenbuch.

→ T. Kajiyama, → I. und T. Maruki, → Y. Segawa, → K. Taniuchi

Sekundärliteratur: J. Barthelmes: Die bürgerliche Kinder- und Jugendliteratur in Japan 1868–1895 (Diss. 1974). – Ts. Fukawaga: Dōtoku kyōku to dokusho shidō (1961). – K. Fukuda: Jidō bungaku gairon (1963). – Sh. Funaki: Ogawa Mimei dōwa kenkyū (1954). – S. Hasegawa: Nihon jidō bungaku jiten (1954). – H. Seki: Jidō Bungakuron (1955). – S. Sonobe: Nihon nō kodomo nō uta rekishi to tenbo (1962).

Helmut Müller

Jarunková, Klára

*Tschechoslowakische Journalistin, Verfasserin von Kinder- und Jugendbüchern; * 28.4.1922 Červená Skala.*

J. verbrachte Kindheit und Jugendzeit in einem kleinen Dorf im mittelslowakischen Gebirge. An der Universität von Bratislava studierte sie slawische Sprachen und Philosophie. Während der nachfolgenden Tätigkeit als Journalistin, die sie auch heute noch ausübt, begann J. mit dem Schreiben von Kinder- und Jugendbüchern. Sehr erfolgreich war gleich ihr erstes veröffentlichtes Buch im Jahre 1960 („Hrdinský zápisník“), das mit dem Marie Majerová-Preis ausgezeichnet wurde. Für „Der Bruder des schweigenden Wolfes“ (1969; tschech. Brat mlčanlivého vlka, 1967) erhielt sie 1970 den Deutschen Jugendbuchpreis.

Werk, Tendenzen, Wirkung. Den Büchern J.s liegt offensichtlich die Intention zugrunde, den kindlichen oder jugendlichen Leser mit ideen- und handlungsreichen Stoffen zu unterhalten, dabei zugleich auch Probleme und Konflikte verschiedener Altersstufen zu verarbeiten. Thematisiert werden vor allem Beziehungen zwischen Kindern, Jugendlichen und Erwachsenen. Mit allen Texten will die Autorin erreichen, daß der Leser sich vorhandene Strukturen der Umwelt und seine individuelle Sichtweise der Dinge bewußt macht und sie zu hinterfragen versucht. Dabei geht sie methodisch recht unterschiedlich vor. So werden einmal die Probleme eines Jungen vor allem mit der Schule in kurzen Episoden vorgestellt, und zwar in einem gewollt lapidaren Stil, einem imaginären Schüler-Jargon nachempfunden („Hrdinský zápisník“, 1960; dt. „Miros geheimes Notizbuch“, 1972). Die in diesem Buch durchaus zu findenden Versuche, Klischees aufzuzeigen, werden überdeckt durch den Hang, alle Erzählschritte möglichst witzig und schlagfertig zu gestalten. Anklänge an unrealistische „Lausbuben“-Geschichten sind nicht zu übersehen. Stärker problemorientiert ist dagegen der Band „Der Bruder des schweigenden Wolfes“, in dem es einem kindlichen Ich-Erzähler schrittweise gelingt, die scheinbar festgefügte Idylle seines Elternhauses differenzierter zu betrachten.
In zwei anderen Romanen gehen die Hauptakteure – auch hier Ich-Erzähler – über das Registrieren von Zuständen hinaus („Jediná, 1963; dt. „Die Einzige“, 1968 und „Tulák“, 1973; dt. „Der Ausreißer“, 1975). Sie bewerten sie und ziehen Konsequenzen für das eigene Handeln. Nach außerordentlich heftiger und kompromißloser Distanzierung von den Erziehenden (gegen Bevormundung, Anpassung, Heuchelei) suchen sie in der Aufnahme von Kontakten zu Gleichaltrigen (Freund – Jugendgruppe) einen Ausweg.
In beiden Büchern gelingt es J., die Bestandsaufnahme vielschichtig, realistisch, dabei lebendig wiederzugeben. Es bieten sich Identifikationsmöglichkeiten für den jungen Leser. Vergleichbar sind in beiden Büchern neben der Problemstellung auch die aufgezeigten Lösungen. Der Konflikt wird vor allem in den kindlichen bzw. jugendlichen Hauptpersonen selbst angelegt gesehen, in entwicklungsbedingten Fakten (Pubertät) oder in dem Mangel an Informationen über die Erwachsenen. Sicherlich bieten derartige Erklärungen einen Weg, sie verengen jedoch in ihrer stark individualistischen Sicht die Problemstellung und könnten den Blick auf andere Aspekte verhindern.

Werke: Hrdinský zápisník (1960, [4]1974; dt. Zwei in der Mehlkiste, 1963; 1972 u.d.T.: Miros geheimes Notizbuch); Čierná hodinka plná divov a fantázie (1961); Deti slnka (1962);

Zlatá siet' (1963); Jediná (1963, [4]1973; dt. Die Einzige, 1968; NA. 1970); O jazýčku, ktorý nechcel hovorit' (1964; dt. Die Zunge, die nicht sprechen wollte, 1973); Brat mlčanlivého vlka (1967, [2]1971; dt. der Bruder des schweigenden Wolfes, 1969); Pomstitel' (1968); Tulák (1973, [2]1975; dt. Der Ausreißer, 1975); O psovi ktorý mal chlapca (1974, dt. Hündchen und sein kleiner Junge, 1974).
Mitarb.: Veselý rok (1964).

Sekundärliteratur: Kl. Jarunková: Für die Jugend des Atomzeitalters (in: Gebt uns Bücher, gebt uns Flügel. Bd. 9. 139–141. 1971).

Peter Zimmermann

Jeffers, Susan

*Amerikanische Illustratorin und Bilderbuchkünstlerin; *7. 10. 1942 New Jersey.*

J. verbrachte Kindheit und Jugend in New Jersey. Durch die Mutter und Lehrer wurde sie früh zum Malen und Zeichnen angeregt. Sie wurde am Pratt Institute, New York, u.a. von R. LINDNER (*1901) ausgebildet und schloß 1964 mit dem Examen ab. Danach arbeitete sie für mehrere Verlage als Buchausstatterin und Designerin. Ihr erstes eigenes Buch, „The buried moon" (1969), entwarf sie 1968. Zusammen mit R. WELLS, mit der sie zu dieser Zeit in Ateliergemeinschaft arbeitete, illustrierte sie ein Sachbuch über die MENDELsche Vererbungslehre (Why you look like you whereas I tend to look like me, 1969). Danach war sie als Kunsterzieherin an der „Wiltwick School for Boys" tätig.
Das Bilderbuch „Three jovial huntsmen" (1973) wurde mehrfach ausgezeichnet; 1974 wurde es in die Ehrenliste zur „Caldecott Medal" aufgenommen, 1975 erhielt J. hierfür den Goldenen Apfel auf der Bienále ilustrácií Bratislava (BIB). J. lebt heute auf dem Lande bei Peekskill/New York.

Werk, Tendenzen, Wirkung. J. gehört zur mittleren Generation amerikanischer Illustratoren, die mit handwerklicher Solidität rustikale Themen und wiederholt behandelte Motive der amerikanischen Kinderliteratur abermals variieren (Three jovial Huntsmen. A Mother Goose rhyme). Ihre Arbeiten wenden sich sowohl an kleinere Kinder als auch an ältere Leser. Für die zweite Gruppe illustrierte sie „The First of the Penguins" (1974) zu einem Text von M. Q. STEELE. Kritische Einwände äußerte die amerikanische Fachpresse vereinzelt gegen eine erkennbare Rückzugstendenz in ihren Bildern, einen nostalgischen Zug und die Gefahr, ins Sentimentale abzugleiten – bezogen vor allem auf „All the Pretty Horses" (1974), ebenfalls nach einem älteren folkloristischen Gutenachtlied-Text (vgl. The Horn Book Magazine, Bd. 51. 1975. 47–48).

Werke: J. Jacobs: The buried moon (1969); Ch. Pomerantz: Why you look like you whereas I tend to look like me (1969; zus. mit R. Wells); P. Prodow: The spirit of spring (1970); S. Jeffers: Three jovial huntsmen (1973); S. Jeffers: All the pretty horses (1974); M. Q. Steele: The first of the penguins (1974); J. Marzollo: Close your eyes (1975).

Horst Künnemann

Jeier, Thomas

*(Ps.: Mark L. Thomas). Verfasser von Westernbüchern, Journalist; *24. 4. 1947 Minden/Westfalen.*

J. besuchte in Frankfurt/Main das Gymnasium, danach durchlief er eine Buchhändlerlehre. Er wurde Mitarbeiter und später Chefredakteur einer großen deutschen Jugendzeitschrift. J. lebt als freier Schriftsteller in München. Er ist Mitglied der „Western Writers of America". 1974 wurde ihm der „Friedrich Gerstäcker-Preis" der Stadt Braunschweig für sein Buch „Der große Goldrausch von Alaska" (1972) zugesprochen.

Werk, Tendenzen, Wirkung. J.s Bücher, in denen sich zunehmend eine Tendenz zur historisch belegbaren Dokumentation durchsetzt, sind im weiteren Zusammenhang der Abenteuerliteratur zu sehen. In Schreibweise, Gesamtgestaltung, Aufbau und im Montageverfahren ähneln seine Bücher stark den themenverwandten Arbeiten von FR. HETMANN und F. J. STAMMEL. Das gilt auch für die visuelle Ausstattung seiner vornehmlich für Jugendliche konzipierten Bücher mit alten Illustrationen, Holzstichen, Xylografien und authentischem Kartenmaterial. Zur Entwicklung einer modernen Indianererzählung und einer kritischen Betrachtung der Westernliteratur hat J. einen wesentlichen Beitrag geleistet. Seine Bücher sind auch als moderne Gegenposition zu den romantisierenden, nationalistischen und missionarischen Darstellungen der Indianergeschichten von K. MAY zu werten.
J. nutzt einen Mischstil, in dem Reportagen eigener Reisen mit Rückblenden in die Geschichte Nordamerikas, Elemente des naturkundlichen, erdkundlichen und historischen Schulbuchs sowie der Darstellungsweise des modernen Sachbuchs verbunden werden. Neue Aspekte trägt er durch gründliche historische Studien bei, denen der Leser detaillierte Auskünfte über Ausrüstung und Lebensstil, Umweltbedingungen und Probleme der frühen Pioniere entnehmen kann, so in „Der große Goldrausch von Alaska" (1972). Diese Mischform in der stofflichen Vermittlung prägt auch „Sonne, Sand und Abenteuer" (1975), einem weit in die Vergangenheit zurückreichenden Bericht über die Eroberung der Wüsten Nordamerikas. Das Buch umfaßt neben seinem Hauptthema auch Fragen der frühen spanischen Eroberer und der sie begleitenden christlichen Missionsversuche, sowie klimatologische und ökologische Exkurse.
Politisch aufklärerische Bedeutung kommt J.s Büchern dort zu, wo ihr Autor das Unrecht dokumentiert, das die Weißen durch Generationen an den Indianern begangen haben. Das deutet sich in den frühen Titeln durch resignative Vokabeln an: „Die Verlorenen", „Der letzte Häuptling", „Der letzte Büffel", „Die letzte Schlacht", „Die letzten Söhne Manitous". Besonders in diesem Buch verknüpft J. die tragische Geschichte des „Roten Mannes" mit der nicht minder bedrückenden Chronik heutiger Reservatsindianer, der Entwurzelten in den großen Städten, der Diskriminierungen der Gegenwart und der beginnenden Politi-

sierung der indianischen Nachfahren in der „Red Power"-Bewegung, der spektakulären Besetzung der Insel Alcatraz, des Büros für indianische Angelegenheiten in Washington und der Belagerung von Wounded Knee. Unter dem Pseudonym MARK L. THOMAS schreibt J. die Serie „Die Stanwells", der erste Band ist „Der Mann aus den Bergen" (1976).
Gestalterische Schwächen und formale Grenzen in J.s Arbeiten sind dort erkennbar, wo er nicht der Gefahr entgeht, in trockener Lehrhaftigkeit zu erstarren oder die historischen Quellen zu stark durch fiktionale Dialoge, Zusammenziehungen geschichtlicher Abläufe und kolportagehafte Dramaturgie zu verzerren. Hierbei spielt offenbar der Produktionsdruck, für mehrere Verlage immer wieder dieselben Themen abhandeln und sich zu oft kopieren zu müssen, eine erhebliche Rolle. Hervorzuheben bleibt, daß J. zur Gruppe der Dokumentaristen gehört, die das Indianer- und Westernbuch aus dem eingeengten Umkreis nur auf Jugendliche abzielender Lektüre in Informationsliteratur für alle Leser geführt und erweitert haben.

→Abenteuerbuch, →Wildwest in der Kinder- und Jugendliteratur

Werke: Die Verlorenen (1971; TB 1972); Der große Goldrausch von Alaska (1972, [3]1975); Treibt sie nach Norden (1973); Das Westernkochbuch (1973); Die Frau des Siedlers (1974); Das versunkene Kanu (1974); Sonne, Sand und Abenteuer (1975); Der letzte Kriegszug (1975); Der letzte Büffel (1975); Die letzten Söhne Manitous (1976); Die letzte Schlacht (1976); Mit dem Wind nach Westen (1976); Der Mann aus den Bergen (1976).

Horst Künnemann

Jiddische Kinder- und Jugendliteratur

Unter jiddischer KJL wird die Kinder- und Jugendliteratur verstanden, die vor allem von der jiddisch sprechenden Bevölkerung in Polen, der Ukraine und Weißrußland und seit den Massenemigrationen auch in den Vereinigten Staaten geschaffen wurde. Das Jiddische ist eine Sprache, deren Hauptbestandteile mittel- und oberdeutscher Herkunft sind. Die anderen Sprachbestandteile entstammen zumeist dem Rabbinischen, Hebräischen und den slavischen Sprachen. In Osteuropa war das Jiddische die Umgangssprache der jüdischen Massen. Bis zum Zweiten Weltkrieg sprachen ca. 12 Millionen Menschen Jiddisch als Muttersprache.

Von den Anfängen jiddischer KJL bis zur russischen Oktoberrevolution. Eines der berühmtesten jiddischen Wiegenlieder besteht aus folgenden zwei Strophen:

Unter dem kind's vigele
Shteyt a klor-vays tsigele.
Dos tsigele z'geforn handlen
Rozhinkes mit mandlen.
Rozhinkes mit mandlen iz zeyer zis.
Mayn kind vet zayn gezunt un frish.

Gezunt iz di beste skhoyre.
Mayn kind vet lernen Toyre.
Toyre vet er lernen.
S'forim vet er shraybn.
A guter un a frumer
Vet er im yirtseshem blaybn.
(in: RUTH RUBIN, a.a.O. S. 17)

Das Ideal, das einem jüdischen Jungen vorgestellt wurde, war, nicht allein ein guter und frommer Mensch zu werden, sondern auch ein Gelehrter und insbesondere ein Kenner der Torah. Die Torah und späterhin andere heilige jüdische Bücher waren die einzigen, die das jüdische Kind in seiner Schulzeit kennenlernte. Dies geschah unter der Anleitung eines Lehrers, dessen pädagogische Methode sich darin erschöpfte, den Text vorzulesen und ihn beinahe wörtlich ins jiddische Idiom zu übersetzen. Die Lernenden wiederholten die Worte des Lehrers im Chor, ohne daß sie unbedingt den Sinn verstanden. Sehr früh schon wurde das Kind in die Welt der Erwachsenen eingeführt. Seinen spezifischen Bedürfnissen und Interessen schenkte man keine Aufmerksamkeit. Nach einem langen und öden Schultag bereitete auch die häusliche Umgebung nicht viel Vergnügen. Der bittere Kampf der Erwachsenen ums pure Überleben unter Bedingungen der Armut und Diskriminierung spiegelte sich im Umgang mit dem Kind. Beständig wurde es getadelt und oft geschlagen, denn sein Spiel wurde als Zeitverschwendung angesehen. Nur die Lektüre eines religiösen Buches („seyfer") galt als ordentliche Tätigkeit. Das traurige Leben eines jüdischen Kindes ist der Inhalt einer Geschichte, die „Dos Meserl" betitelt ist. Man betrachtet sie als den Anfang der jiddischen KJL (URIEL OFEK, a.a.O. S. 428ff.). Sie entstammt der Feder des großen jiddischen Autors SHOLOM ALEICHEM (1859–1916; Pseudonym für SHALOM RABINOWITZ) und erschien zum ersten Mal 1888 in dem jiddischen Wochenblatt „Dos Yudishe Folksblat" im russischen St. Petersburg. Die öde Welt, in der ein solches Kind lebte, seine Träume und Hoffnungen, seine Ängste und Fehler, wurden hier mit ungewöhnlichem Nachdruck, Einsicht und Mitleid beschrieben. SHOLOM ALEICHEM schrieb eine Anzahl reizender Geschichten über jüdische Kinder, die später unter dem Titel „Mayses far Yidishe Kinder" in die Gesamtausgabe (Bd. 7 und 8) Aufnahme fanden. Außerdem schrieb er den traurigen aber humorvollen Roman „Motl Peyse dem Khazns", der von einem jüdischen Waisenkind handelt. Er findet sich in Band 18 und 19 der Gesamtausgabe SHOLOM ALEICHEMS. Geschichten über jüdische Kinder wurden auch von anderen großen Schriftstellern in der Zeit vor dem Ersten Weltkrieg geschrieben. Es gab auch poetische Texte, die für jüngere Leser bearbeitet werden konnten. Aber, wie ein zeitgenössischer Beobachter bemerkte, war es mehr „eine Literatur über Kinder als für Kinder" (SAMUEL CHARNEY, a.a.O. S. 144). Kinderliteratur als eigenes Genre entwickelte sich um 1911 bis 1912 mit den ersten Ansätzen, jiddische Schulen zu schaffen. Seinerzeit erschienen mehrere Chrestomathien, deren bedeutendste JACOB FICHMANS „Far Shul un Folk" (1913) war. JACOB FICHMAN eröffnete seine Sammlung mit einer Geschichte von Isaac Loeb Peretz (1851–1915), die „Sieben gute Jahre" betitelt war. Daß diese Geschichte einen so bedeutsamen Ort bekam, ist bezeichnend. Denn Isaac Loeb Peretz, eine der großen Persönlichkeiten der jiddischen Literatur, dichtete ursprünglich nicht für Kinder. Jedoch wurden und sind einige seiner Geschichten äußerst populär in der jiddischen KJL. Diese Geschichten, in seinen gesammelten Werken als „Folkstimlikhe Geshikhten" bekannt, sind stilisierte Märchen, die auf jüdischer Überlieferung beruhen. Sie tradieren das Gefühl einer fernen Vergangenheit, präsentieren Volkshelden, die in ihrer Einfachheit und ihrem unerschrockenen Vertrauen zu überliefertem Glauben und Werten rühren, und die wundervollen Wege, in denen Gott die Welt beherrscht, enthüllen. Diese spezifischen Geschichten waren in der Tat jüdische Märchen. Sie erfüllten die doppelte Aufgabe, die Phantasie der Kinder zu beleben und ihnen moralische und nationale Werte auf höchstem literarischen Niveau zu vermitteln (Hayyin Salomon Kazdan, a.a.O. S. 38ff.).

Diese Chrestomathie war der Vorläufer der sich entwickelnden jiddischen KJL. Die jiddischen Lehrer waren die ersten, die die Notwendigkeit der außerschulischen Lektüre erkannten (Samuel Charney, a.a.O. S. 144). 1912 wurden mehrere Publikationsunternehmungen von Lehrern und anderen Personen aus dem Bereich des Erziehungswesens begonnen, unter ihnen „Mayselekh" von M. Birnbaum in Warschau, „Far unzere Kinder" von einer Gruppe Lehrer in Kishinew und „Kunst-Farlag" in Kiew, der von dem örtlichen Zweig der „Gesellschaft für die Förderung der Bildung unter den Juden in Rußland" unterstützt wurde.

Diese Bücher wurden broschiert herausgegeben und waren auf billigem Papier mit wenigen schwarz-weißen Illustrationen gedruckt. Ihr Preis war niedrig und auf schnellen Absatz berechnet. Die Stoffe, die man veröffentlichte, bestanden aus kindgemäßen Geschichten von bekannten jiddischen Autoren, einigen Legenden und Volksmärchen und Bearbeitungen und Übersetzungen aus der Weltliteratur wie Andersens und Grimms Märchen. Der jiddische Literaturkritiker Sh. Niger (Pseudonym für Samuel Charney, 1884–1955), der diese frühen Editionen überblickte, stellte mit Genugtuung fest, daß „die Aufgabe, eine Kinderliteratur in unserer Sprache zu schaffen, mehr und mehr als ein wichtiges nationales und gemeinschaftliches Ziel, das ohne Verzögerung erreicht werden sollte, angesehen wird" (S. Charney, a.a.O. S. 146). Niger teilt in seiner Bewertung die Texte in zwei große Gruppen: Originale Stoffe und Übersetzungen. Nachdem er diejenigen genügend gewürdigt hatte, die in jiddisch geschaffen worden waren, bemerkte er, daß das, was tatsächlich gebraucht würde, mehr Übersetzungen aus der Weltliteratur seien. Die Weltliteratur, so führte er dazu aus, öffnet für das jüdische Kind, das in einer ausschließlich jüdischen Umgebung in engen Grenzen eingeschlossen ist, neue Ausblicke.

Die Ansichten Nigers waren in historischer Perspektive bemerkenswert. Sie drückten den verzweifelten Wunsch aus, die engen Pfade der Vergangenheit zu verlassen, um etwas Neues, Zeitgenössisches zu schaffen. Unerwartet schnell erfüllte sich Nigers Wunsch durch den Ersten Weltkrieg, der in seinem Gefolge große Vertreibungen, Hunger und Epidemien, die eine große Zahl heimatloser und verwaister Kinder hervorbrachten, mit sich führte. Die entstehenden Waisenhäuser und Kindergärten benötigten erzieherischen und unterhaltsamen Stoff für die Jüngsten und Ärmsten, die nur eine Sprache – das Jiddische – kannten. Auf diese Weise entstand eine Literatur für die ganz Kleinen (Stanislaw Londynski, a.a.O.).

Nach diesen bescheidenen Anfängen machte die jiddische Literatur für Kinder und Jugendliche große Schritte vorwärts. Es bildeten sich in den größten Städten des russischen Zarenreichs – in Moskau, Kiew, Odessa und St. Petersburg (Leningrad) – in schneller Folge Verlage, die sich die Herausgabe solcher Literatur zum Ziel setzten. In St. Petersburg befanden sich die wichtigsten Verlage, unter ihnen B. A. Kletzkins, der schon sehr früh von seinem Geburtsort Wilna dorthin übergesiedelt war. Kletzkin gab zwei Geschichten von Der Nister (1884–1950; Pseudonym für Pinchas Kahanowitch), die von Marc Chagall illustriert worden waren und eine Ballade „Yingl Tsingl Khvat" von Mani Leib Brahinsky (1883–1953) heraus. Dieses

Illustration zu Mani Leip Brahinskys (1883–1953) „Vunder iber Vunder" (New York 1930).

Gedicht wurde mit Illustrationen von ELI LISSITZKY im Verlag Yidisher Folks Farlag wieder aufgelegt. Den anfänglichen Editionen, die konventionell im Inhalt und unansehnlich in der Erscheinung waren, folgten Bücher, die im Hinblick auf ihren Gehalt und ihre grafische Ausstattung anregend wirkten. Diese Bücher kennzeichneten den Beginn einer neuen Ära. Zwei davon verdienen nähere Beachtung. Eines ist das bereits erwähnte Gedicht von BRAHINSKY „Yingl Tsingl Khvat", das andere ist eine Ballade von MARKISH PERETZ (1895–1952) „Der Galaganer Hon". Beide führten phantastische Elemente, unmögliche Leistungen und Abenteuer ein; beide waren in schnellen, kurzen Versen von Wortkünstlern geschrieben, die aus den jiddischen Werken scherzhafte Bedeutungen und Anspielungen nahmen. BRAHINSKYS Werk wurde bald eines der populärsten Kindergedichte und gilt als klassisch. Seinen Hintergrund bildete das „shtetl", das alte, wohlbekannte kleine Dorf in Osteuropa. Aber in der Einbildung des Poeten, der bereits daraus verjagt worden war (er mußte 1905 nach Amerika emigrieren und veröffentlichte sein Gedicht 1914), wurde es das Märchenland seiner Kindheit. Der Schuljunge, der auf dem Zauberpferd von zu Hause in die weite Welt fortritt, war nicht nur ein kindlicher Held, sondern auch eine mythische Personifizierung des dichterischen Verlangens nach der verlorenen Welt seiner europäischen Vergangenheit.

Die jiddische KJL in der UdSSR und in Polen. Mit der Etablierung der Sowjetunion in den frühen zwanziger Jahren wurde die wesentliche Einheitlichkeit und Homogenität der vorrevolutionären jiddischen Literatur durchbrochen. Sie teilte sich in zwei Hauptzweige: a) den sowjetischen und b) den polnischen zusammen mit anderen osteuropäischen Ländern.

Die Veröffentlichungen in der UdSSR wurden vom Staat kontrolliert und reflektierten die offizielle Ideologie der Sowjetregierung und der Kommunistischen Partei. Eine Bibliografie der jiddischen Bücher in der UdSSR (YITSHAK YOSEF KOHEN, a.a.O.) verzeichnet 411 Titel (ohne Übersetzungen). Diese waren unterteilt in Anthologien und Sammlungen, sowie Bücher von einzelnen Autoren. In der ersten Gruppe gab es z.B. den Titel „Zay Greyt", – eine jiddische Ausgabe der Texte, die bei der Arbeit mit jungen Leuten in der UdSSR gebraucht wurden; Sammlungen zum Abhalten staatlicher Feiertage; andere wiederum waren Personen wie LENIN und KIROW gewidmet; schließlich Anthologien, betitelt „Pionerishe Lider" und „Komjugishe Zamlung".

In der Gruppe von Werken der Einzelautoren finden sich Jugendausgaben solcher bekannter jiddischer Schriftsteller wie MENDEL MOYKHER SFORIM (1836–1917, Pseudonym für SHALOM JACOB ABRAMOWITZ), SHOLOM ALEICHEM und M. PERETZ. Es gab aber nur wenige Editionen dieser Art und diese enthielten auch nicht die berühmteren Werke der Autoren. Es läßt sich jedoch eine bedeutsame Anzahl sowjetischer jiddischer Autoren, die für Kinder schrieben, von herausragender künstlerischer Leistung nennen, unter ihnen DAVID BERGELSON (1884–1952), DER NISTER, ITZIK FEFFER (1900–1952). Die fruchtbarsten waren der Poet LEIB KVITKO (1890–1952) und ITZIK KIPNIS (1896–1974) als Prosaautor. Der allgemeine Trend schien jedoch die allmähliche Eliminierung jüdischen Gehaltes zu sein, wohingegen die jiddische KJL Polens und anderer osteuropäischer Länder ein unmittelbares Produkt und Resultat des sich entwickelnden Netzes weltlicher jiddischer Schulen war. Die Hauptzentren in Polen befanden sich in Wilna und Warschau. Der Pionier der Verlagsaktivitäten war SH. BASTOMSKI (1891–1941), dessen Haus – „Di Naye Yidishe Folkshul" – 1915 gegründet worden war. Seine Bücher enthielten Werke anerkannter jiddischer Autoren und Übersetzungen aus der Weltliteratur. Neben fiktionalen Texten publizierte er Biografien, Reiseberichte, Entdeckungsgeschichten und populärwissenschaftliche Bücher. Die Ideologie war eine harmonische Mischung aus jüdischen und allgemeinen, traditionellen und fortschrittlichen Momenten. Die Klassiker waren präsent, aber auch moderne und zeitgenössische Autoren.

Die Veröffentlichung jiddischer KJL in Warschau wurde hauptsächlich von der zentralen Organisation der jiddischen Schulen in Polen „Tsisho" („Tsentrale Yidishe Shul Organizatsye") ausgeführt. In den frühen dreißiger Jahren publizierte „Tsisho" eine Serie, die „Mayselekh" genannt wurde, worin man Werke einer der bedeutendsten jiddischen Kinder- und Jugendbuchautorin, KADIA MOLODOWSKY (1894–1975), herausstellte. 1935 begannen M. TAJCHMAN und E. HERMAN (beider Lebensdaten sind unbekannt, beide kamen während des Zweiten Weltkrieges um) unter der Schirmherrschaft von „Tsisho" ein sehr ertragreiches Editionsunternehmen unter dem Namen „Kinder-Fraynd". Aus den verfügbaren Handelskatalogen dieser Jahre kann die Anzahl jiddischer Titel, die für junge Leser in Osteuropa zugänglich waren, entnommen werden. Die Schätzung beläuft sich auf ca. 300 bis 400 Titel spezifischer jiddischer KJL, die in dieser Periode gedruckt erschienen sind.

Die Lage der jiddischen KJL in der Neuen Welt. Die Brandopfer des Zweiten Weltkrieges machten der blühenden jiddischen KJL in Osteuropa ein Ende. Der Dichter ITZIK MANGER (1900–1969) bedient sich der Symbole eines berühmten Wiegenliedes, um diesen grausamen Verlust darzustellen:

Di goldene pave un dos klor-vayse tsigele
Vign di leydike vign.
Nishto mer dos heylike Yankele,
To vigt men on a nign.

Dos gold fun der pave is umetik gold
Un dos tsigele dos frume –
blendt vi troyeriker shney – di tsvey
Yesoymim fun mayn ume.

Der unwiederbringliche Verlust des jiddisch sprechenden Kindes, des Kindes, dessen Muttersprache jiddisch war, ist häufig wiederkehrendes Motiv in der jiddischen

Nachkriegsliteratur. Der Tod eines Kindes wurde das Symbol für den Tod einer ganzen Kultur, die Ausrottung eines Volkes.
Die europäischen jiddischen Jugendbücher entstanden auf einem Boden, wo in einer hauptsächlich jiddischen Umwelt das Jiddische die Muttersprache des Kindes war. In Amerika fand die jiddische KJL, obwohl ihre Anfänge eng mit dem europäischen Mutterland verknüpft waren, einen völlig anderen sozialen Hintergrund. Die ersten Texte für Kinder und Jugendliche erschienen 1913 auf amerikanischem Boden und waren mit der weltlichen jiddischen Schulbewegung verbunden (JOSEPH MLOTEK, a. a. O.). Diese Initiative ging auf die Organisation Yidish-Natsionaler Arbeter Farband (heute: Tsionistisher Arbeter Farband) zurück, der die ersten jiddischen Volksschulen in Amerika gründete und 1917 mit der Herausgabe des ersten jiddischen Kindermagazins in diesem Land begann. Um 1918 war die Herausgabe jiddischer KJL erheblich angewachsen. Die „Hebrew Publishing Company" gab eine Sammlung von Volkssagen und Legenden sowie auch amerikanische Ausgaben solcher Kinderklassiker wie SH. ALEICHEM, SIMON FRUG (1860–1916) und JACOB DINESOHN (1856–1919) heraus. Im selben Jahr stellte ein anderer Verleger, MAX N. MAISEL, die Serie „Rozhinkes mit Mandlen", die wohlbekannte europäische Texte der Kinder- und Jugendliteratur einschloß, vor.
Gleichzeitig wurde eine neue Reihe „Far Aykh un Ayre Kinder" von dem amerikanischen Literaten DAVID IGNATOFF begonnen. Es war eine ästhetisch gelungene Produktion mit vielen Illustrationen zeitgenössischer jiddischer Künstler und beinhaltete Stoffe, die bereits auf amerikanischem Boden geschaffen worden sind, obgleich sie weiterhin auch europäisch und international blieben, was Hintergrund und Gehalt angeht. Jedoch begann in Amerika die systematische und ausgedehnte Publikationsarbeit mit jiddischer KJL nicht vor den Mittzwanzigern, als die drei wichtigsten Bildungsinstitutionen – der „Workmen's Circle", das „Sholom Aleichem Folk Institute" und die „International Workers' Order" – die Herausgabe von Kinder- und Jugendliteratur versuchten.
In der Zeit vor 1940 war der „Arbeter-Ring" (Workmen's Circle) sozialistisch orientiert und seine Reihe „Arbeter-Ring Kinder Bibliothek" bestand zumeist aus Biografien sozialistischer Politiker. Gegen Ende der dreißiger Jahre nahmen jedoch fiktionale Texte und Dichtungen jiddischer Autoren erheblich zu, als die Werke von M. L. BRAHINSKY, JOSEPH OPATOSHU (1886–1954), EPHRAIM AUERBACH (1892–1873) und NAFTALI GROSS (1896–1956) veröffentlicht wurden. Nach 1940, als man die totale Zerstörung der osteuropäischen jüdischen Zentren gewahr wurde, verstärkte sich die Neigung zu jüdischer Tradition und Werken erheblich (MLOTEK, a. a. O.).
„Matones", mit dem „Sh. Aleichem Folk Institute" verbunden, war eines der angesehensten und ehrgeizigsten Editionsunternehmen im Bereich der Kinder- und Jugendliteratur. Es empfing seinen Namen von dem jiddischen Wort für „Geschenk" und publizierte Bücher, die durch verschwenderische Illustrationen belebt wurden. Sie waren großformatig, aus glänzendem Papier und besaßen eine ungewöhnliche Typographie. „Matones" war sehr traditionalistisch ausgerichtet; einige seiner vorzüglichen Autoren – besonders LEON ELBE und SOLOMON SIMON – befaßten sich zumeist mit historischem, legendärem und volkstümlichem Material der jüdischen Tradition. Auf diesem Gebiet setzte der „Yidish-Natsionale Arbeter-Farband" seine Pionieraktivitäten fort: er publizierte eine Anzahl Kinderbücher in jiddisch von bekannten Autoren, ebenso wie mehrere Anthologien und Textbücher. Unter seinen neuesten Publikationen war ein ausgezeichnetes Lesewerk über Israel, das die Dichterin KADYA MOLODOWSKY zusammengestellt hat.
Realistische Dichtung, die den amerikanischen Erfahrungsbereich widerspiegelt, begann nicht früher als 1925 mit GERSHON EINBINDERS (1900–1964, sein Pseudonym war CHAVER PAVER) Geschichten und wurde fortgeführt in den Werken von JACOB KREPLAK (1885–1945) und ISAAC METZKER (* 1902). Die „International Workers' Order" gab vornehmlich Bücher mit stark linksorientiertem politischen Gehalt heraus. Unter den vorgestellten Autoren waren G. EINBINDER, der seinen ersten Verleger verließ, um sich dieser Gruppe anzuschließen und MOYSHE NADIR (1885–1943). Nach dem Krieg kam dieses Haus mit einer Auswahl Geschichten von J. L. PERETZ, die eine Wendung zu spezifisch jüdischer kultureller Tradition und Werten anzeigte, heraus.
In der jiddischen KJL in Amerika wurde das lokale amerikanische Element eingeführt und dem Kind zweierlei mitgegeben: ein vertrauter Hintergrund und eine geeignete ethnische Anleitung. Und man kann sagen, daß diese Literatur den Traum jener vollbrachte, die Zeuge der Anfänge gewesen sind: aus der meisterhaften aber traurigen Geschichte über den „kleinen Juden" wurde ein fröhliches und freies Medium für ein normales, obzwar ausdrücklich jüdisches Kind.
In einer statistischen Zählung der Editionen jiddischer KJL in Amerika von den Anfängen bis 1946 wurden insgesamt 240 Titel vermerkt. Für die Nachkriegszeit stehen keine Statistiken zur Verfügung, aber der Abwärtstrend ist sehr abrupt und unverkennbar. Der Niedergang resultiert hauptsächlich aus der Abnahme des Bevölkerungsanteils, der jiddisch spricht, und der kulturellen Eingliederung der in Amerika geborenen Juden. Aber jiddische Kinder- und Jugendbücher sind nicht völlig verschwunden. Sie existieren jetzt in der Form sorgfältig hergestellter jiddischer Sammlungen und Lesebücher und in zwei Zeitschriften für Kinder, dem „Kinder Zhurnal" und der „Kinder Tsaytung", die vom „Sholom Aleichem Folk Institute", respektive dem „Arbeter-Ring" gefördert werden. Als eine andere Form des Überlebens können die englischen Übersetzungen jiddischer KJL angesehen werden. Eine neue Bibliografie jüdischer KJL zählt unter „Legenden und Erzählungen" elf Texte, die aus dem Jiddischen übersetzt sind, eingeschlossen „Joseph und Koza" von ISAAC BASHEVIS SINGER, der 1970 mit dem „National

Book Award for Children's Literature" ausgezeichnet wurde.

→I. B. Singer

Sekundärliteratur: M. L. Brahinsky: Yingl Tsingl Khvat (1917). – S. Charney: Kinder-literatur (in: Die Yudishe Velt. 1913. 9. 144). – G. Einbinder: Khaver Paver's Mayselekh (1925). – J. Fichman: Far Shul un Folk (1913). – P. Kahanovitch: Dos Tsigele (1917); A Mayse mit a Hon (1917). – H. S. Kazdan: Proizvedeniia I. L. Pertza dlia detskago chteniia (in: Vestnik Evreiskago Prosveshcheniia. 1915. 31. 38–55); Finf-und-draysik yor yidishe kinder literatur (in: Shulpinkes. 1946. 335–379). – Y. Y. Kohen: Persumin Yehudiyim be-Verit ha Mo'atsot 1917–1960 (1951). – St. Londynski: Kinder-Lieder un Kinder-Gedikhte (1919). – P. Markish: Der Galaganer Hon. (1922). – J. Mlotek: Die Yidishe Kinder-Literatur in die Fareynikte Shtatn (in: Algemeyne Entsiklopedye: Yidn. Bd. 5. 1957. 220–224). – U. Ofek: Childrens' Literature (in: Encyclopedia Judaica. Bd. 5. 1971. 428–459). – Sh. Rabinowitz: Ale Verk fun Sholom Aleichem (1917–1925). – R. Rubin: A Treasury of Jewish Folksong (1964).

Dina Abramowicz

Jöde, Fritz

*Musikpädagoge, Begründer der Jugendmusikbewegung; *2.8.1887 Hamburg, †19.10.1970 Hamburg.*

J. studierte am Lehrerseminar in Hamburg und war zunächst als Volksschullehrer in seiner Heimatstadt tätig. Ab 1918 schloß er sich dem „Wendekreis" der Jugendbewegung an. 1923 wurde J. eine Professur für Chorleitung und Volksmusikerziehung an der staatlichen Akademie für Kirchen- und Schulmusik in Berlin-Charlottenburg übertragen, die er bis 1935 innehatte. J. wirkte 1938 vorübergehend im Jugendfunk des Senders München und war von 1939 bis 1943 als Lehrer am Salzburger Mozarteum tätig. Von 1948 bis 1953 leitete er das Amt für Jugend- und Volksmusik in Hamburg. J. gründete 1953 das Internationale Institut für Jugend- und Volksmusik in Trossingen, dem er bis zu seinem Tode vorstand.

Werk, Tendenzen, Wirkung. Die Gründung einer „Jugendmusikbewegung" verstand J. als Kampfmittel gegen die Nivellierung der Volksmusik durch den Schlager. Durch moderne Unterrichtsmethoden, die sich schwerpunktmäßig auf die Lauten- und Gitarrenmusik richteten, wollte J. zur eigenen Musikausübung anregen. Seine „offenen Singstunden" (seit 1926) erlangten große Popularität und gewannen Hunderttausende junger Menschen für seine an der Folklore orientierte Jugendmusik. Bei Festen, Spielen, Gesang und Volkstanz in Jugendlagern, Jugendherbergen und Jugendburgen wurden alte Volksbräuche wieder aufgegriffen und neu belebt. J. gab eine große Anzahl Editionen alter klassischer und romantischer Musik, Kanon-Ausgaben und Madrigal-Bände heraus, daneben vertonte er selbst zahlreiche Texte aus dem Volksgut. Er bewirkte dadurch zusammen mit der Jugendbewegung und der Kunsterziehungsbewegung eine Rückbesinnung auf alte vergessene Lied-, Gedicht- und Erzählsammlungen und trug zu Neuausgaben bei. Vor allem die von J. herausgebrachten Zeitschriften „Die Laute" (ab 1923 unter dem Titel „Die Musikantengilde") und „Junge Musik" (1950–1954), die einen großen Leserkreis erreichten, machten weite Kreise der Jugend mit dem Liedgut der Vergangenheit bekannt.

→Kunsterziehungsbewegung

Werke: Jugendbewegung und Jugendpflege (1917); Musik und Erziehung (1919); Musik, ein pädagogischer Versuch (1919); Unser Musikleben: Absage und Beginn (1923); Musikschulen für Jugend und Volk (1924); Das schaffende Kind in der Musik (1928); Musik in der Volksschule (1928); Kind und Musik (1930); Die Jugendmusik (1934); Vom Wesen und Werden der Jugendmusik (1954); Die Volksmusikinstrumente und die Jugend (1956).

Hrsg.: Die Laute (1917–1923); Der Musikant (1923); Die Musikantengilde (1923–1934); Der Kanon (1926); Chorbuch für gemischte Stimmen (1926–1930); Frau Musica (1929); Junge Musik (1950–1954); Chorbuch alter Meister (1955–1957).

Sekundärliteratur: R. Stapelberg (Hrsg.): F. Jödes Leben und Werk. Zum 70. Geburtstag (1957). – G. Trautner: Die Musikerziehung bei F. Jöde (Diss. 1968). – W. Twittenhoff: F. Jöde, Initiator der Jugendmusikbewegung (in: Kontakte. Zeitschrift für Musik in der Jugend. 1967. 131–136).

Gustav Sichelschmidt

Jolles, André

*Literaturwissenschaftler; *7.8.1874 Helder/Holland, † 20.2.1946 Leipzig.*

J. begann als Archäologe und Kunsthistoriker und wandte sich dann der Allgemeinen und Vergleichenden Literaturwissenschaft zu. Nach einigen Jahren als Privatdozent in Freiburg im Breisgau und Berlin wurde er 1917 Professor in Gent und kam 1918 nach Leipzig.

Unter den Publikationen von J. hat sein Buch über die „Einfachen Formen" (1930) die meiste Beachtung gefunden. Im Sinne einer morphologischen Literaturwissenschaft und mit Bezug auf GOETHE geht es J. darum, „zu beobachten, wann, wo und wie Sprache, ohne aufzuhören, Zeichen zu sein, zu gleicher Zeit Gebilde wird". „Einfache Formen" sind für J. demzufolge jene, „die sich, sozusagen ohne Zutun eines Dichters, aus der Sprache selbst erarbeiten". Das gilt nach J. für Legende, Sage, Mythe, Rätsel, Spruch, Kasus, Memorabile, Märchen und Witz, die für ihn eine „abgeschlossene Reihe" darstellen. Sie gehen jeweils aus einer besonderen „Geistesbeschäftigung" hervor – die Legende etwa aus der „imitatio", die Mythe aus dem „Wahr-Sagen" oder der Witz aus „Lösen und Entbinden" –, so daß sich in jeder von ihnen „die Welt in einer ganz bestimmten Weise verwirklichen kann". Von der gewissermaßen nur potentiell vorhandenen „Einfachen Form" im eigentlichen Sinne unterscheidet J. die „Aktuelle" oder „Gegenwärtige Einfache Form" als deren Konkretisierung sowie die Kunstform der „Bezogenen Form". Wie namentlich das Märchenkapitel seines Buches erkennen läßt, greift J. auch auf die

Romantik zurück: „Einfache Form" verweist auf „Naturpoesie", deren genetische Besonderheit J. GRIMM im „Sichvonselbstmachen" sah, im Gegensatz zum „Zubereiten" bei der „Kunstpoesie".
J.' Versuch, die „Einfachen Formen" als Verdichtung und Gestaltung der „Vielheit und Mannigfaltigkeit des Seins und Geschehens" unter der „Herrschaft einer Geistesbeschäftigung" zu erklären, hat bis heute nachgewirkt, war indessen nie unumstritten. Vor allem seine Auffassung, daß in den „Einfachen Formen" die Sprache selber dichte, und die damit notwendigerweise verbundene Vernachlässigung individueller und historischer Faktoren waren Gegenstand der Auseinandersetzung. Für die Theorie der Kinder- und Jugendliteratur ist besonders die Darstellung des Märchens wichtig, das J. als Ergebnis der Geistesbeschäftigung einer „naiven Moral" und damit als Erzählung interpretiert, in der es so zugeht, „wie es unserem Empfinden nach in der Welt zugehen müßte".

Werke: Die Ästhetik Vitruvs (1905); Ausgelöste Klänge (1917); Wege zu Phidias (1918); Von Schiller zur Gemeinschaftsbühne (1919); Polykrates (1920); Bezieling en vorm (1923); Einfache Formen (1930, [4]1968).

Sekundärliteratur: H. Bausinger: Formen der „Volkspoesie" (1968). – W. Berendsohn: Einfache Formen (in: Handbuch des Märchens. Bd. 1. 484–498). – W. Mohr: Einfache Formen (in: Reallexikon. Bd. 1. [2]1958. 321–328). – R. Petsch: Die Lehre von den „Einfachen Formen" (in: Deutsche Vierteljahrsschrift. 10. 1932. 335–369). – K. Ranke: Einfache Formen (in: Internationaler Kongreß der Volkserzählungsforscher in Kiel und Kopenhagen. 1961. 1–11).

Alfred Clemens Baumgärtner

(De) Jong, Meindert

*Schriftsteller; * 4.3.1906 Wierum/Niederlande.*

De J. kam im Alter von acht Jahren mit seinen Eltern nach Grand Rapids, Michigan, USA. 1928 graduierte er am Calvin College zum Bachelor of Arts. Eine Stelle als College-Professor gab er auf Grund der wirtschaftlichen Lage auf und wurde Geflügelzüchter. De J. begann schon in der Jugend zu schreiben, zunächst Geschichten für eine Jugendzeitschrift der Calvinisten. Eine Gans „von ungewöhnlichem Temperament und hoher Intelligenz" war der Anlaß, auf Rat von Bibliothekaren sein erstes Kinderbuch „The big goose and the little white duck" (1938) zu schreiben. Im deutschsprachigen Raum setzte sich De J. mit „The wheel on the school" (1954; dt. Das Rad auf der Schule, 1956) durch, das 1955 mit der John Newbery-Medal und 1957 mit dem Deutschen Jugendbuchpreis ausgezeichnet wurde. An weiteren Ehrungen erhielt De J. unter anderem 1960 den Aurianne Award für „Along came a dog" (1958) und 1962 den Hans Christian Andersen-Preis für das Gesamtwerk.

Werk, Tendenzen, Wirkung. In dem prämiierten Buch „Das Rad auf der Schule" wird erzählt, wie Kinder es in einem holländischen Fischerdorf erreichten, daß auf dem Schulgebäudedach wieder Störche nisten. „Mit einer reizvollen Umständlichkeit entwickelt der Verfasser aus dem scheinbar belanglosen Anlaß die sich rasch dramatisch steigernde Handlung" (B. EYSSEN in „Bücherei und Bildung" 9. 1957. Bd. 2. S. 199). Das als bestes Tierbuch für Kinder ausgezeichnete „Along came a dog" (1958; dt. Großer Hund und kleine Henne, 1960) handelt von einem mehrfach ausgesetzten Hund, der schließlich bei einem gütigen Farmer zusammen mit einem verletzten Huhn eine Heimstatt bekommt. Obwohl bemitleidenswerte Tiere als Haupt- oder Nebenfiguren in den Büchern De J.s immer eine große Rolle spielen, wird stets der Bezug zum menschlichen Verhalten und zu – oft kritisch gesehen – gesellschaftlichen Bindungen hergestellt. Häufig sind es Kinder, die eine Gemeinschaft wieder zusammenführen. De J.s Bücher werden jedoch auch kritisch gesehen. So resümiert L. BAUSTIAN anläßlich ihrer Besprechung von „Shadrach" (1953; dt. David bekommt einen Freund, 1968): „Die Bücher M. D. J.s haben ein etwas trauriges Geschick: Sie verdienen gewiß das allseits gespendete Lob, aber sie werden nur von relativ wenigen Kindern gelesen ... Wahrscheinlich überschätzt De Jong die Empfindungswilligkeit der meisten Kinder; vielleicht weil er zu viel nachdenkt und alles besonders heil und warmherzig gestalten möchte." De J. scheint die sparsamen äußeren Ereignisse, die er hübsch berichtet, emotionell überzuinterpretieren („Bücherei und Bildung". 20. 1968. Bd. 2. S. 554). Diese Charakterisierung trifft mehr oder weniger für die meisten seiner Bücher zu.

→ Biblische Geschichte

Werke: The big goose and the little white duck (1938); Dirk's dog, Bello (1939; dt. Dirks Freund Bello, 1957, [2]1958, NA. 1968); Bells of the harbor (1941); Wheels over the bridge (1941); The cat that walked a week (1943; dt. Das schneeweiße Kätzchen, 1961); Little stray dog (1943); Of Billy and the unhappy bull (1946); Good luck Duck (1950); The tower by the sea (1950; dt. Die Wiege auf den Wellen, 1964, [2]1968); Smoke above the lane (1951; dt. Ein Feuer im Walde, 1954, [11]1968); Hurry home, Candy (1953; dt. Komm heim, Candy!, 1967, [3]1971); Shadrach (1953; dt. David bekommt einen Freund, 1968); The wheel on the school (1954; dt. Das Rad auf der Schule, 1956, [6]1965); The little cow and the turtle (1955); Along came a dog (1957; dt. Großer Hund und kleine Henne, 1960); Mighty ones (1959; dt. Die Gewaltigen, 1961); The last little cat (1961; dt. Das siebente Kätzchen, 1962, NA. 1969); Nobody plays with a cabbage (1962); The singing hill (1962; dt. Raymond und sein Pferd, 1968, [2]1969); Far out the long canal (1964; dt. Maarten der Eisläufer, 1967, [2]1969); Puppy summer (1965); Journey from Peppermint Street (1968); A horse came running (1970; dt. Das Pferd, das im Sturm kam, 1972); The Easter cat (1971; dt. Die blaue Katze, die Oliven ißt, 1973); The almost all-white-rabbity cat (1972).
Hrsg.: The house of sixty fathers (1952; dt. Tien Pao, ein Chinesenjunge, 1958, [4]1961).

Sekundärliteratur: Curvent Biography (1952. 140ff.). – More junior authors (1963. 62–63). – Jugendbuchautoren aus aller Welt (1975. 128ff.).

Werner A. Kleye

Jonsson, Runer

*Kinderbuchautor, Essayist und Lyriker; *29.6.1916 Nybro/Schweden.*

Von 1930 bis 1936 arbeitete J. als Metallarbeiter, seit 1936 als Redakteur einer Zeitung. Ehe sich J. der Kinderliteratur zuwandte, verfaßte er Gedichte, Aphorismen, Essays und Lehrbücher für die Unter- und Mittelstufe der schwedischen Schulen zu Themen aus dem Mittelalter, der Wikinger- und Ritterzeit sowie dem schwedischen Altertum. Nachhaltigen internationalen Erfolg errang J. mit seiner „Vicke Viking"-Serie (1963 ff.), deren erster Band 1964 auf deutsch unter dem Titel „Wickie und die starken Männer" erschien und mit dem Deutschen Jugendbuchpreis (1965) ausgezeichnet wurde.

Werk, Tendenzen, Wirkung. J.s bis 1976 auf sechs Bände angewachsene Reihe schildert die Fahrten und Abenteuer der Flake-Wikinger, ihre Unternehmungen daheim, auf See und an den Küsten Amerikas, in Osteuropa und im skandinavischen Raum. Angelpunkt des Geschehens ist die Kontrastspannung zwischen den Generationen, der physischen Übermacht der Erwachsenen und dem Einfallsreichtum des kleinen Wickie.
Die „Wickie"-Serie birgt neben Unterhaltsamkeit, Situationskomik und ihrer Kritik am Verhalten der Großen zugleich einen ironisch gebrochenen Zugang zur nordischen Frühgeschichte. Alte Sagenstoffe werden ihres ursprünglich blutrünstigen Charakters entkleidet. Gegen eine Politik der Stärke wird die Kraft des Mutterwitzes und Ideenreichtums gesetzt. Nebenbei vermitteln die „Wickie"-Bücher locker verpackte Informationen über Leben und Taten der Wikinger, ihre Ausrüstung und Bewaffnung, ihre oft abenteuerlichen Expeditionen und vergleichende Einsichten in andere Staats- und Gesellschaftsformen.
Kritisch anzumerken bleibt, daß die intellektuelle Überlegenheit, der Wortwitz und die Schlagfertigkeit des kleinen Wickie leicht schüchterne und weniger sprachfertige Kinder frustrieren kann. Der Zwang zur Leistung, zur immer gegenwärtigen Wachheit stilisiert ihn zu einer Art kindhaften nordischen Supermann.
Zu dem Erfolg der „Wickie"-Bücher, der sich in hohen Auflagenziffern manifestiert, haben nicht zuletzt die Cartoons E. Karlssons beigetragen. Von den ersten fünf in der BRD erschienenen Bänden wurden 150000 Exemplare gedruckt. Außerdem wurde der Stoff in einer 52teiligen Fernsehserie nochmals gestaltet und auf sechs Kinderschallplatten (1973–1976) gepreßt. Die internationale Verbreitung von J.s kleinem Wikinger wird auch durch die Übersetzung ins Jugoslawische, Portugiesische, Dänische, Holländische, Tschechische, Englische, Amerikanische, Deutsche, Japanische, Italienische, Finnische, Norwegische und Spanische demonstriert.

Werke: Vicke Viking (1963; dt. Wickie und die starken Männer, 1964); Vicke Viking lurar de rödögda (1965; dt. Wickie und die Blauschwerter, 1966); Vicke Viking Hederskung (1966; dt. Wickie und die großen Drachen, 1967); Vicke Viking i Vinland (1967; dt. Wickie und die Rothäute, 1968); Vicke Viking och burduserna (1969; dt. Wickie und das hölzerne Pferd, 1973); Rut rysaren och de andra (1969); Släpp farmor och kusinerna (1970); Vad ger Ni för Johan? (1971); Göran i riddarskolan (1972); Vi räddar Norrgården (1973); Kajan (1974); Vicke Viking störtar Tyrannerna (1975; dt. Wickie und die Stadt der Tyrannen, 1976).

Horst Künnemann

Jugend- und Kinderbuchklub

Unter J. ist der Zusammenschluß von Kindern und Jugendlichen, die an Kinder- und/oder Jugendliteratur interessiert sind, zu verstehen. J.s gibt es in folgenden Formen: 1. Vereinigungen zur Lektüre, Diskussion und Beurteilung von Kinder- und Jugendbüchern und -zeitschriften; 2. Leserkreise von Serien und Zeitschriften; 3. Organisationen, die regelmäßig und verbilligt Buchbezug ermöglichen. Letztere führen zumeist über den reinen Vertrieb von Literatur hinaus noch vielfältige Aktivitäten im Zusammenhang damit durch, wie z.B. Lese- und Vorlesewettbewerbe, Preisverleihungen, Autorenlesungen etc.

Vorläufer und Anfänge der J.s. Die Buchklubs für Erwachsene – deren Anfänge im frühen 19. Jahrhundert in England zu suchen sind – können von ihrer Organisationsstruktur und ihren ursprünglichen, im Volksbildungsgedanken wurzelnde Zielen her als Vorläufer der heutigen J.s angesehen werden. J.s entstanden erst relativ spät in Deutschland. Einer der ersten war die unter der nationalsozialistischen Herrschaft gegründete „Buchgemeinschaft der deutschen Jugend". Deren Zeitschrift, „Der Jugend-Buchring", erschien von 1938 bis 1941. Nach 1945 setzte eine Entwicklung ein, die besonders in der Bundesrepublik Deutschland und in Österreich zur Gründung von J.s motivierte: Eine Masse billiger „Heftchen" und Comics trat in immer höheren Auflagen auf dem Jugendliteraturmarkt in Erscheinung. Um den wachsenden Einfluß dieser als „Schmutz und Schund" bezeichneten Literaturgattung zurückzudrängen, entstanden auf Initiative von Literaturpädagogen, Eltern, Bibliothekaren u.a. auch J.s, um Kindern und Jugendlichen Alternativen zum Literaturangebot der Kioske und Warenhäuser zu bieten.

Entwicklung in Österreich, in der Bundesrepublik und der DDR nach 1945. Der 1948 gegründete „Österreichische Buchklub der Jugend" – das Werk des Wiener Literaturpädagogen R. Bamberger (*1911) – zählte 1949 9000 Mitglieder, 1950 bereits 40000 und wuchs bis 1965 auf über 650000 an. Dabei ist bemerkenswert, daß die größte Gruppe der Mitglieder Volks- und Hauptschüler sind; zusammen stellen sie drei Viertel der Gesamtmitglieder. Von fünf österreichischen Volks- und Hauptschülern sind vier Mitglied im „Österreichischen Buchklub der Jugend". Schüler höherer Schulen gehören weniger dazu. Bei einer Gesamtmitgliederzahl von ca. 785000 im Jahre 1975 stellten die Volks- und Hauptschüler ein Kontingent von 560000, die Gymnasiasten dagegen nur ca. 50000. Der bedeutende Einfluß ist neben einer am amerikanischen Vorbild orientierten Public-Relations-Arbeit der auf dem Zusammengehen mit der Schule basierenden Organisation zu verdanken. Eine Lektorenkommission wählt vornehmlich in Österreich verlegte, darüber hinaus aber auch aus dem gesamten deutschsprachigen Raum stammende Titel aus, empfiehlt sie über Referenten bis hinunter auf die Ebene der unterschiedlichen Schulsysteme in den einzelnen Bundesländern. Listen, Verzeichnisse, Kataloge, Wanderausstellungen und verschiedene Buchaktionen dienen der Information und Distribution. Eine große Anzahl ehrenamtlicher Mitarbeiter (Lehrer), aber auch die Mitwirkung des Buchhandels erleichtern den Umsatz der Bücher. Ziele des „Österreichischen Buchklubs der Jugend" – in den Statuten verankert – sind die Förderung der Verbreitung guter Jugendschriften, des Verständnisses für Jugendliteratur und die Bekämpfung „unterwertiger Literatur". Dem „guten Buch" wird – in unverkennbarer Nachfolge H. Wolgasts (1860–1920) – ein tiefgreifender positiver erzieherischer Einfluß auf den Jugendlichen zugeschrieben; es schütze vor den Gefahren schlechter Lektüre (vgl. R. Bamberger, a.a.O. S. 557).

Eine ähnlich umfassende Organisation wie in Österreich entstand in der Bundesrepublik Deutschland nicht. Während der Kampagne gegen „Schmutz und Schund" in den fünfziger Jahren gab es jedoch manche Einzelinitiative; so etwa den Plan, „Hefttauschringe" einzurichten, der aus der Überlegung resultierte, dem offenbar vorhandenen Bedürfnis nach billigen Kleinschriften entgegenzukommen, dieses Feld jedoch nicht den kommerziellen Heftchen-Produzenten zu überlassen (vgl. M. Wewel, a.a.O.). Der Plan, die Jugendlichen über ein Lese-Spar-System an gute Bücher heranzuführen, knüpfte hier an und fand bislang eine gewisse Bedeutung im „Deutschen Buch-Spar-Ring der Jugend" (DBSR). Er wurde 1959 gegründet und ist in seiner Arbeit bisher auf Kommunalbezirke in Nordrhein-Westfalen beschränkt. Das praktizierte System erfordert die Zusammenarbeit von Schulen, Buchhandlungen, Büchereien und Verlagen: Leihgebühren in Büchereien werden in Form von „Buchsparmarken" rückerstattet, die in der Buchhandlung für den Kauf von in der „Auswahlliste des Deutschen Buch-Spar-Rings" aufgeführten Büchern verwendet werden können. Der einzige J. auf Bundesebene ist der 1963 gegründete „Kinder- und Jugendbuchklub Domino" (1968 umbenannt in „Domino-Verein zur Förderung wertvollen Jugendschrifttums"). Ihm gehören ca. 100000 Mitglieder an. Das Buchangebot ist in vier Lesestufen vom Leseanfänger bis zum 14jährigen untergliedert. Verbindlich für jedes Mitglied ist die vierteljährliche Abnahme eines Buches. Für den „Domino-Verein" ist dies Voraussetzung für eine systematische Leseerziehung, die von ihm angestrebt wird und dazu dienen soll, den Kindern den Weg zum Buch zu ebnen und sie stets zum Lesen zu ermuntern.

In den Buchklubs der Erwachsenen spielt das Angebot an Kinder- und Jugendliteratur eine wachsende Rolle. Versuche, wie der des Bertelsmann-Leserings, einen „Jugendlesering" (1955–1965) als Unterorganisation aufzubauen, wurden allerdings aufgegeben. Mit 11,3 % und 270 Titeln als Anteil am Gesamtprogramm im Jahr 1971 der dem Bertelsmann-Lesering angehörenden oder angeschlossenen Buchklubs wird hier dennoch ein durchaus relevanter Marktanteil abgedeckt (vgl. W. R. Langenbucher, W. F. Truchsess, a.a.O. S. 56–88). Bei einer statistischen Programmanalyse nahezu aller bedeutenden Buchgemeinschaften der Bundesrepublik stellten G. Ehni und F. Weissbach für das III. Quartal 1966 sogar einen Programmanteil von durchschnittlich 13.7 % an Kinder- und Jugendliteratur fest (vgl. G. Ehni/F. Weissbach, a.a.O. S. 87). Fügt man noch hinzu, daß die Buchgemeinschaften etwa ein Viertel aller Haushalte erreichen und daß die zu bestellenden Bücher weit überwiegend nicht alleine von dem einzelnen Buchgemeinschaftsmitglied in der Familie ausgesucht werden, so wird die Bedeutung dieser Organisation für die Kinder- und Jugendliteratur noch deutlicher (vgl. G. Schmidtchen, a.a.O. S. 2090 und S. 2089). Nicht unwichtig ist auch die Tatsache, daß mit K. May und E. Blyton zwei Jugendbuchautoren an der Spitze der in den Buchgemeinschaften meistvertretenen Autoren stehen (vgl. W. R. Langenbucher, W. F. Truchsess, a.a.O.). Bemerkenswert ist die Rolle der gewerkschaftseigenen Büchergilde Gutenberg. Sie hat in Kooperation mit dem Verlag Heinrich Ellermann dazu beigetragen, daß auch gesellschaftskritische sowie künstlerisch anspruchsvoll ausgestattete Bücher für jüngere Leser angeboten werden. Die Texte stammen von E. Kästner, B. Traven, J. London und H. G. Noack u.a. Die Werkgemeinschaft dieser beiden Institutionen ermöglichte es auch, schon über Jahre hin anspruchsvolle Bilderbücher mit Arbeiten von L. Fromm, L. Schwarz und G. Oberländer zu edieren. Weiterhin sollte nicht übersehen werden, daß in zunehmendem Maße die Kinder- und Jugendbuchklubs und Buchgemeinschaften (oft zu im Programm bereits geführten Buchtiteln) ihr Angebot um Kinder- und Jugendschallplatten, Tonkassetten und Spiele aller nur erdenklichen Art erweitert haben. Bücher für Kinder und Jugendliche werden dadurch nur ein Teil des medial erheblich geweiteten Hobby-, Fortbildungs- und Freizeitangebots. Sehr viel weniger beachtet, jedoch an Einfluß nicht zu unterschätzen, sind die J.s, die sich aus Lesern verschiedener Zeitschriften für Kinder und Jugendliche zusammensetzen. Ihre Organisationsform und ihr Wesen ist völlig verschieden von den den Buchgemeinschaften ähnelnden J.s. Sie sind oft, vor allem bei den Comic-Heftchen, ein Mittel der Werbestrategie der Verlage. Eine „Clubecke" oder, wie bei Micky Maus, die „Micky-Maus-Club-Zeitung" in der Mitte des Heftes bringen Informationen aus den Klubs bzw. für den Klub, Leserbriefe, Bastelanleitungen, Briefpartnerwünsche und Reportagen über historische, geographische, technische und andere Dinge. Den Zusammenhalt der Klubmitglieder verbürgt die gemeinsame Identifikation mit dem jeweiligen Comic-Helden. Dies wird vom Verlag durch Herausgabe von Postern, Anstecknadeln, Aufklebern etc. gefördert.

Einer der größten Buchklubs im deutschsprachigen Raum ist der „Perry Rhodan"-Klub, der sich aus einer Unzahl von regionalen Einzelklubs zusammensetzt und zu einem Zusammenschluß der Perry Rhodan-Fans als „eingeweihte Elitegruppe" geführt hat. Einen neuen Typ der J.s stellt der Versuch der 1972 gegründeten Göttinger „Jubu-Crew" dar. Es handelt sich um einen Zusammenschluß von Schülern, die sich treffen, um über Kinder- und Jugendliteratur zu diskutieren und selbst Literaturempfehlungen und Auswahllisten zu erstellen. Die Gruppe arbeitete mit Funk und Fernsehen zusammen und veranstaltete Lesungen und Besuche von Autoren.

In der DDR entstanden J.s als Organisationen der sozialistischen Kulturrevolution gegen Ende der fünfziger Jahre. Zunächst wurde als eine der wichtigsten Aufgaben angesehen, das Kulturgefälle zwischen Stadt und Land auszugleichen. Dies war schon einer der Leitgedanken der Erwachsenenbuchklubs. So wurde denn auch der 1960 vom Ministerium für Volksbildung gegründete „Buchklub der Schüler" für die Jahre 1960/61 zunächst für Landschüler eingerichtet. Dem Buchklub können sich alle Schüler der 2. bis 10. Klasse anschließen. 1970 hatte er ca. 100000 Mitglieder. Sie sind aufgeteilt in drei Altersstufen (I. 2. bis 3. Klasse; II. 5. bis 6. Klasse; III. 7. bis 10. Klasse). Die Schüler können pro Jahr vier Bücher zu stark ermäßigten Preisen aus dem Angebot wählen: ein festgesetzter Pflichtband kommt hinzu. Ziel ist, „das Lesebedürfnis vieler Kinder zu stillen, bei anderen Kindern dieses Bedürfnis zu wecken und die sozialistische Erziehung der Kinder durch die gute Kinderliteratur wirkungsvoll zu unterstützen" (H. SALLMON, a.a.O.). Dabei wird davon ausgegangen, daß „die selbständige Lektüre der Kinder im Rhythmus des Wechsels von Lernen, Arbeit und Erholung einen besonderen Platz" einnimmt (H. SALLMON, a.a.O.). Die vom Buchklub organisierte Lektüre soll zur Wissensvermehrung und zur Entwicklung eines wissenschaftlichen Weltbilds beitragen, wie auch Phantasie und kreative Tätigkeit anregen (Nacherzählen, dramatisches Gestalten etc.). Für die älteren Jugendlichen und jungen Erwachsenen gibt es einen eigenen Buchklub. Im Rahmen des „Programms der jungen Generation für den Aufbau des Sozialismus" beschloß die Freie Deutsche Jugend (FDJ) auf ihrem VI. Parlament (1959) in Rostock die Einrichtung des Jugendbuchklubs „Buch der Jugend". 1965 wurde er als selbständige Reihe in den neugegründeten „buchklub 65" aufgenommen. Die Anzahl von zwölf Pflichtbänden pro Jahr ist, verglichen mit westlichen Buchklubs, relativ hoch. Im Programm beider J.s fällt der hohe Anteil an Weltliteratur des 20. Jahrhunderts und sozialistischer Gegenwartsliteratur auf. Die J.s in der DDR sind bestrebt, ein „Klubleben" über den reinen Buchbezug hinaus zu entfalten. Dies soll gefördert werden durch Lesungen, Lyrikwettstreite, Diskussionen, Aussprachen mit Autoren.

J.s in Europa und Nordamerika. In Europa und Nordamerika sind J.s weit verbreitet. Nahezu in allen europäischen sozialistischen Ländern existieren ein oder mehrere Vereinigungen. In der Schweiz, ein Land, in dem Buchklubs überhaupt eine große Rolle spielen – auf jeden 7. Einwohner kommt dort ein Buchklubmitglied –, gibt es als Unterabteilung einer Buchgemeinschaft den „Ex Libris Jugendbuchklub s'Zäni", der Eigenproduktionen und Lizenzausgaben für alle Altersstufen anbietet. J.s in der Form unverbindlicher Zusammenschlüsse lesender Kinder und Jugendlicher kennt man in Skandinavien, vor allem in schwedischen Büchereien. Anreger sind hierbei oft die Bibliothekare. Als Ergebnisse der Klubarbeit entstehen eigene Buchbeurteilungen, Dramatisierungen, Kontakte zu Funk und Fernsehen sowie zum Kindertheater. In den USA gibt es ca. 20 größere J.s. Der „Teen Age Book Club" betrieb für seine Programmplanung bereits in den vierziger Jahren Motivforschung von jugendlichen Leseinteressen. J.s der USA zielen vielfach darauf ab, über die Schule als Vermittler und Organisator die Lektüreangebote der Schülerbüchereien im privaten Rahmen zu erweitern. Bücher als Eigenbesitz und Fortführung von Lernprozessen unter gelockerten „entschulten" Umständen sind hier angestrebt.

Sekundärliteratur: R. Bamberger: Jugendlektüre (1955,²1965). – Buch und Öffentlichkeit e. V. (Hrsg.): Kinder- und Jugendbücher in Buchgemeinschaften (1963). – Buchgemeinschaft für die Jugend (in: Börsenblatt für den deutschen Buchhandel Leipzig. 126. 1959. 230). – G. Ehni: Buchgemeinschaften in Deutschland (²1969; zus. mit F. Weissbach). – D. Fischer: Was halten Sie vom Jugendbuchlesering? (in: Verlagspraxis. 5. 1958. 208–211). – „Jubu-Crew" (in: Bulletin Jugend und Literatur. 1974. H. 11. 27–29). – R. Käfer: Der junge Mensch im Spiegel der Buchgemeinschaften (in: Kulturarbeit. 13. 1961. 58–60). – H. Künnemann: Literarisches Leben aus zweiter Hand (in: Jugend und Literatur. 8. 1962. 433–453). – W. R. Langenbucher: Buchmarkt der neuen Leser (1974; zus. mit W. F. Truchseß). – E. Machek: Tätigkeit und Ziele des Österreichischen Buchklubs der Jugend (in: Börsenblatt für den Deutschen Buchhandel Frankfurt. 18. 1962. 687ff.). – E. Manske-Krausz: Unsere neue Buchgemeinschaft „buch-club 65" (in: Börsenblatt für den Deutschen Buchhandel Leipzig. 131. 1964. 516ff.). – H. Müller: In drei Jahren: 100000 Abonnenten erhielten 1200000 Bücher – Buch der Jugend verdient noch größere Aufmerksamkeit (in: Der junge Buchhändler. 8. 1962. F. 11/12). – Österreichischer Buchklub der Jugend. 1948–1958 (1959). – K. Proetzig: Mein Vorschlag: Buchgemeinschaft für die Kinder (in: Börsenblatt für den Deutschen Buchhandel Leipzig. 126. 1959. 360). – H. Sallmann: Buchklub der Kinder (in: Deutsche Lehrerzeitung. 23. 9. 1960). G. Schmidtchen: Lesekultur in Deutschland (in: Börsenblatt für den Deutschen Buchhandel Frankfurt. 24. 1968. 1977–2152). – I. Stelzer: Zwei Jahre Wirksamkeit des Buchklubs der Schüler in der Unterstufe (in: Beiträge zur Kinder- und Jugendliteratur. 15. 1970. 78–83). – M. Wewel: Anregungen und Vorschläge (1959).

Bernd Dolle/Horst Künnemann

Jugend und Volk Verlagsgesellschaft mbH

Wien und München. Hauptsächlich Kinder- und Jugendbücher mit zeitkritischer Thematik, zweisprachige Bücher für Kinder von Gastarbeitern, ferner Fachpublikationen zu Fragen der Pädagogik.

Der 1921 in Wien gegründete Verlag verdankt seine Entstehung einer schulpolitischen Entscheidung Wie-

ner Kommunalpolitiker. Der Verlag hatte die Aufgabe, den Schulreformern zu helfen, indem er „Ganzschriften“ herausgeben sollte, die als Klassen- und zugleich auch als Freizeitlektüre geeignet waren. So entstand unter der Ägide der beiden Reformer K. LINKE und V. FADRUS ein vielbändiges Klassenlektüre-Werk, dessen einzelne Titel an die Stelle des traditionellen Lesebuches treten sollten. Zu den beiden Verlagsgebieten Jugend- und Schulbücher kam als drittes noch das der pädagogischen Fachliteratur, die sich in erster Linie an Lehrer wandte. Aus diesen drei Bereichen kommen noch heute zahlreiche Veröffentlichungen des Verlages, der Mitte der sechziger Jahre das Programm erweiterte und seitdem auch Literatur für Erwachsene, ferner Literatur zur Bildenden Kunst und Geschichte herausbringt.
Im Jahre 1969 übernahm Jugend und Volk den aus dem Verlagshaus Bischoff & Klein (Lengerich/Westf.) hervorgegangenen Jugendbuchverlag Hirundo-Verlag in München.
Die Herausgabe der zweisprachigen Bilderbücher für Kinder von Gastarbeitern geht in erster Linie auf die Initiative der Geschäftsführerin des ehemaligen Hirundo-Verlags K. BAUDACH zurück, die auch die Münchner Zweigniederlassung des Jugend und Volk-Verlags leitet. Zum Programm des Verlages Jugend und Volk gehört u.a. das zunächst in Kooperation mit mehreren Verlagen herausgegebene erste Jugendlexikon in deutscher Sprache nach dem Zweiten Weltkrieg: R. BAMBERGERS (Hrsg.) „Die Welt von A–Z“, das inzwischen zweibändig neu herausgegeben wurde; die denk- und sprachkritischen Anthologien „Das Sprachbastelbuch“ und „Im Fliederbusch das Krokodil singt wunderschöne Weisen“; die von sozialem Engagement getragenen Bücher von CHR. NÖSTLINGER „Die feuerrote Friederike“ und „Die Räuberbraut“; K. BRUCKNERS Romane „Sadako will leben“ und „Lale, die Türkin“; von FR. HABECK „Der Kampf und die Barbacane“ sowie das umstrittene Buch von FR. BUCHRIESER und E. GÖTTLICHER „Der schöne große Alexander“.

Rudolf Raab

Jugendbewegung und Kinder- und Jugendliteratur

Im engeren Sinne ist J. der Name für den um 1900 entstandenen Aufbruch fortschrittlich gesinnter, meist bürgerlicher junger Menschen zu freier Lebensführung, sozialem Bewußtsein und kultureller Selbständigkeit. „Jugendschriftenbewegung“, „Kunsterziehungsbewegung“ und die „Laienspielbewegung“ stehen damit in personellem und ideellem Zusammenhang.
Im weitesten Sinne ist J. die Bezeichnung für die revolutionären Bestrebungen einer jungen Generation, sich von den politischen, kulturellen und ökonomischen Vorstellungen der etablierten Gesellschaft zu lösen und eigene Ideale der Lebensführung und Kulturpflege dagegenzusetzen. Dabei kommt es zumeist auch zur Neueinschätzung überkommener und zur Entstehung neuer Kinder- und Jugendliteratur-Programme.

→F. Avenarius, →P. und R. Dehmel, →Dürerbund, →Jugendschriftenbewegung, →Jugendschriften-Warte, →Kunsterziehungsbewegung, →Laienspiel, →M. Luserke

Klaus Doderer

Jugendbibliothek →Kinder- und Jugendbibliothek

Jugendbuch →Kinder- und Jugendliteratur

Jugendbuchpreis, Schweizerischer →Schweizerischer Jugendbuchpreis

Jugendbuchwoche

Die J. wurde erstmals 1954 vom Börsenverein für den deutschen Buchhandel initiiert. Schon vorher waren Buchwochen veranstaltet worden, auch unter speziellen Themenstellungen (z.B. Fachbuchwoche).

Aus der Einsicht, daß Kinder und Jugendliche die potentielle Leserschaft der Zukunft sind, wird in der Bundesrepublik Deutschland seit 1956 (nach der Unterbrechung 1955) jährlich im Herbst die J. durchgeführt. Der Aufruf dazu geht vom Börsenverein für den deutschen Buchhandel aus; die Woche selbst wird an vielen Orten individuell gestaltet und vom örtlichen Buchhandel sowie von interessierten Verbänden, den Kirchen, Kindergärten, Jugendverbänden, Lehrlingsbetreuern und Büchereien getragen und gestaltet, neuerdings auch von Schülermitverwaltungen und Schülerzeitschriften.
Während der J. werden an vielen Orten Autorenlesungen in Schulen, Buchhandlungen, Jugendheimen, Büchereien – vielfach vermittelt auch durch die regionalen Friedrich Bödecker-Kreise –, Buchausstellungen, Besichtigungen von Buchhandlungen und Bibliotheken, Dia- und Tonbildschauen für Elternpflegschaften und Schüler (ausleihbar vom Deutschen Jugendschriftenwerk) und Schaufensteraktionen der Buchhandlungen durchgeführt.
Sinn und Zweck der J. ist, die Leseerziehung bei Kindern und Jugendlichen zu aktivieren. Seit der Verlegung des Versetzungstermins in den westdeutschen Schulen von Ostern auf den Herbst sind die beiden wichtigsten Veranstaltungen während der J.: der Aufruf zum Vorlesewettbewerb, an dem sich 1976 über 300000 Schüler beteiligten, und die Verleihung des Deutschen Jugendbuchpreises durch das Ministerium für Jugend, Familie und Gesundheit.

→ Arbeitsgemeinschaft von Jugendbuchverlagen in der BRD e.V., → Börsenverein, → Vorlesewettbewerb.

Rudolf Majonica

Jugendfernsehen

J. ist die Bezeichnung für alle auf die Zielgruppe der Jugendlichen im Alter von 14 bis 25 Jahren ausgerichteten Fernsehsendungen, deren Produktions- und Distributionsbedingungen.

Die Zielgruppe. „Die sozialwissenschaftliche Forschung definiert Jugend in der modernen Industriegesellschaft mehrheitlich als den Altersabschnitt zwischen dem 14. und 24. Lebensjahr. (...) 1971 waren in der Bundesrepublik Deutschland und West-Berlin knapp neun Millionen Personen oder rund 15 % der Gesamtbevölkerung zwischen 14 und 25 Jahren alt. Bezogen auf die Bevölkerung ab 14 Jahren macht der Anteil dieser Altersgruppe etwa 19 % aus. Überträgt man den Anteil der Jugendlichen an der Bevölkerung auf die Gesamtheit der Fernsehteilnehmer, was bei der gegenwärtigen Fernsehdichte von 90 % nicht zu wesentlichen Abweichungen führen dürfte, so stellen die 14- bis 24jährigen mit ungefähr 8,9 Millionen etwa ein Sechstel der rund 55 Millionen Fernsehteilnehmer. (...) Rund 30 % der 14- bis 24jährigen sind Schüler bzw. Studenten, befinden sich also noch voll in der Ausbildung. Knapp 60 % stehen bereits im Berufsleben: gut 40 % sind voll berufstätig, etwa 18 % besuchen gleichzeitig noch die Berufsschule. Von den Berufsschülern machen über 80 % eine Lehre durch, ungefähr 14 % der Jugendlichen sind also Lehrlinge. Eine Restgruppe von etwa 11 % ist weder in der Ausbildung noch berufstätig" (I. Horn, a.a.O. S. 8ff.).
Sowohl in der Mediennutzung als auch speziell in der vor dem Fernseher verbrachten Zeit unterscheiden sich Jugendliche nur unwesentlich von Erwachsenen. Jugendliche verbringen durchschnittlich mehr als 12 Stunden wöchentlich vor dem Fernseher (Mediennutzungszahlen der Jugendlichen im Vergleich zu den Erwachsenen bei B. Frank, a.a.O. S. 71ff.).

Sozioökonomische Rahmenbedingungen. Wenn man aus den vorliegenden empirischen Daten linear die Ansprüche der Jugendlichen ans Fernsehen ableiten wollte, müßte etwa ein Sechstel des Fernsehprogramms ein jugendorientiertes Zielgruppenprogramm sein und dieses Programm sich zu etwa zwei Drittel an jugendliche Lohnabhängige (incl. Lehrlinge) und zu etwa einem Drittel an Schüler und Studenten richten. Beide Ansprüche sind vom bundesrepublikanischen Fernsehen bis heute nicht auch nur annähernd erfüllt worden. Die Gründe dafür sind in der Wirtschafts- und Gesellschaftsstruktur der BRD zu suchen: Jugendliche werden erst dann „interessant", wenn sie als Arbeitskräfte oder als Warenkonsumenten auf dem Markt in Erscheinung treten. Sofern die Interessen und Bedürfnisse der Jugendlichen kommerziell ausbeutbar sind, besteht ein vielfältiges Angebot (Mofas, Schallplatten, Diskotheken, Kinos, Spielautomaten, Comics etc.). Sofern die Interessen und Bedürfnisse der Jugendlichen der privaten Wirtschaft keine Profite versprechen, bestehen große Defizite (Lehrstellen, Ausbildungsmöglichkeiten, Sport- und andere Freizeitstätten, Jugendheime etc.). Das Fernsehen der BRD, obwohl nicht privatwirtschaftlich, sondern öffentlich-rechtlich organisiert, kann die Ansprüche der Jugendlichen vor allem deshalb nicht erfüllen, weil es a) im Abendprogramm den Regenerationsbedürfnissen der lohnabhängigen Bevölkerung durch ein zielgruppenunspezifisches Unterhaltungsprogramm Rechnung tragen muß, b) im Vorabendprogramm den Interessen der werbetreibenden Wirtschaft durch konfliktarme und konsumstimulierende Unterhaltungsserien Rechnung tragen muß und deshalb die Jugendlichen hier nur als potentielle Warenkonsumenten oder als Konsumschlepper der Eltern ansprechen kann und c) das Nachmittagsprogramm von den meisten Jugendlichen nicht gesehen werden kann.

Geschichtliche Entwicklung. Das Jugendprogramm der Arbeitsgemeinschaft der Rundfunkanstalten Deutschlands (ARD) bestand vor 1969 hauptsächlich aus Tierfilmen, Reisebeschreibungen, Abenteuerserien und Bastelsendungen; es war eine Art verlängertes Kinderprogramm (zur Selbstrechtfertigung der ARD bezüglich eines derartigen Programms vgl. S. Mohrhof, a.a.O. S. 215). Eine Auswahl typischer Sendungen mag das verdeutlichen: „Auf den Spuren seltener Tiere", „Schwäbische Höhlen", „Gefiederte Gäste", „Unser Modellbaukasten", „Briefmarken berichten". Den Anstoß zur Änderung des Jugendprogramms gab die Studenten-, Schüler- und Lehrlingsbewegung der ausgehenden sechziger Jahre. Ausgehend von der Misere auf dem Ausbildungssektor gelang es ihr, den in der BRD herrschenden wirtschaftlichen und gesellschaftlichen Status quo für das öffentliche Bewußtsein an den verschiedensten Punkten zu problematisieren. Mit den als staatliche Antwort auf die zunehmenden Legitimationsschwierigkeiten propagierten Reformstrategien ging auch eine Reform des J.s einher. Gesellschaftskritik, Arbeitswelt, Ausbildungsprobleme und Politik wurden allmählich Bestandteil des Programms. Dabei vollzog sich das Eindringen der gesellschaftlichen Wirklichkeit ins Jugendprogramm widersprüchlich: 1. In den Fernsehanstalten entwickelten sich Bestrebungen, vor allem spezifische Formen des jugendlichen Protests einzufangen und zu kanalisieren. Die jugendliche Subkultur und der „underground" lieferten die Unterhaltungselemente, mit denen man versuchte, die Jugendprogramme attraktiver zu gestalten. Zwischen die Unterhaltungsteile wurden informative bis gesellschaftskritische Szenen montiert, wobei in der Regel in der schnellen Abfolge von Unterhaltung und Information die eine die andere neutralisierte. Typische Beispiele hierfür waren die Sendungen „baff" (1968–1972) vom Westdeutschen Rundfunk (WDR) und „Teleskop" (1969–1973) vom Sender Freies Berlin (SFB) (zur Kritik an der „baff"-Manier s. G. Dahlmüller, W. D. Hund, H. Kommer, a.a.O. S. 124ff.). 2. Daneben wurden Jugendmagazine unterhaltenden Charakters entwickelt, in denen die unterhaltenden Beiträge dominierten und die informativen Beiträge bereits von der Konzeption her Alibicharakter hatten. Hierzu gehörten Sendungen wie „Szene '72" (1972, mit entsprechenden Nachfolgesendungen) vom Bayerischen Rundfunk (BR) oder „Zwei rechts – zwei links" (1973) vom Norddeutschen Rundfunk (NDR). Die Informationsteile dieser Magazine hatten meist Lebens- und Konsumhilfe-Charakter. 3. Daneben wurden seit Anfang der siebziger Jahre eine Reihe von Jugendsendungen entwickelt, die – teils mit, teils ohne musikalische Beiträge – bemüht waren, die gesellschaftskritischen Impulse der Studenten-, Schüler- und Lehrlingsbewegung ernsthaft aufzugreifen. Die Stoßrichtung der Kritik reichte vom liberalen Räsonnement über „Auswüchse" unseres Wirtschafts- und Gesellschaftssystems bis hin zum – meist reformistisch vorgetragenen – offenen Antikapitalismus. Alle diese Sendungen waren betroffen von Zensurversuchen und/oder Zensureingriffen. Keine überdauerte das Jahr 1972. Die älteste war „In" (1969–1972) von Radio Bremen (RB). An der Produktion wurden die jeweils betroffenen Jugendlichen beteiligt; als musikalische Beiträge wurden zum Teil politische Lieder gebracht. Eingriffe wie kurzfristiges Austauschen bzw. Verkürzen von Beiträgen; Ausstrahlungsverbot für bestimmte politische Lieder – darunter das „Kommunardenlied" von BRECHT; Ausladen von bereits engagierten Mitarbeitern; Suspendierung der zuständigen Redakteurin kamen vor. „Bildstörung" (1970–1971) vom BR hatte als Zielgruppe die gymnasiale Oberstufe und wurde von den Schülern selbst gemacht. Als eine Schülergruppe das Medium Fernsehen selbst am Beispiel der hierarchischen Struktur des BR kritisch analysieren wollte, wurde die Sendung nach der vierten Folge eingestellt. „Zoom" (1970–1971) vom Südwestfunk (SWF) wurde nach der dritten Folge abgebrochen. (Begleitumstände: Programmdirektor OELLER vom BR ließ „Zoom" für den bayrischen Sendebereich sperren, weil in der letzten Sendung (Rahmenthema: Manipulation) u. a. die Manipulation von Arbeitern mit der Abrichtung von Hennen auf einer Legefarm verglichen wurde. Jugendredakteur DRESCHER (SWF) wurde entlassen.) „Jour fix" (1971–1972) vom Süddeutschen Rundfunk (SDR) beschäftigte sich vor allem mit Problemen der Selbstorganisation von Jugendlichen.

Nach dem Kahlschlag von 1972 wurden einige Nachfolgesendungen produziert, die zum Teil noch versuchten, einen gewissen gesellschaftskritischen Anspruch aufrechtzuerhalten, wie z. B. „Diskuss" (1973–1974) vom BR/SDR/RB oder „Klatschmohn" (1973–1974) vom WDR, zum Teil jedoch immer mehr zur Jugendunterhaltung tendierten, wie z. B. „Flashlight" (1972) oder „Kätschap" (1973–1974) vom BR. Zu erwähnen bleibt noch dreierlei: 1. Alle Jugendsendungen wurden nicht in der für jugendliche Zielgruppen günstigen Sendezeit zwischen 18 und 20 Uhr ausgestrahlt, sondern im Nachmittagsprogramm. 2. Der Anteil der Jugendsendungen am Gesamtprogramm der ARD war stets quantitativ völlig unbedeutend. 3. Die informativen Jugendsendungen wurden ständig „mit Kritik wie z. B. dieser bedacht: ‚Rubrik Rotfunk', ‚Hetz-Show', ‚unerträgliche Agitation', ‚Telekolleg für Linksradikale' meinte die CSU; und das Deutsche Industrieinstitut entdeckte in Jugendprogrammen ‚diabolische Tricks' um – wie es hieß – ‚die Wirtschafts- und Gesellschaftsordnung der Bundesrepublik als reif zum Umsturz zu bezeichnen.'" (J. KAHLE, a. a. O. S. 7).

Bis 1971 gab es im Zweiten Deutschen Fernsehen (ZDF) nur kommerzielle Jugendsendungen wie „Hitparade" oder „Disco", die die Funktion haben, die Jugendlichen der Mode- und Schallplattenindustrie als Käufer zuzuführen. Seit 1971 sendet das ZDF einmal im Monat zur besten Sendezeit samstags nach 18 Uhr (jedoch zum Teil parallel zur ARD-Sportschau!) das Jugendmagazin „direkt". Die Sendung geht von der Konzeption aus, daß politisch arbeitende Jugendgruppen, vor allem von Lehrlingen und Jungarbeitern, sich mit ihren Problemen darstellen, um anderen Gruppen, die sich mit ähnlichen Problemen herumschlagen, Informations- und Arbeitshilfen zu geben. Die Inhalte der einzelnen Beiträge werden von den Gruppen bestimmt; professionelle Filmemacher setzen in Zusammenarbeit mit den Gruppen die Inhalte medial um. Hinzu kommen Autorenfilme. Schnittauflagen kamen regelmäßig vor. Die häufigen Angriffe gegen die Sendung hätten deren Liquidierung bewirkt, wenn sich nicht immer wieder die Gewerkschaften, die die Sendung mit tragen, für sie eingesetzt hätten, und wenn die Sendung nicht auf einigen Wettbewerben prämiiert worden wäre. Sie bewirkten jedoch, daß sich bei der Produktion der Sendung zunehmend Selbstzensurmechanismen eingeschliffen haben, wodurch „direkt" fortlaufend vorsichtiger und „pluralistischer" wurde.

Die heutige Situation. Seit 1975 besteht im ZDF das Jugendprogramm neben den kommerziellen Sendungen „Hitparade" und „Disco", aus dem einmal monatlich ausgestrahlten „direkt" (45–50 Min.) und dem 14täglich ausgestrahlten „Schüler-Expreß" (30 Min.). Die in der ARD zusammengeschlossenen Anstalten senden freitags von 17.10 bis 17.55 Uhr Schülermagazine (Szene 75, Joker 75, Teamwörk) und sonntags von 11.30 bis 12 Uhr Sendungen für Lehrlinge und Jungarbeiter (Elf$^1/_2$, Info-Show, extra).

Zu den Sendungen für Lehrlinge und Jungarbeiter ist zu bemerken: Sie liegen weiterhin zu einer ungünstigen Sendezeit. 2. Sie sind mit einem Anteil von einer halben Stunde am wöchentlichen ARD-Gesamtprogramm zielgruppenmäßig nicht nur absolut gesehen unterrepräsentiert, sondern auch relativ gesehen – bezogen auf den Dreiviertelstunden-Anteil der Schülermagazine. 3. Die Beteiligung der Jugendlichen selber an der Produktion der Sendungen ist weitgehend abgebaut worden. Es dominieren Autorenfilme oder fiktive Filme. 4. Inhaltlich ist das Spektrum „pluralistisch": das Loblied auf privates Kleinunternehmertum hat in den Sendungen genauso seinen Platz wie die Propagierung des sozialen Aufstiegs durch Strebsamkeit oder die Überwindung der Jugendarbeitslosigkeit durch individuelle Anstrengungen. 5. Gesellschaftskritik ist entweder eliminiert oder auf das Maß, das heutzutage noch als verfassungskonform gilt, zurückgeschraubt. Mit der „Info-Show"

ist auch wieder der Typus des Unterhaltungsmagazins mit Informationsbeiträgen aufgetaucht.
Die Schülermagazine konvergieren in ihrer gesellschaftspolitischen Enthaltsamkeit mit den Sendungen für Lehrlinge und Jungarbeiter. Zielgruppenmäßig sind Gymnasiasten überrepräsentiert. Mit der „Szene 75" ist die ARD auf das Niveau kommerzieller Jugendkultur à la „Bravo" gegangen: Das Magazin besteht aus Lebenshilfe, Reklame und Konsumtips für Filme, Schallplatten, Taschenrechner, Haftpflichtversicherungen, Skiausrüstungen, Eislaufausrüstungen usw. und viel Musik. Die Entwicklung des Jugendfernsehens insgesamt geht weitgehend parallel mit der gesellschaftspolitischen Entwicklung der BRD während der letzten Jahre. Je krisenhafter und restaurativer die Entwicklung wurde, desto unpolitischer wurden die Jugendprogramme.
Dem qualitativen Niedergang des J.s entspricht ein quantitativer. Strahlte die ARD noch 1971 ein Jugendprogramm von wöchentlich 115 Minuten aus, so waren es 1973 nur noch 95 Minuten, 1975 gar 75 Minuten.

Forschungssituation. Die ältere Forschung (O. FOERSTER, H.-J. HOLZ, P. HEIMANN u.a., M. KEILHACKER, E. WASEM, G. MALETZKE, K. V. RIEDEL, FR. STÜCKRATH, G. SCHOTTMAYER, FR. ZIERIS) wird überwiegend von Pädagogen getragen. Sie ist historisch überholt, basiert weitgehend auf normativen pädagogischen Konzepten und arbeitet durchgängig mit wissenschaftlich unsauberen und/oder ideologisierten empirischen Methoden (vgl. hierzu den Forschungsbericht von G. DAHLMÜLLER, H. KOMMER). Die neueren empirischen Untersuchungen von B. FRANK und I. HORN geben einige Aufschlüsse über Mediennutzungsgewohnheiten von Jugendlichen. Eine qualitativ-inhaltsanalytische Darstellung des J.s steht noch aus.

Sekundärliteratur: G. Dahlmüller: Kritik des Fernsehens. Handbuch gegen Manipulation (1973; zus. mit W. D. Hund und H. Kommer); Zur Lage der Kinder- und Jugend-Fernsehforschung (in: A.-L. Heygster (Hrsg. zus. mit D. Stolte): Kinder vor dem Bildschirm. Fernsehkritik VI. 1974. 113–126). – O. Foerster: Fernsehen für Kinder und Jugendliche (1963; zus. mit H. J. Holz). – B. Frank: Tagesablauf und Mediennutzung der jugendlichen und erwachsenen Fernsehzuschauer (in: D. Stolle (Hrsg.): Das Fernsehen und sein Publikum. 1973. 67–200). – P. Heimann: Jugend und Fernsehen (1958). – I. Horn: Jugend und Fernsehen. Bericht über Einstellungen und Verhalten der 14- bis 24jährigen gegenüber dem Fernsehen (in: Medienforschung. H. 14 der ZDF-Schriftenreihe. 1975). – I. Kahle: Bildstörung für Lehrlinge? Jugendsendungen im Fernsehen (Manuskript RIAS Berlin. 1975). – M. Keilhacker: Jugend im Kraftfeld der Massenmedien (1965; zus. mit E. Wasem). – G. Maletzke: Fernsehen im Leben der Jugend (1959). – S. Mohrhof: Gedanken zum Kinder- und Jugendprogramm (in: Fernsehen in Deutschland. 1967. 207–216). – K. V. Riedel: Jugend und Fernsehen (1966). – F. Stückrath: Fernsehen und Großstadtjugend (1967; zus. mit G. Schottmayer). – F. Zieris: Jugend vor dem Fernsehschirm (1963).

Götz Dahlmüller

Jugendfunk

In den deutschen Rundfunkanstalten übliche Bezeichnung der Hörfunk-Fachredaktionen für Jugendsendungen. Zugleich gängige Bezeichnung für das von diesen Redaktionen gestaltete Programm.

Gesetzliche und organisatorische Regelung. Die J.-Redaktionen sind in der Regel eingegliedert in die für Bildung, Unterricht und Erziehung zuständigen Organisationseinheiten, deren Arbeit sich auf den in einer Reihe von Rundfunkgesetzen enthaltenen speziellen Bildungsauftrag der öffentlich-rechtlichen Rundfunkanstalten stützt; so z.B. auf das Gesetz über die Errichtung von Radio Bremen (RB) bzw. des Hessischen Rundfunks (HR) wie auch auf den Staatsvertrag über die Errichtung des Südwestfunks (SWF). Ein ausdrücklicher Bildungsauftrag fehlt in den Gesetzen über die Errichtung des Süddeutschen Rundfunks (SDR) und des Westdeutschen Rundfunks (WDR), im Gesetz über die Errichtung von Deutschlandfunk (DLF) und Deutscher Welle (DW), sowie in den Staatsverträgen über die Errichtung des Norddeutschen Rundfunks (NDR) und des Zweiten Deutschen Fernsehens (ZDF). Nur vage formuliert sind die entsprechenden Aufträge in den Gesetzen über die Errichtung des Senders Freies Berlin (SFB) bzw. des Saarländischen Rundfunks (SR). Im Falle des SFB ist davon die Rede, daß dessen Sendungen von „kulturellem Verantwortungsbewußtsein" getragen sein müssen (§ 3), während dem Saarländischen Rundfunk gesetzlich aufgetragen ist, „eine unabhängige Meinungsbildung" zu ermöglichen (§ 10).
Die für die J.-Sendungen zuständigen Ressorts, meist mit dem Status von Abteilungen, heißen bei fast allen Rundfunkanstalten „Jugendfunk".

Geschichtliches und Programmanteil. Die Einrichtung spezieller Abteilungen und Programme für junge Hörer nahm bereits in der frühen Zeit des deutschen Rundfunks ihren Anfang und wurde dann in der NS-Zeit als Indoktrinationschance erkannt – ähnlich wie in anderen totalitären Systemen. Im westlichen Deutschland wurde nach 1945 der J. zunächst im Rahmen der alliierten „Reeducation", dann im neu sich herausbildenden autonomen öffentlich-rechtlichen Rundfunksystem zum anerkannten Faktor in der außerschulisch politischen Bildung wie auch bei der Berufs- und Freizeitorientierung. Der Beitrag der J.-Redaktionen zum jeweiligen Gesamthörfunkprogramm eines Senders erreicht zum Teil ein beachtliches Volumen (beim HR z.B. mehr als 1000 Minuten pro Monat). Bei einigen Rundfunkanstalten stehen den J.-Redaktionen sogar tägliche Sendezeiten zur Verfügung, etwa beim NDR für das Magazin „Der Club", beim Saarländischen Rundfunk für die Sendung „Drugstore" oder beim WDR für die „Radiothek". Daneben gibt es gezielte tägliche Angebote für jüngere Hörer, die von den Unterhaltungsabteilungen gestaltet werden, wie z.B. beim HR das Magazin „r-u-m-m-s!". In den Fernsehprogrammen der „Arbeitsgemeinschaft der öffentlich-rechtlichen Rundfunkanstalten der Bundesrepublik Deutschland" (ARD) und des ZDF ist demgegenüber das Angebot an gezielten Sendungen für jüngere Zuschauer nur gering. Im Oktober 1975 umfaßte es zum Beispiel bei der ARD insgesamt nur 345 Sendeminuten.

Abgrenzung. In Abgrenzung zum Kinderfunk wenden sich Jugendsendungen in der Regel in erster Linie an die Altersgruppe oberhalb von 15 (Hauptschulabschluß) bis etwa 25 (Heiratsalter), also an eine Zielgruppe, der selbst in der stark überalterten Bundesrepublik immerhin rund 15 % der Bevölkerung angehören. Abgegrenzt ist der J. in der Regel auch gegenüber dem Schulfunk, dessen Programme vorwiegend angelegt sind auf die Vermittlung oder Problematisierung von schulischem Unterrichtsstoff, sowie andererseits gegenüber dem primär aus Musik bestehenden Unterhaltungsangebot der Rundfunkanstalten für diese Jahrgänge, das meist von den Unterhaltungsabteilungen gestaltet wird und vor allem Schlagersendungen, Hitparaden und Jazzprogramme umfaßt, daneben aber z. B. auch Kabarett, Kriminalhörspiel und Plauderei.

Hörerschaft, Hörerpräferenzen. Bei der Gestaltung von J.-Sendungen geht man in der Regel von der durch Umfragen gesicherten Erfahrung aus, daß Hörer der skizzierten Altersgruppe stärker als andere Altersgruppen das Radio benutzen („vermutlich, weil es die Möglichkeit bietet, sich von der Familie zu separieren und die Programmauswahl nach eigenen Wünschen vorzunehmen. 63 % der Jugendlichen nutzen es häufig; in der Nutzungsintensität folgen die Medien Tageszeitung mit 58 % und das Fernsehen mit 53 %." Vgl. I. Horn: „Jugend und Fernsehen", ZDF, 1973) und daß diese intensive Nutzung vor allem dem Interesse der jungen Hörer an Musik zuzuschreiben ist. Einer Infratest-Untersuchung ZAW Funkmedien (Analyse '74, Bd. 2, München 1974) sah jeder Bundesbürger über 14 Jahre an Wochentagen durchschnittlich 120 Minuten fern, in der Altersgruppe zwischen 14 und 19 lag dieser Wert dagegen bei nur 107 Minuten, in der Altersgruppe zwischen 20 und 29 sogar nur bei 101 Minuten. Die durchschnittliche Hörfunknutzung pro Wochentag belief sich auf 137 Minuten. In der Gruppe der 14- bis 19jährigen lag sie zwar mit 125 Minuten sogar etwas darunter, dafür übertraf die Gruppe der 20- bis 29jährigen mit einer täglichen Radionutzung von 167 Minuten alle anderen Altersgruppen erheblich. Die Hörfunknutzung dominierte um so stärker – verglichen mit der Fernsehnutzung – je höher die Schulbildung der Befragten war. Als bevorzugte Programmsparten nannten bei der gleichen Befragung (mit der Möglichkeit von Mehrfachnennungen): die 14- bis 19jährigen an erster Stelle „Beat, Pop und Rock" mit 80 %, an zweiter Stelle „Fremdsprachige Schlager" (77 %), an dritter Stelle „Deutschsprachige Schlager" (62 %), an vierter Stelle „Leichte Unterhaltungsmusik, Musik zum Tanzen" (46 %) und an fünfter Stelle gleichauf „Sportsendungen" sowie „Jugendsendungen" (je 43 %). Erst danach rangierten bei dieser Umfrage „Jazz" (39 %), „Evergreens" (37 %) und alle anderen Programmangebote (aktuelle Berichte, Hörspiele etc.). Das geringste Interesse ergab sich für „Kulturelle Sendungen" (7 %), „Opernmelodien" (6 %) und „Andachten, Kirchliche Sendungen" (3 %). Das Interesse für ausgesprochene Jugendsendungen sinkt bereits bei den über 20jährigen erheblich ab. Nur 16 % dieser Altersgruppe gaben an, Jugendsendungen „gerne" zu hören, gegenüber 43 % bei den 14- bis 19jährigen.

Programmgestaltung, Sendeformen. So sehr auch die meisten J.-Redaktionen ihre Aufgabe primär darin sehen mögen, „Zielgruppensendungen herzustellen, die sich besonders für die Rechte junger Leute einsetzen" und „zu einem aufklärerischen Prozeß beizutragen, der ... die Jugendlichen befähigt, ihre gesellschaftliche Lage zu erkennen und einen politischen Standort einzunehmen" (Ergebnisprotokoll eines Seminars der Friedrich-Ebert-Stiftung mit „Programmachern von Jugendredaktionen aller Rundfunkanstalten" im Oktober 1975), so sehr müssen diese Redaktionen zugleich dem Bedürfnis junger Hörer nach Unterhaltungsmusik Rechnung tragen, um einer Abwanderung ihres Publikums zu reinen Musiksendungen entgegenzuwirken. Waren die vorherrschenden Formen von J.-Sendungen bis in die späten sechziger Jahre die des Hörspiels und des dokumentarischen Hörbildes (auch Feature genannt), Formen also, in denen das gesprochene Wort dominiert, so hat sich inzwischen weitgehend die Form des sogenannten Magazins durchgesetzt; darunter versteht man die Verbindung von Unterhaltungsmusik (also dem von jungen Hörern bevorzugten Hörfunkangebot) mit Wortbeiträgen zur politischen Bildung, zur Freizeit- und Berufsorientierung sowie zur besseren Bewältigung anderer altersspezifischer Probleme (Sexualität und Empfängnisverhütung, Wehrdienst und Ersatzdienst, Lehre und Studium, Lösung vom Elternhaus, Haushaltsgründung). Bewußt gepflegt wird die Form des Hörbildes bzw. Features im Rahmen des J.s allerdings nach wie vor beim HR. Dabei wird in der Regel innerhalb der dafür wöchentlich zur Verfügung stehenden Sendezeit von 30 Minuten ein spezielles Thema (z. B. Jugendalkoholismus, Situation der Jugend in einem anderen Land, Jugend und Reklame) aus der Sicht des jeweiligen Autors dargestellt, wobei in erheblichem Umfang Aussagen von Betroffenen, aber auch von sachkundigen bzw. kritisierten Institutionen und Verbänden eingeblendet werden. Auch zur Darstellung von Berufen wird die Form des Features von verschiedenen J.-Redaktionen weiterhin gern benutzt. Hörspielartige Formen mit fiktiv-literarischen Inhalten bzw. Spielhandlungen sind aus den J.-Programmen verschwunden, während sie im Kinderfunk für die jüngeren Jahrgänge ihren Platz behauptet haben. „Fiktion" und Jugendliteratur tauchen im J. allenfalls als Gegenstand von Diskussionen oder Buchbesprechungen auf, z. B. in der HR-Reihe „Die Bücherkiste".

Die Magazinformen. Die demgegenüber heute vorherrschende Form der Magazinsendung hat ihre Vorläufer in der Sendereihe „Ein Abend für junge Hörer" des

NDR oder in Wort-und-Musik-Mischsendungen wie dem „Jugend-Journal" des HR. Ähnliche Sendungen finden sich in den Programmen der DDR-Sender. Die neueren Programme tragen in der Regel, entsprechend der Mode ihrer Entstehungszeit, Namen, die durch Verwendung englischer Bestandteile oder auf andere Weise den Einfluß der sogenannten Popwelle widerspiegeln: „s-f-beat & Co." (SFB), „Drugstore" (SR), „Pop Shop" (SWF), „Sunday Express" (HR), „Bremer Pop Shop" (RB), „Zündfunk" (BR), „Mundfunk ... für die Ohren" (RB), „Radiothek" (WDR), „Der Club" (NDR). Meist handelt es sich bei diesen Magazinen um Live-Sendungen (der Begriff „live" ist abgeleitet vom englischen Adverb „alive" = lebend, lebendig) von ein- bis zweistündiger Dauer, gemischt aus Wortbeiträgen (z.B. Interviews, Reportagen, Buch- und Filmbesprechungen) und viel Musik, vorwiegend angelsächsischer Produktion. Als Ansager für die Wortbeiträge und die Musikeinlagen fungiert in der Regel ein sogenannter Moderator bzw. ein Moderatorenpaar (sog. Doppelmoderation). Beschränkt sich dessen Funktion auch bei manchen Sendetypen auf die des sogenannten Disk-Jockeys, also des Präsentators von Schallplatten (amerikanischer Slang: disks) nach dem Vorbild der kommerziellen Privatsender in den USA, so ist doch bei der Mehrzahl der J.-Magazine in der Bundesrepublik die Aufgabe des Moderators eher der eines Reporters vergleichbar, der zum Teil auch Diskussionen leiten muß, z.B. im Fall des „Sunday Express" des HR zwischen jungen Studiogästen aus einem bestimmten Berufszweig und einem Ausbildungsverantwortlichen.

Hörerbeteiligung. Dem Bemühen der J.-Redaktionen, die Hörer selbst an der Programmgestaltung stärker zu beteiligen, wie es insbesondere im Zuge der Protestbewegung in den sechziger Jahren häufig gefordert wurde, sind durch die Rundfunkgesetze insofern Grenzen gesetzt, als die Verantwortung und damit auch die Haftung für die Programminhalte eindeutig bei den Veranstaltern liegt, also bei den Rundfunkanstalten und damit bei den Intendanten bzw. deren Beauftragten. Das schließt die Verwendung von Beiträgen, die von (jugendlichen) Hörern bzw. Zuschauern selbst gestaltet werden, nicht aus (wie z.B. in der Reihe „Literatur für Anfänger" des HR, dem Magazin „s-f-beat & Co." des SFB oder dem Fernsehmagazin „direkt" des ZDF), gebietet aber immer dann, wenn solche Beiträge Angriffe gegen Institutionen oder Einzelpersonen enthalten, daß den Betroffenen Gelegenheit zur Erwiderung gegeben wird. Da die Möglichkeit zur Erwiderung bei einem späteren Sendetermin nicht gewährleistet, daß das gleiche Publikum, das Zeuge eines Angriffs wurde, auch Zeuge der Erwiderung wird, hat sich als zweckmäßigste und rechtlich unkomplizierteste Form der Beteiligung junger Hörer bzw. Zuschauer an der Programmgestaltung die Diskussion in ihren verschiedenen Varianten durchgesetzt (Round-Table-Gespräch, Podiumsdiskussion mit Publikumsbeteiligung etc.).

Telefondiskussion und Wettbewerb. Bei den meisten Rundfunkanstalten sind auch Sendeformen entwickelt worden, die den Kreis der Diskussionsteilnehmer dadurch erweitern, daß jeder interessierte Hörer sich per Telefon beteiligen kann. Als Vorbild dürften auch hier amerikanische Sendeformen gedient haben, nämlich die des „Call-Ins" bzw. des „Phone-Ins". An deutschen Beispielen seien genannt, die vom Saarländischen Rundfunk entwickelte Sonntagabendsendung „Junge Leute heute: Funkdiskussion per Telefon" oder die HR-Reihe „Argumente – Eine Sendung für Hörer, die mitreden wollen".

Eine weitere Form der aktiven Beteiligung junger Hörer an der Programmgestaltung sind Wettbewerbe, die in der Regel zugleich die Funktion erfüllen, aus dem passiven „Konsum" von Medienangeboten zur kreativen Eigentätigkeit zu führen – allein oder zusammen mit anderen. Beim HR gab bzw. gibt es z.B. folgende Wettbewerbe: „Das bessere Argument – Ein freundschaftlicher Rednerwettstreit zwischen hessischen Berufsschülern", „Literatur für Anfänger" (Ein Prosa- und Kurzgeschichtenwettbewerb), „Junge Talente stellen sich vor – Ein Wettbewerb für Chanson, Folklore und Jazz", „Hörstücke aus dem Alltag – Ein Reportagen- und Szenenwettbewerb junger Leute über Konflikte in Schule, Betrieb und Familie" sowie „Hörstükke aus dem Jahr 2001 – Ein Wettbewerb junger Leute mit Szenen aus Technik, Politik und Alltag".

Konfliktfelder. Die Tatsache, daß – im Vergleich zu anderen Sendungen – in J.-Programmen von Diskussionsteilnehmern oder auch von Autoren gelegentlich emotional heftigere und argumentativ kritischere Töne gegenüber sozialen Mißständen angeschlagen werden, wobei neben einem ethischen Rigorismus christlicher oder humanistischer Prägung häufig radikal-liberale, mitunter marxistische, bisweilen auch anarchistische Thesen verfochten werden (besonders stark war dies in den Jahren der studentischen Protestbewegung der Fall), hat den J.-Redaktionen immer wieder den Vorwurf eingetragen, ihre Sendungen seien „einseitig", „linkslastig" oder zeigten eine „bedenkliche gesellschaftliche Tendenz" (so Hessens CDU über den HR-J., im Oktober 1975).

An Konfliktfällen dieser Art, die nicht selten Beschränkungen oder doch Verängstigung auf seiten der Redaktion zur Folge haben, wird die Problematik jeder J.-Arbeit deutlich: einerseits dem Gebot der Ausgewogenheit, Sachlichkeit und Fairneß Rechnung zu tragen, andererseits aber auch jungen Studiogästen und Autoren – selbst wenn sie nur Minderheiten vertreten – eine Plattform zur Präsentation ihrer allein schon aus Altersgründen oftmals „systemkritischen" und auf jeden Fall „unangepaßten" Sicht der Probleme junger Menschen in der Gesellschaft der Bundesrepublik zu bieten. Den rundfunkgesetzlich einfachsten und zugleich sachgerechtesten Ausweg aus diesem Dilemma bietet – wie bereits ausgeführt – die Sendeform der Diskussion mit der Möglichkeit der Gegenüberstellung unterschiedlicher Positionen in ein und derselben Sendung. Entscheidend werden dann die Breite des Spektrums bei der Besetzung sowie die Spielregeln.

Internationale Zusammenarbeit. Die Diskussion ist auch bevorzugte Form der gerade in J.-Programmen häufigen internationalen Gemeinschaftssendungen. In Zusammenarbeit mit den nationalen Rundfunkorganisationen Frankreichs, Ungarns und Polens sendet z. B. der NDR einmal jährlich je einen „Club" aus Straßburg, Budapest und Warschau. Einmal monatlich wird die Sendung gemeinsam mit der British Broadcasting Corporation (BBC), London, gestaltet. Ähnliche Formen der Zusammenarbeit – insbesondere mit Partnern in Frankreich, Polen, Israel und Großbritannien – haben fast alle J.-Redaktionen entwickelt.
In der Regel wird in den Diskussionen und Berichten, die aus fremden Ländern gebracht werden, der Versuch unternommen, über die aktuelle Situation der dortigen Jugend zu informieren, vorrangig über Fragen der Ausbildung und der Freizeitgestaltung sowie über Möglichkeiten des politischen Engagements.

→ Jugendfernsehen, → Jugendmedienschutz, → Kinderfernsehen, → Kinderfunk, → Schulfunk

Sekundärliteratur: F. Beckert: Untersuchungen über die Auffassung von Hörspielen durch Kinder und Jugendliche (Diss. 1958). – H. A. Clark: A Study of Adolescent Radio Listening (1950). – R. Forer: The Reaction of Adolescents to Radio and T.V. (1955). – J. Hanika: Die gesellschaftliche Bedeutung des Jugendfunks, dargestellt am Beispiel des Hessischen Rundfunks (unveröffentl. Examensarb. 1970). – L. Holzinger: Prototypen, Modelle zur Kritik der Massenmedien (1972). – I. Horn: Jugend und Fernsehen. Ergebnisse aus einer ZDF-Studie über das Medienverhalten der 14- bis 24jährigen (1973). – Infratest: Zusatzauswertung. ZAW Funkmedien Analyse '74: Bd. 2. Spartenpräferenzen und Hörfunknutzung in der Bundesrepublik (1974). – Jugendliche heute. Ergebnisse einer Repräsentativbefragung der Hörerforschung des NDR (1955). – P. Kaupp: Unterhaltung, Information, Bildung (1973). – J. H. Knoll (Hrsg. zus. mit I. von Münch): Lehren und Lernen im Medienverbund (1970). – H. Künnemann: Kinder- und Kulturkonsum (1972). – W. Lehr, K. Berg: Rundfunk und Presse in Deutschland (1971). – G. Maletzke: Fernsehen im Leben der Jugend (1959). – H. H. McCord: Patterns of Communication as revealed by a study of Radio Listening Habits of Young People (1951). – E. Merkle: Das Verhältnis der Jugend zu Zeitung und Rundfunk (Diss. 1954). – H. Menzel: Jugend und Rundfunk (1931). – C. Reinhard: Der Jugendfunk. Sein Aufbau und seine Aufgaben (Diss. 1938). – F. Ronneberger: Sozialisation durch Massenkommunikation (1971). – K. Rösel-Majdan: Rundfunk und Kulturpolitik (1962). – K. Roth: Film, Funk und Fernsehen als Bildungsmächte der Gegenwartskultur (in: Jugend, Film, Fernsehen. 4. 1961. 252–255). – J. H. Rewland: Adolescent Personality and Radio (1943). – H. Rust: Massenmedien als Sozialisationsfaktoren – Manipulation oder Emanzipation? (in: Rundfunk und Fernsehen. 3. 1971. 189). – A. Steiner: Massenmedien in Unterricht und Erziehung (1969, zus. mit F. Zöchbauer u. A. Brandstetter). – H. Sturm: Medienspezifische Lerneffekte. Eine empirische Studie zu Wirkungen von Fernsehen und Rundfunk (1972, zus. mit R. von Haebler, R. Helmreich). – O. Zander: Anspruch oder Leistung. Hitler-Jugend im Rundfunk (1936).

Klaus Scheunemann

Jugendlektüre → Kinder- und Jugendliteratur

Jugendlexikon → Enzyklopädie, → Nachschlagewerke für Kinder und Jugendliche, → Wörterbücher als Kinder- und Jugendliteratur

Jugendliteratur → Kinder- und Jugendliteratur

Jugendliteraturkritik → Kritik der Kinder- und Jugendliteratur

Jugendmedienschutz

Unter J. werden Maßnahmen gegen friedensfeindliche und sonstige Minderjährige „sozialethisch verwirrende" Einflüsse in Druck-, Film- und Funkmedien verstanden. Solche Einflüsse werden insbesondere bei verrohend wirkenden, zu Gewalttätigkeit, Verbrechen oder Rassenhaß anreizenden sowie den Krieg verherrlichenden und verharmlosenden Darstellungen angenommen; ferner Darstellungen, die verhindern oder erschweren, daß Jugendliche Sexualität ohne Angst und Schuldgefühl erleben und personale Beziehungen zu Partnern aufbauen. Damit ist J. eine Kontrolle der Gesellschaft unter sozialpädagogischen Aspekten. Er zwingt die Erwachsenen, sich die Zurückhaltung bei der Verbreitung von Massenmedien aufzuerlegen, die eine sich ihrer Verantwortung gegenüber Minderjährigen bewußte Gesellschaft braucht, um sich nicht selbst zu schaden. Als Schäden, an deren Entstehung oder Verstärkung Einflüsse von Druck-, Funk- und Filmmedien beteiligt sein können und die es abzuwehren gilt, hat die 13. Europäische Familienministerkonferenz im September 1973 genannt: „Gewalttätigkeit, Kriminalität, Nikotin-, Alkohol- und Drogenmißbrauch, mangelhafte schulische Leistungen, Fernbleiben vom Schulunterricht, egozentrisches, verschlossenes, labiles Verhalten und Vagabundieren, unpersonales, auf Unreife oder Frühreife beruhendes sexuelles Verhalten".

Wissenschaftliche Grundlagen des J.s. Mit der neuen Begriffsbestimmung „Jugendmedienschutz", anstatt des bisher gebräuchlichen „Literarischer Jugendschutz", wird die Erkenntnis verdeutlicht, daß schädigende Einflüsse weniger von Literatur als von Massenmedien ausgehen. Außerdem setzt sich Jugendschutz damit deutlich von jener Auffassung ab, die schon das niedrige geistige und ästhetische Niveau einer Schrift als jugendgefährdend ansah. Zu schützen sind alle Personen, die noch nicht 18 Jahre alt sind. Das sind von den ca. 61 Millionen Bundesbürgern fast 15 Millionen, das sind ca. 25 % der Bevölkerung.
Nach heutigen Erkenntnissen kommt dem „Lernen am Modell" besondere Bedeutung zu. Für den Lernerfolg ist es dabei unerheblich, ob es sich um reale oder in Massenmedien dargestellte Modelle handelt. Die kindlichen und jugendlichen Bedürfnisse können leicht stimuliert und manipuliert werden. Die Annahme, auch den Jugendlichen könne alles angeboten werden, da sie

die Freiheit des Konsums bzw. des Konsumverzichts hätten, verleugnet gerade das Vorhandensein latenter, unbewußter Bedürfnisse, die sich stimulieren, manipulieren und merkantil ausnutzen lassen. Diese Erkenntnisse der neueren (psychoanalytischen) Forschung zwingen dazu, zu verhindern, daß über Medien die Triebhaftigkeit ohne Versagung geschürt und ausgenutzt wird. Hinzu kommt, daß die moderne Lerntheorie die Katharsistheorie stark in Zweifel zieht und die „bestbegründete Annahme über die Wirkung von Gewaltdarstellungen jene ist, die unter bestimmten Voraussetzungen eine aggressionsfördernde Wirkung für wahrscheinlich hält. Je jünger die Betrachter, je ungeborgener sie sind, etwa in Kinderheimen und in gestörten Familien, desto stärker ist diese Gefahr", schreibt der Psychologe und Lerntheoretiker H. SELG. Die Vertreter der Katharsistheorie – bis etwa 1972 die herrschende Auffassung – schrieben Gewaltdarstellungen in Massenmedien eine reinigende Wirkung zu. Wer sich Gewaltdarstellungen ansehe oder in Büchern lese, reagiere eigene Aggressivität in der Phantasie ab. Er schaffe sich damit ein Ventil, ohne die Aggressivität in die Realität umzusetzen. Diese Theorie verhinderte mit Erfolg, daß durch Gesetz oder sonstige Maßnahmen, gegen Gewaltdarstellungen in Massenmedien vorgegangen wurde. Man hätte sie eher noch fördern müssen, um die ihnen zugeschriebene kathartische Wirkung möglichst oft zu erreichen.

Rechtliche Grundlagen des J.s. Artikel 5 des Grundgesetzes der BRD gewährt insgesamt neun Grundrechte: Meinungsfreiheit, Informationsfreiheit, Pressefreiheit, Rundfunkfreiheit, Filmfreiheit, Freiheit der Kunst, der Wissenschaft, der Forschung und der Lehre. Nach Artikel 5 Absatz 2 finden diese Grundrechte u. a. „ihre Schranken in den gesetzlichen Bestimmungen zum Schutze der Jugend". Solche Schranken errichten die folgenden Gesetze: Das „Gesetz zum Schutz der Jugend in der Öffentlichkeit, JSchÖG" vom 4. Dezember 1951 (BGBl I S. 936) i. d. F. vom 27. Juli 1957 (BGBl I S. 1058), zuletzt geändert durch Art. 6 des 4. Gesetzes zur Reform des Strafrechts (4. StrRG) vom 23. November 1973 (BGBl I S. 1725) und Art. 76 des Einführungsgesetzes zum Strafgesetzbuch vom 2. März 1974 (BGBl I S. 459), verbietet Minderjährigen, ausgenommen verheirateten Jugendlichen, den Aufenthalt an jugendgefährdenden Orten, den Genuß von alkoholischen Getränken sowie deren Abgabe an Minderjährige und das Rauchen in der Öffentlichkeit. Zu den jugendgefährdenden Orten gehören auch Lichtspieltheater während der Vorführung öffentlicher Filmveranstaltungen einschließlich Werbevorspannen und Beiprogrammen (§ 6 JSchÖG). Das „Gesetz über die Verbreitung jugendgefährdender Schriften" (GjS) vom 9. Juni 1953 (BGBl I S. 377) i.d.F. der Bekanntmachung vom 29. April 1961 (BGBl I S. 497), zuletzt geändert durch Art. 5 des 4. StrRG vom 23. November 1973 (BGBl I S. 1725) und Art. 75 EGSTGB vom 2. März 1974 (BGBl I S. 469), sieht für jugendgefährdende Schriften zwar keine Verbote, aber weitgehende Werbe-, Vertriebs- und Weitergabebeschränkungen vor. Zur Durchführung ordnete es die Errichtung der „Bundesprüfstelle für jugendgefährdende Schriften" (BPS) als eine an Weisungen nicht gebundene Bundesoberbehörde an, in der in einem gerichtsähnlichen Verfahren Künstler, Schriftsteller, Vertreter der Jugend, der Lehrerschaft, der Kirchen und der Bundesländer auf Antrag von Ministerien feststellen, ob Medien jugendgefährdend sind oder nicht.

Zum Tatbestand der Jugendgefährdung. Jugendgefährdend sind vor allem, wie es wörtlich in § 1 Abs. 1 Satz 2 GjS heißt: „unsittliche, verrohend wirkende, zu Gewalttätigkeit, Verbrechen oder Rassenhaß anreizende sowie den Krieg verherrlichende und verharmlosende", ferner solche Medien, „die aus sonstigen Gründen geeignet sind, Kinder oder Jugendliche sittlich zu gefährden", das heißt nach der Rechtsprechung des Bundesverwaltungsgerichts, sozialethisch zu verwirren (§ 1 Abs. 1 Satz 1 GjS). Bei Feststellung der Jugendgefährdung gelten nach dem Grundsatzurteil des Bundesverwaltungsgerichts vom 16.12.1971, mit dem die frühere Rechtsprechung in vielen Punkten berichtigt worden ist, folgende Grundsätze: 1. Bei der Entscheidung über die Listenaufnahme steht der BPS ein Beurteilungsspielraum zu. 2. Das Gesetz schützt nicht nur den durchschnittlichen Jugendlichen, sondern den Jugendlichen schlechthin, einschließlich des gefährdungsgeneigten Jugendlichen; ausgenommen sind lediglich Extremfälle. 3. Die Eignung zur sittlichen Gefährdung muß nicht mit einer an Sicherheit grenzenden Wahrscheinlichkeit zu einer sozialethischen Begriffsverwirrung führen, es genügt der mutmaßliche Eintritt einer sittlichen Gefährdung. 4. Der Grundsatz „Kunstschutz geht vor Jugendschutz" gilt nicht mehr uneingeschränkt. „Die Freiheit der Kunst umfaßt nicht das Recht, Kunstwerke in jeder Weise zu verbreiten und sie auch Unwilligen oder Unmündigen aufzudrängen", heißt es in diesem Grundsatzurteil wörtlich. Es fährt fort: „Dem Jugendschutz gehen nur solche Kunstwerke vor, die ein bestimmtes Maß an künstlerischem Niveau besitzen. Dies beurteilt sich nicht allein nach ästhetischen Kriterien, sondern auch nach dem Gewicht, das das Kunstwerk für die pluralistische Gesellschaft nach deren Vorstellungen über die Funktion der Kunst hat. Kunstwerke, die dem nicht genügen, können gegenüber den Erfordernissen des Jugendschutzes keinen Vorrang beanspruchen. Ob ein solches Kunstwerk vorliegt, unterliegt dem Beurteilungsspielraum der Bundesprüfstelle". Zu den Werten, die zu schützen sind, zählen vor allem der Anspruch der Kinder und Jugendlichen auf Personalisation und Sozialisation, d.h. zur leiblichen, seelischen und gesellschaftlichen Tüchtigkeit, das Elternrecht (Art. 6 Abs. 2 GG), die Menschenwürde (Art. 1 GG), die Ehe (Art. 6 Abs. 1 GG).

Die Feststellung der Jugendgefährdung. Die Feststellung, ob Medien geeignet sind, Kinder und Jugendliche sittlich zu gefährden, hat das Gesetz nicht den Gerichten übertragen. Es hat zu diesem Zweck eine Spezialbehörde eigens geschaffen, nämlich die BPS, die, pluralistisch zusammengesetzt, geheim und weisungsfrei in einem gerichtsähnlichen Verfahren entscheidet. „Die Zusammensetzung der Spruchgremien der BPS verbindet vermutete Fachkenntnis und Elemente gesellschaftlicher Repräsentanz; sie bietet die Gewähr dafür, daß bei der Entscheidung über die Aufnahme eines Mediums in die Liste der jugendgefährdenden Schriften, verschiedene Gruppen unserer pluralistischen Gesellschaft wirksam werden“, hat das Bundesverwaltungsgericht im Grundsatzurteil vom 16.12.1971 ausdrücklich festgestellt. Das Entscheidungs-Gremium der BPS besteht aus acht Gruppenbeisitzern, d.h. je einem Vertreter der Kunst, der Schriftsteller, der Verleger, der Buchhändler, der Jugendverbände, der Jugendwohlfahrt, der Lehrer und der turnusmäßig wechselnden Kirchen (evangelisch, jüdisch, katholisch), drei turnusmäßig wechselnden Länderbeisitzern und dem Vorsitzenden. Die Gruppenbeisitzer werden weder autoritär noch durch Los, sondern von ihren Gruppenverbänden selbst zu Beisitzern bei der Bundesprüfstelle vorgeschlagen und vom „Bundesministerium für Jugend, Familie und Gesundheit“ für drei Jahre zu Beisitzern ernannt; die Länderbeisitzer von den elf Landesregierungen. Die Anordnung der Listenaufnahme bedarf der Einstimmigkeit des Dreier- oder der qualifizierten Mehrheit des Zwölfer-Gremiums. Die BPS kann die Listenaufnahme anordnen, von der Listenaufnahme wegen Geringfügigkeit absehen oder den Antrag auf Listenaufnahme ablehnen. Antragsberechtigt sind nur Landesminister in ihrer Eigenschaft als oberste Jugendbehörden der Länder und das BMJFG (§ 2 DVO GjS). Seit Bestehen der BPS sind indiziert worden: Auf Antrag ca. 3500 Objekte; gemäß § 18 und 18a GjS (rechtskräftig für pornographisch erklärte oder mit bereits indizierten Objekten inhaltsgleiche Objekte) ca. 4000 Objekte; dauerindiziert gemäß § 7 GjS ca. 450 Objekte; insgesamt 7700 Objekte. Sie sind im Gesamtverzeichnis der indizierten Schriften, das jährlich von der BPS herausgegeben wird, verzeichnet.

Die Aufnahme in die Liste der jugendgefährdenden Schriften hat der Vorsitzende des BPS unverzüglich im Bundesanzeiger bekanntzumachen. Mit Auslieferung des Bundesanzeigers treten mit Wirkung für das gesamte Bundesgebiet die nachfolgend genannten Beschränkungen in Kraft: Wer Medien herstellt und damit handelt, muß sich laufend darüber informieren, ob sie indiziert sind, sei es durch Bezug des Bundesanzeigers oder auf andere Weise.

Die Wirkungen der Indizierung. Indizierte Medien dürfen nicht: 1. einem Kind oder Jugendlichen angeboten, überlassen oder zugänglich gemacht werden, oder 2. an einem Ort, der Kinder oder Jugendlichen zugänglich ist oder von ihnen eingesehen werden kann, ausgestellt, angeschlagen, vorgeführt oder sonst zugänglich gemacht werden (§ 3 GjS; Nr. 2 ist erst mit Wirkung vom 28.11.1973 eingeführt worden). Das Erzieherprivileg des § 21 Abs. 4 GjS stellt sicher, daß die zur Sorge für die Person Berechtigten Kindern und Jugendlichen jederzeit straffrei indizierte Medien anbieten, überlassen oder zugänglich machen können. Indizierte Medien dürfen nicht vertrieben, verbreitet oder verliehen, oder zu diesem Zweck vorrätig gehalten werden: 1. im Einzelhandel außerhalb von Geschäftsräumen, 2. in Kiosken oder anderen Verkaufsstellen, die der Kunde nicht zu betreten pflegt, 3. im Versandhandel oder 4. in gewerblichen Leihbüchereien oder Lesezirkeln (§ 4 Abs. 1 GjS).

Verleger und Zwischenhändler dürfen indizierte Schriften nicht an Personen liefern, soweit diese einen Handel der eben genannten Art betreiben oder Inhaber von Betrieben der eben genannten Art sind (§ 4 Abs. 2 GjS). Bei Belieferung von Kiosken, Straßenhändlern usw. durch Zwischenhändler (z.B. Grossisten) ist Mittäterschaft oder mittelbare Täterschaft des Verlegers möglich (BGH, Urteil vom 4.9.1973 5 StR 268/73). Dies ist besonders wichtig für dauerindizierte periodische Druckschriften wie Illustrierte, St.-Pauli-Blätter, Taschenbücher etc. Ein indiziertes Medium „darf nicht im Wege des Versandhandels in den räumlichen Bereich dieses Gesetzes eingeführt werden“ (§ 4 Abs. 3 GjS). Indizierte Medien dürfen nicht „öffentlich oder durch Verbreiten von Schriften angeboten, angekündigt oder angepriesen werden“ (§ 5 GjS), ausgenommen im Geschäftsverkehr mit dem einschlägigen Handel sowie Orten, die Kindern oder Jugendlichen nicht zugänglich sind und von ihnen nicht eingesehen werden können. „Das Verbot der geschäftlichen Werbung“ in § 5 Abs. 2 GjS dient dem Zweck, der Verbreitung derartiger Schriften möglichst entgegenzuwirken und ist mit dem Grundgesetz vereinbar, wie das Bundesverfassungsgericht 1971 ausdrücklich entschieden hat (Beschluß vom 15.6.1971 – 1 BvR 191/63). Die Beschränkungen gelten unbefristet, sofern es sich nicht um eine vorläufige Listenaufnahme (§ 15 GjS) handelt, die nur einen Monat wirkt, wenn sie nicht vom Zwölfer-Gremium bestätigt wird oder – wie bei der Dauerindizierung – (§ 7 GjS) von der Bundesprüfstelle für einen Zeitraum von 3 bis 12 Monaten ausgesprochen wird.

Besonderheiten für offensichtlich sittlich schwer jugendgefährdende Medien (§ 6 GjS): Für rassenhetzerische und gewaltverherrlichende Medien im Sinne von § 131 StGB, für pornographische im Sinne von § 184 StGB und sonstige offensichtlich sittlich schwer jugendgefährdende Medien gelten die vorstehend dargelegten Beschränkungen automatisch, d.h. ohne daß es einer Indizierung bedarf, kraft Gesetzes. Verstöße dagegen werden von der Staatsanwaltschaft und den Strafgerichten ohne Einschaltung der BPS geahndet. Nach Rechtskraft der Urteile kann die Indizierung über § 18 GjS erfolgen, sofern die Gewaltverherrlichung, der rassenhetzerische oder pornographische Charakter der Schrift festgestellt worden ist.

Die Bedeutung dieser Vorschrift liegt vor allem darin, daß der Gesetzgeber nach Auswertung von über 66 kontroversen Sachverständigenaussagen hier eindeutig die gesetzliche Vermutung dafür festgeschrieben hat, daß rassenhetzerische, gewaltverherrlichende und pornographische Schriften als offensichtlich jugendgefähr-

dend anzusehen sind. Damit ist für die Praxis die Diskussion um die Wirkung dieser Medien abgeschnitten.
Wann Medien pornographisch sind, hat der Gesetzgeber nicht festgelegt. Nach der Definition des Sonderausschusses des Deutschen Bundestages für die Strafrechtsreform sind pornographisch „Darstellungen, die 1. zum Ausdruck bringen, daß sie ausschließlich oder überwiegend auf die Erregung eines sexuellen Reizes beim Betrachter abzielen und 2. dabei die im Einklang mit allgemeinen gesellschaftlichen Wertvorstellungen gezogenen Grenzen des sexuellen Anstandes eindeutig überschreiten". In § 6 Nr. 3 GjS, in dem der Gesetzgeber „sonstige Medien, die offensichtlich geeignet sind, Kinder oder Jugendliche sittlich schwer zu gefährden", den automatischen Beschränkungen unterwirft, macht der Gesetzgeber deutlich, daß es neben gewaltverherrlichenden, rassenhetzerischen und pornographischen noch andere sittlich schwer jugendgefährdende Medien gibt. Dazu zählen insbesondere solche, die offensichtlich den Krieg, die Prostitution, die Promiskuität oder Straftaten verherrlichen oder verharmlosen. Die Offensichtlichkeit der Eignung zur schweren Jugendgefährdung ist bei diesen Medien dann gegeben, wenn jedem einsichtigen, für die Erziehung und den Schutz aufgeschlossenen Menschen ohne Mühe erkennbar ist, daß die Schrift eine schwere Gefahr für die sozialethische Persönlichkeitsentwicklung der Kinder und Jugendlichen darstellt. „Offensichtlichkeit erfordert nicht Erkennbarkeit auf den ersten Blick, d.h. ohne nähere Prüfung. Sie ist auch dann noch gegeben, wenn man z.B. ein Heft durchblättern oder „anlesen" muß. Deshalb schließt das „Einschweißen" von Heften oder der Aufdruck „Nur für Erwachsene" die Offensichtlichkeit nicht aus. Er muß es mit der dem Anliegen des Jugendschutzes gebührenden Sorgfalt durchsehen".
Das Bundesverfassungsgericht hat mit Beschluß vom 22. Juni 1960 (BVerfGE 11, 234) zur Frage der Zumutbarkeit einer Prüfung von Schriften unter dem Gesichtspunkt offensichtlich schwerer Jugendgefährdung ausgeführt: „Es kann und muß im Interesse des Schutzes der heranwachsenden Jugend von jedem, der den Vertrieb und die Werbung für Schriften der hier in Frage stehenden Art zur Grundlage seiner Lebensführung machen will, erwartet werden, daß er vorher sich die notwendige Sachkunde erwirbt, die ihn in die Lage versetzt, von den gesetzlichen Schranken seiner Tätigkeit Kenntnis zu nehmen, und sein Verhalten dementsprechend einzurichten".

Besonderheiten für die Anwesenheit von Minderjährigen bei öffentlichen Filmveranstaltungen (§ 6 JSchÖG). Das generelle Jugendverbot mit Erlaubnisvorbehalt besagt: Kindern und Jugendlichen ist die Anwesenheit bei öffentlichen Filmveranstaltungen verboten. Kindern unter 6 Jahren darf sie überhaupt nicht gestattet werden. Älteren Kindern und Jugendlichen nur unter folgenden Voraussetzungen: a) Film, Werbevorspann und Beiprogramm müssen von der obersten Landes(Jugend)behörde auf Antrag des Filmproduzenten, -verleihers oder Theaterbesitzers geprüft und für Kinder und Jugendliche ab 6, 12 oder 16 Jahre freigegeben und entsprechend gekennzeichnet sein (§ 5 JSchÖG Abs. 1, Abs. 5 und Abs. 4 i.V.m. § 89 JWG). Die obersten Landesjugendbehörden sind in allen Fällen Ministerien. In einem Teil der Bundesländer Arbeitsminister, in einem Teil der Bundesländer Kultusminister. „Filme, die geeignet sind, die Erziehung von Kindern und Jugendlichen zur leiblichen, seelischen oder gesellschaftlichen Tüchtigkeit zu beeinträchtigen, dürfen nicht zur Vorführung vor diesen freigegeben werden" bestimmt § 6 Abs. 3 JSchÖG wörtlich: „Die Freigabe des Films muß in deutlich erkennbarer Form an der Theaterkasse und am Einlaß des Lichtspieltheaters bekanntgemacht werden". Die Vorführung der entsprechend gekennzeichneten Filme muß spätestens bis 20, 22 oder 23 Uhr beendet sein.
Die obersten Landes(Jugend)behörden übertrugen die ihnen durch § 6 Abs. 4 JSchÖG auferlegten Prüfungsrechte und Prüfungspflichten durch Vereinbarung mit der Spitzenorganisation der Filmwirtschaft (SPIO) auf die Prüfungsausschüsse der „Freiwilligen Selbstkontrolle der Filmwirtschaft" (FSK) in Wiesbaden-Biebrich.

Aufgaben und Arbeit der FSK. Organisation und Verfahren der FSK sind in den Grundsätzen der FSK und den ergänzenden Grundsätzen der Jugendfreigabe geregelt. Die schriftliche Regelung „hinkt jedoch oft hinter der Praxis her". Die FSK ist eine Abteilung der Spitzenorganisation der Filmwirtschaft e.V. (SPIO). Die SPIO ist die Dachorganisation der drei Spartenverbände der Filmwirtschaft, der Verbände der Filmproduzenten, Filmverleiher und Filmtheaterbesitzer. Die FSK besitzt einen Instanzenzug von drei Ausschüssen, nämlich den Arbeitsausschuß, den Hauptausschuß und den Rechtsausschuß. Geprüft wurden früher alle deutschen und ausländischen Tonfilme, die im Gebiet der Bundesrepublik und West-Berlin zur öffentlichen Vorführung kommen sollen, nämlich: Spielfilme, Werbevorspanne, Kultur- und Dokumentarfilme, Wochenschauen und Tagesereignisse sowie Werbefilme. Seit Anfang 1975 ist dies nicht mehr gewährleistet, da z.B. die PAM-Kinokette, die amerikanische Pornofilme zeigt, nicht der SPIO und damit der FSK angehört. Ausgenommen von der Prüfungspflicht sind wissenschaftliche Filme und Unterrichtsfilme.
Die FSK entscheidet, ob der Film zur öffentlichen Vorführung freigegeben wird oder nicht, oder ob Schnitte oder Veränderungen vorzunehmen sind. Ferner wird gemäß § 6 JSchÖG über die Jugendfreigabe nach Altersstufen entschieden und darüber, ob der Film zur Vorführung an den sogenannten „stillen Feiertagen" gemäß landesgesetzlicher Regelung geeignet ist. Die Begründungen der Prüfungsentscheidungen müssen laut Vereinbarung zwischen SPIO und Antragsteller vertraulich behandelt werden. Dem Bund, den Ländern und den Mitgliedern des Hauptausschusses werden die Entscheidungen der FSK ohne Begründungen mitgeteilt. Die Begründungen der Jugendfreigabe

werden den obersten Jugendbehörden der Länder und dem Sekretariat der ständigen Konferenz der Kultusminister mitgeteilt. Sie dürfen nur für den internen Gebrauch verwendet werden.
Die Bindung an die Entscheidung der FSK soll durch die Verpflichtung der Mitglieder der Spartenverbände der Filmwirtschaft – des Produzenten-, Verleiher- und Theaterbesitzerverbandes – keinen von der FSK nicht geprüften Film zu verleihen oder aufzuführen, gesichert werden. Diese Verpflichtungen sind Teile der Satzungen der Verbände, beim Produzentenverband Teil der Schiedsverfahrensordnung. Die den Spartenverbänden nicht angehörigen Filmtheaterbesitzer waren den FSK-Entscheidungen durch die „Bezugsbedingungen für den Erwerb von Aufführungsrechten von Spielfilmen" unterworfen, die zwar nicht allgemeinverbindlich sind, aber in den wesentlichen Punkten allen Filmmietverträgen zugrundegelegt wurden. Überdies muß sich jeder Antragsteller bei der Stellung des Prüfantrages verpflichten, sich den Entscheidungen der FSK zu unterwerfen. Seit dem 17.11.1956 werden die Sanktionen für Verletzungen dieser Verpflichtungen nicht mehr von den Spartenverbänden, sondern den „Grundsätzen des Überwachungsverfahrens" von dem „Überwachungsausschuß der FSK" festgesetzt. Sie bestehen in Geldstrafen und Verweis.

Die Organe des J.s. Die wichtigste Aufgabe im Rahmen des J.s kommt den obersten Jugendbehörden der Länder, das sind Landesministerien, und dem Bundesminister für Jugend, Familie und Gesundheit zu. Während das Bundesministerium neben den Landesbehörden „nur" Antragsrecht bei der Bundesprüfstelle hat (und zugleich die Dienstaufsicht über die Bundesprüfstelle führt), obliegt es den Landesministerien außerdem, auf Antrag der Filmverleiher und Filmhersteller Kinofilmspiele, Werbevorspanne und Beiprogramme sowie die Werbung für Filme zu prüfen und für Jugendliche freizugeben. Zur Unterstützung ihrer Tätigkeit auf diesem Sektor finanzieren die Ministerien die Aktion Jugendschutz als eingetragene Vereine, mit der Bundesarbeitsstelle in Münster, finanziert vom Bund, und je einer Landesarbeitsstelle in den Bundesländern, finanziert jeweils von dem betreffenden Land. Außerdem sind die Jugendämter, Landesjugendämter, Rechts-, Ordnungs- und Gewerbeaufsichtsämter der Länder durch einschlägige Vorschriften angehalten, die Einhaltung der J.-Bestimmungen zu überwachen. In einigen Ländern werden die Eltern und Lehrer in einschlägigen Vorschriften ausdrücklich aufgefordert, den antragsberechtigten Ministerien jugendgefährdende Medien vorzulegen. Außerdem unterhält jedes Bundesland eine „Zentralstelle der Staatsanwaltschaft zur Bekämpfung gewaltverherrlichender, pornographischer und sonstiger jugendgefährdender Schriften". Ihre Aufgabe ist es vor allem, mit Hilfe der Polizei unmittelbar gegen Mißachtung der Beschränkung für offensichtlich sittlich schwer jugendgefährdende Schriften und indizierte Schriften vorzugehen.

J. in anderen Ländern. Die Bundesrepublik Deutschland ist keineswegs das einzige Land, das gesetzliche Bestimmungen zum Schutze der Jugend vor Mediengefahren kennt.
In der DDR ist die Herstellung und Verbreitung von Schund, Schmutz und jugendgefährdenden Erzeugnissen generell verboten. Über die Einhaltung wachen u.a. die Volkspolizei und alle Erziehungskräfte. Das Gesetz definiert: „Schmutz- und Schunderzeugnisse sind solche, die geeignet sind, bei Kindern und Jugendlichen Neigungen zu Rassen- und Völkerhaß, Grausamkeit, Menschenverachtung, Gewalttätigkeit, Mord oder andere Straftaten sowie geschlechtliche Verirrungen hervorzurufen". Jugendgefährdende Erzeugnisse sind „entgegen den Rechtsvorschriften in der DDR eingeführte Druck- oder ähnliche Erzeugnisse, Gegenstände, Tonträger oder nach deren Vorbild angefertigte Erzeugnisse, die solche Verhaltensweisen und Leitbilder propagieren oder verherrlichen, die mit der staatsbürgerlichen Erziehung der Jugend unvereinbar sind".
In Österreich kann die Bezirksverwaltungsbehörde von Amts wegen oder auf Antrag „bestimmte Druckwerke – ausgenommen Laufbilder – „die geeignet sind, die sittliche, geistige oder gesundheitliche Entwicklung jugendlicher Personen, insbesondere durch Verleitung zu Gewalttaten oder zu strafbaren Handlungen aller Art, durch Reizung der Lüsternheit oder durch Irreleitung des Geschlechtstriebes schädlich zu beeinflussen", von jeder Verbreitung an Personen unter 16 Jahren ausschließen, den öffentlichen Verkauf und die Werbung dafür untersagen.
In Italien ist die Herstellung und Verbreitung von „für Kinder und Jugendliche bestimmten Veröffentlichungen verboten, wenn sie wegen der diesen eigenen Sensibilität oder Erregbarkeit geeignet sind, ihr sittliches Empfinden zu beleidigen oder für sie einen Anreiz zum sittlichen Verderben, Verbrechen oder zum Selbstmord darstellen". Das gleiche gilt für solche Druckwerke, in denen „die Schilderung oder die Illustration von Polizeihandlungen und Abenteuern systematisch oder wiederholt in einer Weise vorgenommen wird, welche die Entfesselung gewalttätiger Instinkte und der sozialen Zuchtlosigkeit begünstigt".
In Dänemark macht sich strafbar, „wer einem noch nicht 16jährigen unzüchtige Bilder oder Gegenstände verkauft".
In Schweden wird bestraft, „wer unter Kindern oder Jugendlichen eine Schrift oder Abbildung verbreitet, die durch ihren Inhalt verrohend wirkt oder sonst eine ernste Gefahr für die sittliche Erziehung der jungen Personen mit sich führen kann".
In England ist verboten: die Herstellung und Verbreitung von Büchern, Zeitschriften oder ähnlichen Veröffentlichungen, die in die Hände von Kindern oder Jugendlichen fallen können und ganz oder hauptsächlich aus bildlich dargestellten Geschichten bestehen und folgendes beschreiben: „a) Die Durchführung von Verbrechen oder b) Gewaltakte oder Grausamkeit oder c) Vorgänge widerwärtiger oder scheußlicher Art, und zwar in einer Weise, daß die Veröffentlichung als

Ganzes zum Verderb eines Kindes oder eines Jugendlichen führen würde, in dessen Hände sie fallen könnte".

Kritik am J. Daß permissiv eingestellten Kreisen der J. zu weit geht und restriktiv eingestellten Kreisen nicht weit genug geht, ist selbstverständlich. Die Kritik, J. würde die Kunst zu Unrecht beeinträchtigen, ist durch das Grundsatzurteil des Bundesverwaltungsgerichts vom 16.12.1971 zu Recht zurückgewiesen worden. Die Kritik, J. würde „fernab wissenschaftlicher Erkenntnisse" arbeiten, ist inzwischen verstummt, nachdem die BPS seit 1970 im Zuge ihrer Prüfverfahren namhafte Wissenschaftler zur Erstellung von Gutachten gewinnen konnte. Besondere Bedeutung kommt der Kritik zu, daß ein Teil der bei der BPS antragsberechtigten Ministerien keine Anträge stellt, und somit Aufgaben des Jugendschutzes nicht wahrgenommen werden können. Besondere Bedeutung kommt auch der Tatsache zu, daß über die Frage der Wirkung von Massenmedien auf Kinder und Jugendliche noch wenig gesicherte Erkenntnisse vorliegen.

→Schund- und Schmutzliteratur

Sekundärliteratur: Der Jugendschutz bei Film und Fernsehen (in: Schriftenreihe Jugend im Blickpunkt. 1962). – H. Keller: Gewalt im Fernsehen (in: I. Horn (Hrsg.): Schriftenreihe des ZDF. 8. 1971). – J. Noltenius: Freiwillige Selbstkontrolle der Filmwirtschaft und das Zensurverbot des Grundgesetzes (1958). – R. Schilling: Literarischer Jugendschutz. Theorie und Praxis. Strategie und Taktik einer wirksamen Gefahrenabwehr (1959). – H. Selg (Hrsg.): Zur Aggression verdammt? Ein Überblick über die Psychologie der Aggression (⁴1975). – R. Stefen: Gewaltkriminalität durch Gewaltdarstellungen in Massenmedien? (in: Medien- & Sexual-Pädagogik. 1. 1973. 1.3–10); Der Film. Ein Medium für Porno und Gewaltverherrlichung (in: Herder Korrespondenz. 29. 1975. 12. 600ff.); (Hrsg.): Die Bundesprüfstelle, Rechts- und Arbeitsgrundlagen, Aufgaben, Organisation und Verfahren (1972); (Hrsg.): Grundsatzentscheidungen zum Jugendmedienschutz (1972); (Hrsg.): Über massenmediale Gewaltdarstellungen (1972); (Hrsg.): Jugendmedienschutz 1974 (1974); (Hrsg.): Massenmedien und Jugendschutz (1976). – E. Stümmer: Filmfreigabe und Filmbewertung. Eine Orientierung unter Berücksichtigung zahlreichen dokumentarischen Materials für Wissenschaft, Praxis, Verwaltung und Erziehung (1967, zus. mit G. Vogg). – W. Wohland: Informationsfreiheit und politische Filmkontrolle (1968).

Rudolf Stefen

Jugendpressewesen

Die Jugendpresse ist ein Teil der Jugendpublizistik und umfaßt alle periodisch erscheinenden Druckwerke, die für die Zielgruppe Jugend allgemein oder spezialisiert (altersspezifisch, geschlechtsspezifisch, interessenspezifisch usw.) herausgegeben werden, sei es von Verbänden, Institutionen, Verlagen oder Gruppierungen engagierter Jugendlicher. Im wesentlichen wird der Lebensabschnitt zwischen Pubertätsbeginn und Erwachsenenalter angesprochen, also die Phase der sich langsam ausbildenden psychosozialen Reife. Drei Funktionen übernimmt die Jugendpresse: Sie dient 1. als Mittel der Bildung und Unterhaltung (einschließlich der Ausbildung und politischen Bildung); 2. als Mittel der Selbstdarstellung, Kommunikation und Interessenvertretung; 3. als Mittel der Propaganda, Konsumwerbung und verlegerischen Profitierung (Marktobjekt).

Zur Entstehungsgeschichte. Historische Urzelle des J.s ist die Jugendzeitschrift, die in der zweiten Hälfte des 18. Jahrhunderts von Schriftstellern, Lehrern und Geistlichen ins Leben gerufen wurde. Im Zuge der Entwicklung von der konventionellen Bildungszeitschrift (mit pädagogischem Impetus) zum Medium der Kommunikation und Sozialisation (mit journalistischem Impetus) wie auch zum Marktobjekt und Anzeigenträger (mit ökonomischem Impetus) hat sich eine Annäherung an Bedingungen des allgemeinen Pressewesens vollzogen. Dementsprechend setzt sich zunehmend die Bezeichnung Jugendpresse durch.

Das J. in der Zeit des Nationalsozialismus war für die Jugendorganisation der NSDAP übersichtlich-planmäßig gegliedert und zentral gesteuert. Für die Mitglieder des „Jungvolks" war „Der Pimpf" bestimmt, für die Hitler-Jugend „Die HJ" und „Das deutsche Mädel" für den „Bund deutscher Mädchen" (BDM). Dazu kamen Führungsorgane („Wille und Macht" u.a.), Spezialzeitschriften („Sport der Jugend" usw.) und regionale Blätter. Die vom Nationalsozialistischen Lehrerbund herausgegebene Zeitschrift „Hilf mit" erreichte eine Auflage von annähernd 5 Millionen Exemplaren, da sie in den Schulen verkauft wurde.

J. seit dem Zweiten Weltkrieg. Die Entwicklung des J.s in der Bundesrepublik Deutschland können K. Friesikkes erste jugendpublizistische Bestandsaufnahme „Handbuch der Jugendzeitschriften" (1953) und die folgende, 1956 unter dem Titel „Handbuch der Jugendpresse" erschienene Ausgabe verdeutlichen. In dem offiziellen Bericht der Bundesregierung „Der deutsche Bundesjugendplan – Jugend in Freiheit und Verantwortung" (1961) finden sich die folgenden Aussagen zum J.: „Die Förderung des Jugendschrifttums, ursprünglich im Zuge des vorbeugenden Jugendschutzes geschaffen, ist im Verlauf der Jahre immer stärker zu einem Bildungsprogramm entwickelt worden. Als eine der ersten Maßnahmen sind die Hilfen für Jugendzeitschriften der Jugendverbände und Fachzeitschriften der Jugendarbeit zu nennen. Sie können sowohl für die Verbesserung der Gestaltung und die Verringerung der Unkosten als auch für die Werbung neuer Bezieher verwendet werden. Die Förderung hat dazu geführt, daß die Jugendpresse heute mit wenigen Ausnahmen eine feste wirtschaftliche Grundlage und in einer Gesamtauflage von fünf Millionen Exemplaren eine breite Streuung gewonnen hat" (S. 257). Auch im „Bericht über die Lage der Jugend und die Bestrebungen auf dem Gebiet der Jugendhilfe" (1965) werden Bedeutung des J.s und Notwendigkeit der Einzelförderung ausführlich dargestellt, gipfelnd in der Beurteilung: „Verglichen mit anderen Blättern hat die deutsche Jugendpresse einen hohen Stand" (S. 112). Auf dem 2. Deutschen Jugendhilfetag, der 1966 in Köln unter dem

Thema „Jugendhilfe und Bildungspolitik" mit 2000 Fachleuten durchgeführt wurde, war das J. ein wichtiger Programmpunkt. In den Katalog der Empfehlungen wurden folgende Dringlichkeiten aufgenommen: 1. Zentrale Beobachtung des Angebots an publizistischer Bildungshilfe, 2. Untersuchungen zur Soziologie des Lesers von Jugendzeitschriften, 3. Zentrale Public-Relations-Arbeit für die gute Jugendzeitschrift. „Das Elend der Jugendzeitschriften" hieß die 1967 erschienene Broschüre innerhalb der Schriftenreihe „Jugendliteratur heute" des Instituts für Jugendbuchforschung. In dieser kritischen Betrachtung wurden einige „Entwicklungsrichtungen des Jugendzeitschriftenwesens" angeprangert, indem vor allem der Jugend-Massenpresse die Tendenz zu sentimentaler Verharmlosung der Wirklichkeit, zu kesser Trivialisierung oder zu snobistischer Schockierung nachzuweisen versucht wurde. Im Jahr 1973 stellte der Deutsche Bundesjugendring seine 44. Vollversammlung unter das Thema „Jugendpresse in der BRD – Macht oder Ohnmacht?". Nach eingehender Diskussion definierte ein Arbeitskreis: „Als Jugendpresse werden Medien bezeichnet, die nicht an der Verbandsspitze angesiedelt sind, die ihren Ort zwischen den Gruppen haben und damit in erster Linie der horizontalen Kommunikation dienen". Die Fachzeitschrift für Presse und Werbung „ZV + ZV" versuchte in der Ausgabe vom 4.9.1973 eine Abgrenzung und Klassifizierung im J.: „Die jugendspezifische Presse läßt sich grob in kommerzielle und nichtkommerzielle Zeitschriften gliedern. Zu den nichtkommerziellen Zeitschriften sind alle von den Jugendlichen selbst redigierten Publikationen zu rechnen. Bei den kommerziellen Zeitschriften zeigt sich eine kleinere, aber dennoch bunte Palette".

Bei der Entwicklung des J.s hat der Trend zur Massenpublikation eine maßgebliche Rolle gespielt. Während es im Zeitschriftenwesen als optimal anzusehen ist, wenn jede Gruppe und jede Minderheit über eine eigene Publikation verfügen kann, verlangt das Prinzip der marktwirtschaftlich orientierten Presse eine hohe Auflage und dementsprechend mehr nivellierende Ausrichtung im Inhaltsangebot. Die Voraussetzungen für eine Verbreitung als Massenpublikation gelten auch für die Jugendpresse: 1. wenn die gesellschaftlichen Verhältnisse diese Art der Kommunikation begünstigen und ein echtes Interesse bei einer breit gestreuten Leserschaft besteht, 2. wenn ein verlegerisches Interesse besteht und die Möglichkeiten gegeben sind, eine breit gestreute Leserschaft durch perfektionierte Mittel der Werbung und des Vertriebs zu erreichen, 3. wenn staatlicherseits ein Interesse an breiter Streuung besteht und die notwendigen Mittel eingesetzt werden können zur kostenlosen Verteilung. Die gesellschaftlichen Verhältnisse waren nach 1945 gegeben, und es entstanden Diskussionsorgane der jungen Generation, über die H. ADAMIETZ in der Fachzeitschrift „Die Deutsche Zeitung" (August 1951) schrieb: „Die Verhältnisse im Nachkriegsdeutschland bis zur Währungsreform begünstigten die Entwicklung der Jugendzeitschriften in einem solchen Maße, daß man in Fachkreisen vom ‚Phänomen der deutschen Jugendpresse' sprach." Diese Blätter erreichten Auflagen von jeweils ca. 100000 Exemplaren. Bezeichnende Titel lauteten „Ende und Anfang", „Die Kommenden", „Zukunft", „Der Ruf". Zu den Schriftleitern gehörten Publizisten wie E. KÄSTNER („Pinguin"), C. AHLERS („Benjamin"), H. W. RICHTER („Der Ruf"), H. NANNEN („Zick-Zack"). Die gesellschaftlichen Verhältnisse änderten sich nach der Währungsreform 1948. Aus der Jugendzeitschrift „Zick-Zack" wurde die Illustrierte „Stern". Nicht mehr ideelle Motive waren ausschlaggebend für das Leseinteresse, sondern Großverlage suchten zielbewußt die junge Leserschaft zu erreichen. Dabei war vor allem „Bravo" erfolgreich, das in der magazinartigen Aufmachung einer Illustrierten „Deutschlands größte Zeitschrift für junge Leute" wurde. „Bravo" besteht seit 1956 und erreichte 1966 die Millionenauflage. 1972 wurden zwei Ausgaben in die Liste der jugendgefährdenden Schriften eingetragen, weil sie „normativ wirkten für resignative Realitätsabkehr, Minderwertigkeitsgefühle bis hin zur Lähmung der Leistungsmotivation und Leistungsidentität, Schulversagen und Schulflucht, Desintegration der Sexualität in die gesamtmenschliche Persönlichkeit und Flucht in Drogen und Alkoholgenuß". Der Deutsche Bundesjugendring warnte auf seiner Vollversammlung 1973 vor „Bravo", einer Jugendzeitschrift, „die in unverantwortlicher Weise die psychologische Unausgereiftheit der 11- bis 14jährigen dazu benützt, um mit der Schaffung unwirklicher Bilder der Gesellschaft die kritische Selbstverwirklichung junger Menschen zu verhindern und sie zu unkritischen Konsumenten gewinnorientierter Kapitalinteressen zu erziehen". In zahlreichen Untersuchungen wurde „Bravo" als exemplarischer Fall einer erfolgreichen Jugendillustrierten analysiert. Andere Pop-Journale, zum Teil international verflochten, erreichen dagegen nur Auflagen zwischen 100000 und 300000 Exemplaren.

In der Bundesrepublik war das J. in den fünfziger und sechziger Jahren durch ein vielfältiges Angebot gekennzeichnet. Im Handbuch der Jugendarbeit und Jugendpresse (1967) wurden 22 Kinder- und 149 Jugendzeitschriften erfaßt. Dazu kamen annähernd 1500 Schülerzeitungen und ca. 100 Studentenblätter. Seitdem hat es keine Bestandsaufnahme mehr gegeben. Die Situation hat sich wesentlich verändert. Kennzeichnend ist das Ergebnis einer Umfrage im Bereich der evangelischen Jugendpublizistik, das im September 1975 veröffentlicht wurde. Die vergleichende Analyse enthält einleitend folgende Feststellungen: „154 Titel mehr oder minder periodisch erscheinender Zeitschriften, Informationsdienste, Materialhilfen und anderer Publikationsformen konnten bei einer Bestandsaufnahme und Verbreitungsanalyse registriert werden, die innerhalb der Evangelischen Jugend Anfang des Jahres 1975 gestartet worden war, und deren Ergebnisse jetzt vorgelegt werden können". Die Studie zeigt, daß die evangelische Jugendpublizistik jedoch nur mit wenigen Organen die „Basis" erreicht; zwei von drei Blättern sind für Mitarbeiter bestimmt, jede vierte Publikation

wendet sich an die Mitglieder und nur 8 % zielen auf ein „allgemeines Leserpublikum".
Die Zusammenschlüsse, die sich innerhalb des J.s gebildet haben, verloren im Laufe der Jahre mehr oder weniger an Interesse und Resonanz. Für die Schülerzeitungen wurde 1952 eine Bundesarbeitsgemeinschaft „Junge Presse" ins Leben gerufen, die sich 1967 in „Deutsche Jugendpresse" umbenannte. Bis zu diesem Zeitpunkt wurde die bundeszentrale Aktivität durch regelmäßig erscheinende Informationsdienste unterstützt; danach verlagerte sich der Schwerpunkt auf die Landesarbeitsgemeinschaften. Ein Redakteursverband deutscher Studentenzeitschriften wurde 1959 gegründet, konnte sich aber, nachdem der eigene Informationsdienst „studpress" eingestellt wurde, nicht mehr halten. Der Jugendpresseclub e.V., eine Gruppierung aktiver Jugendpublizisten, wurde 1966 gegründet, um den Erfahrungsaustausch zu pflegen und die Fortbildung durch Seminare, Studienreisen und Schriften zu fördern. Herausgegeben wurden der Informationsdienst „Jugendpresse" (neunmal jährlich) und die Schriftenreihe „Hearing" (zweimal jährlich). Eine „Analyse der Jugendpresse" wurde in Verbindung mit dem Deutschen Bundesjugendring und fachkundigen Experten im Frühjahr 1975 begonnen.
Das erwähnte staatliche Interesse an einer Massenpublikation für junge Leute trat im Jahr 1974 auffällig in Erscheinung. Das Presse- und Informationsamt der Bundesregierung gab eine eigene „Zeitung für alle, die jung sind und arbeiten", kostenlos heraus, betitelt „Dingsbums". Die erste Ausgabe erschien im Oktober 1974, anschließend wurde vom Bundespresseamt bei dem infas-Institut (Bonn-Bad Godesberg) eine Untersuchung zur Meinungsforschung in Auftrag gegeben. Die umfangreiche Studie „Die Resonanz von Dingsbums" stellt eine Art Erfolgskontrolle dar. Im „Copy-Test"-Verfahren wurden junge Leute im Alter zwischen 15 und 24 Jahren intensiv befragt. Über das Medienverhalten der Probanden heißt es in der Untersuchung: „Knapp ein Drittel unserer Stichprobe, aber annähernd die Hälfte aller Jugendlichen in der Bundesrepublik, liest regelmäßig oder gelegentlich eine Jugendzeitschrift. Ein Blick auf die Analysegruppen zeigt, daß die jüngsten und die politisch desinteressierten Befragten unter diesen Lesern überdurchschnittlich vertreten sind". Durch die Herausgabe von „Dingsbums" hatte sich 1974 das Presse- und Informationsamt der Bundesregierung in das J. eingeschaltet, um den jungen Wahlberechtigten die Politik der Bundesregierung darzustellen. Das gleiche Amt hatte in der Zeit von 1953 bis 1962 einen „Spiegel der Jugendzeitschriften" herausgegeben, eine monatliche Zusammenstellung der politischen Thematik in der Jugendpresse; dieser „Spiegel" diente zur Information der Bundesregierung. Die großen Jugendverbände hatten zu jener Zeit noch eigene repräsentative Organe, die auch aus Mitteln des Bundesjugendplans gefördert wurden, die katholische „Wacht", die evangelische „Junge Stimme", „Aufwärts" vom Deutschen Gewerkschaftsbund, „Junge Gemeinschaft" der Sozialistischen Jugend – Die Falken. Insgesamt gab es Mitte der fünfziger Jahre 13 Jugendzeitungen im großen Zeitungsfomat.

J. in einigen anderen Ländern. Das J. hat in der Bundesrepublik seit Mitte der sechziger Jahre weitaus mehr an Bedeutung verloren als in anderen Staaten. Es zeigt sich, daß vor allem Länder, die ein gutes Verhältnis zur kulturellen Tradition und zur Sprache haben, gleichbleibend eine günstige Ausgangsposition für die Entfaltung der Jugendpresse bieten können. Das gilt zum Beispiel für Frankreich. Hier gab es 1968 noch 15 wöchentlich erscheinende Jugendzeitschriften (Gesamtauflage jährlich 124 Millionen Exemplare), 178 monatlich bzw. halbmonatlich erscheinende Publikationen (Gesamtauflage jährlich 157 Millionen Exemplare) und 47 Zeitschriften mit anderer Erscheinungsweise (Gesamtauflage jährlich 10 Millionen Exemplare). Dieses reichhaltige Angebot ist inzwischen allerdings zurückgegangen, jedoch nach wie vor beachtlich auf dem Sektor kultivierter Jugendmagazine. Es gibt einige pädagogisch orientierte Verlagshäuser, die mehrere Zeitschriften für die verschiedenen Altersstufen herausgeben mit Auflagenhöhen, die pro Ausgabe zwischen 80000 und 140000 Exemplaren liegen. Seit 1966 besteht eine jugendpublizistische Berufsvereinigung APIJ (Association Presse-Information-Jeunesse), in der auch die Journalisten vertreten sind, die in Rundfunk und Presse sich mit Jugendfragen befassen.
In der DDR erscheinen 15 Zeitungen und Zeitschriften im Verlag Junge Welt mit einer Gesamtauflage von 7,2 Millionen Exemplaren pro Ausgabe. Die Tageszeitung „Junge Welt", Organ des Zentralrats der FDJ, ist mit einer Auflage von 860000 Exemplaren die zweitgrößte Zeitung der DDR. Die „Trommel" ist das Organ der Thälmann-Pioniere. „Junge Generation" und „Pionierleiter" sind Funktionärszeitschriften. Alle 14 Tage erscheint die Studentenzeitschrift „Forum". Für Vorschulkinder wird „Bummi" und für Jungpioniere die „ABC-Zeitung" herausgegeben. Die Zeitschriften „practic", „technikus" und „Jugend und Technik" wenden sich an Jungen und Mädchen mit Interesse für Basteln, Naturwissenschaft und Technik. Zeitschriften mit Magazincharakter für Kinder sind „Atze", „Mosaik" und „Frösi". Ein weit verbreitetes Jugendmagazin ist die Monatszeitschrift „Neues Leben". Sechsmal im Jahr erscheint das Auslandsmagazin „Kontakt" in englischer, französischer und spanischer Sprache. Nähere Angaben finden sich in dem „Wörterbuch zur sozialistischen Jugendpolitik", Dietz-Verlag 1975, Ost-Berlin, Seite 294.
Die größte Jugendzeitung der Welt ist die Tageszeitung „Komsomolskaja Prawda", die der Kommunistische Jugendverband der UdSSR Komsomol seit 1925 herausgibt. Die Auflagenhöhe ist neun Millionen Exemplare. Der Komsomol gibt insgesamt 132 Jugendzeitungen, 28 Kinderzeitungen, 26 Jugendzeitschriften und 40 Kinderzeitschriften in 22 Sprachen der Völker der UdSSR heraus.

→Jugendmedienschutz, →Kinder- und Jugendzeitschriften

Literatur: T. Decaigny: La presse illustrée pour enfants et adolescents (1966). – K. Friesicke: Handbuch der Jugendpresse (1956); Zur Situation der Jugendpresse (in: Hearing. 1. 1968); Die Jugendpresse in der Sackgasse (in: Hearing 8. 1973). – G. Hermann: Umfrage zur Situation evangelischer Jugendpresse (1975). – J. Hoeren: Die katholische Jugendpresse 1945–1970 (1974). – Die deutsche Jugendpresse (in: Handbuch für Öffentlichkeitsarbeit. Kapitel VIII. Lose-Blatt-Sammlung. 1970). – C. Moesta: Die politische Aufgabe der Jugendpresse (in: Hearing. 2. 1969). – H. Müller: Das Elend der Jugendzeitschriften (1967). – H. Przybylski: Jugend und ihre Presse bis zum Jahre 1918 (in: Hearing. 9. 1974). – K. V. Riedel: Die Jugendpresse in der DDR (in: Hearing. 5. 1970). – H. Westphal: Handbuch der Jugendarbeit und Jugendpresse (1967, zus. mit K. Friesicke).

Konrad Friesicke

Jugendschriften → Kinder- und Jugendliteratur

Jugendschriftenbewegung

Als J. kennzeichnete sich die im vorigen Jahrhundert entstandene kritische Rezensentengruppe der Kinderliteratur und Jugendliteratur; die Auswirkungen auf die Literaturwissenschaft, auf Literaturdidaktik und Deutschunterricht und nicht zuletzt auf die Distributionspolitik der Verlagsprogramme sind bis heute sichtbar. Die J. wurde um die Jahrhundertwende hauptsächlich von der fortschrittlichen, zum großen Teil sozialdemokratisch orientierten Lehrerschaft der Großstädte (Berlin, Hamburg, Mannheim, Frankfurt, Wien) getragen, jedoch vor dem Ersten Weltkrieg entstanden kulturpolitische und kunsthistorische Richtungskämpfe, die zunächst in den zwanziger Jahren und später auf breiterer Basis in den fünfziger Jahren ausgetragen wurden.

Zur Vorgeschichte der J. Die J. ist nicht zu verstehen ohne den Hinweis auf die Anfänge des Jugendschrifttums der Aufklärung, insbesondere des Philanthropinismus. Goethe hat zwar im 1. Buch von „Dichtung und Wahrheit" kritisch vermerkt, daß es während seiner Kindheit „noch keine Bibliotheken für Kinder" gab; aber genau zum Zeitpunkt seiner Kritik war eine spezielle Jugendliteratur im Entstehen, die im folgenden Jahrhundert den Markt so überschwemmte, daß der Gedanke, die Jugendschriftenproduktion durch eine organisierte Jugendschriftenrezeption zu steuern, fast gleichzeitig an vielen Orten sogenannte Jugendbuchkommissionen begründete. Diese Praxis wurde zum Muster für die spätere J. Die Geschichte der J. muß aber auch im Zusammenhang mit der Geschichte der Lehrerorganisationen bzw. der Lehrervereine im 19. Jahrhundert gesehen werden. Der Allgemeine Deutsche Lehrerverein (ADLV) konzentrierte sich zwar noch in seinen Forderungen mehr auf die Ausbildung, Sicherung und Emanzipation der Lehrer und auf die Organisation der Schule als auf die schulische und außerschulische Literatur für Schüler und für die Jugend. Der Deutsche Lehrerverein (DLV) von 1871 aber wurde von den Landeslehrervereinen bereits mehr und mehr auf das Problem des Jugendschrifttums hingewiesen. In den Landeslehrervereinen nämlich hatten sich jene erwähnten Kommissionen in der Absicht gebildet, Verzeichnisse für empfehlenswerte Jugendliteratur aufzustellen. Verzeichnisse, die den journalistischen Organen der Landesvereine beigelegt wurden. Vom Berliner Lehrerverein ging die Initiative aus, die eigene Jugendschriftenkommission zusammen mit allen Kommissionen dem DLV anzugliedern. Der Lehrer P. Ziegler bemühte sich seit 1890 als Vorsitzender der Berliner Jugendschriftenkommission leider vergeblich um den Anschluß. Damit wurde bedauerlicherweise die Chance verpaßt, auf breiter organisatorischer Basis Einfluß zu gewinnen auf die Rezeption und rückwirkend auf die Produktion und damit auf die historische Entwicklung des Jugendschrifttums. Auf der Allgemeinen Deutschen Lehrerversammlung im Jahre 1893 in Leipzig, – der Deutsche Lehrertag verband sich mit dem DLV zur Allgemeinen Deutschen Lehrerversammlung – entstand die Zeitschrift der „Vereinigten Deutschen Prüfungsausschüsse": Die „Jugendschriften-Warte" (JSW). Der erste Redakteur war P. Ziegler, die erste Ausgabe erschien am 10. August 1893.

Die Situation nach der Gründung der Jugendschriften-Warte. Es geht der neuen Zeitschrift darum, „den guten Jugendschriften zahlreicheren Eingang zu verschaffen, die schlechte Ware aber niederzuhalten und zu bekämpfen" (JSW 1897. 1. S. 1 ff.). Im Jahre 1896 wird die JSW der Redaktion des Hamburger Lehrers H. Wolgast (1860–1920) unterstellt, den man gewiß nicht mit Unrecht, aber wohl ein wenig pointiert den „Vater der Jugendschriften-Bewegung" (M. Lange, a.a.O. S. 18) genannt hat. Der neue Redakteur bringt in dem bereits im 7. von ihm redigierten Heft sogleich unmißverständlich seine Kunstauffassung zur Geltung. Im Artikel „Zur Einführung" dankt er seinem Vorgänger P. Ziegler für dessen Arbeit, lobt dessen „Trommelwirbel" unter den Lehrern und Buchhändlern, schwenkt aber sehr bald ein in eine vorsichtige Kritik: „Solange die Jugendliteratur lediglich auf ihre intellektuelle und moralische Wirkung angesehen wird, bleibt die Frage eine rein pädagogische, ja man möchte sagen, methodische" (JSW 1896. 7. S. 25). H. Wolgast macht aufmerksam darauf, daß er bereits auf dem Lehrertag in Halle auf die Verbindung der „Jugendschriftenfrage mit der großen Literatur" hingewiesen habe und daß ihm daran gelegen sei, nachzuweisen, „daß allein der echte Dichter der berufene Jugenddichter sei" (ebda. S. 25). H. Wolgasts Prinzip aber kommt schließlich unmißverständlich zum Ausdruck in den Sätzen, in denen er das Postulat der Kunst zum Kriterium für die Beurteilung der Jugendschriften erhebt: „Ich hoffe, daß die Entscheidung zugunsten der künstlerisch wertvollen Jugendschriften fallen wird, – jener Jugendschrift, die der Erwachsene mit mindestens gleich starkem Interesse in die Hand nimmt, wie das Kind, die wie der

Robinson und Grimms Märchen, literarische Qualitäten hat" (ebda. S. 25). WOLGASTS Kunstprinzip wäre mißverstanden, wenn man es literarisch isoliert begreift; ästhetische Erziehung ist für ihn zugleich soziale Erziehung. WOLGAST ist der Meinung, daß Klassengegensätze nichts anderes seien als Bildungsschranken, die mit der Aufhebung der Bildungsunterschiede fallen könnten. Es geht WOLGAST darum, die Jugendschriften, die sich in den Dienst bestimmter religions-, national- oder parteipädagogischer Tendenzen stellen, auszusondern und nur „die aus dem Dichtungsbaum der Volksseele geborenen Kunstwerke" (ebda. S. 25) als Jugendschriften zuzulassen. Er ist überzeugt davon, daß mit der Erziehung zur Kunst dem Schund allmählich Nährboden entzogen würde.

Die J. hat durch WOLGASTS Kunstprinzip nachhaltige Impulse erfahren. Grundlegend dafür ist sein 1896 erstmals erschienenes Buch: „Das Elend unserer Jugendliteratur. Ein Beitrag zur künstlerischen Erziehung der Jugend". Beachtenswert ist u. a., daß er darin unter den seinerzeitigen politischen Verhältnissen den militaristischen Patriotismus kritisiert: „Gegenwärtig sind es, den politischen Zeitverhältnissen entsprechend, mehr der Patriotismus und die Religion, die das Gewand der dichterischen Form für ihre Zwecke mißbrauchen" („Elend", a. a. O. S. 22, auch S. 65). WOLGAST erfuhr als Redakteur sehr bald die Angriffe der Buchhändler im Verein mit den kritisierten Autoren, die angeblich aus Vaterlandsliebe und um der Rettung des Vaterlandes willen der Redaktion vaterlandslose Gesinnung vorzuwerfen sich beeilten. Der Kampf zieht sich über Jahre und erreicht seinen Höhepunkt kurz vor dem Ersten Weltkrieg.

Der Tendenzstreit. Dazu ein Beispiel: Der Autor und ehemalige Jugendschriftenprüfer W. KOTZDE und der Verleger J. SCHOLZ geben 1912 gemeinsam eine Kampfschrift heraus mit dem bezeichnenden Titel: „Der vaterländische Gedanke in der Jugendliteratur! Eine Streit- und Wehrschrift" (Mainz, Verlag J. Scholz). Die Schrift war Antwort auf eine Kritik der KOTZDEschen Jugendschrift „Stadttrompeter Kostmann", ein Jugendbuch, das der Berliner Jugendschriftenausschuß verwarf. Die beiden Autoren sind daraufhin der Meinung, daß es höchste Zeit sei, sich ernsthaft „um den vaterländischen Gedanken" (a. a. O. S. 1) zu sorgen, denn es stünden „große Werte auf dem Spiel". Beide Autoren machen den Versuch, die von der JSW deklarierte Tendenzfreiheit als Vorwand zu decouvrieren für die unauffällige Vermittlung der eigenen Tendenz. Das Postulat der Tendenzfreiheit sei ein Manöver zur Ablenkung von eigenen Plänen, die sich nicht zuletzt gegen vaterländische Verlage wie gegen die „Mainzer Volks- und Jugendbücherei" richteten. Die Autoren vermischen bei ihrer Apologie patriotischer Werte peinlich auffallend ideelle und ökonomische Interessen! Sie erhoffen durch einen Appell an die Lehrervereine Verständnis und Hilfe gegen die Hamburger Redaktion der JSW. Die Redaktion der JSW verliert jedoch keineswegs das Vertrauen der einzelnen Prüfungsausschüsse. Der Arbeitsausschuß des „Dürerbundes" wagt sogar einen bedeutsamen Schritt; es heißt in einer vom Bund abgefaßten Erklärung unmißverständlich, „daß der Kotzde-Scholzsche Angriff gegen die Hamburger ein geschäftliches Unternehmen zur Wahrung schriftstellerischer und buchhändlerischer Interessen sei, das durch die Eindringlichkeit, mit der es den vaterländischen Gedanken betont, Fernstehende über sein eigentliches Wesen täuschen" wolle (abgedruckt in der JSW 1913. 3. S. 19). Der Tendenzstreit war mit dieser Erklärung nicht abgeschlossen, sondern hatte ein Nachspiel im preußischen Abgeordnetenhaus. Obwohl der preußische Kultusminister den Prüfungsausschüssen sein Vertrauen aussprach, war die Reaktion im Abgeordnetenhaus unterschiedlich: Die Redner der Konservativen und des Zentrums meinten, sich gegen die Prüfungsausschüsse stellen zu sollen, während die Fortschrittliche Volkspartei unter der rednerischen Leitung von HOFF die Hamburger verteidigte. HOFFS Verteidigungsrede bildet fast den gesamten Inhalt der nächsten Nummer der Jugendschriften-Warte (JSW 1913. 6. S. 37–42): Den Pädagogen PAULSEN zitierend, würdigt er in bezug auf WOLGASTS Kunstprinzip die Arbeit der Prüfungsausschüsse: Sie hätten sich im Kampf gegen „diese patriotisch-chauvinistische Mache" vaterländische Dienste erworben. Den Tendenzbegriff aufgreifend resümiert er, daß jedes Buch eine Tendenz habe und präzisiert: „Was verurteilt wird, ist die tendenziöse Mache, die ... Dinge zu schildern wagt, wozu das dichterische Vermögen nicht ausreicht" (a. a. O. S. 38). Er rügt die Affäre als „Kulturskandal" (a. a. O. S. 42) und der Tendenzstreit scheint mit einem Sieg der Hamburger beendet. Er macht deutlich, daß WOLGASTS Kampf gegen die Tendenz seinerseits von einer bestimmten Tendenz dirigiert war. Es bleibt die Frage, ob WOLGASTS Deklaration der Tendenzlosigkeit Strategie war. Möglicherweise gehen Kunstglaube und kulturpolitische Strategie hier ineinander über: WOLGASTS subjektive Intention war gewiß bestimmt von einem naiven Glauben an die Erziehungsmacht der Kunst, an die ästhetische Erziehung; über seine subjektive Intention hinaus aber wird im Postulat der Tendenzfreiheit eine objektive, generelle Tendenz sichtbar: Die Erzieher wehren sich gegen die vom Markt inszenierte und vom Staat sanktionierte Beeinflussung des Bewußtseins zugunsten eines imperialistischen Nationalismus. WOLGASTS Kunstauffassung mag hinsichtlich ihrer subjektiven Intention mit gewissem Recht konservativ genannt werden; hinsichtlich der objektiven Tendenz allerdings läßt sich ihr progressives Moment nicht verleugnen.

Politische Divergenzen und weitere Entwicklung. Die J. hat mit der JSW unter der Ägide WOLGASTS durch das Postulat der ästhetischen Erziehung nach dem bewährten Muster bürgerlicher Literatur dazu beigetragen, die Entwicklung einer spezifisch sozialistischen Kinder- und Jugendliteratur zu hemmen. Die Sozialdemokratie, die an der Bewegung personell und ideologisch Anteil nahm, hat diesen Trend kulturpolitisch unterstützt. Auf dem Mannheimer Parteitag von 1906 wurde zwar von der ehemaligen Lehrerin CL. ZETKIN (1857–1933) und in den Leitsätzen zum Thema „Volkserziehung und Sozialdemokratie" eine sozialistische Jugendliteratur gefordert, zugleich aber hat der ehemalige Lehrer H. SCHULZ (1872–1932) die sozialistische Forderung auffallend im Sinne des sozialistischen Reformismus moderiert. Im Parteiorgan „Die Neue Zeit" zitiert er zwar die Mannheimer Sätze, nicht zuletzt zur Frage der Tendenz: „Solange aber der Klassenstaat besteht und die Volksschule als Werkzeug der Klassenherrschaft mißbraucht wird, kann sich die häusliche Erziehung nicht harmonisch an den Schulunterricht angliedern, sie muß vielmehr im großen Umfang bewußt und planmäßig den Tendenzen entgegenwirken, welche diesen verfälschen und vergiften" (Die Neue Zeit. 1907. Bd. 25. 1. S. 381). SCHULZ aber beruft sich gerne auf den sozialdemokratischen Politiker K. KAUTSKY (1854–1938), der als Redakteur der „Neuen Zeit" die sozialdemokratisch-reformistische Kulturpolitik bestimmte; richtungsweisend war dessen Satz: „Freilich, die Erörterung und Propagierung unserer Grundsätze kann nicht Aufgabe unserer Jugendliteratur sein" („Die Neue Zeit". 1893. 94. Bd. 12. S. 341). Der Tendenzkomplex macht die sozialdemokratischen Kulturpolitiker blind für ihre konkrete Aufgabe und blockiert somit die Handlungsfreiheit der J.

Die J. hat trotz hoher Verluste ihrer Mitarbeiter im Ersten Weltkrieg in der Weimarer Zeit ihre Arbeit fortgesetzt; sie hat sich aber nicht wehren können gegen eine Absorption durch die nationalsozialistische Bewegung. Die JSW wurde schließlich im Jahre 1935 von der Hauptamtsleitung des nationalsozialistischen Lehrerbundes übernommen. Die postulierte Tendenzfreiheit wurde nun abgelöst von einer bewußt gesteuerten Tendenz, mit der man das Jugendschrifttum rücksichtslos manipulierte. Nach dieser Erfahrung ist es um so erstaunlicher, daß mit der Neubelebung der J. und mit der erneuten Tätigkeit der JSW im Jahre 1949 das Problem der Tendenzfreiheit wieder akut wurde. Es ging den Gründern der neuen JSW, die übrigens wieder Hamburger Lehrer waren, um eine unverfälschte WOLGAST-Rezeption – wobei WOLGASTS historisch bedingter und somit relativ bzw. strategisch zu verstehender Tendenzbegriff unreflektiert wörtlich genommen wurde.

Freiheit um der Erziehung zum reinen Kunstgenuß willen ist ein durch die Erfahrung in der Geschichte überholter Standpunkt. Eine J. nur ästhetischer Provenienz trifft in den fünfziger Jahren auf scharfe Kritik bezeichnenderweise aus der DDR. G. HOLTZ-BAUMERT berichtet über ein Treffen der Jugendschriftler im Jahre 1955 und schreibt: „Im Protokoll steht: Herr Baumert glaubt, daß Tendenzlosigkeit unmöglich sei – der Verfasser dieser Zeilen rechnet sich diese seine damalige Meinung durchaus nicht als Ehre an, sie war eine Binsenweisheit. Nur die Uralt-Wolgastianer hatten sie immer noch nicht begriffen" (G. HOLTZ-BAUMERT, „Überhaupt brauchen wir eine sozialistische Literatur", a.a.O. S. 42).

Einige Zahlen und Daten (s. dazu: Foerster-Jäger: Ästhetische Erziehung, S. 40ff. und 242ff.). Zu den „Vereinigten Prüfungsausschüssen" und zur JSW: Die JSW steigerte bereits im ersten Jahr 1893 ihre Auflage von 8375 auf 22250 Exemplare. Die Auflagenziffer nahm zu, so daß in der JSW selbst konstatiert werden konnte, daß sie neben allen anderen Zeitungen die größte Verbreitung in der Schule habe (JSW 1900. 6. S. 21). Bei Kriegsbeginn im Jahre 1914 betrug die Auflage etwa 50000 Exemplare. Zu diesem Zeitpunkt arbeiteten etwa 130 Ausschüsse in den „Vereinigten Prüfungsausschüssen", die ihre Vorschläge nach Hamburg an die Redaktion zur Sichtung bzw. zur Veröffentlichung einsandten. Die zahlreichen Empfehlungen zur Lektüre des Jugendschrifttums also wurden in 50000 Exemplaren verbreitet, die zum größten Teil in den Schulen rezipiert wurden. Der Einfluß hatte Wirkung. Das zeigen die damals entstehenden Schülerbibliotheken und Kinderlesehallen, die Weihnachtsausstellungen und die in verschiedenen Publikationsorganen auftauchenden Verzeichnisse und Empfehlungen – nicht zuletzt die Ansätze einer wissenschaftlichen Befassung mit der Geschichte der Jugendliteratur etwa durch H. L. KÖSTER. Mit Ausbruch des Ersten Weltkrieges 1914 ging sowohl die Zahl der „Prüfungsausschüsse" wie die Auflage der JSW auffallend zurück und erlosch sogar für ein Jahr ganz. Es ist erstaunlich genug zu sehen, daß im Jahre 1920 wieder 128 „Prüfungsausschüsse" existierten und die Zeitschrift bereits eine Auflage von 40000 Exemplaren hatte. Bis zum Jahre 1933, also bis zum Ausbruch des Faschismus in Deutschland, stieg die Anzahl der „Prüfungsausschüsse" auf etwa 300; im Jahre 1935 wurde die JSW der Hauptamtsleitung des nationalsozialistischen Lehrerbundes integriert. Die Neugründung der JSW erfolgte im Jahre 1948 wiederum in Hamburg. Der alte Titel erscheint heute nur mehr im Kleindruck und ist im übrigen geändert in: Informationen Jugendliteratur und Medien – Jugendschriften-Warte. Als Herausgeber fungiert die Gewerkschaft Erziehung und Wissenschaft unter der redaktionellen Leitung von M. DAHRENDORF.

→F. Avenarius, →Dürerbund, →Epochen der Kinder- und Jugendliteratur, →Jugendschriften-Warte, →Nationalerziehung in der Kinder- und Jugendliteratur, →H. Wolgast

Sekundärliteratur: S. Foerster: Die ästhetische Erziehung in den Anfängen der Jugendschriftenbewegung (zus. mit E. Jäger. Examensarbeit. Gießen, 1974). – W. Fronemann: Das Erbe Wolgasts. Ein Querschnitt durch die heutige Jugendschriftenfrage (1927). – G. Holtz-Baumert: Überhaupt brauchen wir eine sozialistische Literatur... (1972). – H. L. Köster: Geschichte der deutschen Jugendliteratur in Monographien (1906–1908, [4]1927, NA. 1968). – P. Lang: Jugendschrift und Tendenz. Ein Beitrag zur Theorie der Jugendlektüre (1907). – M. Lange: Die fortschrittliche bürgerliche Jugendschriftenkritik am Jugendbuch des 19. Jahrhunderts und ihre Auswirkungen auf die Bildungsarbeit der Arbeiterklasse (Diss. 1957). – D. Richter: Das politische Kinderbuch. Eine aktuelle historische Dokumentation (1973). – H. Wolgast: Das Elend unserer Jugendliteratur: Ein Beitrag zur künstlerischen Erziehung der Jugend (1896, [7]1950).

Dieter Arendt

Jugendschriftenverzeichnis

J.se sind Listen, die eine (zumeist annotierte) Auswahl der lieferbaren oder neu erschienenen Kinder- und Jugendliteratur bieten, um Erziehern und anderen Literaturvermittlern oder den Jugendlichen selbst die Entscheidung beim Kauf und Entleihen von Jugendschriften zu erleichtern.

Allgemeine Aufgaben, vorhandene Ausgaben. J.se sind ein Mittel, die Nachfrage, die Verteilung und damit auch das Angebot auf dem Gebiet der Kinder- und Jugendliteratur zu kanalisieren. Die gewöhnlich periodisch erscheinenden Listen werden herausgegeben von Lehrer- und Bibliotheksorganisationen, oft in Zusammenarbeit mit Organisationen der Jugendbuchverlage; daraus ergibt sich ein wechselndes Mischverhältnis von pädagogischen und verkaufswerbenden Intentionen. Die Existenz des Mediums J. ist einer der Gründe für die Kontinuität der Bewertungskriterien und der angebotenen Gattungen in dem Teil der Kinder- und Jugendliteratur, der über Buchhandlungen, Bibliotheken und Schulen an die Heranwachsenden gelangt (während die Massenproduktion für Kaufhäuser nur indirekt von den tradierten Maßstäben beeinflußt wird). Daher lassen die in der Bundesrepublik Deutschland erscheinenden J.se in der Reihenfolge und Gewichtung der Gattungen (z.B. in der großen Zahl der aufgeführten Märchen und Sagen) noch den Einfluß der Jugendschriftenbewegung erkennen. Als einige der wichtigsten zumeist jährlich erscheinenden J.se sind zu nennen: „Das Buch der Jugend" (seit 1953), „Bücher für die junge Generation" (1960–1974), „Deutscher Jugendbuchpreis – Auswahl" (1966 und öfter) und „Die weiße Liste", außerdem „Lesen macht Freude" (von H. Schmidt, 1961 ff., seit ^{4}1962 herausgegeben von der Schulbüchereistelle der Duisburger Lehrerbücherei) und „Bücher für die Freizeit" (herausgegeben von der Einkaufszentrale für Öffentliche Büchereien, Reutlingen ^{1}1953); zu den überregionalen tritt eine große Zahl lokal oder regional verbreiteter J.se hinzu, z.B. die vom Büchereiwesen in Holstein für Kinder-, Jugend- und Schülerbüchereien herausgegebenen J.se „Der Grundbestand", „Das Sieb" und die dazugehörigen „Jahreslisten" und „Zusatzlisten".

Funktionen, Beurteilungs- und Gliederungskriterien. Die meisten dieser J.se versuchen mehrere Funktionen gleichzeitig zu erfüllen: sowohl Jugendlichen und ihren Eltern bei der Auswahl der Lektüre zu helfen, als auch Lehrer und Bibliothekare bei Aufbau und Erweiterung von Schüler- und Jugendbibliotheken zu beraten. Dabei scheinen die Vorstellungen von der primären Zielgruppe der J.se zu schwanken; bei einzelnen Verzeichnissen wechseln Jahrgänge, die sich an die erwachsenen Vermittler wenden, mit anderen ab, in denen Kinder und Jugendliche direkt angesprochen werden (z.B. „Das Buch der Jugend"). Gemeinsam ist den meisten J.sen, daß als Medium nur das Buch berücksichtigt wird (eine Ausnahme bildete „Die weiße Liste", die auch Jugendzeitschriften nannte). Die Beurteilungskriterien (soweit sie in den Inhaltsangaben erkennbar sind) betreffen Fragen der ästhetischen Form, der Altersgemäßheit, der Moral. Die Verfasser scheinen davon auszugehen, daß trotz verschiedener Bildungschancen und sozial unterschiedlichen Leseverhaltens grundsätzlich alle Jugendlichen die gleichen Leseinteressen besitzen; differenziert wird allein nach dem Alter. Hinzu kommt in den meisten J.sen eine Differenzierung nach dem Geschlecht – bei einzelnen fehlt diese Unterscheidung (wie ja auch in der Jugendschriftenbewegung die Berechtigung spezieller Mädchenbücher umstritten war). Aus der Ablehnung von „Tendenz"-Literatur in der Jugendschriftenbewegung läßt sich wohl erklären, daß die Gruppe religiöser Jugendbücher in diesen Listen nur vereinzelt auftritt. Bedenklich im Hinblick auf die politische Bildung Jugendlicher ist die Tatsache, daß besonders die frühen J.se in der Bundesrepublik Schriften über die deutsche Geschichte des 20. Jahrhunderts weithin aussparen.

Wandlungen seit den sechziger Jahren. Im Verlauf der sechziger Jahre läßt sich ein deutlicher Wandel feststellen; insbesondere ab 1968/69 nehmen einzelne Herausgeber verstärkt Bücher über kontroverse zeitgeschichtliche und politische Themen auf. Ein weiterer Wandel betrifft die wachsende Beachtung des Vorschulalters, was sich in noch stärkerer Betonung der Bilderbücher, aber auch in der Aufnahme von Titeln „zur frühkindlichen Bildungsförderung" (so der Untertitel der vom Deutschen Jugendschriftenwerk herausgegebenen Liste „Von 3–8", 1970ff.) ausdrückt. Gleichzeitig gewinnt in den J.sen (wie in der Buchproduktion) das Sachbuch an Raum. Eine Entwicklung ist auch in der Argumentation festzustellen, mit der die Notwendigkeit von J.sen begründet wird. Fallen anfangs häufig kulturpessimistische Vorstellungen auf – der abzuwehrende „negative Einfluß der Massenmedien", „Sorge um die Zukunft unserer Nation" („Die weiße Liste", ^{6}1962/63) –, so ist später allein von der Förderung des „guten" Jugendbuches und von der unübersichtlichen Fülle des Vorhandenen die Rede.

Andere Listen. Neben den genannten J.sen, die von Pädagogen oder Bibliothekaren verfaßt sind, gibt es eine Reihe anderer, die von kirchlichen Organisationen stammen und Bücher nach christlich-dogmatischen Kriterien auswählen und bewerten (so z.B. „Das gute Jugendbuch", herausgegeben vom Arbeitskreis „Das gute Jugendbuch"). Weniger in den Bewertungskriterien als in der anvisierten Zielgruppe unterscheidet sich von den üblichen J.sen die Liste „Bücher für dich und mich" (herausgegeben von der Hauptabteilung Jugend des DGB, Köln 1953), die sich an berufstätige Jugendliche wendet. Auch die Interessen der Kinder ausländischer Arbeitnehmer berücksichtigt „Bücher bauen Brücken" (herausgegeben von Missio, München 1974), das – Beispiel eines thematisch spezialisierten J.ses – „Kinder- und Jugendbücher im Dienste der internationalen Verständigung" auswählt.

→ Jugendschriftenbewegung

Sekundärliteratur: H. Schmidt: Bibliographie zur literarischen Erziehung (1967. 117–125 und 376f.). – H. Wegehaupt: Theoretische Literatur zum Kinder- und Jugendbuch (1972. 67–133).

Klaus F. Geiger

Jugendschriften-Warte

Name der traditionsreichen Verbandszeitschrift der Vereinigten Jugendschriften-Ausschüsse (VJA) in der Gewerkschaft Erziehung und Wissenschaft (GEW). Die J. gehört zu den ältesten, noch bestehenden Fachzeitschriften zur Jugendliteratur im deutschsprachigen Raum. Seit 1976 erscheint sie unter dem Titel „Informationen Jugendliteratur und Medien – Jugendschriften-Warte".

Zur Geschichte. Die J. wurde 1893 als Organ einiger Jugendschriftenausschüsse, die sich zu einem Verband zusammengeschlossen hatten, gegründet. Erster Schriftleiter war der Berliner Lehrer und Vorsitzende der dortigen Jugendschriftenkommission P. Ziegler. Der Hamburger Lehrer H. Wolgast (1860–1920) war dann von 1896 bis 1912 in einer Zeit heftigster ideologischer und ästhetischer Auseinandersetzungen um die „Jugendschrift" sein Nachfolger. Fr. Heyden wurde Nachfolger H. Wolgasts. Nach kurzer Unterbrechung Ende des Ersten Weltkriegs wurde die J. unter wechselnder Schriftleitung Hamburger Jugendschriftler fortgeführt. Zu ihren Mitarbeitern gehörten J. Barfaut, W. Fronemann, K. Vaupel und A. Herr. 1914 hatte das Blatt eine Auflage von 50000, nach 1918 war es – mit einer Auflage von 180000 bis 200000 Exemplaren – Beilage fast sämtlicher deutscher Lehrerzeitungen. Nach 1933, als die Vereinigten deutschen Prüfungsausschüsse für Jugendschriften aufgelöst wurden, bzw. mit ihrer Arbeit in den Nationalsozialistischen Deutschen Lehrerbund (Sitz Bayreuth) aufgingen, wurde auch die J. „gleichgeschaltet", wenn auch formell weitergeführt. 1949 wurde die J. wiederbegründet („Neue Folge") und erschien bis 1973 als Beilage der „Allgemeinen Deutschen Lehrer-Zeitung" (ADLZ), später „Erziehung und Wissenschaft" der GEW. Von 1951 bis 1955 war F. Westphal (Hamburg), 1955 bis 1972 Fr. Specht Schriftleiter, seit 1972 M. Dahrendorf. 1973 wurde das Blatt in „Informationen Literatur und Medien – Jugendschriften-Warte", 1976 „Informationen Jugendliteratur und Medien – Jugendschriften-Warte" umbenannt.

Zur Standortbestimmung. Die J. war in den ersten zwei Jahrzehnten ihres Bestehens heftig umstritten, da sie die kunsterzieherische, politisch den Sozialdemokraten nahestehende Richtung der Jugendschriftenbewegung vertrat und sich zwangsläufig mit der Staatsautorität, den konservativen Kräften und dem Buchgewerbe anlegen mußte. In den zwanziger Jahren und dann wieder in den fünfziger und sechziger Jahren unterstützte das Blatt entsprechend der kulturpolitischen Konzeption seines Verbandes den Kampf gegen „Schmutz und Schund" sowie die gesetzgeberischen Maßnahmen auf diesem Gebiet (1926 und 1953). Der das System, das den Schund hervorbrachte, letztlich stützende Kampf wurde allerdings begleitet von einer kritischen Auseinandersetzung mit konservativ-chauvinistischen Buchinhalten und kämpferischem Einsatz für eine fortschrittliche, gegenwartsbetonte Jugendliteratur. Die J. erregte 1955/56 Aufsehen durch H. Bödeckers Darstellung einer von den VJA getragenen umfassenden empirischen Untersuchung von Leseinteressen Jugendlicher, beteiligte sich seit 1967 an der Diskussion um eine Revision literaturdidaktischen Denkens, seit 1970 an einer Neubewertung der Comic-Literatur und setzt sich seit 1973 für neue Modelle der Schulbibliothek und -mediothek ein. Die J., jetzt „Informationen Jugendliteratur und Medien", enthält Diskussionsbeiträge, Berichte und Stellungnahmen, Kritiken aus den Landesverbänden der VJA, aber auch Beiträge Außenstehender. Seit 1972 erscheinen Schwerpunkthefte, z.B.: Jugendliteratur und Dritte Welt, Gastarbeiter im Jugendbuch, Beiträge zur Märchendiskussion, Mädchenliteratur heute, Situation der Jugendzeitschrift, Mediothek.

→Jugendschriftenbewegung, →Kunsterziehungsbewegung, →Vereinigte Jugendschriften-Ausschüsse, →H. Wolgast

Sekundärliteratur: P. Aley: Jugendliteratur im Dritten Reich (1967). – R. Bamberger: Jugendlektüre ([2]1965). – W. Fronemann: Das Erbe Wolgasts (1927). – A. Herr (Hrsg.): Schule und Jugendbuch. Aus der Arbeit der Vereinigten Jugendschriften-Ausschüsse. Material- und Nachrichtendienst (H. 75. 1956). – H. L. Köster: Geschichte der deutschen Jugendliteratur ([4]1927, NA 1968).

Malte Dahrendorf

Jugendschriftsteller →Kinder- und Jugendbuchautor

Jugendschutz, literarischer →Jugendmedienschutz

Jugendstil im Bilder-, Kinder- und Jugendbuch

J. ist die seit etwa 1897 gebräuchliche Bezeichnung der deutschen Variante einer international verbreiteten Stilbewegung (Art Nouveau) von etwa 1890 bis 1910, abgeleitet vom Titel der von G. Hirth 1896 begründeten Zeitschrift „Jugend" in München, die bis 1940 bestand. Bei den Vertretern des J.s besteht ein besonders großes Interesse, phantasievolle Motive – Märchen und Sagen – zu illustrieren und Natur artifiziell und zum Teil anthropomorph zu interpretieren. Buchgestaltung und Typografie einzelner Bilder- und Kinderbücher aus dem J. erreichen hohes künstlerisches Niveau. Der J. korrespondiert in Deutschland um 1900 und später mit verwandten Strömungen in Literatur und Pädagogik (Reformpädagogik, „Kunst vom Kinde aus"-Bewegung).

C. O. Czeschka. Illustration (doppelseitig) aus dem schmalen, aber kostbar ausgestatteten Band mit Franz Keims Wiedererzählung „Die Nibelungen" (Gerlachs Jugendbücher, Bd. 22, Wien–Leipzig 1900).

Abgrenzung, Stilmerkmale. Wie in allen freien und angewandten Künsten fand die Stilbewegung auch in der Illustrationskunst starken Niederschlag, besonders im Bereich der Kinder- und Jugendliteratur. Dennoch fallen nicht alle in diesem Zeitraum erschienenen Bilder-, Kinder- und Jugendbücher unter den Begriff des J.s, weil manche Illustratoren unbeeinflußt vom neuen Stil in der Manier des späteren 19. Jahrhunderts weiterzeichneten oder -malten, so z.B. H. Thoma (1839–1924) in seinen Büchern „Federspiele" (zus. mit H. Thode, Verlag H. Keller, Frankfurt/Main, 1892), „ABC Bilderbuch" (Jos. Scholz Verlag, Mainz, um 1905) und Landschaftsmalbücher im gleichen Verlag. Andererseits sind viele Bücher in Verbindung mit dem J. zu nennen, die nach dieser Stilepoche bis in die zwanziger Jahre erschienen sind.

Die inhaltlichen und äußeren Stilmerkmale jener Bewegung sind vielfältig. Zu den typischsten inneren Merkmalen des J.s gehörte das traumhaft melancholisch gestimmte Sehnsuchtsmotiv, das die Aufbruchstimmung zu neuen, erdentbundenen Gefilden ausdrückt; die Pflanze-Mensch-Metamorphose ist das bildhafte Signum dieses Weltgefühls, melancholisch nuanciert durch die unlösbare Verwurzelung der Mensch-Pflanze. Weitere Stilmerkmale sind vor allem die stilisierten vegetabilen Bildzeichen, Ranken und Rahmen in allen Anwendungsbereichen der freien und angewandten Künste. Das Ornamentale spielt überall eine führende Rolle, damit verbunden auch die konsequente Flächenordnung im ornamentalen Sinn und Betonung des Flächigen in Malerei, Grafik und Illustration. Ein anderes äußeres Merkmal ist die wellenförmige, meist schwellende Linie oder Linienstruktur. Die Farbgebung bewegt sich meist im Bereich blasser, pastellhafter Nuancen, die Ausdruck des Versuchs sind, das Traumhafte zu fassen.

Die Bedeutung E. Kreidolfs. Der heute bekannteste, weil qualitätvollste und charakteristischste Illustrationskünstler im Bereich der Kinderliteratur ist der Schweizer Maler E. Kreidolf (1863–1956). Seine zahlreichen Bilderbücher, zuerst im Schaffstein-Verlag (Köln), dann bis heute im Rotapfel-Verlag (Erlenbach-Zürich) erschienen, waren von Anfang an weit verbreitet. „Die Wiesenzwerge" (1902) erreichten 1965 (Neudruck) das 100. Tausend. Weitere im Schaffstein-Verlag erschienene Bilderbücher von E. Kreidolf sind „Blumenmärchen" (1898), „Fitzebutze" (1900), „Die schlafenden Bäume" (1901), „Schwätzchen für Kinder" (1902), „Alte Kinderreime" (1905), „Sommervögel" (1908) und „Der Gartentraum" (1912). Hinzu kommen die später im Rotapfel-Verlag publizierten Bilderbücher „Blumen-Ritornelle" (1921), „Alpenblumenmärchen" (1922), „Traumgestalten" (1922), „Ein Wintermärchen" (1924), „Lenzgesind" (1926), „Das Hundefest" (1928), „Grashupfer" (1931) und einige weniger bekannte Titel. Gerade E. Kreidolf bezeugt das lange Verharren im J.; seine in den zwanziger und Anfang der dreißiger Jahre erschienenen Bilderbücher tragen immer noch alle Merkmale dieser Stilrichtung. Um 1900 war er auch Mitarbeiter (mit Illustrationen und, vereinzelt, mit Texten) in der Zeitschrift „Knecht Ruprecht" (Schaffstein-Verlag), in den Sammelbänden „Der getreue Eckart" (ebda.) und „Jugendland" (Verlag Gebr. Künzli, Zürich) und im „Gartenlaube-Bilderbuch". In dem 1904 von R. Dehmel (1863–1920) herausgegebenen „Sammelbuch herzhafter Kunst für Ohr und Auge deutscher Kinder, Der Buntscheck" (Schaffstein-Verlag, Köln), einem der bedeutendsten Bilderbücher jener Zeit, erscheint E. KREIDOLF mit Bildern neben den damals und später bekannten Künstlern K. HOFER, E. R. WEISS und K. F. v. FREYHOLD. Von K. HOFER stammen die Bilder zu den Versen von P. DEHMELS „Rumpumpel" (1903, Schaffstein-Verlag), einem der bedeutendsten Bilderbücher im J. Einzelne Bilder weisen schon weit aus dem Formenreigen des J.s in das Vorfeld des Expressionismus. Unter K. HOFERS Einfluß entstanden 1904 bis 1906 K. F. v. FREYHOLDS Bilderbücher „Hasenbuch" mit Versen von CHR. MORGENSTERN (Verlag Br. Cassirer, Berlin) und die unter dem Titel „Bilderbuch" zusammengefaßten Titel „Band Sport und Spiel" und „Band Tiere" (H. & F. Schaffstein). In ihrer lichten Farbigkeit und frischen Heiterkeit sind sie allerdings der sonst strengen Weltsicht des J.s weit entrückt.

Horst Schulz. Ganzseitge Illustration zu Th. Schulze-Etzels Fabel „Der Turmfalke und die Gänse" (aus: Etzel und Ewers „Ein Fabelbuch", München 1908).

E. KREIDOLF verwandt, doch nicht in der gleichen Naturnähe und Frische, sind die Bilderbücher der schwedischen Künstlerin E. BESKOW (1874–1953), deren erfolgreichstes „Puttes äventyr i blåbärsskogen" (1901) unter dem deutschen Titel „Hänschen im Blaubeerenwald" (1903) im Loewes-Verlag Ferdinand Carl in Stuttgart, weniger dem J.-Bereich zugehört. Ebenfalls im Gefolge von E. KREIDOLF sind die Bücher von S. v. OLFERS (1881–1916) zu sehen: „Wurzelkinder" (1906), „Hasengeschichte" (1906) und „Was Marilenchen erlebte" (um 1907 bei J. F. Schreiber, Eßlingen, wo auch ihr Bilderbuch „Windchen" erschien).

Englische und andere Einflüsse. Woher E. KREIDOLF und die anderen Künstler die Anregungen zu den für jene Zeit so charakteristischen vermenschlichten Pflanzen und Tieren nahmen, ist nicht genau zu sagen. Jedenfalls muß der englische Einfluß eines W. CRANE ebenso beachtet werden wie der des französischen Zeichners GRANDVILLE, der diese Bildideen schon um 1840 formulierte.

Einen ganz anderen bildnerischen Tenor im Bereich des J.s repräsentieren in der Kinderliteratur jene Künstler, die an der Zeitschrift „Jugend" selbst mitarbeiteten: A. SCHMIDHAMMER (1857–1921) mit seinen Bilderbüchern in der Märchenreihe des Jos.-Scholz-Verlags („Rotkäppchen", 1904, „Tischlein deck dich", 1914) und mit seinen zahlreichen, teils erzählerischen, teils humorvollen Beiträgen in „Knecht Ruprecht" und „Der getreue Eckart" (Schaffstein). – J. DIETZ (1870–1957) mit „Dornröschen" (Scholz, 1904) und „Miaulina" (Schaffstein); auch er zeichnete für „Knecht Ruprecht". – A. MÜNZER (1870–1952) mit „Aschenputtel" (Scholz, 1904). – E. OSSWALD (1879) „Der Wolf und die sieben jungen Geißlein" (1910), „Ball der Tiere" (1912), „Der gestiefelte Kater" (1913), „Die Bremer Stadtmusikanten" (1928, alle im Verlg Scholz, Mainz). – W. GEORGI (1871–1924), Mitarbeiter in „Der getreue Eckart" und in dem recht trockenen Bilderbuch der „Jugend" unter dem Titel „Stadt und Land" von 1909. Auch FIDUS (d. i. H. HÖPPENER, 1868–1948), Mitarbeiter in „Knecht Ruprecht" und „Der getreue Eckart" sowie R. ENGELS mit „Rübezahl" (bei Scholz) gehören zum Kreis der „Jugend"-Illustratoren, weiterhin FR. KUNZ mit „Frau Holle" (1905, Scholz). Allerdings gehören die Zeichnungen dieser Künstler nicht alle zu den besten der „Jugend". Ihnen haftet meist eine trockene Vermengung von Historisierendem mit J.-Elementen an. Dagegen ragt unter den Märchenbüchern des um das künstlerische Bilderbuch so verdienten Verlags J. Scholz das Buch „Marienkind" (1904) der Wiener Künstler H. LEFLER (1863–1919) und J. URBAN (1872–1933) heraus. Gemeinsam gestalteten beide Künstler u. a. ab 1905 den „Märchen-Kalender" (Verlag M. Munck). Von H. LEFLER stammen die Bilderbücher „Die Prinzessin und der Schweinehirt" (Ges. für vervielfält. Kunst, Wien 1897) und „Kling-Klang Gloria" (1907, 1921 in Neuauflage bei F. Tempsky in Wien und G. Freytag in Leipzig). Zusammen mit KLOTZ-DÜRRENBACH in „König Jan" (Konegens Jugendschriftenverlag, Wien und Leipzig), mit M. KOEHLER in „Sommerfreunde" und „Klein Friedels Tag" (Konegens), mit C. KRENECK in „Die Goldene Gans" und „Hans und der Menschenfresser" (beide bei Konegens), mit G. MARISCH in „Der Pfannkuchen" (Konegens), mit M. MÜLLER in „Die zwölf Brüder" (1921; bei Blencke, Hamburg), mit H. PELLAR in „Der kleine König" (G. W. Dietrich, München) und mit FR. WACIK (1883–1938) in „Andersens Märchen" (1909; in „Gerlachs Jugendbücherei"), „Münchhausen" (Scholz) und „Prinz Eugen der edle Ritter" (1915; Verlag L. W. Seidel, Wien) vertreten H. LEFLER und J. URBAN die eigenwillige Wiener Komponente innerhalb des Art Nouveau, die sich durch ihre farbenprächtige und dekorative Flächengestaltung und oft stark tektonisches

Heinrich Vogeler (1872–1942). Illustration zu Heinrich Seidels Gedicht „Die Königin", welches die Blumen personifiziert und die Rose als deren Königin ausgibt. Auf Vogelers Abbildung wird der Rose die Hand von der Narzisse geküßt. Auf ihren Blütenblättern trägt sie ein Krönchen (aus: Gartenlaube Bilderbuch. Der deutschen Jugend gewidmet vom Verlag der Gartenlaube, Leipzig 1902).

Bildgefüge wesentlich vom deutschen J. unterscheidet. Die Bilderbücher der Wiener Sezession und Wiener Schule fanden auch in Deutschland weite Verbreitung, lange nach 1910 noch durch Bilderbücher im G. W. Dietrich-Verlag, München, der zugleich auch seine Bedeutung durch Bilderbücher in der expressionistischen Stilrichtung hat. Der Wiener C. O. Czeschka, seit 1908 in Hamburg, hat manche dieser Wiener Künstler wesentlich beeinflußt, besonders H. Müller.

Schlußvignette von H. Bek-Gran in dem bei Alexander Koch in Darmstadt 1907 erschienenen Buch „Darmstädter Kinder- und Märchenbuch".

Von ihm stammen die qualitätvollen Illustrationen zu Hebels „Erzählungen und Schwänke" (1920) in „Gerlachs Jugendbücherei" im Verlag von Gerlach & Wiedling (Wien und Leipzig), noch ganz im Stil der Wiener Sezession um 1900. Unter dem Wiener Einfluß (tektonischer Bildbau, mosaikartige Komposition aus klaren Farbflächen) steht – in deutlicher Abkehr vom Seelenüberschwang des J.s – das hervorragende Bilderbuch „Trari-Trara" von Fr. W. Kleuckens, um 1904 in der Steglitzer Werkstatt, Berlin, erschienen. Die stilistische Spannweite des J.s wird besonders augenfällig, wenn man dieses Buch mit den gleichzeitig oder wenig früher erschienenen Bilderbüchern des Worpsweder Malers H. Vogeler (1872–1942) vergleicht: „Die versunkene Glocke" nach G. Hauptmann (1898; Fischer & Franke, Berlin) und „Der Kaiser und die Hexe" (1900; Insel-Verlag von Schuster & Löffler, Leipzig). H. Vogelers stilisierte Landschaft und Pflanzenwelt, seine fast entseelten, überlängten Gestalten – das ist, bei aller hohen bildnerischen Qualität, Signum jenes traumhaften, kurzlebigen Stils im Art Nouveau. Innerhalb des meist unbedeutenden Bildmaterials im „Gartenlaube-Bilderbuch" von 1902 ragen H. Vogelers farbige Vollbilder weit heraus.
Weiter zu nennen ist H. R. v. Volkmann (1860–1927) mit „Strabantzerchen" (Schaffstein) und „Aus der schönen weiten Welt" (um 1902; Voigtländer, Leipzig), auch in „Knecht Ruprecht" arbeitete er mit, sowie W. Caspari mit „Aus Wald und Heide" (G. W. Dietrich, München), „Liebe alte Reime" (J. A. Steinkamp, Duisburg). Im „Gartenlaube-Bilderbuch", das schon 1911 im 66. Tausend vorlag, ragt er mit silhouettenhaften Zeichnungen in der Einflußsphäre des Engländers A. Beardsley heraus. Wenig bekannt ist das ausgezeichnet illustrierte Bilderbuch „In der Mäusewelt" mit Zeichnungen von L. W. R. Wenckebach, das um 1897 bei F. Krais in Stuttgart erschien. Zwar ist die lebendige Bildbewegung von J.-Charakter, doch im Ganzen ist hier eine eigenständige, nur wenig vom Zeitgeschmack beeinflußte Leistung zu sehen. Auch A. Wedekind mit seinen Bildern zu Fr. Wedekinds „Hänseken", 1896 bei A. Langen (Paris, Leipzig, München) steht seltsam zwischen J. (im Titelbild) und frühexpressionistischer Formenwelt. B. Wenig (* 1871) zeigt in seinen Bildern zu „Der Froschkönig oder der eiserne Heinrich" (in: Märchenbuch des Jungbrunnen, Berlin, 1900) interessante, an A. Beardsley gemahnende Stiltendenzen. Von C. Mickelait gibt es Bilder zu dem Kinderliederbuch (Text von H. v. Fallersleben) „Kuckuck, Kuckuck ruft aus dem Wald" (1909; A. Hahn's Verlag, Leipzig), die im Aufbau der Bilder, mitunter von Girlanden gerahmt, noch zum J. zählen. Aus dem Mitarbeiterkreis von Schaffsteins „Knecht Ruprecht" und „Der getreue Eckart" sind noch F. W. Hegenbarth, Th. Th. Heine, E. Liebermann, Fr. Stassen und E. R. Weiss zu nennen.

→E. Beskow, →J. Bierbaum, →Bilderbuch, →W. Bonsels, →R. Dehmel, →Epochen der Kinder- und Jugendliteratur, →K. F. v. Freyhold, →E. Kreidolf, →H. Lefler, →E. Liebermann, →H. v. Volkmann, →Fr. Wacik

Sekundärliteratur: I. Dyhrenfurth: Geschichte des deutschen Jugendbuches (^{3}1967). – H. A. Halbey: Das Bilderbuch in Deutschland im 20. Jahrhundert. Versuch einer kunstgeschichtlichen Orientierung (in: A. Cl. Baumgärtner (Hrsg.): Aspekte der gemalten Welt. 1968. 11–31); Das Bilderbuch im Jugendstil (in : Kl. Doderer (Hrsg. zus. mit H. Müller): Das Bilderbuch (1973, ^{2}1975. 225–272). – H. H. Hofstätter: Jugendstil. Druckkunst (1968). – B. Hürlimann: Europäische Kinderbücher in drei Jahrhunderten (^{2}1963); Die Welt im Bilderbuch (1965). – H. Kunze: Schatzbehalter alter Kinderbücher (1964).

Hans Adolf Halbey

Jugendtheater →Kindertheater

Jugendzeitschrift →Kinder- und Jugendzeitschrift

Jugoslawien

(Socialistička Federativna Republika Jugoslavija). Sozialistische Föderative Republik in Südosteuropa. Staatsgebiet: 255 804 km^2; Einwohner: 20 186 000. Nach der Verfassung vom 31. 1. 1946 ist die „Sozialistische Föderative Republik Jugoslawien" ein Bundesstaat, der aus den „Sozialistischen Republiken" Bosnien und Herzegowina, Makedonien, Slowenien, Serbien, Kroatien und Montenegro besteht. J. ist ein Nationalitätenstaat. 42 % der Bevölkerung sind Serben, 22 % Kroaten, 9 % Slowenen, 5 % Makedonier, 3 % Montenegriner und ungefähr 7 % Bosnier. Neben diesen Hauptvölkern gibt es in J. noch 12 % Minderheiten (Albaner, Magyaren, Türken, Slowaken, Bulgaren und Rumänen). Amtssprachen sind Serbokroatisch, Slowenisch und Makedonisch.

Entwicklung der Kinder- und Jugendliteratur und gegenwärtiger Stand. Die verschiedenen Sprachgruppen des Vielvölkerstaates J., die weitgehend auch eigene kulturelle Entwicklungen zu verzeichnen haben, zeigen im Hinblick auf Entstehung und Entwicklung der Kinder- und Jugendliteratur kein einheitliches Bild. Die drei verbreitetsten Sprachen sind Serbokroatisch, Slowenisch und Makedonisch. Das Serbokroatische bildet den größten Sprachbereich, es wird von rund 19 Millionen Einwohnern gesprochen. Von den sechs Bundesrepubliken J.s sprechen die Bewohner Serbiens und der Vojvodina, Montenegros, Bosniens und der Herzegowina, Kroatiens mit Dalmatien und Istrien serbokroatisch. Südslawische Sprachen haben dagegen Slowenien und Makedonien. Die Nationalminoritäten (ungefähr 2 Millionen Einwohner) sprechen zumeist noch ihre eigene Sprache. Zu dieser Sprachvielfalt kommt hinzu, daß es in J. auch zwei offizielle Schriften gibt: die lateinische und die kyrillische. Die beiden Schriften sind etwa im Verhältnis von 50:50 verbreitet. So benutzt man in Slowenien, Kroatien, Bosnien und Herzegowina zumeist die lateinische, in Serbien, Makedonien und Montenegro die kyrillische Schrift. In den Schulen werden beide Schriften gelehrt. Eine Betrachtung der Entwicklung und des gegenwärtigen Standes der Kinder- und Jugendliteratur in J. läßt sich getrennt nach den drei Hauptsprachgebieten vornehmen.

Die Entwicklung im serbokroatischen Sprachbereich. Die ersten Kinderbücher, die im serbokroatischen Sprachbereich erschienen, waren „Mlajši Robinzon", eine Übersetzung von CAMPES „Robinson der Jüngere" (Zagreb 1796, Hrsg. A. VRANIĆ), „Ezopove fabule za slavonsku u skulu hodeću dicu" (Aesops Fabeln für slawonische Schulkinder, übersetzt von M. A. RELKOVIĆ, Osijek, 1804) und die Übersetzung der Erzählung „Genovefa" von CHR. VON SCHMID (Zagreb, 1846). Als Zeitpunkt des Beginns einer eigenständigen serbokroatischen Kinderliteratur ist das Jahr 1850 anzusehen. In diesem Jahr gab der Pädagoge und Schriftsteller I. FILIPOVIĆ (1823–1895) in Zagreb ein Büchlein mit dem Titel „Mali tobolac" (Köcherchen) heraus, in dem es neben aus westeuropäischen Sprachen übersetzten und bearbeiteten Gedichten und Erzählungen auch einige Originalgedichte von FILIPOVIĆ gab. FILIPOVIĆ übersetzte und schrieb für Kinder, gab die erste Kinderzeitschrift „Bosiljak" (Basilie, 1864–1868) heraus. Er versuchte einen Zusammenschluß der Lehrer und Schriftsteller, die für Kinder schrieben und förderte die Gründung von Kinderbibliotheken. Außerdem schuf er 1871 das „Hrvatski pedagoško-književni zbor" (Kroatisches pädagogisch-literarisches Kollegium), eine Institution, die sich für die Herausgabe von Kinderbüchern einsetzte und schrieb die ersten Rezensionen über Kinderbücher.

Man kann die Zeit von 1850 bis zur Gegenwart in vier Entwicklungsperioden einteilen. Die erste, didaktisch-moralische Periode reichte bis 1913, als das berühmte Buch der Schriftstellerin I. BRLIĆ-MAŽURANIĆ um den Schusterjungen Hlapić erschien; die zweite Periode dauerte von 1913 bis 1933, dem Erscheinungsjahr der ersten Erzählung von M. LOVRAK. Die dritte Periode endete 1956 mit dem Erscheinen des ersten Gedichtbandes von G. VITEZ. Die vierte Periode umfaßt die zeitgenössische Kinder- und Jugendliteratur.

Didaktisch-moralische Literatur. Die spezifische Kinderliteratur nahm 1873 mit dem Erscheinen der Kinderzeitschriften „Smilje" (Strohblume) und „Bršljan" (Efeu) einen merklichen Aufschwung. Die erste Periode ist gekennzeichnet durch das Vorherrschen von Übersetzungen und Bearbeitungen, durch die Herausgabe zahlreicher Sammlungen volkstümlicher Märchen und Erzählungen sowie durch das Primat der pädagogischen Intention vor der ästhetischen Wertung. Autoren und Förderer von Kinderliteratur, wie auch die Redakteure der Kinderzeitschriften, kamen fast alle aus den Reihen der Pädagogen. Die deutschen Kinderbuchautoren FR. HOFFMANN und CHR. VON SCHMID erlebten zahlreiche Auflagen ihrer ins Serbokroatische übersetzten moralischen Erzählungen und übten einen großen Einfluß auf Inhalte und Stil der ersten serbokroatischen Kinderschriften aus. H. CHR. ANDERSEN wurde erstmals in der Zeitschrift „Smilje" 1873 übersetzt. Die erste Buchausgabe mit ANDERSENS Märchen erschien 1887. Ende des 19. Jahrhunderts beeinflußten die kritischen Stellungnahmen deutscher Theoretiker wie H. WOLGAST die einheimische Kinderliteratur. Die dominierenden Gattungen waren nun wieder das kurze Märchen, die kurze Erzählung, Gedicht und Fabel. Die ersten Versuche, längere Erzählungen für Kinder und Jugendliche zu verfassen, führten zu stark pädagogisierenden und sentimentalen Büchern wie „Tugomila" (1894) von J. THRUHELKA und „Sretni kovač" (Glücklicher Schmied, 1895) von V. KOSCEVIĆ. Von den zahlreichen Kinderbuchautoren der Zeit hebt sich K. KUTEN (1855–1894) durch seine Originalität, die Einfachheit seiner Sprache und die Nähe zu den Kindern positiv ab. Er schrieb rund fünfzig Gedichte für die Zeitschrift „Smilje". Im Geiste der mündlichen Erzähltradition vermied er alle Belehrung und wandte sich der einfachen Kinderwelt, dem Kinderspiel zu, zeigte in seinen Versen auch Anklänge an den Nonsense. Neben KUTEN schrieben auch bekannte Erwachsenenautoren wie A. HARAMBAŠIĆ (1861–1911) und J. MILAKOVIĆ (1861–1921) Kindergedichte. HARAMBAŠIĆ wie MILAKOVIĆ waren von dem in dieser Zeit sehr populären serbischen Kinderdichter J. J. ZMAJ beeinflußt. Als talentierte Kinderbuchautoren können auch gelten T. IVKANEC (1844–1912), L. TOMŠIĆ (1843–1902), D. TRSTENJAK (1848–1921) und V. KOŠCEVIĆ (1866–1920), sowie die Schriftstellerinnen A. KASSOWITZ-CVIJIĆ (1865–1936), M. POGAČIĆ (1860–1936) und J. BELOVIĆ-BERNADZIKOWSKI (1870–1946). Die beliebtesten Kunstmärchen für Kinder wurden von A. ŠENOA (1838–1881), dem berühmten kroatischen Romanautor, und von DJ. TURIĆ (1861–1944) verfaßt. ŠENOA war zwar kein Kinderschriftsteller, aber seine in gereimten Versen geschriebenen Märchen mit Motiven aus dem Volksmärchen und der kroatischen Folklore (povjestice) werden von den Kindern noch heute gern gelesen. Die schönsten davon sind „Postolar i vrag“ (Schuster und Teufel) und „Kugina kuća“ (Das Pesthaus). TURIĆ fand den Weg zum kroatischen Kindermärchen über das Volksmärchen, ANDERSENS Kunstmärchen und die Erzählungen von L. TOLSTOJ. 1909 veröffentlichte er den Band „Priče“ (Märchen). Die gelungensten daraus sind „Pastrva“ (Forelle) und „Prerano u proljeće“ (Vor Zeiten im Frühling). Obwohl diese erste Epoche nur wenig literarisch Wertvolles hervorbrachte, war sie von Bedeutung als Wegbereiterin einer künftigen eigenständigen serbokroatischen Kinder- und Jugendliteratur.

Die Epoche I. Brlić-Mažuranić. Diese zweite Epoche war durch die Vorrangigkeit des künstlerischen Ausdrucks in der Kinder- und Jugendliteratur und das Auftreten einiger Schriftsteller, die literarische Werke von bleibendem Wert schufen, gekennzeichnet. Zu den letzteren gehören vor allem V. NAZOR (1876–1949), der einen Teil seiner literarischen Werke den Kindern widmete, und die Schriftstellerinnen I. BRLIĆ-MAŽURANIĆ (1874–1938) und J. TRUHELKA (1864–1957), deren Bedeutung auf ihrem Werk als Kinderbuchautoren liegt. BRLIĆ-MAŽURANIĆ zählt inzwischen zu den Klassikern der kroatischen Kinderliteratur und gehört zu den bedeutendsten Literaten im serbokroatischen Sprachgebiet. Ihre Werke sind heute noch so lebendig wie zur Zeit ihrer Entstehung und auch in Übersetzungen verbreitet. V. NAZOR schrieb für Kinder Gedichte, Schauspiele, Legenden und Sagen. Den größten Erfolg erreichte er im Bereich des Kunstmärchens. Seine wichtigsten Arbeiten für Kinder entstanden von 1910 bis 1914, vor allem die Fassung für Kinder seiner berühmten märchenhaften Erzählung „Veli Jože“ (Großer Joseph), der Legende von dem heimatverwurzelten riesenhaften Helden, der von fremden Zwergen ausgebeutet wird, und seine bekanntesten Kindermärchen „Bijeli jelen“ (Weißer Hirsch) und „Minji“ (Der Kleine). Viele seiner Werke, die ursprünglich für Erwachsene geschrieben wurden, finden immer mehr den Weg in die Kinderliteratur. Die eigenständigste Vertreterin der kroatischen Kinderliteratur ist ohne Zweifel I. BRLIĆ-MAŽURANIĆ, die auch der „kroatische Andersen“ genannt wird, obwohl ihre Märchen keinesfalls unter dem Einfluß von ANDERSEN entstanden. Die Autorin stammt aus einer alten kroatischen Familie, die eine große Anzahl von Schriftstellern und Politikern hervorgebracht hat, von denen der berühmteste ihr Großvater I. MAŽURANIĆ (1814–1890) war. Sie schrieb zahlreiche Kinderbücher, doch gelten vor allem zwei davon als echte Meisterwerke. Es sind der Kinderroman „Čudnovate zgode šegrta Hlapića“ (1913; dt. Die verschwundenen Stiefel. Die wunderbaren Erlebnisse des Schusterjungen Gottschalk, 1959) und die Märchensammlung „Priče iz davnine“ (1916; dt. Aus Urväterzeiten, 1931). Das Erscheinen der Erlebnisse des Schusterjungen Hlapić war ein wichtiges Ereignis für die serbokroatische Kinderliteratur. Von den bekanntesten kroatischen Kritikern wurde dieser kleine Roman sofort zum „klassischen Buch“ erklärt. Der Roman beschreibt die Erlebnisse eines kleinen Schusterjungen, eines Waisenknaben, der vor seinem bösen Meister flieht. Er reist mit dem Hund seines Meisters eine Woche lang in der „großen“ Welt umher, hilft den Notleidenden und findet schließlich das entführte Töchterchen seines Meisters wieder, mit dem er nach Hause zurückkehrt. Obwohl die Erlebnisse in keinem Augenblick in den Bereich des Phantastischen übergreifen, sind die Umrisse der Erzählung nicht realistisch scharf. Der kleine Lehrling erobert den Leser durch sein heiteres Gemüt, seinen jugendlichen Optimismus und seine Geschicklichkeit. Noch höher hat die Literaturkritik den Band „Aus Urväterzeiten“ eingeschätzt. Die Märchensammlung enthält acht Märchen, die Elemente des Volksmärchens aufweisen. Trotzdem sind es keine Volksmärchen, sondern sehr eigenständige und originelle Gebilde der Autorin. Sie zeichnen sich durch den Reichtum an Einfallskraft, die lebensnahen Bilder und den individuell geprägten Sprachstil aus. Am Ende siegen nicht die Starken und Schlauen, sondern die Guten, die Unschuldigen und Klugen. Im bekanntesten Märchen „Šuma Striborova“ (Verzauberter Wald) kämpft die opferbereite Mutter mit Hilfe von Hausgeistern (Domaći) um ihren Sohn. Die Domaći sowie der Schusterjunge Hlapić gehören zu den beliebtesten Gestalten der jugoslawischen Kinderliteratur. Die beiden Hauptwerke der Autorin wurden in fast alle europäischen Sprachen übersetzt.

J. TRUHELKA, Lehrerin und Tochter eines Lehrers, erreichte den Höhepunkt ihrer literarischen Tätigkeit erst nach ihrer Pensionierung. Ihre bedeutendsten Kinderbücher sind die Erzählungen „Zlatni danci“ (1918; Goldene Tage), „Bogorodičine trešnje“ (1929; Madonnen-Kirschen) und „Dusi domaćeg ognjišta“ (1930; Geister des heimischen Herdes). Alle drei Bände bilden eine eigenartige Trilogie. Im Mittelpunkt der Trilogie stehen eigene Kindheitserlebnisse in Osijek. Die Bände erzählen von dem Mädchen Anica und seinen beiden jüngeren Brüdern. Es ist eine autochthone Welt, in der konservative Züge festgehalten sind, die aber in ihrer Ehrlichkeit und echten Kindbezogenheit für jede Kindheit in jeder Zeit gültig sind. Die drei Kinder gehören zu den eindrucksvollsten Gestalten der jugoslawischen Kinderliteratur. In die zweite Epoche gehören auch die Autoren N. PAVIĆ (* 1898), B. TONI (1874–1951), LJ. KRAJAČIĆ (1882–1970) und die Schriftstellerin J. GAZVODA RADOŠEVIĆ (1872–1959).

M. Lovrak und seine Zeit. M. LOVRAK (1899–1974), von Beruf Lehrer, der Geburts- und Sterbejahr mit E. KÄSTNER teilt, schrieb seine Kinder- und Jugendbücher zwar ohne Beeinflussung durch KÄSTNER, doch kann man in den Schriften der beiden Autoren in manchen Punkten Ähnlichkeiten entdecken. Auch bei LOVRAK sind die Haupthelden Kinder, die sich zusammenschließen und gemeinsam handeln. In seiner ersten Erzählung „Vlak u snijegu“ (1933; Zug im Schnee) hilft eine Gruppe von Kindern, die von einem Schulausflug zurückkehrt, die vom Schnee verwehte Lokomotive unter der Führung ihres kleinen Anführers wieder flott zu machen. In „Ružba Pere Kvržice" (1933; Peter Knötchens Bande), repariert der Junge Peter mit seinen Freunden eine alte Wassermühle. In „Devetorica hrabrih" (1958; Neun Kühne), führt eine Gruppe von Schuljungen aus der Stadt ihren kranken Kameraden in ein Dorf, in dem er langsam wieder gesundet. LOVRAK zeigt eine besondere Vorliebe für die Schilderung des Dorflebens, er nimmt lieber Jungen als Mädchen für die Hauptfiguren seiner Erzählungen und stellt nicht den Einzelnen, sondern die Gruppe in den Mittelpunkt der Geschichten. Seine Helden sind vor allem die Leiter von Kindergenossenschaften. Sie sind klug, gute Organisatoren und vermögen ihre Pläne erfolgreich durchzusetzen. Der Autor sieht in den Spielen der Kinder und ihrem Verhalten dabei, eine Einübung für das wirkliche Leben. Allerdings zeigen die mehr als zwanzig Bände für Kinder, die er geschrieben hat, nicht immer das gleiche hohe Niveau. LOVRAK ist bei acht- bis zwölfjährigen Kindern sehr beliebt. Seine große Popularität verhalf dem modernen Kinderroman in J. zur weiteren Verbreitung. Kritiker bemängeln an einigen Erzählungen LOVRAKS das zu starke Hervortreten der pädagogischen Absichten sowie Schwarz-Weiß-Malerei bei der Zeichnung der Buchhelden. Als Zeitgenossen LOVRAKS schrieben für Kinder auch die Schriftstellerinnen V. ŠKURLA-ILIJIĆ (1891–1971), Z. JUŠIĆ SEUNIK (*1905) und Z. KOLARIĆ-KIŠUR (*1894). Die Lehrerin D. MAKSIMOVIĆ wurde vor allem durch ihre Kindergedichte bekannt, die durch Optimismus, Patriotismus, Verständnis der kindlichen Psyche und eine tiefe Humanität gekennzeichnet sind. Für kleinere Kinder schrieb G. TARTALJA humoristische Verse, die noch heute bei Kindern sehr beliebt sind.

Auch der Erwachsenenautor A. VUČO schrieb noch vor 1939 zwei Verserzählungen für Kinder, die Themen aus dem Alltag des Stadtkindes aufgreifen und Anklänge an den Surrealismus zeigen. Während des Krieges und auch nach dem Kriege trat B. ĆOPIĆ mit seinen Kindergeschichten hervor. Dieser Autor zählt bis heute zu den beliebtesten und begabtesten jugoslawischen Kinderbuchautoren. Er kämpfte in der Widerstandsarmee und gilt in der jugoslawischen Kinderliteratur als der Chronist des Widerstandes gegen den Faschismus. So treten in seinen Erzählungen Kinder als Hauptfiguren auf, die zu Opfern des Widerstandskampfes wurden oder die sich als Helfer des Widerstandskampfes für die Befreiung einsetzten. Trotz der ernsten Ereignisse, die seine Erzählungen schildern, sind sie von einem optimistischen Humor getragen. In guter Kenntnis der Mentalität der bosnischen Bauern schuf ĆOPIĆ die Figur des legendären Partisanenhelden Nikoletina Bursać, der heute allen jugoslawischen Kindern vertraut ist.

Die Kinder- und Jugendliteratur der Gegenwart im serbokroatischen Sprachbereich. Eine reiche Entwicklung der zeitgenössischen serbokroatischen Kinderliteratur zeigte sich in den fünfziger Jahren. Neben dem noch der älteren Generation angehörenden G. KRKLEC (*1899), der seine „Telegrafske basne" (Telegraphische Fabeln) 1952 herausbrachte und dem Verfasser des modernen Kindergedichtes B. PAVLOVIĆ (*1922), der seine Gedichtsammlung für Kinder 1954 veröffentlichte, erwarb sich vor allem G. VITEZ (1911–1966) große Verdienste um die moderne serbokroatische Kinderliteratur. Seine erste Gedichtsammlung für Kinder „Prepelica" (Die Wachtel) erschien 1956. Es folgten „Sto vukova" (1957; Hundert Wölfe), „Kad bi drveće hodalo" (1959; Wenn die Bäume gehen könnten), „Gdje priče rastu" (1965; Wo Märchen wachsen). Zwar entfernte sich VITEZ von den herkömmlichen Reimschemata und den üblichen Themen, doch überzog er nie seine moderne Ausdrucksweise. Die Kennzeichen seiner Poesie sind der Reichtum an Motiven, das Spiel mit den Worten, der heitere und geistreiche Nonsense, aber auch lyrische Naturbeschreibung und kindgemäßes Phantasieren. In der rhythmischen Struktur lehnen sich seine Verse an die mündlich überlieferten Kinderreime, Ammenreime und Neckreime an. VITEZ ist noch immer der bekannteste und beliebteste Autor für Vorschulkinder und Schulanfänger. Eine große Anzahl jüngerer Schriftsteller ist aus seiner Schule hervorgegangen. Ähnlich populär als Kinderbuchautoren sind höchstens noch der Serbe J. J. ZMAJ und in Slowenien O. ŽUPANČIĆ. Auch andere Kinderbuchautoren des serbokroatischen Sprachbereichs suchten neue Wege in der Kinderpoesie, wie V. MAJER (1900–1975), D. IVANIŠEVIĆ (*1907), V. PARUN (*1922) oder D. CESARIĆ (*1902). Andere führten den Stil von VITEZ fort, wie S. JAKŠEVAC (*1916), S. FEMENIĆ (*1924) und M. KUŠEC (*1938). Neue Akzente brachten Z. BALOG (*1932) und G. BABIĆ (*1944). BALOG entwickelt auf originelle Art ein Spiel mit Worten und Nonsense. Nach dem Erscheinen seiner Sammlung „Nevidljiva Iva" (1970; Die unsichtbare Johanna) rückte BALOG mit an die erste Stelle von Kindergedichten. BABIC provozierte mit seiner schockierenden Gedichtsammlung „Strašna djeca" (1973; Schreckliche Kinder) bissige Polemik. Im Bereich der phantastischen Erzählung verläuft die Entwicklung weniger lebhaft. Unter zahlreichen Schriftstellerinnen, wie B. DOVJAK-MATKOVIĆ (*1920), N. IVELJIĆ (*1931), V. STAHULJAK (*1926), P. KATALINIĆ (*1927) und D. UGREŠIĆ (*1949) nimmt S. ŠKRINJARIĆ (*1931) mit ihren modernen und originellen Kunstmärchen eine besondere Stellung ein („Kaktus-bajke", 1970, Kaktusmärchen; „Ljeto u modrom kaputu", 1970, Sommer im blauen Mantel).

Im Kinderroman nehmen Kriegserlebnisse von Kindern, das harte Leben und die kühnen Unternehmen von Kindern in besetzten Städten und Dörfern großen Raum ein. Den größten Erfolg auf diesem Gebiet hatten die Schriftstellerin A. MARTIĆ (*1924) und der Journalist und Autor D. OBLAK (*1921). „Pirgo" (1953, Der Fleck), eine Erzählung von A. MARTIĆ, das bekannteste Werk dieser Art in der serbokroatischen Kinderliteratur, hat als Haupthelden einen Jungen und ein kleines Rehkalb, das Pirgo gerufen wird. Ihre Liebe zueinander steht als Protest gegen die Haßgefühle des Krieges. Das Buch erlebte zahlreiche Auflagen und wurde in viele Sprachen übersetzt. Die bedeutendste Erzählung von D. OBLAK „Modri prozori" (1958; Blaue Fenster) ist gekennzeichnet durch eine soziologisch und psychologisch genau erfaßte Darstellung des Lebens in Zagreb während des Krieges. LOVRAK fand talentierte Nachfolger in den Autoren I. KUŠAN (* 1933) und M. MATOŠEC (* 1929). Fast alle Erzählungen von I. KUŠAN berichten in lockerer Folge von den Erlebnissen eines Zagreber Jungen mit dem Spitznamen Koko und seiner Freunde („Uzbuna na Zelenom Vrhu“, Alarm in Zeleni Vrh; „Koko i duhovi“, Koko und die Gespenster; „Zagonetni dječak“, Der mysteriöse Junge). MATOŠEC hat rund ein Dutzend Kinderbücher geschrieben. Sein Hauptthema ist die Beschreibung von Stadtkindern und ihres Verhaltens im Alltag unserer Gegenwart. Seine bekanntesten Erzählungen sind „Posada oklopnog vlaka“ (1959; Der Panzerzug), „Veliki skitač“ (1965; Der große Stromer) und vor allem „Tiki traži neznanca“ (1961; Tiki sucht den Unbekannten). Auch Erzähler wie J. FINCI, D. KOSTIĆ, A. MIKIĆ, M. VUJAČIĆ und V. NIKOLESKI schrieben eine Reihe von Jugendbüchern, die sich mit Themen aus der Zeit des Widerstandes und des Befreiungskrieges gegen den Faschismus beschäftigen. Mit Kindergedichtsammlungen und Bilderbuchtexten traten vor allem ST. BULAJIĆ, B. V. RADIČEVIĆ, B. KOSIER und S. NASTASIJEVIC hervor. Auch G. BABOVIĆ, A. RISTIĆ, K. STEPANOVIĆ, V. CARIĆ, J. BARKOVIĆ, V. SARIĆ, A. HROMADŽIĆ, N. IDRIZOVIĆ, A. DIKLIĆ, N. TRAJKOVIĆ und C. VUKOVIĆ zählen zu den angesehenen Kinderbuchautoren des serbokroatischen Sprachbereiches. Besondere Erwähnung verdienen noch die beiden angesehenen Erwachsenenautoren G. KRKLEC und S. KOLAR, die auch einige Bücher für Kinder verfaßt haben. Verbreitet und beliebt sind vor allem die gereimten Fabeln von KRKLEC.

Die Entwicklung im slowenischen Sprachbereich. Wenn man die slowenische Kinder- und Jugendliteratur von ihren Anfängen bis in die Gegenwart untersucht, kann man feststellen, daß sie umfangsmäßig nicht sehr reich ist. Wie die Erwachsenenliteratur ist auch die Kinder- und Jugendliteratur ein Spiegel des slowenischen Nationalcharakters, des geistigen Lebens in Slowenien und ein Echo auf die literarischen Strömungen Europas, insbesondere Mitteleuropas, deren Einfluß Slowenien und seine Schriftsteller nicht entgehen konnten. Nicht zuletzt die geographische Lage und die geschichtliche Entwicklung Sloweniens haben dazu beigetragen, daß die ausländischen Vorbilder auch auf dem Gebiet der Kinder- und Jugendliteratur zu bestimmten Zeiten dominierten. Fast immer aber wird dieser Rückgriff auf ausländische Modelle zu einem bewußten Zugriff und dem Versuch, dennoch ein eigenständiges Werk zu schaffen. Die fremden Ideen führten nicht zu einer passiven Nachahmung durch die slowenischen Autoren, sondern befruchteten im Gegenteil ihre schöpferische Tätigkeit, indem sie gezwungen wurden, das reiche Angebot von Ausdrucksmöglichkeiten kritisch zu überprüfen und auch bei der Übernahme fremder Elemente ihren eigenen schriftstellerischen Impulsen den Vorrang zu lassen.

Anfänge der slowenischen Kinder- und Jugendliteratur. Der Beginn einer künstlerisch bedeutsamen Kinder- und Jugendliteratur datiert nicht vor der Mitte des 19. Jahrhunderts. Vor dieser Epoche bestand die für Kinder bestimmte Literatur aus Erzählstoffen, die der mündlichen Überlieferung des Volkes entnommen und nicht vor der zweiten Hälfte des 19. und dem Beginn des 20. Jahrhunderts aufgeschrieben und umgeformt wurden. Andere Kinderschriften hatten ihre Wurzeln in den allgemeinen Tendenzen der Erziehungsbestrebungen der Zeit. So hat die protestantische Reformbewegung, die sehr großen Nachdruck auf das literarische Niveau der slowenischen Sprache legte und sie im Interesse ihrer kirchlichen Bestrebungen einsetzte, der slowenischen Jugend ihr erstes Handbuch „Otročja biblija“ (1566) von S. KRELJ (1538–1567) gegeben. Die Aufklärungszeit, die eine gute Erziehung als Basis für die allgemeine Entwicklung des Kindes ansah, schuf mit „Kratkočasne uganke“ (1788) von M. POHLIN (1735–1801) eine Sammlung moralisch-didaktischer Intention wie sie in ganz Europa in jener Zeit hochgeschätzt wurde. Die darin enthaltenen Rätsel waren teils Übersetzungen, teils Adaptionen der volkstümlichen Literatur.

Das Werk des ersten slowenischen Dichters V. VODNIK (1758–1819) enthält auch Schriften, die für Kinder und Jugendliche bestimmt waren. Von ihrem Inhalt her reihen sich diese Gedichte in die utilitaristischen Tendenzen M. POHLINS ein, aber durch ihren Rhythmus und ihre Motive, die der Volkspoesie entstammen, kündigen sie eine Entwicklung an, die in der zweiten Hälfte des 19. Jahrhunderts ihren Höhepunkt erlebte. Aus der ersten Hälfte des 19. Jahrhunderts ist nur A. M. SLOMŠEK (1800–1862) zu nennen. Er war ein sehr fleißiger Autor und fand zahlreiche Nachahmer. Seine Schriften brachten jedoch keinen Fortschritt, weder im Inhalt noch in der Form. War das 18. Jahrhundert durch ein utilitaristisches Moralisieren gekennzeichnet, so finden wir jetzt die Werke von einem sentimentalen Pietismus einer verzögerten Romantik (CHR. VON SCHMID) überwuchert. Das Kinderbuchangebot wird jetzt auch stark durch Anthologien und Schulbücher bestimmt. In diese Zeit fällt auch das Erscheinen der ersten Kinder- und Jugendzeitschrift in slowenischer Sprache („Vedež“, 1848–1850), die allerdings im Grunde nur eine Anthologie war.

Die literarischen Forderungen von FR. LEVSTIK (1831–1887) aus dem Jahre 1858 waren nicht nur für die slowenische Literatur im allgemeinen, sondern auch gerade für die Kinder- und Jugendliteratur von Bedeutung. Seine Vorstellungen zur Kinder- und Jugendliteratur verwirklichte er in einem Gedichtzyklus mit dem Titel „Otročje igre v pesencah“ (1880), in der märchenhaften Erzählung „Martin Krpan“ (1858), die wie DEFOES Robinson ursprünglich für Erwachsene bestimmt war, sich aber bald zur Kinderlektüre entwikkelte, und in einer Reihe kritischer Essays, in denen er die Kinder- und Jugendliteratur seiner Epoche analysierte und kritisierte. Seinem Programm gemäß verwandte LEVSTIK, was den Inhalt und die Form betrifft,

in seinen Gedichten Material, das ihm die Volksdichtung anbot. Der Autor bemühte sich vor allem, die Welt des Kindes echt und unverfälscht wiederzugeben. Dabei griff er auf Erlebnisse seiner eigenen Kindheit zurück, die er im idyllischen Milieu von Dolenjska verlebte. Die Aktivitäten FR. LEVSTIKS auf dem Gebiet der Kinder- und Jugendliteratur fallen zusammen mit den Jahren, in denen er an der zweiten slowenischen Kinder- und Jugendzeitschrift „Vrtec" (1871) mitarbeitete. So erschien auch der Gedichtzyklus „Otročje igre v pesencah" zuerst in dieser Zeitschrift und erst viel später in Buchform. Diese Tatsache ist sicher mit ein Grund dafür, daß in den darauf folgenden Jahren die Publikation erzieherischer, devoter und patriotischer Kinder- und Jugendliteratur anwuchs.
In einer mehr durchgearbeiteten und um soziale Themen bereicherten Form findet man solche Tendenzen auch bei dem als Erwachsenenautor weltweit bekannten J. STRITAR (1836–1923). Seine Schriften für die Jugend, Gedichte, Erzählungen und Theaterstücke, wurden in den Jahren zwischen 1895 und 1906 veröffentlicht. Sie förderten den Konservatismus und die belanglose Vielschreiberei, deren Resultate langweilige, romantisch und sentimental verbrämte Schriften waren, vermischt mit einem Utilitarismus, der nirgendwo das Niveau der aufklärerischen Schriftsteller und Pädagogen erreichte. Das literarische Werk STRITARS für Kinder und Jugendliche ist um so mehr tragikomisch, als er doch selbst in seiner kritischen und theoretischen Periode eine solche unkünstlerische Literaturproduktion angegriffen hatte und seine Kinderschriften um die Jahrhundertwende erschienen, in einer Zeit, in der bedeutende Kinder- und Jugendbuchautoren wirkten.

Slowenische Kinder- und Jugendliteratur nach 1900. Zu Beginn des 20. Jahrhunderts lassen sich in der slowenischen Kinder- und Jugendliteratur zwei Richtungen unterscheiden: Kinder- und Jugendbücher, die sich an dem Ziel der Nationalerziehung orientierten und andere, die sich an ästhetischen Werten ausrichteten und die ihre Zielsetzung den Forderungen des deutschen Literaturdidaktikers H. WOLGAST entnehmen. 1900 erschien auch die neue Kinder- und Jugendzeitschrift „Zvonček", die die Theorien WOLGASTS übernahm. Wichtigstes Ereignis war um 1900 jedoch das Entstehen der literarischen Bewegung „Moderna". In ihrem Programm für die Kinder- und Jugendliteratur realisierte und überschritt sie zugleich die theoretischen Ansprüche von „Zvonček". 1900 erschien außerdem die zweite slowenische Gedichtsammlung für Kinder, „Pisanice" von O. ŽUPANČIČ (1878–1949). 1907 erschienen die Gedichte und Erzählungen für Kinder von D. KETTE (1876–1899), die zuvor nur in Zeitschriften abgedruckt worden waren, in einer posthumen Buchausgabe dieses früh verstorbenen Autors.
Der Erfolg O. ŽUPANČIČS gründete in der Tatsache, daß er es verstanden hat, die Welt des Kindes in all ihrem Reichtum, ihrer emotionellen Bedingtheit und ihrem unmittelbaren Übergang vom Realen zum Phantastischen darzustellen („Pisanice", 1900; „Lahkih nog naokkog", 1912; „Ciciban", 1915; „Sto ugank", 1915). Die sich an ästhetischen Werten orientierende Kinder- und Jugendliteratur Sloweniens des angehenden 20. Jahrhunderts erhielt ihre theoretische Festigung durch die Kritik, die O. ŽUPANČIČ 1911 an dem Werk „Pravljice" von FR. MILČINSKI (1867–1932) übte. In ihr stellte ŽUPANČIČ auch die bis heute aktuelle Forderung auf, daß „das Beste für die Kleinen gerade gut genug ist". Die slowenische Kinder- und Jugendliteratur verdankt ihre positive Entwicklung vor allem dem anspruchsvollen Werk und dem kritischen Geist zweier slowenischer Autoren, die in der „Moderna"-Bewegung großen Einfluß ausübten, nämlich ŽUPANČIČ und KETTE.
Die zwanziger und dreißiger Jahre sind durch neue Tendenzen gekennzeichnet, vor allem im Bereich des Kunstmärchens und der phantastischen Erzählung, aber auch der Umwelterzählung und ganz allgemein im Verlagswesen und auf dem Gebiet der Kinder- und Jugendzeitschrift. Neu ist die Hinwendung der Autoren zur psychologischen Differenziertheit, die Beachtung der kindlichen Psyche, aber auch das Interesse, das dem sozialen Milieu, das die Naturalisten als prägenden Raum menschlicher Bestimmungen betrachten, geschenkt wird. Die politischen Umwälzungen nach dem Ersten Weltkrieg helfen mit, die sozialen und nationalen Probleme an die erste Stelle rücken zu lassen. Die anspruchsvollen Schriftsteller lassen ihre Kindheit wieder auferstehen, entweder gebrochen durch das Prisma ihrer Kindheitserfahrungen, ihre beruflichen Überzeugungen und mit einem kritischen Blick auf die Gesellschaft (FR. MILČINSKI, „Ptički brez gnezda", 1917), oder in der Besinnung auf die in der Kindheit ausgestandenen eigenen Probleme und Ängste, die die Autoren durch die sozialen und nationalen Ängste zu erklären versuchen: FR. BEVK (1890–1970) „Tatič", 1923; „Jagoda", 1930; „Tovariša", 1934; „Pastirci", 1935; „Pesterna", 1939; „Grivajevi otroci", 1939; etc.). Manche, wie T. SELIŠKAR (1900–1969), gehen auch von einem betonten Klassenstandpunkt aus: „Bratovščina sinjega galeba" (1935); „Janko in Metka" (1939). Die soziale und patriotische Tendenz wird auch in den realistischen Tiergeschichten sichtbar, die A. CERKOVNIK (* 1894) schrieb („Ovtar Runo", 1937) und in den historischen Erzählungen von FR. SALEŠAKI FINŽGAR (1871–1962) wie „Pod svobodnim soncem" (1917) sowie in den Werken von V. WINKLER (1907–1975). Es ist auffällig, daß die bedeutendsten Kinder- und Jugendbuchautoren sich eines realistischen oder naturalistischen Stils bedienten und daß die anderen Stilrichtungen der Epoche die slowenischen Autoren entweder nicht beeinflußten oder nur in ihren Werken für Erwachsene zum Tragen kamen.

Kunstmärchen und phantastische Erzählungen. Die slowenischen Kunstmärchen schließen weitgehend an die überlieferte Volksdichtung an. Die Aufzeichnung von mündlich überlieferter Volkspoesie erfuhr ihren Höhepunkt mit der Veröffentlichung der Sammlungen von K. ŠTREKELJ. „Pravljice" (1911) von FR. MILČINSKI stellt eine Prosaadaption dar, die für Kinder bearbeitet ist. Der Autor hat dem Werk durch Hervorhebung des Satirischen und Humorvollen und der naturalistischen Elemente eine persönliche Note gegeben. Die Figuren des Volksmärchens machen auch den Charme der phantastischen Erzählung aus, die allerdings weniger abenteuerlich sind, wie im „Kekec“ von J. VANDOT (1883–1944). J.RIBIČIČ (1896–1969) dagegen entfernt sich von den überlieferten Volksmärchen und befriedigt das Recht der Kinder auf Phantasie, das damals gerade entdeckt worden war, in dem er seine Kinderhelden, mit denen sich die kleinen Leser zu identifizieren vermochten, in einer Welt kleiner Bestien ansiedelte („Čirimurci“, 1936; „Miškolin“, 1931; „Nana mala pioca“, 1937). Indem er auf die Figurenwelt des klassischen Märchens verzichtet, öffnet B. MAGAJNA (1904–1963) die Tür zur modernen phantastischen Erzählung mit seinen Erzählbänden „Pravljica o Vidu in labodu belem ptiču“ (1937) und „Racko in Lija“ (1943). Von einer überschäumenden Phantasie getragen, knüpfen die Geschichten jedoch an die Realität des Alltags an und werden so zu Trägern einer Aussage, die der Autor den Kindern vermitteln wollte.

Die Kindergedichte dieser Jahre sind von den Forderungen bestimmt, die ŽUPANČIČ in seinen Werken formulierte. Die Autoren bemühten sich, im Formalen wie im Sprachlichen ihrem Vorbild nahezukommen. Ihre Themen und Bilder finden sie in der Natur, in der Welt der Tiere und Pflanzen. Sie erproben alle Ausdrucksmöglichkeiten, von denen sie annehmen, daß sie der phantastisch-emotionellen Weltbetrachtung des Kindes entsprechen. A. CERNEJ (1900–1944), C. GOLAR (1893–1948), I. GRUDEN (1893–1948), K. PRUNKOVA (1878–1947) und G. STRNIŠA (1887–1970) gehören zu diesen Autoren.

Mitbestimmend für die slowenische Kinder- und Jugendliteratur in der Zeit zwischen den Weltkriegen waren die Kinderzeitschriften „Novi rod“ (1921) und „Nas rod“ (1929) sowie der Verlag „Mladinska Matica“. Die beiden Tendenzen, die nationalerzieherische und die ästhetische, waren beide im Programm dieses Verlagshauses vertreten. „Mladinska Matica“ veröffentlichte vor allem Werke mit ästhetischen Ansprüchen, die oft außergewöhnlich hohe Auflagen (bis zu 30000 Exemplare) erlebten.

Die slowenische Kinder- und Jugendliteratur nach 1945. Neue Dimensionen gewann die slowenische Kinder- und Jugendliteratur in quantitativer wie in qualitativer Hinsicht nach dem Zweiten Weltkrieg. Sie ist jetzt durch eine vermehrte Produktion von Texten charakterisiert, die das Programm von „Mladinska Matica“ fortsetzen. Zahlreiche Übersetzungen ausländischer Kinderbücher bereichern jetzt das Verlagsprogramm, man befaßt sich stärker mit den Problemen des Bilderbuches für die Kleinen, und die Gruppe der reich illustrierten populärwissenschaftlichen Bücher für die Jugend gewinnt an Einfluß (M. STUPICA, A. GOŠNIK GODEC, L. OSTERC, M. LUCIJA STUPICA, M. BIZOVIČAR, K. GATNIK etc.). Die Zahl der Zeitschriften für

Ančka Gošnik-Godec. Illustration aus dem Bilderbuch „Pastirček“ (Der kleine Schäfer), das 1972 in Ljubljana erschien.

Kinder und Jugendliche wächst; es erscheinen „Pionir“ (1943); „Ciciban“ (1945); „Pionirski list“ (1949); „Kuriček“ (1952). Sie sind reich illustriert und bringen sowohl erzählende Texte als auch solche, die das Interesse der jungen Leser für die verschiedenen wissenschaftlichen Sachgebiete befriedigen können.

Gleichzeitig zeigt sich ein erneutes Aufblühen der realistischen Kindergeschichte, die jedoch in stilistischer Hinsicht nichts Neues bringt, denn die Autoren fühlen sich der klassischen Tradition der Erzählung zwischen den beiden Kriegen verpflichtet. Was die Inhalte anbelangt, sind die neuen Erzählungen jedoch radikal verschieden. Die psychologischen, sozialkritischen und historischen Themen werden nun ersetzt durch das umfassende Thema des Befreiungskampfes gegen den Faschismus. Die Schriftsteller versuchen, an ihre eigenen Erfahrungen aus der Widerstandszeit anzuknüpfen. Die Autoren wollen ihre Erfahrungen Kindern zugänglich machen, indem sie eine bewegte Geschichte erzählen, deren Handlungsträger vor allem Kinder sind. Die historischen Ereignisse werden frei gestaltet, bleiben aber überzeugend; das Ende ist fast immer optimistisch, sogar dann, wenn der Autor den jungen Helden seiner Geschichte sterben läßt. Das größte Opfer, das die Kinder in diesen Kämpfen bringen, ist der Verlust ihrer Jugend (T. SELIŠKAR: „Tovariši“, 1946; „Mule“, 1948; FR. BEVK: „Mali Upornik“, 1951; J. RIBIČIČ: „Rdeča pest“, 1955; V. WINKLER: „Drejc z Višave“, 1956; A. INGOLIČ: „Udarna brigada“, 1946). Die wertvollsten Werke dieser Gruppe sind jene, in denen die Autoren nicht einfach die Erinnerung von Erwachsenen jungen Lesern vorsetzen, sondern wirkliche Erfahrungen von Kindern, die den Krieg erlebten, beschreiben (B. JURCA, *1914: „V pasti", 1935; „Gregec Kobilica", 1973; K. GRABEJŠEK, *1906: „SOS s TV 17", 1962; „Moja partinzanska oprema", 1974; L. SUHODOLČAN, *1928: „Skriti dnevnik", 1961; I. ZORMAN, *1926: „Gnezdo srčenov", 1968; FR. FORSTNERIČ, *1933: „Srakač", 1970).

Ein weiteres oft behandeltes Thema moderner Erzählungen ist der moderne Kinderalltag und da vor allem die Jugendkriminalität. Der erste, der dieses Thema aufgriff, war A. INGOLIČ (*1907) in „Tajno društvo PGC" (1958). Ihm folgten B. JURCA (*1914) mit „Uhač in njegova druščina" (1963) und „Vohljači in prepovedane skrivnosti" (1966). Zuletzt befaßte sich L. SUHODOLČAN mit diesem Problem in „Rumena podmornica" (1969). Die Technik, der die Autoren sich bedienen, bleibt dieselbe wie in den Kriegsgeschichten. Auch um dieses soziale, interessante Problem in die Kindererzählung so umzusetzen, daß es von den jungen Lesern verstanden wird, bedient man sich der ereignisreichen Geschichte, die sich der Abenteuergeschichte annähert. Die Normen der Gesellschaft werden durch die Verhaltensweisen der Erwachsenen repräsentiert, die durch ihr Unverständnis und Mißtrauen die jungen Menschen ins Verbrechen treiben, so daß die Gesellschaft schuldig wird, ohne es im juristischen Sinne zu sein. Oft übertreiben die Autoren bei der Darstellung der kindlichen Helden, die in einer unrealistischen Reinheit geschildert werden, was bis zu ihrer Verhimmelung führt. Auch zu diesem Themenkreis stammen die besten Leistungen von Schriftstellern, die aus unmittelbarer Erfahrung zu berichten vermögen, wie z.B. M. MIHELIČ (*1912) mit „Pridi moj mili Ariel" (1965) oder P. ZIDAR (*1932) mit „Pišem knjigo" (1970) und „Kukavičji Mihec" (1972).

Die realistische Tiergeschichte versucht die moderne Tierpsychologie zu akzeptieren (M. TRSAR, *1922: „Zgodbe o psu Riku", 1968; J. VIPOTNIK, *1917: „Zgodbe o Diku", 1972).

Die kindliche Erlebniswelt bildet unter anderem Blickwinkel auch das Zentralthema der modernen phantastischen Erzählung, die durch das Spiel mit der Phantasie die Realität deutlicher werden läßt. Dieses Spiel ist sehr frei. Zwischen Bewußtem und Unbewußtem, zwischen Traum und Realität gibt es keine Grenzen. Dieses Spiel der Phantasie beherrscht alle Dimensionen und drückt ihnen seine eigenen Gesetze auf, die vom logischen Blickpunkt aus absurd erscheinen können, die aber in sich eine eigene kindgemäße Logik entwickeln. Die

Lidija Osterc. Illustration zu dem 1964 in Zagreb erschienenen Bilderbuch von Ela Peroci „Kućica od Kocaka".

einzig greifbare Realität in diesem Genre sind die unvorhergesehenen und gefährlichen Umsteigepunkte, in denen sich der Übergang von der Realität in die Phantasie und umgekehrt vollzieht. Fast ist es die Regel, daß die Welt der Erwachsenen, die Welt der Erwachsenenlogik in der phantastischen Erzählung an den Rand gedrängt wird. Deshalb greifen die modernen Autoren dieses Genre gerne zu dem Stilmittel des Traums. Zu ihnen gehören: L. Kovačič, *1928: „Zgodbe iz mesta Rič-Rač", 1962; V. Zupan, *1914: „Potovanje v tisočera mesta", 1956; K. Brenk, *1911: „Srebrna račka zlata račka", 1974. Die Welt des Kinderspiels benutzen: E. Peroci, *1922: „Za lahko noč", 1964 und „Moj dežnik je lahko balon", 1955; B. Jurca: „Beli konjič", 1967. Andere Autoren verlegen ihre Geschichten in ferne und exotische Welten, so V. Pečjak, *1929: „Drejček in trije Marsovčki", 1961, oder lassen sie in einem fiktiven Tierreich spielen wie J. Snoj, *1934 („Avto moto mravlje", 1975) und S. Makarovič, *1939 („Kosovirja na leteči žlici", 1974 und „Pekarna Mišmaš", 1974).
Phantasie und kindliches Vorstellungsvermögen beherrschen auch das moderne Kindergedicht, das in gewisser Hinsicht noch auf derselben Linie liegt wie die Dichtungen Župančičs. Jedoch hat die aktuelle Variante weitgehend die Beziehung zur traditionellen Volkspoesie verloren und auch die Natur bleibt zunächst ausgespart. Deshalb dominiert in den Motiven und den Empfindungen der modernen Kinderlyrik vor allem das Kinderspiel. Die modernen Autoren gehen davon aus, daß das Kind nur solche Elemente realisiert, die es in seine Spielwelt einbeziehen kann. Moderne Kindergedichte schreiben K. Kovič (*1931): „Franca izpod klanca" (1963); N. Grafenauer (*1940; „Pedenjped", 1966); J. Snoj („Lajna drajna", 1971); J. Šmit (*1922; „Ježek se ženi", 1974); N. Maurer (*1930; „Kam pa teče voda", 1972). Eine intime und lyrische Note verbirgt sich in den Versen von D. Zajc (*1929; „Bela mačica", 1968; „Vesela abecedarija", 1975) und T. Pavček (*1928; „Maček na dopustu" und „Cenčarija", 1975).

Die Entwicklung im makedonischen Sprachbereich. Im 14. und 15. Jahrhundert wurde Makedonien von den Türken überfallen. Die Eroberer setzten sich aus zwei Gruppen zusammen, den Großgrundbesitzern und den Bauern. Große Gebiete wurden unter die Anführer der Ottomanen aufgeteilt. Überall fand man danach diese feudalen Herren, die auf großen Höfen (čifliki) lebten. Das makedonische Volk litt sehr unter der türkischen Herrschaft. Fünf Jahrhunderte beherrschten die Ottomanen die makedonische Bevölkerung, die in schlechten und ärmlichen Verhältnissen leben mußte.

Erzählungen, Volksmärchen und Sagen. Am Anfang der makedonischen Kinder- und Jugendliteratur standen mündlich überlieferte lyrische und epische Dichtungen, Erzählungen und Sagen, die von Erzählern vorgetragen wurden. Ein Teil dieser Dichtungen fand schon früh Zuspruch bei den Kindern. Die bedeutsamsten epischen Lieder sind „Kuzman Kapidan", „Bolen Dojčin" (Kranker Dojčin), „Malina Moma i Goce Delčev" (Das Mädchen Malina und Goce Delčev) und alle Lieder um „Krali Marko". Für die Jüngeren sind vor allem die Tiergeschichten ansprechend. Es gibt darunter sehr alte überlieferte Erzählungen, so vor allem „Der Fuchs und der Wolf" und „Der Wolf und der Esel". Sehr viel knapper, aber ebenso beliebt sind die Tierfabeln, z.B.:„Samo meso doman došlo" (Wie das Fleisch allein nach Hause kam). Die Volksmärchen finden bei den makedonischen Kindern das größte Interesse. Ein großer Teil der heute existierenden Kinder- und Jugendliteratur besteht aus schriftlichen Fixierungen, zum Teil auch kindgemäßen Überarbeitungen dieser alten Volksdichtungen. Beliebt sind die Märchen „Der Hirte und die drei Feen" und „Siljan, der Storch". Zu den viel gelesenen und erzählten Geschichten gehört auch die von „Pametnata devojka", dem klugen Mädchen. Genau so häufig dient das Märchen „Brat brata ne rani teško mu koj go nema" als Lektüre. Es belehrt darüber, daß man seinen Bruder nicht aushalten soll, es aber auch nicht schön ist, wenn man ohne Bruder leben muß. Oft zu hören ist auch die Geschichte „Plata spored rabotata", die die Erkenntnis vermittelt, daß nur der zu etwas kommt, der fleißig arbeitet. Immer wieder wird auch die Geschichte von der bösen Schwägerin erzählt („Lošata snaa").
Die makedonische Kinder- und Jugendliteratur kennt auch Sagen. Sie handeln zumeist von geheimnisumwitterten Plätzen, Bergen und Seen. Am bekanntesten ist „Za Sonceto i Mesečinata", eine Sage um Sonne und Mond.
Zahlreich sind die Schlaf- und Wiegenlieder, die auch heute noch von den Müttern und Kindern vor dem Einschlafen gesungen werden. Der Inhalt dieser Lieder ist meistens der Wunsch der Mütter, daß ihre Kinder eine schöne Zukunft haben sollen, daß sie einmal stark, froh und glücklich werden mögen, um dereinst ihrem Land und Volk dienen zu können. Sie singen auch viel von Freiheit, von dem Wunsch, daß die Kinder der Unterdrückung entgehen und ohne Sklaverei leben möchten. Hier spiegelt sich in den alten Schlafliedern die Zeit der Unterdrückung und der Wunsch nach Befreiung.
Eine große Zahl der alten Geschichten erzählen von List und Anpassung. Sie drücken die Erfahrungen der Sklaverei aus. Solche Geschichten sind: „Um so pari ne se kupuva" (Man kann das Gewissen nicht für Geld kaufen) und „Koji znae kniga ima četiri oči" (Wer lesen kann, hat vier Augen).

Entstehung einer eigenständigen makedonischen Kinder- und Jugendliteratur. Die Kinder- und Jugendliteratur, die speziell für Kinder und Jugendliche geschrieben wurde, ist in Makedonien noch nicht sehr alt. Erste Versuche wurden um die Mitte des 19. Jahrhunderts unternommen. Allerdings handelte es sich weitgehend noch um Elementar- und Lesebücher, die Wissen und Moral vermitteln wollten. In den Jahren zwischen 1857 und 1880 traten die ersten bedeutenden Kinder- und Jugendbuchautoren in Erscheinung (P. Zografski, D.

Makedonski, K. Šapkarev, G. Pulevski). Sie veröffentlichten sechzehn Bände „Bukvar za upotrebenie vo makedonskite učilišta" (Lesebücher zum Gebrauch in makedonischen Schulen). Von ihnen stammt auch das „Wörterbuch der drei Sprachen". Der beliebteste und oft übersetzte Schriftsteller jener Zeit war G. Prličev (1830–1893). Seine Lieder erlangten historische Bedeutung, da es die ersten Lieder waren, die speziell für Kinder geschrieben wurden. Besonders bekannt wurden „Majkino vospitanie" (Mutters Erziehung) und „Spanko Trajan" (Schlafender Trajan). G. Prličev veröffentlichte seine Lieder 1872 unter dem Titel „Vospitanie ili dvanaeset pesni" (Zwölf Lieder zur Erziehung). Bei der Veröffentlichung hatte er mit Schwierigkeiten der Behörden zu kämpfen.

Im Jahr 1913 verlor Makedonien erneut seine gerade gewonnene Unabhängigkeit. Erst nach 1941 führte J. B. Tito das Volk zum Sieg und errang mit ihm neuerlich die politische Unabhängigkeit. Es ist daher nicht erstaunlich, daß das erste Kinderlied der Nachkriegszeit in der Kinder- und Jugendzeitschrift der Partisanen „Mlad borec" (1944, Junger Kämpfer) erschien. Allerdings geriet der Titel dieses Liedes, das vom Berg „Kozkak" handelt, in Vergessenheit. Selbst sein Autor S. Janevski kann sich seiner nicht mehr erinnern.

Neue Kinderlieder erschienen 1946. Die Sammlung hatte den Titel „Kleine Makedonier" und stammte von V. Nikolevski. Kurz darauf veröffentlichte S. Janevski sein Buch „Milioni džinovi" (Millionen Riesen). Andere Autoren waren V. Kunoski mit „Beliot Gostin" (Weiße Gäste) und B. Bojadžinski mit „Privet cutovi" (Erste Blüten). Sie zählen heute zu den Pionieren der makedonischen Kinder- und Jugendliteratur.

Die moderne makedonische Kinder- und Jugendliteratur. Hier sind zu nennen V. Podgorec, G. Popovski, V. Nikolova, S. Tarapuza, B. Smakoski, C. Andreevski und J. Strezovski. Ein entscheidendes Datum in der Geschichte der neueren makedonischen Kinder- und Jugendliteratur ist der 3.1.1945. An diesem Tag erschien, vor allem auf Grund der Bemühungen von S. Janevski, die erste Nummer der Kinder- und Jugendzeitschrift „Der Pionier". Sie erscheint noch heute in makedonischer Sprache. Während die Väter noch gegen ihre Feinde kämpften, begannen die Kinder in makedonisch zu lesen und zu schreiben. Im „Pionier" veröffentlichten Autoren wie B. Konevski, S. Janevski, G. Ivanovski, J. Boškovski und viele andere. Als weitere Zeitschriften für Kinder und Jugendliche entstanden „Die Pionierzeitung" (1946–1952) und „Titos Pioniere" (1951–1961). In den fünfundzwanzig Jahren von 1945 bis 1970 erschienen 820 Folgen makedonischer Kinder- und Jugendzeitschriften.

Zu den bedeutenden Kinder- und Jugendbuchautoren der Gegenwart gehört V. Kunovski (* 1916) aus Debar, der vor allem Kindergedichte schreibt. Auch V. Nikolevski (* 1912) aus dem Dorf Crvena Voda bei Ohrid gehört zu ihnen. Er absolvierte eine Ausbildung als Lehrer. Für seine Leistungen wurde er mit mehreren Preisen ausgezeichnet. Hervorhebung verdient auch der 1959 verstorbene B. Bojadžinski aus Ohrid. Aus Skopje, der Hauptstadt Makedoniens, kommt S. Janevski (* 1920). Er ist der Hauptvertreter der modernen makedonischen Kinder- und Jugendliteratur. Seine bekanntesten Kinderbücher sind „Karamba und Baramba" und „Die Schwarzen und die Gelben". Auch er wurde mit einigen Literaturpreisen ausgezeichnet. V. Podgorec aus dem Dorf Kolešino bei Strumica absolvierte eine Ausbildung als Lehrer in Štip und besuchte die Philosophische Fakultät in Skopje. Podgorec gehört zu den populärsten Kinderbuchautoren. Seine Arbeiten wurden öfters durch Preise ausgezeichnet. Das bedeutendste Werk G. Popovskis, der aus dem Dorf Budinarci bei Berov stammt, ist „Die Brücke". Er schrieb auch den Roman „Die rote Hand". Bei Struga in Podgorci wurde 1931 J. Strezovski geboren. Er ist heute der Leiter der „Poetischen Abende von Struga". Auch O. Nikolova (* 1936) aus Skopje verdient Erwähnung. Sie besuchte die Philosophische Fakultät. Beim Rundfunk in Skopje arbeitet B. Smakoski (* 1938) aus dem Dorf Modrič bei Debar. Er machte sich ebenfalls auf dem Gebiet der Kinder- und Jugendliteratur einen Namen. S. Tarapuza (* 1933) in Zletovo geboren, schrieb vor allem Kindergedichte; ihr bekanntestes Gedicht ist „Dambara-Dumbara".

Organisationen, Förderungsmaßnahmen, Literatur zur Kinder- und Jugendliteratur. In J. besteht eine Sektion des Internationalen Kuratoriums für das Jugendbuch (IBBY), die ihren Sitz in Belgrad hat und der zur Zeit 64 Mitglieder angehören. 43 davon sind Organisationen, die sich um die Förderung der Kinder- und Jugendliteratur bemühen, 21 sind Einzelpersonen. Der Mittelpunkt der kroatischen Verlagstätigkeit für Kinder- und Jugendbücher ist Zagreb, das auch der Sitz der meisten Kinder- und Jugendbuchorganisationen ist. Die ersten Kinderbücher verlegten die Buchhändler Hartmann (1865) und später S. Kugli. Auch die HPKZ (1871 bis1878, Das Kroatische pädagogisch-literarische Kollegium) gab Kinderbücher heraus. Nach dem Zweiten Weltkrieg spielten die Verlage „Mladost" (Kinder- und Jugendbuch) und „Školska knjiga" (Schulbücher) die wichtigste Rolle. Seit 1960 ist Kinder- und Jugendliteratur obligatorisches Unterrichtsfach an den kroatischen pädagogischen Hochschulen. Die Fachzeitschrift „Umjetnost i Dijete" (Kunst und Kind) erscheint seit 1969 in Zagreb. Jährlich gibt es in Šibenik das „Festival djeteta", auf dem vor allem neue Theaterstücke für Kinder gezeigt werden. Die größte Kinderbuchabteilung in Kroatien findet sich in der Gradska knjižnica (Stadtbibliothek) in Zagreb. Seit 1966 besteht in Zagreb das „Centar za vanškolski odgoj" (Zentrum für außerschulische Erziehung), das sich auch intensiv mit der Kinder- und Jugendliteratur befaßt. Von dem Zentrum wird auch jährlich der kroatische Kinderbuchpreis verliehen.

Die Geschichte der slowenischen Schulbibliotheken fällt mit der Geschichte der slowenischen Schulen zusammen. Größere slowenische Schulen hatten eigene

Schulbibliotheken, die meist als Klassenbibliotheken organisiert waren. Die bibliothekarische Facharbeit wurde bis zum Zweiten Weltkrieg von den Lehrern der slowenischen Sprache geleitet. Der Krieg vernichtete viele Bücher, besonders in den Gebieten Gorenjska, Štajerska, Koroška und Primorska. Der Neuaufbau des Schulsystems und auch der Schulbibliotheken begann schon in der Zeit des Befreiungskampfes 1941–1945. Heute will man erreichen, daß jede Schule, die mehr als 500 Schüler hat, eine Schulbibliothek mit einem Bücherfundus von 8 bis 10 Büchern pro Schüler erhalten, die von einem Fachbibliothekar geleitet werden soll.
Die Entwicklung der öffentlichen Jugendbibliotheken geht nicht so weit zurück. Bis zum Zweiten Weltkrieg bestanden Sammlungen von Kinder- und Jugendbüchern nur im Rahmen verschiedener Jugendorganisationen (z. B. politischen und kirchlichen). Im Jahre 1949 wurde die erste slowenische öffentliche Jugendbibliothek – Pionirska knjižnica in Ljubljana – gegründet, die sich zur Zentralbibliothek für slowenische öffentliche und Schulbibliotheken entwickelt hat und die auch Forschungsarbeit auf dem Gebiet der Jugendliteratur leistet. Pionirska knjižnica (Ljubljana, Komenskega 7) hat heute ca. 50000 Bände in drei Abteilungen: für Kinder bis 14 Jahre; für Jugendliche von 14 bis 20 Jahren; Studienabteilung mit Archivsammlung der slowenischen Kinder- und Jugendbücher und Jugendzeitschriften, Bibliographien und Dokumentationsmaterialien. Heute bestehen in allen größeren Siedlungen und Städten in Slowenien im Rahmen der öffentlichen Bibliotheken Sammlungen von Jugendbüchern oder selbständige Jugendbuchabteilungen (Maribor, Kranj, Celje, Velenje, Nova Gorica usw.).
Da die slowenischen Verordnungen für die Schulbibliotheken den erzählenden sowie den Sachbüchern eine große Rolle im Erziehungs- und Bildungswesen zusprechen, haben Jugendbücher in dem neuen Lehrprogramm der slowenischen Grundschulen (1972) einen bedeutenden Platz gefunden; ungefähr 300 Titel stehen den Schülern und den Lehrern zur Verfügung; mehr als 80000 slowenische Schüler sind an das Bewerberprogramm für Leseauszeichnungen angeschlossen; jährlich im Dezember findet ein Jugendbuchsymposium – Kurirčkov festival – in Maribor statt. Zwei slowenische Pädagogische Hochschulen in Ljubljana und Maribor haben schon seit über fünfzehn Jahren die Geschichte der Jugendliteratur in ihr Lehrprogramm einbezogen. Beim Verlag Obzorja in Maribor erscheint die Fachzeitschrift „Otrok in Knjiga" für Rezensionen von Kinder- und Jugendbüchern und zur Behandlung theoretischer Fragen der Jugendliteratur; zum internationalen Jugendbuchtag wird in „Pionirska knjižnica" in Ljubljana alljährlich eine Jugendbuchausstellung eröffnet, die den einzelnen Gattungen, Themenbereichen oder Autoren der slowenischen und ausländischen Jugendbücher gewidmet ist. Die Verlage Mladinska knjiga, Borec und Partizanska knjiga haben ein spezielles Jugendbuchprogramm entwickelt. Außerdem verleiht der Verlag Mladinska knjiga jedes Jahr für das beste Bilder- und Jugendbuch den Fran Levstik-Jugendbuchpreis.
Der slowenische Bibliothekarverein, der Verein der Jugendfreunde und die slowenische Kulturgemeinschaft besitzen spezielle Kommissionen für die Fragen der Schul- und Jugendbibliotheken sowie spezielle Programme für die Entwicklung und Herausgabe slowenischer Jugendbücher und Jugendzeitschriften.
Im makedonischen Bereich gibt es in Skopje die zentrale Kinder- und Jugendbibliothek „Drugarče".

Sekundärliteratur: M. Crnković: Sti i nešto godina hrvatske dječje knjizevnisti (in: Umjetnost i dijete. 3. 1972. 18. 5–21); Dječja književnost (1967, [4]1973). – B. Furlan: Kurzer Abriß der Serbo-Kroatischen Kinder- und Jugendliteratur (in: Jugendliteratur. 1963. 5. 193–196). – M. Krsmanović: Zlatni fond knjiga za decu. Jugoslovenske pionirske igre (1960; zus. mit O. Zečevič). – S. Marjanović: Moje dete i knjiga. Mi i naša deca (1962). – S. Ž. Marković: Zapisi o književnosti za decu (1971). – M. Simonćić: Bemerkungen zur jugoslawischen Kinder- und Jugendliteratur (in: Jugendliteratur. 1963. 5. 201–203). – M. Šircelj: Die slowenische Jugendliteratur (in: Jugendliteratur. 1963. 5. 197–200).

Dusko Cackov/Milan Crnković/Martina Šircelj

Jungbrunnen

„J." ist der Titel einer für Kinder, Jugend und Volk zusammengestellten, von 1899 bis 1903 erschienenen Heft- und Buchreihe (Verlag Fischer & Franke, Berlin). Vier bis fünf der insgesamt 43 Hefte wurden jeweils thematisch zu Buchausgaben mit dem Untertitel „Ein Schatzbehalter deutscher Kunst und Dichtung" zusammengestellt. In der Epoche des Jugendstils und neuromantischer Rückwendung zu altdeutscher Überlieferung ist der Titel „J." für eine Auswahlreihe dieser Art Literatur und ihrer Illustration durch Künstler der Jahrhundertwende bezeichnend. Die letzten beiden Publikationen – „Till Eulenspiegels Streiche" und „Walther von der Vogelweide: Lieder und Sprüche" – kamen 1903 als Band 1 und 2 der „J.-Bücherei, Neue Folge" heraus. Im gleichen Jahre 1903 begann die Heftreihe „Der deutsche Spielmann" mit ähnlichem Anliegen und mit sehr viel größerem Erfolg zu erscheinen; ebenso war „Gerlachs Jugendbücherei" (Verlag M. Gerlach, Wien und Leipzig) beständiger und brachte, gleichfalls von Künstlern des Jugendstils geprägt, 34 Bände in den Jahren von 1900 bis nach dem Ersten Weltkrieg heraus.

J. als Motiv. Das Motiv J. ist bekannt aus Mythen, Sagen, Märchen und Schwänken, in denen es um Verjüngung des Menschen geht oder um das ihn von Krankheit und Tod errettende Wasser des Lebens. Anklänge an die Vorstellung, daß der Brunnen auch als Eingang in eine andere Welt, das „Land ewiger Jugend" galt, finden sich noch in Märchen der Brüder Grimm (z.B. „Frau Holle"). Mittelalterliche Holzschnitte bringen bildliche Darstellungen des J. vor Augen; bekannt ist das Gemälde „Der Jungbrunnen" von L. Cranach d. Ä. (1472–1553). In seinen „Lustigen Schwänken" beschreibt H. Sachs (1494–1576) den

Prozeß der Verjüngung im J. als Traum, den er im Erwachen, eingedenk seines Alters von zweiundsechzig Jahren, belacht.

Themen und Gestaltung der Reihe „J.". Richtschnur der Gestaltung jedes einzelnen Heftes der Reihe „J." war die auch von der Jugendschriftenbewegung propagierte Tendenz, selbst Anthologien als Ganzschriften zu je einem künstlerisch durchgestalteten Ganzen, einem „Buchkunstwerk" zu machen, das mit Illustration, in Schriftgrad und -typ und im satz- und drucktechnischen Bild wie aus der Hand *eines* Künstlers kam, in jeder Einzelheit Ausdruck des literarischen Gehalts. So waren die Texte von Volks- und Dichtermärchen, Volksbuch, Volkssage, Schwank und liedhafter Lyrik von jeweils einem Künstler satztechnisch durchgegliedert, in Schmuckleisten gefaßt, von Bildern umgeben, mit Vignetten durchsetzt in einem idealisierenden Naturalismus, mit Ornamentik und phantasievollen Details versehen, mit denen man vor allem in Kleidung und Intérieurs die „fernen Zeiten" stimmungsvoll zu vergegenwärtigen trachtete. Wie stark die Betonung auf der Buchillustration lag, zeigt das häufig verwendete Wort „in" zur Titelangabe, z. B. bei dem aus fünf Heften zusammengefügten 2. Band „Deutsche Lieder in Bildern" (1900) von E. Knithan („Kinderlieder"), H. v. Volkmann („Deutsche Wanderlieder"), H. Bek-Grau („Deutsche Soldatenlieder"), Fr. Stassen („Liebe, Lied und Lenz") und E. Liebermann („Goldene Zeit. Der Liebe Lust und Leid in Liedern"); als Band 13 erschienen 1900 „Lieder der Minnesänger in Bildern" von B. Wenig, der auch den Band „Königskinder" (1900) illustrierte und die fünf Märchen: „Die drei Federn", „König Drosselbart", „Der Froschkönig", „Der Königssohn, der sich vor nichts fürchtete" und das in plattdeutscher Mundart erzählte „De beiden Künigeskinner" geradezu in Bilder „einbettete". Besonders für Kinder und Jugend als Leser und Bildbetrachter sind aus der Reihe die außerordentlich reiche Auswahl an Märchen hervorzuheben: Band 7 (1900) mit zwei Märchen von Rübezahl, illustriert von G. A. Stroedel; Band 10 mit „Der Reisekamerad" von H. Chr. Andersen, Bilder – zum Teil naturalistisch, doch stark angereichert mit Ornament und Symbolik – von F. Heise; Band 23 mit den Märchen „Marienkind", „Die drei Spinnerinnen", „Jorinde und Joringel", „Der Jude im Dorn", buchkünstlerisch gestaltet von F. Mueller-Muenster; die Grimm-Märchen „Die Gänsemagd" und „Der Eisenhans" in Band 15 (1900), von M. Bernuth erzählerisch nachbildend und ergänzend illustriert; drei weitere Märchen von Andersen mit Bildern von M. Dasio; die Märchen von Musäus unter dem Titel „Libussa", illustriert von R. Mauff, und „Stumme Liebe" mit Bildern von J. Damberger. Zuletzt sei noch Band 37 „Münchhausen" (1902) erwähnt, der etwas sparsamer, nicht klar durchkomponiert, doch zum Teil recht witzig und ausdrucksstark von W. Stumpf bebildert ist. Insgesamt bietet die Reihe „J.", deren Texte in Auswahl vom Wiegenlied und Kindermärchen bis zum Volksbuch „Fortunat und seine Söhne" und vom Minnesang bis zum Landsknechts- und Soldatenlied reichte, außer einigen, im Stil der Zeit und der kunstpädagogischen Tendenz wohlgelungenen Heften, ein charakteristisches Bild für viele gut gemeinte Versuche der Wiederbelebung altvolkstümlicher Texte mit neuzeitlich stilisierendem Bildschmuck zur „künstlerischen Erziehung" auf breiter Ebene vom Kindesalter an.

Wirkung und Kritik. Nachdem in der „J."-Reihe im ersten Jahr ihres Bestehens (1899) die Hefte „Der Bärenhäuter/Die sieben Schwaben" in Bildern von Fr. Stassen, „Hans Sachsens lustige Schwänke" mit dem J.-Gedicht und die Lyrikanthologie „Liebe, Lied und Lenz" erschienen waren, wandten die Vereinigten Jugendschriftenausschüsse der Reihe ihre Aufmerksamkeit zu (vgl. Jugendschriften-Warte No. 10, 11 und 12, 1900). In einer Sammelbesprechung über „Neue Bilderbücher" heißt es (Jugendschriften-Warte No. 11, 1900, S. 43): „Was im vorigen Jahr die ersten Bändchen versprachen, haben die folgenden redlich gehalten. Ein reicher Bildschmuck in Schwarz, von hervorragenden Künstlern geschaffen, ziert und beleuchtet die alten Schätze deutschen Schrifttums". Zwei Jahre später findet sich jedoch in der Jugendschriften-Warte (No. 12, 1902, S. 47) ein Text „J. in Gefahr"; in ihm wird um Unterstützung der Reihe vor allem durch Werbung neuer Freunde (Abonnenten) gebeten. Von 1903 an, als die Reihe ihr Erscheinen bereits eingestellt hatte, wurden in verschiedenen Ausgaben der Jugendschriften-Warte (6, 1903, S. 22; 1, 1905, S. 4; 3, 1905, S. 8) noch einzelne Titel – zum Teil als „für die Jugend zu schwierig", zum Teil „aus anderen Gründen" – abgelehnt, so die „Schwänke aus dem Rollwagenbüchlein", „Deutsche Burschenlieder", „Die Jahreszeiten in Liedern", sogar Andersens „Die kleine Seejungfrau" und das Volksbuch „Genovefa" mit den Bildern von Schwab-Mauff (d. i. R. Mauff).
An den Bändchen der J.-Reihe und den aus ihnen zusammengestellten neun Büchern (außer den beschließenden beiden, 1903) zeigt sich, daß der Verlag – zugleich wohl auch als Herausgeber, der nirgends namentlich genannt wird – sich mit der literarischen Auswahl und bildkünstlerischen Gestaltung an eine allzu vielschichtige Leserschaft wandte, die vom frühen Kindesalter an bis zum Erwachsenen, der am ästhetischen Genuß interessiert ist, reichte. Zugleich war die Absicht, die Hefte vor allem den Lehrern in die Hand zu geben, damit sie sie für die in dieser Zeit besonders hochbewertete Aufgabe der Erziehung zum Bilderbesehen verwendeten. Im Laufe der Jahre haben am „J." vorwiegend in der Bildersprache des Jugendstils folgende Künstler mitgearbeitet: G. Barlögius, H. Bek-Grau, M. Bernuth, J. Bossard, H. L. Braune, J. Carben, J. Damberger, M. Dasio, E. Ewerbeck, F. Hass, H. Heise, E. Knithan, E. Liebermann, R. Mauff, Fr. Müller-Münster, A. Schmidhammer, H. Schulze, Fr. Stassen, G. A. Stroedel, W. Stumpf, H. v. Volkmann, B. Wenig.

Margarete Dierks

Jungenbuch

Der Begriff J., auch Knabenbuch, wird gelegentlich zur Kennzeichnung eines Buchtyps benutzt, bei dem als Hauptgestalt einzelne Jungen oder eine Jungengruppe bzw. -bande in abenteuerlichen Situationen auftreten, und in dem spannend und wirklichkeitsnah erzählt wird (K. E. Maier, a.a.O. S. 119; A. Beinlich, a.a.O. S. II, S. 720, 722, 851). Andererseits wird J. auch in der Distribution bei Verlag, in Buchhandel und Bibliothek zur Kennzeichnung aller jener Bücher benutzt, die nach Auffassung der Verteiler als Lektüre für Jungen besonders geeignet sind (Buchrücken- und Katalogkartenkennzeichnung mit K = Knabe oder J = Junge).

Der Begriff J. hat mit Recht als Kategorisierungsmerkmal Anstoß erregt, da er „weder vom Thematischen noch von der Intention her und schon gar nicht vom Leser aus festzulegen" sei. Wenn Jungen in Büchern Hauptfiguren abgäben, könne man daraus noch keine Gattung konstruieren (D. Fischer, a.a.O. S. 289). In der Tat spielen Jungen in Abenteuerbüchern, Detektivgeschichten, Science Fiction, ebenso in Unterhaltungsgeschichten eine Rolle, zum Teil auch zusammen mit Mädchen. J. als eine „denkbare Kontrastform des Mädchenbuchs" lehnt auch M. Dahrendorf ab, jedoch weniger mit gattungsspezifischer als mit lesersoziologischer Begründung: „Während das Mädchenbuch fast ausschließlich von Mädchen gelesen wird (mindestens in der bundesrepublikanischen Szene, wahrscheinlich aber in den fortgeschrittenen Industrieländern der westlichen Welt überhaupt) und die Jungen es meist schroff ablehnen, wird das sogenannte Jungenbuch durchaus auch gern von Mädchen gelesen" (a.a.O. S. 267).

→ Kinder- und Jugendliteratur, → Leseinteresse, → Mädchenbuch

Sekundärliteratur: A. Beinlich: Über die Entwicklung der Leseneigungen und des literarischen Verständnisses (in: A. Beinlich (Hrsg.): Handbuch des Deutschunterrichts. Bd. 2. 1961. 695–749). – M. Dahrendorf: Das Mädchenbuch (in: G. Haas (Hrsg.): Kinder- und Jugendliteratur. [2]1976. 264–288). – D. Fischer: Detektivgeschichte und Science Fiction als Jugendliteratur (in: G. Haas (Hrsg.): Kinder- und Jugendliteratur. [2]1976. 289–311). – K. E. Maier: Jugendschrifttum ([7]1973. 119–127).

Klaus Doderer

Jungleserkunde

J. ist die (vor)wissenschaftliche Beschäftigung mit den Verhaltensformen und Entwicklungsphasen, den Leseneigungen, -fähigkeiten und -antrieben von Kindern und Jugendlichen als Literaturkonsumenten.
Auf Grund von – manchmal zufälligen – Fremd- und Eigenbeobachtungen, aber auch von umfangreichen statistischen Erhebungen, Umfragen und Auswertungen von Tests und Lesetagebüchern hat die J. seit den zwanziger Jahren unseres Jahrhunderts ein – teilweise hypothetisches – Wissen über einzelne Lesephasen, Rezeptionskapazitäten, Lesertypen usw. gewonnen und verbreitet, Begriffe wie z.B. „Struwwelpeter"-„Märchen"- und „Robinson"-Alter (nach Ch. Bühler), „romantischer", „realistischer" oder „ästhetischer" Lesertyp (bei R. Bamberger) benutzt und pädagogische Schlußfolgerungen nahegelegt. Vor allem Literaturdidaktiker wie J. Antz, R. Bamberger und A. Beinlich, S. Engelmann, K. E. Maier und J. Prestel haben den Ergebnissen der J. Beachtung geschenkt. Jungleserpsychologie und Junglesersoziologie versuchen, den Begriffsapparat und die Annahmen der J. zu überprüfen und gegebenenfalls zu revidieren.

→ Buchreife, → Buchtiteltest, → Jungleserpsychologie, → Junglesersoziologie, → Lesealter, → Leseinteresse, → Lese(r)verhalten

Klaus Doderer

Jungleserpsychologie

Unter „Leser" versteht man den Menschen mit seiner Fähigkeit, ganze Texte verstehend zu rezipieren und kognitiv sowie emotional zu verarbeiten; der Begriff des „jungen" Lesers umfaßt dabei den Leser im Jugend- sowie im Kindesalter (und damit von der Prozeßdimension her neben der visuellen Rezeption auch die auditive des frühkindlichen „Hörers" von Literatur vor dem Erstleseunterricht). Die Psychologie des so verstandenen „Junglesers" erforscht daher hauptsächlich die kognitiven, emotionalen, motivationalen Dimensionen der Rezeption und Verarbeitung von Literatur.

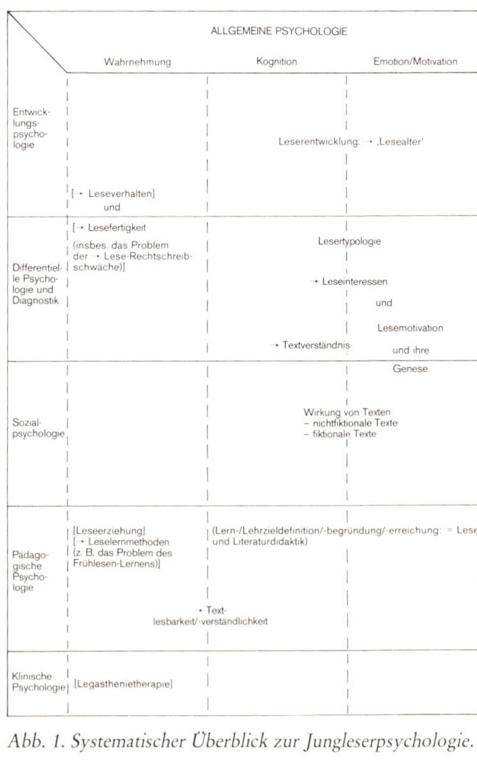

Abb. 1. Systematischer Überblick zur Jungleserpsychologie.

Forschungsaspekte. Im Rahmen der Kombination dieser Dimensionen mit den wichtigsten psychologischen Perspektiven lassen sich die bisherigen und zukünftigen Forschungsaspekte der J. folgenderweise systematisch skizzieren (vgl. Abb. 1):
Entsprechend der Bedeutungsakzentuierung von „Leser" werden alle Probleme, die in den Bereich des Erwerbs der Lesefertigkeit fallen, nicht unter den engeren Begriff der J. gefaßt, obwohl die Psychologie generell in diesem Bereich große Forschungsanstrengungen macht – die entsprechenden Stichworte sind daher in Abb. 1 in eckige Klammern gesetzt –; dazu gehören unter pädagogisch-psychologischer Perspektive die Leseerziehung mit ihren verschiedenen, möglichen Leselernmethoden, einschließlich des Problems, zu welchem Alterszeitpunkt der Wechsel von der auditiven zur visuellen Rezeption/Verarbeitung optimal sei, d.h. der Frage des Frühleselernens (vgl. H. Kratzmeier 1974); außerdem unter entwicklungs- und differentialpsychologischem Aspekt die Entwicklung und interindividuell unterschiedliche Ausprägung der Lesefertigkeit und des Leseverhaltens, unter besonderer Akzentuierung des Problems mangelnder Lesefertigkeit bei ansonsten normaler oder sogar übernormaler (intellektueller) Leistungsfähigkeit (der Lese-Rechtschreibschwäche – Legasthenie –, auf die sich auch die bisher einzige ausgearbeitete klinische Perspektive – die Legasthenietherapie – bezieht). All diese mehr wahrnehmungsakzentuierenden Fragen der Lesefertigkeit und ihrer Entwicklung gelten üblicherweise von der J. her lediglich als bereits vorausgesetzter (Forschungs-)Bereich.
In den für die J. zentralen Fragen hat die Forschung bei der entwicklungspsychologischen Perspektive angesetzt: doch ist das Musterbeispiel der Lesealter heute nur mehr als historischer Ausgangspunkt relevant, von dem aus sich besonders in methodischer Hinsicht die Erweiterungsnotwendigkeiten der Forschung ableiten lassen. Als eine solche Erweiterung ist im Laufe der Entwicklung der J. der differentialpsychologische Aspekt der Lesertypologie aufzufassen, der sich im Rahmen der empirischen Überprüfung seinerseits in das Problem der Leseinteressen (und ihrer Genese) aufgelöst hat. Die Entwicklung von Literaturdidaktik und -wissenschaft in Richtung auf eine Kommunikationswissenschaft hat dazu geführt, daß die wichtigste Perspektive der J. derzeit die sozialpsychologische Erforschung der Wirkung von Texten ist, bei der bisher allerdings die offenen Fragen die Ergebnisse bei weitem überwiegen. Die Anwendungsmöglichkeiten der J. unter pädagogisch-psychologischer Perspektive sind allerdings noch weniger genutzt: bis auf das instruktionspsychologische (bisher literaturdidaktisch kaum rezipierte) Problem von Textverständnis/-lesbarkeit/-verständlichkeit werden alle Probleme der Lern- und Lehrzieldefinition, -begründung und -erreichung ausschließlich in der Lese- und Literaturdidaktik abgehandelt – daher in Abb. 1 in runde Klammern gesetzt –, obwohl eine Fülle von empirisch-psychologischen Fundierungs- und Präzisierungsmöglichkeiten genutzt werden könnte.

Das entwicklungspsychologische Ausgangsparadigma „Lesealter". Die Konzeption des Lesealters wird Ch. Bühler zugeschrieben (Das Märchen und die Phantasie des Kindes, a.a.O.) und besteht darin, daß eine bestimmte Literaturgattung auf Grund von Befragungen und statistischen Erhebungen als für ein jeweiliges Lebensalter (vom Interesse her) dominierend angesetzt wird und unter Voraussetzung einer Strukturparallelität dann von den Charakteristiken dieser Gattung auf die psychische Struktur der jeweiligen Entwicklungs-„stufe" besonders hinsichtlich der kindlichen Phantasie geschlossen wird. Der Ansatz entspringt aus den Phasenlehren der klassischen deutschen Entwicklungspsychologie und postuliert in Anwendung der genannten Voraussetzung für die Leseentwicklung der Heranwachsenden entsprechend ihrer kognitiven/emotionalen Reifung eine bestimmte Phasenabfolge. Diese Abfolge umfaßt nach Ch. Bühler das Struwwelpeter-, Märchen-, Robinson-, Helden- und das lyrische bzw. Romanalter (vgl. Abb. 2):

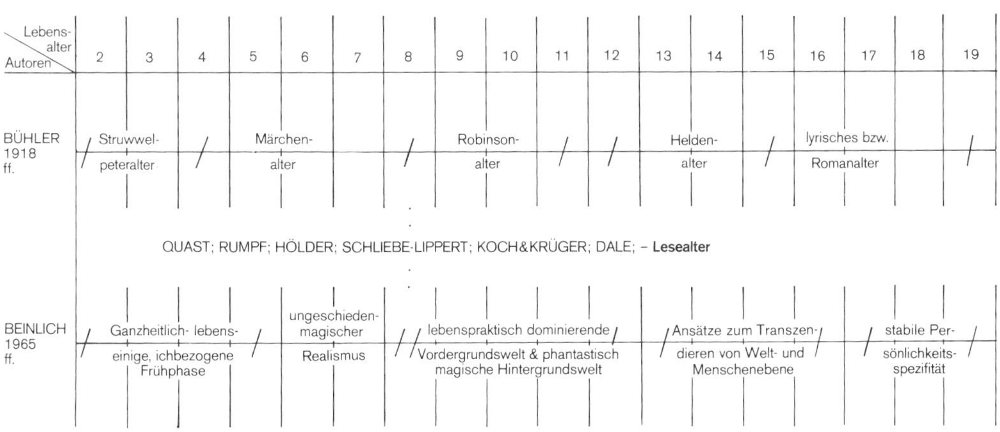

Abb. 2. Lesealter-Konzeption: Bühler bis Beinlich.

Der Lesealter-Ansatz hat in der beschriebenen methodischen Konzeption jahrzehntelang das Zentrum der J. dargestellt und immer neue, modifizierte Entwürfe gezeitigt: so bei W. Quast (1923); A. Rumpf (1926); A. Hölder (1947, 1954); E. Schliebe-Lippert (1950); R. Koch (1959) und A. Krüger (1960); R. A. Dale (1965); A. Beinlich (1965, 1973). Die empirische Überprüfung sowie die theoretische Gesamtentwicklung der Entwicklungspsychologie haben jedoch zur Revision der zentralen Annahmen geführt, so daß die Lesealterkonzeption heute nur mehr als Hintergrund für konstruktive Folgerungen dienen kann, wie Forschung besser zur strukturieren ist. Die wichtigsten Einwände gegen den Ansatz sind (vgl. A. Beinlich 1973, S. 173ff.; M. Dahrendorf 1975, S. 220ff.; G. Klingberg 1973, S. 164ff.; K. E. Maier 1973, S. 265ff.): 1. Die gesamte Phasenkonzeption mit der Vorstellung von psychologisch notwendig ablaufenden (interindividuell homogenen) Entwickungsstufen basiert auf der Annahme, daß die genetische Dynamik der Reifung für die Entwicklung größeres Gewicht hat als der Umwelteinfluß; diese nativistische Grundannahme ist im Laufe der entwicklungspsychologischen Forschung immer mehr zurückgedrängt worden. 2. Heute geht man von einem erheblichen Gewicht der Umwelteinflüsse und damit einem größeren Gewicht des Lernens (im Vergleich zur Reifung) aus; das hat sich vor allem auch für die Entwicklung im sprachlichen Bereich (Soziolinguistik) überzeugend zeigen lassen. 3. Folgerichtig sind auch interindividuelle Unterschiede in der Entwicklung wie in der Interessenlage, die von der Lesealterkonzeption verdrängt werden, psychologisch wahrscheinlich und unbedingt zu berücksichtigen. 4. Unter dem Aspekt des Lernens ist die (soziale) Genese von Interessen, Entwicklungsunterschieden und -abfolgen zu thematisieren; damit kehrt sich die Fragerichtung um: die Lesealterabfolge ist darauf zu untersuchen, inwieweit sie ein Indikator für eine historisch-epochale (Kultur- und Lese-)Sozialisation ist – die Setzung als zeitlos-anthropologischer Tatbestand bedeutet ein kurzschlüssiges, vorzeitiges Abgleiten in literaturpädagogische Normativität.
Parallel zu diesen generellen Theorienentwicklungen haben die Ergebnisse von methodisch etwas differenzierteren Untersuchungen (obwohl hier noch große Verbesserungsmöglichkeiten liegen) auch im Hinblick auf die Lesealter gezeigt, daß solche Phasen nur unter Abstraktion (und damit Elimination) einer Fülle von Daten in einem streng systematischen, idealtypischen Sinn aufrechterhalten werden können (vgl. A. Beinlich 1965, 1970). Daher ist die rein entwicklungspsychologische Perspektive heute höchstens noch als (heuristische) Rahmenkonstruktion brauchbar, die einen praktikablen Erklärungswert erst in Wechselwirkung mit differential- und sozialpsychologischen Fragestellungen/Variantenklassen erreicht. Man kann A. Beinlichs „offenen Entwurf" (vgl. Abb. 2) als den Versuch einer solchen Rahmenheuristik ansehen, die allerdings noch weitgehend idealtypisch und ohne angemessene Berücksichtigung der Sozialisationsperspektive verfährt (vgl. M. Dahrendorf 1975, S. 196). Der Haupteffekt des entwicklungspsychologischen Ausgangsparadigmas ist daher historisch darin zu sehen, daß die Notwendigkeit der Erweiterung der Forschung um differential- und sozialpsychologische Aspekte unübersehbar wurde.

Differentialpsychologische Erweiterung: Lesertypen, -interessen und ihre Genese. Der differentialpsychologische Aspekt wurde in die J. vor allem in Nachfolge zu den seit den zwanziger Jahren in der traditionellen deutschen Charakterologie sehr beliebten Typologiesystemen (E. Kretschmer, G. Pfahler, E. Meumann, E. Jänsch, E. Spranger, H. Rorschach, C. G. Jung, F. Krueger u.a.) eingebracht. Dabei lassen sich in der Leserpsychologie die typologischen Ansätze nach den Dimensionen, die sie besonders akzentuieren, unterscheiden (vgl. auch K. E. Maier 1973, S. 271): nach dem Leseprozeß, den Interessen (Präferenzen), der Erlebnis- bzw. Verarbeitungsdimension.
Die im engeren Sinn psychologischen (und an die empirische Forschung anschließenden) typologischen Ansätze gehen durchweg vom Leseprozeß aus; sie bauen dabei auf den allgemeinen (Wahrnehmungs-)Typen der „einzelheitlichen" vs. „ganzheitlichen" Auffassung (W. Ehrenstein), der „fließenden" vs. „festen" Gehalte (G. Pfahler), insgesamt der „analytischen" vs. „synthetischen" Verarbeitung (F. Krueger/A. Wellek) auf: in diese Polarität sind die Gegensatzpaare des Lesers nach E. Meumann (1914) einzuordnen: fixierend vs. fluktuierend; objektiv treuer Leser vs. typischer Verleser; stockender vs. fließender; langsamer vs. rascher Leser. Auf der Grundlage von bestimmten Sinnespräferenzen ist auch häufig zwischen visuellem, auditivem (akustisch-motorischem) und motorischem Auffassungstyp unterschieden worden (vgl. F. Kainz 1956, S. 266ff.).
In Verbindung mit den literaturwissenschaftlichen Gattungsunterscheidungen und in Erweiterung des Lesealteransatzes lag dann auch eine typologische Heraushebung bestimmter Interessen nahe; die bekannteste „Präferenz"-Typologie ist die von R. Bamberger (1974, S. 39ff.), der vier Typen unterscheidet: a) romantischer Typ (Präferenz fürs Märchenhafte/Abenteuerliche); b) realistischer Typ (Bevorzugung von Umweltbüchern/realistischer Lektüre); c) intellektueller Typ (Interesse für Sach- und Fachbücher); d) ästhetischer Typ (Bedürfnis nach Wortklang, Rhythmus, Reim, Komposition). Die Unterscheidungen sind (wie überwiegend im Bereich der psychischen Dimensionen) als idealtypische aufzufassen, d.h. als idealisierende Abstraktionen, die in der Realität nie „rein" erreicht werden, und weisen nach dem Vorbild von E. Sprangers „Lebenstypen" (1921) eine interne Polarität auf: a) vs. b) und c) vs. d).
Die Erlebenstypologie versucht, diese Wahrnehmungs- und im weiteren Sinn Motivationsdimensionen aufzunehmen und mit Verarbeitungsprozessen zu verbinden; dementsprechend geht H. E. Giehrl (1968), der die

differenzierteste Typologie vorgelegt hat, vom Postulat bestimmter „Grundantriebe des Lesens" aus: er ergänzt dabei die zwei von E. SCHLIEBE-LIPPERT angesetzten Grundantriebe der „sachlichen Weltbemächtigung" und der „Überwindung der menschlichen Gebundenheiten" um einen dritten der „Sinndeutung von Welt und Leben" und leitet daraus zunächst vier Hauptarten von Lesen ab: informatorisches (Grundantrieb 1), evasorisches (2), kognitives (1 u. 3), literarisches (3 u. 2) (1968, S. 31ff.). Die vier Lesertypen sind dann als (habituelle) Dominanz je einer dieser Lesearten zu verstehen: a) der funktional-pragmatische Leser (Untertypen: Nichtleser; lesender Analphabet; Zweckleser); b) emotional-phantastischer Leser; c) rational-intellektueller Leser; d) „literarischer" Leser (sensu C. S. LEWIS').

Die skizzierten Typologiesysteme können durchweg nicht als empirisch überprüft im Sinn der heutigen Methodenansprüche der empirischen Sozialwissenschaften gelten. Die Interessen- und Erlebenstypen sind nur als Typen im Sinne „bloßer sprachlicher bzw. begrifflicher Unterscheidungen" (TH. HERRMANN 1969, S. 148) auffaßbar; es gibt kaum empirische Untersuchungen, die als Überprüfung ihrer Voraussetzungen und/oder Trennungen angesehen werden können (indirekt z.B. hinsichtlich der „Antriebe" von Weltbemächtigung und emotionaler Evasion die Arbeit von CH. NIEDERLE über die Kinderzeitschrift). Eine empirisch gesicherte Typologie setzt die (z.B. faktorenanalytische) Gewinnung deskriptiver Beschreibungsdimensionen voraus (vgl. TH. HERRMANN 1969, S. 142ff.); daher hat sich die empirische Forschung heute mehr den Leseinteressen und ihren interindividuellen Differenzen zugewandt. Eines der konstantesten allgemeinen Ergebnisse dieser forschungsperspektive – zumindest für das europäische Bildungssystem im dritten Viertel unseres Jahrhunderts – ist die Schizophrenie zwischen privatem Leseinteresse und schulischem Lektüreangebot (vgl. A. HÖLDER 1953; A. LEHTOVAARA/P. SAARINEN 1973). Bezüglich der interindividuellen Unterschiede hat sich ein nur relativ geringer Einfluß der Variable „Geschlecht" und praktisch keiner der Intelligenz ergeben (G. KLINGBERG 1973, S. 166ff.). Wichtiger aber ist noch, daß durch die Forschungsperspektiven der Leseinteressen die Frage der Lesemotivation einbettbar ist in einen allgemeinen Motivationshorizont, z.B. der Freizeitbeschäftigung, wie es O. W. HASELOFF (1962) versucht hat; er sichert vier „basale Motivationen": Bedürfnis nach rezeptiver Daseinsaneignung, introversiver Erlebnisentfaltung, kommunikativer Erlebnisentfaltung und expansiver Daseinsaneignung. Die schichtspezifische Genese (und Erklärung) solcher Motivationen (N. GROEBEN und B. SCHEELE, 1975) führt dabei konsequent zur Ausweitung in eine sozialpsychologische Forschungsperspektive hinein, die zeigt, daß eine psychologische Rezeptionsforschung nicht notwendig zu einer Personalisierung der Probleme und Vernachlässigung der Sozialisationsbedingtheit von Interessen etc. (M. DAHRENDORF 1975, S. 199) führt.

Sozialpsychologische Ansätze und Desiderate: Wirkung von Texten. Die sozialpsychologische Rezeptionsforschung ist nach der kommunikationswissenschaftlichen Entwicklung der Literaturdidaktik und -wissenschaft generell (vgl. M. DAHRENDORF 1973, 1975; N. GROEBEN 1972; S. J. SCHMIDT 1975) heute das zentrale Aufgabengebiet einer J., das allerdings gleichzeitig mehr durch offene Fragen als durch schon erarbeitete Antworten gekennzeichnet ist.

Die klassische psychologische Wirkungsforschung setzt fast ausschließlich bei nichtfiktionalen (Informations-)Texten an und fragt besonders nach deren Charakteristiken unter dem Ziel eines Einstellungswechsels beim Rezipienten. Es sind hier eine Unzahl von Variablen erforscht worden: von den Merkmalen des Autors über formale, psychologische, semantische, stilistische Merkmale des Textes bis zu kognitiven, emotionalen, motivationalen, sozialen etc. Charakteristiken des Rezipienten (gedrängteste Zusammenfassung bei E. LIEBHART 1973). Wenn man allerdings als Ziel der schulischen Sozialisation nicht kulturelle Anpassung sondern kognitive/emotionale Autonomie ansetzt, dann ist diese, die Überzeugungsintention von Texten in den Vordergrund stellende Forschung zu einem Großteil höchstens indirekt brauchbar; hier tut eine interdisziplinäre Verschränkung mit der Lern-/Lehrzielanalyse der Pädagogischen Psychologie innerhalb der Psychologie not.

Die Wirkungsanalyse fiktionaler Texte hat bisher in der Sozialpsychologie keine eigenständige Tradition; was an Brauchbarem vorliegt, ist aus medienübergreifenden Fragestellungen herauszulösen, die sich häufig auf eine aktuelle Problematik konzentrieren, so z.B. auf das Problem der Verstärkung oder Schwächung von Aggressivität (u.a. auch durch Texte). Das ist die alte Frage nach Imitation oder Katharsis; die Katharsishypothese hat die Annahme einer anthropologisch konstanten triebhaften Aggressivität zur Voraussetzung. In dem Maße, wie diese Voraussetzung in der allgemeinen Aggressionsforschung (empirisch) zurückgenommen wurde (A. SCHMIDT-MUMMENDEY 1971), erwies sie sich auch in der Literaturpsychologie als unzutreffend (unter langfristigem Wirkungsaspekt: N. GROEBEN 1972, S. 103ff.). Der Einfluß von Nachahmung (in Kombination mit Reaktion auf Frustration und – gesellschaftlichen – Druck) ist daher nicht zu unterschätzen, wirkt allerdings auch wieder nicht einfach und direkt determinierend; man wird heute davon ausgehen können, daß aggressive Inhalte in Texten vor allem als Verstärkung schon existierender Aggressivität beim Rezipienten wirkt (M. DAHRENDORF 1973, S. 334ff.), nicht aber von sich aus entsprechende Einstellungen schafft (G. KLINGBERG 1973, S. 177). Sicherere und umfassendere Aussagen über die emotionalen Wirkungen fiktionaler Texte werden aber erst möglich sein, wenn die Identifikations- und Projektionsprozesse differenzierter erforscht sind (vgl. W. HARTMANN-WINKLER 1970; N. GROEBEN 1972, S. 104ff.; M. DAHRENDORF 1975, S. 196) und die in der Psychologie vorhandenen Erklärungsmodelle benutzt werden (z.B.

A. Bandura/R. H. Walters 1963). Immerhin läßt sich aber schon heute berechtigterweise fragen, ob man bei der nur recht indirekten Wirkung von Texten auf unerwünschte Einstellungen des Lesers nicht auch mit der Annahme positiver Wirkungen etwas vorsichtiger sein sollte, als es die Literaturpädagogik bisher zuweilen war (vgl. „Lebenshilfe"-Diskussion: A. Cl. Baumgärtner 1970, S. 12ff.; G. Klingberg 1974, S. 178). Diese Fragen weisen auf die derzeit vordringlichste Forschungsaufgabe der J. hin, nämlich die Erarbeitung eines empirisch gültigen und ausdifferenzierten Rezeptionsmodells. Denn die Literaturdidaktik macht, besonders nach der kommunikationswissenschaftlichen Wendung zur Literatursoziologie in ideologiekritischem Impetus, durchaus Aussagen, Behauptungen über die ideologiestabilisierende, bestätigende Funktion und Wirkung von z.B. „Trivialliteratur" (vgl. M. Dahrendorf 1973, S. 332ff.; G. Waldmann 1973), ohne dabei aber explizite und differenzierte empirische Überprüfungen vorzunehmen. Vielmehr steht die ideologiekritische Literaturdidaktik heute immer noch oder wieder im Prinzip auf dem methodischen Stand der Lesealterkonzeption: es werden im weiteren Sinne inhaltsanalytische Strukturen von Lektüreklassen herausgearbeitet und von diesen Daten aus auf die psychische Funktion und Wirkung von Literatur extrapoliert; das dabei vorausgesetzte Rezipientenmodell zeigt in seiner einfachen Ungebrochenheit – z.B. der Identifizierung von Motivations- und Wirkungsseite (vgl. J. Wermke 1973, S. 46) und der unrealistischen Homogenität von emotionalen und kognitiven Rezeptionsdimensionen – alle Charakteristika einer subjektiven Alltagstheorie (implizite Persönlichkeitstheorie; vgl. J. S. Bruner und R. Tagiuri 1954; U. Laucken 1974). Eine differenzierte empirische Analyse der Rezeptions- und Wirkungsdimensionen unter Einbeziehung allgemeiner Lern-, Motivations- und Kognitionstheorien (vgl. M. Dahrendorf 1970, S. 43) ist daher als die wichtigste, unabdingbare Aufgabe der J. in absehbarer Zeit anzusehen (vgl. M. Dahrendorf 1973, S. 241).

Das erfordert natürlich auch eine Erweiterung und Weiterentwicklung der innerhalb der J. angewandten Forschungsmethoden; die bisher hauptsächlich vertretenen Methoden wie literarische Erinnerungszeugnisse, Lesetagebücher, unstrukturierte Interviews („mündliche Aussprache" in der Sprache der Literaturpädagogen), Buchtiteltests, Bibliotheksstatistiken, Interessenfragebögen und Inhaltsanalysen (vgl. H. E. Giehrl 1968, S. 70ff.; K. E. Maier 1973, S. 254ff.; G. Klingberg 1973, S. 137ff.) sind für eine konkrete Rezeptions- und Wirkungsanalyse größtenteils zu unpräzise, undifferenziert oder unspezifisch. Die Adaptation speziellerer Methoden zur Erhebung des kognitiven Verständnisses von Texten (vgl. G. Klingberg 1973, S. 144ff.) sowie der emotionalen und kognitiven Reaktion (vgl. z.B. A. Tausch 1967; H. Brödl/H. Wulz 1972) ist längst überfällig. Die gegenwärtige Situation ist eindeutig durch ein suboptimales Methodenbewußtsein gekennzeichnet (M. Dahrendorf 1974, S. 39ff.; G. Haas 1974, S. 8).

Die pädagogisch-psychologische Perspektive als Anwendungsmöglichkeit. Die pädagogische Psychologie umfaßt potentiell die Anwendung aller grundlagenwissenschaftlichen Teildisziplinen, und es lassen sich daher auch mehrere Traditionen der Pädagogischen Psychologie unterscheiden (F. E. Weinert 1974, S. 45ff.): die entwicklungspsychologische, lernpsychologische, sozialpsychologische, test- (und damit differential-)psychologische, klinischpsychologische und unterrichtspsychologische Tradition. In allen diesen Perspektiven ist auch eine Anwendung der J. innerhalb der Lese- und Literaturdidaktik möglich.

Den größten Plausibilitätsgrad – und daher auch lange Zeit ein hervorragendes Gewicht in der Psychologie – hat die lernpsychologische Tradition, d.h. die Nutzung von Lerntheorien für die Lehre und Erziehung von Heranwachsenden. Hier sind besonders die psychologischen Ergebnisse zum Problem des Textverständnisses und der Textverständlichkeit geeignet, zu einer empirischen Stützung und Präzisierung der von der Lesedidaktik aufgestellten Ziele im Hinblick auf „Kindgemäßheit" (Kindertümlichkeit), Anschaulichkeit etc. beizutragen (vgl. H. Künnemann 1974; M. Hussong 1974).

Ebensowenig wie bisher diese lern- und instruktionspsychologischen Ergebnisse innerhalb der Jungleserforschung genutzt werden, werden derzeit auch die anderen pädagogisch-psychologischen Perspektiven herangezogen: vielmehr gelten die einschlägigen Probleme der Lern- und Lehrzielanalyse bislang als Domäne der Lese- und Literaturdidaktik (ohne daß diese auf die Fundierungsmöglichkeiten der empirisch-pädagogischen Psychologie zurückgreift). Wenn auch die grundlagenwissenschaftlichen Ergebnisse der Jungleserforschung bisher keineswegs befriedigend sind, so lassen sich hier doch allgemeine lern- und motivationspsychologische Ergebnisse fruchtbar machen. Z.B. stellt die entwicklungspsychologische Perspektive der Pädagogischen Psychologie die „Frage nach dem richtigen Wann" (F. E. Weinert 1974, S. 45) und berührt damit generell ein Problem, wie es innerhalb der Leseerziehung mit der Frage der „Verfrühung" thematisiert wird: ob und in welchem Ausmaß man Heranwachsenden Lektürestoffe anbieten sollte, die ihrem Entwicklungsstand (potentiell vom Inhalt her) vorauseilen (vgl. R. Geissler 1962). Die Theorie der „dosierten Diskrepanzerlebnisse" als Motivationsanreiz innerhalb der Leistungsmotivationsforschung (H. Heckhausen 1965) gibt hier durchaus die Möglichkeit einer empirisch-psychologischen Rekonstruktion und Fundierung.

Solche Möglichkeiten der Fundierung und Präzisierung von Lehrzielanalysen sind zum gegenwärtigen Zeitpunkt allerdings vor allem zukunftsweisendes Programm einer Verschränkung von Literaturdidaktik und J. (wie es bislang auch überwiegend für marxistische Didaktikentwürfe gilt: vgl. W. Frommlet 1974; J. Merkel 1974).

→ Assoziation, → R. Bamberger, → Ch. Bühler, → H. E. Giehrl, → H. Hetzer, → Jungleserkunde, → Junglesersoziologie, →Legasthenie, →Lesealter, →Leseerziehung, →Leseinteresse, →Leselernmethoden, →Lese(r)verhalten, →Textverständnis, →Verfrühung

Sekundärliteratur: R. Bamberger: Jugendlektüre (1955, ²1968). – A. Bandura: Social learning and personality development (1963; zus. mit R. H. Walters). – A. Cl. Baumgärtner: Literarischer Unterricht heute (in: A. Cl. Baumgärtner (Hrsg. zus. mit M. Dahrendorf): Wozu Literatur in der Schule? 1970. 12–26); (Hrsg.): Lesen – Ein Handbuch (1973). – A. Beinlich: Über die literarische Entwicklung der Heranwachsenden. Zum Stand der Forschung (in: Wirkendes Wort. 15. 1965. 110–121 und 187–200); Die literarische Entwicklung in Kindheit und Jugend (in: Handbuch des Deutschunterrichts 1. bis 10. Schuljahr. Bd. II. 1970. 885–958); Die Entwicklung des Lesers (in: A. Cl. Baumgärtner (Hrsg.): Lesen – Ein Handbuch. 1973. 172–210); Zu einer Typologie des Lesers (in: A. Cl. Baumgärtner (Hrsg.): Lesen – Ein Handbuch. 1973. 211–227). – H. Brödl: Der kluge Waffenfabrikant und die dummen Revolutionäre. Dokumentation eines Verfahrens mit Trivialliteratur (zus. mit H. Wulz; 1972). – J. S. Bruner: The perception of people (in: G. Lindzey (Hrsg.): Handbook of Social Psychology II. 1954. 634–654; zus. mit R.Tagiuri).– Ch. Bühler: Das Märchen und die Phantasie des Kindes (1958); Kunst und Jugend (in: Zeitschrift für Ästhetik und allgemeine Kunstwissenschaft. XX. 1926. 288–306); Das Seelenleben der Jugendlichen (1927). – M. Dahrendorf: Voraussetzungen und Umrisse einer gegenwartsbezogenen literarischen Erziehung (in: A. Cl. Baumgärtner (Hrsg. zus. mit M. Dahrendorf): Wozu Literatur in der Schule? 1970. 27–50); Literarische Wirkung und Literaturdidaktik (in: A. Cl. Baumgärtner (Hrsg.): Lesen – Ein Handbuch. 1973. 313–352); Jugendliteratur im gesellschaftlichen, literarischen und pädagogischen Bezugsfeld (in: G. Haas (Hrsg.): Kinder- und Jugendliteratur. 1974. 21–60); Literaturdidaktik im Umbruch (1975). – R. A. Dale: A critical inquiry into the nature of wholeness and fragmentation in selected prose fiction for young children (Diss. N.Y. 1965). – W. Frommlet: Jugendbuchforschung in der BRD (in: Kürbiskern. 1. 1974. 74–88). – R. Geissler: Für eine literarische Verfrühung (in: Kl. Doderer (Hrsg.): Studien zur Jugendliteratur und literarischen Bildung. 1962. 793–800). – H. E. Giehrl: Der junge Leser (1968). – N. Groeben: Literaturpsychologie (1972); Zur Psychologie des Nichtlesens (in: H. G. Göpfert u.a. (Hrsg.): Lesen und Leben. 1975. 82–114; zus. mit B. Scheele). – G. Haas (Hrsg.): Kinder- und Jugendliteratur. Zur Typologie und Funktion einer literarischen Gattung (1974). – W. Hartmann-Winkler: Lebensbewältigung im Kinderbuch (1970). – O. W. Haseloff: Das Buch im Erleben unserer Jugendlichen (in: Bertelsmann-Briefe. 11. 1962. 1–14). – H. Heckhausen: Leistungsmotivation (in: H. Thomae (Hrsg.): Handbuch der Psychologie. Bd. Allgemeine Psychologie II. Motivation. 1965. 602–702). – Th. Herrmann: Lehrbuch der empirischen Persönlichkeitsforschung (1969). – A. Hölder: Die bisherigen Forschungen auf dem Gebiet der Jugendschriften- und Jungleserkunde und deren kritische Beurteilung (in: Bildung und Erziehung. 1953. 287–311). – M. Hussong: Das Sachbuch (in: G. Haas (Hrsg.): Kinder- und Jugendliteratur. 1974. 368–391). – F. Kainz: Psychologie der Sprache. Bd. IV. Spezielle Sprachpsychologie (1956). – G. Klingberg: Kinder- und Jugendliteraturforschung (1973). – A. Krüger: Das fantastische Buch (in: Jugendliteratur. 1960. 343–363). – H. Künnemann: Sachbücher für Kinder und Jugendliche (in: A. Cl. Baumgärtner (Hrsg.): Deutsches Jugendbuch heute. 1974. 103–126). – U. Laucken: Naive Verhaltenstheorie (1974). – A. Lehtovaara und P. Saarinen: Die bevorzugte Lektüre während des Schulalters: Auswahl und Einschätzung von Büchern (in: G. Reinert (Hrsg.): Bericht vom 27. Kongreß der Deutschen Gesellschaft für Psychologie 1970. 1973. 596–602). – E. Liebhart: Ergebnisse, Probleme und Methoden der Wirkungsforschung (in: A. Cl. Baumgärtner (Hrsg.): Lesen – Ein Handbuch. 1973. 231–312). – K. E. Maier: Jugendschrifttum (1965, ³1973). – J. Merkel: Wirklichkeit verändernde Phantasie oder Kompensation durch phantastische Wirklichkeiten? Zur Rolle der Phantasie in der Kinder-und Jugendliteratur (in: D. Richter (Hrsg. zus. mit J. Vogt): Die heimlichen Erzieher. Kinderbücher und politisches Lernen. 1974. 64–90). – E. Meumann: Vorlesungen zur Einführung in die experimentelle Pädagogik und ihre psychologischen Grundlagen III. Bd. 2 (1914). – Ch. Niederle: Die Kinderzeitschrift im Urteil ihrer Leser (1972). – W. Quast: Die literarischen Neigungen im Kindes- und Jugendalter (in: Zeitschrift für angewandte Psychologie. 21. 1923. 105–165). – A. Rumpf: Kind und Buch. Das Lieblingsbuch der deutschen Jugend zwischen 9 und 16 Jahren (1926, ²1928). – E. Schliebe-Lippert: Der Mensch als Leser. Entwicklungsverlauf der literarästhetischen Erlebnisfähigkeit (in: Begegnung mit dem Buch. 1950. 47–59). S. J. Schmidt: Literaturwissenschaft als argumentierende Wissenschaft (1975). – A. Schmidt-Mummendey: Bedingungen aggressiven Verhaltens (1971). – E. Spranger: Lebensformen (1921). – A. Tausch: Einige Auswirkungen von Märcheninhalten (in: Psychologische Rundschau. 18. 1967. 104–116). – G. Waldmann: Theorie und Didaktik der Trivialliteratur (1973). – U. Walz: Leser, Nichtleser, Analphabeten heute (in: A. Cl. Baumgärtner (Hrsg.): Lesen – Ein Handbuch. 1973. 134–148). – F. E. Weinert: Einführung in das Problemgebiet der Pädagogischen Psychologie (in: F. E. Weinert u.a. (Hrsg.): Funk-Kolleg Pädagogische Psychologie. 1974. 29–63). – J. Wermke: Wozu Comics gut sind? (1973).

Norbert Groeben

Junglesersoziologie

J. ist die Wissenschaft von den sozialen Bedingungen, Ursachen, Voraussetzungen des Lese- und Literaturverhaltens der Kinder und Jugendlichen.

Methodisches. Da eine J. nicht die Gesamtheit aller Faktoren, die für das Lese- und Literaturverhalten eines Individuums verantwortlich sind, zu erfassen vermag, ist sie als – allerdings bisher stark vernachlässigter – Teilaspekt der Jungleserforschung (bisher: „Jungleserkunde") zu betrachten. Darüber hinaus ist die J. über die Jungleserforschung mit der allgemeinen Leser-(Publikums-)forschung verbunden (Girardi u. a. 1965; Schmidtchen 1968 und 1974; Escarpit 1966; Fügen 1966; Groeben 1972).

Die Folge der bisherigen Vernachlässigung des Gebietes ist das Fehlen einer ausgebauten soziologischen Junglesertheorie. Nicht einmal Entwürfe gibt es. Alle bisher vorgelegten Entwürfe zum Lese- und Literaturverhalten von Kindern und Jugendlichen sind entweder ausschließlich psychologisch/anthropologisch ausgerichtet und vernachlässigen den geschichtlich-sozialen Anteil am Verhalten (Lippert 1931 und 1950; Ch. Bühler 1918/1958; Giehrl 1972), oder sie akzentuieren das Genetisch-Unhistorische derart, daß Soziales höchstens als Modifikationsfaktor erscheint (Beinlich 1970 und 1973; auch Giehrl).

Der Zustand der Jungleserforschung wird jedoch verständlich, wenn selbst die allgemeine Jugendforschung von einem ihrer Fachleute so charakterisiert wird:

„Einer Fülle von empirischen Materialien steht ein Mangel an Theorie gegenüber; und das heißt, daß wir über zu vieles zu wenig wissen" (NEIDHARDT u. a. 1970, S. 11; ähnlich auch ROSENMAYR 1976, S. 4). Dabei kann man bei der Jungleserforschung noch nicht einmal von einer günstigen Materiallage sprechen. So notwendig daher der Ausbau einer J. ist: Ziel müßte ein integratives Modell sein, das alle Aspekte des Lese- und Literaturverhaltens von Kindern und Jugendlichen zu erfassen vermag: anthropologische, psychologische, soziale. Partikulare Wissenschaftsinteressen müßten demgegenüber zurücktreten.
Eine weitere Erschwerung der Erforschung und Darstellung der J. tritt dadurch ein, daß neben Psychologie, Anthropologie und Jungleserforschung ein ganzes Spektrum von Wissenschaften und Wissenschaftszweigen zu beteiligen ist: Allgemeine Soziologie, Politologie und Geschichtswissenschaft, v. a. Sozialgeschichte (vgl. zur Sozialgeschichte des Lesens etwa: HAUSER 1953; SCHENDA 1970; GREVEN 1973; ENGELSING 1974), soziologische und pädagogische Freizeitforschung (BLÜCHER 1967; GIESECKE 1971; STRZELEWICZ 1968), Sozialisationsforschung (GOTTSCHALCH u. a. 1971; b:e-Redaktion 1971; FEND 1972; SCHMITZ-SCHERZER 1974; HUCH 1975; NEULAND 1975 usw.), sozialisationstheoretisch fundierte Entwicklungspsychologie (AEBLI 1969; NICKEL 1971; AUSUBEL 1971), schließlich Sozialpsychologie, Kommunikationsforschung und Lerntheorie, nicht zuletzt literaturwissenschaftliche Rezeptionsforschung (DEHN 1974; HOHENDAHL 1974; WARNING 1975; GRIMM 1975; HEUERMANN u. a. 1975). Die vier zuletzt genannten Wissenschaften dienen einer angemessenen Berücksichtigung des Rezeptions- und Wirkungsaspektes. (Zu der für die Jungleserforschung notwendigen Fächerintegration vgl. BEINLICH 1973, S. 174, 176ff.). Ferner läßt sich das Gebiet auch ohne engste Verbindung zur Geschichte der Bildung und Erziehung nicht darstellen; Vorarbeiten dazu finden sich bei HURRELMANN (1974) und KUHN (1975).

Allgemeine Probleme einer J. unter besonderer Berücksichtigung des historischen Moments. Die J. ist, wie die Entwicklungspsychologie und die Jugendforschung allgemein, betroffen von vorwissenschaftlichen Werteinstellungen und Ideologien, da sich mit „Jugend" in fast allen modernen Gesellschaften bestimmte Heils- und Zielvorstellungen verbinden. Dies gilt besonders für die bürgerliche Kulturkritik seit ROUSSEAU und diente u. a. der Abwehr des Ungleichheitsvorwurfs, da man mit „Jugend" die Vorstellung einer „zweiten Geburt" und die Individualisierung des Leistungs- und Bewährungsgedankens verband (vgl. KREUTZ 1974, S. 48ff.). Auch die Verwissenschaftlichung der Bemühungen um den Jungleser vermochte sich von den ideologischen Belastungen nicht freizumachen und konzentrierte sich, bei durchaus diskutablen Teilergebnissen, auf Rationalisierung bürgerlichen Interesses, indem das vorwissenschaftliche Verständnis als Erkenntnisinteresse in die Forschung einging (Theoreme von der „Kinderwelt", des jugendlichen Umbruchs, Verallgemeinerung und Maßstabsetzung einer privilegierten, verlängerten Pubertät etc.). In dem Zusammenhang ist die von der gegenwärtigen Jugendforschung gestellte Frage von außergewöhnlicher Bedeutung, ob es überhaupt „Jugend" oder „die" Jugend gäbe. Sie wird zum Teil so beantwortet, daß „Jugend" als eine Erfindung, die auf gesellschaftliche Interessen und über diese auf bestimmte ökonomische Verhältnisse zurückgeht. Die bürgerliche, stark von ROUSSEAU beeinflußte Vorstellung von „Jugend" wäre demnach ohne bürgerliche (bourgeoise) Besitzverhältnisse und Klassenunterschiede undenkbar. Das Verhältnis der „Jugendkultur" zum „Kinderparadies" wäre dabei so zu verstehen, daß „Jugendkultur" als eine Art Verlängerung des „Kinderparadieses" zum Erwachsenen hin aufzufassen ist. Zwei Schlußfolgerungen wären daraus zu ziehen: Erstens ruht die gesamte Phasenlehre vom Lese- und Literaturverhalten der Kinder und Jugendlichen (vgl. BÜHLER 1918/1958; LIPPERT 1950) auf interessebedingten, zumeist bürgerlichen Vorstellungen; zweitens wird verständlich, warum die heutige Jugendforschung die Abgrenzbarkeit jugendlichen Verhaltens vom Erwachsenen in Frage stellen muß (vgl. KREUTZ 1974, S. 42). Wenn „Jugendkultur" primär als eine Verlängerung des „Kinderparadieses" zum Erwachsenen hin verstanden werden muß, „Jugend" aber immer weniger abgrenzbar ist vom Erwachsenen, so steht auch die Kindheit als selbständige, eindeutig definierbare Phase zur Disposition bzw. müßten zumindest wohl die spezifischen Unschulds- und Paradiesvorstellungen als abstrakt und ideologisch bedingt aufgegeben werden, wie es von der Sozialisationsforschung nahegelegt wird.
Dieser Gedankengang erzwingt die Auseinandersetzung mit einer Kernidee bürgerlicher Wertvorstellungen von der Jugend, die zugleich für die Geschichte der bürgerlichen Pädagogik und Schule von erheblicher Bedeutung war: der Schonraumidee. Gemeint ist die These von der Abschirmbarkeit des Kindes von der Realität und dem (gesellschaftlichen) Leben (KREUTZ 1974, S. 28, 39 u. a.; NEIDHARDT u. a. 1970, S. 18, 25, 167f., 170). Etwas vereinfacht kann man sagen, daß sowohl die moderne Schule als auch die moderne Kinder- und Jugendliteratur auf der Schonraum- und Abschirmbarkeitsthese beruhen und so als ein Derivat bürgerlicher Kulturkritik anzusehen sind. Alle Bestrebungen, das Kinderleben zu „romantisieren", sind ideologische Rationalisierungen der Schonraumidee. Man war bemüht, den Kindern und Jugendlichen die „harte gesellschaftliche Realität" solange wie möglich zu ersparen. Zugleich drücken sich in dieser Absicht die im bürgerlichen Mittelstand gegebenen Sozialisationsbedingungen aus. Der Aufschub des Lebensernstes, der sowohl durch ökonomisch saturierte Familien als auch durch verlängerte Ausbildung (Gymnasium, Studium) gewährleistet war, verbindet sich mit dem (bürgerlichen) Prinzip des Aufschubs der Befriedigung und konstituiert so die „Kulturpubertät", deren soziale Bedingtheit die neuere Jugendforschung (BERNFELD, ROSENMAYR, KREUTZ) herausgearbeitet hat. Bis heute sind Begriff und Praxis der Kinder- und Jugendlitera-

tur, insbesondere alle Theoreme, Begründungen, Zielvorstellungen, die bewußt auf den Abnehmer, den Leser rekurrieren, ohne bürgerliche Lebens-, Besitz- und Herrschaftsverhältnisse nicht erklärbar; wobei allerdings der kurzschlüssige Verweis auf diese Verhältnisse allein nicht ausreicht. Eine weitere Frage ist die, wieweit es erlaubt ist, das Problem des Lese- und Literaturverhaltens auf das „Buch" und den „Leser im engeren Sinne" zu beschränken. Nicht zufällig hat die bürgerliche Kulturkritik die Entstehung und Entwicklung der modernen Medien mit Skepsis, Mißtrauen und zum Teil heftigem Widerstand begleitet, da durch Demokratisierung der Informationsmöglichkeiten der klassische elitäre Bildungsbegriff in Frage gestellt wurde. BENJAMIN, BRECHT und neuerdings H. M. ENZENSBERGER (Kursbuch 20, 1970) wußten daher sehr wohl, warum sie sich mit den neuen Nicht-Buch-Medien beschäftigten. Eine übertriebene Beschränkung auf „Buch" und „Leser in engerem Sinne" legt den Verdacht eines Festhaltens an Positionen des bürgerlichen Kulturpessimismus nahe. Daraus ist zu schließen, daß auch der Begriff „Literatur" (wie „Buch", „Dichtung" usw.) durch vorwissenschaftliche Wertungen belastet und ideologisiert ist. Im humanistisch gebildeten Mittelstand wurde Bildung weitgehend gleichgesetzt mit „literarischer Bildung". Dabei ist interessant, daß man die seit dem 18. Jahrhundert immer krasser in Erscheinung tretende Dichotomisierung des Literarischen in „Dichtung" und „Unterhaltung" (Erster und Zweiter Markt, vgl. EULER 1975 und KUHN 1975, S. 54) entweder unterschlug oder durch Diskriminierung des Unterhaltungsbedürfnisses (permanente Publikumsbeschimpfung seit GOETHE und SCHILLER) zu lösen versuchte („Schmutz-und-Schund"-Diskussion im Bereich der Kinder- und Jugendliteratur). Damit bot sich ein probates Mittel an, die Tatsache des „besonderen" Publikums der „eigentlichen" Literatur, auch der Kinder- und Jugendliteratur, sowie des „besonderen" Begriffs „Jugend" (der des unter Schonraumbedingungen lebenden mittelständischen Bürgertums) zu verdrängen. Das schlechte Gewissen gegenüber den Lesergruppen (auch Nichtlesergruppen), die den Leitvorstellungen nicht oder nur ungenau entsprachen, wurde durch Beschimpfung und Sanktion kompensiert.

Eine Kritik des bürgerlichen Verständnisses von „Jugend" im Zusammenhang mit der Jugend als Adressat einer „besonderen" Literatur kann demnach zeigen: 1. Jugend wird als Schonraum verstanden. 2. Schonraum war, wenn überhaupt, ausschließlich in den bürgerlichen Mittelschichten und in der Oberschicht gegeben. 3. Die Idee der „Jugend" konstituierte den Begriff der „Emanzipation" und damit die Fiktion, daß der später einmal erreichte gesellschaftliche Status allein auf individuelles Können und auf „Leistung" gegründet sei. 4. Schule und Kinder- und Jugendliteratur sind als Derivate des (bürgerlichen) Jugendbegriffs anzusehen; Kinder- und Jugendliteratur wird so zur Schonraumliteratur (vgl. SCHNURRE 1967). 5. Der Schmutz-und-Schund-Kampf dient zum einen dem Schonraumdenken unmittelbar, indem er Teile des Schrifttums von den Kindern und Jugendlichen fernzuhalten versucht, und zum anderen der Verdrängung und Rationalisierung der Tatsache, daß erhebliche Teile der Bevölkerung den Bildungsvorstellungen der bürgerlich-privilegierten Gruppen nicht zu entsprechen vermochten und ihnen das auch nicht ermöglicht wurde. 6. Der „Schmutz und Schund" (Zweiter Markt) selber diente der Abspeisung der Bedürfnisse der abhängigen unteren Sozialschichten mit einer Ersatzkultur, deren Hauptfunktion Kompensation und Wiederherstellung der Arbeitskraft war und ist. Aus heutiger Sicht muß ferner festgestellt werden, daß der Schonraumgedanke durch die Entwicklung der Massenmedien obsolet geworden ist, daß die der „Jugendkultur" und dem „Kinderparadies" entsprechende „Lesestufentheorie" in Frage zu stellen ist, daß die Tatsache einer verkürzten (Primitiv-)Pubertät nicht durch Schmutz- und Schundpropaganda, sondern durch Planung und Demokratisierung der Pubertät zu einer Kulturpubertät für alle gelöst werden muß (vgl. GIESECKE 1967).

Strukturelle Merkmale der bisherigen Jungleserkunde und deren soziologische Desiderate. Die bisherige Jungleserkunde bemüht sich auf der Grundlage überzeitlich-ahistorisch gesehener menschlicher Grundbedürfnisse (LIPPERT 1950; GIEHRL 1972; auch WEBER 1954) um die Herausarbeitung psychologischer Gesetzmäßigkeiten in der Entwicklung der Lese- und Literaturinteressen und -kompetenzen bei den Kindern und Jugendlichen. Überwiegend war sie positivistische Interessens-(Präferenz-)Forschung (RUMPF 1926; BÖDECKER 1957/1958 und 1959/1960), die sich meist mit aus der Entwicklungspsychologie entlehnten Phasenvorstellungen verbanden (CH. BÜHLER 1918/1958; LIPPERT 1950; BEINLICH 1970; Darstellung bei BEINLICH 1970 und 1973; GIEHRL 1972). Oft war das psychologische Interesse überhaupt primär, und die Lektüre wurde zur Erhellung der jeweiligen Phasenstruktur herangezogen (CH. BÜHLER). Die Lesephasen wurden teilweise nach den bevorzugten Lektüren (CH. BÜHLER, S. ENGELMANN R. ULSHÖFER: Struwwelpeter-, Märchen-, Robinson-, Helden-, Balladen-, Dramenalter usw.), teilweise mit psychologischen Kriterien (LIPPERT 1950), teilweise mit literarisch-pädagogischen Kriterien (BEINLICH 1970) beschrieben.

Für die anthropologisch-psychologisch bestimmte Jugendforschung ist bezeichnend das Theorem einer Entsprechung von Leserpsyche und Lektüre (z.B. Volksmärchen: von den Brüdern GRIMM über H. WOLGAST und S. RÜTTGERS bis CH. BÜHLER, J. BILZ und W. SCHERF; Mädchenbuch: E. LIPPERT 1931; Abenteuerbuch: A. HÖLDER 1967). Dabei wurde „Lebenshilfe" dadurch möglich, daß vermittels kindgemäßer, stufenadäquater Lektüre die auf der jeweiligen Stufe erreichbare Identität verwirklicht werden konnte. Das wissenschaftliche Erklärungsmuster dieser Denkweise liegt im Begriff der „Adaption" vor (KLINGBERG 1973). Die Kritik der bisherigen Jungleserforschung entzündet sich an folgenden Axiomen: 1. Nichtproblematisierung der Begriffe „Kind" und „Jugend". Beide werden als etwas in der „Sache" Gegebenes und Zeitloses, mithin Unveränderbares genommen. 2. Nichtreflexion des Interesses am Schonraumdenken, so daß die Ablenkungsfunktion der Literatur in den Vordergrund rückt. 3. Spekulative Verfahren zur Konstruktion von Entsprechungen zwischen Psyche und Lektüre. Dabei wird die manipulative, interessenabhängige Funktion der adaptierten Kindvorstellung übersehen: Leseinteressen als Auswirkung rein endogener Schübe (vgl. GERLACH u.a. 1976). 4. Isolierung der Literatur gegenüber dessen sozialem Umfeld (Lebenssituation). 5. Plädoyer für totale Übereinstimmung mit den Hauptprinzipien der Sozialisation, vor allem den ästhetischen Normen der gesellschaftlich führenden Gruppen, akzentuiert die Anpassungsfunktion von Literatur und Lesen. 6. Einseitiger Bezug auf den „Ersten Markt" und dessen Käuferschicht.

Lese- und Literaturverhalten und schichtenspezifische Sozialisation. Die Sozialisationstheorie liefert ein Konzept der Erklärung schichtenspezifischen Lese- und Literaturverhaltens (vgl. SCHEELE 1974; GERLACH u.a. 1976). Sozialisations- und Sprachbarrierenforschung haben, wenn auch dichotomisch typisiert, schichtenspezifische Differenzen in Wertvorstellungen, Erziehungs- und Sprachverhalten herausgearbeitet und diese auf die unterschiedliche Bedürfnislage zurückgeführt, die durch unterschiedliche Lebenssituationen (mit ihren Aspekten: Arbeit und Freizeit) und Lebenschancen bedingt sind. Ein Hauptproblem der Beschreibung ist mit der Frage gegeben, ob es sich um bloße Unterschiede (Differenzthese) oder um Defizite im Verhalten handelt. Da die Analysatoren durchweg mittelschichtsozialisiert sind und sich dies auch mit einem bestimmten Sprachverhalten verbindet, gelangt in die Beschreibung der Tatbestände oft ein unzulässiger, vielfach nicht einmal gewollter Ton der Bewertung hinein, der das Verhalten der Unterschicht lediglich als Abwesenheit/Mangel der in der Mittelschicht sozialisierten, als selbstverständlich geltenden Fähigkeiten und Leistungen zu erfassen vermag.
Die bisherigen Forschungsergebnisse lassen sich in folgenden Gegensatzpaaren zusammenfassen (an erster Stelle stehen die sozialtypischen Verhaltensweisen der Mittelschicht, dann folgen die sozialtypischen Verhaltensweisen der Unterschicht): aktivistisch/individualistisch/zukunftsorientiert vs. passivistisch/familialistisch/gegenwartsorientiert; Aufschub unmittelbarer Befriedigung zugunsten einer um so höheren späteren Qualifikation vs. Lebensgenuß und Konsum (Unfähigkeit zu längerfristiger Planung, insbesondere auch im Bildungsbereich); Aufstiegsorientierung, Leistungsstreben vs. soziale Apathie, Gleichgültigkeit („die da oben" werden es schon machen); Bildung, vor allem verstanden als intellektuelle Bildung vs. Bildung als Benehmen, Verhalten, „Herzensbildung"; Mobilität, Rollenflexibilität, größeres Rollenrepertoire vs. Immobilität, Fixierung auf wenige Rollenmöglichkeiten; Hochschätzung von Selbstbestimmung, Selbstverantwortlichkeit, Selbstkontrolle vs. Befolgen äußerer Vorschriften, Gehorsam und Konformismus; Hochschätzung von Adrettheit, Ordnung, Sauberkeit, aber auch Normenflexibilität, kreative Infragestellung von Normen vs. Normenridigität; dialogische, verbale Kommunikation und rational-verbales Konfliktlösungsverhalten vs. unsymmetrische, nonverbale, physische Kommunikationsformen; geringere Diskriminierung zwischen den Geschlechtern, tendenzielle Gleichbehandlung vs. stärkere Diskriminierung (daher stärkere Familiengebundenheit sowie Gehorsams- und Benimmerziehung bei den Mädchen). Diese Gegenüberstellung sozialtypischer Verhaltensmodi idealisiert sehr stark. Sie vereinfacht die Tatbestände, indem sie intervenierende Variablen wie Alter, Geschlecht und regionale und nationale Besonderheiten vernachlässigt. Außerdem werden von der Soziologie heute einige der Differenzen in Frage gestellt, so z.B. wird beobachtet, daß das Prinzip „Aufschub von Befriedigung" generell, also auch in den Mittelschichten, an Ansehen verliert.
Die Frage, ob die Schule in der Lage ist, die durch die Primärsozialisation bedingten Benachteiligungen auszugleichen (zu kompensieren), ist noch nicht beantwortet. Was das Lese- und Literaturverhalten der Kinder und Jugendlichen betrifft, so ist ein Schwanken zwischen einem übertriebenen Optimismus (BEINLICH, HASELOFF, VÖLKE, SCHMIDTCHEN) und einer mehr realistischen Betrachtungsweise (ROSENMAYR, KÖCKEIS, KREUTZ 1966; SCHEELE 1974; GERLACH 1976) auffällig. Die optimistische Position zeigt sich oft in der Neigung, die Schule für die bestehenden Ungleichheiten im Lese- und Literaturverhalten verantwortlich zu machen; die realistische gelangt gelegentlich zu einer mehr pessimistischen Betrachtungsweise, welche der Schule kaum eine Chance läßt und eine Lösung nur in einer grundlegenden Sozialreform sieht. Fest steht jedoch, daß das westliche, insbesondere das bundesrepublikanische dreigliedrige Schulsystem sich bisher als wenig geeignet gezeigt hat, die Ungleichheiten im Lese- und Literaturverhalten auszugleichen. Das beweisen alle Untersuchungen zum Lese- und Literaturverhalten von Schülern und Schülerinnen verschiedener Schulgattungen (BEEG 1963; ROSENMAYR/KÖCKEIS/KREUTZ 1966; VÖLKE 1971; DAHRENDORF 1973; GROEBEN/SCHEELE 1975). Da das Schulsystem der BRD jedoch das Sozialsystem spiegelt, wäre es falsch, daraus ein spezifisches Versagen der Schule allein abzuleiten; bei Isolierung des Faktors Schulbildung wird diese leicht zur Scheinursache der Differenzen im Lese- und Literaturverhalten.

Einige Ergebnisse der J. Als primäre soziale Bedingungsfaktoren für das Lese- und Literaturverhalten und des Kulturverhaltens allgemein sind anzusehen: soziales Milieu, Beruf, Schulbildung und Alter; von mittlerer und schwächerer Bedeutung sind: Wohnort, Konfession, Geschlecht, Einkommen (vgl. RUDINGER in: SCHMITZ-SCHERZER 1974, S. 427). Alter und Geschlecht werden hier insofern als Sozialfaktoren aufgefaßt, als damit ganz spezifisches, gesellschaftlich bedingtes Rollenverhalten verbunden ist.

Bezieht man diese Bedingungsfaktoren auf folgende sechs Verhaltenskategorien: 1. Buchbesitz und Literaturbeschaffung, 2. Auswahl, Nutzung, Zeitanteil, 3. Wertigkeit des Gelesenen, unter Berücksichtigung der Differenz zwischen „Erstem" und „Zweitem Markt", 4. Art/Typ des Lesens, Rezipierens, 5. Motivationen, 6. Funktionen, Bedeutung des Gelesenen, Rezipierten – so läßt sich, wenn auch vereinfacht, sagen: Je höher Rang und Ansehen des Berufs, je höher Schulbildung und Schulabschluß, je größer der Wohnort, je günstiger die Wohnverhältnisse etc., um so wahrscheinlicher sind: größerer Buchbestand, gemischter Mediengebrauch, hoher Anteil an anerkannter Literatur (Erster Markt), Fähigkeit zu kritischer Distanz und ästhetischem Genuß, bloß situativer (und nicht sozialisationsbedingter) Gebrauch von Trivialliteratur (Texten des Zweiten Marktes), spezifische Lesemotivation, Nutzung des Buchhandels.

Nimmt dagegen der Beruf in der sozialen Wertskala einen niedrigen Rang ein, ist die Arbeit überwiegend repetitiv, körperlich ermüdend und wird sie ohne ein stärkeres Maß an Ichbeteiligung und Mitbestimmung ausgeübt, sind die Wohnverhältnisse ungünstig und eher beengt, haben die Kinder nur geringe Spiel- und Entfaltungsmöglichkeiten in und außerhalb der Wohnung, so ist eher folgendes Lese- und Literaturverhalten zu erwarten: geringer Buchbesitz; Herkunft der Lesestoffe: Kiosk, Kaufhaus, Buchgemeinschaft; Heftchenkonsum; Anteil der Nichtleser erheblich, Rückgang des Anteils an traditionellen Medien; einseitige Abhängigkeit von Bild- und elektronischen Medien, besonders dem Fernsehen; geringe, unspezifische Motivation; überwiegendes Interesse an den Produkten des Zweiten Marktes, deren unkritischer, eskapistischer Konsum; geringer Grad an Kompetenz in der Beurteilung der Produkte; Suche nach Entlastung, Vermeidung von Konflikten; Bedürfnis nach Unterhaltung und Erholung durch Literaturkonsum steht im Vordergrund; Erwartung einer „heilen Welt" und eines „positiven Helden", Bestätigung sozialer Normen, d.h. Abwehr kreativer Normveränderung. Von der Tatsache, daß die momentane, durch Streß, Arbeitsbelastung und individuelle Faktoren bedingte Situation ganz allgemein, also schichten*unabhängig* das Interesse an Flucht aus dem Alltag verstärkt, können wir hier absehen, wenn auch dabei mit einer unterschiedlichen Art von Rezeption je nach den spezifischen Voraussetzungen gerechnet werden muß. Außerdem bedarf es des Hinweises, daß nicht alle mit hohem gesellschaftlichen Prestigewert ausgestatteten Berufe in gleichem Maß an der Kultur teilnehmen und sie mittragen oder sie gar weiterentwikkeln.

Bezogen auf die von GROEBEN und SCHEELE vorgeschlagenen Lesekategorien könnte man sagen: Nicht- und Unterhaltungsleser (völlig fehlende oder ganz unspezifische Lesemotivation) gehören überwiegend den sozialen Unterschichten an, Informationsleser (soweit auf diese Form des Lesens beschränkt) desgleichen; Leser in engerem Sinne (spezifische Motivation, Interesse an authentischer Kultur) den mittleren und höheren Schichten.
Bei den Kindern und Jugendlichen spiegeln sich tendenziell die Verhältnisse der Erwachsenenwelt. Vorübergehend gewinnt die Schule (mit ihrer transitorischen Sozialgruppe: Schulklasse) Einfluß. Auch altersbedingte Nivellierungen im Verhalten finden statt, so werden allgemein unabhängig von der Schicht zeitweise Comic-Strips gelesen; die Mädchen lesen ähnlich schichtübergreifend Mädchenbücher. Während es aber unter günstigen sozialen und Bildungsbedingungen allmählich zu einer Annäherung an die authentische Kultur kommt, wird das unter ungünstigen Bedingungen verhindert, und das soziale Milieu setzt sich trotz zwischenzeitlicher relativer Übereinstimmung mit den übrigen Sozialschichten und trotz gewisser pädagogischer Einflüsse durch (ROSENMAYR/KÖCKEIS/KREUTZ 1966; SCHEELE 1974). Im Endeffekt behaupten sich bei Kindern und Jugendlichen überwiegend die Verhaltensweisen und Werteinstellungen der Eltern und des Milieus. Sie übernehmen dasjenige Lese- und Literaturverhalten, das die jeweilige soziale Umwelt für erforderlich hält und honoriert und das man später zur Existenzsicherung nötig zu haben meint. Auffällig in diesem Zusammenhang ist die teilweise zu beobachtende Diskrepanz zwischen den sozialen Einstellungen, die oft von den tonangebenden kulturtragenden Schichten – schon via Schule – übernommen werden, und letztlichem tatsächlichen Verhalten. Das gilt z.B. für das allgemeine Ansehen, das in unserer Gesellschaft das Buch und das Lesen genießen (vgl. SCHMIDTCHEN 1968).

Zusammenfassende Schlußdarstellung. Eine Darstellung der J. muß davon ausgehen, daß es weder eine entwickelte und bewährte Theorie der J. noch aus ihr ableitbare methodisch gesicherte Verfahren gibt. Eine J. macht die Kooperation verschiedener Wissenschaften und Methoden erforderlich und müßte sich ihrerseits einer methodenvariablen Jungleserforschung integrieren. Trotz der Offenheit der wissenschaftstheoretischen Voraussetzungen der J. läßt sich feststellen: Die J. zielt auf Untersuchung gruppenspezifischer Aspekte des Lese- und Literaturverhaltens – es darf dabei nicht isoliert, sondern muß in Verbindung mit sozialen Werten und Normen gesehen werden; zur Erklärung von Verhaltensunterschieden sind Jugendsoziologie/Jugendforschung, Entwicklungspsychologie und Sozialisationsforschung in Verbindung mit Erziehungswissenschaft und Lernforschung heranzuziehen – unterschiedliches Lese- und Literaturverhalten ist als Indiz und Folge sozialer Ungleichheit anzusehen. Mit den sozialen Bedingungen vermittelt sich Lese- und Literaturverhalten durch Sozialisation und Lebenssituation. Sozialisation und Situation schaffen ein System von Bedürfnissen und Ideologien, die sich auch in bestimmten Formen und Inhalten des Lese- und Literaturverhaltens niederschlagen. Soziale Deprivation korreliert a) mit autoritären Verhaltensmustern, geringerer Konfliktbelastbarkeit und geringerer Frustrationstoleranz, stärkerer Normenrigidität und Vorurteilsbildung (Auto- und Hetero-Stereotypen) und b) mit Nichtlesen und Unterhaltungslesen (Abhängigkeit von und Fixierung auf die Produkte der Kulturindustrie, Trivialliteratur). Seit dem 18. Jahrhundert war „Jugend" ausschließlich privilegierten bürgerlichen Schichten vorbehalten; aber entgegen einigen Voraussagen der Jugendsoziologie (HORNSTEIN in NEIDHARDT u.a. 1970, S. 167 und 180; GIESECKE 1967) ist „Jugend" auch heute noch kein „Massenphänomen", sondern ein „Klassenphänomen". Doch besteht die Lösung nicht darin, „Jugend" generell aufzuheben, sondern Verhältnisse zu schaffen, die allen „Jugend" ermöglicht. Verstanden nicht im Sinne eines langen Festhaltens in einem Schonraum, sondern im Sinne der Chance zur optimalen Entfaltung der sozialen und intellektuellen Fähigkeiten. – Für die Kinder- und Jugendliteratur ergibt sich daraus die Forderung, verstärkt die Bedürfnisse und Interessen aller zu vertreten und zu artikulieren; ein nach liberalistischen Wirtschaftsvorstellungen organisierter Buch- und Literaturmarkt wird dieser Forderung allerdings nur entsprechen können, wenn das Käuferverhalten sich verändert. Es sei denn, man faßte eine Einschränkung jener Liberalität, die primär auf eine schrankenlose Ausdehnung von Besitz und Privateigentum hinausläuft, ins Auge.

→Buchreife, →Junglesererkunde, →Jungleserpsychologie, →Kinder- und Jugendliteraturforschung, →Kindertümlichkeit, →Kritik der Kinder- und Jugendliteratur, →Lesealter, →Leseerziehung, →Leseinteresse, →Leseverhalten, →Rezeption der Kinder- und Jugendliteratur, →Schund- und Schmutzliteratur, →Trivialliteratur

Sekundärliteratur: H. Aebli: Die geistige Entwicklung als Funktion von Anlage, Reifung, Umwelt und Erziehungsbedingungen (in: H. Roth (Hrsg.): Begabung und Lernen. 1969. 151–191). – D. P. Ausubel: Das Jugendalter (1968, ³1971). – A. Cl. Baumgärtner: Der junge Mensch und seine Lektüre (in: Perspektiven der Jugendlektüre. 1969). – A. Beeg: Lese-Interessen der Berufsschüler (1963). – b:e-Redaktion (Hrsg.): Familienerziehung, Sozialschicht und Schulerfolg (1971). – A. Beinlich: Über die literarische Entwicklung in Kindheit und Jugend (in: A. Beinlich (Hrsg.): Handbuch des Deutschunterrichts Bd. 2. ⁵1970. 885–958); Die Entwicklung des Lesers (in: A. Cl. Baumgärtner (Hrsg.): Lesen. Ein Handbuch. 1973. 172–210). V. Graf Blücher: Jugend. Bildung und Freizeit (²1967). – H. Bödecker: Das Leseinteresse Jugendlicher von 11 bis 15 Jahren (in: Jugendschriften-Warte. 9. 10 (Neue Folge). 1957. 1958. 3.4.5.7/8.9.12. – 1). – P. Bourdieu: Zur Soziologie der symbolischen Formen (1970). – Ch. Bühler: Das Märchen und die Phantasie des Kindes (1918, NA. 1958); Kunst und Jugend (in: Zeitschrift für Ästhetik und allgemeine Kunstwissenschaft. 20. 1926. 3/4. 288–306). – M. Dahrendorf: Das Mädchenbuch und seine Leserin (1970, ²1973). – W. Dehn: Ästhetische Erfahrung und literarisches Lernen (1974). – R. Engelsing: Der Bürger als Leser (1974). – R. Escarpit: Das Buch und der Leser (1961, ²1966). – H. Euler: Kaufhausbilderbücher. Typologie und Wirkung (1975). – H. Fend: Sozialisierung und Erziehung (1969, ⁵1972). – H. N. Fügen: Die Hauptrichtungen der Literatursoziologie und ihre Methoden (²1966). – R. Geißler: Kritische Bemerkungen zu einer verbreiteten Ansicht über die „Kind- und Jugendgemäßheit" von Lesestoffen (in: Pädagogische Rundschau. 20. 1966. 759–766). – D. Gerlach (zus. mit anderen): Lesen und soziale Herkunft (1976). – H. E. Giehrl: Der junge Leser (1968, ²1972). – H. Giesecke: Jung sein in Deutschland (1967); (Hrsg.): Freizeit und Konsumerziehung (1968, ²1971). – M. R. Girardi (zus. mit anderen): Buch und Leser in Deutschland (1965). – W. Gottschalch (zus. mit anderen): Sozialisationsforschung. Materialien. Probleme, Kritik (1971). – J. Greven: Grundzüge einer Sozialgeschichte des Lesens und der Lesekultur (in: A. Cl. Baumgärtner (Hrsg.): Lesen. Ein Handbuch. 1973. 117–132); Grundzüge einer Soziologie des heutigen Lesers (in: A. Cl. Baumgärtner (Hrsg.): Lesen. Ein Handbuch. 1973. 149–171). – H. Grimm (Hrsg.): Literatur und Leser. Theorien und Modelle zur Rezeption literarischer Werke (1975). – N. Groeben: Literaturpsychologie. Literaturwissenschaft zwischen Hermeneutik und Empirie (1972); Zur Psychologie des Nicht-Lesens (zus. mit B. Scheele, in: H. Göpfert (Hrsg.): Leben und Lesen. 1975. 82–114). – O. W. Haseloff: Das Buch im Erleben unserer Jugendlichen (in: I. Lichtenstein-Rother (Hrsg.): Jugend und Buch in Europa. 1967. 33–72). – A. Hauser: Sozialgeschichte der Kunst und Literatur (1953). – H. Heuermann (Hrsg.): Literarische Rezeption. Beiträge zur Theorie des Text-Leser-Verhältnisses und seiner empirischen Erforschung (1975). – P. U. Hohendahl (Hrsg.): Sozialgeschichte und Wirkungsästhetik. Dokumente zur empirischen und marxistischen Rezeptionsforschung (1974). – A. Hölder: Das Abenteuerbuch im Spiegel der männlichen Reifezeit. Die Entwicklung des literarischen Interesses beim männlichen Jugendlichen (1967). – K. J. Huch: Einübung in die Klassengesellschaft. Über den Zusammenhang von Sozialstruktur und Sozialisation (1975). – B. Hurrelmann: Jugendliteratur und Bürgerlichkeit. Soziale Erziehung in der Jugendliteratur der Aufklärung am Beispiel von Christian Felix Weißes ‚Kinderfreund' 1776–1782 (1974). – G. Klingberg: Kinder- und Jugendliteratur-Forschung (1975). – H. Kreutz: Soziologie der Jugend (1974). – A. Kuhn: Tugend und Arbeit. Zur Sozialisation durch Kinder- und Jugendliteratur im 18. Jahrhundert (1975). – B. Lehmann: Leseinteressen und Lesegewohnheiten 12–15jähriger Schüler (in: Zeitnahe Schularbeit. 1969. 4/5). – E. Lippert: Der Lesestoff der Mädchen in der Vorpubertät (1931); Der Mensch als Leser. Entwicklungsverlauf der literarästhetischen Erlebnisfähigkeit (in: Begegnung mit dem Buch. 1950). – K. Maase: Leseinteressen der Arbeiter in der BRD. Über Leseverhalten, Lektüreinteressen und Bedürfnisentwicklung in der Arbeiterklasse der Bundesrepublik (1975). – F. Neidhardt u.a.: Jugend im Spektrum der Wissenschaften. Beiträge zur Theorie des Jugendalters (1970). – E. Neuland: Sprachbarrieren oder Klassensprache? Untersuchungen zum Sprachverhalten im Vorschulalter (1975). – H. Nickel: Entwicklungspsychologie des Kindes- und Jugendalters (1971). – H. G. Rolff: Sozialisation und Auslese durch die Schule (1967, ⁴1971). – L. Rosenmayr: Schwerpunkt der Jugendsoziologie (1976); Kulturelle Interessen von Jugendlichen. Eine soziologische Untersuchung an jungen Arbeitern und höheren Schülern (zus. mit E. Kröckeis, H. Kreutz. 1966). – A. Rumpf: Kind und Buch. Das Lieblingsbuch der deutschen Jugend zwischen 9 und 16 Jahren (1926, ²1928). – B. Scheele: Lesen als Eskapismus/Schichtenspezifische Sozialisation und Lektüreverhalten (1974). – R. Schenda: Volk ohne Buch. Studien zur Sozialgeschichte der populären Lesestoffe 1770–1910 (1970). – G. Schmidtchen: Lesekultur in Deutschland (1968); Lesekultur in Deutschland 1974 (1974). – R. Schmitz-Scherzer (Hrsg.): Freizeit (1974). – W. Schnurre: Zur Problematik der Jugendliteratur (in: Zeitschrift für Jugendliteratur. 1967. 8. 449–462). – W. Strzelewicz: Jugend in ihrer freien Zeit (1968). – W. Völke: Die Bedeutung des Lesens. Äußerungen Jugendlicher (1971). – E. Weber: Die Freizeitgesellschaft und das Buch. Literaturpädagogische Aufgaben der Schule (1967). –

H. Weber: Das Jugendbuch im Urteil seiner Leser (1954). – R. Warning (Hrsg.): Rezeptionsästhetik. Theorie und Praxis (1975). – U. Wölfel: Der junge Leser im Blickfeld der Forschung. Entwicklungen und Ergebnisse der Jungleserforschung (in: Studien zur Jugendliteratur und literarischen Bildung. 1961. 13–24).

Malte Dahrendorf

Jungnickel, Max

*Schriftsteller, Kinder- und Jugendbuchautor; * 27. 10. 1890 Saxdorf (Kreis Liebenwerda), vermißt 1945 Berlin.*

Als Sohn eines Bahnwärters und einer Dorfschneiderin besuchte J. die heimische Volksschule, ging 1904 zur Lehrerausbildung nach Delitzsch und wurde dort nach zwei Jahren „entfernt", weil er Schwierigkeiten mit der Mathematik hatte und die Anstaltsleitung es übel vermerkte, daß er in Provinzblättern Plaudereien über montenegrinische Aufstände und die Arbeit seiner Mutter veröffentlichte. 1907 zog er nach Berlin, wo er sich als „Dachstubenpoet" kümmerlich durchschlug: er war Mitarbeiter der Zeitschrift „Rakete" mit einem monatlichen Verdienst von vierzig Mark. Nebenbei hörte er an der Universität Vorlesungen über die Romantik bei E. Schmidt (1853–1913), die für sein eigenes Schaffen von Bedeutung wurden. 1909 erschien J.s erstes Buch, ein Gedichtband (Aus einer Träumerwerkstatt). Bekannter wurde er 1912 durch die günstige Aufnahme seines Märchenspiels „Der Himmelsschneider". Als sein fröhliches Buch „Trotz Tod und Tränen" (1914) dreihundert Mark Vorschuß einbrachte, heiratete er ein siebzehnjähriges Mädchen. Auch als Soldat (1915–1918) setzte J. seine schriftstellerische Tätigkeit fort. Als Vermißter und Totgeglaubter wurde er in Nachrufen geehrt. Nach dem Krieg nach Berlin zurückgekehrt, wandte er sich wieder seinem „märchenromantischen Fabulieren" zu, das immer mehr in naive Schwärmerei für den Nationalsozialismus umschlug. 1933 verfaßte er ein Buch über J. Goebbels (1897–1945). Seine Hinwendung zu einer „stahlharten Romantik" bezeugen Geschichten wie „Kommando der Erde" (1939) und „Fliegende Grenadiere" (1940).

Werk, Tendenzen, Wirkung. Viele Bücher J.s entstanden laut eigener Aussage auf Wanderungen und Reisen, in Pensionsstuben, auf Gasthaustischen, in Herbergen und Eisenbahnwagen oder im grünen Wald. Viele seiner Erzählungen sind von persönlichen Reiseerlebnissen geprägt. Großen Einfluß auf J.s Erzählweise hatten die beiden dänischen Dichter J. P. Jacobsen (1847–1885) und H. Chr. Andersen (1805–1875). Zu Ehren von S. Wülfing (*1901), der feinsinnigen Zeichnerin von Szenen aus Märchen und Sagen, schrieb J. sein Buch „Dürers kleine Tochter" (1929).

Etwas von der Geisteshaltung J.s wird sichtbar, wenn er in dem biografisch angelegten „Bunten Skizzenbuch" (1928) schreibt: „„... Vor 500 Jahren war ich ein Lindenblatt, das sich in der Sonne drehte, von Vogelmelodien bewegt. An einem Spätsommertag spulte ich mich vom Baum und blieb im Haar eines Schulmädchens hängen. Das Kind griff mich, legte mich an den Mund und blies durch mich eine Melodie. Die war so schön, daß ich Sehnsucht bekam, ein Mensch zu werden ...".

Die Dramen, Skizzen, Erzählungen und Romane J.s besitzen selten Angaben über den angesprochenen Leserkreis. Sie sind zumeist auch für junge Leser geeignet und wurden seinerzeit viel von ihnen gelesen. Speziell für Kinder und Jugendliche schrieb J. einige Erzählungen, Märchenromane und Märchenspiele und Bilderbuchtexte.

Das in den zwanziger Jahren beliebte Motiv der Traumreise verwandte J. in dem mit zweiundzwanzig farbigen Illustrationen von L. Kozma ausgestatteten Buch „Kabäuschens Traumreise" (1924). Aus Dank für die von der „Puppenmutter" empfangenen Anregungen gestaltete er 1925 das „Käthe Kruse Bilderbuch". Eine harmonische Einheit aus Text und Illustration stellt „Die verzauberte Schulstunde" (1926) dar, die viele kleine Geschichten von J. mit Reimen aus dem Volksgut verbindet und zahlreiche farbig getönte Steinzeichnungen von Fr. Eggers enthält.

In der Erzählung „Der Puppenspieler auf der Blaumeise" (1922) hat der Dichter auf seiner weihnachtlichen Wanderung Unterkunft in einer dörflichen Herbergskammer gefunden. Hier erlebt er symbolhaft die

Titelseite des 1926 in Breslau erschienenen Buches „Die verzauberte Schulstunde" von Max Jungnickel mit einer Steinzeichnung von Fritz Eggers.

Allmacht Gottes, so wenn er von der Erschaffung der Welt träumt: „Gott flog durch die Wolken. Weh und Jammer, Lachen und Lust, alles blies er auf einer Flöte und schuf daraus die Welt... Wir sind die Notenköpfe in dem Liede; mit allen Geschöpfen zusammen, die die Erde trägt." Eine Reihe von J.s Erzählungen erschienen nach 1933 in den Reihen „Hillgers Bunte Jugendbücher", „Deutsche Jugendbücherei" und „Deutsche Dichtung der Gegenwart in Schulausgaben".

Von J.s Märchenromanen ist „Die Fahrt ins Bilderbuchhaus" (1926) vergnüglich, dagegen zeigt „Die Uhrenherberge" (1927) einen traurigen Grundton.

„Die feine, zierliche Wortbildnerkunst" in J.s Märchenspielen wurde mehrfach gerühmt. Selbst die Personenbeschreibung in diesen Stücken, die sogenannten „Steckbriefe", enthalten mehr als bloße sachliche Angaben. So wird in dem Märchenspiel „Der Himmelsschneider" (1912) die Gestalt der Komödienbrigitte so vorgestellt: „Ein Geschöpf voll süßer Innigkeit und anmutiger Schelmerei. Sie geht kinderhold und menschenlieblich, im langen weißen Hemdchen, nacktfüßig durch das Märchenstück. Ihre Schlichtheit ist so wundersam, daß man denkt, es webe sich eine bilderbuchbunte Gloria um ihren Kopf." Von dem Herrgott heißt es: „Ein Weißkopf. Langbart mit einem leisen Gesicht. Er sitzt in seinem Arbeitsstübchen mit einem himmelblauen Schlafrock und riesengroßen blauen Schlappen. Auf dem Rücken trägt er eine große goldene Trompete. Eine liebevolle Andacht und geisterdünne Liebe umrieselt ihn."

In dem 1915 veröffentlichten „fröhlichen" Buch „Trotz Tod und Tränen" findet sich das Märchenspiel „Bettelchristel", das „H. Chr. Andersen, der schon lange im Himmel ist", gewidmet ist. Das Stück, das den Tod eines Bettelmädchens zum Inhalt hat, erinnert an G. HAUPTMANNS „Hanneles Himmelfahrt", aber auch an ANDERSENS „Mädchen mit den Schwefelhölzchen". Die zahlreichen, in den zwanziger Jahren entstandenen Märchenspiele J.s sind einerseits von einer Mischung aus Jugendbewegtheit und Religiosität geprägt, andererseits zeigen sie deutlich Anklänge an die GRIMMsche Figurenwelt und den GRIMMschen Sprachduktus.

Werke: Aus einer Träumerwerkstatt. Gedichte (1909); Der Himmelsschneider. Märchenspiel in 6 Bildern (1912, [6]1918, NA. 1929); Trotz Tod und Tränen. Ein fröhliches Buch. Mit acht Schattenrissen von L. Nicklaß (1914, [24]1921); Vom Frühling und Allerhand. Mit acht Bildern von W. von May (1915, NA. 1925); Die blaue Marie. Märchenspiel (1916, NA. 1918); Peter Himmelhoch. Ein kleiner Roman (1916, NA. 1921); Ins Blaue hinein. Ein ganz richtiger Roman. Mit 12 Bildern von F. Staeger (1917, NA. 1921); Das Herz in der Laterne. Märchenspiel in fünf Bildern (1921, NA. 1925); Der Puppenspieler auf der Blaumeise. Dichtungen (1922); Kabäuschens Traumreise. Ein Märchen zu 22 farbigen Bildern von L. Kozma (1924); Das Käthe Kruse Bilderbuch (1925); Singvogelgeist in der Schule (in: Fr. Behrendt: Sonnenstäubchen. Bewegungsspiele. Vom rhythmischen Gestalten im 1. und 2. Schuljahr meiner Grundschulklasse. 1925); Die Fahrt ins Bilderbuchhaus. Ein Märchen (1926); Max Jungnickel-Büchlein (1926); Die verzauberte Schulstunde. Die Bilder zu diesem Buche hat Fritz Eggers ersonnen und selbst auf Stein gezeichnet (1926); Wunder um die Schusterkugel. Märchenspiel (1926); Die Uhrenherberge. Ein Märchenroman (1927); Christian Pilgram und seine Ulrike und andere Erzählungen. Mit Bildern von A. Untersberger (1928); Buntes Skizzenbuch (1928); Der Rutsch ins Mauseloch. Märchenspiel (1929, [2]1931); Sulamith Wülfing. „Dürers kleine Tochter". Mit 32 Abbildungen (1929); Fillafalla. Ein Spiel. Musik von H. Ernst (1932); Volk und Vaterland (1932); Goebbels (1933); Gesichter im Feuer des Weltkriegs. Erzählung (1935, NA. 1938); Ein kleiner Junge lacht ins Leben. Erzählung (1935, NA. 1943); Klein-Tomma staunt in die Welt. Erzählung (1935); Fliegende Grenadiere (1940); Das Schwert im Sternbild (1941).

Hrsg.: H. Friedrich: Das Jahr im Leben der Kinder in 12 farbigen Monatsbildern mit Versen von M. Jungnickel (1923).

Sekundärliteratur: A. Baldus: M. Jungnickel (in: Sankt Wiborada 4. Jg. 1937). – A. Biese: M. Jungnickel (in: Preußische Jahrbücher. 167. Bd. 1917. 324–328). – E. Griebel: Zum 50. Geburtstag des Dichters M. Jungnickel (in: Die Mark. 36. 1940).

Hans Eich

K

Kästner, Erich

*Jugendbuchautor, satirischer Schriftsteller, Dramatiker, Kabarettist, Feuilletonist; *20.2.1899 Dresden, †29.7.1974 München.*

Als Sohn eines zunächst selbständigen Sattlermeisters und späteren Lohnarbeiters in einer Kofferfabrik und einer Friseuse in Dresden geboren, besuchte K. dort die Volksschule und anschließend das „Freiherrlich von Fletscher'sche Lehrer-Seminar", wurde 1917 zum Militär eingezogen und machte nach der Entlassung aus dem Heeresdienst und der Teilnahme an einem Abschlußkurs des Strehlener Lehrerseminars (ohne jedoch Lehrer werden zu wollen) als Hospitant am König Georg-Gymnasium das Kriegsabitur (1919). Ein Stipendium der Stadt Dresden erlaubte ihm den Studienbeginn in Leipzig (Germanistik, Geschichte, Philosophie und Theatergeschichte). Nach Semestern in Rostock (1921) und Berlin (1921–1922) schloß er 1925 in Leipzig mit der Promotion zum Dr. phil. (Dissertationsthema: „Die Erwiderung auf Friedrichs des Großen Schrift ‚De la littérature allemande'") sein Studium ab. Während der Studentenzeit arbeitete er als Feuilletonredakteur an der „Neuen Leipziger Zeitung" und veröffentlichte erste Gedichte. 1927 siedelte er nach Berlin über und verdiente sich seinen Lebensunterhalt als Theaterkritiker und freier Mitarbeiter von Zeitungen und Zeitschriften („Weltbühne", „Tagebuch", „Montag Mor-

gen", „Vossische Zeitung", „Berliner Tageblatt" und Provinzzeitungen). Im Jahre 1928 wurde er schriftstellerisch bekannt durch den Gedichtband „Herz auf Taille" und zugleich durch sein erstes Kinderbuch „Emil und die Detektive". Es folgten bis 1933 erfolgreiche Jahre, in denen er durch zeitkritische Feuilletons und Gedichte („Lärm im Spiegel", 1929; „Ein Mann gibt Auskunft", 1930; „Gesang zwischen den Stühlen", 1932) und dem Roman „Fabian" an Ansehen gewann (1931 Wahl in den PEN-Club). Er veröffentlichte weitere Kinderbücher („Pünktchen und Anton", 1930; „Der 35. Mai", 1931; „Das fliegende Klassenzimmer", 1933). Bühnenfassungen („Emil und die Detektive", 1930; „Pünktchen und Anton", 1932) und Verfilmungen („Emil und die Detektive", 1930) liefen parallel. Die scharfe Kritik an konservativen und reaktionären künstlerischen und politischen Auffassungen brachte K. in Berlin mit ähnlich denkenden Schriftstellern wie H. Kesten, C. von Ossietzky, A. Polgar, K. Tucholsky, A. Zweig und Künstlern wie E. Ohser (Ps.: e.o. plauen) und W. Trier zusammen. Die Machtergreifung Hitlers führte für K. 1933 zum Verbot, in Deutschland weiter zu publizieren. Er emigrierte jedoch nicht, sondern blieb in Berlin und wurde Augenzeuge, als seine Werke auf dem Opernplatz 1933 öffentlich verbrannt wurden. Zweimal wurde er durch die Gestapo verhaftet (1934 und 1937). Während der Hitlerzeit konnten seine Werke nur im Ausland (Schweiz) erscheinen, bis ihn 1942 totales Schreibverbot ereilte. Anonym hatte er 1942 das Drehbuch zu dem Film „Münchhausen" geschrieben. Das Kriegsende erlebte er in Tirol als Begleiter einer Filmexpedition. Anschließend zog er nach München. K. wurde dort Mitbegründer des Kabaretts „Die Schaubude" (1945), später der „Kleinen Freiheit" (1951) und Feuilletonleiter der ersten von den amerikanischen Besatzungstruppen eingerichteten überregionalen Tageszeitung nach dem Zweiten Weltkrieg „Die Neue Zeitung". Er rief seinerzeit auch die Kinderzeitschrift „Pinguin" ins Leben. Neben Gedichten, Feuilletons, Theaterstücken („Zu treuen Händen", 1948; „Die Schule der Diktatoren", 1957; „Haus der Erinnerungen", 1958) erschienen seine Kinderbücher „Das doppelte Lottchen" (1949), „Als ich ein kleiner Junge war" (1957), „Der kleine Mann" (1963) und auch die Bearbeitungen klassischer Stoffe wie „Don Quichotte" (1956) und „Gulliver" (1961). K. – in den ersten Jahren nach dem Zweiten Weltkrieg äußerst aktiv (1951 wird er Präsident des PEN-Zentrums (West)) – erhält 1956 den Literaturpreis des Stadt München, 1957 den Georg Büchner-Preis in Darmstadt und 1960 in Luxemburg die Hans Christian Andersen-Medaille durch das Internationale Kuratorium für das Jugendbuch. Er zog sich mehr und mehr aus dem öffentlichen Leben zurück. Anfang der sechziger Jahre erkrankte er an Tuberkulose. Er schrieb jetzt nur noch gelegentlich, 1969 sprach er die Laudatio für J. Lepman anläßlich ihrer Ehrung durch die Johann Wolfgang Goethe-Universität in Frankfurt. Daneben befaßte er sich mit der Neuausgabe seiner Werke und begleitete die Arbeit an Verfilmungen und Inszenierungen. 1974 starb er in München.

Werk, Tendenzen, Wirkung. Das Gesamtwerk K.s läßt sich zwar in einer äußeren, auf das Lesepublikum bezogenen Einteilung in einen „Kästner für Erwachsene" und einen „Kästner für Kinder" trennen, aber die Hauptideen seines Schaffens sind in allen seinen Texten vertreten: Offene Verarbeitung autobiografischer Erfahrungen, ausformulierte aufklärerisch-rationale Appelle, gesellschaftskritisch-politisches Parteiergreifen, utopische Sujets, idealistische und moralische Tendenzen. Die genannten Züge seines Werkes, vorgetragen mit satirischem Humor, erfahren in den für jugendliche Leser gedachten Romanen und Erzählungen allerdings eine andere Akzentuierung, in gewisser Weise eine Verharmlosung.

Die autobiografischen Züge schlagen schon im ersten Kinderroman „Emil und die Detektive" (1928) durch. Er wurde von der Verlegerin E. Jacobsohn angeregt. Nicht nur, daß die Zentralfigur aus dem gleichen Milieu kommt wie K. selbst, die Mutter liebevoll gezeichnet wird – K. verehrte seine Mutter besonders –, und die Eisenbahn, die Emil aus der Provinz in die Hauptstadt Berlin bringt, auch K. dorther gebracht hatte, er verlegt auch die Handlung in die Gegenwart. Dieser Realismus, der sich auch in der Sprache, die die Akteure sprechen, äußert, bedeutete am Ende der zwanziger Jahre einen neuen Ton in der Kinderliteratur. Mit K. zieht die Neue Sachlichkeit in die Kinder- und Jugendliteratur ein. Autobiografisch sind vor allem seine 1957 erschienenen Jugenderinnerungen („Als ich ein kleiner Junge war"), zwischen den Zeilen ein Hymnus auf seine Mutter. Dieses Buch führte zur Verleihung des „Kleinen Nobelpreises", der Hans Christian Andersen-Medaille (1960). Ein großer Teil seiner Bücher für Kinder spielt in der Jetztzeit und greift Probleme des familiären und kindlichen Alltags (Schule, Scheidung der Eltern, wirtschaftliche Not, Korruptheit) so auf, wie K. sie in seiner Umwelt vorfand.

Daß die Welt besser werden könne, wenn die Menschen nur vernünftiger würden, betont er immer wieder („Die Menschen sind gut, nur die Leute sind schlecht"), z.B. in „Konferenz der Tiere" (1949), einer Fabelerzählung nach einer Idee von J. Lepman, in der geschildert wird, daß es nicht zum Frieden kommt, weil die Vertreter einzelner Interessengruppen sich nicht einigen können, oder in „Das doppelte Lottchen" (1949), in dem die Zwillingsschwestern die getrennt lebenden Eltern zur Vernunft bringen. Dieser idealistische Zug seines Denkens ist gekoppelt mit einem politischen und sozialen Parteiergreifen, indem K. dem selbstsüchtigen Handeln der Reichen, der hilflosen Armut sowie der desolaten Lage der Gesamtgesellschaft moralische Appelle entgegensetzt und zur Solidarität der Anständigen aufruft (wie in „Emil und die Detektive", „Die Konferenz der Tiere", „Der kleine Mann" und seinen übrigen Werken), aber das System selbst nicht angreift. K. Beutler, ein gewichtiger Kritiker K.s, meint, der Autor trete für „bürgerlich-humanitäre Tugenden und das Erziehungsprinzip der Vernunft als Ausdruck eines aufklärerisch-liberalen Erziehungsstils" (a.a.O. S. 262) ein, und fügt später hinzu: „Für Kästner ist die Erziehung tatsächlich das einzige legitime Mittel, Einfluß auf die Gesellschaft zu nehmen" (a.a.O. S. 265). Die politische, demokratische und sozialliberale Auffassung, „linke Melancholie" (W. Benjamin, a.a.O.), tritt in seinen zeitkritischen Gedichten für Erwachsene und dem Roman „Fabian" (1931) stärker hervor als in seinen Kinderbüchern. In letzteren wird seine Grundeinstellung zu Kindern sichtbar, denen er den Status des guten, von der Schlechtigkeit der kapitalistischen Profitgesellschaft noch nicht in ihrer humanen Substanz angegriffenen Lebewesens zuschreibt. Er sieht die Aufgabe des Kinderschriftstellers in seinem Vortrag „Jugend, Literatur und Jugendliteratur", den er in Zürich 1953 anläßlich des Kongresses des Internationalen Kuratoriums für das Jugendbuch hielt, so: „Der Jugend kann, in unserer desolaten Welt, nur helfen, wer an die Menschen glaubt. Er hat kaum Anlaß, an die abgewerteten Zeitgenossen zu glauben. Sich selber wird er dabei nicht ausnehmen dürfen. Doch er muß einen gelungeneren Entwurf vom Menschen vor Augen haben. Das hat nichts mit Schönfärberei zu tun. Und er muß an die Erziehbarkeit der Jugend zu solchen Menschen glauben. Weder Nihilismus noch Schwärmerei sind dabei seine Sache. Er hat das Museum der abgelebten Werte besichtigt. Er war in den Treibhäusern, worin künstliche Werte gezüchtet werden. Und er weiß, daß es, wenn auch nicht dort und nicht da, doch ein paar echte Worte gibt: das Gewissen, die Vorbilder, die Heimat, die Ferne, die Freundschaft, die Freiheit, die Erinnerung, die Phantasie, das Glück und den Humor. Diese Fixsterne leuchten noch immer über und in uns. Und wer sie der Jugend weist und deutet, zeigt ihr den Weg aus ihrer Schweigsamkeit und unserer Gegenwart in eine freundlichere Welt, die wir, die Großen, sehen, aber nicht mehr betreten dürfen."

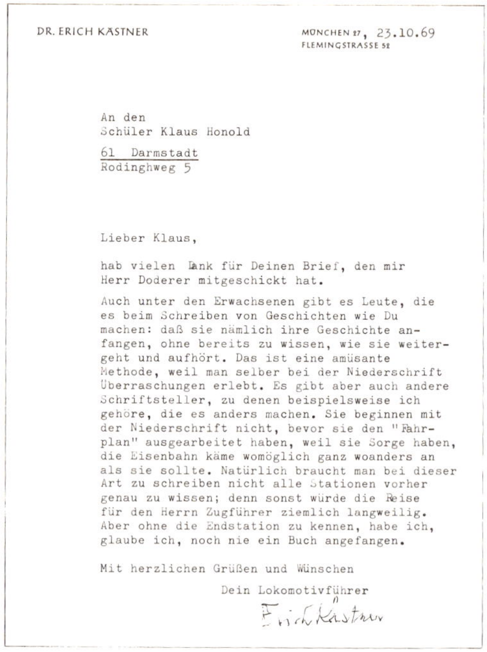
DR. ERICH KÄSTNER

MÜNCHEN 27, 23.10.69
FLEMINGSTRASSE 52

An den
Schüler Klaus Honold
61 Darmstadt
Rodinghweg 5

Lieber Klaus,

hab vielen Dank für Deinen Brief, den mir Herr Doderer mitgeschickt hat.

Auch unter den Erwachsenen gibt es Leute, die es beim Schreiben von Geschichten wie Du machen: daß sie nämlich ihre Geschichte anfangen, ohne bereits zu wissen, wie sie weitergeht und aufhört. Das ist eine amüsante Methode, weil man selber bei der Niederschrift Überraschungen erlebt. Es gibt aber auch andere Schriftsteller, zu denen beispielsweise ich gehöre, die es anders machen. Sie beginnen mit der Niederschrift nicht, bevor sie den "Fahrplan" ausgearbeitet haben, weil sie Sorge haben, die Eisenbahn käme womöglich ganz woanders an als sie sollte. Natürlich braucht man bei dieser Art zu schreiben nicht alle Stationen vorher genau zu wissen; denn sonst würde die Reise für den Herrn Zugführer ziemlich langweilig. Aber ohne die Endstation zu kennen, habe ich, glaube ich, noch nie ein Buch angefangen.

Mit herzlichen Grüßen und Wünschen

Dein Lokomotivführer

Erich Kästner

Dem elfjährigen Schüler Klaus H. schrieb der siebzigjährige Erich Kästner 1969 auf die Frage, nach welchem Plan er Kinderbücher verfasse, diesen Brief.

So vermischen sich bei K. der Glaube an den Bau einer besseren Zukunft durch die Jugend mit der Verpflichtung, sie über Mißstände aufzuklären. Er schrieb in seinem Vorwort zu Cl. Asscher-Pinkhofs Jugendbuch „Sternkinder" (1961; niederländisch: Sterrekinderen), einer Schilderung der Leiden jüdischer Kinder in faschistischen Konzentrationslagern: „Wer aus der schuldlosen Jugend eine ahnungslose Jugend zu machen versuchte, der fügte neue Schuld zur alten."

Teilweise das erzwungene Schweigen zu Gegenwartsfragen in der Hitlerzeit, teilweise auch die ursprüngliche Freude K.s am Utopisch-Kuriosen und die Lust am Parodieren rationalistischer Weltvorstellungen, hat ihn zur Neubearbeitung von Stoffen wie „Münchhausen", dem „Gestiefelten Kater", den „Schildbürgern", dem „Don Quichotte" geführt.

K.s Bedeutung als Kinderbuchautor ist darin zu sehen, daß er einen am Ende der zwanziger Jahre neuen Kindertyp als Held seiner Bücher schuf, der selbständig, auch selbstbewußt, klug, kooperationsbereit und zupackend sein eigenes Leben vernünftig und furchtlos einrichtet, der Erfolg hat (K.s Bücher haben ein happy end), und damit das Ideal des gehorsamen, braven Kindes aus der Kinderliteratur des 19. und beginnenden 20. Jahrhunderts ablöste. Zugleich holte er die Thematik gegenwärtiger Zeit und Umwelt ins Kinderbuch, schrieb eine klare, äußerst präzise und verständliche

Sprache, scheute sich nicht, vordem verpönte Alltagssprache (Straßenjargon) mit einzubeziehen und machte durch den Verlauf der erzählten Geschichten, durch den positiven Ausgang, durch den seinen Zentralfiguren unterstellten Lebensoptimismus und auch durch die eingestreuten Anreden an den Leser den Kindern Mut und Freude.
K. gehört zu den wenigen deutschen Kinderbuchautoren, welche internationale Geltung erfuhren. Seine Werke sind in alle Weltsprachen (insgesamt in mehr als zwei Dutzend verschiedene Sprachen) übersetzt worden und werden an ausländischen Schulen, z. B. Japan und USA, als Lektüre zum Deutschlernen verwandt. Er gehörte vor 1933 und nach dem Zweiten Weltkrieg zu den meistgelesenen Kinderbuchautoren.

Werke: Emil und die Detektive. Ein Roman für Kinder (1928); Herz auf Taille (1928); Lärm im Spiegel (1929); Pünktchen und Anton. Ein Roman für Kinder (1931); Fabian. Die Geschichte eines Moralisten (1931); Der 35. Mai oder Konrad reitet in die Südsee (1931); Arthur mit dem langen Arm. Ein Bilderbuch von Walther Trier (1931); Das verhexte Telefon (1932); Das fliegende Klassenzimmer. Ein Roman für Kinder (1933); Emil und die drei Zwillinge. Die zweite Geschichte von Emil und den Detektiven (1934); Drei Männer im Schnee. Eine Erzählung (1934); Die verschwundene Miniatur oder auch Die Abenteuer eines empfindsamen Fleischermeisters (1935); Till Eulenspiegel. Zwölf seiner Geschichten frei nacherzählt (1938); Georg und die Zwischenfälle (1938; NA. u. d. T.: Der kleine Grenzverkehr oder Georg und die Zwischenfälle, 1949); Der tägliche Kram, Chansons und Prosa 1945–1948 (1948); Die Konferenz der Tiere. Ein Buch für Kinder und Kenner. Nach einer Idee von Jella Lepman (1949); Das doppelte Lottchen. Ein Roman für Kinder (1949); Der gestiefelte Kater. Nacherzählt (1950); Des Freiherrn von Münchhausen wunderbare Reisen und Abenteuer zu Wasser und zu Lande. Nacherzählt (1951); Die Schildbürger. Nacherzählt (1954); Leben und Taten des scharfsinnigen Ritters Don Quichotte. Nacherzählt (1956); Die Schule der Diktatoren (1956); Als ich ein kleiner Junge war (1957); Gullivers Reisen. Nacherzählt (1961); Das Schwein beim Friseur und anderes (1962); Der kleine Mann (1963); Der kleine Mann und die Miss (1967).

Hrsg.: Pinguin. Für junge Leute (1946–1949); Die lustige Geschichten Kiste (1972).

Sekundärliteratur: „Baumeister einer brüderlichen Welt". Dokumente einer Ehrung (1968). – W. Benjamin: Linke Melancholie (in: H. N. Fügen (Hrsg.): Wege der Literatursoziologie (1968. 115–119). – R. Benson: Erich Kästner. Studien zu seinem Werk (1973). – K. Beutler: Erich Kästner. Eine literaturpädagogische Untersuchung (1967). – R.Bossmann: Erich Kästner. Werk und Sprache (1955). – Kl. Doderer: Erich Kästners „Emil und die Detektive". Gesellschaftskritik in einem Kinderroman (in: W. Dube u. a. (Hrsg.): Buch – Bibliothek – Leser, Festschrift für Horst Kunze. 1965. 477–486); Solidarität oder Untertanengeist. Zu Erich Kästners „Emil und die Detektive" und Wilhelm Speyers „Der Kampf der Tertia" (in: Kl. Doderer (Hrsg.): Klassische Kinder- und Jugendbücher. Kritische Betrachtungen. 1969. ³1975. 35–54). – L. Enderle: Erich Kästner in Selbstzeugnissen und Bilddokumenten (1966); (Hrsg.): Kästner anekdotisch (1970). – Fr. Rodrian: Notizen zu Erich Kästners Kinderbüchern (in: Neue deutsche Literatur. 8. 1960. 117–129). – H. Wagener: Erich Kästner (1973). – J. Winkelmann: Social criticism in the early works of Erich Kästner (1953).

Klaus Doderer

Kajiyama, Toshi

*Japanischer Maler und Illustrator; *24. 7. 1935 Tokio.*

K. besuchte die Kunstschule von Musashino und die Fakultät für freie Künste an der Universität Nippon. 1963 studierte er auf einer langen Reise durch Europa westliche Kunst; anschließend durchstreifte er seine eigene Heimat, um buddhistische Tempel der Nara-Periode kennenzulernen. Heute lebt K. in Chiba. 1962 erhielt der Maler den Shell Art Prize, 1973 den Verlegerpreis von Kodansha für die Illustration zu „The Bus which Passes Twice a Day" (1973) und im selben Jahr einen Goldenen Apfel auf der Bienále ilustrácií Bratislava (BIB) für „The Wind Festival" (1972).

Werk, Tendenzen, Wirkung. K. kommt aus der Schule klassischer japanischer Kunst, versucht aber die festgefügten Grenzen des Herkömmlichen zu sprengen. In der Illustration zu „Diasuke, the Whale" (1967; Text von Y. AMANO) folgt er frei den Trends der modernen Malerei; in dem Sachbuch für die Kleinsten „The Tiniest Things in the World" (1971) findet er Stilisierungen, wie sie nur ein formbewußter Japaner entdekken kann. Es ermangelt ihm dabei nicht an kindlicher Erfindungsgabe und an Humor. Sein in Bratislava preisgekröntes Buch „The Wind Festival" – den Text verfaßte T. INUI – zeichnet sich durch die Synthese moderner Grafik mit bewußt verwendeten traditionellen Stilelementen aus. Der wilde Wind jedoch, der durch die Geschichte weht, lockert die strengen Formen der Illustration zu einer bewegten Bildgeschichte.

Werke: Y. Amano: Daisuke, the whale (1967); The tiniest things of the world (1971); T. Kajiyama: A horsedriver turning into a bird (1971); T. Kajiyama: The bus which passes twice a day (1971); H. Muku: White birds (1972); T. Inui: The wind festival (1972).

Bettina Hürlimann

Kalashnikoff, Nicholas

*Russischer Erzähler; *17. 5. 1888 Minussimsk, †17. 8. 1961 New York.*

K. studierte Geschichte und Philosophie an der Universität Moskau. Er beteiligte sich 1905 an der russischen Revolutionsbewegung und wurde fünf Jahre nach Nordsibirien verbannt. Während des Ersten Weltkriegs war K. Offizier bei der zaristischen Armee. 1919 verließ er Rußland, ging nach China und emigrierte 1924 nach USA. Bis zu seinem Tod lebte er als freier Schriftsteller in New York. K. erhielt 1957 für „Faß zu, Toyon" (1956) den Deutschen Jugendbuchpreis.

Werk, Tendenzen, Wirkung. K.s Werk enthält ausgeprägte autobiographische Züge: Erfahrungen während der russischen Revolution spiegeln sich in „They That Take the Sword" (1939), Kindheit und Jugend in „My friend Yakub" (1953; dt. Mein Freund Yakub, 1960; TB 1975); Erlebnisse aus der Kriegszeit verdichten sich in der Pferdegeschichte „Jumper" (1944; dt. Der Hengst vom Baikalsee, 1961); Eindrücke aus der Verbannung in Nordsibirien geben Stoff für die beiden romanhaft aufgebauten Tiergeschichten „Toyon, a dog of the north and his people" (1950; dt. Faß zu Toyon, 1956; TB 1963 und 1971) und „The Defender" (1951; dt. Turgen der Jäger, 1957; TB 1969). K. führt damit die Tradition maßgeblicher Tiergeschichten-Autoren wie H. Löns und S. Fleuron weiter. In seinen im deutschen Sprachraum bekannt gewordenen Büchern verbindet K. schöpferische Phantasie mit präzisen Erinnerungen und warmherzigem Einfühlungsvermögen. Er zeichnet in ruhigem Erzählfluß und mit sparsamen Mitteln eindrucksvolle Bilder von der nordsibirischen Landschaft, ihren Menschen und Tieren. Er schildert den ungebrochenen Naturmenschen und spricht dem Tier menschlich-ethische Qualitäten zu, Mensch und Tier stehen in sich gegenseitig fördernder Wechselbeziehung zueinander. So wird in „Turgen der Jäger" (1957) der weitbekannte kalte Jäger zum vereinsamten gemütvollen Heger. „Faß zu Toyon" ist die Lebensgeschichte einer Tungusenfamilie, die sich durch das Eingreifen des Wolfshundes Toyon glückhaft verändert. Nach W. Scherf wird Toyon hier als „ein Abgesandter der guten Mächte" dargestellt, dessen Schicksal „sich unversehens in ein menschliches Schicksal" verwandelt (in: Jugendliteratur. 1957. 5. 227).

Werke: They That Take the Sword (1939); Jumper (1944; dt. Der Hengst vom Baikalsee, 1961); Toyon, a dog of the north and his people (1950); dt. Faß zu Toyon, 1956, ^{22}1962); The Defender (1951; dt. Turgen der Jäger, 1957, ^{4}1963); My friend Yakub (1953; dt. Mein Freund Yakub, 1960, ^{2}1962).

Sekundärliteratur: W. Scherf: Sibirien (in: Jugendliteratur. 1957. 5. 226–227).

Anneliese Knoop

Kalender für Kinder

K. wird die astronomisch begründete Zeiteinteilung nach Tagen, Monaten und Jahren genannt. Der heutige K. (Gregorianischer K.) geht auf den Julianischen (46 v. Chr.) zurück und besteht seit 1582, als Papst Gregor XII. die Schaltjahre einführte. K. wurden schon früh vervielfältigt bzw. gedruckt und dienten neben der Zeitorientierung auch zu jahreszeitlich bedingten Hinweisen und Ratschlägen, zur Ausschmückung mit Illustrationen und unterhaltsamen Texten. Als volkstümliche Gebrauchsinstrumente gelangten K. früh in den Besitz der Jugend. Spezielle Kinder-K. sind ab dem 19. Jahrhundert überliefert.

Zur Geschichte des gedruckten K. Aus zunächst nur illustrierten Einblatt-K.n mit Holzschnittbildern entstanden in der Mitte des 16. Jahrhunderts „Tagbüchel" oder sogenannte Almanache. Volkstümlich waren die K. mit Wetterregeln, Prognostiken und Gesundheitsanweisungen. Diese Volks-K. gehörten bis ins 19. Jahrhundert hinein neben Bibel und Gesangbuch zu dem geringen Lesestoff der Landbevölkerung (80–90 % der Gesamtbevölkerung). So entwickelte sich der später auch Bauern-K. genannte K. zu einem Lesebuch mit Geschichts-, Komödien-, Lied- und Gedichttexten, mit Familien-, Abenteuer-, Mord- und Schauergeschichten, Speise- und Küchenrezepten, Berichten von Exekutionen und Unglücksfällen, mit Reiseschilderungen, Sagen und Schwänken sowie mit historischen Abhandlungen. Der K. war dabei nicht nur Zierat wie der Almanach, sondern Gebrauchsgegenstand, was zum Ende des 18. Jahrhunderts dazu führte, daß sein didaktischer (volkserzieherischer) Wert als Medium der Verbreitung von Aufklärung oder Aberglauben erkannt wurde. Die verschiedenen K. erreichten solche Auflagen, daß man annehmen kann, fast jedes Haus hatte schon im 18. Jahrhundert jährlich seinen K. gehabt. Bekannteste Vertreter sind die „Hinkenden Boten", deren erster 1646 in Colmar erschien und von dem noch heute in Lahr ein gleichnamiger Nachfolger herauskommt.

Gedruckte K. für Kinder und Jugendliche. Waren Lesestoffe für Kinder und Jugendliche oft in den für die ganze Familie bestimmten Bauern- und Volks-K.n eingebunden, so gab es auch eigens für die junge Generation produzierte, wie den „Historischen Kalen-

Kalender der deutschen Jugend 1936

Alle Rechte vorbehalten. Unberechtigter Nachdruck der Beiträge verboten.

3. im Auftrage des Nationalsozialistischen Lehrerbundes herausgegebene Ausgabe

Bearbeitet von Ludwig Deyerling

Deutscher Volksverlag G. m. b. H., Bayreuth

Titelseite des „Kalender der deutschen Jugend 1936". Außer dem Kalendarium – die Monate haben hier die deutschen Namen Hartung (Januar), Hornung (Februar), Lenzing (März) usw. – enthält der Taschenkalender noch Angaben über den Nationalsozialismus, die Hitlerjugend, die „Wehr" und über „Rasse und Volk".

Titelblatt des Kinder-Wandkalenders „Fröhlichen Herzens" für das Jahr 1902.

Friedrich Karl Waechter (1937). „Kinderkalender 1977 mit allen 365 Tagen. Und zusätzlich: Der 32. August". Der Abreißkalender enthält viele phantasievolle Anregungen für den jugendlichen Benutzer: z. B. aufzuschreiben, wo man Zeit sparen kann; Wunschlisten aufzustellen; von Erlebtem an einem bestimmten Tag zu berichten etc.*

der für die Jugend zu einer höchstleichten Erlernung der Geschichte aufs Jahr Christi 1778". Der Titel weist darauf hin, daß man dem K. mit den gedruckten Historiengeschichten für jeden Tag eine Art schulbegleitende Funktion zuordnete. Er sollte, wie auch noch die heutigen Formen der K., Wissen vermitteln und helfen, Informationslücken zu schließen. In der Mitte des 19. Jahrhunderts erschienen dann K., die sich an die mit Holz- und Scherenschnitten illustrierten Bauern-K. anlehnten. Neben dem mit allerlei bedeutenden und unbedeutenden Angaben versehenen Kalendarium kamen unterhaltende Reime und Geschichten nicht zu kurz. Auch der 1883 zum ersten Mal erschienene „Auerbachs Kinderkalender" beinhaltete vorwiegend Märchen und Spieltexte sowie die ersten farbigen Drucke zu Gedichten. Naturwissenschaftliche Berichte nahmen im zweiten Band von 1884 auch Notiz von der begonnenen Industrialisierung. Das Kalendarium ist auf zwölf Seiten zusammengeschrumpft. Wie stark diese neue Produktion von K.n für die Altersgruppen zwischen 6 und 16 Jahren in der Öffentlichkeit beachtet wurde, davon zeugen Zeitungskritiken und Leserbriefe, die im Anhang des „Deutschen Kinderkalenders 1884" (herausgegeben von A. B. AUERBACH, Berlin) abgedruckt sind. „Es giebt da für mich viel zu bewundern: die Billigkeit, den Reichthum des Inhalts, und den Kunst- und Literaturheerbann, der in seiner Stattlichkeit dies alles ermöglichte" (a. a. O. S. 164), schrieb TH. FONTANE an den Herausgeber.

Zu Anfang des 20. Jahrhunderts konnten viele große Verlage an bestimmte Zielgruppen gerichtete Jugend-K. vertreiben. 1921 erschien ein der SPD nahestehender Almanach für die arbeitende Jugend „Jungvolk 1921", ein Buch im gebräuchlichen DIN-A-5-Format, das Freiraum ließ für Eintragungen, wie Einnahmen und Ausgaben der jungen Verdiener. Der anschließende, fast einhundertseitige Textteil war vielfältig und reich bebildert mit Fotos, Abbildungen und Karikaturen und enthielt dokumentarische Berichte, Erzählungen und Unterhaltungsstoffe.

Auch der nationalsozialistische Lehrerbund gab einen K. für Kinder und Jugendliche, den „Kalender der deutschen Jugend" heraus. Im Band für das Jahr 1936 – das Deckblatt zeigt einen trommelnden, uniformierten Jungen mit Hakenkreuz – werden z. B. Zitate HITLERS und anderer dem Regime genehmer Persönlichkeiten zum Zwecke faschistischer Propaganda abgedruckt. Erwähnung von Kriegsdaten in Kinder- und Jugend-K.n verdeutlicht die militante Ideologisierung. Im Anhang waren Abhandlungen über die Hitlerjugend,

den Bund Deutscher Mädchen, über Wehrmacht, Rasse und Volkstum zu finden.
Tendenziell unpolitisch waren dagegen die K. für Kinder und Jugendliche in der Zeit nach dem Zweiten Weltkrieg. Exemplarisch hierfür sind die mit Schilderungen außergewöhnlicher Begebenheiten, Naturwundern und -katastrophen sowie mit Informationen über technische Neuheiten angereicherten Jugend-K. der fünfziger Jahre. „A–Z-Jugendkalender" heißt z. B. ein im Taschenbuchformat erschienenes Jahrbuch (Verlag Jugend und Volk, Wien). Neben dem angereicherten großen Kalendarium mit Freiraum für die täglichen Eintragungen bringt dieser Jugend-K. auf 180 Seiten Wissenswertes, alphabetisch angeordnet und mit Tabellen, Karten, Kürzellisten versehen. Damit schloß man an die Tradition des K.s im 19. Jahrhundert an, nämlich Interessantes und Aktuelles neu auszuwählen und zu publizieren. Auch die K. für Kinder und Jugendliche in der DDR bieten – zunächst gebunden, später in handlichen Taschenbüchern – leicht konsumierbare technische Daten und Fakten, farbige Verkehrs- und Pionierzeichen sowie Rätsel und Bastelanleitungen.

Heutige Tendenzen. Am Ende der sechziger Jahre gingen Jugendbuchverlage immer mehr dazu über, aus dem K. als Lesebuch aktuelle Taschen-K. mit viel Platz für Termine und Anmerkungen zu machen, die man als intimes Eigentum bei sich tragen kann. Verdrängt wurde dadurch oft der literarische K.-Anhang mit Kurzgeschichten und Erzählungen. Was im Anhang übrig bleibt, sind die Informationen über Postgebühren, die Entfernungstabellen und Aufstellungen von außergewöhnlichen Leistungen und Ereignissen in Sport, Naturwissenschaft, Technik und Gesellschaft. Mit dem „Roten Kalender gegen den grauen Alltag" oder dem lila „Frauenkalender" haben sich 1977 aber wieder Erscheinungsformen der K. für Kinder und Jugendliche durchgesetzt, die auf bestimmte Zielgruppen zugeschnitten, neben ihrer praktischen Verwendbarkeit auch dem Literarischen sowie kurzen thematischen Aufsätzen einigen Platz widmen.

Wand- und Abreiß-K. Neben dem K. für Kinder und Jugendliche in Buch- oder Taschenbuchform entwikkelte sich der Wand- und Abreiß-K. als häuslicher Zierat und künstlerisches Schmuckobjekt. Die vielfach mit naiven oder märchenhaften Bildern geschmückten, teilweise sogar mit Gedichten oder Sprüchen versehenen Monats-, Wochen- oder Tageblätter sind zum Aufhängen bestimmt. So präsentierte z. B. schon 1902 mit Reimen und viel Poesie die Kunstanstalt Wenzel und Naumann in Leipzig den Wand-K. „Fröhlichen Herzens", der dem Kinderzimmer süßlich, spätbiedermeierlichen bildlichen und textlichen Wandschmuck geben sollte. Mit weihnachtlichen Motiven, dem Christkind, Sankt Nikolaus und seinem Rentierschlitten, Schnee und strahlenden Kindern, gibt es schon seit langem die sogenannten Advents- und Weihnachts-K. Die ab 1. Dezember täglich zu öffnenden Türchen im K., hinter denen sich Bilder und seit kurzem auch gelegentlich Schokoladenfigürchen verbergen, sollen der Vorfreude auf das Weihnachtsfest und dem Weihnachtsgeschäft dienen.
Mehrere Kinderbuchverlage geben neuerdings jährlich Wand- bzw. Abreiß-K. für Kinder heraus, die teilweise sehr originell, farbig und phantasievoll für jeden Monat des kommenden Jahres ein Blatt enthalten. Bekannte Kinderbuchautoren und -illustratoren wie B. FRISCHMUTH, JANOSCH, FR. K. WAECHTER haben daran mitgewirkt, daß die ästhetische Bilderbuch- und Kinderbuchillustration durch den K. an der Wand des Schul- oder Kinderzimmers ergänzt wird.

→ Almanach, → Jahrbuch, → Kalendergeschichte

Sekundärliteratur: R. Schenda: Volk ohne Buch (1970); Der Kalender (in: A. Cl. Baumgärtner (Hrsg.): Lesen ein Handbuch. 1973. 32–37).

Wolfgang Schneider

Kalendergeschichte

Die Bezeichnung K. rührt von Ort und Art der Veröffentlichung her: dem Volkskalender, der bereits seit dem 15. Jahrhundert als Buchkalender weitverbreitet war. Die K. entzieht sich weitgehend einer eindeutigen Formbeschreibung. Erst in neueren literaturwissenschaftlichen Werken wird zögernd versucht, ihr einen gattungsspezifischen Ort zuzuweisen. Jedoch wird immer wieder hervorgehoben, es gebe nicht die K., sondern nur K.n.

Fundort und Funktion der K. Der Volkskalender als Sammelbecken der K., ursprünglich mehr Bauernkalender – eine Abart heißt im 19. Jahrhundert Familienkalender – ist Gebrauchs- und Bedarfsliteratur für breite, literarisch nicht gebildete Kreise. Er enthielt außer dem Kalendarium zumeist einen Ratgeber für Viehhaltung und Feldbestellung, Regeln zur gesunden Lebensführung, Winke für alltägliche Verrichtungen, Wettervorhersagen, des öfteren auch Wahrsagereien, weiterhin neben der eben genannten „Gebrauchslektüre" die sogenannte „Bedarfsliteratur" wie Sprüche, Gedichte, Rätsel und Prosatexte mit Sagenhaftem und Wunderbarem aus Heimat und Welt, Absonderlichem und Erbaulichem, Ermunterndem zur moralischen und erfolgreichen Lebensführung. In letzterem – der „Bedarfsliteratur" – sind K.en in engerem Sinne enthalten. Als Moderator des vielseitigen Angebots fungiert der Kalendermann, der als gut informierter Volkskenner bemüht war, das Lesegut zum Nutzen seiner Leser zweckentsprechend anzuordnen. Nicht nur bei erwachsenen Leserschichten sicherte das Prinzip der „Diverses leçons" (R. SCHENDA) breitesten Konsumerfolg, sondern auch bei Kindern und Jugendlichen, die je nach Interessens- und Reifegrad das Zusagende auswählten. Wir wissen aus autobiographischen Äußerungen zahlreicher sozial Aufgestiegener, daß sie ihre frühen Leseerlebnisse allein der Lektüre von Volkskalendern zu verdanken haben. In vielen lesebereiten Haushalten stellte der Kalender neben religiöser Handliteratur (Bibel, Gesangbuch, Katechismus) das einzige Druckerzeugnis dar. R. SCHENDA meint, der Volkskalender habe „den Status der nichtinformierten, falsch programmierten Gesellschaft gefördert" (R. SCHENDA, a.a.O. S. 287). In der Tat ist ihm der Charakter affirmativer und sozialgeschichtlich normierter, harmonisierender Bestätigungsliteratur nicht abzustreiten.

Zur Entstehungsgeschichte. Die bis ins 16. Jahrhundert häufig noch getrennt in Erscheinung getretenen K.n – als Martyrologia (Legendensammlungen), als Prognostika (Bauernratgeber) und als Calendaria in engerem Sinne (Katalogisierungen historischer Daten) – verschmelzen im 17. Jahrhundert im Volkskalender, der dem Leser nunmehr ein kosmisch begründetes, in magisch-mythischen Bindungen befangenes Weltbild vorführte. Das 18. Jahrhundert unternahm dann, den Volkskalender zu einem toleranten Volksbildungsmittel zu machen, in dem die Vernunft als höchste sittliche Kraft gepriesen und die Erkenntnis des Guten als Grundlage alles menschlichen Glücks angesehen wurde. Der Kalendermann, als Sammler und Literaturproduzent, ist nun der aufgeklärte Betreuer seiner Leser. Neben der Gebrauchsliteratur rückten im Volkskalender die K.n in engerem Sinne stärker in den Vordergrund und präsentierten sich teils in erbaulichen Betrachtungen, teils in moralischen Geschichten, die als literarische Einkleidungen der zu vermittelnden Tugenden Zufriedenheit, Bescheidenheit und Duldsamkeit anzusehen sind. Aber auch die reine Unterhaltung wurde gepflegt, die oftmals ihren Niederschlag fand in Erzählungen aus dem antiken Stoffbereich, der weitgehend sittliche Abgeklärtheit und menschliche Größe versprach. Im 19. Jahrhundert verflacht in K.n die natürliche Moral zur Moralisation. Eine edle Gesinnung als vaterländisch-obrigkeitstreuer Verhaltenserweis durchweht die im Volkskalender versammelten Geschichten. Gemüthafter Irrationalismus nimmt überhand. Die alte Gebrauchsliteratur ist im Kalender des 19. Jahrhunderts stark in den Hintergrund gerückt. Dafür treten topographische Berichte und popularisierte Wissenserträge stärker hervor. Gestaltete Sachprosa tritt als K. auf. Der Abglanz einer Gartenlaubenidyllik und das patriotische Selbstbewußtsein – z.B. in B. AUERBACHS „Gevattersmann" (1847): „Mit Gott siegt die deutsche Redlichkeit und Wahrhaftigkeit" – verblassen zu Beginn des 20. Jahrhunderts und in der Folgezeit. Der Volkskalender wird mehr und mehr zum Heimatkalender (Heimatjahrbuch), die K. zur Heimaterzählung. Die Idee des Volkskalenders, „für den gemeinen Mann ein Stellvertreter der Zeitungen und Zeitschriften zu sein" (J. P. HEBEL), bedingte Gemeinnützigkeit in Kenntnisvermittlung und Leselenkung. Sie differenzierte sich zunehmend in Kalendern verschiedener Interessenverbände und Berufsgruppen aus, die jeweils die Akzente für die Inhalte der von ihr vermittelten Gebrauchs- und Bedarfsliteratur nach eigenen Maßstäben setzten. (Übrigens machte sich bereits GRIMMELSHAUSEN über „die jeglichen Sorten" an Kalendern lustig.) An den noch heute bestehenden Kalenderveteranen „Appenzeller Kalender" (seit 1721), „Neuer Schreibkalender" (seit 1773), „Neuer Lahrer Hinkender Bote" (seit 1800) läßt sich die Geschichte des Volkskalenders und dem der K. verfolgen.

Versuchen wir die ermittelten, seit Jahrhunderten unentwegt produzierten K.n auf ihre Ursprünge zurückzuführen, so erschließen sie sich uns als variierende literarische Ausprägungen archetypischer und zugleich anthropogenetischer oder psychomentaler (K. RANKE) Aussagebedürfnisse, die wir (leicht abgewandelt) mit der Kategorienreihe belegen können, wie sie A. JOLLES – dort allerdings in anderem Ansatz – aufgestellt hat. Legendäre Aussagen entsprechen dann dem (religiösen) Vorbildverlangen; sagenhafte Aussagen dem Bedürfnis nach Lokalisierung und Bändigung des Dämonischen und Angstvollen im Bereich der menschlichen Gemeinschaft; mythische Aussagen dem Wissensdrang nach Erschließung des Weltwesens; Verrätselungen dem Wunsch, überlegener Wissensträger zu sein; lyrische Versifizierungen der Absicht, Erfahrungen und Empfindungen als „verdichteten" Geistesvorrat zu sammeln; kasuelle Aussagen (einen Teil darstellend) dem Verlangen, gesetzliche und moralische Normen exemplifiziert zu sehen; memorabile Aussagen dem Bedürfnis, in die Welt der merkwürdigen Wirklichkeit Einsicht zu nehmen; märchenhafte Aussagen dem Drang, die Welt der Wirklichkeiten zu überspringen und in einer das menschliche Leid überwindenden phantastischen Wunschwelt Platz zu nehmen; witzige Aussagen dem Verlangen, durch Lachen Daseinsspannungen zu lösen und menschliche Unzulänglichkeiten zu mildern. – Diese archetypischen Ansätze werden im Volkskalender vom Kalendermann und seinen Helfern in der K. publikums- und zeitbezogen realisiert, wobei der Gütegrad dieser Realisierungen schwankt, entsprechend der unterschiedlichen Spannweite medialer Verantwortung, zwischen schlichter schulmeisterlicher Schreibe und künstlerisch vollendeter Ausprägung. Dabei spielen die stofflichen und motivlosen Zugriffe eine ebenso wichtige Rolle wie die Vergeistigung des sprachlichen Gefüges. Immer handelt es sich bei den jeweiligen literarischen Verwirklichungen um einen schlichten Bewältigungsversuch von Welt in bestimmten Kategorien – dabei können mehrere in eine Ausformung eingehen . Die K. ist dem Kalender gleichsam entsprungen und hat sich nachträglich verselbständigt. Kurze epische Prosa von profilierten Kalendermännern wie J. H. CHR. GRIMMELSHAUSEN (1620–1676), J. P. HEBEL (1760–1826), B. AUERBACH (1812–1882), aber auch Erzeugnisse anderer Autoren, die ihre Geschichten nie einem Kalender anvertraut, sondern sie von vornherein als eigenständige literarische Zeugnisse konzipiert und in Sammlungen veröffentlicht haben (O. M. GRAF 1894–1967, K. H. WAGGERL 1897–1973, B. BRECHT 1898–1956 u.a.), sind bekannt. Eher sind ihre K.n erst später in Kalender aufgenommen worden.

Umschreibung der K. in engerem Sinne. Der literarische Tatbestand K. in engerem Sinne dürfte folgendermaßen zu beschreiben sein: Entsprechend ihrer zweckgebundenen Herkunft und der damit einhergehenden ziemlich konstant gebliebenen Einwirkungsabsicht auf ihr Leserpublikum ist ihr ein „Engagiertsein im Dienst des Didaktischen" (R. KILCHENMANN, a.a.O.) eigen. Die scheinbare Weltoffenheit zeigt indessen oft provinzielle Züge. Sie ist aus der Perspektive des kleinen Mannes zu sehen, der sich an der Darstellung wahrer Begebenheiten ergötzt. Der vielfach „billige Gehalt" (W. BENJAMIN) wird durch liebevolle Detailbeschreibung ausgeglichen. Daß sich in der K. die Vielfalt aller Formen des Kurzerzählten kreuzen können, weist ebenfalls auf ihre ursprüngliche Herkunft hin. Ihre Einheit gewinnt sie jedoch im Übergewicht des memorabilen Moments, in der literarischen Filterung der gewöhnlichen und alltäglichen Wirklichkeit. Es läßt sich nicht leugnen, daß die K., soziologisch gesehen, eher Bestätigungs- als Veränderungszwecken dient. Die einzelnen literarischen Verwirklichungen mögen umstritten sein: Ihr „docet et delectat" erfüllt ein ursprüngliches Leserbedürfnis. Dies gilt für den Erwachsenen und für den jungen Menschen gleichermaßen.

Sekundärliteratur: P. Fischer: Volkstümlicher Realismus (in: W. Dietz (Hrsg. zus. mit H. F. Pfanner): O. M. Graf. Beschreibung eines Volksschriftstellers. 159–170). – A. Jolles: Einfache Formen (1958). – R.Kilchenmann: Die Kalendergeschichten (in: R. Kilchenmann: Rezept für die bösen Weiber. 1970). – J. Knopf: Geschichten zur Geschichte (1973). – R. Schenda: Volk ohne Buch (1970).

Hermann Bertlein

Kállay, Dušan

*Slowakischer Kinderbuchillustrator; * 19. 6. 1948 Bratislava.*

Von 1966 bis 1972 studierte K. an der Hochschule der bildenden Künste in Bratislava, zunächst Malerei (Figuralkomposition und Landschaftsmalerei), von 1969 bis 1972 zusätzlich Grafik und Buchillustration bei V. HLOŽNÍK (* 1919). Schon während des Studiums schuf er eine bibliophile Ausstattung des „Großen Testaments" von FR. VILLON (1431–1463); als Diplomarbeit legte er Illustrationen zu „Das Narrenschiff" von S. BRANT und „Sen Šalamúnov" (Salomons Traum), ein Werk des slowakischen Dichters P. O. HVIEZDOSLAV (1849–1921), vor. Seit 1969 beteiligte sich K. an Ausstellungen in der ČSSR und im Ausland, u.a. Belgrad, Bukarest, Padua. Der Grafiker, der in Bratislava lebt, arbeitet vor allem für den Kinderbuchverlag Mladé Letá und wurde mehrmals ausgezeichnet: 1971 erhielt K. auf der Internationalen Buchkunstausstellung in Leipzig (IBA) ein Ehrendiplom, 1972 einen Preis des Verlages Mladé Letá, zweimal, 1973 und 1975, einen Goldenen Apfel der Bienále ilustrácií Bratislava (BIB) für Illustrationen zu den Jugendbüchern „Leteli sokoli nad Javorinou" (1972; Die Falken flogen über Javorina) von J. HORÁK (1907–1974) und „Rytier Roland" (1975; Ritter Roland) von V. CIBULA (* 1925).

Werk, Tendenzen, Wirkung. K. illustriert seit 1971 Kinder- und Jugendbücher, vorwiegend solche mit zeitgenössischer, aber auch historischer Thematik, von Autoren wie E. ČEPČEKOVA (* 1922), E. CSUKOVÁ, KL. JARUNKOVÁ (* 1922), O. MATTSON (* 1922), J. FABRICIUS, J. HORÁK oder V. CIBULA. Der geschichtliche Roman HORÁKS „Leteli sokoli nad Javorinou" schildert den slowakischen Aufstand von 1848 bis 1849. Der Autor stützt die Beschreibung durch eingeschobene zeitgenössische Quellen und Korrespondenzen. Als Illustrator begnügt sich K. nicht damit, die Handlung parallel zum Text grafisch nachzuvollziehen, sondern er versucht, durch ausgewählte Szenen und mit Hilfe von Symbolen die historischen Ereignisse, die Hauptideen sowie die soziale und geistige Atmosphäre zu kennzeichnen und zu verdeutlichen. Aufbau und System der Illustrationen – zweiundzwanzig schlichte, fast schüchterne, mit feinen Strichen ausgeführte Federzeichnungen – entsprechen innerlich der Komposition des Textes. So wie die Handlung durch „interludia" in Form von Zitaten aus alten Dokumenten unterbrochen ist, so enthalten die Bildseiten neben figurativen Elementen Schriftbilder alter Urkunden. Bei der Illustration zur Erzählung „Tulák" (1973; Der Landstreicher) von KL. JARUNKOVÁ geht K. von der Feinfederzeichnung zu dekorativ wirkender, netzartiger Strichführung über. Eine gänzlich neue Technik verwendet er für die farbige Ausstattung des Buches über den Ritter Roland, bei dem er suggestiv die moderne malerische Sichtweise mit Reminiszenzen an alte Buchilluminationen und mittelalterliche Tafelbilder verbindet. K. ist überzeugt, daß der Leser und Betrachter sich an dem Buch schöpferisch beteiligen soll: er soll letzter und maßgebender Autor sein.

Werke: E. Čepčeková: Serenáda pre Martinu (1972); E. Csuková: Somárik, kam ideš? (1972); J. Horák: Leteli sokoli nad Javorinou (1972); O. Mattson: Briga Tri lálie (1973); Kl. Jarunková: Tulák (1973); V. Cibula: Rytier Roland (1975); J. Fabricius: Plavčíci kapitána Bontecoea (1975).

Sekundärliteratur: Fr. Holešovský: Zlaté jablko Dušanu Kállayovi (in: Zlatý máj. 6. 1974. 390–392); Dušan Kállay awarded „The Golden Apple" (in: Bookbird. 1. 1975. 73–76); Kállayova cesta k první ilustrační syntéze (in: Zlatý máj. 2. 1976. 86–89).

František Holešovský

Kalow, Gisela

*Illustratorin; * 23. 10. 1946 Jever.*

K. studierte an der Werkkunstschule Bremen Grafik-Design. Anschließend war sie in einem Schulbuchverlag tätig, wo sie den Autor A. BRÖGER (* 1944) kennenlernte. Neben Illustrationen für einen Leselehrgang zeichnete sie auch für einen Trickfilm. 1975 wurde K.s zweites Bilderbuch „Das wunderbare Bettmobil" (1975; Text von A. BRÖGER) auf der Bienále ilustrácií Bratislava (BIB) mit einer Plakette ausgezeichnet und in die Liste der „Schönsten deutschen Bücher" aufgenommen. K. lebt heute in Oberursel bei Frankfurt/Main.

Werk, Tendenzen, Wirkung. In den schwarzweißen Illustrationen zu den humorvollen, fantasiereichen, zum Teil skurrilen bis abstrusen Erzählungen BRÖGERS kann man eine Entwicklung von einfachen, mit breiter Feder ausgeführten Zeichnungen (Der Ausreden-Erfinder, 1973) bis hin zu den in Anordnung und Stil einfallsreichen, witzigen bis karikierenden, dünn gestrichelten Illustrationsbeiträgen als ausführlich bebildertes Inhaltsverzeichnis, als Kapitel-Kopfleisten, als eingeschobene Comicstrip-Seiten feststellen (Steckst du dahinter, Kasimir?, 1975).

Ähnlich strukturiert sind auch die beiden Bilderbücher von K. und Bröger: Der knappe Text in „Guten Tag, lieber Wal" (1974), der Geschichte einer Freundschaft zwischen dem Rentner Heinrich, einem ehemaligen Flußfischer, und einem Wal, wird durch eine fortlaufende Bildergeschichte – aufgeteilt in ganzseitige Illustrationen und Bildfelder von wechselndem Format und unterschiedlicher Größe – begleitet. Die leuchtenden, farbkräftigen, großflächig gemalten Bilder enthalten viele, kleinere Kinder ansprechende erzählerische Komponenten, jedoch wenig von der Geschichte ablenkende Details.

In „Das wunderbare Bettmobil" konstruiert ein ideenreicher Mann sein Bett zu einem fahrenden, schwimmenden und fliegenden „Mobil" um, landet schließlich damit in einer fernen Stadt bei „fremden Menschen", deren Hilfsbereitschaft und Freundschaft er erfährt, ebenso wie bei seiner Rückkehr die Anerkennung seiner Nachbarn. Auch hier werden die einzelnen Gegenstände und Figuren durch starke schwarze Konturen wie durch einen Rahmen getrennt. Die dadurch scharf abgegrenzten Flächen heben die grafisch angedeutete Perspektive auf und verleihen den Bildern künstlerisch-naive Züge, die durch die Strich-Punkt-Gesichter ihrer Menschen verstärkt werden. Hier ist die typografische Ausgewogenheit zwischen ganzseitigen und kleineren, dem Text zugeordneten Abbildungen ebenfalls charakteristisch für den Illustrationsstil der K.

Werke: A. Bröger: Der Ausreden-Erfinder (1973); A. Bröger: Doppelte Ferien sind am schönsten (1974); A. Bröger: Guten Tag, lieber Wal (1974); A. Bröger: Steckst du dahinter, Kasimir? (1975); A. Bröger: Das wunderbare Bettmobil (1975); I. Korschunow: Wenn ein Unuguru kommt (1976).

Werner A. Kleye

Kanada

(Dominion of Canada). Staat des Commonwealth in Nordamerika mit bundesstaatlicher Verfassung. K. umfaßt den nördlichen Teil Nordamerikas einschließlich des arktischen Archipels mit Ausnahme Alaskas und der Inseln St. Pierre und Miquelon. K. ist nach der Sowjetunion das zweitgrößte Land der Erde. Staatsgebiet: 610410 km². Einwohner: 21 Millionen. K. ist seit dem 1.7.1867 Dominion of Canada und Mitglied des Commonwealth. Nach der Abstammung sind 43,8 % der Bevölkerung angelsächsischer, 30,4 % französischer Herkunft. Etwa ein Drittel der Bevölkerung spricht als Muttersprache Französisch. Daneben gibt es Minoritäten deutscher, italienischer, ukrainischer, niederländischer, skandinavischer, polnischer, ungarischer und russischer Herkunft. Der Anteil der Eingeborenen beschränkt sich auf 222000 Indianer und 13600 Eskimos. Die Indianer gliedern sich in rund 50 Stämme mit verschiedenen Dialekten. Landessprachen sind Englisch und Französisch.

Entwicklung der Kinder- und Jugendliteratur und gegenwärtiger Stand. Die indianischen Ureinwohner K.s kannten eine große Anzahl von Legenden und Märchen, die unter den Stämmen weitererzählt wurden und die thematisch oft große Ähnlichkeit zu europäischen und klassischen Märchen aufweisen. So wie Prometheus das Feuer für die Griechen vom Himmel holte, stahl es „Raven" für die Indianer der Westküste, „Nanabozho" für die Ojibway und Chippewas. Während Noah eine Arche baute, um damit der Sintflut zu entkommen, bauten die kanadischen Indianer ein Floß oder ein Kanu. Die nur mündlich weitergetragenen Überlieferungen der Indianer wurden erst recht spät von kanadischen Ethnologen und Volkskundlern schriftlich fixiert. Die erste Sammlung der indianischen Märchen und Legenden erschien 1911 unter dem Titel „Legends of Vancouver" und wurde von P. Johnson zusammengetragen. Der Gewährsmann der Autorin war der in Vancouver lebende Häuptling Joe Capilano, der dem Stamm der Mohawk angehörte. Da P. Johnson die Mohawk-Sprache nicht verstand, ließ sie sich die Geschichten von dem Häuptling in seinem schlechten Englisch erzählen und versuchte dann, eine literarische Form dafür zu finden. Den indianischen Originalen inhaltlich näher sind die Sammlungen „Canadian Wonder Tales" (1918) und „Canadian Fairy Tales" (1922) von C. MacMillan. Der Professor für Ethnologie studierte die Originalerzählungen in den ihm zugänglichen Eingeborenendialekten, paßte sie aber beim Niederschreiben der Struktur des europäischen Märchens an, zumal er in den indianischen Legenden eine Fortsetzung europäischer Volksdichtungstradition sah. Obwohl diese Sammlungen nicht für Kinder gedacht waren, gehörten sie schon bald zur beliebtesten Lektüre junger Leser. Heute gibt es eine ganze Reihe von Versuchen, die indianischen Legenden und Märchen in Spezialausgaben jungen Lesern zugänglich zu machen. Am bekanntesten wurden davon die Ausgaben „Thunder in the Mountains" (1947) von H. Hooke, „Sketco the Raven" (1961) von R. Ayre, „Tales of Nanabozho" (1963) von D. Reid und „Glooscap and His Magic" (1963) von K. Hill.

Als ehemaliger Kolonialbesitz von Frankreich und später England und als typisches Einwandererland ist die frühe Kinder- und Jugendliteratur K.s geprägt von Jugendschriften, die aus Europa, vor allem aus England und Frankreich kamen, aber auch aus den übrigen Ländern, aus denen Einwanderer den Weg nach K. fanden. So unterscheiden sich auch die frühen kanadischen Kinder- und Jugendbücher kaum von denen, die im 18. und 19. Jahrhundert in Europa gedruckt und gelesen wurden. Bereits 1778 druckte W. Brown, der erste Drucker in der Stadt Quebec, „Primers", ABC-Bücher, Fabelausgaben und religiöse Traktate für englische und französische Kinder. So trägt ein frühes

Kinderbuch der kanadischen Autorin H. BAYLEY den Titel „Improvement; or a visit to grandma" und enthält religiöse und moralische Lektionen, die die Autorin mit „allgemeinem und nützlichem Unterricht" verband. Allerdings hob sich von Beginn eine Gruppe von Kinder- und Jugendbüchern von der Masse der aus Europa bekannten Formen und Themen ab, nämlich solche, die den Versuch unternahmen, den Kindern die kanadische Landschaft und Atmosphäre nahezubringen. Die erste kanadische Erzählung, die auf dem Hintergrund der grandiosen Landschaft der neuen, unermeßlich weiten Gebiete entstand, war „The History of Emily Montague", die zwar zuerst 1769 in England erschien, aber rasch in K. zahlreiche Auflagen erlebte. Das Buch stammte von der Engländerin FR. BROOKE, die fünf Jahre in K. verbrachte. Im Stil und von der Handlungsführung her noch ganz S. RICHARDSONS „Pamela" verwandt, bildet der Hauptteil des Buches die Schilderung von Quebec und seiner Umgebung. Das Buch bildet allerdings eine Ausnahme in der frühen kanadischen Kinder- und Jugendliteratur. Noch die erste kanadische Jugendzeitschrift, „The Snow Drop; or Juvenile Magazine", deren erste Nummer 1847 erschien, hätte eher in London als in Montreal erschienen sein können.

Erstmals im Jahr 1836 erschien ein kanadisches Kinderbuch, in dem die Autorin, die aus England eingewanderte C. PARR TRAIL (1802–1899), eindeutig Stellung für ihre neue Heimat nahm. In dem Buch „The Backwoods of Canada" beschreibt die Autorin ihr Leben in Nord-K. Im Vorwort dazu stellt sie fest: „... Not to regret my absence from my native land, and one so fair and lovely withal, would argue a heart of insensibility; yet I must say, for all its roughness, I love Canada, and am as happy in my humble log-house as if it were a courtly hall or bower; habit reconciles us to many things that at first were distasteful ...". C. PARR TRAIL stammte aus der berühmten STRICKLAND-Familie, einer Einwandererfamilie, die neben zahlreichen Literaten auch eine Reihe bedeutender Pioniere für die Entwicklung des noch unerforschten Landes stellten. Sie war die Schwester von S. MOODIE, der Autorin des zum kanadischen Klassiker gewordenen Buches „Roughing it in the Bush" und von S. STRICKLAND, der durch seinen Bericht „Twenty-Seven Years in Canada West" berühmt wurde. Das bekannteste Kinderbuch von C. PARR TRAIL war „The Canadian Crusoes" (1852), in dem die Autorin thematisch auf DEFOES „Robinson Crusoe" zurückgriff, in der Gestaltung und Handlungsführung jedoch im Gegensatz zu den zahlreichen Robinsonaden der Zeit Eigenständigkeit und Originalität verriet. TRAILS Robinsonade ist erfüllt von den Gefahren der weiten kanadischen Wildnis, enthält aber auch einen ironischen Zug, so wenn sich herausstellt, daß die verirrten Kinder, die drei Jahre allein in der Wildnis hausten, bevor sie von einem Trapper aufgefunden werden, lediglich sieben Meilen von zu Hause entfernt sind. Anstelle der Insel Robinsons steht hier die unermeßliche und unerforschte Wildnis K.s, die höchstens von durchstreifenden Indianern betreten wird. Anstelle des schon fast erwachsenen Robinson sind die Haupthelden der Erzählung drei Kinder, zwei vierzehnjährige Jungen und ihre zwölfjährige Kusine. Spätere Kinderbücher der Autorin, wie die Erzählung „Lady Mary and Her Nurse; or A Peep into Canadian Forests" (1856) näherten sich mehr dem Schema der zeitgenössischen englischen moralischen Erzählung.

Das neue K., mit seinen von Schnee und Eis bedeckten Landschaften im Norden, mit den großen Urwäldern nach Süden zu, mit zahlreichen Stämmen als Nomaden umherziehender Indianer und Eskimos bildete ein hervorragendes Thema für zahlreiche englische Autoren, die Abenteuerbücher schrieben, auch wenn sie nur kurz einmal K. erlebt hatten oder gar nie nach K. gekommen waren. So schrieb der Reiseschriftsteller G. A. HENTY „With Wolfe in Canada" (1887), der auch in Deutschland sehr bekannte ehemalige Seemann Captain FR. MARRYAT (1792–1848) den Band „The Settlers in Canada" (1844), der auf Erfahrungen zurückgeht, die MARRYAT während seiner Seemannszeit 1837 in K. gemacht hatte. Auch R. M. BALLANTYNE (1825–1894) greift bei seinen zahlreichen Abenteuergeschichten immer wieder auf die Kulisse des noch unerforschten K.s zurück, das er auch selbst kennengelernt hatte („Snowflakes and Sunbeams; or The Young Fur Traders", 1856; „The Wild Man of the West: A Tale of the Rocky Mountains", 1863; The Red Man's Revenge: A Tale of the Red River Flood", 1880, u.a.). Obwohl die mit zahlreichen moralischen Anspielungen und pädagogischen Lehren versehenen Abenteuerbücher dieser Autoren heutige junge Leser langweilen müßten, enthielten sie doch genaue, zum Teil detaillierte Beschreibungen von den Landschaften und Menschen K.s.

Während in der zweiten Hälfte des 19. Jahrhunderts die phantastische Erzählung in England einen Höhepunkt erlebte mit J. RUSKINS „The King of The Golden River" (1851), W. THACKERAYS „The Rose and The Ring" (1855), KINGSLEYS „The Water Babies" (1863), L. CARROLLS „Alice's Adventures in Wonderland" (1865) oder Mrs. EWINGS „The Brownies and Other Stories" (1870), die alle in englischen Ausgaben auch den Weg nach K. fanden und dort weit verbreitet waren, entstanden in K. selbst keine ähnlichen Kinderbücher.

In der zweiten Hälfte des 19. Jahrhunderts fand sich in K. auch eine spezielle Variante der englischen Schulgeschichten. Es waren die Bände der „B.O.W.C."-Serie (Brethren of the White Cross), die von dem Schriftsteller J. DE MILLE (1833–1880), der insgesamt sechsundzwanzig Bücher verfaßte, geschrieben wurden. Von den elf Bänden der Serie wurden vor allem die Titel „B.O.W.C.: A Book for Boys" (1869), „The Boys of Grand Pré School" (1870), „Pick Up Adrift" (1872) und „Treasure of the Sea" (1873) zu Lieblingsbüchern kanadischer Jungen. Es ist interessant, daß der Beginn dieser Serie zeitlich vor dem eigentlichen Aufkommen der Schulgeschichtenwelle in England liegt, begann diese doch eigentlich erst mit dem Erscheinen der Jungen-Zeitschrift „The Boy's Own Paper", deren erste Nummer 1879 herauskam. Eine Beeinflussung des Jugendbuchtrends des Mutterlandes durch die kanadische „B. O. W. C."-Serie ist daher anzunehmen. Auch J. MacDonald Oxley (1855–1907) war Berufsschriftsteller wie J. de Mille. Neben seinen Erwachsenenromanen produzierte er rund zwanzig Abenteuergeschichten für Jungen mit zumeist historischem Hintergrund. Am bekanntesten wurden „Fife and Drum at Louisbourg" (1899) und ein Reiseabenteuer nach Tibet „L'Hasa at Last" (1902). In allen Erzählungen spielen Kinder eine tragende Rolle, bleiben jedoch vom historischen Geschehen her gesehen immer nur unwichtige Randfiguren. Der Missionar E. R. Young (1840–1904), der im Norden K.s Indianer missionierte und selbst Sohn eines Missionars war, benutzte seine abenteuerlichen Erzählungen für junge Leser, um diese im christlichen Sinne zu erziehen. Vor allem der vielgelesene Band „Three Boys in the Wild North Land" (1897) ist von evangelistischem Eifer geprägt.

Um die Jahrhundertwende traten in K. zwei Autoren auf, die als Begründer der modernen realistischen Tiererzählung angesehen werden können und deren Bücher Weltruhm erlangten. Es waren Sir Ch. G. D. Roberts und E. Th. Seton (1860–1946). Vor allem die Tierbücher Setons erschienen in Übersetzungen in den meisten Sprachen der Welt. Seton, der mit sechs Jahren zusammen mit seiner Familie von England nach K. ausgewandert war, wandte sich nach Abschluß der Oberschule dem Studium der Tierwelt K.s zu. Er begann Tierzeichnungen zu entwerfen und Artikel über das Wildleben in K. zu schreiben, die er in verschiedenen Zeitschriften unterbrachte. 1898 fügte er eine Anzahl bisher erschienener Artikel zu einem Band zusammen und gab sein erstes Tierbuch unter dem Titel „Wild Animals I have known" heraus. Bis zu seinem Tode erschienen über dreißig weitere Bände, die alle auf der genauen Beobachtung und der authentischen Beschreibung der Tierwelt K.s beruhten. Bei den Kindern besonders beliebt war seine Erzählung „Two little Savages" (1903), die ausnahmsweise nicht von Tieren, sondern von zwei weißen Jungen berichtet, die ihre Ferien allein in der kanadischen Wildnis verbringen und zu dem Leben der Eingeborenen zurückkehren. Obgleich in keiner Weise mit Seton und Roberts vergleichbar, erzielte M. M. Saunders (1861–1947) mit „Beautiful Joe" (1894), der Autobiographie eines mißhandelten Hundes, der schließlich ein freundliches Heim findet, großen Erfolg.

Im Jahr 1908 erschien ein Kinderbuch, daß sich rasch zu einem Bestseller entwickelte. Es war die Erzählung „Anne of Green Gables" von L. M. Montgomery (1874–1942). Keines der weiteren einundzwanzig Kinderbücher der Autorin konnte den Erfolg ihrer ersten Erzählung wiederholen. Obwohl die rothaarige Heldin der Erzählung eine neue, frische Note in die kanadischen Kinderbücher brachte, sind die Mädchenbücher und Umwelterzählungen der Autorin durch eine sentimentale Verklärung eigener Kindheitserlebnisse geprägt, die vor allem bei den Erwachsenen eine nostalgische Anhänglichkeit hervorriefen und dazu führten, daß zahlreiche Eltern ihren Kindern die Bände der Autorin ans Herz legten.

In der Zeit von 1920 bis 1945 erschienen nur wenige kanadische Kinderbücher. So weist „The Canadian Catalogue", in dem alle kanadischen Neuerscheinungen verzeichnet sind, für die Jahre 1921–1922 lediglich fünf Kinderbuchneuerscheinungen auf, für das Jahr 1923 ebenfalls fünf, für das Jahr 1935 etwa überhaupt keines. Größere Verbreitung fanden „Kak, the Copper Eskimo" (1924) von V. Stefansson und V. Irwin, „The Fur-Trade Apprentice" (1940) von Ch. Clay und „Susannah, a Little Girl with the Mounties" (1936) von M. Denison, einem Mädchenbuch, das von einem kleinen Mädchen erzählt, das der berühmten kanadischen berittenen Polizei bei der Festnahme eines gesuchten Verbrechers hilft und dafür „the red coat", die berühmte rote Uniform, erhält.

Gegenwärtiger Stand. Die Nationalbibliothek in Ottawa beherbergt etwa 3000 Kinder- und Jugendbücher. Dazu treten jährlich 30 bis 60 Neuerscheinungen.

Beliebt sind heute historische Erzählungen, die die Vergangenheit wiederentdecken. E. P. Weavers „The only girl, a tale of 1837" (1925) berichtet von den zeitgenössischen sozialen und politischen Bedingungen, unter denen eine kleine Emigrantenfamilie in einer kleinen Stadt bei Toronto leben mußte. J. Heys „Trenson at York" (1949) erzählt vom Krieg von 1812, Th. H. Raddalls „Son of the hawk" (1950) ist um 1776 in Neu-Schottland angesiedelt. R. L. Haig-Browns „The Whale People" (1962) berichtet von der Küste von Britisch-Kolumbien, J. Reaneys „The Boy with an R in His Hand" (1965) spielt im oberen K. im Jahre 1826. Chr. Harries „Raven's Cry" (1966) dokumentiert das Leben der Haidas-Indianer von 1775 bis in die Gegenwart, Markoosies „Harpoon of the Hunter" (1970) erzählt von den traditionellen Lebensgewohnheiten der Eskimos und M. A. und J. Downies „Honor Bound" (1971), verlebendigt das Kingston von 1790.

In der Nachfolge des Bestsellers „Anne of Green Gables" steht eine Reihe von Umwelterzählungen, die den kanadischen Alltag schildern. Hierher gehören V. Stefanssons „Kak, the Copper Eskimo" (1924), Cl. Bices „Jory's Cove; a story of Nova Scotia" (1941) und „Starbuck Valley Winter" (1943) von R. L. Haig-Brown. „Kristli's Trees" (1948) von M. Dunham berichtet von den Mennoniten in Ontario. „Dragon Hill" (1963) von D. Walker spielt in Nova-Scotia, J. Craigs „No Word for Goodbye" (1969) erzählt von einer Freundschaft zwischen Indianern und Weißen in Manitoba. Zu den wenigen phantastischen Erzählungen, die K. hervorgebracht hat, gehört R. Nichols „The Marrow of the World" (1972), das mit einem Preis der „Canadian Association of Childrens Librarians" (1973) ausgezeichnet wurde. Auch die Erzählung von Cl. Aubrys „King of the Thousand Islands" (1963) und „The Christmas Wolf" (1965), die in französischer und gleichzeitig in englischer Sprache erschienen, gehören in diese Gruppe, ebenso „The Silver Man" (1968) von C. A. Clark, A. Wilkinsons „Swann & Daphne" (1960) und das frühe Buch von R. Nichols

„A Walk out of the World" (1969). Fröhliche und humorvolle Erzählungen sind ST. LEACOCKS „Sunshine Sketches of A Little Town" (1912) und F. MOWATS „The Dog Who Wouldn't Be" (1957) und sein „Owls in the Family" (1961).
Bisher wurden in K. kaum Bilderbücher hergestellt. FR. NEWFELD illustrierte „The Princess of Tomboso" (1960), A. SUDDON „Cinderella" (1969) und die Reimsammlung „Wiggle to the Laundromat" (1970). W. TOVES „How Summer Came to Canada" (1969) und „The Mountain Goats of Templaham" (1969) wurden von E. CLEAVER illustriert. Seit 1971 verleiht die Vereinigung der Kinderbibliothekare für die besten Illustrationen den Amelia Howard Gibbon-Award. 1972 wurde als erster J. DE ROUSSAN für sein Bilderbuch „Au déla du Soleil/Beyond the Sun" ausgezeichnet.

Sachbücher für Kinder sind ausgesprochen selten. So unterstützt zwar die kanadische Technologie die amerikanischen Weltraumflüge, doch gibt es kein Sachbuch, das diese Entwicklung den kanadischen Kindern vorstellt. Lediglich zur Geschichte und Geographie gibt es einige Darstellungen. Bereits 1933 schrieben U. MOORE und J. MCEWEN „A Picture History of Canada", die 1966 neu bearbeitet und erweitert erschien. 1944 folgte dann V. QUINNS „Picture Map Geography of Canada and Alaska". Gute Einführungen in die kanadische Geschichte bringen die erzählenden Sachbücher „A Picture History of Canada" (1956), illustriert von CL. HUTTON, mit Texten von I. OWEN und W. TOVE, B. BIROS „The Story of Canada" (1960) und I. BARCLAYS „O Canada!" (1964). Einige wenige Biographien beleben die kanadische Geschichtsschreibung für Kinder: „Franklin of the Arctic" (1949) von R. LAMBERT, K. HILLS „And Tomorrow the Stars: the story of John Cabot" (1969), SH. TAKASHIMAS „A Child in Prison Camp" (1971) und W. KURELEK „A Prairie Boy's Winter" (1973).
Spezifische Kindergedichte sind noch selten in K. Zwei bemerkenswerte Titel sind die Sammlungen „The Wind Has Wings: poems from Canada" (1968), die M. A. DOWNIE und B. ROBERTSON zusammenstellten und von E. CLEAVER illustriert wurden, und „Wiggle to the Laundromat" (1970) von D. LEE mit Bildern von CH. PACHTER. Eine weitere Reimsammlung ist „The Oxford Book of Canadian Verse" (1965) mit Gedichten von B. CARMAN, A. LAMPMANN, I. V. CRAWFORD, W. H. DRUMMOND, R. SOUSTER und F. R. SCOTT.
Seit 1960 erschienen in größerer Zahl auch Bücher in französischer Sprache. Bekannt wurden vor allem Y. THÉRIAULT, S. MARTEL, P. DAVELUY, CL. AUBRY und H. MAJOR.

Organisationen, Förderungsmaßnahmen, Literatur. Die kanadischen Kinderbibliothekare unterstützen die Herausgabe neuer kanadischer Kinderbücher durch jährliche Preise, die von der „Canadian Association of Children's Librarians", einer Abteilung der „Canadian Library Association in Ottawa", für das beste Kinderbuch eines kanadischen Autors vergeben werden. Ausgezeichnet werden seit 1947 englisch- und seit 1960 auch französischsprachige Titel.
1973 stellte die National Library bedeutende kanadische Kinderbücher aus; es war das erste Mal, daß über 150 englische und französische Bücher auf diese Weise dem Publikum präsentiert wurden.
Seit 1967 erscheint die Zeitschrift „In Review: Canadian Books for Children", die über die Neuerscheinungen auf dem Kinderbuchsektor berichtet.
Im Jahr 1949 stiftete E. OSBORNE, ein englischer Bibliothekar und Privatsammler alter englischer Kinderbücher, seine rund 2000 Titel umfassende Sammlung der Toronto Public Library mit der Auflage, die Sammlung der Öffentlichkeit zugänglich zu machen und einen gedruckten Katalog herauszubringen. Der Katalog wurde von der Toronto Public Library 1958 veröffentlicht, 1966 folgte eine erweiterte Neuausgabe. In Erinnerung an die 1912 erfolgte Ernennung der ersten Kinderbibliothekarin von Toronto, Frau L. H. SMITH, wurde fünfzig Jahre später, im Jahre 1952, die L. H. SMITH-Kinderbuchsammlung ins Leben gerufen, in die englischsprachige Kinderbücher von 1910 bis zur Gegenwart und fortlaufend aufgenommen werden sollen.
Im Oktober 1965 trafen sich im „Boys and Girls House", in dem die OSBORNE-Sammlung untergebracht ist, Kinderbuchfachleute und Kinderbuchsammler aus England, K. und den USA, um zusammen mit E. OSBORNE und L. H. SMITH die Gründung einer Vereinigung „The Friends of the Osborne and Lillian H. Smith Collections" vorzunehmen. Die Gründung der Vereinigung erfolgte am 26. April 1966.

Sekundärliteratur S. Egoff: The Republic of Childhood. A critical Guide to Canadian Children's Literature in English (1967); Notable Canadian Children's Books (zus. mit A. Belisle, 1973). – C. F. Klinck (Hrsg.): Literary History of Canada (1970).

Helmut Müller

Kanitz, Otto Felix

*Pädagoge der österreichischen und deutschen Arbeiterbewegung, bedeutendster Theoretiker der sozialdemokratischen „Kinderfreundebewegung", Schriftsteller der „Sozialistischen Erziehung"; *5.2.1894 Wien, †27.3.1940 im KZ Buchenwald.*

Ursprünglich Installateur, beteiligte sich K. 1911 an der Wahlagitation des sozialdemokratischen Kandidaten M. WINTER, trat noch als Lehrling der 1908 von A. AFRITSCH gegründeten österreichischen sozialistischen „Kinderfreundebewegung" bei, organisierte 1919 in Gmünd die erste „Kinderrepublik" mit 500 Kindern, arbeitete seit 1920 in einem von A. TESAREK geleiteten Kinderheim in Schönbrunn und wurde Leiter der dort für Erzieher der „Kinderfreunde" eingerichteten Schule. Nach externem Abitur und Selbststudium promovierte K. 1922 an der Universität Wien. Von 1921 bis 1934 war er Schriftleiter der monatlich erscheinenden Zeitschrift „Die sozialistische Erziehung“ und wurde 1932 als sozialdemokratisches Mitglied in den österreichischen Bundestag gewählt. Nach dem „Anschluß“ Österreichs an das Deutsche Reich emigrierte K. 1934 für kurze Zeit nach Brünn, kehrte aber wieder nach Wien zurück. 1938 wurde K. in das Konzentrationslager Buchenwald gebracht.

Werk, Tendenzen, Wirkung. Inmitten vieler sozialistischer Erziehungsversuche der zwanziger Jahre (beispielsweise S. BERNFELDS in Wien, V. SCHMIDTS und A. MAKARENKOS in der Sowjetunion) gewann K. nach 1920 entscheidenden Einfluß auf die sozialdemokratische „Kinderfreundebewegung“ in Österreich und Deutschland. Gegenüber der kommunistischen Pädagogik der Weimarer Republik (E. HOERNLE), die von einer strikten Identität von Kindern und Erwachsenen im Klassenkampf ausging, war nach K. – und er verknüpfte dabei den marxistischen Ansatz mit individualpsychologischen Erkenntnissen A. ADLERS – die Situation des proletarischen Kindes, „in die Not einer Klasse geboren“, bestimmt durch eine doppelte Unterdrückung: die von der kapitalistischen Produktionsweise bedingte werde ergänzt durch die der älteren Generation, wobei die doppelte Unterdrückung nicht verdoppelte Emanzipationsbestrebungen freisetze, vielmehr eine strengere Anpassung hervorbringe. Unterdrückt und beherrscht könne das Kind nur erneut einen durch Egoismus, Konkurrenz und Beherrschung bestimmten „kapitalistischen Lebensplan“ (KANITZ 1925, S. 34) entwickeln. Dieser bürgerlichen Ideologie gelte es, in der sozialistischen Erziehung entgegenzuwirken. Diese Erziehung – die das Kind als „kleinen Genossen“ begreifen müsse – geschehe in der proletarischen Familie (die sich allerdings dazu im sozialistischen Sinne verändern müsse) und in den möglichst von Kindern selbst verantworteten Kindergruppen, die frei vom autoritären Erzieher-Zögling-Verhältnis seien. Eng verbunden mit den aktuellen Klassenkämpfen gelte es, die proletarischen Kinder schon im Vorschulalter gefühlsmäßig an ihre Klasse zu binden und Solidarität erfahren zu lassen. Klassenbewußtsein und die Einsicht in die Notwendigkeit von Disziplin habe die verstandesmäßige Aufklärung zu leisten, die so früh wie möglich gesellschaftliche Erscheinungen ursächlich, jedoch kindgemäß erklären und an den Fragen der Kinder und ihrer Situation ansetzen müsse. In allen pädagogisch-politischen Veröffentlichungen K.' finden sich diese Grundvorstellungen wieder und prägen auch seine Kinderbücher, vor allem „Nazi und der Bücherwurm“ (1925) und „Die Geschichte des Franzl Lechner“ (1926). Obgleich K. als der „entscheidende Theoretiker“ gilt (TESAREK 1958, S. 121), hat die Praxis der „Kinderfreundebewegung“ (die z.B. in Deutschland bis zu 200000 Kinder erfaßte) oft jene notwendige Verknüpfung von Massenkampf und Einzelarbeit nicht vollzogen, indem – ähnlich den reformpädagogischen Ansätzen – mehr der gefühlsmäßige Bereich betont und eine von der Tages- und Parteipolitik gereinigte kindliche Eigenwelt hergestellt wurde, wodurch die Arbeit eher jenen fürsorgerischen Charakter annahm, den K. von Anfang an heftig kritisiert hatte.

→Sozialistische Kinder- und Jugendliteratur

Werke: Die Erziehungsaufgaben des Arbeitervereins „Kinderfreund“. Referat der zweiten Reichskonferenz am 31. Dezember 1920 (1921); Familienerziehung, Staatserziehung und Gesellschaftserziehung (Diss. 1922); Das proletarische Kind in der bürgerlichen Gesellschaft (1925); Nazi und der Bücherwurm (1925); Die Geschichte des Franzl Lechner (1926); Wirtschaft und Kultur. Ein Leitfaden für unsere Jugendschulen (1927); Die lustige Gesangsstunde. Ein Singspiel (1927); Unsere Arbeit. Handbuch für die Tätigkeit in der sozialistischen Jugendbewegung (1928); Kämpfer der Zukunft. Eine systematische Darstellung der sozialistischen Erziehungsgrundsätze. (1929).

Sekundärliteratur: A. Tesarek: Otto Felix Kanitz (in: Die sozialistische Erziehung. 1954. 6–12); Die österreichischen Kinderfreunde 1908–1958 (1969).

Manfred Geiss

Kant, Uwe

*Kinder- und Jugendbuchautor; *18.5.1936 Hamburg.*

K., jüngerer Bruder von HERMANN K., besuchte in Parchim (Mecklenburg) die Schule und machte 1956 das Abitur. Danach studierte er in Rostock und Berlin Germanistik und Geschichte. Drei Jahre war er Lehrer in Lübbenau-Neustadt (1961–1964). Kurze Zeit (1964–1967) arbeitete er als Literaturredakteur beim „Magazin“; seitdem ist er freiberuflicher Journalist und Schriftsteller. Er lebt heute in Berlin (DDR).

Werk, Tendenzen, Wirkung. K. debütierte mit der Erzählung „Das Klassenfest“ (1969; BRD-Ausgabe 1973 im Schneider-Verlag). Im Mittelpunkt stehen der Schüler Otto Hintz und der Lehrer Anton Nickel. Während Ottos Versetzung gefährdet ist, hat Nickel, sein Klassenlehrer, gerade in der Schule angefangen und steht ihr noch mit einiger Skepsis gegenüber. Beide, Lehrer und Schüler, reden am Anfang des Buches aneinander vorbei. Formal zeigt sich das darin, daß K. ständig Perspektivwechsel vornimmt. Einmal berichtet er aus der Sicht Ottos, dann aus der des Lehrers. Am Schluß wird die gefundene Gemeinsamkeit der beiden darin zum Ausdruck gebracht, daß ihr gemeinsames Interesse für Fußball sie auch außerhalb des Schulzimmers zusammenführt. Es tritt gewissermaßen eine Horizontverschmelzung ein. Das Aneinandervorbeireden dauert im „Klassenfest“ solange, bis die Lehrer merken, daß auch sie noch Lernende sind. Die erste Zusammenkunft ohne Autoritätsgefälle zwischen Lehrer und Schüler ist das kollektiv geplante Klassenfest, auf dem Nickel zu der Einsicht gelangt: „Es gibt Schüler, vor denen man sich dauernd verbeugen möchte. Aber solche Verbeugungen sind nicht üblich, entsprechen nicht den pädagogischen Sitten. Man kann nur zum Mittel des Lobes greifen. Und das kommt zwangsläufig aus einer anderen Richtung, von hoch oben.“
K.s Arbeit ist stark bestimmt durch seine frühere Lehrertätigkeit. Auch in „Die liebe lange Woche“

(1971) steht die Schule mit im Mittelpunkt. In diesem Buch verfolgt K. das Leben eines kleinen Jungen durch „nur so eine Woche". Er berichtet darüber, was sich an den verschiedenen Wochentagen ereignet; angefangen vom Aufsatzschreiben, über das Warten auf den Geburtstag, das Fußballspielen, Schulsorgen, Prügeleien mit anderen Jungen, Besuch beim Vater im Redaktionsbüro, Schachspiel und dem Besuch bei der Oma. Die Klammer der Woche ist der sehnlichst erwartete Geburtstag.

Schulprobleme gibt es auch in „Der kleine Zauberer und die große Fünf" (1974; BRD-Ausgabe im Schneider-Verlag 1975 u. d. T.: „Der kleine Oliver und die große Fünf"). Was ist zu tun, wenn der Zauberlehrling Oliver Schneidewind eine Fünf im Hauptfach Zaubern mit nach Hause bringt? Er versucht, sie wegzuzaubern. Doch das mißlingt. Die Fünf überdauert allen Hokuspokus. Durch die Hilfe seiner Mutter lernt er dann, daß Arbeiten so etwas wie Zauberei ist.

K.s Werke sind trotz ihres pädagogischen Gehalts als Versuch anzusehen, das alte Mißverständnis vom Kinderbuch als einem „lästig verkleideten Erziehungsvademecum" aus der Welt zu schaffen. Ihm liegt ganz offenbar im „Klassenfest" mehr als die Erziehung der Kinder die Erziehung der Erzieher am Herzen.

Sein „publizistisches Plädoyer für die heitere Grundstimmung" in der Kinderliteratur der DDR wurde in der Kritik herausgestellt und betont, mit ihm zöge „Ironie als durchgängiges Gestaltungsmittel" in die „sozialistische Kinderliteratur der DDR" (G. Ebert a. a. O.) ein.

Werke: Das Klassenfest (1969, [6]1974); Die liebe lange Woche (1971, [5]1976); Wie Nickel zweimal ein Däne war (in: K. Franke (Hrsg. zus. mit W. R. Langenbucher): Erzähler der DDR, 1973); Der kleine Zauberer und die große Fünf (1974, [3]1976).

Sekundärliteratur: G. Ebert: Bemerkungen über Uwe Kant (in: Beiträge zur Kinder- und Jugendliteratur. 39. 1976. 9–22). – U. Kant: Bemerkungen (in: Beiträge zur Kinder- und Jugendliteratur. 34. 1975. 5–6).

Winfred Kaminski

Kántor, Zsuzsa

*Ungarische Schriftstellerin, Kinderbuchautorin; *17. 3. 1916 Budapest.*

K. studierte Literatur, Geschichte und Fremdsprachen. 1948 wurde sie Lehrerin, dann Direktorin an einer Budapester Grundschule. Die pädagogische Tätigkeit war von großem Einfluß auf ihre schriftstellerische Entwicklung. K. schrieb neben Novellen für Erwachsene zahlreiche Kinder- und Jugendbücher sowie pädagogische Studien über 10–15jährige. Ihr erstes Jugendbuch „Márciustól márciusig" (Von März bis März) erschien 1947.

Werk, Tendenzen, Wirkung. K. behandelt in ihren Jugendbüchern zahlreiche Probleme, die für die vergangene und die heutige Epoche charakteristisch sind. So schildert sie in „Márciustól márciusig", wie ein Kind auf die erschütternden Ereignisse des Zweiten Weltkriegs reagiert. In „Feledhetlen ifjuság" (Unvergeßliche Jugend) wird anhand der Lebensgeschichte einer Frau, Eva Braun, geschildert, wie die damaligen Jugendlichen gegen den Faschismus kämpften. Die Situation der in der Nachkriegszeit unter den sozialistischen Verhältnissen lebenden ungarischen Kinder ist in „Rügyecske" (Knöspchen) und „Tévedés" (Irrtum) dargestellt. Die tragischen Ereignisse des Jahres 1956 bilden den Hintergrund des Jugendromans „Práter utca" (Prater Strasse). Die Autorin versteht es, die komplizierten geschichtlich-gesellschaftlichen Erscheinungen für ihre jungen Leser spannend und intellektuell darzustellen. Weitere Charakteristika ihrer Schriften sind Humor und die Neigung zum Grotesken. In den späteren Romanen tritt diese Tendenz besonders hervor, so in „Csalánba nem üt a menykő" (In Brennesseln schlägt nicht der Blitz), „Zenél a Zakariás" (Zacharias musiziert), „Matekária" (1974), „Kannibálok" (Die Kannibalen). Einige ihrer Bücher wurden in Ungarn zu Hör- und Fernsehspielen verarbeitet.

Werke: Márciustól márciusig (1947); Jó utat VII. B. (1954); Feledhetetlen ifjuság (1955); Rügyecske (1956); Práter utca (1957); Tévedés (1958); Csalánba nem üt a menykö (1963); Jó napot Fácia Negra (1966); Csacsifej (1968); Kulipintyó (1971); Zenél a Zakariás (1973); Matekária (1974); Kannibálok (1975).

Sekundärliteratur: J. Seres: Romantika negativ hösökröl (in: Könyv és Nevelés. 1974. 2. 58–62).

Béla Tóth

Kappeler, Ernst

*Schweizer Lehrer, Verfasser pädagogischer Schriften, Jugendbuchautor; *14. 6. 1911 Uster (Züricher Oberland).*

Nach vier Jahren Lehrerseminar in Küsnacht war K. kurze Zeit als Primarlehrer, nach weiteren Studien in Zürich als Sekundarlehrer tätig. Seit 1965 arbeitet K. als freier Schriftsteller, und zwar als Herausgeber der monatlichen Diskussionsblätter „Vertrauen", als Verfasser von Jugendbüchern, pädagogischen Schriften, von Lyrik (mit eigenen Vertonungen und Schallplatten), Spielen, Bühnenstücken, Hörspielen. In jüngster Zeit ist K. beschäftigt mit einer Sammlung von Aphorismen und einem Bekenntnisbuch „Zwischenräume". K. hat zahlreiche Auszeichnungen erhalten, u. a. den Conrad Ferdinand Meyer-Preis (1942), Ehrungen der Schweizer Schiller-Stiftung, der Stadt und des Kantons Zürich. Für seine Jugendbücher und pädagogischen Schriften wurde ihm 1968 der Schweizerische Jugendbuchpreis verliehen.

Werk, Tendenzen, Wirkung. Das umfangreiche Werk des Pädagogen, Musikers und Künstlers gilt der Erziehung. Bereits in den dreißiger und vierziger Jahren veröffentlichte K. pädagogische Schriften, die sich insbesondere mit dem Jugendlichen befaßten (u. a. „Wort an die Jugend", 1940; „Ich glaube an den Menschen", 1943; „Größe und Gefahr der Jugend",

1944). In der von K. seit 1966 herausgegebenen Reihe „Vertrauen“ sind auch einige seiner eigenen Schriften vertreten wie „Dumme Schüler?“ (1966), „Warum? Junge Menschen fragen“ (1967), „Erzieher ohne Lächeln“ (1969), „Für Eilige. Erziehung in Kürze“ (1970) und „Mädchen“ (1972). Leidenschaftlich setzt sich der „ungewöhnliche Schulmeister“ (KAPPELER), dessen Vorstellungen auf dem traditionellen Christentum basieren, für Wahrheit, Offenheit und Frieden unter den Menschen ein. Weil er das Gedeihen der Welt nicht von guten Schülern abhängig macht, sondern von guten Menschen, fordert er seine jungen Leser auf: „Baut heute schon den neuen Menschen, damit er stark sei, wenn die Gefahren kommen“ („Ich finde meinen Weg“, 1958, S. 11).
Die Thematik seiner Jugendbücher orientiert sich in erster Linie am Schulalltag, über den Lehrer und Schüler in gemeinsamem Bemühen um besseres Verstehen und um mehr Menschlichkeit hinauswachsen. Liebe zur Heimat und zur Natur ist in seinen Schriften gegenwärtig, bestimmt aber besonders die Lyrik des musizierenden Schriftstellers; mit Überzeugung verwendet er auch Mundart in Gedichten und Chansons. K. hat in Konzerten (u.a. die Kantate „Erde der Menschen – menschliche Erde“, 1971), in Reden, Gesprächen und Briefen die Gedanken seiner verantwortungsreichen Jugendarbeit verbreitet. Dabei gewann er einen großen Anhängerkreis und wirkte über die Grenzen seiner Heimat hinaus; einige seiner pädagogischen Schriften sind ins Spanische und Französische übersetzt.

→Schweizerischer Jugendbuchpreis

Werke: Wort an die Jugend (1940); Ich finde meinen Weg (1958, [4]1971 u. d. T.: Mit Dir. Gespräche mit jungen Menschen); Chumm a d'Sunne sing e chli (1961); Ein kleines Weihnachtsspiel (1961); Klasse Ic (1961); Klasse IIc (1963); Jugend 13–20 (1965); Und du. Zum Schulaustritt (1966); Piloten (1967); Flug Fernost (1971); In Uster geboren (1975).

Sekundärliteratur: E. Kappeler: Zwischen Lehrerpult und Künstlerstube (in: Wir junge Bauern. Schweizerische Zeitschrift für die bäuerliche Jugend. 3. 1971). – H. Ostertag: Nicht nur Schlechtes tadeln, ... Gutes glauben! (in: Der Schweizerische Buchhandel. 16. 1968. 635).

Karl Heinz Klimmer

Karsunke, Yaak

*Schriftsteller; *4.6.1934 Berlin.*

K. gehörte zum Wagenbach-Kollektiv und seit dessen Spaltung zum Rotbuch-Verlag. Er zählt zu den engagiertesten Autoren politischer Lyrik und verfaßt Theaterstücke, die den unterdrückten Teil deutscher Geschichte ins Bewußtsein bringen sollen: „Die Bauernoper“ (1973) und die „Ruhrkampfrevue“ (1975). K. schreibt Literaturkritiken und lebt als freier Autor in West-Berlin.

Werk, Tendenzen, Wirkung. Zusammen mit D. BLECH legte K. 1970 das Bilderbuch „Hallo Irina“ vor, die

Riki Hachfeld. Fotoillustration aus dem Bilderbuch „Die Apotse kommen“ (1972) mit Text von Yaak Karsunke. Drei Apotse gehen bei Rot über den Zebrastreifen.

Geschichte einer Reise von Rußland nach Südfrankreich, unternommen von dem Pferd Irina. 1972 veröffentlichte K. (inspiriert durch den Verleger W. WEISMANN) im Parabel-Verlag das Kinderbuch: „Die Apotse kommen“ (Fotos R. HACHFELD), in dem politische Aufklärung, Sachbuch und durchgehende Story sich verbinden, Bild und Text die Einheit bilden. Es geht von der kindlichen Erfahrung aus, in Puppen Phantastisches und Realität zu verbinden: Die Apotse (in Anklang an die APO = außerparlamentarische Opposition) sind bunte Stoffwesen, mit Augen, Ohren, Mund und Nase und mit Fähigkeiten, die sie auf die Ebene von Kindern stellen: Neugierde für die Tätigkeit von Erwachsenen und ein unverhohlenes Kichern überall dort, wo „Autoritäten“ ebenso feierlichen wie blanken Unsinn reden. Diese Autoritäten reagieren entsprechend verunsichert und autoritär mit dem Versuch der Vertreibung oder Einsperrung der Apotse. An den Apotsen (deren Eigenschaften, Handeln und Behandeltwerden) läßt sich taktisch-kluges Verhalten lernen, solidarisches Handeln von Minderheiten und das Hinterfragen angeblich gesicherter Begriffe wie: Unsinn, Minderheit, Gehorchen, Entschuldigen, Unschuldige, Polizei, aber auch wie Fenster oder Müllkippe; sie werden für Kinder als gesellschaftliche Metaphern entzifferbar, zumal sie in Fettdruck hervorgehoben sind. Die Verbreitung von „Die Apotse kommen“ stieß in der BRD wegen des politischen Gehalts teilweise auf Widerstand, so gab es in München Beschwerden wegen des Vorhandenseins des Buches in städtischen Büchereien.

→Antiautoritäre Kinder- und Jugendliteratur

Werke: Hallo, Irina (1970); Die Apotse kommen (1972).

Wolfram Frommlet

Kasperle →Puppengeschichte

Kass, János

*Ungarischer Maler, Grafiker und Buchillustrator; *16. 12. 1927 Szeged.*

Nach dem Besuch der Mittelschule erhielt K. an der Hochschule für Kunstgewerbe eine Ausbildung als Keramiker, studierte außerdem an der Akademie für Bildende Künste in Budapest bei dem Maler, Grafiker und Plakatkünstler G. KONECZNI (*1908) und schloß 1951 mit einem Diplom als Grafiker ab. Zur Erweiterung seiner Fachkenntnisse studierte er von 1960 bis 1961 an der Hochschule für Grafik und Buchkunst in Leipzig bei A. KAPR (*1918) und SCHILLER. Seit 1964 ist K. an der Hochschule für Kunstgewerbe in Budapest als Professor für Grafik und Typografie tätig. Er ist künstlerischer Herausgeber des literarischen Magazins „Uj Irás". – K. erwarb sich mit seinen Grafiken, Illustrationen und Zeichnungen im In- und Ausland internationale Anerkennung: In Ungarn wurden neun der von ihm illustrierten Bücher zu den schönsten Büchern des Jahres gewählt, ihm wurde 1953 und 1967 der Munkácsy- sowie 1955 und 1968 der Derkovics-Preis zugesprochen; auf der Bienále ilustrácií Bratislava (BIB) erhielt er 1967 und 1973 Bronzemedaillen für „Halásnik a róka" (1967; Text von A. HAJNAL) und „A didergö király" (1971; Text von F. MÓRA). Dieses Werk wurde auch mit dem Preis des Verlegers MÓRA ausgezeichnet. Auf der Internationalen Buchkunstausstellung in Leipzig (IBA) gewann er mehrfach Gold- und Silbermedaillen, so wurde „Toldi" (1966; Text von J. ARANY) zu dem „Schönsten Buch der Welt des Jahres 1967" gewählt. Seine grafischen Arbeiten stellte K. in Einzel- und Sammelausstellungen sowie auf Biennalen vor, u.a. in Rom, Budapest, Turin, Sydney, Tokio, Ljubljana, Brno, São Paulo. K. lebt in Budapest.

Werk, Tendenzen, Wirkung. K. ist einer der hervorragendsten zeitgenössischen ungarischen Künstler. Er ist als Grafiker, Zeichner für Zeitungen und Zeitschriften, Illustrator für das ungarische Erziehungsministerium, Mitarbeiter der Verleihanstalt des ungarischen Films MOKÉP und hauptsächlich als Buchkünstler für verschiedene Verlagshäuser, vor allem den Kinderbuchverlag Móra, tätig. K. illustriert Stoffe aus unterschiedlichem Themenkreis: Neben Werken für Erwachsene (Gilgamesch Epos, VERGILS Eclogen, Dramen von EURIPIDES u.a.), Märchensammlungen (z.B. Sosemvolt cigányország, 1964; dt. Die Zigeunerprinzessin, 1964), Klassiker der Kinder- und Jugendliteratur wie „Nils Holgersson" (1958; dt. Wunderbare Reise des kleinen Nils Holgersson mit den Wildgänsen, 1962), „Don Quijote" (1953) in der Bearbeitung von M. RADNÓTI (1909–1944), ungarischen Märchen- und Heldenepen des 19. Jahrhunderts wie „Held János" (1958) von S. PETÖFI (1823–1849) oder „Toldi" von J. ARANY (1817–1882) finden historische Erzählungen (Hináros tenger, ^{2}1959; Text von M. RÓNASZEGI), Kindergedichte (Halászik a róka) und auch Sachbücher (A homokvár titka, 1971; dt. Das Geheimnis der Sandburg, 1971) sein Interesse. Hierbei wendet er die verschiedensten Techniken und Stile an: kantige, häufig humoristische bis satirische schwarzweiße Zeichnungen (Don Quijote, Nils Holgersson u.a.), bunte, oftmals groteske Illustrationen (Halászik a róka), Aquarelle (Toldi), dekorativ verspielte farbige Zeichnungen mit Feder und Filzstift (A didergö király) oder sachliche, informative mit farbiger Tusche, Feder und Fotokollagen (A homokvár titka). Sein Prinzip ist es, dem noch unverbildeten und aufnahmebereiten Kind zur Fundierung seiner ästhetischen Erziehung wertvolles visuelles Material anzubieten.

Werke: M. de Cervantes Saavedra: Don Quijote (1953); S. Lagerlöf: Nils Holgerson csodálatos utazása cimmel (1958; dt. Wunderbare Reise des kleinen Nils Holgersson mit den Wildgänsen, 1962, ^{3}1970); S. Petöfi: Held János (1958); M. Rónaszegi: Hináros tenger (^{2}1959); T. Bartos: Sosemvolt cigányország (1964; dt. Die Zigeunerprinzessin, 1964); S. Weöres: Gyermekjátékok (1965); Kr. Chandar: Ann data. Calcutta 1943 (1965); J. Arany: Toldi (^{3}1966); A. Hajnal: Halászik a róka (1967); Táncóskedvü tüztündér (1967); S. Rákos: Hét zöld csillag (1969); F. Móra: A didergö király (1971); E. Gergely: A homokvár titka (1963; dt. Das Geheimnis der Sandburg, 1971); S. Lörinc: Hörpentö (1974); J. Kass: Fejek (1974).

Sekundärliteratur: E. T. Aszódi: János Kass (in: Bookbird. 1. 1971. 69–71).

Béla Tóth

Kataev, Valentin Petrovič

*Journalist, Schriftsteller; *28. 1. 1897 Odessa.*

K. wurde als Sohn eines Lehrers geboren. Seine schriftstellerische Tätigkeit begann er schon als zwölfjähriger Gymnasiast; ab 1913 veröffentlichte er regelmäßig Beiträge in den Zeitungen Odessas und Petersburgs. 1916 meldete er sich freiwillig zur Front. Während des Bürgerkriegs kämpfte er in der Roten Armee und wurde Mitarbeiter der Jug-ROSTA. Bis zum Zweiten Weltkrieg war K. als Journalist und Schriftsteller tätig, während des Krieges arbeitete er als Frontberichterstatter. 1955 wurde K. Chefredakteur der neugegründeten Jugendzeitschrift „Junost'", deren Leitung er bis 1961 beibehielt. Er wurde u.a. mit zwei Lenin-Orden ausgezeichnet. Auch als Drehbuchautor hat sich K. einen Namen gemacht.

Werk, Tendenzen, Wirkung. K.s schriftstellerische Tätigkeit war von seinen Erlebnissen in der Aufbauperiode des sowjetischen Sozialismus und während des Zweiten Weltkriegs bestimmt. In seinen Erzählungen behandelt er, mit optimistisch-revolutionärer Grundhaltung, sowohl heroische als auch abenteuerlich-phantastische Themen. In seinem Roman über die Aufbauzeit, „Vremja, vperod!" (1932; dt. Im Sturmschritt vorwärts!, 1957) wandte er sich in parteilicher Weise der Tagesproblematik zu.

Von besonderer Bedeutung ist K.s Odessa-Zirkel, eine Tetralogie, in der er die Wege und Schicksale der russischen Intelligenz, die Jahre des Übergangs zur Revolution, den gemeinsamen Kampf mit der Arbeiterklasse, bis hin zum Kampf gegen den Hitler-Faschismus, also den Zeitraum von 1905 bis 1945 beschreibt.

Der einleitende Roman dieses Zirkels „Beleet parus odinokij" (1936; dt. Es blinkt ein einsam Segel, 1946), der die revolutionären Ereignisse des Jahres 1905 in Odessa zum Hintergrund hat, begründete K.s Ruhm; schon 1937 wurde das Buch verfilmt. Der Roman mit seinen jugendlichen Helden wurde rasch ein Lieblingsbuch der sowjetischen Jugend. Ende der sechziger Jahre veröffentlichte K. in zwei Bänden „Svjatoj kolodez" (1967, Der heilige Brunnen) und „Trava sabvenja" (1967; dt. Das Gras des Vergessens, 1968) seine Memoiren, die wegen ihrer Reisebeschreibungen, Porträts von Künstlern und Schriftstellern und der Erinnerungen an Begegnungen mit berühmten Zeitgenossen auch für Jugendliche von besonderem Reiz sind.

Werke: Vremja, vperod! (1932; dt. Im Sturmschritt vorwärts!, 1957); Beleet parus odinokij (1936; dt. Es blinkt ein einsam Segel, 1946); Žena (1943; dt. Seine Frau, 1947); Syn polka (1945; dt. Der Sohn des Regiments, 1953); Katakomby (1948–1951; dt. In den Katakomben von Odessa, 1963); Chutorok v stepi (1956; dt. Vor den Toren der Stadt, 1957); Zimnij veter (1960; dt. Winterwind, 1961); Malenkaja železnaja dver v stene (1964; dt. Die eiserne Tür, 1964); Svjatoj kolodec (1967); Trava zabvenija (1967; dt. Das Gras des Vergessens, 1968); Sobranie sočinenij (Bd. 1–9; 1968–1972).

Sekundärliteratur: I. B. Brajnina: Valentin Kataev (1954). – A. Kmita: Der Einfluß der Umwelt auf die Persönlichkeitsbildung des Kindes in den Werken Valentin Kataevs (in: Wissenschaftliche Zeitschrift der Ernst Moritz Arndt-Universität Greifswald. 20. 1971. 13–16). – T. Sideln'ikova: Valentin Kataev (1957). – L. Skorino: Sem' portretov (1956); Pisatel' i ego vremja. Zizn' i tvorčestvo V. P. Kataeva (1965).

Peter Sachsenmeier

Katechismus für Kinder

Unter K. verstehen wir eine knappe Zusammenfassung des christlichen Glaubens, die in einprägsamer, verständlicher Sprache Heranwachsende mit dem Evangelium bzw. der Lehre der Kirche bekannt macht. Über den Inhalt besteht kein allgemeingültiger Konsens. Im Laufe der Zeit wurden bestimmte „Hauptstücke" als „eiserne Ration" tradiert.

Zur Vorgeschichte des K. In der alten Kirche gibt es, in Fortsetzung jüdischer Gebräuche, ausgewählte Stoffe für den Unterricht von Taufbewerbern: Christusbekenntnisse (NT, Philipperbrief 2, 5ff.), Ermahnungen zum christlichen Verhalten (NT, Galaterbrief 5, 19ff.), vor allem das seit Beginn des 3. Jahrhunderts bei Taufen übliche Glaubensbekenntnis, das sogenannte Apostolikum. Die kirchliche Gesetzgebung des Mittelalters bindet die Übernahme des Patenamtes an die Auflage, Glaubensbekenntnis und Vaterunser auswendig aufsagen zu können. Dazu treten später weitere Forderungen (Kenntnis des Athanasianum, des Ave Maria u.a.). Der Dekalog taucht erst im Zusammenhang mit der Beichtpraxis auf: Zuerst im „Kirchenspiegel" (Speculum Ecclesiae) E. von Canterburys (13. Jh.), in Beicht- und Erbauungsbüchern des 15. Jahrhunderts für Laien in deutscher Sprache („Seelentrost", „Laienspiegel", „Himmelsstraße" u.ä.). Alle enthalten als wichtige Stücke den Dekalog, das Credo und das Vaterunser (z.B. D. von Coeldes „Christenspiegel" 1480). In den Schulen des 15. Jahrhunderts lernen die Anfänger, die „Abecedarii", anhand des Dekalogs, Credos, Vaterunsers und anderer Gebete lesen. Darauf zielt Luthers Wort: „In den Schulen haben die kleinen Knäblein dennoch das Vaterunser, Symbolum gelernt, und ist die Kirche auf wunderbare Weise in den kleinen Schulen erhalten worden". Auslegung der Texte wird von keiner bekannten Schulordnung der vorreformatorischen Zeit gefordert.

Zur Geschichte des K. Die Geschichte des K. als Buch beginnt – nach unbedeutenden Versuchen in Kreisen der Humanisten und der „böhmischen Brüder" – mit der Reformation. Als Visitator muß Luther feststellen, „daß der gemeine Mann doch so gar nichts weiß von der christlichen Lehre, besonders auf den Dörfern ..., kennen weder Vaterunser noch den Glauben oder die zehn Gebote, leben dahin wie das Vieh und unvernünftige Säue ..." (Vorrede zum Kleinen Katechismus, 1529). Zu dem traditionellen Stoff treten bald die Stücke über Taufe und Abendmahl. Noch vor dem Druck (1529) werden einzelne Teile als „Tafeldruck", d.h. als Plakate in Schulen und möglicherweise auch in Kirchen aufgehängt.

In den verschiedenen Schularten des 16. Jahrhunderts setzt sich der, ursprünglich für den Hausgebrauch bestimmte, Kleine Katechismus in den meisten lutherischen Gebieten durch. Die in der zweiten Hälfte des Jahrhunderts erscheinenden „exponierten" (d.h. Luthers Erklärung auslegenden) K.en zeigen die Notwendigkeit, Luthers Text den neuen theologischen Problemen anzupassen. So entstehen unter dem Eindruck der Lehrstreitigkeiten der Orthodoxie z.B. Tetelbachs „Güldenes Kleinod" (1568), die „Fragestücke für die christliche Jugend" (1581) des Rosinus. Daneben gibt es von Luther unabhängige K.en, die fast ausschließlich in den oberen Klassen der Lateinschulen Verwendung finden, z.B. von Trotzendorf (1558), Rhegius (1541), Judex (1564), Chytraeus (1554). In methodischer Beziehung übernimmt man die aus der Beichtpraxis stammende Frage- und Antwortform und verlangt, die Texte auswendig zu lernen. Luther will, daß die Kinder „auch verstehen lernen, was ein jeglich Stück in sich habe". Der Lehrer beachte die konkrete Situation und treibe das am meisten, „das bei deinem Volk am meisten notleidet" (Vorrede zum Kleinen Katechismus, 1529). Proteste gegen die Memoriermethode sind selten. Sie entspricht der humanistischen Vorstellung vom Bildungsprozeß: erst verba, dann res – der Kenntnis der Worte folgt die der Dinge.

Auf die doktrinäre Phase um die Jahrhundertwende folgt eine durch Bemühungen der Reformpädagogen (W. Ratke, J. v. Andreae, A. Hunnius, J. Gesenius, S. Glassius, J. A. Comenius) geprägte Übergangsepoche, die in den Pietismus mündet. Die unter A. F. Franckes (1663–1727) und Ph. J. Speners (1635–1705) Einfluß stehenden Schulordnungen zeigen bei aller Akzentuierung des täglichen Bibellesens, daß am

Unterricht über LUTHERS K. festgehalten wird. Neu ist: Alles ist darauf ausgerichtet, „wie die Kinder die angehörte Wahrheit im Leben anwenden sollen" (Preußisches Generallandschulreglement, 1763). PH. J. SPENERS Katechismustabellen stellen alles unter den Gesichtspunkt der Selbstprüfung und Applikation auf das eigene Leben. Erst im Zeitalter der Aufklärung, in dem die moralisierenden und psychologisierenden Tendenzen des Pietismus – in Verbindung mit der sokratischen Fragemethode, die alles aus dem Kinde entwickeln will – voll zur Auswirkung gelangen, läßt die Beschäftigung mit dem K. nach. Die Neubesinnung auf das Luthertum in der Mitte des vorigen Jahrhunderts führt vorübergehend zur Katechismusunterweisung in lutherischen Gebieten zurück. Mit Beginn des 20. Jahrhunderts geht der Gebrauch von K.en im Religionsunterricht der Schulen immer stärker verloren. Daran ändern auch die landeskirchlich verschiedenen neuen Katechismusausgaben nichts. Die letzte Textfassung des Kleinen K. durch die Vereinigte Evangelisch Lutherische Kirche Deutschlands erschien 1951. Nur die kirchliche Unterrichtspraxis bleibt von der Verwendung von K.en weithin bestimmt.

In den reformierten Kirchengebieten – besonders in Genf und Straßburg – gibt es zunächst ein vielfältiges Angebot (z.B. B. M. BUCER 1537, L. JUD 1534/35, H. BULLINGER 1561, J. CALVIN 1537 und 1541). Rasch setzt sich der „Heidelberger Katechismus" (1563) der Professoren C. OLEVIANUS und Z. URSINUS durch, der sich bis in die Gegenwart in reformierten Gemeinden gehalten hat. Die reformatorische Tätigkeit aktiviert auch die katholische Kirche. Führende Position gewinnt des P. CANISIUS' „Kurzer Unterricht vom katholischen Glauben" (1559) – noch im 19. Jahrhundert als „der Canisius" geschätzt –, während der auf Anregung des Trienter Konzils entstandene Römische K. (1566) nur für die Hand der Priester verfaßt worden ist. Zum geplanten Handbuch für Kinder und Laien kommt es nicht. Das 19. und beginnende 20. Jahrhundert ist von dem öfter bearbeiteten „Großen Katholischen Katechismus" J. DEHARBES (1846, [6]1914 mit 907 Fragen!) geprägt und für Kinder nicht geeignet. Der 1925 erschienene „Einheitskatechismus" hatte nur kurze Lebensdauer.

Gegenwärtige Situation. In der Gegenwart stellt sich intensiv die Frage, ob die traditionellen K.en den Problemen der heutigen Gesellschaft und den in ihr lebenden Kindern gerecht werden. Bei allem Respekt vor der theologischen und pädagogischen Leistung, die in vielen dieser K.en enthalten ist, muß diese Frage verneint werden. Unsere gesellschaftliche Wirklichkeit ist mit der des 16. Jahrhunderts nicht in Deckung zu bringen. Wir sind heute in vieler Beziehung anderen sozialen und persönlichen Problemen konfrontiert. Auch ist die Sprache der K.en erfahrungsgemäß ein Hindernis für das heutige Verständnis christlichen Glaubens. Für die Zielsetzung des Unterrichts in Kirche und Schule der Gegenwart – Hilfe zu geben bei der Reflexion des christlichen Glaubens, wie er in der Bibel und im Leben der Kirche bezeugt wird; und bei der Auseinandersetzung mit anderen Religionen, um dadurch zu verantwortungsvollem Welt- und Selbstverständnis zu gelangen – bieten die bisherigen K.en eine zu schmale Basis. Solche Überlegungen standen hinter dem „Versuch eines Lutherischen Katechismus" D. BONHOEFFERS und F. HILDEBRANDTS („Glaubst du, so hast du", 1932). Nach 1945 erschienen einige neue K.en. Zu den wichtigsten zählt der „Katholische Katechismus der Bistümer Deutschlands" (1954). Die 136 Lehrstücke verbinden die Anwendung „für mein Leben" mit biblischer Grundlegung und Stoffen „aus dem Leben der Kirche". Fragen und Aufgaben zielen auf ein Unterrichtsgespräch. Das Arbeitsbuch zur Glaubensunterweisung „Glauben – Leben – Handeln", hrsg. von den deutschen Bischöfen (1969), stellt eine brauchbare theologische und sprachliche Revision dar. Einen Bruch mit der Tradition bedeutet die Ausgabe „Die Botschaft Jesu im Isoletto – Der Katechismus des Don Mazzi" (1969). Kind- und gesellschaftsbezogen, frei von privatistischem und klerikalistischem Verständnis, auch von schulischem Zwang, sollen Zehnjährige allmählich zugerüstet werden, „alle Formen der Knechtschaft" zu bekämpfen und soziale Verhältnisse zu verändern. Der K. setzt mit der „Lebenserfahrung" der Kinder ein, bietet kurz kommentierte Texte aus den Evangelien und gibt Anregungen „zur Verwirklichung im Leben". Trotz vieler K.en für Erwachsene – z.B. „Glaubensverkündigung für Erwachsene" – Deutsche Ausgabe des Holländischen K. (1968); „Neues Glaubensbuch – Der gemeinsame christliche Glaube", hrsg. von J. FEINER und L. VISCHER ([2]1973); „Evangelischer Erwachsenenkatechismus – Kursbuch des Glaubens", hrsg. von W. JENTSCH u.a. (1975) – sind wir noch weit von einem „Einheitskatechismus" für Kinder des 20. Jahrhunderts entfernt.

→ Bilderbuch, → M. Luther

Sekundärliteratur: Fr. Hahn: Luther und die christliche Unterweisung (Evangelischer Erzieher. 8. 1956. 7. 173–183); Die Evangelische Unterweisung in den Schulen des 16. Jahrhunderts (1957); Die Evangelische Unterweisung. Quellen zur Unterrichtslehre 7 (1958). – E.-Chr. Helmreich: Religionsunterricht in Deutschland (1965). – H. Jetter: Erneuerung des Katechismusunterrichts (1965). – O. Kammer: Zwischen altem und neuem Katechismus (in: Theologia Practica. 1969. 15f.). – H. Kobold: Der Kleine Katechismus in der Gegenwart (Deutsches Pfarrerblatt. 32. 1959. 2. 32–33). – K. Rahner: Die Forderung nach einer „Kurzformel" des christlichen Glaubens (1967). – H. W. Surkau: Katechismus und Katechismusunterricht (in: Religion in Geschichte und Gegenwart. [3]1959. 1186–1187).

Friedrich Hahn

Katzenjammer Kids

Titelfiguren des frühen klassischen amerikanischen Comic-Streifens „The Katzenjammer Kids", erfunden von R. Dircks.

Entstehung. Am 12. Dezember 1897 erschien im „American Humorist", einer Sonderbeilage des „New

York Journal", eine Serie, die heute mit Recht als erster moderner Comic-Streifen bezeichnet wird. Es waren die von dem 19jährigen amerikanischen Zeichner R. Dircks gestalteten Abenteuer der K.K. Der Eigentümer des „New York Journal", R. Hearst, hatte von einer Europareise die 1865 zuerst erschienene Bildergeschichte „Max und Moritz" von W. Busch mitgebracht und R. Dircks beauftragt, davon eine amerikanische Variante in Form einer wöchentlich erscheinenden Comic-Serie zu zeichnen und zu betexten. Die Serie war von Anfang an dazu ausersehen, in dem Pressekampf zwischen R. Hearst und seinem Konkurrenten J. Pulitzer als auflagensteigerndes Moment zu dienen. Sie hat Hearsts Erwartungen voll erfüllt.

Inhalt. Die K.K. leben in einem frei erfundenen Afrika und führen mit ihren rüden, meistens „handgreiflich" gesühnten Streichen die Erwachsenen hinters Licht. Die Serie war ursprünglich textlos, belustigte jedoch bald ihre Leser durch ein neu eingeführtes holpriges Pidgin-Amerikanisch, das mit deutschen Ausdrücken durchsetzt war.

Werkgeschichte. 1913 wechselte Dircks zum Pulitzer-Konzern über. Hearst ging wegen der publizistischen Rechte an der Serie vor Gericht und gewann den Prozeß. Dircks behielt zwar das Eigentum an den Serienfiguren, mußte der Serie jedoch einen neuen Namen geben. Er nannte sie zuerst nach den beiden Hauptfiguren „Hans und Fritz", und dann nach dem Eintritt der USA in den Ersten Weltkrieg, um antideutsche Ressentiments zu beruhigen, nach einer weiteren Hauptfigur „The Captain and the Kids". Dircks zeichnete und betextete die Serie bis 1967 für die „New York World". Nach seinem Tod 1968 wird sie von seinem Sohn John in modifizierter Weise fortgeführt. Parallel dazu wurde die ursprüngliche Serie unter dem alten Titel „The Katzenjammer Kids" – während des Ersten Weltkrieges allerdings „The Shenanigan Kids" – von H. H. Knerr bis zu seinem Tode 1949 im „New York American" fortgeführt. Sie erlebte durch den Zeichnerwechsel keine gravierende Qualitätseinbuße und hatte sogar in Europa in der neuen Fassung ein größeres Publikum. Nach Knerrs Tod übernahm D. Winner 1950 die Produktion der Serie und zeichnete sie über fünf Jahre lang. Seit dem 29. Juli 1956 wurde sie übergangsweise von einem Syndikatszeichner des King Features Syndicate betreut und ab 10. Januar 1957 von J. Musial übernommen, der sie bis heute betreut. Die Hauptfiguren wurden zu Werbezwecken verwendet. Schon früh sind einige Episoden der Serie in einem Zeichentrickfilm zusammengefaßt worden. Beide „Parallel"-Serien werden zusammen in über 400 Zeitungen in aller Welt abgedruckt, wobei „The Katzenjammer Kids" einen Anteil von mehr als drei Vierteln der Gesamtauflage daran haben. Beide Serien erreichen zusammen eine Auflage von 60 Millionen Exemplaren in der Woche und werden in über 12 Sprachen übersetzt.

→W. Busch, →R. Dircks

Sekundärliteratur: F. Russell: Farewell to Katzenjammer Kids (in: National Review. 20. 16.7.1968. 703–705). – Fr. Simeth: Die Katzenjammer Kids (in: Deutsche Tagespost. Würzburg. 13.2.1956. 5). – J. Walsh: Classic of the comics: The Katzenjammer Kids (in: Hobbies. 58. 4. 1953. 146–149).

Wolfgang Kempkes

Kaufmann, Angelika

*Österreichische Grafikerin, Bilderbuchillustratorin und -autorin; *9.3.1935 St. Rupprecht b. Villach/ Kärnten.*

K., Tochter eines Bauern, besuchte nach Abschluß der allgemeinbildenden Schulen von 1953 bis 1958 die Akademie für angewandte Kunst in Wien und schloß in der Klasse für Gebrauchs- und Illustrationsgrafik mit dem Diplom ab. 1959 beteiligte sie sich an archäologischen Ausgrabungen in Ephesos. K. arbeitete, nach einem kurzen Versuch als Zeichenlehrerin, zunächst als Werbe-, dann als freie Grafikerin in Wien. 1964 bis 1965 erhielt sie ein Austauschstipendium für die Akademie der bildenden Künste in Krakau, wo sie sich verstärkt der Druckgrafik zuwandte. Ihre Werke stellte sie seit 1963 in mehreren Einzel- und Gemeinschaftsausstellungen, vornehmlich in Österreich und Polen, vor. Seit 1970 gestaltet sie auch Bilder-, Kinder- und Schulbücher. Ihr Bilderbuchschaffen wurde 1971, 1973 und 1975 mit der Illustrationsprämie des Kinder- und Jugendbuchpreises der Stadt Wien für „Sinclair Sofokles, der Baby-Saurier" (1971; Text von F. Mayröcker), „Lollobien" (1973; Text von B. Peter) und „Komm, sagte die Katze" (1975; Text von M. Lobe) sowie 1973 mit einer Plakette auf der Bienále ilustrácií Bratislava (BIB) für „Ein Pferd erzählt" (1971) ausgezeichnet. 1973 erhielt sie den Förderungspreis des österreichischen Unterrichtsministeriums, 1975 das Diplom des österreichischen Bundesministeriums für Handel, Gewerbe und Industrie für „Da ist mein Fenster" (1974).

Werk, Tendenzen, Wirkung. K. verbindet in ihren Bilderbüchern, zu denen sie zum Teil die Texte selbst schreibt, meistens grafische und malerische Elemente. So trägt sie auf vorgetuschte farbige Flächen schwarze Figuren – z.B. Ameisen am Ameisenberg in „Lollobien" – auf oder zeichnet Konturen oder Details mit der Feder nach. Ängstliche, vereinsamte, Freundschaft, Anerkennung und Geborgenheit suchende Tiere, denen in fast allen von ihr illustrierten oder getexteten Bilderbüchern eine tragende Rolle zukommen, können dabei proportional unnatürlich und in anatomischen Einzelheiten falsch wirken, was aber schon Kinder unbewußt als künstlerische Stilisierung akzeptieren.
Die harmonisch aufeinander abgestimmten Farben werden nur selten klar und hell wiedergegeben – auch das Zarte kann verdunkelt sein; sie sind nicht glatt und deckend aufgetragen, sondern der Pinselstrich bleibt immer sichtbar. Abweichend von der vorherrschenden kombinierten Technik von Feder- und Tuschezeichnung sind zwei Bilderbücher gestaltet: in „Lollobien"

verwendet die Grafikerin großflächige Kollagen auf vorgetuschtem Papier, in „Verzauberte Geschöpfe" (1972) Schabblattechnik.
Wenn K. Bücher mit Kettenhandlungen illustriert, löst sie das Problem der Wiederholungen und Reihungen auf sehr differenzierte Weise: In „Was raschelt da im Bauernhof?" (1973; Text von M. LACHS) z.B. wacht eine sich vor Mäusen fürchtende Henne nachts von einem ungewohnten Geräusch auf, weckt den Hahn, dieser den Truthahn usw., bis schließlich ein Tierzug, angeführt von dem Bauern und seiner Frau, sich auf die Suche nach dem gefährlichen Tier macht, das inzwischen in der Vorstellung zu einem Bären angewachsen ist. Die „Kopflosigkeit" der Handlung wird verdeutlicht durch die Art der Abbildung der sich weckenden Tiere, die jeweils zunächst nur mit dem hinteren Teil des Körpers auf der rechten Seite, nach dem Umblättern dann auch mit dem ängstlichen Kopf sichtbar sind. In „Komm, sagte die Katze" werden die Tiere, die sich bei Hochwasser mit Hilfe der Katze auf einen treibenden Baum retten, in wechselnder Perspektive dargestellt: von vorne, von hinten, von der Seite, in der Aufsicht oder von unten.
Von „maniriert", „melancholisch" über „besinnlich" zu „apart", „exquisit" und „komisch" reichen die Einschätzungen ihrer Bilder, was – abgesehen von der Unsicherheit der Betrachter und der unterschiedlichen Thematik – auf eine differenzierte Rezeption ihres künstlerischen Stils schließen läßt.

Werke: A. Kaufmann: Das einsame Schaf (1970); F. Mayröker: Sinclair Sofokles, der Baby-Saurier (1971); A. Kaufmann: Ein Pferd erzählt (1971); A. Kaufmann: Verzauberte Geschöpfe (1972); B. Peter: Reise nach Rimbimbim (1972, ²1975); B. Peter: Rimbimbim auf Rädern (1973); M. Lachs: Was raschelt da im Bauernhof? (1973); B. Peter: Lollobien (1973); A. Kaufmann: Tierkalender 1974 (1973); A. Kaufmann: Da ist mein Fenster (1974); M. Lobe: Komm, sagte die Katze (1975); M. Lobe: Komm, sagte der Esel (1976).

Sekundärliteratur: A. Kaufmann: Woher ich komme, was ich mache und warum ich es mache (in: Jugend und Buch. 4. 1973. 9–11).

Werner A. Kleye

Verlag Ernst Kaufmann

Lahr. Hauptsächlich verschiedene Formen von Bilderbüchern (Leporellos bzw. Zickzackbüchlein), Vorlese- und Kinderbücher mit religiöser Thematik.

Nachdem E. KAUFMANN 1816 von seinem Schwiegervater eine Leihbibliothek übernommen hatte, gründete er im gleichen Jahr eine lithografische Kunstanstalt, die den Grundstein für den Verlag Ernst Kaufmann bildete. Der Betrieb, heute von H. KAUFMANN (* 1923) geleitet, liegt noch immer im Familienbesitz und wurde mehrfach erweitert, so z.B. um 1840 durch die Übernahme der Nonnenweirer Kinderschriften badischer Diakonissen und 1865 durch die Angliederung einer Buchdruckerei und die Übernahme der Zeitung „Lahrer Anzeiger". Im Jahre 1882 unterhielt der Verlag mehrere Zweigniederlassungen, so in London, New York und Chikago, verlegte vor allem evangelische Schriften, druckte kirchliche Urkunden sowie Bilder- und Kinderbücher, die Illustrationen von L. RICHTER, FR. VON UHDE und SCHNORR VON CAROLSFELD enthielten. Verschiedene Kalender und das „Biblische Bilderbuch" rundeten das Programm bis zum Ersten Weltkrieg ab. Die Nationalsozialisten beschlagnahmten den Verlag und verboten jegliche verlegerische Tätigkeit. Nach dem Zweiten Weltkrieg nahm der Verlag die Arbeit wieder auf. Zu seinem Programm gehören vor allem Leporellos und Zickzackbüchlein (u.a. R. HERRMANN: „Lasset die Kinder zu mir kommen", H. AICHINGER: „Die Schöpfungsgeschichte", R. HERRMANN: „David und Goliath", K. STEINEL: „Die Arche Noah"); Bilderbücher, z.B. J. GUGGENMOS (Text) und H. AICHINGER (Illustrationen): „Ein Krönchen für den Pfau", die Reihe „Sachbilderbücher zur Bibel" mit zur Zeit fünf Titeln von D. STEINWEDE (Gemeinschaftsproduktion mit dem Patmos-Verlag, Düsseldorf); die „Bilderbibel" von FR. HOFFMANN, illustriert von E. DE SAUSSURE sowie Materialien für den Religionsunterricht, z.B. die vom Religionspädagogischen Institut der Evangelischen Landeskirche in Baden herausgegebenen „Unterrichtsmodelle Religion". Hinzu kommen Lieder- und Vorlesebücher. Ein Großteil des Verlagsprogramms richtet sich in erster Linie an die Zielgruppe der Kinder im Kindergarten- oder Vorschulalter; bei zahlreichen Titeln gibt es methodische Hilfen für Eltern, Erzieher und Lehrer. Für den Bedarf an Sonderschulen hat R. HERRMANN eigens großformatige Flanellbilder für die Bibel entworfen.

Rudolf Raab

Kaufmann, Herbert

*Journalist, Afrika-Forscher und Jugendschriftsteller; *24.8.1920 Köln, †27.11.1976 Köln.*

K. besuchte in Köln das Gymnasium. Nach dem Abitur 1938 machte er eine kaufmännische Lehre in der chemisch-pharmazeutischen Industrie und war danach in der Braunkohle- und Erdölchemie tätig. Nach einem Studium der Völkerkunde, Soziologie und Geographie promovierte K. 1960 zum Dr. phil. Seit 1951 unternahm er ausgedehnte Reisen und Forschungen in Afrika, das auch im Mittelpunkt seiner schriftstellerischen Arbeiten steht. K. veröffentlichte Reise- und Expeditionsberichte, Abenteuerbücher, Jugendromane und Reportagesammlungen, konzentriert auf die politischen und wirtschaftlichen Probleme des neuen Afrika. Seit 1962 war K. als Auslandskorrespondent in Afrika (Nairobi) ansässig; u.a. berichtete er auch in der „Frankfurter Allgemeinen Zeitung" über Ereignisse, Krisenherde und politische Umwälzungen in Ost-, Zentral- und Südafrika. 1954 erhielt K. den Erzählerpreis des Süddeutschen Rundfunks, 1958 den Deutschen Jugendbuchpreis für „Roter Mond und heiße Zeit" (1957), 1960 den Friedrich Gerstäcker-Preis und 1961 den New York Herald Tribune Award.

Werk, Tendenzen, Wirkung. K. hat mit seinen Jugendromanen aus Afrika entscheidend mitgeholfen, die exotische Abenteuererzählung und die nationalistische Kolonialgeschichte durch aktuelle, das Wesen des afrikanischen Menschen erfassende Gestaltungen abzulösen. K.s Jugendbücher kennzeichnen den revolutionären Umbruch Afrikas vom Kolonialbesitz europäischer Mächte zu souveränen Staaten. Literarische Qualitäten gewinnen seine Arbeiten durch psychologisches Erfassen afrikanischer Mentalität und durch sprachliche Gestaltungskraft. Wesentlich haben dazu persönliche Erfahrungen und genaue Kenntnisse der Geschichte und gegenwärtigen Lage afrikanischer Völker beigetragen. „Der verlorene Karawanenweg" (1955) ist zeitlich in der spätkolonialistischen Epoche angesiedelt und umkreist die spannungsreiche Begegnung mit der absoluten Landschaft der Sahara. „Der Teufel tanzt im Ju-Ju-Busch" (1956) schildert den Zusammenstoß von zivilisatorischen Errungenschaften mit dem magischen Kultdenken Westafrikas. Besonders deutlich gezeichnet wird die Macht des Medizinmannes und das Wirken von Aberglauben im europäischen Sinne. „Roter Mond und heiße Zeit" (1957) ist als Liebesroman konzipiert, in dem die von unserem Normendenken gänzlich verschiedene, eigenständige Welt der Tamaschek lebendig und für uns erfaßbar gemacht wird. Ähnliche Zustands- und Stimmungsbilder gelangen K. in „Pfeile und Flöten" (1959) und „Des Königs Krokodil" (1960). In letzterem wird Afrika von innen her verstehbar, in der Gutgläubigkeit an westlich-europäische Versprechungen, denen ein westafrikanisches Königreich zum Opfer fällt; die Folgen sind wirtschaftliche und politische Abhängigkeiten. In „Pfeile und Flöten" leuchtet hinter einer zarten Liebesgeschichte das Wirken afrikanischen Selbstbewußtseins durch, der europäische Kolonialismus dankt ab; Afrikaner erheben sich nicht nur gegen unzumutbare Steuern, sondern beginnen auch politisch emanzipiert zu handeln. Zusätzliche Informationen in Vorwort, Nachwort, Anhang, Karten- und Foto-Illustrationen klären und bestätigen in K.s Büchern den Bezug zur Wirklichkeit. Die meisten seiner für Jugendliche konzipierten Bücher sind auch als Taschenbuch aufgelegt, so „Der Teufel tanzt im Ju-Ju-Busch" (1960), „Der verlorene Karawanenweg" (1963), „Die Stadt unter dem Wüstensand" (1965) und „Roter Mond und heiße Zeit" (1972).
Ähnlich interessante Titel über Afrikas Weg durch die Jahrhunderte sind in den sechziger und siebziger Jahren nur noch K. R. Seufert gelungen, bei dem jedoch die historische Aufarbeitung älterer Expeditionsberichte dominiert.

Werke: Der verlorene Karawanenweg. Von Männern, Durst, Sand und Staub (1955); Der Teufel tanzt im Ju-Ju-Busch. Eine Geschichte aus den großen Wäldern Nigerias (1956); Die Stadt unter dem Wüstensand (1957); Roter Mond und heiße Zeit (1957, [10]1972); Des Königs Krokodil (1959, [2]1963); Pfeile und Flöten (1960, [2]1962).

Foto-Illustration: G. Kaufmann: Sulei, der kleine Negerjunge (1958).

Sekundärliteratur: H. Kaufmann: Die Bedeutung des Jugendschrifttums (in: Das gute Jugendbuch. 2. 1960. 17–24). – M. Kleensang: H. Kaufmanns Schriften unter dem Gesichtspunkt „Afrika heute" (in: JSW 1. 1962. 1–4 und 3. 1962. 17–19). – H. Künnemann: Das Afrikabild in der deutschsprachigen Jugendlektüre (in: Jugend und Buch. 1. 1964. 2–9).

Horst Künnemann

Kauka, Rolf →Fix und Foxi

Kauka Verlag →Fix und Foxi

Kaulbach, Hermann

*Historien- und Genremaler, Kinderbuchillustrator; *28.7.1846 München, †9.12.1909 München.*

Durch das Vorbild des Vaters, Wilhelm v. K. (1805–1879), wird K. schon in der Kindheit zu künstlerischer Tätigkeit motiviert. Bereits als Sechsjähriger schrieb er Gedichte, zu denen sein Vater die Titelblätter zeichnete (1852 und 1853); zur Vorbereitung der höheren Schule erhielt er Privatunterricht durch Fr. Güll (1812–1879), dessen Kinderreime er 1909 mit Federzeichnungen und Farbbildern illustrierte („Das Kaulbach-Güll-Bilderbuch", 1910). K. besuchte zunächst von 1859 bis 1861 ein Pensionat in Weinheim, dann ein Gymnasium in Nürnberg, wo er von seinem Schwager A. v. Kreling (1819–1876), dem Direktor der dortigen Kunstschule, weitere Anregungen erhielt. Während seines Medizinstudiums malte er weiter und wurde schließlich Schüler von K. Piloty (1826–1886), der ihn 1867 in sein Atelier aufnahm. Zwei Reisen nach Italien (1880 und 1891), vor allem nach Rom, inspirierten ihn zu den Themen seiner Historienbilder. Später wandte er sich mehr dem Genrebild und der Illustration zu. Er wurde mehrfach mit Auszeichnungen, u.a. mit einer goldenen Medaille (1888), geehrt und 1889 zum Professor ernannt.

Werk, Tendenzen, Wirkung. K.s Schaffen muß im Zusammenhang mit dem Werk der Maler Piloty und K. Makart (1840–1884) betrachtet werden, deren Einfluß Stil und Themenwahl seiner Historienbilder bestimmten. Pathos und Theatereffekte, die er mit zum Teil brillanten malerischen Techniken erzeugt, kaschieren nur mühsam die oberflächliche Empfindung und kompositionellen Mängel. K.s Werk gewinnt neue Ausdruckskraft und eine sentimentale Intimität, seitdem er sich dem Genrebild und der Illustration von Märchen- und Theaterstücken zuwendet. Sein besonderes Interesse finden Genreszenen aus dem Leben der Kinder (Es war einmal, Der Weihnachtsengel u.a.).
Die Uneinheitlichkeit der verwendeten technischen Mittel (Kreidemanier, Federzeichnung, Aquarell, Kupfertiefdrucktafel) bei der Illustration der „Drei Märchen" von P. Graf zu Eulenburg Hertefeld (1898) macht deutlich, daß zwischen dem Künstler und den Märchenstoffen kein persönliches Verhältnis steht. „Burgen, Altane, winklige Städte und barocke Paläste bilden den Hintergrund der Märchen. Dräuende Ge-

Hermann Kaulbach: „Beim Einsiedel". Die Abbildung ist dem kurz nach 1906 erschienenen „Hermann Kaulbach Bilderbuch" entnommen. Zu den Milieuschilderungen aus der Welt der „Kleinen Leute" von H. Kaulbach hat Adelheid Stier erzählend-erklärende Texte verfaßt.

witterwolken, dunkelstarrende Wälder oder das aufgepeitschte Meer kommen dem Sensationsbedürfnis der Zeit entgegen und jeder Versuch, auf das Gemüt zu wirken, erstarrt in theatralischer Pose", charakterisiert I. Bang dieses Werk in „Die Entwicklung der deutschen Märchenillustration" (1944, S. 83). In den zwei Bilderbüchern K.s ist die Freude am realistischen, genau beobachteten Detail, die er in der Darstellung der ärmlichen Interieurs und der mitleiderregenden Bettel- sowie oftmals zerlumpten Land- und Schulkinder walten läßt, ohne Sozialkritik, ohne Engagement für die unfreiwilligen Outsider der bürgerlichen Gesellschaft. Stattdessen bevorzugt er das „kindlich Anmutende" aus der Sicht des Erwachsenen. Gleiche Motive und Figurenkompositionen werden, nur geringfügig variiert und in verschiedenen Techniken ausgeführt, zur Illustration von Texten unterschiedlicher Thematik verwendet: Im „Hermann-Kaulbach-Bilderbuch" (1906; Texte von A. Stier) z. B. blickt das „ärmste Bübchen im Ort" mit aufgehaltenem Hut „erwartungsvoll" und „strahlenden Gesichts" nach oben und wartet auf Almosen, im „Kaulbach-Güll-Bilderbuch" wartet das gleiche Bübchen unter einem Baum auf einen „Pflaumensegen".

Die pittoresken Darstellungen von sozialem Elend trafen bei breiten Käuferkreisen auf starke Resonanz: Anläßlich des Erscheinens des 100000. Exemplars vom Kaulbach-Bilderbuch wurde 1922 eine Jubiläumsausgabe herausgebracht, insgesamt wurden bis 1936 137000, zum Teil neubearbeitete, Exemplare gedruckt. Auch die Auswahl der Güll-Texte mit K.s Bildern war bis 1949 auf dem Markt (80. Tausend). Reproduktion von Gemälden und Zeichnungen wurden, mit unterschiedlichen Texten versehen, in Sammelbänden und Mappen zusammengefaßt (Hermann-Kaulbach-Album, 1898; Aus dem Kinderleben, 1900; Kleine Leute, 1933) oder dienten als Umschlagbild (Gartenlaube-Bilderbuch, Ausgabe von 1911). Auch wenn K. nur eine Zeichnung zur Illustration beisteuerte, wurde er als Künstler auf dem Titelblatt genannt (M. Beeg (Hrsg.): Neue Kinder- und Hausmärchen, 1892), was als Zeichen für die Popularität des Malers gedeutet werden kann.

Werke: A. Mayer-Bergwald: Hermann-Kaulbach-Album (1898); P. Graf zu Eulenburg-Hertefeld: Drei Märchen (1898); A. Stier: Hermann-Kaulbach-Bilderbuch (1906); Das Kaulbach-Güll-Bilderbuch (1910); Kl. Meister: Kleine Leute. Ein Kaulbach-Büchlein (1933).

Sekundärliteratur: I. Bang: Die Entwicklung der deutschen Märchenillustration (1944). – Fr. v. Boetticher: Malerwerke des neunzehnten Jahrhunderts (Bd. 1, 2. 1948). – Kl. Doderer: Das bürgerliche Bilderbuch im 19. Jahrhundert (in: Kl. Doderer und H. Müller (Hrsg.): Das Bilderbuch. 1973, ^{2}1975, 183–224); Das Interesse der Kinderliteratur an den Randfiguren menschlicher Gesellschaft (in: K. E. Maier (Hrsg.): Historische Aspekte zur Jugendliteratur. 1974. 121–127).

Ulrich Hann

Kaulbach, Wilhelm von

*Maler, Illustrator; *15. 10. 1805 Arolsen, †7. 4. 1874 München.*

Nach einer weniger glücklichen Kinder- und Jugendzeit in ärmlichsten Verhältnissen besuchte K. ab 1822 die Düsseldorfer Akademie, von wo ihn P. v. CORNELIUS (1783–1867), der bis 1824 dort Direktor gewesen war, 1826 nach München holte. Hier war K. Mitarbeiter an monumentalen Freskenzyklen unter CORNELIUS' Leitung, bis ihn sein Karton zur „Hunnenschlacht" (1834) mit einem Schlag berühmt machte und ihm 1837 die Ernennung zum Hofmaler durch König LUDWIG I. einbrachte. In dieser Zeit geriet er durch seine Bekanntschaft mit CL. BRENTANO (1778–1842) und G. GÖRRES (1805–1852) vorübergehend in den Bann der Romantik. Seit 1839 erschienen im Verlag Cotta die Ausgaben SCHILLERS und GOETHES mit Stahlstichen nach K.s Zeichnungen, 1841 begann der Künstler im Auftrag von Cotta mit den Illustrationen zu GOETHES „Reineke Fuchs" (1844 beendet, 1846 erschienen), die seinen Ruf als Illustrator begründeten. 1845–1865 war er mit der Ausmalung des Treppenhauses im Neuen Museum zu Berlin beschäftigt und seit 1849 Direktor der Münchener Akademie. K. war zu seiner Zeit einer der berühmtesten deutschen Maler. Seine „Goethe-Galerie war in den sechziger und siebziger Jahren ein Kulturrequisit, das, könnte man fast sagen, damals in keinem ‚besseren Hause' fehlte" (FR. V. OSTINI, a. a. O. S. 98).

Werk, Tendenzen, Wirkung. Die künstlerische Bedeutung K.s wird heute in seiner zeichnerischen Begabung gesehen, die jedoch unter der spätromantischen Aufgabenstellung einer falsch verstandenen Monumentalmalerei nur teilweise zur Entfaltung gekommen ist. Sie zeigt sich sowohl in den scharf beobachtenden Naturstudien der Frühzeit (z. B. am „Narrenhaus", 1835 gestochen) als auch in zahlreichen Skizzenblättern. In ihnen äußern sich eine Kraft der anspielungsreichen Reflexion, ein Hang zu satirischer, zuweilen sarkastischer Behandlung, durch den er zwar zunehmend in einen unauflösbaren Widerspruch zur Idealität des von CORNELIUS überkommenen Klassizismus geriet, aber gerade dadurch im „Reineke Fuchs" ein Illustrationswerk von überragender Bedeutung hervorbringen konnte, weil der Stoff diesem Hang entgegenkam.
Die angedeutete Zwiespältigkeit durchzieht sein gesamtes Schaffen als Illustrator. Die Zeichnungen, die K. für den „Fest-Kalender" (1835–1838) von FR. POCCI und G. GÖRRES, für das „Deutsche Hausbuch" (1846/47; ebenfalls von GÖRRES herausgegeben), für die 13 Lithographien zum „Hürnen Siegfried" von GÖRRES (1843) und für die von G. SCHERER (1828–1909) herausgegebene Sammlung „Alte und neue Kinderlieder, Fabeln, Sprüche und Räthsel" (1849) geliefert hat, behalten bei allem Bemühen, das nazarenische Pathos der Form auf die Naivität des kindlichen Lebens herabzustimmen, doch etwas Leeres, Starres in Gesichtern und Gesten. Das gilt auch für das sonst sehr gelungene SCHERERsche Buch, wenn man die beiden Radierungen und vier Holzschnittillustrationen K.s mit den übrigen Beiträgen, vor allem denen von FR. POCCI (1807–1871), M. v. SCHWIND (1804–1871) und L. RICHTER (1803–1884), vergleicht.
Bei dem 1862 erschienenen „Kaulbach-Album. Thierfabeln, Geschichten und Märchen in Bildern" handelt es sich nicht um ein Kinderbuch, obwohl die 12 in Holzschnitt übersetzten Federzeichnungen K.s auf den ersten Blick diesen Eindruck erwecken und die Illustration zur „Völkerschlacht der Frösche" z. B. der 1852 für die eigenen Kinder gezeichneten „Kinderfibel" entnommen ist. Vielmehr enthalten die Texte von J. GROSSE (1828–1902), eines leidenschaftlichen Kämpfers für die nationale Einigung, eine scharfe Kritik an den politischen Zuständen der Zeit, die in K.s Zeichnungen als Kontrast von harmloser Kindergeschichte und versteckter Satire auftritt. Daneben hat K. u. a. noch Monatsbilder für Kalender (seit 1841) entworfen, BRENTANOS „Gockel, Hinkel und Gackeleia" (1840, nicht veröffentlicht) und „Das Mährchen vom Zwergkönig Worzel und dem Rattenkönig Fitzliratzi" (1849 entstanden, 1869 veröffentlicht) illustriert.
Das einzige, heute noch bekannte und gedruckte Illustrationswerk K.s ist der „Reineke Fuchs". K. geht mit seinen Bildern über die Absicht GOETHES, mit seiner Bearbeitung einen „Hof- und Regentenspiegel" zu schaffen, wesentlich hinaus. Angeregt von den witzigen Tierkarikaturen GRANDVILLES (1803–1847) – vor allem von dessen „Scènes de la Vie privée et publique des Animaux" (1842) –, liefert er im Rahmen der Tierfabel in vormärzlicher Zeit eine Satire „gegen die Auswüchse des Höflings- und Klerikerwesens", in der seine „freiheitliche und demokratische Gesinnung" zur Geltung kommt (OSTINI, S. 92). Das großformatige, kostspielige Werk mit den 36 in Stahl gestochenen Hauptblättern und den humorvollen, zeichnerisch vielleicht noch vollkommeneren Holzschnitt-Vignetten am Anfang und Ende jeden Gesanges ist zwar kein Kinder- oder Jugendbuch. Es fand jedoch größere Verbreitung durch die von J. SCHNORR auf Holz gezeichnete Ausgabe (1857; NA. 1906) und – vor allem bei Kindern und Jugendlichen – durch die auszugsweisen Abbildungen in Volks- und Schulausgaben (z. B. Wiesbadener Volksbücher, Nr. 163, 1913; Schaffsteins Blaue Bändchen, Nr. 7, 1914; Kunstgaben für Schule und Haus, H. 31 und 32, 1919; Velhagen & Klasings Sammlung deutscher Schulausgaben, Bd. 149, 1925). Freilich wurden hier Szenen, die das sittenlose Leben am Hofe schonungslos angreifen (z. B. 1, Bild zum 7. Gesang) im allgemeinen eliminiert. Ferner hat es über die von K. abhängigen Stahlstiche H. LEUTEMANNS (1855), die später auch in Jugendbücher Eingang fanden, und neben den weniger anspruchsvollen, aber wohl kindertümlicheren Holzstichen L. RICHTERS (1840 und 1843) auf die Tier- und Fabelbücher der Jugendliteratur in der

2. Hälfte des 19. Jahrhunderts (z.B. bei F. FLINZER, CHR. VOTTELER) weitergewirkt.

Werke: G. Görres und Fr. Pocci (Hrsg.): Fest-Kalender in Bildern und Liedern, geistlich und weltlich (1.–15. 1835–1838; zus. mit anderen); G. Görres: Der hürnen Siegfried und sein Kampf mit dem Drachen (1843; NA. 1883); J. W v Goethe: Reineke Fuchs (1846, gestochen von R. Rahn und A. Schleich; 1857, auf Holz gezeichnet von J. Schnorr); G. Görres (Hrsg.): Deutsches Hausbuch (Bd. 1 und 2. 1846 und 1847; zus. mit anderen); G. Scherer (Hrsg.): Alte und neue Kinderlieder, Fabeln, Sprüche und Räthsel (1849, ³1853; ab 4. Aufl. u.d.T.: Illustrirtes Deutsches Kinderbuch. Alte und neue Lieder, Märchen, Fabeln, Sprüche und Räthsel, ⁴1863, ⁶1879); B. Auerbach: Deutscher Familienkalender (1858 und 1859; zus. mit L. Richter und A. v. Ramberg); A. Böttger (Hrsg.): Deutsche Kunst in Bild und Lied (Jg. 1–4. 1858ff.; zus. mit anderen); B. Auerbach: Deutscher Volkskalender (1860–1865; zus. mit P. Thumann); J. Grosse: Kaulbach-Album. Thierfabeln, Geschichten und Märchen in Bildern (1862); Das Mährchen vom Zwergkönig Worzel und dem Rattenkönig Fitzliratzi (1869); B. Auerbach: Zur guten Stunde (Bd. 1 und 2. 1874 und 1875; zus. mit anderen).

Sekundärliteratur: I. Bang: Die Entwicklung der deutschen Märchenillustration (1944). – J. Dürck-Kaulbach: Erinnerungen an Wilhelm v. Kaulbach und sein Haus (1918, ³1921). – W. Medding: Wilhelm v. Kaulbach (in: I. Schnack (Hrsg.): Lebensbilder aus Kurhessen und Waldeck, 1830 bis 1930. Bd. 5. 1955. 169–188). – H. Müller: Wilhelm Kaulbach (1893). – R. Oldenbourg: Die Münchner Malerei im 19. Jahrhundert (Tl. 1. 1922). – Fr. v. Ostini: Wilhelm von Kaulbach (1906). – Fr. Pecht: Geschichte der Münchener Kunst im neunzehnten Jahrhundert (1888). – A. Rümann: Das illustrierte Buch des XIX. Jahrhunderts in England, Frankreich und Deutschland (1930; ND. 1975).

Horst Mischke

Kaut, Ellis

*(verh. Elisabeth Preis). Schriftstellerin, Autorin von Theaterstücken, Hörspielen, Funksendungen und Kinderbüchern; *17. 11. 1920 Stuttgart.*

Mit 17 Jahren nahm K. Schauspielunterricht, den sie als städtische Kanzleianwärterin und Verfasserin von Kurzgeschichten finanzierte. Der Kriegsbeginn verhinderte eine in Wiesbaden begonnene Bühnenkarriere. K. arbeitete als Märchensprecherin beim Hörfunk sowie – nach einem Zwischenstudium an der Akademie für Bildende Künste in München – als Bildhauerin und Malerin. 1939 heiratete sie den Journalisten K. PREIS. Seit 1948 ist sie als freie Schriftstellerin und Rundfunkmitarbeiterin (vor allem des Bayerischen Rundfunks) tätig. Nach Hörfolgen („Kinder, benehmt euch") und einer Reihe von Hörspielen gelang K. ein durchschlagender Erfolg mit der 1963 uraufgeführten Komödie „Die Ohren des Herrn Morose" (nach Motiven aus B. JOHNSONS „Schweigsame Frau").
1957 erhielt K. den Förderungspreis des Bayerischen Rundfunks für das (gemeinsam mit K. PREIS verfaßte) Hörspiel „Zum Sterben begnadigt", 1971 den Schwabinger Kunstpreis für Literatur, außerdem das Bundesverdienstkreuz 1. Klasse der BRD.

Werk, Tendenzen, Wirkung. K. hat sich als Kinderbuch- und Kinderfunkautorin einen Namen gemacht. Den zunächst unter dem Titel „Musch macht Geschichten" erschienenen Abenteuern eines sprechenden Katers liefen bald die Episoden des karottenroten, neun Jahre jungen, 20 cm kleinen „Pumuckl" den Rang ab. In bislang acht Erzählbänden und einem Fernsehbilderbuch, in zahlreichen Übersetzungen (u.a. ins Dänische, Holländische, Japanische, Portugiesische und Spanische), in mehr als 100 Funk- und Fernsehsendungen, mit einem guten Dutzend Langspielplatten bzw. Musikkassetten und einer Spielgruppe wurde und wird der Pumuckl-Stoff verbreitet. Wie alle Koboldstoffe erfreut er sich großer Popularität. „Pumuckl" (in Westdeutschland: „Fizzibitz") steht in einer langen literarischen Ahnenreihe (s. Kasper, Pinocchio, Karlsson). Die Identifikation des Lesers mit der Koboldfigur, die Umweltautoritäten ein Schnippchen zu schlagen versteht und sich nur mit ihresgleichen (d.h. mit denen, die an sie glauben) verbrüdert, führt möglicherweise zur psycho-hygienischen Entlastung, wirkt, über die bloße Erheiterung und Belustigung hinaus, ichstärkend. – K.s neuere Sujets mit Koboldvettern zielen auf Wissensvermittlung via Spaß und Clownerie (Fehlerteufelgeschichten, 1974) oder fangen die Weltraumfahrtatmosphäre kunst- und kindgerecht ein (Schlupp vom grünen Stern, 1974). K. präsentiert auch damit „Unterhaltungs-, Fantasie- und Vergnügungsfutter für 8–12jährige" (Bulletin. 1. 1973. S. 25), das über alle verfügbaren Medien und Marktkanäle verabreicht wird.

Werke: Musch macht Geschichten (1957, ²1960); Meister Eder und sein Pumuckl (1965); Pumuckl spukt weiter (1966); Geschichten vom Kater Musch (1967); Immer dieser Pumuckl (1967); Neue Geschichten vom Kater Musch (1968); Pumuckl und das Schloßgespenst (1968); Pumuckl auf Hexenjagd (1969); Nikolaus braucht zwanzig Mark (1970); Der Zauberknopf (1970); Hallo, hier Pumuckl (1971); Pumuckl und Puwackl (1972); Puscha und Kiwitti (1972); Fehlerteufelgeschichten (1973); Der kluge Esel Theobald (1973); Der Pumuckl: Fernsehbilderbuch (1973); Pumuckl auf heißer Spur (1974); Schlupp vom grünen Stern (1974).

Hans Gärtner

Keeping, Charles

*Englischer Grafiker, Kinder- und Bilderbuchillustrator sowie -autor; *22. 9. 1924 Lambeth/London.*

Der aus einfacher Familie stammende K. wurde mit 14 Jahren Druckerlehrling und war später als Fabrikarbeiter und Gebühreneinzieher tätig. Nach dem Krieg – er war als Funker bei der Royal Navy eingesetzt – besuchte er drei Jahre lang das Regent Street Polytechnic in London und schloß 1952 sein Studium mit einem Diplom ab. Dort lehrte er von 1956 bis 1963 Lithografie, seit 1963 hat er einen Lehrauftrag für Malerei und Drucktechnik am Croydon College of Art. K.s grafische Arbeiten wurden in London, Italien, Australien und den USA gezeigt. Für seine Bilderbuchillustrationen erhielt er u.a. 1967 die Kate Greenaway Medal für „Charley, Charlotte and the Golden Canary" (1967; dt. Der goldene Kanarienvogel, 1968), 1975 einen Goldenen Apfel auf der Bienále ilustrácií Bratislava (BIB) für „Railway Passage" (1974). Außerdem wurde er im Rahmen der Internationalen Buchkunstausstellung 1966 (IBA) und des Hans Christian Andersen-Preises (1974) ausgezeichnet. – K. ist mit der Malerin R. Mayer verheiratet und lebt in Bromley/Kent.

Werk, Tendenzen, Wirkung. K. machte zunächst Cartoons und Zeichnungen für Zeitungen, produzierte zwei Kinderfilme für das Fernsehen der BBC, entwarf Schallplattenhüllen, Buchumschläge, Poster u.ä. Seit 1964 konzentriert sich der Grafiker, der bislang mehr als 120 Bücher aller Art illustriert hat, als Bild- und Textautor auf die Herstellung von Kinderbüchern. K.s stärkste künstlerische Aussagen rühren aus der ihm vertrauten Umwelt her. Er hat in den Titeln „Charley, Charlotte and the Golden Canary", „Alfie and the Ferryboat" (1968), „Joseph's Yard" (1969; dt. Regen, Wind und Sonne, 1970), „Through the Window" (1970) Großstadtviertel, Hafen und Hinterhöfe mit provokanter Form- und Farbgebung erfaßt. Verwohnte und abgewirtschaftete Umwelt hat K. atmosphärisch unübertroffen an kindliches Leben gebunden. Seine ungewöhnlichen Blickpunkte, die Leuchtkraft seiner Bildtafeln, die Konzentration auf einen überschaubaren Mikrokosmos hat er in bestürzender Interpretation, in dichtem linearen Flechtwerk und überhöhter, ungewöhnlicher Farbgestaltung umgesetzt. Oft wird wie im Röntgenblick und unter Freilegung psychischer Gestimmtheit der wechselnden Hauptpersonen alltägliche Umwelt durch ein Temperament erfahrbar. Auch heitere und humoristische Züge fehlen bei der Darstellung der Konfliktbewältigung nicht. K. nutzt dafür realistische Stilmittel der Personencharakterisierung und genaue Milieukenntnisse (vgl. Railway Passage, 1974; Richard, 1973).
Sein technisch progressiver, oft Formen und Konturen auflösender Stil, der mit den konventionellen künstlerisch-pädagogischen Vorstellungen vom Bilderbuch bricht (vgl. M. Heil in „Das gute Jugendbuch" 4. 1968. S. 27), verbirgt eine besondere Sensivität für das doch noch Schöne im Häßlichen der verseuchten Umwelt: in „Charley, Charlotte and the Golden Canary" verschwinden fast die Umrisse auf den jeweils einer Mischfarbe zugeordneten Farbseitenkompositionen, und die Kinder sind im Londoner Smog nur wie durch ein Farbklecksraster erkennbar. Das auf die Umgebung strahlende Gelb des wiedergefundenen Kanarienvogels wirkt wie ein Hoffnungsschimmer in der trostlosen Umwelt der beiden Kinder. Zum Lichtblick wird für Joseph in „Joseph's Yard" eine Pflanze, die in einem Hinterhof in „Regen, Wind und Sonne" heranwächst und anderes Leben anlockt. Als expressionistisch sind einzelne Bildseiten zu deuten: die vom Nachtblau überschatteten bösen Köpfe der lauernden Katze oder das grüngraue reumütig-traurige Gesicht Joseph's, der die Pflanze falsch behandelte.
Kontrastierend zu den stimmungs- und nuancenreichen Tafeln seiner Bilderbücher aus großstädtischem Milieu sind K.s Illustrationen (vornehmlich Feder- und Pinselzeichnungen) zu der Sachbuchreihe von J. S. Murphy „How they were built" über die Entstehung des Verkehrswesens und wichtiger Verkehrsmittel.
Als Zeichner und Illustrator hat sich K. einen Namen durch die markante Bebilderung der geschichtlichen Erzählungen von R. Sutcliff (* 1920) und H. Treece (* 1911) gemacht. K. hat Bücher ausgestattet, die in der Steinzeit und im Mittelalter spielen, die Ritter- und Mönchsleben, Britanniens Frühgeschichte unter römischer Besetzung und den Beginn englischer Selbständigkeit umkreisen. Verwandt im Stil sind seine Arbeiten zur Beowulf-, Artus- und Siegfriedsage, zu Wikinger-Sagas und zum Leben unter Indianern.
K. gehört heute neben E. Ardizzone (* 1900) und V. Ambrus (* 1935) zu den produktivsten englischen Bilderbuchkünstlern; an stilistischer Vielfalt und Kühnheit der Innovation ist er im englischsprachigen Bereich nur noch mit J. Burningham (* 1937) und Br. Wildsmith (* 1930) vergleichbar.

Werke: R. Sutcliff: The silver branch (1957); R. Sutcliff: Warrior scarlet (1958); R. Sutcliff: The lantern bearers (1959); R. Sutcliff: Knight's fee (1960); R. Sutcliff: Beowulf (1961); R. Sutcliff: Dawn Wind (1961); B. L. Picard: Lost John (1962; dt. Der Wald der Geächteten, 1964); R. Chandler: Three Trumpets (1962); E. Allen: The Latchkey children (1963); M. E. v. Almedingen: The knights of the Golden Table (1963; dt. Die Ritter von Kiew, 1967); M. Hunter: Patrick Kentingern Keenan (1963); Ph. Rush: The castle and the harp (1963); H. Treece: Horned Helmet (1963); H. Treece: The children's crusade (1964); H. Treece: The last viking (1964; dt. Der letzte Wiking, 1969); M. E. v. Almedingen: The treasure of Siegfried (1964); J. Holding: The king's contest and other North African tales (1964); J. Holding: The sky-eater and other South Sea tales (1965); H. Keith: Komantcia (1965; dt. Von Komantschen gefangen, 1969); K. C. Holland: King horn (1965); A. Garner: Elidor (1965; dt. Elidor, 1969); R. Sutcliff: The mark of the horse lord (1965); R. Sutcliff: Heroes and history (1965); H. Treece: Splintered sword (1965); Ch. Keeping: Black Dolly (1966); Ch. Keeping: Shaun and the cart-horse (1966; dt. Pit und das Pony, 1966); W. Macken: Island of the great yellow ox (1966); J. Reeves: The cold flame (1967); Ch. Keeping: Charley, Charlotte and the golden canary (1967; dt. Der goldene Kanarienvogel, 1968); H. Treece: The dream-time (1967); H. Treece: Swords from north (1967); Ch. Keeping: The christmas story (1968); Ch. Keeping: Tinker tailor (1968); Ch. Keeping: Alfie and the ferryboat (1968); Ch. Keeping: Joseph's yard (1969; dt. Regen, Wind und Sonne, 1970); M. J. Miller (Hrsg.): Knights, beasts and wonders: Tales and legends from mediaeval Britain (1969); Ch. Keeping: Through the window (1970); N. S. Gray: Over the hills to fabylon (1970); Ch. Keeping: The garden shed (1971); Ch. Keeping: The spider's web (1972); Ch. Keeping: Richard, a day in the life of a police horse (1973); Ch. Keeping: Nanny goat and the fierce dog (1973); Ch. Keeping: Railway passage (1974); B. Ashley: Terry on the fence (1974); Ch. Keeping: Wasteground circus (1975); Ch. Keeping: The little book of Sylvanus (1975).

Sekundärliteratur: D. Bland: A history of book illustration ([2]1969). – D. de Montreville und D. Hill: Third book of junior authors (1972. 158–160).

Werner A. Kleye

Keller, Gottfried

*Bedeutender Schriftsteller der deutschsprachigen Schweiz im 19. Jahrhundert; *19.7.1819 Zürich, †15.7.1890 Zürich.*

In Zürich wuchs K. nach dem frühen Tode des Vaters (1824) in kargen Verhältnissen auf; wegen Teilnahme an einer Schülerdemonstration wurde er als Fünfzehnjähriger von der kantonalen Industrieschule verwiesen. Nach Versuchen in der Malerei (München, 1840–1843) ohne Erfolg geblieben, kehrte er nach Zürich zurück, wo er sich für die schriftstellerische Arbeit entschied. Auf seiten der Freischärlerbewegung stehend und mit deutschen Emigranten befreundet, veröffentlichte er vorwiegend politische Lyrik. Mit einem kantonalen Stipendium ging K. zu literarischen Studien 1848 nach Heidelberg, wo die Vorlesungen von L. FEUERBACH klärend für seine religiöse Einstellung wurden; 1851–1856 setzte er in Berlin sein Studium fort, schrieb in diesen Jahren den autobiographischen Entwicklungsroman „Der grüne Heinrich" (1854/55) und konzipierte in wesentlichen Zügen das spätere erzählerische Werk. In die Vaterstadt zurückgekehrt, lebte K. zunächst als freier Schriftsteller und nahm 1861 die Wahl zum Ersten Stadtschreiber an, welches Amt er bis 1876 versah. Im Jahr vor seinem Tode erschienen seine „Gesammelten Werke" (1889).

Werk, Tendenzen, Wirkung. Das Werk K.s hat in Deutschland wie in der Schweiz hohe Anerkennung gefunden, doch ist K.s Epik für die Jugendliteratur im eigentlichen Sinne – entgegen literaturpädagogischen Wünschen – von begrenzter Wirkung geblieben. Er hat nichts speziell für die Jugend geschrieben; mehrere seiner Novellen und Legenden sind jedoch für junge Leser in der anschaulich schildernden, von leiser Ironie durchwirkten Erzählweise des poetischen Realismus sehr geeignet; es sind vorwiegend Erzählungen aus der bürgerlichen und bäuerlichen Lebens- und Arbeitswelt, auch zur Thematik praktizierter und zum Teil idealisierter Demokratie. Als Vierundzwanzigjähriger begann K. den autobiographischen Roman „Der grüne Heinrich" zu schreiben, dessen erste Fassung in vier Bänden 1854/55 bei Vieweg in Braunschweig erschien. Das Werk gilt neben J. W. VON GOETHES „Wilhelm Meister" (1821) als bedeutendster deutschsprachiger Entwicklungs- und Bildungsroman. E. ACKERKNECHT nennt es ein „pädagogisches Grundbuch". Es hat das Denken über Erziehung und über die Bedeutung der Einflüsse im Kindes- und Jugendalter außerordentlich stark beeinflußt und ist auch in seinen Schilderungen der Rezeption von Literatur im Kindes- und Jugendalter (Entwicklung der Phantasie, Zerfall der Identifikation, Aufnahme dramatischer Literatur) viel beachtet worden. Noch R. BAMBERGER zitiert daraus in seinem Werk „Jugendlektüre" (1955, S. 171ff.) die „klassische Schilderung der Verseuchung durch schlechte Literatur". Die Novelle „Das Fähnlein der sieben Aufrechten", die K. 1860 für den Volkskalender B. AUERBACHS schrieb, wurde in ihrer Ausgabe beim Volksbildungsverein Wiesbaden ([2]1903) mit drei gegenüber zwei ablehnenden Stimmen von den Vereinigten Prüfungsausschüssen als „jugendgeeignet" empfohlen (Jugendschriften-Warte Nr. 9, 1905, S. 35); der Rezensent betont besonders den „goldenen Humor", die lebhafte Handlung und die „eigenartig drastische Darstellungsweise", meint aber, daß die Jugend „der politischen Tendenz wenig Verständnis" entgegenbringen dürfte. H. L. KÖSTER empfiehlt in seiner „Geschichte der deutschen Jugendliteratur" nur diese Novelle von K.; SCHNASS/RUTT interpretieren in „Die Einzelschrift im Unterricht" ([5]1967. Bd. I. S. 209ff.) außerdem als geeignete Lektüre „Die drei gerechten Kammacher" („ein schweizerisches Schilda", S. 210) und „Kleider machen Leute", die im „Handbuch des Deutschunterrichts" (A. BEINLICH, Bd. 2, S. 1023) neben anderen Novellen K.s für „die Zeit des Übergangs um das 14. Lebensjahr" empfohlen wird. In preiswerten Einzelausgaben (u.a. Limes, Reclam, Weltgeist-Bücher, Hansens Bücherei, Schöningh) wurden K.s Erzählungen weit verbreitet. K. selbst ist dafür eingetreten, daß der Jugend auch klassische Lesestoffe angeboten würden und eine Zeit kommen müsse, in der es „für alle nur eine und dieselbe ästhetische Lektüre" gäbe (Vorwort zur 7., von K. bearbeiteten Auflage des „schweizerischen Bildungsfreundes, ein republikanisches Lesebuch", 1877). In neuerer Zeit gab der Kinderbuchverlag in der DDR eine beispielhafte Werkauswahl für junge Leser heraus („Kleider machen Leute", 1957; „Das Fähnlein der sieben Aufrechten, 1957). Die Sammlung enthält neben den Titelnovellen auch Gedichte, die Legenden „Die Jungfrau und der Teufel" und „Die Jungfrau als Ritter", die Erzählung „Die Geisterseher", die märchenhafte Erzählung „Spiegel, das Kätzchen" und Auszüge aus dem „Grünen Heinrich".

Werke: Der grüne Heinrich (Bd. 1–4. 1854/55); Die Leute von Seldwyla. Erzählungen (1856); Sieben Legenden (1872); Romeo und Julia auf dem Dorfe (1876); Martin Salander (1886); Gesammelte Werke (Bd. 1–10. 1889).

Sekundärliteratur: E. Ackerknecht: G. Keller, eine Charakteristik (1937, [2]1961); G. Keller, Geschichte seines Lebens (1939). – J. Baechtold: G. Kellers Leben. Seine Briefe und Tagebücher. Bd. 1–3 (1894–1896, [6]1924/25). – M. Eppmann: G. Keller. Kleider machen Leute, Versuch einer Stilbetrachtung (in: Deutschunterricht. Hrsg. v. R. Ulshöfer. 5. 1953. 1. 108ff.). – K. Fehr: Gottfried Keller (Gesammelte Aufsätze, 1972). – K. S. Guthke: G. Keller und die Romantik (in: Deutschunterricht 11. 1959. 5. 14–30). – H. L. Köster: Geschichte der deutschen Jugendliteratur in Monographien ([4]1927). – G. Lukás: G. Keller (1946). – F. Schnass: Die Einzelschrift im Unterricht. Bd. 1 ([5]1967; zus. mit T. Rutt). – Ch. C. Zippermann: G. Keller-Bibliographie 1844–1934 (1935). – M. Zollinger: G. Keller und Pestalozzi (in: Geist, Gestalten und Probleme. 1942).

Margarete Dierks

Kempkes, Wolfgang

*Lehrer und Jugendbuchtheoretiker mit den Schwerpunkten Comics und Sachbuch; *13.3.1939 Berlin.*

Nach dem Studium der Physik (1959–1968) und der Erziehungswissenschaften (1968–1970) an der Universität Hamburg schloß K. 1970 mit dem Ersten Staatsexamen, die Berufsausbildung 1972 mit dem Zweiten

Staatsexamen ab. Seitdem ist er in Hamburg-Langenhorn als Realschullehrer tätig, außerdem gehört er seit 1970 dem Jugendschriftenausschuß in Hamburg an. Am eingehendsten hat sich K. mit den Comics befaßt. Dabei kristallisieren sich drei Gesichtspunkte heraus, denen K.s Aufmerksamkeit besonders gilt: 1. Comics als Massenmedium, 2. Sekundärliteratur zu den Comics und 3. Comics als Gegenstand des Literaturunterrichts. Im Katalog „Comic Strips" zur gleichlautenden Ausstellung (13.12.1969 bis 25.1.1970) der Berliner Akademie der Künste hat K. die beiden Medien Comics und Film anhand ausgewählter Beispiele miteinander verglichen und kommt dabei zu dem Ergebnis: „Comics und Filme haben sich vom Anfang an bis heute gegenseitig beeinflußt. Sie haben ihre grundsätzlichen Unterschiede und sind doch so gleichartig, daß sie als Geschwisterpaar unter den Massenmedien verstanden werden müssen" (Comic Strips, S. 35). In diesem Katalog S. 102 und 103 hat K. in der Bundesrepublik Deutschland die erste Bibliografie der internationalen Sekundärliteratur zu den Comics zusammengestellt; zwei Jahre später erschien die umfangreiche von ihm herausgegebene und nach literaturwissenschaftlichen Gesichtspunkten sowie Ländern gegliederte Bibliografie in Buchform unter dem Titel „International Bibliography of Comics Literature". Mehrfach hat K. im „Bulletin Jugend und Literatur" auf empfehlenswerte Comics der laufenden Produktion hingewiesen, so z.B. 1973 im H. 5 (S. 14) auf CH. M. SCHULZ' Serie „The Peanuts". In die zu Beginn der siebziger Jahre zwar abgeflaute aber keineswegs zur Ruhe gekommenen Diskussion über die Verwendung von Comics im Literaturunterricht griff K. mit einem Beitrag ein, der in zwei Teilen 1971 in der Jugendschriften-Warte (H. 3, S. 10 und 11; und H. 5, S. 17–19) publiziert wurde. K. verlangt darin, der Literaturunterricht solle an die Stelle polemischer Abwertung der Comics die Orientierung über Tektonik, Distribution und Rezeption des Mediums setzen. In dem Beitrag „Das isotype Sachbuch: bei uns weitgehend unbekannt" macht K. auf die von O. und M. NEURATH entwickelte Methode aufmerksam, abstrakte, statistische Werte mittels grafischer Symbole in Schul- und Sachbüchern bildlich darzustellen.

Werke: International Bibliography of Comics Literature (1971, ^{2}1974).

Beiträge: Comics und Film. Ein Vergleich (in: H. D. Zimmermann (Hrsg.): Katalog der Ausstellung der Akademie der Künste Berlin vom 13.12.1969 bis 25.1.1970. 32–35); Das isotype Sachbuch: bei uns weitgehend unbekannt (in: Bulletin Jugend und Literatur. 1970. 8. 39–42); Informationen über Comics, edukative Comics und ihre schulische Verwendung (in: Jugendschriften-Warte. 1971. 3. 10 und 11; und 5. 17–19).

Rudolf Raab

Kern, Maximilian

*Journalist, Schriftsteller; * 5.5.1877 Wiesenthal, † um 1945 Berlin-Charlottenburg.*

Der als Journalist und Schriftsteller tätige K. war bis zu seinem Tode Chefredakteur der im Ullstein-Verlag erscheinenden Zeitschrift „Koralle".

Werk, Tendenzen, Wirkung. K. gehörte zwischen 1900 und 1930 zu den beliebtesten Jugendbuchautoren in Deutschland. Beeinflußt durch K. MAY, verfaßte er vorwiegend abenteuerliche Erzählungen, die in noch wenig erschlossenen, exotischen Gegenden in Asien, Amerika und Afrika spielen. Das erste Jugendbuch K.s erschien 1905 unter dem Titel „Das Auge des Fo" und erreichte bis 1930 zwanzig Auflagen. In der Erzählung

Umschlag der 1905 zuerst erschienenen vielgelesenen Erzählung „Das Auge des Fo" von Maximilian Kern (1877–um 1945). Illustrationen und Umschlag sind von L. Berwald.

wird von einer bunt zusammengesetzten Gruppe von Europäern berichtet, die dem Auge des Fo, zwei in einer chinesischen Götterstatue verborgenen wertvollen Diamanten, nachjagen und dabei gefährliche Abenteuer mit den Eingeborenen, vor allem mit einer fanatischen, fremdenfeindlichen Sekte zu bestehen haben. Hauptpersonen der Handlung sind ein deutscher Wissenschaftler und ein reicher französischer Graf, der sich durch den Raub der Diamanten an der chinesischen Sekte rächen will, die seine Eltern und Geschwister, als des Grafen Vater mit seiner Familie in diplomatischen Diensten in China weilte, vor vielen Jahren ermordete. Durch einen Zufall war der junge Graf damals dem Gemetzel entgangen. Zu der Gruppe gehören weiter ein spleeniger Lord, ein junger italienischer Dichter und der Diener des deutschen Gelehrten, ein derb-biederer

Hamburger Seemann. Obwohl die weiteren Erzählungen K.s an anderen Schauplätzen spielen, ähneln sich der Aufbau der Handlung, die Wahl der Hauptfiguren und ihre Charakterisierung sowie die Darstellung der Eingeborenen und deren Handlungsweise in allen Geschichten. Meist zieht eine Gruppe von Europäern, die in intelligente Angehörige der „besseren Kreise" und in einfache, treu-biedere Diener zerfällt, gemeinsam auf Abenteuer, die durch einen geheimnisvollen Vorfall oder eine in Aussicht stehende wichtige wissenschaftliche Entdeckung ausgelöst werden. Während die Wissenschaftler fast immer als charaktervolle Deutsche dargestellt werden, zeigen die reichen Franzosen und Engländer oft eine vom Autor getadelte ethische Haltung. Im Gegensatz der deutschen Hauptfiguren zu den in den Erzählungen auftretenden Angehörigen anderer europäischer Nationen spiegelt sich der überhöhte Nationalstolz des Autors. Die Handlung selbst stellt eine lockere Folge gefährlicher, zum Teil auch lustiger Abenteuer dar, die weniger durch die Notwendigkeit der erzählerischen Entwicklung als durch den Trieb zur Erzeugung einer andauernden Spannung bedingt werden. Rassistische Vorurteile werden in der Schilderung der Eingeborenen und deren Handlungsweise sichtbar: Fast immer werden sie als brutal, wild, gefährlich, verschlagen, treulos und ungebildet gezeigt. Dabei nimmt der Autor in oft überheblichem Ton grundsätzlich Partei für die Kolonialherren und die sich auf die Hilfe ihrer Armeen stützenden Weißen. Die einzelnen Abenteuer sind an vielen Stellen durch langatmige und trockene Belehrungen über geschichtliche, geographische, naturkundliche und ethnographische Fakten unterbrochen. Diese Tendenz wird von dem Union-Verlag, in dem die meisten Jugendbücher K.s erschienen sind, besonders hervorgehoben, wenn er in einem Prospekt schreibt: „... Die Erzählungen des beliebten Erzählers sind spannend und belehrend zugleich geschrieben. Sie führen den jungen Leser durch fremde Länder und zu fremden Völkern, dabei die Zustände, Sitten und Gebräuche derselben in anschaulicher Weise schildernd ...". Der größte Teil der Abenteuerbücher K.s erschien im Rahmen der vom Union-Verlag herausgegebenen „Kamerad-Bibliothek", die von 1900 bis 1930 die beliebteste Abenteuerbuchserie für junge deutsche Leser darstellte. Unter anderem erschienen auch Erzählungen von K. MAY in dieser Serie. Von dem Schema der Abenteuererzählung heben sich das 1908 erschienene Beschäftigungsbuch für junge Leser „Selbst ist der Mann" und die chauvinistische Kriegserzählung „Ich hatt' einen Kameraden" (1917) ab. Einzelne Abenteuererzählungen K.s erlebten mehr als fünfzig Auflagen.

Werke: Das Auge des Fo (1905); Im Labyrinth des Ganges (1908); Selbst ist der Mann. Beschäftigungsbuch bei Sonnenschein und Regenwetter (1908); Unter der Klaue des Drachen (1909); In der Wildnis des Gran Chaco (1909); Das Erbe des Pharao (1911); Der Zwingherr von Celebes (1914); Ich hatt' einen Kameraden. Eine Erzählung aus dem Weltkrieg (1917); Unter Mongolen und Wilden (1917).

Helmut Müller

Kerner, Justinus

*(Ps.e: Clarus, Schattenspieler Luchs, Justinus Wartenburg). Arzt und Naturforscher, Dichter, nach Uhland das „zweite Haupt" des Schwäbischen Dichterkreises; *18. 9. 1786 Ludwigsburg, †21. 2. 1862 Weinsberg.*

K., Sohn eines württembergischen Oberamtmanns, nahm nach Schreiner- und Kaufmannslehre 1804 das Studium der Medizin in Tübingen auf. Hier befreundete er sich mit L. UHLAND (1787–1862), K. MAYER (1786–1870) und G. SCHWAB (1792–1850), hier betreute er als Medizinstudent den kranken HÖLDERLIN (1770–1843). 1808 promovierte K. zum Dr. med. Auf einer Reise nach Frankfurt, Hamburg, Berlin und Dresden lernte er FOUQUÉ (1777–1843) und CHAMISSO (1781–1878) kennen. 1815 war K. Oberamtsarzt in Gaildorf und seit 1819 in Weinsberg. 1822 ließ sich K. ein eigenes Haus, das durch seine Gastfreundschaft weit über Deutschland hinaus berühmte „Kernerhaus", bauen am Fuß der Burgruine „Weibertreu", dem Schauplatz der Sage von den „Weibern von Weinsberg". Als K. 1851 ein schweres Nerven- und Augenleiden zwang, Amt und Praxis aufzugeben, erhielt er Pensionen vom württembergischen und bayerischen König. Wegen seiner „besondern Verdienste und Leistungen auf dem Gebiete der Poesie" wurde K. 1854 vom bayerischen König der Maximilians-Orden verliehen. Bis in seine letzten Tage unterhielt der schwer leidende K. seinen Briefwechsel mit Freunden, zu denen auch die Jugendschriftstellerin O. WILDERMUTH (1817–1877) gehörte. 1908 wurde der neugegründete Justinus Kerner-Verein Eigentümer des „Kernerhauses", „um der Pflege dankbarer Erinnerung an Justinus Kerner im Kernerhaus zu Weinsberg einen bleibenden Mittelpunkt zu schaffen".

Werk, Tendenzen, Wirkung. Medizinische Untersuchungen und Forschungen auf dem Gebiet des Spiritismus und Okkultismus, – vor allem seine Beobachtungen der in seinem Hause untergebrachten somnambulen FR. HAUFFE (1801–1829), die er 1829 unter dem Titel „Die Seherin von Prevorst" herausgab, machten ihn in der Fachwelt, aber auch in spiritistischen Kreisen bekannt. Daneben schuf K. ein reichhaltiges dichterisches Werk. Anfänglich war K.s Lyrik von frisch-humorvoller, aber auch innig schlichter volksliedhafter Stimmung erfüllt, doch dann wurde sie von den „Nachtseiten der Natur" in Wehmut und Trauer angezogen. Das Lied „Mir träumt', ich flög' gar bange/Weit in die Welt hinaus", unter K.s Decknamen Clarus im Musenalmanach von 1807 erschienen, brachten ARNIM (1781–1831) und BRENTANO (1778–1842) im zweiten Band von „Des Knaben Wunderhorn" unter dem Titel „Icarus", weil sie es für ein echtes Volkslied hielten. Von einzelnen Gedichten K.s finden sich noch in Schullesebüchern: „Der reichste Fürst", „Kaiser Rudolfs Ritt zu Grabe", „Der Geiger zu Gmünd". Zu Volksliedern wurden die Gedichte: „Der Wanderer in der Sägmühle" und, von R. SCHUMANN (1810–1856) vertont, „Wanderlied" (Wohlauf noch getrunken/den funkelnden Wein! ...).

Das Weltbild des jungen K.s ist in dem 1811 veröffentlichten Buch „Die Reiseschatten. Von dem Schattenspieler Luchs" zusammengefaßt. Diese episch-dramatische Dichtung mit lyrischem Einschlag liegt in der Nachbarschaft von TIECKS romantischen Märchenkomödien. Im Nachwort einer Ausgabe der „Reiseschatten" von 1918 sprach H. HESSE (1877–1962) von dem großen Reiz und tiefen Zauber dieses Werkes, das fortbestehe „als die schöne, beinahe rätselhafte Blüte einer Dichterjugend". Letztmalig erschienen die „Reiseschatten" 1964. 1811 verfaßte K. auch „Goldener, ein Kindermährchen", das in einfacher Form volkstümliche Motive verarbeitet und den GRIMMschen Märchen nahesteht. Der jüngste Sohn eines mit vielen Kindern gesegneten armen Hirten mit goldenem Haar ist zum König berufen, weil er die von seinem Vorgänger versenkte Krone nichtsahnend aus dem See herausfischt. Als K. dieses Märchen seinem Freund L. UHLAND sandte, antwortete der sonst so Kühle: „Wie soll ich Dir genug danken für Dein himmlisches, goldenes Märchen, das so ganz Goldglanz ist! Man sollte es an trüben Abenden lesen, um den goldenen Abendglanz dadurch zu ersetzen" (J. KERNERS Briefwechsel mit seinen Freunden. Herausgegeben von seinem Sohn TH. KERNER. 1897. 236). Aus dem von K. besorgten „Deutschen Dichterwald" (1813) übernahm der Folklorist FR. GOTTSCHALK (* 15.7.1772, Todesdatum unbekannt) das Märchen „Goldener" in seine Sammlung „Die Sagen und Volksmärchen der Deutschen" (1814), weil er meinte, diesem Märchen läge eine Volkssage oder Volksdichtung zugrunde.

K.s beste Prosaarbeit ist sein 1849 erschienenes „Bilderbuch aus meiner Knabenzeit. Erinnerungen aus den Jahren 1786–1804". Neben den seit der Jugendschriftenbewegung als Lektüre für die Jugend ausgewählten Kindheits- und Jugenderlebnissen aus den Selbstbiographien L. RICHTERS (1803–1884), W. VON KÜGELGENS (1802–1867), FR. HEBBELS (1813–1863), TH. FONTANES (1819–1898) sind auch bei K. Zeugnisse über die Wirkung von Büchern für Jugendliche zu ersehen. Das Märchen vom Gestiefelten Kater, das auf CH. PERRAULT (1628–1703) zurückgeht, ist K. voll vertraut. Die Volksbücher von den Haimonskindern, von Magelone und dem Gehörnten Siegfried hat er mit Beifall aufgenommen, und er bekannte: „Das Entzücken aller Kinder, Campes Robinson (1779), das Vergnügen, das mir damals das erste Lesen dieses Buches machte, hat bis auf den heutigen Tag (1849) das Lesen eines andern Buches noch nicht überstiegen".

1852 erschien „Das Mährchen von Iwan Zarewitsch und dem grauen Wolf von dem russischen Dichter JOUKOWSKY, mit einem Vorwort von Justinus Kerner". Das russische Original „Skazka o Ivanĕ Carevičĕ i serom Volkĕ" von V. A. ŽUKOVSKIJ (1783–1852) war 1845 herausgekommen. Der Übersetzer des „farbenfrohen, kindlichen Märchens" wird nicht genannt. Viele Gründe sprechen dafür, daß K. dies selbst war. In diesem Sinne äußerte sich auch D. TSCHIŽEWSKIJ in seiner russischen Literaturgeschichte des 19. Jahrhunderts (1964, S. 36).

Seit 1857 sandte K. an Freunde und Bekannte Proben seiner „Schwarzmalkunst des Tintenkleckses", schwäbisch „Tintensäue" genannt, die aufs Papier gekleckst, zusammengefaltet und mit ein paar Federstrichen versehen wunderliche Phantasiebilder ergaben und die K. mit erläuternden Versen versah. Die sogenannte „Kleksographie" wurde eine Zeitlang weitverbreitetes Modespiel von alt und jung, selbst in Schulen. Über seine Sammlung der „Kleksographie", die erst 1890 gedruckt erschien, äußerte K.: „Es wird ein *Bilderbuch für alte Kinder*, als solches möge es auch aufgefaßt werden!" (Das Kernerhaus und seine Gäste. Von TH. KERNER. 1894. 377.). K.s „Kleksographie" war in gewisser Weise ein Vorläufer zum Rorschach-Test des schweizerischen Psychiaters und Neurologen H. RORSCHACH (1884–1922).

Werke: Reiseschatten (1811, NA. 1964); Gedichte (1826); Die Seherin von Prevorst. Eröffnungen über das innere Leben des Menschen und das Hereinragen einer Geisteswelt in die unsere (1829, [6]1892, NA. 1960, [3]1973); Die lyrischen Gedichte (1847, [5]1854); Das Bilderbuch aus meiner Knabenzeit. Erinnerungen aus den Jahren 1786–1804 (1849, NA. 1967); Der letzte Blüthenstrauß (1852); Winterblüthen (1859); Die Heimatlosen. Erzählung (1888, NA. 1910); Kleksographien. Mit Illustrationen nach den Vorlagen des Verfassers (1890); W. Heichen (Hrsg.): Sämtliche Werke (Bd. 1–8. 1903); R. Pissin (Hrsg.): Sämtliche Werke (Bd. 1–6. 1914).

Sekundärliteratur: O. Ackermann: Schwabentum und Romantik. Geistesgeschichtliche Untersuchungen über Justinus Kerner und Ludwig Uhland (1935). – H. Büttiker: Justinus Kerner. Ein Beitrag zur Geschichte der Spätromantik (Diss. 1952). – H. Fröschle: Justinus Kerner und Ludwig Uhland (1972). – F. Heinzmann: Justinus Kerner als Romantiker (1908). – Th. Kerner: Justinus Kerners Briefwechsel mit seinen Freunden. Durch Einleitung und Anmerkungen erläutert von E. Müller (Bd. 1–2. 1897). – Fr. Pocci (Hrsg.): Justinus Kerner und sein Münchener Freundeskreis. Eine Sammlung von Briefen (1928). – A. Wildermuth (Hrsg.): Justinus Kerner und Ottilie Wildermuth. Briefwechsel 1853–1862 (1960). – J. Rickert: Geschichte der Lyrik Justinus Kerners (1909). – D. Fr. Strauß: Justinus Kerner (1953).

Hans Eich

Kerner, Theobald

*Arzt, Schriftsteller, Übersetzer und Illustrator; *14.6.1817 Gaildorf (Württemberg), †11.8.1907 Weinsberg.*

L. UHLAND (1787–1862) hob den einzigen Sohn Justinus K.s aus der Taufe. Im elterlichen Haus zu Weinsberg an der Weibertreu verlebte K. seine Jugend. Ab 1835 studierte er Medizin in Tübingen, München, Wien, Breslau und Würzburg und unterstützte als Arzt seinen augenleidenden Vater in Weinsberg. An der Bewegung des Jahres 1848 nahm er tätigen Anteil und mußte deshalb ein Jahr lang in Straßburg als Flüchtling leben. Als er 1850 wegen tödlicher Erkrankung seiner Schwester Emma (* 1822) heimkehrte, wurde er vom Schwurgericht zu zehn Monaten Festungshaft verurteilt, die er auf dem Hohenasperg verbüßte. K. ging

1852 nach Stuttgart und gründete dort seine vielbesuchte galvano-plastische Anstalt, die er 1856 nach Cannstatt verlegte. 1863, einige Monate nach des Vaters Tod, zog er in das elterliche Haus nach Weinsberg, das nach des Vaters Wunsch nicht in fremde Hände übergehen sollte.

Werk, Tendenzen, Wirkung. Während K.s Vater Justinus nichts speziell für junge Leser schrieb, war K. als Verfasser, Übersetzer und Illustrator auf dem Feld der Kinderliteratur tätig. Unter dem Titel „Prinzessin Klatschrose. La Princesse Coquelicot. The Princess flower of Sleep" erschien 1851 mit eigenständigen Illustrationen „Ein Blumen-Bilderbuch für Kinder", das in deutschen, französischen und englischen Versen abgefaßt war. Der neuen Auflage von 1894 wurde die bezeichnende Empfehlung mit auf den Weg gegeben: „Sie darf sich getrost neben den eleganteren Bilderbüchern neueren Ursprungs sehen lassen. Es zeichnet sich durch einen echt kindlichen Humor aus und dürfte in allen Kinderstuben, namentlich auf dem Lande, wo die Kinder die Gartenblumen aus eigener Anschauung kennen und auch mit ihnen spielen dürfen, großen Jubel erregen." War schon bei der „Prinzessin Klatschrose" die vorbildliche Farbgebung aufgefallen, so wurde dies bei K.s zweitem Bilderbuch „Aus dem Kinderleben. Bilderfreude der Kindheit" (1852) um so mehr begrüßt, als hier auch eine lebhafte, bewegtere Linienführung hinzukam. Sieben kurze Geschichten behandeln in bunter Folge als Spiel, Arbeit und Gedanken die Themen: „Der Schutzengel; Der Geflügelhof; Die Küche; Die Seifenblasen; Caro, Hektor, Philax und Bello; Aus der Ritterzeit; Die kleinen Hirten." Trotz des doppeldeutigen Titels „Auch ein Märchen" wurde diese Erzählung seinerzeit viel von Kindern gelesen und ihnen wiedererzählt. Die Geschichte von dem großen König Markolfus und seiner Frau, die gern auf Thron und Macht verzichten zugunsten eines einfachen Landlebens in einem einsamen Waldtal, könnte auch heute wieder als mild satirische Parodie auf das Märchen Interesse finden.
K.s Singspiel „Der fliegende Schneider" (1860), in dem Flugversuche des A. L. BERBLINGER (1771–1829) behandelt werden, und die beiden Lustspiele „Der neue Ahasver" (1885) und „Pastor Stader" (1888) wurden auf Laienbühnen aufgeführt, unter deren Besuchern auch zahlreiche Jugendliche waren. „Der Einsiedler an der Weibertreu", wie sich K. selbst nannte, gab 1870 unter dem gleichnamigen Titel einen bunten, vielgelesenen Volkskalender heraus.

Werke: Prinzessin Klatschrose. La Princesse Coquelicot. The Princess flower of Sleep. Ein Blumen-Bilderbuch für Kinder (1851, [3]1853; NA. 1894, [3]1897); Aus dem Kinderleben. Bilderfreude der Kindheit (1852, [2]1858); Der fliegende Schneider. Singspiel (1860); Der neue Ahasver. Lustspiel (1885); Pastor Stader. Lustspiel (1888); Das Kerner-Haus und seine Gäste (1894, [3]1913).
Hrsg.: Der Einsiedler an der Weibertreu. Ein Volkskalender (1870); Justinus Kerners Briefwechsel mit seinen Freunden, herausgegeben von seinem Sohn Theobald. Durch Einleitung und Anmerkungen erläutert von Ernst Müller (Bd. 1–2. 1897).

Sekundärliteratur: F. Jedrzejewski: Justinus und Theobald Kerner und das Kernerhaus (1910). – K. Walter: Justinus und Theobald Kerners Beziehungen zum Elsaß (1914); Theobald Kerner als politischer Flüchtling in Straßburg (1938).

Hans Eich

Kerr, Judith

*Englische Illustratorin und Jugendbuchautorin; *14.6.1923 Berlin.*

K., Tochter des Theater- und Literaturkritikers ALFRED K. (1867–1948), studierte nach ihrer Emigration mit den Eltern aus Deutschland ab 1945 drei Jahre an der London School of Arts and Crafts. Sie arbeitete anschließend als freiberufliche Malerin und Textildesignerin. Seit 1953 war sie für die englische Rundfunkgesellschaft BBC tätig. Zu ihren Aufgaben gehörte das Prüfen von Theaterstücken und die Übersetzung französischer und deutscher Texte. Sie schrieb auch selbst eine Serie für Kinder. Außerdem erschienen von ihr mehrere Bilderbücher: „The Tiger who came to tea" (1968), „Mog the forgetful cat" (1970), „When Willy went to the wedding" (1972), „Mog's Christmas" (1976). Seit 1954 ist sie mit dem Schriftsteller N. KNEALE verheiratet. Sie hat zwei Kinder und lebt in London. 1974 erhielt K. für ihr Buch „Als Hitler das rosa Kaninchen stahl" (1973; When Hitler stole pink rabbit, 1971) den Deutschen Jugendbuchpreis. „Warten bis der Frieden kommt" (1975; The other way round, 1975) kam auf die Auswahlliste der „Buxtehuder Bulle 1975" und stand auf der Auswahlliste des Deutschen Jugendbuchpreises 1976. Wesentlichen Anteil am Erfolg hatte A. BÖLL, die K.s Bücher ins Deutsche übertrug.

Werk, Tendenzen, Wirkung. K.s Buch „Als Hitler das rosa Kaninchen stahl" berichtet in deutlich autobiografischer Weise von den Erlebnissen einer jüdischen Familie, die 1933 Nazi-Deutschland verlassen will und muß. Es erzählt von der aufregenden Flucht in die Schweiz, dem Aufenthalt dort, dem Schulbesuch der Kinder und der ständigen Bedrohung der Familie durch die andauernde Arbeitslosigkeit des Vaters, der in der Schweiz nicht schreiben durfte. Die Familie beschließt, nach Paris zu gehen. Als auch hier keine ausreichenden Lebensbedingungen zu finden sind, flüchtet die Familie weiter nach London.
Vom Leben dort berichtet der zweite Band von K.s Lebensgeschichte „Warten bis der Frieden kommt" (1975). Er beginnt mit der drohenden Invasion der Deutschen 1940 und endet mit dem Tag des Waffenstillstands 1945. K., die Anna des Buches, ist jetzt bereits ein junges Mädchen. Sie versucht, den Krieg mit seinen angstvollen Bombennächten zusammen mit ihren Eltern und dem Bruder in einem kleinen Hotel, das überwiegend von Emigranten bewohnt wird, zu überleben und ist – wie Vater und Mutter – gezwungen, jede sich bietende Arbeit anzunehmen. Ihr Bruder Max, der studieren darf, wird, als die deutsche Invasion droht, als feindlicher Ausländer interniert. Anna kämpft um seine

Befreiung und zugleich um ihre Existenz, vor allem um die Erfüllung ihres Wunsches, die Kunstakademie zu besuchen und Malerin zu werden.
Der auch ökonomische Erfolg von K.s Jugendbüchern ist nicht von der Hand zu weisen; vom „Rosa Kaninchen" sind bis 1976 bereits 60000 Exemplare gedruckt worden. Die westdeutsche Tagespresse hat mit Lob nicht gespart. „Judith Kerrs Erinnerungen bedeuten weder geschichtlichen Nachhilfeunterricht noch eine späte Anklage, sondern berichten klug und warmherzig von einem Geschehen, das sich wiederholen kann. Kinder, für die die Zeit des Nationalsozialismus ferne Vergangenheit ist, können diesem Buch die Konsequenzen einer totalitären Regierungsform für das Leben jedes einzelnen entnehmen", hieß es in der Begründung der Jury für den Deutschen Jugendbuchpreis 1974. Sicherlich ist K.s Buch eine Erzählung und keine historische Dokumentation. Jedoch muß ein literarisches Werk, das sich mit einer so verhängnisvollen Periode wie dem deutschen Faschismus befaßt, befragt werden, ob die mitgeteilten Erfahrungen nur privat oder auch gesellschaftlich zutreffen (vgl. D. RICHTER, a.a.O. S. 166). Die Ursache dafür, daß K. letzteres nicht gelungen ist, mag an ihrer heilen, großbürgerlichen Sozialisation und ihrer unkritischen Einstellung gegenüber ihrer eigenen Lebensgeschichte liegen.

Werke: When Hitler stole pink rabbit (1971; dt. Als Hitler das rosa Kaninchen stahl, 1973, [6]1976); The other way round, 1975; dt. Warten bis der Frieden kommt, 1975, [4]1976).

Sekundärliteratur: D. Richter: Faschismus und Weimarer Republik aus der Sicht einiger Jugendbücher (in: K. W. Bauer (Hrsg. zus. mit J. Vogt): Lesen 1. Kinder, Bücher, Massenmedien. 1975. 163–169).

Winfred Kaminski

Key, Ellen

*Schwedische Pädagogin, Schriftstellerin; *11. 12. 1849 Sundsholm/Småland, †25. 4. 1926 auf Strand/Vättersee.*

K., Tochter des schwedischen Reichstagsabgeordneten und Publizisten E. KEY, wuchs auf Sundsholm, dem Landgut ihrer Eltern auf. Eine öffentliche Schule besuchte K. nicht. Mit 20 Jahren eröffnete sie eine sogenannte Sonntagsschule auf Sundsholm und baute eine kleine „Volksbibliothek" auf. Der wirtschaftliche Ruin des elterlichen Gutes (1880) zwang K. als Lehrerin an einer Mädchenschule (1878–1898) und von 1883 bis 1903 als Dozentin für schwedische Kulturgeschichte an dem durch die private Initiative von A. NYSTRÖM 1880 gegründeten Arbeiterinstitut in Stockholm tätig zu sein. Im Jahre 1892 gehörte sie zu den Mitbegründern der „Tolfterna", einem Verein, der versuchte, Frauen aus begüterten Bevölkerungsschichten mit Arbeiterinnen zusammenzuführen. In den beiden letzten Jahrzehnten des 19. Jahrhunderts hielt K. in verschiedenen Städten Skandinaviens Vorträge, und griff in aktuelle politische Auseinandersetzungen in Schweden ein, so zum Beispiel 1889, als sie gegen die durch reaktionäre Kräfte ausgelöste Verhaftungswelle auf Grund einer veralteten Strafbestimmung über „Gotteslästerung" protestierte. In zahlreichen Publikationen nahm K. in den Jahren zwischen 1880 und 1910 zu sozialen Fragen Stellung, insbesondere zur gesellschaftlichen Situation der Frau und des Kindes. Nach 1903 zog sie sich aus dem öffentlichen Leben zurück.

Werk, Tendenzen, Wirkung. K.s Gesamtwerk kreist um die zwei Schwerpunkte: Frauenbewegung und Kindererziehung. Sie erstrebt die gesellschaftliche Gleichstellung der Frau und einen naturgemäßen Entwicklungsraum für die individuelle Entfaltung des Kindes. K.s Forderungen einer Erziehung „vom Kinde aus" sind wesentlich von ROUSSEAU bestimmt. In ihrem epochemachenden Buch „Das Jahrhundert des Kindes" hat K. nicht nur für ihr eigenes Land Schweden, sondern international gültige Forderungen aufgestellt, die auch die Literaturerziehung betreffen. K. tadelt „das genaue Aussuchen der Bücher, die für das eine oder andere Alter ‚passen'. Das ist im höchsten Grade individuell und kann nur durch die eigene Wahl des Kindes entschieden werden" (6. Auflage, S. 284). Nach ihrer Überzeugung gilt es, „schon von den ersten Lebensjahren an, eine auserlesene Bibliothek zu schaffen, so daß das Kind zu verschiedenen Lebensaltern die für dieses Alter vortrefflichen Bücher hat" (S. 168). Nach K.s Meinung bilden Sachdarstellungen besonders den Verstand, doch hält sie als erfahrene Pädagogin auch die literarischen Gattungen Sage und Märchen für bedeutsam im Hinblick auf die Entfaltung von Phantasie und Gefühl. K.s didaktische Kritik wendet sich gegen das herrschende Lesebuchsystem als einen „Mischmasch" – „anstatt Kontinuität der Eindrücke, unaufhörliche Abwechslung". So kommt sie zu dem Schluß: „Das Lesebuch wird verschwinden, und die großen Bücher, die Originale werden wieder in die Hand der Jugend gegeben werden. Die Bibliothek der Schule wird das größte, schönste und wichtigste Lehrzimmer sein und das Bücherverleihen der Schule ein wesentlicher Teil ihrer ganzen Lehrtätigkeit" (S. 280). Kritisch steht K. Zeitungen als Kinderlektüre gegenüber, die sie zwar als Hilfsmittel für die Selbstbildung anerkennt, deren Nutzen für die Bildung sie aber in Frage stellt, da Zeitungen die Menschen immer mehr und mehr entwöhnten, Bücher zu lesen. K. ist zur Lehrmeisterin der skandinavischen Staaten geworden, die vorbildliche Einrichtungen auf dem Gebiet der Schulbüchereien geschaffen haben. Diese fanden auch Beachtung bei der Projektierung von modernen Schulbibliotheken in der Bundesrepublik Deutschland und West-Berlin.

→Jugendbewegung, →Kindertümlichkeit, →Schulbibliothek

Werke: Barnets århundrade (Tl. 1 und 2. 1900; dt. Das Jahrhundert des Kindes, 1902, [36]1926); Kärleken och äktenskapet (1904; Über Liebe und Ehe); Rahel (1908, [2]1912); Verk och människer (1911; Seelen und Werke).

Sekundärliteratur: L. Weichert: Ellen Key und ihre Ethik (1914). – M. Leche-Löfgren: Ellen Key (1930). – W. A. T. Hart: Ellen Key (1948). – U.Wittrock: Ellen Keys väg fran kristendom till livstro (1953). – Br. P. Schliephacke: ‚Das Jahrhundert des Kindes‘. Das 50jährige Jubiläum eines aufrüttelnden Buches (Allgemeine Deutsche Lehrerzeitung. 19. 1950. 285–287); Ein Denkmal für Ellen Key (Hamburger Lehrerzeitung. 14. 1951. 7–9).

Velten Merz

Kiesgen, Laurenz

*(Ps.e: Karl Lorenz, Pittjüppche, Schibbeleutche). Pädagoge und Volksbildner, Heimat- und Mundartdichter, Jugendschriftsteller; *3.12.1869 Köln, †19.2.1957 Dattenfeld (Sieg).*

K. war das jüngste von sieben Kindern eines aus der Eifel nach Köln zugewanderten Schmiede- und Schlossermeisters, der wenige Monate vor der Geburt des Jungen verstarb. K. besuchte die Volksschule und den Präparandenkurs seiner Heimatstadt und 1887–1890 das Lehrerseminar zu Brühl bei Köln. 1890–1895 war er Junglehrer in dem Landstädtchen Caster im Kreise Bergheim, fünf Jahre Bürgerschullehrer in Köln und ab 1900 Mittelschullehrer. Am 3. Juli 1943 brannte nach einem Luftangriff die Wohnung K.s aus, worauf er zu seinen Kindern nach Stuttgart zog. Nach Köln zurückgekehrt, wurde K. im Oktober 1944 erneut ausgebombt und verlegte seinen Wohnsitz nach Dattenfeld an der Sieg, wo er dreizehn Jahre später starb.

Werk, Tendenzen, Wirkung. Die Zeitschrift „Alaaf Köln“ brachte erste Beiträge des 16jährigen Präparanden, 1888 veröffentlichten die Kölner Tageszeitungen Dichtungen des Seminaristen K. Schon 1894 lagen erste dramatische Versuche im Druck vor. Einen geachteten Namen erwarb er sich als Lyriker (Himmel und Erde, 1893; Maisegen, 1904) und als Novellist. In einer Reihe von Aufsätzen und Schriften nahm K. zu den Problemen der Kinder- und Jugendliteratur Stellung. In seinem Artikel „Prüfungsausschüsse und Jugendschriftenkritik“ (in: Neue Westdeutsche Lehrerzeitung. 26. 1899) vertrat K. das Kriterium der literarischen Qualität der Jugendlektüre. In seiner Schrift „Randglossen zur Jugendschriftenfrage“ (1899, ^{2}1904) setzte sich K. mit den Bestrebungen zur künstlerischen Erziehung der Jugend auseinander, führte Gedankengänge H. Wolgasts (1860–1920) weiter und äußerte sich differenziert zur Beurteilung des Religiösen in der Jugendschrift. Er erörterte den kritischen Aufsatz V. Blüthgens (1844–1920) „Über Jugendliteratur und das Jugendschriftenverzeichnis des Hamburger Lehrervereins“ (Deutsche Monatsschrift für das gesamte Leben der Gegenwart. Jg. 1902/03. 411–416) und verwies auf das Buch W. Spohrs (1868–1953) „Die Kunst im Leben des Kindes“ (1902), in dem er besonders dem Abschnitt „Künstlerische Bilderbücher“ Bedeutung zumaß. K. war Mitarbeiter des 1902 von der „Literarischen Warte“ ins Leben gerufenen „literarischen Ratgebers für die Katholiken Deutschlands, Abteilung Jugendliteratur“, der Berichte zum Stand der Jugendliteratur und Buchempfehlungen brachte. Er beteiligte sich auch an dem Feldzug gegen die „Schundliteratur“ und war von 1910 bis 1920 Schriftleiter des Monatsblattes „Der Wächter für Jugendschriften“, eines Organs zur Hebung der deutschen Jugendliteratur. 1912 wurde K. im Auftrag der Kölner Schulverwaltung in die Redaktion der Jugendzeitschrift „Jung-Cöln“ berufen.

Als Maßstab seiner kritischen Jugendschriftenarbeit übernahm K. uneingeschränkt die Beurteilungsgrundsätze der Jugendschriftenkommission des „Katholischen Lehrerverbandes des Deutschen Reiches“ aus dem Jahre 1912: „1. Die Jugendschrift muß kindertümlich sein. 2. Die Jugendschrift muß literarisch wertvoll sein. 3. Die Jugendschrift soll Bildungswerte vermitteln in religiös-sittlicher, vaterländischer und intellektueller Beziehung. Mithin genügt weder die literarische noch die pädagogische Bewertung allein; erst die Durchdringung beider Betrachtungsweisen wird der Jugendschrift gerecht. 4. Die belehrende Jugendschrift muß mit den tatsächlich feststehenden Ergebnissen der Wissenschaft übereinstimmen und in Inhalt und Darstellung dem Standpunkt des Kindes entsprechen.“

Als Herausgeber, Bearbeiter und Verfasser eigener Jugendschriften war K. maßgeblich an der Prägung des christlich-orientierten Teils der Kinder- und Jugendliteratur der ersten Hälfte des 20. Jahrhunderts beteiligt. So gab er von 1929 bis 1935 die in Kevelaer erscheinenden „Münchner Jugendschriften“ mit rund 60 Bändchen heraus. Er war Mitherausgeber vom „Hellweg“, dem mehrbändigen Lesebuch für Zehn- bis Sechzehnjährige (1925 ff.), und Mitbearbeiter vom „Heimatband“ und „Vaterlandsband“ der von Fr. J. Koch (1875–1947) herausgegebenen „Unterrichtsbilder zum neuen Lesewerk“, dem Rheinischen Lesebuch (1926), und schrieb zwischen 1896 und 1900 zu den vom Ministerium gewünschten Kaisergeburtstagsfeiern der Schulen Spiele. In zahlreichen Schriften, die K. selbst zusammenstellte oder verfaßte, versuchte er, geschichtliche Persönlichkeiten und Begebenheiten, aber auch die Werke der klassischen und romantischen Dichter Kindern nahezubringen. Unter anderem erneuerte K. die Erinnerung an den Jugendschriftsteller Chr. v. Schmid (1768–1854) durch das Buch „Blume, Stern und Kinderherz. Geschichten und Lieder des alten Jugendfreundes Christoph von Schmid. Ausgewählt und eingeleitet von L. Kiesgen. Mit neuen Bildern von F. Preiß“ (1918). Mit seinen Arbeiten folgte K. den Forderungen der Jugendschriftenbewegung, wonach ein neues Jugendschrifttum aus kindertümlichen Werken der „großen“ Literatur und ähnlich wertvollen, unmittelbar für die Jugend verfaßten Werken, entstehen sollte. Besonders hervorzukehren sind in K.s Schaffen der Sammelband „Der Märchenvogel. Ein Buch neuer Märchen und Mären“ (1917, ^{8}1926), die Neufassung der „Rheinmärchen“ von Cl. Brentano und die Übersetzung des französischen Kinderbuches „Mémoires d'un âne“ (1860) der Comtesse de Ségur (1799–1874), die 1928 unter dem Titel „Der Esel Naso und seine Abenteuer“ erschien.

→ Jugendschriftenbewegung, → Kindertümlichkeit

Werke: Himmel und Erde (1893); Der deutsch-französische Krieg 1870/71. Der deutschen Jugend erzählt (1895); Der heilige Aloysius. Kantate (1896); Das schönste Lied. Festspiel zur Geburtstagsfeier seiner Majestät Kaiser Wilhelms II. (1896, ²1900); Kaisers Geburtstag! Drei Festspiele für die Mittelstufe der Volksschule – Knaben oder Mädchen. I. Krieg. II. Das Bild des Kaisers. III. Allweg gut Zollern (1897, ²1900); Kaisers Geburtstag bei den Kleinen. Deklamationen und Lieder für die Unterstufen (1898, ³1907); Randglossen zur Jugendschriftenfrage (1899, ²1904, NA. 1925); In Feindesland. Festspiel zur Kaisergeburtstagsfeier (1900); Ein Engel auf Erden. Aloysius. Festspiel mit 6 lebenden Bildern (1900); Maisegen. Ein Bündel Lieder (1904, ²1911); Die Lesepest. Ein Büchlein gegen das Schundgift (1909, ²1916); Vom lieben Kind Maria. Legenden aus der Jugendzeit der allerseligsten Gottesmutter. Mit farbigen Bildern von A. Brunner (1913, ²1921); Der Märchenvogel. Ein Buch neuer Märchen und Mären. Mit 20 Bildern von R. Winkler (1917, ⁸1926); Unseres Herrgotts Kostgänger. Geschichten aus Kindheit, Schule und Leben (1919); Die Jugend von heute – Die Männer von morgen. Lebensführer für Jünglinge (1919); Deutsche Fahrten im jungen Amerika (1927); Geschichten aus der Schule. Vier Erzählungen (1930); Goethe, der Dichter. Bilder aus Goethes Leben. Der deutschen Jugend erzählt (1932); E. M. Arndt. Aus seinen Schriften dargestellt (1934); Hindenburg, der Eckart des deutschen Volkes. Für die Jugend bearbeitet (1935); Was der Schmitzen Hein vom alten Köln erzählt (1939); Kölner Lach- und Lesefibel (1940).
Hrsg.: A. v. Droste-Hülshoff. Eine Auswahl aus ihren Gedichten für die Jugend (1905, ²1910); Auswahl von Charakterbildern aus Kunst und Literatur. Für den Schulgebrauch (1907); Ausgewählte Märchen deutscher Dichter (Bd. 1–4. 1909–1910); Blume, Stern und Kinderherz. Geschichten und Lieder des alten Jugendfreundes Christoph von Schmid (1918); A. Kolping: Schuld, Strafe und Versöhnung und andere Erzählungen (1919); Im Elendsgäßchen und andere Erzählungen (1919); Brentanos „Rheinmärchen" in Neufassung (1925); Der Esel Naso und seine Abenteuer, dem 1860 gedruckten Original „Mémoires d'un âne der Comtesse de Ségur" frei nacherzählt (1928).

Sekundärliteratur: J. Antz: Laurenz Kiesgen (Kölnische Volkszeitung. Nr. 8. 1940).

Hans Eich

Kilian, Susanne

*Kinderbuchautorin; *2. 8. 1940 Berlin.*

Vorübergehend war K. als Lehrerin und im Buchhandel tätig. Sie lebt in Wiesbaden.

Werk, Tendenzen, Wirkung. Nach Veröffentlichungen von Kindergedichten und -texten in Anthologien und dem Kinderbuch „Kaugummi-Gustav & Automaten-Susi" (1970) wurde K. vor allem durch das 1972 erschienene „Nein-Buch für Kinder. Hinterher ist man schlauer" bekannt. Das „Nein-Buch" begründete sowohl durch realitätsnahe, problemorientierte Texte aus der Wirklichkeit der Kinder, als auch durch die Collage-Technik der Textzusammenstellung und der fotografischen Illustration (von G. STILLER) einen neuen Trend in der Kinder- und Jugendliteratur. Die gestalterische Verknüpfung von konkreten, der Alltagssprache abgehörten Texten mit umweltbezogenen Grafiken und Fotografien zu einer stilistischen Einheit wurde in der Nachfolge der antiautoritären Kinder- und Jugendliteratur zu einem Merkmal des kritischen Kinderbuches, das die Probleme der Kinder in einer mehr oder weniger kinderfeindlichen Erwachsenenwelt und Gesellschaft aufzeigt und mit emanzipativem Anspruch lösen will. Dem „Nein-Buch" folgten mit gleichen Stilmitteln ähnliche Bücher anderer Autoren; u. a. das „Streit-Buch" (1973) und das „Ja-Buch" (1974) von I. BRENDER und G. STILLER.
Im „Nein-Buch" von K. werden kinderfeindliche Verhaltensweisen von Erwachsenen, Spielplatznöte der Großstadt, die Manipulation des Konsumenten durch die Werbung, Umweltverschmutzung und die Fragwürdigkeit von Feiertagen durch provozierende Texte und Fotos aufgezeigt. Die Kinder im Buch üben sich im kritischen Denken und erproben Möglichkeiten der Kritik („Kinderschimpfe"). Die Intention der Autorin ist versöhnlich, Kinder und Erwachsene sollen mehr Verständnis füreinander entwickeln. Fast alle Texte dieses Kinderbuches bringen zum Ausdruck, daß sich die Kinder in einer „miesen" Welt zurechtfinden müssen. K. will zur Sprache bringen, was Kinder und Erwachsene alltäglich beschäftigt, etwa in dem Gedicht „Kindsein ist süß", in dem sie mit weitverbreiteten Redewendungen aus dem Umgang von Erwachsenen mit Kindern arbeitet:

...
Mach' dich nicht so breit!
Hab' jetzt keine Zeit!
Laß das Geklecker!
Fall mir nicht auf den Wecker!
Mach' die Tür leise zu!
Laß mich in Ruh!

Kindsein ist süß?
Kindsein ist mies!
(Nein-Buch , S. 36).

In K.s Kinderbuch „Na und?" (1972) werden zur Konkretisierung des „miesen" Kindseins Tagesläufe von vier Kindern im Grundschulalter vorgestellt. Sie erzählen, was zu Hause, in der Schule, auf der Straße an einem ganz normalen Alltag passiert. Die Kinder stehen bei K. einer autoritären Erwachsenenwelt gegenüber, die den kindlichen Bedürfnissen und Problemen kein Verständnis entgegenbringt. Sie resignieren und ziehen sich zurück. K. will mit diesen, der Sprache der jeweiligen Altersstufe angepaßten Berichten, ein möglichst deutliches Bild von der Wirklichkeit vermitteln. Dabei sollen die Leser, die sich in analogen Situationen befinden, erfahren, daß sie mit ihren Schwierigkeiten nicht allein sind.
Zentrales Thema des mit Fotos von W. A. KILIAN versehenen Kinderbuches „Nur 'ne Fünf" (1974) ist die Schulangst. K. zeigt darin den Konflikt auf, in den ein Kind geraten kann, wenn es eine „Fünf" im Zeugnis bekommt und die Strafe uneinsichtiger Eltern befürchten muß. Die Drohung „Das sag' ich dir, mit 'ner Fünf brauchst du erst gar nicht nach Hause zu kommen. Dann raucht's!" wird von einem Jungen beim Wort genommen, er irrt mit „'ner Fünf" im Zeugnis durch die Stadt, bis die Angst des Alleinseins ihn wieder nach

Hause führt. Der Schluß ist resignativ. Die Eltern schlagen den Jugen und schimpfen mit ihm. An seiner Situation ändert sich nichts.
Ein Kinderroman ist auch das Buch „O. K." (1974). Der Leser begleitet den Ich-Erzähler, den zehnjährigen Andreas Zeitler, durch ein paar Wochen seiner Lebensgeschichte. Wie in einem Tagebuch werden seine Erfahrungen mit der Schule, den Eltern, Verwandten, Freunden, Mädchen, Fernsehen und Kino berichtet. Der Leser erfährt, wie ein Kind der heutigen Zeit sich mit seiner Umwelt auseinandersetzt.
Die Bedeutung der Kinderbücher von K. liegt in der Alltagsproblematik der Inhalte, der Verwendung einer realitätsnahen Umgangssprache und der genauen Schilderung „mieser" Wirklichkeit. Elternhaus und Schule kommen schlecht weg. Die so gut wie ausschließlich schlechten Erfahrungen der Kinder münden oft in der Ohnmacht gegenüber dieser Erwachsenenwelt. Die Einsicht, daß Kinder und Erwachsene alles viel besser machen könnten, verlangt einen Lernprozeß in erster Linie bei den Erwachsenen. So erscheinen K.s Bücher oft mehr als Lehrbücher für Erwachsene, die die Schwierigkeiten der Kinder verstehen und kennenlernen sollen. Die Intention, Kindern in schlechten Verhältnissen durch das Vorstellen analoger Schicksale Identifikationsmöglichkeiten anzubieten, bleibt fragwürdig, denn die „Buchkinder" sind fern und unerreichbar. Wenn aber die Betroffenen, Kinder und Erwachsene, durch gemeinsame Lektüre der Bücher K.s dazu geführt werden könnten, die in diesen Kinderbüchern aufgeworfenen Probleme gemeinsam lösen zu wollen, könnte der emanzipatorische Anspruch von K.s Büchern zum Tragen kommen. Unbestreitbares Verdienst der Autorin ist es, auf eine qualitativ eindrucksvolle und vielseitige Weise auf die Probleme der Kinder aufmerksam zu machen.

→Realismus in der Kinder- und Jugendliteratur

Werke: Kaugummi-Gustav & Automaten-Susi (1970); Von Igor, dem schrecklichen Kind (1972); Nein-Buch für Kinder (1972, [4]1974); Na und? (1972); Nur 'ne Fünf (1974); O.K. (1974); Große Ferien (1975; zus. mit W. Kilian); Die Stadt ist groß (1976).

Sekundärliteratur: S. Kilian: Ich will nicht in eine bestimmte Schublade gestopft werden (in: H.-J. Gelberg (Hrsg.): Werkstattbuch. 1974. 115–119).

Detlef Ram

Kinder- und Jugendbibliothek

Unter Kinder- und Jugendbibliothek (KJB) wird im allgemeinen eine Bibliothek bzw. Mediothek verstanden, die Bücher und auch andere Medien für Benutzer im Alter von etwa 3 bis 18 Jahren bereithält. Sie ist entweder eine selbständige Einrichtung der Kommunen, Kirchen und Verbände oder vielfach auch eine Abteilung einer Bibliothek für Erwachsene. Die Unterteilung in Kinderbibliothek für 3 bis 12/14jährige und Jugendbibliothek für 14- bis 18jährige ist in der BRD nur selten anzutreffen.

Allgemeines. Die KJB hat sich in Deutschland erst im Laufe der allgemeinen Bibliotheksplanung entwickelt, muß jedoch im Zusammenhang mit der Bibliothek für Erwachsene gesehen werden. Neben der KJB als Teil der Öffentlichen Bibliothek gibt es in der Bundesrepublik Deutschland die KJB als Schulbibliothek, Bücherei in den verschiedensten Einrichtungen der Kinder- und Jugendarbeit, in Krankenhäusern, in Jugendstrafanstalten, in Industriebetrieben und im Bereich des konfessionellen Bibliothekswesens. Die einzelnen Bibliotheken sind entsprechend ihrem jeweiligen Träger und den unterschiedlichen Bedürfnissen ihrer Benutzerschaft voneinander abweichend ausgestattet und aufgebaut. Ihre Kontakte miteinander sind sehr verschieden. Kinder und Jugendliche bzw. deren Eltern oder Geschwister leihen kostenlos und in unbegrenzter Anzahl Bücher und gegebenenfalls andere Medien für eine begrenzte Zeit, meist vier Wochen, aus. Der Bestand der KJB richtet sich generell nach folgenden Gegebenheiten: Art des Institutes (Öffentliche KJB, Werkbibliothek für Kinder und Jugendliche, Konfessionelle KJB), Benutzerkreis (Kinder und Jugendliche aus verschiedenen Schichten, Ausländerkinder), Größe (Kinder- und Jugendbuchabteilung in einer Bibliothek für Erwachsene: 1000 bis 6000 Medieneinheiten; selbständige KJB: 10000 bis 20000 Medieneinheiten), Finanzen (Jahresetat) und Angebot (laufende Produktion der Kinder- und Jugendbuchverlage).

Geschichtliches. Die erste KJB, eine Art Kinderbuchladen, wurde 1750 in England (London) eingerichtet; in den USA (Salisbury/Connecticut) gab es 1803 die erste KJB im heutigen Sinne, der bis 1822 bereits weitere, von der Schule unabhängige Bibliotheken folgten. Sie wurden teils durch private Mittel, teils auch schon durch Steuergelder finanziert. Zu Anfang des 20. Jahrhunderts wurde die Idee der KJB in Deutschland übernommen. Es entstanden die ersten Lesehallen und Lesestuben als Anhängsel bestehender Volksbibliotheken (Kinderlesehalle Mannheim, 1907; Städtische Kinderlesehalle bei der 26. Volksbücherei Berlin, 1913). Man war damals bemüht, durch diese neugeschaffenen öffentlichen Einrichtungen Kinder und Jugendliche, vor allem Lehrlinge und junge Arbeiter, vor schlechtem Umgang und Nichtstuerei zu bewahren. Die Unterhaltung derartiger Lesehallen galt als Maßnahme gegen die sittliche Gefährdung der Kinder und Jugendlichen und zur Bekämpfung von Schmutz- und Schundliteratur. Mit derartigen Argumenten – aber auch dem der außerschulischen Bildung für Kinder aus der Arbeiterklasse – wurde dann auch eine Einrichtung einzelner KJBen erkämpft, während das freie Interesse am Buch und am Lesen noch weit im Hintergrund stand. Erst nach dem Zweiten Weltkrieg weitete sich die KJB zu der heute bekannten Form aus. Ihre Leser konnten allerdings in den ersten Jahren nach 1945, zum Teil bis in die sechziger Jahre hinein, nach moralischen Auswahlkriterien angeschaffte Bücher, d.h. anfangs nur ein einziges Buch, ausleihen und zu Hause lesen. Heute gibt es in der Bundesrepublik Deutschland überall

KJBen, die große Entleihungszahlen aufweisen. Z.B. wurden im System der Öffentlichen Bibliotheken München (1,323 Millionen Einwohner) im April 1975 233912 Medieneinheiten an 48746 Kinder und Jugendliche entliehen. Bibliotheksfachleute trachten weiterhin danach, das Bibliothekswesen für Kinder und Jugendliche in der Bundesrepublik Deutschland nach positiven Beispielen anderer Länder (Skandinavien, USA) auszubauen.

Formen. Die meisten Bibliotheken für Kinder und Jugendliche sind in die Bibliothek für Erwachsene integriert; d.h. es gibt in den Erwachsenenbibliotheken kleinere bzw. größere Abteilungen für Kinder und Jugendliche, wobei sich die Jugendlichen bereits des gesamten Bestandes bedienen können. Weniger häufig ist die KJB selbständig und in einem eigenen Haus untergebracht, es sei denn in Jugendzentren, Freizeitheimen oder Schulen. Um die verschiedenen Altersstufen und die sehr differenzierten Interessen der Benutzer ausreichend berücksichtigen zu können, ist die Bibliothek für Kinder normalerweise nicht von der Bibliothek für Jugendliche getrennt, sondern umfaßt bestandsmäßig Literatur für beide Gruppen. In speziellen Institutionen, wie Kindergärten und Vorschulen, befinden sich jedoch auch separate Kinderbibliotheken, die teilweise hervorragende, teilweise zufällige Bestände aufweisen. Die in KJBen arbeitenden Diplom-Bibliothekare haben entweder bereits während ihres sechssemestrigen Fachhochschulstudiums als Wahlfach Kinder- und Jugendbibliothek bzw. Kinder- und Jugendliteratur belegt und manchmal auch ihre Diplomarbeit darauf abgestimmt oder aber während ihrer Berufspraxis gezeigt, besonders gut mit Kindern und Jugendlichen arbeiten zu können.

Bestand. Der durch die Bibliothekare aufzubauende Bestand der KJB umfaßt in der Regel Bilderbücher, Vorschulmaterialien, verschiedenste Arten von Geschichten für Kinder, Comics, Märchen, Sagen, Tiergeschichten, Abenteuerbücher, fremdsprachige Literatur, Romane für Jugendliche, Sachliteratur und Nachschlagewerke aller Wissensgebiete. Somit ist es möglich, einen großen Teil der jährlich erscheinenden Titel und die inhaltlich gebotene Vielschichtigkeit der Kinder- und Jugendliteraturproduktion in den KJBen präsent zu halten. Neben sogenannten Klassikern (E. KÄSTNER: Emil und die Detektive; J. SPYRI: Heidi u.a.) und Bestsellern bzw. Ausleihschlagern (E. BLYTON: Geheimnis-Serie; A. HITCHCOCK: Drei-Fragezeichen-Serie; A. LINDGREN: Pippi Langstrumpf u.a.) werden zu einem großen Teil Neuerscheinungen verschiedenster Inhalte (darunter antiautoritäre Kinder- und Jugendliteratur, Comic-Bilderbücher, neue Titel zum Thema Sexualerziehung u.a.) angeschafft. Zusätzlich befinden sich vielfach Zeitschriften, Spiele (Lernspiele, Unterhaltungsspiele, Familienspiele), Schallplatten und Kassetten (Hörspielfassungen von Kinder- und Jugendbüchern und Märchen, Gesang- und Musikaufnahmen) im Ausleihangebot der KJB.

Aufstellung. Bei der nach einzelnen Literaturgruppen systematischen Freihandaufstellung gilt Übersichtlichkeit und eindeutige Beschriftung als Ordnungsprinzip. Der Benutzer soll sich mit und ohne Hilfe von Beratung und Katalog jederzeit zurechtfinden und selbst bedienen. Die nach Lese- bzw. Altersstufen voneinander getrennten Gruppen der erzählenden Kinder- und Jugendliteratur sind jeweils nach dem Verfasseralphabet aufgestellt, die Sachliteratur nach einzelnen Sachgruppen, wobei im allgemeinen bei ihr keine altersmäßige Trennung vorgenommen wird. Die Freihandaufstellung ermöglicht jedem Benutzer, sich in allen Abteilungen frei und selbständig Literatur auszuwählen.

Bestandserschließung. Zur Bestandserschließung gibt es in der KJB verschiedene Kataloge, die dem Benutzer zugänglich sind: Verfasserkatalog, Titelkatalog und Sachkatalog. In manchen Bibliotheken werden Personenkataloge, Themen- bzw. Stoffkreiskataloge und Schlagwortverzeichnisse geführt. Außerdem werden in unregelmäßigen Abständen Auswahlverzeichnisse zu verschiedenen Themen und zu aktuellen Anlässen ausgelegt. Die Bezeichnungen, die bei der Schlagwortgebung und Themendefinition verwendet werden, entsprechen der Begriffswelt von Kindern und Jugendlichen und sind auf ihre Bildungsinteressen und Freizeitbedürfnisse abgestimmt.

Veranstaltungen. Um die bibliothekarische Arbeit mit Kindern und Jugendlichen zu aktivieren, gibt es in der KJB zusätzlich zum Ausleihbetrieb in der Regel Veranstaltungen und Aktivitäten unterschiedlicher Art. Beliebt sind Buchausstellungen in größerem Umfang, die in der Bibliothek oder im Schaufenster gezeigt werden; dazu bieten sich Themen wie Weihnachten, Fasching, Ostern, Ferien, Olympiade, Jugendbuchwoche bzw. bestimmte Literaturgattungen besonders an. Um dem Benutzer den Umgang mit Katalogen und Nachschlagewerken vertraut zu machen und in gewisser Weise Leseerziehung zu betreiben, werden Quizveranstaltungen angeboten, in denen bibliotheks- und buchbezogene Fragen beantwortet werden müssen. Für Kinder werden Vorlesestunden abgehalten, die sich bei Kleineren großer Beliebtheit erfreuen. Für die Älteren gibt es Buchvorstellungen mit anschließender Diskussion. In manchen Bibliotheken werden Mal- und Schreibwettbewerbe veranstaltet. Lesungen und Diskussionen für alle Altersgruppen finden auch mit Autoren und Malaktionen mit Illustratoren statt. Auch Filmvorführungen und Kasperletheateraufführungen gehören vielfach ins Programm. In den KJBen, in denen eine rege Veranstaltungstätigkeit herrscht, der Bestand optimal ausgebaut ist und es Möglichkeiten gibt, sich ungestört aufzuhalten, ist festzustellen, daß Kinder und Jugendliche die Bibliothek als Treffpunkt betrachten, wo sie lesen, hören, spielen und sich informieren können. Um die KJB in ihrem jeweiligen Einzugsgebiet bekannt zu machen und über ihre Dienste zu informieren, arbeiten die Bibliothekare mit Kinderläden, Vorschulen, Horten, Schulen, Jugendämtern, Beratungsstellen und entsprechenden Institutionen zusammen.

→ Schulbibliothek

Literatur: H. Adler: Rund um die Jugendliteratur. ²1974. – F. Andrae: Jugendbüchereiwesen (in: J. Langfeldt (Hrsg.): Handbuch des Büchereiwesens. II. 1965. 491–539). – Bibliotheksplan 1973. Entwurf eines umfassenden Bibliotheksnetzes für die Bundesrepublik Deutschland (1973). – Büchereiarbeit mit Kindern und Jugendlichen in Öffentlichen Büchereien. Hrsg. v. Deutschen Büchereiverband (1964). – B.Dankert: Der Bibliothekar in Schul- und Kinderbibliotheken (in: Buch und Bibliothek 1973. 9. 737–743). – I. Dreßler: Kindern Bücher nahebringen. Zur Herausbildung und Funktion der Veranstaltungstätigkeit mit Kindern in den Bibliotheken in der DDR (1973). – Kinder- und Jugendbüchereistatistik 1966. Hrsg. v. Deutschen Büchereiverband (1968). – J. Langfeldt: Die Jugendbücherei. Situation und Aufgabe. Arbeitskreis für Jugendschrifttum (1955). – W. Overwien: An der Zukunft vorbeigeplant? Kinder und Jugendliche in der Bibliothek von morgen (in: Buch und Bibliothek 1974. 6. 490–496). – S. Schmeller: Arbeit mit Kindern in einer modernen schwedischen Bibliothek (in: Buch und Bibliothek 1975. 6. 543–548).

Lioba Betten

Kinder- und Jugendbuchautor

Seit J. H. Campe (1746–1818) gibt es den professionellen KJ. in deutscher Sprache. Gegenwärtig arbeiten in der Bundesrepublik Deutschland rund 350 KJ.en, deren Berufsfeld allerdings nicht eindeutig zu bestimmen ist. Die Mehrzahl von ihnen ist im Verband deutscher Schriftsteller (VS) organisiert, in dem es auch einen besonderen Ausschuß der KJ.en gibt.

Geschichtliches. Die ersten, die für Kinder- und Jugendliche schrieben, waren Theologen und Pädagogen. Sie wollten belehren und erziehen: so z. B. der Prediger und Rektor G. ROLLENHAGEN (1542–1609), der in seinem „Froschmeuseler" aus lutherischen Perspektiven Verhaltensmaßregeln gab, der Reformpädagoge und Prediger J. A. COMENIUS (1592–1670), der das erste Sachbuch für Kinder, den „Orbis sensualium pictus" (1658), schrieb. Auch FR. FÉNELON (1651–1715), der Verfasser von „Les aventures de Télémaque, fils d'Ulysse" (1699), war Seelsorger und Erzieher.
Auch im 19. Jahrhundert war das Bild des KJ.s vorwiegend von schriftstellernden Lehrern und Pastoren wie z.B. CHR. VON SCHMID (1768–1854), J. W. HEY (1789–1854), FR. A. HOFFMANN (1796–1874), W. O. VON HORN (1798–1867) und TH. DIELITZ (1810–1869) geprägt, zu denen sich noch Hausfrauen – meist aus wohlsituiertem Bürgertum – wie J. SPYRI (1827–1901) oder dem Adel wie TH. VON GUMPERT (1810–1897) – und auch Ärzte wie H. HOFFMANN (1809–1894), der Verfasser des Struwwelpeter (1845), gesellten.
Erst als H. WOLGAST (1860–1920) in seinem Buch „Das Elend unserer Jugendliteratur" (1896) die Produktion und damit auch den Stand des spezifischen Jugendschriftstellers, besonders auch der „speziellen Jugendschriftstellerin", wegen ihrer ästhetischen Niveaulosigkeit attackierte und in der Folge der Jugendschriftenbewegung zu Beginn des 20. Jahrhunderts das Schreiben für die Jugend kritisch reflektiert und in psychologische und soziologische Zusammenhänge gestellt wurde, konnte sich langsam der Typus des KJ.s wandeln und zu einem Selbstverständnis gelangen, nach dem der KJ. sich bewußt einer eigenen literarischen Sparte, die aber wieder eingebunden ist in größere literarische Zusammenhänge, zugehörig fühlt. Hervorragende in- und ausländische KJ.en seit den zwanziger Jahren und in der Gegenwart wie z.B. M. GOR'KIJ (1868–1936), A. A. MILNE (1882–1956), S. MARŠAK (1887–1964), E. KÄSTNER (1899–1974), P. TRAVERS (*1906), A. LINDGREN (*1907), O. PREUSSLER (*1923), J. KRÜSS (*1926) und CHR. NÖSTLINGER (*1936) bekennen sich als Schriftsteller selbstbewußt dazu, für Kinder und Jugendliche zu schreiben – und sie sehen ihre Werke keineswegs als Vehikel pädagogischer Beeinflussung, sondern als primär literarisches Produkt.
Aus zahlreichen Selbstzeugnissen von KJ.en in Vergangenheit und Gegenwart geht hervor, daß der persönliche Umgang mit (eigenen) Kindern zum Schreiben von Texten für jugendliche Leser veranlaßt hat. Die 1874 von TH. STORM (1817–1888) formulierte Maxime „Wenn du für die Jugend schreiben willst, so darfst du nicht für die Jugend schreiben" legt für den genauen Interpreten ein Stück des Berufsethos frei und hat in der Geschichte des KJ.s viele Varianten, sei es, daß u. a. auf J. K. WEZELS (1747–1819) Satz „Es ist eine durchaus falsche Maxime, die sich auf ebenso falsche Beobachtung gründet, wenn man behauptet, daß man für Kinder anders schreiben soll als für Erwachsene" aus dem Jahr 1779 zurückverwiesen würde, sei es auch, daß E. KÄSTNERS Wort „Schriftsteller, die nur Jugendbücher schreiben, sind keine Schriftsteller, und Jugendschriftsteller sind sie schon gar nicht" zitiert würde.

Derzeitige Lage der KJ.en. Bei den Untersuchungen von K. FOHRBECK und A. J. WIESAND zum 1972 veröffentlichten „Autorenreport" (a.a.O.) ergab sich, daß – von den Autoren der Heftromane abgesehen – unter den KJ.en der höchste Prozentsatz freier Schriftsteller, nämlich 57 %, zu finden war. Nebenberufliche Autoren machten 32 %, teilberufliche 11 % aus. Von allen diesen Autoren hatten wieder 57% ihren Haupteinkommensbereich im Kinder- und Jugendbuch, weitere wesentliche Einkommensquellen waren Tages- und Wochenpresse, Belletristik/Sachbuch und Rundfunk. Inhaltliche Schwerpunkte ihrer Arbeit waren bei 52 % der KJ.en Unterhaltung, bei 28 % Pädagogik, gefolgt von Gesellschaftskritik/sozialen Fragen und Naturwissenschaften.
In der Öffentlichkeit und innerhalb der literarischen Szene hat sich das Image des KJ.s in der zweiten Hälfte des zwanzigsten Jahrhunderts zunehmend positiv entwickelt. Verantwortlich dafür ist einmal das wachsende Interesse für die Welt des Kindes überhaupt, das in engem Zusammenhang mit den sozialpädagogischen Impulsen der sechziger Jahre steht, zum anderen eine intensivere Öffentlichkeitsarbeit für die Kinder- und Jugendliteratur. Anteil daran haben in der BRD vor allem der 1955 gegründete Arbeitskreis für Jugendlite-

ratur – in dem übrigens bis 1969 keine KJ.en vertreten waren –, die vom Börsenverein des deutschen Buchhandels (Frankfurt/Main) veranstalteten Vorlesewettbewerbe und Jugendbuchwochen, der seit 1956 vom Bundesminister für Jugend, Familie und Gesundheit vergebene Deutsche Jugendbuchpreis und nicht zuletzt die vom Friedrich Bödecker-Kreis e.V. veranstalteten zahlreichen Autorenlesungen. Der Friedrich Bödecker-Kreis hat durch seinen alle zwei Jahre stattfindenden „Treffpunkt Hannover" auch eine internationale Begegnungsmöglichkeit für KJ.en geschaffen.
Wirtschaftlich gesehen sind die KJ.en in der BRD allerdings immer noch eine benachteiligte Gruppe unter den Schriftstellern. Ihre Einnahmen aus Büchern sind im Vergleich zu anderen Autorengruppen besonders gering, weil geringer Honoraranteil und niedriger Ladenpreis zusammenfallen. Im „Autorenreport" heißt es dazu: „Jugendbuchautoren schreiben für Taschengeld! Geht man nicht auf die Bedingungen ein, sind andere da, die ihre Arbeit verschenken ...". Weiterhin wird die Aussage zitiert: „Habe von 1968 bis 1971 15 Jugendbücher für den X-Verlag geschrieben. Prozentual bin ich auf knapp 5 % des Ladenpreises gekommen. Die reelle Dotierung liegt aber bei ca. 8 % bei einer 10000-Stück-Auflage ..." (a.a.O. S. 185). Auch im Honorarrahmen der Rundfunkanstalten wird die Arbeit der KJ.en geringer bewertet als z.B. die der Feuilletonisten, Kulturberichterstatter, Satiriker und Hörspielautoren. Die Fernsehanstalten bringen Sendungen für Kinder und Jugendliche mit Rücksicht auf das Publikum im billigeren Nachmittagsprogramm, was sich auf die Honorarhöhe ebenfalls negativ auswirkt.
Nicht zuletzt auf Grund dieser ökonomischen Situation war ein großer Teil der KJ.en in der Bundesrepublik Deutschland bereit, sich im Verband deutscher Schriftsteller in der IG Druck und Papier zu organisieren, um Forderungen wie die nach der Tariffähigkeit der Autoren, nach Bibliotheksgroschen und Möglichkeiten der Sozialversicherung wirksamer vertreten zu können.

→ Friedrich Bödecker-Kreis

Sekundärliteratur: K. Fohrbeck: Der Autorenreport (1972; zus. mit J. Wiesand). – J. van Heyot: Honorare für Jugendbuchautoren (in: Jugendliteratur. 1959. H. 7. 300–302). – H. Künnemann: Von Campe bis Caravelle. Kritische Chronik eines Jugendbuchverlages (1968). – K. E. Maier (Hrsg.): Historische Aspekte zur Jugendliteratur (1974). – O. J. Tauschinski: Der Jugendschriftsteller und seine Auftraggeber (in: Jugendliteratur. 1959. H. 1. 1–3). – H. Wolgast: Das Elend unserer Jugendliteratur (1896, [7]1950).

Irmela Brender

Kinder- und Jugendbuchpreis der Stadt Wien

1954 eingerichteter Kinder- und Jugendliteraturpreis der Stadt Wien zur Förderung anspruchsvoller Literatur für junge Leser.

Die Preisverleihung erfolgt auf Grund der Entscheidung einer Jury, die aus zehn Fachleuten besteht und vom amtsführenden Stadtrat für Kultur, Jugend und Bildung einberufen wird. Für die Kinder- und Jugendbuchpreise der Stadt Wien können nur die Werke lebender österreichischer Autoren vorgeschlagen werden. Die Publikationen müssen ein Jahr vor bzw. im Jahr der Preisverleihung in einem Wiener Verlag erschienen sein. Die Preise umfassen einen Kleinkinderbuchpreis, einen Kinderbuchpreis und einen Jugendbuchpreis. Außerdem kann von der Jury auch für die Illustration eines der eingereichten Werke eine Prämie an den Illustrator vergeben werden. Der Preis schließt einen bestimmten Geldbetrag mit ein. Zusätzlich wendet die Stadt Wien für den Ankauf der preisgekrönten Bücher je nach Budgetlage entsprechende Beträge auf.
Bisher wurden preisgekrönt: K. Bruckner (1954, 1957, 1958, 1961, 1964, 1969, 1970, 1973); O. F. Lang, G. Schreiber (1955); V. F. Mikura (1956, 1962, 1963, 1964); L. Koenig (1956); W. Jaruska (Illustrationspreis, 1956, 1963); R. Candea (Illustrationspreis 1957, 1959, 1962, 1963, 1964); E. Feiks-Waldhäusl, H. Pohl, F. Weidner (1958); C. Busta (1959); F. Habeck (1960, 1961, 1963, 1967, 1970, 1973); H. Leitner (1960); W. Zeller-Zellenberg (Illustrationspreis 1960, 1966); M. Lobe (1961, 1965, 1968, 1970, 1972, 1975); S. Weigel (Illustrationspreis 1960, 1961, 1966, 1970); H. Tichy (1962, 1968, 1971); O. J. Tauschinski (1962, 1969, 1975); K. Recheis (1964, 1968, 1971, 1972, 1973, 1975); M. Haushofer (1965, 1967, 1970); H. Demmer (Illustrationspreis 1965); F. Hofbauer (1966, 1969, 1975); K. Benesch (1966); E. Berger, E. Wallenta (Illustrationspreis 1967); R. Pritz (1968); W. Bruckner, W. Meissel, F. Stadtmann (Illustrationspreis 1969); E. Demmer, W. Weiss (1971); A. Kaufmann (Illustrationspreis 1971, 1973, 1975); W. J. M. Wippersberg, J. Paleček (Illustrationspreis 1972); B. Peter (1973); H. Valencak (1975).

Lucia Binder

Kinder- und Jugendliteratur

KJL ist die Bezeichnung für a) alle Texte, welche ausdrücklich für Kinder und Jugendliche produziert sind (spezifische KJL), b) alle Schriften, welche von Kindern und Jugendlichen konsumiert werden, ohne daß sie für diese speziell verfertigt zu sein brauchen (z.B. Zeitung), oder von jugendlichen Lesern rezipiert (Schul-, Lehrbuch) werden (KJL im weiteren Sinne, auch Kinder- und Jugendlektüre). KJL wird in Büchern, Heften und anderen Druckerzeugnissen, im weiteren Sinn auch in den Massenmedien wie Film, Tonband, Schallplatte verbreitet.

Nachbarbegriffe, Begriffsumfang. Während in anderen Ländern und Sprachen in der Regel der Ausdruck „Kinderliteratur" (engl.: children's literature; franz.: littérature enfantine; russ.: detskaja literatura u.a.) gebraucht wird, um alle Erscheinungen auf dem Sektor des Schrifttums für die Jugend abzudecken, ehe diese als erwachsen, als junge Generation („junge Leute"), als

„Twens" angesehen wird und Erwachsenenliteratur liest, ist im deutschen Sprachgebiet eine begriffliche Vielfalt, ja auch Verwirrung vorhanden, weil folgende Ausdrücke in enger Nachbarschaft, teilweise auch auswechselbar zu „Kinder- und Jugendliteratur" gebraucht werden: Kinderliteratur, Jugendliteratur, Kinderbücher, Jugendbücher, Kinderschrifttum, Jugendschrifttum, Kinderlektüre und Jugendlektüre. Es bieten sich nach dem (nicht klaren) Gebrauch in fachwissenschaftlichen und populären Werken folgende Unterscheidungen an: a) KJL als Ober- und Sammelbegriff für die gesamte Produktion von Werken für Kinder und Jugendliche zu nehmen, gleich, ob es sich um belletristische Werke oder Sach- und Fachschriften, ob es sich um Lektüre für Kinder im Vorschulalter oder für schon schulentlassene, in Lehre und Ausbildung befindliche, bis etwa 16 Jahre alte Jugendliche handelt, (so ist der Gebrauch im Titel von vielen neueren Publikationen zu verstehen, z.B. bei G. HAAS (Hrsg.): Kinder- und Jugendliteratur, zur Typologie und Funktion einer literarischen Gattung, 1974; H. KUNZE (Hrsg.): Studien zur Geschichte der deutschen Kinder- und Jugendliteratur, 1974ff.). Es muß gesehen werden, daß oftmals auch die Begriffe Jugendliteratur, Jugendlektüre und Jugendschrifttum in diesem allgemeinen Sinne benutzt werden (z.B. trug die von 1955 bis 1963 erschienene westdeutsche Fachzeitschrift für KJL den Titel „Jugendliteratur", R. BAMBERGERS 1955 zuerst erschienenes Buch heißt „Jugendlektüre" und sein 1975 ediertes Einführungsbuch „Jugendschriftenkunde"). b) Kinderliteratur bzw. Kinderschrifttum als Bezeichnung für alle literarischen Produkte (Belletristik und Sachschrifttum) zu nehmen, die speziell für Vorschul- und Schulkinder bis zum Eintritt in die Pubertät (ca. 10./11./12. Lebensjahr) hergestellt und dieser Lesergruppe angeboten werden. c) Als Kinderlektüre außer dem unter b) genannten auch das zu verstehen, was Kinder dieses Alters gezwungenermaßen oder aus freien Stücken zu adaptieren bereit sind (Lehrbücher, Zeitungen, Zeitschriften, Kioskliteratur usw.); d) als Kinderbücher zu bezeichnen, was speziell für jugendliche Leser von Autoren, Übersetzern, Bearbeitern und Verlagen für Kinder im Vorschul- und Schulalter bis zum Eintritt in die Pubertät (ca. 10./11./12. Lebensjahr) in Buchform (auch Bilderbuch) herausgegeben wird; e) als Jugendliteratur bzw. Jugendschrifttum (im engeren Sinne) jene Schriften und Überarbeitungen in den Massenmedien anzusehen, welche für junge Menschen bestimmt sind, die nicht mehr Kinderliteratur (Kinderbücher, Kinderlektüre) lesen, aber auch noch keine ausgesprochene Erwachsenenlektüre schätzen. Begriffe wie Übergangsliteratur, Schwellenliteratur, Teenagerliteratur, neuerdings auch Jeansliteratur rücken in die Nähe. Die Altersstufe dürfte etwa zwischen 11/12 und 15/16 Jahren liegen. f) Unter Jugendlektüre außer dem unter e) genannten auch das zu verstehen, was Jugendliche literarisch bereit oder auch gezwungen sind zu adaptieren (Fach- und Lehrbücher, Zeitungen, Zeitschriften, Kioskliteratur). g) Als Jugendbücher im weiteren Sinne sind alle für den jugendlichen Leser vom Kleinkind (Bilderbuchalter) bis etwa 16 Jahren speziell produzierten Bücher anzusehen. Hier wird der Begriff Jugendbücher zum Oberbegriff, der Bilder-, Kinder- und Jugendbücher im engeren Sinne einschließt. Sobald jedoch der Ausdruck im Zusammenhang mit dem der Kinderbücher auftaucht, ist er gewöhnlich als Benennung jener Mädchen-, Abenteuer-, Entdeckerbücher usw. gemeint, welche vorwiegend die Lektüre der über zehn Jahre alten Knaben und Mädchen sind (die Indianerromane K. MAYS z.B. sind dann Jugendbücher, A. LINDGRENS „Pippi Langstrumpf" dagegen ist ein Kinderbuch).

Begriffsdifferenzierung. In der verwirrenden Vielfalt der Ausdrücke und der sprachlichen Nuancierung spiegeln sich zum Teil die Unsicherheit beim Abgrenzen der KJL, aber auch die unterschiedlichen Standorte mancher Betrachter. Wenn z.B. PH. WACKERNAGEL (1800–1877) aus der Sicht des antirationalistisch orientierten romantischen Pädagogen den Ausdruck „Kinderschrifttum" gebraucht, dann nur, um ihn als Bezeichnung für einen „Irrtum" abzutun, „der in den letzten Menschenaltern uns verleitet, einem bis dahin unerhörten Zweige der Literatur, dem der Kinderschriften, seine Entstehung zu geben" (1837). Er meint: „Die Jugend bedarf keiner besonderen Schriften!" In jüngster Zeit äußerte sich dagegen D. RICHTER (* 1938) kritisch zum Begriff des „Jugendbuchs". Er will den Begriff „Kinderbuch" dagegen setzen, diesen nicht mehr altersspezifisch eingeengt sehen und den des Jugendbuchs eliminieren: „Der Begriff ‚Jugendbuch' hat einen so verdächtigen Klang – wie schon der Begriff ‚Jugendliche' –, seine institutionellen Sachwalter haben ihn ungenießbar gemacht" (in: D. RICHTER: Das politische Kinderbuch, 1973, S. 24). Im Laufe der Begriffsgeschichte haben sich deutliche Akzentverschiebungen beim Gebrauch von „Kinder-" und „Jugend-" einerseits und „-literatur" und „Schrifttum", aber auch von „Literatur" und „Buch" ergeben. „Kinder"literatur, „Kinder"buch, „Kinder"schrifttum sind gern im Hinblick auf die KJL des 18. Jahrhunderts gebraucht worden und gewinnen gewöhnlich heute dann wieder eine Aufwertung, wenn die KJL – auch die neuere, z.B. die antiautoritäre Strömung – unter politischer, vor allem sozialistischer Betrachtungsweise angegangen wird. Die Ausdrücke „Jugend"literatur, „Jugend"buch und „Jugend"schrifttum sind vor allem im 19. und 20. Jahrhundert bis heute in der bürgerlichen Literaturkritik, Literaturdidaktik und Literaturwissenschaft gebraucht worden. Die neuerdings feststellbare Zurückdrängung des Ausdrucks Kinder- und Jugend„schrifttum" und seine Ablösung durch den der Kinder„literatur" – der „Arbeitskreis für Jugendliteratur" hieß noch bis 1969 „Arbeitskreis für Jugendschrifttum" – dürfte zwei Ursachen haben: einmal hielt der Ausdruck „Schrifttum" nicht mehr Schritt, als sich in der Literaturwissenschaft und Literaturdidaktik der sechziger Jahre die Ausweitung des Literaturbegriffs auf nichtfiktionale und triviale Texte mehr und mehr durchsetzte, zum anderen bietet der Ausdruck „Schrifttum" deutliche Erinnerungen an eine „deutschtümelnde" Vergangenheit (z. B. J. Antz: Führung der Jugend zum Schrifttum, 1920, [3]1954). Bei der Benutzung der Wortverbindung Jugend- oder Kinder- mit „-buch" ist erkennbar, daß der Sektor der KJL auf den des Buches eingeengt ist, wobei zum Teil Bewertungen einfließen: „Das gute Jugendbuch" ist vielfach stillschweigend gegen die „schlechten Heftchen" und Comics gesetzt. Grundsätzlich bleiben die Meinungen derer, die den Begriff KJL oder einen seiner Nachbarbegriffe benutzen, in zwei Lager gespalten: die einen gehen davon aus, daß die KJL eine spezifische Gattung mit erkennbaren Strukturgesetzen und vom übrigen Bereich der Literatur separierbaren Inhalten, Themen, Motiven sei, die anderen sind der Auffassung, daß die KJL nur der Teil der Welt der Texte sei, den der jugendliche Leser auf Grund seines eigenen Interesses und der gesellschaftlichen Vermittlungsmechanismen zur Rezeption erhält, daß aber KJL sich grundsätzlich weder in ihrer Struktur noch ihrer Thematik, ihrem Inhalts- und Motivbestand von der anderen Literatur unterscheide. Letzteres gilt übrigens auch dann, wenn unter KJL auch jene seit der Jahrhundertwende immer wieder gelegentlich auftretenden Veröffentlichungen von Gedichten, Erzählungen, dramatischen Texten, die von Kindern und Jugendlichen selbst verfaßt sind, verstanden werden. Die praktischen Konsequenzen aus der Auffassung einer spezifischen KJL sind: die Förderung von spezifischer Kinder- und Jugendschriftstellerei, spezifischem Kinder- und Jugendbuchverlagswesen, spezifischen Kinder- und Jugendbüchereien usw. Die praktischen Konsequenzen aus der Auffassung von der KJL als integrierter Bestandteil der National- und Weltliteratur sind die Rechtfertigung der möglichst frühen Teilhabe jugendlicher Leser am literarischen Leben, Kampf gegen eine spezifische (Schonraum)-Jugendschriftstellerei, Propagierung einer freien Entfaltung des Lesebedürfnisses, Entwicklung von Bibliotheken mit Zugängen für alle Altersstufen usw.

Zu den Formen, Inhalten und Erscheinungsformen der KJL. Auf KJL treffen alle poetologischen Einteilungsschemata und litertursoziologischen Bedingungen, die in der Erwachsenenliteratur anzutreffen sind, ebenfalls zu. So gibt es von der Struktur her keine Gattung der Epik, Dramatik, Lyrik und der Sachtexte – von der Kurzgeschichte bis zum Roman, vom Laienspiel bis zum Trauerspiel, vom Kinderreim bis zum Stimmungsgedicht und zur Gedankenlyrik, vom erzählenden Sachtext bis zum strengen Lehrbuch –, die nicht auch in der KJL auftritt. In Sprache und Stil folgen die Texte der KJL – teilweise in zeitlicher Verzögerung – den Strömungen und Tendenzen der Erwachsenenliteratur. Festzustellen ist allerdings, daß die jugendlichen Leser im statistischen Durchschnitt besondere Strukturen und Inhalte auf bestimmten Altersstufen bevorzugt goutiert. So sind z. B. märchenhafte Motive im Vor- und Grundschulalter besonders beliebt, erzählende Gedichte (z. B. Balladen), Abenteuerstoffe bei 10- bis 12jährigen usw. Ein handlungsreiches Geschehen wird vor der Pubertät vielfach psychologischer Problementfaltung vorgezogen usw. Diese statistisch erweisbaren Interessenlagen müssen jedoch in ihrer Abhängigkeit von soziokulturellen Faktoren (Schichtenzugehörigkeit, zeitbedingte Enkulturation, politisch-ökonomische Produktionsbedingungen) gesehen werden. So dürfte auch der immer noch sehr hohe Anteil an fiktionalen Texten (bei allerdings steigenden der nonfiktionalen) innerhalb der jährlich 1000–2000 neuen Titel in der westdeutschen KJL-Produktion (ohne die Millionenauflagen der Kioskliteratur von Heftchen, Comics, Zeitschriften, auch ohne das schulische Angebot) mit den gesellschaftlichen Vorstellungen von Jugenderziehung einerseits und Jugendkonsumverhalten andererseits mehr zu tun haben als mit einem angenommenen Eigenbedürfnis von Kindern und Jugendlichen.

Wenn auch die KJL-Forschung streckenweise (Ausnahme: H. Wolgast) – vor allem, soweit sie sich ausschließlich nur am Kinder- und Jugendbuch orientiert – das ihrer Meinung nach wertvolle, das „gute Jugendbuch" beobachtet hat, so darf nicht übersehen werden, daß innerhalb der KJL ein ebenso großer Anteil an Trivialliteratur besteht wie innerhalb des Angebots für erwachsene Leser. Unter Kinder- und Jugendbüchern gibt es einige wenige, welche die erste Lesergeneration überleben und dann als sogenannte „Klassiker" teilweise mehr als ein Jahrhundert eine besonders verbreitete Jugendlektüre darstellen (so z. B. in der BRD „Struwwelpeter", „Max und Moritz", „Robinson Crusoe", „Gullivers Reisen", „Heidi", „Winnetou", „Tarzan").

Die KJL erscheint vor dem jugendlichen Leser in Form von Bilderbuch, Kinderbuch, Jugendbuch, in Form von Texten in Kinder- und Jugendzeitschriften, Heftchen, auf Schallplatten, Kassetten, in Film und Fernsehen. Die Medien verarbeiten die KJL entsprechend ihren Möglichkeiten und der gegebenen Marktbedingungen und Absichten der Produzenten. Die traditionelle KJL-Forschung hat noch kaum die Bereiche der Massenmedien erschlossen, obwohl KJL zum überwiegenden Teil über diese Kanäle den jugendlichen Rezipienten erreicht.

Herkunft der KJL. In der Regel werden drei Quellen genannt, aus denen KJL gespeist wird: 1. Texte, die von Autoren speziell für ein jugendliches Leserpublikum verfaßt wurden; 2. Texte, die aus der Erwachsenenliteratur übernommen wurden; 3. Volksliteratur, deren Entstehung meist anonym und deren Überlieferung zum Teil mündlich vor sich ging. In der Geschichte der KJL in Deutschland beginnt in der zweiten Hälfte des 18. Jahrhunderts die erstgenannte Kategorie bedeutsam zu werden und damit zugleich die spezifische KJL sich zu konstituieren.

Im Laufe der Zeit haben sich innerhalb der spezifischen KJL Gattungsschwerpunkte herausgebildet, so z. B. legten die Jugendschriftsteller des 18. und auch die des 19. Jahrhunderts wie J. H. Campe, Chr. F. Weisse, Chr. von Schmid, A. Schoppe, J. Spyri, J. Glatz und viele andere auf moralische Geschichten besonderen Wert, im 19. Jahrhundert wurde das Kindergedicht außerordentlich gepflegt (z.B. bei W. HEY, H. HOFFMANN, HOFFMANN VON FALLERSLEBEN, u.v.a.), auch das Märchen, die Familiengeschichte und das Mädchenbuch, zu Beginn des 20. Jahrhunderts kam die Umwelterzählung dazu, nach dem Zweiten Weltkrieg die phantastische Erzählung und neuerdings die realistische, sozialkritische Geschichte.

Neben diesem Teil der spezifischen KJL besteht der, in dem Werke der Erwachsenenliteratur, zum Teil in starken Bearbeitungen, Kindern und Jugendlichen zugänglich gemacht werden. Schon in der griechischen und römischen Antike gab es z.B. didaktische Bearbeitungen von HOMERS Ilias. Während des gesamten Mittelalters dienten ÄSOPS Fabeln als KJL, speziell als Schullektüre. Seit dem 18. Jahrhundert – beginnend mit J. H. CAMPES Umarbeitung (1779) von D. DEFOES „Robinson Crusoe" (1719) – werden vor allem erzählende Werke der National- und Weltliteratur in speziellen Jugendausgaben herausgegeben, so z.B. J. F. COOPERS Lederstrumpferzählungen, J. SWIFTS Gullivers Reisen, CERVANTES Don Quijote, GRIMMELSHAUSENS Simplicius Simplicissimus oder auch MELVILLES Moby Dick. Wie weit ein Bearbeiter bei inhaltlichen Kürzungen und sprachlichen Veränderungen gehen darf, ist eine häufig diskutierte, zu kontroverser Beantwortung führende Frage der KJL-Forschung.

Die dritte Quelle der KJL ist die Volksliteratur. Sie wurde besonders durch die Romantiker zu Beginn des 19. Jahrhunderts erschlossen. Zu ihr gehören Kinderreime und Volkslieder, Märchen, Legenden, Volksbücher, Götter-, Helden-, Heimat- und Volkssagen, aber auch Schelmengeschichten wie Till Eulenspiegel und die Schildbürger.

Wie in der Erwachsenenliteratur, so wird auch in der KJL das literarische Erbe ständig einer Neusichtung durch die Autoren und Verlage unterzogen. So entstehen Neubearbeitungen, Überarbeitungen, Neuübersetzungen, Umarbeitungen traditioneller Werke aus allen drei genannten Herkunftsbereichen.

Zur Lage der Erforschung der KJL. Da KJL für eine definierbare Konsumentengruppe gedacht oder von dieser rezipiert wird, diese Konsumentengruppe als Jugend in besondere pädagogische Betreuung fällt, hat sich ergeben, daß die KJL-Forschung bisher besonders von Literaturpädagogen beachtet worden ist. Sehr viele Theoretiker des 19. Jahrhunderts bis heute, wie H. WOLGAST, H. L. KÖSTER, A. MERGET, W. FRONEMANN, J. PRESTEL, S. RÜTTGERS, R. BAMBERGER, K. E. MAIER waren Pädagogen bzw. Deutschlehrer. Andere Theoretiker kommen aus der Bibliothekswissenschaft (H. KUNZE, I. DYHRENFURTH-GRAEBSCH, D. RAMMENSEE u.a.), wieder andere von der Psychologie (CH. BÜHLER, E. SCHLIEBE-LIPPERT, G. OESTREICH, W. HARTMANN-WINKLER u.a.), der Soziologie und Volkskunde. Alle verbindet das Interesse an der Literatur und ihren jugendlichen Lesern. Die Forschung bestand im 19. und besteht auch noch im 20. Jahrhundert weithin in dem Versuch, die Entstehung und Entwicklung der KJL bis zur Gegenwart darzustellen (A. MERGET: Geschichte der deutschen Jugendliteratur, 1867–1873; L. GÖHRING: Die Anfänge der deutschen Jugendliteratur im 18. Jahrhundert, 1891; H. L. KÖSTER: Geschichte der deutschen Jugendliteratur, 1906–1908; J. PRESTEL: Geschichte des deutschen Jugendschrifttums, 1933; I. DYRENFURTH-GRAEBSCH: Geschichte des deutschen Jugendbuchs, 1951; B. HÜRLIMANN: Europäische Kinderbücher in drei Jahrhunderten, 1959; H. KUNZE (Hrsg.): Studien zur Geschichte der Kinder- und Jugendliteratur, 1974ff. u.a.).

Hierbei haben sich verschiedene Ansätze ausgeprägt, so z.B. der der positivistischen bio-bibliographischen Darstellung, der der geistesgeschichtlichen Einordnung und der einer materialistisch-marxistisch orientierten Geschichtsschreibung. Die historische Methode hat inzwischen Detailprobleme aufzuarbeiten versucht. So hat z.B. P. ALEY die „Jugendliteratur im Dritten Reich" (1967) dokumentarisch belegt; D. RICHTER „Das politische Kinderbuch" (1973) seit etwa 1890 bis in die dreißiger Jahre; M. DAHRENDORF mit seiner Untersuchung zur Gattung Mädchenbuch (Das Mädchenbuch und seine Leserin, 1970) auch eine historische Dimension beigegeben, KL. DODERER und H. MÜLLER haben zusammen mit anderen die Geschichte des Bilderbuchs in Deutschland zusammengetragen (Das Bilderbuch, 1973, [2]1975), B. HURRELMANN anhand der Zeitschrift CHR. F. WEISSES der „Kinderfreund" (1776–1782) die soziale Erziehung in der Jugendliteratur der Aufklärung zu erkennen versucht (Jugendliteratur und Bürgerlichkeit, 1974) usw.

Die Formulierung G. KLINGBERGS, die KJL-Forschung habe ein sehr praktisches Ziel, „nämlich den Kindern und Jugendlichen eine möglichst gute Literatur zu vermitteln", ist sicher zu einseitig, sie bekommt jedoch ihr Recht in vielen Veröffentlichungen zur KJL, in denen die Intention der Vermittlung von guten Kinder- und Jugendbüchern vorherrscht. In solchen Abhandlungen werden Interpretationen von Einzelwerken, Unterrichtsvorschläge und leserpsychologische Erfahrungen mitgeteilt. Sie werden unter didaktisch-methodischen Gesichtspunkten zusammengestellt (R. BAMBERGER: Zum Lesen verlocken, 1967; K. E. MAIER: Jugendschrifttum, [7]1973; A. KRÜGER: Kinder- und Jugendbücher als Klassenlektüre, 1963; A. CL. BAUMGÄRTNER: Jugendliteratur im Unterricht, 1972; A. GRÖMMINGER und G. RITZ-FRÖHLICH: Umgang mit Texten in Freizeit, Kindergarten und Schule, 1974 u.a.). Neben den historischen, gattungsphänomenologischen, ideologiekritischen Gesamt- und Einzelstudien und neben den methodisch-didaktischen Handreichungen, auch neben Strukturanalysen von Einzelerscheinungen sprachlicher oder genrebezogener Art sind die zum Teil breit angelegten, mit Statistik und Quantitätsberechnungen arbeitenden Untersuchungen zu sehen, die entweder die KJL direkt analysieren (G. OESTREICH: Erziehung zum kritischen Lesen, 1973; B. NAUCK: Kommunikationsinhalte von Jugendbüchern,

1974; u. a.) oder aber den jugendlichen Leser bzw. seine Rezeptionskompetenz erforschen wollen.
In neuerer Zeit zeichnen sich innerhalb der KJL-Forschung drei Positionen ab, von denen aus Fragen gestellt und zu beantworten gesucht werden: 1. Die Position derjenigen, die – auf traditionellen ästhetischen Werturteilen aufbauend – nach der bestmöglichen Verbreitung und Propagierung des „guten Jugendbuchs" Ausschau halten. Diese Forschungsrichtung zielt auf methodisch-didaktische Erkenntnis bei vorausgesetzter „Kulturgut"-Annahme ab, basiert jedoch auf einer naiven Rezeptionstheorie und der Ignorierung der Interessen weiter jugendlicher Leserschichten. Sie verengt ihr Untersuchungsfeld innerhalb der KJL gewöhnlich auf das des Kinder- und Jugendbuchs, bleibt hier weithin deskriptiv, während sie nach methodischer Neuerung im Vermittlungsprozeß sucht. 2. Die Position derjenigen, die in den Texten der KJL nach den durch sie vermittelten, ins wirkliche Leben des Lesers übertragbaren Denk-, Verhaltens- und Handlungsmustern suchen. Sie erweitern den Begriff der KJL auf alle nur möglichen, auch triviale Texte und Textsorten, bemühen sich um die Erkenntnis von „message" (Botschaft) und Ideologie in Bilderbuch, Märchen, Kinderroman, Comicstreifen, Jugendzeitschrift usw. Ihre Position ist inhaltsbezogen und kritisch im Hinblick auf soziale und politische Bewußtseinsbildung im jugendlichen Leser. Häufig wird bei den dieser Richtung verpflichteten Arbeiten übersehen, daß auch noch der einfachste Text im Kinderbuch ein Kunstprodukt ist und dadurch eo ipso Wirklichkeit verfremdet wiedergibt. 3. Die Position derjenigen, welche KJL in ihrer kommunikativen Bedeutung zu erkennen suchen; sie haben die KJL und die Rezipienten zugleich im Auge zu behalten, um die Inhalte der KJL und ihre Wirkungen auf den jugendlichen Leser ablesen zu können. Sie stoßen – wenn auch bis jetzt noch wenig Material vorliegt – auf die von vielerlei soziokulturellen, ökonomischen und psychologischen Bedingungen beeinflußte Abhängigkeit des „Empfängers", aber auch auf die Komplexität der Aussagen eines KJL-Textes.

→Aufklärung, →Bearbeitung von Texten für Kinder und Jugendliche, →Beurteilung von Kinder- und Jugendbücheren, →Epochen der Kinder- und Jugendliteratur, →Geschichtsschreibung der deutschen Kinder- und Jugendliteratur, →Jugendschriftenbewegung, →Jungleserpsychologie, →Junglesersoziologie, →Klassiker der Kinder- und Jugendliteratur, →Kritik der Kinder- und Jugendliteratur, →Kunsterziehungsbewegung, →Leseerziehung, →Lesefertigkeit, →Leseinteresse, →Leselernmethoden, →Leseverhalten, →Literaturpädagogik, →Politisches Kinder- und Jugendbuch, →Proletarische Kinder- und Jugendbücher, →Rezeption der Kinder- und Jugendliteratur, →Sozialistische Kinder- und Jugendliteratur, →Trivialliteratur

Sekundärliteratur (Auswahl von Schriften mit allgemeiner Themenstellung, nach 1970 erschienen): Arbeitskreis für Jugendliteratur (Hrsg.): Jugendliteratur und gesellschaftliche Wirklichkeit (1974). – R. Bamberger: Jugendschriftenkunde (1975); (Hrsg.): Jugendbuch und Jugendbuchtheorie heute (1976). – A. Cl. Baumgärtner (Hrsg.): Deutsches Jugendbuch heute (1974). – Kl. Doderer (Hrsg.): Jugendliteraturforschung international. Schwerpunkte und Richtungen. Frankfurter Kolloquium 1969 (1970); Probleme und Positionen der Kinder- und Jugendliteraturforschung in der BRD (in: Revue d'Allemagne VIII, Nr. 3 (Juli–Sept.), 1976. 343–352). – R. Gollmitz (Hrsg.): Das Kinderbuch, Gedanken und Ansichten (1971). – G. Haas (Hrsg.): Kinder- und Jugendliteratur. Zur Typologie und Funktion einer literarischen Gattung (1974, [2]1976). – G. Klingberg: Kinder- und Jugendliteraturforschung. Eine Einführung 1973 (Barnlitteraturforskning, En Introduktion, 1972). – H. Kunze (Hrsg.): Studien zur Geschichte der deutschen Kinder- und Jugendliteratur (1974 ff.). – K. E. Maier: Jugendschrifttum, Formen, Inhalte, pädagogische Bedeutung ([7]1973). – D. Richter (Hrsg.): Das politische Kinderbuch (1973). – D. Richter/J. Vogt (Hrsg.): Die heimlichen Erzieher: Kinderbücher und politisches Lernen (1974).

Klaus Doderer

Kinder- und Jugendzeitschrift

KJZ.en sind speziell für Kinder und Jugendliche produzierte, zumeist selbständige, aber auch Zeitschriften oder Zeitungen beigegebene, periodisch erscheinende Publikations- und Kommunikationsmittel, die Unterhaltung mit Belehrung, zuweilen auch mit Propaganda verbinden. Als kommerzielle, nicht kommerzielle oder autonome Periodika sind sie Publikationen, die „allein im Hinblick auf die Erfahrungs- und Interessenwelt des Jugendlichen gestaltet, entweder von Jugendlichen selbst oder aber von Erwachsenen redigiert und ediert" werden (H. Koschwitz 1969. S. 527). Die Bezeichnungen „Kinderzeitschrift" und „Jugendzeitschrift" werden häufig separat gebraucht, wobei die Alterszuordnung der Leser im Auge behalten wird. Demnach können Kinderzeitschriften namentlich für Leser im Vor- und Grundschulalter, Jugendzeitschriften für Leser ab ca. 10 Jahren gelten. Jedoch wird nicht selten der Terminus Jugendzeitschriften für beide Erscheinungsformen allein verwendet, zur Abhebung von Zeitschriften für Erwachsene.
Wie bei Erwachsenenzeitschriften treffen wir auch bei KJZ.en eine Vielzahl von Typen an: Publikums-, Verbands-, Fach-, Hobby-, Schüler-, Werbe- und Kundenzeitschriften u. a. Andere Typologien teilen nach Trägerschaft oder pädagogisch-didaktischer Funktion ein. So spricht H. Koschwitz von jugendeigenen Zeitschriften (von der Jugend für die Jugend gemacht), KJZ.en der Kirchen, Gewerkschaften, politischen Organisationen und Verbände, unabhängigen verlagseigenen KJZ.en und der Studentenpresse. Auf die Problematik einer solchen Klassifizierung der KJZ.en wies Th. Brüggemann (1974. S. 147) hin, der kritisiert, daß „durch ein Formalkriterium recht Ungleichartiges zusammengefaßt wird".
Um die pädagogisch orientierten KJZ.en zu akzentuieren, wurde zwischen jugendeigenen Blättern (Schülerzeitungen, Lehrlingszeitschriften), pädagogisch orientierter Jugendpresse (Verbandszeitschriften, reli-

giös fundierten, politisch akzentuierten KJZ.en,, Blättern der Landesjugendringe) und kommerziellen Jugendmagazinen (verlagseigenen KJZ.en) unterschieden (vgl. ZV + ZV, Ausgabe vom 4. 9. 1973). Im Bereich der Kinderzeitschriften lassen sich vor allem schul- bzw. lehrplanorientierte, aktivitäts- und kreativitätsfördernde, religiös und missionspädagogisch intendierte Periodika von Comics und Werbezeitschriften abheben.

Geschichtliche Entwicklung und Kritik. Auf die Tatsache, daß „die Jugendlektüre mit der Kinder- und Jugendzeitschrift“ einsetzt, wies R. BAMBERGER (1965, S. 247) hin. Die älteste deutschsprachige Kinderzeitschrift ist das „Leipziger Wochenblatt für Kinder“ (1772–1774) von J. CHR. ADELUNG (1732–1806). Sie gilt als erstes selbständiges Periodikum für Kinder in Deutschland, dem aufklärerischen Philanthropinismus entsprungen, gestalterisch und inhaltlich im Gefolge der englischen moralischen Wochenschriften stehend. Einen eigenen „Kinderteil“ mit Lesegut und -empfehlungen hängte aber z. B. schon der Nördlinger Diakonus C. G. BÖCKH seiner 1771/72 bei Cotta in Stuttgart herausgegebenen „Wochenschrift zum Besten der Erziehung und der Jugend“ an. „Wie Pilze nach warmem Regen erschienen nun ... Wochenschriften und Almanache für Kinder und junge Leute.“ Es sind wohl „bis 1789 etwa 29, von da bis zum Ende des Jahrhunderts 10 gewesen“ (GÖHRING 1904, S. 13). Ähnliche Entwicklungen sind in Frankreich (1757: „Le magasin des enfants“), England (1788: „The Children’s Magazine“, „The Juvenile Magazine“) und Amerika (1833: „Peter Parley’s Magazine“ von S. GOODRICH) zu verfolgen. Hier wie dort waren die KJZ.en des 18./19. Jahrhunderts den Kindern der gehobenen Stände zugedacht. „Im ausgehenden 19. und beginnenden 20. Jahrhundert änderten sie zwar ihren Charakter, wurden Aufnahmebecken für abenteuerliche und sentimentale Geschichten und Sachbelehrungen, wandten sich aber nach wie vor an die Jugend eines Bildungsbürgertums“ (H. MÜLLER 1967, S. 10). Nennenswerte Beispiele: „Berliner Kinderwochenblatt“ (1832–1836) von G. GROPIUS, J. WEBERS 1843 erstmals publizierte „Illustrierte Zeitung“, J. LOHMEYERS „Deutsche Jugend“ (1873–1908), „Der gute Kamerad“, SPEEMANS „Illustrierte Knabenzeitung“ (1886), „Das Kränzchen“ (1888), „Der heitere Fridolin“ (1921; 1966 bei Ullstein als Taschenbuch wieder aufgelegt: „Querschnitt durch eine deutsche Jugendzeitschrift“). Die drei letztgenannten Periodika waren die „führenden verlagseigenen Jugendzeitschriften der zwanziger Jahre“ (KARCH 1973, S. 27).
Die im 19. Jahrhundert von den christlichen Konfessionen edierten KJZ.en (z. B. „Schutzengel“ ab 1885, „Das Heidenkind“ ab 1880, „Die Sonntagsschule“ ab 1864, „Rheinischer Kinderfreund“ ab 1878) hielten sich über Jahrzehnte. Ein „differenziertes Jugendzeitschriftenwesen“ ist mit der Jugendbewegung zu konstatieren: „1931: 449 Jugendzeitschriften mit einer Gesamtauflage von 18 Millionen. ... Diese Jugendzeitschriften wurden von der Pressekammer des NS-Regimes unterdrückt und größtenteils verboten“ (HUDA 1970, S. 378).

Deutsche Jugend
Illustrirte Monatshefte.
Unter Mitwirkung von
Friedr. Bodenstedt, Franz Bonn, Th. Colshorn, Carl Enslin, Emanuel Geibel, Carl Gerok, Klaus Groth, A. W. Grube, Fr. Güll, C. Heigel, Gustav Jaeger, Gust. Jahn, Hermann Kletke, Friedrich Körner, Hermann Kurz, Rudolf Löwenstein, R. Löwicke, Herm. Masius, Joh. Meyer, Ed. Mörike, Friedr. Oldenberg, Wilh. Osterwald, Gust. Pfarrius, Ad. Pichler, R. Reichenau, Carl Reinhold, C. Rohrbach, Otto Roquette, Georg Scherer, Theodor Storm, Julius Sturm, Albert Traeger, Heinr. Viehoff, Villamaria, Ottilie Wildermuth, Heinrich Zeise u. A.
herausgegeben von
Julius Lohmeyer.
Mit Holzschnitten nach Original-Zeichnungen von
H. Bürkner, Ludwig Burger, Fedor Flinzer, Joseph Ritter v. Führich, W. Georgy, Th. Grosse, G. Hammer, Albert Hendschel, Oscar Pletsch, Friedrich Preller, Ludwig Richter, Ferd. Rothbart, Gustav Spangenberg, Paul Thumann, A. v. Werner, A. v. Zahn u. A.
Unter künstlerischer Leitung von
Oscar Pletsch.
Erster Band.
Verlag von Alphons Dürr in Leipzig.
1873.

Titelblatt des ersten Bandes (1873) der illustrierten Monatshefte „Deutsche Jugend“. Von J. Lohmeyer herausgegeben, künstlerisch von O. Pletsch betreut, wirkten an dieser Jugendzeitschrift u. a. E. Geibel, Fr. Güll, E. Mörike und Fr. Rückert mit. Th. Storms Erzählung „Pole Poppenspäler“ erlebte ihren Erstdruck in dieser Zeitschrift.

Hatte schon F. GEDICKE 1787 die Kinderzeitungen, -almanache und -journale als „literarischen Puppenkram“ abzutun versucht, brachte die Jugendschriftenbewegung (H. WOLGAST, O. HILD) die Kritik an den kinder- und jugendeigenen Periodika zum Kulminationspunkt („Gegen die spezifische Jugendliteratur!“). Hingegen versuchte z. B. W. FRONEMANN, die KJZ.en als Literaturträger, „Nachtragslieferung“, Buchergänzung, Brücke zwischen dem Leben und dem „Wertbewahrer Buch“ (H. ZIMMERMANN) zu rechtfertigen. Die Scheu und Abneigung gegenüber dem Medium KJZ wurde aber bis in die fünfziger Jahre des 20. Jahrhunderts hineingetragen (vgl. H. GIESELER 1958). Erst die wissenschaftliche Beschäftigung mit Phänomen und Formen der Trivialliteratur rückten die KJZ ins Blickfeld der Forschung. Wie sehr diese der Praxis nachhinkt, kann einerseits an der expansiven Verbreitung der KJZ in der Gegenwart, andererseits am eklatanten Defizit literaturhistorischer Untersuchungen zu diesem „Stiefkind“ der Jugendliteratur abgelesen werden.

Beobachtungen auf dem Markt von heute. Im Handbuch der Jugendarbeit und Jugendpresse (1967) werden 174 KJZ.en aufgeführt. Genaue Zahlenangaben entziehen sich der Erfassung; Einstellungen, Neugründungen, aber auch Fusionen, die allgemeine Schnellebigkeit der Massenpresse können Gründe dafür sein. Auflagenziffern der auf dem Markt befindlichen KJZ.en sind ebensowenig zu präzisieren. Jedenfalls haben sie nur temporäre Gültigkeit und können kaum auf ihre Zuverlässigkeit hin überprüft werden (vgl. Tabelle). Die Beliebtheit der vorwiegend oder ausschließlich auf Zerstreuung abgestellten Comiczeitschriften („Micky Maus", „Fix und Foxi", „Superman", „Zack" u. a.) ist daran ersichtlich, daß Anfang 1975 weit über 7,5 Millionen Stück pro Monat verkauft wurden. Jedes Comic-Heft wird zudem von mindestens elf Kindern gelesen, jedes vierte von Eltern gekauft. Die 1956 gegründete Zeitschrift „Bravo" erscheint nach wie vor mit einer Wochenauflage von weit über einer Million Exemplare.

Einen Überblick über 1973 im Handel der BRD erhältliche Jugendzeitschriften gibt R. Steffen (1973, S. 9ff., hier gekürzt wiedergegeben):

Anfang der siebziger Jahre beobachtete man einige Neugründungen von KJZ.en: „Yps", „Treff" (Schülermagazin), „Melanie – das Magazin für Girls", „Musik-Expreß", „ran" u. a. An kommerziellen Jugendschriften wurden u. a. eingestellt: „Jugend und Motor" (1956), „Halbzeit" (1957), „Tina" (1967), „Underground" (1969), „Twen" (1971). Während die meisten dieser Blätter eine nur sehr kurze Lebensdauer zeigten, behaupten sich viele KJZ.en seit Jahren („Sommergarten", „Der kleine Tierfreund", „Teddy", „Freund der Kinder", „Jugendlust", „Bravo" u. a.). Verwiesen sei auf zwei in der BRD · erscheinende rechts- bzw. linksradikale Jugendzeitschriften: „MUT – Das Nationaleuropäische Magazin"; „elan – Magazin für junge Leute". Das kaum überseh- und registrierbare Angebot an KJZ.en wird ergänzt durch die große Zahl der Erwachsenenzeitschriften und -illustrierten, die bekanntlich (vgl. K. Buselmeier 1971) von Kindern und Jugendlichen mitgelesen werden.

Jugendzeitschriften

Titel	Verlag/Gruppe	Art	Druckauflage II/73lt. IVW
Kommerzielle			
Bravo	Bauer, Hamburg	Zeitschrift f. junge Leute	1329091
Bravo Poster	Bauer, Hamburg		462000
Poster Press	Koralle, Berlin	Zeitschrift f. junge Leute	200000
Poster	Dt. Pressevertrieb, Hamburg	Pop-Magazin	130000
Musik Express mit Aufkleber	Muziek Express, Den Haag	Jugendmusikzeitschrift	169000
Popfoto mit 2 Superposter	Muziek, Den Haag	Jugendmusikzeitschrift	294500
Musik Fans mit 2 Superposter	Wilms, Hamburg	Jugendmusikzeitschrift	180000
Musik Revue	Musik Revue, Hamburg	Jugendmusikzeitschrift	220000
Sounds	Sounds, Hamburg	Musik-Magazin	80000
Pop (Deutschland-Ausgabe) mit 3 Farb-Superposter	Vertriebs-Union Wiesbaden	Zeitschrift f. die Pop-Generation	243058
Gewerkschaftliche			
Jugendpost	Dt. Angest.-Gewerksch. Hamburg	Zeitschrift d. DAG-Jugend	60000
'ran	DGB Düsseldorf	Jugend-Magazin	113000
Konfessionelle: Evangelische			
Die Glocke	Christl. Jugenddorf-Werk, Faurndau/Göppingen	Jugendl.	16000
Der Baustein	CVJM Deutschland, Wuppertal	Jugendl.	12000
Die junge Schar	CVJM Deutschland, Wuppertal	Jugendl.	30000
Das Baugerüst	Ev. Landjugend Bayerns, München	Jugendl.	5000
Kontrapunkt	Arbeitsgem. MBK, Bad Salzuflen	Jugendl.	11000
neues dorf	Ev. Presseverband f. Bayern, München	Jugend u. Familie	10000
Katholische			
Neue Stafette	J. M. Sailer Verl., Nürnberg	Jugend-Magazin	168000
Junge Zeit	Junge Zeit Verl., München	Zeitschrift der jungen Generation	53000
Kontraste	Herder, Freiburg	Zeitschrift f. kritische junge Erwachsene	43500
Das neue Guckloch	Arena, Würzburg	Zeitschr. f. Besucher höherer Schulen	44000

„Bravo". Titelseite der Ausgabe vom 27. Januar 1977. Seit mehr als zwei Jahrzehnten besitzt die wöchentlich erscheinende Jugendillustrierte „Bravo" mit mehr als einer Million Druckauflage die Vorherrschaft unter den Jugendzeitschriften in der Bundesrepublik Deutschland.

Bedeutung für Erziehung und Sozialisation. Kommerzielle KJZ.en täuschen pädagogische Absichten im positiven Sinne häufig nur vor. In Wahrheit propagieren sie, offen oder unterschwellig, fragwürdige Leitbilder, suggerieren nicht selten einseitige Weltsicht und zielen auf erhöhten Medienkonsum durch latente oder augenfällige Werbung (Schallplatte, Musikkassette, Starposter, Mode, Film) ab. Wie kein anderes jugendliterarisches Medium gelingt es den KJZ.en, aktuelle Trends des Freizeitverhaltens zu bestimmen, aber auch die politische Bewußtseinsbildung von Kindern und Jugendlichen zu beeinflussen. In ihrer Analyse von „Bravo" und „Twen" haben H. Holzer/R. Kreckel (1967) auf die Propagierung spezifischer Verhaltensmuster für die jungen Leser durch die genannten Zeitschriften aufmerksam gemacht. Diese tragen nach ihrer Meinung zur „Sozialisation in die Realität gesamtgesellschaftlicher Strukturen und Prozesse" in der Art bei, daß die KJZ.en „eine Teilhabe an der ideologischen Verzerrung jener Realität zu einer Scheinwelt" (S. 215) fördern.

Wird die KJZ als Kommunikationsmedium besonderer Art verstanden, ist sie also mehr als Buchersatz oder -vorläufer, so sind die Komponenten – Vermittler (Redaktion, Trägerschaft) und Empfänger (Leser, Benutzer) – in ihrer eigentümlichen Abhängigkeit und Wechselbeziehung zu sehen. Wert- und Normenorientiertheit der Trägerschaft sind ausschlaggebend für die pädagogische Wirkung auf den noch weitgehend zur Kritik unfähigen Rezipienten. Durch Themenwahl, -anordnung und -aufbereitung werden Art und Umfang der Informationen, Aktivitätsimpulse und Wertungen bestimmt. Wenngleich vordergründig aus kommerziellen Überlegungen heraus, sucht die KJZ ein weites Spektrum individueller oder gemeinsamer Wünsche und Bedürfnisse junger Leute zu befriedigen. Sie will aktuelle Probleme kind- bzw. jugendgerecht aufbereiten, Informationen vermitteln, möglichst viele Lebens- und Interessenbereiche thematisieren, Neugierde wecken, zum Weiterdenken, Experimentieren, Beobachten, verantwortlichen Handeln, zur Stellungnahme, Kritik und Meinungsbildung anregen. Zur Vermittlung dieser pädagogischen Zielvorstellungen bedient man sich der verschiedensten Methoden, z. B.: Vielfalt in Drucktechnik und Illustration, Kontinuität, Aufforderung zu Eigenaktivitäten und Gruppeninitiativen, Leserdiskussionen, Beratung, Kontaktadressenvermittlung, Klubpflege u. v. a. Die spezielle Möglichkeit des Leser-„Feedback" wird von nahezu allen KJZ.en genützt (Preisausschreiben, Wettbewerbe, Meinungsaustausch, Leserfahrten, Aufforderungen zu Einsendungen von Eigenproduktionen, Leserbriefkasten u. a.).

Generell gilt, daß die pädagogischen und didaktischen Intentionen von KJZ.en vom „Programm" der Redaktionen (Trägerschaft) abhängen. So gibt es ausgesprochene Kinderzeitschriften (z. B. „Spatz", „Spiel mit" als Beilage zur Elternzeitschrift „Spielen und Lernen"), die sich auf Frühförderung des Vorschulkindes richten (Differenzierung der Wahrnehmung und Urteilsbildung; Basteln; kreativ-schöpferisches Verhalten; elementare Sachinformation); Kinderzeitschriften für Grundschulkinder (z. B. „Teddy", „Freund der Kinder", „Sommergarten", „Der kleine Tierfreund") wekken Lesebereitschaft, geben Impulse zur Natur- und Sacherfahrung, dienen aber auch generell der Lesemotivation durch die Aufnahme literarischer oder pragmatischer Texte (Märchen, Sagen, Legenden, Fabeln, Umweltgeschichten, Kinderlyrik). Mit Rätseln, Denksportaufgaben und Experimentiervorschlägen aktivieren sie die Leser in besonderem Maße. Manche Kinderzeitschriften erhalten ihre unmittelbare Zugkraft von Fernsehserien (z. B. „Sesamstraße"). Der Verkehrserziehung sind „Mücke" und „Gib acht" verpflichtet. Gewerkschaftlich orientierte oder Interessenverbänden, religiösen Institutionen entstammende Jugendzeitschriften verfolgen jeweils die Leitziele, die sich die Gruppe selbst gestellt hat. Auf permanente Ratschläge von Pädagogen oder Psychologen, die sich an die Eltern der jungen Leser richten, wollen manche Kinderzeitschriften nicht verzichten.

Bei der hier nur kurz aufgewiesenen Unterschiedlichkeit pädagogischer Intentionen von KJZ.en läßt sich, im Hinblick auf deren gesellschaftliche Funktion, sagen, daß sie als Medium sekundärer Sozialisierung von entscheidender Bedeutung für die Persönlichkeitsentwicklung des Heranwachsenden sind. KJZ.en interpretieren die Um- und Mitwelt und gestalten die Wirklichkeit wie alle Medien. Der zur Identifikation mit den Aussagen des Mediums neigende junge Rezipient erhält durch die Inhalte und deren Aufbereitung gezielte Verstärkungen seiner Verhaltensweisen. Ferner können sich, namentlich durch Jugendzeitschriften autonomer Art (z. B. „Hotcha!", 1971 eingestellte Schweizer Untergrund-Zeitschrift), Subkulturen konstituieren, deren Auswirkungen (etwa Bildung alternativer Gesellschaftsformen) nicht übersehen werden dürfen (M. SCHIBILSKY, 1973).

Aspekte der Beurteilung und kritischen Analyse. Mit der Förderung der „guten" KJZ erhoffen sich Pädagogen eine Schärfung des Qualitätsempfindens, „Einschulung der Geschmackssicherheit", Abkehr vom seichten Schrifttum usw. (vgl. A. CL. BAUMGÄRTNER, 1967). Wohlmeinende Lehrer und Eltern, die der KJZ durch Schulklassen-Sammelbestellungen, didaktische Analysen in Unterrichtsmodellen bzw. Hausabonnements einen angemessenen Platz im Rahmen der sogenannten literarischen Erziehung einräumen wollen, befinden sich im Kampf mit den an Kiosken massenhaft vertriebenen Blättern und Heftchen minderwertiger Taxierung. In Fragen der kritischen Sichtung und Bewertung des breitgestreuten und sich laufend ändernden Angebots auf dem KJZ.en-Markt sind die Pädagogen noch immer allein gelassen. Was hilft ihnen die Forderung H. GIESELERS (1958) nach Klarheit und Wahrheit im Sachlichen, Echtheit im Gefühlsmäßigen, Lebendigkeit in der Gestaltung und Sauberkeit (!) im Sprachlichen? Solche affirmativen Generalpostulate übersehen, daß sich KJZ.en ebenso wie alle Zeitschriften von Beitrag zu Beitrag, von Heft zu Heft wandeln. „Es ist etwas Mißliches, eine Zeitschrift zu charakterisieren, die in der nächsten Nummer das Gegenteil dieser Charakteristik vorstellen kann" (R. BAMBERGER 1965, S. 248). Beurteilungskriterien und Gesichtspunkte zur Analyse lassen sich von der Aufgabe einere KJZ ableiten. In Anlehnung an A. CL. BAUMGÄRTNER (1967) und CH. NIEDERLE (1972) können folgende Aspekte genannt werden: 1. Gestaltete Vielfalt in Inhalt und Aufmachung, 2. Aktualität und Zeitbezogenheit, 3. Kurzlebigkeit und Effektivität, 4. Kürze und Prägnanz der Darstellung, 5. Feedback mit der Redaktion. Empfehlenswerte KJZ.en sollen dienen: der Information, der Konfrontation, der aktiven Auseinandersetzung mit Problemen aus allen Lebensbereichen, der Unterhaltung. CH. NIEDERLE legt Wert auf die Trennung nach Kriterien der inhaltlichen (vermittelter Weltausschnitt, Meinungs- und Persönlichkeitsbildung, Unterhaltung), der sprachlichen (Stil, Leser-„Ansprache", Überschriften) und der grafischen Gestaltung (Illustration, Typografie, Layout).

Als bemerkenswerter Beitrag zum Problem der Beurteilung von Kinderzeitschriften (durch Kinder!) darf die Arbeit CH. NIEDERLES, 1970 mit dem „Christian Felix Weisse-Preis" ausgezeichnet und unter dem Titel „Die Kinderzeitschrift im Urteil ihrer Leser" publiziert, angesehen werden. In einem Test an einhundert Kindern im Alter von ca. 9 bis 12 Jahren wurde „die Wirksamkeit verschieden variierender Gestaltungsmittel" von Kinderzeitschriften geprüft und nach Gründen der Bevorzugung bzw. Ablehnung „bestimmter Stilvarianten" (Umweltgeschichte, Mickymaus-Stil, Skurrilität, Reportage-, Kitsch-, Reißer-Stil, Kurzgeschichte) gefragt. Die Autorin kommt zu dem Ergebnis, daß Kinder realitätsnahe und emotional befriedigende Erlebnisse im Hinblick auf fünf ausgewählte Gestaltungsvariablen in Kinderzeitschriften bevorzugen. Die „positive Konfliktlösung" bei der Behandlung von Problemsituationen steht einwandfrei als erwünscht fest. Ähnliche Untersuchungen stehen für die Jugendzeitschriften noch aus.

Institutionen und Empfehlungsinstanzen. Eine Reihe von Einrichtungen in der BRD hat es sich zur Aufgabe gemacht, die speziellen Belange der Jugendpresse zu vertreten (vgl. R. STEFEN 1973, S. 10ff.). Das 1947 gegründete Jugendpresseinstitut wollte eine Sammlung von KJZ.en einschließlich der Schüler- und Studentenpresse aufbauen. – Der von K. FRIESICKE im Auftrag der Bundesregierung seit 1953 zehn Jahre lang herausgegebene „Spiegel der Jugendzeitschriften" konnte auf jener Arbeit aufbauen. – Seit 1966 besteht der Jugendpresseclub e. V. (IPC). Er beabsichtigt, laut Satzung von 1970, „in parteipolitischer und konfessioneller Unabhängigkeit" ... „insgesamt einen Beitrag zur Förderung der Jugendpresse und Jugendbildungsarbeit (zu) ... leisten". Veröffentlichungen: Schriftenreihe „Hearing" – Beiträge zur Jugendpublizistik; Informationsdienst „Jugendpresse" – seit 1967 monatlich; Mitgliederrundbrief „intern". – Die Bundesarbeitsgemeinschaft der jugendeigenen Presse, bestehend aus den Landesjugendpresse-Vereinigungen, nennt sich seit 1967 „Deutsche Jugendpresse e. V. (djp)". – Das Institut für Jugendforschung, München, nimmt sich immer intensiver Fragen der Kinder- und Jugendpresse an (zuletzt z. B. mit „Leseranalyse Kinderpresse 1975"). – Das „Deutsche Jugendschriftenwerk e. V. (DJW)", Frankfurt/Main, gab von 1956 bis 1971 das Empfehlungsverzeichnis „Die Weiße Liste" heraus und führt Tagungen zu Problemen der KJZ durch. Mit der Gründung des „Christian Felix Weisse-Preises" 1969 wird versucht, Forschungsarbeiten auf dem Gebiet der KJZ zu initiieren. Ein Jugendschriftenarchiv faßt bisher erschienene und laufend publizierte KJZ.en zusammen und macht sie der Öffentlichkeit zugänglich. Das Signum „DJW" in westdeutschen KJZ.en kennzeichnet empfehlenswerte Periodika für junge Leser. – Der „Arbeitskreis für Jugendliteratur e. V.", München, greift Fragen der KJZ in Seminaren und Tagungen auf und gab 1975 eine Empfehlungsliste „Kinder- und Jugendzeitschriften" heraus.

→ Jugendmedienschutz, → Jugendpressewesen

Sekundärliteratur: H. Amann: Kinder- und Jugendzeitschriften. Eine Empfehlungsliste des Arbeitskreises für Jugendliteratur (1975; zus. mit H. Gärtner). – R. Bamberger: Jugendlektüre (1955, [2]1965). – A. Cl. Baumgärtner: Die Kinder- und Jugendzeitschrift (in: Der Schweizer Buchhandel. 17. 1967.

1–8). – Th. Brüggemann: Jugendzeitschriften (in: K. E. Maier (Hrsg.): Jugendliteratur und gesellschaftliche Wirklichkeit. 2. Jahrbuch des Arbeitskreises für Jugendliteratur. 1974. 143–165). – K. Buselmeier: Sogenannte Jugendzeitschriften. Zum Beispiel „Bravo“ und „Twen“ (in: H. L. Arnold (Hrsg.): Literaturbetrieb in Deutschland. 1971. 234–246). – H. Gieseler: Die Jugendzeitschrift (in: Jugendschriften-Warte. 10. 1958. 12. 77–81). – H. Göbels: Das „Leipziger Wochenblatt für Kinder“ (1973). – L. Göhring: Die Anfänge der deutschen Jugendliteratur im 18. Jahrhundert (1904). – H. Holzer: Jugend und Massenmedien. Eine inhaltsanalytische Betrachtung der Jugendzeitschriften Bravo und Twen (in: Soziale Welt. 1967. 199–215; zus. mit R. Kreckel). – B. Hurrelmann: Jugendliteratur und Bürgerlichkeit (1974). – B. Karch: Jugendpresse unpolitisch. Bravo heute, gestern der Gute Kamerad (in: Hearing. 8. 1973. 27–32). – H. Müller: Das Elend der Jugendzeitschriften (1967). – Ch. Niederle: Die Kinderzeitschrift im Urteil ihrer Leser (1972). – M. Schibilsky: Redaktion und Reaktion. Zur Praxis deutscher Jugendzeitschriften (in: Hearing. 8. 1973. 33–61). – R. Stefen: Entwicklungstendenzen der Jugendzeitschriften in der BRD (in: Medien- & Sexualpädagogik. 1. 1973. 4. 9–22).

Hans Gärtner

Kinderbibel

Eine verkürzte, inhaltlich und sprachlich dem Bibeltext weitgehend getreue Wiedergabe der Bibel, bei der kurze Zusammenfassungen mit einigen Worten möglich sind. Erklärungen werden nicht in den Text eingefügt, sondern deutlich von ihm unterschieden. Die Auswahl ist sowohl von pädagogischen Überlegungen als auch von theologischen Erkenntnissen (Verständnis der Heilsgeschichte, Entstehung der Bibel) bestimmt.

Zur Geschichte der K. Schon zu LUTHERS Zeiten wurde die Auffassung vertreten, daß die vollständige Bibel für die Jugend ungeeignet sei. Das zeigen die Summarien zum Alten und Neuen Testament von V. DIETRICH (1545–1548) und die verbreitete K. von J. OPITZ (um 1570). Später sind – besonders von den Philanthropen – Bibelauszüge für die Jugend bearbeitet worden. Während man in der Zeit des 16. bis 18. Jahrhunderts in der Auswahl und Sprachform biblischer Geschichten, ihren theologischen und pädagogischen Anliegen je entsprechend, hat Freiheit walten lassen, brachte das neue Geschichtsverständnis des 19. Jahrhunderts die Biblische Geschichte „fortlaufend“ als eine „Darlegung der Entwicklung des menschlichen Herzens und der göttlichen Gnade“ (Preußisches Regulativ, 1854) zur Geltung. Hinzu tritt der starke Anschluß an den Bibeltext. „Das göttliche Wirken hat sich in einem bestimmten Worte offenbart, und darum soll die biblische Geschichte mit dem Bibelwort erzählt werden“ (ebda.). Von B. OVERBERG (1754–1826) an läßt sich dieses sich streng an die Bibel haltende Prinzip beobachten. Um das Kind mit einem Gesamteindruck der Bibel vertraut zu machen, werden unter dem Aspekt der in den kanonischen Büchern niedergelegten Heilsgeschichte erzählerische Stoffe ausgewählt und durch lehrhafte Abschnitte ergänzt, z.B. in den Schulbibeln von G. THUDICHUM (1870) und R. HOFMANN (1887). In der katholischen Schulbibel von J. ECKER (1907) finden sich zumindest einzelne Abschnitte aus allen Büchern der Bibel.

Die K. im 20. Jahrhundert. Die Jugendbibel sollte eine „kleine Bibel“ sein (J. ECKER). Dieses Prinzip schlägt auch in der Folgezeit die Auswahl der biblischen Texte, so z.B. in der evangelischen „Jugendbibel“ (1919), in der Nachfolgerin der ECKER-Bibel (Katholische Schulbibel, 1957) und in anderen katholischen Schulbibeln der Nachkriegszeit (Reich Gottes, 1960; Gott unser Heil, 1967), auch in der ökumenischen „Bibel für junge Menschen“ (amerikanische Originalausgabe 1964, dte. Ausgabe 1968). Bei der Textgestaltung zeigt sich einerseits Nähe zum biblischen Text (Sacherklärungen werden deutlich abgehoben) und andererseits auch teilweise Freiheit gegenüber dem Text, die Ergebnisse historisch-theologischer Forschung unberücksichtigt läßt z.B. Harmonisierung der Evangelien. Dem heutigen Stand der Bibelwissenschaft verpflichtet sehen sich dagegen die von der Württembergischen Bibelanstalt herausgegebene Schulbibel (1966) und in besonderem Maße die katholische „Arbeitsbibel für Religionsunterricht und Erwachsenenbildung“ (1972). Pädagogische Überlegungen und theologische Erkenntnisse der kerygmatischen Zentren der Bibel und der literargeschichtlichen Entwicklung ihrer Überlieferung durchbrechen in einigen K.n der letzten Jahre die kanonische Ordnung der Heilsgeschichte und lassen die K. in Auswahl, in der vom Aufbau der Bibel abweichenden Reihenfolge der Texte und auch in der Textgestaltung zu einer „Bibel der Kinder“ werden (G. OTTO 1965), die auch schon für Kinder im Grundschulalter geeignet ist. Ferner sind hier die auf erzählerische Texte beschränkte Bilderbibel von FR. HOFFMANN, 1968, zu nennen, die mit sachlichen Lesestücken erweiterte ökumenische Neue Schulbibel (1973) und die auf acht Teile angelegte Textauswahl der Elementarbibel von A. POKRANDT (Teil 1, 1973; Teil 2, 1974). – Bei der Bildausstattung der K.n des 20. Jahrhunderts überwiegt die historische Illustration – besonders plakativ in der „Bibel für junge Menschen“; von Kindern selbst illustriert ist die „Bibel der Kinder“. Erwähnenswert sind die Auswahl mittelalterlicher Miniaturen der Katholischen Schulbibel, die deutenden Illustrationen von Künstlern des 20. Jahrhunderts in der Württembergischen Schulbibel und die sachlich informierenden Bilder der Neuen Schulbibel.

→ Biblische Geschichte, → Katechismus für Kinder, → M. Luther

Sekundärliteratur: H. H. Bohne: Religionsbücher für die Grundschule (in: Der Evangelische Erzieher. 12. 1966. 485–497). – 50 Jahre katholische Schulbibel 1907–1957 (1958). – F. Gademann: Medien im Religionsunterricht der Grundschule (in: Der Evangelische Erzieher. 3. 1975. 191–211; zus. mit H. Grosch). – L. Göhring: Die Anfänger der deutschen Jugendliteratur im 18. Jahrhundert (1904; ND. 1967). – F. Hahn: Die Evangelische Unterweisung in den Schulen des 16. Jahrhunderts (1957); Zwischen Verkündigung und Kitsch (1968). – J. A. Jungmann: Katechetik (1953, [2]1955). – F. Martin: Die Schulbibelfrage (in W. Meyer-Markus (Hrsg.): Sammlung pädagogischer Vorträge. Bd. 1. H. 7. 1888). – G. Schumann: Geschichte des Religionsunterrichts in der evangelischen Volksschule ([2]1890; zus. mit E. Sperber). – F. Seefeldt: Zur Entstehung des biblischen Geschichtsunterrichts im deutschen Protestantismus (Diss. 1925).

Friedel Kriechbaum

Kinderbuch → Kinder- und Jugendliteratur

Kinderbuchklub → Jugend- und Kinderbuchklub

Der Kinderbuchverlag

Berlin/DDR. Arbeitet auf beinahe allen Gebieten der Kinder- und Jugendliteratur.

Der Kinderbuchverlag wurde 1949 gegründet. Grundlage für die verlegerische Arbeit ist das Gesetz zur Förderung der Jugend in der DDR vom 8.2.1950. Derzeitiger Verlagsleiter ist Fr. Rodrian (* 1926), sein langjähriger Vorgänger war G. Schmidt. Wichtige Ereignisse für die Entwicklung der Verlagsarbeit waren die theoretischen Konferenzen an den „Tagen der Kinderliteratur“ (vgl. H. Koch „Phantasie und Realität in der Kinderliteratur“, 1965; E. Schmidt „Literatur und Leben“, 1967; K. Pieper „Die Arbeiterklasse und Arbeitergestalten in der Kinderliteratur“, 1973). Dem Kinderbuchverlag, dem Zentralverlag für Kinderliteratur in der DDR, angeschlossen sind der 1945 gegründete Verlag Karl Nietzsche, der hauptsächlich Beschäftigungsbücher, Malbücher und Bilderbücher für zwei- bis fünfjährige Kinder herausgibt, und seit 1975 als „Edition Holz im Kinderbuchverlag Berlin“ der Alfred Holz-Verlag. Von 1949 bis 1973 hatte der Kinderbuchverlag 6200 Titel – davon 2100 Erstauflagen – mit einer Gesamtauflage von 125 Millionen Exemplaren veröffentlicht (vgl. dazu das „Verlagsverzeichnis 1949–1973“, das zum 25jährigen Bestehen des Verlages erschien, und Fr. Rodrian: Verlagsarbeit für Kinder, in: Revue d'Allemagne 8. 1976. 3. 384–397).
Die Verlagsgebiete des Kinderbuchverlages sind: Kinderbücher (Bilderbücher für Zwei- bis Sechsjährige); Bücher für Leser im Alter von sieben bis zehn Jahren; Werke, die den sich immer stärker differenzierenden Interessen der elf- bis vierzehnjährigen Leser entsprechen sowie Märchen, Sagen, Fabeln, Werke des kulturellen Erbes, Lyrik, Gegenwartserzählungen für Kinder, Abenteuerliteratur, Sachbilderbücher für das erste Lesealter, populärwissenschaftliche Bücher verschiedener Thematik, Kinderlexika, Reihen und Serien. Zu den bedeutenden Autoren der letzten Jahre gehören: A. Lazar, E. Strittmatter, A. Wedding, W. Meinck, L. Renn, Fr. Rodrian, G. Holtz-Baumert, B. Pludra, H. Bastian, H. Kunze, G. Hardel, P. Hacks, K. Neumann, J. Nowotny, U. Kant, D. David, G. Görlich, H. Beseler, Fr. Fühmann, A. Wellm, L. Hardel, R. Gilsenbach. Zu den Illustratoren des Kinderbuchverlages zählen: H. Balzer, H. Bartsch, E. Binder, A. v. Bodecker, M. Bofinger, M. Butzmann, Kl. Ensikat, G. Gossmann, W. Klemke, R. Knorr, Th. Schleusing, E. Shaw, K. Wüstel, G. Zucker.
Auch Publikationen zur Geschichte und Theorie des Kinderbuches und die Zeitschrift „Beiträge zur Kinder- und Jugendliteratur“ gehören ins Programm des Kinderbuchverlages. So erschienen in der Reihe „Studien zur Geschichte der deutschen Kinder- und Jugendliteratur“ – herausgegeben von H. Kunze – bislang: E. Schmidt „Die deutsche Kinder- und Jugendliteratur von der Mitte des 18. Jahrhunderts bis zum Anfang des 19. Jahrhunderts“ (1974); J. Dreher „Die deutsche proletarisch-revolutionäre Kinder- und Jugendliteratur zwischen 1918 und 1933“ (1976) und H. Meyer „Die deutsche Kinder- und Jugendliteratur 1933 bis 1945“ (1976).

Winfred Kaminski

Kinderfernsehen

K. umgreift die auf Kinder vom Vorschulalter bis zum Schulalter von vierzehn Jahren abzielenden Fernsehsendungen. Im erweiterten Sinn meint K. aber auch das „heimliche Kinderprogramm“, also die von Kindern angeschauten Sendungen des Vorabend- und Abendprogramms.

Anfänge des westdeutschen K.s. Am 17.3.1953 um 16.00 Uhr, wenige Wochen nachdem in der Bundesrepublik Deutschland mit der regelmäßigen Ausstrahlung eines Fernsehprogramms begonnen wurde, fand die erste Fernsehkinderstunde statt. Verantwortlich zeichnete der damalige Nord- und Westdeutsche Rundfunkverband (NWRV). Am 24.4.1956 schloß sich der Bayerische Rundfunk mit seiner ersten Sendung „Erich Kästner zur Jugendbuchwoche“ an. Anfänglich wurde das K. meist in halb- oder einstündigen Sendungen an wenigen Werktagen in der Woche ausgestrahlt. Erst gegen Ende 1957 setzte sich die Sonntagskinderstunde durch. Bis 1961 erreichte das K. einen Anteil von 11,37 % der Gesamtsendestunden des deutschen Fernsehens (vgl. O. Foerster/H. J. Holz, a.a.O. S. 11).
Die damals vorherrschende Medienpädagogik „idealistisch-irrationalistischer Provenienz“ (G. Dahlmüller/H. Kommer, Die Keilhacker-Galaxis, a.a.O. S. 37) unterschied je nach ihrer „Bildungsrelevanz“ drei Gruppen von Sendungen des Kinderprogramms: „Der Daseinserhellung können Informationen und Berichte, der Daseinserfüllung die erdichteten Handlungen und Geschichten, der Daseinsbewältigung die demonstrierten Spiel- und Werkbeispiele dienen“ (O. Foerster/H. J. Holz, a.a.O. S. 20).
Die Kategorie „Informationen und Berichte“ wurde im wesentlichen ausgefüllt durch die in verschiedenen Formen wie Bildergeschichte, Puppenspiel u.ä. dargebotenen „Biblischen Geschichten“, durch Sendungen über die Tierwelt und Vorgänge in der Natur (z.B. mit E. Schumacher, P. Eipper, O. Koke) sowie durch

Reiseberichte und Filme über ferne Länder. Die nähere gesellschaftliche und geographische Umwelt fand dagegen kaum Berücksichtigung. Die wenigen darauf abzielenden Sendungen lassen erkennen, daß sie sich entweder mehr als kindertümliche Idylle verstehen oder schon im Titel verraten, daß in ihnen mehr verschleiert als erklärt und aufgedeckt wird, so z.B. im „Wirtschaftsbrevier für kleine Leute: Was macht das Geld auf der Bank?" (1957). Andere, wie das „Kursbuch der Höflichkeit" (1957), dienen offen der repressiven Anpassung an nicht hinterfragte Normen und Konventionen.

Der Unterhaltungssektor wurde in den ersten Jahren des K.s vorwiegend mit Märchen und Kindererzählungen bestritten. Sowohl die bekannten Märchen der Brüder GRIMM als auch andere deutsche und ausländische Volks- und Dichtermärchen, z.B. von FR. VON POCCI (1807–1876), H. CHR. ANDERSEN (1805–1875), W. HAUFF (1802–1827), wurden auf den Bildschirm gebracht. Neben Schatten-, Scherenschnitt- und Tanzspiel stützte sich die Darstellung vor allem auf Puppenspiele und Bildergeschichte. Als Bildergeschichte, die gewissermaßen eine neue, fernsehspezifische Darbietungsform darstellte (vgl. O. FOERSTER/H. J. HOLZ a.a.O. S. 37–38), wurden auch zahlreiche Kinderbücher (z.B. von A. LINDGREN, *1907; P. ALVERDES, *1897; R. DUVOISIN, *1904; O. PREUSSLER, *1923) zeitgenössischer Autoren im K. präsentiert. Hohe Programmanteile hatte das Puppenspiel bzw. der Puppenfilm, der in F. FEYS „Fiete Appelschnut", besonders aber in den zahlreichen Sendungen, die mit W. OEHMICHENS „Augsburger Puppenkiste" produziert wurden, breite Teile des Kinderpublikums über längere Zeiträume hinweg ansprach. Märchentheater und Märchenfilme erschienen in schöner Regelmäßigkeit und mit zahlreichen Wiederholungen im Weihnachtsprogramm. An der Spitze lag G. VON BASSEWITZ' (1878–1923) „Peterchens Mondfahrt", das in den Weihnachtstagen 1959, 1960, 1961 und 1963 gesendet wurde.

Als eine Art Abschlußprogramm für die Sechs- bis Achtjährigen wird seit Ende 1959 das „Sandmännchen" gesendet. Abgesehen vom Austausch einiger Requisiten in der Rahmenhandlung, hat es sich bis in die Gegenwart unverändert erhalten: Der „Sandmann" schwebt herbei, öffnet eine magische Tür bzw. setzt einen Bildschirm in Gang, eine kurze Geschichte folgt; dann bietet „Sandmännchen" allen Kindern seinen Gute-Nacht-Gruß und entschwebt wieder.

Programme, die über das „Erleben" hinaus zum Mit- und Nachmachen anregen sollten, wie z.B. „Eine Viertelstunde mit Erika" (1960, später unter dem Titel „Erzählen – spielen – basteln"), „Spiel mit" von W. KREUTTER (1961) oder auch zahlreiche Quizsendungen mit dem Hohensteiner Kasper und P. „René" KÖRNER blieben weitgehend „dem Vormach-Nachmach-Prinzip einer überholten Pädagogik" (S. MORHOF, a.a.O. S. 81) verhaftet und gefielen sich in der Behütehaltung eines „Fernsehkindergartens". Eine Herausforderung zu kritischem Fragen und Handeln wurde vermieden.

Das Zweite Deutsche Fernsehen (ZDF) sendet ein eigenes Kinderprogramm seit Anfang 1966. Die Programmgestaltung orientierte sich an der Maxime: „... was leicht eingeht und auf Anhieb gefällt, nimmt man hin; was nicht so leicht zugänglich ist und vielleicht deshalb mißfällt, wird vorschnell abgelehnt. Es bleibt daher die große Kunst, spielerisch alles das zu verpakken, was man den jungen Zuschauern an Informations- und Bildungsgut mitteilen möchte ..." (ZDF-Jahrbuch 1966, S. 78). Das K. setzte sich im ersten Jahr aus einer kleineren Anzahl neu produzierter Sendungen und Wiederholungen früherer Programme zusammen, die als „besonders geeignet für junge Zuschauer" qualifiziert wurden; ferner aus fremdproduzierten Serien und Spielfilmen. Von Inhalt und Konzeption her unterschied sich das K. des ZDF nach einer gewissen Anlaufzeit nurmehr wenig von dem der ARD.

Die Serien im K. Seit der Übernahme von „Fury – die Abenteuer eines wilden Pferdes" und „Corky und der Zirkus" (1958) durch das K. begann eine wachsende Flutwelle von zumeist in den USA angekauften Unterhaltungsserien, das K. zu überschwemmen. In der Vielzahl dieser im Nachmittagsprogramm gesendeten Serien lassen sich zwei Haupttypen unterscheiden: 1. Die Tierabenteuergeschichte (z.B. „Lassie", 1961; „Rin-Tin-Tin", 1961; „Flipper", 1966; „Skippy", 1969), in der die Freundschaft zwischen wohlerzogenen, altklugen Kindern und einem anthropomorphisierten niedlichen „Supertier" im Vordergrund steht. Die realitätsverfälschenden, konstruierten „Probleme", die den zuweilen kriminalistisch gefärbten Stories zugrunde liegen, werden in einem rückständig-idyllischen, ländlichen Milieu und vor dem Hintergrund streng hierarchisch geordneter Familien- und Sozialverhältnisse aufgelöst und zu einem glücklichen, oft moralisierenden Ende geführt. Die jugendlichen Zuschauer „werden von der vorgespielten Kind-Tier-Symbiose dazu gebracht, mit der Ideologie von der Harmonie zwischen Natur, Individuum und Familie die dargestellten Formen und Tugenden mitmenschlichen Umgangs als Ausdruck (bürgerlich) geläuterter menschlicher Natur zu verinnerlichen" (H. HOLZER, Kinder und Fernsehen, in: tendenzen, a.a.O. S. 32). 2. Der mehr oder weniger seichte Western (z.B. „Union Pacific", 1959; „Am Fuß der blauen Berge", 1960; „Texas Rangers", 1962; „Bonanza", 1964; „Rauchende Colts", 1967), in dem der oder die Helden, konfliktfreie Alleskönner, mutig und mit Faust und Waffe die zahlreichen Probleme ihrer Mitmenschen lösen und dabei gelegentlich ein erstaunliches Engagement für Unterprivilegierte und Unterdrückte entwickeln. Bei so viel selbstloser Menschheitsbeglückung wird jedoch nach den Ursachen von Unterdrückung nicht mehr gefragt. In einigen Serien, wie z.B. „Am Fuß der blauen Berge" und „Bonanza", in denen eine Familie den Mittelpunkt des Geschehens bildet, läßt eine stereotype Dramaturgie die Konflikte aus der Störung der Familienordnung durch „ungerechtfertigte" Ansprüche oder Handlungen ihrer Mitglieder, vorwiegend aber durch kriminelle, familienfremde Personen ent-

springen. Da Familienordnung zumeist Moral, Privateigentum, Ordnung, Sauberkeit etc. bedeutet, also als das ideologische Abbild der gesellschaftlichen Ordnung schlechthin dasteht, wird durch die negative Zeichnung des meist asozialen Störenfrieds von vornherein jedwede Infragestellung und Veränderung der Gesellschaftsordnung desavouiert.
Neben den hauptsächlich vertretenen Western- und Tierserien wurden auch Abenteuerserien vor historischer Kulisse wie „Ivanhoe“ (1963), Piratengeschichten wie „Sir Francis Drake“ (1967), Abenteuer auf See oder in fernen Ländern gesendet. In jüngster Zeit laufen auch Science Fiction-Reihen (beispielsweise „UFO“ (1971), „Time Tunnel“ (1971) oder „Raumschiff Enterprise“ (1972, 1976 als Zeichentrickfilm) über den Bildschirm. Während die Zahl der Serien im K. der ARD sich verringerte, bestreiten sie im ZDF nach wie vor einen sehr hohen Anteil des Programms. Teilweise wurden sogar Serien, die bei der ARD ausliefen, wie z.B. „Lassie“, vom ZDF erneut gesendet bzw. weitere noch nicht gesendete Folgen eingekauft. Das Geschäft mit den Serien erwies sich auch in anderer Hinsicht als profitabel: Bücher, Comics, Schallplatten und Tonkassetten über die Fernsehhelden erreichten teilweise Millionenauflagen und erweiterten dadurch in erheblichem Umfang den Masseneinfluß fragwürdiger ideologischer Leitbilder.
Die in den USA marktbeherrschenden privaten Sendeanstalten NBC, CBS sowie die marktbestimmenden Wirtschaftskonzerne vermarkten auch die Stumm-, „slapstick“- und Trickfilme der Jahre 1915 bis 1950 für das K. Es fließt ein schier endloser Strom von bis zur Unkenntlichkeit neu montierten Unterhaltungsserien in die Nachmittags- und Kinderprogramme: „Charlie Chaplins Lachparade“; „Als die Bilder laufen lernten“; B. Keaton- und „Dick-und-Doof“-Serien; „Väter der Klamotte“; aber auch frühere W. Disney-Kurzfilmproduktionen; ganze Staffeln der Warner Brothers-Productions mit „Schweinchen Dick“, „Speed Racers“ (die das erste Mal wegen ihrer außergewöhnlichen Brutalität und ihrer sadistischen Gesamtkonzeption massiven Publikumsprotest hervorriefen und in der BRD zurückgezogen wurden); „Trickfilmzeit mit Adelheid“; „Der rosarote Panther“; „Popeye, der spinatessende Matrose“. Als Spielfilmserie wurde seit 1975/76 eine besonders raffiniert verschleierte Gewaltmixtur von sogenanntem „Western“- und „Eastern“-Film angeboten: „Kung Fu“; in der den Kindern, eingebettet in eine vorgeblich asiatische Philosophie der Gewaltlosigkeit, ein brutaler Schläger als Vorbild empfohlen wird.

Neue Tendenzen im K. Seit der Mitte der sechziger Jahre zeigten sich allerdings auch Tendenzen, modernere Formen zur Gestaltung des K.s heranzuziehen. Kennzeichnend sind Versuche, die Darstellungsformen des Magazins und der Show für das K. in geeigneter Weise aufzubereiten. Im Mittelpunkt solcher Sendungen steht ein Moderator bzw. eine moderierende Puppe, die die verschiedenen informativen und musikalischen Teile des Programms verknüpfen und kommentieren. Waren „James Tierleben“ (1966, mit J. Krüss) und „Sing ein Lied mit Onkel Bill“ (1966, mit B. Ramsey) mehr am Volks- und Kinderlied orientiert, so stellte „Plattenjockey Cäsar“ mit seinen „Schlager für Schlappohren“ (1967, mit W. Buresch) gängige Schlager- und Beatmelodien vor, trieb seine Späße über Schnulzen und führte in technische Vorgänge der Musikproduktion und -wiedergabe ein. Trotz einiger kritischer Aspekte tendierte diese Sendung in eine ähnliche Richtung wie später „Betty's Beat Box Haus“ (1969) sowie die „Mary Roos-Show“ (1971). Sie helfen mit, bei den kleinen Zuschauern eine Konsumorientierung auf „die Songs, die alle Welt singt“ (ARD-Pressedienst 1967, H. 23. S. 14) zu erzeugen und damit neue Märkte für die Schallplattenindustrie zu öffnen. Von Bedeutung ist weiterhin das Vordringen des Zeichentrickfilms im K. Waren in den fünfziger Jahren außer einigen „Micky Maus“-Filmen nur wenige im Programm vertreten – stattdessen mehr Bilder- und Scherenschnittgeschichten –, so entwickelte sich der Zeichentrickfilm zu einem festen, quantitativ bedeutenden Bestandteil des K.s. Dabei ist der bemerkenswert hohe Anteil osteuropäischer, insbesondere tschechischer Produktionen (z.B. „Lolek und Bolek“, Polen, 1970; „Maulwurf und Fernsehen“, ČSSR, 1971; „Bärenstreiche“, ČSSR, 1972), auffällig. Doch auch Trickverfilmungen bekannter Comics wie „Asterix, der Gallier“ (1973), „Charlie Brown“ (1974) und internationale Co-Produktionen wie „Wickie“ (1974) sind im K. vertreten.
Tiefgreifendere inhaltliche Neuentwicklungen bahnten sich auf dem Gebiet der Kindertheaterübertragungen an, die sich in den letzten Jahren nicht mehr ausschließlich auf reine Märchenspiele beschränkten. Hier hat das K. Möglichkeiten geschaffen, für ein Millionenpublikum Formen eines neuen, realistischen Kindertheaters zugänglich zu machen. So wurden seit 1969 alle Stücke von V. Ludwig und R. Hachfeld in der Inszenierung des „GRIPS“-Kindertheaters (ehemals „Reichskabarett“), sowie Aufzeichnungen von Stücken der Gruppen „Rote Rübe“ und „Die Birne“ und Mitschnitte der Frankfurter Kindertheater-„Experimenta“ (1975) gesendet. Im Bereich des Kinderfilms stehen den amerikanischen Serien Märchenfilme und Verfilmungen bekannter Kinderbücher, z.B. von H. M. Denneborg (* 1909), A. Lindgren (* 1907), sowie Fernsehfilme über Klassiker wie „Robinson Crusoe“ und „Lederstrumpf“ und auch die künstlerisch ambitionierte Reihe „Pan Tau“ (1971, von J. Polak und O. Hofmann) gegenüber. Weiterhin sind auch einige Ansätze zu verzeichnen, Kinder an der Produktion und Durchführung von Sendungen des K.s zu beteiligen, die über Bastelstunden mit vorgefertigtem Material, Quizstunden und unverbindliche Diskussionsrunden hinausgehen. Viele Versuche dieser Art blieben jedoch in den Anfängen stecken oder kamen, wie z.B. „Kohlen für die Naunynstraße“, „Die Kinder vom Hasenbergl“ (1970–1972) wegen ihres sozialradikalen Anspruchs nicht ins Programm, bzw. sie blieben auf regionale Ausstrahlungen beschränkt.

Vorschulfernsehen. Die Entwicklung eigener Programme für Kinder unter sieben Jahren wurde lange Zeit unmöglich gemacht durch einen Beschluß des Programmbeirats des Deutschen Fernsehens von 1958, der sich an das Jugendschutzgesetz von 1957 anlehnte, das den Kinobesuch für Kinder dieser Altersstufe untersagte. Dieser Grundsatz wurde jedoch niemals konsequent eingehalten. Die Auseinandersetzungen über dieses Problem hielten daher an (vgl. dazu W. FLEMMER, a. a. O.). Jedoch erst die um die Mitte der sechziger Jahre offenkundig gewordene Krise im Bildungs- und Ausbildungsbereich der Bundesrepublik Deutschland und die daran ansetzende Kritik der fortschrittlichen politischen Bewegung Ende der sechziger Jahre zwang die Verantwortlichen dazu, im Bereich des K.s überholte Vorstellungen aufzugeben und ebenso ausgesprochen emanzipatorischen Ansätzen Raum zu geben. Als erste einer Reihe von Versuchen, die oft von engagierten Redakteuren vorangetrieben wurden, präsentierte sich 1969 „Die Spielschule" vom Bayerischen Rundfunk. „Der Spatz vom Wallrafplatz" (1969), der nicht ausschließlich für das Vorschulalter gesendet wurde, zeichnete sich durch spielerische Erkundung und ironische Neugierde gegenüber der Umwelt aus; die unaufdringliche Art und Weise der Einbeziehung der Arbeitswelt ging manchmal über bloße Vorgangsbeschreibungen hinaus und zeigte Situationen, in denen soziale Spannungen und Hierarchien sichtbar wurden (vgl. G. BEHRENS/R. GANSERA, a. a. O. S. 10). Es folgten das „Di-Do-Domino" (1970) und die „Sach- und Lachgeschichten" („Die Sendung mit der Maus", 1972). Zugleich Anregung und Maßstab wurde die US-Serie „Sesame Street", die, produziert vom Children's Television Workshop in New York, 1969 auf amerikanischen Bildschirmen erschien und 1970 in München den Prix Jeunesse erhielt. Sie wurde vom Deutschen Fernsehen erworben und läuft seit 1973 in bearbeiteter Fassung als „Sesamstraße" im K. der Bundesrepublik. Mit „Kalle Schwobbel präsentiert" brachte auch das ZDF 1972 eine Reihe für das Vorschulalter heraus; 1973 folgten „Robinzak" und „Rappelkiste", 1974 „Kli-Kla-Klawitter". Auch bei den einzelnen Rundfunkanstalten der ARD wurden weitere Programme entwikkelt: „Plumpaquatsch" (1972), „Maxifant und Minifant" (1973), „Das feuerrote Spielmobil" und „M. wie Meikel" (1973) u. v. a. Die in Intentionen, Qualität und Darbietungsformen unterschiedlichen Vorschulserien lassen sich idealtypisch anhand der in ihnen zum Ausdruck kommenden Lernzielorientierung in zwei Gruppen unterteilen: 1. Sendungen, in denen das Einüben formaler Fertigkeiten und Verhaltensmuster im Vordergrund steht. Als Prototyp sei hier „Sesamstraße" genannt. Eingekleidet in Rollenspiele von Realfiguren, Zeichentrickspots, Puppensketches, verbrämt mit einem Feuerwerk von Einfällen und Gags sollen z. B. Wahrnehmungs- und Zuordnungsfähigkeiten, der Sinn für Mengen, Zahlen und geometrische Formen, die Bewältigung von Konfliktsituationen erlernt werden (vgl. Arbeitsgruppe Sesamstraße, a. a. O.). Stellt die Verengung auf formales Intelligenztraining – dessen Notwendigkeit allerdings nicht bestritten werden kann – schon eine nicht ungefährliche Vereinseitigung dar, so zeigen sich offen ideologische Züge bei einigen Lernzielen unter der Kategorie „Soziales Lernen", z. B. da, wo es heißt: „Fähig sein, die eigenen Interessen zurückzustellen, um ein Gruppeninteresse zu ermöglichen", ohne daß der Charakter und die Struktur „der" Gruppe und deren gesellschaftliche Rahmenbedingungen definiert sind (Arbeitsgruppe Sesamstraße, a. a. O. S. 133). 2. Sendungen mit ausgesprochen kritisch-emanzipativem Anspruch, wobei hier als Beispiel auf „Rappelkiste" verwiesen sei: „Die Sendereihe ‚Rappelkiste' möchte keine Buchstaben und Zahlen pauken. Es geht nicht um vordergründig meßbares Lernen ... Sie will vielmehr Material heranschaffen zur Bewältigung der sozialen Umwelt. ‚Rappelkiste' will die Kreativität und Phantasie der Kinder für Verhaltensalternativen unterstützen und sie zu solidarischem und kooperativem Handeln ermutigen" (Was ist „Rappelkiste"?, zit. nach: H. HOLZER, Kinder und Fernsehen, Materialien, a. a. O. S. 128). Diesen allgemein formulierten Intentionen stehen jedoch Probleme gegenüber, die zum einen aus dem „forcierten Magazincharakter", d. h. der sehr schnellen Aufeinanderfolge zahlreicher Sequenzen, sowie zum anderen aus der Tatsache folgen, daß die Darstellung der meisten Themen, wie Wohnen, Geschlechterrollen, Gewohnheiten, der jeweiligen Erscheinung verhaftet bleibt und der Zusammenhang mit den politischen und gesellschaftlichen Verhältnissen nicht angeschnitten wird. Daraus resultiert bei allen Sendungen dieses Typs eine innere Widersprüchlichkeit, die sich in einem Schwanken zwischen emanzipatorischen und kompensatorischen Elementen ausdrückt.
Andere Vorschulsendungen lassen allzu oft eine stark pädagogisierende Tendenz durchscheinen und verstehen es nicht, die kindlichen Kommunikationsansprüche adäquat aufzugreifen. Wieder andere neigen dazu, wie etwa „Kalle Schwobbel" und „Plumpaquatsch", die Kindertümlichkeitsideologie in neuem Gewand zu präsentieren, was sich in Sprache und Haltung der moderierenden bzw. vorgeführten Personen, Puppen, Trickgestalten den jungen Fernsehzuschauern gegenüber ausdrückt.

Werbefernsehen und Abendprogramm. Beim Thema K. kann nicht außer acht gelassen werden, daß bei den 8–14jährigen der Schwerpunkt des Fernsehkonsums nicht vor 19 Uhr, sondern beim Abendprogramm liegt (TH. BUCHER, a. a. O. S. 136) und daß bereits für die 3–6jährigen das Vorabendprogramm die Hauptfernsehzeit ist (Infratest„ Tagesablauf der Kinder im Fernsehhaushalt", a. a. O.). Gerade das Werbefernsehen und die mit den Werbeblöcken kombinierten Sendungen haben hier einen zentralen Stellenwert, insbesondere im ZDF-Programm, dessen „Mainzelmännchen"-Spots bei Kindern besonders beliebt sind. Zwischen den Werbesendungen laufen Kurzkrimis, 20-Minuten-Abenteuerfilme sowie „gemütvolle" Familienserien. Wie E. HENNIG feststellt, führt die Abhängigkeit der Fernsehanstal-

ten von den Werbeeinnahmen dazu, daß „sich demokratisch gerierende Medien in weiten Teilen des Programms auf Kritik verzichten und statt dessen konsumorientierte „Lebenshilfe" leisten. Werbeorientierung heißt, das Medienpublikum, die Rezipienten, zwischen den einzelnen Werbeblöcken bei der Stange zu halten, um den Kaufappellen der Spots optimal den Boden zu bereiten" (a.a.O. S. 59). Angesichts dessen, daß Kinder einen beträchtlichen Zuschaueranteil dieser Sendungen ausmachen, richten sich sowohl die direkten Kaufappelle, die die Kinder bewußtseinsmäßig formieren und sie zu Konsumschleppern der Eltern machen sollen, als auch die Beiträge des Rahmenprogramms in entsprechender Weise an den Kindern aus. In der Tat gehören auch die Sendungen des Werbefernsehens bei den Kindern zu den beliebtesten (vgl. z.B. F. Stückrath/ G. Schottmayer, a.a.O. S. 74–75), wobei jedoch die Gründe dafür, die in der gesellschaftlich erzwungenen Bedürfnislage der Kinder und ihren gesellschaftsstrukturellen Voraussetzungen zu suchen sind, nicht unberücksichtigt bleiben dürfen. Auch das weitere Abendprogramm wird noch von einer relativ großen Zahl von Kindern mitverfolgt. Das tatsächliche Ausmaß des Kinderfernsehkonsums nach 20 Uhr läßt sich jedoch bisher nur schwer ermitteln, da bei den neueren empirischen Untersuchungen (Infratest, Tagesablauf der Kinder im Fernsehhaushalt, a.a.O.) nicht die Kinder selbst, sondern – bezeichnenderweise – deren Eltern, die sicher nur sehr ungern zugeben, daß sie den Fernseher als Babysitter benutzen, befragt wurden.
Was für die Verbreitung des Buches die Auflagenzahl, bedeutet für jedes Fernsehprogramm die Einschaltziffer. Noch so progressive, den kindlich emotionalen und kognitiven Horizont erweiternde Programme sind nicht selten daran gescheitert, daß mit zu geringer Sehbeteiligung ein Weiterausbau verhindert wurde. „Pan Tau" erreichte in der ersten Ausstrahlung (1971) über 10 Millionen Zuschauer. 20 Millionen Zuschauer, darunter viele Kinder, sahen E. Schuhmachers Tiersendungen. Zwischen 400 bis 500 Millionen Zuschauer in 80 bis 90 Ländern sahen dagegen die mehr oder minder umfangreich übernommene Serie „Bonanza", die in den USA mit über 400 Folgen produziert wurde, von denen allein die BRD 150 ausstrahlte. Was für gezielte Kinder- und Jugendsendungen noch bedingt kanalisierbar erscheint, gerät ins Uferlose, wenn zu beobachten ist, daß zahlreiche Kinder auch das Abend- und Nachtprogramm für Erwachsene mitsehen. Beispiel: „Hochhaus in Flammen" wurde Anfang 1976 von 14 bis 24 Millionen Zuschauern angeschaut, von denen ca. 920000 Kinder im Alter zwischen 3 und 13 Jahren waren. In der Zeitspanne vom 19. bis 25. April 1976 sahen 1,15 Millionen Kinder die für sie sprachlich und informatorisch oft unverständlichen Nachrichtensendungen „Tagesschau" und „Heute", während in der Nachmittagssendung um 14.30 Uhr 820000 an der „Sendung mit der Maus" beteiligt waren.

Ziele eines gewandelten K.s. Die modernen, sozialkritischen Stücke, die in vielen Ländern und Städten international nachgespielt wurden, markieren zugleich auch die neue, verbesserte Position des K.s. Sie fallen zusammen mit neuen wissenschaftlichen Erkenntnissen, der Vorschulwelle seit 1970 und sind in Westeuropa insbesondere ein Resultat der im Gefolge studentischer Rebellion entstandenen Kinderladenbewegung und eines selbstkritischeren Medienverständnisses. Die meisten Vorschulprogramme proklamieren seit ihrem Bestehen relativ gleichlautende Zielvorstellungen: Förderung kognitiver Fähigkeiten, verbesserte Wahrnehmung, Förderung der Sensibilität, gezieltes Lernangebot, das entsprechend durch Unterhaltung, Show und Gesang, Musicalcharakter zu lockern ist, Aktivierung und Kreativität des kindlichen Betrachters, Erfassen eigener und kollektiver kindlicher Interessen, Aufdekken von Widersprüchen in der Gesellschaft und Strategien zur Behebung, Konfliktbereitschaft, Durchsetzungsvermögen, antiautoritäre und repressionsfreie Erziehungstendenzen, Versuch zur Partnerschaft zwischen Erwachsenen und Kindern, Sozialisation und Leben in größeren Gruppen als denen der herkömmlichen Kleinfamilie, solidarisches Handeln und Überwindung von festgelegten Rollenklischees, Behebung geschlechtsspezifischer Rollenfixierung, vertiefte Einsicht in das Medium K. und zunehmende Mitbeteiligung an der Programmgestaltung.
Diese verstärkt politische Einstellung des K.s hat in der Bundesrepublik Deutschland, aber auch in anderen westlichen Ländern zur Revision und Diskussion bisheriger Serien- und Familienprogramme geführt. Natürlich blieben seitens konservativer Kräfte Einspruch und Widerstand nicht aus. Da viele Erwachsene bei dieser Auseinandersetzung überfordert und nicht hinlänglich informiert schienen, wurden medienkritische Sendungen notwendig, die sowohl über die einzelnen Vorschul- und Kindersendungen informierten, ihre Intentionen und Inhalte, wie auch in Sendereihen unter dem Titel „Die Welt unserer Kinder", „Kinder, Kinder", „Elternschule", „Spielen und Lernen", „Elternstudio" und „Elternführerschein" (zwölf Folgen 1976) allgemein interessierende Fragen der Sexualaufklärung, Erziehungs- und Schulschwierigkeiten, Lernbehinderungen und Konflikte informierend, aber auch kontrovers beantwortet wurden. Diese flankierenden Programme finden sich auch in den skandinavischen und amerikanischen Fernsehanstalten begleitend zu umfänglichen Serien und Angeboten des K.s. Auch Begleitbücher, Drucksachen und Zeitschriften sind in diesem Bezugsrahmen erwähnenswert: z.B. „Erziehen ist nicht kinderleicht" (1976), 13 Sendungen im 3. Programm des NDR, SFB, RB und des HR mit Fragebogenaktionen.
Gemessen an dem massiven Auftreten der eingekauften Serien des Auslandes, stellen sich Eigenproduktionen der Bundesrepublik Deutschland als immer noch zu kostspielig dar. Das behindert Experimentierfreude und hemmt selbständige Produzenten, sich auf längere Zeit dem K. zu widmen. Interessant, wenn auch stets umstritten gebliebener Versuch, aus den gängigen Serienklischees auszubrechen, war die schwedische

Serie „Die nächtlichen Abenteuer des Anders Bergström“ (1975), in denen Kindern die Nachtseiten eines Wohlstandsstaates: randständige Stadtstreuner, Zerbrochene, an der Gesellschaft Gescheiterte gezeigt wurden. Ohne vorläufige Nachahmung blieb auch die Reihe „Glotzmusik“ (1974/75) von M. SCHEDLER, in der eine neue Schau auf praktiziertes Musikleben für Kinder und mit Kindern eingeübt wurde. Einmaliger Versuch blieb auch die mehrteilige Serie „Kunst für Kinder“ (1972/73) mit dem österreichischen phantastischen Realisten E. FUCHS. Mangel dieser Reihe war der zu hoch ansetzende Kunstanspruch des Mittlers und die übertriebene Lehrhaftigkeit, bei der die dabeisitzenden Kinder in die Rolle von bloßen Statisten gedrängt wurden. Ansätze, etwa mit Kindergarten- und Schülergruppen ein alternatives Programm zu schaffen, eine Art Gegenfernsehen, blieben in den Anfängen stecken. Erfolgreicher waren von Kindern mitgestaltete Programme wie der „Schülerexpreß“ (20 Sendungen 1976) und Einzelunternehmen, in denen Kinder mit Witz und Originalität Super-8-Filme mitdrehten, in denen sie Werbung, Erwachsenenverhalten oder auch die marktgängigen Krimi- und Westernserien des allgemeinen Programms kritisch aufs Korn nahmen. Vereinzelt blieben schließlich auch Neuansätze, den deutschen Kinderfilm über das Fernsehen wiederzubeleben. H. BOHMS Verfilmung von CHR. NÖSTLINGERS gleichnamigem Kinderroman „Wir pfeifen auf den Gurkenkönig“ (1976) war als Zweiteiler erfolgreich. Sein Kinofilm „Nordsee ist Mordsee“ (1976) hingegen stieß anfangs auf den Widerstand der FSK (Freiwilligen Selbstkontrolle) und wurde erst ab 16 Jahren freigegeben, wobei zunächst die Hoffnung verblieb, ihn über das Fernsehen doch an die eigentliche Zielgruppe der 10–14jährigen heranzubringen. Freigabe ab zwölf Jahre im Kino erfolgte dann doch im Mai 1976.

Einzelläufer der Vergangenheit blieben „Der Hund ist weg“ als zweiteiliger Spielfilm, „Jan und das Wildpferd“ nach dem gleichnamigen Buch von H. M. DENNEBORG sowie der Vierteiler von B. LORNSEN „Robby, Tobby und das Fliewatüüt“, dem eine medienkritische Informationssendung nachgeschaltet wurde, die Kinder über Filmtricks, Bauten und dokumentarische Anteile unterrichtete. Als Serie und als abendfüllender Spielfilm erregte „Die Ilse ist weg“ nach CHR. NÖSTLINGERS Buch „Ilse Janda, 14“ erhebliches Aufsehen (1976).

→Jugendfernsehen, →Jugendfunk, →Jugendmedienschutz, →Kinderfunk

Sekundärliteratur: Arbeitsgruppe Sesamstraße III. Fernsehprogramm, Norddeutscher Rundfunk: Vorläufige Beschreibung der Lernziele der Vorschul-Fernsehserie „Sesamstraße“ (in: H. Holzer: Kinder und Fernsehen – Materialien zu einem öffentlich-rechtlichen Dressurakt. 1974. 130–134). – D. Baacke: Mediendidaktische Modelle: Fernsehen (1973). – U. Beer: Geheime Miterzieher der Jugend (1962). – G. Behrens: Die Tanten und Onkels regieren (in: tendenzen. 14. 1973. 90. 6–10, zus. mit R. Gansera). – U. Blaich: Milchreis, Colt und Veilchenfänger (1973). – Th. Bucher: Pädagogik der Massenkommunikationsmittel (1971). – G. Dahlmüller: Kritik des Fernsehens (1973, zus. mit W. Hund und H. Kommer); Die Keilhacker-Galaxis (in: tendenzen. 14. 1973. 90. 36–42, zus. mit H. Kommer). – H. K. Ehmer: Visuelle Kommunikation (1971). – W. Flemmer: Fernsehen für Kleinkinder oder Vorschule via Fernsehen? (in: Fernsehen und Bildung. 1972. 1. 54–65). – O. Foerster: Fernsehen für Kinder und Jugendliche (1963, zus. mit H. J. Holz). – B. Frank: Kinder vor dem Bildschirm, Sehgewohnheiten und Sehinteressen (1973/74). – W. Geisler: Fernsehvorschule (1975, zus. mit P. E. Kalb). – K. H. Grossmann: Erziehungs- und Lernzielbestimmung für die deutsche Version von „Sesame Street“ (in: Rundfunk und Fernsehen. 20. 1972. 1. 3–10). – H. Holzer: Kinder und Fernsehen (in: tendenzen. 14. 1973. 90. 24–36); Kinder und Fernsehen – Materialien zu einem öffentlich-rechtlichen Dressurakt (1974). – Infratest: Eignung der Werbeprogramme für Kinder (1971); Tagesablauf der Kinder im Fernsehhaushalt (1971); Fernsehen und Familie (1973). – J. H. Knoll: Des Fernsehens liebstes Kind: das Kind (in: AV-Praxis. 22. 1973. 5–12). – H. Künnemann: Kinder und Kulturkonsum (²1974). – G. Maletzke: Fernsehen im Leben der Jugend (1959). – S. Morhof: Die Entdeckung des Kinderprogramms (in: Fernsehen und Bildung. 1972. 1. 51–54). – Programmbeirat für das Deutsche Fernsehen: Stellungnahme zum Kinderprogramm (in: Lebendige Familie. 24. 1972. 5. 86–87). – M. Schedler: Ein Modellfall – Die Arbeit des WDR-Kinderfernsehens (in: Fernsehen und Film. 1971. 6. 10–16); (Hrsg.): Kinderfernsehen anders (1975); Fragen an das Kinderfernsehen (in: tendenzen. 14. 1973. 90. 11–13). – K. Schleicher: „Sesame Street“ für Deutschland? (1972). – F. Stückrath: Fernsehen und Großstadtjugend (1967, zus. mit G. Schottmayer); Was ist „Rappelkiste“? (in: H. Holzer (Hrsg.): Kinder und Fernsehen – Materialien zu einem öffentlich-rechtlichen Dressurakt. 1974. 126–128). – L. Watzka: Kleinkind und Fernsehen (1968). – Wissenschaftliches Institut für Jugend und Bildungsfragen in Film und Fernsehen (Hrsg.): Das Fernsehen im Vorschulalter (1972). – G. Wodraschke: Die Beschäftigung des Kindes mit dem Fernsehprogramm (Diss. 1964). – F. Zieris: Jugend vor dem Fernsehschirm (1963).

Bernd Dolle/Horst Künnemann

Kinderfilm

K. ist die Bezeichnung für Filme, die inhaltlich und formal auf Verständnis, Auffassungsvermögen und Bedürfnisse von Kindern besondere Rücksicht nehmen und mit der Absicht konzipiert und produziert wurden, der Unterhaltung, Entspannung, Information, Bildung und Erziehung von Kindern im vorpubertären Alter (bis etwa 12 Jahre) zu dienen. (Unberücksichtigt bleiben im folgenden Lehr- und Unterrichtsfilme.)

Thematische und gestalterische Anforderungen. Thematisch unterliegt der K. keinerlei Beschränkung. Eine anspruchsvolle K.-Produktion wird sich nicht durch thematische Einfalt, sondern Vielfalt auszeichnen. Die Reduzierung des Stoffangebots auf bestimmte, stereotyp wiederkehrende Inhalte – z. B. Märchen, abenteuerlich-kriminalistische Geschehnisse – ist sachlich nicht zu begründen und führt den K. in eine Sackgasse. Da K.e letztlich auch der Geschmackserziehung dienen, sind an ihre Gestalter höchste Anforderungen zu stellen. Zwar müssen sie auf die psychisch-physische Entwicklung des Kindes und sein Auffassungsvermögen Rücksicht nehmen, was aber nichts mit naiver, primitiver oder klischeehafter Darstellung, Schematismus und wirklichkeitsferner Konfliktlosigkeit zu tun hat. Im Idealfall umfaßt deshalb das K.-Angebot sowohl motivierende als auch informierende und instruktive Spiel- und Kurzfilme der verschiedensten Art. Daß das Gros der ins Angebot gelangenden K.e nicht dieser Forderung entspricht, hat überwiegend wirtschaftliche, aber auch gesellschaftliche Gründe.

Derzeitige Situation. Unsere etablierte westdeutsche Gesellschaft, die sich noch immer weithin den traditionellen Sozialisationsinstanzen und mit ihnen den herkömmlichen Vermittlern von Bildungs- und Kulturgütern (Wort und Schrift) besonders verbunden fühlt, nimmt nur schwer den Umgang mit Massenmedien wie Film, Fernsehen und anderen audiovisuellen Medien vorurteilsfrei auf. Obwohl heute jedes Kind mit audiovisuellen Medien aufwächst, leiden K. und ebenso Kinderfernsehen vielfach unter der Ignoranz bzw. Fehleinschätzung durch die pädagogisch und politisch Verantwortlichen. Dadurch werden genuine Ansprüche und Bedürfnisse der Kinder mißachtet. In den meisten Ländern mit verstaatlichter Filmproduktion erhält allerdings der K. eine gezielte Förderung (besonders erfolgreich z. B. in der ČSSR).
Ansätze für eine zumindest indirekte Förderung hat es auch in der BRD gegeben, doch waren sie nicht von Dauer. Nach jahrelangen vergeblichen Versuchen, auch in der BRD mit staatlicher Förderung ein wie in anderen europäischen Ländern längst vorhandenes Nationales K.-zentrum aufzubauen, entschloß sich 1965 das Bundesministerium für Jugend, Familie und Gesundheit mit Unterstützung des von den Ländern getragenen Instituts für Film und Bild (FWU) probeweise eine Förderungsaktion für K.e ins Leben zu rufen. Mit Hilfe dieser Kinder- und Jugendfilm- bzw. KUNO-Aktion sollten geeignete K.e im In- und Ausland angekauft und über ein speziell entwickeltes Ankündigungs- und pädagogisches Betreuungssystem über Kinos verbreitet werden. Auf Grund der anhaltenden Kinoflaute und der ständigen Dezimierung des Bestandes an Filmtheatern stellte sich die KUNO-Aktion auch auf die Förderung von Filmen im nichtgewerblichen 16-mm-Bereich um. Dank dieser staatlich subventionierten Initiative war es möglich, rund 50 Titel für den gewerblichen 35-mm-Bereich und rund 70 Titel für den nichtgewerblichen 16-mm-Bereich anzubieten. Es ist nicht gelungen, diese Auswertungsbasis, durch die bisher alle wichtigen ausländischen K.e auch einem breiteren Publikum – unabhängig vom Fernsehen – zugänglich gemacht wurden, über 1975 zu erhalten, da das Bundesministerium seine Subventionierung einstellte.

Zur Geschichte des K.s. Die nachweisbar ersten K.e entstanden in der UdSSR, wo es bereits seit 1919 eine weitgehende kontinuierliche K.-Produktion gibt, der klar umrissene erzieherische, politische und gesellschaftliche Aufgaben gestellt sind. 1936 wurde in der UdSSR das erste, auf die Herstellung von K.en spezialisierte Studio (Gor'kij-Studio) eingerichtet. Jährlich entstehen zur Zeit ca. 13 lange und 50 kurze sowjetrussische K.e. Die während und nach dem Ersten Weltkrieg in Deutschland gedrehten Märchenfilme („Rübezahls Hochzeit“, 1916; „Der Rattenfänger von Hameln“, 1917 – beide von und mit P. Wegener) waren nicht speziell für kindliches Publikum gedacht, vielmehr verdanken sie ihr Entstehen dem akuten Mangel an Originalstoffen und Autoren. 1928 nahmen die Gebrüder Diehl ihre Scherenschnitt- und Puppentrickfilmproduktion auf und legten den Grundstein für eine zumindest sporadische K.-Produktion. Der erste Film der Gebr. Diehl war „Kalif Storch“, ein Scherenschnittfilm nach dem Märchen von W. Hauff, der 1931 beendet wurde und eine Länge von 42 Minuten besaß. Außerhalb des UFA-Konzerns wurde 1934 in Berlin von W. Wohlrabe der Jugendfilm-Verleih gegründet. Gemeinsam mit den Produzenten A. Zengerlind und H. Schonger baute W. Wohlrabe nach dem Zweiten Weltkrieg eine zwar bescheidene, aber kontinuierliche Märchenfilmproduktion auf, die zwischen 1953 und 1956 eine kurze Blüte erlebte. Der erste Nachkriegsmärchenfilm war „Frau Holle“ nach Gebr. Grimm (1948), der letzte (1961) „Frau Holle – Das Märchen von Goldmarie und Pechmarie“. Die Novellierung des Jugendschutzgesetzes (1957), die den Filmbesuch für Kinder unter sechs Jahren untersagte, entzog u. a. dem auf Verfilmung von Märchen beschränkt gebliebenen deutschen K. die Existenzbasis.
Da der K., der zunächst aus politischen und dann aus wirtschaftlichen Gründen an Märchenverfilmungen festhielt, keine direkte oder indirekte staatliche Unterstützung erhielt, wurde seine Herstellung 1959 eingestellt. Auch in der DDR hielt man zunächst an der Märchenfilmtradition fest, u. a. „Das kalte Herz“ (1950), „Die Geschichte vom kleinen Muck“ (1953), „König Drosselbart“ (1965). Gleichzeitig unternahmen aber SED und Regierung nicht unerhebliche Anstrengungen, um den K. zu fördern, der gemäß dem sowjetischen Vorbild primär der Erziehung zum sozialistischen Menschen dienen soll. Seit 1953 verfügt die DDR über eine kontinuierliche Spielfilmproduktion für Kinder. Außerdem unterhalten die DEFA-Studios für Wochenschau- und Dokumentarfilme (seit 1951), für populärwissenschaftliche Filme (seit 1953) und für Trickfilme (seit 1955) spezialisierte Arbeitsgruppen für K.e. Gegenwärtig entstehen in der DDR jährlich etwa vier lange und 20 kurze K.e. Auch die ČSSR verfügt über eine kontinuierliche K.-Produktion (Jahreskapazität durchschnittlich vier lange und 30 kurze K.e). Der tschechoslowakische Film steht zumindest seit Ende der fünfziger Jahre in dem Ruf, die thematisch abwechslungsreichsten und anspruchsvollsten K.e hervorgebracht zu haben. Unmittelbar nach dem Zweiten Weltkrieg erfolgte zunächst eine Spezialisierung auf den Puppen- und Zeichentrickfilm (K. Zeman, J. Trnka, H. Týrlová). Filme u. a.: „Das tschechische Jahr“, J. Trnka, 1947; „Der Kaiser und die Nachtigall“, J. Trnka, 1948; „Der Schatz der Vogelinsel“, K. Zeman, 1952. Erst 1954 wurde mit dem Aufbau der Spielfilmproduktion für Kinder begonnen. Herausragende Fil-

me aus der neueren Produktion: „Auf dem Kometen" von ZEMAN, „Habt ihr einen Löwen zu Hause?" von P. HOBL, „Der Zug in die Station Himmel" und „Schon wieder springe ich über Pfützen" von K. KACHYŇA, „Drei Nüsse für Aschenbrödel" von V. VORLÍČEK u.a. In keinem anderen Land ist der Suche nach realitätsnahen, kindgemäßen Stoffen und deren filmkünstlerischen Umsetzung bisher so großer Erfolg beschieden, wie in der ČSSR. Während die K.e der DDR und der UdSSR oftmals allzu betulich wirken und ihre „Botschaft" mit erhobenem pädagogischen Zeigefinger verkünden, und während die britischen K.e aus ihrer Isolation und thematischen Sackgasse nicht herausfanden, ist bei der tschechischen (weniger hingegen bei der slowakischen) K.-Produktion eine kontinuierliche Entwicklung zu beobachten. Dies betrifft – trotz aller Rückschläge im Gefolge der politischen Ereignisse von 1968 – sowohl die Inhalte als auch die Form, die teilweise von herausragender künstlerischer Qualität ist. Alle anderen, hier nicht namentlich genannten sozialistischen Länder besitzen lediglich eine sporadische K.-Produktion, deren Schwergewicht auf dem Kurzfilm liegt (populärwissenschaftliche Dokumentar- und Trickfilme). In Großbritannien wurde auf Betreiben der Filmwirtschaft und zunächst mit ausschließlicher finanzieller Unterstützung der Rank-Organisation 1945 eine K.-Produktion ins Leben gerufen. Diese ist unlöslich mit dem Namen M. FIELD verbunden, die die Children's Entertainment Films bzw. Children's Film Foundation (C.F.F.) bis 1959 leitete. Seit ihrer Gründung (1951) erhält die C.F.F. Mittel aus dem British Production Fund. Bis Ende der fünfziger Jahre galten britische K.e allgemein als erfolgreich und vorbildlich, was zu einer weltweiten Nachahmung der von diesen Filmen monoton repetierten Handlungsklischees und Stereotypen führte. Der britische K. hat fast ausschließlich abenteuerlich-kriminalistische Stoffe bearbeitet, in deren Mittelpunkt heroisierte Kindergestalten stehen. Er ist seiner Grundtendenz nach wirklichkeitsfern oder sogar wirklichkeitsfeindlich (Jahreskapazität durchschnittlich fünf lange K.e). Beispiele: „Das fliegende Auge" von W. HAMMOND, „Abenteuer in der Luft" von D. SHARP, „Runaway Railway" von M. BARNES, „Eagle Rock" von H. GEDDES.

Wirtschaftliche Aspekte. Die Herstellung von Filmen, insbesondere von Spielfilmen, erfordert hohe finanzielle Aufwendungen, die in Ländern mit freier Marktwirtschaft nur dann zu rechtfertigen sind, wenn sie in absehbarer Zeit wieder eingespielt werden können und Gewinne abwerfen. Da sich K.e nur an einen altersmäßig begrenzten Adressatenkreis wenden und folglich bei der Auswertung bestimmten Beschränkungen unterliegen, benötigen sie Amortisationszeiten von fünf bis sieben Jahren (bei „normalen" Spielfilmen rechnet man mit 12 bis 18 Monaten). Die Folge ist, daß entweder gar keine K.e entstehen oder daß sie den Gesetzen des Marktes und dem Gewinnstreben privater Interessenten (Produzenten, Verleiher usw.) ausgeliefert sind. Eine kontinuierliche, anspruchsvolle und wirksame K.-Produktion ist ohne direkte oder indirekte staatliche Subventionen nicht denkbar. Demgegenüber hat der K. in sozialistischen Ländern eine günstigere Ausgangsposition, weil für die verstaatlichte Produktion die in K.e investierten Mittel dann gerechtfertigt erscheinen, wenn die Filme die ihnen gestellten erzieherischen, gesellschaftlichen und politischen Aufgaben und Ziele möglichst weitgehend erreichen.

Die Funktion des K.s. Zu den fundamentalen soziokulturellen Funktionen des Films als Massenkommunikationsmittel gehört, daß er die Komplexität der realen Welt auf wenige überschaubare Grundkonstellationen und Regeln reduziert, um auf diese Weise den Zuschauern nicht nur eine gemeinsame Erlebnisbasis zu schaffen, sondern ihnen auch gesellschaftliche Konflikte und Normen deutlich zu machen und sie zu einem besseren und tieferen Welt- und Ichverständnis zu führen. Das trifft insbesondere auch auf den K. und seinen Adressatenkreis zu, zumal die Heranwachsenden sowohl einen legitimen Anspruch auf Unterhaltung und Entspannung als auch auf Information, Bildung und Erziehung haben. Da wissenschaftlich weitgehend abgesicherte Erkenntnisse über die geistig-seelische und körperliche Entwicklung des Kindes, seine Bedürfnisse und Reaktionen und über sein Auffassungsvermögen vorliegen, können K.e nicht nur gezielt hergestellt und eingesetzt werden, sondern man muß ihnen auch die Möglichkeit zubilligen, bei ihrem Publikum daseinserhellend im Sinne des Lebens- und Weltverständnisses, meinungsbildend und -beeinflussend im Sinne der von einer Gesellschaft akzeptierten Normen und Wertvorstellungen zu wirken, anders ausgedrückt: Zur Enkulturation des Kindes wesentlich beizutragen.

→ Jugendfernsehen, → Kinderfernsehen, → Trickfilm

Sekundärliteratur: St. Wolf: Kinderfilm in Europa. Darstellung der Geschichte, Struktur und Funktion des Spielfilmschaffens für Kinder in der Bundesrepublik Deutschland, ČSSR, Deutschen Demokratischen Republik und Großbritannien 1945–1965 (1969).

Steffen Wolf

Kinderfreund

K. ist ein in der Kinder- und Jugendliteratur des späten 18. und im 19. Jahrhundert gebräuchlicher Titel von a) lehrhaften Anthologien und Schullesebüchern, b) Kinderzeitschriften moralisch belehrenden – im Sinne aufklärerisch-rationalistischen Denkens – und empfindsam unterhaltenden – im Sinne bürgerlicher Gesittung – Zuschnitts.

Entstehung und Charakteristik. Fast im gleichen Jahr erschienen die später vielfach nachgeahmten, das Modell zu den beiden Typen von K.en abgebenden Publikationen: 1776 FR. E. VON ROCHOWS (1734–1805) „Lesebuch zum Gebrauch in Landschulen" unter dem Titel „Der Kinderfreund" und CHR. F. WEISSES (1726–1804) auf der Tradition Moralischer Wochenschriften basierende Kinderzeitschrift „Der Kinderfreund. Ein

Wochenblatt", in seinem I. bis V. Stück für den 2. bis 16. Oktober 1775 datiert. Beide Typen des K.s – der Lehrbuchtyp und der Zeitschriftentyp – haben sehr schnell Nachdrucke, Nachahmungen und Abwandlungen erfahren. Sie verbindet außer dem gemeinsamen Titel die Intention, den jungen Leser auf angenehme Weise, nämlich vor allem durch veranschaulichende kleine Erzählungen und Dramulette, zu belehren, wobei Schicklichkeit, Artigkeit, Gehorsam, Fleiß und Demut vordringlich als „moralische" Qualitäten herausgestellt werden, während bei den sachlichen Wissensvermittlungen die Absicht erkennbar ist, die von Gott geschaffene Gesellschaftsordnung und die Nützlichkeit der Natur dem jungen Leser einsichtig werden zu lassen. Innerhalb des didaktischen Konzepts der K.e spielt als Wissensvermittler, moralischer Mahner und pädagogischer Lenker die erfundene philanthropische Figur des „Kinderfreundes" (auch mit anderen Namen – z. B. „Herr Gutmann", „Mentor" – ausgestattet) eine Rolle. Er belehrt, teilt mit, führt Gespräche, reist mit den Kindern, singt und betet mit der „Familie des Kinderfreundes". Ihm ist die Rolle des gütigen, weisen, wissenden Erwachsenen, des Leiters einer pädagogischen Kleinprovinz zugedacht. Das im späten 18. Jahrhundert gegebene christliche und bürgerliche Modell der heilen, hierarchisch strukturierten Familie als ideale Lehr-, Bet- und Lerngemeinde führt zur Aufstellung des vor allem in den Dialogen auftretenden Figurenensembles. So sprechen die Herausgeber ENGELHARDT und MERKEL im Schlußwort des in Leipzig in zwölf Bändchen herausgegebenen „Neuer Kinderfreund" (1794–1798) gleichsam von Buchfamilie zu Leserfamilie, fast privat. Z. B. heißt es rechtfertigend: „... wenn ich jede häusliche Angelegenheit, jede denkwürdige Familienszene darstellte, um Euch darin, wie in einem Spiegel, Mängel und moralische Gebrechen zu zeigen, die Ihr vielleicht vorher nicht an Euch zu haben meintet oder welche Ihr für gering und Eurer Aufmerksamkeit nicht würdig hieltet ..." (S. 786, Schlußwort) gäbe es dafür pädagogisch-moralische Gründe. Zum Teil identifiziert sich auch der Herausgeber eines K.s mit der K.-Figur.

Die K.e genannten Publikationen enthalten in der Regel neben moralischen Erzählungen, Gedichte, Dramen, Spruchsammlungen, Lehrgespräche, Sachtexte, eingeklebte Notenblätter, Rätsel und verbindende Texte des Herausgebers.

K. als Lehrbuch. FR. E. VON ROCHOW hatte zuerst einen „Bauernfreund" herausgegeben (1773, 1. Teil; 1776 2. Teil), der kaum verändert als Lehrbuch zum Gebrauch in Dorfschulen dann 1776 als „Der Kinderfreund" erschien. Das Buch selbst sollte – wie ein Freund – dem Kind wohlgesinnt sein und Gutes tun, indem es ihm Aufmerksamkeitsübungen, Sprachübungen und Vorbereitungen zur Beförderung christlicher Tugend auferlegt. Dieses Werk – als „Brücke für Anfänger" – wurde vielfach nachgedruckt und auf lokale Verhältnisse eingerichtet. „Außer 8 bis 10 in Deutschland erschienenen Nachdrücken", so bemerkte VON ROCHOW selbst – „ist es vom rechtmäßigen Verleger in vier Ausgaben debitiert, und zweimal ins Französische, auch ins Schwedische, Dänische, Polnische und Illyrische etc. übersetzt worden ... Sogar auch ins Malabarische" (Schriften IV). L. GÖHRING führt mehrere K.-Titel an, und F. BÜNGER nennt in seinem bibliographischen Ergänzungsband 30 Lesebücher mit dem K.-Titel. Eine Differenzierung der Nachdrucke und Nachahmungen ergibt a) unveränderte Nachdrukke, b) Bearbeitungen unter erklärtem Bezug auf das Original (etwa durch SCHLEZ), c) regionale bzw. Länderausgaben (z. B. F. P. WILMSEN: Der Brandenburgische Kinderfreund; PREUSS/VETTER: Preußischer Kinderfreund; OTTO: Der Sächsische Kinderfreund; WILMSEN: Der Deutsche Kinderfreund), d) Ausgaben mit fixierter pädagogischer Tendenz (z. B. HOFFMANN: Der christliche Kinderfreund). – Die philanthropische Idee des K.s wirkte auch noch nach in analogen Buchtiteln, z. B. BACHER: Der Mädchenfreund; HEMPEL: Der Volksschulfreund; SCHLEZ: Denkfreund. Darüber hinaus finden sich vereinzelt Jugendbücher, die zwar den Titelbezug nutzen, den Charakter eines Lesebuches jedoch aufgeben, z. B. „Astronomischer Kinderfreund", „Arithmetischer Kinderfreund".

WILMSEN z. B., ein Berliner Prediger, gab einen „Brandenburgischen Kinderfreund" um 1800 heraus, dessen 26. Auflage als „Neuer Brandenburgischer Kinderfreund" noch 1860 erschien. Ein ähnliches „Lesebuch für Volksschulen" vom gleichen Herausgeber, nun „Der Deutsche Kinderfreund" genannt, erschien 1802, ebenfalls in Berlin. Bei äußerst rigider moralischer Indoktrinationsintention (Kap. XII. „Von den Rechten und Pflichten der Unterthanen in Wohl eingerichteten Staaten") im Sinne der Gehorsamspflicht des 3. und 4. Standes (Bürger und Bauern) entspricht dieser K. ebenfalls dem curricularen Schema der ROCHOW-Nachfolger, füllt sich aber weiter auf mit Lehrstoffen, die vom Orbis pictus-Typ vorbereitet, als Realienbuch im 19. Jahrhundert weitergeführt werden: Die erkennbare Welt (Naturgeschichte) und die geographisch-politischen Gegebenheiten werden dargestellt (u. a. sind folgende Abschnitte zu finden: Die Erde und ihre Bewohner, Gesundheitslehre, merkwürdige Naturerscheinungen, Europa, Deutschland, Sprüche). Wesentlich liberaler aufklärerisch-idealistischer ist der von dem Rektor der Schule in Löbau (Oberlausitz) K. FR. THIEME herausgegebene Band „Gutmann oder der Sächsische Kinderfreund", der den Kindern „meines geliebten Vaterlandes Kur-Sachsen" gewidmet ist und als „Lesebuch für Bürger- und Land-Schulen" auf dem Markt war (1. Aufl. 1793–1797, 2 Tle.; ^{3}1802). THIEME läßt „Religionsgegenstände" bewußt weg und will Stoff vermitteln, „an welchem Kinder über sittliche Gegenstände denken und urtheilen lernen" (1802. S. VII). Für ihn sind „die Kinder aller Stände und Klassen ... Menschenkinder" (S. XV), denen er allen „ohne Unterschied", die „Würde vernünftiger Menschen" zu erlangen, mithelfen möchte. Unter den vielen weiteren K.en im Anschluß an den von ROCHOW entwickelten Lehrbuchtyp sind u. a. die Umarbeitung von A. WINTER

(Der Kinderfreund. Ein Lesebuch für Bürger- und Landschulen von Fr. E. von Rochow. Auf's neue umgearbeitet von Andreas Winter, Kaplan zu Neuhaus, [11]1836) und die des Waisenhausinspektors und Ersten Lehrers der Freischule in Goslar H. L. Brakenhoff (Neuer Kinderfreund. Ein Lehr- und Lesebuch nebst einem angehängten Gesangbuche für Volksschulen. Einbeck [1]1839, 1869) zu nennen.

K. als Kinderzeitschrift und unterhaltsame Anthologie. Das in Leipzig im Oktober 1775 zuerst erschienene Wochenblatt „Der Kinderfreund" Chr. F. Weisses kam bis zum September 1781 (Leipzig 1782) in 24 Fortsetzungen heraus. Der Obersteuersekretär und Schriftsteller hat in den sechs Jahren fast alle Texte selbst geschrieben; dies gilt auch für den anschließend publizierten „Briefwechsel der Familie des Kinderfreundes" (1784–1792) in 12 Fortsetzungen. Beide kleinformatigen Reihen sind mit Stichen illustriert. Dem literarischen Rokoko verhaftet, neigte Chr. F. Weisse mehr zur Unterhaltung als zur Belehrung, obwohl er in seinem Vorwort an „Meine lieben kleinen Freunde" ausdrücklich sagt, „er wolle auf ‚unterhaltende Art' ‚wöchentlich einen kleinen Unterricht ertheilen'". Weisse erwähnt, daß er ein „Leipziger Wochenblatt für Kinder" zum Vorgänger gehabt habe. Der „Kinderfreund" Weisses hatte Erfolg. Er wurde schnell übersetzt, so 1782–1783 von Berquin ins Französische (Ami des enfans et des adolescents, 24 Tle.), und 1842 von einem Professor Kissling aus dem Französischen wieder zurückübersetzt und „vermehrt" unter dem Titel „Der Kinderfreund für das zarte Alter oder kleine einfache Erzählungen" (Ulm, 1842) herausgegeben. Schon 1786 erschien in Wien „Der neue Kinderfreund. Eine Monatsschrift", herausgegeben von P. A. Winkopp (Heft I–IV). Auch in Berlin konnte man noch vor der Jahrhundertwende eine kleine Zeitschrift „Der Berlinische Kinderfreund. Eine Zeitschrift" (herausgegeben von J. G. Behnke, 2 Bde. 1796) beziehen, der kurz darauf – nachdem sie eingegangen war,weil „der gute Mann, wie ich gehört habe, fast immer krank ist" – „Der neue Berlinische Kinderfreund – Eine Wochenschrift" (1796) folgte. Der Intimcharakter fast aller dieser kleinen Blätter – letztgenanntes war nur in ein paar in den Ausgaben genannten Geschäften sonnabends für einen Groschen bzw. sechs Pfennige zu haben – geht zumeist schon aus den persönlichen Ansprachen der Herausgeber an das Publikum hervor. Wie stark die Wirkung von Weisses „Kinderfreund" war, kann auch J. B. Engelmanns „Neuer Kinderfreund" (Frankfurt/Mayn 1803–1807, VI Tle.) entnommen werden, der seine mehrteilige, mit Kupfern und Notenblatt ausgestattete Anthologie – nunmehr von „praktischen Erziehern" mitgetragen und verfaßt – im VI. Teil mit einer umfangreichen Laudatio seines Vorbildes beginnt: „Manche meiner lieben Leser haben gewiß Weißes Kinderfreund gelesen, und wenn auch nicht sie selbst, doch vielleicht ihre Eltern, denn vor 20–30 Jahren war kein Buch in Deutschland beliebter, keins wurde häufiger gekauft und gelesen; selbst in anderen Ländern Europas kannte und schätzte man es; auch mir gewährten, in meinen Knabenjahren, sein Kinderfreund und seine Kinderlieder manche lehrreiche und angenehme Stunde, wofür ich ihm herzlich danke" (Tl. VI. S. 1).

Der Zeitschriftentyp der K.e des 18. Jahrhunderts – literarisch ambitionierter als der Lehrbuchtyp – hatte noch Nachkömmlinge bis ins 20. Jahrhundert hinein, allerdings haben sich die Inhalte wesentlich verändert. Erwähnt sei die evangelische, reich illustrierte Monatszeitschrift „Deutscher Kinderfreund" (1877ff.), deren Herausgeber J. Ninck noch den Band für das 25jährige Jubiläum mitbetreute (1903). Religiös-sentimentale Geschichten haben zentrale Bedeutung in den Heften, welche in einer über Jahrzehnte hinweg gleichgebliebenen Titelseitenkopfleiste die hier gemeinte Figur des K.s im biedermeierlichen Bilde, umgeben von vielen Kindern, Müttern und anderen Personen zeigt: Jesus Christus. – Ende der zwanziger Jahre erschien alle vierzehn Tage unter dem Titel „Der Kinderfreund" als Beilage der Sozialdemokratischen Tageszeitungen ein ganz anderes Blatt. Zwar ist das Prinzip der Unterhaltung und Belehrung geblieben, jedoch werden z.B. im Jahrgang 1929 Tatsachenberichte über die Hilfen für Kinder von ausgesperrten Metallarbeitern aus dem Ruhrgebiet („Mit den Ruhrkindern in Frankfurt – Eine Tat der Frankfurter Kinderfreunde", S. 119) oder über F. Lassalle sowie nachdenkliche Betrachtungen („Nie wieder Krieg", S. 227) unter die abenteuerlichen Erzählungen, Gedichte, Bastelanweisungen und Sprüche gemischt. Eine wichtige Rolle in der sozialdemokratischen Kinderfreundebewegung der zwanziger Jahre dieses Jahrhunderts spielte O. F. Kanitz (1894–1940).

→O. F. Kanitz, →Lesebuch, →Moralische Geschichten, →Realienbuch, →Fr. E. v. Rochow, →Chr. F. Weiße

Sekundärliteratur: F. Bünger: Entwicklungsgeschichte des Volksschullesebuches (1898; Ergänzungsband, 1901). – L. Göhring: Die Anfänge der deutschen Jugendliteratur im 18. Jahrhundert (1904). – K. Hobrecker: Alte vergessene Kinderbücher (1924). – B. Hurrelmann: Jugendliteratur und Bürgerlichkeit. Soziale Erziehung in der Jugendliteratur der Aufklärung am Beispiel von Christian Felix Weißes „Kinderfreund 1776–1782 (1974). – F. Jonas: Friedrich Eberhard von Rochows sämtliche pädagogischen Schriften (zus. mit F. Wienecke. 1910. IV. Band). – L. Kellner: Erziehungsgeschichte in Skizzen und Bildern (1880. II. Band).

Klaus Doderer

Kinderfunk

K. ist eine Sparte im Wortprogramm des Hörfunks (internationale Bezeichnung: children's broadcast), die an die Zielgruppe Kinder adressiert ist und inhaltlich und formal auf ihre Erlebniswelt und ihr Aufnahmevermögen zugeschnitten wird. Schwerpunkte des Programms sind Unterhaltung, Information, Motivation zu eigener Aktvität.

Die Anfänge des K.s. In Deutschland gibt es regelmäßige Sendungen des Rundfunks seit 1923. In den Anfängen verstand sich der Rundfunk zunächst lediglich als reproduktives Medium zur Wiedergabe und Verbreitung auch anderweitig vorhandener Texte und musikalischer Darbietungen. Der Begriff „Unterhaltungsrundfunk" wollte in „einem höheren Sinne des Wortes" verstanden werden: Mit dem Blick auf Erwachsene dachte man an Musik und Schauspielkunst (Rezitation und Theater), dann an Belehrung und Wissenschaft. Man verstand das Radio als allumfassende Volkshochschule. Im Hinblick auf Darbietungen für Kinder boten sich dementsprechend Märchen (zunächst Lesung, später Dramatisierung) und Lieder an. Die insgesamt 1311 „künstlerischen Veranstaltungen" des Berliner Rundfunks im Jahre 1927 gliederten sich in die folgenden drei Abteilungen: 1. „Oper und Operette" (76 Sendungen), 2. „Schauspiel und Literatur" (382 Sendungen), 3. „Konzerte u.a." (853 Sendungen). Sendungen für Kinder gehörten zur 2. Abteilung, nämlich 80 „Märchenvorträge" und fünf „Kinderfeste". Einer der ersten, relativ ausführlichen Berichte über den K. stammt von K. Dürre aus dem Jahre 1929. Er hat die Überschrift: „Der Kinderfunk – eine Freudenquelle für unsere Kleinen" (in: H. Bredow, a.a.O. S. 138–141). Dürre unterscheidet folgende Sparten: Kindertheater (nämlich Märchen, die zu Hause oder in der Schule nachgespielt werden sollten), Bastelstunde, Kinderlied (gesungen von der „Eva-Gruppe"), Märchen (Lesungen), „Kinder, Tiere, Blumen" (z.B. Berichte aus dem Zoo). Man hat „einen vielfältig gegliederten, täglichen Kinderfunk eingerichtet", der „alle Erlebnissphären der Kinder zu umschließen trachtet", der „zweckfrei" ist und im Gegensatz zur Schule „ohne jene vernunftbetonten Absichten erzieherischer und lehrhafter Art". Er verfolgt vielmehr die Absicht, „schöpferische Spiel- und Gestaltungsfreude" zu bewirken. Der damalige K. verstand sich sozusagen als Ableger einer von der Gesellschaft abgewandten Jugendbewegung. Ähnliches ließ sich mit geringen Modifikationen allenthalben feststellen. Der Frankfurter K., der sich ausdrücklich an das Vorschulalter wandte, wollte unterhalten (Kasperlestunden der Kasperltante, Märchenstunden, Funkheinzelmann) und beschäftigen, „sogar erziehen" (Bastel- und Liederstunden, „Anstandsunterricht für die Kleinen in netter Form", vgl. „Fünf Jahre Schulfunk in Hessen", a.a.O. S. 15).

Auch dort, wo sich der Rundfunk allmählich in ein produktives – im Hinblick auf die Kinder: motivierendes, aktivierendes – Medium wandelte, blieb man im Bereich des Häuslichen, Privaten. E. Schulz (a.a.O. S. 72–76) spricht von „Stunden mit Kindern": „Nicht nur, daß man Kinder zu Kindern sprechen und singen läßt; auch der Erwachsene, der sich vom Mikrophon aus an sie wendet, lebt im geistigen Austausch mit ihrer Welt und versucht, das Kind aus der Passivität des Hörens zu tätigem Anteil zu wecken. Die Entwicklung der meisten Funkprogramme für die Kinder hat deutlich diesen Weg genommen, der die tönende Welle in den lebendigen Tag hineinleitet und ihn durch sie befruchten läßt. Mängel sind dabei zwar noch reichlich vorhanden; sie bedeuten wohl Hemmungen, aber der Weg bleibt trotzdem deutlich." Für Jugendliche läßt Schulz andere Kriterien gelten: „Die Jugend hat längst bewiesen, daß sie keine besondere Diätetik des Geistes mehr will oder braucht." Man fordert daher hier ein „zeitverbundenes" Rundfunkprogramm.

Im Vergleich dazu erscheinen die 1930 geäußerten Ansichten des Schriftstellers A. Paquet (1881–1944) geradezu progressiv. Der Gegensatz zwischen der Auffassung eines bloß individuellen, innerlich bezogenen Hörerlebnisses und der Konzeption eines sozial und politisch aktuellen Rundfunks haben die Diskussion ganz allgemein bis in die sechziger Jahre hinein bestimmt (man vergleiche den Streit um das sog. Neue Hörspiel). Paquet stellt zunächst fest, das Kind stehe auf der „Phantasiestufe", nehme an den „öffentlichen Meinungen und Entschlüssen nicht teil", und das sei gut so: „Das Kindesalter ist die Zeit der Vorbereitung, aber nicht die Zeit des verantwortlichen Mithandelns" (a.a.O. S. 248–253). Das bedeute aber nicht, man solle das Kind überhaupt vom Rundfunk fernhalten. Im Zuge der „allmählichen Angleichung des Kindes an die Erfahrungs- und Wissenswelt der Erwachsenen, an die öffentliche Sphäre" sei auch das Bildungsmittel Rundfunk wichtig; man müsse die Möglichkeit „der öffentlichen Aussprache, der gegenseitigen Begegnung" nutzen: im Sinne der „Erziehung zum Gesamtbewußtsein", das sich durch „Sonderleistungen noch mehr spezialisieren" könne: „auch auf das Kind hin", was auch geschehe: „Das Märchen, das Rätsel, die Erzählung, das Lied, das Spiel – diese Dinge, die einst das Elternhaus dem Kind fast ausschließlich vermittelte, sind Rubriken der Zeitung und des Funks geworden. Die Erziehung hat eine Tendenz zur Öffentlichkeit". Paquet wendet sich gegen kulturkritische Warnungen vor dem relativ neuen Massenmedium Funk, „denn er ist ein sehr bildsames Instrument, und seine Möglichkeiten, auch seine wohltätigen, guten Möglichkeiten dem Kinde gegenüber sind noch lange nicht erschöpft". Diese Forderungen nach kognitiver und praktischer Wahrnehmung einer öffentlichen Funktion des K.s sind auch heute noch nicht überall realisiert.

K. unter dem Nationalsozialismus. Die politische Abseitsstellung hat den K. nach 1933 weitgehend vor „Gleichschaltung" bewahrt. In seinem sonst sehr anfechtbaren Buch „Der Rundfunk als Führungsmittel" (1941) hat G. Eckert dem K. eine kurze, systematisch angelegte, weitgehend objektive Darstellung zukommen lassen. Er konstatiert zunächst eine besonders ausgeprägte eidetische Veranlagung der Kinder, die sie befähige, akustische Vorgänge in bildhafte Vorstellungen umzuwandeln. Rundfunksendungen seien also in besonderem Maße phantasieanregend. Als charakteristisch empfindet er die Verbindung von Technik und Märchenhaftigkeit, die schon in der Namengebung zum Ausdruck komme: „Funkheinzelmann", „Funkprinzessin". Er unterscheidet vier Grundformen von Kindersendungen (nur in den ersten beiden sind die Kinder bloß rezeptiv): 1. Märchen oder Geschichten werden erzählt. 2. Erweiterung: Märchen werden als Hörspiele dargeboten. Neue Möglichkeiten ergeben sich hinsichtlich der Darstellung von Gestalten, die in der Realität nicht vorkommen. Fast alle bekannten Märchen habe der Rundfunk inzwischen verwandt, dazu eigene erfunden. 3. Kinder werden zum Mitmachen aktiviert: zum Singen, Spielen, Basteln. 4. Kinder wirken selbst bei Sendungen mit. Geleitet werde der K. vorwiegend von Frauen (das gilt auch heute noch). Die Adressatengruppen seien unterschiedlich: Schon Dreijährige nähmen teil, höhere Altersgruppen blieben dabei. Wichtig sei die Beteiligung der Mütter zu Hause; andere Sendungen wendeten sich speziell an Kindergärten. Der erzieherische Einfluß sei groß: Es sei gelungen, „feste Gestalten zu schaffen, die allein mit dem Rundfunk verbunden sind und für die Kinder etwas Ähnliches wie eine Autorität bedeuten. (...) Im Rahmen der gesamten Jugenderziehung bildet der K. die erste Möglichkeit, in weitgehend zentraler Weise einen hohen Prozentsatz der Kinder zu erfassen. Es ist so möglich, auch den Kindern, die von Hause aus keine Anregungen erhalten, die Vielfältigkeit der kindlichen Unterhaltungs- und Lehrformen nahezubringen. Nicht zuletzt haben sich die Kindersendungen für die im Ausland lebenden deutschen Kinder als stärkste Bindung an das Deutschtum erwiesen. Keinesfalls darf man den K. als reine Unterhaltung einschätzen, sondern in ihm liegen vielfache Möglichkeiten zu einer sinnvollen Führung, die nur richtig erkannt werden müssen" (ECKERT, a.a.O. S. 142–144). Einerseits also: kompensatorische Möglichkeiten; andererseits: zentrale Erfassung und Führung. Was hier vorbereitet wurde, ließ sich dann bruchlos in den Hitlerjugend-Funk überleiten, z.B. in die „Stunde der jungen Nation" (ab 1935). Hier kommen Gleichschaltung und Gruppenzwang voll zur Geltung: „Der Gemeinschaftsempfang hat für die Hitler-Jugend deshalb eine so große Bedeutung, weil er den einzelnen zwingt, seinen Willen unter den einer Gemeinschaft zu stellen. Er kann nicht einfach hergehen, ein- oder ausschalten, wann er will, sondern er muß die Sendung mit anhören, und nicht selten kommt dann das Interesse, das ihm vorher fehlte, während der Sendung. Wir erziehen somit die heranwachsende Jugend zu einer richtigen Handhabung des Rundfunkgerätes, denn nichts ist kulturloser als jene liberalistische Bedienungsweise, die sich darin ergeht, immer nur aus Sendungen das herauszupicken, was im Augenblick der Stimmung entspricht" (K. CERFF, a.a.O. S. 574).

Neuanfänge des K.s seit 1945. Im Gegensatz zum Jugendfunk konnte der K. weitgehend seine Kontinuität bewahren; man konnte nach 1945 an das Vorhandene anknüpfen, und die Sparte blieb weiterhin kritischer Analyse fast ganz enthoben. Noch 1959 sieht E. WASEM nur die alten Inhalte und Methoden: Märchen, Erzählungen, Kasperlespiele, gymnastische Übungen zum Nachmachen, einfache Denkaufgaben; das alles, in Analogie zum Kindergarten, unter Einbezug der Eltern, die aktivierend auf die Kinder einwirken sollten: „Vor allem das vorschulpflichtige Kind wird z.B. durch ‚Tanten' angesprochen, die es meistens unter Zuhilfenahme eines Lehrgesprächs mit gleichaltrigen Kindern zu fesseln suchen. So wirkt der Rundfunk schon auf das Kleinkind pädagogisch ein" (a.a.O. S. 132). Aufschlußreich, daß WASEM den K. „im wesentlichen auf die Vier- bis Zehnjährigen abgestimmt" sieht, während sich der Jugendfunk „vor allem an die schulentlassene Jugend zwischen 14 und 21 Jahren" wende. Diese immer schon vorhandene Alterslücke ist inzwischen eher größer geworden, für die 10- bis 14jährigen gibt es immer noch kein eigenständiges Programm.

Die Wirkung des Hörfunks auf die Kinder wurde nur selten untersucht (eher schon die Rolle im zielorientierten Lernprozeß). Einen Ansatz dazu bietet O. FOERSTER (a.a.O. S. 567–574) mit folgenden Feststellungen: 1. Für die Aufnahme der Sendung ist das Wort entscheidend, die Geräuschkulisse wirkt nur sekundär mit. 2. Die Fähigkeit, Akustisches in visuelle Vorstellung umzuwandeln, ist nicht vom Typus (visuell-auditiv-motorisch) abhängig. 3. Voraussetzung für das Hörerlebnis ist bei Kindern der Primarstufe eine einfache, klare szenische Gliederung, die das Denken in Zusammenhängen ermöglicht. Wichtig sind die Sprecherfunktionen: Dozierend vorgetragene Wissensvermittlung ist kaum gefragt, besser ist die Überleitung in Szenen. 4. Hörerlebnisse fordern zu denkender Verarbeitung auf. 5. Nachwirkung: Nach etwa vier Wochen beginnt der Prozeß der Einverleibung neu erworbener Einsichten und Einstellungen. Solche – immerhin auf Beobachtungen beruhenden – Vermutungen weisen den Weg zu notwendigen Untersuchungen mit modernen wissenschaftlichen Methoden. Voraussetzung dafür wäre, daß sich die Wissenschaft überhaupt erst einmal für den K. interessiert. Die Aussichten dafür erscheinen im Augenblick gering. Öffentlichkeit und Wissenschaft lenken ihre Aufmerksamkeit zur Zeit fast ausschließlich auf das Kinderfernsehen. Das ist zum Teil in dem ungleich größeren Aufwand begründet, den das Fernsehen erfordert, vor allem aber in der größeren Faszination dieses relativ neuen Mediums.

Die Lage fordert auf zu medienspezifischen Überlegungen: 1. Es gibt Bereiche, in denen audiovisuelle Darbietung der rein auditiven überlegen ist (z.B. Darstellung technischer Sachverhalte) und solche, in denen das Bild eher vom Inhalt ablenkt (z.B. problemorientierte Diskussion). 2. Es gibt in verschiedenen Altersstufen unterschiedliche Phasen der Hinwendung zu dem einen oder dem anderen Medium. 3. Hörfunk ermöglicht größere Mobilität hinsichtlich der Geräte und des Spektrums der Aufmerksamkeit. Es stellt sich die Frage, wie das im K. zu nutzen sei (der Hörfunk ganz allgemein hat sich vor allem durch eine Fülle von Magazin- und Servicesendungen auf die Situation eingestellt).

Das heutige Programmangebot des K.s hat sich erst zum kleineren Teil neueren Tendenzen geöffnet. Traditionelle Programme sind zum Beispiel Hörspiele für Kinder (vielfach umgewandelte Kinderbücher), Lesungen (meist für die Kleineren: Märchen, Geschichten, Gedichte), Rätsel- und Quizsendungen, Lieddarbietungen, klassische Musik. Aber schon diese herkömmli-

chen Angebote haben einen breiten Spielraum für den Einbezug moderner Bestrebungen: Hörspiele mit aktueller Thematik, z.B. sozialer Problemstellung, Lesungen aus neuartigen Kinderbüchern, Ratespiele zur Verkehrserziehung und allgemein zur Unfallverhütung („Vorsicht, Fehler – Achtung, Gefahr!"). Dazu kommen zeitgemäße Formen: Magazine mit jugendgemäßer Musik und aktuellen Informationen, Livesendungen, in denen über aktuelle Themen gesprochen und diskutiert wird („Politik im Gespräch": Tagesnachrichten werden erörtert), Einbezug von Reportagen und Interviews.
Wegweisend erscheint ein Versuch bei Radio Bremen – „Kleine Spiele für große Klappen" – dessen erstes Beispiel H. NEUMANN in der Funk-Korrespondenz Nr. 39 vom 24. September 1975 beschreibt und kommentiert: eine Livesendung ohne Manuskript und Proben mit einer Fülle von Interaktionsspielen (Ansätze dazu gibt es auch anderwärts). Teilnehmer: etwa zehn Kinder; Leitung: ein Erwachsener. Einstieg: Lernen und Singen eines neuen Liedes. Dann 1. Spiel mit dem Ziel, Isolation abzubauen, Scheu zu überwinden, aufmerksames Hinhören zu üben durch Identifikation akustischer Zeichen. 2. Eine Geschichte zu Ende erzählen und selber die dazugehörigen Geräusche erfinden. 3. Assoziationsspiele: Wortstaffeln und -ketten bilden. 4. Radiospiel, „bei dem ein fiktiver Sportreporter, ein Märchenerzähler, der Moderator der ‚Musik aus Studio B' und ein Nachrichtensprecher aus dem Stegreif ihre Texte erfinden müssen" – jeweils abwechselnd, also stückweise: „Überlebenstraining in einer wildwuchernden Zivilisation und zugleich eine Erinnerung an das Eigene, Schöpferische". 5. Ein französisches Lied, dazu Informationen über die Bretagne und einige französische Wörter. Ziel eines solchen Programms ist nach Aussage der Redaktion ein „unterschwelliges soziales Lernen".
Sendungen dieser Art sind abhängig vom jeweiligen Spielleiter, der die nötigen Impulse gibt und den Zeitablauf bestimmt (Livesendung – Einhaltung der festgelegten Sendezeit!). Andere Sendeformen versuchen, diese Mittelpunktgestalt zurückzunehmen oder ganz aufzugeben und die Gestaltung mehr in die Hand der Mitwirkenden zu legen. Das ist am ehesten möglich bei Gesprächsrunden, in denen ein Fachmann befragt oder ein Problem diskutiert wird: Der anwesende Experte, in der Regel ein Erwachsener, ist dann nicht zugleich Gesprächsleiter – auch kein anderer Erwachsener. Mit Sendungen dieser Art läßt sich am ehesten die Lücke zwischen K. und Jugendfunk verringern: Man verzichtet dann auf die Bezeichnung „Kinderfunk" und spricht z.B. von Sendungen für „junge Hörer". Auf diese Weise kann man partiell die voraussichtlich für die Zukunft besonders interessante, weil weniger vom Fernsehen okkupierte Zielgruppe der etwa 12- bis 15jährigen erreichen.
Den K.-Redaktionen der ARD stehen – bei sehr unterschiedlicher personeller und materieller Ausstattung – zur Zeit wöchentliche Sendezeiten zwischen 70 Minuten (Radio Bremen) und 245 Minuten (Bayerischer Rundfunk) zur Verfügung. Die dazugehörigen Programmbeispiele (Stand Sommer 1976): Radio Bremen: Samstag: 10 Minuten Gute-Nacht-Geschichten; Samstag und Sonntag: je 30 Minuten „Kleine Spiele für große Klappen", Quiz, Hörspiel, Lesung, Lieder. Bayerischer Rundfunk: täglich 30 Minuten Sendezeit, dazu 5 Minuten „Betthupferl". Sonntag: Hörspiel, Lesung, „Sonntagswecker" (Geschichten und Gedichte); Montag: Märchen, „Klingendes Bilderbuch", Lustige Lieder, Geschichten; Dienstag: „Kaleidoskop" (Reisethemen); Mittwoch: „Notenschlüssel" (klassische Musik); Donnerstag: Wiederholung vom Montag; Freitag: „Fortsetzung folgt"; Samstag: „Alles Gute zum Geburtstag", „Vor unserer Tür" (Kinder diskutieren), „Von Beruf ...".

K. und Kinder- und Jugendliteratur. Die Beeinflussung von K. und Kinder- und Jugendliteratur ist wechselseitig. Eine ganze Reihe von Sendungen des K.s sind nachträglich in Buchform erschienen. Es steht jedoch dahin, ob in allen Fällen für die Veröffentlichung in Buchform die qualitative oder nur die wirtschaftliche Seite den Ausschlag gegeben hat. Verhältnismäßig häufig ist auch die Bearbeitung von bereits erschienenen Kinder- oder Jugendbüchern für den Rundfunk.
Zu den Kinder- und Jugendbüchern, die beim RIAS in Berlin zwischen 1968 und 1970 auf Grund von Sendungen des K.s entstanden sind, gehören z.B. E. KAUTS „Pumuckl"-Geschichten, „Die Hirtenflöte" von J. KRÜSS, W. ECKES Bücher „Der Mann mit dem roten Zylinder", „Der Herr in den grauen Beinkleidern" und „Die Dame mit dem schwarzen Dackel", E. LILLEGS „Peps", JANOSCHS „Der Rabenkönig Muckelbaß" und auch T. MICHELS „Jonaskinder". Der Domino-Jugendbuchklub gab eine eigene Reihe „Kaleidoskop" nach Sendungen des Bayerischen Rundfunks heraus.
Ebenso zahlreich sind die Dramatisierungen von bereits vorhandenen Kinder- und Jugendbuchklassikern für den K. Dramatisiert wurden z.B. M. DE CERVANTES „Don Quichotte", H. MELVILLES „Moby Dick", MARK TWAINS „Prinz und Betteljunge", R. KIPLINGS „Dschungelbuch" und natürlich existieren viele Funkbearbeitungen von Märchen und einigen der Volksbücher: „Fortunatus und seine Söhne", „Die schöne Magelone" und ebenso „Flor und Blancheflor". Für den Funk eingerichtet wurde auch die „Abenteuerliche Geschichte des Lazarillo von Tormes". Im K. gesendet wurden außerdem P. L. TRAVERS' „Mary Poppins", E. TH. A. HOFFMANNS „Nußknacker und Mausekönig", J. M. BARRIES „Peter Pan", I. B. SINGERS „Die Leute von Chelm", N. v. MICHALEWSKYS „Das Geheimnis der Santa Lucia", L. THOMAS „Lausbubengeschichten", U. WÖLFELS „Joschis Garten", JO PESTUMS „Der Kater jagt die grünen Hunde", J. LONDONS „Ein Sohn der Sonne", E. KÄSTNERS „Der 35. Mai" und „Als ich ein kleiner Junge war", E. A. POES „Der Goldkäfer" und auch A. LINDGRENS „Der beste Karlsson der Welt".

→Jugendfernsehen, →Jugendfunk, →Kinderfernsehen, →Schulfunk

Sekundärliteratur: P. Banchard: La Presse, le film et le radio pour enfants (1952). – L. Baylin: Massmedia and children (1959). – K. Cerff: Der Jugendfunk im Dienste der Jugenderziehung (in: Die Deutsche Schule. 1934. 574). – K. Dürre: Der Kinderfunk – eine Freudenquelle für unsere Kleinen (in: H. Bredow (Hrsg.): Aus meinem Archiv. 1950. 138–141). – G. Eckert: Der Rundfunk als Führungsmittel (1941). – O. Foerster: Wie hören Kinder Rundfunk? (in: Rufer und Hörer. 6. 1952. 10. 567–574). – J. T. Klapper: The effects of masscommunication (1960). – J. P. Merrill: Broadcast viewing and listening by children (in: Public Opinion Quarterly. 25. 1961. 2. 263–276). – A. Paquet: Zeitung, Rundfunk und Kind (in: G. Hay (Hrsg.): Literatur und Rundfunk 1923–1933. 1974. 248–253). – Tr. E. Schulz: Rundfunk und Jugend (in: Rufer und Hörer. 1. 1931. 2. 72–76). – E. Wasem: Presse, Rundfunk, Fernsehen, Reklame – pädagogisch gesehen (1959). – Fünf Jahre Schulfunk in Hessen (1951).

Klaus Klöckner

Kindergebet

Eine vielfach literarisch fixierte Form des bittenden und anbetenden Sprechens mit Gott, speziell für Kinder eingerichtet in Reimen oder in Prosa, seit der Reformationszeit überliefert.

Zur Geschichte. Die ersten greifbaren Gebete für Kinder erschienen in evangelischen und katholischen Gebetbüchern des 16. Jahrhunderts. Die Gebetsliteratur des ersten Jahrzehnts des Reformationszeitalters ist zur Hauptsache durch die Bibel geprägt (Luther, Braunfels); biblische Texte liegen der Gebetssprache zugrunde. In dieser Zeit tauchen die ersten K.e auf, z. B. in Luthers Kleinem Katechismus von 1529: ein Psalmwort, vor Tisch von Kindern und dem Hausgesinde zu beten. Dieser nur aus Psalmworten gefügte Gebetsstil findet sich im 17. Jahrhundert bei J. Olearius (Das Allerbeste Gebetbuch, 1680; mit dem Gebet eines Waisenkindes) wieder. Schon zu Luthers Zeit ist daneben eine neue Form des Gebetbuches im Entstehen begriffen, die aus dem Bedürfnis nach individuellen Gebeten auch zu nicht unmittelbar aus der Bibel entnommenen Texten greift. Diese Auffassung schlägt sich im ersten Gebetbüchlein für Schulkinder von J. Bugenhagen (1531) nieder, einer kleinen Sammlung von acht „Gebetlin vor vnd nach deß Gotts Worts predig … vor vnnd nach dem essen zu sprechen, den jungen Kindern in den Christlichen schulen zu frommen". Der schwerfällige Ausdruck übersteigt kindliches Fassungsvermögen. Vielleicht ist darin die Ursache zu sehen, warum diese Gebete in der Folgezeit in Vergessenheit gerieten. – In den dreißiger Jahren wächst das Bedürfnis nach Gebeten für Anliegen des individuellen Lebens. Es erscheint das K.-buch des Konstanzer Reformators J. Zwick (Gebatt fur Jung lüt, o. J., abgedruckt in: F. Spitta, Gebete und Lieder für die Jugend von J. Zwick, 1901), das in liebevoller, schlichter Weise verschiedene Situationen des kindlichen Lebens in kurze Gebete und gereimte Gebetsverse faßt. Auch die vierziger Jahre bringen für die Jugend bestimmte Gebetssammlungen hervor: das in Nürnberg 1543 herausgegebene „Betbüchlein fur die jungen kinder vnd einfeltigen Christen" und die Kollektengebete des V. Dietrich (Summaria Christlicher lehr, 1548), die kurz zusammenfassend den Inhalt des jeweils behandelten Sonntagsevangeliums in einfacher Gebetsform dem „jungen volck" einprägen wollen. Für die bisher genannten K.e (außer einigen Gebeten bei Zwick, die schon stärker auf das kindliche Empfinden eingehen) ist ein objektiver, das kirchliche Evangelium ins Zentrum rückender Ton und die aus Gemeindegebeten hervorgegangene Wir-Form des kindlichen Beters charakteristisch. Besonders typisch hierfür ist z. B. auch N. Amsdorfs „Gebet der Kinder für Erhaltung des Evangeliums während des schmalkaldischen Krieges" (1546, abgedruckt im Gebetbuch des Evangelischen Büchervereins, [3]1866) und J. Otters Gebet um Bewährung im Gehorsam gegenüber Gott (in: Bettbüchlin, o. J.). Diesem Stil schließen sich die Gebete für Kinder und die christliche Jugend des E. Heidenreich (in: Passional Büchlein, 1580) an. Auf katholischer Seite ist besonders G. Witzel auf die Förderung des Gebetes unter der Jugend bedacht, sowohl im Rahmen des liturgischen Gemeindegebetes als auch im Rahmen der privaten Andacht, denn seitdem „diese schismatische Verwirrung und Zerrüttung in der Welt ist", gibt es viele, „welche da gern beteten, wissen aber nicht was und mit welchen Worten". „Aus dem Buchstaben der Schrift" verfaßt er kurze, markante Gebete, um zum selbständigen Beten anzuleiten (Tägliches lob Gottes, 1545). – Die 2. Hälfte des 16. Jahrhunderts läßt eine zunehmende Individualisierung der Gebete bis hin zur kasuistischen Spezialisierung der Gebete nach verschiedenen Ständen und Lebenslagen erkennen. Hier finden dann auch K.e ihren Platz. Z. B. ist das „Gülden Kleinot" des M. Coelius (1556) zu nennen mit seinen Gebeten für verschiedene Familienmitglieder, die „ein jeder teglich seines Standes halben" beten soll. In den „Precationes" des Erasmus (1535) finden mannigfaltige Verhältnisse des Christen ihren Niederschlag, auch die Bitte eines Knaben um ein weises Herz. Thematisch vielfältiger (Gebete der Kinder für ihre Eltern, Gebet einer Waise, Sterbegebet für Kinder, Gebet um Gehorsam, tägliche Gebete usw.) werden die K.e bei L. Rabe (Christliches Bettbüchlins Erster Theil, 1567), J. Habermann (Christliche Gebett, 1572), J. Deucer (Betbuch, 1619), J. Arndt (Paradiß Gärtlein, 1623), G. Zeämann (Bibl. Betqueln vnd Ehren Kron, 1632). Die zunehmende Individualisierung schlägt sich außerdem in der Ich-Form nieder, die Raum für Gemütsbewegungen und subjektive Empfindungen gibt. Habermanns gedanklich schlichte, in der Form zwar weitschweifige Gebete finden eine einmalige Verbreitung (bis ins 20. Jahrhundert nachgedruckt). Arndt steht kaum nach. Spätere Gebetbücher (z. B. das des Evangelischen Büchervereins) greifen sie auf. – Die durch Pietismus und Aufklärung geprägte erbauliche religiöse Erziehung des 18. Jahrhunderts schlägt sich nieder in den gereimten Gebetversen G. F. Seilers (in: Das kleine biblische Erbauungsbuch, [4]1785) oder J. G. Rosenmüllers (in: Erster Unterricht in Religion für Kinder, [6]1794) und in den langen, aber schlichten, volkstümlich auf Herzensfrömmigkeit abgestimmten K.en in J. F. Starcks „Tägliches Handbuch" (1727/28, bis ins 20. Jahrhundert neu aufgelegt). Die gefühlvolle Richtung des Pietismus findet z. B. ihren Ausdruck in einem schwülstigen K. von N. L. v. Zinzendorf: „Mein Lämmlein" (abgedruckt in: W. Ludwig (Hrsg.): Herz und Herz vereint zusammen, 1958). Den Nächsten zu lieben und besser zu werden, sind auch auf katholischer Seite die bestimmenden Elemente der beiden K.e in J. M. Sailers „Vollständiges Lese- und Gebetbuch" ([3]1789, Gebet eines Knaben vor dem Bild des Knaben Jesus und Gebet für arme Kinder).

K. im 20. Jahrhundert. Das 20. Jahrhundert bringt eine unüberschaubare Fülle von neuen K.en und K.-sammlungen hervor. – 1. Gebete zu den Tageszeiten, zu Tisch, zu den Jahreszeiten, zum Leben in der Schule, zu kirchlichen Festen finden sich u. a. in J. Erbs „Die Himmelstür" (1930), in B. Bergmanns „Lobt froh den Herrn" (1938), in der „Kinder-Gebetfibel" (1939, [7]1951). An denselben Themen orientieren sich auch die meisten der späteren K.-sammlungen, z. B. „Kindergebete" (Hamburg, 1948), „Lehre mich beten" (hrsg. von I. Schwarz, 1953), „Ach lieber Gott behüte mich" (hrsg. von H. Schneider, 1957), „Kinder beten" (München 1959), „Kindergebete" (hrsg. von A. Baur, 1959), „Kinder-Gebetbüchlein" (hrsg. von H. Vonhoff, 1960), „Vor Gottes Angesicht" (hrsg. von G. Schimansky, 1961), „In Gottes Hut" (hrsg. von J. Erb, 1963), „Ein reines Herz, Herr schaff' in mir" (hrsg. von D. Späth, 1967), „Gott du hast mich lieb" (hrsg. von B. Pioch, 1968). Dazu kommen eigens für den Schulgebrauch zusammengestellte Gebetbücher, z. B. „Lebendiges Schulgebet" (hrsg. von B. Bergmann, 1949), „Christus ist unser Lehrer" (hrsg. von E. Beck u. a., 1957), „Herr, höre meine Stimme" (hrsg. von I. Schiewek u. a., 1963). Außerdem sind eine Fundgrube für K.e die Religionsbücher für die Grundschule und Sonderschule der sechziger Jahre (vgl. F. W. Bargheer: a. a. O.), ferner Fibeln und Lesebücher für die Grundschule (vgl. Kl. Doderer: a. a. O.; J. Redhardt: a. a. O.). Die Sprache (fast immer gereimt oder metrisch gebunden) und die Vorstellungen der Gebete dieser Sammlungen schließen sich zum einen an die biblische Sprache und die kirchliche Tradition an (Katechismus, Gesangbuch, Liturgie, Erwachsenengebete). Zum anderen spiegeln sie (oft durch Vignetten und süßliche Bilder unterstrichen) eine zur sentimentalen Pseudoreligiosität abgeflachte christliche Tradition wider (beispielhaft konzentriert in der „Kinder-Gebetfibel", auch in den Religions- und Lesebüchern). Bei weitem überwiegen Bittgebete (um Schutz, Hilfe und ein Gott wohlgefälliges Leben), welche vorwiegend die eigene Existenz des Kindes betreffen, erst in zweiter Linie die Menschen des nächsten Lebenskreises (Eltern, Geschwister). Ganz vereinzelt werden die Spielkameraden angesprochen (Baur), und auch in den die Schule betreffenden Gebeten sind Probleme der Klasse nur selten zu finden (z. B. Beck). Weitere soziale Bezüge fehlen fast ganz, sie erscheinen höchstens in allgemeinen Bitten für Arme und Kranke, für „die Leute im Land" (Erb, In Gottes Hut), für die Kinder in der Welt (Schiewek). Ebenso eng erscheint die auf Sonnenschein und Regen, Tiere und Blumen, bis hin zu kitschiger Bauernhofromantik (Späth) eingeschränkte Erlebniswelt der Kinder. Die Rolle Gottes ist in vielen Gebeten auf die große und starke „Verlängerung der Erwachsenen" festgelegt, Gott sieht alles und kann alles, er gewährt, zusammen mit den vielen Engeln, eine heitere und heile Welt ohne Enttäuschungen und Konflikte. Ihm gegenüber steht das kleine, hilflose Kind, ganz darauf bedacht, gehorsam und fromm zu sein. – Eine Beurteilung dieser K.e kann von ihrer Funktion ausgehen. Indem die Sammlungen oft gleichsam eine kurzgefaßte Theologie bieten, wollen sie „im christlichen Glauben erziehen", wie ihn der „Gebetsschutz der Kirche" (Erb, In Gottes Hut) verbürgt. Sie wollen kirchliches Leben einüben (besonders in den katholischen Sammlungen z. B. Baur). Auch in den Schulgebet- und Religionsbüchern repräsentieren sie das religionspädagogische Konzept „Kirche in der Schule", sie wirken „persönlichkeitsbildend" (Beck), indem sie als pädagogisches Mittel Wertvorstellungen der Erwachsenen im Gebet des Kindes verinnerlichen lassen. Oder sie vermitteln Gott als eine illusionäre Märchenfigur, die durchs „Kinderland" (Späth) führt. In jedem Fall erscheint das K. als von der Sicht des Erwachsenen aus verfaßt, als „bloßer ins Erziehungsgeschehen eingebetteter Lernakt" (D. Baltzer, Theorie und Praxis der Sozialpädagogik 4/1974, S. 166). Von theologischen und psychologischen Überlegungen her lassen sich hier Einwände erheben. Kindsein ist nicht weniger als Erwachsensein. Das bedeutet, Gebet, also auch K., das als Äußerung von Glauben verstanden werden kann, bedarf einer sprachlichen und situativen Konkretion, die aus dem Erfahrungsraum des Betenden erwächst. Die traditionell kirchlich geprägten Gebete mit altertümlichen Wendungen, fremdartigen Vorstellungen, einer Fülle abstrakter theologischer Begriffe sind einem Kind nicht unmittelbar verständlich und erlebbar. Ebenso wenig nimmt eine verniedlichende Sprache (Verkleinerungsformen, billige Reime) das Kind ernst. Gebete, die die heutige, von der industriellen Entwicklung geprägte Welt ausklammern, in denen außerdem eine konfliktfreie Kinderwelt erdacht wird, verweigern dem Kind ein Stück Realitätsaussage und einen alltäglichen Bezug zu Gott. In vielen Fällen ziehen sie sogar vom Leben ab, indem sie den Blick auf den Himmel lenken oder Gott für Dinge verantwortlich machen, die Menschen selbst tun können. Auch die Betonung der Kleinheit und Abhängigkeit verhilft einem Kind nicht zu einem zunehmend selbständigen und freien Umgang mit sich und seiner Umwelt (E. H. Erikson).

2. Das Bedürfnis nach Ergänzung der traditionellen Gebete durch konkrete „eigene, einfache Worte" (Schimansky), die den ganzen Alltag des Kindes zur Sprache bringen, klingt an in einigen Vorworten von K.-Büchern (Schimansky, Baur), schlägt sich aber noch nicht in den Sammlungen selbst nieder (bei Baur

nur in der knappen Andeutung des Spiels und in den Fotobildern). Sicher wären auch manche der in der kirchlichen Tradition überlieferten Gebete, sofern sie nicht in dem Kontext der Wirklichkeitsferne und der abstrakten Sprache stehenbleiben, geeignet, dem Kind einen Rahmen für eigene gegenwartsbezogene Glaubensäußerungen abzustecken, selbst wenn es die Worte zunächst noch nicht versteht. Kleine Ansätze zu einem Kompromiß finden sich in „Dies Kind soll unverletzt sein" (hrsg. von H. und J. ZINK, 1968). Neben dem überwiegend kirchlichen Traditionsgut stehen einige Prosatexte mit Themen wie Arbeitswelt, Verkehr, gesellschaftliche Außenseiter, alltägliche Schwierigkeiten. Der Verzicht auf sentimentale Gebetsverschen wird durch idyllische Illustrationen leider wieder abgeschwächt. Einen ähnlichen Kompromiß streben auf katholischer Seite die „Kindergebete" von B. SENGER (1969) an. In diesem Zusammenhang sind auch Bemühungen zu nennen, biblisch-kirchliche Themen in eine Sprache für Kinder zu übersetzen, z.B. die Messe („Kindergebetbuch", Düsseldorf 1960), das Vaterunser (F. STIER, Unser Vater im Himmel, 1966) oder die Psalmen (G. RIEDIGER, Wir Kinder schwarz und gelb und weiß und rot, [3]1973). Die Anzahl frei formulierter Gebete mit aktuellen Bezügen und der Verzicht auf Verse volkstümlicher Frömmigkeit nimmt zu in neueren ökumenischen Schulgebetbüchern, z.B. in „Gotteslob in der Schule" (hrsg. von W. PLÖGER u.a., 1969) und in religionspädagogischen Büchern (z.B. J. KLINK, Kind und Glaube, 1971). Obwohl der soziale Gesichtskreis sich erweitert hat und die Konkretionen aus der Erlebniswelt des Kindes vielfältiger werden, lassen diese Gebetbücher durchgängig eine noch starke Orientierung an der Kirche erkennen (religiöses Vokabular, Kirchenjahr, kirchliches Leben).

3. Gleichzeitig erfolgt in den sechziger Jahren eine Neubesinnung. Das K. wird zu einem „Gebet der Kinder", zu einem Sprechen der Kinder mit Gott. Daß trotz teilweise „moderner" Sprache und Aktualisierung dies noch nicht gelungen ist, zeigen das katholische Gebetbuch „Kinder sprechen mit Gott" (von F. M. RENSLE u.a., 1965) und das evangelische von B. LÜDECKE (Kleine Kindergebete, 1967), die beide unerträglich kindertümliche Verse enthalten. Eine neue Entwicklung des K.-buches bahnt sich an in „Mein kleines Gebetbuch" (französischer Originaltitel: Mon petit Livre de Prière, dte. Ausgabe 1961). Auffallend im Vergleich zu den früheren K.en sind der fast vollständige Verzicht auf Reime und die in einzelnen Gebeten sprachlich und situativ gut erfaßte Erlebniswelt eines Kindes (besonders in den Dankgebeten). Was hier noch auf einzelne Gebete beschränkt bleibt, wird zum Gesamtcharakter der Gebetbücher „Du hast mich lieb" (von A. MÜLLER-FELSENBURG u.a., 1967), „Schau her lieber Gott" und „Wir in unsrer Stadt" (von F. BETZ, 1967 und 1969), „Gebetbuch für Kinder und ihre Eltern" (von M. LEIST, 1972), „Gut, daß du da bist" (von D. BLOCK, 1974), „Du bist bei mir" (von D. ROST u.a., 1974). Hier seien auch die „Kinderbriefe an den lieben Gott" genannt (hrsg. von E. MARSHALL u.a., 1968, amerikanischer Originaltitel: Children's Letters to God), eine literarische Sammlung von Gesprächen mit Gott, nicht als Einübung zum Beten, sondern als Dokumentation von kindlichen Gottesvorstellungen gedacht. Diese Gebetbücher sind nicht mehr Sammlungen von einzelnen Gebeten, vielmehr eine geschlossene Komposition. Ihr Ziel ist es, einmal zum Beten „mit eigenen Worten" (ROST) zu ermutigen, zu zeigen, daß man mit Gott reden kann, „wie man auch sonst im Alltag redet" (BLOCK). Ferner sollen die modellhaft in der gesellschaftlichen und persönlichen Umwelt angesprochenen konkreten Ereignisse bewußtmachen, daß Gott mit allem etwas zu tun hat, und das Kind anleiten, „seine ganz gewöhnliche Umwelt gewissermaßen ‚im Angesicht Gottes' zu erleben" (BETZ, Schau her). Dazu trägt auch der Bilderbuchcharakter einiger Bücher bei (BETZ, ROST, MÜLLER-FELSENBURG). Die realen Konflikte kindlichen Lebens werden nicht mehr ausgeklammert, die Möglichkeiten eigener Verantwortlichkeit und auch Freude und Dank sehr viel stärker bedacht als früher. Konfessionelle Abgrenzungen spielen keine Rolle mehr (s. die Vorworte bei MÜLLER-FELSENBURG und LEIST), obwohl kirchliche Themen nicht fehlen (bei BLOCK, LEIST, MÜLLER-FELSENBURG). Sie gehören „auch" zum Leben, nur sind sie nicht mehr zentraler Anknüpfungspunkt wie in vielen früheren K.-büchern. An dieser Stelle sei auch das biblische Gebet- und Bilderbuch „Kinder reden mit Jesus" (von K. ALBRECHT, 1968) genannt, das durch sprachlich sehr einfache, kindgemäße meditative Texte zu Jesusgeschichten eine Einübung in freiere Formen des Gebetes anstrebt. Dies sind Gebete, die auch für spätere Altersphasen ihre Wahrheit behalten (LEIST, BLOCK, BETZ)! Trotz dieser Zielsetzung spiegelt sich in einigen K.en noch immer der vulgär-christliche Alleskönner-Gott (z.B. bei LEIST, BLOCK, MÜLLER-FELSENBURG; besonders in den „Kinderbriefen", in denen sich die problematische Glaubenswelt der Erwachsenen abbildet und nicht ursprünglicher Glaube der Kinder). Einen wichtigen Schritt weiter führen die Gebetbücher von BETZ und ROST, indem sie stärker das Element verantwortlichen Nachdenkens als konstitutiv für das Gebet sichtbar werden lassen, auch in Hilflosigkeitssituationen (z.B. bei der Bewältigung von Angst). Eine ähnliche Vorstellung von Gebet kennzeichnet das Gebetbuch für Jugendliche von CHR. WEISS, „Reden wie mit einem Freund" (1962). – Eine Reihe ausländischer Gebetbücher für Jugendliche und von Jugendlichen selbst sind zu finden bei H. SCHMIDT.

→Katechismus für Kinder, →Kinderreim, →M. Luther

Sekundärliteratur: P. Althaus d. Ä.: Forschungen zur Ev. Gebetsliteratur (1927). – F. W. Bargheer: Gebet und Gebetserziehung (1971); Gebet und beten lernen (1973). – Kl. Doderer (Hrsg.): Bilderbuch und Fibel (1972). – J. Redhardt: Religiöse Ideologien in hessischen Lesebüchern für die Grundschule (in: Evangelischer Erzieher, 7. 1971. 287–297). – H. Schmidt: Wie betet der heutige Mensch (1973).

Friedel Kriechbaum

Kindergedicht

Zum K. rechnet man alle für Kinder und von Kindern geschriebenen lyrischen Texte, manchmal außerdem Werke, die gegen die Autorintention von Thema und Gestaltung her auch Kindern faßbar sind. Das K. läßt sich begrifflich nicht klar von Kinderlied und Kinderreim abheben.

Geschichtliche Entwicklung des K.s. Der Erziehungsoptimismus der Aufklärung brauchte als Gegengewicht zu den bisherigen Memoriertexten der Kinder, den Gebeten und Kirchenliedern, eigene Hilfsmittel. Zu diesem Zweck entstanden die gereimten Fabelfassungen von Chr. F. Gellert (1715–1769), G. K. Pfeffel (1736–1809), M. G. Lichtwer (1719–1783), Chr. F. Weisses (1726–1804) „Lieder für Kinder" (1765) und dessen Nachahmungen von J. F. Schmidt (1816–1890), J. H. Röding (1732–1800), G. W. Burmann (1737–1805), F. J. Bertuch (1747–1822). Nur Chr. A. Overbeck (1755–1821) fand mit „Fritzchens Liedern" (1781) einen kindlichen Ton (z.B. „Komm, lieber Mai"). Aus der Zeit der Empfindsamkeit sind nur einige Gedichte des M. Claudius (1740–1815) in den Grundbestand der Sammlungen gekommen; Sturm und Drang ebenso wie die Klassik haben trotz weniger Goethe-Beispiele keine Stimme in der Tradition des K.s, wenn auch die theoretischen Grundlagen und die Sammeltätigkeit für die Kinderlieder im Anhang zum 3. Band von A. v. Arnims (1781–1831) und Cl. v. Brentanos (1778–1842) „Des Knaben Wunderhorn" (1808) in diese Zeit reichten. Einen neuen Anfang machte Fr. Rückert (1788–1866) mit seinen „Fünf Märlein zum Einschläfern für mein Schwesterlein" (1813), den ersten Erzählgedichten für Kinder. Mit einigen weiteren Gedichten ist er neben W. Hey (1789–1854), H. Hoffmann von Fallersleben (1798–1874), Fr. Güll (1812–1879) und R. Reinick (1805–1852), die in den dreißiger und vierziger Jahren schrieben, bis in die Mitte des 20. Jahrhunderts Lesebuchklassiker geblieben. Nur die moralischen Bilderbuchverse des „Struwwelpeter" (1845) von H. Hoffmann (1809–1894) haben eine ähnliche Verbreitung gefunden (seine anderen, skurrilen Gedichte sind unbekannt geblieben). Das lehrhafte Genre wurde teilweise ganz aufgegeben zugunsten von idyllischen Darstellungen der kindlichen Umwelt: Erlebnisse mit Eltern, Geschwistern, Freunden, Tieren; Erfahrungen bei ihren Spielen; Tageslauf und Jahreszeiten. Teilweise wird die Moral einfallsreicher und humorvoller versteckt als früher; die Tiere begegnen nicht als Typen wie in der Fabel, sondern im Gespräch mit Kindern; ihre starke Vermenschlichung resultiert aus dem Denkschema von der Einheit Kind – Natur (W. Hey, Glassbrenner u.a.). Eine erzieherische, erklärtermaßen nicht künstlerische Absicht verfolgte Fr. Fröbel (1782–1852) mit seinen „Mütter- und Kose-Liedern" (1844), während neben einigen gelungenen Texten die Masse des nur gut Gewollten bei so typischen Lesebuch-K.-Autoren wie H. Kletke (1813–1886), J. Sturm (1816–1896), R. Löwenstein (1819–1891), K. Enslin (1819–1875), G. Chr. Dieffenbach (1822–1901), J. Lohmeyer (1835–1903), J. Trojan (1837–1915) und V. Blüthgen (1844–1920) liegt. Mit wenigen K.en, ansonsten aber als Erwachsenenautoren bzw. in anderen Gattungen bekannter geblieben sind A. Kopisch (1799–1853), Fr. Pocci (1807–1876), W. Busch (1832–1908) und H. Seidel (1842–1906).
Erst im Zuge der Jugendschriftenbewegung wurde man auf E. Mörike (1804–1875) und Th. Storm (1817–1865) aufmerksam, fand auch für die K.-Anthologien ein paar Gedichte von A. von Droste-Hülshof und Th. Fontane (1819–1898). Die Zeit um die Jahrhundertwende ist nicht nur eine Phase der Sichtung (J. Löwenberg 1902, H. Wolgast 1904, G. Falke/J. Löwenberg 1906), sondern aus der „Jahrhundert-des-Kindes"-Stimmung erwuchsen auch neue Ansätze für das K. Verglichen mit der Aufforderung zum Ungehorsam der „antiautoritären" Kinder- und Jugendliteratur erscheint das „Manifest des emanzipierten Kindes" (J. Krüss), R. Dehmels (1863–1920) „Frecher Bengel", harmlos. Während heute in K.en und Erzählungen manchmal über die Köpfe der Kinder hinweg gepredigt wird, kommen ihnen R. Dehmel und seine Frau Paula im „Fitzebutze" (1900) bis zur Übernahme der Kinderlallsprache und des Straßenjargons entgegen. Ähnlich unorthodox wie die Inhalte sind die sprachlichen Mittel (prosanahe Rhythmen). R. Dehmel war wie G. Falke (1853–1916) ein geschätzter Lyriker seiner Zeit und steht damit am Beginn einer Reihe von Autoren, die sich auch Kindern zuwandten, mit aufklärerischen Absichten wie E. Kästner (1899–1974) und B. Brecht (1898–1956) oder mit lyrischem Nonsense wie J. Ringelnatz (1893–1934) und Chr. Morgenstern (1871–1914). Bis deren Gedichte, die versteckt in Zeitschriften oder in Buchform erschienen waren, ihre Leser erreichten, vergingen noch viele Jahre, während derer traditionellere Vorstellungen über das K. verbreitet waren; man findet sie bei Fr. Schanz (1859–1944), dem Schriftsteller A. Holst (1867–1945), dem Arzt C. Ferdinands (1874–?) und den Lehrern A. Freudenberg (1873–1930), A. Sergel (1876–1956) und E. Weber (1877–1944). Beispiele proletarischer Kinderlyrik aus der Weimarer Republik (E. Mühsam, E. Weinert, J. R. Becher, B. Brecht, L. Fürnberg, M. Zimmering, E. Strittmatter) sind nur in Lesebüchern und Anthologien der DDR aufgenommen worden. Den Ansprüchen der Ideologie des Dritten Reichs genügte das traditionelle K., so daß nur wenige Huldigungsgedichte für Kinder entstanden.
Erst nach 1945, genauer mit dem Erscheinen der ersten Gedichte von J. Guggenmos (*1922) und J. Krüss (*1926), zum Teil als Folge der Bilderbuchrenaissance, beginnt eine neue Ära des K.s. Hervorstechendes Merkmal ist der Hang zur heiteren Nonsense-Poesie und – häufig damit verbunden – zum Spiel mit den Elementen der Sprache. Man meidet jegliche Schablonenhaftigkeit in den Themen sowie im metrischen Gefüge; Belehrungen werden mit einem Augenzwinkern des Autors vorgetragen. Daneben haben die stimmungshaften Kalendergedichte aus E. Borchers'

(*1926) „Und oben schwimmt die Sonne davon“ (1965) die Aufmerksamkeit auch der Lesebuchherausgeber gefunden; auch Chr. Busta (*1915) ist auf diesem Wege bekannt geworden, nicht über die Bilderbuchausgabe ihrer Gedichtsammlung „Die Sternenmühle“ (1959). Nicht mehr wie früher zum Vertonen werden heute häufig Verse geschrieben, sondern zum Illustrieren. Ihre Erstveröffentlichung haben H. A. Halbeys (*1922) Einzelgedichte in seinem Bilderbuch „Pampelmusensalat“ (1965) erfahren. Seltener wagen sich Autoren an das schwierige Geschäft von Bilderbuch-Versgeschichten; zu abschreckend sind vielleicht die Reimereien des Bestsellers von A. Sixtus (1892–1960) „Die Häschenschule“ (1924), ganz zu schweigen von den sogenannten Kaufhaus-Bilderbüchern. Abgesehen von den Fällen, wo Graphiker ihre Texte in Versform selbst schreiben (J. Spohn, *1934; M. Reidel, *1923; u.a.) haben sich vor allem L. Hille-Brandts (1911–1958) und J. Krüss in diesem Genre versucht, mit „Ausbrüchen“ ins Gebiet der Kinder- und Jugendliteratur auch E. Heimeran (1902–1955) mit „Der schwarze Schimmel“ (^{2}1956) und H. Asmodi (*1923) mit seiner Moritat „Räuber und Gendarm“ (1968). Außerhalb des Bilderbuchs herrscht das kurze, pointierte K. vor (etwa die Vierzeiler über Tiere von J. Guggenmos) oder die Reihung von gleichartigen Textelementen. Immer seltener werden Erzählgedichte, wie man sie noch bei P. Hacks (*1928) in seiner Sammlung „Der Flohmarkt“ (1965) findet, bei E. Rechlin (*1928) und in dem umfangreichen Werk von J. Krüss. Ohne daß nur Dialektschranken oder politische Diskrepanzen wie im Falle der DDR-Autoren dafür verantwortlich gemacht werden könnten, sind die K.e der durch österreichische Staatspreise geehrten V. Ferra-Mikura (*1923) und F. Hofbauer (*1924) bislang weniger beachtet worden. Von nicht unbeträchtlichem Einfluß auf die K.-Rezeption, aber auch deren Produktion sind einige Anthologien geworden, die zum Teil von K.-Autoren arrangiert wurden: allen voran „So viele Tage wie das Jahr hat“ (1959) von J. Krüss und „Ein Reigen um die Welt“ (1965) von H. Baumann (*1914), die umfangreichste Sammlung ausländischer K.e. Neben Br. H. Bull (*1933), der ebenfalls Anthologien herausgegeben hat, setzten sich K.-Autoren wie J. Krüss und G. Sichelschmidt (*1913) auch theoretisch mit K.en auseinander.

Nicht nur als Kritiker des traditionellen K.s, sondern mit seiner Anthologie „Die Stadt der Kinder“ (1969) und den Jahrbüchern der Kinderliteratur (1971 ff.) vor allem als Anreger neuer K.e ist der Kinderbuchlektor H.-J. Gelberg (*1930) hervorgetreten. Während er in Chr. Morgenstern und J. Ringelnatz die Vorfahren sieht für den Humor, die Verdichtung von Realität und die Schlichtheit der Form bei J. Guggenmos und H. Baumann, bei E. Borchers und M. Ende (*1929), nennt er andererseits B. Brecht den Vorbereiter für S. Kilian (*1940), H. Wohlgemut (*1917) oder H. Manz (*1931). Die sozialistisch orientierte Richtung vertreten u.a. auch M. und M. Sperr mit ihrer Zusammenstellung „Herr Bertolt Brecht sagt“ (1970) und K. Kuhnke in der Kinderliedersammlung „Baggerführer Willibald“ (1973) mit dem Titelsong von D. Süverkrüp (*1934), Beispielen von H. Stempel/M. Ripkens, Lieder aus Kindertheaterstücken, mit vielen Brecht-Liedern u.v.a. Kritische Kinderchansons werden außerdem von Christiane und Frederik auf ihrer Schallplatte „Die Rübe“ vorgetragen. Emanzipation des Kindes geht einher mit der Anklage des Erwachsenen: er ist unter dem Gewand des K.s häufig auch der eigentlich intendierte Leser. Die Euphorie der Antiverse, die „Konflikten nicht ausweichen und Widersprüche nicht miteinander versöhnen“ wollen (K. Kuhnke), ironisiert H. A. Halbey in seinem „Trotzdem“ mit der Pointe: „Kinder, schützt eure Eltern“.

Beurteilungskriterien, verschiedene Ansichten der K.-Autoren. Die Antworten auf die Frage „Was ist ein gutes Kindergedicht?“ gehen weit auseinander. J. Krüss meint: „Erzählt ein Gedicht eine einfache Fabel oder stellt es einen einfachen Sachverhalt dar und tut es dies auf eine unmittelbare Weise ..., so haben wir es mit einem naiven Gedicht in unserem Sinne zu tun. Kommt hinzu, daß das Gedicht vom Kenner geschätzt und vom Kind verstanden oder gar vom Kenner bewundert und vom Kind geliebt wird, so haben wir es mit einem idealen Gedicht zu tun“ (in: Jugendliteratur 8. 1962. S. 14). Die Formel von „Naivität und Kunstverstand“ (J. Krüss) spart den Aspekt der Inhalte aus und wird in der Diskussion ergänzt (oder abgelöst) durch die Forderung nach Gedichten, „die von der schönen und großen Aufgabe künden, eine neue Gesellschaftsordnung aufzubauen“ (E. George/R. Hänsel im Nachwort zu ihrer Anthologie „Ans Fenster kommt und seht“, 1963. S. 245) oder nach Texten, die endlich das Moralisieren aufgeben, das Idyllisieren und Ablenken von den eigenen Problemen des Kindes. Das ist nicht vereinbar mit der These von J. Guggenmos, der „das Schreiben von Kindergedichten als schöne Kunst betrachtet“ und für das Kind in sich selbst schreibt (im Nachwort zu seiner Sammlung „Was denkt die Maus am Donnerstag?“, 1966. S. 100 ff.). Gerade diese gespielte Regression entgeht häufig nicht dem Hang zur Nostalgie, die ihrerseits in bewußter Verfremdung von einigen Lyrikern genutzt wird. Analog zur Affinität zwischen Kinderzeichnung und einigen modernen Malern (einschließlich der „Naiven“) finden sich in der Lyrik Anleihen beim K., besonders beim Kinderreim. Vom Dadaismus, speziell H. Arp (1887–1966), und der Lehrdichtung B. Brechts an finden wir in der Gegenwart auf der Skala von E. Jandls (*1925) Nonsense-Lyrik bis zur Nutzung im Agitprop und Werbetext alle Nuancen, kindliche Ausdrucksformen zu montieren und zu zitieren. Häufig werden in naivem Ton menschliche Ängste und Probleme ins Groteske verzerrt (G. Grass „Kinderlied“ 1962; E. Borchers „eia wasser regnet schlaf“ 1960; P. Härtling „Baiabong“ 1962, weitere Beispiele von H. R. Beck, G. Kunert, G. Rühm, W. Weyrauch u.a. in: „Die Stadt der Kinder“ (vgl. dazu: R. Lorbe, a.a.O.; G. Stein, a.a.O.). In erster Linie interessiert den Lehrer die Frage, ob ein K.

sich naiv gibt oder naiv ist, ob es Kinder ansprechen will oder Kindheitserinnerungen. Der letztere Aspekt tritt in der Anthologie von H. Heckmann/M. Krüger: „Kommt, Kinder, wischt die Augen aus" (1974) hervor, die auch Gedichte über Kinder aufnimmt. Da das Urteil über die „Echtheit" von K.en sehr subjektiv ist, müßten Wertkriterien stärker als bisher an den Lese- und sonstigen literarischen Erfahrungen der Kinder orientiert sein, andererseits die Beziehung zur zeitgenössischen Lyrik und der jeweiligen Funktion des K.s gründlicher reflektieren.

Sammlungen von Gedichten von Kindern. Verschiedene Gründe haben zur Sammlung und Herausgabe von Gedichten von Kindern geführt: z. B. K.e hätten kindlich zu sein und müßten deshalb auch von Kindern geschrieben werden; oder: nur Kinder könnten noch ursprünglich und unverbildet schöpfen und kämen somit dem Volksgut am nächsten; oder: auch K.e seien ernstzunehmende Dokumente für Meinungen, Erlebnisse und Empfindungen der Jugend oder einer bestimmten Gruppe (vgl. u. a. T. Lenz (Hrsg.): Kinder dichten, 1958; Zauber der Kindheit, 1960; Hier fliegen keine Schmetterlinge, 1965; Ich habe den Frühling gesehen, 1965; Kl. Doderer (Hrsg.): Die Reimschmiede, 1966; K. Manthey/J. Nowotny (Hrsg.): Ich trage die neue Welt in mir, 1968; Der Schornstein reitet auf dem Dach, 1973).

Übersetzungen. Nur relativ wenige Übersetzungen erschließen das ausländische K. Nach I. Faber du Faurs „Kinderreime der Welt" (1951) und J. Mincks „Ri-Ra-Rutsch" (1958) haben vor allem H. Baumann und J. Krüss Volksgut und K.e aus aller Welt zugänglich gemacht. Nur in wenigen Fällen sind Textsammlungen von einzelnen Autoren übertragen worden: u. a. R. L. Stevenson (1850–1894) „A Child's Garden of Verses" (1885; dt. J. Krüss 1960, J. Guggenmos 1969), E. Lear „Book of Nonsense" (1846; dt. H. C. Artmann 1964), G. Rodari (dt. J. Krüss „Kopfblumen" 1972), V. Majakowskij (dt. E. Borchers „Vater, kauf mir ein Pferd", 1972); aus dem Russischen außerdem die Versfabeln I. A. Krylows (1768–1844) und Gedichte von S. Maršak und A. Barto. Nur das K. des englischsprachigen Raums ist bibliographisch gut erschlossen durch V. Haviland/W. J. Smith „Children & Poetry" (1969).
Autoren der DDR wie P. Hacks, G. Kunert und R. Kunze werden auch in der BRD gedruckt. Andere erscheinen nur in Lesebüchern und Anthologien der DDR: A. Gabriel (* 1904); U. Berger (* 1928); H. Kahlau (* 1931); S. Kirsch (* 1935); W. Strehlau (* 1938); W. Krumbach (* 1917). In den Anthologien von George/Hänsel, Roscher, Preissler und Holtz-Baumert finden sich viele K.-Autoren der DDR, die – wie etwa W. Lindemann (* 1926) – nicht nur für junge Menschen schrieben, sondern auch in Zirkeln mit ihnen gemeinsam Gedichte produzieren.

Zu den verbreitetsten K.-Anthologien gehören folgende Sammlungen. J. Krüss: So viele Tage wie das Jahr hat (1959). – E. George/R. Hänsel: Ans Fenster kommt und seht (1963). – Br. H. Bull: Glück und Segen (1964). – H. Baumann: Ein Reigen um die Welt (1965). – H. J. Gelberg: Bunter Kinderreigen (1966). – Br. H. Bull: Für Herz und Gemüt (1967). – H. Preissler: Das Windrad (1967). – A. Roscher: Ilse Bilse (1968). – H.-J. Gelberg: Die Stadt der Kinder (1969). – G. Holtz-Baumert: Menschen, liebe Menschen, laßt die Erde stehn (1969). – J. Krüss: Seifenblasen zu verkaufen (1972). – H. Heckmann/M. Krüger: Kommt, Kinder, wischt die Augen aus (1974).

→ Ballade, → Des Knaben Wunderhorn, → Kinderlied, → Kinderlyrik, → Kinderreim

Sekundärliteratur: I. Auböck: Das moderne Kindergedicht (in: R. Bamberger (Hrsg.): Trends in der modernen Jugendliteratur. 1969. 50–75). – A. Bodensohn: Im Spielraum der Lyrik (1965). – Br. H. Bull: Nonsense und manieristische Elemente in der neueren deutschen Kinderpoesie (in: Jugendliteratur. 8. 1962. 245–252); Über Versmaß und Versform in Bilderbüchern (in: Jugendliteratur. 9. 1963. 250–258); Kinderreime in unserer Zeit (in: Zeitschrift für Jugendliteratur. 1. 1967. 151–164); Was gibt es Neues in der Kinderpoesie? (in: Zeitschrift für Jugendliteratur. 2. 1968. 13–19). – Kl. Doderer: Zwischen Klischee und Kunst. Bemerkungen zu Gedichten von Kindern (in: Zeitschrift für Jugendliteratur. 2. 1968. 20–27). – H.-J. Gelberg: Das Kindergedicht Anno dazumal und heute (in: Jugendliteratur in einer veränderten Welt. 1. Jahrbuch des Arbeitskreises für Jugendliteratur. 1972. 121–142). – H. J. Kliewer: Elemente und Formen der Lyrik. Ein Curriculum für die Primarstufe (1974). – H. L. Köster: Geschichte der deutschen Jugendliteratur (1906, [3]1920. 94–142). – J. Krüss: Naivität und Kunstverstand. Gedanken zur Kinderliteratur (1969). – R. Lorbe: Spuren. Elemente der Lyrik im Kinderreim (in: Akzente. 1. 1954. 280–291). – G. Sichelschmidt: Das Kindergedicht gestern – der Bilderbuchkitsch heute (in: Jugendliteratur. 3. 1957. 296–299); Vom Nonsense im deutschen Kindergedicht (in: Das gute Jugendbuch. 16. 1966. H. 3. 18–21); Die deutschen Kinderliedanthologien (in: J. Barku (Hrsg. zus. mit D. Pforte): Die deutschsprachige Anthologie. 1969. Bd. 2. 222–245). – G. Stein: Lyrik im Kinderreim (in: Das gute Jugendbuch. 16. 1966. H. 3. 7–11). – K. Tschukowsky: Kinder von 2 bis 5 (1966).

Heinz-Jürgen Kliewer

Kinderkalender → Kalender für Kinder

Kinderkassette → Kinderschallplatte, → Tonkassette für Kinder und Jugendliche

Kinderkunst

K. ist ein mehrdeutiger, nicht sehr trennscharfer Begriff, der von Kindern erzeugte Gestaltungen in Malerei, Literatur, Plastik und Musik zu umgrenzen trachtet, aber auch die Kunst für das Kind beinhaltet, also literarische, musikalische und Bühnenkunstwerke Erwachsener für Kinder. K. ist jedoch vor allem als eine Dimension der produktiven Entfaltung des jungen Menschen zu definieren. Die von Kindern produzierte ästhetische Welt präsentiert sich heute in vielfältigen Medien und Gattungen der Literatur, bildenden Kunst und Musik, so z.B. in Kinderzeitungen, Comics, Maskenspielen, Musikimprovisationen, auf Fotos, in Filmen und Videoaufzeichnungen, wobei eine spezielle Eigenheit der K. in der fantastisch-traumhaften, auch „zufälligen" Zuordnung bislang unvereinbarer Elemente und Mittel liegen dürfte, in ihren besten Ergebnissen dann extrem innovatorisch und integratorisch erscheint. K. wurde theoretisch entdeckt und praktisch gefördert vor allem in der Reformpädagogik des beginnenden 20. Jahrhunderts, heute wird sie theoretisch als Mediendidaktik, praktisch u. a. als Museumsdidaktik und „Ästhetische Erziehung" gefördert.

Zur Theorie und Geschichte des Kinderbildes. Zeichenunterricht in und außerhalb der Kunsterziehung blieb, von den Impulsen durch den Engländer J. RUSKIN (1809–1900; Elements of Drawing, 1857) abgesehen, bis zu J. LANGBEHNS Buch „Rembrandt als Erzieher" (1887) – ebenso wie die Theorie der Kinderzeichnung innerhalb der Kunstdidaktik bis heute – großenteils ganzheitspsychologisch und formalistisch usw., so z. B. bei G. MÜHLE, auch bei H. MEYERS. A. LICHTWARK und die Kunsterziehungstage 1901/1905 reformierten den Zeichenunterricht im Sinne des Naturalismus (Malen nach Vorlagen). Anders verhielt sich die psychologische Linie seit E. COOKE in England (1885), C. RICCI in Italien (1887), B. PÉREZ in Frankreich (1888) und vor allem SULLY (1895), der die erste entwicklungspsychologische Klassifizierung versuchte, auf der S. LEVINSTEIN und G. KERSCHENSTEINER (beide 1905), STERN (1910), ROUMA (1913), G. H. LUQUET (1913), KRÖTSCH (1917), C. L. BURT (1922), O. WULFF (1922), H. ENG (1931) u. a. aufbauten. Sie ordneten zeichnerische Merkmale (Schemata, Konfigurationen usw.) bestimmten Lebensaltern bzw. -phasen zu. C. L. BURT skizziert die Linie von „Gekritzel" zu „Linie" über „Symbolismus" zu „Realismus" usw.; andere von „Urknäuel", „Hieb-, Zickzack- und Kreiskritzel", „Ur-Kreuz" usw. über „Kopffüßler" zu „Strichmännchen" und anderen Gestaltqualitäten. Mit empirischer Präzision und zwecks Ermittlung kognitiver und emotionaler Werte erscheint dies bei F. GOUDENOUGH (1926) und in unseren Tagen bei E. M. KOPPITZ („Menschendarstellung in Kinderzeichnungen und ihre psychologische Auswertung", 1968; dt. 1972). Auch wenn Erkenntnisse von Kunsterziehung, Entwicklungs- und Testpsychologie in den einzelnen Arbeiten gemischt erscheinen, fehlt nicht selten ein methodischer Zugriff und vor allem ein dahinterstehendes psychologisch-ästhetisches Theorie- und Analysemodell, das die Aspekt- und Merkmalindizes entsprechend gewichten und willkürliche Interpretation verhindern könnte. Die Ausführungen über Kinderzeichnungen betonten allzulange das Allgemeine, ja biogenetisch Universale oder Typenhafte zuungunsten des spezifisch Kulturellen und vor allem Individuellen. So diskutierten J. KRETZSCHMAR (1910), KOFFKA (1925), K. BÜHLER (1930), G. BRITSCH (1926), S. LEVINSTEIN, H. ECKSTEIN, W. WUNDT (1921), G. F. HARTLAUB (1922), W. RASMUSSEN (1925), LAMPRECHT (1914) u.a. die Hypothese der Parallelität von Phylo- und Ontogenese, von Naturmensch- und Kinderentwicklung usw.; Theorien, die angesichts der neueren Produktionen von Kindern überholt sind. Darüber hinaus sind Kinderbilder ohne zusätzliche situative, zeichen- und symbolanalytische, biographische u. a. Daten nur unzulänglich oder überhaupt nicht analysierbar. Es kommt hinzu, daß sich auf Grund der Änderungen in den Sozialisationsfeldern die Lese-, Schreib- und Malphasen zum Teil bis zu sechs Jahren verschoben haben, so daß heute bereits Achtjährige Arbeiten präsentieren, die im herkömmlichen Sinne keine Kinderzeichnungen mehr sind, wobei tachistische, (halb-)automatische oder Pop-Verfahren zum Teil keinen bild- bzw. kunstimmanenten Hinweis auf Alter oder Entwicklungsstand des Produzenten geben. Vor allem die Ergebnisse der kindermusealen Arbeitsgruppen sprengen alle Ergebnisse bisheriger Entwicklungspsychologie.

„Blumenpflücken". Zeichnung eines etwa 5–6jährigen Kindes, das Arme und Blumen durch unverhältnismäßige Größe hervorgehoben hat. Die Abbildung dient als Demonstration frühkindlich expressiver Darstellung (Katathymie) in dem Aufsatz L. Hoffmanns „Bilderbuch und Kinderzeichnung" (in: A. Cl. Baumgärtner: Aspekte der gemalten Welt, 1968).

Zur Theorie der Kinderliteratur von Kindern. Eine linguistische Ontogenese der Literatur von Kindern ist nicht auf dieselbe Weise wie die der Kinderzeichnung oder Kindersprache kodifiziert worden. Über das literarische Schaffen von Kindern und Jugendlichen ist explizit erst in den zwanziger Jahren, so von S. BERNFELD (1924) und F. GIESE (1928), gearbeitet worden, und hier primär unter psychologischen Gesichtspunkten. In der Sekundärliteratur wird zwar von einzelnen systematischen Sammlungen berichtet; was erschienen ist, bleibt oft marktkonform, eingeschränkt mit Blickrichtung auf den erwachsenen Leser. Die Produktion der Kinder für Kinder zu fördern und zu nutzen, verstellen Vorurteile und mangelnde Solidarität der Kinder untereinander. Abseits der Frage, ob Spracherwerb nicht generell performante, aktive Textverarbeitung kommunikativer Tätigkeit darstellt, ist der

Aufbau eines lyrischen oder erzählerischen Feldes gleichsam Verarbeitung eines erworbenen Verhaltens- und Konfliktmodells und die Analyse von Literatur von Kindern eine von prozessualen multivariablen Vorgängen kreativer Aneignung. Ihre Darstellung muß sich auf die Präsentation vorhandener praktischer Ergebnisse beschränken.

Publizierte K. Von Schulausstellungen, privaten Präsentationen und Vereinsinitiativen abgesehen, ist die literarische und bildnerische Produktion der Kinder von Verlags- und Produktionsseite aus bis zum Ende des Zweiten Weltkrieges stiefmütterlich behandelt worden. Die Kinderzeichnungen verschwanden fast ausschließlich in den theoretischen Werken der Psychologen und Kunsterzieher und in Archiven. Ähnlich die Texte. Kaum ein Verlag, der die Arbeiten von Kindern als eigenständige Leistungen bewertete. In diesem Mangel schlägt sich zugleich das öffentliche Bewußtsein über Kinder nieder: noch blieben sie Objekte der Betrachtung. Von einzelnen Büchlein abgesehen, so H. Burhenne „Das Büchlein von kleinen Kindern“ (1918), gab es erst nach 1945 eine langsame Wandlung. Von verlegerischen Initiativen einzelner Eltern und Kinder abgesehen, wie etwa in I. Holmboes (8 Jahre) „Urwald-Abenteuer“ (1946), war es zunächst die Absicht, das durch politische und militärische Ereignisse verursachte Kinderelend möglichst in authentischen Zeugnissen zu dokumentieren. So belegte das Jüdische Staatsmuseum Prag 1962 mit „Hier fliegen keine Schmetterlinge – Kinderzeichnungen und Gedichte aus Theresienstadt 1942–1944“ Sterben und Mord an 15 000 Kindern. Das Tagebuch der 13jährigen Anne Frank – der Bericht aus dem Versteck einer jüdischen Familie in Holland aus den Kriegsjahren 1942–1944 – war 1955 in deutsch erschienen, 1960 „Das Tagebuch des David Rubinowicz“. In „Racconti di baombini d'Algeria“ (1962) – deutsch: „... denn ihrer war die Hölle“ (1965) – artikulierte sich die Kindergeneration des Algerien-Krieges. In dem von F. Corrèze herausgegebenen „Mein Drache ist so satt vom Wind“ (1971; dt. 1973) besingen vietnamesische Kinder das Leben inmitten des Krieges: „Am Tag des Tetfestes / bringen wir den Brüdern Soldaten / blühende Pfirsichzweige“.

Diese Phase ging parallel zur Wiederaufnahme von Kindermal- und Erzählwettbewerben, wie sie zum Teil in den zwanziger Jahren auch schon durchgeführt wurden. Im Zuge solcher Bemühungen erschienen Bücher wie „Schwarze, Rote und Menschen wie wir“ (1956), das von A. Braun herausgegebene „Kinderzeichnungen aus aller Welt“ (1967), das auf einem internationalen Wettbewerb der Liga für Völkerfreundschaft beruht. Kl. Doderer präsentierte 1966 mit „Die Reimschmiede“ eine Auswahl aus ca. 10 000 Gedichten

„Phantasie“. Bleistiftzeichnung auf Tonpapier (Auschnitt) eines 13- bis 15jährigen jüdischen Mädchens namens Raja Engländerová (1929 in Prag). Das Bild enstand im Konzentrationslager Theresienstadt in der Zeit 1942–1945 und ist dem Band „Hier fliegen keine Schmetterlinge, Kinderzeichnungen und Gedichte aus Theresienstadt 1942–1944“ (Prag 1962) entnommen.*

Seite aus dem Büchlein „I thought I was a rock“ der kanadischen Schülerin Maria Raymond (2. Schuljahr), das ihre Schule (Immaculate Conception School, Deer Lake, Neufundland) 1973 veröffentlichte.

mit Zeitkritik, Moritaten, Zungenbrechern und phantastischen Geschichten, zu denen J. Krüss in Fernsehsendungen Anregung gegeben hatte. W. Grötzinger brachte 1964 die Ergebnisse eines Wettbewerbs „Wenn Tiere sprechen könnten" („Da sprach der Elefant zur Maus ...") heraus, der Ueberreuter-Verlag die seiner Fabulierwettbewerbe: 1972 „Die Maus auf dem Mars", 1973 „Hirsch Henri in der Badewanne". Einige Verlage in den sozialistischen Ländern haben sich der systematischen Förderung künstlerischer Leistungen von Kindern und Jugendlichen angenommen. Als professioneller Nachwuchs erscheinen die jugendlichen Poeten und Künstler der DDR in „Ich habe den Frühling gesehen" (1965), den drei von E. Kratschmer herausgegebenen Bänden „Offene Fenster" (ab 1967), „Ich nenn' euch mein Problem" (1971, hrsg. v. B. Jentzsch), „Stimmen aus unserer Stadt – Kinder schreiben für Kinder" (1972, hrsg. v. R. Drechsel und E. Bergner). Neben der parteipolitischen Programmatik erstaunt in diesen Büchern die Fülle der Probleme, Naturlyrik eingeschlossen. In einer ganz anderen Tradition, zum Teil auch dem vorschulischen Zeichenkanon verpflichtet, präsentieren sich die vom Layout her sehr freien tschechischen Bücher, so die Arbeiten von Schülern aus Termosná („Zauberpalette", 1961, hrsg. v. L. Mann-Askenazy); „Pjesma u Ocima Djeoe" (1962), ein Bilderbuch von Kindern für Kinder; E. Sebkovás (Hrsg.) „Tschechische Kinder erzählen Märchen und Träume" (1969). Unkonventionell und phantastisch ist L. Dvorskýs und J. Schmidts „Tajný Lodni Denik" (1966). Hier stehen Texte, abgesetzt und handschriftlich, neben Malereien und „verpatzten" Grafiken, Kritzeleien, Stempelversuchen, Briefmarken neben Fingerabdrükken und Bildern – ein anregendes Mosaik kindlicher Artikulation. Zwar spielten hier qualitative Auswahl und „Zufalls"montage der Betreuer eine gewisse Rolle; indes vermitteln solche Bücher eine qualitative Spontaneität eigentümlicher Prägung.

In der Bundesrepublik bemüht sich neuerdings der Insel-Verlag um Arbeiten der Kinder, wobei er weniger auf originäre Kinderkultur abzielt, als vielmehr dem Muster „Das Kind antwortet dem erwachsenen Künstler" folgt, wie in den Bänden „Kinderzeichnungen zu Brecht" (DDR 1968; 1970), in „Und dann und wann ein weißer Elefant", Kinderbilder nach Geschichten von H. C. Artmann, P. Bichsel, B. Brecht, Ö. v. Horváth, Fr. Kafka, B. Frischmuth und H. Hesse (1973, hrsg. v. E. Borchers) sowie in „Der Himmel ist mein Hut – Die Erde ist mein Schuh" (1974), ein Buch, in dem von Kindern erfundene Stories und andere Texte zu den Bildern von A. Albus versammelt sind. Während „Primanerlyrik – Primanerprosa" (1965, hrsg. v. A. Schmid) mit einem Vorwort von P. Rühmkorf altersmäßig das Genre schon fast verläßt, versucht E. Bornemann in seinen drei umfangreichen „Studien zur Befreiung des Kindes" (1973 ff.), der eigenkulturel-

„Demonstration". Aquarell des zwölfjährigen italienischen Kindes Citi Stefano aus dem von Anne Braun herausgegebenen Insel-Bändchen „Kinderzeichnungen aus aller Welt" (Frankfurt 1967).

len Leistung der Kinder den Boden zu ebnen, indem er ihre kreative Sprach- und Textwelt dokumentarisch zu erfassen versucht. Der Dialog mit Erwachsenen zeitigt sich in den neueren Selbstdarstellungen, so in H. Hornschuhs „Ich bin 13 – Eine Schülerin erzählt" (1974) und „Thomas L., ich bin 12" (1975, hrsg. v. U. Woldt) ebenso wie in H. Hannovers Geschichten „Das Pferd Huppdiwupp" (1968), „Die Birnendiebe vom Bodensee" (1970), „Der müde Polizist" (1972), die in der Erzählsituation entstanden sind, oder in den Weitererzählungen von G. Herburgers Birne-Büchern, in „Birne bleibt Birne" und „Birne und kein Ende" (1974) durch die Schüler des Herrenberger Lehrers W. Gerstenlauer. Der Teil der K., der in Publikationen auf dem Buchmarkt erscheint, ist kaum die Andeutung eines Feldes uferloser Produktionslust. Daß sie so wenig und gering bewertet ist, signalisiert ein öffentliches Bewußtsein, das „Auffälligkeit" noch eher negativ vermerkt.

→ Kunstbücher für Kinder- und Jugendliche, → Kunsterziehungsbewegung

Sekundärliteratur: S. Bernfeld: Vom dichterischen Schaffen der Jugend. Neue Beiträge zur Jugendforschung (1927). – G. Britsch: Theorie der bildenden Kunst (1926). – Ch. Bühler (Hrsg.): Zwei Knabentagebücher. Mit einer Einleitung über die Bedeutung des Tagebuches für die Jugend-Psychologie (1925); Tagebuch eines jungen Mädchens (1922). – H. Eng: Kinderzeichnungen. Vom ersten Strich bis zu den Farbzeichnungen des Achtjährigen (1927). – W. Grözinger: Kinderkritzeln, zeichnen, malen. Die Frühformen kindlichen Gestaltens (1952). – G. Hartlaub: Der Genius im Kinde (1922). – H. Helmers (Hrsg.): Zur Sprache des Kindes (1968). – K. Heymann: Kind und Kunst (1950). – L. Hofmann: Mit den Augen des Kindes (1960). – Fr. Holešovský: Zum System der ästhetischen Erziehung (1963). – G. Kerschensteiner: Die Entwicklung der zeichnerischen Begabung. Neue Ergebnisse auf Grund neuer Untersuchungen (1905). – H. Künnemann: Das Kind – Maler und Poet dazu? Kinderbücher von Kindern (in: A. Cl. Baumgärtner (Hrsg.): Aspekte der gemalten Welt. 1968. 32–42). – S. Levinstein: Kinderzeichnungen bis zum 14. Lebensjahr. Mit Parallelen aus der Urgeschichte, Kulturgeschichte und Völkerkunde (1905). – H. Meyers: Die Welt der kindlichen Bildnerei (1957). – G. Mühle: Entwicklungspsychologie des zeichnerischen Gestaltens. Grundlagen, Formen und Wege in der Kinderzeichnung (1955). – R. Ott: Urbild der Seele. Malereien von Kindern (1949). – G. Otto: Mit den Augen des Kindes (1960). – L. Praehauser: Erfassen und Gestalten, Kunsterziehung als Pflege formender Kräfte (1950). – C. Ricci: L'arte dei bambini (1887; dt. Kinderkunst, 1906). – Staguhn: Expressives Malen (1968). – F. Steidle: Wie Kinder gerne malen (1965). – Cl. Stern: Die Kindersprache. Eine psychologische und sprachtheoretische Untersuchung (1907, zus. mit W. Stern). – W. Stern: Psychologie der frühen Kindheit bis zum 6. Lebensjahre (1914). – O. Wulff: Die Kunst der Kinder (1927). – Die Kunst durch Kunst zu erziehen. Internationales Treffen der Schriftsteller und Schaffenden in der Jugendliteratur in Prag im Juni 1964 (1965).

Otto F. Gmelin

Kinderlexikon → Enzyklopädie, → Nachschlagewerke für Kinder und Jugendliche, → Wörterbücher als Kinder- und Jugendliteratur

Kinderlied

Der Begriff K. ist unscharf und wird umgangssprachlich für den Bereich von frühkindlichen Lallgesängen bis zu Vokalkompositionen für Kinder verwendet. Die gelegentlich getroffene Unterscheidung zwischen Kinderreim (für das gesprochene) und K. (für das gesungene Material) ist nicht zutreffend, da für zahlreiche Kindermaterialien charakteristisch ist, daß sie sowohl als Sprech- wie als Singmaterial begegnen.

Zur Begriffsausdeutung. Alle bisherigen Versuche, das K. begrifflich zu bestimmen, gehen von der Theorie des Volksliedes aus und spiegeln demgemäß die historische Entwicklung des Volksliedbegriffes wider. F. M. Böhme und K. Wehrhan repräsentieren einen genetischen Ansatz parallel zur Produktionstheorie der Volksliedforschung. Bei F. M. Böhme ist für Volkslied wie K. charakteristisch, daß der Verfasser unbekannt ist; die meisten K.er seien von Müttern, Ammen und anderen „kindlich gebliebenen Erwachsenen" für Kinder erfunden oder aus „uralten Sagen und Mären" geformt (S. VI), doch stamme anderes auch von Kindern selbst oder sei von Kindern zu der überlieferten Form umgebildet worden. Auch bei K. Wehrhan ist die Anonymität des Verfassers das entscheidende Kriterium des K.es; es gelten nur die Liedchen, Sprüche und Spiele, die sich seit Jahrhunderten und Jahrtausenden mündlich fortgepflanzt haben, die keinen bestimmten Verfasser, „wenigstens keinen nachweisbaren", haben und „ein echtes Produkt der Volksseele" (S. 9) sind (vgl. F. M. Böhme: „dem Volksgemüth entsprossen", S. V), als K. Einen phänomenologischen Ansatz vertritt H. Naumann, der parallel zum Volksliedbegriff sachliche und genetische Vielfalt als zum Begriff K. gehörig darstellt, dann aber ein „echtes K." mit dem Wesensmerkmal des Geistes der Primitivität (S. 69) herauslöst, der an sprachlichen Merkmalen aufgewiesen wird. In die Romantik zurück reicht ein kulturkritischer Ansatz, der den Begriff des K.es aus vergangener musischer Ganzheit, aus der Einschichtigkeit früher Kultur ableitet; das K. wird zum Bewahrer des verfallenden Volksliedes, ein letzter Mikrokosmos menschlichen Erlebens. Dieser K.-Begriff begegnet bei Vertretern der musikalischen Jugendbewegung wie W. Hensel. Der jüngste Versuch einer Begriffsbestimmung des K.es ist eine Ableitung von dem durch W. Wiora eingeführten Begriff des Volksliedes als „Inbegriff der seelisch-gesellschaftlichen Grundschichten der Bevölkerung, als Gesamtheit der Bauern, Hirten, Bergleute, Volksmusikanten und so fort, aber auch als die Allgemeinheit, soweit sie sich von diesen Schichten nicht wesentlich unterscheidet" (S. 22). Wie Volksmusik hier als Eigengut solcher Grundschichten in doppeltem Sinne erklärt wird, nämlich genuin oder possessiv ihnen zugehörig, so ist in übertragenem Sinne dann von K. zu sprechen, wenn ein Lied entweder von Kindern stammt oder von ihnen aufgenommen bzw. in lebendigen Gebrauch genommen wird. Der neue Aspekt des Gebrauchs rückt in den Vordergrund, der Nachweis lebendigen Umganges wird zum entscheidenden Kriterium. – Das K. ist bisher zwar gesammelt und (nach textinhaltlichen Gesichtspunkten) systematisiert worden, doch – abgesehen von jüngstem musikpädagogischem Interesse – kaum erforscht worden.

Zur Geschichte des K.es. Die Geschichte des K.es beginnt mit Überlieferungen der Antike (Scholien zu Persius, Puerorum nenia des HORAZ). Die deutschsprachige Überlieferung setzt mit dem frühen Mittelalter ein. Das Alter deutscher K.er belegt ihre weite Verbreitung und die Fülle der Varianten in deutschen Mundarten sowie über die Sprachgrenzen hinaus. Als Beleg für das Alter von K.ern wurden auch die in ihnen enthaltenen mythischen Sprachreste und Vorstellungen (Götternamen, den Göttern geheiligte Pflanzen und Tiere u.a.) gewertet. Doch bleibt die Suche nach mythologischen Spuren auf die ältere Generation der K.-Sammler beschränkt (F. M. BÖHME, E. L. ROCHHOLZ, H. DUNGER u.a.), während schon K. WEHRHAN äußerste Vorsicht gegenüber mythologischen Deutungen empfiehlt, ebenso H. NAUMANN. In den Strom folkloristischen Materials, den „volkstümlichen Erzeugnissen der Kinderdichtung" nach K. WEHRHAN, dem „echten Kinderlied" nach H. NAUMANN, haben einzelne geschichtliche Epochen K.-Beiträge einfließen lassen. Sie blieben entweder auf die Kinderkunst ihrer Epoche beschränkt oder erwiesen so viel überzeitliche Gültigkeit, daß sie über weitere Epochen oder bis in die Gegenwart in Literatur und Gebrauch blieben, teilweise gelangten sie ganz oder in Teilen in dem Umsingeprozeß. A. GÖPEL (S. 63) wies nach, daß in diesen Beiträgen der einzelnen Epochen fast durchweg eine pädagogische Tendenz zu beobachten ist; man versuchte, durch die Texte des K.s die religiösen oder weltlichen Erziehungsziele oder auch nur die für erstrebenswert erachtete Haltung dem Kinde zu übertragen. Die Funktion des K.s als Medium der Sozialisation ist stets bewußt gewesen und wird bei A. GÖPEL umrißhaft beschrieben. So hat die Lutherzeit neben dem Lied zur religiösen Erbauung auch zahlreiche Lieder mit der Absicht religiöser Belehrung hervorgebracht. LUTHERS besonderes Interesse galt den nichtliturgischen, volksliedartigen Liedern, den geistlichen Volksliedern, die mit konkreten Inhalten und dramatisiertem Geschehen die geistliche Lehre gerade auch für Kinder zu veranschaulichen vermochten („Vom Himmel hoch"). Das Singen geistlicher Lieder bleibt durch das ganze 16. und 17. Jahrhundert eine wesentliche Methode religiöser Unterweisung für Kinder. Beispielhaft sind die „nicht nur für christliche Hausväter, sondern auch für Kinder" bestimmten Sonntagsevangelia von N. HERMANN. Der Pietismus setzt die Absicht der religiösen Belehrung des Kindes durch das Lied fort, doch gemäß seiner Grundhaltung in strenger Verquickung mit Tugendunterricht

Titelillustration zu dem Notenband „Funfzig neue Kinderlieder" (Stuttgart 1874) von Hoffmann von Fallersleben mit Noten zur Klavierbegleitung von Ernst Richter. Die „Original- und bekannten Weisen" stammen u.a. von Felix Mendelssohn-Bartholdy, Robert Schumann und Louis Spohr.

und ohne Rücksicht auf die Verständnisfähigkeit des Kindes (z. B. Ph. J. Speners Gottgeheiligte Singschule). Die Tugend wird für das K. und Jugendlied der Aufklärung der zentrale Inhalt. Gellerts Fähigkeit zu einfacher Ausdrucksweise gelingt es, bei aller Rationalität dem Gemüt des Kindes nahezukommen, zumal seinen Dichtungen vielfach bekannte Melodien unterlegt wurden. Bei Chr. F. Weisse bleibt kein Gedicht ohne deutliche moralische Nutzanwendung, ohne Schilderung von Tugend und Laster, Vermittlung von Kenntnissen und Begriffen (Lieder für Kinder). Die Vertonungen der K.er Chr. F. Weisses durch J. A. Scheibe beruht auf einem programmatischen Nachzeichnen der im Text dargestellten Affekte, während die späteren Vertonungen J. A. Hillers ästhetisch auf dem Grund der Berliner Liederschule stehen, also um Einfachheit, Verständlichkeit auch für Kinder bemüht sind. Doch ist J. A. Hillers K. gemäß seinem Ziel, im deutschen Volk die Sangeskunst zu fördern, zugleich Vorstufe für kunstvolles Singen; er verlangt beispielsweise bereits Verzierungen. In epigonalen Sammlungen (G. G. Hunger, W. Burmann, G. C. Claudius) wird die mit A. J. Hiller begonnene Hinwendung zu musikalischer Schlichtheit fortgeführt und bei J. F. Reichardt und J. A. P. Schulz schließlich zu einer Blüte einfacher, künstlerisch individueller Liedkomposition gemäß den Stilkategorien der Berliner Liederschule entfaltet, die in ihren künstlerischen Zielen von sich aus den Bedürfnissen des Kindes konvergent waren. Was im 18. Jahrhundert aus einem Einklang von Kunst und Kind natürlich als Kunstwerk erwachsen konnte, findet im 19. Jahrhundert flache Nachahmung: in den sogenannten kindertümlichen Liedern (mit wenigen kunstvolleren Ausnahmen beispielsweise bei Hoffmann von Fallersleben). Die Gegenwart kann eine große, sehr differenzierte Produktion von K.ern verzeichnen; sie reicht von der verbalen oder (selteneren) musikalischen Aktualisierung traditioneller K.er und deren epigonaler Imitation bis zur Erschließung fremdländischer Kinderfolklore, Kinderschlagern und vertonter Kunstpoesie für Kinder (J. Ringelnatz, H. Arp, R. und P. Dehmel, J. Krüss, J. Guggenmos u. a.). Die jüngste Gegenwart hat dazu auch Varianten des Protestsonges als Kinder-Protestsong hervorgebracht sowie emanzipatorische K.er und einen spezifischen Typus des die sozialisatorischen Absichten des traditionellen K.s umwendenden antisozialisatorischen K.es.

Die Geschichte der K.-Sammlung begann mit dem K.-Anhang zu „Des Knaben Wunderhorn“ von A. v. Arnim und Cl. v. Brentano, an die sich eine große Zahl allgemeiner Sammlungen anschloß, von denen K. Simrocks „Deutsches Kinderbuch“ und, als umfassendste systematische Sammlung, F. M. Böhmes

Kinderliedtexte dienten wie hier im Bilderbuch „Schiefertafelbilder zu deutschen Kinder-Liedern“ (nach A. von Arnim, Cl. Brentano, K. Simrock u. a., Leipzig 1851) als Vorlage zur Bilderbuchillustration im 19. Jahrhundert.

„Deutsches Kinderlied und Kinderspiel" herauszuheben sind. Dazu traten bereits im 19. Jahrhundert landschaftliche Sammlungen des deutschen K.es, die das gesamte deutsche Sprachgebiet umfassen.

Die Merkmale des K.es. Eine systematische Beschreibung der Wesensmerkmale des K.es gibt es bisher nicht, nur Einzelbeobachtungen, und diese fast nur zum sprachlichen Anteil. Man wird jedoch dem Gegenstand K. nur gerecht werden können, wenn man seine Merkmale aus ihrer sprachlich-musikalischen Komplexität begreift und systematisiert. a) Klang: Der Klang ist das wirksamste Element in der Sprache des K.es; dies tritt zutage in der großen Zahl der Klangwörter (meist am Beginn stehend und alterierend), in der Dominanz eines einzelnen Vokals für einen Vers (z.B. „Frau von Hagen"), in den Klangspielereien der sogenannten Unsinn-Verse (z.B. „Ebberte, bebberte zibberte" u.a.), in der großen Bedeutung des Endreimes meist in einsilbiger Form (häufig auch als unreiner Reim, fast immer als Reim der aufeinanderfolgenden Zeilen) und schließlich in der konstitutiven Bedeutung klanglicher Assoziationen, die die Zeilenreihung beeinflußt bzw. auslöst und nach H. NAUMANN (Spalte 69) die Ursache der Entstehung der Kettenreime sind (z.B. „die Mutter schüttelt's Bäumelein, da fällt herab ein Träumelein"). b) Metrik und Rhythmik: Ursprünglich (F. M. BÖHME) wird nur das Metrum analysiert, seit K. WEHRHAN (im Anschluß an die von K. BÜCHER aufgedeckten Bezüge von Arbeit und Rhythmus) wird der Rhythmus als wesentlicher für das K. erklärt. Jedoch werden Metrum und Rhythmus nicht klar geschieden. Es scheint, als habe man nach der einseitig sprachmetrischen Untersuchung der Philologen des 19. Jahrhunderts im 20. Jahrhundert die Entdeckung des Rhythmus überbewertet. Die Analyse ergibt, daß im K. (sprachlich und kongruent dazu musikalisch) die metrische Regelhaftigkeit konstitutiv ist. Die Skandierungen zielen auf ein metrisches Schema, bei unregelmäßiger Silbenzahl werden Veränderungen (Apostrophierung des Vokals der überzähligen Silbe, Triolisierung) vorgenommen, um die Einpassung in das metrische Schema vollziehen zu können. Am deutlichsten zeigt sich die wahre Bedeutung des Metrums angesichts der Tatsache, daß der sprachlich sinnvolle Akzent unterbleibt, wenn das Metrum eine Skandierung auf sprachlich sinnloser Silbe verlangt. Daß bestimmte rhythmische Gruppen (Motive, Halbzeilen) innerhalb der metrischen Schemata mit so großer Häufigkeit zu beobachten sind, daß P. BRÖMSE (S. 72) von rhythmischer Formelhaftigkeit spricht, ist dadurch zu erklären, daß diese Formeln die einfachste Unterteilung innerhalb der Taktschemata gemäß dem Sprachtempo sind. Eine geeignete Methode zur Klärung der Frage, ob diese metrische Verhaftung anthropogen oder nur habituell zu erklären ist, wurde noch nicht aufgezeigt. c) Melodik. Bei der Betrachtung der Melodik ist zwischen Sprachmelodik, Leiermelodik und Singmelodik zu unterscheiden. Sowohl K.-Forschung wie vergleichende musikalische Völkerkunde haben sich bisher fast gänzlich auf den Raum der musikalischen Leiermelodik und seiner melodischen Differenzierungen konzentriert. Insbesondere durch die Forschungen von W. WIORA und B. SZABOLCSI hat sich erwiesen, daß die aus wenigen, zwei bis vier Tonstufen bestehenden Melodien auf eigenen vorpentatonischen Leitern basieren, die im Volksgesang aller europäischer Völker verbreitet und bei primitiven Naturvölkern herrschend sind (W. WIORA), daß sich ferner Tonfall des Sprechens und Melodie aus gleicher Wurzel entwickelten und eine Entwicklung vom Tonfall zur Pentatonik rekonstruierbar ist (B. SZABOLCSI). Als gesichert erscheint, daß die Pentatonik überall als Nachlaß der ältesten Hochkulturen nachzuweisen ist. Die den Kinderreimen immanente Sprachmelodie und die Formeln der Singmelodik der späteren künstlerischen und volkstümlichen K.er blieben von der Forschung bisher noch unberücksichtigt. d) Form: Es dominiert die stichige Form; sie ist wenig stabil und kann ihre Zeilen erweitern, verlieren oder ersetzen. Ihr deshalb die Formeigenschaft absprechen zu wollen, ist wegen der Zweiteiligkeit der einzelnen Zeilen und ihrer gegenseitigen formalen Entsprechung nicht angebracht und höchstens vom musikalischen Formbegriff her verständlich, da ihre Melodik in der Regel vorpentatonisch ist oder der pentatonischen Reihe zugehört und ohne kadenzierenden Schluß bleibt. Im volkstümlichen und künstlerischen K. überwiegt die strophische Form aus vier 4-hebigen Verszeilen. Charakteristisch ist die Symmetrie der Teile und die absolute Kongruenz von sprachlicher und musikalischer Form. e) Stil: Charakteristisch für den sprachlichen Stil (wie für den musikalischen) ist die Formelhaftigkeit, die sich auch auf formelhafte Anreden, formelhafte Fragen, formelhafte Frage-Antwort-Verse und formelhafte, häufig verwendete Reimpaare ausdehnt. Für die Verknüpfung der Zeilen ist charakteristisch, daß sie kettenmäßig gereiht und nicht kausal verknüpft werden: durch Fürwortwiederholung am Beginn der folgenden Zeile, durch Verknüpfung mit „und" oder „da". Charakteristisch ist auch die Anfälligkeit für Assoziationen (klanglich, formal, materiell), die zu alogischer Reihung führt. Dazu treten die stilistischen Merkmale, die das K. mit allen Volksliedern gemeinsam hat: Anschaulichkeit (auch durch Kontraste), Verzicht auf alles Abstrakte zugunsten des Konkreten, eine beschränkte Zahl einfacher Eigenschaftswörter und alle Stilmerkmale mündlicher Überlieferung (Hörfehler, Sinnlosigkeiten, Sprunghaftigkeit, Sinnveränderung, blinde Motive, Wandermotive u.a.).

Zum Inhalt des K.es. Den Inhalt der K.er hat man vielfach zum Ausgang einer Systematisierung nach Stoffen genommen (F. M. BÖHME, K. WEHRHAN) oder auch zur Systematisierung nach Gradation von Inhaltlichkeit (R. LORBE: „ohne-Sinn"-Lieder. Im Inhalt vernachlässigte und im Inhalt beeinträchtigte Lieder; inhalts- und handlungsbetonte Lieder). Der Textinhalt des K.es umfaßt die gesamte Umwelt des Kindes. Wesentlich dabei ist, daß das Kind die Gegenstände und Ereignisse der Umwelt durch seine eigene Vorstellung in Sache und Bedeutung umwandelt, wenn es sie zum Inhalt des K.s setzt. Die Umweltstoffe des Erwachsenen erhalten als Inhalte des K.es neue, eigene Gestalt. Außerdem erhalten sie eine spezifische Funktion: mit ihnen lernt das Kind, in den Lebenskreis des Erwachsenen zu gelangen. Die Inhalte des K.es sind daher mehr oder weniger deutlich auf Sozialisation und Enkulturation gerichtet. Mit ihnen lernt das Kind das Einschlafen zu festen Zeiten, das Laufen, das Umgehen mit Eßgeräten, das Sprechen, das Zählen, das Spielen, das sozial gewünschte Verhalten. Gerade diese sozialisatorische Nützlichkeit der Inhalte könnte – auf der Basis der Sprech- und Singlust des Kindes – die Ursache der Unverwüstlichkeit dieser kindlichen Materialien sein. Auffallend ist, daß K.-Texte kulturell überholte oder veränderte Inhalte besonders lange zu tradieren pflegen. So sind beispielsweise noch die Stoffe einer vorindustriellen Umwelt dominant. Lieder, die technische Gegenstände beinhalten, werden einbezogen, sind jedoch nicht als Gemeingut zu bezeichnen. Die Frage bleibt offen, ob die Ursache dieses Phänomens anthropologischer Art ist oder in der ästhetischen Schwäche der bisherigen „technischen" K.er liegt.

Die gegenwärtigen Problematik des K.es. Sie ist insbesondere sozialisatorischer und ästhetischer Art. Die sozialisatorische Problematik liegt darin, daß das K. eine alte Tradition als Medium allgemeiner wie speziell musikalischer Sozialisation aufweist, d.h., daß es als Vermittler der in der jeweiligen Gesellschaft gültigen Normen und Werte sozialen wie musikalischen Verhaltens in ihrem jeweils weitesten Sinne fungiert. Doch ist in der Gegenwart zunehmend bewußt geworden, daß das K. damit auch Beiträge zu einem normativen Erziehungsdenken leistet, das in Widerspruch zu der Erziehungsintention eines mündigen Verhaltens treten kann. Die antisozialisatorischen K.er der Gegenwart belegen die Wendung gegen das traditionelle sozialisierende K., ohne sich selbst von neuen Normen eines für das Kind gewünschten Verhaltens ganz freihalten zu können. Im musikalischen Material wiederholt sich die Problematik. Das traditionelle K. erfüllt durch Rhythmik, Melodik, Tonalität und Form sowie durch Singgebrauch traditionell Funktionen musikalischer Enkulturation und Sozialisation, wobei sich zugleich eine (aus gegenwärtiger musikdidaktischer Sicht unerwünschte) Anpassung an traditionelles Tonsystem und Musikverhalten vollziehen und damit zugleich die Offenheit gegenüber der Vielfalt von Tonsystemen und für die subjektiven Möglichkeiten musikalischen Verhaltens eingeengt werden kann. Diese sozialisatorische Problematik des K.s wird zunehmend erkannt, doch steht die wissenschaftliche Untersuchung der zentralen Fragen noch aus, z.B. betreffs der Verstärkung der Sozialisationswirkung von Kinderreimen durch die musikalische Fassung wie betreffs der Effektivität der Erfahrung einfacher musikalischer Normen für das spätere Verständnis von Tonsystemen. – Hier berührt sich die sozialisatorische Problematik mit der ästhetischen. Wenn auch die romantisierende Überbewertung von Kinderpoesie und Kinderkunst von der Sachbetrachtung der „einfachen Formen" abgelöst wurde, so ist doch für den Bereich des K.es noch weitgehend ungeklärt, ob und in welcher Art Gemeinsamkeiten und Unterschiede in bezug auf ästhetische Qualitäten zwischen K.ern und Musikwerken bestehen; abgesehen von der vermuteten Effektivität frühen eigentätigen Umganges mit musikalischen Materialien ist daher der musikdidaktische Stellenwert des K.es für späteres musikalisches Verhalten noch völlig offen.

→H. Hoffmann von Fallersleben, →Kinderreim, →Volkslied, →Wiegenlied

Sekundärliteratur: L. Böckheler: Das englische Kinderlied (Diss. 1935). – F. M. Böhme: Antike Kinderspiele (in: Zs. für Geschichte der Erziehung und des Unterrichts. 6. 1916. 143–161); Volkslied, Volkstanz und Kinderlied in Mainfranken (1929); Deutsches Kinderlied und Kinderspiel (1897). – F. Brehmer: Melodienauffassung und melodische Begabung des Kindes (in: Zeitschrift für angewandte Psychologie. Beiheft 36. 1925). – P. Brömse: Die spontane Rhythmisierung von Kinderreimen durch Sechs- bis Zehnjährige. Ein Beitrag zur Tatsachenforschung mit Beispielen (in: K. Sydow (Hrsg.): Sprache und Musik, Vorträge und Berichte aus der zweiten Tagung „Musik in Volksschule und Lehrerbildung". 1966). – A. Göpel: Der Wandel des Kinderliedes im 18. Jahrhundert (Diss. 1935). – F. D. Gräter: Über die deutschen Volkslieder und ihre Musik (in: Zeitschrift Bragur. 3. 1794). – H. Hetzer: Lied und Musik im Kindesleben (1932, zus. mit K. Ameln). – B. Kürth: Geschichte des deutschen Kinderliedes (Diss. 1935). – C. Lehner: Die Singzeile (in: Jahrbuch für Volksliedforschung. 1930. 83–95). – R. Lorbe: Das Kinderlied in Nürnberg. Versuch einer Phänomenologie des Kinderliedes (Diss. 1952); Die Welt des Kinderliedes (1971). – A. Müller: Das plattdeutsche Kinderlied. Eine metrische Studie (Diss. 1914). – H. Naumann: Kinderlied (in: P. Merker (Hrsg. zus. mit W. Stammler): Reallexikon der deutschen Literaturgeschichte. Bd. II. 1926–1928). – A. Richter: Ueber deutsche Kinderreime (in: Mittheilungen der deutschen Gesellschaft zur Erforschung vaterländischer Sprache und Alterthümer in Leipzig. Bd. 6. 1877. 147–176). – E. L. Rochholz: Alemannisches Kinderlied und Kinderspiel aus der Schweiz (1857). – A. Sydow: Kinderlied (in: A. Sydow: Das Lied. Ursprung, Wesen und Wandel. 1962. 68–74). – B. Szabolcsi: Bausteine zu einer Geschichte der Melodie (1959). – K. Wehrhan: Kinderlied und Kinderspiel (1909). – J. Wenz: Das deutsche Kinderlied (1928); Kinderlied und Kindesseele (in: H. Keller (Hrsg.): Musikerziehung, Vorträge gehalten auf der süddeutschen Tagung für Musikerziehung in Stuttgart 1928, 1929). – W. Wiora: Europäische Volksmusik und abendländische Tonkunst (1957); Älter als die Pentatonik (in: Studia memoriae Belae Bartok sacra. 1956. 185–208).

Sigrid Abel-Struth

Kinderliteratur →Kinder- und Jugendliteratur

Kinderlyrik

K. ist die Bezeichnung für diejenige poetische Gattung, die alle für oder von Kindern verfaßten oder von ihnen adaptierten Gedichte umfaßt. Die Begriffe Kinderlied, Kinderreim oder Kindergedicht werden teilweise mit K. synonym gebraucht.

Die in der K. genutzten Elemente (Versmaß, Alliteration, Strophigkeit usw.) unterscheiden sich nicht grundsätzlich von denen der Lyrik für Erwachsene, nur dürften in der K. die Verwandtschaft zu den Formen der (auch singbaren) Volkspoesie (Volkslied, Ballade, Wiegenlied) besonders stark ausgeprägt und die Bauformen häufig einfach und kurz sein. Entsprechend „dem verzweigten und manchmal verworrenen Stammbaum dieser Gattung" (LORBE) – die einzelnen Texte sind durch qualifizierte oder dilletantische Kunstanstrengung, auch durch „Zersingeprozesse", gewonnen – erfüllt K. die verschiedensten Funktionen: Unterhaltung, Belehrung, Aktivierung und Kommunikation im Spiel. Die K. hat in jeder Nationalliteratur eine lange Tradition, ohne daß diese lückenlos erfaßt wäre. In Deutschland hat sie besondere Kultivierung in der Romantik, im Biedermeier, der Kunsterziehungsbewegung und auch nach dem Zweiten Weltkrieg erlebt und immer wieder herausragende K.-Autoren wie FR. RÜCKERT (1788–1866), W. HEY (1789–1854), P. und R. DEHMEL (1862–1918; 1863–1920); CHR. MORGENSTERN (1871–1914), B. BRECHT (1898–1956), E. KÄSTNER (1899–1974), J. GUGGENMOS (* 1922), J. KRÜSS (* 1926) hervorgebracht.

→ Die Ammenuhr, → Ballade, → B. Brecht, → P. und R. Dehmel, → J. Guggenmos, → W. Hey, → Kindergebet, → Kindergedicht, → Kinderkunst, → Kinderreim, →Des Knaben Wunderhorn, →J. Krüss, →Chr. Morgenstern, →Fr. Rückert, →Volkslied, →Wiegenlied

Sekundärliteratur: R. Lorbe: Kinderlyrik (in: G. Haas (Hrsg.): Kinder- und Jugendliteratur. 1974. 178–219).

Klaus Doderer

Kinderoper

Für K. existiert keine einheitliche Definition. Von der Oper, die allgemein als Bühnenwerk mit Instrumentalbegleitung und gesungenem Text definiert werden kann, wurden vor allem die Spieloper (Musik- und Gesangsnummern werden durch Sprechtexte unterbrochen) und die romantische Oper (Rückgriff auf Fabelstoffe) für die K. relevant. Man kann die K. in drei Untergruppen aufteilen: 1. Die Schuloper, die für die Aufführung durch Kinder komponiert wird. 2. Die Märchenoper, die ihre Stoffe aus dem nationalen Märchengut und aus der Volkssage bezieht und Volksliedhaftes sowie Melodien und Rhythmen aus der Folklore in ihre Musik einbezieht. 3. Die eigentliche K., die ganz speziell auf einen kindlichen Zuhörerkreis hin zugeschnitten ist.

Die Schuloper. Schon im 17. und 18. Jahrhundert, fast von der Entstehung der Oper an, wurden spezielle Schulopern komponiert. Von religiösen Stoffen ausgehend, stellten Schülergruppen im Wechselgesang und unter Begleitung durch zeitgenössische Instrumente, die weitgehend von Schülern gespielt wurden, Ereignisse aus der Bibel dar. Ursprünglich adligen Kreisen und Kirchenschulen vorbehalten, nahm sich schon bald auch das erstarkende Bürgertum dieser Darbietungsform an. So wurden von den Kindern der besseren Stände im häuslichen Zirkel, nach Einstudierung durch den Hauslehrer, kleine Schulopern aufgeführt, die nun auch weltliche Stoffe aufgriffen. Diente die Schuloper mit religiösen Inhalten noch der christlichen Glaubensvertiefung, so besaß die neue Schuloper im Sinne der Aufklärung vorwiegend einen didaktischen und moralischen Auftrag. Im Mittelpunkt stand die Handlung. Wie die zahlreichen Schuldramen der Zeit, sollte auch die Schuloper der Darstellung richtigen und vernünftigen Verhaltens dienen, an dem sich die jungen Darsteller und Zuschauer ein Beispiel nehmen sollten. Es waren gesungene moralische Gebrauchsanweisungen, die Musik hatte dabei lediglich eine Nebenfunktion. Daneben gab es, vor allem in der zweiten Hälfte des 18. Jahrhunderts, heitere „Schäferspiele", wie das einaktige Singspiel „Bastien und Bastienne" (1786) des zwölfjährigen W. A. MOZART (1756–1791), das auf eine französische Vorlage zurückgeht (ROUSSEAU: Le devin du village). Die didaktisch-moralische Schuloper und das heitere Schäferspiel, die sich bis ins 19. Jahrhundert hinein halten konnten, sind heute so gut wie vergessen. Nur wenige Ausnahmen haben auf Grund ihres musikalischen Gehaltes bis heute überdauert, wie „Bastien und Bastienne", das noch heute in Gymnasien Schulaufführungen erlebt.

Neue Impulse fand die Schuloper erst wieder um die Jahrhundertwende im Zuge der Jugendmusikbewegung. Der Jugendmusikbewegung, die aus der deutschen Jugendbewegung heraus entstand, lag die These von der engen Wechselbeziehung zwischen Musikkultur und Leben unter besonderer Berücksichtigung der Musikerziehung (Hausmusik, Schulmusik) zugrunde. Neben zahlreichen Sing- und Spielmusiken sowie mit Chören und Tänzen angereicherten Laienspielen (hier vor allem FR. NAGLER und der in der sozialistischen Jugendbewegung stehende E. R. MÜLLER, 1879–1950) entstanden im Soge der Jugendmusikbewegung zahlreiche Schulopern, vor allem in den zwanziger und dreißiger Jahren, aber auch noch über das Jahr 1945 hinaus. Während der moralische Beispieleffekt der früheren didaktisch-moralischen Schuloper nun fehlt, ebenso das Verspielt-Tändlerische des Schäferspiels, hat auch die neue Schuloper der Jugendmusikbewegung einen didaktischen Anspruch: Im Gegensatz zu dem sich rein passiv verhaltenden Zuhörer in den Opernhäusern, sollte sich der junge Mensch in der neuen Schuloper eigentätig und selbstschöpferisch mit Musik auseinandersetzen, am Erlebnis des gemeinschaftlichen Entstehens eines musikalischen Werkes teilhaben und zugleich den persönlichkeitsbildenden Wert des Umgangs mit musischen Tätigkeiten erfahren.

Bis heute bekannt geblieben ist das musikalische Spiel für Kinder „Wir bauen eine Stadt" (1930) von P. HINDEMITH (1895–1963), der für die Jugendmusikbewegung auch „Sing- und Spielmusiken für Liebhaber und Musikfreunde" (1929) komponierte. Weitere der Jugendmusikbewegung nahestehende Schulopern komponierten u.a. H. AMBROSIUS (* 1897; Der Wolf und die sieben Geißlein, 1928), W. Fortner (* 1907; Cress ertrinkt, 1930), P. Höffer (1895–1949; Des Kaisers neue Kleider, 1928) und E. Rabsch (1892–1964; Die Brücke, 1933). Nach 1945 entstanden u. a. Schulopern von K. Hessenberg (* 1908; Struwwelpeter-Kantate, 1949), J. Dreissler (* 1921; Prinzessin Hochmuth, 1952). Komponisten wie C. Bresgen (* 1913) oder E. Werdin (* 1911), beide Schulmusiker, schrieben eine Reihe von Schulopern und K.n, die auf der Grenze zwischen der Schuloper und der eigentlichen K. stehen.

Die Märchenoper. Um 1800 waren Deutschlands Opernbühnen noch weitgehend von italienischen und französischen Einflüssen beherrscht. Nach wie vor unternahmen deutsche Komponisten Reisen nach Italien und fanden stilistisch ihren Halt an den Vorbildern der alten Meister. Anfang des 19. Jahrhunderts entstand nun, fast gleichzeitig an verschiedenen Stellen in Deutschland, ein neuer Operntyp, der vor allem durch den Geist der deutschen Romantik und die damit verbundene unterschiedliche Verwendung bisher geprägt war. So bieten die Opern „Undine" von E. Th. A. Hoffmann (1776–1822) und „Faust" von L. Spohr (1784–1859), beide 1813 entstanden, aber erst 1816 uraufgeführt, ebenso wie „Der Freischütz" (1821) von C. M. v. Weber (1786–1826) bei aller Verschiedenheit der musikalischen Gestaltung und der individuellen Klangbilder ein einheitliches Bild, das Bild „einer deutschen Nationaloper, die gern von Fremdem lernt, aber es in Wahrheit und Eigentümlichkeit gestaltet wiedergibt", wie Weber es ausdrückte. Man entfernte sich in der Stoffwahl von den antiken Helden- und Schicksalsdramen ebenso, wie von den heiter-frivolen Episoden der Opera buffa und Opéra Comique, um sich dem im Zuge der Romantik wiederentdeckten deutschen Erzählgut, den Märchen- und Sagenstoffen der traditionellen Überlieferung zuzuwenden.
Vor allem mit den Märchenopern von E. Humperdinck (1854–1921), von denen „Hänsel und Gretel", 1893 in Weimar uraufgeführt, zu einem bis heute anhaltenden Welterfolg wurde, begann der Siegeszug der deutschen Märchenoper durch die Opernhäuser. In „Hänsel und Gretel" und in den 1897 zuerst als „Melodram", 1910 dann als Oper gestalteten „Königskindern", die allerdings an den Erfolg von „Hänsel und Gretel" nicht anknüpfen konnten, ging Humperdinck von der Komposition einiger Lieder aus, der sich später die Ausarbeitung zum Singspiel bzw. zum „Melodrama großen Stils" und anschließend die Umarbeitungen zu Opern anschlossen. Mit dem „Suse-Lied" und dem „Hagebutten-Lied" griff Humperdinck in „Hänsel und Gretel" auf echte Volkslieder zurück, andere allgemein bekannte Melodien wie „Abendsegen" und das „Tanzduett" dagegen sind trotz des volksliedhaften Tons Humperdincks eigene Erfindung.
Nach dem Erfolg von „Hänsel und Gretel" häuften sich die Kompositionen von Märchenopern. Bereits 1926 konnte H. Stier-Somlo in ihrer Untersuchung „Das Grimmsche Märchen als Text für Opern und Spiele" folgende Tabelle aufstellen, die über die Häufigkeit der Heranziehung Grimmscher Märchen als Vorlage für Operntexte Auskunft gibt: Aschenputtel (zehnmal), Dornröschen (dreizehnmal), Schneewittchen (achtmal), Rumpelstilzchen (einmal), Brüderchen und Schwesterchen (einmal), Hänsel und Gretel (einmal), Rotkäppchen (viermal), Der Wolf und die sieben Geißlein (einmal), Die sieben Raben (viermal), Die sechs Schwäne (viermal), Die zwölf Brüder (viermal), König Drosselbart (fünfmal), Von dem Fischer un syner Fru (einmal), Das tapfere Schneiderlein (einmal), Der Bärenhäuter (zweimal), Des Teufels rußiger Bruder (zweimal), Tischlein deck dich (dreimal), Der Ranzen, das Hütlein und das Hörnlein (dreimal), Frau Holle (einmal), Schneeweißchen und Rosenrot (zweimal). Obwohl keine dieser Opern speziell für ein kindliches Publikum geschrieben wurde, führten die auf Märchen und Sagen zurückgreifenden Libretti sowie die musikalische Einbeziehung alter Volksliedweisen und folkloristischer Rhythmen zu der Vorstellung, daß diese Opern Kindern besonders zugänglich sein müßten, schienen sie sich doch mit den Erzählstoffen zu befassen, die Kindern als erstes literarisches Gut zugeführt wurden und gleichzeitig musikalische Weisen zu bevorzugen, die Kindern aus ihren Kinder- und Volksliedern gut bekannt waren. Man sah daher in der Märchenoper eine dem Kind adäquate Opernform, die ihm im Zusammenhören mit dem erwachsenen Begleiter eine Einführung in die Welt der Oper ermöglichen sollte, mit dem Ziel der langsamen Hinführung zur „klassischen, großen" Oper.
Die besondere Vorliebe für Märchen wie Aschenputtel, Dornröschen oder Schneewittchen zeigt aber auch die Hinwendung zur aufwendigen Ausstattungs- und Prunkmärchenoper, die in den ähnlich aufwendigen Märchenspielen, die von der Jahrhundertwende an alljährlich im Rahmen von Familienvorstellungen zur Weihnachtszeit über die deutschen Bühnen liefen und zum Teil noch heute laufen, ihre Entsprechung finden.

Märchenstoffe sind bis heute beliebte Vorlagen für Opernlibretti geblieben. Während jedoch die Komponisten von Schulopern oder von speziell für kindliches Publikum geschaffenen K.n, die ja auch immer wieder auf Märchenstoffe zurückgriffen und -greifen, vom Stoff wie vom kindlichen Zuschauer und Zuhörer her didaktische Konsequenzen für die musikalische Aufbereitung ihrer gezielt für Kinder geschriebenen Opern ziehen, spielt der Blick auf das kindliche Publikum bei den Vertretern der romantischen, nachromantischen und modernen Märchenoper keine oder nur eine untergeordnete Rolle.
Größere Popularität gewannen vor allem folgende Märchenopern: Aschenbrödel (von J. Massenet, 1899; von E. Wolf-Ferrari, 1900; von L. Blech, 1905), Der Bärenhäuter (von S. Wagner, 1899; von A. Mendelssohn, 1900); Das Christelflein (von H. Pfitzner, 1906); Es war einmal (von A. v. Zemlinsky, 1900); Die Feen (von R. Wagner, 1888); Genoveva (von R. Schumann, 1850; von K. Driesch, 1940; von C. N.

BERG, 1946); Der goldene Bock (von E. KRENEK, 1964); Der goldene Hahn (von N. RIMSKI-KORSAKOW, 1909); Hänsel und Gretel (von E. HUMPERDINCK, 1893); Irrelobe (von F. SCHREKER, 1924); Jenufa (von L. JANACEK, 1904); Die Kluge (von C. ORFF, 1942); Das Märchen vom Zaren Saltan (von N. RIMSKI-KORSAKOW, 1900); Der Mond (von C. ORFF, 1939); Die pfiffige Magd (von J. WEISMANN, 1939); Die Prinzessin auf der Erbse (von E. TOCH, 1927); Rotkäppchen (von F. A. BOIELDIEU, 1818; von C. CUI, 1911); Der Schatzgräber (von F. SCHREKER, 1920); Das schlaue Füchslein (von L. JANACEK, 1924); Schwanda, der Dudelsackpfeifer (von J. WEINBERGER, 1927); Tobias Wunderlich (von J. HAAS, 1937); Undine (von E. TH. A. HOFFMANN, 1816; von J. P. E. HARTMANN, 1842; von A. LORTZING, 1845); Die versunkene Glocke (von H. ZÖLLNER, 1899; von F. F. FINKE, 1917; von O. RESPIGHI, 1927); Vom Fischer un syner Fru (von O. SCHOECK, 1930); Die Zaubergeige (von W. EGK, 1925); Die Zauberinsel (von H. SUTERMEISTER, 1942).

Die eigentliche K. Im Gegensatz zu der Schuloper, die für die Aufführung durch Kinder konzipiert ist, stellt die eigentliche K. ein musikalisches Bühnenwerk dar, das von Berufssängern aufgeführt und von Berufsmusikern begleitet wird. Im Gegensatz zu der Märchenoper jedoch, die für erwachsenes Publikum oder zumindest für die „Familienvorstellung" geschrieben wurde, ist die eigentliche K. speziell für die Aufführung vor einem kindlichen Publikum entworfen. Thematisch wie musikalisch sind daher vom Komponisten von K.n Konsequenzen zu ziehen wie das Eingehen auf die speziellen Bedürfnisse und Probleme und die Berücksichtigung der musikalischen wie thematischen Aufnahmefähigkeit von Kindern. Zwei bemerkenswerte und gelungene Versuche dieser Art stellen „Wir machen eine Oper" (1949) des englischen Komponisten B. BRITTEN (1913–1977) und „Peter und der Wolf" (1936) des russischen Komponisten S. S. PROKOFJEW (1891–1953) dar. BRITTEN versuchte, den Kindern Einblick in die Entstehung eines größeren musikalischen Werkes zu geben, ihnen dabei das Kennenlernen musikalischer Grundgesetze zu ermöglichen und Einblicke in die Vielfalt der mit den verschiedenen Instrumenten zu erzeugenden Klangbilder zu gestatten. So soll eine Sensibilisierung des musikhörenden Kindes gefördert werden, das erlernen soll, durch intensives Hineinhören in die Musik die dem Werk zugrundeliegenden Strukturen und Aussagen zu erfassen. PROKOFJEW beabsichtigte durch seine ursprünglich als Orchesterfolge angelegte „Instrumentallehre für kleine und große Kinder, Peter und der Wolf", heute zumeist als szenische Pantomime aufgeführt, Kinder an das Erfassen zusammenhängender größerer Klanggebilde und die differenzierte Ausdrucksfähigkeit der verschiedenen Instrumente heranzuführen.
Andere Komponisten schlossen bei der Erstellung von K.n stofflich und zumeist auch musikalisch an die herkömmliche Märchenoper an, wie etwa N. SCHULTZE (* 1911). Seine Oper „Schwarzer Peter" (1936), die auf das niederdeutsche Märchen „Erika" zurückgeht und von dem Streit der Könige Klaus und Hans berichtet, der durch die Verheiratung ihrer beider Kinder am Ende seine Versöhnung findet, wurde auch nach 1945 (auch als Fernsehfassung) wieder aufgeführt.
Ähnliche K.n sind „Die Bremer Stadtmusikanten" (von R. MOHAUPT, 1949), Drei Geschichten vom Weihnachtsbaum (von H. UNGER, 1943), Die Geschichte vom schönen Annerl (von L. J. KAUFFMANN, 1942), Das kalte Herz (von N. SCHULTZE, 1943; von R. OCHS, 1948), Das Maimärchen (von K. KVAPIL, 1950); Titus Feuerfuchs (von H. SUTERMEISTER, 1958), Tobias Wunderlich (von J. HAAS, 1937) und Die Zauberinsel (von H. SUTERMEISTER, 1942).
Gemeinsames Hauptziel der Komponisten der in der Qualität, der Thematik und dem musikalischen Gehalt so unterschiedlichen K.n scheint es zu sein, im Sinne einer Durchgangsphase den kindlichen Opernbesucher über die K. an das Verständnis der „großen" Oper heranzuführen und ihn so als künftigen Opernbesucher und Musikfreund zu gewinnen. Man verspürt hier eine Parallele zu Literaturpädagogen, die das lesende Kind auf dem Umweg über die „Trivialliteratur" zu der sogenannten „Hochliteratur" führen wollen (Kitsch als kultureller Übergangswert). Während das Kinder- und Jugendtheater in den letzten Jahren viele neue Impulse erhalten hat (Grips-Theater), sieht es auf dem Gebiet der K. bedeutend ungünstiger aus. Zwar brachte die Jugendbewegung in den ersten Jahrzehnten unseres Jahrhunderts eine spürbare Belebung, doch ist das Repertoire an qualitätvollen K.n klein geblieben. Gegenüber den alten Märchen- und Sagenstoffen haben aktuellere Themen oder Stoffe aus der zeitgenössischen und klassischen Kinder- und Jugendliteratur nur spärlich Eingang in die Welt der K. gefunden (Die fliegende Kiste, von O. E. SCHILLING, 1952; Die kleine Stadt, von F. X. LEHNER, 1957; Max und Moritz, von N. SCHULTZE, 1938; Die Schatzinsel, von V. TOSATTI, 1958; Struwwelpeter, von N. SCHULTZE, 1937).
Die Schwierigkeiten bei der Komposition von K.n liegen einmal in der Wahl des Textes, denn nur zu oft werden Libretti in altertümlich gedrechselte Verse gezwängt, die dem Kind das Verstehen erschweren. Andererseits scheint es große Schwierigkeiten zu bereiten, eine Kindern adäquate und verständliche Musik zu schreiben, ohne in infantiler Banalität zu ersticken. Nicht selten verdirbt auch das Schielen nach dem traditionellen Operntyp, der als unerreichbares Vorbild über dem Unternehmen steht, das Werk. Einige Fortschritte im Sinne einer modernen Theaterpädagogik hat dagegen das Musical für Heranwachsende zu verzeichnen.

→ Fr. Jöde, → Kindertheater, → E. R. Müller, → Fr. Nagler

Sekundärliteratur: W. Bitter: Die deutsche komische Oper der Gegenwart (1932). – R. Bode: Musik und Bewegung (1953). – E. Hanslick: Hänsel und Gretel (in: Fünf Jahre Musik. 7. Bd. [2]1896. 132–139). – Fr. Jöde: Musikalische Jugendkultur (1918). – H. Lindlar (Hrsg.): Meyers Handbuch über die Musik ([3]1966). – E. Lundstaedt: Mit uns zieht die neue Zeit (1954). – J. Moser: Lebensvolle Musikerziehung (1952). – E. Preußner: Die bürgerliche Musikkultur (1935). – H. Richl: Zur Geschichte der romantischen Oper (1928). – L. Schmidt: Zur Geschichte der Märchenoper (1895). – H. Stier-Somlo: Das Grimmsche Märchen als Text für Opern und Spiele (1926).

Gerhard Müller-Hornbach

Kinderreim

Unter K. wird ein sehr heterogener, für Kinder oder von Kindern produzierter bzw. übernommener, anonymer folkloristischer Typ der Kinderlyrik verstanden, der bei allen Völkern seit alters vorkommt und in Elternhaus, Kindergarten und Schule, auf Spielplätzen, an Straßenecken sowie durch Kindern zugedachte Bücher (Anthologien, Bilderbücher, Fibeln u.a.), Rundfunk- und Fernsehsendungen verbreitet wird. K.e übernehmen z.B. in Form von Abzählreimen, Kindergebeten, Neckreimen, Zungenbrechern verschiedene kommunikative Funktionen. Oft werden die Bezeichnungen Kindervers, bisweilen auch Kinderlied sinngleich verwendet.

Überlieferung. Obwohl es K.e schon zu frühen Zeiten gegeben hat, sind die Belege vor dem 19. Jahrhundert spärlich, sporadisch und oft fragmentär. Die ältesten deutschsprachigen Zeugnisse – sie finden sich in Dichtungen und Predigtbüchern – gehören dem Mittelalter an. Seit 1572 ist der noch heute bekannte K. „Lirum, larum, Löffelstiel" und seit 1662 der wohl am weitesten verbreitete Wiegenreim „Schlaf, Kindlein, schlaf" mit zwei Fassungen belegt. An der Wende vom 18. zum 19. Jahrhundert wurden K.e in Untersuchungen zum Volkslied (F. D. Gräter: „Über die teutschen Volkslieder und ihre Musik", 1794) und zur Mundartforschung aufgezeichnet. Eine davon, das „Holsteinische Idiotikon" (1800–1806, 4 Bände von J. F. Schütze), lag Cl. v. Brentano als Quelle für seine mit A. v. Arnim herausgegebene, Goethe zugeeignete Volksliedersammlung „Des Knaben Wunderhorn" (1806–1808) vor. Mit den im von Brentano allein redigierten Anhang des 3. Teils, der den Titel „Kinderlieder" trägt, wurde das Interesse an volkstümlicher Kinderlyrik, die nun Anerkennung und Eigenständigkeit fand, geweckt und eine emsige, zumeist regionale, sich aber über fast alle Teile des deutschen Sprachraums erstreckende, in erster Linie von Ethnologen, Germanisten und Pädagogen geleistete Sammeltätigkeit eingeleitet, die mit K. Simrocks „Das deutsche Kinderbuch" (1848) einen ersten großen Erfolg aufzuweisen hatte und auch in der zweiten Hälfte des 20. Jahrhunderts fortdauert, wie besonders die Arbeiten von R. Lorbe „Das Kinderlied in Nürnberg (1956) und G. Grober-Glück „Kinderreime und -lieder in Bonn 1967" (1971) beweisen.

Ursprung und Entstehung. K.e werden hauptsächlich aus fremden Quellen, zu denen in erster Linie das Versgut der Erwachsenen (Gedicht, Sprichwort, Witz, Rätsel, Reklamespruch, Schlagertext usw.) zählt, gespeist und sind, da sie eine autorisierte Form nicht kennen oder akzeptieren, überaus flexibel und dynamisch und daher offen für Improvisation und Variation. Das zeigen die vielen Um- und Weiterdichtungen, Anpassungen an personale und lokale Besonderheiten einschließlich ihrer mundartlichen Wendungen ebenso wie der häufige Austausch einzelner Passagen untereinander und die Verschmelzung verschiedener Elemente aus mehreren K.n zu einem neuen Text. Daher werden metrische Dissonanzen harmonisiert und als überflüssig Erachtetes unbekümmert fallen gelassen, um Aktuellem Raum geben zu können. Oft wird parodiert oder verballhornt (aus Unkenntnis, Vergeßlichkeit, durch Hörfehler); und beim „Zersingen" im K. kann die Veränderung der entlehnten Texte so gravierend sein, daß deren ursprüngliche Gestalt, zumeist auch deren logischer Aufbau wie überhaupt jeglicher Sinnzusammenhang verlorengehen und ein allein von Rhythmus und Reim strukturiertes und zusammengehaltenes Klanggebilde entsteht.

Gestaltungsprinzipien. K.e verfügen trotz ihrer unterschiedlichen Herkunft und Entstehung über gemeinsame Merkmale, denen sie ihre Eignung als Hörerinnerung, die eine jahrhundertelange mündliche Überlieferung erleichterte, zu verdanken haben. Zumeist einstrophig und immer gereimt, tritt zu einem alternierenden monotonen Rhythmus und vielfältigen Sinn- und Klangassoziationen die Neigung zu formelhaftem Eingang und pointiertem, bei Abzählreimen auch stereotypem Schluß („Und du mußt sein"), ebenso wie zu zahlreichen Wiederholungen innerhalb der grammatischen Struktur (syntaktischer Parallelismus) und eines auf abstrakte Begriffe verzichtenden Wortschatzes. Einerseits liegt häufig Ketten- und Schwelltechnik, andererseits Knappheit und Prägnanz erstrebende Aussagestrenge und auf alles Dekorative und Sentimentale verzichtender Lakonismus vor. Besonders charakteristisch ist die Dominanz des spielerischen Elementes, das dem kindlichen Humor, der Freude an Klangreichtum etwa durch Vokal- und Konsonantenvariation, der Lust an Sprachakrobatik und komischen Wortschöpfungen wie überhaupt an Nonsense sehr entgegenkommt. Die Zeilen bleiben dabei kurz und unkompliziert, eilen jedoch oft sprunghaft weiter und verweilen nur selten länger bei einem Bild oder Motiv.

Themen. Sie sind fast immer dem Alltagsleben des Kindes entnommen (Spiel und Arbeit; Familie und Schule; Pflanzen- und Tierwelt etc.). Häufig spiegeln sie altes Brauchtum und religiöses Ritual (Ansingeverse zu den Jahresfesten; Segens- und Beschwörungsformeln usw.), frühere Strafurteile des Rechts- und Militärwesens (z.B. Spießrutenlaufen, Einsperrungen, Hinrichtungen), politische Ereignisse (Kriege, Aufstände) und spektakuläre technische Erfindungen (so z.B. auf dem Gebiet der Luftfahrt: Montgolfiere, Zeppelin, Flugzeug, Rakete). Daß der K. nicht nur Geschichtliches tradiert, sondern auch Gegenwärtiges registriert, zeigen z.B. die in den sechziger Jahren entstandenen, Personen der Zeitgeschichte (u.a. K. Adenauer, N. Chruschtschow, J. F. Kennedy, H. Lübke) fixierenden politischen Spottreime. Hier sind auch die mannigfaltigen Formen von Ulk- und Neckreimen zu nennen, mit denen reimsympathische Vor- und Familiennamen (z. B.: „Franz/faßt die Katz am Schwanz"), Assoziationen hervorrufende physische oder psychische Eigenheiten (Rothaarigkeit, Ängstlichkeit usw.), auffällige Berufe (Schornsteinfeger etc.) und besonders das andere Geschlecht aus Spottlust und Freude am kreativen Reimespiel, dabei nicht selten Vorurteilen unterliegend, anvisiert werden. Der K. nimmt dabei kein Blatt vor den Mund; die im schroffen Gegensatz zu liebgewordenen Vorstellungen einer unschuldig-naiven Kinderpoesie stehenden und in herkömmlichen Sammlungen deshalb als anstößig ausgesparten Texte aus dem Bereich des Erotischen, Sexuellen und Obszönen, die zuerst von P. Rühmkorf („Über das Volksvermögen. Exkurse in den literarischen Untergrund", 1967) und E. Bornemann („Unsere Kinder im Spiegel ihrer Lieder, Reime, Verse und Rätsel", 1973) zusammengetragen wurden, verdeutlichen dies drastisch.

Funktionen und Gattungen. Obwohl fast jeder Sammler einem anderen Ordnungsprinzip folgt und bis heute keine verbindliche Gattungs- bzw. Typeneinteilung vorliegt, lassen sich zahlreiche, zumeist funktionsbezogene Arten von K.n anführen, die sowohl in klassischen wie auch in zeitgenössischen Sammlungen einen festen Platz beanspruchen. Zu ihnen gehören u. a. Wiegen-, Fingerspiel- und Kosereime; Kniereiter; Neck-, Spott-, Scherz- und Lügenreime; Abzähl- und Schnellsprechreime („Zungenbrecher", „Schnabelwetzer"); Tier- und Kettenreime; Kinderpredigten sowie Kindergebete. Daneben wurde und wird versucht, K.e nach ihrer poetischen Grundstruktur (lyrische, epische und dramatische K.e), ihren Bauformen, Motiven und Aussagegehalten sowie ihren Produzenten zu unterscheiden. Viele der von Erwachsenen hervorgebrachten K.e können zu einer das Kind in seinem Tageslauf begleitenden pädagogischen Gebrauchsliteratur gezählt werden; denn sie erleichtern sein Aufstehen, Zubettgehen und Einschlafen, helfen beim Ankleiden, Waschen und Kämmen, ermutigen zur Nahrungsaufnahme, fördern die Entwicklung seines Hantierens und Laufens, Buchstabierens und Zählens, widmen sich seinen Spielen und Entdeckungen, trösten bei Schmerz und Leid, loben und kündigen Belohnungen (Süßigkeit, Früchte; verstärkte Zuwendung usw.) an, tadeln aber auch und versuchen vor allem in Texten konventioneller Sammlungen das Kind durch mehr oder weniger massive Drohungen (Butzemann, Schwarzer Mann, Hexe, Wolf usw.; Schläge, Liebes-, Nahrungs-, Freiheitsentzug) einzuschüchtern, wann immer es die im Reim artikulierten elterlichen Erwartungen (z. B. Gehorsam, Fleiß, Reinlich-, Pünktlich-, Sauberkeit, Frohsinn, Wahrheitsliebe) nicht erfüllt oder die im Sinne traditioneller geschlechtsbezogener Rollenfixierung geprägten Normen und Identifikationsmuster (z. B. „ein Mädchen pfeift nicht"; „ein Junge hat keine Angst") unbeachtet läßt. Diesen Texten, die in älteren Sammlungen bisweilen unter Überschriften wie „Zuchtreime" oder „Reime aus der Kinderstube" subsumiert sind, stehen solche Eigenfabrikate des Kindes gegenüber, die seiner Spottlust entspringen und häufig aus Schadenfreude oder als trotzig aufbegehrende Verbalaktion gegen einen als zu stark empfundenen Sozialisationsdruck konzipiert sind und daher als „Gegengesänge" nicht allein auf bestimmte Erwachsenentabus und Postulate des Verhaltenskodex', sondern auch auf jene Respektspersonen (z. B. Lehrer) zielen, die deren Erfüllung überwachen und unter Umständen durch Sanktionen zu erzwingen suchen. In solchen selber fabrizierten Versifizierungen, denen gewiß auch die Funktion eines Ventils zufällt, erblickt das Kind auch eine Möglichkeit, Kritik zu üben und sich in einer übermächtigen Umwelt zu behaupten.

Didaktische Bedeutung. Die didaktische Bedeutung des K.s liegt nicht in den vielen von Erwachsenen als Instrument der Erziehung benutzten moralisierenden Texten, von denen sich das Kind zumeist in eine passive Rolle gedrängt sieht, sondern in jenen, die zu gemeinsamem Spiel und Tun stimulieren, damit Kommunikation und Kooperation als Voraussetzung sozialen Verhaltens unter den Kindern fördern und diese selber zu Handelnden werden lassen.

→A. v. Arnim, →Cl. v. Brentano, →Kindergebet, →Rätsel, →Volkslied, →Wiegenlied

Sekundärliteratur: H. Bausinger: Formen der „Volkspoesie" (1968). – A. Bodensohn: Im Spielraum der Lyrik. Kinderreim und Kindergedicht als lyrische Vorformen (1965). – E. Bornemann: Das Bild des Geschlechtlichen in den Liedern, Reimen, Versen und Sprüchen deutschsprachiger Großstadtkinder (in: Jahrbuch für Volksliedforschung. Hrsg. v. R. W. Brednich. 17. 1972. 181–207). – B. H. Bull: Kinderreime in unserer Zeit (in: Zeitschrift für Jugendliteratur. 3. 1967. 151–164). – H. M. Enzensberger: Nachwort zu: Allerleirauh. Viele schöne Kinderreime (1961). – Chr. Freitag: Erwartung und Sanktion im Kinderreim (1974). – E. Gerstner-Hirzel: DasKinderlied (in: Handbuch des Volksliedes. Hrsg. v. R. W. Brednich, L. Röhrich, W. Suppan. 1973. Bd. I. 923–967). – R. Lorbe: Die Welt des Kinderliedes (1971). – R. Lorbe: Kinderlyrik (in: G. Haas (Hrsg.): Kinder- und Jugendliteratur. Zur Typologie und Funktion einer literarischen Gattung. 1974. 178–219). – K. E. Maier: Kinderreim und Kindergedicht (in: Jugendschrifttum. 7. 1973. 50–68). – A. Richter: Ueber deutsche Kinderreime (in: Mittheilungen der deutschen Gesellschaft zur Erforschung vaterländischer Sprache und Alterthümer in Leipzig. Bd. 6. 1877. 147–176). – P. Rühmkorf: Über das Volksvermögen. Exkurse in den literarischen Untergrund (1967). – E. Seemann: Kinderlied (in: W. Kohlschmidt (Hrsg. zus. mit W. Mohr): Reallexikon der deutschen Literaturgeschichte. 1. Bd. 1958. 817–819). – K. Wehrhan: Kinderlied und Kinderspiel. Handbücher zur Volkskunde. Bd. IV (1909). – I. Zingerle: Das deutsche Kinderspiel im Mittelalter (1873).

Christian Freitag

Kinderschallplatte

K. ist die Bezeichnung für Sprech- und Musikplatten, die speziell für Kinder zum Zwecke der Unterhaltung und/oder der Belehrung produziert werden. Anders als der Schallplattenmarkt für Erwachsene und Jugendliche ist der für Kinder besonders stark auf dem Wortsektor ausgebaut. K.n in größerer Auswahl gibt es in der BRD erst seit etwa 1950.

Zur Entstehungsgeschichte. Die K. ist ein relativ junges Produkt der Schallplattenindustrie. Sieht man von einigen Vorläufern – schon in den zwanziger Jahren gab es Schellackplatten für Kindergrammophone, z.B. „Zehn kleine Negerlein“ und „Zuckerle“ – ab, dann war bis in die Mitte der fünfziger Jahre in Deutschland die K. fast unbekannt, während sie in den USA kurz nach dem Zweiten Weltkrieg einen Anteil von ca. 15 Prozent am Gesamtplattengeschäft hatte (1975 in der BRD ca. 5 Prozent). Bis vor wenigen Jahren teilten sich einige kleinere Plattenproduzenten, die ihre Produktionen vorzugsweise über Kaufhausketten vertrieben, den Markt. Das Programm umfaßte vorwiegend Märchen und Abenteuer; künstlerisch und technisch war es anspruchslos. Anfang der siebziger Jahre machte sich auf dem Tonträgersektor eine verstärkte Ausrichtung auf das Kind als Konsumenten und Käufer bemerkbar. Dafür sind besonders zwei Gründe maßgebend: 1. die Ausweitung des Buch- und Zeitschriftenmarktes für Kinder, so z.B. die Auflagensteigerung von Comic-Produktionen und die steigende Wiederverwertung von Comic-Figuren und -Elementen für Werbe- und Promotionszwecke in anderen Branchen (Merchandising); 2. die Neuorientierung auf dem Erziehungssektor, so z.B. die Ausarbeitung und Anwendung neuer pädagogischer Konzeptionen wie Vorschulerziehung und Medienverbund. Nicht zuletzt brachte die Propagierung des phantasievollen und phantasiefördernden Handelns des Kindes ein verstärktes Interesse für das Medium Schallplatte mit sich.

Zum Programm und zur Dramaturgie. Bisher sind knapp 1300 Kinder- und Jugendschallplatten in der Bundesrepublik erschienen. Das Programm läßt sich in folgende Sparten einteilen: 1. Spielen und Lernen im Vorschulalter – Spielvorschläge, Rätsel, Sprachspiele, kindgemäße Information über die Umwelt; 2. Kinderliteratur – vorwiegend Adaptionen von Kinder- und Jugendbüchern; 3. Kindertheater – Puppentheater, Kindermusicals, zeitkritisches und emanzipatorisches Kindertheater; 4. Hörspiele – Märchen, Fernsehspiele, Comics, auch Kinder- und Jugendbücher; 5. Musik – Lieder zum Zuhören und Mitsingen, Kindertänze, Volksmusik, klassische Musik für Kinder.

Bei der Ordnung des Programmangebots in diesen Sparten lassen sich erhebliche Überschneidungen nicht vermeiden. Auch muß die Interdependenz der Medien bedacht werden. So erscheinen Comic-Serien neben der Herausgabe auf K.n in neuer Form im Fernsehen und erfolgreiche TV-Produktionen wiederum als Bildfolge im Heftformat oder als Erzählung im Buch. Unter den Begriff „Hörspiele“ läßt sich beinahe alles subsumieren, die Grenzen fließen hierbei. Jeder Stoff kann als Plattenhörspiel bearbeitet werden, wobei aber die spezifischen Eigenheiten des Tonträgers Schallplatte gewahrt bleiben müssen.

Der dem Medium eigenen Ästhetik, seinem typischen Zeichensystem gilt die besondere Aufmerksamkeit der Produktionsfirmen, obwohl auch hier Ausnahmen bestehen. Es genügt nicht, bei Schallplattenadaptionen von Film- und Fernsehserien lediglich den Ton des Originals auf Platte zu pressen. Die unterschiedlichen und vielseitigen akustischen Elemente müssen als Bausteine des Hörbildes ein Ganzes ergeben. Dabei lassen sich aus didaktisch-methodischer Sicht bestimmte Kriterien aufstellen: je nach Schwierigkeitsgrad des Hörstückes muß die Produktion zeitlich begrenzt sein, die vom Alter und dem Auffassungsgrad des Hörers abhängig ist. Der Spannungsbogen muß übersichtlich und der Handlungsablauf ohne Schwierigkeiten nachvollziehbar sein. Monologe sind zu vermeiden, kurze Einführungen in neue Handlungsräume sollten auf ein Minimum reduziert werden. Ein erzählter Text bedarf einer szenischen und akustischen Auflockerung. Reine Dialoge müssen zugunsten einer akustisch lebendigen Gestaltung von Spielszenen vermieden werden, wobei die Sprachkompetenz des Kindes nicht überschritten werden kann. Der Hörer muß die Sprecher klar unterscheiden können. Eine Anhäufung von agierenden Personen verwirrt, vor allem auch dann, wenn diese von außerhalb des kindlichen Erfahrungs- und Vorstellungsbereiches stammen. Die Anzahl der Sprecher sollten sich im Rahmen des Notwendigen halten. Pausen oder Musikeinschübe schaffen kritische Distanz und die Möglichkeit zur Reflexion des Gehörten.

Wiederholt wurde das Angebot von K.n im Hinblick auf Themen und Niveau der Produktion kritisiert. Die vielen traditionellen Märchenplatten (1967 waren 23 mal Rotkäppchen, 22 mal Hänsel und Gretel und 18 mal Dornröschen auf dem Markt; 1972 sind angeblich mehr als 80 Prozent der K.n Märchenplatten gewesen) wurden als eine gewisse Phantasielosigkeit der Hersteller interpretiert. „Die Hersteller der Schallplatten scheinen keine Ahnung von der Situation der deutschen und der internationalen Jugendliteratur zu haben“, schrieb S. Gräfin Schönfeldt in „Die Zeit“ (15.12.1967). Die unausgewogenen Bearbeitungen sah man als Ausdruck überzogener Regie, die musikalische Verkitschung mit Orgel und Volksmusik als Ignoranz der Produzenten gegenüber dem Kind als Rezipient an.

Neben den Lesungen von literarischen Texten (Märchen, Gute-Nacht-Geschichten, Erzählungen etc.) durch Sprecher oder den Autor selbst haben Dramatisierungen der „Kinderbuch-Klassiker“ und auch anderer Vorlagen den größten Erfolg: darunter z.B. die K.n von J. Krüss „Der Sängerkrieg der Heidehasen“, O. Preussler „Räuber Hotzenplatz“, Janosch „Der Mäusesheriff“, Fr. Feld „Lok 1414 geht auf Urlaub“, V. Ludwig „Ein Fest bei Papadakis“ und die vielen K.n der Puppentheater („Augsburger Puppenkiste“, „Die Kullerköpfe“ u.a.).

Bis etwa 1970 hat sich keines der für Kinder- und Jugendliteratur zuständigen Gremien der systematischen Beobachtung des K.n-Marktes angenommen. Den ersten Ansatz einer Vorauswahl hat dann die „Abteilung für Literatur und Medien“ der Gewerkschaft Erziehung und Wissenschaft (GEW) getroffen („Schallplatten für Kinder“, 24 Seiten; H. Schrödel-Verlag), die auch wiederholt in ihrer Fachzeitschrift „Informationen Jugendliteratur und Medien/Jugendschriften-Warte“ zum Thema K.n Beiträge veröffentlicht.

Das Kind als Konsument. Bei über 9 Millionen Kindern in der BRD im Alter zwischen 6 und 14/15 Jahren gehört das Schallplattenhören zur liebsten Freizeitbeschäftigung (vgl. „Kinder – der neu entdeckte Markt“, 1973 und 1975). Dabei fällt ein hoher Anteil (55 Prozent) auf die Gruppe der 12- bis 15jährigen. Die Hörerwünsche der Kinder werden nur zu einem Teil von dem Popmusik-Repertoire erfüllt. Gerade die frühen Altersgruppen bevorzugen weniger Musik, sie ziehen sogenannte „Schallplatten-Hörspiele“ vor, deren Rezeption außer Zuhören und Stillsein nicht viel mehr verlangt. Den dazugehörigen Plattenspieler besitzt heute jedes zweite Kind.
Der massiven Werbung der K.n herstellenden Firmen steht der kindliche Käufer und Hörer naiv gegenüber. Ohne störende Streuverluste kann der Kindermarkt sehr gezielt angesprochen werden. Die Promotion konzentriert sich dabei weniger auf die Inhalte und Themen ihrer Produkte, die ohnehin austauschbar zwischen den verschiedenen Firmen sind und in großer Anzahl Adaptionen bekannter und schon anderweitig verwerteter Produkte darstellen. Ziel der Werbung ist vielmehr die Hörer- und Käuferbindung und die pädagogische Absicherung des Programms. Die Hörerbindung geschieht mit Hilfe eines aufwendigen Werbemittelausstoßes. Plattenklubs werden gegründet mit Ausweisvergabe und der Publikation einer Klubzeitung. Im Rahmen dieser Klubs werden kleinere Gebrauchsgegenstände mit dem Aufdruck der Firma verschickt oder Malwettbewerbe, Verlosungen, Preisausschreiben und Aufsatzwettbewerbe veranstaltet. Jedoch bleiben hierbei viele Firmen ihre aufwendigen Versprechen dem kindlichen Kunden gegenüber schuldig. Zu den einfacheren, aber begehrten Werbemitteln gehören Papiermasken, Ansteckknöpfe (buttons) und Aufkleber (sticker). Dabei wird Wert gelegt auf „kindgemäße“ Aufmachung. Tiere, wie ein pummeliger Bär oder ein wuscheliger Hund, auf dem Etikett der Platte oder auf den Stickern sprechen Kinder erfahrungsgemäß besonders gut an.
Der Wunsch nach eigenen Schallplatten, die dem Kind und nicht den Erwachsenen gehören, motiviert, das Taschengeld zum Kauf zu verwenden. Die Preise sind verhältnismäßig niedrig, kaum eine Platte kostet mehr als zehn Mark, viele liegen bei der Preisbrechergrenze um sechs Mark.
Der Käufer der Kinder- und Jugendplatten (dominierend sind dabei jedoch die K.n) sind trotz eines generellen Ansteigens des Taschengeldes (vgl. dazu Zahlen aus „Kinder – der neu entdeckte Markt“, 1973 und 1975) hauptsächlich im Erwachsenenbereich zu suchen. Auch wenn das Kind die Möglichkeit hat, Kaufentscheidungen zu beeinflussen, so wird der Kauf selbst selten von ihm getätigt. Die K.n-Firmen bemühen sich demnach, die Eltern anzusprechen. Sich unmittelbar positiv auswirkende Werbeeffekte sind Co-Produktionen der Firmen mit bekannten Publikumszeitschriften, in denen für die Platten geworben werden kann. Ein wichtiges Kriterium ist auch die pädagogische Absicherung des Produkts als Entscheidungshilfe angesichts des vielfältigen und verwirrenden Angebots. Nach Möglichkeit versucht jede Firma unter pädagogischen Aspekten ihre Produktionen in den Vordergrund zu rücken. Hilfestellung leisten dabei Nachdrucke von Rezensionen, Gutachten von Pädagogen oder Psychologen, Gutachten von Schriftstellern oder „Machern“ der Medienbranche. Über die wissenschaftliche und kulturpolitische Orientierung der Kommentatoren werden die Eltern im Unklaren gelassen. Die Angst und die Ehrfurcht vor der Wissenschaft wird einkalkuliert und unter dem Zwang des Profitgesetzes zum Werbemittel pervertiert.

Sekundärliteratur: Kinder – der neu entdeckte Markt. Strukturen und Kommunikationsverhalten der Leserschaft von 10 Kinderzeitschriften. Basis: Untersuchung „LA Kinderpresse 1973“ des Instituts für Jugendforschung, München. – Kinder – der neu entdeckte Markt. Strukturen und Kommunikationsverhalten der Leserschaft von 22 Kinderzeitschriften. Basis: Untersuchung „LA Kinderpresse '75“ des Instituts für Jugendforschung, München. – Schallplatten für Kinder (Broschüre). H. Schrödel-Verlag KG, Hannover. 1975. – R. Krenzer: Kinder hören Schallplatten. R. Krenzer/H. Weber: Schallplatten für Kinder (Dia-Tonreihe). Jünger-Verlag, Frankfurt/Main. – H. Künnemann: Literatur – gepreßt und in Scheiben (in: H. Künnemann: Kinder und Kulturkonsum. 1972. 88–103). – R. Krenzer: Schallplatten für Kinder (in: JSW 5/1972. 18–19); Methodische Hinweise für den gezielten Einsatz von Kinderschallplatten (in: JSW 7/8/1972. 26–27). – L. Siegling: Kinderliteratur auf Schallplatten (in: Kl. Doderer (Hrsg.): Bilderbuch und Fibel, 1972. 153–159). – K. Kallbach/H. Pickert: Die Schallplatten für Kinder (in: JSW 1/1970. 1–3 und 3/1970. 9–11).

Michael Czernich

Kindersprache

Der Sprachgebrauch dieses Begriffes ist nicht eindeutig zu bestimmen. In nicht spezifizierter Anwendung versteht man unter K. gewöhnlich eine einfache Sprachlage, die dem nicht näher differenzierten Verständnis des kindlichen Lesers angepaßt ist, sich demnach im einzelnen nicht auf bestimmte Lesealter festlegt und mehr ästhetisch empfunden sein als wissenschaftlich anerkannten Ansprüchen genügen will. K. und kindgemäßes Sprachangebot korrespondieren demnach miteinander.

Wissenschaftliche Umschreibungsversuche der K. Im Rahmen der individuellen Sprachentwicklung ist für die Sprachpsychologie K. Gegenstand spezifischer Untersuchungen. K. wird hier grundsätzlich vom Sprechhandeln und von der Sprachleistung des Kindes her gesehen. Die Forschung hebt zunächst das Phänomen einer „autonomen K.“ hervor. Diese „echte“ K. besteht aus Primitivsymbolen, aus idiogenetischen Zeichen einer Privatsprache, die das Kind selbst und meist spontan schafft (FR. KAINZ) und die noch im Bereich der varianten Anwendung liegen. Es wird betont, daß das Kind das Material für diese „sprachlichen" Äußerungen unabhängig von Vorbildern gewinnt. Sobald es jedoch das sprachliche Material von der Umwelt übernimmt und invariant gebrauchen lernt, läßt es die autonome K. hinter sich, und bewegt sich im Bereich der K. im weiteren Sinn, in der es das Sprachmaterial der Erwachsenen-(Mutter-)Sprache im Rahmen seines altersspezifischen Auffassungs- und Denkvermögens verwendet. Das ist die „Sprachepoche", die nach W. STERN vom ersten sinnvoll gesprochenen Wort bis zur Bewältigung der Hauptarten des Satzgefüges reicht (etwa vom 2. bis zum 11./13. Lebensjahr). Im Anfang dieser Phase zeigt sich, vornehmlich bei Kindern aus gepflegtem Sprachmilieu, trotz auffälliger Unvollkommenheit im Sprachgebrauch eine erstaunliche Originalität in der Verwendung und Umgestaltung der verfügbaren sprachlichen Mittel. Die gleichsam apokryphe Verwendung muttersprachlicher Bestände wird aber auf Grund der Angleichungstendenzen an die Muster der Sprachkonvention bald aufgegeben. Solche originalen Formen „sprachlicher Organisation" sollte man als Ausdruck einer spezifischen „Sprache der Kinder" werten.

Innerhalb der gesamten „Sprachepoche" der K. sind von der Sprachpsychologie Reifungsschritte verzeichnet worden, die nur im Zusammenhang mit der geistig-seelischen Entwicklung des Kindes zu sehen sind (CL. und W. STERN, A. BUSEMANN, H. HETZER). Was die K. vornehmlich in den Jahren vor der Schulreife, von der Sprache der Erwachsenen unterscheidet, ist weniger die unvollkommene Teilhabe am Sprachvolumen der Muttersprache als die „egozentrische", „autistische" Verwendung (J. PIAGET) des Sprachmaterials. Denn „das Kind setzt (immer) innere Zusammenhänge gefühlsmäßiger und sachlicher Art beim Nennen des Namens voraus" (W. SALBER) und erweckt damit den Eindruck einer rein gefühlsmäßigen, auf sich selbst bezogenen Nutzung der Sprache. Mit dem allmählichen Übergang vom „egozentrischen" zum „sozialisierten" Sprechen (J. PIAGET) gewinnt das Kind nach und nach den vollen Anschluß an die Erwachsenensprache. Ein Zeichen der sprachlichen Reifung, das im beginnenden Jugendalter erscheint, ist fernerhin die Fähigkeit des jungen Menschen, seine Sprache als rein persönliche Ausdrucksweise zu durchschauen und zu verwenden (TH. RUTT).

Auch die Linguistik befaßt sich mit der K. und bedient sich des Begriffes K. Es interessiert sie allerdings nicht der geistig-seelische Hintergrund der Sprechhandlung, sondern sie „forscht nach Art und Weise, wie sich das Kind die Gebildebestände einer bestimmten Einzelsprache aneignet ..., welche Vereinfachungen charakteristischen Gepräges dabei vorgenommen werden, und ob vielleicht auf diese Weise gewisse Einblicke in die Gesetzmäßigkeit des Laut-, Formen- und Bedeutungswandels zu gewinnen sind" (FR. KAINZ). Die Soziolinguistik begnügt sich mit dieser abstrahierenden, „wertfreien" Begriffsbestimmung einer K. nicht. K. vollzieht sich in soziolinguistischer Sicht weitgehend bzw. zusätzlich im situativen Sprachgebrauch, der schichtenspezifisch stark variiert. Damit wird die Abhängigkeit des Sprachverhaltens und der Sprechakte vom sozialen Milieu und den ökonomischen Verhältnissen angesprochen. Die Verwirklichung von K. in verschiedenen Codes (B. BERNSTEIN) kann dann Sprachbarrieren schaffen, die die sprachliche Kommunikation erschweren. Ob und wieweit hier kompensatorische Maßnahmen regulierend wirken, ist noch eine offene Frage.

Pädagogische und literarische Folgerungen. Eine spezifisch sprachpädagogische und zugleich bildungsgeschichtliche Relevanz erhält der Sachverhalt K. im Zusammenhang mit dem Begriff „Altersmundart", der 1901 von B. OTTO geprägt wurde. Unter Altersmundart, auch Mundart der Lebensalter, gelegentlich auch Kindermundart genannt, soll nach B. OTTO die (gemäß der geistigen Wachstumstendenz auftretende) altersspezifische Sprechweise des heranwachsenden Menschen verstanden werden. Mit der reifebedingten Teilhabe an der Erwachsenensprache verliert die Altersmundart an Bedeutung. Der vom Kinde wirklich gesprochenen Sprache soll der Erwachsene (Lehrer) in einer der Altersmundart angenäherten Sprechweise begegnen, um damit in einen „geistigen Verkehr mit Kindern" zu treten. Die Altersmundart unterscheidet sich nach B. OTTO von der den Kindern vermittelten Sageweise in Schriftsprache durch ihre Phrasenlosigkeit, Begriffsferne und durch den Verzicht auf unangemessene, „vermischte" sprachliche Bilder. B. OTTO übersieht, daß sich die qualitativen Unterschiede von K. zur Erwachsenensprache (auffallend durch onomatopoetische und strukturelle Wortneubildungen, durch überwiegend von Gefühlen, Wünschen und Strebungen getragene Gegenstandserlebnisse, die sich oft im Einwortsatz niederschlagen) bereits bei dem Schulneuling ausgeglichen haben und daß sich K. nur noch quantitativ gegenüber der Erwachsenensprache auszeichnet. FR. KAINZ möchte anstatt K. lieber von „phasenspezifischen Idiomatismen" sprechen. Denn nur im Umfang der Welterfassung unterscheide sich die K. von der Erwachsenensprache. Die von B. OTTO geforderte und angebahnte Literatur in Altersmundart – ermutigt auch durch die Begegnung (1904) mit den Dichtern des „Charon-Kreises", deren künstlerische Ziele sich mit B. OTTOS Prinzipien weitgehend deckten – trat in der Folgezeit in zweifacher Weise in Erscheinung: 1. in literarischen Erzeugnissen, die von Erwachsenen in einer „unter Einfluß der Kindermundart" angenommenen Sprechsprache (die nach der literarischen Umsetzung aber keine Sprechsprache mehr war!), verfaßt wurden (z.B. R. THEUERMEISTER: Unser Körperhaus, 1905; P. BAUMANN: Dietrich von Bern, 1914; F. LICHTENBERGER, Allerlei vom Leben der Pflanzen, 1967) und 2. in einer „Literatur" von Kindern für Kinder, in der Ältere für Jüngere schreiben (begonnen von B. OTTO) – nach OTTO in „reiner Kindermundart" – und die damit eine, jedoch immer nur annähernde Ähnlichkeit der dargestellten sprachlichen mit der geistigen Welt der betreffenden Altersstufe erreichte. K. VAUPELS Versuche „Die Kinder sagen es" (1929) und

„Die Kinder und die Tiere“ (1930) sind hier zu nennen. Die darin zutage tretende Sprachlage und Sprachfügung bezeichnete L. Weismantel als kindeseigen. Diese Form der Literatur in K. ging indessen über wenige Ansätze nicht hinaus. Auch die praktischen Übungen der Erwachsenen in Altersmundart, die allein der Nachahmung und Anwendung angelernter K. dienen wollten, sind eingeschlafen. Die Flut von einfältigen, wertlosen „Dichtungen in Altersmundart“ ist längst verebbt.

Die Theorie von der literarischen Gestaltung in K. „starb nicht an der Kritik der Gegner, sondern am Leben selbst“ (S. Rüttgers). Geblieben ist aber die Einsicht in die Notwendigkeit des literarischen Gestaltens aus dem Geist der K. und in der Kindermentalität. Die Kinderliteratur der letzten dreißig Jahre ist ohne diesen Gewinn nicht denkbar. Maßgeblich wirkte für den Gedanken der kindhaften oder kindgemäßen literarischen Gestaltung der Otto sehr verbundene F. Lichtenberger mit seiner Schriftenreihe „Marholds Jugendbücher“ (ab 1913). In syntaktisch schlichter Sageweise und in der Wortwahl bieten die Hefte Nacherzählungen von Sagen, Märchen, Schwänken u. a. Ganz besonders eignet sich aber diese Sprachhandhabung für reine Umwelt und Sachgeschichten, denn hier beweist die kindertümliche Sprache ihre Zweckmäßigkeit, weil das Kind seine eigene kleine Welt in der Echtheit seiner eigenen Ausdruckskraft wiederfindet (H. Gieseler). Vor allem K. Vaupel setzt diesen Akzent. Die in seinem Sinn geforderte Literatur in der Mentalität des Kindes bezieht jedoch den Bereich der Aussage in dichterischer Form nicht mehr ein.

Seit dem Zweiten Weltkrieg finden sich nur vereinzelt Versuche, K. jugendliterarisch zu verwerten. Dazu können die – allerdings sehr „verschönten“ – Texte von A. de L'Aigle (Ganz kleine Geschichten, 1951; Alles wird wieder gut, 1955 u. a.) für Grundschulkinder und gelegentlich in Anthologien und Lesebüchern („Lesen und Lauschen“ z. B.) abgedruckte Eigenproduktionen von Kindern gezählt werden. Im Zuge der „antiautoritären“ Kinderliteratur um 1970 wurden wiederholt und gezielt K.-Elemente – z. B. kindliche Bezeichnung für Geschlechtsteile, für Schule und Lehrer – in Texte für Kinder eingesetzt. P. Härtling (* 1933) hat in seinem ersten Kinderbuch (Und das ist die ganze Familie, 1970) in K. die alltägliche Erlebniswelt seiner Kinder genau protokolliert.

→ Kindertümlichkeit, → B. Otto

Sekundärliteratur: B. Bernstein: Soziokulturelle Determinanten des Lernens (in: Kölner Zeitschrift für Soziologie und Sozialpsychologie. Sonderheft. 1970). – J. Britten: Die sprachliche Entwicklung in Kindheit und Jugend (1973). – H. Bühler: Sprachbarrieren und Schulanfang (1972). – A. Busemann: Stil und Charakter (1948). – Kl. Doderer: Zur sprachlichen Situation des Grundschulkindes (in: Westermanns Pädagogische Beiträge. 13. 1961. 99–108). – K. Gaiser: Überlegungen zur Frage der Altersmundart (in: Die Schulwarte. 2. 1949. 328–338). – H. Gieseler: Dichtung und Sachschrift (1961). – H. Hetzer: Die entwicklungsbedingten Stilformen von kindlichen und jugendlichen Schreibern (³1962; zus. mit H. Flakowski). – Fr. Kainz: Psychologie der Sprache (Bd. 1 und 2. 1960). – B. Otto: Kindesmundart (1908). – J. Piaget: Sprechen und Denken des Kindes (1972). – S. Rüttgers: Altersmundart, Sprache, Literatur (in: Jugendschriften-Warte. 15. 1907. 1–14). – Th. Rutt: Sprachentfaltung und Buch (²1961). – Cl. Stern: Die Kindersprache (1922; zus. mit W. Stern). – K. Vaupel: Die Jugendschrift im Auftrag der Erziehung (in: Westermanns Pädagogische Beiträge. 2. 1950. 241–248); Sprachbildung und literarische Erziehung (in: A. Hasseberg (Hrsg.): Mehr leisten auf der Oberstufe der Volksschule. 1955). – H. Wolgast: Altersmundart (in: Jugendschriften-Warte. 11. 1903. 33–34).

Hermann Bertlein

Kindertheater

Sammelbegriff für alle Formen der Bühnenkunst, bei der Wort-, Musik- und mimisch-gestisches Geschehen für, mit oder unter Kindern zu geprobten oder auch spontanen Aufführungen gelangt. K. umfaßt sowohl kindliches „Theaterspielen“ als auch professionelles Theater für Kinder. Seine Entwicklung läßt sich bis ins 18. Jahrhundert, ja noch weiter zurückverfolgen. Neuerdings – seit etwa 1968 – hat es an öffentlicher Aufmerksamkeit gewonnen, weil es sich neu zu verstehen sucht und seine pädagogische und gesellschaftspolitische Bedeutung entdeckt. Dies führte zur Gründung von K.n, zum Entstehen realistischer Stücke und einer Reihe theoretischer Erörterungen.

Zur Begriffsbestimmung. K. im eigentlichen Sinne ist die Bezeichnung für (professionelles) Theater für Kinder, bei dem Kinder primär zuschauend tätig sind, zuweilen auch mitreden – vor allem im Puppenspiel –, manchmal auch mitspielen (Sonderform Mitspiel). Als „pädagogisches K.“ (engl. theatre in education) ist es nur ein Bereich der Spiel- und Interaktionspädagogik; es sieht die Aufführung für Kinder nur als einen Teil im Gesamtzusammenhang von Vor- und Nachbereitung und eigenen Spielversuchen der Kinder; es verbindet die Aufführung mit bestimmten Lernprozessen und Vorhaben. Drei verwandte Erscheinungen werden in einem weiteren Sinn ebenfalls mit der Bezeichnung K. belegt: 1. Das spontane Rollen- und Interaktionsspiel des Kindes. Die Möglichkeit dazu wird von Kindern im Alter von 2 bis 3 Jahren entdeckt; soweit Zeugnisse vorhanden sind, geschieht das ausnahmslos. Die weitere Entwicklung und Formung ist in den einzelnen Kulturen höchst unterschiedlich. Entwickeln kann sich daraus auch ein familien- oder nachbarschaftsgebundenes Spiel vor Zuschauern (mit Eintrittsgeld, Plakaten usw.; Zuschauer können auch Puppen sein). Dann wird von Kindern so „Theater“ gespielt, wie sie Kaufmann oder Schule spielen. 2. Das didaktisch angeleitete Rollen- und Interaktionsspiel (engl. creative drama; franz. – ital. – österr. Animation), dessen pädagogische Bedeutung sowohl im Rahmen der Schule als auch der außerschulischen Jugendbildung in jüngster Zeit mehr und mehr erkannt wird. Frühe Formen reichen bis in die Antike, möglicherweise bis zum Urtheater zurück. 3. Das Theater von Kindern, das sich entweder prozeßhaft und nicht im vorhinein geplant aus den Rollenspielversu-

chen entwickelt oder produktorientiert angezielt, auch leistungsorientiert eingedrillt wird. Das Theater von Kindern ist traditionell im Brauchtum vorhanden, wird pädagogisch und auch zur Repräsentation in der Schule (Schulspiel), auch kommerziell im Geschäftstheater genutzt.
K. wendet sich in der Regel altersmäßig an alle Nichterwachsenen; bei genauerer Bestimmung werden K. und Jugendtheater unterschieden.

Geschichtliche Entwicklung. In der zweiten Hälfte des 18. Jahrhunderts waren mit Entstehen der bürgerlichen Kinderliteratur zugleich das Kinderdramulett mit pädagogischer Intention (Chr. F. Weisse) und die dramatisierte Lehrunterhaltung (J. H. Campe) entwickelt worden. K. wurde als Lehrspiel aufgefaßt, konnte nach literarischer Textvorlage unter Anweisung von Erwachsenen im Familien- und Freundeskreis szenisch produziert werden, aber auch nur in der Textlesung mit verteilten Rollen bestehen. Bis ins 19. Jahrhundert blieb die zugleich darstellende und zuschauende Funktion von Kindern und Jugendlichen bestehen, führte aber mehr und mehr zur Trennung von Zuschauerrolle (für Kinder) und Darstellerrolle (für Erwachsene). Es entwickelte sich zunächst das Geschäftstheater mit speziellen Kinderaufführungen in Form des Weihnachtsmärchens (ab 1854), das sehr schnell zum Ausstattungsstück, zur Weihnachtsoperette verkam. Dem fügte das nationalpädagogisch orientierte Bildungstheater eigens arrangierte, meist auf die Nachmittage gelegte Klassikeraufführungen – in Berlin spätestens ab 1892 – hinzu, deren Besuch in Zusammenarbeit mit den Schulen organisiert wurde. Die Einrichtung eines umfassenden K.s gelang zuerst in der UdSSR: getragen von der Notwendigkeit einer intensiven Propaganda, von revolutionärem pädagogischem Optimismus und künstlerischer Experimentierfreude. 1918 wurde in Moskau von N. Saz das später als „Zentrales Theater für Kinder“ bezeichnete K. gegründet; 1922 folgte eine Bühne in Leningrad. Bis heute existieren insgesamt 45 Bühnen in der Sowjetunion. Gespielt wurden zunächst zunehmend Stücke mit realistischen Themen, nach der Verhaftung und Deportation von N. Saz (1936) nur mehr Märchen und moderne Legenden (z.B. von J. Schwarz). Kennzeichnend für das sowjetische K. ist die straffe zentrale Planung und Leitung der Theaterorganisation (es gibt nur ein zentrales K. und einen Bühnenverlag). Ein hochqualifizierter Mitarbeiterstab, darunter auch Theaterpädagogen, unterhält enge Kontakte mit Schule und Publikum und versucht, die verschiedenen Altersgruppen differenziert anzusprechen. Imponierend ist die finanzielle Absicherung der Projekte. Dieses Modell wurde nach 1945 maßgebend für alle Volksdemokratien. 1921 wurde das erste amerikanische K. in New York von C. T. Major eröffnet. Heute beschäftigen sich in den USA etwa 1500 Theater mit Kinderaufführungen: vor allem Amateurbühnen und College-Theater, aber auch professionelle Bühnen. Gespielt werden fast nur Dramatisierungen bekannter Titel. Unter den Gruppen ragen die Paper-Bag-Players hervor (seit 1958), die vielfach Straßentheater machen und ebenso wie das für alle Bevölkerungskreise spielende Bread-and-Puppet-Theatre und das primär für Erwachsene inszenierende Living-Theatre starke Einflüsse auf englische und kontinentale Truppen ausüben. In Berlin wurde 1923 das „Theater der höheren Schulen“ gegründet; es bot – laut einer 1932 erschienenen Festschrift (vgl. F. Weigelt a.a.O.) – „in seinen Aufführungen grundsätzlich eigene, eigens einstudierte Vorstellungen, in denen es erste Kräfte beschäftigt und für mustergültige Ausstattung sorgt“. Seit dem Ende der zwanziger Jahre wurden Klassiker und Weihnachtsmärchen immer stärker, vor allem von den Pädagogen, kritisiert. Die Diskussion blieb jedoch theoretisch und am Gegenstand des Märchens hatten. Erst kurz vor 1933 deutet sich eine durchgreifende Modernisierung in Stil und Inhalt (z.B. durch die Werke von Brecht, Weill, Hindemith, Dessau, Kästner, Forster) an. In dieser Zeit wurden auch in zahlreichen anderen Ländern neue K. gegründet: 1927

Kinder spielen Theater. Auf Daniel Chodowieckis (1726–1801) Illustration aus J. B. Basedows „Elementarwerk“ (1770–1774) spielen Kinder Lehrer und Schüler. J. B. Basedow zählt die Nachahmung zu den ersten Trieben des Menschen. Deshalb kommentiert er hier: „Der Trieb zur Nachahmung an einem kleinen Professor und seinen Zuhörern.“

Kinder spielen Theater.

das Scottish Children's Theatre durch B. WADDELL; 1929 in Paris das Théâtre de l'Oncle Sebastian von L. CHANCEREL; 1931 in Oslo das Skoletheatret; 1934 in Wien das Theater der Jugend, das zunächst nur eine Besucherorganisation darstellte, dann aber mehr und mehr zu Eigenproduktionen überging; 1935 gründete in Prag M. MELLANOVA eine Kinderbühne. 1945 wurde in Holland ein eigenes Ballett für Kinder (Scapino) gegründet, 1965 durch N. SAZ in Moskau das erste Opernhaus für Kinder. Gegenwärtig gibt es lebendige, stark mit der Schule verbundene K. vor allem in Holland, Dänemark, England und Jugoslawien. Die UdSSR, ČSSR und Polen haben zudem das Puppentheater stark entwickelt.

Das K. in Deutschland nach dem Zweiten Weltkrieg. Die sowjetische Besatzungszone, später die DDR, folgte wie die anderen Volksdemokratien nach 1945 sehr schnell dem sowjetischen Vorbild. Selbständige K. sind in Leipzig (gegr. 1946), Dresden (gegr. 1949), das „Theater der Freundschaft" in Berlin (gegr. 1950) und Halle (gegr. 1952). Daneben wurden Abteilungen an Erwachsenenbühnen eingerichtet. In den Westzonen dagegen gab es zwar mannigfache Ansätze, die aber den Mangel an geeigneten Autoren nicht überwinden konnten und häufig durch die Währungsreform wieder zerstört wurden (wie die Berliner „Bühne der Jugend", 1947–1950, und das „Münchner Märchentheater", 1946–1949). So kündigte C. M. WEINRICH das erste Münchner Theater der Jugend 1946 zwar an für „alle Lebensalter vom nicht schulpflichtigen Kind bis zum Studenten", muß aber nach der ersten Spielzeit einschränken: „Für Kinder wollen wir spielen, was ... wirklich kindgerecht ist. Daß wir es bislang noch nicht taten, ist nicht Vergessen unseres ursprünglichen Planes, sondern im Gegenteil verantwortungsvolles Zuwarten auf geeignete Stücke. Nichts liegt so sehr vernachlässigt und im Argen, wie das Märchenspiel" (vgl. LATURELL, S. 93). Das Theater mußte 1947 schließen, ohne ein einziges Kinder- oder Jugendstück gespielt zu haben. Erst den Städtischen Bühnen Nürnberg (seit 1948) und Dortmund (seit 1953) gelang die Einrichtung eines ständigen Theaters der Jugend. Nürnberg bot bis 1975 insgesamt 112 Inszenierungen, unterhält eine Arbeitsgemeinschaft Schule und Theater und veranstaltete die 1. Internationale Woche des Theaters der Jugend, weitere dann 1962, 1964, 1970, 1973; Dortmund brachte von 1953 bis 1975 100 Inszenierungen zustande. In Hamburg spielte zwischen 1954 und 1968 das „Junge Theater" vielfach Kinderstücke und arbeitete mit dem Schulbühnenausschuß zusammen. In Berlin besteht seit 1949 das „Theater der Schulen" als Besucherorganisation; es schickt vor allem Gymnasiasten einzeln oder in kleinen Gruppen zu den normalen Abendaufführungen, ursprünglich aus Furcht vor Disziplinschwierigkeiten nicht klassenweise.

Die Einrichtung eines K.s mit eigenem Ensemble gelingt als erstes in München (1953) durch S. JOBST unter dem Namen „Münchner Märchenbühne". Sie wurde von ihrem Gründer bis 1968 geleitet, dann in „Theater der Jugend" umbenannt, und mit den „Münchner Kammerspielen" verbunden. Hier fanden bis 1975 87 Inszenierungen und 1967 und 1971 „Internationale Wochen" statt.

Eine grundlegende Veränderung des bundesdeutschen K.s aber wurde erst 1966 von den Autoren des K.s im Berliner „Reichskabarett", später „Grips Theater", begonnen. Hinter diesem Projekt stand ein politisch-pädagogischer Anspruch, der – besonders unter dem Einfluß von V. LUDWIG – zu immer genauerer Darstellung der gegenwärtigen Realität von Kindern und Erwachsenen geführt hat. Gründungen weiterer selbständiger K. folgten: 1966 die „Berliner Kammerspiele" (fast 50 Inszenierungen bis 1976) und die „Münchner Märchen-Bühne"; 1968 das „Theater für Kinder" in Hamburg-Altona unter dem Einfluß von MÖBIUS (33 Inszenierungen bis 1976); 1969 das „Theater der Jugend" in Bonn; dann „Klecks" in Hamburg; „Rote Grütze", „Birne", „Hoffmanns Comic Teater" in Berlin; „Oppodeldok", „Off-Off-Theater" in München; „Ömmes und Oimel" in Remlingen; „Badische Kammerschauspiele".

Spohn/Hachfeld. Plakat zur Aufführung von „Mensch Mädchen!" im Grips-Theater Berlin.

In die weitere Öffentlichkeit drang die Idee eines neuen K.s durch M. SCHEDLERS in der Zeitschrift „Theater heute" (1969) publizierten „Sieben Thesen zum Theater für sehr junge Zuschauer", durch die K.-tagung in Marl (1970), das K.-festival und die Fachtagung der Akade-

Kindertheater. Szenenfoto aus „Kikerikiste“ von Paul Maar im Kellertheater „Katakombe“, Frankfurt 1975/76.

mie der Künste in Berlin (1971), ebenso durch weitere Tagungen, z. B. mehrfach in der Evangelischen Akademie Bad Segeberg (u. a. Deutsch-dänisches K.-treffen 1975), Autorentagung in Dortmund (1973), Interdrama Jugendtheaterfestival in Berlin (1974) und Experimenta Frankfurt (1975).
Ab 1970 zeigten sich auch deutlichere Auswirkungen der Arbeit in den selbständigen K.n auf die etablierten Erwachsenentheater. So empfahl der Deutsche Bühnenverein in einer Denkschrift (1971), den K.n mehr als bisher Aufmerksamkeit zu schenken. Insgesamt wuchs auf westdeutschen Bühnen die Zahl der K.-inszenierungen, das Repertoire modernisierte sich allerdings nur zögernd. Häufiger arbeiteten Theater mit neuen Autoren zusammen bzw. veranstalteten Autorenwettbewerbe.

Stücketypen des gegenwärtigen K.s. Mehrere nach Thematik und Aufführungsstil unterschiedliche Stükketypen lassen sich erkennen: Das Aufklärungstheater will eine möglichst genaue, digital benannte Einsichtnahme in gesellschaftliche Verhältnisse vermitteln und Anstöße zur politischen Kritik geben. Vorwiegend dem modernen Realismus verhaftet (z. B. bei V. LUDWIG), nutzt es neuerlich auch Märchenstoffe wie die Gruppe „Ömmes und Oimel“ in ihrem Stück „Der kleine Däumling“. – Das Aufregungstheater sucht ohne pädagogische oder künstlerische Bedenklichkeit vor allem Spaß und Bewegung, tendiert daher zu Show und Straßentheater, Zirkus, Clownerie, Happening, Animation. Es ist vor allem in England entwickelt, etwa in K. CAMPBELLS „Fazz und Zwoo“. – Das Bildertheater liefert Projektions- und Identifikationsmöglichkeiten in starken, analog benennenden, vor allem szenischen Bildern. Schönstes Beispiel dieses noch wenig vertretenen Typs ist „Gilgamesch und Engidu“ an der „Schaubühne“ in Berlin. Das Titeltheater setzt ohne besondere Ambitionen auf den Bekanntheitsgrad des Titels, dramatisiert daher meist verbreitete Märchen, aber auch Kinder- und Jugendbücher; es arbeitet mit einer Fülle

Kindertheater. Szenenfoto aus „Lazarillo oder Wie man Kaiser wird“ von Melchior Schedler im Theater am Turm (TAT), Frankfurt 1975/76.

Kindertheater. Szenenfoto aus „Ein Fest bei Papadakis“ von Volker Ludwig und Christian Sorge im TAT, Frankfurt 1975/76.

von auf die Vermarktung von Erfolgstexten spezialisierten Autoren und ist von den Aufführungszahlen her führend. Hier ist der, alte Kasper-Tradition aufgreifende, O. PREUSSLER mit seinen großen Hotzenplotz-Erfolgen zu nennen. – Das Mitspiel war schon im frühen sowjetischen K. als „Spielstück" vertreten. In England ist es sehr bekannt, entweder in Form des didaktisch genau durchgeplanten Typs (Bowsprit-Company, Leeds-Playhouse) oder des Happenings. In der BRD ist es noch selten. Ein geglücktes Beispiel ist das Sexualerziehungsstück „Darüber spricht man nicht" (Rote Grütze, Berlin). Noch keine überzeugenden Lösungen erbrachte bisher das von Kindern spontan produzierte und sofort festgehaltene Stück (Kinderautorenstück). Bei diesem Typ schreiben und spielen Erwachsene nach der Angabe von Kindern; ihr Einfluß dominiert jedoch sichtlich und verfälscht. Versuche finden sich bei C. DASTÉ mit dem K. „La Pomme verte" in St. Etienne und im „Teatro Stabile" in Turin mit „Die Stadt der Tiere". Wesentlich echter entwickelt sich das Kinderstück in der jeweiligen Schulklasse oder Kindergruppe; es ist dann jedoch kaum exportierbar.
Ab 1957 wurde in Frankreich die Bildung der ASSITEJ (Association Internationale du Théâtre pour l'Enfance et la Jeunesse) durch L. CHANCEREL vorbereitet. 1965 fand die offizielle Gründung der internationalen Vereinigung, 1966 die Gründung einer Sektion Bundesrepublik statt. Das Zentralarchiv des ASSITEJ-BRD befindet sich im Münchener Theatermuseum (Am Hofgarten). Ein Kinder- und Jugendtheaterarchiv besitzt die Pädagogische Hochschule in Berlin (Malteserstraße 100). Seit 1961 wird der „Brüder Grimm-Preis des Landes Berlin" für besondere Verdienste bei der Förderung des Kinder- und Jugendtheaters vergeben.

→Laienspiel, →Puppentheater, →Rollenspiel, →Schultheater

Sekundärliteratur: E. Baur: Theater für Kinder (1970). – W. Benjamin: Programm eines proletarischen Kindertheaters (in: W. Benjamin: Über Kinder, Jugend und Erziehung. [2]1969. 79–86). – J. Hass: Kindertheater und Theater für Kinder (in: G. Haas (Hrsg.): Kinder- und Jugendliteratur. 1974. 435–466). – Interaktions- und Theaterpädagogik. Schulspiel und Amateurtheater. Kinder- und Jugendtheater. Bibliographie II. Herausgegeben von der Studiogruppe der PH Berlin in Zusammenarbeit mit der Amerika-Gedenkbibliothek aus Anlaß des Theaterpädagogischen Kongresses (1973). – M. Klewitz (Hrsg. zus. mit H.-W. Nickel): Kindertheater und Interaktionspädagogik (1972). – V. D. Laturell: Theater und Jugend. Eine Zusammenstellung aus 500 Jahren Münchner Theatergeschichte (1970). – R. Nickel (Hrsg. zus. mit H.-W. Nickel): Spiel mit Kindern – Theater mit Kindern (1973). – N. Saz: Kinder im Theater. Erinnerungen (1966). – M. Schedler: Kindertheater. Geschichte, Modelle, Projekte (1972); (Hrsg.): Mannomann! Sechsmal exemplarisches Kindertheater (1973); Schlachtet die blauen Elefanten! Bemerkungen über das Kinderstück (1973). – Schulspiel und Amateurtheater. Interaktions- und Theaterpädagogik. Bibliographie I. Herausgegeben von der Studiogruppe der PH Berlin in Zusammenarbeit mit der Amerika-Gedenkbibliothek aus Anlaß der Musischen Wochen (1970).

Hans-Wolfgang Nickel

Kindertümlichkeit

(auch Kindtümlichkeit, Kindgemäßheit, Jugendtümlichkeit, Jugendgemäßheit). K. ist ein seit der Jahrhundertwende in der kunstpädagogischen Diskussion gebrauchter Begriff. K. – als Bezeichnung für eine Beurteilungskategorie von Kinder- und Jugendliteratur – bedeutete die Annahme, daß Texte für Kinder und Jugendliche nur dann geeignet seien, wenn sie nach Inhalt und Sprache dem jungen Menschen angepaßt bzw. nachempfunden sind.

Zur Geschichte und Bedeutung des Begriffs K. Der Ausdruck wurde zuerst von E. LINDE (1864–1943) in die literaturpädagogische Fachsprache eingeführt („Kunst und Erziehung", 1901). Im Gegensatz zu H. WOLGASTS Annahme einer in jedem Kind vorhandenen hohen künstlerischen Auffassungsgabe und demzufolge einer Erziehung zur ausschließlich literarisch-ästhetischen Genußfähigkeit verlangte E. LINDE eine kindertümliche Literatur, die wohl auch dichterischen Ansprüchen genügen, aber in Form und Gehalt dem noch naiven, jedoch eigenständigen geistigen Fassungsvermögen des jungen Lesers entsprechen müsse.
K. war zunächst ein Auswahlprinzip, das der Suche nach Literatur für die Jugend unter dem Gesichtspunkt „Dichtung vom Kinde aus" (W. LOTTIG) zugrunde gelegt werden sollte. Dabei wollte E. LINDE nicht nur Dichtung berücksichtigt wissen, die von Künstlern speziell für die Jugend geschaffen wurde, sondern er forderte das Recht, die „gesamte Literatur und Kunst nach Erzeugnissen durchforschen zu dürfen", um mit Hilfe eines Wertungskatalogs (fünf Grundsätze: reinfrisch; natürlich, schlicht, gesund; innig-herzenswarm; lebensfreudig; heiter-freundlich) „das Beste für unsere Kinder" herauszufinden. Literatur „vom Kinde aus" ist demnach nicht eingeengt auf die motivliche Verwendung des Kindes als Objekt der Darstellung (J. PRESTEL). Sie muß sich vielmehr ganz allgemein in Darstellungen erschöpfen, die dem Anschauungskreis und der Sprachkraft des Kindes angemessen sind. K. wurde unter der Wirkung von B. OTTOS Forderungen nach einer Literatur in Altersmundart mehr und mehr zum Gestaltungsprinzip eines neuen spezifischen Jugendschrifttums. „Kindertümlichkeit ist (nun) ernstgenommene und verantwortlich gesuchte menschliche Begegnung des Erwachsenen mit dem Kinde im Raum der Sprache, würdig des Erwachsenen und würdig des Kindes" (FR. PFEFFER). Kindertümlich gestalten dürfte demnach heißen: eine dem jeweiligen Lesealter gemäße Versprachlichung eines „Inhaltes" mit einer leicht überschaubaren Handlungsführung unter Berücksichtigung kindnaher ästhetischer Gestaltungsprinzipien (Spannung, Humor, Lautung) schaffen. Eine solche K. kann in einem „unspezifischen" literarischen Werk implizit gegeben sein, sie sollte bei einer spezifischen bzw. speziellen Gestaltung jedoch immer bedacht werden. K. erweist sich somit als Darstellungsperspektive. Jugendtümlichkeit wird manchmal in diesem Zusammenhang als Oberbegriff verwendet, bezieht aber meistens die herausgestellten Gesichtspunkte auf

das von der Entwicklungspsychologie konstatierte Jugendalter. Im Jugendalter ist die literarische Kompetenz größer, das Leseinteresse problemgeladener und das Erfahrungsbedürfnis intensiver. Literarische Gestaltung für Vierzehnjährige und ältere verlangt deshalb gewiß eine besondere Einstellung des Autors auf deren Mentalität. Wer „kindertümlich" schreiben kann, braucht sich deshalb noch lange nicht auf „Jugendtümlichkeit" zu verstehen. Auch das umgekehrte Verhältnis zeigt sich oft. Man neigt dazu, „vom Geheimnis der Kindertümlichkeit" zu sprechen und bringt dies in Beziehung zu einer „spezifisch dichterischen Potenz, über die nur eine genuin produktive Persönlichkeit verfügt" (G. Sichelschmidt). Diese werde sich dann als „ein instinktsicherer sprachlicher Gestalter" zeigen.

Kritik an der K. Weder der Begriff K. noch der der Jugendtümlichkeit, trotz ihrer im Zuge der Auswirkungen der Kunsterziehungs- und Jugendschriftenbewegung weiten Verwendung, ist jemals exakt gefaßt worden. H. Wolgast hat, obwohl E. Linde gegen ihn auftrat, ab der 3. Auflage seines Hauptwerkes den Begriff K. zwar aufgegriffen, ihn aber als Formulierung bezeichnet, welche „mit künstlerischem Empfinden und pädagogischer Einsicht" (7. Aufl. 1950. S. 252) verstanden werden müsse. Der Ausdruck ist auch deshalb ungenau, weil es weder eine geschlossene „Kindheit" noch eine geschlossene „Jugend" gibt. Die neuere Jugendliteraturtheorie, wenn sie sich der Frage nach den Eigentümlichkeiten der Kinder- und Jugendliteratur nähert, kommt deshalb fast ohne diesen Begriff aus (vgl. K. W. Peukert, a.a.O.). Die Unschärfe, Mehrdeutigkeit und bildungsgeschichtliche Abhängigkeit des Begriffs K., der in seiner Verwirklichung in extremen Fällen zu Infantilismen und zu einer längst überwunden vermeinten Kindertümelei zu führen vermag, haben seit etwa den sechziger Jahren kritische Gegenstimmen laut werden lassen. R. Geissler hält Kind- und Jugendtümlichkeit für eine Denkform aus einer vergangenen Welt: die altersmäßige Darstellungsperspektive verbaue den auf Zukunft gerichteten Horizont des jungen Menschen und verhindere Entwicklungsschübe und erzieherisch ungelenkte Wirklichkeitserfahrungen. R. Geissler will die Identifikationsästhetik eingeschränkt wissen zugunsten einer antizipierenden Projektions- bzw. Transzendierungsperspektive, die auf die extreme Forderung nach einer literarischen Verfrühung hinausläuft. Schärfer ideologisch zugespitzt äußert sich D. Richter zu dem fraglichen Sachverhalt, indem er die Darstellungsperspektive der K. mit inhaltlichen Regressionen eines kapitalistischen Spätbürgertums gekoppelt sieht, die ein utopisches, widerspruchsloses Kinderland schaffe, das wiederum ein falsches Bewußtsein von der gesellschaftlichen Wirklichkeit hervorrufe. Dabei verkennt D. Richter aber nicht den offensichtlichen Antagonismus zwischen einer immer wieder feststellbaren faszinativen Wirkung von Büchern aus einer status-quo-Kinderwelt und den häufig langweiligen Produkten, die der „objektiven Wirklichkeit" gesellschaftlicher Verhältnisse zu entsprechen suchen. Auch M. Dahrendorf hält das Kriterium einer variablen Phasengemäßheit, die den Tatbestand der Kind- und Jugendgemäßheit zu differenzieren suche, für ein bildungsgeschichtliches Relikt, das den jeweiligen gesellschaftlichen Ansprüchen und Erwartungen nicht (mehr) gerecht werde.
Ob ein Lesestoff tatsächlich „kindertümlich" ist, wird sich letztlich in der Lesewirkung zeigen. Die Vorentscheidungen erwachsener Beurteiler bleiben immer ein Wagnis.

→ Jugendschriftenbewegung, → Kunsterziehungsbewegung, → E. Linde, → H. Wolgast

Sekundärliteratur: M. Dahrendorf: Zur Situation der Jugendbuchkritik heute (in: Westermanns Pädagogische Beiträge. 24. 1972. 365–376). – R. Geißler: Kritische Bemerkungen zu einer verbreiteten Ansicht über die „Kind- und Jugendgemäßheit" von Lesestoffen (in: Pädagogische Rundschau. 20. 1966. 759–766). – Fr. Lichtenberger: Der neue Weg der deutschen Jugendschrift (1930). – K. W. Peukert: Zur Anthropologie des Kinderbuches (in: G. Haas (Hrsg.): Kinder- und Jugendliteratur. 1974. 79–97). – Fr. Pfeffer: Über kindeseigene und kindertümliche Sprachgestaltung (in: Das gute Jugendbuch. 1956. 1. 3–9). – J. Prestel: Dichtung und Lektüre in der grundlegenden Volksbildung (in: Handbuch der Erziehungswissenschaft. Teil 4. Bd. 2. 237–292). – D. Richter: Kinderbuch und politische Erziehung (in: D. Richter (Hrsg. zus. mit J. Vogt): Die heimlichen Erzieher. 1974. 31–63). – G. Sichelschmidt: Vom Geheimnis der Kindertümlichkeit (in: Das Gute Jugendbuch. 1960. 3. 9–12). – B. Weisgerber: Die Sprache im Jugendbuch (in: Das Gute Jugendbuch. 16. 1966. 1. 1–16).

Hermann Bertlein

Kipling, Joseph Rudyard

*Journalist, Schriftsteller; *30.12.1865 Bombay, † 18.1.1936 London.*

K. verbrachte die frühe Kindheit in Bombay, wo sein Vater Leiter einer Werkkunstschule war. 1871 wurde K. zur Erziehung nach England gegeben. Wichtige Schuljahre verbrachte er ab 1878 im United Services College, Westward Ho in Devonshire. Die Sammlung von Schulgeschichten „Stalky & Co" (1899) spielt hier. 1882 ging K. nach Indien zurück. Er arbeitete und schrieb Kurzgeschichten für Zeitungen in Lahore und Allahabad. K. kam schnell zu literarischem Ansehen, als er 1889 über Japan und Amerika nach London zurückgekehrt war. Es folgten neue große Reisen, Heirat (1892) und Jahre in Vermont. Ab 1896 bis zu seinem Tode lebte K. mit seiner Familie in Burwash (Sussex) in Südengland. K. wurde 1897 in den Londoner Athenäum-Club gewählt; 1907 erhielt er den Nobelpreis für Literatur, 1926 die Goldmedaille der Royal Society of Literature. 1933 wurde K. in die Académie des Sciences et Politique aufgenommen. K.s Autobiographie „Something of Myself" (1937) ist unentbehrliche Informationsquelle für Leben, Werk und künstlerisches Selbstverständnis.

Werk, Tendenzen, Wirkung. K. ist ohne Zweifel einer der großen Meister der englischen Kurzgeschichte. K.

ist Impressionist, der vor allem die Oberfläche der Dinge erfaßt; Farben, Geräusche, Gerüche, Textur, Bewegungen. Personen werden zunächst in ihrer äußeren Erscheinung vorgestellt, Charakter wird in Handlung und in Sprache (stilisierter Dialekt, Fachjargon, Archaismen) offenbar.

Unabhängig von der ursprünglichen Intention sind K.s Bücher über Kinder auch Bücher für Kinder geworden, selbst wenn in ihnen die jugendliche Erlebniswelt mit den Augen und dem Abstand der Erwachsenen gesehen wird.

K.s Wertwelt ist in seinen Büchern über Kinder eng mit seinen Vorstellungen vom Kind verknüpft. Er hat die in der englischen Romantik (Blake, Wordsworth) entwickelte, noch im Viktorianismus (Dickens, Kingsley, MacDonald) geltende Opposition zwischen Unschuld und Erfahrung überwunden. Das Böse, das Zerstörerische, das Grausame lernen K.s Kindergestalten von früh an als wirkende Kräfte in und um sich kennen. Durch heroische Tugenden (wie Selbstdisziplin, Opferbereitschaft, mühevolle Arbeit, Hingabe an eine Sache, Selbstverleugnung, Treue und Freundschaft, aber auch schlaues Taktieren) werden Jungen zu Männern (Harvey in „Captains Courageous" und Kim). Die beiden Erzählbände, durch die K. international am bekanntesten wurde, sind „The Jungle Book" (1894; dt. Im Dschungel. 1898) und „The Second Jungle Book" (1895; dt. Das neue Dschungelbuch, 1899). Es sind Geschichtensammlungen, in denen sich die einzelne Geschichte nur locker um ein Thema oder eine Zentralfigur lagert. Balladeske Gedichte werden eingestreut. Dies ist ein beliebtes K.sches Ordnungschema. Berühmt wurden die Mowgli-Geschichten, in denen episodenhaft Mowglis Schicksal von seiner Aufnahme durch das Wolfsrudel im Dschungel bis zu seiner Rückkehr zu den Menschen geschildert wird. Bei K. wird das Wolfskind Mowgli der Natur aufs äußerste angenähert, ohne daß Mowgli seinen Herrschaftsanspruch über sie aufgäbe (Er zwingt die Tiere allein mit seinem Blick zum Gehorsam. Er hat Macht über das Feuer.). Andererseits spiegeln sich in den Dschungeltieren vitale Möglichkeiten der Menschennatur. Gebändigt wird diese biologische Vitalität durch die Verpflichtung auf die Gesetze des Dschungels. Hinter der Fassade einer exotischen Dschungelwelt verbirgt sich auch K.s Modell menschlichen Gemeinwesens. Die Regeln dieses Miteinanders werden bestimmt durch das Denken innerhalb der Endphase des viktorianischen Imperialismus. Der Kodex männlicher Kampfentschlossenheit, der Führungsanspruch einer Elite innerhalb einer streng hierarchisch geordneten, aber in dieser Ordnung ständig bedrohten Welt, das unbedingte Gehorsamsgebot, die prinzipielle Form der Auseinandersetzung im Lebensdschungel als Jagen und Gejagtwerden, die Rechtfertigung von Haß und Rache – das alles sind heute kaum noch nachvollziehbare Verhaltensmuster.

Die Dschungelbücher galten lange als „klassische" Jugendbücher. Neuerdings muß festgestellt werden, daß sie in England wohl nur noch deshalb gelesen werden, weil sie als Pflichtlektüre auf den Leselisten von Colleges und Pfadfindern stehen (Gross, a. a. O.). „Captains Courageous" (1897; dt. Brave Seeleute, 1902) ist eine Erzählung von den amerikanischen Fischern der Neufundlandbank. Wider Willen gerät der verhätschelte fünfzehnjährige Millionärssohn Harvey auf ein Fischerboot. In der harten Schule der Fischer wird er während einer Fangsaison zum jungen Mann, der nicht nur einen schweren Beruf erlernt hat, sondern auch zur Selbstbestimmung reif geworden ist. „Stalky & Co" (1899; dt. Lange Latte und Genossen, 1909) ist eine Sammlung von Schulgeschichten, bei denen sich K. auf seine Erinnerungen und die seines einstigen Schuldirektors C. Price aus der gemeinsamen Zeit am United Services College stützte. K. wurde mit diesem Beitrag zur traditionsreichen englischen Schulgeschichte zugleich zum Begründer ihrer realistischen Spielart, die sich primär an den erwachsenen Leser richtet.

„Kim" (1901; dt. Kim, 1908) ist eine Abenteuergeschichte mit tieferer Bedeutung. Der junge Anglo-Inder Kim wird in zwei völlig verschiedene Welten eingeführt: in die eines tibetanischen Lamas und in die Welt der politischen Machtkämpfe. Dem Lama wird Kim Freund, Schüler und Begleiter auf seiner mystischen Suche nach Erkenntnis und Erlösung vom „Rad der Dinge". Gleichzeitig sind Kims Vertrautheit mit den Eingeborenen, seine physische Konstitution und geistige Gewitztheit die Eigenschaften, die ihn zum idealen Agenten für den Secret Service werden lassen. Auf der realistischen Ebene des Buches geben die innerindischen Spannungen nach der Indian Mutiny (1857) den politischen Hintergrund ab. K.s repräsentative Figuren

Rudyard Kipling (1865–1936). Eigenhändige Illustration zur ersten Ausgabe seines Buches „Just So Stories" (1902).

schaffen jedoch durch ihre Idealisierung und Mythisierung eine schillernde Ambivalenz, durch die die scheinbar gegensätzlichen Welten wieder verbunden werden. Die „Just So Stories“ (1902; dt. Nur so Märchen für kleine Kinder, 1903) wurden für die älteste und früh verstorbene Tochter Josephine begonnen. Es sind ein Dutzend „Warum“-Geschichten. Voll Phantasie und unbekümmertem Nonsense erklären sie, wie der Elefant seinen Rüssel, das Kamel seinen Höcker oder der Tiger sein geflecktes Fell bekam; oder wie das Alphabet erfunden wurde. Die Kritik hat K. gelegentlich angekreidet, daß er als Erzähler etwas von oben herab zu seinen jungen Lesern spräche. Jüngste Umfragen bei englischen Jugendbibliotheken belegen jedoch, daß gerade dieses Buch das einzige von K. ist, das noch heute von Kindern spontan verlangt wird. K. hat es selbst illustriert.

„Puck of Pook's Hill“ (1906; dt. Puck, 1912) und „Rewards and Fairies“ (1910) sind Sammlungen historischer Kurzgeschichten mit einem starken nationalen Akzent. Den Kindern Una und Dan, hinter denen sich K.s eigene Kinder verbergen, erscheint im sommerlichen Sussex der alte englische Kobold Puck (Rahmenerzählung). Mit sich bringt er jeweils eine historische Gestalt, die dann ihre Geschichte erzählt (Binnenerzählung).

Mit Ausnahme von „Rewards and Fairies“ wurden alle genannten Bücher K.s ins Deutsche übersetzt und fanden beim deutschsprachigen Publikum begeisterte Aufnahme. In Neuübersetzungen und neuerdings auch als Taschenbuch- und Buchklubausgaben finden sich K.s Schriften bis heute im Angebot deutschsprachiger Verlage.

Nach K.s Tod ist der Streit um die politischen (imperialistischen) Anschauungen des Erfolgsautors insofern abgeklungen, als sie unleugbar als gegeben angenommen und kritisch-abwägend berücksichtigt werden müssen. Zahlreiche Erzählungen K.s wurden, zum Teil mehrmals, verfilmt („The Jungle Book“, 1942, als Walt Disney-Zeichentrickfilm 1967; „Elephant Boy“, frei nach der Dschungelbucherzählung „Toomai of the Elephants“, 1937; „Captains Courageous“, 1937; „Kim“, 1950). Die vielfachen K.-Verfilmungen wurden von P. French (in: Gross, a. a. O.) im Hinblick auf ihre meist mäßige künstlerische Qualität und häufig dubiose politisch-propagandistische Intention kritisch durchleuchtet.

→ Großbritannien und Nordirland

Werke: The Jungle Book (1894; dt. Im Dschungel, 1898); The Second Jungle Book (1895; dt. Das neue Dschungelbuch, 1899); Captains Courageous (1897; dt. Brave Seeleute, 1902); Stalky & Co (1899; dt. Lange Latte und Genossen, 1909); Kim (1901; dt. Kim, 1908); Just So Stories (1902, dt. Nur so Märchen für kleine Kinder, 1903); Puck of Pook's Hill (1906; dt. Puck, 1912); Rewards and Fairies (1910).

Sekundärliteratur: Ch. E. Carrington: R. Kipling: his life and work (1955). – R. L. Green: Kipling and the children (1965). – J. Gross (Hrsg.): R. Kipling: the man, his work and his world (1972). – J. R. Kipling: Something of Myself (1937; dt. Erinnerungen, 1938). – J. I. M. Stewart: R. Kipling (1966). – R. Sutcliff: R. Kipling (in: Bodley Head Monographs. 1960. 67–109). – J. M. S. Tomkins: The art of R. Kipling ([2]1965).

Wolfgang Schlegelmilch

Kirchberg, Ursula

*Grafikerin, Illustratorin; *6. 5. 1938 Hamburg.*

K. war nach der Mittleren Reife zunächst im Uhrenhandel tätig. Der erste Preis in einem Modewettbewerb fiel ihr noch vor ihrer Ausbildung an der Werkkunstschule in Hamburg bei W. B. Busch (Aktzeichnen und Illustration) zu. Nach kurzem Studienaufenthalt in Amsterdam richtete sie sich in Hamburg ein eigenes Atelier ein. Außer Romanen, einer Reiseführerserie für Kinder und Buchumschlägen gestaltet sie Bilderbücher. 1968 und 1969 standen „Die alte Linde Gundula“ (1967) und „Isidor und Adebar“ (1968) – die Texte stammen von L. Leher – auf den Auswahllisten zum Deutschen Jugenbuchpreis. 1971 wurde sie in Bologna im Rahmen des Premio Critici in Erba für das Bilderbuch „Dagobert“ (1970) ausgezeichnet. K. ist mit dem Schriftsteller U. Friesel (*1939) verheiratet.

Werk, Tendenzen, Wirkung. Die Bilder von K. zeichnen sich bei unterschiedlichen, zum Teil gemischten Techniken durch hohe Farbintensität aus, die in einzelnen Bilderbüchern (z. B. Isidor und Adebar; Der kleine Häwelmann, 1970) an Werke der Fauves oder an Aquarelle von E. Nolde erinnern. Teils mit Feder und Buntstift (z. B. Klein Trulsas Geheimnis, 1965; Text von E. Ringnér-Lundgren), teils mit Seidenpapier in Reißtechnik (z. B. Die alte Linde Gundula), mit leuchtender Wachskreide (z. B. Die Wolkenfähre, 1969; Text von E. Heinold), mit dem Pinsel und in Kollagetechnik (z. B. Onkel Ede hat einen Schnurrbart, 1971; Text von B. Brecht) illustriert sie Märchen und auch phantastische Geschichten, Verse und textlose Umweltepisoden (Dagobert; Max und sein Fußball, 1974). K. hat einen Blick für das scheinbar Unscheinbare, das allzu Selbstverständliche und komponiert daraus die Episoden ihrer Bildergeschichten: freundlich moralisierend in „Die alte Linde Gundula“, an deren Beispiel aufgezeigt wird, daß umweltfreundliches Verhalten auch gegenüber einer prächtigen Linde sinnvoller ist als „nur“ zweckgerichtete, verkehrstechnische Überlegungen; oder traumhaft-poetisch in „Die Wolkenfähre“, einer Fabuliergeschichte von der Reise einer Wolke, die an D. Blechs Illustrationen zu „Und oben schwimmt die Sonne davon“ (1965) erinnern. Unauffälliges soziales Engagement einerseits und eine Farbgebung, die von hauchzarten Tönen bis zur großflächigen, plakativen Gestaltung reicht, sind für K. besonders kennzeichnend.

Werke: J. W. F. W. Buning: Jakob der Beißer (1963); Im Märchenland (1964); B. Götz: Peter und die Traumkiste (1964); B. Götz: Irgendetwas stimmt hier nicht (1964); D. von Gersdorff: Annett und Peter Pumpernickel (1964); B. Götz: Tom, Hill und Kasimir (1965); B. Björk (d. i. E. Ringnér

Ursula Kirchberg (1938). Illustration zum Bilderbuch „Onkel Ede hat einen Schnurrbart" (1971). Die Texte sind Kinderlieder von Bertolt Brecht.*

Lundgren): Alexander, der Ziegenbock (1965); E. Ringnér-Lundgren: Klein Trulsas Geheimnis (1965); L. Leher: Die alte Linde Gundula (1967); L. Leher: Isidor und Adebar (1968); M. Gripe: Hugo und Josefine (1968); E. Heinold: Die Wolkenfähre (1969); E. Frogner: 5 fröhliche Kinder (1969); R. Manning-Sanders: Von lustigen und gescheiten Tieren (1969); M. Gripe: Hugo (1969); B. Bartos-Höppner: Schnüpperle (1969); Th. Storm: Der kleine Häwelmann (1970); U. Kirchberg: Dagobert (1970, ³1974); B. Brecht: Onkel Ede hat einen Schnurrbart (1971); B. Bartos-Höppner: Ferien mit Schnüpperle (1972); G. Schneider: Herr Melone und seine Tiere (1972); E. Lear: Die Geschichte der 7 Familien vom Pippel-Poppel-See (1973); U. Kirchberg: Max und sein Fußball (1974).

Ulrich Hann

Kirkegaard, Ole Lund

*Dänischer Lehrer, Kinderbuchautor, Illustrator; * 29. 7. 1940 Aarhus.*

K. ist seit 1965 Oberlehrer an einer kleinen Dorfschule in Jütland; zusätzlich arbeitet er als Bühnenbildner und Regisseur eigener kleiner Stücke mit Laientheatergruppen, außerdem modelliert er. Durch die Beteiligung an einem Wettbewerb kam er 1966 zum Schreiben. Seither hat er sechs Kinderbücher und verschiedene kleine Geschichten geschrieben und illustriert. Nachdem er 1968 den dänischen Kinderbuchpreis und 1970 den Søren Gyldendal-Preis sowie weitere Auszeichnungen im Ausland erhalten hat, wird er zu den bekanntesten und erfolgreichsten dänischen Kinderbuchautoren gezählt.

Werk, Tendenzen, Wirkung. K.s Werk zeichnet sich durch unbefangene Kinderliebe, offene Herzlichkeit und das Wissen um die Denkweise und Ausdrucksform der Kinder aus. Die Bücher sind durch und durch vergnügt, witzig und voller verrückter Einfälle, aber niemals albern. Realistische Einzelbegebenheiten und Erlebnisse von Kindern sind teilweise in phantastische Handlungszüge eingebettet. Für die kindlichen Leser ist es einfach, sich in die in abenteuerlicher Atmosphäre angesiedelten Geschichten hineinzuversetzen und sich mit den dargestellten frechen, kleinen Helden – die übrigens immer männlichen Geschlechts sind – zu identifizieren und ihre Streiche und Pfiffigkeiten nachzuvollziehen. Als Orte der Handlung wählt K. Plätze, an denen Kinder sich wohlfühlen und tummeln können (alte verlassene Häuser, winkelige Gassen, Zirkusbuden, Windmühlen, u.ä.). K.s Sprache entspricht dem kindlichen Verständnis, sie ist durch knappe Sätze und straffe Dialogführung gekennzeichnet. K. illustriert seine Bücher selbst. Zu den in einfacher Sprache gehaltenen Texten bilden die kraftvollen, humoristischen Schwarz-Weiß-Zeichnungen anregende Ergänzungen. K.s Geschichten werden vorwiegend von Kindern vom ersten Lesealter an bis zu 10 Jahren gelesen und eignen sich mit den jeweils kurzen Einzelkapiteln gut zum Vorlesen für Kleinere. Sie sind bereits in 15 Ländern erschienen.

Werke: Lille Virgil (1967; dt. Der kleine Virgil , 1972); Albert (1968; dt. Albert und der große Rapollo, 1973); Orla Frø-Snapper (1969; dt. Orla Froschfresser, 1974); Hodja fra Pjort (1970; dt. Hodja im Orient, 1974); Otto er et næsehorn (1972; dt. Otto ist ein Nashorn, 1973); Gummi-Tarzan (1975; dt. Gummi-Tarzan, 1976).

Sekundärliteratur: O. L. Kirkegaard: Schreiben und Illustrieren (in: Oetinger Almanach. 11. 1973. 71–73).

Lioba Betten

Kirsch, Dietrich
Kirsch-Korn, Jutta

*Kirsch, Dietrich. *3.12.1924 Bunzlau/Schlesien; Kirsch-Korn, Jutta. *25.11.1931 Ludwigshafen/Rh. Kinder- und Jugendbuchautoren, Illustratoren, Buchgrafiker und Herausgeber.*

D. K. studierte an der Bremer Kunstschule zunächst Bildhauerei, später an der Werkakademie Kassel Malerei, Grafik und Buchgestaltung. Er legte die Gesellenprüfung als Buchbinder ab. 1952–1953 studierte er Philologie. Seitdem ist er als freischaffender Maler und Grafiker tätig. Zeichnungen und Skizzen, die er während längerer Aufenthalte in Skandinavien und Iberien machte, sind als Illustrationen zu den von H.-Chr. Kirsch (*1934) herausgegebenen Reiseberichten junger Leute „Unterwegs in Europa" (1960) verwendet worden. Seit 1959 arbeitet er für Jugendbuch- und Belletristikverlage. – J. K.-K. arbeitete nach dem Grafikstudium an der Werkkunstschule Krefeld in Werbeagenturen, einer Druckerei und einem Zeitungsverlag mit. Seit 1960 ist sie freischaffend als Illustratorin und Buchgestalterin für Kinder- und Jugendbuch- sowie Belletristikverlage tätig. – Seit 1960 arbeitet das Ehepaar zusammen als Autoren von Beschäftigungsbüchern für Kinder und Erwachsene sowie von Jugendsachbüchern, als Herausgeber der Jugensachbuchreihe „Information heute" und als Buchausstatter. Außerdem arbeiten sie ständig bei Kinder- und Jugendzeitschriften mit. Mehrere ihrer Bücher wurden in die Auswahlliste zum „Deutschen Jugendbuchpreis" und in den Katalog der „Schönsten deutschen Bücher" aufgenommen. Heute leben beide in Waldburg bei Ravensburg.

Werk, Tendenzen, Wirkung. Während bei den frühen Illustrationen D. K.s, z. B. den kantigen, mit Hilfe von kräftigen Schwarzweißkontrasten und gestaffelten Bildkomponenten räumliche Tiefe schaffenden Linolschnitten zu „Die sieben Brüder" (1961; Text von A. Kivi) oder den „Sizilianischen Märchen" (1962) aus der Sammlung von I. Calvino (*1923) die stark plastischen Elemente auffallen, bevorzugt J. K.-K. – besonders bei Illustrationen zu märchenhaften Themen – weichere, zum Teil verspielte oder der Pop-Art angelehnte, flächenhafte Formelemente (vgl. J. Lepman: Der verhaftete Papagei, 1963; H. Chr. Andersen: Märchen, 1966; J. u. W. Grimm: Rumpelstilzchen, 1971 u. a.). Charakteristisch für beide sind genaue, häufig mit der Feder gezeichnete Konturen und eine optimistisch aufgehellte Farbpalette, nicht unähnlich den grafischen Mitteln, die das Lemke-Pricken-Team nutzt.

Ein Großteil der gemeinsamen Arbeiten sind einerseits als Reaktion auf die Wissensexplosion der letzten Jahrzehnte zu verstehen, andererseits als Antworten auf die Fragen, die sich Kindern und Erwachsenen mit zunehmender Freizeit stellen. Von dieser Einsicht her lassen sich die Bücher und Spielangebote in drei Hauptbereiche untergliedern: 1. Kinderbeschäftigungsbücher, die von den Machern als „Miteinander-Aktionsbücher" verstanden sein wollen, also als Möglichkeit der Kommunikation, des Gesprächs, der Regelklärung, der unterhaltsamen Kontaktnahme, bei der Lernprozesse eher indirekt einfließen. Beispiele hierfür sind „Spiel & Spaß mit meinen Autos" (1969), „Schreibst Du mir?" (1973), „Gib mir mal die Hand ..." (1974). 2. Spiele in Kinder- und Jugendzeitschriften zielen gleichfalls auf Kontaktnahme und menschliche Beziehungen ab. Gleichzeitig wollen sie Beobachtungsgabe und Merkfähigkeit, kognitive Möglichkeiten der Mitspieler trainieren und verstärken. 3. Jugendsachbuchreihe „Information heute". Hier wird, von den Einsichten der modernen Lerntheorie ausgehend, der Hauptakzent auf ein vielfältiges, aktuelles Konzept gelegt, bei dem die Information mit Hilfe von Fotos, Grafiken, Schaltbildern, technischen Zeichnungen und schematischen Darstellungen gegenüber der verbalen Unterrichtung dominiert. Visuelles Lernen kann sich dabei auch auf die neuen Einsichten von der gewandelten, verbesserten Wahrnehmung der Kinder und Jugendlichen durch die Bildmedien Werbung, Fernsehen, Illustriertenpresse stützen. Für den Vermittler bedeutet dieses aktuelle Buchkonzept, sich einen umfassenden Kenntnisstand über die erweiterten Möglichkeiten bildlich-textlicher Sachinformation zu erarbeiten. Daher stellt der Verlag für den Einsatz im Unterricht für jeden Band ein „Arbeitsheft für den Lehrer" (Text: H. Ossowski) zur Verfügung. In „Information heute" wird nicht nur eine kulinarische Oberflächenstruktur interessanter Bildballungen erreicht, sondern durch die enge Verbindung der optischen Auskünfte, verknüpft durch knappe Kommentare und kurzgefaßte Bildlegenden, sollen Prozesse und Entwicklungen durchschaubar gemacht werden. Bücher dieser Art zielen darauf ab, Interessen zu wecken, vorhandene Neigungen zu bekräftigen und mit Bild-Text-Informationen zu festigen. Bislang liegen sechs Bände vor. Zu „Bahnhof" (1970) und „Seehafen" (1973) hat das Kirsch-Korn-Team zusammen mit S. Korn auch den Text und die Fotos geliefert.

Dietrich Kirsch
Werke: H.-Chr. Kirsch (Hrsg.): Unterwegs durch Europa (1960); A. Kivi: Die sieben Brüder (1961); D. Kirsch: Fischeimer (1962); I. Calvino: Sizilianische Märchen (1962); M. B. Stiles: Das seltsame Haus von Newburyport (1967).

Jutta Kirsch-Korn
Werke: J. Lepman: Der verhaftete Papagei (1963); E. Tümmel (Hrsg.): Neue Rätselstiege (1965); H. Chr. Andersen: Märchen

(1966); H.-E. Hellberg: Nur Mut, Micha! (1966); J. Lepman: Vogellinchen (1967); J. Metzger (Hrsg.): Das kleine Liederkarussell (1968); K. H. Gies: Trix Knöpfchen und Hein Hölzchen (1968); H. M. Denneborg: Denneborgs Kasperleschule (1968; zus. mit S. Korn); J. u. W. Grimm: Rumpelstilzchen (1971); J. u. W. Grimm: Die drei Brüder (1971); J. u. W. Grimm: Frau Holle (1972).

Dietrich Kirsch und Jutta Kirsch-Korn
Werke: D. Kirsch u. J. Kirsch-Korn: Puppenhaus – gebaut + eingerichtet (1968; zus. mit S. Korn); D. Kirsch u. J. Kirsch-Korn: Blumen aus Papier und Perlen (1968); D. Kirsch u. J. Kirsch-Korn: Spiel & Spaß mit meinen Autos (1969); D. Kirsch u. J. Kirsch-Korn: Bahnhof (1970, ²1973; zus. mit S. Korn); D. Kirsch u. J. Kirsch-Korn: Kunterbuntes Bastelbuch (1970); D. Kirsch u. J. Kirsch-Korn: Kunterbuntes Kindermagazin (1972); D. Kirsch u. J. Kirsch-Korn: Schreibst Du mir? (1973); D. Kirsch u. J. Kirsch-Korn: Seehafen (1973; zus. mit S. Korn); D. Kirsch u. J. Kirsch-Korn: Gib mir mal die Hand (1974); E. Saucke (Hrsg.): Was sagst Du dazu? (1974); D. Jannausch: Leselöwen (1975); D. Kirsch u. J. Kirsch-Korn: Kunterbuntes Tiermagazin (1976).
Hrsg.: Information heute (Bd. 1–6. 1970–1974).

Sekundärliteratur: E. Scheffler: Hinweise zu der Jugendbuchreihe Information heute (in: Bulletin Jugend & Literatur. 5. 1974. 22–24).

Horst Künnemann

Kirsch, Hans-Christian → Fr. Hetmann

Kitsch

K. ist die abwertende Bezeichnung für eine sentimentale, mit schlichten, aber aufwendigen Mitteln die Wirklichkeit beschönigende Kunst. Eine zureichende Definition gibt es bislang nicht; die Wortherkunft ist ungeklärt (vielleicht vom engl. sketch oder keech = Fettfleck; vom russ. kischiza = sich für mehr ausgeben als man ist; vom ital. chigi = römische Villa mit sinnfrohen Malereien Raffaels; von deutsch/mundartlich kitschen = zusammenscharren, -schustern). Inhaltlich dürften die Ausdrücke K., Schund und Triviales eng verwandt, bzw. teilweise deckungsgleich sein. K. ist in allen Bereichen der künstlerischen Produktion, in Musik, Literatur und Bildender Kunst, und in verschiedenen Spielarten, z.B. als patriotischer, religiöser, pathetischer oder sentimentaler K., auch in der Kinder- und Jugendliteratur, anzutreffen.

Der Begriff K. soll am Ende des 19. Jahrhunderts in Münchens Schwabinger Künstlerkreisen entstanden sein. Er wurde später in die Kunst- und Literaturpädagogik übernommen – H. Wolgast scheint ihn noch nicht zu kennen –, diente als Bezeichnung und Verurteilung für alle „trivialen“ Kunsterzeugnisse, welche den pädagogisch-ästhetischen Normvorstellungen der Reformer nicht entsprachen und ihnen zur Geschmacksbildung ungeeignet, ja gefährlich erschienen. „Kitsch“ diente und dient noch als Instrument der Abqualifizierung. Eine abweichende Position bezog schon 1934 E. Ackerknecht (1880–1960), der den K. als „kulturellen Übergangswert“ ansah (Druckveröffentlichung war erst nach dem Ende des Dritten Reichs möglich: „Der Kitsch als kultureller Übergangswert“, 1950). Heute muß im Zuge soziologisch bestimmter Betrachtung literarischer und künstlerischer Massenphänomene der K. als eine von der industriellen Massengesellschaft und ihren ökonomischen Bedingungen hervorgebrachte und auf die Befriedigung von zum Teil verdrängten Bedürfnissen ihrer Rezipienten – auch der noch jugendlichen – ausgerichtete Erscheinung angesehen werden, deren Existenz und Funktion als eskapistische Ersatzwelt nicht durch pädagogische Negierung oder Verunglimpfung eingedämmt oder gar beseitigt wird. Allenfalls kann durch Aufklärung über die in K. vorhandenen Diskrepanzen zwischen Realität und Illusion im jugendlichen Rezipienten ein distanzierteres Bewußtsein erzeugt werden.
Obwohl behauptet wird, K. sei eine durch die kapitalistische Wirtschaftsordnung hervorgerufene Erscheinung westlicher industrieller Massenkultur, ist jedoch K. – nach A. Cl. Baumgärtner „die gewissermaßen rosafarbene Spezies“, welche ein „sorgfältig geglättetes, süßliches“ Bild von der Welt vermittele („Jugendgefährdung durch Literatur?“, in: Bericht der Jubiläumstagung des Deutschen Jugendschriftenwerks, Frankfurt 1966. S. 130) – auch in Werken der Kinder- und Jugendliteratur in den sozialistischen Ländern anzutreffen.

→ E. Ackerknecht, → Beurteilung von Kinder- und Jugendbüchern, → Jugendschriftenbewegung, → Jugendschriftenverzeichnis, → Jungleserpsychologie, → Junglesersoziologie, → Kindertümlichkeit, → Kriegsromanhefte, → Kritik der Kinder- und Jugendliteratur, → Kunsterziehungsbewegung, → Leseheftreihe, → Rezensionswesen in der Kinder- und Jugendliteratur, → Schmutz- und Schundliteratur, → Trivialliteratur, → Umtauschaktion, → Unterhaltungsliteratur

Sekundärliteratur: E. Ackerknecht: Der Kitsch als kultureller Übergangswert (1950). – U. Beer: Geheime Miterzieher der Jugend (1960). – H. Breloer: ‚Kitsch‘ als Kriterium literarischer Wertung. Überlegungen zur Instrumentalisierung eines beliebten Begriffs der Abqualifizierung (zus. mit R. Zimmer in: J. Vogt (Hrsg.): Literaturdidaktik. 1972. 93–112). – M. Dahrendorf: Mädchenbuch und Kitsch (in: Das Mädchenbuch und seine Leserin. ²1973. 140–142). – K. Deschner: Kitsch, Konvention und Kunst (1957). – M. Durzak: Der Kitsch, seine verschiedenen Aspekte (in: Der Deutschunterricht. 19. 1967. 1. 93–120). – L. Giesz: Phänomenologie des Kitsches (²1971). – Fr. Hahn: Zwischen Verkündigung und Kitsch (1967). – B. Heitz: Kitsch und Moral im Jugendbuch (in: Das gute Jugendbuch. 1953. 46ff.). – W. Killy: Deutscher Kitsch (1961). – J. Peters: Unterhaltungsliteratur und Kitsch, pädagogisch und schrifttumspolitisch gesehen (in: Probleme der Jugendliteratur. 1956. 276–307). – E. Thier: Versuch über den literarischen Kitsch und seine Bedeutung im Leben (in: Probleme der Jugendliteratur. 1956. 261–275). – G. Ueding: Glanzvolles Elend. Versuch über Kitsch und Kolportage (1973).

Klaus Doderer

Klassiker der Kinder- und Jugendliteratur

Unter K. werden Kinder- und Jugendbücher verstanden, welche lange Zeit unter jugendlichen Lesern beliebt und weit verbreitet, in der Regel auch nach der herrschenden Ansicht der Erwachsenen wertvolle („erstklassige") Lektüre sind. Zu den nach Rang und Geltung international bekannten K.n gehören z. B. D. Defoes „Robinson Crusoe", Mark Twains „Tom Sawyer", Grimms Märchen, S. Lagerlöfs „Nils Holgersson", J. Spyris „Heidi", C. Collodis „Pinocchio", A. Lindgrens „Pippi Langstrumpf", die antiken Götter- und Heldensagen. Damit entfällt für den Bereich der Kinder- und Jugendliteratur der Begriff K. als Bezeichnung für die hervorragenden Werke einer einzigen, an dem Wertsystem griechischer und römischer antiker Kunst- und Lebensauffassung orientierten sogenannten „klassischen" Literaturepoche. Es gibt in diesem Sinne auch keine Klassik als Periode oder Strömung innerhalb der Kinder- und Jugendliteraturgeschichte, wie es z. B. in der Erwachsenenliteraturgeschichte die Goethe-Zeit in Deutschland, in England das Elisabethanische Zeitalter, in Spanien das Calderóns und Cervantes gewesen ist. Dafür aber rückt der Begriff der K. der Kinder- und Jugendliteratur in die Nähe des der Lieblingsbücher, auch des der Best- und Longseller.

Auswahl- und Bewertungskriterien bei K. der Kinder- und Jugendliteratur. Folgt man der Herkunft des Begriffs K., so stößt man auf den römischen Autor Aulus Gellius, der um 150 n. Chr. von „scriptores classici" sprach und damit Schriftsteller meinte, die erstrangig seien wie die „classici" unter den Bürgern Roms, die vom Steueramt in die oberste Steuerklasse eingereiht wurden. Der Begriff „Klassiker der Kinder- und Jugendliteratur" meint solche Werke, die durch ihre „zähe" Tradierung und langanhaltende Wertschätzung eine hohe gesellschaftliche und pädagogische Bedeutung erzielt haben. Auf Grund von nationaler, historischer und kulturpolitisch bedingter, jeweils relativer Bewertung einzelner Werke gibt es keinen feststehenden Kanon von K.n der Kinder- und Jugendliteratur, vielmehr ein in Einzeltiteln auswechselbares Reservoir. Insgesamt findet man, allerdings auch bei angelsächsischen Theoretikern, eine nicht allzu große Zahl von häufig erwähnten Titeln: „There are, after all, very few children's classics" (The Horn Book Magazine, August 1967, S. 445).

Es lassen sich drei theoretische Positionen nennen, von denen aus versucht wurde, jeweils Werke der Kinder- und Jugendliteratur in einen K.-Kanon aufzunehmen. Jeder Ansatz führt zu einer anderen Auswahl: 1. Position: Die Jugend habe als K. „die Meister des deutschen Schrifttums" (Fl. Seidl: Jugend und Klassiker, a. a. O. S. 111). Bei dem Angebot sei nur darauf zu achten, daß das genuine literarische Interesse der Jugend an Handlung, Spannung, Gefahr, und Kampf mit dem Inhalt und der Struktur des jeweiligen klassischen Kunstwerks korrespondiert. Die K. der Kinder- und Jugendliteratur sind danach die jugendgemäßen Werke der als Klassiker anerkannten Nationalschriftsteller. Diese Auffassung hat ihre stärksten Vertreter in der Literaturdidaktik des 19. Jahrhunderts und der Kunsterziehungsbewegung (H. Wolgast u. a.) gehabt, ist aber auch noch heute lebendig. Folgt man z. B. den noch im Ersten Weltkrieg vom „Dürerbund" („Welche Klassiker-Ausgaben kaufe ich mir?". Flugschrift des Dürerbundes, um 1915) ausgegebenen Empfehlungen, dann gehören zu den K.n außer Goethe und Schiller die bekannten Autoren des 19. Jahrhunderts wie L. Anzengruber, W. Busch, A. von Droste-Hülshoff, J. von Eichendorff, J. Gotthelf, Fr. Hebbel, E. Mörike, A. Stifter, Th. Storm usw.; nimmt man methodisch-didaktische Aussagen aus den zwanziger Jahren zur Hand, dann stößt man auf dieselben Namen, allenfalls noch auf Vorschläge zur Altersstufendifferenzierung: z. B. 1. Stufe (4. bis 6. Schuljahr): Hauff: Kalif Storch, Zwerg Nase, Das kalte Herz; Bürger: Münchhausen; Ebner-Eschenbach: Krambambuli; Chamisso: Peter Schlemihl usw. – 2. Stufe (6. bis 8. Schuljahr): Mörike: Das Stuttgarter Hutzelmännlein; Keller: Kleider machen Leute; Schiller: Wilhelm Tell; Kleist: Michael Kohlhaas usw. – 3. Stufe (über 14 Jahre): Scheffel: Eckehard; Raabe: Der Marsch nach Hause; C. F. Meyer: Gustav Adolfs Page; Grillparzer: König Ottokars Glück und Ende; Hebbel: Die Nibelungen usw. (so z. B. in Fl. Seidls Essay „Jugend und Klassiker", a. a. O. S. 125–127). In E. Jacobis um 1964 erschienenem Buch „Klassiker in der Schule von heute" sind noch immer dieselben Autoren und teilweise auch Werke zu finden: Th. Storms „Pole Poppenspäler", J. W. Goethes „Hermann und Dorothea", G. Kellers „Das Fähnlein der sieben Aufrechten, Fr. Schillers „Wilhelm Tell" u. a. Hinter der Theorie, daß die K. im Bereich hoher National- und Weltliteratur zu finden seien, steckt die pädagogische Absicht der Lebenshilfe durch das Verständnis hervorragender ästhetischer Kulturgüter. Hier deckt sich der Begriff K. weithin mit dem des administrativ verordneten Schulkanons.

2. Position: Kinder haben sich in ästhetischer Autonomie aus dem Angebot an literarischen Kulturgütern die ihnen gemäßen K. erobert, dies zum Teil auch, indem sie die Bearbeitung dem Originaltext vorgezogen haben. Obwohl in Details bei L. Santucci, R. Bamberger, B. Hürlimann abweichend, geht diese Auffassung doch auf P. Hazards Theorie von der selbständigen Eroberung ihrer K. durch die jungen Leser zurück: „Ich behaupte, daß sie (die Kinder) die besten und berühmtesten unter ihren Lieblingsbüchern in einem kühnen Kampf haben erobern müssen; deren Autoren wandten sich nur an die großen Leute, aber die Kinder haben sie sich einfach zu eigen gemacht" (P. Hazard, a. a. O. S. 73). Hier verschiebt sich das Reservoir an K. auf andere Gebiete. Der internationale Charakter der Kinder- und Jugendbuch-K. wird herausgestrichen: Neben D. Defoes „Robinson Crusoe" werden H. Chr. Andersens, der Brüder Grimm und Ch. Perraults Märchen gestellt. Während P. Hazard vor allem die großen Erscheinungen der Weltliteratur

beachtet – J. Swifts „Gulliver", Cervantes „Don Quijote", C. Collodis „Pinocchio", aber auch die Kinderreime (nursery rhymes) werden als Beweisstükke der literarischen Eroberung durch die Kinder betrachtet –, dehnen andere den Bereich der K. auch auf die spezifische Jugendliteratur aus. B. Hürlimann nennt J. Spyris „Heidi", A. Sappers „Familie Pfäffling" oder die Bücher von J. Siebe und O. J. Bierbaums „Zäpfelkerns Abenteuer", ähnlich R. Bamberger.

3. Position: In Anbetracht der Tatsache, daß weder, wie bei Position 1, eine pädagogische Zielvorstellung (auch bei angenommener Eignung des Werkes für den jugendlichen Leser) ausreicht, noch eine isolierbare souveräne Geschmacksentscheidung auf Grund von angeblich unverdorbenem und idealem Urteilsvermögen bei Kindern, wie in Position 2, überhaupt möglich ist, bedarf es der Beachtung mehrerer Faktoren bei der Suche nach K.n. Die Beliebtheit eines Werkes der Kinder- und Jugendliteratur hängt von seiner Thematik, seiner Struktur, seiner Sprache, aber auch von der Art und Weise seiner Distribution genau so ab wie vom Interesse, dem ästhetischen und sprachlichen Kompetenzgrad (Bildungsstand) des Rezipienten, seiner sozialen Herkunft und Generationszugehörigkeit. So kommt es, daß wir nicht nur unterschiedliche K. in den verschiedenen Ländern haben, sondern auch innerhalb verschiedener Generationen und verschiedener Gesellschaftsschichten einen jeweils verschiedenen Kanon. Z.B. gehören Tarzan, Tom Shark, Winnetou, Trotzkopf, Micky Mouse, Superman, Charlie Brown, Asterix ebenfalls in den Bereich der K., obwohl sie weder bei den Pädagogen noch bei denen, die an die souveräne, qualitätsbewußte Geschmacksentscheidung der Jugend glauben, einkalkuliert sind.

Auf Grund des verwickelten Prozesses, der die Geschmacksentscheidung des jugendlichen Teils der Bevölkerung herbeiführt – er ist von sehr verschiedenen, teils ideologischen, teils sozialen, historischen und materiellen Kräften abhängig –, kann hier nur gesagt werden: Die Deklarierung der als „klassisch" bezeichneten Werke der Kinder- und Jugendliteratur ist standortgebunden. Sie impliziert aber dennoch eine gleichsam plebiszitäre Entscheidung, d.h. die Beliebtheit, die Auflagenhöhe, der hohe Grad, allgemeingültig zu sein, machen ein Kinder- oder Jugendbuch zum K., nicht aber eine Theoriebildung, Verordnungen (Lehrpläne) und Schulmeinungen.

Original, Bearbeitung, freie Nachgestaltung. Schon 1866 stellte A. Merget fest, es gäbe innerhalb der „Jugendschriften, mit wenigen Ausnahmen, keine Klassiker" (Geschichte der deutschen Jugendliteratur, 1866, Vorwort). Er wollte damit sagen, daß im Gegensatz zu den Erwachsenen – gemeint sind ganz offensichtlich die Kreise des Bildungsbürgertums –, die sich an den unverändert tradierten Werken der vergangenen großen Zeit der Literatur zu erfreuen suchten, die junge Generation immer wieder mit neuem, modernem Lesematerial konfrontiert wird. Tatsächlich sind auch die wenigen sogenannten Kinder- und Jugendbuch-K. bis heute dem Prozeß der ständigen Neubearbeitung mehr als dem der sorgfältigen originalgetreuen Bewahrung unterworfen. K. werden ständig neu überarbeitet, verändert, neu nacherzählt, vielfach gekürzt, so daß es im Grunde genommen falsch ist, etwa J. F. Coopers „Lederstrumpferzählungen" oder J. Swifts „Gullivers Reisen" als Kinder- und Jugendliteratur-K. auszugeben. In Wirklichkeit sind die Jugendausgaben allenfalls Teile des Originals, denn es gibt von Coopers Erzählungen Editionen, die kaum mehr als ein Zehntel des ursprünglichen Textes enthalten (vgl. R. Pasewald, a.a.O.) und von „Gullivers Reisen" haben sich überhaupt nur die beiden ersten Teile, die Reisen nach „Lilliput" und nach „Brobdingnag", als Jugendbuch etabliert. Solche Ausgaben wirken vielfach wie „Karikaturen der Originale" und haben „gelegentlich kaum mehr als die Titel mit diesen gemein", meint H. Kosok im Hinblick auf „Gulliver" (a.a.O. S. 5). Zu bedenken ist auch, daß die Bekanntschaft junger Menschen mit den K.n vielfach über andere Medien als Bücher, nämlich über stark umgearbeitete Tonkassette-, Film- und Comicbearbeitungen vonstatten geht. Vom Standort einer werktreuen Interpretationsästhetik wird hier der „Substanzverlust" innerhalb der Rezeptionsmechanismen angemahnt.

Zu unterscheiden sind 1. nach Wort und Bild exakte Nachdrucke der Originalausgaben. Diese gibt es im deutschen Sprachgebiet nur von einigen wenigen K.n. Die Erstausgaben stammen in diesen Fällen, wie z.B. bei H. Hoffmanns „Struwwelpeter" (1845), J. Spyris „Heidi" (1880/81), E. Kästners „Emil und die Detektive" (1928) aus dem 19. oder 20. Jahrhundert. In letzter Zeit – nach 1960 – sind sporadisch reprographische Nachdrucke von ein paar früheren, heute vergessenen Bilder- und Kinderbuchklassikern wie z.B. J. K. A. Musäus' „Moralische Kinderklapper" (1794, 1968); Cl. Fechners „Die schwarze Tante" (1848, 1966); A. Glassbrenners „Sprechende Tiere" (1854, 1966) – alle in der Reihe „Historische Kinderbücher" der Edition Leipzig – oder E. Kreidolfs „Alpenblumenmärchen" (1922, 1960) erschienen, die allerdings ausgesprochen bibliophilen und musealen Charakter haben.

2. Mehr oder weniger starke Bearbeitungen von Originalwerken. Hierzu sind etwa die durch Eliminierung einzelner Passagen oder ganzer Teile entstandenen Jugendausgaben von „Robinson Crusoe", „Gullivers Reisen", „Simplizius Simplizissimus", „Don Quijote", „Moby Dick" usw. zu zählen. Da es sich hierbei zum Teil um die Adaption fremdsprachiger Erwachsenenliteratur handelt, kommt in den Bearbeitungsprozeß noch der der Übersetzung hinein. Jedoch beschränkt sich diese Form der Jugendausgaben nicht nur auf die K. aus der Weltliteratur, auch ältere deutsche spezifische Kinder- und Jugendbücher werden bearbeitet – d.h. stilistisch modernisiert und unter Umständen auch gekürzt – herausgegeben (z.B. Grimms Märchen, Trotzkopf, Schildbürger, Till Eulenspiegel usw.). Hierbei richten sich die Produzenten vielfach nach den Altersstufen (z.B. „Mein erstes großes Märchenbuch", 1960; „Mein zweites großes Märchenbuch", 1962;

„Mein drittes großes Märchenbuch", 1964, von R. BAMBERGER).
3. Freie, auch abweichende Gestaltungen unter teilweiser Anlehnung an das Original. Hierzu wären z. B. die hunderte von Robinsonaden, die im Anschluß an das englische Original von D. DEFOE entstanden sind, Figuren und Ortsangaben verändern, aber das Inselschicksal beibehalten, zu nennen; ebenso O. J. BIERBAUMS „Zäpfelkerns Abenteuer" als freie Umgestaltung von C. COLLODIS „Pinocchio"; auch Nachdichtungen der Götter- und Heldensagen und alter Volksbuchstoffe (Schöne Magelone, Genoveva, Dr. Faustus). Wenn das Volksbuch von Dr. Faustus in Kindersprache nacherzählt wird (B. OTTO: Die Sage von Doktor Heinrich Faust, 1901), oder wenn in Bilderbuchform die Tell-Sage für Vorschulkinder berichtet und illustriert ist (B. HÜRLIMANN: Der Knabe des Tell, 1965), dann wollen die Bearbeiter literarische Klassiker altersstufengemäß übermitteln. Auch die sogenannten „Illustrierten Klassiker"-Hefte, in denen „Moby Dick", „Oliver Twist", die „Ilias" oder die „Schatzinsel" und viele andere Stoffe in Comicstreifen nacherzählt sind, entfernen sich in Inhalt und Form weit vom Original.

→Alice im Wunderland, →Donald Duck, →Gullivers Reisen, →Heidi, →Huckleberry Finn, →Ilias, →Lederstrumpf, →Max und Moritz, →Mickey Mouse, →Münchhausen, →Odyssee, →Old Shatterhand, →Onkel Toms Hütte, →Orbis Pictus, →Peter Pan, →Pinocchio, →Pippi Langstrumpf, →Reineke Fuchs, →Robinson Crusoe, →Tom Sawyer, →Trotzkopf, →Winnetou

Sekundärliteratur: R. Bamberger: Jugendlektüre (1955, ²1965). - Kl. Doderer: Klassische Kinder- und Jugendbücher, Kritische Betrachtungen (1969, ³1975). - P. Hazard: Les livres, les enfants et les hommes (1932; dt. Kinder, Bücher und große Leute, 1952). - B. Hürlimann: Europäische Kinderbücher in drei Jahrhunderten (1959, ³1968). - E. Jacobi: Klassiker in der Schule von heute (1964). - H. Kosok: Lemuel Gullivers deutsche Kinder, Weltliteratur als Jugendbuch (Wuppertaler Hochschulreden 8. 1976). - H. Krüger/K. Bausdorf: Lesen unsere Kinder klassische Literatur? (in: Beiträge zur Kinder- und Jugendliteratur, 2. 1963. 65-69). - R. Pasewald: Die Problematik der Lederstrumpf-Bearbeitung in den westdeutschen Ausgaben (in: Studien zur Jugendliteratur. 5. 1959). - L. Santucci: Letteratura Infantile (⁴1958; dt. Das Kind, sein Mythos und sein Märchen, 1964). - Fl. Seidl: Jugend und Klassiker (in: F. Fikenscher u. J. Prestel (Hrsg.): Jugend und schönes Schrifttum, 1925. 111-131). - G. Sichelschmidt: Erfolgreiche Jugendbücher (in: Das gute Jugendbuch. 15. 1965. 1. 13ff.).

Klaus Doderer

Klatt, Edith

*Ärztin, Kinder- und Jugendbuchautorin; *24. 1. 1895 Berlin, †14. 12. 1971 Prerow/Darß.*

K. übte den Beruf einer Ärztin aus, war seit 1956 jedoch vorwiegend als Schriftstellerin tätig. Ihre ersten Bücher für Kinder erschienen in den dreißiger Jahren (Jupp und Peter können zaubern, 1934; Der Hund, 1937). Darauf folgte eine Veröffentlichungspause, die zwei Jahrzehnte andauerte. Versuche, durch Romane und Erzählungen in der Erwachsenenliteratur Fuß zu fassen, blieben vereinzelt; ihr Hauptinteresse galt der Kinderliteratur. In der DDR hat sie mehrfach Auszeichnungen und Ehrungen erfahren: 1957 erhielt sie für „Neitah, ein Mädchen im hohen Norden" (1956) die zweithöchste Prämie im Rahmen des Preisausschreibens zur Förderung der sozialistischen Kinder- und Jugendliteratur.

Werk, Tendenzen, Wirkung. K. hat sich besonders um die Herausgabe, Bearbeitung und Nacherzählung von indianischen Märchen verdient gemacht. In dem Nachwort zu „Lustige Märchen aus der weiten Welt" (1956) würdigt K. in Erinnerung an ihre Kinderzeit in Ostasien ihren Vater, den Übersetzer und Journalisten K. MISCHKE, als faszinierenden Märchenerzähler, der selbst mit zahlreichen Märchenerzählern befreundet gewesen sei. In K.s Wiedergaben werden sozialistische Ansichten unaufdringlich verschlüsselt im Handlungszusammenhang vermittelt. Das Indianermärchen „Der Knabe, der in den Himmel stieg" läuft zum Beispiel auf die Verhaltensformel hinaus: „... solange du noch unterwegs bist, mußt du vorwärts denken, sonst kommst du nicht an" (in: Der wachsende Berg, 1969, S. 17).
K. läßt sich nicht durch das Schielen auf vermeintliche Leserbedürfnisse korrumpieren, sondern fühlt sich vorrangig ihrem Erzählgegenstand verpflichtet, über den sie sich umfassend informiert. In dem prämiierten Jugendroman „Neitah, ein Mädchen im hohen Norden" werden durch eine fiktive Handlung Kenntnisse über Lebensformen der Lappen, über Probleme des Nomadenlebens heute und des Seßhaftwerdens vermittelt. Auch in dem Roman „Bergit und Andaras", der das entbehrungsreiche Leben unter Neusiedlern, Wanderlappen und Lotosfischern schildert, gibt K. ein genaues Bild von der Landschaft und den Menschen des hohen Nordens. Anschauung hat dabei Vorrang vor „action". Der harte Lebenskampf der Lappen und der angesiedelten Skandinavier wird so dargestellt, daß der Leser über soziale Verantwortlichkeiten und über Lebensmöglichkeiten im Sinne des Fortschritts nachdenken muß. Die Darstellung gleitet nie ins Sentimentale, Seichte ab, sondern konfrontiert – auch im psychischen Raum – mit der brutalen Wirklichkeit. In den jugendlichen und erwachsenen Helden gestaltet K. dennoch beispielhafte Menschlichkeit und gibt dem Leser so eindeutig Orientierungshilfen für die Erstellung einer Werthierarchie. Auf äußere Spannung verzichtet sie konsequent.
K. gehört wie A. MÜLLER-TANNEWITZ und L. WELSKOPF-HENRICH zu den Autoren, die mit informationsgesättigten fiktiven Erzählungen eine realistische Kinder- und Jugendliteratur über ethnische Randgruppen geschaffen haben.

→A. Müller-Tannewitz, →L. Welskopf-Henrich

Werke: Neitah, ein Mädchen im hohen Norden (1956, ⁷1969); Lustige Märchen aus aller Welt (1956, ³1968); Bergit und Andaras (1958, ⁵1966); Indianische Tiermärchen (1958); Die Schlittenreise (1958; NA. u. d. T.: Die letzte Schlittenreise,

1970); Ildini. Indianische Kindergeschichten (1961); Unsere Jahre umgürten sich (1961, [2]1962); Bunthaut und Hadaho. Nach Indianermärchen erzählt (1965, [2]1968); Die Brücke über den Apurimac (1965); Die Eule und die kleine Maus. Lustige Tiermärchen (1966); Djiyin – ein Indianermädchen (1967, [2]1969); Lustige Märchen, gesammelt, stark erweitert und nacherzählt (1968); Der wachsende Berg. Nach Indianermärchen erzählt (1969).

Jutta Grützmacher

Kleberger, Ilse

*Ärztin, Schriftstellerin, Autorin von Kinder- und Jugendbüchern, Novellen, Kurzgeschichten, Sachbüchern, Gedichten; *22.3.1921 Potsdam.*

K. studierte Medizin und übt seit 1950 ihren Beruf als praktische Ärztin in Berlin aus. Ihre ersten Veröffentlichungen waren Aufarbeitungen von Erlebnissen aus dem Krieg in Gedichtform („Junges Berlin", 1946). Kurz darauf erschienen in rascher Folge eine Reihe von Geschichten und Erzählungen für Kinder und Jugendliche.

Werk, Tendenzen, Wirkung. K. schreibt „aus Lust am Fabulieren ..., um mit Hilfe der Phantasie in ein besseres Leben zu entfliehen, um ein Zipfelchen Erkenntnis zu fixieren" (Briefzitat). Dies zeigt sich vor allem in ihren mehrfach neu aufgelegten „Oma-Büchern", mit denen K. im In- und Ausland bekannt wurde: „Unsere Oma" (1964, [4]1974; die TB-Ausgabe lag 1975 in der 6. Auflage vor; 1975 von K. VETHAKE als Hörspielfassung für Schallplatten bearbeitet), „Ferien mit Oma" (1967, [4]1974. TB-Ausgabe 1973, [3]1975) und „Villa Oma" (1972, [2]1975). Im Mittelpunkt dieser humor- und gemütvollen, aus bunten Episoden zusammengesetzten Familien- und Umweltbücher steht eine skurrile, rollschuhfahrende, stets Optimismus ausstrahlende Großmutter mit phantasievollen Einfällen und komischen Allüren, doch mit psychologischem Spürsinn, resolutem Auftreten und handfesten Ratschlägen. Die oft unrealistisch überzeichnete Figur, die häufig die Funktion eines deus-ex-machina erfüllt, ist für K. das „Idealbild einer Pädagogin". In K.s Erzählungen, die sich auf unterschiedlichen Milieuebenen abspielen, treten die Kindergestalten in ihrer Frische und Unverbildetheit plastisch hervor (in den „Oma-Büchern", in „Wolfgang mit dem Regenschirm", 1961, „Mit dem Leierkasten durch Berlin", 1961). Deutlich erkennbar sind die Intentionen der Autorin: Sie will „Brücken bauen zwischen Alt und Jung, Mensch und Tier, zwischen den Völkern und Rassen" (z.B. in „Mit Dudelsack und Flöte", 1962, den „Oma-Büchern", „Jannis der Schwammtaucher", 1965, „Wein auf Lava", 1966, „Wenn Sen mit Axel sprechen könnte", 1975). In den Beschreibungen fremder Länder beweist K. genaue Kenntnisse über Landschaft und Lebensbedingungen anderer Völker sowie scharfe Beobachtungsgabe und Liebe zum Detail (z.B. in „Mit Dudelsack und Flöte", „Jannis der Schwammtaucher", „Wein auf Lava").

In ihrem Sachbuch „Wir sind alle Brüder. Im Zeichen des Roten Kreuzes" (1969) überzeugt K. durch eine ausgewogene Mischung von sachlicher Information, abwechslungsreichen Berichten und dem Aufruf zum Engagement.

K. erzählt mit heiterer Gelassenheit ohne aufdringlich belehrenden Ton. Ihre pädagogischen Absichten zeigen sich weniger in der Diktion als im Handlungsablauf. Er zielt auf Partnerschaft zwischen Eltern und Kindern, wobei Autorität, ethisch fundierte Lebenserfahrung und Weitsicht der Erwachsenen als unbestritten gelten. Ohne ins Klischee abzugleiten, bewegen sich K.s Bücher im herkömmlichen Rahmen unterhaltsamer Jugend- und Leitbildliteratur. Sie thematisieren zwar reale Lebensnöte, haben ihren Schwerpunkt jedoch in der Bestätigung bewährter Werte menschlichen Zusammenlebens und stellen charakterfestigende Umweltbedingungen heraus.

In dem Jugendroman „Wein auf Lava", 1966, geht es um die Erfüllung eines neuen sozialethischen Anspruchs, wie er für die sechziger Jahre kennzeichnend war.

Werke: Mit dem Leierkasten durch Berlin (1961); Wolfgang mit dem Regenschirm (1961); Mit Dudelsack und Flöte (1962); Pierre und Annette leben in Frankreich (1962); Piet und Ans leben in Holland (1962); Petro und Anna leben in Italien (1963); Unsere Oma (1964; [4]1974); Jannis der Schwammtaucher (1965); Wein auf Lava (1966); Ferien mit Oma (1967, [4]1974); Wir sind alle Brüder (1969); Villa Oma (1972, [2]1975).
Hrsg.: Keine Zeit für Langeweile (1975).

Anneliese Knoop

Klee, Ernst

*Journalist und Kinderbuchautor; *15.3.1942 Frankfurt am Main.*

K. machte eine Lehre als Sanitär- und Heizungstechniker durch. Danach war er als Buchhalter und Werbegrafiker tätig. Über den Zweiten Bildungsweg absolvierte er das Abitur und studierte anschließend in Mainz und Marburg Theologie und Sozialpädagogik. Danach begann er mit seiner journalistischen Tätigkeit bei verschiedenen konfessionellen Zeitschriften und überregionalen Tages- und Wochenzeitungen. Er publizierte Reportagesammlungen und Kinderbücher. 1971 wurde K. für seinen Beitrag „Die im Dunkeln" mit dem „Kurt Magnus-Preis der ARD" ausgezeichnet. Fünf Rundfunkanstalten wählten 1973 seine Arbeiten als „beste Beiträge des Kirchenfunks" aus.

Werk, Tendenzen, Wirkung. K.s Interesse gilt besonders den sozialen Randgruppen und ihrer „verschwiegenen Wirklichkeit". Für junge und erwachsene Leser hat er Aufsätze, Reportagen und dokumentarisch untermauerte Bücher geschaffen, die sich mit der Lage geistig und körperlich behinderter Kinder, mit der Situation von Heimkindern, Fürsorgezöglingen, mit Gastarbeitern, Straffälligen, Vorbestraften und Geisteskranken auseinandersetzen. Viele seiner Themen wurden in den Massenmedien Funk, Fernsehen und allgemeiner Publizistik gesendet, ausgestrahlt und gedruckt, ehe sie in Buchform erschienen.

In seinem Kinderbuch „Fips schafft sie alle“ (1972) setzt sich ein deutscher Junge für Gastarbeiter im Barackenlager ein und erreicht auch eine Verbesserung ihrer Lage. Ist diese Geschichte nicht frei von Wunschvorstellungen und überzogenem Optimismus, so erreicht K. mit seinem Kinderbuch „Der Zappler“ (1974) eine zwingende und überzeugende Gestaltung des Schicksals eines spastisch gelähmten Kindes, dessen Lebensmut durch den Zuspruch einer Kindergruppe allmählich gesteigert wird und das trotz Krankheit und Behinderung zu leben lernt.

Auch in seinen übrigen Arbeiten greift K. auf persönliche Begegnungen, Schicksale und Freundschaften zurück. Er hat nicht nur Fürsorgeheime, Pflege- und Haftanstalten besucht und die Lage der Betroffenen an Ort und Stelle studiert, sondern über Jahre mit Resozialisierungsgruppen zusammengelebt. Sein soziales Engagement für die Unterprivilegierten, die Ausgestoßenen und fast Vergessenen dieser Gesellschaft zielt auf alle Alters- und Bevölkerungsgruppen ab. Seine Arbeitsmethoden und ihre Ergebnisse sind in die Nachbarschaft P. Härtlings („Das war der Hirbel“) und der Reportagen von G. Wallraff zu setzen. 1976 trat K. mit einem „Lesebuch der sozialen Wirklichkeit in der Bundesrepublik Deutschland“ unter dem Titel „Der Schrotthaufen der Menschlichkeit“ hervor. Darin sind Dokumente über das Leben Behinderter, psychisch Kranker, von Alkoholikern, Nichtseßhaften, Heimzöglingen und Strafgefangenen anklagend zusammengestellt.

Werke: Fips schafft sie alle (1972); Der Zappler (1974).

Horst Künnemann

Klein, Erika

*Kinderbuchillustratorin; *4.2.1934 Berlin.*

K. wurde nach dem Abitur von 1954 bis 1959 an der „Hochschule für Bildende und Angewandte Kunst“ in Berlin-Weißensee als Gebrauchsgrafikerin ausgebildet. Zunächst entwarf sie Kinderfilmplakate, heute ist sie hauptsächlich als Illustratorin für den Kinderbuchverlag in Berlin/DDR tätig. – Vom Ministerium für Kultur der DDR zur Förderung der sozialistischen Kinder- und Jugendliteratur wurde sie für die Illustrationen zu „Siebenerlei, siebenerlei wollen wir gerne kaufen“ (1964; Text von H.-H. Kraze) und zu „Feuerwehrmann Heiner“ (1971; Text von S. Schubert) ausgezeichnet.

Werk, Tendenzen, Wirkung. Schon in ihren frühen, meist kleinformatigen Büchern, z.B. Illustrationen zu Märchen, beweist sie im Umgang mit Feder und Pinsel ihr Geschick als Zeichnerin und ihr Gefühl für klaren, wohlproportionierten Bildaufbau. Entsprechend dem didaktischen Anspruch eines Kinderbuches werden die von ihr zur Illustration ausgewählten Textstellen prägnant wiedergegeben – z.B. in dem Bilderbuch „Siebenerlei, siebenerlei wollen wir gerne kaufen“ – oder durch handschriftliche Zitate betont wie in ihren Federzeichnungen zu Erzählungen für das fortgeschrittene Lesealter, z.B. in „Flucht aus Hohenwaldau“ (1970; Text von A. Reinhard).

In „Bitte einen Regenbogen“ (1966) von H. Lind ist die Illustratorin ebenso wie der Held des Buches, das Vorschulkind Alexander, völlig von der Ästhetik der Regenbogenfarben gebannt; sie demonstriert in einer sowohl stilistisch als auch maltechnisch (Wachskreidezeichnungen) dem Adressatenalter angemessenen Form textunabhängige Situationen, in denen Regenbogenfarben entstehen können. Malerisch sind ihre Stimmungsbilder zu B. Schulenburgs „Geschichten vom Pflaumengarten“ (1973): Magisch leuchtet das Blau der Pflaumen aus den vielschichtig übereinander gelagerten Temperagrüns, atmosphärisch sind die durch Formaussparungen charakterisierten Blütenwogen der Pflaumenbäume unter einem in kaltem Rosa lavierten Himmel. Dazwischen geschoben sind karikaturhafte, farbig sparsam ausgelegte Szenerien, die gemäß der politischen Intention des Bilderbuchs die Überwindung der Gutsherrschaft zum Inhalt haben.

→H.-H. Kraze

Werke: J. u. W. Grimm: Rotkäppchen (1962); H. Chr. Andersen: Die Prinzessin auf der Erbse (1963, ^{3}1966); J. u. W. Grimm: Aschenputtel (1963, ^{6}1967); H. Hoffmann v. Fallersleben: Schlafe, liebes Elselein (1963, ^{7}1975); H. Friedrich: Hugos „Wostok“ (1964, ^{4}1973); H.-H. Kraze: Siebenerlei, siebenerlei wollen wir gerne kaufen (1964); G. R. Richter: Kimani (1964, ^{6}1973); E. Klatt: Die Eule und die kleine gelbe Maus (1966, ^{3}1968); H. Lind: Bitte einen Regenbogen (1966, ^{6}1975); L. Tolstoi: Kleine Geschichten (1966, ^{5}1974); F. Hart: Tierpflegerin Uschi (1967, ^{3}1971); K. Menke: Max im Tunnel (1967, ^{3}1969); L. Kwitko: Fliege, Schaukel, himmelhoch (1968, ^{2}1973); W. Lindemann: Schornsteinfeger Rußgesicht (1970, ^{2}1975); I. Feustel: Tuppi Schleife und die drei Grobiane (1970, ^{4}1975); A. Reinhard: Flucht aus Hohenwaldau (1970, ^{2}1971); S. Schubert: Feuerwehrmann Heiner (1971, ^{3}1975); D. Schubert: Der Wüstenkönig von Brandenburg (1971, ^{5}1975); A. Rekemtschuk: Die verlorene Stimme (1973); B. Schulenburg: Geschichten vom Pflaumengarten (1973, ^{2}1974); G. Hesse: Wolke Wuschel (1974); W. Krapiwin: Kondor und Fregatte (1974); W. Krapiwin: Der Pfeil in der Birke (1974); W. Lindemann: Pünktchen (1974); O. Syrovátka: Bunt wie der Regenbogen (1974, ^{2}1976); J. Tscharuschin: Mauzel, Elster und die Bären (1974, ^{2}1976); A. Könner: Eine kleine Tagmusik (1975); H. Gerber: Der Riese Archibald (1975, ^{2}1976); J. Leskin: Tobias sucht den Doppeldecker (1975); L. Lux: Nachts auf dem Telegrafenberg (1976).

Sekundärliteratur: H. Bosse: Bilderbuchgeschichten – Positionen und Probleme (in: NDL. 9. 1971. 163–171).

Klaus-Rüdiger Werner

Klemke, Werner

*Grafiker, Illustrator, Zeichner; *12.3.1917 Berlin-Weißensee.*

K., Sohn eines Tischlers, besuchte von 1931 bis 1936 die Oberschule. Von 1937 bis 1939 erhielt er eine Ausbildung als Trickfilmzeichner; nach dem Krieg war er zunächst Gebrauchsgrafiker und als Mitarbeiter verschiedener Zeitschriften wie „Ulenspiegel", „Neue Berliner Illustrierte", „Der frische Wind", „Magazin" sowie Tageszeitungen tätig. Seit 1951 lehrt er als Dozent, seit 1956 als Professor an der Hochschule für bildende und angewandte Kunst Berlin-Weißensee. K. ist Mitglied der Akademie der Künste zu Berlin sowie Ehrenbürger der italienischen Stadt Certaldo. K. wurde vielfach für sein künstlerisches Schaffen ausgezeichnet, u.a. 1962 und 1969 mit dem Nationalpreis der DDR, mehrere Male im Rahmen des Preisausschreibens zur Förderung der sozialistischen Kinder- und Jugendliteratur; 13 seiner Kinderbücher zählten zwischen 1955 und 1970 zu den „Schönsten Büchern". Für die Illustrationen zu den „Kinder- und Hausmärchen der Brüder Grimm" (1963) erhielt der Grafiker 1965 die Goldmedaille der Internationalen Buchkunstausstellung (IBA), für „Ferdinand der Stier" (1965; Text von M. Leaf) 1967 den Goldenen Apfel der Biénale ilustrácií Bratislava (BIB). K. lebt in Berlin-Weißensee.

Werner Klemke (1917). Illustration zu dem von Franz Fühmann (* 1922) nacherzählten „Reineke Fuchs" (1964). Der Esel versucht, dem Hund nachzueifern, indem er seinen Herrn liebkost.*

Werk, Tendenzen, Wirkung. K.s erstes illustriertes Büchlein, das er zusammen mit einem gelernten Steindrucker in einem ostfriesischen Internierungslager entwarf, war ein Kinderbuch und zugleich das erste Bilderbuch in deutscher Sprache nach dem Zweiten Weltkrieg: „Die Bremer Stadtmusikanten" (Spätsommer 1945).

K. nur als Kinderbuchillustrator würdigen, hieße an seinem Wesen vorbeisehen: im Zeitalter der zunehmenden Integrierung von Kunst und Wissenschaft repräsentiert er den modernen gebildeten Künstler, der sich durch scharfen Intellekt ebenso wie durch künstlerisches Einfühlungsvermögen auszeichnet. Er ist ein sehr produktiver Grafiker, der alle Techniken – von Holzstich über Schabblatt zu Pinsel-, Feder- oder Kreidezeichnungen – beherrscht und sie gezielt einzusetzen vermag. Sein grafisches Schaffen umfaßt Einblatt-Gelegenheitsarbeiten (Neujahrsglückwunsch, Plakat), Schallplattentüten, Theaterprogramme, Bühnenbilder, Kostümentwürfe, Umschlaggestaltung bis zum illustrierten Buch, gleichviel ob politische Broschüre oder Werke der Welt- und Gegenwartsliteratur wie G. Boccaccios „Dekameron" (2 Bde. 1958), J. Wickrams „Rollwagenbüchlein" (1957); M. Cervantes „Novellen" (1961); F. Voltaires „Candide" (1958) oder Gedichte von Vl. Majakovskij (Gut und schön, 1957) und G. Maurer (Kreise, 1970). Daneben hat er Schul- und Lesebücher humorvoll und karikaturistisch illustriert. Über seine Intentionen als Grafiker – speziell als Kinder- und Schulbuchillustrator – hat sich K. auch vielfach schriftlich geäußert.

Zu den erfolgreichsten von ihm illustrierten Kinderbüchern gehören „Die Kinder- und Hausmärchen der Brüder Grimm", die 1976 in der 15. Auflage erschienen. Die von den Brüdern Grimm für hehre Zeugnisse aus Deutschlands mythischer Vorzeit gehaltenen Märchen sind uns durch die 12 sechsfarbigen doppelseitigen und 370 schwarz-weißen Schabzeichnungen näher gerückt worden: das Phathos ist gemildert, Gruseliges ist durch Spaß und Humor entschärft. Eine geglückte Mischung von Realismus und Fantasie bestimmt das Ganze. Es ist eine künstlerische Rezeptionsleistung der deutschen Märchenwelt aus unserer heutigen Sicht. Diese Ausgabe wurde ins Dänische, Holländische, Japanische, Litauische und Moldauische übersetzt und in Lizenz auch in der BRD veröffentlicht. Zu den Werken, die sich durch Harmonie von Text und farbigen Illustrationen auszeichnen, zählen auch die zu Geschichten von Fr. Rodrian gestalteten Bilderbücher wie „Das Wolkenschaf" (1958), „Hirsch Heinrich" (1960) oder „Die Schwalbenchristine" (1962); sie sind in hohen Auflagen und zahlreichen Übersetzungen erschienen und erhielten das Prädikat „Schönstes Buch des Jahres". Künstlerische Geschlossenheit zeichnet auch A. Weddings „Schatz der Erde und Weißer Schnee" (1961) aus, obwohl bei der Gesamtgestaltung durch K. vorgegebene Fotos in Vier-Farben-Buchdruck mit Vignetten in Einklang zu bringen waren (Schönstes Buch 1961). Eine Meisterleistung ist K.s Komposition von M. Leafs „Ferdinand der Stier" in seiner Einheit von Text und Bild: in der heiteren Farbgebung stimmen der handgeschriebene Text und die leichthingeworfenen Zeichnungen vollkommen überein.

Die sichere Beherrschung der grafischen Techniken erlaubt es K., in bestimmten Fällen auf traditionelle

Originalzeichnungen als Vorlagen zu verzichten und stattdessen mit Farb- und Umrißzeichnungen in Ton- und Strichtechnik, also mit Einzelblättern, zu arbeiten, die erst im Zusammendruck das Bild ergeben.

Werke: J. u. W. Grimm: Die Bremer Stadtmusikanten (1945, ^{2}1947); A. M. Jokl: Die wirklichen Wunder des Basilius Knox (1950); H. Chr. Andersen: Märchen (1951); H. Beecher-Stowe: Onkel Toms Hütte (1952, ^{13}1971); J. Verne: Die Kinder des Kapitäns Grant (1953, ^{10}1972); C. Collodi: Pinocchios Abenteuer (1954, ^{3}1960); Fr. Gerstäcker: Die Regulatoren in Arkansas (1954, ^{5}1963); S. Michalkow: Der Löwe und der Hase (1954); G. Steiner (Hrsg.): Ein kurzweilig Lesen von Till Eulenspiegel (1955); J. Bobrowski: Hans Clauert, der märkische Eulenspiegel (1956); M. Twain: Der Prinz und der Bettlerknabe (1956, ^{6}1966); J. Verne: Die Reise um die Erde in 80 Tagen (1956); R. L. Stevenson: Entführung (1956); K. Germann: Helga und andere Schulgeschichten (1957, ^{3}1960); R. L. Stevenson: Catriona (1957); W. Scott: Quentin Durward (Bd. 1 u. 2. 1957); E. Bass: Klapperzahns Wunderelf (1958, ^{2}1959); Fr. Rodrian: Das Wolkenschaf (1958, ^{8}1974); B. Pludra: Bootsmann auf der Scholle (1959, ^{9}1972); K. Ziem: Einen Bräutigam für Fräulein Maus (1959, ^{2}1960); H. Marquardt: Atem der Freiheit (1959); E. Orthmann: Mädchenschicksale (1960); L. Heller: Hänschen Schnipp (1960, ^{2}1973); Fr. Rodrian: Hirsch Heinrich (1960, ^{9}1974); J. Steinbeck: Der rote Pony (1961); R. Tagore: Kabuliwallah, o Kabuliwallah (1961); A. Wedding: Schatz der Erde und Weißer Schnee (1961); J. u. W. Grimm: Die Kinder- und Hausmärchen der Brüder Grimm (1962, ^{15}1976); Fr. Rodrian: Die Schwalbenchristine (1962, ^{7}1975); Fr. Rodrian: Die Rakete von Bummelsburg (1963, ^{2}1964); A. Wedding: Hubert, das Flußpferd (1963, ^{2}1964); J. Krüss: Timm Thaler oder Das verkaufte Lachen (1964, ^{6}1971); H. Lind: Jussuf Silberlocke, der kleine Esel aus Tadshikistan (1964); B. Pludra: Lütt Matten und die weiße Muschel (1964, ^{4}1974); F. Fühmann: Reineke Fuchs (1964, ^{4}1972); M. Leaf: Ferdinand der Stier (1965, ^{4}1974); N. Tschukowski: Der Mädchenkommandeur (1965); S. Dancker u. R. Hottenrott: Wie Schnatterinchen zu Meister Nadelöhr kam (1965); Die „Frösi"-Schatzinsel. Auswahl (1967); W. Krumbach: Wie Mauz und Hoppel Freunde wurden (1967, ^{6}1972); M. Feix u. D. Wilkendorf (Hrsg.): Mein Freund der General (1967); E. Adler: Der Elefant im Waschtrog (1968); J. Brežan: Die Schwarze Mühle (1968, ^{3}1974); Die Fanfaren von Piepenburg (1968); Der goldene Apfel (1968, ^{2}1969; u. d. T.: Die Augen des Büffels und andere Fabeln); W. Victor: Marx und Engels (1968, ^{3}1970); E. George (Hrsg.): Der Baum (1969, ^{2}1970; zus. mit H. Baltzer u. a.); A. Könner: Der Räuberhase (1969, ^{4}1974); Fr. Rodrian: Wir haben keinen Löwen (1969, ^{5}1974); G. Spang: Ein Teufel namens Fidibus (1970, ^{3}1974); A. Braun: Man muß sich nur zu helfen wissen (1971); S. Kirsch: Hänsel und Gretel (1972); A. Wellm: Das Pferdemädchen (1974, ^{3}1976).

Beiträge: Von der Arbeit eines Illustrators (in: Aufbau. 8. 1952. 558–560); Über die künstlerische Buchillustration (in: Kunsterziehung in der Schule. 3. 1955. 2–5); Wie illustriert man Kinderbücher? (in: Bildende Kunst. 1965. 292–295); Über das Illustrieren von Schulbüchern (in: Bildende Kunst. 1967. 469–473).

Sekundärliteratur: R. Gollmitz: Verzeichnis der von Werner Klemke illustrierten Bücher (in: Marginalien. 13. 1963. 12–21) – A. Hartmann: Werner Klemke als Kinderbuchillustrator (in: Beiträge zur Kinder- und Jugendliteratur. 11. 1968. 75–81). – G. Heß: Werner Klemke und die neue deutsche Buchgraphik (in: Bildende Kunst. 1961. 488–493). – Verner Klemke. Vystavka proizvedenij. Katalog (1974). – H. Kunze: Über Werner Klemke, hauptsächlich als Buchillustrator (in: Marginalien. 13. 1963. 1–12); Werner Klemkes gesammelte Werke (1968, ^{2}1972). – M. Libman: Werner Klemke (in: Iskusstvo. 28. 1965. 63–67). – B. Nowak: Werner Klemke (1963). – W. Schmidt: Klemke illustriert Majakowski (in: Dresdener Galerieblätter. 11. 1959. 250–256). – I. Stiehler: Werner Klemke. Interview (in: Urania-Universum. Bd. 20. 1974. 238–247). – H. Weißgärber: Werner Klemke (in: Bookbird. 1. 1971. 64–68). – H. Wendland: Der Illustrator Werner Klemke (in: Illustration 63. 2. 1965. 2. 5–8). – F. H. Wills: Werner Klemke, Berlin (in: Gebrauchsgraphik. 12. 1956. 10–19); Werner Klemke (in: Graphis. 82. 1959. 128–137).

Horst Kunze

Kletke, Hermann

*Schriftsteller, Chefredakteur, Kinder- und Jugendbuchautor; * 14. 3. 1813 Breslau, † 1886 Berlin.*

Nach dem Besuch des Gymnasiums und der Universität erwarb K. den Grad eines Doktors der Philosophie. Ab 1837 lebte er in Berlin, anfänglich als Schriftsteller, später als Chefredakteur der Vossischen Zeitung.

Werk, Tendenzen, Wirkung. K. war ein überaus fleißiger Autor. Die Chronologie seiner Buchveröffentlichungen läßt drei Schwerpunkte seines literarischen Schaffens erkennen: Kindergedichte – Märchen – erzählende Sachstoffe. – In einer Stellungnahme seines Zeitgenossen A. Merget werden K.s Versuche als Kinderlieddichter uneingeschränkt positiv beurteilt. Es wird darüber hinaus der Wunsch ausgesprochen, daß „sämtliche Kindergedichte des Verfassers der Jugend immer vertrauter werden, da sie frommen Sinn und sinnige Fröhlichkeit in derselben zu wecken und zu nähren geeignet sind". Anders lautet die Wertung bei H. Köster rund vierzig Jahre später: „Kletke ... gehört zu den Kinderlieddichtern, denen nur ganz vereinzelt ein gutes Gedicht gelang, wie z. B. ‚Im weißen Pelz der Winter', ‚Alljährlich an dem Tage, da du geboren bist'". K. widmete seine „Kinderlieder", von denen „Am Weihnachtsbaum die Lichter brennen" lange Zeit in Schule und Haus gesungen wurde, „Dem Dichter Joseph Freiherrn von Eichendorff". – Den Märchenversuchen K.s stimmt Merget nur bedingt zu, wenn er schreibt: „Die gereimten, selbsterfundenen Märchen von K. sind unterhaltend und lehrhaft, aber die Bearbeitungen bekannter Kindermärchen in Reimen ... scheinen uns nicht recht gelungen." – Für die ältere Jugend sammelte und bearbeitete K. seine „historischen Bilder zur Belehrung und Unterhaltung". Er publizierte sie in der Absicht, „durch eine ausgeführte Darstellung des Großen und Charakteristischen den allgemeinen Umrissen der Weltgeschichte Fleisch und Blut zu geben, Personen und Thatsachen, welche der Aufmerksamkeit würdig sind, sowohl in ihren Einzelheiten wie in lebendiger Gesamtwirkung der Anschauung näher zu bringen und so der eigenen Gedankenthätigkeit einen reichen und lebensvollen Stoff unterzubreiten" (Vorwort zu „Neue historische Bilder", 1860). Die historischen Monographien wie auch die Reisebilder gewannen nur distanzierte Anerkennung. So heißt es bei Merget dazu: „Herr K. ist Sammler, doch giebt er der Jugend nicht, was sie am liebsten mag, sondern was

„Die Eroberung von Constantinopel". Abbildung aus Hermann Kletkes „Historische Bilder. Zur Belehrung und Unterhaltung für die reifere Jugend" (1858). Ludwig Pietsch stattete den Band mit sechs kolorierten ganzseitigen Zeichnungen aus.

seiner Überzeugung nach das Beste und Angenehmste für die Jugend ist; da er aber nicht practischer Pädagoge, so ist sein Stil zuweilen etwas schwer für die Schuljugend." Diese Beurteilung spiegelt etwas von der Intention des schriftstellerischen Bemühens K.s wider, der im Vorwort zu seinen „Deutschen Fabeln" (1841) herausstellte, daß er „neben dem pädagogischen auch einen literarischen Zweck zu verfolgen" trachte. Die lange Beliebtheit der Werke K.s ist sicher auch darauf zurückzuführen, daß namhafte Künstler der Zeit wie TH. HOSEMANN, O. SPECKTER und K. FRÖHLICH diese illustrierten. Von 1873 bis 1885 arbeitete K. an J. LOHMEYERS „Deutscher Jugend" mit.

→ Kinderlied

Werke: Der gestiefelte Kater (1839); Deutscher Kinderschatz. Lieder, Märchen, Spiele, Räthsel (1839); Das Buch der Deutschen Kindermährchen (1840); Der Großmutter Abenderzählungen (1841); Deutsche Fabeln des XVIII. und XIX. Jahrhunderts (1841); Phantasus. Theil I–IV (1841); Lieder aus dem Kinderleben (1842); Lieder-Mährchen (1843); Der Neue Kinderfreund (1845); Märchensaal aller Völker (1845); Kinderlieder (1846); Deutsche Kindermärchen (1849); Bilder und Skizzen aus der Geschichte (1850); Märchen meiner Großmutter (1851); Das Buch vom Rübezahl (1852); Das Buch der Riesen (1852); Neues Buch der Riesen (1853); Reisebilder (1854); Neue Reisebilder (1855); Skizzenbuch (1856); Jakob und sein Vetter. Ein Schattenspiel (1857); Neues Panorama (1860); Neue historische Bilder (1860); Guten Morgen Vielliebchen (1860); Ein Märchen-Buch (1867); Ein neues Märchenbuch (1869); Märchen am Kamin (1873).

Hubert Göbels

Klimsch, Eugen

*Maler, Radierer und Illustrator; *29.11.1839 Frankfurt/Main, †9.7.1896 Frankfurt/Main.*

K. erhielt seine Ausbildung im Atelier seines Vaters, des Malers und Grafikers Ferdinand Karl K. und besuchte von 1855 bis 1859 die Abendkurse des Städelschen Kunstinstituts; 1859 bis 1865 war er in München Privatschüler von A. MÜLLER (1831–1901). Nach seiner Rückkehr nach Frankfurt 1865 arbeitete er als Lehrer an der Kunstgewerbeschule, erhielt 1889 den Professorentitel und wurde 1895 Leiter der Maler- und Komponierschule des Städelschen Instituts. Er unternahm Studienreisen nach Paris, London und Venedig. Neben Genreszenen, Fresken, Porträts (H. HOFFMANN) malte K.

Werk, Tendenzen, Wirkung. K.s Werk ist sehr umfangreich; er hat Klassiker wie W. SHAKESPEARE, J. W. GOETHE, FR. V. SCHILLER, A. V. CHAMISSO oder W. SCOTT (Kenilworth, 1877), insbesondere aber Jugendschriften illustriert, die zum Teil noch in den zwanziger Jahren aufgelegt wurden. K. arbeitete an periodisch erscheinenden Schriften wie HORNS „Spinnstube", J. LOHMEYERS „Deutsche Jugend" (ab Bd. 6. 1876 ff.) und ab 1890 an FR. HOFFMANNS „Der neue Deutsche Jugendfreund" mit. Ferner war er mit Zeichnungen und Farbbildern – häufig nach Aquarellvorlagen – an Sammlungen wie „Illustrirtes Deutsches Kinderbuch" ([4]1863) und „Lachende Kinder" ([4]1883) von G. SCHERER (1828–1909), „Aus der Kinderwelt" (1891) von O. WILDERMUTH (1817–1877) und „Erzählungen für kleine Kinder" (1891) von J. A. C. LÖHR (1764–1823) beteiligt. Neben Gedichten (Deutsche Minne in Bild und Lied, 1869; Der Pegasus, 1879; Goldene Reime für die Kinderstube, 1890), Märchen (Deutsche Märchen in Wort und Bild, Bd. 1–5 u. 7, 1876 u. 1877; Unter'm Märchenbaum, 1877; Wunderhold, 1892), Volksbüchern (Till Eulenspiegel, 1898) illustrierte K. zahlreiche Jungmädchenromane und Erzählungen für die ‚reifere Jugend' von Schriftstellerinnen wie E. BILLER (*1833), CL. HELM (1825–1896), E. POLKO (1823–1899) oder O. WILDERMUTH (1817–1877).
K.s Werke sind in Stil und künstlerischer Qualität ungleich. Zeichnerisch routiniert, passen sie sich eklektisch den jeweiligen Vorwürfen auch stilistisch an. In den frühen Bildern zu Gedichten L. UHLANDS und H. HEINES in „Deutsche Minne" ist der Einfluß L. RICHTERS (1803–1884) unverkennbar, zu dessen Innigkeit hier oft sentimentale Züge hinzukommen. In „Der Pegasus. Klassisches Bilder-Buch für die deutsche Jugend", das K. nach Originalskizzen von H. OSWALT illustrierte, zeigen sich neben allegorischen („Die vier Brüder" von FR. V. SCHILLER) oder pädagogischen („Die wandelnde Glocke" von J. W. GOETHE) auch historistische Züge („Schwäbische Kunde" von L. UHLAND), bis hin zum für die Zeit nach 1870 typischen Patriotismus („Kindersehnen" von G. CHR. DIEFFEN-

BACH, „Des deutschen Knaben Tischgebet" von F. K. GEROCK).

Bei den Märchenbildern findet sich auf den Spuren von M. v. SCHWIND (1804–1871) Spätromantisches, zuweilen verbunden mit neckischen (Schneewittchen, 1876, Bd. 2 der Reihe „Deutsche Märchen") oder heroischen und pathetischen Tönen (Die Zauberprinzessin, 1877, Bd. 7 der Reihe „Deutsche Märchen). Die Aquarelle und Zeichnungen zu den Backfischbüchern – hier wählt K. oft stark gefühlsbetonte Szenen aus – spiegeln bis in die genau wiedergegebenen Interieurs und Kleidermoden hinein die wohlgeordnete städtisch-bürgerliche bzw. ländliche Welt der achtziger und neunziger Jahre wider. Der Ausdruck von Schmerz, Leid und Armut wird durch weiche Farben, geschickte Lichtführung und ausgewogene Komposition harmonisiert, die Bilder wirken glatt, häufig kalt oder verstärken sentimentale Tendenzen des Textes.

Werke: Deutsche Minne in Bild und Lied (1869); A. v. Chamisso: Gedichte (1874; zus. mit anderen); Cl. Helm: Das Kränzchen (²1875, ⁴1886); L. Kissner: Deutsche Märchen in Wort und Bild (Bd. 1–5 u. 7. 1876 u. 1877); H. Oswalt: Unter'm Märchenbaum (1877, ⁸1913); O. Wildermuth: Für Freistunden (⁴1877, ¹⁴1919); O. Wildermuth: Aus Schloß und Hütte (⁵1877, ²³1921); W. Scott: Kenilworth (1877); H. Oswalt (Hrsg.): Der Pegasus (1879, ¹²um 1925); G. Lang: Sonnenblicke aus dem Lenz des Lebens (1878); E. Polko: Unsere Pilgerfahrt von der Kinderstube bis zum eigenen Herd (⁷1880, ⁹1892); J. Lohmeyer: Im Märchenwalde (1882; zus. mit P. Grot-Johann); J. Lohmeyer: Lachende Kinder (1882; zus. mit anderen); E. Biller: Die Puppenfamilie (1883, ³1899); O. Wildermuth: Aus der Kinderwelt (⁴1883, ²⁷1921; zus. mit anderen); J. Lohmeyer: Kunterbunt (1883; zus. mit anderen); E. Biller: Eine kleine Musterwirtschaft (1883, ⁵1906); H. Seidel: Wintermärchen (1885; zus. mit anderen); J. Lohmeyer: Jugendwege und Irrfahrten (1886); R. A. Lottka: Kinderträume (1886); E. Biller: Glückliche Ferien (1889, ³1903); C. Lechler: Goldene Reime für die Kinderstube (1890, ⁷1905; zus. mit W. Claudius); J. A. C. Löhr: Erzählungen für kleine Kinder (1891, ⁶1910; zus. mit O. Pletsch); G. Bötticher: Wunderhold (1892); E. v.d. Decken: Neue allerliebste Märchen (1892; zus. mit anderen); P. Graf zu Eulenburg: Erich und Erika (1893; zus. mit anderen); W. Hey: 50 Fabeln für Kinder (1892, ¹¹1921; zus. mit anderen); G. Paysen Petersen: Till Eulenspiegels lustige Streiche (²1898, ³⁰1921).

Sekundärliteratur: F. Graf: Eugen Klimsch (in: Die Kunst für alle. 8. 1893. 113–121).

Eberhard Semrau

Klingberg, Göte

*Schwedischer Literaturpädagoge und Jugendbuchtheoretiker, Professor für Pädagogik; *31.7.1918 Lovisa/Finnland.*

K. studierte Pädagogik, Philosophie und ev. Theologie an der Universität Lund und promovierte mit dem Thema „Svensk barn- och ungdomslitteratur 1591–1839" (Schwedische Kinder- und Jugendliteratur 1591–1839) 1964 in Stockholm. Er war ab 1951 als Lektor bzw. Professor für Pädagogik an verschiedenen Hochschulen tätig (Falun, Göteborg), ab 1964 zusätzlich als Honorardozent an der Universität Uppsala. Von 1970 bis 1974 war K. von Lehrveranstaltungen befreit, um Forschungsaufträge durchzuführen. K. ist seit 1970 Mitglied der Internationalen Forschungsgesellschaft der Kinder- und Jugendliteratur (IFG), ab 1974 ihr Präsident.

K.s stark strukturanalytisch ausgerichtete Publikationen suchen nach klaren Kriterien zur Beschreibung und Beurteilung von Kinder- und Jugendbüchern. In seinen literaturhistorischen, -pädagogischen und gattungsspezifischen Arbeiten finden sich zwei Schwerpunkte: a) der komparatistische Ansatz als methodisches Instrument und b) die Charakterisierung der phantastischen Erzählung innerhalb der Kinder- und Jugendliteratur. Der komparatistische Ansatz zeigt sich in der Bestimmung von Motiven in Kinder- und Jugendbüchern im Vergleich zu denen in der Erwachsenenlektüre innerhalb ein und derselben Nationalliteratur; das gleiche methodische Prinzip taucht auch in dem Versuch auf, einen international verwendbaren Begriffskatalog für das Fachgebiet der Kinder- und Jugendliteratur zu finden. Der komparatistische Ansatz in K.s theoretischem Schaffen beschränkt sich dabei nicht auf synchrone Untersuchungen, sondern ist bei diachronen ebenso deutlich wie die Publikation „Das deutsche Kinder- und Jugendbuch im schwedischen Raum" (Weinheim, 1973) beweist. Bezüglich der Gattungsprobleme hat sich K. vor allem mit dem phantastischen Kinderbuch auseinandergesetzt, dem er mehrere Beiträge gewidmet hat. Dabei unterscheidet K. drei Erzählungstypen voneinander, von denen nach seiner Auffassung zwei keine phantastischen Erzählungen repräsentieren, obwohl sie häufig unter diesen Begriff subsumiert werden: 1. die „surreal-komische Erzählung" und 2. die „mythische Erzählung". Die „surreal-komische Erzählung" spielt sich nach K. „grundsätzlich in einer meist realen, vertrauten Welt des Lesers ab"; die „mythische Erzählung", übrigens nicht zu verwechseln mit Märchen oder Sage, spielt nur in einer fiktionalen, mythischen Welt, ist aber „... (im Gegensatz zu der surreal-komischen Erzählung) logisch aufgebaut". Die „phantastische Erzählung" geht nach K. auf E. TH. A. HOFFMANN (1776–1822) zurück und wird gekennzeichnet durch „zwei verschiedene, aufeinander stoßende oder ineinander übergehende Welten". Sie zeigt ferner „eine nachvollziehbare stringente Logik". Das Mundus-inversus-Motiv und ebenso Nonsense-Motive gehören nach K. nicht zum rhetorischen Figurenbestand einer phantastischen Erzählung. K.s gattungsbestimmende Äußerungen zur phantastischen Erzählung sind nicht unumstritten.

→Internationale Forschungsgesellschaft für Kinder- und Jugendliteratur

Werke: Sekelskiftets barnboksyn och Barnbiblioteket Saga (1966); Kronologisk bibliografi över barn- och ungdomslitteratur utgiven i Sverige 1591–1839 (1967); Barn- och ungdomslitteraturen (1970); Das deutsche Kinder- und Jugendbuch im schwedischen Raum (1973); Barnlitteraturforskning – En Introduktion (1972; dt. Kinder- und Jugendliteraturforschung. Eine Einführung, 1973).

Beiträge: Die Gattungen des Kinder- und Jugendbuches (in: Wirkendes Wort. 17. 1967. 329–340); Die Kinder- und Jugendliteraturforschung (in: Zeitschrift für Jugendliteratur. 2. 1968. 334–348); Die Bedeutung der deutschen Kinder- und Jugendliteratur in Schweden (in: Jugend und Buch. 3. 1969. 16–19 und 4. 9–11); Der Humor in der schwedischen Kinderliteratur (in: Bericht über die XVI. Internationale Jugendbuchtagung in Urach. 1970. 75–79); Der Begriff „Jugendliteratur" (in: Beiträge zur Didaktik und Erziehungswissenschaft. 1971. 93–99); Die phantastische Kinder- und Jugenderzählung (in: G. Haas (Hrsg.): Kinder- und Jugendliteratur. 1974. 220–241).

Rudolf Raab

Klingspor-Museum

Einrichtung der Stadt Offenbach am Main; Sammlung und Dokumentation internationaler moderner Buch- und Schriftkunst; Spezialarchiv zur Bilderbuchillustration; jährlich wiederkehrende Bilderbuchausstellungen.

Geschichte. Das K. wurde am 7. November 1953 von der Stadt Offenbach am Main gegründet. Anlaß dazu war die Stiftung der Privatsammlung von Dr. h.c. K. Klingspor († 1950) durch seine Erben. Die Sammlung umfaßte 3000 Stücke moderner Buch- und Schriftkunst. Wesentlicher Bestandteil der Sammlung sind die Bücher, Sonderdrucke und Schriftproben, die das Schaffen der 1892 von den Brüdern K. und W. Klingspor übernommenen Rudhard'schen Gießerei, ab 1906 „Gebr. Klingspor", dokumentierten. Diese Offenbacher Schriftgießerei machte sich vor allem einen Namen durch Aufträge von Schriftentwürfen an berühmte Künstler wie O. Eckmann oder R. Koch. Nach der Gründung wurde das K. mit einer Reihe von Nachlaßsammlungen der bekanntesten deutschen Schriftkünstler bedacht; laufende Erwerbungen von Einzelstücken und ganzen Sammlungen erweitern die Bestände (1975 über 20000 Inventarnummern).
Dem Museum steht eine internationale Förderungsgemeinschaft, die Vereinigung „Freunde des Klingspor-Museums" e.V., helfend zur Seite; es ist zugleich Sitz des Bundes Deutscher Buchkünstler e.V.

Gegenstand der Sammlung. Als einziges Institut der Welt sammelt das Museum ausschließlich die Buch- und Schriftkunst des 20. Jahrhunderts. Die Bestände gliedern sich in folgende Sachgruppen: Schriftkunst (handgeschriebene Bücher und Blätter; Typographie); Buchkunst (Pressen- und Sonderdrucke; illustrierte Bücher und Bücher mit Originalgraphiken; Einbandkunst); Kleingraphik (Exlibris; Prospekte etc.).

Ausstellungen. Unter den etwa 10 bis 12 jährlichen Wechselausstellungen hat sich die jeweils am 1.12. bis 15.3. laufende Winter-Ausstellung „Bunte Kinderwelt. Die schönsten Bilderbücher aus aller Welt" weithin einen Namen gemacht. Seit 1956 werden in dieser Ausstellung die jeweils besten und künstlerisch interessantesten Bilderbücher des zu Ende gehenden Jahres gezeigt. Zusätzlich steht den Besuchern ein Wühltisch zur Verfügung, auf dem Zweitexemplare zum Lesen und Betrachten ausgebreitet liegen. Die Besucher, vor allem die Kinder, haben Gelegenheit, mit bereitliegenden Malmitteln kreativ auf das Gesehene zu reagieren. Verschiedene Sonderaktionen wie Autorenlesungen, Lesungen für Kinder ausländischer Arbeitnehmer und Lese- und Spielaktionen mit behinderten Kindern bereichern das vielgestaltige Programm. Außerdem gibt das Museum in diesen Bilderbuchausstellungen jungen und unbekannten Künstlern Gelegenheit, ihre Originalentwürfe zu Bilderbüchern auszustellen.

Archiv. Auf Grund der jährlichen Einsendungen zur Bilderbuchausstellung aus etwa 25 Ländern hat das Museum ein Spezialarchiv zur Bilderbuchillustration aufgebaut, das Fachleuten, Studierenden und Interessierten zur Benutzung zur Verfügung steht. Eine Sammlung alter Bilder- und Kinderbücher und alter Bilderbogen (aus der Sammlung K. Klingspor) erschließt weitere Bereiche dieser Art von Literatur. Als Nachfolger von G. A. Mathéy († 1968), der 1953 bis 1957 das Museum geleitet hat, ist seit 1.4.1957 H. A. Halbey der Direktor des K.
Seit 1959 gibt die Vereinigung „Freunde des Klingspor-Museums" sporadische Drucke zum Schaffen einzelner Buch- und Schriftkünstler heraus. Bekannt und gesucht sind die vom Museum herausgegebenen Einladungen und Plakate zur Ausstellung „Bunte Kinderwelt".

→ H. A. Halbey

Hans Adolf Halbey

Erika Klopp Verlag

Berlin. Hauptsächlich Abenteuer- und Mädchenbücher sowie Bücher zum Vorlesen und Ausmalen für das Vorschulalter.

Der Verlag wurde 1925 in Bonn unter der Bezeichnung „Literarischer Verlag Fritz Klopp" gegründet und publizierte in erster Linie Belletristik, Bühnenliteratur sowie Bücher zur Kunst und Sprachwissenschaft. Im Jahre 1929 übersiedelte er nach Berlin. Nach dem Tode ihres Mannes Fr. Klopp († 1939) übernahm E. Klopp, früher unter ihrem Mädchennamen als Schauspielerin E. Dura bekannt, den Verlag. Vorübergehend kam es zur Unterbrechung der Arbeit; der Verlag wurde im Zweiten Weltkrieg zerstört. E. Klopp konnte erst 1950 wieder beginnen. Im Jahre 1972 übernahm das Unternehmen das Jugendbuchprogramm des Erich Schmidt-Verlags, und 1974 wurde der arani-Verlag angegliedert, der u.a. Berliner Mundartliteratur anbietet (darunter der von K. und G. Böttcher 1976 herausgegebene Titel A. Glassbrenners: „... nee scheene Jejend is det hier!" mit Illustrationen von Th. Hosemann). Der Erika Klopp Verlag ist ferner Gesellschafter des junior-Programms des Deutschen Taschenbuchverlags (dtv-junior). Das Angebot des Erika Klopp Verlags umfaßt zur Zeit drei Serien von E. Blyton: die Abenteuer-, Geheimnis- und Streifzügeserie, eine neunbändige Reihe von M. Pattchett (darunter Titel wie „Tam, mein

Silberhengst" und „Ajax, mein Lebensretter"), B. BRATTS „Ein tüchtiges Mädchen" und „Schwester Lise", K. HÖCKERS Biografien „Das Leben von Clara Schumann, geb. Wieck" und „Das Leben des Wolfgang Amadé Mozart" sowie D. INKIOWS „Miria und Räuber Karabum" und „Der kleine Jäger". Unter den Autoren sind auch I. KLEBERGER („Unsre Oma") und L. GAST („Auch du wirst einmal 17").

Rudolf Raab

Klose, Werner

*Gymnasiallehrer und Ausbildungsleiter, Publizist, Verfasser von pädagogischer und Jugendliteratur; *20.3.1923 Hünern/Niederschlesien.*

K. studierte Germanistik und Geschichte an den Universitäten Breslau und Kiel, legte 1950 das Staatsexamen ab und ist seitdem Lehrer für Deutsch und Geschichte; die Möglichkeit zu besonders intensiver pädagogischer Arbeit bietet ihm das Internat des Nordseegymnasiums St. Peter-Ording. Seit 1971 ist K. Referent des schleswig-holsteinischen Kultusministeriums und Studienleiter für Erziehungswissenschaften und Medienpädagogik. Seit 1953 sind zahlreiche Veröffentlichungen erschienen. Sein erstes Jugendbuch, eine Erzählung nach W. v. ESCHENBACH unter dem Titel „Markgraf Willehalm", kam 1955 heraus. K. erhielt 1953 den Erzählerpreis des Süddeutschen Rundfunks und 1974 den Eichendorff-Literaturpreis.

Werk, Tendenzen, Wirkung. Drei Schwerpunkte kennzeichnen K.s jugendliterarisches Schaffen: 1. die nach 1960 geschriebenen, zeitgeschichtlichen Sachbücher über Jugendprobleme im Dritten Reich (z.B. „Generation im Gleichschritt – Die Hitlerjugend", 1964) und in der Gegenwart (z.B. „Skandal und Politik", 1970). 2. K.s besonders verdienstvolle Arbeit um das kreative Spiel mit Kindern und Jugendlichen, die er immer aktiv an den von ihm herausgegebenen Texten beteiligt, z.B. an den Bärenreiter-Spieltexten „Klassenfahrt zum Mond" und „Winnetou in Hollywood". 3. K.s Pioniertätigkeit in der Medienerziehung an der Schule: 1954 begann er mit Tonband-Spielversuchen, die er mit der Zeit systematisch ausbaute, um eine Synthese von Kreativität, Produktionstechnik und sozialer Kooperation zu erzielen. Sein Buch, „Das Hörspiel im Unterricht" (1958), lange Zeit einzige systematische Darstellung der Hörspielarbeit an der Schule, erlebte drei Auflagen und wurde 1974 von der größer angelegten „Didaktik des Hörspiels" abgelöst, in der K. beschreibt, „was der Deutschlehrer im Unterricht aller Schulformen und Altersstufen mit dem Hörspiel machen kann". Der praktische Teil dieses Buches ist informativ und anregend, bringt aber nur zum Teil konkrete Hinweise in Form von Beispielen. Die Einübung in den Umgang mit Hörbarem und die Erarbeitung eigener Hörspiele im Sinne des Rollenspiels kommen weniger zum Zuge als die Hinführung zum literarischen Hörspiel (auf dem Wege über die Umwandlung von erzählenden Texten in Hörspielformen). Ein „Didaktisches Hörspielverzeichnis" gibt einen ziemlich umfassenden Überblick über geeignete Texte und Tonträger. Die Vorliebe des Autors liegt beim „klassischen Hörspiel", ein gewisser Modernitätsrückstand ist unverkennbar: die didaktischen Möglichkeiten neuer Hörspielformen (seit etwa 1964) bleiben weitgehend unberücksichtigt.

K.s eigenes Hörspiel „Reifeprüfung", gesendet 1959, Textausgabe 1960 und bisher in über 5000 Klassen diskutiert, bietet eine Folge episch vermittelter, reportageartiger Szenen und ist das Ergebnis der Zusammenarbeit zwischen dem Autor, seinen Internatsschülern und der Hörspielabteilung des Norddeutschen Rundfunks (damaliger Leiter: H. SCHWITZKE, Dramaturg: E. MONK): „Der Vater, eines Kriegsverbrechens verdächtigt, will seinen Sohn kurz vor dem Abitur mit diesem Problem nicht belasten und bringt ihn deshalb in ein Internatsgymnasium an der Nordsee. Im Schulalltag macht der Sohn Erfahrungen, die am Ende zum Verständnis für die Schuldproblematik des Vaters beitragen, dem Sohn in einer Schüleraufführung der ‚Antigone' zusätzlich verdeutlicht" (KLOSE). Dem Autor ging es u.a. darum, ein Hörspiel zu erarbeiten, das in die Lücke zwischen Kinder- und Erwachsenenfunk paßt.

Werke: Markgraf Willehalm (1955); Das Hörspiel im Unterricht (1958); Hitler – Ein Bericht für junge Staatsbürger (1961); Freiheit schreibt auf eure Fahnen – 800 Jahre deutsche Studenten (1964); Generation im Gleichschritt – Die Hitlerjugend (1964); Hitler und sein Staat (1970); Lebensformen der Jugend (1970); Skandal und Politik (1970); Die Sprache des Schlagers (1971); Überwindung von Vorurteilen (1974).

Klaus Klöckner

Kloss, Erich

*Lehrer, Schriftsteller, Tierbuchautor; *9.3.1889 Eichhorst (Krs. Niederbarnim), †15.10.1964 Berlin.*

Nach der Ausbildung am Lehrerseminar und psychologischen und naturwissenschaftlichen Vorlesungen an der Universität Berlin war K. von 1911 bis 1950 als Volksschullehrer, vor allem in Berlin-Schmargendorf tätig. 1922 wurde er mit der Schaffung neuer Lehrbücher für den naturkundlichen Unterricht beauftragt. Als Autor und Herausgeber bearbeitete er in den zwanziger Jahren mehrere Lese- und Arbeitshefte in Reihen des Hirt-Verlages (z.B. „Aus dem Buche der Natur, Sachlesehefte"). Als Mitarbeiter für naturkundliche Hörbilder und Vorträge im Schulfunk der „Deutschen Welle" war er weithin bekannt. In den zwanziger und dreißiger Jahren veröffentlichte er außerdem zahlreiche Artikel in pädagogischen, Familien- und Unterhaltungszeitschriften. Den Nachlaß verwaltet K.s Tochter, Dr. HILDEGARD KLOSS. Sie besorgte auch die neueste Bearbeitung seiner Werke.

Werk, Tendenzen, Wirkung. K.s Bücher, vorwiegend im Fr. Schneider-Verlag erschienen, erzielten eine Gesamtauflage von ca. fünf Millionen. K. wählte die Form

des erzählenden oder erlebnishaften Sachbuches, um jungen Lesern Informationen über Natur und Tierwelt zu geben. Der Leser soll emotional angesprochen werden, miterleben, mithoffen und mitbangen können und so eine Bereicherung seiner Kenntnisse und Einstellung gegenüber der Natur erfahren. Die vermittelten Fakten sind sachkundlich richtig, basierend auf genauer Beobachtung und K.s Erfahrungen als Jäger, Fischer, Gärtner und Bauer, seiner Tätigkeit im Naturschutz und vertiefender wissenschaftlicher Lektüre. Zugunsten des naturkundlichen Kerns wird von der Intention her die Rahmenhandlung relativ unwesentlich. Jedes Buch enthält ein ausführliches Sachregister. Insgesamt ergibt sich fast so etwas wie eine kleine Enzyklopädie der Tierwelt. Dabei geht es K. um eine informierte Einstellung gegenüber Natur und einer Tierwelt, die auf Kampf und natürlicher Auslese beruht und in der der Mensch eine verhängnisvolle Rolle spielen kann: „Wir vernunftbegabten Menschen sind viel schlimmer als die Raubtiere und Raubvögel. Wir quälen nicht nur die Tiere, wir rotten sie auch aus. Durch uns verödet die Welt" (Der König der Nacht. S. 53). Aus dieser Einsicht erklärt sich auch die teilweise sehr grausame Darstellung des Sterbens von Tieren.
Hervorzuheben sind neben der bekannten Försterhaus-Serie drei Bücher für das erste Lesealter mit dem Versuch, aus einer möglichen Gefühlsperspektive von Tieren und Pflanzen heraus zu schreiben („Fünf kleine Igel", 1940, „Märzhasen" 1948 und „Zwei Rehkinder und ihre Mutter" 1950), der Band „Zwei Reiter – zwei Pferde" (1939), der als Vorläufer der heute so weit verbreiteten Pferdebücher gelten kann, und das auf eigenem Erleben und Studium beruhende Buch „Das Paradies der Bären" (1945), das wegen der bis dahin mangelnden Informationen über die Karpatenbären auch bei Jägern und Forschern auf Interesse stieß. Ursachen für den großen Erfolg von K.s Büchern sind wohl: Der direkte Kontakt zum Leser, Spannung, die nicht auf künstlicher Schaffung von Sensationen beruht, sondern aus den Gegebenheiten der Tierwelt selbst entsteht, Einfühlungsvermögen und didaktisches Fingerspitzengefühl, umfassende Sachkenntnis und Bemühen um Wahrhaftigkeit. Zum anderen wird angeknüpft an Bedürfnisse nach unverletzter Natur und Harmonie, Entfremdung wird durch Schaffung von Idylle und fest umrissenen Verhältnissen mit immer wiederkehrenden Personen scheinbar aufgehoben, zumal für den Leser, dessen Realität eine ganz andere ist. Eine kritische Forschung wird das Aussparen von Problemen, die die Industrialisierung und ihre Folgen für die Natur betreffen, die Idylle, die Klischees von Gut und Böse, die insgesamt undifferenzierte Menschendarstellung mit stereotyper Rollenverteilung, sowie die Überbetonung didaktischer Elemente hervorheben müssen, sollte jedoch auch nicht die zahlreichen genannten positiven Elemente in K.s Büchern übersehen.

→ Tierbuch

Werke: Blumen für Kinder. Eine Anleitung zur Blumenpflege (zus. mit A. Steffen, 1925); Ferdinand Hirts Tatsachen- und Arbeitshefte (zus. mit W. Hoppe, 1927; Bandausgabe 1928); Auf Leben und Tod im deutschen Walde (1931; 1935 u.d.T. Auf Lauschposten im deutschen Walde; 1950 u.d.T. Geheimnisse des Waldes); Geheimnisse der Schilfbucht (1931; NA. u.d.T. Jagdabenteuer im Waldsee, 1953); Frühling im Försterhaus (1932); Sommertage im Försterhaus (1932); So schön ist's nur im Försterhaus (1932); Harras (1933); Herbstfreuden im Försterhaus (1933); In der wilden Klamm (1934; NA. u.d.T. Beim Förster im Hochgebirge, 1957); Winterferien im Försterhaus (1934); Im tiefen Forst (1936); Struppi, der Drahthaarfoxl (1938; NA. u.d.T. Tobby lernt alles, 1970); Ein frohes Gartenjahr (1939; NA. u.d.T. Hurra, ein Garten!, 1963); Miez und Murr (1939; NA. 1966); Zwei Reiter – zwei Pferde (1939); Fuchs, du hast die Gans gestohlen (1940); Fünf kleine Igel (1940; NA. 1949); Kleines Reh im Försterhaus (1940); Das Paradies der Bären (1945; 1947 u.d.T. Karpatenbären; 1959 u.d.T. Bären in der Wildnis); Märzhasen (1948); Förster Specht und seine Füchse (1950; NA. u.d.T. Förster Timm und seine Füchse, 1968); Zwei Rehkinder und ihre Mutter (1950); Schmuggler, Jäger, dunkle Wälder (1952); Die Wölfe kommen! (1953); Der junge Sportfischer (1954); Die Försterkinder vom Alpsee (1957); Michael und die Waldfreunde (1960); Die Waldfreunde und ihre Tiere (1962); Horch, der Kuckuck ruft (1964).

Hans Kerst

Knaak, Kurt

*Lehrer, Tierschriftsteller; *8. 4. 1902 Guben/Niederlausitz, † 29. 9. 1976 Göttingen.*

K. war von 1924 bis 1967 im Schuldienst, zuletzt als Schulleiter in Gladebeck/Kreis Göttingen. Durch wissenschaftliche Studien im Bereich Biologie, auf Reisen und regelmäßigen Pirschgängen erwarb K. fundierte Kenntnisse über heimische und fremde Tiere. Sie fanden ihren literarischen Niederschlag in den seit 1938 erscheinenden Tierbüchern K.s. Neben verschiedenen Ehrungen (Niedersächsisches Verdienstkreuz 1973, Silberne Verdienstplakette der Landesjägerschaft) erhielt K. 1971 den Literaturpreis des Deutschen Jagdschutz-Verbandes.

Werk, Tendenzen, Wirkung. K. hat sich in mehreren Aufsätzen zur Theorie der Tiergeschichte geäußert („Die Tierdichtung im deutschen Schrifttum", in: JSW 1942. 3/4. 17–19; „Franz Graf Zedtwitz, ein Tierschriftsteller für die deutsche Jugend", in: JSW 1942. 9/10. 69–71; „Die Bedeutung der wissenschaftlichen Tiergeschichte", in: JSW 1943. 1/2. 12–14; „Wesen und Bedeutung der Tiergeschichte", in JSW 1954. 6. 41–42). Er wendet sich gegen „das Hineinprojizieren menschlicher Betrachtungsweisen in die Atmosphäre des Tierwesens" (JSW 1954. 6. S. 41) und plädiert für die wissenschaftliche Tiergeschichte, deren Kernpunkt die „Offenbarung der Tierpsyche" sei (JSW 1942. 3/4. S. 18). Ein Tierschriftsteller („Tierdichter") in diesem Sinne müsse über eingehende biologische Kenntnisse und die „Fähigkeit des vertieften, sinndeutenden Tierschauens" (JSW 1954. 6. S. 41) verfügen.
Als Darsteller eindrucksvoller Tierpersönlichkeiten, die er in ihrer Umwelt zeigt, steht K. in der Nachfolge

von H. Löns (1866–1914). Seinen Jugendbüchern liegen vielfältige Lektüre und genaue Tierbeobachtungen zugrunde; trotz theoretischer Einsicht entgeht er jedoch nicht der Gefahr eines emotional verführerischen Anthropomorphismus. K. will mit seinen Tierbüchern Naturverbundenheit wecken und erhalten. Er will gleichzeitig informieren (die Tiergeschichte nimmt „für sich in Anspruch, als ein Sachbuch gewertet zu werden", JSW 1943. 1/2. S. 13) und unterhalten; er paßt sich den Lesebedürfnissen Jugendlicher an, indem er Rührung und Spannung herzustellen versucht. – Sein bisheriges Werk umfaßt 126 Titel, die in einer Gesamtauflage von über dreieinhalb Millionen erschienen sind.

→ Tierbuch

Werke: Schwingen über Heide und Hochwald (1938); Ti-it. Geschichte eines Eisvogels (1938; NA. 1954); Faun. Geschichte eines Rehbocks (1939, [4]1951; NA. unter dem Titel: Faun, der Herr des Waldes, 1963, [4]1965); Feuerhelm. Das Leben eines Schwarzspechtes (1939, [2]1949); Der heimliche Herrscher (1943, [2]1950); Hornissenvolk (1948); Grünhall (1949); Die Herren des Berges (1949; NA. unter dem Titel: Der Dachs, 1962); Salmo, die Forelle (1949); Ilke. Die Geschichte einer Iltisfähe (1952); Quickloh (1953); Auf heimlicher Spur (1954; NA. unter dem Titel: Ermelyn, die gejagte Jägerin, 1970); Brav, mein Weidgesell (1954, [2]1955); Attila, Gefährte einer Jugend (1955); Die beiden Ringe (1955); Hasso. Furchtlos und treu (1956); Spuren im Walde (1956, [2]1966); Troll, der Mordhirsch (1956); Ajax, der Held vom Dachstein (1957, [2]1966); Puck bricht aus (1957); Ricki, das Rehlein (1958; NA. 1972); Wunderstute Larissa (1958); Zwei Sterne des Turfs (1958); Nickel Zapperlot (1960); Marata, die treue Haflingerstute (1962, [2]1966); Peggy, der Blindenhund (1962); Der geheimnisvolle Waldsee (1963; NA. 1974); Hurra, der Terrier (1963); Ein Jahr zieht über den Wald (1963; NA. 1973); Rehe sehen dich an (1963, [7]1967); Im dunklen Forst (1964); Mein grünes Paradies (1964); Monika und ihr Reh (1964; NA. 1972); Es begann mit einem Pony (1965); Polizeihund Harras (1965); Tiere im Kampf (1965); Geheimnisvolle Pirsch (1966); Hunde, meine Freunde (1966; NA. 1972); Im Reich der Gams (1966); König im Fels (1966); Försters Waldi (1967); Gut Freund mit wilden Tieren (1967); Der Muffelwidder (1967); Ursü, der Karpatenbär (1967); Wie Klaus Förster wurde (1967); Attila und Wirbelwind (1968); Gefährten des Försters (1968); Der heimliche König des Moores (1968); Kleine Schwalbe, flieg nach Afrika (1968); Lynx, der unheimliche Herrscher (1968); Rund um den Geisterberg (1968); Traberhengst (1968); Wildräubern auf der Spur (1968); Flinke Gesellen im Forst (1969); Hamsterback, der Einsiedler, und Murmeltiere, die Kobolde der Berge (1969); Die letzten Riesen (1969); Schüsse am Schwarzmoor (1969); Brauner Blitz (1970); Pferde, meine Freunde (1970; NA. 1972); Wasserburgen am Bibersee (1970); Könige des Nordpols (1971); Axel reist ins Burgenland (1972); Heimat der Seehunde (1972); Die Räuber vom Waldsee (1972); Die Tiger kommen (1972); Die Ungezähmten (1972); Leoparden (1973); Treue Bernhardiner (1973); Araber-Vollblut (1974); Auf der Pirsch am See (1974); Grizzly (1974); Ein Jahr im Forst (1974); Die klugen Delphine (1974); Silva, das Wildkalb (1974); St. Hubertus hilf: Wilderern auf der Spur (1974); Die Herrin der Berge (1975); Salar, der Raublachs (1975); Die Zobeljäger (1975).

Sekundärliteratur: W. Fronemann: Kurt Knaak – Ein Meister der Tiergeschichte (in: Die deutsche Literatur. 2. 1954. 4–6).

Jutta Grützmacher

Gebrüder Knabe Verlag

Weimar/DDR. Hauptsächlich Bilderbücher, Kinder- und Jugendbücher unterschiedlicher Thematik für die Altersstufen von 8 bis 15 Jahren.

Der Verlag wurde 1933 von G. (* 1903) und W. Knabe (* 1906) gegründet. Nach dem Zweiten Weltkrieg publizierte er bis 1948 ausschließlich Bilderbücher, danach auch Kinder- und Jugendbücher für das Lesealter zwischen 8 und 15 Jahren. Das Programm umfaßt neben Märchen-, Abenteuer- und Mädchengeschichten auch vereinzelt erzählende Sachbücher über historische Stoffe, wie z.B. Ch. Thomas' „Die Prinzipalin" (biografische Erzählung über K. Neuber) oder A. Jeschs Bücher, u.a. „Des Müntzers Bote", „Der Schmied von Burg Gleichen" oder „Der Teufel vom Bärenmoor".

Rudolf Raab

Knabenspiegel

K. ist der Titel einer 1554 bei J. Froelich in Straßburg gedruckten Schrift von G. (auch Jörg) Wickram (um 1500, † vor 1562) „Knaben Spiegel, Dialog vom ungeratnen Sohn", die zugleich Beispiel für eine Gruppe ähnlicher didaktischer Schriften innerhalb der frühneuhochdeutschen Literatur ist, in denen Tugenden und Laster der männlichen Jugend an Beispielen und unter Rückgriff auf biblische Vorbilder dargestellt werden.*

Im K. nimmt am Hof zu Preußen ein Ritter einen Bauernjungen an Sohnes statt an und erzieht ihn zusammen mit dem eigenen verzärtelten Nachkömmling. Das Bauernkind Fridbert gelangt durch Fleiß und Tugend zu Ansehen, der leichtfertige Stiefbruder Wilbald wird erst nach sündigem und elendigem Leben bußfertig und zuletzt in Gnaden wieder am Hof des Vaters aufgenommen. G. Wickram weist in seinem „Beschluß" darauf hin, daß der K. für den Gebrauch an „teutschen schuelen" geeignet sei: „Gott geb gnad / das sich die jugent besser und in der forcht aufwachs". Der positive Held Fridbert in G. Wickrams K. ist mit so viel Fleiß, Sittsamkeit und Demut ausgestattet, daß er das Paradebeispiel für einen gefügigen Musterknaben abgibt. Es ist zu vermuten, daß der K. mehr Schullektüre oder Elternlektüre als Jugendbuch in unserem heutigen Verständnis gewesen ist. Vorarbeit zum K. war eine für die Aufführung an den höheren Schulen des Humanismus geeignete dramatisierte Fassung.
Auch von dem Schweizer J. Murer (1530–1580) gibt es ein Stück „Der jungen Mannen Spiegel" (1560), ein in Zürich und anderen Schweizer Orten aufgeführtes Volksdrama. Das im 16. Jahrhundert weit verbreitete Motiv des verlorenen Sohnes hatte schon 1527 B. Waldis (1490–1556) zu einem geistlichen Spiel „De parabell vom verlorn Szohn" veranlaßt. Eine große Anzahl didaktischer Schriften für junge Leser (Sittenbüchlein, Anstandsbüchlein usw.) des 17. und 18. Jahrhunderts gehen auf Wickrams „Knaben Spiegel"

zurück und verwenden oft im Titel oder Untertitel den programmatisch verstandenen Begriff „Knabenspiegel".

→C. A. Hager, →Lehrdichtung, →Moralische Geschichten, →Sittenlehrbuch, →G. Wickram

Sekundärliteratur: H. Kunze: Wann beginnt die spezifische Kinder- und Jugendliteratur in Deutschland (in: Beiträge zur Kinder- und Jugendliteratur. 38. 1976. 46–48). – H. Müller: Vom Sittenbuchlein zur moralischen Erzählung (in: Das gute Jugendbuch, 3. 1976. 121–128).

Klaus Doderer

Des Knaben Wunderhorn

Die unter dem Titel „Des Knaben Wunderhorn" 1805/06 und 1808 von A. v. Arnim (1781–1831) und Cl. v. Brentano (1778–1842) herausgegebene Sammlung deutscher Volkslieder und Dichtungen enthält Kinderlieder, die schon nach kurzer Zeit zu Klassikern wurden und die Kinderlieddichtung des 19. und 20. Jahrhunderts entscheidend beeinflußten.

Arnim und Brentano wollten den überlieferten Volksgesang vor dem Untergang in dem „Arbeitshaus" der kapitalistischen Gesellschaft, von der sie dunkle Vorahnungen hatten, bewahren und der in feudale Klein- und Kleinststaaten zersplitterten deutschen Nation „die frische Morgenluft altdeutschen Wandels" (Nachschrift an den Leser) und ein Gefühl der Einheit und Zusammengehörigkeit vermitteln. Der 1. Band – datiert 1806 – erschien im Herbst 1805 in Heidelberg, mit dem 2. und 3. Band wurde das Werk 1808 unter Mitarbeit der Brüder Grimm vollendet. Arnim und Brentano verfolgten bei ihrer Bearbeitung des umfangreichen Liedguts keine streng historisch-kritische Methode, sondern betrachteten, auf die Wahrheit der Phantasie vertrauend, ihre Arbeit als künstlerisch-schöpferischen Prozeß, der inhaltliche und formale Änderungen der Originalvorlagen erlaubt. Dies gilt auch für die als Anhang zum 3. Band erschienenen, von Brentano allein bearbeiteten 143 im Ton naiver Poesie gehaltenen Kinderlieder. Allerdings wird hier ein hoher Anteil kaum veränderter Originale angenommen. Die ohne festes Ordnungsprinzip aneinandergereihten, oft mundartlich gefärbten Abzählreime, Kniereiterverse, Wiegen- und Schlaflieder, Scherzgedichte usw. wurden sehr schnell bekannt und viele von ihnen in Auswahlausgaben neu herausgegeben.

Angeregt durch „Des Knaben Wunderhorn" entfaltete sich eine intensive Sammeltätigkeit, neue Anthologien, auch von Einzeldichtern, wurden herausgebracht (z. B. Fr. Güll: Kinderheimat in Bildern und Lieder, 1837; K. Simrock: Das deutsche Kinderbuch, 1848). Auch für das Bilderbuch lieferte „Des Knaben Wunderhorn" wesentliche Impulse. Namhafte Künstler illustrierten einzelne Lieder, so in dem von L. Richter und anderen Dresdener Künstlern gestalteten Bilderbuch „Die Ammenuhr" (1843) und in E. Engelmanns „Schiefertafel-Bilder zu deutschen Kinder-Liedern nach Arnim, Brentano, Simrock u.a." (1851). Auch Fr. v. Pocci (1807–1876), O. Pletsch (1830–1888) und E. Kreidolf (1863–1956) wandten sich dem „Wunderhorn" zu. Viele der ohne Noten veröffentlichten Lieder wurden – teilweise von bekannten Komponisten – vertont, manche gingen in die Liederbücher der Jugendbewegung zu Beginn des 20. Jahrhunderts ein; einige sind heute noch durch die Lese- bzw. Musikbücher der Schulen bekannt („Guten Abend, gute Nacht"; „Drei Gäns im Haberstroh" u.a.). Darunter befinden sich auch solche, die nicht im Kinderlieder-Anhang, sondern in den ersten Bänden enthalten sind, wie „Maikäfer flieg"; „Es blies ein Jäger wohl in sein Horn"; „Schnützelputz-Häusel". Immer wieder wurden Auswahlausgaben, zumeist in Form von Bilderbüchern, herausgebracht, so in jüngster Zeit „Der Kinder Wunderhorn" (1971) mit Bildern von A. Fechner und die außergewöhnlich umfangreiche Auswahl „Kinderreime und Kinderlieder aus Des Knaben Wunderhorn" von H. Preissler mit Illustrationen von G. Rappus (1970).

→A. v. Arnim, →Cl. v. Brentano, →Brüder Grimm, →Kindergedicht, →Kinderlied, →Wiegenlied

Sekundärliteratur: K. Bode: Die Bearbeitung der Vorlagen in „Des Knaben Wunderhorn" (in: Palästra. 76. 1909). – A. H. Hoffmann von Fallersleben: Zur Geschichte des Wunderhorns (in: Weimarisches Jahrbuch für deutsche Sprache, Literatur und Kunst. 1855). – H. v. Müller: „Des Knaben Wunderhorn". Zur Entstehungsgeschichte des Werkes (in: Philobiblon. 2. 1958. 82–104). – F. Rieser: „Des Knaben Wunderhorn" und seine Quellen (1908). – H. Schewe: Jacob Grimms Wunderhornbriefe (in: Deutsches Jahrbuch für Volkskunde. 9. 1963. 124–130); Vorauswort zu einer historisch-kritischen und anhand der Originalquellen kommentierten Wunderhornausgabe (in: Deutsches Jahrbuch für Volkskunde. 2. 1956. 51–72).

Bernd Dolle

Koch, Franz Joseph

*Pädagoge, Volks- und Jugendschriftsteller; *22.3.1875 Bracht/Sauerland, †23.10.1947 Berge bei Meschede/ Westfalen.*

Werk, Tendenzen, Wirkung. K., der es bis zum Rektor in Essen brachte, vertrat eine „Pädagogik der Freude". In diesem Sinne verfaßte er zusammen mit seiner Frau Maria K. mehrere Bändchen für Mutter und Kind, so „Der heilige Garten. Ein Buch frommer Freude und religiöser Belehrung" (1926), „Zwölf Glocken klingen" (1928) und die in klarem Gegensatz zu den Mutter- und Koseliedern (1844) von Fr. Fröbel (1782–1852) geschaffenen Verse „Eia. Neue Mutter- und Koselieder" (1931).

In Anlehnung an J. H. Pestalozzi (1746–1827) war für K. die Anschauung als formbildende Kraft im Unterricht maßgebend, vor allem in dem von ihm besonders geförderten Gesamtunterricht. Für die von ihm selbst stammende „Fingerlesemethode" entwickelte K. eine Reihe von Bändchen wie „Lustiges Fingerlesebüchlein" (1917), „Lustiges Fingerlesebüchlein für den Arbeitsunterricht" (1921), „Lesen als Gebärdenspiel. Rhythmus und Mimik im Erstunterricht" (1921), „Lesen und Singen als Gebärdenspiel" (1927), „Fingerlesen"

(1938), die er zuvor im Unterricht selbst erprobt hatte. Mit Fingern und Händen wurden beim Lesenlernen die den einzelnen Lauten entsprechenden Gebärden gezeigt und im Fortschreiten zum schärferen Sinnesempfinden, zum Schau- und Hörbaren, kleine Gedichte und Lieder K.s dargestellt. Die Bilderbücher „Paradiesfibel" (1927), „Die beiden Radschläger" (1928) und der vier Jahre nach des Verfassers Tod erschienene Band „Maumau und Wauwau" (1951) enthalten eine Reihe klangmalerischer Stücke für den Gebrauch des Gebärdenspiels. K.s „Fingerlesemethode" wird heute noch in der Therapie für Legastheniker benutzt.
Erfahrungen bei Ausflügen und Wanderungen, die er mit seinen Schülern unternahm, verwertete K. in den „Wanderbüchern für Naturfreunde". Als 1926 das Rheinische Lesebuch erschien, schuf K. dazu in Gemeinschaft mit anderen ein hilfreiches Unterrichtsmittel, die sechsbändige Reihe „Unterrichtsbilder zum neuen Lesewerk" (1926). Als „Kindersonntagsbücher" gab K. eine Reihe klassischer Jugendschriften neu heraus.

Werke: Lustiges Fingerlesebüchlein (1917); Volkshochschule und Weltanschauung (1919); Lustiges Fingerlesebüchlein für den Arbeitsunterricht (1921); Lesen als Gebärdenspiel. Rhythmus und Mimik im Erstunterricht (1921); Der Pilzjäger. Ein volkstümlicher Führer zur Pilzkenntnis und Pilzverwertung, zugleich ein ausführliches Begleitwort zu den großen und kleinen Pilztafeln. (Wanderbücher für Naturfreunde. Nr. 1. 1924); Heilpflanzen. Ein Wegweiser zur sicheren Kenntnis und richtigen Verwendung der heimischen Heilpflanzen. (Wanderbücher für Naturfreunde. Nr. 2. 1925); Vogelsprache und Vogelleben. (Wanderbücher für Naturfreunde. Nr. 3. 1926); Der heilige Garten. Ein Buch frommer Freude und religiöser Belehrung für Mütter und Kinder (1926); Lesen und Singen als Gebärdenspiel. Unter Berücksichtigung der ministeriellen Verfügung über „Musikunterricht in Volksschulen" vom 26.3.1927 (1927); Paradiesfibel. Ein lustiges Tierbilderbuch für Mütter und Kinder (1927); Die beiden Radschläger. Ein deutsches Verkehrsbilderbuch (1928); Zwölf Glocken klingen. Ein frisch-fröhliches Hausbuch für Mutter und Kind (1928); Eia. Neue Mutter- und Koselieder (1931); Fingerlesen (1938); Die lustige Rheinfibel (1940); Maumau und Wauwau (1951); Das bunte Vogelstimmen-ABC (1951).

Hrsg.: Unterrichtsbilder zum neuen Lesewerk. Zum Rheinischen Lesebuch (Bd. 1–6. 1926); Fr. Graf von Pocci: Kasperl auf der Jagd (1925); G. A. Bürger: Lustige Abenteuer des Freiherrn von Münchhausen (1925); Das Nibelungenlied. Im Anschluß an die Handschrift des Freiherrn von Laßberg neu erzählt (1927); Das lustige Richterbuch. Mit vielen großen und kleinen Bildern (1927); Kevelaerer Wallfahrts- und Marienkalender (1926–1928).

Sekundärliteratur: H. E. Hengstenberg: Ein moderner Pädagoge (in: Begegnung. 1948. 5. 203–205).

Hans Eich

Koch, Rosalie

*Erzieherin und Schriftstellerin; *1.3.1811 Haynau/ Schlesien, †26.8.1880 Jauer.*

K., Tochter eines Steuerbeamten, zog 1824 mit ihrer Familie nach Jauer, wo sie die Erziehung einer „höheren Tochter" erhielt. Die Schriftstellerin A. Franz (1794–1843), deren Bekanntschaft K. 1833 machte, ermunterte sie zu ihrer ersten schriftstellerischen Tätigkeit, einer Sammlung von Kinderliedern, die 1834 in Essen erschien. Ab 1850 leitete K. eine Erziehungs- und Unterrichtsanstalt in Jauer.

Werk, Tendenzen, Wirkung. K. hat eine heute kaum noch übersehbare Zahl von Erzählungen teils für Mädchen, teils für „Kinder" und die „Jugend" verfaßt. Sie sind in eigenen Sammelbänden der Verfasserin, die meist Blumennamen tragen, aber auch zusammen mit Erzählungen anderer Autoren (M. Hutberg) sowie in Jahrbüchern (z.B. Th. von Gumperts „Töchteralbum") erschienen. Daneben schrieb sie auch Märchen und gab Heimatsagen heraus. Ihre Wirkung ist weniger eine individuelle, sie ergibt sich mehr durch ihre totale Übereinstimmung mit der – von Wolgast so genannten und kritisierten – „spezifischen Jugendliteratur" des 19. Jahrhunderts in Deutschland.
Die Verfasserin entwickelte schon früh ein sehr geschlossenes Wertsystem, das sich dann kaum noch wandelt und vor allem durch ein bestimmtes Tugendsystem sowie durch starke religiöse Momente bestimmt ist. K. steht in der Tradition der Erbauungsliteratur für Mädchen und der schreibenden Theologen (J. Glatz, 1767–1831; Fr. Ph. Wilmsen, 1770–1831), wobei pietistische Anklänge (A. H. Francke, über den sie in ihren „Religiösen Lebensbildern" auch schrieb) unüberhörbar sind. Ihr wichtigstes pädagogisches Ziel ist es, durch Selbstlosigkeit, Herzensgüte und Bewährung bestimmter Tugenden sich „Schätze im Himmel zu sammeln". Die literarischen Produkte K.s fügen sich völlig ihrer religiös bestimmten Wertwelt. Betont und belohnt werden: Handarbeit („Wenn wir unsre Fähigkeiten auf Erden vernachläßigen, so werden wir unsern Schatz im Himmel verlieren ..."), Armut und Zufriedenheit, Geduld und Demut („der erste Schritt zum Himmel ist die Demuth"), Selbstlosigkeit und Wohltätigkeit, Gehorsam und Gottvertrauen, Abwehr der Versuchungen und des oberflächlichen Glanzes städtischen Lebens. Verabscheut und bestraft werden: Hochmut, Dünkel, Stolz, Leichtsinn, sich hingeben an das eitle Treiben der Welt.
Dieses auf den „Schatz im Himmel" gerichtete, sich vom Weltleben abwendende Wertverhalten steht jedoch im Widerspruch zum zumindest implizit propagierten Sozialsystem. Die Erzählungen spielen meist in gehobenen mittelständischen oder ländlich-adligen Verhältnissen. Damit wird nun in auffälliger Weise das Motiv der Verarmung (als Prüfung der Geduld und des Gottvertrauens, auch als Bestrafung für Nichtbeachtung des Tugendgebots) bzw. des Reichtums (als Lohn für ein tugendhaftes Leben, expressis verbis aber als Möglichkeit des Wohltuns gepriesen) konfrontiert. Einerseits neigt sie nun zur Idealisierung der Armut („arm, aber gesund und zufrieden") und entwertet Reichtum und Besitz als zum äußerlichen Welttreiben gehörig, andererseits ist Besitz meist ganz selbstverständlich vorhanden und wird Rettung aus der Armut

als Rechtfertigung von Reichtum und Besitz wie auch als Belohnung für gottvertrauendes Ausharren verwendet. Armut und Reichtum im Wertsystem der Erzählungen K.s haben damit die ideologische Funktion der Abwehr gesellschaftlicher Veränderungsbestrebungen, ja bereits von Kritik an den Ungerechtigkeiten des Sozialsystems. Der Gerechtigkeit halber muß aber auch auf eine unüberhörbare, wenn auch vorsichtige Kritik an der „Hartherzigkeit" und der „Gleichgültigkeit" der höheren Stände hingewiesen werden, wenn diese Kritik das System auch letztlich nur stützt, da Reichtum ja an das Wohltätigkeitsgebot geknüpft ist. – In den Erzählungen wird die Frömmigkeit oft sehr stark aufgetragen, wozu besonders eingestreute Tagebücher und Briefe der Buchheldinnen, aber auch von ihnen gern zitierte Sprüche dienen. Beliebtes Motiv, um religiöse Einkehr zu ermöglichen und zu begründen, ist der Tod naher Angehöriger. Die Stillage der Erzählungen ist blumig-metaphorisch: „Die Stürme des Schicksals brechen manchmal etwas gewaltsam die schädlichen Ausläufer am Baum des Lebens ab, die Selbstsucht, den Hochmut und die Eitelkeit; das kann nicht schaden, wenn nur das Ewige im Menschen nicht zugrunde geht." Auf derselben Ebene liegt die „Blumigkeit" sehr vieler der besonders für Mädchen bestimmten Titel: Knospen, Glockenblumen, Grüne Ranken, Hageröslein, Maiblümchen usw. Auch die Redeweise der Personen ist fast unterschiedslos umständlich und geziert. Die Personen sind extrem im Sinne des erwünschten Wertsystems typisiert, legen häufig Bekenntnisse ab und wandeln sich oft grundlegend, unterstützt durch schicksalhafte Fügungen, Wiederbegegnungen usw. Die Geschlechter werden im Sinne der überkommenen Rollenverteilung stark differenziert: ein Weib sei „klug, liebevoll, fleißig, fromm und demüthig" – „den meisten Menschen von gesundem Mittelschlag (sind) die hochgebildeten Frauenzimmer ein Greuel ..." – „die Schlingpflanzen ... sind ... Symbole des weiblichen Strebens, das, obschon mit großer Empfänglichkeit für das Lichtreich begabt, doch zum Gedeihen und Gelingen meist einer anderen, tragenden und stützenden Kraft bedarf, und ... gleichsam überall umhertastet, bis es sich endlich einem graden, festen Dasein anschmiegen kann. – Und diese Schmiegsamkeit ist eine der höchsten Zierden des Weibes, wenn sie schon auch ihre gefahrdrohenden Seiten hat!"
Einige der Erzählungen K.s wurden von TH. HOSEMANN (1807–1875) illustriert.

→J. Glatz, →Th. v. Gumpert, →Th. Hosemann, →Mädchenbuch

Werke: Blumenkörbchen. Gedichte für Kinder (1834); Knospen. Erzählungen und Märchen (1834); Maiblümchen. Erzählungen und Gedichte (1841); Rübezahl (1844/45, [7]1883); Waldblumen. Erzählungen und Novellen (1849); Glockenblumen. Erzählungen für die Jugend (1851); Gedenke mein! Erzählungen und Novellen für die weibliche Jugend (1853); Stilleben oder der Segen einer religiösen Erziehung (1853); Weltleben oder die Begüterten – Gottes Haushalter auf Erden (1853); Aus der Jugendzeit (zus. mit M. Hutberg, 1856); Führungen. Ein Buch für meine jungen Freundinnen (1858, [2]1877); Grüne Ranken. Erzählungen (1860); Hageröslein. Novellen und Erzählungen für die erwachsene weibliche Jugend (1861); Christliche Charaktere ([2]1863); In freien Stunden. Erzählungen, Sagen und Gedichte für die Jugend (1870); Blumen. Erzählungen und Märchen für Kinder ([2]1872).

Malte Dahrendorf

Koch-Gotha, Fritz

*Pressezeichner, Illustrator, Karikaturist; *5. 1. 1877 Eberstädt bei Gotha, † 16. 6. 1956 Rostock.*

Nach dem Besuch des Gymnasiums und einer kaufmännischen Berufsschule ging K. 1895 an die Kunstakademie Leipzig. 1897 wechselte er an die Kunstakademie Karlsruhe, an der unter Leitung von H. THOMA vor allem die Hinwendung zu landschaftlichen Motiven, zur Realität und zur Schlichtheit gepflegt wurde, eine Kunstauffassung, die dem jungen K. entgegenkam. Ab 1902 wohnte K. als freischaffender Illustrator in Berlin, wo er einzelne Aufträge für humoristische Pressezeichnungen übernahm. Als ständiger Mitarbeiter der „Berliner Illustrierten Zeitung" war er ab 1904 der meistbeschäftigte Illustrator des Ullstein-Verlages und einer der beliebtesten und bekanntesten Zeichner-Journalisten Berlins. Im Auftrag des Verlags unternahm er Studienreisen nach Rußland, Paris und in die Türkei. 1922 löste er den Vertrag mit dem Ullstein-Verlag und widmete sich als Freischaffender neben Presseillustrationen vor allem der Buchillustration. 1944 wurde seine Berliner Wohnung durch Bomben vernichtet. K., der dabei seinen gesamten Zeichnungsbestand verlor, siedelte auf seinen Sommersitz Althagen-Ahrenshoop über. Ab 1945 arbeitete K. im neu gegründeten Kulturbund mit und lieferte vereinzelte Arbeiten für die Zeitschriften „Frischer Wind" und „Eulenspiegel". 1947 wurde er zum Ehrenbürger der Stadt Rostock ernannt, wo er im Juni 1956 starb. Eine Gesamtausstellung seines künstlerischen Werkes zeigte K. 1927 in Berlin, eine Jubiläumsausstellung fand 1937 in der Gothaer Kunsthalle statt.

Werk, Tendenzen, Wirkung. Während die Zeichnungen, die K. von seinen Studienreisen nach Rußland und in die Türkei mitbrachte, eine sachliche, aber eindringlich soziale Tendenz aufweisen, zeichnete er die Berliner Verhältnisse und Menschen in der Zeit vor dem Ersten Weltkrieg mit einer verschmitzten Fröhlichkeit. Seine Stärke lag vor allem in der treffenden Erfassung der individuellen Charaktere, die bei aller karikaturistischen Übertreibung einen vielschichtigen Gehalt aufweisen. In die Kinderliteratur trat K. 1924 mit dem Erscheinen seines Bilderbuches „Die Häschenschule" ein. Die Zeichnungen dazu entstanden 1923. Während der Text von A. SIXTUS in bürgerlich-biederen Reimschemata verharrt, beweist sich der Zeichner K. in diesem Bilderbuch als der lächelnd-überlegene Menschenkenner. In einer zwar versöhnlich-heiteren, aber auch treffend-satirischen Darstellungsweise zeichnet K. ein Bild des Kleinbürgertums der zwanziger Jahre: Da

Fritz Koch-Gotha (1877–1956). „Hasenmax, der Bösewicht/ konnte heut sein Verschen nicht …“. Ganzseitige Illustration aus dem Bilderbuch „Die Häschenschule“ (1924) mit Texten von Albert Sixtus.

ist die häusliche Hasenmutter, der spießig-gesetzte Hasenvater als Familienoberhaupt, der typische Volksschullehrer der Zeit, dessen Haltung zwischen Resignation und Optimismus schwankt, der nicht gerade die besten Manieren an den Tag legt und trotzdem sich der ernsten Würde seiner beruflichen Stellung bewußt bleibt. Obwohl ein Kinderbuch, wendet sich die Häschenschule auch an den Erwachsenen. Während die Kinder an der Darstellung ihrer märchenhaft-verfremdeten Lebenswelt ihren Spaß haben, wird die Komik in der Charakteristik der gezeichneten Personen wohl nur dem distanzierten Erwachsenen offenbar. Die Häschenschule wurde zu einem Longseller der deutschsprachigen Kinderliteratur und hat bis heute in zahlreichen Auflagen zu einem Verkauf von mehr als 500000 Exemplaren geführt. Der große Erfolg der Häschenschule führte zu weiteren Bilderbüchern K.s, die ebenfalls zahlreiche Auflagen erlebten und zum Teil („Waldi“, Neuauflage 1974) noch heute im Buchhandel angeboten werden. Weder „Alle meine Häschen“ (1928), ein Bilderbuch mit zahlreichen Gedichten und Liedern bekannter Autoren, die sich alle mit dem Hasen, vor allem dem Osterhasen, beschäftigen, noch das lustige Dackelbuch „Waldi“ (1930) konnten jedoch den Erfolg der „Häschenschule“ wiederholen. Im Bilderbuch „Waldi“ agieren Hunde stellvertretend für die bürgerliche Gesellschaft. Der kleine Dackel Waldi muß viel Mißgeschick ertragen, weil er sich den bürgerlichen Konventionen zu entziehen sucht. K. illustrierte noch einige weitere Kinderbücher und eine Fibel. Den Machthabern des Dritten Reiches paßten K.s realistisch-karikaturistische Zeichnungen nicht recht ins Konzept. So stellte der Kunsterzieher H. Wippler in seiner Schrift „Die volkserzieherische Bedeutung des deutschen Bilderbuches“ (1936) anläßlich einer Neuauflage des Bilderbuchs „Waldi“ ziemlich humorlos fest, es handele sich um „… Übertragung unerfreulicher menschlicher Familienverhältnisse auf das Tier, die wir unseren Kindern wahrhaftig nicht im Bilderbuch zu zeigen brauchen. Mensch und Tier werden in gleicher Weise herabgezogen …“.

→ A. Sixtus

Werke: A. Sixtus: Die Häschenschule (1924); Fr. Koch-Gotha: Alle meine Häschen (1928); W. Andreas: Waldi (1930); Ferdinand Hirt's Berliner Fibel (1930); Lustig ist das Soldatenleben (1936); Manövertag (1936); O welche Lust, Soldat zu sein (1937).

Sekundärliteratur: F. Jansa: Deutsche bildende Künstler in Wort und Bild (1912). – R. Timm (Hrsg.): Fritz Koch-Gotha (1972).

Helmut Müller

Kocher, Hugo

*(Ps.e: Max Bram, Maria Hörmann, Ursula Kemmler, Heinrich Neckar). Jugendbuchautor und -illustrator; Abenteuer-, Jagd- und Tierbücher; * 17. 8. 1904 Tübingen, † 3. 10. 1972 München.*

Nach dem Besuch der Oberrealschule in Tübingen nahm K. an einem Kursus für Malerei an der Universität Tübingen teil und bildete insbesondere sein Talent im Scherenschnitt aus. Um sein Kunststudium zu finanzieren, zog K. durch Europa, malte und arbeitete als Fischerknecht. Dabei machte er die Erfahrungen, die er später für seine Abenteuer- und Tierbücher auswertete: Er schlief monatelang im Freien, unternahm Fangfahrten mit norwegischen Fischern, kampierte in Bergschluchten und Jagdhütten. Zwischendurch verkaufte er in Kurhotels seine Bilder. Mit dem verdienten Geld besuchte K. die Kunstschule in Düsseldorf und studierte einige Semester in Genf. Als Vierundzwanzigjähriger machte er sich auf Grund zahlreicher Aufträge von in- und ausländischen Buch- und Zeitschriftenverlagen als Illustrator selbständig; daneben unternahm er weiterhin Reisen durch Europa. Die Einschränkung der konfessionellen Pressen durch die Nationalsozialisten bedeutete für K. ab 1933 den Verlust seiner Hauptauftraggeber. Aus dieser Situation heraus begann er zu schreiben. Er hatte sich mittlerweile am Bodensee niedergelassen und verfaßte, durch Ausgrabungen animiert und auf Grund eingehender Recherchen, sein erstes Jugendbuch „Namuk, der Fremde“ (1936). Von da an reüssierte K. als Jugendbuchautor. 1940 wurde er zum Kriegsdienst eingezogen; dennoch hatte er Gelegenheit, als Jäger, Beobachter und Maler in den französischen Wäldern, im Böhmerwald und in Ungarn Eindrücke zu sammeln. Nach seiner Entlassung aus englischer Kriegsgefangenschaft setzte er in München seine Arbeit als Maler und Schriftsteller fort. Der

Hauptanteil seiner vielfältigen Aktivitäten fiel wiederum dem Jugendbuch zu.

Werk, Tendenzen, Wirkung. K. versucht in seinen sachorientierten Erzählungen dem Jugendlichen fremde und ferne Lebensbedingtheiten zu vermitteln. Die umfangreichste Gruppe bilden darunter die Tierbücher, insbesondere Tierbiografien, die in Verwandtschaft zu entsprechenden Werken von Sv. FLEURON, E. KLOSS und K. KNAAK zu sehen sind. Der Form nach ordnet O. METZKER die Tierbücher K.s dem gestalteten oder dichterischen Sachbuch zu. K.s ethisches Anliegen findet sich gebündelt in „Glitsch Wasserschreck" (1951, S. 148): „Jedes Kind muß begreifen, daß jedes unserer Mitgeschöpfe ein uns von Gott gegebener stummer Bruder ist, der wie jeder von uns ein Anrecht auf seinen eigenen Lebensweg hat. Erst dann werden wir zur wahren Menschlichkeit finden". Dieser Appell zieht sich durch alle Bücher K.s, unabhängig von deren unterschiedlicher Qualität.
K.s Tierbiografien folgen verschiedenen Grundmustern: Einmal sind es Biografien, die charakterisierende und markante Phasen des Tierlebens im Zusammenhang darstellen, gewöhnlich von Geburt bis zum Tod (z.B. „Jollbars", 1938; „Der König der Berge", 1938; „Thor Gray, der Eisbär", 1949; „Der letzte Steinbock vom Mont Dolent", 1952; „Glitsch Wasserschreck"), zum anderen solche, die den Lebensweg des Tieres bis zum Ende der Lernphase verfolgen (z.B. „Urrua, das Krokodil", 1952; „Twiga, die Giraffe", 1955; „Das war mein Jungbär Brumm", 1956); daneben gibt es Bücher, die besonders schicksalsintensive Lebensabschnitte herausgreifen und gestalten (z.B. „Christa und die Wildschwäne", 1955; „Zisch, die Ringelnatter", 1947).

Entsprechend seinem pädagogischen Ziel führt K. öfters junge Menschen in die Handlung ein, für die die Auseinandersetzung mit dem Tier immer einstellungsverändernd und entwicklungsfördernd im Sinne von K.s ethischer Maxime wirkt. Das Verhalten der Tierwelt gegenüber ist als Wertmesser für Menschlichkeit gesetzt.
K. ist in jedem Fall um sachliche Redlichkeit bemüht. Die sachbemühte Darstellungsweise zeigt sich in dem Gebrauch der entsprechenden Fachsprachen, in der Vermeidung von Anthropomorphismen und in der realistischen und unsentimentalen Schilderung des Lebenskampfes in der Natur. Die eindimensionale Erzählweise herrscht vor. Fast alle seine Erzählungen sind von ihm selbst handwerklich solide illustriert. In seinen frühen Büchern führt das Bemühen um dichterische Gestaltung häufig zu gesucht lyrisierender Sprache, die der sachlichen Vermittlung im Wege steht. In den neueren Büchern ist eine zunehmende Versachlichung ablesbar, äußeres Merkmal dafür ist auch, daß zusätzliche Sachinformationen im eigenen Sachteil nachgeliefert werden. K.s Erzählungen sind nicht frei von trivialen Spannungsmitteln wie detektivische Abenteuer, gehäufte Zufälligkeiten etc. (so in: „Die Drei vom großen See", 1952; „Tasso findet sie doch!", 1954; der Forsthausserie: „Im Forsthaus Eichengrund", 1953; „Der Wildsee im Eichengrund", 1954; „Vom Eichengrund zur Hochalp", 1955; „Die Schatzsucher vom Eichengrund", 1956).
Den brutalen disfunktionalen Einbruch der Zivilisation in die ökologischen Gefüge lassen K.s Bücher nur ahnen. Weit eher beschreiben sie die Utopie einer naturgerechten heilen Welt, deren Erhaltung sich die Menschen unter Respektierung ihrer Mitgeschöpfe zum Ziel gesetzt haben.

→Sv. Fleuron, →E. Kloss, →K. Knaak

Werke: Namuk, der Fremde (1936, ^{3}1943; NA. 1957); Die Mammutjäger (1937, ^{3}1954); Hie Bundschuh! (1938); Jollbars (1938, ^{4}1950); Der König der Berge (1938, ^{3}1952); Die singende Welt (1939); Am Ende der Welt (1940, ^{2}1949); Aus dem Märchenlande der Tiere (1940); In Fels und Geklüft (1940, ^{2}1958); Pater Anselms erste Station (1940); Stürme über Ukru (1940); Auf der Landstraße (1941); Hans vom Bodensee (1941); Ernte ohne Saat (1947; zus. mit J. Rothmayr); Der Gott seiner Väter (1947); Unter Indianern, Landsleuten und Brasilianern (1947); Zisch, die Ringelnatter (1947, ^{2}1951); Almenmärchen (1948, ^{2}1950); Mit Lasso und Büchse (1948, ^{3}1952); Neck Wichtelmann und Puck vom Eulenwald (1948); Von Schmetterlingen, Käfern und Wichten (1948); Der König der Wälder (1949); Kulis, Schmuggler und Räuber (1949, ^{3}1953); Thor Gray, der Eisbär (1949); Troll auf Wanderfahrt (1950); Glitsch Wasserschreck (1951); Junger Adler To Minigulai (1951, ^{2}1953; zus. mit J. Weber); Männer, Rentiere und Wölfe (1951); Urian und der Bergsepp (1951); Das Dorf der Geheimnisse (1952, ^{2}1958); Die Drei vom großen See (1952); Flucht vor den Urwaldgeistern (1952); Hans und der Lumpenanderl (1952); Das hohe Ziel (1952); Krummzahn und seine Rotte (1952); Der letzte Steinbock vom Mont Dolent (1952; NA. 1959); Merika und der Leopard (1952); Peter auf krummen und graden Wegen (1952); Urrua, das Krokodil (1952, ^{3}1954); Buhuo, der fliegende Wolf (1953); Die Buschgeister von Amambu (1953); Das Haus im Chaco Boreal (1953); Im Reiche der Kopfjäger (1953); Jörg entdeckt die Berge (1953); Maikäfer flieg! (1953); Mit dem Hundeschlitten unterwegs (1953); Simson (1953); Zirkus Solti (1953); Anderl auf der Flucht (1954); Im Urwald der Putumayo (1954); Mit Albatros ins Abenteuer (1954); Sein bester Freund Bambino (1954); Tasso findet sie doch! (1954); Der Wildsee im Eichengrund (1954); Alfons setzt sich durch (1955); Christa und die Wildschwäne (1955); Das Geheimnis im Moor (1955); Herde im Sumpf (1955); Herr der Urwaldberge (1955); Jan und die Kampfstiere (1955); Die Seeräuber (1955); Sein eigener Feind (1955); Sein erster Jaguar (1955); Tiere, Jungen, Abenteuer (1955); Twiga, die Giraffe (1955); Vom Eichengrund zur Hochalp (1955); Die Leopardenmenschen von Kahun (1956); Mit Bahadur durch die Wüste (1956); Die Schatzsucher vom Eichengrund (1956); Sturmfahrt in der Arktis (1956); Das war mein Jungbär Brumm (1956); Flucht durch den Dschungel (1957); Gomurai (1957); Iwar, der Eismeerjäger (1957); Spuren im Gran Chaco (1957); Der tötende Blitz (1957, ^{6}1970); Jako, das Schimpansenkind (1958); Carcha, der Todeshai (1959); Galo und der Löwe (1959); Gehetzt und gejagt (1959); In den Pyrenäen verschollen (1959); Kopfjagd in den Naga-Bergen (1959); Tiere unter sich (1959); Der junge Capitano (1960); Zwischen Kreuz und Halbmond (1960); Chico Rei, der Sklavenkönig (1961); Das Geheimnis der Matako-Sümpfe (1961); Pfad der Gefahr (1961, ^{3}1970); Die Schlangenschlucht (1961, ^{2}1965); Sher Sing, der Taucher (1961); Sturmflut (1961); Vorstoß zu den drei großen Seen (1961); Der Yakjäger vom Ulugtal (1961); Falea und der Tigerhai (1962); Wale, Wölfe, Wanderfalken (1962); Der Himmel brennt (1963); Der Sohn des Tamarure (1963); Der Dschungel ruft (1964); Die Elefantenwilderer (1964); Korró (1964); Der silberne Räuber (1964); Mokjo, der kühne Waldzwerg (1965); Schnell wie der Wind (1965); Was keiner zuvor wagte (1965); Anok und der Seeadler (1966); Der Königstiger vom Sarjutal (1966); Der Geisterlöwe vom Tsavofluß (1967); Miguel und die Anakonda (1967); Das Nest am Jochenstein (1967); Der Kriegsruf der Campa (1968); Sturmfahrt zur Dracheninsel (1968); Drachen hatten nichts zu lachen (1969); Der Gespensterhund (1969); Die Hunde vom St. Bernhard (1969); Der Teufelswal (1969); Die unheimliche Fracht (1970); Der letzte Dollar für ein Pferd (1971); Kater Pit, der Draufgänger (1972); Die Räuberburg im Schlehbusch (1972); Das Gespensterschiff (1973); Die Maschine kam nicht an (1973); Der Weg über Sacramento (1975).

Sekundärliteratur: O. Metzker: Die Gestalt des Tieres in der Literatur, besonders im Jugendschrifttum (in: Das gestaltete Sachbuch und seine Probleme. Ensslin-Jahresausgabe. 1955. 57–80).

Gerlinde Rabenstein

Köberle, Sophie

*Oberstudiendirektorin, Lehrbeauftragte für Jugendliteratur an der Pädagogischen Hochschule der Universität München; *4.6.1895 Bad Berneck, †11.8.1971 München.*

Nach dem Besuch des Lehrerinnenseminars in München war K. mehrere Jahre an der Volksschule tätig, seit 1917 an der von G. Kerschensteiner (1854–1932) gegründeten Versuchsschule in München. Nachdem sie das Abitur 1919 nachgeholt hatte, studierte sie bis 1924 an der Universität in München Germanistik, Geschichte und Pädagogik. Im Jahre 1924 promovierte sie mit einer Arbeit über die Kinder- und Jugendliteratur zur Zeit der Aufklärung. In den folgenden Jahren lehrte K. an einem Kindergärtnerinnenseminar, wurde Leiterin der Lehrerbildungsanstalt Bayreuth und übernahm einen Lehrauftrag für Jugendliteratur an der Pädagogischen Hochschule München. Als Mitglied der Vereinigten Jugendschriftenausschüsse und Jurorin für den Deutschen Jugendbuchpreis sowie als ministerielle Gutachterin setzte sie sich mit Fragen der Jugendbuchkritik auseinander und verfaßte zahlreiche Rezensionen. Ihre Neigung zur Erforschung und Pflege alter Kinderbücher bewies sie auch als Präsidentin der Historischen Kinderbuchgesellschaft.
K.s 1972 veröffentlichte Dissertation erbrachte interessante Einblicke in die Entstehung der deutschen Jugendliteratur. Insbesondere befaßte sie sich mit den religiösen, moralischen und belehrenden Kinder- und Jugendschriften der Aufklärungszeit. Da K. die Quellen selbst nicht zur Verfügung standen, stützte sie sich bei ihrer Analyse auf die Notierungen aus der Allgemeinen Deutschen Biographie. K. kommt dabei zu dem Ergebnis, daß die Kinder- und Jugendliteratur der ausgehenden Aufklärungszeit, des Philanthropinismus, eindeutig unter dem Führungsanspruch der damaligen Pädagogik steht. Sie entwickelt eine Reihenfolge der Schwerpunkte im Themenangebot der Kinder- und Jugendliteratur am Ende des 18. und Anfang des 19. Jahrhunderts, wonach die religiöse Thematik führt, gefolgt von moralischer Unterweisung und erst danach sachlicher Information. K. folgert daraus: „Die religiösen Jugendschriften werden an den Anfang dieser Untersuchung gestellt, weil sich aus ihnen die weltanschaulichen Grundlagen ergeben, die für alle anderen Kinderbücher maßgebend wurden“ (S. 29). Ob dieses Zitat die tatsächlichen Verhältnisse charakterisiert oder mehr als subjektives Ergebnis ihrer Analyse gewertet werden muß, wird in zukünftigen Untersuchungen zu klären sein. In ihrem Beitrag „Von der Bildung des Frauenzimmers“ ist K. noch einmal auf die Kinder- und Jugendliteratur des ausgehenden 18. Jahrhunderts eingegangen, und zwar auf die Anfänge des Mädchenbuchs, die K. zum einen als moralisch-didaktische Schriften über Beruf und Bestimmung der Frau und zum anderen als Mahnung an die Mädchen vor der bösen Welt charakterisiert.

Werke: Jugendliteratur zur Zeit der Aufklärung (1972).
Beiträge: Von der Bildung des Frauenzimmers (in: Zeitschrift für Jugendliteratur. 3. 1968. 145–152).

N.N.

Koenig, Lilli

*Österreichische Kinderbuchautorin, Verfasserin von Tierbüchern und naturkundlichen Sachbüchern; *7.9.1918 Hennersdorf bei Wien.*

Von 1935 bis 1939 besuchte K. die Graphische Lehr- und Versuchsanstalt, Abteilung Gebrauchsgraphik, in Wien. 1943 heiratete sie den Schriftsteller, Tierpsychologen und Tierfotografen Otto K., der 1945 die Biologische Station Wilhelminenberg in Wien gründete, an deren Aufbau sie tatkräftig mitarbeitete. Seither beschäftigte sich K. vorwiegend mit Tierpsychologie, mit der vergleichenden Verhaltensforschung und dem Zeichnen von Tieren. Größere Studienreisen führten sie u.a. nach Afrika. Neben ihrer wissenschaftlichen Arbeit entstanden einige Sachbücher, später auch Tiererzählungen für Kinder; für „Gringolo. Eine Siebenschläfergeschichte“ wurde sie 1956 sowohl mit dem Österreichischen Staatspreis für Kinderliteratur als auch mit dem Kinderbuchpreis der Stadt Wien ausgezeichnet.

Werk, Tendenzen, Wirkung. Herausforderung zu eigenem Schaffen auf dem Gebiet des Kinderbuches war für K. die Fülle von Tiergeschichten, in denen Tiere biologisch falsch oder verzerrt dargestellt sind. Sie bemühte sich, den jungen Lesern die Welt der Tiere so zu schildern, wie sie wirklich ist. Zunächst veröffentlichte sie daher einige einfache Sachbücher wie „Kleine Tierkunde, Europa“ (1950) und „Kleine Tierkunde, Afrika“ (1953), die jeweils aus mehreren Bändchen bestehen und die Tiere verschiedener Lebensgemeinschaften (Wald, Wiese, bzw. Wüste, Steppe, Urwald u.a.) zeigen. In „Die klaren Augen“ (1951) erzählt die Autorin vom Umgang mit Tieren, vor allem aus ihren eigenen Erlebnissen in der Biologischen Station Wilhelminenberg. Durchschlagenden Erfolg aber fanden die beiden Tiererzählungen „Gringolo“, eine Siebenschläfergeschichte, und „Timba“, die Lebensgeschichte eines Schäferhundes. Sie stellen eine gelungene Synthese von wissenschaftlich einwandfreier Tierschilderung und einfühlsamem „story telling" für Kinder dar. Ohne vordergründig zu belehren, vermittelt K. den Kindern zugleich mit der Liebe zum Tier auch ein gewisses Verständnis und Verantwortungsgefühl, das sie gegen den Schwulst falsch verstandener Tierliebe und Vermenschlichung der Tiere, wie sie noch immer in vielen Erzählungen vorkommt, immunisieren soll.

K. illustrierte ihre Bücher selbst. In Federzeichnungen, bei denen es mehr auf naturgetreue Darstellung eines Tieres als auf die künstlerische Wirkung ankommt, bringt sie den Kindern die Tiere in verschiedenen Bewegungen und Stellungen nahe und regt sie auch zu eigener Tierbeobachtung an.

Ihre Tiererzählungen wurden ins Holländische, Englische, Italienische und Spanische übersetzt.

Werke: Kleine Tierkunde. Heimat (1950); Die klaren Augen (1951); Kleine Tierkunde. Afrika (1954); Gringolo (1956, [4]1969); Timba (1959, [3]1967).

Lucia Binder

Körber, Philipp Wolfgang

*Lehrer, Kantor, Jugendschriftsteller; *11.4.1811 Nürnberg, †7.12.1873 Nürnberg.*

K. war das erste Kind des Käufels (d.i. Krämers) und späteren Bierwirts LEONHARD K. und dessen Ehefrau ELISABETH geb. MAIER. Über K.s Jugend liegen wenig verläßliche Angaben vor. 1837 war er Elementarlehrer an der RÖSSLERschen Armenschule in Nürnberg mit einem Jahreseinkommen von 400 Gulden. Ein Jahrzehnt später gehörte K. schon zu den angesehenen Jugendschriftstellern. Beim Verlag Lotzbeck erschien ein Verzeichnis mit 51 Titeln seiner Jugendbücher, die zwischen 1845 und 1852 veröffentlicht wurden. K. avancierte zum Oberlehrer und Kantor an der Kirche zu Wöhrd, einem Vorort von Nürnberg. 1869 erhielt er das volle Bürgerrecht der Stadt Nürnberg.

Werk, Tendenzen, Wirkung. K.s Schriften sind geprägt durch eine belehrende Intention. Geographische und historische Sachverhalte sind romanhaft verarbeitet. Wie andere zeitgenössische Jugendschriftsteller verbindet er die genannten Realinhalte mit religiös-sittlichen Aussagen zu Kolonial- und Missionserzählungen. Während A. MERGET K.s Fähigkeit zur moralischen und intellektuellen Belehrung sowie die dabei waltende pädagogische Gewissenhaftigkeit rühmt, stellt der Kasseler Bibliothekar und Jugendliteraturkritiker L. BERNHARDI in seinem „Wegweiser durch die deutschen Jugendschriften" (1852) bei der Besprechung der Erzählung „Das Försterhaus am Moritzberge" (1843) fest, daß gerade die Verstöße „gegen Sprache und Stil" in den späteren Schriften zunehmen. Das Bestreben K.s publizistisch wirksam zu sein, verminderte die Sorgfalt in der Ausführung.

Werke: Das Eismeer oder die Fahrt auf den Walfischfang. Eine Erzählung für die Jugend (1842); Das Försterhaus am Moritzberge, oder die Strafe ereilt den Frevler (1843); Peter Glückfeld, der gebesserte Müßiggänger, oder die Reise nach einem fremden Stern (1843); Kunz von Kaufungen, oder der sächsische Prinzenraub (1843); Indien. Eine Erzählung für die Jugend und ihre Freunde (1844); Der Negerhändler. Eine unterhaltende und belehrende Erzählung für die Jugend und ihre Freunde (1844); Richard Phantom, der kleine Schiffbrüchige (1844); Kapitan James Cook's letzte Reise in das Stille Meer und sein Tod auf den Sandwichinseln (1844); Der verlorene Sohn. Eine moralische Erzählung für die reifere Jugend aus der Vorzeit unseres deutschen Vaterlandes (1844); Toussaint l'Ouverture oder der Negeraufstand in Hayti. Nach Th. Mügge (1844); Der Zögling des Invaliden. Eine Erzählung aus den Kriegsjahren 1809–1813 für die Jugend (1844); Die Ansiedler. David Cover und seine Söhne (1845); Der Missionair (1845); Le Vaillant's Reise in das Innere von Afrika (1845); Die Zwerge in der Pilatusalpe (1845); Der Seelenverkäufer oder Ludwig Kiesewetter's Schicksale (1846); Georg Edward, ein armer Knabe. Erzählung für die reifere Jugend (1847); Lord Makartney's Gesandtschaftsreise nach China (1847); Pantheon der Weltgeschichte für die Jugend. Cyclus historischer Erzählungen aus der alten, mittleren und neueren Geschichte (1847–1851, 1–4. Jg.); A. v. Humboldt's Reisen in Amerika (1847); Die Schiffbrüchigen (1847); Christoph Columbus, der Entdecker der neuen Welt (1848); Die Eroberung von Mexiko durch Ferdinand Cortez (1848); Gutenberg, der Erfinder der Buchdruckerkunst (1848); Dampiers Leben und Reise um die Welt (1848); Karsten Niebuhr's Reise nach Arabien und den umliegenden Ländern (1848); Das Wiedersehen unter den Palmen. Georg und Wilhelm Denis Schicksale (1848); Der fliegende Holländer. Unterhaltende Erzählung nach einer holländischen Sage für die Jugend bearbeitet (1849); Phocion. Geschichte einer Fahrt nach dem Indischen Archipel. Nach den Papieren eines holländischen Schiffsarztes (1849); Engelbert Kämpfer's Reise nach Japan (1949); Wilhelm Isbrands, genannt Pontekos, Reisen in den indischen Meeren (1850); C. Julius Caesar (1850); Diomedes und Clodius. Historische Erzählung aus den letzten Tagen von Pompeji (1850); Emanuel. Historische Erzählung aus der Zeit der Zerstörung Jerusalems (1850); Hermann, der Cherusker. Germaniens Befreier von der römischen Herrschaft (1850); Karl der Große (1850); Mohammed, der Prophet (1850); König Richard Löwenherz von England (1850); Tiberius Nero Caesar, der Tyrann (1850); Jean Fondeur. Historische Erzählung aus Napoleons Feldzug nach Rußland im Jahre 1812 (1851); Die Manila-Galleone (1851); Peter der Große (1851); Ferdinand Mendez Pinto's Reise in Indien (1851); Dr. Friedrichs Rundreise durch den indischen Archipel (1851); Seraphin Schölcher. Historische Erzählung aus der Welt des Siebenjährigen Krieges (1851); Guruba der Juwelenhändler (1852); Neue Jugendschriften. Sammlung 1 (Bd. 1–6. 1852–1857); Captain John Roß's zweite Nordpolexpedition in den Jahren 1829–1832 (1852); Balthasar Schöpff, der Zeidler (1852); Feodor Golowin's Verbannung nach Sibirien (1852); Die Familie Wharton. Erzählung aus dem amerikanischen Befreiungskriege unter Washington (1852); Julius Bath's malerisch-romantische Reise nach Calcutta und seine Umgebungen (1853); Die Beduinen der Sahara (1854); Schloß Tryfels. Unterhaltende Erzählungen für die Jugend (1854); Der arme Niklas (1855); Der Postmeister von Buytenzorg (1855); Neue Reisebilder in Erzählungen zur Belehrung und Unterhaltung für die Jugend (1855); Aennchen Stainer oder Der Armuth Dank. Eine Erzählung für die Jugend, zunächst für Töchter (1855); Arral-tillo oder Milde gleicht alles aus. Eine Erzählung für die Jugend zunächst für Töchter (1856); Dongue oder Schicksale eines Negersklaven (1856); Peter, der Savoyard (1856); Das Kinderjahr. Erzählungen in Prosa und Reimklang für die christliche Jugend (1857); Der Christabend im Waisenhaus (1859); Kosmos für die Jugend. Blicke in die Schöpfung der Welt und in die Kulturgeschichte der Menschheit vom Anfang bis zur Gegenwart (1859); Hundert kleine moralische Erzählungen für gute Kinder (1863); Der Guckkastenmann (1863); Der Hirt von Dambach oder die Rache ist mein, ich will vergelten, spricht der Herr (1863); Der Lotse Gefion oder der 9. April 1849 bei Eckernförde (1864); Karl Wanderup, der Knabe von Schleswig. Eine Erzählung aus Deutschlands Nordmark für Deutschlands Jugend und das deutsche Volk (1864).

Sekundärliteratur. K. Bernhardi: Wegweiser durch die besten deutschen Volks- und Jugendschriften. Ein Versuch (1852). – A. Merget: Geschichte der deutschen Jugendliteratur (^{3}1882). – Stadtbibliothek Nürnberg (Hrsg.): Bibliographie der Nürnberger Kinder- und Jugendbücher 1522–1914. Herausgegeben aus Anlaß der 300. Wiederkehr des Erscheinens des Orbis sensualium pictus des Johann Amos Comenius. (1961. 81–89).

Reinhard Stach

Körner-Schrader, Paul

*(d.i. Karl Schrader). Schriftsteller, Journalist; *25.4.1900 Wetterstedt (Harz), †18.5.1962 Berlin.*

K.-Sch.s Vater war Stellmacher in einem kleinen Dorf im Harz; als seine SPD-Mitgliedschaft bekannt wurde, konnte er nurmehr als Tagelöhner arbeiten. K.-Sch. erlebte eine harte Kindheit, mußte seine Gärtnerlehre abbrechen, wurde siebzehnjährig zum Militärdienst einberufen und kurz darauf wegen Verbreitung eines von ihm verfaßten antimilitaristischen Gedichtes zu Festungshaft verurteilt. Nach der November-Revolution 1918 wurde K.-Sch. Mitglied des Soldatenrates und trat in den Spartakusbund und die KPD ein. Nach Teilnahme an der Zerschlagung des Kapp-Putsches und Beteiligung am mitteldeutschen Aufstand 1921 in Abwesenheit zu sieben Jahren Haft verurteilt, arbeitete er unter dem Decknamen P. Körner bis zur Generalamnestie 1928 als Fabrik-, Land- und Bergarbeiter. Seit 1925 ständiger Mitarbeiter der KPD-nahen Arbeiterpresse, wurde K.-Sch. 1928 Redakteur der „Roten Fahne" und in mehreren Prozessen wegen ‚literarischen Hochverrats', ‚Gotteslästerung' und ‚Anreizung zum Klassenhaß' zu insgesamt fünf Jahren Haft verurteilt. K.-Sch. wurde Mitglied des „Bundes proletarisch-revolutionärer Schriftsteller". Trotz Schreibverbot, oftmaliger Inhaftierung und Zwangsarbeit schrieb K.-Sch. nach 1933 weiter illegal Beiträge für antifaschistische Zeitungen (z.B. Neue Deutsche Blätter). 1939 wurde er als Sanitäter zur Wehrmacht eingezogen. K.-Sch., Mitbegründer des Kulturbundes der DDR, lebte seit 1945 als freier Schriftsteller in Berlin. 1959 wurde ihm der Vaterländische Verdienstorden in Silber, 1960 die Franz Mehring-Ehrennadel des Verbandes der deutschen Presse und die Ernst Moritz Arndt-Medaille verliehen. Sein erstes Kinderbuch „Treibjagd im Dorf" erhielt 1959 die höchste Prämie beim Preisausschreiben zur Förderung der sozialistischen Kinder- und Jugendliteratur der DDR.

Werk, Tendenzen, Wirkung. Erlebnisse der sozial spannungsreichen Kindheit und die Erfahrungen des antifaschistischen Widerstandes sind Thema der – alle nach 1945 erschienenen – Kinder- und Jugendbücher K.-Sch.s. In „Treibjagd im Dorf" (1959) erzählt (deutlich autobiografisch) Willi Krahe, genannt ‚der Eiserne', Sohn des Stellmachers Krahe, von den sozialen Spannungen zwischen den verarmten Bauern und Tagelöhnern und den reichen Bauern und dem Rittergutsbesitzer, von der ‚Treibjagd' auf seinen Vater, als dieser als geheimer Sozialdemokrat erkannt wird und danach lediglich als Tagelöhner arbeiten und nur durch die Solidarität der Genossen die Zinsen für das kleine Häuschen aufbringen kann. Deutlich wird der Widerstand gegen den preußischen Militarismus und dessen Fortsetzung durch Kirche und Kriegervereine. Die Erzählung spiegelt den großen Eindruck der russischen Oktoberrevolution auf den Autor als Ausdruck der Hoffnung wider. Das Buch zeichnet dabei die verhalten ironische, dennoch schlichte Erzählweise aus, die besondere Wirkung hat, da die ‚Parteilichkeit' aus dem Gegenstand selbst erwächst. Nehmen „Die silbernen Kugeln" (1960) noch einmal Not und Unterdrückung der Landbevölkerung vor dem Ersten Weltkrieg auf, aber auch die Gewißheit, durch Zusammenstehen und eigene Anstrengung dies zu ändern, so wird „Berlin, Andreasstraße" (1962) Ausdruck des antifaschistischen Widerstandes. Gezeigt wird der Aufstieg des arbeitslosen SA-Schlägers Oskar Spengler in der faschistischen Hierarchie, die Ermordung des Kommunisten Alfred Riskup durch die SA, das Hineinwachsen seines Sohnes Werner in den Widerstandskampf, seine beginnende Freundschaft mit dem Sohn Spenglers, der auch für die Widerstandsgruppe gewonnen werden kann, endlich das Ende des Faschismus und die Zuversicht des ganz neuen Beginnens. Gegenüber den Kinder- und Jugendbüchern zeichnen sich die sonstigen Arbeiten K.-Sch.s oft aus durch zu „undifferenzierte, zu glatte Lösung der Probleme" (Lexikon sozialistischer dt. Literatur, Halle 1963, S. 297). Seine frühen größeren Werke – die fast 600 Satiren, Reportagen, Kurzgeschichten und Erzählungen der zwanziger Jahre sind dabei noch nicht völlig erschlossen. „Ich schlief auf Dynamit" (1932) und „Schlagende Wetter" (1929) beschreiben die politische Situation der Weimarer Republik nach dem mitteldeutschen Aufstand 1921 und die (oft tödlichen) Folgen der Rationalisierung im Bergbau. K.-Sch. gilt als „Pionier" (Grünberg, 1960) und „Prototyp und Vorbild der revolutionären Literaturbewegung" (Lexikon sozial. dt. Literatur, S. 297) der zwanziger Jahre, er hat jedoch zugleich wesentlich Einfluß auf die Literatur der DDR, beispielsweise durch die umfangreiche Erzählung „Die Hungerbauern" (1949), eine der ersten (der anschließend zahlreichen und typischen) Darstellungen der Veränderung auf dem Lande innerhalb der DDR nach 1945.

Werke: Treibjagd im Dorf (1959, ^{4}1964); Die silbernen Kugeln (1960, ^{2}1964); Berlin, Andreasstraße (1962).

Sekundärliteratur: E. R. Greulich: Paul Körner-Schrader (in: Börsenblatt für den deutschen Buchhandel. Leipzig 1954. 11. 234); Paul Körner-Schrader (in: Neue Deutsche Literatur. 1962. 8. 165). – K. Grünberg: Literarischer Hochverrat in

Permanenz (in: Die Linkskurve. 1929. 4. 11–12); Ein volkstümlicher Schriftsteller. Paul Körner-Schrader 60 Jahre alt (in: Neues Deutschland. 25.4.1960). – In Memoriam Paul Körner-Schrader (in: Beiträge zur Kinder- und Jugendliteratur. 1963. 2. 75–76). – 65. Geburtstag des deutschen Schriftstellers und Journalisten Paul Körner-Schrader (in: Bibliographisches Kalenderblatt der Stadtbibliothek Berlin. 1965. 4. 58–62). – Paul Körner-Schrader: Das müßte einer zu Papier bringen (in: Hammer und Feder. Deutsche Schriftsteller aus ihrem Leben und Schaffen. 1955. 267–282)

Manfred Geiss

Köster, Hermann Leopold

*Pädagoge, Jugendliteraturtheoretiker, Mitarbeiter von Prüfungsausschüssen für Jugendschriften; *1.1.1872 Altona, †28.8.1957 Hamburg.*

In den Jahren von 1890 bis 1893 erhielt K. eine Lehrerausbildung am staatlichen Seminar in Hamburg. Er trat dann in den hamburgischen Schuldienst ein. Neben dieser Tätigkeit engagierte er sich schon bald für Fragen der Jugendliteratur im Sinne der Kunsterziehungsbewegung. Er wurde 1900 Vorsitzender der „Vereinigten Deutschen Prüfungsausschüsse für Jugendschriften", in denen er bis zu seinem Tode mitwirkte. Nach dem Einsatz als Lehrer in einer Reformschule wurde K. bald Schulleiter, dann Stadtschulrat und schließlich Stadtoberschulrat in Altona. In verschiedenen Gremien und Selbstverwaltungsorganen setzte er sich vor und nach dem Ersten Weltkrieg für die Belange seiner Kollegen ein, entwickelte neue Lehrpläne und half mit, sie im politischen Meinungsstreit zu vertreten bzw. durchzusetzen. Nach der Machtergreifung durch die Nationalsozialisten wurde K. 1933 aus dem Staatsdienst entlassen.

Neben einer Fülle von Rezensionen stehen u.a. Beiträge zu didaktischen Fragestellungen, zu übergreifenden Aspekten der Jugendliteratur und zu Problemen seines Verbandes, den „Prüfungsausschüssen". K.s Hauptwerk ist die Geschichte der deutschen Jugendliteratur", von der 1906 der erste und 1907 der zweite Teil erschien. 1968 gab W. Scherf eine um ein chronologisches Verzeichnis aller Arbeiten erweiterte Neuausgabe heraus (²1971). Das Buch stellt den Versuch einer Bestandsaufnahme dar, in der die nach K.s Auffassung wesentlichen Gattungen (Bilderbuch, Volkslied, Märchen, Volkssage, Volksbuch, erzählende Jugendschriften u.a.) monographisch erfaßt werden. Der Verfasser zeigt dokumentarisch Entwicklungen auf und bemüht sich, zum einen die Informationen kritisch zu analysieren, zum anderen die aufgezählten Werke historisch einzuordnen. In einem sehr breit angelegten Kapitel setzt K. sich mit der „Kritik der Jugendschrift" auseinander. Auch hier steht die historische Entwicklung im Vordergrund, doch nutzt K. die Gelegenheit, den eigenen Standort zu markieren. Dieser wird zweifellos wesentlich geprägt durch die Verknüpfung der Ziele der Kunsterziehungsbewegung mit denen der Jugendschriftenarbeit. So weist er auf den „Zusammenhang der Jugendschriftenbewegung mit der künstlerischen Entwicklung in Deutschland" (vgl. Jugendschriften-Warte 12. 1904. 5. 18) hin und erläutert im gleichen Aufsatz, daß der junge Mensch „zum reinen Kunstwerk" geführt werden soll. Wie H. Wolgast wollte auch er die formenden Kräfte des Kunstwerks für die erzieherische Arbeit zur Geltung bringen. Für den Bereich des literarischen Kunstwerks ist es der Begriff der „Dichtung", der den höchsten Stellenwert besitzt. Von dichterischen Werken wird erwartet, daß sie das Kind „bis zum höchsten Ziel der Selbstdarstellung" (vgl. „Geschichte der deutschen Jugendliteratur". ⁴1927. 471) bringen. Das Freisetzen derartiger Kräfte im Menschen sollte vor allem eine gestalterisch aktivierende Funktion haben, über ästhetisierendes Betrachten oder passives Konsumieren hinausführen. Unter dem genannten Aspekt werden auch die Kriterien für die Auswahl von Jugendschriften gesehen. Die „Qualität" der für Schüler auszuwählenden Lektüre wird oft beschworen, ohne daß letztlich eine Definition oder umfassende Phänomenologie dafür gegeben wird. So werden in die Verzeichnisse der „Prüfungsausschüsse" eine ganze Reihe von Klassikertexten aufgenommen, weil in ihnen offensichtlich formal und inhaltlich das Kunstwerk – „die reinen Quellen" (vgl. Jugendschriften-Warte, a.a.O. 18), zu denen die Leser geführt werden sollten – besonders deutlich ausgeprägt schien. Die Beiträge in der „Jugendschriften-Warte" zwischen der Jahrhundertwende und dem Ersten Weltkrieg zeigen ferner auf, daß es eine rege Kriteriendiskussion mit dem Ziel gegeben hat, die Grundlagen der Prüfungsarbeit konkreter zu beschreiben. Die Forderung, Jugendschriften und Literatur – verstanden als künstlerisch anspruchsvolle Texte – in gesteigertem Maß in den Unterricht einzubeziehen, war zugleich auch als Instrument zur Veränderung didaktischer Grundsätze gedacht. Das dichterische Werk sollte seine Position als Bildungsangebot für sozial Privilegierte einbüßen und allen sozialen Schichten angeboten werden. K. hoffte auf diese Weise der Literatur den elitären Anspruch zu nehmen. So gaben die Prüfungsausschüsse auf Anregung H. Wolgasts etwa seit der Jahrhundertwende billige Ausgaben – zumeist Klassiker – für die Jugend heraus. Sie sollten das Bemühen um die Förderung der Bildung breiter Volkskreise, und zwar insbesondere der Arbeiterschaft, unterstützen. Die kritische Distanz K.s zu „Tendenzschriften", die im kaiserlichen Deutschland etwa in Form von Büchern mit stark vaterländischer Gesinnung und religiöser Verbrämung weit verbreitet waren, rief Gegenangriffe der betroffenen Verlage hervor. Sie rückten die Prüfungsausschüsse in die Nähe der Sozialdemokratie und warfen ihnen mangelnden Patriotismus vor. K. antwortete darauf mit dem Hinweis, daß man ein Werk nur dann abgelehnt hatte, „wenn es in aufdringlicher, agitatorischer Weise irgendeine Tendenz verfolgt" (vgl. Jugendschriften-Warte. 11. 1903. 9. 35). K. nimmt unter den Darstellern der Geschichte der Jugendliteratur zweifellos einen wichtigen Platz ein. Einmal gebührt ihm das Verdienst, in seinem Hauptwerk eine Fülle von Material, das sonst möglicherweise zum großen Teil verschollen wäre, dargeboten und verarbeitet zu haben. Auch wenn der Leser die Kriterien der Analyse nicht in vollem Umfang akzeptieren kann, so repräsentiert K.s Buch doch eine wichtige Epoche in der Auseinandersetzung mit Beurteilungskriterien für die Jugendliteratur. Darüber hinaus ist das Bemühen K.s hervorzuheben, die didaktische Diskussion auf die Bedeutung des Umgangs mit Literatur in der Schule gelenkt und hier unter Einbeziehung sozialer Fragestellungen neue Ziele angestrebt zu haben.

→Dürerbund, →Vereinigte Jugendschriftenausschüsse

Werke: Geschichte der deutschen Jugendliteratur. (Teil 1 und 2., 1906 und 1908, ⁴1927; NA. 1968, ²1971); Das Geschlechtliche im Unterricht und in der Jugendlektüre (1903).
Beiträge: Die Freiheit der Methode in Gefahr (in: Pädagogische Reform. 37. 1913. 50. Beil. 1); Vom freien Aufsatz und vom Leseunterricht. Neue Wege zu alten Zielen (in: Die Deutsche Schule. 17. 1913. 6. 348); Vom Aufbau einer Schülerbücherei (in: Pädagogische Warte. 36. 1929. 16. 744); Deutsche Sprachhefte für die Hand des Schülers (1923 zus. mit F. Gansberg).

Peter Zimmermann

Koke, Otto

*Oberförster, Schriftsteller; *22.4.1909 Oberrehnheim (Unterelsaß), †18.12.1966 Rehbeck (Kreis Lüchow-Dannenberg).*

K. wurde als Sohn norddeutscher Eltern im Elsaß geboren. Nach Volksschul- und Gymnasialjahren in Lingen/Ems begann er 1926/27 die Forstlehre in Walsrode. Dem Besuch der Forstschule (1927/28) folgte eine forstliche Vorbereitungszeit in den Forstämtern Unterleiß, Bleckede und Lüchow. 1934 legte K. die Revierförsterprüfung ab und übernahm 1936 die Revierförsterei Fuhrberg. Hier, im Forsthaus Wietze (Kreis Celle), begann er seine schriftstellerische Tätigkeit. Nach Rückkehr aus dem Kriege ging K. als Revierförster nach Rehbeck bei Lüchow, wo er 1953 zum Oberförster befördert wurde.

Werk, Tendenzen, Wirkung. In einem Nachruf aus Anlaß des Todes von K. bezeichnete die Cellesche Zeitung in der Ausgabe vom 24.12.1966 den Schriftsteller als einen Autor, „dem es gegeben war, die Schönheiten der Natur mit allem, was darin kreucht und fleucht, stimmungsvoll mit der Feder einzufangen, der sich aber auch nicht scheute, mit der Schärfe des Wortes und der Brillanz seines Geistes zu schreiben, wenn es galt, sich für die Kreatur und Wald und Flur, für die ihm liebgewordene Hege und das von ihm so hochgehaltene Waidwerk einzusetzen". K. wurde oft der „zweite Löns" genannt. Das trifft nur bedingt zu. Kennzeichnend für ihn waren seine anspruchsvolle Berufsauffassung, sein umfassender Sachverstand und seine kompromißlose Liebe zu den stummen Geschöpfen, für die er sich in seinen Büchern, in Zeitschriften und Zeitungen, in Funk und Fernsehen einsetzte. 1953 erhielt K. im Rahmen der Harzburger Aktion „Für die gute Jugendschrift – gegen Schmutz und Schund" den 1. Preis für die Wilderer-Geschichte „Hände hoch". Obwohl K. nur wenige ausgesprochene Jugendbücher schrieb, werden alle seine Tierschilderungen bis zur Gegenwart vor allem von Jugendlichen gelesen.

→Tierbuch

Werke: Blitz der Greif. Geschichte eines Habichts (1939); Herzchen Furchtsam der Heidehase und andere Tiergeschichten eines Försters (1940); Ein Förster erzählt Tiergeschichten (1940); Die Grimbarts. Geschichte einer Dachsfamilie (1941); König der Wälder. Hirschgeschichte (1941, ²1950); Familie Frechdachs. Tiergeschichten für das Kleinkind (1942); Der Vogel Wunderlich (1948); Bedrängt, vertrieben, ausgerottet (1953); Hände hoch (1953); Der Schuß im Birkenkamp (1956); Das Jahr des Jägers (1958); Gut Freund mit allen Tieren (1959); Wilderer am Werk (1960); Der Wald ruft (1961); Tiere erlebt und belauscht (1962); Seltene Fährten (1963); Alltag mit Tieren (1964); Die grauen Reiher (1966); Tapfere Tiermütter (1966).

Hubert Göbels

Kolibri Verlag

Wuppertal-Elberfeld. Kinder- und Jugendbücher unterschiedlicher Thematik.

Der Verlag wurde 1950 von M. Pfriem gegründet und wird zur Zeit von E. Pfriem (*1907) geleitet. Das etwa 250 Titel umfassende Angebot reicht von Märchen- bis zu Mädchenbüchern. Das Angebot folgt dem traditionellen Schema der Zielgruppeneinteilung junger Leser nach Alter und Geschlecht. Die klassischen Titel von Jugendbüchern, wie z.B. J. F. Coopers „Lederstrumpf" erscheinen in stark gekürzten Ausgaben.

Rudolf Raab

Kollwitz, Käthe

*Malerin, Graphikerin und Bildhauerin; *8.7.1867 Königsberg/Ostpreußen, †22.4.1945 Moritzburg/Sachsen.*

Schon als junges Mädchen erhielt K., fünftes Kind eines Maurermeisters, Kunstunterricht in Königsberg. Ihr fortschrittlich denkender Vater ermöglichte ihr 1885/86 ein Studium in Berlin bei K. Stauffer-Bern und 1888/89 in München bei L. Herterich. Nach der Heirat mit dem Arzt Karl K. (1891) siedelte sie nach Berlin über, wo sie, mit einigen Unterbrechungen, bis 1943 lebte. Nach der Veröffentlichung des Zyklus „Ein Weberaufstand" (1894–1898) wurde sie von A. Menzel für eine Auszeichnung vorgeschlagen, Kaiser Wilhelm II. lehnte zunächst ab; sie erhielt jedoch ein Jahr später (1899) die kleine Goldmedaille in Dresden. 1907 bekam sie den von M. Klinger (1857–1920) gestifteten Villa Romana-Preis, der ihr einen einjährigen Aufenthalt in Florenz ermöglichte. Nachhaltig beeinflußte K. der Erste Weltkrieg und der Tod ihres jüngeren Sohnes, der 18jährig in Flandern fiel. Nach Kriegsende wurde

K. Mitglied der Akademie der Künste und erhielt den Professorentitel verliehen. Sie verlor jedoch die Mitgliedschaft wie auch die Leitung eines Meisterateliers für Grafik, die sie seit 1928 innehatte, nach der Machtergreifung der Nationalsozialisten. 1936 wurde ein Ausstellungsverbot über ihre Werke verhängt. Vor der Zerstörung ihrer Wohnung 1943 durch Bomben, wobei zahlreiche Drucke und Platten vernichtet wurden, siedelte sie nach Nordhausen/Thüringen und von dort nach Moritzburg/Sachsen über.

Werk, Tendenzen, Wirkung. Die Bedeutung des Werkes von K. dürfte in den Tausenden von Zeichnungen und ca. 270 Grafiken liegen, weniger in dem Dutzend Plastiken und einigen Ölgemälden. K. gehört zu den ausdrucksvollsten Künstlerinnen Deutschlands der ersten Jahrhunderthälfte. Sie hat mit Vorliebe in ihren Zeichnungen breite und glatte Strichführung genutzt und mit Nuancierungen der Farbstärke Dunkel-Hell-Effekte und Tiefenwirkung erreicht. Expressionistische Züge sind vorhanden, die stilistische Nähe zu E. Barlach (1870–1938) wird deutlich. K. gestaltete vor allem das menschliche Antlitz. Ihr Werk – darunter sind auch Plakate – formuliert vielfach den Protest gegen soziales Elend (u.a. der Zyklus „Ein Weberaufstand", 1894–1898; sieben Radierungen „Bauernkrieg", 1903–1908; drei Holzschnitte „Proletariat", 1925) und Krieg (sieben Holzschnitte „Krieg", 1920–1924). Zentrales Thema ist in diesem Zusammenhang für sie auch das (notleidende) Kind. Ihre Bildnisse strahlen ernste, um Menschlichkeit werbende Kraft aus. Sie empfand sich als „Anwalt", der „das Leiden der Menschen" auszusprechen habe. Besonders zeigt dieses Engagement die in Grautönen gehaltene und Holzschnittcharakter aufweisende Einbandillustration von K. zu dem „Proletarischen Kindergarten" (1921, ^{2}1925), einem der wichtigsten Kinderbücher der sozialistischen Bewegung in den zwanziger Jahren. Die Einbandillustration zeigt ein größeres Mädchen mit seiner kleinen Schwester auf dem Arm im Hinterhof eines Großstadthauses im Zustand der Verzweiflung. Die zweite Auflage des gleichen Werkes bringt eine neue, eigens von K. dafür angefertigte Zeichnung, die mit „Hunger" überschrieben ist und eine verzweifelte Mutter mit ihren beiden nach Brot schreienden Kindern zeigt. K.s grafisches Werk hat vielfach zur Illustration von Schulbüchern gedient. Unter den neueren Kunstbüchern für Kinder in der DDR befindet sich „für Leser von 8 Jahren" an auch eine Monografie über K. (Br. Birnbaum: Tintarolo, 1975). Ihr ging 1962 H. Klose-Gregers Band „Käthe Kollwitz. Ein Lebensbild für die Jugend" voraus.

Sekundärliteratur: Br. Birnbaum: Tintarolo (1975). – H. Klose-Greger: Käthe Kollwitz. Ein Lebensbild für die Jugend (1962). – H. Kollwitz (Hrsg.): Käthe Kollwitz. Briefe der Freundschaft und Begegnung (1966). – O. Nagler (Hrsg.): Käthe Kollwitz. Die Handzeichnungen (1972). – G. Strauß: Käthe Kollwitz (1950). – H. Wandrey (Hrsg.): Käthe Kollwitz. Aus Tagebüchern und Briefen (1959, ^{2}1964).

Bernd Dolle

Kolta, Ferenc

*Ungarischer Literaturwissenschaftler, Jugendbuchtheoretiker und Professor an der Pädagogischen Hochschule in Pécs; *5.5.1915 Boldogasszonyfa, †11.6.1973 Pécs.*

Im Mittelpunkt von K.s Tätigkeit stand die theoretische Auseinandersetzung mit der ungarischen Kinder- und Jugendliteratur. Über sie hat K. nicht nur Vorlesungen gehalten, sondern auch viele Untersuchungen veröffentlicht, vor allem zu ihrer Geschichte. Dabei spielte verschiedentlich die Entwicklung dieser Literaturgattung nach dem Zweiten Weltkrieg die Hauptrolle. K. hat überhaupt als erster eine zusammenfassende Darstellung über verschiedene Aspekte der Kinder- und Jugendliteratur Ungarns vorgelegt. Zahlreiche Beiträge zu Einzelfragen wurden in Zeitschriften und anderen wissenschaftlichen Publikationen gedruckt. Eine Reihe von Aufsätzen, die auf K.s Anregung hin entstanden waren und sich in erster Linie mit Fragen der zeitgenössischen ungarischen Jugendliteratur beschäftigten, brachte die Zeitschrift „Jelenkor" heraus; diese Beiträge wurden später (1968) in einem Sammelband zusammengefaßt. Der Literaturwissenschaftler beschäftigte sich ferner mit verschiedenen Gesichtspunkten der Leseerziehung und veröffentlichte bzw. redigierte ein Handbuch über pädagogische Fragen zur Arbeit mit dem Buch.

Werke: Ifjúsági irodalom. 1962 (Lehrbuch für die Pädagogische Hochschule).
Hrsg.: Házi olvasmányok elemzése az általános iskolai irodalomtanításban. (^{2}1967).

Beiträge: A magyar ifjúsági irodalom kezdetei (in: Pécsi Pedagógiai Foiskola. A pécsi Pedagógiai Föiskola Évkönyve 1960/61; 1961. 147–148); A gyermekek olvasáslélektani vizsgálatának néhány feladata. A Pécsi Tanárképzö Föiskola Tudományos feladata. A Pécsi Tanárképzo Foiskola Tudományos Közleményei. 1965. Band I. Pécs. 1965. 189–194. Die Kunst durch Kunst zu erziehen. Internationales Treffen der Schriftsteller und Schaffenden in der Jugendliteratur in Prag im Juni 1964 (1965). Az ifjúsági irodalom néhány elvi kérdése (in: Szederkényi Ervin. Vita az ifjúsági irodalomról. 1968. 112–119); Húsz év ifjúsági irodalma (in: T. Dezsö (Hrsg.): Élo irodalom. Tanulmányok a felszabadulás utáni magyar irodalom köréböl. 1969. 71–102); Kísérletek új típusú ifjúsági regényirodalom kialakítására 1945 és 1948 között. Acta Acadaemicae Paedagogicae In Civitate Pécs. Tom. 10. Seria 3. Pécs. 1966. 15–28.

Béla Tóth

Konewka, Paul Emil Valentin

*Silhouettenschneider, Illustrator; *5.4.1840 Greifswald, †10.5.1871 Berlin.*

K.s Vater, polnischer Abstammung, neigte von Jugend an zur Literatur und Zeichenkunst, mußte aber zum Broterwerb in die preußische Armee eintreten und brachte es zum Unteroffizier und Bataillonsschreiber, später zum Gehilfen des akademischen Amtshauptmanns bei der Greifswalder Universitätskasse. Als er bei seinem Sohn PAUL, der bereits mit vier Jahren mit dem Schneiden von Silhouetten begann, dessen zeichnerisches Talent entdeckte, hoffte er, diesem die Ausbildung geben zu können, die ihm selbst versagt geblieben war. Im Jahr 1852 besuchte der damalige Altmeister der Silhouettenkunst, K. FRÖHLICH (1821–1898), die Familie K. und zeigte sich von dem Talent des jungen PAUL beeindruckt, mit dem ihn fortan eine enge Freundschaft verband. Nach Besuch des Gymnasiums in Greifswald brachte der Vater den jungen K. 1857 in das DRAKEsche Atelier im Tiergarten nach Berlin, wo K. das Bildhauerhandwerk erlernen sollte. K. fühlte sich jedoch zum Bildhauer nicht geeignet und verließ die Lehrstelle, um fortan, in ärmlichen Verhältnissen lebend, durch das Schneiden von Silhouettenportraits in Gasthäusern den Lebensunterhalt zu verdienen. Erst im Jahre 1860, als K.s Vater starb, und seine Schwester MARIE als Lehrerin nach Berlin kam, wo sie ihren Bruder PAUL in ihre Wohnung aufnahm, kam K. wieder in geordnete Verhältnisse. K.s Schwester MARIE heiratete 1863 den Schriftsteller J. TROJAN (1837–1915), der sich um die Veröffentlichung von K.s Werk auch nach dessen Tod große Verdienste erwarb. K. starb schon 1871 an einer Lungenschwindsucht. Den Nachlaß K.s verwaltete sein Schwager TROJAN.

Paul Konewka (1840–1871). Titelseite zur 2. Auflage (1875) des Buches „Lose Blätter“. Den fünf Silhouetten auf Doppelseiten sind Gedichte von Johannes Trojan und Klaus Groth beigesellt. Neben dem letzten Silhouettenbild steht Shakespeares Text zur Charakterisierung der sieben Lebensalter aus „Wie es euch gefällt“.

Werk, Tendenzen, Wirkung. K. wird heute als der bedeutendste Silhouettenschneider und -illustrator des 19. Jahrhunderts angesehen. Selbst FRÖHLICH stellte bereits 1852 bei seinem ersten Besuch in der Familie K. fest, „... daß er in Paul seinen Meister gefunden habe“. Bis zum Ende seines Gymnasiumbesuchs schuf K. über fünfhundert, meistens sehr kleine Silhouetten von vorwiegend menschlichen Figuren, die schon die Hand des späteren Meisters verrieten. Die Figürchen bewahrte sein Schwager TROJAN in dem Nachlaß K.s auf. In seinem zwölften Lebensjahr entstanden nach der Lektüre des GOETHEschen „Faust“ K.s erste Versuche zur Illustration des Faust-Dramas in Silhouetten. Später wurde er gerade durch dieses Silhouettenthema berühmt. Als 1853 in ganz Deutschland H. BEECHER-STOWES „Onkel Toms Hütte“ gelesen wurde, illustrierte K. auf Wunsch seiner Mitschüler das Buch mit Silhouetten, die er zu einem Album zusammenband, das ebenfalls mit seinem Nachlaß von TROJAN aufbewahrt wurde. Im Gegensatz zu FRÖHLICH, der grundsätzlich alle Silhouetten ohne Vorlagen mit der Schere schnitt, zeichnete K. meistens die Silhouetten auf das Papier, bevor er sie ausschnitt. Später bevorzugte er sogar die gezeichnete Silhouette gegenüber der geschnittenen. So hat er fast alle seine Buchveröffentlichungen direkt auf das Holz gezeichnet. Auch in der Technik seiner Silhouetten weicht K. von seinem Freund und Lehrmeister FRÖHLICH ab, der besondere Vorliebe für eine filigran- und spitzenbildhafte Technik zeigte und besonders gern Bäume, Busch- und Pflanzenwerk in seine Silhouetten einbezog, während K. den englischen Silhouettisten zuneigte, wie diese vorwiegend menschliche Figuren ohne Hintergrund und detaillierte Umwelt darstellte und den Schwerpunkt mehr auf die deutlich-derbe Charakterisierung der dargestellten Figuren als auf die Einbeziehung von Blättern und anderem zierlichen Beiwerk legte. Als erste Buchveröffentlichung erschien 1862 ein „Album“ mit sechs Silhouetten, das jedoch keine größere Resonanz erzielte. Erst mit seinen „12 Blättern zu Goethes Faust“ erschien 1865 eine Buchausgabe, die K. schnell in ganz Deutschland bekannt werden ließ. Vor allem der Osterspaziergang und die erste Begegnung Fausts mit Gretchen erregten die Bewunderung der Fachwelt. Die meisten Kinderbücher mit Silhouetten von K. erschienen erst nach seinem Tode, oft mit Versen und auf Veranlassung seines Schwagers TROJAN zusammengestellt und herausgegeben. Lediglich das großformatige Silhouettenbilderbuch „Der Schwarze Peter“ (1869) erschien noch zu Lebzeiten des Künstlers. Eine neue Blüte erlebten die Silhouetten K.s im ersten Viertel des 20. Jahrhunderts, als diese auf Veranlassung von F. AVENARIUS (1856–1923) im Rahmen der im Callwey-Verlag erschienenen „Kunstwart“-Ausgaben in neuer Zusammenstellung in billigen Bändchen mit zahlreichen und hohen Auflagen herausgebracht wurden. Einige Silhouetten lieferte K. auch für die „Deutschen Bilderbogen für Jung und Alt“.

→ K. Fröhlich, → J. Trojan

Werke: P. Konewka: Album. 6 Silhouetten (1862); P. Konewka: 12 Blätter zu Goethes Faust (1865); W. Shakespeare:A midsummer-night's dream. Illustrated with 24 silhouettes by P. Konewka (1868); J. Trojan: Der Schwarze Peter (1869); H. Kurze: Falstaff und seine Gesellen (1870); J. Trojan: Schattenbilder (1871); J. Trojan: Allerlei Thiergeschichten (1872); P. Rüthling: Ländlich sittlich. 12 lustige Bilder. Mit hübschen Reimen (1872); Fr. Sträßle: Silhouetten-Bilderbuch. 12 heitere Bilder aus dem Leben (1872); Fr. Keppler (Hrsg.): Zerstreute Blätter von Paul Konewka (1873); Das Schwarze Bilderbuch (1874); Lose Blätter (1875); F. Avenarius (Hrsg.): Spaß auf der Straß (1912).

Sekundärliteratur: E. Biesalki: Scherenschnitt und Schattenrisse. Kleine Geschichte der Silhouettenkunst (1964). – L. Brieger: Die Silhouette (1921). – G. Buss: Aus der Blütezeit der Silhouette (1913). – A. Corsep: Die Silhouette. Ihre Geschichte, Bedeutung und Verwendung ([2]1909). – J. Trojan: Paul Konewka (in: Velhagen & Klasings Monatshefte. VI. 1891/92. 2. 177–193).

Helmut Müller

Konsumliteratur

K. ist die gelegentlich verwendete Bezeichnung für massenhaft verbreitete, preisgünstig vertriebene, zum alsbaldigen Verbrauch bestimmte Druckerzeugnisse (Konsum = Verbrauch). Mit den Ausdrücken Unterhaltungs-, Massen-, Trivial- und Kioskliteratur besteht eine enge Bedeutungsverwandtschaft. Der Begriff bleibt jedoch unscharf, da letztlich jegliche Literatur K. ist. In der Regel deutet die Verwendung dieses Ausdrucks bei seinen Benutzern auf die Antizipation eines Gegenbegriffs hin, der die Folie der Einschätzung der K. abgibt. Diese läßt erkennen, daß mit K. zumeist eine negative Beurteilung verbunden ist. K. gehört – so diese Kritik – nicht zur Literatur im engeren Sinne, d. h. nicht zur Dichtung.

→Abenteuerbuch, →Beurteilung von Kinder- und Jugendbüchern, →Bilderbuch, →Comics, →Indianerbuch, →Jugendmedienschutz, →Jugendschriftenbewegung, →Jungleserpsychologie, →Junglesersoziologie, →Kalendergeschichte, →Kinder- und Jugendliteratur, →Kinder- und Jugendzeitschrift, →Klassiker der Kinder- und Jugendliteratur, →Kriegsromanhefte, →Kriminalgeschichte für Kinder und Jugendliche, →Kritik der Kinder- und Jugendliteratur, →Kunsterziehungsbewegung, →Leseheftreihe, →Schund- und Schmutzliteratur, →Trivialliteratur, →Umtauschaktion, →Unterhaltungsliteratur, →Volksbuch als Kinder- und Jugendliteratur, →Wildwest in der Kinder- und Jugendliteratur

Klaus Doderer

Kopisch, August

*Landschaftsmaler, Schriftsteller, Herausgeber volkstümlicher Balladen-, Schwank- und Sagensammlungen, Übersetzer Dantes und italienischer Volksdichtung; *26.5.1799 Breslau, †6.2.1853 Berlin.*

Geboren als Sohn eines wohlhabenden Kaufmanns, verließ K. das Magdalenengymnasium in Breslau 1815 ohne Abitur, studierte Malerei an den Kunstakademien in Prag und Wien und lebte anschließend bis 1824 in Breslau und Dresden. Eine Verletzung der rechten Hand hinderte ihn für längere Zeit an der Ausübung der Malerei. Von 1825 bis 1829 unternahm K. seine erste Italienreise nach Rom, Neapel und Sizilien. 1826 durchforschte er zusammen mit dem Heidelberger Landschaftsmaler E. Fries (1801–1833) schwimmend die „Blaue Grotte" der Insel Capri und machte dieses Naturwunder in Aufsätzen und Bildern weithin bekannt; K. gilt heute als der Entdecker der „Blauen Grotte", obwohl Inselbewohner von der Existenz der Höhle seit langem wußten. In Neapel lernte er 1827 den Dichter A. Graf von Platen-Hallermünde (1796–1835) kennen, mit dem ihn eine wechselvolle, literarisch fruchtbare Freundschaft verband. Ebenfalls in Neapel machte K. 1828 die Bekanntschaft des späteren Königs Friedrich Wilhelm IV. von Preußen (1795–1861), der ihn 1840 ins Hofmarschallamt als Kunstberater berief. Ein zweiter Italienaufenthalt K.s fiel in die Jahre 1837/38. Zugleich mit den Dichtern E. Geibel (1815–1884) und F. Freiligrath (1810–1876) erhielt K. vom preußischen König, den er 1840 in einer Ode bedichtete, im Jahr 1841 eine Jahrespension. 1847 siedelte K. nach Potsdam über, wo er im Auftrag des Königs die Geschichte der königlichen Schlösser und Gärten zu Potsdam beschrieb. Anfang 1853 zog er nach Berlin, wo er im gleichen Jahre plötzlich ohne vorausgegangene Krankheit verstarb.

Werk, Tendenzen, Wirkung. Erste Beschäftigung mit deutscher und ausländischer Volksdichtung fand K. im Nachvollzug der Wiederentdeckung von „Volkspoesie" durch die Romantik. Während seines ersten Italienaufenthaltes sammelte und übersetzte K. „volkstümliche Poesien aus allen Mundarten Italiens und seiner Inseln", die 1838 unter dem Titel „Agrumi" erschienen. Ein erster Band „Gedichte" war schon 1836 in Berlin herausgekommen. Während seiner zweiten Italienreise begann K. eine vielgelesene Prosaübersetzung von Dantes „Göttlicher Komödie", die 1842 in Berlin erschien. Im Jahr 1848 veröffentlichte er Nachdichtungen aus der Volksliteratur vieler Länder unter dem Titel „Allerlei Geister, Mährchenlieder und Schwänke", die durch die Beschwörung von Zwergen, Kobolden, Riesen und Feen besonders als Lektüre für Jugendliche geeignet erschienen und häufig wiederaufgelegt wurden. Besonders in der Zeit der Jugendschriften- und Kunsterziehungsbewegung wurden K.s Gedichte und Erzählungen neu aufgegriffen. So brachte 1903 der Münchener Jugendschriftenausschuß eine Ausgabe „Gedichte für die Jugend" heraus; im Jahr 1913 erschienen gleich zwei von Pädagogen empfohlene Ausgaben für junge Leser: In Gerlachs Jugendbücherei erschien als Band 13 die von H. Fraungruber (1863–1933) herausgegebene Sammlung „Ausgewählte Gedichte", im Mörike-Verlag in München der Band „Allerlei Geister. Gedichte und Erzählungen", der von L. Greiner (1876–1928) zusammengestellt wurde. Posthum erschien in Berlin 1856 eine erste Zusammen-

Illustration (Ausschnitt) von Adolf Propp (1882) zu dem Bilderbuch „Die Hi Ha Heinzelmännchen" (1922). Der Text besteht aus dem Gedicht „Heinzelmännchen" von August Kopisch (1799–1852).*

fassung von K.s literarischem Schaffen in fünf Bänden unter dem Titel „Gesammelte Werke von August Kopisch. Geordnet und herausgegeben von Freundes Hand" (d.i. C. Bötticher), die bis heute die maßgebende Ausgabe darstellt (2. Auflage 1873).
„Die Stoffe zu seinen besten Gedichten sind Büchern entnommen", stellt P. Bornefeld in der bisher einzigen größeren Arbeit über K. lapidar fest. Tatsächlich beruhen alle Balladen, Schwänke und Sagen, mit denen K. die Kinder- und Jugendliteratur für viele Jahrzehnte befruchtete und vor allem mit seinen „Heinzelmännchen" bis heute beeinflußt, auf Vorbildern, zu denen in erster Linie die „Deutschen Sagen" der Brüder Grimm (1816–1818), die „Märkischen Sagen und Märchen" von A. Kuhn (1843) und die „Sagen, Märchen und Lieder der Herzogtümer Schleswig-Holstein und Lauenburg" von K. Müllenhoff (1845) gehören. K.s „Heinzelmännchen" wurden bis 1975 insgesamt 38 mal – oft mit vorzüglichen, kindgemäßen Illustrationen – als Einzelschrift herausgebracht. Große Verbreitung in mehreren Auflagen fanden in neuerer Zeit insbesondere die Bilderbuchausgaben mit den Illustrationen von B. Braun-Fock (1947), J. Grüger (1951) und G. Oberländer (1967). Daneben erschienen die „Heinzelmännchen" in zahlreichen Schulbüchern und anderen Sammelwerken. Die „Heinzelmännchen" fußen auf einer Vorlage aus Keightleys „Mythologie der Feen und Elfen" (1828). Die virtuosen Lautmalereien, die oft humoristisch-schwebende literarische Form, die biedermeierliche Freude am Skurrilen sind jedoch K.s Eigentum. Diese Züge haben die Kinderballade, die Kindersage und das gereimte Kindermärchen seit Mitte des vorigen Jahrhunderts wesentlich beeinflußt, wenn auch die Gesamtwirkung K.s auf die Jugend unserer Generation entschieden im Abnehmen begriffen ist.

Werke: Gedichte (1836); Allerlei Geister, Mährchenlieder und Schwänke (1848); C. Bötticher (Hrsg.): Gesammelte Werke (Bd. 1–5. 1856).
Hrsg.: Agrumi. Volksthümliche Poesien aus allen Mundarten Italiens und seiner Inseln (1838); J. K. A. Musäus: Teutsche Volksmärchen. Maskenzug (1846).

Sekundärliteratur: P. Bornefeld: August Kopisch. Sein Leben und seine Werke (Diss., 1912).

Richard Schaeffer

Koralle Verlag GmbH

Berlin und Hamburg. Produzent des Comic-Magazins „Zack".

Der Verlag wurde 1972 gegründet und wird gegenwärtig von R. Wosnitza (* 1915) als Geschäftsführer geleitet.
Das Verlagsprogramm besteht ausschließlich aus Comics, wobei dem 64seitigen, 14täglich erscheinenden Magazin „Zack" eine Leitfunktion zukommt. Die präzise auf die Zielgruppe von Jungen im Alter von 9 bis 14 Jahren konzipierten Hefte mit jeweils 4–6 verschiedenen Geschichten gehören in die Gruppe der Funnies bzw. Abenteuerserien. Die Figuren (Helden) wurden von vornherein mit klar umrissenen, ikonografischen Funktionen ausgestattet, die grundsätzlich stabil bleiben. Die zwei weiteren Serien, das Comic-Taschenbuch „Zack Parade", das sechsmal im Jahr erscheint, und das Comic-Album „Zack Comic Box", das achtmal im Jahr herausgegeben wird, unterscheiden sich weder in den Themen noch im Figurenbestand vom Magazin „Zack". Die „Zack Parade" bringt auf jeweils 284 Seiten 10–15 Geschichten aus dem „Zack" Magazin, die Hefte von „Zack Comic Box" enthalten auf jeweils 44

Seiten die abgeschlossene Geschichte einer Figur des Magazins. „Zack Parade“ ist abwechselnd schwarzweiß und vierfarbig ausgelegt; das Magazin „Zack“ und die Alben sind im Tiefdruck bzw. Rollenoffsetverfahren insgesamt vierfarbig gedruckt.

Rudolf Raab

Korczak, Janusz

*(d.i. Henryk Goldszmit). Polnischer Arzt, Pädagoge und Schriftsteller, Verfasser von Romanen, Dramen, Kinderbüchern und Büchern zu erzieherischen Problemen; *22.7.1878 Warschau, †1942 im Vernichtungslager Treblinka.*

Die jüdische Familie Goldszmit hatte sich bereits im 19. Jahrhundert eindeutig zur polnischen Nation bekannt. Symptomatisch dafür ist das polnische Pseudonym, mit dem sich H. Goldszmit dieser Entscheidung anschließt. Der Vater K.s, ein angesehener Rechtsanwalt, starb früh. In der folgenden Zeit des teilweise harten Existenzkampfes fallen nach Aussagen früher Quellen die ersten literarischen Versuche K.s, in denen Phantastisches, Visionen, aber auch durchaus realistische Perspektiven für die Zukunft entworfen wurden. Nach dem Medizinstudium (1898–1904) war K. in einem Warschauer Kinderkrankenhaus tätig. Während des russisch-japanischen Krieges (1904/05) und des Ersten Weltkrieges (1914–1918) arbeitete er als Arzt in Feldlazaretten. Seine Privatpraxis als gesuchter Kinderarzt hatte K. schon 1911 aufgegeben, um die Leitung eines nach seinem Entwurf neu errichteten Waisenhauses zu übernehmen, das er auch nach 1918 weiter leitete. Parallel zur praktischen Erziehungsarbeit hielt er Vorlesungen an zwei höheren Lehranstalten in Warschau und entwickelte eine rege Vortragstätigkeit; 1926 wurde K. zum „Sachverständigen für Fragen der Minderjährigen“ am Landgericht Warschau ernannt. Nach der Einnahme Warschaus durch die deutsche Armee (1939) kam K. ins Gefängnis, weil er sich weigerte, die gelbe Armbinde (Kennzeichen der Juden) zu tragen. Von ehemaligen Zöglingen freigekauft, kehrte er in das Waisenhaus zurück und wurde mit den Kindern ins Ghetto überführt. Am 5. August 1942 zog K. an der Spitze seiner Kinder zum Warschauer Bahnhof und ging mit ihnen in das Vernichtungslager Treblinka. 1972 wurde K. posthum der Friedenspreis des Börsenvereins des deutschen Buchhandels verliehen.

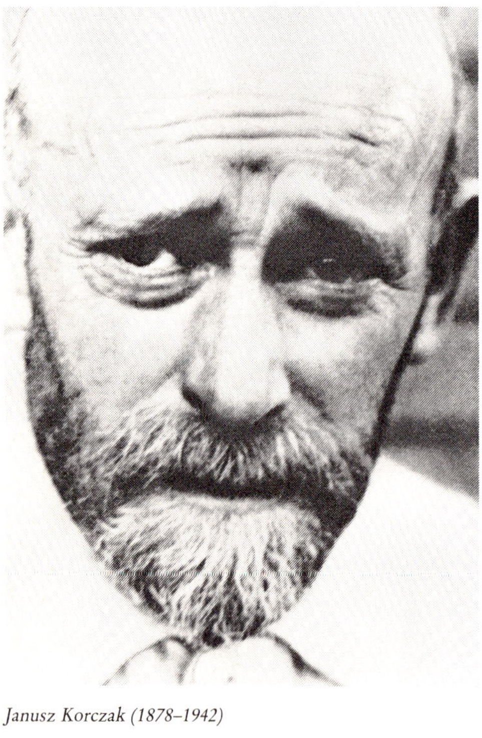

Janusz Korczak (1878–1942)

Werk, Tendenzen, Wirkung. Erstaunlich ist die Fülle der Veröffentlichungen K.s, die eine große Breite thematischer und gestalterischer Möglichkeiten aufzeigen: lyrische Versuche, Aufsätze, Dramen, „Radioplaudereien“, Sammlungen von Aphorismen, biographische Texte, lehrbuchartig zu nennende Bücher, Tagebuchaufzeichnungen und belletristische Titel für Leser verschiedener Altersstufen. Nur ein Teil der Schriften K.s ist bisher ins Deutsche übersetzt, Jahrzehnte nach ihrem Erscheinen in Polen. Die Intentionen, die K. als Vermittler spezifischer pädagogischer Vorstellungen entwickelte und vertrat, finden eine differenzierte theoretische Darstellung in den Arbeiten „Prawo dziecka do szacunka“ (1928; dt. Das Recht des Kindes auf Achtung, 1970) und „Jak kochać dziecko (1916; dt. Wie man ein Kind lieben soll, 1967). Für K. sind Kinder Unterdrückte, denen man helfen muß, Möglichkeiten der Selbstverwirklichung zu finden. Er denkt dabei nicht nur an sozial diskriminierte Gruppen, sondern auch an Kinder aus Mittel- und Oberschicht, die anderen Zwängen ausgeliefert sind. Die in seinen Waisenhäusern praktizierten Methoden lassen große Ähnlichkeit zu pädagogischen Bestrebungen der zwanziger und dreißiger Jahre in anderen europäischen Staaten erkennen (in Deutschland etwa die Ideen von H. Lietz u.a.). Stark betont wurden bei K. die Selbstverwaltung durch die Zöglinge und die Schaffung von Gremien, durch die Konflikte weitgehend selbständig reguliert werden sollten.

Dabei hat sich K. keiner konkreten politischen Partei oder Strömung verpflichtet gefühlt. Sein Weggefährte Newerly berichtet, daß K. sich außerordentlich skeptisch revolutionären Kräften gegenüber verhielt. Da er aber auch zu gemäßigten Parteien keine Verbindung aufnahm, stand er in der politischen Szene Polens bald isoliert da. Seine pädagogischen Intentionen bringt K. für kindliche und jugendliche Leser insbesondere in die König Hänschen-Bücher ein (Król Maciuś Pierwszy, 1928; dt. König Hänschen I., 1958, NA. 1970 und Król Maciuś na wyspie bezludnej, 1928; dt. König Hänschen auf der einsamen Insel, 1971). Formal und inhaltlich ist in beiden Bänden von einem stark appellativen Duktus zu sprechen. Ausgangspunkt und Grundlage beider Bände ist die Forderung, den Kindern die ihnen zustehenden Rechte auf individuelle Entwicklung und außerdem Mitgestaltung des gesellschaftlichen Lebens einzuräumen. So entsteht vor dem Leser die Vision eines Königs im Kindesalter, der in den kleinen Dingen des Alltags, aber auch in den Steuermechanismen staatlicher Macht Veränderungen anstrebt. Breit werden die Versuche des jungen Herrschers dargestellt, überkommene Verhaltensweisen zu überwinden, die Suche nach Partnern, dann auch die Widerstände, die letztlich übermächtig sind. Geradezu exemplarisch wird etwa der Einfluß der Bürokratie aufgezeigt, verzögernd in reformerische Vorhaben einzugreifen. An anderen Beispielen läßt K. deutlich werden, daß der drohende Verlust von Macht Würdenträger in die Opposition bringt, oder er zeigt den verderblichen, weil Neuerungen verhindernden Einfluß von Vorurteilen. Als verbindendes Element aller Entwicklungen wird die Hoffnung K.s auf die reformerische Kraft der Kinder sichtbar. Freilich läßt der (letztlich deprimierende) Verlauf des Geschehens zugleich den Schluß zu, daß der Verfasser die Erfolgsaussichten nur gering einschätzte. Eine breite Öffentlichkeit in der Bundesrepublik wurde auf K. als Autor von Kinderbüchern vor allem durch die sehr positive Rezension H. v. Hentigs im „Spiegel" (14.12.1970) aufmerksam. Sie hatte direkte Auswirkung auf die Verkaufszahlen, wie auch 1972 die Verleihung des Friedenspreises des Deutschen Buchhandels.

Daneben gibt es auch eine Reihe kritischer Stimmen zu den König Hänschen-Büchern. Kritisiert werden z.B. blutrünstige Schilderungen von kriegerischen Auseinandersetzungen, die oft ungebrochene Glorifizierung soldatischer Tugenden oder die stark diskriminierend wirkende Darstellung verschiedener in Afrika angesiedelter Völker. Für den kindlichen oder jugendlichen Rezipienten der „Hänschen"-Bücher ergibt sich eine Reihe von Schwierigkeiten: Die Handlung zerfällt in viele einzelne Bilder, die zudem oft recht statisch angelegt sind. Probleme entwickeln sich häufig aus den Reflexionen des Autors als Erzähler. Das Nebeneinander vorwiegend realistisch ausgerichteter und phantastisch-visionärer Szenen wirkt verwirrend. Darüber hinaus ist K., wenn er auch in einigen Punkten weit über den Tag hinaus gedacht hat, seiner Zeit verhaftet. Vieles läßt sich so nur in seiner historischen Bedingtheit nachvollziehen, der junge Leser benötigt dringend zusätzliche Informationen. Es ist zu vermuten, daß heute der Kreis der Leser im Kindes- und Jugendalter relativ klein sein dürfte und K.s König Hänschen-Bücher eher von Älteren goutiert oder unter dem Aspekt der Geschichte der Kinderliteratur analysiert werden. Deutlich wird die Beschränkung K.s auf die Kleingruppe, auf Tugenden wie Selbstverwaltung, Selbstregulierung und die Hoffnung auf die Kraft von Argumenten in dem Kinderbuch „Bankructwo malego Dżako" (1926; dt. Jack handelt für alle, 1972). Ein Junge verwaltet hier nicht nur die Klassenbibliothek, sondern versucht darüber hinaus einen Gemeinschaftsladen einzurichten, in dem Mitschüler Waren preisgünstig einkaufen können. Auffällig hier der zunächst stark individualistische Ansatz, die harte Schwarz-Weiß-Zeichnung von Freunden und Gegnern der Hauptfigur und die überraschende Wende am Schluß in Richtung auf eine gemeinschaftliche Lösung der Aufgaben und Konflikte. Gerade dieser letzte Schritt wird kaum erklärt, ebenso erfährt der Leser wenig über Ursachen der Verhaltensweisen von Mitschülern des Jungen. Dabei weist das Buch nur in geringem Umfang Handlung auf. Charakteristika und Probleme werden aufgezählt und beschrieben, ergeben sich aber nur selten aus dem Ablauf des Geschehens. So ist dieser Roman eher als ein Beispiel für die „guten Absichten" des Autors zu nehmen. Die Wirkung auf die Leser ist vermutlich eher gering zu veranschlagen.

→Antiautoritäre Kinder- und Jugendliteratur

Werke: Jak kochać dziecko (1916; dt. Wie man ein Kind lieben soll, 1967); Kiedy znów bede maly (1925; dt. Wenn ich wieder klein bin, 1973); Bankructwo malego Dżako (1929; dt. Jack handelt für alle, 1972); Król Maciuś Pierwszy (1928; dt. König Hänschen I., 1958, NA. 1970); Król Maciuś na wyspie bezludnej (1928; dt. König Hänschen auf der einsamen Insel, 1971); Prawo dziecka do szacunka (1928; dt. Das Recht des Kindes auf Achtung, 1970); I. Newerly (Hrsg.): Wybor pism (Bd. 1–4. 1957–58).

Sekundärliteratur: Börsenverein des Deutschen Buchhandels (Hrsg.): Janusz Korczak. Reden anläßlich der Verleihung des Friedenspreises (1972). – E. Dauzenroth: Bemerkungen zu Dr. Janusz Korczak (in: Pädagogische Rundschau. 1. 1972. 54–61). – H. Mortkowicz-Olczakowa: Janusz Korczak (1961). – E. Ringelblum: Notes from the Warsaw Ghetto (1958).

Peter Zimmermann

Korinec, Jurij Iosifovič

*Jugendschriftsteller, Dichter, Übersetzer; *14. 1. 1923 Moskau.*

In einer Diplomatenfamilie aufgewachsen, verschlug es K. als 18jährigen nach Mittelasien, wo er eine Vielzahl von Berufen, vom Hirten bis zum Bergarbeiter, ausübte. 1948 wurde er von der Bergarbeitergewerkschaft zur Fortbildung nach Samarkand auf eine Kunsthochschule geschickt. Nach dem Abschluß dieser Schule arbeitete K. ab 1951 als Redakteur bei der usbekistanischen Zeitschrift „Pioner" und ging dann 1953 als Student an das renommierte Literaturinstitut A. M. Gor'kij in Moskau. In seinem letzten Studienjahr schon wurde er anläßlich der Veröffentlichung seines ersten Gedichtbandes für Kinder, „Podslušannyj razgovor" (1957), in den Schriftstellerverband der UdSSR aufgenommen. Sein Roman „Tam, vdali, za rekoj" (1966) erhielt 1965 den ersten Preis des allrussischen Wettbewerbs für das beste Kinderbuch zugesprochen. Dieses Buch erhielt außerdem den europäischen Kinder- und Jugendliteraturpreis Premio Europeo Citta di Caorlo (1973) sowie den „Silbernen Griffel" der Niederlande (1974); in England wurde es zum „Kinderbuch des Jahres 1973" erklärt; 1972 und 1973 wurde es in die Empfehlungslisten der UNESCO aufgenommen und 1972 – vermehrt um Kapitel aus „V beluju noč' u kostra" (1967; In der weißen Nacht am Lagerfeuer) – als „Dort, weit hinter dem Fluß" (1971) in die Auswahlliste zum Deutschen Jugendbuchpreis.

Jurij Iosifovič Korinec (1923)*

Werk, Tendenzen, Wirkung. K. gehörte zu der Schriftstellergruppe aus den sechziger Jahren, die in starkem Maße das Profil der zeitgenössischen sowjetischen Kinderliteratur bestimmt. Besondere Aufmerksamkeit erregten sowohl in der UdSSR als auch im Ausland seine autobiographisch gefärbten Romane „Tam, vdali, za rekoj" (1966) und „V beluju noč' u kostra" (1967), beide mit dem Untertitel: „Erzählungen über meinen Onkel", in denen K. den Onkel des jungen Haupthelden, einen alten Bolschewiken, als eine begeisternde und vorbildhafte Erwachsenengestalt darstellt. Ein weiterer, ebenfalls autobiographischer Roman K.s „Privet ot Vernera" behandelt ein internationales, d.h. eigentlich russisch-deutsches Thema, nämlich die Freundschaft zwischen dem siebenjährigen Haupthelden und der kleinen Gisi, der Tochter eines deutschen Kommunisten; die Helden sprechen teils deutsch, teils russisch, und die Handlung spielt sich ebenfalls sowohl in Deutschland als auch in der Sowjetunion ab. Besonders eindrucksvoll sind die Beschreibungen der Situation in Deutschland und Rußland um 1929. Diese drei autobiographisch gefärbten Romane erschienen auch in der Bundesrepublik; „Tam, vdali, za rekoj" unter Einschluß von Kapiteln aus „V beluju noč' u kostra" als „Dort, weit hinter dem Fluß" (1971), „Privet ot Vernera" als „In der Mitte der Welt" (1973) und „Grüße von Werner" (1975). In „Dort, weit hinter dem Fluß", übersetzt von H. Baumann, wurden jedoch die Passagen gekürzt bzw. ausgelassen, die K.' antifaschistische, sowjet-patriotische Haltung und internationale Solidarität dokumentieren, so z.B. die ausführlichen Äußerungen des Onkels und des jungen Helden zum Kampf gegen die Faschisten während des spanischen Bürgerkrieges. Ebenso zeigt der von H. Baumann übersetzte Teil aus „Privet ot Vernera" – „In der Mitte der Welt" – politische Entschärfungen; im deutlichen Kontrast dazu steht die original-adäquate Übersetzung des in Deutschland spielenden Teils durch R. Reichert („Grüße von Werner", 1975). K.' in der Gegenwart spielende Erzählung „Volodiny brat'ja" (1974; dt. Wolodjas Brüder, 1974) ist dem harten Leben eines elfjährigen Jungen in einem Dorf in der Taiga gewidmet, der in einem mannhaften Kampf gegen die Natur den Weg von seinem Dorf zu dem in der Wildnis lebenden Großvater findet (Darstellung des Großvaters als beispielhafte, vorbildliche Erwachsenengestalt). Eingeblendet sind Reflexionen des Jungen über seine kleine Freundin Alevtina, deren Vater der Bösewicht des Dorfes ist, der dem Jungen auf dem Weg die dringend notwendige Hilfe verweigert, und der wahrscheinlich auch die Eltern des Jungen erschlagen hat, sowie Erzählungen des Großvaters über die Entwicklungen im Dorf seit der Revolution. Auch aus diesem Buch spricht die große Naturkenntnis und Naturliebe K.'. K. hat in den letzten Jahren mehrere Gedichtbände veröffentlicht, in denen der sowjetische Mensch in seiner Eigenschaft als Bürger und Patriot dargestellt wird. K. ist außerdem als Übersetzer bekannt. Großer Beliebtheit erfreut sich in der UdSSR seine Übersetzung von O. Preusslers Erzählung „Die kleine Hexe" (russ.: „Malen'kaja Baba Jaga"), aus der K. auch ein Theaterstück zusammensetzte, das dann am Leningrader Staatlichen Puppentheater uraufgeführt wurde.

Werke: Tam, vdali, za rekoj (1966); V beluju noč' u kostra (1967; die beiden zus. dt. als: Dort, weit hinter dem Fluß, 1971, [5]1974); Privet ot Vernera (1973; dt. In der Mitte der Welt, 1973, und: Grüße von Werner, 1975); Volodiny brat'ja (1974; dt. Wolodjas Brüder, 1974).

Sekundärliteratur: I. Linkova: S glavnoj stranicy (in: Pravda. 14. Januar 1971). – Children's Literature Abstracts (9. 1975). – J. Korinec: (in: Detskaja Literatura. 2. 1975. 65–66). – I. Motjašov: Masterskaja dobroty ([2]1974). – M. Prilezaeva: Ogromnyj mir detstva (in: Literaturnaja Rossija. 9. 1973). – L. Razgon: Doverjaja junomu čitatelju (in: Literaturnaja gazeta. 16. 1973).

Peter Sachsenmeier

Kormos, István

*Ungarischer Schriftsteller, Übersetzer; * 28. 10. 1923 Mosonszentmiklós.*

Nach der Reifeprüfung an einer Budapester Mittelschule war K. zunächst Beamter, in den Jahren 1946–1948 Lektor des Verlags Magyar Élet, danach Dramaturg der Filmstudios Hunnia. 1950 kam er als Schriftleiter zum Verlag Móra Ferenc. K. wurde zweimal mit dem József

Attila-Preis ausgezeichnet: 1955 für sein Kinderbuch „A tréfás mackók" (1955; Die spielerischen kleinen Bären), 1971 für den Gedichtband „Szegény Yorick" (1971; Armer Yorick).

Werk, Tendenzen, Wirkung. Sein erster Gedichtband „Dülöngélök" (1947; Die Taumelnden) wurde wenig beachtet; erst der Sammelband „Szegény Yorick" wurde von den Kritikern als eine neue Art von Lied, als Amalgamierung des volkstümlichen Tones und des lyrischen Selbstbekenntnisses mit dem Angstgefühl des neuen Zeitalters und der Beunruhigung um die Gestaltung der Zukunft eingeschätzt. Sein neuester Band „N.N. bolyongásai" (Die Umherschweifungen des Unbekannten) erschien 1975.
Charakteristisch für K.s Schreibweise ist – besonders in der ersten Periode – die volkstümliche Intonation und die Freude am Spiel. Davon sind auch seine Märchen in Versform für Kinder bestimmt. Als erstes Beispiel dieser Art erschien 1946 der Band „Az égig érö fa" (Der himmelshohe Baum). Heute ist K. einer der bedeutendsten und fruchtbarsten Märchendichter in Ungarn, der sowohl Märchen bearbeitet als auch eigene Tiermärchen in Versform schreibt. Dabei steht er in der Tradition der ungarischen Volksdichtung, des Kalevala und der russischen Märchendichtkunst, entwickelte aber eine moderne Märchensprache für die dichterischen Märchen, die vorzüglich die naive Welt des Kindes widerspiegeln. Der allgemein geliebte und bekannte Held der Tiermärchen ist Vackor (Holzbirne), der kleine Bär. In den Vackor-Märchen sind die charakteristischen Nuancen der K.schen Märchengedichte besonders ausgeprägt. Diese rhythmisch lebendigen Gedichte voll Phantasie und Musik sind für die Kleinen im Kindergartenalter gedacht, werden aber auf Grund ihrer kindlichen Betrachtungsweise und erfinderischen Sprachbehandlung auch von Erwachsenen gelesen.

Werke: Az égig érö fa (1946); A tréfás mackók (1955); Mese Vackkorol (1956); A repülö kastély (1957; dt. Die Wunderflöte, 1958, 71971); A muzsikás kismalac (1960); A két bors ökröcske (1962; dt. Die zwei pfefferkleinen Ochsen, 1974); Zöldbajusz Marci (1972; dt. Martin Grünbarts Abenteuer, 1974); A zsiráfnyakú cica (1974).

Sekundärliteratur: F. Kiss: Kormos István: Szegény Yorick (in: Tiszatáj. 1971. 954–956). – J. C. Nagy: Kormos István verses meséi (in: Könyv és Nevelés. 1975. 1. 3–5). – P. Pór: A líra ujrateremtése (in: Kritika. 1971. 41–45).

Jószef Seres

Korn, Ilse
Korn, Vilmos

*Kinderbuchautoren; Ilse K. *23.4.1907 Dresden, †14.6.1975 Kleinmachnow; Vilmos K. *3.4.1899 Groß-Kikinda (Jugoslawien), †6.11.1970 Kleinmachnow.*

I. K. studierte von 1925 bis 1927 an der Bibliothekarsschule in Leipzig. Während der Herrschaft des Nationalsozialismus nahm sie aktiv am Widerstandskampf teil. Sie wurde 1944 verhaftet. Nach dem Ende des Zweiten Weltkrieges und mit der Gründung der DDR wurde sie Oberreferentin für das sächsische Büchereiwesen. 1951 trat sie als Mitarbeiterin in das Ministerium für Volksbildung ein. Sie arbeitete seit 1952 als freie Kinderbuchautorin. Daneben war I. K. ständige Mitarbeiterin der Kinderzeitschrift „Fröhlich sein und singen". Gemeinsam mit ihrem Ehemann V. K. wurde sie 1963 mit dem Theodor Fontane-Preis und 1964 mit einem Sonderpreis im Wettbewerb zur Förderung der sozialistischen Kinder- und Jugendliteratur ausgezeichnet.
V. K. (Ps. Korvil) besuchte die Oberschule und nahm als Offizier am Ersten Weltkrieg teil. Er trat 1918 einem Arbeiter- und Soldatenrat bei und wurde 1931 Mitglied der KPD. Nach der Gründung der DDR übernahm V. K. 1949–1950 die Leitung der Abteilung Belletristik im Volksbildungsministerium. Zur selben Zeit war er auch Abgeordneter der Volkskammer. Er wurde mehrfach für seine politischen und literarischen Leistungen ausgezeichnet.

Werk, Tendenzen, Wirkung. Das Schaffen von I. und V. K. umfaßt märchenhafte Kinderbuchstoffe wie auch jugendgemäß zubereitete Themen der Geschichte. Geprägt durch das eigene Lebensschicksal, das vor allem V. K. zwischen rechten und linken, oft dezidiert anarchistischen, politischen Strömungen hin- und herschwanken ließ, gehen sie in ihrem kinder- und jugendliterarischen Werk von der marxistisch-leninistischen Weltanschauung aus. Diese kennzeichnet vor allem V. K.s Interpretation des deutschen Bauernkrieges in seinem Schauspiel „Münzers Tod" (1945). Ihre politische Position äußert sich auch in einer gemeinsamen Arbeit von I. und V. K., der Erzählung „Mohr und die Raben von London" (1962) über die englischen Exiljahre von K. Marx. Dieses erfolgreiche Buch (Auflage 560000) bildete die Grundlage eines sechsteiligen Hörspiels. Die Schreibweise der K.s ist realistisch selbst dort, wo mythenhafte Stoffe aufgegriffen werden. Bedeutende Figuren der sozialistischen und kommunistischen Arbeiterbewegung sind die Helden des vor allem für Jugendliche verfaßten Hörspiels von I. K. „Das Geburtstagsgeschenk", das von W. I. Lenin handelt, und des zusammen mit V. K. geschriebenen Märchens um K. Marx „Meister Hans Röckle und Mister Flammfuß" (1968), das 1974 als Oper herausgebracht und auch verfilmt wurde. Besonderen Erfolg hatte I. K. mit ihrem Jugendbuch „Übers Eis des Ladoga" (1973), in dem sie von der gefahrvollen Arbeit russischer Wissenschaftler berichtet, die die Ergebnisse ihrer Forschungen nicht in die Hände der Nazis fallen lassen wollen.
In kürzeren Abhandlungen reflektierte I. K. die Rolle des Kinderbuchautors in der sozialistischen Gesellschaft (vgl. Beiträge zur Kinder- und Jugendliteratur. 10. 1967. 17–18; und Beiträge zur Kinder- und Jugendliteratur. 25. 1972. 77–78).

Werke: Ilse K.: Mit Bärbel fing es an (1952, 41957); Märchen für die Jüngsten (1955); Der Falke unter dem Hut (1967, 51972); Übers Eis des Ladoga (1973).

Vilmos K.: Münzers Tod (1945); Das Segel des Colon (1946); Offen steht das Tor (1951); Das Milchbächlein (1953, [3]1956); Das Nikolaustürmchen (1956).

Ilse und Vilmos K.: Mohr und die Raben von London (1962, [12]1973); Meister Hans Röckle und Mister Flammfuß (1968, [4]1977).

Horst Künnemann

Korschunow, Irina

*Journalistin, Feuilletonistin und Kinderbuchautorin; *31.12.1925 Stendal.*

Nach dem Schulbesuch und Tätigkeiten in Landwirtschaft, Fabrik und Büro studierte K. in Göttingen und München. K., deren Vater russischer Herkunft war, lebt heute in München, wo sie außer ihrer kinderliterarischen Tätigkeit für Zeitungen und Rundfunkanstalten arbeitet.

Werk, Tendenzen, Wirkung. K.s Erzählungen richten sich vornehmlich an das Kind im Vorschulalter und in den Anfangsklassen, für die auch eine Reihe von Titeln in Schreibschrift veröffentlicht wurden (z.B. „Die Geschichte von Steffel und den Autos"). Nicht wenige ihrer Geschichten waren für ihr eigenes Kind bestimmt, ehe sie publiziert wurden.
K.s Stärke beruht darauf, aus Motiven der älteren Folklore moderne Geschichten zu gestalten. Überzeugende Beispiele der Phantasiegeschichte legte sie mit den „Wawuschels" vor. Beliebt wurde auch die märchenhafte Tiergeschichte vom „Bunten Hund, dem Angsthasen und dem schwarzen Schaf" (1958), zu der G. OBERLÄNDER die Illustrationen beisteuerte. Weitere Themenkreise der Erzählerin sind Tier- und Weihnachtsgeschichten, einfallsreiche märchenhafte Erzählungen sowie Umweltgeschichten, denen auch technische Motive und gesellschaftskritische Anklänge beigemischt sind.
In „Duda mit den Funkelaugen" (1971) sowie in den „Niki"-Geschichten (1973) und „Ein Auto ist kein Besenstiel" (1974) wendet sich K. an Leser zwischen 8 und 11 Jahren. Hier versucht sie, Möglichkeiten der realistischen Umwelt- und Mädchengeschichte zu thematisieren, streift dabei auch das Problem der arbeitenden Mutter und Fragen der Emanzipation. Im Ansatz sind hier konkrete Konflikte vorhanden, deren Lösung jedoch durch phantastische Elemente leicht ins Unverbindliche abgleiten. Eine weitere Gefahr ist in den auf Serie angelegten Titeln zu erkennen: Die „Wawuschel"-Bücher (1968–1973), auch auf Schallplatten für Kinder und Kassetten übernommen und im Fernsehen gesendet, fallen nach originellem Ansatz in den Folgebänden leicht in bloße Selbstkopie ab.

Werke: Der bunte Hund, das schwarze Schaf und der Angsthase (1958); Dazwischen mal ein Schicksal (1961); Das Rehkitz auf dem Bauernhof (1962); Heiner und die roten Schuhe (1964); Bimbo und Bamba (1965); Schwuppdiwupp mit der Trompete (1965); Alle staunen über Tim (1966); Es träumen die Giraffen (1966); Der Stern, der Berg und die große Stadt (1967); Die Geschichte von Steffel und den Autos (1967); Die Wawuschels mit den grünen Haaren (1967); Niki und die Mumpshexe (1968); Bubulla und der kleine Mann (1969); Neues von den Wawuschels mit den grünen Haaren (1969); Niki lernt schwimmen. Niki will etwas erleben (1969); Ich heiße Starker Bär (1970); Peter geht auf Reisen (1970); Uli kann bellen (1970); Der kleine Clown Pippo (1971); Der Zauberstock des Herrn M. M. (1971); Die Wawuschelkinder und die Maus. Die Wawuschelkinder und der Rennwagen (1971); Duda mit den Funkelaugen (1971); Die Wawuschels feiern ein Fest (1972); Wischel und Wuschel (1972); Kalle Kuckuck (Bd. 1–2. 1973); Niki aus dem 10. Stock (1973); Niki: der Schulausflug; der Detektiv; die Geburtstagsfeier (1973); Blumen gibt es überall (1974); Ein Auto ist kein Besenstiel (1974); Iwan Diwan (1974); Töktök und der blaue Riese (1975).

Horst Künnemann

Koser-Michaels, Ruth
Koser, Martin

*Koser-Michaels, Ruth. *4.5.1896 Berlin, †5.12.1968 Teisendorf b. Traunstein; Koser, Martin. *13.5.1903 Berlin-Grünau, †14.6.1971 München. Maler, Illustratoren und Grafiker.*

Nach dem Besuch einer Kunstgewerbeschule, einer dreijährigen Tätigkeit als Zeichenlehrerin sowie einem Studienjahr in München studierte Ruth M. an der Kunsthochschule Berlin, u.a. bei F. SPIEGEL (1879–1950). Mitte der zwanziger Jahre begann sie mit grafischen Reportagen aus der Arbeitswelt (Glashütten, Kohlenbergwerke, U-Bahn-Bau), arbeitete später für die Scherl-Zeitschrift „Die Woche" als Illustratorin, daneben auch als Reklamezeichnerin. Anfang der dreißiger Jahre entwarf sie Filmplakate für die UFA. Seit 1934 illustrierte sie zusammen mit Martin K., mit dem sie seit 1929 verheiratet war, überwiegend Märchen- und Kinderbücher, die zumeist bei Knaur bzw. Droemer erschienen. – Martin K. hatte als Reklamemaler und in einer Seidenmalerei gearbeitet, bevor er in Berlin an der Kunsthochschule, u.a. bei E. WOLFSFELD (1884–1956) studierte. Ende der zwanziger Jahre, Anfang der dreißiger Jahre zeichnete er Karikaturen u.a. für die satirische Zeitschrift „Ulk". Auf Grund dieser Arbeiten sah er sich nach 1933 bis zu seiner Reichsarbeitsdienstzeit nach Beginn des Zweiten Weltkrieges gezwungen, seine Miturheberschaft an den Märchen- und Kinderbuchillustrationen zu verschweigen. Erst nach 1945 wurde bei Neuauflagen teilweise auch sein Name mit genannt. Das Ehepaar, das seit 1940 in Hochstedt/Chiemsee lebte, zeichnete Ende der fünfziger Jahre auch für eine Fernsehserie des Kinderprogramms des Bayerischen Rundfunks.

Werk, Tendenzen, Wirkung. K., dem „das Skizzieren nicht nur das Fundament" seines Schaffens war (K. in „Die Kunstschule. 10. Jg., 1927. Nr. 2. S. 38) bevorzugte Rötel und Bleistift, Feder und Tusche; seine skizzenhaften und detailreichen Zeichnungen aus den zwanziger Jahren sind von einer nervösen Genauigkeit geprägt. Die Kinder- und Buchillustrationen entstanden fast alle in Gemeinschaftsarbeit: K. skizzierte die Szenen, K.-M. feilte diese Skizzen zu scharf konturier-

ten Zeichnungen aus, die von beiden gemeinsam überarbeitet und koloriert wurden. So sind die Aquarelle zu den Märchen von H. Chr. Andersen, L. Bechstein, W. Hauff und den Brüdern Grimm – die Originale liegen beim Verlag Droemer/Knaur – letztlich kolorierte Zeichnungen. Mögen diese „ebenso geschickt wie einfallsreich" sein, wenn sie auch „die Märchenstimmung oft durch einen Zug ins Lustige, Drollige" ersetzen (I. Bang: Die Entwicklung der deutschen Märchenillustration, 1944. S. 108), zu bemängeln sind die anachronistisch-biedermeierliche Einkleidung der Szenen und die Neigung zur Überbordung dieser Szenen durch Gegenstände, die von der Handlung ablenken. Auffallend ist die Uniformität der Darstellungsformen und des Ausdrucks gegenüber den verschiedenen literarischen Stoffen. Von den Illustrationen zu Grimms „Märchen" (1937) bis hin zu den letzten Werken ist kaum eine Entwicklung abzulesen. Sie sind in zeichnerischer Perfektion erstarrt.
Die mit rund 100 Bildern sehr reich illustrierten, populären Märchenausgaben werden vom Verlag immer wieder nachgedruckt: Mitte 1976 betrug die Gesamtauflage der Grimmschen Märchen bereits 1 103 400 Exemplare.

Werke (ohne Nennung von M. Koser): V. Blüthgen: Im Kinderparadiese (1934); J. u. W. Grimm: Märchen (1937); H. Chr. Andersen: Märchen (1938); A. v. Chamisso: Das Riesenspielzeug (1938); W. Hauff: Märchen (1939); L. Bechstein: Märchen und Sagen (1940); H. Fr. Blunck: Märchen (1942); C. Tauscheck: Hoppelbein und Flinkzufuß (1948); J. u. W. Grimm: Zwei Märchen. Der gestiefelte Kater und Von einem, der auszog, das Fürchten zu lernen (1948); J. de Lafontaine: Sechs Fabeln. Mit Versen von R. Stein (1956).
Werke von R. Koser-Michaels u. M. Koser: H. Siegmann-Ipf: Eio Popeio (1940); W. v. Scholz: Münchhausen. Des Freiherrn wunderbare Reisen und Abenteuer (1943); J. O. Curwood: Neewa das Bärenkind (1950); J. Spyri: Heidi (1950); J. Spyri: Gritlis Kinder (1950); E. v. Rhoden: Der Trotzkopf (1950); Chr. Morgenstern: Sausebrand und Mausbarbier (1951); Erzählungen aus 1001 Nacht. Neu erz. v. G. Groll (1952); E. Rechlin: Die kleinen Geheimnisse (1953); Fr. H. Burnett: Der kleine Lord (1955); L. Carroll: Alice im Wunderland (1955); C. Collodi: Pinocchios Abenteuer (1955); G. v. Bassewitz: Peterchens Mondfahrt (1956); E. Jelde: Märchen der Welt (1956); J. W. v. Goethe: Die wandelnde Glocke (1957); M. de Cervantes Saavedra: Don Quichote (1958); R. Koser-Michaels: Der Jakob vom Rotmerkelhof (zus. mit M. Koser, 1958); L. Mittelstaedt: Das Märchen vom Rabenstein (1959); H. J. Chr. von Grimmelshausen: Der abenteuerliche Simplicissimus (1960).

Sekundärliteratur: I. Bang: Die Entwicklung der deutschen Märchenillustration (1944). – M. Koser: Karikaturistisches Zeichnen (in: Die Kunstschule. 10. 1927. 2. 36–46). – R. Michaels: Studien und Holzschnitte (in: Die Kunstschule. 10. 1927. 3. 65–73).

Dietger Pforte

Kotzde, Wilhelm

*(d. i. Wilhelm Kottenrodt). Lehrer, Schriftsteller, Herausgeber; *1. 3. 1878 Gohlitz, †4. 9. 1948 Ebnet bei Freiburg.*

K. wuchs in dem Dorf Gohlitz im Havelland (Brandenburg) auf und besuchte dort die Dorfschule. Ab 1886 ging er an das Realprogymnasium in Nauen. Einer seiner Lehrer war Prof. Bardey, der sich als Heimatforscher einen Namen machte und von dem K. zur Beschäftigung mit der Geschichte angeregt wurde. Ab 1893 studierte K. an der Präparandenanstalt in Berlin und trat Ostern 1899 als Lehrer in den Berliner Gemeindedienst ein. Schon 1907 mußte K. den Lehrerberuf aus gesundheitlichen Gründen aufgeben. Ab 1909 wohnte er als freier Schriftsteller in Rathenow. Die meisten seiner Erzählungen für junge Leser schrieb der Kaufmannssohn unter dem Pseudonym Kotzde. K., der sich während des Ersten Weltkrieges für eine imperialistische Kriegspolitik eingesetzt hatte, gründete nach dem Krieg die bündische Jugendgruppe „Adler und Falken", die für freiwilligen Landarbeitsdienst eintrat und 1933 in der Hitler-Jugend aufging.

Werk, Tendenzen, Wirkung. K., der eine Reihe geschichtlicher Romane für Erwachsene schrieb, wurde in der breiten Öffentlichkeit vor allem als Vorkämpfer für den „vaterländischen Gedanken" in Jugendschriften bekannt. Im Jahr 1908 begann er mit der Herausgabe der „Mainzer Volks- und Jugendbücher" im J. Scholz-Verlag. In dieser Reihe erschien 1910 K.s in der ersten Person erzählte „Geschichte des Stabstrompeters Kostmann", die wegen ihres chauvinistisch-kriegstreiberischen Tones („Jungens, sagte der Vater freudig erregt, ... hier lest es, wie ein einfacher Pionier zum Helden werden kann ... Wenn euch eine solche Tat für das Vaterland vergönnt wäre und ihr auch dabei zugrunde

Titelseite zu Wilhelm Kotzdes (1878–1948) Buch „Die Geschichten des Stabstrompeters Kostmann" (1910). Die Buchausstattung hat Johann V. Cissarz (1873–1942) entworfen.

ginget, ich würde mich noch im Grabe darüber freuen", S. 40) vom Hamburger Jugendschriftenausschuß abgelehnt wurde. Daraufhin veröffentlichte die von K. begründete Berliner Freie Lehrervereinigung für Kunstpflege, die zwei Serien zur Bekämpfung der Schundliteratur und „Kunstgaben" (ab 1910) herausbrachte, eine Broschüre „Das Elend der Hamburger Jugendschriftenkritik" (1910), in der den Hamburgern vorgeworfen wurde, sie mißbrauchten ihr Kritikmonopol, um unter dem Vorwand des Kampfes für eine tendenzfreie, ästhetisch befriedigende Jugendliteratur vaterlandsfeindliche Bestrebungen und ökonomische Interessen zu fördern. Die Schrift bildete den Anfang eines mehrjährigen Streites zwischen Wolgastianern und Verfechtern des „vaterländischen Gedankens in der Jugendliteratur" (Titel einer Schrift vom K. Scholz 1912), der zum Teil in Zeitschriften wie der „Jugendschriften-Warte" und „Die Hochwacht" ausgetragen wurde. 1913 erschien eine von K. zusammen mit seinem Verleger J. Scholz erstellte Dokumentation „Der Kampf um die Jugendschrift" mit Beiträgen aus dem Lager nationalgesinnter Erzieher. Im Vorwort dazu heißt es: „Das Volksdeutsche wird über die Weltbürgerlichkeit, Friedenssimpelei und blasses Ästhetentum siegen".

K. erstrebte eine „deutsche Kultur voll Kraft und Männlichkeit" auf völkisch-protestantischer Grundlage. So sollten seine zahlreichen historischen Jugenderzählungen, aber auch seine Herausgebertätigkeit der vaterländischen Ertüchtigung und Wehrhaftmachung der jungen Leser dienen. Neben den „Mainzer Volks- und Jugendbüchern" und den „Kunstgaben" gab K. noch die Serien „Jungmädchenbücher" (ab 1913) und „Vaterländische Bilderbücher" (ab 1912) heraus. Letztere sollte laut Verlagswerbung (J. Scholz-Mainz) zur „Heldenverehrung" erziehen. Nach 1933 förderte K. die nationalsozialistische Geschichtsauffassung mit dem Schulbuch „Deutsche Führer und Meister", das die „ganze Geschichte in das Licht des Führergrundsatzes" stellte (D. Klagges: Geschichte als nationalpolitische Erziehung. [6]1940) und das 1940 einen Anhang „Feinde und Verräter" erhielt. Bereits 1941 erschien die 10. Auflage des Buches. Daß Inhalt und Stil seiner lange vor 1933 erschienenen Bücher nationalsozialistischen Erziehungsvorstellungen entsprachen, beweist die Aufnahme von Texten aus K.s Jugendbüchern in mehrere Lesebücher des Dritten Reiches.

→ Nationalerziehung in der Kinder- und Jugendliteratur

Werke: Der Schwedenleutnant (1905); Kiwitt. Ein Scherzbuch für Kinder (1905); Kleine Leute. Geschichten aus der Heimat (1906); Im Schillschen Zug (1907); Der Tag von Rathenow (1908); Wode Brausebart (1909); Die Geschichte des Stabstrompeters Kostmann (1910); Herzog Wittekind (1910); Der Feind im Land (1911); Der tolle Graf und andere Sagen (1911); Und deutsch sei die Erde (1912); Vaterländische Erziehung. Eine Antwort auf die Hamburger Rechtfertigung (zus. mit J. Scholz. 1912); Des Kindes Fibel (1912); Der Kampf um die Jugendschrift. Zugleich ein Schlußwort (1913); Die Fahrt zu den Ameisleuten (1913); Wilhelm Droemers Siegesgang (1913, [2]1919); Der Gott der Eisen wachsen ließ, der wollte keine Knechte. Kurze Geschichte der Freiheitskriege 1813–1815 (1913); Der von Bismarck (1914); Von Lüttich bis Flandern. Heldenkämpfe 1914/15 (1915); Was sollen wir tun? Wünsche für Deutschland nach dem Kriege (1915); Die Wittenbergische Nachtigall (1917, [3]1918); Die Burg im Osten. Das Schicksal einer Ritterschaft (1925, [10]1940); Deutsche Führer und Meister (1937, [10]1941).

Hrsg.: Mainzer Volks- und Jugendbücher (1908–1914); Der Wundergarten. Kalender für die deutsche Jugend (1908); Deutsches Jugendbuch (1909); Der vaterländische Gedanke in der Jugendliteratur. Eine Streit- und Wehrschrift (zus. mit J. Scholz. 1912); Vaterländische Bilderbücher. Ein Vaterländisches Bilderwerk unter Mitarbeit erster Künstler (1912–1914); Jungmädchenbücher. Werke namhafter zeitgenössischer Schriftsteller mit Bildern von ersten Künstlern (1913/14); Der Kampf um die Jugendschrift (zus. mit J. Scholz. 1913).

Sekundärliteratur: R. W. Tries (Hrsg.): Zwischen Lötz, Lanke und Luch. K.-Kottenrodt-Festgabe zum 60. Geburtstag (1938).

Marie-Luise Christadler

Koval, Jurij Josifovič

*Jugendschriftsteller; * 9. 2. 1938 Moskau.*

K. absolvierte die W. I. Lenin-Hochschule für Pädagogik in Moskau. Von 1960 bis 1965 war er zuerst auf dem Land, dann in Moskau Mittelschullehrer. Seine ersten Erzählungen waren russische Sprachübungen für seine Schüler. Von 1961 an veröffentlichte er in Zeitungen und Zeitschriften literaturkritische Artikel, Aquarelle und Gedichte für Kinder, und trat als Liedersänger in Filmen auf. Sein erstes Buch erschien 1964. Es ist ein Gedichtband, in dem noch zwei andere Autoren vertreten sind und der wenig Beachtung fand. Nach weiteren vier Jahren erschien „Alyj" (1968). Diese Erzählung machte ihn bekannt und bestimmte seinen Weg zur Kinderliteratur. 1966 war er einige Zeit Mitarbeiter bei der Zeitschrift „Detskaja Literatura" („Die Kinderliteratur").

Werk, Tendenzen, Wirkung. K. ist ein wichtiger Vertreter der jungen sowjetischen Kinderbuchautoren. Er arbeitet sorgfältig und lange an seinen Büchern. Die Erzählung „Alyj" (Blutrot, 1968) berichtet über das Schicksal eines Schäferhundes, der an einer Grenze im Osten der Sowjetunion lebt. In dieser Geschichte bezauberte K. Kinder und Erwachsene mit einer reinen, bildhaften Sprache, prächtigem Humor und Verständnis für die Eigenarten eines Tieres. Das nächste Buch: „Priklučenija Vasi Kurolesova" (1970; dt. Wasja kauft den Hund im Sack, 1973) ist eine lustige Kriminalgeschichte, deren Held der Bauernbub Wasja ist, der dabei hilft, einen Dieb aufzuspüren und zu überführen. K.s Erzählungen sind gesammelt in „Čistyij Dor" (1970), „Listoboj" (1972, Herbstwind), „Kepka s karasjami" (1974, Die Kappe mit dem Rotfeder-Fisch), „Vesennee nebo" (1974, Frühlingshimmel). In diesen Erzählungen wird das literarische Talent K.s besonders deutlich. Erzählungen wie „Kartoffelhund" oder „Gewitter über dem Kartoffelfeld" stehen in einer Reihe mit den besten Erzählungen von I. Bunin und M. Prišvin.

Großen Erfolg hat sein Roman „Nedopesok“ (1975; dt. Polarfuchs Napoleon III., 1975). Das ist die Geschichte eines jungen Polarfuchses, der aus einer Pelztierfarm ausgebrochen ist.
In seiner neuen Novelle „Pjat' ukradennych monachov“ (1976, Fünf gestohlene Mönche) kehrt K. zurück zu seinem alten Helden Wasja, der jetzt erwachsen ist und bei der Kriminalpolizei arbeitet.
K.s Bücher sind in den sowjetischen Republiken und in den sozialistischen Ländern sehr populär. Dieser Erfolg hat zwei Ursachen: Die Bücher sind für die Bedürfnisse der Kinder geschrieben. Sie sind interessant, lustig, optimistisch und realistisch. Die Basis bilden menschliche Werte: Liebe, Freundschaft, Verständnis, Toleranz, Klugheit, Arbeit. Diese Werte sind die stärkste Kraft im Kampf gegen das Böse.
Viele Bücher von K. wurden ins Deutsche übersetzt und sind bei Thienemann erschienen. Von dort wurden Lizenzen an andere westliche Länder vergeben: an Italien, Holland, England usw.

Werke: Alyj (1968); Priključenija Vasi Kurolesova (1970; dt. Wasja kauft den Hund im Sack, 1973); Čistyj Dor (1970); Listoboj (1972); Kepka s karasjami (1974); Vesenneje nebo (1974); Nedopesok (1975; dt. Polarfuchs Napoleon III., 1975); Pjat' ukradennych monachov (1976).

Igor Motjašov

Krahé, Hildegard

*Jugendliteraturtheoretikerin, Schriftstellerin; *5. 6. 1922 Berlin.*

K. war zunächst (1939–1941) in der Heimbetreuung milieugeschädigter Kinder tätig und durchlief dann bis zu ihrem Diplomexamen 1943 eine bibliothekarische Ausbildung. Es folgten einige Jahre Dienst in verschiedenen Bibliotheken, zuletzt von 1956 bis 1960 als Referentin für Kinder- und Jugenschrifttum bei den Hamburger Öffentlichen Bücherhallen. Seit 1963 arbeitet K. freiberuflich als Autorin für Presse, Rundfunk sowie Verlage und ist nebenamtlich Dozentin für Kinder- und Jugendliteratur.
Als Herausgeberin, Übersetzerin und in theoretischen Arbeiten zeigt K. eine Vorliebe für die amerikanische Jugendliteratur. 1969 erschien ihre deutsche Übersetzung von M. Sendaks „Higglety Pigglety Pop!“, über den sie bereits 1967 in der „Zeitschrift für Jugendliteratur“ (1. 1967. 349ff.) referiert und den sie auf mehreren USA-Reisen kennengelernt hatte. M. Sendak ist auch neben anderen bedeutenden amerikanischen Autoren in ihrer Anthologie „Ich reise nach Amerika – und wer will mit?“ (München, 1973) vertreten. K. übersetzte kongenial J. Thurber, I. B. Singer, G. MacDonald und andere. Ihr bibliothekarischer Impetus ließ sie nicht nur viel Neues und Unbekanntes entdecken und zusammenstellen, sondern auch darüber theoretisch-wissenschaftlich arbeiten.

Werke: Kinderliteratur – Treffpunkt USA. In Streiflichtern (1976).
Hrsg.: Das Geisterkarussell (1971); Ich reise nach Amerika – und wer will mit? Gedichte und Geschichten von drüben (1973); Gruß und Kuß Dein Julius. Eine Briefologie (1974); Das Männchen im Kännchen. Die kürzesten Märchen der Welt (1974).
Beiträge: Die Gebärdensprache bei Hans Peterson (in: P. J. Schindler (Hrsg.): Gebt uns Bücher – gebt uns Flügel. Almanach. 1966. 85–89); Maurice Sendak (in: Zeitschrift für Jugendliteratur. 6. 1967); Nonsense-Literatur (in: R. Bamberger (Hrsg.): Das Irrationale im Jugendbuch. Ergebnisse der Tagung „Das Irrationale im Jugendbuch“ in Raack/Hochgebirge vom 22. bis 27.8.1967, 1969. 100–112); Der 51. Stern Amerikas: country of children's books (in: Bücher spiegeln die Welt. Bericht über die XV. Internationale Jugendbuchtagung (2. Mainau – Fortsetzungstagung vom 8. bis 15.4.1969. 55–69); Spielbilderbücher (in: K. E. Maier (Hrsg.): Historische Aspekte zur Jugendliteratur. 1974. 86–91); Toy. Books. The tradition of books curiosities during three centuries (Tagungsbericht der Loughborrough Summer School in Bremen, 1974).

Werner A. Kleye

Kranz, Herbert

*(Ps.e: Gert Heinz Fischer, Fridolin, Peng, Peter Pflug). Schriftsteller, u.a. Autor von Dramen und zahlreichen Laienspielen, Bilderbuchtexten, historischen Erzählungen und Abenteuerbüchern, Bearbeiter von klassischen Werken, Märchen und Sagen; *4. 10. 1891 Nordhausen, †30. 8. 1973 Braunschweig.*

Das Berlin des deutschen Kaiserreichs formte Kindheit und Jugend K.s. Das großstädtische Leben der Gründerzeit, die Monarchie, die Bildungsideale des Bürgertums prägten sich ihm als erlebte Wirklichkeit ein. In Leipzig studierte er Deutsch und Geschichte und promovierte zum Dr. phil. Aus dem Ersten Weltkrieg kehrte der Offizier K. arbeitslos zurück. Seine erste Aufgabe fand er als wissenschaftliche Hilfskraft beim Jugendamt Frankfurt/Main. Er arbeitete in der Fürsorge für jugendliche Obdachlose. In dieser Zeit stellten sich auch erste literarische Erfolge ein. Sein zweites von sechs rasch nacheinander entstehenden expressionistischen Dramen wurde 1920 mit dem Volkstheaterpreis der Stadt Wien ausgezeichnet. Journalistische Arbeiten führten zur Publikation der vom Autor geschriebenen Kinderzeitung „Weg in die Welt“, auf Grund deren er 1931 eine Professur an der Pädagogischen Akademie in Halle erhielt. Er bekam den Auftrag, nach dem Beispiel von S. Lagerlöfs „Nils Holgersson“ für die preußischen Volksschulen ein Lesebuch über Deutschland zu schreiben. 1933 wurde K. aus politischen Gründen von der nationalsozialistischen Regierung aus seinem Amt entfernt. In den folgenden vierzig Jahren verfaßte K. als freier Schriftsteller ein umfangreiches, vielfältiges literarisches Werk.

Werk, Tendenzen, Wirkung. Am Anfang stand – neben Texten zu Bilderbüchern von J. Danilowatz, L. Doering, Fr. Koch-Gotha, K. v. Petersen, E. Wenz-Viëtor – der Rückgriff auf die Überlieferung. Durch Bearbeitung und freie Nacherzählung wurden klassische und teils vergessene Werke für die aktuelle

Jugendliteratur zurückgewonnen. 1934 erschien, frei nach R. L. STEVENSON, eine eingedeutschte Fassung von „Kidnapped“, ein Jahr später die Erzählung „Ca-Non-Dah“, in der K. nach verschollenen Indianerbüchern das Schicksal einer Häuptlingstochter gestaltete. Dreißig Jahre später entwickelte K., immer inspiriert von Geist und Sprachgestalt des Originals, aus diesem Ansatz die Serie „Wagnis und Abenteuer“ (1964–1968) mit Nacherzählungen klassischer Romane von J. F. COOPER, D. DEFOE, CH. DICKENS, FIRDAUSI, H. J. CHR. v. GRIMMELSHAUSEN, H. MELVILLE, W. SCOTT und R. L. STEVENSON. Mit der Geschichte des Rebellen Bahram (KRANZ/FIRDAUSI „Der Elfenbeinthron“) wurde sogar die deutsche Erstübertragung einer persischen Heldensage vorgelegt. Ebenso andauernd und intensiv beschäftigte sich K. mit dem überlieferten Volksgut. Er legte neue Fassungen der „Deutschen Volksbücher“ (1935) und der „Griechischen Heldensagen“ (1938) vor, und aus Quellen, die von den Brüdern GRIMM nicht benützt worden waren, gestaltete er alte deutsche Volksmärchen („Der Wunderbaum“, 1956; „Die goldene Stadt“, 1957), die das bekannte Material ergänzen.

Im Mittelpunkt seines Werkes steht das Abenteuerbuch. Nach K. ist das Urbild des großen Abenteuers die Geschichte eines Helden, der ein Ungeheuer bezwingt. Das Wunschbild des Drachentöters wirkt bis in die Gegenwart: Old Shatterhand, Cowboy und Sheriff, Superman. K. übertrug die Funktion des Helden auf eine Gruppe von drei Männern, die zusammen mit ihren drei Helfern die gestellten humanitären Aufgaben lösen, wobei sie arbeitsteilig vorgehen. Fiktiver Auftraggeber ist eine Gesellschaft „Ubique Terrarum“, die Forschungsaufträge mit dem Ziel, Menschen aus Notlagen zu retten, erteilt. K. sah darin ein altes abendländisches Erzählmotiv: die verweltlichte, der Gegenwart angepaßte Wiederkehr der Gralsritter. In einer Serie von zehn Erzählungen („Kranz-Bände“, erstmals erschienen 1953–1959) werden die Abenteuer des Teams in allen möglichen Weltgegenden geschildert, wobei zur Spannung die Authentizität tritt: tatsächliche Schicksale werden zugrundegelegt, sorgsam recherchierte Informationen über Land und Leute bilden den Hintergrund. Die Bücher wollen dem jugendlichen Leser, den sie durch den raschen und überraschenden Fortgang der Handlung fesseln, Perspektiven zu sich selbst und den Problemen seiner Zeit öffnen.

Den Bezug zur Gegenwart, der hier mit dem Instrument der Abenteuererzählung vermittelt werden soll, suchte K. auch in der Historie auf. In der Reihe „Erzählte Geschichte“ (1959–1961) stellt er vom Preußenkönig Friedrich II. bis zum Ende des Zweiten Weltkriegs in fünf Bänden entscheidende Phasen der jüngeren deutschen Geschichte dar. Die Serie „Die Stimme der Vergangenheit“ (1960–1964) verarbeitete in Form von prägnanten Erzählungen aus höchst unterschiedlichen Epochen eine zentrale Frage des politischen und historischen Lebens: die Ausübung oder das Erleiden der Macht, und zwar veranschaulicht an Persönlichkeiten wie Heinrich dem Löwen, Thomas Jefferson, Johannes Kepler, Prinz Akbar, Carl Schurz und Scipio dem Jüngeren.

Der praktischen Jugendarbeit sind rund einhundert Schwänke, Märchen-, Lust- und Weihnachtsspiele gewidmet.

Das Gesamtwerk von K. ist international in mehr als einer Million Exemplaren verbreitet. Er gehört zu den Autoren, die den Neuanfang und die Entwicklung der deutschen Jugendliteratur nach 1945 entscheidend beeinflußt haben.

Werke: Schnucki-Has und Miesemau (1927; NA. 1956); Mit Vollgas (1929); Lampes Wochenendausflug (1930); Kasper kommt vor Gericht (1931, ^{3}1942); Verschleppt (1934, ^{4}1964); Von den Tieren im Zoo (1934); Ca-Non-Dah, die Tochter des Häuptlings (1935); Die deutschen Volksbücher (1935, ^{12}1940; NA. 1956, ^{4}1968); Hänschen Dideldänschen (1935; NA. 1953); Hänschen klein ging allein (1935); Die weiße Herrin von Deutsch-Ost (Bd. 1–2, 1935–1936); Die Stauferkaiser (1937, ^{4}1939); Das Auto-Bilderbuch (1938); Griechische Heldensagen (1938, ^{3}1940); Von Mutz und Stropp und dem Häslein Hopphopp (1938); Putzi. Eine Geschichte vom Osterhäschen, das sich verlaufen hat (1938, ^{3}1940); Die tolle Autofahrt (1938); Wer fährt mit (1938); Das Buch vom deutschen Osten (1939); Der Geburtstag (1939); Die lieben Tiere (1939); Der Sohn des Achill in Warschau (1941); Im Dschungel abgestürzt (1953, ^{12}1976); In den Klauen des Ungenannten (1953, ^{12}1976); Tod in der Skelettschlucht (1953, ^{10}1976); Zeitung, Funk und Film (1953); Flucht zu den Eishai-Jägern (1954, ^{8}1968); Schuldlos unter Schuldigen (1954, ^{10}1976); Befehl des Radscha (1955, ^{8}1968); Die Insel der Verfolgten (1956, ^{6}1967); Der Wunderbaum (1956, ^{5}1963); Die Fundgrube (1957, ^{3}1960); Die goldene Stadt (1957, ^{4}1963); Die Nacht des Verrats (1957, ^{9}1973); Das Haus der sieben Türme (1958, ^{7}1965); Der Alte Fritz (1959, ^{3}1970); Der junge König (1959, ^{3}1970); Das Zeichen der Schlange (1959, ^{7}1966); Bismarck und das Reich ohne Krone (1960); Der Weg in die Freiheit (1960, ^{4}1964); Das Ende des Reiches (1961); Der Richter vor Gericht (1961, ^{3}1963); Schwarzweißrot und Schwarzrotgold (1961); Der Sohn des Löwen (1961, ^{3}1963); König auf Zeit (1963, ^{2}1964); Der dritte Präsident (1964); Sein Freund, der Seeräuber (1964, ^{3}1967); Der Thronfolger (1964); Robin der Rote (1965, ^{3}1968); Der Elfenbeinthron (1966); Der abenteuerliche Simplizissimus (1967); Alle Mann an Deck (1968).

Sekundärliteratur: H. Kranz: Worum es mir ging (1959).

Anton Baumeister

Kraze, Hanna-Heide

*Romanschriftstellerin, Erzählerin, Lyrikerin, Autorin von Kinder- und Jugendbüchern; *22. 9. 1920 Berlin.*

K. war Krankenschwester, Kindergärtnerin, Rundfunksprecherin und Arbeiterin in einer Zigarettenfabrik; seit 1952 ist sie freischaffende Schriftstellerin, mit einer Vorliebe für das Feuilleton in Zeitung und Rundfunk. 1955 erhielt sie für „Des Henkers Bruder“ den ersten Preis für Kinder- und Jugendliteratur des Ministeriums für Kultur der DDR, für „der du nach babel gezogen“ 1958 den Lyrik-Preis der CDU/DDR.

Werk, Tendenzen, Wirkung. K.s Leserkreis umfaßt Kinder, Jugendliche und Erwachsene. Das verwundert nicht angesichts der vielfältigen thematischen und formalen, in der Lyrik zum Teil experimentellen sprachlichen Gestaltung. In dem Lyrikzyklus „der du nach babel gezogen" (1960) beschäftigt sich K. mit der Perspektivelosigkeit des westlichen Lebens. Auch in der BRD bekannt geworden ist ihr aus der Erzählung „Schwarze Zeichen" (1960) entstandener Roman „Üb immer Treu und Redlichkeit" (1965), der von Thematik und Formung her (innere Monologe, leitmotivische Verwendung von Symbolen) an KOEPPENS „Das Treibhaus" und H. BÖLLS „Haus ohne Hüter" erinnert. Anläßlich der Hakenkreuzmalereien in Köln wird hier die Frage aufgeworfen, wie es möglich ist, daß in der BRD die Aversionen gegen die Juden wiederaufleben konnten.

Die Verse im Bilderbuch „Siebenerlei, siebenerlei wollen wir gerne kaufen" (1964) sind traditionell gehalten. In dem Briefroman „Heimliche Briefe" (1960), schon von der Form her ein für das Jugendbuch ungewöhnliches Genre, versucht K., Verständnis für Konflikte von Mädchen zu wecken und Vorurteile und Klischeevorstellungen gegenüber der Jugend abzubauen. Ihr wichtigster Beitrag zur Kinder- und Jugendliteratur ist der historische Roman „Des Henkers Bruder" (1956). Seine Aktualität wird durch die zahlreichen Nachauflagen dokumentiert. Das dem Buch vorangestellte Motto: „Es gehört die brave, fruchtbare Welt für immer nur dem, der sie fleißig bestellt" kann wohl auch für andere Werke K.s geltend gemacht werden. In epischer Breite und dramaturgisch so aufgebaut, daß größte Spannung entsteht, stellt sie die Kämpfe der Bauern gegen eine überfällige Feudalordnung dar, auch Leiden und Rückschläge in den Bauernkriegen, wobei durch die Differenziertheit der Darstellung ein eindrucksvolles Gesamtgemälde der Zeit und der sie bewegenden Kräfte entsteht. In seiner Anlage, Perspektive, Parteinahme und Allgemeingültigkeit kann dieses Werk als exemplarisch gelten für eine Geschichtsschreibung aus sozialistisch-humanistischer Sicht.

Werke: ... und suchen Heimat (1949, ²1951); Es gibt einen Weg (1950); Des Henkers Bruder (1956, ⁷1974); Der rote Punkt (1959); Weiß wird die Welt zur Ernte (1959, ²1975); der du nach babel gezogen (1960); Heimliche Briefe (1960, ³1967); Das verlorengegangene neue Jahr (1963); Siebenerlei, siebenerlei wollen wir gerne kaufen (1964); Üb immer Treu und Redlichkeit (1965); Steinchen schmeißen. Kindergeschichten für Erwachsene (1968, ⁶1976).

Hans Kerst

Krazy Kat

Titelfigur der der Kategorie der „Animal Comics" zuzuordnenden gleichnamigen klassischen amerikanischen Comic-Strip-Serie von G. Herriman.

Entstehung. Ein großer Teil der amerikanischen Comic-Strips vor und kurz nach der Jahrhundertwende lebte vom sogenannten Slap-Stick-Humor mit seinen verrückten Einfällen, Sahnetortenschlachten und skurrilen Figuren. Ein Klassiker dieses Genres stellt G. HERRIMANS K. K. dar. Nach gelegentlichen Publikationen ab 1910 erschien diese Serie vom 10. September 1913 bis zum 3. Juni 1944 täglich, und daneben vom 11. Mai 1935 bis zum 24. Juni 1944 wöchentlich.

Inhalt und Gestaltung. In einer bizarren Nonsense-Zeichenwelt lebt die Tierfigur K. K., die die Maus „Ignaz" liebt. Diese erwidert die Liebe auf eine eigenwillige Weise, indem sie K. K. und anderen Mäusehassern (wie z. B. den Hunde-Polizisten Officer Pupp) bei jeder Gelegenheit in akrobatischer Manier Ziegelsteine an den Kopf wirft. Skurrile dramaturgische Einfälle, eine phantasievolle Bildgestaltung und ein mit Slang und verdrehten Wörtern durchsetzter Text tragen wesentlich zur Originalität und Poesie dieser Serie bei. Hinzu kommen Anspielungen vielfältiger Art auf lokale gesellschaftliche Verhältnisse, die für den informierten, „wissenden" Leser den Unterhaltungswert dieser Serie erhöhen. Das ist gleichzeitig auch einer der „Nachteile" dieser „sophisticated" (mit feinem, subtilem Humor ausgestatteten) Serie.

Rezeption. Der geistige Zugriff zum Verständnis von K. K. ist – im Vergleich zu vielen anderen Comics – ziemlich schwer. Wer die Abenteuer der Tiergestalten verstanden zu haben glaubt und sie anderen Menschen zu erklären versucht, muß bald erkennen, daß seine Verständnisebene nicht unbedingt von anderen geteilt wird. Letztendlich erwies und erweist sich die Serie mit all ihren Gags und Anspielungen als ein Comic-Streifen mit einer Vielzahl von Verständnisebenen. Er verlangt dem Leser intellektuelle Anstrengung ab. Die Mehrschichtigkeit und Anspielungsfülle, ohne deren Erkennen und Verständnis der dargebotene Humor unverständlich ist, sind jedoch dem Rezeptionsprozeß durch breite Leserschichten hinderlich. So läßt sich die im Verhältnis zu anderen Comic-Serien geringe Verbreitung erklären. In den dreißiger Jahren, als sehr beliebte Serien wie z. B. „Blondie" täglich in fast 1000 Zeitungen erschienen, konnte man K. K. nur in 35 Zeitungen finden. Weiterhin ließ sich die Serie nicht in andere Sprachen und auf andere Verhältnisse übertragen und somit weltweit verkaufen, weil damit ihre Originalität und ihr Humor nicht mehr zum Tragen kamen. Sie blieb in ihrer Verbreitung hauptsächlich auf den englischsprachigen Raum (speziell die USA) beschränkt und mußte mit dem Tode ihres Schöpfers, er starb 1944 im Alter von 64 Jahren, eingestellt werden.

→ Comics

Sekundärliteratur: E. François: Krazy Kat (in: Phénix, No. 18, Paris 1971). – G. Herriman: Krazy Kat (in: Madison Square Press, New York 1969). – G. Seldes: The Krazy Kat that walks by himself (in: The Funnies: an American idiom (Hrsg. D. M. White), Boston 1963, S. 131–141). – R. Warshow: Krazy Kat (in: Partisan Review Bd. 13, Nov.-Dez., New York 1956).

Wolfgang Kempkes

Kredel, Fritz

*Illustrator, Holzschneider; *8. 2. 1900 Michelstadt/Odenwald, †11. 6. 1973 New York.*

K., Sohn eines Offiziers, der in seiner Jugend Kunst studiert hatte, lernte nach seiner Rückkehr aus dem Ersten Weltkrieg – worüber er in „Blutiger Kehraus

1918" (New York, 1948) berichtet – zunächst in einer Apotheke, volontierte dann auf einem Gut in Pommern und begann 1920 seine künstlerische Ausbildung an der Kunstgewerbeschule in Offenbach/Main. 1921 wurde er in die Werkstattgemeinschaft des hier lehrenden Schriftkünstlers R. KOCH (1876–1934) aufgenommen, mit dem ihn eine enge Freundschaft verband. Nach Zeichnungen von R. KOCH fertigte K. Holzschnitte an, u.a. zu „Das Zeichenbuch" (1923), „Das Blumenbuch" (Bd. 1–3. 1929–1930), „Das ABC-Büchlein" (1934). 1924 studierte K. für kurze Zeit in Italien bei V. HAMMER, emigrierte 1936 mit seiner jüdischen Frau zunächst nach Österreich, 1938 in die USA, wo er sich bald als Holzschneider und Illustrator einen Namen machte. 1940 bis 1942 lehrte er an der Cooper Union Art School. – K. wurde mehrfach ausgezeichnet, u.a. erhielt er 1938 die Goldene Medaille für Buchillustration in Paris, 1950 und 1956 Auszeichnungen des Limited Editions Club New York, 1956 die Ehrenplakette der Stadt Michelstadt, 1960 die Goethe-Plakette und die Johann Heinrich Merck-Ehrung der Stadt Darmstadt. K. lebte bis zu seinem Tode in New York.

Werk, Tendenzen, Wirkung. K.s zeichnerischer und illustrativer Stil wurde vornehmlich von der heimatlichen Erlebniswelt der Garnisonsstadt geprägt; die besondere Affinität zu alten Uniformen und alles soldatische Beiwerk, gepaart mit urwüchsigem Humor, durchzieht sein ganzes Schaffen, oft auch in ironischer Distanz zum Heldisch-Soldatischen (vgl. Wer will unter die Soldaten?, 1933 und 1934; W. v. PLOENNIES: Die köstliche Geschichte des Leberecht vom Knopf, 1935; aber auch die Märchenillustrationen). Andere, sein Werk bestimmende Eigenarten waren die Vorliebe für historische Stilformen und Techniken, vor allem den Holzschnitt, sei es im exakten Nachschnitt oder im Sinn der Parodie, sowie eine ausgesprochene Spielfreude – mit Zinnfiguren, Puppentheater, Kasperlefiguren –, die ihren grafischen Ausdruck in FR. HEINRICHSENS „Der Kasperl kommt!" (1939), „Doktor Faustus. Das alte Puppenspiel" (1950), „Dolls and Puppets of the Eighteenth Century" (1958) fand. Märchen, volkstümliche Stoffe, Fabeln, Lieder und Gedichte gehörten zu seinen bevorzugten Themenkreisen, die er oft in mehreren Varianten (Grimms Märchen, Münchhausen u.a.), mit farbigen oder schwarzweißen Zeichnungen und zum Teil handkolorierten Holzschnitten illustrierte. Zahlreiche Verlage, darunter vor allem der Inselverlag in Leipzig und The Limited Editions Club in New York, beauftragten ihn mit Illustrationsfolgen und Buchschmuck, auch zu Autoren der Weltliteratur wie HOMER, W. SHAKESPEARE, G. BOCCACCIO, H. HEINE, CH. DICKENS, O. WILDE, MARK TWAIN oder W. THACKERAY. Während ein großer Teil der Werke K.s in Deutschland wenig bekannt wurde, weil sie entweder nur in den USA (z.B. die Märchen von H. CHR. ANDERSEN, 1942 und 1949) oder in limitierten, bibliophilen, handkolorierten Ausgaben (ca. 30%) ediert wurden, haben die von K. illustrierten Bücher, die in preiswerten Reihen oder ausgesprochenen Kinderbuchverlagen veröffentlicht wurden, größere Verbreitung, auch bei kindlichen Rezipienten, gefunden, z.B. die fünf zwischen 1938 und 1940 in der Reihe „Deutsche Volks- und Kunstmärchen" bei Rütten & Loening erschienenen Bändchen mit K.s farbigen Zeichnungen, die Soldatenlieder „Wer will unter die Soldaten?" in der Insel-Bücherei (von 1934 bis 1935 erschienen 125 000 Exemplare), die Erzählungen von H. GÄFGEN im Thienemanns Verlag, die alten Kinderreime und Lieder „Eia Popeia" (1936) bei Atlantis und vor allem die Struwwelpeter-Ausgabe, von K. „nach der Urfassung neu gezeichnet und in Holz geschnitten", die heute noch im Verlagsprogramm steht. Dort wo K. nicht im Stil spätmittelalterlicher Holzschnitte parodiert, wie im „Doktor Faustus" oder „Dolls and Puppets of the Eighteenth Century", ist sein künstlerischer Stil ausgesprochen erzählerisch, humorvoll und einfach. Neben dem Anekdotischen in seinen Bildern ist auch eine bewußt eingesetzte Note des Gemütvollen wirksam, angelehnt an den Erzählton der Märchensammler.

Werke: J. u. W. Grimm: Fairy Tales (1931); M. Lerner: Wer will unter die Soldaten? (1933 u. 1934, ^{3}1935); H. Hoffmann: Slovenly Peter (1935); M. u. B. Hürlimann (Hrsg.): Eia Popeia (1936, ^{2}1944); J. u. W. Grimm: Märchen der Brüder Grimm (1936); H. Gäfgen: Derfflinger (1936, ^{2}1942); H. Gäfgen: Zieten (1936, ^{4}1942); R. G. Binding: Das Peitschchen (1937; NA. 1949); Thienemanns Schatzkästlein (1937; zus. mit E. Wenz-Viëtor, L. Hampe u.a.); H. Gäfgen: Frundsberg (1938, ^{2}1942); A. Wesselski (Hrsg.): Deutsche Märchen vor Grimm (1938, ^{2}1942, NA. 1947); H. Hoffmann: Der Struwwelpeter (1938, ^{5}1961); Fr. Kredel: Odenwälder Geschichten (1938); J. u. W. Grimm: Tischlein deck dich (1938); J. u. W. Grimm: Das tapfere Schneiderlein (1939); W. Hauff: Zwerg Nase (1939); A. v. Arnim: Der tolle Invalide auf dem Fort Ratonneau (1939); Fr. Heinrichsen: Der Kasperl kommt (1939); W. Hauff: Kalif Storch (1940, ^{4}1950); E. Mörike: Märchen vom sichern Mann (1940); J. u. W. Grimm: Rumpelstilzchen (1940); H. Chr. Andersen: Fairy Tales (1942); Ch. Dickens: A Christmas Carol (1943); E. Redslob: Des Jahres Lauf (1943, ^{2}1944; zus. mit L. Hampe); D. Defoe: Robinson Crusoe (1945); J. u. W. Grimm: Fairy Tales (1945); O. Zoff: Riddles around the world (1945); C. Collodi: Pinocchio (1946); J. Ruskin: The king of the Golden River (1946); Aesop: Fables (1947); J. u. W. Grimm: Die Bremer Stadtmusikanten (1947); H. Chr. Andersen: The complete Andersen (Bd. 1–6. 1949); J. Hersholdt (Bearb.): The story of Aladin and the wonderful lamp (1949); G. A. Bürger: Wunderbare Reisen zu Wasser und zu Lande. Feldzüge und lustige Abenteuer des Freiherrn von Münchhausen (1950); Doktor Faustus. Das alte Puppenspiel (1950); J. D. Wyss: Swiss family Robinson (1951); H. Beston: Fairy tales (1952); H. J. Chr. v. Grimmelshausen: Der abenteuerliche Simplicissimus (1956); Dolls and puppets of the eighteenth century (1958).

Sekundärliteratur: W. Bergdolt: Ein großer Holzschneider: Fritz Kredel (in: Illustration 63. 1. 1974. 5–8). – R. Koch: Der Holzschneider Fritz Kredel (in: Philobiblon. 10. 1932. Beilage). – Fr. Kredel: Fritz Kredel (in: M. Fuller (Hrsg.): More junior authors. 1963. S. 127). – E. Semrau: Fritz Kredels Illustrationen zu deutschen Märchen (in: Librarium. 2. 1974. 100–109). – W. Tiessen (Hrsg.): Die Buchillustration in Deutschland, Österreich und der Schweiz seit 1945 (Bd. 2 u. 3, 1968 u. 1972).

Hans Adolf Halbey

Kreidolf, Ernst

*Maler, Bilderbuchkünstler; *9.2.1863 Bern, †12.8. 1956 Bern.*

Kindheit und Jugend verlebte K. auf dem Bauernhof des Großvaters in Tägerwilen, Turgau. Nach einer Lehrzeit in einer Lithographenanstalt in Konstanz ging er 1883 nach München, verdiente sich seinen Lebensunterhalt durch Gebrauchsgrafik u.a. auch durch Porträtieren für das Verbrecheralbum der Münchener Polizei. Nebenher besuchte er die Kunstgewerbeschule, anschließend die Kunstakademie. In Garmisch-Partenkirchen, wo er sechs Jahre (1889–1896) blieb, entstand der Plan eines ersten Bilderbuches. 1914, nun wieder in München, kehrte er nach Bern zurück. 1894 war die Idee zum „Schlüsselblumengarten" gereift, 1896 die zum „Blumen-Märchen". Da K. für dieses Objekt keinen Verleger fand, finanzierte die Fürstin von Schaumburg-Lippe die Drucklegung. Als Schülerin hatte sie längere Zeit bei K. Zeichen- und Malunterricht genommen. Insgesamt schuf K. 25 Bilderbücher. Die Texte stammen zum Teil von ihm selbst, zum Teil von P. und R. Dehmel, A. Frey u.a. Die Universität seiner Heimatstadt verlieh ihm in späteren Jahren den Ehrendoktortitel.

Werk, Tendenzen, Wirkung. K.s Bedeutung für das moderne Bilderbuch beruht in der Geschlossenheit der künstlerischen Aussage, der bildlichen Überzeugungskraft von vermenschlichten Blumen und Tieren, Pflanzen und niederen Wesen. K. war inhaltlich Nachfahre der Romantik mit der Formsprache des Jugendstils. Seine Farblithos beschworen in Text und Bild eine eigene Kosmogonie, humorvolle und tiefsinnige Naturmythen, eine künstlerische Welt voller Zuneigung zum Gewachsenen, Lebendigen neben der vorhandenen, nüchterneren Realität und in scharfem Kontrast zur zunehmenden Verstädterung und Naturferne. Begünstigend für K.s künstlerischen Durchbruch war die „Kunsterziehungsbewegung" um die Jahrhundertwende und die Forderung nach dem künstlerisch anspruchsvollen Bilderbuch für Kinder. Hinzu kamen die Ideen der Werkkunstschulen von Ruskin und Morris in England und der keimende „Bauhaus"-Gedanke in Deutschland. K.s Werk wurde Endpunkt einer nur dem Realismus verhafteten Kunstauffassung und zugleich Wegbereiter einer modernen, experimentierfreudigeren, das Phantastische stärker akzentuierenden Entwicklung im Bilderbuchschaffen Europas. K. war Künstler und Handwerker zugleich. Mit Ausdauer und Geschick hat er Texte und Bilder aufeinander abgestimmt, Äußeres und Inneres seiner Bücher zu einem geschlossenen Ganzen gemacht, für die geeignete Typographie gesorgt, Vorsatz- und Titelblatt geschaffen und schließlich auch nach Herstellung der Lithos den Druckvorgang überwacht. Somit konnten Bilderbücher entstehen, die auch in ihren geänderten Neuauflagen nach dem Zweiten Weltkrieg noch der Kritik standhielten. Wichtig war, daß K. in seinen Anfängen und bei seinen weiteren Arbeiten in den Verlagen Insel, Schaffstein, Rotapfel und Scherz wagemutige Unternehmen fand, die künstlerische Risiken eingingen. Hierin, wie auch in der Formensprache und der künstlerischen Geschlossenheit, ergeben sich viele Bezüge zu den

Ernst Kreidolf (1863–1956). „Frühlingsflug". Ganzseitige Illustration zu dem Gedicht „Frühlingsflug" aus seinem Bilderbuch „Der Gartentraum. Neue Blumenmärchen" (1912).

etwas älteren englischen Kinder- und Bilderbuchpionieren R. CALDECOTT (1846–1886), K. GREENAWAY (1846–1911), am stärksten aber zu W. CRANE (1845–1915). Allerdings kam die Rückgewinnung eines neuen Gefühls für Harmonie, der Eintracht mit der Schöpfung, die Vertauschbarkeit von Menschlichem und Vegetabilem nach dem letzten Krieg einer weitreichenden Hochschätzung zugute. Vor allem die Jugendstil-Renaissance seit etwa 1967/68 hat zu erneutem Beachten von K.s Bilderbuchkunst geführt. K. hat mit seinen Arrangements wechselnder Jahreszeiten, sich wandelnder Tages- und Nachtstimmungen dem phantastischen Bilderbuch neue Seiten und Möglichkeiten abgewonnen, die von Nachahmern und Epigonen benutzt wurden, aus bekleideten Tieren, herzigen Zwergen und versüßlichten Pflanzen mit Menschengesichtern Vorstöße bis weit über die Grenze des noch zuträglichen inhaltlichen und formalen Kitsches zu unternehmen.

Unbeirrt von den Anfechtungen der ausklingenden Gründerjahre, der wilhelminischen Ära mit ihren kolonialistischen und imperialistischen Zügen, einem verschärften Klassenkampf, der auch das Leben des „unpolitischen" Einzelbürgers um 1900 prägte, hat K. seine Idyllen über den Ersten Weltkrieg bis in die Jahre der Weltwirtschaftskrise hin verfolgt. Sein Beharren auf der ländlichen Idylle und der überschaubaren Wirklichkeit dörflichen Lebens mag durch sein Leben auf der politisch neutralistischen Ebene der Schweiz verstärkt worden sein. Hier hat er – ohne je von seinem Grundkonzept lassen zu müssen – noch in den zwanziger Jahren offiziell empfohlene Schulbuchillustrationen gestaltet. Fand K. bei vielen Zeitgenossen und Künstlern Zustimmung, so setzte die Kritik aus dem pädagogischen Lager bei seinen personifizierten Pflanzen, Bäumen und Tieren ein. Eine von K. entworfene in sich geschlossene Gegenwelt zur umgebenden Realwelt mit ihren Krisen und Konflikten kann jedoch nicht allein mit dem Hinweis auf die „Heile-Welt"-Ideologie in bezug auf Erziehung des Kindes um die Jahrhundertwende eingeschätzt werden.

Daß in den fünfziger und sechziger Jahren und in der Zeit nach dem Zweiten Weltkrieg und seinen Folgen K.s Bilderbücher eine Renaissance erlebten, muß als Vorgriff auf die Jugendstilrenaissance und „Nostalgiewelle" der Endsechziger und Anfangssiebziger gewertet werden: Ein Naturmythos, voll greifbarer Dingsymbolik, kontrollierbarer handwerklicher Meisterschaft, schien gegen zunehmende Naturverödung, unmäßige Zersiedelung, Urbanisierung und Landschaftszerstörung, gegen den allmächtig scheinenden Zugriff von Verstädterung und Zivilisation ein Mittel von mehreren, sich in überschaubare Dimensionen zurückzuretten. Das dürfte für die kaufenden Erwachsenen und erzieherischen Mittler noch stärker zutreffen als für die von K. angezielten Kinder. K.s Wiederbelebung und Wertschätzung sollte auch als zeitgenössische Ohnmacht verstanden werden, einen eigenen, aktuell verbindlichen Stil zu entwickeln, wie ihn um die Jahrhundertwende noch Jugendstil und „Art Nouveau" zu leisten vermochten. K. bekennt in seinen Memoiren, wie er sich nach der Kritik an seiner Art des „Animinsmus", der Verlebendigung toter Materie, der Vermenschlichung von Blumen, Bäumen, Felsen etc. zu realistischerer Arbeitsweise entschloß. Der Mißerfolg dieses Ausbruchsversuchs ließ ihn rasch zu der – auch vom breiten Publikum erwarteten – Generallinie zurückschwenken.

→Anthropomorphismus, →Bilderbuch, →P. Dehmel, →R. Dehmel, →K. Hofer, →Jugendstil im Bilder-, Kinder- und Jugendbuch

Werke: E. Kreidolf: Blumen-Märchen (1898); R. und P. Dehmel: Fitzebutze (1900); L. Weber: Traumgestalten (1900); H. Chr. Andersen: Bilderbuch ohne Bilder (1900); E. Brausewetter (Hrsg.): Knecht Ruprecht (Bd. 2 und 3. 1900 und 1901; zus. mit anderen); E. Kreidolf: Die schlafenden Bäume (1901); Gartenlaube-Bilderbuch (1902; zus. mit anderen); E. Kreidolf: Die Wiesenzwerge (1903); E. Weber (Hrsg.): Kindheit (1903); E. Kreidolf: Schwätzchen (1904); P. Dehmel (Hrsg.): Der Buntscheck (1904; zus. mit anderen); H. Moser und U. Kollbrunner (Hrsg.): Jugendland (Bd. 2. 1904; zus. mit anderen); E. Kreidolf: Alte Kinderreime mit Bildern (1905); K. E. Schmidt: Aus dem Tagebuch eines Säuglings (1905); E. Kreidolf: Sommervögel (1908); E. Kreidolf: Der Gartentraum (1911); S. Haemmerli-Marti: Mis Chindli (1916); O. Volkart (Hrsg.): Kinderland (1917; zus.mit R. Rabinovitsch und A. Segal); A. Huggenberger: Aus meinem Sommergarten (1917; zus. mit anderen); A. Frey: Blumen (1920); H. Bleuler-Waser: Lenzbub kommt (1920); G. Kugler: Gesangsmethodik und Liederbuch für Schule und Haus (1921); E. Kreidolf: Alpenblumenmärchen (1922; erw. NA. 1960); L. Weber: Traumgestalten (1922); E. Kreidolf: Biblische Bilder (1924); E. Kreidolf: Ein Wintermärchen (1924); Roti Rösli im Garte. Ein Lesebuch für Kinder des III. Schuljahres (1925); H. Welti: Famulus, der seltsame Pudel (1925); E. Kreidolf: Lenzgesind (1926); F. Kervin: Mein Tierbuch (1926); E. Kreidolf: Bei Gnomen und Elfen (1928); E. Kreidolf: Das Hundefest (1928); E. Kreidolf: Kinderzeit (1930); E. Kreidolf: Grashupfer (1931); N. M. Ilgerd: Das Schmetterlingswunder (1931); A. Frey: Aus versunkenen Gärten (1932); H. Bergmann: Die Himmelreichwiese (1935); E. Kreidolf: Der Traumgarten (1955).

Sekundärliteratur: W. Fraenger: Ernst Kreidolf (1917). – H. A. Halbey: Das Bilderbuch im Jugendstil (in: Kl. Doderer und H. Müller (Hrsg.): Das Bilderbuch. 1973. ²1975. 225–272). – M. Huggler: Das Werk von Ernst Kreidolf (1933). – J. O. Kehrli: Aus der Werkstatt Ernst Kreidolfs (1943; NA. 1955). – E. Kreidolf: Lebenserinnerungen. Hrsg. von J. O. Kehrli (1957). – H. Kunze: Ernst Kreidolf (in: Schatzbehalter alter Kinderbücher. 1969. ⁵1976. 373–377). – C. Meißner: Ernst Kreidolf. Der Malerpoet (in: Türmer. 1927. 70–75). – G. Pauli: Das Bilderbuch (in: Dekorative Kunst. 8. 1902. 273–299). – U. Perkhoff: Das Bilderbuchschaffen Ernst Kreidolfs (in: Das gute Jugendbuch. 17. 1967. 3. 4–19). – K. Scheffler: Das Bilderbuch (in: Kunst und Künstler. 1909. 113–130). – F. Wartenweiler: Ernst Kreidolf. Bewegte Jahre, verklärte Wirklichkeit, Besinnung (1963).

Horst Künnemann

Kreling, August von

*Bildhauer, Maler, Radierer, Illustrator; *23.5.1819 Osnabrück, †23.4.1876 Nürnberg.*

Nach dem Besuch des Gymnasiums in Osnabrück ging K. an die polytechnische Schule zu Hannover. 1836 kam er in das Atelier des Bildhauers L. SCHWANTHALER (1802–1848) in München, ging aber bald auf Anraten und unter Leitung von P. VON CORNELIUS (1783–1867) zur Malerei über. Nach einer Venedigreise im Jahr 1847 trat K. mit ersten eigenen Gemälden hervor. 1853 übernahm er die Direktion der königlichen Kunstgewerbeschule zu Nürnberg, nachdem er sich dort als Schwiegersohn W. v. KAULBACHS (1805–1874) nach eigenen Entwürfen eine Villa für seine Familie gebaut hatte. Als Neuorganisator der königlichen Kunstgewerbeschule erwarb er sich besondere Verdienste. Der vielseitig Begabte arbeitete auch als Architekt und Werkzeichner für kunstgewerbliche Arbeiten. Zeitgenossen rühmten K. vor allem als Arrangeur großer künstlerischer Festlichkeiten. Ansehen über seinen Tod hinaus brachten ihm die Illustrationen zu GOETHES „Faust" und G. SCHERERS „Kinderlieder". K. starb 57jährig nach schwerem Leiden.

Werk, Tendenzen, Wirkung. Erste Aufmerksamkeit erregte K. mit zwei Bildern, die seine romantische Neigung bezeugten: „Das erste Erntefest nach dem dreißigjährigen Krieg" und „Erwin von Steinbach, in einem Buchenwald wandelnd, faßt die Idee zum Straßburger Münster". Daraufhin bekam K. den Auftrag zur Ausmalung der Decke des Schauspielhauses in Hannover mit der allegorischen Darstellung der Poesie, Musik, des Balletts und der verschiedenen Gattungen des Dramas. Als Direktor der königlichen Kunstgewerbeschule entfaltete K. eine fruchtbare künstlerische Produktion; er malte Bildnisse, Genregemälde und zum Teil außerordentlich umfangreiche Historienbilder, zeichnete Kartons für Glasgemälde, lieferte Entwürfe für Schmuck, Metallgeräte, Öfen und Möbel und restaurierte die Burg zu Nürnberg.
Seine Bilder nach „Goethes Faust" (1875, ²1880) sichern ihm einen der ersten Plätze in der Reihe der Faustillustratoren des 19. Jahrhunderts. Auf dem Gebiet der Kinderliteratur erwies sich K. neben C. v. HEIDECK (1788–1861), FR. GRAF V. POCCI (1807–1876), L. RICHTER (1803–1884), M. v. SCHWIND (1804–1871), C. STAUBER (1815–1902), A. STRÄHUBER (1814–1882) als ebenbürtiger Mitillustrator in einem der bekanntesten deutschen Kinderbücher des 19. Jahrhunderts, in G. SCHERERS (1824–1909) „Alte und Neue Kinderlieder, Fabeln, Sprüche und Räthsel" (1848), das 1863 unter dem Titel „Illustrirtes Deutsches Kinderbuch. Alte und Neue Lieder, Märchen, Fabeln, Sprüche und Räthsel" seine vierte stark veränderte Auflage erlebte. K. ist vertreten mit Bildern zu Versen aus „Des Knaben Wunderhorn", zu den Liedern „Natur in Bildern" und „Weihnachtsabend" von M. CLAUDIUS (1740–1815), zu G. SCHERERS „Da komm' ich her die Kreuz und quer / Mit meinem großen Sack" und zu einem „Bündel Räthsel".

Illustrationen: Alte und neue Kinderlieder, Fabeln, Sprüche und Räthsel. Herausgegeben von G. Scherer (zus. mit anderen, 1849; u. d. T.: Illustrirtes Deutsches Kinderbuch. Alte und neue Lieder, Märchen, Fabeln, Sprüche und Räthsel, ⁴1863); Goethes Faust (1875, ²1880).

Sekundärliteratur: F. von Boetticher: Malerwerke des 19. Jahrhunderts (1895). – J. Dürck-Kaulbach: Erinnerungen an W. von Kaulbach und sein Haus (³1922). – C. D. J. Friedrich: A. von Kreling (in: Nürnberger Meister der Gegenwart. Nr. 2. 1876). – Th. Kutschmann: Geschichte der deutschen Illustration (1899). – J. Maillinger: Bilder-Chronik der Stadt München (Bd. 2. 1876). – Fr. Pecht: Geschichte der Münchner Kunst (1888).

Hans Eich

Kriegsbücher →Kriegsromanhefte, →Leseheftreihen, →Nationalerziehung in der Kinder- und Jugendliteratur

Kriegsromanheft

K.e sind an Kiosken, in Kaufhäusern oder Schreibwarenläden käufliche Hefte, die abgeschlossene Erzählungen über Episoden aus dem Krieg (heute: dem Zweiten Weltkrieg) enthalten und vor allem von männlichen Jugendlichen gelesen werden.

Zur Geschichte der K.e. Die Entwicklung von Romanheftserien, in denen der Krieg als Ort heldischer Abenteuer geschildert wird, ist zum einen von der Aktualität des Themas, zum anderen von der Unterstützung oder zumindest wohlwollenden Duldung staatlicher Stellen abhängig. So entstehen in Deutschland mit dem Beginn des Ersten Weltkrieges eine große Zahl entsprechender Serien und werden bereits existierende (z. B. „Horst Kraft, der Pfadfinder". Ab 1914 im Mignon-Verlag Dresden erschienen) auf das Thema Krieg umgestellt. Die für die Zensur zuständigen militärischen Befehlshaber lassen trotz der Bedenken einzelner „Schundkämpfer" diese Hefte meist ungeschoren. Während der NS-Zeit begleiten K.e die Aufrüstung und den Zweiten Weltkrieg (z. B. die „Kriegsbücherei der deutschen Jugend". Im Auftrag des Jugendführers des Deutschen Reiches herausgegeben und ab 1939 im Steininger-Verlag in Berlin erschienen), während Abenteuerserien mehr eskapistischen Inhalts verboten werden. Die K.-Produktion in der Bundesrepublik setzt 1953 mit dem Beginn der öffentlichen Wiederaufrüstungsdebatte ein. Dabei stehen zunächst („SOS – Schicksale deutscher Schiffe" und „Fliegergeschichten". Ab 1953 im Moewig-Verlag in München erschienen) Waffengattungen im Mittelpunkt, deren Aktionen leichter als den Erlebnissen im Landheer der Anstrich des Abenteuerlichen und Ritterlichen verliehen werden kann. Bis 1959 wächst die Zahl der Serien stetig, wobei die heute noch erscheinenden „Landser"-Hefte (ab 1957 im Pabel-Verlag in Rastatt erschienen) den Markt zu beherrschen beginnen. Obwohl das „Gesetz über die Verbreitung jugendgefährdender Schriften" (1953) den Krieg verherrlichende Druckwerke als besonders jugendgefährdend bezeichnet, werden erst 1960 einige K.e indiziert. Nach der öffentlichen Diskussion darüber und nach dem Aktualitätsverlust des Themas Wiederaufrüstung geht die Zahl der K.-Serien zurück; 1975 bestehen noch zwei. – In einigen Ländern, so in Frankreich, bestehen Serien vergleichbaren Inhalts in Comic-Form. In der DDR werden Episoden aus dem Zweiten Weltkrieg innerhalb thematisch breit angelegter Reihen (z. B. der „Erzählerreihe". Ab 1957 im Verlag des Ministeriums für Nationale Verteidigung/Militärverlag der DDR erschienen) dargestellt.

Inhalt und Bedeutung der K.e als Jugendlektüre. Die heute in der Bundesrepublik erscheinenden K.e, die sich wie ihre Vorgänger in erster Linie an Jugendliche wenden, stellen den Krieg in militaristisch-einseitiger Weise dar. Die militärischen Ereignisse des Zweiten Weltkriegs werden aus ihrem Zusammenhang mit politischen Vorgängen herausgelöst, die Vorkriegszeit und der nationalsozialistische Terror werden nicht dargestellt, Überlegungen zur Kriegsschuld und zu den Kriegszielen fehlen; geschildert wird allein das Handeln kleiner Soldatengruppen an der Front. Aber auch dieser Realitätsausschnitt wird keineswegs naturalistisch dargestellt. Leiden und Sterben werden durch verschiedene Stilmittel abgeschwächt, insbesondere das Leiden feindlicher Soldaten wird in der Regel verschwiegen. Komische Szenen, erotische Episoden und als „Landser-Humor" ausgegebene witzige Understatements in Augenblicken der Gefahr lenken vom Grauen ab; das Interesse des Lesers wird gefangengenommen von der vordergründigen spannenden Aktion. Diese Aktion schildert der Autor zumeist aus der Sicht von Soldaten der Deutschen Wehrmacht, feindliche Soldaten erscheinen als Objekt der Handlung, als zu überwindende Gefahr; vor allem Soldaten der Roten Armee erhalten kaum individuelle Züge und werden negativ dargestellt. Vorbilder, deren Wert durch ihre militärische Effizienz bestimmt wird, sind der väterliche Vorgesetzte und seine treue Gefolgschaft. Alles Handeln scheint unabwendbaren Sachzwängen zu entspringen; der militärische Erfolg der Deutschen Wehrmacht ist selbstverständlicher Fixpunkt jeder Wertung.

Die Leser der K.e. Leser der K.e sind vor allem männliche Jugendliche. Sie bewerten in großer Zahl derartige Kriegsdarstellungen positiv, in erster Linie auf Grund eines unspezifischen Wunsches nach angenehmer innerer Erregung („Spannung"), die durch das gefahrlose Mitvollziehen erfolgreicher und anerkannter aggressiver Höchstleistungen einer Identifikationsfigur entsteht. Außerdem schätzen sie die Glaubwürdigkeit der K.e hoch ein. Die positive Einschätzung der K.e impliziert als Wirkung dieser Lektüre die Intensivierung und Aktualisierung negativer nationaler (spezifisch: antirussischer) Vorurteile und die erhöhte Zustimmung zu Gewalt, die als legitim dargestellt wird. Hinzu kommt die Gefahr, daß Jugendliche, die häufig und ohne Gegeneinflüsse derartigen Medieninhalten ausgesetzt sind, ein nationalistisches und militaristisches Geschichtsbild und ein technokratisches, auf Leistung fixiertes Menschenbild entwickeln.

→ Leseheftreihe

Sekundärliteratur: H. Brüdigam: Der Schoß ist fruchtbar noch ... Neonazistische, militaristische, nationalistische Literatur und Publizistik in der Bundesrepublik ([2]1965). – K. F. Geiger: Jugendliche lesen „Landser"-Hefte. Hinweise auf Lektürefunktionen und -wirkungen (in: Literatur und Leser. G. Grimm (Hrsg.). 1975. 324–342, 425–427); Kriegsromanhefte in der BRD (1974). – G. Halberstadt: Jugendgefährdung durch kriegsverherrlichende und -verfälschende Schriften (in: Recht der Jugend 8. 1960. 246–248). – P. Nusser: Romane für die Unterschicht. Groschenhefte und ihre Leser (1973). – J. Ritsert: Zur Gestalt der Ideologie in der Popularliteratur über den Zweiten Weltkrieg (in: Soziale Welt 15. 1964. 244–253). – P. Samuleit: Kriegsschundliteratur (Flugschrift. 1916). – R. Schenda: Schundliteratur und Kriegsliteratur. Ein kritischer Forschungsbericht zur Sozialgeschichte der Jugendlesestoffe im Wilhelminischen Zeitalter (in: Historische Aspekte zur Jugendliteratur. K. E. Maier (Hrsg.). 1974. 72–85. 132–138). – Fr. Weyer (Hrsg.): Groschenromane – wie sie wirklich sind. Kleine Kleckserei Kritik (1964). – K. Ziermann: Romane vom Fließband. Die imperialistische Massenliteratur in Westdeutschland (1969).

Klaus F. Geiger

Krille, Otto

*(Ps.: Eugen Tubandt). Lyriker, Erzähler und Dramatiker, Vertreter der älteren Generation der Arbeiterschriftsteller; *5. 8. 1878 Börnersdorf bei Gottleuba/Sachsen, †31. 1. 1954 Zürich.*

K. wuchs in ärmlichen Verhältnissen auf. Sein Vater, ein Maurer, starb kurz vor seiner Geburt. Mit zwölf Jahren besuchte K. die Königlich-Sächsische Soldatenerziehungsanstalt in Pirna, dann ab 1893 für zwei Jahre die Unteroffiziersschule in Marienberg. 1895 wurde er wegen „Ungeeignetheit" entlassen und arbeitete bis 1900 als Fabrikarbeiter in Dresden. Hier fand er erste Kontakte zur sozialdemokratischen Partei, in dieser Zeit entstanden die ersten Gedichte. Nach Ableistung des Wehrdienstes studierte er für ein Jahr an der Humboldt-Akademie und der Neuen Fachschule in Berlin. Ab 1902 arbeitete K. in den Redaktionen verschiedener sozialdemokratischer Zeitungen und übernahm die Schriftleitung der literarischen Wochenschrift „Die Lese". Aus dem Ersten Weltkrieg mit einem Nervenleiden heimgekehrt, arbeitete er wieder in der sozialistischen Jugendbewegung der SPD mit. K. gehörte zu den Begründern des Reichsbanners Schwarz-Rot-Gold und war zeitweilig dessen Gausekretär für Oberbayern und Schwaben. 1933 emigrierte K. in die Schweiz.

Werk, Tendenzen, Wirkung. K.s Werk ist eng mit der Entwicklung der sozialistischen Arbeiterjugendbewegung verknüpft. Seine Gedichte fanden vor allem in den sozialdemokratischen Zeitungen und Zeitschriften der Sozialistischen Arbeiterjugend Verbreitung (die Fülle der Gedichte und Aufsätze K.s wurde bisher noch nicht genügend ausgewertet). Zwar gehörte K. – neben Lessen (1873–1943) und Preczang (1870–1949) – zur ersten Generation der Arbeiterschriftsteller, nahm jedoch bis zum Ersten Weltkrieg (auch innerhalb der Literaturdebatte der SPD, z.B. in der „Neuen Zeit") dezidiert linke sozialistische Positionen ein. Die ersten Gedichtsammlungen, vor allem „Aus engen Gassen"

(1904), formulierten neben einer verdichteten Zustandsbeschreibung kapitalistischer Ausbeutung und Arbeitsqual die Sehnsucht nach besseren Verhältnissen wie auch die angestrebte sieghafte Veränderung durch die Geschlossenheit der Arbeiterbewegung; „das geschichtlich Bedeutsame vom Wesen des modernen Proletariats ist in ihnen lebendig" (FR. MEHRING). Beschreibt K. in der autobiographischen Erzählung „Unter dem Joch" (1914) noch anschaulich Not und Armut seiner Kindheit und verleiht er damit der sozialen Situation einer ganzen Arbeitergeneration Ausdruck, so ist in den folgenden Gedichtsammlungen „kein ideologischer und künstlerischer Fortschritt zu erkennen" (Lexikon sozialistischer deutscher Literatur. Halle 1963. S. 301). K. bezeichnet in der Zeit der Weimarer Republik die Aufgabe des Dichters als die des Vermittlers und Überwinders von „Zank und Streit des Tages" (Rote Palette. S. 17). Auch K. sah – was bei der jüngeren Generation der Arbeiterschriftsteller wie BARTHEL (* 1893), BRÖGER (1886–1944) etc. weitaus stärker der Fall war – die Weimarer Republik als Beginn der ersehnten neuen Zeit, die es nun zu nutzen galt zur Versöhnung der auseinanderstrebenden Schichten des Volkes. Dennoch bedeutete diese Wendung nicht die Veränderung K.s „vom proletarischen Dichter zum philanthropische Weltverbesserung und Klassenversöhnung predigenden Individualisten" (Lexikon deutschsprachiger Schriftsteller, Leipzig [2]1972. Bd. 1. S. 499). Bedeutsam bleibt in K.s Gedichten und Erzählungen die genaue Zustandsbeschreibung von Not und Elend, allerdings zurückgenommen und eingebunden in die Zuversicht der neuen demokratischen Republik.

→Sozialistische Kinder- und Jugendliteratur

Werke: Gedichte von Otto Krille (in: K. Beißwanger (Hrsg.): Stimmen der Freiheit. Blüthenlese der hervorragendsten Schöpfungen unserer Arbeiter- und Volksdichter. 1900. 601–612); Sonnensehnsucht. Eine Dichtung aus dem Arbeiterleben (1904); Aus engen Gassen (1904); Aus der ‚guten alten Zeit' (1905); O wag es doch nur einen Tag! Scene aus dem Arbeiterleben (1905); Aus Welt und Einsamkeit (1906); Neue Fahrt (1909); Anna Barenthin (1911); Das stille Buch (1913); Unter dem Joch. Die Geschichte einer Jugend (1914); Die Flut (1914); Die rote Palette (1924); Arbeiterjugend und Bildung (1924); Aufschrei und Einklang (1925); Erlösung. Ein Prologspiel (1929); Frühlingssturm. Ein Chorwerk (1929); Gedichte von Otto Krille (in: H. Mühle (Hrsg.): Das proletarische Schicksal. Ein Querschnitt durch die Arbeiterdichtung der Gegenwart (1929); Der Wanderer im Zwielicht (1936); Klänge (1943).

Sekundärliteratur: Fr. Mehring: Otto Krille „Aus engen Gassen" (in: Neue Zeit. 23. Bd. 1. 1904/05. 355).

Manfred Geiss

Kriminalgeschichte für Kinder und Jugendliche

Unter K. als Sammelbegriff wird hier die Literatur, die sich mit der Thematik des Verbrechens und seiner Verfolgung beschäftigt, zusammengefaßt. Sie umfaßt Geschichten, in denen es hauptsächlich um Vorgang und Psychologie des Verbrechens und/oder um Verfolgung und Bestrafung des Verbrechers entweder durch die gesellschaftliche Umwelt oder durch „Schicksalsmächte" geht. Die Detektivgeschichte wird als Sonderfall der K. verstanden. In der gegenwärtigen Situation wird der literarische Krimi durch Verbreitung und Wirksamkeit von Kriminal- und Abenteuerserien des Fernsehens weit in den Schatten gestellt.

Zur Geschichte des Typs. Ein weitgefaßter Begriff von K. gestattet es, ihre Geschichte bis zur Ödipussage zurückzuverfolgen und sie als eigene stoffgeschichtliche Tradition über die Schwank- und Schelmenliteratur des 15. bis 18. Jahrhunderts bis zur Verbrecher- und Räuberliteratur des 18. und 19. Jahrhunderts (FR. v. SCHILLER, CHR. A. VULPIUS) zu beschreiben. Die Geschichte des Kriminalromans im modernen Sinne beginnt im 18. Jahrhundert. Sie ist verknüpft mit der Herausbildung eines „literarischen Marktes" für Trivialliteratur, die sich an das breiter werdende bürgerliche Lesepublikum richtet. Die Aufklärung des 18. Jahrhundert interessiert sich für das Verbrechen als gesellschaftliches Problem, während Pietismus und später die Romantik die psychologischen Hintergründe des Verbrechens für die Literatur entdeckten. Im deutschen Sprachraum entfaltet sich neben Schauerroman, Geheimnis- und Räuberliteratur als Unterhaltung und Nervenkitzel eine eigene Tradition der literarischen Formung asozialen Verhaltens. Es geht darin weniger um rationale Aufklärung als um daseinsdeutende, ethisch vertiefende Schicksalsdarstellung mit Betonung irrationaler Momente (E. TH. A. HOFFMANN, H. v. KLEIST, CL. v. BRENTANO, A. v. ARNIM, A. v. DROSTE-HÜLSHOFF, TH. FONTANE, W. RAABE, R. HUCH, J. WASSERMANN und W. BERGENGRUEN).
Die speziellere Form der Detektivgeschichte wird dagegen eine Domäne angloamerikanischer und französischer Autoren, wenn sich bei ihnen auch manches mit der K. und ihrer romantisch-irrationalistischen Komponente berührt. Sie ist ein Kind des 19. Jahrhunderts und geht in ihrer strengen Form auf E. A. POE, der mit A. Dupin den ersten literarischen Privatdetektiv schuf, und dessen „Mord in der Rue Morgue" (1841) zurück. Darin steht nicht mehr die Tat im Mittelpunkt, sie geht dem Einsetzen der Handlung voran und wird analytisch rekonstruiert; der Täter wird vermittels intellektuellen Kombinierens in logischem Schlußverfahren entlarvt. Hinter E. A. POES „Novels of Ratiocination" steht eine positivistisch-mechanistische Weltauffassung, der Handlungsweise und Seelenleben des Menschen berechenbar sind. Das abstrakte Schema bezieht den Leser als potentiellen Mitlöser des Falls mit ein. – Fortan laufen beide Traditionen, der mehr „abenteuerliche" Kriminalroman mit seinem Interesse am Verbrecher und an handfesten Verfolgungen (E. WALLACE, die neueren Amerikaner D. HAMMETT, R. CHANDLER und M. SPILLANE mit ihrem „hardboiled" Realismus und die formal anspruchsvolleren und psychologischeren Engländer K. G. CHESTERTON und D. SAYERS) sowie die unterkühlte, konstruierte, einem intellektuellen

Puzzle ähnelnde Detektivgeschichte nebeneinander her (als deren Vertreter u. a. E. Gaboriau, A. C. Doyle, A. Christie, G. Simenon und R. Stout zu nennen sind). Im Kinder- und Jugendbuch lassen sich K. und Detektivgeschichten nicht leicht voneinander abheben, da die Form der rationalen Ermittlungsgeschichte sich wegen der begrenzten intellektuellen Möglichkeiten des Kindes in ihrer strengen Form verbietet und das Zurückdrängen des Abenteuerlichen zugunsten logischer Beweisführung zu wenig auf die situationsbedingten Bedürfnisse junger Menschen eingeht. Die für die Jugend gedachte K. hält sich deshalb in der psychologischen Motivierung zurück und meidet auf der anderen Seite eine Anhäufung schreckenerregender Momente und sensationeller Übertreibungen. Mord als die Handlung initiierendes Motiv tritt zurück. Dafür läßt die K. für die Jugend der Emotionalität und der Darstellung ethisch relevanter Inhaltszüge bedeutend mehr Raum (Einsatz für Gerechtigkeit und unschuldig Verdächtigte und Verfolgte), so daß Abenteuer, Spannung und Humor sich stärker entfalten können. Hinzu kommt die stärker gruppenpsychologische Ausrichtung der Jugend-K., in der es häufig zur Bandenbildung und – bedingt durch die Schwäche des einzelnen – zur Solidarisierung mit den Betroffenen kommt (so in E. Kästners „Emil und die Detektive", 1929). Die Jugend-K. tendiert zur Abbildung jugendlicher Erwartungen und Hoffnungen (oder was man jeweils darunter versteht). Da sich den nach Möglichkeiten zur Identifikation verlangenden jungen Leser die intellektuell unterkühlte Form der Detektivgeschichte verbietet, andererseits das Detektivspielen für sie aber einen besonderen Reiz hat, entstehen K.en eigener Prägung. Die Fälle werden oft weniger durch intellektuellen Scharfsinn als durch emotionales Engagement, Gruppensolidarität und glückliche Zufälle entschieden (A. Weidenmann: Gepäckschein 666, 1959; A. Lindgren: Kalle Blomquist-Bücher, 1950 und später; K. Robertson: Das Rätsel von Burnt Hill, 1964; H. Gross: AG Pinkerton und der Augenzeuge, 1966).

Merkmal der K. für die Jugend. Abgesehen von vereinzelt gebliebenen Versuchen, die klassische Form der Detektivgeschichte für die Jugendliteratur fruchtbar zu machen (A. Hitchcock: Wer war der Täter, 1966; E. Queen: Milo-Geschichten, 1969; J. Pestum: Der Kater und die rote Katze), bevorzugt das Kinder- und Jugendbuch eine Mischform, in die sowohl Elemente der K. im engeren Sinn als auch der Detektivgeschichte eingegangen sind. Eine abenteuerliche Handlung, Gruppenproblematik, die Jagd nach einem bereits bekannten oder zumindest verdächtigen Täter und daraus sich ergebende Gefahren- und Spannungsmomente verbinden sich mit der Herausforderung zu Scharfsinn, Initiative und Mut. Der Jugendkrimi gestattet seinen Figuren eine stärkere individuelle Entfaltung als die Detektivgeschichte der Erwachsenen. Das Verbrechen ist nicht Selbstzweck, sondern Vehikel eines Geheimnisses, das Faszination ausübt und zugleich den „aufklärerischen", rationalen Optimismus von Kindern und Jugendlichen herausfordert. Hierin steckt ein Rest alter Magie: durch Rätsellösen Macht über die Dinge zu gewinnen. Die Bedeutung des rätselhaften Geheimnisses für den Jugendkrimi zeigt sich bereits in vielen Titelformulierungen („Geheimnis"-Bücher von E. Blyton; „Das Geheimnis der Santa Lucia" von N. von Michalewsky, 1966; „Das Rätsel von Burnt Hill" von K. Robertson u. v. a.).
Theorie und Poetik der Jugendliteratur fassen den Jugendkrimi allgemein als Zweig der Abenteuerliteratur für die Jugend auf (K. E. Maier, A. Hölder). Jugendliche Helden finden die Möglichkeit zu physischer und geistiger Bewährung, entwirren Geheimnisse (Gegenstände sind verschwunden, Menschen verhalten sich widersprüchlich und undurchsichtig oder interessieren sich für unscheinbare Dinge) und bestehen die Gefahren, die bei der Problemlösung auftreten. Die fließende Grenze zwischen Jugendkrimi und Jugendbandengeschichte zeigt, daß das Verbrechen oft nur der Initiation jugendlicher Abenteuer und jugendlicher Gruppenorganisation dient. Unter den Arten der Verbrechen kann daher der Mord, der für den Erwachsenenkrimi konstituierend ist, weitgehend zurücktreten; nur selten wird er derart direkt und als Vorgang in die Handlung eingefügt, wie in Mark Twains „Tom Sawyer" (dt. 1876). Von 114 Verbrechen und Vergehen in 88 K.en, unter ihnen alle in diesem Artikel erwähnten, handelt es sich bei 41 % um Eigentumsdelikte – Diebstahl, Einbruch, Raub –, bei 19 % um Freiheitsberaubung, Kidnapping und Erpressung, bei 16 % um Betrug, Fälschung und Schmuggel. An vierter Stelle folgt Spionage und Sabotage mit 8 % und erst an fünfter Stelle Mord mit 7 % aller Fälle (das sind acht, von denen allein zwei auf Mark Twain entfallen); der Rest verteilt sich auf Falschmünzerei, Fahrerflucht u. a. Die Übersicht berücksichtigt auch alle Fälle, die über Planung und Versuch nicht hinausgelangt sind und von Kindern mit Glück und Klugheit verhindert werden konnten (z. B. A. Hitchcocks „Die drei ??? und der Fluch des Rubins", 1970; P. Bernas „Der Maulesel auf der Autobahn", 1971). Die analytische Erzählweise, wie sie für die Detektivgeschichte typisch ist, tritt gegenüber der chronologischen zurück; konstituierend sind ein affektives Engagement und ein optimistisch-rationales Weltverständnis. Die aus den Fugen geratene Ordnung wird regelmäßig wiederhergestellt.
Auch der Jugendkrimi tendiert zur Reihe, und zwar in doppeltem Sinne: als Verlagsreihe (Little Krimi – Ueberreiter, top secret – Herder, Boje-Krimi) und als durch gleiche Personal-Konstellation zusammengehaltene Serie eines Autors (P. Bernas Kommissar-Sinet-Serie, W. Eckes' Perry Clifton-Serie, H. Gross' AG-Pinkerton-Serie, K. Robertsons und D. Jannauschs Detektivgeschichten, E. Queens Milo-Geschichten, A. Hitchcocks Die drei ???-Geschichten). Die Ursache liegt erstens im „Spiel"-Charakter der K. – die Elemente sind bekannt und werden immer nur variiert – und zweitens in der ökonomischen Funktion: das Wiederfinden vertrauter Merkmale verstärkt den Unterhaltungswert und damit die Abnahmebereitschaft

des Publikums. Trotz Übernahme von Marktstrategien aus der „Kulturindustrie" in die Jugendliteratur hat die K. in der Bundesrepublik bei weitem nicht den „Markt" wie der Krimi der Erwachsenen; das hängt wahrscheinlich mit der allgemein schwachen Position der Jugendliteratur (als der speziellen Literatur der 12–15jährigen) in der Freizeitsituation der Jugendlichen zusammen, wobei offenbar diejenigen K.en, die stärker zum Abenteuerbuch tendieren (eine Tendenz, die der K. insgesamt innewohnt), die größten Chancen haben (E. BLYTONS Geheimnisse und 5 Freunde – Serie), d.h. Geschichten, in denen das spielerische und detektivische Moment zugunsten der Angsterzeugung und Spannungssteigerung zurücktritt.

Psychologische Prozesse bei der Rezeption. Die K. kommt kindlich-jugendlicher Freude an der Unordnung, am Verstoß gegen gesellschaftliche Normen und am Ausbruch aus einer von zivilisatorischen Zwängen bestimmten Welt ebenso entgegen wie dem Streben nach Halt und Lebensorientierung, dem durch Wiederherstellung der gestörten Ordnung und durch Aufdekken des Geheimnisses entsprochen wird. Damit werden sowohl die irrationalen wie auch die rationalen Neigungen dieser Altersstufe befriedigt. Als Abenteuergeschichte führt die K. über Langeweile und Ereignislosigkeit des Alltags hinaus und gestattet phantasiemäßiges Ausleben von gesellschaftlich tabuisierten Bedürfnissen, z.B. Aggressionen. Die Auflösung der Geheimnisfälle entspricht der Hoffnung der Leser auf eine geordnete Welt oder mindestens auf eine Wiederherstellbarkeit der Ordnung und auf die Fähigkeit der Menschen, kraft eigener Initiative die Dinge des Lebens vernünftig zu regeln. Der dialektische Leserbezug (Reiz der Unordnung – Restauration der Ordnung) wird verstärkt durch die im Jugendkrimi verbreitete Verwicklung jugendlicher Helden in geheimnisvolle Vorgänge, die sie aus eigener Kraft klären und lösen (A. CATHERALL: Der Kampf um die Sarris-Herde, 1961; E. HJELM: Alarm in der IIb, 1965; R. BROWN: Die jungen Detektive; M. A. BAUDOUY: Der Fall Carnac, 1966, u.a.), wenn sie nicht, Detektiv spielend, endlich auf den sehnsüchtig herbeigewünschten Fall stoßen (AG-Pinkerton-Geschichten von H. GROSS, K. ROBERTSONS und G. MARTELLS Jugendkrimis, Kalle Blomquist-Geschichten von A. LINDGREN). Dabei wird jugendliches Streben nach Unabhängigkeit, Selbständigkeit und Initiative angesprochen und das unterdrückte Selbstwertgefühl der Leser angeregt. Die Rezeptionsprozesse sind denen der Abenteuerlektüre ähnlich. Während aber das Abenteuerbuch das Abenteuer vorzugsweise in die Ferne und einen außergesellschaftlichen Raum verlegt und eine Bewährung darstellt, die im allgemeinen durch den Leser realiter kaum nachvollziehbar sein dürfte und zudem an einen Einzelhelden gebunden ist, spielt die K. meist innerhalb der Gesellschaft, die sie als „Spielraum" und Ereignishintergrund benötigt, wobei die Großstadt wegen ihrer zusätzlichen Möglichkeiten und als „Dorado des Verbrechens" in den Industriegesellschaften dominiert. Sie suggeriert damit eine für den Leser tatsächliche Möglichkeit des Handelns und der Bewährung. Solche objektiven Strukturunterschiede bedeuten jedoch nicht, daß das Leseerlebnis von grundsätzlich anderer Art sein muß. In der gegenwärtigen Situation verdrängen bei Lesern von 13 Jahren aufwärts der Krimi der Erwachsenen und der Fernsehkrimi zunehmend den Jugendkrimi (E. WALLACE, J. Cotton u.a.; Departement S, Der Kommissar, Dick Donald u.a). Einige neuere Versuche, der Jugend Übergangsformen bereitzustellen – Bob Moran-Serie von H. VERNES, E. QUEENS Milo-Geschichten, auch A. HITCHCOCK und G. MARTELL – können daran nichts ändern, weil sie von den Jugendlichen vielfach, als speziell für sie gemacht, abgelehnt werden. Nach Auffassung der älteren Entwicklungspsychologie entspricht die K. sowohl den affektiven und emotionalen Bedürfnissen als auch der „positivistischen" Weltsicht der Jugendlichen. Sie demonstriert, daß der menschliche Geist letztlich den Mächten der Finsternis und Magie überlegen ist. Nach einem Zustand der Unsicherheit und des Bedrohtseins gewinnt der Mensch die Dinge wieder in die Hand und Macht über sie. Aber nicht nur die Lösung des Rätsels als Vorgang und Ergebnis, sondern bereits der Aspekt der Unordnung und Bedrohung durch Asozialität selber übt eine Faszination auf den Leser aus und ist eine wesentliche Bedingung für das Interesse an dieser Lektüre. Psychologisch gesehen, organisiert der Krimi den Schrecken zum Zwecke des Vergnügens seiner Leser und ist daher zugleich ein Mittel, den unter Zivilisationsdruck stehenden Menschen zu entlasten und Schauder und Angst durch Transposition ins Vergnügen aufzulösen. Die damit angesprochene Entlastungsfunktion zielt auf einen Jugendlichen, der den Zwang, sich in eine zivilisatorische Ordnung einzufügen (FREUDS „Realitätsprinzip"), besonders schmerzlich empfindet.

Kategorien der K. Folgende Kategorien der K. lassen sich herausstellen: 1. Kinder als Detektive und Verfolger; mit der Variante: Hinzutreten von Erwachsenen, oft Kriminalkommissaren, meist im letzten Moment. – Diese bildet die weitaus größte Gruppe unter den K. (Beispiele: K. ROBERTSONS, P. BERNAS, H. GROSS' und R. BROWNS K.en, Blomquist-Geschichten von A. LINDGREN); 2. Erwachsene als Detektive und Verfolger (G. MARTELL, A. HOLMBERG, J. PESTUM) mit der Variante, daß Kinder als Identifikationshilfe für die Leser hinzutreten können (so in der Perry Clifton-Serie E. ECKES); 3. Kinder gegen Erwachsene, meist dümmliche tölpelhafte Konstabler (E. BLYTONS Geheimnis-Serie). Durch die Unterscheidung von Einzelnen (meist Kategorie 2) und Gruppen (meist Kategorie 1) sowie von Jungen (weitaus am häufigsten) und Mädchen (die wenigen Ausnahmen: P. MANSBRIDGES Peggy-Bücher, D. JANNAUSCHS Miß Ponybiß-Geschichten, C. KEENES Hauptfigur Susanne in: Das Mädchen mit den roten Haaren, 1967), aber auch gemischte Gruppen (V. BAYLEY) als Ermittler sind weitere Kategorien denkbar, wobei der Typ K. insgesamt zur Stereotypisierung, d.h. zu einem schematisierten Selbstverständnis des Jungen und des Mannes neigt: Mut, Forscherdrang, physische Kraft, Schnelligkeit als „typisch" männliche Eigenschaften. Durchgängiges Merkmal aller K.en, wie sie hier verstanden werden, ist die Tatsache des Verbrechens des Erwachsenen; darin unterscheidet sich die K. für Kinder und Jugendliche nicht von der der Erwachsenen; wenn Darstellung von abweichendem Jugendverhalten (Beispiele: K. HELDS, d.i. K. KLÄBER, Guiseppe und Maria, 1955; E. F. LEWIS' Schanghai 41, 1959, oder H. BASTIANS Die Moral der Banditen, 1964) sowie von Kriminalität im politischen Kontext (N. VON MICHALEWSKY, H. P. RICHTER) primär der Charakteristik von Personen und Situationen und nicht dem Zweck der Kriminalaufklärung und Ermittlung diente, handelt es sich nur in einem weiten Verständnis um K.en; Geschichten dieser Art wurden aus unserer Betrachtung ausgeschieden. – Eine eigene legitime Gruppe bilden die satirisch, die Elemente der K. auf die Spitze treibenden Agaton Sax-Geschichten von N. O. FRANZÉN, parallel zu den „Nick Knatterton"-Comics von M. SCHMIDT.

Kritik an den K.en. Viele Erwachsene befürchten durch den Jugendkrimi einen vorzeitigen Autoritätsverlust, vor allem wenn die Erfahrung der eigenen Kräfte und Möglichkeiten zu Lasten der Erwachsenen geht. Die Selbstaufwertung der Jugendlichen sei sekundär, da sie an die Bedingung einer Entlarvung der teils schäbigen, teils hilflosen Erwachsenenwelt geknüpft sei, die überdies oft noch, wie bei E. BLYTON, der Lächerlichkeit preisgegeben werde. – Eine Überspitzung dieses Motivs ist sicher nicht unbedenklich, bedenklich ist aber auch die Empfindlichkeit des um seine Autorität besorgten Erwachsenen, da seine Herrschaft und Überlegenheit für das Bedürfnis des Jugendlichen nach Selbstbehauptung und Autoritätskritik mitverantwortlich sind. Die K.en entsprechen damit einem berechtigten jugendlichen Verlangen, gegen den Druck der Erwachsenen sich zunehmend auf eigene Füße zu stellen. Als bedenklich wird ferner empfunden, daß die Kinder die Fälle selber in die Hände nehmen und sie nicht der dafür zuständigen Polizei übergeben. Dadurch setzen sie sich einer Gefahr aus, die in den K.en meist verharmlost und vertuscht wird. Die K. verleitet den Leser damit zur Überschätzung seiner physischen und geistigen Fähigkeit.

Bei einer naiven Übertragung des Gelesenen auf die Wirklichkeit wäre in der Tat für den Leser eine Gefahr nicht von der Hand zu weisen. Die Gefahr eines möglichen Übertragungseffektes ist jedoch an verschiedene Voraussetzungen gebunden: das Eintreten einer parallelen Situation, das Unvermögen, zwischen Phantasie, Konstruktion und Realität zu unterscheiden. Die Konstruiertheit und Schematik der literarischen Fälle schließt zwar die Möglichkeit einer Nachahmung nicht aus, macht sie aber sehr unwahrscheinlich. Insgesamt muß man jedoch die Gefahr einer naiven Übertragung bei Kino und Fernsehen wegen deren stärkerer Anschaulichkeit und Unmittelbarkeit als erheblich stärker ansehen als beim literarischen Krimi. Was die Außerfunktionsetzung der Polizei und die „anmaßende" Selbstüberschätzung der Kinder betrifft, so artikulieren sich darin vor allem die Bedenken einer überholten Autoritätspädagogik.

Die größte Rolle unter den Argumenten gegen den Krimi als Jugendlektüre hat seit je die Befürchtung gespielt, daß die Leser durch den Reiz der Unordnung und die Faszination des asozialen Verhaltens ethisch negativ beeinflußt würden. Durch Identifizierung mit dem Verbrecher setzten sich falsche Maßstäbe und negative Leitvorstellungen fest und würde abweichendes Verhalten für die Leser „interessant". Diese Befürchtung hat z. B. auch die Schmutz-und-Schund-Diskussion entscheidend beeinflußt (vgl. R. BAMBERGER/ W. JAMBOR, 1965 und H. REINHARDT, 1957). Die Kritik richtet sich vor allem gegen zwei Punkte: Erstens habe der Krimi einen verfälschenden Einfluß auf das Weltbild der Heranwachsenden, da er die Lebenstatsachen schematisiere, die sozialen Beziehungen auf das Freund-Feind-Verhältnis reduziere und den physischen Kampf zum entscheidenden Kriterium des Lebens erhebe. Zweitens gebe die Verlockung zur Identifizierung mit der Unordnung und der Asozialität nicht Gelegenheit zur Abreaktion aufgestauter Triebenergien, sondern verstärke diese nur (oder eher) und wirke daher der grundlegenden Intention der Sozialisation, zur Beherrschung und Sublimierung der Triebe beizutragen, entgegen. Obwohl diese Befürchtungen in erster Linie im Namen einer Anpassungspädagogik vorgebracht werden, sind sie nicht einfach von der Hand zu weisen. Zur Bestätigung oder Widerlegung fehlt es jedoch noch an einwandfreiem empirischem Material. So viel scheint heute gesichert, daß die Wirkung der K., wie aller Literatur, mehrschichtig und dialektisch ist und von einem Bündel personaler Dispositionen und anderer, situativer und gesellschaftlicher Bedingungsfaktoren abhängt. Es ist das Risiko der K., daß sie sowohl entlastend wie steigernd wirken kann. Die neuere Kommunikationsforschung ist von eindeutig fixierbaren kausalen Wirkungsbehauptungen abgerückt, so daß die Auffassung vertretbar ist, daß die K., wenn sie nicht zu häufig und einseitig konsumiert wird (was dann wieder die Frage nach den Gründen nahelegt), innerhalb der Vielzahl weiterer Einflüsse (häusliches Milieu, interpersonale Kommunikation, persönliche Erfahrungen, weitere Medieninhalte) ungefährlich ist und mögliche negative Auswirkungen weitgehend neutralisiert werden. Der Krimi kann der Abreaktion gestauter psychischer Energien dienen, wie er diese auch zu stimulieren vermag. Bei jugendlichen Lesern wirken sich aber eine unreflektierte, zu naiver Übertragung auf die Wirklichkeit neigende Lesehaltung und eine allgemeine Unsicherheit in der Beurteilung sekundärer Medienerfahrung sicher erschwerend aus; sie machen negative Einflüsse mindestens wahrscheinlicher als beim Erwachsenen, dessen Verhalten und Weltbild bereits ausgeprägter sind. Dafür sind die Jugendkrimis wiederum durchweg harmloser, meiden übertriebene Brutalität und stellen die gesellschaftlichen Tatsachen nicht so sehr auf den Kopf wie z. B.

James Bond und Jerry Cotton, die allerdings bereits zur gelegentlichen Lektüre der 13- bis 14jährigen gehören. Neueren Datums sind Bedenken folgender Art: Krimis bestätigen Vorurteile gegenüber gesellschaftlichen Außenseitern und abweichendes Verhalten und vermitteln durch Übertragung der Funktion der Verbrechensbekämpfung auf geniale Einzelne antidemokratisch-autoritäre Leitbilder. Da der Hauptzweck der K. die Unterhaltung und die Beschäftigung des Spielbedürfnisses der Leser sei, würden Verbrechen zu einem quasi natürlichen, in der menschlichen „Natur" liegenden Ereignis hypostasiert und die Täter statisch als böswillige Angreifer auf die vom Leser fraglos akzeptierte gesellschaftliche Ordnung gezeichnet, ohne daß die gesellschaftliche Bedingtheit des Verbrechens reflektiert wird.

Sündenbockdenken, statisch-ungesellschaftliche Behandlung von Verbrechen und Täter und die in die Hand von überlegenen Einzelhelden gelegte Verfolgung mit ihrer Leitbildwirkung können sich in der Tat – im Gegensatz gerade zu den Befürchtungen der Vertreter der Schmutz-und-Schund-These – leicht als Mechanismus der Anpassung an die bestehende Ordnung auswirken. Auch zur Überprüfung dieser These fehlt es bisher an empirischen Untersuchungen. Da es voreilig wäre, aus der These von der politischen Schädlichkeit die Folgerung zu ziehen, Unterhaltung in der Art der K. sei entbehrlich, sollte sie vor allem Anlaß zu didaktischen Überlegungen geben.

Wirkungsvoraussagen dient vor allem eine ideologiekritische Wert- und Rollenanalyse. Das literarische System der K. ist verhältnismäßig starr, die Rollen in dem Spiel (Verbrecher, Ermittler und dessen/deren Gehilfen, unschuldig Verdächtigter, Polizei) liegen fest, so daß dem Leser hier ein sehr geschlossenes Bild unveränderbarer Rollen vorgeführt wird. Entsprechend wird eine affirmative Werthaltung gefördert. Ihr gesellschaftlicher Bezug ist offenkundig: Leistung, Suche nach Sicherheit bei Autoritäten und Staatsorganen, Geld und Besitz, Freiheit: Eigentumsdelikte und Freiheitsberaubung stehen statistisch eindeutig an der Spitze aller Verbrechen in der K. Ein besonderes Gewicht hat dabei das Problem der Resozialisierung. Es ist unvermeidlich, daß die K. in die Diskussion um eine Liberalisierung des Strafvollzugs und Möglichkeiten der Resozialisierung hineingezogen wird. Einerseits darf man natürlich fragen: was hat die K. als literarisches Genre mit dem Problem der Resozialisierung, das der gesellschaftlichen Wirklichkeit angehört, zu tun; andererseits bestätigt die K. leicht das Vorurteil, Kriminelle sind nun einmal Kriminelle. Denn meist wird nicht gezeigt, wie sie dazu geworden sind, noch wird demonstriert, daß der Mensch sich ändern kann und ihm dazu die Chance gegeben werden muß. Meist aber wird die mitschuldige Gesellschaft durch ihre Opfer und deren Verurteilung affirmiert, und jeder Verantwortung enthoben. Daß die K. einige Möglichkeiten zur kritischen Darstellung des Phänomens Verbrechen hat, d.h. zur Verdeutlichung von Ursachen und Bedingungen sowie zum Abbau von Vorurteilen, zeigen die Romane der Amerikaner von R. CHANDLER und D. HAMMETT bis CH. HIMES (Lauf, Nigger, lauf, 1968) und des schwedischen Teams M. SJÖWALL/P. WAHLÖÖ (z.B. Und die Großen läßt man laufen, 1972), in der Jugendliteratur I. RODRIAN (Ein Zeuge zuviel, 1971; besonders aber: Der Mann im Schatten, 1972) und – ansatzweise – J. PESTUM (Der Kater spielt Pik As, 1968) und A. HITCHCOCK (Die drei ??? und das Gespensterschloß, 1968). Eine solche Kritik ist jedoch ohne gewisse Enttäuschung des „Erwartungsschemas" „Krimi" nicht möglich.

Allgemein wird man sagen können, daß die Wirkung des „literarischen Krimi" auch in der Kinder- und Jugendliteratur gegenüber den in den elektronischen Medien und den mit optischen Mitteln operierenden (und dadurch viel unmittelbarer wirkenden) K. wahrscheinlich zurücktritt.

Beurteilungskriterien und Didaktik der K. Die Tatsache, daß die K. vor allem der Unterhaltung dient, und ihre ambivalente Funktion zwischen Entlastung und Verstärkung von Vorurteilen und Aggression lassen die Aufgabe, eindeutige Kriterien zur Analyse und Beurteilung der K. aufzustellen, als außerordentlich schwierig erscheinen. Die von P. HASUBEK (1974) aufgestellten Kriterien dürften teilweise kaum operationalisierbar, d.h. an erkennbaren Textmerkmalen festzumachen sein (Grad der Leseraktivierung, formale Gestaltung, Realismus (Ernst), Hinführung zur großen Literatur). Die Abwesenheit phantastischer und humoristischer Elemente zeigt nur die Übereinstimmung des Textes mit dem Erwartungsschema (wobei die Jugend-K. im Gegensatz zum Erwachsenenkrimi Humor durchaus verträgt) und ist für sich genommen noch kein „Wert". Vielmehr wäre ein Kriterium, wie weit der Text vermeidet, vorurteilsvoll und diskriminierend zu verfahren (als Mindestbedingung); ob ihm vielleicht sogar gelingt, Vorurteile abzubauen und zu einer differenzierten Betrachtung der Dinge und zu einem Fragen nach den Ursachen von Verhaltensweisen anzuregen. Zu beurteilen sind Spannung und Lesestimulanz trotz Vermeidung oder gar Befreiung von Ideologie, Interessantheit und Identifikationsmöglichkeit trotz stilistischer und literarischer Signale, die geeignet sind, die geschilderten Verhältnisse mit einer gewissen Distanz zu betrachten und die das Kriterium der Genauigkeit und Logik erfüllen; ferner ein mittleres Maß an Dramatik, Angst und Schrecken, ein Wechsel zwischen Handlung und Entspannung, der Besinnung und Nachdenken ermöglicht. Obwohl auch für die Jugend-K. die Kriterien der Kinder- und Jugendliteratur allgemein gelten, besteht die Schwierigkeit bei der K. darin, daß ihr Wert eher „negativ", d.h. als Anwesenheit trivialer zu bewußtlosem, kritiklosem und undistanziertem Konsum stimulierender Merkmale bestimmt werden muß. Es gilt, die Mitte zu finden zwischen einer Bestimmung, die die K. als „K." aufheben oder die von den Lesern nicht mehr angenommen würde, und einer totalen Anpassung an die Leserwünsche, wodurch sich die Sozialisation der Leser nur verdoppeln würde.

Das Problem der Jugend-K. sollte mehr als ein didaktisches Problem denn als Sache restriktiver Maßnahmen angesehen werden, zumal der Faktor Bildung sich als erheblich relevant für die Wirksamkeit von Texten herausgestellt hat. Eine aus kulturpessimistischer, rigoros puritanischer Einstellung hervorgehende Ablehnung der K. einschließlich ihrer Heftchen- und Fernsehvarianten muß als weltfremd bezeichnet werden. Sie unterschätzt sowohl ökonomische Marktzwänge unserer Gesellschaft als auch Tatbestände der industriellen Massengesellschaft. Als Lernziele der Didaktik der K. sind hervorzuheben: Durchschauen der Konstruiertheit literarischer Kriminalfälle; kritische Bestandsaufnahme der Verfahrensweisen und Mittel, deren sich Unterhaltung hier bedient (Freund-Feind-Schema); Reduzierung der Lebenstatsachen; überwiegend Verzicht auf gesellschaftliche Reflexion; Abstempelung des Täters, bevorzugte rassische Herkünfte der Verbrecher; Erhöhung der Figur des Verfolgers zum autoritären Leitbild, wenn dies Moment im Jugendkrimi auch zurücktritt; Ergänzung der Textinformation durch gesellschaftliche und literatursoziologische Information, die den kommunikativen Zusammenhang verdeutlicht, in dem die K. steht (Produktionsbereich, Funktionen vor dem Hintergrund von gesellschaftlich stimulierten Dispositionen und Motivationen). Eine Hilfe zum rechten Umgang mit der K. ist – bei grundsätzlicher Anerkennung ihrer Funktion und ihres relativen Wertes – nur möglich durch Steigerung der Kritikfähigkeit, durch Bewußtmachen der Rezeptionserlebnisse bei der Aufnahme der K. und damit der angesprochenen Lesemotive und deren Bedingungen/Ursachen und schließlich durch Aufdeckung der sozialen Funktion der K. in der nüchternen industriellen Massengesellschaft. Ein strukturell-formaler Vergleich mit „hoher Dichtung", etwa im Hinblick auf Sprachdifferenziertheit und Vielschichtigkeit des Aufbaus, geht an den Problemen vorbei und bringt nichts ein. In einer modernen literarischen Erziehung muß es darum gehen, der K. ihren Stellenwert innerhalb des Systems der literarischen Kommunikation zuzuweisen, Einordnungs- und Bewertungskriterien und die Formen des Umgangs mit der K. zu vermitteln, um die lesestimulierende Funktion der K. zu nutzen (wenn auch P. HASUBEKS (1974. S. 94) Optimismus, die K. ließe sich zur Dichtungspropädeutik verwenden, wahrscheinlich illusionär ist), aber auch um mögliche schädliche Sozialisationseffekte entschärfen zu helfen, dabei aber der sozialen und entlastenden Funktion der K. ihr Recht zu belassen.

Zur Situation der K. in der DDR. In der DDR zeigt sich, nach längerem Zögern das Bemühen, K. und Detektivgeschichte in den sozialistischen Realismus zu integrieren und sie dadurch „gesellschaftsfähig" zu machen. Diese Neubewertung ist jedoch nicht unumstritten. Drei Positionen zeichnen sich ab: Verteidigung eines unpolitischen (SCHREYER), eines sozialistischen Spannungsromans (SLOMMA, BOUVIER), Charakterisierung der K. als so „typisch für kapitalistische Ausbeutungsgesellschaften", daß dafür im Sozialismus kein Raum mehr sei (MAGER). Diese Positionen schlagen sich auch in den wenigen, in der DDR erschienenen Jugendkrimis nieder: der Westen als Sumpf, der zwangsläufig Kriminalität hervorbringen muß, wobei die Unterhaltungsmittel u.a. Krimis, das ihre dazu beitragen (B. PLUDRA: Sheriff Teddy, 1956); nazistische Vergangenheit als Ursache von Kriminalität (H. BESELER: Die Käuzchenkuhle, 1965). Durch Didaktisierung (vgl. P. NUSSER, 1971) wird versucht, die K. nicht nur zu „retten", sondern zugleich für den Aufbau des Sozialismus nutzbar zu machen. Zu dem Zweck werden Korrekturen am Bild des Helden, der nicht mehr als unabhängiger Einzelner hervortritt, sondern dem Kollektiv verantwortlich ist und mit ihm zusammenarbeitet, sowie am „Verbrecher" vorgenommen, indem nach den Ursachen des Verbrechens und nach Besserungsmöglichkeiten gefragt wird (Beispiele: W. HELDS „Blaulicht und Schwarzer Adler", 1969, H. BASTIANS „Die Moral der Banditen", 1964). – Es ist die Frage, ob damit die K. als „K." nicht aufgehoben wird, wenngleich eine Didaktisierung im Sinne des vorhandenen Systems in der DDR der K. eine affirmative Funktion gibt, die die westliche K. im dortigen System nicht haben kann.

→ Abenteuerbuch, → E. Blyton, → Detektivgeschichte, → E. Kästner

Sekundärliteratur: R. Alewyn: Das Rätsel des Detektivromans (in: ders.: Definitionen. 1963.). – R. Bamberger: Die unterwertige Lektüre (1965; zus. mit W. Jambor). – P. Boileau: Der Detektivroman (1964; zus. mit Th. Narcejac). – A. Bouvier: Zur Theorie der sozialistischen Unterhaltungsliteratur (1971). – H. Conrad: Die literarische Angst (1974). – M. Dahrendorf: Kriminalgeschichten für die Jugend (in: Jugendschriften-Warte (Neue Folge). 21. 1969. 10. 33–35). – E. Dingeldey: Erkenntnis über Vergnügen? Vorwiegend didaktische Überlegungen zum Kriminalroman im Unterricht (in: Diskussion Deutsch. 3. 1972. 9. 266–274). – H. Fr. Foltin: Die Unterhaltungsliteratur der DDR (1970). – P. Hasubek: Die Detektivgeschichte für junge Leser (1974). – A. Hölder: Das Abenteuerbuch im Spiegel der männlichen Reifezeit (1967). – Br. Knobel: Krimifibel (1968) – H. Mager: Krimi und Crimen. Zur Moral der Unmoral (1969). – K. E. Maier: Jugendschrifttum ([7]1973). – G. Maletzke: Psychologie der Massenkommunikation (1963). – E. Marsch: Die Kriminalerzählung (1972). – P. Nusser: Aufklärung durch den Kriminalroman (in: Neue deutsche Hefte. 18. 1971. 3. 70–90); Romane für die Unterschicht (1973). – W. Nutz: Der Trivialroman (1962). – H. Pleticha: Kriminalroman und Jugendlektüre (in: Das Gute Jugendbuch. 10. 65. 3). – H. Reinhardt: Schmutz- und Schundliteratur im Volksschulalter (1957). – W. Scherf: Die Kinder- und Jugendbande. Analyse literarischer Zeugnisse kindlichen Gesellungsdranges (in: Jugendliteratur. 1963. 4. 146–168 und 5. 205–220). – W. Schreyer: Plädoyer für den Spannungsroman (in: Neue Deutsche Literatur. 14. 1966. 8. 68–89). – G. Seeßlen: Romantik & Gewalt. Ein Lexikon der Unterhaltungsindustrie. Bd. 1. (1973; zus. mit B. Kling). – H. Slomma: Sinn und Kunst der Unterhaltung (1971). – J. Symons: Am Anfang war der Mord ... (1972). – J. Vogt (Hrsg.): Der Kriminalroman. Bd. 1 u. 2. (1971). – Kl. Ziegler: Vom Recht und Unrecht der Unterhaltungs- und Schundliteratur (in: Die Sammlung. 3. 1947. 565–574). – V. Žmegać (Hrsg.): Der wohltemperierte Mord. Zur Theorie und Geschichte des Detektivromans (1971).

Malte Dahrendorf

Kritik der Kinder- und Jugendliteratur

Primär ist die K. nicht für die unmittelbaren Konsumenten der Kinder- und Jugendliteratur, sondern für deren Vermittler bestimmt; vorwiegend bringt sie daher die Erwartungen der Vermittler zum Ausdruck. Weil die Vermittler zumeist als Pädagogen, Lehrer, Bibliothekare usw. in der Jugendarbeit stehen, erhält die K. zwangsläufig ein didaktisches/pädagogisches Moment. Oft neigt die K. dazu, die allgemein herrschenden Wertvorstellungen einer Gesellschaft, die diese gern an die nachwachsende Generation weitervermittelt hätte, bloß wiederzugeben. Die K. spielt als wichtiges Instrument in der sekundären und tertiären Sozialisation der Kinder und Jugendlichen eine nicht unerhebliche Rolle.

Bedeutung und Besonderheiten. Seit ihrer Entstehung im 18. Jahrhundert übernimmt die K. eine Funktion im vorhandenen Bildungs- und Erziehungssystem mit dessen ökonomisch-politisch, teils nationalbedingten strukturellen Besonderheiten (das Schulsystem spiegelt das Sozialsystem, anstatt seine Ungerechtigkeiten auszugleichen; vgl. „Industrieschulen" im 18., Entwicklung des Humanistischen Gymnasiums und der Volksschule im 19. Jahrhundert). Der Zusammenhang von Kritik und Darstellungsästhetik ist in der Kinder- und Jugendliteratur besonders eng, daher ist die K. nur in Verbindung mit der Geschichte der Kinder- und Jugendliteratur vernünftig darstellbar. Ferner ist die K. nicht abtrennbar von Sozialgeschichte, Geschichte der Erziehung und Bildung und der Rezeptionsgeschichte der Kinder- und Jugendliteratur (vgl. A. HAUSER 1953, J. SCHULTE-SASSE 1971, H. J. HEYDORN und G. KONEFFKE 1973, H. R. JAUSS 1970 u.a.). Dazu gibt es auf dem Gebiet der K. bisher nur Vorarbeiten (F. SCHMIDT, 1974, B. HURRELMANN 1974). Zu den genannten Schwierigkeiten, die K. einschließlich ihrer sozialgeschichtlichen und wissenschaftstheoretischen Voraussetzungen darzustellen, kommt die Perspektive der hier anzuwendenden Methode selber, die eine ideologiekritisch-historische ist.

Geschichte, Entwicklung der K. im 18. Jahrhundert. Zur Zeit der Entstehung der Kinder- und Jugendliteratur im modernen Verständnis in der zweiten Hälfte des 18. Jahrhunderts (Lesebücher, Wochenblätter für Kinder, erste spezifische Erzählungen und Bearbeitungen für Kinder – z.B.: E. VON ROCHOWS „Versuch eines Schulbuchs für Kinder und Landleute", 1772, und „Der Kinderfreund, ein Lesebuch zum Gebrauch in Landschulen", 1776; J. CHR. ADELUNGS „Leipziger Wochenblatt für Kinder", 1772–1774; CHR. F. WEISSES „Kinderfreund", 1776–1782; J. H. CAMPES „Robinson der Jüngere", 1779) ist das Verhältnis von Ästhetik und Kritik besonders eng. Ein Spiegel dieser Kritik war FR. NICOLAIS „Allgemeine Deutsche Bibliothek" (1765–1793, vgl. S. KÖBERLE 1972), deren Jugendschriftenrezensenten zum Teil selber zu den Kinderbuchautoren gehörten. Auch in den neuen Jugendschriften legten die Autoren gern die Prinzipien und Zielsetzungen dar, von denen sie sich bei der Abfassung leiten ließen (vgl. J. H. CAMPE). Vereinfachend kann man sagen, daß sich die Kritik in dieser ersten Phase der neuzeitlichen, d.h. spezifischen Kinder- und Jugendliteratur im wesentlichen darauf beschränkt, den aufklärerischen Anspruch (Verbindung des Nützlichen mit dem Angenehmen, der Belehrung mit der Unterhaltung; Moralerziehung) zum Maßstab zu machen, an dem die Jugendschriften zu messen sind. Eine Norm- bzw. Sozialkritik an den Schriften wird nicht vorgenommen; die Tatsache, daß die Schriften sich an die damals lesefähigen Schichten wandten und deren Werte bestätigten, wurde nicht als anstößig empfunden; das bedeutete, daß die Kritik letztlich die Haltung der Jugendschriften selber übernimmt und sich deren unausgesprochene Voraussetzungen zu eigen macht. Interessant ist die zugleich mit der ersten Jugendschriftenschwemme einsetzende Kritik an der „seichten Unterhaltung", d.h. an der im Zuge der wirtschaftlichen Veränderungen im 18. Jahrhundert aufkommenden Produktion von Trivialliteratur des sich konstituierenden anonymen bürgerlichen Literaturmarktes, eine Kritik, die den bis heute anhaltenden wirkungslosen „Schmutz-und-Schund"-Kampf einläutete. Didaktische Absicht dieser ersten K. war es, vor der „minderwertigen Romanlektüre" zu warnen, pädagogische Absicht, die aufklärerischen Werte der Vernunft und des tugendgemäßen Handelns zu verbreiten. Zusammenfassend läßt sich für die Epoche der aufklärerischen K. sagen, daß die Jugendschriften und ihre Kritik dasselbe aufklärerisch-pädagogische Interesse teilten und zugleich die Interessen des mächtiger werdenden und zumindest das kulturelle Leben mehr und mehr bestimmenden Bildungsbürgertums formulierten.

Das Auseinandertreten von Kinder- und Jugendliteratur, Kritik und Ästhetik im 19. Jahrhundert. Für die K. ist auf der Wende zum 19. Jahrhundert und bis heute das Auseinandertreten von Kinder- und Jugendliteratur und deren Kritik auf der einen und der offiziellen Ästhetik auf der anderen Seite bezeichnend. Abgesehen von den wenigen, kaum durchschlagenden Ansätzen des Irrationalismus vom Sturm und Drang bis zur Romantik (J. G. HERDERS Vorrede zu „Palmblätter", 1788; CL. v. BRENTANO und A. v. ARNIM „Des Knaben Wunderhorn", 1805–1808; „Kinder- und Hausmärchen" der Brüder GRIMM, 1812, 1815), die sich mit bürgerlich-biedermeierlichen Welt- und Erziehungsvorstellungen mischten. Auch im 19. Jahrhundert wird die Polemik gegen die „Schundliteratur" weiter geführt. Mehr und mehr tritt jetzt aber auch die zweifelnde Frage nach der Berechtigung einer „eigenen Literatur" für Kinder überhaupt in den Vordergrund. Das beginnt mit J. FR. HERBART (1806) und weist auf H. WOLGAST zu Ende des 19. Jahrhunderts voraus. Bei ihm kommt es zur ersten grundsätzlichen Kritik. Im großen und ganzen bleibt die spezifische Kinder- und Jugendliteratur der aufklärerischen Tradition verhaftet, in ihrer optimistischen Grundhaltung und ihrem Anspruch, unterhaltend und zugleich nützen und bessern zu können. Aber es drängen mehr und mehr religiöse

Momente, die die Funktion haben, die sozialen Unterschiede und ökonomischen Mängel zu verschleiern, in den Vordergrund. Das Aufklärungspathos verkümmert zur bloß formalen Struktur der Jugendschriften, die immer offener das Wertsystem des preußischen Wilhelminismus und einer pessimistischen Kulturkritik (Untertanengesinnung, Lob des Herrscherhauses, Chauvinismus und Imperialismus, Verdrängung der sozialen Frage, Lob der ländlichen Idylle gegen „zersetzende" Städte und wachsenden Sozialismus) propagieren. Diese Richtung übernimmt auch das irrationalistische, aus der Romantik stammende Bild des „Kindes" und beschreibt es als „nicht von dieser Welt". Die wissenschaftliche und kritische Beschäftigung mit der Kinder- und Jugendliteratur und ihrer Kritik institutionalisieren sich als Bereich der Pädagogik (J. H. HERBART, O. WILLMANN, erste Lehrer-Prüfungs-Ausschüsse in den sechziger Jahren, A. MERGET). Die offizielle Literaturgeschichtsschreibung öffnet sich jetzt nur noch ausnahmsweise diesem Gebiet. Die Kritik orientiert sich nunmehr einerseits affirmativ im Sinne des herrschenden Bildungs- und Erziehungssystems, wobei es bestenfalls zur Detailkritik kommt (A. MERGET warnt vor „übertriebener Darstellung" – etwa zu guter Kinder –, die der Wirklichkeit nicht entspricht); andererseits wird für Tendenzfreiheit zugunsten ästhetischer Werte plädiert (J. H. HERBART in seiner „Allgemeinen Pädagogik", 1806). O. WILLMANN („Pädagogische Vorträge über die Hebung der geistigen Tätigkeit durch den Unterricht", 1868) betont darüber hinaus die beiden psychologischen Momente „wahrhaft kindlich" und „Phantasie", letztere im verkürzt instrumentellen Sinne als dem Kinde adäquates Transportmittel. Einer der ersten, die das Gesamtgebiet darzustellen versuchten, war A. MERGET (1867), der – selber Seminardirektor – die Kinder- und Jugendliteratur in die Nähe der Pädagogik rückt, bzw. sie in der Nachfolge der Philanthropen und Aufklärer immer noch dort sieht. A. MERGET entwirft eine „eigene Geschichte" der Kinder- und Jugendliteratur. Entgegen dem Brauch der Kulturpessimisten seit dem 18. Jahrhundert setzt er auch die Unterhaltung als eigenen Wert ein.

Neue kritische Ansätze zu Beginn des 20. Jahrhunderts. Ein neuer Ansatz der Kritik tritt um die Wende zum 20. Jahrhundert in die Geschichte ein. An Ästhetik und Kritik der klassischen Epoche anknüpfend, stellten die Vertreter der Jugendschriften- und Kunsterziehungsbewegung das Primat der „Kunst" auch für die Jugendschriften und eine Ästhetik der „Absichtslosigkeit" heraus. H. WOLGAST berief sich auf TH. STORMS Wort „Wenn du für die Jugend schreiben willst, so darfst du nicht für die Jugend schreiben". „Absichtslosigkeit" ist hier in doppelter Hinsicht gemeint: inhaltlich als Freiheit/Abwesenheit von „Tendenz" und psychologisch als Verzicht, auf irgendwelche Adressaten/Rezipienten, und seien es Kinder, Rücksicht zu nehmen. Obwohl der in dieser Hinsicht puritanisch-strenge H. WOLGAST der Ästhetik des Naturalismus mit ihrem Wahrheitsbegriff nahesteht, greift er mit seinen ästhetischen Postulaten auf die Genieästhetik des autonomen und „unbedingt" schaffenden Künstlers der bürgerlichen Klassik zurück. Doch dies ist zugleich als Protest gegen das seit der Aufklärung unangefochtene Primat des Pädagogischen sowie gegen den inhaltlichen Zuschnitt der spezifischen Jugendschriften in der zweiten Hälfte des 19. Jahrhunderts zu verstehen und insofern fortschrittlich. H. WOLGAST redet auch nicht einem ästhetischen Eskapismus das Wort, sondern verfolgt mit seiner Kritik durchaus sozialreformerische Absichten; den damaligen Sozialdemokraten nahestehend, wurde er von den herrschenden Mächten in Kirche, Staat und Publizistik heftig angefeindet. Allerdings blieben die Bemühungen der Sozialdemokraten, H. WOLGASTS und der Kunsterzieher um eine neue Kinder- und Jugendliteratur und eine neue K. auch bei der Linken nicht unwidersprochen, die sie als halbherzig und hilflos kritisierte (CL. ZETKIN 1906 auf dem Mannheimer Parteitag der SPD bis D. RICHTER, 1973, und G. HOLTZ-BAUMERT, 1972). Neben dem „Tendenzproblem" (vgl. „Tendenzbeschlüsse" der Vereinigten Prüfungsausschüsse für Jugendschriften 1906), das später bei G. LUKÁCS und im Sozialistischen Realismus unter dem Stichwort „Parteilichkeit" weiter diskutiert wurde, geht der Streit dann vor allem um die psychologische Seite der Schriftstellerei für Kinder und der K. H. WOLGAST hat seine ursprünglich strenge Auffassung unter dem Druck der Kritik (E. LINDE, B. OTTO, Charon-Kreis) später modifiziert und die Möglichkeit einer Dichtung „vom Kinde aus", die man bei G. FALKE, P. DEHMEL, CHR. MORGENSTERN u.a. bereits verwirklicht sah, zugestanden. So kam es in der Jugendschriftenbewegung im zweiten und dritten Jahrzehnt des 20. Jahrhunderts zu einem relativen Konsensus der Kritik. In der Nachfolge H. WOLGASTS (H. L. KÖSTER, W. FRONEMANN, S. RÜTTGERS, F. THALHOFER, M. ZOLLINGER u.a.) einigt sich die K. auf Kriterien, die das leserpsychologische und pädagogische Moment zwar beachten und dem Spezifischen und Unterhaltsamen, wenn auch zögernd, ihr Recht belassen, im übrigen aber immer wieder den „Kunst"-Charakter auch der Kinder- und Jugendliteratur hervorheben. Leistung und Tragik H. WOLGASTS und der kunsterzieherisch ausgerichteten Jugendschriftenbewegung sind darin zu sehen, daß ein energischer Versuch zur Wiederverbindung von allgemeiner Literaturgeschichte und Kinder- und Jugendliteraturgeschichte gemacht wurde, aber nur eine heruntergekommene, unhistorische Ästhetik, die dem Stand gesellschaftlicher Entwicklungen nicht mehr entsprach, zur Verfügung stand und von ihnen übernommen wurde.

Entwicklung der K. und Kritik der traditionellen K. im 20. Jahrhundert. In den zwanziger Jahren ging es dann, neben dem „Schund"-Kampf, um Probleme einer Didaktik des Kinder- und Jugendbuches und des Leseunterrichts an den Schulen und um eine Erweiterung der Diskussion in Richtung auf das Sachbuch; in S. RÜTTGERS' Kriterien (Mystifizierung von „Volk" und „Volksliteratur") kündigte sich dann das Dritte Reich an; es ist bezeichnend, daß die Kriterien, die vor der zwölfjährigen Hitler-Ära entwickelt wurden, diese Zeit unbeschadet überstanden. So konnte W. FRONEMANN noch 1949 sagen: „Ich darf feststellen, daß die Ideenwelt der Kunsterziehung heute vollgültig dasteht." Er bescheinigt den Richtlinien von 1939 dankbar, daß sie die Substanz der Richtlinien von 1921/22, wo der „nationale Gedanke" und die „Einzelschrift" betont werden, nicht angetastet hätten. Neben einer Reaktivierung des „Schund"-Kampfes, besonders nach Einsetzen der Comic-Flut, kommt es zur Übernahme der geisteswissenschaftlichen und der immanenten Textkritik aus der Literaturwissenschaft (O. WALZEL, W. KAYSER, E. STAIGER) in die K. (A. KRÜGER, R. BAMBERGER, F. PFEFFER). – Als Ergebnis von zweihundert Jahren K. können folgende Punkte herausgestellt werden: 1. Entsprechend der Kinder- und Jugendliteratur war ihre K. von Anfang an durch die beiden Faktoren „Bürgerlichkeit" und „Aufklärung" bestimmt. Beide waren Medium der Interessen und Bedürfnisse des zunehmend selbstbewußteren Bürgertums. 2. Die Tatsache weitgehender politischer Ohnmacht des Bürgertums bei maßgeblichem kulturellem Einfluß führt zur Herausbildung einer Ästhetik des „schönen Scheins" und der Kompensation von Wirklichkeit. 3. Bis zur Wende zum 20. Jahrhundert war die K. wesentlich durch die in der Aufklärungszeit gesetzten Maßstäbe bestimmt, wobei es inhaltlich zu immer neuen Anpassungen an die jeweiligen historischen, die Herrschaftsverhältnisse stabilisierenden Werte kam; die „neue Ästhetik" knüpft zu einer Zeit an die Ästhetik der Kunstepoche an, als diese historisch obsolet war sowohl durch den sozialistischen als auch durch den von H. HEINE, G. BÜCHNER und den Jungdeutschen sich herleitenden bürgerlich-kritischen Realismus. 4. Als Kriterien der Beurteilung von Kinder- und Jugendbüchern haben sich herausgeschält: a) der ästhetische Maßstab (Ganzheit, Echtheit, Stimmigkeit, ausgewogene Bauform), b) Kindgemäßheit entsprechend dem jeweiligen psychologischen Erkenntnisstand als Anpassung des Kindes an die Normen der Gesellschaft, c) die pädagogische Forderung, die zeitlosen abendländischen Werte hochzuhalten. Dieses System war so formalisiert, daß es inhaltlich auf völlig unterschiedliche, ja gegensätzliche Weise ausfüllbar war. Einen W. FRONEMANN machte es – wie erwähnt – nicht stutzig, daß sich selbst der Nationalsozialismus zu den genannten Kriterien bekennen konnte. Es ließ die gesellschaftliche Wirklichkeit mit ihren impliziten Werten „Eigennutz", „Eigentum", „Geld" und auch die Sozialisation ihrer Leser unbeachtet, so daß Literatur als eine Sache neben dem Leben oder sogar gegen das Leben vermittelt werden konnte. Von Anfang an war die mit der K. verbundene Lesepropaganda mit ständiger Polemik gegen das „minderwertige" Schrifttum verknüpft (vgl. FR. GEDICKES „Einige Gedanken über Schulbücher und Jugendschriften", 1787, bis zur Schundkritik der Jugendschriftenbewegung bei H. WOLGAST, 1896, besonders E. SCHULZE, Die Schundliteratur, 1909, bis R. BAMBERGER/W. JAMBOR, Die unterwertige Lektüre, 1965, und H. REINHARDT, Schmutz- und Schundliteratur im Volksschulalter, 1957, vgl. Material zur Anti-Lese-Propaganda bei R. SCHENDA, 1970). Man kann verallgemeinernd sagen, daß K. von Anfang an weitgehend identisch war mit Schundkampf, verbunden mit Fernhalteappellen (noch bei A. BEINLICH 1970) und Stimmungmache gegen das Lesen, falls es sich nicht an die von der K. gesetzten Normen halte (was es nie getan hat). Am weitesten ging H. WOLGAST, der gegen die (spezifische) Kinder- und Jugendliteratur den totalen Schundvorwurf erhob. Diese Schundkritik ist parallel zu sehen zur allgemeinen Trivialliteratur- und Publikumskritik seit dem 18. Jahrhundert (vgl. J. S. SCHULTE-SASSE, 1971). Aus heutiger Sicht ist zu diesen Polemiken zu sagen, daß sie falsch adressiert sind (die Produzenten nutzen die Chancen des Sozialsystems, die Leser handeln auf Grund des Angebots und auf Grund von Bedürfnissen, die eine Funktion ihrer Lebenssituation sind). Sie bringen den verfeinerten Geschmack einiger Intellektueller zum Ausdruck, die Gelegenheit und Muße zur Ausbildung ihrer literarischen Kompetenzen hatten. Ihr Bildungsidealismus geht an den materiellen und sozialen Voraussetzungen kultureller Prozesse konsequent vorbei. So mußte der Schmutz-und-Schund-Kampf mit seinen idealistischen Appellen und seinen Ergebnissen auf der Ebene der Gesetzgebung (Deutsches Reich: 1926; Bundesrepublik Deutschland: 1953), der Zensur (Bundesprüfstelle für jugendgefährdende Schriften), der Polizeimaßnahmen (Beschlagnahmeaktionen) und halbstaatlichen bis privaten Initiativen (Umtauschaktionen) schließlich eine Alibifunktion für reale Machtlosigkeit gegenüber dem Problem und der Selbstberuhigung der Literaturpädagogen und Kinder- und Jugendliteraturkritiker gewinnen. Der „Ruf nach dem Staat" hilft hier überhaupt nichts, weil dieser Staat zugleich als Garant der Eigentums- und Besitzverhältnisse, die für den „Schund" und die Ausbeutung des „Schund"-Bedürfnisses bei den Konsumenten verantwortlich sind, auftritt. – Ferner übersieht die Schunddiskussion die große Zahl der Nichtleser jenseits der „Schund"-Leser. Es ist außerdem festzustellen, daß es gründliche und systematische Lesestoffuntersuchungen erst seit wenigen Jahren gibt und daß die Kritik deshalb oft halbherzig oder gar unehrlich war, da sie die dem jeweiligen System dienlichen Inhalte gern von Kritik verschonte; um so mutiger war die Kritik der Wolgastianer an der vaterländischen Propaganda der Wilhelminischen Kinder- und Jugendliteratur. Die „Jungleserkunde" in engerem Sinne ist zwar in ihrer empirisch-methodischen Haltung und ihrem pädagogischen Engagement („Jahrhundert des Kindes") ein Produkt des 20. Jahrhunderts; dennoch gehen einige Prämissen der deutschen Geistesgeschichte (Klassik, Romantik) in sie ein. Schon J. H. CAMPE und seine Zeitgenossen gingen bei ihren jugendliterarischen Arbeiten von bestimmten Vorstellungen darüber, was ein „Kind" sei, aus. Ihnen folgten die Brüder GRIMM, besonders W. GRIMM, bei ihren Märchenbearbeitungen. Wegen des genieästhetischen Einflusses auf die K. war es jedoch nie opportun, offen vom Kind als Adressaten zu sprechen.

Die „kindgemäße Einrichtung" wurde daher gern ideologisch verbrämt, wenn nicht überhaupt irgendwelche Rücksichten auf bestimmte Lesergruppen abgelehnt wurden (J. FR. HERBART, TH. STORM, H. WOLGAST). Erst in der „psychologischen Wendung" der Jugendschriftenbewegung (E. LINDE, B. OTTO u.a.) wird dann wieder offen auf das Prinzip der „Kindertümlichkeit" und, damit verbunden, einer „heilen Kinderwelt" zurückgegriffen. Diese Verbindung zeigt, daß die wissenschaftliche Jungleserkunde von vornherein ideologisch durch das Primat eines bestimmten, oft nicht näher explizierten anthropologischen Programms belastet ist (CH. BÜHLER 1918, E. LIPPERT 1932/1950, A. BEINLICH 1960, H. E. GIEHRL 1968–1972). Durchgängig für alle Versuche, die Entwicklung der Leseinteressen und -fähigkeiten auf endogene Faktoren zurückzuführen, ist die spekulative Konstruktion einer sekundären Entsprechung von Texten, Textstrukturen, Genres der Kinder- und Jugendliteratur mit Entwicklungsphasen der kindlich-jugendlichen Psyche. So entspricht das Märchen nach CH. BÜHLER der psychischen Struktur einer bestimmten Entwicklungsphase des Kindes, woraus das Interesse des Kindes am Märchen resultiere und die Begriffsbildung „Märchenalter" legitimiert wird, während doch die Brüder GRIMM, auf deren Märchen sich CH. BÜHLER hier bezieht, die Märchen ihrer vorgefaßten Meinung „Kind" entsprechend nacherzählt und fortschreitend verändert haben. Dieserart wird unbewußt die Voraussetzung des einen zum Resultat des anderen und die gesamte Argumentation bewegt sich in einem Zirkel.

Auch A. HÖLDER (1967) arbeitet eine Entsprechung von „Erlebnisstrukturen der Abenteuerlektüre" und der „durch eine bestimmte Entwicklungsphase bedingte(n) Strukturen des Jugendlichen" heraus. Das Besondere dieses wissenschaftlichen Verfahrens, dem G. KLINGBERG 1973 die Bezeichnung „Adaption" gegeben hat, ist die Primärsetzung einer in ihrer Struktur unveränderbaren, biologisch programmierten Psyche gegenüber einer den psychischen Strukturen nur nachträglich entsprechenden Lektüre, an der die Psyche gleichwohl die in ihr angelegte Form gewinnt: „Unwandelbar ist die natürliche Beschaffenheit des Kindes" (H. CORNIOLEY, 1966). Obwohl es töricht wäre, entwicklungsbedingte psychische Dispositionen zu leugnen, ist die Herleitung der Strukturen und Genres der Kinder- und Jugendliteratur aus einer statisch gesehenen vorgegebenen Psyche doch fragwürdig, weil dadurch der gesellschaftliche Vorgang der Sozialisation ebenso geleugnet wird wie die Abhängigkeit der Produktion und Rezeption der Kinder- und Jugendliteratur von materiellen und sozialen Bedingungen. Die Betrachtungsweise ist auch insofern ideologisch, als sie die Verdrängung der Tatsache erlaubt, daß die realen Leser entweder von Texten ganz anderer Art angesprochen werden und die meisten Kinder, Jugendlichen und Erwachsenen überhaupt ohne Lektüre auskommen (müssen). Die Aufdeckung dieser idealistischen Verkennung der Bedeutung der ökonomischen Zwänge (Marktzwänge) und der Sozialisation ist ein Hauptpunkt der neuen K. Nach ihrer Auffassung werden Texte der Kinder- und Jugendliteratur erst durch konsequente Historisierung, auch ihrer Leser, („Rezeptionsgeschichte") kritisierbar; anderenfalls bewertet man Texte überwiegend nach dem Grad ihrer Angepaßtheit an den „Erwartungshorizont" ihrer Leser und leistet als Kritiker damit lediglich einen Beitrag zur Stärkung des status quo. – Versuche, das Problem der Lesepsychologie durch Lesertypologien (R. BAMBERGER, H. E. GIEHRL) zu lösen, führen lediglich zu einer Differenzierung der psychologisch-anthropologischen Grundposition. Es sei denn, man überführt die Typologie (H. E. GIEHRL: informatorisches, kognitives, evasorisches, literarisches Lesen) unter gleichzeitiger Erweiterung und Differenzierung in ein System von zu lernenden Leserrollen (G. WALDMANN, 1973).

In der Praxis der „idealistischen" K. regiert ein optimistischer Jargon, falls am Text eine ästhetische, pädagogische und psychologische Normübereinstimmung festgestellt wird, bzw. eine Sprache naiver Gleichsetzung von Wert (Unwert) und entsprechender Wirkung. Soziolinguistik und Sozialisationsforschung helfen uns, zu verstehen, daß Lesen, Leseverhalten, Rezeptionsverhalten, Art und Umfang der Mediennutzung von einer Vielzahl von Faktoren beeinflußt werden und daß dabei die – auch sprachliche und schließlich literarische – Sozialisation eine entscheidende Rolle spielt, die wiederum mit soziokulturellen, gesellschaftlich-ökonomischen Bedingungen korrespondiert. So hat beispielsweise die Jugendsoziologie die Differenz zwischen einer „gestreckten" Kulturpubertät und einer „verkürzten" Primitivpubertät herausgearbeitet (S. BERNFELD, H. GIESECKE, A. FLITNER u.a.), die zu ganz unterschiedlichen kulturellen Verhaltensmustern führen (L. ROSENMAYR, E. KÖCKEIS, H. KREUTZ: Kulturelle Interessen von Jugendlichen, 1966). Natürlich ist dies nicht im Sinne einer totalen Zwangsläufigkeit zu verstehen, sondern als Erklärungsansatz für die Tatsache sozial bedingter Unterschiede u.a. im Leseverhalten. Dies alles sind Momente, die auch die K. betreffen und sich in Kriterien der Besprechung niederschlagen müssen. Der Hauptpunkt einer Metakritik an der traditionellen normativen, idealistischen K. ist der, daß es die Kinder- und Jugendliteratur nicht gibt, wie es auch nicht den Adressaten und Leser der Kinder- und Jugendliteratur gibt. Wahrscheinlich ist die Nichtbeachtung der sozialen Tatsache, daß die vorhandene Kinder- und Jugendliteratur die Lektüre einer privilegierten Gruppe ist und die Kritik diesen Sachverhalt durch Verschleierung noch unterstützt, mitverantwortlich für die mangelnde öffentliche Beachtung und Wirksamkeit der K. (was sich allerdings von entsprechenden Erscheinungen im literarischen Leben allgemein nicht unterscheidet).

Ansätze und Vorschläge zu einer alternativen K.
Vereinfacht gesagt, lassen sich zwei alternative kritische Systeme, die aber miteinander in Verbindung stehen und sich gegenseitig befruchtet haben, entwickeln: eine

marxistisch-materialistische und eine soziologisch-ideologiekritische. Die materialistische knüpft an die Tendenzdiskussion innerhalb der alten Sozialdemokratie (CL. ZETKIN u.a.) und die kommunistische Erziehungsdiskussion der zwanziger Jahre an (O. RÜHLE, E. HOERNLE, S. BERNFELD) und ist heute in eine DDR-Richtung (G. HOLTZ-BAUMERT, E. SCHMIDT, H. WEGEHAUPT, G. EBERT) und eine BRD-Richtung verzweigt (W. FROMMLET, H. HENGST, J. MERKEL, D. RICHTER, R. WENZEL). Hier werden Prinzipien der „proletarischen Erziehung" und des Sozialistischen Realismus für die Kinder- und Jugendliteratur fruchtbar gemacht, in der BRD als Plädoyer für einen die gesellschaftlichen Widersprüche aufdeckenden kritischen Realismus, in der DDR als Propaganda für die „neue sozialistische Persönlichkeit" und das neue System.

Die soziologisch-ideologiekritische Variante (M. DAHRENDORF, KL. DODERER, G. OESTREICH, U. WANDREY u.a.), in die gleichwohl materialistische Theoreme eingegangen sind, nutzt die Ergebnisse der Wissenschaften wie Literatursoziologie, Soziolinguistik, Sozialisations- und Kommunikationsforschung für eine K. Sie versucht eine nur „immanente Wertung" zu überwinden und stellt den Bezug zu Lesern und Lesergruppen her. Außerdem schließt sie eine Wert- und Normkritik der Texte ein und arbeitet vor allem die oft undurchschauten und verschleierten sozialisierenden Funktionen der Kinder- und Jugendliteratur heraus. Ihr erkenntnisleitendes Interesse ist Gesellschaftsreform und individuelle Emanzipation der Leser. Ihre Offenheitsästhetik zielt auf ein Training des Möglichkeitssinnes, der neue Erfahrungen und eine neue Sicht der Dinge vermitteln soll. Auch die Wirklichkeit des Lesens rückt in den Blick. Damit findet eine Erweiterung des kritischen Interesses auf neue, mit dem Buch teilweise konkurrierende Medien und ihre Textsorten und Inhalte statt (Heftchen, Comics, Schallplatten, Zeitschriften usw.). Eine historisch-ideologiekritische Kinder- und Jugendliteraturanalyse sollte ihr erkenntnisleitendes Interesse „Emanzipation" (Kreativität, Sensibilität, Kommunikationsfähigkeit eingeschlossen) nach entsprechenden Forschungen an Textmerkmalen und -sorten konkretisieren; den eigenen Standort reflektieren und verdeutlichen; eine Wert- und Normkritik der Texte entwickeln, die mit dem „impliziten Leser" der Texte deren gesellschaftlichen Standort herausarbeitet; Verfeinerung ihres methodischen Instrumentariums im Hinblick auf die verschiedenen Genres, Inhaltsgruppen und sprachlichen Realisierungen in der Kinder- und Jugendliteratur; Verdeutlichung einer Ideologiekritik nicht als eine mögliche, vielleicht ganz interessante Ergänzung der bisherigen K., sondern Aufweis ihrer Notwendigkeit und der alle anderen Ansätze integrierenden Funktion dieser Kritik, weil anders die entscheidenden literarischen Rezeptions- und Wirkungsprozesse nicht erfaßbar sind. Freilich erübrigt Ideologiekritik weder die Würdigung des ästhetischen Charakters der Texte noch empirische Rezeptionsforschung.

Kritische Methoden werden in Praxis übersetzbar durch Kriterien. Kriterien sind Raster, welche die Wahrnehmung und die Kritik bestimmter Strukturen ermöglichen. M. DAHRENDORF schlug 1972 vor, die Funktion der K. weniger in Empfehlung und Ablehnung der betreffenden Texte zu sehen als in der Vermittlung von Kriterien an Leser und Verdeutlichung der Voraussetzungen, aus denen heraus kritisiert und gewertet wird. Zweck der Kritik wäre dann weniger die Ermöglichung von Auswahlentscheidungen als die Schärfung des Wahrnehmungsvermögens und die Ermöglichung von Kritik. „Ideologiekritik" bemüht sich hier um Antworten auf die Frage: Was ist an Wirklichkeitsverlust, -verdrängung, -minderung, -verfälschung feststellbar? Was ja immer auf Stereotypisierungen, Vereinfachungen, Beschränkungen von Sehweisen und damit Rollenmöglichkeiten des Lesers hinausläuft! Oder, positiv gesprochen: Welche neue Erfahrung, Sicht und welche Rollenentfaltung ermöglicht der Text dem Leser, unter Berücksichtigung der Verwendung ästhetischer, d.h. die Emotionalität und die sinnliche Erfahrung ansprechender Momente? – Zu den generellen Kriterien müssen, sie modifizierend, form-(genre-)spezifische Kriterien und möglicherweise auch Kriterien stofflich-thematischer Textgruppen treten.

→A. Beinlich, →M. Dahrendorf, →W. Fronemann, →G. Holtz-Baumert, →H. L. Köster, →E. Linde, →A. Merget, →B. Otto, →S. Rüttgers, →Schund- und Schmutzliteratur, →F. Thalhofer, →Vereinigte Jugendschriftenausschüsse, →H. Wolgast, →Cl. Zetkin

Sekundärliteratur: P. Aley: Jugendliteratur im Dritten Reich (1967). – R. Bamberger: Jugendlektüre (1955, ²1965). – A. Beinlich: Über die literarische Entwicklung in Kindheit und Jugend (in: A. Beinlich (Hrsg.): Handbuch des Deutschunterrichts. Bd. 2. ⁵1970). – L. Binder (Hrsg.): Analyse, Interpretation und Kritik des Jugendbuches (1973). – H. Cornioley: Beiträge zur Jugendbuchkunde (1966). – M. Dahrendorf: Das Mädchenbuch und seine Leserin (1970, ²1973); Zur Situation der Jugendbuchkritik heute (in: Westermanns Pädagogische Beiträge. 24. 1972. 7. 365–376); Soziologische Aspekte der Kinder- und Jugendliteratur (in: Jugendliteratur und gesellschaftliche Wirklichkeit. 1974. 27–52). – Kl. Doderer: Klassische Kinder- und Jugendbücher (1969, ³1975). – W. Fronemann: Das Erbe Wolgasts (1927); Die beherrschenden Ideen im Jugendschrifttum und in der Volksbildung von Wolgast bis heute und ihre Träger (in: Begegnung mit dem Buch. 1950. 7–27). – H. E. Giehrl: Der junge Leser (1968, ²1972). – L.Göhring: Die Anfänge der deutschen Jugendliteratur im 18. Jahrhundert. Nachdruck der Ausgabe 1904 (1967). – K. Hartmann (Hrsg. zus. mit F. Nyssen, H. Waldeyer): Schule und Staat im 18. und 19. Jahrhundert (1974). – A. Hauser: Sozialgeschichte der Kunst und Literatur (1953). – H.-J. Heydorn: Studien zur Sozialgeschichte und Philosophie der Bildung (1973, zus. mit G. Koneffke).– A. Hölder: Das Abenteuerbuch im Spiegel der männlichen Reifezeit (1967). – G. Holtz-Baumert: „Überhaupt brauchen wir eine sozialistische Literatur ..." Eine Skizze über die Anfänge sozialistischer deutscher Kinderliteratur (1972). – B. Hurrelmann: Jugendliteratur und Bürgerlichkeit. Soziale Erziehung in der Jugendliteratur der Aufklärung am Beispiel von Christian Felix Weißes „Kinderfreund" 1776–1782 (1974). – H. R. Jauss: Literaturgeschichte als Provokation (1970). – G. Klingberg: Kinder- und Jugendliteraturforschung (1973). – S. Köberle: Jugendliteratur zur Zeit der Aufklärung (1972). – H. L. Köster: Geschichte der deutschen Jugendliteratur. Nachdruck der 4. Auflage 1927 (1968). – A. Merget: Geschichte der deutschen Jugendliteratur. Nachdruck der 3. Auflage von 1882 (1967). – B. Nauck: Kommunikationsinhalte von Jugendbüchern (1974). – G. Oestreich: Erziehung zum kritischen Lesen. Kinder- und Jugendliteratur zwischen Leitbild und Klischee (1973). – D. Richter: Das politische Kinderbuch (1973). – D. Richter (Hrsg. zus. mit J. Vogt): Die heimlichen Erzieher. Kinderbücher und politisches Lernen (1974). – R. Schenda: Volk ohne Buch (1970). – E. Schmidt: Die deutsche Kinder- und Jugendliteratur von der Mitte des 18. Jahrhunderts bis zum Anfang des 19. Jahrhunderts (1974). – J. Schulte-Sasse: Literarische Wertung (1971). – G. Waldmann: Theorie und Didaktik der Trivialliteratur (1973). – H. Wolgast: Das Elend unserer Jugendliteratur (1896, [7]1950).

Malte Dahrendorf

Kronoff, Frida von

*(d. i. Frida Hummel). Schriftstellerin; * 19. 2. 1853 Stuttgart-Bad Cannstadt, † 30. 11. 1929 Stuttgart-Bad Cannstadt.*

K., Tochter eines Kunstmalers und einer Bürgerstochter aus der französischen Schweiz, entwickelte schon als Kind eine Neigung zur künstlerischen Betätigung und verfaßte bereits als Schulmädchen gereimte Theaterstücke, Märchen und Gedichte. Durch den frühen Tod des Vaters (1871) wurde sie gezwungen, auf den Besuch einer Kunstakademie zu verzichten. Sie wandte sich ganz der Schriftstellerei zu und versuchte durch ihre Arbeit, zum Unterhalt ihrer Familie beizutragen. K. blieb unverheiratet und widmete sich vor allem der Betreuung einer schwerkranken Schwester.

Werk, Tendenzen, Wirkung. K. war als Schriftstellerin außerordentlich produktiv. Unter dem Pseudonym von Kronoff erlangte sie als Autorin für „Volk und Familie" und als Kinderbuchautorin weite Popularität. Für Kinder verfaßte sie kleine Umwelterzählungen, märchenhafte Geschichten und Gedichte, für Ältere vor allem Mädchenbücher, die ganz in der Tradition der Backfischliteratur standen und sich vor allem als Anleitung zu einem frommen und fleißigen Lebenswandel verstanden. Zwar waren auch Kinder aus den unteren Schichten als Hauptfiguren ihrer Bücher zu finden, so das arme Waisenkind Margaret in der Erzählung „Torwärters Margaret" (in: Unser Mamsellchen, 1912), doch geschieht die Überwindung der Armut nicht etwa durch eigene Aktivität oder durch eine Änderung der herrschenden Verhältnisse, sondern lediglich durch Mitleid und Großmut reicher Bürger und Adliger, die damit die tugendhafte, sich in ihr Schicksal gottergeben schickende Haltung von Unterschichtsangehörigen belohnen. Die Devise, sei nur gottesfürchtig und brav, dann wird Gott schon alles zum Besten wenden, zielt auf einen unkritischen Fatalismus hin, der in den lesenden Kindern – die Bücher von K. erschienen in billigen Ausgaben in meist christlich orientierten Verlagen – die Vorstellung von einer gottgewollten und unveränderbaren Gesellschaftsordnung verstärken mußte. Dieser Hang zu fatalistischer Frömmigkeit zeigt sich auch in K.s Neubearbeitung von Campes „Robinson" (1897), aus der alle Dialoge des Originals, alle aufklärerisch-pädagogischen Elemente verschwunden sind und die Robinsons Abenteuer als ein Beispiel des gütigen und durch menschliches Eingreifen nicht zu beeinflussenden Walten Gottes hinstellt. So endet die Bearbeitung mit den Zeilen: „... Sie (Robinson und Freitag) waren geachtet, geliebt und geehrt von ihren Mitbürgern und allen, die sie kennen lernten. Gottes Segen ruhte auf ihrer Tätigkeit; allein wie glücklich sie sich auch fühlten, es gab Stunden genug, wo die Erinnerung an ihr einsames Leben auf ihrer Insel ihre Seele beschäftigte und sie dankbar Gottes wunderbare Führungen überdachten: ‚Der Herr hat alles wohl gemacht; sein heiliger Name sei gepriesen!'". K. war mit Beiträgen in zahlreichen Haus-, Familien-, Jugend- und Kinderzeitschriften der Zeit vertreten.

Werke: Von Feen und Zwergen (1890); Weihnachtsfreuden (1890); Goldenes Märchenbuch (1890); Neues aus der Märchenwelt (1890); Märchenstrauß für die Kinderstube (1892); Im Zauberlande (1892); Goldene Märchenpracht (1892); Guck in die Welt (1892); Der gestiefelte Kater (1893); Im Grünen (1893); Kleine Japanesen (1893); Singvögelchen (1893); Zapfen-Heini (1894); Aus goldener Jugendzeit (1894); Im Rosenhag (1894); Cirkusstreiche (1895); Ernst und Scherz fürs Kinderherz (1895); Großmama erzähle! (1895); Kinderleben, Kinderlust, heiterer Sinn und frohe Brust (1895); Kunterbunt (1895); In Haus und Hof (1896); Weihnachtsbilderbuch (1896); Des Jahres Freuden (1897); Die beiden Trotzigen (1897); Ein Blütenstrauß aus dem Märchengarten (1897); Lenchens Weihnachtsabend (1897); Peabodys Erlebnisse (1897); Prinzeßchen Siddi (1897); Tausendschön (1897); Zum alten Klang – neuer Sang (1897); Prosit Neujahr! Märchenspiel (1898); Genia. Oder durch Kampf zum Sieg. Eine Erzählung für die Mädchenwelt (1900); Onkel Rainers erste Reise (1905); Christrosen. Ein Weihnachtsblütenkranz (1906); Unser Mamsellchen (1912); Großmutters Juwelen (1916).

Bearb.: Robinson. Nach Joachim Heinrich Campe für die Jugend frei bearbeitet (1897).

Gustav Sichelschmidt

Kropatsch, Otwald

*Literaturpädagoge, Direktor des musisch-pädagogischen Realgymnasiums Radkersburg/Österreich; * 15. 7. 1924 Graz/Steiermark.*

Nach dem Studium von Germanistik und Geschichte (Promotion 1950) an der Universität Graz, war K. ab 1948 als Lehrer an höheren Schulen in Graz tätig; im Jahre 1949 übernahm er zudem das Amt des Landesreferenten des Österreichischen Buchklubs der Jugend. 1972 wurde er Direktor des o. e. Gymnasiums. K. hielt zu verschiedenen Fragen der Kinder- und Jugendliteratur sowie der Leseerziehung Vorträge im In- und Ausland und gibt seit 1968 das Lesebuchwerk „Begegnungen" heraus. Er hat die achtzehn bislang erschienenen Jahrbücher des Österreichischen Buchklubs der Jugend (Sitz in Wien) als Herausgeber betreut.

Unter den Medien spricht K. dem Buch eine überragende Bedeutung zu. Im Jahre 1962 veröffentlichte er die Ergebnisse eines steirischen Schulversuchs zur Lektüre, den Leseinteressen und -gewohnheiten von Schülern unter dem Titel „Leseerziehung der Zehn- bis Vierzehnjährigen". K. tritt in dieser Untersuchung für eine starke Führung der Kinder durch den Literaturpädagogen im Hinblick auf die Auswahl ihrer Lektüre ein; unverkennbar ist die Forderung, Bücher für Kinder und Jugendliche hätten vor allem ästhetischen Ansprüchen zu genügen. K. konnte für die Versuchsregion nachweisen, daß es eine signifikante Differenz im Leseverhalten von Kindern aus verschiedenen sozialen Schichten nicht gibt; lediglich beim Buchbesitz schnitten bäuerliche Bevölkerungsteile etwas schlechter ab. Daß gute Schulleistungen, vor allem in Deutsch, grundsätzlich einer hohen Quantität an konsumierter Literatur entsprächen, verneinte K.; ebenso die Auffassung, daß schulische Leistungsschwäche mit großer Leseunlust Hand in Hand gehe. Zur Überwindung der Kluft zwischen Schul- und Freizeitlektüre hält K. leistungsfähige Klassen- bzw. Schulbüchereien für unabdingbar. In dem Aufsatz „Wegweisende Abenteuerbücher" geht er alten und neuen Repräsentanten dieser Gattung nach, zeigt die Entwicklung einiger Klischees auf und beklagt die Unsicherheit der Kritiker, die oft unzulängliche Rezensionen von Abenteuerbüchern schreiben. Die äußere Spannung hält K. für unumgänglich, schließt sich aber der Meinung St. Exupérys an, daß nicht das Abenteuer um seiner selbst willen Objekt der Darstellung sein sollte, sondern vielmehr das Verhalten des in eine abenteuerliche Situation geratenen Menschen. In seinen Ausführungen „Das Kunstmärchen und die märchenhafte Erzählung" rät K. zur Skepsis den sogenannten Lesealtern gegenüber und weist auf die Schwierigkeiten hin, junge Leser für das Kunstmärchen zu interessieren. Das Kind sei zwar für Humor aufgeschlossen, nicht aber für Ironie, die ein konstituierendes Element des Kunstmärchens ausmache. K. fordert zeitgemäße Märchenbearbeitungen.

Werke: Leseerziehung der Zehn- bis Vierzehnjährigen (1962); Unsere Hauptschüler als Leser (1963).

Beiträge: Das Kunstmärchen und die märchenhafte Erzählung (in: R. Bamberger (Hrsg.): Das Irrationale im Jugendbuch. 1969. 27–31); Wegweisende Abenteuerbücher (in: R. Bamberger (Hrsg.): Trends in der modernen Jugenliteratur. 1969. 109–123); Die Wirkung der Lektüre und ihre Voraussetzung (in: G. Pott (Hrsg.): Voraussetzungen und Grundlagen der Buchwirkung. 1971. 1–13); Leseerziehung in der höheren Schule und in der Hauptschule (in: L. Binder (Hrsg.): Leseerziehung und Jugendliteratur. 1973. 91–101).

Rudolf Raab

Krüger, Anna

*Literaturpädagogin, Jugendbuchtheoretikerin, Professorin für Didaktik der deutschen Sprache und Literatur; *31.5.1904 Vandsberg/Westpreußen.*

Nach Studium und Erstem Staatsexamen für das Lehramt an Volksschulen war K. von 1925 bis 1928 als Hauslehrerin tätig. Ab 1928 bis 1934 studierte K. an der Universität Berlin Anglistik, Germanistik und Geschichte. Im Jahre 1934 schloß sie das Studium mit der Promotion ab. Von 1935 bis 1939 war K. als Mitarbeiterin der Akademie der Wissenschaften an der Fortsetzung des Grimmschen Wörterbuchs beteiligt. Im Jahre 1939 trat sie in den Schuldienst ein. Nach 1941 als Dozentin an verschiedenen Lehrerbildungsanstalten tätig, kam sie 1946 an das Pädagogische Institut Weilburg/Lahn, wo sie 1955 zum Professor ernannt wurde. K. wurde im Jahre 1969 emeritiert.

Im Vordergrund der Bemühungen K.s stehen die Erarbeitung von Beurteilungskriterien für Kinder- und Jugendbücher und die Auseinandersetzung mit Fragen der Lesebereitschaft und des Textverständnisses bei jungen Lesern. Darüber hinaus gehört K. zu den ersten Jugendbuchtheoretikern, die auf die Eigenart der phantastischen Kinderbücher hingewiesen, sie analysiert und vom Märchen abgegrenzt haben.

K. vertritt in ihren Beiträgen die Auffassung, daß nur das differenziert gestaltete Kinder- und Jugendbuch sowohl in der Freizeit als auch in der Schule Aufmerksamkeit verdiene. Allerdings stoße die Beurteilung der Lektüre durch den Jugendlichen auf die Schwierigkeit, daß er erst in der Pubertät allmählich zu einem bewußten ästhetischen Urteil finden könne. Welche Gestaltungsmerkmale den literaturästhetischen Anspruch eines „guten" Kinder- und Jugendbuchs begründen, hat K. mehrfach ausgeführt, so u.a. in den Beiträgen „Die Gestalt des künstlerisch durchgeformten Jugendbuchs" (1959), „Bausteine des Erzählens" (1967) und im Abschnitt C des ersten Kapitels der Publikation „Kinder- und Jugendbücher als Klassenlektüre" ([3]1973). K. vergleicht den kindlichen Leser mit dem nicht reflektierenden und meint, beide würden vom Stoff gepackt. Daher ergebe sich beim Kind und teilweise auch beim jugendlichen Leser eine Vorliebe „für das ereignisreiche, aufregende Buch, das eine häufig auf- und absteigende Spannungskurve besitzt". Als Spannung bezeichnet K. dabei das „Erwartungsgefühl" des Lesers, „wenn der Buchheld in eine offene Situation gerät, die gebieterisch eine Lösung verlangt". Für sehr bedeutsam hält K. die Methode, mit deren Hilfe ein Schriftsteller die „offene Situation" herbeiführt. K. erläutert deshalb ihre Kriterien an mehreren ihrer Meinung nach positiv zu bewertenden Beispielen, darunter u.a. K. Helds (1897–1959) „Die Rote Zora und ihre Bande" (1941). Für weitere wesentliche Qualitätsmerkmale eines Textes hält K. die Beziehung zwischen Einzelteilen der Erzählung und ihrer Sinnmitte, ein Begriff, der mitunter zur „offenen Situation" synonym gebraucht wird, sowie einen klaren, durchsichtigen Aufbau. Als Kennzeichen unvollkommen gestalteter Kinder- und Jugendbücher führt K. das Unterbrechen oder Zerhacken von Handlung und Spannung an, weil zu viel ins Werk gepackt und zu oft neu angesetzt werde.

Von den didaktischen Artikeln verdienen die beiden „Didaktische Kriterien zur Auswahl der literarischen Lesestoffe für die Vorschulerziehung" (1972) und „Zur

Sprache des Bilderbuchs" (1974) Erwähnung. In ihnen plädiert K. für eine starke Begrenzung der Quantität von Bilderbüchern in Kindergärten und Vorschulgruppen und für eine thematische Auswahl, die besonders die Umwelt der Kinder berücksichtigt. Vor allem warnt K. vor zu hohen, d.h. nicht der Lesereife der Kinder entsprechenden Ansprüchen und kritisiert die sozialpädagogischen Ausbildungsstätten, die ihren Studenten nur ein unzureichendes Wissen über das Sprachverständnis und den Sprachgebrauch der Kinder im Alter von 3 bis 6 Jahren vermittelt. Unverständlich bleibt in beiden Beiträgen die Überbetonung des soziologisch begründeten Modells der schichtenspezifischen Sprachbarrieren, das K. im ersten Beitrag zunächst kritisch einordnet, dann aber zur dominanten Richtschnur ihrer Ausführungen macht.

Zwei Beiträge K.s befassen sich ausschließlich mit der Gattung der phantastischen Geschichten, bei denen K. zwischen drei Gruppen unterscheidet: a) phantastische Geschichten als Spiegelbild des kindlichen Seelenlebens, z.B. A. LINDGRENS „Pippi-Langstrumpf-Bände"; b) phantastische Abenteuer mit Tieren als Helfer, z.B. S. LAGERLÖFS „Nils Holgerssons wunderbare Reise"; c) phantastische Erlebnismöglichkeiten durch die Setzung einer neuen Umwelt mit anderen Lebensbedingungen, z.B. R. ZIMNIKS „Der Kran" (1956). In A. LINDGRENS Figuren Karlsson aus „Lillebror und Karlsson vom Dach" (dt. Ausgabe 1956) und „Pippi Langstrumpf" sieht K. Sinnbilder kindlichen Empfindens und Denkens. K. hebt ferner die Freude der Kinder an dem humoristisch wirkenden Sprachunsinn, an der Übertreibung, an Nonsense-Elementen und am Motiv der verkehrten Welt hervor. Im Gegensatz zu K. hält G. KLINGBERG die beiden zuletzt genannten Phänomene nicht für Bestandteile der phantastischen Erzählung. Der Unterschied zwischen ihr und dem Märchen hat K. in ihrem Beitrag „Wunschträume der Kinder als Motive phantastischer Geschichten" herausgearbeitet. Danach spielt die Handlung des Märchens auf einer Ebene; ihre Charakterisierung erfolgt durch das magische Denken. Alle Gestalten können an Wundern teilhaben. Diese prägen weitgehend das Geschehen, die Erzählform und den Stil des Märchens. Nicht so die phantastische Geschichte. Ihre Handlung ist in zwei Ebenen angesiedelt: der Realität und in einem durch ein märchenhaftes Ereignis verwandelten Weltausschnitt, was im Gegensatz zum Märchen auch den Buchhelden in Erstaunen versetzt. Dies ergibt u.a. für den Schriftsteller reizvolle Möglichkeiten, die Kontraste, die zwischen beiden Ebenen entstehen können, geschickt für komische Wirkungen auszunutzen. Den antithetischen Strukturen mit humorvoller Wirkung literarisch bedeutender Romane aus der Erwachsenenlektüre war K. schon 1952 in ihrer Untersuchung „Der humoristische Roman mit gegensätzlich verschränkter Bauform" nachgegangen.

In die Diskussion um den Deutschen Jugendbuchpreis griff K. mit dem Artikel „Antilaudatien? Literaturkritische Analysen der mit Preisen ausgezeichneten Bilder- und Kinderbücher" ein. Neben einer Reihe positiv beurteilter, preisgekrönter Werke verwirft der Artikel vor allem zwei: 1. R. JONSSONS „Wickie" wegen der dümmlich schematischen Handlung, einer gedankenlos groben Typisierung der Figuren und einer schludrigen Sprache; 2. M. BOLLIGERS „David" wegen der dem Alten Testament gegenüber verzeichnenden Tendenz der Person Davids, die aus einer theozentrischen eine anthropozentrische Darstellung gemacht habe, ferner wegen der Sentimentalisierung des Stoffes und der manirierten Ausdrucksweise. K. stellt die Forderung nach kurzen Sätzen in der Kinderliteratur auf, mahnt aber gleichzeitig, daß dies nicht durch eine Reduktion der Erwachsenensprache in eine zurechtgemachte Kleinkindersprache erreicht werden könne. Inwieweit K.s grundsätzliche Forderung nach kurzen Sätzen eine nicht mehr aufrecht zu erhaltende Forderung darstellt, bleibt abzuwarten.

Zur Neugestaltung des Literaturunterrichts trug K. mit ihrem neunbändigen Lesewerk „Texte für den Deutschunterricht, Geschichten für das 2. bis 10. Schuljahr" (1965–1967) bei, in dem sie den herkömmlichen Stil des Schullesebuches durchbrach. Vor allem in den Bändchen für die ersten Schuljahre finden sich an Stelle der üblichen „Lesestücke" Auszüge aus bekannten Kinderbüchern. Der Reihe „Texte für den Deutschunterricht" ist ein sechsbändiges Kommentarwerk (1969–1975) beigegeben.

K. ist Mitherausgeberin der Reihe „Internationale Untersuchungen zur Kinder- und Jugendliteratur" (1969ff.).

Werke: Stilgeschichtliche Untersuchungen zu Ottokars Österreichischer Reimchronik (1938); Das Buch – Gefährte Eurer Kinder (1952); Der humoristische Roman mit gegensätzlich verschränkter Bauform (1952); Sprache und Darstellungsform der Kinder (1954); Kinder- und Jugendbücher als Klassenlektüre (1963, [3]1973); Kinder- und Jugendlektüre. Eine Bestandsaufnahme (1976).

Hrsg.: Internationale Untersuchungen zur Kinder- und Jugendliteratur (Bd. 1–8. 1969–1974, zusammen mit Th. Brüggemann u. H. A. Halbey).

Beiträge: Die Verwendung des Jugendbuchs im Unterricht (in: Wirkendes Wort. 2. 1955. 110–115); Das gute Mädchenbuch (in: DU. 4. 1957. 92–113); Die Gestalt des künstlerisch durchgeformten Jugendbuchs (in: Jugendliteratur. 11. 1959. 487–497); Die Kindheit im Jugendbuch. Erich Kästner und Bertil Malmberg (in: Jugendliteratur. 3. 1959. 105–111); Das fantastische Buch (in: Jugendliteratur. 8. 1960. 343–363); Wunschträume der Kinder als Motive phantastischer Geschichten (in: P. J. Schindler (Hrsg.): Gebt uns Bücher – Gebt uns Flügel. Bd. 3. 1965. 47–56); Bausteine des Erzählens (in: Zeitschrift für Jugendliteratur. 4. 1967. 194–212); Antilaudatien? Literaturkritische Analysen der mit Preisen ausgezeichneten Bilder- und Kinderbücher (in: Zeitschrift für Jugendliteratur. 1. Beiheft: Deutscher Jugendbuchpreis. 1968. 37–54); Didaktische Kriterien zur Auswahl der literarischen Lesestoffe für die Vorschulerziehung (in: Arbeitskreis für Jugendliteratur (Hrsg.): Jugendliteratur in einer veränderten Welt. 1. Jahrbuch des Arbeitskreises für Jugendliteratur. 1972. 85–104); Zur Sprache des Bilderbuchs (in: Arbeitskreis für Jugendliteratur (Hrsg.): Jugendliteratur und gesellschaftliche Wirklichkeit. 2. Jahrbuch des Arbeitskreises für Jugendliteratur. 1974. 98–115).

Rudolf Raab

Krüss, James

*(Ps.e: Markus Polder, Felix Ritter). Kinder- und Jugendbuchautor; *31.5.1926 auf Helgoland.*

K. verbrachte die Kinderjahre auf Helgoland, war dann von seinem 16. bis 18. Lebensjahr in Ratzeburg und Braunschweig auf nationalsozialistischen Lehrerbildungsanstalten und kurz vor Ende des Zweiten Weltkrieges noch Soldat. Obwohl er nach dem Krieg in Lüneburg das Lehrerstudium erfolgreich abschloß, trat er nicht in den Beruf ein. Seine literarischen Versuche – schon 1946 erschien ein Bändchen „unfrommer Legenden" unter dem Titel „Der goldene Faden" – und sein vielseitiges Talent, für Medien (Presse, Rundfunk, später Fernsehen, Schallplattenfirmen) zu arbeiten, brachten ihn von Hamburg 1949 nach München. K. verdankt E. Kästner Anregungen zur Jugendschriftstellerei. 1956 erschien sein erstes größeres Kinderbuch („Der Leuchtturm auf den Hummerklippen"). K. wurde mehrfach mit Literaturpreisen ausgezeichnet: 1960 mit dem Deutschen Jugendbuchpreis für das beste Kinderbuch für „Mein Urgroßvater und ich" (1959) und 1964 für das beste Bilderbuch für „3 × 3 an einem Tag" (1963), 1968 mit dem Internationalen Jugendbuchpreis (Hans Christian Andersen-Medaille) für das Gesamtwerk. Seit einem Jahrzehnt lebt K. auf Gran Canaria.

Werk, Tendenzen, Wirkung. Das literarische Werk von K. ist äußerst umfangreich und vielseitig. Von 1956 bis 1976 sind von ihm über zwanzig Kinder- und Jugendromane und Erzählungen und zahlreiche Bilderbuchgeschichten erschienen. Hinzu kommen seine unzähligen Reime, Gedichte, Schlagertexte, Hörspiele für Kinder, Übersetzungen von Poesie und Prosa für Kinder aus verschiedenen Sprachen (z.B. J. Tuwim: „Lokomotive", 1958; R. L. Stevenson: „Im Versgarten", 1960; L. Lionni: „Swimmy", 1964 u.v.a.), Bühnenbearbeitungen (z.B. 1961 von E. Kästners „Emil und die drei Zwillinge"). K. hat Kindergedichte aus Vergangenheit und Gegenwart gesammelt („So viele Tage, wie das Jahr hat", 1959) und europäische Volkslieder („Die Hirtenflöte", 1965) herausgegeben. Erwähnt werden müssen weiterhin seine Essays zu Theorie und Kritik der Kinderliteratur („Naivität und Kunstverstand", 1969 und a.a.O.) sowie auch seine Werke für Erwachsene, wie die Idylle „Heimkehr aus dem Krieg" (1965) und – charakteristisch für sein waches Interesse an den sprachlichen Eigentümlichkeiten – seine kritischen Beiträge zur Linguistik („Über ‚ja' und ‚nicht' als kommunikative Zusatzhilfe außersprachlichen Charakters in geschriebenen Texten" in: Linguistische Berichte 26. 1973. S. 67–69; „Canarian Common names of wild plants and their meaning in botany and linguistics" in: Monographiae Biologicae Canariensis Nr. 4, September 1973, Las Palmas). K. hat nicht nur in Funk und Fernsehen Dramatisierungen seiner und fremder Werke produziert, er ist auch – in Anlehnung an die Tradition des literarischen Kabaretts – vielfach als Unterhalter aufgetreten und hat seine Zuhörer bzw. Zuschauer zu Sprachspielereien angeregt (z.B. in der Fernsehserie „ABC und Phantasie", 1963–1964). Auch ein Buch mit Anweisungen zum Schlagerdichten hat K. verfaßt (Das deutsche Lied in Modellen, 1975).

K. hat am Anfang seiner Laufbahn als Kinderschriftsteller die Protektion E. Kästners gehabt, der ihm Talent, Glück und Fleiß bescheinigte (Nachwort zu K.' „Der wohltemperierte Leierkasten", 1961). In den fünfziger und sechziger Jahren ließen die locker vorgetragenen, jedoch stark rhythmisierten, humorvollen Gedichte mit oftmals phantastischem Inhalt, genau wie die Kinderromane – z.B. „Die glücklichen Inseln hinter dem Wind" (1958) oder „Mein Urgroßvater und ich" (1959) – wegen ihres neuen und freien, mit der Lust am Skurrilen und Phantastischen ausgestatteten Tones aufhorchen.

Das Erfinden solcher utopischer Welten wie die der glücklichen Inseln und solcher surrealer Vorgänge wie der Verlust des Lachens bei einem Jungen (in: „Timm Thaler oder das verkaufte Lachen", 1962) bedeutete in der Geschichte der deutschen Kinderliteratur nach dem Zweiten Weltkrieg etwas Außergewöhnliches. K. ließ auch erkennen, daß er – wie E. Kästner – sozialkritische Aussagen und Stellungnahmen vorzunehmen in der Lage ist, z.B. wenn er den zersetzenden Einfluß von Geld und Macht gegenüber humaner Verhaltensweise im „Timm Thaler" zum Thema erhebt (Timm verliert sein Lachen – Symptom der Menschlichkeit – an den Teufel) oder wenn er in seinem Fabelbuch „Adler und Taube" (1963) in der Erzählung „Die rebellischen Esel" die Notwendigkeit solidarischen Verhaltens gegenüber den Ausbeutern schildert. Die in der Realität gesellschaftlich-politischen Lebens verankerte oder auf sie projezierbare Thematik wird jedoch bei K. weithin überspielt durch Elemente formaler Phantasie bzw. des Nonsense, so daß die ästhetische Fiktion, ja auch die Unsinnspoesie, für K. ihre eigene Wahrheit besitzt, zum Teil für ihn zur Gegenwelt zur Realität geworden ist. „Wenn eine Geschichte einen Sinn hat, dann ist sie wahr, selbst wenn sie nicht passiert ist" sagt der Urgroßvater zu dem Jungen, dem er in dem Buch „Mein Urgroßvater und ich" eine Woche lang nur phantastische Geschichten erzählt. Befragt nach seiner Stellung zum „heißgeliebten schönen Unsinn, dem Nonsense", antwortet er: „Der Reiz der auf den Kopf gestellten Welt liegt in der beruhigenden Gewißheit, daß die Welt de facto eben nicht auf dem Kopf steht". K. ist ein verspielter Reimeschmied und Fabulist. Für ihn ist Kriterium eines Kinderschriftstellers, „daß er jene ‚höhere Kindlichkeit' besitzt, die man Naivität nennt". Er sieht sich selbst auch in der Rolle des „Clowns", der mit allen heiteren Dingen der Kinderwelt seinen Spaß treiben kann.

K. ist einer der beliebtesten Texter von Bilderbüchern im deutschsprachigen Raum seit Mitte der fünfziger Jahre. Vor allem seine Kinderbücher mit Erzählungen wurden in Ost und West, insgesamt in dreißig Sprachen, übersetzt. Unter anderem erschien in Japan eine fünfbändige Ausgabe seiner Werke.

Werke: Hanselmann reist um die Welt (1953); Hanselmann hat große Pläne (1954); Die Hundefarm von Pudelslust (1954); Christoffel und sein Schimmelchen (1956); Der Leuchtturm auf den Hummerklippen (1956); Ladislaus und Annabella (1957); Kinder, heut ist Wochenmarkt (1957); Susebilles große Reise (1957); Henriette Bimmelbahn (1957); Schimmel angespannt – fahren wir aufs Land! (1957); Das verzauberte Dorf (1958); Zirkuszelt – Wunderwelt (1958); Der Leierkasten-Jan aus Amsterdam (1958); Spatzenlügen (1958); Die glücklichen Inseln hinter dem Winde (1958); Der blaue Autobus (1958); Der kleine Doppeldecker (1959); Die kleine gelbe Straßenbahn (1959); Abc, Abc, Arche Noah sticht in See (1959); Der Wunderteppich (1959); Es war einmal ein Mann (1959); Mein Urgroßvater und ich (1959); Frosch und Vogel, Huhn und Hahn (1960); Eine lustige Froschreise (1960); Der Reisepudel Archibald (1960); Tetjus Timm (1961); Michele Guck-Dich-Um (1961); Fridolin Maus (1961); Der wohltemperierte Leierkasten. 12 × 12 Gedichte für Kinder (1961); Florentine und die Tauben (1961); Ich möchte einmal König sein (1961); Dschemal der Schornsteindieb (1962); Abdullah und die Datteldiebe (1962); Die kleinen Pferde heißen Fohlen (1962); Florentine und die Kramerin (1962); Timm Thaler oder Das verkaufte Lachen (1962); Die Sprechmaschine (1962); Was ist ein gutes Kindergedicht? (in: Jugendliteratur 1. 1962. 14–18); Die Seefahrt nach Rio (1963); Zehn kleine Negerlein (1963); 3 × 3 an einem Tag (1963); Die Kinderuhr (1963); Karlemann und Karoline (1963); Adler und Taube (1963); Hendrikje mit den Schärpen (1964); ABC und Phantasie (1964); Annette mit und ohne Mast (1964); Pauline und der Prinz im Wind (1964); Kinderbuchautoren, scheinbar naive Utopisten (in: Bücherei und Bildung. 16. 1964. 258–260); Warum schreibt man Kinderbücher? (in: Jugendschriften-Warte. 10. 1964. 34–35); Die ganz besonders nette Straßenbahn (1965); Fahre mit durchs ABC (1965); Der kleine Leierkasten (1965); James Tierleben (1965); Auf sieben geschliffenen Kieseln (1965); Sängerkrieg der Heidehasen (1965); Das Recht auf Phantasie (in: Oetinger Almanach. Gebt uns Bücher, gebt uns Flügel. 1965. 88–93); Du hast die ganze Welt zu Haus (1966); Was sagte die Glucke zu den Küken? (1966); Das rote Auto und der Peter (1966); Der Trommler und die Puppe oder wozu ein Trommler nütze ist (1966); Was kocht die Maus in ihrem Haus? Verse nach slowakischen Kinderreimen (1966); Lirum, Larum, Leierkasten (1966); Der Dreckspatz und das Plappergänschen (1967); Welches Tier hat sieben Meter Halsweh? (1967); Mein liebstes Geschichtenbuch (1967); Mein Urgroßvater, die Helden und ich (1967); Ein Eich- und Mondhorn (1968); Grüß Gott, ich bin der Hansel (1968); Hoppla und Hü (1968); Der verwirrte Großpapa (1968); Was kleine Kinder gern mögen (1968); Bienchen, Trinchen, Karolinchen (1968); Briefe an Pauline (1968); Rede anläßlich der Verleihung des Hans Christian Andersen-Preises (in: Jugend und Buch. 4. 1968. 11–12); Naivität und Kunstverstand. Gedanken zur Kinderliteratur (1969); Ich wär' so gerne Zoodirektor (1969); Das Puppenfest (1969); Zirkus auf dem Fußballplatz und andere Abenteuer von Hoppla und Hü (1969); Gongo und seine Freunde (1969); In Tante Julies Haus (1969); Anton und der Wal (1970); Der Schneider und der Riese (1970); Pan Tau und die Kinder im Schnee (1970); Pan Tau und eine schöne Bescherung (1970); Pan Tau, ein Junge und ein großer Dampfer (1970); Vorläufige Lebensgeschichte eines Geschichtenerzählers (in: Das gute Jugendbuch. 3. 1970. 37–39); Der musikalische Drache (1971); Wer rief denn bloß die Feuerwehr? (1971); 1 × 1 = 1 der Kasper fährt nach Mainz (1971); Die Abenteuer der Berta Besenbinder (1972); Die Geschichte vom großen A (1972); Sandmännchen und die Tiere (1972); Seht her, ich bin der Hansel (1972); Seifenblasen zu verkaufen (1972); Das gereimte Jahr (1973); Friesische Gedichte (1973); Das Buch der sieben Sachen zum Staunen und zum Lachen (1973); Geschichten aus allen Winden oder Sturm um Tante Julies Haus (1973); Die Bremer Stadtmusikanten (1974); Der kleine schwarze Weißfellkater (1974); Die Geschichte vom Birnbaum (1974); Tantchen (1974); Aufruhr in Manneken-Pannecken-Berg (1974, zus. mit A. Lindgren); Flora biegt Balken (1974); Mein Teddybär und ich (1975); Das deutsche Lied in Modellen (1975); The names of the Canary Islands and their verification (in: G. Kunkel (Hrsg.): Biogeography and Ecology in the Canary Islands. 1976. 37–65).

Hrsg.: Helgoland. Nr. 1–100 (1948–1960); Mark Twain: Die Eine-Million-Pfund-Note (1959); So viele Tage wie das Jahr hat. 365 Gedichte für Kinder und Kenner (1959); Die Hirtenflöte. Europäische Volkslieder (1965).

Sekundärliteratur: G. Brix: Der Kinderbuchautor James Krüss als ästhetischer Erzieher (in: Das gute Jugendbuch. 3. 1970. 1–35). – B. H. Bull: Bio- und Bibliographisches von und über James Krüss (1966). – E. Kästner: Nachwort eines älteren Kollegen (in: J. Krüss: Der wohltemperierte Leierkasten. 1961). – E. Müller: James Krüss (in: Pädagogische Welt. 7. 1965. 382–386). – Oetinger Almanach: Gebt uns Bücher, gebt uns Flügel (14. 1976. 8–164). – F. Rodrian: Timm Thaler und Schwierigkeiten (in: Beiträge zur Kinder- und Jugendliteratur. 7. 1964. 71–83). – R. Seelinger: Warum schreibt man Kinderbücher? Ein Gespräch mit dem Autor (in: Oetinger Almanach. Gebt uns Bücher, gebt uns Flügel. 1965. 27–29).

Klaus Doderer

Krumbach, Walter

*Verfasser von Bilderbuchversen, Kinderliedern und Puppenspielen, Lehrer; *1.4.1917 Alt-Grimnitz.*

Nach einer vierjährigen Ausbildung arbeitete K. als Verwaltungsangestellter; im Zweiten Weltkrieg war er

Soldat, dann bis 1947 in Kriegsgefangenschaft; 1947 machte er eine pädagogische Kurzausbildung mit und unterrichtete dann von 1948 bis 1955 an Mecklenburgischen Grundschulen. Seit dieser Zeit ist er als freier Schriftsteller tätig. Bereits 1956 erhielt er die Ehrenurkunde und Medaille für Verdienste um die Kinderliteratur der DDR. 1964 und 1967 wurde er mit dem Silbernen Lorbeer des Fernsehfunks ausgezeichnet.

Werk, Tendenzen, Wirkung. K. ist einer der produktivsten zeitgenössischen Autoren der DDR; er hat seit 1952 über hundert kürzere und längere Texte für Kinder im Vorschul- und ersten Lesealter verfaßt und mehrere hundert Puppenspiele für das Kinderfernsehen geschrieben. Er ist Autor des Kinderabendgrußes „Sandmann, lieber Sandmann“ sowie des Pioniermarsches „Wir tragen die blaue Fahne“. Seine konventionellen, mehr oder weniger kunstvollen Bilderbuchgeschichten in Versform wurden von bekannten Künstlern (I. FRIEBEL *1925; E. GÜRTZIG *1912; I. MEYER-REY *1920; E. J. RUBIN *1925 u. a.) illustriert und auch teilweise von verschiedenen Komponisten für die Kinderfunksendereihen „Meister Nadelöhr“, „Zu Besuch im Märchenland“ u.a. sowie für Schallplatten vertont. Vieles erschien gleichzeitig in Sammelbänden und Zeitschriften („ABC-Zeitung“). Inhaltlich bieten K.s Texte meist Themen aus Kinderalltag, Jahreszeiten und Tierwelt. Seine Werke erreichten bereits eine Gesamtauflage von über 10 Millionen; sie wurden ins Bulgarische, Englische, Polnische, Tschechische und Ungarische übersetzt. Lizenzen gingen in die BRD und nach Österreich.

Werke: Vogelbilderbuch (1952); Tierfreunde (1953, ^{10}1961); Unsere Hoftiere (1953, ^{2}1954); Auf dem Zaune kräht der Hahn (1954); In unserem schönen Garten (1954); Beim Puppendoktor (1955, ^{11}1967); Die lustige Geschichte von Schnatterine und Gakeline (1955, ^{3}1958); Der alte Wang (1956); Der kleine Kapitän (1957, ^{3}1960); Kommt alle mit zum Kinderfest! (1957); Die freche Elster (1958); Jakl auf der Wanderschaft (1958); Im Stroh auf der Tenne (1959, ^{2}1960); Meine Puppenkinder (1959, ^{2}1962); Unser Planschbecken (1959); Der betrogene Fuchs (1960, ^{8}1968); Der erste Mai (1960); Klaus und Heiner (1960, ^{4}1963); Der vergessene Teddybär (1960, ^{5}1968); Gackern und Schnattern (1961, ^{5}1964); Helga an der See (1961, ^{3}1965); Helmut und ein schwarzes Schaf (1961); Timpe (1961, ^{2}1962); Aufs Land, aufs Land! (1962); Der frohe Kindertag (1962, ^{4}1965); Kikeriki wacht auf! (1962, ^{10}1974); Bunte Blätter (1963, ^{6}1972); Unser Kullerball (1963, ^{7}1974); Das freche Böcklein (1964, ^{3}1974); Teddys toller Tag (1964); Zu Besuch bei Meister Nadelöhr (1964, ^{2}1965); Rolle, rolle ratteratt (1965); Teddy Klaus (1965, ^{7}1973); Brummel der Seefahrer (1966, ^{3}1968); Kinderfest mit Meister Nadelöhr (1966); Rotpelzchen (1966, ^{5}1971); Teddy im Zirkus (1966); Frühling, Sommer, Herbst und Winter (1967); Fuchs und Elster (1967, ^{5}1971); Füchslein, Reh und Haselmaus (1967, ^{7}1973); Tiere im Zoo (1967, ^{7}1974); Die verzauberte Gans (1967, ^{2}1969); Wie Maunz und Hoppel Freunde wurden (1967, ^{6}1972); Brummel findet einen Freund (1968, ^{3}1972); Igelin und Borstel (1968, ^{2}1969); Katze, Hund und Kälbchen (1968, ^{6}1973); Peters Abenteuer (1968); Brummel in der Hafenstadt (1969); Märchen im Lied (1970); Spätzlein Tschilp (1970, ^{4}1973); Watschelbein und Schnatterich (1970, ^{4}1974); Igel itzo (1971, ^{4}1974); Tatü-tata! Wer kommt denn da? (1971); Hamster Dickbauch (1972, ^{3}1974); Die Katze jagt im Mondenschein (1972, ^{2}1973); Strupps (1972, ^{2}1973); Guten Tag, Herr Gockelhahn (1973, ^{2}1974); Rehbock Rax (1973, ^{2}1974); Der große Stein (1974); Die lustige Nachtmusik (1974).

Lioba Betten

Krummacher, Friedrich Adolf

*Theologe und Volksschriftsteller; *13.7.1767 Tecklenburg/Westfalen, †4.4.1845 Bremen.*

Als Sohn eines Tecklenburger Hoffiskals, Justizkommissärs und Bürgermeisters besuchte K. die Lateinschule seiner Vaterstadt. Ab 1786 studierte K. zuerst in Lingen, dann in Halle Theologie. Nach Abschluß des Studiums (1789) wurde K. für drei Jahre Konrektor am Gymnasium in Hamm, der damaligen Hauptstadt der Grafschaft Mark. Um heiraten zu können, übernahm K. 1793 das Rektorat der gelehrten Stadtschule zu Moers. Eine Anzahl der von auswärts kommenden Schüler wohnten als Pensionäre im Hause K.s. 1800 wurde K. als Professor der Theologie und der Beredsamkeit nach Duisburg berufen, wo er die theologische Doktorwürde erhielt. Infolge der napoleonischen Gewaltherrschaft, die sich auf die kleine Universität Duisburg (mit nur 12 Professoren) lähmend auswirkte, tauschte K. 1807 seine Professur gegen eine Landpredigerstelle zu Kettwig. K. erhielt 1812 die Berufung als Generalsuperintendent, Konsistorialrat und Oberprediger nach Anhalt-Bernburg. Zwölf Jahre später gab K. seine für die kleine Landeskirche bedeutsame Tätigkeit auf und ging als Prediger an die Ansgarikirche nach Bremen. Hier war er bis 1843 vor allem auch als Jugendlehrer und Seelsorger tätig. Nachdem er sein 50jähriges Amtsjubiläum gefeiert hatte, verzichtete er auf weitere berufliche Tätigkeit.

Werk, Tendenzen, Wirkung. 1801 trat K., der zahlreiche religiöse Dichtungen und Schriften verfaßte, mit seinem „Hymnus an die Liebe“ hervor, 1805 erschienen die „Parabeln“. Diese, oft herausgegeben und in viele Sprachen übersetzt, haben K.s Namen eine Stelle in der deutschen Literaturgeschichte für lange Zeit gesichert. Die erste und zweite Ausgabe der Parabeln enthielt noch eine Abhandlung über Wesen und Bedeutung der Parabeldichtung, die K. später wegließ. Er erklärte, dem Höchsten und Heiligsten sollten in ihrer Weise auch die Parabeln dienen. „Enthüllen und deuten möchten sie in der Sprache der Natur, die Sprache des Irdischen und Menschlichen, wie es in seiner einfachen Gestalt dem Göttlichen verwandt ist und wie es zu dem Göttlichen erheben soll.“ Obwohl vor allem jungen Lesern durch Erzieher und Lehrer empfohlen, waren die durch Gleichnisse aus verschiedenen Vorstellungsbereichen zur Anschauung des Übersinnlichen zu erheben suchenden Parabeln K.s weniger als Jugendlektüre denn als Vorlesebuch der Familie und als didaktisches Werk gedacht. Im Religionsunterricht, in den geschichtlichen und geographischen Lektionen der Schule ergaben sich aus erzählten oder vorgelesenen Parabeln willkommene Gesprächsstoffe. „Die Kinderwelt. Ein Gedicht in vier Gesängen“ (1806), das Lieblingsbuch der Königin

Luise (1776–1810) erzählt von einer ereignisreichen Fahrt durch die Jahreszeiten mit Spiel und Arbeit der Kinder Emil, Minna, Julchen, Fritz und Eduard drinnen und draußen auf dem Lande. Wo Erklärungen nicht in den Fluß der Jamben paßten, wie etwa im „Prolog und Dedications-Epistel des siebenjährigen Emils an seinen siebzigjährigen Großvater" wurden sie (S. III) durch Fußnoten erläutert: „Der kindliche Sinn des Greises, an den die Epistel gerichtet ist (Herr Commissionsrath und Bürgermeister Möller zu Hamm), seine Liebe zur Pflanzenwelt und sein uneigennütziger Eifer, die Cultur derselben zu befördern und öde Gegenden urbar zu machen, sind seinen näheren Freunden hinlänglich bekannt. In letzter Zeit bemüht er sich vorzüglich, die Cultur des Hopfens in Westphalen zu veredeln und allgemeiner zu machen." K.s poetische Stücke „Die kleine Wohltäterin" und „Inschrift auf ein Kindergrab" fanden Aufnahme in Lesebüchern und K.s Gedicht „Wie ruhest du so stille" hielt sich lange in Liedersammlungen und Anthologien. Der „Bibelkatechismus, das ist kurzer und deutlicher Unterricht von dem Inhalt der heiligen Schrift" (1810, [13]1854), war in „Kürze, Lebendigkeit und Einfalt" ausdrücklich „zum Besten der Jugend" abgefaßt. Das Büchlein sollte der Jugend als Information und als Vorbereitung auf den Religionsunterricht dienen, wobei die „Bibel das Haupt-, Hand-, Haus- und Lesebuch des Christen" sein sollte. Auch das dreibändige „Festbüchlein. Eine Schrift für das Volk" wandte sich als Vorlesebuch für Familie und Erzieher an die Jugend. Geschichtliche Ereignisse, die den Festen zugrundeliegen, wurden in Einfalt erzählt oder auch besungen. Natur und häusliches wie gesellschaftliches Leben traten an den Festtagen „in heiterer und veredelter Gestalt hervor". Und so sollten die entsprechenden ernsten und fröhlichen Erzählungen der drei Bändchen „Der Sonntag" (1810, [5]1828), „Das Christfest" (1813, [4]1846) und „Das Neujahrsfest" (1819, [2]1833) besonders bei der Jugend fromme Empfindungen wecken und beleben. In dem Mahnbuch „Die christliche Volksschule im Bunde mit der Kirche" (1823) erklärte K. (S. 2), wenn es besser werden sollte mit dem Volk, mit der Kirche, mit der Christenheit, so müßte es anders werden mit der Jugend und der Volksschule. „Unsere Schulen sind verweltlicht und werden nur als Anstalt betrachtet, die Jugend zu irdischem Gewinn, Erwerb und Genuß abzurichten." Als Beispiel vorbildlicher Lebensführung und Geisteshaltung bot K. 1833 „Das Leben des heiligen Johannes. Eine Schrift für junge Christen".

Werke: Hymnus an die Liebe (1801); Parabeln (Bd. 1–3. 1805, [8]1850); Die Kinderwelt. Ein Gedicht in vier Gesängen (1806); Gesänge und Lieder aus Krummachers Festbüchlein ein-, zwei-, drei- und vierstimmig mit Clavierbegleitung von J. A. Harder. Ein Beitrag zur Beförderung des einfachen Gesanges in Volks- und Bürgerschulen (1809); Apologen und Paramythien (1810); Bibelkatechismus, das ist kurzer und deutlicher Unterricht von dem Inhalt der heiligen Schrift. Zum Besten der christlichen Jugend verfaßt (1810, [13]1854); Der Sonntag (1810, [5]1828); Das Christfest (1813, [4]1846); Das Neujahrsfest (1819, [2]1833); Das Wörtlein Und. Eine Geburtstagsfeier (1811); Der Eroberer. Eine Verwandlung (1814); Johannes. Biblisches Drama (1815); Leiden, Sterben und Auferstehung unseres Herrn Jesu Christi. 12 Bilder nach H. Goltzius mit Vorrede und Text (1818); Briefwechsel zwischen Asmus und seinem Vetter, bei Gelegenheit des Buches: Wie ward Fritz Stollberg ein Unfreier? (1820); Bilder und Bildchen (1823); Der Katechismus der christlichen Lehre (1823); Die christliche Volksschule im Bunde mit der Kirche (1823); St. Ansgar, die alte und die neue Zeit (1826); Das Täubchen (1828); Der Hauptmann Kornelius. Betrachtungen über das 10. Kapitel der Apostelgeschichte (1829); Die Geschichte des Reiches Gottes nach der heiligen Schrift. Andeutender Text zu von Kügelgen's Bildern (1831–1845); Leben des heiligen Johannes. Eine Schrift für junge Christen (1833); Über die Krankenheilungen Jesu. Aus dem Nachlasse von Fr. A. Krummacher herausgegeben von seinen Söhnen Friedrich Wilhelm und Emil Wilhelm Krummacher (1845); Harfenklänge. 30 religiöse Gedichte (1854).

Sekundärliteratur: M. Krummacher: Unser Großvater der Atti. Ein Lebensbild Fr. A. Krummachers aus seinen Briefen gestaltet (1891, NA. 1926). – A. W. Möller: Fr. A. Krummacher und seine Freunde. Briefe und Lebensnachrichten (Bd. 1–2. 1849).

Hans Eich

Krupskaja, Nadežda Konstantinovna

*Sowjetische Bildungspolitikerin, Kinderbuchtheoretikerin, Lebensgefährtin Lenins; *26.2.1869 Petersburg, †27.2.1939 Moskau.*

Nach ihrer Ausbildung war K. – Tochter eines Richters aus verarmtem Kleinadel – als Lehrerin an Abend- und Sonntagsschulen für Arbeiter tätig. Sie wandte sich schon früh dem Marxismus zu, lernte 1894 ihren späteren Mann Vl. I. Uljanov (Ps. Lenin, 1870–1924) kennen und heiratete ihn 1898, während er wegen der Teilnahme an einem Streik (1896) mehrere Jahre nach Sibirien verbannt war (1897–1900). Von 1900 bis 1917 teilte K. mit Lenin, abgesehen von einer kurzen Unterbrechung, das Leben im Exil in der Schweiz. Im Jahre 1917 gelangte sie mit ihrem Mann nach Rußland und wirkte dort als Organisatorin der Revolution mit. Anfang der dreißiger Jahre geriet K. in Gegensatz zu J. Stalin (1879–1953) und verlor an Einfluß.

Werk, Tendenzen, Wirkung. K. war in wichtigen Positionen der sowjetischen Bildungspolitik tätig, unter anderem seit 1917 im Volkskommissariat für Volksbildung, wo sie 1929 stellvertretende Leiterin wurde. 1927 wurde sie Mitglied des ZK der KPdSU. Sie hatte entscheidenden Einfluß auf die Entwicklung kommunistischer Erziehung in der entstehenden Einheitsarbeitsschule und dem Volksbildungswesen der UdSSR. Schwerpunkte ihrer Publikationen nach 1930 waren vor allem: Frauenbewegung, politische Aufklärung, Pionierbewegung, antireligiöse Erziehung, Analphabetentum, Bibliothekswesen, Didaktik und Methodik der Fächer, Erinnerungen an Lenin.
Zur Kinderliteratur nahm K. wiederholt Stellung. Sie forderte wie M. Gor'kij, A. W. Lunačarskij, A. S. Makarenko und K. Čukovski eine theoretische Beschäftigung mit der Kinderliteratur auf der Grundlage der materialistischen Weltanschauung. Kinderbuch-

autoren sollten in ihr Konzept „den alltäglichen mutigen Kampf gegen jede Art der Ausbeutung, des Aberglaubens, der Unwissenheit und Unfähigkeit" aufnehmen und Bücher schreiben, „die ihrem Geist nach neu sind, die die Kinder lehren sollten, auf neue Weise ans Leben heranzugehen, um es zu verstehen". Sie sollten anschaulich, konkret über Fragen der Gegenwart schreiben, sich eines realistischen Stils bedienen und durch Vielfalt der Themen den unterschiedlichen Leseinteressen der Kinder entgegenkommen. K. unterstrich immer wieder die enge Beziehung von Schule und Literatur. Auf einer Konferenz der Kinderbuchbibliothekare im Jahre 1927 sagte sie: „Man kann sogar von der besten Schule nicht erwarten, daß sie dem Kinde alles geben wird, was es braucht ... Das Kind muß durch das Lesen jenes Wissen auffüllen, das ihm die Schule nicht gibt." Der starke Bezug zum Stil des sozialistischen Realismus drückt sich letztlich auch in ihrer scharfen Kritik an jugendliterarischen Werken über LENIN aus, die ihn als „gutes Großväterchen" darzustellen suchten. K. bemerkt: „Ich muß sagen, daß die Bücher, die beispielsweise über Lenin für Kinder geschrieben werden, in ihrer Mehrzahl besser nicht hätten geschrieben werden sollen." Sie trat für eine Charakterisierung LENINS als großen Revolutionär und Menschen ein.

→ Sozialistischer Realismus

Werke: Moja žizn' (1925; dt. Mein Leben 1925); Über die Kinderbibliotheken und das Kinderbuch (1927; Übersetzungsmanuskript im Zentralinstitut für Bibliothekswesen in Berlin); Pis'ma pioneram (1938); O detskoj literature i detskom čtenii (1954); Sozialistische Pädagogik. Eine Auswahl aus Schriften, Reden und Briefen in 4 Bdn. (1966/67).

Sekundärliteratur: N. K. Krupskaja: Bibliografija trudov i lit. O žizni i dejatel'nosti (1969). – G. Reinsch: Erinnerungen an N. K. Krupskaja (1969). – U. Baumann: Krupskaja zwischen Bildungstheorie und Revolution (1974). – B. Raymond: A sword with two edges: The role of children's literature in the writings of N. K. Krupskaja (in: The Library Quarterly. 44. 1974. 3. 206–211).

Horst Künnemann

Kruse, Max

*Schriftsteller, vor allem Kinderbuchautor; * 19. 11. 1921 Bad Kösen/Saale.*

K.s Vater, MAX K. (1854–1942) war Bildhauer und gilt als Erfinder des Rundhorizonts für die Bühne; seine Mutter KÄTHE K. (1883–1968), wurde als Schöpferin der künstlerisch gestalteten, lebensähnlichen „Käthe Kruse"-Puppen bekannt. Nach dem Abitur in Weimar begann K. während des Krieges an der Jenaer Universität Volkswirtschaft und Philosophie zu studieren. Nach Kriegsende führte er den Wiederaufbau der Käthe Kruse-Werkstätten in Donauwörth (vorher: Bad Kösen) durch. Seit 1958 lebt K., zunächst als Werbetexter, später als freier Schriftsteller bei München (Eurasburg, Kreis Bad Tölz-Wolfratshausen). K. ist Mitglied des PEN-Klubs.

Werk, Tendenzen, Wirkung. Bereits mit seinem ersten Titel (Der Löwe ist los, 1952) hatte K. außergewöhnlichen Erfolg. Das Verrückt-Konfuse in Handlungsführung und Sprachstil traf auf Widerhall sowohl bei Kindern als auch bei Kritikern, die in K.s Darstellungsweise RINGELNATZschen Nonsense, Hintergründigkeit, Witz und Spontaneität der schier unbegrenzten Ideen erblickten. Dem ersten „Löwe"-Band folgten (bis 1970) weitere fünf. Eine einmal erfundene Szenerie mit einer bestimmten Zentralfigur zum Schauplatz mehrerer „Inszenierungen" in Fortsetzungsmanier werden zu lassen, wurde bald zum Kennzeichen des Kinderbuchautors K. Schon in den „Löwe"-Geschichten stellte K. eindeutig auf eine harmlos-verspielte, ungefährlich-gefahrvolle, typisierend-karikierende Kinderwelt ab, die, frei von Problematik und Plagerei, angereichert ist mit Exotik, Kleinstadtmilieu, rettenden („Papageienfresser"-)Inseln, mit redenden Tieren, kuriosen und vielfach borniert-versponnenen Erwachsenen, die in einer Art aufgepeitschter Hysterie agieren und sich nur allzu gerne solidarisch fühlen, wenn es etwa darum geht, Ausreißer einzufangen oder „den Bösen" zu erwischen. K. weiß, was Kindern, nicht nur im Vor- und Grundschulalter, gefallen kann: Aktion, Holterdipolter, Scherz und Unsinn, Routine, Rotation, Dynamik bis zum versöhnlichen Ende, das aber meist offengehalten wird für das Kontinuum. Auf gleicher Welle fliegt Urmel durchs All: das Urmel kommt aus dem Eis, darf im Schloß des Königs Pumpolon sein Unwesen treiben, zieht zum Pol, taucht ins Meer hinab und Jahr für Jahr im selben Verlag (Ensslin & Laiblin, Reutlingen) auf neuen phantastisch-märchenhaften Schauplätzen mit teils bekannten, teils neu ersonnenen schrulligen Akteuren wieder auf. Die bislang neun „Urmel"-Bände (ab 1969) erfuhren eine große Breitenwirkung vor allem durch die Fernsehrealisationen der „Augsburger Puppenkiste" und die (bei Philips) als „abenteuerliches Hörspiel mit Musik und Liedern" produzierten Schallplatten und Musikkassetten; in Warenhäusern und Spielwarenläden ist das Urmel als Spielfigur zu kaufen. Ebenso wie die „Löwe"-Serie, die 1975 eine Gesamtauflage von 544000 Exemplaren erreichte (Hoch-Verlag, Düsseldorf), verbreitete das Deutsche Fernsehen in Aufführungen der „Augsburger Puppenkiste" den ersten Teil der „Don-Blech"-Folgen (ab 1971, bisher drei Titel). Wieder trifft eine verharmlosend-skurrile, historisierte Welt mit einer (Pseudo-)Märchenwelt zusammen, in der ein General überrascht vor seinem selbstgeschmiedeten Reiterstandbild steht. Der gute „Don" hat aufregende Kämpfe zu bestehen, um des bösen „goldenen Junkers" habhaft zu werden. Wer will, kann, wie in K.s anderen Serien und häufig verfilmten Buchvorlagen, Pädagogisches entdekken, etwa das Infragestellen falscher Autoritäten durch die Demonstration ihrer Unfähigkeit; die Befreiung unterdrückter und unterprivilegierter Minderheiten (Kinder, arme Leute); den Feldzug gegen Gewalt, Unrecht und Usurpation. Nicht selten erscheint – z. B. in „Die Nacht der leuchtenden Pantoffeln" (1975), auch als Kindertheaterstück dramatisiert – die Symbolik des dem „1001-Nacht“-Genre entlehnten Kunstmärchens allzu vordergründig und artifiziell, wenngleich dem jungen Leser eingängig. Die Jugendbuchkritik ist sich nachweisbar uneins bei der Einschätzung von K.s Skurrilitäten, die teils von Parabolisch-Lebenskundlichem (wie „Der kleine Mensch bei den fünf Mächten“, 1968), teils von unkompliziert Erzähltem (wie schon die 1963 publizierte Geschichte „Till und der Teddybär“) oder Erfinderisch-Verspieltem („Großer Spaß im kleinen Zoo“, 1970) abgelöst werden. Der überstrapazierte Sprachspielulk wird als Zumutung an den der sprachlichen Differenzierung bedürftigen jungen Leser empfunden. Zweifellos hat K. außerordentlich marktgerechte Bücher vorgelegt: viele wurden ins Englische, Französische und Holländische übersetzt, ein Großteil in mehrere Buchgemeinschaftsprogramme aufgenommen.

Als Vertreter des heiter-unbeschwert-phantastischen Kinderbuchtypus und als einer der einfallsreichsten, meistbeschäftigten Kinderschriftsteller der Gegenwart, dem die Vermarktung seiner erfolgsgewohnten Produkte auch in anderen Medien gelungen ist, wird K. in der Geschichte der deutschen Kinderliteratur einen festen Platz einnehmen.

Werke: Der Löwe ist los (1952, NA. 1965; TB 1966 u.d.T.: Löwe in der Grube, [3]1970); Pitt im verbotenen Garten (1957); Kakadu in Nöten (1958); Kleine Gauner – gute Kerle (1959; TB 1969 u.d.T.: Die Strolche von Oltrone, [3]1972); Sultan in der Grube (1959, NA. als TB 1967 u.d.T.: Sultan in der Klemme); Auf frischer Tat (1961); Vom Lama, das nicht mehr spucken konnte (1961, NA. 1970 unter dem Titel: Großer Spaß im kleinen Zoo); Der fremde Bill (1963); Till und der Teddybär (1963); Ulli unterm Regenschirm (1964); Ruhige Insel gesucht (1965); Fred und Peter (1966); Der kleine Fang (1966); Kommt ein Löwe geflogen (1966); Gut gebrüllt, Löwe (1967); Zwilling Luftballon (1967); Der kleine Mensch bei den fünf Mächtigen (1968); Meine kleine Stadt (1968); Seifenblasen (1968); Windkinder (1968); Löwe gut, alles gut (1969); Urmel aus dem Eis (1969, [8]1973); Der dicke Löwe kommt zuletzt (1970); König Knirps (1970); Urmel fliegt ins All (1970, [5]1973); Urmel taucht ins Meer (1970, [5]1973); Don Blech und der goldene Junker (1971); Goldesel AG (1971); Don Blech und der glutrote Vogel (1972); Urmel spielt im Schloß (1972, [4]1974); Urmel zieht zum Pol (1972, [3]1973); Don Blech und der silberne Regen (1973); Urmel im Vulkan (1973, [2]1973); Lord Schmetterhemd: Besuch aus dem Jenseits (1974); Urmels großer Flug (1974); Urmels toller Traum (1974); Lord Schmetterhemd. Der Tödliche Colt (1975); Die Nacht der leuchtenden Pantoffeln (1975); Die Schnurfe in der goldenen Stadt (1975); Urmel wird ein Star (1975).

Hans Gärtner

Krylow, Iwan Andrejewitsch

*Russischer Schriftsteller, Verfasser von Fabeln, die in zahlreichen Bearbeitungen für Kinder und Jugendliche herausgegeben wurden; *13.3.1768 Moskau, †9.11.1844 Petrograd.*

K., Sohn eines unbemittelten Armeeoffiziers, mußte nach dem Tod seines Vaters schon als Zehnjähriger seinen Lebensunterhalt in der Kanzlei der Stadtverwaltung von Twer verdienen. Im Selbststudium erweiterte er seine Kenntnisse in Sprachen und Literatur und ging nach Petrograd, wo er schriftstellerisch tätig zu werden begann. Wegen seiner satirischen Essays, die in von ihm selbst herausgegebenen Zeitungen erschienen, geriet K. 1792 in Konflikt mit der Zensur, mußte sich in die Provinz zurückziehen und als Hauslehrer auf den Gütern hochadliger Gönner arbeiten. Später als Sekretär des Kriegsgouverneurs von Riga beschäftigt, erhielt er schließlich 1812, nachdem er mit seinen ersten Fabeln und anderen Werken großen Erfolg hatte, eine gesicherte Stellung als Bibliothekar der kaiserlichen öffentlichen Bibliothek in Petrograd.

Iwan Andrejewitsch Krylow (1768–1844)

Werk, Tendenzen, Wirkung. K.s Gesamtwerk umfaßt neben Theaterstücken, Gedichten, Rezensionen und Erzählungen vor allem einen reichhaltigen Fabelschatz. Seine Arbeit an den Fabeln begann mit der Übersetzung der bekanntesten Fabeln J. de La Fontaines (1621–1695) ins Russische. Anfänglich noch stark im Banne seiner Vorbilder Äsop, Phädrus, La Fontaine, Gellert u.a., schuf K. immer mehr unabhängige Fabeln eigener Erfindung, die zu einem festen Bestandteil der russischen Nationalliteratur wurden und ihn zu einem ihrer Klassiker werden ließen. In einer ersten Buchausgabe (1809) erschienen 23 seiner Fabeln, 1843 kam eine vollständige Sammlung seines nahezu 200 Stücke umfassenden Fabelwerks in neun Büchern heraus. Gemeinsam ist ihnen die ironisch-satirische Bloßstellung allgemeiner menschlicher Schwächen und Laster, die sich stellenweise zu treffender Milieusatire steigert. Darüber hinaus attackierte K. aber auch (Das Quartett, 1811, Der Würdenträger und der Poet, 1824) konkrete

Erscheinungen der spätfeudalen russischen Gesellschaft: Dummheit, Hochmut, Grausamkeit, Unfähigkeit, Willkür des Adels und der zaristischen Bürokratie. Sogar der Zar selbst blieb von der beißenden Satire K.s nicht verschont. Sehr geschickt kleidete K. die Angriffe in das Gewand der bornierten Spießbürgerphilosophie, um der strengen Zensur zu entgehen. Ohne den Zwang zur Verkleidung konnte er unter dem Einfluß allgemein wachsenden Nationalbewußtseins die Eroberungspolitik NAPOLEONS verurteilen.
K.s Sympathien gehörten den breiten Volksschichten Rußlands, deren praktische Daseinsbewältigung in Wort und Tat und deren schlaue Lebensphilosophie er in vielen Variationen thematisierte und ausgestaltete. Stilistisch sind seine Fabeln gekennzeichnet durch die virtuose Beherrschung der russischen Sprache, die er in allen ihren Spielarten zur Geltung brachte. K.s originelle, so gut wie unübersetzbaren Fabelgedichte brillieren durch forcierte Kürze, die ihnen den Charakter kleiner, szenisch aufgebauter Miniaturdramen in Versform verleihen. Die Integration der neuen Fabelbücher in den Kanon der russischen Kinder- und Jugendliteratur erfolgte rasch und in breitem Umfang, wie die für damalige Verhältnisse ungewöhnlich hohe Auflage von 80000 Exemplaren der Gesamtausgabe zeigt. I. S. TURGENJEW (1818–1883), der große russische Romancier, bezeichnete schon 1871 K.s Fabeln als unverbrüchliches geistiges Besitztum russischer Kinder und Erwachsener. K.s Fabeln, in denen dieser selbst oft an volkstümliche Sprichwörter anknüpfte, entstammen zahlreiche Sprichwörter und Redensarten der russischen Sprache, die schon derart zum Allgemeingut geworden sind, daß man sie verwendet, ohne sich ihrer Herkunft bewußt zu sein. In der Gegenwart geben Verlage für Erwachsenen- wie auch für Kinderliteratur die Fabeln in allen Sprachen der Völker der Sowjetunion heraus. 1971 betrug die Gesamtauflagenhöhe 720000 Exemplare. Sie sind obligatorischer Bestandteil des Russisch- bzw. Literaturunterrichts an den Schulen der UdSSR. In Westeuropa ist ihre Rezeption und Wirkung auf Grund von Übersetzungsschwierigkeiten sowie des mangelhaften Kulturaustausches zwischen Ost und West noch immer gehemmt. Zwar wurden K.s Fabeln schon zu seinen Lebzeiten ins Französische, Italienische, Deutsche und etwas später ins Englische übersetzt, dennoch wird ihre westeuropäische Verbreitung und Wirkung K.s Bedeutung nicht gerecht. In der Deutschen Demokratischen Republik erschienen nach 1945 zahlreiche Bearbeitungen, vor allem Jugendausgaben. In der Bundesrepublik Deutschland findet man einzelne Fabeln in Lesebüchern für das vierte bis sechste Schuljahr und in einigen wenigen Auswahlsammlungen.

→ Fabel

Werke: Basni (1809, Erstfassung); Basni (1843, Gesamtausgabe; dt. Krylows sämtliche Fabeln, 1874).

Sekundärliteratur: Akad. nauk SSSR Inst. russkoj Literatury: I. A. Krylow. Problemy tvorcestva (1975). – H. Löwe: Krylow und seine Fabeln (in: Volkskunst. 3. 1954. 11. 36–38). – V. Orlov: O jazyke basen Krylov (in: V. Orlov: Jazyk russkich pisatelej. 1948. 62–121). – A. Peter: Der Rabe und der Fuchs. Vergleichende Betrachtung einer Fabel bei den vier bedeutendsten Fabeldichtern Aesop, La Fontaine, Lessing und Krylow (in: Fremdsprachlicher Unterricht. 4. 1960. 482–489). – A. Rammelmeyer: Studien zur Geschichte der russischen Fabel des 18. Jahrhunderts (1938). – N. L. Stepanov: I. A. Krylov (1958). – F. Wiltschek: Krylow und La Fontaine. Ein literaturwissenschaftlicher Vergleich (in: Wiener slavistische Jahrbücher. 1. 1950. 155–192).

Christiane Steinhart

Kuberzig, Kurt

*(Ps.: Curt Coubert). Lehrer, Schriftsteller; *8. 8. 1912 Hamburg, †7. 8. 1971 ebenda.*

Nach dem Studium der Philosophie und Literaturwissenschaft war K. ab 1936 Lehrer an einem Landerziehungsheim. Daneben war er schriftstellerisch tätig: seine ersten Gedichte und Erzählungen erschienen in Tageszeitungen; er verfaßte auch Novellen und Essays. Während des Zweiten Weltkrieges war K. Soldat. Danach trat er als Jugendbuchautor hervor, ab 1957 freischaffend. Unter dem Pseudonym COUBERT veröffentlichte er 1970/71 erotische Erzählungen.

Werk, Tendenzen, Wirkung. K. schrieb für Jugendliche historische Biographien, erzählende Sachbücher und – von 1957 an – Jugendromane mit Betonung der Geschlechterthematik bei jungen Menschen. – Der im Präsens erzählten Lebensgeschichte des großen amerikanischen Erfinders EDISON („Thomas Alva Edison", 1949), auf amerikanischen Pioniergeist verweisend, folgte die Biographie DAIMLERS („Gottlieb Daimler", 1950), vom Bericht über ein Autorennen umrahmt. In den Lebensbildern der Präsidenten WASHINGTON, LINCOLN und KENNEDY wollte K. den amerikanischen Kampf „Für Frieden und Freiheit" (1964) exemplarisch vorstellen, wobei Kriegsereignisse und Wahlkämpfe sehr stark im Vordergrund stehen. – Unternehmergeschichten (HAGENBECK, HENSCHEL) werden nacherzählt in „Jagd im Dschungel" (1952) und „Von der Glocke zur Diesellok" (1957). Unternehmerperspektive herrscht auch in der für den Bergbau werbenden Erzählung „Schlagwetterfrei" (1956) vor. Die Sacherzählung „Öl brennt auf Sonde 3" (1955) vermittelt in gesonderten Kapiteln die als Abenteuer erzählte Geschichte der Ölbohrungen in verschiedenen Erdteilen, des Öltransports und der Entstehung der großen Ölgesellschaften. Pioniertaten der modernen Technik vom Bahnbau der Union Pacific bis zum Atomkraftwerk schildern die „Triumphe der Technik" (1956) in zum Teil anekdotenhafter Weise. Den menschlichen Aspekt der Forscher betonend, erzählt K. in „Triumphe der Forschung" (1956) Großtaten naturwissenschaftlicher Entdeckungen und Erfindungen seit GALILEI. Literaturnachweise, Fotos und Skizzen unterstreichen den Informationswert dieser erlebnisorientierten erzählenden Sachbücher. – Um die Probleme junger Menschen und ihrer Konflikte im Blick auf Freiheit, frühe Entscheidungen und die Begegnung der Geschlechter geht es im „Teenager-Einmaleins" (1959) und in den Romanen „Die Verwundbaren" (1968) und „Schärensommer" (1970).

Werke: Thomas Alva Edison. Der Zauberer von Menlopark (1949, [3]1961); Gottlieb Daimler. Die Fahrt im Teufelsauto (1950; NA. u. d. T.: Daimler. Vom Teufelsauto zum Silberpfeil, 1955); Jagd im Dschungel. Auf Hagenbecks Spuren (1952, [3]1962); Der junge Lincoln (1954); Öl brennt auf Sonde 3 (1955); Triumphe der Technik. Das große Abenteuer unserer Zeit (1956, [2]1958); Schlagwetterfrei (1956); Triumphe der Forschung. Wunder im Unsichtbaren (1956; NA. 1959); Von der Glocke zur Diesellok. Zwei Jahrhunderte Henschel (1957; NA. 1967); Teenager-Einmaleins. Ein Trost- und Kummerbuch für junge Mädchen (1959; NA. 1961); Vom Film für Fans (1962); Für Frieden und Freiheit: Washington, Lincoln, Kennedy (1964); Die Verwundbaren (1968); Kämpfer für Frieden und Freiheit (1969); Schärensommer (1970).

Sekundärliteratur: M. Dahrendorf: Das naturwissenschaftliche Sachbuch (in: R. Bamberger (Hrsg.): Probleme des Sachbuchs für die Jugend. 1966. 82–94). – K. Kuberzig: Ketzerische Gedanken eines Autors zum Jugendbuch – und ein Vorschlag zur Güte (in: JSW. 3. 1950. 10–11).

Theodor Karst

Kubin, Alfred

*Zeichner, Illustrator, Schriftsteller; *10. 4. 1877 Leitmeritz (Litoměřice/ČSSR), †20. 8. 1959 Zwickledt b. Wernstein am Inn/Österreich.*

Nach einer Ausbildung zum Fotografen studierte K. zwischen 1898 und 1905 in München an privaten Kunstschulen und an der Akademie u. a. bei L. Schmid-Reutte (1863–1909). Seit 1906 lebte er auf Gut Zwickledt. K. hat sein umfangreiches grafisches Werk auf zahlreichen Ausstellungen seit 1902 im In- und Ausland gezeigt und wurde mit mehreren Preisen ausgezeichnet.

Werk, Tendenzen, Wirkung. K., der als Zeichner und Illustrator fast ausschließlich mit Feder und Tuschpinsel arbeitete, schuf neben zahlreichen Ex libris und Buchumschlägen Zeichnungen, die zum Teil in Zeitschriften wie „Simplicissimus" (ab 1912), „Jugend" (ab 1914) oder Kalendern wie „Kunst und Leben" (ab 1913) zuerst abgedruckt wurden, vor allem Buchillustrationen zu Texten abenteuerlich-fantastischen, spukhaft-unheimlichen oder dämonisch-grauenhaften Inhalts von Autoren wie z. B. E. A. Poe (Das schwatzende Herz, 1909 u. a.), F. M. Dostojewski (Der Doppelgänger, 1913), E. Th. A. Hoffmann (Nachtstücke, 1913); H. de Balzac (Mystische Geschichten, 1920), A. v. Droste-Hülshoff (Die Judenbuche, 1925); G. Hauptmann (Das Meerwunder, 1934). Daneben hat er sich in Zeichnungen, lithografischen Einzelblättern – aber auch in Buchillustrationen – wiederholt Sagen (Ritter Roland, 1921; Der wilde Jäger, 1924; Rübezahl, 1927, 1940, 1944; Rattenfänger, 1944; Stilzel, elf Lithografien zu H. Watzliks Volksbuch, 1930), Märchen (Märchenprinzessin, 1919; Der Zauberer, 1920; Der gestiefelte Kater, 1924; Kinder bei der Hexe, 1925; Die Bremer Stadtmusikanten, 1941) oder anderen jugendliterarischen Stoffen zugewandt (Gulliver, 1924; Till Eulenspiegel entsteigt seinem Grab, 1934, 1940). In den Illustrationen zu Märchen versucht K., weniger einzelne Szenen der Märchen als vielmehr die von den Märchen in ihm ausgelösten psychischen Prozesse zu visualisieren. Auf den psychotropen Charakter seiner Illustrationen verwies K. bereits 1926 in der „Skizze meines Lebens": „Die im Dämmerlicht der Seele aufblitzende, traumhafte Vision – sie ist meist bannend und seltsam trübe – übersetzte ich in ein elastisches Linienspiel, dessen Ausbildung meine beste Kraft geweiht war. Bei Illustrationsvorwürfen versenke ich mich am liebsten in Dichtungen, Märchen und Sagen, deren hervorstechende Züge meiner Lebensstimmung irgendwie verwandt sind" (Wiener Neueste Nachrichten v. 7. 11. 1926).
K.s Märchenillustrationen mit ihrer geheimnisvoll-unruhigen Strichführung rühren an verschüttete Ängste, Wünsche und Hoffnungen, vor allem von Erwachsenen. Dies mag mit eine Erklärung dafür sein, daß diese Illustrationen in – zum Teil limitierten und bibliophilen – Ausgaben publiziert wurden, die für Erwachsene und nicht für Kinder bestimmt sind. Ausnahmen bilden hier lediglich die 1949 im Jugendbuchverlag E. Wunderlich nachgedruckten drei Andersen-Märchen (1. Aufl. 1922 bei B. Cassirer) und die 1937 bei Rütten & Loening erschienene Weihnachtsgeschichte von R. G. Binding „Das Peitschchen". Die in den sechziger und siebziger Jahren vor allem in der Nymphenburger Verlagshandlung und im Winkler-Verlag edierten Neuausgaben und Sammlungen von Märchen, Gespenstererzählungen oder unheimlichen Geschichten mit K.s Zeichnungen wenden sich ebenfalls vornehmlich an erwachsene Rezipienten und erreichen nur vereinzelt jugendliche Leser und Betrachter.
Auch in Sammbelbände, periodische Jugendschriften oder Lesebücher wurden K.s Zeichnungen nur vereinzelt aufgenommen: z. B. der 7. Jahrgang von „Kinderland. Das Jahrbuch für Arbeiterkinder in Stadt und Land" (1929 Vorwärts) enthält die Reproduktion eines tanzenden Bären, von 1930 bis 1933 druckte die von M. Mayer herausgegebene Zeitschrift „Kinderland" die Federzeichnungen „Der gestiefelte Kater", „Die wandelnde Glocke", „Der Osterriese", „Das Kinderbad", „Die Hexe", „Der getreue Eckart", „St. Georg" sowie „Kasper und Teufel" ab; im 59. Jahrgang der „Bibliothek der Unterhaltung und des Wissens" (1935) erschienen acht Illustrationen zu Fabeln von Barios, I. A. Krylow, Fr. Grillparzer, G. E. Lessing und W. Hey. Für die Zeit von 1926 bis 1955 weist die Bibliographie von P. Raabe in insgesamt sieben Lesebüchern nur acht Abbildungen des im Dritten Reich als „entarteter Künstler" verfemten Grafikers nach, dessen „Bilder-ABC" von 1933 erst 1948 einen Verleger fand.

Werke: E. A. Poe: Das schwatzende Herz und andere Novellen (1909); A. Kubin: Die andere Seite (1909, [5]1949; neuill. Ausg. 1952); W. Hauff: Märchen (1911); W. Hauff: Phantasien im Bremer Ratskeller (1914; ND. 1919); E. A. Poe: Die denkwürdigen Erlebnisse des Arthur Gordon Pym (1918; neuill. Ausg.

1930); E. A. Poe: Hans Phaals Mondreise und andere Novellen (1920); A. v. Arnim: Die Majoratsherren (1922); H. Chr. Andersen: Die Nachtigall. Die kleine Seejungfrau. Der Reisekamerad (1922; NA. 1949); Ch. de Coster: Smetse der Schmied (1923); A. v. Droste-Hülshoff: Die Judenbuche (1925; NA. 1949); J. Praetorius: Rübezahl (1927); O. A. H. Schmitz: Märchen aus dem Unbewußten (1932); H. Schiebelhuth: Schalmei von Schelmenried (1933); R. G. Binding: Das Peitschchen (1937; NA. 1951); G. A. Bürger: Des Freiherrn von Münchhausen wunderbare Reisen und Abenteuer (1947); E. Th. A. Hoffmann: Märchen (1947); A. Kubin: Ein Bilder-ABC (1948).

Sekundärliteratur: I. Bang: Die Entwicklung der deutschen Märchenillustration (1944). – E. W. Bredt: Alfred Kubin (1922). – Fr. Holešovský: Alfred Kubin und die Kinderbuchillustration (in: Bulletin der Jugend + Literatur. 8. 1974. 24–25). – A. Horodisch: Alfred Kubin als Buchillustrator (1949); Alfred Kubin. Taschenbibliographie (1962). – A. Kubin: Skizze meines Lebens (1926; NA. 1974); Aus meiner Werkstatt (1973). – W. K. Müller-Thalheim: Erotik und Dämonie im Werke Alfred Kubins (1970). – P. Raabe: Alfred Kubin. Leben, Werk, Wirkung (1957). – W. Schmied: Der Zeichner Alfred Kubin (1967). – W. Schneditz: Alfred Kubin (1956).

Dietger Pforte

Kudláček, Jan

*Tschechischer Grafiker und Kinderbuchillustrator; * 3. 9. 1928 Dolní Dubňany b. Moravský Krumlov.*

K. verbrachte seine Kinderjahre in Südmähren. 1938 übersiedelte die Familie nach Prag, wo er die Staatliche Fachschule für Grafik, danach die Akademie der bildenden Künste besuchte. Seit 1966 nahm K. regelmäßig an Grafikausstellungen in der ČSSR und im Ausland teil, u.a. in Sofia, Kiel, Hamburg, Poznań, Offenbach, Bologna, Montreal, Toronto und den USA. Die Sammlung vietnamesischer Märchen von E. Claudius „Když se ryby pásly na nebi" (1967) mit K.s Illustrationen wurde als eines der schönsten tschechischen Bücher des Jahres 1967 ausgewählt. 1968 wurde K. mit dem Albatros-Verlagspreis ausgezeichnet. Für die Illustrationen zu „Petruška" (1970; dt. Petruschka, 1971) erhielt er 1971 auf der Internationalen Buchkunstausstellung (IBA) in Leipzig eine Bronzemedaille, auf der BIB in Bratislava eine Plakette. 1972 wurde an ihn der Premio grafico „Fiera di Bologna" für die „Regentrude" (1972; Text von Th. Storm) vergeben.

Werk, Tendenzen, Wirkung. K. illustriert vorwiegend Kinderbücher mit märchenhafter Thematik. In seinem ersten, „Boháč a noc" (1963; Der Reiche und die Nacht; Text von E. Jílková), setzt er Kollage- und Spritztechnik derart ein, daß nur schwer die Sukzessivität der zwei aufeinanderfolgenden Schaffensprozesse erkennbar wird: Aus dem dekorativen Hintergrund tauchen Sterne, Blüten und geschliffene Flächen von Steinen auf. In der „Regentrude" – hier verwendet K. Spritztechnik und Gouache – wird den Blumenkomponenten eine neue Rolle zugeteilt; die Gestalten verschiebt er in die durch Blattwerk und Blüten konkretisierte Märchenebene. Je märchenhafter die Erzählung wird, desto

Jan Kudláček (1928). Ganzseitige Illustration aus dem tschechischen Kinderbuch von Bohumil Říha (* 1907) „Jak vodníci udobřili sumce" (1974).*

stärker verschmelzen Farben und Formen. Die frühere Spannung zwischen Figuren und Hintergrund wird zugunsten einer neuen integrierenden Einheit aufgegeben.

Seine Aufenthalte in den Teichgegenden Südböhmens machen ihn zum spezifischen Illustrator fantastischer Texte, in denen – wie in O. Preusslers „Der kleine Wassermann" – Wassermänner im Mittelpunkt stehen (O. Preussler: Vodníček, 1971; B. Říha: Jak vodníci udobřili sumce, 1974). Er stellt sie als liebenswerte, gute Greise dar, die keinen Schrecken einjagen. Hier wird die Verbindung zu den Arbeiten seiner Frau, der Bildhauerin L. Běšťáková (* 1936), deutlich, die Figuren für das Puppentheater herstellt. Der Roman „Nový Gulliver" (1973; Der neue Gulliver), eine Sozialfiktion des Autors B. Říha (* 1907), erzählt die Geschichte des Helden Alan, der zusammen mit anderen Menschen auf Bäumen, unter der Erde und in den Bergen lebt. Zur Verdeutlichung dieser Parabel fügt der Illustrator Symbole und Embleme auf verschiedene Arten farbenkräftig ineinander.

K.s Schaffen verbindet Elemente der Grafik mit denen des Puppentheaters – hierin ist er J. TRNKA (1912–1971) verwandt.

Werke: E. Jílková: Boháč a noc (1963); Ch. Perrault: Popelka (1965); E. Claudius: Když se ryby pásly na nebi (1967); B. Němcová: Princ Bajaja (1970); O. Hejná: Petruška (1970; dt. Petruschka, 1971); O. Preußler: Vodníček (1971); Th. Storm: Regentrude (1972); B. Říha: Moje domovy (1972); B. Říha: Nový Gulliver (1973); M. Lukešová: Oslíčkové (1973); M. Lukešová: Das Mädchen mit dem Schmetterling (1973); B. Říha: Klouček Smítko (1974); B. Říha: Jak vodníci udobřili sumce (1974); G. Schneider: Mascha und der Sommer (1974); J. Sládek: Planá ruže, vonný květ (1975); J. Šrámková: Bílá stužka ve tvých vlasech (1975); M. Lukešová: Zlatohlávek (1975).

Sekundärliteratur: Fr. Holešovský: Beauty of stars, precious stones and snow flakes (in: Bookbird. 2. 1973. 70–75). – B. Stehlíková: Kudláčkova cesta od mnohosti k prostotě (in: Zlatý máj. 4. 1974. 265–266).

František Holešovský

Küchenmeister, Wera

*Erzählerin, Lyrikerin, Dramatikerin, Film- und Kinderbuchautorin; *18. 10. 1929 Berlin.*

K., Tochter eines Tischlers, studierte nach ihrem Abitur 1949/50 in Weimar. Von 1950 bis 1954 war sie Meisterschülerin bei B. BRECHT, später Dozentin an der Deutschen Hochschule für Filmkunst, Dramaturgin (Maxim Gorki-Theater, Berlin) und Textbuchautorin der DEFA. Sie wurde mehrfach ausgezeichnet, 1968 mit der Erich Weinert-Medaille. K. ist mit dem Schriftsteller Claus K. (*1930) verheiratet und lebt in Berlin/DDR. Beide arbeiten oft zusammen und schrieben auch gemeinsam einige Kinderbücher sowie mehrere Filmszenarien.

Werk, Tendenzen, Wirkung. In K.s Stücken und Erzählungen für Kinder werden häufig ideologische Probleme der sozialistischen Gesellschaft am erfundenen Fall lehrhaft dargestellt. Zu den von K. allein verfaßten Kinderbüchern gehören „Die Stadt aus Spaß" (1966) und „Auf dem ABC-Stern" (1967). In „Die Stadt aus Spaß" ist das Mädchen Jette Langbein die Hauptfigur. Alles scheint für Jette in dieser Welt mit Verbotsschildern bepflastert. Sie zweifelt an dem Sinn der Normen und althergebrachten Regeln ihrer erwachsenen Umgebung. Gefragt, was in einer Stadt, wie sie sie sich denkt, einer „Stadt aus Spaß", denn anders sein sollte, antwortet Jette knapp: „Alles!" Jette möchte ein „Paradies für Kinder" ohne erwachsene Aufpasser. K. demonstriert dann, wie Jettes Wunsch in Erfüllung geht, und führt ihn zugleich ad absurdum. K. möchte die Geschichte so verlaufen lassen, daß hinterher die bestehende als die Beste aller möglichen Welten dasteht. Das gelingt ihr durch den Trick, daß sie die Kinder sich immer wieder nur das wünschen läßt, was sie immer schon sich wünschten: Apfelsaft, Spiele, keine Schule, endlose Ferien. Die Bedürfnisse der Kinder sind also nicht verändert. Trotz äußerlicher Änderungen bleibt letztlich doch alles wie zuvor: Streit, Haß, Neid, Eitelkeit und Mißgunst. Hart erfahren die Kinder den Widerspruch von Wirklichkeit und Möglichkeit. K. bietet als Mittel der Lösung der anstehenden Probleme die Methoden der Wissenschaft und der technischen Revolution an. Enttäuscht und „belehrt" stellen die Kinder endlich fest, daß ihre „Stadt aus Spaß" „wie jede andere Stadt ausschaut" (S. 159). Zwar werden sie aufgefordert, die Welt zu verändern, aber „wir lassen das, was ist. Und darauf versuchen wir es!" (S. 160). Problematisch ist, daß hier die Utopie vor der Realität desavouiert wird. „Auf dem ABC-Stern" (1967) ist der Bericht von dem ereignisreichen ersten Schultag des kleinen Daniel, an dem er den „Wald von Bleistiften, Radiergummihügel, Tuschfarbensee, Tintenfluß und Kreidebergsee" kennenlernt und auf der Suche nach seinem entlaufenen Hamster im Traum durchwandert. Er gelangt ins „Buchstabendorf" und in die „Zahlenstadt". Dort informiert er sich über deren lustige Künste und Zaubereien und wird gespannt, was ihn die nächsten zehn Jahre in der Schule erwartet.
K. hat – meist gemeinsam mit CL. K. – mehrere Kinderfilme (Der verlorene Ball, 1959, Der tapfere Schulschwänzer, 1968) und das Libretto zu der Oper „Pinocchios Abenteuer" (1970, Musik von K. SCHWAEN) verfaßt.

Werke: Judiths wunderbarer Ball (1961, [3]1974, zus. mit Cl. Küchenmeister); Daniel und der Weltmeister (1962, [2]1964, zus. mit Cl. Küchenmeister); Daniel und der Maler (1963, [3]1968, zus. mit Cl. Küchenmeister); Sie nannten ihn Amigo (1966, [3]1971, zus. mit Cl. Küchenmeister); Die Stadt aus Spaß (1966, [2]1974); Auf dem ABC-Stern (1967, [3]1970); Als Thälmann noch ein Junge war (1976, zus. mit V. Koepp).

Winfred Kaminski

Kühn, Adolf Gustav Leopold

*Verleger; *21. 9. 1794 Neuruppin, †29. 8. 1868 Neuruppin.*

K.s Vater, JOHANN BERNHARD K. (1750–1826), gründete nach dem Besuch der Lateinschule und einer Lehre in der Buchbinderei des Vaters und nach seiner Wanderschaft, auf der er die Techniken von Holzschnitt und Kupferstich kennenlernte sowie nach der Tätigkeit als Buchbinder und Leihbüchereibesitzer 1791 eine Druckerei in Neuruppin, in der unter anderem Kolportageromane, teilweise von ihm selbst geschrieben, Kalender, Anschlagzettel und gelegentlich auch schon Bilderbogen produziert wurden. GUSTAV K., das achte seiner zehn Kinder, studierte an der Berliner Akademie der Künste Holzschnitt und Kupferstich und war von 1814 bis 1819 Zeichenlehrer am Gymnasium in Neuruppin. 1815 trat er in das Geschäft des Vaters ein, das er 1822 übernahm. Nach K.s Tod wurde die Firma von den Söhnen bis 1882 weitergeführt und dann verkauft; unter anderen Besitzern bestand sie bis 1945.

Werk, Tendenzen, Wirkung. Im Jahr 1832 begann G. K. mit dem Druck von Bilderbogen. Die lithographische Anstalt K.s nahm rasch einen ungeheuren Aufschwung: In den frühen dreißiger Jahren lag die Produktion bereits über der Millionengrenze; die Zahl der Mitarbeiter – teils im Hause beschäftigt, teils in Heimarbeit, was vor allem für die Koloristen galt – stieg ständig; die Fabrikationsgebäude mußten mehrmals erweitert werden. K.s Betrieb ist von TH. FONTANE in seinen „Wanderungen durch die Mark Brandenburg" geschildert worden. Das Angebot K.s war breit gefächert und umfaßte Herrscherbilder ebenso wie Andachtsbilderbogen, Bildergeschichten und Darstellungen zeitgenössischer Ereignisse, Guckkastenbilder und Schießscheiben und ein reichhaltiges Programm für Kinder (Spiele, Hampelmänner, Modellierbogen, Ausschneidebogen, Kindertheater, Anziehpuppen u. a. m.). Die als „Neuruppiner Bilderboden" weltweit bekannten Bogen wurden, außer in den gesamten deutschen Sprachbereich, auch nach Holland, Skandinavien und Rußland geliefert und zwar jeweils mit Texten in der Landessprache. Durch die Einführung neuer Drucktechniken (Schnellpressen, Buntdruck usw.) gelang es K., der großen Nachfrage zu entsprechen; so wurden allein von den Kriegsbilderbogen 1870/71 drei Millionen Stück verkauft.

→Neuruppiner Bilderbogen

Sekundärliteratur: W. Fraenger: Materialien zur Frühgeschichte des Neuruppiner Bilderbogens (in: Jahrbuch für historische Volkskunde. Bd. 1. 1925. 232–306). – A. Cl. Baumgärtner: Die Bilderbogen für Kinder in Deutschland (in: Kl. Doderer (Hrsg.) zus. mit H. Müller): Das Bilderbuch. 1973. [2]1975. 67–98).

Alfred Clemens Baumgärtner

Künnemann, Horst

*Medienkritiker und Literaturpädagoge, Autor von Bilderbuchtexten, Erzählungen und Sachbüchern, Herausgeber der Zeitschrift „Bulletin Jugend & Literatur"; *30. 6. 1929 Berlin.*

K. studierte an der PH Berlin Deutsch, Französisch und Geschichte und war danach 15 Jahre als Volks- und Realschullehrer in Hamburg tätig. Seit 1970 lehrt K. an der Fachschule für Sozialpädagogik in Hamburg die Fächer Kinder- und Jugendliteratur und Mediendidaktik. Er hat Texte zu Bilderbüchern, Sachbüchern und Erzählungen geschrieben und ist als Übersetzer tätig. Bei mehreren Rundfunkanstalten, Zeitungen und Zeitschriften (u. a. Die Zeit, FAZ und NDR) gehört K. mit Beiträgen zu Fragen der Kinder- und Jugendliteratur zum Stab der freien Mitarbeiter. Fachaufsätze von K. erschienen in den USA und in der ČSSR. Zusammen mit A. CL. BAUMGÄRTNER (*1928) gibt K. das Lesewerk „auswahl" im F. Kamp-Verlag (1969ff.) heraus. Studienfahrten führten K. durch die meisten europäischen Länder, durch Nord-, Ost- und Südafrika, die USA, Kanada, Mexiko, UdSSR und Nepal. K. erhielt den zweiten Preis beim internationalen Kritikerwettbewerb der Zeitschrift „Zlaty Maj", Prag (1968).

In den zahlreichen Beiträgen K.s läßt sich immer wieder die journalistische Intention verfolgen, über zeitgemäße Themen aus dem Bereich der Kinder- und Jugendliteraturtheorie und ihrer praktischen Umsetzung zu berichten. Innerhalb dieser aktuellen Berichterstattung kristallisieren sich vor allem zwei Schwerpunkte heraus: einmal das Bemühen um eine Phänomenologie des Bilderbuches und seiner Wirkung auf die Zielgruppen, zum anderen die Erörterung von Fragen des Literaturkonsums und seines Stellenwertes als Element des Freizeitkonsums überhaupt. Dies schließt notwendig die Beobachtung der nicht literarischen Medien sowie der Motivation und Reaktion, die von ihnen ausgeht, mit ein. Anzahl, Themen und Zeitpunkte der Veröffentlichung der entsprechenden Publikationen weisen diese Schwerpunktbildung nach: „Bild, Kind und Sprache" (Vortrag 1970, publiziert 1971), „Profile zeitgenössischer Bilderbuchmacher" (1972), „Zur Gegenwartssituation" (des Bilderbuchs) (1973) und „Das Bilderbuch" (1974). Den zweiten Themenbereich behandeln die Veröffentlichungen „L'imagerie populaire. Epinal, die französische Stadt der Bilderbogen" (1967), „Comics: Ikonen für Kinder?" (1971), das 1972 erschienene, inzwischen in erweiterter Auflage vorliegende Buch „Kinder und Kulturkonsum" sowie der Beitrag „Comics" (1974).
K. geht davon aus, daß die Gegenwart als „optisches Zeitalter" zu beschreiben sei (Erfolg und Wirkung der Lektüre, S. 172). Was die Bilderbücher betrifft, so steht K. den traditionellen Beurteilungskriterien wie „Kindergemäßheit", „Anschaulichkeit" etc. skeptisch gegenüber. In „Profile zeitgenössischer Bilderbuchmacher" weist K. darauf hin, daß dem Bild die Aufgabe zukomme, die Phantasie des jungen Lesers zu aktivieren. Die Vorstellung vom Kunstrang einer Illustration gewinnt K. aus der Berücksichtigung verschiedener Aspekte wie der persönlichen Prägung des Illustrators, der malerischen oder graphischen Präsentation der Aussage, der vermuteten Erwartungshaltung der Kinder und nicht zuletzt der ökonomischen Kalkulation der Verlage. Daß sich Kinder im Vergleich zu Erwachsenen viel agiler und vor allem im Erfassen moderner Bildsymbole wesentlich geschickter und viel weniger vorgeprägten Klischees verhaftet zeigen, gehört zu den Kernaussagen K.s, der damit zugleich das Problem der Distribution von Bilderbüchern aufgreift. Auch die Publikation „Kinder und Kulturkonsum" zeigt in weiten Teilen die K. eigentümliche, feuilletonistische Darstellungsweise. Im Abschnitt „Kreativität" preist K. das freie Spiel des Kindes als den Ausdruck für Kreativität schlechthin. Weniger überzeugend wirken die Aussagen K.s in den Kapiteln, in denen er zur Stützung seiner Thesen, weitgehend unreflektiert, Vorstellungen der Soziolinguistik wie etwa den Begriff „Sprachbarriere" bemüht. Neben diesen beiden Schwerpunkten gibt es eine Vielzahl unterschiedlicher Themen, die K. in einzelnen Beiträgen behandelt hat. Erwähnenswert sind hier Ausführungen zu didaktischen Fragen anhand ausgewählter Beispiele der Kinderbücher, Trends in der Kinder- und Jugendliteratur

der USA, den Anfängen der Kinder- und Jugendliteratur in der UdSSR und zum Thema Technik in zeitgenössischen Kinder- und Jugendbüchern. Nachdem die beiden Periodika „Jugendliteratur" (1955–1963) und „Zeitschrift für Jugendliteratur" (1967–1968) ihr Erscheinen eingestellt hatten – die „Zeitschrift für Jugendliteratur" war von K. mitherausgegeben worden – gründete K. 1969 mit „Bulletin Jugend & Literatur" erneut eine Fachzeitschrift, die nahezu ausschließlich Informationen zum gesamten Bereich der Kinder- und Jugendliteratur sowie der Nachbarmedien Theater, Film, Fernsehen und Kinderschallplatte bringt.
Als Kinder- und Jugendbuchautor wurde K. vor allem durch seine erzählenden Sachbücher bekannt. Mit „Drachen, Schlangen, Ungeheuer" ist K. ein reizvoller Band gelungen, der infolge der Textgestaltung – teils novellistischen Rahmenerzählungen, teils reportageartiger Bericht mit eingelagerten chronik- bzw. sagenartigen Textteilen, häufig relativiert durch eine ironische Ausdrucksweise – heitere Unterhaltung bietet, zugleich aber auch über abergläubische Vorstellungen der Vergangenheit, mitunter bestimmter Berufsgruppen (Seeleute) bzw. Bewohner abgelegener Regionen (Alpentäler) informiert. Zwei weitere Sachbücher bieten aufschlußreiche historische Einblicke: „Wasa. Schicksal eines Schiffes" (1966) und „Wigwams, Büffel, Indianer. Die abenteuerlichen Reisen des Indianer-Malers George Catlin" (1969). Das erste orientiert über das Flaggschiff König Gustav Adolf II. (1594–1632), das auf seiner Jungfernfahrt sank. Das Buch gibt Aufschluß über Berufstätigkeiten und Sold von Seeleuten auf Kriegsschiffen zur Zeit des Dreißigjährigen Krieges und beschreibt moderne technische Verfahren zur Konservierung und zum Heben alter Wracks. Das zweite berichtet über das Zurückdrängen der Indianer durch die Weißen im Spiegel der Berichte, Zeichnungen und Forschungsreisen von G. Catlin (1796–1872). Der junge Leser erhält auf diese Weise ein instruktives Bild von dem Leidensweg verschiedener, heute teilweise ausgerotteter Stämme der Ureinwohner der USA. Zugleich liefert das Buch funktional einen Einführungskurs in Methoden der Quellenerschließung durch den Historiker mit. Beide Sachbücher zeichnen sich durch genaue Quellenangaben aus, die es dem interessierten jungen Leser ermöglichen, sich leicht weiteres Material zu beschaffen. Außerdem schrieb K. den Text zu zwei Bilderbüchern von W. Grieder (*1914). In beiden Fällen („Die gute Tat der dicken Kinder", 1972 und „Das große Seeräuberbuch", 1972) handelt es sich um Publikationen, die im Zeitgeschmack der frühen siebziger Jahre liegen, d. h. durch die karikaturhaften, popartigen Illustrationen und den ihnen zugeordneten Texten helfen wollen, Angst und gesellschaftlich bedingte Untätigkeit bei den kleinen Lesern und Betrachtern abzubauen. Dabei ist es in dem Bilderbuch „Das große Seeräuberbuch" gelungen, die didaktische Intention humorvoll, durch das Mittel der Ironie in den Hintergrund zu drängen. In den beiden erzählenden Sachbüchern für Kinder „Cowboys, Colts und Wilder Westen" (1972) sowie „Safari zu den Massai" (1972) unternahm K. den Versuch, einerseits die in Filmen und Fernsehserien verfestigten Klischees aus der Frühgeschichte der USA kritisch zu benennen, andererseits anhand eines exemplarischen Falls, das Leben ostafrikanischer Hirtenvölker im Ablauf ihrer Entwicklung bis auf unsere Gegenwart hin zu verdeutlichen. K. war als Mitherausgeber an der Erarbeitung der Bände 2–7 (1962–1972) des Jahrbuchs für junge Leser „Signal" beteiligt.

Werke: Wasa. Schicksal eines Schiffes. Das Flaggschiff König Gustav Adolfs (1966); Wigwams, Büffel, Indianer. Die abenteuerlichen Reisen des Indianer-Malers George Catlin (1969); Drachen, Schlangen, Ungeheuer (1970); Das große Seeräuberbuch (1972); Die gute Tat der dicken Kinder (1972); Cowboys, Colts und Wilder Westen (1972, ²1973); Safari zu den Massai (1972); Profile zeitgenössischer Bilderbuchmacher (1972); Kinder und Kulturkonsum (1972, ²1974).

Beiträge: Zeitgeschichte im Jugendbuch (in: Jugendliteratur. 10. 1960. 437–448); Aus der Hand in die Tasche. Die Rolle der Taschenbücher in der Jugendliteratur (in: Jugendliteratur. 2. 1961. 54–69); Schock oder Bagatelle? – Zur jugendliterarischen Gestaltung der Zeitgeschichte (in: Jugendliteratur. 3. 1962. 116–130); Trends im amerikanischen Jugendbuchwesen (in: Studien zur Jugendliteratur und literarischen Bildung. 8. 1962. 829–837); Maxim Gorki und die Geburt des sowjetischen Jugendbuchs (in: Jugendliteratur. 9. 1962. 401–405); Onkel Toms Erbe – Zur Rassenproblematik im amerikanischen Jugendbuch (in: Jugendliteratur. 8. 1963. 337–349); Bilderbuch und Kinderfibel (in: Zeitschrift für Jugendliteratur. 3. 1967. 129–130); L'imagerie populaire. Épinal, die französische Stadt der Bilderbogen (in: Zeitschrift für Jugendliteratur. 7. 1967. 415–418); Das Kind – Maler und Poet dazu? Kinderbücher von Kindern. Irrend im Dschungel der Ismen. Das moderne Bilderbuch im Spiegel der Kritik (in: A. Cl. Baumgärtner (Hrsg.): Aspekte der gemalten Welt, 1968); Von Campe bis Caravelle (in: Hebsackler (Hrsg.): Rückblick für die Zukunft. 1968. 135–210); Tips zum Umgang mit Bilderbüchern (in: P. J. Schindler (Hrsg.): Gebt uns Bücher, gebt uns Flügel. 1969. 104–113); Bild, Kind und Sprache (in: L. Binder (Hrsg.): Erfolg und Wirkung der Lektüre. 1971. 172–182); Comics: Ikonen für Kinder? (in: „Zeit Magazin", Beilage zur Wochenzeitung „Die Zeit". Nr. 53. 1971. 8–12); Sex & Horror, Crime & Comics (in: A. Brück (Hrsg.): Sex & Horror in den Comics, Ausstellungskatalog des Kunstvereins Hamburg. 1971. 1–9); M. Druon: Tistou mit dem grünen Daumen. Ein kleiner Junge verzaubert die Stadt Kimmelkorn (in: A. Cl. Baumgärtner (Hrsg.): Jugendliteratur im Unterricht. 1972. 99–107); E. Foreman-Lewis: „Shanghai 41" (in: A. Cl. Baumgärtner (Hrsg.): Jugendliteratur im Unterricht. 1972. 108–115); Sc. O'Dell: Insel der blauen Delphine (in: A. Cl. Baumgärtner (Hrsg.): Jugendliteratur im Unterricht. 1972. 116–124); Fr. Hetmanns: „Blues für Ari Loeb" im Unterricht (in: A. Cl. Baumgärtner (Hrsg.): Jugendliteratur im Unterricht. 1972. 156–160); Zur Gegenwartssituation (in: Kl. Doderer und H. Müller (Hrsg.): Das Bilderbuch. 1973, ²1975. 395–435); Jugendliteraturforschung und Jugendliteratur in der DDR (in: G. Haas (Hrsg.): Kinder- und Jugendliteratur. Zur Typologie und Funktion einer literarischen Gattung. 1974. 61–78; zus. mit G. Haas); Das Bilderbuch (in: G. Haas (Hrsg.): Kinder- und Jugendliteratur. Zur Typologie und Funktion einer literarischen Gattung. 1974. 98–125); Comics (in: G. Haas (Hrsg.): Kinder- und Jugendliteratur. Zur Typologie und Funktion einer literarischen Gattung. 1974. 126–143); Loks, Raketen und Computer. – Technik im Kinder- und Jugendbuch (in: Deutschunterricht. 5. 1974. 55–68).

Rudolf Raab

Künstlerbilderbuch → Kunstbücher für Kinder und Jugendliche

Kullman, Harry

*Schwedischer Jugendbuchautor, Volkswirt; *22. 2. 1919 Malmö.*

K., Sohn eines Vorarbeiters, begann seinen beruflichen Weg als Laufbursche und Bürojunge. Von 1933 bis 1938 arbeitete er beim Zoll. Daneben bereitete er sich auf das Abitur vor, das er 1940 ablegte. Nach dem Studium verließ er 1944 als Volkswirt die Universität. Bis 1951 war K. in einer Werbefirma tätig, dann eröffnete er ein eigenes Wirtschaftsbüro. K., seit 1959 gewerkschaftlich engagiert, ist Mitglied mehrerer Autoren- und Bibliotheksverbände. Zeitweilig war er Präsident des Verbandes der schwedischen Jugendbuchautoren. Neben seinen Jugendbüchern veröffentlichte K. zahlreiche Aufsätze, in denen er Fragen der Kinder- und Jugendliteratur sowie des Schulbibliothekswesens behandelte. Mehrfach wurde er mit Preisen und Stipendien ausgezeichnet (u. a. Nils Holgersson-Preis 1955; Expressen Heffaklump 1968; Astrid Lindgren-Preis 1970). Seine beiden Bücher „Gårdarnas krig“ und „De rödas uppror“ wurden 1962 bzw. 1970 auf die Ehrenliste zum Hans Christian Andersen-Preis des IBBY gesetzt.

Werk, Tendenzen, Wirkung. Unter den modernen schwedischen Jugendbuchautoren nimmt K. eine hervorragende Stellung ein. Thematisch läßt sich seine Produktion in drei Bereiche einteilen. Den Schwerpunkt bilden die sogenannten „Stockholmer Bücher“, die Stockholm und sein Arbeiterviertel zum Handlungsort haben („Den svarta fläcken“, „Den tomma staden“, „Hemlig resa“, „Gårdarnas krig“, „Rymlingen“, „Mannen från mörkrummet“, „De rödas uppror“, „Fångarna på Fattigmannagatan“). Hier geht es um politisches Engagement Jugendlicher zugunsten der sozialistischen Arbeiterpartei in der Zeit der Weltwirtschaftskrise. K. provoziert durch diese Bücher das Nachdenken über politische und soziale Verhältnisse. Mit dem Beispiel der Arbeitslosigkeit der dreißiger Jahre in Schweden regt er den jungen Leser an, sich mit der Frage Gewalt und Radikalismus als politische Mittel auseinanderzusetzen, wobei er es dem Leser überläßt, in aktiver Rezeption den Bezug zur Gegenwart zu realisieren. Eine zweite Gruppe von Büchern hat den Wilden Westen zum Gegenstand („Ponnyexpressen“, „Spejarna“, „Boskapstjurvarna“, „Mannen från Montana“). Der Westernheroismus (Ehren- und Moralkodex einer Männergesellschaft) wird in diesen „Abenteuerbüchern“ ironisch gebrochen und kritisch reflektiert gezeichnet. Eine dritte Themengruppe umfaßt historische Erzählungen („Den spanska värjan“, „Med hemlig order“, „Leve konungen“), in denen kunstvoll, spannend und lebendig Szenen aus der spanischen Inquisition, aus dem Europa der napoleonischen Zeit und aus dem Italien der Renaissance gestaltet sind. K.s Bücher wurden bisher in 13 Sprachen übersetzt und werden besonders häufig von 12–15jährigen gelesen.

Werke: Med hemlig order (1948, [4]1972); Den svarta fläcken (1949, [3]1973; dt. Der schwarze Fleck, 1965); Den tomma staden (1951); Den spanska värjan (1952; NA. 1966); Buffalo Bill (1953, [3]1975); Hemlig resa (1953; NA. 1971; dt. Heimliche Reise, 1967); Ponnyexpressen (1955, [2]1962; NA. 1973); Leve konungen (1956); Rymlingen (1957); På jakt efter Vilda Västern (1958); Spejarna (1958); Gårdarnas krig (1959, [2]1969; dt. Henry und die Rächer, 1973); Beundraren (1961); Hatthämtaren (1962); Mannen från mörkrummet (1963); Boskapstjuvarna (1965; dt. Die Viehräuber, 1968); Möte med äventyret (1965); De rödas uppror (1968, [2]1971; dt. Aufruhr in Stockholm, 1971); Mannen från Montana (1970, [2]1971); Fångarna på Fattigmannagatan (1972).

Sekundärliteratur: A. M. Alfén-Eriksson: Harry Kullman (in: De skriver för ungdom. I. 1975. 80–91).

Lioba Betten

Kunstbücher für Kinder und Jugendliche

K. für Kinder und Jugendliche vermitteln Kenntnis und Anschauung von Kunst, insbesondere von bildender Kunst. Es gibt K. mit monografischem Charakter ohne direkte didaktische Struktur und Kunstlehrbücher, die in spezielle Probleme der Malerei, Plastik und Architektur einführen oder erste Einblicke in die Kunst und ihre Geschichte bieten.

Zur Problematik von K.n für Kinder und Jugendliche. Wie in der Vergangenheit, so haben auch in jüngster Zeit K. für Kinder und Jugendliche einen nur verschwindend kleinen Anteil an der Gesamtproduktion der Kinder- und Jugendliteratur. Dies ist u. a., wie auch bei Schulbüchern über Kunst (z. B. A. Zacharias, Mein Kunstbuch, 1965), darauf zurückzuführen, daß es äußerst schwierig ist, Kinder und Jugendliche qualifiziert und verständlich in künstlerische Arbeit einzuführen, ihnen kunsthistorische oder bildnerische Zusammenhänge zu erklären und über Künstlerpersönlichkeiten mehr als nur Anekdotisches auszusagen. Einige Beispiele von K. für Kinder und Jugendliche tragen im übrigen eher zur Verfälschung und zu unangemessener Reduktion des Phänomens Kunst im Bewußtsein der jungen Leser und Betrachter bei, als daß sie sachgemäße Zusammenhänge schaffen. Bildende Kunst hat bis heute keine Massenwirkung. Die Eltern, die ihre Kinder mit dem Phänomen Kunst vertraut machen möchten, wählen überdies mit Sicherheit die direkte Anschauung: Sie gehen mit den Kindern eher ins Museum, als daß sie ihnen ein Buch gäben.

Zur Geschichte und gegenwärtigen Situation. Eine Geschichte der K. für Kinder und Jugendliche liegt nicht vor. Sie dürfte jedoch erste Anfänge im 18. Jahrhundert haben, wo z. B. schon in J. B. Basedows „Elementarwerk“ (1774) ein den bildenden Künsten gewidmeter Abschnitt zu finden ist. Aus ihm, wie auch aus der dazugehörigen Tafel LVIII von D. CHODOWIECKI, geht die Intention rationalistischer Kunsterziehung hervor: Aufklärung über die handwerkliche Entstehung, die Arbeitsvorgänge und Materialien der Künstler zu geben. In der zweiten Hälfte des 19. Jahrhunderts, verstärkt im Zuge der kunsterzieherischen Reformbestrebungen und auch des Jugendstils um und nach der Jahrhundertwende, entstand der Typ des Künstlerbilderbuches, der bewußt in Absetzung von einer durch die technischen Möglichkeiten der Lithografie und des Öldrucks verflachende Entwicklung des Bilderbuchschaffens entwickelt wurde. Immer ist das Künstlerbilderbuch an eine besondere Künstlerpersönlichkeit gebunden und an einen Herstellungsprozeß, bei dem auf die äußere Form – vom Umschlag über die Vorsatz- und Titelseiten bis zur eigentlichen Illustration und der Typografie – nachhaltiges Gewicht gelegt wurde. Verlage, die dem Künstlerbilderbuch zum Durchbruch verhalfen, waren Scholz in Mainz mit den „Künstler-Bilderbüchern“, Schaffstein in Köln, Seemann in Leipzig, Schreiber in Eßlingen und München. Nach dem Ersten Weltkrieg nahm der Stalling-Verlag die Tradition auf. Künstlerbilderbücher, in denen speziell für Kinder ausgewählte Reproduktionen von Kunstwerken zu finden waren, gab es z.B. von A. VON MENZEL, H. KAULBACH, H. THOMA, E. KREIDOLF, L. RICHTER, E. LIEBERMANN, C. HOFER u.a. Die für Laien gedachten kunstgeschichtlichen Unterweisungen, die in teilweise hohen Auflagen in den ersten Jahrzehnten des 20. Jahrhunderts kursierten – mit ausdrücklichem didaktischen Charakter, wie schon bei BASEDOW – waren zwar nicht für jugendliche Leser herausgegeben, wurden aber vielfach von ihnen benutzt. So sind die Bücher von P. BRANDT („Sehen und Erkennen“, 1910, ^{2}1923), L. POTPESCHNIGG („Einführung in die Betrachtungen von Werken der bildenden Kunst“, 1914), L. VOLKMANN („Grundfragen der Kunstbetrachtung“, 1925) bis hin zu W. WAETZOLDT („Du und die Kunst“, 1938) gewissermaßen als Vorläufer solcher Versuche anzusehen, die sich – wie in A. ZACHARIAS' „Mein Kunstbuch“ (1965), in U. GRAFS „Das Buch der großen Maler“ (1960) und F. GETTINGS „Das Buch der Kunst für junge Leser“ (dt. 1966) – direkt an ein jugendliches Publikum wenden. Bei U. GRAF wird europäische Kunstgeschichte am Beispiel von Künstlerschicksalen abgehandelt, mit einer Rahmenhandlung versehen und damit zur geschriebenen Museumsführung gemacht. Bei GETTING wird Kunst- und Stilentwicklung mit einer für Laien verwirrenden Unschlüssigkeit nach formalen wie nach thematischen Gesichtspunkten angegangen. Die beiden letztgenannten Möglichkeiten erscheinen unbefriedigend und entbehrlich. Unbefriedigend, weil – teilweise subjektiv schwärmerisch – zu verallgemeinernde Aussagen über 3000 Jahre Kunst, Künstler und Bilder gemacht werden. Entbehrlich, weil Kinder unter zwölf Jahren diese Lehrbücher sicher nicht lesen. Mädchen und Jungen, die älter sind, können dagegen Kurz- und Detailinformationen auch aus dem Angebot der allgemeinen Kunstbuchproduktion beziehen.

Die drei Typen der K. Gegenwärtig lassen sich unter den an Kinder der ersten Schuljahrgänge gerichteten K.n drei Typen erkennen: der des Kunstlehrbuches, der der Monografie und der der Künstlerbiografie.
Zum Lehrbuchtyp im didaktisch-ambitionierten Sinn ist die Veröffentlichung des Kölner Wallraff-Richartz-Museums „Mein Museumsbuch“ (1974) von R. FRIEDLAENDER zu zählen. Dieser Kinderkatalog – nicht der erste der Kölner Museen – versucht, Kindern im Grundschulalter die Institution Museum und einige Kunstwerke nahezubringen. Das geschieht durch direkte Ansprache, durch Bildinterpretationen, handwerklich-technische und formale Erläuterungen. In Zusammenarbeit zwischen Museum und Schule entstanden, ist die Idee eines solchen Kinderkatalogs wegweisend, wenn auch die Auswahl der Bildwerke und deren Interpretation nicht immer alle wünschenswerten exakten Informationen zu Einzelwerken und Künstlerpersönlichkeiten enthält. Die auf die Institution Museum bezogenen Hinweise – was finde ich wo, Beschriftung, Katalogisierung – sind auf die Kölner konkrete Situation zugeschnitten. Das Buch ist Hilfsmittel einer an ihrem Anfang stehenden Museumspädagogik.
Der zweite Typ des Kinderkunstbuchs ist, innerhalb der allgemein bescheidenen Verbreitung, relativ bekannt: die monografische Darstellung von Künstlern, die aus früherer Zeit oder aus der Moderne nach dem Grad ihrer Berühmtheit ausgewählt wurden. Solche Monografien – schon zu Anfang des 20. Jahrhunderts, wie erwähnt, als „Künstlerbilderbücher“ vorhanden, ja zum Teil, wie das 1910 erschienene „Kinderalbum“ A. VON MENZELS von kunstpädagogisch rührigen Lehrern aus der „literarischen Vereinigung des Berliner Lehrervereins“ herausgegeben – erschienen seit 1969 vor allem in der Reihe des Amerikaners E. RABOFF „Kunst für Kinder“ auf dem westdeutschen Kinderbuchmarkt. Ediert sind in deutscher Sprache Bände über DÜRER, CHAGALL, GAUGUIN, VAN GOGH, KLEE, PICASSO, RENOIR, ROUSSEAU, TOULOUSE-LAUTREC, VELASQUEZ und DA VINCI. In dieser Reihe wird versucht, eine kindgerechte Darstellung komplizierter bildnerischer, historischer und biografischer Sachverhalte zu geben. Dabei ergeben sich zum Teil allerdings unpräzise Informationen und subjektive Werk- und Personenbeschreibungen. Die K. der Reihe „Kunst für Kinder“ gehen von einer didaktischen Position aus, die an die der Erlebnispädagogik des Jahrhundertanfangs erinnert. Sachinformation wird durch subjektive Deutung ersetzt.
Der dritte Typ, der der Künstlerbiografie für Kinder und Jugendliche, führt dort zu fragwürdiger Form, wo die Person des Künstlers gerade noch Erwähnung findet, sein Werk aber nur als Illustration zu freien Erzählungen dient. So muß sich z.B. ROUSSEAUS mysteriös-verzauberte Bildwelt in F. JOHANSENS „Großvaters Reise in den Westerwald“ (dän. 1972; dt. 1972) auf unsinnigste Weise mißbrauchen lassen. Und P. BREUGHEL (noch im Vorwort als Künstler präsentiert), dient in G. GANDINIS „Der Festschmaus“

(italienisch 1974; dt. 1975) als Illustrator einer irgendwo, irgendwann angesiedelten Geschichte.

Weiterer Bereich und Anforderungen. In den weiteren Bereich der K. für Kinder gehören auch die Schullesebücher, die in den fünfziger und sechziger Jahren entstanden und reich mit wertvollen Illustrationen aus der Kunstgeschichte und mit interpretierenden Texten ausgestattet waren (z.B. das „Westermann Lesebuch", 1967/68). Nicht zu vergessen ist auch die seit den sechziger Jahren anhaltende Welle der reprografischen Nachdrucke von alten Bilderbüchern, so z.B. von Bilibin, Glassbrenner, Kreidolf. In diesen Fällen ist es die ausgesprochene Absicht der Herausgeber, wertvolle künstlerische Erscheinungen dem jugendlichen Leser und Betrachter von heute wieder zugänglich zu machen.

Wenn K. für Kinder und Jugendliche produziert werden, in denen sich expressis verbis Belehrung vollzieht, sollten Autoren und Herausgeber bemüht sein, folgende Gesichtspunkte zu beachten: Erstens sollten die jugendlichen Leser sachlich richtig informiert, nicht mit versimpelten Biografiestücken und Situationshinweisen abgespeist, bzw. zum Schwärmen angehalten werden, und zweitens sollten sie nicht als „unschuldige Kinder" zur Andachtshaltung gegenüber Kunst als von der Wirklichkeit abgehobene, ehrfürchtig zu betrachtende Eigenwelt geführt, vielmehr dahin gelenkt werden, daß sie die gesellschaftliche Bedeutung, die zeitgeschichtlichen Zusammenhänge und die Abhängigkeiten bei Werk und Künstler erkennen.

→ Kinderkunst, → Kunsterziehungsbewegung

Ursula Bode

Kunsterziehungsbewegung

Strömung der in Deutschland nach 1885 einsetzenden pädagogischen und volkserzieherischen Reformbewegung, in der sich die irrational-nationalistische Kulturkritik und die Lehrerbestrebungen zur Veränderung der herkömmlichen autoritären „Lernschule" vereinigten. Der unter der Bezeichnung Jugendschriftenbewegung bekannte Teilbereich der K. hatte vielfache Auswirkungen auf die Entwicklung von Theorie und Praxis der Kinder- und Jugendliteratur im 20. Jahrhundert.

Allgemeine Intentionen. Die K. wurzelte vor allem in der Kulturkritik eines Fr. Nietzsche (1844–1900), P. de Lagarde (1827–1891) und J. Langbehn (1851–1907), dessen 1890 anonym erschienenes Werk „Rembrandt als Erzieher" – von F. Stern (a.a.O. S. 127) als eine „Rhapsodie des Irrationalismus" charakterisiert – den größten Einfluß auf die Grundstimmung dieser Gebildeten-Reformbewegung nahm. Die von der K. propagierte „Erziehung zur ästhetischen Genußfähigkeit" war jedoch keineswegs Selbstzweck; sie sollte vielmehr die „allgemeinen Kulturverhältnisse" bessern, die man – vom Standpunkt eines „ethischen Idealismus" urteilend – seit Beginn der siebziger Jahre des 19. Jahrhunderts geprägt sah durch „fieberhaftes Drängen nach Reichtum" (Gründerjahre), „materialistische Lebensführung", „Zerrissenheit des Volkskörpers", „Übergewicht der Wissenschaft", „Spezialistentum und Intellektualismus", „historische Stilhetze" und allgemeinen Niedergang der Kunst sowie Verkümmerung des Menschen im modernen „Maschinenzeitalter" (J. Richter, S. 26ff.). Diesen „Verfallserscheinungen" stellten die Kunsterzieher schematisch ethische Werte wie „idealistische Gesinnung", „Volksgemeinschaft", „Verinnerlichung", „Gefühlsbildung" und „Gemütspflege", „volkstümliche Kunst" usw. gegenüber. Mit den englischen Kulturkritikern J. Ruskin, W. Morris und W. Crane erwartete man die Umerziehung von der entsprechend ausgewählten und möglichst seit den frühen Kinderjahren „genossenen" Kunst, die den meisten „als die große Erlöserin der modernen Gesellschaft", zumindest aber als Heilmittel für deren soziale Probleme galt (J. Richter, S. 48ff.).

Für die praktisch-organisatorische Realisierung der kunsterzieherischen Ziele arbeiteten zahlreiche Vereine, Organe und Verlage, unter denen die populär-ästhetische Zeitschrift „Der Kunstwart" (ab 1887) sowie die „Weltanschauungsgemeinschaft" und „Absatzorganisation" (G. Kratzsch, S. 362 u. 336) des „Dürerbundes" (ab 1903) herausragten; beide gegründet und geleitet von dem Literaten F. Avenarius (1856–1923). Sie prägten nachhaltig den kulturellen Geschmack und Konsum gleichgesinnter Kreise besonders im gebildeten Mittelstand, d.h. von Lehrern, Geistlichen, Bediensteten der Kultusbehörden, Künstlern usw.

Der schulpädagogischen Richtung der K. gab der ehemalige Lehrer und Direktor der Hamburger Kunsthalle A. Lichtwark (1852–1914) den entsprechenden Anstoß durch seinen Vortrag „Die Kunst in der Schule" (1887) und seine „Übungen in der Betrachtung von Kunstwerken" für Lehrer und Schüler (ab 1887; veröffentlicht 1897 u.ö.). In enger Zusammenarbeit mit den seit 1888 im Prüfungsausschuß für Jugendschriften und seit 1896 in der „Lehrervereinigung zur Pflege der künstlerischen Bildung" organisierten Hamburger Volksschullehrern um den „Vater der Jugendschriftenbewegung" (M. Lange, S. 18), H. Wolgast (1860–1920), um C. Götze (1865–1947), W. Lottig (1867–1953), H. L. Köster (1872–1957) und W. Lamszus (1881–1965) machte Lichtwark die Hansestadt zum Vorort der Reformbestrebungen. Diese erreichten ihren Höhepunkt nach der Jahrhundertwende: 1902 befaßte sich die Deutsche Lehrerversammlung in Chemnitz mit dem Thema „Die Bedeutung der Kunst für die Erziehung" (Referat von Wolgast); die vielbeachteten Kunsterziehungstage von Dresden (1901), Weimar (1903) und Hamburg (1905) diskutierten Fragen der „bildenden Kunst", der „deutschen Sprache und Dichtung" sowie der „Musik und Gymnastik". In Dresden erfuhr vor allem der landläufige, ausschließlich auf technisch saubere, genaue „Nachbildung des historischen Ornaments und der geometrischen Raumform" abzielende Zeichenunterricht schärfste Kritik, dem man die „freie Kinderzeichnung", das Modellieren und

Formen gegenüberstellte (C. GÖTZE, in: Kunsterziehung. 1902, S. 141ff.). Die 1903 geforderten Alternativen zu den Stoffen und Methoden des herkömmlichen Deutschunterrichts, der im Schematismus der HERBART-ZILLERschen Formalstufen, in „sklavischer Nachahmung vorgeschriebener Stilmuster“ sowie dem endlosen Deklamieren und Auswendiglernen von Gedichten erstarrt war, lauteten: „zusammenhängendes freies Sprechen“, „freier“ bzw. „Erlebnisaufsatz“, „Nacherleben“, „Einstimmung“ und „Einfühlung“ in die Dichtkunst (vgl. bes. die Referate von HACKENBERG, DIETZ und O. ERNST in: Kunsterziehung. 1904, S. 64ff., 94ff. und 33ff.). Der 3. Kunsterziehungstag zeigte neue Formen der Musikerziehung und des Schulturnens auf, die später von FR. JOEDE als „erlebtes Singen“ – vor allem von Volksliedern – und „Erwekkung der Melodie im Kinde“ beschrieben bzw. von F. HILKER als „künstlerische Körperschulung“ durch „rhythmische Gymnastik“ gefordert wurden.

Bedeutung für die Kinder- und Jugendliteratur. Gewaltige Anstrengungen, die Kinder- und Jugendliteratur, Schülerbibliotheken und Lesebücher im Sinne ihrer Ziele zu prägen und zu nutzen, unternahm die Jugendschriftenbewegung als Teil der K., nachdem die Hamburger Lehrer 1896 mit H. WOLGAST die Redaktion der „Jugendschriften-Warte“ übernommen hatten. Unterstützt durch WOLGASTS Kampfschrift „Das Elend unserer Jugendliteratur“ (1896) setzte sich ihre prinzipielle Auffassung von der literarisch-künstlerischen Qualität als entscheidendem Bewertungskriterium für die erzählende Kinder- und Jugendliteratur in den seit 1892 Vereinigten Jugendschriften-Ausschüssen mehr und mehr durch. Die Volksschullehrer versuchten – ab 1902/03 vom „Kunstwart“ und „Dürerbund“ unterstützt – durch Rezensionen in der Jugendschriften-Warte, an Eltern, Schüler, Buchhandel sowie Presseorgane verteilte Auswahllisten und durch Ausstellungen vom Kauf und der Lektüre derjenigen Jugendbücher abzuhalten, denen sie gröbste klerikale, nationalistisch-militaristische sowie imperialistische Tendenzen nachwiesen und/oder jeden Kunstwert absprachen. Als Alternative empfahlen sie solche Werke, die ihrem ästhetischen Geschmacksurteil standhielten und der „kindlichen Fassungskraft“ entsprechen sollten. Um das Angebot „künstlerisch wertvoller“ Kinder- und Jugendliteratur zu vergrößern, zugleich aber gegenüber den weitverbreiteten Groschenheften konkurrenzfähig zu sein und auch Arbeiterkinder zu erreichen, gaben einige Ausschüsse bzw. Verlage preiswerte Dichterbändchen, die sog. „Billigreihen“, heraus, so z.B. H. WOLGAST ab 1909 die „Quellen. Bücher zur Freude und Förderung“ im Münchener Jugendblätter-Verlag, die Vereinigten Jugendschriften-Ausschüsse ihre Reihe „Deutsche Jugendbücherei“ und der Kölner Schaffstein-Verlag seine „Blauen Bändchen“. Wie die Aufsätze der Jugendschriften-Warte, die Kontroversen namentlich im Berliner Ausschuß und besonders die Debatte um die „Tendenz“ in der Jugendschrift (auf der Münchener Vertreterversammlung 1906) zeigten, gab es – trotz Anerkennung des grundlegenden Prinzips – von Anfang an erhebliche Unterschiede im Geschmack und damit der Beurteilungspraxis der Reformer, die außerdem historischen Wandlungen unterworfen waren. In der ersten Phase der Bewegung orientierten sich die Vorschläge unter dem Einfluß WOLGASTS stark an der „großen Nationalliteratur“, d.h. dem „überlieferten literarischen Volksgut“, der deutschen Klassik und dem bürgerlichen Realismus, was sowohl die ersten Titel der von WOLGAST herausgegebenen preiswerten Dichterbändchen (STORMS „Pole Poppenspäler“, 1899; „Schöne alte Kinderreime“, 1903; „Alte Fabeln zur Lust und Lehr“, 1906) als auch seine Erklärung auf dem Weimarer Kunsterziehungstag zeigen: man wolle „die Masse abwendig machen von der Schund- und Unterhaltungsliteratur und zu den großen Meistern führen, die über dieser Stadt schweben“ (Kunsterziehung. 1904, S. 214). Der in den Anfangsjahren der Jugendschriftenkritik zweifellos vorhandene kritisch-kämpferische Elan schwand später allerdings zusehends; diese Entwicklung dürfte nicht zuletzt eine Folge der seit 1894 zunächst vom Buchhandel, später auch von klerikalen und konservativen Kreisen geführten Angriffe besonders gegen den Hamburger „Vorort“ gewesen sein, den man mit dem publizistisch aufgebauschten Hinweis auf die sozialdemokratische Gesinnung seiner Mitglieder in der bürgerlichen Öffentlichkeit zu diskreditieren und in der Lehrerschaft zu isolieren versuchte. Das Organ der radikaldemokratischen Bremer Lehrer, der „Roland“, bescheinigte den Vereinigten Jugendschriften-Ausschüssen jedenfalls schon 1912, sie seien inzwischen so „harmlos“, „nett und ruhig“ geworden, daß „selbst die reaktionärsten Schulleute in solchen ‚verdienstvollen‘ Ausschüssen gern mit(arbeiten)“ (Roland, 8. Jg. 1912, H. 10. S. 217ff.). Im Zuge der Weiterentwicklung der Reformpädagogik, vor allem des Konzepts der „Kunst vom Kinde aus“ (C. GÖTZE, W. LOTTIG) gewann noch vor dem Ersten Weltkrieg das äußerst fragwürdige Kriterium der „Kindertümlichkeit“ immer größere Bedeutung für die Beurteilungspraxis, womit die Illusion einer heilen, von den politischen Tageskämpfen unberührten „Kinderwelt“ sich auch in der Jugendschriftenbewegung ausdehnte. So konstatiert z.B. V. MERKELBACH (a.a.O. S. 273) in seiner Analyse des Bilderbuchs der zwanziger Jahre, daß diejenige Gruppe der Bilderbücher, die künstlerisch am stärksten durch die K. beeinflußt wurde, inhaltlich besonders geprägt ist „von idealistisch-romantischen Vorstellungen einer heilen Welt der Natur und des Kindes“ bei gleichzeitigem Fehlen „einer dem Kind gemäßen Auseinandersetzung mit Industrie, Großstadt, den gesellschaftlichen Verhältnissen“.

Nach der Jahrhundertwende erfuhr neben der außerschulischen Jugendlektüre auch das herkömmliche Lesebuch zunehmende Kritik, dessen „encyclopädische Form“, bestehend aus „Häppchen und Zweckstücken“, man als Hindernis einer konsequenten „Geschmacksbildung“ ansah; dieses Lesebuch „verschließe dem Interesse des Kindes den Zugang zum ganzen Werk des Dichters, das nun abgedrängt werde zur

Schundliteratur" (S. RÜTTGERS, a.a.O. S. 9). Konsequenz dieser Kritik war teils die Erarbeitung inhaltlich und konzeptionell neuer Lesebücher, wie z.B. das sechsbändige Hamburger Lesebuch von 1913ff. oder H. GAUDIGS „Deutsches Lesebuch" von 1911/12, teils die Forderung nach völliger Abschaffung des Lesebuchs zugunsten von „dichterisch vollendeten Ganzschriften". Ein entsprechender Antrag scheiterte auf den Tagungen der Vereinigten Jugendschriften-Ausschüsse in Jena (1920) und Hannover (1921) nur knapp (vgl. S. RÜTTGERS, a.a.O. S. 5ff.; P.-M. ROEDER, a.a.O. S. 139ff.). In dieser Streitfrage setzte sich schließlich der Kompromiß einer wechselseitigen Ergänzung von neukonzipierten Lesebüchern und Ganzschriften durch.

Auswirkungen. Wenngleich eine systematisch-kritische und differenzierende Analyse der Rezeptions- und Wirkungsgeschichte der K. bislang aussteht, läßt sich mit einiger Sicherheit feststellen, daß deren didaktisch-methodische Forderungen – abgesehen von den privaten Landerziehungsheimen – zuerst und vor allem in Volksschulen größerer Städte (Hamburg, Berlin, Bremen, Jena, Weimar, Leipzig usw.) zumindest teilweise durchgesetzt wurden. Besonders konsequent versuchten engagierte Lehrer ihre kunsterzieherischen Pläne in den ab 1919 eingerichteten Versuchsschulen, z.B. in Hamburg, Berlin und Bremen, zu realisieren. Nach der Beratung des Themas „Kunsterziehung" auf der Reichsschulkonferenz von 1920 (Die Reichsschulkonferenz 1920. 1921, S. 756ff. u. 893ff.) scheinen die dort beschlossenen Leitsätze dann auch in die Lehrpläne des höheren Schulwesens eingegangen zu sein (so z.B. in Preußen bei der Neuordnung von 1925). Insgesamt wurden die einschneidendsten Veränderungen ohne Zweifel im Zeichen- und Deutschunterricht erzielt.

Nach dem Zusammenbruch des Hitlerfaschismus knüpfte man zunächst sowohl in den damaligen Westzonen als auch in der sowjetischen Besatzungszone relativ unkritisch an die Reformpädagogik und damit auch an die K. an. Diese Haltung wurde in der DDR spätestens 1949 aufgegeben, als man zuerst den Zusammenhang „zwischen der Reformpädagogik bzw. ihren einzelnen Vertretern und den gesellschaftlichen Verhältnissen des imperialistischen Deutschlands" untersuchte und anschließend (etwa ab 1956) die Frage erörterte, ob nicht „bestimmte didaktisch-methodische Ratschläge aus der Zeit der Reformpädagogik unsere gegenwärtige Schulpraxis befruchten" könnten (K. H. GÜNTHER, S. 201ff.). In der BRD prägten Ideen, didaktisch-methodische Formen und Inhalte der K. dagegen zumindest noch ein Jahrzehnt – mehr oder weniger nachhaltig und unreflektiert – die Unterrichtspraxis der betroffenen Fächer, so z.B. das Lesebuch und die Methoden des Deutschunterrichts bis zur „Lesebuchdiskussion" Ende der fünfziger Jahre bzw. bis zu den Konzepten eines „kritischen Deutschunterrichts" von H. HELMERS, M. DAHRENDORF, H. IVO und dem „Bremer Kollektiv".

Eine noch ausstehende kritische Aufarbeitung der K. und ihrer Wirkungsgeschichte (Ansätze dazu bei H. GÄRTNER, M. LANGE, G. HOLTZ-BAUMERT, F. STERN und D. RICHTER) hätte u.a. die Widersprüche der Gebildeten-Reformbewegung aufzudecken: gehörte dem Gesamtvorstand des Dürerbundes 1912 der Antisemit und Chauvinist A. BARTELS doch ebenso an wie der einflußreiche Sozialdemokrat E. BERNSTEIN (G. KRATZSCH, S. 469); verstand sich der spätere NS-Schulrat und Bearbeiter des nationalsozialistischen Volksschullesebuchs S. RÜTTGERS doch ebenso als Kunsterzieher wie der spätere Kommunist und konsequenteste Kritiker des Lesebuchs der Weimarer Republik O. HÜBNER; entstand in den Reihen der Kunsterzieher neben den vielen natur- und kinderseligen Jugendschriften doch auch jenes visionär-realistische „erste deutsche Anti-Kriegsbuch" (D. RICHTER, S. 32), W. LAMSZUS' „Menschenschlachthaus, Bilder vom kommenden Krieg" (1912), das in der BRD bezeichnenderweise vergessen ist.

→F. Avenarius, →Bilderbuch, →R. Dehmel, →Dürerbund, →Epochen der Kinder- und Jugendliteratur, →K. Hofer, →Jugendschriftenbewegung, →Jugendschriften-Warte, →Kindertümlichkeit, →W. Lamszus, →S. Rüttgers, →Vereinigte Jugendschriften-Ausschüsse, →H. Wolgast

Sekundärliteratur: H. Gärtner: Wesen und Funktion der bürgerlichen Kunsterziehungsbewegung in der Zeit von 1885 bis 1901 (Diss. 1961). – K. H. Günther: Bemerkungen über unser Verhältnis zur Reformpädagogik (in: Pädagogik. 11. 1956. 3. 201–204). – G. Holtz-Baumert: Überhaupt brauchen wir eine sozialistische Literatur ... (1972). – Kunsterziehung. Ergebnisse und Anregungen des dritten Kunsterziehungstages in Hamburg am 13., 14., 15. Oktober 1905 (1906). – Kunsterziehung. Ergebnisse und Anregungen des Kunsterziehungstages in Dresden am 28. u. 29. September 1901 (1902). – Kunsterziehung. Ergebnisse und Anregungen des zweiten Kunsterziehungstages in Weimar am 9., 10., 11. Oktober 1903 (1904). – G. Kratzsch: Kunstwart und Dürerbund (1969). – M. Lange: Die fortschrittliche bürgerliche Jugendschriftenkritik am Jugendbuch des 19. Jahrhunderts und ihre Auswirkungen auf die Bildungsarbeit der Arbeiterklasse (Diss. 1957). – H. Lorenzen (Hrsg.): Die Kunsterziehungsbewegung (1966). – W. Mannhardt (Hrsg.): A. Lichtwark. Eine Auswahl aus seinen Schriften (Bd. 1–2. 1917). – V. Merkelbach: Tendenzen im Bilderbuch der zwanziger Jahre (in: Kl. Doderer (Hrsg. zus. mit H. Müller): Das Bilderbuch. 1973, [2]1975. 273–322). – D. Richter: Das politische Kinderbuch (1973). – J. Richter: Die Entwicklung des kunsterzieherischen Gedankens (1909). – P. M. Roeder: Zur Geschichte und Kritik des Lesebuchs der höheren Schule (1961). – S. Rüttgers: Lesebuch- und Klassenlektüre (1922). – F. Stern: Kulturpessimismus als politische Gefahr (1963). – H. Wolgast: Die Bedeutung der Kunst für die Erziehung (1903); Das Elend unserer Jugendliteratur (1896).

Hans Rudolph

Kunze, Horst

*Führender Bibliothekswissenschaftler und Jugendliteraturtheoretiker der DDR, Herausgeber historischer Werke der Kinderliteratur und literarischer Anthologien; *22. 9. 1909 Dresden.*

K. studierte Germanistik, neuere Sprachen und Philosophie in Wien (1928), Grenoble (1929) und Leipzig

Horst Kunze (1909)*

(1929–1933), machte 1933 das Staatsexamen und promovierte 1935 mit einer Dissertation „Die Bibelübersetzungen von Lefèvre d'Étaples und P. R. Olivetan verglichen in ihrem Wortschatz" zum Dr. phil. in Leipzig. Von 1937 bis 1950 war er an Bibliotheken in Leipzig, Darmstadt und Halle tätig, von 1950 bis 1976 Generaldirektor der Deutschen Staatsbibliothek in Berlin (DDR). 1953 wurde er zum Professor für Bibliothekswissenschaften ernannt und war seit 1955 Direktor des Instituts für Bibliothekswissenschaft an der Humboldt-Universität in Berlin. Er war seit dem Gründungsjahr 1959 Vorsitzender der Arbeitsgemeinschaft für das Kinder- und Jugendbuch in der DDR, weiterhin Mitglied des Kuratoriums Sozialistischer Kinderliteratur der DDR und mehrfach Vorsitzender der Jury der BIB in Bratislava (ČSSR), ebenso Vorstandsmitglied (1971–1976) der Internationalen Forschungsgesellschaft für Kinder- und Jugendliteratur. 1959 erhielt er den „Vaterländischen Verdienstorden", 1961 wurde er Nationalpreisträger.

K.s wissenschaftliche und publizistischen Interessen und seine beruflichen Tätigkeiten sind äußerst vielfältig. Schon in der Festschrift für K. zu seinem 60. Geburtstag unter dem Titel „Buch – Bibliothek – Leser" (1969) umfaßt die Bibliografie seiner Veröffentlichungen 324 Titel. Er hat 1951 kurz nach seinem Amtsantitt an der Deutschen Staatsbibliothek die bisher einzige Kinderbuchabteilung an einer deutschen wissenschaftlichen Bibliothek eingerichtet und vielfach durch seine Mitarbeit in Gremien Einfluß auf die Entwicklung der Kinderliteratur und ihre Verbreitungssysteme genommen. Der größere Teil seiner berufspraktischen Leistungen dürfte jedoch in der verantwortlichen Mithilfe beim Aufbau und Ausbau des wissenschaftlichen Bibliothekswesens in der DDR liegen. Hierzu gehören auch seine Lehrtätigkeit an der Humboldt-Universität und seine diesbezüglichen Publikationen bzw. Herausgaben (z.B. Bibliotheksverwaltungslehre, 1956; Lexikon des Bibliothekswesens, 1969; u.v.a.). Seine größeren und kleineren Veröffentlichungen auf dem buchwissenschaftlichen Gebiet – einiges davon ist in dem von Fr. Krause und R. Gollmitz herausgegebenen Buch „Horst Kunze, Alles für das Buch" (1974) wiederzufinden – reichen von Aufsätzen „Über den motorisierten Bibliothekar" (1956), „Bibliophilie im Sozialismus" (1967), „Von kleinsten und größten Büchern" (1968) bis zu „Lenin und die Bibliotheken" (1970).

Buchwissenschaftlich liegt K.s Interesse vor allem auf historischem Gebiet. Er hat z.B. erste Versuche zu einer Geschichte des Lesergeschmacks für die Zeit von 1750 bis 1850 schon 1938 in den Kommentaren seiner Anthologie „Lieblingsbücher von dazumal" (^{3}1973) unternommen oder J. A. Bergks „Die Kunst, Bücher zu lesen" aus dem Jahre 1799 in einem unveränderten Nachdruck (1967) herausgegeben. In besonderer Weise und in den letzten Jahren in zunehmendem Maße hat sich K. mit der Buchkunst, Buchillustration und auch den Werken einzelner Buchkünstler abgegeben. So gehört zu seinen Großprojekten eine „Geschichte der Buchillustration in Deutschland", von der ein umfangreicher, großformatiger Textband und der dazugehörige fast ebenso seitenstarke Bildband über „Das 15. Jahrhundert" erschienen sind (1975). Auch das Oeuvre eines einzelnen Künstlers, seines Freundes W. Klemke, hat er 1968 als Monografie veröffentlicht. Bei vielen anderen, zum Teil für ein breites Publikum gedachten Herausgaben, ist K.s Sinn für Humor beteiligt, z.B. bei den scherzhaften Anthologien „Dunkel wars, der Mond schien helle" (1940, 1964) und „Spaß muß sein! Eine Blütenlese von alten und neuen Beispielsprichwörtern" (1972).

Die wissenschaftlich schriftstellerische Beschäftigung mit der Kinder- und Jugendliteratur wird bei K. Ende der fünfziger Jahre erkennbar. Sie beginnt mit kurzen Kongreß- und Ausstellungsberichten in Fachzeitschriften, mit Rezensionen bzw. Hinweisen auf alte Kinderbücher, führt 1964 zur Herausgabe der reich kommentierten Anthologie „Schatzbehalter vom Besten aus der älteren deutschen Kinderliteratur" und – begleitet von vielen kleineren Beiträgen zu historischen, gegenwartsbezogenen, Buchgeschichte und Illustrationskunst betreffenden Themen – zur Edition „Historische Kinderbücher" (1965–1969) in Nachdrucken und Einzelausgaben (erschienen sind, zum Teil mit einem Vor- oder Nachwort K.s versehen: Bd. 1. J. P. Lyser: „De Swienegel als Wettrenner. 1853 (1965); Bd. 2: Cl. Fechner: Die schwarze Tante. 1849 (1966); Bd. 3: Fr. Güll: Kinderheimath in Liedern und Bildern. 1860 (1966); Bd. 4: A. Glassbrenner: Sprechende Tiere. 1854 (1966); Bd. 5: Die Ammenuhr aus des Knaben Wunderhorn. 1843 (1967); Bd. 6: H. Becher und J. C. Schneemann: Neuester Orbis Pictus oder Schauplatz der Natur und Kunst. 1843 (1967); Bd. 7: G. Süs: Die Mähr von einer Nachtigal. 1857 (1967)); und dem großangelegten Projekt einer Geschichte der deutschen Kinder- und Jugendliteratur in Epochendarstellungen. Bisher liegen von letzterem, in vierzehn Einzelabschnitte aufgeteilten, jeweils von Fachleuten geschriebenen Werk unter dem Reihentitel „Studien zur Geschichte der deutschen Kinder- und Jugendliteratur" vor die Studie 2 von E. Schmidt „Die deutsche Kinder- und Jugendliteratur von der Mitte des 18. Jahrhunderts bis zum Anfang des 19. Jahrhunderts" (1974) und die Studie 6/7 mit I. Drehers „Die deutsche proletarisch-revolutionäre Kinder- und Jugendliteratur zwischen 1918 und 1933" und H. Meyers „Die deutsche Kinder- und Jugendliteratur 1933 bis 1945. Ein Versuch über die Entwicklungslinien" (1975).

Die theoretische Ausgangsposition ist für K. die des dialektischen und historischen Materialismus. In seinem Beitrag „Probleme bei der Erarbeitung einer Geschichte der deutschen Kinder- und Jugendliteratur" zum Frankfurter Kolloquium 1969 „Jugendliteraturforschung international" betont er, sich auf K. Marx und Fr. Engels stützend, die Schwierigkeit einer Kinderliteraturgeschichtsschreibung bestünde darin, daß „die Literatur als Bestandteil des gesellschaftlichen Lebens" anzusehen und daß entsprechend in genauer Detailkenntnis der „spezifische Charakter der Entwicklungsgesetze der einzelnen ökonomischen Gesellschaftsformationen" aufzudecken sei. Die Kinderliteratur ist für K. ein Teil der Nationalliteratur und beginnt auf Grund der ökonomischen und gesellschaftlichen Bedingungen in Deutschland in der zweiten Hälfte des 18. Jahrhunderts. Die in bestehenden Jugendliteraturgeschichten erwähnten Werke aus früherer Zeit bezeichnet er als „unechte" Kinderbücher, da sie – wie etwa „Der Seele Trost" (1487) – als eine Handreichung für Pädagogen, nicht aber für ein lesendes jugendliches Publikum gedacht gewesen seien. In dem für K.s theoretische Grundlagen entscheidenden einleitenden Teil zu seinem „Schatzbehalter" – „Ein wenig Theorie" überschrieben – bringt er die Entstehung einer spezifischen Kinderliteratur mit dem Übergang „von der zersplitterten, engen Produktionsweise auf der Grundlage des Privateigentums zur Manufaktur und schließlich zur maschinellen kapitalistischen Produktion" (S. 28) in Zusammenhang und zugleich mit dem der Alphabetisierung und Literarisierung breiterer bürgerlicher Gesellschaftsschichten im Zuge aufklärerischer Bestrebungen.

K., der klagt, wir hätten „uns viel zu sehr daran gewöhnt, die Literatur der Erwachsenen mit der ‚großen' Literatur zu identifizieren" (S. 30), sieht seine Aufgabe darin, das durch bürgerliche Wissenschaftstradition teilweise defizitäre, bzw. einseitige Bewußtsein vom kulturellen Erbe auf dem Gebiet der Kinderliteratur zu korrigieren bzw. zu entwickeln. Bei der Suche nach Maßstäben, geeignet zur Wertung des jugendliterarischen Erbes, läßt K., der im einzelnen ästhetische Geschmacksurteile der bürgerlichen Literaturkritik nicht grundsätzlich angreift, erkennen, welche Kriterien für ihn einer „vorwärtsweisenden Tendenz" im Wege stehen: „Ganz sicher zählen auf dem Gebiete der Kinder- und Jugendliteratur zum kulturellen Erbe, das wir hegen und pflegen wollen, nicht Bücher, in denen offen oder versteckt Rassendiffamierung, Kolonialismus, Militarismus und Erbfeindschaft gepredigt würde. Aber auch die ganze Flut verniedlichender Harmlosigkeiten, die bewußt über die Realitäten des sozialen Lebens ihrer Epoche hinwegtändeln, scheiden für ‚das Beste' aus, weil solche Literatur unwahr ist" (S. 23–24).

Werke: Warum in der Staatsbibliothek eine Kinderbuchabteilung aufgebaut wurde? (in: Börsenblatt für den deutschen Buchhandel Leipzig. 126. 1959. 567–570); Auf der Suche nach den Perlen der älteren deutschen Kinder- und Jugendliteratur (in: Beiträge zur Kinder- und Jugendliteratur. 2. 1963. 29–35); Über Werner Klemke, hauptsächlich als Buchillustrator (in: Marginalien. 13. 1963. 1–12); Alte Kinderbücher (in: Das Magazin. 11. 1964. 12. 45–48); Schatzbehalter vom Besten aus der ältesten deutschen Kinderliteratur (1964, [4]1976); Kinderbuch und kindliches Weltbild (in: Marginalien. 22. 1966. 16–18 und 20–25); Probleme bei der Erarbeitung einer Geschichte der deutschen Kinder- und Jugendliteratur (in: Kl. Doderer (Hrsg.): Jugendliteraturforschung international. 1970. 95–111); Geschichte der Buchillustration in Deutschland. Teil: Das 15. Jahrhundert (1975 Textband; 1975 Bildband); Wann beginnt die spezifische Kinder- und Jugendliteratur in Deutschland? (in: Beiträge zur Kinder- und Jugendliteratur. 38. 1976. 46–49).

Hrsg.: Lieblingsbücher von dazumal. Eine Blütenlese aus den erfolgreichsten Büchern von 1750 bis 1860 (1938; NA. 1973); Dunkel war's, der Mond schien helle ... (1940, [7]1964); Historische Kinderbücher. Bd. 1–7 (1965–1967); Werner Klemkes gesammelte Werke (1968); Alles für das Buch (1974); Studien zur Geschichte der deutschen Kinder- und Jugendliteratur. Bd. 2. 6, 7 (1974–1975).

Sekundärliteratur: J. Dietze (Hrsg.): Aus Vergangenheit und Gegenwart der Universitäts- und Landesbibliothek Halle. Festgabe zum 60. Geburtstag von Horst Kunze (1969). – W. Dube: Veröffentlichungen von Horst Kunze 1935–1959 (in: Marginalien. 5/6. 1959. 2–10); Buch – Bibliothek – Leser. Festschrift zum 60. Geburtstag von Horst Kunze (1969).

Klaus Doderer/Horst Künnemann

Kunze, Reiner

*Schriftsteller; *16. 8. 1933 Oelsnitz (Erzgebirge).*

K. studierte Philosophie und Journalistik und war vier Jahre lang als wissenschaftlicher Assistent in Leipzig tätig, ehe er Schwierigkeiten mit den Universitätsbehörden bekam und eine Stelle als Hilfsarbeiter im Schwermaschinenbau annahm. Er war zeitweilig wissenschaftlicher Mitarbeiter an der Deutschen Akademie der Künste Berlin und lebt seit 1962 als freier Schriftsteller in Greiz. K. hatte längst in der Deutschen Demokratischen Republik und in der Bundesrepublik Deutschland einen Namen als Lyriker (u. a. „Vögel über dem Tau", 1959; „Aber die Nachtigall jubelt", 1962; „Sensible Wege", 1969; „Zimmerlautstärke", 1972; „Brief mit blauem Siegel", 1973), als er sich durch seine Tochter Marcella in die Rolle eines Kinderbuchautors gedrängt sah. Für sein erstes und bisher einziges Kinderbuch „Der Löwe Leopold" wurde K. 1971 mit dem Deutschen Jugendbuchpreis ausgezeichnet.

Werk, Tendenzen, Wirkung. „Der Löwe Leopold" enthält neben der Titelgeschichte, die von einem Spielzeuglöwen handelt, die Erzählungen „Ludwig" und „Der Drachen Jakob" (letztere auch enthalten in der von H. Krahé herausgegebenen Anthologie „Gruß und Kuß Dein Julius", 1974), „Das Märchen vom Dis" und ein Gedicht. Die vier Geschichten sind weitgehend im Kleinstadtmilieu angesiedelt und erzählen von kleinen Außenseitern der Gesellschaft, die ihre Probleme mit der Umwelt auf sanfte Weise lösen. Zwar besitzen alle Erzählungen ein gutes Ende, doch bewegen sie sich von der Erzählhaltung her zwischen Heiterkeit und Resignation. Die Geschichten, die auch den erwachsenen Leser ansprechen, nehmen den kleinen Leser sehr ernst. Die Taschenbuchausgabe von 1974 ist erweitert um die gesellschaftskritische Märchenweiterdichtung „Was ist aus Schneewittchens Stiefmutter geworden". Weitere kürzere Beiträge K.s befinden sich in den von H.-J. Gelberg herausgegebenen Jahrbüchern (1: 1971; 2: 1973; 3: 1975). „Der Löwe Leopold" ist ins Dänische und Japanische übersetzt worden. K. lebt seit dem 13.4.1977 in Coburg.

Werke: Der Löwe Leopold. Fast Märchen, fast Geschichten (1970, [4]1973).

Jutta Grutzmacher

Kuratorium sozialistische Kinderliteratur der DDR

Das K. ist eine Vereinigung aller in der DDR an der Kinder- und Jugendliteratur interessierten Institutionen und Personen, zugleich nimmt es die Funktion der nationalen Sektion im IBBY (Internationales Kuratorium für das Jugendbuch) wahr.

Das K. wurde 1970 gegründet und vereint unter Leitung seines Präsidenten, des Stellvertretenden Kultusministers, den Schriftstellerverband, das Ministerium für Kultur und das Ministerium für Volksbildung, die Jugend- und Kinderorganisationen, den Bibliotheksverband, die Akademie der Künste, aber auch Einzelpersönlichkeiten, Schriftsteller, Bildende Künstler und Theoretiker, die an der Kinder- und Jugendliteratur interessiert sind.
Zu seiner ersten Sitzung trat das K. am 18.11.1970 unter Leitung Br. Haids, stellvertretender Minister für Kultur, zusammen. Unter den Teilnehmern waren u.a. G. Ebert, Fr. Fühmann, G. Holtz-Baumert, W. Klemke, A. Kocialek, W. Lewerenz, J. Nowotny, B. Pludra und G. Schmidt. Als Zielprojektion der Aufgaben des K.s hob Kl. Gysi, Minister für Kultur, bei der Gründungsfeier heraus, „den jungen Lesern Bücher in die Hand zu geben, die ihnen das Wissen um das Gestern, das tiefe Verständnis für ihr sozialistisches Heute, (und) den Blick auf das Morgen öffnen" (in: Bulletin Kuratorium sozialistische Kinderliteratur, Dezember 1970, S. 1). Diesen allgemeinen kulturpolitischen Zielen haben sich alle Teilbestrebungen unterzogen.

Das K. berät Grundfragen der Kinderliteratur und gibt entsprechende Empfehlungen. Dabei bleibt jeder Organisation und Institution die eigene Tätigkeit unbenommen. Über das DDR-Zentrum für Kinderliteratur regt das K. vielfältige Initiativen an. Das K. hat z.B. auch die Kinderbuchverlage dazu bewogen, mit ihren Grafikern und Illustratoren Fahrten in die Druckereien zu unternehmen, um sich mit dem technischen Stand, also der Basis der Kinderliteratur, weiter vertraut zu machen. Über das DDR-Zentrum werden auch die „Tage der Kinderliteratur" (zum Internationalen Kinderbuchtag) angeregt und organisiert.

Winfred Kaminski

Kurowski, Franz

*(Ps.e: Bernig, Heinrich H.; Kaufmann, Franz K.; Mellina, Gloria; Schulz, Joh.) Dreher, Schriftsteller, Autor von Sachbüchern für Kinder und Jugendliche, Sachromanen, kriegsgeschichtlichen Büchern; *17.11.1923 Dortmund-Hombruch.*

Nach einer Dreherlehre wurde K. Facharbeiter. 1942–1945 leistete er seinen Wehrdienst vor allem in Südeuropa und Nordafrika; nach dem Kriege wurde er Vorarbeiter und schließlich Betriebsratsvorsitzender und Mitglied des Aufsichtsrats einer Maschinenfabrik. Als Schriftsteller begann er Anfang der fünfziger Jahre mit kriegsgeschichtlichen Büchern und Abenteuerromanen für die Jugend. Später schrieb er vor allem Sachbücher und Sachromane für Jugendliche. 1974 erhielt K. für „Satelliten erforschen die Erde" (1973) den Kurt Lütgen-Sachbuchpreis und den Sachbuchpreis des Freien Deutschen Autorenverbandes, dessen Mitglied er ist.

Werk, Tendenzen, Wirkung. Neben den kriegsgeschichtlichen Büchern liegt das Hauptinteresse K.s auf dem Gebiet des Jugendsachbuchs und des romanhaften Sachbuchs. Mit letzterem greift er auf die Tradition der erdkundlichen Abenteuererzählungen zurück und verbindet sie mit Problemen der Entwicklungsländer Afrikas, wohin ihn mehrere Reisen geführt haben. Die Geschichten sind sich meist sehr ähnlich: Helden sind jeweils junge Deutsche bzw. Amerikaner, die eine Reise nach Afrika unternehmen, oder junge Afrikaner, die eine europäische Bildung genossen haben. Treten beide zusammen auf, so ergibt sich eine typische Rollenverteilung: Der Afrikaner informiert die Europäer über Sitten und Probleme der Eingeborenen, hilft ihnen, sich zurechtzufinden, während diese ihn von der Notwendigkeit, sich der modernen Zeit anzupassen, überzeugen. Die romanhaften Konflikte entspringen entweder dem Gegensatz zwischen Tradition und Zivilisation oder aus den Kämpfen gegen radikale politische Guerillas, die die Entwicklungshilfe der Europäer, oft in Verbindung mit korrupten Verwaltungsbeamten, sabotieren. Spannungsmittel sind weiterhin Jagdabenteuer und Liebesepisoden. Sachinformationen werden meist in Gesprächen vermittelt. Die Stereotypen der Abenteuergeschichte finden sich selbst in K.s Sachbuch „Das große Abenteuer der Technik" (1975), das über Probleme der Entwicklungshilfe in verschiedenen Staaten der Dritten Welt informieren will. Dies geschieht meist in kurzen Storys mit kriminalistischem Einschlag. Das mit dem Kurt-Lütgen-Sachbuchpreis ausgezeichnete Buch „Satelliten erforschen die Erde" verzichtet dagegen weitgehend auf solche Effekte. Hier bildet die Biographie der Erfinder und die technische Entwicklungsgeschichte das Mittel, ausführliche Sachinformationen zu integrieren. Von der Tendenz zur Stereotypisierung wird nicht nur die Erzählstruktur, sondern auch der Sachgehalt erfaßt. Die Darstellung der Entwicklungshilfe in „Das große Abenteuer der Technik" ist von keinerlei Zweifeln an den Methoden der Entwicklungshilfe getrübt. Die Europäer sind die uneigennützigen Helfer und Lehrer der Eingeborenen auf dem Weg in die Zivilisation. Diese sind ihnen dankbar: „Es wurde ein gewaltiges Fest, und heute noch, zwei Jahre später, denkt Günter Krug in Düsseldorf an die Umarmungen und die Tränen der Freude, die die Fulke weinten, als sie ihre Tiere endgültig gerettet sahen" (S. 56). Differenziert wird auch kaum bei der Darstellung der politischen Probleme. Zwar wird z. B. im Falle Rhodesien die Regierung der Weißen für das Entstehen des Widerstands verantwortlich gemacht („Anschlag auf den Karibadamm", 1971). Die Guerillas selbst sind aber einfach Verbrecher. Sie nehmen die Rolle der Kriminellen im Jugendabenteuerbuch ein, die von cleveren Jungen schließlich zur Strecke gebracht werden. K.s Eintreten für Gewaltlosigkeit richtet sich auch ausschließlich gegen die Methoden der Guerillas.

Werke: Tom findet die goldene Stadt (1953); Unter Indios und Banditen (1961); Unsere Zukunft das Meer (1970); Abenteuer in Tibesti (1970); Anschlag auf den Karibadamm (1971); Das Buch der Fallschirmspringer (1973); Satelliten erforschen die Erde (1973); In die Tiefen der Meere (1974); Die Insel der schwarzen Panther (1973); Das große Abenteuer der Technik (1975); Vier Freunde auf Safari (1975).

Martin Hussong

Kutsch, Angelika

*(geb. Olschewski). Jugendbuchautorin, Übersetzerin; *28. 9. 1941 Bremerhaven.*

K. war nach dem Besuch der Handelsschule in mehreren Bürostellen tätig, zuletzt fünf Jahre in einem Verlag. Ein zunächst jugendlich-romantisches Interesse für Schweden führte zum Erlernen der schwedischen Sprache und zu wiederholten Aufenthalten im Land. Dies ermöglichte ihr Übersetzungs- und Lektorentätigkeit. – Die Neigung zum Schreiben trat schon in der Kindheit auf, zunächst als eine elementare Form der Auseinandersetzung mit der eigenen Wirklichkeit: „private Mitteilungen an mich selbst", wie sie es nennt. Später in ihren Büchern schreibt sie „dosierter, kontrollierter und nicht mehr über mich oder an mich selbst". K.s bisher veröffentlichte Jugendbücher haben Erlebnisse junger Mädchen zum Inhalt. Doch lösen sich diese Bücher mehr und mehr von den traditionellen Inhalten von Mädchenbüchern. Der Durchbruch gelang mit „Man kriegt nichts geschenkt" (1973, ²1975; TB 1976), das 1974 auf der Auswahlliste zum Deutschen Jugendbuchpreis stand und 1975 im Rahmen des Deutschen Jugendbuchpreises den „Sonderpreis zum Internationalen Jahr der Frau" erhielt.

Werk, Tendenzen, Wirkung. Die ersten beiden Bücher spielen im eingehend beobachteten und sorgfältig beschriebenen schwedischen Milieu. „Der Sommer, der anders war" (1966; TB 1972) bedient sich für die Handlungsspannung noch eines sensationellen Schmuckraubes. „Abstecher nach Jämtland" (1970) schildert die Begegnung zweier Mädchen aus sehr unterschiedlichen Verhältnissen mit sehr verschiedenen Lebenschancen, die merken, daß sie trotzdem einander etwas sein können, einander verpflichtet sind. In „Man kriegt nichts geschenkt" (1973) wagte K., die Geschichte zu schreiben, die sie schon „längst einmal schreiben wollte, die Wirklichkeit so darzustellen", wie sie sie als Arbeitnehmerin kennengelernt hatte. Hier tritt die in der BRD bislang weithin literarisch anonyme Gruppe der Mädchen mit Hauptschulabschluß ins Blickfeld. Das Mädchen Silke hat viel Einsamkeit und Ratlosigkeit inmitten einer „normalen" Familie zu bewältigen, bis es ihm gelingt, persönliche Reifung und berufliche Bildung in seiner Lebensplanung zusammenzufügen. „Eine Brücke für Joachim" (1975) stellt differenziert die Loslösung eines behinderten jungen Mannes von der Mutter dar. Die eigentliche Heldin des Buches hilft dabei ihm und sich selbst. – Die Mädchengestalten aller Bücher gleichen sich untereinander und wahrscheinlich der Autorin: Sie sind scheu, skeptisch, aber nicht ohne Mut. Die Probleme werden jedoch zunehmend differenzierter. K. kann mehr und mehr auf äußere Spannung verzichten, weil ihre anschauliche Darstellung von Realität und die spannungsvollen Dialoge Interesse wecken und Identifikation herausfordern. – Die Schreibweise von K. ist betont unmodisch. Ihre Bücher haben in der detailreichen, strichelnden Art des Erzählens etwas von den Grauvaleurs der Fotografie, ohne banal zu sein.
In die aktuelle Diskussion um das Mädchenbuch bringen K.s Bücher einen Mädchentyp ein, der die Leserin nicht auf Grund zufälliger Glücksfälle oder Perfektion mißleitet und entmutigt. Das Preisbuch lenkt vollends den Blick auf eine bislang sträflich vernachlässigte Dimension gesellschaftlicher Realität, ohne diese durch leeres soziales Pathos oder oberflächliche Ideologisierung zu verfälschen.

Werke: Der Sommer, der anders war (1966); Abstecher nach Jämtland (1970); Man kriegt nichts geschenkt (1973, ²1975); Eine Brücke für Joachim (1975).

Ottilie Dinges

Kutzer, Ernst

*Österreichischer Maler und Illustrator; *1880 Böhmisch-Leipa, † um 1950 Wien.*

Nach Studien an der Kunstakademie in Wien war K. vor allem als Buchillustrator tätig. Im Weltkrieg 1914–1918, den er vom Landsturmmann bis zum Oberleutnant mitmachte, war er vorwiegend als Zeichner beschäftigt. Nach dem Kriege bis zu seinem Tode widmete er sich fast ausschließlich der Illustration von Kinder- und Bilderbüchern.

Werk, Tendenzen, Wirkung. Obwohl so gut wie keine Literatur zu K. existiert und seine genauen Lebensdaten nicht zu ermitteln sind, gehörte er zu den bekanntesten und beschäftigsten Bilder- und Kinderbuchillustratoren zwischen 1913 und 1945. Die mehr als fünfzig Bilder- und Kinderbücher, die er illustrierte, erlebten alle mehrere, zum Teil hohe Auflagen. Einzelne davon wurden auch nach 1945 wieder neu aufgelegt. K. illustrierte nie eigene Texte, sondern beschränkte sich grundsätzlich auf die Illustration von Textvorlagen anderer Autoren. Sein erstes Bilderbuch erschien 1913, es war die großformatige Ausgabe „Das Goldene Tor", zu dem A. Holst insgesamt einunddreißig Gebete, Lieder und Kindergedichte aus dem Umkreis des Kleinkindes lieferte. Schon dieses erste Bilderbuch zeigt die beiden thematischen Schwerpunkte, denen sich K. zeitlebens zuwandte. Die teils ganzseitigen, teils in den Text hineingestellten Farbillustrationen zeigen einerseits Spielszenen aus der Umwelt des Kindes, andererseits phantastische Märchenlandschaften, die bevorzugt von kauzigen Wichtelmännern bevölkert werden. Während die Darstellungen von Kindern in ihrer natürlichen Umwelt eine realistische, frische Note tragen und sich erfreulich von dem in den zwanziger Jahren im Bereich des Bilder- und Kinderbuchs weit verbreiteten anthropomorphen Illustrationsstil abheben, liegen seine Darstellungen von märchenhaften Phantasielandschaften mit herkömmlichen Märchenfiguren ganz auf der Linie der üblichen Wichtelmannromantik. Lediglich die Zeichnung der Wichtelmänner selbst, die K. zumeist als ausgelassene und fröhliche Schar darstellte, zeigt in ihrer individuellen Charakterisierung und in der Vielgestaltigkeit der Bewegung und des Mienenspiels Originalität und gestalterische Fähigkeit. Es gibt kaum ein Bilder- oder Kinderbuch mit Illustrationen von K., in dem nicht zahlreiche Wichtelmänner in ungezählten Variationen auftauchen. Andererseits führte diese Vorliebe K.s für die Zeichnung kauziger Wichtelmänner auch dazu, daß er sich mit Vorliebe Textvorlagen zuwandte, die sich weitgehend von der Realität der Lebenswelt der Kinder entfernten und daher K. wenig Möglichkeit ließen, sein Talent für die Darstellung einer unverfälschten kindlichen Umwelt zur Geltung zu bringen. Am ehesten kam er damit noch in den von ihm illustrierten Fibeln zum Zuge, die ja vom Text her auf die Umwelt des Leseanfängers eingehen. Besonders stark kommt K.s Fähigkeit zur Erfassung realer Umwelt in den Zeichnungen zu dem Weihnachtsmärchen „Der Weihnachtsstern" von A. Holst zum Ausdruck. Das Buch ist der Suche nach dem Weihnachtsstern, den das Christkind im Haar trägt und der verloren ging, gewidmet. Während Engel und Wichtelmänner vergebens suchen, findet ein armer kleiner Junge den Stern und wird dafür mit seiner verwitweten Mutter durch eine unerwartete Bescherung belohnt. Während der Text für die Ursachen der Armut keinen Raum hat, stellt K. durch Verwendung düsterer, meist blaugrauer Farben, in einigen Szenen sehr realistisch Armut und Not der armen Familie dar. Die Zusammenarbeit mit Holst, der für K. mehr als zwanzig Textvorlagen für Bilderbücher lieferte, führte zu den erfolgreichsten Buchillustrationen K.s. Ein weiteres Kennzeichen der Bilderbuchgestaltung K.s ist die Sorgfalt und die Originalität, die er auf die Gestaltung der Vorsatzblätter verwandte. Schon die Vorsatzblätter zu K.s erstem Bilderbuch („Das Goldene Tor") zeigen diese Tendenz. In schwarz und weiß auf grauem Grund gedruckt finden sich hier ornamental angeordnete Reihen von Kindern, die sich, abwechselnd Jungen und Mädchen, an den Händen halten. Besonders gelungen sind die Vorsatzblätter zu dem Bilderbuch „Das fidele Wichtel-ABC" mit dem Text von A. Ryssel, das jeweils auf einer Doppelseite das gesamte Alphabet in Form von großen, grün gedruckten und schwarz umrandeten Buchstaben zeigt. Hinter jedem Buchstaben verstecken sich Wichtelmänner und Tiere. Die zeichnerische Entwicklung, die sich in der Reihenfolge des Entstehens an K.s Bilder- und Kinderbüchern ablesen läßt, zeigt deutlich ein allmähliches Abgleiten in Auftragsroutine. Schuld daran war sicher die zum Broterwerb notwendige Übernahme von zu vielen Aufträgen, durch die K. öfter in Zeitdruck geriet.

→ A. Holst

Werke: E. Th. A. Hoffmann: Nußknacker und Mausekönig (1909); A. Holst: Das goldene Tor (1913); A. Holst: Die weißen Mäuse und andere Märchen (1920); A. Holst: Fridolin der Osterhase (1921); A. Holst: Der Weihnachtsstern (1921); A. Holst: Hans Quak und andere Märchen (1922); A. Holst: Tandaradei. Neue Kinderlieder (1924); J. Heeger: Der Nürnberger Trichter (1925); A. Holst: Juchhe und juchhei! (1925); A. Holst: Der Osterhase auf Reisen (1925); A. Umlauf-Lamatsch: Pilzmärchen (1925); A. Umlauf-Lamatsch: Schnick, Schnack, Schnuck die Hutzelmännlein (1926); V. Fenzl: Kribbel, Krabbel, Kugelrund (1926); A. Sergel: Güldenkettlein (1926); A. Holst: Im Schlaraffenland (1927); H. Hess: Deutscher Märchenschatz (1927); H. Kolar: Was die Märchenleute sagen (1927); A. Holst: Ringel, Ringel, Reihe! (1928); H. Scharrelmann: Pinkepanks Weihnachten und andere Erzählungen (1928); A. Ryssel: Das fidele Wichtel-ABC (1929); A. Holst: In Sonne und Wind, Reime für das Kind (1929); A. Holst: Ein frohes Fest im Hasennest (1929); A. Neubacher: Mozarts kleine Notenschule (1934); Was kleine Leut' in Wien erfreut. Erstes Lesebuch für Volksschulen. 1. Teil. Winterbuch. Herausgegeben von einer Lehrerarbeitsgemeinschaft (1935; zus. mit Fr. Wacik); H. Brückl: Mein Buch zum Anschauen, Zeichnen, Schreiben, Lesen und Zählen ([3]1941); Fr. E. Hrabe: Hurra, die Tiere wandern aus! (1943).

Helmut Müller

Kuznecov, Konstantin Vasiljevič

*Sowjetischer Maler und Kinderbuchillustrator; *25.3.1886 Počinok, †30.11.1943 Moskau.*

K. verlebte seine Kinderjahre in entlegenen Wäldern hinter der Wolga. Er begann früh zu zeichnen. Nach der

Reifeprüfung auf einem Moskauer Gymnasium studierte er an der Schule der Gesellschaft zur Unterstützung der Kunst. Von 1910 bis 1913 nahm K. an den Ausstellungen der Indépendants in Paris teil. Seit 1913 publizierte er Zeichnungen in Zeitschriften sowie Karikaturen von Schauspielern in Theaterprogrammen; ab 1923 illustrierte er auch Kinderbücher. Daneben schuf K. gezeichnete Märchenfilme und arbeitete als Bühnenkünstler und freier Grafiker. Während des Krieges war er in Kasachstan evakuiert, wo er seine Beschäftigung mit Illustrationskunst und Holzplastik fortsetzte. Einige Monate nach seiner Rückkehr nach Moskau (August 1943) starb er.

Werk, Tendenzen, Wirkung. K. war ein sehr experimentierfreudiger Künstler: er erfand die Technik der Karton-Gravur, führte in die grafische Arbeit Laubabdrücke, den Druck mit Papierausschnitten, Kartoffeldruck u.a. ein. 1933 wurden seine verschiedenen grafischen Techniken in einer Ausstellung der Tretjakov-Galerie vorgestellt.
Seine enge Beziehung zu seiner russischen Heimat, zur alten Volkskunst und zur Folklore drückt sich u.a. darin aus, daß K. bevorzugt Volksmärchen illustrierte. Vom Verlag Detgiz erhielt er den Auftrag, zusammen mit J. Vasnecov (1900–1973) eine Märchensammlung zu illustrieren, wobei zur Auflage gemacht wurde, daß an jeder Zeichnung beide Künstler arbeiten sollten. 1937 erschien dieses Gemeinschaftswerk „Gusi-lebedi" (Gänse-Schwäne).
Von besonderer Bedeutung für K.s Schaffen war sein persönlicher Kontakt mit dem Schriftsteller A. N. Tolstoj (1883–1945) und dessen Teilnahme an der Illustration seiner Märchensammlung „Russkije skazki" (1940; dt. Russische Volksmärchen, 1949), die mit zahlreichen schwarz-weißen, holzschnittartigen Zeichnungen versehen ist.
Charakteristisch für K.s Zeichnungen sind Heiterkeit und Witz, doch trotz aller Originalität ist im Ausdruck eine Beziehung zum Schaffen von J. Vasnecov und J. Polenova (1850–1898) unverkennbar. K. vereinigt in seinem Werk volkstümliche mit realistischen Elementen, oder, wie E. Gankina es ausdrückt, er vermochte in seinen Bildern und Grafiken „die wahrhafte Poesie der Gefühle, die kühne Romantik der Natur, verknüpft mit der realistischen Glaubwürdigkeit der Lebensdetails und der menschlichen Beziehungen, auszudrükken" (E. Gankina: Russkije chudožniki detskoj knigi, 1963. S. 165).

Werke: M. Bulatov: Russkije narodnyje skazki (1935); O. Kapica: Pesenki (1935); A. Barto: Igruški (1936); Gusi-lebedi (1937; zus. mit J. Vasnelov); Lisička sestrička i volk (1937); S. Aksakov: Aleňkij cvetoček (1938); M. Prišvin: Rasskazy (1938); A. N. Tolstoj: Russkije narodnyje skazki (1940; dt. Russische Volksmärchen, 1949); M. Prišvin: Lisičkin chleb (1941); L. Bažov: Malachitnaja škatulka (1942); Carevna Ljaguška (1944; dt. Prinzessin Frosch, 1949); Ivan Carevič i seryj volk (1946); A. Puškin: Skazka o care Saltane (1946); Sestrica Alenuška i bratec Ivanuška (1947).

Sekundärliteratur: M. Cholodovskaja: K. V. Kusnecov (1950). – E. Gankina: Russkije chudožniki detskoj knigi (1963). – A. Korostin: K. V. Kusnecov (1950).

František Holešovský

Kyber, Manfred

*Erzähler, Lyriker und Dramatiker; *1.3.1880 Riga, †10.3.1933 Löwenstein bei Heilbronn.*

K. verlebte seine Kindheit auf dem elterlichen Landgut Paltenal bei Riga und besuchte die höhere Schule in seiner Heimatstadt und in Petersburg. Um die Jahrhundertwende kam er nach Deutschland und studierte Philosophie in Leipzig, wo er Verbindung mit dem Maler M. Klinger (1857–1920) und den Schriftstellern H. H. Ewers (1871–1943) und E. v. Wolzogen (1855–1934) aufnahm. Seine neu entstandenen Brettllieder wurden von E. v. Wolzogens „Bunter Bühne" und der Ewersschen Wandertruppe uraufgeführt. Er selbst wurde Verlagsangestellter in Berlin. 1909 heiratete K. eine adlige Landsmännin E. Boltho von Hohenbach. 1919 übernahm K. in Riga die Leitung der „Deutschen Volksbühne" und des neugegründeten Kabaretts „Marabu". Nach einem Kuraufenthalt in der Schweiz wurde K. Cheflektor der Verlagsgesellschaft „Union" und Theaterkritiker am „Kunstführer" und „Schwäbischen Merkur" in Stuttgart. Gleichzeitig hielt er Vorträge an der Volkshochschule über Okkultismus

Titelseite zu Manfred Kybers (1880–1933) Kinderbuch „Der Mausball und andere Tiermärchen" (1927).

und Märchendichtung. Seine letzten Lebensjahre verbrachte K. in Krankheit und Not in Löwenstein bei Heilbronn, nicht weit entfernt von Weinsberg, der Wirkungs- und Sterbestätte J. KERNERS (1786–1862), des wahlverwandten Dichters. Hier entstand auch 1923 seine „Einführung in das Gesamtgebiet des Okkultismus". Vom Bureau International Humanitaire Zoophile in Genf wurde K. für seine literarischen Arbeiten der Welttierschutzpreis 1930 zuerteilt. Am 10. März 1967, dem 35. Todestag K.s, wurde in Löwenstein ein Manfred Kyber-Zimmer als Gedenkstätte eröffnet.

Werk, Tendenzen, Wirkung. K. begann, von Neuromantikern beeinflußt, mit Gedichten (1902) und Dramen. So wie CHR. MORGENSTERN (1871–1914) empfing auch K. entscheidende Anregungen für die eigene Welt- und Lebensschau durch die Begegnung mit R. STEINER (1861–1925) und der anthroposophischen Lehre. K., der sich zu einem „Christentum des Grals" bekannte, verkündete seine Weltanschauung des Geheimreiches und der Bruderschaft aller Geschöpfe nicht nur in Tiergeschichten, sondern auch in Märchen, Mysterienspielen und einem okkulten Roman. Er setzte sich nachdrücklich für den Gedanken des Tierschutzes und des Weltfriedens ein. Sein Kampfbuch: „Tierschutz und Kultur" (1925) ist in einzelnen Dingen überholt, neue Tierschutzgesetze haben manche der von K. gebranntmarkten Zustände beseitigt, gewisse Grundanschauungen aber sind nach wie vor bedenkenswert. Unter jungen Lesern wurde K. durch seine feinfühligen, witzig-ernsten Tiergeschichten mit leicht spöttischem Unterton (Unter Tieren, 1912; Neue Tiergeschichten, 1926) und seine Märchen (Der Königsgaukler, ein indisches Märchen, 1921; Märchen, 1921; Das Pantoffelmännchen, 1926; Der Mausball und andere Tiermärchen, 1927; Puppenspiel und andere Märchen, 1928) bekannt. K. zählt zu den im ersten Jahrzehnt des 20. Jahrhunderts hervortretenden Erzählern, die aus der Haltung des Mitleids für das vom Menschen mißbrauchte Geschöpf schrieben. Dabei verglich er die Welt des Tieres mit der des Menschen, um zu einem besseren Verständnis der Natur zu gelangen. Seine heiter-ernsthaften Märchen zeigen Anklänge an LA FONTAINE (1621–1695). Für K. selbst waren die Märchen nicht nur erdachte Geschichten, sondern auch „Wirklichkeiten einer anderen Welt", mit der unseren verwoben. Nicht die Märchendichter beseelten die Natur mit ihren Gedanken, sondern sie sähen „mit den Augen des Ewig-Kindlichen, daß die Natur beseelt ist". (Aus einem Vortrag K.s im Kleinen Haus des Württembergischen Landestheaters in Stuttgart am 27. November 1921.) Eine Reihe von Gedichten und Kinderliedern K.s wurden vertont. Seine von jung und alt geschätzten Tiergeschichten und Märchen mit ungewöhnlich hohen Auflagen wurden in verschiedene Sprachen übersetzt und Proben davon in ausländische Schullesebücher aufgenommen. Als Cheflektor des Stuttgarter Union-Verlages besorgte K. die Herausgabe dreier „klassischer" Jugendbücher („Zwölf Legenden des heiligen Franziskus von Assisi und seinen Brüdern", mit Illustrationen von L. BAUER, 1921, [6]1931; „Gullivers Reisen in unbekannte Länder" von J. SWIFT, Jugendbearbeitung von K. SEIFERT, neu durchgesehen und herausgegeben von K. mit Illustrationen von GRANDVILLE, 1921, [2]1933; „Nußknacker und Mausekönig", von E. TH. A. HOFFMANN, 1923).

Werke: Drei Waldmärchen (1903); Unter Tieren (1912); Das wandernde Seelchen. Der Tod und das kleine Mädchen. Zwei Märchenspiele (1920); Der Königsgaukler. Ein indisches Märchen (1921); Märchen (1921); Tierschutz und Kultur (1925); Das Pantoffelmännchen (1926; zus. mit H. Hamel und J. Siebe); Der Mausball und andere Tiermärchen (1927); Puppenspiel. Neue Märchen (1928); Gesammelte Tiergeschichten (1924); Gesammelte Märchen (1925).
Hrsg.: Zwölf Legenden des heiligen Franziskus von Assisi und seinen Brüdern (1921); J. Swift: Gullivers Reisen in unbekannte Länder (1921); E. Th. A. Hoffmann: Nußknacker und Mausekönig (1923).

Sekundärliteratur: A. Brieger: „In zwölfter Stunde". M. Kyber, Seher und Dichter (1973). – G. Flügge-Kroenberg: M. Kyber und sein Werk (in: Baltische Hefte. 1955. 1. 29–35). – E. W. Funcke: M. Kybers Märchen (Diss. 1970). – H. Günther: M. Kyber. Über ihn und von ihm selbst (in: Eckart. Blätter für evangelische Geistesarbeit. 6. 1930. 394–397). – I. Günther: M. Kyber, 1880 bis 1933. Versuch einer Monographie (Diss. 1954). – G. v. Karger: M. Kyber, Dichter und Tierfreund (1936). – E. Thomson: M. Kyber, Leben und Werk (1960).

Hans Eich

L

Laan, Dick

*Niederländischer Kinderbuchautor; * 18. 12. 1894 Wormerveer, †6. 10. 1973 Wormerveer.*

L. besuchte nach seiner Schulzeit in Holland Handels- und Wirtschaftsschulen in der Schweiz. Als leitender Angestellter einer Schokoladenfabrik in Wormerveer begann er 1930 in seiner Freizeit zu schreiben. Die ersten Bücher verfaßte er für 13–17jährige Jungen. Erst seit 1939 entwickelte er sich mit der „Pinkeltje"-Serie (dt. Pünkelchen) zum Kinderbuchautor. Außerdem wurde L. mehrfach als Pionier des Filmemachens ausgezeichnet.

Werk, Tendenzen, Wirkung. In jedem der einzelnen „Pünkelchen-Bände" (ins Deutsche übersetzt von L. GAST) beschreibt L. die märchenhaften Abenteuer des reiselustigen und vorwitzigen Wichtelzwergs Pünkelchen, die dieser – obwohl kleiner als der kleine Finger einer Hand – mit Hilfe seiner Freunde (Dackel Wackelschwanz, Kater Schnurrebart, Krähe Wippsteert, Pünkelinchen, Wolkewittchen u.a.) auf der Erde, am Meeresgrund und in der Luft besteht. Die Beliebtheit des Wichtleins steht sicher im Zusammenhang mit Erwartungsklischees, die die Einstellung zu „Zwergen", „Wichteln" etc. entsprechend steuern, aber auch mit seinen Charaktereigenschaften (neugierig, unvorsichtig, naschhaft) und seinen Taten (Entdeckungsreisen, Bestehen von schwierigen Situationen). Die kurzen, immer groß gedruckten Kapitel sind durchgehend mit Schwarz-Weiß-Zeichnungen versehen (Holland: R. van Looy, BRD: H. Deininger). Durch einfachen Satzbau und direkte Rede versteht es L., seine kleinen Leser persönlich anzusprechen und sie in das Geschehen mit einzubeziehen. Er selbst taucht als „Dick Laan", der mit Pünkelchen selbstverständlichen Umgang pflegt, wiederholt in den Episoden auf (besonders in „Pinkeltje en de ijsheks", 1970; dt. „Pünkelchen am Nordpol", 1972), wobei von ihm dann in der dritten Person die Rede ist (im Kontrast etwa zu dem mit dem Fantastischen konfrontierten Autoren-Ich in D. Neven-du Monts „Das Getüm", 1970 oder dem stellvertretend eingeführten Ich Anton Pfisters in E. Kauts „Musch macht Geschichten", 1957). Bei der Betrachtung sämtlicher Pünkelchen-Bände können eine gewisse Monotonie im Stil und Wiederholung vorangegangener Episoden nicht übersehen werden. Die Pünkelchen-Bände sind in zahlreiche Sprachen übersetzt und haben allein in den deutschsprachigen Ausgaben bereits eine Gesamtauflage von ca. einer Million erreicht. Darüber hinaus gibt es Hörspielfassungen einzelner Bände.

Werke: De raad van Zeven (1930, [2]1938); Het geheim van den zwarten monnik (1930, [2]1938); Rudi's spaansche avonturen (1931); Circusjong (1933); De berg „M" (1935, [2]1952; NA. 1974); Tarakanner tegen wil en dank (1936); De avonturen van Pinkeltje (1939, [24]1974; dt. Pünkelchens Abenteuer, 1955); Het goud van den Amerikaan (1939); Pinkeltje en zijn vriendjes (1949, [18]1974; dt. Pünkelchen und seine Freunde, 1956); Pinkeltje op reis (1950, [16]1975; dt. Pünkelchen auf Reisen, 1956); Pinkeltje in Artis (1952, [15]1972; dt. Pünkelchen im Zoo, 1957); Pinkeltje en het grote huis (1953, [13]1973); Pinkeltje op zoek naar Klaas Vaak (1954, [12]1974; dt. Pünkelchen sucht den Sandmann, 1960); Pinkeltje in Madurodam (1955, [14]1974; dt. Pünkelchen in einer kleinen Stadt, 1965); Pinkeltje gaat naar Pinkeltjesland (1956, [10]1974; dt. Pünkelchen in Afrika, 1958); Pinkeltje en de flonkersteen (1957, [11]1974; dt. Pünkelchen und der Karfunkelstein, 1959); Pinkeltje ontmoet Wolkewietje (1958, [11]1974; dt. Pünkelchen und Wolkewittchen, 1961); Wolkewietje is ondeugend geweest (1959, [5]1968; dt. Wolkewittchen, 1968; NA. 1973); Een groote verrassing voor Pinkeltje (1960, [7]1972); Pinkeltje en de parels (1961, [5]1969; dt. Pünkelchen als Perlentaucher, 1962); Pinkeltje en de raket (1962, [8]1974; dt. Pünkelchens Reise zum Mond, 1963); Pinkeltje en de gouden pen (1963, [7]1975); Pinkeltje en de aartmannetjes (1964, [7]1975); Lach jij maar, Pinkeltje (1965, [4]1971; dt. Du hast gut lachen, Pünkelchen, 1966); O! o, die Wolkewietje toch! (1966); Het groote avontuur van Pinkeltje (1967, [5]1974); Pinkeltje en de boze tovenaar (1968); Pinkeltje en de auto-raket (1969, [4]1973; dt. Pünkelchen und die Autorakete, 1970); Pinkeltje en de ijsheks (1970, [3]1972; dt. Pünkelchen am Nordpol, 1972); Pinkeltje en tien spannende verhalen (1971, [4]1975); Pinkeltje en het gestolen toverboek (1972); Pinkeltje en het verdwenen Kindercircus (1973, [2]1974; dt. Pünkelchen und der Kinderzirkus, 1975); Pinkeltje en de spannende avonturen om die gouden beker (1974, [2]1975); Pinkeltje op zoek naar de maandiamant (1975).

Lioba Betten

Lada, Josef

*Illustrator und Autor; *17.12.1887 Hrusiče bei Prag, †14.12.1957 Prag.*

L. wuchs als Sohn eines armen Dorfschusters auf dem Lande auf. In der Werkstatt des Vaters lauschte er den Erzählern, vorwiegend ausgedienten Soldaten, die volkstümliche Geschichten oder auch Kalendergeschichten vortrugen. Schon als Junge begann er zu zeichnen, beliebte Motive waren Szenen aus dem Soldatenleben. Nach dem Besuch der Dorfschule ging er nach Prag und absolvierte von 1901 bis 1905 eine Buchbinder- und Goldprägerlehre. Schon 1904 veröffentlichte er seine ersten Zeitschriftenillustrationen. Ein 1906 begonnenes Studium an der Kunstgewerbeschule in Prag mußte L. aus Geldmangel abbrechen. Seinen Lebensunterhalt verdiente sich L. zunächst als Zeichner für humoristische Zeitschriften. Zeitweilig war L. Redaktionsmitglied von Tageszeitungen und Wochenzeitschriften, auch freier Mitarbeiter der Wiener Zeitschrift „Die Muskete". Mit zahlreichen Prager Autoren der Avantgarde befreundet, begann er um 1920 mit der Illustration von Büchern. Auch im Ausland wurde L., vor allem durch die Illustrationen von J. Hašeks (1883–1923) „Osudy dobrého vojáka svejka za světové války" (1921, Abenteuer des braven Soldaten Schwejk im Weltkriege) bald bekannt. Nach 1940 lebte L., der, außer einer Reise nach Helgoland und in den Tiergarten Hagenbeck in Hamburg, Böhmen nie verlassen hatte, als freischaffender Künstler in Prag. Ausstellungen mit Zeichnungen L.s fanden in allen größeren Städten der Tschechoslowakei sowie in zahlreichen Hauptstädten Europas und in Übersee statt. Für seine Kinderbücher wurde L. mehrfach ausgezeichnet, so erhielt er unter anderem 1938 den Rambousek-Preis in Prag. 1947 wurde ihm der Titel „Nationaler Künstler" verliehen.

Werk, Tendenzen, Wirkung. Die Bibliographie der Kinderwerke L.s von J. Vrána nennt insgesamt 106 Titel (u.a. selbständige Bücher, kleinere Erzählungen, Illustrationen) für Kinder. In seiner Bedeutung für die Kinderliteratur wird L. primär als Illustrator gesehen. Da jedoch die meisten Kinderbücher L.s ihre Wirkung vor allem in dem harmonischen Zusammenhang von Bild und Text finden, lassen sich der Illustrator L. und der Autor L. nur schwer getrennt betrachten. Als Illustrator steht L. in der Tradition der klassischen tschechischen Zeichner M. Aleš (1852–1913) und J. Mánes (1820–1871). Besonders die von M. Aleš geförderte Volkskunst führte L. weiter. In seinen Zeichnungen drückt L. die Polarität der Tradition zur modernen Welt aus. Er zeigt den Kindern eine farbig bunte, aber nie auffallend schreiende Welt, in der gütig karikierte Menschen mit gutherzigen Gesichtern leben. Die stark vereinfachende Linie wirkt nicht abstrakt, sie

Josef Lada (1887–1957) ist Verfasser und Illustrator des „Kater Mikesch". Otfried Preußler übersetzte die Geschichte vom Kater, der sprechen konnte, ins Deutsche (Umschlagblatt der deutschsprachigen Ausgabe von 1962).

zeigt vielmehr die Grundstrukturen der Figuren und Dinge in einer verkürzenden Weise, die weitgehend auf Perspektive verzichtet. Gerade Linien und flächenhafte Darstellungsweise herrschen vor. Auch seine anthropomorphisierten Tiere bleiben volkstümlich realistisch.
Literarisch steht L. in der Tradition volkstümlicher Erzählweise. Ein Großteil seiner Geschichten geht auf eigene dörfliche Kindheitserlebnisse zurück, angereichert mit Figuren und Motiven aus dem traditionellen Volksgut. In einer dynamischen, volkstümlich-derben Sprache, die viel Sinn für Details und Situationskomik beweist, versteht L. dem lesenden oder zuhörenden Kind entgegenzukommen. In seinen zahlreichen märchenhaften Geschichten verwebt er geschickt Realistisches und Wunderbares zu lebensnahen Schilderungen. Es wimmelt darin von teils tolpatschig-dummen, teils spitzbübisch-schlauen Tieren und Kerlen, die die verschiedenen Typen einer bäuerlichen Lebensgemeinschaft widerspiegeln. L. gibt seinen Märchenfiguren, seinen Gespenstern und Popanzen sehr menschliche Züge und führt damit eine demokratische Gesellschaft vor, in der Gespenster dumm oder fleißig, Könige und Prinzessinnen ausgekocht oder liebenswürdig sind. Es sind Typen, die der junge Leser in seiner alltäglichen Umwelt wiederfinden kann. Durch die Vermenschlichung von Gespenstern und anderen überirdischen Wesen wollte L. vor allem den Kindern die Angst vor solchen Erscheinungen nehmen. Besonders erfolgreich war L. mit den Erzählungen „O chytré kmotře lišce" (1937; Vom schlauen Gevatter Fuchs) und „Bubáci a hastrmani" (1938; Popanze und Wassermänner) sowie den Geschichten um den Kater Mikesch (Kocour Mikeš), die von 1934 bis 1936 in vier Teilen erschienen und im Ausland am bekanntesten wurden. Die Geschichten spielen in einem böhmischen Dorf mit seiner Alltagsarbeit und ländlichen Festen. Hier verübt der Schusterjunge Pepík mit seinem Kater Mikesch, einem Schwein und einem Ziegenbock – alle drei erlernen durch Pepík die menschliche Sprache –, eine Reihe derber Streiche, die das sonst altböhmisch-gemächliche Dorf in einige Aufregung versetzen. 1962 kam unter dem Titel „Kater Mikesch. Geschichten vom Kater, der sprechen konnte" eine deutsche Nachdichtung von O. Preussler (*1923) heraus, für die O. Preussler den Deutschen Jugendbuchpreis 1963 erhielt. Ein zweiter Band unter dem Titel „Kater Mikesch. Neue Geschichten vom Kater, der sprechen konnte" folgte 1974 in der Übersetzung von M. Schuster. In dem Band „Vzpomínky z dětství" (1937; dt. Ein Schusterbub wird Maler, 1957) erzählt L. in einer für Kinder verständlichen und mit lustigen Erinnerungen angereicherten Sprache seine eigene Lebensgeschichte. Der Schluß von L.s für Erwachsene geschriebenen Autobiographie „Kronika mého života" (1942, Chronik meines Lebens) gibt Auskunft über das Selbstverständnis des Künstlers, wenn er dort schreibt: „... Schriftsteller und Maler; Maler und Schriftsteller. Drehen und wenden Sie das wie Sie mögen. Ich selbst glaube an eindringliche Kindheitserlebnisse, an gute Leute, an mitleidsvolle Herzen und an echte Liebe. Das allein sind die wirklichen Quellen aus denen der Künstler schöpft. Die Feder oder den Pinsel zu beherrschen, – das ist nichts weiter als Technik, ist lediglich Detail. Die lebendigen Quellen der wahren Kunst liegen anderswo, liegen tiefer, viel tiefer. Das Geheimnis, diese Quellen zu finden, kann man weder erlernen noch erkaufen".

→O. Preußler

Werke: Moje abeceda (1911); Ladův veselý přírodopis (1917); Svět zvířat (1919); O Mikešovi (1934); Do světa (1935); Cirkus Mikeš a Cirkus Kludský (1936; dt. Kater Mikesch. Geschichten vom Kater, der sprechen konnte, 1962; u. Kater Mikesch. Neue Geschichten vom Kater, der sprechen konnte, 1974); Zlatý domov (1936); Vzpomínky z dětství (1937; dt. Ein Schusterbub wird Maler, 1957); O chytré kmotře lišce (1937); Bubáci a hastrmani (1938); Pohádky naruby (1939); Nezbedné pohádky (1946); Josef Lada dětem (1952).

Sekundärliteratur: J. A. Novotný: Soupis díla Josefa Lady (1962). – J. Vrána: Vyprávění o Josefu Ladovi (1972). – J. Pečírka: Národní umělec Josef Lada (1955).

Jan Červenka

La Farge, Oliver

*Amerikanischer Ethnologe und Autor; *19.12.1901 New York, †2.6.1963 Albuquerque (Neumexiko).*

L., ein Nachfahre B. Franklins, studierte in Groton und Havard Anthropologie, Archäologie und Ethnologie und war mehrere Jahre lang Assistent an der Tulane-Universität. Von Havard aus nahm L. an drei archäologischen Expeditionen nach Arizona teil. Im Auftrag der Columbia-Universität führte er zwei Forschungsreisen nach Guatemala durch und veröffentlichte zahlreiche Spezialuntersuchungen über die Indianer. Von 1932 bis 1947 und dann wieder von 1948 bis zu seinem Tode fungierte L. als Präsident der amerikanischen Vereinigung für indianische Angelegenheiten (Association in American Indian Affairs). Für seinen Roman „Laughing Boy" (1929; dt. Der große Nachtgesang, 1949), eine Liebesgeschichte unter Navajo-Indianern, erhielt L. 1930 den Pulitzerpreis. Die deutsche Übersetzung des Jugendsachbuches „The Pictorial History of the American Indian" (1956) wurde 1962 unter dem Titel „Die Welt der Indianer" in die Auswahlliste des Deutschen Jugendbuchpreises aufgenommen.

Werk, Tendenzen, Wirkung. In seinen Romanen, Erzählungen und Kurzgeschichten aus dem Leben der Indianer erweist sich L. als psychologisch einfühlsamer Gestalter und prägnanter Stilist. In Deutschland wurde L. als Romancier vor allem durch seinen Roman „Der große Nachtgesang" bekannt. Im Bereich der Kinder- und Jugendliteratur erreichte das erzählende Jugendsachbuch „The Pictorial History of the American Indian" (1956; dt. Die Welt der Indianer, 1961) im In- und Ausland positive Aufnahme und weite Verbreitung. In dieser illustrierten Geschichte der nordamerikanischen Indianer von den Anfängen bis zur Gegenwart bietet der Autor ein stoffreiches Kompendium aller großen Ereignisse der verschiedenen Stämme und ihrer Auseinandersetzungen untereinander sowie mit den britischen, französischen, spanischen und amerikanischen Siedlern. Das Buch ist wie kein anderes geeignet, ein von K. May und anderen Autoren von Abenteuerbüchern verfälschtes Bild der indianischen Welt und Geschichte zu korrigieren.

→ Indianerbuch

Werke: Laughing boy (1929; dt. Der große Nachtgesang, 1949); The sparks fly upwards (1931); The enemy gods (1937); The copper pot (1942); A pictorial history of the American Indian (1956; dt. Die Welt der Indianer, 1961); A pause in the desert (1957; dt. Die letzte Flasche Whisky, 1958).

Sekundärliteratur: F. Schulz: Der nordamerikanische Indianer und seine Welt in den Werken von E. Hemingway und O. La Farge (1964).

Gustav Sichelschmidt

La Fontaine, Jean de

*Französischer Dichter; *8.7.1621 Château-Thierry (Champagne), †14.4.1695 Paris.*

Der Sohn eines Forstmeisters wuchs in ländlicher Gegend auf. Er besuchte das Gymnasium seiner Heimatstadt und war 18 Monate bei der Gesellschaft der Oratorier in Reims. Dort studierte er an der Universität anfangs Theologie, dann Rechtswissenschaften, und

Jean de La Fontaine (1621–1695)

war kurze Zeit Advokat am Gerichtshof. Nach Hause zurückgekehrt, heiratete er 1647 M. Héricart und übernahm das väterliche Amt. Mit seinem ersten Werk, der Komödie „L'Eunuque" (1654) erwarb er sich die Gunst hochgestellter Persönlichkeiten in Paris. Die führenden Schriftsteller Boileau-Despréaux (1636–1711), Racine (1639–1699) und Molière (1622–1673) zählten zu seinen Freunden. 1658 gab L. Amt und Familie auf und ging nach Paris, wo er als geschickter Plauderer und beliebter Gesellschafter und mit Unterstützung des Marquis de Belle-Isle, später der Herzogin von Orleans, der Marquise de la Sablière und der Madame d'Hervart bis zu seinem Tode lebte. Im Jahr 1684 wurde L. Mitglied der Académie Française.

Werk, Tendenzen, Wirkung. L. führte in Paris das äußerlich genießerische Leben eines „Vielfältigen", wie er es nannte. Er galt als Müßiggänger, war aber ein hart arbeitender Schriftsteller. Während seine zahlreichen pikant-frivolen Erzählungen und Lustspiele, die zur Lieblingslektüre der französischen Gesellschaft zählten, heute so gut wie vergessen sind, erlangte L. mit seinen Fabeln Welterfolg, der bis heute ungebrochen fortdauerte. Für die Veröffentlichung seines Hauptwerkes, der insgesamt 237 Fabeln, benötigte L. 26 Jahre. In seinem 47. Lebensjahr (1668) erschienen die ersten sechs Bücher, 1678/79 fünf weitere Bücher und 1694 das zwölfte Buch. L. griff auf fast alle in seiner Zeit bekannten Quellen zurück, vor allem die 1610 und 1660 in Frankfurt am Main erschienene „Mythologia aesopica" des in die Schweiz geflüchteten Protestanten I. Nevelet, die unter anderem Fabeln von Äsop (6. Jh. v. Chr.), Phädrus (1. Jh. n. Chr.), Babrios (2. Jh. n. Chr.) und Avianus (um 400 n. Chr.) enthielt. Von 1678 an stand ihm auch eine ins Französische übersetzte Ausgabe der altindischen Fabelsammlung Panchatantra zur Verfügung. Aus den Quellen gewann L. mannigfaltige Anregungen, nahm er den alten, ungefügen Rohstoff, aus dem er seine eigenständigen kleinen Kunstwerke schuf. Während die Gestalten der antiken Fabel nur Demonstrationsobjekte für die mitzuteilende Moralsentenz waren, verlieh L. den Tieren seiner Fabeln lebendige, menschliche Charakterzüge. Bei allem funkelnden Humor, mit dem L. die gesellschaftlich-politischen Zustände seiner Zeit zeichnet, gibt er sich keiner Täuschung in bezug auf die Motive menschlichen Handelns hin: Nicht Vernunft, sondern Angst, Eitelkeit und Egoismus sind die Triebkraft menschlichen Verhaltens. L.s Fabeln sind kleine Dramen mit Exposition, Verwicklung und Lösung, eine „hundertaktige Komödie", wie er sie selbst nannte. Die Académie Française forderte für die Literatur, die Leidenschaften seien dem Verstand zu unterwerfen, und nach einem vollkommenen Sprachstil sei zu streben. Sie sah ihre Forderungen gerade in L.s Fabeln erfüllt. In Frankreich wurde L. der meistzitierte Dichter. Seine Fabeln werden noch heute von allen Schichten der Bevölkerung gelesen, als Jugendlektüre sind sie weitverbreitet. Auch in Deutschland und im übrigen Europa wurden L.s Fabeln rasch verbreitet. Die erste deutsche Übersetzung erschien 1713 (Auserlesene Fabeln durch den Herrn de la Fontaine in französischen Reimen gebaut und von demselben aufs neue wiederum durchgesehen, verbessert und vermehrt hernach durch Herrn Balthasar Nickisch in ungebundener teutschen Rede aufs Kurzeste verfaßt). Deutsche Fabeldichter wie Gellert (1719–1769) und Gleim (1719–1803) nahmen sich L. als Vorbild. Für Fr. von Hagedorn (1708–1754), der in seinem „Versuch in poetischen Fabeln und Erzählungen" (1738) in ausführlichen Anmerkungen vor allem die Quellen seiner Gedichte angab, stand L. an erster Stelle unter seinen Gewährsleuten. Das ganze 19. Jahrhundert hindurch und darüber hinaus erschienen L.s Fabeln in deutschen Übersetzungen als besondere Jugendausgaben. Die erste speziell für die Jugend bearbeitete Ausgabe erschien schon 1803 (La Fontaines Fabeln. Nach dem Französischen neu bearbeitet für die Jugend von C. A. H. Clodius). Zahlreiche Jugendbearbeitungen des 19. Jahrhunderts kamen in Deutschland als zweisprachige (deutsch-französische) Ausgaben heraus, da man die knappen Fabeln L.s als besonders geeignete Objekte für das Erlernen der französischen Sprache ansah. Bis heute sind in Schulbüchern für das Erlernen der französischen Sprache L.s Fabeln anzutreffen. Seit den sechziger Jahren des 20. Jahrhunderts haben gute Graphiker einzelne Fabeln L.s als Bilderbuchstoff entdeckt. So schufen G. Oberländer (12 Tierfabeln, 1964) und vor allem der Engländer B. Wildsmith (* 1930) eine Reihe auch in Deutschland beliebter Bilderbücher (Der Löwe und die Ratte, 1963; Der Nordwind und die Sonne, 1964; Der reiche Mann und der Schuster, 1966; Der Hase und die Schildkröte, 1967; Der Müller und sein Esel, 1969).

→ Aesop, → Fabel, → Frankreich

Werke: Fables choisies (Buch 1–12. 1668–1694; dt. Auserlesene Fabeln durch den Herrn de la Fontaine in französischen Reimen gebaut und von demselben aufs neue wiederum durchgesehen, verbessert und vermehrt, hernach durch Herrn Balthasar Nickisch in ungebundener teutschen Rede aufs Kurzeste verfaßt, 1713).

Sekundärliteratur: E. Baudin: La philosophie morale des fables de La Fontaine (1951). – J. D. Biard: The style of La Fontaine's fables (1966). – S. Blavier-Paquot: La Fontaine (1961). – P. Clarac: La Fontaine par lui-même (1961). – J.-P. Collinet: Le monde littéraire de La Fontaine (1970). – G. Couton: La poétique de La Fontaine (1957). – J. Giraudoux: Les cinq tentations de la Fontaine (1938). – G. Gohin: L'art de La Fontaine dans ses Fables (1929). – R. de Gourmond: La vie des animaux et la morale dans les Fables de La Fontaine (1905). – R. Jasinski: La Fontaine et le premier recueil des Fables (1965). – S. Jeune: La Fontaine et ses fables (1964). – A. Lebois: Sources négligées des Fables de La Fontaine (1959). – R. Noël: La Fontaine et les „Fables" du deuxième recueil (1972). – K. A. Ott: Lessing und La Fontaine. Von dem Gebrauche der Tiere in der Fabel (in: Germanisch-Romanische Monatsschrift. 9. 1959. 235–266). – W. Potthoff: La Fontaines Stil mit besonderer Berücksichtigung der syntaktischen Archaismen (Diss. 1894). – M. Sutherland: La Fontaine (1953). – M. Tresch: La Fontaine, naturaliste dans ses fables (1907). – K. Voßler: La Fontaine und sein Fabelwerk (1919).

Hans Eich

Lagerlöf, Selma

*Schwedische Erzählerin, Autorin des „Nils Holgersson"; *20. 11. 1858 Mårbacka, †16. 3. 1940 Mårbacka.*

L., Tochter eines Gutsbesitzers, durch Kinderlähmung ans Haus gefesselt, wurde von Gouvernanten erzogen. In den Jahren 1882–1885 besuchte sie ein Stockholmer Lehrerinnenseminar und arbeitete anschließend zehn Jahre bis 1895 als Lehrerin. Reisen führten sie nach Italien und Palästina. Seit 1897 lebte L. als freie Schriftstellerin in Falun. 1909 gelang es ihr, den Hof in Mårbacka, der durch Mißwirtschaft des Vaters in andere Hände gelangt war, zurückzugewinnen. L. wurde vielfach geehrt und ausgezeichnet. 1909 – nach der Veröffentlichung ihres weltberühmten Kinderbuches „Nils Holgersson underbara resa genom Sverige" (1906/07; dt. Wunderbare Reise des kleinen Nils Holgersson mit den Wildgänsen, 1907/08) – erhielt sie den Nobelpreis, 1914 nahm die Schwedische Akademie L. als erste Frau auf. Die Universitäten in Uppsala (1907) und Kiel (1932) verliehen ihr die Ehrendoktorwürde.

Werk, Tendenzen, Wirkung. Einen ersten großen literarischen Erfolg errang L. mit „Gösta Berling's saga" (1891; dt. Gösta Berling, 1896), in der sie den unaufhaltsamen Untergang der schwedischen Herrenhöfe und die sich daraus ergebenden sozialen und moralischen Konflikte, zugleich auch das Erwachen der Emotionen, den Sieg vitaler Kräfte über Hindernisse und Verbote thematisierte. Letztlich wird ein Stadium der Balance und Harmonie erreicht und von der Autorin angestrebt, eines, bei dem die Menschen einsehen, daß Ordnung in letzter Hinsicht eine unaufgebbare Bedingung menschlichen Zusammenlebens und damit auch der Lebensfreude ist (V. Edström, a. a. O.). Es folgten Novellen, Erzählungen, Romane, in denen moralische, soziale und christliche Ideale – obwohl L. keine praktizierende Christin war – bedeutsam sind. Die Stoffe nimmt sie fast ausschließlich aus der Tradition und Landschaft ihrer schwedischen Heimat. L.s Roman „Jerusalem" (1901/02) spielt z. B. im schwedischen Dalecarlien und erzählt, wie eine religiöse Erweckungsbewegung eine kleine Siedlung ergreift und wie sich eine Sekte bildet, die beschließt, nach Jerusalem auszuwandern. In den folgenden Werken ist schon im Titel die religiöse Thematik erkenntlich, die L. stark beschäftigt hat und die sie mit der sozialen vielfach verbindet: „Antikrists mirakler" (1897; dt. Die Wunder des Antichrist, 1899) und „Kristuslegender" (1904; dt. Christuslegenden, 1904). In ihrem Spätwerk, der „Löwensköld"-Trilogie (1925–1928), als Ganzes sich zu einer Schicksalssage rundend, verlegt L. den Handlungsort wieder in ihre Heimatprovinz, die schon für „Gösta Berling" den Rahmen abgegeben hatte.

L. vermittelt in ihren Schriften die Ansicht, aufbauend auf einen metaphysischen Darwinismus, daß der Mensch beständig gegen das Tierhafte in sich ankämpfen muß, um das Göttliche zu verwirklichen. Dieser Kampf ist Schlüsselthema in ihren Dichtungen, besonders in denjenigen, die auf dem Hintergrund des Ersten Weltkriegs anzusiedeln sind. L. postuliert in gleicher Weise einen starren Determinismus wie die Willensfreiheit, ein Faktum, das durch ihren fundamentalen Glauben an den Evolutionismus erklärt werden kann. Ihr Pazifismus wurde stark durch E. Key (Das Jahrhundert des Kindes, 1900) beeinflußt. Der Friede kann nach L.s Meinung nur durch eine innere seelische Reform der Menschheit (U. B. Lagerroth, a. a. O.) wiedererrungen werden. Bei L. verbindet sich Mystizismus mit Rationalismus, durch deren Vereinigung sie die Geheimnisse des Lebens enthüllen zu können glaubte (L. Ulvenstam, a. a. O.).

Nils Holgersson: Ebenso interessant wie die eigentlichen Abenteuer des kleinen Nils ist die Geschichte der Entstehung dieser Tierfabel. Die beiden Lehrer Fr. Berg und A. Dalin traten an L. mit der Aufforderung heran, ein Lesebuch für die schwedischen Volksschulen zu schaffen. Dieses neue Lesebuch sollte das seit 1868 im Gebrauch befindliche ablösen. Die Forderung nach einem zeitgemäßeren Lesebuch war zwar seinerzeit allgemein verbreitet, jedoch nicht die, eine Schriftstellerin mit der Abfassung zu beauftragen. Die Vorarbeiten L.s waren umfassender als zu sämtlichen ihrer anderen Bücher. Dalin bat beispielsweise die Volksschullehrer im Land, Material zu senden, das die Grundlage des Lesebuches bilden sollte. Es gingen zahlreiche Aufsätze, Berichte und Beschreibungen über Naturereignisse, Landschaft, Arbeitswelt, Volksglaube und anderes ein. Aus diesen Unterlagen traf L. ihre Auswahl. Um jedoch tatsachengetreuer zu schreiben, unternahm sie zusammen mit ihrer engen Freundin S. Elkan ausgedehnte Reisen durch Schweden, die sie bis zum Polarkreis führten.

Um ein sachlich korrektes und in jedem Detail stimmendes Schulbuch zustande zu bringen, unterwarf sich L. strikter Selbstkontrolle und auch der Kontrolle anderer. Bedeutenden Anteil an der Arbeit hatten der Kopist V. Olander und der Wissenschaftler A. Noreen. Dennoch blieb die Kritik nicht aus; besonderes Aufsehen erregte die „neumodische" realistische Sprache des Buches. Einwände von seiten der geographischen und zoologischen Wissenschaften wurden in der Folgezeit ebenfalls vorgetragen. Diese konnten allerdings den überaus großen Erfolg dieses schwedischen Lesebuchs, das zugleich ein Lesebuch über Schweden ist, nicht vermindern (N. Afzelius, a. a. O.). Die literarischen Vorbilder der L. waren sowohl R. Kiplings (1805–1936) Dschungelbücher als auch „Das Buch aus unserem Land" des Finnen Z. Topelius (1818–1898) (A. J. Oterdahl, a. a. O.). Neben diese literarischen Vorbilder, die L. inspirierten, tritt ihre individuelle Biographie, die wieder, wie oft in ihren Werken, in den zu verarbeitenden Stoff einging. Der Psychoanalytiker E. HITSCHMANN konnte 1937 in einer Untersuchung des „Nils Holgersson" zeigen, daß das Motiv der Vermenschlichung wilder Tiere bei L. sehr häufig ist und daß ihre Dichtungen und Kindheitserinnerungen immer wieder von der „Angst vor bösen und grausamen Vögeln" zu berichten wissen. HITSCHMANN macht deutlich, daß sich hinter den gefürchteten Vögeln (im „Nils Holgersson" vor allem die Anführerin der Wildgänse: Akka) die strafende böse Mutter verbirgt, wie tatsächlich L.s Kindheit dadurch überschattet war, daß ihre Mutter die ältere schöne Schwester der kranken Selma vorzog.

Der Einfluß des „Nils Holgersson", der schon ein Jahr nach dem Erscheinen ins Deutsche übertragen wurde und auch heute noch verlegt wird, zeigt sich nicht zuletzt darin, daß Ende der zwanziger Jahre der Jugendbuchautor H. KRANZ (1891–1973), den Auftrag erhielt, nach dem Beispiel des „Nils Holgersson" für die preußischen Volksschulen ein Lesebuch über Deutschland zu verfassen; allerdings verhinderte die Machtübernahme der Nationalsozialisten dieses Unternehmen.

„Nils Holgersson" ist in erster Linie ein Reiseroman mit spannenden Abenteuern und der Absicht, neunjährigen Kindern Wissen über Land und Leute zu vermitteln. Zugleich ist es ein Erziehungs- und Entwicklungsroman. Der Held, ein vierzehnjähriger Junge, wird in einen Däumling verzaubert und später zum Jungen zurückverwandelt; in seiner Probezeit ändert sich sein Charakter, aus dem tier- und menschenquälenden bösartigen Buben wird ein ernster, gewissenhafter junger Mensch. Nils' Krise ist eine Pubertätskrise. Auf seiner Reise mit den Wildgänsen lernt er, sich einzuordnen und anderen zu fügen. Bei seiner Rückkehr ins Elternhaus ist er ein völlig anderer Mensch (N. AFZELIUS, a. a. O.).

L.s „Nils Holgersson" verbindet viel mit dem Märchen, so der vertraute Umgang mit den Tieren und ihrer Sprache, die der winzige Däumling Nils spricht und versteht. Unterschieden vom Märchen ist L.s Roman jedoch durch das Erstaunen, mit dem der Däumling realisiert, daß er die Tiersprache beherrscht. Unübersehbar bleibt auch, daß L.s Ton pädagogisch moralisierend ist. An einigen Stellen sind die Anklänge an religiös-moralische Erbauungsschriften unverkennbar und überdeutlich. H. M. ENZENSBERGER (* 1929) hebt hervor, daß Kinderliteratur Zweckliteratur und immer auch schon Ideologie ist, zumal sie häufig eine repressive Moral verkündet. Allerdings kommt es bei L. nicht soweit. Das ist vor allem durch den sachlichen Auftrag, der hinter ihrem Buche steht, bedingt. An erster Stelle findet sich nicht die Idee der Anpassung an unbefragte Normen, sondern die Intention, den Lesern ein Stück Welt zu zeigen. Auf gelungene Weise verbinden sich im „Nils Holgersson" Nützliches und Unterhaltsames. Mit verwandten Figuren der Weltliteratur, wie dem Gulliver und dem Robinson, teilt der kleine Nils das Schicksal, daß sein Ausflug in die Fremde, ihn nicht von zu Hause fort, sondern überhaupt erst einmal dahin bringt (H. M. ENZENSBERGER, a. a. O.).

Werke: Nils Holgersson underbara resa genom Sverige (1906/07; dt. Wunderbare Reise des kleinen Nils Holgersson mit den Wildgänsen, 1907/08); Samlade Skrifter (1925–1928; dt. Gesammelte Werke, 1928); Skrifter (Bd. 1–12. 1933/34).

Sekundärliteratur: N. Afzelius: Nils Holgerssons underbara resa genom sverige av Selma Lagerlöf Nov. 1906–Nov. 1956 (1956); Läsebog blir barnboksklassiker. Nils Holgersson har passerat 50-årsstrecket (in: Meddelanden från Värmlands fornminnes – och museiförening. 1958. 39–68); S. Lagerlöf – den förargelseväckende (1969); Selma Lagerlöfs bibliografi originalskrifter (1975). – G. Ahlström: Die wunderbare Reise. Ein Büchlein über Selma Lagerlöfs Nils Holgersson (1956); Den underbara resan (1958); Kring Gösta Berlingssaga (1959). – W. A. Berendsohn: Selma Lagerlöf. Heimat und Leben, Künstlerschaft, Werke, Wirkung und Welt (1927). – K. O. Bonnier: Selma Lagerlöf. Nils Holgersson och nya läseboken (in: En bokhandlare familj D. 5. 1956. 145–168). – A. Büscher: Lagerlöf-Bibliografie (1930). – V. Edström: Livets stigar. Tiden, handlingen och livkänslen i Gösta Berlings saga (1960). – B. Ek: Selma Lagerlöf efter Gösta Berlings saga (1951). – H. M. Enzensberger: Alte Kinderbücher, neu gelesen (Rundfunkmanuskript NDR. 24. 4. 1966). – M. Ferenbach: Der pädagogische Gehalt im Werk Selma Lagerlöfs (1941). – E. Hitschmann: Zur Entstehung des Kinderbuches „Wunderbare Reise des kleinen Nils Holgersson mit den Wildgänsen" (in: Almanach der Psychoanalyse. 1937. 54–63). – J. E. Kihlström: Nils Holgersson och Norrland (in: Norrländske tidskrift. 1957. 2. 42–43). – S. Lagerlöf: Tagebuch (1934). – E. Lagerroth: Landskap och natur i Gösta Berlings saga och Nils Holgersson (1958); Selma Lagerlöfs Jerusalem. Revolutionär sekterism mot fäderneärvd bondeordning (1966); For folkets barn de bästa förebilder. Mönster och inspirationskällor till några motiv i Nils Holgersson (in: Lagerlöfstudier. 3. 1966. 146–160). – U. B. Lagerroth: Körkarlen och Bannlyst (1963). – E. Lehmann: Nils Holgersson første rejse (in: Edda Bd. 1. 1914. 394–406). – O. Levertin: Selma Lagerlöf (1904). – V. Olander: Handbok till Nils Holgerssons underbara resa genom Sverige (1918). – H. Ossowski: Selma Lagerlöf: Die Flucht nach Ägypten (in: Der katholische Erzieher. 1962. 571–575). – A. J. Oterdahl: Selma Lagerlöf (1958). – St. Palmborg (Hrsg.): Nils Holgersson flyger över världen. Urval av barnbrev till Selma Lagerlöf (1959). – H. Ritte: Landeskunde in Sagenform – eine Studie über Selma Lagerlöfs Nils Holgersson (in: Lagerlöfstudier. 3. 1966. 161–176); Untersuchungen über die Behandlung von Volksdichtungsstoffen im Werk Selma Lagerlöfs (1968). – L. Ulvenstam: Den åldrade Selma Lagerlöf. En studie i hennes Löwensköldscykel (1955). – F. S. de Vrieze: Fact and fiction in the autobiographical works of Selma Lagerlöf (1958). – E. Wagner: Selma Lagerlöf. Från Mårbacka till Jerusalem (Bd. 1); Från Jerusalem till Mårbacka (Bd. 2. 1942/43). – G. Weidel: Helgon och gengångare. Gestaltningen av kärlek och rättvisa i Selma Lagerlöfs diktning (1964).

Winfred Kaminski

Lahr, Gerhard

*Kinderbuchillustrator; * 11. 1. 1938 Reichenbach.*

Nach einer Lehre als Gebrauchsgrafiker besuchte L. von 1956 bis 1959 die Fachschule für angewandte Kunst in Magdeburg. Er lebt heute freischaffend in Berlin. Vom Ministerium für Kultur der DDR zur Förderung der sozialistischen Kinder- und Jugendliteratur wurde er zweimal ausgezeichnet: 1969 für die Illustrationen zu „Bei der Feuerwehr wird der Kaffee kalt" (1969) sowie „Antonella und ihr Weihnachtsmann (1969) und 1974 für „Krawitter, Krawatter, das Stinchen, das Minchen (1973).

Werk, Tendenzen, Wirkung. L. zählt sich zu den „kindverbundenen Erwachsenen" (Beiträge zur Kinder- und Jugendliteratur. 20. 1971. S. 13) und sieht in seiner Arbeit als Illustrator die Möglichkeit, „Kinder von heute zu solchen Erwachsenen zu formen ..., die Freude haben an Kunst und künstlerischer Betätigung". L.s grafisches Repertoire ist gekonnt und differenziert, jedoch haftet den Textillustrationen seiner frühen Schaffensphase eine gewisse Unverbindlichkeit an. Schuf er zu den 1966 erschienenen Erzählungen von H. Friedrich „Rentiere in Not" und „Paule Rennrad" teils farbig unterlegte, holzschnittartige Vignetten, so variierte er in den Illustrationen zu spanischen Märchen „Das lauslederne Wams" (1968; Text von M. Gilard) jeweils der Situation angepaßt, Pinsel- und Federduktus. Die beiden Bilderbücher „Bei der Feuerwehr wird der Kaffee kalt" (Text von H. Hüttner) und „Antonella und ihr Weihnachtsmann" (Text von B. Augustin) bestechen durch die farbige Brillanz, Atmosphäre und Ausgewogenheit der meist doppelseitigen Bilder. L. kennt die Darstellungswelt der Kinder und weiß von ihnen zu lernen, ohne sie aber zu kopieren. So stellt er z. B. das Rasen des Feuerwehrautors durch kippende Pespektive der Häuser bei gleichzeitiger nach vorne gebeugter Gegenbewegung der neugierigen Passanten dar. Er vermeidet eine Einengung der Farbe durch harte Konturen, gliedert bzw. strukturiert vielmehr durch Schabe- oder Abklatschverfahren oder durch Übermalen seiner Gouachen mit bröseliger Kreide (z. B. in „Drei Tage im Oktober", 1970, von L. Saweljew). Gleichzeitig erfüllt er durch die Auswahl der zu illustrierenden Situationen die von H. Bosse in einer Rezension aufgestellte Forderung nach „dem Entwurf eines parteilichen Bildes von der Welt": „Er hat vor allem sozialen Beziehungen zwischen Menschen Ausdruck verliehen" (H. Bosse: Bilderbuchgeschichten – Positionen und Probleme, in : Neue Deutsche Literatur, 9. 1971. S. 164 und 169).

Bemerkenswert ist die Ausstattung seiner Bilderbücher: So verwandelt sich – gemäß des Textes von G. Herold „Die Zauberbude" – auf den Vorsatzpapieren eine einem aufgeschlagenen Buch ähnliche Stempelform durch Drehung und Zusätze in Vögel, Blumen, einen Fuchs.

Die Illustrationen des 1974 prämierten Bilderbuches von H. Friedrich „Krawitter, Krawatter, das Stinchen, das Minchen" zeigen im Gegensatz zu den biederen Illustrationen der ersten Schaffenszeit L.s furioses, spielerisches Umgehen mit Farbe und Form. Blasse Aquarelltöne stehen gegen kräftige Deckfarben; in auf- und abschwellende Konturen gepreßt, schraffiert oder strukturiert, mal mehr der Witzzeichnung, mal mehr dem Comic zugehörig, stehen sich die Titeltiere gegenüber. Die Kompositionen werden gereiht, verdoppelt, in Rahmen gesteckt – das Verhältnis zwischen Textfläche und Bild ist nie schematisch geregelt.

Werke: E. Zjurupa: Drei Iljas und ein Hufeisen (1965, [2]1966); H. Friedrich: Paule Rennrad (1966, [2]1972); H. Friedrich: Rentiere in Not (1966, [7]1975); W. Lindemann: Was schmeckt den Tieren? (1966, [5]1974); M. Gilard: Das lauslederne Wams (1968); H. Lind: Ein Riese namens Emil (1968, [3]1974); S. Marschak: Wie die Katze einen Namen bekam (1968, [5]1973); B. Augustin: Antonella und ihr Weihnachtsmann (1969, [5]1974); P. Frank: Die Indianerschlacht am Little Big Horn (1969, [3]1973); H. Hüttner: Bei der Feuerwehr wird der Kaffee kalt (1969, [4]1975); G. Herold: Die Zauberbude (1970, [2]1975); L. Saweljew: Drei Tage im Oktober (1970); G. Herold: Die Giraffe Emma Langbein (1971, [3]1975); M. Zienert: Es war mal eine Maus (1971, [3]1973); W. Hauff: Märchen (1972, [3]1975); H. Heine: Der Wind zieht seine Hosen an (1972, [4]1975); H. Friedrich: Krawitter, Krawatter, das Stinchen, das Minchen (1973, [3]1975); I. Korn: Übers Eis des Ladoga (1973, [2]1975); A. Zei: Wildkatze unter Glas (1973); A. Könner: Wieviel Blätter hat ein Baum? (1974); H. Meyer (Hrsg.): Merkwürdige Umstände eines Autodiebstahls (1974); I. Volk: Die Affen von Suchumi (1974); L. Lips: Sie alle heißen Indianer (1975); M. Lopez/Cl. u. W. Küchenmeister: Pferdchen, du mein weißes (1975); B. Pludra: Die Jungen von Zelt 13 (1975); D. Zontschew: Regelrecht vergriffen (1975).

Sekundärliteratur: H. Bosse: Bilderbuchgeschichten – Positionen und Probleme (in: NDL. 9. 1971. 163–171).

Klaus-Rüdiger Werner

Laienspiel

L. ist eine bestimmte, historische Theaterform sich eigenverantwortlich fühlender Jugendgruppen. Sie entstand in engem Zusammenhang mit der Jugendbewegung und der musischen Erziehung der neuen Schule nach 1900 im deutschsprachigen Raum. L. in diesem Sinne setzt sich scharf gegen das professionelle Theater ab und entwickelt eigene Spielformen und eine eigene Textwelt. Es bestimmte in den zwanziger Jahren weithin die großen Bühnenverbände, wurde 1933 abgeschnitten oder übernommen, wirkte aber nach 1945 weiter bis in die Gegenwart hinein, in der es vom Spiel- und Amateurtheater abgelöst wird.

Entstehung. L. darf nicht als einheitliche Theaterbewegung angesehen werden. Auch ist bisher nicht empirisch überprüft, wer wann was vor wem wie spielte. So sind wir einerseits auf die gedruckten Stücktexte angewiesen, andererseits auf die programmatischen Deklarationen (vor allem in vielen kleinen Zeitschriften); aus ihnen hat P. Wolfersdorf die Ästhetik der großen Gruppierungen des L.s zu erschließen versucht.

Von Beginn an sind zumindest vier Quellen wirksam: 1. die naiven Berichtspiele der Wandergruppen mit „Szenen aus ihrem Fahrtenleben" (erste Gruppen 1896 in Berlin-Steglitz); 2. die Theatralisierung der Jugendbewegung insgesamt (Kluft, Lager, Lagerfeuer, Horde, Nest, Thing) mit den Wunschrollen Scholar, Vagant, Ritter, Landsknecht (1913 Treffen auf dem Hohen Meißner); 3. das in reflektiertem Gegensatz zum professionellen Theater entstandene Schulspiel Luser-

KES (ab 1906 im Landerziehungsheim Wickersdorf); 4. die halbprofessionellen Wandertruppen (G. HAASS-BERKOW ab 1914 mit dem „Oberuferer Christgeburtsspiel"; M. GÜMBEL-SEILING ab 1916 mit dem „Redentiner Osterspiel"; H. HOLTORF und W. BLACHETTA ab 1920). Dazu kommt die Freilichtbühnenbewegung (1907 Gründung des Harzer Bergtheaters).

Ziele. Als Haltung der Laienspieler ist auszumachen die neoromantische, antibürgerliche Suche bürgerlicher Jugend nach einfacher, naturverbundener Gemeinschaft, nach sozialer Gerechtigkeit und wahrhafter Frömmigkeit; die aus der Industriegesellschaft fliehende Rückwendung zu bäuerlicher Dorfkultur und altem Volksgut in Lied, Spiel, Tanz, Brauchtum, Sage, Märchen, Legende; die Aktivierung von Individualität, Erlebnis, Gefühl und Charakter gegen Intellektualismus und rezeptiven Enzyklopädismus. Wie die pädagogische Bewegung insgesamt (Kunsterziehungstage in Dresden 1901, Weimar 1903 und Hamburg 1905) will auch die L.-Bewegung die Entfaltung der menschlichen Einzelpersönlichkeit, vor allem ihrer künstlerischen, geselligen und gemeinschaftsbildenden Kräfte; sie enthielt aber immer auch sozial- und gesellschaftskritische Momente (die in den sozialistisch-marxistischen Gruppen stärker ausgearbeitet wurden) und völkisch-nationale Ansätze (die die Übernahme in der NS-Zeit erleichterten bzw. vorbereiteten).

Spielstil. Der Spielstil zeichnete sich aus durch (oftmals dogmatischen) Verzicht auf Vorhang und Kulisse, durch einfache starkfarbige Gewänder (Spielkleid, nicht Kostüm!), durch sparsame Gestik und die Suche nach laiengeeigneten Spieltexten. Das Spiel sollte Ideen künden, es sollte wirken und erziehen; es erstrebte die innere Verbundenheit einer echten Gemeinschaft Spieler–Zuschauer in der Erbauung des weihevollen Festes. Mit diesen Ansätzen wandte sich das L. gegen das professionelle Theater mit seiner hierarchischen Trennung Darsteller–Zuschauer (Produzent–Konsument); gegen seichte Unterhaltung und Geschäftemacherei des Boulevards, gegen modisch-literarisches Experiment der Avantgardebühnen, gegen verstaubte Klassiker als gesellschaftliches Ereignis bei den Stadttheatern; ebenso entschieden gegen das Vereins- und Dilettantentheater (das professionelles Unterhaltungstheater nur in minderer Qualität nachahmte) und gegen das gefühlige Jugendstück. Es trat ein für die „eigene Gebärde" (R. MIRBT). Es forderte Spiele, die „1. von wesentlichem und wirkendem Gehalt" seien und „2. in ihrer Ausdrucksform dem Spielgestaltungsvermögen der Ausführenden entsprechen" (I. GENTGES). Das waren zum einen in der Gruppe selbst erarbeitete Texte (vielfach kabarettistischer Art), zum anderen Rückgriffe in die Theatergeschichte (Geistliche Spiele; Stücke von H. SACHS, bei LUSERKE auch von SHAKESPEARE; dazu Dramatisierungen von Märchen, Legenden, Schwänken).

Weitere Entwicklung. Die neue Spielart erreichte neben einer wachsenden Zahl von Schulen, Pfarreien, Jugendgruppen in den zwanziger Jahren auch die großen Verbände: den politisch konservativen, kleinbürgerlich-humanitären Reichsbund für Volksbühnenspiele (der 1920 an die Stelle des Verbandes der Privattheatervereine trat); den marxistischen Arbeitertheaterbund (schon 1906 gegründet, aber erst ab 1925 stärker in der Jugendarbeit tätig; seit 1922 gibt es in ihm scharfe Auseinandersetzungen zwischen sozialdemokratisch und kommunistisch orientierten Gruppen, die schließlich führend werden); die 1928 von Sozialdemokraten initiierte Gegengründung, den Arbeiter-Laienspielverband; den christlichen, bürgerlich-patriotischen Bühnenvolksbund (1919 gegründet als Alternative zum sozialistisch orientierten Verband der Deutschen Volksbühnenvereine).

Alle diese Vereinigungen wurden 1933 aufgelöst. Die Spielscharen der Hitler-Zeit „waren Epigonen in Spielweise, Texten und Spieltheorie. Sie verwendeten die Bühnenstücke, die vor 1933 erschienen waren, weiterhin – sofern sie nicht sozialistische Tendenz erkennen ließen oder religiöse Inhalte besaßen" (P. WOLFERSDORF).

Nach 1945 wurde die L.-Bewegung in den Westzonen, später der Bundesrepublik, noch einmal bestimmend. Geblieben waren von ihr vor allem die „Laienspiele", d. h. von Verlagen herausgegebene Texte, die ursprünglich vielfach in Jugend-, Kinder- oder Schülergruppen erarbeitet wurden, mehr und mehr aber auch Schreibtischarbeit von Autoren minderen Ranges waren, die sich selbstgenügsam von der literarischen Entwicklung und den Problemen der Gegenwart abschirmten. Autoren- und Gruppentexte aber wurden zumeist einfach „inszeniert"; das protestierende und sich auf sich selbst besinnende Spiel der Laien verkam zum fremdbestimmten und vergangenheitsverhafteten Expertenspiel; das Korrektiv der Eigentätigkeit und Eigenverantwortlichkeit der Gruppe verfiel.

Nur mühsam befreiten sich jüngere Gruppen von dem „verpflichtenden Kanon" der etablierten Texte und der tradierten Spielweise. Sie griffen wieder zu Texten und Ausdrucksformen des professionellen Theaters (vor allem den absurden Experimentierstücken, zeitweilig auch stark zur kleinen Form des Kabaretts). Mit der schärferen Politisierung ab Ende der sechziger Jahre kamen mehr und mehr auch wieder eigene Bearbeitungen, selbstgeschriebene Texte, Zusammenarbeit mit neuen Autoren auf. Zugleich erfolgte eine verstärkte Hinwendung zu spielpädagogischen Formen, die nicht mehr primär auf eine Aufführung für ein Publikum zielten. Folgerichtig wurde das Wort L. mehr und mehr durch (Amateur-)Theater ersetzt.

Damit endete die deutsche Sonderentwicklung des L.s. An die Stelle einer ideologisch bestimmten Theaterform sind heute in der Bundesrepublik wie in anderen westeuropäischen Ländern eher soziologisch bestimmte Amateurgruppierungen getreten: Studenten-, Schüler-, Lehrlingstheater. Ähnliches vollzog sich in der DDR wie in den anderen Volksdemokratien schon gleich nach 1945 mit starker staatlicher Unterstützung und straffer zentraler Leitung in Form von Pionier-, Arbeiter-, Bauern- und Studententheatern.

Getragen wurden Neubeginn, Weiterentwicklung und Umformung des L.s durch Lehrgänge, Tagungen, einige Zeitschriften, Theatertreffen, schließlich eine Bundesarbeitsgemeinschaft. Von 1949 bis 1973 gab es die „Internationale Waldecker Laienspielwoche" in Korbach; 1955 wurde die Internationale Scheersberger Laienspielwoche gegründet, die ab 1965 Internationale Amateurtheaterwoche, später Internationale Theaterwerkstatt heißt. Ab 1963 gibt es die Göppinger Spieltage, ab 1964 das Amateurtheaterfestival in Recklinghausen. Unter dem Namen „Laienspiel und Laientheater" wurde 1953/54 die Bundesarbeitsgemeinschaft gegründet, die jetzt Bundesarbeitsgemeinschaft „Spiel in der Jugend" heißt.

Einige Verlagshäuser haben sich besonders, teilweise ausschließlich, der Verbreitung von L.-Texten angenommen, z.B. Bärenreiter-Verlag (Kassel), Dr. Heinrich Buchner (München), Christian Kaiser (München), Christopherus-Verlag Herder (Freiburg), Deutscher Laienspielverlag, später Deutscher Theaterverlag (Weinheim), Don Bosco-Verlag (München), Glock und Lutz (Nürnberg), Höfling Verlag (München, später Weinheim), Karl Mahnke-Theater-Verlag (Verden/Aller) und Quell-Verlag (Stuttgart). Eine große Zahl von Textreihen erschien in den zwanziger Jahren („Volksspiele", Berlin: Bloch 1921 ff.; „Münchener Laienspiele", München: Chr. Kaiser, 1923 ff.; „Jugendbühne", Langensalza: Beltz, 1925 ff.; u.a.), aber auch nach dem Zweiten Weltkrieg („Das Laienspiel", München: Buchner, 1946 ff.; „Kumpanei", 1949–1952, anschließend unter dem Titel „Das Volksspiel", München: Höfling, 1952–1959 u.a.).

Mehrere Zeitschriften nahmen sich der Theorie und der Vermittlung von Spielerfahrung an, darunter die „Blätter für den Laienspieler" (1924/25), fortgeführt als „Blätter für Laien- und Jugendspieler" (1925 ff.), die „Jugendschriften-Warte" und ihre Nachfolgerin „Information Jugendliteratur und Medien" (ab 1976), „Die Spielschar" (1931 ff.), „Die Laienspielgemeinde" (1949–1953), „Der Spielkreis" (seit 1949) und „Der Laienspieler" (1949–1970), danach unter dem Titel „Spiel und Theater" fortgeführt.

→ Kindertheater, → M. Luserke, → R. Mirbt, → Puppenspiel, → Rollenspiel, → Schultheater

Sekundärliteratur: W. Andresen: Zur Jugendpsychologie und -pädagogik des darstellenden Spiels (Diss. 1963). – G. Brix: Wesen, Gestaltung und Wert der jugendlichen Laienspielbewegung in den Jahren der Wirrnis von 1918–1933 (Diss. 1937). – Fr. Bonn: Jugend und Theater (1939). – R. Beitl (Hrsg.): Taschenbuch für Laienspieler (1928). – K. Dorpus: Regie im Schul- und Jugendtheater (1970). – R. Drenkow: Handbuch für Laientheater (Hrsg. zus. mit H. K. Hoerning, 1968). – P. Frantzen (Hrsg.): Laienspiel in der Weimarer Zeit. Eine Dokumentation (1969). – I. Gentges: Das Laienspielbuch (Hrsg. zus. mit R. Leibrandt, R. Mirbt und B. Sasowski, 1929). – W. C. Gerst (Hrsg.): Gemeinschaftsbühne und Jugendbewegung ([2]1924). – G. Götsch: Musische Bildung (1953 ff.). – H. Haven: Laienspiel. Ein Handbuch für alle Freunde des Spiels (1954). – U. Kabitz: Bericht vom Spiel (Hrsg. zus. mit W. Simon, 1959). – H. Kaiser: Darstellendes Spiel (Hrsg. zus. mit P. Amtmann, 1966); (Hrsg.): Laienspiel und Amateurtheater seit 1945. Eine Dokumentation (1972). – N. Kluge (Hrsg.): Vom Geist musischer Erziehung (1973). – E. Krieck: Musische Erziehung (1933). – H. Lebede: Jugend und Bühne (Hrsg. zus. mit L. Pallat, 1924). – P. Leonhardt: Laienspielhandbuch (1949); Das Spielhandwerk. Ein Arbeitsbuch für Laienspieler (zus. mit K. Helbig, o.J.). – E. J. Lutz: Das Schulspielbuch (1956). – K. Meissner: Das Laienspiel und seine Bedeutung für die Erziehung (Diss. 1950). – B. Sasowski (Hrsg.): Das Buch von Fest und Feier (1929). – W. Schneefuß: Handbuch der Gemeinschaftspflege (zus. mit G. Dohlhoff, 1938). – W. Vesper (Hrsg.): Deutsche Jugend (1934). – P. Wolfersdorf: Stilformen des Laienspiels. Eine historisch-kritische Dramaturgie (1962).

Hans-Wolfgang Nickel

L'Aigle, Alma de

*Pädagogin, Kinderbuchautorin; * 18.2.1889 Hamburg, † 14.3.1959 ebda.*

Als Tochter eines Juristen französischer Abstammung in Hamburg aufgewachsen und von den Idealen der bürgerlichen Jugendbewegung beeinflußt, geriet sie in die pädagogischen Reformbestrebungen der zwanziger Jahre. Sie war dreizehn Jahre lang Lehrerin an einer Sonderschule. Die „Schriftstellerin wider Willen" – wie sie von sich sagte – entdeckte früh das Verantwortungsgefühl für das Politische und Soziale. Die einstmalige höhere Tochter richtete ein Jugendheim ein, eröffnete im Ersten Weltkrieg einen Mittagstisch, vermittelte Arbeitslose auf das Land und ließ auf eigene Initiative „Zehn Vorschläge für ein Aktionsprogramm der Sozialdemokratie" als Flugschrift zum Weimarer Parteitag im Juni 1919 drucken. 1923 gehörte sie zu dem Kreis der in Hofgeismar zusammengekommenen Jungsozialisten, zu denen auch ihr Freund Th. Haubach zählte, der als Widerstandskämpfer am 20. Juli 1944 hingerichtet wurde und dessen Briefe sie herausgab („Meine Briefe von Th. Haubach", 1947). Unter dem Eindruck und in Opposition zu der faschistischen Gewaltherrschaft gewann sie ethische, soziale, christliche und nationale Wertmaßstäbe in den Werken J. G. Fichtes, I. Kants und P. de Lagardes. Nach dem Zweiten Weltkrieg war sie schriftstellerisch und kulturpolitisch aktiv, gehörte u.a. seit 1954 der Bundesprüfstelle für jugendgefährdendes Schrifttum an.

Werk, Tendenzen, Wirkung. L.s fünf Kinderbücher – alle für kleinere Kinder geschrieben – zeichnen sich durch ihren schlichten, sauberen und leicht verständlichen Stil aus. Besonders die Bände für Leseanfänger, die „Ganz kleinen Geschichten" (1951) und „Alles wird wieder gut" (1955) versuchen, die Sprache der Kinder im Grundschulalter zu treffen. Hier steht sie – auch in ihrer eigenen Reflexion (vgl. „Die Sprache der Kinder und der Erwachsenen", a.a.O.) – in der auf altersmundartlichen Stil bedachten, vom künstlerischen Impressionismus beeinflußten Tradition der Reformpädagogik (A. Jensen, W. Lamszus, B. Otto) der Jahrhundertwende. Zwei Themen sind nach ihrer Auffassung für Kinder wichtig zu veranschaulichen: die „Naturbetrachtung der Tiere und der kleinen Dinge der Umwelt" und die „Wohltat der guten Werke" im Gegensatz zum

„zerstörerischen Charakter des Bösen". Die kleinen, aneinandergereihten Skizzen und einfachen Erzählungen, die sich um ein Motiv herumranken, sind arm an Handlung und Spannung. Im Zuge der nach dem Zweiten Weltkrieg wiederauflebenden Ganzheitspädagogik erlangten ihre Umweltgeschichten als erste „Ganzschriften" im Grundschulunterricht Bedeutung. „Alles wird wieder gut" ist z. B. auch zur Erleichterung des Leseprozesses nach Sinnschritten typographisch gesetzt. 1940 schrieb sie, mit Hamburger Kindern in das oberpfälzische Städtchen Tirschenreuth „kinderlandverschickt", ein Krippenspiel („Das Tirschenreuther Krippenspiel", 1948). Ihre schriftstellerische Tätigkeit richtete sich auch auf das pädagogisch-praktische Beraten, allerdings nun mit einer antirationalen, konservativischen Tendenz, dem Versuch der Erweckung und Pflege „innerer" Werte. So sagt sie – zu den Müttern gewandt – in ihrem Buch „Eltern-Fibel – Die ewigen Ordnungen in der Erziehung" (1948, [3]1952): „Immer sollen wir den natürlichen, unverfälschten, gläubig beschwingten Mutterinstinkt höher stellen als die wissenschaftlichen Forschungen; das entspricht der gottgegebenen Ordnung" (a. a. O. S. 9). Ihr letztes Buch „Begegnung mit Rosen" (1957), das bezeichnenderweise mit dem Kapitel „Die Macht der gewaltlosen Schönheit" endet, widmet sie der Kultivierung der Natur.

Werke: Zehn Vorschläge für ein Aktionsprogramm der Sozialdemokratie (1919); Häsi und anderes geliebtes Getier (1930, NA. 1957); Starentagebuch (1940, NA. 1949); Meine Briefe von Theo Haubach (1947); Eltern-Fibel – Die ewigen Ordnungen in der Erziehung (1948, [3]1952); Ein Garten (1948); Scherben, Silber und Zement; Kindererlebnisse aus unseren Tagen (in: Der Brunnen. Neue Jugendbücherei. H. 5. 1948, [3]1953); Das Tirschenreuther Krippenspiel (1948, [4]1953); Ganz kleine Geschichten (1951).
Mitarbeit: H. Prolius: Du und deine Kinder – 54 kleine Abschnitte über Erziehungsfragen des Alltags (1953); Die Sprache der Kinder und der Erwachsenen (in: Der Schriftsteller. 7. 3. 1954); Was heißt sittliche Gefährdung der Jugend? (1954); Das Schulreifeproblem in der Schulpolitik (in: Material- und Nachrichtendienst der Arbeitsgemeinschaft Deutscher Lehrerverbände. 5. 1954. 55. 1–31); Alles wird wieder gut (1955); Begegnung mit Rosen (1957).

Sekundärliteratur: Kl. Doderer: Alma de L'Aigle. Ihre Jugendbücher und deren Sprache (in: K. Langosch (Hrsg.): Studien zur Jugendliteratur. 4. 1958. 3–27).

Klaus Doderer

Lamorisse, Albert Emanuel

*Französischer Filmregisseur und Schriftsteller; * 13. 1. 1922 Paris, †2. 6. 1970 Iran.*

1947 drehte L. einen Dokumentarfilm über die Insel Djerba. Zwei Jahre später folgte sein erster Kinderfilm „Bim, le petit âne", die Geschichte einer Freundschaft zwischen einem armen orientalischen Jungen und seinem Esel. Das Werk erhielt 1953 den Jean Vigo-Preis. Durchschlagenden Erfolg hatte L. 1953 mit „Crin Blanc", der den Großen Preis des Festival von Cannes bekam. Sein Kurzspielfilm „Le ballon rouge", der als Anfang und zugleich Höhepunkt dieser Gattung Anerkennung fand, wurde 1956 mit der Goldenen Palme (Cannes) sowie dem Oscar für das beste Szenario ausgezeichnet. 1970 verunglückte L. tödlich bei Aufnahmen für einen Iran-Film, 50 km westlich von Teheran.

Werk, Tendenzen, Wirkung. Der Film „Crin Blanc" erzählt von Folco, einem Fischerjungen, dem es gelingt, den stolzen, wilden Camarguehengst Weiße Mähne vor der Gefangenschaft zu bewahren, dabei aber mit dem Tier in der Rhône ertrinkt. Das Ende wird im Textbuch gemildert durch den Satz: „Und Crin Blanc trug Folco auf eine wundersame Insel, wo Kinder und Pferde immer Freunde sind." In „Le ballon rouge" nimmt L. das Thema der Einsamkeit überwindenden Freundschaft wieder auf. Hier ist es kein Tier, sondern ein gezähmter roter Luftballon, der ein Großstadtkind glücklich macht. Wieder endet die Erzählung mit der träumerischen Flucht aus der Wirklichkeit: nachdem Pascal durch die Rohheit von Gassenjungen seinen Freund verloren hat, kommen Scharen von Luftballons und entführen ihn in den Himmel, er beginnt eine Reise um die Erde. „Le voyage en ballon" war L.s erster Langfilm, den er aus einem Hubschrauber drehte, um mit Hilfe einer neuen Aufnahmetechnik und, nach seinen eigenen Worten, „dank der Zauberkraft der Leinwand", das Märchen vom fliegenden Teppich zu verwirklichen. Bücher zu den Kinderfilmen L.s sind bei Hachette erschienen. Ausgestattet mit Photos, die bei den Dreharbeiten entstanden, geschrieben in einer einfachen, poetischen Sprache, hatten sie, auch in deutscher Übersetzung, einen Erfolg, der dem des „Petit Prince" (1943) von A. DE SAINT-EXUPÉRY vergleichbar ist. Tatsächlich sind die Helden L.s von der Art des kleinen Prinzen, allein in einer verständnislosen oder auch brutalen Umwelt, versponnen in ihre Träume. Vor der Korruption durch Erwachsenwerden bewahrt sie der Dichter, indem er sie in das Reich der Phantasie entführt. L.s Kinderhelden versuchen nicht, durch Freundschaft mit Gleichaltrigen und Solidarität gegenüber den sie in ihrer Freiheit beschränkenden Erwachsenen, sich einen eigenen Lebensraum zu verschaffen; sie verweigern sich der Welt oder führen sie, wie der lustig-dreiste Bursche in „Fifi la plume" mit allerlei Zauber- und Kunststückchen an der Nase herum.

Werke: Bim, le petit âne (1952); Crin Blanc (1953; dt. Der weiße Hengst, 1955, [2]1961); Le ballon rouge (1955; dt. Der rote Luftballon, 1957, [5]1972); Le voyage en ballon (1960; dt. Die Reise im Ballon, 1961); Fifi la plume (1965).

Marie-Luise Christadler

Lampel, Peter Martin

*Journalist, Schriftsteller; * 15. 5. 1894 Schönborn (Kreis Liegnitz/Schlesien), †22. 2. 1965 Hamburg.*

L., Sohn eines Landpfarrers, zog 1914 als Kriegsfreiwilliger an die Front und schrieb als Fliegeroffizier seine erste Publikation „Bombenflieger – Luftabenteuerliche Geschichten" (1918). Nach dem Krieg gehörte er einem Freikorps im Baltikum und in Schlesien an und ging dann als Oberleutnant zur Schutzpolizei nach Thüringen. Ab 1920 studierte er Philosophie, Staatswissenschaften und Jura in Breslau, Berlin und München und ließ sich hier an der Akademie zugleich als Portraitmaler ausbilden. Danach arbeitete er als Sportlehrer, Buchhändler, Jugendhelfer und endlich Journalist. Mit dem Stück „Revolte im Erziehungshaus" hatte er 1929 durchschlagenden Erfolg. Sein persönliches Engagement für Jugendliche motivierte ihn 1930/31 zur Mitarbeit am Aufbau des freiwilligen Arbeitsdienstes. 1933 wurden seine Bücher und Stücke verboten. Er emigrierte über die Schweiz, Ägypten, Indien, Australien in die USA, war dort als Hilfskassierer, Bote, Bäcker, Redakteur, Anstreicher, Gerüstbauer und Maler tätig, kehrte 1949 nach Deutschland zurück und ließ sich in Hamburg nieder. 1952 übernahm L. den Vorsitz des „Landesausschusses für gesamtdeutsche Fragen" und hatte mit dem Schauspiel „Kampf um Helgoland" Erfolg, das 1951 in Berlin (DDR) uraufgeführt wurde.

Werk, Tendenzen, Wirkung. Obwohl L. nicht gezielt für junge Leser schrieb, dienten viele seiner Werke als Lektüre für engagierte Jugendliche. Unter seinen zahlreichen Prosa- und Theaterarbeiten zählt vor allem „Revolte im Erziehungsheim", ein Schauspiel in drei Akten nach dem von ihm herausgegebenen „Bericht von Fürsorgezöglingen. Jungen in Not" (1928), das die Zustände in den preußischen Fürsorgeanstalten der zwanziger Jahre schildert. Eine militante und zugleich salbungsvolle Heimleitung und zum Teil ungelernte Erzieher mit sadistischen Neigungen halten Reformbewegungen im Erziehungswesen für unsinnig und gesellschaftsschädigend. Gegen diese verknöcherte Clique meutern die Zöglinge. Am Ende scheitern ihre Fürsprecher, ein ehemaliger Offizier und ein im Konflikt sich profilierender Rädelsführer.
Die Anklage gegen Gewalt und die Vorboten des Faschismus waren derart brisant, daß L. verstärkt noch durch das Verbot seines Stückes „Giftgas über Berlin" (1929), zum „Fall Lampel" wurde.
„Verratene Jugend", ebenfalls 1929 erschienen, spielt innerhalb der illegalen, von antirepublikanischen rechten Militärs aufgezogenen „Schwarzen Reichswehr" und ist eine massive Anklage gegen Fememorde an unbotmäßigen Jugendlichen.
„Helgolandfahrer", 1952 im Kinderbuchverlag in Berlin erschienen, berichtet von Jungen und Mädchen, die trotz Verbot der britischen Militärbehörde zu Beginn der fünfziger Jahre mit Hilfe von rebellischen Fischern die Insel besetzen, um gegen die Bombardierung der Insel zu protestieren, und von der Bevölkerung gefeiert werden. Die Erzählung schließt mit einem für die Engländer blamablen Prozeß. Zur Jugendliteratur ist auch seine erste größere Prosaarbeit „Macht ohne Ordnung" (1952) zu zählen: Billy the Kid, „Bandit und Volksheld von Neu Mexiko", verschafft sich sein Recht auf eigene Faust, weil die bestehenden Gesetze und die Willkürherrschaft der Sheriffs, die unter dem Patronat von Pionier-Unternehmern über Leben und Tod entscheiden, nicht hinreichen.

Werke: Bombenflieger. Luftabenteuerliche Geschichten (1918); Heereszeppeline im Angriff (1918); Bob, der Pampasflieger. Eine abenteuerliche Buschklepper- und Indianergeschichte (1922); Jungen in Not. Berichte von Fürsorgezöglingen (1928); Verratene Jugend (1929); Revolte im Erziehungshaus. Schauspiel der Gegenwart in drei Akten (1929); Patrouillen! Erlebnisse und Bemühungen um junge Menschen (1930); Packt an: Kameraden! Erkundungsfahrten in die Arbeitslager (1932); Alarm im Arbeitslager. Schauspiel (1933); Helgolandfahrer (1952); Macht ohne Ordnung. Die Geschichte von Billy the Kid, Bandit und Volksheld von Neu-Mexiko (1952).

Sekundärliteratur: R. Italiaander (Hrsg.): Peter Martin Lampel (1964). – W. Müller-Scheld: Der Fall Lampel (1930).

Otto F. Gmelin

Lampel, Rusia

*Autorin von Romanen, Novellen, Hörspielen, Fernsehspielen, Kinder- und Jugendbüchern; *25.12.1901 Korscienko (ehem. Österreich-Ungarn).*

L. lebte vom achten Lebensjahr an in Wien, wo sie später Kunstgeschichte studierte. Sie wurde Mitglied der zionistischen Jugendbewegung, heiratete den Organisten und Musikwissenschaftler MAX L., mit dem sie zuerst 1926 und dann – nach zeitweiliger Rückkehr – endgültig 1934 nach Palästina auswanderte. Nach einjährigem Aufenthalt in Tel Aviv siedelte sie nach Jerusalem über, wo sie heute noch lebt. L., deren Bücher fast alle in deutscher Sprache geschrieben sind, erhielt für „Der Sommer mit Ora" (1964) eine Prämie zum Deutschen Jugendbuchpreis, außerdem Prämien und Ehrenlistenplätze in Österreich.

Werk, Tendenzen, Wirkung. L. hat einen wichtigen Beitrag zur zeitgeschichtlichen Jugendliteratur der Bundesrepublik geleistet, erstens durch realistische Darstellung von Problemen des jungen Staates Israel und zweitens durch die jugendsoziologische Fragestellung einiger ihrer Jugendromane. „Ora" und „Eleanor" sind als literarische Analyse der Situation der isrealischen Jugend anzusehen, einer Jugend, die zum einen durch die spezifisch historischen Bedingungen Israels (Generations- und Einwanderungsproblem) und zum anderen durch allgemeine Bedingungen westlicher Industriegesellschaften geprägt ist (Konsumreiz, verfrühter Lebensgenuß). Die Ich-Erzählerinnen der beiden Romane, junge Mädchen von 15/16 Jahren, repräsentieren dabei vor allem den kulturellen Einfluß des Westens in Israel (Askenasim) oder – soziologisch gesehen – den gebildeten Mittelstand des Staates, der die leitenden Positionen in der Hand hat. – L.s Jugenderzählungen sind zugleich als Bekenntnisse der Verfasserin zu ihrem Land zu verstehen, besonders zur Jugend dieses Landes, die für sie die Zukunft bedeutet und damit auch Überwindung der in der Vergangenheit liegenden Belastungen, der Erinnerungen an das in der Diaspora, besonders in den Vernichtungslagern

Deutschlands Erlittene. Deshalb läßt die Autorin – in „Ora" – auch eine „Sabre", eine im Lande selber bereits Geborene, zu Wort kommen, die sie mit subkulturellen Peer-Groups in Beziehung bringt. Die Autorin hat für das Buch durch Gespräch und Befragung Vorstudien angestellt und damit an dem neuen Typ eines soziologisch fundierten Jugendromans mitgewirkt. Die Werte, zu denen sich L. dabei bekennt, sind: Erhaltung bzw. Durchsetzung einer eigenständigen Jugendkultur gegen frühen Lebensgenuß, Abbau von – auch rassischen – Vorurteilen, Wendung gegen den „verschrobenen Idealismus" der älteren Generation (der Einwanderer und Pioniere), Plädoyer für ein rationales, zeitgemäßes Handeln. Dabei entwirft L. auch das Bild eines selbstbewußten, selbständig denkenden und handelnden Mädchens, das auf seine Weise teil hat an der allgemeinen jugendlichen Emanzipationsbewegung. – Im Anschlußroman „Eleanor" ist die junge Amerikanerin, bereits in „Ora" wichtigste Nebenfigur, zur Hauptfigur avanciert – die Geschichte einer Rück- und Heimkehr. Der Form nach handelt es sich in beiden Fällen um bekenntnishafte Tagebuchromane, die in einem leichten, natürlich wirkenden, Jargon nicht verschmähenden Ton geschrieben sind.

In „Keine Nachricht von Ruben" (1968) wendet sich die Verfasserin ihrer unmittelbaren Gegenwart zu, indem sie Kriegsereignisse (und eigene Erfahrungen) des 6-Tage-Krieges 1967 verarbeitet; die Linie setzt sie fort in „... als ob wir im Frieden leben" (1974), wo sich das Mädchen Lolo mit *dem* sozialen Problem des Staates, dem Gegensatz von westlichen und östlichen Einwanderern und deren Milieus und Kultur, beschäftigt, wenn auch nur individuelle Wohltätigkeit als Lösung angeboten wird. In beiden Romanen blieb L. der von ihr bevorzugten Form des Ich- bzw. Tagebuchromans treu.

Bereits 1966 erschien auch das bisher einzige Kinderbuch L.s: „Irith und ihre Freunde" – realistische Umweltgeschichten mit vereinzelten kleinen Übergängen ins Phantastische, behutsame Versuche zur Verarbeitung kindlicher Konflikte angesichts der Erfahrung, daß die Welt nicht heil ist.

→ Israel, → Mädchenbuch

Werke: Der Sommer mit Ora (1964, [3]1966); Eleanor. Wiedersehen mit Ora (1965); Irith und ihre Freunde (1966); Keine Nachricht von Ruben (1968); ... Als ob wir im Frieden leben (1974, [3]1975).

Malte Dahrendorf

Lamszus, Wilhelm

*Pädagoge, Schriftsteller; *13.7.1881 Altona, †18.1.1965 Hamburg.*

L., Sohn eines ostpreußischen Handwerkers, wurde Volksschullehrer in Hamburg. Da die Mitgliedschaft in der Sozialdemokratischen Partei Lehrern verboten war, traf er sich mit gleichgesinnten Kollegen in einer „sozialwissenschaftlichen Vereinigung", deren Ziel u.a. die Umgestaltung des Schulwesens in Richtung auf Selbstverantwortung und Mitbestimmung der Schüler war. Daneben arbeitete L. im Hamburger Jugendschriftenausschuß mit. Wegen seines 1912 erschienenen, gegen den Krieg gerichteten Romans „Das Menschenschlachthaus" wurde er im gleichen Jahr vom Schuldienst beurlaubt und mit einem Disziplinarverfahren wegen „landesverräterischen Pazifismus" bedroht. Öffentliche Proteste und die tolerante Haltung eines Schulsenators sorgten jedoch für die Einstellung des Verfahrens. Kurz danach erhielt L. den Auftrag, die Lage der Deutschen in der Fremdenlegion zu studieren. Als Ergebnis legte er die Fremdenlegionärsgeschichte „Der verlorene Sohn" (1914) vor. Enttäuscht von der kriegsunterstützenden Politik der SPD trat L. 1918 in die Kommunistische Partei ein, verzichtete aber auf eine politische Tätigkeit. In der Weimarer Zeit unterrichtete er an einer Versuchsschule in einem Arbeiterviertel, gründete und leitete eine literarische Arbeitsgemeinschaft mit schriftstellerisch begabten jungen Sozialisten und arbeitete für den Rundfunk. Im Jahre 1933 wurde L. zwangspensioniert und erhielt Schreib- und Lehrverbot. Nach dem Zweiten Weltkrieg schlug er einen Schulratsposten in Berlin aus, weil er nicht mit Kommunisten stalinistischer Prägung zusammenarbeiten wollte. Während man in der Bundesrepublik kaum Notiz von ihm nahm, verlieh ihm die Humboldt-Universität in Ost-Berlin die Ehrendoktorwürde.

Werk, Tendenzen, Wirkung. Die Publikationen L.s lassen sich grob in a) literarische und b) pädagogische Schriften unterteilen.

Zu a) Während L.s Fassung der Gudrunsage und ein Drama über Thomas Münzer nicht an die breite Öffentlichkeit gelangten, wurde er durch „Das Menschenschlachthaus" in wenigen Wochen bekannt. Das Buch mit dem Untertitel „Bilder vom kommenden Krieg" schildert in realistischen Szenen und prophetisch-visionären Bildern die Greuel der Materialschlachten. L. bricht mit den Klischees vom ritterlichen Kampf und heroischen Sterben. Er zeigt die anonyme Vernichtungsgewalt moderner Waffen und demaskiert die Verwerflichkeit staatlich und kirchlich sanktionierten Mordens. Von deutschen und ausländischen Kriegsgegnern begrüßt, entfachte der Roman bei den Nationalisten einen Sturm der Entrüstung. „Die Erregung von Kriegsfurcht und Kriegsabscheu ... bedeutet einen an Hochverrat grenzenden Frevel" heißt es in einem Artikel des „Allgemeinen Beobachter" vom 1.11.1912 (zit. nach D. Richter: Das politische Kinderbuch. 1973. S. 93). Einen Monat später ist in der gleichen Zeitschrift von einem „Jugendbildner" die Rede, der das „nationale Nest" beschmutzte und zum Schaden seines Volkes „Allerweltsverbrüderung" predige (s. Richter, a.a.O. S. 95ff.). In kurzer Zeit erreichte das Buch zahlreiche Auflagen und wurde in sieben Sprachen übersetzt. Der zweite Teil „Das Irrenhaus" mit dem Untertitel „Visionen vom Krieg II. Teil." erschien, obwohl bereits 1914 druckfertig, erst 1919 und enthielt ein Vorwort des späteren Nobelpreisträgers C. v.

Ossietzky (1889–1938), der die Veröffentlichung als Warnung gegen den neuerlich weltweit auftretenden Militarismus kennzeichnete. Noch einmal mahnte L. die Deutschen vergebens, als er 1922 im Vorwort zur Neuauflage des „Menschenschlachthauses" schrieb, doch nicht die gleichen Führer, die den Ersten Weltkrieg mitverschuldet hätten, wieder an die „Spitze zu setzen", denn „der Weg, den sie euch weisen, seid ohne Sorge, führt, woher ihr kamt, ins Menschenschlachthaus, das heute wie ehedem auf euch wartet". Er erlebte, wie auch diese Prophezeihung Wirklichkeit wurde und beschrieb sie in „Der große Totentanz" (1946). Kurz vor seinem Tod glaubte er schließlich sagen zu können, daß die wachsende Schar von Friedenskämpfern einen Dritten Weltkrieg verhindern werde.

Zu b) Der Arbeitsschul- und Kunsterziehungsbewegung nahestehend und Gedanken aus R. Hildebrands Schrift „Vom deutschen Sprachunterricht" aus dem Jahre 1867 aufnehmend, schrieb L. zusammen mit A. Jensen 1910 die Streitschrift „Unser Schulaufsatz – ein verkappter Schundliterat". Mit ihr griffen die beiden Autoren die herkömmliche, mit Stilmustern arbeitende und auf die mechanische Wiederholung eingelernter Phrasen abzielende Aufsatzerziehung an, die Störung der Sprachfunktion und Sprachphobie zur Folge habe. Stattdessen forderten L. und Jensen, die Kinder aus ihrem Leben, von ihren Ängsten und Träumen in ihrer eigenen Sprache erzählen zu lassen. Die Publikation „Der Weg zum eigenen Stil" (1911) verfolgte die methodische Realisierung dieses Gedankens. Nach L. steckt in jedem Kind ein Künstler. Wie dieser, so solle auch das Kind seine Erlebnisse gestalten, ohne ihm thematische Vorschriften zu machen. Durch gemeinsames Besprechen der Aufsätze könne bei den Schülern dann der Sinn für ihre Darstellungsmittel geweckt werden. Erlebnisaufsatz, frei gewählte Lektüre und Vorlesen dienen nach L.s Auffassung in gleicher Weise der Spracherziehung wie die Einführung der Literatur. Die Anleitung zur Selbsttätigkeit, zur Textproduktion war auch L.s Rundfunkarbeit gewidmet, durch die er die Kinder z. B. zum Verfassen von Hörspielen anregte. Nach dem Zweiten Weltkrieg erschien seine provozierende Abrechnung mit dem Lehrerstande „Pädagogische Dilettanten oder geborene Erzieher" (1948). In dieser Schrift ging L. unnachsichtig mit „Paukern" und „pädagogischen Faschisten" ins Gericht und plädiert für eine Auswahl der Erzieher nach ihrer pädagogischen Begabung und den Bedürfnissen der Kinder.

→ Jugendschriftenbewegung, → Vereinigte Jugendschriftenausschüsse

Werke: Unser Schulaufsatz, ein verkappter Schundliterat (zus. mit A. Jensen 1910, [4]1922); Gudrun. Eine deutsche Heldensage (1911); Der Weg zum eigenen Stil (1911); Das Menschenschlachthaus (1912, NA. 1922, 75 Tsd. 1928); Die Poesie in Not (1913, NA. 1921 u. d. T.: Schulkaserne oder Gemeinschaftsschule); Der verlorene Sohn (1914; [2]1921); Das Irrenhaus. Visionen vom Krieg II. Teil (1919); Thomas Münzer. Eine Tragödie des Prophetentums (1919); Die Begabungsschule (1919, [2]1921); Schelmengeschichten vom kleinen Heini. Erlebnisaufsätze gesammelt und herausgegeben von W. Lamszus und A. Jensen (1921); Der große Totentanz (1946); Pädagogische Dilettanten oder geborene Erzieher (1948).

Sekundärliteratur: D. Richter: Das politische Kinderbuch (1973).

Marie-Luise Christadler

Landserhefte → Kriegsromanheft

Lang, Carl

*(Ps.e: August Lindemann, Karl August Hirschmann). Jurist, Verleger, Schriftsteller und Illustrator; * 27. 10. 1766 Heilbronn, † 16. 5. 1822 Wackerbartsruhe.*

L. stammte aus gutbürgerlichen Verhältnissen. Sein Vater war Rechtskonsulent, seine Mutter Tochter eines Amtmannes. Der sprach- und redebegabte L. besuchte zunächst das Heilbronner Gymnasium und studierte dann in Erlangen und später in Göttingen Rechtswissenschaft, Sprachen und Literatur. Im Jahr 1788 kehrte er nach Heilbronn zurück und wurde dort Kraichgauischer Kanzleiadvokat und Archivarakzessist. Durch die Heirat mit einer vermögenden Apothekerstochter und die Hilfe der vermögenden Schwäger eröffnete L. in einer außerordentlich schwierigen Zeit 1796 das Schwäbische Industriekontor. Obwohl unermüdlich tätig, verlor der psychisch labile L. oft die Übersicht über die von ihm begonnenen Unternehmungen, überschätzte seine Möglichkeiten und gelangte trotz der beträchtlichen eigenen finanziellen Mittel und denen seiner Verwandten in große Geldschwierigkeiten. Da das von L. gegründete Kontor besonders die Reproduktion von Gemälden und Kunstwerken und den Vertrieb der Reproduktionen als Aufgabe hatte, kaufte L. die Gemäldesammlung des Ministers Moser für 10 000 Gulden. Stockender Absatz und ein Schuldenberg von 75 000 Gulden, dazu nicht einlösbare Wechselverpflichtungen, veranlaßten L., Heilbronn bei Nacht und Nebel zu verlassen. Unter dem Namen August Lindemann ließ er sich in Hamburg nieder (1799), begann eine neue verlegerische Tätigkeit und lebte mit einer Tänzerin zusammen. Schon nach einem Jahr kamen ihm die Gläubiger auf die Spur und zwangen ihn erneut zur Flucht, diesmal nach Berlin, wo er ab 1801 unter dem Namen Karl August Hirschmann vor allem für den Verleger Oehmigke arbeitete. Die Freundschaft zu dem Leipziger Verleger K. Tauchnitz, der L. über seine finanziellen Schwierigkeiten hinweghalf, verschaffte L. neues Ansehen. Er promovierte zum Dr. phil. und gründete in Tharant bei Dresden eine Erziehungsanstalt, um sich mehr der pädagogischen Arbeit zuzuwenden. Als er zur Vergrößerung seiner Erziehungsanstalt das Gut Wackerbartsruhe hinzukaufte, geriet er wieder in starke Verschuldung. Sein plötzlicher Tod aus voller Gesundheit heraus gab in dieser finanziellen Situation zu vielen Vermutungen Anlaß. Die Jugendschriftstellerin E. Polko (1823–1899) ist eine Nachfahre von L.

Werk, Tendenzen, Wirkung. Durch den Einfluß des Kirchenrates G. F. SEILER, dessen poetisch-rhetorisches Seminar L. während seiner Studienzeit besuchte, wurde sein Interesse für die Fabeln AESOPS geweckt, die er 1786 in Versen und Prosa übersetzte. Unter seinem richtigen Namen, während der Hamburger und der Berliner Zeit unter den Pseudonymen LINDEMANN und HIRSCHMANN, veröffentlichte L. eine große Zahl zum Teil mehrbändiger Werke, an denen er als Autor, Illustrator, Herausgeber oder Bearbeiter unterschiedlichen Anteil hatte. Seine schriftstellerische Tätigkeit bestand weniger in dem Erfinden eigener Texte als vielmehr im Bearbeiten und Kompilieren von Beiträgen aus bekannten naturwissenschaftlichen Werken der Zeit für Jugendbuchausgaben, die sich besonders durch zahlreiche handkolorierte Kupferstiche auszeichneten. Besonders bekannt wurde seine Mitarbeit an dem fünfzehnbändigen Werk „Neue Bildergallerie für junge Söhne und Töchter“ und die Herausgabe des dreibändigen Werkes „Tempel der Natur und Kunst“ (1802). Für seine geographischen Schilderungen nahm sich L. J. H. CAMPE als Vorbild. In seinen Jugendschriften neigte L. zu Pauschalurteilen (z.B.: „Die heutigen Römer sind träge zur Arbeit, überhaupt zu allem Guten“). An seinen mitunter komisch wirkenden Versen und seinen sehr uneinheitlichen Prosatexten lassen sich die Phasen menschlicher Schwierigkeiten des Autors ablesen, vieles ist zu hastig und ohne genügende Korrektur entstanden. Fast alle Werke L.s sind von einem an zahlreichen Stellen deutlich ausgesprochenen Pessimismus gekennzeichnet, der in der These begründet ist, daß ein schwaches Geschlecht entstünde, das den Leistungen und Forderungen der älteren Generation nicht mehr gewachsen sei.

Werke: Fünfzig Aesopische Fabeln in Versen und Prosa, nebst dem Leben des Aesop (1786); Taschenbuch zur nützlichen Unterhaltung und zum Vergnügen für junge Deutsche von Adel (Bd. 1–2. 1792/93); Kleine Bibliothek für junge Deutsche (Bd. 1–8. 1793–1797); Gallerie der unterirdischen Schöpfungswunder und des menschlichen Kunstfleißes unter der Erde (Bd. 1–2. 1801); Kleine moralische Kinderwelt (1801); Die Haushaltung der Menschen unter allen Himmelsstrichen. Eine Gallerie von Darstellungen der merkwürdigen menschlichen Wohnplätze, Gebräuche und Sitten aus allen 5 Welttheilen (Bd. 1–5. 1801–1811); Bunte Bilderlust in ländlichen Scenen. Mit moralischen Erzählungen für die belehrende und bildende Unterhaltung deutscher Knaben und Mädchen (1806); Kindestreue, Geschwisterliebe, Dankbarkeit und Edelmuth, in merkwürdigen Scenen aus der neuen Zeitgeschichte für die Jugend (1806); Der Kleine mit dem Guckkasten (1806); Titania; ein Taschenbuch für 1807; Deutschlands Söhnen gewidmet (1806); Der kleine Bildermann. Ein Fabelbuch für Söhne und Töchter (1807); Wanderungen in den Tempelhallen der Natur (1808); Kleine Bilder-Encyklopädie (1808); Die Nationen der Vorwelt, hauptsächlich in dem Zeitraum der Größe von Griechenland und Rom (Bd. 1–2. 1808–1811); Neuer Bilderschauplatz merkwürdiger Gegenstände aus dem Gebiete der Kunst und des Menschenlebens. Zum Vergnügen und zur Belehrung der Jugend (1812); Gallerie kleiner Fabeln und Erzählungen. Ein nützliches und angenehmes Geschenk für die Jugend (1812); Muhme Freundlich, ein angenehmes belehrendes Bilderbuch für fleißige, gehorsame und fröhliche Knaben und Mädchen (1809).

Werke unter dem Pseudonym Karl August Hirschmann: Uebungen für junge Zeichner (1801); Tempel der Natur und Kunst (Bd. 1–3. 1802); Bilderbuch aus Liliput (Bd. 1–2. 1803–1806); Maienthals Rebenlaube (Bd. 1–2. 1803–1806).

Sekundärliteratur: W. Lange: F. K. Lang (1909).

Erich Strobach

Der

Kleine mit dem Guckkasten

oder

schöne Raritäten

für

Knaben und Mädchen,

welche sich in der Welt umsehen und erfahren wollen,

wie solche außerhalb der lieben Heimath beschaffen sey.

Von

Carl Lang.

Mit Ansichten merkwürdiger Städte, Berge, Seen u. s. w.

Leipzig

bey Karl Tauchnitz.

Titelbild und Titelseite von Carl Langs (1766–1822) gereimten und von ihm illustrierten Kinderbuch „Der Kleine mit dem Guckkasten“ (1806).

Lang, Othmar Franz

*Österreichischer Schriftsteller, Autor von Jugendbüchern; * 8. 7. 1921 Wien.*

L. kam zu einem Drogisten in die Lehre. Er fand jedoch durch einen Buchhändler bald zur Literatur und versuchte sich nach der Wehrdienstzeit in verschiedenen Berufen, die alle mit Büchern oder dem Schreiben zu tun hatten: Er war Dramaturg, Reporter, Redakteur, Angestellter in einer Presseagentur, Handpuppenspieler und schließlich Mitarbeiter beim Österreichischen Buchklub der Jugend. Seit 1953 ist er als freier Schriftsteller tätig. 1955 erhielt er für „Die Männer von Kaprun" (1955) den Jugendbuchpreis der Stadt Wien. Für „Vielleicht in fünf, sechs Jahren ..." (1961) wurde er 1961 mit dem Österreichischen Staatspreis für Jugendliteratur ausgezeichnet, 1964 mit einem Platz auf der Ehrenliste zum Hans Christian Andersen-Preis.

Werk, Tendenzen, Wirkung. Die ersten schriftstellerischen Versuche unternahm L. bereits mit 17 Jahren. Erst ab 1951 jedoch erschienen seine Erzählungen in Zeitungen und Zeitschriften; daneben arbeitete L. für den Rundfunk. Für sein zweites Hörspiel („Würde und Freiheit des Menschen") erhielt er einen Preis des Österreichischen Rundfunks (1952). 1953 schrieb L. sein erstes Jugendbuch, „Campingplatz Drachenloch"; in der Folge verlagerte sich sein Interesse mehr und mehr auf das Gebiet der Jugendliteratur.
L.s Schaffen ist nicht nur im Hinblick auf die Zahl seiner Bücher, sondern auch im Hinblick auf die verschiedenen Buchgattungen weitreichend. Er gehört zu den wenigen Autoren, die neben Abenteuerbüchern, Problemromanen und Sacherzählungen für die Jugend auch Mädchenbücher und ein Kleinkinderbuch geschrieben haben. L. ist ein engagierter Erzieher, an dessen Werken man die verschiedenen Strömungen und Tendenzen in der Pädagogik ablesen kann. Von seinem Mädchenroman „... und sie fand heim" (1954) bis zu dem Buch „Warum zeigst du der Welt das Licht?" (1974) spannt sich ein weiter Bogen, der vom Ideal des „Daheimbleibens und sich redlich Ernährens" bis zum vorurteilslosen, modernen Mädchen reicht, das seine Lebensaufgabe als Entwicklungshelferin findet. Nächstenliebe, internationale Verständigung und Überbrückung des Generationskonflikts sind zentrale Themen, die in vielen Büchern L.s anklingen.

Werke: Campingplatz Drachenloch (1953, ²1954); ... und sie fand heim (1954, ⁵1962); Aber das Herz schlägt weiter (1955); Die Männer von Kaprun (1955, ⁵1959); Manfred knipst sich durch (1955, ²1957); Lagerfeuer lodern überall (1956); Das Leben ist überall (1956); Männer und Erdöl (1956); Mädchen, Mode und Musik (1957, ³1962); Weg ohne Kompaß (1958); Siebzehn unter einem Dach (1959); Das tägliche Wunder (1959); Die beispiellosen Erfindungen des Felix Hilarius (1960); Der Baumeister (1961); Meine geliebte, gehaßte Verwandtschaft (1961); Vielleicht in fünf, sechs Jahren (1961, ²1962); Der andere Herr Karl. Österreichischer Bilderbogen (1962); Ein Garten bunt wie die Welt (1962); Großes Glück mit kleinen Finken (1963); Paradies aus zweiter Hand (1965); Die Stunde des Verteidigers (1965); Zum Heiraten gehören zwei (1965); Ein paar Tage Frühling (1966); Geständnis nach dem Urteil (1967); Schritte, die ich gehe (1968); Warum zeigst du der Welt das Licht? (1974, ⁴1974); Das Haus auf der Brücke (1974); Vom Glück verfolgt (1974); Barbara ist für alle da (1974); Alle lieben Barbara (1974); Wenn du verstummst, werde ich sprechen (1975).

Sekundärliteratur: I. Auböck: Othmar Franz Lang (in: Die Barke. 1965. S. 316–321).

Lucia Binder

Lange, Dietrich

*Illustrator von Kinder- und Bilderbüchern, Cartoonist, Zeichner; * 17. 12. 1930 Rummelsburg (vorm. Pommern).*

L. flüchtete 1945 über Güstrow (Mecklenburg) nach Eutin (Schleswig-Holstein). Nach der Mittleren Reife (1948) studierte er von 1949 bis 1953 an der Landes-Kunstschule in Hamburg bei A. Mahlau (* 1894). Schon 1953 erschienen erste Cartoons und Pressezeichnungen des freischaffenden Grafikers. L. ist ständiger Mitarbeiter der Hamburger Wochenzeitschrift „Die Zeit", er hat sich auf die Illustration witziger Verse, vornehmlich Limericks, spezialisiert. Daneben zeichnet er für den „Stern", u.a. auch für die Kinderseite „sternchen". Seit 1954 illustriert L. auch Kinder- und Jugendbücher.

Werk, Tendenzen, Wirkung. In zwei Jahrzehnten hat L. in rund zwanzig Bilder- und Kinderbüchern eine außerordentliche Vielseitigkeit und anpassungsfähige Flexibilität bei der Illustration gegenwartsbezogener deutscher und ausländischer Texte sowie solcher Bücher, deren Themen in der Vergangenheit angesiedelt waren, bewiesen. L. ist Realist und beherrscht ein breites Witz- und Humorrepertoire, das z.B. bei der Bebilderung der Texte von J. Krüss (* 1926) oder U. Greiwe (* 1945) eingesetzt wurde. Das gilt sowohl für die Kinder-, Bilder- und Jugendbücher als auch für die oft frivolen Späße, die für Erwachsene konzipiert und im Unterhaltungsteil der „Zeit" zu finden sind. Inhaltlich bevorzugt L. neben der Illustration aktueller Umweltmotive vor allem fantastische Stoffe, die ihm die Möglichkeit eröffnen, den angebotenen erzählerischen Faden zeichnerisch fortzuspinnen. Zu seinen stärksten Arbeiten gehören die dicht strukturierten Federzeichnungen zu I. B. Singers „Massel und Schlamassel" (1969), die in der jiddischen und talmudistischen Folklore der Vergangenheit wurzeln, und zu der futurologisch orientierten Geschichte U. Greiwes „Die letzten Hunde von Babbelbeckie" (1972). Das absonderliche Thema vom drohenden Sterben der letzten Hunde hat L. adäquat durch eindrucksvolle, grotesk übersteigerte Menschengrimassen und Hundekarikaturen in seine Bildersprache umgesetzt.
In frühen Illustrationen zu Bilderbuchtexten von J. Krüss (Ich möchte einmal König sein, 1961; Die Sprechmaschine, 1962) nutzt er vorsichtig die Farbe zu differenzierter Kolorierung. An den Arbeiten der letzten Jahre fällt stärker sein Talent zu geschickt

komponierter Federzeichnung auf. An der Ausgestaltung des anspruchsvollen Taschenbuches mit aufmerksamkeiterregendem Umschlagbild und der Ausstattung durch handwerklich solide Illustration hat L. wesentlichen Anteil (O. Maier-Verlag, rororo-Rotfuchs).

Werke: N. Dale: Das Schloß des Erfinders (1954, [4]1958; NA. 1963, [11]1975); J. Krüss: Ich möchte einmal König sein (1961; NA. 1968); J. Krüss: Die Sprechmaschine (1962; NA. 1968); R. Remy: Geheimbotschaft vom Grauen Adler (1964); L. Betke: Mantje und die Wolkenherde (1965); H.-J. Ludwig: Manfred und das schnelle Dutzend (1966); I. B. Singer: Massel und Schlamassel (1969); I. Fleming: Tschitti-tschitti-bäng-bäng (1969, [6]1975); B. Witter: Conny und Pieps (1970); Z. Adla: Kleopatra in der Gitarre (1970); B. Witter: Amschel, das Zigeunermädchen (1971); L. Kooiker: Gaunerfänger (1972); U. Greiwe: Die letzten Hunde von Babbelbeckie (1972); H. Martin: Überall am Okeechobee (1972, [4]1975); H. Martin: Ein buntes Auto und ein schwarzes Schwein (1972, [2]1974); G. Ruck-Pauquèt: Das Haus der 44 Beine (1973); G. Ruck-Pauquèt: Die kleinen Gauner von Bampione (1973, [2]1974); Th. P. Whitney: Die sieben Simeonsbrüder und die sibirische Katze (1973).

Horst Künnemann

Lange, Marianne

*Kinder- und Jugendbuchtheoretikerin; *10. 8. 1931 Werdau.*

Nach dem Besuch der Oberschule begann L. 1950 mit dem Studium der Germanistik an der Pädagogischen Fakultät der Universität in Leipzig. 1953 legte sie das Staatsexamen für das Lehramt an Grundschulen ab und wurde als Aspirantin in der Fachrichtung Methodik des Deutschunterrichts angenommen. Nach einer Erweiterungsprüfung für das Lehramt an der Oberstufe arbeitete L. 1954–1955 an einer Leipziger Schule. Anschließend nahm sie ihre Tätigkeit am Institut für Pädagogik der Philosophischen Fakultät der Karl Marx-Universität wieder auf.
In ihrer Dissertation „Die fortschrittliche bürgerliche Jugendschriftenkritik am Jugendbuch des 19. Jahrhunderts und ihre Auswirkungen auf die Bildungsarbeit der Arbeiterklasse“ (1957) setzte sich L. mit der gegen die Wilhelminische Reaktion gerichteten Jugendschriftenkritik H. Wolgasts und der Jugendschriftenausschüsse auseinander, deren Bedeutung für die nachfolgende Arbeit mit dem Kinder- und Jugendbuch der SPD und KPD sie sehr hoch einschätzt. Allerdings lehnt sie jede Verallgemeinerung von H. Wolgasts Argumentation gegen die Tendenzliteratur, die sie für seine Zeit als – gegen die chauvinistische Kinder- und Jugendliteratur gerichtet – berechtigt anerkennt, ab und plädiert auf Grund ihrer marxistisch-leninistischen Weltanschauung, die jeder Literatur eine Tendenz zuspricht, für eine explizit parteiliche Literatur.
Nach ihrer historisch orientierten Auseinandersetzung mit Geschichte, Kritik und Theorie des Kinder- und Jugendbuches wandete L. ihr Interesse mehr unterrichtspraktischen und aktuell kritischen Themen zu. Sie diskutierte das historische Kinder- und Jugendbuch und den Einsatz des Kinder- und Jugendbuches in der Schule. Zudem befaßte L. sich in ausführlichen Analysen mit den schriftstellerischen Werken K. Neumanns (*1916) und A. Weddings (1905–1966).

Werke: Die fortschrittliche bürgerliche Jugendschriftenkritik am Jugendbuch des 19. Jahrhunderts und ihre Auswirkungen auf die Bildungsarbeit der Arbeiterklasse (Diss. 1957); Das historische Kinder- und Jugendbuch (in: Beiträge zur Kinder- und Jugendliteratur. 4. 1963. 87–96); Das richtige Buch für unser Kind (1966); Karl Neumann. Schrittmacher einer sozialistischen deutschen Kinderliteratur (in: Beiträge zur Kinder- und Jugendliteratur. 14. 1970. 55–62); Zur schöpferischen Arbeit mit dem Kinder- und Jugendbuch im Literaturunterricht der Klassen 5 bis 7 (in: Beiträge zur Kinder- und Jugendliteratur. 26. 1973. 62–72); Alex Wedding (in: Beiträge zur Kinder- und Jugendliteratur. 34. 1975. 16–24).

Winfred Kaminski

Langewiesche Brandt KG

Ebenhausen bei München. Nur vereinzelte, meist eigenwillig geprägte bzw. illustrierte Kinderbücher.

Das Unternehmen wurde 1906 von W. Langewiesche (1866–1934) als Verlag für Belletristik gegründet und wird seit 1954 vom Enkel des Gründers Kr. Wachinger-Langewiesche (*1930) geleitet. Innerhalb des Programms erscheinen vereinzelt Vorlese- und Kinderbücher mit zum Teil beachtenswerten Illustrationen. Dazu gehörten vor dem Zweiten Weltkrieg die von D. Polster illustrierte Ausgabe von „Grimms Märchen“ und E. Wenz-Viëtors „Schelmengesindel“. Zu den Illustratoren der gegenwärtigen Bilder- und Kinderbuchproduktion gehören u.a. Fr. Hogner („Ich sehe was, was du nicht siehst“, Text von E. Stahleder, 1964, [3]1974; „Der Zundelheiner“, Text von J. P. Hebel, 1974; „Das Klecksbilderbuch“, 1966) und M. Reidel („Der Räuber Kneißl“, 1971). Der Verlag Langewiesche Brandt bevorzugt innerhalb seiner Kinderbuchproduktion Anthologien von Kinderreimen und kurzen Geschichten, so z.B. in dem von H. und Kr. Wachinger 1960 zuerst herausgegebenen Band „Vorlesebuch für Mutter und Kind“ ([3]1967).

Rudolf Raab

Langfeldt, Johannes

*Volksbibliothekar, Jugendbuchtheoretiker; *21. 1. 1893 Flensburg.*

L. – seit 1923 im bibliothekarischen Beruf – gehörte zu denen, die sich als Volksbildungsreformer verstanden. Aus der Stettiner Schule stammend, war er 1926–1946 Direktor der Stadtbücherei in Mülheim a.d. Ruhr. Nach dem Zweiten Weltkrieg entwickelte er kulturpolitische Aktivitäten (Mitverfasser der von der UNESCO herausgegebenen Denkschrift „Deutschland braucht Büchereien“, 1952; Gründungsmitherausgeber der Zeitschrift „Bücherei und Bildung“, 1948; Mitglied der Hauptjury des Deutschen Jugendbuchpreises u. a. m.). Bis 1958 war er Direktor der Volksbücherei der Stadt Köln. 1967 erhielt er den Ruhrpreis für Kunst und Wissenschaft.

Als Volksbibliothekar hatte er ein besonderes Augenmerk auf die Kinder- und Jugendliteratur. Er suchte Verbindung zur Schule herzustellen, indem er auf umfassendere Ausnutzung der Schülerbücherei hinwies. Wie E. ACKERKNECHT (1880–1960) – sein Lehrer und Freund – vertrat L. teilweise im Gegensatz zu H. WOLGAST (1860–1920) die Meinung, daß man das Leseinteresse der Kinder durch zu hohe ästhetische Ansprüche bei der Auswahl der Lektüre eher hemme als fördere. Er unterstrich nachdrücklich die Selbstbildung des Kindes durch Eigenlektüre. Das Prinzip der Kindertümlichkeit erfordert nach L. nicht auf alle Fälle ein spezifisches Schrifttum. Durch geschickte Auswahl und vertretbare Kürzungen von Werken der großen Literatur könne das „freie Lesen" des Kindes auch gefördert werden. Happy end, sentimentale Elemente und eine gemäßigte Schwarzweiß-Malerei lassen sich nach L. in den Kinder- und Jugendbüchern vertreten; besonders dann, wenn die sonst verächtlich als Kitsch bezeichneten Teile eines Buchs eine moralische Erschütterung auslösen. Kitsch erscheint hierbei im Sinne ACKERKNECHTS als kultureller Übergangswert. Besondere Aufmerksamkeit hat L. den Märchen gewidmet, deren mythisierende Deutung er ablehnte. L. empfiehlt, „das auszumerzen, was für das Kindergemüt schädlich erscheint". Er tritt für eine „Entgiftung" im Sinne von Entbrutalisierung der Märchen ein, indem er Änderungen, ja Motivabwandlungen, vorschlägt. Pädagogische Rücksichten seien wichtiger als literarische.

Werke: Volksbildung als Aufgabe (1953).
Hrsg.: Handbuch des Büchereiwesens, 2 Bde. (1961–1969).
Beiträge: Die Jugendbücherei – Situation und Aufgaben (in: Jugendliteratur. 1955. S. 350–358); Volksdichtung und Jugendbuch (in: Jugendliteratur. 1957. S. 152–161); Das Märchen und die Angst des Kindes (in: Jugendliteratur. 1958. S. 301–308); Robinsonausgaben und Robinsonbearbeitungen (in: Jugendliteratur. 1959. S. 437–449); Von der Problematik des Märchens als Kinderliteratur (in: Jugendliteratur. 1960. S. 492–495); Kritische Einfälle (in: Jugendliteratur. 1960. S. 364–375).

Hermann Bertlein

Langosch, Karl

*Professor für deutsche und mittellateinische Philologie, Jugendbuchtheoretiker; * 11.4.1903 Berlin-Charlottenburg.*

Nach seinem Studium und der Promotion arbeitete L. von 1929 bis 1936 als Assistent am „Deutschen Wörterbuch" der Brüder GRIMM an der Preußischen Akademie der Wissenschaften. In den Jahren 1936–1945 war er als Lehrbeauftragter an der Universität tätig. Drei Jahre später ging er als Professor für das Fach Deutsch an das Pädagogische Institut Darmstadt in Jugenheim a.d. Bergstr., wo er sich auch der Erforschung der Kinder- und Jugendliteratur zuwandte. Die Bestände der von ihm begonnenen Spezialbibliothek wurden später von dem 1963 an der Universität Frankfurt/M. gegründeten Institut für Jugendbuchforschung übernommen. Im Jahre 1958 erhielt L. einen Ruf auf einen Lehrstuhl für deutsche und mittellateinische Philologie an der Universität Köln. 1969 wurde er emeritiert.

In seinen theoretischen Beiträgen zur Kinder- und Jugendliteratur, die alle während seiner Tätigkeit in der Lehrerbildung (1948–1959) entstanden, legte L. vor allem auf zwei Gesichtspunkte Wert: auf die Einordnung der Kinder- und Jugendbücher in das Curriculum der Lehrerstudenten und auf die Erhöhung der Kritikfähigkeit gegenüber Kinder- und Jugendliteratur. L. dokumentierte exemplarisch an thematischen Schwerpunkten seine Auffassung: an einer Reihe Indianerbücher und an christlichen Jugendbüchern. In Beiträgen wie „Jugendliteratur und Lehrerbildung" (1956) betonte L. die Notwendigkeit, künftige Lehrer mit Kinder- und Jugendbüchern vertraut zu machen. Die Studenten sollten nach seiner Auffassung eingehende Einzelanalysen von Kinder- und Jugendbüchern anfertigen, dabei auch Verlags- und Autorenstandpunkte einbeziehen. Sie sollten dadurch Maßstäbe für die Qualität der Kinder- und Jugendliteratur gewinnen, damit sie später in der Lage seien, selbständig und kritisch das Angebot des Literaturmarktes zu sichten und Wertvolles auszuwählen. Literarische Qualität war dabei in den Augen L.s das Primärpostulat. Als Anhänger der Unterscheidung von „guter" Literatur, Kitsch und Schund erweist sich L. als ein in der Tradition von H. WOLGAST (1860–1920) stehender Kinder- und Jugendbuchkritiker. Was nun im einzelnen ein Kinder- oder Jugendbuch lesens- und empfehlenswert macht, versuchte L. in den von ihm herausgegebenen „Studien zur Jugendliteratur" aufzuzeigen, indem er eine Reihe Indianerbücher sowie sogenannte christliche Jugendbücher, die sich thematisch auf Weihnachts- und Missionsgeschichten beschränken, von seinen Mitarbeitern und Schülern miteinander vergleichen ließ. Diese Analysen waren auch noch in einem anderen Zusammenhang aufschlußreich: sie versuchten synchron, d.h. alle zu einem Zeitpunkt vom Literaturmarkt angebotenen Titel zu einem Thema, zu untersuchen und hatten deshalb einen beachtlichen Informationswert, der auch heute noch – allerdings mehr unter literaturhistorischen Gesichtspunkten – von Belang ist. L. wollte auf Grund von „objektiver Kritik", deren Kriterien in einem traditionellen Ästhetikverständnis gründen, zur „Aussonderung und Wertung" des Minderwertigen kommen.

→ Institut für Jugendbuchforschung

Hrsg.: Studien zur Jugendliteratur. H. 1–6 (1955–1960).
Beiträge: Jugendbuchforschung und Pädagogische Hochschule (in: Probleme der Jugendliteratur, Tagungsberichte. 1956. 130–161); Jugendliteratur und Lehrerbildung (in: Jugendliteratur. 2. 1956. 51–54); Das Indianerbuch heute und Karl May (in: Jugendliteratur. 8. 1957. 344–355); Zum Wesen und zur Formung der christlichen Jugendliteratur (in: Jugendliteratur. 1. 1961. 1–9).

Rudolf Raab

La Roche, Marie Sophie

*Romanschriftstellerin, Jugendschriftstellerin; *6. 12. 1731 Kaufbeuren, †18. 2. 1807 Offenbach am Main.*

L. wurde in Kaufbeuren als Tochter des gelehrten Arztes G. Fr. Gutermann, Edler von Gutershofen, geboren. Ihre Jungmädchenzeit verlebte sie in Augsburg, wo der Vater Stadtsyndikus und Dekan der medizinischen Fakultät war. 1754 vermählte sie sich mit dem kurmainzischen Hofrat L., der später als Geheimer Konferenzrat des Kurfürsten von Trier in Ehrenbreitstein lebte. Dort war L. Mittelpunkt eines literarischen Zirkels. In den folgenden Jahren wohnte das Ehepaar L. in Speyer und Offenbach. 1789 verlor L. ihren Mann, den sie um 18 Jahre überlebte. Seit 1750, als L. vorübergehend im Hause des Predigers Wieland in Biberach wohnte, war sie mit dessen Sohn Ch. M. Wieland befreundet. Ebenso pflegte sie freundschaftliche Beziehungen zu Schiller und Goethe. L. war die Großmutter der Geschwister Brentano.

Werk, Tendenzen, Wirkung. L. war eine der fruchtbarsten Schriftstellerinnen des 18. Jahrhunderts. Nur wenige Bücher jener Zeit haben einen ähnlich großen Erfolg gehabt wie L.s Roman „Die Geschichte des Fräuleins von Sternheim" (1771). In kurzer Zeit erlebte der Roman neun Auflagen. Herder, Wieland und Goethe haben ihn anerkennend beurteilt. In ihm verstand sich die Autorin „als Lehrerin der Jugend und noch mehr als Anwalt der empfindsamen und leidenschaftlichen Liebe" (Salzer). „Ich will", so schreibt L. in der Einleitung dazu, „allen liebenswürdigen Töchtern unserer Nation ein Geschenk mit diesem Werk machen, welches mir geschickt schien, Weisheit und Tugend und die einzigen großen Vorzüge der Menschheit, die einzigen Quellen ihrer Glückseligkeit, die unter ihrem Geschlecht sind", zu verbreiten. Von der „Geschichte des Fräuleins von Sternheim", von dieser „Menschenseele" (Goethe), „gingen starke Wirkungen noch auf die frühen Jugendschriftstellerinnen des 19. Jahrhunderts aus" (Prestel).
L., „deren Autorität in allen Fragen, die das Leben der Frau betrafen, anerkannt war" (Köberle), brachte diese Autorität auch in ihr Jugendschrifttum ein. Im Wetteifer mit anderen Autoren schuf sie „eine Art von eudämonistischen Schriften für die reifere Jugend" (Göhring). Unter diesen nehmen neben „Rosaliens Briefe" (1779) „Briefe an Lina als Mädchen. Ein Buch für junge Frauenzimmer. 2 Bde." (1783) einen besonderen Rang ein. Ihr Jugendschrifttum steht unter dem Motto: „Schön, moralisch schön ist es von uns, daß wir, ohngeachtet der großen Beweise, welche unser Geschlecht schon oft von seinen Fähigkeiten zu den höchsten Wissenschaften gab, daß wir freiwillig, der ersten Bestimmung der Natur getreu, nur als Gehülfin und Gesellschafterin der Männer in dem zweiten Rang der Verdienste stehen bleiben." So dokumentiert „Lina" die Grundauffassung von der Mädchenerziehung des 18. Jahrhunderts: das Mädchen wurde erzogen „für Haus und Herd". Dieser Erziehungsidee diente auch die von L. herausgegebene Zeitschrift „Pomona für Deutschlands Töchter" (1.–4. Heft, 1783/84) mit den darin eingestreuten „Moralischen Erzählungen". Letztere wurden später gesondert in Buchform herausgegeben (Neuere Moralische Erzählungen, 1786; Moralische Erzählungen, 1788). Doch all diese Erzeugnisse „für die reifere weibliche Jugend" tragen „durch die Mischung von Empfindlichkeit und vernünftigem Raisonnement den Stempel des Konstruierten, Nichterlebten und wirken, obwohl sie von Edelmut und besten Gesinnungen überfließen, kalt und trocken" (Köberle).

Werke: Geschichte des Fräuleins von Sternheim. Von einer Freundin derselben aus Original-Papieren und anderen zuverlässigen Quellen gezogen (Bd. 1–2. 1771); Rosaliens Briefe an ihre Freundin Marianne von St... (Bd. 1–4. 1779–1781); Briefe an Lina. Als Mädchen, als Mutter (Bd. 1–3. 1785–1787); Neuere moralische Erzählungen (1786); Moralische Erzählungen (1787); Mütterlicher Rath für junge Mädchen (1797).
Hrsg.: Pomona für Deutschlands Töchter (1782–1784).

Sekundärliteratur: F. Brümmer: Lexikon der deutschen Dichter und Prosaisten von den ältesten Zeiten bis zum Ende des 18. Jahrhunderts (1884). – L. Göhring: Die Anfänge der deutschen Jugendliteratur im 18. Jahrhundert (1904). – S. Köberle: Jugendliteratur zur Zeit der Aufklärung (1972). – W. Martens: Die Botschaft der Tugend. Die Aufklärung im Spiegel der deutschen Moralischen Wochenschriften (1971). – J. Prestel: Geschichte des deutschen Jugendschrifttums (1933). – A. Salzer: Illustrierte Geschichte der Deutschen Literatur von den ältesten Zeiten bis zur Gegenwart. Zweiter Band (1926). – M. Wesley: Das junge Mädchen im deutschen Roman des 18. Jahrhunderts bis zum Beginn des Sturm und Drang (Diss. 1933).

Hubert Göbels

Larsen, Egon

*(d. i. Egon Lehrburger). Journalist, Verfasser populärwissenschaftlicher Bücher; *13. 7. 1904 München.*

Schon sehr früh war L. journalistisch tätig. 1929–1933 war er freier Mitarbeiter des „Berliner Tageblatts" und des „Vorwärts". Nach dem Arbeitsverbot der Nazibehörden emigrierte er über Prag nach England. Heute ist er englischer Staatsbürger und als Journalist und Korrespondent mehrerer deutscher Rundfunkanstalten und Zeitungen tätig. Von den mehr als 40 populärwissenschaftlichen Sachbüchern, die L. nach dem Krieg verfaßt hat, erschienen 14 Titel auch in deutscher Fassung. 1963 erhielt er die Diesel-Medaille in Silber. L. ist u. a. Vorstandsmitglied des PEN-Zentrums deutschsprachiger Autoren im Ausland.

Werk, Tendenzen, Wirkung. Journalistische Darstellungsformen, Reportagen, Feature und Story prägen die Schreibweise der Sachbücher L.s. Zwischen den Titeln, die für ein allgemeines Publikum gedacht sind, und denen, die sich direkt an Jugendliche wenden, besteht dabei kein wesentlicher Unterschied. Die beiden Hauptthemen L.s sind: Geschichte des technischen Fortschritts („Abenteuer der Technik, 1949; „Kleine Geschichte der Technik für die Jugend", 1961) und der

Kampf für Freiheit und Menschlichkeit („Rebellen für die Freiheit", 1958; „Die Zeitung bringt es an den Tag", 1970). Beide Sachgebiete sind in einem übergeordneten Thema verbunden: Geschichte erscheint als das Werk großer Einzelner, die sich bedingungslos für das, was sie als richtig erkannt haben, einsetzen, sich opfern. Personalisierung als gängiges Darstellungsprinzip populärwissenschaftlicher Literatur ist bei L. nicht nur kommunikatives Mittel, sondern Zentrum einer liberalen Geschichtsauffassung und eines aufklärerischen Impulses. Dem kreativen Erfinder stellen sich bornierte Institutionen oder eigennützige Konzerninteressen entgegen; dem Journalisten, dem es um die Aufdeckung von Mißständen geht, und dem Freiheitskämpfer die Mächtigen, die ihre Macht schützen wollen. Technischer und humaner Fortschritt werden weitgehend identifiziert und sind wohl im Zusammenhang des Optimismus der Aufbauzeit nach dem Kriege zu sehen: „Aus unserer Epoche der Kriege, des Hungers und Mangels formt sich ... die Gesellschaft der Zukunft, in der für den Bedarf der Allgemeinheit und nicht nur im Interesse einzelner Unternehmer gearbeitet und produziert wird" („Erfindungen und kein Ende", 1952).

Werke: Abenteuer der Technik (1949); Erfindungen und kein Ende (1952); Zwölf, die die Welt verändern (1954); Du wirst die Zukunft noch erleben (1957); Rebellen für die Freiheit (1958); Kleine Geschichte der Technik für die Jugend (1961); Das Geheimnis der Atome (1962); Die Zeitung bringt es an den Tag (1970).

Sekundärliteratur: M. Welke: Egon Larsen: Zwölf, die die Welt verändern (in: A. Welke (Hrsg.): Praxis des Literaturunterrichts. 1970. 137–158).

Martin Hussong

Larsson, Carl

*Schwedischer Maler und Illustrator; *28.5.1853 Stockholm, †22.1.1919 Sundborn bei Falun.*

L., der als Freilichtmaler 1882 in der skandinavischen Künstlerkolonie Grez bei Fontainebleau in Frankreich seine Malerkarriere begann, schuf neben zahlreichen Portraits bedeutender Zeitgenossen Radierungen und Monumentalmalereien. Am bekanntesten wurden seine Buchillustrationen. In seiner Selbstbiographie „Jag" (1931) erzählt der Maler von seinem Leben und Schaffen.

Werk, Tendenzen, Wirkung. L. gilt als einer der Hauptvertreter des Jugendstils in Schweden. So führte er Jugendstilelemente auch in die Monumentalmalerei ein. Von 1894 bis 1908 schuf er für das Treppenhaus des Nationalmuseums in Stockholm monumentale Bilder aus der schwedischen Kunstgeschichte. 1898 und 1907 stattete er die Oper und das Schauspielhaus in Stockholm mit vom Rokoko inspirierten Deckenbildern aus. Im Bereich der Kinderliteratur wurde L. vor allem

Carl Larsson (1853–1919). Der Namenstag (1895).

durch seine Aquarellfolgen bekannt, in denen er sein Heim und sein Familienleben in dem Dorf Falun, wo er seit 1901 mit seiner Familie wohnte, schilderte. Die sorgfältig gezeichneten und mit Wasserfarbe belebten Blätter veröffentlichte er in Buchform und versah sie mit eigenen Texten. In seiner Vorliebe für das Idyll, für das romantisch aufgefaßte, von der Welt verschlossene Familienbild wurde L. stilbildend für zahlreiche Jugendstilillustratoren des beginnenden 20. Jahrhunderts. L., der von einem schwedischen Kunstkritiker als „Maler und Radierer der schwedischen Familie, Maler des Kindes, das er in seinen intimsten Herzensregungen zu ergründen und darzustellen verstand", gelobt wurde, wird von seinem deutschen Verleger K. R. LANGEWIESCHE als ein Maler angepriesen, auf den die Sätze EMERSONS zuträfen, der schrieb: „... Wer den Menschen zeigt, wie sie ein reines, schönes und heldenhaftes Leben führen können, inmitten aller Armseligkeit unserer Dörfer und Städte; wer mich lehrt, mein Brot zu essen und der Ruhe zu genießen und mit Menschen umzugehen, ohne daß ich mich nachher schämen muß, der wird dem Menschenleben seinen Glanz wiedergeben, und sein Name wird in der Geschichte wertgehalten werden". Aus diesen Sätzen und in ihrer Anwendung auf L. spricht eine bürgerlich romantische Geisteshaltung, eine Hinwendung zur Natur und zur Natürlichkeit, aber auch die bürgerliche Selbstbestätigung in der romantisch verklärten Familienidylle. In der Bestätigung dieser Lebensauffassung durch seine Bilder ist wohl auch der große Erfolg L.s zu suchen. In Schweden waren es besonders die Bildbände „Larssons" (1902) und „Ett Hem" (1907), die die große Popularität des Illustrators begründeten. Die Aquarellzeichnungen darin geben in zahlreichen Variationen Einblick in das Familienleben der L.s und zeigen vor allem Szenen mit Eltern und Kindern aus dem Alltag, teilweise auch Kinder allein. Die Texte dazu ähneln Tagebuchnotizen. In Deutschland brachte 1909 der Verleger LANGEWIESCHE auf Anregung von Frau E. JUNGBECK-GRÖNLAND, die auch die Übersetzung der Texte aus dem Schwedischen übernahm, den Bildband „Das Haus in der Sonne" heraus, der in eigener Zusammenstellung sechzehn Aquarellreproduktionen und 50 Schwarzweißzeichnungen enthält, die den Veröffentlichungen „Larssons" und „Ett Hem" entnommen wurden. In der Serie „Die blauen Bücher" des Langewiesche-Verlags hat es der Band inzwischen auf zahlreiche Auflagen mit insgesamt über 400000 Exemplaren gebracht und wird zu den Longsellern unter den Kinderbilderbüchern in deutscher Sprache gerechnet.

→ Jugendstil

Werke: Larssons (1902); Ett Hem (1907); Das Haus in der Sonne (1909).

Sekundärliteratur: H. Alfons: Carl Larsson skildrad av honom sjäv (1952; zus. mit S. Alfons). – H. H. Hofstätter: Jugendstil Druckkunst (1973). – J. Kruse: Carl Larsson (1906). – G. Nordensvan: Carl Larsson (Bd. 1–2. 1920–1921). – A. Romdahl: Carl Larsson som estare (1913).

Helmut Müller

Lask, Berta

*(d. i. B. Jacobsohn-Lask; Ps.: Gerhard Wieland). Kinder- und Jugendbuchautorin, Verfasserin von Erzählungen und Dramen, Publizistin; *17.11.1878 Wadowice (Galizien), †28.3.1967 Berlin.*

Als zweites von vier Kindern wohlhabender jüdischer Eltern – der Vater war Besitzer einer Papierfabrik – wuchs L. in Pommern auf und genoß eine bürgerlich-humanistische Erziehung. 1901 heiratete sie den Arzt und Dozenten an der Berliner Universität L. JACOBSOHN und lebte seitdem in Berlin. Nach Kontakten zur bürgerlichen Frauenbewegung trat L. 1923 in die KPD ein. 1925 reiste sie mit einer Lehrerdelegation in die Sowjetunion und wurde Mitbegründerin und Vorstandsmitglied des „Bundes proletarisch-revolutionärer Schriftsteller" (BPRS). In den zwanziger Jahren verfaßte L. neben Kinder- und Jugendbüchern vor allem Dramen mit sozialistischer Tendenz, deren Aufführungen ausnahmslos verboten wurden. L. war Mitarbeiterin verschiedener kommunistischer Zeitungen („Rote Fahne", „Klassenkampf") und des Arbeitertheaterzirkels. 1933 wurde L.s Sohn von den Nationalsozialisten ermordet, sie selbst konnte – nach vorübergehender Verhaftung – in die Sowjetunion emigrieren. 1953 kehrte sie nach Berlin zurück und arbeitete bis zu ihrem Tode als freie Schriftstellerin. 1957 erhielt sie die Clara Zetkin-Medaille, 1958 die Medaille für Kämpfer gegen den Faschismus, zuletzt 1963 den Vaterländischen Verdienstorden in Gold „für überragende künstlerische Leistungen zur weiteren Entwicklung einer deutschen Nationalliteratur".

Werk, Tendenzen, Wirkung. Bestimmend für ihr Werk war anfänglich – wie L. selber in der autobiografischen Romantrilogie „Stille und Sturm" mitteilt – die „Leidenschaft für die Freiheit", genährt aus den Erfahrungen der „Ungerechtigkeiten des Lebens", der unterschiedlichen Behandlung von Mädchen und Jungen und jener Schranke, „auf die Menschen jüdischer Herkunft immer wieder stießen" (Stille und Sturm. 1975. S. 30). Die ersten Arbeiten L.s zeichnet diese „Leidenschaft" aus, so die ersten kurzen Märchen und Fabeln für Kinder in E. FRIEDRICHS „Proletarischem Kindergarten" (1921) und die 1922 aufgeführte Sprechchordichtung „Weihe für die Jugend". Das expressionistische und pathetische Moment bleibt auch nach dem Übertritt L.s in die KPD und der strikten Wendung zur sozialistischen Parteilichkeit erhalten, bleibt aber abstrakt in der Zeichnung individueller Charaktere. L. formuliert dies selbst positiv: Es gelte durch Massendichtung ein Kollektiverlebnis zu schaffen, in denen „der einzelne nicht durch so starke individuelle Prägung aus der Masse herausragen (darf), daß er zum Helden alten Stils wird. Er darf wohl gezeichnet sein, aber mehr freskenhaft. Er muß ein Gesicht haben, aber nur in großen Umrissen". (Über die Aufgaben revolutionärer Dichtung; in: Die Front. 8. 1929.) Dieses Gestaltungsprinzip wird auch in den Kinder- und Jugendbüchern L.s sichtbar. „Auf dem Flügelpferd

durch die Zeiten" (1925) zeigt in einer lockeren Szenenfolge den traumhaften Ritt des Proletarierjungen Karl durch die Unterdrückung und den „Klassenkampf der Jahrtausende". Er erlebt sich als „Glied in dieser Kette" (S. 124), reichend von den Indianern vor 6000 Jahren, über Spartakus, dem deutschen Bauernkrieg, der Pariser Commune, über Sowjetrußland bis zur Gegenwart, die kämpfend zu bewältigen ist. Wird diese Szenenfolge nur locker durch Karl zusammengehalten, so zeichnet das Buch – gegenüber der zeitlich parallelen Heftchenliteratur der KPD, die lediglich von erwachsenen Helden handelt – wenigstens ansatzweise die Hinwendung zur kindlichen Sphäre aus; erstmals erscheint in der KPD-nahen Kinder- und Jugendliteratur (außer den Märchen H. ZUR MÜHLENS) eine geschlossene größere Erzählung.
„Wie Franz und Grete nach Rußland kamen" (1926) setzt dies fort. Zwar bleibt nun die Handlung gebunden an Franz und Grete, die durch die Sowjetunion reisen, doch bleibt das Buch in der bruchlosen Glorifizierung der Sowjetunion – verstärkt durch die typisierten Kinder aus Deutschland – bloßes Exempel und Verdoppeln der strikten Identität mit der Sowjetunion, denn Chance für den kindlichen Leser, dies erlebnishaft nachzuvollziehen. So gehen zwar die Kinder- und Jugendbücher L.s über die Heftchenliteratur hinaus, überwinden jedoch die Schwäche zu großer Abstraktheit nur im Ansatz.
Diese prinzipielle Schwäche zeigt sich auch in „Otto und Else" (1956): gezeigt wird beispielhaft der Kampf um die Einheitsfront zwischen KPD und SPD in Arbeitsdienst und illegalem Kampf gegen den Faschismus. Auch hier wird die strikte Positivität des Helden nicht aufgegeben: Otto wird zwar hingerichtet, doch die Sache siegt.
Die bei L. deutliche Gefahr, „daß ein falsch oder mechanisch aufgefaßter Begriff von Proletariat als Masse das individuelle Profil der dramatischen Helden einebnet" (KÄNDLER), wird in der Literaturgeschichtsschreibung der DDR bezeichnet. L. gilt jedoch dennoch als „bedeutende Repräsentantin der proletarisch-revolutionären Literatur in Deutschland" (Lexikon deutschsprachiger Schriftsteller. Leipzig. ²1974. Bd. 2, S. 13) und einer der „wichtigsten Wegbereiter des ‚Bitterfelder Weges'" (RUDOLPH).

→Sozialistische Kinder- und Jugendliteratur

Werke: Die Geschichte von dem Jungen, der mit einem Drachen kämpfen wollte (in: E. Friedrich (Hrsg.): Proletarischer Kindergarten. 1921. 19–23; Wie Mariele den lieben Gott suchen ging (in: E. Friedrich (Hrsg.): Proletarischer Kindergarten. 1921. 65–67); Wie der Gefreite Gottlieb Fürchtegott zum Boten kommandiert wurde (in: E. Friedrich (Hrsg.): Proletarischer Kindergarten. 1921. 68–73); Eine Tierfabel (in: E. Friedrich (Hrsg.): Proletarischer Kindergarten. 1921. 141–147); Weihe der Jugend. Sprechchordichtung für proletarische Jugendweihen (1922); Auf dem Flügelpferde durch die Zeiten. Bilder vom Klassenkampf der Jahrtausende (1925); Wie Franz und Grete nach Rußland kamen. Erzählung für die Arbeiterjugend und Arbeitereltern (1926); Otto und Else. Vier Erzählungen vom Kampf der deutschen Arbeiterjugend (1956).

Sekundärliteratur: K. Grünberg: Berta Lask fünfundsiebzig Jahre alt (in: Neue deutsche Literatur. 1954. 1. 168–169); 85. Geburtstag der deutschen Schriftstellerin Berta Lask (in: Bibliographisches Kalenderblatt der Stadtbibliothek Berlin. 1963. 11. 1161–1163). – D. Hoffmann-Ostwald: Berta Lask (in: Proletarisch-revolutionäre Literatur 1918 bis 1933. 1970. 226–228). – W. Pollatschek: Berta Lask. Nachwort zu „Stille und Sturm" (1975).

Manfred Geiss

Lauber, Cécile

*Schweizer Schriftstellerin; *14. 7. 1887 Luzern.*

L. wuchs als Tochter des damaligen Direktors der Gotthardbahn in Luzern auf. Sie besuchte die Musikschule in Lausanne, malte und modellierte. Im Laufe ihrer Entwicklung drängte das Bedürfnis nach sprachlichem Ausdruck L. ganz zur Literatur. Die ersten novellistischen Skizzen veröffentlichte 1911 J. V. WIDMANN (1842–1911) in einer literarischen Zeitschrift. L. schrieb Romane, Novellen, Gedichte, Dramen. Sie wurde durch die Stadt Luzern sowie die Schweizerische Schillerstiftung ausgezeichnet und erhielt 1964 für ihr einziges Jugendbuch „Land deiner Mutter" den Jugendbuchpreis des Schweizerischen Lehrervereins.

Werk, Tendenzen, Wirkung. Das großangelegte vierbändige Werk ist ein „Nils Holgersson" für die Kinder in der Schweiz. Der Waisenknabe Nicco zieht mit seinen Zirkustieren auf der Suche nach den Großeltern durch die Schweiz. Einzige Hinweise sind einige Bilder auf dem Musikkasten. Als Kind beginnt er seine Wanderung, als wissender, junger Mann findet er den Ort der Erfüllung. Meisterhaft in Form und Sprache hat die Autorin ihre Gestalten gezeichnet. Der Wandernde, Suchende wird zum Symbol des Menschen, der aus dem verlorenen Land der Kindheit heimatlos, rastlos, oft verzweifelt, immer suchend das Tor der Pubertät durchschreitet und sein Land der Erfüllung, seine Individualität, findet.

Werke: Land deiner Mutter (Bd. 1–4. 1946, ⁴1957); Gesammelte Werke (Bd. 1–6. 1970).

Peter Schuler

Lauckhard, Carl Friedrich

*Großherzoglicher Schulrat, vortragender Rat im Ministerium, Departement der Justiz und des Kultus; *8. 4. 1813 Alzey, †16. 4. 1876 Weimar.*

L. stammte aus einer Familie mit dreihundertjähriger Tradition in Theologie und Pädagogik. Nach seiner gymnasialen Ausbildung neigte er zunächst zum Studium der Naturwissenschaften und Medizin. Ärmliche häusliche Verhältnisse hinderten ihn an der Ausführung dieses Wunsches. In dem Gießener Theologen K. A. CREDNER (1797–1857) und dem Gießener Philosophen J. HILLEBRAND (1788–1871) fand L. seine Förderer. So wurde er zunächst Hauslehrer von HILLEBRANDS Kindern, gründete später in Alzey eine private Lehran-

II Ab. XXVI.

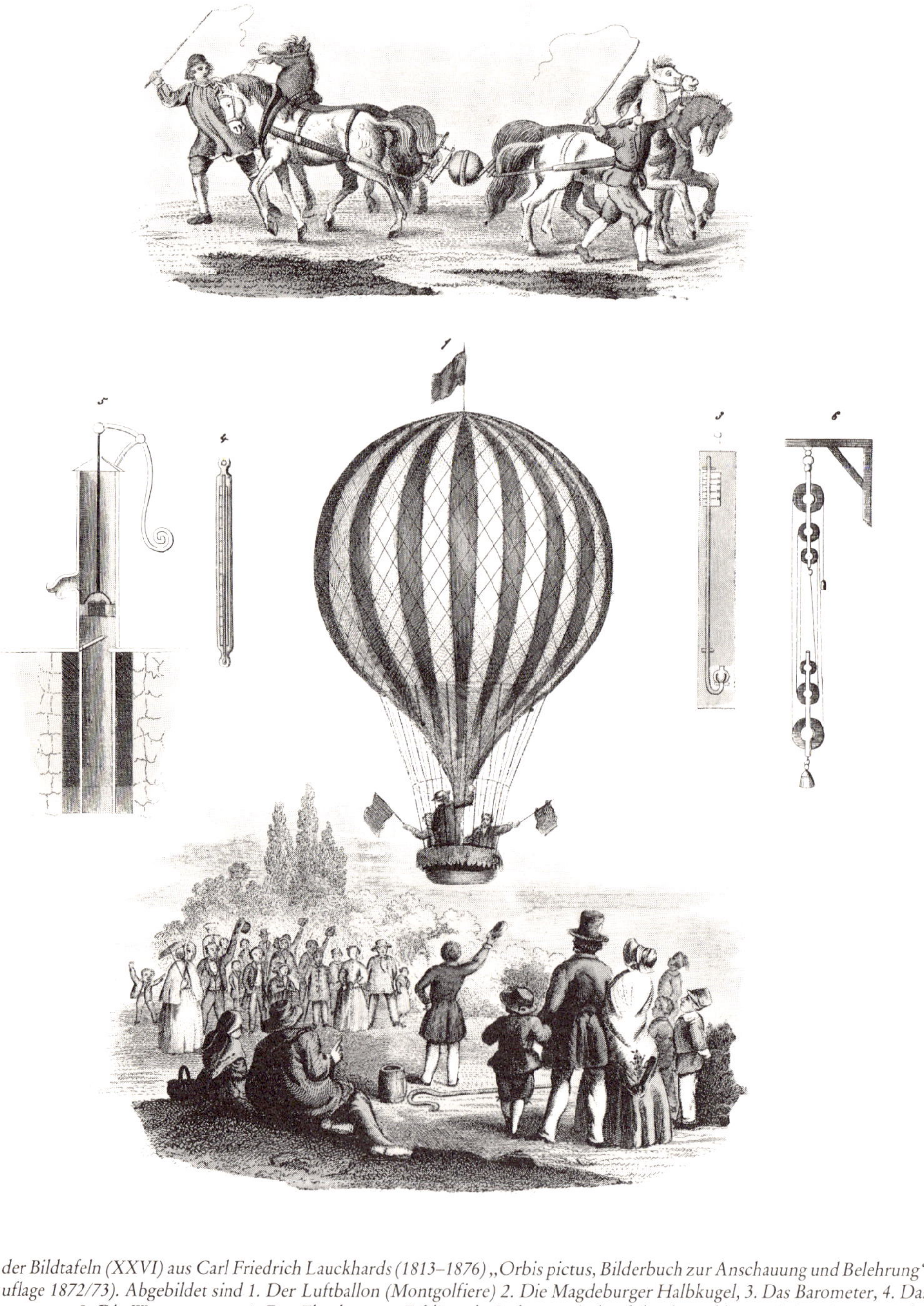

Eine der Bildtafeln (XXVI) aus Carl Friedrich Lauckhards (1813–1876) „Orbis pictus, Bilderbuch zur Anschauung und Belehrung" (1. Auflage 1872/73). Abgebildet sind 1. Der Luftballon (Montgolfiere) 2. Die Magdeburger Halbkugel, 3. Das Barometer, 4. Das Thermometer, 5. Die Wasserpumpe, 6. Der Flaschenzug. Erklärende Sachtexte sind auf den benachbarten Seiten (134–138) des Bandes zu finden.

stalt und versorgte nebenbei mehrere Pfarrstellen. In dieser Zeit wäre er fast einer Arsenvergiftung zum Opfer gefallen. Das Lehrinstitut hatte eine Lebensdauer von nur fünf Jahren. Danach wurde er nach Offenbach am Main als Pfarrverwalter der reformierten Kirche berufen, kam 1840 an die Musterschule in Friedberg und 1846 nach Darmstadt, wo er neun Jahre als Lehrer an der Bürgerschule tätig und zugleich Freiprediger der Stadtkirche war. In diese Zeit fallen erste literarische Arbeiten L.s, vor allem als Journalist auf dem Gebiet der Literaturkritik, aber auch als Verfasser pädagogischer Schriften. 1848 entwarf er als erster Sekretär der Hessischen Schulkommission die als Gesetzentwurf später angenommene neue Schulordnung. 1855 berief man ihn als vortragenden Rat in das Ministerium der Justiz und Kultus in Weimar. Die von L. gegründete Quartalzeitschrift „Reform" unterwarf das Schulwesen der damaligen Zeit rückhaltloser Kritik. Mit dem zweiundvierzigjährigen L. rückte in das Ministerium, das bisher von Juristen verwaltet war, erstmalig ein Fachmann ein. In seinem Amt entfaltete L. bis zu seinem Tode eine rastlose Tätigkeit. So verfaßte er eine Denkschrift zum Ausbildungswesen, die Anlaß zur Errichtung neuer Fortbildungsschulen war, in denen besonders Rechnen, Wirtschaftsrechnen, Buchführung und Realienkunde gefördert wurde. Nach Gründung des Norddeutschen Bundes kümmerte er sich um die gleichmäßige Anerkennung des Abiturientenexamens in den angeschlossenen Ländern, die ab 1874 im gesamten Reichsgebiet bestand. Eine seiner letzten Tätigkeiten war die Arbeit an der Ministerialverordnung für die innere Einrichtung des Volksschulwesens im Großherzogtum Sachsen.

Werk, Tendenzen, Wirkung. Aus L.s beruflichem Werdegang ist auch sein Bemühen als Kinderbuchautor zu verstehen. In der Einleitung zu seinem bekanntesten Werk, einem dreibändigen Orbis-Pictus (Die Welt in Bildern, 1856), finden wir gleich als ersten Satz: „Dieses Bilderbuch soll kein Spielwerk sein, dazu ist es zu ernst; aber auch kein Lehrbuch, dazu ist es zu bunt und zu heiter; – sondern, was schon der Titel sagt, eine gemalte Welt, in welche die Kinder eingeführt werden, ein Abbild des Lebens, ein Leben im Kleinen, mit welchem die jungen Leute durch Wort und Bild bekannt gemacht werden sollen". Nach L.s Meinung sind die Anschauungen (sinnliche Wahrnehmungen) die Quelle der Empfindungen, Gedanken und Urteile. Gott habe die Seele des Menschen mit vielen Wahrnehmungsfähigkeiten ausgerüstet. Auf uns komme es an, diese Fähigkeiten richtig zu gebrauchen. Anschauung ist seiner Meinung nach von großer Wichtigkeit für die Jugendbildung. Bilder können zwar die Natur nicht ersetzen, aber diese „gemalte Welt" hat seiner Meinung nach auch große Vorzüge. Man kann sachgemäß gruppieren, erklären und befestigen. Er verlangt, daß man das Kind dazu bringe, sich in die einzelnen Bilder länger zu vertiefen. Die rund sechshundert handkolorierten Kupferstiche, die in ihrer Fülle die ganze, das Kind umgebende Welt ausbreiten, haben das Werk in seiner Zeit beliebt gemacht und ihm zu zahlreichen Auflagen verholfen. Nicht weniger bedeutsam ist jedoch L.s Text, dem mit seinem „Orbis Pictus" eines der wichtigsten Anschauungswerke des 19. Jahrhunderts für junge Leser gelungen ist. L. hat sich neben seiner pädagogisch-orientierten Schriftstellerei auch um gute Verdeutschung ausländischer Werke für junge Leser gewidmet. So fertigte er u. a. Übersetzungen des Robinson, des Don Quichote und von „Tausend und eine Nacht" an, die in zahlreichen Auflagen noch lange nach seinem Tode aufgelegt wurden. Als Kinderbuchautor gehört L. zu den bedeutenden Nachfahren des COMENIUS.

→Orbis pictus

Werke: Die Welt in Bildern. Orbis pictus (Bd. 1–3. 1856, [5]1883); Deutsche Sagen (1845); Kleine Erzählungen für die Jugend (1866); Erzählungen aus der deutschen Geschichte (1874); Erzählungen aus dem Morgenlande (1871).
Bearb.: Der sinnreiche Junker Don Quichote von La Mancha (1869, [3]1897); Persische Heldensagen des Firdusi (1871); Der abenteuerliche Simplicissimus (1873); Der erste und älteste Robinson. Robison Crusoe des Aelteren Reisen, wunderbare Abenteuer und Erlebnisse (1866, [5]1876); 50 Erzählungen aus dem alten und neuen Testament (1864); 1001 Nacht (1877, [27]1907).

Sekundärliteratur: J. B. Heindl: Galerie berühmter Pädagogen, verdienter Schulmänner der Gegenwart (1859. Bd. 1. 536–538). – P. Krumbholz: Geschichte des Weimarischen Schulwesens (1934). – C. Meyer: Carl Friedrich Lauckhards Erziehungsgrundsätze (1923).

Erich Strobach

Lausch, Ernst

*Lehrer, Kinder- und Jugendbuchautor; *14. 6. 1836 Friedersdorf bei Bitterfeld, †1888 Wittenberg.*

Werk, Tendenzen, Wirkung. L., für den Lesen, Vorlesen und Bildbetrachten bildungsfördernde Elemente darstellten, verfaßte zahlreiche Kinderbücher, die solche Möglichkeiten boten, hauptsächlich Sammelwerke mit Rätseln, kleinen Erzählungen, Versen, Fabeln, Schwänken, Märchen und Sagen. Die von L. im Titel benutzten Verkleinerungsformen „Geschichtchen, Gedichtchen, Verschen" gaben seinen Niederschriften zu Unrecht den Anschein des Verniedlichenden. Die von ihm selbst als „anmuthig" und „unterhaltend" gekennzeichneten Erzählungen und Gedichte für „gute und brave Kinder", die den Zeitbedürfnissen entsprachen und sich lange Zeit auf dem Buchmarkt hielten, waren leicht verständlich und anregend geschrieben, dienten der „Kurzweil und Belehrung" ebenso wie der „Bildung des Verstandes und Gemüthes". Die Altersgruppe, für die das jeweilige Buch bestimmt war, ergab sich schon aus dem werbewirksamen Titel. Da L. um den Anteil der Eltern, vor allem der Mütter, an der Auswahl des Lesestoffs für ihre Kinder wußte, wandte er sich mit seinen Schriften besonders an diese.

50. Kind und Weihnachtsmann.

Kind. Lieber Weihnachtsmann, o bringe
Mir recht viele schöne Dinge!
Alles, was sich schickt für Knaben,
Möcht' ich, ach so gerne haben.
Weihnachtsm. Mein Kind, ja, wenn du artig bist,
Dann bringt dir das der heil'ge Christ.

Der heilige Abend kam heran,
Gar reich bescheerte der Weihnachtsmann:
Den vollen Baum, viel Schönes zum Essen,
Auch Spielzeug hatt' er nicht vergessen,
Mit Bildern ein Buch zum Schau'n und Lesen.
Man sah, das Kind war fromm gewesen.

Seite aus Ernst Lauschs (1836–1888) frommen „Kinderspiegel in Wort und Bild“ (1876). Nach dem ausdrücklich im Vorwort genannten Vorbild von J. W. Heys und O. Speckters „Fünfzig Fabeln für Kinder“ (1833) ist diese letzte wie alle anderen Seiten eingerichtet: Bild oben, dialogischer Text darunter. Es folgt noch ein Anhang mit Zitaten aus Katechismus und Bibel, mit Gebeten und Gedichten.

Die dreiteilige „Kinderstube“ umfaßte den Erzähl- bzw. Vorlesestoff für den Kreis der Zweijährigen bis hin zu den Schulanfängern. Vielseitigen und abwechslungsreichen Inhalt bot das ebenfalls dreibändige „Illustrirte goldne Kinderbuch“, das für Kinder gedacht war, die schon selbst lesen konnten. Mit mehreren Fabelausgaben und einem „Buch der schönsten Kinder- und Volksmärchen, Sagen und Schwänke“ (1871, [37]1911) wandte sich L. an schon Ältere.

In der von L. herausgegebenen Reihe „Der deutschen Kinder Lieblingsbücher“ füllte er 1877/78 zwanzig Hefte mit Prosatexten und Versen zu Themen wie: „Klein Leutchen; In Haus und Hof; Der Kinder Lust und Leben; Unserer Kleinen Lachen und Weinen; Heiteres Völklein; Schulfreude; Aus der Vogelwelt; Große Vögel; Vierfüßige Thiere aus Nähe und Ferne; Was da kreucht und fleucht; Wie seit vielen, vielen Jahren/man geritten und gefahren“. Eine Reihe von Spielbüchern, die auch „1350 Kinder- und Volksräthsel, Scherzfragen, Rebusse, Spielliedchen“ enthielten, so vor allem die „Sammlung beliebter Kinderspiele im Freien und im Zimmer, für Mädchen und Knaben“ und der Band „137 Spiele im Freien, Bewegungsspiele für die Jugend, Knaben und Mädchen. Zum Gebrauch auf dem Turnplatze, bei Kinder- und Volksfesten, Spaziergängen etc. Zur Unterstützung einer geordneten Körperpflege und harmonischen Erziehung. Auf Grund der Bestimmung des königlich preußischen Kultus- und Unterrichts Ministeriums vom 27. Oktober 1882 zusammengestellt, bearbeitet und herausgegeben“ erlebten zahlreiche Auflagen. Auch Bücher, die Gedichte, Sprüche, Geburtstags- und Festtagswünsche für zahlreiche Anlässe enthielten, wie „Der kleine Gratulant“ (1873, [2]1875), gab L. heraus. Mehr didaktische Absicht bestimmten seine „52 biblischen Geschichten ... für die Kleinen“, die als Hilfe für den Religionsunterricht bestimmt waren, wie auch seine geschichtlichen und naturkundlichen Schriften, die den Unterricht begleiten und ergänzen sollten.

Um die um 1870 neu eingeführten Maße und Gewichte leichter zu verstehen, sie „spielend zu erlernen“, erfand L. 1871 die Spielformen „Das neue Maass“ und „Das neue Gewicht“, beide mit derselben Anpreisung: „Das vorzüglichste Weihnachts-Spiel für große und kleine Kinder zur Kurzweil und Belehrung“. Als Hilfe für den Rechenunterricht veröffentlichte er 1886 „99 farbige Rechenscheiben zur spielenden und sicheren Erlernung der vier Grundrechnungsarten im Zahlenraume von 1–10“.

Werke: Das illustrirte goldne Kinderbuch (1862); Die Kinderstube (Bd. 1–3. 1863, [8]1910); Die Schule der Artigkeit. Des Kindes schönster Fabelschatz. Ein goldnes A, B, C der guten Sitten in ausgewählten Fabeln, Sprüchen und Sprüchwörtern für die Kinderstube (1868); 200 Kinder-Räthsel, Spielliedchen, Verschen und Gebete. Für gute Kinder herausgegeben (1868, [8]1882); Das neue Gewicht. Das vorzüglichste Weihnachts-Spiel für große und kleine Kinder zur Kurzweil und Belehrung (1871); Das neue Maass. Das vorzüglichste Weihnachts-Spiel für große und kleine Kinder zur Kurzweil und Belehrung (1871); Heitere Ferientage. Spaziergänge in Flur und Wald, in Berg und Tal. Unterhaltendes und lehrreiches Lesebüchlein über die Natur für Knaben und Mädchen (1871, [4]1887); Das Buch der schönsten Kinder- und Volksmärchen, Sagen und Schwänke (1871, [37]1911); Feier zum Geburtstag Sr. Majestät des Kaisers von Deutschland und Königs von Preußen Wilhelm (1872); Die Feier des Tages von Sedan (2. September). Zum Gebrauch in Volks- und Bürgerschulen (1872); Vom Familientisch. Geschichten und Unterhaltungen für Kinder zur Belehrung und Kurzweil (1873); Der kleine Gratulant. Eine gedrängte Sammlung von Geburtstags-, Neujahrs- und anderen Wünschen für Kinder (1873, [2]1875); 52 biblische Geschichten, 26 aus dem alten und 26 aus dem neuen Testament, für die Kleinen. Die beiden ersten Schuljahre umfassend. Für Lehrer, Väter und Mütter und überhaupt alle Erzieher und Erzieherinnen, zugleich für die Hand der Kinder bestimmt, damit diese die Geschichten selbst nachlesen können (1874); Kurze Geschichte des deutsch-französischen Krieges 1870 bis 1871. Eine Rede an die Schuljugend zum 2. September (1873); Neues Fabelbuch. Ein goldenes ABC der guten Sitten in 115 ausgewählten Fabeln, 125 Sprüchen und 380 Sprüchwörtern für die Kinderstube (1875, [3]1884); Kurze Geschichten für kleine Leute. Ein Sträußlein anmuthiger Erzählungen und Gedichtchen zur Bildung des Verstandes und Gemüthes. Für brave Kinder im Alter von 4 bis 9 Jahren (1875, [10]1911); Festwünsche für alle Stufen des Kindes- und Jugendalters. Eine reichhaltige Sammlung von Geburtstags-, Neujahrs-, Verlobungs-, Hochzeits- und anderen Wünschen, Polterabend- und Hochzeitsscherzen, Albumblättern, Stammbuchversen, Sentenzen etc. (1876, [8]1903); Was die Mutter Erde beut für große und für „kleine Leut“. Ein unterhaltendes und lehrreiches Bilderbuch für Kinder von 6–12 Jahren (1876); Festbüchlein für deutsche Schulen. Eine reichhaltige Sammlung von Festreden, Declamationen, Gedichten und Liedertexten. Kaisers Geburtstags- Sedanfeier- Weihnachtsfeier- Confirmanden-Entlassung (1877); Kinderspiegel in Wort und Bild. 50 Fabeln für Kinder in Hey'scher Manier (1877); Aus Heimat und Fremde. Betrachtung und Belehrung in Wort und Bild für unsere Kinder (Bd. 1–2. 1878); Zimmerturnen. Kurzgefaßte Anleitung für Laien zur Ausführung zweckentsprechender Körperbewegungen ohne Gerät behufs Wiedererlangung und Erhaltung der Gesundheit (1879, [2]1881); Blumensträußchen. Geschichten für Kinder (1882); Buntes Allerlei. Ein Blüten- und Aehrenkranz kleiner Geschichten, Betrachtungen und Gedichtchen, für Kinder von 8–14 Jahren (1883); Die Lutherfeier in der Volksschule. Zum 400jährigen Geburtstage des Reformators am 10. November 1883 (1883); Der kleine Nußknacker. Ein illustrirtes Räthselbuch in 2 Sammlungen enthalten 1350 Kinder- und Volksräthsel, Scherzfragen, Rebusse, Spielliedchen etc. (1886, [9]1889); 137 Spiele im Freien: Bewegungsspiele für die Jugend, Knaben und Mädchen. Zum Gebrauch auf dem Turnplatze, bei Kinder- und Volksfesten, Spaziergängen etc. Zur Unterstützung einer geordneten Körperpflege und harmonischen Erziehung. Auf Grund der Bestimmung des königlich preußischen Kultus- und Unterrichts-Ministeriums vom 27. Oktober 1882 zusammengestellt, bearbeitet und herausgegeben (1883, [4]1887); 99 farbige Rechenscheiben zur spielenden und sicheren Erlernung der vier Grundrechnungsarten im Zahlenraume von 1–10 (1886, [2]1888).

Hans Eich

Lazar, Auguste

*(d.i. A. Wieghardt-Lazar; Ps.: Mary Macmillan). Schriftstellerin, vor allem Kinder und Jugendbuchautorin; *12.9.1887 Wien, †7.4.1970 Dresden.*

L. wuchs als fünftes von acht Kindern wohlhabender jüdischer Eltern in Wien auf. Sie studierte Literaturwissenschaften an der Universität in Wien, wo sie 1916 mit einer Arbeit über E. Th. A. Hoffmann promovierte. 1920 heiratete sie den deutschen Professor für angewandte Mathematik K. Wieghardt und übersiedelte mit ihm nach Dresden. Nach dem Tod ihres Mannes (1924) fand sie Anschluß an der KPD nahestehende Intellektuelle und besuchte die Marxistische Arbeiterschule (MASCH) in Dresden, wo H. Duncker (Mitbegründer der KPD und Initiator der Marxistischen Arbeiterschulen) ihr Lehrer wurde. Der KPD selbst trat L. nicht bei, um politisch Verfolgten besser helfen zu können. 1935 erschien unter dem Pseudonym Mary Macmillan ihr erstes Kinderbuch „Sally Bleistift in Amerika“ in Moskau in deutscher Sprache. Nach mehreren Reisen nach Dänemark emigrierte sie 1939 nach England. Zwei ihrer Schwestern die in Deutschland geblieben waren, wurden in ein KZ gebracht und kamen dort ums Leben. In England arbeitete L. zunächst als Köchin, dann halbtags als Stenotypistin, nachmittags begann sie im Britischen Museum in London das Studium der Französischen Revolution. 1949 kehrte L. nach Dresden zurück und war von da an als Schriftstellerin tätig. 1951 trat sie der SED bei. L. wurde mit dem Vaterländischen Verdienstorden (1957 in Bronze, 1962 in Silber) ausgezeichnet, 1965 mit der Clara Zetkin-Medaille und dem Nationalpreis.

Werk, Tendenzen, Wirkung: Ausschlaggebend für ihr Schaffen waren, wie L. selbst in den autobiografischen „Arabesken“ (1957, [6]1968) mitteilt, die letzten Jahre der Weimarer Republik: „In dieser Zeit löste ich mich von meiner bürgerlichen Vergangenheit los und machte die Sache der proletarischen Revolution zu meiner eigenen“ (S. 67). Dieses Überwinden der bürgerlich-humanistischen Vergangenheit wird neben der Schilderung des Kampfes gegen den Faschismus wesentliches Thema der Kinder- und Jugendbücher L.s. Ihr erstes Kinderbuch „Sally Bleistift in Amerika“ zeigt den Weg zum Sozialismus der mit den Arbeitern sympathisierenden kleinbürgerlichen alten Jüdin Sally Bleistift, die – aus Rußland nach einem Progrom in die USA geflüchtet – erkennt, daß auch dort Unterdrückung herrscht, wo es keinen Zaren gibt. Der lebendig und individualistisch gezeichneten Sally Bleistift stehen dabei allerdings eher schematisierende Muster des auch im Kinderbuch beginnenden ‚Sozialistischen Realismus‘ der späten Weimarer Republik gegenüber. Bereits Sallys Familie ist Modell proletarischer Internationalität, da neben dem bereits wieder nach Rußland zurückgekehrten Enkel Ossja noch der Indianerjunge Redjacket und das Negerkind John Brown hinzugehören, ergänzt durch Niggerjim und den tschechischen Arbeiter Wenzel Swoboda. Kinder und Erwachsene werden als prinzipiell Gleiche gezeigt, sie führen gemeinsam den Klassenkampf, wobei kindliche Konflikte ausgespart bleiben. „Sally Bleistift“ – erneut 1949 in der DDR erschienen – bildet als Beispiel proletarisch-revolutionärer Kinderliteratur der Weimarer Republik eine Brücke zu der nach den Prinzipien des sozialistischen Realismus innerhalb der DDR nach 1945 sich neu konstituierenden Kinderliteratur. „Sally Bleistift“ rechnet dabei zur „klassischen Kinderliteratur“ (Ploog, 1967) und wird „zu den besten sozialistisch-realistischen Kinderbüchern“ (Lexikon sozialistischer Literatur, 1963, S. 319) gezählt. Ähnliche Muster von Positivität enthalten auch die weiteren Kinder- und Jugendbücher L.s. Den Widerstand gegen den Faschismus gestalten „Jan auf der Zille“ (1950, Manuskript ebenfalls noch vor der Emigration in Deutschland geschrieben) und „Die Brücke von Weißensand“ (1965). Jan, ein tschechischer Junge, gerät beim Flugblattverteilen auf den Elbkahn eines NSDAP-Mannes der ‚ersten Stunde‘, muß dort versteckt bis Hamburg ausharren, erfährt aber auch (in einer spannungsreichen Handlung) die Solidarität innerhalb des Widerstandes und die Wandlung des NSDAP-Mannes und seiner Tochter. Über „Die Brücke von Weißensand“ zieht in den letzten Kriegstagen eine Kolonne jüdischer Frauen, bewacht von der SS. Ein französischer und ein polnischer Zwangsarbeiter und eine Frau, die vorher lediglich ihrem Mann und dem kleinen Haus lebte, retten zwei jüdische Frauen vor dem sicheren Tod.

L.s Interesse, Geschichte (progressive Epochen) zur Gegenwart werden zu lassen, bis in die Gegenwart zu verlängern, dokumentieren „Die Schreckensherrschaft und das Glück der Anette Martin“ (1961) – eine Darstellung der französischen Revolution – und „Jura in der Leninhütte“ (1960), das traumhaft eine Begegnung mit LENIN und die russische Oktober-Revolution erleben läßt und „als Beispiel revolutionärer literarischer Geschichtsdarstellung gelten kann“ (Lexikon deutschsprachiger Schriftsteller, Bd. 2, ^{2}1974, S. 22). „Bootsmann Sybille“ (1953), „Kampf um Kati. 4 Mädchen, 4 Schicksale“ (1967) und „Akelei und das Wurzelmännchen“ (1970) weisen auf Relikte der Vergangenheit und den Übergang in die neue Zeit des Sozialismus innerhalb der DDR, indem Sybille ihr verengtes Sehnen nach einem eigenen Elbkahn aufgibt zugunsten der Tätigkeit in einer Werft, Kati ein reiches Erbe ausschlägt und die Sache ihres im KZ ermordeten Vaters in der DDR fortsetzt oder Akelei hilft, den unsinnig gewordenen Aberglauben der Großmutter zu überwinden. „Der neue Däumling“ (1954) bleibt vereinzelter Versuch, alte Märchenmotive neu zu wenden in der symbolischen Darstellung des (erfolglosen) weltweiten Kampfes vom ‚Mammon‘ gegen den Aufbau des Sozialismus. Neben A. WEDDING gehört L. zu den Wegbereitern der sozialistischen Kinder- und Jugendliteratur: zum einen, da ihr Werk zeitlich zugleich Weimarer Republik und DDR umschließt, zum anderen, da es als Beispiel und Beginn eines sozialistischen Realismus mit der Intention angesehen werden muß, nicht allein die agitatorisch richtige Linie vorzustellen, sondern stärker individualisierte und somit glaubhafte Charaktere zu gestalten. L. akzentuiert mit ihren Themen der Auseinandersetzung mit der bürgerlichen faschistischen Vergangenheit und dem Beginn des sozialistischen Aufbaus Inhalte der ersten Phase der DDR-Kinder- und -Jugendliteratur. Erklären mag dies auch, daß – trotz hoher gesellschaftlicher Auszeichnungen – L.s Werk in der DDR bislang wenig gewürdigt und analysiert worden ist.

→ Sozialistischer Realismus in der Kinder- und Jugendliteratur

Werke: Sally Bleistift in Amerika (1935; NA. 1949, ^{11}1972); Jan auf der Zille (1950, ^{8}1964); Bootsmann Sybille (1953, ^{4}1957); Der neue Däumling (1954, ^{3}1959); Jura in der Leninhütte (1960, ^{4}1970); Die Schreckensherrschaft und das Glück der Anette Martin (1961, ^{2}1965); Die Brücke von Weißensand (1965, ^{3}1970); Kampf um Kati (1967, ^{2}1968); Akelei und das Wurzelmännchen (1970, ^{2}1971).

Sekundärliteratur: M. Altner: Zum Kinderbuchschaffen Auguste Lazars (in: Das sozialistische Menschenbild in der Kinder- und Jugendliteratur der DDR. 1972. 17–28). – I. Ploog: Auguste Lazar (in: Der Bibliothekar. 1962. 8. 815–817); Auguste Lazar (in: Beiträge zur Kinder- und Jugendliteratur. 1963. 3. 31–37); Auguste Lazar zum 80. Geburtstag (in: Börsenblatt des deutschen Buchhandels. Leipzig 1967. 36. 688–689). – W. Pollatschek: „Nur“ ein Kinderbuch. Auguste Lazar zum 75. Geburtstag (in: Berliner Zeitung vom 12.9.1962). – A. Reinhard: Weil ich so sicher bin ... Unserer Genossin Auguste Lazar zum 75. Geburtstag (in: Neues Deutschland vom 12.9.1962). – L. Rößler: Zum 85. Geburtstag Auguste Lazars (in: Deutschunterricht. 1972. 9. 533–536).

Manfred Geiss

Leaf, Munroe

*(Ps.e: Mun, John Calvert). Amerikanischer Autor und Illustrator von Kinderbüchern; *4.12.1905 Hamilton bei Baltimore.*

L. verbrachte Kindheit und Schulzeit in Washington. 1927 graduierte er zum B.A. an der Universität von Maryland, danach zum M.A. in englischer Literatur an der Harvard-Universität. Nach dreijähriger Lehrtätigkeit an verschiedenen Schulen in Massachusetts und Pennsylvania arbeitete er von 1932 bis 1939 zunächst als Lektor, dann als Direktor in einem großen Verlagshaus. Seit 1934 schreibt L. Kinderbücher, außerdem verfaßt er allgemein verständliche Darstellungen aus verschiedenen Wissensgebieten, so u.a. auch Schriften zum Marshall-Plan.

Werk, Tendenzen, Wirkung. Neben Bilderbüchern wie z.B. „Noodle“ (1937), einer von L. BEMELMANS (1898–1962) illustrierten Dackelgeschichte, wurde L. vor allem durch seine von ihm selbst in Strichmännchenmanier illustrierten humorvollen Bücher bekannt, die Sachinformationen über alltägliche Wissensgebiete geben. So schrieb er 1934, angeregt durch eine mit grammatischen Fehlern gespickte Unterhaltung zweier Kinder, das erste Buch dieser Serie: „Grammar Can Be Fun“. In ähnlicher pädagogischer Zielsetzung bearbeitete er Umgangsformen, Mathematik, Sicherheit, Gesundheit, Geographie, Geschichte, Lesen, Naturwissenschaft u.ä. Alle diese Bücher sind stark auf die nordamerikanische Situation zugeschnitten. Der größte Teil der Titel ist jedoch ebenfalls in Großbritannien erschienen. Aber auch allgemeine politische Themen arbeitete er für Kinder auf; so informiert er z.B. in „Let's Do Better“ (1945; dt. So – oder so? Ein ABC des Zusammenlebens, 1954) über Staatsformen; 1957 verfaßte er für die UNO „Three Promises to You“.
1936, in dem Jahr, als der spanische Bürgerkrieg ausbrach, schrieb L. seinen international bekannten Bestseller: „The Story of Ferdinand“ (dt. Ferdinand, der Stier, 1946, ^{2}1957). Die karikierenden Zeichnungen der Originalausgabe stammen von R. LAWSON (1892–1957), der auch die Illustrationen zu anderen Werken L.s lieferte („Wee Gillis“, 1938; „The Story of Simpson and Sampson“, 1941; „Aesop's Fables, a new version“, 1941). Noch im selben Jahr erschienen u.a. eine spanische Fassung (El cuento de Ferdinando) bei der Viking Press; 1942 eine weitere in Buenos Aires; 1943 eine Musikbearbeitung von H. HAUFRECHT. Größere Verbreitung – auch im südamerikanischen Raum – fand eine Ausgabe mit Zeichnungen von W. DISNEY (1901–1966), erstmals 1938 unter dem Titel „Ferdinand the Bull“ erschienen. Spanische bzw. lateinische Fassungen wurden auch im fremdsprachigen Unterricht eingesetzt (Ferdinando el Toto, 1939; Ferdinandus Taurus, 1962). Eine zweite Rezeptionswelle setzte 1965 mit der von W.

KLEMKE (* 1917) illustrierten, handgeschriebenen Ausgabe ein, die 1967 auf der BIB mit dem Goldenen Apfel ausgezeichnet wurde.
L. erzählt von einem friedliebenden Bullen, der, als er von einer Biene gestochen wird, als der kampfeswütigste Stier mißverstanden und darum für die Arena in Madrid ausgewählt wird. Aber auch hier gibt er sich seiner Lieblingsbeschäftigung, dem Beschnuppern von Blumen, hin. Da er nicht der Erwartungshaltung der vor Angst erstarrten Banderilleros, Pikadores und des Matadors entspricht, wird er auf seine Wiese zurücktransportiert und kann so sein ruhiges und glückliches Leben fortsetzen.
Neben den parodistischen Elementen entschlüsselt der Erwachsene in dem Stiermärchen gewisse pazifistische Symbole: auch der friedfertigste Mensch wird oft durch äußere Umstände in Situationen und Kämpfe geworfen, die er nie anstrebte. L.s durchgängiges Anliegen ist, Kindern auf humorvolle Weise gegenseitige Achtung und Toleranz zu vermitteln, ihnen zu zeigen, daß man ohne Angst voreinander leben kann. Er will, daß auf Unverständnis, Vorurteilen und Selbstsucht beruhende Auseinandersetzungen und Kriege in Zukunft vermieden werden können (Let's Do Better; Boo, who Used to be Scared of the Dark, 1948; dt. Bu, der Junge, der das Fürchten verlernte, 1956).

Werke: Grammar can be fun (1934); Lo, the poor Indian (1935; unter d. Ps. MUN); Rober Francis Weatherbee (1935); Manners can be fun (1936); The story of Ferdinand (1936; dt. Ferdinand der Stier, 1946, [2]1957; NA. 1965, [4]1974); Noodle (1937); Watchbird, a picture book of behaviour (1937); Wee Gillis (1938); Safety can be fun (1938); Fair play (1939); John Henty Davis (1940); More watchbirds (1940); Fly away, watchbird! (1941); The story of Simpson and Sampson (1941); Aesop's fables, a new version (1941); A war-time handbook for young Americans (1942); Health can be fun (1943); 3 and 30 watchbirds (1944); Gordon the goat (1944); Let's do better (1945; dt. So – oder so? Ein ABC des Zusammenlebens, 1954); How to behave and why (1946); Gwendolyne the goose (1946; unter d. Ps. John Calvert); Sam and the superdroop (1948); Boo, who used to be scared of the dark (1948; dt. Bu, der Junge, der das Fürchten verlernte, 1956); Arithmetic can be fun (1949); History can be fun (1950); Geography can be fun (1951); Reading can be fun (1953); Lucky you (1955); Three promises to you (1957); Science can be fun (1958); Wishing pool (1960); Being an American can be fun (1964); Turnabout (1967).

Klaus-Rüdiger Werner

Lear, Edward

*Englischer Tier- und Landschaftszeichner, Verfasser von Nonsensereimen; * 18.5.1812 Highgate bei London, † 29.1.1888 San Remo.*

L. war das jüngste von 21 Kindern eines wohlsituierten Londoner Börsenmaklers. Von der ältesten Schwester Anne erzogen, übte sich L. als Zeichner und Maler und erhielt achtzehnjährig seinen ersten größeren Auftrag, die Zeichnung der Papageien des Londoner Zoos. Diese Arbeit empfahl ihn dem EARL OF DERBY. Auf dessen Landsitz Knowsley Hall bei Liverpool zeichnete L. 1832–1836 die Tiere der dortigen Menagerie. Nebenbei entstanden in dieser Zeit für die Enkel LORD DERBYS Nonsenseverse und -zeichnungen, gesammelt als „A Book of Nonsense" (1846). Ab 1870 lebte er in San Remo. Dort wohnte er in eigenem Haus mit zwei Bediensteten und der von ihm in Wort und Bild gefeierten Katze Old Foss. Das literarische Selbstportrait „How pleasant to know Mr. Lear!" stammt aus dieser Spätzeit.
L. hatte Freunde im englischen Adel und unter den Künstlern seiner Zeit (A. TENNYSON, H. HUNT, J. RUSKIN), dennoch litt er unter Depressionen und Einsamkeit. Ausgedehnte Reisen galten Griechenland (1848/49), Konstantinopel, Albanien, Malta, Ägypten, schließlich Indien und Ceylon (1873–1875). In sieben Reisebüchern hielt L. in Landschaftszeichnungen und Beschreibungen seine Eindrücke fest. Vor einer Heirat schreckte L. zurück. Seine vier Nonsensebücher (1846, 1871, 1872, 1877) wurden alle durch Begegnungen mit Kindern angeregt.

Werk, Tendenzen, Wirkung. L.s Doppelbegabung ist heute unbestritten. Als Landschaftsmaler setzt er mit seinen Aquarellen die englische Tradition eines TH. GIRTIN, W. TURNER und P. DE WINT fort. Als Nonsensedichter steht er gleichberechtigt neben dem intellektuelleren L. CARROLL.
L.s überragende Stellung in der Geschichte der englischen Nonsenseliteratur beruht auf seinen Limericks und Nonsenseballaden. L. war nicht der Erfinder des Limerick, er hat aber dieser lyrischen Kleinform weltweite Geltung und Nachahmung verschafft. „A Book of Nonsense" (1846) ist eine Sammlung von einhundertzwölf solcher Kleingedichte; „More Nonsense, Pictures, Rhymes, Botany, etc." (1872) enthält weitere einhundert Nonsensereime. Jeder Limerick wird von einer Zeichnung L.s begleitet. L.s Limerick ist ein alogisches Nonsensegedicht, nicht witzig und daher auch ohne Schlußpointe, im Gegensatz zum nach-learschen Limerick. In den Versen und Zeichnungen stellt L. exzentrische oder groteske Charaktere vor, die häufig von der Gesellschaft („they") nicht verstanden werden und denen manchmal übel mitgespielt wird. Ein Stück absurdes Leben wird gezeigt, aber ins Spielerische transponiert. L.s Nonsenseballaden finden sich in „Nonsense Songs, Stories, Bontany and Alphabets" (1871) und „Laughable Lyrics, a Fourth Book of Nonsense Poems, Songs, Botany, Music, etc." (1877). Die erste Sammlung enthält solche liebenswürdig-verspielten Gedichte wie „The Owl and the Pussycat", „The Duck and the Kangaroo" und „The Jumblies". In dem späteren Band werden die Töne dunkler. Der „Dong with a Luminous Nose" erinnert bei aller Komik daran, daß L. unter einer zu langen Nase litt. „The Courtship of the Yonghy-Bonghy-Bò" verschlüsselt L.s Sehnsucht wie Unvermögen, jemals zu einem Heiratsantrag Mut zu fassen. L. entwirft in den Balladen eine Nonsensewelt mit eigener Topographie („Coast of Coromandel", „Gromboolian Plain", „Hills of the Chankley Bore") und Flora („Bong-tree",

Edward Lears (1812–1888) eigenhändige Illustration in einem Manuskript zu „A Book of Nonsense". Es wird angenommen, daß Lears Handschrift und Zeichnung als Vorlage zur dritten Auflage (1861) dienten. Die erste Auflage war 1846, die zweite 1856 erschienen. Der Text lautet: „There was an Old Man with a beard, who said, It is just as I feared! – / Two Owls and a Hen, four Larks and a Wren, / Have all built their nests in my beard".

„Crumpetty Tree"), bevölkert mit Nonsensewesen („Dong", „Jumblies", „Pobble", „Quangle Wangle"). L.s Spiel mit der Sprache erzielt überraschende Wirkungen durch solche Neuschöpfungen, die rein aus dem Klang leben. Dazu gehört auch das mehrfach verwendete „runcible". Andere Adjektive entpuppen sich als Mischwörter („blends"), aber ihre widersprüchlichen Bestandteile dienen nur neuem Unsinn („borascible" aus boring und irascible). Weitere spielerische Verfremdungen der Sprache werden durch phonetische Schreibweise („topix" – topics) und unbekümmerte Verballhornungen („sponge-taneous" – spontaneous) erzielt. Vielfach plaziert L. englische Wörter in einen semantisch unzulässigen Kontext („chased by a virulent bull"), und Wortverwechslungen (Malapropismen) verfehlen nie ihre komische Wirkung („sincere and grateful infection" – affection).

L.s Nonsense-ABC-Verse knüpfen an die Tradition der ABC-Bücher an; seine Nonsensebotanik und -zoologie sind von erheiternder Wort- und Bildkomik, die bis in die jüngste Zeit Nachahmer fand („Halbritters Tier- und Pflanzenwelt", 1975). Trotz der großen Schwierigkeiten, die die Übersetzung seiner auf die englische Sprache gerichteten Wortspielereien bietet, wurden neuerdings einzelne Werke L.s und Teile daraus ins Deutsche übertragen, so von H. C. Artmann (1964), G. Fischer (1965), J. Dahl (1967), B. Frischmuth (1970), H. A. Halbey (1970), J. Guggenmos (1973).

→ Großbritannien und Nordirland, → Nonsense

Werke: A Book of Nonsense (1846; dt. Nonsense-Verse, 1964); Nonsense Songs, Stories, Botany and Alphabets (1871); More Nonsense, Pictures, Rhymes, Botany etc. (1872); Laughable Lyrics, a Fourth Book of Nonsense Poems, Songs, Botany, Music etc. (1877); E. Strachey (Hrsg.): Nonsense Songs and Stories (1895); H. Jackson (Hrsg.): The Complete Nonsense of Edward Lear (1947); A. Davidson (Hrsg.): Teapots and Quails, and Other New Nonsense (1953; zus. mit P. Hofer).

Sekundärliteratur: A. Davidson: Edward Lear, Landscape Painter and Nonsense Poet (1938; NA. 1968). – P. Hofer: Edward Lear as a Landscape Draughtsman (1967). – V. Noackes: Edward Lear, the Life of a Wanderer (1968). – E. Partridge: The Nonsense Words of Edward Lear and Lewis Carroll (in: E. Partridge: Here, There and Everywhere. 1950. 162–188). – J. Richardson: Edward Lear (1965). – A. Schöne: Englische Nonsense- und Gruselballaden (1970). – E. Sewell: The Field of Nonsense (1952). – E. Strachey (Hrsg.): Letters of Edward Lear to Chichester Fortescue and Frances Countess Waldegrave (1907); Later Letters of Edward Lear to Chichester Fortescue, Frances Countess Waldegrave and Others (1911).

Wolfgang Schlegelmilch

Lebedev, Vladimir Vasiljevič

*Sowjetischer Maler, Grafiker und Illustrator; * 14. 5. 1891 Leningrad, † 21. 11. 1967 Leningrad.*

Von 1910 bis 1916 studierte L. als Schüler der Professoren RUBO und BERNSTEIN an der Akademija chudožestv, der Hochschule der bildenden Künste in Leningrad, gleichzeitig arbeitete er seit 1911 an den Zeitschriften „Galčonok" und „Satirikon" mit. Nach der Demobilisierung leitete er 1918 bis 1921 die Arbeit an den Freien Kunstwerkstätten in Leningrad, war von 1920 bis 1921 in der „Okna Rosta" (Plakatabteilung der Russischen Telegraphenagentur) tätig und schuf rund 600 Plakete. Von 1924 bis 1933 arbeitete L. als leitender Redakteur für Illustration in der Kinderabteilung des Leningrader Staatsverlages, später des Kinderbuchverlages, für den er gleichzeitig als Illustrator tätig war. In dieser Zeit begann auch seine Zusammenarbeit mit S. J. MARŠAK (1887–1964). Im Juli 1941 wurde er verantwortlicher Redakteur des Leningrader Verlages Iskusstvo (Kunst) für Plakate, die zur Verteidigung aufriefen, wurde aber schon im November desselben Jahres nach Kirov evakuiert. Vom Herbst 1942 bis zum Kriegsende beteiligte er sich in Moskau an der Propagandaarbeit der „Okna Tass", wofür er 1945 den Ehrentitel „Verdienter Künstler" erhielt. 1950 kehrte L. nach Leningrad zurück und war bis zu seiner Krankheit 1960 als Maler und Illustrator tätig. 1966 wurde er zum „Nationalkünstler der RSFSR" ernannt, 1967 in die Akademie der Künste gewählt.

Werk, Tendenzen, Wirkung. L. war einer der Gründer der modernen sowjetischen Kinderbuchillustration. Bekannter jedoch wurde er zunächst durch seine politisch-satirische Agitationstätigkeit, die von der sowjetischen Kunsttheorie mit der kämpferischen Poesie von VL. MAJAKOVSKIJ (1893–1930) verglichen wird. Anfangs gehörte er mit A. A. DEJNEKA (* 1899) und N. N. KUPREJANOV (1894–1933) zur „linken" sowjetischen Kunst, in den dreißiger und vierziger Jahren knüpfte er in der Malerei an die moderne französische Kunst, besonders an A. RENOIR (1841–1919) an.
L.s Interesse an Illustrationsarbeiten für Kinder muß mit seiner politischen Arbeit in Zusammenhang gesehen werden. 1933 nahm er in einem Interview der Zeitschrift „Literaturnyj sovremennik" (Der literarische Zeitgenosse) zur neuen Funktion der Illustration im Kinderbuch Stellung: In der neuen Gesellschaftsordnung gehe es um die Aufhebung des Widerspruchs zwischen dem früheren pompösen Buch für Kinder der Bürgerschichten und dem billigen in Massenauflagen hergestellten für breite Leserkreise. Man müsse ein neues künstlerisches Buch für alle Kinder schaffen. L. hebt die Anziehungskraft und den Erkenntniswert der Illustration hervor. Er will durch sie die kreativen Fähigkeiten der Kinder wecken und entwickeln sowie den Schaffensprozeß der Künstler vermitteln. Die künstlerische Illustration müsse sowohl Emotionen hervorrufen als auch den Erkenntnishunger des Kindes stimulieren; sie soll große Kunst für Kleine werden.

Erste Buchzeichnungen L.s wurden 1918 in dem Sammelband „Jolka" veröffentlicht; im gleichen Jahr brachte der Verlag „Ogni" das arabische Märchen „Lev i byk" (Der Löwe und der Stier) heraus. Bei den meisten der frühen Bilderhefte wie „Priključenija Čuč-lo" (1922; Das Abenteuer der Vogelscheuche), „Zolotoje jaičko" (1923; Das goldene Eilein) oder „Zajac, petuch i lisa" (1924; Der Hase, der Hahn und der Fuchs) hat der Illustrator den knappen Text der in die typographische Gestaltung der Seite einbezogen wird, selbst verfaßt, andere, textlose Hefte wie „Ochota" (1925; Die Jagd) oder „Verchom" (1928; Zu Pferde) sind als Bildalben angelegt. In „Ochota" z. B. werden auf 12 originallithographischen Blättern Tiere und Jäger verschiedener Regionen vom Polarkreis bis zum Äquator dargestellt. Charakteristisch für die Illustrationen dieser frühen Phase ist die einfache, schematisierte, jedoch auf Naturbeobachtung beruhende Darstellung von isolierten Figuren und Gegenständen im Profil auf weißem Grund.
L. illustrierte seit 1924 überwiegend Texte von MARŠAK, wobei er bei gesellschafts- oder zeitkritischen Themen wie in „Bagaž" (1926; Gepäck), „Moroženoje" (1925; Speiseeis) oder „Mister Tvister" (1933) die Mittel der satirischen Plakatgrafik gezielt einsetzte. 1936 wurden die experimentellen – auch typografisch neue Wege gehenden – Illustrationen zu MARŠAKS Buch „Skazki, pesni i zagadki" (1935; Märchen, Lieder und

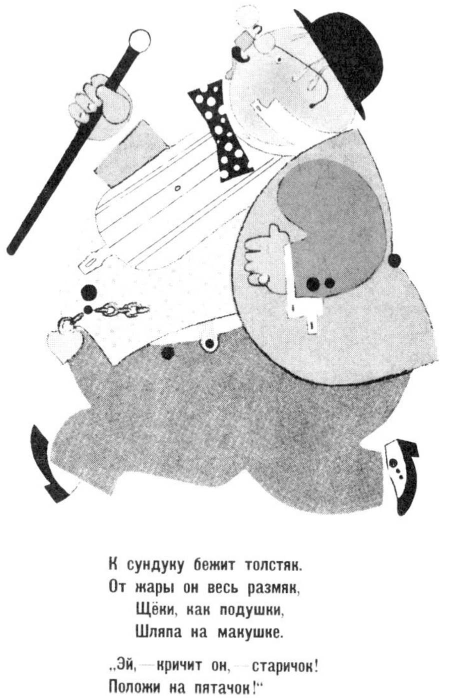

Vladimir Vasiljevič Lebedev (1891–1967). Ganzseitige Illustration in dem 1925 in Leningrad erschienenen Bilderbuch von Samuil Maršak (1887–1964) „Morozenoje".

Rätsel) wegen ihres „Ultraästhetizismus", ihrer „formalistischen Manieren" und „mutwilligen Formlosigkeit" kritisiert. Die späteren Arbeiten L.s weisen eine gesteigerte Rücksichtnahme auf die Aufnahmefähigkeit und Bilderwartung des Kindes auf. So werden von der Kritik seine Aquarelle zu MARŠAKS Märchen „Dvenadcat mesjacev" (1945; Die zwölf Monate) oder „Raznocvetnaja kniga" (1947; dt. Das bunte Buch, 1949) besonders hervorgehoben (S. E. EMDEN in: Über Kinderliteratur. 1955. S. 237, 227; E. GANKINA: Russkije chudožniki detskoj knigi. 1963. S. 104–105).

Werke: Lev i byk (1918); V. V. Lebedev: Prikljućenija Čuč-lo (1922); R. Kipling: Slonenok (1922); V. V. Lebedev: Zolotoje jaičko (1923); V. V. Lebedev: Zajac, petuch i lisa (1924); Ochota (1925); Azbuka (1925); S. J. Maršak: Včera i segodnja (1925); S. J. Maršak: Moroženoje (1925); S. J. Maršak: O glupom myšonke (1925); S. J. Maršak: Bagaž (1926); S. J. Maršak: Cirk (1925; NA. 1968); S. J. Maršak: Pudel (1927); Kto silnej (1927); Verchom (1928); S. J. Maršak: Usatyj polosatyj (1930; NA. 1967; dt. Das gestreifte Kätzchen, 1955); Kras' i risuj (1932); S. J. Maršak: Mister Tvister (1933); S. J. Maršak: Vot kakoj rassejanyj (1934; NA. 1967); S. J. Maršak: Skazki, pesni, zagadki (1935); S. J. Maršak: Živyje bukvy (1940); S. J. Maršak: Dvenadcat' mesjacev (1943); S. J. Maršak: Raznocvetnaja kniga (1947; dt. Das bunte Buch, 1949); S. J. Maršak: Stichi dlja detej (1947); S. J. Maršak: Detki v kletke (1948); L. N. Tolstoj: Tri medvedja (1948; dt. Drei Bären, 1951, [3]1956); J. S. Maršak: Kruglyj god (1949); S. J. Maršak: Lesnaja kniga (1950); V. V. Majakovskij: Čto ni stranica, to slon to lvica (1954); L. N. Tolstoj: Rasskazy dlja malenjkich (1956).

Sekundärliteratur: V. N. Anikijeva: V. Lebedev (in: Die bildenden Künste in der UdSSR. 9–10. 1934). – A. Beucher: Vladimir Lebedeff (in: Arts et métiers graphiques. 15. 1930). – Wl. Flekel: Wladimir Lebedevs „Jagd" (1925); Ein Bilderbuch für Kinder (in: Marginalien. 35. 1965. 28–39). – E. Gankina: Russkije Chudožniki detskoj knigi (1963); Ein lebendiges System (in: Beiträge zur Kinder- und Jugendliteratur. 25. 1972. 54–60). – V. N. Petrov: Iz istorii detskoj illjustrirovannoj knigi 20. godov (in: Iskusstvo knigi. Bd. 3. 1958–1960. 349–364); Vladimir Vasiljevič Lebedev (1972). – V. Sušanskaja: V. V. Lebedev kak chudožnik detskoj knigi (in: O literature dlja detej. Bd. 3. 1958. 139–162).

František Holešovský

Lechler, Cornelie

*Kinderbuchautorin; *20. 4. 1857 Winnenden, † um 1950 Winnenden.*

Werk, Tendenzen, Wirkung. Die überaus produktive, im Konventionellen verharrende schwäbische Kinderbuchautorin schuf rund zweihundert Kinderschriften, von denen eine große Anzahl reich illustriert herauskam. Unter anderem schrieb sie auch Gedichte und kleine Erzählungen zu Illustrationen von O. PLETSCH. Bereits für das Jahr 1898 weist das „Lexikon deutscher Frauen der Feder" von S. PATAKY 105 Buchveröffentlichungen von L. nach. Die zahlreichen Verse und kleinen Erzählungen der Autorin versuchen den Alltag des Kleinkindes einzufangen, wobei oft Nichtigkeiten zu umfangreichen Reimereien und Geschichten aufgeplustert werden. Die vorgestellte Welt ist absolut harmonisch und idyllisch und spiegelt den Alltag der gutsituierten Bürgerhäuser. Die vom Kind erwartete tugendhafte Lebenshaltung wird deutlich sichtbar in dem zweiten Vers des „Morgengebets" (in: Lust und Leid der Jugendzeit, 1894), in dem es heißt: „... Steh' mir auch heute gnädig bei, / Mach mich von allem Bösen frei, / Damit ich als Dein liebes Kind / Sei fromm, gehorsam, treugesinnt ...". Die Thematik der Schriften L.s erschöpfen sich keineswegs in kleinen, oft nichtssagenden Alltagserlebnissen von Kindern. An vielen Stellen ist eine nationalistische und militaristische Note unverkennbar, so wenn etwa den Kindern das Gedicht „So soll es sein!" (in: Lust und Leid der Jugendzeit, 1894) angeboten wird, in dem ein Ausspruch BISMARCKS als Gedichtanlaß dient, und die Kinder erfahren: „... ‚Wir Deutschen fürchten keinen, / Als Gott den Herrn allein!' / Ein Deutscher hat's gesprochen; / Wohlan, so soll es sein! / Wo Gottesfurcht die Herzen / In Zaum und Zügel hält, / Da ist's um Land und Leute / Ganz sicher wohlbestellt! ...". Im Spiel mit Bleisoldaten („Knabe und Bleisoldaten") werden Kinder auf den Krieg hin motiviert, wenn die Verse auftauchen: „... Ein Hurra! für den Kaiser, / Für König, Thron und Reich! / Faßt das Gewehr, Soldaten! / Achtung, nun richtet euch! / Wir siegen oder sterben / Den schönen Heldentod! / Hurra! Hurra! zum Kampfe! / Die Deutschen schützet Gott! ...".

Werke (Auszug): Aus Wies' und Feld (1888); Maiglöckchen-Serie (1889); Lustig, jahraus, jahrein (1890); Was man im Walde hört. Märchen (1891); Vergißmeinnicht (1892); Bunte Welt für kleine Leute (1893); Im Regen und Sonnenschein (1893); Mein Herzblättchen. Erzählungen und Gedichte (1893); Lust und Leid der Jugendzeit (1894); Durch Flur und Hain. Gedichte (1894); Lieblings Kurzweil (1894); Wie's Vöglein lebt und webt (1895); Im Kindergarten (1895); Gruß von Feenland (1896); Wie's im Hause geht. Erzählungen und Gedichte (1896); Auf dem Lande. Lustige Tiergeschichten (1896); Von A–Z (1897); Willkommene Beute für kleine Leute. Erzählungen und Gedichte (1898); Bilder-Karussell (1898); Wie das Kind lesen lernt (1898); Lustiges Allerlei (1899); Im frohen Kreise (1899); Geburtstagsbuch (1899); Im Blüthenduft. Anthologien (1899); Wie's im Hause geht. Erzählungen und Gedichte für Kinder. Nach Originalzeichnungen von O. Pletsch (1904); Ringel-Ringel-Reih. Ein lustig Allerlei! Schatzkästlein zum Zeitvertreib für unsere lieben Kleinen (1910).

Gustav Sichelschmidt

Lechner, Auguste

*Österreichische Jugendschriftstellerin, Autorin von Prosaneufassungen mittelalterlicher und antiker Epen; *5. 1. 1905 Innsbruck.*

L. entstammt einer österreichischen Beamtenfamilie. Nach der Reifeprüfung studierte sie an der Universität Innsbruck und schrieb später eine Reihe von Volkserzählungen, die in Kalendern und Zeitschriften veröffentlicht wurden. Nach dem Zweiten Weltkrieg wandte sie sich dem Jugendbuch zu und war schon nach wenigen Jahren eine der in Österreich meistgelesenen Autorinnen. Für ihren Parzival-Roman „Das Licht auf Monsalvat" (1956) wurde sie 1956 mit dem Österreichischen Staatspreis für Kinder- und Jugendliteratur ausgezeichnet, andere Werke wurden in verschiedene Ehrenlisten aufgenommen.

Werk, Tendenzen, Wirkung. L. hat vorwiegend die epischen Dichtungen des Mittelalters als Vorlagen für ihre Prosa-Erzählungen gewählt. So entstanden ihre Abenteuererzählungen über Dietrich von Bern, Gudrun, Herzog Ernst, die Nibelungen, Ortnit, Parzival, Roland, Wolfdietrich u. a. Daneben hat sie auch Epen der Antike und CERVANTES' Don Quijote zu romanähnlichen Jugenderzählungen umgestaltet. Es geht ihr darum, die spannende Handlung dieser alten Sagen dem Verständnis und der Fassungskraft der Kinder von heute anzupassen – nicht zuletzt, wie sie selbst begründet, als Gegengewicht zur Flut der minderwertigen Abenteuerliteratur der Nachkriegszeit. Darüber hinaus versucht L., den Humangehalt der Dichtung herauszuarbeiten, was ihr wohl – vom Stoff her bedingt – in „Das Licht auf Monsalvat" und in „Die Abenteuer des Odysseus" am besten gelingt. Dabei werden oft Passagen, die uns heute barbarisch anmuten und auf einer vorchristlichen, kampfbetonten Ethik beruhen, gemildert, gekürzt und in einigen Fällen umgedeutet – ein Verfahren, das bei Literarhistorikern auch auf Kritik stößt. L. schreibt eine klare, einfache, dem modernen Abenteuerbuch angenäherte Sprache, die aber doch den heroisch-pathetischen Grundton der Vorlagen nicht ganz verleugnet. Seit den späten fünfziger Jahren hat L. in Österreich bedeutende Breitenwirkung erzielt; eine ganze Generation hat die alten Heldensagen vorwiegend aus ihren Büchern kennengelernt. Manche kamen als Klassenlektüre in Schulen und wurden auszugsweise in Lesebücher aufgenommen. Sechs Titel sind auch in holländischer Übersetzung erschienen.

Werke: Die Nibelungen (1951, [6]1973); Herr Dietrich reitet (1953, [6]1974 NA. u. d. T.: Dietrich von Bern); Der dunkle Bote aus Muntabur (1954, [2]1958); Das Königsgrab im gelben Felsen (1954, [4]1965); Dolomitensagen (1955, [6]1973); Das Licht auf Monsalvat (1956, [5]1968); Nur noch hundert Kilometer (1957); Die Brüder aus der Höhle und das Mädchen Idis (1959, [2]1964); Die Abenteuer des Odysseus (1961, [5]1974); Die geraubte Königstochter (1963, [2]1967); Dolomitensagen. Neue Folge (1964); Jenseits des goldenen Nebels (1965); Der Sohn der Göttin (1967; NA. u. d. T.: Aeneas, Sohn der Göttin, 1971); Der Reiter auf dem schwarzen Hengst (1969); Don Quijotes Abenteuer (1970); Die Rolandssage (1972); Ilias: als Troja unterging (1973).

Sekundärliteratur: T. Holik: Auguste Lechner (in: R. Bamberger: Der österreichische Jugendschriftsteller und sein Werk. 1965. 52–55).

Otwald Kropatsch

Lederstrumpf

Bekanntester Name der Haupt- und Idealfigur in den fünf in der amerikanischen Wildnis spielenden Abenteuererzählungen von J. F. Cooper (1789–1851), in denen die Auseinandersetzungen der Weißen mit den Indianern, vor allem aber die Kämpfe zwischen Engländern und Franzosen zur Zeit des Siebenjährigen Krieges (1754–1760) dargestellt sind. L. (engl. „leatherstocking") – auch Wildtöter, Falkenauge, Lange Büchse und Natty Bumppo genannt – auf historische Vorbilder zurückführbar, ist Individualist, Verfechter des Naturrechts gegen gesellschaftliche Konventionen, Einzelgänger, Jäger und Grenzer, der ein Waldläuferleben führt und als gerechter Vermittler zwischen den Fronten steht.

Historischer Hintergrund, Werk und Rezeption. J. F. COOPER war das Grenzerleben aus eigenen Erfahrungen in vielen Einzelheiten vertraut, wahrscheinlich beruhen auch seine Kenntnisse über Gesandtschaften der Indianer, die in Washington verhandeln sollten, auf eigener Anschauung. Die legendenumwobene Gestalt des Kentucky-Pioniers D. BOONE (* um 1740, † 1820) soll bei der Charakterisierung der Figur des Natty Bumppo (vgl. das erste Auftreten L.s in „Die Pioniere", 1824) Pate gestanden haben. Der Held trägt aber auch Züge anderer Grenzer, die J. F. COOPER aus der Gegend von Cooperstown, einer Siedlung, die sein Vater am Otsego-See gegründet hatte, bekannt gewesen sind. COOPER schrieb im Jahre 1823 als erste der L.-Erzählungen „The Pioneers; or, the Sources of the Susquehanna. A Descriptive Tale" (dt. „Die Ansiedler oder Die Quellen des Susquehanna. Ein Zeitgemälde", 1824), 1826 erschien dann „The Last of the Mohicans. A Narrative of 1757" (dt. „Der letzte Mohikaner. Ein Bericht über das Jahr 1757", anon., 1826), die erste umfangreiche Abenteuergeschichte über die Kämpfe der Weißen mit den Indianern. Im Jahr 1827 folgte „The Prairie" (dt. „Die Prärie", auch unter dem Titel „Die Steppe" bzw. „Der Trapper", 1828). Erst 1840, sieben Jahre nach seiner Rückkehr aus Europa, nahm COOPER den Faden mit „The Pathfinder; or, the Inland Sea" (dt. „Der Pfadfinder oder Das Binnenmeer", 1841) wieder auf. Im folgenden Jahr wurde der fünfbändige Zyklus mit dem Roman „The Deerslayer, or the First Warpath" (dt. „Der Wildtöter oder Der erste Kriegspfad", auch unter dem Titel „Der Hirschtöter", 1841, [3]1851) abgeschlossen. Nahezu alle neuzeitlichen Bearbeiter ordnen die fünf L.-Romane in der dem Entwicklungsgang der Hauptfigur entsprechenden zeitlichen Folge: 1. „Der Wildtöter", 2. „Der letzte Mohikaner", 3. „Der Pfadfinder", 4. „Die Ansiedler", 5. „Die Prärie", so daß COOPERS Spätwerk an den Platz der Einleitung rückt. Aus dieser Umstellung ergeben sich formale Probleme und inhaltliche Spannungen, da die Romanteile nicht fugenlos ineinandergreifen und die Bearbeiter der Werke bemüht sind, die direkte Folge und Geradlinigkeit verschiedener Handlungsstränge herzustellen. Die Romandarstellung wirft die Frage auf, ob COOPER in einem wirklichkeitsgetreuen Abbild die Kämpfe jener Zeit (u. a. Belagerung und Einnahme von Fort William Henry durch den französischen General Montcalm und das Eingreifen der Irokesen) dokumentieren wollte oder ob er in stärkerem Maße an einer idealtypischen Darstellung eines in der Wildnis lebenden Trappers, in dessen Gesamtbild auch tragische Züge einfließen, interessiert war. Die Idealisierung der Hauptfigur im Spätwerk zeigt, daß COOPER 1840/41 nicht mehr in derselben Weise wie in seinen frühen Romanen von der Idee der Abbildung der historischen Zusammenhänge beherrscht war. Der „poetischen Behandlung" seines Stoffes maß er die größere Bedeutung bei, da das „zu enge Kleben an der Wahrheit" die Durchführung seiner Pläne behinderte (vgl. COOPERS Vorwort bzw. Einleitung zu den gesammelten „Leatherstocking Tales", 1826, 2 Bde.; 1826. 3 Bde.; 1849–1851. 12 Bde.; Authors Revised Ed.). Natty Bumppo, der als Frontiersman eine typische neue Heldenfigur verkörpert, dann aber im Spätwerk durch die symbolische Überhöhung hervorgehoben wird, tritt für das religiös begründete Naturrecht ein. Parallelen zu J. J. ROUSSEAUS Vorstellung einer „freien" Natur, in der sich die Anlagen des Menschen zur Höchstform entfalten können, sind in der Zeichnung der L.-Figur, aber auch in der Utopie des harmonischen Ausgleichs des zuerst unter dem Aspekt des zivilisatorischen Fortschritts gerechtfertigten menschlichen Gewinnstrebens, das keine Bereitschaft zur Anerkennung der natürlichen Geltung ethischer Normen bzw. des göttlichen Sittengesetzes zeigt, zu finden. Keineswegs stehen sich in den Indianergestalten (Chingachgook, der einstige Häuptling der Delawaren) und den Trappern, Kolonisten oder Nonkonformisten undifferenzierte Charaktere unversöhnlich gegenüber, wie dies in einem großen Teil der Jugendbearbeitungen der Fall ist. Die Indianer sind bei COOPER weder eine Völkergruppe ohne Geschichte, noch sind die Kolonisten der brutale Eroberertyp schlechthin.

Bearbeitungen und kritische Stellungnahmen. In den Bearbeitungen, Nacherzählungen oder Neuauflagen, die bis heute immer wieder erscheinen, ist die schriftstellerische Leistung des Autors oft kaum mehr zu erkennen, weil der Originaltext fast immer um 50 Prozent, in extremen Fällen sogar um 90 Prozent gekürzt ist. Diese L.-Ausgaben beschränken sich auf die spannendsten Handlungselemente und zeigen kaum noch die Farbigkeit, Vielfalt und Atmosphäre des ursprünglichen Textes. Sie verfälschen die Charaktere, weil die Großmut – bei COOPER auf alle kämpfenden Parteien verteilt – nur den Grenzern zugeschrieben wird, die Rothäute angeblich aber nur durch ihre abgrundtiefe Bosheit zu kennzeichnen sind. Sie bringen die historisch bedingte Sichtweise des Autors, daß die natürliche Ordnung der Indianerkultur durch die Zivilisation verdrängt werden mußte, nicht mehr zum Ausdruck. COOPERS Auffassung, daß nur durch den Untergang dieser vorgeschichtlichen Welt die höher bewertete zivilisatorische Stufe erreicht werden kann, kommt in ihrer Einseitigkeit in mancher Nacherzählung besonders drastisch zur Wirkung. Die verschiedenen Gruppen der Weißen, die unterschiedliche Ziele verfolgen, werden schablonenartig und ohne Entwicklung dargestellt. Auch wenn einzelne Ausgaben wie die im Jahre 1967 vom Verlag Ellermann (München) neu aufgelegten L.-Erzählungen, die mit Illustrationen von M. SLEVOGT ausgestattet sind, sich eng an zeitgenössische Übersetzungen anlehnen (vgl. die Übertragung von CHR. A. FISCHER, „Sämtliche Werke", 1826 bis 1850) und sich somit dem originalen Tonfall COOPERS annähern, entstellen die meisten Bearbeitungen durch ihre Stilisierung die L.-Figur, die dann zum Stereotyp erstarrt und nur in bedingtem Maße ein Leitbild in unserer Zeit abgeben kann. Auch die ausführlichere Form, die größere Authentizität besitzt, dürfte zum „klassischen" Kinderbuch des 19. Jahrhunderts zu rechnen sein. Im Rahmen der Sonderpreise des Deutschen Jugendbuchpreises wurde 1961 die Übertragung des „Wildtöter" von P. ALVERDES ausgezeichnet.

Die Kritik an COOPERS Indianerdarstellungen setzte schon im 19. Jahrhundert ein. MARK TWAIN bezeichnete das Englisch im „Wildtöter" als das schlimmste, das COOPER je geschrieben habe. Er sprach dem Autor Erfindungsreichtum ab und bemängelte in seinen „Briefen von der Erde" fehlende innere Folgerichtigkeit, hohles Pathos und unprofilierte Charakterzeichnungen (dte. Ausgabe 1969. S. 112). In neuer Zeit belegte TH. W. ADORNO (Minima Moralia. Reflexionen aus dem beschädigten Leben. 1951, ³1965, S. 277) seine Hypothese, daß die „Stagnation der Kulturindustrie ... nicht erst das Resultat ihrer Monopolisierung" sei, sondern daß sie ganz allgemein der „sogenannten Unterhaltung von Anbeginn eigen" war, unter Hinweis auf die Unterhaltungsromane von COOPER, in denen er „rudimentär das ganze Schema von Hollywood" feststellen zu können meinte.

→Abenteuerbuch, →J. F. Cooper, →Indianerbuch

Sekundärliteratur: P. Aley: J. F. Coopers „Lederstrumpf" in Jugendausgaben (in: Kl. Doderer (Hrsg.): Klassische Kinder- und Jugendbücher. 1969. ³1975. 98–118). – J. Bakelsee: Der echte Lederstrumpf. Das Leben Daniel Boones (1949). – A. Bodensohn: Im Zeichen des Manitu. Coopers „Lederstrumpf" als Dichtung und Jugendlektüre (1963). – D. B. Davis: The deerslayer (1958). – R. Geissler: J. F. Cooper: Der Wildtöter (in: Der Roman im Unterricht. 6.–9. Schuljahr. Didaktische Erörterungen und Interpretationshilfen. 1968. 80–95; zus. mit P. Hasubek). – R. Pasewald: Die Problematik der „Lederstrumpf"-Bearbeitung in den westdeutschen Ausgaben (in: K. Langosch (Hrsg.): Studien zur Jugendliteratur. H. 5. 1959. 3–35). – L. Welskopf-Heinrich: Zur Einleitung (in: J. F. Cooper. Der letzte Mohikaner. 1957).

Peter Aley

Lee, Mildred

*Amerikanische Jugendbuchautorin; * 19. 2. 1908 Blockton/Alabama.*

L., seit 1947 verheiratet und Mutter von drei Kindern, erfuhr ihre Ausbildung am Bessie Tift College 1925/26, dann am Troy Normal College. Sie besuchte die Columbia University, die New York City University und die University of New Hampshire. Heute lebt sie in St. Petersburg/Florida. Neben ihrer Tätigkeit als Schriftstellerin arbeitet sie für verschiedene Zeitschriften: „Ladie's Home Journal", „Redbook" und „Tanager". Ihr Buch „The Skating Rink" (1969) wurde auf dem Children's Spring Book Festival (1969) ausgezeichnet, außerdem erhielt sie dafür auch den Österreichischen Staatspreis (1971); andere Bücher gelangten auf die Ehrenliste.

Werk, Tendenzen, Wirkung. Zu L.s in der BRD erschienenen Büchern gehört der Roman „Wer sein Ziel nicht kennt" (1965). L. schildert darin den Lebensweg des Mädchens Enie, das sich, allen Widerwärtigkeiten zum Trotz, durchsetzt und sein Ziel, einmal selbst Lehrerin und Schriftstellerin zu werden, nicht aus den Augen verliert. Letztlich überwindet sie die Hindernisse, die dem sozialen Aufstieg eines Mädchens aus einer Kleinbauernfamilie entgegenstehen. Enie findet Unterstützung bei ihrer Mutter und ihrer Lehrerin, die Verständnis dafür entwickeln, daß sie dem „Gefängnis der Armut" und Unwissenheit und dem tyrannischen Einfluß des Vaters entkommen möchte. Enie's Wunsch, eine höhere Schule zu besuchen und abzuschließen, erfüllt sich, aber kurz nach ihrer Prüfung stirbt ihre Mutter. Enie übernimmt aus der „positiven" Einsicht in die Notwendigkeit die Sorge für das Haus und ihre Geschwister. Wieder ist sie an das Kleinbauernleben gebunden.

In „Ganz langsam bis zehn zählen" (1969) beschreibt L. ein Mädchen, das, obwohl es bei seinen Eltern auf Verständnis für seine Probleme rechnen kann, sich dennoch in seiner Haut nicht wohlfühlt. Sein Problem ist, daß es – anders als seine Freundinnen – nicht von Jungen umschwärmt wird. Später begegnet es einem alten Freund ihrer Kindheit. Sie verlieben sich. Dieser Freund ist der erste, der sie nicht als kleines Mädchen, sondern als erwachsenen Menschen ansieht.

In „Die Rollschuhbahn" (1969) berichtet L. von den Erlebnissen des Jungen Tuck, der auf Grund eines Schocks in seiner Kindheit – er sah seine Mutter ertrinken – zu stottern begann. L. geht es dabei nicht so sehr um die Beschreibung der äußeren Ereignisse, als vielmehr um den langsamen Wandel Tucks im Verhältnis zu sich und seiner Umgebung. Tuck verdankt sehr viel der Geduld eines alten Mannes, der ihn das Rollschuhlaufen lehrt und sogar zum Kunstläufer macht. Seine außergewöhnlichen Leistungen lassen ihn sein Gebrechen vergessen. Und je sicherer Tuck auf den Rollschuhen steht, desto sicherer steht er auch „seelisch" auf eigenen Füßen. Er lernt, daß es falsch ist, alles Unglück auf sein körperliches Mißgeschick zurückzuführen. L. beschreibt die gleichgültige Haltung der Eltern und ihren beständigen Streit. Für sie ist sein Stottern eine nicht mehr veränderbare Fügung des Schicksals. Auch läßt L. den „Hackmechanismus" Revue passieren, dem der Junge gleichermaßen von Lehrern und Mitschülern ausgesetzt ist.

L.s Bücher haben die Tendenz, trotz eindringlicher Beschreibung schwieriger sozialer und familiärer Verhältnisse, die Schwierigkeiten, die sich sozial oder physisch benachteiligten Kindern entgegenstellen, herunterzuspielen. So wie in dem Mädchenbuch „Wer sein Ziel nicht kennt" das bloße Festhalten an der Vorstellung den Erfolg garantieren soll, so ist es in „Ganz langsam bis zehn zählen" die zeitweilige Bescheidung ins Unabänderliche, die letztlich doch den erhofften Erfolg bringt. L. tut so, als wenn Geduld allein ausreichte, individuelle und soziale Umstände zu verändern. In „Die Rollschuhbahn" ist es der Leistungswille des Jungen Tuck, der ihm hilft, sich durchzusetzen. Dabei ist doch gerade die sogenannte Leistungsgesellschaft, die auf dem Recht des Stärkeren aufbaut, für die sozialen und individuellen, physischen und psychischen Defizite verantwortlich zu machen. Trotz vieler wichtiger und kritischer Charakteristika der Lebenswelt der Jugendlichen bleiben L.s Bücher zu sehr der Propagierung einer sekundären Moral verhaftet. L. ist Verfechterin des amerikanischen Lebensgefühls, nach dem es mit Hilfe von Bildung und gutem Willen möglich sein soll, zu menschlichem und finanziellem Erfolg zu kommen. Ihr Engagement für die Schwachen, Stillen und Benachteiligten dürfte einseitig sein. Obwohl einige ihrer Bücher in den Südstaaten der USA spielen, gibt es in ihnen keine Neger und damit auch kein Rassenproblem. L.s Bücher sind von der Erzählform her um die Hauptperson konzentriert. Sie allein erfährt eine sorgfältige Charakteristik, die Nebenfiguren fungieren allenfalls als Stichwortgeber. Der Entwicklungsweg von L.s Heldinnen und Helden geht durch Trotz und Haß hindurch zum Verständnis für die ehemals abgelehnte Umgebung.

Werke: The Invisible Sun (1946); The Rock and the Willow (1963; dt. Wer sein Ziel nicht kennt, 1965); Honor Sands (1966; dt. Ganz langsam bis zehn zählen, 1969); The Skating Rink (1969; dt. Die Rollschuhbahn, 1971); The Bridge of Lamb (1970); Fog (1972; dt. Vielleicht ein Ende, vielleicht ein Anfang, 1974); The years between (1973).

Winfred Kaminski

Lefler, Heinrich

*Österreichischer Maler, Illustrator, Bühnenausstatter; *7.11.1863 Wien, †14.3.1919 Wien.*

L., Sohn des Malers Franz L. (1831–1898), besuchte die Akademien in Wien und München. Seit 1897 illustrierte er in Gemeinschaft mit seinem Schwager, dem in Wien geborenen und in New York gestorbenen Architekten und Bühnenausstatter J. Urban (1872–1933). Mit ihm gründete L. 1900 in Wien die Künstlervereinigung „Hagenbund". Im gleichen Jahr wurde er an die Wiener Hofoper berufen und war dort unter G. Mahler Vorstand des Ausstattungswesens bis 1903, als er zum Künstlerischen Beirat des Burgtheaters ernannt wurde. Zugleich erhielt L. die zunächst für G. Klimt (1862–1918) vorgesehene Professur für Malerei an der Wiener Akademie. Der im wesentlichen von L. und Urban gestaltete Kaiser-Jubiläums-Festzug 1908 zog Streitigkeiten nach sich, die Urban zur Auswanderung nach Amerika veranlaßten und L. bewogen, 1909/10 sämtliche Ämter und öffentlichen Funktionen niederzulegen und fortan nur noch für das Österreichische Theater- und Kostümatelier zu arbeiten.

Werk, Tendenzen, Wirkung. Mit der bereits 1895 entstandenen Andersen-Mappe „Die Prinzessin und der Schweinehirt" legt L. im deutschen Sprachraum, zumal in Wien, eine der frühesten buchkünstlerischen Arbeiten der Stilbewegung um 1900 vor. In zart getönten Aquarellen wird der ironische Ton des Märchens getroffen. Ist L. hier ganz und gar Wiener, leicht und lustig, und ohne Vorbild, so bleibt er im weiteren Verlauf nicht frei von Einflüssen, zunächst der englischen Zeichner lyrischer Prägung in der Art von R. A. BELL (1863–1933), später J. SATTLERS (1867–1931) mit seinem kernigen, holzschnitthaften Strich, besonders in den Illustrationen zu „Marienkind" (1904). Die Verbindung mit URBAN läßt L.s Bücher schwerer und pathetischer werden. URBAN trägt zunächst phantastische Architekturen als groß angelegte Kulisse bei, am wirkungsvollsten und zugleich am besten integriert in der „Chronika der drei Schwestern" (entstanden im Auftrag der Reichsdruckerei Berlin für die Weltausstellung Paris 1900), später beschränkt sich sein Anteil vornehmlich auf dekorative, reich variierte Einfassungen. Der monumentale Charakter der früheren Publikationen verrät Anregungen E. GRASSETS (1841–1917). Daneben klingen auch Arbeiten von M. BOUTET DE MONVEL (1851–1913) an, selbst motivische Anregungen H. VOGELERS (1872–1942) werden aufgegriffen, so im Märchenkalender 1905, dessen Arbeiten teilweise in der Nähe der Fresken des Wiener Rathauskellers, L.s bedeutendstem öffentlichen Auftrag, stehen. Außer in seinem ersten Buch hat die Palette des Illustrators eine ausgesprochene Tendenz zur subtil abgestimmten

Heinrich Lefler (1863–1919). Illustration zu „Der Kampf mit dem Drachen" aus der in Wien erschienenen Schiller-Festgabe (1905).

Buntheit. Darin offenbart sich der Theaterkünstler ebenso wie in dem Hang zu prächtiger Kostümierung seiner Figuren und deren Gruppierung und Bewegung. Diese Merkmale lassen L. als Vertreter Wiener Verfeinerung und Dekadenz, aber auch des typischen Aufwands der Jahrhundertwende erscheinen, jedoch kaum als kindgemäßen Illustrator von Märchenstoffen. So sind denn, von dem Liederbuch „Kling Klang Gloria" (1907) und dem „Marienkind" abgesehen, trotz der jugendorientierten Themen – z. B. beim Märchenkalender, der nach Grimm-Motiven ab 1901/02 entworfen und ab 1905 bis 1921 erschienen ist – die hauptsächlichen Adressaten seiner Bücher Erwachsene, was sich auch in den zum Teil übermäßigen Formaten, der kostbaren Ausstattung und einem demzufolge hohen Preis dokumentiert. Am straffsten und konsequentesten, auch in der stilistischen Haltung, ist L. in den besten Blättern der Schiller-Festgabe für die Jugend Wiens (1905), Schwarz-Weiß-Arbeiten, die ihr Thema spannungsvoll abhandeln und als optimale „Lesebuch-Illustrationen" der Zeit benannt werden dürfen.

L.s späterer Illustrationsstil wirkt in den Kinderbüchern zweier seiner Schüler nach: bei R. JUNK (1880–1943; z. B. „Der kluge Knecht", 1906, Text von J. u. W. GRIMM) und bei H. PELLAR (1886–1971; z. B. „Der kleine König", 1909, Text von FR. V. OSTINI).

Werke: H. Chr. Andersen: Die Prinzessin und der Schweinehirt (1897); Bilderbogen für Schule und Haus (1897–1902; zus. mit J. Urban u. a.); J. K. A. Musäus: Rolands Knappen (1898; zus. mit J. Urban); J. K. A. Musäus: Die Bücher der Chronika der drei Schwestern (1900; zus. mit J. Urban); J. u. W. Grimm: Marienkind (1904; zus. mit J. Urban); L. Fulda: Märchen-Kalender (1905 ff.; zus. mit J. Urban); Schiller-Festgabe der Stadt Wien (1905; zus. mit J. Urban); W. Labler: Kling Klang Gloria (1907; [2]1921; zus. mit J. Urban); H. Salus: Andersen-Kalender. Zwölf Märchen (1911 ff.; zus. mit J. Urban); E. Mörike: Mozart auf der Reise nach Prag (1920).

Sekundärliteratur: H. Gerstner: Deutsche Künstler illustrieren Märchenbücher (in: Imprimatur. NF. 4. 1965. 44). – L. Hevesi: Österreichische Kunst im 19. Jahrhundert (1903). – R. Kautzsch: Die Kunst im Buchgewerbe (in: R. Graul (Hrsg.): Die Krisis im Kunstgewerbe. 1901. 188). – J. Loubier: Neue deutsche Buchkunst (in: Kunst und Kunsthandwerk. 5. Jg. 1902. 74, auch in R.Kautzsch: Die neue Buchkunst. 1902. 123). – P. Pauker: Heinrich Lefler. Sein Werk und seine Zeit. (Diss. 1962). – R. Poppenberg: Die Prinzessin und der Schweinehirt (in: Zeitschrift für Bücherfreunde. 1. 1897. 51). – R. A. Schröder: Weltausstellung in Paris 1900 (in: Die Insel. 1. Jg. 1900. 248). – R. Waissenberger: Buchkunst aus Wien (1966). – A. Weixlgärtner: Nekrolog (in: Die Graphischen Künste. Mitteilungen der Gesellschaft für vervielfältigende Kunst. 42. 1919. 46).

Hans Ries

Legasthenie

L. ist eine weniger als durchschnittliche Leistung im Lesen und Rechtschreiben (Lese-Rechtschreib-Schwäche) bei durchschnittlicher oder überdurchschnittlicher Intelligenzleistung, bezogen auf den Leistungsdurchschnitt des entsprechenden Alters/Schuljahrgangs.

Bedeutung. L. wird als partielle Lernschwierigkeit eindeutig von Lese-Rechtschreib-Schwächen im Symptombereich allgemeinen Schulversagens abgegrenzt (W. ZIELINSKI, a.a.O. S. 864ff.). In dieser Partialität liegt auch die Bedeutung der L. für den Literaturunterricht, da bei lese- und rechtschreibschwachen Schülern durchaus die intellektuellen Voraussetzungen zur Ausbildung einer stabilen Lesemotivation gegeben sein können, obwohl die Lesefertigkeit fehlt. In bezug auf die teststatistische Diagnose gibt es uneinheitliche Vorschläge dafür, bei welchen Unterschieden zwischen Lese-Rechtschreib-Leistung und Intelligenzleistung eine L. anzunehmen ist. Ob im schulischen Alltag ein engerer (das bedeutet: weniger Legastheniker) oder ein weiterer (das bedeutet: mehr Legastheniker) Annahmebereich für die L.-Diagnostik zugrundegelegt wird, sollte sich daher letztlich sinnvoll an Art und Ausmaß der zur Verfügung stehenden Förderungskapazität entscheiden.

Ursachen. Die Suche nach monokausalen Erklärungen für die Leistungsmängel im Lesen und Rechtschreiben – z.B. Erbgang; Entwicklungsrückstand; ganzheitsmethodischer Unterricht – erwies sich als erfolglos. Ebenso sind die anfänglichen Versuche, die L. über eine spezifische Fehlertypologie (z.B. Reversionsfehler, vgl. L. SCHENK-DANZIGER a.a.O.) auf primär visuelle und visuo-motorische Fähigkeitsdefizite zurückzuführen, aufgegeben. Statt dessen wird L. heute – im Rahmen komplexer, mehrdimensionaler Bedingungsgefüge – als Indikator für Störungen im Prozeß sprachlich-akustischer Informationsverarbeitung bzw. -speicherung betrachtet (vgl. S. SCHUBENZ u. R. BUCHWALD a.a.O.). Dabei sucht man mittlerweile weniger nach konstitutionellen Mängeln (z.B. Seh- und Hörstörungen; hirnorganische Schäden unbekannter Genese), sondern vor allem nach pathogenen Einflußfaktoren aus der Sozialisation und Lerngeschichte: (Sprach- und Sprech-)Entwicklung hemmende Bedingungen in Elternhaus und Schule in Verbindung mit emotionalen Belastungen und intellektueller Überforderung (vgl. R. VALTIN a.a.O.).

Diagnostik und Therapie. Für therapeutische Ansätze ist besonders zu berücksichtigen, daß sich bei L.-Kindern durch die L. weitere Einstellungs- und Verhaltensmuster entwickeln, die die L. wiederum verstärken (z.B. Furcht vor Mißerfolg, ein konzentrationsschwacher, impulsiver Arbeitsstil, Leistungsvermeidung, aggressives Verhalten in sozialen Interaktionen; vgl. M. ANGERMEIER u.a., 1974). An diesem „Teufelskreis" liegt es, daß ein therapeutisches Vorgehen, das sich lediglich auf den sprachlich-akustischen Funktionsbereich beschränkt (z.B. Training der phonematischen Diskrimination, der sprechmotorischen Funktion) selten zum Erfolg führt; für eine dauerhafte Verbesserung der Lese-Rechtschreib-Fertigkeit ist vielmehr auch eine Veränderung der kognitiven, emotionalen und motivationalen Charakteristika des Schülers und seiner Umwelt nötig. Voraussetzungen dafür sind eine testobjektive Erfassung aller dieser Merkmale mit kontinuierlichen Begleituntersuchungen zur objektiven Erfolgskontrolle. Generell sind jene Veränderungsprogramme als erfolgversprechend einzuschätzen, die eine für den Legastheniker notwendige Verknüpfung allgemeiner Lehr-, Lern- und Motivationsprinzipien gewährleisten, und zwar sowohl für lern- und leistungsthematische Situationen in der Schule wie in der Freizeit. Als therapeutische Unterstützung lassen sich Bücher mit folgenden Gestaltungsmerkmalen einsetzen: eine drucktechnische Optimierung der Lesbarkeit mit allmählicher Anpassung an „normale" Texte; inhaltlich-organisatorisch kurze Abschnitte und eine interessante, d.h. neugierweckende, variable Einbettung der Lerninhalte – was gleichzeitig Übung, Erfolgserleben und anhaltendes Interesse garantiert – eine vergleichsweise präzisere Dosierung der Schwierigkeitsgrade – was Sicherheit bzgl. der Erreichbarkeit des Lernziels erzeugt –; sowie sinnbetonende Bebilderung, die motivationale kognitive Symbolisierungsprozesse anregt und erleichtert. Diese Aufarbeitung des Lektüreangebotes kann jedoch bei L. die fachgerechte Diagnose und entsprechend individuell ausgerichtete Therapieprogramme nicht ersetzen.

→Jungleserpsychologie, →Junglesersoziologie, →Leseverhalten

Sekundärliteratur: M. Angermeier: Fernstudiengang Legasthenie (1974; zus. mit anderen). – L. Schenk-Danziger: Legasthenie im Kindesalter (1968). – S. Schubenz: Untersuchungen zur Legasthenie (in: Zeitschrift für experimentelle und angewandte Psychologie. 1964. 11. 155–165; zus. mit R. Buchwald). – R. Valtin: Legasthenie – Theorien und Untersuchungen (1970). – W. Zielinski: Lernschwierigkeiten: Ursachen und Beeinflussungsmöglichkeiten (in: F. E. Weinert (Hrsg. zus. mit anderen): Pädagogische Psychologie 2. 1974. 851–875).

Brigitte Scheele

Legende

(aus dem Lat. legenda = das Zu-Lesende). L. ist die Bezeichnung für eine religiöse Erzählung, die das irdische Leben und Wirken von Heiligen bzw. wunderbare Ereignisse daraus, schildert. Sie ist eine schon im Mittelalter bekannte Form von Volks-, Lehr- und Kinderliteratur, die heute fast nur noch in katholischer Tradition lebendig ist.

Man kann die frühen L.n-Sammlungen als die Volksbücher des Spätmittelalters ansehen. Zu den weitverbreiteten Sammlungen gehörte auch die „Legenda aurea" des J. DE VORAIGNE (um 1270). Die ersten bekannten, für Kinder und Jugendliche bestimmten schriftlich fixierten L.n, erschienen in dem 1478 anonym herausgegebenen christlichen Erbauungsbuch „Der Seele Trost". In der Folgezeit wurden weitere Sammlungen an die Jugend herangetragen mit dem Ziel, zu unterhalten, den Glauben zu festigen und zur Nachahmung aufzurufen. Die Aufklärung unterzog vom Standpunkt rationalen bürgerlichen Weltverständnisses die L.n einer scharfen Kritik, weil man sie „so voller Aberglaubens und abgeschmackter Wunder" (G. E. LESSING in der „Berlinischen privilegierten Zeitung" vom 16.8.1753) fand.

Von der Romantik wieder in epischer, dramatischer und lyrischer Form in den Vordergrund gerückt, erfuhr die L. im 19. und zu Beginn des 20. Jahrhunderts eine erneute Aufwertung. So fügten die Brüder GRIMM den Kinder- und Hausmärchen zwanzig Kinderlegenden hinzu und CHR. VON SCHMID (1768–1854) schrieb in Anlehnung an das Volksbuch seine in vielen Auflagen während des ganzen 19. Jahrhunderts verbreitete „Genoveva" (1810). Man betrachtete die L. als „eine Art religiöse Heldensage" (H. ROSENFELD). Sie tritt neben die in zahlreichen Jugendausgaben überlieferten Heroengeschichten der griechischen, römischen und germanischen Mythologie. In der Gegenwart erreichen L.n durchaus noch breite Leserkreise. So wurde J. QUADFLIEG „Das große Buch von den heiligen Namenspatronen" zwischen 1956 und 1970 dreizehnmal aufgelegt. Die ebenfalls von QUADFLIEG zusammen mit E. D. PROBST (Illustration) herausgegebene Bilderbuchreihe „Heiligenlegenden für Kinder" (u.a. Aus dem Leben des heiligen Martin, 1965, ²1968; Aus dem Leben des heiligen Nikolaus, 1965, ²1968) dokumentieren das Bestreben, L.n schon für das jüngste Lesealter aufzubereiten. Der österreichische Literaturpädagoge R. BAMBERGER (*1911) empfiehlt die von L. WEISMANTEL (1888–1964) herausgegebene dreibändige Sammlung „Die goldene Legende" (1947–1948) sowohl für den Deutsch- als auch für den Religionsunterricht. In den zwanziger und dreißiger Jahren erschienen außerdem L. WEISMANTELS „Blumenlegende" (1922), S. RÜTTGERS „Der Heiligen Leben und Leiden" (1922); S. RÜTTGERS „Das Buch der Gottesfreunde" (1931). Zu erwähnen sind auch die von J. ERB herausgegebenen „Blumenlegenden" (1940), „Wolke der Zeugen" (1951) und seine „Tierlegenden" (1950).

K. E. MAIER (*1920) sieht L.n neben Heimatsagen, Schwänken und Fabeln als geeigneten Lesestoff für das 8. bis 11. Lebensjahr an. Wie G. HAAS feststellt, kommt allerdings in der gegenwärtigen Auseinandersetzung um eine Didaktik der Kinder- und Jugendliteratur der L. keine wesentliche Rolle mehr zu, denn „von materialistischen Positionen aus verdient dieses Quasi-Relikt überholten Weltverständnisses keine Beachtung mehr und nichtmarxistisch argumentierende Theoretiker (BAMBERGER, MAIER) kommen über einige etwas verlegene Hinweise selten hinaus" (a.a.O. S. 171). Eine gewisse Bedeutung als Information über eine in der Regel fremdgewordene und ferngerückte historische Form des Lebens- und Weltverständnisses wird der L. allerdings zugestanden.

→ Biblische Geschichte, → Erbauungsliteratur

Sekundärliteratur: R. Bamberger: Jugendlektüre (²1965). – M. Dierks: Biographische Erzählungen und Lebensbilder für die Jugend (in: Der Deutschunterricht. 13. 1961. 6. 58–78). – G. Haas: Märchen, Sage, Schwank, Legende, Fabel und Volksbuch als Kinder- und Jugendliteratur (in: derselbe: Kinder- und Jugendliteratur – zur Typologie und Funktion einer literarischen Gattung. 1974. 144–178). – H. Halbfas: Das religiöse Kinder- und Jugendbuch (in: G. Haas (Hrsg.): Kinder- und Jugendliteratur. 1974. 415–434). – A. Jolles: Einfache Formen (1930, ⁵1973). – W. Lussnig: Heiligendarstellung im Kinder- und Jugendbuch (in: Der katholische Erzieher. 5. 1967. Beilage: Jugend liest. 11–12). – K. E. Maier: Jugendschrifttum – Formen, Inhalte, pädagogische Bedeutung (⁷1973). – H. Rosenfeld: Legende (1961, ³1972). – L. Weismantel: Sage und Legende im Unterricht der Volksschule (in: Heft 4 des Kommentar zum Lesebuchwerk ‚Der Rosengarten'. 1951).

Charlotte Oberfeld

Lehrdichtung

Unter L. für Kinder und Jugendliche wird im allgemeinen eine Erzählung verstanden, welche an dargestellten Beispielen Erkenntnis oder Einsichten vermittelt.

Herkunft und Ausweitung des Begriffes. In der älteren deutschen Literaturwissenschaft bezeichnet L. streng abgrenzbare Formen der Prosa und Poesie belehrenden Gehalts wie Fabel, Parabel, Legende, Lehrgedicht, Spruchdichtung (Epigramm, auch Sprichwort und Merkvers) und belehrende Ballade. Später, in Literaturtheorien der Aufklärung und Klassik, wurde das „didaktische Moment" ganz allgemein als der Dichtung immanent erkannt. „Alle Poesie soll belehrend sein, aber unmerklich; sie soll den Menschen aufmerksam machen, wovon sich zu belehren wert wäre; er muß die Lehre selbst daraus ziehen wie aus dem Leben", schrieb J. W. GOETHE 1827 (Sophien-Ausgabe Abt. I. 41. 2. S. 225). Er meinte nicht, daß didaktische Poesie eine besondere Gattung ausmache, wohl aber daß sie „mit rhythmischem Wohllaut und Schmuck der Einbildungskraft verziert" sein möge. Mit dem Wandel der Tugendideale und gesellschaftlichen Normen des aufstrebenden Bürgertums seit Aufklärung und Klassik wandelte und weitete sich auch der Begriff der L. Er findet heute gelegentlich auch Anwendung z.B. auf Romane, besonders aber auf Dichtungen betont gesellschaftspolitischer Relevanz. Die Kritik, daß gerade „die Absicht zu belehren" die Jugendschrift verderbe, ist seit J. FR. HERBART (1776–1841) nicht verstummt; sie erreichte mit der von H. WOLGAST aufgestellten Forderung strenger Trennung zwischen der literarischen Jugendschrift als Kunstwerk und dem belehrenden Schrifttum eine scharfe Markierung (vgl. H. WOLGAST, Das Elend unserer Jugendliteratur, 1896, ⁷1970). Für die proletarische Kinder- und Jugendliteratur forderten besonders M. GOR'KIJ, CL. ZETKIN und W. BENJAMIN L. in künstlerischer Gestaltung, die über die soziale Wirklichkeit aufklären und kindgemäß sozialistische Tugenden einbeziehen sollte.

Die Formen. Zu den ältesten Formen der L. dürften gehören: 1. Götter- und Weltentstehungsmythen, Heldenlieder und Sagen; 2. die in allen Kulturkreisen bekannten, bis heute tradierten Fabeln; 3. Kinderreime, Merkverse (z.B. „Messer, Gabel, Scher' und Licht taugt für kleine Kinder nicht") und Sprichwörter („Müßiggang ist des Teufels Ruhebank"). Neben diesen, zumeist verfasserlosen, jedoch von späteren Schriftstellern vielfach nachgedichteten Formen der L. gibt es 1. das im 18. und 19. Jahrhundert verbreitete Lehrgedicht, das zum großen Teil aus gereimten Fabeln, Parabeln und Legenden besteht; 2. die religiöse L., die von der

kindertümlichen Nacherzählung biblischer Geschichten bis zum Kinderkatechismus und den Andachts- und Erbauungsschriften reicht; 3. die sogenannten moralischen Geschichten, eine zwar mit der religiösen L. zusammenhängende, jedoch auf dem Gedankengut der Aufklärung basierende, zwischen 1750 und 1850 besonders weit verbreitete Literatur veranschaulichter rationalistischer Tugendlehren; 4. die den moralischen Erzählungen verwandten Kinderschauspiele im 18. und 19. Jahrhundert (CHR. F. WEISSE u.a.), die in den heutigen politisch-emanzipatorischen Kindertheaterstücken eine neue inhaltlich allerdings stark abweichende Variante erfahren; 5. epische Großformen wie etwa der didaktische Roman (Musterbeispiel: J. H. CAMPES „Robinson der Jüngere", 1779) und 6. der sogenannte „gestaltete" Sachtext, in dem Wissenselemente in epischer, jedoch den Tatsachen entsprechender Form dargeboten werden.
Für zeitgenössische literarische Erscheinungen auf dem Kinder- und Jugendbuchmarkt ist der Begriff L. kaum mehr gebräuchlich. Belehrung ist aber in herkömmlichen und neuen Formen der Kinder- und Jugendliteratur stark mitbestimmend, besonders seit etwa Ende der sechziger Jahre eine zweite Welle von Aufklärung die Emanzipation des Kindes vorantreibt, um die Gesellschaft zu verändern.

→Biblische Geschichte, →Enzyklopädie, →Erbauungsliteratur, →Fabel, →Katechismus für Kinder und Jugendliche, →Kinderreim, →Kindertheater, →Legende, →Mythologie in der Kinder- und Jugendliteratur, →Nachschlagewerke für Kinder und Jugendliche, →Sachbuch, →Sittenlehrbuch, →Wörterbücher für Kinder und Jugendliche

Margarete Dierks

Leip, Hans

*(Ps.: Li-shan-Pe). Schriftsteller, Graphiker; * 22.9.1893 Hamburg.*

Als Hamburger Kind war L. 1900 bis 1906 Schüler bei H. WOLGAST, durch den er, wie er später berichtet hat, erste tiefe Eindrücke aus deutscher Dichtung erhielt. Dem Wunsche der Eltern nachgebend, besuchte L. das Lehrerseminar, war aber nur kurz im Lehrberuf tätig. Entscheidend wurde für ihn die Begegnung mit H. LICHTWARK (1852–1914), dessen kunstpädagogische Vorlesungen in der Hamburger Kunsthalle er hörte. Mit eigenen graphischen Arbeiten beschickte er erfolgreich Ausstellungen u.a. in London, Kopenhagen und Dresden. Er begann, für das „Hamburger Abendblatt" zu schreiben und wurde Mitarbeiter des „Simplizissimus". Die im Ersten Weltkrieg erlittenen Verwundungen hinderten ihn, sein Studium fortzusetzen. Als freier Schriftsteller gewann er mit ersten Romanen und Erzählungen in den zwanziger Jahren rasch einen großen Leserkreis. Als Gegner des Nationalsozialismus wich er für Jahre nach Tirol aus. Nach dem Zweiten Weltkrieg konnte L. in Hamburg nicht wieder heimisch werden. Seit 1954 wohnt er in Fruthwilen am Bodensee.

Werk, Tendenzen, Wirkung. L. besitzt ein starkes Erzähltalent. Die Sprache der Menschen seiner Geschichten und Romane ist der von ihm selbst erfahrenen Wirklichkeit, ihrer Hintergründigkeit, ihren Spannungen und Abenteuer entnommen. Die Erlebniswelt seiner eigenen ersten Jahrzehnte – Hafenstadt, Küsten, Inseln, die See und die Schiffahrt noch auf Segler und Fischerboot – herrscht vor und motiviert auch seine Lyrik („Die kleine Hafenorgel", 1937; erw. Aufl. 1948: „Die Hafenorgel"). Schon sein erster Roman „Der Pfuhl" (1923) war ein Erfolg. Er gestaltete darin die Hamburger Lebensatmosphäre der Nachkriegszeit. Mit dem „Bericht des Meister Wikbold" schuf er den kulturhistorischen Roman vom „Untergang der Likedeeler" („Godekes Knecht", 1925). Am bekanntesten wurde L.s Roman „Das Muschelhorn. Schicksal und Vollendung der Abdenes" (1940).
Die natürliche, wirklichkeitskräftige Erzählweise macht eine Reihe seiner See- und Hafengeschichten für junge Leser besonders anziehend. Obwohl ursprünglich nicht speziell für junge Leser geschrieben, fanden eine Reihe seiner Erzählungen, zum Teil als spezielle Jugendbuchausgaben, Eingang in die Kinder- und Jugendliteratur. Die mit eigenen Zeichnungen ausgestattete Erzählung „Der Nigger auf Scharhörn" (1927) befaßt sich mit dem Thema der engen, sich im gemeinsamen abenteuerlichen Welterleben vertiefenden Jungenkameradschaft zwischen „Schwarz und Weiß". Spannend und mit feinem Humor gestaltet ist die phantastische Seeräubergeschichte „Die Klabauterflagge oder Atje Potts erste und höchst merkwürdige Fahrt" (1933), für deren Neuausgabe W. BLECHER ausdrucksvolle Zeichnungen schuf. In die Jugendliteratur ging auch der Roman einer ersten Liebe im Pubertätsalter am Hamburger Hafen ein („Jan Himp und die kleine Brise", 1932). Das ursprünglich nur seinen vier Töchtern zugedachte Bilderbuch „Das Zauberschiff", von dem es im Vorwort heißt: „Seit zwanzig Jahren geplant, entstanden im Galtenberghaus zu Alpach bei Brixlegg in Tirol, Mai/Juni 1946", wurde noch im gleichen Jahr veröffentlicht. Darin schreibt L. zu dreizehn von ihm selbst entworfenen ganzseitigen Bildtafeln klarfarbig expressionistischer Komposition kleine Texte als Erlebnisfolge eines Kindes in deutscher und englischer Sprache. Ein Neudruck der Originalausgabe erfolgte 1974 durch den Georg Bitter-Verlag.
Zur Rezeption seiner Schriften durch jugendliche Leser äußerte sich L. selbst in dem Aufsatz „Mein Verhältnis zur Literatur" folgendermaßen: „Und richtig eingespannt spult sich das Garn nach Strich und Faden fast so, wie man es kaum gedacht. Und man wundert sich, wenn nachdem die Zustimmung nicht ausbleibt. Vielleicht liegt es daran, daß ich Kinder immer wie Erwachsene behandelt habe" (Zeitschrift für Jugendliteratur. Jg. 1968. H. 6/7. 333).

Werke: Laternen, die sich spiegeln. Kanu- und Ufergeschichten (1920); Der Pfuhl (1923); Godekes Knecht (1925); Der Nigger auf Scharhörn (1927); Die Blondjäger. Ein Roman von Negern, weißen Mädchen, Gentlemen und Halunken (1929); Herodes und die Hirten (1929); Untergang der Juno (1930); Die

Hans Leip (1893). Bildseite aus dem 1946 erschienenen zweisprachigen, deutschen und englischen Bilderbuch „Das Zauberschiff. The Magic Ship". Text und Illustration stammen von Hans Leip.*

Klabauterflagge oder Atje Potts erste und höchst merkwürdige große Fahrt (1933); Jan Himp und die kleine Brise (1934); Die kleine Hafenorgel. Gedichte und Zeichnungen (1937); Das Schiff zu Paradeis (1938); Das Muschelhorn. Schicksal und Vollendung der Abdenes (1940); Das Zauberschiff (1946); Das Buxtehuder Krippenspiel (1947); Die Groggespräche des Admirals von und zu Rabums (1953); Bordbuch des Satans (1959).

Sekundärliteratur: R. Italiaander: Hans Leip. Leben und Werk. Mit Illustrationen von Hans Leip im Auftrag der Freien Akademie der Künste in Hamburg aus Anlaß von Hans Leips 65. Geburtstag zum 22.9.1958 zusammengestellt (1958).

Margarete Dierks

Lem, Stanislaw

*Polnischer Autor von Zukunftsromanen und futurologischen Schriften; * 12.9.1921 Lemberg.*

Entsprechend der Familientradition studierte L. Medizin, war aber nur kurze Zeit als Arzt tätig; er beschäftigte sich vorwiegend mit Philosophie und Kybernetik. L. ist Begründer der polnischen astronautischen Gesellschaft. 1973 wurde er mit dem Literaturpreis 1. Klasse des polnischen Ministers für Kultur und Kunst ausgezeichnet.

Werk, Tendenzen, Wirkung. L. gilt nicht nur in den sozialistischen Ländern als einer der bekanntesten Science Fiction-Autoren der Gegenwart. Seine Romane, Erzählungen, Essays und seine theoretischen Arbeiten zur Science Fiction-Literatur haben auch in der literarischen Fachwelt Anerkennung gefunden. Bis 1973 betrug die Gesamtauflage seiner Werke (etwa 30) acht Millionen, Übersetzungen liegen in 27 Sprachen vor. L. konfrontiert den Leser mit dem Ungewohnten, dem Noch-nicht-Dagewesenen, das sich aber aus der Realität ergibt. Dieses Ungewohnte wird bei L. erforscht, um es zu enträtseln und zu deuten, aber ein Rest von Undeutbarem bleibt am Ende bestehen. Es geht ihm letztlich um die Darstellung der menschlichen Existenz (vor allem in philosophischer und moralischer Hinsicht) in einer utopischen Zukunft, die wissenschaftlich fundiert dargestellt wird: „Mit dem Phantastischen – im Sinne von Unmöglichem – wird das Mögliche signalisiert", so L. Sein Erzählstil, den er meisterhaft beherrscht, ist traditionell-realistisch, die Charaktere der Personen sind psychologisch angelegt. Zwar vermindert hier und da die epische Breite die Spannung, doch die ungewöhnliche Handlung, die überraschenden Erkenntnisse und die Breite seiner schriftstellerischen Möglichkeiten fesseln den Leser und unterstreichen L.s schriftstellerisches Ziel, den Leser zu unterhalten. Für L. ist „Unterhaltung ein Wert an sich". Obwohl er kein Jugendbuchautor ist, werden seine abenteuerlichen Romane (insbesondere „Astronauci", 1951; dt. Der Planet des Todes, 1954 und „Solaris"; dt. Solaris, 1972) von Jugendlichen gern gelesen. Diese beiden Romane sind auch verfilmt worden. „Der Planet des Todes" unter dem Titel „Der schweigende Stern" in einer Gemeinschaftsproduktion Polen/DDR und „Solaris" in einer sowjetischen Produktion, die 1972 in Cannes zwei Preise erhielt.

→Science Fiction, →Utopie

Werke (Auswahl): Astronauci (1954; dt. Der Planet des Todes, 1954); Czas nieutracony (1955; dt. Die Irrungen des Dr. Stefan T., 1959); Oblok Magellana (1955; dt. Gast im Weltraum, 1956); Dzienniki gwiazdowe (1957; dt. Die Sterntagebücher des Weltraumfahrers Ijon Tichy, 1961).
Essaysammlungen: Filozofia przypadku. Literatura w świetle empirii (1969).

Sekundärliteratur: W. Berthel (Hrsg.): Stanislaw Lem. Der dialektische Weise aus Krakow (1976). – R. Handke: Polska proza fantastycznonaukowa (1969).

Dietrich Fischer

Lemke, Horst

*(Künstlername für Großbritannien und USA: Lemont). Maler, Grafiker und Buchillustrator; * 30.6.1922 Berlin.*

Auf Grund einer GOEBBELS-Karikatur mußte L. kurz vor dem Abitur die Schule verlassen, konnte jedoch von 1939 bis 1941 an der Staatlichen Hochschule für Bildende Künste in Berlin bei dem Grafiker G. ULRICH studieren und war dann Soldat. Von Kriegsende bis 1957 arbeitete L. als Zeitungszeichner, Werbegrafiker und Illustrator in Heidelberg, übersiedelte danach in die Schweiz, wo er heute in Brione bei Locarno lebt.
Seit 1965 tritt die Arbeit an Buchillustrationen für Kinder und Erwachsene immer mehr zugunsten der freien Malerei und Grafik zurück, die er erfolgreich in Ausstellungen präsentiert. – Das von L. illustrierte Bilderbuch „Die Bremer Stadtmusikanten" (1962) in der Textfassung von M. HAUSMANN wurde 1963 in die Auswahlliste zum Deutschen Jugendbuchpreis aufgenommen.

Werk, Tendenzen, Wirkung. L. kann unter den Nachkriegsillustratoren und Bilderbuchkünstlern in Deutschland eines der umfangreichsten Oeuvre vorweisen. Bereits in den ersten Publikationen herrschen humoristische bis karikierende Elemente vor – besonders deutlich in W. NICOLAS' „... und noch einmal Struwwelpeter" (1947). L. hat nach dem Tode von W. TRIER (1890–1951) die meisten Bücher von E. KÄSTNER (1899–1974) illustriert, viele Arbeiten von H. M. DENNEBORG (* 1909) und zahlreiche weitere Kinder- und Jugendbücher von Autoren wie M. HAUSMANN (* 1898), J. KRÜSS (* 1926), M. KRUSE (* 1921), P. L. TRAVERS (* 1906), darunter aber auch Klassiker wie MARK TWAIN (1835–1910), H. BEECHER-STOWE (1811–1896) sowie Sagen- und Märchensammlungen, alte und neue Kindergedichte. Die grafische Stärke von L. liegt in der reinen Federzeichnung, in der er heiter und realistisch mit lockerem Vortrag überzeugende Kindertypen und einprägsame Tierporträts gestaltet. In seinen oft mit Lavierungen hinterlegten Federzeichnungen wechselt Kalligraphisches mit Karikierendem und Skurrilem, oft Humorvollem und Verträumtem. Doch zeigt sich in seinem imposanten Werk, ähnlich wie bei B. Bachem (* 1916), bisweilen auch flüssig, modisch Gefälliges. Überdurchschnittlich sind seine ausgewogen kolorierten Illustrationen zu Mark Twain. Auch seine malerischen Arbeiten für Bilderbücher, z. B. zu H. Denneborgs Texten wie „Die Reise ins Schlaraffenland" (1971) oder die Kasperbücher, sind meist von Grafismen beherrscht. L. experimentiert mit den verschiedensten grafischen und malerischen Techniken: er vereint farbige Überlagerungen, Gouache, Tempera, Aquarell, Kreide und eingeklebte Textilien virtuos, aber bisweilen flüchtig in seinen farbenprächtigen Bildern, die zusammen mit dem Text eine nicht immer ausgewogene Gestaltung der Doppelseite ergeben.

L. wurde für keine seiner Kinderbuchillustrationen ausgezeichnet, jedoch erhielten mehrere von ihm gestaltete Bücher deutsche und internationale Preise und halfen so mit, diesen Künstler im In- und Ausland bekannt zu machen. Viele Titel erschienen in sehr hohen Auflagen und erreichten durch Übernahme in Buchklub- und Taschenbuchprogramme sowie durch ausländische Lizenzausgaben eine weltweite Verbreitung.

Werke: Fr. Noetzoldt: Torsten und der „Seestern" (1947); W. Nicolas: ... und noch einmal Struwwelpeter (1947); Fr. Noetzoldt: Stolperchen (1949); Fr. Noetzoldt: Hugo und die Elefanten (1950); K. Feurstein: Franzl (1950); P. L. Travers: Mary Poppins (1953, [10]1969); P. L. Travers: Mary Poppins kommt wieder (1953, [7]1970); E. Kästner: Die Schildbürger (1954, [10]1973); P. L. Travers: Mary Poppins im Park (1955, [7]1970); H. M. Denneborg: Das Eselchen Grisella (1955, [17]1970); K. Feurstein: Wie ein Mädchen Franzl heißt (1956); E. Kästner: Leben und Taten des scharfsinnigen Ritters Don Quichotte (1956); H. de Tolly: Die Geschichte vom Räuber Brumbu-Bu und der Prinzessin Süssü-San (1957); H. M. Denneborg: Jan und das Wildpferd (1957, [18]1970); E. Kästner: Als ich ein kleiner Junge war (1957, [17]1975); M. Kruse: Kakadu in Nöten (1958); H. de Tolly: Der arme Großmogul (1958); M. Kruse: Kleine Gauner – gute Kerle (1959); M. Kruse: Sultan in der Grube (1959); H. M. Denneborg: Das Wildpferd Balthasar (1959, [9]1969); M. Kruse: Der Löwe ist los (1960); H. M. Denneborg: Kater Kasper (1961, [7]1970); H. M. Denneborg: Kasperle und die Zaubermühle (1962); E. Kästner: Das Schwein beim Friseur (1962, [9]1970); M. Hausmann: Die Bremer Stadtmusikanten (1962); H. M. Denneborg: Kasperle und die Wunderblume (1963); Mark Twain: Tom Sawyers Abenteuer (1963); E. Kästner: Der kleine Mann (1963, [15]1974); E. Kästner: Gullivers Reisen (1963, [9]1974); J. Krüss: Zehn kleine Negerlein (1963); U. Wölfel: Julius (1964); U. Leippe: Griechische Sagen (1964); U. Leippe: Artus Sagen (1964); Mark Twain: Die Abenteuer des Huckleberry Finn (1964); P. L. Travers: Mary Poppins von A bis Z (1964); H. M. Denneborg: Kasperl und die drei Wünsche (1964); J. und W. Grimm: Die schönsten Märchen der Brüder Grimm (1965); Chr. Morgenstern: Kindergedichte (1965); J. Krüss: Fahre mit durchs ABC (1965); P. Gallico: Der Tag an dem das Meerschweinchen reden konnte (1965); P. Gallico: Der Tag an dem das Meerschweinchen entführt wurde (1966); M. Kruse: Kommt ein Löwe geflogen (1966); H. Beecher-Stowe: Onkel Toms Hütte (1966); R. Bolt: Der kleine dicke Ritter (1966); R. Menzel: Wie Tom den Krieg abschaffte (1966); E. Zeitgeb (Hrsg.): Tintenheinz und Plätscherlottchen, alte und neue Kinderreime (1966); M. Kruse: Gut gebrüllt, Löwe (1967); E. Kästner: Der kleine Mann und die kleine Miss (1967, [13]1975); A. Kopisch: Die Heinzelmännchen von Köln (1967); I. Hermansky: Die kleinen Köche (1967); Cl. Brentano: Witzenspitzel und andere Märchen (1968); H. Lemke: Das heitere Einmaleins (1968); R. Dahl: James und der Riesenpfirsich (1968); H. M. Denneborg: Junker Prahlhans (1968); E. Kästner: Der 35. Mai ([20]1968, [37]1974); H. M. Denneborg: Ein Schatz fällt nicht vom Himmel (1969); R. Dahl: Charlie und die Schokoladenfabrik (1969); H. Romberg: Muck oder der ehrliche Dieb (1969); P. Gallico: Vom mutigen Manxmaus-Mäuserich (1970); E. L. Konigsburg: Merkwürdiges aus dem Frankweiler-Geheimarchiv (1970); Kl. Reuter: Alle gegen Jurgis (1970); Mark Twain: Der Prinz und der Bettlerknabe (1970); G. Adrian: Hase und Igel (1970); H. Lemke: Mein buntes Bilder-Wörterbuch (1970); H. Lemke: Vielerlei aus Stadt und Land (1971); A. Lindgren: Rasmus, Pontus und der Schwertschlucker (1971); M. Kruse: Don Blech und der goldene Junker (1971); H. M. Denneborg: Die singende Säge (1971); H. M. Denneborg: Die Reise ins Schlaraffenland (1972); H. M. Denneborg: Kasperle ist überall (1972); P. Gallico: Der Tag an dem das Meerschweinchen zum Zirkus ging (1972); M. Kruse: Don Blech und der glutrote Vogel (1972); M. Hausmann: Wenn dies alles Faulheit ist (1972); M. Kruse: Don Blech und der silberne Regen (1973); H. M. Denneborg: Die Lügenlok (1974); R. Dahl: Charlie und der große gläserne Fahrstuhl (1974).

Klaus-Rüdiger Werner

Lemke, Stefan
Lemke-Pricken, Marie-Luise

*Lemke, Stefan. * 5. 9. 1936 Düsseldorf; Lemke-Pricken, Marie-Luise. * 30. 9. 1938 Sagan/Schlesien. Designer, Illustratoren, Bilderbuchkünstler, Trickfilmentwerfer.*

St. L., Sohn eines Karikaturisten und Autors von Kurzgeschichten und Sketchen, studierte, nach einer Lehre als Farblithograph von 1955–1958, bis 1963 an der Werkkunstschule Düsseldorf als Schüler von H.-G. Lenzen (* 1921) und H. Edelmann (* 1934) sowie an der Folkwangschule Essen bei J. Piper. – M.-L. L.-Pr., verheiratet mit St. L., erhielt ihre Ausbildung ebenfalls bei H. Edelmann an der Werkkunstschule, außerdem studierte sie bei J. Fassbender (* 1903) an der Staatlichen Kunstakademie in Düsseldorf. Während der Studienzeit entstanden die Illustrationen zu ihrem ersten Bilderbuch „Die blaue Kugel" (1961; Text von H.-G. Lenzen). Seit 1962 sind beide freiberuflich als Illustratoren, Kinderbuchautoren und Grafik-Designer tätig. Seit einigen Jahren arbeiten sie zusammen mit Kindern einer Grundschule an einem Modellversuch „Musik – Bewegung – Malerei", außerdem geben sie an einem Gymnasium Kunstunterricht.

Ihre grafischen Arbeiten wurden in New York, Tokio, Paris, Bratislava, Leipzig, München und Offenbach ausgestellt und erhielten zahlreiche in- und ausländische Auszeichnungen, u. a. 1964 beim Wettbewerb des Bundes Deutscher Gebrauchsgraphiker „Die schönsten Umschläge des Jahres", 1966 und 1968 auf der Ausstellung „Schönste Bücher der Welt" in Leipzig. In die Liste „Schönste deutsche Bücher" wurden aufgenommen: D. Gaspar: Opa Schanghai (1964); M. Neuhäuser: Bunte Zaubernoten (1965); A. Conan Doyle: Sämtliche Sherlock Holmes-Stories (Bd. 1 u. 2, 1967); I.

Marie-Luise Lemke-Pricken (1939) und Stefan Lemke (* 1936). Plakat zur Ausstellung „Bunte Kinderwelt 1971" im Klingspor-Museum in Offenbach am Main.*

WESTERMEIER: Hurra, ein Auto! (1969) und „Hörst du wie das klingt?" (1970).

Werk, Tendenzen, Wirkung. St. L. ist vor allem der Entwerfer, während seine Frau das malerische Talent einbringt. Mit über 60 Arbeiten zwischen 1960 und 1975 im Bereich der Kinder- und Jugendbuchillustration, der Fibel-, Lehr- und Lesebuchausstattung (vorwiegend für den Diesterweg-Verlag), des Bilderbuchs für unterschiedliche Altersstufen und des Anschauungsbuchs, die überwiegend gemeinsam gestaltet wurden, gehört das L.-PR.-Team zu den produktivsten Werkgemeinschaften, die ähnlich wie WINTER-BISCHOFF in den fünfziger Jahren und das Grafiker-Ehepaar R. und M. RETTICH seit den sechziger Jahren nachhaltigen Einfluß auf das moderne deutsche Bilderbuch nehmen. Kennzeichnend für die Vielseitigkeit des Teams sind Aufträge aus Wirtschaft und Werbung, Zeichenaufgaben im Umkreis des Kinderfernsehens, Plattencovers für die Schallplattenproduktion und Versuche auf dem Feld der Bildergeschichte. Außerdem wurden einige Spiele, Spielfiguren für das Fernsehen, „cartoons" und Poster entworfen, die neben den Büchern in- und ausländische Preise gewannen.
Stilistisch hat das Ehepaar lange Zeit einen gemäßigten, auf Kinder abgestimmten Popstil kultiviert, bei dem starke Konturen und aufgehellte Farbigkeit neben witzigen Akzentuierungen mit dafür sorgten, daß auch technische Themen für kindliche Rezipienten durchschaubar wurden. An älteren Arbeiten fällt neben der üppigen Farbigkeit eine gewisse puppenhafte Starre und Maskenhaftigkeit in den Gesichtszügen der Kinder- und Tierfiguren auf. Bei den popartigen Werken der sechziger Jahre wirkt unzweifelhaft der Einfluß ihres Lehrers H. EDELMANN nach.
Bei den sachorientierten Bilderbüchern, wie z. B. „Tiere, Clowns und Akrobaten" (1970), besticht die Detailtreue der Zeichnungen und die Informationsdichte der vermittelten Fakten. Das Team folgte bei den Vorarbeiten mehrere Wochen lang dem Großzirkus „Busch-Berlin & Roland-Bremen". Bemerkenswert ist die Tendenz, Kindern anschaulich zu machen, wie etwas entsteht, wie technische Prozesse ablaufen (Im alten Garten wird gebaut, 1967; Hurra, ein Auto!, 1969; Fernsehen, unser Fenster zur Welt, 1972).
Strenger in Binnenstruktur und Strichführung sind die schwarz-weißen Zeichnungen zu den Sherlock Holmes-Stories. Leuchtende Farbigkeit und malerische Akzentuierung wird in den Arbeiten zu fantastischen Themen, zu in- und ausländischen Märchen und zu Anthologien ausgespielt (so in „Die blaue Kugel"; „Mondseefahrt", 1964; „Bingo und Bongo vom Kongo", 1967; „Die Kürbislaterne", 1969).
Viele Bücher wurden in andere Sprachen übertragen, z. B. ins Englische und Schwedische.

Werke des Lemke-Pricken-Teams: J. Krüss: Adler und Taube (1963); M. Zöllner (Hrsg.): Kolenden (1963); Ch. v. Lengerke: Murads Geburtstag (1964); L. Tolstoi: Die Brüder des Zaren (1964); Weihnachtsgeschichten für Kinder (1964); G. Wolter (Hrsg.): Kindergeschichten aus aller Welt (1966); U. Markus: Im alten Garten wird gebaut (1967); St. Lemke u. M.-L. Lemke-Pricken: Tina und Teddy (1967); R. Italiaander: Bingo und Bongo vom Kongo (1967); E. Meinerts: Wenn du wüßtest, was ich weiß (1967); A. C. Doyle: Sämtliche Sherlock Holmes-Stories (1967); V. Mönckeberg-Kollmar (Hrsg.): Märchen aus aller Welt (1968); St. Lemke u. M.-L. Lemke-Pricken: Tut, tut, wir fahren (1968); St. Lemke u. M.-L. Lemke-Pricken: Alles dreht sich um Julchen (1969); I. Westermeier: Hurra, ein Auto! (1963); St. Lemke u. M.-L. Lemke-Pricken: Tiere, Clowns und Akrobaten (1970); E. Dirnbacher u. T. Schaft (Hrsg.): Die Hyäne mit dem Ziegenohr (1970); A. Müller-Tannewitz: Das neugierige Stinktier (1970); G. Dannholz: Unsere Bummelzugjahre (1970); St. Lemke und M.-L. Lemke-Pricken: Welche Tiere siehst du hier? (1970); St. Lemke u. M.-L. Lemke-Pricken: Ich wünscht, ich wär (1970); St. Lemke u. M.-L. Lemke-Pricken: Welche Tiere brauchen wir? (1971); St. Lemke u. M.-L. Lemke-Pricken: Ohne Tiere geht es nicht (1971); G. Knutsson: Kleiner König immer lustig (1971); St. Lemke u. M.-L. Lemke-Pricken: Willi Waschbär tut das auch (1971); St. Lemke u. M.-L. Lemke-Pricken: klipp-klapp Zauberbilder (1972); St. Lemke u. M.-L. Lemke-Pricken: Fernsehen, unser Fenster zur Welt (1972); B. Alexieff: Das Geschenk der Sonne (1972); A. Wagner: Eduard, der Lebensretter (1973); A. Wagner: Eduard macht Urlaub (1973); H. Baumann: Woher kommt Benzin (1975).
Werke St. Lemkes: Die Mondseefahrt (1964).
Werke M.-L. Lemke-Prickens: H.-G. Lenzen: Die blaue Kugel (1961); D. Gasper: Opa Schanghai (1964); H. Heftrich: Die Kürbislaterne (1969); M. Ende: Tranquilla Trampeltreu (1972); B. Bartos-Höppner: Ein schönes Leben für die kleine Henne (1974).

Sekundärliteratur: Das Lemke-Pricken-Team (in: Bulletin Jugend + Literatur. 9. 1975. 24–26).

Horst Künnemann

L'Engle, Madeleine

*Amerikanische Schriftstellerin und Schauspielerin; *9. 11. 1918 New York.*

L'E. verbrachte ihre Kindheit in New York, Europa und im Süden der Vereinigten Staaten. Ihr Vater war Schriftsteller, die Mutter hatte vor ihrer Heirat Musik studiert. Nachdem L'E. die höhere Schule absolviert hatte, ging sie zunächst zum Theater, wo sie ihren Mann, H. FRANKLIN, kennenlernte. Obwohl beide großen Erfolg am Theater hatten, zogen sie mit ihren drei Kindern aufs Land, um dort einen altmodischen Kolonialwarenladen zu unterhalten. Später wandten sie sich jedoch wieder dem für sie „ruhigeren" Stadt- und Theaterleben in New York zu. L'E. schreibt seit 1945. 1963 erhielt sie für „Camilla Dickinson" (1951) die Newbery-Medal, 1968 für „Der Mond über den Hügeln" (1967) den Österreichischen Staatspreis für Kinderliteratur; 1965 wurde ihr Buch „Wir Austins" in die Auswahlliste zum Deutschen Jugendbuchpreis aufgenommen. L'E. hat Lehraufträge an zwei New Yorker Schulen und hält Vorträge über Dramatik und kreatives Schreiben vor Bibliothekaren und Lehrern.

Werk, Tendenzen, Wirkung. L'E. schreibt sowohl für Kinder und Jugendliche als auch für Erwachsene („A Circle of Quiet", 1972). In ihren Werken spiegeln sich jeweils eigene Erfahrungen wider. Bei ihrer Literatur für Kinder und Jugendliche sind inhaltlich sowie altersmäßig verschiedene Kategorien festzustellen: Gedichte für sehr kleine Kinder, märchenhafte Phantasiegeschichten für das Lesealter, Science Fiction („A Wrinkle in Time", 1962), Familienerzählungen („Meet the Austins", 1960) und Mädchenbücher („Camilla Dickinson"). In der BRD sind L'E.s Familiengeschichten und Mädchenbücher sowie ein Science Fiction-Buch („Spiralnebel 101", 1968) bekannt geworden. Die Familiengeschichten zeichnen sich durch leicht rezipierbaren Realismus aus, der es Kindern im Alter von 9 bis 12 Jahren ermöglicht, sich mit den Personen (Kindern im Alter von 4 bis 15) und ihren Handlungen (in Schule, Ferien, Familien- und Freundeskreis) zu identifizieren. In allen Texten gibt es psychologische Einschübe zu Konflikten, wie sie z. B. Außenseiterrolle, Pubertätssituation und Eltern-Kind-Beziehung mit sich bringen. In L'E.s Mädchenbüchern steht jeweils der für Jugendliche mit Schwierigkeiten verbundene Übergang aus einer relativ bequemen Umwelt in die Selbständigkeit und Eigenverantwortlichkeit im Mittelpunkt. L'E.s Science Fiction-Bücher für Jugendliche spielen wechselweise auf drei Ebenen (realistisch, phantastisch, utopisch) und greifen sowohl in philosophische als auch in naturwissenschaftliche Bereiche hinein. L'E.s Bücher wurden bisher in sechs Sprachen übersetzt. In der BRD bilden sie einen festen Bestandteil in Kinder- und Jugendbibliotheken.

Werke: The Small Rain (1945); Ilsa (1946); And Both Were Young (1949; dt. Phillipa, 1956); Camilla Dickinson (1951; dt. Camilla, 1971); A Winter's Love (1957); Meet the Austins (1960; dt. Wir Austins, 1963, ³1972); A Wrinkle in Time (1962; dt. Spiralnebel 101, 1968); The Moon by Night (1963; dt. Der Mond über den Hügeln, 1967); The 24 Days Before Christmas (1964); The Arm of the Starfish (1965).

Sekundärliteratur: M. L'Engle: A Circle of Quiet (1972).

Lioba Betten

Lenica, Jan

*Polnischer Plakatkünstler, Filmemacher, Karikaturist, Bilderbuchillustrator; * 4. 1. 1928 Poznan.*

L., Sohn des Malers Alfred L., studierte zunächst Musik, danach von 1947 bis 1953 am Warschauer Polytechnikum Architektur. Seit 1945 war er Mitarbeiter der Zeitschriften „Szpilki", „Kocynder", „Rozgi", „Odrodzenie", in denen er politische Karikaturen u. a. gegen die Remilitarisierung Deutschlands, die Nachwe-

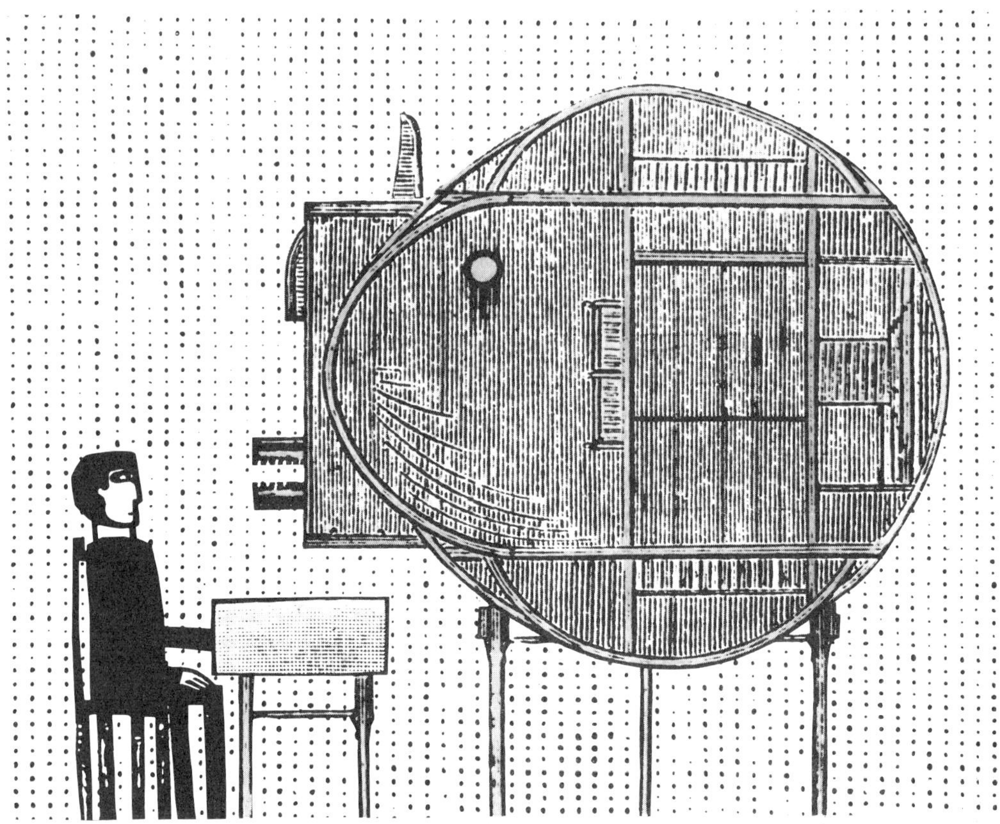

Jan Lenica (1928). Aus dem Trickfilm „Adam 2" (1968).*

hen des Kolonialismus und die NATO veröffentlichte. Daneben war er als Klavierspieler und Werbegrafiker tätig. Von 1954 bis 1955 war er Assistent bei Professor Tomaszewski (* 1914) in der Plakatkunstklasse der Warschauer Akademie der Schönen Künste. Außer vielfach ausgezeichneten Film-, Theater- und Ausstellungsplakaten entwirft L. Bühnenbilder und Buchumschläge. Internationale Berühmtheit und zahlreiche Preise errang L. durch seine experimentellen Trickfilme, die zum Teil in Zusammenarbeit mit W. Borowsczyk entstanden: u. a. 1958 den Grand Prix des Internationalen Wettbewerbs für Experimentalfilme in Brüssel für „Dom" (1958; Das Haus), 1959 den Preis der Kritik des Filmfestivals in Tours sowie 1961 den Großen Preis der Westdeutschen Kurzfilmtage Oberhausen für „Monsieur Tête" (1959), 1963 den Hauptpreis für den besten Experimentalfilm in Oberhausen für „Labirynt" (1962), 1964 den Großen Preis in Oberhausen für „A" (1964) und 1969 den Deutschen Filmpreis für „Adam 2" (1968). – Das Bilderbuch „Die Lokomotive" (1958, Text von J. Tuwim), das außerdem die Versgeschichten „Das Rübchen" und „Vogel-Radio" enthält, stand 1960 auf der Auswahlliste zum Deutschen Jugendbuchpreis.

Werk, Tendenzen, Wirkung. Das vielseitige Schaffen L.s ist im Zusammenhang mit der Blüte der polnischen Werbegrafik nach dem Zweiten Weltkrieg und der nachhaltigen Resonanz zu sehen, die polnische Bilderbuchkunst und moderne Kurz- und Spielfilme auch im Ausland fanden. In seinen Bilderbüchern zur bewegtrhythmischen Sprache des polnischen Lyrikers und Erzählers J. Tuwim (1894–1953) nutzt L. eine weiche, impressionistische Farbigkeit. In der vorsichtig stilisierenden Darstellung nimmt er die im Text angelegten, karikierenden Elemente auf, z. B. in der sich über die Doppelseite erstreckenden Tuschezeichnungen der Kette von Großvater, Großmutter, Kind, verschiedenen Tieren bis zum Frosch, die gemeinsam versuchen, eine Rübe aus der Erde zu ziehen.
Freier, souveräner und auch experimentell schockierender verfährt der Grafiker in seinen Filmen, die sich an jugendliche und erwachsene Rezipienten wenden. Hier wirkt sich der Einfluß des Surrealismus, der Collagen- und Frottagentechnik von M. Ernst und die oft spukhaft-makabre Thematik aus. Zur Kinder- und Jugendliteratur führen grotesk-fantastische Elemente, der Erfindungsreichtum von Monstern und fliegenden Ungeheuern, die Puppenhaftigkeit und totale Mechanik der Figuren. Die für L. typischen Teilanimationen vor Hintergründen, die wie vergrößerte Holzstiche wirken, verwandte in ähnlicher Weise auch der Tscheche K. Zeman in seinen J. Verne-Filmen „Teufelserfindung" (1957) und „Baron Münchhausen" (1959). „Był sobie raz" (1957; Es war einmal) für den L. zusammen mit E. Borowsczyk den Silbernen Löwen auf der Biennale in Venedig erhielt, knüpft nicht allein vom Titel her an das Märchen an; es zeigt, wie ein behaartes pelziges Wesen in raschem Wechsel seine Gestalt wandelt. „Dom" (1958; Das Haus), ein aus fünf Episoden bestehender Kurzfilm, umkreist die Gedanken eines Mädchens, seine Hoffnungen, seine Liebe, Verzweiflung und schließlich Zerstörung, die durch eine gefräßige Perükke angerichtet wird. Beklemmung und Isolation, existentielle Ängste und Alpträume des modernen Menschen, Unterdrückung, Verfolgung, Gleichschaltung und Vernichtung des Individuums und sein Versuch der Auflehnung und des Überlebens sind immerwiederkehrende Themen von L.s Filmen, in denen die Protagonisten in menschenentleerte Räume, in tote Stadtlandschaften geführt werden, in denen mechanische Saurier einherstampfen, Hexen und seltsame, lemurenhafte Mischwesen die Lüfte beherrschen.

Werke: J. Tuwim: Lokomotywa (dt. Die Lokomotive, 1958); J. Tuwim: Rzepka (dt. Das Rübchen; in: Die Lokomotive, 1958). *Filme:* Był sobie raz (1957; zus. mit W. Borowsczyk); Nadrodzone uczucia (1957; zus. mit W. Borowsczyk); Étendant des jeunes (1959; zus. mit W. Borowsczyk); Dom (1958); Monsieur Tête (1959); Nowy Janko muzykant (1961); Labirynt (1962); Die Nashörner (1963); A (1964); La femme fleur (1965); Adam 2 (1968); Stilleben (1968); Paradies (1972).

Sekundärliteratur: A. Brustellin: Adam 2 (in: Graphis. 145. 1969/70. 448–453). – A. Eichholz: Jan Lenica präsentiert „Adam II" (in: Gebrauchsgraphik. 3. 1969. 2–9). – J. Halas: film & tv graphic (1967). – J. Mroszczak: Polnische Plakatkunst (1962). – Ch. Rosner: Lenica (in: Graphis. 87. 1960. 20–31). – H. Sandberg (Hrsg.): Der freche Zeichenstift (1963). – H. Steiner: Jan Lenica (in: Graphis. 119. 1965. 240–249). – R. Stephenson: Animation in the cinema (1967).

Horst Künnemann

Lenz, Siegfried

*Schriftsteller, vor allem Autor von Romanen und Erzählungen, auch von Geschichten für Kinder; * 17. 3. 1926 Lyck (ehem. Ostpreußen).*

Kindheit und Schuljahre verbrachte L. in Lyck. Gegen Ende des Zweiten Weltkrieges war er, eingezogen zur Marine auf der Ostsee, „Augenzeuge der großen Flucht und des Untergangs vieler Schiffe" (autobiografische Skizze in: „Stimmungen der See", 1962. S. 77). L. studierte unter harten Nachkriegsbedingungen in Hamburg, arbeitete als Journalist in verschiedenen Ressorts der Presse und lebt seit 1951 als freier Schriftsteller in Hamburg. Er gehörte der „Gruppe 47" an und wurde mehrfach ausgezeichnet, u. a. mit dem Bremer Literaturpreis (1961) und dem Großen Kunstpreis des Landes Nordrhein-Westfalen (1966). L. ist Mitglied der Freien Akademie der Künste, Hamburg, und der Deutschen Akademie für Sprache und Dichtung, Darmstadt. L. wurde anläßlich seines 50. Geburtstags mit der Ehrendoktorwürde des Fachbereichs Sprachwissenschaften der Universität Hamburg ausgezeichnet.

Werk, Tendenzen, Wirkung. Mit Erzählungen und Romanen bereits bekannt geworden, erreichte L. ungewöhnlich weite Leserkeise mit dem Band humorvoll übertreibend geschriebener Geschichten und Skizzen „So zärtlich war Suleyken" (mit Zeichnungen von E.

BEHRENDT, 1955), in denen er Erlebnisse und Gestalten seiner Kindheit mit Erfindungen aus der Kenntnis eigentümlich masurischen Volkstums verband. Fünf dieser Geschichten aus dem masurischen Phantasiedorf Suleyken wurden mit Bildern von K. WARWAS (* 1939) zu dem Kinderbuch „So war das mit dem Zirkus" zusammengestellt (1971; Taschenbuchausgabe 1975); es sind Spielarten der Schelmengeschichte (neben der Titelerzählung: Wie man Schmuggler fängt – Schissomirs großer Tag – Duell in kurzem Schafspelz – Die Verfolgungsjagd). Die dichterische Fähigkeit L.s, anschaulich und spannend für Kinder zu erzählen, zeigt sich auch in seinen Originalbeiträgen zu verschiedenen Anthologien, z.B. „Lotte soll nicht sterben" (in: „Kindergeschichten aus aller Welt", hrsg. von G. WOLTER, 1966; darin ist auch enthalten: „So leicht fängt man keine Katze", erstmals 1954 in der Reihe „Jugendland" der Agentur des Rauhen Hauses erschienen), „Eisfischen und was man mit Hechten erleben kann" in: „Dichter erzählen Kindern" (hrsg. von G. MIDDLEHAUVE, 1966) und „Der Kunstradfahrer" in: „Bunt wie ein Pfau" (hrsg. von S. GRÄFIN SCHÖNFELDT, 1975). Die Bedeutung von Kindheitserfahrungen und tief wirkenden Einflüssen in früher Jugend ist eines der Hauptthemen in den Werken von L., besonders das Vater-Sohn-Verhältnis, das er am ausgeprägtesten in dem Roman „Deutschstunde" (1968) gestaltete. Ein Bild der Problematik in der gegenwärtigen pädagogischen Situation zeichnete er in dem Roman „Das Vorbild" (1973). Zeitkritik und Protest gegen politische und private Formen der Gewalt sind vielfach Thema und Motiv seiner Texte. Einige Erzählungen und Romane, denen L. die Spiegelung des Geschehens in der Sicht des Jungen oder Jugendlichen einfügt oder denen das Problem des Verhältnisses zwischen den Generationen innewohnt, ebenso realistische und parabelhafte Kurzgeschichten von L. lernen junge Leser als Schullektüre (zum Teil in Textsammlungen für Schüler) kennen, u.a.: „Die Nacht im Hotel" (1949), „Das Wrack" (1952), „Die Festung" (1954), „Der Mann im Strom" (1957), „Ein Freund der Regierung" (1959), „Der Sohn des Diktators" (1960), „Der Verzicht" (1960), „Das Feuerschiff" (1960), „Die Augenbinde" (1966, als Schauspiel 1969).

Werke: Es waren Habichte in der Luft (1951); Brot und Spiele (1954); So leicht fängt man keine Katze (1954); Der einsame Jäger (1955); So zärtlich war Suleyken. Masurische Geschichten (1955, [3]1959; Teilsammlung u. d. T.: So war das mit dem Zirkus, 1971, TB. 1975); Der Mann im Strom (1957); Jäger des Spotts (1958); Das Feuerschiff (1960); Zeit der Schuldlosen. Schauspiel (1961); Stadtgespräch (1963); Deutschstunde (1968); Die Augenbinde (1970); Gesammelte Erzählungen (1970); Das Vorbild (1973); Einstein überquert die Elbe bei Hamburg (1973).

Sekundärliteratur: D. Peinert: „Deutschstunde" (in: Der Deutschunterricht. 1971. 1. 36–58). – C. Russ (Hrsg.): Der Schriftsteller Lenz. Urteile und Standpunkte (1973). – B. Sowinski: Gruppenarbeit auf der Unterstufe (in: Der Deutschunterricht. 21. 1969. 6. 38–44).

Margarete Dierks

Lenzen, Hans Georg

*Autor, Illustrator und Übersetzer von Kinder- und Bilderbüchern; * 2. 7. 1921 Moers.*

L. studierte von 1946 bis 1949 an der Staatlichen Kunstakademie in Düsseldorf und als Gast von 1947 bis 1949 an der Universität Köln Philosophie und Kunstgeschichte. 1949 legte L. die Staatliche Prüfung für das künstlerische Lehramt ab und wurde 1952 Dozent an der Werkkunstschule Düsseldorf. Seit 1973 ist er Professor an der Fachhochschule. 1963–1964 lehrte er als Gastdozent am Kansas City Art Institute; Studienreisen führten ihn ferner nach Frankreich, Griechenland, Italien und Jugoslawien. Die Bilderbücher „Onkel Tobi" (1963) und „Onkel Tobis Landpartie" (1968) – beide illustriert von S. HANCK-FEHSE (* 1940) – standen 1964 bzw. 1969 auf der Auswahlliste zum Deutschen Jugendbuchpreis.

Hans Georg Lenzen (1921)*

Werk, Tendenzen, Wirkung. L. wurde bereits als Student Mitarbeiter bei Buch- und Zeitungsverlagen als Illustrator, Übersetzer und Textautor. Mit der Übersetzung und Illustration von A. MAUROIS' fantastischer Erzählung „Patapuf und Filifer" (1956) wurde er im deutschsprachigen Raum bekannt. Die sprachlich einfachen Situationsschilderungen und kleinen Erlebnisse des Jungen Paul und seines Hundes in „Fix und der Zirkus" (1960) illustrierte er mit lustigen, teilweise leicht karikierenden Bildern, in denen er schwarz abgesetzte Umrisse mit kräftigen Farben oder Farbstrichen füllt. Da die Farben die Konturen gelegentlich übertreten oder die Flächen nicht vollständig decken, entsteht ein lebendiger Eindruck vor allem der Tier- und Menschendarstellung. Hier wie in dem Wunschtraumbilderbuch „Dann schenk ich dir ein Riesenrad“ (1969) treten Figuren und Gegenstände durch Weglassung oder nur Andeutung des Hintergrundes fast plastisch aus dem weißen Blatt hervor. In allen von L. illustrierten Bilderbüchern sind seitenübergreifende Bilder mit wechselnder Textanordnung zu finden. Die anderen, meist humorvollen Bilderbücher, für die L. nur den Text schrieb, wurden von Grafikern wie M. L. PRICKEN (Die blaue Kugel, 1961); M. RETTICH (Ich bin der Kapitän, 1971); B. KEMP VON HAJEK (Hasen hoppeln über Roggenstoppeln, 1972) oder R. IMBACH (Die Trollinsel, 1973) illustriert. Die Figur vom vergeßlichen, tier- und kinderlieben Onkel Tobi steht im Mittelpunkt von bislang fünf Bilderbüchern (alle illustriert von S. HANCK-FEHSE). Von einem „anderen Lenzen“ kann man sicherlich – neben dem Übersetzer von Autoren wie M. DRUON, R. GOSCINNY, J. THURBER, Z. BALL oder G. TIMMERMANNS – bei dem Buchillustrator L. sprechen, der in den Szenen mit Menschen das Typische an Charakteren, das Dramatische in Situationen und das Besondere von Stimmungen darzustellen vermag.

Werke: Z. Ball: Joe Panther (1952); A. Maurois: Patapuf und Filifer (1956); J. Krüss: Der Wunderteppich (1959); H. G. Lenzen: Die Republik der Taschendiebe (1960); H. G. Lenzen: Fix und der Zirkus (1960); H. G. Lenzen: Die blaue Kugel (1961); V. Bayley: Die schwarze Laterne (1962); A. Himmel: Fauler Zauber auf Schloß Fionn (1962); H. v. Stockum: Polly und die Culainskinder (1963); H. G. Lenzen: Onkel Tobi (1963); H. P. Richter: Nikolaus (1965); H. A. Mertens: Johannes (1965); R. Jeffries: Peter kam nicht heim (1965); A. Hageni: Alles für Schneeblume (1965); Z. Ball: Joe Panther, der Sohn des Häuptlings (1965); B. Senger: Josef (1966); J. Thurber: Das geheimnisvolle O (1966); J. Thurber: Die dreizehn Uhren (1967); H. G. Lenzen: Onkel Tobis Landpartie (1968); H. G. Lenzen: Dann schenk ich dir ein Riesenrad (1969); H. G. Lenzen: Zu Besuch bei Onkel Tobi (1970); H. G. Lenzen: Ich bin der Kapitän (1971); H. G. Lenzen: Ich bin der Tankwart August Klatt (1971); H. G. Lenzen: Hasen hoppeln über Roggenstoppeln (1972); H. G. Lenzen: Die Trollinsel (1973); H. G. Lenzen: Onkel Tobi hat Geburtstag (1975).

Werner A. Kleye

Leonhard, Leo

*Grafiker, Kunsterzieher, Bilderbuchillustrator und -autor; * 12.5.1939 Leipzig.*

L. studierte von 1958 bis 1961 in Mainz und Marburg Germanistik, anschließend von 1961 bis 1964 an der Kunstakademie in Düsseldorf, u.a. Grafik bei O. COESTER (* 1902). Nach seinem zweiten Staatsexamen für das Lehramt an höheren Schulen (1966) war er bis zum Herbst 1969 als freier Grafiker tätig, kehrte dann in den Schuldienst zurück. Seit 1964 beteiligt sich L. an Ausstellungen und stellte seine Werke einzeln in Berlin, Darmstadt, Frankfurt/Main, Wiesbaden, Heidelberg, Krefeld, Marburg, Grenoble, Saint-Laurant-du-Pont, Stuttgart vor. Seit 1968 ist L. Mitglied der Neuen Darmstädter Sezession und der internationalen Holzschneidevereinigung XYLON. 1970 und 1972 war er Preisträger der Internationalen Biennale für Grafik in Krakau. – L. textet und illustriert Bilderbücher, liefert Beiträge für Jahrbücher, Sammelbände und Lesebücher (u.a. Am Montag fängt die Woche an, 1973; Menschengeschichten, 1975; Die Familie auf dem Schrank, 1975; Westermanns Lesebuch für das 2. Schuljahr). Das Bilderbuch „Rüssel im Komikland“ (1972; Text von O. JÄGERSBERG) gehörte zu den „Schönsten Büchern 1972“ und stand auf der Auswahlliste zum Deutschen Jugendbuchpreis 1973. L. lebt in Ober-Modau bei Darmstadt.

Leo Leonhard (1939). Ausschnitt aus dem von Otto Jägersberg (* 1942) getexteten Bilderbuch „Rüssel in Komikland“ (1972). „Schüssel“ und „Rüssel“ treffen auf „Flabby Jack“.*

Werk, Tendenzen, Wirkung. Viele Bilderbücher sind im Kontakt mit seinen Schülern verschiedener Altersstufen entstanden, deren Freude am Comicstrip und zugleich am kombinatorischen Verrätseln und Entdekken den mit altmeisterlicher Genauigkeit arbeitenden Künstler offenbar in seiner Arbeit bestärkt haben. „Rüssel im Komikland“ erzählt die Begegnung der breughelhaften Figuren Rüssel und Schüssel mit dem flapsigen Comicjüngling Flabby Jack. Sie gelangen in das kapitalistische Rackerhausen, in dem Al Bosso herrscht, Chef der Babbelgammfabriken. Nach etlichen Abenteuern retten sie sich durch Flucht. Die folgenden drei Bände, für die – bis auf den letzten – O. JÄGERSBERG (* 1942) den kongenialen Text schrieb, verfolgen Flabbys weitere Abenteuer, zunächst als Glücksucher im Venedig des 18. Jahrhunderts, dann auf der Insel des Narren Schellenfusz. Neben dieser Tetralogie gibt es Bilderbücher mit reinen Fantasiewelten. Allen gemeinsam ist das Motiv der Glücksuche (nach L. CARROLLS „The hunting of the snark“). – L.s Bücher kennzeichnen eine Kombination verschiedener Stile (z.B. europäische Kunsttradition und Comic) und Details (u.a. nach BREUGHEL, BOSCH, DALI, BOTTICELLI, CALLOT, GOYA, GRANDVILLE, HOGARTH, LONGHI, TIEPOLO, MCCAY), eine genau kalkulierte Verbindung

von Strich und Farbe, Linie und Fleck, die Montage von Anekdoten und Geschichten aller Zeiten (z.B. treten Casanova, Cagliostro, GOETHES Vater und GOLDONI neben fiktiven Figuren auf) und Zitaten (u.a. von CARROLL, NIETZSCHE, SHAKESPEARE). Nicht Kopie und Klitterung ist das Ergebnis, vielmehr eine sehr eindringliche, surreal-traumhafte und doppelbödige Welt. Romantische Märchentradition, groteske und nonsensehafte Züge werden mit modernen Elementen (Comic und Trivialität) verfremdet und wirken um so geheimnisvoller. Überraschungs- und Bildlogik ersetzen die Handlungslogik.
L. ist nicht nur ein ikonografischer Integrationist mit ausgeprägter Fantasie und hohem künstlerischen Rang, er gehört auch zu den wenigen, die Bilderbuch und Kunst, Geschichte und Gegenwart, Rationalität und die Gestaltung des Irrationalen zu verbinden suchen. Seine Bücher sind vieldeutig, aber da ihr Reiz nicht vom Verständnis der zahlreichen Anspielungen abhängt, sind sie auch schon für Kinder interessant. Sie können darüber hinaus ein Abenteuer-, Nachdenk- und Hausbuch (für die ganze Familie) abgeben.
Alle Werke L.s sind sorgfältig und hervorragend ausgestattet und zu den „schönen Büchern" zu zählen. „Rüssel im Komikland" und „Glücksucher in Venedig" erscheinen nachträglich seit 1974 im Fischer-Taschenbuch-Verlag und werden so breiteren Käuferschichten zugänglich gemacht.

→O. Jägersberg

Werke: O. Jägersberg: Rüssel im Komikland (1972); O. Jägersberg: Glücksucher in Venedig (Bd. 1 u. 2. 1973 u. 1974); L. Leonhard: Leben & Traum mit Schellenfusz (1975); L. Leonhard: Schimpferd und Nilpanse (1975); H. A. Halbey: Es wollt' ein Tänzer auf dem Seil, den Seiltanz tanzen eine Weil' (1976); L. Leonhard: Bärlamms Wandel (1976).

Dieter Baacke

Lepman, Jella

*Gründerin der Internationalen Jugendbibliothek in München und des Internationalen Kuratoriums für das Jugendbuch, Jugendschriftstellerin; *15.5.1891 Stuttgart, †5.10.1970 Zürich.*

L. verbrachte ihre Jugend und Schulzeit in Stuttgart. Nach dem frühen Tod ihres Mannes wurde sie Redakteurin am „Stuttgarter Neuen Tagblatt" und politisch aktiv (zeitweilig Vorsitzende der Deutschen Demokratischen Partei Württembergs und Reichstagskandidatin mit TH. HEUSS). Während des Dritten Reichs emigrierte sie mit Sohn und Tochter (1936) nach London, erwarb die britische Staatsangehörigkeit, arbeitete während des Zweiten Weltkriegs beim Foreign Office und der BBC, ab 1941 bei einer amerikanischen Radiostation in London („American Broadcasting Station in Europe"). Ihre dortige Beratertätigkeit in Jugendfragen übertrug sie ins Nachkriegsdeutschland als „Adviser" für Jugendfragen im amerikanischen Hauptquartier. Sie brachte 1946 eine Ausstellung von Kinderzeichnungen und Jugendbüchern im Trümmerdeutschland zustande, gründete 1948 die Internationale Jugendbibliothek in München und wurde deren Direktorin (1948–1957). 1952 bewirkte L.s Initiative die Gründung des Internationalen Kuratoriums, zu dessen erster Präsidentin sie gewählt wurde. 1956 erhielt sie in Stockholm die Hans Christian Andersen-Medaille für „international understanding through children's books" und ihre „schöpferische Arbeit auf diesem Gebiet". Sie unternahm 1956–1968 Reisen in die Entwicklungsländer und machte der UNESCO Vorschläge, das Kinder- und Jugendbuch in die Entwicklungshilfe einzubeziehen. Ihre letzten Jahre lebte sie in Zürich, weiterhin publizistisch und organisatorisch tätig. Drei Jahre vor ihrem Tod wurde sie von der J. W. Goethe-Universität in Frankfurt am Main für ihre Verdienste um die Jugendförderung nach dem Zweiten Weltkrieg ausgezeichnet, außerdem verlieh ihr das Land Hessen die Goethe-Medaille.

Jella Lepman (1891–1970)

Werk, Tendenzen, Wirkung. L. wirkte auf die Kinder- und Jugendliteratur als Schriftstellerin, Publizistin, Herausgeberin, vor allem aber als Organisatorin und Kulturpolitikerin ein. Schon in ihrer Stuttgarter Zeit schrieb sie ihr erstes Kinderbuch („Der verschlafene Sonntag", 1928) und ein Theaterstück für Kinder („Der singende Pfennig", 1929). Weniger ihre schöpferische Phantasie als ihre sprachliche Nachgestaltungskraft ließen sie „Die schönsten Gute Nacht-Geschichten" in vier Bänden herausgeben (zusammen mit H. SCHMITT-WAMER): „Die schönsten Gute Nacht-Geschichten",

1951; „Die Katze mit der Brille", 1959; „Der verhaftete Papagei", 1963; „Vogellinchen", 1967. Für L. hatte die glücklich ausgehende Phantasiegeschichte etwas Therapeutisch-Tröstendes. Ihr lag der Gedanke stets nahe, daß die Kinderwelt heil und gut sei und daß immer die Erwachsenen daran schuld seien, wenn Kinder leiden müssen. „Kinder sind unbestechlicher als die Erwachsenen, sie verabscheuen Unaufrichtigkeit, Intoleranz, Zwang. Ihr unverbildeter Instinkt warnt sie vor den Fallen der Großen, aber sie brauchen die besten unter ihnen als Verbündete" (vgl. „Kindheit", a. a. O.; aus der Einleitung). Sie regte den mit ihr befreundeten E. KÄSTNER (1899–1974) zu seinem Kinderbuch „Die Konferenz der Tiere" (1949) an, in dem es in Form einer Tierfabel um Krieg, Politik und den damaligen Zustand der UNO geht und die Tiere letztlich die unverträglichen Menschen zum Frieden zwingen. Die liberale Kulturpolitikerin, die an die Möglichkeit individueller Verwirklichung glaubte, war von dem Good-will-Denken, dem One-World-Idealismus und den humanen Aktivitäten der Amerikaner nach dem Zweiten Weltkrieg tief beeindruckt. Sie profitierte auch von ihnen: E. ROOSEVELT, die Rockefeller Foundation, die Ford Foundation und die Middle East Foundation unterstützten ihre Pläne. So konnte sie mit Hilfe der Rockefeller Foundation und der deutschen Bundesregierung die erste Internationale Jugendbibliothek ausgerechnet im zerstörten Deutschland einrichten (1948). Dieses Zentrum der Kinderliteratur wurde ein UNESCO-Projekt und dient dem internationalen Austausch von Erfahrungen und Informationen bei Verlegern, Bibliothekaren und anderen Spezialisten. Das „Internationale Kuratorium für das Jugendbuch" (IBBY) – eine weltweite Dachorganisation, die jedes zweite Jahr Kongresse in wechselnden Ländern der Erde veranstaltet und die Hans Christian Andersen-Medaille für das Werk eines Autors (seit 1956) und ebenso für das Werk eines Illustrators (seit 1966) verleiht – folgte 1953 als eines ihrer weiteren Werke; Sitz wurde Zürich. 1967 wurde auf Initiative L.s der „Internationale Kinderbuchtag" ins Leben gerufen. Er wird in vielen Ländern mit Lesungen, Preisverleihungen, Ausstellungen usw. begangen. Eines ihrer hauptsächlichen Ziele, gewachsen in den Jahren des Zweiten Weltkriegs und den anschließenden Hungerjahren, war, internationale Verständigung zu erreichen, und dabei bei den Kindern zu beginnen, ja die Kinder- und Jugendliteratur als Medium zu benutzen. In ihrem autobiografischen Buch „Die Kinderbuchbrücke" (1964), zu dem C. ZUCKMAYER das Vorwort schrieb, schildert L. ihre kulturpolitisch-jugendliterarischen Initiativen zur Völkerverständigung und ihre international wirksamen Erfolge nach dem Zweiten Weltkrieg.

→Gute-Nacht-Geschichte, →Internationale Jugendbibliothek, →Internationales Kuratorium für das Jugendbuch

Werke: Der verschlafene Sonntag (1928); Der singende Pfennig (1929); Wer ist Lux? Eine Detektivgeschichte für die Jugend (1950); Die Kinderbuchbrücke (1964).

Hrsg.: Die Kinder vom Kuckuckshof (1941); Die schönsten Gute Nacht-Geschichten (1951); Die Katze mit der Brille (Die schönsten Gute Nacht-Geschichten. Bd. 2. 1959); I. Penn: Augenblicke (1960); Kindheit. Kindergestalten der Weltliteratur (1961); Der verhaftete Papagei (Die schönsten Gute Nacht-Geschichten. Bd. 3, 1963); M. C. Lewis: Matilda, die seltsame Kinderfrau (1966); Vogellinchen (Die schönsten Gute Nacht-Geschichten. Bd. 4. 1967); Kinder sehen unsere Welt (1971).
Beiträge: Utopia or Reality? International Understanding through Children's books (in: 20 years of International Board on Books for Young People. 1973. 186–192).

Sekundärliteratur: Institut für Jugendbuchforschung Frankfurt (Hrsg.): Dank an Jella Lepman (1969).

Klaus Doderer

Leporello

L. ist die Bezeichnung für ein Bilderbuch, das auf Grund harmonikaartiger Falzung auseinandergezogen und wieder im Zick-Zack zusammengefaltet werden kann. Der Name ist übernommen von Don Juans Diener Leporello in MOZARTS „Don Giovanni". Dieser Diener bewahrt in einem Album in Kleinformat die Liste der Namen der Geliebten seines Herrn auf. Angeblich haben die Hersteller von L.s das Faltsystem von japanischen Faltbüchern übernommen (vgl. H. KÜNNEMANN, Profile zeitgenössischer Bilderbuchmacher, 1972, S. 91), wobei es sowohl horizontales als auch vertikales Aufklappen gibt. Das L. kann auseinandergezogen und aufgestellt werden. Insofern ist es halb Bilderbuch, halb Spielzeug. Die L.s werden zumeist aus steifem Karton, heute vielfach aus abwaschbarem, unzerreißbarem Material hergestellt.

Klaus Doderer

Leprince de Beaumont, Jeanne-Marie

*Französische Erzieherin, Schriftstellerin und Jugendschriftstellerin; *26.4.1711 Rouen, †1780 Chavanod bei Annecy.*

L. (auch: Le Prince), Schwester des bekannten Malers JEAN LEPRINCE, eines Schülers von BOUCHER, begab sich 1746 nach der auf ihre Veranlassung betriebenen Scheidung ihrer Ehe mit einem Herrn DE BEAUMONT nach England, wo sie sich mit ihrer Tätigkeit als Erzieherin und Schriftstellerin eine selbständige Erwerbsquelle schuf. Als Ergebnis ihrer Erziehertätigkeit veröffentlichte sie 1756 in London das „Magasin des enfants", das schnell in zahlreichen Übersetzungen und Auflagen verbreitet wurde und als ihr bedeutendstes Werk sich noch heute mit ihrem Namen verbindet. In den folgenden Jahren verfaßte sie zahlreiche weitere Jugendschriften von ausgeprägt moralisch-erzieherischer Tendenz, darüber hinaus Romane sowie Schriften mit historischer, moralischer und religiöser Thematik, zum Teil in Briefform. Nachdem sie in England wieder geheiratet hatte, kehrte sie 1762 mit ihrem Mann und sechs Kindern nach Frankreich zurück und lebte seit

1768 auf ihrem neuerworbenen Gut Chavanod in Savoyen. Hier war sie weiter schriftstellerisch tätig und hinterließ bei ihrem Tode ein Oeuvre von rund 70 Büchern, von denen besonders die jugendliterarischen und pädagogischen Werke sie weit über die Grenzen Frankreichs hinaus bekannt machten.

Werk, Tendenzen, Wirkung. Als Hauptwerk L.s ist das „Magasin des enfants" (ursprüngliche Schreibung: „enfans") anzusehen, das erstmals 1756 in London erschien. (Das meist angegebene Erscheinungsjahr 1757 stimmt mit Katalogangaben des Britischen Museums und des National Union Catalog, pre-1956 imprints. London. Chicago 1968ff., die beide Exemplare von 1756 nachweisen, nicht überein.) Das vierteilige Werk besteht aus Gesprächen zwischen einer Erzieherin und sieben Mädchen im Alter zwischen fünf und dreizehn Jahren, die dem Adel und dem gehobenen Bürgertum angehören. Durchgehendes Thema ist das Prinzip einer vernunftgemäßen und zu tugendhaftem Verhalten anspornenden Erziehung. Vorbild war das 1749 in London erschienene Buch von S. FIEDLING „The Governess; or little Female Academy", in dem eine Erzieherin

Der Frau
Maria le Prince de Beaumont
lehrreiches
Magazin
für Kinder
zu richtiger Bildung
ihres
Verstandes und Herzens
für die deutsche Jugend eingerichtet
und mit den nöthigsten Kupfern versehen
von
Johann Joachim Schwaben.

Fünfte und verbesserte Auflage.

Mit allergnädigster Freyheit.

Leipzig,
bey M. G. Weidmanns Erben und Reich, 1767

Titelseite zu Maria Leprince de Beaumonts (1711–1780) „Lehrreiches Magazin für Kinder", hier in der von Johann Joachim Schwalbe für die deutsche Jugend eingerichteten deutschen Ausgabe (5. und 6. Auflage, 1767).

an neun Tagen ihre neun weiblichen Zöglinge durch Gespräche und Erzählungen unterrichtet und moralisch erzieht. Ähnlich wechseln in L.s „Magasin des enfants" Gespräche mit Erzählungen, die zugleich unterhalten, unterrichten und erziehen sollen. Die Themen und Gegenstände sind Stücke aus der Bibel, Märchen, historische und geographische Schilderungen. Berühmt geworden ist das hier erstmals gedruckte Märchen „La Belle et la Bête", das 1946 von J. COCTEAU verfilmt wurde und noch heute auf dem Kinderbuchmarkt anzutreffen ist.

Ihren Erfolg verdankt L. hauptsächlich ihrer Methode, die auf das bis dahin übliche Abfragen von Gedächtnisleistungen verzichtet und statt dessen das Prinzip lustbetonten, der Fassungskraft des Kindes angemessenen Lernens vertritt, was sie durch die sokratische Lehrweise zu erreichen sucht. Dem Kind wird dabei die Rolle eines Gesprächspartners zugewiesen, wodurch sein (wenn auch gesteuertes) Denken in Anspruch genommen wird. Das lesende Kind, das in dem literarischen Modell Identifikationsfiguren vorfindet, kann so aktiv am Erkenntnisprozeß und an der Formung seiner Einstellung in Richtung auf tugendhaftes Handeln teilnehmen.

Ebenso fortschrittlich, besonders im Hinblick auf die damalige Mädchenbildung, war das von L. im „Magasin des enfants" vertretene Erziehungsziel, das auf die Kräfte des Verstandes und der Vernunft baut und konsequent eine aufklärerische, (in Standesgrenzen verhaftete) emanzipatorische Position vertritt. In der Vorrede der deutschen Übersetzung von J. J. SCHWABE (zitiert nach der 6. Aufl. 1772) heißt es: „... Sie wollten doch gern nur Maschinen aus ihnen machen. ... Ja, meine Herren Tyrannen, ich bin Willens, sie aus der groben Unwissenheit zu ziehen, wozu sie dieselben verdammt haben. Gewiß, ich bin Willens, Vernunftlehrerinnen, Erdmesserinnen und sogar Philosophinnen aus ihnen zu machen. Ich will sie denken, richtig denken lehren, damit sie zu einem guten und vernünftigen Leben gelangen."

Sind die Adressaten im „Magasin des enfants" Mädchen, so richtet sich „Le mentor moderne, ou instructions pour les garçons ..." (1772) an die männliche Jugend des gehobenen Bürgertums und Adels und ihre Erzieher. Dem zwölfteiligen Werk liegt eine Erziehungssituation zugrunde, in der sieben Knaben von einem Hofmeister und einem ihm zur Seite stehenden Lehrmeister unterrichtet werden. Form und Intention gleichen denen des „Magasin"; inhaltlich kommt der Aspekt der Knabenerziehung durch die Wahl der Themen zum Ausdruck, die hauptsächlich in Geographie, antiker Geschichte und Mythologie bestehen.

Der Vermittlung der als Bildungsstoff im 18. Jahrhundert beliebten griechisch-römischen Geschichte des Altertums hatte L. ein bereits 1753 erschienenes Werk „Education complète, ou, Abrégé de l'histoire universelle" gewidmet. Zwei weitere Schriften wenden sich an die heranwachsende weibliche Jugend und geben Verhaltensanweisungen für den Eintritt in die Welt bzw. für die Eheschließung („Magasin des adolescentes",

1760; „Instructions pour les jeunes dames qui entrent dans le monde et se marient", 1764). Unter weiteren thematisch verwandten Schriften ist noch zu erwähnen „Le magasin des pauvres, artisans, domestiques, et gens de la campagne" (1768), dessen Zielgruppe (nach dem Titel der deutschen Übersetzung) „Arme, Handwerksleute, Gesinde und Leute auf dem Lande" sind.

Bei einer Würdigung des jugendliterarischen Schaffens von L. muß man davon ausgehen, daß sie dem Geist ihres rationalistischen Jahrhunderts verhaftet war, das in vernunftbegründetem Tugendhandeln den Schlüssel zu menschlichem Glück sah. Positiv ist zu bewerten, daß L. ihre Zöglinge und Leser an den zweifellos bedeutenden Errungenschaften des Geistes der Aufklärung, jedoch innerhalb der durch Geburt und Stand vorgegebenen Grenzen, teilhaben lassen wollte.

Zwangsläufig mußten bei der Überbetonung der Ratio die Kräfte der Phantasie und des Gefühls zu kurz kommen, was sich auf literarischer Ebene etwa in einer Verkennung des poetischen Charakters des Märchens äußert. P. Hazard hat dies – neben dem Überhandnehmen des Anteils der Pädagogik in L.s Jugendschriften – mit Ironie kritisiert, gesteht ihr aber Nachsicht, ja Bewunderung zu für ihr die Zeit überdauerndes Märchen „La Belle et la Bête", in das vielleicht mehr Poesie und Menschlichkeit eingegangen sind, als die Verfasserin beabsichtigte.

→ Frankreich

Werke: Éducation complète; ou, Abrégé de l'histoire universelle, mêlée de geographie, de chronologie à l'usage de la famille royale de S.A.R. la Princesse de Galles par Mme. le Prince de Beaumont (Bd. 1–3. 1753; dt. Auszug aus der alten Geschichte, zur Unterweisung der Kinder. Nach dem Französischen der Frau le Prince de Beaumont. Mit einer Vorrede von Johann Adolf Schlegel, fortgesetzt von Georg Heinrich Martini. Bd. 1–5. 1766–1781); Magasin des enfans, ou Dialogues entre une sage gouvernante et plusieurs de ses élèves de la premiére distinction, dans lesquels on fait penser, parler, agir les jeunes gens suivant le génie, le tempérament, et les inclinations d'un chacun (Bd. 1–4. 1756; dt. Der Frau Maria Le Prince de Beaumont Lehren der Tugend und Weisheit für die Jugend. Aus dem Französischen übersetzt. Mit einer Vorrede des Herrn Consistorialrath Rambachs. T. 1–4. 1758; und: Der Frau Maria le Prince de Beaumont lehrreiches Magazin für Kinder. Für die deutsche Jugend eingerichtet von Johann Joachim Schwabe. Tl. 1–4. 1758); Magasin des adolescentes, ou Dialogues entre une sage gouvernante et ses éléves de la première distinction. Pour servir de suite au Magasin des enfants (Bd. 1–4. 1760; dt. Der Frau Maria le Prince de Beaumont lehrreiches Magazin für junge Leute, besonders junge Frauenzimmer. Übers. von Johann Joachim Schwabe. Tl. 1–4. 1760); Instructions pour les jeunes dames qui entrent dans le monde et se marient (Bd. 1–4. 1764; später u.d.T.: Magasin des jeunes Dames, Bd. 1–6. 1811; dt. Nöthige Unterweisung für junges Frauenzimmer, welches in die Welt tritt. Übers. von Johann Joachim Schwabe. Bd. 1–4. 1764); Le magasin des pauvres, artisans, domestiques, et gens de la campagne, par Madame Le Prince de Beaumont (Bd. 1–2. 1768; dt. Der Frau Maria le Prince de Beaumont lehrreiches Magazin für Arme, Handwerksleute, Gesinde und Leute auf dem Lande. Nach deutscher Art eingerichtet von Johann Joachim Schwabe. Tl. 1–2. 1768); Le mentor moderne, ou Instructions pour les garçons et pour ceux qui les élèvent, par Madame Le Prince de Beaumont (Bd. 1–2. 1772; dt. Der Frau Maria le Prince de Beaumont Neuer Mentor, oder Unterweisung für die Knaben und für diejenigen, welche sie erziehen. Nach deutscher Art eingerichtet von Johann Joachim Schwabe. Tl. 1–12. 1773–1775); Contes moraux (1773); Manuel de la jeunesse, ou Instructions familières en dialogues (Bd. 1–2. 1773); Nouveaux contes moraux (1776); La Belle et la Bête (1883; zuerst in: Magasin des enfans, 1756; dt. Die Schönheit und das Tier. Übers. von Ernst Tegethoff, in: Französische Volksmärchen, Tl. 1. 1923, 293–303; Die Schöne und das Tier. Übertr. aus d. Tschechischen. Mit zahlr. farb. Ill. von Ludek Manasek, 1969).

Sekundärliteratur: J. Cocteau: La Belle et la bête. Journal d'un film avec vingt-quatre planches hors texte en héliogravure (1946). – S. Fielding: The Governess or, Little Female Academy. A facsimile Reproduction of the first edition of 1749, with an introduction and bibliography by J. E. Grey (1968. 64–66). – L. Göhring: Die Anfänge der deutschen Jugendliteratur im 18. Jahrhundert (1904. 7–9). – P. Hazard: Kinder, Bücher und große Leute (1952. 29–33). – B. Hurrelmann: Jugendliteratur und Bürgerlichkeit (1974. 35–37). – P. Remy: Une version méconnue de La belle et la bête (in: Revue belge Philol. LV. 1957. 5–8). – M. A. Reynaud: Madame Leprince de Beaumont, vie et œuvre d'une éducatrice (1971). – E. Schmidt: Die deutsche Kinder- und Jugendliteratur von der Mitte des 18. Jahrhunderts bis zum Anfang des 19. Jahrhunderts (1974. 23–24). – J. de Trigon: Histoire de la Littérature Enfantine ([2]1950. 19–21).

Theodor Brüggemann

Lesealter

L. ist der Sammelbegriff zur Kennzeichnung einzelner alters- und entwicklungsspezifischer Lesephasen. Im Rahmen der Entwicklungspsychologie wurde in den zwanziger Jahren die Theorie von den L.n entwickelt. Sie war jahrzehntelang für die Jugendliteraturarbeit maßgebend. Heute wird sie von lernpsychologischen Überlegungen aus skeptischer betrachtet.

Zur Geschichte des Begriffs L. Nach R. Bamberger (* 1911) (Jugendlektüre, S. 390) wurde der Begriff L. schon intuitiv von J. H. Campe (1746–1818) in dem Aufbau seiner kleinen Kinderbibliothek vorweggenommen, ohne daß sich daraus schon eine Theorie entwickelt hätte. Für H. Wolgast (1860–1920) ist das L. insofern wichtig, als damit der Beginn des freien Lesens gekennzeichnet wird. In seinem Werk „Das Elend unserer Jugendliteratur" (1896) schreibt er: „Das Lesen soll erst da beginnen, wo das Kind imstande ist, uneigentliche Ausdrücke zu würdigen und abstrakte Begriffe zu erfassen. Das wird um das 12. Lebensjahr herum der Fall sein. Wer seine Kinder schon vorher der freien Lektüre überlassen will, halte sich an die Dichter und ernst zu nehmende Schriftsteller, die mit Vorsatz sich zur Jugend heruntergelassen haben" (S. 250). In der 4. und 5. Auflage 1910 muß er allerdings diesen Satz schon einschränken: „Wir können jetzt nach mehrjährigen Erfahrungen sagen, daß auch bei einer früher einsetzenden Lektüre diese Konzession nicht nötig ist. Das Verzeichnis empfehlenswerter Jugendlektüre bietet dem normal erzogenen, nicht gerade von Lesewut besessenen Kind auch im Alter von acht bis zwölf

Jahren genügend Lesestoff" (Anmerkung 2, S. 250). Für H. WOLGAST kennzeichnet der Begriff L. weitgehend undifferenziert den Entwicklungsgrad, in dem der Mensch die Lesefähigkeit und Verständnisfähigkeit für das angebotene Buch besitzt. Gerade sein Zusatz von 1910 läßt erkennen, wie stark der Beginn des L.s von der zur Verfügung stehenden Literatur abhängig ist. Ebenso wird bei ihm schon herausgestellt, daß sein L.-Begriff nur für „normal erzogene" Kinder Gültigkeit hat.

Ch. Bühlers L.-Konzept. Steht bei H. WOLGAST das Buch in seinem ästhetischen Wert für den jungen Leser im Vordergrund, so wendet sich bei psychologischen Fragen das Interesse mehr und mehr dem Kind als Leser zu. Die psychologische L.-Forschung wurde zuerst von CH. BÜHLER (1893–1974) aufgeworfen, die in ihrem Buch „Das Märchen und die Phantasie des Kindes" (1918) eine Gegenposition zu den Auffassungen der Vertreter der Kunsterziehungsbewegung bezieht. Ihre Theorie der L. faßt sie in ihrem Buch „Das Seelenleben des Jugendlichen. Versuch einer Analyse und Theorie der psychischen Pubertät" (1921) zusammen: „Im Literaturbedürfnis des Kindes glaubte ich drei Stadien zu erkennen: das Struwwelpeteralter, das Märchenalter und das Robinsonalter. Im ersten Stadium liebt das Kind kleine einfache Geschichten von Dingen, wie sie in seinem kleinen Dasein auch vorkommen, im Märchenalter läßt sich das Kind weit fort in die Wunderwelt führen, im Robinsonalter kehrt es zurück in die reale Welt" (S. 193ff.). Ein wenig später fährt sie fort: „Gefühle und Willensleben entfaltet vor allem die Pubertät. Ein großer Reichtum von Inhaltsinteressen erwacht. Ich glaube, daß dem Robinson als erstes das Heldenalter folgt" (S. 194). Später tritt nach CH. BÜHLER eine Übergangsstufe hinzu, die zum Lesen des Erwachsenen hinführt. Die zum Teil verstreut dargestellten Ergebnisse CH. BÜHLERS zur differenzierten Betrachtung von L. lassen sich folgendermaßen zusammenfassen: 1. Struwwelpeteralter (ab 4. Lebensjahr); 2. Märchenalter (4.–8. Lebensjahr); 3. Robinsonalter (9.–13. Lebensjahr); 4. Heldenalter (13.–15. Lebensjahr); 5. Übergangsalter (Mädchen ab 14., Knaben ab 15. Lebensjahr). Wenn auch das Jugendbuch als literarisches Kunstwerk in ihrem Ansatz keine Bedeutung hat, ja eine Erziehung zur ästhetischen Genußfähigkeit bezweifelt wird, steht bei ihr jedoch das Buch bzw. eine bestimmte Literaturart als bestimmend für ein L. im Mittelpunkt.

E. Lipperts L.-Konzept. Im Bericht über den 1933 in Leipzig stattgefundenen 13. Kongreß der Gesellschaft für Psychologie (Jena 1934) stellte E. LIPPERT (d. i. auch E. SCHLIEBE-LIPPERT) den Entwicklungsverlauf der literarästhetischen Erlebnisfähigkeit aus ihrer Sicht vor. Ihre Erkenntnisse faßt sie 1950 in dem Aufsatz „Der Mensch als Leser. Entwicklungsverlauf der literarästhetischen Erlebnisfähigkeit" nochmals zusammen. Im Gegensatz zu CH. BÜHLER versucht E. LIPPERT, zu einer Verbindung von ästhetischen und entwicklungspsychologischen Gesichtspunkten zu kommen mit dem Ergebnis, „daß in der literarästhetischen Entwicklung des Menschen nicht das Buch, sondern der Mensch als Leser das Primäre ist" (S. 48). Die literarästhetische Entwicklung wird von ihr als Teilgebiet der gesamtseelischen Entwicklung angesehen. Beide sind von den gleichen Grundannahmen bestimmt, die die Lebensentwicklung jedes Menschen von Lebensanfang bis Lebensende bestimmen und als Ziel eine Gegenüberstellung von Person und Welt haben. Während der erste Grundantrieb auf die Bewältigung sachlicher Gegebenheiten der Außenwelt ausgerichtet ist, entwickelt der zweite Grundantrieb über das Fremdmenschliche das Eigenmenschliche. Ausbreitung und Sammlung, Weitung und Vertiefung sind die Kriterien der beiden Grundantriebe, die auch für die literarästhetische Entwicklung des Menschen maßgebend sind. Als Hochziel der Lese(r)-Entwicklung wird – oftmals von E. LIPPERTS Kritikern mißverstanden – „das vollentwickelte ästhetische Erleben als bewußt gewordenes Gehalt-Gestalterlebnis am literarischen Kunstwerk" (S. 51) gestellt. Der Beginn liegt in den literarästhetischen Urerlebnissen der Frühphase menschlicher Individualentwicklung. Sie können schon am Ende des ersten, bestimmt aber im zweiten Lebensjahr auftreten, sind noch an eine Mittlerperson gebunden, werden lustvoll erlebt, haben „ausgesprochen lyrischen Charakter" (S. 52) und „sind auch der Wachstumsgrund für literarisch produktive Leistungen des jungen Kindes, für eigenwillige klangschöne Wortschöpfungen" (S. 52). Im Verlauf der Entwicklung bis zur Schulkindzeit nehmen die Urerlebnisse zwar ab, aber ihre Spuren finden sich noch im vorästhetischen Erleben des Kindes. Ein solches Erleben ist bei geeigneter Führung und Anregung auch in dem folgenden, etwa vom 2. bis 13. Lebensjahr reichenden „außerästhetischen" Bereich der literarästhetischen Entwicklung, durchaus möglich. Wie bei CH. BÜHLER setzt die Wende zum „literarästhetischen" Erfassen des Buches mit Beginn der Pubertät, also mit dem 14. Lebensjahr, ein. Dadurch wird im nachhinein die Angabe H. WOLGASTS, mit 12 Jahren begänne das eigentliche, zur Dichtung hinführende Lesen, unterstützt. E. LIPPERT kennt vier L.-Stufen bis zur Pubertät und zwei, die von der Pubertät zum Lesen der Erwachsenen hinführen. Ihre Stufen sind von den Erlebensmöglichkeiten am Buch, nicht aber – wie bei CH. BÜHLER – vom Buch selbst bestimmt. Sie unterscheidet: 1. Lebenseinige, gegenstandsgebundene Anfangsphase (2.–5. Lebensjahr); 2. märchenhafte Lesephase (6.–8. Lebensjahr); 3. sachbetonte Lesephase (9.–10. Lebensjahr); 4. apsychologisch-sensationsgesteuerte Lesephase (11.–13. Lebensjahr) als Stufen einer außerästhetischen Entwicklung. Während das Leseerleben in den drei ersten Stufen noch innerhalb der Geschlechter ungeschieden ist, tritt – nach E. LIPPERT – in der letzten Stufe bei den Mädchen eine Vorherrschaft des Gefühligen, bei den Jungen eine Vorherrschaft des Heldenhaften auf. Im literarästhetischen Bereich unterscheidet sie: 1. Frühstufe der psychologisch-ästhetischen Erregungsphase (14.–16. Lebensjahr); 2. Reifestufe der psychologisch-ästhetischen Erregungsphase

(17.–20. Lebensjahr). Dann folgt die psychologisch-ästhetische Beruhigungsphase der Erwachsenheit als Normalform und als Hochform. Maßgebend für die Zuordnung ist die alterstypische Erlebniseigenart des Kindes, die zum Leseerlebnis führt und deren Analyse „die Beschreibung der persongemäßen, echten, nicht von der literarischen Wertwelt gewollten, Buchwirkung enthüllt" (S. 57). „Diese Gesamtsituation ist ein kompliziertes Insgesamt von allgemeiner seelisch-geistiger Reife, literarischer Erlebnis- und Urteilsfähigkeit und augenblicklicher, oft zufallsbedingter seelisch-geistiger Verfassung des Lesers" (S. 57), so daß innerhalb einer Altersstufe die Wirkung eines Buches stark differenzieren kann.

Somit erweist sich die von E. LIPPERT aufgestellte Phasen-Theorie als ein idealtypisches Modell, von dem aus sich im Vergleich die Abweichungen eines Individuums von der „normalen" literarästhetischen Entwicklung erkennen lassen. Bestimmte Buchgattungen, wie z. B. Phantasiegeschichten und Science Fiction, finden innerhalb dieser Phasen noch keine Berücksichtigung.

L. bei A. Beinlich und H. E. Giehrl. A. BEINLICH (* 1911) setzt sich in seinem Beitrag „Über die Entwicklung der Leseneigung und das literarische Verständnis" (Handbuch des Deutschunterrichts, S. 741 ff.) mit dem Problem der L. auseinander und kommt schon zu Beginn seiner Darstellung zu der Erkenntnis: „Von einer absoluten Geltung fester ‚Lesestufen' kann nicht die Rede sein" (S. 741). Er nimmt zwar die Ergebnisse E. LIPPERTS auf und stellt sie ausführlich dar, kritisiert zugleich aber auch, daß sie „die Pflege dieser ‚naiven vital-ästhetischen Erlebnisweise' vernachlässigt" (S. 749). Nach seiner Ansicht – und er weiß sie mit einer Fülle von Einzelbeispielen zu belegen – sind ästhetische Früherlebnisse relativ häufig anzutreffen. Dabei ist sein Begriff des Ästhetischen in allen von ihm aufgezeigten Stufen fast ausschließlich auf den Bereich des „Wortschönen" ausgerichtet, ein Begriff, der bei E. LIPPERT (vgl. S. 52) dem vorästhetischen Bereich zugeordnet ist, während sich bei ihr die Kategorie des Ästhetischen ausschließlich auf das Gehalt-Gestalterlebnis an einem dichterischen Ganzen bezieht. Einer weiten Begriffsinterpretation von E. LIPPERT steht damit eine engere bei A. BEINLICH gegenüber. Er bemängelt an E. LIPPERTS Ausführungen auch, daß weder die Unterschiede von Stadt und Land noch die einer unterschiedlichen Schulbildung in ihrer L.-Phasentheorie berücksichtigt werden.

Wie schon 1923 H. QUAST (Die literarischen Neigungen im Kindes- und Jugendalter), der die Leseinteressen in Abhängigkeit von der Entwicklung des Kindes und des Jugendlichen sah, die L.-Bezeichnungen CH. BÜHLERS ablehnte und durch solche ersetzte, die den psychischen Entwicklungsstand kennzeichneten, lehnt auch A. BEINLICH eine differenzierende Benennung der einzelnen Lesephasen ab. Er bestimmt die L. nach der psychologischen Entwicklungseinteilung: 1. Frühe Kindheit (2 bis etwa 5 Jahre); 2. Mitte der Kindheit (6 bis etwa 8 Jahre); 3. reife Kindheit und Vorpubertät (9 bis 12 Jahre Mädchen, bis 13 Jahre Knaben); 4. Pubertät (13/14 bis etwa 16/17 Jahre); 5. Adoleszenz (16/17 bis 21/24 Jahre). Auf Grund von zahlreichen Einzelbeobachtungen an Kindern und Erinnerungen von Studierenden ist für A. BEINLICH jedes L. in seiner Kennzeichnung belegt. Seine Aufgliederung schließt sich mehr an die L.-Theorie CH. BÜHLERS als an die Lesephasen-Theorie E. LIPPERTS an, denn wie CH. BÜHLER unterscheidet auch er drei L. für die Zeit vor der Pubertät, zwei L. für die Zeit nach der Pubertät. Eine Aufgliederung seines dritten L.s ist nur in seiner Benennung zu beobachten.

H. E. GIEHRL greift in seinem Buch „Der junge Leser" ([2]1972) wie A. BEINLICH und K. E. MAIER (* 1920) die Phaseneinteilung an, die er auf Grund der Entwicklungsunterschiede als unhaltbar ansieht. Aus den verschieden differenzierten Entwicklungen des einzelnen Lesers, die mit von seinem individuellen Sozialisationsprozeß bestimmt sind, ergibt sich für ihn eine Verfestigung zu einem Lesertyp. Im Abschnitt „Grundzüge der literarischen Entwicklung im Kindes- und Jugendalter" (S. 94 ff.) gibt H. E. GIEHRL – wie CH. BÜHLER und A. BEINLICH – fünf Abschnitte an: 1. die Vorlesezeit, 2. die Zeit des ersten freien Lesens, 3. die Entwicklung in den folgenden Jahren der Kindheit, 4. die Differenzierung des Lesens im Jugendalter und 5. der Übergang zum erwachsenen Leser.

Die beiden Phasen der L.-Forschung. Innerhalb der L.-Forschung lassen sich deutlich zwei Phasen unterscheiden, von denen die erste in der Zeit zwischen den beiden Weltkriegen, die zweite nach 1960 anzusetzen ist: In der ersten werden die L. von Entwicklungspsychologen definiert, mit einer Ausrichtung gegen die ästhetischen Argumente von Vertretern der Kunsterziehungsbewegung. Den Psychologinnen CH. BÜHLER und E. LIPPERT wird heute der normative Anspruch ihrer Phaseneinteilung vorgeworfen.

In der zweiten Phase werden die in den zwanziger und dreißiger Jahren gewonnenen Erkenntnisse der Entwicklungspsychologie zwar in der Literaturpädagogik kritisiert, ihr Begriffsapparat aber zur Kennzeichnung der L. verwandt (A. BEINLICH, H. E. GIEHRL). Empirische Forschungen (A. BEINLICH) und Auswertungen der in der Fachliteratur bereits vorliegenden Ergebnisse über L.-Forschung (H. E. GIEHRL) dienen in dieser Phase als Grundlage.

Trotz dieser neuen Ansätze kommt K. E. MAIER (1920) in seinem Buch „Jugendschrifttum. Formen, Inhalte, pädagogische Bedeutung" zu einer abschließenden Beurteilung: „Die Lesealterslehre muß aber stets eine Theorie bleiben, weil sie notwendigerweise verallgemeinert und schematisiert. Ihre Aussagen beziehen sich auf den Durchschnitt und können der individuellen Eigenart des einzelnen nicht voll gerecht werden" (S. 213). Aber auch E. LIPPERT forderte 1950 schon „besinnliche Hilfe an den Einzelfall" (S. 58). So fehlt bis jetzt noch ein klares Konzept für die L.-Forschung, das sowohl den neueren Erkenntnissen im Bereich der Soziolinguistik als auch denen über einen veränderten

Leser in einer veränderten Umwelt gerecht werden kann.

→Buchreife, →Ch. Bühler, →Jungleserpsychologie, →Junglesersoziologie, →Leseerziehung, →Lesefertigkeit, →Leseinteresse, →Leselernmethode, →Leseverhalten, →Textverständnis, Textverständlichkeit

Sekundärliteratur: R. Bamberger: Jugendlektüre (1955, ²1965). – A. Beinlich: Über die Entwicklung der Leseneigungen und des literarischen Verständnisses (in: A. Beinlich (Hrsg.): Handbuch des Deutschunterrichts im ersten bis zehnten Schuljahr. 2. Bd. 1963. 695–749); Die Entwicklung des Lesers (in: A. Cl. Baumgärtner (Hrsg.): Lesen – Ein Handbuch. 1973. 172–210). – Ch. Bühler: Das Seelenleben des Jugendlichen. Versuch einer Analyse und Theorie der psychischen Pubertät (1921, ³1925); Das Märchen und die Phantasie des Kindes (in: Zeitschrift für angewandte Psychologie. Beiheft 17. 1918). – H. E. Giehrl: Der junge Leser. Einführung in die Grundlagen der Jungleserkunde und der literarischen Erziehung (1968). – S. Lichtenberger: Das politische Sachbuch im Erleben seiner jugendlichen Leser (in: Pädagogische Rundschau H. 11, 1962. 820–828); Das Problem der unmittelbaren Buchwirkung, aufgezeigt am Jugendbuch (in: L. Binder (Hrsg.): Erfolg und Wirkung der Lektüre. 1970. 96–130); Das Kriminalheft in seiner Wirkung auf 14jährige Schülerinnen und Schüler zweier ländlicher Mittelpunktschulen (in: Medien-Sexual-Pädagogik. H. 3. 1975. 9–14). – K. E. Maier: Jugendschrifttum. Formen. Inhalte. Pädagogische Bedeutung (⁷1973). – W. Quast: Die literarischen Neigungen im Kindes- und Jugendalter (in: Zeitschrift für angewandte Psychologie. Bd. 21. H. 3/4. 1923. 105 f.). – E. Schliebe-Lippert: Der Mensch als Leser, Entwicklungsverlauf der literarästhetischen Erlebnisfähigkeit (in: O. Koch (Hrsg.): Begegnung mit dem Buch. 1950. 47–59). – H. Wolgast: Das Elend unserer Jugendliteratur (1896, ⁷1950).

Sigrid Lichtenberger

Lesebogen

Der L. – auch unter der Bezeichnung Lesereihe, Leseheft, Lese- und Arbeitsstoffe, Sachbogen, Arbeitsbogen in Gebrauch – ist als Ergänzung oder Ersatz des Lesebuchs aufgekommen. Vor allem in den ersten beiden Jahrzehnten nach dem Zweiten Weltkrieg wurden L. häufig benutzt.

Inhalt und Umfang. Der L. enthält zumeist ein geschlossenes Ganzes: einen bestimmten literarischen Text, eine spezielle sachkundliche Darstellung oder auch mehrere Texte zu einem Thema. So bietet der L. für viele Bereiche des Unterrichts Lesestoff an: Schöne Literatur in Prosa und Poesie, Lebensbilder von Persönlichkeiten, Berichte und Beschreibungen aus Natur und Technik, Kunst und Wissenschaft, Handwerk und Gewerbe, Handel und Wirtschaft, Heimat und Welt, Geschichte und Gegenwart, Politik und Gesellschaft, Kultur und Religion. Da der L. im Umfang eng begrenzt ist – im allgemeinen nicht mehr als 32 Seiten –, ist er für den jungen Leser leicht zu überblicken. Die Texte sind dem sprachlichen Entwicklungsstand angepaßt. Der L. eignet sich sowohl für das Lesen im Klassenverband als auch für Gruppen- und Einzelarbeit. Wegen seines geringen Umfangs kann er für aktuelle Anlässe bald hergestellt werden.

Einzelne L. Mehrere Verlage haben eine reichhaltige Produktion vorgelegt: 1955 erschien im Verlag J. Beltz „Beltz' Lesebogen", der gesammelt „Beltz' Bogenlesebuch" ergab. Der Bayerische Schulbuch-Verlag brachte einen L. für Berufsschulen mit der Thematik Lebenskunde heraus. Im Verlag Moritz Diesterweg erschienen die „Lesehefte", die Verlage Ellermann/Schroedel edierten „Den bunten Drachen", Lesereihen für das 1. und 2. Schuljahr. Im Finkenverlag kamen von 1950 bis 1966 die „Schülerbogen", auch „Finken-Bogen" genannt, eine Sammlung von Einzelheften, heraus. Die Lesereihe bestand aus Schriften erzählenden Inhalts für den neuzeitlichen Unterricht für die einzelnen Altersstufen. In der Sachbogenreihe finden sich Werkhefte zur Gruppen- und Einzelarbeit. Erinnert sei auch an die 48 Seiten starken „Sachhefte für die Grundschule" (Hirschgraben-Verlag) und die „Lese- und Arbeitsstoffe" (Ernst Klett-Verlag). Der Verlag Sebastian Lux, der inzwischen erloschen ist, gab den ehemals weit verbreiteten „Lux-Lesebogen", die „Kleine Bibliothek des Wissens", heraus. Die Heftchen, 32 Seiten stark und vielfach mit Abbildungen versehen, konnten in Kassetten gesammelt und nach Sachgebieten (Völker und Länder / Geschichte / Kunst und Dichtung / Physik und Technik / Sternenkunde / Erdkunde / Tiere und Pflanzen) geordnet werden. Der „Tellus-Lesebogen" (Tellus-Verlag) war von 1948 bis 1968 mit über 60 Millionen Exemplaren in den Schulen aller Bundesländer verbreitet. Er lieferte jeden Monat ein neues Heft. Neben dem literarischen Teil waren aktuelle Lesestoffe zu den Sachgebieten: Deutsch, Geschichte, Erdkunde, Naturkunde, Verkehrserziehung in einer abgeschlossenen Schulzeitung wiedergegeben. Auf Grund schulorganisatorischer und curricularer Veränderungen schwand das Interesse der Leserschaft, und der Tellus-Bogen (ausgenommen Sachbogen) mußte sein Erscheinen einstellen. Neuerdings erscheinen in der Burgbücherei Wilhelm Schneider drei „Sexualkundliche Lesebogen" unter dem Titel „Schritte ins Leben" für Kinder im Grundschulalter.

Funktion und Einordnung der L. Die kritische Neuorientierung der Bildungsinhalte und neuere didaktisch-methodische Überlegungen brachten auch eine Wandlung in den Formen der Arbeitsmittel mit sich, so daß die L. weitgehend verdrängt wurden. Sie hatten ihren ideellen Ursprung in dem Bestreben von Schulmännern und – zum Teil in Personalunion – Verlegern, an die Gedanken der Reformpädagogik vor dem Ersten Weltkrieg und der Weimarer Republik anzuknüpfen, L. als „Ganzschriften" anzusehen, als Arbeitsmittel, die im Gesamtunterricht die Lehrinhalte vertiefen, in einen größeren Zusammenhang stellen und damit dem Schüler „ganzheitliche" Einblicke in literarisierter Form gewähren.

→Ganzschrift, →Lesebuch

Velten Merz

Lesebuch

L. ist die Bezeichnung für ein zumeist in Schulen gebrauchtes, anthologisch zusammengestelltes Buch, das dem Lesetraining, der Einübung in Literatur und der literarischen Unterhaltung dient. Der Ausdruck L. wird vielfach – auch im folgenden – synonym für Schullesebuch gebraucht.

Begriffsbestimmung und Funktionsbeschreibung. Der Begriff L. ist eigentlich eine veraltete Bildung. Eine Bezeichnung wie „Textbuch" oder „Literaturbuch" wäre sinnvoller, weil damit die heutige Aufgabe dieses Mediums, Materialien für die Arbeit mit Texten im Unterricht bereitzustellen, deutlicher formuliert würde. Eine solche Aufgabenstellung ist aber das Ergebnis einer langen Entwicklung, während L.er schon lange vorher da waren. Vor allem Werke für den elementaren Leseunterricht, wie z. B. CHR. FISCHERS „Leßbüchlein für die angehenden Schulknaben" (1637) tragen bereits im 17. Jahrhundert diese Bezeichnung. Als später Bücher entstehen, die zwar auch Texte anbieten, die elementare Lesefähigkeit aber bereits voraussetzen und andere didaktische Ziele verfolgen, wird die alte Bezeichnung auf sie übertragen, während sich für die Leselernbücher der Terminus „Fibel" durchsetzt.

Das L. steht in Konkurrenz mit sogenannten „Ganzschriften", mit Schulausgaben von Kinder- und Jugendbüchern, mit Leseheften und -bögen, die speziell für den Schulgebrauch herausgegeben werden, mit Taschenbüchern und mit Textsammlungen verschiedenster Art, die das Literaturangebot des L.s ergänzen, in der Sicht mancher Literaturdidaktiker sogar ersetzen sollen. Trotzdem ist das L. nach wie vor das Medium des Literaturunterrichts. Sieht man vom ersten Schuljahr mit seinen besonderen Problemen ab, so ist das L. während der gesamten Schulzeit neben dem Mathematikbuch wohl das am meisten benutzte Unterrichtsmittel überhaupt. Daß ein derart zentrales Schulbuch für den Bildungs- und Sozialisationsprozeß der Schüler von eminenter Bedeutung ist, liegt auf der Hand, zumal das L. wie kaum ein anderes Unterrichtsmittel Werturteile, Überzeugungen, damit im weitesten Sinne Ideologien vermittelt. Diese Besonderheit des L.s ist der Grund dafür, weshalb die Auseinandersetzung um dieses Medium häufig mit besonderer Heftigkeit geführt wird.

Zur Geschichte des L.s. Man kann mit H. HELMERS (Geschichte des deutschen Lesebuchs) sechs Typen von L.ern unterscheiden: 1. das Leselern- und Leselehrbuch, 2. die Sammlung musterhafter Texte für eigene Gestaltungen (Chrestomathien), 3. das „Sachbuch", 4. das „Moralbuch", 5. das Gesinnungs-L., 6. das literarische L. oder literarische Arbeitsbuch.

Die Leselern- und Leselehrbücher oder Fibeln, die eine Vorform des Volksschul-L.s darstellten, sehen ihre Aufgabe außer in der Vermittlung der Lesetechnik vor allem in der religiösen Erziehung der Kinder und enthalten dementsprechend fast ausschließlich Texte aus Bibel, Katechismus und Gesangbuch. Dieser Kanon bildet bis ins 19. Jahrhundert hinein einen wesentlichen Bestandteil des L.s für die Volksschule.

Im Bereich der höheren Schule muß der Deutschunterricht sich seinen Platz im schulischen Fächerkanon in langen, noch im 19. Jahrhundert andauernden Auseinandersetzungen mit den alten Sprachen erobern, in deren Verlauf die Behandlung deutscher Literatur im Unterricht zunächst in Anlehnung an die Tradition des Lateinunterrichts mit seinem oratorischen Ideal mündlicher und schriftlicher „eloquentia" erfolgt. Unter dieser Voraussetzung können naturgemäß nur L.er zustande kommen, deren Aufgabe darin besteht, mustergültige Vorbilder für den eigenen Gebrauch der Sprache zu präsentieren, wobei nur das Paradigma ausgetauscht wird: An die Stelle der lateinischen treten deutsche „exempla". Die auf diese Weise entstehenden „Chrestomathien" – ein typisches Beispiel sind J. H. L. MEIEROTTOS „Abschnitte aus deutschen und verdeutschten Schriftstellern zu einer Anleitung der Wohlredenheit" (1794) – sind von ihrer didaktischen Intention her eher dem Sprachbuch (mündliche Sprachübung, Aufsatzunterricht) zuzurechnen, von ihrem Textangebot her gehören sie aber zweifellos zur Gattung L.

Das viel weniger literarisch geprägte frühe L. der Volksschule ist ein Produkt der Aufklärung. Im Zuge der Lösung von der kirchlichen Bevormundung macht sich im Bürgertum des 18. Jahrhunderts ein starkes Interesse an Informationen und eine tiefe Skepsis gegenüber religiös begründeten Forderungen bemerkbar. Das Ergebnis sind im Bereich des Schulbuchs die als Sachbücher angelegten L.er und die Moralbücher, in denen eine säkulare Moral an die Stelle der theologischen Ethik tritt.

Beispielhaft für das realistische Volksschul-L. des 18. Jahrhunderts ist G. FR. SEILERS „Allgemeines Lesebuch für den Bauer und Landmann" (um 1790), das mehr als 20 Auflagen erreichte. Ein Vorläufer ist J. A. COMENIUS' berühmter „Orbis Pictus" von 1658. Aber auch das Gymnasium erhält im 18. Jahrhundert mit J. G. SULZERS „Vorübungen zur Erweckung der Aufmerksamkeit und des Nachdenkens" (1768) ein weitverbreitetes L., das in erster Linie ein Sachbuch ist. Der für den Lehrer bestimmte vierte Teil (eine Vorform der heute üblichen „Lehrerhandbücher") zeigt allerdings, daß J. G. SULZER neben der Vermittlung von Wissen auch andere Ziele verfolgt, so etwa die Kunst, „den wahren Ton der Rede für jeden Inhalt" zu treffen – hier wird deutlich, daß J. G. SULZER noch in der Tradition der rhetorischen Bildung steht und sein Buch auch als Chrestomathie verstanden wissen will.

Für die Volksschule war E. v. ROCHOWS „Kinderfreund" (erster Teil 1776, zweiter Teil 1779) schon wegen seiner weiten Verbreitung von besonderer Bedeutung. Der preußische Gutsherr VON ROCHOW, als „Aufklärer" pädagogisch motiviert und überzeugt, daß die Menschen vernünftigen Lehren zugänglich seien, hatte bei der Zusammenstellung seines L.s, dessen Texte er fast ausschließlich selber schrieb, die Alphabetisierung der Landjugend und zugleich ihre sittliche Erziehung vor Augen. Angesichts der Verelendung der Landbevölkerung am Ende des 18. Jahrhunderts hat von Rochows L. Hilfe zur individuellen Selbsthilfe geleistet, wenn es auch nicht das Produkt eines progressiven Bewußtseins ist, vielmehr mit seinen ständigen Mahnungen zu Fleiß, Treue, Gehorsam usw. im Dienst der herrschenden politischen und sozialen Ordnung und ihrer Stabilisierung steht.

Im 19. Jahrhundert erscheinen neben zahlreichen und oft sehr verflachten Nachfolgern der aufklärerischen Sachbücher und Moralbücher zum ersten Mal L.er für den Deutschunterricht, deren Zweck es ist, die Schüler auf der Grundlage einer intensiven Lektüre zur Analyse von poetischen Texten zu befähigen und die man von daher als „literarische Lesebücher" oder auch „literarische Arbeitsbücher" bezeichnen kann. Kennzeichnend für diese Bücher ist die Bevorzugung ranghoher Literatur, wie sie etwa in R. H. Hieckes „Handbuch deutscher Prosa für obere Gymnasialclassen" (1835), das neben „ästhetischer" Literatur auch bedeutende wissenschaftliche Texte enthält, zusammengestellt ist. Gegenüber der primär an der Literatur selber orientierten Auswahl R. H. Hieckes ist bei Ph. Wackernagels „Deutschem Lesebuch" (1843) ein stärker pädagogisch geleitetes Interesse, aber auch eine „entschieden christliche und eine ebenso entschieden nationale Richtung" spürbar. Mit seiner betont nationalen Tendenz eröffnet Ph. Wackernagels L. freilich eine unheilvolle Tradition: Bei allem Respekt vor seinem an der Romantik geschultem Verständnis von Dichtung ist nicht zu übersehen, daß er dem „Gesinnungslesebuch" zum Durchbruch verholfen hat.

Das Gesinnungs-L., das je nach der politischen Konstellation mehr eine nationalistische oder eine bürgerlich-moralische Richtung aufweist, ist dem moralischen L. der Aufklärung verwandt. Während dieses allerdings den Weg einer direkten Beeinflussung durch die explizite Formulierung von Handlungsanweisungen wählt, versucht das Gesinnungs-L., sich des Lesers auf indirekte Weise zu bemächtigen, indem es ihn der suggestiven Wirkung tendenziöser Texte aussetzt.

Die Reichsgründung von 1871 kam naturgemäß besonders dem L. nationalistischer Prägung entgegen. Seinen Siegeszug konnten weder die Kunsterziehungsbewegung, die gegen die darin enthaltene „Tendenzliteratur" leidenschaftlichen Protest einlegte, noch die anderen Strömungen der um 1900 einsetzenden Reformpädagogik aufhalten. Durch die Deutschkundebewegung, die nach der Niederlage von 1918 entstand, wurde diese Richtung im Gegenteil bestärkt und bestätigt, so daß am Ende der Weimarer Zeit L.er zur Verfügung standen, an denen die Nationalsozialisten nur wenig zu ändern brauchten, um sie als Instrumente zur Indoktrination der Schüler verwenden zu können.

Zur Entwicklung nach 1945. Vom Gesinnungs-L. der Weimarer Zeit führt ein direkter Weg zum L. der Nachkriegsjahre. Gereinigt von den rassistischen Zusätzen, die die nationalsozialistischen Bearbeiter eingebracht hatten, erscheint dieser L.-Typ nach 1945 in fast völlig unveränderter Form. So sind etwa L.er wie E. Benders „Deutsches Lesebuch für höhere Schulen" oder „Lebensgut, ein deutsches Lesebuch für höhere Schulen", die nach 1945 verbreitet und geschätzt waren, bearbeitete Neuauflagen, die nicht nur den seit den zwanziger Jahren „bewährten" Titel beibehalten haben.

Dieses skandalöse Fortbestehen der Gesinnungs-L.er aus der Zeit vor 1933 nach dem Zweiten Weltkrieg wurde der Literaturdidaktik nicht als Problem bewußt, weil nach 1945 vielfach zunächst dieselben Autoren wie vor 1933 die Theorie des Literaturunterrichts formulierten. Deshalb reagierte die Literaturdidaktik lange Zeit hindurch auch nicht auf die vehementen Angriffe des französischen Germanisten R. Minder (1953) und des deutschen W. Killy (1957), die dem deutschen L. eine verkitschte Darstellung der Welt und eine angesichts der großen Tradition der deutschen Literatur beschämende Bevorzugung minderwertiger überkommener Gesinnungstexte vorwarfen. Im Laufe der fünfziger und in den sechziger Jahren wurde diese Kritik durch eine auch soziologisch und politisch fundierte Argumentation unterstützt. Mit den „Versäumten Lektionen" von P. Glotz und W. Langenbucher (1965) entstand dann ein vor allem die aufklärerisch-kritische Tradition der deutschen Literatur berücksichtigendes neues L.-Modell.

Die Wirkung dieses außergewöhnlichen Werkes blieb allerdings gering, weil die Literaturdidaktik in den Jahren 1955–1965 in enger Anlehnung an die herrschende Literaturwissenschaft eine neue Theorie des literarischen Unterrichts erarbeitet hatte, von der her sie den Typ des literarischen Arbeitsbuches entwickelte, der sich im Laufe der zweiten Hälfte der sechziger Jahre weitgehend durchsetzen konnte („Lesebuch 65", „schwarz auf weiß", „Lesebuch"). Ohne an die von Hiecke formulierten Vorstellungen anzuknüpfen, basieren die literarischen Arbeitsbücher, hinter denen Literaturdidaktiker wie J. Bauer, Kl. Gerth, H. Helmers u. a. stehen, auf einer vergleichbaren Konzeption. In einem möglichst systematisch aufgebauten Lehrgang soll in die Struktur der Literatur eingeführt werden. An die Stelle der Gliederung des Gesinnungs-L.s nach thematischen Gesichtspunkten tritt deshalb eine Gliederung nach den poetologischen Kategorien Epik, Lyrik und Dramatik und den entsprechenden Darstellungsarten. Bei der Auswahl der Texte wird nach dem Grundsatz verfahren, das Beste sei für die Kinder gerade gut genug, wobei die Frage, was dieses „Beste" sei, unkritisch im Sinne der herrschenden Literaturwissenschaft entschieden wird. Trivialliteratur und weitgehend auch Sachtexte bleiben ausgeklammert. Der Gegenstandsbereich des L.s wird im wesentlichen auf ranghohe Dichtung reduziert.

Gegenwärtige Probleme. Die gegenwärtige Situation des L.s ist gekennzeichnet durch das Fortbestehen des Gesinnungs-L.s, das allerdings deutlich im Rückgang begriffen ist, durch die breite Anerkennung, die sich das literarische Arbeitsbuch verschafft hat und durch die

Entwicklung neuer Lesewerke, die man am zutreffendsten als „gesellschaftsbezogene Textbücher" bezeichnen kann. Schon um 1970 stellt sich heraus, daß die Entwicklung des L.s mit dem literarischen Arbeitsbuch keineswegs abgeschlossen ist, versteht sich doch das 1971 von J. KREFT und G. OTT herausgegebene „Arbeitsbuch Literatur" trotz seines ähnlichen Titels ausdrücklich als Gegenentwurf, dem es u.a. darum geht, das bisher vernachlässigte Beziehungsgefüge Autor–Text–Leser zum Gegenstand der Reflexion zu machen, vor allem aber, den „emanzipatorischen" Gehalt der Literatur nicht in Strukturanalysen verschwinden zu lassen, sondern in seiner Bedeutung für das politische und gesellschaftliche Handeln offenzulegen.

Dieses Programm gilt auch für die gesellschaftsbezogenen Textbücher, etwa „drucksachen" (1974), „Kritisches Lesen" (seit 1974), die nicht, wie das literarische Arbeitsbuch, vom Gegenstand, d.h. von der Literatur, sondern von pädagogisch-didaktischen Intentionen her konzipiert sind und für die im Hinblick auf ihre Textauswahl ein sehr weiter Literaturbegriff kennzeichnend ist. Der Gegensatz zwischen ihnen und den literarischen Arbeitsbüchern beruht aber vor allem auf einem unterschiedlichen Verständnis von Wissenschaft und Unterricht. Auf der einen Seite wird – vor allem von HELMERS und seinen Schülern – geltend gemacht, daß nur eine Orientierung an der zuständigen Fachwissenschaft, d.h. der Literaturwissenschaft, den Unterricht vor Dilettantismus und das L. vor sachfremden Zielsetzungen bewahren könne. Auf der Seite der gesellschaftsbezogenen Textbücher handelt es sich um den Versuch, Texte in einen pädagogischen Prozeß einzubeziehen, in dem die Befähigung der Schüler zur Kommunikation und zu selbständigem gesellschaftlichem Handeln angestrebt wird. Dementsprechend leitet das L. dieses Typs seine Zielsetzung aus politischen und gesellschaftlichen Entscheidungen her und ist mehr an den in den Texten enthaltenen Problemen als an literarischen Strukturen interessiert.

Eine der wichtigsten Fragen der künftigen L.-Diskussion dürfte die sein, ob es eine Möglichkeit gibt, die beiden scheinbar unvereinbaren Konzeptionen auf eine sinnvolle Weise miteinander zu verknüpfen. Einen Versuch in diese Richtung unternehmen die 1974 erschienenen „Lesarten", deren einzelne Bände jeweils in ein Arbeits- und ein Textbuch unterteilt sind: Im „Arbeitsbuch" wird ein literarischer Elementarkurs angeboten, der dem Konzept des literarischen Arbeitsbuches nahesteht, es allerdings erheblich erweitert, und im parallelen „Textbuch" werden Texte unter gesellschaftlich relevanten Gesichtspunkten zusammengestellt, wodurch die Möglichkeit eröffnet werden soll, die Schüler im Sinne der gesellschaftsbezogenen Textbücher in die kritische Analyse und die praktische Bewältigung der heutigen gesellschaftlichen und politischen Wirklichkeit einzuüben.

Nachdem bis zur Epoche des L.s als literarischem Arbeitsbuch in den sechziger Jahren Texte der zeitgenössischen Kinder- und Jugendliteratur nur gelegentlich Aufnahme in L.er gefunden hatten, erfolgte – vor allem in den Jahrgangsbänden für die Grundstufe und das 5. und 6. Schuljahr – Ende der sechziger Jahre eine breite Stoffübernahme aus Kinder- und Jugendbüchern, die in der von A. KRÜGER herausgegebenen Reihe „Texte für den Deutschunterricht" (1965) ein Vorbild hatte, mit dem ab 1968 erschienenen Lesewerk „Auswahl" massiv fortgesetzt wurde und seitdem unvermindert anhält. Im Zusammenhang damit muß gesehen werden, daß sich die Literaturdidaktik in jüngster Zeit mehr als früher der Beobachtung der Jugendlektüre angenommen hat und Kinder- und Jugendliteraturtheoretiker wie P. ALEY, A. CL. BAUMGÄRTNER, M. DAHRENDORF, KL. DODERER, H. KÜNNEMANN an der Herausgabe neuer L.er beteiligt sind.

→ Fibel, → Ganzschrift, → Häppchenliteratur, → Lesebogen, → Schullektüre

Sekundärliteratur: H. L. Arnold: Das Lesebuch der siebziger Jahre. Kritik und Neuentwurf (1973). – J. Bauer: Das literaturpädagogische Lesebuch (in: Westermanns Pädagogische Beiträge. 21. 1969. 256–264). – P. Braun (Hrsg.): Neue Lesebücher. Analyse und Kritik (1972). – F. Bünger: Entwicklungsgeschichte des Volksschullesebuches (1898, NA. 1972). – R. Frommholz: Lesebuchkritik. Forschungsbericht (in: D. Boueke (Hrsg.): Deutschunterricht in der Diskussion. 1974. 419–441). – P. Hasubek: Das deutsche Lesebuch in der Zeit des Nationalsozialismus (1972). – H. Helmers (Hrsg.): Die Diskussion um das deutsche Lesebuch (1969); Fortschritt des Literaturunterrichts (1974); Geschichte des deutschen Lesebuchs in Grundzügen (1970). – H. G. Herrlitz: Der Lektüre-Kanon des Deutschunterrichts im Gymnasium. Ein Beitrag zur Geschichte der muttersprachlichen Schulliteratur (1964). – H. Ide (Hrsg.): Bestandsaufnahme Deutschunterricht (1970). – H. Ivo: Abschied vom klassischen Schulfach. Zum Beispiel: Deutsch (1972; zus. mit V. Merkelbach). – W. Killy: „Zugelassen zum Gebrauch in Schulen". Kritische Anmerkungen zur Physiognomie des deutschen Lesebuches (in: Neue deutsche Hefte. 1956/57. 475–480). – J. Kreft: Lesebuch und Fachcurriculum (1971; zus. mit G. Ott). – R. Minder: Soziologie der deutschen und französischen Lesebücher (in: A. Döblin (Hrsg.): Minotaurus. 1969. 74–87). – G. Rentner: Wesenszüge und Wandlungen des literarischen Kanons in den deutschen Volksschullesebüchern (Diss. 1949).

Dietrich Boueke

Leseerziehung

L. versucht, die auf der Lesefertigkeit aufbauende Fähigkeit zur Erfassung des Sinns gedruckter Texte zu bilden, zu differenzieren oder zu verändern. Zu ihren Zielen gehören auch der Aufbau von Lesemotivation und die Fähigkeit, Literatur gezielt auszuwählen.

Geschichtliche Entwicklung. Wechselnde Ziele und Methoden der Leseerziehung sind in didaktischen Konzepten bedingt. Während in den spätmittelalterlichen deutschen Schreibstuben der pragmatische Zweck, am kaufmännischen Schriftverkehr teilnehmen zu können, Vorrang hatte, ging es später um die Vermittlung biblischer Geschichten und des Katechismus. Ziele, die in veränderter Form bis heute verfolgt werden, traten im 17. und 18. Jahrhundert auf: L. diente der rhetorisch-stilistischen Bildung, der Vermittlung von Wissen über Realien und der moralischen Erziehung. Hauptmotive der L. im 19. Jahrhundert, die vorwiegend an poetische Texte anschloß, waren: ästhetische Bildung, Gesinnungsbildung und Nationalbewußtsein. In einer Schulrede HERDERS von 1796 sind diese Vorstellungen vorgebildet: „Dieß laute Lesen, auswendige Vortragen, bildet nicht nur die Schreibart, sondern es prägt Formen der Gedanken ein, und weckt eigene Gedanken; es gibt dem Gemüth Freude, der Phantasie Nahrung, dem Herzen einen Vorschmack großer Gefühle, und erweckt, wenn dieß bei uns möglich ist, einen Nationalcharakter" (Von der Ausbildung der Rede und Sprache in Kindern und Jünglingen, Sämtliche Werke, hrsg. v. B. SUPHAN, Bd. 30, Berlin 1889, S. 217–226). Gegenüber einem von DIESTERWEG (1790–1866) u.a. vertretenen rationalen und analysierenden Umgang mit Texten setzte sich im 19. und der ersten Hälfte des 20. Jahrhunderts, begünstigt vor allem durch die Kunsterziehungsbewegung, ein mehr intuitives Erfassen poetischer Texte durch. In einem Vortrag forderte WOLGAST (1860–1920): „Bringt das Kind in eine solche Stellung zum Kunstwerk, daß dieses unbehindert einwirken kann und dann laßt es still, und ganz frei wirken" (Die Bedeutung der Kunst für die Erziehung, Leipzig 1903, S. 10). Dieser Irrationalismus, obgleich im Nationalsozialismus polemisch gegen kontrolliertes Verstehen ausgespielt, wurde nach 1945 fast ungebrochen fortgeführt. Dies änderte sich erst Mitte der sechziger Jahre.

Neuere Konzeptionen der L. Stärker als früher werden heute verschiedene Formen des Lesens von Lesesituationen und -zwecken her differenziert. BAMBERGER (Lese-Erziehung, Wien/München 1973, S. 13) unterscheidet, ohne Wertung, zehn verschiedene Leseformen, u.a. das informierende, das unterhaltende, das erarbeitende, das kritische und das schöpferische Lesen. Gegenüber der bisherigen Verdammung erhält jetzt auch das Schnell-Lesen als Methode der Informationsaneignung seine Berechtigung und wird geübt. Der Leseunterricht schließt nicht mehr vorwiegend an Dichtung an, sondern erfaßt auch Trivialliteratur, Sachtexte, Zeitungen. Ziel ist eine auf Lesemotivation aufbauende, durch Sachverstand im Umgang mit Texten gekennzeichnete Lesemündigkeit (M. DAHRENDORF). Besondere Aufmerksamkeit gilt dem kritischen Lesen (Bremer Kollektiv, P. BRAUN, G. OESTREICH u.a.). Lesen wird als eine Form der Kommunikation verstanden, wobei die offene oder versteckte Intention des Autors beim Lesen aufzudecken und kritisch zu reflektieren ist. Kritisches Lesen wird ideologiekritisch, wenn Textvorstellungen und Intentionen auf ihren gesellschaftlichen Kontext und ihre Funktion darin überprüft werden.

Offene Probleme moderner L. Kritisches Lesen, das auf einem einseitig intentionalen Kommunikationsmodell beruht, übersieht die Intentionalität und Standortgebundenheit auch des Lesenden. Das Leseverhalten ist sowohl psychisch als auch sozial determiniert; deshalb kann kritisches Bewußtsein nicht ausschließlich im Lernen von Fragen und Analysemethoden gebildet werden. Neben Sprachbarrieren sind auch Literaturbarrieren anzunehmen. Die Tendenz, Texte dem eigenen Urteilshorizont anzupassen, indem man Informationen des Textes selektiv gewichtet, hat ihre Ursache in der verbreiteten Neigung, kognitive und effektive Dissonanzen zu vermeiden, zu harmonisieren. Sie wird von der Psychoanalyse mit der zunehmenden Notwendigkeit der Triebunterdrückung und daraus folgender Ich-Schwäche erklärt. L. muß deshalb in einem pädagogischen Konzept integriert sein, das therapeutisch und verändernd auf die Lernsituation einwirkt. Offen ist auch die Frage, ob kritisches Lesen eine Form neben anderen ist, oder in andere, etwa das unterhaltende Lesen, integriert werden kann.

→ABC-Buch, →R. Bamberger, →Fibel, →Jungleserkunde, →Jungleserpsychologie, →Junglesersoziologie, →Lesebuch, →Lesefertigkeit, →Leseinteressen, →Leseverhalten

Sekundärliteratur: R. Bamberger: Lese-Erziehung (1973). – A. Cl. Baumgärtner (Hrsg.): Lesen. Ein Handbuch (1973). – P. Braun: Das weiterführende Lesen (1971). – M. Dahrendorf: Literarische Erziehung in der offenen Gesellschaft unter besonderer Berücksichtigung des ‚Buches' (in: M. Dahrendorf/W. v. Schack (Hrsg.): Das Buch in der Schule. 1969. 11–38). – H. J. Frank: Geschichte des Deutschunterrichts. Von den Anfängen bis 1945 (1973). – M. Hussong: Theorie und Praxis des kritischen Lesens. Über die Möglichkeit einer Veränderung der Lesehaltung (1973). – G. Kleinschmidt: Theorie und Praxis des Lesens in der Grund- und Hauptschule (1968). – G. Oestreich: Erziehung zum kritischen Lesen. Kinder- und Jugendliteratur zwischen Leitbild und Klischee (1973).

Martin Hussong

Lesefertigkeit

L. ist eine meßbare Leistung, die auf einem durch systematisches Training erwerbbaren intellektuellen Vorgang beruht. Ziel der Bemühungen von L. ist es, einen bestimmten Text fließend, genau und in angemessenem Tempo lesen zu können. Die technische Beherrschung des Lesens kann als mechanische Leistung bezeichnet werden. Aber sie ist in der Praxis nicht zu trennen von der geistigen Fähigkeit des Lesens, der Lesefähigkeit, bei der es um Sinnerfassung, also um eine selbständige Informationsentnahme aus bestimmten gedruckten oder geschriebenen Texten geht. Die Frage des Stellenwerts und der methodischen Rangfolge von L. und Lesefähigkeit ist in der Geschichte der Erstleselehrgänge unterschiedlich beantwortet worden. Sie hängt auch mit der jeweilig praktizierten Leselehrmethode zusammen.

Zur Geschichte. Jahrhundertelang, zumindest bis ins späte 18. Jahrhundert, gehörte der Erwerb einer dem Verständnis von Katechismus, Gesangbuch, Spruchsammlung und Bibel angemessenen L. zum fast alleinigen Ziel des Unterrichts in „teutschen" Schulen (neben Schreiben und Rechnen). Auf Grund der Überbetonung der technischen Fertigkeit des Lesens – bedingt durch die Tatsache, daß dem jungen „Leser" zum Teil unverständliche schrift-, hoch- und kanzleisprachliche, ja auch in der Kirche lateinische Texte vorgesetzt wurden – waren Übungs- und Kontrollverfahren der L. entwickelt, wie sie noch E. von Rochow (1734–1805) im Vorbericht zu seinem „Kinderfreund" (1776) als „Übungen der Aufmerksamkeit" beschreibt und etwa im Markgräflich Baden-Durlachischen „Schul-Schematismo" von 1765 folgendermaßen aufgeführt sind: „Es lieset an demselben jedes Kind eine Reimzeile durch die ganze Claß hindurch; und so wird es 1.2.3 mal herum- und durchgelesen, wann es die Zeit verstattet. Man bleibt auch dabei nicht in der Ordnung, wie Kinder nach einander folgen; sondern man läßt bald dieses bald jenes Kind auser der Ordnung lesen, um die Aufmerksamkeit zu erhalten. Nachdem es ihnen durch das öftere Lesen in der Woche bekannt genug wird, so ist es hernach den Kindern leicht, dasselbe über den Sonntag gar auswendig zu lernen" (ND. In: Schulgeschichtliche Urkunden Badens, 1773. 1968. S. 226).

Fr. A. W. Diesterweg beantwortet in dem Kapitel über den „Unterricht im Lesen" in seinem Buch „Wegweiser zur Bildung für deutsche Lehrer" (1844. S. 314) seine Frage nach der rechten Weise zu lesen mit dem methodischen Hinweis, daß für die Unterstufe das mechanische Lesen, für die Mittelstufe dann das logische Lesen und für die Oberstufe schließlich das ästhetische Lesen richtig sei. Danach hat der junge Mensch spätestens auf der zweiten Stufe das Ziel der L. erreicht. Demgegenüber betont G. Kerschensteiner (1854–1932), daß in den Vereinigten Staaten von Amerika, die er besuchte, „der Zweck des Lesens nicht Lesefertigkeit, sondern Erlebnis eines Wortes aus dem Sinngefühl eines objektiven Gutes" sei (zitiert nach E. Schwartz: Der Leseunterricht, S. 99). Wir wissen heute, daß die L. ohne die Lesefähigkeit nicht entwikkelt werden kann. „Im Idealfall besteht" zwischen beiden „keine Kluft, ..." (R. Bamberger: Jugendlektüre, S. 36).

L. und Leseprozeß. Der Erwerb der Kulturtechnik Lesen, also der L., darf als Grundbedingung des Leseprozesses nicht unterschätzt werden. Schon für den Leseanfänger ist eine optimale L. von ausschlaggebender Bedeutung, denn sie ist für eine soziale Kommunikation notwendig. Leseschwierigkeiten können nämlich zu Lesedefiziten führen, die sich wiederum sprachlich negativ auswirken. Dann kann der schlechte Leser zum frustrierten Schüler werden. Mit der formalen Beherrschung, der L., ist das Lesenlernen aber noch keineswegs abgeschlossen. Der Leseprozeß ist ein kontinuierlicher Lernprozeß und wird auch fortgeschrittenen Lesern ständig abverlangt. Die Schule legt allerdings das Fundament dafür. Wenn sie das Training der L. versäumt, kann sich der Satz R. Bambergers „Viele Kinder lesen keine Bücher, weil sie nicht richtig lesen können; sie können nicht richtig lesen, weil sie keine Bücher lesen" bewahrheiten. Das Ziel einer Lesemündigkeit ist ohne Training der L. nicht zu erreichen. Es gilt deshalb, dem Leser seine Leseschwierigkeiten bewußtzumachen und ihm Hilfen zu geben. Die L. setzt optische Wahrnehmung, Erfassen und Kennen der einzelnen Schriftzeichen, Wörter, Wortgruppen und Sätze und das Sinnerfassen voraus. Auch das Lesetempo spielt eine Rolle. Eine Steigerung der Lesegeschwindigkeit wird angesichts der Informationsüberflutung und der explosiven Literaturproduktion immer notwendiger.

L. und Lesetempo. Die Auffassung, daß „Viel- und Schnelleserei" als „Formen des Konsumierens und Verschlingens einer unteren Schicht unseres Schrifttums ein fragwürdiger Ersatz des eigenen Denkens" seien, läßt sich wohl kaum aufrechterhalten (Th. Rutt: Didaktik der Muttersprache. S. 134). Vielmehr ist heute gerade der Leser im Vorteil, der schneller lesen kann. Schnelles Lesen bedeutet nicht in jedem Fall schlechteres Lesen. Gefragt werden muß, wie ein Training im schnellen Lesen systematisch aufgebaut und erfolgreich angewandt werden kann. Um 1960 hat man in den USA die Notwendigkeit einer optimalen Lesetechnik, insbesondere einer Steigerung des Lesetempos für alle Leser erkannt. Der Rückgang der allgemeinen L. gab zu Überlegungen Anlaß, die zur Entwicklung der Methode des „speed reading", des Schnellesens, führte. Wissenschaftler wie C. M. Mc. Cullough, R. M. Strang, A. E. Traxler, E. Fry, C. G. Wrenn und G. C. Barnette waren hier führend. Die „International Reading Association", die regelmäßig Tagungen (u. a. in Paris, Kopenhagen und Wien) abhält, auf denen das Schnellesen auf dem Programm steht, hat in den USA bereits eine Tradition. Nachdem die neue Schnellesemethode in der amerikanischen Armee, in der Marine und in der Luftwaffe ebenso wie im Management der großen Industrieunternehmen als unerläßlich für erfolgreiche Führungskräfte angesehen wurde und wird, richteten fast alle größeren und renommierten Universitäten (u. a. Harvard, Yale, Princeton, Stanford), aber auch nach und nach andere Hoch- und Fachschulen sowie öffentliche und private Schulen und Bildungsinstitutionen sogenannte „Reading Improvement Programs" (Lesetrainingskurse) ein, die heute bereits zu einer Selbstverständlichkeit geworden sind.

Schnellesekurse. Ziel dieser Schnellesekurse ist es, die Teilnehmer zu einer Lesegeschwindigkeit zu bringen, die bis zu einem Maximalwert von 900 Wörtern in der Minute reicht. Das bedeutet eine Steigerung der Lesegeschwindigkeit um das Dreifache der Durchschnittsleistung im Lesen. Infolge des hohen Bedarfs an Kursen bildete sich der Beruf des „Lesetrainers" heraus. Die Dauer der Lehrgänge variiert sehr. In der Bundesrepublik läßt ein derartiger Erfolg gezielter Lesekampagnen für eine breitere Leserschicht noch auf sich warten, obwohl auch bei uns mehr und mehr Interesse für dieses Verfahren besteht. In den sechziger Jahren wurde in Frankfurt am Main eine Filiale des amerikanischen „Instituts für Reading Dynamics" von E. Wood gegründet, die sich jedoch später wieder auflöste. Eine Zusammenfassung amerikanischer Forschungen und Erfahrungen und damit erste Grundlagen in der Theorie und Praxis des Schnellesens lieferte W. Zielke mit seinen Veröffentlichungen, die als Einführung in die Methode und als Trainingsmaterial („Drillbuch") und Lernprogramm angeboten werden. Der Autor veranstaltet auch „Trainingskurse" für Leiter und Mitarbeiter von Ausbildungs- und Weiterbildungsabteilungen in Wirtschaftsunternehmen, Behörden und Bildungseinrichtungen sowie für alle erwachsenen Interessenten, die aus beruflichen Gründen rationellere Lesetechniken erlernen wollen. Die Kurse dauern in der Regel eine Woche (42 Stunden) und beliefern die Teilnehmer mit 700 Seiten Studienmaterial. Andere Trainingsprogramme, wie die von E. Ott und J. Weber/J. Schatte lassen auf ein zunehmendes Interesse und größere Aktivität bundesdeutscher Leser schließen. Trotz unterschiedlichen Aufbaus der Lernprogramme und Anleitungen können folgende Grundauffassungen konstatiert werden: 1. Die Lesetechnik kann verbessert werden, indem durch gezieltes Training die Lesegeschwindigkeit verdoppelt bis verdreifacht wird; 2. gute Lesetechnik führt zu einer sorgfältigeren Denkarbeit, d.h. die Fassungskraft geht auch bei schnellerem Lesen nicht verloren, wie umgekehrt langsames Lesen sie nicht erhöht (W. Zielke); 3. um die L. zu erhöhen, ist es notwendig, immer größere Textganzheiten mit einem Blick aufzunehmen. Dafür ist eine richtige Betätigung der Augenmuskulatur erforderlich. Die Zahl der Ruhepunkte (Fixationen) der Augen läßt sich durch Üben verringern. Mit Hilfe des Tachistoskops – eines Apparates, der bei psychologischen Untersuchungen optische Reize in Verbindung mit Aufmerksamkeitstests anzeigt – hatten Psychologen bereits vor Jahrzehnten experimentell herausgefunden, daß die Augenbewegungen beim Lesen nicht gleichmäßig und kontinuierlich, sondern ruckweise vor, manchmal auch zurück erfolgen (Erdmann-Dodge, Javal und Lamare, zitiert nach A. Kern: Ist unsere Lesemthode richtig? S. 5). Um die Lesegeschwindigkeit zu steigern, muß die Anzahl der Fixationen verringert werden. Die Augen sollen stetig über die Zeilen gleiten und – um keine Zeit zu verlieren – nicht hin und her hüpfen. Das Schnelleseverfahren will durch systematisches Üben erreichen, daß sich beim Lesen das Blickfeld erweitert. Ein ungünstiger Faktor ist dabei das Regredieren, also das Zurückgehen der Augen auf einen bereits erlesenen Textteil oder eine Zeile. Eine solche „Regression" auf nicht verstandene Abschnitte ist ein Zeichen von Konzentrationsmangel, den jeder Leser kennt. Er behindert die Lesegeschwindigkeit und damit die formale L. Ob man bei inhaltlich komplizierten Texten ohne Regredieren der Augen sinnfassend lesen kann, ist jedoch fraglich.

Grenzen des Schnellesens. Der Erfolg des Schnellesens ist auch von der Textsorte abhängig, nicht zuletzt vom einzelnen Inhalt. Außerdem muß bei der Einschätzung der L. im einzelnen Fall berücksichtigt werden, um welchen Leser es sich handelt: ob es sich z.B. um einen Schüler im Deutschunterricht bei der Lektüre eines fiktionalen Textes oder um einen Erwachsenen handelt, der beruflich eine Fülle von Lesematerial bei geringstem Zeitaufwand bewältigen muß. Zur ersten Information ist das schnelle Lesen dienlich, für kritisches Lesen bedarf es anderer Kriterien. Die situative Differenzierung heben Sprachwissenschaftler, Literaturpädagogen und Didaktiker gleichermaßen hervor. Die Programmierer und Trainer der Schnellesemethoden sind der Meinung, daß „unser Lesetempo und damit die Informationsaufnahme zu steigern" seien und dies nicht durch größere Anstrengung und stärkere Konzentration, vielmehr auf Grund „wirtschaftlicheren" Lesens möglich würde (J. Weber/J. Schatte: Lesetraining. S. 38).

→ Jungleserpsychologie, → Junglesersoziologie, → Legasthenie, → Lesealter, → Leseerziehung, → Leseinteresse, → Leselernmethode

Sekundärliteratur: R. Bamberger: Jugendlektüre (1955, ^{2}1965); Jugendliteratur und Buchpädagogik (1971); Lese-Erziehung (1973). – A. Cl. Baumgärtner (Hrsg.): Lesen. Ein Handbuch (1973). – D. Boueke (Hrsg.): Der Literaturunterricht (1971). – C. Cherry: Kommunikationsforschung. Eine neue Wissenschaft (1967). – A. Kern: Ist unsere Lesemethode richtig? Eine kritische psychologisch-didaktische Darstellung (1931). – G. Kleinschmidt: Theorie und Praxis des Lesens in der Grund- und Hauptschule (^{2}1971). – E. Ott: Optimales Lesen. Schneller lesen – mehr behalten. Ein 25-Tage-Programm (1970). – E. Schwartz: Der Leseunterricht. Wie Kinder lesen lernen (1967); (Hrsg.): Lesewerke und Texte für die Grundschule (1975). – J. Weber: Lesetraining. Eine Anleitung zum schnelleren Lesen und besseren Lernen (1974; zus. mit J. Schatte). – W. Zielke: Schneller lesen – besser lesen (^{7}1971); Rationelles Lesen im programmierten Selbstunterricht (1971); Schneller lesen – selbst trainiert. Ein Drillbuch mit Übungsstoff für den Erwerb rationeller Lesetechniken (^{9}1974).

Ursula Walz

Leseheftreihe

L.n sind massenhaft verbreitete, reihentypisch standardisierte Billiglesestoffe, die auf breite Bedürfnisse nach unterhaltender Freizeitlektüre zugeschnitten sind. Dem Konsum von L.n durch Jugendliche und Erwachsene kommt innerhalb des Freizeitverhaltens eine erhebliche Bedeutung zu.

Zur Entstehungsgeschichte. L.n – vom Groschenpreis längst in die 1–2-DM-Preiskategorie aufgestiegen, doch häufig noch immer als Groschenhefte apostrophiert – haben ihren Ursprung in den populären Lesestoffen des 19. Jahrhunderts. Als es möglich wurde, Lesestoffe massenhaft und billig zu produzieren, entstand im 19. Jahrhundert eine Reihe von populären Druckerzeugnissen (Volksbücherserien, Groschenbibliotheken, Schriftenreihen, Traktate und Bilderbogen). Vor allem die darunter befindlichen Kolportageromane können als eigentliche Vorläufer der modernen L.n gelten. Nach Aufhebung der „Karlsbader Beschlüsse" (strenge Zensur aller unter 20 Bogen starken Schriften) 1848 und im Zuge der Liberalisierung des Gewerberechts produzierten geschäftstüchtige Kleinverlage „volkstümliche" Romanwerke, die – in kleinere Fortsetzungen aufgeteilt – von Kolporteuren (Hausierern) neben anderen Druckwerken von Haus zu Haus bis in entlegenste Gebiete vertrieben wurden. Kolportageromane, die sich etwa über 15 bis 200 Lieferungen erstreckten und mit entsprechend vielen Spannungshöhepunkten das Interesse und die Kaufwilligkeit ihrer Leser zu erhalten suchten, kosteten pro Lieferung zwischen 10 und 15 Pfennige. Die Leserschaft dieser Romane setzte sich vor allem aus Fabrikarbeitern, Dienstboten, Ladenmädchen, Putzmacherinnen, kleineren Handwerkern und niederen Beamten zusammen. Für das Jahr 1894 wurden in Deutschland und Österreich 45000 Schauerroman-Kolporteure gezählt, die etwa 20 Millionen Leser erreichten. Typische Kolportagewerke sind die frühen, bei Münchmeyer in Dresden erschienenen Romane von K. MAY. Die ersten Romanheftreihen mit in jedem Heft abgeschlossener Handlung erschienen nach amerikanischem Vorbild vor dem Ersten Weltkrieg und wurden nunmehr in Zigarren- und Papierläden verkauft. Ebenso beliebt wie von „volkspädagogischer" Kritik befeindet waren u. a. die Reihen „Nick Carter", „Buffalo Bill" und „Nat Pinkerton". 1925 gab es in Deutschland über 200 verschiedene Reihen.

Nach dem Zweiten Weltkrieg bis heute. Spitzenerfolge erreichte die Romanheftproduktion nach dem Zweiten Weltkrieg. 1953 wurden in der Bundesrepublik 162 verschiedene Heftreihen (83 Liebes-, Heimat- und Schicksalsromane; 79 Wildwest-, Kriminal- und Abenteuerromane) angeboten, die insgesamt eine Auflagenhöhe von wöchentlich $^1/_4$ Million Exemplaren erreichten. Nach 1954 reduzierte und veränderte sich durch zunehmende Konzentration der Verlage und durch einen Wandel im Publikumsgeschmack das Angebot. 1958 erschienen noch 76 Reihen, wobei die Männerromane (Kriminal-, Abenteuer-, Wildwest- und die damals neuen Soldaten- und Utopiaromane) mit 49 Reihen die Liebes-, Heimat- und Schicksalsromane mit nur noch 27 Reihen überrundet hatten. Dieses Verhältnis zwischen Männer- und Frauenromanreihen ist bis heute ungefähr gleich geblieben, weiterhin lesen jedoch mehr Frauen als Männer Romanhefte (30:23). Sex und Horror finden sich seit der Liberalisierung der Pornographiebestimmungen von 1973 zunehmend im „härteren" Genre der Romanheftproduktion. Zwischen 1963 und 1973 hat sich die Marktstellung der Romanheftproduktion auf einer beträchtlichen Höhe stabilisiert. Jüngste Befragungsergebnisse zeigen jedoch einen rückläufigen Trend der Beliebtheit dieser Lektüre. 1975 erreichte nach Angabe der führenden Verlage allein die Monatsproduktion der ca. 100 „anzeigenfähigen" Roman- und Rätselheftreihen eine Höhe von 20 Millionen Exemplaren, deren Verkaufsergebnis zwischen 88 und 93 % liegt. Die Anteile der Verlage bei Bastei (35 %), Pabel/Möwig/Semrau (seit 1971 H. Bauer-Verlag) (35 %), Kelter (13 %), Marken (10 %), Zauberkreis (7 %). Die Gesamtauflage aller L.n (ohne Comics) dürfte um ein Drittel höher als die von den Produzenten angegebenen Größen liegen; K. FOHRBECK und A. WIESAND (a.a.O.) errechneten für 1971 sogar eine jährliche Gesamtauflage von 340 bis 370 Millionen Exemplaren.

Distributionsformen. Die inhaltlich und äußerlich nach Prinzipien industrieller Massenfertigung produzierten L.n werden über ein besonderes Vertriebssystem außerhalb des konventionellen Buchhandels im Zeitschriftenhandel von Kiosken, Bahnhofsbuchhandlungen, Kaufhäusern, Supermärkten und von einigen Branchen des Einzelhandels (Schreibwarengeschäfte, Tabakläden, Toto-Lotto-Geschäfte, Lebensmittelhandlungen u. a.) meist zur Selbstbedienung angeboten. Die Hefte erscheinen in gleichbleibendem Umfang (64 S., das sind acht Druckbogen) periodisch 8- oder 14täglich. Daneben werden zur Optimierung des Absatzes Sammelbände aus Restauflagen oder Remittenden angeboten.

Serienstruktur, Typologie. Die Reihen- bzw. Serienstruktur aus einzelnen – im Gegensatz zum „Fortsetzung folgt" der Zeitungs- und Zeitschriftenromane – in sich abgeschlossenen Romanheften wird bei jeweils gleichbleibenden Sprach-, Stil- und Handlungstechniken durch lose Verknüpfung von Motiven („Liebesromane", „Eltern-Kinder-Schicksale"), Milieuebenen („Fürstenroman", „Schloßroman", „Heimatroman"), Schauplätze („Tombstone", „Terra Nova") oder durch die Bindung an gleichbleibende Titelfiguren („Dr. Stefan Frank", „G-man Jerry Cotton") arrangiert.
Der inhaltlichen Standardisierung nach den Reihenmustern entsprechen die äußere Aufmachung (reihentypische farbliche, graphische und bildliche Gestaltung des Umschlags) und die den jeweiligen Typ stilisierenden Werbeslogans – wie „Bastei-Silvia-Romane – Geschichten, die zu Herzen gehen, weil sie mit dem Herzen geschrieben sind". Als Markenartikel gekennzeichnet zielen die nach stereotypen Mustern gearbeiteten L.n auf entsprechende Bedürfnisse und Erwartungshaltungen, die nicht durch das Einzelheft, sondern durch die permanent weiterlaufende Serie aus Heften gleicher Güte befriedigt werden sollen.
Eine inhaltliche Typologie des Marktangebots läßt folgende Gruppierungen bei „Frauenromanen" zu: 1. Frauen-Familien-Schicksale, 2. Mutter-Kind-Schicksale, 3. Arztromane, 4. Schloß-Fürst-Romane, 5. Heimatromane. Bei „Männerromanen" ergibt sich die Untergliederung in 1. Krimis, 2. Western, 3. Kriegsromane, 4. Science Fiction, 5. Helden-, Superman-, Agenten-Stories, 6. Grusel-, Geister-, Horror- und Sexromane (erw. nach K. FOHRBECK und A. WIESAND). Bei einer derart formalen Typologie muß allerdings berücksichtigt werden, daß manche Titel innerhalb der beiden Hauptgruppen austauschbar sind. Maßgebend für die Arbeit der Autoren sind die stereotypen Muster der einzelnen Reihen. Abgesehen von wenigen Reihen unter dem Namen von Renommierautoren (z.B. H. COURTHS-MAHLER) erscheinen die Hefte unter Pseudonym oder anonym. Oft arbeiten mehrere, gelegentlich wechselnde Autoren unter demselben Pseudonym oder ohne Verfassernennung an einer L.

Für eine reihenkonforme und marktgerechte Textproduktion durch die Autoren sorgen Selbstkontrolle, Richtlinien und Lektoren. Die „Selbstkontrolle deutscher Romanheft-Verlage" soll das Risiko möglicher Indizierung durch die „Bundesprüfstelle für jugendgefährdende Schriften" (Bonn-Bad Godesberg) ausschließen. In Richtlinien oder Anweisungen für Autoren sind inhaltliche, sprachliche und formale Gestaltungsprinzipien, teilweise bis ins Detail verbindlich, festgelegt. Vor Druck werden Manuskripte von Testlesern auf ihren „I-Wert" (= Identifikationswert) hin gelesen, um zu prüfen, ob sich die angesprochene Leserschaft in genügendem Maße mit den Hauptfiguren identifizieren kann. Langfristige Produktionsplanungen orientieren sich an Marktanalysen.

Leserschaft. Jedes Romanheft findet durchschnittlich sechs Leser. 27 % der Bundesbürger ab 14 Jahren – nach Allensbach 1975 – lesen Romanhefte (2 %: 6–10 Romane monatlich; 17 %: 5 Romane monatlich; 8 % weniger als 12 Romane jährlich). Mit über 40 % ist der Anteil jugendlicher Leser zwischen 16 und 18 Jahren höher als der aller anderen befragten Altersgruppen; noch höher dürfte der Anteil der darunterliegenden Altersgruppe sein, über den genaue Erhebungsdaten fehlen. Eine Differenzierung der Leserschaft nach sozialer Schichtenzugehörigkeit zeigt, daß diese Literatur vornehmlich von Angehörigen der unteren Schichten gelesen wird. Die höchsten Werte liegen bei der Gruppe der angelernten Arbeiter (40 %) und der Facharbeiter (30 %). Über 70 % der Leser von Romanheften haben nur Volksschulbildung (ohne und mit Lehre). L.n sprechen zwar in erster Linie Leser aus den unteren Schichten an, jedoch sind die von ihnen vermittelten und propagierten Wertmaßstäbe, Normen und Verhaltensweisen am Selbstverständnis der Mittelschicht orientiert. Während diese Literatur die Leserschaft aus den unteren Schichten an die Ideologien der Mittelschicht verweist, wirkt sie für die kleinere Anzahl der Leser aus der Mittelschicht selbstbestätigend. Romanhefte sind perfekte Erzeugnisse der Kulturindustrie. Hinter solcher Produktion von Trivialliteratur stehen ökonomische Interessen, die sich notwendig mit ideologischen verbinden. Grundlage und Ziel derart vermarkteter Unterhaltung ist Einverständnis mit bestehenden Verhältnissen.

Sekundärliteratur: H. Ahrens: Von Perry Rhodan kein Weg zu Grass (in: Börsenblatt für den Deutschen Buchhandel. 1975. H. 71. 1165). – J.-U. Davids: Das Wildwest-Romanheft in der Bundesrepublik. Ursprünge und Strukturen (1969). – K. Fohrbeck: Der Autorenreport (1972; zus. mit A. J. Wiesand). – M. Horkheimer/Th. W. Adorno: Kulturindustrie. Aufklärung als Massenbetrug (in: dies. Dialektik der Aufklärung. Philosophische Fragmente. 1947. 144–198). – M.-R. Girardi: Buch und Leser in Deutschland. Eine Untersuchung des DIVO-Instituts (1965; zus. mit L. K. Neffe und H. Steiner). – G. Mayer: Buch und Lesen 1973. Ergebnisse einer Umfrage des IFAK-Instituts Wiesbaden (in: Bertelsmann Briefe. 1974. H. 81. 3–36). – P. Nusser: Romane für die Unterschicht. Groschenhefte und ihre Leser (1973). – G. Schmidtchen: Lesekultur in Deutschland 1974. Soziologische Analyse des Buchmarktes für den Börsenverein des Deutschen Buchhandels (in: Börsenblatt für den Deutschen Buchhandel. 1974. H. 39. 705–896). – G. Seeßlen: Romantik und Gewalt. Ein Lexikon der Unterhaltungsindustrie (Bd. 1 und 2. 1973; zus. mit B. Kling). – A. V. Wernsing: „Groschenhefte": Individualität als Ware. Zur Erklärung der Heftromane (1976; zus. mit W. Wucherpfennig). – Kl. Ziermann: Romane am Fließband. Die imperialistische Massenliteratur in Westdeutschland (1969).

Albert Klein

Leseinteresse

L. bezeichnet die Frage nach Ausmaß und Richtung der individuellen Lesemotivation. Die Unterschiede der L.n sind auf Faktoren wie Alter, Lerngeschichte, Arbeits- und Lebenssituation, sozialem wie kulturellem Milieu etc. rückführbar.

Motivationstheoretische Aspekte des L.s. Im wesentlichen sind es drei Aspekte des motivationspsychologischen Begriffs „Interesse", auf die sich die Lese(r)forschung bisher, wenn auch weitgehend unsystematisch, konzentriert hat: 1. Die Untersuchung vorwiegend emotional bestimmter Einstellungen gegenüber „Lesen" generell (d.i. die Gewohnheit, mit gewisser Regelmäßigkeit Texte zu rezipieren; vgl. G. Ritz-Fröhlich, 1974): Über „das im Wechsel der Situationen beharrende Verhalten" oder aber seine Änderung wird dabei die „energetisierende" Kraft des Interesses erschlossen (zur Systematisierung vgl. C. F. Graumann 1970, 21). So nimmt z.B. bei der Mehrzahl der heranwachsenden Leser u.a. mit wachsenden erotischen Bedürfnissen in der Pubertät das L. ab (O. W. Haseloff 1967, 39). 2. Die Untersuchung von „Selektivität" als kognitiver Gerichtetheit, die sich über die je individuellen Lektürepräferenzen erheben läßt. So z.B. postuliert die entwicklungspsychologisch orientierte Leserforschung eine altersabhängige Selektivität, an deren Anfang z.B. der „spielerische, gegenstandsgebundene Umgang mit dem Buch" steht und die schließlich mit der „Phase des biographischen Romans und der Dichtung" am Ende des Jugendalters ihren Anschluß an die Rezeptionsmöglichkeiten des Erwachsenen erreicht (M. Müller 1968, 286). 3. Die Untersuchung von Ausmaß, Stabilität, Resistenz etc. des Leseverhaltens und seiner Bedingungen als Indikator für die Stärke des Interesses. So wird u.a. der Verstärkung bzw. Schwächung des Leseverhaltens durch den Text (er ist nur dann interessant, wenn er den Leserbedürfnissen entspricht), durch die soziale Umwelt i.w.S. (leserfeindliche Normen, Raumnot etc. schwächen das L.) und durch die Persönlichkeit des Lesers selbst (soziale Aufgeschlossenheit, Bedürfnis nach aktiver Problemverarbeitung u.a. stehen in – statistisch – positivem Zusammenhang mit der Lesehäufigkeit; N. Groeben, B. Scheele 1975) nachgegangen. Gegenwärtige Forschungsbemühungen um Aufbau (Sozialisationstheorien) und Aufrechterhaltung (Handlungstheorien im Beruf- und Freizeitkontext) von Lese(r)verhalten sehen sich allerdings nicht mehr (wie noch bis in die fünfziger Jahre) mit Fragen isolierter Aspekte des L.s, sondern zunehmend mit dem Komplex der gegenseitigen Bedingtheit von Energetisierung, Selektivität und Leseverhalten innerhalb der unterschiedlichsten sozialen Umfelder konfrontiert.

Zur Problemgeschichte. Es besteht weitgehende Übereinstimmung, vereinzelte Phänomene jugendbezogener Literatur seit dem 15. Jahrhundert (vgl. G. KLINGBERG 1967) aus der Geschichtsschreibung der Jugendliteratur und Jungleserkunde herauszulassen und damit die Anfänge der kinder-/jugendorientierten Textproduktion/-rezeption für das 18. Jahrhundert festzulegen (vgl. W. ISRAEL 1967, 1). In der Folge der Aufklärung entsteht erstmalig Literatur eigens für Heranwachsende und deren Erzieher (als Mit-Leser und Vermittler; B. HURRELMANN 1974, 258) mit dem erklärten und vorrangigen Ziel, normgerechte (ethische) Sozialisation zu erleichtern und zu fördern. Dabei wird durchaus wirkungsspezifisch über Rezeptionsstufen und -typen theoretisiert (A. BEINLICH 1965, 189), doch bleiben diese Annahmen empirisch unüberprüft. Über die L.n der eigentlichen Rezipienten von damals weiß man daher bis heute kaum wissenschaftlich Begründbares. Die spätere Kritik hat deshalb der aufklärerischen Jugendliteratur eine unerträgliche Überforderung der jugendlichen Leser und damit im Prinzip eine leserfeindliche Haltung und Erziehung vorwerfen können; neuere literatur-/lesersoziologische und -psychologische Untersuchungen lassen jedoch vermuten, daß diese Kritik heute differenziert und streckenweise revidiert werden muß (vgl. die Ergebnisse von B. HURRELMANN 1974). Die (bis heute im anerkannten bürgerlichen Kulturbereich wohl einflußreichste) „Gegen"produktion von Jugendliteratur – im Sog der Kunsterziehungsbewegung um die Jahrhundertwende – kämpfte zwar gegen die Vorherrschaft von Moral und Wissen, hielt aber an einem normativ begründeten Zielkatalog fest, nur jetzt mit akzentuiert literarästhetischer Orientierung. Anstelle von Texten „zur Unterhaltung und Belehrung" für Kinder der bürgerlichen Mittel-/Oberschicht, bot man „weitesten Kreisen des Volkes" „Dichtung" „zur Freude und Förderung" ihrer literarischen Genußfähigkeit (I. DYHRENFURTH 1967; B. HURRELMANN 1974). Dabei ging man zusätzlich davon aus, „daß über den Genuß wertvollen Schrifttums auch die sittlichen Kräfte geweckt werden" (H. WOLGAST 1952, 27). Für die damaligen Rezipienten läßt sich über die empirische Gültigkeit dieser Funktions- und Wirkungsannahme ebenfalls nichts Gesichertes sagen. Aus dem weiteren Verlauf der Produktionsgeschichte, Leserkreisanalysen sowie neueren empirischen Untersuchungen zum L. ist aber mit Bestimmtheit zu schließen, daß für die Mehrzahl der jugendlichen Leser über eine forcierte Konfrontation mit sogenannter „hoher" Literatur ein L. weder einzurichten, noch zu stabilisieren ist. Wissenschaftlich kritisiert wird das literaräthetische Programm zuerst von entwicklungspsychologischer Seite, wo man auf dem Gebiet der Jungleserkunde vornehmlich an der Erstellung empirisch fundierter Theorien der Lesereife (i.S. genetisch determinierter Entwicklung von Textverständnis) arbeitet (Lesealter); sie fordert eine entwicklungspsychologische Grundlegung der Literaturdidaktik, die eine der kindlichen Reife adäquate Lese(r)erziehung ermöglichen, d.h. latentes Interesse gezielt fördern und Fehlentwicklung vermeiden helfen soll. Dabei ist die Theorienentwicklung der ersten empirischen Arbeiten zum L. der Heranwachsenden noch ganz der kontinentalen Philosophie verhaftet (vgl. TH. HERRMANN 1969, 26), die von zwei „Menschenbild"-annahmen bestimmt wird: 1. von der der anlagebedingten Persönlichkeitsentfaltung, die zum Teil in Verbindung mit der Kulturstufentheorie (A. HÖLDER 1967, 18ff.) die einseitige Ausrichtung auf den im wesentlichen als milieuunabhängig postulierten Entwicklungsverlauf der L. ermöglicht; und 2. von der der „Ganzheitlichkeit" der Persönlichkeit (vgl. TH. HERRMANN 1969, 27; A. HÖLDER 1954), über die der allgemeine Aspekt der altersabhängigen Selektivität durch den differentialpsychologischen der Lesertypologie (Leserpsychologie) sinnvoll ergänzt wird. Die zentrale Schwäche dieser Arbeiten zum Lesealter liegt – begünstigt durch die Beschränkung auf die inhaltsanalytische Methodik – in der Zirkularität ihres Ansatzes (Leserpsychologie). Die Arbeiten innerhalb dieses Forschungskonzepts erhärten daher Jahrzehnte die These altersabhängiger Lektürepräferenz (vgl. den Forschungsüberblick bei A. BEINLICH 1973, 190ff.; A. HÖLDER 1953; W. VÖLKE 1971). Erst die Aufnahme von „Umwelt" als bedeutsamer Einflußgröße (nach dem Zweiten Weltkrieg kamen hierzu starke Anstöße für die BRD aus der Konfrontation mit Theorienbildung und Ergebnissen der akzentuiert umweltorientierten angloamerikanischen Forschung) ermöglichte eine grundlegende Umstrukturierung rezeptionspsychologischer Forschungsansätze. Die Folge ist eine interdisziplinäre Problemausweitung der anfänglich rein psychologischen Fragestellung. Beispielhaft seien nur einige Ausdifferenzierungen der Frage nach den L.n Jugendlicher genannt: 1. welche Texte (z.B. Informations-, Unterhaltungsliteratur) interessieren 2. in welchem Ausmaß (Frequenz, Intensität), 3. unter welchen Bedingungen: z.B. individuellen (Alter, Intelligenz, Rollenidentität), sozialen (Erziehungsstil der Eltern, Wohnverhältnisse), überdauernden (Ausbildung), aktuellen (Krankheit, Freizeitmöglichkeiten), 4. mit welcher Funktion (subjektive Erwartungen an den Text: Entspannung, Information) und 5. mit welcher Wirkung (Verstärkung des Lesens selbst, Verstärkung präkommunikativer Einstellungen)? Die bisher erarbeiteten Ergebnisse liegen hauptsächlich in den Bereichen von 1., 2. und 3. vor, haben aber zu einem beträchtlichen Teil auch hier bislang eher programmatischen und hypothesengenerierenden Charakter.

L.n und alternative Freizeitbeschäftigungen. L. findet – auch und gerade für Heranwachsende – offensichtlich immer noch seinen größten Aktualisierungsraum in der relativ frei disponiblen Zeit außerhalb des schulischen Wirkungskreises und der familialen Verpflichtungen. Freie Zeit und Freizeitangebote sind jedoch über die Altersgruppen, Schultypen, Familienkonstellationen, verfügbaren Mittel, Wohnorte etc. nicht gleichverteilt, so daß die Quantifizierung des L.s als Teilaspekt in Relation zum umfassenderen Freizeitinteresse und -verhalten (auf dem Hintergrund von Zeit und Mitteln) betrachtet werden muß, um auf Differenzen des empirischen Materials sinnvoll eingehen zu können (V. Blücher 1966; O. W. Haseloff 1967; L. Rosenmayr u.a. 1966). Zu den arbeitszeitlich besonders Belasteten zählen eindeutig die berufsschulpflichtigen Lehrlinge (M. Osterland u.a. 1973; E. Weber 1973, 312ff.); Mädchen haben weniger Freizeit als Jungen (V. Blücher 1966, 14); außerdem werden Kinder von Eltern mit kleineren selbständigen Betrieben (z.B. in der Landwirtschaft) überdurchschnittlich zu Hilfeleistungen verpflichtet (V. Blücher 1966, 14). Dabei ist generell (unabhängig vom je individuellen Freizeitausmaß) für die letzten Jahrzehnte eine zunehmende Tendenz der Medienbeteiligung von Kindern und Jugendlichen zu verzeichnen, die die Freizeitbeschäftigung „Lesen" mitumfaßt (G. Klingberg 1973; Energetisierungsaspekte). Die wachsenden Zahlen in Buch-, Heftchen- und Zeitschriftenproduktion (M. Beaujean 1970; Th. Brüggemann 1974; Buch & Buchhandel in Zahlen 1975; D. Pforte 1974) zeigen jedoch in ihrem Verhältnis zu Lektüreinteresse und -verhalten Verschiebungen unter dem Selektivitätsaspekt: die Konsumtion von Illustrierten und Heftchen hat gegenüber der Buchlektüre stark zugenommen (W. Völke 1971, 38; E. Weber 1972, 131). Gleichzeitig sind die Substitutionsrelationen (Ersetzungsbeziehungen) in der Medienkonkurrenz zwischen Buch und Fernsehen zu beobachten: Während das Fernsehen dem Buch einerseits Leser von Unterhaltungslektüre entzieht (V. Blücher 1966), unterstützt es andererseits die Beschäftigung mit Sachbüchern (G. Schmidtchen 1969, 1883; W. Völke 1971). Insgesamt steht die Unterhaltungslektüre jedoch nach wie vor an der Spitze der Literaturmedien – für die Mehrzahl der Heranwachsenden allerdings nicht in Form des sogenannten „guten" Kinder-/Jugendbuchs, sondern mit Comics, Romanheften, Zeitschriften und Büchern der Kategorie „anspruchslos".

Schichtspezifische Genese der L.n. Ist das Bedürfnis nach eskapistischer Lektüre auch im Prinzip für alle jugendlichen Leser anzunehmen, zeigen die Analysen von Ausmaß, Inhalts- und Medienpräferenz doch deutlich gruppenspezifische Unterschiede: Dabei macht der in allen Altersklassen empirisch auffällige Zusammenhang zwischen sozialem Milieu und „Lesen" den nachhaltigen Einfluß der schichtspezifischen Lerngeschichte sichtbar: Je geringer der elterliche Sozialstatus, desto ausschließlicher konzentriert sich das Lesebedürfnis auf leicht rezipierbare, problementlastende Inhalte von Tageszeitungen, Wochenzeitschriften, Comics und Heftchen, wobei die Tendenz besteht, nach Möglichkeit die Funktion der Lektüremedien durch Fernsehen und Kino zu ersetzen (V. Blücher 1966; M. Doetsch 1958; O. W. Haseloff 1967; L. Rosenmayr u.a. 1966). Der Entwicklungsverlauf dieser eher passiv-kompensatorischen – im Gegensatz zu aktiv-problemorientierten – Lesemotivation ist „eintönig": abgesehen von altersabhängigen und geschlechtsspezifischen graduellen Verschiebungen von „weicher" zu „härterer" Unterhaltung zeigt das L. des Kindes die gleiche (i.S. von leicht substituierbar) unspezifisch-instabile Struktur wie bei jugendlichen und später erwachsenen Lesern (M. Dahrendorf 1970; G. Schmidtchen 1968; 1969). Dagegen ist die spezifisch-stabile Lesemotivation auch schon in ihren Anfängen (Kindheit) durch ein am Literaturmedium selbst orientierten Interesse zu charakterisieren (vgl. die Diskussion der literarästhetischen Erlebnisfähigkeit beim Kind: A. Beinlich 1973, 194ff.). Eingebettet in ein allgemein eher aktiv selbstaktualisierendes Freizeitverhalten (O. W. Haseloff 1967) wird das ganze (erreichbare) Medienangebot selektiv, d.h. bedürfnisadäquat variabel genutzt: mit Hilfe von Texten kann Realitätsflucht ebenso realisiert werden wie Wissenszuwachs und Problemerweiterung (N. Groeben, B. Scheele 1975; G. Schmidtchen 1968, 3245). Entsprechend sind parallel zur allgemeinen emotionalen/kognitiven/sozialen Entwicklung entlang der Alterslinie auch Veränderungen unter Energetisierungs- und Selektivitätsaspekt zu beobachten. Phasenabläufe, wie die von der Lesealterkonzeption behaupteten, erweisen sich von hier aus als (vermutlich) für eine Mittelstandssozialisation spezifisches, jedoch empirisch (in adäquat fließenden Grenzen) durchaus zu akzeptierendes Phänomen: sie sind nun allerdings nicht mehr genetisch (in Abhängigkeit vom Reifegrad) zu erklären, sondern aus der Übereinstimmung des elterlichen und i.w.S. gesellschaftlichen Erwartungshorizonts (Sozialisationsagenten) und des kindlich-jugendlichen Anspruchs- und Bedürfnishorizonts. Detaillierte Untersuchungen zu diesem Interaktionsprozeß stehen zwar noch aus; in Extrapolation von Ergebnissen der Sozialisationsforschung ist jedoch begründet anzunehmen, daß um so eher ein spezifisch-stabiles L. aufgebaut wird, je mehr „Lesen" als bedürfnis- und handlungsrelevantes Verhalten in einem Erziehungsfeld vermittelt wird, das soziale Offenheit und Problem(lösungs)orientierung fördert (N. Groeben, B. Scheele 1975). Aus dieser Perspektive wird dann auch die hohe Anzahl der (scheinbar) negativen Verläufe von Leseentwicklung plausibel: Lektüreinteresse, das ohne direkten und eindeutigen Gratifikationsbezug zu eigenem Erleben und Verhalten durch die Bedingungsstrukturen von Elternhaus und Schule aufrechterhalten wird, erlischt bei Wegfall eben dieser Umweltanforderungen (G. Schmidtchen 1968, 3245). Konsequenterweise ist für den gleichförmigen Verlauf eines unspezifisch-instabilen L.s eine im Prinzip „lese"feindliche Bedingungskonstellation anzunehmen, die sich zur Zeit in den sozio-ökonomisch reduzierten Lebensverhältnissen der unterprivilegierten Bevölkerungsschichten am stärksten ausprägt: ökonomische Unsicherheit, persönlichkeitsentfremdende Berufstätigkeit, mangelnde Aufstiegsmöglichkeiten, eingeschränkte Wohnverhältnisse, nicht realitätsadäquate Schul- und Berufsausbildung (H. Kern, M. Schumann 1974; H. Ortmann 1971;

M. Osterland u. a. 1973) sind u. a. relevante Faktoren, die gegen eine positive Selbst- und Welterfahrung und damit gegen Bedürfnis- und Einstellungsstrukturen aktiver Welterfahrung als unabdingbarer Voraussetzung für die Genese eines spezifischen L.s wirken (F. Neidhardt 1975; H. Lüdtke 1972; U. Oevermann 1972; H. Ortmann 1971).

Schulische Einflüsse auf die Lesemotivation. Die institutionalisierte Leseerziehung der Schule(n) unterstützt de facto diese defizitären Sozialisationsbedingungen (der Unterschicht). Sprachbarrieren und das für diese Kinder bedürfnis- und handlungsirrelevante Lektüreangebot zusammen mit einer an Mittelschichtnormen/-einstellungsmustern orientierten Lesedidaktik (M. Dahrendorf 1972, 27ff.) verhindern den Aufbau eines ich-distanzierten, eben nicht ausschließlich kompensatorischen Leseverhaltens. In dem Maße, wie mit steigendem Sozialstatus Norminhalte von Elternhaus und Schule konvergieren, erscheint die Schule trotz der – auch diese Kinder zum Teil belastenden – Lesestoffe in der Durchsetzung ihrer literaturpädagogischen Ziele erfolgreicher. Die bisher vorliegenden lesersoziologischen Daten zeigen in weitestgehender Übereinstimmung quantitative wie qualitative Unterschiede von L.n in engem Zusammenhang mit dem jeweiligen (bzw. durchlaufenen) Schultyp: Schüler/Absolventen weiterführender Schulen lesen in der Regel nicht nur mehr, sondern auch variabler und „qualifizierter" (i. S. einer spezifisch-stabilen Lesemotivation); sie weisen spezifische Entwicklungsverläufe im L. auf, während mit entsprechend geringer Schulbildung die Vorliebe für eskapistische Lektüre bis ins Erwachsenenalter eher konstant bleibt (A. Beeg 1960; M. Dahrendorf 1970; G. Klingberg 1973; L. Rosenmayr u.a. 1966). Gleichsinnig mit dem Bildungsniveau steigt auch das Interesse an Buchlektüre. Dabei scheinen Realschüler vergleichsweise eine stärkere Neigung für realitätsnahe, informationsreiche Texte auszubilden, während Oberschüler in den Abschlußjahrgängen (wie auch später) bevorzugt die Lektüreklasse „Dichtung" („hohe" Literatur) angeben (M. Dahrendorf 1970; M. Girardi u.a. 1965; J. Greven 1973, 154ff.).

Rollenspezifische Lesesozialisation. Einen bedeutenden Einfluß auf die Lektürepräferenzen hat (durchweg noch für alle Schultypen nachzuweisen) die rollenspezifische Sozialisation. Von Eltern, Schule und Lektüreangebot gemeinsam unterstützt trennen sich die Literaturinteressen mit einsetzender Vorpubertät: während sich Jungen von diesem Zeitpunkt an auf (im herrschenden Selbstverständnis „eindeutig") Identifikationsangebote der Genres: Abenteuerlektüre, Sagen, Sportgeschichten und Umweltdarstellungen konzentrieren, bevorzugen Mädchen Lektüre, die ihre Rollenanforderungen in Familie und Umwelt thematisiert (Mädchenbuch), zeigen dabei aber auch durchaus Interesse für das „Jungen"buch (A. Beinlich 1970, 850ff.; A. Blücher 1966; M. Dahrendorf 1970; D. Fischer 1974). Allzu deutliche empirische Hinweise in Richtung auf die Interessendivergenz der Jungen sollten jedoch mit Vorsicht aufgenommen werden; es ist sehr wohl möglich, daß sie eher die ausgeprägten generellen Antworttendenzen der Jungen dieses Alters wie z. B. „Soziale Erwünschtheit" reflektieren als tatsächliche Lektürepräferenzen. Wird dieses methodische Artefakt (ein Problem jeder direkten Befragung in diesem Gebiet) vermieden bzw. kontrolliert, sind die Interessenunterschiede bei weitem nicht mehr so auffällig (G. Klingberg 1973). Überhaupt ist zu erwarten, daß diese Unterschiede in Abhängigkeit von einer nicht mehr stark auf Rollentrennung ausgerichteten Sozialisation noch geringer werden (vgl. das Beispiel DDR: M. Dahrendorf 1975, 174ff.). Erste Hinweise darauf gibt schon heute die Wechselwirkung zwischen Schulbildung und Interessenunterschieden im Sachbuchbereich: Während bei Grund- und Hauptschülern noch ein deutlich höheres Sach(buch)interesse von Jungen (im Vergleich zu Mädchen) festzustellen ist (H. Fischer 1972), verwischen sich diese Unterschiede im Laufe der weiterführenden Schulbildung immer mehr (W. Völke 1971).

„Alter" in seiner Beziehung zu sozialen und Persönlichkeitsvariablen. Die skizzierten Erklärungskonzepte für die Lesemotivation/L.n machen es verständlich, warum empirische Erhebungen, die sich auf die von der Plausibilität her zunächst gewichtigste Variable, nämlich die des Alters, beschränken, so wenig Erkenntnisgewinn bringen: die Frage „in welchem Alter wird was gelesen?" kann nur zu deskriptiven Feststellungen führen, ohne daß damit eine Erklärung der festgestellten Interessen geleistet ist – wodurch auch die Brauchbarkeit (Anwendung) solcher Ergebnisse in der pädagogischen Praxis minimal ist. Es gibt eine fast unüberschaubare Anzahl solch deskriptiver Erhebungen, die aber wegen uneinheitlicher Lektüreklassifikation, Stichprobenauswahl, Frageformen etc. weitgehend nicht einmal zusammenfaßbar sind (vgl. die Forschungsüberblicke bei A. Beeg 1960; A. Hölder 1967; G. Klingberg 1973; W. Völke 1971). Am ehesten lassen sich noch Ergebnisse unter dem Energetisierungs- bzw. generellen Selektionsaspekt zusammenfassen, die dann allerdings auch relativ trivial wirken: z. B. daß der Anteil des Lesens an der Freizeit vom 10. bis 16. Lebensjahr sinkt (O. W. Haseloff 1967, 39), daß die Anzahl der gelesenen Bücher bis zum Alter von ca. 14 ansteigt, um dann abzusinken (G. Klingberg 1973, 150), daß das Interesse für Bücher mit zunehmendem Alter steigt, das für Serienzeitschriften zurückgeht (G. Klingberg 1973, 161) etc. Die sozialisationstheoretische Perspektive legt nahe, daß die Altersvariable je nach Lesesozialisation (strukturell sehr) unterschiedliche Effekte haben kann: bei unspezifischer Lesemotivation z. B. nur eine Veränderung des Schwierigkeits-/Komplexitätsgrades innerhalb einer Lektüreklasse, nämlich der eskapistischer Unterhaltungstexte (A. Beeg 1960; O. W. Haseloff 1967; L. Rosenmayr u. a. 1966), während bei spezifischer Lesemotivation ein (auch qualitativer) Wechsel (Entwicklung?) zwischen verschiedenen Lektürekategorien möglich ist. Das

zeigt, daß die Variable des Alters innerhalb von Forschung mit Erklärungsanspruch sinnvoll nur in der Wechselwirkung mit Sozialisationsvariablen (einschließlich aktuellem Umfeld) und dann selbstverständlich auch dem Aspekt der interindividuellen (persönlichkeitsspezifischen) Unterschiede zu untersuchen ist. Das aber ist das Programm, das die L.n-Forschung in bezug auf die L.n Heranwachsender erst noch leisten muß.

Forschungsmethodik. Die Weiterentwicklung der L.n-Forschung erfordert auch eine Weiterentwicklung der Forschungsmethodik. Die bisher am häufigsten verwendeten Methoden stehen überwiegend noch im Umkreis der auf Deskription ausgerichteten Meinungsforschung (Interviews mit offenen Fragen – Antworten mündlich, schriftlich in Aufsatz- oder Satzergänzungsform –; geschlossene Fragen – meistens zu verschiedenen Lektürekategorien –; Buchtiteltests; Lesetagebücher; Bibliotheksstatistiken (G. KLINGBERG 1973, 130ff.). Zur Erforschung von Erklärungszusammenhängen ist die Anwendung differenzierterer sozialwissenschaftlicher Methoden (wie z.B. Paarvergleiche zwischen Lektürekategorien, ganzen Büchern, Illustrierten oder kleineren Textbeispielen; Projektion evozierende Tests mit fiktiven Titeln; Variation von Texten; semantische Skalierungsverfahren etc. (G. KLINGBERG 1973, 134ff.) und deren Einsatz nicht nur in deskriptiv-heuristischen Feldstudien (Korrelations-, Faktoren-, Regressionsanalysen), sondern in hypothesentestenden experimentellen und quasiexperimentellen Versuchsanordnungen (D. T. CAMPBELL, J. C. STANLEY 1963) nötig.

→Jungleserkunde, →Jungleserpsychologie, →Junglesersoziologie, →Legasthenie, →Lesealter, →Leseerziehung, →Lesefertigkeit, →Leseverhalten.

Sekundärliteratur: M. Beaujean: Leser und Lektüre in der BRD (in: Bücherei und Bildung. 22. 1970. 139–145). – A. Beeg: Leseinteressen der Berufsschüler (Diss. 1960). – A. Beinlich: Über die literarische Entwicklung der Heranwachsenden (in: Wirkendes Wort. 15. 1965. 110–121 u. 187–200); Die literarische Entwicklung in Kindheit und Jugend (in: A. Beinlich (Hrsg.): Handbuch des Deutschunterrichts 1.–10. Schuljahr. Bd. II. 1970. 885–985); Die Entwicklung des Lesers (in: A. Cl. Baumgärtner (Hrsg.): Lesen – ein Handbuch. 1973. 172–210); Zu einer Typologie des Lesers (in: A. Cl. Baumgärtner (Hrsg.): Lesen – Ein Handbuch. 1973. 211–227). – V. Blücher: Jugend, Bildung und Freizeit. III. Untersuchung zur Situation der deutschen Jugend im Bundesgebiet (1966). – Börsenverein des Deutschen Buchhandels (Hrsg.): Buch und Buchhandel in Zahlen 1975 (1975). – Th. Brüggemann: Jugendzeitschriften (in: Jugendliteratur und gesellschaftliche Wirklichkeit. 2. Jahrbuch des Arbeitskreises für Jugendliteratur. 1974. 143–165). – D. T. Campbell: Experimental and quasiexperimental research (1963, zus. mit J. C. Stanley). – M. Dahrendorf: Das Mädchenbuch und seine Leserin (1970, [2]1973); Voraussetzungen und Umrisse einer gegenwartsbezogenen literarischen Erziehung (in: A. Cl. Baumgärtner (Hrsg., zus. mit M. Dahrendorf): Wozu Literatur in der Schule. [3]1972. 27–50); Literaturdidaktik im Umbruch (1975). – M. Doetsch: Comics und ihre jugendlichen Leser (1958). – D. Fischer: Detektivgeschichte und Science Fiction als Jugendliteratur (in: G. Haas (Hrsg.): Kinder- und Jugendliteratur. 1974. 289–311). – H. Fischer: Das außerschulische Leseverhalten von Hauptschülern (in: J. Vogt (Hrsg.): Literaturdidaktik. 1972. 207–231). – M. Girardi u.a.: Buch und Leser in Deutschland (1965). – C. F. Graumann: Motivation ([2]1970). – J. Greven: Grundzüge einer Soziologie des heutigen Lesers (in: A. Cl. Baumgärtner (Hrsg.): Lesen – Ein Handbuch. 1973. 149–171). – N. Groeben: Zur Psychologie des Nicht-Lesens (in: H. Göpfert (Hrsg. zus. mit B. Scheele): Lesen und Leben. 1975. 82–114). – O. W. Haseloff: Das Buch im Erleben unserer Jugendlichen (in: J. Lichtenstein-Rother (Hrsg.): Jugend und Buch in Europa. 1967. 33–70). – Th. Herrmann: Lehrbuch der empirischen Persönlichkeitsforschung (1969). – A. Hölder: Die bisherigen Forschungen auf dem Gebiet der Jugendschriften- und Jungleserkunde und deren kritische Beurteilung (in: Bildung und Erziehung. VI. 1953. 287–311); Das literarische Interesse am Abenteuerbuch in der männlichen Reifezeit (in: Bildung und Erziehung. VII. 1954. 206–222); Das Abenteuerbuch im Spiegel der männlichen Reifezeit (1967). – B. Hurrelmann: Jugendliteratur und Bürgerlichkeit (1974). – W. Israel: Über Wesen und Bedeutung der spezifischen Jugendliteratur (in: Das gute Jugendbuch. 17. 1967. 1–16). – H. Kern: Industriearbeit und Arbeiterbewußtsein I ([3]1974; zus. mit M. Schumann). – G. Klingberg: Die Gattungen des Kinder- und Jugendbuches (in: Wirkendes Wort. 17. 1967. 329–340); Kinder- und Jugendliteraturforschung (1973). – H. Müller: Jugendschriften und ihre literarische Wertung (in: Westermanns Pädagogische Beiträge. 20. 1968. 283–292). – F. Neidhardt: Systemtheoretische Analysen zur Sozialisationsfähigkeit der Familie (in: F. Neidhardt (Hrsg.): Frühkindliche Sozialisation. 1975. 162–187). – U. Oevermann: Sprache und soziale Herkunft (1972). – H. Ortmann: Arbeiterfamilie und sozialer Aufstieg (1971). – M. Osterland u.a.: Materialien zur Lebens- und Arbeitssituation der Industriearbeiter in der BRD ([5]1973). –D. Pforte: Zur Produktion von Comics (in: D. Pforte (Hrsg.): Comics im ästhetischen Unterricht. 1974. 277–292). – G. Ritz-Fröhlich: Die Herausbildung des jungen Menschen zum Leser – eine Aufgabe von Elternhaus und Schule (in: A. Grömminger (Hrsg.): Umgang mit Texten in Freizeit. Kindergarten und Schule. 1974. 15–28). – L. Rosenmayr u.a.: Kulturelle Interessen von Jugendlichen (1966). – G. Schmidtchen: Eine Politik für das Buch (in: Archiv für Soziologie und Wirtschaftsfragen des Buchhandels. Frankfurter Ausgabe. 102. 1968. 3239–3255); Strukturpolitik. Eine neue Strategie auf dem Büchermarkt (in: Das Buch zwischen gestern und morgen. 1969. 198–218). – W. Völke: Die Bedeutung des Lesens (1971). – E. Weber: Die Bedeutung des Lesens für die Freizeit junger Menschen (in: A. Cl. Baumgärtner (Hrsg. zus. mit M. Dahrendorf): Wozu Literatur in der Schule? [3]1972. 120–151); Unterschiedliche Anteilnahme am Freizeitleben in den verschiedenen Berufsgruppen (in: R. Schmitz-Scherzer (Hrsg.): Freizeit. 1973. 312–317). – H. Wolgast: Das Elend unserer Jugendliteratur ([7]1952).

Brigitte Scheele

Leselernmethode

Die Geschichte der Leselehre hat eine Fülle von L.n hervorgebracht, die sich je nach ihrer theoretischen Grundlegung, den psychologischen Einsichten oder dem pädagogischen Verständnis der jeweiligen Epoche im Anspruch der Zielsetzung, in der Reihenfolge und Gewichtung der Lernschritte oder in der Auswahl und Darbietung der Inhalte unterscheiden. Zwischen den Vertretern der verschiedenen Richtungen hat es zum Teil heftige Auseinandersetzungen gegeben, ohne daß

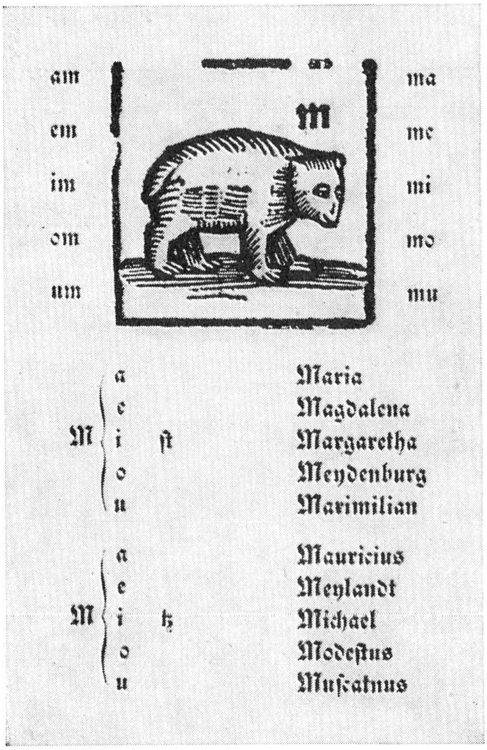

Seite aus Jakob Grüßbeutels Buchstabier- und Lautierübungsbuch „Eyn Besonder fast nützlich stymmen büchlein mit figuren" (Augsburg 1534).

bisher Einigkeit über die „beste" L. erzielt werden konnte. In jüngster Zeit finden in zunehmendem Maße sogenannte „methodenintegrierende" bzw. „-übergreifende" Leselehrgänge Eingang in die Schule, deren Hauptanliegen und -verdienst zwar auch in dem Bemühen um eine Überwindung des Methodenstreits, darüber hinaus jedoch vor allem in dem Versuch zu sehen sind, neuere Erkenntnisse der Sprach- und Lernpsychologie sowie der Kommunikations- und Sozialwissenschaften in den Lernzielkatalog aufzunehmen und didaktisch-methodisch umzusetzen. Die Vielzahl der methodischen Lösungsversuche in Vergangenheit und Gegenwart läßt sich je nach ihrem Ausgang von den Elementen der Schriftsprache oder vom Sprachganzen in synthetische oder ganzheitliche Verfahren unterteilen.

L. auf synthetischer Grundlage. Unter den L.n auf synthetischer Grundlage unterscheidet man die Buchstabiermethode und die Lautiermethode. Die Buchstabiermethode, bereits im Altertum von Griechen und Römern praktiziert, fand erst nach der Erfindung der Buchdruckerkunst allgemeine Verbreitung. Die Schüler hatten zunächst die Buchstaben in der Reihenfolge des Alphabets auswendig zu lernen, wobei der volle Buchstabenname (a – be – ce – de …) benannt wurde, und gingen dann zum sogenannten „Syllabieren" über: be – a = ba; be – e = be; be – i = bi … Diese Lernphase wurde schließlich durch die der „Synthese" abgelöst, in der jedes Wort eines inhaltlich bekannten (meist biblischen) Textes silbenweise buchstabiert und sodann als Ganzes ausgesprochen wurde: Vau – a = Va; te – e – er = ter: Vater.

Schon frühzeitig sah sich die Buchstabiermethode sachlicher Kritik ausgesetzt. In seinem 1527 erschienenen Buch „Die rechte weis auffs kürtzist lesen zu lernen" weist V. ICKELSAMER auf die Schwierigkeiten hin, die dem Leseunterricht bei Verwendung der Buchstabennamen ohne Berücksichtigung der Lautwerte erwachsen und fordert, stattdessen den Laut an den Anfang der Leselehre zu stellen. V. ICKELSAMER gilt damit als Vater der Lautiermethode, die ihren Namen jedoch erst 1803 von dem Augsburger Schulrat H. STEPHANI erhielt. Diesem gelang es nach nahezu 300jährigem Methodenstreit als erstem, der Lautiermethode in Bayern zum Durchbruch zu verhelfen. In Preußen konnte sie sich sogar erst durchsetzen, nachdem die Buchstabiermethode im Jahre 1872 per Gesetz (Falksche Allgemeine Bestimmungen) verboten worden war.

Die synthetischen L.n waren ursprünglich ausschließlich auf die Vermittlung der Lesetechnik ausgerichtet. Besondere Bedeutung wurde dabei den Leistungsfunktionen der Buchstaben- bzw. Lautgewinnung und deren Verschmelzung beigemessen, für deren Bewältigung zahlreiche Zusatzmethoden entwickelt wurden. So wurde im Rahmen der Buchstabiermethode der Erwerb der abstrakten Schriftzeichen durch Merkverse (A = Der Affe gar possierlich ist, zumal wenn er vom Apfel frißt), durch Backen der Buchstabenformen oder Singen des Alphabets einprägsam gestaltet. Für die Lautiermethode wurde dafür das Sinnlautverfahren entwickelt, nach dem der Einzellaut als Empfindungslaut (O = Ausdruck des Staunens), als Naturlaut (S = Bienensummen) oder als Schallaut (R = Räderrollen) gewonnen und als „Hundsbuchstabe" (R), „Lippenbrummer" (M) oder „Freudengetön" (A) behalten wurde. Hinzu kamen optische Merkhilfen für die Buchstabenformen, so daß z. B. der Laut „S" akustisch als Bienensummen, sein graphisches Äquivalent „S" jedoch entsprechend seiner geschwungenen Form als Fuhrmannspeitsche eingeführt wurden (vgl. GÖDELBECKER 1931 und 1933; SCHINDLER 1959; SCHWARTZ 1964). Bei allen diesen Verfahren wird der an sich sinnleere Buchstabe und Laut mit einem Bedeutungsgehalt assoziiert. Diese Sinngebung wurde zuerst von den Ganzheitsmethodikern (z. B. BOSCH 1937), später auch aus den Reihen der „Synthetiker" (z. B. HEUSER 1971; SCHMITT 1970) insofern kritisiert, als dadurch der Blick verstellt werde für den Funktionscharakter des Einzellautes als neutralem Bauelement des Wortes.

Auch zum Zwecke der Lautverschmelzung hat es zahlreiche Lösungsversuche gegeben, so z. B. neben dem allseits geübten Dehn- und Schnellesen die sogenannte Fingerlese- oder auch phonomimische Methode (GROSSELIN 1866; WIEDEMANN 1869), bei der die

Seite zu den Buchstaben A B und C aus dem „Bilder-A, B, C, mit einigen Leseübungen, Gedenksprüchen und Gebeten für Kinder" (Stralsund 1788).

Seite aus Rudolf Dietleins „Deutsche Fibel" mit Motivationen für den Anschauungs-, Sprach-, Schreib- und Leseunterricht (115. Auflage 1899).

Verbindung zweier Laute mit Hilfe von Gebärden vollzogen werden sollte – auch heute noch empfohlen (HEUSER 1971) –, oder die Vokalisationsmethode (LANGE 1908), die von der Erkenntnis ausging, daß die Verschmelzung zweier Laute nicht auf additivem Wege, d.h. in einem zeitlichen Nacheinander, sondern nur aus einem Gesamtimpuls heraus gelingen könne. Dieses in der Praxis seltsam anmutende Verfahren („hauche das a" = ha; „lalle das e" = le; „brumme das u" = mu) hat dennoch den entscheidenden Hinweis auf das Wesen der Lautverschmelzung geliefert.

Die heute nach der lautsynthetischen L. konzipierten Lehrgänge verfolgen ihrem Aufbau nach dasselbe Prinzip wie die Lautiermethode seit V. ICKELSAMER. Der lesetechnische Aspekt steht zwar immer noch im Vordergrund, doch ist er mit dem Bemühen gekoppelt, die Sinnerschließung als zweite Komponente des Leseprozesses im Auge zu behalten: Ausgangspunkt ist der Einzellaut, der entweder gemäß dem Sinnlautverfahren gewonnen oder teilweise auch ohne jeden Sinnbezug in seinem Lautwert benannt wird. Die Synthese zweier Laute (Konsonant–Vokal) zur „Primitivsilbe" erfolgt unmittelbar nach Einführung der ersten Laute, wobei der Lautverschmelzung nur noch geringes Gewicht beigelegt wird. Der Sinnbezug wird durch das Erlesen von Silbentexten mit Unterstützung entsprechender Illustrationen so früh wie möglich hergestellt; z.B.: o ma – ma; o o – ma; a a! (Illustration: Geburtstagstisch). Im weiteren Verlauf des Leselehrgangs wird die Verbindung mehrerer Laute zur Silbe vollzogen, die Silbenlücken entfallen, und die Texte nehmen entsprechend dem Buchstabenzuwachs an Umfang zu. Die sprachliche Gestaltung bleibt jedoch über lange Zeit sehr gekünstelt, da sich die Textauswahl nicht oder nur sehr bedingt an den sprachlichen Bedürfnissen und Interessen der Schüler orientiert, vielmehr gebunden ist an das jeweils verfügbare Lautmaterial. Der Gefahr des gedehnten Leierlesens versucht man durch das Bewußtmachen der Lautvariationsbreite der Vokale zu begegnen. So werden beispielsweise kurze Vokale durch einen Punkt unter dem betreffenden Buchstaben gekennzeichnet oder auch Faustregeln über die Stellung von „Klingern" und „Nichtklingern" innerhalb des Wortes angeboten. Als Vorzüge des lautsynthetischen Leselernverfahrens werden genannt: systematisches und lückenloses Vorgehen in kleinen Lernschritten;

sichere Beherrschung der Lesetechnik (Laut- und Buchstabenkenntnis sowie Lautverschmelzung); frühzeitiges Erkennen von Leseschwäche; intensive akustische und sprechmotorische Schulung; Möglichkeit der Elternmithilfe (vgl. RABENSTEIN 1974). Als Nachteile werden gesehen: Vernachlässigung des Inhalts der Schriftsprache; Überbetonung der Lesetechnik; Gängelung der Schüler durch die Systematik des Lehrgangs und Vernachlässigung der Selbständigkeit in einem lehrerzentrierten Unterricht; Mißachtung unterschiedlichen Sprachwissens und Voraussetzung normgerechter Artikulation (vgl. HEUSS 1971; SCHWARTZ 1967; BOSCH 1937 u.a.).

Die Entwicklung der ganzheitlichen L.n. Die Entwicklung der ganzheitlichen L.n – unter denen hier Ganztext-, Ganzsatz-, Ganzwort- sowie analytisch-synthetische Methoden subsummiert werden sollen – wurde nach weniger erfolgreichen Ansätzen FR. GEDIKES (1779) und E. CHR. TRAPPS (1780) von dem französischen Lesemethodiker J. J. JACOTOT (1818) eingeleitet, der als Ausgangspunkt für das Lesenlernen sogleich ein ganzes Buch (FÉNELONS „Télémaque") wählte und dieses Satz für Satz zunächst in einzelne Wörter, dann Silben und schließlich Buchstaben zerlegen und unmittelbar darauf wieder zusammensetzen ließ. Die methodische Umsetzung seiner Idee, „naturgemäß" von den „Tatsachen" auszugehen, scheiterte jedoch an der technischen Bewältigung von Analyse und Synthese, bei der er wieder in den mechanischen Drill der Buchstabiermethode zurückfiel. 1846 griff der Breslauer Gymnasiallehrer K. SELTZSAM die Methode J. J. JACOTOTS wieder auf und wandelte sie dahingehend ab, daß nun nicht mehr ein ganzes Buch, sondern ein kurzer Lesetext, bestehend aus einsilbigen Wörtern, am Beginn des Leselehrgangs stand und statt des Buchstabierens das Lautieren geübt wurde. Zur selben Zeit wurde in den USA von J. R. WEBB die „New Word Method" (1846) erfunden, die, ebenso wie in Deutschland einem steten Wandlungsprozeß unterworfen, seit 1930 eindeutig bevorzugt wird, heute jedoch wieder im Kreuzfeuer der Kritik steht (CHALL 1967). In Deutschland entwickelte sich neben dem ganztextmethodischen Ansatz K. SELTZSAMS die Normalsatz- (A. GRAFFUNDER 1834; W. A. LAY und H. ENDERLIN 1911) und die Normalwortmethode (K. VOGEL 1843). Ob nun vom Text, Satz oder Wort ausgegangen wurde, gemeinsam war all diesen Verfahren, daß unmittelbar nach der Einführung des Sprachganzen zur Isolierung der Buchstaben und Laute übergegangen und ähnlich den lautsynthetischen Verfahren die Lautverschmelzung in einem langwierigen Lernprozeß eingeübt wurde. Das setzte zwangsläufig einen Unterricht in gleicher Front unter straffer Führung des Lehrers voraus. Unterrichts- und Führungsstil waren somit weitgehend unverändert geblieben. Die Entdeckung des inhaltlichen Aspekts in seiner Bedeutung für den Leselernprozeß brachte jedoch in zweierlei Hinsicht eine Wende in der bislang ausschließlich auf lesetechnischer Ebene geführten Diskussion. Einerseits wurde der Ausschließlichkeitsanspruch der vom Element ausgehenden L.n in Frage gestellt, zum anderen wurden Inhalt und Gestaltung der Lesetexte unter dem Gesichtspunkt der Kindgemäßheit gesehen. An die Stelle sinnloser Silbentexte und biblischer Inhalte traten mehr und mehr Lesebücher (Fibeln) für Kinder mit kleinen Umwelt- und Tiergeschichten, Liedern, Reimen und Rätseln.

Aus Enttäuschung über den trotz allem nicht überwundenen technischen Drill legte der Taubstummenlehrer C. MALISCH 1909 ein Konzept vor, das als konsequent ganzheitliche Methode der Idee des ganzheitlichen Leseunterrichts mehr geschadet, als sie gefördert hat. Die Erkenntnis, daß der geübte Leser die Wörter nicht Buchstabe für Buchstabe erliest, sondern sie wie Bilderschriften in einem Simultanakt ganzheitlich aufnimmt, übertrug er auch auf den Leselernprozeß und ließ unter Mißachtung des Strukturprinzips der Schriftsprache sämtliche Wörter als Wortschriftbilder gedächtnismäßig einprägen. Obwohl sich diese Methode, die nicht nur die Auffassungskraft und das Gedächtnis der Kinder in unvertretbarer Weise überforderte, sondern auch die Vorteile einer Laut-Buchstabenschrift gegenüber Bilderschriften negierte, in der Praxis nicht durchsetzen konnte, hat sich seitdem – nicht zuletzt auch durch eine verunsicherte Lehrerschaft – in der Öffentlichkeit die Auffassung gehalten, ganzheitlich unterrichtete Kinder würden nicht oder nur beiläufig mit dem Lautprinzip unserer Schrift vertraut gemacht und könnten daher nicht „richtig" lesen.

Dennoch deutet sich bei C. MALISCH erstmals der Beginn einer wissenschaftlichen Begründung didaktisch-methodischer Entscheidungen an und damit zugleich auch die Problematik der Übertragbarkeit theoretischer Erkenntnisse auf das Handlungsfeld der Praxis. Erst J. WITTMANN (1929) und A. und E. KERN (1930) gelang es mit einem theoretisch und praktisch zunächst bestehenden Konzept, die Verbreitung der Ganzheitsmethode voranzutreiben. Ausgehend von der Überzeugung, daß das ganzheitliche Verfahren kind- und sachgemäßer sei, boten sich zu dessen Begründung die noch sehr jungen Erkenntnisse der Gestalt- und Ganzheitspsychologie an, die in vermeintlicher Übereinstimmung mit der Wahrnehmungsgenese des Kindes zur wissenschaftlichen Grundlegung des ganzheitsmethodischen Ansatzes herangezogen wurden, maßgeblich zu dessen Anerkennung beitrugen. Für den Leselehrgang resultierte daraus ein methodischer Dreischritt, der seitdem alle ganzheitlichen Fibeln kennzeichnete: Auf der ersten Stufe des naiv-ganzheitlichen (SCHWARTZ 1964) bzw. voranalytischen (REINHARD 1962) Lesens prägten sich die Kinder kleine Sätze oder Wortbilder ein, deren Kenntnis sie dazu befähigte, recht bald umfangreiche Texte in kindgemäßer Sprache zu „lesen". Besondere Beachtung fand bei der Textkonzeption der Steilheitsgrad, durch den das Anwachsen der Zahl von Wortbildern und die Häufigkeit ihrer Wiederholung bestimmt wurden. Die zweite Phase begann mit der Auf- oder Durchgliederung der Wörter mit dem Ziel der optischen und akustischen Analyse, die zur Benennung und Einprägung nicht nur der

Einzellaute (wie bei Kern und Brückl), sondern auch bestimmter „Wortunterganze" führte, von denen neben Silben und Wortendungen insbesondere die sogenannten „Signalgruppen" (K. Warwel 1965) als für den Lesevorgang bedeutsam erkannt wurde. Der letzte Schritt war schließlich die Synthese von Sprachganzen, die, um das Erzeugen verzerrter „Pseudowortklangbilder" (Bosch) zu vermeiden, zunächst mit Sinnvorwegnahme und erst mit wachsender Lesefertigkeit an fremdem Wortmaterial vorgenommen wurde.

Eingangsdoppelseite der Fibel „Lesen heute", herausgegeben von Dietrich Pregel (1971). „Schilderlesen" am Beginn des schulischen Leselernprozesses.

Zur Zielsetzung und Situation der L. heute. Das ursprüngliche theoretische Konzept der Ganzheitsmethode wurde sowohl aus lern- als auch aus entwicklungspsychologischer Sicht widerlegt (Pfaffenberger 1960; Kleinhans 1966; Nickel 1967). Die Fülle der empirischen Untersuchungen, die im Zuge des Methodenstreits durchgeführt wurden und die erstmals die Interdependenz von Theorie und Praxis explizit machten, legten unter Berücksichtigung von umfangreichem Erfahrungsmaterial jedoch ein neues tragfähiges Fundament, das den Ausgang des Lesenlernens vom Sprachganzen nicht nur legitimiert, sondern entsprechend der gewandelten Auffassung von Unterricht der synthetischen Methode gegenüber als überlegen ausweist. Verschiedene Effektivitätsuntersuchungen (u.a. von Schmalohr 1961 und Ferdinand 1970) haben bei synthetisch und ganzheitlich unterrichteten Kindern nur geringfügige, zum Teil phasenverschobene Unterschiede in der Lesefähigkeit erbracht. Sie haben aber gleichzeitig zu der Erkenntnis geführt, daß der Leselernprozeß nicht mehr als ein Akt sui generis, sondern „in Abhängigkeit von Sprachverständnis, visueller Wahrnehmung, akustischer Wahrnehmungsorganisation, von der Fähigkeit des Kindes zur Vergegenständlichung der Sprache, von der Lernmotivation und von der Aufmerksamkeitshaltung des Kindes" (Heuss 1971, 58) gesehen werden muß.

Die Frage nach der „besten" L. ist damit letztlich irrelevant geworden. Entscheidend ist vielmehr, daß das Erreichen übergeordneter langfristig angestrebter Lernziele durch methodische Maßnahmen nicht behindert, sondern in die pädagogische Verantwortung genommen wird, indem der Leseunterricht – sich den allgemein pädagogischen Aufgaben der Förderung von Selbsttätigkeit und sachorientiertem Lernen verpflichtet, – Lesen als Teilhabe am Kommunikationsprozeß einsichtig macht, – den gegebenen unterschiedlichen Sozial- und Spracherfahrungen der Schüler Rechnung trägt, – zur Lesesicherheit und -genauigkeit sowie zur Inhalts- und Informationsentnahme im Lesevollzug befähigt und – die Lerninhalte als Instrument der Sozialisation begreift.

→ABC-Buch, →Fibel, →Legasthenie, →Lesealter, →Leseerziehung, →Lesefertigkeit, →Leseinteresse, →Leserverhalten

Sekundärliteratur: B. Bosch: Grundlagen des Erstleseunterrichts (1937, ^{3}1961). – J. Chall: Learning to read: The great debate (1967). – W. Ferdinand: Über die Erfolge des ganzheitlichen und des synthetischen Lese-(Schreib-)Unterrichts in der Grundschule (1970). – L. F. Gödelbecker: Entwicklungsgeschichte des ersten Leseunterrichts von 1477–1932 (1933). – O. Heuser: Der Erstleseunterricht in der Geschichte, Theorie und Praxis (1971). – G. E. Heuß: Vorschule des Lesens (1971). – A. und E. Kern: Lesen und Lesenlernen (1930). – R. Rabenstein (Hrsg.): Erstunterricht (1974). – G. Schindler: Sprachbildung oder Kulturtechnik (1959). – E. Schmalohr: Psychologie des Erstlese- und Schreibunterrichts (1961). – C. Fr. Schmitt: Grundzüge des Erstleseunterrichts (1970). – E. Schwartz: Über „Signalgruppen" und ihre Bedeutung für den Lesevorgang (in: Westermanns Pädagogische Beiträge. 17. 1965. 7. 322). – J. Wittmann: Theorie und Praxis eines ganzheitlichen analytisch-synthetischen Unterrichts (1929).

Christa Erichson

Lesephasen →Ch. Bühler, →Lesealter, →E. Lippert

Lese(r)verhalten

L. kennzeichnet eine Subjekt-Objekt-Bindung zwischen Leser (Rezipient) und literarischem Produkt (Text, Buch, Heft, Zeitung usw.), die so eng werden kann, daß der Leser zu einer zeitweiligen Isolation von der Umwelt kommt. Das L. ist dreifach auszudeuten: 1. in einer Vorstufe als Verhalten des Rezipienten zu einem materiellen Objekt (Buch etc. als Gegenstand); 2. als Verhalten zu einem wählbaren, jedoch noch nicht erschlossenen Medium intelligibler Gehalte (Buch etc. als Gegenstand der Wahl); 3. als Verhalten während des Konsums der Lektüre (Buch etc. als zweite Wirklichkeit und Identifikationsstätte). Im Laufe der Entwicklung des Lesers verändern sich seine Verhaltensweisen gegenüber der Lektüre.

Vorstufe. L., bei dem das Buch als materielles Objekt behandelt wird, gehört teilweise noch dem vorliterarischen Entwicklungsstadium des jungen Menschen an. Es ist das Verhalten bei einer ersten Buchbegegnung (vgl. FR. MINKE, a.a.O. S. 24ff.), das mit einem Davorstehen beginnt und in einem mit den Händen „Ergreifen" fortgesetzt wird, das zunächst als ein Besitzergreifen zu verstehen ist. Es kann nicht als L. im eigentlichen Sinne verstanden werden und ist die Haltung, die ein Kind in diesem Alter jedem Spielzeug – etwas anderes ist das Buch zunächst noch nicht – entgegenbringt. Als Spielzeug wird das Buch zunächst erprobt, wobei es als Stuhl, Baustein, Zelt oder Hut dienen kann, bis es zur Entdeckung des Bildes im Buch kommt. Hieran erfährt das Kind die Fiktionalität des Bildes, und dieses Begreifen seines Abbildcharakters läßt es zu einem Wiedererkennen der Wirklichkeit im Bild und zu einem langsamen Durchschauen des Bildes kommen. Der Weg zu einem buchgerechten Verhalten beginnt mit einer dem Buch atypischen Verwendungsweise, führt zum rechten Gebrauch des Buches beim Durchblättern bis zum Erkennen der abgebildeten Welt. Bisher liegen außer FR. MINKES Dissertation nur wenige Einzelbeobachtungen vor, die aber erkennen lassen, daß ein solches Verhalten nicht nur auf die ersten Lebensjahre des Kindes beschränkt ist, sondern auch noch in Kinder- und Schulkindergärten anzutreffen ist. Hier wird die Abhängigkeit des L.s von soziokulturellen Determinanten erkennbar.

L. bei der Wahl der Lektüre. Mit dem Erwerb der Lesefähigkeit wird das Buch zum vertrauten Gegenstand, dessen äußeres Gepräge beim Kind, Jugendlichen und Erwachsenen sein L. bestimmen kann. Das L. des jungen Menschen kann dabei von einer unbewußten Antizipation ausgehen, für die die äußeren Merkmale des Buches wie Titel, Titelbild, Schrift, Umfang usw. relevant sind, bei geübten Lesern auch der Verfasser. Diese Antizipation, die sich in der Regel im unbewußten, nichtverbalen Bereich vollzieht, drängt auf Klärung und Überprüfung. Das aus ihr resultierende L. ist Ausdruck einer bereits erworbenen Leseerfahrung. Je nach der Intensität können Klappentexte, die vom Verlag aufgestellten Inhaltsangaben, Bilder, Kapitelüberschriften, Anfänge oder Schlußabsätze der Bücher Anlaß zu einer solchen Überprüfung sein. Dabei ist das gezeigte L. auch von der Buchgattung mitbestimmt: Während etwa bei einem Abenteuerbuch ein flüchtiges Überlesen des Anfangskapitels im Hinblick auf die Spannungselemente das weitere L. und damit auch ein Lesen oder Nichtlesen bestimmt, reicht dazu bei Zeitschriften ein Durchblättern aus. Bei Romanheften wie Arzt-, Liebes- und Heimatromanen kann aus der unbewußten Erkenntnis der Stereotypien dieser Gattung zunächst der Anfang, also die Problemstellung, und dann der Schluß, also die Problemlösung, vorgenommen werden, ehe die Entscheidung, ob das Heft lesenswert ist, gefällt wird. Ein von E. SCHLIEBE-LIPPERT und S. LICHTENBERGER durchgeführtes Forschungsvorhaben der Pädagogischen Hochschule Saarbrücken „Lesen als Freizeitbeschäftigung" ergab, daß das L. in diesem Bereich nicht ohne weiteres typisierbar ist, vielmehr das Einbeziehen verschiedener Faktoren, wie Lesefähigkeit im Sinne von Erfahrung im Umgang mit Büchern, Entwicklungs- und Wissensstand des Lesers, Leseziel und Leseabsicht erfordert. Das Buch, das auf der ersten Stufe des L.s Objekt war, vermag hier schon durch seine äußere und innere Aufmachung das Verhalten seines potentiellen Lesers mitzubestimmen.

L. während der Lektüre. Das Verhalten des Lesers, der aus einer inneren Gestimmtheit zum Buch greift, ist von Antrieben bestimmt, die meist durch seine Umwelt an ihn herangetragen wurden. Empfehlung und Verlokkung zum Lesen durch die Altersgenossen, weniger durch Personen des Familienkreises, kann ebenso das Verhalten des Lesers zum Buch bestimmen wie sein Bedürfnis nach Beschäftigung, nach Verständnis, wie ein Gefühl von Alleinsein oder Traurigkeit. Sowohl Ausrichtung nach den Wünschen eines Kommunikationspartners als auch der Drang, Wissen für die Umwelt zu erwerben, als auch der, der Umwelt zu entfliehen, kann das L. von Jungen und Mädchen gleichermaßen bestimmen. Dabei kann es zu einer solchen Vergegenwärtigung der Handlung des Buches kommen, daß eine Wirklichkeitsumkehr eintritt, daß die fiktionale Welt des Buches zur Realität, die reale Welt aber zur Fiktion wird. Die Identifikation mit der literarischen Welt kann so weit reichen, daß die Rede einer Buchgestalt laut oder leise beim Lesen mitgesprochen wird, und sei es nur, um das Gefühl des Einsamseins dadurch zu überwinden. Leseort und die eingenommene Lesehaltung können als weiterer Ausdruck des L.s gewertet werden. Vom beobachtbaren L. des Kleinkindes kann eine fortschreitende Intensivierung und Verinnerung des L.s festgestellt werden. Eine Gesamtdarstellung des L.s im Bereich der Jugendleserpsychologie fehlt heute noch. Eine eingehende Darstellung der Verhältnisse zwischen Leser–Buch und der jeweiligen Umwelt mit den Auswirkungen des L.s ist in dem genannten Forschungsvorhaben der Pädagogischen Hochschule Saarbrücken geplant.

→ Buchreife, → Jungleserkunde, → Jungleserpsychologie, → Junglesersoziologie, → Leseerziehung, → Lesefertigkeit, → Leseinteresse

Sekundärliteratur: Fr. Minke: Kleinkind und Bilderbuch. Empirische und theoretische Untersuchung des Bilderbuches aus psychologischem und pädagogischem Aspekt (Diss. 1958).

Sigrid Lichtenberger

Lessing, Gotthold Ephraim

*Schriftsteller und Kritiker; *22. 1. 1729 Kamenz/Lausitz, †15. 2. 1781 Braunschweig.*

L., Sohn eines evangelischen Pfarrers, studierte nach dem Besuch der bekannten Meißener Fürstenschule (1741–1746) in Leipzig und Wittenberg Theologie und Medizin. Schon während seines Studiums schrieb er Gedichte, Lieder, Fabeln und Dramen. Später lebte er mit wechselnden Anstellungen und Projekten, teilweise auch als freier Schriftsteller, in Leipzig (1755–1758), Breslau (1760–1765), Berlin (1765–1767), Hamburg (1767–1770), zuletzt als Bibliothekar in Wolfenbüttel.

L.s Bedeutung für die Kinder- und Jugendliteratur. Der Verfasser des „Nathan der Weise“ (1779), der „Minna von Barnhelm“ (1767), der „Hamburgischen Dramaturgie“ (1767–1769), der scharfe Kritiker engstirniger Theologie und starrer Kunstauffassung gelangte auf zwei Wegen in die Kinder- und Jugendliteratur: durch die Adaptation seiner Fabeln als Kinderlektüre und dadurch, daß die Höhere Schule seine Hauptwerke lange Zeit in den Literaturkanon und damit in die Lesebücher aufnahm. Zeit seines Lebens beschäftigte sich L. mit Fabeln. Nach zahlreichen Vorabdrucken in Zeitschriften erschien 1753 eine Sammlung erster gereimter Versuche des Vierundzwanzigjährigen unter dem Titel „Fabeln und Erzählungen“. Vier Jahre später (1757) übersetzte er anonym die Fabeln des Engländers S. Richardson (1689–1761), die ausdrücklich als „Sittenlehre für die Jugend“ gedacht waren und bis 1786 fünf Auflagen erlebten. L.s auf prägnante Bezeichnung des Vorgangs und klare Charakterisierung des Inhalts gerichtete Schreibweise erreichte einen Höhepunkt in seinen Prosafabeln („Fabeln. Drey Bücher. Nebst Abhandlungen mit dieser Dichtungsart verwandten Inhalts“, 1759). In den beigefügten theoretischen Abhandlungen (u.a. „Vom Wesen der Fabel“, „Von einem besonderen Nutzen der Fabel in den Schulen“) setzt er sich mit der Fabeltradition im Gefolge der französischen höfischen Dichtung (J. de La Fontaine, 1621–1695) kritisch auseinander und stellt ihr seine epigrammatisch-kurze, pointiert-erfindungsreiche, ganz im Dienst der aufklärerischen Didaktik stehende Form gegenüber. Die durchscheinende Kritik an der feudalen Ständehierarchie, den entwürdigenden Verhältnissen und menschlichen Deformationen, die sie hervorbringt, weist L.s Fabeldichtung inhaltlich als engagiert und zeit- und gesellschaftsbezogen aus, als „ein fortlaufendes Kleingewehrfeuer, nicht zuletzt auch gegen den friderizianischen Despotismus“ (Fr. Mehring 1893). Formal sah der aufklärerische Rationalist L. in der Erkenntnis der einzelnen Fabellehren durch den jungen Leser, noch mehr in der Fabeleigenproduktion des Schülers ein auf alle Gebiete der Erkenntnis übertragbares Training der Erfindungskraft und damit ein Mittel der Selbstbefreiung des Menschen. In späteren Jahren schrieb L. weitere Fabeln (angeblich gingen ihm 1775 ca. vierzig verloren). Darüber hinaus begann er mehrfach, eine Geschichte der äsopischen Fabel zu konzipieren, kam jedoch über Vorarbeiten nicht hinaus.

Noch zu seinen Lebzeiten wurde L.s Werk zur Schullektüre. Ein Teil seiner Fabeln, Epigramme und Lieder wurde schon in eine der ersten Schulanthologien deutscher Dichtung, die 1768 von I. Weitenauer herausgegebene „Sammlung kürzerer Gedichte, meistens aus neueren deutschen Dichtern“, aufgenommen. In der Folgezeit fand L. in fast alle Lesebücher Eingang. Wurden in den unteren Klassenstufen hauptsächlich L.s Fabeln behandelt, so las man in der Oberstufe des Gymnasiums seine Hauptdramen, besonders „Minna von Barnhelm“ und „Nathan der Weise“, sowie Auszüge aus seinen literaturtheoretischen und -kritischen Schriften. Lesebuchherausgeber, die – wie A. Stifter („Lesebuch zur Beförderung humaner Bildung“, 1854) – der romantischen Bewegung nahestanden, berücksichtigten allerdings den Rationalisten und moralischen Aufklärer L. nur wenig. In der Schule des wilhelminischen Kaiserreichs wurde L. einerseits als deutsche Gegenkraft zur Aufklärung akzeptiert, andererseits stieß seine humanistische Grundhaltung zunehmend auf Unverständnis. In den 1890 vorgestellten neuen preußischen Lehrplänen ist L.s „Nathan der Weise“ nicht vorgesehen. Eine Krise erfuhr die L.-Rezeption in der Schule gegen Ende der zwanziger Jahre, als auch die klassisch-humanistische Bildungskonzeption in die Diskussion geriet (vgl. W. Schönbrunn, 1929). Während des Dritten Reichs wurde L.s Werk soweit nationalistisch zurechtgestutzt, bis es in das Bildungskonzept der damaligen Machthaber paßte: „Nicht der Lessing der ‚Emilia‘ und des ‚Nathan‘ ... gehört in unsere heutige Schule, sondern der Lessing, der ein zielklarer Vorkämpfer und Erfasser deutschen Wesens war, der die Franzosen in ihre Schranken wies ..., der Lessing eines wesentlich nordisch geprägten Stils“ (W. Poethen, 1936). Nach 1945 bis heute nehmen L.s Werke einen festen Platz in den Lesebüchern und Lehrplänen für Gymnasien in der Bundesrepublik Deutschland ein. Die Fabeln werden zumeist unter dem Aspekt der Vermittlung der formalen Gattungsspezifika und der Sprachkunst L.s behandelt. Neuerdings wird auch angeregt, L.s aufklärerisch-engagierte Polemik zum Gegenstand des Literaturunterrichts zu machen (vgl. B. Lecke). In die entsprechenden Klassenstufen der Hauptschule hat L. kaum Eingang gefunden. Auch in den Schulen der Deutschen Demokratischen Republik werden L.s Werke in breitem Umfang vermittelt. Nach den Lehrplänen für Deutsch von 1969/70 sollen die Schüler der 6. und 7. Klasse anhand einiger Fabeln L.s Gattungsmerkmale sowie die klassenbedingte Moral und Parteilichkeit, die gesellschaftskritische Einstellung L.s kennenlernen. Nach der Behandlung der Dramen und theoretischen Schriften in den höheren Klassen ist für die erweiterte Oberschule die Behandlung L.s im literaturgeschichtlichen Zusammenhang vorgesehen.

→ Fabel

Werke: Fabeln und Erzählungen (1753); Fabeln. Drey Bücher. Nebst Abhandlungen mit dieser Dichtungsart verwandten Inhalts (1759); Laokoon oder über die Grenzen der Malerei und Poesie (1766); Minna von Barnhelm (1767); Hamburgische Dramaturgie (1767–1769); Nathan der Weise (1769); Emilia Galotti (1772).

Sekundärliteratur: E. Bender: Lessing, Der Hamster und die Ameisen. Zur Behandlung in der Sexta (in: Der Deutschunterricht. 7. 1955. 64–68). – Kl. Doderer: Didaktische Überlegungen zur Fabel und Kurzgeschichte (in: A. Cl. Baumgärtner

(Hrsg.): Literarische Erziehung in der Grund- und Hauptschule. 1965. 15–25); Fabeln (1970). – B. Lecke: Notizen und Modellvorschläge zur Behandlung klassischer Dramen im heutigen Deutschunterricht (in: H. Ide (Hrsg. zus. mit B. Lecke): Projekt Deutschunterricht. Bd. 7. 1974. 1–68). – R. Kreis: Fabel und Tiergleichnis (in: H. Ide (Hrsg.): Projekt Deutschunterricht. Bd. 1. 1971. 57–104). – H. L. Markschies: Lessing und die äsopische Fabel (in: Wissenschaftliche Zeitschrift der Karl-Marx-Universität Leipzig. 4. 1954/55. 1. 129–142). – F. Mehring: Die Lessing-Legende (1893). – K. A. Ott: Lessing und La Fontaine. Von dem Gebrauch der Tiere in der Fabel (in: Germanisch-romanische Monatsschrift. 40. 1959. 235–266). – W. Poethen: Die Lesestoffauswahl im Rahmen der heutigen Forderungen (in: Zeitschrift für deutsche Bildung. 1936. 14–27). – W. Schönbrunn: Die Not des Literaturunterrichts an der großstädtischen Schule (in: Die Erziehung. 1929. 252–259). – D. Sternberger: Über eine Fabel von Lessing. „Der Esel mit dem Löwen" (in: D. Sternberger (Hrsg.): Figuren der Fabel. 1950. 70–92). – G. Wöllner: G. E. Lessing, Nathan der Weise (in: Deutschunterricht. 25. 1972. 512–514).

Bernd Dolle

Lewald, Johann August

*(Ps.e: Hans Kindermann, Tobias Sonnabend, Kurt Waller). Schriftsteller (Belletristik, Historisches, Reisebücher, Erinnerungen, Jugendschriften), Schauspieler, Theaterdirektor, Redakteur; *14. 10. 1792 Königsberg in Preußen, †10. 3. 1871 München.*

L., Sohn eines wohlhabenden Kaufmanns, besuchte das Gymnasium in Königsberg und studierte dort nach dem frühen Tod des Vaters neben seiner kaufmännischen Tätigkeit moderne Sprachen und Kunstgeschichte. Er meldete sich 1815 freiwillig zum Dienst im Heer, erkrankte jedoch bald. Nach der Genesung nahm er als Sekretär des russischen Generals v. Rosen am Krieg gegen Frankreich teil. Danach weilte er in Breslau, wo er unter anderem mit K. v. Holtei (1798–1880) bekannt wurde und sich dem Theater zuwandte. Ab 1818 war L. Schauspieler in Brünn und München, ab 1824 Theaterdirektor in Nürnberg und Bamberg; danach ging er nach Hamburg, Paris und München. Nachdem er zuvor schon an Zeitungen mitgearbeitet hatte, gründete er 1835 in Stuttgart die Zeitschrift „Europa, Chronik der gebildeten Welt", die er bis 1846 herausgab. Inzwischen hatten auch seine Buchpublikationen begonnen. Von der Revolution des Jahres 1848, das er in Frankfurt verbrachte, abgestoßen, wandte sich L. der Politik zu und übernahm 1849 in Stuttgart die Redaktion der konservativen „Deutschen Chronik". Bald darauf wurde er Spielleiter des dortigen Hoftheaters. In München trat L. 1860, wohl unter dem Einfluß seiner Frau, zur katholischen Kirche über. Er sah es als seine Aufgabe an, den Katholizismus in der Belletristik zu vertreten.

Werk, Tendenzen, Wirkung. L. hat ein umfangreiches Werk vorgelegt: Seine belletristischen Schriften umfassen zahlreiche Romane, Novellen und Dramen; historische Darstellungen sind unter anderem Friedrich dem Grossen und Ignatius von Loyola gewidmet; die Reisebücher beschäftigen sich mit dem Rheinland, mit Süddeutschland, Tirol, der Schweiz und Italien; außerdem hat L. eine Geschichte der Musik, eine Schauspielerschule und Lebenserinnerungen publiziert. Von der zeitgenössischen Kritik wurden ihm Bildung, Welt- und Menschenkenntnis, Phantasie und eine Fähigkeit zu leichter, eleganter Darstellung bescheinigt; zugleich wurde jedoch auch, vor allem im Hinblick auf seine frühen Veröffentlichungen, ein gewisser Mangel an Gründlichkeit und künstlerischer Durchgestaltung seiner Bücher beklagt, ebenso seine gelegentlich störend wirkende Lehrhaftigkeit, die sich in direkten Anreden, Mahnungen und Warnungen an den Leser äußerte. Heute haben L.s Schriften höchstens noch historischen Wert.

Für die Jugend hat L. zwei Bände Märchen („Blaue Mährchen", 1837; „Fee Rosa", 1840) „neu erzählt" und einen Band „Deutsche Volks-Sagen" (1845) bearbeitet. Die vierbändige Ausgabe von „Tausend und eine Nacht" (1838, Übersetzung von G. Weil), die L. herausgegeben und eingeleitet hat, war, wie aus seiner „Vorhalle" zu erschließen ist, für Erwachsene gedacht, wurde aber bald zu der auch von Jugendlichen am häufigsten gelesenen Sammlung orientalischer Märchen der Zeit. Sein „Angebinde für alle Tage des Jahres" (1846), ein „Kalender für die Jugend, zur Belehrung und Erweckung des eigenen Nachdenkens", ist eine Art Sachbuch, das, den einzelnen Tagen des Jahres zugeordnet, eine bunte Folge kleiner Aufsätze zu Themen aus allen möglichen Gebieten – Biologie, Religion, Geschichte, Morallehre, Kunst, Literatur, Sitten und Gebräuche, Aberglaube usw. – enthält, die mitunter durch kurze beispielhafte Geschichten verlebendigt werden. Dabei war es L.s Ziel, „zu sittlicher Erhebung, Liebe zur Heimath und zum Vaterlande, Belebung eines ächt religiösen Gefühls, Wohl thun, Fleiß und zu einer heiter gemüthlichen Lebensanschauung die Leser zu führen".

Werke: Blaue Mährchen für alte und junge Kinder. Neu erzählt (1837); Fee Rosa. Seitenstück zu den „blauen Mährchen" für alte und junge Kinder. Neu erzählt (1840); Deutsche Volks-Sagen. Für die erwachsene Jugend bearbeitet (1845); Angebinde für alle Tage des Jahres. Ein Kalender für die Jugend, zur Belehrung und Erweckung eigenen Nachdenkens (1846).
Hrsg.: Tausend und eine Nacht. Arabische Erzählungen. Zum Ersten male aus dem arabischen Urtext treu übersetzt von Dr. G. Weil. Herausgegeben und mit einer Vorhalle von A. Lewald (Bd. 1–4. 1838).

Sekundärliteratur: J. Kehrein: Biographisch-literarisches Lexicon der katholischen deutschen Dichter, Volks- und Jugendschriftsteller im 19. Jahrhundert. Bd. 1 (1868).

Alfred Clemens Baumgärtner

Lewis, Elizabeth Foreman

*Amerikanische Verfasserin von Jugendbüchern, Romanen und Kurzgeschichten über China; *24. 5. 1892 Baltimore/Maryland, †7. 8. 1958.*

Als Kind war es ihr Wunsch, Medizin zu studieren. Sie besuchte dann aber 1909/10 eine Kunst- und 1916/17 eine Sekretärinnenschule in Baltimore und ein Bibelseminar in New York (1917). 1917 ging sie im Auftrag der methodistischen Mission nach China und war in Schanghai, Nanking und Chungking tätig, vor allem als Lehrerin für englische Literatur, Sport und Handelsrecht. 1921 heiratete sie John Abraham L., Sohn des Methodistenbischofs von Iowa und China († 1934). Nach einer Reihe von Jahren mußte sie aus gesundheitlichen Gründen nach Amerika zurückkehren, wo sie sich mit ihrer Familie in Briar Cliff on Severn, Arnold, Maryland, niederließ. Neben der Erziehung ihres einzigen Sohnes begann sie, veranlaßt durch ihre Bewunderung für China (KUNITZ, S. 195), Kurzgeschichten zu schreiben. Ihr erstes längeres Werk, das Jugendbuch „Young Fu of the Upper Yangtze" (1932; dt. „Jung Fu wird Kupferschmied") wurde mit der Newbery-Medal für 1932 ausgezeichnet. Es folgten weitere Jugendbücher, von denen „To Beat a Tiger" in der Übersetzung von W. SCHERF („Schanghai 41", 1959) – 1960 den Deutschen Jugendbuchpreis erhielt.

Werk, Tendenzen, Wirkung. L.' Jugendbücher gehören in die Tradition ethnographischer Literatur, doch stellen sie im Unterschied zu früheren Beispielen die fremde Welt nicht vom Standpunkt eines Außenstehenden als exotisch dar, sondern durch Einfühlung von innen her als etwas Vertrautes. Identifikationsobjekte für den Leser sind in der Regel chinesische Jungen und Mädchen, die „Fremden" demgegenüber jene Weißen, die Macht oder Hilfe westlicher Völker in China repräsentieren. Diese Konzeption bedingt, daß den Lesern nötige Vorkenntnisse (etwa über Zeitrechnung, Aberglauben, Gesellschaftsstruktur) auch durch Anmerkungen vermittelt werden müssen, begünstigt aber eine verständnisvolle Haltung gegenüber der dargestellten Kultur. – Innerhalb des ethnographischen Rahmens sind die Bücher auch von geschichtlichem, besonders zeitgeschichtlichem Interesse. L. bewundert die seit Jahrhunderten entwickelte „weise Lebensführung" der Chinesen (KUNITZ, S. 196). Ein Reflex dieser Weisheit sind die vielen Zitate aus chinesischen Klassikern, die, von der älteren auf die jüngere Generation tradiert, häufig in den Büchern auftauchen. Doch übersieht die Autorin auch nicht die Zwänge, unter denen eine traditionsgelenkte Gesellschaft zu leiden hat. Bevorzugtes Thema ist, wie das alte China mit seinen Werten und Gewohneiten in den Jahren zwischen den Weltkriegen durch neue soziale Ideen, Technisierung und politische Umbrüche herausgefordert wird. Dieser Konflikt wird, auch für den jungen Leser, nachvollziehbar im Sozialisationsprozeß der dargestellten Protagonisten. Die politische Tendenz zielt auf einen vernünftigen Ausgleich alter und neuer Ideen. Fragwürdig ist der mehr oder minder deutliche Antikommunismus, der etwa in „Schanghai 41" zur Gleichsetzung des jugendlichen Bösewichts Dschung mit der kommunistischen Kung-Chan-Tang-Bewegung führt. – L.' erstes Buch „Young Fu" ist die Geschichte eines 13jährigen Bauernjungen, der mit seiner Mutter in die Stadt Chungking kommt und als Kupferschmiedlehrling allmählich die neue Umwelt kennenlernt (Armut und Aberglauben der Bevölkerung, Auswirkungen des Bürgerkriegs, das Verhalten der Ausländer in Vorurteil und Wirklichkeit, die Weisheit eines großen Gelehrten), bis er nach Überwindung eigener moralischer Schwächen zu einem klugen und geschickten Handwerker wird, den der Meister als Sohn annimmt. „Ho-ming, Girl of New China" stellt vor dem vergleichbaren Hintergrund einer Kleinstadt dar, wie ein lebhaftes und lernbegieriges Mädchen durch die Hilfe einer chinesischen Ärztin aus der traditionellen Abhängigkeit des Frauendaseins befreit und auf ein Medizinstudium vorbereitet wird. In „To Beat a Tiger", einer Erzählung aus dem letzten japanisch-chinesischen Krieg, tritt der zeitgeschichtliche Gehalt stärker hervor. Heimat- und familienlose chinesische Jungen schließen sich 1941 in dem von Japanern bedrohten Schanghai zu einer Bande zusammen, die durch Raubzüge und Gelegenheitsarbeiten das allgemeine Flüchtlingselend zu überleben sucht. Durch den Anführer Jen, Sohn eines Gelehrten, also aus der ehemals herrschenden Schicht, werden auch in dieser aus den Fugen geratenen Welt überlieferte Grundwerte des Zusammenlebens bewahrt. Aus entwicklungspsychologischer Sicht hat W. SCHERF dieses Buch als „beste Beschreibung, die im Jugendschrifttum überhaupt von einer Gang vorliegt" (W. SCHERF, S. 166) bezeichnet. – „Young Fu", „Ho-ming", „China Quest" (1937) und „To Beat a Tiger" sind in mehrere europäische Sprachen übersetzt worden.

Werke: Young Fu of the Upper Yangtze (1932; dt. Jung Fu wird Kupferschmied, 1935, ^{7}1953); Ho-ming, Girl of New China (1934; dt. Ho-Ming. Eine kleine Chinesin studiert. 1936, ^{5}1953); China Quest (1937; dt. Aufdämmerndes China, 1938); Portraits from a Chinese Scroll (1938); Test Tubes and Dragon Scales (zus. mit G. C. Basil, 1940); When the Typhoon Blows (1942); To Beat a Tiger One Needs a Brother's Help (1956; dt. Schanghai 41, 1959, ^{11}1970).

Sekundärliteratur: M. H. Arbuthnot: Children and books (1947. 416–417). – H. Künnemann: E. Foreman Lewis: Shanghai 41 (in: A. Cl. Baumgärtner (Hrsg.): Jugendliteratur im Unterricht. 1972. 108–115). – S. T. Kunitz: The junior book of authors (1951. 195–196). – W. Scherf: Die Kinder- und Jugendbande (in: Jugendliteratur. 9. 1963. 146–168).

Reinbert Tabbert

Lichtenberger, Sigrid

*Jugendbuchtheoretikerin, Professorin an der Pädagogischen Hochschule in Saarbrücken; * 24. 4. 1930 Wetzlar.*

L. studierte in den Jahren 1950–1958 an den Universitäten Marburg/L., Freiburg/Brsg., Mainz und Heidelberg sowie an der Pädagogischen Akademie Worms Germanistik, Geographie, Volkskunde und Erziehungswissenschaften und schloß ihr Studium mit der Promotion ab. Ab 1955 als Lehrerin tätig, erhielt L. 1958 einen Lehrauftrag an der Pädagogischen Hochschule in Saarbrücken und 1972 dort ihre Berufung zum Professor für Didaktik der deutschen Sprache und Literatur.

L. befaßte sich besonders mit der Wirkung der Lektüre auf die jugendlichen Leser. Ihre hauptsächlich leserpsychologischen Untersuchungen gehen davon aus, daß die Buchwirkung komplexer Natur ist und monokausale Begründungen ausscheiden. Verfassern, Herausgebern und Verlegern zeitgenössischer realistischer Kinderbücher attestiert sie eine bedenkliche Nähe zu allzu offenkundigen didaktischen Tendenzen, mithin eine zu wenig differenzierte Auffassung von der Buchwirkung, wie man sie schon bei den Autoren des Philanthropinismus habe antreffen können (vgl. „Das realistische Kinderbuch", a. a. O.). Das zur Untersuchung herangezogene Buchmaterial wählt L. nach gattungs- oder themenspezifischen Gesichtspunkten aus und versucht, mit Hilfe von Kategorien, bei denen sich literaturwissenschaftliche und psychologische Elemente mischen, die Szenen aufzufinden, die auf den Leser den nachhaltigsten Eindruck gemacht haben. In dem 1970 erschienenen Beitrag „Und am Ende steht der Groschenroman" (a. a. O.), der vor allem das informative, kritische Lesen empfiehlt, stellt L. fest, daß bestimmte Motivketten des Märchens selbst in anspruchsvoll gestalteten Jugendbüchern wiederkehren „und den Hauptspannungsgehalt der verschiedenen Gattungen der 90-Pfennig-Romane ausmachen, so daß (...) zu befürchten ist, daß diese Art des Leseerlebnisses in seiner einfachen Form nach der Schulentlassung gesucht und auch im billigen Heftchenangebot gefunden wird". Hier ist zu fragen, inwieweit L. selbst einer von ihr sonst verworfenen monokausalen Erklärung zum Opfer fällt. Insgesamt bleibt anzumerken, daß die Mischung von literaturwissenschaftlichen Bezeichnungen mit psychologischen Elementen (z. B. in dem Beitrag „Das politische Sachbuch im Erleben seiner jugendlichen Leser") zu einem nur schwer verständlichen individuellen Begriffsapparat führt.

L. hat sich auch mit der Frage der Einbeziehung von Kinder- und Jugendbüchern in den Unterricht befaßt, so in dem Beitrag: „Herbert Plate: Der Ring – Der Einsatz eines Jugendbuches im Unterricht der Hauptschule" (1971).

Beiträge: Das politische Sachbuch im Erleben seiner jugendlichen Leser (in: Pädagogische Rundschau, 11. 1962. 820–828); Und am Ende steht der Groschenroman (in: Börsenblatt für den deutschen Buchhandel, Frankfurt. Nr. 87. 1970. 2426–2438); Herbert Plate: Der Ring – Der Einsatz eines Jugendbuches im Unterricht der Hauptschule (in: Lehrer und Schule heute. 5. 1971. 351–373); Das Problem der unmittelbaren Buchwirkung, aufgezeigt am Jugendbuch (in: L. Binder (Hrsg.): Erfolg und Wirkung der Lektüre. 1971. 96–130); Das realistische Kinderbuch (in: G. Haas (Hrsg.): Kinder- und Jugendliteratur. Zur Typologie und Funktion einer literarischen Gattung. 1974. 242–263).

Rudolf Raab

Lieber, Stanley

*(Ps.: Stan Lee). Amerikanischer Comicschriftsteller; *14. 2. 1922.*

Nach Abschluß seiner Schulzeit trat L. (Pseudonym STAN LEE) 17jährig in die Redaktion der „Timely Comics" ein. Dort arbeitete er an Produktionen mit, bei denen Comics nach Fernsehserien gezeichnet wurden. Nach Militärdienst im Zweiten Weltkrieg begann L. wieder bei der „Timely Comics" zu arbeiten. L. ist verheiratet und hat eine Tochter.

Werk, Tendenzen, Wirkung. Für die „Timely Comics" schrieb er in den folgenden Jahren die Skripte zu den Comicserien „Sgt. Fury", „Black Marvel", „The Destroyer" und „Namora" oder arbeitete zeitweise an ihnen mit. Die Serie „Namora" erschien in den Comicheftserien „Marvel Mystery" und „Sub-Mariner". Sie wurde auch in drei eigenen Heften produziert. 1961 machte sich L. mit einigen Mitarbeitern selbständig und gab in dem neu gegründeten Marvel-Verlag (mit Sitz in New York) „Die Fantastischen Vier" heraus. Es ist eine Comicheftserie mit vier Superhelden, die sich mit ihren außerordentlichen Fähigkeiten beim Kampf gegen das Verbrechen – verkörpert durch die Figuren Dr. Doom, Der Mandarin und Galactus – gegenseitig unterstützen. Daraus entstehen monumentale Kämpfe in verwirrender grafischer Gestaltung, die den wesentlichen Reiz dieser Serie ausmachen. L. bezweckt mit dieser Serie, dem Leser amüsante Unterhaltung zu verschaffen, indem er die herkömmlichen „Superhelden" persiflierte. Er stattete sie erstmals mit menschlichen Schwächen aus. Im Gegensatz zu den übrigen Superhelden sind L.s Figuren sogar so „normal", daß sie heiraten und Kinder bekommen dürfen. Suggestiv sind die Marvel-Comics dadurch, daß ihre Superhelden in ihrem Alltagsleben die reinen Spießbürger sind und sich als Befehlsempfänger und „underdogs" empfehlen. Diese Spaltung ihrer Person in „Übermensch" und „Unterlegener" ist für sie Ausgangspunkt beständiger persönlicher Qualen. „Die Fantastischen Vier" zeichnete J. KIRBY. L. schrieb die Texte. Als weitere Superfigur wurde bald „Der unglaubliche Hulk" geboren. L. erfand dann noch eine Figur „Die Spinne". Diese Serie zeichnete ST. DITKOS. Sie ist in den letzten Jahren ebenfalls mehr und mehr vom Superheldenklischee abgegangen und „menschlicher" geworden. In zunehmendem Maße befaßt sie sich mit modernen sozialkritischen Themen. Eine der letzten Schöpfungen L.s ist der „Silver Surfer". Das ist eine Serie, deren Held dem Persönlichkeitsbild Jesus Christus' nachempfunden ist und in der religiöse Allegorien stark hervortreten.

In den letzten Jahren arbeitete L. hauptsächlich nur noch als Ideengeber und Herausgeber aller Comicproduktionen des Marvel-Verlags. Er vertreibt ca. 60 Millionen Hefte im Jahr. Die Leserschaft seiner Comics setzt sich zu gleichen Teilen aus Kindern und Erwachsenen zusammen.

Sekundärliteratur: Kl. H. Gärtner: Marvel Comics oder Klassenkampf von oben (in: Science Fiction Times Nr. 129. 14. 1972. 4. 13–16). – G. Metken: Comics (²1970). – St. Lee: There's money in the comics (in: Writers Digest Nov. 1974. 314–321); Interview with St. Lee (in: IT. Nr. 88. 24. 9. 1970. 30–35). – R. C. Reitberger: Comics – Anatomie eines Massenmediums (1973, zus. mit W. J. Fuchs). – T. White: The man behind the

Marvel Comics: Stan Lee (in: Castle of Frankenstein Nr. 12. 1968. 60. 8–10).

Wolfgang Kempkes

Liebknecht, Karl

*Sozialistischer Politiker; *13.8.1871 Leipzig, †15.1. 1919 Berlin.*

L., Sohn des Mitbegründers der Sozialdemokratie Wilhelm L. (1826–1900), wurde 1912 als Sozialdemokrat Mitglied des Reichstags. Er stimmte als einer der wenigen im Dezember 1914 und im August 1915 gegen die Kriegskredite, wurde verhaftet und wegen Hochverrats zu Zuchthaus verurteilt. 1918 gehörte er mit R. Luxemburg (1870–1919) zu den Gründern des Spartakusbundes. Nach der Niederschlagung der Novemberrevolution wurde er in Berlin zusammen mit R. Luxemburg verhaftet, von Soldaten der Reichswehr erschossen und in den Landwehrkanal geworfen.

Werk, Tendenzen, Wirkung. L. hat im Laufe seiner Tätigkeit als sozialistischer Politiker immer wieder auch Fragen der Jugendpolitik diskutiert. Sein besonderes Interesse fanden dabei Probleme der Schulbildung und des Antimilitarismus.
Zahlreiche seiner Parlamentsreden greifen die reaktionäre Schulpolitik des Deutschen Kaiserreichs an. L. hat vor allem die „zur Schau getragene Absicht der Nichtpolitisierung der Jugend" im Auge: „Die ganze Auswahl der Ordnung des Stoffes, die ganze Art, in der der Stoff der Jugend unterbreitet wird, schließt bereits eine ganz bestimmte politische Tendenz in sich" (abgedruckt in: D. Richter (Hrsg.): Das politische Kinderbuch. 1973. S. 77). L. wehrt sich gegen die patriotische Ausrichtung der Schule und ihre Wendung gegen Arbeiterklasse und Sozialdemokratie. Sein Gegenvorschlag lautet: „Wir können die Arbeiterjugend kein ‚Eia popeia' singen lassen, wir können sie kein ‚Schlaf Kindchen schlaf' singen lassen, ... wir müssen aufrüttelnde und kräftigende Gedichte und kräftigende Artikel, wir müssen ihr eine stark aufrüttelnde Kost geben, wir müssen ihr eine Kampfeskost geben" (zit. nach D. Richter, a. a. O. S. 81–82).
Jugendliterarisch relevant ist L.s Text „Militarismus und Antimilitarismus. Unter besonderer Berücksichtigung der internationalen Jugendbewegung" (1907). Diese unmittelbar an die Jugend adressierte Schrift diskutiert die Rolle des antimilitaristischen Kampfes der sozialistischen Arbeiterjugendbewegung, gegen eine militaristische Pädagogik, die aus Menschen „Schießautomaten" machen will.
L. gibt eine umfangreiche Aufzählung der internationalen Aktivitäten der Arbeiterjugend, die die Bekämpfung des Militarismus zum Ziele hat. Er berichtet vor allem über die vielen Zeitschriften für die Arbeiterjugend, die sich vornehmlich antimilitaristische Propaganda zum Ziel gesetzt haben.
Für L. ist die antimilitaristische Agitation ein zentraler Bestandteil der Jugendagitation und Jugendbildungsbestrebungen: „Sie muß sich wenden an Kreise, die den Jugendbildungsbestrebungen der Sozialdemokratie vielfach nicht zugänglich sind; sie muß weit ausgreifen, vielmehr als dies allgemeine Bildungsbestrebungen vermögen, auch diejenigen Teile der proletarischen Jugend, die nicht zum Besuch von Arbeiterbildungsschulen, Vortragszyklen und nicht zu regelmäßigem Lesen der allgemeinen Jugendliteratur zu bewegen sind, erfassen; sie muß sich auch wenden an diejenigen jugendlichen Proletarier, die nach ihrem immerhin höheren Alter für diese allgemeinen Bestrebungen nicht mehr leicht in Frage kommen. Ja, ihr eigentliches Gebiet sind gerade die Altersklassen von 17 bis 21 Jahren!" (Militarismus und Antimilitarismus, a. a. O. S. 121).

Werke: Militarismus und Antimilitarismus unter besonderer Berücksichtigung der internationalen Jugendbewegung (1907); Briefe an seine Kinder (1927); Gesammelte Reden und Schriften. Bd. 1–9 (1958–1971).

Sekundärliteratur: H. Hannover (Hrsg. zus. mit E. Hannover-Dürck): Der Mord an Rosa L. und Karl L. (1967). – G. Schmidt: Spartakus. Rosa Luxemburg und Karl Liebknecht (1971). – I. Schnil (zus. mit E. Milz, Hrsg.): Karl und Rosa. Erinnerungen. Zum 100. Geburtstag von Karl Liebknecht und Rosa Luxemburg (1971). – M. Tschesno-Hell: Trotz Alledem! (1971). – H. Wohlgemuth: Karl Liebknecht (1975).

Winfred Kaminski

Lillegg-Jené, Erica

*Österreichische Jugendbuchautorin; *17.1.1910 Graz.*

L.s schriftstellerisches Talent fiel bereits während ihrer Gymnasialzeit in Wien auf, doch begann sie erst nach dem Zweiten Weltkrieg mit der Veröffentlichung von Kurzgeschichten in Zeitungen und Zeitschriften. Auch ihre Erzählungen für Kinder schrieb sie zur gleichen Zeit; sie wurden jedoch kaum beachtet. Ihr erstes Kinderbuch „Vevi" erschien einige Jahre nach seiner Fertigstellung in München und machte die Autorin im ganzen deutschen Sprachraum bekannt. Es kam auf die Liste des Deutschen Jugendbuchpreises 1955 und auf die Ehrenliste des Internationalen Hans Christian Andersen-Preises 1958. Heute lebt L. mit ihrem Mann, dem Maler Edgar Jené, in Paris.

Werk, Tendenzen, Wirkung. „Vevi" (1955) gilt als eine der ersten phantastischen Erzählungen für Kinder im deutschen Sprachraum. Sie wurde ins Italienische und Schwedische übersetzt, und die Kritik beschäftigte sich ausführlich damit. In nahezu allen Veröffentlichungen über phantastische Erzählungen finden sich Hinweise auf L.s „Vevi". Das Buch schildert die Erlebnisse eines kleinen Mädchens, dessen Persönlichkeit sich spaltet. Die Deutungsmöglichkeiten sind zahlreich; am häufigsten wurde diese Persönlichkeitsspaltung als Versinnbildlichung des Kampfes zwischen guten und bösen Kräften im menschlichen Bewußtsein gesehen. Auch das zweite Kinderbuch L.s, „Feuerfreund", ist eine phantastische Erzählung, die – ebenso wie „Vevi" – in den letzten Jahren „neu entdeckt" wurde. Weniger

erfolgreich waren die Mädchenbücher der Autorin sowie ihre kürzeren Erzählungen für Kinder.
Ihr letztes Buch „Nämlich. Das sind Geschichten von Herrn Nämlich" schildert die Erlebnisse eines eigenwilligen, klugen Kindes, das sich mit seiner Umwelt auseinandersetzt. Auch diese Erzählung führt in die Psyche eines Kindes ein – im Gegensatz zu „Vevi" jedoch auf der realen Ebene.

Werke: Jakob (1948); Vevi (1955, ^{2}1960); Feuerfreund (1957, ^{4}1965); Michel und das Milchpferd (1957); Scarlet und die Eifersucht (1958); Scarlet. Ihr Weg zum Theater (1961); Peps (1964); Die Spieldose (1968); Nämlich … Das sind Geschichten von Herrn Nämlich (1973).

Lucia Binder

Linde, Ernst

*Pädagoge und Literaturdidaktiker; *20. 5. 1864 Gotha, †21. 12. 1943 Gotha.*

Aus kleinbürgerlichem Hause stammend, wurde er, wie viele seinesgleichen zu jener Zeit, denen trotz geistiger Qualifikation ein akademisches Studium gesellschaftlich tabuisiert war, Volksschullehrer. Diese Funktion übte er sein Leben lang in seiner Vaterstadt aus, mit Ausnahme einiger Landlehrerjahre zu Beginn seiner Berufstätigkeit. Von 1907 bis 1914 redigierte er die Allgemeine Deutsche Lehrerzeitung.
Als unermüdlicher und fruchtbarer Autodidakt legte er ein umfangreiches publizistisches Werk vor, das ihn in die vordere Reihe der gemäßigten Reformpädagogen um 1900 rückte. Seine Name ist besonders verbunden mit der Richtung der Reformbestrebungen, die sich (bildungsgeschichtlich jedoch recht unterschiedlich akzentuiert) „Persönlichkeitspädagogik" (so auch der Titel seines Hauptwerks) nannte. L. wandte sich gegen die mechanistische Vorherrschaft des Verstandes im Unterricht und gegen die mit Hilfe der Formalstufentheorie der Herbartianer geförderte Überbewertung der sachbezogenen Lernleistungen. Nicht die Unterrichtsverfahren seien für ein erfolgreiches Lernen und ein fruchtbares Schulleben von Bedeutung, sondern die Persönlichkeit des Lehrers, der die schöpferische Fähigkeit besitzen müsse, die Persönlichkeit des Schülers besonders im Blick auf eine Intensivierung der Gemütskräfte zu fördern. „Linde vertritt die emotionale Willentheorie, nach der das Gemüt der Mutterboden des Willens und Handelns ist" (E. SAUPE). Ein solchermaßen grundiertes Gedankengut steht in gefährlicher Nähe zu jenem geistig unkontrollierbaren, schwärmerischen Irrationalismus, der im Dritten Reich seine besonderen Blüten treiben konnte. Zu einer, wie wir heute meinen, falsch verstandenen Pädagogisierung des Literaturverständnisses, die der „Flüchtigkeit der Kindesnatur" zur „lebendigen Anschauung" (LINDE) verhelfen sollte, führte auch seine Forderung nach einem vortragend-darstellenden Unterricht, der auf eine ausmalende Schilderung der Begleitumstände eines literarischen Sachverhaltes (speziell bei lyrischen und epischen Kleinformen) zielte.
In der Geschichte und Theorie der Jugendliteratur hat L. indessen seinen unverrückbaren Platz: er hat die Vokabel „kindertümlich" in die lesepädagogische Diskussion eingeführt („Kunst und Erziehung", 1901). Dabei hat ihn allerdings mehr ein idealistisches Persönlichkeitspathos geleitet als die vordringlich künstlerische Relevanz eines literarischen Erzeugnisses. Als „Kunsterzieher" dem (wie auch immer zu bestimmenden) Ästhetischen verpflichtet, fordert L. jedoch einschränkend, daß der gesamtpädagogische Standpunkt dem ästhetischen übergeordnet sein müsse. Einen extremen Kunstenthusiasmus im erzieherischen Bereich lehnt er ab. Insofern ist sein literaturpädagogischer Standpunkt auf dem Sektor der Jugendliteratur gleichsam als Korrektiv zur kompromißlosen Haltung WOLGASTS zu verstehen, die den Kunstcharakter der erzählenden Jugendschrift als unabdingbar propagierte. L. forderte, „daß alles mehr oder weniger kindertümlich sein muß, was wir an großer Kunst unserem kleinen Publikum vorzusetzen gedenken" (Kunst und Erziehung, vgl. „Das Elend unserer Jugendliteratur", S. 245). Damit ist zunächst das vieldiskutierte Auswahlprinzip WOLGASTS (Kap. VII) modifiziert, von diesem indessen nur widerstrebend zur Kenntnis genommen. Kindertümlich sollten aber auch solche Autoren schreiben, die literarisches Gestaltungsvermögen in den Dienst einer der Kinder eigenen Kunst stellen wollen. Merkmale des Kindertümlichen sind für L.: a) das Reine; b) das Frische, Natürliche, Schlichte, Gesunde; c) das Innige, Herzenswarme; d) das Lebensfreudige, Weltzugewandte, Heitere, Freundliche, Harmonische (S. 245 ff.) – alles in allem ein Plädoyer für „geordnete Verhältnisse", für die sogenannte heile Welt. Es fällt nicht schwer, hiermit wieder den Grundsatz einer idealistisch-direktiven Pädagogik unterstrichen zu sehen. L. argumentiert – auf dem Boden einer merkwürdigen, romantizistischen Lebensaltertypologie – mit dem Kennzeichnungsgegensatz: idealistisch-realistisch/charakteristisch. Dabei hält er die idealistische Weltdarstellung im Rahmen einer „positiven Kunst" für erzieherisch allein vertretbar. „Auf keinen Fall dürfen wir Kindern Kunstwerke bieten, in denen sich ihre eigenen Mängel widerspiegeln, das Dunkle, Trübe, Verworrene, Launische …" (S. 233). Erzeugnisse der „literarischen Moderne" hielt L. nicht für kindertümlich. In seiner Begründung des ästhetischen Genußbedürfnisses und dessen Folgen weiß sich L. weitgehend mit WOLGAST einig. Bei einer Berufung auf L. sollte man sich die epochale Gebundenheit seiner Beweggründe und Standpunkte vor Augen halten. Ein Gewährsmann für gegenwärtige Positionsbestimmungen kann er nicht mehr sein.

→ Kindertümlichkeit

Werke: Persönlichkeitspädagogik (1897); Der darstellende Unterricht (1899); Kunst und Erziehung (1901); Probleme der Kunsterziehung (1911).

Sekundärliteratur: E. Saupe: Deutsche Pädagogen der Neuzeit (^{6}1927).

Hermann Bertlein

Lindgren, Astrid

*Schwedische Kinder- und Jugendbuchautorin; *14. 11. 1907 Näs b. Vimmerby/Småland.*

L., Tochter einer südschwedischen Bauernfamilie, erlebte eine Kindheit, die – nach eigener Auskunft – von Spiel, Freiheit und familiärer Geborgenheit geprägt war. Bereits während ihrer Schulzeit war sie wegen ihrer guten Aufsätze bekannt. Sie ging 1926 nach Stockholm und arbeitete als Sekretärin in einem Anwaltsbüro. 1931 heiratete sie den späteren Direktor des Königlichen Automobilklubs. L. hat zwei Kinder. Seit 1952 ist sie verwitwet.

Als junge Mutter einstmals erkrankt und ans Bett gefesselt, begann sie mit ersten Schreibversuchen zur Unterhaltung für ihre eigenen Kinder. 1944 stenografierte sie „Pippi Langstrumpf", ein Buch, das ursprünglich nur ein Geburtstagsgeschenk für ihre damals zehnjährige Tochter sein sollte. Ein Verleger, dem sie das Manuskript zur Begutachtung zusandte, lehnte es als unbrauchbar ab. Ein Jahr später, 1945, gewann L. mit „Pippi Langstrumpf" dennoch den ersten Preis in einem Preisausschreiben für Kinderbücher, nachdem sie 1944 mit „Britt-Marie erleichtert ihr Herz" bereits den zweiten Preis in einem anderen Preisausschreiben gewonnen hatte. Im Jahr darauf, 1946, verhalf ihr „Kalle Blomquist, der Meisterdetektiv" wieder zu einem ersten Preis in einem Wettbewerb des Verlages

Rabén und Sjøgren. Seit 1946 arbeitete L. für diesen Verlag als Lektorin. Sie lebt heute in Stockholm, im Sommer auf den Schären.

L. wurde mehrfach ausgezeichnet. So erhielt sie 1950 die Nils Holgersson-Plakette, 1956 prämiierte der Arbeitskreis für Jugendliteratur im Rahmen des Deutschen Jugendbuchpreises ihr Buch „Mio, mein Mio" mit einem Sonderpreis. Für „Rasmus und der Landstreicher" und ihr Gesamtwerk wurde L. 1958 mit der Hans Christian Andersen-Medaille geehrt. Die Universität von Linköping schließlich verlieh ihr 1973 die Ehrendoktorwürde. Außerdem erhielt sie die Elsa Beskow-Medaille, den Schwedischen Staatspreis für Literatur, das Goldene Schiff und die Goldmedaille der Schwedischen Akademie. Der Oetinger-Verlag stiftete 1969 den Astrid Lindgren-Preis in Höhe von 10000 DM.

Werk, Tendenzen, Wirkung. Langanhaltenden Erfolg erzielte L. mit ihren „Pippi Langstrumpf"-Büchern, deren erstes 1945 (dt. 1949) herauskam. Das Erscheinen und der Erfolg dieser Bücher fielen mit dem Aufkommen der Ideen einer freieren Erziehung zusammen. L. bemühte sich darin, strikt aus der Perspektive selbständig denkender und handelnder Kinder zu schreiben. Dabei moralisiert und heuchelt sie nicht. Gerade in den „Pippi Langstrumpf"-Büchern ist ein antiautoritärer Trend unverkennbar. L. ermöglicht ihren jugendlichen Lesern, einen Teil der Wunschträume in der Fiktion erfüllt zu sehen, – d.h. oft einfach nur zu verfolgen, wie Pippi es den Großen endlich einmal zeigt. Das respektlose, rebellische und freche Superkind Pippi steht den „normalen" Kindern bei einem derartigen Versuch zur Seite. Sie geht gegen die vordergründigen Ruhe- und Ordnungsparolen an. Ihre Phantasie trägt zum „Aufschneiden und Zerschneiden aller Beschränkungen und Grenzen" bei (L. Tetzner, a.a.O. S. 9). Interessant ist allerdings, daß sich die kindlichen Leser der Bücher L.s dennoch oft mehr mit Pippis Gespielen, mit Thomas und Annika, den Repräsentanten der Wohlanständigkeit, anfreunden als mit der nonkonformistischen Pippi Langstrumpf. Erst auf diesem Umweg nehmen sie an ihren Abenteuern und Erlebnissen teil.

L. schildert eine Welt, in der die Kinder- und Phantasiefiguren ein Leben ohne Erwachsene, die ständig bevormunden wollen, leben können. Ihre Gestalten opponieren individuell gegen eine gutgemeinte, strenge Erziehung in konventionellen, oft religiösen Haushalten. Pippi selbst lebt in einer völlig anderen Welt: niemand befiehlt ihr, alles muß sie selber tun; und sie tut es gewissenhaft und völlig selbständig. Man könnte vermuten, daß sie nur deshalb auf die Welt gekommen sei, um E. Urys „Nesthäkchen" und E. von Rhodens „Trotzkopf" unverblümt die Meinung zu sagen, heißt es bei W. Henser (a.a.O. S. 479). L. vermittelt durch Pippi Langstrumpf, daß es darauf ankommt, sich gegen den sekundären Tugendkatalog zu wehren, der sich damit begnügt, Anstand, Ordnung, Zeiteinteilung und andere Äußerlichkeiten zu predigen. Pippi Langstrumpf tritt ihren Kampf unter der Fahne der Freundschaft und Hilfsbereitschaft gegenüber Schwächeren und Benachteiligten an.

Die Bewertung des pädagogischen Effekts der Pippi-Bücher ist kontrovers. Wenn zutrifft, daß „Pippi Langstrumpf" dem kindlichen Leser ermöglicht, aufgestaute und unbefriedigte Aggressionstriebe in harmloser, unschädlicher Weise abzureagieren, so fragt sich, ob dies nur eine Überkompensation von Ohnmachtsgefühlen ist (M. FÜHRER, a.a.O. S. 342) oder bei den Lesern Kräfte freisetzt, sich tatsächlich erfolgreich mit ihrer nächsten und weiteren Umgebung, z.B. Eltern und Freunden, auseinanderzusetzen. KL. DODERER äußert skeptisch, L.s Bücher wirkten vermutlich eher stabilisierend als verändernd (KL. DODERER, a.a.O. S. 97). Sie böten eskapistische Auswege, die auch dazu beitragen können, Konfrontationen zu entgehen und die Flucht in Phantasiewelten anzutreten. M. DAHRENDORF beurteilt im Gegensatz dazu die Rolle der Phantasie im Werk L.s positiv. Er sieht in der dargestellten Phantasiewelt eine direkte Antwort auf erfahrbare und erfahrene kindliche Nöte, die nicht einfach konsumierbar sind. Er spricht von einer „Demonstration der Macht utopischer Phantasie" (M. DAHRENDORF, a.a.O. S. 52). L. kritisierte die versagungsvolle Realität durch den beständigen Hinweis auf die Wünsche und Möglichkeiten, die das Lustprinzip verspreche und produziere. Insgesamt, schließt DAHRENDORF, werde L.s Werk durch den Gedanken einer „ausgleichenden Gerechtigkeit" zusammengehalten.

Einem anderen Genre, der Detektivgeschichte für Kinder, wandte L. sich in ihren drei preisgekrönten „Kalle Blomquist"-Büchern zu. Sie handeln von Juwelenraub, Mord und Entführung. Allerdings zeichnet L. Kalles Detektivspiel als „unreife Kinderei". An etlichen Stellen kehrt sie die Absurdität des Detektivspielens heraus. Sie verdreht die herkömmlichen Klischees des Detektivromans in ihr Gegenteil. So veranlaßt ein Mord in „Kalle Blomquist lebt gefährlich" (1951, dt. 1951) den Detektiv Kalle nicht etwa, die Untersuchung mit Nachdruck aufzunehmen, was er sich in seinen kühnsten Träumen immer wieder ausgemalt hatte, sondern im Gegenteil davon abzulassen. Das Verbrechen, das in den meisten Kriminalgeschichten nur Mittel zum Zweck ist, führt zumindest bei Kalle eine Katharsis herbei. L. entlarvt den Detektivroman mit seinen eigenen Mitteln. Insbesondere im zweiten Band der „Kalle Blomquist"-Geschichten geht es darum zu zeigen, daß ein Verbrechen nicht steril und wertfrei und Anlaß für gedankliche Spielereien ist. Aber ebenso wird gezeigt, daß es auch nicht einfach Anlaß zu moralischer Entrüstung sein darf.

Mit dem gewöhnlichen Detektivroman teilt „Kalle Blomquist" das Wechselspiel von systematischer Beobachtung oder zufälliger Entdeckung und Analyse, der Leidenschaft zur Deduktion, die schon Auguste Dupin, den ersten Helden einer Detektivgeschichte und eines der großen Vorbilder Kalles, auszeichnete. Das Fazit, das man aus L.s Detektivgeschichten ziehen kann, bleibt dennoch lapidar und konventionell: 1. Verbrechen macht sich nicht bezahlt und 2. ehrlich währt am längsten. Dieses sehr einfache Schema korrespondiert mit der stereotypen Konfrontation von „heiler" Kinderwelt und „Schuld" der Erwachsenen, die den Grundtenor der „Kalle Blomquist"-Bücher bildet.

L. beschreibt eine Welt abseits von aller Nützlichkeitsgebundenheit. Dennoch gibt sie keine romantisierende Verfälschung der Wirklichkeit, immer ist das Leben der Gegenwart mit seinen Ängsten, Nöten und Verirrungen Hintergrund ihrer Geschichten (P. J. SCHINDLER, a.a.O. S. 65). L.s Bücher schlugen – selbst dort noch, wo sie selbst dem Konventionellen sich nähern – eine Bresche in den Moralismus, die Sentimentalität und Süßlichkeit weiter Bereiche herkömmlicher Kinder- und Jugendliteratur. Häufiges Thema ihrer neueren Bücher ist das Fehlen der Geborgenheit und die Anstrengungen, sie wieder herzustellen. Ihre Figuren sind keine Überkinder mehr, sie kennen die Sehnsucht nach dem Vater, den sie vermissen. Einige ihrer Bücher, die in der Großstadt spielen, haben die alltäglichen Probleme der Stadtkinder, der Schlüsselkinder, zum Gegenstand. Kinder treten auf, die allein und vereinsamt darauf warten, daß die Eltern von der Arbeit endlich heimkommen und die sich in der Einsamkeit und Verlorenheit einen Spielgefährten wie „Nils Karlsson" ausdenken. Bedrückend ist L.s Schilderung des Lebens des kleinen Bo Vilhelm Olsson, genannt Bosse, den die Adoptiveltern nicht lieben, in dem Märchenbuch „Mio, mein Mio" (1954; dt. 1955). Bosse träumt sich fort in das „Land der Ferne". Dort, als Sohn des Königs, seines endlich gefundenen Vaters, übernimmt er die Aufgabe, die Gefahr, die durch den grausamen Ritter Kato aus dem „Lande außerhalb" droht, abzuwenden. Vielfach wurde in „Mio, mein Mio" ein Buch gesehen, das sich gegen tyrannischen Machtmißbrauch richtet. Der Ritter Kato ist das Gegenbild zu der nicht minder despotischen Pippi Langstrumpf, die allerdings ein Despot mit guten Absichten ist, und sich am „wishful thinking" orientiert. Pippi zeigte, daß es möglich sein kann, über Macht zu verfügen, ohne sie zu mißbrauchen (E. VON ZWEIGBERGK, a.a.O. S. 41). Es ist der Konformismus des Wohlfahrtsstaates, der sie aufbegehren läßt. Erregte Diskussionen entfachte das 1972 erschienene Buch „Die Brüder Löwenherz", das von Elend, Krankheit und Tod handelt, das aber in der Intention der Autorin dennoch ein „Trostbuch" ist, obwohl es ein „Totenmärchen für Kinder" genannt wird. Die Interpretationen dieses Werkes schwanken zwischen der Abwehr der Verherrlichung eines zweifachen Kinderselbstmordes auf der einen Seite und der Betonung der Freude über das Glück der Gemeinsamkeit geschwisterlicher Liebe auf der anderen Seite. Wiederum ist auch der Kampf gegen Tyrannei Zentralpunkt dieser mythisierenden Erzählung. In „Die Brüder Löwenherz" knüpft L. wieder an eine Tradition an, mit der sie in „Pippi Langstrumpf" gebrochen hatte, der sittlichen. Sie schlüpft in die Rolle des Moralisten (ST. AHLGREN, a.a.O. S. 22). – Thematisch anders gelagert sind L.s unschuldig-romantisierende Mädchenbücher um Kati, die idyllischen Bullerby-Kinderbücher sowie

die Bücher um Michel und ihre Photobilderbücher über Kinder aus aller Welt.
Die Popularität L.s in vielen Ländern ist groß. Die Gesamtauflage ihrer Bücher belief sich 1973 auf ca. 12 Millionen Exemplare, davon entfielen ungefähr 6 Millionen auf den deutschen Sprachbereich. Zeichen ihrer Beliebtheit sind ebenso die zahlreichen Kinderfilme in Spielfilmlänge, die auf Grund ihrer Bücher gedreht wurden. Als Drehbuchvorlage dienten: „Rasmus und der Landstreicher", „Kalle Blomquist lebt gefährlich", „Michel bringt die Welt in Ordnung" und „Pippi Langstrumpf". Im Fernsehen liefen Serien nach „Die Kinder aus Bullerbü", „Ferien auf der Kräheninsel" und „Michel aus Lönneberga". Zusätzliche massenmediale Verbreitung finden viele Texte L.s auf Kinderschallplatten und Musikkassetten.

→ Pippi Langstrumpf

Werke: Britt-Mari lättar sitt hjärta (1944, [3]1959; dt. Britt-Marie erleichtert ihr Herz, 1954, [2]1960); Pippi Långstrump (1945, [19]1969; dt. Pippi Langstrumpf, 1949, [44]1976); Pippi Långstrump går ombord (1946; dt. Pippi Langstrumpf geht an Bord, 1950, [37]1975); Pippi Långstrump i söderhavet (1948; dt. Pippi in Taka-Tuka-Land, 1951, [36]1976); Kerstin och jag (1945; [2]1970; dt. Kerstin und ich, 1953); Mästerdetektiven Blomkvist (1946, [11]1967; dt. Meisterdetektiv Blomquist, 1950, [16]1975); Mästerdetektiven Blomkvist lever farligt (1951; dt. Kalle Blomquist lebt gefährlich, 1951, [12]1971); Kalle Blomkvist och Rasmus (1953; dt. Kalle Blomquist, Eva-Lotte und Rasmus, 1954, [11]1976); Alla vi barn in Bullerby (1947; [17]1970; dt. Wir Kinder aus Bullerby, 1954, [21]1973); Mera om oss barn i Bullerby (1949, [12]1967; dt. Mehr von uns Kindern aus Bullerby, 1955, [17]1976); Bara roligt i Bullerbyn (1952, [8]1967; dt. Immer lustig in Bullerby, 1956, [16]1973); Nils Karlsson-Pyssling (1949, [14]1967; dt. Im Wald sind keine Räuber, 1952, [2]1960); Kajsa Kavat och andra barn (1950, [11]1967; dt. Sammelaugust, 1952, [6]1976); Kati i Amerika (1950; dt. Kati in Amerika, 1952); Kati på Kaptensgatan (1952; dt. Kati in Italien, 1953); Kati i Paris (1953; dt. Kati in Paris, 1954); Mio, min Mio (1954, [5]1969; dt. Mio, mein Mio, 1955, [8]1972); Lillebror och Karlsson på taket (1955, [5]1968; dt. Karlsson vom Dach, 1956, [11]1977); Karlsson på taket flyger igen (1962, [4]1970; dt. Karlsson fliegt wieder, 1963, [6]1977); Karlsson på taket smyger igen (1968; dt. Der beste Karlsson der Welt, 1968, [5]1977); Rasmus på luffen (1956, [6]1967; dt.Rasmus und der Landstreicher, 1957, [9]1974); Rasmus, Pontus och Toker (1957, [2]1965; dt. Rasmus, Pontus und der Schwertschlucker, 1958, [7]1971); Barnen på Bråkmakargatan (1958; dt. Die Kinder aus der Krachmacherstraße, 1957, [9]1974); Lotta på Bråkmakargatan (1961, [7]1969; dt. Lotta zieht um, 1962, [8]1977); Sunnanäng (1959; dt. Klingt meine Linde?, 1960); Madicken (1960, [4]1966; dt. Madita, 1961, [7]1976); Emil i Lönneberga (1963, [7]1970; dt. Michel in der Suppenschüssel, 1964, [7]1976); Nya hyss av Emil i Lönneberga (1966, [4]1969; dt. Michel muß mehr Männchen machen, 1966, [4]1975); Än lever Emil i Lönneberga (1970; dt. Michel bringt die Welt in Ordnung, 1970, [5]1976); Vi på Saltkråkan (1964, [5]1965; dt. Ferien auf Saltkrokan, 1965); Skrållan och sjörövarna (1967; dt. Jule und die Seeräuber, 1968); Bröderna Lejonhjärtet (1973; dt. Die Brüder Löwenherz, 1974); Madita und Pims (1976, [2]1976).

Sekundärliteratur: St. Ahlgren: Ein Buch, das man in einem Zuge zu Ende liest (in: Gebt uns Bücher, gebt uns Flügel. 1974. 12. 21–23). – E. Åsbrink: Wiedersehen in Nangijala (in: Gebt uns Bücher, gebt uns Flügel. 1974. 12. 14–17). – R. Bamberger: Astrid Lindgren und das neue Kinderbuch (in: Gebt uns Bücher, gebt uns Flügel. 1967. 5. 23–38). – M. Dahrendorf: Utopie und Wirklichkeit bei Astrid Lindgren (in: Gebt uns Bücher, gebt uns Flügel. 1972. 10. 51–58). – Kl. Doderer: Dreimal Astrid Lindgren (in: Gebt uns Bücher, gebt uns Flügel. 1972. 10. 97–100). – H. Fischer: Astrid Lindgren: Brüder Löwenherz (in: Das gute Jugendbuch. 26. 1976. 4. 166–172). – M. Führer: Pippi Langstrumpf. Kinderäußerungen zu Astrid Lindgrens berühmtem Buch tiefenpsychologisch betrachtet (in: Jugendliteratur. 2. 1956. 7. 342–345). – W. Henser: Die Bücher Astrid Lindgrens (in: Jugendliteratur. 1. 1955. 10. 476–479 (zus. mit D. Ullmann). – P. C. Jershild: Die Kritik wiegt leicht (in: Gebt uns Bücher, gebt uns Flügel. 1974. 12. 18–20). – M. Ørvig (Hrsg.): En bok om Astrid Lindgren (1977). – R. Tabbert: Astrid Lindgren. Leben, Werk und Leserschaft (in: Das gute Jugendbuch. 25. 1975. 1. 1–8). – L. Tetzner: An Pippi Langstrumpf, Villa Kunterbunt (in: Das gute Jugendbuch. 1959. 2. 8–9). – M. Salzer: Für Kinder schreiben (in: Bücher heute. 1973. 54–58). – P. J. Schindler: Die Kinder müssen Freude haben (in: Gebt uns Bücher, gebt uns Flügel. 1963. 1. 65–73). – E. von Zweigbergk: The road to Sunnanäng (in: Bookbird. 9. 1971. 1. 38–55 (zus. mit A. Lindgren).

Winfred Kaminski

Linke, Karl

*Wiener Pädagoge, Schulreformer, Theoretiker der Jugendliteratur und der Leseerziehung; *1. 10. 1884 Wien, †2. 11. 1938 Wien.*

L. war zunächst Volksschullehrer und wurde 1919 von O. Glöckel in die Reformabteilung des Bundesministeriums für Unterricht berufen. Seit 1923 war er als Dozent am Pädagogischen Institut der Stadt Wien und im Volksbildungsamt tätig. Er erwarb sich Verdienste um die Reform des Sprach- und des Geschichtsunterrichts, besonders aber auf dem Gebiet der literarischen Erziehung. Er ist der österreichische Theoretiker der Jugendliteratur zwischen den beiden Weltkriegen. Der Aufbau der „Wiener Klassenlektüre" wurde stark von ihm beeinflußt. Er schrieb auch selbst einige Bändchen. Seine bedeutendste Leistung auf dem Gebiet der Jugendliteratur liegt jedoch im Theoretischen. Sein Buch „Neue Wege der Jugendschriftenbewegung und der Klassenlektüre" (1929) versucht, die Leistung H. Wolgasts für die Praxis der Literaturerziehung in Österreich nutzbar zu machen. Er stellt hier Forderungen auf, die zum Teil auch heute noch wegweisend sind; so verlangte er als Grundlage der literarischen Erziehung „Individual-Lesepläne" und die Einbeziehung des belehrenden Buchs (also des Sachbuchs) in die Unterrichtsarbeit. In der Zeitschrift „Schulreform" (1922–1934), die er gemeinsam mit V. Fadrus herausgab, schrieb er zahlreiche Aufsätze über Jugendliteratur und Leseerziehung.

Werke: Meine Stube (1918); Die Sprache des Kindes als Grundlage des Unterrichts in der Muttersprache (1921); Aus dem Leben zweier Wiener Kinder (zus. mit V. Fadrus; Bd. 1 und 2. 1922); Buch der Arbeit (zus. mit V. Fadrus; Bd. 1–4. 1922); Alt- und Neu-Wien (zus. mit V. Fadrus. Bd. 1. 1922. Bd. 2. 1923); Das belehrende Buch in der Schule (1928); Neue Wege der Jugendschriftenbewegung und der Klassenlektüre (1929); Deutsche Sprachkunde der Hauptschüler (1939).

Richard Bamberger

Lionni, Leo

*Italienisch-amerikanischer Grafiker, Designer, Bildhauer und Bilderbuchkünstler; *5.5.1910 Amsterdam.*

L. kam 1925 nach Italien, studierte von 1928 bis 1930 Wirtschaftswissenschaften in Zürich, anschließend in Genua u.a. Architektur und schloß 1935 mit dem Doktor der Nationalökonomie ab. 1939 wanderte L., Sohn jüdisch-christlicher Eltern, in die USA aus, arbeitete als künstlerischer Berater verschiedener Konzerne, auch als Designer für den Olivetti-Konzern, war von 1949 bis 1962 „Art Director" der Zeitschrift „Fortune", Mitherausgeber des Fachblattes „Print", Mitarbeiter der Magazine „Time" und „Life". 1949 bis 1957 war er Vorstand der Grafikabteilung der „Parsons School of Design", außerdem Präsident des „American Institute of Graphic Art". Seine Werke wurden seit 1947 in den USA, u.a. im Museum of Modern Arts, und Europa (Mailand, Venedig, Rom, Offenbach, Köln z.B.) ausgestellt. 1956 erhielt L. die Goldmedaille für Architektur. – Für seine Bilderbücher wurde L. mehrfach ausgezeichnet, z.B. erhielt er für „Swimmy" (1963; dt. Swimmy, 1964) 1965 den Deutschen Jugendbuchpreis und 1967 den Goldenen Apfel der Biennále ilustrácií Bratislava (BIB); „Inch by Inch" (1960; dt. Stück für Stück, 1962) und „Frederick" (1967; dt. Frederick, 1967) wurden sowohl in die Auswahlliste zum Deutschen Jugendbuchpreis als auch in die Liste der Schönsten Deutschen Bücher aufgenommen. – Seit 1962 lebt L. in Italien zunächst in San Bernardo/Lavagna, heute in Radda/Toskana.

Leo Lionni (1910)*

Werk, Tendenzen, Wirkung. L. verfügt unter den modernen westlichen Bilderbuchkünstlern über das reichste stilistische Repertoire. In seinen rund 15 bis 1976 veröffentlichten Bilderbüchern benutzt er jeweils einen anderen Stil und wechselndes Material: Stempeldruck, Pastell und Bleistift, Mischtechniken, Abstraktion und Stilisierung, Montage und Frottage, Collage und Erweckung älterer Kunststile, etwa der persischen Buchmalerei mit modernen Mitteln, stehen ihm gleich souverän zur Verfügung. Die raffinierte Wahl seiner grafischen Mittel ist dabei stets der Fabel angepaßt und mitunter bis an die Grenze des Kunstgewerblichen vorangetrieben. Immer jedoch verraten sie sicheren Geschmack, Ironie und ein großes Zutrauen in kindliches Aufnahmevermögen, in die naive Intelligenz.

Trotz spielerischer Leichtigkeit des grafischen Vortrags, zu dem auch die differenzierte Bleistiftstudie in „On My Beach There Are Many Pebbles" (1961; dt. Am Strand sind Steine, die keine sind, 1975) oder die Pastellfarbe in „Inch by Inch" gehören, haben alle Geschichten L.s, die er selbst schreibt, den Tiefsinn und die doppelbödige Funktion der Tierfabel, die auf menschliche Schwächen und Stärken verweist. L. bekundet in Selbstaussagen, daß trotz spielerischer Heiterkeit – etwa der tachistisch-abstrakten Farbflecken in „Little Blue and Little Yellow" (1959; dt. Das kleine Blau und das kleine Gelb, 1962) –, trotz Raupen, Fischen, Vögeln, Mäusen, Kaninchen und Schnecken immer der Mensch in seinem Zusammenleben mit anderen Wesen angesprochen ist. Der moralische Appell an Toleranz und Altruismus erfolgt in künstlerisch anspruchsvoller Weise. Durch einen sparsamen, fast spartanischen Text gewinnen die meisten Bilderbücher L.s parabelhaften Charakter. Jede der Bild-Text-Erfindungen verweist auf einen tieferen und gesellschaftlich ausdeutbaren größeren Zusammenhang: In „Little Blue and Little Yellow" geht es neben einer vordergründigen ersten Farbelementenlehre um Freundschaft, Anerkennung und das Angenommenwerden durch die eigenen Eltern und Nachbarn. „Swimmy" praktiziert die Intelligenz des Überlebens, Bereitschaft zu kooperativem Verhalten und zu geschickter Aktion der geeinten Schwachen. In „Inch by Inch" setzt eine gefährdete Spannerraupe Einfallsreichtum gegen die körperliche Überlegenheit und die Gewalt stärkerer Vögel ein. „The Biggest House in the World" (1968; dt. Das größte Haus der Welt, 1969), eine Schneckengeschichte, und „Fish is Fish" (1970; dt. Fisch ist Fisch, 1972) enthalten die Botschaft, seine eigene Rolle anzunehmen, nicht mehr zu wollen, als in den eigenen Möglichkeiten steckt. Eine ähnliche Lebensphilosophie steckt in „Seine eigene Farbe" (1975), eine Chamäleongeschichte. Das individuelle Problem wird hier zum Problem der Partnerschaft, vielleicht auch das künstlerische Leitmotiv im Leben L.s selbst, der in seiner Wandlungsfähigkeit unterschiedlichste Farben annahm, in die mannigfaltigsten Rollen schlüpfte.

Eine ganze Bilderbuchgruppe L.s ist außenseiterischen Mäusen gewidmet, die entweder wegen ihrer künstlerischen Fähigkeiten nachträgliche Anerkennung finden (Frederick) oder endlich einem Freund begegnen (Alexander and the Wind-up Mouse, 1969; dt. Alexander und

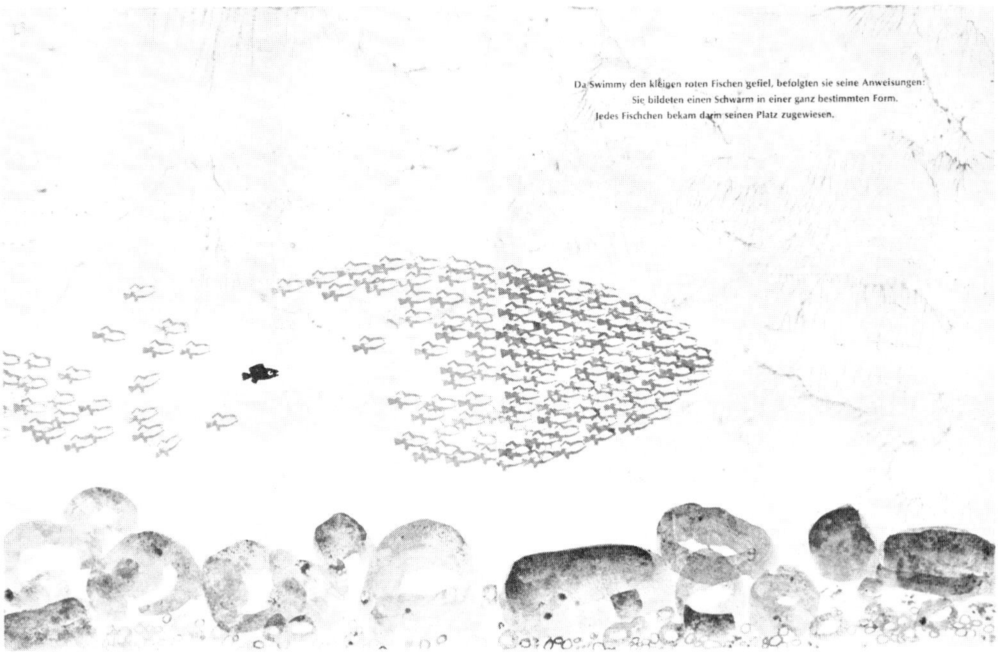

Leo Lionni (1910). Doppelseite aus dem bekannten Bilderbuch „Swimmy" (engl. 1. Ausgabe 1963; dte. 1. Ausgabe 1964).*

die Aufziehmaus, 1971) oder schließlich als Hochstapler Aufstieg, Fall und Vertreibung erleben müssen (Theodore and the Talking Mushroom, 1971; dt. Theodor und der sprechende Pilz, 1973). Abgesehen von der letztgenannten Fabel zielen alle sonstigen Geschichten auf Harmonie, friedliches Miteinanderleben, auf Freundlichkeit, Güte und Menschlichkeit ab (vgl. Tico and the Golden Wings, 1964; dt. Tico und die goldenen Flügel, 1966). Außerdem sind sie von Humor geprägt. Zur Steigerung des optischen Witzes setzt der Künstler nicht selten Comicselemente mit Sprech-, Denk- und Geräuschblasen ein, die jedoch bei ihm stilistisch und typografisch auf ein anspruchsvolles Niveau gehoben werden.

Die nicht selten gegen L.s Akzentuierung von Tüchtigkeit und individuellem Leistungsvermögen (auf „Swimmy" und „Frederick" bezogen) vorgebrachte Kritik unter psychoanalytischem Aspekt oder dem der engagierten Linken in der BRD hat dennoch nicht verhindert, daß gerade auch diese Arbeiten in vielen antiautoritären Kinderläden der Jahre 1968–1973 eingesetzt wurden.

Erhellend ist, was L. zur eigenen Arbeitsweise äußert: „Von all dem, was ich bisher in meinem Leben getan habe, hat mich wenig so sehr und so tief befriedigt wie meine Kinderbücher ... Deshalb habe ich es bei meinen Kinderbüchern vorgezogen, mit niemandem zusammenzuarbeiten und meine Geschichten selbst zu erfinden, zu schreiben und zu illustrieren ... Wenn eine Geschichte in meiner Vorstellung Form annimmt, geschieht das in Sätzen und Bildern. Manchmal ziehen die Worte das Bild nach sich, oft ist es umgekehrt, aber das Geben und Nehmen zwischen Wort und Bild geht fast simultan in der Abgeschlossenheit meines eigenen Geistes vor sich ... Wenn ich vorhabe, eine Geschichte zu schreiben, denke ich nicht darüber nach, wie alt ihre Leser sein könnten. Tatsächlich glaube ich, daß ein gutes Kinderbuch alle Menschen ansprechen sollte, die das ursprüngliche Beglücktsein und Staunen über das Leben noch nicht ganz verloren haben ... Ich finde größere Freude und Befriedigung, wenn ich bei jedem Vorhaben eine eigene Form entwickle. Stil – wie ich ihn verstehe – ist tiefer angelegt, subtiler und deshalb auch schwieriger zu fassen ..." (zit. nach: Aspekte der gemalten Welt. 1968. S. 165–166).

L.s Bücher, die außer in deutschen größtenteils auch in französischen, italienischen und spanischen Übersetzungen vorliegen, erreichten in der BRD zum Teil sehr hohe Auflagen: so wurden von „Das kleine Blau und das kleine Gelb" (Oetinger-Verlag) bis Juni 1974 ca. 70000, von den Hardcover-Ausgaben von „Swimmy" und „Frederick" (Middelhauve-Verlag) bis November 1975 rund 65400 bzw. 93750 Exemplare vertrieben. Da die Bilderbücher L.s zum festen Bestand der meisten öffentlichen Büchereien gehören, sie in Kindergärten und im Vorschulunterricht eingesetzt werden, ferner zu gewerblichen Zwecken L.-Poster, Kalenderblätter, Verkaufstüten, Aufdrucke und die Spielmaus „Frederick" in Umlauf gebracht wurden, dürfte L. auch bei Kindern zu einem der bekanntesten Bilderbuchkünstler gehören. Dazu haben erheblich auch preiswerte Ausgaben von „Swimmy" und „Frederick" beigetragen, die

in der BRD im Verlauf einer allgemeinen Billigbilderbuchwelle Mitte der siebziger Jahre erschienen. Bilderbuchtexte von L. wurden auch in deutschen Lesebüchern abgedruckt.
Flankierend zu seinen Arbeiten als Bilderbuchkünstler sind L.s weitere künstlerische Aktivitäten zu sehen: Seit den zwanziger Jahren Filmkritiker und in jüngster Zeit selbständiger Filmemacher, Keramiker und Bildhauer, Radierer und Designer für anspruchsvolle Werbegrafik und freie Malerei. Von seinen Zyklen der „Imaginären Porträts" (1962–1970) und den vornehmlich in Bronze gegossenen Skulpturen der „Imaginären Botanik" (1970–1974) lassen sich manche Beziehungen zu den fantastischen Aspekten seiner Bilderbuchgrafik für Kinder herstellen.
Einzelausstellungen mit L.s Arbeiten wurden in folgenden Städten veranstaltet: New York (1947), Philadelphia (1949); New York, Museum of Modern Art (1953); Worcester (1958); Los Angeles Museum; Portland Museum (1959); San Francisco Museum (1959); Philadelphia (1960); Mailand (1963); Rom (1964); Mailand (1966); Turin (1966); Genua (1973); Klingspor Museum, Offenbach (1973), Baukunst, Köln (1974). Teilnahme an der Biennale in Venedig (1972).

→ Bilderbuch

Werke: Little Blue and Little Yellow (1959; dt. Das kleine Blau und das kleine Gelb, 1962); Inch by inch (1960; dt. Stück für Stück, 1962, [5]1975); On my beach there are many pebbles (1961; dt. Am Strand sind Steine, die keine sind, 1975); Swimmy (1963; dt. Swimmy, 1964, [8]1975); Tico and the golden wings (1964; dt. Tico und die goldenen Flügel, 1966, [3]1976); Frederick (1967; dt. Frederick, 1967, [9]1975); The biggest house in the world (1968; dt. Das größte Haus in der Welt, 1969, [4]1976); The alphabet tree (1968); R. Lückert: Ich sammle Wörter (1969, [4]1975); Alexander and the wind-up mouse (1969; dt. Alexander und die Aufziehmaus, 1971, [3]1974); Fish is fish (1970; dt. Fisch ist Fisch, 1972, [3]1974); Theodore and the talking mushroom (1971; dt. Theodor und der sprechende Pilz, 1973, [2]1974); The greentail mouse (1973; dt. Die Maus mit dem grünen Schwanz, 1974); In the rabbitgarden (1975; dt. Im Kaninchengarten, 1976); Seine eigene Farbe (1975).

Beiträge: Emmanuele Luzzati (in: Graphis. 108. 1963. 278–287); My books for children (in: Wilson Library Bulletin. 39. 1964. 142–145; dt. Meine Bücher für Kinder, in: A. Cl. Baumgärtner (Hrsg.): Aspekte der gemalten Welt. 1968. 165–170).

Sekundärliteratur: B. Bader: Leo Lionni (in: B. Bader: American picture books from Noah's Ark to the beast within. 1976. 525–530). – A. S. Cahn: Leo Lionni. Artist and philosopher (in: Children's Literature. Bd. 2. 1973. 123–129). – M. Gasser: Die seltsamen Gewächse des Leo Lionni (in: Der Deutschunterricht. 31. 1971. 940–953). – H. Günnewig: Bilderbücher – ornamentale Zugabe oder elementare Literatur? (in: D. Haarmann (Hrsg.): Lernen und Lehren im 1. Schuljahr. 1973. 175–202). – H. Künnemann: Leo Lionni. Einfallsreichtum und Kunstverstand (in: H. Künnemann: Profile zeitgenössischer Bilderbuchmacher. 1972. 113–118); Chamäleon der Bilderbuchmacher: Leo Lionni (in Bulletin Jugend + Literatur. 10. 1972. 64–65). – Leo Lionni: Plastiken, Ölbilder, Zeichnungen, Druckgraphik (Ausstellungskatalog Köln 1974). – G. Oeri: Leo Lionni (in: Graphis. 44. 1952. 484–491 und 528).

Horst Künnemann

Lippert, Elisabeth

*(d.i.: E. Schliebe-Lippert). Psychologin, Pädagogin; *22.11.1898 Kaiserslautern.*

L. machte eine Lehrerausbildung mit. Sie studierte danach Psychologie, Pädagogik, Philosophie, Botanik und Zoologie in Leipzig und habilitierte sich für Psychologie und Pädagogik in Gießen (1932). L. war in vielen Bereichen des Bildungs- und Erziehungswesens praktisch tätig, wirkte als Privatdozentin in Gießen und Mainz und von 1946 bis 1963 als Ministerialrätin mit dem Schwerpunkt Lehrerbildung im Hessischen Kultusministerium. Als Hauptarbeitsgebiete von L. gelten: Entwicklungspsychologie (bes. Vorpubertät und Pubertät), Epochalpsychologie (Jugend und Lebensalterforschung, bes. der Kriegs- und Nachkriegsgeneration) unter besonderer Berücksichtigung des Leseverhaltens, sowie die Lehrerausbildung, an deren Ausbau sie maßgeblich mitwirkte. Hier setzte sie sich für eine wissenschaftlich fundierte Ausbildung des pädagogischen Nachwuchses ein. In neuerer Zeit befaßte sich L. vornehmlich mit Problemen der hauswirtschaftlich familialen Bildung.
Für die Jungleserpsychologie haben ihre Arbeiten über die Rolle des Backfischbuchs in der Vorpubertät („Der Lesestoff der Mädchen in der weiblichen Vorpubertät" 1931, 1934 u.d.T. „Die weibliche Vorpubertät im Spiegel des Backfischbuches") und über den Entwicklungsverlauf der literarästhetischen Erlebnisfähigkeit nachhaltende Bedeutung erlangt.
Im Backfischbuch sieht L. eine Spiegelung der vom vorpubertären Mädchen ersehnten Lebensbilder, die dem auf dieser Altersstufe noch sehr im Äußerlichen verhafteten Auffassungsvermögen für menschliche Lebensformen teilweise raffiniert angepaßt, als „kopiefertige Menschenmuster" bereitgestellt werden, denen das Mädchen mit „innerer Nötigung" in einer entwicklungsbedingten Phase verfällt und die es normalerweise ebenso entwicklungsbedingt durch das Heranreifen neuer seelischer Funktionen überwindet. Ihrer Arbeit über den „Lesestoff der Mädchen in der weiblichen Vorpubertät" legt L. verschiedene Untersuchungsmethoden zugrunde, um die Einzelphänomene „Pubertät", „Backfischbuch", „Leseerlebnis" erfassen zu können und koordiniert die Einzelergebnisse zu einer Gesamtschau. Trotz der methodischen Problematik, die dieses Verfahren enthält (vgl. A. Beinlich), ist es L. gelungen, erstmals differenzierte Aussagen über das Leseerlebnis, Motive, Wirkungen, Überwindungen des Buchtyps u.a. bei der Backfischlektüre zu machen und Einblicke in die das Leseerlebnis bestimmenden Faktoren zu geben. In vielen ihrer Einzelergebnisse muß diese Untersuchung epochal-psychologisch und als auf die heutige Jugend nicht unbedingt zutreffend verstanden werden.
In ihrer Arbeit über den „Entwicklungsverlauf der literarästhetischen Erlebnisfähigkeit" (1934, später u.d.T. „Der Mensch als Leser", 1950) vollzieht L. eine Lösung leserpsychologischer Forschung aus der substantiellen und formal-ästhetischen Verflochtenheit mit

Buch- und Buchgattung, wie sie besonders bei CH. BÜHLER zu finden war. L. stellt den lesenden Menschen in den Mittelpunkt wissenschaftlichen Fragens und erarbeitet der Jungleserforschung einen eigenständigen anthropologisch-psychologischen Ansatz.
Aus der zunächst programmatisch umrissenen Thematik entwickelt sie nach dem Zweiten Weltkrieg einen theoretischen Entwurf. Danach ist die literarästhetische Entwicklung ein Teil der menschlichen Gesamtentwicklung und als solcher bestimmt durch die beiden „Grundantriebe“ der Umweltbemächtigung und der Entdeckung der menschlichen Innenwelt, die sich als sachliche und menschliche literarische Grundinteressen auswirken und der Entfaltung der eigenmenschlichen Welt dienen. In einer der ganzheitspsychologischen Auffassung entsprechenden Weise sieht L. die Entwicklung der literarästhetischen Erlebnisfähigkeit im Sichausdifferenzieren bestimmter altersbedingter Erlebnisgestalten aus der ursprünglichen „Einsheit von Person und Welt“ zur Hochform dem bewußten Gehalt- und Gestalterlebnis am literarischen Kunstwerk. Aus ästhetischen Urerlebnissen (Urerlebnis, ein in der Kunstpsychologie bei NOHL, GUNDOLF u. a. sehr unterschiedlich gefaßter Begriff), die nach L. von der Erziehung unabhängig schon im Kleinkind- und frühen Kindesalter, oft verschwistert mit Urerlebnissen aus der Musik oder Bildkunst auftreten und rein lyrischen Charakter haben, erwachsen zunächst die „außerästhetischen Entwicklungsstufen“ (2. bis 13. Lebensjahr), die mit der Pubertät von den Stufen ästhetischer Entwicklung abgelöst werden (14. bis 20. Lebensjahr).

Werke: Der Lesestoff der Mädchen in der Vorpubertät (1931; NA. 1934 u.d.T.: Die weibliche Vorpubertät im Spiegel des Backfischbuches); Entwicklungsverlauf der literarästhetischen Erlebnisfähigkeit (in: 13. Kongreß-Bericht der Gesellschaft für Psychologie (1934; NA. u.d.T.: Der Mensch als Leser, in O. Koch (Hrsg.): Begegnung mit dem Buch. 1950. 47–59).

Luise Siegling

Lips, Johann Heinrich

*Zeichner, Maler, Kupferstecher und Illustrator; *29.4.1758 Kloten bei Zürich, †5.5.1817 Zürich.*

L., der zweite Sohn eines Dorfwundarztes in Kloten, der den väterlichen Beruf ergreifen sollte, entwickelte schon in früher Jugend eine Vorliebe für das Zeichnen und Malen. 1773 machte L. die Bekanntschaft von J. K. LAVATER (1741–1801), der L. für ein im Entstehen begriffenes Werk über Physiognomik gegen ein Jahresgehalt beschäftigte, worauf der Vater in die Berufswahl seines Sohnes einwilligte. Zur weiteren Ausbildung ging L. 1780 nach Mannheim, wo er bei einem Preisausschreiben der Akademie den zweiten Preis errang, und 1781 nach Düsseldorf. Hier gewann er für eine Zeichnung „Antiochus und Stratonice“ den ersten Preis der Akademie und ihr Mitgliedsdiplom. Für den Stich eines Gemäldes der Düsseldorfer Galerie „Das Martertum des heiligen Sebastian“ von A. VAN DYCK (1599–1641) bekam er ein hohes Honorar, aus dem L. einen Aufenthalt in Rom bestreiten konnte. 1785 in seine Heimat zurückgekehrt, übersiedelte L. nach Weimar, wohin ihn GOETHE (1749–1832), der mit ihm in Rom freundschaftlichen Umgang hatte, an das herzoglich freie Zeicheninstitut berufen ließ. Die Gründung der Weimarer Zeichenschule (1775) ging auf eine Anregung des Verlegers und Schriftstellers FR. J. J. BERTUCH (1774–1822) zurück, der von ihr teils praktische Zwecke, etwa im Sinne einer Fortbildungsschule für Handwerker, teils geselligen Dilettantimus wünschte. Um diese Ziele zu verwirklichen, wurde 1776 der Maler und Radierer G. M. KRAUS (1737–1806) Direktor des Unternehmens. Die L. übertragene künstlerische Lehrklasse trug wesentlich zum Aufschwung des Zeicheninstituts bei. Bis 1794 blieb L. in Weimar, dann zog er aus gesundheitlichen Gründen nach Zürich, wo er einen eigenen Hausstand gründete.

Werk, Tendenzen, Wirkung. Schon 1808 zählte die von L. sorgsam geführte chronologische Liste seiner Kupferstiche und Handzeichnungen 1257, kurz vor seinem Tode 1447 Nummern. Es waren vorwiegend historische und mythologische Darstellungen, Studien nach der Antike, Bildnisse merkwürdiger Personen, Köpfe, Ansichten aus Italien und der Schweiz, Titelkupfer und Vignetten nach berühmten alten und neuen Meistern. An besonders bekannt gewordenen Werken illustrierte L. mit 370 Kupfern LAVATERS „Physiognomische Fragmente zur Beförderung der Menschenkenntnis und Menschenliebe“ und mit 230 Kupfern dessen „Essai sur la Physiognomie“, mit 176 Kupfern und 148 Vignetten GOETHES und WIELANDS Werke. Daneben schuf er Illustrationen zu zahlreichen belletristischen Arbeiten, Almanachen. L.s Stiche empfahlen sich durch die Sorgfalt in der Ausführung und durch die durchgehaltene klassische Form. L.s Bedeutung für die Kinderliteratur seiner Zeit liegt vor allem in der Verantwortung für die rund 6000 Kupfer des von FR. J. J. BERTUCH herausgegebenen Anschauungswerkes „Bilderbuch für Kinder“, die von jungen Zöglingen des herzoglich freien Zeicheninstituts zu Weimar, unter der Leitung von L. gestochen wurden. Eine Reihe weiterer Jugendbücher, so die „Gymnastik für die Jugend“ (1793) des Schnepfenthaler Erziehers J. CHR. F. GUTS MUTHS, die „Gemälde weiblicher Erziehung“ (1813) von C. RUDOLPHI und „Der Schweizerische Robinson“ (4 Bändchen, 1821–1827) von J. D. WYSS wurden mit Stichen von L. ausgestattet.

Illustrationen: J. K. Lavater: Physiognomische Fragmente zur Beförderung der Menschenkenntnis und Menschenliebe (Bd. 1–4. 1775–1778); J. Chr. F. Guths Muths: Gymnastik für die Jugend. Enthaltend eine praktische Anweisung zu Leibesübungen. Ein Beytrag zur nöthigen Verbesserung der körperlichen Erziehung (1793); C. Rudolphi: Gemälde weiblicher Erziehung. Mit einer Vorrede von dem Kirchenrath F. H. Chr. Schwarz (1813); J. D. Wyss: Der Schweizerische Robinson oder der schiffbrüchige Schweizer-Prediger und seine Familie. Ein lehrreiches Buch für Kinder und Kinder-Freunde zu Stadt und Land. Herausgegeben von J. R. Wyss (Bd. 1–4. 1821–1827).

Sekundärliteratur: E. Bock: Die deutschen Meister (1921). – J. C. Füßli: Geschichte der besten Künstler in der Schweiz (1799). – J. W. Veith: H. Lips (1817).

Hans Eich

Literaturpädagogik

Im umfassenden Sinn ist unter L. die Theorie und Praxis aller beeinflussenden Maßnahmen und Wirkungen zu verstehen, denen Kinder und Jugendliche beim Umgang mit Literatur bis zur „Lesemündigkeit" ausgesetzt sind. Dazu gehört die gelenkte Erziehung durch Literatur und zur Literatur in und außerhalb der Schule, aber auch die Intensivierung und Durchleuchtung der freien Lesesituationen oberhalb der Konsumhaltungsschwelle.

Ziele der L. Als Literaturdidaktik wählt L. „Texte" (im noch zu bestimmenden Sinn) unter sachlogischen (literarischen), psychologischen und erzieherischen Gesichtspunkten aus und sucht das als geeignet Befundene nach seinen Absichten zu befragen und dem jungen Menschen sinngemäß aufzuschließen. Die dabei gegebenen Verstehenshilfen sollen dem Leser dann auch für später einen sinnvollen Umgang mit Literatur ermöglichen. L. überdenkt aber auch wiederum die gesammelten Erfahrungen, indem sie die Wirkung der Literatur auf den Leser und sein Verhalten dabei (Lesemotivation und Lesertypologie) beobachtet und für künftige Begegnungen nutzbar zu machen sucht.

L. distanziert sich von „literarischer Bildung" der herkömmlichen Art, die im Nachweis eines literarischen Wissensbesitzes ihre Krönung fand. Bilden ist nach dem heutigen Verständnis weniger ein transitiver, sondern mehr – als Sich-bilden – ein reflexiver Vorgang. Demnach kann Bildung nur als geistiger Selbstwerde- und Selbstverstehensprozeß bezeichnet werden. „Literarische Bildung" mit dem Ziel des literarischen Gebildetseins (d.i. literarische „Verstehensfähigkeit" besitzen) ist somit von außen her nicht zu bewerkstelligen, sondern nur anzuregen, bestenfalls einzuleiten.

Die „Fähigkeit, Literatur zu verstehen" (H. Helmers), kann deshalb nicht durch literarische Bildung, sondern nur durch literarische Erziehung vermittelt werden. Der Weg dazu wird weitgehend über den literarischen Unterricht beschritten. Die Auffassung O. Willmans von Dichtung als „Bildungsgut, durch dessen Besitzergreifung der einzelne Mensch in der Gesamtheit seines geistigen Wesens gefördert, zur Teilnahme an der Gesittung seines Volkes und der Menschheit geführt und seiner geistigen Gemeinschaft eingegliedert" werde, bezieht sich auf ein Verständnis von objektiven Werten, das heute zu ergänzen bzw. einzuschränken ist durch die Erfahrung von der literarischen Wirklichkeit, die gesehen und erkannt werden muß. Literarische Bildungsbestände traditioneller Art übernehmen, hieße sich auf eine Insel der Wohlgefälligkeit und Idyllik zurückziehen und sich von der modernen Wortwelt ausschließen.

Literatur auf ihren Bildungswert hin zu untersuchen, wie es vor Jahren noch von der L. gefordert wurde, kann heute nur noch im Sinne freibleibender Angebote verstanden werden.

Zur Geschichte der L. L. wurde im Laufe der abendländischen Jugenderziehung innerhalb der Schule lange Zeit nur durch Einlesen in die jeweils kanonische Literatur betrieben. Die frühen Kloster- und die mittelalterlichen Lateinschulen verwendeten die klassische lateinische Dichtung als Muster für eine gute Sprachgestaltung unter rhetorischem Aspekt. Als Höhepunkt der literarischen Bildung galt die frei gehaltene lateinische Rede. Auch als im 17. Jahrhundert im Zuge der Zuwendung zur deutschen Sprache der Bereich der deutschen Literatur für unterrichtliche Zwecke ins Auge gefaßt wurde, geschah dies noch unter rhetorischen Gesichtspunkten (D. G. Morhof: „Unterricht von der deutschen Sprache und Poesie", 1682).

Neben dieser durch die Schule gelenkten literarischen Erziehung trat von Anfang an die Absicht kirchlicher Institutionen, religiöse Erziehung durch Literatur zu betreiben. Die Predigtmärlein und Beispielsgeschichten suchten gleichsam auf moraltheologischer Basis gesinnungsbildend zu wirken. Auch dogmatische Belehrungen waren mit eingeschlossen. Mit ganz wenig Ausnahmen (z.B. „Der Seele Trost", 1478) berücksichtigte diese Literatur (Dichtung und didaktisches Schrifttum) den potentiellen jungen Leser oder Hörer nicht.

Wenn Literatur damit nur Mittel war, um etwas Außerliterarisches zu erreichen, so darf doch nicht übersehen werden, daß durch das gründliche Studium der Formen und der Prägekraft der Inhalte, aber auch durch das im Laufe der Zeit hinzugekommene Lernen eines volkstümlichen Spruchgutes zum Zwecke der Gedächtnisschulung und der „Mutterschul"-erziehung (J. A. Comenius), Literatur gleichsam auf nicht durchschaubare Weise zu funktionaler Wirkung kam und literarische Gehalte nebenbei vermittelte. Bis zur Epoche der Aufklärung nahm der junge Leser im allgemeinen an der Erwachsenenliteratur teil. Mit dem beginnenden 18. Jahrhundert trat dann aber eine speziell für Kinder und Jugendliche bestimmte und erstellte Literatur in Erscheinung (J. B. Basedow, Chr. F. Weisse, J. H. Campe). Auch der literarische Unterricht intensivierte sich und bezog seine Lesestoffe aus Lesebüchern („acerrae", Chrestomathien, Lesetextsammlungen). L. bewegte sich von nun an in den Bahnen der gelenkten und der freien Leseerziehung. Aber auch jetzt galt der Umgang mit Literatur nicht der Erschließung literarischer Strukturen und dem Verstehen von Schrifttum. Zwar hatten seit der Aufklärung die religiösen Inhalte weitgehend weltlichen Stoffen Platz gemacht; die enzyklopädische Welterschließung brauchte den jungen Sachbuchleser. Es entstand eine jugendgemäße Lehrgutliteratur. Die „dichterische Form" dagegen betrieb weiterhin angewandte Pädagogik: Moralische Geschichten sollten dem allgemeinen Erziehungsoptimismus jener Zeit zum Sieg verhelfen. Somit verstand sich literarische Erziehung auch jetzt noch als Erziehung durch Literatur. Diese Haltung schlug sich vornehmlich im Volksschullesebuch nieder. Seine anfänglich rein rationale Tendenz wurde im Laufe des 19. Jahrhunderts durch die Forderung nach Gemüts- und Gesinnungsbildung, die die Texte zu bewirken habe, aufgeweicht. Das Lesebuch für Gymnasien zeigte sich dagegen eher als literarische Chrestomathie, die im Sinne eines literarischen Enzyklopädismus Proben aus verschiedenen dichterischen Erscheinungsformen brachte. Strukturerschließungen waren damit nicht beabsichtigt; dafür wurde nachhaltig der Forderung nach nationaler Bildung als Charakterbildung durch Literatur entsprochen. Die „entschieden christliche und entschieden nationale Richtung" von PH. WACKERNAGELS aus romantischem Geist konzipierten „Deutschen Lesebuch" (1843) gab jener Forderung beredten Ausdruck. A. STIFTERS „Lesebuch zur Förderung humaner Bildung" (1854), in dem die darin versammelte Dichtung als „höherer Schmuck des Lebens" gelten sollte, kam für seine Zeit am ehesten den langsam aufkeimenden Wünschen nach einer Erziehung zur Literatur (vgl. A. LÜBENS Forderungen in der Allgemeinen Deutschen Lehrerversammlung in Berlin 1869) entgegen, die sich zunächst darin zeigten, daß die Qualität der vorgestellten literarischen Proben in den folgenden Lesebuchschöpfungen besser wurde und daß sich von Auflage zu Auflage immer mehr ein klassischer literarischer Lesebuchkanon herausbildete. Daß daneben aber immer noch Dichtung (nach A. DIESTERWEG) zu Denk- und Sprechübungen mißbraucht wurde und sie ständig noch in Nachbarschaft zu belehrenden Texten stand, darf nicht übersehen werden (vgl. W. HOPF, Die Beschäftigung mit Literatur soll „eine lehrreiche Ausbeute gewähren", 1857. Dabei sei die „mittlere Schreibart" nicht zu überschreiten). Für die Literatur der freien Lesesituation wurde im 19. Jahrhundert in offiziellen Verlautbarungen gefordert, daß sie im unterhaltsamen Bereich einen „Gewinn für die Gesamtbildung" abgeben müsse, indem sie „der Veredelung des Gemütes, der Läuterung des Geschmackes" diene.

Außerhalb der Förderung und Verbreitung privater Lektüre lagen für die L. a) Bücher, „die Erkenntnisse irre leiten, Religion und Sitte verletzen oder feindselige Gesinnung erregen" (mit Ausnahme gegen „Erbfeinde"); b) Bücher, „die auf Politik zielen und verfrühte Urteile" fordern; c) Bücher, „die mit trivialen Späßen angefüllt sind" (wie etwa der „Eulenspiegel"). Wenn es auch den Anschein hat, daß eine solche (von W. HOPF 1856 geforderte) Jugendliteratur ausgesprochen tendenzlos sei, so galten um 1900 und danach gerade die Angriffe der Kunsterzieher gegen das spezifische Jugendschrifttum seinen „Absichten", die als moralisierende und patriotische Tendenz angeprangert und verworfen wurden, weil sie einem „außerhalb der Kunst liegenden Zwecke" dienten. Dagegen setzte H. WOLGAST 1896 seine Forderung: „Die Jugendschrift in dichterischer Form muß ein Kunstwerk sein." Die Frage, inwieweit „Tendenz" als literarisch-gestalterische und als didaktische Forderung (bzw. deren Ablehnung) in der literaturpädagogischen Diskussion jener Zeit irrtümlich oder bewußt vermengt wurden, ist als Forschungsaufgabe noch gestellt.

Das Prinzip der Kindertümlichkeit in der L. – von H. WOLGAST anfänglich übersehen – wurde zur gleichen Zeit von E. LINDE nachdrücklich vertreten. In der ersten Hälfte des 20. Jahrhunderts forderte die L. eine zunehmende Literarisierung (Ästhetisierung) des Jugendschrifttums wie auch der Arbeit am „Lesegut" in der Schule. Unterbrochen wurde dieser Prozeß durch die Absichten der L. des Dritten Reiches, die Begegnung mit Literatur einer „weltanschaulichen", „volks"-erzieherischen Zielsetzung unterzuordnen.

Die jüngere und gegenwärtige Situation in der L. L. im Bereich schulischer Veranstaltungen bemüht sich mehr und mehr darum, den literarisch mündigen Menschen zu erziehen, der in die Lage versetzt werden kann, mit Hilfe eingeübter literaturbezogener Betrachtungs- und Verstehensweisen die Welt der Literatur heute und morgen zu bewältigen. Dabei geht es darum, Literatur (Dichtung und „außerpoetisches" Schrifttum) aus ihrem jeweiligen Anspruch verständlich zu machen, ihren Umfang und ihre Reichweite erkennen zu lassen und den Schüler zu befähigen, ihre vielfältigen Formen zu durchschauen und ihnen gegenüber Position zu gewinnen. Der Kanon klassischer Schulstubenpoesie ist weitgehend entrümpelt; die Zone des literarischen Genießens ist stark zusammengeschrumpft. Dafür sind literarische Formen in Erscheinung getreten, die sich einem poetischen Genuß entziehen, die aber dennoch Wesentliches zum Verständnis unserer Zeit beitragen. Ihnen ist nur mit Hilfe eines Literaturverstandes beizukommen, der über einen wachen Intellekt die neuen literarischen Strukturen erschließen läßt. Aber nicht nur die gegenwärtig neuen und die zukünftig möglichen literarischen Formen verlangen einen literaturverständigen Menschen; auch die traditionelle Dichtung, der mehr zu entnehmen ist als eine biedere moralische Lebenshilfe, zeigt in ihren jeweiligen Formen eine besondere „Sehweise von Welt", die in ihrer Differenziertheit sich nur dem öffnet, der über ein entsprechendes Formenverständnis verfügt und darüber hinaus die epochalen und gesellschaftlichen Bedingtheiten ihres Entstehens zu erkennen in der Lage ist. Außerdem gehört es zur Zurüstung für einen mündigen Menschen, daß er instand gesetzt wird, „Fragen an eine Dichtung heranzutragen, über sie zu reflektieren, so daß er aus dem bloß genießenden Verhalten zu einem fragenden, urteilenden, verarbeitenden kommt" (J. H. BAUER).

L. im intentionalen schulischen Bereich hat auch der Jugendliteratur den Weg in den Unterricht gebahnt. A. KRÜGERS Versuche, erstmals 1969 vorgelegt, Kinder- und Jugendbücher zur Klassenlektüre zu empfehlen und dabei eine einfache Interpretationsmethode zu verwenden, dürfte als konsequente Verwirklichung einer verbreiterten Literaturerziehung anzusehen sein, die „den Graben zwischen häuslichem und Schullesen" (M. DAHRENDORF) zuschütten will. Die schulisch nichtkanonisierte Lektüre erfährt dadurch eine leser-

psychologisch bedeutsame Aufwertung. Gleichzeitig läßt sich auf diesem Weg, wenn man auf ihm konsequent weitergeht („Der Roman im Unterricht") ein nahezu bruchloser Übergang zur Lesehaltung des Erwachsenen herstellen. Der literarisch angesprochene Schüler von heute ist der erwachsene Leser von morgen, der seine Lesebedürfnisse vornehmlich am Roman befriedigt. Im Blick auf die Zukunftsbedeutung schulpädagogischer Maßnahmen wird von der literarischen Erziehung zunehmend gefordert, eben auch in die Lektüre der großen literarischen Formen einzuüben.
Fiktionale und nichtfiktionale Texte liefern viel oder wenig, richtige oder falsche Information. Sie können nur „gelesen" werden, wenn die L. ein geeignetes Instrumentarium (Wissen über Entstehung und Verbreitung von Nachrichten, Werbung, das literarische Leben, die Medien) zur Verfügung stellt, mit Hilfe dessen bewußter rezipiert werden kann. Wer ein ausreichendes Maß an Wissen und Erfahrungen über „die Vieldimensionalität der Literatur und des künstlerischen Schaffens" (Kl. Doderer) besitzt, wird zweifellos Einblicke in die ästhetische Eigengesetzlichkeit der Literatur gewinnen, braucht damit aber weder den Atem großer Dichtung zu verspüren, noch ganz allgemein sich zum Lesen getrieben fühlen. Formen der unbefangenen Identifikation mit Schrifttum (bei Fest, Feier, Lesewettbewerben u.ä.) sind deshalb dem jungen Leser immer wieder zu ermöglichen („Zum Lesen verlocken", R. Bamberger). Gleichwohl dürfte der werkgerechte, wirkungs- und rezeptionsbewußte Weg zur Literatur der verläßlichere gegenüber einer distanzlosen Genügsamkeit sein. L. der beschriebenen Art mit zweifellos stark lerninhaltsbezogener Tendenz, die auf je einzelne, individuelle Objektivierungsakte zielt, tritt heute eine vom kommunikationstheoretischen Ansatz ausgehende Auffassung literarischer Interaktionen entgegen, die Leser und Texte in einen umfassenden allgemeinen Verständigungsprozeß einspannt. Literatur tritt danach primär als sprachliches Medium auf, das auf bestimmte Weise Kommunikation ermöglicht (H. Kügler). Eine kommunikationstheoretisch fundierte L. hofft „die Vielfalt der Vermittlungsprozesse und die dialektische Beziehung zwischen Autor, Text und Leser im gesellschaftlichen Kontext fassen" zu können. Sie sucht im Leser die Bereitschaft und Fähigkeit zu wecken, „von den in der Gesellschaft publizierten Texten umfassend und kritisch Gebrauch" machen zu können (M. Dahrendorf). Texte in diesem Verständnis greifen weit über den Bereich des Literarischen hinaus, der bisher in Betracht gezogen wurde. Die von der Literaturwissenschaft bereits vor Jahren erhobene Forderung nach Erweiterung des Literaturbegriffs (Fr. Sengle) wird von der L. unterstützt und konsequent verwirklicht. Literatur umfaßt nunmehr eine Textarten(-sorten)-Vielfalt, die u.a. auch den großen Bereich der trivialen Produkte, die Comics, Gebrauchstexte aller Art, Aufrufe, Flugblätter, politische Programme einbezieht.
Ihren Niederschlag fanden die oft kontrovers auftretenden literaturdidaktischen Auffassungen in den entsprechend variierenden Lesebuchkonzeptionen der jüngsten Vergangenheit.
Mit Recht mißtraut man heute in der L. dem Begriff „Lebenshilfe". Literatur kann und soll nicht unmittelbar den Menschen zum Bestehen des Lebens (H. Helmers) befähigen. Sie würde sonst zu einer psychologisch dosierbaren geistigen Medizin mißbraucht. Andererseits ist aber die „Kraftquelle", die sich über den Zugang zur Dichtung erschließt und die das Leben bereichern kann (Kl. Gerth), nichts anderes als eine Lebenshilfe, jedoch wohl nur mittelbar ermöglicht durch die Fähigkeit, Dichtung zu verstehen. Denn, wer die „Kraftströme der Dichtung" verspürt, nimmt teil an dem bildhaften Erschließen der Welt und erfährt somit eine Bereicherung seines Lebens. Verhaltensweisen für einzelne Stationen des Lebens sind damit allerdings nicht gegeben. Indessen besteht die Gefahr, auf dem kommunikationstheoretisch orientierten Weg zum literarischen Verständnis auf andere, massivere Weise wiederum eine Art Lebenshilfe zu vermitteln, indem dem Leser nahegelegt wird, bestehende Herrschaftsstrukturen abzubauen und sich auf Systemveränderungen einzustellen. Einsichtige Didaktiker jener Richtung warnen allerdings davor, „eine kurzschlüssige Umsetzung von in Texten vermittelten Modellen in Handlungen" (M. Dahrendorf) vorzunehmen.
Die Gelegenheit der unmittelbaren literarischen Erziehung durch die Schülerbüchereien sind, so selbstverständlich sie sich anboten, bisher nicht genügend genutzt worden. Mangelnde organisatorische Voraussetzungen, aber auch die Unterschätzung der Reichweite des freien Lesens seitens der Lehrerschaft sind hierfür geltend zu machen.
Im außerschulischen Bereich vollzieht sich literarische Erziehung auf dem Weg der Leserberatung und der Lektürevorschläge in den Kinder- und Jugendbüchereien, in Jugendgruppen und -vereinen kirchlicher und weltlicher Ausrichtung und durch Jugendbuchgemeinschaften, von denen der Österreichische Buchclub der Jugend wegen seiner engen Koordination mit der Schule besonders zu erwähnen ist.
Grundsätzlich kann für die gegenwärtige Situation der L. festgestellt werden, daß man mehr und mehr dazu neigt, im Gespräch über den Umgang mit Literatur mindestens so viel von den Bedürfnissen des Lesers (Freizeitgestaltung) und „den Gesetzen des Büchermarktes", wie von der dichterischen Relevanz der Textpoduktion her zu argumentieren. Dabei wird auf den demokratischen „Allgemeinheitsanspruch" der Schulpädagogik hingewiesen, der auch in der literarischen Erziehung beachtet werden müsse.

→Jungleserpsychologie, →Junglesersoziologie, →Kinder- und Jugendliteraturforschung, →Lesealter, →Lesebuch, →Leseerziehung, →Lesefertigkeit, →Leseinteresse, →Leselernmethode, →Leseverhalten

Sekundärliteratur: R. Bamberger: Jugendliteratur und Buchpädagogik (1971). – A. Cl. Baumgärtner: Jugendliteratur im Unterricht (1972); Literaturunterricht mit dem Lesebuch (1974). – M. Dahrendorf: Dichtung und Jugendliteratur (in:

Zeitschrift für Jugendliteratur. 1967. 7. 385–400). – Kl. Doderer: Didaktische Grundprobleme der muttersprachlichen und literarischen Bildung (in: Zeitschrift für Pädagogik. 3. Beiheft. 1963. 63–77). – R. Geißler: Der Roman im Unterricht (1968; zus. mit P. Hasubek). – H. Helmers: Fortschritte des Literaturunterrichts (1974). – H. Ide (Hrsg.): Bestandsaufnahme Deutschunterricht (1970). – A. Krüger: Kinder- und Jugendbücher als Klassenlektüre (1963). – H. Kügler: Literatur und Kommunikation (1971). – N. Hopster: Didaktische Konzeptionen des Literaturunterrichts (in: D. Boueke (Hrsg.): Deutschunterricht in der Diskussion. 1974. 260–290). – J. Prestel: Lesende Jugend (1950). – Th. Rutt: Buch und Jugend (1960). – Fr. Sengle: Vorschläge zur Reform der literarischen Formenlehre (1972). – J. Vogt (Hrsg.): Literaturdidaktik (1972). – G. Wilkending: Ansätze zur Didaktik des Literaturunterrichts (1972).

Hermann Bertlein

Little Nemo

Titelfigur der berühmten, 1904 erstmalig veröffentlichten amerikanischen Comic-Serie „Little Nemo in Slumberland" von W. McCay.

Entstehung. Die ersten amerikanischen Comic-Strips um die Jahrhundertwende waren fast ausnahmslos „Kid Strips" mit Kindern als Protagonisten, einer zum Teil bis ins Brutale ausgestalteten Situationskomik und einem äußerst derben Humor. Sie sollten Witze und Pointen ausstreuen, unterhalten – und daneben die Auflagenhöhe der Zeitung steigern. Eine große Ausnahme bildete in jener Zeit die Comic Strip-Serie „Little Nemo in Slumberland" von W. McCay. Sie erschien ab dem 15. Oktober 1905 jeden Sonntag ganzseitig im „New York Herald" und wurde bis 1911 fortgeführt. McCay gab sie dann auf, um sie von 1924 bis 1927 noch einmal drei Jahre lang zu zeichnen, diesmal für den „Herald Tribune". Am 2. März 1947 wurde sie im Auftrag des soeben gegründeten McCay Feature Syndicate von McCays Sohn Robert Winsor wieder neu aufgelegt.

Inhalt und Gestaltung. Hauptheld ist der kleine fünfjährige „Nemo" mit dem zerzausten Wuschelkopf, der in seinen Träumen fantastische Reisen durch das Schlummerland macht. Am Ende jeder dieser Ausflüge in seine surreale Traumwelt findet er sich mehr oder weniger zerzaust und erschreckt in oder außerhalb seines Bettchens wieder. Damit ist ein aufregendes Abenteuer abgeschlossen, und er kann sich voll Spannung abends wieder ins Bett legen, um ein neues zu erleben. McCays literarische Vorlagen waren Steinigans „The bad dream that made Billy a better boy", „Gullivers Reisen" und L. Carrolls „Alice im Wunderland". Einen starken Einfluß übten auch die damals in den USA heiß diskutierten psychoanalytischen Untersuchungen S. Freuds über Träume und Traumdeutung aus. Jedes Abenteuer L.N's. erforscht somit den Traum, durchläuft seine Logik, assoziiert in der bekannten, oft verwirrenden Weise verschiedene Dinge miteinander und wird meistens dadurch beendet, daß L.N. durch einen Wecker oder die Stimme eines seiner Elternteile aus dem Traumreich wieder in die rauhe Wirklichkeit zurückgeholt wird. Die reiche Ornamentik, die die Bilder umgibt, läßt erkennen, daß sich Mc Cay am Jugendstil orientiert. Besonderen Wert legt er auf genaue räumliche Darstellung. Manchmal läßt er seiner außerordentlich großen Fertigkeit im Umgang mit der Perspektive die Zügel schießen und bezieht sie als Handlungselement in den Strip ein. Die farbliche Gestaltung der Bilder ist ausgewogen und nuancenreich – eine Augenweide unter den zur damaligen Zeit noch sehr kräftige Farbkontraste verwendenden Zeitungsseiten.

Rezeption. In Europa ist die Serie seit den sechziger Jahren in Italien und Frankreich im Zuge des steigenden Interesses für Comics im allgemeinen und auch einer nostalgischen Neigung zu alten Comic-Serien im besonderen, in teuren Multi-Color-Sammlerbänden herausgekommen. Später erschien sie auch in der BRD als fünfbändiges Album und ist inzwischen sogar in einer mehrbändigen Taschenbuchausgabe erhältlich.
Inwieweit das ihr heute von Comic-Spezialisten und Liebhabern entgegengebrachte Interesse auch bei modernen Comic-Künstlern geteilt wird, ist nur schwer zu ermitteln. Fest steht jedenfalls, daß L.N. zu seiner Zeit einen beträchtlichen Einfluß auf die Comic-Produktionen jeglicher Art im Hinblick auf Dramaturgie, Textgestaltung und farblicher Ausstattung gehabt hat.

→ Comics, → McCay

Sekundärliteratur: P. Fresnault: Little Nemo in Slumberland (in: Phénix. No. 21. Paris 1971). – D. Leube: Little Nemo und Freud (in: Süddeutsche Zeitung. München. 19./20.9.1972). – Little Nemo. McCay Features Syndicate. New York. 1957. – Cl. Moliterni: Little Nemo (in: Graphis. Bd. 28. No. 159. Zürich, 1972/73).

Wolfgang Kempkes

Little Orphan Annie

L. ist der Titel einer von H. Gray entwickelten amerikanischen Comic-Serie, zugleich der Name ihrer Hauptfigur. Der Comic-Strip L. erschien erstmalig am 5. August 1924 in der „Chicago Tribune". Mit ihm trat eine Veränderung der bis dahin hauptsächlich als Tummelplatz lustiger und vordergründig unpolitischer Unterhaltung dienenden Comic-Szene ein.

Figurenkreis und Gestaltungsweise. L. ist – wie ihr Name angibt – ein kleines Mädchen, eine Vollwaise ohne Zuhause, das gegen die Widrigkeiten des Lebens und das Verbrechen kämpft. Ihr Helfer und gelegentlicher Beschützer ist „Daddy Warbucks", ein durch Waffengeschäfte zum reichsten Mann der Welt emporgestiegener Kriegsgewinnler. Assistiert wird er von einem orientalischen Riesen mit enormen Kräften. Weiterhin tritt Annie's intelligenter Hund Sandy häufig als Helfer aus Notlagen auf. Das gemeinsame Merkmal Annie's und der anderen Serienfiguren ist, daß ihnen fast nie Pupillen eingezeichnet werden, sie also mit ihren leeren Augenhöhlen gleichsam „blicklos" sind.

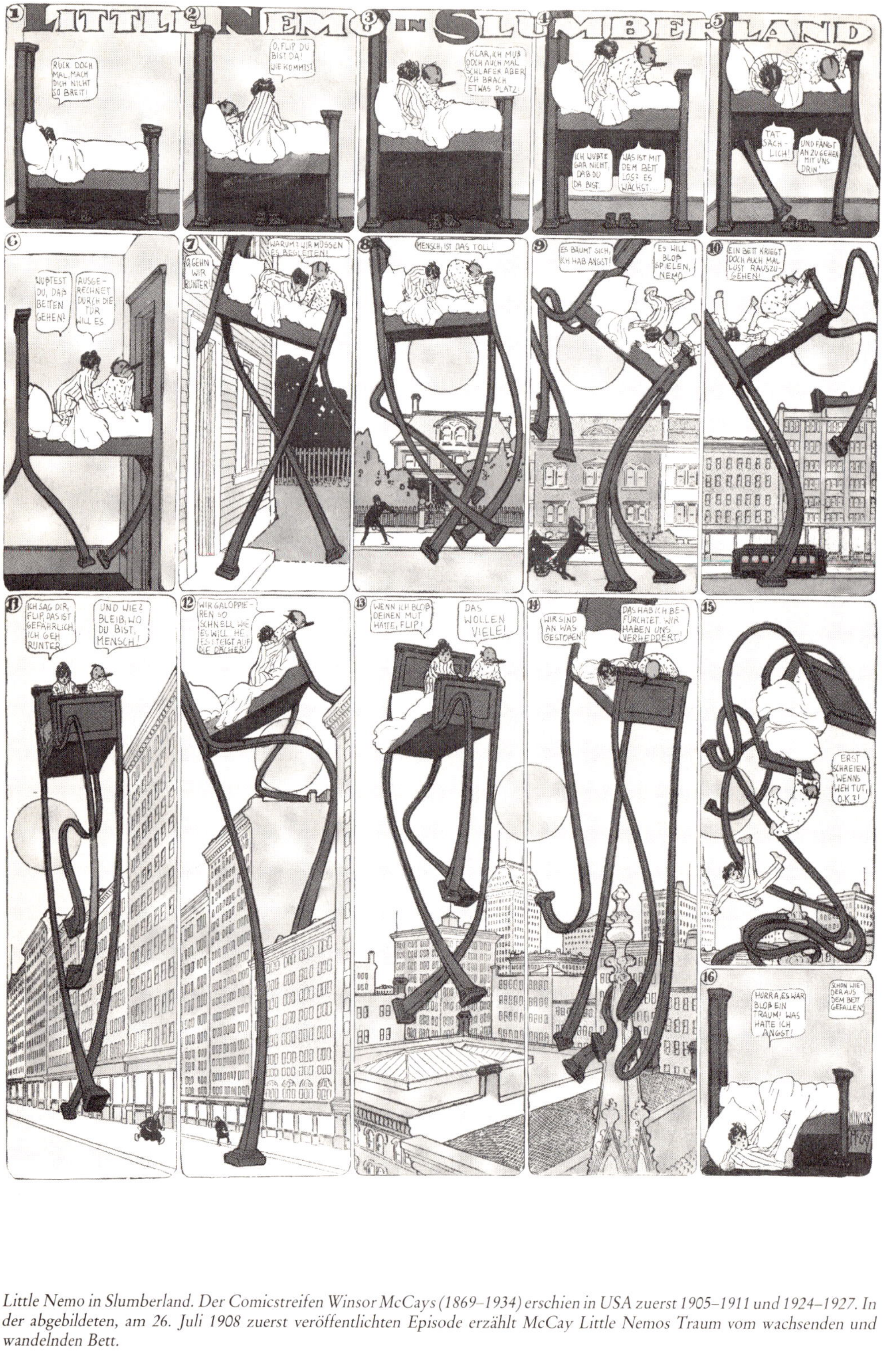

Little Nemo in Slumberland. Der Comicstreifen Winsor McCays (1869–1934) erschien in USA zuerst 1905–1911 und 1924–1927. In der abgebildeten, am 26. Juli 1908 zuerst veröffentlichten Episode erzählt McCay Little Nemos Traum vom wachsenden und wandelnden Bett.

Annie's Umgebung ist nicht festgelegt, sondern mal eine Stadt, mal das Land. Moderne Accessoires wie modische Möbel, Autos usw. werden der Aktualität halber im Laufe der Jahre jeweils neu eingeführt oder grafisch modernisiert.

Inhaltliche Intentionen. Annie's Probleme und Schwierigkeiten entstehen durch die Umwelt. So greift sie z. B. in Spionage- und Mordfälle oder auch in großstädtische Bandenkriege ein. Aus der Art und Weise, wie sie diese Auseinandersetzungen besteht und welche Gedanken und Verhaltensweisen dabei gezeigt werden, wird die offenkundig konservative politische Aussage, die H. Gray durch seinen Comic-Strip und dessen Figuren macht, deutlich erkennbar. H. Gray glaubt, daß die „im Volke verwurzelten" traditionellen Tugenden nicht genug gewürdigt werden könnten und nur eine stark konservative Lebenshaltung der Garant für das Bestehen des gesellschaftlichen Lebens sei. Diese Überzeugungen H. Grays dokumentieren sich in der Comic-Strip-Realisation. Annie löst ihre Probleme mit Tugend und Selbstcourage und blickt immer optimistisch in die Zukunft. Sie, wie auch ihre Freunde, ist absolut und unwandelbar „gut", fleißig, couragiert, individualistisch, fromm, nicht intellektuell und also mit den typischen Merkmalen der amerikanischen Mittelschicht ausgestattet. Als tugendhaft gilt jedoch nur, wer alle diese Tugenden zugleich besitzt. Ihre Feinde sind von Grund auf schlecht. Aus der moralischen Überlegenheit des Guten folgt automatisch auch die physische. Recht und Gesetz sind anwendbar nur auf die Guten, nicht aber auf die Bösen, die sich außerhalb der geordneten Mittelstandsgesellschaft gestellt haben; eine Konsequenz der Schwarz-Weiß-Struktur dieser Serie. H. Gray schildert in der Schwarz-Weiß-Struktur dieser Serie das Leben der Helden als geduldig, bescheiden und geordnet; daraus erwachsen den Guten soziale Sicherheit, Glück und ein Gemeinwohl, das sich durch Recht und Gesetz stabilisiert und gesichert weiß. Das Böse, das sich in Korruption, Gefahr und Verdammnis manifestiert, liegt dagegen außerhalb dieser Gemeinschaft. Die Zentralfigur L., Vertreterin und Vorkämpferin des Guten, lebt in dieser heilen Welt. Ihre Abenteuer müssen – H. Grays Konstruktion zufolge – durch die „Außenwelt" des Bösen verursacht sein. Annie gerät dorthin primär auch nicht aus dem Wunsch heraus, die Bösen zum Guten zu bekehren, sondern um die drohenden Gefahren vom „guten Gemeinwesen" abzuwenden.

Wirkung. L. ist wegen dieser ideologischen Komponenten und der Schwarz-Weiß-Klischées des öfteren stark angegriffen worden. Kritische Stimmen monierten, daß die Serie zu viele Haßobjekte anbiete, daß Annie nie altere und sie viele Probleme auf magische, d.h. also wirklichkeitsfremde Weise löst. Demoskopische Untersuchungen zeigten, daß sie von vielen Lesern geliebt und als öffentlicher Sprecher für ihre Gedanken und Gefühle betrachtet wird. Offenbar kommt diese Serie der sozialpsychologischen Disposition ihrer Leserschaft entgegen, indem sie unbewußte Wünsche und emotionale Bedürfnisse befriedigt, dem Leser seine „heile Welt" garantieren hilft und dieser in seiner Identität bestätigt und bestärkt wird. Diese Leser erwiesen sich in sozialpsychologischer Analyse als schwach oder frustriert, mit ihrem Leben unzufrieden, aggressiv und sahen in dem Strip einen phantasievollen und mit Magie behafteten Rückblick auf ihre glücklichen Kindheitstage. Daddy Warbucks empfiehlt sich ihnen als strahlende Vaterfigur, die alles wieder in Ordnung bringt. L., noch immer publiziert, sogar einmal zu einer vielteiligen Radiosendereihe umgearbeitet, ist ein Comic-Strip, der – wie kaum ein anderer – zu einer Polarisierung seiner Leserschaft geführt hat.

Sekundärliteratur: D. Auster: A content analysis of „Little Orphan Annie" (in: Social Problems. 2. 1954. 26–33). – L. W. Shannon: The opinions of Little Orphan Annie and her friends (in: Public Opinion Quarterly. Bd. 18. 1954. 169–179).

Wolfgang Kempkes

Lobe, Mira

*Österreichische Schriftstellerin, Verfasserin zahlreicher Kinder- und Jugendbücher; * 17. 9. 1913 Görlitz.*

L., aus wohlhabender jüdischer Familie stammend, verlebte ihre Kindheit und Jugend in Deutschland. Nach dem Abitur emigrierte sie nach Palästina. Dort schrieb sie die Robinsonade „Insu-Pu", die zunächst ins Hebräische übersetzt erschien. Nach dem Zweiten Weltkrieg kam L. nach Wien und wurde Wahlösterreicherin. Für ihr kinder- und jugendliterarisches Werk wurde sie mehrfach ausgezeichnet, darunter 1958 und 1965 mit dem Österreichischen Staatspreis für Jugendliteratur („Titi im Urwald", „Die Omama im Apfelbaum"), 1961, 1965, 1968 und 1970 mit dem Preis der Stadt Wien.

Werk, Tendenzen, Wirkung. Ein starkes soziales und sozialkritisches Engagement bildet einen Hauptakzent ihres Schaffens. Als zweiten Akzent mag man ihren echten Eros paidagogos bezeichnen: Aus einem tiefen Verständnis für das Kind und den heranwachsenden jungen Menschen vermerkt und zeigt L., wie Erwachsene an Kindern vorbeihören, vorbeireden („Kein Sterntaler für Monika") und dadurch die mitmenschliche und erzieherische Kommunikation verfehlen („Denkmal Blümlein") oder aber im günstigen Fall hören, verstehen und die Bedürfnisse der Kinder anerkennen („Die Omama im Apfelbaum", „Das Städtchen Drumherum"). Die kleinen Helden ihrer Kinderbücher versuchen immer wieder, sich den anderen, den Großen, verständlich zu machen. Oft genug werden sie dabei vor die Wahl „Anpassung oder Außenseitertum" gestellt. Wenn Außenseitertum Zivilcourage bedeutet, entscheidet sich die Autorin dafür. L.s Sozialkritik ist gleichermaßen von starker Emotionalität wie von wachem Intellekt geprägt: Sie leistet konkreten persönlichen Beistand in der Bewährungshilfe für jugendliche Strafentlassene und bildet sich konsequent weiter im Studium der großen Sozialtheorien der Gegenwart.

Kinder und Jugendliche gemeinschaftsfähig zu machen, sieht sie als wesentliches Erziehungsziel („Insu-Pu", „Hannes und sein Bumpam", „Das Städtchen Drumherum", „Denkmal Blümlein", „Die Räuberbraut", vor allem auch die beiden Bilderbücher: „Komm, sagte die Katze" und „Komm, sagte der Esel"). Darüber hinaus hat L. ein sehr ursprüngliches Verhältnis zur Sprache: vom humorvollen Sprachspiel (vgl. „Die Omama im Apfelbaum"; Beiträge im „Sprachbastelbuch", 1975) über die Grazie von Rhythmus und Melodie in Versgeschichten („Hannes und sein Bumpam", „Das kleine Ich bin ich") bis zur Komposition des Künstlerromans „Meister Thomas in St. Wolfgang" reicht ihr schriftstellerisches Vermögen.

L.s Kinder- und Jugendbücher wurden in die meisten europäischen Sprachen und ins Amerikanische übersetzt.

Werke: Insu-Pu, die Insel der verlorenen Kinder (1951; NA. 1967); Anni und der Film (1952); Der Tiergarten reißt aus (1953); Der Bärenbund (1954); Hänschen klein (1954); Der Anderl (1955; NA. u. d. T.: Der Speckbacherbub, 1974); Flitz, der rote Blitz (1956); Ich frag dich was, Herr Doktor! (1956); Bärli hupf (1957); Die Bondi-Mädels (1957; NA. u. d. T.: Die Bondi-Mädchen, 1967); Titi im Urwald (1957); Ich wünsch mir einen Bruder (1958); Ich und du in Stadt und Land (1959), Die vorwitzigen Schwestern (1959); Rätsel um Susanne (1960); Wohin mit Susu? (1960); Das fünfte Entlein (1961); Hannes und sein Bumpam (1961; [4]1974); König Tunix (1962); Tapps (1962); Das große Rennen in Murmelbach (1963); Bimbulli (1964); Laßt euch drei Geschichten erzählen (1965); Meister Thomas von St. Wolfgang (1965); Die Omama im Apfelbaum (1965); Das große Rentier und zwei andere Geschichten (1966); Martina, der rettende Engel (1966); Pepi und Pipa (1966); Eli Elefant (1967); Meine kleine Welt (1967); Bärli hupft weiter (1968); Das blaue Känguruh (1968); Der kleine Drache Fridolin (1969, [3]1974); Maxi will nicht schlafen gehen (1969); Schatten im Auwald (1970); Das Städtchen Drumherum (1970); Denkmal Blümlein (1971); Das kleine Ich bin ich (1972); Katzenzirkus (1973); Kein Sterntaler für Monika (1973); Nikonorr, der Winterzauberer (1973); Der tapfere Martin (1973); Willi Millimandl und der Riese Bumbum (1973); Die Räuberbraut (1974); Das Zauberzimmer (1974); Komm, sagte die Katze (1975); Komm, sagte der Esel (1976).

Sekundärliteratur: I. Jantsch: Mira Lobe (in: Die Barke. 1965. 326–331). – M. Lobe: Lieber erzähle ich euch eine Geschichte (in: Österreichischer Buchklub der Jugend (Hrsg.): Jahrbuch 4. 1975/76).

Gertrud Paukner

Lobel, Anita
Lobel, Arnold

*Lobel, Anita. *2. 6. 1934 Krakau/Polen; Lobel, Arnold. *22. 5. 1933 Los Angeles/USA. Illustratoren und Autoren von Kinder- und Bilderbüchern.*

Nach der Flucht aus ihrer polnischen Heimat lebte ANITA L. zunächst in Schweden, 1952 übersiedelte sie in die USA und besuchte die Washington Irving High School in New York und das Pratt Institute in Brooklyn, wo sie auch ihren Mann, ARNOLD L., kennenlernte, der hier sein Studium mit dem Bachelor of Fine Arts abschloß. Zunächst arbeitete ANITA L. als Textil-Designerin und entwarf Tapetenmuster. Heute leben die L.s mit ihren zwei Kindern in Brooklyn und zeichnen und verfassen ausschließlich Kinderbücher. Obwohl beide auch Texte anderer Autoren illustrieren und sich gegenseitig bei ihrer Arbeit beraten, haben sie noch nie ein gemeinsames Projekt erarbeitet. – Die Bilderbücher der L.s wurden in den USA vielfach ausgezeichnet, mehrere wurden in die von der „New York Times" erstellten Liste der acht am besten illustrierten Kinderbücher des Jahres aufgenommen. ARNOLD L.s Geschichten von der Freundschaft zwischen einem Frosch und einer Kröte „Frog and Toad are Friends" (1970; dt. Die beiden Freude, 1972) und „Frog and Toad Together" (1972; dt. Was Frosch und Kröte miteinander erleben, 1974) wurden 1971 als Caldecott Honour Book bzw. 1973 als Newbery Honour Book ausgewählt. Die „Mouse Tales" (1972; dt. Mäusegeschichten, 1976) erhielten den 1973 erstmals für „excellence of text and graphics" vergebenen Irma Simonton Black Award.

Werk, Tendenzen, Wirkung. Seit 1961 erschienen Kinderbücher mit Illustrationen von ARNOLD L.; aus seiner über vierzig Titel zählenden Produktion werden hauptsächlich die aus der für das erste Lesealter bestimmten Reihe „I can read" (Harper & Row) ins Deutsche übertragen (Lerne Lesen, Carlsen-Verlag). Die Helden seiner sorgfältig inszenierten Bücher sind vorwiegend Tiere, die humorvoll vereinfacht und oft vermenschlicht dargestellt sind. Seine rahmenlosen, in Bewegung und Szenerie die Textsituation treffenden Illustrationen leben aus dem Gegensatz von Linie und Hell-Dunkel-Schraffuren; die meist mit Feder oder bröseligem Bleistift ausgeführten Zeichnungen sind mit zwei oder drei Farben hinterlegt, bzw. die Farbe ist tonig in die Schraffur einbezogen.

Auch ANITA L.s Bilderbücher sind gezeichnet; sie verwendet fast immer die Feder. Anstelle von Schraffuren sind ihre Hintergründe textbezogen und bis ins Detail minutiös gegenständlich durchgearbeitet. Besonders wirksam sind die Blätter aus dem Trollbuch „Under a Mushroom" (1970; dt. Unter einem Pilz, 1973), wo sie ihre Blumen- und Wohnpilzszenerie bei peitschendem Regen hinter einem optischen Grauschleier sorgfältig gezeichneter Regentropfen verschwinden läßt. Farben, im allgemeinen nur zwei, werden zur Hinterlegung und Rahmung der Bilder altertümlich, bilderbogenhaft kolorierend eingesetzt, wobei auf Grund der Offsettechnik nuancierte Abstufungen entstehen, die aber nie Ähnlichkeiten mit dem Vierfarbendruck anstreben. In „The Seamstress of Salzburg" (1970), der Geschichte eines Mädchens, das Kleider näht, appliziert und stickt, wird die Nähe zu ihrem früheren Beruf als Textilentwerferin deutlich; gleichzeitig ist ANITA L. im Detail ihrer polnischen Heimat verpflichtet: viel Ornamentales stammt aus der Volkskunst, es wird von ihr aber nie volkstümelnd oder inhaltsbildend eingesetzt. Ihre Blätter leben aus der Einheit von Schrift und Bild, die Seiten oder verschieden großen Schriftflächen sind vielfach variierend umrahmt, so daß eine liebevolle Nähe zur europäischen Kinderbuchillustration der Jahrhundertwende hergestellt wird. In ihren Büchern versucht sie, trotz märchenhafter Anklänge, Kindern Probleme der menschlichen Gesellschaft begreifbar zu machen. In „Unter einem Pilz" zeigt sie anhand einer Trollfamilie, daß bequemes und wohlhabendes Leben in Einsamkeit nicht bedingungslos glücklich macht, daß aber auch ein Zusammenleben gelernt sein muß. In „Potatoes, Potatoes" (1967; dt. Kartoffeln hier, Kartoffeln da, 1969), einer pazifistischen Bilderbuchgeschichte, wird auf kindgemäße Weise die Sinnlosigkeit des Krieges und der Zerstörung dargestellt – der umkämpfte Kartoffelgarten ist vielleicht zur polnischen Heimat der Autorin in Beziehung zu setzen.

Anita Lobel. Werke: A. Lobel: Sven's bridge (1965); A. Lobel: The troll music (1966); A. Lobel: Potatoes, potatoes (1967; dt. Kartoffeln hier, Kartoffeln da, 1969, ²1974); F. N. Monjo: Indian summer (1968; dt. Drei Eulen im Wald, 1970); A. Daglish: The little wooden farmer (1968); M. Ginsburg: Three rolls and one doughnut (1970); A. Lobel: Under a mushroom (1970; dt. Unter einem Pilz, 1973); A. Lobel: The seamstress of Salzburg (1970); B. Elkin: The wisest man in the world: A legend of ancient Israel (1971); D. Orgel: Little John (1972); A. Lobel: A birthday for the princess (1973; dt. Die Prinzessin hat Geburtstag, (1975).

Arnold Lobel. Werke: Fr. Phleger: Red tag comes back (1961); A. Lobel: A zoo for Mister Muster (1962); M. E. Selsam: Terry and the caterpillars (1962; dt. Terry und die Raupen, 1965); B. Baker: Little runner of the longhouse (1962; dt. Kleiner Läufer aus dem Langhaus, 1965, ²1972); M. Myrick: The secret three (1963; dt. Die Geheimen Drei, 1975); A. Lobel: Prince Bertram the Bad (1963); A. Lobel: Lucille (1964); A. Lobel: Giant John (1964); N. Benchley: Red Fox and his canoe (1964; dt. Roter Fuchs und sein Kanu, 1967); Ph. Ressner: Dudley Pippin (1965; dt. Peter Pippin, 1966); A. Lobel: The bears of the air (1965); F. Holman: The witch on the corner (1966; dt. Die Hexe von nebenan, 1971); A. Lobel: Martha the movie mouse (1966); P. Parish: Let's be early settlers with Daniel Boone (1967); M. Myrick: Ants are fun (1968; dt. Ameisen machen Spaß, 1973); A. Lobel: Comic adventures of old mother Hubbard & her dog (1968); A. Lobel: The great blueness and other predicaments (1968); A. Lobel: Small pig (1969; dt. Das Schweinchen, 1974); J. Viorst: I'll fix Anthony (1969; dt. Na warte ... Andi!, 1974); A. Lobel: Frog and toad are friends (1970; dt. Die beiden Freunde, 1972, ²1974); A. Lobel: The ice-cream cone coot (1971); A. Lobel: On the day Peter Stuyvesant sails into town (1971); Ch. D. Ryan: Hildilid's night (1971); A. Lobel: Frog and toad together (1972; dt. Was Frosch und Kröte miteinander erleben, 1974); A. Lobel: Mouse tales (1972; dt. Mäusegeschichten, 1976); R. A. Morris: Seahorse (1972); L. Cathon: Tot Botot and his little flute (1972); A. Lobel: The man who took the indoors out (1974); J. Prelutsky: Circus (1974); A. Lobel: Owl at home (1975).

Klaus Rüdiger Werner

Lobsien, Wilhelm

*Lehrer, Schriftsteller; *30. 9. 1872 Foldingsbroe an der Königsau (Schleswig), †26. 7. 1947 Niebüll.*

L., Sohn eines Zollbeamten, verbrachte seine Kindheit in Tondern, wo er von 1890 bis 1893 das dortige Lehrerseminar besuchte. Seine erste Anstellung als Lehrer fand L. in Hoyer an der Nordsee. 1896 kam er als Lehrer nach Kiel, wo er ab 1906 den „Schleswig-Holsteinischen Hauskalender" herausgab. Zuletzt war er Konrektor.

Werk, Tendenzen, Wirkung. Im Zuge der Kunsterziehungsbewegung und der Schulreformen des beginnenden 20. Jahrhunderts wandte sich L. zunächst der Sammlung und Herausgabe alter Kinder- und Volkslieder und -gedichte und eigener Gedichtbände zu. Direkt an Kinder wandte sich L. zum ersten Mal mit dem Band „Selige Zeit. Alte und neue Kinderlieder", der Gedichte von V. Blüthgen, G. Chr. Dieffenbach, G. Falke, Kl. Groth, Th. Storm, J. Trojan und anderen enthielt und mit zahlreichen Jugendstilvignetten der Illustratorin M. Freiin Knigge ausgestattet war. Der Band enthält auch ein Gedicht von L. selbst, das „Im Traum" betitelt ist und in der Beschwörung einer kindlichen Traumwelt, in der „Klein Dolli" auf dem Mondstrahl zu den Engeln reist, typisch für L.s der Realität abgewandte romantisch-idealistische Weltauffassung ist. Seine zahlreichen Erzählbände, die L. für „das Volk" schrieb, richten sich zum Teil direkt an junge Leser und erschienen in zahlreichen Auflagen als Jugendbuchausgaben. Einige davon wurden nach 1945 neu aufgelegt (z.B. „Klaus Störtebecker", 1952, im Thienemanns-Verlag). Alle Erzählungen L.s sind durch die schleswig-holsteinische Landschaft und deren Geschichte geprägt. Völkisch-nationale Tendenzen sind vor allem in den historischen Erzählungen zu finden, die den Freiheitskampf der schleswig-holsteinischen Bauern und Seeleute schildern und dabei historische Begebenheiten zum Teil idealistisch verklären. So stilisiert L. in seiner Erzählung um Klaus Störtebecker, einer „Erzählung aus der Welt der Vitalienbrüder", wie es im Untertitel heißt, den Seeräuber und seine Gesellen zu trutzigen, aufrechten, deutschen Freiheitskämpfern gegen die Unterdrückung durch die Dänen und die hanseatischen Kaufleute, „die Pfeffersäcke", hoch. Einige seiner historischen Erzählungen erschienen auch in der von W. Kotzde herausgegebenen und im Scholz-Verlag (Mainz) erschienenen Buchreihe „Mainzer Volks- und Jugendbücher", die ihr Gepräge durch nationalistische bis chauvinistische Tendenzen erhielt und gegen die sich die „Wolgastianer" in einer langjährigen Fehde, die weitgehend in der Jugendschriften-Warte ausgetragen wurde, wandten („Pidder Lyng" als Bd. 9, „Jodute!" als Band 19 der Reihe).

Werke: Strandblumen. Gedichte (1894); Ich liebe dich. Gedichte (1902); Selige Zeit. Alte und neue Kinderlieder (1902); Blau blüht ein Blümelein. Volkslieder (1905); Aus silbernen Schalen. Anthologie (1905); Nun singet und seid froh. Volkslieder (1906); Hinterm Seedeich (1907); Wellen und Winde (1908); Pidder Lyng (1910); Wattenstürme (1910); Trutz, blanke Hans (1912); Der Halligpastor (1914); Heilige Not (1912); Im Eisboot (1915); Ekke Nekkepen (1919); Das rote Segel (1919); Renate Elvershoi (1919); Ebba Eenevolds Liebe (1919); Holstenritter (1920); Landunter (1921); Der Pilger im Nebel (1922); Das Rosendach (1922); Letzte Fahrt (1922); Karsten Deichfahrer (1925); Friesenblut (1925); Jodute! (1925); Um

Recht und Freiheit (1925); Nordseegeschichten (1926); Sturmflut (1926); Klaus Störtebecker (1927); Das Licht auf dem Berge (1929); Strandläufer (1930); Jürgen Wullenweber (1930); Gesa Früddens Weg (1932); Hafen binnen (1932); Binne Hayens Kampf um Gott (1933); Halligleute (1935); Sturm und Stille (1935); Der Märtyrer (1936); Sterne überm Meer (1938); Uthörn (1940); Der Heimkehrer (1941); Segnende Erde (1942); Koog und Kogge (1942).

Sekundärliteratur: D. G. Puls: Wilhelm Lobsien (in: Dichter und Dichtung in Kiel. 1962).

Helmut Müller

Löffler, Berthold

*Österreichischer Maler, Grafiker, Keramiker; *28.8.1874 Nieder-Rosenthal b. Reichenberg, †23.3.1960 Wien.*

L., der als einer der „vielseitigsten Künstler des späten Wiener Jugendstils" gilt, besuchte ein Jahr lang die Zeichenschule des nordböhmischen Gewerbemuseums in Reichenberg, studierte anschließend an der Wiener Kunstgewerbeschule, u.a. bei Fr. von Matsch (1861–1942) und K. Moser (1868–1918), und wurde 1909, nach Assistenten- und Lehrtätigkeit an der Wiener Stickereischule (1904–1909) Professor an der Kunstgewerbeschule und Leiter der Klasse für dekorative Malerei und Grafik. Zusammen mit dem Bildhauer und Keramiker M. Powolny (1871–1954) gründete er 1905 die Werkgemeinschaft „Wiener Keramik", die den Stil der modernen österreichischen Keramik entscheidend mitbestimmte und die eng mit den 1903 entstandenen „Wiener Werkstätten" verbunden war. L. schuf zahlreiche Modelle für die „Wiener Keramik" – neben Gebrauchsgegenständen und Putten Figuren wie „Rübezahl" (um 1905), „Christopherus" (um 1906), „Heinzelmännchen" –, entwarf Schmuckstücke, arbeitete an der Ausstattung der Wiener Theater und Kabaretts „Fledermaus" und des Palais Stoclet in Brüssel, einem Hauptwerk des geometrisierten Wiener Sezessionsstils, mit. Außer als Keramiker und dekorativer Freskenmaler (Sakral- und Profanbauten) trat L. besonders als Grafiker hervor: er illustrierte u.a. für den Verlag der „Wiener Werkstätten", die Verlage Schroll, Gerlach und Schenk sowie Stein, entwarf Postkarten, Briefmarken, Banknoten und zahlreiche Plakate. L. war Mitarbeiter der „Wiener Werkstätten" (ab 1907) und Mitglied des Josef Hoffmann-Kreises.

Werk, Tendenzen, Wirkung. Für Kinder und Jugendliche illustrierte L. „Aus des Knaben Wunderhorn" – 1903 als Band 4 in Gerlachs Jugendbücherei erschienen –, das mit einem Kalendarium versehene Neujahrsmärchen von H. Chr. Andersen, „Zwölf mit der Post" (1919), sowie ein Märchenbuch „für die moderne Jugend" von L. Herland, „Die Sonnenreise" (1926). Die typischen Merkmale des Wiener Sezessionsstils – betont flächenhaft stilisierte und ornamentale Bildformen – sind auch für L.s grafische Arbeiten für Kinder charakteristisch und treten besonders deutlich in dem um 1912 publizierten großformatigen Bilderbuch „Die sieben Zwerge Sneewittchens" hervor, zu dem L. selbst den Text verfaßte. Hier vereinigen sich die Elemente des Wiener Werkstättenstils mit der auch auf Plakaten und Fayencekacheln zum Ausdruck kommenden, von Zeitgenossen teilweise kritisierten Vorliebe L.s für das Abstruse, Groteske, Karikierende und Skurrile. Anders als in der Grimmschen Fassung sind bei L. die Zwerge die durch Text und Bild dargestellten Protagonisten, deren Denken und Handeln nur darauf ausgerichtet ist, die Aufmerksamkeit und Gunst der schönen Königstochter zu gewinnen. Nur das erste Blatt zeigt in einem ovalen Rahmen das geometrisch stilisierte, kostbar in Gold gedruckte Frontalporträt Sneewittchens, Symbol eines unerreichbaren Liebesobjekts. Auf sieben Bildseiten werden – vor gelbgetöntem Blattgrund wie in ihrer Bewegung erstarrt – die großflächig gezeichneten Zwerge mit denen für sie charakteristischen Attributen einzeln dargestellt. Im Gegensatz zu dem ornamental gestalteten, in den blassen grün und rosa Farben des Jugendstils der Jahrhundertwende gehaltenen Titelblatt sind die Bildtafeln mit Obst- und Blumenkaskaden von leuchtender Farbigkeit.
Es bleibt zu fragen, ob dieses Bilderbuch mit seiner den Leser durch Anrede einbeziehenden Erzählhaltung, der einfachen Sprache, der auf Reihung beruhenden Gesamtstruktur von L. nur für Kinder geschrieben und von diesen rezipiert wurde, oder ob nicht vielmehr ein in Typografie, Illustration und anspielungsreichem, ironischem Text exklusiv gestaltetes „Gesamtkunstwerk" sich an ein exklusives, großbürgerliches, ästhetisch verfeinertes Publikum wandte. Auch die Neuauflage 1970 im Insel Verlag spekulierte wohl – im Rahmen der Renaissance des Jugendstils – auf erwachsene Leser und Sammler.

Werke: Aus des Knaben Wunderhorn (1903); B. Löffler: Die sieben Zwerge Sneewittchens (1912; ND. 1970); H. Chr. Andersen: Zwölf mit der Post (1919); L. Herland: Die Sonnenreise (1926).

Sekundärliteratur: W. Neuwirth: Wiener Keramik (1974). – R. Teichl: Österreicher der Gegenwart (1951). – R. Waissenberger: Die Wiener Secession (1971). – Die Wiener Werkstätten. Modernes Kunsthandwerk von 1903 bis 1932. Ausstellungskatalog (1967).

Rosmarie Rauter

Löfgren, Ulf Jan Gabriel

*Schwedischer Illustrator und Kinderbuchautor; *13.10.1931 Umeå.*

Nachdem L. die Schule beendet hatte, studierte er Kunstgeschichte und Literaturgeschichte; 1957 schloß er in Uppsala seine Studien mit dem Bachelor of Arts (BA) ab. Seit dem danach gefaßten und schnell begrabenen Vorhaben, Werbegrafiker zu werden, arbeitet L. selbständig als Illustrator, Kinderbuchautor und Fernsehproduzent (Kinderprogramme). Sein erstes Buch, das er zusammen mit L. Krantz (*1932) machte (Barnen i djungelen), erschien 1959 und wurde sofort an neun Länder verkauft. L. erhielt dafür die Elsa Bes-

Ulf Löfgren (1931). Seite aus dem Bilderbuch „Die Höhle Widuwilst" (1971).*

kow-Medaille, was ihn in dem gewählten Metier des Kinderbuchillustrierens bestärkte. 1967 und 1970 bekam er Stipendien vom schwedischen Staat, 1969 einen Preis der schwedischen Literaturgesellschaft, 1971 und 1973 BIB-Medaillen. L. war vier Jahre Vorsitzender der schwedischen Illustratorenvereinigung und ist seit vielen Jahren in der Gewerkschaft für Autoren und Illustratoren aktiv.

Werk, Tendenzen, Wirkung. Seit 1959 hat L. über zwanzig Bilderbücher, davon einige im Großformat, geschrieben und illustriert. Zudem entwarf er eine Anzahl von Illustrationen zu Texten bekannter Autoren wie L. Krantz, G. Linde (* 1924) und H. Peterson (* 1932) und machte Textillustrationen für Sachbücher zur Geschichte und für eigene Kinderbücher (Den fantastiske Professor Knopp, 1966; dt. Professor Knopp, der fliegende Meisterdetektiv, 1969). L.s Farbillustrationen in Bilderbüchern sind für Kinder im Alter von 3 bis 8 Jahren gedacht. Sein farbkräftiger, oftmals plakativ wirkender Stil ist realistisch und kindgemäß. Durch auffällige und leuchtende Grundfarben versteht er es, den Betrachter für die immer hintergrundlos dastehenden Bilder zu interessieren. Zudem zielt er durch seine lustigen und zum Mitdenken anregenden Texte darauf ab, kleineren Kindern elementare Zusammenhänge (z. B. gegenseitige Abhängigkeit im Straßenverkehr, das Zusammenspiel einzelner Instrumente im Orchester) nahezubringen. L.s Kinderbücher bieten phantastische Texte mit auf die Realität zu übertragender Bedeutung. Diese Geschichten erheben im Gegensatz zu L.s Bilderbüchern mit Informations- und Lehrcharakter keinen speziellen Anspruch, sondern vermitteln dem Leser affektive und phantasieanregende Erfahrungen. L.s Werke sind bereits in vierzehn Sprachen übersetzt worden.

Werke: Goddag kung Kasper (1962); Kung Kasper och kamelen (1963; dt. Was tut das Kamel im Warenhaus, 1965); Bara på skoj (1964); Gabriel Glömmer (1965); Den fantastiske Professor Knopp (1966; dt. Professor Knopp, der fliegende Meisterdetektiv, 1969); Patrik och flygmaskinen (1966); Det underbara trädet (1969; dt. Der wunderbare Baum, 1970); Den flygande orkestern (1969; dt. Die fliegenden Musikanten, 1973); Färgtrumpeten (1969; dt. Die Farbtrompete, 1973); Patriks snabbverkstad (1969); Ett, två, tre (1970; dt. Eins, zwei drei, 1973); Vi åker året runt (1971); Precissomduvill (1971; dt. Die Höhle Widuwillst, 1971); Patriks circus (1971; dt. Patriks Zirkus, 1973); Vem stoppar trafiken (1973; dt. Wer stoppt den Verkehr, 1973); Den förtrollade draken (1973; dt. Der verzauberte Drachen, 1975); Albin är aldrig rädd (1975; dt. Albin hat nie Angst, 1975); Albin hjälper till (1975; dt. Albin hilft allen, 1975); Tuffa Gumman (1975).

Illustrationen: A. Lindgren (zus. mit L. Krantz): Barnen i djungelen (1959; dt. Die Kinder im Dschungel, 1960). – U. Löfgren: Goddag kung Kasper (1962). – L. Krantz: Barnen i luften (1962). – U. Löfgren: Kung Kasper och kamelen (1963; dt. Was tut das Kamel im Warenhaus, 1965). – U. Löfgren: Bara på skoj (1964). – U. Löfgren: Gabriel Glömmer (1965). – U. Löfgren: Den fantastiske Professor Knopp (1966; dt. Professor Knopp, der fliegende Meisterdetektiv, 1969). – H. Peterson: Jag vill inte, sa Sara (1968). – U. Löfgren: Det underbara trädet (1969; dt. Der wunderbare Baum, 1970). – U. Löfgren: Den flygande orkestern (1969; dt. Die fliegenden Musikanten, 1973). – U. Löfgren: Färgtrumpeten (1969; dt. Die Farbtrompete, 1973). – G. Linde: Pellepennan, Suddagumman och Kluddabarnen (1969). – U. Löfgren: Patriks snabbverkstad (1969). – U.Löfgren: Ett, två, tre (1970; dt. Eins, zwei, drei, 1973). – U. Löfgren: Vi åker året runt (1971). – U. Löfgren: Precissomduvill (1971; dt. Die Höhle Widuwillst, 1971). – U. Löfgren: Patriks circus (1971; dt. Patricks Zirkus, 1973). – U. Löfgren: Vem stoppar trafiken (1973; dt. Wer stoppt den Verkehr, 1973). – U. Löfgren: Den förtrollade draken (1973; dt. Der verzauberte Drachen, 1975). – U. Löfgren: Albin är aldrig rädd (1975; dt. Albin hat nie Angst, 1975). – U. Löfgren: Albin hjälper till (1975; dt. Albin hilft allen, 1975). – Tuffa Gumman (1975).

Sekundärliteratur: U. Löfgren: Ulf Löfgren (in: Bookbird. 4. 1974. 71–73).

Lioba Betten

Löhr, Johannes Andreas Christian

*Theologe, Jugendschriftsteller; *18.5.1764 Halberstadt, †28.6.1823 Zwenkau.*

L., einer wenig begüterten Offiziersfamilie entstammend, besuchte das Gymnasium in Wernigerode und studierte 1781 bis 1785 unter finanziellen Schwierigkeiten an der Universität Halle zunächst Medizin, dann Theologie. Durch Krankheit geschwächt und unter dem Druck der finanziellen Not übernahm L. eine Stelle als Hauslehrer. Zwei Jahre später, 1787, wurde er Pfarrer in Dehlitz, 1793 in Merseburg und 1813 in Zwenkau.

Werk, Tendenzen, Wirkung. L. war ein außerordentlich produktiver Jugendschriftsteller. Neben autorisierten Schriften erschienen einige anonym, andere unter den Pseudonymen J. K. Müller, K. Fr. Schmidt und Philadelphus Alethes. Gerade das letztgenannte Pseudonym kennzeichnet L.s Verhältnis zu seinen jungen Lesern. Er ist der in Wahrheit brüderlich Liebende; denn die Rezensenten seiner Werke rühmen durchgängig seine sachlich gelungene und auf das Verständnis der Jugend abgestimmte Darstellungsweise. Inhaltlich umfassen die Themen den gesamten Lehrkanon: Weltgeschichte, Naturgeschichte, Glaubenslehre, Erd- und Tierbeschreibungen. Selbst Märchen, Rätsel und Charaden, Fibeln und Erbauungsbücher gehören zu seinen Werken. Viele seiner Schriften erlebten mehrere Auflagen und wurden vor allem ins Französische übersetzt. Die L. zuteil gewordene Anerkennung drückt sich wohl am besten aus durch den Mitarbeiterkreis, den er für sein Sammelwerk „Der erste Lehrmeister" zu gewinnen vermochte. Mitarbeiter dieses neunundzwanzigbändigen Werkes waren J. Ph. Schellenberg, F. L. Wagner, H. A. Kerndörfer, O. F. Th. Heinsius, C. G. Hering, F. P. Wilmsen und A. H. Ch. Gelpke. Über diese zeitgenössische Bestätigung seiner Arbeit als Jugendschriftsteller hinaus war L. Mitarbeiter verschiedener Fachjournale. 1806 und 1807 publizierte er in J. Chr. Fr. Guts Muths „Bibliothek der Pädagogik" und dokumentierte damit seine Sachkompetenz in Erziehungsfragen. Auf Grund seines Schrifttums darf man L. deshalb im erweiterten Sinne zum Philanthropinismus zählen.

Aus Johann Andreas Christian Löhrs (1764–1823) „Tändeleyen und Scherze für unsere Kinder" (Bd. 1 u. 2. 1805 und 1808). Thema der Abbildung: „Verkleidungsspiele".

Werke: ABC- und Lesebuch. Mit Bildern aus der Naturgeschichte (1796); ABC- und Bilderbuch, nebst einer Anweisung, Kindern leicht lesen zu lehren. Zunächst zum Gebrauch beim häuslichen Unterricht (1796); Kleine Geschichten und Erzählungen für Kinder zur Bildung des sittlichen Gefühls (1799); Materialien zur Erweckung und Hebung des Verstandes und der Urteilskraft der Kinder (1799); Kleine Erzählungen für Kinder (1800); Kleines Bilder-ABC zum Behuf mancherley nützlicher Kenntnisse (1801); Erstes Bilder- und Lesebuch zur zweckmäßigen Beschäftigung des Wohlstandes und zur angenehmen Unterhaltung (1802); Bilder vaterländischer Thiere, nebst Beschreibung mit Teutschem und Französischem Text (1802); Erste Lehren und Bilder, oder unterhaltende Verstandesbeschäftigungen, zunächst für Kinder, welche noch nicht lesen (1803); Der Weihnachtsabend in der Familie Thalberg, für Kinder beschrieben (1805); Erweckung für das Herz der Kinder (1805); Tändeleien und Scherze für Kinder (Bd. 1–2. 1805–1808); Bibliothek des Nützlichen, Unterhaltenden und Merk-

würdigen, für Leser aus allerley Ständen, für die erwachsene Jugend und ihre Freunde insonderheit (1806); Kleinigkeiten für unsere Kinder (1807); Bildereyen zu Lust und Lehre für das frühere Alter unserer Kinder (Bd. 1–4. 1807); Bilder ausländischer Thiere, nebst einer kurzen Beschreibung, zur angenehmen und nützlichen Beschäftigung für Kinder (1808); Bildergeographie. Die Darstellung aller Länder und Völker der Erde (Bd. 1–4. 1810); Ludwig und seine Gespielen, oder leichte Uebungen für Verstand und Herz, in Erzählungen, Geschichten von Thieren und Aufgaben für die frühere Kindheit (1810); Die Geschichten der Bibel, zum Gebrauch für Lehrer und Schüler (1810); Wohlfeiles ABC- und Lesebuch, nebst einer Anweisung, Kinder sehr leicht lesen zu lernen, zum Schul- und Hausgebrauch. Ein Beitrag zum ersten Lehrmeister (1811); Kleine Bilder für kleine Leute, zu einem ABC- und Lesebuch eingerichtet (1811); Kleine Weltgeschichte für den ersten Anfang beim Haus- und Schulunterricht (1811); Naturgeschichte für Schulen und den häuslichen Unterricht (1812); Die Bewohner der Erde, oder Beschreibung aller Völker der Erde (1814); Das Lesebuch für Schul- und Hausunterricht (1815); Das Fabelbuch für Kindheit und Jugend (1816); D. Martin Luthers kleiner Katechismus für Kinder zu gebrauchen, unter Anweisung einsichtiger Lehrer und Prediger (1818); Bilder nebst Text zu Lust und Lehre für die Jugend (1818, ³1826); Das Buch der Mährchen für Kindheit und Jugend. Nebst etlichen Schnaken und Schnurren, anmuthig und lebhaft (Bd. 1–2. 1818–1820). Geographie oder Beschreibung der Länder aller Erdtheile für den frühen Unterricht (1819); Die Künste und Gewerbe des Menschen zum Behuf nützlicher Kenntnisse, in 104 Abbildungen (1819); Die Familie Oswald, oder Erweckungen des religiösen Sinnes der Kindheit (Bd. 1–3. 1819); Buch der Bilder, Geschichten und Lehren für die Kindheit und Jugend (1819); Das erste Gebets- und Andachtsbüchlein der Kindheit (1820); Mancherlei Begebenheiten und Geschichten aus dem Leben des kleinen Andreas. Ein Büchlein für Kinder (1820); Die Benutzung und Verarbeitung der Naturerzeugnisse, oder kleine Technologie für Schulen und häuslichen Unterricht (1820); Menschenleben in mancherlei freudigen und traurigen Begebenheiten (1821); Die ernsten und lustigen Dinge in der Familie Ehrthal (1821); Erste Lese- und Erzählungsblätter. Bildungsstoff für Herz und Geist (1822); Kleine Plaudereien für Kinder (Bd. 1–2. 1822); Neue kleine Plaudereien für Kinder (Bd. 1–2. 1822); Erzählungen und Geschichten, für Herz und Gemüth der Kindheit und Jugend (Bd. 1–2. 1822); Vollständiges Lehrbüchlein der Bibelsprüche mit nöthigen Erklärungen (1822); Die Bewohner der Erde, oder Beschreibung der Völker der Erde (1823); Des Dr. Martinus Katz- und Wachtelbüchlein mit mancherlei anmuthigen, ergötzlichen Begebenheiten, Historien, zur Lehre, Warnung und Ermahnung für das junge Volk in Deutschland (1824).
Hrsg.: Der erste Lehrmeister, ein Inbegriff des Nöthigsten und Gemeinnützigsten für den Unterricht (Bd. 1–29. 1810–1823).

Sekundärliteratur: G. Chr. Hamberger (zus. mit Joh. G. Mensel): Das gelehrte Teutschland (⁵1821. Bd. 18. 567–571). – L. G. Michaud: Biographie Universelle, Ancienne et Moderne (Supplément 1843. 61–63).

Reinhard Stach

Löns, Hermann

*(Ps.: Fritz von der Leine). Journalist und Schriftsteller; *29. 8. 1866 Kulm/Westpreußen, †26. 9. 1914 b. Loivre/Reims.*

L. verbrachte seine Kindheit in Deutsch-Krone, wohin der Vater als Gymnasialdirektor 1867 versetzt worden war. Die Familie zog 1884 nach Münster in Westfalen. Dort begann L. nach dem Abitur (1886) das Universitätsstudium, das ihn nach Greifswald, Göttingen und wieder nach Münster führte. Nach dem Bruch mit dem Vater (1890) wandte er sich zunächst dem Journalismus zu. Mit seinem epischen und lyrischen Schaffen erlangte er innerhalb weniger Jahre einen bedeutenden Platz als Schriftsteller des niederdeutschen Raumes. Zu Beginn des Ersten Weltkriegs meldete er sich als Kriegsfreiwilliger und fand 1914 vor Reims den Tod.

Werk, Tendenzen, Wirkung. L.' Kindheits- und Jugenderlebnisse in Wald und Flur wurden bestimmend für sein schriftstellerisches Werk. Schon als Jugendlicher notierte er Erlebnisse und Beobachtungen. Als 16jähriger Schüler übersandte er (1882) seine handschriftliche Aufstellung zur Vogelfauna („Verzeichnis der von mir in der Umgebung von Deutsch-Krone beobachteten Vögel") dem Provinzialmuseum in Danzig, das die Arbeit annahm. L.' Erlebnis- und Beobachtungsdrang in der Natur war eine Abenteuerlust beigemischt, die als „Spannung" in sein Erzählen einging und besonders den jungen Leser fesselt. Mit Gedichten („Mein goldenes Buch", 1901), Jagdschilderungen („Mein grünes Buch", 1901) und Naturschilderungen („Mein braunes Buch, Haidbilder", 1906) bekannt geworden, erhielt L. den unmittelbaren Anstoß zur Niederschrift von Tiergeschichten durch den Leipziger Zoologen H. Meerwarth, der ihn aufforderte, zu Tierfotografien der Publikation „Lebensbilder aus der Tierwelt" einige Beiträge zu schreiben. L. berichtet, daß durch die Fotos seine Erinnerungen an beobachtetes Tierleben wachgerufen wurden. So entstanden in rascher Reihenfolge zahlreiche Tiererzählungen (Was da kreucht und fleucht. Ein Tierbuch, 1909; Mümmelmann. Ein Tierbuch, 1909). Beispielhaft für die jeweilige Tierart gab L. seinen Tierhelden charakterisierende Namen, die sich besonders dem jungen Leser einprägten; Mümmelmann, der Hase – Murkerich, der Schnepfenhahn – Goldhals, der Edelmarder. Für andere Erzählungen entlehnte er die aus Fabel und Märchen bekannten Namen: Isegrimm, der Wolf – Reineke Rotvoß. Der Jugendschriftenausschuß des Lehrervereins Hannover-Linden stellte 1909 den ersten L.-Auswahlband für die Jugend zusammen: „Aus Wald und Heide. Geschichten und Schilderungen", dann 1914, noch zu Lebzeiten des Schriftstellers, den zweiten: „Goldhals. Tier- und Jagdgeschichten". Von „Goldhals" erschienen zahlreiche Auflagen mit wechselnden Illustrationen. Die Erzählung liegt heute als Ueberreuter-Taschenbuch mit Illustrationen von B. Kirchbaumer (1974) vor. Zahlreiche preiswerte Jugendausgaben seiner Tiererzählungen erschienen in teilweise auch als Ganzschriften für den Unterricht bestimmten und von Pädagogen empfohlenen Schriftenreihen (Kranz-Bücherei, Schaffsteins blaue Bändchen, Deutsche Jugendbücherei des Dürer-Bundes), zu denen bekannte Kinderbuchillustratoren (z.B. Fr. Koch-Gotha) Zeichnungen lieferten. L. hat mit seinen Erzählungen einen neuen Typus der Tiergeschichte geprägt, der in der Jugendliteratur bis in die sechziger Jahre Nachahmung fand. Einzelne Tiererzählungen von L. wurden in Lesebücher sowie in Vorlese- und Sammelbände übernommen. W. HELMICH erläutert im „Handbuch des Deutschunterrichts" (Bd. 2. [3]1963) an der L.-Erzählung „Mein Dachs – und meine Dackel" die „Funktion der neueren Tiergeschichte" als das „Kennenlernen der Tierwelt durch zuverlässige Berichterstattung" und ergänzt: „Sie führt dabei zur Achtung vor dem Lebendigen und zur Einsicht in den Sinnzusammenhang des Lebens. Zugleich erfüllt sie den Leser oft mit der Lust am Abenteuerlichen" (S. 1006). Für das 5.–7. Schuljahr empfiehlt W. HELMICH u.a. „Isegrimms Irrgang" und „Der letzte seines Stammes" als geeignete Lektüre. Zwischen dem Dänen S. FLEURON und dem Tiroler J. WENTER ordnet O. METZKER L. der internationalen Reihe der Tierbuchautoren zu als den „ersten, fruchtbarsten und wohl auch bedeutendsten unter den deutschen Tierschriftstellern" (a.a.O. S. 71). – Der ungewöhnliche Erfolg L.' schon zu seinen Lebzeiten beruht zum Teil darauf, daß seine Themen wie sein Erzählstil den von Wandervogel- und Jugendbewegung, Tier- und Naturschutzbewegung gesteigerten Bedürfnissen entgegenkamen, die heimische Landschaft mit Flora, Fauna und bodenständigem Menschentum kennenzulernen und sie gegen die Bedrohung durch Großstadt, Industrie und Verkehr in Schutz zu nehmen. L. galt als Volksschriftsteller, dessen nationale Bedeutung vor allem 1914 bis 1945 stark betont wurde. Im Sinne einer überzogenen Nationalerziehung sollten die „Werte angestammter Lebensordnung", wie sie vor allem in seinen Romanen „Der letzte Hansbur" (1909) und „Der Wehrwolf" (1910) hervortraten, der Jugend vermittelt werden. Viele Lieddichtungen von L., besonders aus der Sammlung „Der kleine Rosengarten. Volkslieder", 1911 (vertont von FR. JÖDE), gingen in den Bestand der Fahrten- und Lagerlieder der wandernden Jugend ein. Seine Soldatenlieder wurden in beiden Weltkriegen gesungen. Aus dem Nachlaß erschien 1925 mit dreifarbigen Steinzeichnungen von F. H. EGGERS eine Zusammenstellung der für Kinder geschriebenen Märchen von L.: „Lüttchemann und Püttcherinchen und andere Märchen". Zahlreiche Ausgaben mit Tier- und Jagderzählungen von L. werden noch heute aufgelegt (Heimische Tierwelt, 1967; Die Wilderer, 1968; Der einsame Wisent, 1971; Der Waldläufer im Revier, 1971).

→Tierbuch

Werke: Mein goldenes Buch. Lieder (1901); Mein grünes Buch. Schilderungen (1901); Mein braunes Buch. Haidbilder (1907); Mein blaues Buch. Balladen und Romanzen (1909); Der letzte Hansbur (1909); Mümmelmann. Ein Tierbuch (1909); Aus Wald und Heide. Geschichten und Schilderungen. Für die Jugend ausgewählt (1909); Was da kreucht und fleucht. Ein Tierbuch (1909); Dahinten in der Haide (1910); Der Wehrwolf. Eine Bauernchronik (1910); Der Kleine Rosengarten. Volkslieder (1911); Da draußen vor dem Tore. Heimatliche Naturbilder (1911); Auf der Wildbahn. Jagdschilderungen (1912); Mein buntes Buch. Naturschilderungen (1913); Haidbilder (1913); Goldhals. Tier- und Jagdgeschichten (1914); Widu. Ein neues Tierbuch (1917); Lüttchemann und Püttcherinchen und andere Märchen (1925); F. Castelle (Hrsg.): Sämtliche Werke in acht Bänden (Bd. 1–8. 1923); W. Deimann (Hrsg.): Nachgelassene Schriften (Bd.1–2. 1928).

Sekundärliteratur: F. Castelle: Hermann Löns (1920). – W. Deimann: Hermann Löns, sein Leben und Wirken (1923). – L. Ernst: Hermann Löns' Jugendzeit (Bd. 1–2. 1927); Hermann Löns' Mannesjahre (1930). – E. Griebel: Hermann Löns, der Niederdeutsche (1934). – O. Metzker: Die Gestalt des Tieres in der Literatur, besonders im Jugendschrifttum (in: Das gestaltete Sachbuch und seine Probleme. Ensslin-Jahresgabe. 1955. 57–80).

Margarete Dierks

Löschke, Johann Traugott

*(Ps.: Johann Traugott). Verleger und Schriftsteller; *um 1820 Dresden, † um 1880 Leipzig.*

Werk, Tendenzen, Wirkung. L., der ein reichhaltiges Verlagsprogramm anbot, war als Schriftsteller unter seinem Namen, aber auch unter dem Pseudonym JOHANN TRAUGOTT für den eigenen und fremde Verlage tätig. Seine Schriften für Erwachsene unterschieden sich von seinen Kinderbüchern durch den Tonfall: der Stil der ersteren war einer vermeintlich höheren Literatur angepaßt, während die Kinderbücher bewußt kindertümlich abgefaßt waren. Bei der Zusammenstellung eigener und fremder Texte „für die Kleinen" ließ L. nur gelten, was „das Gepräge wahrhafter Kindlichkeit" an sich trage.
L. konnte das Verdienst für sich buchen, LUDOAEMILIA ELISABETHA, Gräfin zu SCHWARZBURG-RUDOLSTADT, als deutsche geistliche Dichterin (1640–1672) entdeckt und auf sie gebührend hingewiesen zu haben. Er tat dies in der „Denkschrift über Gräfin Ludoaemilia Elisabeth aus dem nun Fürstlichen Hause Schwarzburg-Rudolstadt und über Hochderselben in Gemeinschaft mit zwei Hochgräflichen Schwestern vor 200 Jahren im Frühling des Jahres 1672 erfolgtes christ-seliges Ende, verfaßt von J. T. Löschke. Mit dem Original-Portrait der Hochseligen Gräfin Ludoaemilia in Phototypie" (1872).
L. besaß einen besonderen Hang für die Herausgabe von Schriften, die mit dem Weihnachtsfest zu tun hatten. So empfahl er als „Weihnachtsgeschenk für Erwachsene" seinen im klassischen Stil gehaltenen „Christlichen Diwan. 142 Ghaselen zum Preise des Herrn" (1847). Im gleichen Jahr bot er einen Band Kinderreime mit Gebeten und geistlichen Liedern, benannt „Christkindchen hat's gebracht", mit Bildern in eingedruckten Holzschnitten von FR. POCCI, und die schlichten 33 Dichtungen, auch Wiegenlieder, unter dem Titel „Himmelsblümchen für fromme Kinder", mit Bildern in eingedruckten Holzschnitten von A. STRÄHUBER an. 1852 bescherte L. die schöne „Weihnachtsgabe für Jung und Alt", deren Thema „An der Krippe zu Bethlehem" war, mit Bildern in eingedruckten Holzschnitten von L. RICHTER, und die sehr beliebte Weihnachtszeitung „Knecht Ruprecht, auch St. Niclas oder Pelzmärtel genannt", mit Bildern von L.

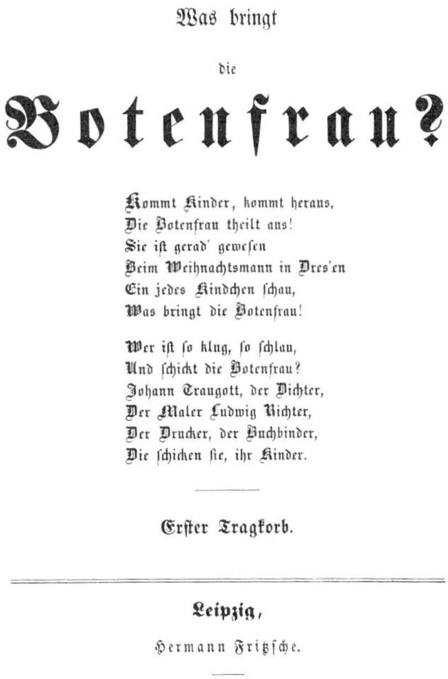
Was bringt

die

Botenfrau?

Kommt Kinder, kommt heraus,
Die Botenfrau theilt aus!
Sie ist gerad' gewesen
Beim Weihnachtsmann in Dres'en
Ein jedes Kindchen schau,
Was bringt die Botenfrau!

Wer ist so klug, so schlau,
Und schickt die Botenfrau?
Johann Traugott, der Dichter,
Der Maler Ludwig Richter,
Der Drucker, der Buchbinder,
Die schicken sie, ihr Kinder.

Erster Tragkorb.

Leipzig,

Hermann Fritzsche.

Titelbild und Titelseite zu Johann Traugott Löschkes (um 1822– um 1880) „Was bringt die Botenfrau?" (1850). Die Holzschnitte werden Ludwig Richter zugesprochen.

Richter und Singweisen von Verschiedenen, nebst einem Beiblatt: „Der Christmarkt". Die beiden Bände „Kindliche Räthsel" (1847) und „Räthselnüsschen nebst Nußknacker für brave, dickbackige Kinder" (1849) wurden wegen ihres „unterhaltenden und zum Denken anregenden Inhalts" häufig als Prämienbüchlein für Schulen verwandt. Die 15 Dichtungen für Kinder „Nach Belieben Kraut und Rüben" mit Bildern von J. Buchsbaumerl und anderen Dresdner Künstlern (1850) stellen eine besonders gut gelungene Einheit von Text und Illustration dar. Der fragende Titel „Was bringt die Botenfrau?" (1850), setzte als Antwort voraus: Zwei Tragkörbe, einen für kleinere, den anderen für größere Kinder, mit insgesamt 180 Kinderversen und 66 Holzstichen. In einigen Versen der beiden Bändchen zeigen sich nationalistische Züge, wenn von der Vorbereitung des Knaben auf das Kriegshandwerk gesprochen wird: „Werd' ich mit der Zeit ein Mann, / Will das Schwert ich führen dann, / Schütze dann mit eigner Hand / Das geliebte Vaterland!" Und: „An Waffen hängt mein ganzer Sinn, / Weil ich ein Deutscher Knabe bin, / Und weil den Deutschen Knaben ehrt / Ein Schwert, ein Schwert / In seiner Hand zum Kampf für Gott und Vaterland!" Eine Verlagswerbung besagte: „Bestens empfohlen wird folgendes Werkchen, welches sich für Stadtkinder sowohl als wie für Landkinder zur Veredlung des Herzens, zur Bildung und freundlichen Unterhaltung trefflich eignet: Johann Traugott: Kinder, habt die Thiere lieb!" Dieses Bilderbuch mit zahlreichen Geschichten und Gedichten (1849, [3]1850) leitete eine Reihe von Schriften L.s ein, die alle das Kind mit dem Gedanken der Tierliebe vertraut machen wollten. 1853 erschienen zum praktischen Gebrauch „Zweimal zwölf Bilder" aus dem Bilderbuch „Kinder, habt die Thiere lieb" als Colorierübung für Knaben und Mädchen gedacht. Dem Kampf gegen die Tierquälerei widmete L. 1852 das Büchlein „Halt' dein Vieh gut! Ein nützliches Buch für den Landwirth, sein Gesind' und sein Kind". Die Zeitmode, die Kinder mit den Märchen der Dichter vertraut zu machen, unterstützte L. 1853 durch „Das Märchenbuch der Großmama. Aus den besten Märchenschriftstellern zusammengestellt und herausgegeben". Es erschien auch unter dem Titel „Deutsche Maehrchen mit Randzeichnungen von C. Merkel" und wurde wegen der geschickten Auswahl und Bearbeitung Werken ähnlicher Art vorgezogen.

Werke: Christkindchen hat's gebracht! Kinderreime mit Bildern in eingedruckten Holzschnitten von Fr. Pocci (1847, [2]1850); Christlicher Diwan, 142 Ghaselen zum Preise des Herrn (1847, [2]1851); Himmelsblümchen für fromme Kinder (1847); Kindliche Räthsel (1847); Räthselnüsschen nebst Nußknacker zum Aufknacken für brave, dickbackige Kinder (1849); Nach Belieben Kraut und Rüben. Dichtungen für Kinder (1850); Was bringt die Botenfrau? 1. und 2. Tragkorb. 180 Kinderverschen mit 66 eingedruckten Holzschnitten von L. Richter (1850); Kinder, habt die Thiere lieb! Ein Bilderbuch mit eingedruckten Holzschnitten (1849, [3]1850); Allerliebstes Allerlei aus den Jugendschriften des Johann Traugott (1852); An der Krippe zu Bethlehem. Weihnachtsgabe für Jung und Alt (1852); Halt' dein Vieh gut! Ein nützliches Buch für den Landwirth, sein Gesind' und sein Kind (1852, ²1853); Knecht Ruprecht, auch St. Niclas oder Pelzmärtel genannt. Eine Weihnachtszeitung für 1852. Mit Bildern in eingedruckten Holzschnitten von L. Richter und mit Singweisen von Verschiedenen, nebst einem Beiblatt: Der Christmarkt (1852); Zweimal zwölf Bilder aus dem Bilderbuch „Kinder, habt die Thiere lieb!" als Colorirübung für Knaben und Mädchen (1853); Familienlieder und häusliche Gelegenheitsdichtungen (1853); Das Märchenbuch der Großmama. Aus den besten Mährchenschriftstellern zusammengestellt und herausgegeben (1853); Denkschrift über Gräfin Ludoaemilia Elisabetha aus dem nun Fürstlichen Hause Schwarzburg-Rudolstadt und über Hochderselben in Gemeinschaft mit zwei Hochgräflichen Schwestern vor 200 Jahren im Frühling des Jahres 1672 erfolgtes christ-seliges Ende, verfaßt von J. T. Löschke. Mit dem Original-Portrait der Hochseligen Gräfin Ludoaemilia in Phototypie (1872).

Hans Eich

Löwenstein, Rudolf

*Politischer Lyriker und Kinderlieddichter; *20.2.1819 Breslau, †5.1.1891 Berlin.*

Früh elternlos wuchs L. im Waisenhaus zu Bunzlau auf, besuchte dann das Gymnasium zu Glogau und später das Elisabethanum in Breslau, dessen Prorektor fördernd auf das Talent des jungen Dichters wirkte. Ab 1840 studierte L. zunächst in Breslau, dann in Berlin Philologie und schloß sein Studium mit dem Dr. phil. ab. In Berlin verfaßte er Beiträge besonders humoristischer Art für schöngeistige Blätter. Das eigentümliche

Titelseite zu Rudolf Löwensteins (1819–1891) „Kindergarten" (1880, 3. stark vermehrte Auflage).

Talent der Mnemotechnik bestimmte L. 1845 als Gedächtniskünstler aufzutreten, womit er großen Erfolg hatte. 1848 begründete L. mit seinem Landsmann D. Kalisch (1820–1872) das vaterländische Witzblatt „Kladderadatsch", dessen Redaktion er noch im gleichen Jahr niederlegen mußte, als der Polizeipräsident K. L. von Hinkeldey (1805–1856) seine Ausweisung verfügte. L. begab sich nach Dessau und Leipzig und kehrte erst nach der Aufhebung des Belagerungszustandes nach Berlin zurück. Er arbeitete am „Kladderadatsch" weiter und war seit 1863 auch Verfasser der „Politischen Rundschau" in der „Gerichtszeitung". Als letztes seiner Werke erschienen 1890 unter dem Titel „Aus bewegten Zeiten" politische Gedichte.

Werk, Tendenzen, Wirkung. Bereits 1836 veröffentlichte L. Gedichte in verschiedenen schlesischen Blättern; allgemein bekannt wurde er erst 1846 durch seinen „Kindergarten", mit Zeichnungen von R. Kretschmer, eine Sammlung von Kinderliedern, die bald Aufnahme in alle deutschen Lesebücher fand. Ab 1856 gab L. unter Mitwirkung von Hübner-Trams und anderen Jugendschriftstellern die Monatsschrift „Puck. Ernst, Scherz und sinnige Spiele der Jugend, mit Originalzeichnungen, Holzschnitten, Musikstücken und Spielbeilagen" heraus. Das Unternehmen fand Beifall, wenn auch die für Kinder zusammengestellten Gedichte, Erzählungen, Märchen und belehrenden Aufsätze von unterschiedlichem Wert waren. Begrüßt wurden besonders L.s neunzehn Romanzen „Lust und Leid des kleinen Matz", die Geschichte eines Kanarienvogels. Der „Puck" ging 1860 ein. 1886 erschienen die „Kindergedanken. Neue Folge des Kindergartens. Gedichte und Kinderlieder. Mit zahlreichen Original-Illustrationen von M. Cöster und H. Scherenberg".
L. wurde viel gelobt und viel gescholten. In seinem Werk „Das Elend der Jugendliteratur" (1896) stellte H. Wolgast (1860–1929) fest, neben R. Reinick (1805–1852), Hoffmann v. Fallersleben (1798–1874), J. Lohmeyer (1835–1903); J. Trojan (1837–1915), J. Sturm (1816–1896) und V. Blüthgen (1844–1920) habe sich L. in der deutschen Literatur einen Namen gemacht. Dagegen hat H. L. Köster (1872–1957) in seiner „Geschichte der deutschen Jugendliteratur in Monographien" (⁴1927) an L. sehr viel auszusetzen. Er möchte von den mehr als 200 Gedichten des fruchtbaren Kinderlieddichters höchstens ein Dutzend für Anthologien auswählen und zwar nur aus dem „Kindergarten", nicht aus den späteren „Kindergedanken". Er beanstandet in den Gedichten das Vorherrschen von Reflexionen der Erwachsenen, von Moralpredigten und ganz unkindlichen Empfindungen. L. selbst glaubte kindhaft zu schreiben und wollte die Kleinen durch seine „freudespendenden" Gedichte zu braven Kindern erziehen.
Der größte Teil der Kinderlieder L.s ist vergessen. Eine Auswahl der heute noch bekannten Gedichte aus dem „Kindergarten" und den „Kindergedanken" ergäbe nicht einmal einen einzigen Band. Etwa ein Dutzend

Kinderlieder L.s, darunter am meisten bekannt „Hänschen will ein Tischler werden" werden noch immer gedruckt, auch in neueren Lesebüchern. J. KRÜSS (* 1926) bietet in seinem Sammelband „So viele Tage wie das Jahr hat" (1959) von L. „Hans und die Spatzen" und „Die traurige Geschichte vom dummen Hänschen" und in seinem theoretischen Werk „Naivität und Kunstverstand. Gedanken zur Kinderliteratur" (1969) L.s „Peter und das Echo". Der Sammelband von H. HECKMANN und M. KRÜGER „Kommt Kinder, wischt die Augen aus, es gibt hier was zu sehen. Die schönsten deutschen Kindergedichte" (1974) bringt von L. „Eine Käferhochzeit" und „Der Tanz".

Werke: Der Kindergarten. Gedichte. Mit Zeichnungen von R. Kretschmer (1846, [8]1919); Ehret die Frauen. Weibliches Leben. Bilder von E. Schulz (1873); Kindergedanken. Neue Folge des Kindergartens. Gedichte und Kinderlieder. Mit zahlreichen Original-Illustrationen von M. Cöster und H. Scherenberg (1886); Aus bewegten Zeiten. Politische Gedichte. Mit Vorwort von A. Träger (1890).

Hrsg.: Puck. Ernst, Scherz und sinnige Spiele der Jugend, mit Originalzeichnungen, Holzschnitten, Musikstücken und Spielbeilagen (Jg. 1–5. 1856–1860).

Hans Eich

Loewes Verlag

Bayreuth. Schreibschrift- und Großdruckbücher, Märchen, Sagen, Detektivgeschichten und Mädchenbücher sowie Sachbücher.

FR. LOEWE († 1876) gründete den Verlag 1863 in Leipzig. Das Programm war anfänglich weit gestreut, doch begann LOEWE bereits 1869 damit, in steigendem Maß Kinder- und Jugendbücher herauszugeben. Zwischen 1879 und 1965 war Stuttgart Verlagsort; mit der Übernahme des Unternehmens durch A. GONDROM übersiedelte der Verlag, der zur Zeit von V. GONDROM (* 1942) geleitet wird, nach Bayreuth.
Zum Angebot des Loewes Verlag gehörten immer schon die sogenannten klassischen Kinder- und Jugendbücher, die der Verlag gegenwärtig in neuen Überarbeitungen auf den Markt bringt. Als Herausgeber der derzeitigen Bearbeitungen und neuen Übersetzungen hat der Verlag den Direktor der Internationalen Jugendbibliothek in München W. SCHERF gewonnen. Aus dieser Reihe sind bisher u.a. erschienen: J. SWIFT: „Gullivers Reisen" und C. COLLODI: „Pinocchio". Den Volksbüchern hat der Verlag einen Titel gewidmet, und zwar B. GEHRTS' sprachlich zeitgemäße Bearbeitung der drei Volksbücher „Tristan und Isolde", „Fortunatus" und „Dr. Faust" in dem Buch „Kaiser – König – Edelmann – Bürger – Bauer – Bettelmann". Für den Loewes Verlag schreiben u.a. B. BARTOS-HÖPPNER, W. ECKE, L. GAST, FR. HETMANN, M. KRUSE, R. METZLER, K. LÜTGEN, D. JANNAUSCH und A. WEIDENMANN.

Rudolf Raab

Lofting, Hugh

*Bauingenieur, Journalist, Kinderbuchautor; * 14. 1. 1886 Maidenhead, †27. 9. 1947 Santa Monica (Kalifornien).*

L. wurde auf einer englischen Jesuitenschule erzogen und studierte ab 1904 in England und den USA. Nach Studienabschluß und Wanderjahren ließ er sich 1912 in den USA nieder, heiratete und war fortan als freier Schriftsteller mit vorwiegend humoristischen Beiträgen für Zeitschriften tätig. L. war 1916/17 Soldat in Frankreich und Flandern und wurde schwer verwundet. Aus der Beobachtung der leidenden Kreatur im Krieg erwuchs in Briefen an seine Kinder die Gestalt des Tierdoktors Dolittle. Aus der Bearbeitung der Briefe entstand 1920 L.s erstes Kinderbuch „The Story of Doctor Dolittle". Für den zweiten Band „The Voyages of Doctor Dolittle" (1922) erhielt L. 1923 den Newbery Medal Award.

Werk, Tendenzen, Wirkung. Als Schöpfer des Doktor Dolittle wurde L. weltweit bekannt. Von den zwölf Bänden der Serie hat der erste Band noch deutlich Märchencharakter; erst mit dem zweiten Band fand L. zu einem Chronikstil. Die späten Dolittle-Geschichten spiegeln etwas vom (biographisch bezeugten) Überdruß L.s an seiner Hauptfigur. Der Autor illustrierte seine Dolittle-Bände selbst. Seine Illustrationen entwickeln sich von Darstellungen komischer Häßlichkeit zur Charakterisierung des Liebenswürdigen und Geheimnisvollen der Dolittle-Welt bei äußerster Sparsamkeit der Linienführung. Die weiteren Kinderbücher L.s (Bilderbücher, Nonsenseverse und phantastisch-komische Geschichten) sind in Vergessenheit geraten. In der Zeitschrift „Nation" hat sich L. 1923/24 gegen die heroisierende Darstellung des Krieges in Jugendbüchern ausgesprochen. Jugendliteratur solle vielmehr auf Grund der Erkenntnis von der Gleichwertigkeit aller Völker und Rassen zu Frieden und Völkerverständigung beitragen. Um so betroffener ist der heutige Leser angesichts der komisch-kindlichen Darstellung von Afrikanern und Indianern in den ersten beiden Dolittle-Bänden; sie wird heute notwendig als rassendiskriminierend empfunden. Komplementär zu verstehen ist die paternalistische Haltung Dolittles, dessen höchste Leistung in dem Band „The Voyages of Doctor Dolittle" die Erziehung eines Naturvolks zu westlichen Wertvorstellungen und Errungenschaften westlicher technischer Zivilisation darstellt. Hier wirkt deutlich die Vorstellung vom „Weißen Vater" aus dem viktorianischen Kolonisationsdenken nach. Sehr scharf wurde deshalb L.s Werk 1968 in einem vielbeachteten Aufsatz von I. SUHL in der Zeitschrift des „Council on Interracial Books for Children" angegriffen. Wie J. R. TOWNSEND in „Written for Children" (1974) richtig bemerkt, kann nicht bestritten werden, daß L. offenbar tief verwurzelten Stereotypen aufsaß.
Trotz solcher Einwände werden die Dolittle-Bände L.s heute vielfach international zu den sogenannten „Kinderbuch-Klassikern" gezählt. Eine englische Taschen-

buchausgabe aller zwölf Dolittle-Bände erschien 1967–1970 in der Reihe „Penguin Books“.

→Doctor Dolittle, →Großbritannien und Nordirland

Werke: The Story of Doctor Dolittle (1920; dt. Doktor Dolittle und seine Tiere, 1926); The Voyages of Doctor Dolittle (1922; dt. Doktor Dolittles schwimmende Insel, 1926); Doctor Dolittle's Post Office (1923; dt. Doktor Dolittles Postamt, 1929); The Story of Mrs. Tubbs (1923; dt. Der böse Gutsherr und die guten Tiere, 1929); Doctor Dolittle's Circus (1924; dt. Doktor Dolittles Zirkus, 1927); Porrdige Poetry (1925); Doctor Dolittle's Zoo (1925; dt. Doktor Dolittles Zoo, 1930); Doctor Dolittle's Caravan (1926; dt. Doktor Dolittles Tieroper, 1928); Doctor Dolittle's Garden (1927; dt. Doktor Dolittles größte Reise, 1931); Doctor Dolittle in the Moon (1929; dt. Doktor Dolittle auf dem Mond, 1932); Noisy Nora (1929); The Twilight of Magic (1930; dt. Die Wundermuschel, 1937); Gub Bub's Book (1932; dt. Göb-Göbs Buch, 1933); Doctor Dolittle's Return (1933; dt. Doktor Dolittles Rückkehr, 1934); Tommy, Tilly and Mrs. Tubbs (1937); Victory for the Slain (1942); Doctor Dolittle and the Secret Lake (1949; dt. Doktor Dolittles geheimnisvoller See, 1952); Doctor Dolittle and the Green Canary (1950; dt. Doktor Dolittle und der grüne Kanarienvogel, 1971); Doctor Dolittle's Puddleby Adventures (1952).

Sekundärliteratur: E. Blishen: Hugh Lofting (in: Bodley Head Monographs. 1968. 5–61). – E. H. Colwell: H. Lofting: an appreciation (in: Junior Bookshelf. 11. 1947. 149–154). – H. D. Fish: Doctor Dolittle (in: Horn Book Magazine. 24. 1948. 338–346). – W. Schlegelmilch: From Fairy tale to Children's novel (in: Bookbird. 8. 1970. 14–21). – I. Suhl: The „real“ Doctor Dolittle (in: Interracial Books for Children. 2. 1968. Nr. 1–2). – J. R. Townsend: Written for Children (1974).

Wolfgang Schlegelmilch

Lohmeyer, Julius

*Apotheker, Journalist, Jugendschriftsteller; *6. 10. 1835 Neiße, †24. 5. 1903 Berlin-Charlottenburg.*

Als Sohn eines Apothekers, der sich als Erfinder auf galvanisch-elektrischem Gebiet und als Erbauer des ersten elektromagnetischen Telegrafen in Preußen verdient gemacht hatte, erfuhr L. eine vorwiegend naturwissenschaftliche Ausbildung. Nach seinem Studium übenahm er die Hofapotheke in Elbing. Seit 1865 arbeitete er am „Kladderadatsch“ mit und siedelte, als er drei Jahre später in dessen Redaktion berufen wurde, nach Berlin-Charlottenburg über. Während des Krieges 1870/71 trat er mit patriotischen Gedichten an die Öffentlichkeit und widmete sich von 1872 an nach seinem Austritt aus der Redaktion des „Kladderadatsch“ vor allem der Herausgabe von Jugendschriften.

Werk, Tendenz, Wirkung. L. gründete 1873 die Jugendzeitschrift „Die deutsche Jugend“, für deren Mitarbeit er viele namhafte Autoren gewinnen konnte. U. a. schrieb TH. STORM für L.s Zeitschrift die Novelle „Pole Poppenspäler“. Auch FR. RÜCKERT, E. MÖRIKE, KL. GROTH, J. STURM und O. WILDERMUTH fanden Aufnahme in seiner Zeitschrift, von der R. BAMBERGER 1955 (Jugendlektüre, S. 407) sagt, daß sie „eine mächtige Triebkraft in der Entwicklung der Lyrik für Kinder war“ und die K. HOBRECKER „das Bedeutendste, was in allen Zeiten für Kinder geleistet wurde“ nennt (Alte vergessene Kinderbücher, S. 124). Doch kamen auch Autoren, die das penetrante, naiv-vaterländische Pathos jener Zeit nach der Reichsgründung in die Jugendliteratur einführten, in der „Deutschen Jugend“ zu Wort. Die Zeitschrift, die bewußt Poesie, Phantasie und Humor als tragende Elemente herausstellte, fand in pädagogischen Kreisen viel Beifall und die volle Unterstützung der Unterrichtsministerien.
Daneben schrieb L. zahleiche Texte für Kinder- und Bilderbücher, von denen besonders die Bände mit Illustrationen von F. FLINZER und O. PLETSCH große Beliebtheit und Verbreitung fanden. Ab Oktober 1898 gab L. die Wochenschrift „Illustrierte Kinderzeitung“ mit den Beilagen „Deutscher Kindergarten“ und „Illustrierte Kindermode“ heraus. Ab 1898 fungierte er als Herausgeber der Reihe „Vaterländische Jugendbücher für Knaben und Mädchen“, in der bis 1912 achtundzwanzig Bände erschienen. Vorwiegend didaktischen Aufgaben dienten seine Wandtafeln für den historischen Unterricht, seine Bilder zum Neuen Testament und schließlich auch die gemeinsam mit F. DAHN erarbeiteten Anschauungsbilder aus der deutschen Sage und Götterlehre.

Julius Lohmeyer (1835–1903) und Frida Schanz (1859–1944) schrieben die Reime zu dem von Woldemar Friedrich (1846–1910) illustrierten Öldruck-Bilderbuch „Unser Hausglück“ (1885).

Als Initiator und Präsident der „Freien Vereinigung für eine starke deutsche Flotte“, der sogenannten Professorenvereinigung, versuchte L. auch die Jugend für den Gedanken einer deutschen Seefahrt zu begeistern.

Dieser Idee diente vor allem der Band „Zur See, mein Volk! See- und Flottenlieder und Meerespoesien" (1900). Kurz vor seinem Tode gründete L. 1901 die „Deutsche Monatsschrift für das gesamte Leben der Gegenwart", an der prominente Autoren mitarbeiteten. Die Bedeutung L.s für die Entwicklung der deutschen Jugendliteratur liegt vor allem in seiner Funktion als Anreger und Förderer. Er selbst verfügte über keine spezifisch kindertümliche Aussagemöglichkeit und besaß nur wenig dichterische Originalität, so daß seine Arbeiten heute fast alle vergessen sind. Der zeitweilige Erfolg seiner Bücher ist eher auf die künstlerische Potenz seiner Illustratoren zurückzuführen.

Werke: Pudelnärrisch. Ein lustiges Bilderbuch (1878); Die Puppeninsel. Ein lustiges Bilderbuch (1879); Komische Thiere. Ein lustiges Bilderbuch (1880); Sonnenscheinchen. Ein Wald- und Gnomenmärchen (1881); Reineke Fuchs. Ein heiteres Kinderbuch (1881, zus. mit E. Bormann); Im Märchenwalde. Die schönsten Märchen für unsere Jugend gesammelt (1882); Lachende Kinder. Reimscherze und Scherzreime zu heiteren Bildern (1882); Kunterbunt. Ein lustiges Bilderbuch für die Jugend (1883); Lustige Kobold-Geschichten für die Kinderwelt (1885); Kater Murr's Tagebuch (1885); Fragemäulchen (1885; zus. mit C. Röhling); Unser Hausglück (1885; zus. mit Fr. Schanz); Kinderhumor (1885; zus. mit J. Trojan); König Nobel. Ein heiteres Bilderbuch (1886); Der Thierstruwwelpeter. Ein lustiges Buch für das kleine Volk (1887); Eine Prinzenreise (1888; zus. mit Fr. Schanz); Die Fahrt zum Christkind. Ein Weihnachtsmärchenbuch für deutsche Kinder (1889); Kinderlieder und Reime. Komische Tiergeschichten und Abenteuer für die kleine Welt (1897); 50 Kinder-Lieder mit 50 Bildern für meine Lieblinge (1903).

Bearb.: Robinson Crusoe's Leben und Schicksale (1885).

Hrsg.: Deutsche Jugend (Bd. 1–26. 1873–1899); Das Militärbilderbuch. Die Armeen Europas (1887); Allerlei Waldvolk. Komische Tiergeschichten (1897); Vaterländische Jugendbücherei für Knaben und Mädchen (Bd. 1–28. 1898–1912); Zur See, mein Volk! Die besten See-, Flotten-Lieder und Meerespoesien für Haus und Schule, vaterländische Vereine und Feste gesammelt. Im Auftrag der freien Vereinigung für Flottenvorträge herausgegeben (1900).

Sekundärliteratur: Biographisches Jahrbuch (1906. 419–421).

Gustav Sichelschmidt

London, Jack

*(d.i. John Griffith Chaney/Wellman). Amerikanischer Schriftsteller; *12.1.1876 San Francisco, †22.11.1916 Sonoma Valley (Kalifornien).*

L. wurde als uneheliches Kind der Verbindung von Fl. Wellman mit dem Wanderastrologen W. H. Chaney in San Francisco/USA geboren. Acht Monate nach der Geburt, am 7.9.1876, heirateten Fl. Wellman und J. London. Den Rufnamen „Jack" zum Namen seines Stiefvaters nahm Jack L. später selber an.

L.s Leben ist so abenteuerlich wie das seiner Charaktere. Seine Kindheit in einer pauperisierten Kleinbürgerfamilie – sein Stiefvater teilte in den Wirtschaftskrisen der achtziger und neunziger Jahre das Schicksal zahlreicher Kleineigentümer in den USA – zeigt alle Züge einer mißlungenen Sozialisation: L. lief früh von zu Hause fort und lebte als Austerndieb und Quartalsäufer das Leben eines gesetzlosen Einzelgängers. Ein Selbstmordversuch beendete diese Etappe: L. suchte sich – von immer neuen Fluchtversuchen unterbrochen – an die bürgerliche Welt anzupassen, in ihr Erfolg zu haben, sozial aufzusteigen.

Seine weiteren Lebensstationen: Matrose auf dem Robbenjäger „Sophie Sutherland"; Gelegenheitsarbeiter; Teilnehmer am Hunger-Protestmarsch von Kalifornien nach Washington; Vagabund und Schienentramp; Schulabschluß und Werkstudent an der Universität Berkeley (ein Semester); 1896 Eintritt in die „Socialist Labor Party", aktives Parteiengagement (u.a. als erfolgreicher Versammlungsredner); Goldgräber in Alaska; erste literarische Erfolge mit Alaskaerzählungen, seitdem Berufsschriftsteller und publikumswirksamer Vielschreiber. 1902/03 Studienaufenthalt in den Slums des Londoner East End, sozialrevolutionäre Schriften, zahlreiche Vortragsreisen für die Socialist Party; Kriegsberichterstatter in Japan und Korea; Scheidung von seiner ersten Frau und neue Ehe; Kreuzfahrten in der Südsee, Südsee-Erzählungen; Farmer und Großgrundbesitzer, „Blut-und-Boden"-Erzählungen; zunehmende Resignation, Vereinsamung, Alkoholismus; Austritt aus der Socialist Party und Propaganda für den Kriegseintritt der USA; 22.11.1916 Tod durch Selbstmord auf seinem Landsitz im Sonoma Valley/Kalifornien.

Jack London (1876–1916)

Werk, Tendenzen, Wirkung. L. gilt als einer der großen Jugendschriftsteller, als der weltberühmte Autor spannend-realistischer Abenteuererzählungen. Diese Kennzeichnung ist nur teilweise richtig. Sie trifft zwar das tradierte Erscheinungsbild, doch weder in hinreichendem Maße den Gehalt seiner Schriften noch die Spannweite seiner Produktion: insbesondere die sozialkritischen Schriften bleiben unerwähnt. Alles, was L. schrieb – auch die scheinbar belanglose, eskapistische Tiergeschichte und Abenteuererzählung –, gibt Auskunft über ihn selber und seine soziale Umwelt: über seine (vergeblichen) Versuche, sich in dieser Umwelt zurechtzufinden, über die Entwicklung seiner „Privatphilosophie" – einer eigentümlichen Mischung aus SPENCER, MARX und NIETZSCHE.

Während die Alaskaerzählungen vom Geist individueller Selbstbehauptung in Extremsituationen, vom sozialdarwinistischen Prinzip des „survival of the fittest" (SPENCER) geprägt sind, stellt sich in seinen Hauptwerken die Frage nach dem Verhältnis von Individuum und Gesellschaft in differenzierterer Form: im „Sea-Wolf" (1904; dt. Der Seewolf, 1926) signalisiert er, daß der „starke Einzelgänger" in der modernen Welt ein Anachronismus bleibt; in „Martin Eden" (1909; dt. Martin Eden, 1927), dem autobiographischen Schlüsselwerk seiner literarischen und menschlichen Entwicklung, wird ihm der Gedanke an jede Art von Lösung in dieser Gesellschaft suspekt: sein Held resigniert schließlich und wählt den Freitod. Das Spätwerk ist mit der Feder eines Martin Eden geschrieben: resignierend und mit schwindendem Realitätssinn, durchzogen von rassistisch-imperialistischen Mißklängen (Südsee-Erzählungen), von Blut-und-Boden-Mystik und Selbstbespiegelung.

Wer den sozialkritischen, analytisch scharfsinnigen L. kennenlernen will, der sollte „The Iron Heel" (1908; dt. Die eiserne Ferse, 1922) lesen, einen Klassiker der revolutionären Literatur, der in nichts von seiner Aktualität eingebüßt hat. „Die eiserne Ferse" ist eine konsequent antifaschistische Sozialutopie, die – Jahrzehnte vor der „Machtergreifung" geschrieben – mit analytischer Präzision und ohne jede Beschönigung die sozialen Wurzeln, die politischen Hintergründe und Interessenlagen, die Herrschaftspraktiken des Faschismus darstellt: verpackt in eine abenteuerliche Rahmenhandlung, die das Schicksal einer Gruppe antifaschistischer Verschwörer erzählt.

Wenn Literatur keine fertigen Lösungen anzubieten hat, sondern bereits in der phantasievoll intelligenten Aufnahme und Gestaltung kollektiver Probleme ihren Zweck erfüllt, so befriedigt L.s Werk hohe Ansprüche. Aber die Vermittlungen sind häufig zu indirekt: die abenteuerliche Handlung, das Atypische der Charaktere und Situationen begünstigt eine oberflächliche Aufnahme. Diese Wendung ins Triviale, die in allen Schriften L.s angelegt ist, ist Reflex der Tatsache, daß er konsequent für den Markt schrieb. Die kommerzielle, auf die Verwertungsbedingungen literarischer Massenproduktion eingestellte, tendenziell kunstfeindliche Orientierung verschärft sich mit fortschreitender Desillusionierung des Autors: in der Vielschreiberei des Spätwerks führt die ungebremste Anpassung an den Markt mehr und mehr zum Rekurs auf publikumswirksame Scheinwelten und Ideologien.

Die Vieldeutigkeit des Werks spiegelt sich in der Wirkungsgeschichte. L. hat insgesamt einundfünfzig größere Romane, Essaybände und Kurzgeschichtensammlungen geschrieben, dazu zahlreiche kleinere Essays, Briefe und Zeitungsartikel. Übersetzt in 31 Sprachen, hatten seine Romane und Erzählungen großen und anhaltenden Erfolg – übrigens unabhängig von Altersgruppe oder sozialer Schicht, von Nationalität oder Gesellschaftsordnung des Lesepublikums. – Mit Ausnahme von „Wolfsblut" (1912) erschienen L.s Erzählungen in Deutschland erst lange nach seinem Tode. Im Zuge der Rezeptionsgeschichte und zahlreicher interessierter Neubearbeitungen, Übersetzungen, Dramatisierungen und Verfilmungen ist der urspüngliche Ideengehalt, das realistische, gesellschaftskritische Element seiner Schriften freilich rasch verblaßt zugunsten jener anderen Seite: überliefert ist der phantasievolle Abenteuerschriftsteller, der brillante und spannende Erzähler, der Autor der Alaskaerzählungen und des „Seewolf", des Mythos der Grenze, des Mythos individueller Bewährung in Extremsituationen. Zunächst keineswegs Jugendliteratur, sind seine Schriften heute besonders bei Jugendlichen beliebt, sein soziales Engangement ist fast völlig vergessen – und aus den vorliegenden Bearbeitungen auch kaum noch zu erschließen. Wer sich für den authentischen L. interessiert, sollte versuchen, auch seine Abenteuererzählungen im Original der Werkausgabe zu lesen.

Werke: The cruise of the dazzler (1902; dt. Joe unter Piraten, 1930); The call of the wild (1903; dt. Der Ruf der Wildnis, 1923); The people of the Abyss (1903; dt. Menschen der Tiefe, 1928); The sea-wolf (1904; dt. Der Seewolf, 1926); War of the classes (1905); White fang (1907; dt. Wolfsblut, 1912); The road (1907; dt. Abenteuer des Schienenstranges, 1924); The iron heel (1908; dt. Die eiserne Ferse, 1922); Martin Eden (1909; dt. Martin Eden, 1927); Burning daylight (1910; dt. Lockruf des Goldes, 1926); Revolution and other essays (1910); The cruise of the snark (1911; dt. Die Fahrt der Snark, 1930); South Sea tales (1911; dt. Südseegeschichten, 1924); John Barleycorn (1913; dt. König Alkohol, 1926); The valley of the moon (1913; dt. Das Mondtal, 1929).

Sekundärliteratur: J. London: Jack London and his times (1939). – H. Rentmeister: Das Weltbild Jack Londons (1960). – I. Stone: Sailor on horseback (1938; dt. Zur See und im Sattel, 1939). – A. Vielau: Jack Londons Romane. Studien zur Dialektik von Kunst- und Trivialliteratur (1974). – H. C. Woodbridge: Jack London: A bibliography (1966).

Axel Vielau

Lorbe, Ruth

*Germanistin und Kinderliedforscherin; *2.5.1925 Nürnberg.*

Nach dem Abitur studierte L., beginnend mit dem Sommersemester 1946, in Erlangen und Marburg Germanistik, Geschichte und Englisch (Abschluß: Staatsexamen) sowie Volkskunde und Philosphie (Abschluß: Promotion). Danach war sie Lehrerin an Gymnasien. Heute ist sie Professor am Department for Germanic Languages and Literatures an der University of Illinois, Urbana, USA.

Im Bereich der Kinder- und Jugendliteratur hat sich L. vorwiegend mit Kinderlyrik beschäftigt. Die entsprechenden Veröffentlichungen bauen im wesentlichen auf ihrer Erlanger Dissertation (1952) auf. L. hatte auf Nürnberger Straßen und Spielplätzen über 160 Kinderverse zusammengetragen und diese analysiert. Dabei berücksichtigte sie unterschiedliche soziale Strukturen der einzelnen Stadtteile. L. trennt zwischen Kinderkunstlied und Kindervolkslied, auf das sie als dem eigentlichen Kinderlied den Akzent legt. Neben der Analyse von Merkmalen der Kinderlyrik (monotoner Rhythmus, alogische Motivverbindung, Klang- und Sinnassoziation, Reim, Thematik) spricht L. besonders psychologische und soziologische Komponenten dieser Form an. Die Hypothese der Literaturwissenschaftlerin, dialekt- und umgangssprachlich gefärbte „derbe" Kinderreime würden ausschließlich von Kindern sozial unterprivilegierter Schichten rezipiert und produziert, wird durch ihre Arbeiten allerdings nicht verifiziert, weil L. insgesamt doch mehr spekulativ und – trotz mancher Ansätze – weniger empirisch vorging. Als Desiderat ergäbe sich, eine repräsentative Erhebung mit heute statistisch abgesicherten Methoden unter Einbeziehung des Einflusses der Massenmedien (z. B. Sprache der Werbung und Kinderlyrik) durchzuführen.

Werke: Das Nürnberger Kinderlied (Diss. 1952); Das Kinderlied in Nürnberg (1956); Lyrische Standpunkte (1969); Die Welt des Kinderliedes (1971).
Beiträge: Georg Britting und Günter Eich auf der Oberstufe (in: Der Deutschunterricht. 5. 1953. 4. 60–71); Spuren. Elemente der Lyrik im Kinderreim (in: Akzente. 1954. 3. 280–291); Wechselseitige Erhellung der Künste im Deutschunterricht (in: Der Deutschunterricht. 7. 1955. 4. 20–41); Die deutsche Kurzgeschichte der Jahrhundertmitte (in: Der Deutschunterricht. 9. 1957. 1. 36–54); Kinderlyrik (in: G. Haas (Hrsg.): Kinder- und Jugendliteratur. 1974. 178–219).

Bernhard Meier

Loriot

*(d. i.: V. von Bülow) Zeichner, Cartoonist, Fernsehautor, -regisseur und -schauspieler; * 12. 11. 1923 Brandenburg.*

L., eigentlich V. von Bülow, verbrachte seine ersten Schuljahre in Brandenburg. Anschließend besuchte er Gymnasien in Berlin und Stuttgart. Nach dem Kriege studierte er ab 1947 für zwei Jahre an der Kunstakademie in Hamburg. Er verdiente seinen Lebensunterhalt anschließend mit Werbegrafik und begann um 1950 mit einer Cartoonserie für die Illustrierte „Der Stern". L. lebt mit seiner Familie am Starnberger See. Das Pseudonym „Loriot" entlehnte L. dem Wappentier seiner Familie, einem Pirol, französisch „Loriot".
Seine seit Mitte der sechziger Jahre wachsende Popularität verhalf ihm zu Auszeichnungen, u. a. 1969 zur „Goldenen Kamera", 1973 zum Adolf Grimme-Preis in Silber und mit „Wum's Gesang" zur „Goldenen Schallplatte". 1974 erhielt er wegen seiner Zeichentrick-„Bundestagsrede" den Karl Valentin-Orden und im gleichen Jahr das Große Bundesverdienstkreuz.

Werk, Tendenzen, Wirkung. 1953 brachte L. sein erstes Buch im Züricher Diogenes-Verlag heraus (Auf den Hund gekommen, 1953, ²1967). Seit 1954 läuft die bei Kindern sehr beliebte Comicserie „Reinhold, das Nashorn" im „Stern". Sie erschien im selben Jahr auch als Buch (1954, ²1968). Ab 1955 zeichnete er Cartoons für die Illustrierte „Quick" und publizierte humoristische Werbegrafiken. In den folgenden Jahren erschienen bei Diogenes weitere Bücher, die meistens Zusammenfassungen schon einmal publizierter Cartoons darstellen. Sie erreichten eine Gesamtauflage von ca. zwei Millionen Exemplaren.
Von 1967 an produzierte L. als Autor und Hauptdarsteller für fünf Jahre die Fernsehserie „Cartoon" und lieferte für sie aus eigener Zeichentrickproduktion Kurzfilme. Vom gleichen Jahr an publizierte er auch kleine satirische Prosa in verschiedenen Zeitschriften. 1971 gelang ihm der Entwurf des bei Kindern und Erwachsenen äußerst populären Hundes „Wum" für die Fernsehserie „Aktion Sorgenkind". Zwei Jahre später begann die Vermarktung seiner Figuren in großem Ausmaß zu Brettspielen, Puzzles, Postern, Spielkarten, plastischen Figuren und Schallplatten. 1974 startete er eine neue Fernsehserie „Telecabinett", die 1975 von der Neuproduktion „Loriots sauberer Bildschirm" abgelöst wurde. Seit 1975 zeichnet er für die satirische „Stern"-Seite die Comicepisoden „Der Kommentar".
L. kreierte mit seinen Zeichenfiguren eine für die BRD neue Form grafischer Satire. Seine knollnasigen Figuren mit „Wurscht"-Fingern und (bei Männern) schwarzer Melone auf dem Kopf sind mit wenigen Strichen virtuos einfach und doch ausdrucksstark gezeichnet. Sie sind unverwechselbar im Zeichenstil und gewinnen ihren Charakter durch den ihnen unter den Bildern beigegebenen knappen, prägnanten Text. Gerade diese textlichen Schilderungen und Kommentare machen in ihrer „unterkühlt-vornehmen" Diktion einen weiteren, ergänzenden Reiz von L.s Arbeiten aus. Sein Humor läßt keinen „lauten" Slap Stick-Effekt zu; er wirkt vielmehr im kleinen, empfindsamen Bereich der Satire, der Ironie und des liebevollen Ulks. Texte wie Zeichnungen wirken nie verletzend, wenngleich immer aufklärend und demaskierend. Seine Zeichnerposition könnte als die eines liebevollen, gütigen Betrachters der Welt beschrieben werden, der die Schwächen der Menschen aufdeckt und sie in Bild und Wort – beinahe entschuldigend – beschreibt.

Werke: Auf den Hund gekommen (1954, ²1970); Der gute Ton (1957, ²1970); Der Weg zum Erfolg (1958, ²1970); Wahre Geschichten (1959, ²1971); Für den Fall ... (1960, ²1970); Umgang mit Tieren (1962, ²1972); Nimm's leicht! (1962, ²1972); Der gute Geschmack (1964, ²1972); Neue Lebenskunst (1966, ²1970); Loriots Großer Ratgeber (1968); Reinhold, das Nashorn (1968); Loriots Tagebuch (1970, ²1974); Loriots kleine Prosa (1971); Loriots Heile Welt (1973); Menschen, die man nicht vergißt (1974); Loriots Kleiner Ratgeber (1974); Herzliche Glückwünsche (1975).

Sekundärliteratur: H. Karolus: Loriot – Das Ein-Mann-Unternehmen (in: Medizin heute. 27. 1976. 1. 18–20). – Festschrift für Loriot (in: Das Tintenfaß. 9. 1973. 23. 1–16).

Wolfgang Kempkes

Lornsen, Boy

*Kinderbuchautor, Illustrator eigener Arbeiten; *7. 8. 1922 Keitum auf Sylt.*

L.s Vorfahren waren Inselbewohner. Sein Vater war Kapitän und umsegelte Kap Horn noch, als es schon Dampfschiffe gab. L. bestand 1941 das Abitur und leistete dann vier Jahre Kriegsdienst als Funker und Flieger. Danach studierte er Freie Plastik an der Landeskunstschule in Hannover. Er war als Tischler, Zimmermann und Steinbildhauermeister tätig. L. lebt heute in Brunsbüttelkoog; seine bevorzugten Hobbys sind Segeln und Lesen. Er erhielt 1972 zusammen mit CHR. NÖSTLINGER den damals erstmals verliehenen Friedrich Bödecker-Preis.

Werk, Tendenzen, Wirkung. L. hat als Erzähler und Zeichner in das moderne Kinderbuch einige wesentliche originelle Akzente gesetzt. Schon 1968 thematisierte er in Form einer fantastischen Tiergeschichte im „Jakobus Nimmersatt oder Der Millionenwald von Poggenbüttel" den Landschaftsschutzgedanken. Seine nachfolgenden Arbeiten kombinieren in überzeugender Gestaltung die herkömmliche Umwelt-, Schul-, Abenteuer- und Fantasiegeschichte mit den aktuellen Motiven einer zunehmenden Technologie. In „Robbi, Tobbi und das Fliewatüüt" (1967) wird ein Schuljunge zur Lösung einer kniffligen Rätselaufgabe mit einem wundertätigen Hubschrauber, der gleichzeitig als Auto und Motorboot benutzt werden kann, auf heiter- abenteuerliche Reisen geschickt. Diese Geschichte wurde 1972 und 1973 in einer vierteiligen Fernsehfolge vom WDR als Trickfilm ausgestrahlt (Wiederholung 1974). 1974/75 Schallplatten-Version. In „Abakus an Mini-Max" (1970) wird, vor allem von der Illustration her, das Thema moderner Technologie noch weiter ausgebaut. Der Schüler Max gerät an einen Rechenroboter, der vornehmlich in Gedichten denkt und damit für zusätzliche Probleme und Handlungskrisen sorgt. Die vom Autor eingesetzte Illustrationsweise nutzt für Kinder bisher kaum angewandte Möglichkeiten des aus Schreibmaschinenbuchstaben kombinierten Bildes. Funk, Verkehr, automatisierte Arbeiten und Aktionen werden bei L. in humorig-witziger Weise behandelt, so daß dem lesenden Kind wesentliche Erfindungen unserer Zeit interessant gemacht werden, ohne abschrekkend oder übermächtig zu erscheinen.
Kreative Absichten verfolgt L. mit „Barrnabas und seine Welt" (1972). Möglichkeiten der Selbstbetätigung und der Realisierung auch kognitiver Ziele wurden vor der Drucklegung vor allem mit Sonderschulkindern erprobt. Materialnahes Fabulieren und ein gut verbundener Bild- und Sprachwitz sind hier bereits Vorschulkindern zugänglich gemacht.
Mit wechselnden Perspektiven – aus der Sicht eines ermittelnden Brandkommissars und aus dem Blickwinkel des verdächtigen 14 Jahre alten Markus – wird „Der Brandstifter von Tarrafal" (1974) erzählt.
L. unternimmt ungewöhnliche Lesereisen, bei denen zum Buchvorstellen noch Schnellzeichnen und Herstellen von Schreibmaschinenbildern zu den Attraktionen des Zusammentreffens mit Kindern gehören.

Werke: Robbi, Tobbi und das Fliewatüüt (1967, [7]1974); Jakobus Nimmersatt oder Der Millionenwald von Poggenbüttel (1968, [4]1972); Abakus an Mini-Max (1970, [2]1971), Barrnabas und seine Welt (1972); Der Brandstifter von Tarrafal (1974).

Horst Künnemann

Lossius, Kaspar Friedrich

*Diakon, Religionslehrer, Schriftsteller; *31. 1. 1753 Erfurt, †26. 3. 1817 Erfurt.*

L., der als Diakon an der Predigerkirche in Erfurt wirkte, widmete sein Leben weitgehend der christlichen Unterrichtung Heranwachsender. Während sein Bruder RUDOLPH CHRISTOPH (1760–1819) als Schriftsteller eine Reihe von trivialen Erzählungen und Romanen verfaßte, blieb L. mit seinen vor allem der Jugend gewidmeten Schriften ganz seinem beruflichen Auftrag verpflichtet.

Werk, Tendenzen, Wirkung. Das erste Werk, mit dem L. als Jugendschriftsteller bekannt wurde, das zahlreiche Auflagen erlebte und bis in die Mitte des 19. Jahrhunderts hinein nachgedruckt wurde, war das dreibändige Werk „Gumal und Lina. Eine Geschichte für Kinder, zum Unterricht und Vergnügen, besonders, um ihnen die ersten Religionsbegriffe beizubringen". Die im Stil der zahlreichen Robinsonaden der Zeit gehaltene Erzählung berichtet von zwei jungen Menschen, die gegen den Willen ihrer verfeindeten Eltern in Liebe zueinander finden. Auf exotischem Hintergrund, – die Geschichte spielt in einem ethnisch stilisierten Afrika, – gelangen die beiden Kinder zu einem Einsiedler, der sie in langen Gesprächen zum Christentum bekehrt und mit ihnen zusammen eine kleine Kolonie bildet, die nach dem Tode des Lehrers und Einsiedlers im Sinne seiner Lehren, die den urchristlichen Vorstellungen vom Leben einer christlichen Gemeinde nahekommen, sich weiter entwickelt. L. ist es gelungen, durch Übernahme der Techniken der zeitgemäßen Trivialliteratur eine Abenteuergeschichte zu entwerfen, die die christlich-moralische Belehrung, die L. den jungen Lesern angedeihen lassen wollte, geschickt unter dem Mantel der spannenden exotischen Erzählung verbirgt. In seinem Vorwort zur ersten Auflage des ersten Teils kommt L. auf den Zweck seiner Erzählung zu sprechen, nämlich den, „... Kindern die ersten Religionsbegriffe beizubringen, und sie dadurch zu dem weitern Unterricht in den für sie so wichtigen Wahrheiten der christlichen Religion vorzubereiten. Da diese Schrift zum eignen Lesen der Kinder bestimmt war, mußte ich, um nicht diese kleinen Leser zu bald zu ermüdigen, sondern ihnen die Lesung derselben anziehend zu machen, den Unterricht selbst in das gefällige Gewand der Geschichte einkleiden und verweben ...". So trägt auch ein Blatt, das zwischen Vorwort und Beginn der Erzählung eingeheftet ist, den Untertitel „Gumal und Lina. Erster Theil, welcher den Unterricht

Gumal und Lina.

Eine

Geſchichte für Kinder,

zum Unterricht und Vergnügen,

beſonders,

um ihnen die erſten Religionsbegriffe

beizubringen,

von

Kaspar Friedrich Loſſius,

Diakonus an der Prediger-Kirche

zu Erfurt.

Erſter Theil.

Zweyte verbeſſerte Auflage.

Gotha,

bey Juſtus Perthes, 1797.

Kaspar Friedrich Lossius (1753–1817). Titelbild und Titelseite zum 1. Teil von „Gumal und Lina. Eine Geschichte für Kinder zum Unterricht und Vergnügen, besonders um ihnen die ersten Religionsbegriffe beizubringen“ (Gotha 1797).

in den Wahrheiten der natürlichen Religion enthält, als Einleitung in die Wahrheiten des Christenthums“. Unter der Erziehung zur „natürlichen“ Religion versteht der Verfasser die Einübung von Verhaltensweisen und moralischen Grundsätzen, die im Sinne einer bürgerlich-utilitaristischen Ethik und einer fortschrittliche Ideen transportierenden Morallehre wirken sollten. Die von L. vorgestellte ideale Gesellschaft, in der es keinerlei Vorurteile und Rassendiskriminierungen gibt und in der auch die sozialen Unterschiede aufgehoben sind, trägt unverkennbar Züge einer christlich orientierten Gesellschaftsutopie, wie sie uns auch aus WIELANDS Republik Tarent oder aus SCHNABELS Insel Felsenburg entgegentritt. Wie L. im Vorwort zur zweiten Auflage des ersten Teils (1797) mitteilt, wurde seine Erzählung von den jungen Lesern gern angenommen und von den Pädagogen der Zeit positiv bewertet, so daß er sich entschloß, einen zweiten Teil erscheinen zu lassen, der 1798 herauskam; ein dritter und letzter Teil erschien 1800.

Die Verquickung christlicher Lehre mit bürgerlicher Ethik und im Sinne der Aufklärung vernünftiger Moral wird noch deutlicher in dem zweiten großen Werk, das L. für junge Leser schrieb. Schon 1804 wandte sich L. mit der Schrift „Über das Vergnügen, welches Eltern aus der eigenen Erziehung der Kinder zu moralisch guten Menschen schöpfen können“ an die Eltern seiner Zöglinge, denen er dann mit seiner „Moralischen Bilderbibel“, die in fünf Bänden von 1805 bis 1813 erschien, das Instrument in die Hand geben wollte, mit dessen Hilfe die Eltern in gemeinsamer Lektüre mit ihren Kindern diese zu vernünftigen Christenmenschen heranbilden sollten. Die Bilderbibel von L. stellt gleichzeitig einen wichtigen Wendepunkt in der Geschichte der Kinder- und Jugendbibeln dar, löst sie doch die bis dahin von naiver Lehrhaftigkeit geprägte Kinderbibel durch ein Geschichtswerk ab, das Mythologie, Heilsgeschichte und Geschichte der antiken Welt in sich vereint und unter neuen Aspekten betrachtet. Wie sehr sich die neuartige, nun säkularisierte Bilderbibel von den herkömmlichen abhebt, zeigt schon die Notwendigkeit des Autors, sich in einem längeren Vorspann für die Neuartigkeit seiner Kinderbibel zu rechtfertigen. Dieses einleitende Kapitel trägt den Titel „Ueber die Bestimmung und den Gebrauch dieses Buches. Eine Unterredung eines Vaters mit seinen Kindern“ und bringt das im sokratischen Stil gehaltene Gespräch zwischen dem Vater und seinen Kindern, die, nachdem ihnen der Vater das neue Buch vorgelegt hat, erraten sollen, was für ein Buch es sei. Die Kinder tippen auf alles Mögliche, doch kommen sie nicht auf die Idee, daß dieses neue Buch eine Bilderbibel sein könnte. Auf die Feststellung des Vaters: „Und doch ist es eine solche“ antwortet der junge Gottfried: „Nun, so muß es eine Bilderbibel von ganz eigner Art seyn; denn die gewöhnlichen, die ich gesehen habe, sind doch ganz anders". Hier wird noch einmal die grundlegend neue Konzeption von L. deutlich, die er im Zwiegespräch zu verteidigen sucht. Auch die Illustrationen des Werkes tragen zur neuen Konzeption bei. Die 74 Kupfertafeln von J. D. SCHUBERT (1761–1822), die das Hauptwerk dieses Illustrators darstellen, zeigen Anklänge an ROUSSEAUsche Ideen. Im Gegensatz zu den herkömmlichen Bilderbibeln spätbarocker Prägung steht nun die Zeichnung des einzelnen Menschen mit seinen Gefühlen und Regungen im Vordergrund. Das Werk gliedert sich innerhalb der einzelnen Bände noch einmal nach „Abtheilungen" und reicht von „Der Erschaffung des Menschen bis auf Noah" (1. Bd., 1. Abtheilung) über die weitere Geschichte des jüdischen Volkes, die griechische Geschichte mit Trojanischem Krieg und Perserkriegen, die Züge Alexanders des Großen und die Geschichte der Römer bis hin zu der „zweyten Abtheilung" des fünften Bandes, die „das Leben Jesu bis zu seinem Tode enthält". Ein umfangreiches Pränumerantenverzeichnis zu Beginn des Werkes, aber auch die Titel einiger seiner Veröffentlichungen (z. B.: „Über die öffentliche Erziehung der Kinder aus den vornehmern und gebildeten Ständen", 1806) zeigen allerdings deutlich, daß sich L. mit seinen Jugendschriften nicht an die breite Masse, sondern gezielt an das gehobene Bürgertum wandte.

→ Kinderbibel

Werke: Betrachtungen beim ersten Abendmahls-Genuß (1793); Gumal und Lina. Eine Geschichte für Kinder (Th. 1–3. 1795–1800); Sittengemälde aus dem gemeinen Leben (Bd. 1–3. 1796); Über das Vergnügen, welches Eltern aus der eigenen Erziehung der Kinder zu moralisch guten Menschen schöpfen können (1804); Moralische Bilderbibel (Bd. 1–5. 1805–1813); Über die öffentliche Erziehung der Kinder aus den vornehmern und gebildeten Ständen (1806); Wiegenbüchlein. Ein Taschenbuch für kleine Kinder (1811); Kurze Religionssätze und Denksprüche zum Auswendiglernen, besonders zum Gebrauch in Töchterschulen (1815); Moralische Erzählungen für die Jugend (1816).

Sekundärliteratur: E. Schmidt: Die deutsche Kinder- und Jugendliteratur von der Mitte des 18. Jahrhunderts bis zum Anfang des 19. Jahrhunderts (1974).

Helmut Müller

Hermann Luchterhand Verlag GmbH & Co. KG

Darmstadt, Neuwied. Die Darmstädter Zweigniederlassung verlegt hauptsächlich Belletristik, Sozialwissenschaften und Kinderbücher.

Der Luchterhand Verlag wurde 1924 in Berlin von H. LUCHTERHAND (1886–1950) gegründet. Die Neuwieder Zweigniederlassung entstand 1948. 1955 nahm der Verlag unter E. REIFFERSCHEID seine literarische Produktion auf. Das erste Kinderbuch im Luchterhand Verlag erschien 1969. Es waren P. BICHSELS „Kindergeschichten". 1976 entstand ein spezielles Kinderbuchlektorat in der von H. ALTENHEIN (* 1927) geleiteten Zweigniederlassung Darmstadt. Lektorin der Abteilung Kinderbuch ist CHR. SCHÜTZ (* 1947). Die gegenwärtige Kinder- und Jugendbuchproduktion des Verlages steht unter dem Gedanken „Literarische Autoren erzählen für Kinder". Unter den bisher erschienenen Titeln finden sich neben P. BICHSELS Buch G. HERBURGERS „Birne"-Bücher (Birne kann alles, 1971; Birne kann noch mehr, 1971; Birne brennt durch, 1976), P. HÄRTLINGS „Zum laut und leise Lesen" (1976), weiter erschienen „Der Traumschrank" (1976) und – mit M. L. KÖNNECKER als Herausgeberin – die „Kinderschaukel" (2 Bde. 1976), ein Lesebuch zur Geschichte der Kindheit in Deutschland.

Winfred Kaminski

Ludwig, Nadeshda

*(geb. Berkowitz). Literatur- und Sprachwissenschaftlerin für slawische Sprachen, Professor an der Pädagogischen Hochschule Potsdam, Jugendbuchtheoretikerin; * 23. 6. 1912 Moskau.*

Nach dem Studium der Slawistik promovierte L. 1955 mit der Dissertation „Die grundlegenden Wesenszüge der sowjetischen Jugendliteratur – einer Literatur des sozialistischen Realismus". Von 1956 bis 1962 war L. als Dozentin und Direktorin des Instituts für Slawistik der Pädagogischen Hochschule Potsdam tätig und habilitierte sich 1962 mit dem Thema: „Die Entstehung des sozialistischen Realismus und seine Entfaltung in der russischen sowjetischen Literatur bis 1934", das auch den Bereich der Kinder- und Jugendliteratur tangiert. Von 1962 bis 1966 arbeitete L. als wissenschaftliche Mitarbeiterin im Institut für Slawistik der Akademie der Wissenschaften in Berlin, bis sie 1966 zum Professor für russische und sowjetische Literatur der Pädagogischen Hochschule Potsdam berufen wurde.

In ihren häufig der sowjetischen Kinder- und Jugendliteratur gewidmeten Beiträgen vertritt L. die Auffassung, daß die Kinder- und Jugendliteratur als Teil der Nationalliteratur gewertet werden muß, für die insgesamt die Ausführungen W. I. LENINS (1870–1924), dargelegt in dem Artikel „Parteiorganisation und Parteiliteratur" (1905), verbindlich seien. Nach L., die sich dabei auf M. GOR'KIJ (1868–1936) beruft, hat die Kinder- und Jugendliteratur in erster Linie die Aufgabe, über den Weg der Unterhaltung zu erziehen. Die Forderung an die Schriftsteller, von einer klar umrissenen ideologischen Position auszugehen, kommt zum Ausdruck, wenn sie verlangt, daß eine „parteiliche und überzeugende Zeichnung jener Kräfte" erfolgen müssen, „die als Vertreter der kommunistischen Ideen auftreten und der Jugend zum Vorbild werden" (N. LUDWIG und W. BUSSEWITZ (Hrsg.): Sowjetische Kinderliteratur in Überblicken und Einzeldarstellungen, S. 94).

L. hat GOR'KIJ zwei Publikationen gewidmet: „Maxim Gor'kij. Sein Leben und Werk" (1968) und „Maxim

Gor'kij über Kinder und Kinderliteratur" (1968), eine Publikation, die alle bedeutenden Beiträge GOR'KIJS enthält, in denen der Schriftsteller seine Position zu Kindern und zur Kinderliteratur erläutert. Die Schwierigkeit, die sowjetische Kinder- und Jugendliteratur zu periodisieren, spricht L. erstmals in dem Artikel „Zu einigen Problemen der Wirklichkeitsgestaltung in der sowjetischen Umwelterzählung" (1967) an. Danach unterscheidet sie nach einem groben, thematisch orientierten Raster drei Epochen: a) Die vorrevolutionäre Zeit. L. kennzeichnet die Kinder- und Jugendliteratur der zaristischen Ära in einem Beitrag: „Gor'kijs Kampf um eine progressive Kinderliteratur im ausgehenden 19. und beginnenden 20. Jahrhundert" (1974) als verlogen, harmonisierend, inhuman und künstlerisch fragwürdig. GOR'KIJS Außenseiterposition in positivem Sinne sieht L. in der Abkehr des Autors von der Rechtfertigung einer Klassengesellschaft, die Arme und Reiche als naturgegeben oder gottgewollt hinnimmt; ferner in der Darstellung realer Lebensbedingungen und ihrer Wurzeln in ökonomischen Faktoren. b) Die Epoche der Bürgerkriegswirren. Das Thema dieses Zeitabschnitts liegt nach L. in der Spannung zwischen den gestellten Aufgaben, der Bewältigung teilweise paradoxer Situationen und persönlichem Versagen. Als besonders geglücktes Beispiel der literarischen Bearbeitung der Bürgerkriegsepoche wertet L. A. GAJDARS (1904–1941) „Škola" (1930, dt. Die Schule, 1935; Die Schule des Lebens, 1951). c) Die nachrevolutionäre Zeit. In ihr hatten nach L. die Schriftsteller den Aufbau einer sozialistischen Kinder- und Jugendliteratur zu leisten. Eine Gefährdung dieses Bestrebens lag L. zufolge in dem Versuch, die Darstellung der Realität durch eine neuerliche Theorie der Konfliktlosigkeit zu unterlaufen. Zu einer neuen, wesentlich detaillierteren Einteilung besonders der Abschnitte b und c kommt L. in dem Beitrag „Der fünfzigjährige Weg der sowjetischen Kinderliteratur" (1974), wo sich auch ein umfangreicher Überblick zu Autoren und Titeln der sowjetischen Kinder- und Jugendliteratur findet. Neben der Abfassung theoretischer Beiträge zur Kinder- und Jugendliteratur hat L. mehrere Werke sowjetischer Autoren ins Deutsche übertragen.

→M. Gor'kij, →UdSSR

Werke: Für eine Jugendliteratur der kühnen und heroischen Tat (1955); Leo Tolstoi (1960); M. A. Scholochow (1965); 1917–1927. Das erste Jahrzehnt der russischen sowjetischen Prosa (1967); Maxim Gor'kij. Sein Leben und Werk (1968).
Hrsg.: Maxim Gor'kij über Kinder und Kinderliteratur (1968); Sowjetische Kinderliteratur in Überblicken und Einzeldarstellungen (1974; zus. mit W. Bussewitz).
Beiträge: Über die Traditionen und die Entwicklung der sowjetischen Jugendliteratur (in: Russisch Unterricht. 7 und 8. 1956. 301–316); Der soziale Auftrag im Schaffen W. W. Majakowskis (in: Wissenschaftliche Zeitschrift der Pädagogischen Hochschule Potsdam. 2. 1957. 153–164); Die Darstellung der Rolle des Volkes in „Woina i mir" und „Tichi Don" (in: Zeitschrift für Slawistik. 2–4. 1958. 543–567); Der Prozeß der Vereinsamung in der Literatur des kritischen Realismus und seine Überwindung in der Literatur des sozialistischen Realismus (in: Zeitschrift für Slawistik. 5. 1963. 631–646); Zu einigen Problemen der Wirklichkeitsgestaltung in der sowjetischen Umwelterzählung (in: Beiträge zur Kinder- und Jugendliteratur. 10. 1967. 55–68); Die Formung des sozialistischen Menschenbildes in der sowjetischen Literatur (in: Beilage zur Presse der SU. 147. 1968. 1–24); Die Gestalt Lenins in der zeitgenössischen sowjetischen Literatur (in: Wissenschaftliche Zeitschrift der Pädagogischen Hochschule Potsdam. 3. 1970. 499–504); Unser Vorhaben: „Sowjetische Kinderliteratur in Überblicken, Werkanalysen und Biografien" (in: Beiträge zur Kinder- und Jugendliteratur. 17. 1970. 36–42); Begegnung zweier Literaturen (in: Beiträge zur Kinder- und Jugendliteratur. 25. 1972. 21–27); Gor'kijs Kampf um eine progressive Kinderliteratur im ausgehenden 19. und beginnenden 20. Jahrhundert (in: N. Ludwig (Hrsg.): Sowjetische Kinderliteratur in Überblicken und Einzeldarstellungen; zus. mit W. Bussewitz; 1974. 29–36); Der fünfzigjährige Weg der sowjetischen Kinderliteratur (in: N. Ludwig (Hrsg.): Sowjetische Kinderliteratur in Überblicken und Einzeldarstellungen; zus. mit W. Bussewitz; 1974. 37–95).

Rudolf Raab

Ludwig, Volker

*(d.i. Eckart Hachfeld). Kindertheaterautor, Gründer und Leiter des Grips-Theaters Berlin; *13.6.1937 Ludwigshafen.*

Nach dem Studium von Germanistik und Kunstgeschichte in Berlin und München (1957–1961) textete L. für Kabaretts (seit 1959, vor allem für die „Bedienten"). 1965 gründete er das Reichskabarett Berlin und war dessen künstlerischer Leiter und Hauptautor. Im Juni 1966 fand die erste Kindertheateraufführung des Reichskabaretts statt, 1968 wurde das erste Kinderstück L.s gespielt; seit Juni 1971 arbeitet L. nur noch für das Kindertheater, das ab Mai 1972 „Grips" heißt und seit September 1974 im eigenen Haus spielt.

Werk, Tendenzen, Wirkung. Schon die ersten Stücke im Reichskabarett zeigen Unterschiede zum üblichen Kindertheater: nicht nur Weihnachten, sondern ganzjährig wird gespielt; die Stücke werden in der Gruppe selbst erarbeitet. Die Gruppe beginnt mit Märchentexten, entwickelt in der antiautoritären Phase erste realistische Stoffe und steigert den Realismus zu einer soziologisch genauen Bestandsaufnahme der Gegenwart und ihrer Probleme. Nach wenigen Versuchen mit Mitspielformen spielt „Grips" als reines Vorführtheater mit politisch-pädagogischer Zielsetzung.
Der Hauptautor der Anfangszeit bis 1969 war der Schauspieler H. JÜSSEN. Seine Stücke sind spaßhaft-spannende Abenteuer mit leichten Andeutungen von Realität und einigen pädagogischen Hinweisen (Angst haben, Papier im Wald wegwerfen, Verhalten im Straßenverkehr); sie zeigen jedoch fast nur Erwachsene auf der Bühne und verlieren sich immer mehr in unkindlich-abstruse Parodien. Das erste Stück L.s macht das Mädchen Millipilli zum Hauptheldem: ihr gelingt es, nach vielen meist märchenhaften Abenteuern den Spielzeugbaum auf der fernen Insel Pitschepatsch zu retten, den die Erwachsenen aus Zeitmangel vertrocknen ließen. Die folgenden Stücke zeigen die neue Linie immer entschiedener: „Wir sind der Meinung,

daß man sehr wohl verändern kann und unbedingt verändern muß. Daß man merken muß, woran es liegt, daß es ungerecht zugeht, daß man sich nichts gefallen lassen soll, was man als ungerecht erkannt hat, daß man nur weiterkommt, wenn die Kleinen, auch die kleinen Erwachsenen, sich zusammentun, und daß es eine große Lust ist, gemeinsam für eine fröhlichere, menschlichere Welt einzutreten. Nicht zuletzt deshalb haben wir diese Stücke für euch gespielt und aufgeschrieben: Weil wir sicher sind, daß ihr es einmal besser macht als wir Großen – und daß ihr Spaß daran habt" (L. in: 3 mal Kindertheater I, 1971).

Den Brüder Grimm-Preis 1969 erhalten die Brüder L. und Rainer Hachfeld „für ihr ‚Abenteuerliches Puzzlespiel Stokkerlok und Millipilli', das einen zeitgerechten Inhalt in eine für das kindliche Auffassungsvermögen erfahrbare Handlung und übersichtliche Aufführbarkeit bringt". Die nächsten Stücke machen noch entschiedener Kinder zu Handlungsträgern, die sich gegen den Großen zu behaupten versuchen: zunächst mit Zaubermitteln (der Pfiff im „Maximilian Pfeiferling", der Mugnog in den „Mugnog-Kindern"), schließlich mit den politischen Mitteln der Apo-Generation (Solidarität, Eulenspiegelei und verbale Argumentation in „Balle, Malle, Hupe und Arthur", 1971 mit dem Grimm-Preis ausgezeichnet). Seit L. hauptberuflich für das Kindertheater arbeitet (Ende des Reichskabaretts Juni 1971, Umzug des Kindertheaters in das Forum-Theater Mai 1972), wird die Realität von (auch soziologisch immer genauer benannten) Kindern und ihren Eltern immer nachdrücklicher für das Kindertheater gewonnen: die Frontstellung gegen Ältere weicht einer differenzierteren Bestandsaufnahme. In „Trummi kaputt" wird untersucht, warum Eltern so „brüllerig" sind; dabei werden Arbeitswelt und Schichtenproblematik entdeckt. In „Mannomann!" geht es um die Rollenverteilung in der Familie; zum ersten Mal wird ein Arbeitsplatz auf der Bühne gezeigt. „Die Ruckzuckmaschine", zwei Jahre später, spielt nur noch in einer Fabrik. Zwischendurch hatte „Doof bleibt doof" Schichten- und Schulprobleme untersucht und die in früheren Stücken schon angedeuteten Konflikte zwischen Kindern thematisiert. Mit dem wachsenden Alter seiner Zuschauer hatte „Grips" (wie das Theater sich seit Mai 1972 nennt) ständig etwas anspruchsvollere Stücke entwickelt. Seit 1973 gibt es nebeneinander ein Stück für die Kleinen (ab 5: „Ruhe im Karton!" – absurde Späße in der Familie vom Krach bis zum Zusammenspielen) und eins für die Großen (ab 8: „Ein Fest bei Papadakis" – Gastarbeiter- und Arbeitsprobleme). 1974 heißen die beiden Stücke „Ruckzuckmaschine" (ab 6: Einführung in Hierarchie und Solidarität am Arbeitsplatz) und „Nashörner schießen nicht" (ab 10: Schichtenprobleme, Werberummel). Aus dieser Zweiteilung entwickelt sich 1975 neben dem Kinderstück „Mensch Mädchen!" (Geschlechtsrollen, Krach und Solidarität unter Kindern) das erste Jugendstück „Das hältste ja im Kopf nicht aus" (ab 12: Hauptschüler ohne Abgangszeugnis beim Übergang in die Arbeitswelt; Jugendarbeitslosigkeit; Probleme von Schule, Jugendheim, Elternhaus; das Zusammenwachsen einer miteinander verstrittenen Schülergruppe zu gemeinsamer politischer Aktion). Für dieses Stück erhielt „Grips" den Grimm-Preis (1975), weil es sich „besonders eindrucksvoll mit der heutigen Wirklichkeit von Jugendlichen befaßt ... (weil es) Kunst und Unterhaltsamkeit vereint und gleichzeitig gesellschaftspolitische Denkanstöße vermittelt". Gemeinsam ist allen „Grips"-Stücken: Spielwitz und Spiellaune (noch aus der Kabarettvergangenheit); politischer Anspruch (Emanzipation und Solidarität); fortschreitende Entwicklung vom ‚allgemeinen' über das bürgerliche zum proletarischen Kind; Bündelung der Stückaussage in den thesenhaften Songs; Beteiligung des Ensembles an Themenfindung, Feldforschung, Stücktext, Regie, Nachbereitung; pädagogischer Anspruch (immer stärkere Zusammenarbeit mit Lehrern, Schülern und Sozialwissenschaftlern; seit „Doof bleibt doof", 1973, Nachbereitungshefte mit Materialien zu den Problemen des Stücks, didaktischen und methodischen Hinweisen); soziologischer Anspruch (immer genauere Bestandsaufnahme; neue Stückthemen entwickeln sich meist aus Diskussionen über laufende Stücke; Feldforschung vor dem Schreiben eines neuen Stücks); inhaltlich schließlich der Bogen von Aggression zu Freundlichkeit, vom Neben- oder Gegen- zum Miteinander, von Konkurrenz zu Solidarität, von der Realität zur (realen) Utopie.

Ehemalige „Grips"-Mitglieder sind inzwischen als Regisseure und Autoren für das Kindertheater tätig. Angeregt durch das „Grips"-Theater entstanden in der BRD einige ganzjährig spielende freie Kindertheatergruppen; öffentliche Diskussion und etablierte Bühnen wandten sich verstärkt dem Theater für junge Besucher zu. Statt der überkommenen Märchendramatisierungen wurden vielfach die unaufwendigen „Grips"-Stücke gespielt. Ludwig-Stücke wurden bis Ende 1975 insgesamt über 230 mal nachgespielt (Stokkerlok, 54 mal; Pfeiferling, 42 mal; Mugnog, 42 mal). Der Erfolg beginnt 1970 mit Pfeiferling; die Aufführungen sind vor allem in der BRD. Übersetzungen liegen inzwischen in 17 Sprachen vor.

→ Kindertheater

Werke: Die Reise nach Pitschepatsch (1968; zus. mit R. Hachfeld); Stokkerlok und Millipilli (1969; zus. mit R. Hachfeld); Maximilian Pfeiferling (1969; zus. mit C. Krüger); Mugnog-Kinder! (1970; zus. mit R. Hachfeld); Balle, Malle, Hupe und Arthur (1971; zus. mit D. Dorsten, U. Gressieker u. a.); Trummi kaputt (1971); Mannomann! (1972; zus. mit R. Lücker); Doof bleibt Doof (1973; zus. mit U. Gressieker und R. Lücker); Ruhe im Karton (1973; zus. mit St. Reisner); Ein Fest bei Papadakis (1973; zus. mit Chr. Sorge); Die Ruckzuckmaschine (1974; zus. mit R. Lücker und St. Reisner); Nashörner schießen nicht (1974; zus. mit J. Friedrich); Mensch Mädchen! (1975; zus. mit St. Reisner); Das hältste ja im Kopf nicht aus (1975; zus. mit D. Michel); Kannst du zaubern, Opa? (1976, zus. mit St. Reisner u. R. Hachfeld); Banana (1976, zus. mit R. Hachfeld u. R. Lücker).

Sekundärliteratur: V. Ludwig: Kindertheater mit Grips. Bericht über ein Modell (1976; zus. mit W. Kolneder).

Hans-Wolfgang Nickel

Lügendichtung

Weitverbreitete volkstümliche wie künstlerische Dichtart, die alle Gattungen – von Märchen, Sage, Anekdote bis zu Schwank und Abenteuergeschichte – einschließt, ein fester Bestandteil der Kinder- und Jugendliteratur ist, und als Lesetext, als Spiel und im Lied dargeboten wird. Zum Wesen der L. (vor allem „Jägerlatein" und „Seemannsgarn") gehört: Wirkliches widersinnig zu verkehren, Mögliches bis zu Unwahrscheinlichem aufschneiderisch zu übertreiben, wobei der Begriff „Lügen" auf keine der üblichen Motivationen (egoistische, konventionelle usw.) zurückgeführt werden kann. Das Erzählte wird vielmehr als künstlerisches Mittel, als eine Phantasieaussage aus Freude am Erfinden bewertet, im Sinne der ursprünglichen Nebenbedeutung von „Lüge" als „harmlos fabulieren" und „Märchen erzählen", von Hörer oder Leser ohne moralisierenden Beigeschmack lachend zugelassen. Das Verständnis von L.en setzt demnach im Aufnehmenden die Entlarvung des Vorgetragenen als der Wahrheit nicht entsprechendes, fiktives Gespinst voraus. Das Angebot innerhalb der Kinderliteratur und der Schullektüre richtet sich vor allem an die Altersgruppen der 7/8- bis 10/11jährigen.

Beispiele aus der europäischen Geschichte der L. L., bei den meisten Völkern vertreten, gibt es seit der Antike, z.B. die Schiffersagen der Odyssee, die Komödie „Der ruhmredige Soldat" von Plautus (244–184 v.Chr.) oder die abenteuervolle „Alethes historia" (Wahre Geschichte) von Lukian aus Samosata (125–180 n.Chr.), die sich auf Odysseus als den „Meister" der lügnerischen Reiseerzählung bezieht und vom Schlaraffenland, von der Käseinsel, vom Aufenthalt im Bauch eines Walfisches und von einer Fahrt zum Mond spricht. In der orientalischen Sammlung „Tausendundeine Nacht" (erste bekannte Fassung: 9. Jahrhundert), berichtet Scheherezade in der 536. bis 566. Nacht über die Fahrten und Schiffbrüche Sindbads des Seefahrers, eines aufschneiderischen Helden. Die Lügengeschichten gruppieren sich immer wieder um die Figur des Aufschneiders (Miles gloriosus, Prahlhans, Falstaff, Bramarbas, Schelmuffsky, Münchhausen u.a.).

Deutsche L.s-Tradition. Die älteste auf deutschem Boden erhaltene L. stammt aus der mittellateinischen Spielmannsweise des 11. Jahrhunderts: die Märchen vom Lügenschwaben (der „modus florum", Blumenweise) und vom Schneekind (dem „modus Liebinc"). Viel Lügenhaftes enthalten die Volksbücher des 14. Jahrhunderts: Till Eulenspiegel, Hans Clauert, die Schildbürger und Urban Fettsack. Das 1559 in Straßburg gedruckte Volksbuch „Der edle Finkenritter" beschreibt, wie „Herrn Polycarpus von Kirrlariffa" dreieinhalb Jahrhunderte vor seiner Geburt seine abenteuerliche Ritterfahrt macht und verschiedene Lügenmärchenstoffe aufgenommen hat. Den mehr oder weniger derb-plumpen Typen lügenhafter Aufschneider gesellt sich Münchhausen als ihr klassischer Vertreter zu, ein Mann von Welt im Reiz des 18. Jahrhunderts. Die von Spruchdichtern, Minnesängern und Meistersingern stammenden Lügenlieder sind heute noch Bestandteil des Volksgesanges, z.B. „Dunkel war's, der Mond schien helle" oder „Die Donau ist ins Wasser g'falln, der Rheinstrom ist verbrannt". Ebenso: „Ich will euch singen und will nicht lügen: / Ich sah drei gebratene Hühner fliegen". Das nimmt E. M. Arndt (1769–1860) in folgender Abart für sich in Anspruch: „Ich will euch erzählen und will auch nicht lügen: / Ich sah zwei gebratene Ochsen fliegen". Auch J. Gotthelf (1797–1852) betätigte sich in diesem Genre: Er schrieb Kalendergeschichten mit dem Titel: „Wer lügt am besten" (1840).

Übersetzte L.n. Nach 1945 beeinflußten besonders US-amerikanische Autoren die Produktion von L. in der BRD. Davon zeugen zahlreiche Übersetzungen sowie die Entleihung von Motiven und Techniken durch deutsche Autoren. Bekannt wurden die L.en P. Mackayes, der in abgelegenen, kaum erschlossenen Gebieten der Neuen Welt, z.B. im Hinterwald von Kentucky, alte Volkserinnerungen und überlieferte Volkssagen sammelte und meist in Zeitschriften veröffentlichte. Eine von bildkräftigem Witz erfüllte Lügenauswahl Mackayes, einem mit 98 Jahren verstorbenen Geschichtenerzähler Salomon Shell zugeschrieben, wurde nach dem Zweiten Weltkrieg übersetzt als „Lügengeschichten aus den Bergen Kentuckys. Deutsch von H. R. Rieder" (1946). Wie reich an „Prahlgeschichten" die amerikanische Volkserzählung ist, beweist W. Blair: „Tall tale America. A legendary history of our humorous heroes" (1944; dt. Das große Lügengarn. Von Trappern, Schelmen und anderen Amerikanern. Übertragen von H. Ohff", 1962). Blair berichtet von seinen Aufschneiderhelden, dem Trapper Mike Fink, dem Obstgärtner Johnny Appelsaat, dem Feuerwehrmann Moses, dem Windwagen-Smith. Einer von ihnen, der Holzfäller Paul Bunyan wurde von W. Wadsworth zum Helden eines Lügenbuches gewählt (Paul Bunyan and his great blue ox, 1965), das von H. G. Noack unter dem Titel „Paul Bullerjan und sein großer blauer Ochse" (1967) herausgegeben wurde. Ein weiterer Held Blairs „Pecos Bill, der König der Cowboys von Texas", der angebliche Erfinder des Lassos, der Sporen, des sechsschüssigen Trommelrevolvers, des Cowboysongs und anderer Dinge mehr, wurde von einem Autor aus der BRD neu gestaltet: Fr. Hetmann (* 1934) „Pecos Bill. Die umwerfende Geschichte vom größten Cowboy aller Zeiten", (1975). Auch der österreichische Graf Caprioli, der nach Paramaribo in Niederländisch-Guayana segelt, ist in Lügengeschichten verwickelt, er erlebt eine Fülle hanebüchener Abenteuer im Sinne des Barons von Münchhausen (vgl. D. Ott „Des Grafen Caprioli wunderbare Abenteuer zur See", 1964). In der lustigen Geschichte „Gelsomino im Lande der Lügner" (Gelsomino nel paese dei bugiardi, 1964, aus dem Italienischen von R. Wright, 1966) erzählt G. Rodari, daß die Häuser einstürzen, wenn der stimmgewaltige Junge Gelsomino singt, daß er aber im Land der Lügner alles wieder in schönste Ordnung versetzt. Auch Janosch (*1931) greift auf Wildwest-Motive zurück, wenn er von Jippi Brown, dem doppelten Sheriff von Mokassin-flat in Texas erzählt, der eines schönen Tages in der Mäusestadt Katzelbach erscheint und seinen staunenden Zuhörern das Blaue vom Himmel herunter schwindelt („Der Mäuse-Sheriff. Lügengeschichten aus dem Wilden Westen, erlogen von einer Maus. Mit schönen Zeichnungen von Janosch", 1969). Der deutsche Titel von S. Fleischmans (*1920) „Lauter wahre Lügengeschichten von McBrooms Wunderfarm" (1974) verrät mehr als der Originaltitel („McBroom's Wonderful One-Acre-Farm", 1972), worum es geht. Der Farmer selbst lügt derart, daß man ihm geradezu glauben muß. Er betont (S. 39), „das ist die ganze Wahrheit, und wer etwas anderes erzählt, der lügt euch die Hucke voll".

→Münchhausen und Münchhausiaden, →Schildbürger

Sekundärliteratur: K. Euling: Lügendichtung (in: Zeitschrift für die Philologie. 22. 1890. 317–321). – P. B. Grove: The imaginary Voyage in Prose Fiction 1700–1800 (1960). – A. Liede: Dichtung als Spiel. Studien zur Unsinnspoesie an den Grenzen der Sprache (Bd. 1–2. 1963). – Lügendichtung (in: G. Ehrismann: Geschichte der deutschen Literatur bis zum Ausgang des Mittelalters. Bd. 2. 1935. 354–357). – C. Müller-Fraureuth: Die deutschen Lügendichtungen bis auf Münchhausen (1881; reprografischer Nachdruck, 1965). – W. R. Schweizer: Münchhausen und Münchhausiaden. Werden und Schicksal einer deutsch-englischen Burleske (1969); Die Wandlungen Münchhausens (1921). – O. Weinreich: Antiphanes und Münchhausen. Das antike Lügenmärlein von den gefrorenen Worten und sein Fortleben im Abendland (in: Sitzungsberichte der Akademie der Wissenschaften in Wien. Philosophisch-historische Klasse. Bd. 220. 4. 1942. 45–122).

Hans Eich

Lütgen, Kurt

*Schriftsteller, Autor historisch-abenteuerlicher Jugendbücher; *25.11.1911 Glietzig (Pommern).*

L., Sohn eines Landwirts, verlebte Kindheit und Jugend in Magdeburg, wo er das humanistische Gymnasium besuchte, studierte in Halle/Saale Geschichte, Germanistik und Philosophie, arbeitete als Buchhändler und Verlagsangestellter in Leipzig, Halle und Essen. Von 1941 bis 1945 war L. Soldat im Sanitätsdienst. Seit Kriegsende ist er freier Schriftsteller. L. schrieb historische und Abenteuerromane, Erzählungen und anekdotische Geschichten. Für „Kein Winter für Wölfe" erhielt er 1956 und für „Das Rätsel der Nordwestpassage" 1967 den Deutschen Jugendbuchpreis; 1952 und 1972 wurde er (für „Der große Kapitän" und „Hinter den Bergen das Gold") mit dem Gerstäcker-Preis für Abenteuerliteratur der Stadt Braunschweig ausgezeichnet. L. ist Mitglied der deutschen Sektion des PEN-Klubs.

Werk, Tendenzen, Wirkung. L. gehört zu den Autoren der Bundesrepublik, die eher wider Willen in die Jugendliteratur gerieten. Er hat wesentliche Beiträge zu den Bereichen des historischen und des historisch-abenteuerlichen Jugendbuches der Bundesrepublik geliefert. Er bevorzugt die Formen der halbdokumentarischen Erzählung, der Chronik und Biografie und eine zur Reflexion neigende, distanzierte Erzählweise. Neben der großen, breit angelegten, an historischen Figuren orientierten Erzählung hat L. auch immer die mehr anekdotische, menschliche Individualität bis zu ihrer Verschrobenheit herausarbeitende Kurzform gepflegt, wenn er diese auch erst relativ spät – etwa seit 1968 – der breiten Öffentlichkeit zugänglich machte. – L. schöpft fast ausschließlich aus der (historischen) Wirklichkeit und greift immer wieder auf Personen und Ereignisse zurück, auf die er in seinen gründlichen historischen Studien stieß. Die Studien konzentrierten sich vor allem auf die Entdeckungsgeschichte der Neuzeit und aus dieser besonders auf die Erforschung der Arktis und der nordwestlichen Durchfahrt. Daher darf „Das Rätsel der Nordwestpassage" (1966) als sein Zentralwerk bezeichnet werden, da er daran nicht nur 14 Jahre lang gearbeitet hat, sondern die meisten übrigen Romane und Erzählungen aus Vorstudien zu dem preisgekrönten Buch hervorgegangen sind. Das erklärt auch die thematische Geschlossenheit und relative Einseitigkeit seines Gesamtwerks. L. selber beansprucht nicht, der „Erfinder" seiner Geschichten zu sein, sondern betrachtet sich mehr als ihr „Finder" (Nachwort zu „Hinter den Bergen das Gold", 1971). Doch ist die oft gelungene Mischung zwischen Erzählung (fiction) und geschichtlicher Authentizität (non-fiction) wahrscheinlich ein Hauptgrund für Erfolg und Ruf des Autors. – Im Abenteuerbuch (vor allem „Korroborri", „Kein Winter für Wölfe", „Das Elefantenjahr") bemüht sich L. um die Überwindung bloßer Ereignishaftigkeit durch die Nachzeichnung innerer Biografien von Menschen, die das Abenteuer im Namen einer „Aufgabe" auf sich nehmen; „Aufgabe" in einem doppelten Sinn: als soziale Tat und als Selbstprüfung. L. knüpft damit in gewisser Weise an die aventuire des höfischen Ritterromans an; aber auch der Tradition des deutschen Entwicklungs- und Bildungsromans sowie den großen angloamerikanischen Abenteuererzähler J. Conrad (1857–1924) und J. London (d.i. J. Griffith, 1876–1916) ist er verpflichtet. L.s Helden stehen immer zwischen dem Drang zur Selbstverwirklichung und zum sozialen Handeln, zwischen Abenteuer und der Aufgabe, den Lebensraum des Menschen zu erweitern („Korroborri") oder in Not Befindlichen zu helfen („Kein Winter für Wölfe"). Im historischen Abenteuerroman um große Eroberer-, Entdecker- und Seefahrergestalten (J. Cook in „Der große Kapitän" und Balboa in „Der weiße Kondor") ist L. fasziniert durch Menschen, deren Abenteuerlust durch Bindung an humanitäre Aufgaben gebändigt ist. Sowohl der Anspruch auf individuelle Entfaltung als auch die Befürwortung von Tugenden wie Pflicht, Verantwortung, Ordnungschaffen, Friedenstiften entstammen dem bürgerlichen Wertekanon, worin L. auch an D. Defoes „Robinson" anknüpft. Obwohl L. einen schrankenlosen Individualismus (besonders in der Figur des Lord Eckersley in „Kein Winter für Wölfe") und eine kommerziell-ausbeuterische Rücksichtslosigkeit kritisiert, tritt bei ihm eine Herausarbeitung ökonomischer Triebkräfte in der Entdeckungsgeschichte zurück gegenüber einer idealistischen Betrachtungsweise, die weniger auf Interessen als auf allgemein menschliche Verhaltensweisen wie Neugier und Forscherdrang abstellt. L.s Menschen sind charakterisiert durch den Widerspruch zwischen Hang zur Idylle bzw. Ausweichen in Abenteuer und Verpflichtung zu geschichtlichem Handeln, das die Möglichkeit von Sieg und Niederlage offenläßt. Beispielhaft für das Bemühen des Autors, in Anknüpfung an seine literarischen Vorbilder den Abenteuerroman über bloße Aktionalität hinauszuführen, ist „Kein Winter für Wölfe", wo die Hauptpersonen durch die Gewalt der arktischen Natur zur Selbstentlarvung im Guten und im Bösen herausgefordert werden. Das biografische Moment verbindet sich auf kunstvolle Weise mit der Kompositionsform der Rahmenerzählung, in die das Leben dreier Personen hineingewoben ist, die aber schon fast nicht mehr das Erwartungsschema „Abenteuerroman" erfüllt. – In den Bänden „Jeder lebt von seinem Traum" und „Nur ein Punkt auf der Landkarte" präsentiert L. eine Auswahl seiner kleineren, anekdotischen Erzählungen aus den Jahren 1935 bis 1970, von denen es, nach Aussage des Autors, über 180 geben soll. Hauptmotiv der Geschichten ist der oft bis in Närrische vorangetriebene Lebens-„Traum" der individuellen Selbstverwirklichung, den der Autor in seinen „gefundenen" Personen teils mit Liebe, aber auch mit zunehmender Skepsis verfolgt, da er den Menschen auch in die Irre führen kann. – In „Suzumé" und „Das Gespenst von Kioto" wendet sich L. altjapanischen Märchen- und Sagenstoffen zu. L.s erfolgreichste Titel, „Kein Winter für Wölfe" (15. Aufl. 141–161 Tsd.), „Der große Kapitän" (8. Aufl.: 60–64 Tsd.), „Das Rätsel der Nordwestpassage" (5. Aufl.: 34–43 Tsd.), „Korroborri", finden zusätzlich in Buchgemeinschafts- und Taschenbuchausgaben Verbreitung („Korroborri" unter dem Titel „Allein gegen die Wildnis", 1972); als Taschenbuch sind außerdem erschienen „Das Elefantenjahr" (1969, ²1972), „Der weiße Kondor" (1970) und „Piblokto" (1974 u.d.T. „Im Bannkreis der Arktis").

Werke: Der große Kapitän (1950; ⁹1973); Der weiße Kondor (1952, ²1953); Kein Winter für Wölfe (1955, ¹⁵1969); Das Elefantenjahr (1957); Korroborri (1960, ⁴1966); ... die Katzen von Sansibar zählen (1962, ⁴1966; NA. u.d.T.: Lockendes Abenteuer Afrika, 1971); Das Rätsel der Nordwestpassage (1966, ⁴1968); Jeder lebt von seinem Traum (1968); Nachbarn des Nordwinds (1968, ²1969); Wagnis und Weite (1969, ²1971); Der beste Doktor weit und breit (1970); Piblokto. Menschen im Bannkreis der Arktis (1970); Suzumé, der Sohn der Samurai (1970); Hinter den Bergen das Gold (1971); Kapitäne, Schiffe, Abenteuer (1971, ²1972); Das Gespenst von Kioto (1972); Nebel vor Foyn. Menschen im Bannkreis der Arktis (1972); Vorwärts, Balto! (1972); Nur ein Punkt auf der Landkarte (1973); Rebellen am Red River (1974); Rückzug nach Süden (1975); Vorstoß in tödliche Tiefen (1975).
Hrsg.: Fahr gen Himmel mit der Brigg! (1952); Die Hunde der Götter (1960); Geschichten deutscher Erzähler (1964); Das merkwürdige Wrack (1973).

Sekundärliteratur: M. Dahrendorf: Die Aufgabe des Menschen als Abenteuer. Gedanken zu den Büchern von Kurt Lütgen (1967). – A. Grömminger: Vergleichende Arbeit mit Jugendbüchern im 7.–9. Schuljahr (in: A. Grömminger u. G. Ritz-Fröhlich: Umgang mit Texten in Freizeit, Kindergarten und Schule. 1974.). – K. Lütgen: Gestaltungsprobleme beim Abenteuerbuch aus der Sicht des Autors (in: Zeitschrift für Jugendliteratur. 2. 1968. 2. 67–68).

Malte Dahrendorf

Lüthi, Max

*Schweizer Literaturwissenschaftler und Volkskundler mit dem Arbeitsschwerpunkt der vergleichenden Märchen- und Sagenforschung, Professor für europäische Volksliteratur an der Universität Zürich, Mitherausgeber und Mitverfasser der „Enzyklopädie des Märchens"; *11.3.1909 Bern.*

L. studierte von 1928 bis 1935 an den Universitäten Bern und Berlin Germanistik, Anglistik und Geschichte und war anschließend an verschiedenen Schulen tätig. Im Jahre 1943 promovierte L. mit einer Dissertation, deren Thema bereits den späteren Schwerpunkt der Forschungsarbeit verrät: „Die Gabe im Märchen und in der Sage". Von 1936 bis 1968 lehrte L. an der Töchterschule in Zürich (Gymnasium und Lehrerinnenseminar), übernahm in den Jahren 1962–1968 Lehraufträge an der Universität Zürich und wurde 1968 zum Professor für Europäische Volksliteratur an die gleiche Universität berufen.
L.s Forschungen und Publikationen leisten einen bedeutsamen Beitrag zum Verständnis der beiden Gattungen Märchen und Sage. Die grundlegenden Aussagen zu beiden Gattungsstilen – in weiteren Publikationen vor allem für das Märchen noch umfassender dargelegt – finden sich in dem Band „Volksmärchen und Volkssage" (Bern 1961). Ausgehend von Fr. Panzers Feststellung, im Märchen vermischten sich Diesseits- und Jenseitswelt wie selbstverständlich, während die Sage das Jenseitige als etwas ganz anderes erleben lasse, kommt L. zu dem Ergebnis, daß in der Sage der Mensch sich stets bewußt bleibe, daß „Außer-Gewöhnliches" berichtet wird, und das Jenseitige den Menschen häufig in Angst und Schrecken versetze. Zugleich wirke es aber auf den Menschen fesselnd und faszinierend. Nach L. erwächst die Sage aus dem erschütternden Einzelerlebnis, bei dessen Darstellung sie sich um Wirklichkeitstreue und eine individualisierende Schilderung bemühe. L. geht von einer vertikalen Erzählstruktur der Sage aus.
Im Gegensatz zur Sage kommt es nach L. dem Märchen – gemeint ist das europäische Volksmärchen – darauf an, nicht äußere Wirklichkeit, sondern innerlich Wahres zu erzählen. Das Märchen bediene sich deshalb auch eines anderen Darstellungsstils; es ordne seine Motive horizontal, gewinne damit eine flächenhafte Erzählstruktur und lasse sich somit als eindimensional bezeichnen. Das Märchen holt sich L. zufolge seine Motive aus allen Lebensbereichen und entwirklicht sie dabei; dies gilt sowohl für den diesseitigen als auch für

den jenseitigen Bereich. So wundern sich weder Märchenfiguren noch Erzähler und Hörer über das Eingreifen jenseitiger Mächte. Das Märchen ist eine literarische Kurzform, deren Kern die Bewältigung der Abenteuer und Aufgaben durch den Helden bildet. Die Gaben, die ihm zuteil werden, übernehmen Hilfsfunktionen bei der Überwindung der Hindernisse. Sie beschleunigen somit die Handlung. Im Märchen, so meint L., werden zwei Verfahren einer poetischen Bewältigung menschlicher Daseinskonflikte offenkundig: zum einen die Isolation des Figuren- und Requisitenbestandes und zum anderen seine Sublimierung. Beides steht im Dienst der Zeichnung des Geschehens um den Märchenhelden; beide Elemente führen auch dazu, daß sowohl das Einzelmotiv des Märchens wie seine ganze Gestalt symbolisch deutbar werden. „Isoliert, nicht beeinträchtigt durch feste Bindungen an relative Werte, dafür aber in stetem Bezug zum Absoluten, schreitet der Märchenheld seinen bedeutsamen, an Abenteuer und Aufgaben reichen Weg" und „Das Märchen zeichnet in seinem Helden das Bild des Menschen, wie es ihn ersehnt", schreibt L. in „Volksmärchen und Volkssage" (S. 47 u. 48). Während L. die Sage für die Keimzelle der Novelle hält, sieht er im Märchen die des Romans.

L. vermutet die Entstehungszeit des Märchens in der Epoche der jüngeren Steinzeit bzw. vorindogermanischen Pflanzer- und Stadtkultur. Die Freude der Kinder an der ursprünglich nicht zu ihrer Unterhaltung geschaffenen Gattung glaubt L. von der Hypothese E. Haeckels (1834–1919) ableiten zu können, wonach phylogenetische Stationen sich später in der Ontogenese wiederholen. Demnach würde das kindliche Verständnis der Welt auf einer bestimmten Altersstufe eine deutliche Affinität zu der Epoche der Menschheitsentwicklung aufweisen, in der die Märchen als Ausdruck eines magischen Weltbildes entstanden sind. Heute steht die Märchenforschung dieser Hypothese, die schon Ch. Bühler in „Das Märchen und die Phantasie des Kindes" (1918) vertrat, weitgehend kritisch gegenüber.

Werke: Das europäische Volksmärchen, Form und Wesen (1947, [5]1976); Volksmärchen und Volkssage – Zwei Grundformen erzählender Dichtung (1961, [3]1975); Märchen (1962, [5]1974); Es war einmal. Vom Wesen des Volksmärchens (1962, [4]1973); So leben sie noch heute. Betrachtungen zum Volksmärchen (1969); Volksliteratur und Hochliteratur. Menschenbild/Thematik/Formstreben (1970); Das Volksmärchen als Dichtung. Ästhetik und Anthropologie (1975).
Hrsg. u. Mitverf.: Enzyklopädie des Märchens (1975; zus. mit K. Ranke, H. Bausinger, W. Brückner, L. Röhrich u. R. Schenda).
Beiträge: Zur Präsenz des Themas Selbstschädigung in Volkserzählungen (in: Kl. Beitl (Hrsg.): Festgabe für Leopold Schmidt. 1972. 482–495); Regisseure und Marionetten im Raum der Volkserzählung (in: E. Ennen (Hrsg., zus. mit G. Wiegelmann): Festschrift Matthias Zender. 1972. 857–867); Dichterische Ökonomie in der Volkserzählung (in: W. Escher (Hrsg., zus. mit Th. Gantner u. H. Trümpy): Festschrift für Robert Wildhaber. 1973. Schweizerisches Archiv für Volkskunde. 68/69. 1972/73. 388–398); Von der Freiheit der Erzähler. Anmerkungen zu einigen Versionen des „Treuen Johannes" (in: W. van Nespen (Hrsg.): Miscellanea Prof. em. Dr. K. C. Peters. 1975. 458–472); Goal-Orientation in Storytelling. New observations and reflexions concerning the phenomenon „Zielform" (in: Folklore Today. Festschrift für Richard Dorson. 1976. 357–368).

Rudolf Raab

Lundgren, Max

*Schwedischer Schriftsteller, Drehbuchautor; * 22. 3. 1937 Landskrona.*

L. studierte nach dem Abitur einige Jahre an der Universität Lund Geisteswissenschaften, insbesondere Altphilologie. Schon während seiner Studienzeit befaßte er sich mit der Situation der Autoren in Schweden und der Entwicklung der modernen Literatur in seinem Lande. 1962 veröffentlichte er seinen ersten Roman, „Hunden som äntligen visslade", der als bester Erstlingsroman mit einem Preis ausgezeichnet wurde. Nach weiteren Romanen erhielt L. als erster schwedischer Autor ein einjähriges festes Engagement beim Fernsehen (Theaterabteilung). Seitdem schrieb er neben Romanen für Erwachsene und Jugendlichen mehrere Fernsehstücke und Hörspiele. Für sein Werk wurde L. mehrfach ausgezeichnet, darunter 1968 mit einem Platz auf der Ehrenliste des Hans Christian Andersen-Preises und mit der Nils Holgersson-Plakette. L. lebt heute in Malmö.

Werk, Tendenzen, Wirkung. Neben den in Schweden sehr populären und in der BRD bekannt gewordenen Kinder- und Jugendbüchern verfaßte L. bis 1968 auch Romane für Erwachsene, die jedoch nicht so beachtet und auch nicht übersetzt wurden. Seit Ende der sechziger Jahre schreibt L. ausschließlich für Kinder und Jugendliche. Während er anfangs einfache Bilderbuchtexte, illustriert jeweils von F. Hald, über Ereignisse aus der kindlichen Umwelt gestaltete (z. B. „Sagan om Lotta från Dösjöbro", 1969; „Mats farfar", 1970; „Fyrskeppsmysteriet", 1973) und spannende Geschichten, in denen Fantastisches und Realistisches ineinander verwoben waren, wie zum Beispiel „Pojken med guldbyxorna" (1967; dt. Der Junge mit den Goldhosen, 1969), griff er später Themen auf, die die reale Umwelt Jugendlicher widerspiegeln. Vier Bände, die einen ländlichen Fußballklub in seinem Entwicklungsprozeß und seiner Gruppenbildung darstellen („Åshöjdens bollklubb", 1967; dt. Runde Sache in Högberg, 1969; u. a.), weisen bereits den sozial-realistischen Bezug auf, der später noch deutlicher hervortritt. L.s neuere Bücher können zum Genre des modernen Mädchenbuches bzw. zum Roman für Jugendliche gezählt werden, da sie hauptsächlich von 13–16jährigen gelesen werden. Er rollt hier schonungslos – in seiner Darstellung jedoch äußerst feinfühlig und behutsam – Probleme junger Leute auf: Frühehe mit Verantwortung für eine Familie, Verhalten und Abhängigkeiten in der Gesellschaft, Generations- und Pubertätskonflikte, Frühreife, soziale Ungerechtigkeiten, Kontaktschwierigkeiten und Kommunikationsstörungen zwischen verschiedenen Schichten und Außenseiterprobleme. Diese Themen sind besonders eingehend und psychologisch subtil in „Ole kallar mej Lise“ (1969; dt. Ole nennt mich Lise, 1972) und in „Sommarflickan“ (1971; dt. Der Sommer mit Brit, 1974) behandelt. Der Autor gibt den Jugendlichen Ansätze zur Beurteilung ihrer Umgebung und zur Bewältigung der individuell und gesellschaftlich bedingten Probleme an die Hand, die jedoch nicht den Anspruch auf absolute Richtigkeit erheben. Dem jugendlichen Leser bleibt immer Spielraum für zusätzliche Gedanken und Interpretationen. Zudem ist L.s Sprache klar und sachlich. Seine Werke werden gern als Diskussionsbücher in Jugendgruppen verwendet.

Werke: Hunden som äntligen visslade (1962; NA. 1966); Kandidaterna (1963); Alla barns ansikten (1964); Gangsterboken (1965); Äventyrets fyra färger (1965); Omin Hambe i Slättköping (1966; NA. 1974); Åshöjdens bollklubb (1967; NA. 1974; dt. Runde Sache in Högberg, 1969); Pojken med guldbyxorna (1967; NA. 1973; dt. Der Junge mit den Goldhosen, 1969); Åshöjdens går vidare (1968; NA. 1973); Dörrarna låsta inifrån (1968); Regnbågskriget (1968); Kris i Åshöjdens bollklubb (1969; NA. 1972); Ole kallar mej Lise (1969; NA. 1975; dt. Ole nennt mich Lise, 1972); Sagan om Lotta från Dösjöbro (1969); Mats farfar (1970); Åshöjden i kvalet (1971; NA. 1973); Sommarflickan (1971; NA. 1973; dt. Der Sommer mit Brit, 1974); Snapphanepojken (1972); IFK Trumslagaren (1972; NA. 1974); IFK Trumslagaren och Lillis (1973); Fyrskeppsmysteriet (1973); IFK Trumslagaren och Chris (1975; dt. Jack und Chris sind im Finale, 1975).

Sekundärliteratur: L. Larson: Max Lundgren (in: De skriver för ungdom. I. 1975. 112–124).

Lioba Betten

Luserke, Martin

*Pädagoge, Schriftsteller, Verfasser von Romanen, Novellen, Abenteuergeschichten, Sagen und Laienspielen; Autor pädagogischer Schriften und theoretischer Abhandlungen über das Laienspiel; *3.5.1880 Berlin, †1.6.1968 Meldorf.*

L. wurde in der Herrnhuter Brüdergemeinde zum Lehrer ausgebildet. Nach dem Studium der Mathematik und Philosophie in Jena war er von 1906 an Lehrer und Mitgestalter einiger Landerziehungsheime. Er begründete 1925 auf der Insel Juist ein eigenes Landerziehungsheim „Schule am Meer“. Nachdem dieses 1933 aufgelöst wurde, bereiste L. auf einem Küstenschiff die Ost- und Nordsee. Von 1939 an lebte er als freier Schriftsteller in Meldorf (Schleswig-Holstein) und war zeitweise am Meldorfer Gymnasium vor allem in der Laienspielarbeit tätig. 1935 erhielt L. für seinen Geusenroman „Hasko“ (1935) den ersten Literaturpreis der Stadt Berlin; 1954 wurde ihm das Verdienstkreuz der BRD verliehen.

Werk, Tendenzen, Wirkung. In L.s Werk „spielt die innere Linie ... um die nordische Auffassung eines allgemeinen Menschenschicksals in der Welt der Mächte“ (M. Luserke: Landnahme und Weiterfahrt. in: Die Neue Literatur. 1936. 6. 313–321). L. schildert, oft idealistisch verklärend, den heroischen, kampfwilligen Mann, der sich in außergewöhnlichen Situationen bewährt (Groen Oie, 1934; Die Ausfahrt gegen den Tod, 1936). In seinen zahlreichen, vielfach von Jugendlichen gelesenen, Büchern behandelt L. meist mythische Stoffe aus der Traum- und spukhaften Welt der Nordsee, der Wattenküste und ihrer Bewohner (Windvögel der Nacht, 1936; Das Schiff Satans, 1936; Seegeschichten, 1932). Er belebt Historisches und Symbolhaftes in plastischen Gestalten, z.B. in „Sar Ubos Weltfahrt“ (1936), „Hasko“ (1935). Im Gedankengut der Jugendbewegung verwurzelt, stellt L. die Bindung durch Kameradschaft in einer selbst gestalteten Welt in vielen seiner Werke heraus. Zahlreiche seiner Geschichten und Legenden hat L. zunächst frei fabulierend seinen Schülern erzählt und sie erst nachträglich niedergeschrieben (Zeltgeschichten I, 1925; Zeltgeschichten II, 1926).

L. gilt als besonderer Förderer des Laienspiels (Jugend- und Laienbühne, 1927). Er hat die Idee des Bewegungsspiels entwickelt (Shakespeare-Aufführungen als Bewegungsspiel, 1921). Seine Spiele verbinden Phantastik des Stoffes mit sprachlichem Witz und jugendgemäßer Situationskomik (z.B.: Blut und Liebe, 1925; Das Abenteuer in Tonking, 1925; Der kupferne Aladin, 1925; Der unsichtbare Elefant, 1927).

→ Laienspiel

Werke: Schulgemeinde. Der Aufbau der neuen Schule (1919); Shakespeare-Aufführungen als Bewegungsspiele (1921); König Drosselbart. Ein Wikingermärchen. Laienspiel (1922); Brunhilde aus Island. Ein wahrhaft romantisches Sonnenwendspiel (1922); Die drei Wünsche. Ein Märchenspiel (1922); Das Abenteuer in Tonking. Ein exotisches Spiel (1925); Der kupferne Aladin. Ein orientalisches mystisches Spiel (1925); Blut und Liebe. Ein Ritter-Schauer-Drama (1925); B 7 Q 3 oder Die Geheimnisse des Drei-Kontinent-Kraftwerks Mittelländisches Meer–Totes Meer. Eine telefonisch-tellurisch-technische Groteske. Laienspiel (1925); Die Grundlage deutscher Sprachbildung. Mit einer Kunst der Improvisation als praktischer Hintergrund (1925); Schule am Meer. Ein Buch vom Wachsen deutscher Jugend geradeaus vom Ursprünglichen bis ins Letzte (1925); Die sieben Geschichten von Tanil und Tak. Indianische Legenden. Zeltgeschichten I (1925); Die zwölf Geschichten von dem Helden Sar Ubo mit der silbernen Hand (1926); Das unterste Gewölbe oder die Hochzeit auf Wurmbstein. Lustig-schauriges Ritterspiel (1926); Der Brunnen If. Zaubermärchen. Laienspiel (1927); Der unsichtbare Elefant. Märchen-Lustspiel (1927); Jugend- und Laienbühne (1927); Das Laienspiel. Revolte der Zuschauer für das Theater (1930); Seegeschichten (1932); Groen Oie am grauen Strom und die Bauern vom Hanushof (1934); Der Räuberjunge. Ein wildromantisches Spiel nach einem Volksmärchen (1934); Die herrliche Windbüchse. Ein Jungenstück (1934); Hasko. Ein Wassergeusen-Roman (1935); Der Stein Manipur. Ein indisch heißes Drama (1935); Der kleine Schühß und andere Geschichten. Ein Buch von der Wattenküste (1935); Die Ausfahrt gegen den Tod (1936); Die Fahrt nach Letztesand (1936); Obdajah und die ZK 14 (1936); Das Schiff Satans. Bretonische Erzählungen (1936); Der gläserne Spiegel. Ein großes Spiel für Mädelgruppen (1936); Sar Ubos Weltfahrt (1936); Windvögel in der Nacht

(1936); Das Wrack des Raubschiffs (1937); Der Gryperspuk (1938); Reise zur Sage (1940); Merkwürdige Küstengeschichten (1942).

Sekundärliteratur: Martin Luserke zum 75. Geburtstag (in: Das Lagerfeuer. Sonderheft. 1955. 38). – Martin Luserke zum 80. Geburtstag (in: Kontakte. Zeitschrift für musisches Leben in der Jugend. Sonderheft. 1960). – M. Kiessig: Martin Luserke. Gestalt und Werk (1936); Martin Luserke (in: Die Neue Literatur. 1936. 6. 322–335). – K. Seidelmann: Martin Luserke. Eine dichterische Persönlichkeit (in: Das Deutsche Volksspiel. 1936. 6. 206–208). – W. Steinborn: Der Erzähler Martin Luserke (in: Das Innere Reich. 1936. 2. 1430–1437).

Anneliese Knoop

Luther, Martin

*Reformator, für die Kinder- und Jugendliteratur als Verfasser des Großen und des Kleinen Katechismus und als Bearbeiter von Fabeln von Bedeutung; *10.11.1483 Eisleben, †18.2.1546 Eisleben.*

Pädagogische Konzeption und schulpolitische Maßnahmen L.s. Die Reformation und ihre Konsequenzen machten nach 1517 in den lutherischen Gebieten neue pädagogische Konzeptionen und schulpolitische Maßnahmen notwendig. Die Hauptstücke des Glaubens mußten einheitlich zusammengefaßt und in gemeinverständlicher Form dem Volk, insbesondere der Jugend, vermittelt werden, um den Erhalt der Lehre langfristig zu sichern. Überdies erforderte das Schriftprinzip des Protestantismus beim Gläubigen die Fähigkeit, lesen und die Texte auslegen zu können. Für den Fortbestand der Reformation und die Konsolidierung der protestantischen Fürstenstaaten war die Erziehung des Volkes zu treuen Untertanen und die Ausbildung geeigneter Fachkräfte für die wachsenden Bedürfnisse der Staatsverwaltung von grundsätzlicher Bedeutung. In den lutherischen Gebieten verfielen jedoch nach der Reformation die Bildungs- und Ausbildungseinrichtungen. L. sah diese Gefahr sehr deutlich. Er appellierte immer wieder in Schriften und Briefen an Eltern und Obrigkeiten, für die Bildung und Erziehung der Jugend zu sorgen (Sermon von dem ehelichen Stande, 1519; An den christlichen Adel deutscher Nation, 1520; An die Bürgermeister und Ratsherren aller Städte in deutschen Landen, daß sie christliche Schulen aufrichten und halten sollen, 1524; Eine Predigt, daß man Kinder zur Schule halten solle, 1530). Er beteiligte sich auch selbst an der Reformarbeit durch Herausgabe von Lehrbüchern (Ein Büchlein für die Kinder, gebessert und gemehrt, der Laien Biblia, 1525), Teilnahme an Visita-

ENCHIRIDION.
Der kleine
Catechismus,
für die gemeine
Pfarrherren und Prediger,
nach dem alten Exemplar
D. Martin Luthers,
samt angehängten
Frag-Stücken.
Mit Fleiß übersehen,
und
mit etlichen Stücken
vermehret,
wie in folgendem Bericht zu ersehen.
Samt
einem und andern nützlichen Register.
Nürnberg,
vor die St. Sebalder Rößlerische
arme Kinder-Schul.
Im Jahr Christi 1759.

Titelbild und Titelseite eines der vielen Katechismen in der Nachfolge Martin Luthers, hier das „Enchiridon. Der kleine Katechismus, für die gemeine Pfarrherren und Prediger“ (Nürnberg 1759).

tionen (1528) und Mitarbeit an Anleitungen für Visitatoren (Unterricht der Visitatoren, an die Pfarrherren im Kurfürstentum zu Sachsen, letzte Überarbeitung 1538).

Katechismus. L.s bedeutendste und am längsten fortwirkenden didaktischen Beiträge waren seine beiden Katechismen. Sie entstanden auf der Grundlage verschiedener Katechismuspredigten von Mai 1528 bis März 1529. Sie enthalten eine elementare Auslegung der Hauptstücke des Glaubens, der Dekalogie, des apostolischen Bekenntnisses und des Vaterunsers, sowie Stücke über Taufe, Abendmahl und Beichte. Der Große Katechismus war von L. zunächst dazu bestimmt, „ein Unterricht für die Kinder und Einfeltigen" (Vorrede) zu sein. Offensichtlich überforderte er aber damit sowohl die Adressaten als auch die als Vermittler gedachten einfachen Hausväter. So wurde er vor allem zur Predigthilfe für die Pfarrer. Der kleine Katechismus – der schon vor dem Druck als Buch auszugsweise in Form von Tafeldrucken erschien – wurde eher den „volkspädagogischen" Anforderungen gerecht. In der Textform ist das Verfahren des katechetischen Unterrichts bereits angelegt: Auf jeden Glaubenssatz folgt die Frage „Was ist das?", dahinter die Antwort – meist nur ein Satz – die der Befragte auswendig wiederzugeben hat. L. besteht in der Vorrede auf einem strengen Abfrageverfahren, „denn das junge alber Volck muß man mit einerley gewissen Text und Formen leren". Zur Veranschaulichung und besseren Einprägung wurden schon die ersten Ausgaben mit Holzschnitten ausgestattet, die passende biblische Szenen zu den einzelnen Glaubenssätzen darstellten. Obwohl zunächst für den Hausgebrauch bestimmt, fand der Kleine Katechismus bald Eingang in die Schulen. Das erotematische Verfahren des katechetischen Unterrichts prägte in starkem Maße die gesamte Unterrichtsführung, vor allem den Deutschunterricht, wo auch profane Texte nach dem Auslegungsverfahren des Katechismus behandelt wurden. Im Laufe der Zeit wurde der Text des Kleinen Katechismus immer wieder den veränderten Bedürfnissen der Religionspädagogik angepaßt, bis man im 19. Jahrhundert zur ursprünglichen Fassung L.s zurückkehrte. Während er im Religionsunterricht an den Schulen seit Beginn des 20. Jahrhunderts allmählich außer Gebrauch kam, wird er im kirchlichen Konfirmationsunterricht bis in die Gegenwart hinein benutzt.

Fabelbearbeitungen. Stellte L. mit den Katechismen die Lehrbücher zur religiösen Unterweisung der Gläubigen vor, so sollten seine Fabeln ein Lehrbuch des äußeren Lebens werden. 1530 begann er auf der Feste Koburg mit der Bearbeitung von Fabeln Aesops, die ihm in der Sammlung des H. Steinhöwel (Deutscher Aesop, 1476–1480) vorlagen. Wie spätere schriftliche Zeugnisse beweisen, wurde die Arbeit fortgeführt, jedoch nicht zu Ende gebracht. Erst elf Jahre nach seinem Tod erschienen 14 der 16 handschriftlich überlieferten Fabeln zusammen mit einer Vorrede (1557) im 5. Band der von G. Rörer herausgegebenen Jenaer Werkausgabe. L.s Fabeln zeichnen sich durch hohe sprachliche und strukturelle Präzision aus. Fabel und Lehre sind scharf getrennt; meist werden zu einer Fabel mehrere, in sprichwörtliche Redensarten gekleidete Lehren angeführt. Der Adressat soll selbst weitere, seinen spezifischen Lebensumständen entsprechende dazuerfinden. An Steinhöwel übt L. harte Kritik: Er habe in dem Aesop, dem nach L.s Ansicht unter den Büchern der Welt nur die Bibel überlegen ist, „so schendliche, unzüchtige Bubenstück dareingemischt, das kein züchtig from Man leiden, zuvor kein jung Mensch ohne Schaden lesen oder hören kann" (Vorrede, zit. nach: W. Steinberg (Hrsg.), M. Luthers Fabeln, S. 85). Vor allem um der Jugend willen hat sich L. daher „dis Buch fürgenommen zu fegen" (ebenda). Die Fabeln sollen Kindern wie Erwachsenen aller Stände Wahrheit über den Gang der Dinge in der Welt – in eine „luestige Lügenfarbe" gekleidet und durch der „Tiere und Bestien Mund" verkündet – aufzeigen und helfen, Verhaltensregeln zu entwickeln. Sie sollen so eine Hilfe sein, „klüglich und friedlich unter den bösen Leuten in der falschen, argen Welt" zu leben (ebenda). L. reflektiert damit die Eingeengtheit und politische Schwäche des aufstrebenden Bürgertums unter spätfeudalen gesellschaftlichen Verhältnissen – die Bewußtseinslage einer Klasse also, der er nach sozialer Herkunft und geistiger Haltung nahesteht. Nicht ohne Resignation paßt er sich dieser bösen Welt, so wie sie ist, an und belehrt sein Publikum: „Wer frum sein wil muß leiden" (Fabel Vom Wolff und Lemlin, Steinberg, a.a.O. S. 15).

Auswirkungen im 19. und 20. Jahrhundert. Im Zusammenhang mit der L.-Renaissance im 19. Jahrhundert wurde von Kirche und protestantischer Schule versucht, L.s Lehren und Persönlichkeit der Jugend nahezubringen, so etwa noch in dem „Kleinen Luther-Lesebuch für die deutsche Jugend" (Hrsg. G. Buchwald, verm. Auflage 1918). Es enthält Auszüge aus den wichtigsten politischen und theologischen Schriften sowie aus Briefen und seiner Dichtung. In den Schulbüchern der preußisch-protestantischen Gebiete des 19. Jahrhunderts wird L. zum bieder-frommen nationalen Vorkämpfer stilisiert; eine Tendenz, die sich bis in die Zeit der nationalsozialistischen Herrschaft erhält. Damals wurde L.s Werk und Person auch zur planmäßigen Indoktrination der Jugend, zur Erzeugung von Haß gegen „undeutschen Geist" und Judentum mißbraucht. So finden sich, ohne Hinweis auf historische Zusammenhänge, genau die Stellen aus L.-Schriften in den Lesebüchern (z.B.: „Saat in die Zeit", Bd. VII, 7. Klasse, Ausgabe 1940), in denen er zur Abwehr der „Romanisten" aufruft und seine Schrift „Von den Jüden und ihren Lügen" von 1545. Nach 1945 finden sich in der BRD L.-Texte am häufigsten in den Lesebüchern der 4. bis 6. Klassen, hier allerdings nur die früher wenig beachteten Fabeln und andere kurze, lehrhafte Texte.

→Biblische Geschichte, →Fabel, →Katechismus für Kinder

Werke: Ein Büchlein für die Kinder, gebessert und gemehrt, der Laien Biblia (1525); Deudsch Catechismus (1529); Der kleine

Catechismus für die gemeine Pfarrherr und Prediger (1529); Etliche Fabeln aus Esopo, von D.M.L. verdeudscht, sampt einer schoenen Vorrede von rechtem Nutz und Brauch desselben Buchs, jedermann, wes Standes er auch ist luestig und dienslich zu lesen (1557); H. Lorenzen (Hrsg.): Martin Luthers Pädagogische Schriften (1957).

Sekundärliteratur: F. Cohrs: 400 Jahre Luthers kleiner Katechismus (1929). – Kl. Doderer: Über das „betriegen zur Wahrheit" (in: Wirkendes Wort. 14. 1964. H. 6. 379–388). – Fr. Hahn: Luther und die christliche Unterweisung (in: Evangelischer Erzieher. 8. 1956. H. 7. 173–183). – W. Kayser: Die Grundlagen der deutschen Fabeldichtung des 16. und 18. Jahrhunderts (in: Archiv für das Studium der neueren Sprache. 86. 1931. 19–33). – L. Lentner: Katechismus (in: H. Rombach (Hrsg.): Lexikon der Pädagogik. 1970. Bd. 2. 399–402; zus. mit M. Stallmann). – J. Meyer: Luthers kleiner Katechismus, historischer Kommentar (1929). – J. M. Reu: Luthers Kleiner Katechismus. Die Geschichte seiner Entstehung, seiner Verbreitung und seines Gebrauchs (1929); A. Schirokauer: Luthers Arbeit am Äsop (in: Modern Language Notes. Vol. LXII. 1947. H. 2. 73–84). – H. W. Surkau: Katechismus (in: K. Galling (Hrsg.): Religion in Geschichte und Gegenwart. Bd. III. ³1959. 1179–1186); Katechismusunterricht (in: K. Galling (Hrsg.): Religion in Geschichte und Gegenwart Bd. III, ³1959. 1186–1188). – L. Wissmann: Katechismusunterricht nach Luthers Kleinem und Großem Katechismus (1932).

Bernd Dolle

Lux, Hanns Maria

*Schriftsteller, Lehrer; *17.5.1900 Trier, †11.9.1967 Koblenz.*

Nach dem Studium der Pädagogik in Bonn und Berlin (u.a. bei E. Spranger, 1882–1963) trat L. als Realschullehrer an der Saarbrücker Reformschule seinen Dienst an. Als Verfasser des vor den Abstimmungen 1935 und 1956 besonders bekannt gewordenen Saarliedes („Deutsch ist die Saar") war L. zu Beginn der zwanziger Jahre von der Schulabteilung der Hohen Regierungskommission mit Ausweisung bedroht. Er entschloß sich deshalb 1926, als Dozent und Lektor der deutschen Sprache an die chinesische Tungchi-Reichsuniversität in Wusung (Shanghai) zu gehen. Von dort aus unternahm er Reisen durch die Länder Südost- und Vorderasiens (u.a. Japan, Korea, Indien, die Mandschurei) und gewann reiche Einblicke in die Kulturen und Sprachen dieser Völker. 1930 kehrte L. nach Deutschland zurück, wurde 1932 Mittelschullehrer in Koblenz und war im Dritten Reich Landesleiter der Reichsschrifttumskammer Gau Moselland. Er schrieb neben Lyrik, Novellen und Hörspielen vorwiegend Bücher für die Jugend. L. wurde für sein Jugendbuchschaffen mehrfach ausgezeichnet (Hans Schemm-Preis 1941/42; Jugendbuchpreis Deutscher Erzieher; Förderungspreis des Landes Rheinland-Pfalz). 1960 wurde ihm das Bundesverdienstkreuz Erster Klasse verliehen. Die Stadt Oberwesel ernannte ihn zu ihrem Ehrenbürger.

Werk, Tendenzen, Wirkung. Von seinem Aufenthalt in Ostasien brachte L. zahlreiche Motive und Stoffe mit, die sich in einigen seiner Jugendbücher niederschlugen. So erzählt „Felix und die Gesellschaft der Roten Laternen" (1941) von den Erlebnissen eines deutschen Jungen in China zur Zeit der Boxeraufstände. Für das noch 1961 unter dem Titel „Felix und der Bund der Haifische" neu aufgelegte Buch erhielt L. 1941/42 den Hans Schemm-Preis. Auch „Die Verschwörung der 47 Samurai" (1942) und „Das Mädchen aus dem Bambuswald" (1954) gehen auf ostasiatische Motive zurück. Mit der letzteren Erzählung unternahm L. die Nachdichtung des wahrscheinlich zwischen 800 und 900 nach Christus von einem unbekannten Verfasser aufgezeichneten japanischen Mondmärchens „Taketori Monogatari".
Nach Ende des Zweiten Weltkriegs widmete sich L. mehr und mehr der biografischen Erzählung. In „Lebensbildern" wollte der Autor jungen Lesern erste Eindrücke von Persönlichkeit und Werk großer Dichter (Goethe, Schiller) und Komponisten (Mozart, Beethoven) geben. Die jungen Leser sollten durch diese biografischen Erzählungen die Ansätze künstlerischer Schaffensprozesse in Kindheit und Jugend unter Erziehungseinflüssen und zeitgeschichtlichen Bedingungen verstehen lernen und Maßstäbe zur Wertung gewinnen. Der nicht unbedenklichen Verquickung von historischen und frei erfundenen Situationen und Gesprächen in solchen „Lebensbildern" versuchte L., durch die sachbetonte Ausstattung seiner biografischen Erzählungen mit Zeittafeln, historischen Abbildungen, Handschriften, Werkproben und Dokumenten entgegenzuwirken. Am bekanntesten wurden die Titel „Der Geheimbde Rat und die Kinder" (1949), eine Erzählung um Goethe, und „Der Rebell und der Herzog", eine Erzählung aus dem Leben des jungen Schiller und seiner Schwester Christophine (1954).

Werke: Das große Signal (1937); Kapitän Ankersen und die Haifische (1940); Felix und die Gesellschaft der Roten Laternen (1941; u.d.T.: Felix und der Bund der Haifische, 1961); Die Verschwörung der 47 Samurai (1942); Der Geheimbde Rat und die Kinder (1949); Das Mädchen aus dem Bambuswald (1954); Der Rebell und der Herzog (1955); Wolfgang und die Kaiserin (1956); Der junge Beethoven (1965).

Sekundärliteratur: E. Weißer: Das Jugendbuch als Bildungsbuch (in: Jugendschriften-Warte. 1956. 2. 19–21). – H. Knebel: Hanns Maria Lux. Zum Tode des Erzählers und Erziehers (in: Jugendschriften-Warte. 1967. 12. 42). – Ruf und Antwort. Festschrift zum 65. Geburtstag von Hanns Maria Lux (1965).

Margarete Dierks

Luxemburg, Rosa

*Kommunistische Politikerin; gelegentliche Beschäftigung mit Literatur, speziell auch mit Kinder- und Jugendliteratur; *5.3.1870 Zamość (Polen), † (ermordet) 15.1.1919 Berlin.*

L., einer Kaufmannsfamilie entstammend, mußte 1889 in die Schweiz emigrieren, studierte in Zürich Nationalökonomie, ging 1897 nach Deutschland und wurde

1898 Mitglied der SPD. Ab 1907 war L. Dozentin an der Parteischule Berlin. 1914 veröffentlichte sie zusammen mit K. LIEBKNECHT (1871–1919), FR. MEHRING (1846–1919) und CL. ZETKIN (1857–1933) eine Protesterklärung gegen die Kriegspolitik der SPD. 1915 gründete sie mit K. LIEBKNECHT die Zeitschrift „Internationale" und die „Spartakusbriefe". Nach einer Antikriegsdemonstration am 1.5.1916 kam L. bis zum 8.11.1918 in „Schutzhaft". Während der Revolution gab sie in Berlin zusammen mit K. LIEBKNECHT am 18.11.1918 die ersten Nummern der Zeitschrift der Spartakusgruppe „Rote Fahne" heraus. Auf dem Gründungsparteitag der KPD am 29.12.1918 trug L. zum Entwurf des Parteiprogramms bei. Am 15.1.1919 wurde sie mit K. LIEBKNECHT in Berlin verhaftet und ermordet. Ihre wichtigsten Schriften sind: „Massenstreik, Partei und Gewerkschaften" (1906), „Die Akkumulation des Kapitals" (1913), „Militarismus, Krieg und Arbeiterklasse" (1914), „Die Krise der Sozialdemokratie" (1916), „Die russische Revolution" (1922).

Literarästhetische, literaturpolitische, jugendliteraturtheoretische Auffassungen L.s. Ihre literarästhetischen und literaturpolitischen Auffassungen legte L. 1905 in verschiedenen Beiträgen zur Schiller-Debatte in der SPD und 1918 im Vorwort zu dem von ihr aus dem Russischen übersetzten Roman „Die Geschichte meines Zeitgenossen" von W. KOROLENKO (1853–1912) dar. Das siebente Kapitel dieses Romans „Herr Ulanizki und die ‚gekauften Knaben'" war schon in Heft 24/1914 der Kinderbeilage der „Gleichheit" erschienen. Anlaß zur SCHILLER-Debatte in der SPD war die zu SCHILLERS hundertstem Todestag vom „Vorwärts" herausgegebene Festschrift. Gegen die dort vorgetragenen Thesen von SCHILLER als einem Revolutionär und seiner Bedeutung für die Proletarier der Gegenwart wandten sich FR. MEHRING, K. KAUTSKY (1854–1938) und L. Letztere warf den Autoren der Festschrift ein revisionistisches Geschichtsbild und ahistorische Argumentation vor, wenn sie davon ausgingen, SCHILLER „als den großen, von der Bourgeoisie verleugneten Apostel der bürgerlichen Revolution in Beschlag zu nehmen, was jedoch höchstens auf eine gleichmäßige Verständnislosigkeit für den historischen Gehalt der Märzrevolution wie der Schillerschen Dichtung deutet". Während L. in dieser Debatte die Methoden des historischen Materialismus auf die Analyse von Literatur anwandte, fiel sie in ihrem Vorwort zu „Die Geschichte meines Zeitgenossen" in bürgerlichen Ästhetizismus zurück. Dort schrieb sie: „Doch beim wahren Künstler ist das soziale Rezept, das er empfiehlt, Nebensache: die Quelle seiner Kunst, ihr belebender Geist, nicht das Ziel, das er sich bewußt steckt, ist das Ausschlaggebende". Oder in ihren 1919 veröffentlichten „Briefen aus dem Gefängnis" hieß es: „Im Roman schaue ich nicht nach der Tendenz, sondern nach künstlerischem Wert." Mit diesen Ausführungen vertrat L. die literarästhetischen Positionen des dem revisionistischen Flügel der SPD nahestehenden H. WOLGAST (1860–1920), der sich in seiner 1896 erschienenen Schrift „Das Elend unserer Jugendliteratur gegen jede Tendenz im Kinderbuch ausgesprochen hatte. Für den Bereich der Kinder- und Jugendliteratur bedeutsam wurde die Veröffentlichung der 1916–1918 von L. aus den Gefängnissen Wronk (Polen) und Breslau an SOPHIE LIEBKNECHT geschriebenen „Briefe aus dem Gefängnis", die 1919 als Band 10 in der „Internationalen Jugendbibliothek" erschienen. Die „Briefe aus dem Gefängnis", die mehrere Auflagen erreichten, enthalten Schilderungen über die Schönheit der Natur. Häufige Bezugnahmen auf Gedichte von J. W. v. GOETHE (1749–1832), A. v. PLATEN (1796–1835), ST. GEORGE (1868–1933), Vertonungen von H. WOLF (1860–1903) oder das „Ave Maria" von CH. GOUNOD (1818–1893) geben diesen Briefen stark sentimentale, wehmütige Züge (insbesondere in ihrer Beschreibung Korsikas). Allerdings rutschen ihre Naturbeschreibungen nicht in einen Sozialdarwinismus ab, wie in J. BRANDS (Pseudonym für E. SONNEMANN, 1869–1950) 1906 im „Vorwärts-Verlag" erschienenen Kinderbuch über die Lüneburger Heide „Ulenbrook". In diesem Buch hatte J. BRAND in den Kapiteln „Kampf ums Dasein" und „Natürliche Zuchtwahl" den politischen Erfolg von Arbeitskämpfen mit der Macht einer Herde von Wildpferden verglichen. L.s im Vorwort zu „Die Geschichte meines Zeitgenossen" formulierte Warnung, man dürfe in der Literatur Kinder nicht in einem „falschen, spielerischen Ton" behandeln, „mit dem die Erwachsenen zumeist zur Welt der Kinder herabsteigen", hat nach wie vor Gültigkeit.

L.s Beschäftigung mit Literatur und speziell der Kinder- und Jugendliteratur, tritt gegenüber ihren sonstigen Aktivitäten zurück und ist wohl auch noch wenig erforscht. G. HOLTZ-BAUMERT (* 1927) bemerkt dazu: „Da aber andere Vertreter der Linken sich mit Kinderliteratur befaßten, darf eine Arbeitsteilung angenommen werden. Die Kinderliteratur als literaturpolitische Aufgabe stand fest im Programm der Linken. So hervorragende Vertreter wie Clara Zetkin, Käthe und Hermann Duncker, indirekt auch Wilhelm Pieck (...), Jürgen Brand (...) und andere haben in vielen theoretischen und publizistischen Artikeln den Anspruch der sozialistischen Kinderliteratur vertreten, (...)."

→ Sozialistische Kinder- und Jugendliteratur

Werke: Briefe aus dem Gefängnis (1919, [3]1950); Cl. Zetkin (Hrsg.): Gesammelte Werke (Bd. 1–5. 1923–1928); O. K. Flechtheim (Hrsg.): Politische Schriften (Bd. 1–3. 1969).

Sekundärliteratur: Ch. Beradt (Hrsg.): Rosa Luxemburg im Gefängnis. Briefe und Dokumente aus den Jahren 1915–1918 (1973). – G. Fülberth: Proletarische Partei und bürgerliche Literatur (1972). – Fr. Hetmann: Rosa L. Die Geschichte der Rosa Luxemburg und ihrer Zeit (1976). – H. Hirsch: Rosa Luxemburg in Selbstzeugnissen und Bilddokumenten (1969). – G. Holtz-Baumert: „Überhaupt brauchen wir eine sozialistische Literatur ..." (1972). – K. Kautsky: Rosa Luxemburg, Karl Liebknecht und Leo Jogiches (1921). – Cl. Pozzoli (Hrsg.): Rosa Luxemburg oder die Bestimmung des Sozialismus (1974). – Cl. Zetkin: Um Rosa Luxemburgs Stellung zur russischen Revolution (1922).

Jörg Becker

Luzzati, Emanuele

*Italienischer Maler, Keramiker, Bühnenbildner, Cartoonist, Trickfilmzeichner und Kinderbuchillustrator; *3.6.1921 Genua.*

Als junger Mann kam L. nach Lausanne (Schweiz), wo er 1940 bis 1945 an der „École des arts appliqués" studierte. Nach dem Krieg kehrte er nach Italien zurück und war dort zuerst hauptsächlich als Bühnenbildner tätig; er hat für zahlreiche Theater und Opernhäuser in Italien, England, der Bundesrepublik und den USA Dekorationen, Kostüme und Plakate entworfen. Als Keramiker wurde er vielfach ausgezeichnet, u.a. 1962 auf der internationalen Keramikausstellung in Paris. Seit 1960 liegt das Schwergewicht seines Schaffens auf Zeichentrickfilmen, die er teilweise mit seinem Mitarbeiter G. Gianini ausführt: I paladini di Francia (1960), Il castello di carte (1963), La gazza ladra (1964), L'italiana in Algeri (1970), Ali Baba e i 40 ladroni (1971). Seine Zeichentrickfilme wurden in Italien 13mal prämiert. „I paladini di Francia" gewann 1962 den Spezialpreis des internationalen Trickfilmwettbewerbs von Annecy, „La gazza ladra" bekam zwölf internationale Auszeichnungen, darunter 1964 den Premio Bergamo. Das nach diesem Film gestaltete Bilderbuch erhielt 1967 auf der Bienale illustrácií Bratislava (BIB) eine goldene Plakette. Heute lebt L. in Genua.

Werk, Tendenzen, Wirkung. L. ist neben Br. Munari (*1907), G. Carloni (*1941), U. Fontana (*1921) und Fl. Constantini einer der bedeutendsten italienischen Vertreter der modernen Malerei im Bilderbuch. L.s Arbeit als Bilderbuchillustrator ist im engen Zusammenhang mit seinem Trickfilm-Schaffen zu sehen. „I paladini di Francia" (1962), „Castello di carte" (1963) und „La gazza ladra" (1964) greifen auf Szenen der gleichnamigen Zeichenfilme zurück. Vom Expressionismus geprägt, gelegentlich an die Malerei von G. Rouault (1871–1958) erinnernd, füllt L. die Seiten seiner großformatigen Bücher mit stark farbigen Kompositionen. Die Glut der Farben und die breiten schwarzen Konturen rufen Assoziationen an mittelalterliche Glasfenster hervor. Dieser Technik entspricht die märchen- und sagenhafte Thematik sowie die mittelalterliche Szenerie in „Il paladini di Francia" – die Gefolgsleute Rolands besiegen mit Hilfe von Zauberern und Drachen die Sarazenen –, in „Il castello di carte" – ein Münzenkönig tyrannisiert die Personen der Hofkarten, führt sie aber am Ende in ein glückliches Land – oder, in „La gazza ladra" – drei verfeindete Könige schließen sich zusammen, um einen schwächeren Feind, die Vögel, zu bekämpfen, werden aber durch eine diabolische Elster besiegt. Gemeinsam ist allen Büchern ein stark karikierendes Element. In „Tarantella di Pulcinella" (1974) wendet L. einen neuen Stil an: die Figuren bewegen sich freistehend auf weißem Grund und bei ihrer Gestaltung verbindet L. Zeichnung mit Kollage aus verschiedensten Materialien. In der Dramatik der Szenen zeigt sich auch hier deutlich der Einfluß der gezeichneten Trickfilme.

Werke: G. Boccaccio: Chichibio e la gru (1961); E. Luzzati: Il paladini die Francia (1962; zus. mit G. Gianini); G. Rodari: Il castello di carte (1963; zus. mit G. Gianini); La gazza ladra (1964; zus. mit G. Gianini); Ali Baba e i 40 ladroni (1968; dt. Ali Baba und die vierzig Räuber, 1969); B. Martin: Whistle, Mary Whistle (1970); B. Martin: When it rains, it rains (1970); La tarantella di Pulcinella (1971); The magic flute (1971); E. Poi: L'uccellino Tic Tac (1971); I. Calvino: Il principe granchio

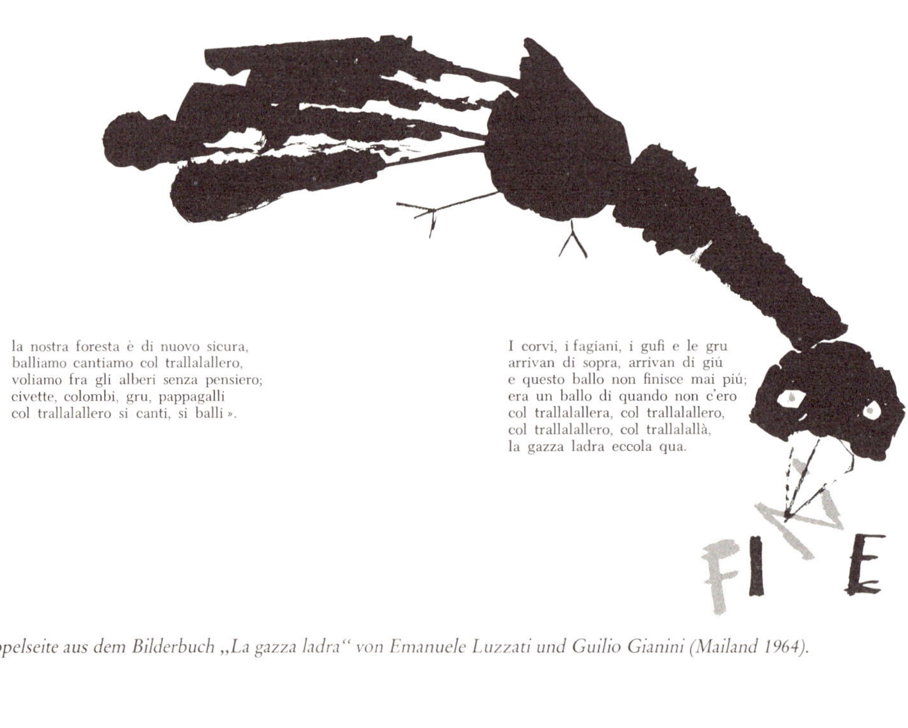

Doppelseite aus dem Bilderbuch „La gazza ladra" von Emanuele Luzzati und Guilio Gianini (Mailand 1964).

(1972); Bimbo recita (1973; zus. mit T. Conte); I. Calvino: L'uccel Belvedere (1974); I. Calvino: Il visconte dimezzato (1975); D. Ziliolto: Il vaggio di Marco Polo (1975).

Sekundärliteratur: L. Lionni: Luzzati (in: Graphis. 108. 1963. 278–287).

Bettina Hürlimann

M

Maar, Paul

*Autor von Kinderbüchern und -theaterstücken, Übersetzer, Kunsterzieher; * 13. 12. 1937 Schweinfurt.*

M., der in wenigen Jahren an eine exponierte Stelle im Bereich der Kinderliteratur rückte, besuchte in Schweinfurt die Schule bis zum Abitur. Danach studierte er Malerei und Kunstgeschichte an der Kunstakademie Stuttgart und trat dort und in anderen westdeutschen Städten mit Kunstausstellungen hervor. M. versuchte sich außerdem als Bühnenbildner u.a. beim Fränkischen Theater in Massbach. Den Status des freien Malers gab er zugunsten des Kunsterzieherberufes auf. Seinen ersten literarischen Erfolg konnte er mit der Funkerzählung „Der Turm im See" verzeichnen. Zwei seiner Kinderbücher (Der tätowierte Hund, 1968; Eine Woche voller Samstage, 1973) wurden in die Auswahlliste des Deutschen Jugendbuchpreises aufgenommen.

Werk, Tendenzen, Wirkung. Entsprechend der Genese zahlreicher Kinderbuchautoren sah sich M. durch seine eigenen Kinder zum Geschichtenerzählen und -aufschreiben veranlaßt. „Der tätowierte Hund" (1968) ist durch die Zutat einer Rahmenhandlung so entstanden. Mit diesem ersten Titel knüpft M. an die klassische deutsche Erzählüberlieferung an, wobei die Assoziation mit J. P. Hebel gerechtfertigt erscheint. Ein großer Teil der acht blendend und spaßig erzählten, mit ironischen und parodistischen Elementen durchsetzten Episoden entstand wohl aus M.s Auseinandersetzung mit dem Märchen (vgl. die neue „Hänsel-und-Gretel"-Version). Kindheitstraumata werden verarbeitet, Individualität und Originalität werden zum literarisch geformten Anliegen. – Ganz in der Tradition der Lügenmärchen steht die vergnügliche Rahmenerzählung vom „Verhexten Knödeltopf" (1970), der als Geschenk einer Hexe niemals leer werden kann und den die knödelessenden Dickpeters vor Dieben zu verstekken suchen. Bewußt wird hier auf Surrealismus und Situationskomik abgestellt. Kindern bedeuten diese kurzen, sprachlich differenzierten Geschichten ungetrübtes Hör- und Lesevergnügen; auf Pädagogisierung wird verzichtet. Hat M. seine ersten (und dann wieder seine bislang letzten) beiden Bücher (alle bei Oetinger, Hamburg) selbst illustriert, wurde für „Der König in der Kiste" (1971) R. Rettich als Zeichner gewonnen. Weniger als Kinderbuch, mehr auf Bühne und Bildschirm erlebte dieses Sujet, eine Kunstmärchen-Musical-Mixtur aus Hexenzauber, Beat und Gammlerlebensweisheit, anhaltenden Erfolg. Der existentielle Bezug des Autors zum Theater („Ich mache Theater mit Kindern, besser ausgedrückt: Ich schaffe Bedingungen, in denen Kinder selbsterfundene Szenen spielen", Maar: Theater für Kinder. In: Oetinger-Almanach 1974, S. 122) kommt deutlich zum Ausdruck, wenn mit dem „Theater auf dem Theater"-Effekt operiert wird, wenn das Gegenspiel der Kräfte zwischen dem leistungsfordernden Muß und der musenfördernden Muße Gegenstand wird. In die reale Umwelt läßt M., wie etwa in „Summelsarium" (1973) oder „Eine Woche voller Samstage" (1973) phantastische Wesen einziehen. Das Sams fungiert als der von Herrn Taschenbier verdrängte Teil seines Bewußtseins und zeigt dem kleinen Angestellten, daß alles im Leben zu bewältigen ist, daß Unvoreingenommenheit und echte Naivität Freiheit von Zwängen ermöglichen. M.s hintergründig-freche Fabelwesen erzielen als Nebenwirkungen beim jungen Leser die Infragestellung starrer Formen und Gemeinplätze, Selbstbefreiung, Phantasiebeflügelung, Sprachkompetenz durch spontanes Erfassen von Sprachstrukturen. Als „Lehrstück" im Brechtschen Sinne wurde das als Taschenbuch (dtv) mit Janosch-Illustrationen edierte Kinderstück „Kikerikiste" von der Kritik eingeschätzt. Wie zahlreiche Aufführungen erwiesen haben (allein in der Spielzeit 1973/74 wurde es von 14 Bühnen in der BRD gespielt), liefert dieses Stück ohne explizite, jedoch vorhandene Polit-Problematik einen Beitrag zum zeitgerechten Kindertheater mit Mitteln kindadäquater Clownerie und Bourleske, indem unmerklich gesellschaftlich relevante Verhaltensweisen und Einsichten vermittelt werden. In seinem ersten, 1976 vorgelegten Jugendbuch erzählt M. die Geschichte eines 12-, dann 15jährigen Jungen, der im fiktiven Dorf Niklasweiler bei den Großeltern aufwächst. Zu seinen Eltern in die Stadt geholt, ergeben sich für den Jungen Anpassungsschwierigkeiten, denen er durch die Retirierung in eine Traumwelt zu entrinnen sucht.

Werke: Der tätowierte Hund (1968); Der verhexte Knödeltopf (1970); Der König in der Kiste (1971); Kikerikiste (1972, TB 1973); Summelsarium oder 13 wahre Lügengeschichten (1973); Eine Woche voller Samstage (1973); Lauter Streifen (1975); Andere Kinder wohnen auch bei ihren Eltern (1976).

Hans Gärtner

Macaulay, David

*Englischer Designer, Autor und Illustrator von Kindersachbüchern; * 2. 12. 1946 Burton-on-Trent.*

M. lebt seit seinem elften Lebensjahr als britischer Staatsbürger in den USA. Nach dem Architekturstudium an der Rhode Island School of Design übte er verschiedene Tätigkeiten im Bereich von Kunst und

Design aus. Er war Zeichen- und Kunstgeschichtslehrer, Dozent für Innenarchitektur, arbeitete als Designer für ein Innenarchitekturbüro in seinem Wohnort Providence/Rhode Island, als freier Werbegrafiker sowie als Autor und Illustrator von Sachkinderbüchern.
Sein Sachbilderbuch „Cathedral" (1973; dt. Sie bauten eine Kathedrale, 1974, [4]1976) stand – ebenso wie „City" (1974; dt. Eine Stadt wie Rom, 1975) – auf der Auswahlliste von „The Children's Book Showcase". 1975 wurde ihm hierfür der Deutsche Jugendbuchpreis zuerkannt.

Werk, Tendenzen, Wirkung. Das Bauen aus der Sicht der historischen Epochen ist das Thema von M.s großformatigen Werken. Die vorliegende Reihe ist das Resultat seiner Architekturstudien und seiner auf Europareisen vertieften Auseinandersetzung mit der europäischen Kultur und Zivilisation. Die in Schwarz-Weiß ausgeführten Federzeichnungen halten in Etappen das Werden der Bauwerke fest, aber auch die Arbeitsweisen, Konstruktionsmethoden und technischen Hilfsmittel werden in begleitenden präzisen Zeichnungen anschaulich visualisiert. Ungewöhnliche perspektivische Ansichten wechseln mit Schemazeichnungen, Text und Bild sind typografisch ausbalanciert. Die knappen fiktiven Texte schildern den Fortgang der Bauaufgabe von den ersten Planungsgesprächen über Finanzierungsfragen bis hin zur Einweihung (Cathedral) bzw. zu Erweiterungen, Abriß und Erneuerung der Gebäude und Anlagen der ersten Konstruktionsphase (City). Dabei bezieht M. bewußt den gesellschaftlichen Rahmen mit ein, der architektonische Kunstwerke erst möglich macht.
„Cathedral" ist die genaue Beschreibung des technischen Vorgangs einer perfekt gebauten gotischen Kathedrale in Anlehnung an Amiens. M. stellt eine utopisch verkürzte, 86jährige Baugeschichte beispielhaft dar, die historisch nur unter Idealbedingungen

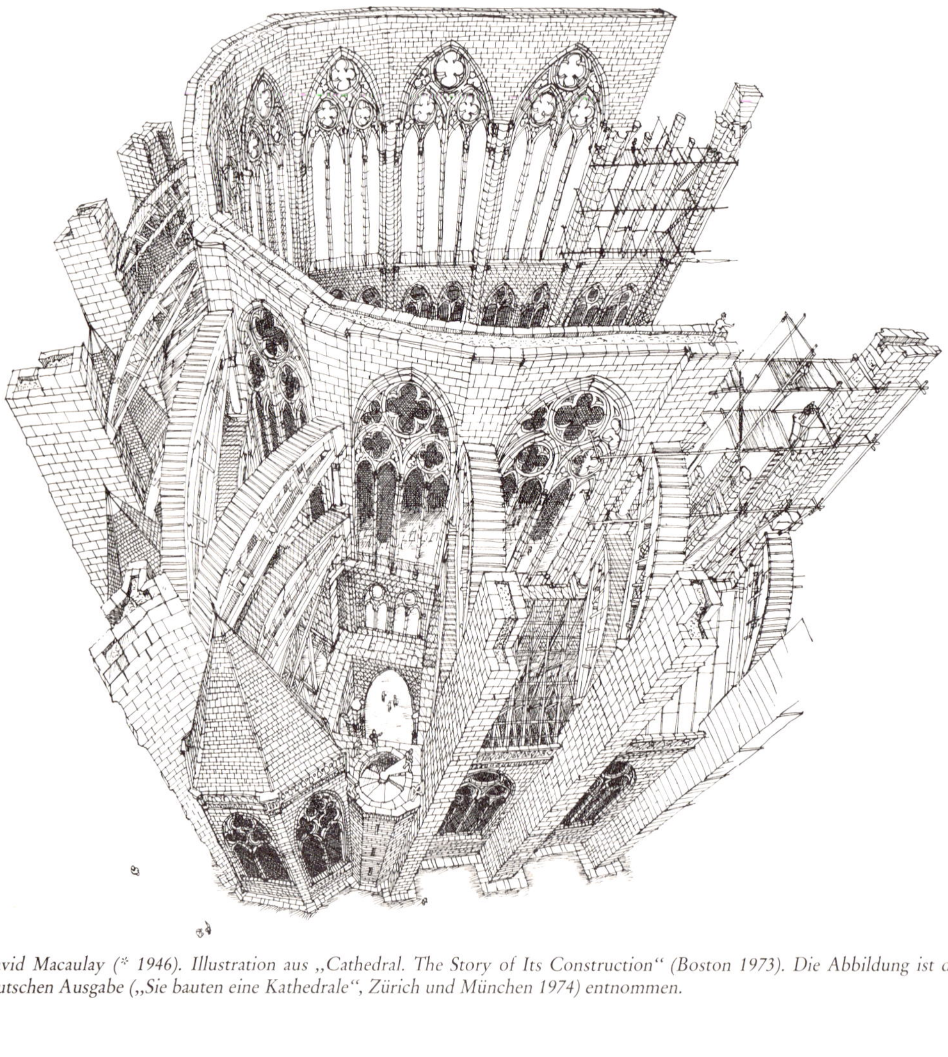

David Macaulay (1946). Illustration aus „Cathedral. The Story of Its Construction" (Boston 1973). Die Abbildung ist der deutschen Ausgabe („Sie bauten eine Kathedrale", Zürich und München 1974) entnommen.*

möglich gewesen wäre. Benützt er hier als gesellschaftlichen Hintergrund die fiktive Stadt „Chutreaux", so zeigt er in „City" am Beispiel römischer Planungs- und Konstruktionskunst ein prototypisches Modell von Stadtplanung. In dem Kindersachbuch über den Bau von Pharaonengrabmälern im Ägypten des Alten Reichs (Pyramids, 1975; dt. Wo die Pyramiden stehen, 1976) beschreibt er sachlich und detailreich die Monumente auch aus der Sicht der Ingenieurbaukunst.

Daß M. mit seinem Versuch, architektonische Probleme Kindern zu vermitteln, Erfolg hat, läßt sich u.a. auch daran ablesen, daß seine relativ kostspieligen Bücher auch in England, den Niederlanden, Frankreich, Italien und Dänemark verlegt werden und von der deutschsprachigen Ausgabe von „Cathedral" z.B. bereits innerhalb von zwei Jahren 45000 Exemplare gedruckt wurden.

Werke: Cathedral. The story of its construction (1973; dt. Sie bauten eine Kathedrale, 1974, [4]1976); City. A story of roman planning and construction (1974; dt. Eine Stadt wie Rom, 1975); Pyramids (1975; dt. Wo die Pyramiden stehen, 1976).

Klaus-Rüdiger Werner

Mader, Ernst Friedrich Wilhelm

*(Ps.: Ernst Friedrich). Evangelischer Pfarrer, Schriftsteller; *1.9.1866 Nizza (Frankreich), †16.9.1947 Bönnigheim.*

Als Sohn des deutsch-evangelischen Pfarrers Philipp Friedrich M. geboren, besuchte M. bis zum siebzehnten Lebensjahr das französische Staatsgymnasium. 1884 beendete er seine Schulzeit in Heilbronn und ging dann an die Universität Tübingen, wo er bis 1889 Theologie studierte. Während seiner Studienzeit veröffentlichte M. erste lyrische Gedichte, zum Teil unter dem Pseudonym Ernst Friedrich, in bekannten Familienzeitschriften wie „Über Land und Meer" und den „Münchener Fliegenden Blättern". Er gehörte zu den ersten Mitarbeitern der „Meggendorfer Blätter". Ab 1897 war M. Pfarrer in Eschelbach (Württemberg), später in Bönnigheim.

Werk, Tendenzen, Wirkung. M. gehörte mit seinen zahlreichen Abenteuerbüchern für junge Leser, die alle im Union-Verlag erschienen, zusammen mit M. Kern und Fr. Treller zu den Zugpferden dieses Verlages. Die Abenteuererzählungen dieser drei Autoren ließen den Union-Verlag zum bekanntesten Jugendbuchverlag der Zeit von 1890 bis 1930 werden, vor allem soweit es sich um Abenteuerliteratur für heranwachsende Jugendliche handelte. Viele Bände M.s erreichten bis 1945 hohe Auflagen, erlebten jedoch nach 1945 keine Neuauflagen mehr. Dies hängt wohl nicht zuletzt mit der stark nationalistischen Tendenz der Bücher M.s zusammen, der schon um 1900 in überschwänglicher Form für die Buren und deren Kampf gegen England Partei ergriff und die deutschstämmigen Buren zu treudeutschen Freiheitskämpfern hochstilisierte, die den heranwachsenden Lesern die Tugenden vermitteln sollten, zu denen die jungen Deutschen im Sinne der nationalistisch-imperialistischen Ideen des deutschen Kaiserreichs und im Hinblick auf die kommende kriegerische Auseinandersetzung erzogen werden sollten. – So spielen zahlreiche Abenteuererzählungen M.s in den afrikanischen Siedlungsgebieten der Buren und erzählen von deren kolonialistischen Taten. Die Eingeborenen erscheinen im Sinn des Rassenhochmutes entweder als treu-brave Diener der Weißen oder als bitterböse, hinterlistige und brutale Wilde. Ähnlichkeiten zu den Abenteuererzählungen K. Mays und dessen Erzähltechnik sind in fast allen Bänden M.s zu erkennen. So schuf sich M. wie K. May ein Figurenarsenal von Handlungsträgern, die, den jungen Lesern vertraut, immer wieder neu auftauchen und durch überzogenes absonderliches Benehmen der Freude des jugendlichen Lesers an kauzigen Sonderlingen entgegenkamen. Solche Hauptfiguren sind der deutsche Professor Schulze, von den Negern „Bwana Bawessa" genannt, der sich durch professorenhafte Zerstreutheit ebenso auszeichnet wie durch einen unbändigen Forscherdrang, der oft das Motiv für die abenteuerlichen Reisen liefert; auch Kapitän Hugo von Münchhausen, der technisch versierte Draufgänger und der spleenige Lord Flitmore, der sein Geld für technisch-utopische Erfindungen ausgibt, gehören zu den Stereotypen der M.schen Geschichten.

Umschlag einer „Erzählung für Deutsche Söhne und Töchter" von Abenteuern und Kämpfen auf einer Reise in das Sambesigebiet, die Wilhelm Mader (1866–1947) unter dem Titel „Ophir" 1911 erscheinen ließ (Illustration von Willi Egler).

Andererseits nahm sich M. auch J. Verne zum Vorbild und schuf eine neue Mischung aus Abenteuerbuch und technisch-utopischer Erzählung. So unternimmt Lord Flitmore eine Reise durch die „Wunderwelten" (1911), nämlich durch das Weltall und zu den Planeten; Kapitän Münchhausen baut ein Spezialfahrzeug für die Durchquerung Australiens und stößt dabei mit seinen Genossen auf den „König der Unnahbaren Berge" (1909), der mit Hilfe geheimnisvoller Strahlen Menschen und Gegenstände unsichtbar machen kann. Eine besondere Note erhalten M.s Erzählungen noch durch den Rückgriff des Autors auf alte Mythen und Sagen, die um 1900 im Rahmen einer einsetzenden populärwissenschaftlichen Bildungsliteratur vor allem im Rahmen der Forschungen zur Vorgeschichte neues Interesse fanden. So entdecken zwei deutsche Jungen im Urwald Südamerikas das Wunderland „El Dorado" (1903), in dem sich die Reste der indianischen Ureinwohner in einem zurückgezogenen Inkastaat von der übrigen Welt isoliert haben; „Der letzte Atlantide" (1923) wird von den M.schen Abenteuerreisenden entdeckt und in der geheimnisvollen Messingstadt Erfindungen vorgestellt, die zur Zeit der Entstehung der Bücher M.s noch am Anfang ihrer Entwicklung standen oder noch in weiter Ferne lagen, nun aber als Errungenschaften der haushoch über der bekannten Zivilisation stehenden Kultur der Atlantiden ausgegeben werden. Weite Strecken der Erzählungen sind von sehr trockenen und in lehrhaftem Ton gehaltenen geographischen, naturkundlichen oder historischen Schilderungen durchzogen, die von dem Verlag in seinen Prospekten als „besonders wertvoll an den abenteuerreichen, nützliches Wissen vermittelnden Knabenerzählungen M.s" hervorgehoben werden. M. spricht in seinen Büchern grundsätzlich den lesenden Jungen, nie das Mädchen an und trug so mit zur Spezialisierung einer „Jungenliteratur" bei, die von den meisten Jugendbuchtheoretikern der zwanziger Jahre als einseitig abgelehnt wurde. Andererseits sind weite Strecken der M.schen Bücher durch Dialoge gekennzeichnet, die sich der Form des Dramas nähern. So eröffnet M. auch jedes seiner Bücher mit einem Personenverzeichnis, in dem wie in den gedruckten Dramen alle handelnden Personen aufgeführt sind.

M., der von sich selbst glaubte, „wertvolle Jugendbücher" zu schreiben – so wetterte er 1914 in einer kleinen Schrift „Schundkritik" gegen unterwertige Lektüre –, versuchte verschiedentlich, im Vorwort seiner Erzählungen gegen die Kritik anzukämpfen, ein Autor könne keine gute Reiseerzählung schreiben, wenn er die Gegenden, die er beschreiben will, nicht aus eigener Anschauung kenne. So stellt er im Vorwort zum Band „Im Lande der Zwerge" (1911) fest: „Darum wage ich zu behaupten, daß man ein Land viel gründlicher als durch eigene Reisen und vorübergehende Aufenthalte kennen und beurteilen lernt und auch zuverlässiger zu schildern vermag, wenn man die Werke zuverlässiger Kenner von Land und Leuten eingehend studiert ...". Seine sehr eigenwillige Rechtschreibung und fehlerhafte Zeichensetzung, die ihm die Kritiker vorwarfen, versuchte M. im gleichen Vorwort zu verteidigen, wenn er ausführt: „... Ferner fasse man es nicht kleinlich auf, wenn ich mich nicht immer an die übliche Rechtschreibung hielt, deren Bestimmungen oft willkürlich und allzu wenig überlegt sind. Zu meinen Abweichungen habe ich stets vernünftige Gründe. Namentlich verwende ich das Komma häufiger, als die Regeln wollen ...".

Werke: John Bull und die Buren (1900); Die Geschichte des Burenstaates (1901); Ernstes und Heiteres aus dem Burenkriege (1901); El Dorado. Reisen und Abenteuer zweier deutscher Knaben in den Urwäldern Südamerikas (1903); Der König der Unnahbaren Berge. Wunderbare Abenteuer auf einer kühnen Automobilfahrt ins innerste Australien (1909); Im Lande der Zwerge. Abenteuer und Kämpfe unter den Zwergvölkern des innersten Afrikas (1911); Nach den Mondbergen. Eine abenteuerliche Reise nach den rätselhaften Quellen des Nils (1911); Ophir. Abenteuer und Kämpfe auf einer Reise in das Sambesigebiet und durch das fabelhafte Goldland Ophir (1911); Wunderwelten. Wie Lord Flitmore eine seltsame Reise zu den Planeten unternimmt und durch einen Kometen in die Fixsternwelt entführt wird (1911); Schundkritik (1914); Oranjehof (1922); Die tote Stadt (1923); Der letzte Atlantide (1923); Die Messingstadt (1924); Die Flucht aus dem Sudan (1925); Im Kampf um Recht und Freiheit (1925); Die Fremdenlegionäre (1926); Am Kilimandscharo. Die Helden von Ostafrika I (1927); Vom Pagani zum Rowuma. Die Helden von Ostafrika II (1928); In unbekannte Fernen. Die Helden von Ostafrika III (1928); Im Weltmeer verirrt (1929); Von Hankou bis zum Kukunor (1930); Im verbotenen Land (1930); Auf fernen Meeren (1932); Deutsche Helden zur See (1935); Schwabenstreiche (1936); Die Schlacht bei Tanga (1937); Im Eise des Südpols (1938); Der Überfall von Ferry und Karanga (1939); Die rätselhafte Bowa (1942).

Helmut Müller

Mädchenbuch

Der Begriff M. hat sich für den Bereich der Kinder- und Jugendliteratur, der gezielt für Mädchen als Adressaten gemacht bzw. überwiegend bis ausschließlich von ihnen gelesen wird, eingebürgert. Der heute nicht mehr gebräuchliche pejorative Begriff „Backfischbuch" bezeichnete dagegen die spezifische Literatur von Mädchen in der Vorpubertät (E. Lippert). Nicht durchsetzen konnte sich der Begriff „Teenagerbuch". Die Schwierigkeit, diese Buchtypen darzustellen, liegt darin, daß ihre Probleme nur im Zusammenhang mit Situation und Sozialisation ihrer Leser(innen), also nicht ohne Bezug auf das gesellschaftliche Umfeld, aufhellbar sind.

Verbreitung und Geschichte des M.s. Man kann davon ausgehen, daß in der Bundesrepublik auch heute noch eine große Anzahl Mädchen, vor allem die zwischen 11 und 13 Jahren, bevorzugt M.er liest. Offenbar ist diese Eigentümlichkeit von sozialer Herkunft und Schulbildung unabhängig. Eine besondere Chance haben dabei die sog. „Serien" (E. Ury: Nesthäkchen, 1918; M. Trott: Pucki, 1934; E. Blyton: Hanni und Nanni, 1941; dt. 1965ff.; E. Gündel: Elke, 1937–1953), die einen biographischen Zusammenhang zwischen der momentanen Eigensituation der Leserin und ihrer Entwicklung zum Erwachsenen hin herstellen.

An der Entwicklung des literarischen Typs M. waren folgende Faktoren maßgeblich beteiligt: die bürgerliche Aufklärung mit ihrem Fortschritts- und rationalen Erziehungsoptimismus; der sich im 18. Jahrhundert herausbildende bürgerliche Wertekanon (Pflicht, Selbstbeschränkung, Altruismus, Empfindsamkeit, Tugend); die Entstehung des bürgerlichen Literaturmarktes, in dem die Autoren für ein anonymes Publikum zu schreiben begannen und der den Typ des Unterhaltungsromans im modernen Sinne hervorbrachte (Markt als Regulator der Produktion auch im Kulturellen); die Rolle des Mädchens als immer noch außerhalb der staatlichen Schule und Erziehungsinitiativen stehendes Erziehungsobjekt sowie die Rolle der Frau als Verwalterin des Hauses und als hauptsächlicher Interessentin und Konsumentin der entstehenden erbaulich-lehrhaften Unterhaltungsliteratur. Die ersten M.er waren Sittenlehren, Erbauungsschriften und romanhafte Darstellungen von Mädchen, die entweder durch tugendhaften Lebenswandel zum Glück gelangten oder, wenn ihnen nicht die große Umkehr gelang, durch „verwerfliches" Verhalten ins Unglück gerieten. In den Geschichten mischten sich von vornherein Unterhaltung und erzieherische Absicht. Auch während des 19. Jahrhunderts war das M. in erster Linie ein Instrument der bürgerlichen Gesellschaft, um die Leitvorstellung „Frau" an die nachwachsende Generation zu vermitteln. Das geschah einmal in den „Backfisch"-Geschichten von TH. V. GUMPERT (1810–1897), R. KOCH (1811–1880), CL. HELM (1825–1896), E. V. RHODEN (1832–1885) und zum anderen in den volkstümlichen Erzählungen von E. AVERDIECK (1808–1907), I. BRAUN (1815–1886), O. WILDERMUTH (1817–1877), J. SPYRI (1827–1901) und – bereits an der Schwelle zum 20. Jahrhundert – A. SAPPER (1852–1929). Das Backfischbuch war ein Erziehungsroman, der höheren Töchtern Standesbewußtsein, gesellschaftliche Sitte und rollenangepaßtes Verhalten beibringen sollte. Weitere Themen waren: Familie, Wohltätigkeit gegenüber den Armen und ländliche Idylle gegen „zersetzende" Stadtkultur, vor allem aber Stützung des Wilhelminischen Ständestaates. Das 20. Jahrhundert brachte mit der Entwicklung der modernen Buchindustrie die großen Serien hervor (E. URY, 1877–1943; E. GÜNDEL, 1889–1968; M. TROTT, 1880–1945; E. BLYTON, 1896–1968 und M. L. FISCHER, *1922), aber vor allem nach dem Zweiten Weltkrieg auch eine gewisse Differenzierung der Problematik (soziologische Jugendprobleme,

Illustration aus der französischen Zeitschrift für junge Mädchen „Journal des Jeunes Personnes" (Bd. 7, Paris 1839).

„Mit einem ‚Erlauben Sie' legte Gerd den Arm um Anni und half ihr so über besonders schwierige Stellen hinweg." So lautet eine Stelle der Erzählung „Glücksklee" von Bertha Clément aus dem um 1900 erschienenen Band „Der Jugendgarten, eine Festausgabe für Mädchen".

Übernahmen aus dem skandinavischen und dem slawischen Raum, nach 1970 auch Rollenproblematisierung, einige Enttabuisierungen). Allerdings pflegte das Gros der M.er bei bloß äußerlichem Kulissenwandel immer noch die alten Stereotypen.

Merkmale und Typen des M.s. Das M. gibt sich meist vermittels bestimmter Signale (Titelbild, Titelstruktur, Untertitel – etwa: Roman für junge Mädchen, Kennzeichen „M“, Binnen-Illustration mit Tendenz zur Schematisierung auf „süß“ und Modepuppe) schon äußerlich als solches zu erkennen. Der Erzählinhalt besteht aus der Beschreibung von Lebensabschnitten der Mädchen, oft mit dem Ergebnis gelungener Anpassung, wobei zugleich bestimmten Alterserwartungen (Mädchen im Kinderbuch, die Vorpubertierende als „wilde Hummel“, die Pubertierende, die auf das Leben als Erwachsene neugierig ist) entsprochen wird. Vor dem „happy end“, der Versöhnung, steht eine Periode halbwegs geduldeter Streiche (E. Blyton: Hanni und Nanni, dt. 1965ff.) oder eines immer weniger milde betrachteten Trotzes, klassisch in E. von Rhodens „Der Trotzkopf“ (1885). Die literarische Struktur ist charakterisiert durch Erzählformen, die Identifikation erleichtern und Distanz abbauen (Ichform, suggestiv-autoritärer Realismus). Die vermittelten Werte sind auf die Familie als „emotional aufgeladener“ Privatraum und den Mann als Fixpunkt orientiert. Falls ein Beruf ins Auge gefaßt wird, handelt es sich, wenn nicht um sog. „Traumberufe“ (Reporterin, Stewardess u.a.) in der Regel um Variationsformen der Frauen- und Mutterrolle, hauswirtschaftliche und pflegerisch-soziale Berufe. Die „traditionellen“ Eigenschaften der Frau wie Hingabe, Selbstlosigkeit, Opferbereitschaft, Bescheidenheit, Sanftmut und Passivität werden unterstützt und durch Erfolg und Glück verstärkt. Dagegen wird jegliches von der Norm abweichende Verhalten, z.B. Kritik, Eigensinn, Intellektualität, berufliche Primärorientierung, diskriminiert. Weitgehend tabuisiert ist der Realismus in der Darstellung der Berufswelt (Romantisierung des Krankenschwesterberufs in H. D. Boylstons „Susanne Barden“, dt. 1954) und der Sexualität. – Heute lassen sich drei verbreitete Typen des M.s herausstellen: 1. Das „biologische Schicksal“ ist lebensbestimmend, die gesellschaftliche Rolle wird als Derivat des biologischen Programms ausgegeben; 2. Es findet eine Auseinandersetzung statt mit dem Zwang, der durch die Rollennorm entsteht; Ziel ist Aufklärung und Emanzipation; 3. Individuelle, sozial irrelevante Probleme der Heldin stehen im Vordergrund. Eine Differenzierung tritt durch die Variablen „Alter“ und „soziale Schicht“ ein. Generell gilt für das M. das Primat bürgerlicher Wertvorstellungen (Aufschub von Befriedigung, Tabuisierung von Arbeit und Sexualität, Familienstruktur, nativistisches Denken). Erst in Ansätzen gibt es eine Mädchenliteratur, welche die Geschlechtsrollenproblematik mit der Schichtproblematik verbindet (A. Kutsch: Man krieg nichts geschenkt, 1973; S. Schuster-Schmah: Mädchen heiraten ja doch, 1975). Diese Sorte M. ist jedoch insofern wieder „bürgerlich“ orientiert, als sie sich darauf beschränkt, mangelnde Aufstiegschancen der Unterschichtsmädchen zu kritisieren. Ferner ist hier auf die vielen Jahrbücher und Verhaltensbüchlein für Mädchen hinzuweisen, die eine alte Tradition haben und sowohl über die Beispielerzählung, als auch durch Sachinformation und Benimmregeln auf die Leserinnen Einfluß zu nehmen versuchen (Th. von Gumperts „Töchteralbum“ und „Herzblättchens Zeitvertreib“, ab 1855/56, bis R. Schittenhelms „Von Tag zu Tag“, 1972, 208. Tausend, und B. Lüdeckes „Von 12 bis 16“, [5]1974, 100. Tausend). Seit etwa 1972 zeigt sich die westdeutsche M.-Szene partiell durch Importe aus dem sozialistischen (I. Jurgielewicz, A. Ingolic, Kl. Jarunková) und dem skandinavischen Raum (M. Lundgren, B. Lindgren-Enskog, M. Gripe, A. C. Vestly, A. Gr. Winberg) aufgelockert, wobei die sozialistischen Bücher den individualistischen Zuschnitt der westlichen M.er durch Betonung sozialer Aspekte kontrastieren und die skandinavischen den Anspruch junger Mädchen auf Selbständigkeit und Selbstverwirklichung, auch im Sexuellen, beherzt vertreten.

Funktion und Kritik des M.s. Das M. ist in seinen überwiegenden Teilen eine Literatur, die extreme Anpassung an alters- und situationsbedingt zufällige Bedürfnisse ihrer Leserinnen fördert. Es knüpft an Erwartungen an, die teils Produkt der (primären) Familiensozialisation, teils sekundärer (außerfamiliärer) und tertiärer (medialer) Sozialisation sind. Vor allem wirkt es durch seine besondere Mischung aus Bestätigung (der Vorurteile, der Sozialisation), Kompensation (von Unsicherheit, Benachteiligung) und Beschwichtigung und Kanalisierung (von Auflehnung und Trotz). Das M. verfährt konflikttherapeutisch, ohne aber Konfliktbewältigung im Sinne zu haben. Auch auf diesem Gebiet wirken sich die literarischen Marktverhältnisse in der BRD in Richtung auf Privilegierung solcherart „trivialer“, d.h. kompensatorischer und ablenkender Produkte aus. Die Funktion einer fortschrittlichen Mädchenliteratur könnte sein, die Leserin über ihre Situation aufzuklären und ihr neue und weitere Rollenmöglichkeiten interessant zu machen und vorzuschlagen. Eine M.-Kritik im eigentlichen Sinne setzte ein mit H. Wolgasts „Das Elend unserer Jugendliteratur“ (1896), worin sich Argumente der Kunsterziehungsbewegung mit sozialistischen Ideen von der Frauenbefreiung verbanden. H. Wolgast sah die Erziehung zur Kunst und zum Kunstverständnis als einen Weg an, um der Frau zu helfen, sich aus ihrer Situation des Unterdrücktseins zu befreien. Zu diesem Zweck sollte das Mädchen sein Interesse an spezifischer Lektüre, die ihre Spezifik lediglich aus bestimmten Themen und Stoffen ziehe, überwinden. Einerseits sah H. Wolgast bereits sehr klar die Wechselbeziehung zwischen der gesellschaftlichen Situation der Frau und ihren Lektüreinteressen; andererseits stand er noch ganz im Banne der klassischen, sich von I. Kant und Fr. Schiller (Briefe zur ästhetischen Erziehung des Menschen) herleitenden Ästhetik einer Stoffüberwindung durch die Form, überschätzte die in der Kunst liegenden befreienden Möglichkeiten, und konnte noch keine den Verhältnissen angemessene Gesellschaftsanalyse vornehmen, um daraus eine soziologische Theorie der Jugendliteratur (und Mädchenliteratur) zu entwickeln. Nach H. WOLGAST sind folgende Spielarten der Kritik erkennbar: Prinzipielle Kritik des eo ipso trivialen Backfischbuches, entweder mit der Konsequenz der Duldung aus psychologischen Gründen (E. LIPPERT) oder der Kampfansage (H. ROOS) und undifferenzierten Totalverurteilung auf der Grundlage einer bloß ästhetischen Kritik in der Nachfolge H. WOLGAST (E. SCHMÜCKER), schließlich Anerkennung des M.s als grundsätzlich berechtigt auf Grund der eigenartigen „Struktur der weiblichen Psyche", eine Anerkennung, die sich aber auf das „gute", ästhetisch „einwandfrei" gestaltete M. beschränkt (A. KRÜGER, K. E. MAIER, H. SCHMIDT). Eine Ergänzung der bisher entweder normativ-ästhetischen oder normativ-psychologischen Kritik durch soziologische und rollentheoretische Kriterien liegt bei M. DAHRENDORF und M. und U. ENGELBERTZ vor. Erst solche „soziologische Analyse" ist in der Lage, Produktion, Verbreitung und Wirkung des M.s zu erklären und vor dem Optimismus zu warnen, das Problem der Mädchenlektüre ließe sich allein durch pädagogisches Engagement und literarische Erziehung lösen.

Kriterien und Didaktik des M.s. Maßstäbe einer Kritik am M. müßten sein: 1. Art und Grad der Aufklärung des Mädchens über seine Situation in der Gesellschaft sowie Angebot einer individuell und für den gesellschaftlichen Fortschritt notwendigen Rollenvielfalt, 2. gelungene Anknüpfung an das (wahrscheinlich) stereotypisierte Wahrnehmungsverhalten der Leserin und Bemühen um eine spannende, für die Leserinnen interessante Art der Vermittlung; das heißt schrittweise Herausführung der Leserin aus ihrem Erwartungsschema und Durchbrechung eingefahrener Erwartungshorizonte. Nur wenn der Leserin die Überwindung der traditionellen Bevormundung durch den Mann und das Durchspielen neuer Rollenmöglichkeiten genügend interessant gemacht und als ein von Abenteuer und Spannung begleiteter Prozeß geschildert wird, kann das M. einen Beitrag zur Emanzipation seiner Leserinnen leisten.

Die Didaktik hat bisher das M. und ähnliche Erscheinungen entweder verschwiegen oder lediglich zum Zwecke der Diskriminierung und des Kontrastes zur „guten" Literatur eingesetzt. Weder das eine noch das andere sind aber realistische und begründbare didaktische Prinzipien. Nichtbeachtung verändert nichts, Diskriminierung beachtet zu wenig die berechtigten subjektiven Bedürfnisse der Leserinnen und die nicht von ihnen zu verantwortenden gesellschaftlichen Ursachen der Lektüre. Diese gilt es, zusammen mit der Behandlung ähnlicher Lektüresorten, bewußt zu machen. Es muß aufgezeigt werden, daß Lektüre immer in einem sozialen Kontext steht und daß dies selbstverständlich

Schutzumschlag eines Mädchenbuches der siebziger Jahre: Christine Nöstlingers „Ilse Janda, 14" (1974).

auch für sie selber – die Leserinnen und Adressaten des Unterrichts – gilt. Der Lehrer/Erzieher sollte die Situation durch das Zugeständnis entkrampfen, daß subjektive Bedürfnisse zwar „manipulierte", nichtsdestoweniger aber berechtigte sind, weil sie Lebenslagen entsprechen, und daß auch er selbstverständlich solche Bedürfnisse hat. – Grundsätzlich sind bei der pädagogischen Arbeit zwei Aspekte voneinander zu unterscheiden: der allgemein pädagogische und soziale sowie der leseerzieherische, wenn beide Aspekte auch in Wechselbeziehung zueinander stehen (können). Der pädagogisch/soziale betrachtet das M. als Faktor der Sozialisation und zielt auf Emanzipation, der leseerzieherische als Faktor der Literatur, der eine Funktion für die Prägung des Mädchens als Literaturverbraucherin hat.

Das M. in der DDR. Da die Medien in der DDR nicht dem Warengesetz unterworfen sind, sondern – vom Staat kontrolliert – bewußt zur Beeinflussung und Veränderung des Bewußtseins der Abnehmer eingesetzt werden, war es dort möglich, den herkömmlichen Typ M. partiell zu überwinden und einem neuen Bild vom gesellschaftlich erwünschten Mädchen im M. zum Durchbruch zu verhelfen. Was für das M. in der BRD nur ausnahmsweise gilt, ist in der DDR fast die Regel: die Mädchen sind politisch interessiert und primär auf berufliche Bewährung aus, sie sind selbstbewußt, aktiv und „unromantisch" („Die unromantische Annerose" von K. Veken und K. Kammer, 1964), sportlich und technisch-naturwissenschaftlich aufgeschlossen. Die über zwei Jahrzehnte etwas vernachlässigten „Privat"-Interessen und erotischen Bedürfnisse, die den beruflichen und politischen Zielsetzungen meist untergeordnet wurden, werden neuerdings wieder etwas ernster genommen („Eine Sommergeschichte" von G. Görlich, 1969). Buchäußeres und Erzählstrukturen haben sich jedoch wenig geändert, wenn auch der autoritär-suggestive Realismus der Geschichten neuen Inhalten dienstbar gemacht wird. Insgesamt scheint der Terminus M. für die hier in Betracht kommenden Bücher der DDR nicht mehr ganz zutreffend. Jedenfalls hat er eine neue Bedeutung erlangt, die eine scharfe Abtrennung der M.er von der übrigen Jugendliteratur als fragwürdig erscheinen läßt. Daher wird in der DDR seit vielen Jahren eine Diskussion um die Berechtigung des Terminus geführt. Auffällig ist auch der weitgehende Verzicht auf eine Diskussion der M.-Problematik im Fachschrifttum der DDR, der geringe Anteil der M.er an der Gesamtproduktion sowie die Einstellung des DDR-Mädchen-Jahrbuches „Die Zaubertruhe" im Jahre 1973.

→ M. L. Fischer, → Th. v. Gumpert, → Cl. Helm, → R. Koch, → A. Kutsch, → Chr. Nöstlinger, → E. v. Rhoden, → A. Sapper, → J. Spyri, → M. Trott, → E. Ury, → O. Wildermuth

Sekundärliteratur: M. Dahrendorf: Das Mädchenbuch und seine Leserin (1970, [2]1973); Das Mädchenbuch (in: G. Haas (Hrsg.): Kinder- und Jugendliteratur. 1974. 264–288). – M. Engelbertz: Die Darstellung des Rollenerwerbs im Mädchenbuch unter besonderer Berücksichtigung der Bedeutung der Familie (in: K. Chr. Lingelbach (Hrsg. zus. mit Ch. Oberfeld): Das Jugendbuch als Medium literarischer Kommunikation. 1974. Zus. mit U. Engelbertz). – W. Hagemann: Das Buch, ein Freund unserer Kinder (1958). – H. Hormann: Die sozialistische Kinder- und Jugendliteratur in der DDR (1965). – P. Krause: Das Frauenbild in den Mädchenjahrbüchern „Wir Mädchen" in der BRD und „Die Zaubertruhe" in der DDR (Examensarbeit PH Kiel. 1974). – A. Krüger: Das gute Mädchenbuch (in: Der Deutschunterricht. 9. 1957. 4. 92–113). – M. Lange: Das richtige Buch für unser Kind (1966). – E. Lippert: Der Lesestoff der Mädchen in der Vorpubertät (1931). – K. E. Maier: Jugendschrifttum (1965, [7]1973). – J. Nellen-Piské: Die Privatlektüre vierzehnjähriger Volksschülerinnen (in: Beiträge zur Arbeit mit dem Kinder- und Jugendbuch. 1967. 63–93). – G. Oestreich: Erziehung zum kritischen Lesen. Kinder- und Jugendliteratur zwischen Leitbild und Klischee (1973). – H. Roos: Das moderne Backfischbuch (in: Studien zur Jugendliteratur. 1. 1955. 83–103). – H. Schmidt: Das lesende Mädchen (1959). – E. Schmücker: Das Mädchenbuch (in: Probleme der Jugendliteratur. 1956. 162–185). – H. Wolgast: Das Elend unserer Jugendliteratur (1896, [7]1950).

Malte Dahrendorf

Märchen

Unter M. wird im allgemeinen eine Gattung phantastisch-wunderbarer Erzählungen, besonders für Kinder, verstanden, bei der Naturgesetze wie historisch-soziale Determinanten weitgehend aufgehoben sind und irreale Gestalten und „Wunder" bestimmende Elemente der Handlung werden können. Man unterscheidet gewöhnlich zwischen Volksmärchen (mit anonymer Herkunft) und Kunstmärchen, die in der Regel Werke einzelner Autoren sind (z. B. von H. Chr. Andersen, L. Bechstein, W. Hauff, R. von Volkmann-Leander, O. Wilde, E. Wiechert, Janosch u. a.). Jede Nationalliteratur hat ihre Volksmärchen und ihre Kunstmärchen. Man kann auch noch verschiedene Form- und Inhaltskriterien zwischen Zauber-, Schwank-, Legenden-, Tier-, Novellenmärchen u. a. unterscheiden. Der in der Nachfolge der Grimmschen Sammelleistung in Deutschland einseitig an der Volksmärchen-Version der „Kinder- und Hausmärchen" gemessene Begriff M. war noch im 18. Jahrhundert die Bezeichnung für schöne Geschichten zum Zeitvertreib überhaupt. Heute wird im populären Sprachgebrauch unter M. auch die phantastische Geschichte, ja überhaupt die (für Kinder geeignete) fiktionale Literatur verstanden (so z. B. Gullivers Reisen, Pippi Langstrumpf und Micky Maus). Der vorliegende Artikel beschäftigt sich schwerpunktmäßig mit dem europäischen Volksmärchen, das in der Literaturwissenschaft, aber auch in Pädagogik und Literaturdidaktik ebenso wie im Bereich der Folkloristik eine tragende Rolle spielte und zum Teil noch spielt. Die außereuropäischen M. und M.-Sammlungen wie etwa die orientalische Sammlung „Tausend und eine Nacht", die sich inhaltlich wie formal oft weit von den Strukturgesetzen des europäischen Volksmärchens entfernen, werden in den entsprechenden Länderartikeln angesprochen. Die zahlreichen Kunstmärchen schließlich werden jeweils in den betreffenden Autorenartikeln behandelt.

Richtungen der M.-Forschung. Die Forschung ist unsicher, was Alter und Herkunft der M. betrifft: C. W. v. Sydow rechnete sie in die Steinzeit, A. Wesselski zum Spätmittelalter, Th. Benfey vermutete ihren Ursprung in Indien, andere Forscher in Ägypten, Babylon oder Kreta, während eine wiederum andere Richtung, der Völkerpsychologie W. Wundts nahestehend, die Auffassung vertrat, M. entstünden überall und zwangsläufig, sobald sich die Menschen eine magische Naturvorstellung, wie sie niedrigen Kulturstufen entspricht, zu eigen machen. Durch die Entwicklung der historisch-geographischen Methode (v. a. A. Aarne), die mit einem eigenen System das schier unübersehbare M.-Material ordnen wollte, versuchte man, aus der Vielzahl von Varianten jeweils den „Grundtyp" herauszuarbeiten. Die Ergebnisse der Forschungen Aarnes und später St. Thompsons waren ein Typenregister und ein Motivindex, der heute in sechs Bänden vorliegt und rund 40000 Einzelmotive unterscheidet. Dadurch erhielt man zwar Klassifikationsmöglichkeiten, konnte aber die Frage nach dem Wesen des M.s nicht beantworten. Auch besteht hinsichtlich der Herkunft und des Alters einzelner Grundtypen nach wie vor Verwirrung. „König Drosselbart" wird z. B. von F. v. d. Leyen in die Zeit der Völkerwanderung gerechnet, von anderen Forschern aber der französischen Erzählkunst des Spätmittelalters zugeordnet.

Über die Katalogisierung des M.-Materials hinaus, die noch vieles offen läßt, gibt es weitgehende Untersuchungen über die formalen Merkmale der M.-Erzählung, die sich allerdings einseitig am textlich fixierten Schriftmärchen orientieren. Diese literaturwissenschaftliche Richtung, deren wichtigster Vertreter M. LÜTHI ist, hat mehrere Charakteristika des M.s aufgezeigt: seine „Eindimensionalität" (reale und phantastische Welt stehen wie selbstverständlich nebeneinander), seine „Flächenhaftigkeit" (das Fehlen jeglicher Tiefendimension, z.B. einer psychologischen Schilderung der Charaktere), „Isolation und Allverbundenheit" und seinen „abstrakten Stil". Die Konstruktion von Typen- und Motivregister und die präzise Beschreibung der Stilmerkmale des schriftlich fixierten M.s geben keine endgültige Antwort auf die Frage nach dem „Wesen" des M.s, worunter vor allen Dingen seine soziale Funktion zu verstehen ist. Diese Antwort versucht die volkskundlich orientierte M.-Forschung zu geben, wenn sie nach Beziehungen zwischen M.-Motiven und früherem Brauchtum fahndet. Um diese Antwort bemüht sich auch die tiefenpsychologische Richtung, die hinter den M.-Motiven verschlüsselte psychische Konflikte aufspürt und so z.B. auf die deutliche Affinität des Dornröschenmotivs zur Reifungsproblematik heranwachsender Mädchen hingewiesen hat.

Unter entwicklungspsychologischen Gesichtspunkten untersuchte CH. BÜHLER in ihrem Werk „Das Märchen und die Phantasie des Kindes" (1918, [3]1971) die Beziehung zwischen der Entwicklung der kindlichen Phantasie und den Strukturmerkmalen des M.s. Danach entsprechen M. der kindlichen Wirklichkeitserfassung durch Anschaulichkeit, Analogiebildung, Auflösen aller Zusammenhänge in Aktivität und Aktion, naive Verkettung des Alltäglichen mit dem Wunderbaren usw. CH. BÜHLER teilt die geistige Entwicklung des Kindes in verschiedene Phasen ein, in denen Kindern verschiedene Inhalte zu vermitteln seien. Aus diesen Ergebnissen wurde das sogenannte „Märchenalter" abgeleitet, das der „magischen Lebensphase" der Kinder entspreche, in der den Kindern besonders M. als Hör- und Lesestoff angeboten werden sollen. CH. BÜHLERS Arbeit hat bis heute großen Einfluß auf die M.-Didaktik, wenngleich ihre Phasentheorie heute nicht mehr haltbar erscheint.

Soziale Funktion des M.s. An den Antworten auf die Frage nach der sozialen Funktion, nach Sinn und Bedeutung des M.s zeigt sich, wie unterschiedlich das Wesen des M.s bestimmt und damit auch der Begriff „Märchen" gebraucht wird: A. JOLLES nannte das M. ein Kontrastbild zur wirklichen Welt; es wolle das in dieser Welt enttäuschte Gerechtigkeitsgefühl befriedigen, indem es zeige, wie es in der Welt eigentlich zuzugehen habe – es sei „Seinssollensdichtung". Umgekehrt nannte M. LÜTHI das M. ein „Wesensbild der wirklichen Welt". Die scharfe Alternative ist allerdings heute kaum noch zu halten. Neuere Untersuchungen machen immer stärker auf die in vielen – nicht in allen! – M. verborgene Sozialkritik (etwa im Motiv des alten Soldaten) aufmerksam. Solche Sozialkritik verbindet „Seinsollensdichtung" mit einer Kennzeichnung schlechter sozialer Zustände. Andererseits wurde gegen die These von der vorrangigen Befriedigung des Gerechtigkeitsgefühls eingewandt, daß es auch M. mit schlechtem Ausgang gibt und das obligate Happy-End eher eine Eigentümlichkeit des europäischen Schriftmärchens ist.

Die Frage nach der sozialen Funktion des M.s rückte vor allem in den Vordergrund, als man sich nicht mehr mit der literarischen Interpretation des Schriftmärchens begnügte, sondern den Erzähler, seine Gemeinschaft und Umwelt mit in die Analyse einbezog, sich also der Sozialstruktur zuwendete, in der das M. als mündliche Überlieferung lebendig ist. Ein Meilenstein war hier die Studie „Eine russische Märchenerzählerin" von M. ASADOWSKI aus dem Jahre 1926.

Das europäische Zaubermärchen, das seit mehr als 150 Jahren fast ausschließlich als Kinderliteratur rezipiert wird, ist, wie heute immer mehr betont wird, das M. der ländlichen Unterschicht in der Epoche der feudalistischen Gesellschaftsordnung, das den Traum der unterdrückten Leibeigenen vom freien und glücklichen Leben widerspiegelt. Der völlig aussichtslosen Lage dieser Bevölkerungsschichten entspricht die hoffnungslose Lage des Helden, der zu Beginn der Erzählung in besonderer Weise benachteiligt erscheint. Die Lösung des Konflikts und damit auch die Änderung seiner Lebensumstände geschieht nicht durch die Aktivität des Heldens selbst, sondern durch Hilfe von außen, durch Gnade, Wunder oder Zauberei. Daneben stehen andere M.-Typen, wie z.B. die ätiologischen M., besonders aber die Schwankmärchen, die vor allem den Handwerksgesellen und Wanderburschen zuzurechnen sind, also den städtischen Unterschichten: in ihnen sucht der Held alltägliche Konflikte aktiv, durch List und Klugheit – oder, ironisch ins Gegenteil verkehrt, durch besondere Dummheit – zu meistern, wobei sich an seinen Lebensumständen allerdings wenig ändert.

Die „Soziologie des Märchenerzählens" legt bei der Untersuchung wenig Gewicht auf den Dichter als „Märchenformer". Sie geht davon aus, daß es in einer sozialen Gemeinschaft einen bestimmten M.-Schatz gibt, der durch einige besonders begabte Erzähler weitergegeben wird und damit auch Veränderungen unterworfen ist. Nur wenn die soziale Funktion des M.-Erzählens analysiert wird, kann das charakteristische Gepräge des M.-Textes, sei er schriftlich oder mündlich überliefert, erklärt werden. Auch als Dichtung eines Individuums stellt sich das M. so als Produkt einer überliefernden Gemeinschaft dar, die das Bedürfnis nach M. und die Freude am M.-Erzählen hervorbringt. „Das Märchen wird Erzählern und Hörern zur Lebensbewältigung. Das eigentliche Glück liegt in der Lösung der Konfliktsituation. Der Held stellt die natürliche Ordnung wieder her, die zu Beginn des M.s gestört war. Durch Identifikation ist es dem Erzähler möglich, mit dem M. über sein eigenes (leidgeprüftes) Leben hinauszuwachsen" (CHR. FEDERSPIEL, a. a. O. S. 91). Das M. wird zur Lebensbewältigung, weil es mit den realen Erfahrungen der Erzähler und Hörer eine Interpretation dieser Welt vereint, die optimistisch, phantastisch ausgemalt und (mangels anderer Möglichkeiten, die Konflikte des Lebens zu lösen) vom Wunder bestimmt wird. Im wahrsten Sinne des Wortes gilt deshalb vom M., daß bei ihm „der Wunsch der Vater des Gedankens" ist.

Entwicklung zur Kinderliteratur. Texte nach Art des Zaubermärchens gehören zu den ältesten Überlieferungen der Menschheit; so das ägyptische M. von den „Zwei Brüdern" (1300 v. Chr.) und das chinesische M. von der Schwanenjungfrau (500 v. Chr.). Sie finden sich im Kulturbesitz aller Völker. M., die heute selbstverständlich als Literatur für Kinder angesehen werden, waren ehemals Eigentum ganzer Gesellschaften bzw. bestimmter sozialer Schichten. Kinder hörten M. bestenfalls zufällig im Kreise der Erwachsenen, die sie füreinander erzählten. Den „Naturvölkern", die in den M. noch die Wirklichkeit abgebildet sehen, sind Kindermärchen fremd. Erst wenn die M. im Bewußtsein der Völker zu unglaubwürdigen Geschichten werden, sind sie den Kindern in größerem Umfang zugänglich und werden für sie erzählt. Die schon sehr frühen, abschätzigen Hinweise in der deutschsprachigen Literatur über die „Ammenmärchen" deuten darauf hin, daß M. von einem aufgeklärten Bürgertum geringgeschätzt, allenfalls – wenn überhaupt – als Kindergeschichten akzeptiert wurden. Die zahlreichen M.-Sammlungen nach GRIMM (W. WISSER, U. JAHN u. a.) zeigen jedoch, daß M. in den Unterschichten noch lange Zeit weiterlebten.

Der Titel der Erstausgabe der GRIMMschen „Kinder- und Hausmärchen" (1812) läßt darauf schließen, daß M. vom Bürgertum bereits zu Beginn des 19. Jahrhunderts als Kinderlektüre eingestuft wurden. GRIMM äußerte zwar starke Bedenken, ob diese M. wirklich für Kinder erfunden seien, aber zahlreiche kritische Stimmen forderten bereits eine stärkere pädagogische Bearbeitung der M. für Kinder. W. GRIMM bearbeitete daraufhin die M. in den folgenden 16 Auflagen bis 1858 immer stärker psychologisierend im Sinne ihrer „Kindertümlichkeit" und schuf damit ein grundlegendes Werk der nationalen und internationalen (Kinder-)Literatur. Die ästhetische und inhaltliche Bearbeitung W. GRIMMS, die vor allem in der Entschärfung sexueller Symbolik, Milderung in der Darstellung sozialer Konflikte und stärkerer Propagierung bürgerlich-ethischer Werte bestand, ist nicht unbedenklich. Die „Kinder- und Hausmärchen" sind in der GRIMMschen Bearbeitung ein stilistisch kunstvolles und ideologisch einheitliches Werk geworden, das auf die bürgerliche Kinderstube zugeschnitten ist. Es löste eine Flut von weiteren M.-Sammlungen aus und prägt bis heute die Vorstellung vom M. schlechthin.

Ein Ausdruck der systematischen Integration der GRIMMschen M. in die bürgerliche Erziehung ist die Tatsache, daß sie bald Eingang in die Schullesebücher fanden, in denen sie noch heute zu finden sind. Von manchen bürgerlichen Pädagogen wurden M. allerdings noch in der ersten Hälfte des 19. Jahrhunderts als Literatur für bäuerliche und proletarische Kinder abgelehnt, da sie gefährliche Phantasien erweckten: „Die Märchenwelt, so wie alles außer dem gewöhnlichen Lebenskreis liegende, muß den Kindern der Armen verschlossen bleiben; sie dürfen sich nicht nach wohltätigen Feen sehnen, nicht nach den Gaben des Zauberstabes, nicht nach Gold- und Silberpalästen ... Man hüte sich, in den Kinderherzen Wünsche zu erwecken, die das Leben nicht gewähren kann, in der Kinderbrust ein Sehnen einzupflanzen, welches sie mit den gegebenen Verhältnissen unzufrieden macht" (aus einer Anweisung über die in „Kinderbewahranstalten" zu verwendende Literatur; zit. nach D. RICHTER/J. MERKEL, Märchen, a.a.O. S. 25ff.). Daß M. schließlich auch im Schullesebuch rezipiert wurden, liegt zum einen an W. GRIMMS Bearbeitung, durch die er ursprünglich „subversive Phantasien" des Volksmärchens in Bahnen „kompensatorischer Phantasien" lenkte (D. RICHTER/ J. MERKEL); der volkstümlichen Bildungsideologie kam die Propagierung bürgerlich-ethischer Moralvorstellungen entgegen. Zum anderen trug die schriftliche Tradierung der Volkserzählungen dazu bei, daß die M. im Bewußtsein der Kinder immer weniger realitätsbezogen erschienen: Durch schriftliche Fixierung entstehen festgelegte M.-Texte, „Hochformen", die von diesem Zeitpunkt an unveränderlich sind und der Erzähltradition entzogen werden. Eine notwendige Folge ist die „Requisitenerstarrung" (H. BAUSINGER). Während in der mündlichen Weitergabe ständig Anpassungsvorgänge wirksam sind, die das M. örtlichen Gegebenheiten und historischen Veränderungen angleicht und eine Fülle von Varianten bedingen und hervorbringen, werden durch die schriftlich fixierten M.-Texte feste Erzählformen eingeführt, die dann als „Märchen schlechthin" gelten und seiner formalen Betrachtungsweise Vorschub leisten. So entfernt sich das schriftlich festgehaltene M. von den Lebensbedingungen seiner Leser, die sich ändern, während die M.-Literatur zu kanonisierten Sammlungen erstarrt. Die „Requisitenerstarrung" ließ somit auch die alltäglichen Lebensumstände des Helden fremd und phantastisch wirken. In der Epoche nach 1870 bis weit ins 20. Jahrhundert hinein wurde das M. in der Regel einseitig als „ewig fortlaufendes Spiel im Reich der Menschlichkeit und der Moral" interpretiert, dessen besonderes Anliegen darin bestehe, daß es von den Dingen wegführe (S. RÜTTGERS, Die Dichtung in der Volksschule, a.a.O. S. 88). Wo sich die M. den bürgerlichen Erziehungsnormen nicht vollständig unterordnen ließen, gaben die zeitgenössischen Pädagogen entsprechende Interpretationshilfen. So schreibt z.B. T. ZILLER in seinem 1897 erschienenen „Ethischen Lesebuch" über das M. „Die Bremer Stadtmusikanten", der Entschluß der Tiere, ihr Dienstverhältnis zu verlassen, sei falsch – da sie in einem „Lohndienst" gestanden hätten und somit ihr Verhalten einen Eingriff in die

Rechte des Herrn darstellte. Denn „so unzureichend ... der Lohn auch sein mochte, so hatten sie doch eine geregelte Tätigkeit, die schon als mittelbare Tugend, wie Fleiß und Mäßigkeit, sehr viel wert ist, insofern sie Ordnung ins Leben bringt und die Begierden beschränkt" (zit. nach F. BÜNGER, Entwicklungsgeschichte des Volksschullesebuchs, a.a.O. S. 554ff.).
Im Faschismus wurde das M. – und besonders die „Gattung Grimm", die längst ein wichtiger Teil nationaler Tradition war – zum Bestandteil einer völkischen Ideologie umgemünzt und als „Beitrag für den Kampf um ein inneres Deutschtum" verstanden – so BR. SCHLIEPHACKE im Vorwort zur 2. Auflage seines Buches „Märchen, Seele und Kosmos" (1942). Die Kinder- und Hausmärchen wurden als „wichtigste unserer heiligen Schriften" betrachtet und entsprechend zur Rassenerziehung eingesetzt (R. F. VIERGUTZ, a.a.O.). Das galt nicht nur für M. mit antisemitischem Gehalt, wie etwa „Der Jude im Dorn", sondern auch für die bekannten M. wie „Rotkäppchen" oder „Aschenputtel", in dem die Stiefmutter und Stiefschwestern der Titelfigur als artfremde Elemente angesehen wurden, die im Kampf mit dem „rassisch Guten" notwendig unterliegen. In einem Aufsatz in der „Jugendschriften-Warte" von 1940 kritisiert der nationalsozialistische Verfasser die M.-Rezeption früherer Generationen: sie hätten die M. allein als Meisterstücke der volks- und kindertümlichen Erzählkunst betrachtet, welche die Phantasie der Kinder anrege und sie häufig dazu benützt, eine enge und kleine Moral zu predigen. Dagegen müsse man die M. als „Ausdruck einer Weltanschauung" begreifen und sie in diesem Sinne planmäßig und zielbewußt für die Erziehung des deutschen Volkes dienstbar machen. Dementsprechend wurden in der faschistischen M.-Interpretation Treue und Gehorsam verherrlicht, das „rassisch Reine" hervorgekehrt, jeglicher Pazifismus bekämpft und Kampf und Gewalt als solche gepriesen.
Im Verlauf der Diskussion um Grausamkeit und Wert der deutschen M., die nach 1945 durch die britische Militärregierung eingeleitet wurde, durchsuchte man die Lesebücher nach „brutalen" M. Die M.-Gegner warfen den M. vor, die psychologischen Vorbedingungen in der Bevölkerung für die Grausamkeiten des nationalsozialistischen Regimes geschaffen zu haben. Die volkskundliche Richtung verteidigte die M. damit, daß sie eigentlich nicht für Kinder gedacht seien und darüber hinaus Relikte historischer Gesellschaften und primitiver Kulturen enthalten, die nicht mit Maßstäben der heutigen Moralpädagogik gemessen werden dürften. Von seiten der Kinderpsychologie und Pädagogik ist dagegen eingewandt worden, daß der Wert der M. darin bestehe, für Kinder einfache literarische Identifikationsmuster zur Verfügung zu stellen. Die in jedem Kind lebende Angst (aber auch verdrängte Aggressionen) werden im M. in bildhafter Weise konkretisiert und exemplarisch überwunden (R. BAMBERGER). Die „Grausamkeiten" des M.s würden von den Kindern nicht als solche erlebt, da sie ohne Gefühle lediglich benannt, nicht aber plastisch ausgemalt würden. Die Wirklichkeitsebene der Kinder, die der der M. entspreche, sei von der Wirklichkeitsebene der Erwachsenen sehr weit entfernt.
Der schon seit der Aufklärung andauernde Streit über Schädlichkeit und Nützlichkeit der M. existiert nicht nur innerhalb der konservativen Pädagogik, sondern auch innerhalb der ideologiekritischen Richtung. Für O. F. GMELIN sind M. auf die heutige Zeit bezogen immer „falsch", d.h. immer ideologisch, da sie ehemals Diktate zur Arbeitsanweisung darstellten, die notwendig aus einer konkreten historischen Situation erwuchsen (O. F. GMELIN, a.a.O. S. 25ff.). Demnach verewigen M. die feudalistisch-patriarchalische Familienstruktur mit ihrer strengen Rollenteilung der Geschlechter und reproduzieren in unverantwortlicher Weise ein großes Ausmaß von „Mediengewalt". Dem steht die Meinung gegenüber, daß M. durch ihren Optimismus befreiende Wirkung auf Kinder ausübten (CHR. BÜRGER, B. WOLLENWEBER u.a.). Die moderne M.-Rezeption müsse den verschütteten Sozialprotest der M., die als „Ausdruck eines die sozialen Schranken sprengenden Freiheitsstrebens" aufzufassen seien, wieder aufdecken (CHR. BÜRGER, a.a.O. S. 26). „Mit Recht dürfen wir also die Wirkung des M.s emanzipatorisch nennen. Dem Schicksalsbann der Sage setzt es den utopischen Traum von der Freiheit und dem Glück entgegen" (ebda. S. 51).

Erscheinungsformen des M.s in der Kinderliteratur. Die theoretische, pädagogische Diskussion um Aussage und Wirkung von M. schlägt sich in der Kinderliteratur auch praktisch nieder. Der Anteil an M.-Ausgaben innerhalb der Belletristik für Kinder der letzten Jahrzehnte ist außerordentlich groß. Bei einem Vergleich zwischen den Neuerscheinungen auf dem Jugendbuchmarkt aus den Jahren 1970 und 1971 rangieren M. in der BRD 1970 an 7. (4,1 %), 1971 an 8. Stelle (3,5 %), in der DDR sogar 1970 an 5. (6,5 %) und 1971 ebenfalls an 5. Stelle (7,5 %) (vgl. Kinder- und Jugendbuchproduktion in deutschsprachigen Verlagen, statistisches Material zu den Jahren 1970 und 1971, Frankfurt 1974). Neben die herkömmlichen M.-Bücher – gemeint sind die schon im 19. Jahrhundert beginnende Tradition der M.-Bilderbücher und M.-Sammlungen, die oftmals reich illustriert sind, – treten neuerdings Ausgaben mit unbekannten, zum Teil aus fremden Ländern stammenden Texten. Während bis in die jüngste Vergangenheit die Überlieferung der „Gattung Grimm" unangetastet verlief, beginnen nach 1970 Bearbeitungen und Umdichtungen altbekannter M., in denen die Akzente neu gesetzt werden und die den heutigen Lebensumständen stärker angepaßt sind, Platz zu greifen: So z.B. bei O. F. GMELIN in seinen in emanzipatorischer Richtung umfunktionierten Varianten zu „Hänsel und Gretel" u.a. M., die in der Zeitschrift „Eltern" (November-Heft 1972/März-Heft 1973) erschienen, oder bei JANOSCH in „Janosch erzählt Grimms Märchen" (1972 u. später), oder auch bei I. FETSCHER („Wer hat Dornröschen wachgeküßt? Das Märchen-Verwirrbuch", 1972). Das traditionelle M. – allen voran die M. der Brüder GRIMM

– ist heute noch ein wesentlicher Bestandteil der Kinderliteratur und -erziehung. Die gesellschaftliche und künstlerische Hochschätzung des Genres M. führte dazu, daß im 19. und 20. Jahrhundert hervorragende Künstler wie G. Cruikshank, L. Richter, Fr. Pocci, Th. Hosemann, M. v. Schwind, Fr. Hegenbarth, W. Klemke, M. Slevogt, J. Trnka, F. Hoffmann, H. Fischer Illustrationen zu M.-Ausgaben schufen. Die Rezeption der M. durch Kinder geschah und geschieht über verschiedene Medien. Das älteste dürfte der leibhaftige Erzähler sein, so wie ihn die Brüder Grimm in Gestalt der Dorothea Viehmann aus Niederzweern bei Kassel antrafen. M.-Erzähler gibt es in weithin illiterarischen Gesellschaften (Asien, Südamerika und anderen Orten), aber auch noch überall dort, wo literarische Tradition vorherrscht. Das Buch hat zwar oft im privaten Bereich, in Schule und Öffentlichkeit den Erzähler zum Vorleser werden lassen, jedoch hat z.B. das Medium Hörfunk in den zwanziger Jahren zu Versuchen geführt, das spontan-lebendige Erzählen über den Äther wiederaufleben zu lassen (L.Tetzner im Berliner Rundfunk). Alle modernen Medien – Buch, Bilderbuch, Puppen- und Kindertheater, M.-Oper, Radio, Schallplatte, Tonkassette, Kino und Fernsehen – bemächtigten sich des M.s und prägten es in besonderer Weise nach nationaler Mentalität (z.B. im angelsächsischen Bereich die Musical-Form des M.-Theaters) und auf Grund von Zeitstil (sentimental im späten 19. und der ersten Hälfte des 20. Jahrhunderts, neuerdings zum Teil burlesk-satirisch), ebenso nach der technischen Fortentwicklung des Mediums (z.B. reiche Farbillustration im Bilderbuch in den fünfziger und sechziger Jahren; karikaturistische Darstellung nach der Entdekkung des Trickfilms).

Die Aktualität des M.s ist noch heute spürbar, wenn man sich etwa in den Spielzeug-, Bücher-, Möbel- und sogar Lebensmittelabteilungen der Kaufhäuser umschaut; hier wird gleichzeitig sichtbar, daß das M. der Vermarktung in dieser Gesellschaft nicht entgehen konnte.

→Aberglauben, →Ammenmärchen, →H. Chr. Andersen, →B. von Arnim, →P. Ch. Asbjørnsen, →Assoziation, →G. Basile, →L. Bechstein, →Cl. von Brentano, →Ch. Bühler, →O. Dähnhardt, →J. Eichendorff, →Gattungen, →Brüder Grimm, →W. Hauff, →E. Th. A. Hoffmann, →Janosch, →Tausend und eine Nacht, →R. von Volkmann-Leander, →E. Wiechert, →O. Wilde

Sekundärliteratur: A. Aarne: Leitfaden der vergleichenden Märchenforschung (1913); The Types of the Folktale (1961; zus. mit St. Thompson). – M. Asadowsky: Eine sibirische Märchenerzählerin (1926). – H. Bausinger: Formen der Volkspoesie (1968). – H. v. Beit: Symbolik des Märchens. Versuch einer Deutung (Bd. 1–3. ²1960–1965; zus. mit M.-L. v. Franz); Das Märchen. Sein Ort in der geistigen Entwicklung (1965). – Th. Benfey: Kleinere Schriften zur Märchenforschung (1894). – J. Bolte: Anmerkungen zu den Kinder- und Hausmärchen der Brüder Grimm (Bd. 1–5. 1913–1932; zus. mit G. Polivka). – Ch. Bühler: Das Märchen und die Phantasie des Kindes (1918, ⁵1961; zus. mit J. Bilz). – Chr. Bürger: Die soziale Funktion volkstümlicher Erzählformen – Sage und Märchen (in: H. Ide (Hrsg.): Projekt Deutschunterricht. 1. 1971. 26–56). – L. Dégh: Märchen, Erzähler und Erzählgemeinschaften (1962). – Kl. Doderer: Das bedrückende Leben der Kindergestalten in den Grimmschen Märchen (in: Kl. Doderer (Hrsg.): Klassische Kinder- und Jugendbücher. 1969, ³1975. 137–151). – Chr. Federspiel: Vom Volksmärchen zum Kindermärchen (1968). – Qu. Gerstl: Die Brüder Grimm als Erzieher (1964). – H. E. Giehrl: Volksmärchen und Tiefenpsychologie (1970). – O. F. Gmelin: Böses kommt aus Kinderbüchern (1972). – O. Huth: Wesen und Herkunft des Märchens (1949). – A. Jolles: Einfache Formen (²1956). – G. Kahlo: Die Wahrheit des Märchens. Grundsätzliche Betrachtung (1954). – W. Korff: Das Kind und das Märchen (1948). – Fr. v.d. Leyen: Die Welt der Märchen (Bd. 1–2. 1953); Das Märchen (⁴1958; zus. mit K. Schier); Das deutsche Märchen und die Brüder Grimm (1964). – M. Lüthi: Es war einmal. Vom Wesen des Volksmärchens (²1964); Das europäische Volksmärchen. Form und Wesen (³1968); Märchen (³1968); So leben sie noch heute. Betrachtungen zum Volksmärchen (1969). – L. Mackensen (Hrsg.): Handwörterbuch des deutschen Märchens (Bd. 1–2. 1930–1940). – W. E. Peuckert: Deutsches Volkstum in Märchen und Sage, Schwank und Rätsel (1938). – Vl. Propp: Morphologie des Märchens (1972). – K. Ranke: Betrachtungen zum Wesen und zur Funktion des Märchens (1958). – D. Richter: Märchen, Phantasie und soziales Lernen (1974; zus. mit J. Merkel); Die heimlichen Erzieher. Kinderbücher und politisches Lernen (1974; zus. mit J. Vogt). – Fr. Riklin: Wunscherfüllung und Symbolik im Märchen (1908). – L. Röhrig: Märchen und Wirklichkeit (²1964). – L. Santucci: Das Kind – sein Mythos und sein Märchen (1964). – W. Scherf: Kindermärchen in dieser Zeit? Die psychologischen Seiten der Volksmärchen und ihr erzieherischer Wert (1961). – Br. Schliephacke: Märchen, Seele und Kosmos (1942). – K. Schmidt: Die Entwicklung der Grimmschen Kinder- und Hausmärchen seit der Urhandschrift (1932). – W. Schoof: Zur Entstehungsgeschichte der Grimmschen Märchen (1959). – St. Thompson: The Folktale (²1951); Motif-Index of Folk-Literature (Bd. 1–6. ²1966). – R. Viergutz: Von der Weisheit unserer Märchen (1942). – J. d. Vries: Betrachtungen zum Märchen, besonders in seinem Verhältnis zur Heldensage und Mythos (1954). – A. Wesselski: Versuch einer Theorie des Märchens (1931). – P. Wolfersdorf: Märchen und Sage in Forschung, Schule und Jugendpflege (1958).

Ulrike Bastian

Märchenalter →Ch. Bühler, →Jungleserpsychologie, →Junglesersoziologie, →Lesealter, →Leseinteresse, →E. Lippert, →Märchen

Märchenfiguren

M., im weitesten Sinn des Worts genommen, sind die Träger der Märchenhandlung: diesseitige und jenseitige (übernatürliche) Personen, Tiere, Pflanzen und auch Dinge. Da innerhalb der Volksmärchen das Hauptinteresse dem Zaubermärchen gilt (A. Aarne, S. Thompson 300–749), haben vor allem Zauber-M. große Popularität erlangt. Die Figuren der Tiermärchen (A. Aarne, S. Thompson 1–299) sind weithin die gleichen wie die der Tierfabeln. Dinge treten in den Volksmärchen meist nur als Requisiten oder Attribute, nicht als selbständige Handlungsträger hervor (Ausnahme: sprechender Hausrat, sprechende Gestirne, Flüsse, Winde u.ä.).

Erscheinungsformen und Struktur. M. sind nicht komplexe Charaktere, nicht realistisch gezeichnete Persönlichkeiten, sondern recht eigentlich „Figuren“, Fiktionen, künstliche Gebilde (lat. fingere). Gerade auf der Realitätsferne beruht ein guter Teil ihrer Faszination. Der zum Extremen tendierende Erzählstil des Volksmärchens formt gern scharf und gezielt aus und erreicht so eine kräftige Bildwirkung.
Eine Konsequenz des Extremismus, des Purismus der Märchenerzählung ist die Ausbildung von Polaritäten, von Oppositionen: Die M. scheiden sich in diesseitige/jenseitige, gute/böse, schöne/häßliche, arme/reiche, hohe/niedrige, anfänglich verkannte/anfänglich anerkannte, schließlich erfolgreiche/schließlich erfolglose und, natürlich, in männliche/weibliche. Polare Formen können statt im Nebeneinander im Nacheinander aufscheinen: Ein und dieselbe Figur tritt zuerst im schmutzigen Küchenkittel, dann im strahlenden Gold-, Silber- oder Sternkleid auf (Aschenputtel, Grindkopf/Goldener). Dementsprechend sind ihre Attribute: der unscheinbare Held wird für seine Wanderung nur mit Brot und Wasser ausgestattet, die Unhelden bekommen Kuchen und Wein mit auf die Reise, der Held zieht auf einem elenden Klepper oder dreibeinigen Gaul in den Krieg, die Unhelden auf stolzen Rossen und in prächtiger Rüstung.

Männliche und weibliche M.en. Die Grundpolaritäten betreffen männliche wie weibliche M., denen auch sonst noch manches gemeinsam ist: Beide können Erlöser oder zu Erlösende, beide aktiv oder passiv, beide Rätselsteller oder Rätsellöser sein. Held und Heldin werden mit Vorliebe als Isolierte gezeichnet: Jüngste(r) oder Stiefkind, Benachteiligte(r), Unscheinbare(r), Schweinehirt, Gänsemagd, Däumling, Tierkind – oder dann Prinz/Prinzessin. Sie sind meist anders als andere, sind die äußersten Glieder in der Familie wie in der Gesellschaft. Beide sind als solche leicht ablösbar und gerade deshalb offen für jeden wesentlichen Kontakt. Trotz dieser und anderer Gemeinsamkeiten gibt es spezifisch männliche und spezifisch weibliche Rollen. Urbild des männlichen Helden ist der Kämpfer, sei er Drachentöter, Wettkämpfer, Krieger oder, im Schwankmärchen, Starker Hans. Mut-, Kraft- und Geschicklichkeitsproben werden dem männlichen Helden zugeteilt, der weibliche bewährt sich vornehmlich in geduldiger Suchwanderung, in standhaft durchgehaltenem Schweigen, im sorgfältigen Auseinanderlesen von Getreidekörnern, im beharrlichen Stricken von Erlösung bringenden Kleidungsstücken. Wie weit sich darin biologische überzeitliche Unterschiede von Mann und Frau spiegeln, wie weit ihre Rolle gesellschafts- und epochenbedingt sind (Herrschaft des Patriarchats) ist eine Frage der Interpretation. Faul, dumm oder keck ist die Heldin namentlich im Schwankmärchen; im Zaubermärchen kennzeichnen Faulheit und Unbescheidenheit die Unheldin, und als Dummling erscheint fast ausschließlich der männliche Märchenheld. Trotz dem Vorherrschen des aktiven Helden, der passiven Heldin (Griseldistyp) kennt das Märchen auch das Umgekehrte. In sogenannten Kindermärchen handelt das Märchen oft zielbewußter und wirksamer: Gretel gegenüber Hänsel (Kinder- und Hausmärchen 11), die Schwester der sieben Raben (Kinder- und Hausmärchen 25). Auf der Magischen Flucht (A. Aarne, S. Thompson (im Folgenden: ATh.) 313) ist das Mädchen aktiv, und schon vorher hat sie die unlösbaren Aufgaben bewältigt, während der Held, dem diese Aufgaben gestellt werden, schlafen durfte. Selbst der Drachentöter siegt, anders als in Drachentötersagen, nicht nur dank eigener Kraft und Geschicklichkeit, sondern auch (zuweilen nur) dank der Hilfe übernatürlicher Tiere. Zu den aktiven Helferinnen sind auch die Großmutter des Teufels und die alte oder junge Haushälterin im Räuberhaus zu rechnen.

Held und Helfer. Während im Tiermärchen Tiere, im Mythos meist Götter oder Urweltwesen, in der Sage Natur- oder Spukgeister im Zentrum des Interesses stehen, gehören im Zaubermärchen Held oder Heldin fast immer deutlich der menschlichen Welt an. Selbst Tierkind, Tierbraut, Tiergemahl sind nur verwunschene Menschen und bekommen nach der Entfremdungszeit ihre menschliche Gestalt zurück. Dagegen sind die Helfer, auch wenn sie in menschlicher Gestalt auftreten (eine alte Frau, ein graues Männchen) meist Jenseitige. Symbolisch genommen: Der Mensch ist nicht seines Schicksals einziger Schmied, sondern auf die Hilfe ihm unbekannter Mächte angewiesen. Bezeichnend ist, daß Held und Heldin oft gerade und nur in der Entfremdungsform als Tierbraut, Tierbräutigam oder Tierhelfer, übernatürliche Fähigkeiten haben und daß sie aus der Epoche der Verstoßung (Aufgehängtwerden im Rauchfang) verschönt hervorgehen, nach dem Wiedereinsetzen der ausgestochenen Augen siebenmal besser sehen als zuvor.

Einzelfiguren und Gruppen. Die Aufmerksamkeit der Hörer und Leser gehört in erster Linie dem Helden, der Heldin und deren Abenteuern oder Prüfungen, nicht den jenseitigen Figuren. Daß Einzelpersonen und nicht Gruppen die Hauptträger der Handlung sind, liegt an der einfachen Erzähltechnik: sowohl dem Erzähler als dem Hörer oder Leser fällt es leichter, sich mit Einzelfiguren zu identifizieren als mit Kollektiven. Doch wirken die (entsprechend dem linienhaften Märchenstil bevorzugten) Einzelfiguren als Repräsentanten nicht nur des Erzählers und der die Erzählung Aufnehmenden, sondern auch ganzer Kategorien von Menschen, ja in hohem Grade der Menschen überhaupt. Zudem werden nicht selten mit den Hauptfiguren zusammen eine ganze Stadt oder zahllose andere Verwunschene (Versteinerte z.B.) miterlöst. Feldforscher haben beobachtet, daß Frauen besonders gern von weiblichen Heldinnen erzählen, Soldaten von Soldaten, daß ein Schneider gern den Bösewicht zu einem Schuster macht und umgekehrt. Da die Brüder Grimm ihre Erzählungen hauptsächlich von Erzählerinnen hörten, ist es verständlich, daß sich unter ihrem Einfluß (wie übrigens auch unter jenem Ch. Perraults) Kindern und Erwachsenen vor allem weibliche Haupt-

L. E. Grimm (1790–1863): Hänsel und Gretel. Die leicht vom Original abweichende Illustration ist dem Stuttgarter Nachdruck der Kleinen Ausgabe der „Kinder- und Hausmärchen, gesammelt durch die Brüder Grimm“ (1826) entnommen. Das Originalkupfer war schon ein Jahr vorher bei G. Reimer in Berlin in der rechtmäßigen Ausgabe erschienen.

Schneewittchen-Illustration. Der Holzschnitt ist nach der Originalzeichnung Ludwig Richters (1803–1884) gefertigt und der 1853 in Leipzig erschienenen ersten illustrierten Ausgabe von „Ludwig Bechsteins Märchenbuch“ entnommen.

figuren des Zaubermärchens stark eingeprägt haben: von Perrault wie von Grimm her Rotkäppchen (KHM 26, ATh. 333), Schneewittchen (KHM 53, ATh. 709), Dornröschen (KHM 21, ATh. 410), Aschenputtel (KHM 21, ATh. 510), Allerleirauh (KHM 65, ATh. 510 B), goldene und schmutzige Jungfrauen (Goldmarie und Pechmarie nach Bechstein, (KHM 24, ATh. 480), aus Grimm dazu noch die Gänsemagd (KHM 89, ATh. 533), Rapunzel (KHM 12, ATh. 310), die Schwester der sieben Raben (KHM 25, ATh. 451), die Prinzessin des Froschkönigmärchens (KHM 1, ATh. 440), die rätselstellende oder -lösende Prinzessin (ATh. 850–851, 329; KHM 191, aus dem Orient Turandot) und einige andere. Dazu Geschwisterpaare (s.o.) und Ehepaare (KHM 19, ATh. 555: Fischer und syne Fru; KHM 87, ATh. 750: törichte Wünsche). Von weiblichen Jenseitigen oder vorübergehend Verwunschenen sind namentlich Feen, Frau Holle (im Volksglauben eine ambivalente, oft Schrecken erregende Figur, im Märchen Helferin oder Heldin, Bestraferin der Unheldin, KHM 24, ATh. 480), die Hexe (samt hexenhaften bösen Königinnen) und die Tierbraut zu nennen. Zur Zeit der mündlichen Tradition des Zaubermärchens unter Erwachsenen stand bei den männlichen Helden der Drachentöter im Vordergrund (ATh. 300, 301, 303, KHM 60, 91). Außer ihm haben sich besonders das Glückskind eingeprägt, das aus allen Nachstellungen nicht nur unversehrt, sondern erfolgreich hervorgeht (ATh. 461, 930, KHM 29), und der Goldener, der ein Grindkopf zu sein scheint (ATh. 502, 314, KHM 136) sowie männliche Jenseitsfiguren: Drache, Teufel (in vielen Typen), Rumpelstilzchen (KHM 55, ATh. 500), Blaubart (Perrault: – vgl. KHM 40, 46, 66, ATh. 312, vgl. 311, 955), Gestiefelter Kater (Perrault, KHM 1812 Nr. 33, ATh. 545), Tierbräutigam, Tiergeschwister (weniger Tierschwäger), dankbare Tiere, daneben Schwank-M.: der starke Hans, das tapfere Schneiderlein (KHM 20, ATh. 1051/52, 1060, 1062), Daumesdick (KHM 37, 45, ATh. 700). Aus Tausendundeine Nacht sind Aladin mit der Zauberlampe (ATh. 560–562) und Ali Baba samt den 40 Räubern (ATh. 954–956 – Hauptfigur ist die kluge Dienerin!), aus dem Reich der Kunstmärchen Zwerg Nase, Kalif Storch (W. Hauff), die kleine Seejungfrau, der kleine und der große Klaus (H. Chr. Andersen) zu

Schneewittchen-Illustration. Alois Carigiets (1902) Zeichnung ist dem Zürcher Lesebuch für das 3. Schuljahr „Der goldene Schlüssel" (1958) entnommen.*

Schneewittchen-Illustration: Aus einem deutschsprachigen Comicstreifen (um 1960).

nennen. Und aus der Zahl der Requisiten vorab die zauberischen: Zauberring, Lebenswasser, Tischleindeckdich, Knüppel aus dem Sack, fliegender Teppich ... Die auffallende Popularität der weiblichen Figur ist gewiß nicht nur auf die Rolle weiblicher Gewährsleute bei der Zusammenstellung unserer Märchenbücher zurückzuführen. Interpreten aus der Schule C. G. JUNGS, die in den M. wesentlich Bilder für innerseelische Potenzen sehen, Komponenten innerhalb ein und derselben Person, führen die Faszination der weiblichen Märchenheldin (Anima) einerseits, der Hexe (verschlingende Mutter) andererseits auf die ambivalente Einstellung zu dem durch sie repräsentierten Unbewußten zurück, das in unserer vorwiegend männlich geprägten Welt kompensatorisch eher als weiblich empfunden werde. In JUNGscher Sicht verbildlicht der Jüngste, der Dummling, der unscheinbare Held (unpromising hero, männlich so gut wie weiblich) eine verkannte, unterdrückte Seelenfunktion (das Fühlen); die vorübergehende Anerkennung der falschen Braut spiegele Verfallenheit an die illegitime Herrschaft einer einseitig der Außenwelt zugewandten Komponente (Persona).

Wirkung der M.en. Offensichtlich wirken die M. teils als Leitbilder, teils als Warnbilder. Werte und Gegenwerte oder Unwerte verbildlichen sich in ihnen. Für das Kind bedeuten sie eine Einführung in das Setzen von Werten überhaupt. Das Weiterleben von Volks-M. nicht nur in der Vorstellung der Konsumenten, sondern auch in der Phantasie von Künstlern (Erzählungen, Dramen, Opern, Ballette, bildliche Darstellungen) und von Parodisten bezeugt deren Bedeutung. Sie repräsentieren modellhaft Partner, Helfer und Gegner des Einzelnen sowie geistige Werte und Gefahren und in ihrem Zusammenspiel ein größeres Ganzes, von der kleinen Gruppe der Familie bis hinauf zur Staatsgesellschaft (Königreich) und bis hinunter zur Einzelseele („Jeder Mensch ist eine kleine Gesellschaft"; NOVALIS, Blütenstaub-Fragment Nr. 44). Daß sie nicht in Gestalt realer Potenzen erscheinen, nicht als Minister- oder Verwaltungsratspräsidenten oder als angelernte Fabrikarbeiterinnen, sondern in archaischer Ausprägung, als König(in), Prinz(essin) und Hirt(in), als Gärtner oder Küchenmagd, gibt ihnen den Rang von Symbolen, gerade weil sie nicht als Realitäten genommen werden.

Sekundärliteratur: A. Aarne: The Types of the Folktale (1961; zus. mit S. Thompson). – M. Lüthi: Das Volksmärchen als Dichtung. Ästhetik und Anthropologie (1975). – Vl. Propp: Morphologie des Märchens (1972, TB 1975). – O. Graf Wittgenstein: Das Reifungserleben im Märchen (in: Festschrift G. R. Heyer. 1955. 101–113). – K. v. Spieß: Deutsche Märchen – Deutsche Welt ([3]1939; zus. mit E. Mudrak). – M.-L. von Franz: Problems of the Feminine in Fairytales (1972).

Max Lüthi

Magazin

Die Bezeichnung M. stammt ab von dem arabischen Wort „machazin", das „Lagerhaus" bedeutete. Seit Mitte des 18. Jahrhunderts wird M. als Name für Sammelbände und periodische Schriften verwendet. Im deutschen Sprachraum wird dieser Ausdruck im Bereich der Kinder- und Jugendliteratur seit Mitte des 18. Jahrhunderts und gelegentlich noch heute verwandt; zumeist sind damit illustrierte Kinder- oder Jugendbücher und illustrierte Zeitschriften für junge Leser bezeichnet.

Entstehung und Geschichte des M.s. Der Name M. als Kennzeichnung für Sammelwerke läßt sich wohl aus der Verfahrensweise bei der Herstellung solcher Bücher herleiten: denn in den M.en findet sich eine Auswahl aus größeren Beständen aus dem Bereich des Wissens, gedruckter Vorlagen und Bilder. Das M. gibt diese Auswahl an die Leser weiter, um damit wiederum ihr Wissen zu erweitern und zu bereichern.
Im 18. Jahrhundert wenden sich die M.e mit dem Ziel der Geschmacks- und Stilbildung sowie der Belehrung an jeweils ein bestimmtes Publikum. Bekannt war das in London erscheinende „The Gentleman's Magazine" (1731–1833); in Deutschland finden sich neben vielen anderen das „Magazin für junge Cavaliers, oder Schule des Edelmanns" (Berlin, 1759), das „Wissenschaftliche

Magazin für junge Frauenzimmer" (Wien, 1794) und das „Magazin des neusten französischen und englischen Geschmacks" (Leipzig, 1798), aus dem später die „Allgemeine Modenzeitung" hervorging. Vorbild eines Kinder-M.s wurde MARIA LE PRINCE DE BEAUMONTS „Magasin des Enfants" (1757; dt. Der Frau Maria le Prince de Beaumont lehrreiches Magazin für Kinder zur richtigen Bildung ihres Verstandes und Herzens, für die deutsche Jugend eingerichtet und mit den nötigen Kupfern versehen von J. J. Schwaben, Leipzig, 1758, [5]1767). In diesem M. ist der Stoff in neunundzwanzig Gesprächen angeordnet und wird von verschiedenen erwachsenen Gesprächsteilnehmern, die im Stile aufklärerischer Literatur kennzeichnende Namen wie Mme. Gut, Fräulein Geistreich, Fräulein Verständig tragen, präsentiert. Im Plauderton kommen hier falsche Verhaltensweisen und Vorstellungen aus vielen Bereichen zur Sprache und werden korrigiert, wie z. B. im 16. Gespräch die Vorstellung von der Erdgestalt.

Die Assoziation „Lagerraum" voller eingesammelter Kenntnisse vermittelt der Titel des von M. CHR. SCHULZ 1800 in Berlin herausgegebenen M.s mit dem Titel „Kleines Magazin von Reisen zur angenehmen und belehrenden Unterhaltung der Jugend nach den neusten deutschen und ausländischen Originalwerken". Auf ganzseitigen Bildern (illustrierte Kupfer) werden Landschaften, Maschinen, Fahrzeuge und Menschen ferner Erdteile anschaulich dargestellt. Im 3. Band der Neuauflage, die den Titel M. nicht mehr führt, wird der Bericht von „Mungo Parks Reise in Afrika" in Familiengespräche nach dem Stil der „Kinderfreunde" umgesetzt. Allein durch die Gesprächsform werden die Informationen und Unterhaltungsstoffe zusammengehalten. Diese werden aus völlig verschiedenen Themengebieten zusammengetragen: aus Geschichte, Naturkunde, naher Umwelt und Reiseberichten, ebenso gehören Gedichte, Spielanweisungen und Rätsel dazu. In vieler Hinsicht gleicht der Buchtyp M. den Almanachen, den „Weihnachts"- und „Neujahrsgeschenken für gute Kinder", den Taschen- und Lesebüchern und den periodisch erscheinenden Kinder- und Jugendfreunden. Oft wird schon im Titel der Sammelbandcharakter mit angezeigt: „Historisch-moralisch-physikalisches Magazin für Kinder beiderlei Geschlechts", herausgegeben in Heilbronn von J. H. FR. MEINECKE (1782, 2 Teile); WILLENBÜCHER: „Magazin für Jünglinge oder Sammlung von prosaischen Aufsätzen, Gedichten und Spielen in verschiedenen Sprachen (1786). „Die Hesperiden, ein Magazin für jugendliche Unterhaltung", das bei Perthes in Gotha von 1798 bis 1804 erschien, wurde später als „Neue Hesperiden" mit der M.-Bezeichnung im Untertitel weitergeführt; dies M. war, wie in der „Zeitung für die Jugend" vom 28. 12. 1797 angezeigt, „dazu bestimmt, einen beständigen Vorrat von Stoff zu verschiedenen Arten der Unterhaltung der Jugend in Erholungsstunden zu liefern". In drei Bereiche gegliedert – Spielabende, Leseabende, Zauberabende –, verlangte der Inhalt zur

Kleines
MAGAZIN VON REISEN
zur
angenehmen und belehrenden Unterhaltung
der Jugend
nach den neuesten deutschen und ausländischen Originalwerken
bearbeitet von Schulz

Zweytes Bändchen mit V. Kupfertafeln.

Berlin 1800. bey Oehmigke dem Jüngern.

Titelseite aus „Kleines Magazin von Reisen. Zur angenehmen und belehrenden Unterhaltung der Jugend nach den neuesten deutschen und ausländischen Originalwerken bearbeitet von Schulz" (2 Bändchen, Berlin 1800).

Das Pfennig-Magazin
für Kinder.

№ 7. Erscheint alle Sonnabende. 15. Februar 1834.

Die Neger.

Nehmt eure Erd-Karte zur Hand, liebe Leser, betrachtet euern Zeigefinger einmal als ein kleines Schiffchen, was eine große Reise unternehmen soll, setzt ihn bei Spaniens Südspitze auf Gibraltar, und segelt nun ein wenig links hinaus in den großen atlantischen Ocean; aber nur nicht zu weit, sondern sogleich wieder nach Süden herab, an den canarischen Inseln vorbei und immer längs der Westküste des großen, euch bekannten Welttheils Afrika herab. Bei eurer Fahrt leset aufmerksam die Namen der Länder und Flüsse, die ihr an dieser Küste findet, da werdet ihr auch endlich, fast in der Gegend, wo das Land schmäler wird und eine große Biegung macht, den Namen des Flusses Gambia lesen und nicht weit darunter das Land Sierra Leona finden. In dieser Gegend und weiter hinein in das Innere des Welttheils findet ihr die Menschen und die Natur, welche euch das vorstehende Bildchen zeigt. Es sind die Neger, ganz schwarz von Hautfarbe, die gar sonderbar absticht gegen die großen, hervorstehenden, weißen Augäpfel, die aufgeworfenen, hochrothen Lippen, und das Hemd oder den weißen Schurz, womit sie bekleidet sind. Der Bau ihres Kopfes hat überhaupt viele Eigenthümlichkeiten, wodurch er sich von dem anderer Menschenstämme unterscheidet. Die Nase ist platt gedrückt und aufgestülpt, die Backenknochen und die Kinnladen stehen sehr weit hervor und die Stirn im Gegentheil ist flach und zurückgedrängt, das Haar ganz schwarz und kraus, wie starke Wolle. Auf diese Weise sehen sie nicht etwa sehr klug und witzig aus. Auch stehen sie wirklich, was die Geistesbildung anlangt, noch tief

„Das Pfennig-Magazin für Kinder": Erste Seite der 6-seitigen Ausgabe vom 15. Februar 1834.

Unterhaltung der Leser immer auch Tätigkeit, z.B. Gesellschaftsspiele, dialogische Inszenierung und Rollenspiele.

Das M. als Massenware. In England gab es recht bald eine Produktion von Billig-M.en, die einerseits im Sinne der Aufklärung Bildung und Wissen an breite Leserschichten vermittelten, andererseits im Interesse der Verleger neue Leserschichten gewannen. Bekannt war das „Penny-Magazine", das CH. L. KNIGHT in Verbindung mit der „society for the diffusion of useful knowledge" 1830 in London herausgab. In Deutschland folgte dem englischen Vorbild entsprechend das „Pfennig-Magazin". M. BOSSANGE gründete es als erste deutsche illustrierte Zeitschrift, und schon 1834 erscheint „Das Pfennig-Magazin für Kinder", das K. GROSSE herausgab. Es wurde von Dr. K. FR. KURTH fortgeführt und von 1835 bis 1838 in Leipzig bei F. A. BROCKHAUS gedruckt. Dieses Blättchen erschien wöchentlich am Sonnabend. Es war vorwiegend unterhaltend geschrieben und brachte Beiträge aus Naturkunde, Geschichte, Mythologie und gelegentlich auch der Physik und der Entwicklung des Handwerks. K. FR. KURTH, Lehrer an der Bürgerschule zu Leipzig, beteuerte 1835 im Vorwort, daß er sorgfältig nicht nur alles das fernhalte, „wodurch die Sittlichkeit des Kindes gefährdet werden könnte", sondern auch nur das aufnehmen wolle, „wodurch der Verstand des Kindes erleuchtet und der Kreis seiner Begriffe erweitert, wodurch das Herz für alles Wahre, Gute und Schöne erwärmt und der Wille durch das Anschauen großherziger, nachahmungswürdiger Beispiele gekräftigt würde".

Zur gegenwärtigen Situation. In Deutschland wird in der Folgezeit der M.-Begriff weitgehend durch den der Zeitschrift abgelöst. Der M.-Begriff verliert seinen umfassenden Charakter und bezeichnet nunmehr die illustrierte Zeitschrift. In diesem summarischen Sinn gebraucht R. BAMBERGER den Begriff M. in dem Werk „Jugendlektüre" (1955): „Die Zeitungen, Zeitschriften und Magazine für die Jugend können selbst im Dienste des Jugendlichen stehen" (S. 156). Ebenso summarisch wird M. von K. FRIESICKE in seinen Untersuchungen (1953) über Jugendzeitschriften verwendet, wo er Zeitschriften wie „Die Rasselbande" (damalige Auflage 300000) als M.e mit einbezieht: „Jugendmagazin ist ein geheimnisvoll-attraktiver Titel ..., eine Art Wundertüte, aus der alle möglichen Überraschungen kommen können. Gleichzeitig wird damit zu verstehen gegeben, daß es keine runde, geschlossene Thematik bietet, sondern ein unerschöpfliches Vielerlei, anregend, fesselnd, mit überwiegend heiterer, farbenprächtiger Note und stark den Wünschen der Jugend entgegenkommend" (K. FRIESICKE, zit. bei R. BAMBERGER, S. 156). Diese Charakteristik trifft ebenso auf die Sendungen des Fernsehens und Hörfunks, die unter dem Titel Jugend-M. laufen, zu. In Ulm wurde 1970 die Zeitschrift „Magazin Jugend" im Verlag Magazin Jugend gegründet. Auch für Beschäftigungsbücher wird der M.-Titel wieder aufgegriffen, z.B. „Kunterbuntes Kinder-Magazin. Ein Beschäftigungsbuch für alle Kinder" (Text und Illustration D. KIRSCH und J. KIRSCH-KORN, Loewes-Verlag, 1972) und „Kunterbuntes Spielmagazin" (Text von J. KÖTTER, B. VON RASCH, Loewes-Verlag, 1974). Die Beiträge in den Wochenendbeilagen verschiedener Zeitungen für Kinder und Jugendliche werden oft M. genannt. Seit 1924 führt die in Boston/ USA erscheinende Zeitschrift für Kinder- und Jugendliteratur im Titel die M.-Bezeichnung : „The Horn-Book Magazine".

→ Kinder- und Jugendzeitschrift

Sekundärliteratur: R. Bamberger: Jugendlektüre (1955, [2]1965). – K. Friesicke: Handbuch der Jugendzeitschriften (1953). – L. Göhring: Die Anfänge der deutschen Jugendliteratur im 18. Jahrhundert (1904, NA. 1967).

Margarete Dierks

Maier, Karl Ernst

*Pädagoge und Jugendbuchtheoretiker, Professor für Pädagogik und Didaktik des Deutschunterrichts an der Universität Regensburg; * 8. 12. 1920 Bruck/Opf.*

Im Anschluß an Kriegsdienst (1940–1945) und Studium war M. von 1946 bis 1955 als Lehrer in Regensburg und München tätig, wo er in den Jahren 1951–1955 zusätzlich Pädagogik, Psychologie, Anthropologie und Germanistik studierte. 1955 schloß M. sein Studium mit der Promotion ab und habilitierte sich in Pädagogik 1967 an der Universität Salzburg. Seit 1956 in der Lehrerausbildung beschäftigt, ging M. zwei Jahre später an die PH Regensburg (seit 1972 Universität), wo er 1968 zum Professor für Pädagogik berufen wurde. Neben diesem Fach lehrte M. auch Didaktik des Deutschunterrichts. Von 1970 bis 1974 war er Erster Vorsitzender des Arbeitskreises für Jugendliteratur; außerdem gibt er die Schriftenreihe des Arbeitskreises heraus.
Das Hauptwerk M.s ist die inzwischen in 7. Auflage erschienene Publikation „Jugendschrifttum". Das Buch gliedert sich in zwei Teile, von denen der erste – allerdings nicht vollständig – die Gattungen der Kinder- und Jugendliteratur vorstellt: Bilderbuch, Kinderreim und Kindergedicht, Märchen, realistische und phantastische Kindergeschichte, Mädchenbuch, Jungenbuch, Abenteuerbuch, Comics und Sachbuch. Die Kategorien überzeugen indessen nicht immer. So ist z.B. die Trennung zwischen Jungen- und Abenteuerbuch schwer einzusehen, auch warum die Tiergeschichte neben der phantastischen und realistischen Kindergeschichte eine eigene Gruppe bilden soll. Der zweite Teil des Werkes führt in unterschiedliche theoretische Positionen über die Kinder- und Jugendliteratur ein und enthält zunächst einen historischen Überblick bisheriger Theorieansätze, dann je einen Abschnitt der Beurteilung von Kinder- und Jugendbüchern aus literaturästhetischer, -pädagogischer und -psychologischer Position. Das letzte Kapitel geht auch auf soziologische Fragestellungen ein, doch überwiegt in der Darstellung insgesamt der entwicklungspsychologische Ansatz. Ei-

nen im ganzen skeptisch urteilenden Überblick der Methoden, mit deren Hilfe Wirkung von Kinder- und Jugendbüchern zu erfassen versucht werden, bietet die Analyse „Fragen zur Wirkungslehre der Kinderliteratur" (1972). Mit der Wirkung einer speziellen Lektüre auf den jungen Leser hatte sich M. schon früher in der ausschließlich humoristische Texte berücksichtigenden Untersuchung „Schelmereien und Streiche als lustige Kindergeschichten" befaßt. Der ebenfalls stark auf entwicklungspsychologischer Basis fußende Aufsatz will aufzeigen, welche Form bei komplexer Schichtung des Humors auf das Kind eines bestimmten Alters primär einwirkt bzw. vom Kind rezipiert wird. Welche Verhaltensweisen von Eltern sich auf den Buchkonsum ihrer Kinder auswirken, untersucht M. in dem Beitrag „Elternhaus und Jugendbuch" (1969), der sich auf eine statistische Erhebung bei 587 Familien aus der Umgebung von Regensburg stützt. M. kommt dabei zu dem Ergebnis, daß bei ohnehin an Literatur wenig interessierten Eltern Werbung, Buchbesprechung und Lehrerempfehlung wenig ausrichten und die meisten Eltern vor allem die belehrende Funktion von Kinder- und Jugendbüchern als Kaufmotivation betonen. Für den belletristischen Bereich würden die Eltern traditionell anerkannten Erzählungen den Vorzug geben. Der belehrenden Kinderliteratur ist M. schon 1959 in dem Beitrag „Das Sachbuch als Kinder- und Jugendlektüre" nachgegangen, wobei er zur Bestimmung des Sachbuchcharakters einer Publikation, ohne die Begriffe explizit zu nennen, von dem Gegensatz zwischen fiction und nonfiction ausging. Diese Analyse bietet auch vom Begrifflichen her einen aufschlußreichen Einblick in den Beginn der theoretischen Auseinandersetzung um das Sachbuch in der Kinder- und Jugendliteraturtheorie.

Werke: Jugendschrifttum (1965, [7]1973); Das Werden der allgemeinbildenden Pflichtschule in Bayern und Österreich (1967).

Hrsg.: Die Schule in der Literatur. Quellentexte (1972); Historische Aspekte zur Jugendliteratur (1974).

Redaktion: Jugendliteratur in einer veränderten Welt. 1. Jahrbuch des Arbeitskreises für Jugendliteratur (1972); Jugendliteratur und gesellschaftliche Wirklichkeit. 2. Jahrbuch des Arbeitskreises für Jugendliteratur (1974); Phantasie und Realität in der Jugendliteratur. 3. Jahrbuch des Arbeitskreises für Jugendliteratur (1976).

Beiträge: Das Sachbuch als Kinder- und Jugendliteratur (in: Der Deutschunterricht. 1959. 6. 74–93); Schelmereien und Streiche als lustige Kindergeschichten (in: Der Deutschunterricht. 1962. 5. 5–11); Elternhaus und Jugendbuch. Eine empirische Untersuchung bei 587 Familien (in: Das gute Jugendbuch. 1969. 2. 1–13); Fragen zur Wirkungslehre der Kinderliteratur (in: Bertelsmann Briefe. 1972. 76. 3–8); Das Prinzip des Kindgemäßen im Kinderbuch (in: H. Schaller (Hrsg.): Umstrittene Jugendliteratur. 1976. 118–142); Phantasie und Kinderliteratur (in: Arbeitskreis für Jugendliteratur (Hrsg.): Phantasie und Realität in der Jugendliteratur. 1976. 13–44); Schulkonflikte in der belletristischen Literatur (in: H.-J. Ipfling (Hrsg.): Disziplin ohne Zwang. 1976. 126–134).

Rudolf Raab

Otto Maier Verlag KG

Ravensburg. Verlegt Bilderbücher, Kinder- und Jugendbücher, Taschenbücher für Kinder und Jugendliche, Beschäftigungs- und Hobbybücher sowie erziehungswissenschaftliche Fachliteratur und die Ravensburger Spiele.

Der Otto Maier Verlag wurde am 1.7.1883 von O. R. Maier gegründet und ist bereits in der dritten Generation in Familienbesitz. Die Leitung teilen sich O. J. Maier (*1930) und D. Hess-Maier, ihnen steht K. Maier (*1894) zur Seite. Zur Geschäftsführung gehören weiterhin: A. Pollitz, E. Glonneger und seit 1955 W. Baumann. Leiter der Kinder- und Jugendbuchabteilung ist Chr. Stottele. In der Verlagsarbeit sind der Buch- und Spielebereich zu unterscheiden. In der Spielproduktion zählt der Verlag zu den Branchenführern. Dazu beigetragen haben insbesondere die in großer Zahl produzierten Spiele „Memory" (7 Millionen Exemplare), „Malefiz" (2 Millionen Exemplare) und „Fang den Hut" (2 Millionen Exemplare, gezählt ab 1951; das Spiel erschien erstmals 1927). Es gelang dem Verlag, den Namen des Herkunftsortes seiner Spiele gesetzlich zu schützen und als Warenzeichen „Ravensburger" in die Rolle des Deutschen Patentamtes eintragen zu lassen.

Um die Jahrhundertwende lautete das Programm „Unterhaltung und Belehrung, Ernst und Spaß aufs glücklichste zu vereinen". Gegenwärtig formuliert E. Glonneger die Absicht des Verlages mit den Worten: „Spiele zu entwickeln, die – Kindern wie Erwachsenen – Spaß machen, unterhalten und entspannen, zugleich aber auch kreative Anlagen und Fähigkeiten im musisch-schöpferischen wie im handwerklichen Bereich freilegen und fördern, sowie zur aktiven Freizeitbeschäftigung anregen" (zit. nach H. Panskus: Die Pragmatiker aus Ravensburg (in: Börsenblatt für den deutschen Buchhandel. 25. 1975. 432–439). Es ist dann auch kein Zufall, wenn Pestalozzi, Fröbel und Montessori häufig als Ahnherren genannt werden.

Seit 1963 publiziert der Verlag die „Ravensburger Taschenbücher" (Leitung H. Bautze). 1975 waren 310 Titel lieferbar, pro Jahr erscheinen ca. 50 Titel mit einem 25-Prozent-Anteil von Bilderbuchausgaben. Die durchschnittliche Auflage beträgt 20000 Exemplare. Der Spitzenreiter ist der Band Nr. 26 von H. J. Press „Spiel, das Wissen schafft", das bereits in der 13. Auflage erscheint und von dem 250000 Exemplare gedruckt wurden. Die Gesamtauflage seit Beginn der Taschenbuchreihe beläuft sich auf 20 Millionen Exemplare. Zu den Longsellern im Bilderbuchbereich gehören die Bücher A. Mitgutschs „Rundherum in meiner Stadt", „Bei uns im Dorf" und „Komm mit ans Wasser", die eine deutsche Gesamtauflage von 750000 Exemplaren erreichten. Das Verlagsprofil ist auch durch die Edition der Gesammelten Werke A. Makarenkos geprägt, die von einem Arbeitsteam, dem L. Froese, G. Hillig, S. Weitz und J. Wiehl angehören, erarbeitet wird. Aufmerksamkeit erregt ebenso die auf zehn Bände angelegte Sachbuchreihe „Dynamische

Biologie", die E. WEISMANN und A. BERTSCH herausgeben. Zu den bedeutenden Autoren und Illustratoren des Verlages zählen J. KERR, J. LAMMER, H. J. PRESS, R. STOYE und M. VELTHUIJS sowie R. und M. RETTICH, J. BURNINGHAM, A. MITGUTSCH und ST. und M. L. PRICKEN.

Winfred Kaminski

Maillard, Katharina

*(d.i. Katharina Greve-Maillard). Bilderbuchautorin, Grafikerin, Illustratorin; *3. 11. 1922 Berlin.*

M. hat kein spezifisches, ihrem Werk entsprechendes Studium absolviert, stammt jedoch aus einem sowohl musisch wie pädagogisch geprägten Elternhaus. Ihr Vater lehrte als Maler an der Berliner Hochschule für Kunsterziehung, sie selbst erhielt eine Ausbildung zur Gitarrenlehrerin. M. lebt heute in Stuttgart. Die von ihr gestalteten Bilderbücher „Arche Noah" (1956), „Kinder, heut' ist Wochenmarkt" (1957, ^{6}1974) und „Das Märchen vom Fischer und seiner Frau" (1961) wurden in die Liste der „Schönsten deutschen Bücher" aufgenommen.

Werk, Tendenzen, Wirkung. M.s zum überwiegenden Teil im Verlag Stalling (Oldenburg) erschienene Arbeiten zeigen keine Entwicklung im eigentlichen Sinne, eher eine ständige Vervollkommnung der vorzugsweise angewandten Kollage-Technik. Die klare und übersichtliche Gestaltung macht ihre Bücher bereits für sehr kleine, zum Teil auch für behinderte Kinder geeignet. Milieu und Motive bezieht die Illustratorin aus einer von traditionellen Wertbegriffen geprägten Welt.
Am Beginn stehen die Zeichnungen zu „Ich bin ein kleiner Sonnenstrahl" (1949, Verse von U. RHODE-JÜCHTERN), „Hanselmann fährt um die Welt" (1953) und „Hanselmann hat große Pläne" (1954), letztere zusammen mit J. KRÜSS. Bemerkenswert ist das elfbildrige Leporello „Arche Noah". Mit Noahs Familie läßt M. ein farbiges Kind an Bord gehen, das den Zug der Tierpaare anführt, die auf den folgenden Seiten immer zahlreicher und kleiner werden. M. wendet hier erstmals die Kollage-Technik aus geschnittenem und gerissenem Buntpapier – hier auf olivfarbenen Untergrund geklebt – an. Der Form des Leporellos wendet sich die Grafikerin auch später noch zu, so in „Das ist unser Haus" (1960), „Mein Spielzeugschrank" (1960) und „Schlaf ein, Kathrinchen" (1968), letzteres mit dem gleichnamigen Gedicht von H. HANISCH als „Zickzackbüchlein" des Verlages Ernst Kaufmann. Gemeinsam mit J. KRÜSS entstanden wieder „Kinder, heut' ist Wochenmarkt", ihr bislang erfolgreichstes Buch, und „Zirkuszelt – Wunderwelt" (1958). Eine Hinwendung zum Märchen dokumentiert sich in den Illustrationen zu „Vom Fischer und seiner Frau", „Vom Schlaraffenland" (1965), „König Kater" (1968, Text nach einem ungarischen Märchen von H. HANISCH) und „Der Frieder und das Katerlieschen" (1967). Dieses im Annette-Betz-Verlag erschienene Bilderbuch ist das farbenfreudigste und typografisch ausgewogenste der Künstlerin: Der Text wird in die zum Teil doppelseitigen Kollagen auf oft farbigem Untergrund einbezogen. M. illustrierte außerdem mit musikalischem Gespür das Primarstufen-Liederbuch „Die kleine Singdrossel" im Verlag Robert Lienau (norddeutsche Ausgabe 1963, westdeutsche Ausgabe 1966) sowie die Fibel „Das Wundernest" (Bd. 1. 1964, ^{2}1971) des Bayerischen Schulbuch-Verlages. Zu Schreibschriftbüchern für das erste Lesealter von I. VAN HEYST (Seifenblasen für Veronika, 1970; Eine Wunderblume für Veronika, 1973; Veronika und Carlo, 1974) lieferte sie einfache Schwarzweiß-Zeichnungen.

Werke: U. Rhode-Jüchtern: Ich bin ein kleiner Sonnenstrahl (1949); J. Krüss: Hanselmann reist um die Welt (1953); J. Krüss: Hanselmann hat große Pläne (1954); Arche Noah (1956); B. Schönlank: Heraus, heraus aus Hof und Haus (1956); J. Krüss: Kinder, heut' ist Wochenmarkt (1957, ^{6}1974); J. Krüss: Zirkuszelt – Wunderwelt (1958); K. Maillard: Das ist unser Haus (1960); K. Maillard: Mein Spielzeugschrank (1960); L. Hille-Brandts: Ich bin das kleine Steffelchen (1960); T. v. Rebay: Vom Fischer und seiner Frau (1961); H. Hanisch: Der kleine Herr Pucha und sein Hähnchen Koko (1963); Die kleine Singdrossel (1963, 1966); Das Wundernest (Bd. 1. 1964, ^{2}1971); P. Alverdes: Vom Schlaraffenland (1965); J. u. W. Grimm: Der Frieder und das Katerlieschen (1967); H. Hanisch: König Kater (1968); H. Hanisch: Schlaf ein, Kathrinchen (1968); Laßt uns zur Krippe gehen (1968); H. Heidemann: Mein Haus, mein Ball, mein Püppchen (1969); E. Meinerts: Das ist der Daumen (1969); I. van Heyst: Seifenblasen für Veronika (1970); I. van Heyst: Eine Wunderblume für Veronika (1973); I. van Heyst: Veronika und Carlo (1974).

Sekundärliteratur: A. Giachi: Die Ära nach 1954 (in: Kl. Doderer u. H. Müller: Das Bilderbuch. 1973, ^{2}1975. 357–394).

Wolfgang Biesterfeld

Mainzelmännchen

M. ist die Bezeichnung der vom Zweiten Deutschen Fernsehen (ZDF) seit 1963 verwendeten Zeichentrickfiguren, die zwischen den einzelnen Werbespots innerhalb der wochentäglichen Werbeblöcke auftreten. Der Name ist eine Anspielung auf die bekannten Märchenfiguren der Heinzelmännchen und den Sitz des ZDF, Mainz. Erfinder der M. ist W. Gerlach, Leiter der Trickfilmabteilung der Wiesbadener Neuen Filmproduktion Fr. Thies, in deren Studios die M. noch heute gezeichnet werden.

Seit seinem Sendebeginn am 1. April 1963 hat das ZDF die M. konsequent zum publizistischen Emblem der gesamten Anstalt aufgebaut. Am 2. April 1963 erschienen sie zum ersten Mal auf dem Bildschirm; ein halbes Jahr später, während der Berliner Funkausstellung, wurden sie in Gestalt von Gummipuppen zu Tausenden verteilt; im Dezember 1963 vergab das ZDF die erste Lizenz für den Spielzeugmarkt. Innerhalb eines Jahres wurden mehr als eine Million Plastikfiguren der M. umgesetzt. Das ZDF, im Besitz aller Rechte an den M., verkaufte in der Folge Lizenzen für Bilderbücher, Kinderspiele u. ä. 1965 erhielten die sechs M. Vornamen in alphabetischer Reihenfolge (Anton, Berti, Conni, Det, Edi, Fritzchen). 1966 wurde ihr Aktionsfeld um

die sogenannten Kapriolen, längere Trickgeschichten, erweitert, wie ihnen überhaupt von Jahr zu Jahr mehr Programmzeit eingeräumt wurde: 1966 erschienen sie beispielsweise insgesamt 31 Stunden auf dem Bildschirm, 1971 waren es schon 43 Stunden.
Zwar hatten vor dem ZDF schon die Anstalten der ARD zwischen den von ihnen gesendeten Werbespots je verschiedene Tier-Trickfiguren verwendet, die aber, da nur regional verbreitet, bis heute keine sonderliche öffentliche Beachtung fanden. Anders die sechs M.: In einer für die öffentlich-rechtlich konstituierten Rundfunkanstalten bisher beispiellosen Kampagne verquickte das ZDF seinen publizistischen Auftrag mit der Auflage, die ihm ausdrücklich der Staatsvertrag der Länder machte: Es habe seinen Haushalt nach dem Kostendeckungsprinzip außer aus Teilnehmergebühren auch aus Werbeeinnahmen zu bestreiten.
Eine Untersuchung von 1970 (Leseranalyse 1970, a.a.O.) stellte fest, daß 96,7 % der bundesdeutschen Bevölkerung über 14 Jahren die M. kennt. Der hohe Bekanntheitsgrad korreliert mit der großen Beliebtheit der M. Eine 1967 veröffentlichte psychologische Untersuchung der Werbeblock-Zwischenblenden „Die Mainzelmännchen" (a.a.O.) kommt zum Schluß: „Die Mainzelmännchen werden teilweise als echte Attraktion des Zweiten Deutschen Fernsehens erlebt und beeinflussen daher sehr deutlich das Sehverhalten." Vor allem von Fernsehjournalisten und Pädagogen wurde – über die Kritik am kostenlosen Service hinaus, den das ZDF seinen Werbekunden gewährt – die Attraktivität kritisch vermerkt, die die M. und damit die Fernsehwerbung für Kinder haben. Erwachsene können der Absicht der Werbespots, in die Rolle des unkritischen Konsumenten einzuüben, mit ihrer Fähigkeit, den Überredungscharakter der Werbung zu durchschauen, begegnen. Kinder dagegen halten in aller Regel für wahr, was ihnen der Bildschirm bietet. Sie können die eigentliche Absicht von (Fernseh-)Werbung nicht durchschauen und schließen die Werbung für ein Produkt oder eine Dienstleistung und deren Erwerb alternativlos kurz.

→Kinderfernsehen, →Trickfilm für Kinder und Jugendliche

Sekundärliteratur: W. Hofmann: Die Ware als Lösung. Wie die Mainzelmännchen Werbung präsentieren (in: medium. 2. 1973. 33; zus. mit J. Rölz und N. Schneider). – Infratest (Hrsg.): Psychologische Untersuchung der Werbeblock-Zwischenblenden „Die Mainzelmännchen" (1967); Leseranalyse 70 (1970).

Josef Rölz

Majakovskij, Vladimir Vladimirovič

*Russischer Dichter, Propagandist der sozialistischen Revolution, Mitbegründer und Hauptrepräsentant des russischen Futurismus; *19.7.1893 Bagdady (heute Majakowskij, Georgische SSR), †14.4.1930 Moskau.*

Nach dem Tode des Vaters übersiedelte die Familie M.s nach Moskau, wo M. 1908 in die Partei RSDRP-Bolševiki eintrat und im gleichen Jahr zum ersten Mal verhaftet und eingekerkert wurde. Im Jahr 1915 begann M.s Zusammenarbeit mit Gorkij. Von 1915 bis 1919 studierte er Malerei und Bildhauerei. Die politische Zeichnung nutzte M. als Werbe- und Kampfmittel für Kommunismus und Sowjetsystem. So schuf er, seit Beginn des Bürgerkrieges Leiter des Künstler-Kollektivs „Okna Rosta", über 500 Plakate, zu denen er die Texte selbst erfand. Sie fanden in der Sowjetunion, aber auch im Ausland weite Verbreitung und trugen im Zusammenwirken mit seinen Dichtungen „1500000000" (1921), „Vladimir Iljič Lenin" (1924) und „Chorošo!" (1927; Gut und schön) viel zur Ausbreitung der kommunistischen Idee bei. Hauptthema dieser Dichtungen M.s war die Darstellung von Bedeutung und Wesen der Oktoberrevolution von 1917. In zahlreichen Vorträgen, die M. durch die ganze Sowjetunion und weite Teile des westlichen Auslands führten, vertrat er eine sozialistisch engagierte Literatur- und Kunstauffassung.

Vladimir Majakovskij (1893–1930)

Werk, Tendenzen, Wirkung. M. wird heute als Begründer der sowjetischen Kinderlyrik gesehen. Schon früh erkannte M. den erzieherischen Wert seiner Dichtungen für Kinder, in denen er wie in seinen Werken für Erwachsene leidenschaftlich für die Ideen des Kommunismus eintrat. Aus seinen Erinnerungen geht hervor, daß er mit besonderem Interesse für Kinder schrieb. So sollten seine Gedichte den Kindern soziale Grundvorstellungen vermitteln und mithelfen, die kleinen Leser zu engagierten Bürgern der sozialistischen Gesellschaft zu erziehen.
Neben zahlreichen Beiträgen zu den Kinderzeitschriften „Pionerskaja Prawda", „Jož" (Der Igel) und „Pioner" (Der Pionier) schrieb M. in den Jahren zwischen 1925 und 1930 seine bekanntesten Kinderge-

dichte. In den beiden Gedichten „Kem byt?" (1928; dt. Was werde ich?, 1949) und „Koň ogoň" (1927; Das Feuerpferdchen) führt M. das Kind in die Berufswelt ein und zeigt ihm die Notwendigkeit der Achtung vor der Arbeit anderer. In dem Gedicht „Čto takoje charašo i čto takoje plocho?" (1925; dt. Was ist gut und was ist schlecht?, 1955) stellt er die allgemein gültige Grundauffassung von Gut und Böse vor. In der Versdichtung „Skazka o Pete, tolstom rebenke, i o Sime, kotoryj tonkij" (1925; Das Märchen vom dicken Petja und vom dünnen Sima) wird in der Gestalt des faulen Petja die alte bürgerliche Gesellschaftsordnung der durch Sima, den Sohn eines Proletariers, verkörperten neuen revolutionären Ordnung gegenübergestellt. Das Gedicht „Pročti i kataj v Pariž i Kitaij" (1928; Lies und fahr nach Paris und China) führt die Kinder auf eine Reise um die Welt, auf der sie die Vorteile der sozialistischen und die Nachteile der kapitalistischen Gesellschaftsordnung kennenlernen.

→ UdSSR

Werke: Čto takoje charašo i čto takoje plocho? (1925; dt. Was ist gut und was ist schlecht?, 1955); Čto ni stranica, to slon, to Ivica (1928; dt. Das Tierbilderbuch, 1956); Kem byt? (1928; dt. Was werde ich?, 1949); Eta knižečka moja pro morja i pro majak (1927); Koň ogoň (1927); Skazka o Pete, tolstom rebenke, i o Sime, kotoryj tonkij (1925); Pročti i kataj v Pariž i Kitaij (1928); Majskaja pesenka (1929).

Sekundärliteratur: H. Hupert: Die Poetik Wladimir Majakovskijs. Das lyrische Weltbild der russischen Revolution (in: Sinn und Form. 1963. H. 6. 815–832). – L. Kassil: Majakovskij – persönlich! (in: Neue Welt. 1948. H. 14. 93–97). – A. A. Majakovskaja: Detstvo i junosť Vl. Majakovskogo. Iz vospominanij materi (1953). – V. V. Majakovskij: Rekommendatelnyij ukazatel literatury (1950). – J. Naumov: Seminarij po Majakovskomu (1955). – V. Percov: Majakovskij, žizn i tvorčestvo (1954). – G. Schaumann: Majakovskij (1962; zus. mit Fr. Schulzki).

František Holešovský

Makarenko, Anton Semenovič

*Sowjetischer Pädagoge und Schriftsteller; *1. (13.) 3. 1888 Belopol'e/Ukraine, †1. 4. 1939 Golicyno bei Moskau.*

M. wuchs in der Familie eines Eisenbahnhandwerkers auf. Nach dem Abschluß der Volksschule und eines einjährigen pädagogischen Kurses war er seit 1905 als Elementarschullehrer tätig; in diese Zeit fallen auch erste schriftstellerische Versuche. Im Jahre 1914 trat M. in das Poltavaer Lehrerinstitut ein, das er nach einem dreijährigen Fortbildungsstudium mit Auszeichnung abschloß. Von 1917 bis 1920 war er als Schulleiter tätig, bevor er sich der Resozialisierung verwahrloster Kinder und Jugendlicher widmete, deren Zahl als Folge von Weltkrieg, Revolution und Bürgerkrieg stark angestiegen war (nach amtlichen Angaben gab es 1922 in der Sowjetunion 7 bis 9 Millionen Verwahrloste). M. wurde Leiter einer Arbeitskolonie für minderjährige Rechtsbrecher bei Poltava, die er nach seinem Vorbild M. Gor'kij benannte. Dem geschickten Organisator M. gelang es trotz schlechter materieller und personeller Voraussetzungen, eine mustergültige Erziehungseinrichtung zu schaffen. Als Leiter der Gor'kij-Kolonie (zuletzt in Kurjaž b. Char'kov) und später als leitender pädagogischer Mitarbeiter der Dzeržinskij-Jugendarbeitskommune in Char'kov praktizierte er selbstbewußt und zum Teil im Widerspruch zu der damals in der Sowjetukraine vorherrschenden, westlich beeinflußten pädagogischen Richtung eine Kollektiverziehung, die dann nach seinem Tode – auf Grund der politischen Zeitumstände jedoch dogmatisch verkürzt – beispielhaft für die Sowjetunion und nach 1945 auch für die entstehenden Volksdemokratien wurde. Intendiertes Ziel dieser Pädagogik ist der „neue Mensch" sozialistischer Prägung, der sich nach M.s Überzeugung nur im Kollektiv voll entfalten kann.

Werk, Tendenzen, Wirkung. Seit 1928 widmete sich M. neben seiner pädagogischen Tätigkeit (zuletzt in der Verwaltung aller ukrainischen Arbeitskolonien in Kiev) zunehmend und seit 1937 in Moskau fast ausschließlich der schriftstellerischen Arbeit. Das bekannteste Werk „Pedagogičeskaja poema" (1934–1936; dt. Ein pädagogisches Poem; auch unter dem Titel „Der Weg ins Leben", 1949), dem die in der Gor'kij-Kolonie gemachten Erfahrungen zugrundeliegen, brachte M. Weltruhm ein und ist in 47 Sprachen übersetzt. Sowohl diese Publikation als auch den Roman „Flagi nach bašnjach" (1937; dt. Flaggen auf den Türmen, 1952) kann man im weiteren Sinne als Jugendliteratur ansprechen. Ferner schrieb M. das Fragen der Familienerziehung gewidmete Buch „Kniga dlja roditelej" (1937; dt. Ein Buch für Eltern, 1952), den Roman „Čest'" (1937/38; dt. Ehre; in: Werke, Bd. 6, 1960) sowie viele pädagogische, publizistische und belletristische Arbeiten, darunter Erzählungen für sowjetische Kinder- und Jugendzeitschriften, „Griška" (1937; in: Smena), „Slučaj na pochode" (1937; Ein Zwischenfall auf der Fahrt; in: Kol'choznye rebjata), „Sinfonija Šuberta" (1938; Die Schubert-Sinfonie; in: Smena), „Premija" (1938; Die Prämie; in: Molodoj kolchoznik) und „Domoj choču" (1939; Ich will nach Hause; in: Družnye rebjata).

In seinen letzten Lebensjahren setzte sich M. wiederholt mit der zeitgenössischen sowjetischen Kinder- und Jugendliteratur auseinander; dabei standen pädagogische Fragen im Vordergrund. Neben Kritiken der damals populären Bücher „Die Ausreißer" von L. Sejfullina, „Schkid, die Republik der Strolche" von G. Belych und L. Panteleev und „Der Morgen" von I. Mykitenko, worin er den Autoren eine sentimentale Verwahrlostenromantik vorwirft, sowie Gutachten zu Jugendbuchmanuskripten von Nachwuchsautoren verfaßte M. auch einige theoretische Beiträge zur Kinder- und Jugendliteratur. Eine Reihe der bedeutendsten Aussagen M.s zur Kinder- und Jugendliteratur finden sich in „Vozpitatel'noe značenie detskoj literatury" (1938; Die erzieherische Bedeutung der Kinder- und Jugendliteratur; in: Literaturnaja gazeta) und „Stil' detskoj literatury" (1938; Der Stil der Kinder- und Jugendliteratur). M. teilt der Kinder- und Jugendliteratur nicht nur die Aufgabe zu, im Kinde die Phantasie zu entwickeln oder Erkenntnisse zu vermitteln, sondern vielmehr zur Entwicklung einer „voll entfalteten, harmonischen Persönlichkeit" des Kindes beizutragen. Dabei geht M. davon aus, daß die Kinder- und Jugendliteratur in einem besonderen Sinne künstlerisch zu sein habe und sich von der Erwachsenenliteratur durch eine gewisse, kontrastierende Schwarzweißmalerei unterscheiden müsse, wie dies etwa bei J. F. COOPER oder J. VERNE zu finden sei. Den besonderen Stilanforderungen entsprechend solle das Sujet möglichst einfach, die Fabel dagegen komplex sein. M. verlangt Einfachheit der Erzählung, ihre strenge logische Folgerichtigkeit und den Verzicht auf jegliches Raffinement im Ausdruck. Die Kinder- und Jugendliteratur müsse sich durch besonders kräftige und leuchtende Farben auszeichnen, durch eine genaue Scheidung von Licht und Dunkel; sie solle den Kampf zwischen Licht und Dunkel darstellen, wie man ihn auch im Märchen finde. Subtiles psychologisches Spiel und eine allzu detaillierte Analyse hält M. für unangebracht. Noch schärfer lehnt er eine passiv reflektierende Lyrik und greisenhafte, wehmütige Betrachtungen über die Natur ab.

→ M. Gor'kij, → L. Panteleev, → Sozialistischer Realismus in der Kinder- und Jugendliteratur, → UdSSR

Werke: Pedagogičeskaja poema (1934–1936; dt. Der Weg ins Leben, 1949, [17]1970); Flagi nach bašnjach (1937; dt. Flaggen auf den Türmen, 1952, [8]1973); Kniga dlja roditelej (1937; dt. Buch für Eltern, 1952, [4]1966); Čest' (1937/38; dt. Ehre, 1960); Sočinenija. V 7 tomach (1950–1952, [2]1957/58; dt. Werke, 1956–1962); O detskoj literature i detskom čtenii (1955); Gesammelte Werke. Marburger Ausgabe (1976 ff.).

Sekundärliteratur: E. Balabanovič: A. S. Makarenko. Očerk žizni in tvorčestva (1951); – J. S. Balabanovič: Anton Semjonowitsch Makarenko. Ein Anriß seines Lebens und Schaffens (1953); V. T. Dmitrjuk: A. S. Makarenko o detskoj literature (in: A. S. Makarenko. Kn. 2, L'vov 1954, S. 61–77). – Forschungsstelle für Vergleichende Erziehungswissenschaften. Makarenko-Referat. Universität Marburg (Hrsg.): A. S. Makarenko und die sowjetische Pädagogik seiner Zeit (1972); Makarenko – Materialien (Bd. 1–3. 1969–1973). – G. Hillig (Hrsg.): Makarenko in Deutschland 1927–1967. Texte und Berichte (1968). – N. A. Morozova: A. S. Makarenko. Seminarij (1957, [2]1961). – I. Rüttenauer: A. S. Makarenko. Ein Erzieher und Schriftsteller in der Sowjetgesellschaft (1965).

Götz Hillig/Siegfried Weitz

Mandrake, the Magician

M. ist der Titel der nach ihrer Hauptfigur benannten amerikanischen Comicserie (dt.: „Mandra") des Autors L. Falk und des Zeichners Ph. Davis.

Zur Entstehung. Nach dem Erscheinen von H. FOSTERS „Tarzan" (1929) kam eine Reihe neuartiger Comicserien auf, die „Superhelden" mit übersteigerten Fähigkeiten und Kräften präsentierten. Zu dieser Gattung gehört auch die erstmals 1934 erscheinende „Mandrake, the Magician"-Serie, die sich das überspannte Interesse des amerikanischen Publikums für Psychologie, Parapsychologie und Hypnose zunutze machte. Die Idee erhielt L. FALK von einem Redakteur des „Journal American", der meinte, eine solche auf die Affinität zur Parapsychologie setzende Serie würde sich zwar in die Familie der „Superheroen" einreihen, sich gleichzeitig aber, wegen der Fremdartigkeit des Sujets, von ihr abheben.

Inhalt und Figuren. Hauptfigur ist M., ein Zauberer, der von „Theron", einem berühmten Magier des Himalaya-Gebirges, ausgebildet wurde. Seine Fähigkeiten und Fertigkeiten sind daher fremdartig „fernöstlich". Er kann sich unsichtbar machen, Mauern durchqueren und verschlossene Türen allein durch Blicke öffnen. Besonders seine außergewöhnliche Hypnotisierkunst hilft ihm und anderen oft aus lebensgefährlichen Situationen. M.s Kleidung besteht meistens aus einem nachtblauen Frack mit einem roten Umhang. Letztere sind ein Attribut, das viele „Superhelden" in den Comics besitzen. Ein Zylinder und ein langer Stock vervollständigen die Ausstattung des „Gentleman" und Zauberers. Er erlebt seine phantastischen Abenteuer überall auf der Erde oder im Weltraum; bevorzugter Schauplatz ist die Großstadt. Er überwindet Raum und Zeit und fühlt sich auch auf Planeten fremder Sonnen wie zu Hause. Seit 1940 finden sich vermehrt Elemente der Kriminalgeschichte in M. Meist befindet M. sich in Begleitung des riesigen Negers Lothar, der zu Anfang der Serie noch fast als ein Halbwilder dargestellt wurde, sich aber im Laufe der Jahre zum beinahe ebenbürtigen Partner entwickelte. Durch das wiederholte Auftreten von M.s ewiger Geliebten Narda werden innerhalb der Serie emotionale Momente eingespielt und personalisiert.

Ausgaben, Verbreitung. Die tägliche Fassung der Serie erscheint seit dem 11.6.1934, eine wöchentliche (Wochenend-)Fassung seit dem 3.2.1935. Beide Ausgaben werden seitdem von L. FALK konzipiert und getextet. Der Comiczeichner PH. DAVIS zeichnete von Anfang an bis zu seinem Tode (1964) beide Fassungen, dann wurden sie von FR. FREDERICKS weitergezeichnet (ab 7.6.1965 die tägliche Ausgabe und seit dem 27.6.1965 die wöchentliche).

Die Serie wird wie viele ihrer Konkurrenten, durch ein Pressesyndikat (King Features Syndicat, KFS) in Form von Zeitungsstreifen oder Comicheften in der ganzen Welt verbreitet. Ihr Erfolg ist jedoch nicht so groß wie der anderer „Superhelden"-Comics.

Dies zeigt sich in der Bundesrepublik Deutschland besonders in ihrem unregelmäßigen Erscheinen, April 1952. Wegen mangelnder Leserresonanz stellt sie der Hamburger Aller-Verlag schon nach zwei Jahren ein. Sie erscheint – abgesehen von einigen Zeitungsabdrukken – erst 1967 wieder als eine Teilserie eines Comicheftes des Aachener Bildschriften-Verlags. Im selben Jahr kommt sie in der Bundesrepublik Deutschland und in Österreich auch als selbständige Heftserie heraus und kann in sechs Heften bis 1968 vertrieben werden. Seit

1970 erscheint sie dann relativ regelmäßig mit wenigen Heften pro Jahr auf dem bundesrepublikanischen Markt. „Mandra" hat in der Bundesrepublik Deutschland im Vergleich mit anderen Comicserien nie recht Fuß fassen können. Beigetragen hat dazu vermutlich die relativ „statische" Bild- und Textführung sowie die für heutige Kinder etwas lächerliche Aufmachung des Titelhelden.

Sekundärliteratur: T. Hronik: A magician named Mandrake (in: Voice of Comicdom. 1965. 5. 15–17). – Fr. Lacassin: Mandrake en liberté provisoire (in: Midi-Minuit Fantastique. 1962. 3. 49). – M. Vosburg: Mandrake the magician (in: Masquerader. 1962. 2. 11–13).

Wolfgang Kempkes

Mándy, Iván

*Ungarischer Schriftsteller, Kinderbuchautor; *23.12.1918 Budapest.*

M. brach seine Schulausbildung vorzeitig ab, um Schriftsteller zu werden. Nach ersten Erzählungen und Jugendromanen in den vierziger Jahren erhielt er 1948 den Baumgarten-Preis. Seitdem lebt er als freier Autor. 1969 wurde er für sein Jugendbuch „Csutak és Gyáva Dezsö" (1969, Stoppel und Desidenus Feigling) mit dem József Attila-Preis ausgezeichnet.

Werk, Tendenzen, Wirkung. Die Gestalten seiner Erzählungen und Romane sind meist Personen oder Gruppen, die am Stadtrand leben, auch Schelme oder Herumtreiber. Mit rasch ablaufenden Gesprächen und einer dramatisch bewegten Handlungsführung öffnet M. die Perspektive auf das Ganze der Gesellschaft, auch wenn die Betrachtungsweise durch den jeweiligen Themenkreis eingeengt ist. M.s eigene Erinnerungen an die inneren und äußeren Auseinandersetzungen der Pubertätszeit lassen ihn realitätsnah Jugendliche in der Dialektik von schmerzlichen Seelenzuständen und entschlossener Handlungsaktivität gestalten (siehe „Csutak-könyvek" (Stoppelbücher) und „Locsolókocsi" (Sprengwagen). M.s Jugendbücher sind auch der Erwachsenenliteratur zurechenbar. Der erwachsene Leser seiner Bücher hat das Gefühl, auf der Suche des ehemaligen eigenen Selbst der Kindheit zu sein. Dementsprechend erschien „Locsolókocsi" zunächst auch bei Magvetö, einem Verlag für Erwachsenenliteratur. Unter den „Stoppel-Büchern" ist der Roman „Csutal szinre lép" (Stoppel tritt in die Szene) der Betrachtungsweise und dem Handlungsgeflecht nach mit dem Roman „A Pál utcai fiuk" (1906; dt. Die Jungens von der Paulsstraße, 1910) von F. Molnár verwandt. „Csutak és a szürke ló" (dt. Stoppel und das graue Pferd, 1967) wurde in Ungarn verfilmt.

Werke: Az enyedi diák (1944); Robin Hood (1945); Csutak szinre lép (1957); A Locsolókocsi (1964); Csutak és a szürke ló (1959; dt. Stoppel und das graue Pferd, 1967); Csutak és Gyáva Dezsö (1969).

Sekundärliteratur: G. Rónay: Olvasás közben (1971. 369–392). – K. Vargha: Mándy Iván (in: Irodalomtörténet, 1959). – E. Török: A locsolókocsi (in: Kortárs, 1964). – M. Csulák: Mándy kamaszai (in: Könyv és Nevelés. 1974. 2. 47–52).

József Seres

Manz, Hans

*Schweizer Lehrer, Schriftsteller, Übersetzer und Journalist; *16.7.1931 Wila/Tösstal.*

M., Sohn eines Bauern, lebt und arbeitet in Erlenbach in der Schweiz. M. lieferte bereits während seines Lehrerstudiums an der Lehramtsschule in Winterthur als Kabarett-Texter für Rundfunk und Zeitungen Beiträge, schrieb Artikel über Sozialprobleme, erarbeitete für das Schweizer Fernsehen Sendungen für Kinder und machte eigene Filme für Kinder (z.B. den Trickfilm „Das fliegende Haus"). 1965 erschien sein erstes Buch „Lügenverse". Dann übersetzte er für den Diogenes-Verlag Kinderbücher mit Bildern von M. Sendak („Es ist fein, klein zu sein", „Viele viele Kinderspiele", „Minibibliothek", „Hector Protektor", „In der Nachtküche"), von T. Ungerer („Vieles gibt's, das jederzeit vier Jahre alte Kinder freut!", „Das Biest des Monsieur Racine", „Der Zauberlehrling"), von E. Gorey („Samuel und Emma", „Er war da und saß im Garten"). 1974 wurde M. ein „Werkjahr", ein Stipendium für Schreibende, vom Kanton Zürich zugesprochen. Zwei seiner Bücher kamen auf die Auswahlliste zum Deutschen Jugendbuchpreis („Konrad", 1970, und „Worte kann man drehen", 1975).

Werk, Tendenzen, Wirkung. Bereits das erste Buch von M., „Lügenverse", 1965, mit Zeichnungen von Scapa (d.i. der Verleger Benteli), zeigt seine Sprachwendigkeit, aber auch noch eine Abhängigkeit von Sprache. Es wird nicht eine Geschichte in Reime gefaßt, sondern die Reime bestimmen und führen die Geschichte. Dem kommt das tradierte Lügengedichtmuster entgegen. Gleiches gilt auch für „Die dreißig Huete" (1966), ebenfalls mit Zeichnungen von Scapa. In „Konrad" (1969), mit Bildern von W. Hofmann, entging M. dem

Wortverästelungen

AST AST AST AST
AST AST AST AST AST
AST AST AST AST AST AST
TASTE ASTI LAST LAST ASTI TASTE
LASTER ASTOR ELAST ELAST ASTOR LASTER
BASTARD ASTHMA DAMAST DAMAST ASTHMA BASTARD
PASTORIN ASTARTE BALLAST BALLAST ASTARTE PASTORIN
PASTETE ASTRID MORAST MORAST ASTRID PASTETE
KASTEN ASTER KNAST KNAST ASTER KASTEN
PASTE ASTA MAST MAST ASTA PASTE
AST AST AST AST AST AST
AST AST AST AST AST
AST AST AST AST
STAMMSTAMM
STAMMSTAMM
STAMMSTAMM
STAMMSTAMM
STAMMSTAMM
STAMMSTAMM
STAMMTSTAMMT
STAEMMIGSTAEMMIG
STAMMBAUMBAUMSTAMM

Hans Manz: „Worte kann man drehen" (Weinheim 1974). Hier: Abbildung der Seite 60 dieses „Sprach-Buches für Kinder".

Diktat der Sprache, indem er die vorgenommene Geschichte prosaisch erzählte. Die Geschichte handelt von der außenseiterhaften Familie eines Kaminfegers, die Wohnungen und Arbeitsplätze verliert, schließlich aber durch die unveränderbare Extravaganz ihres Kindes Konrad Möbel und Arbeit zurückgewinnt. Dabei zeigt M., daß er seine Sprachbeherrschung auch dem Stoff dienlich einzusetzen vermag. Diese Fähigkeit demonstriert er ebenfalls in „Eß- und Trinkgeschichten" (1974), einem Erzählband mit dreizehn nachdenklichen Geschichten, die alle von Menschen beim Essen und Trinken handeln.

Der Kinderbuchlektor H.-J. Gelberg gab M. 1971 einen Auftrag, der seinem Sprachbastelsinn entsprach. Es entstand „Eins, zwei, drei – mach vielerlei!", ein „Bilder-Verwechsel-Buch mit 8000 Tauschgeschichten" (1971), die graphische Gestaltung übernahm W. Blecher. Jede Seite des Buches ist durch zwei Schnitte dreigeteilt, so daß man die Sätze zu immer neuen Texten durch Verblättern kombinieren kann.

1974 erschien dann „Worte kann man drehen". M. macht darin die Sprache selbst zum Thema. Es entstehen konkrete Gedichte für Kinder, in denen die Beziehungsaspekte von gewöhnlichen Aussagen aufgedeckt und die Mechanismen von Sprache einsichtig werden. M., der als Grundschullehrer seine Texte mit Kindern ausprobiert, ist mit diesem Buch die Gratwanderung zwischen Abstraktion und Sinnlichkeit geglückt, die konkrete Poesie wirksam und für Kinder brauchbar machen kann. Adäquat dazu sind die Collagen von G. Stiller. Der Sprung von der durch Sprache bestimmten Nonsensepoesie zur die Sprache durch sich selbst durchschaubar machenden konkreten Poesie hat inzwischen auch andere Autoren weiterbewegt, etwa K. W. Peukert zu „Lesen ist Sehen" (1975).

→ M. Sendak, → T. Ungerer

Werke: Lügenverse (1965); Die dreißig Huete (1966); Konrad (1969); Eins, zwei, drei – mach vielerlei! (1971); Worte kann man drehen (1974); Eß- und Trinkgeschichten (1974); Adam hinter dem Mond (1976).

Karlhans Frank-Ostkamp

Marcks, Marie

*Karikaturistin, Cartoonistin und Grafikerin; *25. 8. 1922 Berlin.*

Da M.s Mutter eine private Kunstschule leitete, wurde sie schon in der Schulzeit zu eigenen Zeichnungen angeregt und zu anschließendem Kunst- und Architekturstudium in Berlin und Stuttgart motiviert. Auf der Weltausstellung in Brüssel „Expo 58" gestaltete die Grafikerin für die Bundesrepublik die Sektoren Bauen und Wohnen; 1964 war sie an der Ausstattung des deutschen Standes „Atoms for Peace" in Genf beteiligt. Seit Mitte der sechziger Jahre erscheinen von M. kritische „cartoons", vornehmlich zu erzieherischen Problemen und tagespolitischen Fragen in Fach-, Tages- und Wochenzeitungen. Daneben wirkte sie bei Zeichentrickfilmen zu Problemen der Urbanisierung und des modernen Städtebaus (city life, 1966) sowie der Verflechtung von Forschung und Rüstung (Genie und

Marie Marcks (* 1922). Doppelseite aus ihrem Buch „Immer ich! Bildgeschichte eines ereignisreichen Tages" (Reinbek 1976).

Vögel, 1968) mit. Seit 1960 illustriert M. Kinderbücher. Sie lebt in Heidelberg.

Werk, Tendenzen, Wirkung. M. ist die einzige Frau, die im vergangenen Jahrzehnt durch kritisch karikierende Zeichnungen zu aktuellen Problemen hervorgetreten ist. Ihre Arbeiten wurden u.a. in der „Süddeutschen Zeitung", der „Zeit", „b:e" (betrifft: erziehung), „Spielen + Lernen", „Gesamtschule", „Schule", „Schöne Welt", „Bauwelt", „ÖTV-Magazin" veröffentlicht. Sammlungen der verstreuten Einzelarbeiten erschienen 1974 mit verbindendem Kommentar im Raith-Verlag, Starnberg, unter dem Titel „Ich habe meine Bezugsperson verloren!" und „Weißt du, daß du schön bist?". Neben Filmen, Fernsehproduktionen, Postern und Plakaten liegt M.s Hauptbetätigungsfeld im Bereich der aktuellen Karikatur, der knappen pointierten Bildgeschichte und dem zupackenden Comic. In ihren Arbeiten nimmt sie zu folgenden pädagogischen und gesellschaftspolitischen Themen von einem progressiven Standort aus Stellung: Autoritäre und antiautoritäre Erziehung; Folgen und Auswirkungen der studentischen Rebellion von 1968; Funktion des Deutschen Bildungsrates; Diskussion um den § 218; Vorschulboom; Lehrermangel und Lehrerschwemme; Leistungs- und Zensurendruck in der Schule; Emanzipation der Frau; Partnerschaft zwischen Kind und Erwachsenen; Abbau sexueller und allgemein gesellschaftlicher Tabus; Rollenfixierung von Mann, Frau und Kind.

Kindern und Jugendlichen gehen die Federzeichnungen der M. deshalb leicht ein, weil oft die Perspektive der Betroffenen und Abhängigen eingenommen wird. In Blasen, die häufig zu mächtigen Wolken aufgebläht sind, werden rasch erfaßbare Dialoge oder politische Aussagen und auf verschiedenen Sprachebenen angesiedelte Texte, Botschaften und hohle Sprüche geboten. Mit aufklärerischer Intention versucht sie die aktuelle Diskussion zur Mengenlehre, zur Curriculum-Forschung, zu überfüllten Klassen sowie vulgarisierten Sozialisationstheorien ohne nachfolgende Praxis freundlich zu entlarven. Nie ist ihr Humor und Witz verletzend oder demolierend, immer jedoch originell und von hohem Informationswert. – Die „cartoons" der Grafikerin enthalten gewöhnlich eine in sich geschlossene Geschichte, in der bereits Kinder im Grundschulalter ihre eigene Rolle in der Familie, in der Schulklasse und der weiteren Gesellschaft erkennen. Jugendlichen Rezipienten wird in zugespitzter Form ihre Situation in der Lehr- und Ausbildungszeit unmißverständlich vor Augen geführt.

Werke: R. O. Wiemer: Pit und die Krippenmänner (1960, ²1963); R. O. Wiemer: Nele geht nach Bethlehem (1963; NA. 1972); R. O. Wiemer: Der gute Räuber Willibald (1965); H. Pauli: Mariechen wirf den ersten Stein (1973); M. Marcks: Ich habe meine Bezugsperson verloren (1974); M. Marcks: Weißt du, daß du schön bist? (1974); M. Marcks: Immer ich (1976); I. Bachér: Das war doch immer so (1976).

Horst Künnemann

Mari, Iela

Italienische Grafikerin, Bilderbuchillustratorin, teilweise Zusammenarbeit mit Enzo M. (1932); * 10. 3. 1931 Mailand.*

M. studierte von 1949 bis 1954 an der Kunstakademie von Brera und ist seitdem als freischaffende Grafikerin in Mailand tätig. Von 1955 bis 1965 hat sie gemeinsam mit ihrem Mann, dem Designer Enzo M., gearbeitet und während dieser Zeit mit Versuchen und Studien über die visuelle Aufnahmefähigkeit von Vorschulkindern begonnen; hieraus entstanden Bilderbücher und Entwürfe für Spielmaterialien. – Bereits M.s erstes Buch, „Il palloncino rosso" (1967; dt. Der wunderbare Luftballon, 1968), wurde mehrfach ausgezeichnet (u.a. 1968 Diplôme Loisir jeune, 1969 Auswahlliste zum Deutschen Jugendbuchpreis). 1971 erhielt sie zusammen mit E. M. den Deutschen Jugendbuchpreis für „La mela e la farfalla" (1969; dt. Der Apfel und der Schmetterling, 1970), 1973 wurde an M. für „L'albero" (1972; dt. Ein Baum geht durch das Jahr, 1973) der Premio grafico Fiera di Bologna vergeben.

Werk, Tendenzen, Wirkung. Metamorphose ist das Grundthema der Bilderbücher von M. Dargestellt werden Entwicklungsabläufe in der Natur (aus dem Ei entsteht ein Küken, aus der Raupe ein Schmetterling, die Jahreszeiten verändern einen Baum und seine Umgebung) sowie Metamorphosen (so wird z.B. aus einem Apfel ein Schmetterling, eine Blüte, ein Schirm). Vorrangig geht es dem Grafikerehepaar nicht darum, sachliches Wissen zu vermitteln, sondern um den bildnerischen Umgang mit Gestaltveränderungen. Alle Bilderbücher sind textlos. Sie fordern das genaue Betrachten und Interpretieren sowohl des einzelnen Bildes als auch der gesamten Bildserie, die erst als Einheit den Prozeß der Formveränderung klar macht. Häufig werden angeschnittene Figuren gezeigt, ungewohnte Bildausschnitte. Das gibt zum einen die Möglichkeit, auf das thematisch Entscheidende hinzuweisen, zum anderen kann vermittelt werden, daß eine andere Perspektive ein neues Abbild von Formen schafft. Stereotype werden so bewußt vermieden. In diesen Zusammenhang gehört auch, daß man mitunter in Gegenstände hineinsehen kann, z.B. in das Ei, aus dem bald ein Küken schlüpfen wird.

Die konsequent zweidimensional gestalteten Bilder werden auf weißen oder auch farbigen Hintergrund gelegt. Kein zusätzliches Detail lenkt vom Wesentlichen ab. Die Figuren sind stark vereinfacht, was eine größere Wandlungsfähigkeit impliziert. Im allgemeinen sind Flächen nicht strukturiert; eine Ausnahme bildet „L'uovo e la gallina" (1969; dt. Die Henne und das Ei, 1970), wo sorgfältige Strichelungen Oberflächen charakterisieren (z.B. die minutiös gezeichneten Federn des Huhns). Die wenigen und leuchtenden Farben werden in erster Linie als Signal eingesetzt. Selten sind sie – wie in „Ein Baum geht durch das Jahr" – Mitträger des Entwicklungsablaufs. Bei aller gestalterischen Fantasie sind die Bilder von grafischer Strenge getragen.

Einige verspielte Ideen findet man allenfalls in den zuletzt entstandenen Bändchen „Ein Seeigel und was daraus wird“ (1974) und „Die blaue Kugel und alles was rund ist“ (1974), deren Originalität nicht an frühere Bücher heranreicht.
Das gemeinsame Werk von I. und E. M. ist wegweisend, weil es Sachinformation und grafische Gestaltung zu geglückter Übereinstimmung bringt. Im Gegensatz zu anderen textlosen Bilderbüchern (z.B. von A. Mitgutsch) geht es nicht darum, daß Kinder Details wiedererkennen, sondern daß sie erfahren, Bildabläufe wie in einem Film im Zusammenhang zu sehen. Das künstlerische Konzept, basierend auf Überlegungen und Experimenten über die visuelle Kommunikation von Vorschulkindern, birgt die Chance, Sehbewußtsein wie Sprachbewußtsein zu entfalten.

Werke: I. Mari: Il palloncino rosso (1967; dt. Der wunderbare Luftballon, 1968); I. Mari: L'uovo e la gallina (1969; dt. Die Henne und das Ei, 1970, ⁴1974; zus. mit E. Mari); I. Mari: La mela e la farfalla (1969; dt. Der Apfel und der Schmetterling, 1970, ⁴1974; zus. mit E. Mari); I. Mari: L'albero (1972; dt. Ein Baum geht durch das Jahr, 1973, ²1974); I. Mari: Ein Seeigel und was daraus wird (1974); I. Mari: Die blaue Kugel und alles was rund ist (1974).

Hannelore Jouly

Marionettentheater → Puppenspiel

Mark Twain → Twain, Mark

Marryat, Captain Frederick

*Britischer Seeoffizier, später Schriftsteller und Verfasser von Seeromanen; *10. 7. 1792 London, †9. 8. 1848 Langham (Norfolk).*

M. diente seit 1806 in der britischen Marine. Die Royal Society wählte ihn 1819 zu ihrem Fellow, da er sich um die Entwicklung der Flaggensignale für die Handelsmarine verdient gemacht hatte. Sein erstes Kommando als Kapitän 1820 war die „Beaver“, die Napoleon auf St. Helena bewachte. Als M. 1830 seinen Abschied nahm, um sich schriftstellerischer Arbeit und später auch seiner Farm in Norfolk zu widmen, hatte er an über hundert Seegefechten im Mittelmeer und im ersten Burmesischen Krieg (1824–1826) teilgenommen, war mehrmals verwundet und wiederholt militärisch ausgezeichnet worden.

Werk, Tendenzen, Wirkung. M. begann als Autor von Seeromanen, wobei ihm die Beobachtungen und Erfahrungen von vierundzwanzig Jahren zur See als Rohstoff dienten. Der Seeroman als Spielart des Abenteuerromans entsprach dem Bedürfnis der Zeit, die zum Idol der Nation erhobene Marine auch literarisch zu feiern, und zwar durch Darstellung ihrer im einfachen Mann verkörperten heroischen Tugenden. In diesem Sinne hat noch J. Conrad im Essay „Tales of the Sea“ (1898) M.s schriftstellerische Leistung eindringlich charakterisiert und sich zu M. als einem einflußreichen Vorbild bekannt. M.s fortdauernde Bedeutung für die englische Literatur wurde nach J. Conrad von V. Woolf in der monographischen Vignette „The Captain's Death-Bed“ (1935) kritisch-abwägend gewürdigt. Im Kompositorischen sah V. Woolf die Schwäche von M.s Romanen. Sie sind nicht auf Höhepunkte hin komponiert und wirken daher leicht monoton.
Von M.s Seeromanen haben nur der pikardische „Peter Simple“ (1834) und der vergnügliche „Mr. Midshipman Easy“ (1836) Zeit und literarische Mode überdauert. Sie sind noch heute in billigen englischen Taschenbuchausgaben verbreitet und werden auch von Jugendlichen viel gelesen. Beide Bücher, wie auch die anderen Seeromane von M., wurden fast immer unmittelbar nach ihrem Erscheinen ins Deutsche übersetzt. Die Vielzahl von Einzel- und Gesamtausgaben in den folgenden Jahrzehnten bezeugen die Beliebtheit seiner Werke auch in Deutschland.
Erst gegen Ende seines Lebens schrieb M. ausdrücklich erzählend für Kinder. Seine „Juvenile Library“ begann mit einem Werk, das nach dem Wunsche seiner eigenen Kinder eine Fortsetzung des „Swiss Family Robinson“ werden sollte. Aber M. wollte seine eigene Robinsonade schreiben. Das Resultat war „Masterman Ready, or The Wreck of the Pacific“ (1841/42). Im Vorwort nimmt sich M. den Schweizerischen Robinson kritisch vor. Die Geschichte sei unwahrscheinlich, ja nicht einmal möglich. Durch Unkenntnis oder mangelnde Sorgfalt seien die Beschreibungen des Lebens an Bord, die Erläuterungen zur Geographie, Fauna und Flora der Insel unzutreffend. M. will dagegen in seinem Buch einen Realismus setzen, der die Kinder zum Nachdenken und Lernen anregt. In letzterer Hinsicht tut M. eher zu viel. Die belehrenden und religiös-erbaulichen Gespräche, die Masterman Ready und Vater Segrave mit dem jungen lernbegierigen William führen, sind hausbacken und schulmeisterlich. Die dennoch anhaltende Popularität des Buches beruht auf seiner sprachlich klaren und bildstarken Aufbereitung altbewährter Abenteuermotive wie Schiffbruch, Inselleben, Kämpfe mit Eingeborenen, der glücklichen Rettung; und nicht zuletzt auf der bis in den Tod getreuen Tutor-Figur Readys. Die erste deutsche Übersetzung erschien 1834 bei Schmidt & Spring in Stuttgart. Sie stammte von F. Hoffmann (1814–1882) und trug den Titel „Der neue Robinson oder Schiffbruch der Pacifik“. Etwas später, aber noch im gleichen Jahr, brachte der Verlag Teubner in Leipzig eine neue Übersetzung und Bearbeitung von H. Laube (1806–1884) heraus. Unter dem neuen Titel „Sigismund Rüstig, der Bremer Steuermann“, von dem Verleger Teubner erfunden, wurde der „Sigismund Rüstig“ in der zweiten Hälfte des 19. Jahrhunderts zur beliebtesten und verbreitetsten Robinsonade für deutschsprachige junge Leser. Das Buch hält sich bis heute im Angebot deutscher Kinder- und Jugendbuchverlage, erst 1975 erschien im Heyne-Verlag eine Taschenbuchausgabe für Kinder.
M.s zweites Jugendbuch, „The Settlers in Canada“ (1844) wurde durch einen langjährigen Amerikaaufenthalt M.s angeregt.

Das folgende Werk „The Mission, or Scenes in Africa" (1845) gilt als ein Fehlschlag und ist heute völlig vergessen. M.s bedeutendstes Jugendbuch ist „The Children of the New Forest" (1847). Es hat die Auseinandersetzungen zwischen Cavaliers und Roundheads im englischen Bürgerkrieg und unter dem Protektorat CROMWELLS zum Thema. Colonel Beverly, mit dem königlichen Heerführer Prinz Ruprecht befreundet, fällt bei Naseby (1645) und hinterläßt auf seinem Landsitz Arnwood im New Forest vier verwaiste Kinder. Als die Roundheads Arnwood niederbrennen, werden die totgeglaubten Kinder von dem treuen Wildhüter Jacob versteckt und im Walde von ihm auf das einfachste und praktischste erzogen. Der älteste Sohn Edward zeigt bald die soldatischen Tugenden seines Vaters, während sich der jüngere Humphrey zum technisch begabten Farmer entwickelt. Die Handlung gewinnt an Konfliktstoff, als der royalistische Edward den Commonwealth-Verweser Heatherstone und dessen Tochter Patricia kennenlernt. Am Ende des Buches stellt die Restauration die Rechte der Beverleys wieder her. Trotz der Parteinahme M.s für die Königspartei und trotz einer stark idealisierten Charakterzeichnung verfällt M. nicht in eine grobe Schwarz-Weiß-Zeichnung. Die Stärke des Buches liegt zweifellos in der detaillierten und stimmungsstarken Schilderung des einsamen Waldlebens. Die etwas umständliche Ausbreitung des geschichtlichen Hintergrunds am Anfang und die panoramaartigen Raffungen am Ende des Buches zeigen noch die erzähltechnische Unbeholfenheit eines sich erst mit diesem Werk etablierenden neuen Genres, des historischen Romans für Kinder. Das Buch ist zum englischen Jugendbuchklassiker geworden, mehrere Ausgaben sind ständig auf dem Markt.

Mit dem posthum von seinem Sohn Frank fertiggestellten „The Little Savage" (1848/49) versuchte sich M. noch einmal mit einer Robinsonade.

Werke: Peter Simple (1834; dt. Peter Simpel, 1835); Jacob Faithful (1834; dt. Jakob Ehrlich, 1836); Mr. Midshipman Easy (1836; dt. Mr. Midshipman Easy, 1836); The Phantom Ship (1839; dt. Das gespenstische Schiff oder der fliegende Holländer, 1837–1839); Masterman Ready, or The Wreck of the Pacific (1841/42; dt. Der neue Robinson oder Schiffbruch der Pacific, 1843. Im gleichen Jahr auch unter dem Titel „Sigismund Rüstig"); The Settlers in Canada (1844; dt. Die Ansiedler in Canada, 1844); The Mission, or Scenes in Africa (1845; dt. Die Sendung oder Scenen in Afrika, 1845); The Children of the New Forest (1847; dt. Die Kinder des Neuwalds, 1852); The Little Savage (1848/49). – R. B. Johnson (Hrsg.): The Novels of Captain Marryat (Bd. 1–24. 1896–1898. NA. 1929/30).

Sekundärliteratur: J. Conrad: Tales of the Sea (in: J. Conrad: Notes on Life and Letters. 1924. 53–57). – D. Hannay: Life of Frederick Marryat (1889, NA. 1973). – Fr. Marryat: Life and Letters of Captain Marryat (Bd. 1–2. 1872). V. Woolf: The Captain's Death-Bed (in: V. Woolf: The Captain's Death-Bed and Other Essays. 1950. 39–48). – O. Warner: Captain Marryat, a Rediscovery (1953); Marryat (in: The Junior Bookshelf. 17. 1953. 91–94).

Wolfgang Schlegelmilch

Maršak, Samuil Jakovlevič

*Russischer Lyriker, Kinderbuchautor und Theoretiker, Übersetzer; *3. 11. 1887 Woronesh, †4. 7. 1964 Moskau.*

M., Sohn eines Angestellten, kam 1901 mit seiner Familie nach Petersburg und lernte dort M. GOR'KIJ (1868–1936) kennen, der ihm zu einem zweijährigen Besuch des Gymnasiums in Jalta verhalf (1904–1906). Unter dem Einfluß und der Betreuung durch M. GOR'KIJ schrieb M. seine ersten Gedichte und politischen Feuilletons. Von 1912 bis 1914 studierte er in London. Nach der Revolution kam M. über die Mitarbeit an den Kinderzeitschriften „Vorobej" (Der Spatz) und „Novyj Robinson" (Der neue Robinson) zur Kinderliteratur. Ab 1924 leitete er die Abteilung Kinderliteratur des Leningrader Staatsverlags. Auch als Leiter der Sektion Kinderheime und Kinderkolonien in Krasnodar (1920–1922) und später als Direktor des Petrograder Jugendtheaters hatte er sich mit Kinderliteratur zu befassen. In den Jahren 1929/30 wurde M. zusammen mit K. ČUKOVSKIJ (1882–1969) in die Auseinandersetzung der Pädagogen um Bedeutung und Rolle des Humors in der Kinderliteratur verwickelt. Wie VL. MAJAKOVSKIJ (1893–1930), M. GOR'KIJ und N. KRUPSKAJA (1869–1939) setzte sich M. für eine humorvolle und optimistische Poesie für Kinder ein.

Während des Zweiten Weltkrieges arbeitete M. als Texter bei der Erstellung von Plakaten und Karikaturen im Rahmen der Arbeit des Künstlerkollektivs der Kukryniksy mit. Für diese Arbeiten erhielt er 1942 den

Samuil Maršak (1887–1964)

Staatspreis für Literatur. Sein Band „Izbrannaja lirika" (1962, Ausgewählte Dichtungen) erhielt 1963 den Lenin-Preis. M., der zu den bedeutendsten sowjetrussischen Übersetzern zu zählen ist, wurde vor allem durch seine Übertragungen und Nachdichtungen von Werken von W. Shakespeare und H. Heine ins Russische berühmt.

Werk, Tendenzen, Wirkung. Zusammen mit M. Gor'kij legte M. die Grundlagen für eine Theorie der sowjetischen Kinderliteratur. Die Situation nach der Revolution war in der Sowjetunion außerordentlich schwierig. Da die bisherige bürgerliche Literatur als wertlos erkannt und aus den Büchereien und Verlagen beseitigt wurde, stand man vor der Aufgabe, eine gänzlich neue Kinderliteratur zu schaffen. So war es notwendig, auf die klassische russische und Weltliteratur zurückzugreifen und das Gebiet der Folklore auszuschöpfen, es galt aber auch, Autoren für eine neue sowjetische Kinderliteratur zu gewinnen. An der Organisation dieser neuen Kinderliteratur war M. neben M. Gor'kij maßgeblich beteiligt.

Auf dem ersten Kongreß der sowjetischen Schriftsteller (1934) konnte M. schon über Erfolge auf dem Weg zu einer neuen sowjetischen Kinderliteratur berichten. Er betonte, daß das Kinderbuch jetzt zur Erziehung der Arbeiter- und sozialistischen Kämpfergeneration der fünfziger und sechziger Jahre beitragen müsse. In den Thesen für die Beratung im Zentralausschuß des Leninschen Komsomols schrieb M., daß die Aneignung gesellschaftlicher und wissenschaftlicher Erkenntnisse auf dem Weg über das Kinderbuch bei den jungen Lesern nur zu erwarten sei, wenn auch ihre Phantasie und ihre Gefühle angesprochen würden. Die Bände sechs und sieben der gesammelten Werke M.s von 1971 enthalten seine Aufsätze über die Kinderliteratur. Besonders die Studien im Band „Vospitanie slovom" (Erziehung durch das Wort) zeugen von M.s Anteil an der Schaffung und theoretischen Durchdringung der neuen sowjetischen Kinderliteratur, von seiner Fähigkeit, das Wesentliche in der alten und neuen Kinderliteratur herauszugreifen, und von seinen Bemühungen, das neue Kinderbuch in die schulische Literaturerziehung einzubeziehen. M., der sich in besonderer Weise für das Sachbuch für Kinder einsetzte, hat mit seinen Aufsätzen und Studien zur Kinderliteratur einen wesentlichen Beitrag zur Theorie der modernen sowjetischen Kinderliteratur geleistet, der noch heute als Modell für historische und methodische Kinderbuchforschung gelten kann.

Als Kinderbuchautor gehört M. zu den bedeutendsten Kinderlyrikern der Sowjetunion. In seinen Gedichten, die weit über die Sowjetunion hinaus in zahlreichen Übersetzungen bekannt und verbreitet wurden, verknüpft M. wie Vl. Majakovskij Kinderlyrik mit gesellschaftlichen Problemen der unmittelbaren Gegenwart. So versucht der Autor mit seinen teils märchenhaften, teils realistischen Gedichten, den jungen Lesern die Normen einer sozialistischen Verhaltensweise nahezubringen. Mit dem Gedichtband „Detki v kletke" (1923; dt. Kinderchen im Käfig, 1947) bekannt geworden, erreichte M. bereits mit den Dichtungen „Počta" (1927; Die Post) und „Včera i segodnja" (1925; dt. Gestern und heute, 1968) große Popularität. In der Dichtung „Vojna s Dneprom" (1931, Der Kampf mit dem Dnepr) liefert M. eine bildreiche Schilderung von der Erstellung des ersten großen Wasserkraftwerkes der Sowjetunion am Dnepr, in der erstmals sozialistische Wirklichkeit unmittelbar in poesievolle Kinderlyrik umgesetzt wird. Grundmotive dieser Versdichtung sind der Mensch als Beherrscher der Technik und die Gemeinschaft sozialistischer Menschen im Kampf gegen die Natur. Besonders beliebt bei Kindern wurde „Mister Twister" (1933; dt. Mister Twister, 1950), eine Versgeschichte, die, als politisches Pamphlet für Kinder angelegt, die Reise eines reichen Amerikaners durch die Sowjetunion schildert, auf der diesem eine Lektion hinsichtlich Rassendiskriminierung erteilt wird. „Rasskaz o neizvestnom geroje" (1938, Erzählung vom unbekannten Helden) handelt von der Suche nach einem Jungen, der ein kleines Mädchen aus einer brennenden Wohnung gerettet hat und der vor dem Anrücken der Feuerwehr verschwunden ist. Der unbekannte kleine Held bleibt unentdeckt, doch gibt der Autor selbst die Antwort auf die Frage, wie man den Jungen finden soll, wenn er feststellt: Bei uns ist jeder zur mutigen Tat selbstlos bereit!

Auch als Dramatiker für Kinder wurde M. vor allem mit den Spielen „Koškin dom" (1945; dt. Das Katzenhaus, 1957) und „Dvenadcat mesjacev" (1946; dt. Die zwölf Monate, 1947) bekannt.

→M. Gor'kij, →Vl. Majakovskij, →UdSSR

Werke: Detki v kletke (1923; dt. Kinderchen im Käfig, 1947); Včera i segodnja (1925; dt. Gestern und heute, 1968); Počta (1927); Vojna s Dneprom (1931); Mister Twister (1933; dt. Mister Twister, 1950); Rasskaz o neizvestnom (1938); Počta vojennaja (1944); Koškin dom (1945; dt. Das Katzenhaus, 1957); Dvenadcat mesjacev (1946; dt. Die zwölf Monate, 1947); Otkuda stol prišel (1946; dt. Wo kommt der Tisch wohl her?, 1952); Kak pečatali knigu etu (1951; dt. Wie euer Buch gedruckt wurde, 1952); Veseloje putetešestvije ot A do Ja (1953); Sočinenija w 4 tomach (1957); Izbrannaja lirika (1962).

Sekundärliteratur: B. Galanov: S. J. Maršak (1956); Er dichtet für die Kinder des Sowjetlandes (in: Sowjetliteratur. 1958. H. 4. 198–201). – Fr. Leschnitzer: Ein Erzieher von Millionen (in: Neue deutsche Literatur. 1964. H. 9. 174–176). – V. Smirnova: S. J. Maršak (1954); Ein Dichter für Groß und Klein (in: Sowjetliteratur. 1955. H. 3. 160–163).

František Holešovský

Martin, Hansjörg

*Autor von Kinder- und Jugendbüchern sowie Kriminalgeschichten; *1. 11. 1920 Leipzig.*

M., in Leipzig aufgewachsen, begann dort mit dem Studium an der Kunstgewerbeschule und später der Akademie der Künste. Seine Fächer waren Gebrauchsgrafik und angewandte Kunst. Nach dem Zweiten Weltkrieg war er nacheinander Clown, Schaufensterdekorateur, Leiter des Volksbildungsvereins in Norden/Ostfriesland, Bühnenbildner, Lehrer und Gebrauchsgrafiker; von 1955 bis 1962 dann Redakteur einer Werk- bzw. Mitarbeiterzeitschrift in Hamburg. Anschließend wirkte er als Filmdramaturg (Werk-, Industrie- und Schulungsfilmproduktion). Anfang der fünfziger Jahre erschienen seine ersten Kinder- und Jugendbücher, auch Krimis. M. lebt seit 1965 als freier Autor in Wedel/Holstein. Er ist seit 1949 verheiratet und hat drei Kinder.

Werk, Tendenzen, Wirkung. Zum umfangreichen Oeuvre M.s gehören neben seinen zum Teil in hohen Auflagen verbreiteten Kinder- und Jugendbüchern und den Kriminalstories zahlreiche Kriminal-, Kinder- und Schulfunkhörspiele. Ebenso schuf M. ca. 150 „Sandmännchen"-Episoden und mehrere Kinder- und Kriminalfilme fürs Fernsehen. Ein Opernlibretto, der Text zum Kindermusical „Zirkus Popolino" und ein zusammen mit einer vierten Klasse entstandenes Kindertheaterstück gehören zu seinen Arbeiten.
Die Mehrzahl der Texte M.s, die für Kinder und Jugendliche bestimmt sind, gehört dem Genre Abenteuererzählung mit großer Nähe zur Detektivgeschichte an. Oft stellt M. eine Gruppe in den Mittelpunkt der Geschichte. Diese gerät in schwierige Situationen, die jedoch fast immer spielend überwunden werden. Zuweilen mangelt es den spannungsreichen Geschichten an innerer Notwendigkeit. Die Lösung des Falls geschieht häufig durch unvorhergesehenes Eingreifen von seiten Dritter. Der Tenor seiner Geschichten geht dahin, die Kinder aufzufordern, Gutes zu tun und Böses seiner gerechten Strafe zuzuführen; so in der Reise- und Spionagegeschichte „Toms und Tobbys tolle Trampfahrt" (1951), in „Johann der Dreizehnte" (1955), in der abenteuerlichen Hundegeschichte „Ich heiße Flaps" (1963) und auch in „Ping Pong bleibt die Spucke weg" (1965). Deutlich läßt sich dann bei M. eine Entwicklung feststellen, die ihn von dem belanglosen und trivialen Kinderkrimi wegführt. Seine Themen wenden sich mehr und mehr den Alltagsproblemen von Kindern in einer „erwachsenen Umwelt" zu und beschreiben die keineswegs kinderfreundliche Situation zwischen Beton und Asphalt. Zugleich ist auffällig, wie mit dem thematischen Wandel auch das soziale Milieu, in dem die Geschichten spielen, sich ändert. Waren in seinen frühen Abenteuergeschichten die Personen zumeist Angehörige der gehobenen Mittelschicht, gehören die Familien der Kinder seiner neueren Bücher zumeist der Klasse der Lohnabhängigen an, so z. B. in „Ein buntes Auto und ein schwarzes Schwein" (1972), ein Buch, das anders als die vorhergehenden, problemgeladen ist. Wohn- und Spielprobleme lassen eine Gruppe Kinder zusammenwachsen. Sie bilden die „Platzbande". Um einmal aus der Betonumwelt ihres Stadtteils herauszukommen, beschließen sie, kleinere Arbeiten anzunehmen und von dem gemeinsam ersparten Geld ein Auto zu kaufen. Sie haben jedoch nicht durch eigene Arbeit Erfolg, sondern weil einer der Jungen die Tochter eines reichen Händlers rettet. Die Handlung ist in ein nichtemanzipatives Schema eingespannt. Der „Chef" ist immer zugleich auch der Beste. Den Übergang zu einer neuartigen Behandlung des Emanzipationsproblems leistet M. in „Spiele auf Spiekeroog" (1973), das er zusammen mit der sechsten Klasse einer Hamburger Hauptschule schrieb. Kinder aus unterschiedlichstem sozialem Milieu treffen sich auf einer Insel in einem Reiterhof. Sie lernen Rücksicht nehmen auf die Schwächen des anderen und einander zu achten. M. gelingt es hier, in den Handlungen und Reaktionen der Beteiligten Emanzipation aufscheinen zu lassen. Das Gute wird wie selbstverständlich getan. So, wenn ein Kind ein anderes kritisiert, weil dieses die Tatsache, daß es große Gemeinheiten gibt, die es angreift, benutzt, um selber seine kleinen alltäglichen Gemeinheiten zu rechtfertigen. Zugleich sind in diesem Buch die Charaktere nicht von vornherein festgeschrieben, vielmehr werden Entwicklungen aufgezeigt. Wieder auf eine andere Weise nähert M. sich den alltäglichen Schwierigkeiten der Kinder in der Großstadt in seinem skurrilen und fantastischen Buch „Ist der Mars aus Marzipan" (1975). Suse, Bert und Andreas müssen täglich erfahren, daß die Welt nicht so ist, wie Kinder es sich wünschen. So müssen sie sich z. B. damit zufrieden geben, daß kein Spielplatz in der Nähe ist und ihnen nur der Platz hinter dem Supermarkt bleibt. Die Geschichte beginnt spannend zu werden, als die Kinder dort halb verhungert und erfroren Tarzan, den Urwaldhelden, entdecken.
In der Boxergeschichte „K. o. und o. K." (1975) steht der Arbeiterjunge Jonny im Zentrum. Er lernt, daß es mit „K. o. und o. K." eben nicht getan ist, sondern alles darauf ankommt, verantwortlich und selbstbewußt zu handeln. Er tut es in einer Situation, in der es niemand von ihm erwartet hätte. Bei seinem ersten, lange erhofften Profiboxkampf wirft er vorzeitig das Handtuch, obwohl er den Gegner in der ersten Runde bereits stark angeschlagen hatte und nur der Gong den anderen rettete. Betroffen mußte er mitansehen, wie die Betreuer seines Gegners alles tun, um ihn doch noch wieder fit zu kriegen und in die nächste Runde in einen aussichtslosen Kampf schicken. Jonny will diese Brutalität nicht mitmachen. Er realisiert plötzlich, daß, anders als in seinem früheren Amateurboxverein, im Boxgeschäft Geld alles und Sportlichkeit nichts gilt.
Dem Indianerbuch wandte M. sich in dem schon früher erschienenen „Überfall am Okeechobee" (1972) zu. Diese Geschichte berichtet von der vergangenen und gegenwärtigen Unterdrückung der nordamerikanischen Indianer durch die weiße Bevölkerung. Der Leser erfährt, daß es in einigen Reservaten heute noch Indianer gibt, die so leben wie ihre Vorfahren und sich nicht von der „weißen" Zivilisation vereinnahmen lassen. Ein roter Faden zieht sich in dem Bericht von der Unterwerfung der Indianer durch weiße Siedler zur Ausbeutung der schwarzen amerikanischen Bevölkerung und dem Völkermord in Vietnam. Deutlich stellt M. den Unterschied zwischen indianischer und weißer Kultur dar. Er schreibt: „Nur der Indianer kann hier (d.i. in den Sumpfgebieten) leben, weil er mit den

Gesetzen der Wildnis lebt und mit den Tieren – nicht gegen sie, wie der Weiße." Unproblematisch ist das Ganze dennoch nicht, weil bei M. Befreiung quasi nur das Thema der Erzählungen seiner Personen ist und nicht unmittelbar in ihre Handlungen eingeht oder gar ihnen entspringt. Alles spielt sich weiterhin in althergebrachten, autoritätsfixierten Bahnen ab, die eben gerade nicht befreiend sind. Hinzu kommt, daß die Guten gut und die Bösen böse sind. Weder werden Ursachen des Bösen deutlich, noch werden dem Bösen Entwicklungs- oder Änderungschancen angeboten oder zugestanden.

Werke: Toms und Tobbys tolle Trampfahrt (1951, ^{5}1958); Till mit dem Bauchladen (1952, ^{4}1960); Der Sieg der Sieben (1953); Johann der Dreizehnte (1955, ^{2}1965); Diebe, Nacht und Nebel (1956); Jenny und Jochen (1959); Ich heiße Flaps (1963, ^{4}1967); Susanne sieht die See (1962, zus. mit I. Schreiber); Ping-Pong bleibt die Spucke weg (1965, ^{3}1968); Vier vermummte Gestalten (1969); Ein buntes Auto und ein schwarzes Schwein (1972, ^{2}1974); Überfall am Okeechobee (1972, ^{5}1976); Spiele auf Spiekeroog (1973, ^{3}1976); K.o. und o.K. Eine Boxergeschichte (1975).

Hrsg.: Bommi ist tot und Tim hat Geburtstag (1976).

Winfred Kaminski

Maruki, Iri
Maruki, Toshi

*Maruki, Iri; *20. 6. 1901 Hiroshima; Maruki, Toshi; *11.2.1912 Hokkaido. Japanische Maler, Grafiker, Kinderbuchillustratoren.*

I.M. studierte alte japanische Kunst in Osaka und Kyoto. Er fand schon früh als Maler Anerkennung, war einer der Mitbegründer des Künstlervereins „Rekitei" und der „Art and Culture Association", seit 1946 gehört er zur „Avant-garde Art Association".
T.M. studierte an der Frauenuniversität der Schönen Künste. Seit 1941 ist sie mit I.M. verheiratet. Beide Künstler arbeiten eng zusammen. Berühmt wurden sie durch die „Bilder der Atombombe" (1948–1967), für die sie 1952 mit dem Internationalen Kulturpreis für den Weltfrieden ausgezeichnet wurden. 1967 wurde das Maruki-Museum eröffnet, in dem dieser zehnteilige Bilderzyklus ausgestellt ist. I.M. arbeitet in erster Linie als freier Maler, während seine Frau als Illustratorin von Bilderbüchern das größere und vielseitigere Werk aufzuweisen hat. Sie leben heute in der Provinz Saitama. Auf der Biennále ilustrácií Bratislava (BIB) erhielt I.M. 1967 ein Anerkennungsdiplom für die Illustration zu dem alten japanischen Märchen „A Dumpling that Rolled Down in the Mice's Paradise" (1967; Text von T. Seta); 1971 wurde auf der BIB an das Ehepaar M. ein Goldener Apfel für „Japanese Legend" (Bd. 1 und 2. 1970) vergeben.

Werk, Tendenzen, Wirkung. Das Künstlerehepaar I.M. und T.M. gehört zusammen mit dem ebenso bedeutenden Illustrator S. Akaba (*1920) zu den Pionieren des modernen japanischen Bilderbuchs. Sie legen an ihre Illustrationen den gleichen Maßstab an wie an ihre freie Malerei. Aber während bei I.M. das Erlebnis und die Beschäftigung mit dem Bildeindruck der Atombombe seinem ganzen Werk einen fast düsteren Charakter gegeben hat, der sich auch in der Illustration für Kinder ausdrückt (z.B. in „A Dumpling that Rolled Down in the Mice's Paradise"), ist seine Frau voll kindgemäßer Phantasie und Erfindungskraft. Sie hat slowakische und russische Volksmärchen illustriert und dabei die slawische Formenwelt mit japanischer Malweise verbunden (Rabbit's little House, 1969; Twelve Months, 1971). In ihrem frühesten und zugleich populärsten Bilderbuch, „Orchestra of the Sea" (1964; Text von Y. Obuka), findet sie zu dem Thema „Fische, Meer und Musik" ganz eigene Formen, in denen sie am stärksten vom Stil ihres Mannes abweicht. Dennoch zeigt sich in ihrem gemeinsam geschaffenen Werk „Japanese Legend", wie verwandt ihre Auffassungen im Künstlerischen sind: Beide pflegen einen freien malerischen Stil in kühner Pinseltechnik. Während I.M. diesen Stil kompromißlos durchhält, durchsetzt seine Frau ihre Bilder mit zeichnerischen Elementen, die den Ablauf der Geschichte leichter erkennen lassen und sie so dem kindlichen Verständnis näher bringt.

Maruki, Iri
Werke: The story of Pica-Dong (1950); T. Seta: A dumpling that rolled down in the mice's paradise (1967); M. Matsutani: Akagami to Kurogami (1971).

Maruki, Toshi
Werke: Y. Otsuka: Orchestra of the sea (1964); R. Uchida: A rabbit's little house (1969); R. Uchida: Twelve months (1971).

Maruki, Iri und Toshi
Werke: Japanese legend (Bd. 1 und 2. 1970).

Bettina Hürlimann

Massenmedien und Kinder- und Jugendliteratur

Unter M. werden „Schriften, Ton- und Bildträger, Abbildungen und andere Darstellungen" (lt. StGB, § 11, Abs. 3) verstanden – also Bücher, Zeitschriften, Zeitungen, Filme, Tonbänder, Schallplatten –, wenn die transportierten Aussagen und Informationen an eine unbegrenzte Öffentlichkeit gerichtet werden und dadurch die gemachten Mitteilungen ohne direkten Korrespondenzanspruch zwischen Produzent–Distribuent einerseits und Konsument–Rezipient andererseits erfolgen. Im weiteren Sinne werden unter M. die Institutionen der Nachrichten- und Meinungsverbreitung wie Presse, Funk, Fernsehen, Film verstanden.

Mit der enormen Entwicklung der M. im Zuge der technischen Revolution (Presse- und Druckwesen; elektronische hardware besonders nach dem Zweiten Weltkrieg) werden auch Kinder und Jugendliche eine große und ökonomisch bedeutsame Konsumentengruppe: ca. 4–5 Millionen Kinder im Alter zwischen 4 und 13 Jahren sehen täglich in der Bundesrepublik fern; 80 % aller Kinder und Jugendlichen lesen Comics; 1973

wurden etwa 8 Millionen Kinderschallplatten verkauft usw.
Die M. sind in der Lage, kinder- und jugendliterarische Vorlagen zu übernehmen, zu inszenieren und medienfunktional zu verändern. Der Anschluß Minderjähriger an das Netz der M. hat zu Maßnahmen des sogenannten „Jugendmedienschutzes" und zu Überlegungen über eine Medienerziehung geführt.

→Jugendfernsehen, →Jugendfunk, →Jugendmedienschutz, →Jugendpressewesen, →Kinderfernsehen, →Kinderfilm, →Kinderfunk, →Kinder- und Jugendzeitschrift, →Kinderschallplatte, →Schülerzeitung, →Tonkassetten für Kinder und Jugendliche, →Zeitung als Kinder- und Jugendliteratur

Sekundärliteratur: K. W. Bauer und J. Vogt (Hrsg.): Kinder, Bücher, Massenmedien (in: Lesen 1. 1975). – H. Holzer: Kommunikationssoziologie (1973). – Fr. Knilli: Massenmedien und Literaturwissenschaft (in: J. Kolbe (Hrsg.): Neue Ansichten einer zukünftigen Germanistik. 1973. 290–305). – H. Künnemann: Kinder und Kulturkonsum (1972). – R. Stefen: Massenmedien und Jugendschutz (in: Schriftenreihe der Bundesprüfstelle für jugendgefährdende Schriften. 1976. H. 7).

Klaus Doderer

Matthießen, Wilhelm

*Schriftsteller, Bibliothekar; *8.8.1891 Gmünd/Eifel, †26.11.1965 Bogen/Bayern.*

M., Sohn eines Beamten, besuchte das Gymnasium in Düsseldorf und studierte dann in Berlin und Bonn Philosophie. 1915 promovierte er zum Dr. phil. Bereits während seiner Studienzeit verfaßte M. gelegentlich Beiträge für Bonner und Kölner Zeitungen. Nach kurzem Militärdienst wegen Krankheit entlassen, widmete er sich ganz der Schriftstellerei. Durch die Bekanntschaft mit dem Verleger H. von Weber erhielt M. den Auftrag, einige Romane zu schreiben. Während der Zusammenarbeit mit Weber wohnte M. mit seiner Familie in München. Für seine ersten Werke erhielt er lobende Anerkennung. Nach dem Tode Webers nach Bonn zurückgekehrt, zog er mit seiner vierköpfigen Familie in ein altes Jagdhaus im Kottenforst. Hier schrieb er den Roman „Der große Görres" (1930) und den humoristischen Roman „Die Badewanne" (1931), durch die er in ganz Deutschland bekannt wurde. Die Verbindung mit den Verlagen Herder und Schaffstein veranlaßte M. zum Schreiben von Kinder- und Jugendbüchern. Zahlreiche dieser Kinderbücher gehen auf eigene Erlebnisse in der Schulzeit zurück, andere sind von der Atmosphäre und der Umwelt des Jagdhauses im Kottenforst geprägt. Zu Beginn des Zweiten Weltkrieges ging M. als Bibliothekar nach München, später nach Steinach bei Straubing. Mit seinen zahlreichen Kinder- und Jugendbüchern, die von 1919 bis 1961 reichen, gehörte M. zu den meistgelesenen Kinderbuchautoren in Deutschland.

Werk, Tendenzen, Wirkung. Die Kinder- und Jugendbücher M.s lassen drei Schwerpunkte erkennen: Märchenhafte Geschichten für kleinere Kinder, Schulgeschichten mit detektivischem Einschlag und Abenteuererzählungen in der Nachfolge von K. May.
Vor allem M.s zahlreiche Märchenbände wurden in Kreisen der Pädagogen sehr geschätzt. Die Bände „Das Alte Haus" (1923), „Deutsche Hausmärchen" (1927, später unter dem Titel „Märchen aus dem Jägerhaus" noch bekannter geworden), „Turm der alten Mutter" (1930), „Die Grüne Schule" (1931) und „Die alte Gasse" (1931) erlebten zahlreiche Auflagen. Die Märchenerzählungen M.s zeigen eine deutliche Verwandtschaft zum Volksmärchen. Die Umwelt des Kindes ist allbeseelt. Im Kamin lebt das Feuermännchen, im Sumpf die Sumpfkerle, im Keller die Kellermännchen, im Wald die Waldfrau Immergrün, die Hexe Tannenmütterchen, der Nußknacker, die böse Hexe Spinnenkrabbel, das Heer der Kobolde und Böhmänner, aber auch der Roggenkerl und der große Zauberer Groffi Wentilator. Kleine alltägliche Ereignisse aus dem Tierleben, dem Waldleben oder dem jahreszeitlichen Wandel geben den Einstieg in das märchenhafte Geschehen. In allen Märchenbänden tauchen die gleichen Figuren wieder auf und tragen so zur Schaffung eines ganz eigenen, phantastischen Reiches bei, von dem M.s Märchenerzählungen getragen werden. Die meisten Geschichten haben eine Rahmenerzählung, die dazu führt, daß bestimmte Wesen oder Dinge ihre Geschichte erzählen. Teilweise sind M.s Märchen von einer versponnenen, symbolhaften Mystik getragen. So spie-

Schutzumschlag des Märchenbuches für Kinder „Das alte Haus" (Freiburg 1926) von Wilhelm Matthießen (1891–1965). Illustrationen: Adolf Schinnerer.

len alle Erzählungen an dem geheimnisvollen Ort „Mythikon". Der tiefere Sinn dieses Namens und der damit verbundenen symbolischen Anklänge in M.s Märchen erschließen sich oft nur dem Erwachsenen. Diese mystische Note erklärt sich sicher auch aus der religiösen Einstellung M.s, der der Ludendorff-Bewegung nahestand und seine religiösen Vorstellungen in dem 1940 erschienenen Bändchen „Kleines Bibellexikon für das Deutsche Volk" ausgebreitet hat. Er versucht darin, die Bibel als ein jüdisches Machwerk vorzustellen und erklärt im Vorwort über den Zweck seines Lexikons: „... Und so zeigen wir denn die gesamte Bibel unserem Volke auf als das Lehrbuch der ‚heiligen Füchse', als das Schulungsbuch der Völkervernichter, als die ewige Kriegserklärung gegen Freiheit und Leben der Völker, insbesondere gegen das Reich. Das ist der politische Zweck dieses Buches. Wir wollen dem germanischen ‚Gott' wieder zum Siege verhelfen. Dieser ‚Gott' unseres Reiches, dazu möge unsere Schrift das ihre beitragen, muß nun ein für allemal mit den Jahwegötzen fertig werden, damit Deutschland seinen Sieg in sich selbst rechtfertige ...". Im Gegensatz zum Volksmärchen verbindet M. aber auch mit seinen märchenhaften Geschichten eine handfeste Pädagogik. So sollten die Märchen helfen, die kleinen Leser auf ihr Leben und auf die Pflichten und Aufgaben, die auf sie zukommen, vorzubereiten. Besonders deutlich wird dies in dem Buch „Die Grüne Schule" (1931), das geradezu als Einstimmung und Vorbereitung der Vorschulkinder auf einen freudigen Schulbesuch dienen kann.
Neben E. KÄSTNERS „Emil und die Detektive" (1929) war M.s Buch „Das Rote U" (1932) die meistgelesene Detektivgeschichte der dreißiger Jahre. Im Raum der Schulgeschichte angesiedelt und mit detektivischem Akzent versehen, erzählt der Band von einer verschworenen Kinderbande, die von einem geheimnisvollen „Roten U" Briefe und Befehle erhält und diese ausführt. Ursprünglich nur Schulstreiche, wandeln sich die Aufgaben schließlich zu der Verfolgung und endlichen Überführung einer Verbrecherbande. Das „Rote U" entpuppt sich am Ende als ein bisher als Außenseiter angesehener Mitschüler. Während KÄSTNERS „Emil und die Detektive" nach 1933 nicht mehr gedruckt und in öffentlichen Bibliotheken gehalten werden durfte, konnte das „Rote U" während der Zeit des Nationalsozialismus ungehindert verbreitet werden. Dies hängt nicht zuletzt damit zusammen, daß M.s Erzählung lediglich aus der spannenden Handlung und der Aneinanderreihung der Schulstreiche lebt, fern von jeder sozialen oder weltanschaulich-humanen Absicht. Von den weiteren Umweltgeschichten M.s wurde vor allem „Das Mondschiff" (1949) gelobt, das ähnlich dem „Roten U" wieder von einer Bande von Schulkindern und deren erfolgreicher Aufdeckung eines Verbrechens erzählt.
Mit seinen Abenteuererzählungen, die im Raum um Tibet, teilweise auch im Vorderen Orient angesiedelt sind, folgt M. weitgehend dem Vorbild von K. MAY. Die Geschichten um die Figur des „Nemsi Bey" (der gleichnamige erste Band erschien 1933) erzählen von dem „deutschen Waffenschmied im Skipetarenland", den der fiktive Ich-Erzähler der Bände 1915 während des Ersten Weltkrieges kennengelernt haben will und der in oft nationalistischer Überzogenheit seine Überlegenheit in gefährlichen Abenteuern mit den wilden Bergvölkern zeigt. Eine andere Serie hat „Den Herrn mit den hundert Augen", einen pfiffigen deutschen Schiffsjungen als Hauptfigur, der eine Expedition durch Tibet begleitete und durch seine Landes- und Sprachkenntnisse, aber auch durch seinen Mut und seine schlauen Einfälle, die Expeditionsmitglieder vor zahlreichen Bedrohungen schützt.

Werke: Hans der Räuber (1919); Das Alte Haus (1923); Karlemann und Flederwisch (1926); Der Herr mit den hundert Augen. Eine Abenteuergeschichte aus den tibetischen Bergen (1927); Deutsche Hausmärchen (1927; u.d.T.: Märchen aus dem Jägerhaus, 1937); Die Katzenburg (1928); Turm der alten Mutter (1930); Die Grüne Schule (1931); Die Meisterfahrt des Herrn mit den 100 Augen (1931); Die alte Gasse (1931; u.d.T.: Hinter den sieben Bergen, 1936); Die Glocke im Berg (1932); Das Rote U (1932); Das geheimnisvolle Königreich (1933); Nemsi Bey (1933); Der Kauzenberg (1934); Das Zauberflötchen. Ein Märchenspiel (1935); Unter den Komatadschis (1935); Max und die Drei (1936); Der stille Brunnen (1936); Lieselumpchen (1936); Schatzgräber am Hollenstein (1936); Die kleinen Räuber (1936); Meier, der Dackel (1940); Kleines Bibellexikon für das Deutsche Volk (1940); Das Mondschiff (1949); Die Glücklichen Inseln (1949); Adler der schwarzen Berge (1954); Flucht aus Anatolien (1955); Mein Schirm, kein Schirm (1960); Der Garten Gloria (1961).

Helmut Müller

Matute, Ana Maria

*Spanische Autorin von Romanen und Erzählungen, auch Kinderbüchern; *26.7.1926 Barcelona.*

M. entstammt einer typischen Familie des gehobenen spanischen Bürgertums. Tiefe Eindrücke vermittelten ihr die Aufenthalte auf dem Gut ihrer Großeltern im hochgelegenen Mansilla de la Sierra (Logroño). Der Schulbesuch in einer französischen Nonnenschule Barcelonas wurde zunächst durch den Spanischen Bürgerkrieg abgebrochen, der für M. zu einem prägenden Erlebnis wurde. Ihre Schulbildung – durch Musik und Malunterricht ergänzt – wurde frühzeitig zugunsten einer intensiven schriftstellerischen Tätigkeit aufgegeben. Mit einem Erstlingswerk, das die Erlebnisse der Revolution verarbeitet, erhielt sie als 21jährige den Literaturpreis Premio Nadal, wurde in der Folge rasch berühmt und in Europa, Amerika und Rußland durch Gastvorlesungen und Vorträge bekannt. Für „El polizon del ‚Ulises'" (1965) wurde ihr 1965 der spanische Kinderbuchpreis Premio Lazarillo zugesprochen; die deutsche Ausgabe „Juju und die fernen Inseln" (1968) war 1969 auf der Auswahlliste des Deutschen Jugendbuchpreises. 1972 bekam M. für ihr jugendliterarisches Gesamtwerk den Hans Christian Andersen-Preis.

Werk, Tendenzen, Wirkung. Die Kinderbücher bilden nur einen zahlenmäßig geringen Teil ihres Oeuvres.

Allem Anschein nach verlor M. mit dem Erwachsenwerden ihres Sohnes Juan Pablo, dem zuliebe sie Kinderbücher schrieb, das Interesse daran. „Die Kinder im Zahlenland" (1971) ist ein Kunstmärchen, in dem mutige Märchenprinzen und verzagte Prinzessinnen die Schulangst bewältigen. In den phantastischen Zügen von „Yungo" (1970) fühlt man sich an die tragischen Kinderfiguren der surrealistischen Skizzen „Seltsame Kinder" (dt. 1961; spanisch „Los niños tontos") erinnert. Auch in „Yungo" ist die Lösung irreal und unerwartet, der Ausgang jedoch utopisch-optimistisch. Sozialrevolutionäre Ideen mit der traditionsreichen Welt des spanischen Bürgertums zu versöhnen, versucht M. in „Paulina" (1972). Hier wie in „Juju und die fernen Inseln" (1968) liefert jener Gutshof ihrer Kindheit den Raum der Erzählung und vermittelt eine intensive Atmosphäre. Die ebenso anziehenden wie erschreckenden Elemente des patriarchalischen ländlichen Lebensstils werden im Erleben der jungen Paulina aufgearbeitet, die tiefes Verständnis für ein blindes Häuslerkind gewinnt. – „Juju und die fernen Inseln" ist ein delikat gemachtes Buch von der Bewältigung der Reifekrise eines Findelkindes, das sich aus der phantastischen Welt, zu dem ihm der Dachboden des Gutshofes Kulisse und Requisiten bietet, in eine schwierige Wirklichkeit hineinfindet.
M.s Kinderbücher fanden nicht zuletzt auf Grund der Anerkennung ihres übrigen Oeuvres viel Beachtung. Übersetzungen liegen ins Deutsche, Französische, Portugiesische, Schwedische, Ukrainische, Russische, Polnische, Japanische vor.

Werke: El país de la pizarra (1956; dt. Die Kinder im Zahlenland. Die abenteuerliche Suche nach der verschwundenen Prinzessin, 1971); Caballito loco (1960); Paulina el mundo y las estrellas (1960; dt. Paulina, 1972); El Saltamontes verde (1960; dt. Yungo. Ein Junge sucht seine Stimme und findet das Schöne Land, 1970); El Aprendiz Carnavalito (1962); El Polizón ‚Ulises' (1965; dt. Juju und die fernen Inseln, 1968, NA. 1975).

Ottilie Dinges

Maukisch, Heinrich Eduard

*Pädagoge, Schriftsteller; * um 1800 Dresden, † um 1860 Dresden.*

Werk, Tendenzen, Wirkung. Für M. wurde der Wert eines Buches durch die Einheit von Bild und Wort bestimmt. So schätzte er besonders Bilderfibel, Bilderbuch und Lesebuch. Ein bezeichnendes Beispiel für M.s Grundauffassung war der 1846 mit acht kolorierten Bildertafeln veröffentlichte Band „Bilderkunst und Lesefreude für das jugendliche Alter von 6–10 Jahren". M. nannte ihn „eine *moralische* Bilderfibel zur Unterhaltung gutgearteter Knaben und Mädchen". Ein interessantes didaktisches Werk stellt der Band „Alphabetisches Rundgemälde, oder Haupt- und Zeitwörterschau in Darstellungen aus dem Naturreiche, dem gesellschaftlichen Leben und dem Wirken des Menschen" (1835) dar, das zum Erlernen grammatischer Grundregeln dienen sollte. Außer Erzählungen galten M. auch Fabeln, Verse, Rätsel und Sprichwörter als besonders anregender Lesestoff. „Der Jugend zur Übung im Nachdenken, Erweckung des Scharfsinns und zur Belehrung in faßlichen Versen und kleinen Erzählungen gewidmet", war „ein Kranz von Bilderräthseln und Sprüchwörtern" mit Namen „Der kleine Oedipus" (1838, ^{2}1853). Den befremdlichen Titel erklärte M. selbst: „... Man verlangt und hofft von jedem der kleinen Leser, von ihrem Scharfsinne, von ihrem Fleiße im Nachdenken, daß sie die in dem Buche enthaltenen Räthsel mit demselben Glücke lösen, als Oedipus die geheimnisvollen Sprüche der verderblichen Sphinx zu lösen wußte." Eine große Anzahl von Werken für junge Leser schuf M. zum Zwecke der naturhistorischen und geschichtlichen Information. Bei der Wiedergabe geschichtlicher Abläufe handelte es sich meist um die chronologische Folge historischer Ereignisse, unter Hervorhebung führender Persönlichkeiten und breiter Schilderung von Schlachten, etwa die „Bilder aus der Weltgeschichte. Eine Reihe chronologischer Darstellungen aus der Geschichte alter Zeiten" (1836). Mehr biographischen und kulturhistorischen Charakter trugen die Werke „Germania" (1835) und „Teutonia" (1837), die beide den bezeichnenden Untertitel hatten: „Deutschlands wichtigste Ereignisse und das Leben seiner berühmtesten Männer, in leichtfaßlichen Erzählungen für die Jugend dargestellt" und später (^{2}1848 und ^{5}1860) von Th. Dielitz neu bearbeitet wurden. Die Schilderung von Reisen diente M. als Mittel, um den jungen Leser mit fremden Ländern und Völkern bekannt zu machen. In den „Reisen in die Ferne", einem „Lese- und Bilderbuch zur Belehrung und Unterhaltung der Jugend in der Völkerkunde und Erdbeschreibung" (1830, ^{2}1836) ließ er Vater Reinhold, einen weitgereisten Mann, über die Erde und ihre Bewohner berichten. „Ein Beitrag zur Belehrung der Jugend in verschiedenen Zweigen der Völkerkunde und des Menschenlebens in einzelnen Unterhaltungen" behandelte „die verschiedenen Arten zu reisen" (1839). Hierin wurden Bernhard und Theodor, die beiden Söhne des Dorfpfarrers zu Lauterbach, und ihre Freunde Franz, Oskar und Wilhelm unterwiesen. Wie William Wood zu den „Esquimeaux" (Eskimos) kam und was er mit ihnen erlebte, schilderte eine „Erzählung zur belehrenden Unterhaltung für die Jugend" (1838). Naturkundliche Thematik besaßen Werke wie die „Mittheilungen aus dem Gebiete der Naturkunde und des Menschenlebens für die Jugend" (1835), das „Bilder- und Lesebuch für die Jugend zur Unterhaltung und Belehrung in einzelnen Zweigen der Naturgeschichte und Völkerkunde, nebst einem Anhange unterhaltender und merkwürdiger Begebenheiten aus der Thierwelt", das 1884 unter dem Titel „Das Jagen, Fangen, Zähmen und Abrichten der Thiere" herauskam oder „Kleines Welttheater oder Darstellungen aus der Natur und dem Menschenleben. Dem jugendlichen Alter zur angenehmen Belehrung und Unterhaltung in mancherlei Zweigen des Wissenswürdigen gewidmet". M. wollte mit diesem Band „Begebenheiten aus dem

Reiche der Natur und aus dem Menschenleben vor die Seele und die Augen führen" und die jungen Leser „mit den Naturgesetzen und Umständen, nach und unter welchen jene sich ereignen, mit mancherlei einzelnen Zweigen der Länder- und Völkerkunde, welche in Beziehung mit diesem stehen, bekannt machen". Die 18 sehr verschiedenen „Begebenheiten" waren „Die Überschwemmung, Die Feuersbrunst, Der Brand von Moskau, Das Seetreffen, Die Schlacht zu Lande, Das Reitergefecht, Die Hinrichtung, Die Jagd, Die Nomadenherden, Die Caravane, Der Meßverkehr, Der Hafen, Das Ochsenfest zur St. Petersburg, Das Vogelschießen, Wintervergnügen, Der Carneval, Die Christbescherung, Die Konfirmation."
Die von M. völlig umgearbeitete „Kleine Naturgeschichte des Thierreichs für Kinder" von Chr. G. Herrmann kam 1838 mit 92 fein illuminierten Abbildungen heraus. Die neue Ausgabe war zum Nutzen und Vergnügen der Kinder bestimmt und sollte „die merkwürdigsten und bekanntesten Gegenstände aus dem Thierreich kurz und bündig darstellen". Eine Art Raritätenkabinett bildete das „Historisch-ethnologisch-zoologische Museum des Wunderlichen, Seltsamen und Sonderbaren, oder Mittheilungen aus der Geschichte, Völkerkunde und Thiergeschichte, zur angenehmen und belehrenden Unterhaltung des reiferen Jugendalters in einzelnen Zweigen jener Lehrfächer" (1841).

Werke: Reisen in die Ferne oder Vater Reinhold's Mittheilungen über die Erde und ihre Bewohner. Ein Lese- und Bilderbuch zur Belehrung und Unterhaltung der Jugend in der Völkerkunde und Erdbeschreibung (1830, ²1836); Alphabetisches Rundgemälde, oder Haupt- und Zeitwörterschau in Darstellungen aus dem Naturreiche, dem gesellschaftlichen Leben und dem Wirken des Menschen. Ein Bilderbuch zur Bildung des jugendlichen Verstandes und Herzens mit 24 moralischen Erzählungen und 24 colorirten Kupfertafeln (1835); Germania. Deutschlands wichtigste Ereignisse und das Leben seiner berühmtesten Männer, in leichtfaßlichen Erzählungen für die Jugend dargestellt (1835); Mittheilungen aus dem Gebiete der Naturkunde und des Menschenlebens für die Jugend (1835); Bilder aus der Weltgeschichte. Eine Reihe chronologischer Darstellungen aus der Geschichte alter Zeiten (1836); Naturgeschichte für die Jugend und zum Selbstunterricht. Nach Okens neuen und überhaupt nach den besten und verständlichsten Systemen unserer Zeit bearbeitete Ausgabe mit 12 Kupfern. Mit Tabelle: Übersicht des gesamten Naturreiches (1836); Bilder-Fibel zur Erweckung des jugendlichen Nachdenkens und Scharfsinnes. Mit 6 colorirten Bildertafeln und 250 dargestellten Gegenständen (1837); Ethnographisch-naturhistorische Bilder-Gallerie, oder Unterhaltungen aus der Völkerkunde und Naturgeschichte für die Jugend beiderlei Geschlechts. Mit 360 Abbildungen (1837); Das Jagen, Fangen, Zähmen und Abrichten der Thiere. Ein Bilder- und Lesebuch für die Jugend zur Unterhaltung und Belehrung in einzelnen Zweigen der Naturgeschichte und Völkerkunde, nebst einem Anhange unterhaltender und merkwürdiger Begebenheiten aus der Thierwelt (1837, ²1859); Teutonia. Deutschlands wichtigste Ereignisse und das Leben seiner berühmtesten Männer in leichtfaßlichen Erzählungen für die Jugend dargestellt (1837); Kleines Welttheater oder Darstellungen aus der Natur und dem Menschenleben. Dem jugendlichen Alter zur angenehmen Belehrung und Unterhaltung in mancherlei Zweigen des Wissenswürdigen gewidmet (1837, ²1853); Wunderbilder, gesammelt auf Streifereien im Natur- und Kunstgebiete, und dem reiferen Jugendalter zur Belehrung und Unterhaltung gewidmet (1837); Helden-Gallerie, oder Darstellungen des Lebens und Wirkens großer und berühmter Männer verschiedener Völker und Zeiten. Dem höhern Jugendalter gewidmet (1838); Der kleine Oedipus. Ein Kranz von Bilderräthseln und Sprüchwörtern, der Jugend zur Übung im Nachdenken, Erweckung des Scharfsinns und zur Belehrung in faßlichen Versen und kleinen Erzählungen gewidmet (1838, ²1853); William Wood und die Esquimeaux. Eine Erzählung zur belehrenden Unterhaltung für die Jugend (1838); Die verschiedenen Arten zu reisen, ein Beitrag zur Belehrung der Jugend in verschiedenen Zweigen der Völkerkunde und des Menschenlebens, in einzelnen Unterhaltungen (1839); Historische Parallelbilder. Eine Reihe von Darstellungen aus der Geschichte verschiedener Völker und Zeiten. Für das reifere Knabenalter (1840); Historisch-ethnologisch-zoologisches Museum des Wunderlichen, Seltsamen und Sonderbaren, oder Mittheilungen aus der Geschichte, Völkerkunde und Thiergeschichte, zur angenehmen und belehrenden Unterhaltung des reiferen Jugendalters in einzelnen Zweigen jener Lehrfächer (1841); 25 Fabeln, neu erzählt. Ein Geschenk für die Jugend (1842); Bilderlust und Lesefreude für das jugendliche Alter von 6–10 Jahren. Eine moralische Bilderfibel zur Unterhaltung gutgearteter Knaben und Mädchen (1846).

Hrsg.: Chr. G. Herrmann: Kleine Naturgeschichte des Thierreichs für Kinder (1838); John Ross' zweite Entdeckungsreise nach den Gegenden des Nordpols, für die Jugend bearbeitet (1845).

Hans Eich

Maurer, Werner

*Schweizer Grafiker und Illustrator von Kinder- und Bilderbüchern; *26. 10. 1933 Spiez.*

M. studierte am Staatlichen Lehrerseminar, an der Kunstgewerbeschule in Bern sowie an der Staatlichen Akademie für Bildende Künste in Stuttgart bei K. Rössing (* 1897). Nach einem Volontariat als Grafiker ist er seit 1961 freiberuflich tätig. M. ist mit R. Indermühle verheiratet, mit der er zusammenarbeitet. – Die Bilderbücher „Von A bis Z" (1969), „Pele sein Bruder" (1972) und „Der schwarze Mann und der große Hund" (1973) wurden in die Liste der „Schönsten deutschen Bücher" 1970, 1972 und 1973 aufgenommen.

Werk, Tendenzen, Wirkung. M.s Schaffen umfaßt viele Arbeitsgebiete. Neben Illustrationen für Bücher, Umschläge, Zeitschriften, Tonbildschauen und Werbung macht er Fernsehbildergeschichten und Trickfilme für den WDR, u. a. zu Texten von P. Bichsel (Ein Tisch ist ein Tisch), H. Hannover (Tante Heidis Reise nach Stuttgart) und – zusammen mit seiner Frau – von P. Hacks (Meta Morfoss). In den Kinder- und Bilderbüchern sind seine – gelegentlich halslosen – Figuren mit den übergroßen, breiten, spitzkinnigen Köpfen und schwarzen Punkt- oder Knopfaugen unverwechselbar. Während in den frühen Bilderbüchern wie „Das alte Auto" (1965; Text von E. Borchers) oder „Von A bis Z" Personen und Gegenstände noch vorsichtig stilisiert werden, steigert M. in J. Steiners „Pele sein Bruder" oder in „Der schwarze Mann und der große Hund" (Text von Chr. Nöstlinger) seine Ausdrucksmittel bis zu einer Art von ästhetisiertem, von der Pop-Art beeinflußten Comicstil. Die unperspektivische Flächigkeit von Comicbildern versucht er durch schwarze Schatten an den Konturen aufzuheben. Die Verwendung der filmischen Comicelemente ermöglicht es ihm, Abläufe in mehreren, nur wenig veränderten Bildern zu zeigen oder Details riesengroß vorzuführen. Die von Fernsehen, modernen Werbemitteln und Comics in ihrer Bildrezeption beeinflußten Kinder werden diesen Stil in weit größerem Maße akzeptieren als die an konventionelle Bilderbücher gewöhnten Erwachsenen.

Werke: E. Borchers: Das alte Auto (1965); G. Züricher: Kinderlied und Kinderspiel (1966); H. Baumann: Einem Tisch fällt was ein (1968); W. Maurer: Von A bis Z (1969); R. Klasing (Hrsg.): Tja, diese lieben schrecklichen Kleinen (1970); Chr. Reinig: Hantipanti (1972, [2]1973); J. Steiner: Pele sein Bruder (1972); Chr. Nöstlinger: Wir pfeifen auf den Gurkenkönig (1972, [4]1974); Chr. Nöstlinger: Der schwarze Mann und der große Hund (1973, [2]1975); H. R. Meier: Wer isch de grösser Esel? (1974).

Werner A. Kleye

Mavrina, Tatjana Alexejevna

*Sowjetische Malerin und Illustratorin; *20. 12. 1902 Nižnij Novgorod (heute: Gor'kij).*

M. studierte Malerei und Grafik an den Vchutemas (Höhere Kunsttechnische Werkstätten) in Moskau. Sie arbeitet dort seit 1929 als Malerin und Illustratorin. In den Kriegsjahren reiste sie durch Mittelrußland, um die Architektur und Kunst dieser Gegend zu studieren. Ihre Eindrücke hielt sie in einer Aquarellserie über alte russische Städte „Čudo-goroda" (Wundersame Städte) fest. Das Sammeln und Erforschen der alten russischen Volkskunst ist eines ihrer Hauptinteressengebiete. M. beteiligte sich an vielen Ausstellungen in der UdSSR und im Ausland. Sie erhielt zahlreiche Prämien und Auszeichnungen, u. a. 1964 ein Diplom auf der Internationalen Buchkunstausstellung (IBA) in Leipzig für „Russkije skazki" (1963; Russische Märchen), 1965 eine Silbermedaille in Leipzig sowie eine goldene Medaille in der UdSSR für „Ruslan i Ljudmila" (1960), 1966 den ersten Preis der Internationalen Ausstellung der Buchgraphik in Brno für „Skazočnyje zveri" (1965; Märchenhafte Tiere), ferner in der UdSSR Diplome erster Klasse für Buchausstattungen in den Jahren 1960, 1965, 1967, 1969, 1971, 1975 sowie 1976 die Illustrationsmedaille des Hans Christian Andersen-Preises.

Werk, Tendenzen, Wirkung. M.s Arbeiten der letzten 25 Jahre bilden einen Höhepunkt in der Geschichte der russischen Märchenillustration, die von Künstlern wie J. Polenova (1850–1898), V. Vasnečov (1848–1926) und I. Bilibin (1876–1942) entscheidend geprägt worden ist. Das starke Interesse der Malerin für Folklore, Volksmalerei und die Kunst des „lubok" (russische volkstümliche Holzschnitte) prägt ihr grafisches Schaffen. In den Bildern und Buchillustrationen von M. erkennt man aber auch den Einfluß der Malweise und Pinselführung der Fauvisten, die Synthese von alter Volkskunsttradition mit der Farbigkeit der Malerei des 20. Jahrhunderts. Die Harmonie der Farben und Formen, der malerischen und zeichnerischen Elemente, die Verbindung der Phantasie mit dem Reichtum der Tradition sollen dem jungen Leser helfen, die Kunst und das Leben der Vergangenheit und der Gegenwart zu verstehen. M.s enge Verbundenheit mit der Geschichte ihres Volkes drückt sich sowohl in ihren Illustrationen zu Erzählungen aus russischen Chroniken als auch zu Schulbüchern aus. Sie betrachtet es als ein großes Glück für den Künstler, „sorgsam die Jahreszahlen und Initialen zu malen, sich in die Welt unserer Historie zu vertiefen, neu zu erleben, was schon geschrieben, gelesen und durchgelesen, gesehen und durchgesehen wurde".
Neben Volksmärchen hat M. mehrfach Märchengedichte von A. Puškin (1799–1837) illustriert; 1974 erschien eine neue Ausgabe von sechs Märchen, die von einem Bilderzyklus zu Puškins Märchen-Prolog „Lukomorje" eingeleitet wird. In sechzehn Bildern folgt M. Schritt für Schritt den Versen, malt den Text in die Bilder hinein und beendet die Kompositionsreihe mit dem Gesicht Puškins neben dem weisen märchenerzählenden Kater. Die Figur des Katers steht an erster Stelle der zweifach prämiierten Sammlung „Skazočnyje zveri". In das Ausdrucksfeld der Märchenwelt reiht M. auch das Alphabet ein (Skazočnaja azbuka, 1969; Märchen-ABC). In anderen Büchern macht sie Kinder mit der Formenwelt des volkstümlichen Spielzeugs (Gori, gori jarko, 1937) und der Volkskunst bekannt.

Werke: V. Polivanov: Osetinskije skazki (1930); K. Čukovski: Solnečnaja (1934); Gori, gori jarko (1937); Stendhal: Vanina Vanini (1938); M. Gor'kij: Rasskazy (1943); A. Puškin: Skazka o mertvoj carevne i semi bogatyrjach (1949); N. Belinovič: Silnyj Mirčo (1951); Ivan, krestjanskij syn i Čudo-judo (1951); N. Kolpakov: Sokrovišče naroda (1951); Sestrica Alenuška i bratec Ivanuška (1951); Solomennyj byčok, smoljanoj bočok (dt. Das Strohkälbchen, 1955, [2]1955); M. Bulatov: Byčok-černyj bočok, belyje kopytca (1953); A. Puškin: Skazka o care Saltane (1953); Marja Morevna (1955); Po ščučjeemu veleniu (1958); Starinnyje russkije pesni (1959); A. Puškin: Ruslan i Ljudmila (1960); Vasilisa Premudraja (1961); Kak u babuški kozel (1961); N. Kolpakova: Trojka (1962); Russkije skazki (1963); J. Korinc: Vybiraj konja ljubogo (1963); Skazočnyje zveri (1965); Prjaniki pekutsja, kotu ne dajutsja (1967); Skazočnaja azbuka (1969); A. Puškin: Lukomorje (1970); Za tridevjať zemel' (1970); A. Puškin: Skazki (1974).

Sekundärliteratur: J. Doroš: Živoje derevo iskusstva (1967). – E. Gankina: Russkije chudožniki detskoj knigi (1963). – I. Grabar: Dnevnik chudožnicy (in: Literaturnaja gazeta. 26.9.1959). – I. Korsakaite: From life to a fairy tale (in: Bookbird. 2. 1974. 76–79). – V. Kostin: T. A. Mavrina (1966). – V. Lidin: U chudožnikov (1972). – J. Murina: Chudožnica – skazočnica (in: Iskusstvo knigi. 3. 1962. 283–290). – A. Sidorov: Tatjana Alexejevna Mavrina (1973; zus. mit N. Dmitrijeva).

František Holešovský

Max und Moritz

Titelfiguren der „Bubengeschichte in sieben Streichen" von W. Busch (1832–1908).

Die Bildgeschichte mit Reimversen, die W. BUSCH im Februar 1865 „als eine Art kleiner Kinder-Epopoe" dem Verleger der „Fliegenden Blätter" und der „Münchener Bilderbogen" (K. BRAUN 1807–1877) schickte (Briefe I, S. 32), erschien noch im gleichen Jahr im Verlag Braun & Schneider in München. Von der ersten Auflage wurden 4000 Exemplare hergestellt. Die erste bis vierte Auflage wurde von Holzstöcken gedruckt, von der fünften Auflage an (1872) erfolgte der Druck von Kupferdruckplatten. M. und M. ist rasch eines der populärsten Bücher für Kinder und Erwachsene geworden.

Inhalt und Werkcharakteristik. Siebenmal setzen sich die bösen Buben M. und M. über das Eigentum und die Autorität der Erwachsenen hinweg, ehe ihnen der Garaus gemacht wird: Die vier toten Hühner der Witwe Bolte – Folge des ersten Streichs – werden ihr im zweiten vom Herd weggeangelt. Schneider Böck fällt von beiden geneckt durch die angesägte Brücke ins Wasser. Dem Lehrer Lämpel stopfen sie Schießpulver in die Meerschaumpfeife; dem Onkel Fritz setzen sie Maikäfer ins Bett. Bei dem Versuch, aus der Backstube Brezeln zu stehlen, entkommen sie, jedoch nur mit knapper Not; bis – im letzten Streich – der Bauer Mecke sie beim Aufschlitzen seiner Kornsäcke erwischt, einsackt und vom Müller zu Getreide verschroten läßt. Dessen Enten fressen den Körnerrest.

In knappen Strichen festgehalten haben die – im Original und späteren Druck kolorierten – Bildsequenzen mit ihren wechselnden Perspektiven und grotesk übersteigerten Pointen ihren besonderen Reiz. Tatsächlich antizipiert BUSCH Kühnheiten der späteren Comics. Zugleich löst sich die Darstellungsweise von der traditionellen Bilderbogentechnik und gibt dem Text einen gleichberechtigten Platz. Der unverwechselbare Lakonismus und die entwaffnende Logik der Reimverse, die der jugendliche Leser dank ihres eingängigen Rhythmus' wie von selbst erlernt, sind bis heute wirksam geblieben. Doch geht die Anziehungskraft der Bildgeschichte über die Situationskomik hinaus und rührt aus der Verfremdung jener Welt, die am Ende recht behält. BUSCH stellt die Repräsentanten der Erwachsenenwelt nicht bloß als friedliche Opfer kindlicher Aggressionslust dar; in ihrer dörflich-idyllischen Verkleinerung erscheinen sie so entfremdet, wie sie sind: Witwe Boltes Lebensglück erstreckt sich auf vier Hühner, aufgewärmten Sauerkohl und einen Spitz, den sie zudem noch ungerechterweise züchtigt. Der mit seinem „Lebenszweck" zufriedene Schneider Böck, der philisterhafte Lehrer Lämpel, der Onkel, der Bäcker, der Bauer und der Müller legen allesamt eine rechtschaffene Beschränktheit an den Tag. „Max und Moritz dachten nun: / Was ist hier jetzt wohl zu tun?"

Didaktisch-pädagogische Bedeutung. Der Gattung nach gehört M. und M. nicht zum moralisch-didaktischen Kinderbilderbuch wie etwa der „Struwwelpeter", sondern zum kleinbürgerliche Idyllen satirisch-humoristisch darstellenden Versepos, dem die großen Bildgeschichten W. BUSCHS insgesamt zuzurechnen sind. Der erzieherischen Qualifikation als Kinderbuch lag das oberflächliche Mißverständnis zugrunde, die sieben Streiche seien den Kindern zur Abschreckung aufgemalt: „Aber wehe, wehe, wehe! / Wenn ich auf das Ende sehe!!" Seine Popularität entstammt jedoch am wenigsten dem Beweis, daß auf sechs erfolgreiche Missetaten allemal das böse Ende nachfolgt. Wohl zum erstenmal wurde die kindliche Lust an Streichen so unbekümmert dargestellt, und es meldeten sich prompt warnende Stimmen, die den Kindern die Lektüre von M. und M. verbieten wollten.

Die Darstellung von Kinderstreichen gibt weniger Aufschluß über die Gefahren der kindlichen Psyche als

Ganz von Kuchenteig umhüllt
Steh'n sie da als Jammerbild.

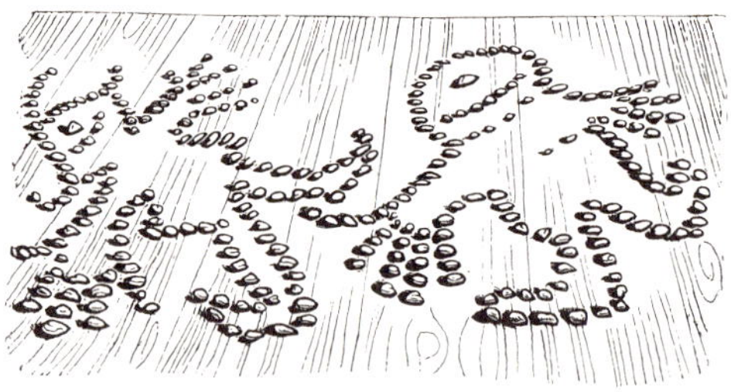

Hier kann man sie noch erblicken
Fein geschroten und in Stücken.

Die „Konturwesen" Max und Moritz aus Wilhelm Buschs (1832–1908) gleichnamiger Bildergeschichte in sieben Streichen (1865).

über die Sozialisationsnormen der Erwachsenenwelt, welche die kindliche Identität zurichten. Um so weniger trifft die Intention der Abschreckung zu, der die Aussage des Autors sich scheinbar verpflichtet. BUSCH denunziert vielmehr den tugendhaften Leser: „Bildlich siehst Du jetzt die Possen / Die in Wirklichkeit verdrossen / Mit behaglichem Gekicher / Weil Du selbst vor ihnen sicher" (Briefe II, S. 307). Dieser nimmt lediglich nostalgisch-kichernd die Geschichte der eigenen Gewissensbildung wahr, um sie sogleich wieder zu verdrängen. Tatsächlich wird dem Topos idyllischer Kindheit ebensowenig Glauben geschenkt, wie der pädagogischen Selbstgewißheit der Erziehungsautoritäten: es werden Sozialisationspraktiken vorgeführt und in ästhetischer Karikatur der Ideologiekritik anheimgegeben. Von vornherein stehen M. und M. als zwei böse Buben da, deren Aggressionslust keiner Erklärung bedarf. Als verbotenes Wunschbild des Aufbegehrens erscheinen sie ohne Eltern und ohne Spielgefährten; ihre Ausgestoßenheit wird lediglich verdeckt durch die Solidarität, mit der sie zusammenhalten. Gerade die Aussparung elterlicher Fürsorge rückt die autoritäre Seite der Kindererziehung überdimensional ins Bild. Kein Versuch, sie zu ermahnen und zu erziehen, wird vorgenommen; vielmehr vollzieht sich an ihnen die klassische Empfehlung ROUSSEAUS, die Strafe dürfe nicht als Strafe über die Kinder verhängt werden, sondern müsse immer wie eine natürliche Folge ihrer bösen Handlungen erscheinen. Benutzen die Streiche die Methode der Provokation, mit der die Autoritäten gezwungen werden, sich als solche zu erkennen zu geben, so verschanzen diese sich hinter ihrer sachlichen Überlegenheit. Einmal erwischt, können M. und M. sich weder wehren, noch ans Mitleid appellieren. Der Bäcker knetet sie mit geübtem Griff zu Brot und schiebt sie in den Backofen, der Bauer schaufelt sie wie Korn in den Sack: der Müller läßt sie unbeeindruckt verschroten. „Rickeracke! Rickeracke! / Geht die Mühle mit Geknacke." Böse Buben kommen unter die Räder, für die niemand anders als sie selbst verantwortlich sind. „Als man dies im Dorf erfuhr, / War von Trauer keine Spur. – / – Witwe Bolte, mild und weich, / Sprach: Sieh da, ich dacht' es gleich!" Das erfolgreich aus der bestehenden Ordnung Verdrängte, das keine Trauerspur hinterläßt, wird freilich in komischen Verfremdungen – „Konturwesen" wie W. BUSCH sie selbst nannte – wieder zugelassen: als Bestätigung und Infragestellung zugleich. So bleibt es dem kindlichen Leser überlassen, hinter der komischen Lust die subversive Mahnung zu entdecken, der pädagogischen Vernunft der Erwachsenen zu mißtrauen.

Wirkung. Die Bildergeschichte M. und M. gilt als eines der populärsten Kinderbücher der Welt. Sie ist in viele Sprachen übersetzt, darunter ins Bulgarische, Dänische, Englische, Finnische, Französische, Griechische, Holländische, Japanische, Lateinische, Norwegische, Plattdeutsche, Portugiesische, Russische, Schwedische, Serbische, Spanische, Ungarische, Ukrainische. Verschiedene Dramatisierungen (zuerst durch L. GUNTHER, 1878) und Verfilmungen (zusammengestellt bei J. KRAUS, Wilhelm Busch in Selbstzeugnissen und Bilddokumenten, S. 178f.) liegen vor. In neuerer Zeit ist M. und M. auch in Schulausgaben zu finden und wird zur Behandlung sowohl im Deutsch- als auch Sozialkundeunterricht angeboten (z.B.: W. BUSCH/E. O. PLAUEN, Bildergeschichten – eine Auswahl besorgt R. NEUHOFF, Paderborn 1968 – R. GRIX/W. KNÖLL, Lernfeld Gesellschaft, Lehr- und Arbeitsbuch für den politischen Unterricht, 7.–10. Schuljahr, 1973, S. 80f. – A. BLOCK u.a., Drucksachen, Lesebuch für die 8. Klasse Gymnasium, 1974, S. 65–78).

→ Bilderbogen, → W. Busch, → Comics

Sekundärliteratur: F. Bohne (Hrsg.): Wilhelm Busch. Sämtliche Briefe in zwei Bänden (Bd. 1 u. 2. 1968). – W. Busch: Ein Brief über M. und M. (in: Wilhelm Busch-Jahrbuch. 1970. 96). – M. Charitov: Das Gelächter Wilhelm Buschs – Für und Wider (in: Wilhelm Busch-Jahrbuch. 1970. 35–42). – H. Cremer: Die Bildergeschichte Wilhelm Buschs (1937). – W. Hunder: Max und Moritz oder die boshafte Heiterkeit (in: Wilhelm Busch-Jahrbuch 1964/65. 32–38). – W. Kayser: Wilhelm Buschs grotesker Humor (1958). – J. Kraus: Wilhelm Busch in Selbstzeugnissen und Bilddokumenten (1970). – Ch. Lumpe: Das Groteske im Werk Wilhelm Buschs (Diss. 1953). – H. Morell: Europas Struwwelpeter, nach Wilhelm Busch (1915). – H. Müller-Suur: Max und Moritz unmoralisch? Der Humor von Wilhelm Busch und die kindliche Psyche (in: Jahrbuch der Wilhelm Busch-Gesellschaft, 1949. 36–41). – T. Shoemaker: Max und Moritz by Wilhelm Busch (in: The American-German Review, 32. 1965. 36–37). – G. Ueding: Wilhelm Buschs mißrat'ne Kinder (in: Wilhelm Busch-Jahrbuch, 1974. 5–20).

Burkhardt Lindner

May, Karl Friedrich

*Schriftsteller; *25.2.1842 Ernstthal (Erzgebirge), †30.3.1912 Radebeul bei Dresden.*

M., fünftes Kind einer armen Weberfamilie, erblindete kurz nach der Geburt und wurde erst im fünften Lebensjahr durch einen geglückten ärztlichen Eingriff wieder sehend. In dieser Zeit bildete sich, genährt durch die Erzählungen seines Paten und seiner Großmutter, in dem Knaben eine tiefgegründete und mächtige Innenwelt aus. 1861 bestand M. das Lehrerexamen, doch war seine Amtszeit nur von kurzer Dauer: die Beschuldigung, eine Taschenuhr entwendet zu haben, brachte ihn ins Gefängnis und um die Berufsberechtigung. Eigentumsdelikten, aus Not und Erbitterung begangen, folgten jahrelange Haftstrafen. Der Häftling entdeckte im Schreiben die Möglichkeit, sich von andrängenden Stimmen und Wahnideen zu befreien, sich mit „Menschheitsfragen" auseinanderzusetzen. In einem der frühesten erhaltenen Fragmente steht: „Ich finde zwischen Gott und dem Teufel keinen Unterschied. Wer ist wohl schlimmer – ein Gott, welcher wegen eines einzigen Fehlers eines einzigen Menschenpaares, an dessen Fehlerhaftigkeit er noch dazu als Schöpfer die Schuld trug, Millionen und Abermillionen unschuldige Menschen ins Unglück stürzt und wegen eines kleinen Apfelbisses zeitlich, geistig und ewig verdammt – oder ein Teufel, welcher dann und wann eine ungehorsame Menschenseele als Fricassée verspeißt." Dasselbe Fragment (mitgeteilt im Jahrbuch 1971 der Karl May-Gesellschaft, S. 130–131) enthält auch den Keim der Altersformulierungen von „Ardistan nach Dschinnistan" (1909) und „Empor ins Reich der Edelmenschen" (1912): „Wir sind nicht Ebenbilder Gottes, sondern Gott ist das Ideal des Menschen, wie er einst sein wird und sein muß." In den damals festgehaltenen schriftstellerischen Plänen finden sich Impulse zu Volksbildung, Sozialkritik und Unterhaltung. 1875 wurde M. Zeitschriftenredakteur des Dresdner Verlegers MÜNCHMEYER, und von da an konnten sich die zweifellos vorhandenen pädagogisch-volksschriftstellerischen Impulse nur mit wechselndem Glück gegen Produktionszwänge, Profitstreben und Wunschdenken behaupten. 1879 wurde M. ständiger Mitarbeiter der Familienzeitschrift „Deutscher Hausschatz", wo die Orient-Serie „Giölgeda Padishanün" (heute die ersten sechs Bände der Gesammelten Werke) erschien. Die bürgerliche Existenz war gesichert. Für MÜNCHMEYER entstanden 1882 bis 1887 die fünf Kolportage-Romane, die ihm später den Vorwurf eines literarischen Doppellebens einbrachten. Für die Jugendzeitschrift „Der gute Kamerad" schrieb M. sieben Jugendbücher, die Bände 35 bis 41 der Gesammelten Werke, mit deren Herausgabe der Freiburger Verleger FEHSENFELD 1892 begann. Zum erstenmal erschienen die „grünen Bände" mit ihrer schwarz-goldenen Ornamentik und dem bunten Titelbild. Inzwischen hatte sich der Schriftsteller immer mehr an die vereinigten Wunschträume seines Selbst und seiner Leser verloren: den aus allen Bevölkerungskreisen stammenden Bewunderern gab er vor, mit seinem Buchhelden Old Shatterhand-Kara Ben Nemsi identisch zu sein. 1899 – es waren 27 Bände erschienen und M. war nun wirklich auf einer Orientreise –, flogen Schwindel und kriminelle Vergangenheit auf, der Schriftsteller wurde wegen der Münchmeyer-Romane der Schlüpfrigkeit und des Schundes bezichtigt, auch die Scheidung von seiner Frau Emma schädigte seinen Ruf. Prozesse zehrten an der Kraft. M. versuchte den Wahrheitsanspruch seiner Abenteuererzählungen zu retten, indem er die Handlungsträger als Positionen der „Menschheitsfrage" deutete. Solcherart verpflichtete er sich auf die symbolische Schreibweise. 1901 schlug er dem Nationalismus ein Schnippchen mit dem Werk „Et in terra pax", 1909 entstand das auf Eindrücken einer Amerika-Reise beruhende Buch „Winnetou IV" und erschien der literarisch bedeutende Symbolroman „Ardistan und Dschinnistan". 1910 war die Autobiographie „Mein Leben und Streben" vollendet. Am 22.3.1912 feierte M. in Wien noch einmal einen großen Triumph mit dem Vortrag „Empor ins Reich der Edelmenschen", in dem er sein Credo zusammenfaßte. Acht Tage später starb der von Kindheit an mit so viel Blindheit geschlagene Fabulierer – nach dem Zeugnis seiner zweiten Frau Klara mit den Worten: „Sieg, großer Sieg – Rosen – rosenrot!"

Karl May (1842–1912) am Schreibtisch in seinem Arbeitszimmer (1896).

Werk, Tendenzen, Wirkung. M. gehört zu den erfolgreichsten Schriftstellern überhaupt. Die von ihm geschaffenen Figuren Old Shatterhand-Kara Ben Nemsi, Winnetou und Hadschi Halef Omar haben seit ziemlich genau hundert Jahren viele Millionen begeistert. Die Reihe der grünen Bände aus dem Karl May-Verlag hat die Zahl 73 erreicht, die deutschsprachige Gesamtauflage seiner Werke 50 Millionen überschritten. M.s Werke werden ausgewertet in Form von Reprints, Heftchen, Comics, Spielen, Filmen, Filmbüchern, Fernsehserien, Platten, Kassetten und Warenhausbüchern. Längst vor einer kommunikationstheoretisch orientierten Literaturbetrachtung wurden an M. die Werk- und Erfolgsfaktoren untersucht. Als Autor ist er in einem tieferen Sinn als dem vorgetäuschten identisch mit seinem Hauptheiden: Schreiben war für ihn nicht nur ein Vorgang der Befreiung von materieller, sondern auch von seelischer Not. Inhaltlich erfolgt die Verfremdung des autobiographischen Fundus durch Wahl exotischer Schauplätze, durch Handlungszüge im Sinn des Naturrechts, häufig in Auseinandersetzung mit Vertretern des positiven Rechts. Durch die Gestaltung von Figuren und Figurenspiel erhalten die Leser erwünschte Rollenangebote. Hinzu kommt die geschickte Adaptierung von Erfolgselementen literarischer Vorbilder. Auf die Adressaten bezogen deckt M. ein breites Spektrum möglicher Leserbedürfnisse und -wünsche ab: Märchenmotiv und Realitätsanspruch, Selbstbestätigung und Wirklichkeitsflucht, religiöse, pazifistische, nationale, antizivilisatorisch-naturromantische Anregungen können nach Belieben destilliert werden. Seinen Erfolg verdankt M. nicht zuletzt zwei Lesern in literarischen Schlüsselpositionen, den Verlegern FEHSENFELD und E. A. SCHMID, deren geschickte Verwirklichung einer klugen Verlagsstrategie Name und Werk des Schriftstellers im öffentlichen Bewußtsein aufbaute. M. wurde darüber hinaus zum lohnenden Objekt nicht nur der streitbaren Literaten- und Pädagogenzunft und fiktionaler Darsteller, sondern auch der Forschung in Volkskunde, Literaturpsychologie und -soziologie, Kriminologie, Leser- und Marktkunde, Tiefenpsychologie, Produktions- und Rezeptionsgeschichte. Vom Code her ist M. leicht lesbar, Wortschatz 3000, mit naiv bis interessant wirkenden fremd- und fachsprachlichen Ausdrücken, guter Beherrschung der Textgrammatik, was Autor- und Figurensprache sowie die Mischung von Spannung, Rührung und Komik anlangt. Vom Medium her ermöglichten die Zeitschriftenbeiträge und Romanlieferungen die Rückkoppelung der Verleger- und Leserwünsche, die meist prompt erfüllt wurden. Die Aufmachung der Bände verspricht Exklusivität, Handlichkeit, appelliert an den Sammeltrieb. Die meisten der Bände, z.B. auch „Winnetou", sind aus früheren Zeitschriftenbeiträgen kompiliert. Über den Inhalt der Bände der Gesammelten Werke gibt Band 34, „Ich", Karl May's Leben und Werk, [28]1971, S. 369–374, Aufschluß. Die Verlagsausgabe Bamberg setzt die 1910 aus 33 Titeln bestehende Fehsenfeld-Ausgabe (Ausgabe letzter Hand) fort. Die Werke wurden bearbeitet, damit nicht nur von ethnographischen und sprachlichen Fehlern, kompositorischen Weitschweifigkeiten, stilistischen Schwächen befreit, sondern leider auch in ihrem authentischen Wert gemindert. Die Karl May-Verlagsausgabe Bamberg umfaßt heute folgende Titel: 1 Durch die Wüste; 2 Durchs wilde Kurdistan; 3 Von Bagdad nach Stambul; 4 In den Schluchten des Balkan; 5 Durch das Land der Skipetaren; 6 Der Schut; 7–9 Winnetou; 10 Sand des Verderbens; 11 Am stillen Ozean; 12 Am Rio de la Plata; 13 In den Kordilleren; 14–15 Old Surehand; 16 Menschenjäger; 17 Der Mahdi; 18 Im Sudan; 19 Kapitän Kaiman; 20 Die Felsenburg; 21 Krüger Bei; 22 Satan und Ischariot; 23 Auf fremden Pfaden; 24 Weihnacht; 25 Am Jenseits; 26 Der Löwe der Blutrache; 27 Bei den Trümmern von Babylon; 28 Im Reiche des silbernen Löwen; 29 Das versteinerte Gebet; 30 Und Friede auf Erden; 31 Ardistan; 32 Der Mir von Dschinnistan; 33 Winnetous Erben; 34 „Ich"; 35 Unter Geiern; 36 Der Schatz im Silbersee; 37 Der Ölprinz; 38 Halbblut; 39 Das Vermächtnis des Inka; 40 Der blaurote Methusalem; 41 Die Sklavenkarawane; 42 Der alte Dessauer; 43 Aus dunklem Tann; 44 Der Waldschwarze; 45 Zepter und Hammer; 46 Die Juweleninsel; 47 Professor Vitzliputzli; 48 Das Zauberwasser; 49 Lichte Höhen; 50 In Mekka; 51 Schloß Rodriganda; 52 Die Pyramide des Sonnengottes; 53 Benito Juarez; 54 Trapper Geierschnabel; 55 Der sterbende Kaiser; 56 Der Weg nach Waterloo; 57 Das Geheimnis des Marabut; 58 Der Spion von Ortry; 59 Die Herren von Greifenklau; 60 Allah il Allah; 61 Der Derwisch; 62 Im Tal des Todes; 63 Zobeljäger und Kosak; 64 Das Buschgespenst; 65 Der Fremde aus Indien; 66 Der Peitschenmüller; 67 Der Silberbauer; 68 Der Wurzelsepp; 69 Ritter und Rebellen; 70 Der Waldläufer; 71 Old Firehand; 72 Schacht und Hütte; 73 Der Habicht.

Schon bald nach dem Tode von M. wurde eine „Karl May-Vereinigung" gegründet, die es sich zum Ziel setzte, „die große Schar seiner Anhänger zur Abwehr gegen die unberechtigten Angriffe zu sammeln". Durch die Ereignisse des Ersten Weltkrieges in den Hintergrund gedrängt, konnte sich erst wieder nach Kriegsende 1918 der „Karl May-Bund e.V." konstituieren. An der Gründung waren aktiv FR. BARTHEL und R. BEISSEL beteiligt, die auch das erste „Karl May-Jahrbuch" (1918) herausgaben. Bis 1933 erschienen 16 Bände des „Karl-May-Jahrbuches". Im Vorwort zum ersten Band schrieben die Herausgeber: „... Wie das Gute in ihm (gemeint ist M.!) alles Widrige und Häßliche restlos überwunden hat, so ist auch der Kampf um seine Werke allmählich verstummt; das Schöne, das Edle, das er in seinen Büchern niederlegte, hat schließlich doch siegreich sich durchgesetzt und einer gerechten unbefangenen Würdigung des Toten und seiner Schöpfungen den Weg geebnet. Ein Führer auf diesem Weg sei das ‚Karl May-Jahrbuch'."

Am 20. März 1969 erfolgte in Hannover die Neugründung einer „Karl May-Gesellschaft e.V." mit Sitz in Hamburg, der ein wissenschaftlicher Fachausschuß angehört, in dem unter anderem E. BARTSCH, R. BEISSEL, H. HATZIG, CL. ROXIN, H. STOLTE und H. WOLLSCHLÄGER vertreten sind. Die neue Gesellschaft hat sich zum Ziel gesetzt, „der Karl May-Forschung, die heute in vielen Bereichen noch am Anfang steht, einen Sammlungspunkt und ein Forum zu geben". Die Gesellschaft gibt in vierteljährlichen Abständen Mitteilungsblätter heraus. Außerdem erschienen bisher, von CL. ROXIN herausgegeben, sechs Jahrbücher der Gesellschaft (1970–1976).

→ Indianerbuch, → Old Shatterhand, → Winnetou

Werke: Im fernen Westen (1879); Der Sohn des Bärenjägers (1890); Der blaurote Methusalem (1892); Durch Wüste und Harem. Reiseerlebnisse (1892); Durchs wilde Kurdistan (1892); Von Bagdad nach Stambul (1892); In den Schluchten des Balkan (1892); Durch das Land der Skipetaren (1892); Die Sklavenkarawane (1893); Der Schut (1893); Winntou, der rote Gentleman (Bd. 1–3. 1893); Orangen und Datteln. Reisefrüchte aus dem Orient (1893); Am stillen Ozean (1894); Am Rio de la Plata. Reiseerlebnisse (1894); In den Cordilleren. Reiseerlebnisse (1894); Old Surehand (Bd. 1. 1894); Die Rose von Kairwan (1894); Der Schatz im Silbersee (1894); Das Vermächtnis des Inka (1895); Old Surehand (Bd. 2. 1894); Im Lande des Mahdi (Bd. 1–3. 1896); Old Surehand (Bd. 3. 1897); Satan und Ischariot (Bd. 1–3. 1897); Auf fremden Pfaden (1897); Weihnacht. Reiseerzählung (1897); Der Ölprinz. Eine Erzählung für die reifere Jugend (1897); Im Reiche des silbernen Löwen. Reiseerlebnisse (1898); Am Jenseits. Reiseerlebnisse (1899); Himmelsgedanken. Gedichte (1900); Der schwarze Mustang (1900); Deutsche Herzen und Helden (1901); Das Waldröschen oder die Verfolgung rund um die Erde. Enthüllungsroman über die Geheimnisse der menschlichen Gesellschaft (1902); Humoresken und Erzählungen (1902); Im Reiche des silbernen Löwen (Bd. 3–4. 1903); Erzgebirgische Dorfgeschichten (1903); Der Weg zum Glück. Eine oberbayerische Geschichte aus dem Leben Ludwigs II. (1904); Und Friede auf Erden! (1904); Der verlorene Sohn. Roman aus dem Leben (1905); Die Liebe des Ulanen. Roman (1906); Babel und Bibel. Arabische Fantasia in 2 Akten (1906); Ardistan und Dschinnistan (1909); Winnetou (Bd. 4. 1910); Mein Leben und Streben. Selbstbiographie (Bd. 1. 1910).

Sekundärliteratur: V. Böhm: Karl May und das Geheimnis seines Erfolges (1955); Zur Frage des Bucherfolges unter besonderer Berücksichtigung von Karl May (in: L. Binder (Hrsg.): Erfolg und Wirkung der Lektüre. 1971. 17–29). – I. Bröning: Die Reiseerzählungen Karl Mays als literaturpädagogisches Problem (1973). – O. Forst-Battaglia: Karl May. Traum eines Lebens – Leben eines Träumers (1966). – G. Frank: Kennen Sie Karl May? Ein spannendes Quizbuch vom Karl May-Experten der Fernsehserie „Alles oder nichts“ (1970). – Fünfzig Jahre Verlagsarbeit für Karl May und sein Werk. Allen Freunden des Volksschriftstellers gewidmet vom Karl May-Verlag, Bamberg (1963). – H. Heinke: Winnetou, Old Shatterhand, Kara Ben Nemsi, Hadschi Halef Omar. Erzählungen und Wirklichkeit (1973). – M. Jacta: Zu Tode gehetzt. Der Fall Karl May (1972). – R. Lebius: Die Zeugen Karl May und Klara May. Ein Beitrag zur Kriminalgeschichte unserer Zeit (1910). – G. Oel-Willenborg: Von deutschen Helden. Eine Inhaltsanalyse der Karl May-Romane (1973). – Th. Ostwald: Karl May – Leben und Werk (1974). – E. A. Schmid: Karl Mays Tod und Nachlaß. Gestalt und Idee (in: E. A. Schmid (Hrsg. zus. mit R. Schmid): „Ich“. Karl Mays Leben und Werk, [28]1971. 313–408). – A. Schmidt: Sitara und der Weg dorthin. Eine Studie über Wesen, Werk & Wirkung Karl Mays (1963). – H. Stolte: Das Phänomen Karl May (1969); Der Volksschriftsteller Karl May. Beitrag zur literarischen Volkskunde (1936); Arno Schmidt & Karl May. Eine notwendige Klarstellung (zus. mit G. Klußmeier. 1973). – H. Wollschläger: Karl May in Selbstzeugnissen und Bilddokumenten (1965); Karl May (1976).

Viktor Böhm

Karl May Verlag Joachim Schmid & Co.

Bamberg. Hauptsächlich die Werke von und über K. May sowie stoffverwandte Abenteuerbücher.

Der Karl May Verlag wurde 1913 von E. A. SCHMID, FR. E. FEHSENFELD und der Witwe des Autors K. MAY, KLARA, in Radebeul bei Dresden gegründet. Der Verlag beendete zunächst die im Zusammenhang mit den Werken MAYS schwebenden Rechtsverfahren und sammelte die verstreuten Rechte an den Publikationen des Autors. In das Verlagsprogramm gingen die von FEHSENFELD im eigenen Freiburger Verlag früher herausgegebenen 33 Bände der „Gesammelten Reiseerzählungen“ MAYS ein, und der zweite Verlagsgründer SCHMID brachte 1916 als Band 34 der Reihe die erste Biographie des Schriftstellers unter dem Titel „Ich“ heraus. Der Verlag war ferner Gesellschafter der Karl May-Stiftung in Dresden, die in Not geratene Lehrer, Schriftsteller und Journalisten unterstützen und mittellose Talente fördern sollte. In der Folgezeit komplettierte der Verlag posthum die Werke K. MAYS, unterstützte Forschungen zum Leben und Werk des Autors und publizierte die Ergebnisse in den 1920 von Schottlaender (Breslau) übernommenen Karl May-Jahrbüchern, die 1918 in Breslau erstmals erschienen waren. Nach dem Zweiten Weltkrieg hat die Karl May-Gesellschaft die Tradition der Jahrbücher Ende der sechziger Jahre wieder aufgenommen. Sie erscheinen jetzt allerdings im Hansa Verlag (Hamburg). Während das Verdikt der Reichsschrifttumskammer im Dritten Reich nur einzelne Titel und die Jahrbücher traf, verhinderten die politischen Verhältnisse nach 1945 die Verlagsarbeit gänzlich. J. SCHMID, Sohn des Verlagsgründers, übersiedelte deshalb im gleichen Jahr in die Heimatstadt seines Vaters nach Bamberg und richtete dort eine Vertretung des Karl May Verlags ein. Von hier aus vergab J. SCHMID für die 40 beliebtesten Titel Lizenzrechte, und zwar für den westdeutschen Raum an die Bayerische Verlagsanstalt in Bamberg und die Keysersche Verlagsbuchhandlung in Heidelberg, für Österreich an den Verlag C. Ueberreuter. Aus der Bamberger Verlagsvertretung ging 1952 der USTAD Verlag Gebrüder Schmid hervor, der nach 1955 sämtliche auslaufenden Lizenzverträge über K. MAYS Werke ablöste. Im Jahre 1960 übersiedelte der Karl May Verlag von Radebeul bei Dresden nach Bamberg, übernahm das Inventar der Villa „Shatterhand“ (K. MAYS letztem Wohnsitz) sowie die Bibliothek des Schriftstellers, schied dafür aber aus der inzwischen umbenannten ehemaligen Karl May-Stiftung aus, die zusammen mit dem volkskundlichen Museumsbestand des ehemaligen Karl May-Museums in der DDR verblieb. Zugleich änderte das Unternehmen erneut den Namen und bezeichnete sich fortan als Karl May Verlag, Joachim Schmid & Co. Die derzeitigen Leiter sind J. SCHMID (*1922), L. SCHMID (*1928) und R. SCHMID (*1930). Das Verlagsprogramm umfaßt heute 73 Bände der gesammelten Werke K. MAYS (bekannt als „Grüne Bände“ mit farbigem Deckelbild), eine 29bändige Jubiläumsausgabe ausgewählter Werke sowie Literatur zur Person K. MAYS.

Rudolf Raab

Mayer-Skumanz, Lene

*Österreichische Kinder- und Jugendschriftstellerin; *7. 11. 1939 Wien.*

M. studierte Germanistik und Altphilologie und wurde Mittelschullehrerin. Heute lebt sie mit ihrem Mann und zwei Töchtern in Wien. Gleich ihr erstes Jugendbuch „Ein Engel für Monika“ (1965) wurde mit dem Österreichischen Staatspreis für Jugendliteratur (1965) ausgezeichnet.

Werk, Tendenzen, Wirkung. M.s Meinung nach muß ein Schriftsteller Menschen beobachten können, ein guter Zuhörer sein, sich Situationen, Gespräche, Farben und Stimmungen jahrelang merken können, damit er immer darauf zurückgreifen kann. Es ist charakteristisch für M., daß sie sich nicht auf eine bestimmte Gattung oder einen Themenkreis festlegt, sondern immer wieder Neues versucht. Bisher schrieb sie Mädchenbücher, Problem-, Abenteuer- und Kriminalerzählungen; ihre letzten Arbeiten waren Texte für Bildergeschichten. Sie befaßt sich mit Problemen des Zusammenlebens, der Rassenproblematik, mit Fragen der Dritten Welt und dem ganz persönlichen Problem der Zivilcourage, die man ihrer Meinung nach täglich beweisen müß, wenn man nach einer Überzeugung leben will. M.s Lebensanschauung, die allen ihren Erzählungen zugrundeliegt, ist vom Glauben an das Gute und an die Ideale des Christentums geprägt. Mit ihren unkonventionellen und humorvoll erzählten Geschichten, die keineswegs „moralisieren" wollen, auch wenn sie eine eindeutige erzieherische Aussage vermitteln, wirkte M. mit an der Gestaltung eines neuen Typs des religiösen Kinder- und Jugendbuches. Durch zahlreiche Lesungen in Schulklassen steht M. in lebendigem Kontakt mit ihrem Leserpublikum.

Werke: Ein Engel für Monika (1965); Mein Onkel, der Zauberer (1968); Die Wette (1970); Der kleine Pater als Detektiv (1972); Der blaue Wolf (1975); Murkel und der Wolf (1976); Kukumatz und Draxolotl (1976); Die schönsten Märchen der Welt (1976).

Lucia Binder

McCay, Winsor

*Amerikanischer Zeichner von Comicserien (Little Nemo u.a.) und -Filmen; *26.6.1869 Spring Lake/Michigan, † 26.6.1934*

Als Sohn eines Sägemühlenarbeiters nahm M. mit 16 Jahren kurze Zeit Zeichenunterricht, arbeitete danach als Kulissen-, Schilder- und Plakatmaler, kommentierte im „Cincinnatti Times Star" die Tagesereignisse mit dem Zeichenstift, arbeitete für die „Commercial Gazette", die humoristische Zeitschrift „Life" und den „Cincinnatti Enquirer", dessen künstlerischer Leiter er nach kurzer Zeit wurde. 1903 bot ihm dieses Blatt an, eine Comicseite für die Sonntagsbeilage zu zeichnen, die von Januar bis November 1903 unter dem Titel „Tales of the Jungle Imps" erschien. Der große Erfolg dieser Serie bewog den Verleger von „New York Herald" und „Evening Telegram", J. G. BENNETT, M. Ende 1903 als Comickünstler zu verpflichten. In den folgenden acht Jahren schuf M. überwiegend Bildergeschichten für Kinder in den bunten Sonntagsbeilagen dieser Blätter und arbeitete seit 1909 an der Verwandlung seiner Erfolgsserien in Trickfilme. 1911 wechselte er zum Hearst-Zeitungskonzern, wo er hauptsächlich Karikaturen für den redaktionellen Teil anfertigte. In den zwanziger und dreißiger Jahren zeichnete er auch anonym für die Werbung.

Werk, Tendenzen, Wirkung. M. zeichnete für den Verleger BENNETT die Geschichten von „Little Sammy Sneeze" (1904), eines kleinen Jungen, der immer im falschen Augenblick von gewaltigen Niesanfällen heimgesucht wird, von „Hungry Henrietta" (1905), einem gefräßigen Mädchen, das nur beim Essensgeruch aus seiner Lethargie erwachte, ferner „Poor Jake" (1904), „Phoolish Philipe's Phunny Phrolics" (1904), „Dull Care" (1904), „Sister's Little Sister's Beau" (1904) und „Dreams of a Rarebit Fiend" (1905; dt. Die sonderbaren Träume des Feinschmeckers, der immer nur Käsetoast aß, 1975). Noch 1905 wurden 61 Blätter in einem Album abgedruckt, eingeleitet mit einer pseudowissenschaftlichen Abhandlung über die Vergiftung durch Kasëin und die schrecklichen Visionen, die sie hervorruft. In dieser erfolgreichen, unter dem Pseudonym „Silas" erschienenen Serie, begann sich M. intensiver mit Träumen und ihrer psychoanalytischen Deutung im Sinne S. FREUDS auseinanderzusetzen. Handlungsträger sind verschiedene, vorwiegend erwachsene Personen unterschiedlicher Gesellschaftsschichten, denen der Genuß von Käsetoast Alpträume bereitet, aus denen sie im letzten Bild verstört, reuevoll oder erleichtert erwachen. Sowohl Erzählungsaufbau als auch die zeichnerischen Stilelemente werden in der folgenden Serie, die M. berühmt machte, weiter vervollkommnet.

„Little Nemo in Slumberland" (dt. Little Nemo. Bd. 1–4. 1972) erschien vom 1. Oktober 1904 bis 23. Juli 1911 wöchentlich in den Sonntagsbeilagen des „New York Herald" und wurde 1924 bis 1927 in der „Herald Tribune" fortgesetzt. Danach gab M. diese Serie völlig auf. Erst am 2.3.1947 wurde sie von seinem Sohn Robert wieder neu aufgelegt. Seit Ende der sechziger Jahre erscheinen aufwendige Ausgaben in Europa, z.B. 1969 in Italien und Frankreich, 1972 in der Bundesrepublik Deutschland (Melzer-Verlag).

Das Handlungsmuster der einzelnen Bildgeschichten bleibt bei geringen Abwandlungen ähnlich: Little Nemo, ein kleiner Junge, träumt einen fantastischen Traum, aus dem er am Ende erschrocken, verwundert oder verwirrt erwacht. Zeichnerisch gehört „Little Nemo" zu den schönsten Comicstrips dieser Epoche. In ihrer von Jugendstil und englischer Kinderbuchillustration beeinflußten Ornamentik und ihrem nuancierten Farbenreichtum – blasses lila, rosa, orangenes, grünes und blaues Kolorit wechselt mit leuchtenden, kräftigen Farbtönen – wirkten sie stilbildend für eine ganze Generation von Comic-Zeichnern. Charakteristisch sind die in ihrem Wechsel von Großaufnahmen und Totalen, von Überblendungen und Zoom-Effekten dimensionensprengende Perspektive, die urbane Architektur des fin de siècle und die entsprechend der dramatischen Handlung oder der architektonischen Bildkonstruktion sich vergrößernden oder verkleinernden Bildfelder, in die die Sprechblase im Laufe der Entwicklung immer stärker integriert werden.

Die gleiche Erzähltechnik – der Handlungsablauf wird in kleinste zeitliche Phasen zerlegt – wendet M. auch bei seinen Zeichentrickfilmen an: 1909 wurde „Gertie the Dinosaur", „der erste richtige Zeichentrickfilm mit Handlung" (R. C. REITBERGER u. W. J. FUCHS: Comics. 1971, S. 158) aufgeführt, es folgten bis 1918 u.a. die Verfilmungen von „Little Nemo" (1911), „The

Winsor McCay (1869–1934): Episode aus der Serie „Die sonderbaren Träume des Feinschmeckers, der immer nur Käsetoast aß“ (Dreams of the Rarebit Fiend). Hier stattet der „Riese“ New York einen Traumbesuch ab, ehe er im Gefängnis erwacht. Winsor McCay zeichnete die im „Evening Telegram“ 1905 begonnene Sereie mit „Silas“.

Sinking of the Lusitania" (1918) und ein Film über einen Moskito.

→ Comics, → Little Nemo

Werke: Tales of the Jungle Imps (1903); Sister's Little Sister's Beau (1904); Poor Jake (1904); Phoolish Philipe's Phunny Phrolics (1904); Dull Care (1904); Little Sammy Sneeze (1904); Little Nemo in Slumberland (1904–1911, 1924–1927; 1947; dt. Little Nemo. Bd. 1–4. 1972); Hungry Henrietta (1905); Dreams of a Rarebit Fiend (1905 f.; dt. Die sonderbaren Träume des Feinschmeckers, der immer nur Käsetoast aß, 1975 (Auszüge)).

Sekundärliteratur: P. Coupérie: Au pays du rêve (in: W. McCay: Little Nemo. 1969. 7–12). – W. U. Drechsel: Massenzeichenware (1975; zus. mit J. Funhoff u. M. Hoffmann). – G. Metken: Comics (1970). – A. Praesent: Winsor McCay (in: W. McCay: Die sonderbaren Träume des Feinschmeckers, der immer nur Käsetoast aß. 1975. 3–5). – R. C. Reitberger: Comics. Anatomie eines Massenmediums (1971; zus. mit W. J. Fuchs).

Wolfgang Kempkes

McKee, David

*Englischer Maler, Bilderbuchkünstler und Cartoonist; *2. 1. 1935 South Devon.*

M. verbrachte Kindheit und Jugend hauptsächlich in Tavistock. Er besuchte Kunstschulen in Plymouth und – nach zweijährigem Militärdienst – in Hornsey. M. ist als freischaffender Maler und Buchillustrator, als Autor, Cartoonist und Lehrer an einer Kunstakademie tätig. Heute lebt er mit seiner Familie im Londoner Stadtteil Putney.

Werk, Tendenzen, Wirkung. M. zeichnet seine Cartoons für Magazine, u. a. für „Punch" und „Private Eye". Seine Arbeiten für Kinder und Erwachsene werden in Großbritannien und den USA veröffentlicht; sie sind im gesamten englischsprachigen Raum bekannt. Im deutschsprachigen Bereich stand seiner größeren Popularität im Wege, daß fünfzehn seiner Bücher zwischen 1966 und 1975 bei sieben verschiedenen Verlagen herauskamen (Parabel, München; Nord-Süd-Verlag, Mönchaltorf; Carlsen, Reinbek; Annette Betz, München; Thienemanns, Stuttgart; Peters, Hanau; O. Maier, Ravensburg).

Zu vielen der von ihm illustrierten Bücher verfaßt M. den Text selbst. Inhaltlich bevorzugt er sprunghafte Veränderungen: In der „Mister Benn"-Reihe wird z. B. ein Mann durch Anprobieren einer Ritterrüstung oder eines Sträflingsanzuges bei einem Kostümverleih ins Mittelalter bzw. in ein Gefängnis versetzt. In der Haftanstalt sorgt er für Sträflingskleidung in fröhlichen Farben, einen anheimelnden Zellenanstrich und bessere Verpflegung. Das Thema der Humanisierung des Strafvollzugs wird wie andere Themen jedoch weniger der tiefergehenden Information als vielmehr der heiteren Bildgags wegen behandelt. Bemerkenswert ist, daß sich Orts- und Zeitverlegung durch ein Spiegelkabinett vollziehen, ein Motiv, daß zuvor u. a. die Surrealisten nutzten, um den Wechsel von einer Bewußtseins- und Daseinsebene in eine andere zu vollziehen (R. Magritte, M. Ernst und J. Cocteau in „Orphée"). Nach dem Haupthelden Benn wurde vom Künstler eine 13teilige Trickfilm-Serie für die BBC produziert. Andere Helden sind Bauern, die durch List gewalttätige, eitle Raubritter außer Gefecht setzen (W. Kreye: Ein Bauer und viele Räuber, 1969) oder die von ihrer Frau einen Rollentausch angeboten bekommen, an dem sie kläglich scheitern (The man who was going to mind the house, 1972; dt. Die Kuh auf dem Dach, 1973). Eine witzige Grundnote liegt allen Arbeiten M.s zugrunde. Kinder lernen menschliche Schwächen, auch die von Erwachsenen, begreifen. In tierfabelähnlichen Außenseitergeschichten, z. B. vom namenlosen schwarzen Pfefferfresser (Two can toucan, 1964; dt. Schnapp-Schnabel, 1966), vom buntkarierten Elefanten „Elmer" (1968; dt. Elmer, 1970) oder dem unzufriedenen Löwen „Lord Rex" (Lord Rex, the lion who wished, 1973; dt. Lord Rex, 1973), wird der Wunsch nach Veränderung und das Sichbescheiden mit seiner eigenen Identität durchgespielt. Immer sind Eigenschaften wie Hilfsbereitschaft, Freundlichkeit, die Fähigkeit zur Zuwendung und ihre Annahme von Wichtigkeit. „Elmer" ist die Parabel und fabelähnliche Geschichte vom Elefanten, der buntkariert wie ein witzig bedrucktes Handtuch auf die Welt kommt und so grau wie alle Artgenossen aussehen möchte. Nach vieler Mühe gelingt ihm zwar diese Anpassung, doch ein tropischer Regen wäscht seine Buntheit wieder hervor, Anlaß genug für alle Elefanten, alljährlich an diesem Tage Karneval zu feiern und sich so bunt wie möglich zu verkleiden. Das Buch war so lebensfähig, daß es 1975 in neuer Auflage herauskam, sogleich von einem Fortsetzungsband begleitet: „Immer wieder Elmer" (1975. Übers.: N. Lange). Das Thema: Alle Elefanten erwachen eines Morgens und sind durch den gemeinsamen Streich Elmers mit den Vögeln so bunt kariert wie er. Das Verwirrspiel und die Suche nach dem Urheber gehen erst auf, als sich alle ins Wasser stürzen, Grund genug, alljährlich noch zum Karneval ein Elmer-Rennen zu veranstalten.

M. verbindet Groteskkomik, Karikatur und Comicelemente, etwa den übersteigert in Popfarben gemalten Ausruf „BOOO!", zu plakativer und farbkräftiger Wirkung.

M. beherrscht einen karikierenden, dynamischen Strich, der im Bilderbuch „Six men" (1972; dt. Die Sechs, 1972) dominiert. Die Mehrzahl seiner Arbeiten ist in pastoser, sehr vitaler und einprägsamer Farbigkeit mit leuchtender Palette angelegt. Kräftige Konturen strukturieren die Bildtafeln zusätzlich. Typisch für einen Teil der Bilderbücher ist der Wechsel von farbigen Doppelseiten und zum Ausmalen auffordernden Federzeichnungen. Als interessante Eigenheit nutzt M. in „Die Sechs" eine Rundum-Perspektive, eine Bildeinteilung, die auch charakteristisch für Bildnereien von Kindern im Vorschul- und ersten Primarbereich ist. Dieser Kreiskomposition wird gelegentlich der Text eingeordnet (z. B. in „123456789 Benn", 1970). Die zyklische Komposition veranlaßt den Betrachter dazu, die entsprechenden Bildtafeln zum „Lesen" zu drehen.

Doppelseite aus dem Bilderbuch von David McKee (1935) „123456789 Benn" (London 1970). Die deutsche Ausgabe ist von Julie Peter übersetzt (München 1973).*

Motivisch erinnert das pazifistische Buch „Die Sechs" an R. Zimniks (* 1930) Parabel „Die Trommler für eine bessere Zeit" (1958). Es gehört zu einem für die zweite Hälfte der siebziger Jahre geplanten Bilderbuchzyklus „gegen die Dummheit des Krieges".
Die meisten Werke M.s sind auf Situationskomik und Überraschungseffekte, auf Wandlungen und Änderungen angelegt, aus denen sich fruchtbare Anregungen für kindliches Rollenspiel gewinnen lassen.

Werke: D. McKee: Bronto's wings (1964); D. McKee: Two can Toucan (1964; dt. Schnapp-Schnabel, 1966); Hans in luck (1967); D. McKee: Mr. Benn – red knight (1967; dt. Mr. Benn der rote Ritter, 1971); D. McKee: Elmer (1968; dt. Elmer 1970); D. McKee: Mark and the monocycle (1968); dt. Mark und das Einrad, 1968); R. Artarit u. G. Croses: Hector's house' annual: from the BBC TV series (Serie 1–5. 1969–1973); W. Kreye: Ein Bauer und viele Räuber (1969); D. McKee: 123456789 Mr. Benn (1970; dt. 123456789 Benn, 1973); D. McKee: The magician who lost his magic (1970; dt. Als das Zaubern nicht mehr klappte, 1973); L. Smith: Berta the tanker (1970); K. Baumann: Joachim der Zöllner (1971); B. Butterworth: Ich möchte fliegen, sagte das Schwein (1971); K. Baumann: Joachim der Straßenkehrer (1972); D. McKee: The man who was going to mind the house (1972; dt. Die Kuh auf dem Dach, 1973); D. McKee: Six men (1972; dt. Die Sechs, 1972); D. McKee: Lord Rex, the lion who wished (1973; dt. Lord Rex, 1973); D. McKee: Mr. Benn annual (1973ff.); A. Schwarz: Witcracks (1973); D. McKee: The magician and the sorcerer (1974; dt. Melrik, Sondrak und der König, 1974); K. Baumann: Joachim der Polizist (1975); D. McKee: Elmer again and again (1975; dt. Immer wieder Elmer, 1975); D. McKee: Big game Benn (1975).

Horst Künnemann

Meckel, Christoph

*Grafiker, Schriftsteller; * 12. 6. 1935 Berlin.*

M. ist in Erfurt und Freiburg (Breisgau) aufgewachsen, studierte drei Semester Grafik in Freiburg und München und lebt heute als freier Schriftsteller und Grafiker in Berlin. Seine poetischen Leistungen – weit verstreute Veröffentlichungen seit 1956 – lagen zunächst auf lyrischem Gebiet; daneben schrieb er kleinere Prosa, einige Hörspiele und einen Roman („Bockshorn", 1973).

Werk, Tendenzen, Wirkung. M.s vorwiegend surrealistische Texte sind durch die Freude an übermütigen Sprachspielen geprägt. Zentrales Motiv ist das der Verwandlung: die künstlerischen Erfindungen erhalten keine endgültige Gestalt, sie bleiben vorläufig und fragwürdig. Das umfangreiche grafische Werk (Radierungen, Holzschnitte, Linolschnitte, Zeichnungen, darunter viele Buchillustrationen) zeigt eine Vorliebe für zyklische Darstellungen, entzieht sich aber in seiner Vielfalt der Kategorisierung. Als Kinderbuchautor reüssierte M. erstmalig mit seiner Erzählung „Die Geschichte der Geschichten" (in: „Dichter erzählen Kindern", hrsg. von G. Middelhauve, 1966; Taschenbuchausgabe 1969). 1971 folgte eine isolierte Veröffentlichung als Bilderbuch mit Bildern von L. Fromm. In dieser Geschichte ist nichts statisch: die Gegenstände werden eine Weile begeistert ausgemalt, dann wieder durch andere ersetzt; die Erzähler fallen sich gegenseitig ins Wort, steigern sich oder schwächen ab, verwerfen, beginnen neu oder spinnen aus, stellen alles dauernd in Frage. Die Fabulierlust ist phantastisch und grenzenlos; Wortneuschöpfungen regen zu sprachlicher Kreativität an. Kritik an der engstirnigen Kinderbuchmoral des 19. Jahrhunderts übt M. mit seiner Erzählung „Das Hölzerne Bengele" (in: „Leporello fällt aus der Rolle. Deutsche Autoren erzählen das Leben von Figuren der Weltliteratur weiter", hrsg. von P. Härtling, 1971). M. verwandelt Collodis Pinocchio wieder in eine Holzfigur zurück, weil er ihr langweiliges Los als ein zur Bravheit bekehrter Junge nicht akzeptieren will. Weitere Veröffentlichungen im Bereich Kinderliteratur, die mehr dem grafischen Werk

M.s zuzuordnen sind, sind die Bildgeschichte „Der große und der kleine Klaus" (in: „Am Montag fängt die Woche an", hrsg. von H.-J. GELBERG, 1973) und die Illustrationen zu „Wer viel fragt" (Text: A. SCHWEIGGERT, 1974).

Werke: Der glückliche Magier (1966); Die Geschichte der Geschichten (1971); Das hölzerne Bengele (in: P. Härtling (Hrsg.): Leporello fällt aus der Rolle. Deutsche Autoren erzählen das Leben von Figuren der Weltliteratur weiter. 1971); Der große und der kleine Klaus (in: H. J. Gelberg (Hrsg.): Am Montag fängt die Woche an. 1973).

Illustration: A. Schweiggert: Wer viel fragt, kriegt viel gesagt (1974).

Sekundärliteratur: W. Unverhau: Christoph Meckel (1971).

Jutta Grützmacher

Mediothek → Schulbibliothek

Meggendorfer, Lothar

*Illustrator, Karikaturist, Bilderbuchkünstler; *6.11.1847 München, † 8. 7. 1925 München.*

Nach seinem durch Musizieren selbsterarbeiteten akademischen Studium – er war u.a. Schüler von W. DIEZ (1839–1907) – war M. ab 1866 Karikaturist bei der humoristischen Zeitschrift „Fliegende Blätter". Zusammen mit derem gesamten Künstlerstab arbeitete er ebenfalls bei den „Münchener Bilderbogen" mit, für die er den Rekordbeitrag von 66 Blättern lieferte. Die besten davon wurden – verteilt auf 10 Bilderbuchausgaben – bei dem Münchener Verlag Braun & Schneider veröffentlicht. Neben dem Verlag J. F. Schreiber in Eßlingen war dieser sein Hauptauftraggeber, der 1878 auch M.s erstes Ziehbilderbuch „Lebende Bilder" herausbrachte. In dichter zeitlicher Folge schlossen sich weitere Bilderbücher mit beweglichen Figuren oder Verwandlungsmöglichkeiten an. Bei Schreiber erschien ab 1889 eine von M. konzipierte, mit anspruchsvollen Steindrucken illustrierte Wochenschrift, die in den Anfangsjahren mehrmals den Titel wechselte, bis sie den Namen „Meggendorfer Blätter" erhielt, unter dem sie bis zur Verschmelzung mit den „Fliegenden Blättern" noch drei Jahre über den Tod von M. hinaus bis Ende 1928 publiziert wurde. Von 1891 bis 1901 betrieb M. bei Bad Kohlgrub eine Landwirtschaft, was jedoch seine künstlerische Aktivität nicht beeinträchtigte; sie wurde lediglich durch die Umstellung auf die maschinelle Buchproduktion eingeschränkt, denn die meisten seiner Buchentwürfe konnten nur in mühevoller Handarbeit vervielfältigt werden. M. kehrte dann nach München zurück und widmete sich dem Puppenspiel für Kinder. 1908 übernahm er die Schriftleitung der Zeitschrift „Die lustige Woche".

Werk, Tendenzen, Wirkung. Das umfangreiche Werk M.s umfaßt neben seinen illustrativen Zeitschriftenbei-

Lothar Meggendorfer (1847–1925). Umschlagillustration zu seinem Ziehbilderbuch „Prinzessin Rosenhold" (Text von C. A. Hennig; Esslingen und München 1902).

trägen rund 150 Einzeltitel, davon 67 Bilderbücher, 21 Leporellos, 3 Aufstellbilderbücher (heute Pop-up-Bücher genannt), 31 Ziehbilderbücher, zahlreiche Klapp- und andere Verwandlungsbilderbücher sowie etliche Vorlagen für Spiele. Die meisten von ihnen sind zerspielt und – obwohl sie zum Teil in mehr als 10 Auflagen oder 20000 bis 30000 Exemplaren erschienen sind – verschollen, und mit ihnen ist der Name ihres Schöpfers zu Unrecht in Vergessenheit geraten. Zwar hat der einst gefeierte Karikaturist unserer Zeit so gut wie nichts mehr zu sagen, ebenso wie sich seinen holperig geknüttelten Versen kaum noch etwas abgewinnen läßt, doch seine überragende Bedeutung auf dem Gebiet des Spielbilderbuches ist nach wie vor unumstritten. Obwohl die einzelnen von ihm bevorzugten Typen wie Leporello-, Klapp-, Kulissen-, Jalousie-, Dreh- und Ziehbilderbuch in England und Amerika, aber auch in Deutschland bereits eine langwährende Tradition hatten – vgl. die um 1865 erschienenen „lebendigen Bilderbücher mit beweglichen Figuren" von E. ILLE (1823–1890) –, so ist er als der witzigste und einfallsreichste Schöpfer von beweglichen Bilderbüchern und anderen Buchkuriositäten anzusehen. Seine Ziehbilderbücher sind dank einer raffiniert ausgedachten Mechanik wahre Meisterwerke einer sich auf Buchseiten abspielenden Pantomime; herausragend die Titel „Lebende Thierbilder" (1881), „Immer lustig" (1886), „Lustiges Automaten-Theater" (1890), „Prinz Liliput" (1898) und „Prinzessin Rosenhold" (1901). Als sein Glanzstück gilt immer noch das Aufstellbilderbuch „Internationaler Circus" (1887) mit seinen mehr als 450, größtenteils ausgeschnittenen Figuren, das beim Aufklappen zu einer Arena circensischer Attraktionen wird.

Auf Grund der guten Zusammenarbeit mit dem spielerischen Experimenten gegenüber sehr aufgeschlossenen Londoner Verlag Grevel gelangten viele dieser Bücher ins Ausland und wurden – auch durch Übersetzungen ins Französische, Italienische, Spanische, Ungarische, Russische und in weitere slawische Sprachen – international bekannt.

M.s Illustrationen, die zunächst noch vom volkstümlichen Genrestil bestimmt waren, wurden immer mehr vom Jugendstil beeinflußt, behielten aber zu jeder Zeit die unverwechselbare M.sche Linienführung. Sie haben in ihrer Zeit vorwiegend positives Echo hervorgerufen (vgl. W. RULAND in der „Beilage zur Allgemeinen Zeitung", 1902). Distanzierter äußerte sich W. KÖSTER, der in der „Geschichte der deutschen Jugendliteratur" (2. Aufl. 1915. S. 23–25) vor allem die „lichten, harmonisch gestimmten und doch kräftigen Töne, meist als Lokalfarben ohne Schattengebung", ferner die „Zeichnung in großen Zügen und breiten Konturen, nur ganz leicht das Karikaturenhafte streifend" bei den Aufstellbilderbüchern „Im Winter" (1883), „Im Sommer" (1883) und „Auf dem Lande" (1885) hervorhebt, doch den gelegentlichen Mangel an Stilgefühl, Steifheit und Verzeichnung kritisiert. „Zuweilen übertreibt er seine Karikaturen so sehr nach der Seite der fratzenhaften Häßlichkeit, daß die darin enthalten sein sollende Komik völlig erstickt wird" (S. 24; vgl. auch JSW. 12. 1910. S. 45).

Angesichts der zunehmenden Erkenntnis, welche Bedeutung Spielbücher als Anregung für die kindliche Kreativität zukommt, wäre es an der Zeit, den Rang M.s innerhalb der Kinderbuchhistorie neu zu überdenken.

→ Bilderbogen, → Bilderbuch, → Leporello

Werke: L. Meggendorfer: Für die ganz Kleinen (1878); L. Meggendorfer: Lebende Bilder (1878); L. Meggendorfer: Gute Bekannte in Bildern und Reimen für die Kinderwelt (1879); L. Meggendorfer: Münchener Kasperltheater (T. 1 u. 2. 1879); Fr. Bonn: Ein Korb voll Allerlei (1880); L. Meggendorfer: Neue lebende Bilder (1880); Fr. Bonn: Der brave Hans und der böse Peter (1881); L. Meggendorfer: Lebende Thierbilder (1881); Fr. Bonn: Zwölf schöne Geschichten (1881); L. Meggendorfer: Aus dem Leben (1882); Fr. Bonn: Die brave Bertha und die böse Lina (1882); Fr. Bonn: Neuer Korb voll Allerlei (1882); L. Meggendorfer: Im Sommer (1883); L. Meggendorfer: Im Winter (1883); L. Meggendorfer: Neue Thierbilder (1883); L. Meggendorfer: Für brave Kinder (1884); L. Meggendorfer: Große Menagerie (1884); L. Meggendorfer: Auf dem Lande (1885); L. Meggendorfer: Im Circus (1885); Fr. Bonn: Nimm mich mit (1885); L. Meggendorfer: Bewegliche Schattenbilder (Bd. 1 u. 2. 1886 u. 1891); L. Meggendorfer: Immer lustig (1886); Fr. Bonn: Der lange Heinrich (1886); L. Meggendorfer: Im Stadtpark (1887); L. Meggendorfer: Internationaler Circus (1887); L. Meggendorfer: Nah und fern (1887); L. Meggendorfer: Schau mich an (1888); L. Meggendorfer: Der zoologische Garten (1888); L. Meggendorfer: In Großpapa's Garten (1888); L. Meggendorfer: Das Puppenhaus (1889); L. Meggendorfer: Reiseabenteuer des Malers Daumenlang und seines Dieners Damian (1889); L. Meggendorfer: Lustiges Automaten-Theater (1890); L. Meggendorfer: Der fidele Onkel (1891); L. Meggendorfer: Die lustige Tante (1891; ND. 1974); J. Beck: Neues Struwwelpeterbuch (1891); L. Meggendorfer: Lebendes Affentheater (1893); J. Beck: Gigerl's Freud und Leid (1894); L. Meggendorfer: Nur für brave Kinder (1896); L. Meggendorfer: Da mußt du lachen (1897); F. Feldigl: Die Uhr (1897); F. Feldigl: Drehbilder-ABC (1898); F. Feldigl: Prinz Liliput (1898); G. Boetticher: Der Verwandlungskünstler (1899); L. Meggendorfer: Aufgepaßt (1900); C. A. Hennig: Prinzessin Rosenhold (1901); F. u. E. Krögel: Die Arche Noah (1903); J. Fumian: Bruder Straubinger (1910).

Sekundärliteratur: Kl. Doderer: Das bürgerliche Bilderbuch im 19. Jahrhundert (in: Kl. Doderer (Hrsg.) zus. mit H. Müller: Das Bilderbuch. 1973. ²1975. 183–225). – L. Hollweck: Aus dem Altmünchener Blätterwald. Die Meggendorfer Blätter (in: Münchener Leben. 7. 1965. 32–33); Karikaturen. Von den Fliegenden Blättern zum Simplicissimus 1844 bis 1914 (1973). – H. Krahé: Spielbilderbücher. Ein Kaleidoskop verwandelbarer und beweglicher Kinderbilderbücher (in: K. E. Maier (Hrsg.): Historische Aspekte zur Jugendliteratur. 1974. 86–91); Meggendorfer-Bibliographie (1976). – H. Kunze: Nachwort zu „Die lustige Tante" (in: L. Meggendorfer: Die lustige Tante. Faksimiledruck 1974). – The Publishing Archive of Lothar Meggendorfer. Original drawings, hand-colored lithographs and production files for his children's book illustrations (1975). – W. Ruland: Lothar Meggendorfer (in: Beilage zur Allgemeinen Zeitung. München Nr. 292. 1902. 540–541). – M. Sendak: An appreciation (in: The Publishing Archive of Lothar Meggendorfer. 1975. 3–9). – D. v. Senger: Lothar Meggendorfer und die Meggendorfer Blätter (Diss. 1938). – K. Spengler: Unsere Kindheit hat alles vorausbezahlt, so reich war sie. Im Jugendparadies der Kinder Lothar Meggendorfers (in: Merkur-Kalender. 1965. 50–56).

Hildegard Krahé

Meinck, Willi

*Schriftsteller, überwiegend Kinder- und Jugendbuchautor; * 1.4.1914 Dessau.*

M., Sohn eines Arbeiters und gelernter Schriftsetzer, emigrierte 1933 nach Frankreich. 1934 nach Deutschland abgeschoben, war er als Hilfsarbeiter, Verlagsvolontär und Schriftsetzer tätig. Im Jahr 1938 wurde M. als Sanitäter eingezogen. Nach Kriegsende arbeitete er bis 1950 als Neulehrer und Direktor einer Lehrerbildungsanstalt, dann als Redakteur und Cheflektor. Seit 1955 lebt er als Schriftsteller in Zittau. M. unternahm zahlreiche Reisen, u.a. in die VR China und nach Indien. Im Rahmen des Preisausschreibens für Kinder- und Jugendliteratur des Ministeriums für Kultur der DDR wurde M. mehrmals ausgezeichnet – mit dem ersten Preis 1956 („Die seltsamen Reisen des Marco Polo") und 1964 („Salvi Fünf oder der zerrissene Faden"), mit dem zweiten 1953 („Der Herbststurm fegt durch Hamburg") und 1967/68 („Untergang der Jaguarkrieger"). 1955 und 1958 wurden „Die seltsamen Abenteuer des Marco Polo" und „Die rote Perle" unter ‚Die schönsten Bücher des Jahres' aufgenommen. 1968 erhielt M. für sein Gesamtschaffen als Kinder- und Jugendbuchautor den Alex Wedding-Preis zugesprochen; 1974 wurde ihm die Johannes R. Becher-Medaille in Gold verliehen.

Willi Meinck (1914)*

Werk, Tendenzen, Wirkung. In M.s Jugendbüchern dominieren geschichtliche Stoffe und Themen aus dem Bereich ‚ferne Länder und Völker'. Dabei geht es ihm darum, die Lebensbedingungen des einfachen Volkes zu schildern: „Mehr als die Berichte von den glanzvollen Taten der Könige aber beschäftigten mich Inschriften, die vom Leben des einfachen Volkes erzählten; denn wie könnte man eine wahrheitsgetreue Geschichte schreiben, ohne von denen zu sprechen, die das Korn säten und die Steine schleppten?" (Nachwort zu „Hatifa", S. 111). Diese Intention zeigt sich sowohl bei M.s Nacherzählungen von Märchen und Sagen aus China („Die rote Perle", 1958), Indien („Die schöne Madana", 1973) und aus voraztekischer Zeit („Der Pfefferschotenhändler, 1969), als auch bei Themen aus der jüngeren und ferneren Vergangenheit. Typisch dafür sind die Bände „Die seltsamen Abenteuer des Marco Polo" (1955) und „Die seltsamen Reisen des Marco Polo" (1957). Im ersten Band sind Marco Polo, seine Freunde und sein Diener in verschiedene Episoden verwickelt, die alle die ökonomische und politische Situation im Stadtstaat Venedig verdeutlichen: die Unterdrückung des Volkes, die Verquickung von wirtschaftlicher und politischer Macht, Korruption und Habgier der Herrschenden. Dem stellt M. am Beispiel der Freundschaft Marcos zu zwei Handwerkerkindern die Möglichkeit gegenüber, durch solidarisches Handeln die Klassengegensätze zu überwinden. Im Mittelpunkt des zweiten Bandes stehen die Reisebeschreibung von Venedig nach Vorder- und Innerasien sowie die Schilderungen vom Hofe des Großkhans in Kathai. Indem M. hier typische Züge einer feudalistischen Gesellschaft zeigt, entspricht er den Kriterien, die M. LANGE für das historische Kinder- und Jugendbuch in der DDR fordert: die „realistische und parteiliche Darstellung", die Reaktion und Fortschritt in der Gesellschaft allgemein erkennen läßt und die Notwendigkeit der Auflehnung gegen jede Ausbeutung und Unterdrückung einsichtig macht (vgl. M. LANGE: Das historische Kinder- und Jugendbuch. In: Beitr. z. K.- u. Jl. 4. 1963. S. 93). Diese historische Thematik ist vermischt mit einer Vielzahl spannend erzählter Episoden, die dem Themenbereich der Reise- und Seeabenteuer zuzuordnen sind: Verstrickung in Intrigen, Entführungsversuche, nächtliche Schmuggelfahrten, gefährliche Stürme, Rettung aus Seenot, Überfälle und Gefangennahme, daneben Vision- und Traumschilderungen. Mit dieser Kombination von Fiktion und Fakten, in der das Abenteuer überwiegt, schafft M. eine Form des historischen Jugendbuchs, die als historisches Abenteuerbuch bezeichnet werden kann. Weitere Beispiele dafür sind „Hatifa", das die Befreiung eines assyrischen Sklavenmädchens zum Thema hat, und „Der Untergang der Jaguarkrieger", in dem der Kampf der Azteken gegen die spanischen Eroberer beschrieben wird.

In „Kuddel und Fietje" (1958, frühere Fassung: „Der Herbststurm fegt durch Hamburg", 1954) werden mit der gleichen Technik der Hamburger Aufstand der kommunistischen Arbeiter unter der Führung E. THÄLMANNS sowie an Einzelschicksalen exemplarisch die Situation der Arbeiter und die Gegensätze zwischen Kommunisten und Sozialdemokraten dargestellt. Dem jugendlichen Leser wird die politische Situation dadurch verständlich gemacht, daß M. sie vorwiegend aus der Sicht und Erlebnissphäre der beiden Jungen schildert. Zugleich zeigt er, daß auch Kinder eine Funktion im Klassenkampf haben – die Jungen werden nicht nur in Zusammenhänge eingeweiht, sondern führen wichtige Aufgaben aus. Das „Ernstnehmen der Kinder als Handelnde und als Leser" hat M. an der sowjetischen Kinderliteratur besonders berührt (vgl. Beitr. z. K.- u. Jl. 10. 1967. S. 5).

Im Roman „Das verborgene Licht" (1959) beschreibt M. den Widerstand der Kommunisten in den dreißiger Jahren. Die Fortsetzung „Das zweite Leben" (1961) schildert den Neubeginn nach dem Ende des Zweiten Weltkriegs. In „Salvi Fünf oder der zerrissene Faden" (1966) behandelt M. den Unterschied zwischen kapitalistischem und sozialistischem Gesellschaftssystem aus der Perspektive des Kindes. Hauptfigur ist der sizilianische Fischerjunge Salvatore Fünf, der von zu Hause wegläuft, um ein Land zu suchen, „in dem die Kinder glücklich sind". Die Möglichkeit zu einem neuen Leben lernt er während eines Aufenthaltes in einer Pionierrepublik in der DDR kennen. Entscheidend für ihn sind das Erlebnis, in einem Kollektiv zu leben, und die Erfahrung, daß die Besitzverhältnisse hier anders sind als in seiner Heimat. Das Glück, das er gesucht hat, existiert nur da, wo die eigenen Interessen mit denen der Gesellschaft übereinstimmen, wo das Eigentum aller an den Produktionsmitteln garantiert ist (vgl. M. Altner: Das sozialistische Menschenbild in der Kinder- und Jugendliteratur der DDR, 1972. S. 64). Salvis Auftrag besteht darin, nach Sizilien zurückzugehen und dort das neue Bewußtsein vom Glück weiterzuvermitteln.

Werke: Das Geheimnis der finnischen Birke (1951, [5]1960); Henri, der tapfere Matrose (in: H. Beseler u. a.: Die Moorbande und andere Erzählungen. 1952, [2]1959); Die Aufstände der Bürger von Worms und Köln (1953); Der Herbststurm fegt durch Hamburg (1954, [2]1956; NA. u. d. T.: Kuddel und Fietje, 1958, [9]1965; NA. 1973); Die seltsamen Abenteuer des Marco Polo (1955, [14]1972); Die seltsamen Reisen des Marco Polo (1957, [15]1972); Hatifa (1958, [9]1969); Die rote Perle (1958, [3]1965); Das verborgene Licht (1959); Nixe und der Große Einsame (1960, [3]1962); Der Neger Jim (1961); Das zweite Leben (1961); Salvi Fünf oder der zerrissene Faden (1966, [9]1973); Der Untergang der Jaguarkrieger (1968, [5]1973); Der Pfefferschotenhändler (1969); Die gefangene Sonne (1971); Die schöne Madana (1973).

Sekundärliteratur: M. Altner: Das sozialistische Menschenbild in der Kinder- und Jugendliteratur der DDR (1972. 61–66). – K. David: Vom Burgmühlgraben zum Ganges (in: Liebes- und andere Erklärungen. 1972. 238–241). – M. Lange: Das historische Kinder- und Jugendbuch (in: Beiträge zur Kinder- und Jugendliteratur. 1963. 4. 87–96). – W. Meinck: Gedanken während der Arbeit (in: Beiträge zur Kinder- und Jugendliteratur. 1964. 6. 40–43).

Gisela Goldbach

Meissel, Wilhelm

*Österreichischer Schriftsteller, Verfasser von Jugendbüchern, Hörspielen, Kurzgeschichten, Gedichten und Romanen; *21. 1. 1922 Wien.*

Nach dem frühen Verlust des Vaters wird der Einfluß guter Lehrer und Leseerzieher auf den zehnjährigen bestimmend. Fernweh treibt den vierzehnjährigen zu seiner ersten Bergtour auf den Groß-Glockner. Sein Freiheitsdrang übersteht eine kurze Lehrzeit als Elektriker und eine vorschriftsmäßige als Schriftsetzer. Die Berufstätigkeit wird durch den Zweiten Weltkrieg unterbrochen: Drei Jahre leistet M. Kriegsdienst und gerät 1945 in amerikanische Gefangenschaft. Nach seiner Freilassung arbeitet er wieder als Schriftsetzer, dann als Kalkulant; nebenher besucht er die Arbeitermittelschule und schließt sie mit der Reifeprüfung ab. Nach einigen Jahren Arbeit im Österreichischen Buchklub der Jugend wird M. Bibliothekar – der einzige Brotberuf, der ihn auf Dauer zu fesseln vermag, nicht zuletzt, weil ihm die Arbeit als Schriftsteller dadurch erleichtert wird. Für das Romanmanuskript „Der Mann im Geröll" erhielt M. 1960 den Theodor Körner-Preis; „Die Spur führt in die Höhle" trug ihm 1970 den Österreichischen Staatspreis für Jugendliteratur und 1968 den Jugendbuchpreis der Stadt Wien ein.

Werk, Tendenzen, Wirkung. Als wesentliche Erfahrungen seines Lebens sind in seine literarische Arbeit in besonderem Maße eingegangen: das Bemühen um gegenseitiges menschliches Verständnis, besonders auch zwischen den Generationen, und die Liebe zum Sport („Querpaß – Schuß – Tor!") und zur Bergwelt („Mooserboden", „Die Hochloderwand", „Die Spur führt in die Höhle", „Der Überhang"). Auch die Abenteuerlust seiner Jugend ist lebendig geblieben („Der große Kiongozi – eine Stanley-Biographie", „Der Waggon auf Gleis 7", „Besondere Kennzeichen: keine") – sie gibt jedoch den Blick frei auf menschliche Probleme und Konflikte, die dahinterstehen: auf die Gefährdung einer Bergkameradschaft, auf Rivalitäten, auf Menschenraub. Die Gestaltung des Themas zeigt immer auch das Mühen um eine Vertiefung der Menschlichkeit, die im Nansen-Roman „Held ohne Gewalt" zum Generalthema wird.

Werke: Der große Kiongozi (1962); Querpaß – Schuß – Tor! (1964); Der Waggon auf Gleis 7 (1966, [2]1969); Held ohne Gewalt (1967); Die Hochloderwand (1967, [3]1971); Mooserboden, Herz der Glocknergruppe (1967); Träume auf der Zugbrücke (1967); Die Spur führt in die Höhle (1969, [3]1973); Der Überhang (1972); Tante Tintengrün greift ein (1973); Besondere Kennzeichen: keine (1976).

Sekundärliteratur: W. Meissel: Ich über mich (in: Jugend und Buch. 1970. 3. 13–15); Eindrücke einer Reise in die Sowjetunion (in: Jugend und Buch. 1972. 1. 28 30).

Gertrud Paukner

Meissen, Conny

*Deutsche Kinderbuchautorin und -illustratorin; *1887, †1961.*

Werk, Tendenzen, Wirkung. Von den vier zwischen 1926 und 1938 publizierten Kinderbüchern M.s haben die beiden ersten, bei Stuffer erschienenen, kleinformatigen Bildergeschichten von den kindlichen Streichen eines Strichmännchens (Das Männchen, 1926; Das Männchen kommt zum Zauberer, 1927) vor allem

wegen der ungewöhnlichen Zeichnungen Interesse erregt. Verglichen mit den auf Binnengliederung und Perspektive weitgehend verzichtenden, flächigen, kräftig konturierenden, „kindertümlichen" Illustrationen vieler Bilderbücher der zwanziger Jahre weisen diese Werke M.s einen hohen Abstraktionsgrad auf: die Körperformen der Titelfigur sind – in Anlehnung an Kinderzeichnungen – auf Oval (Rumpf, Kopf) und Strich (Gliedmaße) reduziert. Die Kontur ist auch das bestimmende Element der voluminöseren Figuren (Mutter, Arzt, Zauberer, Mohrenpuppe) und Gegenstände, die fast ohne Überschneidungen auf den weiß belassenen Blattuntergrund angeordnet sind. M. verzichtet gleichfalls auf perspektivische Darstellung mit Hilfe von Schattierung oder Farbabstufung – die leuchtenden Farben sind flächig aufgetragen.
Den Inhalt der Bilder und Reime ordnen z.B. P. Samuleit (Das deutsche Bilderbuch, in: Kind und Kunst. 1928, S. 110), H. L. Köster (Bilderbücher der Jahre 1925 bis 1930, in: Jugendschriften-Warte. 2. 1932, S. 13) und V. Merkelbach (Tendenzen im Bilderbuch der Zwanziger Jahre, in: Das Bilderbuch, 1973, S. 311–313) in die Tradition von „Struwwelpeter" und „Max und Moritz" ein, leiten aus dem Vergleich Wertungen oder Fragen möglicher Rezeption beim kindlichen Leser ab: Während Samuleit M.s Texten und den „mit wenigen Strichen und wenig, aber leuchtender Farbe hingesetzten ganz einfachen Bildchen" „gleiche Schlagkraft" und „echten Humor" bescheinigt, kritisiert Köster die Knittelverse, die ‚den Struwwelpeterfiguren nachgemachten' Zeichnungen von Mutter und Arzt als „nicht gekonnt genug", bemängelt, „der Stoffkreis ist zu abseitig", behauptet aber, daß den Kindern das Buch Freude mache. Ausführlicher als B. Hürlimann, die 1959 in „Europäische Kinderbücher in drei Jahrhunderten" (1959, [2]1963, S. 223–224) eine „Rettungsaktion" dieser nur einmal aufgelegten, jetzt fast verschollenen Bilderbücher versucht, beschäftigt sich Merkelbach mit der Frage, weshalb das „Männchen" nicht „eine klassische Figur der Kinderstube" (Hürlimann, S. 223) geworden ist. Er findet eine mögliche Erklärung in der Schwierigkeit, sich mit dem „Männchen" und seinen Streichen zu identifizieren sowie „in dem hohen, für Kinder vielleicht zu hohen Abstraktionsgrad der Zeichnungen" (S. 313).
Auch bei den beiden anderen Kinderbüchern der M. ist die Linie das tragende Element der in den Text eingestreuten, gegenständlichen Zeichnungen sowie der getuschten Bildtafeln. Durch Bild und Text versucht M., immer wieder auf die Umwelt, Kenntnisse und Erfahrungen ihrer kindlichen Leser rekurrierend, Informationen über ferne Kontinente, Länder wie Afrika und Japan (In die weite Welt, 1929) oder Mexiko (Thomas schreibt aus Mexiko, 1938) und deren Bewohner zu vermitteln und durch den „Blick für die fremde Art" zur Toleranz und Völkerverständigung beizutragen. Doch bringt dieses Prinzip, an dem Erfahrungs- und Bewußtseinshorizont ihrer deutschen Leser anzuknüpfen und durch Vergleich Differenzen herauszustellen – der Gymnasiast Thomas beschreibt seinen Klassenkameraden seine Reiseeindrücke und -erlebnisse sowie die Lebensumstände der Mexikaner – die Gefahr der Bestätigung von Vorurteilen und Klischeevorstellungen. Die Autorin, die das Land aus eigener Anschauung kannte – sie wanderte in den dreißiger Jahren nach Mexiko aus –, verfestigte so, da sie weder auf die Ursachen und historischen Hintergründe der sozialen, ökonomischen oder kulturellen Unterschiede und Abhängigkeitsverhältnisse hinweist, noch den Rezipienten zu kritischen Fragen motiviert, das einseitige Bild von bedauernswert armen, schmutzigen, faulen, abergläubischen, häufig betrunkenen Indianern und Mexikanern der unteren sozialen Schichten, von mutigen spanischen Eroberern der Vergangenheit sowie sauberen, auf Grund von Ausdauer, Arbeitsamkeit und Verantwortungsbewußtsein zu Wohlstand gekommenen Deutschen.

Werke: Das Männchen (1926); Das Männchen kommt zum Zauberer (1927); In die weite Welt (1929); Thomas schreibt aus Mexiko (1938).

Sekundärliteratur: V. Merkelbach: Tendenzen im Bilderbuch der zwanziger Jahre (in: Kl. Doderer und H. Müller (Hrsg.): Das Bilderbuch. 1973, [2]1975. 273–322).

Rosmarie Rauter

Meißner, August Gottlieb

*Jurist, Philologe und Schriftsteller; *3.11.1753 Bautzen, † 18.2.1807 Fulda.*

Von 1773 bis 1776 studierte M. in Wittenberg und Leipzig Rechtswissenschaften. Ab 1777 übernahm er die Stelle eines Archivregistrators in Dresden. 1785 erfolgte seine Berufung an die Universität Prag als Professor der Ästhetik und der klassischen Sprachen. Im Jahr 1805 ging M. als nassauischer Konsistorialrat und Direktor der höheren Lehranstalten nach Fulda, wo er zwei Jahre später starb.

Werk, Tendenzen, Wirkung. Neben geschichtlichen Romanen, Sing- und Lustspielen, verfaßte M. vierzehn Sammlungen Fabeln und Erzählungen, die weite Verbreitung fanden und häufig nachgedruckt wurden. Vor allem seine Fabelausgaben wurden als empfehlenswerte Jugendliteratur der Zeit geschätzt. Die erste Ausgabe erschien 1791 in Prag und Leipzig und trug den Titel: „Aesopische Fabeln für die Jugend. Nach verschiedenen Dichtern gesammlet und bearbeitet". Wie der Verfasser im Vorwort mitteilt, hat er sein Fabelbuch auf Wunsch seines siebenjährigen Sohnes geschrieben. Es war M.s Absicht, „wichtige Mängel" bei den vorliegenden Fabelausgaben für Kinder und Jugendliche zu beseitigen. So kritisierte er, „daß ein großer Theil der Fabeln viel zu hoch für ein zartes Alter war", daß „fast immer ein langer moralischer Sermon durch eben seine Länge" bewirkte, „daß die eigentliche Moral ungelesen und unbeherzigt blieb" und daß sich in den ihm bekannten Sammlungen nicht selten Fabeln befänden, „die geschickter waren, ein junges, empfängliches Herz zu verschlimmern, als zu verbeßern". Zu seinen didaktischen Maßnahmen bei der Abfassung der Fabeln stellte er fest: „Ich kürzte die Moral ab, wo ich sie zu lang fand. Ich suchte sie hier und da bestimmter und für Kinder tauglicher anzugeben ... Ich füge sie da ganz von neuem hinzu, wo der Dichter, weil er für größere Leute schrieb, sie weggelaßen hatte". So enthält seine Fabelanthologie Stücke nach AESOP, LA FONTAINE, LA MOTTE, LESSING, LICHTWEHR, PFEFFEL, RICHARDSON u. a. Unter den zahlreichen Nachdrucken und Bearbeitungen erschien 1826 in Leipzig eine besonders reizvolle Ausgabe mit 159 Holzschnitten. Im Vergleich mit anderen Fabelsammlungen der Zeit gibt S. KÖBERLE denen von M. den Vorzug.

Werke: Erzählungen und Dialogen (Bd. 1–3. 1781–1789); Aesopische Fabeln für die Jugend nach verschiedenen Dichtern gesammlet und bearbeitet (1791, [3]1826); Hundert Aesopische Fabeln. Rechtmäßige Ausgabe (Bd. 1–4. 1807); Fabeln für die Jugend, nach Aesop, Lebrun, Desbillons, Engel, La Fontaine, Gay, Lessing, Lichtwehr, La Motte, Pfeffel, Rabener, Richardson und Andern (1810).

Sekundärliteratur: C. Beyer-Boppard: Einführung in die Geschichte der deutschen Literatur unter besonderer Berücksichtigung der neuesten Zeit (1905). – F. Brümmer: Lexikon der deutschen Dichter und Prosaisten von den ältesten Zeiten bis zum Ende des 18. Jahrhunderts (1884). – Kl. Doderer: Fabeln, Formen, Figuren, Lehren (1970). – S. Köberle: Jugendliteratur zur Zeit der Aufklärung (1972).

Hubert Göbels

Melville, Herman

*Amerikanischer Schriftsteller, Verfasser des klassischen Seeromans „Moby Dick", der für die Jugend bearbeitet wurde; * 1.8.1819 New York, † 28. 9.1891 New York.*

Als Sohn eines wohlhabenden Kaufmanns geboren, lernte M. nach Bankrott und Tod des Vaters (1832), zusammen mit seiner Mutter und sieben Geschwistern, früh die Not kennen. Mit 15 Jahren verließ er die Schule, und nach verschiedenen Tätigkeiten schiffte er sich 1839 als Matrose nach Liverpool ein. Diese Fahrt, später literarisch verarbeitet in „Redburn" (1849), weckte in ihm die Zuneigung zum Meer, Schauplatz der meisten seiner Romane und Erzählungen. Im Januar 1841 heuerte er auf dem Walfänger „Acushnet" an. Die 18 Monate auf diesem Schiff gaben die stoffliche Grundlage für „Moby Dick" (1851) ab. Im Juni 1842 desertierte er in der Südsee und lebte vier Wochen unter den Eingeborenen der Marquesas. Aus diesen Erfahrungen, angereichert durch einschlägige Lektüre, entstanden die Bücher „Typee" (1846) und „Mardi" (1849). Eine neue Welt erschloß sich ihm auch als Landarbeiter auf Tahiti („Omoo", 1847) und als Matrose auf dem Kriegsschiff „United States" („White-Jacket", 1850). 1844 war er wieder in Amerika und begann zu schreiben. Nach dem großen Erfolg seiner Südseeromane „Typee" und „Omoo" heiratete er 1847 E. SHAW, Tochter des obersten Richters von Massachusetts, und ließ sich als freier Schriftsteller in New York nieder. 1849/50 machte er eine Reise nach England mit einem Abstecher auf den Kontinent bis Koblenz. Nach der Rückkehr zog er mit seiner Familie auf eine Farm in Pittsfield/Massachusetts, wo sich eine Freundschaft mit dem Schriftsteller N. HAWTHORNE (1804–1864) entwickelte. 1863 ging er zurück nach New York und nahm dort – zunehmend verbittert, seit er für seine anspruchsvolleren Werke kaum noch ein Publikum fand – eine Stelle als Zollinspektor an (1866–1885). 1891 starb er, vergessen von der literarischen Welt. Nachdem er jahrelang nichts mehr veröffentlicht hatte, vollendete er fünf Monate vor seinem Tod, noch einmal seine Erinnerung an den Dienst auf einem Kriegsschiff verwertend, die Novelle „Billy Budd".

Werk, Tendenzen, Wirkung. Die als Jugendlektüre relevanten Werke, von „Typee" (1846) bis „Moby Dick" (1851), lassen sich in ihrer Grundkonzeption der Gattung des Abenteuerromans zurechnen, wobei sich aber eine Tendenz zur Akzentverlagerung von der Handlung zur dargestellten Welt und – seit „Mardi" – zur Gedanklichkeit abzeichnet. In „Moby Dick", dem bedeutendsten, berichtet der Ich-Erzähler – als junger Matrose dem Identifikationsbedürfnis Heranwachsender entgegenkommend – von seiner Fahrt auf dem amerikanischen Walfänger „Pequod", dessen Kapitän Ahab von der Absicht besessen ist, sich für die Verstümmelung seines Beins an dem weißen Wal Moby Dick zu rächen. Als schließlich gegen Ende des Buches der langerwartete Kampf stattfindet, wird das ganze Schiff mit Kapitän und Mannschaft vernichtet; nur der Erzähler überlebt. Der Autor verbindet in dem Roman eigene Erfahrungen mit einem aus zahlreichen Büchern bezogenen enzyklopädischen Wissen zu einer – ausdrücklich so bezeichneten – Walkunde. (Im Anhang von K. BAHNMÜLLERS Jugendausgabe (1950) wird der heutige Kenntnisstand auf diesem Gebiet dem historischen in M.s Roman gegenübergestellt.) Die durch die Wiedergabe solcher Realien unterbrochene Erzählung jedoch läßt durch Personenkonstellation, Namen- und Farbgebung, Bibelanspielungen, Reflexionen des Erzählers usw. die Jagd nach dem weißen Wal zugleich als einen symbolischen Vorgang erscheinen. Nach neueren Deutungen äußert sich darin M.s von der Philosophie des Idealismus beeinflußte Auffassung von der Unmöglichkeit der Wahrheitsfindung. Der weiße Wal wäre danach ein Symbol in doppelter Hinsicht: erkenntnistheoretisch für die Rätselhaftigkeit der Welt, moralisch für eine elementare, in menschlichen Zusammenhängen sinnlose Zerstörung (K. P. HANSEN, a. a. O. S. 8).

Für eine Jugendausgabe gilt es, nach den Worten des Bearbeiters K. BAHNMÜLLER, „aus den Massen des Originals die Erzählung behutsam herauszuheben" (Ensslin-Jahresausgabe 1951, S. 84). Von besonderer Anziehungskraft für den jugendlichen Leser sind neben der elementaren abenteuerlichen Handlung die anschaulich, oft humorvoll gezeichneten Personen verschiedener rassischer und sozialer Herkunft.

Die Rezeption von M.s Werken vollzieht sich in einer auffallenden Wellenbewegung. Die beiden ersten Südseeromane sind sofort ein internationaler Erfolg; die deutschen Ausgaben erscheinen im gleichen Jahr wie die englischen Originale, „Omoo" übersetzt von FR. GERSTÄCKER. „Moby Dick" wird von den ersten Kritikern zumeist ablehnend aufgenommen und vom Publikum des 19. Jahrhunderts kaum beachtet. Erst im Jahre 1920 wird die literarische Öffentlichkeit in Amerika auf dieses Werk aufmerksam und nun beginnt eine Beschäftigung mit M., die ihn bald zu einem Klassiker von weltliterarischem Format erhebt und bis heute ungefähr 3500 gedruckte Beiträge hervorgebracht hat (P. G. BUCHLOH/H. KRÜGER, a.a.O. S. 1). Die erste, verkürzte deutsche Übersetzung von „Moby Dick" erscheint 1927, die erste Jugendbuchfassung 1950. 1973 sind 32 englisch- und 15 deutschsprachige Ausgaben dieses Werkes auf dem Markt. Speziell für die Jugend sind in der BRD noch die novellistischen Erzählungen „Benito Cereno" und „Billy Budd" herausgekommen, in Ausgaben für den gymnasialen Englischunterricht. – M. gilt heute neben R. L. STEVENSON als überragendes Vorbild neuerer Seeabenteuerliteratur und als einer der Urheber der Südseeliteratur.

→Abenteuerbuch

Werke: Typee (1846; dt. Vier Monate auf den Marquesas-Inseln, 1846; NA. u.d.T. Taipi, 1927); Omoo (1847; dt. Omoo, 1847; NA. u.d.T. Omu, 1927); Mardi and a Voyage Thither (1849); Redburn (1849; dt. Redburns erste Reise, 1850; NA. unter dem Titel Redburn, 1946); White-Jacket (1850; dt. Weißjacke, 1948); Moby Dick or The white whale (1851; dt. Moby Dick, 1927); Pierre, or the ambiguities (1852; dt. Pierre, 1965); Israel Potter (1955; dt. Israel Potter, 1956); The Piazza tales (1855; darin: Benito Cereno; dt. 1938, und: The Encantadas or enchanted isles; dt. Die verzauberten Inseln, 1945); The Confidence Man (1857; dt. Ein sehr vertrauenswürdiger Herr, 1958); Battle Pieces (1866); Clarel (1876; dt. Clarel, 1961); The Works of Herman Melville (1922–1924); Billy Budd (1924; dt. Billy Budd, 1938); Werke (1964–1970).

Sekundärliteratur: G. W. Allen: Melville and his world (1971). – C. R. Anderson: Melville in the South Seas (1939). – N. Arvin: Herman Melville (1950). – K. Bahnmüller: Herman Melville und sein Moby Dick (in: Ensslin-Jahresgabe. 1951. 69–84). – P. G. Buchloh: Herman Melville (1974; zus. mit H. Krüger). – E. A. Dryden: Melville's thematics of form (1968). – K. Ensslen: Melvilles Erzählungen (1966). – M. Frank: Die Farb- und Lichtsymbolik im Prosawerk Herman Melvilles (1967). – H. B. Franklin: The wake of the gods (1963). – H. Frenz: Nordamerikanische Literatur im deutschen Sprachraum seit 1945 (1973, zus. mit H. J. Lang). – W. H. Gilman: Melville's early life and ‚Redburn' (1951). – K. P. Hansen: Vermittlungsfunktion und Vermittlungsvorgang in den drei großen Erzählungen Herman Melvilles (1973). – H. Helmcke: Die Funktion des Ich-Erzählers in Herman Melvilles Roman ‚Moby Dick' (1957). – T. Hillway: Moby Dick Centennial Essays (1953, zus. mit L. S. Mansfield). – L. Howard: Herman Melville (1951). – A. R. Humphrey: Herman Melville (1962). – G. Kempendick: Herman Melville (in: Jugendliteratur. 1958. 259–267). – H. Kosok: Die Bedeutung der Gothic Novel für das Erzählwerk Herman Melvilles (1963). – L. Lanzinger: Primitivismus und Naturalismus im Prosawerk Herman Melvilles (1959). – J. Leyda: The Melville Log (1951, NA. 1969). – J.-J. Mayoux: Melville par lui-meme (1960). – E. M. Metcald: Herman Melville (1953). – L. Mumford: Herman Melville (1929, 1962). – H. Parker: The Recognition of Herman Melville. Selected criticism since 1846 (1967). – H. Parker: ‚Moby Dick' as doubloon. Essays and extracts 1851–1970 (1970, zus. mit H. Hayford). – L. R. Phelps: A preliminary check-list of foreign language materials on the life and works of Herman Melville (1960). – A preliminary check-list of the works of Herman Melville in translation (1961). – E. H. Rosenberry: Melville and the comic spirit (1955). – T. J. Rountree: Critics on Melville (1972). – M. M. Sealts: Melville's reading. A check-list of books owned and borrowed (1966). – W. E. Sedgwick: Herman Melville. The tragedy of mind (1944). – F. Stanzel: Die typischen Erzählsituationen im Roman (1955). – L. Thompson: Melville's quarrel with God (1952). – H. P. Vincent: A Merrill guide to Herman Melville (1969). – J. Walter: Herman Melville's influence upon Friedrich Gerstäcker's South Sea novels (1952). – R. M. Weaver: Herman Melville. Mariner and Mystic (1921). – W. Weber: Herman Melville. Eine stilistische Untersuchung (1937).

Reinbert Tabbert

Melzer Verlag

Darmstadt. Besonders Bildergeschichten, vor allem Comics, die größtenteils den Funny-, Animal- bzw. den Abenteuerserien zuzuordnen sind.

Der Verlag wurde 1958 gegründet, ging aber 1972 in Konkurs und wurde im gleichen Jahr als Melzer Verlag GmbH & Co. neu gegründet. Zur Zeit leitet D. FRICKE (* 1934) das Unternehmen.
Seit der Neugründung gibt der Verlag eine Reihe klassischer Comics in Neuauflagen heraus, darunter W. DISNEYS Streifen aus den Jahren 1930–1945, z.B. „Ich, Micky Maus", Bd. 1 und 2, oder „Ich, Onkel Dagobert", Band 1 und 2; ferner L. FEININGERS „Die Kinder-Kids", H. FOSTERS „Prinz Eisenherz", Band 1–4, sowie die Gesamtaugabe von „Little Nemo" von W. MCCAY. Daneben enthält das Verlagsprogramm auch zeitgenössische Bildergeschichten wie die vier Bände von L. LEONHARD und O. JÄGERSBERG „Rüssel in Komikland", „Glücksucher in Venedig" (Teil 1 und 2) sowie „Leben und Traum mit Schellenfuß". Im Bereich der Kinderliteratur ist dann vor allem die dem antiautoritären Erziehungskonzept verpflichtete Parodie auf den „Struwwelpeter" von H. HOFFMANN zu nennen: der „Antistruwwelpeter", den FR. K. WAECHTER sowohl getextet wie gezeichnet hat.

Rudolf Raab

Menzel, Roderich

*(Ps.e: Clemens Parma, Michael Morawa). Schriftsteller, Verfasser von Kinder- und Sachbüchern, Lyriker; * 13. 4. 1907 Reichenberg/Böhmen.*

Das Kulturerbe der österreichischen Monarchie und die Begegnung zweier Völker im böhmischen Raum haben von Jugend an M. geprägt. Nach der Schulzeit in Reichenberg und dem Besuch der Handelsakademien in Olmütz und Prag wurde er 1927 Mitarbeiter des „Prager Tageblatts" und wenig später auch der Ullstein-Zeitungen in Berlin. Zur gleichen Zeit begann sein Aufstieg zu einem der weltbesten Tennisspieler und

Gewinner zahlreicher europäischer und außereuropäischer Meisterschaften. Die mit seiner sportlichen Laufbahn verbundenen Begegnungen und Weltreisen beeinflußten auch sein literarisches Schaffen. 1931 erschien sein erster Sportroman „Der weiße Weg". Nach dem Zweiten Weltkrieg wirkte M. als Feuilletonchef und stellvertretender Chefredakteur bei zwei Münchener Zeitschriften. Seit 1963 lebt er als freier Autor in Oberbayern. Für seine schriftstellerischen Leistungen wurde M. 1950 mit dem Dramenpreis des Adalbert Stifter-Vereins und 1962 mit einem Jugendbuchpreis des Vertriebenen-Ministeriums ausgezeichnet; 1971 erhielt er den Anerkennungspreis der Sudetendeutschen Landsmannschaft und 1972 die Liebig-Medaille.

Werk, Tendenzen, Wirkung. In seinem umfangreichen schriftstellerischen Werk, das Erzählungen, Märchen und Romane ebenso umfaßt wie Sachbücher, Lyrik, Hör- und Fernsehspiele, nimmt das Kinder- und Jugendbuch einen breiten Raum ein. M. gehört zu den wenigen Autoren, die das Kunstmärchen in moderner Form pflegen. Etwa 75 Märchen erschienen in verschiedenen Sammlungen (z.B. „Der wandernde Schuh", 1963; „Der Vogelkönig", 1970). Daß er sich auch dem Erzählgut seiner nordböhmischen Heimat verbunden fühlt, beweisen die „Neuen Rübezahl-Geschichten" (1965) und die „Märchenreise ins Sudetenland" (1967). Einen breiten Raum in M.s Arbeit nehmen die Sachbücher ein. Mehrere Titel behandeln technische Erfindungen, wobei er versucht, dem Leser die ideellen Hintergründe technischer Entwicklungen und Meisterleistungen zu verdeutlichen. Eine zweite Gruppe umfaßt Lebensbilder bedeutender Persönlichkeiten, vor allem moderner Entdecker, deren Unternehmen weltweite Aufmerksamkeit erregten. Die besondere Stärke M.s liegt naturgemäß im Sportbuch, wo er mit den persönlichen Erfahrungen des Spitzensportlers über Spiele, Kämpfe und Siege moderner Sportler berichtet. Gegen Starrummel und Personenkult stellt er dabei individuelle Leistungen und sportliche Fairneß in den Vordergrund und gibt zugleich umfassende Informationen über den modernen Sportbetrieb (z.B. „Meine Freunde, die Weltmeister", 1966; oder die Serie „Die besten elf ...").
M.s bedeutendstes erzählerisches Werk ist sein großer Familienroman „Als Böhmen noch bei Österreich war" (1974), der am Schicksal einer Unternehmergeneration die untergehende Welt der österreich-ungarischen Monarchie spiegelt. Seine Lebenserinnerungen erschienen unter dem programmatischen Titel „Liebe zu Böhmen" (1973).

Werke: Der weiße Weg (1931); Mit Schläger und Schreibmaschine (1938); Abenteuer. Geheimnis und große Fahrt (1952); Lied am Brunnenrand (1953); Vom Jungen, der die Zeit verstellte (1959); Im Land der Perlentaucher (1963); Weltmeister auf dem Eis: Kilius/Bäumler (1963); Geheimer Treffpunkt: Waldhütte (1964); Mein Fußball und ich (1964); Ruhm war ihr Begleiter (1964); Das Wunderauto (1964); Wie Kasperle die Prinzessin bekam (1965); Neue Rübezahl-Geschichten (1965); Kitti, das Kätzchen (1966); Meine Freunde, die Weltmeister (1966); Märchenreise ins Sudetenland (1967); Mario und Grissi (1967); Sabu spielt die Hirtenflöte (1968); 7 mal 7 Weltwunder (1968); Thomas, großer Fußballheld (1968); Die besten elf Torhüter (1969); Die besten elf Skiläufer (1971); Bis ans Ende der Welt (1971); Stärker als 1000 Pferde (1972); Die besten elf Fußballstars (1973); Männer gegen Eis und Wüste (1974); Die besten elf Torjäger (1975).

Heinrich Pleticha

Mesghali, Farshid

*Iranischer Grafiker, Illustrator, Trickfilmzeichner; *4.7.1943 Isfahan.*

Nach Besuch der Hochschule in Isfahan studierte M. an der Schule der Schönen Künste der Universität Teheran. Anschließend arbeitete er als Illustrator und Gebrauchsgrafiker, u.a. für Zeitschriften wie „Talash", später als künstlerischer Leiter des literarischen Magazins „Negin"; er erfand eine dekorative Abwandlung des persischen Alphabets. 1967 begann M.s Zusammenarbeit mit dem „Institute for Intellectual Development for Children and Young Adults", das ihn mit der Illustration zu einem von F. Fardjam bearbeiteten alten Neujahrsmärchen „Uncle New Year" (1967) beauftragte und den Grafiker, dessen Arbeiten auf dem Gebiet der Kinderbuchillustration, des Buchumschlags, des Films und der Plakatkunst in der Folge international ausgezeichnet wurden, als festen Mitarbeiter gewann. Bereits das zweite von M. illustrierte Kinderbuch, M. Bahers „King Jamshid" (1968), wurde vom Children's Book Council im Iran als schönstes Buch des Jahres ausgewählt. Für „The Little Black Fish" (1968; Text von S. Behrangi) erhielt der Grafiker 1969 den ersten Preis der 6. Fiera di Bologna sowie ein Ehrendiplom der Bienále ilustrácií Bratislava (BIB), ferner einen Goldenen Apfel der BIB 1973 für „Arash the Bowman" (1972; Text von S. Kasrai) und 1974 den Hans Christian Andersen-Preis. Die Filme „Mr. Monster" und „Misunderstood" wurden 1970 auf dem Internationalen Filmfestival für Kinder und Jugendliche in Teheran, „The Boy, the Bird and the Musical Instrument" 1972 auf dem Filmfestival in Venedig preisgekrönt. Heute arbeitet M. im Filmcenter des Instituts, stellt daneben in seinem eigenen Studio in Teheran u.a. auch Kurzfilme für das Kultusministerium, das Fernsehen und Lehrmaterialien her.

Werk, Tendenzen, Wirkung. M., der neben N. Zarrinkelk (*1937) zu den bekanntesten Vertretern des modernen iranischen Bilderbuchs zählt, illustriert vornehmlich märchenhafte, teilweise auf alten Vorlagen beruhende Stoffe und verbindet hierbei die Elemente moderner Grafik mit denen der nationalen folkloristischen Tradition, was z.B. in den Rahmungen der Bilder, in ornamentalen Zusätzen, Stilisierungen der Figuren zum Ausdruck kommt (vgl. Arash the Bowman). „The Little Black Fish", dem einzigen Bilderbuch in farbiger Linoltechnik, zeigt in Text und Illustration wenig Anklänge an traditionelle Motive:

Als „Gute-Nacht"-Geschichte erzählt eine Fischgroßmutter ihren 12000 roten Enkeln die Erfahrungen eines kleinen, im Bach lebenden Fisches, der die ihm vertraute, beengende Umgebung verläßt auf der Suche nach einem neuen, sinnvolleren Leben. Auf Grund seiner Zuversicht und Tapferkeit, vertrauend auf seinen Verstand und seine List, erreicht er sein Ziel, das Meer. Anschaulich und beispielhaft wird die Bedeutung des Lernens durch eigene Erfahrungen, der Überprüfung von Vorurteilen, der Überwindung der Angst vor dem Stärkeren durch solidarisches Handeln und des Kampfes für Freiheit und eigene Rechte dargestellt. Der den Aufruf zur Nachahmung implizierende offene Schluß – bei einem der 12000 roten Fische wird die Sehnsucht nach dem befreienden Meer erweckt – fordert auf, die Geschichte weiterzuerzählen und Konsequenzen für das eigene Denken und Handeln zu ziehen.

Das Motiv, daß die Schwachheit des Volkes aus seiner Unwissenheit, Angst und Uneinigkeit resultiert und Befreiung von Unterdrückern nur durch Entlarvung der angemaßten oder durch Verführung erschlichenen Macht sowie durch gemeinsamen Kampf erreicht werden kann, spielt auch in anderen von M. illustrierten, märchenhaften Geschichten eine zentrale Rolle (vgl. The Hero, 1970, Text von T. Kiarostami; The City of Snakes, 1970, Text von F. Hedayatpoor). Technisch und typografisch sind die Bilderbücher M.s variationsreich gestaltet: in den dekorativen, oft Elemente der Popkunst aufnehmenden Bildern (vgl. The Blue-Eyed Boy, 1972, Text von J. Mojabi) setzt der Grafiker verschiedene Techniken ein, vornehmlich Feder- und Bleistiftzeichnungen zusammen mit Tusche und Aquarell, zum Teil auch Wachskreiden (The City of Snakes). Jeweils eine Doppelseite bildet eine typografische Einheit, die Schrift wird den oft gerahmten Bildern angepaßt oder in sie einbezogen. Über die Bildflächen hinausweisende Formen, expressiv vergrößerte Ausschnitte und Details und eine ausdrucksstarke, bunte – doch nie grelle –, sanft abgestufte Farbigkeit kennzeichnen fast alle Kinderbücher M.s. Anders als in seinen Trickfilmen verwendet der Grafiker hier auch abstrakte Elemente, davon ausgehend, daß das Kind die visuelle Sicht des Künstlers, dessen persönliche Assoziationen und Interpretationen der Fabel allmählich nachvollziehen kann. Darüber hinaus versucht M., durch Farben und Kompositionen dem Kind die Strukturelemente der Kunst zu vermitteln, seine Phantasie und Vorstellungskraft anzuregen und es zu zwingen, sich mit den verschiedenen Aspekten der Realität auseinanderzusetzen.

→ Iran

Werke: F. Fardjam: Uncle New Year (1967, [4]1975); M. Baher: King Jamshid (1968); S. Behrangi: The little black fish (1968, [7]1973); F. Hedayatpoor: The city of snakes (1970); T. Kiarostami: The hero (1970, [2]1975); S. Kasrai: Arash the Bowman (1972); J. Mojabi: The blue-eyed boy (1972).

Sekundärliteratur: Farshid Mesghali (in: Bookbird. 2. 1974. 11–12).

Rosmarie Rauter

Metzger, Juliane

*Schriftstellerin und Kinderbuchtheoretikerin; *31. 1. 1906 Basel/Schweiz.*

M., die heute in Münster/Westfalen lebt, studierte im Pestalozzi-Fröbelhaus und an der Humboldt-Universität Berlin, heiratete früh, versuchte sich in verschiedenen Tätigkeitsbereichen, so u. a. im Bibliotheksdienst, Studentenwerk, kirchlichen Bereich und in Kindertagesstätten. Seit 1955 arbeitet M. als freie Schriftstellerin, baut systematisch eine eigene historische Spielzeug- und Kinderbuchsammlung auf, gestaltet Kurse und Ausstellungen mit und hält Vorträge.

M., deren Arbeiten häufig auch historisch orientiert sind, sieht die Lektüre von Kindern nicht isoliert, sondern als eine von mehreren Freizeitbeschäftigungen, von denen vor allem auch Spiele M.s Aufmerksamkeit auf sich gezogen haben. Da die Zeit der Kinder, sich mit Literatur auseinanderzusetzen, begrenzt ist, verlangt M. von den Kinder- und Jugendbüchern eine anspruchsvolle Qualität. Die Theoretikerin sieht sich dabei in der Rolle eines „Warenprüfers", der das Angebot des von ihm beobachteten Marktbereichs überschaubar machen und zugleich darüber urteilen will, was man dem Käufer empfehlen kann. Mit den Käufern meint M. die im primären und sekundären Sozialisationsbereich tätigen Erwachsenen: Eltern, Heimerzieher, Kindergärtnerinnen, Bibliothekarinnen und Lehrer. Die Autorin beurteilt die Kinderbücher – dies zeigt auch der mitunter aphoristisch zugespitzte, polemische Ton ihrer Sprache – sehr persönlich und pointiert moralisch. Die Kriterien ihrer Position sind allerdings selten dargelegt und die Urteile vielfach pauschal. Mehrfach hat M. in die Diskussion um den Deutschen Jugendbuchpreis eingegriffen und sich sehr kritisch, häufig ablehnend gegenüber dem Ergebnis der Preisvergabe geäußert (vgl. „Kritische Stellungnahme zum Jugendbuchpreis 1956 und zur Bestliste", 1956 oder „Deutscher Jugendbuchpreis", 1963). Eine Reihe von M.s kritischen Einwendungen waren bzw. sind zum Teil noch heute berechtigt, doch bleibt die Frage, inwiefern sich die von M. favorisierten Titel ihrer Gegenlisten besser für die Auszeichnung geeignet hätten. Ungeachtet dieses Gesichtspunktes muß man aber M. zubilligen, daß sie auf Grund der immensen Kenntnis von alten und neuen Kinder- und Jugendbüchern vielfach zu einem durchaus gerechtfertigten Urteil kommt.

Werke: Die Spielzeugbude (ill. v. H. Duis, 1965); Was machen wir jetzt: Basteln und Lesen (1969); Spielsachen richtig kaufen und selber machen (1962); Nahrung für Geist und Gemüt (1964); Spielzeug damals, heute, anderswo (1964); ABC der Kinderbücher (1971).
Hrsg.: K. Gröber: Kinderspielzeug aus alter Zeit. 2., völlig überarbeitete Auflage ([2]1965); Das Liederkarussell (Bd. 1 und 2. 1967); Der goldene Schlüssel (zus. mit I. Geissler; 1969); Kinderfreuden. Drei Bilderbücher vom Spielen (Bd. 1–3. 1970).
Beiträge: Kritische Stellungnahme zum Jugendbuchpreis 1956 und zur Bestliste (Masch.-Manuskript 1956); Gute Bücher – Frohe Kinder (in: Das Seminar. 1958. 4. 1–8); Der Holzschnei-

der Alfred Zacharias (in: Jugendliteratur. 5. 1959. 2. 58–59); Deutscher Jugendbuchpreis (in: Jugendliteratur. 9. 1963. 11. 524–527); Das Bilderbuch als Miterzieher (in: P. J. Schindler (Hrsg.): Gebt uns Bücher gebt uns Flügel. Bd. 2. 1964. 75–80); Gute und schlechte Trends beim Bilderbuch (in: P. J. Schindler (Hrsg.): Gebt uns Bücher gebt uns Flügel. Bd. 7. 1969. 47–52); Das Bilderbuch: Thesen, Tendenzen, Titel (in: Welt des Kindes. 52. 1974. 4. 174–183).

Rudolf Raab

Meyer, Conrad Ferdinand

*Schweizer Schriftsteller; *11. 10. 1825 Zürich, †28. 11. 1898 Kilchberg b. Zürich.*

M. entstammte einer reformierten Patrizierfamilie. Er studierte in Lausanne und Zürich, ging 1852 in die französische Schweiz, von dort nach dem Tode der Mutter (1856) nach Paris und bereiste 1858 Italien. 1876 bezog er mit seiner Schwester den Seehof bei Küssnacht, später den Seehof zu Meilen. Nach seiner Eheschließung bereiste er abermals Italien und lebte nach vorübergehendem Aufenthalt in Wangensbach bei Küssnacht zurückgezogen in Kilchberg. 1880 wurde er zum Ehrendoktor der Züricher Universität ernannt. Eine schwere Erkrankung zwang ihn 1892/93 zu einem längeren Aufenthalt in der Nervenheilanstalt Königsfelden.

Werk, Tendenzen, Wirkung. M., der mit Balladen und Lyrik begann, hat der historischen Novelle durch Stoffwahl, Komposition und Sprache eine besondere Kunstform gegeben. Keines seiner Werke ist eigens für die Jugend verfaßt, aber schon H. Wolgast zählte ihn zu den Meistern der historischen Erzählungen, die Maßstäbe setzten, die auch für den historischen Kinderroman gelten sollten (H. Wolgast: Das Elend unserer Jugendliteratur. 1896). Wolgast rühmt, daß in M.s historischen Romanen und Novellen „alle lehrhafte Schwere" aufgehoben sei und doch jeweils ein zutreffendes historisches Bild gegeben werde. Daß das Verhältnis zwischen Erdichtetem und historischer Wahrheit in der Gestaltung verschiedener Stoffe durch diesen Dichter, der nach 1871 in Deutschland zu starker Wirkung kam, eigentümlich wechselte, ist oft diskutiert worden. Die Mischung beider Bereiche in den Novellen „Das Amulett" (1873) und „Gustav Adolfs Page" (1882) gilt als didaktisch besonders auswertbar, weshalb beide Novellen als Lektüre für das 8. bis 10. Schuljahr immer wieder empfohlen werden. Zum Verständnis der Novellen auf diesen Altersstufen halten es Didaktiker wie F. Schnass und Th. Rutt für eine günstigere Voraussetzung, Geschichts- und Schicksalsballaden zu kennen – „Die Füße im Feuer" oder „Lutherlied" –, als etwa den Verlauf des Dreißigjährigen Krieges (F. Schnass: zus. mit Th. Rutt: Die Einzelschrift im Unterricht. Bd. 1. [5]1967, S. 306). Von M.s Novellen ist „Gustav Adolfs Page" in preisgünstigen Schriftenreihen für die Jugend erschienen. Die große Novellenform, die M. schuf, indem er das Ineinanderwirken von historischen Mächten und Einzelschicksal, den Konflikt der Individualität mit traditionell ethischen Normen gestaltete, wird jungen Lesern in der Schule auch am Beispiel „Der Heilige" (1880) und „Die Hochzeit des Mönchs" (1884) nahegebracht. Die Vereinigten Jugendschriftenausschüsse hatten M.s Roman „Jürg Jenatsch" (1876) im Jahre 1909 mit sechs Nein- gegen eine Ja-Stimme als „zu schwer" für die Jugend abgelehnt (Jugendschriften-Warte. 1909. Nr. 7. S. 28). H. Meinel dagegen stellt eine Erarbeitung dieses historischen Romans mit Lesern im 11. Schuljahr mit gutem Ergebnis dar (Der Deutschunterricht. 1964. H. 2).

Werke: Zwanzig Balladen von einem Schweizer (1864); Balladen (1867); Romanzen und Bilder (Bd. 1–4. 1871); Das Amulett (1873); Georg Jenatsch. Eine alte Bündnergeschichte (1876; NA. u.d.T.: Jürgen Jenatsch. Eine Bündnergeschichte, 1882. NA. u.d.T.: Jürg Jenatsch. Eine Bündnergeschichte, 1883); Der Schuß von der Kanzel (1877); Der Heilige (1880); Plautus im Nonnenkloster (1882); Gustav Adolfs Page (1882); Die Leiden eines Knaben (1883); Die Hochzeit des Mönchs (1884); Die Richterin (1885); Die Versuchung des Pescara (1887); Angela Borgia (1891).

Sekundärliteratur: R. Faesi: Conrad Ferdinand Meyer (in: Schweiz im deutschen Geistesleben. Bd. 36. 1925). – L. Frey: Conrad Ferdinand Meyers Gedichte und Novellen (1892). – D. A. Jackson: Conrad Ferdinand Meyer (1975). – H. Meinel: Erarbeitung des „Jürg Jenatsch" in Obersekunda (in: R. Ulshöfer (Hrsg.): Der Deutschunterricht. 1964. 2. 60–72). – L. Schmidt: Grundbegriffe des Komischen an C. F. Meyer's Novelle „Der Schuß von der Kanzel" (in: R. Ulshöfer (Hrsg.): Der Deutschunterricht. 1962. 5. 106 ff.). – H. Siegel: Die Welt des Kindes in den Dichtungen C. F. Meyer's (1936).

Margarete Dierks

Meyer, Olga

*(d. i. Olga Meyer-Blumenfeld). Schriftstellerin, Pädagogin; *30. 4. 1889 Zürich, †29. 1. 1972 Zürich.*

M., Tochter eines Briefträgers, wuchs am Stadtrand von Zürich auf. Ihre Mutter war eine geborene Erzählerin, die ihren drei Kindern immer wieder aus ihrer harten Jugendzeit berichtete. Als Lehrerin (zunächst in einer Landschule, später in Zürich) begann M., die Erlebnisse ihrer Mutter ihren Schülern zu erzählen. Das große Interesse der Kinder veranlaßte die drei Bände über das „Anneli" im zürcherischen Tößtal („Anneli", 1918; „Anneli kämpft um Sonne und Freiheit", 1927; „Anneli am Ziel und am Anfang", 1934). Neben ihren schriftstellerischen Arbeiten redigierte M. während vieler Jahre die Schweizerische Lehrerinnen-Zeitung und hielt Vorträge über Fragen der Erziehung und des Jugendbuchs. Ihr Werk wurde durch Stadt und Kanton Zürich ausgezeichnet, durch die Schweizerische Schiller-Stiftung und durch den Jugendbuchpreis des Schweizerischen Lehrer- und Lehrerinnenvereins (1945 für das Gesamtschaffen, 1956 für „Heimliche Sehnsucht").

Werk, Tendenzen, Wirkung. M. schrieb, wie sie sich selber einmal ausdrückte, weil sie nicht anders konnte, weil sie das Gute und Schöne, das sie in ihrer Jugend erlebt hatte, Kindern weitergeben wollte. Die enge Bindung ihres schriftstellerischen Tuns an ihre pädagogischen Ziele findet ihren Niederschlag in zahlreichen Entwicklungsromanen, die in der Tradition von Mädchenbuch und Heimatroman J. SPYRIS (1827–1901) stehen. Die Handlungsorte sind im wesentlichen in den Schweizer Bergen und Dörfern angesiedelt, ab und zu in der Stadt („Der kleine Mock" u. a.); eher schon wird die Stadt als Ort der Versuchung mit verführerischem Oberflächenreiz eingeführt, der zum leidvollen Erfahrungsfeld wird („Das Licht am Fenster"). Am Ende des Entwicklungsprozesses hat der junge Mensch im Dienen seine Selbstverwirklichung im Rahmen der Gemeinschaft erkannt; der vorübergehende Ausbruch diente der Läuterung zur Erkenntnis der Werte von Heimat- und Naturverbundenheit, von Opferbereitschaft und Pflichterfüllung im Einklang mit der angestammten Gemeinschaft („Der Weg zu Dir", „Leuchtendes Ziel"). Diese Reifung geht meist einher mit der Findung des rechten Partners. Einige Romane zeigen den Beruf der Lehrerin als eine Möglichkeit der Selbstverwirklichung in Harmonie mit der Umgebung („Das rote Kleid", „Die Flamme"). – Zahlreiche Texte bringen eindrucksvolle Schilderungen von großer Armut, insbesondere auch von Kinderarbeit („Aus Peter wird Peider", „Heimliche Sehnsucht", „Der kleine Mock"). Besonders ergreifend dokumentieren die auf M.s Mutter bezogenen biografischen Bände über das „Anneli" Fabrikarbeit von Kindern (Bd. 2: „Anneli kämpft um Sonne und Freiheit"). Befreiung aus Not bringen allerdings nur Glück, überragende Begabung („Heimliche Sehnsucht") oder die Hilfsbereitschaft Mitleidiger. Es bleibt bei der Zustandsschilderung: nicht die Verhältnisse, die Einstellungen zu den Menschen in Bedrängnis sind änderungsbedürftig. Die gesellschaftliche Versöhnung findet im Verständnis und der Achtung füreinander statt („Der Weg zu dir"). – In einigen Bänden setzt M. deutlich auf die Wirkung der ethischen Integrität der Jugend, in der sie die Basis einer neuen besseren Zeit sieht („Die Flamme", „Der Weg zu dir", „Eine Stunde vor Tag"). – In historischem Rahmen handeln „Gesprengte Fesseln" (französische Revolution) und „Eine Stunde vor Tag" (Auseinandersetzungen um ein neues Schulgesetz im Kanton Zürich, 1832, das auf Widerstand stieß, weil es die Ausbeutung der Kinderarbeit durch obligatorischen Unterricht zu verhindern suchte). Mit dem auf ausführliche Recherchen gestützten Roman „Eine Stunde vor Tag" gelang M. eine eindrucksvolle Darstellung der verhängnisvollen Verflechtung von Vorurteilsbefangenheit und Unwissenheit. Wenn sie zuerst die Kindheitserinnerungen ihrer Mutter in den Anneli-Büchern gestaltet hatte, so wurde M. später ergriffen durch die Probleme der heutigen Jugend. Es entstanden einerseits Umweltgeschichten, andererseits aber geschichtliche Erzählungen, durch historische Studien sicher untermauert.

M.s Bücher sind in der Schweiz sehr verbreitet: auch die „Anneli"-Bände werden nach wie vor von den Kindern gelesen. Wichtig für die Rezeption ist offensichtlich nicht der historische Hintergrund, sondern die innere Wärme und Anteilnahme der Autorin für Probleme von Kindern und Jugendlichen, die sie in einer emotional bewegenden, von Metaphern aus dem Bereich der Natur reich durchsetzten Sprache zum Ausdruck zu bringen verstand.

→ Schweiz

Werke: Anneli (1918, [9]1959); Der kleine Mock (1925, [5]1960); Anneli kämpft um Sonne und Freiheit (1927, [5]1957); Im Weiherhaus (1930); Wernis Prinz (1930, 1957); Vinzenz und Nino (1932, 1941); Anneli am Ziel und am Anfang (1934, [2]1940); Die Flamme (1936, [3]1961); Im Garten der grünen Helene (1939, [2]1948); Ernst Hinkebein und seine Freunde (1940); Das Licht am Fenster (1941, [2]1944); Sonnenblumen (1942, [3]1954); Tapfer und treu (1942, [2]1953); Marieli bekommt eine Stiefmutter (1943); Leuchtendes Ziel (1944, [3]1948); Weißt du, wer ich bin? (1944, [2]1947); Der verlorene Brief (1945, [2]1947); Barthli, der Chüeni (1947); Der Weg zu dir (1947); Das rote Steinchen (1949); Sabinli (1950, [2]1951); Urs (1953, [3]1956); Heimliche Sehnsucht (1955); Aus Peter wird Peider (1956); Das war Martin (1956); Wir wohnten damals (1958); Das rote Kleid (1958, [2]1959); Gesprengte Fesseln (1961); Chrigi (1963); Eine Stunde vor Tag (1965); Käthi aus dem Häuserblock (1967); Allein daheim (1972).

Sekundärliteratur: D. Larese: Olga Meyer (in: Schweizer Jugendschriftsteller der Gegenwart. 1963. 67–68). – Olga Meyer: Olga Meyer erzählt aus ihrem Leben (1968). – P. Rauber: Zum 70. Geburtstag von Olga Meyer (in: Jugendliteratur. 1959. 6. 288–289 und 7. 331–334). – P. Schuler: Freundesgabe für Olga Meyer, Traugott Vogel, Fritz Brunner (1964).

Peter Schuler

Meyer-Rey, Ingeborg

*Kinderbuchillustratorin und -autorin; * 14. 12. 1920 Berlin.*

Nach dem Abitur und dem Studium an der Hochschule für Bildende Künste in Berlin-Charlottenburg arbeitete M.-R. zunächst als Pressezeichnerin und Illustratorin für verschiedene Zeitungen (u. a. Tägliche Rundschau, ABC-Zeitung) und Verlage (Kultur und Fortschritt, Kinderbuchverlag). Seit 1953 betätigt sie sich ausschließlich als Buchgrafikerin. Sie erhielt drei Preise des Ministeriums für Kultur der DDR zur Förderung der sozialistischen Kinder- und Jugendliteratur: 1953 für „Die gestohlene Nase", 1955 für „Ulrikchen, gute Nacht" und 1962 für „1, 2, 3, wir sind dabei" (Text von H. G. STENGEL) als eines der schönsten Bücher des Jahres. 1962 wurde sie mit der Ernst Thälmann-Medaille, 1964 mit der Medaille für ausgezeichnete Leistungen, 1967 mit der Arthur Becker-Medaille geehrt.

Werk, Tendenzen, Wirkung. M.-R. wendet sich mit ihren Werken vor allem an das kleinere Kind; vornehmlich die zum Teil textlosen Hartpappebände dienen zum Kennenlernen und Benennen der Umwelt in Haus, Hof, Feld und Wald. Hierzu gehört das Buch „Ulrikchen, gute Nacht" ebenso wie die Darstellung der für den kindlichen Erfahrungshorizont wichtigen Feste (Das Osternest, 1955; Text von E. ENGEL), die Kinder-

reimsammlungen (Hoppe, hoppe Reiter, 1956; Es tanzt ein Bi-Ba-Butzemann, 1956) und anschauliche Darbietungen von Verhaltensweisen wie Körperpflege (Vom Peter, der sich nicht waschen wollte, 1951; Text von A. WIMMER) und häusliche Ordnung (Vom Jochen, der nicht aufräumen wollte, 1957; Text von E. BERGNER). Stilistisch kennzeichnend ist dabei eine pastig spröde Temperasetzung auf oft stark farbigem Grund, wobei die Farbe immer der inhaltstragenden Form so untergeordnet ist, daß der optisch zu verdeutlichende Tatbestand in traditioneller Weise klar herausgearbeitet wird. Zu Versen von H.-G. STENGEL erschien in Zusammenarbeit mit R. SCHULTZ-DEBOWSKI 1962 das preisgekrönte Zahlenbilderbuch „1, 2, 3, wir sind dabei" und 1965 zum Einüben der Lokalpräpositionen „Zirkus drunter und drüber". Für die klaren, einprägsamen, das zu Erlernende sorgfältig herauspräparierenden Illustrationen wurde die Collagetechnik aus eingefärbten und wieder überarbeiteten Papieren verwendet; bemerkenswert ist vor allem das Grau der Elefantenhaut aus zerknittertem Seidenpapier.
Gemäß den didaktischen Anforderungen, die an ein sozialistisches Bilderbuch gestellt werden, ist ihr akademisch trockener Temperastil der fünfziger Jahre zur Darstellung der sozialistischen Wirklichkeit vorzüglich geeignet. Zwei Bücher aus dem Jahr 1953 sind hierfür beispielhaft: In Text und Bild informiert M.-R. in „Drei Kinder und ein Rollmops" anhand eines HO-Warenlagers über die wirtschaftlichen Verflechtungen der DDR mit den sozialistischen Nachbarländern und ihren typischen Produktionsmethoden. Und sie unterstreicht in „Unser Schiffchen fährt durch Deutschland" den Schlußappell der Autorin U. BECKER – „Wir grüßen alle Kinder der Welt, die wie wir für den Frieden lernen und kämpfen" – mit einem in düsteren Farben gemalten Tableau von der nächtlichen Bewachung der Demarkationslinie durch US-Soldaten. Obwohl sie nach wie vor in der Darstellung von Gesichtern im Klischee verhaftet bleibt, wird ihr Stil in den sechziger Jahren bei gleichbleibender gesellschaftlicher Tendenz freier und poetischer. Sie beginnt, sich von einer banalen, sachlich erklärenden Gegenstandsfarbigkeit zu lösen, und bevorzugt nun die Aquarelltechnik. Allerdings gewinnt im „Blaublumigen Büffelkind" (1968) – der Text von H. LIND beschreibt die Neubeheimatung eins nordvietnamesischen Mädchens – eine bröselige Farbkontur immer mehr Gewicht, die sich schließlich wie in „Randi" (1973), einer Rentiergeschichte von H. LIND, rahmend grafisch verhärtet.

Werke: E. Tscharuschin: Das Wölfchen und andere Erzählungen (1949, ^{3}1955); A. Wimmer: Vom Peter, der sich nicht waschen wollte (1951, ^{17}1974); L. Herzenstein: Das neugierige Entlein (1952, ^{18}1971); J. Schwarz: Das erste Schuljahr (1951, ^{4}1959); I. Meyer-Rey: Alle meine Tiere (1952); I. Meyer-Rey: Kleine Freunde (1952); W. Krumbach: Tierfreunde (1953, ^{10}1961); I. Meyer-Rey: Drei Kinder und ein Rollmops (1953); U. Peter: Unser Schiffchen fährt durch Deutschland (1953); W. Krumbach: Unsere Hoftiere (1953, ^{6}1955); I. Meyer-Rey: Die gestohlene Nase (1954, ^{15}1970); E. Engel: Das Osternest (1955, ^{6}1963); P. Herbert: Pelles Tiere (1955, ^{3}1958); W. Krumbach: Beim Puppendoktor (1955, ^{9}1962); D. Neckel: Ulrikchen, gute Nacht (1955, ^{21}1974); E. Bergner: Stups und Stippel (1956, ^{5}1966); I. Meyer-Rey: Hoppe, hoppe Reiter (1956, ^{15}1974); Es tanzt ein Bi-Ba-Butzemann (1956, ^{15}1974); I. Meyer-Rey: Meine Tiere (1956, ^{20}1975); E. Bergner: Vom Jochen, der nicht aufräumen wollte (1957, ^{9}1967); P. Dehmel: Guten Morgen, Rumpumpel (1957, ^{10}1974); R. Beitl (Hrsg.): Der Zauberspiegel (1957, ^{3}1965); M. Lange-Weinert: Mädchenjahre (1958, ^{17}1973); I. Meyer-Rey: Die bunte Mütze (1958); I. Meyer-Rey: Mauz und Minchen (1958); G. Holtz-Baumert: Fidibus, paß auf (1959, ^{4}1966); Fr. Rodrian: Der Märchenschimmel (1959, ^{7}1968); I. Meyer-Rey: Klaus im Kindergarten (1960, ^{2}1962); A. Geelhaar: Hans Fröhlich und das Vogelhaus (1961, ^{7}1974); Mischka, der Bär (1962, ^{8}1976); B. Pludra: Heiner und seine Hähnchen (1962, ^{6}1969); H.-G. Stengel: 1, 2, 3, wir sind dabei (1962, ^{4}1965; zus. mit R. Schultz-Debowski); E. Friemert: Wer kennt meine Tiere? (1963, ^{17}1975); W. Krumbach: Bunte Blätter (1963, ^{7}1975); W. Lindemann: Das Osternest (1964, ^{10}1975); W. Bianki: Die erste Jagd (1965, ^{9}1975); H.-G. Stengel: Zirkus drunter und drüber (1965; zus. mit R. Schultz-Debowski); A. Geelhaar: Filip und die Schäfermaxi (1966, ^{3}1975); I. Meyer-Rey: Komm mit mir, Hänschen (1966, ^{8}1976); B. Pludra: Vom Bären, der nicht mehr schlafen konnte (1967, ^{5}1975); S. Maršak: Das Tierhäuschen (1967, ^{5}1975); H. Lind: Das blaublumige Büffelkind (1968, ^{4}1975); W. Stanowsky: Lommelchen (1969, ^{7}1975); E. Bergner: Der Star im Apfelbaum (1972, ^{5}1975); Fr. Güll: Wundergarten (1972, ^{2}1973); H. Lind: Randi (1973, ^{2}1975); Drei kleine Affen (1974); Drei kleine Küken (1973); A. Reimann: Kleine Tiere essen gern (1974, ^{3}1976); W. Buschmann: Die Geschichte vom Nußknacker (1974); V. Katajew: Schalmei und Krüglein (1975); A. Könner: Drei kleine Bären (1976).

Sekundärliteratur: H. Bosse: Bilderbuchgeschichten – Positionen und Probleme (in: NDL. 9. 1971. 163–171).

Klaus-Rüdiger Werner

Meyerheim, Paul Friedrich

*Maler, Illustrator, Holzschneider und Lithograph; * 13. 7. 1842 Berlin, † 14. 9. 1915 Berlin.*

M. begann als Schüler seines Vaters Eduard (1808–1879), der sich der Darstellung des Volks- und Kinderlebens zugewandt hatte. In jungen Jahren stark beeinflußt durch die Schule von Barbizon (TH. ROUSSEAU, DAUBIGNY, R. BONHEUR), schloß sich M. bald dem Stile A. v. MENZELS an, der sein Pate, später sein Freund war. In seinem Buch „Adolf v. Menzel. Erinnerungen" (1906) berichtet M. Biographisches, vor allem Einzelheiten über MENZELS künstlerische Arbeitsweise. M. unternahm mehrere Reisen ins Ausland bis in den Orient und lebte 1866 einige Monate in Paris. Er trieb sorgfältige Tierstudien. Als Lehrer an der Berliner Akademie (Berufung 1887), an der er 1857–1860 ausgebildet worden war, hatte er einen großen Schülerkreis, den er vor allem für die Tier- und Landschaftsmalerei im neueren Stile zu begeistern wußte. Mit ihm sei „der letzte aus Menzels Kreise dahingegangen", heißt es in dem kurzen Nachruf im „Kunstwart" (XXIX. 1915. S. 73), in dem M. als Landschaftsmaler gewürdigt wird.

Werk, Tendenzen, Wirkung. In seinem Schaffen als Illustrator, Holzschneider, Lithograph und Maler „erzählte" M. aus dem Volksleben für das Volk und wandte sich damit auch an Kinder und Jugendliche. Bekannt wurde er vor allem neben A. v. MENZEL, O. PLETSCH, P. KONEWKA, TH. HOSEMANN als Mitarbeiter an den „Deutschen Bilderbogen für jung und alt" (Bd. 1–10. Nr. 1–250. 1869–1870); H. FECHNER rühmt noch 1916 M.s humorvolle Tierzeichnungen, vor allem seine „freie Übersetzung der Fabel vom Storch und vom Fuchs" und die Bilderfolge von der Entwicklung eines in Gefangenschaft lebenden Löwen von der Geburt bis zum Tode (Westermanns Monatshefte. Jg. 60. 1916. S. 61). Besondere Beachtung fanden das ABC-Buch (1880), das M. mit Holzschnitten nach 27 aquarellierten Originalzeichnungen zu Texten von J. TROJAN schuf, die dreizehn farbigen Illustrationen zu

Paul Meyerheim (1842–1915). Umschlag und Titelbild zu dem von Johannes Trojan mit Reimen versehenen Bilderbuch „ABC" (Berlin 1916).

der im Bertelsmann-Verlag erschienenen Ausgabe der Märchen der Brüder GRIMM, die Holzschnitte zum „Reineke Fuchs" nach GOETHE (Grotesche Verlagsbuchhandlung, Berlin, 1870) und seine Illustrationen zum Jahrgang 1869 von B. AUERBACHS „Volkskalender". „Im letzten Grunde war Meyerheims Schaffen echte Volkskunst" urteilte H. FECHNER (a. a. O. S. 68).

Werke: B. Auerbach (Hrsg.): Deutscher Volkskalender auf das Jahr 1869 (1868); J. W. v. Goethe: Reineke Fuchs (1870); J. Trojan: ABC. 27 aquarellierte Original-Zeichnungen. Mit Reimen (1880); P. Meyerheim: Zwölf Thier- und Arbeitsbilder. Für die Hand des Kindes im Haus und Kindergarten (1892).

Margarete Dierks

Meynier, Johann Heinrich

*(Ps.e: K. H. André; Bescherer; Julius Freudenreich; M. W. Gottschalk; L. K. Iselin; Georg Ludwig Jerrer; Carl Ludwig Renner; J. F. Sanguin; Felix Selchow; J. H. Selchow; Julius Sternberg u. a.). Diplomat, Jurist, Lehrer und Schriftsteller; *24. 1. 1764 Erlangen, †22. 5. 1824 Erlangen.*

M.s Schwester Luise (*27. 4. 1766) war ebenfalls Jugendschriftstellerin. Sein Vater war Lektor der französischen Sprache, seine Mutter Tochter eines Juristen. Durch den frühen Tod des Vaters dazu gezwungen, mußte sich M., der schon in der Schule durch besondere Begabung auf den Gebieten der Zeichenkunst, der französischen Sprache, der Rhetorik und Musik aufgefallen war, die Mittel zum Studium der Geschichte, der Diplomatie und der Rechtswissenschaften durch Erteilung von Privatunterricht in der französischen Sprache erwerben. Nach Beendigung seiner Studien war er als Jurist in Sommerhausen tätig und wechselte später in die diplomatische Laufbahn über. Nach seiner Verheiratung mit der Tochter des Stuttgarter Professors FABER gab er seiner Frau und seinen Kindern zuliebe seine bisherigen Tätigkeiten auf und ging nach Erlangen, wo er 1788 Lektor der französischen Sprache wurde. Ab 1797 übernahm er auch noch den Kunstunterricht am Erlanger Gymnasium. Seinen Lebensunterhalt bestritt M. allerdings hauptsächlich durch seine schriftstellerische Tätigkeit, die er vorwiegend dem Jugendbuch widmete. M. war einer der ersten Jugendschriftsteller, der von seiner schriftstellerischen Tätigkeit leben konnte.

Werk, Tendenzen, Wirkung. Als Zeitgenosse der Philanthropen berief sich M. immer wieder auf CHR. G. SALZMANN. Eine wesentliche Bedeutung für M.s Lebensart scheint in seiner Herkunft aus einer hugenottischen Familie zu liegen. Toleranz, Humanismus und Liebe zum Kind geben seinen Werken ihr Gepräge. M. schrieb alle seine Jugendschriften im Blick auf die eigenen Kinder. Am bekanntesten wurde M. durch seinen „Orbis pictus" (1812). In diesem Werk legte M. großen Wert auf die sinnliche Wahrnehmung, die nach seiner Meinung alle Begriffe begründet, selbst die abstrakten Vorstellungen, wie er im Vorwort zu diesem Buch ausführt. Interessanterweise tauchte schon in diesem Werk die Neigung auf, den Kindern mit Hilfe von Spielen Wissen zu vermitteln. So gibt er genaue Anweisungen, wie man die Bilder in Spielkarten zerteilen könne. Unter zahlreichen Pseudonymen gab er Naturgeschichten heraus, die sich jeweils an verschiedene Altersgruppen wenden und die Anlehnung an RAFF und FUNKE ausdrücklich vermerken. Die „Neue Bildergeographie" unter dem Pseudonym JERRER (1818) macht mit einem besonderen Anliegen M.s bekannt, nämlich der Vermittlung geographischer Kenntnisse. Dies geschah einmal in der Form von Bildergeographien, dann aber auch erzählerisch in Büchern wie „Rinaldos Reisen" (1821), und schließlich in Form von Kartenspielen wie „Der reisende Kaufmann" (1797).

Neuer
ORBIS PICTUS
in
deutscher und französischer Sprache.

Ein Hülfsmittel,
Kindern viele nützliche Kenntnisse beizubringen, die Lust zu Erlernung der französischen Sprache in ihnen zu erwecken,
und
die Fertigkeit im Sprechen
zu befördern.

Von
Dr. Johann Heinrich Meynier,
Lector der französischen Sprache.

Dritte verbesserte Auflage.
Mit vielen illuminirten Kupfern.

Nürnberg,
bei Friedrich Campe.
1822.

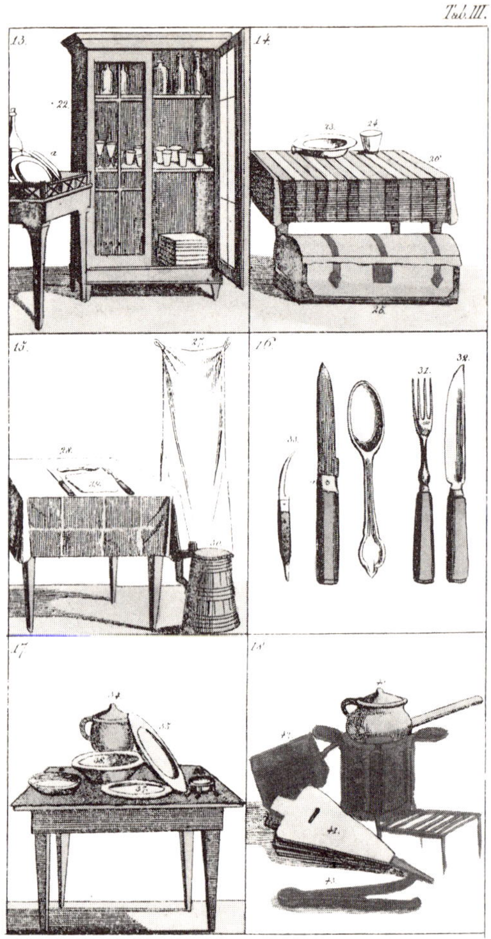

Titelseite und Tafel III aus „Neuer Orbis Pictus in deutscher und französischer Sprache“ von Dr. Johann Heinrich Meynier (Nürnberg 1822). Zu den Abbildungen 13–18 sind kleine erklärende Texte in ganzen Sätzen auf deutsch und französisch abgedruckt.

Von seinen geschichtlichen Werken fanden „Das alte Rom“ (1825) und „Geschichte der Teutschen für die Jugend“ (1821) weite Verbreitung. Weniger ansprechend sind M.s Erzählungen aus der Bibel. Besonderen Sammlerwert besitzen die bei Amelang verlegten Kinderbücher unter dem Pseudonym FREUDENREICH „Arno oder Bildende Erzählungen“ (1823) und „Hugos und Linas Erholungsstunden“ (1826). Gut gelangen M. einige sehr freie Bearbeitungen von Jugendbuchklassikern wie SWIFTS „Gulliver“. M.s Schaffen umspannt die ganze Tabelle der Jugendliteratur vom Bilderbuch bis zum Sachbuch, von der Bibelerzählung bis zur Erziehungslehre. Er schrieb ebenso Fabeln wie Märchen, historische und moralische Geschichten. Mit rund 250 Werken war M. der fruchtbarste Jugendschriftsteller seiner Zeit. Da der Großteil von M.s Büchern unter Pseudonymen erschienen ist, von denen vermutet werden kann, daß einige noch nicht entschlüsselt sind, ist die Erstellung eines vollständigen Werkverzeichnisses schwierig, zumal bis jetzt noch keine Spezialuntersuchung zu M. vorliegt. Erstaunlicherweise blieb das umfangreiche Werk M.s in der bisherigen Jugendliteraturforschung weitgehend unbeachtet. M.s größte Stärke liegt in einer kindgerechten Schreibweise, wie wir sie ähnlich bei J. A. CHR. LÖHR finden. Die geographischen Werke und die Reiseerzählungen lassen sich auch heute noch lesen. Besonders hervorzuheben ist die ausgezeichnete illustrative Ausstattung der vor allem bei Amelang und in Nürnberger Verlagen erschienenen Bände. Viele Jugendschriften M.s erlebten hohe Auflagen.

→ Orbis pictus

Werke: 300 bildliche Vorstellungen sinnlicher Gegenstände (1796); Teutschland, oder der reisende Kaufmann (1797, [2]1803); Neues Vocabulierspiel (1799); Historisch-chronologisches

Kartenspiel (1800); Numa Pompilius, second Roi de Rome (1801); Großbritannien, ein geographisches Lottospiel (1803); Rußland, geographisches Lottospiel (1803); Frankreich, Lottospiel (1803); Oeuvres de Jaques Delville. À l'usage des jeunes allemands (1803); Erzählungen für Kinder, zur Erweckung eines feinen moralischen Gefühls (1811, ²1817); Neuer Orbis Pictus in deutscher und französischer Sprache (1812, ⁴1834); Erzählungen für Kinder (1812); Kleinere Geschichten zur Besserung und Veredlung jugendlicher Herzen (1813, ²1820); Kleine Kindergeschichten mit ausgemalten Kupfern (1817); Rinaldos Reisen durch Deutschland (Bd. 1–3. 1821, ³1837).

Bearb.: A. Berquin: L'ami des enfans (1798); M. Florian: Fables (1803); J. Swift: Des weltberühmten Schiffscapitains Lemurel Gullivers Reisen (1820, ²1823).

Werke unter dem Pseudonym André: Gemälde aus dem Leben der Menschen zur Unterhaltung der reiferen Jugend (1824).
Werke unter dem Pseudonym Bescherer: Kleine unterhaltende Erzählungen aus der Tierwelt (1817); Kleine Kindergeschichten mit ausgemalten Kupfern, zur Warnung vor Gefahren (1817); Kleines, naturhistorisches Bilderbüchlein für wißbegierige Kinder (1818).
Werke unter dem Pseudonym Julius Freudenreich: Similde (1822, ²1825); Arno oder bildende und unterhaltende Erzählungen (1823); Hugo's und Lina's Erholungsstunden (1826).
Werke unter dem Pseudonym M. W. Gottschalk: Titania oder moralische Feenmärchen für Kinder (1821); Deutscher Fabelschatz gesammelt aus vaterländischen Dichtern (1830); Jugendfreuden. Erstes Weihnachtsbuch zur Belehrung und Unterhaltung für Kinder (1831).
Werke unter dem Pseudonym L. K. Iselin: Knecht Ruprecht (1820, ³1834); Karl, der kleine Naturhistoriker (1823, ³1832); Unterhaltende Naturgeschichte für die Jugend (1825, ⁵1844); Das alte Tom (1825, ³1831).
Werke unter dem Pseudonym Georg Ludwig Jerrer: Naturgeschichte für die Jugend (1817, ⁴1833); Neue Bildergeographie für die Jugend (1818, ³1822); Erzählungen aus der Bibel für die Jugend (Bd. 1–2. 1820, ³1830); Weltgeschichte für Kinder (Bd. 1–2. 1821, ⁶1840); Geschichte der Deutschen für die Jugend (Bd. 1–2. 1821, ³1832); Wissenschaftlicher Hausbedarf für die Jugend (Bd. 1–21. 1821, ²1838); Neue Sammlung unterhaltender und belehrender Reisebeschreibungen für die erwachsene Jugend (1822); Interessante Erzählungen aus der wirklichen Welt (1823, ²1837); Gemälde aus der neuesten Völkergeschichte (Bd. 1–2. 1824); Erzählungen aus der Geschichte der europäischen Völker (Bd. 1–2. 1826); Des weltberühmten Niclas Klim höchst merkwürdige Reisen (1826, ²1834); Teutschlands berühmte Männer (Bd. 1–2. 1827, ³1835); Die Gefahren des Meeres oder Abenteuer unglücklicher Seefahrer (zus. mit A. Schoppe, 1831).
Werke unter dem Pseudonym Carl Ludwig Renner: Wie soll sich ein Jüngling würdig bilden? (1822); Wie soll sich eine Jungfrau würdig bilden? (1822).
Werke unter dem Pseudonym J. F. Sanguin: Kleine französische Kindergespräche (1810); Kaufmännisches Lesebuch für junge Deutsche (1814); Nouvelle Géographie à l'usage de la Jeunesse (1818).
Werke unter dem Pseudonym Felix Selchow: Europas Länder und Völker, ein lehrreiches Unterhaltungsbuch für die gebildete Jugend (Bd. 1–3. 1822, ²1827).
Werke unter dem Pseudonym J. H. Selchow: Erzählungen aus den Sitten, Gebräuchen und Meinungen fremder Völker (1824).
Werke unter dem Pseudonym Sternau: Alwina, eine Reihe unterhaltender Erzählungen (1826); Palamedes, oder erweckende, belehrende und warnende Erzählungen (1826).
Werke unter dem Pseudonym Julius Sternberg: Neuer deutscher Briefsteller (1825).

Sekundärliteratur: E. Strobach: Der Jugendschriftsteller Johann Heinrich Meynier (in: Aus dem Antiquariat. Beilage zum Börsenblatt f. d. dtsch. Buchhandel, Ffm. 24. 1977. S. A81–A94).

Erich Strobach

Meysenbug, Karl Alfred von

*Zeichner und Illustrator; * 1. 1. 1940 Gießmannsdorf.*

M. verbrachte Kindheit und Jugend in Hannover; schon als Schüler arbeitete er 1965 unter dem Zeichen „Meyse" als Zeichner für die Zeitschrift „Peng" in Frankfurt. Nach Abbruch seines Philosophie- und Soziologiestudiums bei Th. W. Adorno (1903–1969) in Frankfurt begann er, sich autodidaktisch als Zeichner auszubilden. M. arbeitet als freiberuflicher Künstler, war seit 1972 Mitarbeiter der Hamburger Zeitschrift „Konkret" und lehrte Jugendliteratur an einer Hamburger Fachschule für Sozialpädagogik. Politische Ambitionen versuchte M. als Mitglied der „Gruppe Werkstatt" zu verwirklichen, z. B. in linksorientierten politischen Kalendern. Bekannt wurde M. als engagierter, reformfreudiger Comiczeichner vor allem durch die 1968 im Heinrich Heine-Verlag publizierten Pop-Comic-Geschichten „Super-Mädchen", „Glamour-Girl" und „Mini-Faust".

Werk, Tendenzen, Wirkung. Die Comicgeschichten von 1968 – klischeehafte Lebensläufe der Frankfurter Striptease-Tänzerin Carla Lily (Glamour-Girl) und der Verkäuferin Jolly Boom, die am Ende lernt, sich selber „gut zu verkaufen" – waren ein Versuch, vor dem Hintergrund der Studentenbewegung gegen die Bourgeoisie und ihre traditionellen und etablierten Meinungen, Kulturauffassungen und Ausdrucksformen zu protestieren. Sie entlarven unsere Klischee- und Konsumwelt mit ihren Zwängen, Stereotypen und Plattitüden. Die Bilder werden nach Fotovorlagen aus Pornoheften, Zeitungen und Illustrierten, Plakaten und Werbezeichnungen zeichnerisch vereinfachend kopiert, die Texte zitieren neben Slogans aus einem Lehrbuch über Verkaufsmethoden auch Th. W. Adorno, E. Bloch, H. Marcuse; eingeschaltet werden Flugblätter der SPD und des SDS, um die nur scheinbare Emanzipation und Gleichberechtigung der Frau in der bürgerlichen Gesellschaft herauszustellen. Die Comictechnik wird als Transporteur kritischen Gedankengutes genutzt. Es ist allerdings fraglich, ob diese Intellektuellencomics, die sich vornehmlich an politisch engagierte Schüler und Studenten wandten, die breite Masse der Comicleser erreicht haben. Gesellschaftspolitische und sexualpädagogische Ziele verfolgte M. auch bei seiner Mitarbeit an dem Aufklärungsbuch „Sexfront" (1970) von G. Amendt.
In seinem ersten Bilderbuch, „Der glückliche Prinz" (1971, Inselverlag), setzt M. gezielt Elemente der Comics und der Pop-Art wie Sprechblasen, Wechsel der Bildfeldgrößen auf dunkelfarbigen Hintergründen, fast fotografisch genaue Detaildarstellungen, aber auch die Formen und Farben des Jugendstils ein. Der

nuancierte Farbenreichtum an gedämpften, blaß lila, rosa, orangenen, blauen und grauen Tönen – nur in den Bildsequenzen, in denen M. das Reiseziel der Schwalbe, Ägypten, darstellt, wird das Kolorit leuchtender – korrespondiert mit der depressiven Stimmung des sozialkritischen Märchens von O. WILDE. M. arbeitet an Kinderbüchern, die u.a. auch mittels Comicstreifen, in fortschrittlicher Weise ihre Leserschaft in Richtung auf eine kindgemäße Kritikfreudigkeit und Emanzipation zu beeinflussen suchen.

→ Antiautoritäre Kinder- und Jugendliteratur

Werke: K. A. v. Meysenbug: Super-Mädchen. Das Ende der Verkäuferin Jolly Boom (1968); K. A. v. Meysenbug: Glamour-Girl (1968); K. A. v. Meysenbug: Mini-Faust (1968); G. Amendt: Sexfront (1970); O. Wilde: Der glückliche Prinz (1971).
Sekundärliteratur: B. Brook: Bücher zum Anfassen. Alfred Meysenbugs Comicstrips ‚Glamour-Girl' und ‚Super-Mädchen' (in: Frankfurter Allgemeine Zeitung v. 8.1.1969). – G. Metken: Comics (1970). – H. D. Zimmermann (Hrsg.): Comicstrips (1969).

Wolfgang Kempkes

Michalewsky, Nikolai von

*(Ps.e: Mark Brandis, Victor Karelin). Roman-, Hörspiel- und Jugendbuchautor (v.a. Abenteuer und Science Fiction); * 17.1.1931 Dahlewitz Krs. Teltow.*

M. stammt aus russischer Adelsfamilie, die nach der Oktoberrevolution fliehen mußte. Er schrieb Filmdrehbücher, war Hafenarbeiter, Industriepolizist, Angestellter auf einer Kaffeeplantage in Belgisch-Kongo, Lokalreporter, Berichterstatter im Algerien-Krieg und Dokumentarfilmregisseur. – M. wohnt in Worpswede/Niedersachsen. Von seinen Jugendbüchern wurden 1960 „Allahs verlorene Söhne", 1965 „ms josephine ruft nordwind" und 1975 „Schatztaucher: Abenteuer unter Wasser" in die Auswahllisten zum Deutschen Jugendbuchpreis aufgenommen.

Werk, Tendenzen, Wirkung. M. ist einer der erfolgreichsten Autoren von Abenteuerbüchern im Bereich der Jugendliteratur der Bundesrepublik, hat aber auch Abenteuerromane für Erwachsene geschrieben. Bekannt und besonders diskutiert worden ist er in den sechziger Jahren durch seinen Versuch, Abenteuer und Zeitgeschichte miteinander zu verbinden, d.h. Sachverhalte der jüngsten Vergangenheit und der unmittelbaren Gegenwart vermittels Kolportageeffekten auch bereits jüngeren Lesern nahezubringen. – Nach den Handlungsräumen lassen sich unterscheiden: Seegeschichten, in denen es vor allem um die Bewältigung von Havariesituationen geht („Hölle auf See", „ms josephine ruft nordwind", „Wintersturm ... in Böen dreizehn"), Krimis mit detektivischem Einschlag, die vorzugsweise wieder auf See spielen oder sich mit dem Tauchsport beschäftigen („Banditenehre", „Das Wrack in der Tiefe", „Das Geheimnis der Santa Lucia"), schließlich zeitgeschichtliche Erzählungen mit stark abenteuerlichem Einschlag („... und alle gingen vorüber", „Der Mann aus einem anderen Land", „Fackeln in der Nacht", „Das letzte Schiff"); hinzu kommt als Abenteuer- bzw. Expeditionsroman „... und niemals verzweifeln". Immer wiederkehrendes Hauptmotiv M.s ist das Ausharren in aussichtsloser Lage, ein Handeln wider jede Vernunft, ein „Heldentum" des „Gegen-den-Strom-Schwimmens", das stark von HEMINGWAY („Der alte Mann und das Meer", dt. 1951) beeinflußt ist. Dabei geht es vor allem um eine verzweifelte, meist letztendlich jedoch gelingende Selbstbehauptung gegen Naturgewalten (arktisches Eis, Sturm, Flut, Feuer, Haie), aber auch in historisch-politischen Ereignissen. Die funktionale Gleichbehandlung von Naturereignissen und Unglücksfällen auf der einen und historischer Prozesse auf der anderen Seite ist jedoch gefährlich, weil dadurch Krieg und Verfolgung leicht zu Naturereignissen mystifiziert, d.h. ihres politischen Charakters entkleidet werden; sowohl angesichts von Naturgewalten als auch gegenüber politischen Tatbeständen wird die Problemlösung eine Angelegenheit „zeitlosen Menschentums". So bleibt, trotz aller expliziten politischen Parteinahme gegen Unterdrückung, Rassismus und Krieg, M.s eigener politischer Standpunkt oft unklar. Viele seiner Erzählungen leiden unter einem Mangel an Reflektiertheit, an Ursachenanalyse. Beispielhaft dafür ist, wie der Verfasser in „ms josephine" und in „Wintersturm" den Konflikt zwischen ökonomischem Prinzip und humanitärem Handeln löst (bzw. nicht löst) und wie er in „Banditenehre" mit dem Widerspruch zwischen sozialer Erklärung des Banditenwesens, allgemein menschlicher Erklärung – Banditentum als Ausdruck des Freiheitswillens – und dem idealistischen Appell, auf schrankenlose Ichdurchsetzung doch freiwillig zu verzichten, fertig wird. Es scheint, daß es dem Verfasser vor allem um leicht lesbare, spannende Abenteuergeschichten geht, daß er sich aber durch Bezugnahme auf Zeitereignisse vor Anforderungen stellt, denen er nicht zu entsprechen vermag. Demgegenüber ist das Bemühen M.s, bei den von ihm angesprochenen historisch-politischen Sachverhalten jeweils auf aktuelle Konflikte und Diskussionspunkte zurückzugreifen („Allahs verlorene Söhne": Algerien, „... und alle gingen vorüber": Judenverfolgung bzw. Vergangenheitsbewältigung, „Der Mann aus einem anderen Land": Entkolonisierung Afrikas), nicht simpel als geschickte und primär ökonomisch motivierte Anpassung an Marktbedürfnisse zu verurteilen, sondern zu rechtfertigen mit der pädagogischen Funktion politisch-aktueller Jugendliteratur, die auch Gegenwartsprobleme aufzugreifen hat.

M. baut seine Erzählungen gekonnt auf, operiert mit Parallelhandlungen, häufigem Szenenwechsel und Rahmentechnik und weiß die Spannung bis zum Schluß zu steigern. Dabei scheut er auch nicht vor reißerischen Effekten zurück, wie Verfolgungsjagden, Zweikämpfen und Rettung in letzter Sekunde. Die Personen sind nach bewährter Abenteuermanier meist eingängig typisiert. Seine Stilmittel enthalten Sprachklischees, wohlfeile Spruchbanalitäten und abgegriffene Vergleiche; doch

gelingen ihm gelegentlich auch differenziertere Charaktere, eindringliche Schilderungen und minutiöse Wiedergaben dramatischer Abläufe – Ansätze zur Überwindung eines bloß vordergründigen Realismus (z.B. „Hölle auf See").
Seit 1970 trat M. auch unter dem Pseudonym Mark Brandis als Science Fiction-Jugendbuchautor hervor und setzte damit in seinem Schreiben für junge Leser einen neuen Schwerpunkt. Die ursprünglich auf 4 Bände angelegte Reihe ist inzwischen auf 12 Bände angewachsen und damit eines der ehrgeizigsten Projekte der neueren Kinder- und Jugendliteratur auf dem Gebiet. In den „Weltraumpartisanen", deren Einzelbände jeweils genau 100 Jahre nach dem Erscheinungsjahr spielen, beschäftigt sich der Verfasser außer mit technologischen Problemen im Zusammenhang mit der Raumfahrt und der Besiedelung der Nachbarplaneten mit machtpolitischen und menschlich-sozialen Problemen auf dem Hintergrund der neuen technologischen Möglichkeiten. Mark Brandis ist dabei nicht nur Pseudonym M.s, sondern zugleich Held und meist auch Ich-Erzähler der Romane; er fungiert innerhalb der Geschehnisabläufe als Commander von Raumfahrzeugen und übernimmt und bewältigt in dieser Eigenschaft Aufgaben, die für den Fortbestand der menschlichen Ordnung von entscheidender Bedeutung sind, Aufgaben, an denen oft andere vor ihm gescheitert sind. Mark Brandis soll, nach der Konzeption, zwar kein Superheld sein, sondern Schwächen, Fehler, Angst und Schuldgefühle haben wie jedermann; aber letztlich handelt er doch immer erfolgreich, spielt er die Rolle einer Art Messias des Humanismus und der Demokratie. – Die Romane sind in einem forschen Ton geschrieben und verfallen einer – sich von Band zu Band noch verstärkenden – Stereotypisierung von Personen und Handlungsabläufen; sie spiegeln außerdem – wie die Abenteuerbücher des Autors – ein unreflektiertes schwarz-weiß malendes Politik- und Gesellschaftsverständnis wider. Der Verfasser möchte, im Gewande spannender Kolportage, offenbar vor gewissen Zukunftsentwicklungen warnen, ohne in der Lage zu sein, eine Gesellschaftsutopie zu zeichnen, die über ein formales Demokratie- und Gerechtigkeitsverständnis hinausgeht.

Werke: Der Dynamitfahrer von Algier (1958); Heiße Erde Kenia (1958); Allahs verlorene Söhne (1959); Mann am Volant (1960); ... und alle gingen vorüber (1961); Vieler Männer Tränen (1961); Der Mann aus einem anderen Land (1962); Fackeln in der Nacht (1963); Hölle auf See (1963); ms josephine ruft nordwind (1964); Das Wrack in der Tiefe (1964); Das Geheimnis der Santa Lucia (1966); Das letzte Schiff (1966, [2]1973); Banditenehre (1967); ... und niemals verzweifeln (1967); Feuersalamander (1968); Korallenjäger (1971); Schatztaucher: Abenteuer unter Wasser (1974); Wintersturm ... in Böen dreizehn (1975).
Werke unter dem Pseudonym Mark Brandis: Bordbuch Delta VII: Alarm im Weltraum (1970); Unternehmen Delphin: Machtkampf um das Weltall (1971); Verrat auf der Venus: Flucht in den Weltraum (1971); Aufstand der Roboter: Duell im Weltraum (1972); Vorstoß zum Uranus: SOS im Weltraum (1972); Testakte Kolibri: Experimente im Weltraum (1973); Die Vollstrecker: Terror im Weltraum (1973); Raumsonde Epsilon: Meuterei im Weltraum (1974); Salomon 76: Verschwörung im Weltraum (1974); Aktenzeichen Illegal: Menschenjagd im Weltraum (1975); Operation Sonnenfracht: Wettlauf im Weltraum (1975); Alarm für die Erde: Notstand im Weltraum (1976).

Malte Dahrendorf

Michalkov, Sergej Vladimirovič

*Kinderbuchschriftsteller, Literaturtheoretiker und Literaturfunktionär; *25.3. (12.3.) 1913 Moskau.*

M. wurde als Sohn eines Biologieprofessors in Moskau geboren, verlebte seine Jugend in Pjatigorsk, wo 1928 auch seine Gedichte in der Zeitschrift „Terek" veröffentlicht wurden. Er ging nach Moskau, konnte aber nicht von seiner schriftstellerischen Arbeit leben und arbeitete deshalb in einer Textilfabrik; dann nahm er an Expeditionen nach Kasachstan und an die Wolga teil. Von 1935 bis 1937 studierte er am Literaturinstitut A. M. Gor'kij; während dieser Zeit wandte er sich der Kinderliteratur zu; ab 1936 schrieb er regelmäßig für die Zeitschrift „Pioner". Zwei bekannte russische Kinderschriftsteller, S. Maršak und K. Čukovskij, wurden auf ihn aufmerksam und förderten ihn. Während des Krieges war er 1941–1945 als Kriegskorrespondent an der Front tätig. M. ist der einzige Kinderbuchautor, der alle Staatspreise der UdSSR für sein Werk gewonnen hat, so dreimal den Staatspreis, einmal den Lenin-Preis u.a. Seit 1971 ist er Vollmitglied der Akademie der Pädagogischen Wissenschaften der UdSSR, 1973 wurde ihm der höchste Titel der UdSSR, Held der Sozialistischen Arbeit, zuerkannt. Er ist seit 1950 Mitglied der KPdSU, Mitglied des Obersten Soviet der UdSSR, Sekretär des Schriftstellerverbandes der Schriftstellergewerkschaft der RFSSR. Als nationaler Vertreter der UdSSR ist er Mitglied des IBBY Executive Board. 1972 wurde M. mit einem Platz auf der Ehrenliste zum Hans Christian Andersen-Preis ausgezeichnet.

Werk, Tendenzen, Wirkung. Im gesamten Schaffen M.s finden wir eine offen erklärte Parteilichkeit und eine bewußt erzieherische Absicht. Während der Kriegszeit verfaßte M. Artikel, Erzählungen, satirische Gedichte und Feuilletonbeiträge, Texte von Kriegsplakaten und Flugblättern über den Krieg, über die Verteidigung der Heimat, die Sowjetarmee, das unbesiegbare Sowjetvolk, über die großen Führer Lenin und Stalin und die Helden der Sowjetunion. In seinen Fabeln, von denen viele kurz nach dem Krieg entstanden sind, ist die Allegorie so angelegt, „daß sie unmittelbar auf brennende soziale, moralische und politische Probleme zwischenmenschlicher Beziehungen hinzielt, damit vom Anfang an deren Ausdeutung in anderer Richtung oder in gesellschaftlich unverbindlicher Weise entgegengewirkt wird" (H. Rennert). Er sieht es als Aufgabe, insbesondere auch der Poesie für Kinder an, über die Ideale des Sozialismus, internationale Solidarität, Liebe zur Arbeit und über den Sowjetpatriotismus zu sprechen. Sein Werk ist sehr stark von seinen Kriegserleb-

nissen geprägt; Literatur soll Kinder nicht nur allgemein auf die Zukunft vorbereiten, sondern sie auch lehren, daß man zu jeder Zeit schon dem Vaterland nützlich sein kann, vor allem in schwierigen und gefahrvollen Situationen, z.B. einem Krieg.
Als beherrschende Gestalt der Kinder- und Jugendliteraturszene in der UdSSR vertritt M. diese Meinung auch immer wieder in seinen häufig publizierten theoretischen Ausführungen. M.s erfolgreichste Kindergedichte erschienen in den dreißiger Jahren, „A čto u vas?“ (1935; dt. Und was habt ihr?, 1960) und „Djadja Stepa“ (1936; Onkel Stjopa). Die Gestalt des Djadja Stjopa, eines etwas zu groß geratenen und linkischen Kinderfreunds, verkörpert den guten, hilfsbereiten, neuen Sowjetmenschen. Ein Fortsetzungsband erschien 1955, „Djadja Stepa – milicioner“ (Onkel Stjopa, der Milizionär). M. hat außerdem Drehbücher und Theaterstücke für Kinder verfaßt. Er ist heute einer der populärsten Kinderbuchautoren in der Sowjetunion. Von 1936 bis 1972 wurden seine Werke 787 mal aufgelegt, insgesamt wurden 101811000 Exemplare gedruckt und in insgesamt 60 Sprachen der Völker der Sowjetunion und des Auslands übersetzt.

Werke: A čto u vas? (1935; dt. Und was habt ihr?, 1960); Djadja Stepa (1936); Ja choču domoj (1949); Veselye putešestvenniki (1950); Basni (1952); Djadja Stepa. Djadja Stepa – Milicioner (1955); P'esy (1955); Razgovor s synom (1957); Zajka-Zaznajka (1957); Stichi (1959); Devočka i djadja Tom (1963); Stichi i skazki (1963); Millioner (1964); Oblaka (1964); Pro mimozu (1965); Foma (1965); My s prijateljami (1966); Idet vesalyj čelovek (1962); V musee V. I. Lenina (1966); Vse načinaetsja s detstva (1968); Djadja Stepa i Egor' (1969); Nastroenie (1971); Čuvstvo loktja. Vystuplenija, stat'i, recenzij (1971); Azbuka (1972); Prasdnik neposlušanija (1972; dt. Hurra, die Eltern streiken, 1972); Kak pticy kozlenka spasli (dt. Wie die Vögel das Zicklein retteten, 1965); Priklivčenija zajca (dt. Der fleißige Hase, 1951); Izbrannye basni (1953; dt. Ausgewählte Fabeln, 1955); Čudesnye tabletki (dt. Die Wunderpillen, 1968); Tri porosenka (dt. Drei kleine Ferkel, 1966); Veselye zajey (dt. Die lustigen Hasen, 1969); Freie Bahn für Kopfsteher (²1976); Sobranie Sočinenij v 4-ch tomach (1963–1964); Sobranie Sočinenij v 3-ch tomach (1970–1971).

Sekundärliteratur: V. Aleksandrov: Sergej Michalkov. Bio-bibliogr. spravka (1963). – B. Begak: Michalkov v zarubežnoj literature (in: Detskaja Literatura. 2. 1974. 35–39). – G. Ersov: Sergej Michalkov. Kritiko-biografičeskij očerk (1956, zus. mit V. Tel'nugov). – B. Galanov: Sergej Michalkov. Očerk tvorčestva (²1972). – L. Kassil: Sergej Michalkov. Kritiko-biografičeskij očerk (1954). – S. Michalkov: Über die hohen Ziele der sowjetischen Kinderliteratur. Aus dem Referat auf dem IV. Kongreß der Schriftsteller der UdSSR, Mai 1967 (in: Beiträge zur Kinder- und Jugendliteratur. 10. 1967. 90–95). – H. Rennert: Zur Fabeldichtung S. Michalkovs (in: Wissenschaftliche Zeitschrift der Universität Halle. XIX 1970 G. 2. 31–39).

Peter Sachsenmeier

Michels, Tilde

*Kinderbuchautorin, Übersetzerin und Bearbeiterin; *3.2.1920 Frankfurt am Main.*

Nach einem Fremdsprachenstudium in Hamburg und München arbeitete M. als Fremdsprachenkorrespondentin in Frankreich und England. Ihr erster Schreibversuch war ein Kunstmärchen für die „Neue Zeitung“; daraufhin erhielt sie den Auftrag zu einem Bilderbuchtext: das Ergebnis war „Karlines Ente“ mit Bildern von L. Fromm (1960 bei Georg Lentz, dann Otto Maier und Ellermann). M. lebt als freie Autorin mit ihrer Familie in München. Sie übersetzt aus dem Französischen und Englischen und ist freie Mitarbeiterin bei Funk- und Fernsehanstalten. Der größte Publikumserfolg bisher war ihre Buch-, Fernseh- und Plattenfigur „Kleiner König Kalle Wirsch“. „Ich und der Garraga“ (1972) wurde 1973 in die Auswahlliste zum Deutschen Jugendbuchpreis aufgenommen.

Werk, Tendenzen, Wirkung. M.s Bilderbuchtexte und psychologisierende Erzählungen sind zum Teil geprägt durch eigene Kindheitserlebnisse, durch geduldiges Vorlesen und Erzählen älterer Erwachsener, sowie durch Ereignisse während der Weltwirtschaftskrise und der NS-Zeit. M. versteht es, sich in die Sorgen und Probleme von Kindern zu versetzen, ihren Ängsten, Wünschen und Hoffnungen nachzuspüren.
In M.s Bilderbuchtexten überwiegen Motive der gängigen Umwelt-, Tier- und Fantasiethematik. In dem Erstlingswerk „Karlines Ente“ (1960) mischen sich realistische mit eher fantastischen Motiven: Einer alten Lumpensammlerin läuft eine verletzte Ente zu. Nachdem sie gesundgepflegt ist, legt sie beständig Eier und verhilft der alten Frau zu begrenztem Wohlstand – ohne daß der Prozeß der Ei-Erzeugung thematisiert wird.
In den Geschichten von „Anja unterm Regenbogen“ (1971, TB 1976) malt ein siebenjähriges Mädchen Bilder, um aufgestauten Trotz und Aggressionen abzureagieren. Wachsein und fantastische Traumwelt gehen in knappen Episoden fließend ineinander über. In „Ich und der Garraga“ (1972) wird die kurze Form genutzt, um in 18 Geschichten Freuden, Versagen und Angsterlebnisse aus der Sicht eines betroffenen Kindes zu schildern.
Umweltbezogen sind auch „Die Jonaskinder“ (1967) und „Ferien mit den Jonaskindern“ (1968). Themen dieser vornehmlich optimistisch orientierten Erzählungen sind das Leben in der Familie und Erlebnisse mit Freunden und Geschwistern. Neben diesen realistischen Erzählungen schrieb M. eine Reihe von Geschichten in denen sich Fantastisches auf Zeit funktional in die realistische Ebene einschiebt (z.B. „Mit Herrn Lämmlein ist was los, 1961, TB 1972; „Die Jagd nach dem Zauberglas“, 1965, TB 1972; „Von zwei bis vier auf Sumatra“, 1971), Realität quasi katalysiert und verändert. Im Gegensatz zu den umstritten gebliebenen Märchen der Brüder Grimm, denen häufig der Vorwurf der Grausamkeit gemacht wird, sind die Handlungsabläufe bei M. eher harmlos-unterhaltender Natur. Sie sind bedingt geeignet, klischeehafte Vorstellungen aufzubrechen, die aus unreflektiertem Umgang mit Märchen und älteren Fantasiegeschichten entstehen. Besonders erfolgreich wurde die Geschichtenfolge zum „König Kalle Wirsch“ („Kleiner König Kalle Wirsch“, 1969; „Kalle Wirsch und die wilden Utze“, 1975), die

das eigenständige Leben der Erdmännchenvölker zum Inhalt hat (vergleichbar etwa mit den „Wawuschels" von I. KORSCHUNOW, den „Mumins" von T. JANSSON, den „Hobbits" von J. R. R. TOLKIEN), auch wenn als Identifikations- (und Kontrast-)Figuren zwei Menschenkinder mit eine Rolle spielen. „König Kalle Wirsch" gewann seine Popularität insbesondere durch die Fernsehbearbeitung (Puppenfilm) und – in der Folge – durch drei Schallplatten. Für das Fernsehen wurden außerdem verfilmt: „Ich und der Garraga" (Realfilm), „Sieben suchen sieben Sachen" und „Xandi und das Ungeheuer" (Zeichenfilme). Im Rundfunk gesendet wurden: „Mit Herrn Lämmlein ist was los", „Die Jonaskinder", „Ferien mit den Jonaskindern", „Ich und der Garraga", „Das alles ist Weihnachten" und „Gespenster zu kaufen gesucht".

Werke: Karlines Ente (1960); Mit Herrn Lämmlein ist was los (1961); Ohne Mumba geht es nicht (1961); Ein Zirkuspferd für Isabell (1964); Die Jagd nach dem Zauberglas (1966); Die Storchenmühle (1966, [3]1974); Versteck in den Bergen (1966); Die Jonaskinder (1967); Neun Zahlen suchen die Null (1967); Ferien mit den Jonaskindern (1968); Pitt auf der Rakete (1968); Kleiner König Kalle Wirsch (1969); Ein Traum ein Traum (1970); Anja unterm Regenbogen (1971); Von zwei bis vier auf Sumatra (1971); Ich und der Garraga (1972); Wenn die Bärenkinder groß sind (1973); Das alles ist Weihnachten (1974, [2]1975); Sieben suchen sieben Sachen (1974); Xandi und das Ungeheuer (1974); Gespenster zu kaufen gesucht (1975); Kalle Wirsch und die wilden Utze (1975).

Horst Künnemann

Mickey Mouse

MM. ist der Name einer amerikanischen, auch in der BRD sehr bekannten, von W. Disney produzierten Comicfigur. Sie war zuerst als Zeichentrickfilm zu sehen.

Zur Entstehungsgeschichte. Die Idee zur MM. soll WALTER ELIAS DISNEY (WALT DISNEY 1901–1966) gekommen sein, als er in der Mitte der zwanziger Jahre als noch unbekannter Zeichner in Kansas City arbeitete: Bei nächtlichen Überstundenarbeiten fing er angeblich eine besonders zutrauliche Maus, die sich zähmen ließ; er nannte sie „Mortimer" und ließ sie auf dem Rand seines Zeichenbrettes herumkrabbeln.
W. DISNEY arbeitete mit einigen Mitarbeitern 1925/26 an Zeichentrickfilmen und beschloß, MM. – „Mortimer" war auf Intervention seiner Frau in MM. umbenannt worden – als Titelhelden vorzustellen. So produzierte er Ende 1927 den stummen Zeichentrickfilm „Plane Crazy". Das Publikum nahm den Film nicht an. Es gab damals viele Zeichentrickfilme mit anthropomorphisierten Tiergestalten. Auch W. DISNEYS zweiter Versuch mit der MM. („Gallopin' Gaucho") hatte keinen Erfolg. Erst sein dritter Anlauf, der am 18.11.1928 in New York uraufgeführte MM.-Schwarz-Weiß-Tonfilm „Steamboat Willie" brachte über Nacht außergewöhnliche Publizität. Der wichtigste Grundstein für das DISNEYsche Comicimperium war gelegt.
Der Erfolg der MM. lag von Anfang an darin begründet, daß sie und ihre Comicbegleiter ganz in der Tradition der Fabeltiere stehen. Sie sind in Aussehen, Verhalten und Psychologie menschliche Abbilder und agieren ebenso menschlich (mit Schwächen). Die rauhe Wirklichkeit spiegelt sich in dem Streifen (oftmals in sehr karikierter Weise) wider und jeder Leser erkennt sich und seine Umwelt (wenn auch verfremdet), findet sich heimisch und kann mit Schadenfreude dem mißlichen Geschick der Comicfiguren, die ihren menschlichen Counterparts aus der Nachbarschaft gleichen, beiwohnen.
Daneben wird er jedoch auch in einer politisch konservativen Grundhaltung bestätigt, die ihren Ausdruck in der heilen Welt der MM., ihren Ansichten und ihrem Verhalten findet.

Verbreitung und Wirkung. In rascher Folge wurden von W. DISNEY MM.-Zeichentrickfilme herausgebracht (1953 waren es 121, 1965 143 mit der MM. als Hauptfigur). Daneben ist die MM. vielfach in anderen Filmen des Disney-Konzerns als Sekundärfigur aufgetreten (z.B. in „Pluto Cartoons", „Goofy Cartoons", und „Donald Duck Cartoons", „Silly Symphonies" und als „Zauberlehrling" in dem Zeichentrickfilm „Fantasia", der zu Werken klassischer Musik Comicbildfolgen entwirft). Das Fernsehen übernahm schon bald die MM.-Filme. Über lange Jahre hinweg hat es auch eine eigene Showserie mit der MM. als Titelfigur produziert.
W. DISNEY brachte 1930 das erste MM.-Heft auf den Markt. Seitdem wird MM. in Hunderten von Zeitungen auf der ganzen Welt abgedruckt und ist bislang in mehreren hundert Millionen Comicheften und Taschenbüchern verkauft worden. Allein das deutsche MM.-Comicheft hatte zeitweilig eine wöchentliche Auflage von fast 400000 Exemplaren. Es erschien ab September 1951 (zuerst monatlich, dann 14täglich und seit einiger Zeit wöchentlich) als erstes Vielfarben-Comicheft nach dem Zweiten Weltkrieg. Allerdings hatte schon 1934 die „Erfurter Allgemeine Zeitung" die MM. für kurze Zeit in einem täglichen Comicstreifen herausgebracht. Die Beliebtheit der MM.-Figur wurde wirtschaftlich ausgenutzt durch mehr als 5000 „Beiprodukte" wie Kleidungsstücke, Füllfederhalter, Rollschuhe, Uhren usw. mit dem Bild der MM. Sogar im Wachsfigurenkabinett der Madame TUSSAUD in London ist sie und ihre „Minnie" verewigt.

→ W. Disney

Sekundärliteratur: G. C. Bonnemaison: Histoire du Journal de Mickey 1934–1941 (in: Giff-Wiff. 5 und 6. 1963. 17–23). – R. Collier: W. Disneys Wunder-Welten (in: Das Beste aus Reader's Digest. 1971. 12. 168–216). – Fr. Lacassin: Bibliographie française de Mickey (in: Giff-Wiff. 19. 1966. 8–13). – M. Willits: Mickey Mouse, the first golden decade (in: Vanguard. 2. 1968. 19–28 und 35–36).

Wolfgang Kempkes

Gertraud Middelhauve Verlag

Köln. Hauptsächlich Kinder- und Bilderbücher, Literatur für Kinder von „Erwachsenen"-Autoren.

Das Unternehmen wurde 1947 von Fr. Middelhauve als literarischer Verlag gegründet. Zu den ersten Autoren zählten H. Böll und P. Schallück. Im Jahre 1961 übernahm G. Middelhauve (* 1929), die Tochter des Verlagsgründers, den Betrieb und legte den Schwerpunkt auf das sowohl literarisch wie künstlerisch anspruchsvolle Kinder-, vor allem Bilderbuch. Dabei legte der Verlag Wert auf die Herausgabe von Texten für Kinder von international bekannten Autoren (unter ihnen H. C. Artmann, W. Biermann, M. Butor, Zb. Herbert, M. L. Kaschnitz, A. M. Matute, W. Weyrauch) und die Bereitschaft zum Experiment, z. B. in der Aufnahme der Bilderbücher von L. Lionni oder der „Geschichte Nummer 1" und „Geschichte Nummer 2" von E. Ionesco und E. Delessert (Illustrationen). Seit 1977 ist der Düsseldorfer Bagel Verlag am Middelhauve Verlag beteiligt.
Der Middelhauve Verlag gibt eine Reihe Bilderbücher in zwei Formen heraus: als Hardcover-Ausgaben und in einer preiswerten, gehefteten Version. Außer den illustrierten Kinder- bzw. Bilderbüchern sind die Sammelbände mit Erzählungen von Schriftstellern, die vornehmlich für Erwachsene schreiben, bekannt geworden, z. B. das 1974 von G. Loschütz herausgegebene Buch „Deutsche Autoren erzählen für Kinder", das den 1966 zuerst erschienenen und von G. Middelhauve edierten Band „Dichter erzählen Kindern" ablöste, auch das, ebenfalls von der Verlegerin zusammengestellte Buch „Dichter Europas erzählen Kindern" (1972). Hinzuweisen ist ferner auf den von U. Voss herausgegebenen Titel „Erinnerung an die Kindheit – eine Sammlung für die Erwachsenen", der Berichte bedeutender Persönlichkeiten aus Vergangenheit und Gegenwart über die eigene Kindheit enthält. Zum Verlagsprogramm gehören ferner E. Jandl mit „Alle freut was alle freut", illustriert von W. Trier, und P. Hacks mit „Kathrinchen ging spazieren" sowie „Der Bär auf dem Försterball" mit Illustrationen von H. Edelmann bzw. W. Schmögner.

Rudolf Raab

Mikszáth, Kálmán

*Ungarischer Schriftsteller und Journalist; * 16. 1. 1847 Szklabonya, † 28. 5. 1910 Budapest.*

M., dessen Eltern Kleinlandbesitzer waren, studierte Rechtswissenschaft in Pest und wurde nach dem Studium als Rechtsanwaltspraktikant tätig. In dieser Zeit begann er für Zeitungen und Periodika zu schreiben. Nach seiner Heirat (1873) lebte er unter schwierigen finanziellen Bedingungen zunächst in Pest, ging dann 1878 nach Szegedin, wo er Mitarbeiter der Zeitung „Szegedi Napló" wurde. Nach seiner Rückkehr nach Pest (1880) gelang ihm dann mit einigen Novellenbänden der Durchbruch zum literarischen Erfolg. Durch eine späte politische Karriere brachte er es 1887 zum Landtagsabgeordneten.

Kálmán Mikszáth (1847–1910)

Werk, Tendenzen, Wirkung. Schon in M.s ersten Werken, romantischen Novellen, drückte sich eine tiefe Volksverbundenheit aus. Später wandte er sich immer konsequenter einer realistischen Schreibweise zu. Die anekdotische Art des Erzählens prägt seine Bücher, in denen er mit ironischen oder satirischen Mitteln ein authentisches Bild des Zersetzungsprozesses der feudalen Verhältnisse in Ungarn im 19. Jahrhundert zeichnete. Konkrete Zielpunkte seiner Kritik waren Egoismus und Geldgier der Privilegierten, was besonders in dem Roman „Szent Péter esernyöje" (1895; dt. Der wundertätige Regenschirm, 1898, NA 1972) zum Ausdruck kommt, oder das öde öffentliche Leben des feudalen Ungarn, das er in dem Roman „Uj Zrinyiász" (1898) durch schlaglichtartige Gegenüberstellung mit Ereignissen und Charakteren der Vergangenheit enthüllt. Am schärfsten entfaltet sich seine ironische Gesellschaftskritik in seinem Roman „A Noszty fiú esete Tóth Marival" (1908).
Der spannende und interessante Handlungsaufbau seiner Bücher sowie die ihm eigene humorvolle Darstellungsweise führten dazu, daß M.s für Erwachsene verfaßten Romane auch viel von Jugendlichen gelesen wurden. Darüber hinaus schrieb er zahlreiche direkt an Kinder und Jugendliche gerichtete Märchen und Erzählungen. Sein bedeutendster Jugendroman „A két koldusdiák" (1885; dt. Die zwei Bettelstudenten, 1965) ist die abenteuerliche Geschichte zweier Bettelstudenten

aus der Zeit der Rákóczi-Freiheitskriege. Hier vermischen sich authentische Schilderung des Zeitalters und Elemente des Märchens. Auch hier zeichnet M. ein wirklichkeitsnahes Bild vom System des Feudalismus, wobei die Schilderung der Gewaltherrschaft der großen Landbesitzer im Vordergrund steht. M.s Werke finden auch noch heute in Ungarn starke Verbreitung. Zahlreiche Sammelbände für Kinder und Jugendliche enthalten eine Auswahl der bekanntesten Märchen und Erzählungen M.s.

Werke: Jo palóçok (1881); A tót atyafiak (1882); A két koldusdiák (1885; dt. Die zwei Bettelstudenten, 1965); Otthon és a zöld mezön (1888); A beszélö köntös (1889; dt. Der Zauberkaftan, 1898, ^{9}1972); Szent Peters esernyöje (1859; dt. Der wundertätige Regenschirm, 1898. NA. 1972); A Gavallérok (1897; dt. Die Kavaliere, 1899, NA. 1954); Tündérvilág (1897); A keresztmama meséi (1897); A Noszty fiú esete Tóth Marival (1908); Uj Zrínyiász (1898).

Sekundärliteratur: A. Hegedüs: Legkedvesebb iróim (1971). – I. Király: Mikszáth Kálmán (1952). – I. Rejtö: Egy Mikszáth-regény genezise, a Noszty fiu esete Tóth Marival (in: Irodalomtörténeti Közlemények. 1960. 305–318). – F. Riedl: Mikszáth Kálmán (1940). – M. Rubinyi: Mikszáth Kálmán élete és müvei (1917). – I. Sötér: Mikszáth Kálmán helye a magyar realizmusban (in: Válasz. 1949. 336–343). – B. Tóth: Irodalmi érdeklödés a gyermekkorban (1961).

József Seres

Miller, Johann Peter

*Evangelischer Theologe und Pädagoge, Verfasser wissenschaftlicher theologischer und pädagogischer Werke sowie von Schulbüchern und Jugendschriften; *26.4.1725 Leipheim b. Ulm, †29.5.1789 Göttingen.*

M. entstammt einer Familie, aus der mehrere Theologen, Pädagogen und Literaten hervorgegangen sind. Sein Vater Johann Michael M. war Prediger in Leipheim und Ulm, sein Onkel Johann Peter M. (1705–1781) war Subrektor am Ulmer Gymnasium, ein Bruder M.s war Pfarrer in Leipheim, später Münsterprediger und Professor in Ulm; dessen Sohn Johann Martin M. (1715–1814) wurde als Mitglied des Göttinger Hainbundes und Verfasser des „Siegwart", einer rührseligen Klostergeschichte, bekannt.
Nachdem zunächst sein Vater ihn unterrichtet hatte, besuchte M. das Ulmer Gymnasium und studierte von 1745 bis 1747 an der Universität Helmstedt, wo er Schüler des Theologen J. L. von Mosheim wurde. Als dieser 1747 nach Göttingen ging, folgte M. ihm als Hauslehrer. Ein Jahr später erwarb er den Magistergrad und wurde 1751 als Rektor an die Schule zu Helmstedt berufen. 1756 übernahm er die Leitung des Gymnasiums in Halle; von dort folgte er 1766 einem Ruf als ordentlicher Professor der Theologie an die Universität Göttingen, wo er bis zu seinem Tode wirkte. Im Rahmen seiner akademischen Lehrtätigkeit hielt er als einer der ersten an einer deutschen Universität Vorlesungen über Pädagogik. Außer theologischen Werken verfaßte er mehrere pädagogische Schriften, in denen sein starkes Interesse an Fragen der Erziehung zum Ausdruck kommt, sowie die zur Jugendliteratur zu zählenden Werke „Erbauliche Erzählungen der vornehmsten biblischen Geschichten zur Erweckung eines lebendigen Glaubens und der wahren Gottseligkeit" (1753) und „Historisch-moralische Schilderungen zur Bildung eines edlen Herzens in der Jugend" (5 Teile 1753–1764).

Johann Peter Millers
Historischmoralische
Schilderungen
zur Bildung
eines edlen Herzens
in der Jugend.
Erster Theil.

Vierte rechtmäßige, verbesserte u. mit Kupf. versehene Auflage.
Mit Churf. Sächs. gnädigst. Freyheit.
Halle und Leipzig,
bey Johann Friedrich Weygand. 1767.

Titelseite zu Johann Peter Millers (1725–1789) fast 700 Seiten starken Buch „Historischmoralische Schilderungen zur Bildung eines edlen Herzens in der Jugend" (Ausgabe: Halle und Leipzig 1767).

Werk, Tendenzen, Wirkung. In M.s Werk stehen theologische und pädagogische Intentionen nahezu gleichgewichtig nebeneinander, zum Teil durchdringen sie sich gegenseitig, vor allem in seiner praktischen Tätigkeit als Pädagoge, so etwa bei der Verwaltung des Göttinger Waisenhauses, wo er – ähnlich wie vor ihm A. H. Francke in Halle – die katechetischen Übungen der Studierenden leitete. Auf theologischem Gebiet befaßte er sich vornehmlich mit Arbeiten zur Moral.

Die von seinem Lehrer MOSHEIM nicht mehr vollendete „Sittenlehre der heiligen Schrift" setzte er mit der Herausgabe der Teile sechs bis neun (1762–1770) fort; es folgten ein „Vollständiger Auszug aus den sieben Theilen der Mosheimischen Sittenlehre der heiligen Schrift" (1765, um die Theile 8 und 9 erweitert als 2. verb. Ausgabe 1777) sowie weitere Arbeiten und Lehrbücher, zum Teil in lateinischer Sprache, zur Moral, Dogmatik, Kirchengeschichte, Katechisierkunst und anderen theologischen Gebieten. M.s theologischer Standpunkt wird in der „Allgemeinen Deutschen Biographie" beschrieben als der einer toleranten, zum Rationalismus tendierenden Orthodoxie, die nicht auf der Unveränderlichkeit von Dogmen besteht, sondern sich dessen bewußt ist, daß jedes Menschenalter ein neues System erfordert. Insbesondere seine Gegnerschaft gegen eine zu häufige Anwendung der Todesstrafe wird in der „Allgemeinen Deutschen Biographie" als Ausdruck seiner liberalen und humanen Gesinnung gewürdigt.

Als pädagogischer Schriftsteller trat M. zuerst durch die Abfassung von Schulprogrammen unter dem bezeichnenden Titel „Die Schule des Vergnügens" (1752) hervor, ferner unter anderem durch die Herausgabe von Schulbüchern („Chrestomathia latina", 1755) und von katechetischen Anleitungen. Eine systematische Zusammenfassung seiner pädagogischen Auffassungen ist enthalten in seinem Werk „Grundsätze einer weisen und christlichen Erziehungskunst" (1769; Zitate im folgenden nach der 2. verb. Aufl. 1771). M.s in der Vorrede geäußerte Grundauffassung, daß bei der Erziehung nach dem Plan der Natur vorzugehen, das heißt im Menschen Angelegtes nur zu entwickeln, nicht durch Künsteln zu verbessern sei, wirkt modern und läßt eine Beeinflussung durch ROUSSEAU vermuten, von dem er sich jedoch ausdrücklich distanziert mit der Auffassung, es gehe nicht an, die Natur nur aus sich heraus sich entwickeln zu lassen. Nach M. ist dem Menschen ein Hang zum Bösen angeboren, zur Tugend müsse er dagegen erzogen werden durch Überwindung „der süssen Sklaverey der Fantasie und der Vorurtheile", und zwar auf dem Wege der Einsicht und des Gehorsams gegen die Vernunft. Als höchster Wert und „größter Vorzug eines Geistes" gilt ihm die Freiheit, die in dem Maße erreicht wird, wie die Vernunft zur Vollkommenheit gelangt. Dies ist jedoch nur erreichbar, wenn die Kinder frühzeitig in der Moral unterrichtet werden, welche auch die einzigen Mittel liefert, um „Krankheiten der Seele" zu heilen. Moral, Religion und Ratio stehen für M. vollkommen miteinander in Einklang, auch hinsichtlich jener Erziehungsziele, die die Anforderungen der Gesellschaft betreffen, auf die hin die Kinder als die zukünftigen Regenten, Lehrer, Kaufleute, Handwerker, Staatsbedienstete usw. zu erziehen sind. Was die Methoden der Erziehung betrifft, so sind sie nach M. – ganz im Sinne eines rationalen Empirismus – auf Psychologie, Beobachtung und Erfahrung zu gründen. M. entwickelt in seiner „Erziehungskunst" kein in sich geschlossenes originales System, sondern geht eher eklektizistisch vor und nimmt Anregungen von verschiedenen Seiten auf. So bezieht er sich auf MOSHEIM, FÉNELON und LOCKE. Letzterem schließt er sich an mit der Auffassung, daß öffentliche Schulen in der Regel keine so gute Erziehung bieten könnten wie die häusliche Erziehung, ferner mit der – wenn auch gegenüber LOCKE eingeschränkten – Bejahung körperlicher Ertüchtigung. An humanistischer Tradition orientiert erscheint M.s Hochschätzung der griechisch-römischen Klassiker: „Die Alten studiren, bildet allein einen recht sichern Geschmack", doch möchte er verhütet sehen, daß die aufklärende Wirkung solcher Studien, die er an sich bejaht, der Religion schadet. Ausführlich befaßt M. sich mit der Mädchenerziehung, die nach seinen Worten von der unteren und mittleren Schicht ebenso wie von den Vornehmen und Reichen gröblich vernachlässigt wird, bei den einen aus Unkenntnis und infolge Mangels öffentlicher Erziehungseinrichtungen, bei den anderen „durch die allerunseligste Verblendung des Weltsinnes und der eitlen Thorheiten", womit er in erster Linie die zeitgenössische Mode und die Nachahmung französischer Sitten meint. M. weist der Frau als der Erzieherin der Kinder und als Mittelpunkt der (Groß-)Familie ihren Platz im Hause zu, jedoch ohne Beschränkung und Geringschätzung ihrer Aufgaben. Diese reichen sogar über das Haus hinaus: Indem die Frau Familien durch Freundschaften miteinander verbindet, trägt sie dazu bei, „die Bande der bürgerlichen Gesellschaft enger zu verschlingen und so von allen Seiten den guten Karakter in einer Stadt ausbreiten zu helfen." Der Hauptgrund, Mädchen sorgfältig zu unterweisen, besteht aber nach M. darin, daß sie als spätere Mütter den Kindern die Sprache, erste Ideen und Kenntnisse beibringen und sie vor Vorurteilen bewahren sollen. Zu der Lektüre, die er für Mädchen empfiehlt, gehört das „Magasin des enfants" der Mme. LEPRINCE DE BEAUMONT, während er von jeglicher Romanlektüre dringend abrät, besonders von „französischen Misgeburten", denn Romane „zaubern ein Mädchen in eine Feenwelt hinein, aus deren Mittelpunkt sie ein Fantom von Herrlichkeiten nach dem anderen um sich herum schimmern sieht." Bei seiner engagierten Kritik der seinerzeit verbreiteten Romane mit ihren „Chimären von der weiblichen Macht in der Welt" und ihren „verrückt" machenden „verliebten Träumereyen", wobei er auch RICHARDSONS „Pamela" und „Clarissa" nicht verschont, macht M. sich zugleich zum Anwalt eines realistischen Sinnes und vernunftbetonter christlicher Moral.

Die Stärke von M.s Schrift „Grundsätze einer weisen und christlichen Erziehungskunst" zeigt sich in der Tat dort, wo der Verfasser sich mit Mißständen im Erziehungswesen seiner Zeit auseinandersetzt, sei es, daß er gegen „elende Bilder in den Kinderbüchern, Bilderbibeln etc." eifert, daß er die „elende Erziehungsart" französischer Gouvernanten tadelt, denen „nicht einmal der Name einer Beaumont bekannt ist" und die „blos Marionetten zum Ansehen und Zeitvertreibe" heranziehen, oder daß er, wie es wiederholt geschieht, sich gegen die „noch immer herrschende, barbarische

Züchtigungsmethode", gegen „Tyranneyen und Foltern" in Schulen wendet. Um Besserung der Verhältnisse sind daher auch die Äußerungen und Vorschläge bemüht, die M. zu konkreten Erziehungsfragen wie Schulordnungen, Haus- und Hofmeistererziehung, Lehrer an öffentlichen Schulen und die Aufgaben der Schulleiter macht.

Die für die Jugend bestimmten Schriften M.s sind eng mit seinem theologischen und pädagogischen Wirken verknüpft, in der „Allgemeinen Deutschen Biographie" werden sie seiner pädagogischen Schriftstellertätigkeit zugerechnet. Enge Verbindung zu seiner katechetischen Lehrtätigkeit hat das Werk „Erbauliche Erzählungen der vornehmsten biblischen Geschichten zur Erweckung eines lebendigen Glaubens und der wahren Gottseligkeit" (1753), das im gleichen Jahr mit dem ersten Band der „Historischmoralischen Schilderungen ...", jedoch kurz vor diesem, erschien. Die Hauptintention des Verfassers besteht darin, den Kindern Religion und gleichzeitig damit Tugend zu vermitteln. Das Erzählen der biblischen Geschichte gilt ihm als die günstigste Weise, dies zu erreichen; er nennt diese Methode, durch Erzählen von Geschichten Erkenntnisse zu vermitteln, die „historische". Die Geschichten haben dabei die Funktion, neben den Glaubenslehren Beispiele guten und bösen Handelns aufzuzeigen, an denen die Kinder sich orientieren können. M. begründet seine neue Nacherzählung biblischer Geschichten damit, daß er der beliebten und verbreiteten Kinderbibel von J. Hübner: „Zweymal zwey und funfzig auserlesene Biblische Historien aus dem Alten und Neuen Testament ..." (1714) ein Werk an die Seite stellen wolle, das noch größeren Nutzen stiften könne. Er will daher die Hübnersche Art verbessern durch deutliches Erzählen mit Texterläuterungen, durch eine Auswahl der Geschichten unter dem Gesichtspunkt, daß sie sich als Beispiele für Glaubens- und Sittenlehren besonders eignen, und schließlich durch die Beigabe neuer Nutzanwendungen. Das (im Gegensatz zu Hübner nicht illustrierte) Buch kann seine Beeinflussung durch diesen nicht leugnen, es liest sich jedoch im ganzen flüssiger, manche Geschichten sind gekürzt, ältere Wortformen sind durch neue ersetzt (z.B. „fangen" statt „fahen"). Die am Schluß der Erzählungen befindlichen Erläuterungen, Betrachtungen und Ermahnungen sind kürzer und weniger systematisch als die entsprechenden Texte bei Hübner. Dafür ist dieser bibelnäher; er ändert Texte nicht, wenn sie christlicher Moral widersprechen (z.B. I. Samuel 1: „Elkana hatte zwey Weiber, eine hieß Hanna, und die andere Peninna."), während M. solche Aussagen umgeht (die Stelle lautet bei ihm: „Es war eine Frau, Hanna mit Namen, des Elkana Weib." – Die zweite Frau Elkanas wird also unterschlagen. Ähnliche Tendenzen lassen sich bei M. an vielen Stellen nachweisen.). – M. hat das mit seiner Nacherzählung der Bibel für die Jugend gesteckte Ziel nicht erreicht, sein Buch konnte sich gegenüber der Hübnerschen Fassung, die bis ins 19. Jahrhundert hinein neu aufgelegt wurde, nicht behaupten. Erfolgreicher war dagegen sein mehrbändiges Werk „Historisch-moralische Schilderungen zur Bildung eines edlen Herzens in der Jugend" (1753–1764), dessen zunächst konzipierte drei Teile um einen als Anhang gedachten 4. Teil, der ein Lehrbuch der Naturlehre und Religion ist, vermehrt wurden, woran sich schließlich noch ein 5. Teil anschloß, der unter seinem Titel „Anweisung zur Wohlredenheit nach den auserlesensten Mustern Französischer Redner" auch als selbständige Veröffentlichung erschien. Dieses jugendliterarische Hauptwerk M.s wurde mehrmals aufgelegt und von zwei Raubdruckern nachgedruckt, was als Indiz für seine damalige Beliebtheit gelten kann. Das Werk ist ein Kompendium aller für die Jugend damals für wissenswert erachteten Gegenstände und zugleich ein Erziehungsbuch, das einerseits allgemeine Grundsätze einer umfassenden vernunftbegründeten und christlich orientierten Moral enthält und andererseits spezielle ideal gezeichnete Verhaltensmuster entwirft u.a. für den „rechtschaffenen Mann", „Das vollkomne Frauenzimmer", den „Patrioten", ferner für einzelne Berufe wie den Offizier, den Richter, den Geistlichen, den Gelehrten, und für bestimmte Stände wie den Edelmann und den Reichen. Während solche Themen im 3. Teil in Form von Abhandlungen, zum Teil auch in Briefform, dargestellt werden (sie wenden sich offenbar an ein bereits reiferes Jugendalter), werden als Darstellungsform in den beiden ersten Teilen Gespräche von Zöglingen mit ihrem Hofmeister und eine längere durchgehende Erzählung in der Art eines Bildungsromans gewählt. Sie trägt den Titel „Merkwürdige Begebenheiten Samuel Lanwills, eines englischen Schiffskapitäns Sohn" und hat nach den Worten M.s die Aufgabe, „die Pflichten, die ein Mensch sich selber schuldig ist", vor Augen zu stellen. M. verwendet also, um den bestmöglichen Erziehungseffekt zu erzielen, nebeneinander die „historische" und (in den Gesprächen) die „sokratische" Methode, letztere nur in den beiden ersten Bänden, die wohl für jüngere Leser bestimmt sind, obwohl diesen Büchern noch die erst von den Philanthropen im Ansatz entwickelte Adaption an die Fassungskraft und Sprache des Kindes fehlt. Dieser vom heutigen Standpunkt aus vorhandene Mangel sowie der Umfang und die für das 18. Jahrhundert typische Universalität des zusammengetragenen Wissens nebst dem überall durchscheinenden moralischen Tenor sind wohl in erster Linie dafür verantwortlich, daß M.s Werk in der Jugendliteraturgeschichtsschreibung entweder nicht beachtet wird, was bis zur unkorrekten Wiedergabe des Titels als „Moralische Erzählungen" bei L. Göhring (1904), H. L. Köster ([4]1927), E. Schmidt (1974) führt, oder pauschal abfällig beurteilt wird (H. L. Köster, [4]1927; K. Hobrecker, 1924). In diese allgemeine Verkennung M.s paßt auch die von Göhring über Köster bis zu E. Schmidt tradierte Behauptung, er habe das „Magasin des enfans" der Mme. Leprince de Beaumont nachgeahmt, eine Behauptung, die sich von selbst erledigt, wenn man die Erscheinungsdaten der Werke M.s (1753) und der Mme. de Beaumont (1756) nebeneinander stellt.

Mit dieser Richtigstellung soll M.s Leistung als Jugendschriftsteller nicht über Gebühr herausgehoben, sondern nur der ihr im historischen Kontext zukommende Rang angedeutet werden. M. stand als Pädagoge und als Schriftsteller durchaus auf der Höhe seiner Zeit, der er – mit allen Vorzügen und Mängeln seiner Jugendschriften – verhaftet ist. Er hat sich als einer der ersten darum bemüht, auf literarisch teilweise neuen Wegen der Jugend Bildung und Aufklärung zu vermitteln, und hat damit – neben anderen – dem etwa zwei Jahrzehnte später einsetzenden Jugendschrifttum der Philanthropen den Weg bereitet.

Werke: Die Schule des Vergnügens. 9 Programme (1752); Erbauliche Erzählungen der vornehmsten biblischen Geschichten zur Erweckung eines lebendigen Glaubens und der wahren Gottseligkeit (1753); Historischmoralische Schilderungen zur Bildung eines edlen Herzens in der Jugend (T. 1–5. 1753–1764; T. 5 auch selbständig u.d.T.: Anweisung zur Wohlredenheit nach den auserlesensten Mustern Französischer Redner); Chrestomathia Latina ad formandum tam ingenium quam animum puerilis aetatis accommodata (1755; Auszug dt. Der kleine Lateiner, mit beygedruckter Phraseologie, 1780); Vollständiger Auszug aus den sieben Theilen der Mosheimischen Sittenlehre der heiligen Schrift. Nebst einem kurzen Abriss des achten Theils (1765); Erweiterte Ausgabe: Vollständiger Auszug aus allen neun Theilen der Mosheimischen Sittenlehre der heiligen Schrift (^{2}1777), Grundsätze einer weisen und christlichen Erziehungskunst (1769); Religionsbuch, oder Anleitung zu katechetischen Unterredungen über den gemeinnützigsten Inhalt der heiligen Schrift (1777).

Sekundärliteratur: J. M. H. Döring: Die gelehrten Theologen Deutschlands im 18ten und 19ten Jahrhundert. Nach ihrem Leben und Wirken dargestellt (Bd. 1–3. 1831–1833). – L. Göhring: Die Anfänge der deutschen Jugendliteratur im 18. Jahrhundert (1904. S. 9). – F. K. G. Hirsching: Historisch-literarisches Handbuch berühmter und denkwürdiger Personen, welche in dem 18ten Jahrhundert gestorben sind (Bd. 1–7. 1794–1815). – K. Hobrecker: Alte vergessene Kinderbücher (1924. S. 48–50). – H. L. Köster: Geschichte der deutschen Jugendliteratur in Monographien (^{4}1927. S. 274). – A. Meurer: Das natürliche Erziehungsrecht im 18. Jahrhundert (Diss. 1966. S. 48 u. 49). – J. S. Pütter: Versuch einer Akademischen Gelehrtengeschichte der Universität Göttingen (T. 1–2. 1765–1768, dort vollständiges Verzeichnis seiner 63 Schriften). – E. Schmidt: Die deutsche Kinder- und Jugendliteratur von der Mitte des 18. Jahrhunderts bis zum Anfang des 19. Jahrhunderts (1974. S. 24). – A. Weyermann: Nachrichten von Ulmischen Gelehrten (1798).

Theodor Brüggemann

Milne, Alan Alexander

*Englischer Journalist, Lustspielautor, Romanschriftsteller, Kinderbuchautor; *18. 1. 1882 London, †31. 1. 1956 Hartfield (Essex).*

M., Sohn eines Schulrektors, besuchte die Westminster School und studierte Mathematik am Trinity College (Cambridge). Er arbeitete zunächst als freier Journalist und war dann Redaktionsmitglied der Zeitschrift „Punch" (1906–1914). Noch während des Kriegsdienstes schrieb er seine ersten Lustspiele. Als Autor leichter Unterhaltungsstücke erzielte M. in England nach dem Ersten Weltkrieg beachtliche Bühnenerfolge. M. schrieb alle seine Kinderbücher Mitte der zwanziger Jahre. Motiviert zu seinen Kinderbüchern wurde M. vor allem durch den Umgang mit seinem 1920 geborenen Sohn Christopher Robin.

Werk, Tendenzen, Wirkung. Die Verssammlung „When We Were Very Young" (1924) verdankt ihre Entstehung einer Anregung von R. Fyleman (1877–1957), die für ihre neue Kinderzeitschrift „Merry Go-Round" Verse von M. erbat. Nach anfänglichem Sträuben schrieb M. in rascher Folge eine Reihe von Gedichten, die – nach Vorabdrucken im „Punch" – ein selbständiges Bändchen füllten. Weitere Gedichte entstanden und wurden schließlich in „Now We Are Six" (1927) gesammelt. In diesen Versen ist es M. gelungen, die Spiel- und Traumwelt seines vier- bis sechsjährigen Jungen, einem Einzelkind, einzufangen. Der kindliche Charakter dieser Altersstufe, gekennzeichnet durch die Extreme von natürlichem Charme der Erscheinung und rücksichtslosem Egoismus der Denk- und Sehweise, wird in diesen Versen sinnfällig. Nach W. De La Mare (1873–1956) gilt M. als der bedeutendste englische Kinderlyriker der ersten Hälfte unseres Jahrhunderts. In Deutschland erschienen beide Versbände 1934 in der Edition Tauchnitz.
„Winnie-the-Pooh" (1926; dt. Pu, der Bär, 1928) und seine Fortsetzung „The House at Pooh Corner" (1928; dt. Wiedersehen mit Pu, 1953; ab 1961 u.d.T.: Pu baut ein Haus) schildern die Abenteuer der in der Phantasie Christopher Robins in einem Wald lebenden Stofftiere seiner Kinderstube. Pu, der Bär, ist versponnen, bequem, ein Leckermaul, ein in Stimmungen schwelgender Versemacher und ganz und gar nicht intellektuell – „a Bear of Very Little Brain". Seine Begriffsstutzigkeit bringt ihn in immer neue, scheinbar ausweglose, für den Leser aber erheiternde Situationen. Nicht viel anders geht es den anderen Tieren – Ferkel, Kaninchen, I-Aah, Eule, Tiger, Kanga und Klein-Ruh –, die an einzelne, zum Teil exzentrische menschliche Eigenschaften erinnern. Aus allen vertrackten Situationen aber hilft Christopher Robin, der immer im rechten Augenblick erscheint. Neben den mit leichter Hand herbeigeführten komischen Situationen ist vor allem die Sprachkomik äußerst wirkungsvoll. Sie beruht auf den Aneignungsbemühungen schwieriger Wörter lateinischen Ursprungs („hard words") durch die Figuren und spiegelt Vorgänge beim Sprachlernprozeß englischer Kinder wider.
Für seine Bücher fand M. in E. H. Shepard (1879–1976) den kongenialen Illustrator. Shepards Zeichnungen können aus M.s Büchern nicht weggedacht werden. – Die Geschichte der Kooperation beider Künstler wurde 1973 in einem 29-Minuten-Farbfilm nachgestaltet. In „Mr. Shepard and Mr. Milne" erinnert sich der greise Shepard an die gemeinsame Arbeit, und Christopher Robin M. liest aus dem Werk seines Vaters.
Als letzte Arbeit für Kinder schrieb M. 1929 das Spiel „Toad of Toad Hall". Es ist eine Bearbeitung von K. Grahams Kinderbuchklassiker „The Wind in the Willows" (1908) für das Kindertheater. Das Stück,

obgleich vielfach als süßlich kritisiert, gehört zum festen Bestand der jährlichen Londoner Weihnachtsinszenierungen.
M.s Kinderbücher sind nicht frei von Sentimentalität. Es ist eine unschuldige, selbstgenügsame und im Grunde problemlose Kinderwelt, die den Leser verzaubert. Das Bewußtsein der Vergänglichkeit dieser Idylle, signalisiert durch den Schuleintritt Christopher Robins, hat M. zu sentimentaler Wehmut verleitet. Der ungeheure Erfolg der Pu-Bücher, vor allem bei Jugendlichen in England und den USA, aber auch bei Erwachsenen, wird daher auch dadurch erklärbar, daß sie nostalgischen und eskapistischen Bedürfnissen entgegenkommen. „It is no wonder that this particular lost paradise, this small, safe, happy place where individuality and privacy are respected, should appeal to people growing up into a world of telegrams, anger, wire-tapping, war, death, and taxes – especially to those who would rather not grow up" (LURIE 1973). Trotz des beispiellosen internationalen Erfolges seiner Kinderbücher hat M. in seiner Autobiographie seine Festlegung durch Publikum und Kritik auf einen vergleichsweise kleinen Teil seines schriftstellerischen Schaffens beklagt. Gegen tiefsinnige akademische Interpretationen von „Pu, der Bär" hat F. C. CREWS in einer brillanten Sammlung angeblich wissenschaftlicher Abhandlungen satirisch vom Leder gezogen. Eine international verbreitete lateinische Übersetzung von „Pu, der Bär" (A. A. Milnei Winnie ille Pu ... in latinum conversus auctore Alexandro Lenardo, 1958; dt. Verlagsausgabe 1962) ist ein Dokument seiner Beliebtheit. Noch 1975 veröffentlichte M.s Sohn Christopher Robin „The Enchanted Places", ein Buch der Erinnerung an die Eltern, die Kindheit und die Umwelt der Pu-Bücher.

Werke: When We Were Very Young (1924); Winnie-the-Pooh (1926; dt. Pu der Bär, 1928); Now We Are Six (1927); The House of Pooh Corner (1928; dt. Wiedersehen mit Pu, 1953; 1961 u.d.T.: Pu baut ein Haus); Toad of Toad Hall (1929).

Sekundärliteratur: ... and gives to Pooh and Piglet a local habitation and a name (in: The Junior Bookshelf. 23. 1959. 59–65). – F. C. Crews: The Pooh Perplex: a Student Casebook (1964). – E. Grahame A. A. Milne (in: The Junior Bookshelf. 20. 1956. 51–59). – H. Kommerell: A. A. Milnes Pooh-Bücher für den englischen Unterricht (in: Zeitschrift für den französischen und englischen Unterricht. 35. 1936. 122–126). – A. Lurie: Back to Pooh Corner (in: Children's Literature: The Great Excluded. 2. 1973. 11–17). – A. A. Milne: It's To Late Now: the Autobiography of a Writer (1939); Books for Children (1948).

Wolfgang Schlegelmilch

Mirbt, Rudolf

*Mitbegründer der Laienspielbewegung, Spielleiter, Autor und Herausgeber; *24.2.1896 Marburg, †4.12.1974 München.*

M., Sohn des Kirchenhistorikers Carl M., nahm 1913 am Freideutschen Jugendtag auf dem Hohen Meißner teil, legte 1914 das Kriegsabitur ab und wurde als Soldat 1916 im Ersten Weltkrieg verwundet. Nach seiner Heimkehr studierte M. in Göttingen und Gießen, trat als Mitglied dem Wandervogel bei und war von 1919 bis 1920 dessen „Gaugraf" (Landesvorsitzender) für Schwaben. In den Jahren von 1921 bis 1925 leitete M. den Münchner Jugendring und die Münchner Laienspieler („Kremi", d.i. Kreis Mirbt). Während dieser Zeit arbeitete er im Verlagswesen; von 1934 bis 1945 war er Leiter der Mittelstelle für deutsches Auslandsbüchereiwesen. Daneben gab er im Chr. Kaiser-Verlag von 1923 bis 1939 die Münchener Laienspiele (173 Texte) heraus und von 1947 bis 1967 im Bärenreiter-Verlag die Bärenreiter-Laienspiele (403 Texte). Nach 1953 war er neun Jahre lang angestellt als Fachberater für musische Erziehung an den höheren Schulen des Landes Schleswig-Holstein. Daneben führte er zahlreiche Kurse durch; er gestaltete die Laienspielwochen von Korbach und Scheersberg mit und beteiligte sich als Herausgeber an Zeitschriften.

Werk, Tendenzen, Wirkung. M. stand unter dem Einfluß der Jugendbewegung. Er beschreibt sie als das Bemühen „junger Menschen, wieder menschlich und in Würde miteinander in Gemeinschaft zu leben". Ähnlich geht es ihm auch „im Laienspiel um den Menschen", „der erst in der Gemeinschaft sein auf ein Ganzes angelegtes Wesen wieder entdecken und entbinden wird". „Der Weg, den einer im Laienspiel geht, ist immer sein eigener, den er sich selber ebnen muß. Die Richtung, in die hinein dieser Weg gesucht werden muß, ist uns allen gleichermaßen gewiesen: Den Mut in uns und denen, mit denen wir umgehen, zu wecken, Eigene, Einzelne zu werden, und uns zu besinnen und zu erkennen, welche gestaltenden Gaben uns mitgegeben sind, weil wir Geschöpfe Gottes sind. Die Sprache haben wir, zum anderen zu sprechen; die Gebärde haben wir, Hand an zu legen; das Gehör haben wir, dem anderen zuzuhören; der Gedanke kommt uns, Ordnung zu schaffen" (Von der eigenen Gebärde, 1951). Häufig zitierte M.J. v. SAAZ und erkannte, „daß alles darstellende Spiel dieses eine Ziel hat: den Menschen auf all unseren Bühnen als ‚Gottes allerliebste Kreatur' glaubhaft zu machen, so weit wir das nur vermögen".
Wenn auch keine aktuell-politischen Themen in seinem Werk auftauchen, so ist M. doch nicht ohne politische Reflexion. In seinen Münchner Jahren versuchte er, im Spiel die Jugend über politische Unterschiede hinweg zu vereinen. Dabei arbeitete er eher mit linken als mit rechten Gruppierungen zusammen. Bis zum polizeilichen Einschreiten führte er mit seinem Münchener Spielkreis auch sozialpädagogisch begründetes Spiel mit Kindern und Theater für Kinder (Bruder Lustig nach GRIMM, auch später immer wieder für Kinder gespielt) im Münchener Kleine-Leute-Stadtteil Giesing durch.
Eher verderblich, vor allem nach 1945, war die scharfe Frontstellung gegen das professionelle Theater, die er dem Laienspiel aufprägte und von dem sich das neue Amateurtheater nur mühsam befreite. Immerhin versuchte M. als einer der ersten, die Wandlung in einen

Begriff zu fassen, indem er ab 1952 von „Laienspiel und Laientheater" sprach.

→ Laienspiel

Werke: Das Urner Spiel von Wilhelm Tell. Ein Bauernspiel (1923); Gevatter Tod. Ein Spiel der Liebe (1923); Die Bürger von Calais. Das Spiel eines Volkes (1924); Das Laienspielbuch (1929, zus. mit I. Gentges, B. Sasowski und R. Leibrandt); Die Reportage des Todes. Eine ernsthafte Revue (1931); Münchener Laienspielführer. Eine Wegweisung für das Laienspiel und für mancherlei andere Dinge (1931); Von der eigenen Gebärde. Ein Laienspielbuch in 26 Beispielen (1951); Der Bärenreiter-Laienspiel-Berater. Ein Wegweiser in das darstellende Spiel und seine Nachbarschaften (1958); Laienspiel und Laientheater. Vorträge und Aufsätze aus den Jahren 1923–1959 (1960).

Sekundärliteratur: J. Kaiser (Hrsg.): Begegnungen und Wirkungen. Festausgabe für Rudolf Mirbt und das deutsche Laienspiel (1956). – P. Frantzen: Laienspiel in der Weimarer Zeit. Eine Dokumentation (1969). – H. Kaiser: Laienspiel und Amateurtheater seit 1945. Eine Dokumentation (1972). – A. Müller: Als München leuchtete: Der Jugendring und der Spielkreis Mirbt 1920–1925 (1973).

Hans-Wolfgang Nickel

Missionsliteratur

In mehr als 1400 Sprachen entwickelte die christliche Mission, d.i. die Verkündigung der biblischen Botschaft unter Überschreitung von Kirchen-, Sprachen- und Kulturgrenzen, eine spezielle Literatur, die M. Manche Sprachen erhielten überhaupt erst durch die Sprachforschung und Übersetzungstätigkeit von Missionaren ihre Schriftsprache. In der protestantischen Mission sind vor allem die vielfach übersetzte Bibel sowie Fibeln Werkzeuge von Verkündigung und Lehre. Alphabetisierungskampagnen hatten den Sinn, es zu ermöglichen, daß die neugewonnenen Christen die Heilige Schrift in ihrer eigenen Sprache lesen können. Im deutschsprachigen Bereich hat die M. den Zweck, Berichte, Erfahrungen und Einsichten der Missionare in ihren heimatlichen Kulturkreisen zu vermitteln und die Versuche der Kirche und Mission zu unterstützen, Verstehen für Menschen und Gemeinschaften anderer Tradition und Sprache zu wecken.

Geschichtliches. Die moderne Missionsbewegung seit dem 18. Jahrhundert wurde in Europa überwiegend von (römisch-katholischen) Missionsorden und vereinsmäßig organisierten (evangelischen) Missionsgesellschaften getragen. Die ältesten in England und in Basel entstanden in enger Verbindung mit Bibelgesellschaften und Traktatvereinen. Die neuere M. beginnt dementsprechend mit den zunächst gelegentlichen, später periodischen Berichten (Briefveröffentlichungen) der Übersee-Missionare („Hallische Berichte" ab 1708 aus Indien; Missions-Magazin, Basel ab 1816). Diese wirkten oft anregend auf junge Menschen, selbst in den überseeischen Missionsdienst zu gehen.
Ende des 19. Jahrhunderts gründeten einzelne Orden und Missionsgesellschaften Zeitschriften für Kinder („Missionsglocke", „Biene auf dem Missionsfeld", „Kinderblatt" etc.) und bald darauf Reihen von Kleinschriften (Traktaten), die man in drei Kategorien teilen kann: 1. Bericht aus der Missionsarbeit, 2. Wiedergabe von Volksgut (einschließlich Märchen) der Stämme, unter denen die Missionare arbeiten, 3. biografische Skizzen einheimischer Persönlichkeiten, vor allem der ersten einheimischen Christen, Lehrer und Geistlichen. Zum Teil bilden diese – übersetzten – Stücke afrikanischer Überlieferung in manchen Gebieten die einzigen schriftlichen Quellen früherer mündlicher Traditionen und werden heute von Afrikanern erforscht. Ergänzt werden die Heftreihen, von denen einige bis ca. 1970 erschienen, durch umfangreiche Bände vor allem biografischer und ethnologischer Art. Dabei verbindet sich oft im Leben der Missionspioniere das Abenteuerliche mit dem Heiligmäßigen: von Fr. Xavier (1506–1552) über Livingstone (1813–1873) (Afrika) bis H. Taylor (1832–1905) (China); darauf folgen Biografien hervorragender afrikanischer und asiatischer Christen, z.B. des rätselhaft verschwundenen S. S. Singh (1889–1929) oder des japanischen Sozialreformers und Evangelisten T. Kagawa (1888–1960). Über Jahrzehnte gehörte zu den großen Vorbildern der Jugend A. Schweitzer (1875–1965), der selbst durch eine Monatsschrift der Pariser Mission zu dem Entschluß gelangte, Urwaldarzt zu werden. Seine Bücher „Zwischen Wasser und Urwald" (1921) und „Aus meinem Leben und Denken" (1931) gaben solche Anstöße weiter.
Zwei der führenden Missionstheologen unseres Jahrhunderts sind zugleich Vermittler jugendgemäßer M. gewesen: Br. Gutmann für Ostafrika mit „Dschaggamärchen" (1905), „Volksbuch der Wadschagga" (1909), „Anton Tarimo" (1924), „Kipo Kilja" (1931), „Unter dem Trutzbaum" (1938) u.v.a. und Chr. Keysser für die Südsee mit dem Jugendbuch „Ajo!" (1926), „Anutu im Papualand" (1929), „Nalumotte" (1953). Neben Texte europäischer Missionare treten bald solche, die asiatische und afrikanische Christen selbst schreiben, vor allem in den Büchern von P. Rother „Afrikaner" (o.J.) und „Jung-Afrika" (o.J.). Während des Zweiten Weltkrieges wurden fast alle früheren Missionsfelder selbständige, „junge" Kirchen bzw. erhielten innerhalb der katholischen Kirche eine einheimische Hierarchie. Seitdem wird M. zum Austausch zwischen Christen und Kirchen verschiedener Weltgebiete. Stärker als früher werden jetzt auch die Aspekte der Entwicklungsarbeit und des Völkerfriedens einbezogen. Parallel zu der inhaltlichen Entwicklung von einer teilweise zu beobachtenden Einengung der Inhalte auf Bekehrungserlebnisse zum ganzheitlichen Weltdienst ist nun zu beobachten, daß neben den Spezialverlagen der jeweiligen Missionswerke die M. stärker im allgemeinen konfessionellen und auch überkonfessionellen Verlagswesen Platz findet.

Altersgruppen. Kindern vermittelt die M. zunächst die Begegnung mit einer fremden Welt, mit anderen Ländern und deren kulturellen und sozialen Gegebenheiten. Wichtig ist dabei, daß schon im Bilderbuchstadium negative Klischees vermieden werden („Zehn kleine Negerlein") und anstelle der von vielen Erwachsenen – oft unbewußt – praktizierten Abwehrhaltung gegen Fremdartiges und ihre Vorurteile das Kennen- und Verstehenlernen gesetzt werden. Nicht nur früher waren „Neger", „Chinesen", „Tuaregs" und die „Hottentotten" als abschreckende Beispiele in moralisierenden Kinderbüchern zu finden. Belege für solche Vorurteilsstrukturen gibt es bis in die Gegenwart in Heftreihen wie „Tarzan": der Held hat in der Regel die „richtige", also weiße, Hautfarbe, die Bösewichter, Kannibalen und Untermenschen tragen afrikanisch-asiatische Stammesnamen, wenn nicht der Neger unter der Palme einfach „Wumba" heißt. Ein Musterbeispiel, wie demgegenüber bereits ein Bilderbuch zur freundschaftlichen Begegnung mit dem andersartigen, fremdsprachigen, farbigen Kind führen kann, ist „Die bunte Flaschenpost" (1968) von L. Leher und H. Krist-Schulz.

In günstigen Fällen erzählen und/oder malen Kinder aus anderen Weltgegenden Szenen aus ihrem Leben, wobei gelegentlich ein Teil des Verkaufserlöses den jungen Autoren, ihrer Schule oder ihrem Heim zugute kommt; z.B. das in Amsterdam erschienene „De Chimbu-Mensch" (1968; dt. „Kinder vom Chimbu malen und erzählen", 1970); zwei Kalender „Kinder von Hongkong" in chinesischer, deutscher und englischer Sprache (1974 u. 1975); „Die Indio-Schule" (1973) von U. Scheller und W. Weiss. Ein von H. Lorch und H. Quiring begründeter Kalender „Kinder aus aller Welt" erscheint seit 1958.

In das erste Lesealter gehören Kurzgeschichten aus verschiedenen Ländern und Kirchen, wie sie G. Riediger in dem Band „Wir Kinder schwarz und gelb und weiß und rot" (1972) exemplarisch zusammengestellt hat oder wie sie das erfolgreiche Adventskalender-Buch (mit Weltkarte) „Kinder sehen dich an" von E. Becker und A. Fuchshuber bietet. Die Personalisierung von Problemen hilft dem kindlichen Leser, Freunde zu finden, von ihnen zu lernen und mit ihnen trotz aller Fremdartigkeit in einen freundschaftlichen Austausch zu treten. Da alle Kirchen und Missionen sich als Glieder der Weltchristenheit verstehen, wird durch M. schon im frühen Stadium Mitverantwortung für das Zusammenleben in der Welt geweckt.

Neun- bis zwölfjährige Leser dürften vor allem biografische Bücher mit durchgehender Erzählung interessieren. „Pimpelhubers Abenteuer" (1968) ist von D. Trobisch, einem Missionarskind, geschrieben, das andere Kinder in sein Erleben in Afrika und Amerika einzubeziehen versteht. Serienerfolge erzielte mit seinen Büchern vom „Dschungeldoktor" P. White. Bei katholischen Kindern fällt in dieses Alter die Firmung, die sie in die Weltkirche verantwortlich eingliedert und zur Teilnahme an ihrer Ausbreitung in der Weltmission einlädt. Das „Päpstliche Missionswerk der Kinder" in Aachen betreut diese Altersstufen mit spezieller Literatur.

Zwischen dem 12. und dem 15. Lebensjahr, wenn evangelische Kinder gewöhnlich den Konfirmationsunterricht besuchen, besteht starkes Interesse, Vorbildern, die nicht der engsten Umgebung entstammen, nachzueifern. Gleichzeitig beginnt die rationelle Durchdringung andersartiger Gesellschaftsstrukturen in Großfamilie, Stamm etc., die in der Begegnung mit christlichen Gemeinschaften in Mission und überseeischer Kirche begegnen. Hierzu können als Beispiele dienen: Bruder François: „Die kleinen Brüder am Orinoco" (1973); K. Wenner: „Shamba Letu, Kibbuz in Afrika" (dt. 1971); M. Clauss: „Der große Stuhl macht noch keinen König" (1974). In letzterem Band sind Aufsätze von Schülern aus Kamerun abgedruckt. International erfolgreich und ein Beweis, daß M. quer durch alle Kontinente wirken kann, ist W. Trobischs „Ich liebte ein Mädchen" (1965). Stimmen aus verschiedenen Kontinenten sammelte M. Peitz in „Das Risiko, ein Christ zu sein" (1973).

Die Altersgruppe ab 15 Jahren ermöglicht sachliche Auseinandersetzung mit modernen Wegen der Mission, eigenständigen Ausprägungen christlichen Glaubens und dem oft stärker meditativen Denken und Beten von Christen anderer Kulturkreise. Da Bücher solchen Inhaltes zugleich die geistige Umwelt reflektieren, führen sie zum Kennenlernen und im günstigen Fall zum Ernstnehmen anderer Religionen und zur Auseinandersetzung mit ihnen. So liegen in vielen Sprachen Sammlungen von Gebeten vor, die für Westafrika Fr. Pawelzik sammelte („Ich liege auf meiner Matte und bete", 1960; „Ich singe dein Lob durch den Tag", 1965), aus Indien J. Gnanabaranam („Heute, mein Jesus", 1967) und M. A. Thomas („Fülle mein Herz", 1965; „Weise den Weg", 1975) aufzeichneten. Zu den in der Jugend verehrten Dichtern gehören daneben der mittelamerikanische Revolutionär, Mönch und Poet E. Cardenal (*1925), der 1972 in Burundi erschossene Priester M. Kayoya (1934–1972) und der brasilianische Bischof Dom Helder Camara (*1909), alle drei sind mit mehreren Titeln auch auf dem deutschen Buchmarkt präsent.

Da Mission von Anfang an mit Entwicklungsaufgaben verbunden war – Alphabetisierung, Schulen, Seminare, Krankenpflege, Berufsausbildung, Landwirtschaft, Kleinindustrie, Genossenschaften – hat die M. bereits ein Bewußtsein für die „Dritte-Welt"-Problematik zu einer Zeit geweckt, als dieser Ausdruck noch nicht geläufig war. Besonders Ärztebiografien sind hier zu erwähnen. Hohe Auflagen erreichten die von der Amerikanerin D. Wilson geschriebenen Lebensbilder, aber ebenso anderer in der Mission bedeutender Persönlichkeiten wie der Ordensgründerin Mutter Teresa (*1910) in Calcutta oder Prior R. Schütz (*1915) in Taizé. Eine eigene Sachbuchreihe zur Entwicklungspolitik vor allem für junge Menschen brachten der Laetare-Verlag und der Imba-Verlag unter dem Titel „Stichwörter", Foto-Textbände der Basileia-Verlag in Basel unter dem Titel „Brennpunkte" heraus.

Schwerpunkte im Angebot. In der Bundesrepublik Deutschland, in Österreich und der Schweiz haben sich einige Verlage besonders um M. für die Jugend bemüht; ohne Vollständigkeit zu erstreben, seien genannt für die

katholische Kirche die Verlage Herder, Styria, Benziger (jeweils mit Sitzen in verschiedenen Ländern). Der Aktuell-Verlag beginnt mit einer Konzentration der Spezialpublikationen. Der Arena-Verlag führt mehrere Missionstitel in seinem breiten Jugendbuchprogramm; evangelischerseits sind die Verlage Jugenddienst, Aussaat, Fr. Bahn, R. Brockhaus und die Missionsverlage Stuttgart-Krontal und Erlangen zu nennen. In der DDR kam zuletzt 1955 ein exemplarisches „missionarisches Lesebuch" von A. LEHMANN mit dem Titel „Gottes Volk in vielen Ländern" heraus; derselbe Autor trug zur Kulturbegegnung im Rahmen der M. auch mit zwei zunächst in der DDR verlegten Bänden „Die Kunst der jungen Kirchen" (1955) und „Afroasiatische christliche Kunst" (1967) bei.
Eine wichtige Initiative ging seit 1970 von der Missionsdominikanerin S. SCHNETZER aus: die gelernte Sozialpädagogin stellte Listen empfehlenswerter Kinder- und Jugendbücher zusammen, die sich mit Mission und Entwicklung, Friedensdienst und internationaler Verständigung befassen. Wie sie baute auch das schweizerische Jugendbuch-Institut (Zürich) eine Wanderausstellung mit diesen Titeln auf. Seit 1973 wird die Liste, jetzt unter dem Titel „Bücher bauen Brücken", jährlich vom Internationalen Katholischen Missionswerk Missio München gedruckt und an Buchhändler und Bibliotheken, Eltern und Erzieher, katholische und evangelische Gemeinden geleitet. Evangelischerseits sichtet die „Arbeitsgemeinschaft für missionarisches Schrifttum" beim Deutschen Evangelischen Missionsrat jährlich das Angebot und veröffentlicht Literaturhinweise im Jahrbuch „Evangelische Mission" sowie alle zwei Jahre in Sonderheften der „Zeitschrift für Mission".

Sekundärliteratur: G. Iben: Zum Wesen und zur Formung der Missionsliteratur (in: K. Langosch (Hrsg.): Studien zur Jugendliteratur. 6. 1960. 7–37). – C. Engel: Bibliographie zur Missionsliteratur und Weihnachtserzählung (in: K. Langosch (Hrsg.): Studien zur Jugendliteratur 6. 1960. 83–120).

Christoph Jahn

Mitgutsch, Ali

*Grafiker, Illustrator, Bilderbuchautor; *21.8.1935 München.*

Nach einer dreijährigen Lehre als grafischer Zeichner besuchte M. mehrere Jahre die Kunstakademie in München. Er unternahm Reisen in das Mittelmeergebiet, durch die Vereinigten Staaten, Mexiko und Lappland. Zunächst war M. als Gebrauchsgrafiker tätig, heute arbeitet er vorwiegend als Bilderbuchillustrator. Bereits seine Erstlinge „Pepes Hut" (1959), „Ulus abenteuerliche Reise zum Nordlicht" (1960) und „Nico findet einen Schatz" (1961) erschienen auf den Auswahllisten zum Deutschen Jugendbuchpreis 1960, 1961 und 1962. Für seine neuartige Gestaltung des Sachbilderbuches wurde ihm 1969 der Deutsche Jugendbuchpreis für „Rundherum in meiner Stadt" (1968) verliehen. Auf der Auswahlliste standen 1971 „Bei uns im Dorf" (1970) und 1972 „Komm mit ans Wasser" (1971); in die Liste der 50 schönsten Bücher des Jahres 1975 wurde „Rund ums Rad" (1975) aufgenommen. Neben erzählenden, aber häufig textlosen Bilderbüchern illustriert M. auch Schulbücher und Fibeln, malt großformatige Leporellos (Strand und Straße, 1961; Eins, zwei, drei – flink herbei, 1972; Dort hinter den sieben Bergen, 1972). Ferner verfaßte und gestaltete er seit 1971 auch mehr als zehn kleinformatige Bilderbücher „zur Begriffslehre für das Kindergartenalter" bzw. „zur Sachkunde für das Kleinkindalter", einer Reihe des Verlages Sellier, Freising. 1974 drehte R. NEBE unter dem Titel „Ali hat eine Idee und Peter kriegt Krach" einen Fernsehfilm über die Entstehung des Bilderbuches „Warum macht Herr Kringel nicht mit?" (1973). Bücher von M. sind bislang in 15 Ländern erschienen.

Werk, Tendenzen, Wirkung. Verarbeitete M. anfangs hauptsächlich Eindrücke seiner Reisen, so erschließt er in seiner weiteren Entwicklung sich und seinen Lesern seine Heimat Bayern in den Bilderbüchern „Kraxenflori" (1963) oder in dem Leporello „In Bayern leben" (1965). Seit 1968 illustriert er vorwiegend Sachbilderbücher für Klein- und Vorschulkinder zu Themenkomplexen wie Dorf, Stadt, Land, Wasser, Arbeitswelt (Entstehung von Produkten und Gebrauchsgegenständen). Seine Bildwelt gewinnt dadurch für den Betrachter besonderen Reiz, daß sie mehrere Aspekte miteinander vereint. Öffnet sie einerseits dem Kind die Augen für seine Alltagswelt und bietet ihm erste Möglichkeiten, deren Funktionszusammenhänge einzusehen, so schult sie andererseits mit viel Humor die Beobachtungsgabe des Kindes für das soziale Verhalten seiner Mitmenschen (vgl. auch „Warum macht Herr Kringel nicht mit?"). Einfallsreich variiert M. die vielen Spiel-, Arbeits- oder Gesprächsszenen in den textlosen Bilderbüchern „Rundherum in meiner Stadt", „Bei uns im Dorf" oder „Komm mit ans Wasser".
M. gestaltet seine realistischen Sachbilderbücher mit Hilfe besonderer kompositioneller Mittel in erzählenden Bildtafeln. Am Anfang steht oft die direkte oder indirekte Aufforderung mitzumachen, etwa in „Steig ein, fahr mit" (1960) oder „Komm mit ans Wasser". Der Einladung folgt das Privileg eines besonderen Platzes, von dem aus alles leicht und rasch überschaut werden kann. Durch den speziellen Bildaufbau – Darstellung aus der Vogelperspektive, in der Durchsicht, in gestaffelter Anordnung – kommt M. der visuellen Neugier des Kindes entgegen. Da das kleinere Kind häufig eine Bildfläche nur punktuell erfassen kann, hilft ihm der Grafiker durch Assoziationsketten der Objekt- und Sozialwelt, in seinen Bildern spazierenzugehen und den eigenen Erfahrungen unvertraute hinzuzufügen. M. verwendet helle, leuchtende Farben in Verbindung mit Federzeichnungen, die Farbflächen sind mitunter abgedeckt, die Gegenstände klar konturiert, seine Figuren reich an Mimik und Gestik. Umweltepisoden, märchenhafte Geschichten (z.B. „Die Hexe und die 7 Fexe", 1970) gehören ebenso zu seinem Repertoire wie ein Ausflug in die Geschichte des

Ali Mitgutsch (1935). „Rund ums Rad. Von Karren, Kutschen und schnellen Kisten“ (Ravensburg 1975). Hier die Seite 33 dieses Sachbilderbuchs.*

Rades (Rund ums Rad. Von Karren, Kutschen und schnellen Kisten, 1975). Bildliche Erzählkraft, im Detail wie in der Gesamtkomposition, Humor, Einfallsreichtum und Einfühlungsvermögen sind seine Stärke.
Wie erfolgreich die Bilderbücher von M. sind, die in vielen Kindergärten eingesetzt werden, läßt sich auch an der Auflagenhöhe ablesen: Von M.s erstem Buch, „Pepes Hut", wurden bislang ca. 75000 Exemplare gedruckt, die Gesamtzahl der zwölf bei O. Maier, Ravensburg, vertriebenen Bücher gab der Verlag Anfang 1976 mit 1065000 an, wobei vier Fünftel davon durch die drei im Rahmen des Jugendbuchpreises hervorgehobenen Werke abgedeckt werden.

Werke: A. Mitgutsch: Pepes Hut (1959, [10]1975); A. Mitgutsch: Ulus abenteuerliche Reise zum Nordlicht (1960, [3]1968); A. Mitgutsch: Mago und Bubu in der großen Stadt (1960); A. Mitgutsch: Steig ein, fahr mit (1960); A. Mitgutsch: Der flotte Max (1961); A. Mitgutsch: Nico findet einen Schatz (1961, [5]1976); A. Mitgutsch: Strom und Straße (1961, [4]1972); W. Scherf: Muschelhorn und Kiefernwurzel (1962); R. S. Zimmermann: Der Kraxenflori (1963, [2]1975); A. Mitgutsch: In Bayern leben (1965, [3]1972); A. Mitgutsch: Rundherum in meiner Stadt (1968, [17]1975); I. Hailer: Die Hexe und die 7 Fexe (1970, [2]1971); A. Mitgutsch: Bei uns im Dorf (1970, [13]1975); A. Mitgutsch: Schlauer Peter (Bd. 1 und 2. 1970); Rotkäppchen (1970); Hänsel und Gretel (1970); Schneewittchen (1970); Der Wolf und die sieben Geißlein (1970); A. Mitgutsch: Komm mit ans Wasser (1971, [9]1975); A. Mitgutsch: Was ich schon kann (1971, [4]1974); A. Mitgutsch: Vom Baum zum Tisch (1971, [4]1973); A. Mitgutsch: Vom Schaf zum Schal (1971, [3]1973); A. Mitgutsch: Vom Kern zur Birne (1971, [4]1974); A. Mitgutsch: Vom Korn zum Brot (1971, [5]1974); A. Mitgutsch: Von der Rübe zum Zucker (1972, [3]1975); A. Mitgutsch: Vom Erz zum Löffel (1972, [2]1973); A. Mitgutsch: Vom Gras zur Butter (1972, [3]1974); A. Mitgutsch: Vom Sand zum Glas (1972, [2]1973); A. Mitgutsch: Dort hinter den sieben Bergen (1972); A. Mitgutsch: Eins, zwei, drei – flink herbei (1972); A. Mitgutsch: Wir bauen ein Haus (1973, [2]1973); A. Mitgutsch: Wir bauen ein Auto (1973, [2]1973); A. Mitgutsch: Warum macht Herr Kringel nicht mit? (1973, [2]1974); U. Wandrey: Den Fluß entlang (1973, [2]1975); A. Mitgutsch: Hast du das gesehen? (1974); A. Mitgutsch: Vom Lehm zum Ziegel (1975); A. Mitgutsch: Von der Blüte zum Honig (1975); A. Mitgutsch: Vom Kakao zur Schokolade (1975); A. Mitgutsch: Vom Erdöl zum Benzin (1975); A. Mitgutsch: Rund ums Rad (1975, [2]1975).

Sekundärliteratur: H. Künnemann: Die Bildwelt des Ali Mitgutsch (in: Archiv für angewandte Sozialpädagogik. 6. 1971. 275–278); Zur Gegenwartssituation (in: Kl. Doderer (Hrsg., zus. mit H. Müller): Das Bilderbuch. 1973, [2]1975. 395–435). – 5000 Jahre Verkehr (in: Bulletin Jugend + Literatur. 5. 1975. 15).

Ulrich Hann

Miturič, Maj Petrovič

*Sowjetischer Kinderbuchillustrator, Maler und Grafiker; *29. 5. 1925 Moskau.*

M. stammt aus einer Künstlerfamilie: Sein Vater, gleichzeitig sein erster Lehrer, war der bekannte Grafiker Petr Vasiljevič M. (1887–1956), seine Mutter Viera, Schwester des futuristischen Dichters V. Chlebnikov (1885–1922), war ebenfalls Malerin. Von 1942 bis 1948 diente M. in der Armee, danach studierte er bis 1953 am Polygraphischen Institut in Moskau, u. a. das Spezialfach Buchkunst. Auf vielen Reisen besuchte er u. a. Dagestan, Armenien, den sowjetischen Norden, das Tuwa-Gebirge, die Kurilen und Sachalin. M., der in Moskau lebt, beteiligte sich als Maler und freier Grafiker an Ausstellungen in der UdSSR und im Ausland. Er erhielt zahlreiche Preise und Anerkennungen, 1963 das Ehrendiplom des Obersten Rates der UdSSR im 6. Wettbewerb um das schönste Buch, 1965 die Silbermedaille der Internationalen Buchkunstausstellung (IBA) in Leipzig für seine Illustrationen zu S. Maršaks „Stichi dlja detej" (Bd. 1. 1966), 1967 eine Plakette der BIB für „Kradenoje solnce" (1966, Die gestohlene Sonne; Text von K. Čukovskij).

Werk, Tendenzen, Wirkung. Zwei thematische Schwerpunkte dominieren im umfangreichen Werk von M.: die Natur und die Poesie. Mit Zyklen von heiteren und lyrischen Bildern zu Märchen von K. Čukovskij (1882–1969) und S. Maršak (1887–1964) begann M.s Illustrationstätigkeit für Kinder. Erfahrungen, Beobachtungen und Eindrücke seiner Reisen gingen ein in die Illustrationen zu von ihm selbst verfaßten Naturbüchern (z. B. Komandorskije ostrova, 1969; Komandorskische Inseln) oder zu Tiererzählungen zeitgenössischer Autoren, besonders von G. Snegirev (* 1933) wie „Obytajemyj ostrov" (1963; dt. Das Wunderboot, 1972), „Pro olenej" (1967, Über Rentiere), „Sled olenja" (1969, Die Spur des Rentiers). M. strebt danach, die Fülle der Eindrücke und Emotionen, die der Mensch angesichts der Monumentalität der Natur erlebt, zu erfassen und dem Kinde weiterzuvermitteln. Mit Hilfe von Farbschattierungen, gezielter Lichtführung, bewegten Formen und Linien strukturiert er die Landschaftsbilder und gibt ihnen räumliche Tiefe.

Maj Petrovič Miturič (1925). Illustration zu dem russischen Bilderbuch von Kŏrnej Čukowskij „Kradennoje solnce" (Moskau 1968).*

Die mit weichem, dynamischem Pinselstrich ausgeführten schwarz-weißen oder in reinen wuchtigen Farben gemalten Tusch- und Aquarellzeichnungen – oft dominieren Rot, Blau, Gelb – erstrecken sich häufig über den gesamten Raum der Doppelseite. Sowohl der Text als auch die weiße Fläche des Untergrunds werden in die Bildkomposition einbezogen. Diese harmonische Einheit von Schrift und Illustration zeigt sich auch in „Kradenoje solnce" oder „Skazki deduški Korneja" (1972) von K. ČUKOVSKIJ. Im Zyklus zu den Dschungelbüchern (Maugli, 1975) von R. KIPLING (1865–1936) verbindet M. die Elemente des Realen und des Märchenhaften.
Nicht immer folgt die Illustration dem zentralen Textverlauf, oft stellt sie Aspekte heraus, die in der Erzählung oder dem Gedicht nur am Rande erwähnt werden.

→ UdSSR

Werke: G. Snegirev: Obytajemyj ostrov (1963; dt. Das Wunderboot, 1972); K. Čukovskij: Kradenoje solnce (1967); S. Maršak: Umnyje vešči (1966); S. Maršak: Stichi dlja detej (Bd. 1 u. 2. 1966 u. 1971); G. Snegirev: Pro olenej (1967); K. Čukovskij: Barmalej (1969); M. Miturič: Komandorskije ostrova (1969); G. Snegirev: Rasskazy dlja detej (1970); V. Bianki: Lesnyje domiški (1970); J. Barrie: Peter Pan (1971); K. Čukovskij: Skazki deduški Korneja (1972); S. Maršak: La bague jolie et autres poésies (1971); M. Miturič: V dalekich krajach (1973); L. Carroll: Priključenija Alisy v strane čudes (1975); R. Kipling: Maugli (1975).
Sekundärliteratur: M. Čegodajeva: Priroda v tvorčestve Maja Miturča (in: Detskaja literatura. 6. 1972. 69–73). – E. Gankina: Mai Miturich (in: Bookbird. 3. 1969. 68–70). – M. Miturič: Illjustracii k Maugli (in: Tvorčestvo. 2. 1975. 17–19). – N. Rozanova: Dve knigi S. Maršaka, illjustrirovannyje M. Miturčem (in: Iskusstvo knigi. Bd. 6. 46–52).

František Holešovský

Möbius, Eberhard

*Schauspieler, Kindertheaterregisseur und -autor; * 11. 10. 1926 Wernigerode.*

M. ist seit 1945 als Schauspieler tätig. Von 1951 an arbeitet er als Regisseur und machte Kindertheater in Dresden und Stralsund. Von 1971 bis 1975 war er künstlerischer Leiter des Theaters für Kinder in Hamburg-Altona. Seit Oktober 1975 leitet er ein eigenes Theater „Das Schiff" in Hamburg. Daneben arbeitet er spielpädagogisch mit Eltern und Kindern.

Werk, Tendenzen, Wirkung. Seine häufig (bis Ende 1975 über achtzigmal) nachgespielten Stücke sind oft unterhaltsame Bearbeitungen (z. B. O. WILDE und A. LINDGREN). Als Autor greift er Gegenwartsprobleme auf. „Um die Ecke liegt Sizilien" untersucht Vorurteile. Die Bewohner einer norddeutschen Kleinstadt verdächtigen den Gastarbeiter Salvatore und seinen Sohn des Diebstahls. Die zuschauenden Kinder wissen dagegen sehr schnell, daß das ältliche Fräulein Piepgans der Dieb sein muß. Schließlich stellt sich aber heraus, daß ein Papagei der Täter ist. In dem Stück „Die Vier vom Kuddelmuddelplatz" wollen die Kinder ihren geliebten Bauspielplatz behalten. Gegen die Macht der Wohnungsbaugesellschaft kommen sie erst an, als der zu ihnen gehörende Sohn des Architekten von einem Auto angefahren wird. Das Thema Umweltschutz behandelt M. in „Kladderadatsch". Auch hier ergreift die märchenhaft-schematische Geschichte (zerstreuter Professor, Kinder auf der Suche nach den beiden Umweltverschmutzern) sicherlich nicht die ganze Problematik. Sie stimuliert jedoch das Interesse an der Thematik. In jüngster Zeit untersucht M. Mitspielformen. In „Robi, Robi, Robinson" wird vor den Augen der Kinder und mit ihrer Hilfe die Robinson-Geschichte wiederhergestellt. In dem locker gebauten Theaterstück untersuchen Schauspieler und Kinder gemeinsam die primären Lebensnotwendigkeiten und knüpfen erste Kontakte zu dem Wilden Freitag. – Alle Stücke von M. sind stark mit Musik verbunden. Sie werden meist als Kindermusicals bezeichnet.

→ Kindertheater

Werke: Um die Ecke liegt Sizilien (zus. mit H. Wunderlich. 1972); Die Vier vom Kuddelmuddelplatz (zus. mit H. Wunderlich. 1973); Die Kinderrepublik. Bemposta und die Muchachos (1973); Kladderadatsch (zus. mit H. Wunderlich. 1974); Robi, Robi, Robinson (zus. mit H. Wunderlich. 1975); Münchhausen (zus. mit H. Wunderlich. 1976); Der Prozeß Klaus Störtebecker (1976).

Hans-Wolfgang Nickel

Möllhausen, Balduin

*Forschungsreisender, Bibliothekar, Schriftsteller; * 27. 1. 1825 Bonn, † 28. 5. 1905 Berlin.*

Nach dem Besuch des Bonner Gymnasiums ging M. nach Pommern, um im Auftrag seines Pflegevaters die Landwirtschaft zu erlernen. 1849 wanderte M. nach den Vereinigten Staaten aus und nahm dort an einer Expedition in das Felsengebirge teil, die der Herzog PAUL WILHELM von Württemberg ausrichtete. Nach dem Scheitern der Expedition schloß sich M. für einige Jahre dem Indianerstamm der Omahas an. Nach einem kürzeren Aufenthalt in Deutschland kehrte M. 1853 nach den USA zurück und arbeitete als Zeichner und Topograph im Rahmen der Erforschung eines geeigneten Schienenweges durch das Felsengebirge zum Pazifik. 1854 wurde M. von König FRIEDRICH WILHELM IV. zum Kustos der Bibliotheken in den königlichen Schlössern ernannt. Eine letzte Reise nach Amerika unternahm M. in den Jahren 1858–1859 als Begleiter des Ingenieurs IVES nach dem unteren Kolorado. Seit 1859 lebte M. in Berlin und widmete sich ganz der Schriftstellerei.

Werk, Tendenzen, Wirkung. Als Ergebnis seiner Amerikareisen verfaßte M. eine Anzahl von Reiseberichten, die in Deutschland um die Mitte des 19. Jahrhunderts auf große Resonanz stießen. Vor allem die Berichte „Tagebuch einer Reise vom Mississippi nach den Küsten der Südsee" (1858) und die überarbeitete

Neuauflage „Wanderungen durch die Prärien und Wüsten des westlichen Nordamerika" (1860) wurden große Erfolge. In seinen Reisebeschreibungen verstand es M. anschaulich, Landschaften und Bevölkerung der besuchten Gebiete zu schildern. Seine Reisetagebücher wurden wissenschaftlich anerkannt, so erklärte sich A. VON HUMBOLDT bereit, zu diesen Berichten die Vorworte zu schreiben.

Als Verfasser von abenteuerlichen Unterhaltungsromanen gehörte M. zu den meistgelesenen Autoren des 19. Jahrhunderts in Deutschland. Seine Romane richteten sich vor allem an das anspruchslose Publikum und an die Jugend. Von den rund 150 Bänden, die er mit Romanen und Erzählungen füllte, wurden vor allem die Bände „Das Mormonenmädchen" (1864), „Die Mandanen-Waise" (1865), „Die Kinder des Sträflings" (1876), „Der Leuchtturm am Michigan und andere Erzählungen" (1882), „Der Fährmann am Kanadian" (1890), „Hans Montague" (1891) und „Der Spion" (1893) große Lesererfolge. Nach 1900 immer mehr in die Jugendliteratur abgedrängt – bis in die fünfziger Jahre unseres Jahrhunderts erschienen immer wieder neue Jugendbearbeitungen –, ist M. heute kaum noch bekannt.

Schema und Handlungsführung von M.s Unterhaltungsromanen bewegen sich im Rahmen des Familienromans der Zeit. Durch die Koppelung des herkömmlichen Schemas von Liebe, Familie und Erfolg mit exotischen Abenteuern, denen er durch seine Reiseerfahrung einen realistischen Anstrich zu geben wußte, erklärt sich seine große Beliebtheit bei den Lesern des 19. Jahrhunderts. So verlaufen fast alle Romane und Erzählungen nach dem gleichen Rezept: Die erste Hälfte der Handlung spielt in Deutschland, die zweite im damals noch exotischen Amerika. Im ersten Teil führen konventionelle Intrigen zur Auswanderung der Helden nach den USA, im zweiten Teil erlebt die meisterhaft verworrene Intrige ihren Höhepunkt inmitten zahlreicher Abenteuer, am Ende steht das unvermeidliche Happy-End, das die alte und die neue Welt wieder harmonisch vereint. Die Jugendbearbeitungen verzichteten zumeist auf das gedehnte Gespinst der Intrige und stellten die abenteuerlichen Ereignisse in Amerika in den Mittelpunkt der Schilderung. TH. FONTANE, der das Vorwort zu dem Band „Der Leuchtturm am Michigan" schrieb, lobte M. mit den Sätzen: „... Möllhausen ist Erzähler pur sang, und weil er es ist, ist er in einem seltenen Grade populär. Er unterhält, er spannt, er befriedigt. Dabei nichts von Frivolität; seine Schriften durchweht vielmehr ein sittlicher Hauch, der wohltuend berührt und läutert ...". Heute wird M. als ein Verfasser gutbürgerlicher Unterhaltungsliteratur, einer Art Beschwichtigungsliteratur angesehen, die Ausdruck bürgerlichen Selbstwertgefühls war.

Werke: Tagebuch einer Reise vom Mississippi nach den Küsten der Südsee (1858); Reise in den Felsengebirgen Nord-Amerikas (1861); Der Halbindianer (1861); Der Flüchtling (1862); Der Majordomo (1863); Palmblätter und Schneeflocken (1864); Die Mandanen-Waise (1865); Das Mormonenmädchen (1866); Der Piratenleutnant (1870); Der Kesselflicker (1871); Das Finkenhaus (1872); Die Einsiedlerinnen (1873); Westliche Fährten (1873); Hyänen des Kapitals (1875); Die Kinder des Sträflings (1876); Der Reiher (1877); Die Tochter des Konsuls (1879); Der Schatz von Quivira (1880); Der Trader (1883); Der Leuchtturm am Michigan und andere Erzählungen (1883); Der Haushofmeister (Bd. 1–3. 1884); Wildes Blut (Bd. 1–3. 1886); Das Loggbuch des Kapitäns Eisenfänger (Bd. 1–3. 1888); Familie Melville (Bd. 1–3. 1889); Das Geheimnis des Hulks (1889); Der Fährmann am Kanadian (Bd. 1–3. 1890); Hans Montague (Bd. 1–3. 1891); Die Söldlinge (1892); Kaptein Meerrose und ihre Kinder (1893); Der Spion (Bd. 1–3. 1893); Der Talismann (Bd. 1–3. 1894); Um Millionen (1896); Der Vaquero (1898); Das Fegefeuer in Frappys Wigwam (1901); Der Postreiter (1903); Der Verlorene – Die Bärenhaut (1904); Bilder aus dem Reiche der Natur (1904); Sankt Elmsfeuer und andere Novellen (1905); D. Theden (Hrsg.): Illustrierte Romane, Reisen und Abenteuer (Bd. 1–10. 1906–1908).

Sekundärliteratur: P. A. Barba: Balduin Möllhausen (1914). – H. Plischke: Von Cooper bis Karl May (1951).

Helmut Müller

Mörike, Eduard

*Pfarrer, Lehrer, Dichter; *8.9.1804 Ludwigsburg, †4.6.1875 Stuttgart.*

M. besuchte das „Niedere theologische Seminar" in Urach, studierte am Tübinger Stift und war dann Pfarrvikar in verschiedenen Gemeinden (ab 1834 als Pfarrer in Cleversulzbach). Mit neununddreißig Jahren aus dem Pfarramt ausgeschieden, lebte er in Schwäbisch-Hall, Mergentheim und in Stuttgart, wo er als Lehrer des Katharinenstifts tätig war. In den Jahren 1873–1875 war er Mitarbeiter der „Deutschen Jugend", der von J. LOHMEYER herausgegebenen und monatlich erscheinenden Jugendzeitschrift.

Werk, Tendenzen, Wirkung. M.s Erzählungen und Märchen enthalten einen charakteristischen eigenen Tonfall und sind kaum mit denen von HOFFMANN, HAUFF, NOVALIS oder TIECK zu vergleichen. Auf die zeitgenössische Kritik, daß sie kaum grundsätzliche sittliche Thesen oder weltanschauliche Ideen vermittelten, antwortete M. geistreich: „Die Märchen sind halt Nürnberger War', Wenn der Mond nachts in die Butiken scheint, Drum nicht so strenge lieber Freund, Weihnachten ist nur einmal im Jahr." Die Musik MOZARTS – vor allem die Oper „Don Giovanni" und ihr Finale – hat M. schon in seiner Jugend beeindruckt, mit der Gestalt des Komponisten beschäftigte er sich wiederholt, die „Elemente seines Wesens" gedachte er in einem kleinen „Charaktergemälde" darzustellen, so daß „vorzüglich die heitere Seite zu lebendiger, konzentrierter Anschauung gebracht werden sollte". Ein Brief (1847) läßt die Überzeugung erkennen, daß „man eine wahrhaft genußreiche Biographie von Mozart ... nicht ... machen kann", daß ein „Fragment Dichtung aus seinem Leben ... tausendmal befriedigender sein würde". M. spannte in „Mozart auf der Reise nach Prag" den Bogen zwischen dem Augenblick der unmittelbaren Todesahnung und dem der intensiven, höchsten Lebenserfüllung. Mit der Idee der Glücksschuhe, die in seinem „Stuttgarter Hutzelmännlein" gestaltet ist, war er gleichfalls lange Zeit befaßt. Seine Intention war es, „alles, was in der Welt von Projektmacherei und unverschuldetem Mißlingen ist, hereinzuziehen und den Helden zu einem umgekehrten Simplicissimus zu machen, der alles ganz gescheit angreift, und, durch sonderbare Zwischenfälle aus der Bahn getrieben, immer unglücklich, ja lächerlich endet". „Die Historie von der schönen Lau", die in das Märchen vom „Stuttgarter Hutzelmännlein" eingefügt ist, erschien 1873 zum ersten Mal als Einzelausgabe mit ganzseitigen Umrißzeichnungen von M. v. Schwind (1804–1871) und wurde in dieser Form öfter jugendlichen Lesern angeboten. M.s Gedichte, die erste Ausgabe erschien 1838, waren oftmals Gelegenheitsarbeiten (vgl. „Die Rückkehr. Steyerische Szene". Erstdruck 1859 in „Weihnachtsblüten. Ein Almanach für die Jugend auf das Jahr 1859". In Verbindung mit anderen herausgegeben von G. Plieninger. 22. Jg. Stuttgart). Sie zeigen, daß der Autor Typisches oder Charakteristisches, das sich aus privatem oder zufälligem Anlaß ergab, fixierte, daß die hervorragende Gabe, ästhetisch-formale Mittel der Gestaltung und inhaltliche Bezugspunkte kongenial zu handhaben, die Aussagen in eine poetische Dimension entrücken, weil beziehungsreiche Metaphern eine tiefer liegende semantische Schicht erschließen. Mit M. sieht sich der Leser genötigt, in den „Abgrund der Betrachtung" zu steigen (vgl. das Sonett „Zu viel", 1830). Das Urteil des biedermeierlich Verspielten dürfte eine typische Sicht der späteren M.-Rezeption enthalten. Die in Lesebüchern oder in Sammlungen für Kinder getroffenen Auswahlen zeichnen dieses einseitige M.-Bild nach, aber bei genauer Analyse der originalen Texte der hier hervorgehobenen Erzählungen werden solche Klassifizierungen zu modifizieren sein.

Werke: Maler Nolten (1832); Der Schatz (1836); Gedichte (1838, [4]1867); Idylle vom Bodensee (1846); Das Stuttgarter Hutzelmännlein (1852); Mozart auf der Reise nach Prag (1855).

Sekundärliteratur: H. Landmann: Mörikes Märchen „Das Stuttgarter Hutzelmännlein" im Verhältnis zum Volksmärchen (Diss. 1961). – G. Storz: Gestalt und Rang von Mörikes „Stuttgarter Hutzelmännlein" (in: Der Deutschunterricht. 3. 1951. 2. 18–29). – B. v. Wiese: Eduard Mörike: Mozart auf der Reise nach Prag (in: B. v. Wiese: Die deutsche Novelle von Goethe bis Kafka. 1959. 213–237).

Peter Aley

Moeschlin, Elsa Sofia

*Schwedische Malerin, Zeichnerin, Autorin von Kinderbüchern; *9. 4. 1879 Stockholm, †16. 8. 1950 Brissago/ Schweiz.*

M. arbeitete nach dem Studium an der technischen Schule in Stockholm zunächst als Reklamezeichnerin. Dann setzte sie von 1904 bis 1906 ihre Ausbildung bei dem norwegischen Maler Chr. Krohg (1852–1925) an der Privatkunstschule Colarossi in Paris sowie auf Studienreisen 1906 nach Italien und Holland und 1908 nach München fort. 1907 wurde sie in Leksand am Siljan (Dalarne) ansässig, wo sich in dieser Zeit bekannte Künstler niedergelassen hatten und sie den Schweizer Schriftsteller Felix M. (1882–1969) kennenlernte, den sie 1909 heiratete. Bis zum Ausbruch des Ersten Weltkrieges lebten die M.s in ihrem Holzhaus „Stenbacken" am Siljan, danach in der Schweiz, zunächst in Arosa, von 1918 bis 1942 auf einem Gutshof in Uetikon am Zürichsee, danach in Zürich und Brissago. M., die viele Reisen nach Schweden, Italien und Paris unternahm, wählte für Gemälde, Aquarelle, Holzschnitte und Zeichnungen neben Motiven aus der Schweiz und Italien häufig Szenen aus dem mittelschwedischen Volks- und Bauernleben. Sie war Mitglied der Vereinigung Schwedischer Künstlerinnen und stellte seit 1907 ihre Werke in einer Vielzahl von Sammel- und Einzelausstellungen im In- und Ausland vor, z. B. 1907 und 1911 Lund, 1908 Berlin, 1912, 1925 und 1949 Stockholm, 1914 Malmö, 1920 Zürich.

Werk, Tendenzen, Wirkung. M., in Schweden unter Hammar-M. bekannt, hat neben Landschaftsbildern, Figuren- und Tiergemälden, dekorativen Wandmalereien und einer mit vielen Zeichnungen versehenen Selbstbiografie „Hjärtat och paletten" (1937, Herz und Palette), seit 1911 auch mehrere Kinderbücher verfaßt und illustriert. Während die ersten Bilderbücher (Blom-Karin, 1911; Vad jag vill bli, 1921, Was ich werden will) auf den schwedischen Sprachraum beschränkt blieben, wurde die Geschichte von dem elfjährigen Kalle Rask, der, um in den Besitz von Äpfeln zu kommen, einen Wettbewerb um das größte Exemplar ausschreibt, später von der Autorin selbst ins Deutsche übersetzt und erschien, wie die meisten der folgenden deutschsprachigen Bücher auch in Amerika (Kalle Rasks äpplen, 1924; dt. Der kleine Bub und die großen Äpfel, 1932). In fast allen, ursprünglich für die eigenen Kinder oder Enkelkinder geschaffenen Werken wird in Text und Illustration die enge Verbundenheit der Künstlerin mit ihrer schwedischen Heimat deutlich. Beispielhaft hierfür steht „Das rote Pferd" (1927), in dem der kindliche Traum von der Belebung seines Spielzeugs und der Flucht aus vertrauter, aber beengter Umgebung, der Beschränkung auf die Familie, der Aufsicht der Mutter realisiert wird. Während der überstürzten Reise auf seinem roten, mit bunten Ornamenten bemalten Holzpferd lernt ein kleiner Junge Entbehrungen und seine eigene Unselbständigkeit kennen. Er erfährt, daß Hilfe von Fremden oft nur bei entsprechender Gegenleistung zu erwarten ist und man fern der eigenen Heimat selten die Geborgenheit und das Glück empfindet wie in der „wohlbekannten" familiären Umgebung. Die Autorin verschweigt nicht, daß eine Rückkehr nur durch Aufgabe der Freiheit – symbolisiert in der Trennung von dem jetzt wieder gewöhnlichen Holzpferd – erkauft wird, denn „das Leben ist eben nicht immer lustig". Bild und Text siedeln das Märchen nicht, wie viele Versuche der Zeit, in einer unbestimmten Vergangenheit, sondern im ländlichen Schweden des 20. Jahrhunderts an, charakterisiert

durch Radio, Motoren, Eisenbahn, Landschaften mit Birken und Tannen, Mädchen in der Volkstracht von Dalarne. Die unsentimental erzählte Geschichte wird von einfachen, ornamental wirkenden, liebevoll ausgemalten, in Form und Farbe aber auch expressionistisch beeinflußten Bildern begleitet, weshalb dieses Buch in Zusammenhang mit expressionistischer Kunst im Bilderbuch und in Gegenüberstellung zu Werken von A. STICKEL genannt wird (vgl. P. SAMULEIT: Das deutsche Bilderbuch, in: Kind und Kunst, 1928, S. 106–108).
Einen ganz anderen, mehr vom Strich bestimmten Stil zeigt das als Nr. 87 der Nürnberger Bilderbücher 1933 bei Stalling erschienene „Vrenelis Skizzenbuch": In fünfzehn, jeweils neunteiligen Bildergeschichten werden harmlose kindliche Streiche oder turbulente Erlebnisse einer fünfköpfigen Familie vorgestellt. Die getuschten Federzeichnungen sind witziger und von stärkerem, die Situationskomik festhaltenden Erzählgehalt als die holprigen, meist banalen Verse. Auch hier dominiert – trotz Schrecken und Schmerzen – letztlich das Aufgehobensein in familiärer Harmonie; soziale und politische Unruhen der Zeit dringen nicht in diese heile Welt des Kinderbuches vor.

Werke: E. Moeschlin: Blom-Karin (1911); F. Moeschlin: Vad jag vill bli (1921) E. Moeschlin: Kalle Rasks äpplen (1924 und 1940; dt. Der kleine Bub und die großen Äpfel, 1932); E. Moeschlin: Das rote Pferd (1927); E. Moeschlin: Vrenelis Skizzenbuch (1933); F. Moeschlin: Hans, der Ausläufer (1935); E. Moeschlin: Die Lappland-Drillinge (1939); E. Moeschlin: Vrenelis Mal- und Bilderbuch (Bd. 1 u. 2. 1940).

Sekundärliteratur: M. Hammar (Hrsg.): Släkten Hammar (1948). – V. Merkelbach: Tendenzen im Bilderbuch der zwanziger Jahre (in: Kl. Doderer und H. Müller (Hrsg.): Das Bilderbuch. 1973, [2]1975. 273–322). – E. und F. Moeschlin: Ich bin dein und du bist mein. Aus dem Briefwechsel (1955). – T. Palmér: Elsa Sofia Hammar-Moeschlin (in: Svenskt Konstnärslexikon. Bd. 3. 1957. 41–42). – Svensk hjärta och paletti i Schweiz (in: Idun. 44. 1938.).

Rosmarie Rauter

Molnár, Ferenc

*Ungarischer Schriftsteller und Journalist; *12. 1. 1878 Budapest, †2. 4. 1952 New York.*

M., Sohn eines Arztes, studierte in Budapest und Genf Rechtswissenschaften und war zur selben Zeit auch als Journalist tätig. Nach der Beendigung des Studiums wurde er Mitarbeiter der Zeitschrift „Budapesti Napló" und später „Pesti Napló". Als die faschistische Gefahr immer bedrohlichere Formen annahm, emigrierte er ins Ausland und wurde in New York ansässig.

Werk, Tendenzen, Wirkung. M. fand die Stoffe für seine Bühnendramen und Romane, durch die er rasch internationale Berühmtheit erlangte, in dem ihm vertrauten großstädtischen Milieu. Die Adressaten seiner Werke waren für M. die bürgerlichen Schichten, deren Leichtlebigkeit ihn faszinierte. Dennoch findet man vor allem in seinen frühen Werken eine kritisch-realistische Darstellung gesellschaftlicher Erscheinungen, wenn diese auch stellenweise oberflächlich durchgeführt wird.
Einen hervorragenden Platz in M.s Gesamtwerk, in dem die Literatur für Erwachsene dominiert, nimmt sein Jugendroman „A Pàl utcai fiúk" (dt. Die Jungens von der Paulstraße, 1910) ein, der 1906 erschien und rasch zu einem klassischen Werk der internationalen Jugendliteratur wurde. Die Darstellung der handelnden Personen bezeugt eine gründliche Kenntnis der Psyche Heranwachsender. M. ist ein aufmerksamer Beobachter, der Milieu und Lebensumstände der Stadtrandkinder getreu zu schildern vermag. Das Porträt der Hauptfigur, des kleinen, schwächlichen Ernö Nemecsek, ist besonders anziehend gezeichnet. Opferbereitschaft, kameradschaftliche Anhänglichkeit und Patriotismus sind seine hervorstechendsten Eigenschaften, die ihn in den Augen junger Leser zu einem besonders sympathischen Helden machen. „A Pál utcai fiúk" ist jedoch nicht nur eine spannende und interessante Erzählung, sie enthält auch scharfe Gesellschaftskritik. Die Schilderung der Lebensumstände der Familie des kleinen Jungen, die Szene seines Todeskampfes zeigen das Elend und das Ausgeliefertseins der am Stadtrand in ärmlichen Verhältnissen hausenden kleinen Leute des Alltags. Vereinsbürokratismus, formalen Ehrenkult und krankhafte Rangsucht verspottet M. in dem Teil des Romans, in dem er den Lesern den Kitt-Verein beschreibt.

Werke: A Pál utcai fiúk (1906; dt. Die Jungens von der Paulstraße, 1910).

Sekundärliteratur: A. Hegedüs: Legkedvesebb iróim (1971). – A. Hevesi: Molnár Ferenc és barátai (in: A Toll. 1937. 77. 6–7). – A. Kulcsár: A Pál utcai fiúk, Magyartanítás (1960). – G. Lukács: Uj magyar kultúráért (1948). – E. Molnár: Testvérek voltak (1958). – B. Osváth: A Molnár-legenda (in: Kritika. 1968. 40–46).

József Seres

Móra, Ferenc

*Ungarischer Schriftsteller und Journalist, Autor zahlreicher Kinder- und Jugendbücher; *19. 7. 1879 Kiskunfélegyháza, †8. 2. 1934 Szeged.*

M., dessen Eltern Handwerker waren, studierte unter schwierigen materiellen Verhältnissen an der Budapester Universität. Danach fand er eine Anstellung als Journalist bei der bürgerlich-radikalen Tageszeitung „Szegedi Napló", nachdem er vorher kurze Zeit ein Lehramt ausgeübt hatte. Zur gleichen Zeit war er Bibliothekar der Stadtbücherei von Szeged. Engere Beziehungen zur Kinder- und Jugendliteratur ergaben sich, als er 1905 Mitarbeiter der populären Kinderzeitschrift „az Én Újságom" wurde. Wegen seiner kriegsfeindlichen und sozialistischen Gesinnung mußte er 1919 seine Tätigkeit bei „Szegedi Napló" aufgeben. M. setzte seine literarische Tätigkeit als Direktor des Stadtmuseums fort und errang in Ungarn große Erfolge als Kinder- und Jugendbuchautor. Die Universität in

Szeged zeichnete ihn dafür mit der Ehrendoktorwürde aus.

Werk, Tendenzen, Wirkung. M. bewies seine schriftstellerische Begabung vor allem auf dem Gebiet der Novellen und des Kinderbuchs. Den ersten Erfolg erlebte er mit der Volksmärchenbearbeitung „Az aranyszörü bárány". Dieses 1902 erstmals erschienene Werk ist bis heute eines der meistgelesenen Kinderbücher in Ungarn geblieben. M. verstand sich vorwiegend als Kinderbuchautor. Seine Erzählungen, Märchen und Tiergeschichten sind von einem heiteren Grundton geprägt und verraten eine humanistische Lebensauffassung. Zu seinen bedeutendsten Werken gehören der Tiermärchenroman „Csilicsali Csalavári Csalavér" (1913), sowie die Novellenreihe „Dióbél királykisasszony" (1935). Ein durchschlagender Erfolg wurde das Buch „Kincskeresö kisködmön" (1918; dt. Der Wundermantel, [4]1969), in das er zahlreiche Erlebnisse und Episoden aus seiner Kindheit verwob. In seinen Werken für Erwachsene (z. B. „Véreim, 1927; „Nádihegedu", 1927; „Ének a buzamezökröl", 1927) steht die Schilderung des schweren Lebens der Bauern der ungarischen Tiefebene im Vordergrund.

Werke: Az Aranyszörü bárńy (1902); Rab ember fiai (1909); Mindenki Jánoskája (1911); Csilicsali Csalavári Csalavér (1913); Filkó meg én (1915); Kincskeresö kisködmön (1918; dt. Der Wundermantel, 1969); Dióbél királyfi (1922); Hol volt, hol nem volt (1925); Csalavári Csalavér újabb kandjai (1927); Dióbél Királykissaszony (1935).

Sekundärliteratur: Emlékkönyv Móra Ferenc 32 éves jubileumára (1933). – A. Földes: Móra Ference (1958). – F. Karinthy: Móra Ferenc. Kortársak nagy írókról (1956). – G. Ortutay: Irók, népek, századok (1960). – B. Tóth: Csilicsali Csalavári Csalavér (in: Irodalmi érdeklödés a gyermekkorban. 1961. 142–149).

József Seres

Moralische Geschichten

Die M. G. sind eine Sonderform der Lehrdichtung, die einen breiten Raum in der Geschichte der Kinder- und Jugendliteratur einnimmt. Besonders verbreitet war sie in Deutschland im 18. und 19. Jahrhundert.

Quellen der M. G. Eine ihrer Quellen liegt in der christlichen Lehrdichtung, der sie bei besonders religiösem Akzent auch verbunden bleibt. Eine zweite, stärker fließende Quelle liegt in der Geistes- und Gesellschaftsbewegung der europäischen Aufklärung des 18. Jahrhunderts. Nach ihr steht das moralisch Gute mit der Vernunft gemäß einer „natürlichen" Religion in Ein-

Die Birne.

Illustration zu der kleinen moralischen Erzählung „Die Birne", in der zwei Jungen wegen einer Birne Streit bekommen und sich schlagen, bis der eine in Ohnmacht fällt. Erst dann folgen Einsicht und Reue. Aus Franz Hoffmanns „Hundertundfünfzig moralische Erzählungen für kleine Kinder" (Stuttgart 1848).

Lohn der Wahrheit.

Illustration zu der kleinen moralischen Erzählung „Lohn der Wahrheit", in der die Warnung vor dem Eisgang von Fritz mißachtet wird. Es folgen Einbruch und Bestrafung durch Krankheit. Aus Franz Hoffmanns „Hundertfünfzig moralische Erzählungen für kleine Kinder" (Stuttgart 1848).

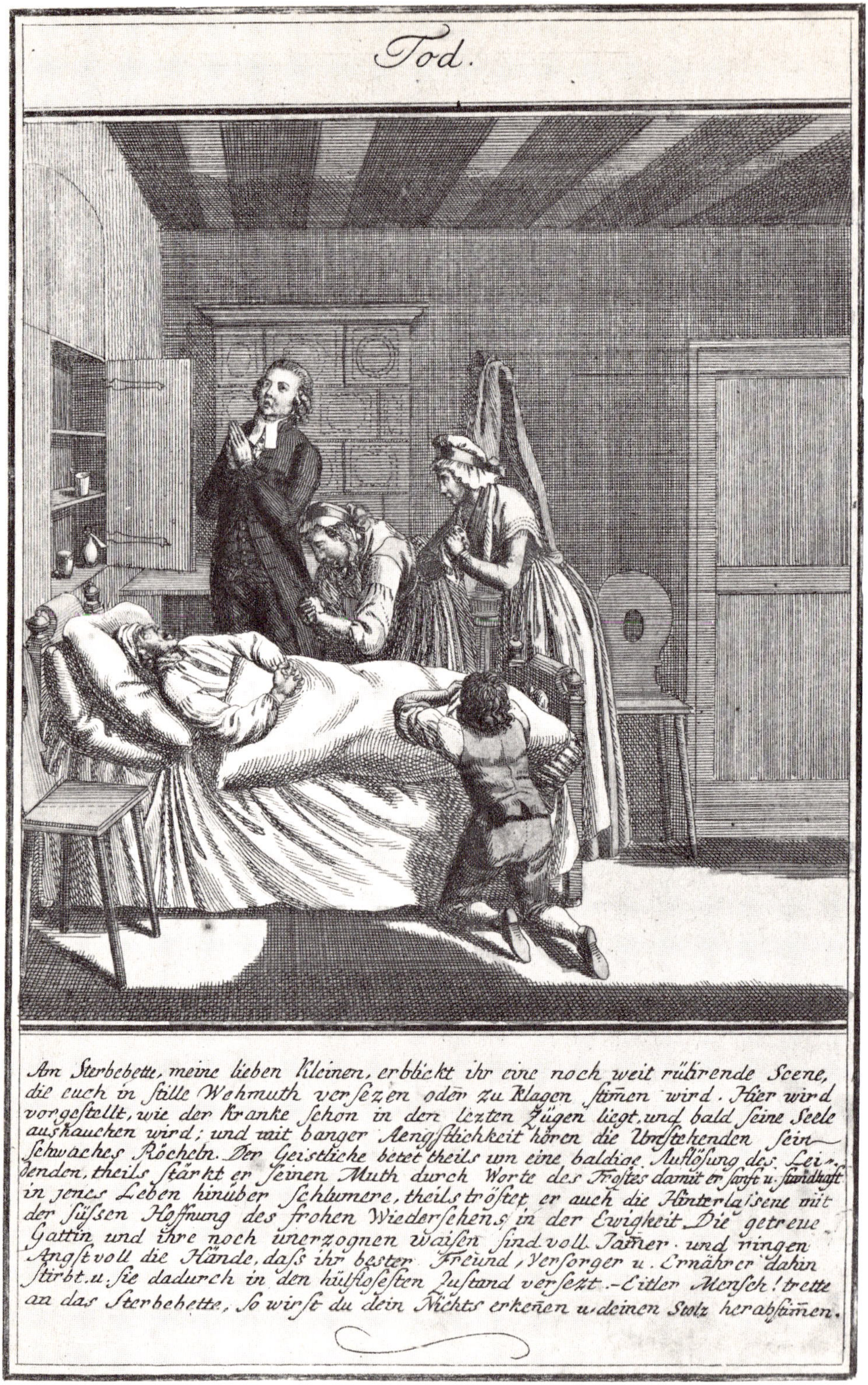

Sterbeszene zur Gemahnung an den göttlichen Trost und die irdische Vergänglichkeit in Ambrosius Gablers „Skizzen physischer und moralischer Gegenstände für die Jugend in 24 Kupfern“ (Nürnberg 1790).

klang. Unter „Moral" und „Tugend" verstand man allerdings in den Jugendschriften des 18. und 19. Jahrhunderts zumeist das bürgerliche Wohlverhalten in der nach Ständen geordneten Gesellschaft. Bedeutende Schrittmacher dieser Säkularisierung waren die „Moralischen Wochenschriften" des 18. Jahrhunderts, die zuerst in England entstanden, sehr bald aber auf dem Kontinent Nachahmung und Einstellung auf die verschiedensten Lesergruppen innerhalb der bürgerlichen Schicht fanden. Die periodisch erscheinenden Almanache, „Kinderfreunde" und Zeitschriften standen im Dienste der Erziehung zu den geltenden gesellschaftlichen Normen bürgerlichen, zunächst kindlichen und jugendlichen, Wohlverhaltens in Familie und Ständestaat. Neben belehrenden Mitteilungen in Briefform, Anregungen zu Spielen, neben Lehrgesprächen und -gedichten brachten sie die zugleich unterhaltenden und belehrenden M. G. Eine dritte Quelle dieser Art Lehrdichtung liegt in der Schulpädagogik des Philanthropinismus, in der das Veranschaulichen von Tatbeständen, Vorgängen, Verhaltensweisen, abstrakten Begriffen wie z. B. Tugenden durch Erzählen an erster Stelle fand (vgl. E. Chr. Trapp in: „Vom Unterricht überhaupt", 1798: „Um besonders den Vorrat von moralischen Ideen jeder Art zu vermehren, erzähle deinem Zögling viel."). Die Hauptepoche dieser M. G., u. a. gelegentlich auch „Moralische Gemälde" genannt (vielleicht in Anlehnung an die „Moralbibel" des Mittelalters, die mit Bildern in Medaillongröße versehen war zur Veranschaulichung der „Moral von der Geschicht""), läßt sich datieren mit dem Beginn um 1750 (J. P. Miller: „Historisch-moralische Schilderungen zur Bildung eines edlen Herzens in der Jugend", 1753) und den späten Schriften von J. Glatz um 1845, z. B.: „Heilige Morgenweihe der Lindenheimischen Familie oder Väterliche Belehrung über sittliche und religiöse Wahrheiten für Kinder von 9 bis 12 Jahren" (^{2}1846). An Spezialuntersuchungen dieser innerhalb von etwa einhundert Jahren publizierten besonderen Spielart der Lehrdichtung, die sich in Sprache und Akzentuierung aus der Aufklärung bis ins Biedermeier wandelte, fehlt es bisher. Die reichste Zusammenstellung und Beschreibung von Titeln dieses Typus bietet L. Göhring (a. a. O.). Als Prototyp dieser Sachwissen, Mode- und Sittenfragen einschließenden M. G. gelten die Moralischen Erzählungen der Mme. Le Prince de Beaumont. Sie wurden von J. Schwabe erstmals 1758 und von Chr. F. Weisse 1774 erneut übersetzt. Auch J. K. A. Musäus folgte französischem Vorbild, als er die 1728 in Paris erschienenen „Hochets moreaux" von Monget als Versgeschichten nachdichtete, die mit dem Titel „Moralische Kinderklapper für Kinder und Nichtkinder" 1788 von F. J. Bertuch herausgegeben wurden. In ihrer Kinder- und Hausmärchensammlung und -bearbeitung haben die Brüder Grimm auch Lehrdichtungen in Gestalt der Fabel aufgenommen (z. B. „Der Wolf und der Fuchs", Nr. 73, 1819), der belehrenden „Kinderlegenden" (Nr. 201–210) älterer Herkunft und ebenso auf ältere Quellen zurückgehende M. G., z. B. „Der alte Großvater und der Enkel" (Nr. 78, 1812), „Das eigensinnige Kind" (Nr. 117, 1815), „Der undankbare Sohn" (Nr. 145, 1815). In der Form der Kalendergeschichte (z. B. J. P. Hebel) ist die M. G. gleichfalls zur Literatur für die Jugend geworden.
Eine Tendenz zu immer umständlicheren Beschreibungen vom 18. zum 19. Jahrhundert stellt H. Müller bei der M. G. fest: „Während jedoch in den Sitten- und Zuchtbüchlein des 16., 17. und in der Regel auch des frühen 18. Jahrhunderts Gebote, Verbote und Anweisungen klipp und klar hingestellt wurden, werden die Verbote und Gebote des 19. Jahrhunderts in Form sentimental aufgeladener, langatmiger moralischer Erzählungen präsentiert" (S. 127). Er vermutet, daß auch unter den heutigen Kinder- und Jugendbüchern viele der Tradition der „moralischen Erzählung zur Belehrung, Unterhaltung und Erheiterung der jungen Leserschaft" verhaftet sind.

→ Fabel, → Kalendergeschichte, → Lehrdichtung

Sekundärliteratur: L. Göhring: Die Anfänge der deutschen Jugendliteratur im 18. Jahrhundert (1904). – W. Martens: Die Botschaft der Tugend (1968). – H. Müller: Vom Sittenbüchlein zur moralischen Erzählung (in: Das gute Jugendbuch. 3. 1976. 121–128).

Margarete Dierks

Mordillo, Guillermo

*Argentinischer Cartoonist, Bilderbuchillustrator und Trickfilmzeichner; * 4. 8. 1932 Buenos Aires.*

Bereits 1950 erschienen die ersten Kinderbuchillustrationen M.s in seiner argentinischen Heimat, es folgten Trickfilme für Fernsehen und Kino. Bis zu seiner Übersiedlung nach New York, 1960, arbeitete M. in Peru, seit 1963 lebt der international erfolgreiche Cartoonist in Paris. Seine Poster, Cartoons und Bilderbücher erscheinen in mehr als 15 Ländern. – Auf der 5. Internationalen Biennale für humoristische Zeichnung in Tolentino, Italien, wurde er 1967 mit der Silbermedaille ausgezeichnet. Sein Bilderbuch „Le Galion" (1970; dt. Das Piratenschiff, 1971) erhielt 1971 ein Diplôme Loisirs-Jeunes und 1972 auf der Kinderbuchmesse in Bologna einen Preis für die beste grafische Gestaltung von Kinderbüchern; ferner stand es auf der Auswahlliste zum Deutschen Jugendbuchpreis 1972. Die Arbeitsgemeinschaft Jugendbuch Göttingen (JUBU-Crew) wählte „Crazy Cowboy" (1972) zum Jugendbuch des Monats Februar 1973.

Werk, Tendenzen, Wirkung. M. schildert skurrile Situationen, erzählt Geschichten und Abenteuer ohne Zuhilfenahme von Worten. In den beiden „Giraffenbüchern" (1973 und 1974) sind Cartoons über staksbeinige Giraffen gesammelt. Nicht immer biologisch wahr, aber zeichnerisch brillant, bedient sich M. der markanten Fellzeichnung der Tiere zu allerlei Gags. Ähnlich wie in dem Band „The Collected Cartoons of Mordillo" (1971; dt. Der große Mordillo: Cartoons zum Verlieben, 1974) beschränkt er sich hauptsächlich auf Schwarzweiß-Effekte und grafische Wirkung. Seine

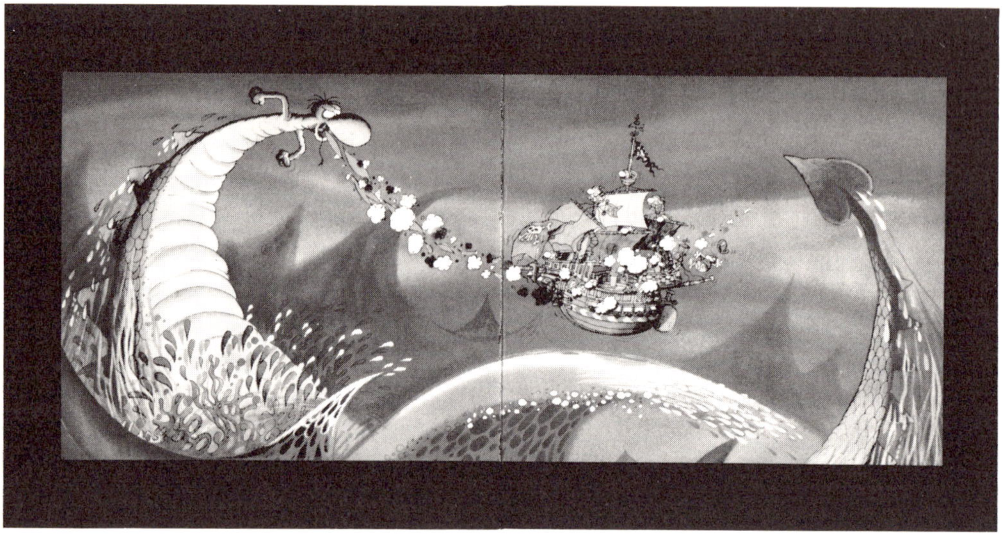

Guillermo Mordillo (1932). Illustration aus dem textlosen Bilderbuch „Le Galion" (Paris 1970; dt. Das Piratenschiff, Frankfurt/Main 1971).*

Kinderbücher dagegen leben hauptsächlich aus dem faszinierenden Einsatz der Farbe und ihrer Gegensätze. In großen, doppelseitigen Bildtafeln erzählt M. schlüssig die von ihm erdachten Handlungen; sie sind unkompliziert und überschaubar, der Witz sitzt in der Komik der Situationen, die jeder seiner Helden zu durchleben hat. „Das Piratenschiff" ist ein wortloser Abenteuerroman von acht immer siegreichen Seeräubern: Sie tragen ihr prächtig erbautes Schiff durch eine in tiefem Blau träumende Stadt in prägnant getroffener Butzenscheibenverwinkeltheit zum nächtlichen Stapellauf, plündern hochmütige Handelsschiffe und kämpfen mit fantastischen Meerwürmern. Ihr habgierig überladenes Schiff sinkt, jedoch aus den Palmen einer nahen Insel wird flugs ein neues konstruiert. Die Tafeln bestechen durch ihre klare Flächendisposition; auf meist monochromen, teilweise zeichnerisch sehr gut durchgearbeiteten, aber stets zum Hauptgeschehen kontrastreichen Hintergründen wird in großzügigen Umrißlinien die Handlung festgehalten, danach wird die Zeichnung mit der detailreichen Binnengliederung koloriert. Zwar bleibt M. immer der zeichnerischen Kontur verhaftet, jedoch durch geschicktes Ausbalancieren von Kleinem, psychedelisch Grellem (Aktion der Hauptfigur) zum qualitativ Großen, Monochromen (Szene) ergibt sich der farbige Reizwert seiner Blätter. Wie Sempé oder die meisten anderen Karikaturisten bedient sich M. in allen seinen Werken einer einmal als Markenzeichen erfundenen Comicfigur, seinem dünn- und kurzbeinigen Dickbauchkomiker mit Knollennase. In „Crazy Cowboy" verkleidet er sein Standardmännchen als Cowboy, in „Crazy Crazy" (1974) schwingt und schlängelt sich ein Mordillotarzan, listenreich Fauna und Flora nutzend, durch einen Dschungel. War es in dem einen Buch der Urwald, der überwunden werden mußte, so ist es in der grotesken Ballade vom einsamen Cowboy eine lange, beschwerliche Reise zu Fuß und zu Pferde, mit dem Hochrad, dem Planwagen, der Kutsche, der Bahn, dem Auto, dem Doppeldecker und dem Ballon vom Wilden Westen in den „zivilisierten" Osten der USA, quasi eine Geschichte der fortschreitenden Fortbewegungstechnik.

Die Ausstattung der Bücher besticht, die in den Handlungsverlauf integrierten Vorsatzpapiere demonstrieren augenzwinkernd die Geschichte als von ihm zeichnerisch erdachte. Gag reiht sich an Gag; wenn so z. B. der Cowboy, umschwirrt von Bewegungsspuren, im Asterixstil mit dem Planwagen über die Tafelberge Arizonas donnert, belauern ihn Indianer, die die Bergkuppen wie Tonnendeckel aufklappen. Aber die Fabeln der beiden Crazy-Bücher ähneln sich sehr, sie gefallen, wenn sie auch im Detail wohl nicht immer von Kindern vollständig entschlüsselt werden können. Es sind Persiflagen auf bestehende Abenteuerstereotypen in bewußt zitierter Zuckersüße des Disneylandes.

Werke: Le Galion (1970; dt. Das Piratenschiff, 1971, [3]1975); The collected cartoons of Mordillo (1971; dt. Der große Mordillo: Cartoons zum Verlieben, 1974); Crazy Cowboy (1972; dt. Crazy Cowboy, 1972); Das Giraffenbuch (Bd. 1 u. 2. 1973 u. 1974); Crazy Crazy (1974; dt. Crazy Crazy. Das Dschungelbuch, 1974).

Klaus-Rüdiger Werner

Morgenstern, Christian

*Dichter, Übersetzer, Redakteur; *6. 5. 1871 München, †31. 3. 1914 Meran-Untermais.*

Das Jurastudium brach M. nach zwei Semestern ab; bereits 1893 erkrankte er schwer an Tuberkulose. Er war ständig auf Reisen, meist zu Kuraufenthalten. Seit 1894 Mitarbeiter an literarischen Zeitschriften in Berlin, erschien 1895 sein erster Gedichtband. 1897–1903 übersetzte er STRINDBERG, HAMSUN und vor allem IBSEN. 1903 bis 1905 war er Redakteur der Zeitschrift „Das Theater", dann freier Lektor bei CASSIRER. 1909 wandte er sich der Anthroposophie R. STEINERS (1861–1925) zu.

Werk, Tendenzen, Wirkung. M.s heutiger Ruhm beruht auf den „Galgenliedern" (zusammen mit „Palmström", „Palma Kunkel", „Gingganz"). Sie sind seine „eigenste Leistung. Seine ernsten Dichtungen sind nicht stark genug, neue Ausdrucksformen der Dichtung zu überdauern" (A. LIEDE, a.a.O. S. 275). Den Erfolg verdanken die „Galgenlieder" traditionellen Elementen: Einige tragen als ursprüngliche Gesänge einer unsinntreibenden Gesellschaft („Galgenberg") den Stempel der geselligen Unsinnspoesie des 19. Jahrhunderts; darin sind sie auch Spiel mit der Bildung, freilich das Spiel eines Formvirtuosen: „Die Galgenlieder sind Ausdruck eines ästhetischen Raffinements, das in der Literaturgeschichte seinesgleichen sucht" (A. LIEDE, ebenda S. 305). Doch ist für ihr volles Verständnis die Kenntnis der Bedeutung NIETZSCHES und F. MAUTHNERS für M. wichtig. Von NIETZSCHE übernimmt er auch das Spiel mit seiner Kindlichkeit. So sind die „Galgenlieder" zwar „Dem Kind im Manne" gewidmet, trotz einiger Elemente volkstümlicher Kinderverse aber weitgehend unkindlich und wollen vor allem bei Erwachsenen Lachen erregen. Das gilt auch für „Das große Lalula", das mit seinen komplizierten Lautfolgen und dem Spiel mit Satzzeichen kein Gedicht für Kinder ist. Mit den Arbeiten, die M. speziell für Kinder geschrieben hat, steht er ganz unter dem Eindruck einer zeitgenössischen Mode: Auch in der Literatur treten Kind und Kindlichkeit ihren Siegeszug an (R. DEHMEL, G. FALKE, J. RINGELNATZ u.a.). Nachdem 1897 und 1906 in zwei Gedichtbänden M.s bereits Kindergedichte erschienen waren (in „Auf vielen Wegen", „Das Häslein", „Beim Mausbarbier", „Elbenreigen"; in „Melancholie" das Lied von „Klein Irmchen"; alle dann 1921 in der für Kinder bestimmten Sammlung „Klein Irmchen"), kamen zu seinen Lebzeiten nur zwei Kinderbücher heraus. Sein „Osterbuch" (1908) enthält einige seiner besten Kinderverse, die er zu vorgegebenen Bildern von K.F.E. VON FREYHOLD zu schreiben hatte: „... daher suchte ich jedem Blatt von Freyhold einen einprägsamen Zweizeiler beizugeben, der das Wesentliche des Bildes dem kindlichen Gemüt sofort klar und damit im Gedächtnis haften machte" (Ein Leben in Briefen. 1952. S. 209–210). Er will die Verse mehr aus Liebe zu Farbe und Zeichnung als aus Liebe zum Kinde geschaffen haben; ein „modernes" Kinderbuch ist für ihn nicht lehrhaft, sondern nur zum Vergnügen der Kinder da (ebenda S. 210). Aus dem Nachlaß erschien 1945 eine weitschweifige Prosaumformung der knappen Verse. Dieses „Ostermärchen" mit seiner gekünstelten und süßlichen Naivität ist – bis auf das Schlaflied am Schluß – zu Recht vergessen.

In seiner unprätentiösen Bearbeitung des „Rübezahl" (1908) von MUSÄUS, offenbar auch eine Auftragsarbeit für den Verleger CASSIRER, beschränkte sich M. auf Ersetzung von Kindern schwer verständlichen Wörtern sowie gelegentliche Kürzungen der zahlreichen Abschweifungen und der „anstößigen" Stellen.
Erst nach seinem Tode erschien dann mit Zeichnungen von J. L. GAMPP 1921 die Sammlung „Klein Irmchen", wovon 1943 unter dem Titel „Liebe Sonne, liebe Erde" eine um – abgesehen vom Eingangsgedicht – acht Lieder gekürzte und um eines vermehrte Neuausgabe mit Zeichnungen von E. EISGRUBER herauskam. In „Sausebrand und Mausbarbier" (1951) finden sich neben fünf Gedichten aus „Klein Irmchen" vier neue; 1965 schließlich nach Ablauf der Schutzfrist erschien eine Sammlung „Kindergedichte", die neben einer Auswahl aus „Klein Irmchen" und den vier neuen aus „Sausebrand" zwei weitere Gedichte M.s enthält. Die meisten seiner Kindergedichte entstanden um 1906, oft für Kinder von Bekannten bestimmt. Angeregt von C. G. SCHILLINGS Afrika-Dokumentarbuch „Mit Blitzlicht und Büchse" (1905) schrieb er 1908 die Verse zu „Klaus Burrmann der Tierweltphotograph", das mit den Bildern seines Freundes FR. BEBLO (1872–1947) erst 1941 veröffentlicht wurde.
Auch in seinen Kindergedichten zeigt M. sein großes artistisches Talent. Die besten stehen wie die DEHMELS in der Nachfolge des volkstümlichen Kinderverses und der Kinderliedtradition des 19. Jahrhunderts (z.B. „Das Häslein") oder sind geradezu parodistische Nachahmungen („Schlummerliedchen", „Der Frühling kommt bald"). Manche jedoch kann man in ihrer Süßlichkeit und gewollten Niedlichkeit heute kaum noch genießen (z.B. „Weidenkätzchen"); das „Lied der Sonne" endet gar in dem Kinde unverständlicher Sonnenmystik.
Da seine Arbeiten für Kinder – wie auch seine ernsten Gedichte – sich zu wenig von Vorbildern oder Zeitgenössischem unterscheiden, blieben sie eigentlich ohne Wirkung. Und so sind in einer Kinderlied-Anthologie von 1974 („Kommt, Kinder, wischt die Augen aus") von den 13 Gedichten M.s 11 Galgenlieder, und eine andere trägt sogar den Titel eines Galgenliedes („Das große Lalula", 1971). Auch hier ist der Ruhm der Galgenlieder so groß, daß die Herausgeber sie den Kinderliedern M.s vorziehen.

→ Nonsense in der Kinder- und Jugendliteratur

Werke: Galgenlieder (1905); Osterbuch (1908; u.d.T.: Hasenbuch, NA. 1960); Palmström (1910); Palma Kunkel (1916); Der Gingganz (1919); Klein Irmchen. Ein Kinderliederbuch (1921); Alle Galgenlieder (1932); Klaus Burrmann der Tierweltphotograph (1941); Liebe Sonne, liebe Erde. Ein Kinderliederbuch (1943); Ostermärchen (1945); Sausebrand und Mausbarbier. Ein Kinderliederbuch (1951); Kindergedichte (1965); M. Morgenstern (Hrsg.): Gesammelte Werke (1965); H. O. Proskauer (Hrsg.): Sämtliche Dichtungen (bisher Abt. I. Bd. 1–11. 1971–1973).
Bearb.: J. K. A. Musäus: Die Märchen vom Rübezahl. Für die Jugend bearbeitet (1909, [2]1914).

Sekundärliteratur: M. Bauer: Christian Morgensterns Leben und Werk (1933). – M. Beheim-Schwarzbach: Christian Morgenstern in Selbstzeugnissen und Bilddokumenten (1964). – L. W. Forster: Poetry of significant nonsense (1962). – H. Gumtau: Christian Morgenstern (1971). – A. Liede: Dichtung als Spiel. Studien zur Unsinnspoesie an den Grenzen der Sprache (Bd. 1. 1963. 273–349). – M. Morgenstern (Hrsg.): Ein Leben in Briefen (1952). – P. H. Neumann: Morgensterns Galgenlieder als poetologische Modelle betrachtet (in: Sprachkunst. 4. 1973. 53–64). – L. Spitzer: Die groteske Gestaltungs- und Sprachkunst Christian Morgensterns (in: Motiv und Wort. Studien zur Literatur- und Sprachpsychologie. 1918. 53–123). – J. Walter: Sprache und Spiel in Christian Morgensterns Galgenliedern (1966).

Walter Pape

Morgenstern, Lina

*Schriftstellerin, freie Sozialarbeiterin; *25. 11. 1830 Breslau, † 16. 12. 1909 Berlin.*

Nach dem Besuch der höheren Töchterschule in Breslau bildete sich M., Tochter des jüdischen Fabrikanten A. BAUER, durch Unterricht und Selbststudium in Astronomie, Literatur, Sprachen und Musik weiter. 1848 ließ sie sich in die Sozialarbeit einführen, nachdem sie bereits als Siebzehnjährige einen Verein zur Unterstützung armer Schulkinder gegründet hatte. Durch ihre Heirat mit dem Kaufmann THEODOR M. kam sie nach Berlin, wo sie vielseitige soziale Aktivität in der Öffentlichkeit entfaltete. Zunächst für den Kinder- und Mädchenschutz wirkend, wurde sie Mitbegründerin des Berliner Kindergartenvereins und schuf 1862 das Kinderpflegerinnen-Institut. Ihre eigenen fünf Kinder erzog sie ganz im Sinne FR. FRÖBELS, dessen pädagogische Lehre und Anleitungen für die Praxis sie in eigenen Publikationen erläuternd darstellte. 1866 begründete sie den Verein der Berliner Volksküchen, 1869 den Kinderschutzverein und eine erste Akademie zur wissenschaftlichen Fortbildung für junge Damen, die sie selbst bis 1873 leitete. Ihr Einsatz für die Rechte und die Bildung der Frauen war international anerkannt, neben anderen Ehrenämtern erhielt sie die Vizepräsidentschaft des Internationalen Bundes fortschrittlicher Frauen in London. Seit 1874 redigierte M. mit Unterstützung ihrer Tochter die „Deutsche Hausfrauenzeitung", deren Leitung sie dreißig Jahre lang bis 1904 behielt. Im Verlag der bis heute in Variationen fortgesetzten Zeitschrift erschienen die meisten ihrer jugend- und volkspädagogischen Schriften und ihrer Bücher zur sozialen und zur Frauenfrage.

Werk, Tendenzen, Wirkung. Begabt zur praktischen Organisation und als Frau sozialer Tatkraft, hat M. für die Entwicklung der Wohlfahrt und für die Emanzipation der Frau Wirksames geleistet. M. schrieb ihre Gedichte und Erzählungen im Sinne der Spiel- und Bildungsgedanken FR. FRÖBELS für das Kleinkind. Ihr erstes Kinderbuch („Aus der Storchstraße. Hundert Bilder aus der Kinderwelt", 1860) erschien 1895 unter dem Titel „Hundert Erzählungen aus der Kinderwelt für Kinderstube und Kindergarten" in zwei Neuauflagen (im Verlag K. Thienemann). Den Band „Das Paradies der Kindheit durch Spiel, Gesang und Beschäftigung" (1861) schuf M. als ein „praktisches Handbuch für alle Freunde der Kinderwelt". Sie stellte darin „Friedrich Fröbels Spielbeschäftigungen als ein zusammenhängendes Ganzes" nach den Quellen dar. Er enthält FR. FRÖBELS „Menschenerziehung" (1826), „Sonntagsblättchen" (1837) und „Wochenschrift" sowie einige Erzählungen M.s und Lieder zur Spielanwendung. Im Vorwort des Buches legte M. ein uneingeschränktes Bekenntnis zur Kleinkinderpädagogik FR. FRÖBELS ab. Für die Jugend, besonders für Mädchen, veröffentlichte sie Märchen, Sagen („In der Dämmerung", 1869), und in dem Bande „Die Plauderstunden. Zwölf Erzählungen für die reifere Jugend" (1874) läßt sie junge Mädchen beim Kaffeekränzchen selbst erzählen. In dem „Jugendkalender 1893", den sie für Knaben und Mädchen herausgab (1892), brachte sie Beiträge kaum bekannter Autoren und Autorinnen zusammen mit eigenen, darunter ein Spiel nach dem Märchen „Der Froschkönig". Obwohl seit H. WOLGASTS literarpädagogischen Forderungen von vielen Erziehern abgelehnt, fand M.s „Kindergartenpoesie" einen weiten Leserkreis.

→ Fr. Fröbel

Werke: Die Storchstraße. 100 Erzählungen für Kinder (1861; NA. u.d.T.: Hundert Erzählungen aus der Kinderwelt für Kinderstube und Kindergarten, 1895); Das Paradies der Kindheit. Anleitung zu Fröbels Spielbeschäftigungen (1861, [7]1905); In der Dämmerung (1862); Das Bienenkätchen (1863); Die kleinen Menschen (1865, [2]1871); Die Plauderstunden. Zwölf Erzählungen für die reifere Jugend (1874); Fr. Fröbel, Leben und Wirken (1882); Jugend-Kalender für das Jahr 1893 (1892); Die Frauen des 19. Jahrhunderts (Bd. 1–3. 1888–1891); Zehn goldene Worte für Mädchen im Hausdienst (1894); Bunter Märchenkranz für Knaben und Mädchen (1898); Geschichten aus dem Kinderleben des 18., 19. und 20. Jahrhunderts (1909).
Hrsg.: Deutsche Hausfrauenzeitung (1874–1904); Für junge Mädchen (1889–1894; u.d.T.: Jahrbuch für junge Mädchen nach der Schulzeit 1895).

Margarete Dierks

Moric, Rudo

*Schriftsteller, Lehrer, Literaturpädagoge, Verleger; *27. 3. 1921 Sučany/ČSSR.*

M. (Dr. phil.) war als Lehrer, Dramaturg für Schulfilme und Mitarbeiter des Pädagogischen Forschungsinstituts in Bratislava tätig. Seit 1959 ist er Direktor des slowakischen Kinderbuchverlages Mladé Letá. 1967 wurde ihm für sein kinder- und jugendliterarisches Gesamtwerk der Fraňo Kráľ-Preis (gestiftet vom slowakischen Kultur- und Informationsministerium) verliehen; 1975 der Ehrentitel „Verdienter Künstler" zugesprochen.

Werk, Tendenzen, Wirkung. Die Entwicklung des slowakischen Kinderbuches in den Nachkriegsjahren ist mit M. durch seine schriftstellerischen und verlegerischen Unternehmungen, aber auch durch seine literaturpädagogischen Aktivitäten eng verbunden. M. tritt insbesondere für Förderung und Verbreitung der slowakischen Kinderliteratur ein (s. R. Moric: Das Kinderbuch in der Slowakei; Börsenblatt Leipzig, 1975. 890–892). Als Autor pflegt M. nahezu alle Genres, für die sich junge Leute interessieren (u. a. Reisebeschreibungen, Sagen, historische Romane). Besondere Aufmerksamkeit schenkt M. den Fragen kindlicher Moral und Handlungsmotivation. Die Helden des Romans „Explózia" (Explosion) wachsen in den bewegten Tagen des Slowakischen Nationalaufstandes heran. „Trikrát som ušiel" (dt. Dreimal bin ich durchgebrannt) schildert den Kampf eines Zigeunerknaben um einen würdigen Platz in der Gesellschaft und in „Oktávia ide stovkou" (Die Oktavia frißt hundert Kilometer) geht es um die Bewährung von moralischem Verhalten in einer Jugendgruppe. In dem unter dem Titel „Smutný Suarez" (Der traurige Suarez) erschienenen Erzählungen beschreibt M. die seelische Verfassung junger Wettkämpfer.

Eine zweite Gruppe seiner Werke beweist M.s Liebe zur Natur; dazu zählen „Z pol'ovníckej kapsy" (Aus des Försters Tasche) und Erzählungen aus der Tierwelt, zusammengefaßt in „Rozprávky z lesa" (Erzählungen aus dem Wald) und „O muške Svetluške a iné rozprávky" (Käferchen Leuchtkäferchen und andere Erzählungen). In diesen Erzählungen zieht M. Parallelen zwischen dem Verhalten der Tiere und dem Handeln der Menschen, begnügt sich jedoch keinesfalls mit einer für Fabeln charakteristischen Moralität, sondern vermittelt neue Kenntnisse und Aspekte. In „Ako sa princezná Ňurka stratila a ako sa našla" (Wie Prinzessin Njura abhanden und wieder zum Vorschein kam) und „O Haríkovi a Billovi, dvoch kamarátoch" (Harry und Bill – zwei Freunde) stellt er die Beziehung von Kindern zu Tieren dar. M. bringt großes Verständnis für die Welt des Kindes auf und versteht es, interessante und aktuelle Sujets wirkungsvoll zu bearbeiten; deshalb zählen seine Werke zu den beliebtesten und meistgelesenen Kinderbüchern in der Tschechoslowakei.

Werke: Lyžiar Martin (1947); Žofka (1948); Družina z Dlhej ulice (1949); Miško hrdina (1949); Pozor, filmujeme! (1950); Explózia (1951); Tri roky (1951); Ako sme sa hrali (1952); Prvý z Dvorov (1953); Majster pästiarskych rukavíc (1954); Z pol'ovníckej kapsy (1955; dt. Aus des Försters Tasche, 1969, ²1972); Cez šest'desiatjeden končiarov (1956); Prípad Tuberculín (zus. mit I. Vaňo, 1957); Pri zakliatej rieke (1958); Našiel som vám kamarátov (1960); Trikrát som ušiel (1961; dt. Dreimal bin ich durchgebrannt, 1965); Čo je rýchlejšie (1962); O divej kačičke (1962); Smutný Suarez (1962); Oktávia ide stovkou (1964); Taký je svet (1964); Kukučia rozprávka (1965; dt. Wenn der Kuckuck ruft, 1967); Srnka s červenými hviezdičkami (1967; dt. Sternchen, 1970); Teraz ho súdia nepriatelia (1967); Srnček Parožtek (1968; dt. Tüpfel im Brunnen, 1968); Ako vretenica kl'ukatá o chvost prišla (1969); Sen o chlebe (1969); Ako sa princezná Ňurka stratila a ako sa našla (1970); Rozprávky z lesa (1971; dt. Erzählungen aus dem Wald, 1973); O muške Svetluške a iné rozprávky (1972); O Haríkovi a Billovi, dvoch kamarátoch (1973); O Blažejovi, čo sa nebál (1975); Svetlo náčelníka Hatueya (1975).

Lýdia Kyselová

Móricz, Zsigmond

*Schriftsteller, Journalist und Jugendbuchautor, bedeutender Vertreter des ungarischen Realismus; *2. 7. 1879 Tiszacsécse, †4. 9. 1942 Budapest.*

M., dessen Vater als Kleinbauer begann und zum Bauunternehmer aufstieg, studierte zunächst Theologie, dann Rechtswissenschaften und schließlich in Budapest ab 1900 an der philosophischen Fakultät. Schon während des Studiums wurde er als Journalist tätig. Die Eindrücke, die er während einer Reise durch die ärmeren Gebiete des Landes sammelte, schlugen sich in zahlreichen seiner Werke nieder. Vor allem das sich ihm darbietende Bild des Elends und der Mühsal des Bauernlebens beeindruckte ihn stark und sollte zum Leitmotiv für seine späteren großen Bauernromane und Novellen werden. M. arbeitete in den zwanziger Jahren bei der Zeitschrift „Nyugat", übernahm 1929 die Schriftleitung des Prosateils und redigierte ab 1939 das Literaturblatt „Kelet Népé".

Werk, Tendenzen, Wirkung. M., einer der bedeutendsten Vertreter des Realismus in der ungarischen Literatur, begann seine schriftstellerische Laufbahn als Autor für Kinder. So schrieb er für die Kinderrubrik der Tageszeitung „Újság", deren Kinderbeilage er gestaltete, und für das Kinderblatt „Én Újságom" in den Jahren 1903 bis 1909 Kindergedichte, Märchen, Erzählungen und einen Kinderroman. Unter dem Titel „Erdö, mezö világa" erschien 1908 die erste Anthologie seiner Kindergedichte, in denen er die überlieferten Volksmärchen neu gestaltete und groteske Elemente sowie unerwartete Assoziationen miteinbezog. Ein zweiter Band mit Kinderversen erschien 1912 unter dem Titel „Boldóg világ". Die meisten dieser Gedichte waren schon früher in der Zeitschrift „Nyugat" erschienen. Den Kinderroman „Magyar tengeren" druckte die Zeitung „Újság" in Fortsetzungen. Der Roman erschien 1938 unter dem veränderten Titel „Pipacsok a tengeren" in Buchform. In ihm finden sich zahlreiche autobiographische Elemente, Ereignisse aus M.s Kindheit, die sich vor dem Hintergrund des Konflikts zwischen Herren- und Bauernwelt abspielen. Der hauptsächlich für Erwachsene gedachte Roman „Légy jó mindhalálig" (1937; dt. Mischi und das Kollegium, 1962) fand auch starke Resonanz bei jugendlichen Lesern. M. gestaltete darin das problematische Verhältnis zwischen Kindern und Erwachsenen, das an den Erlebnissen des jugendlichen Helden Mischi Nyilas, einem Debrecziner Schüler, gezeigt wird. Neben Prosamärchen schrieb M. auch Märchen in Versform, die allerdings erst sechzehn Jahre nach seinem Tod in dem Band „Ifjúsági írások" (1958) erschienen.

Werke: Erdö, mezö világa (1908); Boldog világ (1912); Légy jó mindhalálig (1937; dt. Mischi und das Kollegium, 1962); Pipacsok a tengeren (1938); Ifjúsági írások (1958).

Sekundärliteratur: M. Czine: Móricz Zsigmond utja a forradalmakig (1960). – A. Hegedüs: Legkedvesebb íróim (1971). – P. Nagy: Móricz Zsigmond (1953). – P. D. Szemzö: Móricz Zsigmond az ifjusági iró, Kalauz a magyar ifjúsági irodalomban (1957).

József Seres

Moritz, Karl Philipp

*Pädagoge und Schriftsteller der Aufklärungsepoche; *15. 9. 1757 Hameln, †26. 6. 1793 Berlin.*

Armut und Unfrieden im Elternhaus sowie die von strengem Pietismus bestimmte Erziehungsatmosphäre beeinträchtigten M.' Kindheit und Jugend. Nach einer abgebrochenen Hutmacherlehre in Braunschweig besuchte M. in Hannover das Dorfschullehrerseminar, anschließend das Gymnasium. Um Schauspieler zu werden, suchte er Anschluß an verschiedene Wandertruppen. Gönner ermöglichten M. das Studium der Theologie in Erfurt und Wittenberg. Er war kurze Zeit Lehrer am BASEDOWschen Philanthropin in Dessau, wechselte über an das Militärwaisenhaus in Berlin und von dort an das Graue Kloster, wo er 1780 Konrektor wurde. 1784 erhielt er eine Professur am Köllnischen Gymnasium in Berlin. Während dieser Jahre versah M. die Schriftleitung der „Vossischen Zeitung". Einer Reise nach England folgte 1786 eine Wanderung nach Italien. Dort festigte sich die freundschaftliche Beziehung zu J. W. v. GOETHE. Bei der Rückkehr nach Deutschland verweilte M. im Dezember 1788 bis Februar 1789 in Weimar, wo er auch FR. V. SCHILLER kennenlernte. Auf Empfehlung hochgestellter Förderer wurde M. als Professor für Altertumskunde und Theorie der Schönen Künste Senatsmitglied der Berliner Akademie der Bildenden Künste. Seine Vorlesungen zogen ungewöhnlich viele Hörer an.

Werk, Tendenzen, Wirkung. M. gehörte zu den aufgeklärten Köpfen seiner Zeit. Gegen viele Widerstände arbeitete er sich zum erfolgreichen Pädagogen und Schriftsteller empor. Um der Jugend und breiteren Volksschichten Kenntnisse im richtigen Sprachgebrauch und in Sachstoffen zu vermitteln, schrieb er u. a. 1784 „Von der deutschen Rechtschreibung. Zum Gebrauch in Schulen und für solche, die keine gelehrten Sprachkenntnisse besitzen". Ebenso empfahl er seinen „Versuch einer kleinen praktischen Kinderlogik" (1786) auch „Lehrern und Denkern", damit sie befähigt würden, den Stoff für Kinder didaktisch aufzubereiten. Aus ähnlichem Antrieb begann er sein „Mythologisches Wörterbuch zum Gebrauch in Schulen", das er jedoch nicht mehr vollenden konnte. Ein weiteres Anliegen M.' war es, Kenntnisse in der Psychologie als Erfahrungswissen für die Erziehung fruchtbar zu machen. So gab er von 1783 bis 1793 zehn Bände eines „Magazin zur Erfahrungsseelenkunde" heraus. Größte Bedeutung fand das Fragment seines „ein psychologischer Roman" genannten autobiographischen Werkes „Anton Reiser" (1785–1790). Die von ihm als „eine Allegorie" bezeichnete Erzählung „Andreas Hartknopf" kann als Fortsetzung des „Anton Reiser" verstanden werden. Er persifliert darin u. a. die BASEDOWsche Erziehungsmethode. Im „Anton Reiser" sind die Einflüsse zeitgenössischer Geistesströmungen und Literatur auf frühe Kindheit und Jugend so eindringlich geschildert, daß diese Selbstanalyse unter der modernen Fragestellung der Jugendliteraturtheorie nach dem Bezug zwischen jungem Leser und Buch erneut Beachtung fordert. W. JENS nennt das Werk einen „Archetypus aller Jugendanalysen" und den ersten Versuch, „das Leben eines jungen Menschen aus dem Wechselspiel von Charakter und Umweltfaktoren, Anlage und ökonomischer Situation zu beschreiben". Die sich bei M. in seiner Entwicklung kreuzenden Einflüsse von „Glaube, Skepsis und Rationalismus" hat R. MINDER in seiner Untersuchung unter diesem Titel bis in feinste Verästelungen untersucht.

Werke: Unterhaltungen mit meinen Schülern (1780); Kleine Schriften, die deutsche Sprache betreffend (1781); Von der deutschen Rechtschreibung, zum Gebrauch in Schulen und für solche, die keine gelehrte Sprachkenntnis besitzen (1784); Anton Reiser. Ein psychologischer Roman (Teil 1–4, 1785–1790); Versuch einer kleinen praktischen Kinderlogik, welche auch zum Theil für Lehrer und Denker geschrieben ist (1786); Andreas Hartknopf. Eine Allegorie (1786); Andreas Hartknopfs Predigerjahre (1790); Deutsche Sprachlehre für die Damen (1791); V. D. Schmidt (Hrsg. und Fortsetzung): Mythologisches Wörterbuch zum Gebrauch in Schulen (1794); J. Schrimpf (Hrsg.): Die neue Cecilia (1794, NA. 1962).

Sekundärliteratur: K. Hoffmann: K. Ph. Moritz' „Anton Reiser" und seine Bedeutung in der Geschichte des deutschen Bildungsromans (Diss. 1923). – W. Jens: Statt einer Literaturgeschichte (1957, ²1962). – R. Minder: Glaube, Skepsis und Rationalismus, dargestellt auf Grund der autobiographischen Schriften von K. Ph. Moritz (1974). – F. Müffelmann: K. Ph. Moritz und die deutsche Sprache (Diss. 1930). – J. Peters: Die Romane von K. Ph. Moritz und deren mutmaßliche Leser (Diss. 1940).

Margarete Dierks

Moshage, Julius

*Ingenieur, Schriftsteller; *25. 6. 1906 Augustdorf (Lippe-Detmold).*

Als jüngster Sohn von acht Kindern eines Dorfschmieds in einem Heidedorf der Senne erlernte M. zunächst das Schmiedehandwerk. Ein Stipendium ermöglichte ihm das Ingenieurstudium am Technikum in Lippe. Als Montage-Ingenieur für Wasserkraftmaschinen und Pumpen lernte er Indonesien und die Südsee kennen. Weitere Berufsreisen in viele Länder unternahm er später als Direktor einer Maschinenfabrik. M. ist Mitarbeiter an der Zeitschrift Merian. Seit 1947 ist er Mitglied des Verbandes deutscher Schriftsteller.

Werk, Tendenzen, Wirkung. M.s Bücher lassen sich bei fließenden Übergängen einteilen in Erlebnisbücher, Erzählungen, Biographien und Sachbücher. Die Erlebnisberichte (z. B. „Mit Zirkel und Hammer durch die Welt", 1936) geben die Erfahrungen und Beobachtungen des Ingenieurs in Indonesien wieder. Auch in die Erzählungen, die das Reise mit dem Abenteuerbuch verbinden (z. B. „Weiße Kohle am Tigerberg", 1941; „Schätze der Südsee", 1949; „Reis für alle", 1966; „Pulu Batu", 1969), geht meist autobiographisches Material des beruflich reisenden Ingenieurs ein. Dies gilt weniger für Bücher, in denen Jugendliche selbst

handelnd im Mittelpunkt stehen („Mensch, Türkentauben!", 1952; „Die Feuerjungen von Golden Hill", 1960). Im naturwissenschaftlich-technischen Bereich bleiben die Lebensbilder zu FRAUNHOFER und W. VON SIEMENS („Vom Glaserjungen, der uns die Sterne näher brachte", 1940; „Kabel durch das Rote Meer", 1951). Besonderes Gewicht haben die erzählenden Sachbücher wie die Darstellungen der Geschichte der Technik und der Beherrschung der Naturkräfte durch den Menschen („Energie bewegt die Welt", 1960; „Energie – Kraft ohne Grenzen", 1974) und der anthropologischen Forschung („Adams Söhne", 1963). An persönliche Beziehungen zum Sachgebiet anknüpfend werden Entwicklung und derzeitiger Stand unter Betonung der Forscher- und Erfinderschicksale mit zum Teil episodisch-anekdotischem Einschlag erzählt. Karten, Skizzen, Fotos, Literaturnachweise, Wort- und Sacherklärungen oder lexikalische Anhänge (zur Energie-, zur Menschheitskunde) verstärken den Informationsgehalt der Sachbücher. Durch eine einfache, lebendig-unterhaltende Erzählweise werden auch schwierigere Sachverhalte anschaulich und verständlich vorgestellt. – Der Einbau belehrender Partien in die erzählenden Abenteuerbücher ist in den späteren Werken besser gelungen als in den früheren. Auch die in seinen frühen Werken sichtbare Tendenz zu einer forsch-saloppen Sprache wurde in den späteren Arbeiten zurückgedrängt.
M. will mit seinen Büchern, in denen vielfach Erlebnis-, Abenteuer- und Sachbuchelemente eine Verbindung eingehen, pädagogisch wirken: Vergnügen bereiten, begeistern, auf unterhaltende Weise Wissen vermitteln und zum Nachdenken anregen. Seinen eigenen Lebensweg vom Volksschüler und Schmiedegesellen zum Auslandsingenieur, der „deutsche Technik und deutsche Arbeit" repräsentiert („Mit Zirkel und Hammer durch die Welt", Nachwort zur 7. Auflage, 261), bietet er seinen jugendlichen Lesern als Vorbild an. – Die Mehrzahl seiner Bücher ist auf Leser ab 12 bis 16 Jahren zugeschnitten. Die fundierten Sachbücher eignen sich als populärwissenschaftliche Darstellungen auch für Erwachsene.

Werke: Mit Zirkel und Hammer durch die Welt (1936, [7]1956); Montage im Urwald (1938); Nach Indien verpflichtet (1938); Vom Glaserjungen, der uns die Sterne näher brachte (1940); Am Wasserfall des Tji Pamuha (1941); Weiße Kohle am Tigerberg (1941); Der Chinesenmord von Batavia (1942); Schätze der Südsee (1949); Glücksvogel narrt die Südsee (1951); Kabel durch das Rote Meer (1951); Diebe im Werk (1952); Mensch, Türkentauben! (1952); Der Zauberer von Nias (1952); Die Adler-Detektive (1954); Lockende Tiefe (1954); Schneller! Schneller! Autos erobern die Welt (1955; NA. u. d. T.: Tempo – Tempo! Vom Schnauferl zum Rennwagen, 1968; NA. u. d. T.: Tempo! Tempo! Das Auto erobert die Welt, 1971); Blitzende Steine. Auf Jagd, Diamanten und Goldsuche in Südafrika (1958); Energie bewegt die Welt. Das große Buch der Naturkräfte (1960); Die Feuerjungen von Golden Hill (1960); Adams Söhne. Das große Buch vom Menschen (1963); Abenteuer in der Südsee (1966); Reis für alle. Abenteuer eines Schiffsingenieurs in Indonesien (1966); Freiheit ist wie Licht und Sonne (1968); Pulu Batu. Die Flucht von der Pirateninsel (1969); Die Diamanten-Story. Schönheit und Schicksal edler Steine (1971); Perlen, Mondschein vom Meeresgrund (1972); Energie – Kraft ohne Grenzen. Vom Wasserrad zum Atomreaktor. Beherrschung und Verwertung der Naturkräfte (1974); Erfinder wandeln die Welt (1975); Das Jahrhundert der Ingenieure (1975).

Theodor Karst

Mudrak, Edmund

*Ethnologe, Herausgeber zahlreicher Jugendausgaben von Märchen, Sagen und Mythen; *27. 10. 1894 Wien, †12. 12. 1965 Wien.*

Nach dem Besuch des humanistischen Gymnasiums und der Teilnahme am Ersten Weltkrieg von 1914 bis 1918 studierte M. an der Wiener Universität Germanistik, Orientalistik und Vorgeschichte und promovierte mit einer Arbeit über die Wielandsage. Danach führte er neben seiner Tätigkeit als Beamter des Kulturamts der Stadt Wien seine wissenschaftlichen Arbeiten fort. Während des Zweiten Weltkriegs war M. von 1943 bis 1945 Professor für Volkskunde an der „Reichsuniversität" Posen, danach als Lehrer an höheren Schulen in Wien tätig.

Werk, Tendenzen, Wirkung. M. setzte sich zunächst theoretisch mit Volksglauben und Volksüberlieferung auseinander, wurde aber auch schon vor 1945 als Herausgeber der für die Jugend bestimmten Reihe „Dürrs Sammlung deutscher Sagen" und „Märchen der Ostvölker" tätig. Nach dem Ende des Zweiten Weltkriegs wandte er sich stärker der Kinder- und Jugendliteratur zu. In zahlreichen Aufsätzen bezog er Stellung zu Problemen der Märchen- und Sagenforschung (z. B.: Die Brüder Grimm und ihre Arbeit für das Märchen, 1953; Volksmärchen – Kindermärchen?, 1957; Kinderspiel und Volksüberlieferung, 1961). Entsprechend seinem Bestreben, mit Sagen und Märchen „uraltes Erbgut unverfälscht darzubieten und der Jugend als unverlierbaren Besitz zu vermitteln" (Nachwort zu „Deutsche Heldensagen", 1955), veröffentlichte er eine große Zahl von Bearbeitungen überlieferten Erzählguts für die Jugend, von denen einige, z. B. „Die Sagen der Germanen" (1961), bis in die Gegenwart weite Verbreitung finden. M. bezieht seine Stoffe vorwiegend aus der germanischen Überlieferung des nord- und mitteleuropäischen Raumes, den schriftlichen Quellen des deutschen Mittelalters, sowie den volkskundlichen Sammlungen des 19. Jahrhunderts. In seiner 1962 erschienenen Fabeledition dagegen, die Stücke aus verschiedenen Zeiten und von Völkern aus aller Welt enthält, wird dieser Rahmen aufgegeben.

Werke: Die nordischen Heldensagen (1932); Märchen und Sage (1933); Die deutschen Heldensagen (zus. mit K. v. Spieß, 1939); Deutsche Märchen – Deutsche Welt (1939; u. d. T.: Hundert Volksmärchen treu nach den Quellen in ihren Beziehungen zur Überlieferungswelt, NA. 1947); Das Märchen vom Dornröschen (in: Zeitschrift für deutsche Bildung. 17. 1941. 11/12. 336–347); Märchen und Sage in ihren Wesenszügen (1944, [2]1964); Die Brüder Grimm und ihre Arbeit für das Märchen (in: Ensslin-Jahresgabe 1953. 5–35); Deutsche Heldensagen (1955);

Volksmärchen – Kindermärchen? (in: Jugendliteratur. 3. 1957. 3. 309–314); Das Volksmärchen (in: Jugendliteratur. 4. 1958. 7. 309–317); Das große Buch der Volkssagen (zus. mit E. Rothemund, 1959); Märchen aus aller Welt (1961); Kinderspiel und Volksüberlieferung (in: Jugendliteratur. 7. 1961. 12. 562–573); Nordische Götter- und Heldensagen (1961); Die Sagen der Germanen (1961); Das Volksmärchen – eine Liebesgeschichte? (in: Jugendliteratur. 8. 1962. 12. 562–573); Das große Buch der Fabeln (1962); Rittersagen (1969).

Hrsg.: E. Engelmann: Germanischer Sagenborn (1951).

Bearb.: D. Defoe: Robinson Crusoe (1962).

Bernd Dolle

Müchler, Karl Friedrich

*Staatsbeamter, Schriftsteller; *2. 9. 1763 Stargard (Pommern), †12. 1. 1857 Berlin.*

Nach dem Studium der Rechtswissenschaften in Berlin trat M. 1785 in den Staatsdienst ein. 1794 wurde er Kriegsrat, 1796 Expedient bei der General-Lotterie-Administration und 1798 wirkte er in gleicher Eigenschaft beim fränkischen Departement des Generaldirektoriums. Durch den Krieg im Jahre 1806 verlor er alle Einkünfte; er lebte seitdem als freier Schriftsteller. 1814 leitete er vorübergehend in Dresden die Kriegs- und Sicherheitspolizei. Im November 1814 setzte ihm der russische Kaiser eine lebenslängliche Pension von 100 Dukaten aus, die er über 42 Jahre bezog.

Werk, Tendenzen, Wirkung. Der Taschengoedeke führt von M. 81 Titel an. M., der von Heinsius als „Ein anmuthiger Volksliederdichter und Epigrammatist" gepriesen wurde, verfaßte neben Gedichten, Kriminalgeschichten, Kriegsliedern, Denksprüchen und Bühnenstücken für Erwachsene, zahlreiche Kinder- und Jugendschriften.

H. Kletke, der in seine Anthologie „Deutsche Fabeln des XVIII. und XIX. Jahrhunderts" (1841) von M. die Fabeln „Der Affe und der Bär", „Die Biene und die Spinne", „Die Reisegefährten" und „Die Nachahmer" übernahm, schreibt über deren Autor in einer kurzen biographischen Notiz, M. sei ein „äußerst fruchtbarer Schriftsteller, mit gefälligem Talent für das Lyrische". Kletke empfiehlt besonders die Sammlungen „Epigramme, Fabeln und Erzählungen" (1808) und „Fabeln und Erzählungen" (1828). Auch ein großer Teil der von M. speziell für Kinder verfaßten Schriften trägt im Titel oder Untertitel den Hinweis auf die Fabel. Offensichtlich nehmen die Fabeln im Werk M.s eine bevorzugte Stellung ein. Es darf vermutet werden, – darauf hat auch Kl. Doderer hingewiesen, – daß M. zusammen mit anderen Autoren seiner Zeit versuchte, einem „Absterben der Fabel" in der Jugendliteratur entgegenzuwirken.

Werke: Epigramme, Erzählungen und Fabeln (1808); Erinnerungen aus dem Leben berühmter Männer. Zur Belehrung und Aufmunterung der Jugend (1816); Schatzkästlein für die deutsche Jugend (1820); Erzählungen aus der Thierwelt; zur Belehrung und Unterhaltung der Jugend (1822); Erzählungen aus der Jugendwelt. Zur Belehrung und Unterhaltung der Jugend (1825); Der kleine Fabelnerzähler. Enthaltend 80 Fabeln und Erzählungen (1825); Kinderspiegel für Knaben und Mädchen. 12 Erzählungen (1826); Maiblümchen. Ein Angebinde für die Jugend beiderlei Geschlechts, in moralischen Erzählungen und Fabeln (1827); Fabeln und Erzählungen für die Jugend (1828); Lehrreiche Erzählungen für kleine Kinder (1828); Die Sittenlehre, in Fabeln und Erzählungen für die Jugend (1829); Fabellese für die weibliche Jugend (1831).

Sekundärliteratur: F. Brümmer: Lexikon der deutschen Dichter und Prosaisten von den ältesten Zeiten bis zum Ende des 18. Jahrhunderts (1884). – Kl. Doderer: Fabeln. Formen, Figuren, Lehren (1970). – H. Kletke: Deutsche Fabeln des XVIII. und XIX. Jahrhunderts (1841).

Hubert Göbels

Mühlenhaupt, Kurt

*Maler, Illustrator, Erzähler, Kinder- und Bilderbuchautor; *19. 1. 1921 Klein Ziescht/Mark Brandenburg.*

M., Sohn eines Arbeiters, lebt seit seinem zweiten Lebensjahr in Berlin. Im Anschluß an den Besuch der Volksschule machte er eine Modelltischlerlehre mit. Nach dem Krieg war er zwei Jahre lang Schüler der Hochschule für Bildende Künste in Berlin. Der Maler K. Hofer (1878–1955) förderte den Autodidakten. Die naiven Bilder von M. – auch die seines Bruders Willi M. (*1907) – wurden im In- und Ausland gezeigt. Seit 1961 stellte er u.a. in Berlin, Düsseldorf, Hamburg, München und Frankfurt/M. aus. Die Brüder M. betrieben in Berlin-Kreuzberg einen vielbesuchten Trödelladen, in dem sie bewegliche Plastiken, Tafelbilder und Grafiken ihrer Umgebung, der „kleinen Leute" des Viertels, verkauften, eine Tierfarm sowie das Künstlerlokal „Leierkasten". M. ist Mitglied der Berliner Malerpoeten und des Kreuzberger Künstler Kreises.

Werk, Tendenzen, Wirkung. M. veröffentlichte bislang drei Bilderbücher im Parabel-Verlag, München, und seine Kindheitserlebnisse „Ringelblumen" (1974) in der „Edition Loewes". Aus der mit kruden Federzeichnungen illustrierten Biografie, die eine Variation der für Erwachsene „in Wort und in Bildern" erzählten Erinnerungen „Berliner Guck-Kasten Buch I: Zwischen Ringelblumen und Rhabarberstauden" (1969) und „Das Geheimnis der Sandkuten. Eine Jungengeschichte" (1970) darstellt, wird auch das „Milljöh" seiner Bilderbücher erkennbar: Die Beengtheit der Laubenkolonie-Idylle, die Ärmlichkeit Berliner Mietskasernen, die Atmosphäre lichtloser Hinterhöfe, das Elend ihrer Bewohner. Der klassenkämpferische, jedoch nie agitatorische Gehalt seiner Bilderbücher findet literarische Stützung durch die Schilderung der Auseinandersetzungen und sozialen Spannungen, die zum Machtantritt Hitlers führten. In alle Kinderbücher M.s gehen auch die Sorgen und Probleme der Erwachsenenwelt wie gesellschaftliche und politische Verunsicherung, Arbeitslosigkeit, Geldmangel ein.

Das sozialkritische Bilderbuch „Sabine und ihre Puppe" (1971) stellt eine gestörte Mutter-Kind-Beziehung in den Mittelpunkt. Eine alleinstehende, schwer arbeitende Frau, die wenig Zeit findet, auf die Schwierigkeiten, Wünsche und Träume ihrer vereinsamten Tochter einzugehen, glaubt, sich die Liebe ihres Kindes mit Hilfe einer für ihre finanziellen Verhältnisse viel zu teuren Puppe erkaufen zu können. Der Konflikt bricht auf, als das Kind einer einfachen Holzpuppe, die ihm inzwischen ein befreundeter Maler genau nach seinen Vorstellungen geschnitzt und gemalt hat, den Vorzug gibt und wird endlich gelöst, als beide, Mutter und Kind, erkennen, daß sie aufeinander angewiesen sind. In „Rüben, Fische, Eierkuchen" (1975) behandelt M. eine Episode aus seinen Kindheitserinnerungen: Eine Plötze wird auf dem Wochenmarkt gekauft, doch der Junge setzt durch, daß sie nicht geschlachtet, sondern im Tempelhofer Dorfteich in Freiheit gesetzt wird (vgl. J. Prochazka: Der Karpfen, 1974).

Bildnerisch setzt M. die Tradition fort, die durch den Arbeitermaler O. Nagel (1894–1967) in Berlin begonnen wurde; auch lassen sich inhaltliche Beziehungen zu Zeichnungen von H. Zille (1858–1929) und K. Kollwitz (1867–1945) herstellen. Während die zum Teil in kleinen Auflagen in Handpressedruck erschienenen Bücher für erwachsene Leser vorwiegend mit Linol- und Holzschnitt, Federzeichnungen und Lithografien illustriert sind, wird der Text seiner Bilderbücher durch ganz- oder doppelseitige Ölbild-Reproduktionen vertieft und eindringlich interpretiert. Schmutziggraue Stadtlandschaften, rundliche Frauen, Arbeiter in Schiebermützen, Straßenkehrer, Müllmänner, kleine Händler und Kinder – alle mit großflächigen, fast maskenhaften und dennoch sehr ausdrucksstarken Gesichtern – sind die immer wiederkehrenden Szenerien und Protagonisten.

Kurt Mühlenhaupt (1921). Illustration aus dem Bilderbuch „Rüben, Fische, Eierkuchen" (München 1975).*

Ähnlich vital und von naiver Direktheit wie seine pastosen Bildtafeln sind die Typenzeichnungen M.s, ist die Sprache, die ungefiltert den Jargon der „kleinen Leute", des Proletariats der zwanziger, dreißiger Jahre, auch noch des heutigen Kreuzberg, widerspiegelt. M.s Bilderbücher und seine Kindheitserinnerungen sind zwar rückwärtsgewandt, jedoch nicht rückwärtsgerichtet. Sie konservieren in Stadtansichten und jahreszeitlichen Stimmungsbildern ein Stück harten Großstadtlebens der Vergangenheit, dem M. durch Tagträume, durch Wunsch- und Denkblasen – besonders in der Illustration zu „Das Märchen vom kleinen Herrn Moritz" (1972) von W. BIERMANN (* 1936) – auch einen wichtigen Akzent romantischer Verklärung beigegeben hat. An ungeschminkter Wirklichkeitsnähe gehören M.s Bilderbücher zu den stärksten Arbeiten eines auf „Unterschichtenkinder" abzielenden optischen und literarischen Angebots.

Werke: K. Mühlenhaupt: Sabine und ihre Puppe (1971); W. Biermann: Das Märchen vom kleinen Herrn Moritz (1972); K. Mühlenhaupt: Ringelblumen (1974); K. Mühlenhaupt: Rüben, Fische, Eierkuchen (1975).

Horst Künnemann

Mühlenweg, Fritz

*Kaufmann, Forschungsreisender, Maler, Kinder- und Jugendbuchautor, Übersetzer; * 11. 12. 1898 Konstanz, † 13. 9. 1961 Allensbach.*

Nach einer kaufmännischen Lehre mußte M. als Soldat am Ersten Weltkrieg teilnehmen; später war er dann in seinem erlernten Beruf tätig. Im Rahmen seiner beruflichen Aufgaben nahm er Verbindung zu dem schwedischen Forscher SVEN HEDIN auf und beteiligte sich zwischen 1927 und 1932 an verschiedenen Expeditionen in Innerasien. Er erlernte die mongolische Sprache. Seit 1932 studierte M. Malerei in Wien. Seine ersten Kinderbücher schrieb er im Anschluß an den Zweiten Weltkrieg. Für „In geheimer Mission durch die Wüste Gobi" wurde M. 1954 mit dem Friedrich Gestäcker-Preis ausgezeichnet.

Werk, Tendenzen, Wirkung. Zu den ersten Veröffentlichungen M.s zählen Bilderbücher, zu denen er die Texte verfaßte und seine Frau Elisabeth M. die Illustrationen anfertigte. Daneben übersetzte er die erfolgreiche Bilderbuchserie von L. FATIO und R. DUVOISIN „The Happy Lion" (1954 ff.; dt. Der glückliche Löwe, 1955 ff.). Den stärksten Widerhall fand zweifellos das Reise-Abenteuerbuch „In geheimer Mission durch die Wüste Gobi" (Teil 1: Großer Tiger und Kompaßberg, Teil 2: Null Uhr fünf in Urumtschi), das in verschiedenen Ausgaben vorliegt. Hier wie in seinen anderen bedeutenderen Jugendbüchern verarbeitet M. die eigenen Erfahrungen der Expeditionen.
Offensichtliche Intention ist, Informationen über Voraussetzungen und Bedingungen des Lebens in anderen Gebieten zu vermitteln. Der Leser erhält Einblick in Siedlungsformen, in klimatologische Gegebenheiten und deren Folgen für die Lebensweise der Menschen. Einen Schwerpunkt sieht der Autor zweifellos darin, Verständnis für Brauchtum und Denkkategorien anderer Völker (am Beispiel seiner Erfahrungen in Innerasien) zu entwickeln. Diese Absichten werden nicht in einem trocken-belehrenden Ton vorgetragen. M. versteht es im Gegenteil, sie aus den Handlungen der beteiligten Personen deutlich werden zu lassen. In den stark autobiographisch bestimmten Büchern M.s zeigt sich seine emotionale Betroffenheit. Er verstand sich ganz bewußt als Vermittler und bereitete die Stoffe gezielt für den jugendlichen Leser auf: klare, dabei auf Differenzierung des Inhaltlichen abgestellte Sprache, abenteuerliche Grundstimmung (mit einem hin und wieder übertrieben gewundenen Handlungsfaden), Einsatz von Humor und (Selbst-)Ironie (damit Möglichkeit distanzierter Rezeption). Hinzuweisen wäre in diesem Zusammenhang auf einen dynamischen Grundzug der Texte, der sich aus der ständigen Lernbereitschaft ihrer Protagonisten ergibt. Das Verweilen oder Schwelgen in Erinnerungen wird weitgehend vermieden.

→ Sv. Hedin

Werke: In geheimer Mission durch die Wüste Gobi (1950, [5]1954; NA. u. d. T.: Großer Tiger und Christian, 1963, [5]1974); Großer Tiger und Kompaßberg (Teil 1 von: In geheimer Mission durch die Wüste Gobi; 1950, [10]1961); Null Uhr fünf in Urumtschi (Teil 2 von: In geheimer Mission durch die Wüste Gobi; 1950, [9]1959); Das Tal ohne Wiederkehr oder Die Reise von Magog nach Gog (1952, [7]1962); Nuni. Die Geschichte eines langen Heimwegs, bei dem die Sterne halfen (1953, [5]1965); Kasperl mit der Winduhr (1956, [6]1968); In jenen Tagen. Die Geschichte von dem Jungen, der die 2 Fische und die 5 Brote brachte (1957, [10]1974); Der Familienausflug (1960, [2]1962); Das Schloß des Drachenkönigs (1961, [3]1966); Echter und falscher Zauber (1963, [2]1965).

Peter Zimmermann

Albert Müller Verlag

Rüschlikon/Zürich. Tier-, Sport- und Indianerbücher für Kinder und Jugendliche.

A. MÜLLER-SCHWARZENBACH gründete 1936 den Verlag. Die Jugendbuchproduktion wurde mit den Jugendtierbüchern „Bambi", „Bambis Kinder", „Perry", „Renni" und „Djibi, das Kätzchen" begonnen. Derzeitiger Verlagsleiter ist A. L. RECHER-VOGEL (* 1905). Unter seiner Leitung erschienen Pferdebücher, Hundebücher, Katzenbücher, Sportbücher und Indianerbücher für Jugendliche. Außerdem erscheint nur in der Schweiz die „Reihe Juniorwissen".
Zu den wichtigen Autoren gehören: F. SALTEN, W. FARLEY, G. GUARESCHI, A. HEYE, R. KATZ, R. LEMBKE, K. PINKERTON, E. ZIEGLER-STEGE sowie KN. MEISTER und C. ANDERSEN.

Winfred Kaminski

Müller, Elisabeth

*Schweizer Schriftstellerin und Pädagogin; *21. 9. 1885 Langnau, † 22. 6. 1977 Hünibach.*

M. ist die Tochter des Pfarrers und Schriftstellers Dr. h.c. Ernst M., dessen Eltern aus Schwaben in die Schweiz übersiedelten. Kindheit und Jugend verlebte sie in Langnau (Emmental). Nach dem Besuch des Lehrerinnenseminars in Bern arbeitete sie als Lehrerin in verschiedenen Dorfschulen. Später führte M. eine kleine Privatschule und wirkte 11 Jahre als Übungs- und Methodiklehrerin am Lehrerinnenseminar in Thun. Daneben übte sie eine rege Vortragstätigkeit aus und war Redakteurin einer kirchlichen Zeitschrift. Sie wurde mit Literaturpreisen von Stadt und Kanton Bern, der Schweizerischen Schillerstiftung und dem Schweizerischen Lehrerverein (1954) ausgezeichnet. Die Universität ehrte sie mit dem Dr. h.c. Die Gemeinden Langnau und Hünibach ernannten M. zur Ehrenbürgerin.

Elisabeth Müller (1885–1977)

Werk, Tendenzen, Wirkung. Die ersten Jugendbücher von M. entstanden auf ihrem jahrelangen Krankenlager. In der Isolation schuf sie lebensvolle Bilder aus dem heimatlichen Emmental. Die Erinnerung an ihre Kindheit in einer großen, harmonischen Familie fand hier ihren Ausdruck. Die Jugendbücher fanden Anklang und erreichten mehrfache Auflagen. Einzelne wurden im Rundfunk gesendet, eines auch verfilmt (Die Kummerbuben). „Man hat das Gefühl nicht des Erfundenen, sondern des wirklich Erlebten, geführt von einer leise ordnenden Hand, einer Art Vorsehung, die für Gerechtigkeit und guten Ausgang sorgt, aber nicht ohne schwere Schicksale, unter denen man tief durch muß, und auch nicht ohne wehmütigen Ausklang, dem aber die Läuterung nicht fehlt“, schrieb M.s Verleger A. Francke nach der Lektüre des ersten Manuskriptes.

Werke: Familie Förster (1913, NA. 1963); Vreneli (1916); Erzählungen (1916); Müeti, was wei mer lehre? (1918, [2]1938); Theresli (1918); Christeli (1920); Die beiden B (1931); Prinzessin Sonnenstrahl (1932); Unser Hanni (1932); Das Schweizerfähnchen (1937); Härz, sing und spiel (1938, Bd. 1. 1954, Bd. 2); Wackere Leute (1941); Die sechs Kummerbuben (1942); Lueginsland (1948); Die Quelle (1950); Stefan und seine Geige (1951); Das grüne Gräslein (1952); Türen gehen auf (1957); Was in der Stille wächst (1962).

Sekundärliteratur: W. Laedrach: Elisabeth Müller (1957). – D. Larese: Schweizer Jugendschriftsteller der Gegenwart (1963). – P. Schuler: Freundesgabe für Elisabeth Müller zum 80. Geburtstag (1965). – Fr. Wartenweiler: Elisabeth Müller (1967).

Peter Schuler

Müller, Emil Reinhardt

*Jugendbuchautor, Verfasser von Bühnenspielen für die Jugend; Publizist und aktives Mitglied der sozialistischen Arbeiterjugendbewegung; *25. 5. 1879 Mühltroff (Voigtland), †10. 3. 1950 in der DDR.*

Als Sohn eines sozialdemokratischen Strumpfwirkmeisters aufgewachsen, mußte M. schon früh zum Lebensunterhalt beitragen. Er erlernte den Beruf des Steindruckers und ging als Geselle nach Halberstadt. 1905 schloß er sich der neu entstehenden sozialistischen Arbeiterjugendbewegung an. Von 1910 bis 1933 war er Redakteur der Magdeburger „Volksstimme“ und redigierte die Spalten für Kommunal- und Kulturpolitik. Nach dem Ersten Weltkrieg arbeitete er in der der SPD nahestehenden Sozialistischen Arbeiterjugend mit. In dieser Zeit verfaßte M. die meisten seiner Bühnenspiele für die Jugend. Nach dem Zweiten Weltkrieg lebte er bis zu seinem Tode in der DDR.

Werk, Tendenzen, Wirkung. Die nach dem Ersten Weltrieg in der Sozialistischen Arbeiterjugend weit verbreitete Bühnenspielbewegung, als deren Hauptvertreter M. (genannt der „Sonnenmüller“) gelten darf, entfaltete sich parallel der Arbeiterdichtung (Bröger, 1886–1944; Lersch, 1889–1936; Barthel, 1893 geb. usw.). Wie diese verstand sie sich als Ausdruck einer klassenübergreifenden Menschheit und nicht des Proletariats allein. Sie gestaltete die „helle Gegenwart“ (Weimar der arbeitenden Jugend. 1921. 6), als die die neue Republik von Weimar verstanden wurde. In deutlichem Bezug zur „Freideutschen Jugend“, die auf dem Hohen Meißner 1913 ihre jugendbestimmte Identität formulierte, erschien auch in den Arbeiten M.s die Jugend als neue Seinsform, als der „sozialistische Mensch“, dessen Aufgabe es sei, „in der Gegenwart schon von Mensch zu Mensch sozialistische Geisteskultur zu schaffen“ (ebda. 9). Ebenso wie die Arbeiterdich-

tung enthielten sich auch die entstehenden Bühnenspiele einer genauen Darstellung der Realität, gestalteten dafür die Sehnsucht nach Sonne, Freiheit, Aufbruch und Herzenswärme. Die „Kunst aus dem Herzen" (Bühnenkunst und Jugendspiel. 1922. 6.) verstand sich als Gegenposition einer – von der KPD vertretenen – proletarischen Heldenpose in Bühnenspielen, „die vom Befreiungskampf der Arbeit handeln und nach der gleichen Methode gestaltet sind wie die vaterländischen Spiele" (ebda. 37). Die „Idee einer inneren Verbundenheit von Mensch zu Mensch, von Mensch zu Natur" (ebda. 38) konnte nach M.s Vorstellungen auf der Bühne nur symbolhaft gestaltet werden; losgelöst von aller Klassengebundenheit und persönlicher Problematik.
Frühling und Sonne wurden zu Insignien für Freiheit, für den Aufbruch zum Neuen, zum Inbegriff der Sehnsucht nach einer besseren Zeit. Reichtum wurde formuliert als Reichtum des Herzens: der ist reich, „der immer geben kann, weil sein Herz danach ist" (Weihenacht im Walde. 1921. 25). Beispielhaft zeigt dies das Spiel „Weihenacht im Walde", wo Konrad und Elslein, die beiden bettelarmen Proletarierkinder, traumverloren in den Wald gehen, um Weihnachtsmann und Weihnachtsbaum zu suchen, während bei den Reichen die Tannenbäume mit den brennenden Kerzen in den warmen Zimmern leuchten. Durch einen Kreis armer, aber wahrhaft liebender Menschen widerfährt ihnen dort ein viel schöneres und reineres Glück. Auch in „Spielmanns Schuld" (1920) – wo „Sonnenstrahl", „Spielmann" und „Wanderburschen" symbolhaft für die Sehnsucht nach Freiheit stehen – findet sich eine ähnliche Lösung: die vom Spielmann in den Bann gezogene Liese findet dennoch in die Ehe mit dem Schulmeister zurück, der sie gerade entgehen wollte. So wird der Konflikt aufgelöst in einem munteren Hochzeitsreigen, der nun versöhnend das neue Glück umrankt.
So wurden – trotz des Postulats des tatkräftigen jungen neuen Menschen, der die Sonne erstrebt – die Bühnenspiele M.s identisch mit der bürgerlichen Literatur und übernahmen von einer anderen Seite deren ideologisches Muster der Versöhnung mit einer für die Arbeiterjugend schlechten Realität innerhalb der Weimarer Republik.
Auch wenn die Unruhe und das Hinausziehen aus dem kargen Elternhaus in den letzten Zeilen in die Gemeinschaft der Arbeiterbewegung eingebettet werden, die als gegen das Ufer hämmernder Strom, dessen Kraft den Himmel als leuchtendes Tor erstrahlt, dargestellt wird, so verbleibt die Aussage diffus und meidet die Auseinandersetzung mit gesellschaftlicher Realität und deren Erfordernissen („Die Sternenträger", 1925).

Werke: Die Arbeiterjugend und ihre Welt. Ein Buch, das alte und junge Menschen zusammenführen soll (1913); Spielmanns Schuld. Jugendspiel mit Liedern und Tänzen (1920, [5]1925), Der Aufbruch. Ein Festspiel in 2 Teilen für die Arbeiterjugend (1921, [3]1923); Das Lichtlein im Walde. Weihnachtsspiel für die Jugend (1921, NA. u. d. T.: Weihenacht im Walde, 1921, [5]1928); Das Weimar der arbeitenden Jugend. Niederschriften und Bilder vom 1. Reichsjugendtag der Arbeiterjugend (1921, [2]1923); Bühnenkunst und Jugend (1922); Blühende Erde. Ein Spiel für frohe Menschen (1922); Narrenglück. Ein Spiel für die Jugend in zwei Teilen (1923); Die Sternenträger. Lebenswanderung einer Jugend (1925).

Manfred Geiss

Müller, Heinrich August

*Pastor, Schriftsteller, Jugendbuchautor; *1766 Greußen (Fürstentum Schwarzburg), †2. 8. 1833 Wolmersleben (Magdeburg).*

M. studierte Theologie und kam 1797 als Prediger nach Menz bei Magdeburg. Am Feldzug 1813–1814 nahm er als preußischer Brigadeprediger teil. Ab 1815 wirkte M. als Prediger in Wolmersleben bei Magdeburg.

Werk, Tendenzen, Wirkung. M. gehörte, wie viele seiner schreibenden Zeitgenossen, zu den pädagogisierenden Autoren. Er verfaßte zwar zahlreiche Schriften für „Alt und Jung", doch zielten die meisten seiner Bücher auf den kindlichen und jugendlichen Leser hin. Die Intention des Autors ist an der oft programmatischen Kapiteleinteilung seiner Schriften abzulesen, so etwa in dem „Neuen Bildungsbuch zum Unterricht und Vergnügen für die lieben Kinder", das 1829 in Frankfurt am Main herauskam. Das Buch gliedert sich in die fünf Kapitel: „I. Kleine, leichtbegreifliche Erzählungen aus dem Menschenleben. II. Wie man das Gefühlsvermögen der Kinder bildet. In Geschichtchen aus dem Leben der Kinder. III. Bildende Uebung des inneren Sinnes, oder Erhebung der Gedanken und Gefühle zum deutlichen Bewußtseyn. IV. Der Tugendspiegel. V. Erzählungen und Lieder." Das letzte Kapitel unterteilt sich wieder in: „I. Erzählungen zur Warnung. II. Lieder". Die etwas naive Gottesgläubigkeit M.s spiegelt sich in zahlreichen seiner Kinderbücher und führte auch zu seiner Kampfschrift „Über die gewissenlose Freiheit theologischer Schriftsteller und Schriften, welche die Religiosität des Volkes zerstören" (1820).
Einen Teil seiner Kinderschriften entwarf M. zum gleichzeitigen Gebrauch in Schule und Haus, so vor allem das noch lange über M.s Tod hinaus immer wieder neuaufgelegte Buch „Bitte! Bitte! liebe Mutter! bester Vater! lieber Onkel! liebe Tante! schenke mir dies Buch mit den schönen Kupfern" (1811). Es handelt sich dabei um „ein verbessertes ABC- und Lesebuch nach Pestalozzis und Stephanis Lehrmethode" das vor allem auch durch seine von Boettger und Strasberger gestochenen handkolorierten Kupfer, die Seebach „besonders bemerkenswert" findet, Anklang fand.
Auch die zahlreichen für die Freizeitbeschäftigung der Kinder gedachten erzählenden Schriften entbehren nicht der belehrenden und pädagogisierenden Absicht, wie oft schon den Buchtiteln zu entnehmen ist (z. B.: „Erzählungen des Lehrers in den Spiel- und Ruhestunden. Ein nützliches und unterhaltendes Lesebuch für Knaben und Mädchen, die eben so wohl Unterhaltung als Belehrung suchen", 1830).
Die weitschweifigen und ausführlichen Titel und Untertitel der Schriften M.s sind geradezu Beleg für ein den

Das

Neue Bildungsbuch

zum

Unterricht und Vergnügen

für

die lieben Kinder.

Von

Heinrich Müller.

(Verfasser von: Emiliens goldenes Buch; der blinde Gottlob; der tägliche Erzähler; Spiel, Scherz und Ernst; Bitte! Bitte! lieber Vater, liebe Mutter ꝛc.)

Mit sechs illuminirten Kupfern.

Frankfurt am Main, 1829.

Verlag von Heinrich Wilmans.

Titelbild und Titelseite zu Heinrich Müllers „Das Neue Bildungsbuch zum Unterricht und Vergnügen für die lieben Kinder" (Frankfurt 1829).

Autor bestimmendes philanthropistisches, aufklärerisches Erziehungsdenken, das allerdings durch die naiv-christliche Orientierung viel an aufklärerischem Impetus verliert. Viele Schriften M.s wurden auch noch nach seinem Tode neu aufgelegt und gelesen.

Werke: Neue moralische Kinderbibliothek in Erzählungen für Verstand und Herz (1810); Kleines moralisches Elementarwerk für Kinder, in faßlichen und zweckmäßig abgefaßten Geschichten (1811); Bitte! Bitte! liebe Mutter! lieber Vater! lieber Onkel! liebe Tante! schenke mir dies Buch mit den schönen Kupfern. Ein neues ABC-Buch nach Pestalozzi's und Stephani's Lehrmethode (1811); Der kleine Kaufmann, Künstler und Professionist, oder technologisches Bilder-ABC und Lesebuch (1811); Vater Mildenbergs Schatzkästlein oder Sitten- und Klugheitslehren in Denksprüchen für die Jugend (1813); Der neueste deutsche Jugendfreund, oder Erzählungen für Knaben und Mädchen, zur Ausbildung ihres Verstandes und Herzens (Bd. 1–2. 1816); Das lieblichste Geschenk für kleine Kinder, die lernen und lesen können (1819); Das nützlichste Buch für kleine Kinder, oder ABC- und Lesebuch. (1819); Allerneuestes, naturhistorisches ABC- und Lesebuch (1821); Neue moralische Erzählungen für die Jugend (1826); Emiliens goldenes Buch, welches sie schuldlos und sicher ihrer Bestimmung entgegenführt (1827); Spiel, Scherz und Ernst für kleine Kinder von 4 bis zu 6 Jahren (1828); Der tägliche Erzähler für kleine Kinder (1828); Das allerliebste Hannchen, wie es spielt, lernt und die Freude der Aeltern wird (1829); Diederich und Marie, oder wunderbare Erfahrungen zweier Kinder (1829); Das neue Bildungsbuch zum Unterricht und Vergnügen für die lieben Kinder (1829); Die Freuden des Frühlings, zur Erheiterung, Belehrung und Veredelung für gute, liebe Kinder (1830); Eugenias erstes Buch, oder neues Fibellesebuch für kleine Mädchen, die sich vergnügen, Angenehmes und Nützliches lernen wollen. Ein Geschenk von der lieben Mutter (1830); Unterhaltendes und lehrreiches Bilderbuch für Knaben und Mädchen (1830); Vaterländische Bilder, oder historische Denkwürdigkeiten, Kunstwerke, Produkte, Industrie- und Naturmerkwürdigkeiten der preußischen Monarchie; für Preußens Jugend, um Vaterlandsliebe in ihr zu erwecken, zu stärken und unwandelbar zu begründen (1830); Gutes und Schönes, was die liebe Mutter ihren kleinen Töchtern Lisettchen, Jettchen und Mina lehrt (1830); Das wahre Kinderbuch zum Lernen und Vergnügen (1830); Mein liebes Lesebuch mit erheiternden und nützlichen Belehrungen. Ein Geschenk für fleißige, lernbegierige Kinder (1830); Selbstbeschäftigungen für Kinder, ohne den belehrenden Beistand der Erwachsenen (1830); Edmunds erstes Buch, oder neues Fibellesebuch für kleine Knaben, die sich vergnügen, Angenehmes und Nützliches lernen wollen. Ein Geschenk vom lieben Vater (1830); Der Weihnachtsabend in Liebenthal, das liebste Kinderfest im Jahre (1830); Erzählungen des Lehrers in den Spiel- und Ruhestunden. Ein nützliches und unterhaltendes Lesebuch für Knaben und Mädchen, die eben so wohl Unterhaltung als Belehrung suchen (1830); Die Wunder der Natur und die Wunderwerke der Welt, oder Vater Brissons Unterhaltungen mit seinen Kindern über Natur- und Kunstmerkwürdigkeiten. Ein physikalisches und belehrendes Bilderbuch (1830); William, des Waisenknaben, außerordentliche Erfahrungen in zwei Erdtheilen (1830); Erheiterungen für die liebe Kinderwelt (1830); Lehre und Beispiel. Ein kleines Bilderbuch für Kinder (1831); Max, der Tyroler. Das schöne Bild der Kindesliebe und des Brudersinns. Geweiht der Jugendwelt von einem Kinderfreunde (1831); Jugendgeschichte des Japaners Leka Titais von der Insel Jesso, der mit seinem Vater und mit seiner Schwester in Amsterdam die christliche Religion annahm (Bd. 1–2. 1831); Bilder der Jugend, Unschuld und Tugend, zum Vergnügen und zur Belehrung der Knaben und Mädchen abwechselnd und nach alphabetischer Ordnung dargestellt (1831); Julius, Graf Morelle. Eine Erzählung aus den Zeiten der Franzosen-Herrschaft in Italien. Bearbeitet für die reifere Jugend (1831); Rudolph, der Amerikaner. Seltene Kindesliebe, allen Kindern zum Vorbilde, die Belehrung und Unterhaltung suchen (1831); Die Geschichte des reichen Findelkindes (1831); Anton und Sophie, die musterhaften Geschwister. Bilder der Liebe und Tugend im Vaterhause (1831); Das seltene Glück der sieben verwaisten Kinder (1832); Jugendgeschichten Albert Dörings, eines frommen und geliebten Knaben (1832); Tugend- und Sittenlehren in angenehmen Erzählungen für das Kindesalter (1832); Vater Reinholds Erinnerungen an seine Kinderjahre (1832).

Hubert Göbels

Müller, Helmut

*Jugendbuchtheoretiker, Lehrbeauftragter und Wissenschaftlicher Mitarbeiter am Institut für Jugendbuchforschung der J. W. Goethe-Universität in Frankfurt/M.; Gründungsmitgied der Internationalen Forschungsgesellschaft für Kinder- und Jugendliteratur; *6. 4. 1924 Pirmasens/Pfalz.*

Nach Kriegsdienst, Gefangenschaft und anschließender Dolmetschertätigkeit studierte M. ab 1958 an der Universität Heidelberg Germanistik, Geographie und Geschichte, 1962–1964 am Pädagogischen Institut Darmstadt Erziehungswissenschaften. Seitdem ist M. ununterbrochen als wissenschaftlicher Mitarbeiter am Institut für Jugendbuchforschung in Frankfurt am Main tätig.

M. hat in seinen Publikationen und Hörfunksendungen zahlreiche Themen aufgegriffen. Sie lassen sich weitgehend um drei Schwerpunkte gruppieren: 1. Ideologiekritische Analysen von Kinder- und Jugendbüchern und Kinder- und Jugendzeitschriften. 2. Einzeldarstellungen zur Geschichte der Kinder- und Jugendliteratur, z.B. zum „Struwwelpeter" und seiner Wirkungsgeschichte, zu den Reisebeschreibungen für junge Leser aus dem 18. und 19. Jahrhundert sowie zur Geschichte der Buchherstellung und -ausstattung. 3. Veröffentlichungen zu Fragen des Schulbibliothekswesens und der Buchbenutzung durch junge Menschen. M. erhielt als erster an einer Universität der Bundesrepublik Deutschland 1970 einen Lehrauftrag für das Schulbibliothekswesen.

In seinem Beitrag „‚Pinocchio' – Die Vernunft des kleinen Mannes als Motiv im Kinderbuch" kommt M. zu dem Ergebnis, daß die deutschen Übersetzungen und Bearbeitungen (bis 1968) des „Pinocchio" von C. COLLODI (1826–1890) mit wenigen Ausnahmen verzerrende Trivialisierungen des italienischen Originals sind. Dies gelte in besonderem Maße für die bis heute am weitesten verbreitete Bearbeitung: O. J. BIERBAUMS „Zäpfel Kerns Abenteuer" (1905), dem M. vorwirft, „den Stoff zu einer symbolhaltigen Wichtelmann-Märchenwaldromanze ... und sentimental triviale Erzählung" gemacht zu haben.

Wenig Beifall haben bei M. die 32 überregionalen Kinder- und Jugendzeitschriften des Jahrgangs 1965 gefunden, die er in „Das Elend der Jugendzeitschriften" (1967) vorgestellt hat. Den in drei Gruppen („Verharmlosung der Welt", „primitive Veräußerlichung der Ideale" und „snobistische Extravaganz" darbietende Hefte) eingeteilten Zeitschriften wirft M. vor, die Jugendlichen in einer Scheinwelt festzuhalten, statt ihnen Maßstäbe zu vermitteln, sich von ihr kritisch distanzieren zu können. Auf frühe Illustrationen von Kinderbüchern geht M. in dem Abschnitt „Vorläufer" des von ihm zusammen mit KL. DODERER herausgegebenen Werkes zur Geschichte und Entwicklung des Bilderbuchs in Deutschland („Das Bilderbuch", [2]1975, S. 1–65) ein. Zugleich unterzieht M. die Inhalte der Bilderbibeln, -fibeln, Fabel- und Sachbüchern einer Analyse und vermittelt instruktive Einblicke in vorherrschendes Gedankengut der Pädagogik, angefangen von der Reformationszeit bis weit ins 19. Jahrhundert hinein. Im gleichen Band geht M. im Kapitel „Struwwelpeter und Struwwelpetriaden" (S. 141–182) der Entstehungs- und Wirkungsgeschichte dieses Bilderbuchs nach und führt Parodien und Travestien dieser Publikation vor. Zusammen mit KL. DODERER und einem Mitarbeiterstab des Instituts für Jugendbuchforschung hat M. eine Studie über die Situation der Schulbibliotheken in der Bundesrepublik Deutschland erarbeitet und an der Entwicklung eines Modellplans maßgeblich mitgewirkt. Fragen der Schulbibliothek bildeten auch den Gegenstand von Zeitschriften- und Hörfunkbeiträgen.

In „Einführung in die Buchbenutzung" vermittelt M. besonders dem Laien und Studienanfänger wertvolle Orientierungshilfen zur selbständigen wissenschaftlichen Arbeit mit Büchern.

M. hat das Buch über die Kinderbücher aus der Volksrepublik China des französischen Journalisten J.-P DIÉNY, das zum ersten Mal Einblicke in die Kinder- und Jugendschriftenpolitik der chinesischen Volksrepublik erlaubt, ins Deutsche übertragen.

Neben seiner wissenschaftlichen Tätigkeit moderierte M. seit 1966 rund 25 Lifesendungen mit Jugendlichen zu unterschiedlichen Themen der Kinder- und Jugendliteratur und der weiteren Massenmedien und schrieb über 40 Kasperlehörspiele für den Hessischen Rundfunk. Zusammen mit P. ALEY und KL. DODERER entwickelte M. 1969 die Idee der Gründung einer „Internationalen Forschungsgesellschaft für Kinder- und Jugendliteratur", an deren Konstituierung er 1970 als Gründungsmitglied teilnahm. Von 1970 bis 1974 war er im Vorstand der Gesellschaft vertreten.

→ Institut für Jugendbuchforschung

Werke: Das Elend der Jugendzeitschriften. – Kritische Betrachtungen (1967); Die moderne Schulbibliothek. Bestandsaufnahme und Modell (zus. mit Kl. Doderer u.a. 1970); Das Bilderbuch. Geschichte und Entwicklung des Bilderbuchs in Deutschland von den Anfängen bis zur Gegenwart (zus. mit Kl. Doderer als Herausgeber und Mitverfasser, 1973, [2]1975).

Übers.: J. P. Diény: Die Welt gehört den Kindern. Das moderne China und seine Kinderbücher (1973).

Beiträge: „Pinocchio". – Die Vernunft des kleinen Mannes als Motiv im Kinderbuch (in: Kl. Doderer: Klassische Kinder- und Jugendbücher, 1969, [2]1972, S. 17–33); Alte Kinder- und Jugendbücher im Institut für Jugendbuchforschung (in: Bertelsmann Briefe, 1969, H. 64, S. 22–25); Reisebeschreibungen für junge Leser. Ein thematischer Schwerpunkt der Jugendliteratur des 18. und Anfang des 19. Jahrhunderts (in: Das Gute Jugendbuch, 1972, H. 1, S. 1–7); Das „Neu-Allgemein-Christliche Lern-Buechlein". – Ein Musterbeispiel religiöser Barockfibeln (in: Pädagogische Rundschau, 1972, H. 6, S. 494–503); Wie ist die Schulbibliothek in ein regionales Bibliothekssystem einzuordnen? (in: Bibliotheksdienst. Beiheft 75, 1972, S. 27–41); Einführung in die Buchbenutzung (in: A. Cl. Baumgärtner (Hrsg.): Lesen – Ein Handbuch, 1973, S. 506–520); Vorläufer des Struwwelpeter (in: Das Gute Jugendbuch, 1973, H. 2, S. 9–16); Die pädagogische Konzeption von Schulbibliotheken (in: Westermanns Pädagogische Beiträge, 1973, H. 4, S. 204–209); Vorläufer (in: Kl. Doderer u. H. Müller (Hrsg.): Das Bilderbuch, 1973, [2]1975, S. 1–65); Struwwelpeter und Struwwelpetriaden (in: Kl. Doderer u. H. Müller (Hrsg.): Das Bilderbuch, 1973, [2]1975, S. 141–182).

Rudolf Raab

Müller, Jörg

*Schweizer Grafiker, Kinder- und Jugendbuchillustrator; *11. 10. 1942 Lausanne.*

M. besuchte von 1960 bis 1964 die Fachklasse an der Kunstgewerbeschule in Biel. Anschließend arbeitete er bis 1967 in Paris für verschiedene Werbeagenturen als Grafiker. 1970 bis 1972 entstand die Bilderserie über die Veränderung einer Landschaft „Alle Jahre wieder saust der Preßlufthammer nieder" (1973, Verlag Sauerländer Aarau); gleichzeitig war er in einer Werbeagentur in Biel tätig, illustrierte Kinder- und Jugendbücher, entwarf Buchumschläge und ein Würfelspiel zu L. Dvorskýs „Die Tunnelaner in Biberbruggerberg". – „Das geheime Bordbuch" (1973; Text von L. Dvorský), gestaltet und illustriert von M. und seiner

Jörg Müller. „Alle Jahre wieder saust der Preßlufthammer nieder oder Die Veränderung der Landschaft" (Aarau 1973). Ausschnitte (Mittelteile) aus den ausfaltbaren Bildtafeln I „Mittwoch, 6. Mai 1953" und VI „Montag, 14. Juli 1969".

Frau Annemarie, zählte wie die Bildmappe zu den „Schönsten Schweizer Büchern 1973" und wurde in die Auswahlliste des Premio Grafico Fiera di Bologna 1974 aufgenommen. Für „Alle Jahre wieder saust der Preßlufthammer nieder" erhielt M. ferner 1974 den „Deutschen Jugendbuchpreis" sowie den Sonderpreis des Premio Grafico Fiera di Bologna.

Werk, Tendenzen, Wirkung. Bekannt wurde M. durch seine Bildmappe, die innerhalb von drei Jahren sieben Auflagen erreichte und auch im Ausland Beachtung fand: es erschienen u.a. Ausgaben in Frankreich, Dänemark, Schweden, den Niederlanden. Sieben großformatige, farbige Bilderbogen dokumentieren, auf textlichen Kommentar verzichtend, die Veränderung einer ländlichen Siedlung von 1953 bis 1972. Während dieser 20 Jahre werden Straßen gebaut, alte Häuser abgerissen, Verwaltungsgebäude, Fabriken, Einkaufszentren errichtet. Aus dem Dorf – samt Wiesen und Feldern – wird ein künstliches Gebilde, geprägt von Beton und Asphalt. Alle Tafeln zeigen den gleichbleibenden Landschaftsausschnitt in einem Rhythmus von drei Jahren bei wechselnder Jahreszeit. Die Bilder sind außerordentlich minutiös, mit nahezu fotografischer Exaktheit gemalt, ohne daß sich M. dabei in Detailspielereien verliert. Zusätzliche grafische Pointierungen würden seiner Intention widersprechen, die Wirklichkeit offenbar werden zu lassen. Dabei hängt M. keinswegs einseitig einer „Zurück-zur-Natur"-Wehmut nach. Der frühere Spielraum der Kinder schwindet, aber sie gehen in eine gut ausgestattete Schule, anstelle alter Häuser entstehen moderne Arbeitsplätze usw. M. kommentiert: „Ich möchte weder Moralist noch Lügner sein." Die engagierte, doch dokumentarisch verhaltene Darstellungsweise eröffnet hervorragende Möglichkeiten, mit Vorschul- und Grundschulkindern die Bilder zu analysieren, zu diskutieren, um so eigene Stellungnahme zu begründen. Die Tafeln, die kleinen Kindern – außer einem Kätzchen, das auf jedem Bild auftaucht – wenig spontane Bezugsmöglichkeiten bieten, haben sich besonders bei Gruppenarbeit bewährt. Witzige und abwechslungsreiche typographische Gestaltung ist kennzeichnend für M.s Illustrationsschaffen. In „Alarm im Teppichreich" (1972; Text von T. Pratchett) ist der Einfluß von Zeichenfilm und Comics erkennbar: aufeinanderfolgende Ereignisse werden auf in unterschiedlich große Felder geteilten Bildseiten gerafft dargestellt. M. hat bislang bei zwei Büchern mit anderen Grafikern zusammengearbeitet: Bildkollagen, Kinderzeichnungen nachahmende Illustrationen, handgeschriebene Textpassagen, eingeklebte Ausschnitte aus alten Abbildungen, in neuen Funktionszusammenhang gestellte Stempel und amtliche Dokumente geben dem „Geheimen Bordbuch" einen quasi authentischen Charakter. Auch in „Paul, Pauline und der gelbe Tiger" (1975) ist das spielerische Element in Text und Gestaltung vorherrschend. Das Bemühen des Autors L. Askenazy, die Kinder auf unterhaltsame Weise auf die Gefährlichkeit des Großstadtverkehrs hinzuweisen und sie mit Verkehrsvorschriften vertraut zu machen, wird von dem Grafikerteam unterstützt durch Zeichnungen von einzelnen Situationen, von Handlungsabläufen in Form von Filmstrips, von comicartigen Szenenfolgen, durch ein beigelegtes Würfelspiel.

Werke: V. Řezáč: Das grüne Büchlein (1971); T. Pratchett: Alarm im Teppichreich (1972); J. Müller: Alle Jahre wieder saust der Preßlufthammer nieder oder Die Veränderung der Landschaft (1973, [7]1975); L. Dvorský: Das geheime Bordbuch (1973; zus. mit A. Müller); L. Aškenazy: Paul, Pauline und der gelbe Tiger (1975; zus. mit J. Guilarte, H. Ledergerber, A. Müller); J. Steiner: Der Bär, der ein Bär bleiben wollte (1976).

Hannelore Jouly

Müller, Karl

*(Ps.e: O. Mylius, Fr. v. Elling). Redakteur, Schriftsteller, Jugendbuchautor; *8.2.1819 Stuttgart, †28.11.1889 Stuttgart.*

Als Kind unbemittelter Eltern erlernte M. das Buchdruckerhandwerk. Der für musische Dinge aufgeschlossene Handwerker beschäftigte sich in seinen Mußestunden intensiv mit der deutschen Literatur. Seine autodidaktische Bildung ergänzte er, indem er 1840 ein humanistisches Studium an der Universität Tübingen aufnahm, das er vermutlich mit der Promotion zum Dr. phil. abschloß. Von 1842 bis 1868 führte er die Redaktion der damals vielgelesenen Zeitschrift „Erheiterungen". 1868 wurde M. Mitredakteur und Mitarbeiter der Schönleinschen „Allgemeinen Fami-

Karl Müller (1819–1889)

lienzeitung" und anderer im gleichen Verlag erschienener Zeitschriften. Neben zahlreichen Novellen, Erzählungen und Romanen, von denen einige unter den Pseudonymen „Otfried Mylius" und „Franz von Elling" erschienen, verfaßte er anonym eine „Illustrirte Geschichte des deutsch-französischen Krieges".

Werk, Tendenzen, Wirkung. Die zur Abfassung der „Illustrirten Geschichte" und zur Bearbeitung von LOSSINGS „Illustrirter Geschichte der Vereinigten Staaten", sowie der Aufsätze über naturkundliche und kulturgeschichtliche Themen notwendigen Studien ermöglichten es M., die Sachbücher nicht nur sprachlich gelungen, sondern auch sachlich richtig und kenntnisreich zu gestalten. Verständlicherweise griff M. deshalb das lehrhafte Bemühen in der zweiten Hälfte des 19. Jahrhunderts auf, nationale und völkische Eigenarten in geographischen und historischen Charakterbildern und kulturhistorischen Szenerien auszudrücken. Mit Hilfe fiktiver Gestalten entwirft er in romantisch-abenteuerlichem Stil ethnologische Bilder. Der erwachende Kolonialgedanke findet in den Werken von M. keinen eigentlichen Niederschlag. Die Schauplätze seiner exotischen Jugendbücher sind in Amerika, Asien und Australien gelegen. Trotz der romanhaften Episoden steht M. auf Grund detaillierter Aussagen in der Tradition der Länder- und Reisebeschreibungen.

Werke: Die jungen Büffeljäger auf den Prairieen des fernen Westens von Nordamerika. Ein Naturgemälde zu Lust und Lehre für die reifere Jugend gebildeter Stände (1857, [3]1875); Die jungen Pelzjäger im Gebiet der Hudsonbay-Compagnie (1858); Esperanza oder die jungen Gauchos in den Pampas am Fuße der Andes. Ein Zonengemälde aus Südamerika. Zu Lust und Lehre für die reifere Jugend (1859); Die jungen Canoéros des Amazonen-Stromes. Ein Naturgemälde aus dem tropischen Südamerika. Zu Lust und Lehre für die reifere Jugend gebildeter Stände (1860, [2]1872); Die jungen Boers im Binnenland des Kaps der guten Hoffnungen. Ein Zonengemälde aus Süd-Afrika. Zu Lust und Lehre für die reifere Jugend gebildeter Stände (1862).
Bearb.: J. F. Cooper: Coopers Lederstrumpf-Erzählungen. Von Kämpfen und Abenteuern unter den Indianerstämmen in den Urwäldern und Steppen Nord-Amerikas. Für die deutsche Jugend dargestellt (1862); G. Ferry: Gabriel Ferry Farmer und Goldsucher oder Abenteuer und Erlebnisse eines jungen Auswanderers in Virginien und Californien (1863).

Reinhard Stach

Müller-Tannewitz, Anna

*(Ps.: Anna Jürgen). Kinder- und Jugendbuchautorin; *18. 8. 1899 Imme/Keppel (Rheinland).*

M.-T. verbrachte ihre Kindheit zunächst im Rheinland, dann in Berlin. Nach dem Studium in Berlin und Heidelberg wurde sie Bibliothekarin am Preußischen Landtag, dann im Volksbildungswesen in Berlin. Ihr Dienst in Kinderlesehallen und Jugendbüchereien führte zur näheren Beschäftigung mit dem Jugendbuch; sie schrieb Buchkritiken in Fachzeitschriften und Artikel in der Tagespresse. Durch die Heirat mit dem Historiker und Völkerkundler Dr. phil. habil. W. MÜLLER kam sie in Berührung mit ethnologischer Literatur und alten Reisebeschreibungen. Während des Zweiten Weltkrieges studierte sie weiter: Literaturgeschichte, Völkerkunde und Zeitungswissenschaft. In dieser Zeit entstanden die ersten völkerkundlichen Erzählungen. Nach dem Kriege vorübergehend als Journalistin tätig, widmete sie sich nun hauptsächlich der schriftstellerischen Arbeit. 1950 wurde sie für das unter ihrem Pseudonym veröffentlichte Jugendbuch „Blauvogel" mit dem Staatspreis zur Schaffung neuer Kinderliteratur (DDR) ausgezeichnet.

Werk, Tendenzen, Wirkung. M.-T.s Werk leistet einen eigenständigen Beitrag zum völkerkundlichen Jugendbuch, insbesondere zum Indianer-Mädchenbuch. Während ihrer Tätigkeit als Jugendbibliothekarin bemerkte sie den Mangel an wissenschaftlich fundierten und zugleich spannend geschriebenen Jugendbüchern. Das Studium der Völkerkunde und Forschungsmaterialien ihres besonders mit Indianerstudien befaßten Mannes ließen die Welt der Waldindianer des nordamerikanischen Ostens während der Frühphase der Besiedelung durch die Weißen zum hauptsächlichen Gegenstand ihrer Bücher werden. So folgt ihr erstes größeres und zugleich außerordentlich erfolgreiches Buch „Blauvogel" (es wurde in sämtliche Weltsprachen übersetzt; neben bisher 20 Auflagen in der DDR erlebte es auch in der BRD von 1955 bis 1971 vier, in der Taschenbuchausgabe von 1966 bis 1974 noch weitere sechs Auflagen) im Ansatz einer sogenannten Gefangenengeschichte (captivity) von 1798. Solche Geschichten von weißen Kindern, die von Indianern geraubt und adoptiert werden und die später wieder zurückkehren, waren während der Grenzerkämpfe in Nordamerika weit verbreitet. Blauvogel, so heißt das verschleppte Grenzerkind Georg als Adoptivsohn bei den Irokesen, lernt das Leben der Indianer, ihre Kultur, die Clanverfassung der Stämme, ihren Mythos, die Naturverbundenheit und den harten Kampf ums nackte Leben intensiv kennen. Zu den Grenzern zurückgekehrt, betrachtet er das Leben der Weißen mit anderen Augen; innerlich Indianer geworden, entscheidet er sich für seine irokesische Familie, in der er sein wahres Zuhause sieht. Mit Blauvogel schuf M.-T. eine Figur, die die weiße und indianische Kultur kennt und die als humaner erkannte untergehende Welt der Indianer bevorzugt.
Mit der ebenfalls geraubten englischen Siedlerstochter Mary („Marys neue Schwester", 1963) wird Blauvogel durch eine weibliche Parallelfigur ergänzt; auch Mary wird von Irokesen adoptiert und vollständig in den indianischen Familien- und Lebenszusammenhang eingeordnet. M.-T. stützt sich in diesem Buch auf die Lebensgeschichte einer weißen Frau, die Indianerin wurde und 1833 mit 91 Jahren in einer Reservation starb. Entscheiden sich Blauvogel und Mary als Weiße für das indianische Leben, so entwickeln die Indianermädchen Schonela („Kleine Sonne Schonela", 1954) und Sternblume („Die rote Lady", 1958) Verständnis für die weiße Kultur, nicht zuletzt im Zusammenhang mit der Liebesbeziehung zu einem weißen Mann.

Die genannten vier Figuren, die im Ansatz auf historisch authentischen Vorlagen beruhen, verkörpern aus dem Erleben beider Kulturen Haltungen des Verständnisses und der Toleranz in der von Feindschaft und Kampf geprägten Zeit des 17. und 18. Jahrhunderts, in der Franzosen und Engländer die Indianer immer mehr aus ihren alten Siedlungsgebieten verdrängen. Von Blauvogel abgesehen, handelt es sich bei den zentralen Figuren um Mädchen im Alter der späten Kindheit bis in die Reifezeit, so auch in dem um 1950 handelnden Buch „Avija, das Mädchen aus Grönland" (1971). Das Eskimomädchen Avija nimmt die zivilisatorischen Neuerungen der Weißen an; sie will sich in Kopenhagen zur Krankenschwester ausbilden lassen. Der Generationenschub bringt auch die Loslösung von der alten Kultur der Mythen.

Durch die Verbindung des völkerkundlichen und psychologischen Aspektes mit der Bevorzugung weiblicher Figuren im Reifealter prägt M.-T. das völkerkundlich fundierte Mädchenbuch. Geschichtliche Jugendbücher ohne jugendliche Zentralfigur aus der Epoche des ersten Kontaktes der Weißen mit den Indianern sind „Die weißen Kundschafter" (1955) und „Virginisches Abenteuer" (1960); hier wird die Geschichte der Besiedlung Virginiens nach zeitgenössischen Quellen erzählt. In der Absicht, auch jüngeren Lesern ein historisch gerechtes Indianerbild zu vermitteln, schrieb M.-T.: „Das Indianerspiel" (1952), „Kleiner Bär und Prärieblume" (1965), „Der kleine Hase Mänäbusch" (1967) und „Das neugierige Stinktier und andere Indianer-Märchen" (1970). Nach Nordafrika führt „Akis Wunschring", die Geschichte eines kleinen Berbermädchens, für das ein Märchengeschehen zur eigenen Wirklichkeit wird.

M.-T. will das in vielen Indianerbüchern übliche Klischee und die einseitig vom weißen Standpunkt geprägte Vorstellung durch ein wissenschaftlich belegbares Bild vom Indianer ersetzen. In einigen Büchern nennt sie im Nachwort dem direkt angesprochenen Leser die von ihr benutzten Quellen und erläutert den geschichtlichen und kulturellen Hintergrund der Erzählung; Kartenskizzen und Worterläuterungen verstärken den Wirklichkeitsbezug. In den konturenreichen und lebendigen Erzählungen selbst werden alle Informationen über Gesellschaft, Sprache, Mythos, Sitte und Alltag bis ins Detail in spannende und psychologisch motivierte Handlungen und Gespräche umgesetzt. So handeln die für den jungen Leser als mögliche Identifikationsmuster differenziert angelegten Hauptfiguren gleichzeitig mit einem hohen Grad von historisch-realer Wahrscheinlichkeit. Durch den Wechsel der Figuren von einer Kultur zur anderen will M.-T. Verständnis und Toleranz andersgearteten Rassen, Völkern und Kulturen gegenüber wecken.

Sprachlich und darstellungsmäßig bleibt M.-T. stets konkret und bildhaft; sie orientiert sich dabei an Indianertexten wie am Denken der Indianer und Eskimos überhaupt. In der Parallelität des bildhaften Denkens und des noch vorhandenen einheitlichen Weltbildes bei Naturvölkern und Kind sieht sie eine wichtige Voraussetzung für die Rezeption des historisch-völkerkundlichen Kinderbuchs. Die Darstellung der in der indianischen Kultur erkannten natürlichen Ordnung, in der der Mensch sich in den Kosmos gestellt empfindet, in der ihm in einem mythischen Weltsystem durch Träume Lebensentscheidungen zugespielt werden, kontrastiert mit der weniger sensiblen, grobschlächtigeren, technisch überlegenen Welt der Weißen. Dieser Kontrast tendiert, ohne das Toleranzgebot außer Kraft zu setzen, indirekt zur Kritik an der abendländisch-rationalistischen Zivilisation. Diesen Komplex zu erkennen und interpretatorisch aufzuarbeiten, dürfte zu den schwierigsten und wichtigsten Leistungen des jungen Lesers zählen.

→Indianerbuch, →Mädchenbuch

Werke: Alut und der Zauberer. Eskimo-Erzählung für Kinder (1947, ²1949); Pocahontas. Indianer-Erzählung (1948, ²1950); Blauvogel. Wahlsohn der Irokesen (1950, ²⁰1970); Das Indianerspiel. Ulla und Klaus bei den roten Menschen (1952; NA. 1959 u.d.T.: Ulla und Klaus im Indianerland); Kleine Sonne Schonela. Eine Mädchengeschichte aus dem alten Louisiana (1954, ¹⁰1975); Die weißen Kundschafter. Die Entdeckung Virginiens (1955); Die rote Lady (1958, ⁶1975); Virginisches Abenteuer. Aus den ersten Tagen einer Kolonie (1960); Marys neue Schwestern (1963, ⁶1974); Kleiner Bär und Prärieblume (1965, ²1967); Der kleine Hase Mänäbusch (1967); Das neugierige Stinktier und andere Indianer-Märchen (1970); Tochter der Prärie. Die Geschichte eines tapferen Indianermädchens (1970, ³1973); Avija, das Mädchen aus Grönland (1971, ³1973); Akis Wunschring (1973, ²1974).

Sekundärliteratur: A. Müller-Tannewitz: Rund um den Blauvogel (in: Bulletin Jugend + Literatur. 4. 1973. 23–24). – Fr. Senft: Anna Jürgen: Blauvogel (in: M. Dahrendorf u. H. Bödecker (Hrsg.): Das Taschenbuch im Unterricht. 1972. 68–73).

Theodor Karst

Münchener Bilderbogen

Bebilderte Einblattdrucke für Kinder, in München bei Braun & Schneider verlegt, vorwiegend aus der zweiten Hälfte des 19. Jahrhunderts.

Zur Produktionsgeschichte der M. B. In der Produktion populärer Druckgraphik stand München lange Zeit hinter dem benachbarten Augsburg zurück. Erst in der zweiten Hälfte des 18. Jahrhunderts begann eine nennenswerte Tätigkeit auf diesem Gebiet, zunächst mit Andachtsbildern und nach 1800 auch mit Bilderbogen weltlichen Inhalts. Bedeutung als Druckort von Bilderbogen erlangte München durch den Verlag Braun & Schneider, der von dem Graphiker C. Braun (1807–1877) und dem Buchhändler und Jugendschriftsteller Fr. Schneider (1815–1864) gegründet wurde. Er gab von 1848 bis 1898 die „Münchener Bilderbogen" heraus; nach 1900 folgten noch einige Bogen, und in den zwanziger und dreißiger Jahren erschienen als Fortsetzung die „Neuen Münchener Bilderbogen", die indessen nicht mehr den Erfolg der alten Serie erreichten.

Zu Stil und Inhalt. Bei der Herstellung der „Münchener Bilderbogen", die schwarz-weiß und koloriert angeboten wurden, wandte man das Verfahren des Holzstichs an. Die Künstler – darunter M. VON SCHWIND (1804–1871), FR. VON POCCI (1807–1876), O. SPECKTER (1807–1871), W. BUSCH (1832–1908), A. OBERLÄNDER (1845–1923) und L. MEGGENDORFER (1847–1925) – brachten die Zeichnungen direkt auf dem Holzblock an, der dann von Holzschneidern zum Druckstock ausgearbeitet wurde. Das hohe künstlerische Niveau hatte freilich nicht nur – wie I. DYHRENFURTH ausführt – seinen Grund darin, daß München, anders als etwa Neuruppin, ein Zentrum des damaligen künstlerischen Lebens war; es gehörte zum Programm des Verlages. Die Blätter von Braun & Schneider zeichnen sich durch Klarheit im Ganzen, Genauigkeit in den Einzelheiten und große Ausgewogenheit aus. Auch auf den komischen Blättern findet sich nichts von der ins Groteske reichenden Verzerrung wie etwa auf Neuruppiner Bogen. Die ernsthaften Blätter weisen entweder die Harmonie der Idylle oder die Steigerung des Menschen ins Große und Edle auf. Erst in den letzten Jahrgängen ist gelegentlich ein Absinken der künstlerischen Qualität festzustellen.

Die Bilderbogen von Braun & Schneider wurden überwiegend für Kinder und Jugendliche produziert, und zwar zu deren Unterhaltung und – mehr noch – zu deren Belehrung. Trotz des hohen Anteils an lustigen Bildergeschichten (darunter rund 50 Bogen von W. BUSCH) ist die auf die Bildung des Betrachters gerichtete Tendenz unverkennbar. Sie wird vor allem deutlich an Serien wie „Bilder aus dem Alterthume", „Zur Geschichte der Costüme" oder „Die Welt in Bildern", die an FR. J. BERTUCHS „Bilderbuch für Kinder" (1790–1830) erinnern. Beziehungen zur Romantik lassen sich nicht nur in den Beiträgen M. VON SCHWINDS erkennen, sondern auch in Bilderbogen nach Märchen und Volksbüchern, in der Neigung zu „altdeutschen" Stoffen, zu Kulturgeschichte und Volkstum. Was fehlt, sind Bogen, die auch die manuelle Tätigkeit des Kindes anregen, also Modellierbogen, Ausschneidebogen usf. Die Adressaten der „Münchener Bilderbogen" waren die Kinder bürgerlicher Kreise, was ebenso aus den Inhalten der belehrenden Bogen wie aus der Darstellung des zeitgenössischen Milieus hervorgeht: Interieurs, Kleidung, Spiele, Sprachgebrauch, Umgangsformen, Lebensgewohnheiten und Schulverhältnisse sind die des gebildeten deutschen Bürgertums im 19. Jahrhundert.

→Bilderbogen, →W. Busch, →Neuruppiner Bilderbogen

Sekundärliteratur: A. Cl. Baumgärtner: Der Bilderbogen für Kinder in Deutschland (in: Kl. Doderer (Hrsg. zus. mit H. Müller): Das Bilderbuch. 1973, ²1975. 67–98). – W. Brückner: Populäre Druckgraphik Europas. Deutschland (1969). – I. Dyhrenfurth: Geschichte des deutschen Jugendbuches (1942, ³1967). – W. Hirte (Hrsg.): Die Schwiegermutter und das Krokodil. 111 bunte Bilderbogen (1969). – B. Hürlimann: Europäische Kinderbücher in drei Jahrhunderten (1959, ³1968). – A. Kohut: Der Begründer der „Fliegenden Blätter" und Wiedererwecker der Holzschneidekunst in Deutschland. Caspar Braun (in: Autor und Verleger. 1909. 117–135). – H. Küas: Die künstlerische Gestalt der Münchener Bilderbogen (Ms. 1946). – H. Rosenfeld: Die Rolle des Bilderbogens in der deutschen Volkskultur (in: Bayerisches Jahrbuch für Volkskunde. 1955. 79–85). – H. Schneider: Münchener Bilderbogen in ihrer Wirkung auf Kinder (Diss. 1946).

Alfred Clemens Baumgärtner

Münchhausen, Karl Friedrich Hieronymus Freiherr von

*Offizier und Gutsbesitzer, angeblich historisches Urbild zu M.s phantastischen Abenteuererzählungen; *11.5.1720 Bodenwerder a.d. Weser, †22.2.1797 ebenda.*

M. kam zur Ausbildung als Page an den Hof des Herzogs KARL VON BRAUNSCHWEIG (1713–1780). Mit achtzehn Jahren trat M. in ein russisches Kürassierregiment ein, das der Bruder des Herzogs kommandierte. Ob M. an den Kämpfen gegen die Türken teilgenommen hat, ist zweifelhaft, weil es dafür keine Dokumente gibt. 1739 wurde er zum Leutnant befördert, und zwar bevorzugt vor 12 anderen Cornetts. Die Vermutung liegt nahe, man habe M. favorisiert, weil man ihn als Erzähler kurzweiliger Anekdoten, Kriegserlebnisse und Jagdabenteuer in entsprechenden Gesellschaften schätzte. 1750 wurde er Rittmeister, ließ sich beurlauben und kehrte auch anscheinend nicht mehr in den russischen Heeresdienst zurück. Statt dessen verwaltete er von diesem Zeitpunkt an seine Güter selbst. Als Wohnsitz diente ihm und seiner Frau, die er 1744 in Livland geheiratet hatte, das Gut Bodenwerder. 1790 starb M.s Frau nach einer glücklichen Ehe; er heiratete zum zweiten Mal, und zwar die 17jährige B. BRUN. Allerdings scheiterte diese Verbindung sofort. Der Scheidungsprozeß und andere Widrigkeiten ließen M. mehr und mehr verarmen. Er starb 1797 und wurde keineswegs wegen Gattenmordes 1703 gehängt, wie der „Daily Telegraph" noch am 2. März 1967 berichtete.

M.s Bedeutung für die Literatur. M. wäre für die Literatur sicher völlig unbedeutend geblieben, hätten ihm nicht R. E. RASPE (1737–1793) und dessen Übersetzer und Bearbeiter G. A. BÜRGER (1747–1794) ein bleibendes Denkmal gesetzt. M. muß bereits zu seinen Lebzeiten als ausgezeichneter Erzähler bekannt gewesen sein, der in Gesellschaft seine Schnurren über Jagdabenteuer, Kriegserlebnisse und persönliche Begegnungen offensichtlich mit schauspielerischem Talent vortrug. Dabei griff er zuweilen auch auf Schwänke zurück, die in der mündlichen Überlieferung des Volksgutes durchaus lebendig waren. Zur Bestätigung der Fähigkeiten M.s zitiert W. R. SCHWEIZER in seinem Buch „Münchhausen und Münchhausiaden" (S. 20) neben anderen Quellen biografische Notizen aus der Polidauer Registratur, die etwa in der Zeit um M.s Tod verfaßt wurden, sowie einen Bericht von M.s Zeitgenossen H. A. RICHARDS (1751–1828). Dieser gibt an, er sei 1767 mit M. in Göttingen an Rulenders Wirtstafel zusammengetroffen. M. habe dabei die Geschichte von den Hühnern am Ladestock zum Besten gegeben. Über deren Wahrheitsanspruch sei es anschließend zwischen M. und einem anderen Gast zu einer ernsthaften Auseinandersetzung gekommen. Ferner gab es bereits vor 1781 – in diesem Jahr erschienen die ersten Münchhausengeschichten – die Redewendung: „wie der Herr von Bodenwerder doch noch ganz andere Thaten getan", wenn man zum Beispiel Aufschneider entlarven wollte. 1781 und 1783 erschienen in Berlin im „Vade Mecum für lustige Leute", einer kurzlebigen Zeitschrift, 16 bzw. 2 kurze, humorvoll-schnurrige Erzählungen, die der anonyme Autor – man vermutet, es sei RASPE – dem Herrn „M-h-s-n im H-schen" zuschreibt bzw. als „M-h-s-nsche Geschichten" bezeichnet. Offen bleibt dabei natürlich die Frage, ob M. gerade diese Geschichten jemals erzählt hat und wenn, woher der Autor dies in Erfahrung brachte. Setzt man einmal voraus, M. habe diese Geschichten tatsächlich erzählt, dann geschah es zur Unterhaltung einer ihm vertrauten Gesellschaft; diese hegte vermutlich von vornherein keinen Zweifel am fiktiven Charakter der Geschichten. Ferner muß man berücksichtigen, daß Mimik, Gestik und musikalischer Redefaktor dabei mindestens ebenso wichtig waren wie die Texte selbst. Genau diese Faktoren lassen sich aber in der schriftlichen (gedruckten) Fiktion nicht einfangen. M. hat selbst niemals publiziert, möglicherweise aus dem eben angeführten Grund; dagegen war er über RASPES 1785 in Oxford anonym erschienene Schrift „Baron Munchausen's Narrative of his marvellous Travels and Campaigns in Russia" und ihre Nachfolger sehr erbittert. M. sah seine Intimsphäre verletzt und sich in die Rolle eines aufschneiderischen Clowns gedrängt. Es ist nicht von der Hand zu weisen, daß dies sogar RASPES Absicht war, zumal er im Vorwort seiner in England vorsichtshalber anonym herausgegebenen Publikation M.s Erzählungen „voll der unglaublichsten Übertreibungen" bezeichnet. In diesem Fall hätte RASPE und nach ihm auch BÜRGER als Vertreter eines der Aufklärung huldigenden Bildungsbürgertums dem Adel allgemein und der Familie von M. im besonderen einen Streich versetzen wollen. Das ist bei der undurchsichtigen Persönlichkeit vor allem RASPES durchaus möglich, der, wie H. KUNZE in seinem „Schatzbehalter" (S. 236) schreibt, „... immer mehr Geld brauchte als er verdiente, und deshalb fatale Griffe in die Münzen- und Medaillensammlung des Kasseler Landesvaters tat", weshalb RASPE in Deutschland steckbrieflich gesucht wurde und aus diesem Grund nach England emigrierte. Hinzu kommt, daß ein Verwandter M.s, der Gründer der Göttinger Universität G. A. VON MÜNCHHAUSEN (1688–1770), RASPE bei der Herausgabe des Werkes von G. W. LEIBNIZ (1646–1716) Schwierigkeiten gemacht hatte (SCHWEIZER, S. 56). Aus all dem folgt, daß man genau zwischen der historischen Persönlichkeit K. FR. H. v. MÜNCHHAUSEN und dem fiktiven Münchhausen der Vade-Mecum-Geschichten sowie der Publikationen RASPES als auch BÜRGERS und ihrer Nachfolger unterscheiden muß.

→G. A. Bürger, →Münchhausen und Münchhausiaden

Sekundärliteratur: H. Kunze: Schatzbehalter. Vom Besten aus der älteren deutschen Kinderliteratur (1965). – W. R. Schweizer: Münchhausen und Münchhausiaden (1969).

Rudolf Raab

Münchhausen und Münchhausiaden

M. und M.iaden sind in einzelne Abenteuer gegliederte und um die zumeist in Ich-Form erzählende Gestalt des Baron von Münchhausen gruppierte Schwanksammlungen. In der deutschen Tradition in der späten Aufklärung zwischen 1780 und 1790 entstanden und danach schnell bekannt geworden, steht im Mittelpunkt der Lügengeschichten der Typ des Aufschneiders, der angibt, mit Hilfe einer mechanistisch simplen Logik Abenteuer gehabt und bestanden zu haben. Der Lügenbaron ist der Typ des unkontrollierbaren Landjunkers, der im Zeitalter bürgerlicher Aufklärung nicht mehr ernst genommen wird, wie der spanische Ritter im Don Quijote-Roman um 1600. Die Abenteuer – eine Art rationalistischer Märchen – wurden im 19. Jahrhundert Teil der „klassischen Kinderliteratur" und sind es bis heute geblieben. Sie finden sich, vielfach bearbeitet, in Bilderbüchern, Kinderbüchern, Comics und Schullesebüchern.

Die erste Fassung der M.-Geschichten. Das zunächst sieben Bände umfassende, ab 1767 erschienene „Vade Mecum für lustige Leute", eine bei Mylius, Berlin, verlegte, von FR. NICOLAI herausgegebene Sammlung von Anekdoten und Scherzen, enthielt in den 1781 erschienenen Teilen 8 und 9 die erste Fassung der M.-Geschichten; Teil 8 sechzehn Geschichten, Teil 9 zwei Geschichten. Die Frage nach dem Einsender der Geschichten konnte man lange Zeit nur mit Vermutungen beantworten. Mit Sicherheit stammt er aus dem hannoverschen Raum. Die Anspielung „M-h-s-nsche Geschichten" wies auf das südliche Niedersachsen hin, und der Untertitel der Sammlung „... aus den besten Schriftstellern zusammengetragen ..." deutete auf gelehrte Einsender hin. Beides traf auf R. E. RASPE (1737–1794), einem Freund von FR. NICOLAI, zu. RASPE war nach Verfehlungen schon 1775 nach England geflohen und suchte dort mit Mühe sein Brot. Dabei ist er wieder mit MYLIUS in Verbindung getreten und hat ihm vorgeschlagen, das Vade Mecum fortzusetzen (illegitim, d.h. ohne NICOLAI als Herausgeber); er selbst würde die Geschichten dafür liefern. Durch Vergleichen der Geschichten ist festgestellt, daß in Teil 8 ein Drittel aus dem englischen Raum stammt; hinzu kommen noch die M.-Geschichten. Damit steht RASPE als Erstautor der Geschichten mit ziemlicher Sicherheit fest. Von der Person des noch lebenden Freiherrn v. M. hatte er sich durch den Vorbehalt distanziert, daß „... keineswegs alle diese Geschichten von dem Herrn von M-h-s-n, nach dem man sie zu nennen pflegte, zu stammen brauchten".

Die ersten englischen M.-Ausgaben. RASPE hatte den glücklichen Gedanken, aus den im Vade Mecum lose aneinandergereihten und nur durch die Person des Erzählers zusammengehaltenen Anekdoten ein kleines Buch zu machen. Er brachte sie (mit Ausnahme einer einzigen) durch andere Reihenfolge in einen besseren Zusammenhang; Verwandtes kam zusammen. Aus den Anekdoten wurde eine Erzählgeschichte. Die erste englische Ausgabe „Baron Munchausens Narrative of his Marvellous Travels and Campaigns in Russia", datiert 1786, ist eine Broschüre von 56 Seiten, ohne Verfasser und nur mit der Verlegeradresse Oxford, M. Smith. Der Herausgeber (RASPE) stellte vor: „... eine Auswahl der Geschichten, welche Baron Munchausen of Bodenwerder near Hameln on the Weser" von seinen Reisen und Feldzügen seiner Tafelrunde zu erzählen pflegte. Es folgen schnell vermehrte und illustrierte englische Ausgaben. Schon die dritte (Mai 1786) zeigt eine Wendung in der Komposition: eine Verschmelzung des M.- und des Gulliverstoffes („Gulliver revived – containing Singular Travels, Campaigns, Voyages and adventures of Baron Munchausen ..."). Auch in der vierten Ausgabe kommen neue Geschichten hinzu, u. a. der Ausflug zum Mond. Mit der sechsten Ausgabe von 1789 mit 8 gefalteten Kupfertafeln mit 20 Darstellungen und einer nochmaligen Texterweiterung ist die Entwicklung des englischen M. abgeschlossen. In diesem Zustand nehmen die ersten RASPE-Abenteuer keine bevorzugte Stellung am Buchanfang mehr ein. Sie sind in Abenteuer von maritimer Art eingebettet und damit typisch englisch geworden. Charakter und Aufbau sind so stark verändert, daß es jetzt einen deutschen und einen englischen M. gibt. 1792 erschien in London bei Symonds „A sequel to the Adventures of Baron Munchausen", vor allem Reiseabenteuer enthaltend. Durch Vereinbarung zwischen den englischen Verlegern Kearsley und Symonds wurden sie der 2. Teil von Baron Munchausens Travels. In der Folgezeit bilden beide Teile eine Einheit. Der englische M. hat eine ähnliche Beliebtheit erlangt wie der deutsche. Bis 1970 sind über 130 englische Ausgaben erschienen.

Die ersten deutschen Ausgaben. G. A. BÜRGER übersetzte die zweite englische Ausgabe frei ins Deutsche. Die kurzen Geschichten hat er bedeutend erweitert und dadurch lebendiger gemacht. Acht eigene Geschichten hat er der ersten deutschen Ausgabe beigesteuert, ein Textanteil von 30,5 %. BÜRGER hat, dem Stoff gemäß, einen eigenen, prahlerisch-phantastischen Sprachstil entwickelt, reich an kernigen und volkstümlichen Ausdrücken. Bemerkenswert sind die zahlreichen zeitgenössischen Anspielungen. Das Buch erschien im Herbst 1786 anonym und mit der fingierten Ortsangabe London, war aber bei DIETRICH, einem Freund von BÜRGER, in Göttingen verlegt und wurde noch zweimal nachgedruckt. Zur zweiten deutschen Ausgabe von 1788 nahm BÜRGER die fünfte englische Ausgabe als Textvorlage und fügte wieder 7 neue Geschichten ein. Es erschien wieder anonym und mit der fingierten Ortsangabe London 1788. Damit liegt das letzte deutsche Volksbuch als Werk BÜRGERS vor. Alle späteren Ausgaben fußten auf den fehlerhaften Nachdrucken. Erst 1890 hat E. GRISEBACH (a. a. O.) begonnen, den authentischen Text wieder herzustellen (Ausgabe bei SPEMANN). H. VON MÜLLER hat die Arbeit weitergeführt und 1906 den Originaltext der Ausgabe 1788 für den Insel-Verlag wiederhergestellt.

Nachdruck und Volksausgabe seit 1787. Der interessante Stoff und der geringe Umfang waren starke Anreize für die Herstellung von Nachdrucken. Schon

Die erste Münchhausen-Illustration. Die Falttafel mit vier Kupferstichen entstammt der dritten englischen Ausgabe (Gulliver revived; or the singular travels, Oxford 1786). Es wird angenommen, daß die Zeichnungen von R. E. Raspe (1735–1793) stammen.

1787 erschien der erste Nachdruck (mit anderem Titel), 1790 ein weiterer. Bei den meisten Nachdrucken sind Verleger und Verlagsorte fingiert. Die kleinen Broschüren, in leichtem Umschlag angeboten, wurden viel auf Jahrmärkten verkauft. Es gab einige bessere Nachdrukke mit reichhaltiger Illustrierung. Die chronologische Folge der frühen Nachdrucke bis 1850 ergibt: 1787 (o.O.), 1788 Kaffeehausen, 1790 Frankfurt und Leipzig, 1794 Kopenhagen, 1801 Mexico, 1803 Berlin, ca. 1805 Hamburg, 1809 Mexico, 1810 Mexico, ca. 1810 Frankfurt und Leipzig, 1810 Amerika, 1810 Cölln, 1812 Hamburg, 1813 Mexico, 1820 Cölln, 1835 Reutlingen (Ensslin), 1835 Reutlingen (Fleischhauer), 1842 Erfurt, 1842 Reutlingen, 1842 Blaubeuren, 1842 Leipzig, 1844 Köln. Hohe Auflagen und niedriger Preis setzten einen leistungsfähigen Verleger und einen aufnahmebereiten Markt voraus. Beides war um und nach 1870 gegeben. Folgende Volksausgaben mit Ersterscheinungsjahr sind bemerkenswert: 1869 Reclams Universal-Bibliothek (1867 gegründet), 1869 Reutlinger Volksbücher (Ensslin & Laiblin), 1886/1888 Meyers Volksbücher, Leipzig (Bibliographisches Institut), 1912 Insel-Bücherei, Leipzig (Insel-Verlag).

Frühe Kinderbücher, Bilderbücher und Bilderbogen. Die erste Kinderausgabe ist 1842 unter dem Titel „Münchhausen, der große Bramarbas und Lügner" bei Baumgärtner in Leipzig erschienen. Sie enthielt dreizehn sehr kurze Geschichten, oft nur wenige Zeilen Text, und 12 kolorierte Bildtafeln – der erste deutsche M. mit bunter Illustrierung, damals für 60 Pfennig erhältlich. Bereits 1861 hatten Braun & Schneider mit der Herausgabe der Münchner Bilderbogen begonnen. M. ist mit drei Bogen (50, 55, 232) vertreten. Die Bilder zeichnete O. SICKERT. Auch G. WEISE, Stuttgart, brachte von 1867 bis 1873 250 Bilderbogen (Deutsche Bilderbogen für Jung und Alt) heraus; M. war mit zwei Bogen 172/173) vertreten, gezeichnet von SIMMLER. Auch die Neuruppiner Bilderbögen (ab ca. 1792; Verlag Kühn) enthalten einen M.-Bogen. Ein M.-Bilderbuch erschien bei WEISE in Stuttgart (1871). Umfangreicher war eine ohne Jahresangabe, jedoch um 1870 erschienene frühe Kinderausgabe, die im Titel „... zur Ergötzung für unser kleines Volk ..." gekennzeichnet war. Bei A. RIESE in Gotha erschienen, enthielt sie 32 Blätter mit 61 Holzschnitten. 1881 erschien bei Scholz in Mainz ein Bilderbuch. Eine Ausgabe (Nachdruck?) wurde 1893 für 50 Pfennig verkauft. Auch im 20. Jahrhundert bis heute kommen neue M.-Bilderbücher mit Text heraus.

Jugendausgaben und Jugendbearbeitungen. Der M. ist nicht für die Jugend geschrieben, wurde aber schon immer von ihr gelesen. Besondere, und als solche kenntliche Jugendausgaben kamen ab 1860 auf. Zunächst kamen kleinere Verleger mit kleinformatigen und dünnen Bändchen heraus. Bei Anfüllung des Buchmarktes mit Jugendbearbeitungen ist eine Differenzierung durch unterschiedliche Zielsetzung der Initiatoren bzw. Verleger festzustellen. a) Text ist gekürzt. Es sollen kleine und preiswerte Bücher entstehen. Der Bearbeitung liegt meist die erste Ausgabe von 1786 (nur Landabenteuer) zugrunde. Dies trifft vorwiegend für die älteren Jugendausgaben zu. Bei einigen neueren Ausgaben (um und nach 1900) hatte die Illustrierung das größere Gewicht. b) Text ist gedehnt. Der scharf pointierte Schreibstil von G. A. BÜRGER wird durch weitschweifiges Erzählen verwässert und verliert an Würze. Jedoch: der Nacherzähler sichert sich ein hohes Honorar; der Verleger erzielte durch großes Format und eleganten Einband einen höheren Preis. Als Repräsentanten in dieser Richtung gelten Ausgaben aus folgenden Verlagshäusern: K. Thienemanns, Stuttgart (Bearbeiter: F. HOFFMANN, 1871), W. Effenberger; später L. Loewe, Stuttgart (Bearbeiter: E. D. MUND, i.e. E. VON POCHHAMMER, 1882), A. Weichert, Berlin (Bearbeiter: W. v. BECK, 1891). c) Der Orginaltext bleibt weitgehend erhalten. Es werden nur einige erotische Stellen und zeitgenössische Anspielungen herausgenommen. Das Bestreben, deutsche volkstümliche Schriften zu erhalten, schärfte sich etwa um 1900, vor allem in Lehrervereinen, die mehrfach M.-Ausgaben für den Schulgebrauch herausgegeben haben. U.a. wurden tätig: Schöneberger Lehrerverein, Dresdner Jugendschriften-Ausschuß, Lehrervereinigung für Kunstpflege, Berlin, Crüwell, Dortmund, M. Diesterweg, Frankfurt/Main (deutschkundliche Schülerhefte), F. Hirth, Breslau, J. Beltz, Langensalza. Neben der Erhaltung des Originaltextes kommt auch der künstle-

„... hob alle Kanonen, über 300 Stück, herunter von den Lafetten und warf sie 3 Meilen weit in die See hinaus." Illustration von Franz Wacik (1883–1938) zu der um 1907 erschienenen, vom Jugendstil beeinflußten Münchhausen-Ausgabe aus Gerlachs Jugendbücherei.

Gustave Doré (1832–1883). Münchhausens Kurschmied heftet das halbierte Pferd mit Lorbeersprößlingen zusammen. Der Holzschnitt ist der in Paris erschienenen Ausgabe der „Aventures du Baron de Munchhausen" (1862) entnommen.

risch wertvollen Illustrierung ab 1900 größere Bedeutung zu. Beispiele dafür sind: Band 37 der Sammlung Jungbrunnen mit 32 Federzeichnungen im Text (Jugendstil) von W. Stumpf (1902); Nr. 19 der Reihe Gerlachs Jugendbücherei, mit 80 zum Teil bunten Illustrationen (Jugendstil) von Fr. Wacik (1907). Insgesamt sind mehr als 180 deutschsprachige Verleger am M. tätig geworden. Zu den vielen Bearbeitern des originalen Textes von G. A. Bürger gehören u. a. W. v. Beck, P. Benndorf, M. Berger, M. Dressler, E. Hering, Fr. Hoffmann, E. Kästner, Fr. Meister, R. Münchgesang, Fr. Nothardt, W. Schmidkunz, C. Treumund, E. K. Wolzogen.

Illustrationen. Die Häufung von komischen humoristischen und ungewöhnlichen Situationen hat besonders viele Illustratoren, darunter bedeutendste Künstler, angeregt. Alle Stilrichtungen sind vertreten; alle graphischen Techniken kommen vor. Am weitesten verbreitet sind die Holzschnitte von G. Doré. Bedeutende Illustratoren sind: C. G. Becker (* 1904), J. B. Clark, Crowquill (i. e. Forrester, 1804–1872), G. Cruikshank (1792–1878), M. Disteli (1802–1844), J. v. Diveky (1887–1951), G. Doré (1832–1883), Th. Hosemann (1807–1875), J. Hegenbarth (1884–1962), W. Klemm (1883–1957), F. Kredel (1900–1973), A. Kubin (1877–1973), G. Oberländer (* 1907), Phiz (i. e. Browne, 1815–1882), E. L. Riepenhausen (1765–1839), K. Rössing (* 1897), Th. Rowaldson (1756–1827), O. Schubert (1892–1970), R. Searle (* 1920), Ph. Sporrer (1829–1899), W. Strang, A. P. Weber (* 1893), A. v. Wille (1820–1887), L. Wood. Illustratoren von Kinder- und Jugendbüchern blieben bis etwa 1870 anonym. Die ersten namentlich bekannten Bilderbogen-Illustratoren O. Sickert und W. Simmler zeichneten noch für Erwachsene. Vor 1900, wie fast in der gesamten Buchillustration, blieben die Bilder glatt und flach. Die Grundausstattung mit sechs bis acht Farbdrucktafeln wird häufig durch Schwarz-Weiß-Zeichnungen im Text ergänzt. Um 1900 wird mit dem Jugendstil das erstarrte Illustrationsschema erneuert, und es werden Buchkünstler mit großem Können tätig. Die Hinwendung zu jugendgemäßen Illustrationen wird vollzogen. Neuere Kinder- und Jugendausgaben wirken besonders durch eine abgestimmte Farbpalette und durch Bewegtheit. Die großzügige Bildkomposition geht häufig über zwei Seiten, wobei Bild und Text auch mit- und ineinander verschmelzen. Unter den Illustratoren von Kinder- und Jugendausgaben sind zu finden: F. Berger, E. Binder-Stassfurt, G. Franz, R. Braun, Fr. Koch-Gotha, H. Münzinger, M. und R. Koser-Michaels, G. Oberländer, W. Planck, N. Plump, L. Seufert, W. Simmler, Fr. Stassen, W. Stumpf, W. Trier, Fr. Wacik, R. Winkler.

M.iaden. Erzählende Schriften, die M.s Namen im Titel benutzen, kommen schon Ende des 18. Jahrhunderts, verbreitet in der ersten Hälfte des 19. Jahrhunderts, später seltener vor. Es lassen sich dabei vier Gruppen unterscheiden: a) Unterhaltende Schriften ohne Tendenz, jedoch mit Übertreibungen und lügenhaften Unmöglichkeiten in großer Zahl. Meist handelt es sich um fortlaufende Erzählungen, auch Romane. Aber auch Jägerlatein und Scherzsammlungen sind darunter.

Philipp Sporrer (1829–1899). Illustration aus dem Band „Münchhausens wunderbare Reisen und Abenteuer zu Wasser und zu Lande" (Leipzig 1874). Die Federzeichnung paßt zu der Textstelle: „So schoß mir einmal unversehens ein fürchterlicher Wolf so nahe auf den Leib, daß mir nichts weiter übrig blieb, als ihm, dem mechanischen Instinkt zufolge, meine Faust in den offenen Rachen zu stoßen."

Gerhard Oberländer (1907). Federzeichnung zu einer Ausgabe von G. A. Bürgers „Münchhausen" (Hamburg, München 1964).*

In wenigen Fällen ist Erotisches einbezogen. Z.B.: H. Th. L. Schnorr: Wunderbare Reisen ... des Freyherrn von Münchhausen. 2. bis 4. Bändchen. Kopenhagen 1789 (mehrfach aufgelegt; auch mit anderem Titel und anderen Verlagsorten); H. Th. L. Schnorr: Wunderbare Reise ... des Fräulein Emilie von Bornau, einer natürlichen Tochter des Freyherrn von Münchhausen. 1801 (mehrfach nachgedruckt); Lügenchronik. 4 Teile. Stuttgart 1839 (Zusammenfassung des Original-M. und der drei Schnorr-Bände, mehrfach nachgedruckt); Gilardone, Jägerlatein oder des berühmten Freiherrn von Münchhausen höchst wunderbare Reisen ... Poetisch bearbeitet im Versmaß von Blumauers travestierter Aeneis. 2 Bde. Hanau 1838/39; C. F. Scherl: Des wiederauferstandenen Münchhausen Neueste Abenteuer und Flausen ... Allen Freunden heiterer Lektüre gewidmet von X. Lügemund. Berlin 1853; Des Freiherrn von Münchhausen nachgelassene Werke. Erzählt von einer Gesellschaft gleichgesinnter Humoristen und Spaßvögel ... Weimar 1854 (eine Sammlung von lügenhaften Geschichten. b) Satirische Schriften, die unter dem Deckmantel der Lüge Kritik an bestehenden Zuständen im Bereich des Politischen (Polizeistaat), des Gesellschaftlichen (Vorrechte des Adels) wie auch der Kunst und Literatur üben: Z.B.: J. Lyser (i.e. P. A. Burmeister): Der fahrende Münchhausen, oder neue Reisebilder zu Wasser und zu Lande ... Meissen 1840 (in die imaginären Reiseabenteuer sind satirische Anmerkungen zu Kunst und Literatur eingeflochten); H. Marggraff, Fr. Beutel: Eine Münchhauseniade. Frankfurt 1856 (in mehreren Abschnitten politisch-satirisch); A. F. G. Rebmann: Leben und Thaten des jüngeren Herrn von Münchhausen. Thorn 1795; G. Sellen (d.i. L. v. Alvensleben): Der Lügenkaiser. 2 Bde. Meissen 1833/34 (teils sehr bissig!). c) Werke mit literarischem Anspruch: Z.B.: K. Immermann: Münchhausen. Eine Geschichte in Arabesken. Düsseldorf 1838/39 (spätromantischer Literaturroman); P. Scheerbart: Münchhausen und Clarissa. Berlin 1906. d) Jugendbücher: Z.B.: R. Walser: Münchhausens Wiederkehr. Eine phantastische Geschichte. Mainz 1913.

→ Bearbeitung von Texten für Kinder und Jugendliche, → Th. Hosemann, → Freiherr von Münchhausen

Sekundärliteratur: J. Carswell: Singular Travels, Campaigns and Adventures of Baron Munchhausen (1948); The Prospector. Being the life and times of R. E. Raspe (1950). – R. Hallo: Rudolf Erich Raspe. Ein Wegbereiter von deutscher Art und Kunst (in: Göttinger Forschungen. H. 5. 1934. S. 325). – C. Müller-Fraureuth: Die deutschen Lügendichtungen bis auf Münchhausen (1881; NA. 1965). – W. Krogmann: Der Ur-Münchhausen (1948). – W. Schweizer: Die Wandlungen Münchhausens (1921, Diss.); Münchhausen und Münchhausiaden. Werden und Schicksale einer deutsch-englischen Burleske (1969). – P. Scott: G. A. Bürgers Übersetzungen aus dem Englischen (1964, Diss.). – E. Wackermann: Münchhausiana. Bibliographie der Münchhausen-Ausgaben und Münchhausiaden. Mit einem Beitrag zur Geschichte der frühen Ausgaben (1969); Die Münchhausen-Illustration (in: Illustration 63. H. 1 und 2. 1974, H. 1 S. 17–22; H. 2 S. 42–49). W. v. Wurzbach: G. A. Bürger. Sein Leben und seine Werke (1900). – F. v. Zobeltitz: Münchhausen und die Münchhausiaden (in: Zeitschrift für Bücherfreunde. Jg. 1. 1897/1898. H. 5, S. 247–254).

Erwin Wackermann

Mundart
In der Kinder- und Jugendliteratur

Unter M. wird die jeweilige landschaftliche Grundstufe der deutschen Sprache verstanden. Wir unterscheiden zwischen nieder- und hochdeutschen M.en. Niederdeutsch ist der zusammenfassende Name für das

Westfälische, Ostfälische, Nordniedersächsische und Ostniederdeutsche. Die hochdeutschen M.en teilen sich in die mitteldeutschen (west- und ostmitteldeutsch) und oberdeutschen (ostfränkisch, schwäbisch-alemannisch, bayerisch-österreichisch). Das Niederdeutsche nimmt insofern eine Sonderstellung ein, als es erst endgültig im 17. Jahrhundert nach Verlust entscheidender Positionen (Aufgabe als Schrift-, Kanzel- und Schulsprache) die Stellung einer M.-Gruppe einnahm.
M.-Dichtung drückt sich vorzugsweise in traditionellen Gattungen volkstümlicher Erzählkunst und Dichtkunst wie Kinderreim und -lied, Märchen, Sage und Sprichwort aus. Sowohl von Sammlern aufgezeichnete mundartliche Überlieferungen als auch dichterische Neuschöpfungen von M.-Poeten finden sich seit Beginn des 19. Jahrhunderts in der Kinder- und Jugendliteratur. Jedoch haben diese Werke in M. bis auf wenige Ausnahmen meist handschriftlich begrenzte Wirkungen gehabt (Dialektdichtung vor allem im niederdeutschen, bayerischen und alemannischen Raum). Dagegen sind mundartliche Anklänge in Werken der deutschen Kinder- und Jugendliteratur häufig. Innerhalb der gesprochenen M.- und Volksdichtung hat die mundartliche Kinder- und Jugendliteratur großen Einfluß, besonders auf die Kleinkinder (dialektgebundene Kinderreime, Märchen, Sagen, Lieder, Laien- und Kasperlspiele u. a.).

Die Anfänge niederdeutscher M.-Dichtung in der Kinder- und Jugendliteratur. Interesse für die Dichtung in niederdeutsch zeigten schon die Romantiker, die etliches in ihre Sammlungen aufnahmen, z.B. L. Uhland (1787–1862) in „Alte hoch- und niederdeutsche Volkslieder", I. Teil (1844–1845). Interessant auch, daß der Maler Ph. O. Runge (1777–1810) für Grimms Märchensammlung die Prosadichtung „Von dem Fischer un syner Fru" und „Von dem Machandelboom" rettete. Eine Änderung in der Behandlung der niederdeutschen M. trat ein, als – veranlaßt durch J. P. Hebels (1760–1826) frühem Vorstoß auf dem Felde der M.-Dichtung (Alemannische Gedichte, 1803), Kl. Groths (1819–1899) „Quickborn" (1852) erschien. Ein Jahrzehnt später kam dann das bedeutende mundartliche epische Werk Fr. Reuters (1810–1874) und die Lyrik, Roman und Novelle umfassende Dichtung J. Brinckmans (1814–1870), sowie die Dichtungen J. H. Fehrs (1838–1916) heraus. Mit ihnen hat sich die Alltagssprache wieder eine dichterische Welt erobert; das Niederdeutsche war nicht mehr nur Gegenstand der Sammelleidenschaft von Wissenschaftlern, die M.-Wörterbücher zu erstellen versuchten. Hierdurch wurde im niederdeutschen Raum das Gefühl des Vorhandenseins einer überregionalen Dichtung wach, obwohl sie in holsteinischem, mecklenburgischem und westfälischem Sprachkleid auftraten. In Deutschland wurde diese M.-Dichtung als ein sprudelnder Quell (= Quickborn) volkstümlicher Eigenart begrüßt und nicht etwa als Nebenbuhlerin hochsprachlicher Dichtung aufgefaßt oder gar als Bedrohung der gemeinsamen hochdeutschen Kultursprache.

Lyrische niederdeutsche M.-Dichtung. Kl. Groth schöpfte bereits, besonders für seine Kinderreime, aus volkskundlichen, im wesentlichen mündlich überlieferten Quellen. Ihm war es zu danken, daß man sich bald des großen Schatzes an kinder- und volkstümlicher Dichtung, wie sie, mehr oder weniger, jede M. hat, bewußt wurde. Wiegenlieder, Fingerzählreime, Buchstabierreime, Knieschaukelreime, Neckreime, Abzählreime, Schnellsprechsätze, Tierreime, Rätsel und Scherzfragen, Sprüche, Sprichwörter und Redensarten (Formelhaftigkeit mundartlichen Sprechens!), Bauern- und Wetterregeln, Regen-, Tanz- und Umziehlieder (Laterne, Rummelpott). Hier gehören in der Regel Wort, Ton und Bewegung zusammen. Da auf diesem Gebiet Überlieferungsverfall droht, kommen Eltern und Lehrern Anthologien mit mundartlichen Kinder- und Volksreimen entgegen (J. Schmidt (Hrsg.): „Bimmel Bammel Beier", Plattdeutsche Kinderreime, 1968; H. Diers (Hrsg.): „Riemels Radels Rummelpott", Plattdeutsche Kinderreime, 1968; H. Ehrke (Hrsg.): „Plattdüütsche Kinnerriemels ut Sleswig-Holsteen", 1968; A. Cammann: „Die Welt der niederdeutschen Kinderspiele", 1970). Weiter existieren Sammlungen niederdeutscher Volkslieder von P. Alpers, G. F. Meyer, M. Kuckel, u. v. a. Für diesen Bereich bedeutsam ist F. Jöde: „Uns plattdüütsche Singbook för plattdüütsch Land un Waterkant" (1969).
Kl. Groth nahm in seinen „Quickborn" einen ganzen Zyklus von Kindergedichten auf: „Vör de Görn", dazu die meisterhaften Tiergedichte „Matten Has'", „Aanten int Water", „Bispill" (Ausgaben bei Wachholtz, Neumünster; Reclam, Stuttgart; Paulsen, Husum). Auf diesem Gebiet mit den Gruppen Tiergedicht, Erzählgedicht, Dialog-Spielgedicht (Rollengedicht) fand Kl. Groth zahlreiche Nachfolger, leider gerieten sie oft in den Bereich des kindertümelnden Gedichts. Nichtepigonale Fortsetzer waren dagegen R. Garbe (1876–1927) mit „Görnrik" und besonders H. Claudius (*1878) mit „Mank Muern", „Bodderlicker, sett di!", „Mien Weg na Huus" (Fehrs-Gilde, Hamburg) mit den Gedichten „Rode Grütt", „Backen bleben", „De Klink", „Stratenmusik", „Dat Schaap", „Höhner", „Dokterbesöök" und „Radio". Überraschend ist der gegenwärtig vielfach zu beobachtende Aufschwung niederdeutscher Lyrik unter Aneignung hochsprachlicher Formen, besonders der Spruchdichtung. Thematisch stehen Gegenwartsprobleme im Vordergrund. Jeder „heimattümelnde" Konservativismus ist verbannt und somit auch dem jugendlichen Leser Zugang ermöglicht. O. Andrae, D. Bellmann, N. Johannimloh, S. Kessemeier, W. A. Kreye und H. Kruse sind als bedeutende Autoren zu nennen.
Die niederdeutsche Ballade hat im Bereich der Volksballade eine starke Tradition („Et wassen twe Künigeskinner", „De schöne Lilofee", „Dat Leet von Störtebeker", „Ik hebbe si nich op de Scholen gebracht", u.v.a.). Seit Kl. Groth wird auch die Kunstballade gepflegt und blieb bis in die Gegenwart einer der beliebtesten Formen, für die erfahrungsgemäß auch Jugendliche besonders aufgeschlossen sind: H. Boss-

DORF: „Ole Klocken", 1919; B. DE VRIES: „Schipp ahoi!"; Balladen von der See, 1932; A. MÄHL: „Niederdeutsche Gedichte", 1948 (darin die Chorballade „Hemmingstedt"); M. JAHN: „Ulenspegel und Jan Dood", 1933; H. HEITMANN: „Staan un strieden", Balladen, 1939; H. KRUSE: „Mitlopen", 1961, „Dat Gleis", 1967.

Epische niederdeutsche M.-Dichtung. Jedes Kind, das noch M. spricht, sollte sie auch lesen können. Insofern zahlt sich die frühe Gewöhnung an niederdeutsches Leseschrifttum für später aus. Dem steht entgegen, daß auch Erwachsene lieber M. hören als lesen (REUTER-Vorleseabende zur Großväterzeit, heute gemeinsames Hören niederdeutscher Hörspiele), zum anderen ist es für die Jugend schwierig, die klassischen niederdeutschen Romane (FR. REUTER, J. BRINCKMAN, J. H. FEHRS, F. KRÜGER, A. WIBBELT) naiv in Besitz zu nehmen, da in der Regel eine patriarchalische Welt vorindustrieller Prägung den Hintergrund bildet, wenngleich auch brennenden sozialen Fragen nicht ausgewichen wird (z.B. in FR. REUTERS „Kein Hüsung", 1858; vgl. damit FR. HEBBELS gleichzeitiges Epos „Mutter und Kind", plattdeutsch von FR. PAULY, 1950). Bedrängender gestaltet sich der soziologisch-wirtschaftliche Umschulungsprozeß für die Westfalen, die Ende des vorigen Jahrhunderts mitten in der Auseinandersetzung zwischen alteingesessenem Bauerntum und der heranrückenden Kohlenindustrie standen, z.B. F. KRÜGER „Rugge Wiäge", 1882, und A. WIBBELT „Dat veerte Gebott", 1903. Einfacher in Form und Gehalt schilderte der Bremer Dichter G. DROSTE in seinem Entwicklungsroman „Ottjen Alldag" (1913–1915) im um die Mitte des vorigen Jahrhunderts noch kleinstädtischen Milieu der Bremer Kaufmannschaft die Geschichte seiner Jugend. Anziehend für jugendliche Leser sind immer noch die psychologischen Novellen und Erzählungen von J. H. FEHRS, da in ihnen die differenzierte Darstellung der seelischen Entwicklung, verbunden mit sicherem künstlerischem Aufbau und vollkommener Beherrschung der Sprache den Vorrang hat. Ihm folgten in der jüngsten Vergangenheit R. KINAU, P. SCHUREK, A. MÄHL, H. HEITMANN. Auch hier gibt es Gegenbeispiele, sogenannte M.-Schriftsteller, die einerseits in der Sprache radebrechen, andererseits (leider) beweisen, daß Plattheit im Sinne lebensunwahrer Verharmlosung nur zu oft das Schicksal der M.-Aussage ist. Erfreulich ist der Um- und Aufschwung in der Gegenwart, wie er im epischen Werk von M. JAHN, H. SCHMIDT-BARRIEN und H. KRUSE zum Ausdruck kommt. Am ehesten findet die Jugend Zugang zu den zeitkritischen Kurzgeschichten H. KRUSES („Weg un Ümweg", 1958) und der Tagebucherzählung vom Schicksal einer Flüchtlingsfrau in H. SCHMIDT-BARRIENS „De frömde Fro", 1952. Was die Volksdichtung angeht, so sammelte W. WISSER im ostholsteinischen Raum hundert Jahre nach den Brüdern GRIMM Märchen aus dem Volksmund. Für die Jugend wurden sie unter dem Titel „Wat Grotmoder vertellt" (1906) herausgegeben, für die Erwachsenen in zwei Bänden unter dem Titel „Plattdeutsche Volksmärchen" (in der Reihe „Märchen der Weltliteratur", beide Ausgaben in der Fehrs-Gilde, Hamburg).

Dramatische niederdeutsche M.-Dichtung. Sofern M. noch Umgangssprache ist, bleibt der Beitrag des Dialekts auf den drei Spielstufen: Stegreifspiel, selbstgeschriebenes Stück, vorgeformtes Textspiel unverzichtbar. Für das Textspiel bildete sich im Niederdeutschen eine stattliche Reihe von Formen aus (die natürlich nur zum Teil für das in Frage kommende Alter realisierbar sind): Märchenspiel, Moralitätenspiel, Milieudrama, historisches Spiel, psychologisches Drama, symbolisches Drama, Zeitstück, Charakterkomödie, Lustspiel, Schwank- und das niederdeutsche Hörspiel. Beispielhaft für das Märchenspiel sind: „Aschenputtel" von H. CLAUDIUS, „Pöppendeiken" von M. PETERSEN, „De Fisch" von F. LINDEMANN, „De gülln Näs" und „Fru Ilsebill" von H. HEITMANN, für die Weihnachtsspiele „De hilligen dree Könige" von F. TIMMERMANS, „Dat plattdütsche Krippenspäl" von H. SCHMIDT-BARRIEN und „Jan is König" von A. HINRICHS. Die überzeugendsten Beispiele niederdeutscher Moralitätenspiele sind „De düdesche Schlömer" (Der deutsche Schlemmer) von J. STRICKER (1584), das niederdeutsche reformatorische Gegenstück zum Jedermannspiel, in der Neufassung von FR. LINDEMANN unter dem Titel „Dat Speel vun den rieken Mann"; dazu stellte sich ebenbürtig „Luzifer" (Uraufführung 1921) des Westfalen K. WAGENFELD. Auch das historische Drama wurde gepflegt. Beispiele in der niederdeutschen Bühnenliteratur finden sich von den Bauernkämpfen im Mittelalter bis in die jüngste Vergangenheit (Verlag Mahnke, Verden/Aller). Auch Milieudramen sollten erwähnt werden: „Mudder Mews" von FR. STAVENHAGEN, „Hatt gegen hatt" von K. WAGENFELD, „Bahnmester Dod" von H. BOSSDORF. „Cili Cohrs" von GORCH FOCK, „Füer" von H. EHRKE sind Beispiele für das psychologische Drama. „Oprümen" von H. HEITMANN kann als beispielhaft für das niederdeutsche symbolische Drama gelten. Eine Charakterkomödie ist „Kasper kummt na Huus" von P. SCHUREK. Lustspielcharakter haben die Bauernkomödien von A. HINRICHS und K. BUNJE. Hörspielautoren sind K. HANSEN, W. A. KREYE, H. KRUSE, D. BELLMANN u.v.a.

M.-Einfluß auf die Kinder- und Jugendliteratur außerhalb des Niederdeutschen. Bedeutsam für die M. in der deutschen Kinder- und Jugendliteratur erwies sich J. P. HEBELS Sammlung „Alemannische Gedichte", die 1803 gedruckt wurde und zahlreiche Kinderreime und Kinderlieder enthält. Sie wurde weit über den oberrheinischen Sprachraum hinaus bekannt und regte Mundartdichter anderer Landschaften zu eigenen Versuchen an. Relativ früh bildete sich in der Schweiz eine speziell an der Kinderpoesie ausgerichtete M.-Dichtung aus. J. M. USTERIS „Sechs Kinderlieder" (1831), F. HALLERS „Berndeutsche Verschen und Lieder" (1853) und A. CORRODIS „Alemannisches Kindertheater" (1874–1875) sind einige herausragende Beispiele einer Entwicklung, in die u.a. auch der bekannte Schweizer

Erzähler J. GOTTHELF (1797–1854), dessen Werke oft mundartlichen Einschlag zeigen, einbezogen war. Eine umfassende wissenschaftliche Sammlung volkstümlicher Kinderlieder aus der Schweiz legte G. ZÜRICHER 1926 mit „Kinderlieder der deutschen Schweiz" (Schriften der Schweizer Gesellschaft für Volkskunde 17) vor. In Österreich fanden mundartliche bzw. mundartlich gefärbte Werke P. ROSEGGERS (1843–1918) und L. ANZENGRUBERS (1839–1889) Verbreitung unter der Jugend. In FR. VON POCCIS (1807–1876) bis heute beliebtesten Kasperlkomödien (Lustiges Komödienbüchlein, 1859) bringen der Kasperl Larifari und andere volkstümliche Figuren bayerischen Dialekt zur Geltung. Im Laufe des 19. Jahrhunderts traten in allen deutschen Landschaften M.-Dichter hervor, und es wurden umfangreiche Sammlungen überlieferter M.-Dichtung angelegt. Letztere enthielten zu einem großen Teil Stücke von oder für Kinder und Jugendliche, wie z.B. J. M. FIRMENICH-RICHARTZ' „Germaniens Völkerstimmen. Sammlung der deutschen Mundarten in Dichtungen, Sagen, Mährchen, Volksliedern etc." (3 Bde. 1843–1868), eines der bedeutendsten Werke dieser Art. Von allen deutschen Landschaften erreichte jedoch die niederdeutsche M. quantitativ den größten Umfang und brachte auch die bedeutendsten Vertreter dieses Genres hervor.

Entwicklungen im 20. Jahrhundert. Die Jugendschriftenbewegung zu Beginn des 20. Jahrhunderts betrachtete die Lust an mundartlicher Dichtung als ein wichtiges Element literarischer Genußfähigkeit und forderte, die M.-Poesie in den Dienst der Kunsterziehung zu stellen (vgl. O. KARSTÄDT, a.a.O. S. 56). H. WOLGAST (1860–1920) widersprach der Auffassung, daß durch die M. die Schulung im Hochdeutschen geschädigt werde und legte eine Bibliographie von M.-Dichtungen und Sammlungen aus allen Regionen des damaligen deutschen Reiches vor (Quellennachweise für das deutsche Kinderlied, a.a.O.). Die Schulpolitik der Weimarer Republik kam Forderungen der Pädagogen entgegen und suchte der Pflege der M.-Dichtung im Unterricht einen Platz zu verschaffen (vgl. Erlaß des preußischen Ministeriums für Wissenschaft, Kunst und Volksbildung vom 15.5.1922 u.a.).
Neben die herkömmliche, ortsgebundene mundartliche oder mit Dialektismen durchsetzte Kinder- und Jugendliteratur tritt eine Form, die durch Verwendung sozial- bzw. altersmäßig bestimmter Spracheigentümlichkeiten entsteht. So forderte B. OTTO (1859–1933) eine Literatur, die sich an der jeweiligen „Altersmundart" des Kindes, d.h. an dessen altersspezifischen sprachlichen Besonderheiten orientieren sollte (Kindesmundart, 1908). Mit dem Aufkommen einer Kinder- und Jugendliteratur, die sich mehr der Umwelt des Kindes zuwandte, wurde von vielen Autoren in zunehmendem Maße auch umgangssprachliches und mundartliches Material verwandt. So läßt E. KÄSTNER (1899–1974) in „Emil und Detektive" (1928) die Wilmersdorfer Jungenbande in ihrer Großstadt-M. reden, wobei weniger die Lokal- als die Sozialgebundenheit der M. als „vergemeinschaftende Kraft", als Sprache einer sozialen Gruppe, im Vordergrund steht. Ähnliche Erscheinungen zeigt die Ende der sechziger Jahre auftretende „Jeans-Literatur". Edgar Wibeau beispielsweise, der Held in U. PLENZDORFS „Die neuen Leiden des jungen W." (1973), spricht eine eigentümliche Mischung aus Berliner Dialekt und jugendlichem Slang, und dies ist M. insofern, als es Aussage und Mitteilung, das Sichverständigen der „Jeans-Generation" aus einer gleichen seelischen Lage und einer gemeinschaftlichen Welterfahrung heraus darstellt.

→H. Claudius, →Kl. Groth, →J. P. Hebel, →Kindersprache, →B. Otto, →Fr. Reuter

Sekundärliteratur: H. Bausinger: Die Internationale der Dialektdichtung – Alt und jung entdecken die Reize der Regionalsprachen (in: Die Zeit. Nr. 48. 19.11.1976. 48). – F. M. Böhme: Deutsches Kinderlied und Kinderspiel (1897). – L. Böhme: Studien zu Klaus Groths Werken (in: Zeitschrift für den deutschen Unterricht. 20. 1906. 3. 172–181). – G. Cordes: Die niederdeutsche Mundartdichtung (in: W. Stammler (Hrsg.): Deutsche Philologie im Aufriß (Bd. 2. Sp. 2406–2444, ²1960). – K. Eggers: Groth und die plattdeutsche Dichtung (1885). – H. Heidenreich: Klaus Groth in seiner Beziehung zur Schule und Kinderwelt (1919). – O. Karstädt: Mundart und Schule (1908, ⁴1925). – R. A. Kock: Der Einfluß der hochdeutschen und der plattdeutschen Volksreime auf Klaus Groths Quickborn (1922). – B. Martin: Die hochdeutsche Mundartdichtung (in: W. Stammler (Hrsg.): Deutsche Philologie im Aufriß (Bd. 2. Sp. 2351–2405. ²1960). – B. Otto: Kindesmundart (1908). – F. Schön: Geschichte der deutschen Mundartdichtung (4 Bde. 1920–1939). – B. Sowinski: Die Mundart im Unterricht (in: Wirkendes Wort. 17. 1967. 5. 340–349). – A. Sütterlin: J. P. Hebel als alemannischer Dichter (1922). – J. B. Trenkle: Die alemannische Dichtung seit J. P. Hebel (1881). – K. Wehrhan: Kinderlied und Kinderspiel (in: Handbücher zur Volkskunde. 4. 1909). – K. Wagner: Mundartdichtung (in: W. Kohlschmidt/W. Mohr (Hrsg.): Reallexikon der deutschen Literaturgeschichte. Bd. 2. ²1965. 442–447). – H. Wolgast: Quellennachweise für das deutsche Kinderlied (in: H. Wolgast: Vom Kinderbuch. 1906. 109–120).

Ivo Braak/Bernd Dolle

Murawska, Elżbieta Murawski, Marian

*Murawska, Elżbieta. *27.7.1938 Krakau; Murawski, Marian. *26.3.1932 Poleszczewo bei Suwalki. Polnische Grafiker und Illustratoren.*

Beide Künstler studierten an der Akademie der Bildenden Künste in Warschau. M.M. beendete sein Studium 1960, E.M. 1961. Seit 1959 spezialisierte sich E.M. auf das Entwerfen von Buchumschlägen und auf Buchillustration. Sie arbeitet als grafische Redakteurin im Verlag „Ludowa spółdzielnia wydawnicza" (Volksverlagsgenossenschaft) und ist, ebenso wie ihr Mann, Mitarbeiterin bei Nasza księgarnia, KAW-Ruch, Czytelnik u.a. Beide nahmen an verschiedenen Ausstellungen in Polen und im Ausland teil, u.a. in Warschau, Bologna, Bratislava, Brüssel, Moskau, Tokio, Osaka, London, Mexiko, Sao Paulo. Das gemeinsam von E.M. und M.M. illustrierte Buch „Podmuch malowanego wiatru“ (1965; Der Hauch des farbigen Windes) von W. Woroszylski (*1927) wurde als eines der schönsten Bücher des Jahres 1966 ausgewählt und gewann 1967 auf der ersten Bienále ilustracií Bratislava (BIB) einen Goldenen Apfel. M. M., der sich auch als Plakatkünstler einen Namen gemacht hat, erhielt u. a. 1969 in Warschau den ersten Preis im Wettbewerb der schönsten illustrierten Kinderbücher und 1972 die Silbermedaille der V. Biennale der Grafischen Künste in Brno. E. M. wurde für die Ausstattung des Buches „Dziecko w poezii polskiej“ (1963; Das Kind in der polnischen Poesie) ausgezeichnet; auf der Internationalen Buchkunstausstellung in Leipzig 1966 (IBA) wurden ihre Illustrationen zu „Wio Leokadio“ (1965; dt. Hüo, Leokadia!, 1967), den Geschichten eines fliegenden Pferdes von J. Kulmova, mit einer Bronzemedaille prämiert. Beide Künstler leben und arbeiten in Warschau.

Werk, Tendenzen, Wirkung. Das Werk des Ehepaars M. ist im Zusammenhang mit der Entwicklung der polnischen Illustrationskunst der Nachkriegsjahre zu sehen. Ausgehend von der ästhetischen Empfänglichkeit von Kindern, versuchen sie, diesen die verschiedenen Experimente der zeitgenössischen Grafik nahezubringen, das Verständnis für moderne Kunst sowie die Kultur der Gegenwart und Zukunft zu erwecken. Beide interpretieren frei durch ihre Illustrationen den literarischen Text, betonen hierbei besonders die assoziativen und emotionellen Momente des Werkes und wollen diese durch schwarzweiße Zeichnungen, besonders aber durch farbkräftige, in verschiedenen Techniken ausgeführten Bilder beim kindlichen Rezipienten vertiefen. Bei beiden Künstlern hat Farbe oft symbolische Bedeutung.

Das poetische Talent von E. M. kommt hauptsächlich in den Illustrationen zu Gedichten und Geschichten für jüngere Kinder zum Ausdruck. In J. Ratajczaks „Pokój z kukulką“ (1967; Das Zimmer mit dem Kuckuck) baut sie die Illustration auf der Spannung zwischen dem Detail und dem Bildganzen auf. In den Gedichten von W. Woroszylski „Opowiem wam w tajemnicy“ (1972; Im Vertrauen gesagt) wendet sie sich dem Neosezessionsmodell zu und verbindet abstrahierende Kompositionsformen der Plakatkunst mit der naiven Phantasie des kleinen Kindes. In „Podróż w zaświaty“ (1975; Reise ins Jenseits) von J. Kopiec herrschen humoristische bis groteske Elemente – besonders in der Darstellung von Teufeln – vor. Für den Stil von M. M., der in stärkerem Maße abstrahiert und die Formen und Umrisse von Figuren und Gegenständen vereinfacht und schematisiert, ist die Ausstattung des Buches „Porwanie w Tiutiurlistanie“ (1971; Entführung in Tiutiurlistan) zum Text von W. Żukrowski charakteristisch. Er behandelt hier auf neue Art Massenszenen und konfrontiert die menschlichen Figuren mit reich kombinierten Architekturen.

In ihrem gemeinsamen Werk, „Podmuch malowanego wiatru“, gelingt den M.s – unter Verwendung von Symbolen – eine Synthese des Naiven mit abstrahierenden, dekorativen Elementen.

Werke von E. Murawska: Dziecko w poezii polskiej (1963); J. Kulmowa: Wio Leokadio (1965; dt. Hüo, Leokadia, 1967); J. Ratajczak: Pokój z kukulką (1967); A. Osiecka: Dzień dobry, Eugeniuszu (1969); J. Kulmowa: Gdyby, gdyby (1969); E.

Elźbieta Murawska: Illustration zu dem 1972 in Warschau erschienenen, reich bebilderten Kinderbuch von Wiktor Woroszylski „Opowiem wam w Tajemnicy“ (Im Vertrauen gesagt).

Burakowsky: Witaj, Ambroży (1969); W. Woroszylski: Opowiem wam w tajemnicy (1972); G. Illés: Król kocur (1974); M. Tomaszewsky: Zamach na wyspe (1974); S. Platówna: Tomek, Ewa i inni (1975); J. Kopiec: Podróż w zaświaty (1975).

Werke von M. Murawski: Podmuch malowanego wiatru (1965; zus. mit E. Murawska); W. Żukrowski: Porwanie w Tiutiurlistanie (1971); M. Fedorowski: Diabelskie skrzypce (1973); C. Čtvrtek: Jak diabel szukal drógi do piekla (1975); S. Majchrowski: Córka ksieżyca (1975); M. Wyszomyrski: Najpiękniejsze miejsce w lesie (1975).

Sekundärliteratur: Kolorowy świat (1972). – D. Wróblewska: Polnische Kinderbücher (in: Gebrauchsgraphik. 7. 1969. 14–25).

František Holešovský

Murschetz, Luis

*Österreichischer Bilderbuchgrafiker und politischer Cartoonist; * 7. 1. 1936 Velenje/Celje (Jugoslawien).*

M. erhielt seine Ausbildung an der Schule für angewandte Kunst in Graz. Ein Jahr lang war er in Rotterdam als Sportkarikaturist und Gebrauchsgrafiker tätig; danach arbeitete er als politischer Karikaturist für die „Süddeutsche Zeitung". Seit 1971 liefert er außerdem für „Die Zeit" in Hamburg in der Nachfolge von P. Flora (* 1922) wöchentlich satirische Illustrationen zur Innen- und Weltpolitik. Ausstellungen der Arbeiten des Grafikers wurden in München, Zürich, Wien und Graz gezeigt. 1969 erschienen erste Buchillustrationen M.s für Erwachsene; für Kinder hat er bislang zwei Bilderbücher geschaffen. M. lebt als österreichischer Staatsbürger seit 1962 in München.

Werk, Tendenzen, Wirkung. Als Illustrator und Bilderbuchkünstler bevorzugte M. anfangs fantastische Themen wie „Draculas Ende" (1969) und „Das Ungeheuer von Loch Ness" (1973), in denen sehr düstere, makaber zubereitete Stimmungen in dichten Federzeichnungsschraffuren beschworen werden. Einzelbilder und Bildergeschichten für Erwachsene erweisen – ähnlich wie grafische Beiträge zur bundesdeutschen Tages- und Wochenpresse sowie zum „Monat" – ein einfallsreiches und pointensicheres Repertoire für zugespitzte Situationen, dramatisch klar komponiert, immer witzige Kurzaktionen.

In seinen Bilderbüchern für Kinder „Der Maulwurf Grabowski" (1972) sowie „Der Hamster Radel" (1975) tritt zur präzisen Zeichnung und Schraffurtechnik eine lockere Farbigkeit in Aquarelltönen. Im erstgenannten Titel erlebt ein Tier in seiner natürlichen Umwelt den Vorstoß der Zivilisation und einer benachbarten Großstadt. Meßtrupps und Baukolonnen stören den Maulwurf aus seiner Ruhe auf. Als schließlich Grabowski von einem Schaufelbagger ans Tageslicht gerissen wird, wandert das verstörte Tier in letzte Oasen mit ungestörtem Grün aus.

Ähnlich ist die Auseinandersetzung im „Hamster Radel": Ein Tier wird zum spielerischen Laufen im Schaufenster einer Apotheke angetrieben, um das Publikum zum Betreten des Ladens zu animieren.

Luis Murschetz (1936). Seite aus dem Bilderbuch „Der Maulwurf Grabowski" (1972). Der Landvermesser stößt einen Meßstab in Grabowskis Schlafhöhle.*

Radel fühlt sich einsam, unglücklich und zudem ausgebeutet. Unverhofft gewinnt das Tier die Freiheit, als sein Unterdrücker von der Leiter ins Schaufenster stürzt. Radels Flucht wird zum Signal für alle übrigen Hamster in der Stadt. Sie „entrollen" ihrer Knechtschaft und laufen am Feld vorbei, in dem schon der Maulwurf Grabowski weiterwühlt.

In beiden Büchern wird in leicht eingängigem Bild-Text-Witz strikt die Partei der betroffenen Tiere bezogen. Die Darstellung der bedrohten Menschen mit ihrer Hast nach Materiellem und die überdimensionale Zeichnung der Maschinen erleichtert den betrachtenden Kindern eine eigene Stellungnahme. Die mit Humor vorgetragenen Gedanken des Umweltschutzes, des Erhalts von Grünflächen und der Freilassung von gefangengehaltenen Tieren müssen beim Erscheinen der Bilderbücher von M. starken Anklang gefunden haben, denn bereits 1976 waren beide Kinderbilderbücher in zwölf Sprachen übersetzt.

Werke: Der Maulwurf Grabowski (1972); Der Hamster Radel (1975).

Horst Künnemann

Musäus, Johann Karl August

*Lehrer, Schriftsteller; * 29. 3. 1735 Jena, † 28. 10. 1787 Weimar.*

M., Sohn eines Landrichters, lebte von seinem 9. Lebensjahre an in der Obhut seines Paten und Onkels,

Superintendent Dr. J. WEISSENBORN, in Allstedt b. Weimar. Nach dem Besuch des Gymnasiums bezog M. 1754 die Universität Jena, studierte Theologie und erreichte den Grad eines Magisters der freien Künste. 1759 kehrte er zu seinen Eltern zurück und begann, sich praktisch auf den Beruf als Pfarrer vorzubereiten. Da den Bauern seine Lebensweise zu freizügig schien, lehnten sie seine Einsetzung als Pfarrer in Farnrode b. Eisenach ab. M. zog sich daraufhin aus dem geistlichen Stande zurück, wandte sich philologischen Studien zu und wurde 1763 Pagenhofmeister in Weimar, 1769 Professor am dortigen Gymnasium. Seinen Hausstand förderte er finanziell durch Aufnahme von jungen Kostgängern und durch Privatunterricht, später durch honorierte schriftstellerische Arbeiten. Mit den bedeutenden Zeitgenossen in Weimar befreundet, nahm er, selbst sehr geschätzt, teil an den geistig literarischen Auseinandersetzungen dieser Jahrzehnte. In der Grabrede für M. rühmte J. G. HERDER seine Humanität, seinen geraden Charakter, seine gleichmäßige Heiterkeit und „gefällige, friedfertige und fröhliche Seele", seine Herzensgüte, seinen „unverdrossenen Fleiß" und die „Liebe zum allgemeinen Besten".

Werk, Tendenzen, Wirkung. Als Rezensent vorwiegend der Belletristik an der „Allgemeinen deutschen Bibliothek", dem Organ führender Geister der Aufklärung, schrieb M. seine Kritiken in freimütigem Ton und unerschrocken als Gegner falscher Sentimentalität und empfindelnder Schwärmerei, wie sie in der Nachfolge der RICHARDSONschen Familienromane in der deutschen Literatur aufkamen. Ebenso war er ein Feind der Phantastereien der Genieperiode. Anonym veröffentlichte er 1760–1762 seinen Roman „Grandison der Zweite oder Geschichte des Herrn von N.", dessen Hauptperson, ein Landedelmann, eine Art Don Quichote wird in der Nachahmung Grandison'schen Tuns und Treibens. Umgearbeitet erschien der Roman 1781/82 neu mit dem Titel „Der deutsche Grandison, auch eine Familiengeschichte". M. hat nichts speziell für Kinder geschrieben. Doch wurde sein Büchlein „Moralische Kinderklapper für Kinder und Nichtkinder", eine Sammlung von ihm frei übersetzter und in eigener Manier bearbeiteter, pädagogisch und moralisch belehrender Vers- und Prosageschichten, die der Franzose MONGET 1782 mit dem Titel „Hochets moraux" in Paris veröffentlicht hatte, in der Kinderliteratur des 18. Jahrhunderts stark beachtet und geschätzt. F. J. BERTUCH gab das von M. als Fragment hinterlassene Manuskript 1788, ein Jahr nach dem Tode von M., heraus; eine „Neue Auflage" erschien 1794 mit 18 Kupfern, gezeichnet von J. D. SCHUBERT, eine weitere Auflage noch 1823 mit 17 Kupfern nach J. D. SCHUBERT. Ein Faksimiledruck der Ausgabe von 1794 erschien 1968 in der Edition Leipzig. An den Erzählungen rühmte BERTUCH in seinem Vorbericht zur ersten Auflage die „Naivität, gefällige Laune, treue Darstellung und Herzlichkeit", die er „ersetzen" sah, „was sich sonst kritisch dagegen einwenden" lasse. Den Erzählungen und Situationsschilderungen, wie M. sie formte, liegt merklich auch die pädagogische Absicht der Aufklärung zugrunde, am unterhaltenden Beispiel zu demonstrieren und zu überzeugen. M. schreibt amüsant, in Prosa durchgehend jambisch, und reimt leicht und gefällig.

Die Distanz zum Stoff und spielerische Wendungen ins Ironische prägen sehr viel stärker noch seine Erzählweise in den „Volksmärchen der Deutschen". Mit diesem, zuerst in fünf Bänden, 1782–1786, herausgegebenen Werk macht M. Epoche in der gesamten deutschen Märchenliteratur. Die Bedeutung dieser Publikation, die erst durch eine von CHR. M. WIELAND bereits bearbeitete Ausgabe 1806 in weitere Kreise drang, wird im 20. Jahrhundert bestätigt durch die Aufnahme in die Reihe „Die Märchen der Weltliteratur" (hrsg. von F. VON DER LEYEN und P. ZAUNERT, 1912 und 1961) und zahlreiche Gesamtausgaben mit älteren und neuen Illustrationen. M. hat in seiner Sammlung Märchen, Sagen der Geschichte und Lokalsagen, Legenden, Wunder- und Spukgeschichten nebeneinander gestellt und ihre Motive unbedenklich verknüpft. Er gewann die Stoffe aus mündlicher Überlieferung, aus alten Chroniken, altdeutschen Mythen und zeitgenössischen, vor allem aus Frankreich kommenden Feenmärchen und Sagen. Er gab der Roland- und Rolands Schildknappensage ihre Form, rundete die Rübezahl-Legenden ab und fixierte die Gestalt des schlesischen Berggeistes in ihrem Wesen und Charakter für die weitere Überlieferung. Vom Rationalismus in seiner Jugend erzogen, erzählt M. die wunderlichen Begebenheiten der Märchen und Sagen mit leiser Ironie, durchsetzt mit Anspielungen auf Zeitgeist und Zeitgenossen. In seinem „Vorbericht" zur ersten Ausgabe räumt er ein: „Der Hang zum Wunderbaren und Außerordentlichen liegt so tief in unserer Seele, daß er sich niemals auswurzeln läßt" und versichert, „daß das hochlöbliche Publikum mit dem Tausche, statt des empfindsamen Gewinsels sich mit Volksmärchen amüsieren zu lassen, nichts einbüßen würde". M. betont, daß er nicht für Kinder und nicht „im Kinderton der Märchen meiner Mutter Gans erzählt" habe, sondern daß er „den Ton der Erzählung, so viel möglich, nach Beschaffenheit der Sache und dem Ohr der Zuhörer, das heißt, einer gemischten Gesellschaft aus groß und klein zu bequemen bemüht gewesen" sei. Mit der Sammlung und bearbeiteten Nacherzählung von „Volksmärchen" ist M. ein Vorläufer der Brüder GRIMM, doch stand er als Schriftsteller der Aufklärung noch außerhalb des Kreises um die „schaffende Volksseele", in dem bald darauf die Märchensammler der Romantik ihrer Aufgabe nachgingen.

In den vierziger Jahren des 19. Jahrhunderts wurden Märchen und Sagen von M. für die Jugend bearbeitet, gekürzt und „gereinigt" herausgegeben. Beispielhaft wurden die Ausgaben „Volksmärchen der Deutschen", herausgegeben von J. L. KLEE mit Holzschnitten nach Originalzeichnungen von R. JORDAN, G. OSTERWALDT, L. RICHTER und A. SCHRÖDTER (1847, ^{2}1870) und „Volks-Mährchen, für die reifere Jugend" neu bearbeitet von F. HOFFMANN, mit 8 colorirten Kupfern von P. C. GEISLER (1847). Ab 1900 entdeckten im Zuge der Kunsterziehungsbewegung und unter dem Einfluß des Jugendstils Illustratoren die Märchen von M. neu und schufen in vielfach farbigen Bildern mit starker Ausdruckskraft neue Jugendausgaben, teilweise in Form aufwendiger Prachtausgaben, teilweise für große Auflage in billigen Reihen. Hervorzuheben sind: Die großformatige Prachtausgabe „Rolands Knappen", illustriert von H. LEFLER und J. URBAN, die 1898 von der Gesellschaft für vervielfältigende Kunst in der kaiserlich-königlichen Staatsdruckerei Wien herausgegeben wurde; der mit 13 farbigen und vielen schwarzen Bildern von P. HEY 1925 erschienene Band „Volksmärchen der Deutschen, für die Jugend ausgewählt und bearbeitet von K. HENNIGER"; die Sammlung „Volksmärchen der Deutschen" mit 8 farbigen und 46 Tondruckbildern von K. MÜHLMEISTER (1921). In billigen Reihen für Jugend und Volk kamen einzelne der Märchen und Sagen von M. zu hohen Auflagen, z.B. „Die Nymphe des Brunnens", bearbeitet von H. FRAUNGRUBER und mit Bildern von I. TASCHNER in „Gerlachs Jugendbücherei" (Bd. 11. [7]1903). Besonders beliebt und für die Jugend häufig bearbeitet wurde der Legendenkreis um Rübezahl; einzelne dieser Legenden nach M. fanden Aufnahme in verschiedene Anthologien und Schullesebücher. Als Taschenbuch erschien 1974 M.' „Rübezahl", für die Jugend bearbeitet von CHR. MORGENSTERN, mit 49 Zeichnungen von M. SLEVOGT.

→ Märchen, → Rübezahl

Werke: Grandison der Zweite. Oder Geschichte des Herrn von N., in Briefen entworfen (Bd. 1–3. 1760–1762); Volksmährchen der Deutschen (Bd. 1–5. 1782–1786); Moralische Kinderklapper für Kinder und Nichtkinder. Aus dem Französischen des Herrn Monget (1788).

Sekundärliteratur: E. Jahn: Die Volksmärchen der Deutschen (1914). – A. Ohlmer: Musäus als satirischer Romanschriftsteller (Diss. 1912). – A. Richli: J. K. A. Musäus: Die Volksmärchen der Deutschen (1957). – P. Zaunert: Nachwort zu J. K. A. Musäus. Volksmärchen der Deutschen (1965. S. 485–493).

Margarete Dierks

Muttenthaler, Anton

*Maler, Lithograph, Holzschneider, Illustrator; *10.5.1820 Höchstädt, †21.3.1870 Leipzig.*

M., Sohn eines Gärtners, kam mit 13 Jahren nach München und wurde Schüler von W. v. KAULBACH (1804–1874). Als Illustrator arbeitete er für die bei Braun & Schneider erscheinenden „Fliegenden Blätter" und die „Münchener Bilderbogen". Seine Beteiligung am Festzug zum 700jährigen Jubiläum Münchens fand Niederschlag in dem von M. nach 19 Zeichnungen Münchener Künstler lithographierten Erinnerungswerk (1859). Auch als Maler bevorzugte er neben literarischen (Des Sängers Fluch, 1845; Loreley, 1851; Gretchen, 1851) historische Stoffe (Fresken aus dem Leben Ludwigs von Bayern). M. übernahm 1860 die künstlerische Leitung von J. J. WEBERS „Illustrirter Zeitung" in Leipzig, für die er zahlreiche Zeichnungen lieferte.

Werk, Tendenzen, Wirkung. M. erschien neben den Hauptmeistern FR. POCCI (1807–1876) und M. v. SCHWIND (1804–1871) bereits in der ersten Folge der „Münchener Bilderbogen" (1848) mit „Wilhelm Tell" (Nr. 3), „Ammenuhr" (Nr. 11), „Ritter Georg" (Nr. 13), „Christkindleins Geburt" (Nr. 17) und illustrierte bis 1864 weitere 43 Bogen. Die „Fliegenden Blätter" brachten (ab Bd. 5) Illustrationen von M., u.a. zu L. AURBACHERS „Historia von den Lalebürgern" (teilweise mit den gleichen Bildern wie zu Nr. 40 der „Münchener Bilderbogen", „Schildbürger") und zu W. HAUFFS „Phantasien aus dem Bremer Rathskeller", die auch als Buchausgabe erschienen sind (Bremen 1849). Für die „Wiener Bilderbogen", in zwei Sammlungen 1859 bei Wenedikt verlegt, hat M. fast ausschließlich dramatische Schlachten- und Duellszenen dargestellt (z.B. 1. Sammlung. Nr. 1, 2, 3, 19; 2. Sammlung. Nr. 18). Bereits das Titelblatt – sich mit Schwertern und Stöcken bekriegende Kinder – kündigt diese Thematik an. In Illustrationen zu „Eppelein von Gailingen" von FR. TRAUTMANN (1813–1887) – 1852 in Frankfurt erschienen und nach 1920 von E. KOSCH neu herausgegeben – herrscht dem Ritter- und Burgenmilieu entsprechend Historisches vor, vereinzelt läßt sich auch an L. RICHTER Anklingendes ausmachen. Die „Neuen Bilder für Kinder von Tony Muttenthaler mit Liedern von Friedrich Güll" (München, Braun & Schneider, 1849) enthalten in einer auf das kleinere Kind abgestimmten Darstellungsform alle von M. bevorzugten Themenkreise: religiöse, häufig in Verbindung mit Engelsdarstellungen (Sommernacht, In der Frühe, Ostermorgen, Gute Ruh', Weihnachtsabend), literarische (Der Tod und der Geizhals, Der Glockenhansel mit dem Motiv der ‚Wandelnden Glocke'), märchen- und sagenhafte (Der See, Der Bauer und sein Kobold), kriegerische (Reveille), häufig eingebettet in eine romantisch mittelalterliche Stadtszenerie (Titelblatt, Der Tambour, Hanswurst, Der Nachtwächter). Über die Entstehung – die Bilder lagen zuerst vor – berichtet GÜLL: „Einige Maler stritten mit mir, daß sie wohl jedes Gedicht illustrieren könnten, daß aber ein Dichter nicht im Stande sei, zu einem Bild ein selbständiges Gedicht zu liefern, höchstens einige erklärende Reime" (FR. GÄRTNER: Friedrich Güll, 1890. S. 97; zit. nach H. KUNZE: Schatzbehalter. 1965. S. 224).
M. steht künstlerisch zwischen KAULBACH, SCHWIND und NEUREUTHER (H. HOLLAND. Allgemeine Deutsche Biographie. 23. S. 116). Freilich fehlt ihm NEUREUTHERS Phantasie und sprühender Arabeskenreichtum ebenso wie SCHWINDS Hang zum Romantisch-Poetischen. Verwandtschaft mit diesem zeigt vom Motiv her „Der Nachtwächter" in den „Neuen Bildern", deren Titelblatt an POCCI erinnert. M.s Stil ist gröber, „härter" (A. RÜMANN: Das illustrierte Buch des XIX. Jahrhunderts. 1930. S. 307), realistischer bei starker Hervorhebung der Figuren und Bauten; er eignet sich deshalb besonders für den Holzschnitt.

Werke: O. L. B. Wolff: Die wunderbare und merkwürdige Geschichte vom Zauberer Virgilius (1848); W. Hauff: Phantasien im Bremer Rathskeller (1849); Fr. Güll: Neue Bilder für Kinder mit Liedern (1849); Fr. Trautmann: Eppelein von Gailingen (1852; NA. 1920); Balladen und Romanzen deutscher Classiker in Bildern (1853); F. M. Burg und L. Lang: Lebensbilder aus der Geschichte Bayerns und seiner Fürsten. Der vaterländischen Jugend und dem Volke vorgeführt (Bd. 1–12. 1854–1856; zus. mit J. A. Engelhart); Fr. Trautmann: Die gute, alte Zeit (1855).

Eberhard Semrau

Mythologie in der Kinder- und Jugendliteratur

Unter M. wird die Gesamtheit der Sagen und Geschichten von Göttern und gottähnlichen Wesen (Helden), wie sie in allen Kulturen vorkommen, verstanden. Mythen waren schon im Altertum Gegenstand von Deutungs- und Systematisierungsversuchen wie auch bevorzugter Stoff von Dichtungen (Homer, Hesiod); aus der teils dichtenden, teils reflektierenden Beschäftigung mit der Götter- und Heldenwelt entstand schon früh die M. als Lehre bzw. Wissenschaft von den Mythen.

Die antike M. Sie fußt auf der griechischen Göttersage, die auch kretische, ägyptische, palästinensische, phrygische, babylonische und andere Elemente enthält und die hauptsächlich in der von den Römern übernommenen und adaptierten Form in die europäische Geistesgeschichte Eingang fand. Das Christentum hat sich auf vielfältige Weise mit der antiken M. als heidnischer Götterlehre auseinandergesetzt; besonders fruchtbar wurde diese indessen für Literatur und bildende Kunst. Begegnungen mit der Welt der Antike führten zu mehreren „Renaissancen" und haben insbesondere die französische Klassik des 17. Jahrhunderts, klassizistische Perioden in Deutschland im 18. und 19. Jahrhundert und die klassische Epoche der Literatur- und Geistesgeschichte um 1800, vorbereitet durch WINKKELMANN und zum Höhepunkt geführt durch GOETHE und SCHILLER, geprägt.

Antike M. als Lehr- und Bildungsgut. Als Lehr- und Bildungsgut tritt die antike M. besonders seit dem Aufkommen des Humanismus in Erscheinung. Während sich auf protestantischer Seite, besonders von CALVIN ausgehend, eine die Antike ablehnende Einstellung verbreitete, benutzte die Gegenreformation antike und mythologische Stoffe in allegorischem Sinne und setzte sie in Parallele zu biblischen Themen. Dieses Prinzip fand besonders im Schuldrama der Jesuiten Anwendung, wo etwa in einem Stück das Opfer Abrahams mit der Mythe von Perseus und Andromeda gekoppelt war (vgl. BORINSKI II, 63). Von daher erklärt sich der häufige Doppeltitel der Jesuitendramen. „Sein antiker Bestandteil ist ihr wesentliches Kennzeichen gegenüber dem mittelalterlichen Mysterienspiel und dem volkstümlichen geistlichen Theater" (BORINSKI II, 64). In Schulordnungen und Lehrplänen der Lateinschulen und Gymnasien tritt die antike M. vor allem seit Beginn des 18. Jahrhunderts regelmäßig als Unterrichtsstoff auf, häufig im Zusammenhang mit der Lektüre von OVIDS Metamorphosen. Chrakteristisch ist die Begründung, die in der Kurfürstlich Braunschweig-Lüneburgischen Schulordnung von 1737 dafür gegeben wird: Die Schüler sollten sich die mythologischen Erzählungen und Namen einprägen, „nicht als wenn solche an sich von einiger Wichtigkeit wären, sondern weil a) beynahe alle alte heidnische und Christliche Scribenten ... sich beständig auf die Fabeln der Götter und Helden berufen, und zum voraus setzen, daß dieselben ihren Lesern bekannt sind ... b) Weil darinnen die ältesten Geschichten der Völker eingewickelt sind ... c) Weil ... an den Höfen großer Herren und sonsten viele hundert und tausend Medaillien, Mahlereyen, Tapezereyen, Statuen und d. g. Stücke vorkommen, welche derjenige, so die Mythologie nicht verstehet, nicht auszudeuten vermag, noch, was darunter verborgen, zu urtheilen imstande ist" (VORMBAUM III, 391). Anweisungen zur Behandlung der antiken M. im Unterricht sind in der Regel begleitet von Mahnungen, alles wegzulassen, was den Schülern „einigen Anstoß und Aergerniß" geben könnte (so in der Schulordnung der Franckeschen Stiftung zu Halle von 1702, vgl. VORMBAUM III, 85).

Antike M. in der Kinder- und Jugendliteratur. Als frühes Zeugnis für die Behandlung der antiken M. in der Kinder- und Jugendliteratur kann der „Orbis sensualium pictus" (1658) des J. A. COMENIUS (1592–1670) gelten. Sie wird unter dem Begriff „Heydenthum" subsumiert, dem in chronologischer Reihe „Judenthum", „Christenthum" und „der Mahometische Glaube" folgen, wird also religionsgeschichtlich eingeordnet und mit Aussagen über die Religionen der Ägypter, Philister und Indianer verbunden. Die Abbildung zeigt von den antiken Gottheiten Jupiter, Neptun, Pluto, Mars, Apollo, Mercur, Venus und Cupido, während im Text weitere bis zu dem „allerschändlichsten" Priapus genannt werden. Während COMENIUS' Ausführungen einen (vom christlichen Standpunkt des Verfassers geprägten) sachlich-informierenden Charakter haben, benutzt FÉNELON in seinem „Telemach" (Les Aventures de Télémaque, 1699) mythologische Elemente aus der Odyssee, um in einem antiken Handlungsrahmen die Grundsätze einer Prinzenerziehung im Sinne christlich-aufgeklärter Ethik darzulegen.

Eines der ersten größeren Werke, das sich mit der Vermittlung mythologischer Kenntnisse an die „studierende Böhmische Jugend" befaßt, ist das in Prag 1740 erschienene Werk von K. L. DE LAUNAY: „Theo-Mythologia historica, Das ist: Gründlich- und Historische Außlegung Der Poetischen Götter-Fabeln ...". Die Behandlung der antiken M. in einem Buch für die Jugend, wobei als Adressat nur eine standes- und bildungsmäßig privilegierte Schicht in Betracht kommt, begründet der Verfasser damit, daß man nicht nur in Palästen und Antiquitätenkabinetten großer Herren, sondern sogar in Privathäusern Malereien, Statuen,

Medaillen usw. mit Motiven aus dem Altertum antreffe und darüber diskutiere. Wie könne aber ein junger Mensch sich getrauen, seine Gedanken darüber zu äußern, ohne sich eine Blöße zu geben, wenn ihm diese Gegenstände nicht einmal dem Namen nach bekannt seien? Zu den weiter angeführten Gründen gehört der betonte Hinweis darauf, daß man durch das Studium der M. den Vorzug der christlichen Religion vor der heidnischen erkenne. DE LAUNAYS Haltung ist eine durchaus rationalistische, er bedient sich der seit der Antike bekannten allegorischen und euhemeristischen Mytheninterpretation (nach EUHEMEROS VON MESSANA benannte Erklärungsmethode, die die wunderbaren Begebenheiten der Mythen auf natürliche Vorgänge zurückzuführen sucht und die Götter ursprünglich als bedeutende Menschen erklärt, die nach ihrem Tode ihrer großen Taten wegen zu Göttern erhoben wurden; vgl. DE VRIES, 28ff.). Bezeichnend für seine rationalistische, das Wesen des Mythos verkennende Einstellung ist DE LAUNAYS Ratschlag an den Schüler, er solle „von einer Fabel das jenige weg thun, was uns übernatürlich daran scheinet". In formaler Hinsicht ist das Buch katechetisch in Frage und Antwort angelegt, wobei die Antworten oft mehrseitige Darstellungen sind. Dem Buch sind – dem Interesse der Zeit an der Familiengeschichte der Fürstenhäuser entsprechend – mehrere genealogische Tabellen über Abstammung, Verbindungen und Nachkommen der Götter beigefügt.

Apologetischen Charakter haben auch die Ausführungen, die J. P. MILLER (1725–1789) unter der Überschrift „Das mythologische Zimmer" (in: Historischmoralische Schilderungen zur Bildung eines edlen Herzens in der Jugend, 5 Teile 1753–1764) macht. Im ersten Teil dieses Werkes läßt der Verfasser zwei Schüler den Professor Sophron besuchen, der ihnen auf deren Wunsch sein „mythologisches Zimmer" zeigt, d.h. nur das „erste Cabinet ..., darin die Hauptgötter der alten Heyden abgebildet stehen" – unter ihnen, von einem Vorhang verhüllt, Venus, „die alle Arten der Ausschweifungen ausgeübt, und die noch jetzo so viele unschuldige Menschen verführet." Wie MILLER selbst sagt, sollen die jungen Menschen „die Thorheit der heydnischen Vielgötterey einsehen, und erkennen, daß nur Ein GOTT sey."

Die Haltung der Aufklärungspädagogen, besonders der Philanthropen, der M. gegenüber ist ähnlich negativ. J. B. BASEDOW (1724–1790) verwirft im 3. Band seines Elementarwerks (1774) die antike M. als „dummes Geschwätz", sieht sich aber zu dem Eingeständnis gezwungen: „Nun aber muß ein philosophischer Menschenfreund die an sich verachtenswürdige Mythologie selbst lernen, als eine Schulwissenschaft dulden, und (als ein minderes Uebel) sogar anpreisen, ob er gleich weiß, wie (außer in Absicht auf das Verständnis guter Bücher und Kunstwerke) unnütz, zeitverderbend, und ... wie schädlich und verführend diese Schulwissenschaft sey." BASEDOW weist auf den Wert von bildlichen Darstellungen bei der Behandlung mythologischer Themen hin, erklärt aber, er habe solche Bilder dem Elementarwerk nicht beifügen wollen. Tatsächlich enthält die Kupfersammlung zum Elementarwerk jedoch auf drei Tafeln von D. CHODOWIECKI mythologische Darstellungen in eindrucksvoller künstlerischer Gestaltung.

Unter dem Einfluß der Rezeption der antiken Kunst durch WINCKELMANN (1717–1768), die für die deutsche Klassik und den nachfolgenden Klassizismus von größter Wirkung werden sollte und die eine Wende sowohl im Verständnis als auch in der Wertung der Antike herbeiführte, drang die antike M. als anerkannter und selbstverständlicher Wissens- und Bildungsstoff gegen Ende des 18. Jahrhunderts immer stärker in die Kinder- und Jugendliteratur ein. FR. J. BERTUCHS „Bilderbuch für Kinder" stellt im 5. Band (1805) auf mehreren Tafeln die „Gottheiten der Griechen und Römer" dar. Charakteristisch ist, daß die bildliche Gestaltung nicht mehr (wie bei D. CHODOWIECKI) der freien Phantasie und Komposition des Künstlers entspringt, sondern daß nun antike Kunstwerke in einer stärker die Konturen betonenden Weise – ganz im Sinne WINCKELMANNS – wiedergegeben werden; im Falle der Venus etwa die sogenannte Mediceische Venus (heute in den Uffizien in Florenz). Weibliche Nacktheit wird nicht mehr durch einen Vorhang verhüllt (wie bei MILLER), die erläuternden Texte sind sachlich beschreibend ohne jeden negativen Akzent.

Die meisten der zahlreichen, etwa zwischen 1780 und 1820 erschienenen M.en für Kinder und Jugendliche nehmen eine ähnliche, überwiegend positive und eher sachlich orientierte Haltung der antiken M. gegenüber ein, über die das für wissenswert Erachtete, manchmal in alphabetischer Reihenfolge, dargeboten wird (z.B. FR. W. HEMPEL, Mythologie für die Jugend oder Götter- und Heldengeschichte zum Gebrauch für Schulen, 1802). Statt religiöse und sittliche Gefährdung des Jugendlichen zu befürchten, nimmt man jetzt eher „eine gute Wirkung auf das Herz des Jünglings" an (D. CHR. SEYBOLD, Einleitung in die Griechische und Römische Mythologie der alten Schriftsteller für Jünglinge, 1779; 2., verb. Aufl. 1783). Freilich ist es ein idealisiertes Bild der Antike, das man der Jugend zu zeigen versucht, und das es erlaubt, wie Mme. DE GENLIS formuliert, „dies neue Schriftchen mit einer reinen Moral, einer vollkommenen Sittlichkeit ... auszustatten" (Der Frau von Genlis Mythologie in Arabesken durch 54 von ihr selbst gezeichnete Kupfer erläutert. Ein Handbuch für die Jugend, Künstler und Liebhaber des Alterthums. Übersetzt von Th. Hell. 1811). Prinzip der Stoffauswahl bleibt, wenn auch nicht mehr so eng gefaßt, das der Zuträglichkeit für die Jugend; die Methoden der Mythenbedeutung sind weiterhin überwiegend allegorische und euhemeristische Verfahren. Neu hinzugekommen ist aber der Sinn für den poetischen Charakter der M., die einen „Reiz für eine volle und von Phantasie überströmende Seele" (SEYBOLD) bedeutet.

Mehr religionsgeschichtlich orientiert ist das zweibändige Werk von M. G. HERMANN „Mythologie der Griechen, für die obern Classen der Schulen und Gymnasien" (1801–1802), dessen Verfasser ein bedeutender Gelehrter war. Zu nennen ist hier auch C. PH. FUNKES „Mythologie für Schulen und zum Selbstunterricht" (2., gänzlich umgearbeitete Auflage, von G. H. C. LIPPOLD, 1824). Der Verfasser übernimmt die Theorie, daß die abendländischen Mythen von Indien stammten und nichts anderes seien als „Ansichten der alten Welt von Gott, von der Natur und ihren Kräften und Wirkungen, so wie von dem Menschen ... und endlich von der innigen Verbindung, in welcher alle Wesen mit der Gottheit stehen. Hiernach ist die Mythologie keineswegs eine Sammlung mährchenhafter Erzählungen, sondern eine Geschichte religiöser Vorstellungen aus der grauen Vorzeit des Menschengeschlechts, die uns in Sinnbildern oder Symbolen überliefert sind." Hier zeigt sich bereits eine von der Romantik bestimmte Einstellung zur M., die bei FUNKE jedoch von traditionellen Aussagen überlagert wird wie etwa, daß der Anspruch auf Bildung die Kenntnis griechischer und römischer M. erfordere.

Bis ins 20. Jahrhundert hinein hat ein Buch von A. H. PETISCUS gewirkt „Der Olymp, oder Mythologie der Aegypter, Griechen und Römer. Zum Selbstunterricht für die erwachsene Jugend und angehende Künstler" (1. Auflage 1820; 21. Auflage besorgt von E. ANTHES. 1905). Der Verfasser will nicht, daß seine Leser die M. glauben, obwohl diese „bei allem Ungereimten doch viel Wahres, nur sinnbildlich eingekleidet, und manches Belehrende und Erheiternde" enthält. Man dürfe aber zur „Bildung des Geistes und des guten Geschmacks nicht unbekannt bleiben mit dem religiösen Glauben alter Völker, der .. so gut sein Ehrwürdiges hat, als der unsrige." Ausgestattet ist das Buch, wie die meisten anderen dieser Zeit, mit Umrißzeichnungen nach antiken Vorbildern. In den letzten Auflagen sind diese durch photographische Abbildungen antiker Kunstwerke ersetzt.

Im Verlauf des 19. Jahrhunderts werden noch weitere mythologische Lehrbücher für die Jugend produziert, doch fehlt der Beschäftigung mit diesem Gegenstand mehr und mehr das unmittelbare, von einer lebendigen Begegnung mit antikem Geist und antiker Kunst befruchtete Interesse. Die Fortschritte der archäologischen Wissenschaft führten dazu, daß eher Sachbücher für die Jugend über die antike Welt verfaßt wurden, so z.B. W. WAEGNER „Rom. Anfang, Fortgang, Ausbreitung und Verfall des Weltreiches der Römer. Für Freunde des klassischen Alterthumes, insbesondere für die deutsche Jugend" (3 Bde. 1862–1864; 9. Aufl. 1912). Die antike M. findet in solchen Sachbüchern aber kaum noch Platz.

Von den bisher behandelten informierend-belehrenden Büchern über antike M. für Kinder und Jugendliche ist die Gruppe der Nacherzählungen alter Mythen zu unterscheiden, für die G. SCHWAB (1792–1850) mit seinen „Schönsten Sagen des klassischen Altertums, nach seinen Dichtern und Erzählern" (3 Bde. 1838–1840), das bis heute gültige Vorbild geschaffen hat. Auf diesem Wege sind ihm zahlreiche andere Autoren, so etwa A. L. GRIMM mit „Sagen und Märchen aus der Heroenzeit der Griechen und Römer" (1865), gefolgt.

Odin, der Göttervater. Illustration von C. E. Doepler zu Wilhelm Wägners für „Jugend und Volk" gedachten Schilderungen der Germanischen Göttersagen (Unsere Vorzeit I, 9. Auflage 1911).

In jüngster Zeit sind Nachgestaltungen antiker M. – wie überhaupt das Interesse an diesem Thema – in der Kinder- und Jugendliteratur jedoch zurückgegangen.

Germanische M. Vor allem in der Zeit der Romantik, politisch motiviert durch die napoleonische Besatzung, wurde neben, zum großen Teil auch gegen die antike M. die der germanischen als ein Medium nationaler Erziehung gestellt. Die Jugend sollte im Nacherleben der mythologischen Welt der „eigenen Vorfahren" und ihres Niederschlags in den einzelnen Sagen ein nationalpolitisches Bewußtsein gewinnen („Wir empfehlen unser Buch den Liebhabern deutscher Poesie, Geschichte und Sprache und hoffen, es werde ihnen allen, schon als lautere deutsche Kost, willkommen sein, im festen Glauben, daß nichts mehr auferbaue und größere Freude bei sich habe als das Vaterländische", Vorrede der Brüder GRIMM zum 1. Band der Deutschen Sagen, 1816). Kaum hatten die Brüder GRIMM ihre „Deutschen Sagen" (1816–1818) und noch vor ihnen andere wie L. F. VON DOBENECK, J. G. BÜSCHING (1812) und FR. GOTTSCHALK (1814) ihre Sammlungen von Volks- und Heroensagen herausgegeben, erschien der Band „Götter und Helden des Nordens" (1822) der Jugendschriftstellerin A. SCHOPPE. Ihm folgte eine, das ganze 19. Jahrhundert anhaltende Flut von Bearbeitungen und Nacherzählungen des Nibelungen-, Gudrun-, Roland-, Tannhäuser-, Parzival-, Lohengrin- usw. -stoffes und der örtlich gebundenen Themen. Autoren wie F. BÄSSLER, FR. HOFFMANN, W. OSTERWALD, F. SCHMIDT, A. RICHTER, W. WÄGNER, G. KLEE, E. FALCH und E. ENGELMANN beteiligten sich an dieser als vaterländische Erziehungsaufgabe empfundenen jugendliterarischen Betätigung, die besonders nach dem gegen Frankreich gewonnenen Krieg 1870–1871 zu einem Anschwellen von Sagenausgaben führte. G. Schalk stellte seinem Buch „Deutsche Heldensagen" (1881, [6]1903) ein Vorwort voraus, in dem eine chauvinistische Mythologisierung preußisch-deutscher Geschichte anklingt und die Verbindung zur nordischen Mythenwelt deutlich wird: „Das glorreiche Banner der Hohenzollern weht über Alldeutschlands Gauen, und der Fürst, welcher es in starker Hand führt, hat selbst aus Urdas Quelle getrunken, und weist die Lehrer seines Volkes an, die deutsche Jugend auf den heiligen Boden der Vorzeit zu führen, damit sie Ehrfurcht vor den Vätern lerne und Erhebung finde in dem Bewußtsein: Auch du bist ein Sproß dieses altadligen Stammes, der von Göttern seinen Ursprung herleitet." Weniger chauvinistisch, dafür mehr auf positivistische Erkenntnisse über (Natur-)Religionen gerichtet, ist die Tendenz in S. Rüttgers' Buch „Wodans Aufgang und Schicksal", das als Band 85 von „Schaffsteins Jugend- und Volksbücher" 1911 erschien. Rüttgers dürfte – unter Umständen affiziert durch erst viel später bei E. Dacqué („Das verlorene Paradies. Zur Seelengeschichte des Menschen", 1938) zusammengefaßte Gedanken über die seelisch-geistigen Grundelemente des Menschen – mit seiner Darstellung der germanischen M. die Absicht verbunden haben, daß dem jungen Leser „die Augen für die nie ruhenden Revolutionen im religiösen Leben eines großen Volkes" geöffnet und der „Sinn auf das Biologische auch in dem Bereich der religiösen Vorstellungen" gelenkt werden.

Innerhalb der bürgerlichen Literaturerziehung, in der bis zum Ersten Weltkrieg und auch in der Weimarer Republik das deutschnationale Element eine schulisch und außerschulisch bedeutsame Rolle spielte, gibt es eine ungebrochene Tradierung der germanischen Götter-, vor allem aber der Heldensagen, aus denen ein Teil der im 19. und im 20. Jahrhundert bis zum Ende des Zweiten Weltkriegs in Deutschland besonders propagierten Tugenden (Tapferkeit, Standhaftigkeit, Ehrbewußtsein, Gefolgschaftstreue) herausgelesen wurden. Insofern diente die in diesen Epochen aus der germanischen M. herausgelesene Ideologie keineswegs einer demokratisch-emanzipatorischen Erziehung, eher der Vorbereitung nationalsozialistischer Ideen. In der Tat hat dann auch die nationalsozialistische Jugendliteraturpolitik versucht, die germanischen, aber auch die antiken Mythen in breitem Umfang für die nationalistische Gesinnungsbildung zu benutzen. Nach dem Zusammenbruch des Dritten Reiches wurden in der Bundesrepublik Sammlungen germanischer Götter- und Heldensagen weiterhin publiziert (L. Weber: Asgard. Die Götterwelt unserer Ahnen. [15]1951) bzw. in Neubearbeitungen herausgegeben (Nordische Sagen. Neu übersetzt und bearbeitet von W. Schertz 1956), in den offiziösen Empfehlungslisten „Das Buch der Jugend" nehmen sie als erste Rubrik einen relativ breiten Raum ein, den sie erst in der zweiten Hälfte der sechziger Jahre verlieren. Eine theoretische Aufarbeitung der Bedeutung und Funktion der Mythologie als Jugendlektüre im Rahmen neuerer literaturdidaktischer Konzepte steht noch aus.

Gegenwärtige Situation. Bis in die Gegenwart wird die mythologische Überlieferung in vielen, auflagenstarken Jugendausgaben verbreitet, wie z.B. in E. Mudraks „Deutsche Heldensagen" (1955, [19]1975) und seinen „Nordischen Götter- und Heldensagen" (1961, [11]1973) und in E. Nacks „Götter, Helden und Dämonen" (1968). Die antike und germanische M. wird heute jedoch nicht mehr in den Rahmen nationaler Ideologien gestellt, sie ist mehr oder weniger zu einem bildungsbürgerlichen Traditionsgut geworden. Der jugendliche Leser faßt die mythologischen Erzählungen ähnlich den Abenteuergeschichten als spannende Unterhaltungslektüre auf.

→Altertum, →Ilias, →Nationalerziehung in der Kinder- und Jugendliteratur, →Odyssee, →Sagen

Sekundärliteratur (Auswahl): R. Benz: Wandel des Bildes der Antike in Deutschland. Ein geistesgeschichtlicher Überblick (1948). – K. Borinski: Die Antike in Poeitik und Kunsttheorie (1914–1924. 2 Bde.). – H. Hunger: Lexikon der griechischen und römischen Mythologie. Mit Hinweisen auf das Fortwirken antiker Stoffe und Motive in der bildenden Kunst, Literatur und Musik des Abendlandes bis zur Gegenwart ([5]1959). – Fr. Strich: Die Mythologie in der deutschen Literatur von Klopstock bis Wagner (1910). – F. Vormbaum: Evangelische Schulordnungen (1860–1864. 3 Bde.). – J. de Vries: Forschungsgeschichte der Mythologie (1961).

Theodor Brüggemann

N

Nachschlagewerke für Kinder und Jugendliche

N. ist der Sammelbegriff 1. für verschiedene Arten lexikalischer, d.h. mit Stichwörtern nach dem Alphabet geordneter Bücher, die im Bereich des Allgemeinwissens und in wissenschaftlichen Spezialgebieten informieren oder im Bereich der Liebhabereien und Freizeitbeschäftigung („Hobby"- und Beschäftigungsbücher) beraten, 2. für zahlreiche Formen von Hand-, Real- und Bildungsbüchern, auch „Atlanten" zu verschiedenen Wissenschafts- und Sachbereichen, die ihre Stoffe in systematischer Ordnung nach allgemeinen oder speziellen Fragenkreisen oder Unterrichtsbereichen darbieten. Einen Sonderbereich der N.e bilden die Wörterbücher zur Sprach- und Rechtschreiblehre. N.e werden heute in wachsender Anzahl speziell Kindern und jungen Lesern angeboten. Die Eignung von N.en für junge Benutzer wird im allgemeinen beurteilt nach der sprachlichen und bildlichen Aufbereitung der Informationen gemäß den Verständnisstufen vom Einschulungsalter an und nach dem entsprechenden Schwierigkeitsgrad des Nachschlagens (Verweissystem), welchen Vorgang das Kind erst erfassen und einüben muß. N.e zum Gebrauch in Schulen werden daher unter didaktischen Gesichtspunkten diskutiert und auf ihre methodische Verwendbarkeit untersucht. N.e für die Jugend sind inhaltlich Sachbücher reicher Information und Illustration, für das jüngere Kind Sachbilderbücher; sie sind nach ihrem Ordnungsprinzip jedoch als eine besondere Gruppe der Sachbücher ausgewiesen.

Geschichtliches. Die heutigen N.e für die Jugend haben ihre Vorläufer in Typen der ABC- und Anschauungsbücher, der Elementarwerke, Enzyklopädien und Orbis pictus-Bücher mit ihrem alphabetischen Nomenregister, eine zeitverschobene Parallele zu den Wörterbüchern, Enzyklopädien und Konversationslexika, die für das gebildete und bildungsbeflissene, Journale lesende Bürgertum zur Zeit der Aufklärung in England, Frankreich, endlich auch in Deutschland entstanden. Die strenge Lexikonform ohne Abbildungen geht auf den Gebrauch im älteren Schulunterricht zurück (z.B. M. B. HEDERICH: Reales Schul-Lexikon, Von den Ländern, Städten, Schlössern, Meeren, Seen, Flüssen, Brunnen u.d.g., wie auch von Zeiten, Völckern, Geschlechtern, Personen, alten Gebräuchen und Seltenheiten, Göttern, Göttinnen und anderen, 1748; K. PH. FUNKE: Neues Real-Schullexikon, enthaltend die zur Erklärung der alten Klassiker notwendigen Hülfswissenschaften, vornehml. Mythologie, Alterthümer, Geschichte und Philosophie, 5 Bde. 1800–1805; FR. KRAFT, K. und C. MÜLLER: Real-Schul-Lexikon für die studierende Jugend, 2 Bde. 1846–1847, ²1853). Schon aber 1796 (⁴1801) erschien ein bilderbuchhaftes Spezial-Sach-N. von E. H. ALBRECHT: „Gallerie der Menschen nach alphabetischer Ordnung oder Bilderbuch für die Jugend zur Erweiterung ihrer Kenntnisse und Befriedigung der Wißbegierde“. Anschauungs- und Orbis pictus-Bücher sind durch das parallele Angebot von Bild und Begriff charakterisiert. Titel und Prinzipien „Orbis pictus“ und des Lexikons vereinen die Redakteure der deutschen Jugendzeitung, H. BECHER und J. C. SCHNEEMANN in ihrem Werk „Neuester Orbis pictus oder Schauplatz der Natur und Kunst. Ein Universal-Bilderlexikon mit erklärendem deutschen Text und einer Nomenclatur in V Sprachen. Zur belehrenden und erheiternden Unterhaltung für Jung und Alt“ (⁵1843). Der erste Teil ist eindeutig Bilderwörterbuch, der zweite trägt die lexikalischen Texte zu Begriffen und Bildern nach. – Im Vertrauen darauf, daß „ein solches Conversations-Lexicon für die Jugend allerdings zu den Bedürfnissen unserer Zeit zu zählen ist“, beginnt J. M. MÜNCH, ehemaliger „Seminar-Rector“, als Herausgeber 1844 ein auf sechs Bände konzipiertes N. in Lieferungen zu publizieren: „Jugend-Conversations-Lexicon. Encyclopädische Universal-Bibliothek des Allgemein-Wissenswürdigsten. Zur Bildung und Belehrung für Deutschlands Söhne und Töchter, so wie zum Behufe der Conversation und Lectüre für alle Stände.“ Doch schon nach der 1. Lieferung mußte wegen Mangels an Subskribenten auf die Weiterführung verzichtet werden. Den Anspruch, „universales Wissen“ systematisch angeordnet bieten zu können, erhebt A. B. REICHENBACH mit dem dreibändigen Werk „Neuester Orbis pictus oder die sichtbare Welt in Bildern. Ein Universalbilderbuch“ (1845). Der erste Band enthält ausführlichen Text einer „Weltkunde“ in deutscher Sprache, der zweite Band einen Kurztext in deutscher, französischer, englischer und lateinischer Sprache zu jeweils einer Abbildung stimmend, die im dritten Band in 100 Stahlstichen zusammengestellt und mit kurzen Bezeichnungen versehen sind. Gegenüber solchen schwerfällig zu handhabenden N.en kamen die lexikalisch geordneten bald in Vorteil, was sich an der Entwicklung des Brockhaus-Lexikons im 19. Jahrhundert zeigt, das aus dem Aufkauf des vor dem Ruin stehenden „Conversationslexikon mit vorzüglicher Rücksicht auf die gegenwärtigen Zeiten“ (1796) entstand. Es wurde vorbildlich als mehrbändige Enzyklopädie; als „Volksbrockhaus“ (1931) beeinflußte es später Publikationen dieser Art für die Jugend. Ein erstes deutsches „Kinder-Conversations-Lexicon“ schuf in 458 Artikeln 1855 W. WEISS, Lehrer in Dillingen (²1856), und ließ ihm 1859 einen zweiten Teil folgen. Die 5. Auflage erschien 1874. Es war für Kinder von 6 bis 13 Jahren, offenbar aus dem eigenen Unterricht heraus, in erzählendem, pädagogisch ermunternden Ton unterhaltsam geschrieben, enthielt aber keine Bilder; der Verfasser empfahl es auch zum Lesen und Vorlesen. Die Jugend als Benutzer eines bebilderten Lexikons wird in Deutschland erst 1870 in O. SPAMERS „Illustriertes Konversations-Lexikon für das Volk. Zugleich ein Orbis pictus für die Jugend“ angesprochen. Trotz der aus der pädagogischen Reformbewegung, besonders aus der Praxis der Arbeitsschule nachdrücklich erhobenen Forderung nach brauchbaren N.en für Schüler kommt es in den ersten Jahrzehnten des 20. Jahrhunderts im Gegensatz zu der ansteigenden Produktion auf diesem Gebiet der Bücher für die Jugend in anderen europäischen Ländern zu kaum nennenswerten Titeln. Kurze Zeit behaupten sich neben den verschiedenen Volkslexika der führenden Verlage (z.B. „Der kleine Herder“, 1925) C. v. WEDELSTAEDTS „Ich weiß alles. Das Lexikon der Jugend“ (1934) und „Die Wissenskiste. Jugendlexikon von A bis Z“ von H. LANG (1936). Außer der nicht zu übersehenden Änderung im Stichwörterbestand und der Ausstattung mit Fotos weisen sie gegenüber älteren N.en keine Neuerung auf.

N.e nach der Jahrhundertmitte. Mit der Neubelebung des Kinder- und Jugendbuchmarktes nach 1948 wuchs in einem vorher nie gekannten Maße auch die Produktion von N.en für diese Lesergruppen; es bestand ein starker Nachholbedarf für Privatlektüre, die Ausstattung von Schülerbüchereien und die Aufnahme unter die Lehr- und Lernmittel. Von außerordentlich regen Diskussionen in der schulpädagogischen und jugendliterarischen Fachliteratur begleitet, erscheinen in kurzer Folge N.e für die Hand des Kindes und des jugendlichen Lesers. An die Tradition des mehrsprachigen Bildwörterbuches knüpft „Das kleine Bilderlexikon" von S. EHMCKE an (1949). Aus praktischer Schularbeit entsteht, 1951 von K. WINKLER herausgegeben, eine Sonderform „Nachschlagekiste. Eine Nachschlage-Kartei für neuzeitliche Schularbeit". Das „verzettelte" Lexikon in der Kiste hat den Vorteil, daß die Stichwörter und Erklärungen von den Schülern selbst ständig ergänzt und einzeln benutzt werden können. – 1952 erscheint zum ersten Mal der Titel „Schülerlexikon" in deutscher Sprache: „Witte Schülerlexikon, hrsg. von einer Arbeitsgemeinschaft unter Leitung von Wilhelm Berger", 2 Bände. Noch in demselben Jahr erfolgt die erste lexikalische Veröffentlichung internationaler Zusammenarbeit im deutschsprachigen Raum: „Die Welt von A bis Z", herausgegeben von R. BAMBERGER, FR. BRUNNER, H. LADES. Text- und Bildgestaltung werden in den rasch folgenden Auflagen noch verbessert. Als N. und als Lesebuch will es dem Jugendlichen zwischen dem 12. und 15. Lebensjahr nützen, im Unterricht wie als „Wegweiser für eigene geistige Forschungsreisen" (Vorwort). Großflächig angeordnete Abbildungen und ganzheitliche Darstellungen lockern das lexikalische Prinzip auf. Zeittafeln und Karten vermitteln rasche Übersicht und Information, Wortschatz und Sprachfügung sind jugendgemäß, es gibt keine Abkürzungen, das Verweissystem ist einfach. Nach hohen Auflagen liegt 1975 eine Neubearbeitung vor, herausgegeben von R. und M. BAMBERGER. 1953 gibt W. BERGER das „Witte Kinderlexikon" heraus. Ein Novum ist die Anlage zum Gebrauch für vier Entwicklungsphasen: das Bild zum anschaulichen Erfassen des Gegenstandes im Vorschulalter, Bild und Begriff in alphabetischer Ordnung für Erstlesende in Blockschrift, dann folgen jeweils zwei bis drei Sätze in mittelgroßem Druck, in denen das Stichwort in der Aussage verwendet wird, als vierte Stufe ist der etwas ausführlichere Text in Normaldruck anzusehen. Etwa 1405 Stichwörter sind mit Abbildungen und Texten auf 281 Seiten verteilt. Das Werk wird schon 1955 ins Französische, Italienische und Spanische übersetzt. Zu größtem Erfolg kommt „Die Kinderwelt von A–Z", herausgegeben wiederum in österreichisch-schweizerisch-deutscher Zusammenarbeit von R. BAMBERGER, FR. BRUNNER und FR. WESTPHAL. Als „Sachbilderbuch" kann das Werk Kinder im Vorschulalter beschäftigen, als Lesebuch und N. ist es für die Grundschuljahre geeignet. Die Texte zu den alphabetisch geordneten Stichwörtern sind im Wechsel erzählend, umschreibend oder sacherläuternd gehalten, häufig unterbrechen Rahmenartikel zu größeren Sach- und Sinneinheiten das lexikalische Prinzip. Ende der fünziger Jahre ist der „Volksbrockhaus" wieder auf dem Markt, „Knaurs Jugendlexikon" (^{9}1958) und „Knaurs Lexikon" (1959) ergänzen die Skala. Dazu stehen eine Reihe systematischer N.e zur Verfügung, z.B. „Wunderbare Welt. Ein Bildungsbuch für Jungen und Mädchen" (Herder, 1958); es steht in der Tradition christlichen Schöpfungsdenkens, will mit der sachlichen Belehrung zugleich religiöse Vertiefung bewirken, bietet mit großflächigen, mehrfarbigen Bildern, Fotografien und Strichzeichnungen ein reiches Anschauungsmaterial und trägt mittels des alphabetisch geordneten „Sachverzeichnisses" zur Einübung in den Nachschlagevorgang nach dem Alphabet bei: Ein Anhang stellt mit Vorschlägen und Hinweisen das Werk in den Dienst der Schule. Neben Bertelsmanns „Das aktuelle Lexikon" (1958) erscheint in demselben Verlag in bisher 35 Auflagen das systematische N. „Ich sag Dir alles" (1959), das bis zur 10. Auflage den Titel „Schlag auf – sieh nach!" führte. Das von A. CHRISTOPH begründete Werk ist in 12 Hauptabschnitte gegliedert und mit einem alphabetischen Wörterverzeichnis versehen. Anlage und Text setzen eine schon gereiftere Bewußtseinsstufe voraus und bieten eher Gedächtnisstütze in einem bereits bekannten Stoffgebiet als hilfreiche Erstinformation; deshalb und im Hinblick auf die mehr lebenspraktische Orientierung der Texte und Tabellen in der Moderne empfiehlt sich dies N. mehr dem älteren Jugendlichen. Ein „Witte Berufsschullexikon" erscheint 1956. Mit der Ausweitung zur „Fibel des Kleinkindes", dem bunten Bilder-ABC, das „Mein erster Brockhaus" (1963) bietet, und dem ebenfalls schon dem jungen Kinde zugedachten „Meyers Kinderlexikon" (1960) reicht die Skala der alphabetischen Allgemeinbildungs- und Sach-N.e über alle Altersstufen, die des Bildbetrachtens und Lesens fähig sind. Im Unterricht kann das Nachschlagen von der ersten Stufe an geübt und damit die Selbständigkeit des Schülers gefördert werden; er lernt, sich selbst Informationen zu besorgen und Schritt für Schritt in einen Stoff, in ein Problem einzudringen. Im Lehrerjahrbuch „Die Barke" des „Österreichischen Buchklubs der Jugend" schreibt F. WINNA 1962 (a.a.O. S. 220): „Die Schule hat also eine neue Kulturtechnik zu vermitteln, die vom Leben heute ebenso gefordert wird wie vor hundert und mehr Jahren das Lesen und Schreiben." Seit 1953 gibt es auch ein N. zur „Freizeitgestaltung" der Jugend: „Knaurs Spielbuch", dessen nach Spielarten gegliedertes Inhaltsverzeichnis und alphabetisches Register mit Angabe der Altersstufe, denen das Spiel gemäß ist, schnelle Orientierung ermöglichen. – In den letzten eineinhalb Jahrzehnten haben sich die Verbesserungen und Verfeinerungen buchtechnischer Art (Papierqualität, Bildreproduktions- und Druckverfahren, Bindungsart) merklich auch auf das N. für Kinder und Jugendliche ausgewirkt. Neben den in Herstellung und Vertrieb kostbaren „Kompakt-Lexika" mit ihren großflächigen und den kleineren, bestechend lebendig dem Satzspiegel eingefügten Illustrationen sind die preisgünstigeren N.e im kleineren, im Taschenbuchformat und mittlerer Papierqualität vom Optischen her zum Teil benachteiligt, während im Text oft genauer und gründlicher informiert wird (z.B. „dtv junior Lexikon" 10 Bde. früher „Domino-Wissen von A–Z", dtv 7171–7180). Um solche Qualitätsunterschiede festzustellen, sind jeweils inhaltlich vergleichende Untersuchungen notwendig. N.e vermitteln heute Kindern und Jugendlichen einen großen Teil des Allgemein- und Spezialwissens und werden allgemein im Bildungsraum ernster genommen als andere Sparten der Kinder- und Jugendliteratur. Etwas von der Vielfalt der Sachgebiete, die heute von N.en erfaßt und auf Bild- und Textinformationen für junge Leser durchgearbeitet sind, spiegelt sich in Titelangaben, wie sie die vom „Arbeitskreis für Jugendliteratur" herausgegebenen Verzeichnisse („Das Buch der Jugend", 1975/76, S. 43 und „Bücher für die junge Generation", 1974/75, S. 40) enthalten: H. P. THIEL: „Erklär mir die Welt", Pipers Kinderlexikon – G. B. BOSISIO: „Weltatlas der Tiere" (systematisches N., Neuer Tessloff Verlag) – L. DIETZE, K. HESS, G. NOACK: „Rechtslexikon für Schüler, Lehrer, Eltern" (Signal Verlag) – H. DRECHSLER, W. HILLIGEN, F. NEUMANN: „Gesellschaft und Staat" (Lexikon der Politik, Signal Verlag). – H. WYSS: „Das rosarote Mädchenbuch" (Handbuch, Hallwag Verlag) – „Unser Lexikon, Das moderne Jugendlexikon in Farbe" (Verlag Bertelsmann; Kurzinformationen zu Stichwörtern und Rahmenartikel) – H. KINDER und W. HILGEMANN: „dtv-Atlas zur Weltgeschichte" (dtv Taschenbuch Nr. 3001/2) – W. STOECKEL: „Erste Hilfe" (Humboldt-Taschenbuch Bd. 207) – dazu: F. JIRI u.a.: „Der große Naturführer" (Franckh Verlag) – H. MIELKE: „Lexikon der Raumfahrt und Raketentechnik" (Verlag Hörnemann, aus der DDR übernommen) – A. A. GOODMAN: „Musik von A–Z" (Südwestverlag) – U. KUROWSKI: „Lexikon Film" (Hanser Verlag) – G. BARTELS u.a.: „Das große Buch vom Sport" (Herder Verlag) – J. LAMMER (Hrsg.): „Das große Ravensburger Hobbybuch" (O. Maier Verlag) – „Meyers neues Kinderverkehrsbuch" (Verlag Bibliografisches Institut) – Brockhaus, Sachwissen von A–Z für Jungen und Mädchen (Verlag Brockhaus, 1975).

→ABC-Buch, →Anschauungsbuch, →Elementarbuch, →Enzyklopädie, →Orbis pictus, →Realienbuch, →Sachbuch für Kinder und Jugendliche

Sekundärliteratur: W. K. Cordt: Von Enzyklopädien und Lexika (in: Pädagogische Rundschau. 12. 1957. 1. 55–62). – M. Dierks: Vom Bilderbuch zum Arbeitsbuch (1965). – H. J. Herbort: Antworten für Jüngste (in: Die Zeit. Nr. 42. 10. Oktober 1975. 21). – J. Langfeldt: Vom wissenschaftlichen Lesen (in: J. Langfeldt: Volksbildung als Aufgabe. 1953). – E. H. Lehmann: Geschichte des Konversationslexikons (1934). – E. Müller: Hilfe zur Selbsthilfe: Lexika für Kinder und Jugendliche in Schule und Haus (in: Pädagogische Rundschau. 10. 1956. 6. 266–272). – B. Wendt: Idee und Entwicklungsgeschichte der enzyklopädischen Literatur (Bd. 2. in G. Menz (Hrsg.): Das Buch im Kulturleben der Völker. 1941). – H. Weber: Das Jugendlexikon (in: Lebendige Schule. 8. 1953. 12. 803–821). –Fr. Winna: Nachschlagewerke in der Schule (in: Die Barke. 1962. 207–240). – G. A. Zischka: Index lexicorum. Bibliographie der lexikalischen Nachschlagewerke (1959); (Hrsg.): Nachschlagewerke für den Unterricht (1964).

Margarete Dierks

Nagler, Franciscus

*Komponist, Schriftsteller; *22.7.1873 Prausitz (Sachsen), †4.7.1957 Leisnig.*

Als zehntes Kind einer Dorfschullehrerfamilie wuchs N. in Prausitz auf. Nach dem Besuch der Dorfschule trat er 1883 ins Thomasgymnasium in Leipzig über. Nach Lehrerausbildung und Hilfslehrertätigkeit begann N. ein Musikstudium am Konservatorium in Leipzig (1894–1898), wo er zur gleichen Zeit als Chorrepetitor an der Städtischen Bühne wirkte. Die evangelische Gemeinde in Leisnig wählte ihn 1902 zum Kantor. In dieser Stellung, 1917 zum Kirchenmusikdirektor ernannt, blieb er bis 1936. In den folgenden Jahren, die er in Dresden verbrachte, wurde seine freie Tätigkeit als Dirigent, Komponist und Schriftsteller mehr und mehr eingeschränkt. Von 1945 bis 1957 lebte N. wieder in Leisnig.

Werk, Tendenzen, Wirkung. Neben seiner Arbeit als Organist und Kirchenmusikdirektor, als Komponist von Oratorien, geistlichen Gesängen, Chören und Liedern für Solostimme mit Instrumentalbegleitung erwarb sich N. als Dirigent mehrerer Männer-, Frauen- und Kinderchöre bedeutsames Ansehen. So war er Dirigent des Deutschen Sängerbundes in Dresden, Leipzig, Hannover und Wien. Die musikpädagogische Arbeit mit Kindern gab N. viele Anregungen für die Schöpfung von Kantaten, Fest-, Sing- und Tanzspielen für Kindergruppen und Schulen. Rhythmisch und im Wechsel der Stimmungen bewegt, waren diese Texte und Kompositionen im Sinne der pädagogischen Reformbewegung um die Jahrhundertwende „kindertümlich" gestaltet. Die Motive für Texte und Musik nahm N. vorwiegend aus der durch heimatliche Landschaft und Handwerksarbeit bestimmten Umwelt des Kindes, aus dem natürlichen Tages- und Jahresablauf. „Der Weihnachtsengel", ein Spiel für Kinderchor, Einzelstimmen, Deklamation und Begleitinstrumente, war ein erstes Werk dieser Art, das 1901 uraufgeführt wurde (Op. 26). 1904 folgte in ähnlicher, noch einfacher Bauform die Komposition „Friedels Wanderschaft" (Op. 30). Als größere Kinderfestspiele mit Versen eigener Dichtung schuf N. das Werk kindlichen Tageslebens „Vom Morgen bis zum Abend" (Op. 44, 1911), die „Jahreszeiten-Kinderfreuden" (Op. 59, 1913), „Mein Dörfchen" (Op. 85, 1914), den „Wettstreit der Handwerker" (Op. 96, 1918) und „Kleinstadtzauber" (Op. 110, 1926). Mit reicher poetischer und musikalischer Erfindungsgabe baute N. die überlieferten Formen der Kinderkantate und der Schuloper aus. Hierher gehören „Der Raritätenmann aus Sachsen" (Op. 118, 1924) und, öfter als andere aufgeführt, „Schulze Hoppe, der Wettermacher von Glücksdorf" (Op. 114, 1925). N. gestaltete auch bekannte Märchen zu Singspielen für Kinder um, so aus der GRIMMschen Sammlung „Die Bremer Stadtmusikanten" (Op. 117, 1931), nach H. CHR. ANDERSEN „Die zertanzten Schuhe" (1947). Eine Sammlung eigener Märchen für die Jugend stellte N. in dem Band „Mit Märchenaugen in die Welt" (1919) zusammen. Mehrere Kinderliederfolgen mit zum Teil eigenen Versen, zum Teil Vertonungen bekannter Kindergedichte wurden sehr beliebt („Acht Kinderlieder“ (Op. 39, 1907), „Selige, fröhliche Kinderzeit“ (Op. 75, 1911)). Die beliebtesten Lieder aus den Kinderfestspielen wurden in der Sammlung „Von Rosen ein Kränzelein“ (1934) zusammengestellt. Für die jugendliche Freilichtbühne schrieb N. zwei Wandervogel-Spiele „Waldspuk“ (1923) und „In der Waldschenke“ (1923).

Werke: Der Weihnachtsengel (1901); Friedels Wanderschaft (1904); Acht Kinderlieder (1907); Vom Morgen bis zum Abend (1911); Selige, fröhliche Kinderzeit (1911); Jahreszeiten Kinderfreuden (1913); Mein Dörfchen (1914); Wettstreit der Handwerker (1918); Waldspuk (1923); In der Waldschenke (1923); Der Raritätenmann aus Sachsen (1924); Schulze Hoppe, der Wettermacher aus Glücksdorf (1925); Kleinstadtzauber (1926); Die Bremer Stadtmusikanten (1931); Von Rosen ein Kränzelein (1934); Die zertanzten Schuhe (1947).

Sekundärliteratur: Fr. Altmann: Tonkünstler ([14]1936).

Margarete Dierks

Nagy, Katalin

*Ungarische Kinder- und Jugendbuchautorin; Lehrerin, Wissenschaftlerin; *13. 7. 1928 Zenta.*

N. studierte Geographie und Biologie an der Universität Budapest und legte 1952 die Lehramtsprüfung ab. Danach unterrichtete sie in Grundschulen und in einer Lehrerbildungsanstalt. Seit 1956 ist sie im Zentralinstitut für Pädagogik tätig, wo sie 1972 zur stellvertretenden Generaldirektorin ernannt wurde. Auf Grund ihrer theoretischen Forschung erwarb sie 1973 die Kandidatur für Erziehungswissenschaft. N. ist außerdem seit 1973 Lehrbeauftragte an der Pädagogischen Fakultät der Universität in Budapest. Sie ist Mitglied des Ungarischen Schriftstellerverbandes.

Werk, Tendenzen, Wirkung. Ihre ersten Erzählungen erschienen in den Kinderblättern „Pajtás“ (Freund) und „Kisdobos“ (Kleiner Trommler); ihr erstes Kinderbuch wurde vom Móra-Verlag 1965 („Vakarcs“) verlegt. Bis heute hat sie sechs Kinder- und Jugendbücher und zahlreiche Erzählungen für Kinder geschrieben. Besonders lebhaftes Echo hat sie mit ihren Hör- und Fernsehspielen im ungarischen Rundfunk und Fernsehen hervorgerufen.
Kennzeichen für N.s schriftstellerische Tätigkeit ist die pädagogische Ausrichtung ihrer Themen und die Bereitschaft, Kindern und Jugendlichen bei der Lösung alltäglicher Probleme zu helfen. In den sogenannten „Vakarcs“-Büchern steht die Freundschaft im Mittelpunkt. In dem Roman „Intökönyvem története“ (dt. Melinda stört, 1970) werden die Konflikte eines pubertierenden Mädchens geschildert, dessen Eltern geschieden sind und dessen Mutter beabsichtigt, eine neue Ehe zu schließen. In „Legfeljebb három pofon“ (Höchstens drei Ohrfeigen) schildert N. die Kinder einer Vorstadt unmittelbar nach dem Krieg. Mit Humor und pädagogischem Verständnis stellt die Autorin dar, wie sich aus den hungernden, vaterlosen und halb verwilderten Kindern eine gut funktionierende Kindergemeinschaft bildet. Auch in dem Roman „A világ legrosszabb gyereke“ (Das schlimmste Kind der Welt) stellt sie das Verhältnis des Individuums zu der Gruppe dar.

Werke: Serdülökröe felnötteknek (zus. mit A. Korein, 1958); Vakarcs (1965); Vakarcs vakációja (1967); Intökönyvem története (1968; dt. Melinda stört, 1970, [2]1971); Legfeljebb három pofon (1971); Igazságos, becsületes, bátor (1973); A világ legrosszabb gyereke (1974).

Sekundärliteratur: W. M. Petrolay: Nagy Katalin: Vakarcs (in: Óvodai Nevelés. 1965. Nov. 429–431). – G. Keszthelyi: Korszerü gyermekkép kísérleti szinten (in: Könyv és Nevelés. 15. 1973. 6. 10–11).

Béla Tóth

Nathusius, Marie

*Schriftstellerin; *10. 3. 1817 Magdeburg, †22. 12. 1857 Neinstedt b. Thale/Ostharz.*

Als Tochter des Predigers an der Heilig-Geist-Kirche zu Magdeburg, Fr. Scheele, kam N. als Zweijährige mit den Eltern nach Calbe/Saale, wohin ihr Vater als Superintendent berufen worden war. N.' Persönlichkeit wurde von der religiösen Erziehung im Elternhaus stark geprägt. Als Begleiterin ihres Vaters auf Visitationsreisen empfing sie schon früh vielfältige Eindrücke aus dem Familienleben verschiedener Schichten, die sich später in ihren Erzählungen niederschlugen, sehr deutlich z.B. in den „Dorf- und Stadtgeschichten“ (1858). Vom Jahre 1834 an versah sie, zuerst in Magdeburg, dann in Eikendorf, den Haushalt ihres Bruders, der als Lehrer einige Jungen zu sich in Pflege genommen hatte. Hier machte sie unmittelbar jugendpsychologische und pädagogische Erfahrungen. Im März 1841 heiratete N. den 1861 geadelten Fabrikanten und Publizisten Philipp N. (1815–1872). Nach längerer Reise durch Europa leistete N. am ersten Wohnort der Eheleute, in Althaldensleben, soziale Hilfe, besonders für Kinder der ärmsten Schichten. 1850 gründeten Marie und Philipp N. auf dem neuerworbenen Gut Neinstedt b. Thale ein „Knabenrettungs- und Bruderhaus“ nach dem Vorbild des Rauhen Hauses in Hamburg. Neben der Betreuung der eigenen und der in Pflege genommenen Kinder begann N. in den fünfziger Jahren mit dem Schreiben von Kinder- und Jugendbüchern. Ohne die ungewöhnlich weite Verbreitung ihrer Schriften noch erlebt zu haben, starb sie im Alter von erst vierzig Jahren.

Werk, Tendenzen, Wirkung. N. veröffentlichte erste kurze Erzählungen aus der Kinderstube und für die Kleinen in dem „Volksblatt für Stadt und Land“, das ihr Mann 1849 als Redakteur und Herausgeber von Pastor Fr. von Tippelskirch (1802–1866) übernommen hatte. Sieben dieser Kleinkindergeschichten wurden 1858 unter dem Titel „Die Geschichten von Christfried und Julchen“ in den zweiten Band ihrer „Gesammelten

Schriften" aufgenommen. Ihr „Tagebuch eines armen Fräuleins, abgedruckt zur Unterhaltung und Belehrung junger Mädchen" (1854, [14]1886) wurde eine ihrer bekanntesten und am häufigsten aufgelegten Erzählungen. In der mit M. SCH. gezeichneten „Vorbemerkung" zu der Neuausgabe von 1906 wird N. als „Begründerin" und „Meisterin" des „evangelisch-christlichen Romans" bezeichnet. Mit „Langenstein und Boblingen" (1855, [16]1888) wandte sich N. an junge Mädchen als Leserinnen; viele ihr selbst eigenen Charakterzüge stellte sie darin dar und schilderte an der Handlungsweise verschiedener Personen die Vertiefung der Frömmigkeit in der Auseinandersetzung mit der Welt. Mit ihren „Rückerinnerungen aus einem Mädchenleben" (1855) verband sie in farbiger und frischer Erzählweise Autobiographisches und Zeitgeschichtliches und schilderte Eindrücke aus der Revolutionsbewegung der vierziger Jahre. Nach weiteren zahlreichen Publikationen in dieser Art der religiös-moralisch belehrenden, doch aus guter Menschenbeobachtung und mit feinem Humor geschriebenen Familien- und Jugenderzählungen brachte ihr Roman „Elisabeth. Eine Geschichte, die nicht mit der Heirat schließt" (Bd. 1–2. 1858, [14]1886) den größten Erfolg, den die Verfasserin selbst nicht mehr miterlebte. Der Band wurde in zahlreiche europäische Sprachen übersetzt. Während der zweiten Hälfte des 19. Jahrhunderts und noch zu Beginn des 20. erschienen die Volks- und Jugendschriften der N. in zahlreichen Auflagen als Einzelausgaben, als Sammelbände, aber auch als billige Einzelschriften der Wupperthaler Traktat-Gesellschaft (1896) und der Buchhandlung des Nassauischen Kolportage-Vereins (1897). Sowohl in anspruchsvoller Goldschnittausführung wie als Billigausgaben aufgelegt, waren N.' Schriften Lesegut aller Gesellschaftsschichten und wurden von den Älteren immer wieder den Jüngeren als empfehlenswerte Jugendschriften weitergereicht. Philipp N. veröffentlichte aus dem Nachlaß seiner Frau eine Reihe weiterer Erzählungen und gab zusammen mit L. ERK (1807–1883) einen Band ihrer volkstümlichen Gedichte heraus (Hundert Lieder, geistlich und weltlich, ernsthaft und fröhlich, in Melodien von Marie Nathusius und mit Klavierbegleitung, 1865). Von 1858 bis 1867 gab Philipp N. die fünfzehn Bände umfassenden „Gesammelten Schriften" von N. heraus. Das von ihm verfaßte „Lebensbild der heimgegangenen Marie Nathusius. Für ihre Freunde nah und fern. Samt Mittheilungen aus ihren noch übrigen Schriften" erschien gleichzeitig als eigenständige Veröffentlichung in drei Bänden (1867–1869) und als Bd. 13–15 der „Gesammelten Schriften".

Werke: Tagebuch eines armen Fräuleins, abgedruckt zur Unterhaltung und Belehrung junger Mädchen (1854, [14]1886); Langenstein und Boblingen (1855, [16]1888); Rückerinnerungen aus einem Mädchenleben (1855); Die alte Jungfer (1857); Erzählungen einer Großmutter. Abdruck aus dem Töchter-Album (1858); Elisabeth. Eine Geschichte, die nicht mit der Heirat schließt (1858, [14]1886); Dorf- und Stadtgeschichten (1858); Hundert Lieder, geistlich und weltlich ernsthaft und fröhlich, in Melodien von M. Nathusius und mit Klavierbegleitung (1865); Gesammelte Schriften (Bd. 1–15. 1858–1869).

Sekundärliteratur: E. Gründler: Marie Nathusius, ein Lebensbild (1894, [2]1909). – Ph. Nathusius: Lebensbild der heimgegangenen Marie Nathusius. Für ihre Freunde nah und fern. Samt Mittheilungen aus ihren noch übrigen Schriften (Bd. 1–3. 1867–1869).

Margarete Dierks

Nationalerziehung in der Kinder- und Jugendliteratur

Unter N. versteht man: 1. die Ausbildung sogenannter völkischer Charakteristika im jungen Menschen; 2. die Erziehung zum Dienst an der Nation, zu Treue und Opferbereitschaft ihr gegenüber; 3. die allgemeine und einheitliche Erziehung der ganzen Nation, im Gegensatz zur besonderen Erziehung der einzelnen Stände, Schichten, Klassen des Volkes. Große Teile der Jugendliteratur, vor allem im 19. und 20. Jahrhundert, dienten bewußt oder unbewußt der Erzeugung patriotischen Bewußtseins.

N. am Ende des 18. Jahrhunderts. Der gegen Ende des 18. Jahrhunderts in Deutschland aufkommende nationale Gedanke schlug sich sehr bald in unterschiedlicher Ausprägung in der Pädagogik und in der Kinder- und Jugendliteratur nieder. Von den zahlreichen feudal-absolutistischen Herrschern im zersplitterten Deutschen Reich wurde der Patriotismus als Mittel der Untertanenerziehung entdeckt. Insbesondere der preußische Staat suchte durch die Erweckung landespatriotischer Begeisterung die Untertanen an der Erhaltung des Staates zu interessieren. Gegenstand der N. war weniger die deutsche als vielmehr eine konstruierte „preußische Nation". Den Kindern und Jugendlichen sollte durch oft in katechetischer Form abgefaßte Lehrbücher (z. B. G. S. GÜRNTH, „Biblischer Staatskatechismus für die christliche Jugend in preußischen Staaten", [2]1798; G. F. SCHRADER, „Vaterlands-Katechismus für die Jugend in preußischen Staaten", 1800) die Liebe zum „Kgl. Preußischen Staat" und zum Gehorsam gegen Obrigkeiten und Vorgesetzte vermittelt werden. Besonderer Wert wurde auf die Hinführung der Knaben zum Soldatenstand gelegt. Wurde N. von den herrschenden Kreisen der Klein- und Mittelstaaten des Deutschen Reichs instrumentalisiert zur Sicherung und Erhaltung überholter staatlicher und gesellschaftlicher Verhältnisse, so war sie für die Vertreter des aufkommenden Bürgertums Teil ihres Emanzipationskampfes. Die Pädagogen der Aufklärung erstrebten einen Bürger, der nicht nur allgemein gebildet und mit nützlichen Kenntnissen ausgestattet war, sondern auch sein Vaterland liebte. Von ihm wurde „Selbstverleugnung zum gemeinschaftlichen Besten" (J. B. BASEDOW, 1724–1790) erwartet, Einsatz für den Staat, in dem er geboren war, sowie für die Regierung, der er Sicherheit und Wohlstand verdankte. Während die älteren Vertreter der N., wie LA CHALOTAIS (1701–1785), der den Begriff prägte („Essai d'Education Nationale" 1763, deutsch 1771), sich auf die staatsbürgerliche Bildung der oberen Schichten beschränkten, setzte F. E. VON ROCHOW (1734–1805) sich für eine die gesamte Bevölkerung umfassende, einen einheitlichen Volkscharakter stiftende N. ein, als deren Träger er sich die überkonfessionelle, schulgeldfreie „Volksschule" dachte, für die der Staat die Verantwortung übernehmen sollte („Vom Nationalcharakter durch Volksschulen", 1779). Von J. MÖSER (1720–1794) beeinflußt, stellte eine Gruppe von Pädagogen und Philosophen dem bornierten Landespatriotismus einen Reichspatriotismus entgegen. Diese Bestrebungen fanden ihr Organ in der von R. Z. BECKER (1751–1822) herausgegebenen „Deutschen Zeitung für die Jugend und ihre Freuden"; 1796 trat die „Nationalzeitung der Deutschen" an ihre Stelle. Das Bestreben, sich mit der absolutistischen Staatsgewalt zu arrangieren und Reformen unter Beibehaltung bestehender Strukturen durchzuführen, war begründet in der Unterentwickeltheit der deutschen Verhältnisse und der relativen Schwäche des deutschen Bürgertums. Nur wenige waren zu einer konsequenten Anwendung radikaldemokratischer Ideen der französischen Revolution bereit, wie dies P. VILLAUME in seinem 1792 erschienenen Lesebuch „Geografie und Geschichte für die Jugend der Bürger und für Bürgerliche" tat.

Die Befreiungskriege. Einen ungeheuren Aufschwung erfuhr die N. nach der preußischen Niederlage von 1806/7 durch NAPOLEON BONAPARTE. War N. im wesentlichen bisher die Angelegenheit einiger Intellektueller gewesen, so wurde sie jetzt als Mittel der ideologischen Aufrüstung im Befreiungskampf zu einer praktischen Notwendigkeit. Der Stärkung des Geschichtsbewußtseins kam von nun an hervorragende Bedeutung zu (z.B. F. P. WILMSEN, „Heldengemälde aus Roms, Deutschlands und Schwedens Vorzeit, der Jugend unseres kriegerischen Zeitalters aufgestellt", 1814). Wie das von P. BOHMANN 1815 herausgegebene „Militärische ABC- und Bilderbüchlein für die Jugend" zeigt, drangen militärische Themen bis in die Schriften für die Kleinsten vor (vgl. auch „Darstellungen militärischer Gruppen. Ein neues Bilderbuch zum Weihnachts- und Geburtstagsgeschenk für Kinder", 1810). J. C. F. GUTHS MUTHS' (1759–1839) Schriften zur Methodik der Leibeserziehung dienten der körperlichen Ertüchtigung zum Befreiungskampf. E. M. ARNDT (1769–1860), TH. KÖRNER (1791–1813), M. VON SCHENKENDORF (1783–1817) riefen in leidenschaftlichen Liedern und Gedichten, die vor allem bei der Jugend Anklang fanden, zum Kampf gegen die Fremdherrschaft auf. Auch Schulbücher wurden bewußt unter dem Gesichtspunkt der Erweckung der Liebe zum Vaterland konzipiert. Als das hervorragendste patriotische Lesebuch jener Zeit gilt T. HEINSIUS' „Der Bardenhain für Deutschlands edle Söhne und Töchter" (erstmals 1809). Gegen den imperialen Machtanspruch des napoleonischen Frankreich setzte sich ein Bündnis antagonistischer sozialer Kräfte zur Wehr. Nationalbewußtsein bildete sich nicht, wie in Frankreich während der Revolution, im Kampf gegen die innere und äußere Reaktion, sondern fixiert auf das Feindbild „des" Franzosen. Es entwickelte sich ein völkisch-kultureller Nationalismus, der sich angesichts der deutschen Vielstaatlichkeit auf die Gemeinsamkeit von Sprache, Gebräuchen und Geschichte bezog. Züge dieser sogenannten Deutschtümelei zeigen sich in H. VON KLEISTS „Katechismus der Deutschen" (1809). Ein engstirniger Franzosenhaß deutet sich in dem Kapitel „Vom Erzfeind" an. Das Verhaftetsein an mittelalterliche Reichsvorstellungen und die Orientierung auf den Adel als Vorkämpfer sind weitere typische Merkmale. Andererseits werden in durchaus fortschrittlicher Weise die Kleinstaaterei und das Widerstandsrecht des Volkes behandelt. Klare bürgerlich-demokratische Züge weist dagegen K. F. HOFMANNS 1810 anonym erschienener „Patriotischer Kinderfreund" auf. Hier wird „Deutschlands kleinen Patrioten", denen das Bilderbuch gewidmet ist, gezeigt, daß die nationale Problematik und die gesellschaftlichen und politischen Emanzipationsforderungen des Bürgertums eine untrennbare Einheit bilden. Bei allen Völkern und zu allen Zeiten hätten sich Patrioten mit Gewalt gegen Tyrannen zur Wehr setzen müssen. K. F. HOFMANN ist jedoch davon fest überzeugt, „daß das Wohl der Menschheit keineswegs in Erstürmung einer Batterie oder im furchtlosen Andringen des Sturmmarsches" (S. XV) bestehe. Der wahre Patriot wirke gerade im Frieden durch fleißige Arbeit für das Glück des Vaterlands. Nicht nur die explizit politisch engagierte Kinder- und Jugendliteratur betrieb N. Gerade die romantische Deutschtumsbewegung hatte mit ihren Märchen-, Sagen- und Volksliedsammlungen einen nicht zu unterschätzenden Anteil daran (J. und W. GRIMM, Kinder- und Hausmärchen 1812–1815; Deutsche Sagen 1816–1818; A. VON ARNIM, CL. VON BRENTANO, Des Knaben Wunderhorn 1806–1808 u.v.a.). N. bedeutet hier die Bewahrung bzw. Ausbildung des Nationalcharakters durch Erschließung und Aneignung des deutschen Volksguts. Durch Aufnahme in die Schullesebücher gewann diese Gattung beträchtlichen Einfluß.

Vaterländische Geschichte als Thema im 19. Jahrhundert. Nach den Anfängen der Brüder GRIMM, A. VON ARNIMS und CL. VON BRENTANOS erschienen zahlreiche neue Märchen- und Sagensammlungen, auch aus dem skandinavischen und angelsächsischen Bereich. Sie wurden derart beliebt, daß es sich kaum einer der späteren „vaterländischen Jugendschriftsteller" nehmen ließ, mindestens eine Bearbeitung „Deutscher Heldensagen" oder „Schönster deutscher Märchen" für die Jugend vorzulegen. Die Befreiungskriege lieferten in der Folgezeit für mehr als ein Jahrhundert schier unerschöpfliche Stoffe für patriotische Jugendschriften. Die Ereignisse und Helden dieser Zeit wurden jedoch zumeist unter Ignorierung der demokratisch-republikanischen Tendenzen einseitig in den Rahmen einer glorifizierten preußisch-dynastischen Geschichte eingeordnet. In der Restaurationsperiode waren die Wirkungsmöglichkeiten für patriotische Autoren und Pädagogen durch Zensur und Demagogenverfolgungen eingeschränkt. Mehr ein Relikt aus der Zeit vor den Befreiungskriegen stellt die 1824 von J. D. F. NEIGEBAUER herausgegebene Selbstbiografie J. NETTELBECKS („Der alte Nettelbeck. Ein Unterhaltungsbuch für die preußische Jugend zur Erweckung wahrer Vaterlandsliebe") dar. Hier steht der biedere, pflichtgetreue und aufrechte Preuße im Vordergrund, dessen burschikos-munterer Ton als eine Ausdrucksform preußischen Schneids in späteren „vaterländischen Jugendschriften" zur trivialisierten Schnodderigkeit und Großsprecherei erstarrt. In Geschichtsdarstellungen für die Jugend zeichnete sich verstärkt die Tendenz ab, durch das Beispiel großer Deutscher der Vergangenheit vaterländische Begeisterung zu erzeugen. Sowohl der schon zu Beginn des Jahrhunderts wirksame F. P. WILMSEN („Pantheon deutscher Helden", 1830) als auch E. MAUKISCH („Germania", 1835; „Teutonia", 1836; beide mit dem Untertitel „Deutschlands wichtigste Ereignisse und das Leben seiner berühmtesten Männer in Erzählungen für die Jugend dargestellt") sind diesem Prinzip verpflichtet. In den Bearbeitungen von TH. DIELITZ (1810–1869) und mit Illustrationen von TH. HOSEMANN (1807–1875) erlebten MAUKISCHS Bücher jahrzehntelang Neuauflagen. In TH. DIELITZ' eigenen späteren Werken (z.B. „Die Helden der Neuzeit", 1850) wird die Tendenz zur personenzentrierten Geschichte noch verstärkt. Neben der deutschen Geschichte, die als eine Aufeinanderfolge von Schlachten von Aqua Sextiae bis Waterloo erscheint, liefert die Antike und die Geschichte anderer europäischer Völker patriotische Exempel. In den vierziger und fünfziger Jahren erhält die N. in der Kinder- und Jugendliteratur neue Akzente durch das verstärkte Eindringen kapitalistischer Produktions- und Distributionsmethoden in das Verlagswesen. Repräsentant dieser Entwicklung ist der Lohnschriftsteller, der massenweise zugleich moralisierende und unterhaltende „vaterländische Jugendschriften" herstellt. Einer der ersten und erfolgreichsten war F. SCHMIDT (1816–1890), in dessen Werk sich deutlich nachweisen läßt, wie zunächst das nationaldeutsche und dann das preußisch-patriotische in den Vordergrund drängt. Dieser Prozeß, der die meisten Schriftsteller dieser Art erfaßte, war begründet in der zunehmenden Anlehnung großer Teile des deutschen Bürgertums an das preußische Königtum, in der Hoffnung auf eine nationale Wiedergeburt unter preußischer Führung. In diesem Sinne wirkte auch W. O. VON HORN (d.i. F. W. P. ÖRTEL, 1798–1867), dessen Geschichten ähnlich denen SCHMIDTS in Massenauflagen verbreitet wurden („Der alte Fritz, Held und Liebling des Volkes", 1865; „Das Büchlein von dem Feldmarschall Blücher", 1854; „Blüchers Schützling", 1858; „Deutsche Treue", 1864). Ein ebensolcher Vielschreiber war auch F. O. SPAMER (1820–1886), der unter dem Pseudonym F. OTTO mit seinen Erzählungen einen Großteil der Produktion des Leipziger Verlags Spamer bestritt und zu dessen führender Rolle in diesem Genre beitrug. Besonders erfolgreich war sein Buch „Der große König und sein Rekrut" (1866), das bis ins Dritte Reich Neuauflagen erlebte.

N. nach 1870. Nach dem preußischen Sieg von 1866 und der Reichsgründung 1870/71, die ohne Beteiligung der Nation mit den Mitteln der BISMARCKschen Staats- und Machtpolitik zustande gekommen war, degenerierte die N. vollends zur nationalistischen Massenmanipulation. Hunderte „vaterländische Jugendschriften" priesen das mit „Blut und Eisen" gekittete Reich, die dynastisch-kleindeutsche Lösung, als Ergebnis der glorreichen preußischen Geschichte. O. HÖCKER (1840–1894), B. GARLEPP (1845–1916), F. VON KÖPPEN (1830–1904), A. OHORN (1840–1924), K. TANERA (1840–1904) u.a., für die weibliche Jugend B. AUGUSTI (d.i. A. PLEHN) (1839– nach 1913) stellten die Verdienste der Hohenzollern heraus, schwelgten in Schlachtbeschreibungen, dichteten mittelalterlichen Fürsten nationale Gesinnung an und ignorierten oder diskreditierten das Gedankengut aller Revolutionen seit 1789. Der Krieg 1870/71 wurde in chauvinistischer Glückseligkeit in zahlreichen Büchern gefeiert. Mit den Schriften des Konteradmirals R. VON WERNER („Das Buch von der deutschen Flotte", 1874) und vielen anderen nahm die Marine-Literatur ihren Anfang. Im Zusammenhang damit verschaffte sich auch der Ruf nach „Lebensraum", in dem sich Nationalismus und Rassismus mischten, einen Platz im Kinder- und Jugendliteraturangebot. Diese Frage wurde oft aufgezogen an Kreuzzugsgeschichten, Erzählungen über die deutsche Ostkolonisation im Mittelalter und kolonialer Literatur, die gegen Ende des Jahrhunderts ihren Aufschwung nahm.

Nicht nur die „reifere Jugend", schon die Jahrgänge im Kindergartenalter wurden von der hurrapatriotischen Welle erfaßt. Dafür zeugt beispielsweise A. BREIDHAUPTS „Des deutschen Kindes Weihnachtsbuch Voll Sang und Klang und Gottesspruch" (1885), in dem sich unter anderem auch „Trommel- und Marschliedchen für deutsche Knaben" finden. Die Kinder- und Jugendliteratur stand weitgehend im Dienst einer vaterländischen Erziehung, ebenso wie die Schule, der WILHELM II. in seinem „Erlaß zur Bekämpfung sozialistischer und kommunistischer Ideen" 1889 die Aufgabe erteilt hatte, „durch Pflege der Gottesfurcht und der Liebe zum Vaterland die Grundlage für eine gesunde Auffassung der staatlichen und gesellschaftlichen Verhältnisse zu legen" (zit. nach MICHAEL/SCHEPP, a.a.O. S. 409ff.). Dieser Tradition der N. in der zweiten Hälfte des 19. Jahrhunderts lassen sich durchaus fortschrittliche Bestrebungen gegenüberstellen. Kritische Stimmen wurden jedoch erst wirksam vor dem Hintergrund einer erstarkten und organisatorisch gefestigten Arbeiterbewegung im letzten Jahrzehnt des 19. Jahrhunderts, die Militarismus und Krieg den Kampf ansagte. Teile der Lehrerschaft, zusammengeschlossen in den „Vereinigten deutschen Prüfungsausschüssen für Jugendschriften", gegründet 1891, versuchten den Einfluß der als „unterwertig" bezeichneten Kinder- und Jugendliteratur zurückzudrängen. H. WOLGAST (1860–1920), der anerkannte Wortführer dieser Bewegung, forderte in seinem aufsehenerregenden Buch „Das Elend unserer Jugendliteratur" (1896) eine tendenzfreie, künstlerisch wertvolle Literatur. Er wandte sich vor allem gegen doktrinäre klerikale und chauvinistische Schriften. Die Ausschüsse wurden von den Vertretern staatspatriotischer Erziehungsideale ständig angefeindet, als „vaterlandslose Gesellen" beschimpft und im übrigen als Beispiel für die staatszersetzende Tätigkeit der Sozialdemokratie in der Lehrerschaft angeführt. Zugleich gegen die Ausschüsse und gegen Schundliteratur nicht-nationaler Prägung wandten sich Kräfte, die sich 1910 ein eigenes Organ schufen: „Die Hochwacht". Hauptvertreter dieser Richtung war der Lehrer W. Kottenrodt (1878–1948), der sich Kotzde nannte. Er war als Autor und Herausgeber erzpatriotischer Jugendbücher (z. B. „Die Geschichte des Stabstrompeters Kostmann", 1910) bekannt, bevor er sich im Tendenzstreit zu Wort meldete (u. a. „Der vaterländische Gedanke in der Jugendliteratur", 1912). Auf die Rolle, die Verlags- und Verbandsinteressen in dieser Auseinandersetzung spielten, hat R. Schenda hingewiesen (Schundliteratur und Kriegsliteratur, a. a. O. S. 72–85). Die Sozialdemokratie lehnte sich in dieser Frage im wesentlichen an die Ausschüsse an. Nur die Parteilinke sah die Notwendigkeit einer offensiven antimilitaristischen Jugenderziehung (so K. Liebknecht (1871–1919) in seiner Schrift „Militarismus und Antimilitarismus unter besonderer Berücksichtigung der internationalen Jugendbewegung", 1907). Cl. Zetkin (1857–1933) kritisierte die scheinbare Tendenzlosigkeit der von den Ausschüssen empfohlenen Literatur und forderte eine bewußte sozialdemokratische Erziehung. Einen Skandal löste das Erscheinen des ersten deutschen Antikriegsbuchs „Das Menschenschlachthaus. Bilder vom kommenden Krieg" (1912) des Hamburger Lehrers, Sozialdemokraten und Ausschußmitarbeiters W. Lamszus aus. Der Verfasser wurde beurlaubt, später aber wieder eingestellt. Höhepunkt der nationalistischen, kriegsvorbereitenden Erziehung durch das Jugendbuch war das Jubiläumsjahr 1913, in dem an die 100 Schriften zum Thema Befreiungskriege erschienen.

Der Erste Weltkrieg. Hatte die N. in der Kinder- und Jugendliteratur bis 1914 wesentlich zur Heranzüchtung von vaterländischer Opferbereitschaft und Kriegsbegeisterung beigetragen, so fiel ihr danach die unmittelbare Verarbeitung des Krieges zu. Schon in den Titeln klingt die plumpe Kriegspropaganda an, typisch hierfür ist H. Willigs und W. Heinrichs „Marsch! Marsch! Hurra!" (1914) und „Jungens' Frisch drauf!" (1915), beide mit dem Untertitel „Die Erlebnisse zweier Kriegsfreiwilliger im Weltkriege". Da an der Westfront die Erfolge bald ausblieben, befassen sich relativ viele Jugendschriften mit den Kriegsereignissen im Osten. Auch die Kriegsmarine und die Flieger wurden gefeiert. Unter den neuen Helden rangierte P. von Hindenburg an erster Stelle, dessen Kriegstaten in Dutzenden von Biografien, Erzählungen, Kinderreimen etc. verherrlicht wurden. Der Weltkrieg regte auch Autorinnen, die sonst das Feld der trivialen Mädchengeschichte beackerten, zu entsprechenden Geschichten an, so z. B. M. von Felseneck (d. i. M. Mancke, 1847–1926) „Landwehrmanns Einzige im Dienst des Vaterlands" (1917).

Nun nehmt die Büchse in die Hand,
Steckt Eichlaub an den Helm!
Der Kaiser ruft für's Vaterland,
Da drückt sich nur ein Schelm.

Das gibt den Herzen gleichen Schwung,
Da zeigt sich, was ein Mann.
Zu alt ist keiner, noch zu jung,
Der Waffen tragen kann.

Väter und Söhne ziehen aus,
Geschultert das Gewehr;
Für's deutsche Land, für's deutsche Haus
Kein Weg zu weit und schwer!

„Kriegsfreiwillige" lautet der Titel zu Gedicht und Abbildung aus dem Kinderbilderbuch „Vater ist im Krieg", das im Ersten Weltkrieg (1915) mit einer Widmung des deutschen Kaisers („Den deutschen Kindern einen Gruß aus dem Felde") von Rudolf Presber herausgegeben wurde. In ihm macht sich ein makabrer Hurrapatriotismus breit. Die Verkaufserlöse sollten der „Kriegskinderspende" zufließen.

N. in der Weimarer Republik. Nach 1918 gelang es nicht, die nationalistische Tradition der N. durch eine an den Bedürfnissen der demokratischen Republik orientierte zu ersetzen. 1922 enthüllte der Berliner Lehrer O. Hübner skandalöse Tatsachen über die Weiterverwendung und Neuauflage von Lesebüchern aus der wilhelminischen Ära (D. Richter, a.a.O. S. 103–124). 1930 kann ein Schülerkorrespondent Stellen aus seinem Geschichtsbuch zitieren, in denen das russische Volk verunglimpft und der aufkommende faschistischen Bewegung Sympathie entgegengebracht wird (ebda., S. 180–181). Die bürgerliche Jugendschriftenbewegung vermochte es nicht, sich konsequent vom nationalistischen Erbe zu lösen. So forderte W. Fronemann (1880–1954) einerseits eine Abkehr vom „brausenden Kriegsheldentum" und eine Vergeistigung und Versittlichung des nationalen Gedankens in der Kinder- und Jugendliteratur, andererseits beharrt er auf der Vorstellung einer „nationalen Schicksalsgemeinschaft" (W. Fronemann, a.a.O. S. 122). Neben die „vaterländischen Jugendschriftsteller" der Vorkriegszeit, die teilweise weiterhin aufgelegt wurde, traten die Darsteller von Kriegsereignissen, wie Graf F. von Luckner („Seeteufel", 1921), P. von Lettow-Vorbeck („Heia Safari", 1920) u.a. Viel gelesen war das Buch des Kriegsfreiwilligen W. Flex „Der Wanderer zwischen beiden Welten" (1916), der für die jugendlichen Anhänger der Wandervogelbewegung ein schwärmerisch-romantisches Bild deutschen Sinnes und deutscher Opferbereitschaft entwarf. Geschichte für die Jugend im vaterländischen Sinne gestalteten W. Schäfer („Die dreizehn Bücher der deutschen Seele", 1922), P. Ernst („Das Kaiserbuch", 1923) und F. Herwig („Deutsche Heldenlegende", 1925).

N. in der NS-Zeit. Unter dem NS-Regime knüpfte man teilweise, sowohl was die Themen als auch die Autoren betraf, an die vorhandene Tradition an. Doch kam nun noch eine nationalerzieherische Kinder- und Jugendliteratur spezifisch faschistischer Provenienz auf. Antisemitische Hetze drang bis in die Bilderbücher vor, wie E. Bauers „Trau keinem Fuchs auf grüner Heid, trau keinem Jud bei seinem Eid, ein Bilderbuch für Groß und Klein" (1936) zeigt, denn „Rassenbewußtsein" war untrennbar verbunden mit Nationalgefühl: „Alaf sig arna – Alles Heil dem Artbewußtsein" lautete der Titel eines verbreiteten „Jugendbuchs für Rassen- und Vererbungslehre, Ahnen- und Bevölkerungskunde", das F. Mettenleiter 1934 herausgab. Die Orientierung auf den Führer wurde sowohl mit historischen Erzählungen, die Führerpersönlichkeiten der deutschen Geschichte darstellten, betrieben, als auch in verklärenden Schriften über A. Hitler selbst, wie z.B. E. Beier-Lindharts „Buch vom Führer für die deutsche Jugend" (1933) oder J. Haarers „Mutter erzähl mir von Adolf Hitler" (1939). Literatur über die Hitler-Jugend (HJ) gehörte zum festen Kinder- und Jugendliteratur-Kanon des Dritten Reichs. Das wohl bekannteste Elaborat dieser Art, K. A. Schenzingers „Hitlerjunge Quex" (1932), schildert Kampf und Opfertod eines jungen Anhängers der NS-Bewegung. Da der Krieg als „eine über alle Maßen hinausgehende Lebensäußerung des deutschen Volks" (A. Schwarzlose, a.a.O. S. 39) galt, wurde Weltkriegsliteratur insbesondere Fronterlebnisberichte, die deutsches Mannestum, Todesverachtung etc. herausstellten, gepflegt und gefördert. Über die Entwicklung dieses Genres schreibt P. Aley: „Stand Anfang der dreißiger Jahre eine fingierte, in den Ersten Weltkrieg gelegte Handlung, in der junge Menschen auf spielerisch-abenteuerliche Weise am Soldatenleben und der Lagerromantik teil hatten, so schloß sich in den letzten Kampfmonaten des Zweiten Weltkriegs der Kreis dieser Literaturgruppe mit Berichten Jugendlicher, die das bitter-ernste Hineingerissenwerden in den Strudel des Untergangs dokumentieren" (a.a.O. S. 142).

N. in der Jugendliteratur nach 1945. Mit dem Zusammenbruch des Dritten Reichs und dem Bekanntwerden der unter dem NS-Regime im Namen der Liebe zu Volk und Vaterland begangenen Verbrechen waren die bisher dominierenden Konzeptionen der N. diskreditiert. In den beiden deutschen Nachkriegsstaaten entwickelten sich auf Grund der unterschiedlichen Gesellschaftsordnungen verschiedene Vorstellungen.

In der BRD wurde das Thema aus weiten Bereichen der Kinderliteratur, z.B. dem Bilderbuch, gänzlich eliminiert. Innerhalb der Jugendliteratur wurde es nur zögernd wieder aufgenommen und dann sofort problematisiert und thematisch akzentuiert. In sogenannten „Problembüchern" und dokumentarischen Berichten ging es zumeist um eine Offenlegung der Fehlentwicklung nationaler Geschichte in der jüngsten Vergangenheit anhand einzelner Vorgänge und Erlebnisse, besonders im Zusammenhang mit der Behandlung jüdischer Mitbürger (z.B. Das Tagebuch der Anne Frank (1955); Cl. Asscher-Pinkhof: Sternkinder (1961); H.-G. Noack: Stern über der Mauer (1962); E. Gallwitz: Freiheit 35 (1964); H. P. Richter: Damals war es Friedrich (1964); J. Kerr: Als Hitler das rosa Kaninchen stahl (1973) u.a.). Allerdings spielen in der den Jugendlichen zugänglichen Massenliteratur seit dem Zweiten Weltkrieg bis heute heroisierende Darstellungen deutscher Soldatenschicksale („Landserhefte", u.a.) eine nicht unerhebliche Rolle.

Mit der deutschen Teilung geriet das Thema Nation in eine Interpretationskrise, die in Jugendbüchern aus der BRD zur Stützung des gesamtdeutschen Standpunkts führte, wie z.B. in H. Plates „Das soll der Mensch nicht scheiden" (1960).

Schon zu Beginn der fünfziger Jahre wurde N. in die Diskussion um Inhalte und Ziele der politischen Bildung einbezogen. Zum Problem der Nation lassen sich dabei drei Einstellungen nachweisen: 1. Begriff und Sache werden bewußt als anachronistisch übergangen, 2. entschiedene Ablehnung aus historischen und erzieherischen Gründen und 3. Bejahung eines „zeitgemäßen" deutschen Nationalbewußtseins. Unter Nation wird dabei eine Gesamtheit von Menschen mit gemeinsamer Sprache, Kultur und Geschichte verstanden. Die einzelnen Positionen finden in diversen Lehrbüchern für den Sozialkunde- bzw. Geschichtsunterricht ihren Niederschlag.

In der DDR geht man davon aus, daß sich die sozialistische Nation als ein neuer Typus der Nation auf dem Staatsgebiet der DDR herausgebildet hat. Es wird angeknüpft an den von der französischen Revolution und fortschrittlich-bürgerlichen Kräften der Zeit der Befreiungskriege entwickelten Begriff der N. Nationalkultur und Sozialismus sollen verschmelzen, Erziehungsziel ist die „sozialistische Persönlichkeit“, die schöpferische Arbeit für den Sozialismus mit Liebe zum sozialistischen Vaterland und dem Bekenntnis zum proletarischen Internationalismus verbindet (aus den „Zehn Grundsätzen sozialistischer Jugendpolitik“, 1967). Eine große Zahl von Jugendschriftstellern der DDR hat Werke vorgelegt, die ebenfalls das geteilte Deutschland zum Thema haben, allerdings die Haltung der DDR verteidigen (H. Beseler: Jemand kommt, 1972, [2]1973; W. Heiduczek, Die Brüder, 1968, [4]1971; A. Lazar: Die Brücke von Weißensand, 1965, [3]1970; u.a.). Aus einer nationalbewußten Perspektive werden in der Jugendliteratur die Geschichte der Arbeiterklasse und der Aufbau der neuen Gesellschaft in der DDR behandelt (J. Nowotny: Der Riese im Paradies, 1969, [3]1971; E. Strittmatter: Tinko, 1954, [28]1971; u.a.). Ein Abschnitt der in der gesamten DDR seit 1970 verbindlichen Lesestoffübersicht für das 3. Schuljahr lautet: „Arbeiten und kämpfen für die Deutsche Demokratische Republik“.

→E. M. Arndt, →A. von Arnim, →O. Höcker, →K. Kotzde, →Kriegsromanhefte, →A. Ohorn, →K. Tanera, →H. Wolgast

Sekundärliteratur: P. Aley: Jugendliteratur im Dritten Reich (1967, [2]1969). – Autorenkollektiv: Befreiungskriege – Erläuterungen zur deutschen Literatur ([6]1973). – H. Bertlein: Das geschichtliche Buch für die Jugend. Herkunft, Strukturen, Wirkung (1974). – W. Fronemann: Das Erbe Wolgasts (1927). – G. Holtz-Baumert: Überhaupt brauchen wir eine sozialistische Literatur? (1972). – H. König: Zur Geschichte der Nationalerziehung in Deutschland im letzten Drittel des 18. Jahrhunderts (1960); Zur Geschichte der bürgerlichen Nationalerziehung in Deutschland zwischen 1807 und 1815 (T. 1 u. 2; 1972/73). – T. Kohlmann: Vaterländische Jugendschriften (in: K. E. Maier (Hrsg.): Historische Aspekte zur Jugendliteratur. 1974. 110–120). – W. Kotzde: Der vaterländische Gedanke in der Jugendliteratur (1912). – M. Lange: Das historische Kinder- und Jugendbuch (in: Wissenschaftliche Zeitschrift der Karl-Marx-Universität Leipzig. 10. 1961. 4. 643–647). – K. Liebknecht: Militarismus und Antimilitarismus unter besonderer Berücksichtigung der internationalen Jugendbewegung (1907). – Th. Lüddecke: Der heroische Auftrieb in der Literatur (in: Jugendschriftenwarte, 40. 1935. 7. 48). – B. Michael (Hrsg. zus. mit H. H. Schepp): Politik und Schule von der französischen Revolution bis zur Gegenwart. Eine Quellensammlung zum Verhältnis von Gesellschaft, Schule und Staat im 19. und 20. Jahrhundert (1973). – J. Prestel: Geschichte des deutschen Jugendschrifttums (1933). – D. Richter: Das politische Kinderbuch (1973). – R. Schenda: Schundliteratur und Kriegsliteratur (in: K. E. Maier (Hrsg.): Historische Aspekte zur Jugendliteratur. 1974. 72–85). – W. Scherf: Politische Bildung durch das Jugendbuch? (1963); Die zeitgeschichtliche und politische Jugendliteratur (in: G. Haas (Hrsg.): Kinder- und Jugendliteratur, 1974. 392–415). – R. Schmiederer: Neuer Nationalismus in der politischen Bildung (in: betrifft erziehung. 1970. 10. 24–26). – A. Schwarzlose: Der Weltkrieg im Spiegel des deutschen Schrifttums (in: Jugendschriftenwarte. 40. 1935. 8. 49–52). – H. Wolgast: Das Elend unserer Jugendliteratur (1896); Das Religiöse und Patriotische in der Jugendschrift (in: H. Wolgast: Vom Kinderbuch. 1905. 24–52).

Marie Luise Christadler/Bernd Dolle

Naturgeschichte im Kinder- und Jugendbuch

Die Bearbeitung des Themas und Stoffbereiches N. hat keine eigentümliche Buchgattung ausgeformt, wohl aber Entstehung und Entwicklung des Sach- und Sachbilderbuches sowie des Realienbuches stark mitbestimmt. Im 19. Jahrhundert wird der noch häufig im Titel gebrauchte Begriff N., der bis dahin in klarer Definition die drei „Naturreiche“ Zoologie, Botanik, Mineralogie umfaßte (vgl. J. J. Ebert, Naturlehre, a.a.O. Bd. 1, S. 10), allmählich bedeutungsgleich mit dem jüngeren Begriff der Naturkunde verwendet. Die Bücher zur N. bieten mehr oder weniger belehrend oder unterhaltend gestaltete Informationen aus dem Leben der Natur; „Menschenkundliches“ – der Mensch als höchst ausgebildete Kreatur der Schöpfung – steht in den älteren Publikationen gewöhnlich als Sonderbereich voran. Außer in den eigens naturgeschichtlichen Werken für die Jugend werden in den Anschauungs- und Elementarwerken, in Orbis pictus-Bänden, Enzyklopädien, Bildergalerien und später den „Conversationslexika“ Kenntnisse aus verschiedenen Bereichen der N. vermittelt und zwar auch aus solchen, die erst in neuerer Zeit der N. zugeordnet wurden wie Geologie, Physik, Chemie, Paläontologie, Ökologie, Himmels- und Wetterkunde. Im Kinderbuch spielt als Mittel der Belehrung über Tier- und Pflanzenreich die Vermenschlichung der Geschöpfe eine große Rolle; dieser Kunstgriff, besonders als Begabung der Tiere und Pflanzen mit menschlicher Sprache, ist von Mythe, Märchen, Fabel her übernommen und findet sich in erzählenden und erlebnishaft gestalteten Büchern zum Thema N. in vielfältigster Weise genutzt; größte Variationsbreite in dieser Art weist auch heute noch das Tierbuch auf. Neben dem Realien- und Lehrbuch, wie es zum ganzheitlichen Heimatkunde- und Sachunterricht in der Grundschule und für das Unterrichtsfach N. der Mittelstufe entwickelt wurde und mit deren Prinzipien sich änderte, nimmt seit Aufklärung und Philanthropinismus das naturgeschichtliche Buch auch im Angebot für die „Privatlektüre“ des jungen Lesers einen breiten Raum ein. In der Gegenwart erscheinen in allen Sprachen eine Fülle von Büchern naturgeschichtlicher Thematik, teils als Sachbuch oder als Spezialnachschlagewerk, teils als informierende oder abenteuerliche Erzählung.

Geschichtliches. Die Vermittlung naturgeschichtlicher Kenntnisse an Kinder und Jugend durch das Buch zeigt sich in den verschiedenen Epochen bestimmt 1. von der Auffassung, was Natur als Gegebenheit für die menschliche Existenz sei, 2. vom Ausleseprinzip, da neue Erkenntnisse den Stoff ständig erweiterten, korrigierten und in immer neue Spezialgebiete differenzierten, 3. von didaktischen und methodischen Überlegungen, 4. von der Qualität der sprachlichen Gestaltung und der Illustration. Im christlichen Abendland werden zunächst Phänomene der Natur und Lebewesen als Teilbereiche der ganzheitlichen Schöpfung nach biblischem Bericht angesehen; Kenntnisse darüber werden unter religiös dogmatischer Prämisse erworben und vermittelt. In diesem Sinnzusammenhang steht, was der „Orbis sensualium pictus" des J. A. COMENIUS (1658) und weitere Orbis pictus-Bände Kindern aus der N. mitteilen. Autoren naturgeschichtlicher Jugendbücher des 18. Jahrhunderts halten noch im Geiste der Aufklärung daran fest, daß die Beschäftigung mit der Natur religiös vertiefen solle; in der Sache folgen sie der von C. v. LINNÉ (1707–1778) aufgestellten Einteilung der Lebewesen in Klassen und Ordnungen unter dem Oberbegriff N., d. h. Reich der Tiere, der Pflanzen, der Gesteine (Minerale). Den strengen Lehrbuchton- und -charakter durchbricht G. CHR. RAFF (1748–1788) mit seiner „Naturgeschichte für Kinder", die 1778 erscheint und in mehreren Auflagen und Bearbeitungen noch im 19. Jahrhundert als Vorbild gilt. Die Bearbeitung von P. J. BEUMER, „Der kleine Raff, eine Naturgeschichte für die liebe Jugend", erreichte von 1841 bis 1869 sechs Auflagen. Die elf Tafeln mit Abbildungen in der ersten Ausgabe RAFFS – Kupferstiche schwarz auf weiß – sind in der neuesten Ausgabe von 1788 um weitere drei ergänzt; die 13. Tafel zeigt die Organe im menschlichen Körper, dessen Teile aufgeklappt sind. RAFF schreibt dialogisch (Gespräche zwischen Kind und Erwachsenem, Kindern und Tieren) lebendig, gelockert, abwechslungsreich („Nun gehen wir spazieren, und suchen Pflanzen, Thiere und Steine auf; nun schiffen wir in dem weiten Weltmeer herum und sehen Seehunde und Walfische fangen", „Vorrede", S. V). Er macht anhand von Beispielen Lehrer auf die vielfältigen Einsatzmöglichkeiten des Werkes im Unterricht für verschiedene Altersstufen, aber auch verschiedene Interessen und „Temperamente" der Kinder aufmerksam. C. PH. FUNKE (1752–1807), Didaktiker nach Prinzipien der Aufklärung, kommt vom Elementarbuch her zur Ausführung einer „Naturgeschichte für Kinder", der er noch ein Vorwort geben konnte, die aber erst nach seinem Tode erscheint (hrsg. von G. H. LIPPOLD, 1808–1830). FUNKE rühmt der Jugend die Natur gewissermaßen als Bildungsstoff, der „eine sehr angenehme Unterhaltung" gewähre, zugleich den Verstand bilde, Nachdenken erwecke über „die Größe dessen, der die mannigfaltigen Erzeugnisse der Natur ins Daseyn rief" und mit Ehrfurcht vor ihm erfülle (S. 6). LIPPOLD berücksichtigt für die 8. Auflage „die wichtigsten neueren Entdeckungen und Berichtigungen" (S. 7). Das flüssig, wenn auch nicht in RAFFS Sinne „kindgemäß" geschriebene Buch kann mittels des deutschen Registers als naturkundliches Nachschlagewerk benutzt werden. Es enthält 12 aufklappbare Tafeln mit farbigen Kupfern. In Zeichnung und Farbtönen sind vor allem die Pflanzen eindrucksvoll wiedergegeben. Noch vor diesem FUNKESCHEN Werk war eine „Kupfersammlung besonders zu Funke, Naturgeschichte und Technologie, aber auch zu jedem anderen Lehrbuche der Naturgeschichte brauchbar", erschienen (Braunschweig, um 1800), eine Art „Sachbilderbuch" in vierundzwanzig Blättern mit lebendig informierenden Kurztexten. Im Geiste der aufklärenden Elementarwerke (J. B. BASEDOW) waren auch die weiblichen Organe zum Austragen des Kindes abgebildet und beschrieben, Aufklärung erstreckte sich auch auf die „Naturvorgänge" der Zeugung und Geburt. Als „Sachbilderbuch" zur N. ist auch der Band von fünfzehn Blättern mit ausgemalten Kupfern anzusehen, die „ganze Geschlechter von Thieren" anschaulich vorführen: „Die Menagerie des jungen Naturforschers". 1811 in dem von FR. J. BERTUCH gegründeten Verlage zu Weimar erschienen, sollte der Band werben für das umfänglichere Bilderbuchwerk BERTUCHS, auf dessen „ausführlichen Text" er verweist. Für Kinder von 7 bis 10 Jahren konzipierte J. GLATZ sein „Naturhistorisches Bilder- und Lesebuch oder Erzählungen über Gegenstände aus den drei Reichen der Natur" (1803). Das Werk enthält „300 illuminierte Abbildungen" von HORNY, dazu Erklärungen in Versen (nicht von GLATZ) und zahlreiche Erzählungen und Kurzberichte zur Unterhaltung und Belehrung. J. H. MEYNIER schrieb unter verschiedenen Pseudonymen für die Jugend. Als G. L. JERRER wünschte er sich mit seiner „Naturgeschichte für die Jugend" (1818, [4]1833) an die Vorbilder anzuschließen, die RAFF und FUNKE gegeben hatten. Zwölf herausklappbare Tafeln bringen farbige Abbildungen aus den drei Naturreichen. Als K. L. ISELIN definiert MEYNIER im Vorwort seiner „Unterhaltenden Naturgeschichte für die Jugend" (1824, [2]1827) die N. als „eine höchst interessante Wissenschaft, die uns mit der Entstehung, dem Wachstum, den Eigenschaften, dem Nutzen und dem Schaden aller, oder doch der meisten, Naturerzeugnisse bekannt macht". Er weist darauf hin, daß nicht nur eine geeignete Auslese aus den drei Reichen der N. für die Jugend getroffen, sondern auch eine andere Einteilung als die nach LINNÉ gewählt werden müsse, die für Kinder „natürlicher und faßlicher" sei. So kommt er für das Tier- und Pflanzenreich zu Gruppierungen wie „inländische" und „ausländische", läßt aber die sechs Klassen des Tierreiches und die sieben Ordnungen der Insekten bestehen. Beide Bücher von MEYNIER zur N. heben sich jedoch nicht von einem aufzählenden und beschreibenden Lehrbuch ab, obwohl die Ihr-Anrede häufig an die jungen Benutzer gerichtet ist. Vorbildlich in der Schilderung besonders der Lebensweise der Tiere wirkte die Übersetzung eines französischen Werkes, G. L. L. Graf v. BUFFON (1707–1788): „Allgemeine und spezielle Naturgeschichte", die in 40 Bänden 1824–1832 in deutscher Sprache erschien. Eine Bearbeitung und Auswahl für die Jugend gab noch 1844 J. BERNHARD heraus: „Der kleine Buffon". Wie andere Themen auch wurde N. in

Heftlieferungen angeboten, z.B. „Naturgeschichte in Bildern mit erläuterndem Text" von FR. STRACK (um 1820). Die Anordnung gleicht der in einem Nachschlagewerk. Mit der Durchsetzung des Anschauungsunterrichtes gewinnt „die Anschauung der Natur" einen festen Platz in Vorschul- und Einschulungsstufen. N. schließt sich als Fach an und gliedert sich für die höheren Schuljahre wieder auf in Mineralogie, Pflanzen- und Tierkunde und den Sonderbereich „Menschenkunde" (vgl. „Der Schullehrer des 19. Jahrhunderts" a.a.O.). Dementsprechend werden die meisten N.n dieser Zeit der Jugend für Privatlektüre und Schulunterricht empfohlen (z.B. G. H. v. SCHUBERT: „Lehrbuch der Naturgeschichte für Schulen und zum Selbstunterrichte", [21]1871). Auch die sachbuchartig gestaltete „Naturgeschichte für die deutsche Jugend" von H. REBAU ([3]1833) wurde öfter aufgelegt, in Neuausgaben von dem Bearbeiter verbessert (CH. F. HOCHSTETTER) und im Unterricht wie in Privatlektüre eifrig gebraucht. Die farbigen Kupfer aus dreißig Bildtafeln vermitteln lebendige Anschauung. Gegenüber allmählicher Vereinzelung der „Naturreiche" (z.B. A. LÜBEN: „Vollständige Naturgeschichte des Tierreichs", 1848), der fortschreitenden Säkularisierung, die auch vor dem Menschen nicht haltmacht (z.B. F. MARTIN: „Naturgeschichte für die Jugend beiderlei Geschlechts", [9]1880) und ihn in die Klassifikation des Tierreiches einfügt, betonen verschiedene Autoren nachdrücklich die Ganzheit entsprechend der christlichen Schöpfungsvorstellung, z.B. A. H. F. WOHLFAHRT in „Natur und Religion oder Körper- und Geisterwelt, allgemeine Naturgeschichte zur Bildung und Erbauung der reiferen Jugend", 1831. WOHLFAHRT stellt die N. im engeren Sinne in den Zusammenhang der Physik, der Elemente der Erde, der Meteorologie und gelangt über „das Leben des Menschen" zur Betrachtung der religiösen Grundfragen und -antworten im Gespräch zwischen Lehrer und Schüler. Ganzheitserlebnis auf den Stufen kindlicher Welterfahrung will J. A. PFLANZ, Lehrer an der Realschule zu Sigmaringen, fördern mit dem belehrenden und unterhaltenden Bilderbuch „Die Natur in Bildern" (1842). Er erschließt mit Bildern und ihren Erläuterungen, mit Gedichten und Geschichten verschiedener Autoren Natur- und Menschenleben als kindnahe Umwelt im Wechsel der Jahreszeiten. Gemäß der Pädagogik „vom Kinde aus" und „vom Nahen zum Fernen" wird auch N. in solchen Büchern aufbereitet. In den Titeln fällt auf, daß der wissenschaftlich definierte Begriff N. zurücktritt zugunsten des „Kundlichen" und beliebig zu reihenden „Lebensbildlichen", z.B. „Biographien aus der Naturkunde in ästhetischer Form und religiösem Sinn" von A. W. GRUBE (1850 u.ä.). Derselbe Verfasser stellt in vier Sammelbänden „Bilder und Szenen aus dem Natur- und Menschenleben in den fünf Hauptteilen der Erde" zusammen (1853, 1858, 1868) und gibt dazu einige Reisewerke als Quellen an. Zahlreiche naturkundliche Schriften für die Jugend, zum Teil in Lieferungen, verfaßt der Lehrer H. WAGNER (1824–1879). Seinen Band mit dem auffordernden Titel „In die Natur! Biographien aus dem Naturleben für die Jugend und ihre Freunde", 1853 zuerst erschienen, gibt in leichter Überarbeitung H. HUTH 1884 in 6. Auflage heraus; WAGNERS reich illustrierte „Entdeckungsreisen in Wald und auf der Heide" erreichen neun Auflagen ([9]1896). Er schließt bereits das Naturkundliche und Heimatkundliche zusammen und „zieht sogar die ganze Natur in die Kinderstube" (MERGET, a.a.O. S. 248) in dem Buch mit zahlreichen Beschäftigungsanweisungen „Der gelehrte Spielkamerad oder der kleine Naturforscher, Tierfreund und Sammler ..." ([3]1877). K. KRAEPELINS „Naturstudien im Haus. Plaudereien in der Dämmerstunde" wurden in der Jugendschriften-Warte 1897 (Nr. 11. S. 42) sehr empfohlen und in Gehalt und Darstellung mit den Büchern von H. WAGNER verglichen. Neben den bloß weiter- und nacherzählenden Verfassern naturkundlicher Bücher setzen sich original aus eigenem Forschen und Erleben schildernde Autoren rasch durch; bahnbrechend wirkt A. BREHM, der in der „Gartenlaube" und anderen Zeitschriften seine Reiseskizzen und Tiererlebnisse zu veröffentlichen begann und dessen Bücher von der Jugend begeistert aufgenommen werden („Illustriertes Tierleben" Bd. 1–6. 1863–1869). „Brehms Tierleben" (Bd. 1–10. [2]1878–1880) bleibt über Jahrzehnte Prototyp lebensvoller und naturwissenschaftlich gesicherter Darstellung. Der Titel wird, vergleichbar mit dem „Orbis pictus"-Titel, von Nachfolgern und Bearbeitern dieses Genres Tierbuch okkupiert, z.B. noch „Meyers Kinderbrehm", 1968, in dessen Bände Farbtafeln aus dem Original-Brehm übernommen sind. Im gleichen Verlag (Bibliographisches Institut, Mannheim) erschien bereits 1897–1899 der von W. MARSCHALL mit Bildern der Brehm-Bände gestaltete „Bilderatlas zur Zoologie".

N. im 20. Jahrhundert bis zur Gegenwart. Um die Wende zum 20. Jahrhundert wird N. in allen noch heute gängigen Buchtypen Kindern und Jugendlichen angeboten. In die Vielzahl der Formen, sie nur wenig ändernd, jedoch in zeitgemäß sich änderndem Vokabular, gehen die Inhalte der neueren Forschungsergebnisse aus vertrauten Naturbereichen und aus eben erst sich erschließenden ein (z.B. Tierpsychologie/Verhaltensforschung, Welt der Mikroben, Astrophysik, dynamische Biologie). In mehreren Hauptsträngen treten die Stoffe der N., ja der verzweigten Naturwissenschaften, weiterhin im Kinder- und Jugendbuch auf, wobei besondere Anstöße ausgehen für die „märchenhafte" Gestaltung von C. EWALD, für das popularwissenschaftliche Sachbuch von W. BÖLSCHE, für dichterische Schilderung erlebnisreicher Beobachtung und Erfahrung der Ganzheit von Natur- und Heimatwelt von H. LÖNS, während der moderne Lehrbuch- und Nachschlagewerkstil geprägt wird von O. SCHMEIL (1860–1943). Die augenfälligste Veränderung geht in der Illustration vor sich; die Schwarzweiß-, dann die Farbfotografie lösen mehr und mehr die Zeichnungen und die „Illumination" der Kupfer ab, die Technik der Bildreproduktion vervollkommnet sich, dazu die Technik der Vergrößerungs- und Raffungseinstellungen. Dadurch können immer neue, überraschende und abenteuerliche Ausschnitte der Wirklichkeit in den Bereichen der Natur nächster Umwelt, aber auch entlegener Gebiete wie Hochgebirge, Höhlen, Wüste, Meeresgrund vor Augen gebracht werden. Die Grenze des früheren N.-Begriffes ist aufgehoben, aus allen Zweigen der Naturwissenschaften werden Themen auch im Kinder- und Jugendbuch behandelt. Das Interesse an solchen Büchern nimmt nach dem Zweiten Weltkrieg besonders stark zu. Entsprechend werden sie in Auswahllisten und Preisvergebungen der letzten Jahrzehnte in Gehalt und Gestaltung berücksichtigt. Internationale Zusammenarbeit ermöglicht heute die Publikation solcher Reihen wie „Wissen der Welt", daraus der Titel „Höhlen, Welt ohne Sonne" von E. W. BAUER ([1]1972) im Jahre 1972 und „Tausend Tricks der Tarnung" von O. v. FRISCH (1973) im Jahre 1974 mit dem Sachbuchpreis im Rahmen des Deutschen Jugendbuchpreises ausgezeichnet wurden. Amerikanische Werke in deutscher Übersetzung unter Wahrung des originalen Bildmaterials gingen solchen Unternehmungen voran (u.a. B. M. PARKER: „Wunderbare Natur. Die große bebilderte Naturgeschichte", 1952). Die darin dokumentierte Erweiterung des „Geschichtsbegriffes" für die Natur bis ins Urweltliche vollzieht auch ein deutscher Titel der fünfziger Jahre: C. VOLLMER, „Mein Urweltzoo, Lebensbilder aus der Vorzeit der Wirbeltiere" (Zwickau, 1955). Die wechselnde Bezeichnung zeigt, daß sich innerhalb des großen Sachgebiets, das sich aus der älteren N. heraus entwickelt hat, keine scharfen Trennungen weder nach Inhalten noch Gestaltungsweise mehr durchführen lassen und sehr viele Mischformen bestehen; Bücher wie z.B. „Hans und Hajko entdecken die Natur" von N. ENGELMANN (1968) unterrichten zugleich über das Fotografieren in der Natur, regen zum Beobachten, „Anschleichen", Sammeln an und bieten eine Fülle von Informationen über das Leben in der Natur selbst. In der Reihe der „Ueberreuther Bildungsbücher", die Einzelbände zu verschiedenen naturwissenschaftlichen Gebieten bringt, erscheint als Band 9 „Der junge Naturforscher" (1960) mit Prosa- und Gedichttexten von J. GUGGENMOS. Der poetisch und „kundlich" illustrierte Band enthält als Anhang einen Tagebuchvordruck zum Eintragen eigener Beobachtungen. Die Problematik „Umweltschutz" findet im Jugendbuch der sechziger Jahre bereits Gestaltung. Einer der ersten Titel ist das aus dem Englischen übersetzte Werk von J. HILLABY: „Geheimnisvolles Leben" (1964); es zeigt ökologische Zusammenhänge pflanzlichen und tierischen Lebens. Eine Tendenz zur „Ganzheit" in stark gesellschaftsbezogener Perspektive – und damit eine andere als die herkömmlich christliche oder die bloß darwinistische Bewertung der Natur – bestimmt die Darstellungen in Büchern aus Verlagen der DDR (z.B. „Weltall, Erde, Mensch, ein Sammelwerk zur Entwicklungsgeschichte von Natur und Gesellschaft", 1957 und in der Reihe „Die Welt in der Tasche" Band 12, „Gräser erobern die Erde", 1959).

In den letzten Jahren erscheinen auffallend viele Nachschlagewerke, Bestimmungsbücher und Atlanten zu den verschiedenen Spezialgebieten der N. bzw. Naturwissenschaften (J. BAUER/F. TVRZ: Der Kosmos-Mineralienführer, 1972; J. HERRMANN: dtv-Atlas zur Astronomie, 1973; C. JARMAN: Atlas der Tierwanderungen). In den verschiedenen Taschenbuchreihen mehren sich die Sachtitel zur N., z.B. F. MOISL: „Biologie I und II" (dtv Bd. 7122/7123); C. JARMAN: „Die Entwicklung des Lebens (Delphin Tb. Nr. 21). Unüberblickbar wird die Menge der reportagehaften oder erlebnisstark abenteuerlich erzählenden Schilderungen aus der Naturbeobachtung oder erfahrener Mensch/Tier/Naturbeziehung vor allem nach neueren Erkenntnissen der Verhaltensforschung, wie z.B. bei J. C. GEORGE „Julie von den Wölfen" (dt. 1974, Deutscher Jugendbuchpreis 1975). Belehrung und Information über Tiere, Pflanzen und Lebensverbundenheit zwischen Mensch und Natur werden von immer neuen Sach- und Erzählbilderbüchern im Vorschulalter angeboten. Einen besonderen Weg, auf dem reich erzählende Bilder zu genauer Beobachtung, kritischem Vergleichen und Überlegungen zur gegenwärtigen Situation des Landschafts- und Freiraumschwundes auffordern, geht J. MÜLLER mit der Bildermappe „Alle Jahre wieder saust der Preßlufthammer nieder" (1975); sie wurde mit dem Bilderbuchpreis im Rahmen des Deutschen Jugendbuchpreises 1975 ausgezeichnet. „Naturgeschichtliches" bildet, mit stark vergrößertem Radius, heute wie im 18. und 19. Jahrhundert einen bedeutenden Schwerpunkt der Sachbuch-, Sachbilderbuch- und der Nachschlagewerkproduktion.

→Anschauungsbuch, →Fr. J. Bertuch, →W. Bölsche, →A. E. Brehm, →Elementarbuch, →Enzyklopädie, →K. Ph. Funke, →J. H. Meynier, →Nachschlagewerke, →Orbis pictus, →G. Chr. Raff, →Realienbuch, →Sachbuch, →Tierbuch

Sekundärliteratur: Der Schullehrer des 19. Jahrhunderts (Bd. 1–3. 1831–1840). – K. Hobrecker: Alte vergessene Kinderbücher (1924). – W. Lepenies: Das Ende der Naturgeschichte (1976). – A. Merget: Geschichte der deutschen Jugendliteratur (1867, [3]1883). – O. Metzker: Die Gestalt des Tieres in der Literatur, besonders im Jugendschrifttum (in: Das gestaltete Sachbuch und seine Probleme, 1955).

Margarete Dierks

Neher, Franz Ludwig

*Ingenieur, Flieger, Verfasser technischer Romane, von Sachbüchern und Firmenschriften; *31.10.1896 Biberach/Riß, †29.6.1970.*

Nach Schule, Ingenieurpraktikum und Teilnahme am Ersten Weltkrieg als Freiwilliger besuchte N. eine Technische Hochschule und leistete ein Praktikum bei den Fokker-Flugzeugwerken ab. Fliegen, seine große Leidenschaft, hatte er 1917 gelernt. Die Jahre 1922–1932 verbrachte er als Abenteurer, Flieger und Vertreter in vielen Ländern der Welt. In dieser Zeit entstanden seine ersten Berichte für Zeitungen. Nach Deutschland zurückgekehrt, verarbeitet er seine Erlebnisse in Berichten und Romanen. Außerdem schrieb er Sachbücher und Biographien. 1933/34 war er im Konzentrationslager. Während des Zweiten Weltkriegs war er Techniklehrer der Luftwaffe. Danach wurde er vor allem durch Jugendsachbücher, die in der Franckh-'schen Verlagshandlung erschienen, bekannt.

Werk, Tendenzen, Wirkung. Hauptthema von N.s Jugendsachbüchern ist die Darstellung technischer Errungenschaften und Prozesse. In „Der brennende Strom. Öl – die dritte Energie" (1951) beschreibt er neben der Geschichte des Öls als Energiequelle vor allem die Technik der Bohrung, der Weiterverarbeitung und des Transports; in „Fließband – alle 3 Minuten ein Auto" (1954/55) stellt er die automatisierten Arbeitsgänge der Autoproduktion dar. Technische Neuerungen werden nüchtern, nicht nur als Leistung genialer Erfinder beschrieben, sondern als Lösung praktischer Probleme in einem Arbeitsprozeß, an dem viele beteiligt sind. Fiktive Szenen und Identifikationsfiguren ermöglichen dem Leser emotionale Beteiligung an diesen Problemen und Arbeitsvorgängen. Z. B. „Lebensadern der Technik" (1958), ein Sachbuch über nahtlose Röhren: Ein Regisseur dreht einen Film über nahtlose Röhren. Das Buch schildert die Entstehung des Films, die Recherchen, bei denen der Regisseur über die Geschichte und technische Bedeutung der Röhren informiert wird. Die Beschreibung der Dreharbeiten ist gleichzeitig eine Darstellung des Fertigungsprozesses der Röhren. N. bedient sich hier im Grunde einer Methode, die schon J. H. Campe angewendet hat: Solides Sachwissen in szenischen Dialogen zu vermitteln. Gesellschaftliche Probleme kommen jedoch trotz der dargestellten Arbeitsprozesse nur am Rande in den Blick. Ungebrochen ist der Fortschrittsoptimismus: „Angst haben, heißt, dem Fortschritt mißtrauen. Eine Entscheidung darüber, ob Fortschritt wünschenswert ist oder nicht, wird es wohl nicht geben" (Lebensadern der Technik, S. 33).

Werke: Das Wunder des Fliegens (1935); Der brennende Strom (1951); F 21 – Ein Buch vom Dienst der Eisenbahn (1954); Fließband – alle 3 Minuten ein Auto (1954/55); Blick ins Unsichtbare (1956); Lebensadern der Technik (1958).

Martin Hussong

Neill, Alexander Sutherland

*Schottischer Pädagoge, Gründer der Schule „Summerhill"; *17. 10. 1883 Forfar, †23. 9. 1973 Leiston.*

N. lernte während des Ersten Weltkriegs H. Lane (Leiter der „freien Schule Little Commonwealth") kennen. Nach seinem Armeedienst wurde er Lehrer an der King Alfred-Schule in London. Von 1921 an war er als Mitbegründer der Internationalen Schule in Hellerau bei Dresden tätig. 1924 kehrte er nach England zurück und gründete die „freie Schule" Summerhill, die er bis zu seinem Tod leitete.

Werk, Tendenzen, Wirkung. N., dessen Konzeption von der Psychoanalyse und der Praxis der Kinderselbstverwaltung bei H. Lane beeinflußt ist, hält eine wesentliche Einschränkung der herrschenden triebfeindlichen Erziehungsmechanismen für möglich. Nach seiner Ansicht verfügt das Durchschnittskind über alle Voraussetzungen, um glücklich zu werden, indem es lernt, auf das Leben mit seiner ganzen Persönlichkeit zu reagieren. Da die gegenwärtige Gesellschaft eine fast schizoide Seelenverfassung schaffe und es den meisten Menschen nicht möglich sei, Erfahrungen anders als auf gedanklichem Wege zu machen, sei es notwendig, Erziehung den psychischen Bedürfnissen der von Natur aus verständigen und realistischen Kinder anzupassen und auf diese Weise ihre Immunisierung gegen die deformierenden Einflüsse des herrschenden Gesellschafts- und Erziehungssystems zu erreichen. Die Ideen der Nichteinmischung und des Verzichts auf jeglichen Druck zeichnen das Prinzip Summerhill aus.

Die gegen Ende der sechziger Jahre plötzlich und weltweit einsetzende engagierte und enragierte Diskussion um N. und seine Schule ist Ausdruck der Suche nach Alternativen zu einem Erziehungssystem, dessen Unzulänglichkeiten allenthalben sichtbar geworden waren. Mit den studentischen Protestbewegungen in den USA und vielen anderen Ländern Europas verbindet die Konzeption N.s das Bewußtsein, daß vom staatlichen Ausbildungssektor kaum Impulse ausgehen, die die Selbstverwirklichung fördern und zur Steigerung des Lebensgefühls beitragen könnten.

N.s „The Last Man Alive" (1938; dt. Die grüne Wolke: den Kindern von Summerhill erzählt, 1971) ist ein phantastisches, zugleich spannendes und komisches Kinderbuch, voll jener Gewalttätigkeiten, die nach N.s Erfahrungen den subjektiven Bedürfnissen seiner Schüler und ihrem gewohnten und bevorzugten Medienkonsum (Stummfilme und Gangsterromane) entsprachen. Jedem Kapitel folgen Diskussionen, zustimmende und ablehnende Kommentare der Summerhillkinder, die den Fortgang der Handlung mitbeeinflussen. Der Autor will die „Grüne Wolke" als ein Kinderbuch verstanden wissen, das man nicht nur passiv rezipieren, sondern (wie die Kinder im Text) diskutieren und umschreiben kann. Es entspricht seinen Prinzipien, daß die Geschichte keine aufklärerischen Absichten verficht, keine Moral hat.

Werke: The Problem Child (1926); That Dreadful School (1937; dt. Selbstverwaltung in der Schule, 1950); The Last Man Alive (1938; Die grüne Wolke, 1971, [5]1974); The Problem Family (1947); Summerhill, a Radical Approach to Child Rearing (1960; dt. Erziehung in Summerhill, 1965, und: Theorie und Praxis der antiautoritären Erziehung, 1970, [21]1975); Freedom – No License (1966); Talking of Summerhill (1967; dt. Das Prinzip Summerhill: Fragen und Antworten: Argumente, Erfahrungen, Ratschläge, 1971, [6]1975); Neill, Neill, Orange Peel (1972; dt. Neill, Neill, Birnenstiel, 1973).

Sekundärliteratur: For and Against (1970; dt. Summerhill: Pro und Contra. 15 Ansichten zu A. S. Neills Theorie und Praxis, 1971). – J. Popenoe: Inside Summerhill (1970; dt. Schüler in Summerhill, 1971).

Heinz Hengst

Neuer Jugendschriften Verlag

Hannover. Preiswerte, häufig illustrierte Kinderbücher, auch in Schreibschrift oder Großdruck, ferner Abenteuer- und Mädchenbücher.

Der Neue Jugendschriften Verlag bildet mit dem A. Weichert Verlag eine Verlagsgemeinschaft, in welcher der A. Weichert Verlag der ältere Partner ist. Dieser wurde 1872 in Berlin gegründet, mußte zweimal – 1918 und 1945 – neu aufgebaut werden und übersiedelte 1950 nach Hannover, wobei alle Verlagsgebiete mit Ausnahme der Kinderbuchproduktion aufgegeben wurden. Der Wiederaufbau des Weichert Verlages erfolgte zusammen mit dem Aufbau des 1952 gegründeten Neuen Jugendschriften Verlags in Hannover. In die Geschäftsleitung teilen sich H. LIMBERG, Dr. E. OTTOW und seit 1972 A. TRIPPO.
Die Bücher beider Verlage – die des Neuen Jugendschriften Verlags sind dabei durch ein rotes Karo als Karo-Bücher besonders gekennzeichnet – werden in Serien, die nach Preisen gestaffelt sind, angeboten. Zu den Autoren des Verlages gehören M. ANGER, H. BLUNCK, B. HERDER, T. W. HEICHEN, R. ITALIAANDER, K. KNAAK, J. RASMUS-BRANNE, A. RAUSCH-HÄGER, A. ROMMEL, A. SCHMOOK, H. SCHOMBURGK, W. D. v. TIPPELSKIRCH, H. WURST, FR. v. ZGLINICKI u. a.

Rudolf Raab

Neuer Tessloff Verlag

Hamburg. Sachbücher für junge Leser.

Der Verlag wurde 1956 von E. TESSLOFF gegründet. Derzeitiger Leiter ist R. TESSLOFF (* 1921). Hauptsächliches Verlagsgebiet sind Sachbuchreihen für Kinder und Jugendliche.
Besonderes Gewicht haben innerhalb der rund 15 Serien umfassenden Verlagsproduktion die Reihen „Tessloff Wissen" (mit Titeln wie „Planet Erde", „Luftfahrt", „Tierverhalten", „Das Automobil", „Die Vogelwelt", „Tiere der Urzeit", „Berühmte Entdekker"), die Sexualkunde in fünf Bänden „Mann und Frau", die Serie der sogenannten „Antwortbücher" („Bibelgeschichte", „Das große Antwort Buch", „Antwortbuch der Biologie", „Antwortbuch der Geschichte", „Antwortbuch der Geografie" u. a.), die Serie „Land und Leute" (mit bisher zwölf Bänden), eine bisher fünfzehnbändige „Illustrierte Weltgeschichte", die „Eroberer"-Reihe, eine Anzahl Atlanten und die über 50 Bände umfassende Reihe „Was ist was", die in internationaler Koproduktion entstand und eine westdeutsche Gesamtauflage von über vier Millionen Exemplaren hat. In allen Serien ist das Ziel des Verlags, in einfacher und klarer Sprache „selbst komplizierte Zusammenhänge aus allen Bereichen des Lebens und der Wissenschaft" zu erklären. Der Verlag, der nach angloamerikanischen Vorbildern und deren verkaufspsychologischen Erfahrungen produziert und vielfach in den USA erfolgreich gewesene Jugendsachbücher übernommen hat, folgt einer auf die Produktion von Serien zugeschnittenen Konzeption: Alle Bände erscheinen in Großformat und strapazierfähigem abwaschbarem Umschlag; haben farbige Illustrationen, sind in kleinere Leseabschnitte unterteilt und für junge Leser zwischen 7 und 11 Jahren bestimmt.

Winfred Kaminski

Verlag Neues Leben GmbH

Berlin (DDR). Verlegt und vertreibt in enger Verbindung mit der Freien Deutschen Jugend (FDJ) Bücher für Jugendliche.

Der Verlag Neues Leben wurde am 9. 12. 1946 auf Initiative der FDJ in Berlin gegründet. Zu den Gründern gehörten E. BAUMANN, E. HONECKER, P. VERNER und FR. WOLF. Der zweite Paragraph des Gesellschaftsvertrags bestimmte, daß der „Gegenstand des Unternehmens der Verlag von Büchern, Broschüren, Zeitschriften, Zeitungen und anderen Druckerzeugnissen zur Schulung und Bildung der deutschen Jugend im Geiste der Demokratie und der Völkerverständigung" sein sollte.
Leiter des Verlages waren PETERSON von 1954 bis 1963, FRANKENBERG von 1964 bis 1965, den H. BENTZIEN (* 1927) ablöste. BENTZIEN, der ein Studium der Politischen Ökonomie, Philosophie und der Literaturwissenschaft absolvierte, leitete den Verlag zehn Jahre, bis 1975. Zuvor – seit 1961 – war er als Nachfolger von J. R. BECHER und A. ABUSCH Kultusminister der DDR gewesen. BENTZIEN bestimmte in den Jahren seines Wirkens das Profil des Verlages entscheidend. 1975 gab er die Verlagsleitung an R. CHOWANETZ (* 1933) ab. Cheflektor ist W. LEWERENZ; ihm stehen als Assistenten M. HOFFMANN, W. PUESCHEL und E. PANITZ zur Seite. Die Verlagsproduktion ist bis auf wenige Ausnahmen so organisiert, daß die meisten Bücher innerhalb von Reihen erscheinen. Seit 1951 existiert die Reihe „Spannend erzählt", seit 1952 „Das neue Abenteuer", seit 1959 „Kompaß", seit 1964 „Weltliteratur und Auswahl", seit 1966 „Neue Edition", seit 1967 „Poesiealbum" und „Offene Fenster", seit 1973 „Podium" und „Basar", „Temperament" seit 1976. Bestand die Verlagsproduktion 1947 aus acht Titeln mit ungefähr 300 000 Exemplaren, so umfaßte sie 1974 200 Titel mit einer Auflage von ca. sechs Millionen Exemplaren. Insgesamt wurden zwischen 1946 und 1974 3300 Titel publiziert und 121 Millionen Exemplare vertrieben. Zum 30jährigen Bestehen des Verlags erschien eine umfangreiche „Bibliographie 1946–1976".
Drei Bücher vor allem sind es, die typisch für die Intention des Verlages sind: N. OSTROVSKIJS „Wie der Stahl gehärtet wurde" ([35]1976), das man schon 1947

herausbrachte, K. H. JACOBS „Beschreibung eines Sommers“ (1961, [14]1976) sowie J. WOHLGEMUTHS „Egon und das achte Weltwunder“ (1962, [18]1976). Behandeln doch diese wiederholt aufgelegten Werke grundlegende Probleme sozialistischer Staaten.
Zu den Stammautoren des Verlages gehören P. ABRAHAM (* 1936), H. BESELER (* 1925), J. BREŽAN (* 1916), K. DAVID (* 1924), G. GÖRLICH (* 1928), K. J. JACOBS (* 1929), BR. REIMANN (1933–1973), J. WALTER (* 1943), R. WERNER (* 1907).

Winfred Kaminski

Neumann, Karl

*Kinder- und Jugendbuchautor; * 30. 7. 1916 Eilenburg.*

N., Sohn eines Arbeiters, erlernte das Malerhandwerk. Im Zweiten Weltkrieg war er Soldat und geriet 1945/1946 in sowjetische Kriegsgefangenschaft. Kurzfristig in verschiedenen Berufen tätig, wurde er Lehrer. 1958 übernahm er im Kreis Brandenburg eine Stelle als Internatsleiter und Kunsterzieher. Er arbeitet als freischaffender Schriftsteller. Auf Grund seiner pädagogischen Erfahrungen begann er Kinder- und Jugendbücher zu schreiben. Seit 1961 ist N. Mitglied des Deutschen Schriftstellerverbandes in der DDR. 1969 erhielt er den Alex Wedding-Preis der Deutschen Akademie der Künste zu Berlin.

Werk, Tendenzen, Wirkung. In seinem sehr erfolgreichen, mehrfach übersetzten Jugendroman „Frank“ (1958, [15]1974), der 1961 dramatisiert wurde, schildert er die vielfältigen Probleme eines Jungen, der, durch die Nachkriegszeit verwahrlost, zum Außenseiter geworden war. In dem Fortsetzungsroman „Frank und Irene“ (1964) nimmt N. sich der Probleme von Jugendlichen an, die bei der Integration in die Gesellschaft der Erwachsenen entstehen. N. gestaltet in seinen Büchern eindrucksvoll sowohl das Verhältnis Kinder–Eltern als auch, mit viel psychologischem Gespür, die Beziehung zwischen Schüler und Lehrer. Zu seinen wichtigen Büchern gehört auch die für junge Leser geschriebene Erzählung „... das Mädchen hieß Gesine“ (1966), in der er berichtet, wie ein achtjähriges Mädchen einem sowjetischen Kriegsgefangenen hilft. 1970 wurde sie in einer Bearbeitung als Fernsehspiel uraufgeführt. In seinem Buch „Ulrike“ (1974) packt N. ein bis dahin in der DDR-Jugendliteratur kaum behandeltes Thema an: die Liebesbeziehungen unter Jugendlichen. N. versucht anhand des Paares der fünfzehnjährigen Ulrike und des siebzehnjährigen Steffen Rumland, die durch die aufkeimende Beziehung gegebene Lage der jungen Leute in ihrer sozialen Komplexität und ihrem Konfliktreichtum darzustellen (vgl. zu diesem Buch die kontroverse Diskussion zwischen M. ALTNER und E. SCHMIDT (in: Beiträge zur Kinder- und Jugendliteratur. 35. 1975. 64–67)).

Werke: Frank (1958, [15]1974); Das Geheimnis im Schwarzen Berg (1960, [4]1965); Sebastian, der Raketenflieger (1961, [3]1964); Sebastian und die Blindschleiche Laura (1961, [4]1974); Frank und Irene (1964, [8]1972); Das Mädchen hieß Gesine (1966, [8]1974); Ulrike (1974).

Sekundärliteratur: G. Atze: Wie wirken die kompositionellen Entscheidungen Karl Neumanns auf die Aussage seines Buches „Frank“? (in: Beiträge zur Kinder- und Jugendliteratur. 9. 1967. 114–118). – D. Kurz: Karl Neumann. Laudatio auf den Alex Wedding-Preisträger des Jahres 1970 (in: Jugendschriftenfreund. 1971. 58–64). – M. Lange: Karl Neumann. Schrittmacher einer sozialistischen deutschen Kinderliteratur (in: Beiträge zur Kinder- und Jugendliteratur. 14. 1970. 55–62). – I. Ploog: Karl Neumann – Wegbereiter für etwas Neues in der Kinderliteratur (in: Börsenblatt für den Deutschen Buchhandel. Leipzig. 29. 1966. 525–526).

Magdalena Nima-Rolf

Neureuther, Eugen Napoleon

*Maler und Illustrator, Schöpfer der romantischen Arabeske; * 13. 1. 1806 München, †23. 3. 1882 München.*

Nach erstem Unterricht durch seinen Vater, dem Landschaftsmaler und Zeichenlehrer Ludwig N., wurde N. 1823 mit 17 Jahren an der Münchener Akademie Schüler von W. KOBELL (1766–1855) und P. CORNELIUS (1783–1867), der dem Zwanzigjährigen die Ausführung der dekorativen Rahmungen seiner Fresken in der Glyptothek übertrug. Von 1848 bis 1856 war N. künstlerischer Leiter der Nymphenburger Porzellanmanufaktur, von 1868 bis 1876 Professor an der Kunstgewerbeschule für das Fach der „dekorativen Wandmalerei“.

Werk, Tendenzen, Wirkung. Die Begabung des Zeichners N. äußerte sich früh und entschieden, aber in der Beschränkung auf die „Arabeske“, eine mit spielerischer Fantasie entwickelte Randzeichnung, in der sich Landschaft, Figuren, Blumen, Ornamente und Schrift zu einem rhythmisierten Ganzen verbinden. Von CORNELIUS auf die 1808 durch die lithographierte Ausgabe J. N. STRIXNERS (1782–1855) bekannt gewordenen Randzeichnungen A. DÜRERS zum Gebetbuch Kaiser MAXIMILIANS (1515) und zugleich auf GOETHES Gedichte hingewiesen, zeichnete er die „Randzeichnungen zu Goethes Balladen und Romanzen“, deren Proben GOETHE 1828 enthusiastisch begrüßte. Mit diesem Frühwerk, dessen Höhe N. später nicht mehr erreichte, tritt die deutsche Buchillustration aus der formalen Klarheit des klassizistischen Konturenzeichnens in die märchenhafte Fabulierkunst der Romantik ein.
Für den Verlag Cotta, der ebenfalls die „Randzeichnungen um Dichtungen der deutschen Classiker“ (1832) verlegte, zeichnete N. die Vorlagen für die Holzschnitte zu J. G. HERDERS „Cid“ (1838), „neben Schwinds ‚Freund Hein‘ das erste bedeutende Holzschnittbuch Deutschlands“ (A. RÜMANN: Das illustrierte Buch des XIX. Jahrhunderts, 1930. S. 295). Die Umsetzung in den Holzschnitt entsprach N.s Neigung wenig. Vielfach fallen dekorative Fassungen und auf räumlichen Illusionismus bedachte Szenerien auseinander. Noch ausgeprägter zeigt sich diese Schwäche bei dem gemein-

samen mit J. Schnorr v. Carolsfeld (1794–1872) illustrierten, großformatigen Werk „Der Nibelungen Noth" (1843) und bei Goethes „Götz von Berlichingen" (1846).
Die für N. typische Verschleifung der Formen konnte er besser in Lithographie und Radierung erreichen, der er sich seit etwa 1835 zuwandte. Die Märchenwelt der Brüder Grimm, mit der er sich sein Leben lang beschäftigte, fand nun in Radierungen eine eigentümliche Ausgestaltung, indem sich die szenische Abfolge der Märchenerzählung in einem vielschichtigen architektonischen und landschaftlichen Rahmen beziehungsreich entfaltet. Allerdings bekommen die großen Blätter dabei etwas Wandbildhaftes und zeigen eine Unausgeglichenheit in der Raumentwicklung, die den Eindruck einer „geordneten Überladenheit" (I. Bang: Die Entwicklung der deutschen Märchenillustration. 1944. S. 46) hervorruft. Dennoch bilden sie besonders für Kinder eine unerschöpfliche Quelle der Fantasie. Einen Abglanz dieser Kompositionen hat N. in den zwischen 1876 und 1879 entstandenen Holzschnitten zum „Wunderborn" (1882) hinterlassen. Zu den 12 ganzseitigen Märchenbildern treten neben in den Text gedruckten Illustrationen zahlreiche Initialen und Randstücke, die in ihrer spielerischen Asymmetrie dem Geist der Romantik der ersten Jahrhunderthälfte angehören. Den schönsten Beitrag zu einem Kinderbuch hat N. für G. Scherers „Alte und neue Kinderlieder, Fabeln, Sprüche und Räthsel" (1849) geliefert. In seinen Radierungen und Zeichnungen tritt das Spielerische seiner Arabeskenkunst in den Dienst der Pointe des Kinderverses. In den späteren Ausgaben – einige Illustrationen N.s sind ausgeschieden bzw. vom Künstler selbst erneuert worden – werden die ganzseitigen Radierungen und Zeichnungen N.s nur in Ausschnitten oder mit Veränderungen abgedruckt, die für N. so typische Einheit von Bild und Schrift ist weitgehend zerstört.
Da sich die Kunst des „Meisters der Arabeske" vornehmlich in großformatigen Lithographien und Radierungen mit beschränkten Auflagen entfaltete, ist N. fast vergessen und verkannt worden, daß sein künstlerischer Rang neben dem allerdings breiteren Werk L. Richters (1803–1884) und M. v. Schwinds (1804–1871) zu lokalisieren ist. Seine zeichnerische Gestaltungskraft hat nachhaltig auf die wichtigsten Illustratoren der Zeit, etwa Th. Hosemann (1807–1875), A. Schrödter (1805–1875), J. B. Sonderland (1805–1878), A. v. Menzel (1815–1905), gewirkt.

Eugen Napoleon Neureuther (1806–1882). Illustration aus dem von Georg Scherer herausgegebenen Sammelwerk „Alte und neue Kinderlieder, Fabeln, Sprüche und Räthsel" (^{3}1853). Unter den Illustratoren sind neben Neureuther auch Wilhelm von Kaulbach, Franz Graf Pocci, Ludwig Richter und Moritz von Schwind.

Werke: Randzeichnungen zu Goethes Balladen und Romanzen (H. 1–5. 1829–1839; NA. 1855); Baierische Gebirgslieder mit Bildern (H. 1 u. 2. 1831 u. 1834); Randzeichnungen um Dichtungen der deutschen Classiker (Teil 1 u. 2. 1832; NA. 1855); J. G. v. Herder: Der Cid (1838); G. Pfizer (Bearb.): Der Nibelungen Noth (1843; zus. mit J. Schnorr v. Carolsfeld); J. W. v. Goethe: Götz von Berlichingen (1846); G. Scherer (Hrsg.): Alte und neue Kinderlieder, Fabeln, Sprüche und Räthsel (1849, ^{3}1953; ab 4. Aufl. u.d.T. Illustrirtes Deutsches Kinderbuch, ^{4}1863, ^{6}1879); Fr. Hoffmann: Illustrirter Volkskalender für 1853 (1852; zus. mit F. Rothbart); Illustrirter Volkskalender für 1853 (1853; zus. mit F. Rothbart); K. Seifart (Hrsg.): Der Wunderborn (1882).

Sekundärliteratur: I. Bang: Die Entwicklung der deutschen Märchenillustration (1944). – E. W. Bredt (Hrsg.): Das Neureuther-Album (1918). – O. Lang: Die romantische Illustration (1923). – H. Ludwig: Eugen Neureuther und die Illustrations-Groteske (Diss. 1971). – R. Oldenbourg: Die Münchner Malerei im 19. Jahrhundert (Teil 1. 1922). – A. Rümann: Das illustrierte Buch des XIX. Jahrhunderts in England, Frankreich und Deutschland (1930; NA. 1975). – A. Schricker: Eugen Neureuther (in: Deutsche Rundschau. Bd. 44. 1885. 269–287). – M. Schubert: Eugen Napoleon Neureuthers Leben und graphisches Werk (Diss. 1926).

Horst Mischke

Neuruppiner Bilderbogen

Bebilderte Einblattdrucke für Erwachsene und Kinder, in Neuruppin im 19. und der ersten Hälfte des 20. Jahrhunderts gedruckt.

Zur Produktionsgeschichte der N.B. Die Stadt Neuruppin entwickelte sich im Laufe des 19. Jahrhunderts zu einem Zentrum der Bilderbogenproduktion. Dies ist auf die Tätigkeit vor allem zweier Firmen zurückzuführen. G. Kühn (1794–1868), der 1822 die von seinem Vater J. B. Kühn (1750–1826) gegründete Druckerei übernahm, richtete 1825 eine lithografische Anstalt ein und erreichte 1830 bereits eine Produktion von 600000 Blatt, die sich nach zwei weiteren Jahren verdoppelte; der Vater hatte nur gelegentlich Bilderbogen gedruckt. Die Firma Gustav Kühn, die in den folgenden Jahren ständig expandierte, war um eine laufende Modernisierung ihrer Drucktechnik durch die Einführung neuer Produktionsmethoden bemüht. So wurden die ursprünglich handkolorierten Bogen (durch Kinder, arbeitslose Handwerker, Strafgefangene usf.) von den siebziger Jahren an farbig gedruckt. Die Firma bestand bis zu ihrer Enteignung und Demontage im Jahre 1945. Die Firma Oehmigke & Riemschneider begann 1835 mit ihrer Bilderbogenproduktion, deren Umfang und drucktechnische Perfektion nicht hinter der von Kühn zurückblieb; sie bestand bis 1953. In ihrer Blütezeit lieferten beide Firmen Bilderbogen in viele europäische Länder. Über eine dritte Firma – die von F. W. Bergemann – ist nicht viel bekannt; ihre Produktion scheint weniger umfangreich gewesen zu sein, wenn Bergemann nicht sogar, wie gelegentlich vermutet wurde, bloß Auslieferer gewesen sein sollte.

Einschätzungen. Trotz der quantitativen Gleichrangigkeit der Bilderbogenproduktion von G. Kühn und Oehmigke & Riemschneider und der meist höheren bildnerischen und textlichen Qualität der letzteren wird der Begriff „Neuruppiner Bilderbogen" durchweg mit dem Namen G. Kühn in Verbindung gebracht. W. Brückner führt die Vernachlässigung von Oehmigke & Riemschneider, auch in der Forschung, auf die schlechte Quellenlage als Folge mangelnder Hauspropaganda zurück; zur stärkeren Beachtung der Kühnschen Produktion dürfte indessen auch deren Lob in Th. Fontanes „Wanderungen durch die Mark Brandenburg" (1862–1882) beigetragen haben, wo die Wirkung der Bilderbogen von Kühn höher veranschlagt wird als die der „Times", und das, obwohl Fontane nicht für Kühn, sondern für dessen Neuruppiner Konkurrenten Texte verfaßt hat.

Zu Stil und Inhalt. Die Bogen der Firma Kühn gehören zu den volkstümlichsten des an sich schon volkstümlichen Mediums. Sie lassen eine ausgeprägte Neigung zum Derben und Drastischen in der Bildgestaltung erkennen: Bevorzugt werden grelle Farben, nicht anders als heute in der Mehrzahl der Comics, sowie der karikaturistisch übertreibende Strich, bis hin zur Komik des Häßlichen; dem entsprechen zumeist auch die Texte. Inhaltlich werden Situationen aus der bäuerlichen und kleinbürgerlichen Lebenswirklichkeit bevorzugt; die Welt des gehobenen Bürgertums wird aus der Distanz betrachtet. Volkstümlich ist ebenso die Neigung zur Illustration populärer Lieder sowie das Aufgreifen älterer Bilderbogenmotive wie das vom Liebesbaum oder der Weibermühle. Was weithin fehlt, ist die in anderen Serien, etwa in den „Münchener Bilderbogen", zu findende bildende Tendenz; die Lehren der Kühnschen Bogen bestehen allzumeist in volkstümlichen Lebensweisheiten nach Art des Sprichwortes.

N. B. für Kinder. Die N. B. wurden zum großen Teil für erwachsene Konsumenten produziert, wenn dafür sicher auch Kinder als Betrachter und Leser in Frage gekommen sind. Ein Teil jedoch war direkt für sie bestimmt, so Bildergeschichten über kindliche Streiche nach dem Muster von W. Buschs „Max und Moritz", weiterhin Bogen, denen Märchen oder Volksbuchstoffe wie die Geschichte von den Schildbürgern zugrunde liegen, Ausschneide- und Modellierbogen, Bogen mit Anziehpuppen und Hampelmännern und zur Herstellung des „Kinder"- oder „Papiertheaters" sowie mit kindertümlichen Bilderrätseln und Spielen. G. Kühn hat auch die damals schon beliebte Form der Verwandlungsbilder produziert, die in jüngster Zeit durch W. Blechners und Schröders „Kunterbunter Schabernack" wiederbelebt worden ist.

→Bilderbogen, →G. Kühn, →Münchener Bilderbogen

Sekundärliteratur: H. Bauer: Der Neuruppiner Bilderbogen (in: Velhagen und Klasings Monatshefte. 18. 1903/04. 633–650). – A. Cl. Baumgärtner: Der Bilderbogen für Kinder in Deutschland (in: Kl. Doderer (Hrsg. zus. mit H. Müller): Das Bilderbuch. 1973. ²1975. 67–98). – Bilderbogen-Fabrikation und Chromolithographie in Neuruppin (in: Papierzeitung. 16. 1891. Nr. 12. 282. Nr. 14. 331. Nr. 31. 781/82 Nr. 32. 812–814). – J. Bolte: Handwerkerleben auf Neuruppiner Bilderbogen (in: Brandenburgia. 34. 1925. 43–47). – W. Brückner: Populäre Druckgraphik Europas. Deutschland (1969). – W. Fraenger: Materialien zur Frühgeschichte des Neuruppiner Bilderbogens (in: Jahrbuch für historische Volkskunde. 1. 1925. 232–306). – I. Dyhrenfurth: Geschichte des deutschen Jugendbuches (1942, ³1967). – W. Hirte (Hrsg.): Die Schwiegermutter und das Krokodil. 111 bunte Bilderbogen (1969). – B. Hürlimann: Europäische Kinderbücher in drei Jahrhunderten (1959, ²1968). – J. Jaenicke-Nickel: Neuruppiner Bilderbogen (in: Jahrbuch für brandenburgische Landesgeschichte. 13. 1962. 136–145). – H. Rosenfeld: Die Rolle des Bilderbogens in der deutschen Volkskultur (in: Bayerisches Jahrbuch für Volkskunde. 1955. 79–85). – L. Ridel: Neuruppiner Bilderbogen (1969). – P. P. Stein: Die Neuruppiner Bilderbogen (in: Daheim. 1925. 97–113).

Alfred Clemens Baumgärtner

Neverov, Alexander

*(d. i. Skobelev, Aleksandr Sergeevič). Russischer Schriftsteller; *1. 1. 1887 Novikovka, †24. 12. 1923 Moskau.*

N., Sohn eines Bauern, war ab 1906 als Dorflehrer tätig. Erste literarische Versuche fallen mit dem Beginn seiner Lehrerlaufbahn zusammen. N., der aktiven Anteil an der Revolution nahm, ging während der Hungerjahre 1920/21 nach Taschkent; sein Schaffen ist entscheidend von den Jahren des Übergangs bestimmt. N. gehört zu den Begründern einer sowjetischen Kinderliteratur.

Neben dem Namen N. bevorzugte er auch die Pseudonyme Asko, Nasmešnik, Derevenskij, Djadja.

Werk, Tendenzen, Wirkung. In seinen Erzählungen aus dem dörflichen Milieu beschreibt N. die scharfen sozialen und psychologischen Konflikte, die aus der Zersplitterung der Bauernschaft in verschiedene soziale Klassen entstanden, und die durch die Revolution aufgedeckt wurden. Gleichzeitig zeigt er die Rolle der Bolschewiken beim Kampf um das neue Leben. So z. B. ist der Held in „Andron Neputëvyj" (1923; Der ungeratene Andron) ein Dorfkommunist, der im Kampf um die neue Lebensweise gegen die hartnäckige Opposition der Bauern aufsteht.

Mit seinem berühmtesten Werk, „Taškent, gorod chlebnyj" (1923; dt. Taschkent, die brotreiche Stadt, 1925, NA. 1962) leitet N. eine ganze Reihe von Erzählungen anderer Schriftsteller über das Schicksal verwahrloster Jugendlicher („besprisorniki") ein, die durch die Ereignisse des Bürgerkriegs heimatlos und zu Landstreichern geworden waren. Das Buch erschien 1925 unter dem Namen des Hauptheiden „Miška Dodonov" in einer Jugendausgabe, die wie die Ausgabe für Erwachsene zahlreiche Neuauflagen erlebte. Der Held der Erzählung verläßt zusammen mit einem Freund das hungernde Heimatdorf, um im fernen Taschkent Lebensmittel für die hungernde Familie zu holen. N. stellt dar, wie der kindliche Held unter dem Einfluß und nach dem Vorbild von überzeugten Kommunisten und anderen, die sich auf die Seite der Revolution gestellt haben, geformt wird, und zeigt den psychologischen Reifungsprozeß und die charakterliche Wandlung des Jungen. Trotz der bedrückenden Situation bei seiner Rückkehr, als Mischka nur noch die kranke Mutter vorfindet und erfährt, daß die Brüder dem Hungertode erlegen sind, hat die Erzählung einen optimistischen Ausblick, denn der Junge wendet sich, unter dem Einfluß der Revolutionäre, energisch und hoffnungsvoll der Arbeit zu.

Werke: Mar'ja – bol'ševička (1921); Andron Neputëvyj (1923); Gusi-lebedi (1923); Taškent, gorod chlebnyj (1923; dt. Taschkent, die brotreiche Stadt, 1925, NA. 1962); Povesti o babach (1924); Sobranie sočinenij (Bd. 1–4. 1957/58).

Sekundärliteratur: V. P. Skobolev: Aleksandr Neverov. Kritiko-biografičeskij očerk (1964). – N. Strachov: Aleksandr Neverov. Žizn', ličnost', tvorčestvo (1972). – A. Vanjukov: Prosa A. Neverova, 1917–1923 (1972).

Peter Sachsenmeier

Newbery, John

*Kaufmann, Buchhändler, Verleger, Schriftsteller; *1713 Waltham St. Lawrence (Berkshire), †22. 12. 1767 Canonbury House (Islington).*

Während das genaue Geburtsdatum von N. nicht überliefert ist, existiert eine Eintragung im Taufregister der Kirche von Waltham St. Lawrence, die als Taufdatum den 19. Juli 1713 aufweist. N., zweiter Sohn des Landwirts Robert N., kam mit sechzehn Jahren als Lehrling zu dem Druckereibesitzer W. Ayres, der die Wochenzeitschrift „The Reading Mercury" herausgab. Im Jahr 1737 wurden Druckerei und Zeitschrift von W. Carnan übernommen, nach dessen Tod (Ende 1737) von N. Im Sommer 1739 heiratete er die Witwe Carnans. Neben Druck und Herausgabe der Zeitschrift unterhielt N. den Vertrieb von Kurzwaren und Patentmedizinen. Vor allem das berühmte „Fever Powder of Dr. James" brachte N. zeitweilig mehr ein als seine Bücher. Um 1744 zog N. mit seiner Familie nach London und etablierte sich in St. Paul's Churchyard unter dem Firmenzeichen „The Bible and Sun". Während N. nach einer 1740 unternommenen Informationsreise durch ganz England bereits mit dem Druck, der Herausgabe und dem Vertrieb erster Bücher begonnen hatte, erschien sein erstes Kinderbuch (A Little Pretty Pocket-Book) erst 1744. Als N. 1767 starb, war er in ganz England und Amerika durch seine originellen Kinderbücher bekannt geworden. In Erinnerung an N. wird in den USA jährlich von der American Library Association die Newbery Medal für das beste Kinderbuch des Jahres vergeben.

Werk, Tendenzen, Wirkung. Am 18. Juni 1744 wurde im „Penny London Morning Advertiser" in ungewohnlicher Sprache und originellem Ton das Erscheinen eines kleinen Buches angekündigt: „This Day is

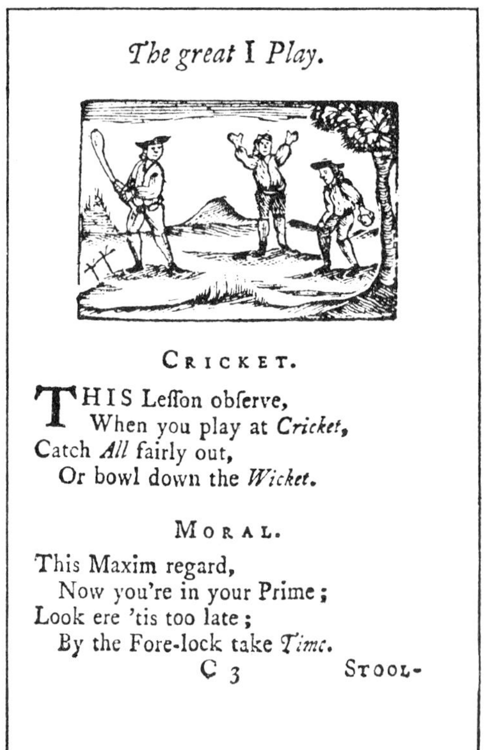

The great I *Play.*

CRICKET.

THIS Leſſon obſerve,
When you play at *Cricket*,
Catch *All* fairly out,
Or bowl down the *Wicket*.

MORAL.

This Maxim regard,
Now you're in your Prime;
Look ere 'tis too late;
By the Fore-lock take *Time*.

C 3 STOOL-

Seite aus John Newbery's (1713–1767) „A little Pretty Pocket-Book" von 1744

pubish'd According to Act of Parliament (Neatly bound and gilt) ‚A Little Pretty Pocket-Book', intended for the Instruction and Amusement of little Master Tommy and pretty Miss Polly; with an agreable Letter to each from Jack the Giant-Killer; as also a Ball and Pincushion, the Use of which will infallibly make Tommy a good Boy and Polly a good Girl. To the Whole is prefix'd, A lecture on Education, humbly adress'd to all Parents, Guardians, Governesses, etc.; wherein Rules are laid down for making their Children strong, hardy, healthy, virtous, wise and happy .... Printed for J. Newbery, at the Bible and Crown, near Devereux Court, without Temple Bar. Price of the Book alone 6d., with Ball or Pincushion 8d.". Das „Little Pretty Pocket-Book" ist heute berühmt als das erste Kinderbuch, das von N. herausgegeben wurde. Das Buch, das als ein Wendepunkt in der Geschichte des englischen Kinderbuches angesehen wird, hat zum Zeitpunkt seines Erscheinens kaum großes Aufsehen erregt. Allerdings enthält bereits die Ankündigung des Buches ein Wort, das im Zusammenhang mit Kinderbüchern um die Mitte des 18. Jahrhunderts ungewohnt, wenn nicht verpönt war. Hier wird von „Amusement", von dem Vergnügen gesprochen, das das Buch den Kindern bereiten sollte. Von wenigen Einzelbeispielen abgesehen, war das Kinderbuch bis dahin beherrscht von religiösen Lehren, moralischen Auflagen und lehrhaftem Ton. Das Vergnügen der Kinder lag außerhalb der Intentionen von Autoren und Herausgebern. So ist es auch weniger der literarische Wert, der N.s erstes Kinderbuch aus der Masse der um die Mitte des 18. Jahrhunderts erscheinenden Kinderbücher heraushebt, als seine Originalität, der neue „touch", der sich in verschiedenen Punkten zeigt. Zwar zeugt das Vorwort, das verspricht, die Kinder klug und weise (allerdings auch glücklich) zu machen, noch ganz von der pädagogischen Intention des Büchleins. Vor allem der Einfluß von J. LOCKES „Some Thoughts concerning Education" (1693) wird in den Maximen des Büchleins für die Erziehung von Kindern sichtbar. Sie basieren vor allem auf der Vorstellung LOCKES, daß das Kind bei seiner Geburt noch von allen Einflüssen frei und für jede Beeinflussung von außen offen sei. Daraus folgerte die optimistische Vorstellung, daß menschliche Vollkommenheit allein durch richtiges Lernen und Erziehen zu erzielen sei. Was jedoch ganz neu an den ersten Kinderbüchern N.s ist und was all den folgenden bei N. erschienenen Bänden das Gepräge gibt, sind die kindgemäße Ansprache des kleinen Lesers und deren fröhlicher, vergnüglicher Ton. Da wird das lesende Kind durch den Giant-Killer Jack persönlich angesprochen, eine fiktive Figur, von der das Kind nicht weiß, ob diese aus der englischen Folklore stammende Figur wirklich der Autor des Buches ist. Da ist die kindgemäße Aufmachung im ansprechenden Einband und im kleinen, handlichen Format. Die von N. benutzte handliche Form der Kinderbücher wurde für alle seine Ausgaben beibehalten und fand ihre Ergänzung durch die von ihm herausgegebene erste Kinderzeitschrift „The Lilliputian Magazine" (1751). Der von N. kreierte „Lilliputstil" wurde in der Folgezeit von zahlreichen Kinderbuchverlegern Europas übernommen. Da ist die Verquickung des Verkaufs mit Ball und Nadelkissen, alles Beweise für die Cleverneß des auf Absatz zielenden Kaufmanns. Da ist die Einbeziehung des Alphabets in einer sehr unorthodoxen Weise, indem die Buchstaben selbst in Versen sprechen und dabei Wortfolgen entstehen, die dem Nonsense eines LEAR nahekommen. Gleichzeitig beschreiben diese Verse Spiele, die bei den Kindern bekannt und beliebt waren, wie „Cricket", „Stool-Mall", „Trap-Ball" und „Leap-Frog". AESOPS Fabeln werden in das Büchlein einbezogen, doch in einer fröhlichen und kindlichen Lesern Vergnügen bereitenden Art, in dem die sonst langen, moralischen Sermone hier in kurze, kindgemäße Verse aufgelöst erscheinen. Dazu kommen vor allem die zahlreichen kleinen Holzschnitte, die zwar nicht immer gute Qualität verraten, in einer Zeit des Beginns der Illustrationstechnik aber für Kinder in ihrer Vielfalt und ihrem naiven Bildduktus einen echten Schatz darstellten.

Da alle Bücher N.s ohne Verfassernamen herauskamen, ist die Autorenschaft der Büchlein bis heute umstritten. Man geht davon aus, daß N. selbst maßgeblich an der Erstellung der Texte beteiligt war, und spricht ihm heute zumindest die Autorenschaft für das erste Bändchen, das „Little Pretty Pocket-Book", zu. Die Zusammenarbeit N.s mit Autoren wie CHR. SMART, den Brüdern GR. und G. JONES sowie O. GOLDSMITH (1728–1774) ist bekannt, doch bleibt offen, welchen Anteil die einzelnen Autoren an den Kinderbüchern N.s hatten. Heute schreibt man GOLDSMITH die Autorenschaft für das interessanteste Büchlein zu, das bei N. herauskam, der „History of Little Goody Two-Shoes", die 1765 erschien. Dieses Büchlein erzählt die Abenteuer eines armen Mädchens, das mit den Eltern und ihrem Bruder Tommy aus der heimatlichen Wohnung vertrieben wird und das früh die Eltern verliert. Es wird von den Erfahrungen des Mädchens als Lehrerin berichtet – sie setzt sich vor allem gegen Tierquälerei ein –, und von ihrer Heirat mit dem Squire am Ende des Buches und der Rückkehr ihres Bruders, der inzwischen in der Welt sein Glück gemacht hat. Die soziale wie individualistische Elemente enthaltende Erzählung zeichnet plastisch ein Bild des ländlichen Lebens im England des 18. Jahrhunderts. In der in Verse gefaßten Einleitung zu diesem Büchlein werden die Sympathien des Autors und des Herausgebers für die hart arbeitenden und von den Landbesitzern unterdrückten Bauern sichtbar, wenn es dort heißt:

> „For the benefit of those
> Who from a state of rage and care
> Their fortune and their fame would fix
> And gallop in a Coach and six".

Die Bedeutung N.s als „Father of modern childrens Literature" ist heute unbestritten. Diese Einschätzung N.s schon zu seinen Lebzeiten spricht aus den Sätzen, die O. GOLDSMITH in seinem bekannten Buch „The Vikar of Wakefield" (1762) seinem Freund N. gewidmet hat und in denen N. vorgestellt wird als „The

Philantropic bookseller in St. Paul's Churchyard, who has written so many little books for children: he called himself their friend, but he was the friend of all mankind".

→ Großbritannien und Nordirland

Werke: A Little Pretty Pocket-Book, intended for the Instruction and Amusement of little Master Tommy and pretty Miss Polly (1744); The Royal Battledore: being the first introductory Part of the Circle of the Sciences (1745); The Circle of the Sciences: Or, The Compendious Library (Bd. 1–10. 1745–1748); Nurse Truelove's Christmas Box: Or, The Golden Plaything for Little Children (1750); The Pretty Book for Children: Or, An easy Guide to the English Tongue (1750); A Museum for young Gentlemen and Ladies: Or, A private Tutor for little Masters and Misses (1750); Alphabet royale: Or, Guide commode et agréable dans l'art de lire (1750); An Historical Account of the Curiosities of London and Westminster in 3 parts (Bd. 1–3. 1753); The New Testament adapted to the Capacities of Children, to which is added An Historical Account of the Lives, Actions, Travels, Sufferings and Deaths of the Apostles and Evangelists (1755); The Little Lottery Book for Children: containing a new Method of playing them into a Knowledge of the Letters, Figures etc. (1756); A Collection of Pretty Poems, for the Amusement of Children Three Foot High, by Thomas Tagg (1756); A Little Book of Letters and Cards on the most common as well important Occasions of Life by Cicero, Pliny etc. for the Use of young Gentlemen and Ladies (1756); The Royal Primer: Or, An easy and Pleasant Guide to the Art of Reading (1757); Fables in Verse, for the Improvement of Young and Old (1758); Food for the Mind: Or, A New Riddle-Book compiled for the Use of the great and little Boys and Girls in England, Scotland and Ireland, by John-the-Giant-Killer (1758); A Compendious History of England, from the Invasion of the Romans to the present Time (1758); Be Merry and Wise: Or, The Cream of the Jests and the Marrow of Maxims for the Conduct of Life (1758); A Collection of Pretty Poems for the Amusement of Children Six Foot High (1758); The Holy Bible abridg'd: Or, The History of the Old and New Testament (1758); Atlas Minimus: Or, A new Set of Pocket maps of the several Empires, Kingdoms, and States of the Known World (1758); The Infant Tutor: Or, An easy Spelling-Book for little Masters and Misses (1759); Nurse Truelove's New-Year's-Gift: Or, The Book of Books for Children (1759); The Mosaic Creation: Or, Divine Wisdom displayed in the Works of the first six Days (1759); A Pretty Book of Pictures for little Masters and Misses: Or, Tommy Trip's History of Birds and Beasts; with a familiar Description of each in Verse and Prosa. To which is added, the History of little Tom Trip himself, of his Dog Jowler, and of Woglog the great Giant (1759); A Pretty Play-Thing for Children of all Denominations (1759); The Newtonian System of Philosophy, adapted to the Capacities of young Gentlemen and Ladies (1761); A New History of England, from the Invasion of Julius Caesar to the present Time (1761); Plutarch's Lives, abridg'd from the original Greek (1762); The Art of Poetry on a new Plan (1762); A compendious History of the World from the Creation to the Dissolution of the Roman Republic. Compiled for the Use of yount Gentlemen and Ladies by their old friend, Mr. Newbery (Bd. 1–2. 1763); An History of the lives, Actions, Travels, Sufferings and Death of the Apostles and Evangelists (1763); An History of the Lives, Actions, Travels, Sufferings and Deaths of the most eminent Martyrs and primitive Fathers of the Church (1764); An History of the Life of our Lord and Saviour Jesus Christ, to which is added the Life of the blessed Virgin Mary (1764); An History of England in a Series of Letters from a Nobleman to his Son (Bd. 1–2. 1764); The Renowned History of Giles Gingerbread: a little Boy who lived upon Learning (1765); The Easter Gift: Or, The Way to be very good. A Book much wanted (1865); The Whitsuntide Gift: Or, The Way to be very happy: a Book necessary for all Families (1765); The Valentine's Gift: Or, A Plan to enable Children of all Sizes and Denominations to behave with Honour, Integrity and Humanity: very necessary in a Trading Nation (1765); The Fairing: Or, A Golden Toy Present for Children, In which they may see all the Fun of the Fair, and at Home be as happy as if they were there (1765); The Renowned History of Little Goody Two-Shoes, otherwise called Mrs. Margery Two-Shoes (1765); The Twelfth-Gift: Or, The Grand Exhibition (1767); Sixpennyworth of Wit: Or, Little Stories for little Folks of all Denominations (1767).

Sekundärliteratur: K. G. Burton: The Early Newspaper Press in Berkshire, 1723–1855 (1854). – F. J. Darton: Children's Books in England: five centuries of social life ([2]1958). – P. H. Muir: English Children's Books, 1600–1900 (1954). – W. Sloane: Children's Books in England and America in the Seventeenth Century (1955). – W. M. Stone: The Gigantick Histories of Thomas Boreman (1933). – Ch. Welsh: A Bookseller of the last Century (1885).

Helmut Müller

Nick Knatterton

N. K. ist der Titelheld der gleichnamigen deutschen Comicserie.

Entstehungsgeschichte. Dem Schöpfer der N. K.-Serie, dem 1913 in Bad Harzburg geborenen M. SCHMIDT, fielen nach Ende des Zweiten Weltkrieges zufällig ein „Superman"-Heft und danach auch andere Comics, die ihm mißfielen, in die Hände. Er beschloß seine schon vor dem Krieg langjährig ausgeübte Tätigkeit als Zeichner zu reaktivieren und einen Comicstreifen zu schaffen, der die Krimi- und Supermancomics parodiert. So entstand „Nick Knatterton", eine Verschmelzung der Figuren „Nick Carter", „Superman", „Dick Tracy" und „Sherlock Holmes"; demnach ein Superdetektiv, der – messerscharf kombinierend, knallhart zuschlagend und mit warmem Herzen fühlend – nicht zuletzt mit Hilfe raffinierter Waffen letztlich immer über seine vielfältigen Gegner siegte.

Entwicklung der Serie. Im Herbst 1950 erschien das erste Abenteuer des Meisterdetektivs in der Illustrierten „Quick". Da der Serie von der Redaktion keine große Lebensdauer prophezeit wurde, verfiel M. SCHMIDT auf die Idee, ihre Leserwirkung durch die Einarbeitung einer Reihe äußerst wohl proportionierter weiblicher Figuren zu steigern. N. K. erwies sich dann von Beginn an als ein solcher Erfolg, daß ihr Zeichner die Serie zehn Jahre lang wöchentlich weiterführte. Das eigentliche Ziel, sich mit dem N. K.-Strip über ein sehr erfolgreiches publizistisches Medium – die Comics – lustig zu machen, war ins Gegenteil verkehrt worden. Unter Erfolgszwang war er nunmehr bemüht, seinen Comicstreifen lustig bleiben zu lassen. Als M. SCHMIDT der Serie müde geworden war, ließ er N. K. heiraten und sich zurückziehen. Die Leser erreichten jedoch, daß er seinen abenteuerlichen Helden wieder erscheinen ließ. Nach 10 Jahren und insgesamt 500 wöchentlichen Episoden schloß M. SCHMIDT endgültig seine Arbeit ab. Die Serie hatte im Laufe der Zeit ihren einstigen Zuschnitt verloren. Ihr Zeichner war, nachdem er der Karikierung gängiger Abenteuerserien müde und ideenlos geworden war, dazu übergegangen, sie in Richtung auf eine politische Satire zu entwickeln. Dies gelang auch. N.K. wurde sogar des öfteren in Parlamentsdebatten zitiert.

Weitere Wirkung: Alle Abenteuer von N.K. wurden nach dem Einstellen der wöchentlichen Produktion nochmals als eine Serie in sieben Comicalben herausgegeben und erlebten 1971/72 eine Neuauflage in Form von zwei großformatigen Bänden. Ende der fünfziger Jahre wurden sie verfilmt. Der abendfüllende deutsche Film basierte einerseits auf der Episode „Der Raub der Gloria Nylon", weitete jedoch die Story aus und steuerte ihr neue Gags bei.
Im Ausland wurde die Serie wenig verbreitet. In der niederländischen Zeitung „De Volkskrant", der türkischen Zeitung „Milliyet" und in einigen osteuropäischen Ländern erschien sie. Überall dort wurden ihr Inhalt oder ihr Zeichenstil nach dem Geschmack der jeweiligen Leserschaft verändert, eine Maßnahme, die für internationale Comicserien üblich und weitverbreitet ist.
Die Popularität von N.K. half ihrem Schöpfer auch, seinen Comichelden in „Beiprodukten" auf den Markt zu bringen. Es erschienen schon bald N.K.-Puppen, -Kartenspiele, -Masken, -Schnaps, -Waschlappen und -Malbücher.
Die Comicserie N.K. hat ihr Ziel als persiflierender Anti-Comic nicht erreicht, im Gegenteil sogar dazu beigetragen, die in der Bundesrepublik Deutschland lange verpönten Comics gesellschaftsfähiger zu machen. Sie gilt heute schon als klassisches Beispiel für einen Comic deutscher Produktion.

Sekundärliteratur: R. C. Reitberger: Comics-Anatomie eines Massenmediums (1971; zus. mit W. J. Fuchs). – M. Schmidt: Meine zehn Jahre mit Nick Knatterton (in: Quick, 23. 1970. 3. 24–25).

Wolfgang Kempkes

Niederlande

(Koninkrijk der Nederlanden). Westeuropäischer Staat. Die N. umfassen außerdem Niederländisch-Guayana und die Niederländischen Antillen. Staatsgebiet: 36621 km² (ohne Wasserflächen). Einwohner: 12957600 (1970). Nach der Verfassung vom 24.8.1815 (letzte Änderung 1963) sind die N. eine konstitutionelle Monarchie, erblich im Haus Oranien-Nassau, mit Erstgeburtsrecht im Mannesstamm. Die gesetzgeberische Gewalt übt die Krone zusammen mit dem Parlament aus. Neben den Niederländern als Hauptanteil der Bevölkerung der N. gibt es rund 2% Indonesier, die weitgehend nach der Verselbständigung Niederländisch-Indiens 1948 eingewandert sind. Landessprache ist niederländisch.

Entwicklung der Kinder- und Jugendliteratur und gegenwärtiger Stand. Im 18. Jahrhundert und im ersten Drittel des 19. Jahrhunderts wurde die Kinder- und Jugendbuchproduktion in den N. weitgehend von Frankreich bestimmt. Französische Kinderbücher wurden in den N. gedruckt, vertrieben und sogar in Schulen verwandt. Um 1830 etwa machten sich Einflüsse aus England, aber auch aus Deutschland und den skandinavischen Staaten bemerkbar. Bis in die Gegenwart hinein ist die niederländische Kinder- und Jugendbuchproduktion stark von Übersetzungen aus dem angelsächsischen, deutschen und skandinavischen, zu einem kleineren Teil auch aus dem französischen Sprachgebiet bestimmt.
Eine Sonderstellung nahmen die N. im Hinblick auf die Produktion von Heiligenbildern für Kinder ein. Fast drei Jahrhunderte lang, vom 16. bis weit ins 18. Jahrhundert hinein, bildeten volkstümliche Heiligenbilder, oft mit kurzen Texten versehen, die sich auch schon an kleine Kinder wandten, einen wesentlichen Anteil der Druckproduktion. Diese Heiligenbilder waren so verbreitet, daß noch heute in Friesland von „heilingen" gesprochen wird, wenn damit Kinderbilderbücher gemeint sind. Eigentliche Kinderbücher dagegen traten erst verhältnismäßig spät in den N. auf.

Am Beginn der niederländischen Kinderliteratur steht H. VON ALPHEN (1746–1803), dessen Bändchen „Proeve van kleine gedigten voor kinderen" 1788 erschien. Mit seinen teils empfindsamen, teils pädagogischen Gedichten wurde ALPHEN weit über die N. hinaus bekannt. Übersetzungen seiner Kindergedichte erschienen in zahlreichen europäischen Sprachen.
Ansonsten gab es in der Anfangszeit der niederländischen Kinder- und Jugendbuchproduktion fast ausnahmslos ABC-Bücher und Fibeln, die vom Inhalt wie von der Gestaltung her den ABC-Büchern der übrigen europäischen Länder ähnelten. Von diesen ABC-Büchern (auch „Haneboek", Hahnenfibel, genannt, da sie wie auch in anderen Ländern oft Abbildungen des Hahns zeigten) erlangten einige im Hinblick auf die landesweite Verbreitung wie auch auf den langen Zeitraum, in dem immer wieder neue Auflagen erschienen, besondere Wirkung. Dazu gehören die Fibeln von J. P. HEYE (1809–1876), der auch eine Reihe von Kinderliedern schrieb. Durch seine neue Leselernmethode wurde vor allem der friesische Schulinspektor G. H. NIEUWOLD mit seinem Buch „Spelend onderwijs" (1796) bekannt. Eine ähnliche Lautiermethode enthielt das ABC-Büchlein von P. E. PRINSEN (1797). In der zweiten Hälfte des 19. Jahrhunderts war vor allem die Fibel „aap-noot-mies" (Affe, Nuß, Mai) mit den Illustrationen von C. JETSES verbreitet. Die ABC- und ersten Lesebücher enthielten neben Gebeten, Sprüchen, Auszügen aus Bibel und Katechismen kleine moralische Geschichten im Sinne einer Beispielspädagogik. Besonders deutlich waren diese pädagogisch-moralischen Forderungen in dem Bändchen „De brave Hendrik"

XII.

HIJ DRAAIT MET ALLE WINDEN.

Deze draait met alle winden;
Rustig, wen de Molenaar,
Met op wind en zeil te pasſen,
Hem blijft hoeden voor gevaar.
Mag de Molen dus ſteeds draaijen,
Dan brengt hij veel voordeel aan,
En de Mulder heeft dan tevens,
Door 't gedraai, een goed beſtaan.

Aus dem 1801 in Amsterdam erschienenen „Prentjes Almanach voor Kinderen", in dem außer dem Kalendarium 15 kolorierte Tafeln und Gedichte zu finden waren.

(1818) von N. ANSLIJN ausgeprägt. Das Bändchen erschien noch 1877 in der sechzehnten Auflage.
Kinderreime schrieb J. J. A. GOEVERNEUR (1809–1899), der vor allem durch seine für Kinder vorgenommene Bearbeitung des „Mr. Cryptogramme" von R. TOEPFFER berühmt wurde. Seine Nachdichtung erschien unter dem Titel „Reizen en aventuren van mijnheer Prikkebeen" (Reisen und Abenteuer des Herrn Steckelbein). Ein fleißiger und bis zur Mitte des 19. Jahrhunderts vielgelesener Kinderbuchautor war neben H. VON ALPHEN auch J. HAZEU (1754–1835). Er schrieb über zwanzig Kinderbücher, die zum Teil Ähnlichkeiten zu den Erzählungen von CHR. VON SCHMID aufweisen. Ähnlich beliebt war auch P. MOENS (1762–1843), von der besonders die Erzählungen „Francinjte de Boer, gedichtjes voor behoeftige kinderen" (1824, Gedichte für brave Kinder) zahlreiche Auflagen erlebte. In der zweiten Hälfte des 19. Jahrhunderts erfuhren zahlreiche internationale Kinderbuchklassiker ihre Übersetzung ins Niederländische. Einer der fleißigsten Übersetzer und Bearbeiter war J. J. A. GOEVERNEUR. So erschienen in diesem Zeitabschnitt Bearbeitungen von „Don Quichote" (1888), „Robinson Crusoe" (1871), dem „Schweizer Robinson" (1871), von „Till Eulenspiegel" (1872), „Gullivers Reisen" (1887), ANDERSENS Märchen (1874), COOPERS Lederstrumpfgeschichten (1886) und „Onkel Toms Hütte" (1862).
Die Reime des durch seine Kindergedichte in den N. berühmt gewordenen J. P. HEIJE (1809–1876), vor allem die Bändchen „De zeven kikkertjes" (Die sieben Frösche) und „Het karretje op de zandweg" (Der Karren auf dem sandigen Pfad) gehören heute zum literarischen Allgemeingut der niederländischen Kinder. HEIJE war stark von dem deutschen Romantiker J. PAUL (1763–1825) beeinflußt. Erste historische Erzählungen für niederländische Kinder schrieb P. J. ANDRIESEN (1815–1877). Am bekanntesten wurde seine Erzählung „Het hiushezin van de Raadpensionaries" (Die große Pensions-Familie). Aus vier Ländern kamen in Übersetzungen und Bearbeitungen Volksmärchen. Aus Frankreich PERRAULTS Märchen mit den Illustrationen von G. DORÉ (1876) und gereimten Texten von A. L. DE ROP, aus Deutschland GRIMMS Märchen (erste Übersetzung 1826), aus Norwegen Trollgeschichten und aus England altirische Märchen. Der Erzähler, Herausgeber und Mitarbeiter von zahlreichen Kinderzeitschriften P. LOUWERSE (1840–1908) prägte vor allem geschichtliche Erzählungen für Kinder mit einem typischen nationalen Zug. Seine Bücher „Vlissinger Michiel, of Neerlands glorie op zee" (1880, Michel Vlissinger oder Niederlandens Ruhm auf den Meeren) und die sechsbändige Reihe „Wat voorbij ging" (1896–1898, Aus der Vergangenheit) beschwören die große Zeit der niederländischen Seeherrschaft und sind nicht frei von nationalistischen Tendenzen. Noch heute aufgelegt wird die Jungengeschichte „Willem Roda" (1889) von E. HEIMANS. Zusammen mit J. P. THJISSE schrieb der gleiche Autor auch eine Reihe naturhistorischer Sachbücher.
Das umfänglichste Kinder- und Jugendbuchunternehmen des angehenden 20. Jahrhunderts war eine aus 160 Bändchen bestehende Reihe von Erzählungen, die teilweise moralische, aber auch abenteuerliche und historische Tendenzen aufwiesen. Es war die „Stamperius-Bibliothek", die von J. STAMPERIUS (1858–1936)

herausgegeben wurde und für die fast alle bekannten Autoren der Zeit arbeiteten. Von englischen Jungengeschichten inspiriert, vor allem aber von MARK TWAINS „Tom Sawyer" beeindruckt, schrieb C. J. KIVIT (1858–1931) das klassische niederländische Kinderbuch „Uit het leven van Dik Trom" (1892, Aus dem Leben von Dik Trom), das die Erlebnisse und Erfahrungen eines niederländischen Lausbuben auf dem Hintergrund der typischen niederländischen Landschaft und Lebensgewohnheiten erzählt.
Von 1900 bis 1920 traten zahlreiche neue Autoren hervor, die zumeist aus dem Bereich der Schule und Pädagogik kamen und das Schreiben von Kinder- und Jugendbüchern mit der Absicht verbanden, durch gute Jugendliteratur gegen die zahlreichen Heftchen in Fortsetzungsreihen, die in großer Anzahl wie im übrigen Europa in Billigausgaben auf den Markt kamen und die von den Pädagogen als Schundliteratur abgetan wurden, anzugehen. So schrieb der Lehrer M. SCHEEPSTRA (1859–1913) zahlreiche Erzählbändchen für Schulanfänger und Grundschüler. J. LIGTHART (1859–1916), ebenfalls Lehrer, setzte sich vor allem für eine Leseerziehung im Sinne der Anhänger der deutschen Jugendschriftenbewegung ein und verfaßte Kindergedichte, die besonders durch die einfühlsamen Illustrationen von C. JETSES (1873–1955) große Verbreitung fanden. Auch N. VAN KOL (1851–1930), I. HEIJERMANS (1866–1943) und N. VAN HICHTUM (1860–1939) gehören in diese Gruppe.
N. VAN KOL wurde vor allem durch ihre Thesen für das Schreiben guter Jugendbücher, die einen großen Einfluß auf die nachkommenden Kinder- und Jugendbuchautoren ausübten, bekannt. Sie wandte sich neben eigenen Erzählungen vor allem der Herausgabe von Ausgaben der Weltliteratur für junge Leser zu. Die bekanntesten Bücher von I. HEIJERMANS waren „Olaf de vondeling" (1912, Olaf der Findling) und „Zonnige uurtjes" (1927, Sonnige Stunden). Die unter dem Pseudonym N. VAN HICHTUM schreibende S. TROELSTRA erregte Aufsehen mit ihrem Buch „Afke's tiental" (1903), in dem sie das Leben einer Arbeiterfamilie zu Beginn des 20. Jahrhunderts beschreibt.
Mädchenbücher schrieb T. NAEFF (1878–1953), die vor allem Internatserlebnisse und Ferienabenteuer beschwor („School-Idylle", 1900; „In den dop", 1907, Entwicklungsjahre). Für schon ältere Leserinnen schrieb die auch in Deutschland sehr bekannt gewordene Autorin J. VAN AMMERS-KÜLLER (1884–1966) ihre Erzählungen mit historischer Thematik, aber auch mit entwicklungspsychologischer Tendenz. Besonders bekannt wurden ihre geschichtlichen Romane „Een jonge leeuv van Vlaanderen" (1915, Der junge Löwe von Flandern) und „Frans van Altena's vuurproef" (1920, Franz von Altenas Prüfung). Zu den besten Abenteuererzählungen für junge Leser rechnen noch heute die in den niederländischen Kolonien spielenden Geschichten „De gouden kris" (1908, Der goldene Kris) und „De schat van den armen jongen" (1913, Der Schatz des armen Jungen) von M. VAN ZEGGELEN (1870–1957).
Mädchenbücher mit teilweise abenteuerlichem oder phantastischem Akzent schrieben auch A. VAN GOGH-KAULBACH (1869–1960), C. M. VAN HILLE-GAERTHÉ (1881–1959) und M. BODDAERT (1844–1914).
Weit über die N. hinaus reichte die Beliebtheit der Bücher von zwei Illustratorinnen, die ihre Bücher zum Teil selbst texteten. So schrieb und illustrierte N. BODENHEIM (1874–1951) vor allem Reime und Kindergedichte, R. CRAMER (* 1887), die in deutlicher Verwandtschaft zu RACKHAM steht, neben Gedichtbänden auch zahlreiche Märchenausgaben.
Mehr für Jungen schrieb J. LEEN (1859–1930) zum Teil nationalistisch verbrämte historische Erzählungen. Abenteuerliche Jungenbücher verfaßte J. FEITH (1874–1944), A. C. C. DE VLETTER (1866–1935) und CHR. VAN ABKOUDE (1880–1964). Technisch-utopische Jugendromane im Stile von J. VERNE schrieb K. VALKENSTEIN (1874–1944). Vor allem seine Erzählungen „De Aeroplaan van Mijnheer Vliegenthert" (1910, Das Flugzeug des Mr. Flyingheart) und „Der verdwijn machine" (1917, Die verschwundene Maschine) fanden bei jungen Lesern großen Anklang.

Gegenwärtige Situation. Für Vorschulkinder schuf L. ROGGEVEEN (1898–1959) eine Reihe von Bilderbüchern, die er selbst mit kindgemäßen Zeichnungen illustrierte. Christliche, vor allem evangelisch orientierte Erzählungen, teilweise auch Geschichten aus der Bibel in kindgemäßer Fassung, liefert W. G. VAN DE HUKST (1879–1973). Besonders bekannte Ausgaben von ihm sind „Willem Wijcherts" (1907), „Ouwe Bram" (1909, Der Alte Bram), „Bijbelse vertellingen voor onze kleintjes" (Biblische Geschichten für unsere Kleinsten, 1926) und „Het grote voorlessboek" (1948, Das große Vorlesebuch). C. WILKESHUIS (* 1896) verfaßte zahlreiche historische Erzählungen, die als erzählende Sachbücher angelegt sind und für die sie den Kulturpreis der Stadt Deventer 1962 erhielt. Auch in Übersetzungen erschienen sind die Bände „Patava, de holenjongen" (1954, Patava, der Junge aus der Höhle), „De boog van de farao" (1957, Der Bogen des Pharao). H. ANDREUS (* 1926) schreibt Kindergedichte, die sich besonders durch einen humoristischen Ton, aber auch durch das Spiel mit dem Wortmaterial auszeichnen. Für das Bändchen „De rommeltuin" (1970) erhielt er 1971 den niederländischen Kinderbuchpreis. A. VAN BATTUM (* 1927) ist durch ihre historischen Erzählungen bekannt geworden. P. BIEGEL (* 1925) schreibt phantastische Geschichten, die vor allem durch eine meisterhafte Behandlung der Sprache, durch eigene Sprachschöpfungen, aber auch durch die Symbolkraft seiner phantastischen Szenerien und Handlungen auch im Ausland Aufsehen erregten. Die mit dem Deutschen Jugendbuchpreis ausgezeichnete M. DIEKMANN (* 1925), die von 1934 bis 1938 in Curaçao lebte, bringt soziale Konflikte wie völkerverbindende Elemente in ihre Jugendbücher ein. Ihr bekanntestes Buch ist „De boten van Brakkeput" (1956, Die Boote von Brakkeput). H. G. HOEKSTRA (* 1906) und A. M. G. SCHMIDT (* 1911) gaben dem modernen Kindergedicht in den N. eine neue Form und neue Akzente. D. HUBER (* 1924)

Dick Bruna (1927). Doppelseite aus der bunten Fibel „Allerlei von A–Z" (1967). Die holländische Ausgabe „B is een beer" erschien ebenfalls 1967.*

ist für ihre Nonsenseverse bekannt geworden. A. RUTGERS VAN DER LOEFF, die neben eigenen Kinderbüchern zahlreiche Übersetzungen ausländischer Autoren anfertigte, erhielt für ihr Gesamtwerk und für ihre Bemühungen um die Verbreitung wertvoller Kinder- und Jugendbücher den niederländischen Staatspreis. Zu ihren bekanntesten Kinderbüchern zählt das schon 1949 geschriebene, aber bis heute, auch im Ausland, immer wieder aufgelegte Buch „De kinderkaravaan" (Die Kinderkarawane). In der neuesten Zeit sind vor allem die Bücher von J. TERLOUW (*1931) bekannt geworden, der in seinen Erzählungen soziale Probleme anschneidet und zu differenzierten Lösungen kommt.
Als Illustratoren, die teilweise ihre Texte selbst schreiben, sind heute B. BOUMAN, D. BRUNA (*1927), J. DALENOORD (*1918), T. DRAGT (*1930) J. DULIEU (*1921), W. HOFMAN (*1941) und C. HOLLANDER (*1934) beliebt.
Die Produktion einheimischer Bildhefte begann in den N. um 1920 mit H. BACKERS Serie „Yoebje en Achked". Bekannter wurden die Serien „Tripje en Liezeberthan" und „Bulletje en Boonestaak". Die letztere, soziale Tendenzen aufweisende Serie wurde von dem Autor A. M. DE JONG und dem belgischen Zeichner G. VAN RAEMDONCK gemeinsam geschaffen. 1930 startete FR. PIËT die erfolgreiche Serie „Sjors van de Rebellenclub". Die modernen niederländischen Comics sind vor allem durch M. TOONDER geprägt. Von ihm stammen die Serien „Tom Poes", „Kappie", „Panda" und „Koning Hollewijn".

Organisationen, Förderungsmaßnahmen, Literatur. Die erste Jugendbibliothek wurde in Amsterdam 1912 gegründet. Die Vereinigung der Jugendbibliothekare wurde 1927 ins Leben gerufen. Die Vereinigung organisierte Tagungen für Fachleute und Autoren und gab 1927 das erste Empfehlungsverzeichnis „De kleine Vuurtoren" (Die kleine Laterne) heraus. Es war der Vorläufer der heutigen Fachzeitschrift „Boek en Jeugd". L. M. BOERLAGE, die in den USA eine Ausbildung als Kinderbibliothekarin erhalten hatte, richtete das Informationsbüro für Jugendliteratur in Amsterdam ein.
Seit 1940 gibt es in den N. eine Spezialausbildung für Kinder- und Jugendbibliothekare. Als Ergebnis eines 1951 abgehaltenen dreitägigen Kongresses „Book and Youth" wurde das Bureau „Boek en Jeugd" gegründet, als dessen Leiterin bis heute A. J. MOERKERKEN VAN DER MEULEN tätig ist. Ein anderes Ergebnis des Kongresses war die Schaffung der Fachzeitschrift „Book for the Young and School" später in „Children and their Books" umbenannt, das als Verbindungsglied zwischen Lehrerschaft und Bibliothekaren dient. 1955 fand in den N. zum ersten Mal die Jugendbuchwoche statt. Inzwischen geschieht dies jährlich.

→D. Bruna, →M. Diekmann, →M. de Jong, →J. Terlouw, →A. Rutgers van der Loeff-Basenau, →C. Wilkeshuis

Sekundärliteratur: L. Boerlage: Jeugdboeken lezen en kiezen (1964). – D. L. Daalder: Het boek in de jeugdbeweging (1952); Wormcruyt met suycker (1950). – J. Forcevill-van Rossum: Kan mijn dochter dit boek lezen? (1964). – A. Gebhard: Kinderboeken als vitamines; een ABC over kinderen en lezen ([2]1963). – E. Knuttel-Fabius: Oude Kinderboeken; paedaogie en moral in oude nederlandsche kinderboeken (1906). – J. Riemens-Reurslag: Het jeugdeboek in de loop der eeuwen (1949). – L. D. Vries: Bloempjes der vreugd' voor de lieve jeugd (1958). – L. J. T. Wirth: Een eeuw kinderpoëzie 1778–1878 (1928).

Helmut Müller

Niemeyer, Johann Christian Ludwig

*(Ps.: Tristan Rosenblüth). Lehrer, Theologe und Schriftsteller; *25. 11. 1772 Weferlingen b. Magdeburg, †23. 3. 1857 Nord-Dedeleben b. Halberstadt.*

N. studierte in Halle Theologie und war anschließend ab 1798 Lehrer am Pädagogium in Halle. 1803 ging er als Prediger nach Nord-Dedeleben. N. ist nicht zu verwechseln mit dem bekannteren Theologen und Pädagogen A. H. NIEMEYER aus Halle (1754–1828). Trotz seiner nicht nur auf das Jugendschrifttum beschränkten umfassenden Tätigkeit, findet man in den Quellen wenig Angaben über Person und Leben des Autors. Von den bekannten Kinderbuchbibliographien und Werken zur Geschichte der Kinder- und Jugendliteratur nennen ihn lediglich A. MERGET und TH. BRÜGGEMANN.

Werk, Tendenzen, Wirkung. N.s erfolgreichste Werke waren sein „Deutscher Plutarch, enthaltend die Geschichten ruhmwürdiger Deutscher" (1811/12), sein „Heldenbuch. Ein Denkmal der Großthaten in den Befreiungskriegen von 1808–1815" (1816) und das „Buch für die Jugend" (1832). In den beiden ersten Werken wird vaterländische Geschichte für Jugendliche in ähnlicher Weise geboten, wie wir sie aus ähnlichen Werken von JERRER (d.i. MEYNIER), MAUKISCH, KOHLRAUSCH, ENGELHARDT, SCHULZE und speziell von FÖRSTER und PABST kennen. Neben einer stark zeitgebundenen Darstellung bemüht sich N. aber auch um eine Überprüfung seiner Quellen. Heute wieder aktuell ist seine Darstellung des Guerillakrieges im „Heldenbuch". Das „Buch für die Jugend" bringt Erzählungen, Fabeln, Parabeln, Märchen, Lieder, Schauspiele und Rätsel, die teils vom Autor selbst stammen, teils von ihm neu bearbeitet sind. Obwohl auch hier zeitgebunden, können einzelne Stücke wie die „Geschichte vom stolzen Psi" und „Akbar und der Derwisch" von Form und Inhalt her auch heutige Leser noch ansprechen.

Werke: Deutscher Plutarch, enthaltend die Geschichten ruhmwürdiger Deutscher (1811/12, [2]1822/23); Neue Winterabende für die deutsche Jugend (1815); Heldenbuch. Ein Denkmal der Großtaten in den Befreiungskriegen von 1805–1815 (1816. [6]1831); Die wiedergefundene Tochter. Eine lehrreiche Geschichte für die weibliche Jugend (1819); Kindliche Liebe und Fürstengroßmut (1819); Buch für die Jugend (1832).

Erich Strobach

Nieritz, Karl Gustav

*Lehrer, Volks- und Jugendschriftsteller; *2.7.1795 Dresden, †16.2.1876 Dresden.*

Als Sohn eines Elementarlehrers ebenfalls für den Lehrberuf bestimmt (Examen 1814), wurde N. Nachfolger seines Vaters in dessen Stelle in Dresden und 1841 Direktor einer dortigen Bezirksschule. 1854 trat N. in den Ruhestand. Der pädagogische Verein in Dresden ehrte ihn 1872 anläßlich seines Schriftstellerjubiläums durch eine großzügig gestaltete Feier, wobei ihm viel Wohlwollen und öffentliche Anerkennung entgegengebracht wurde. Der König verlieh N. einen Verdienstorden. Zwei Jahre nach seinem Tode setzte seine Vaterstadt N. ein Denkmal. Die Allgemeine Deutsche Biographie von 1886 (23. Bd. S. 688–689) sieht in N. „eine tüchtige, liebenswürdige, über die niedrigen Regionen des Lebens jedoch nie ganz hinausgewachse-

Gustav Nieritz (1795–1876)

ne Persönlichkeit". Gemeint ist damit wohl sein stark materiell-wirtschaftlich ausgeprägter Sinn, der ihn ständig nach den finanziellen Erträgnissen seiner und seiner Mitmenschen Leistungen fragen ließ, worüber seine „Selbstbiographie" (1872) freimütig Auskunft erteilt. N. hat sich autodidaktisch eine große Wissensbildung angeeignet. Eine umfassende geistige Durchdringung dieses Wissens ist ihm allerdings nicht gelungen. Zudem vermochte er die Grenzen seiner gesellschaftlichen Herkunft nicht zu überwinden. Minderwertigkeitsgefühle („unstudierter Schulmeister") lasteten lebenslang auf ihm. Dafür hatte er ein offenes Herz für die Armen, Gestrandeten und Zukurzgekommenen, wenn auch mehr aus liberaler Bemitleidung als aus echtem sozialen Engagement. N. blieb ein in wirtschaftlicher Abhängigkeit schwankender kleinbürgerlicher Charakter, der nur insoweit bestehende Verhältnisse zu tadeln wagte, als dies einem monarchisch verpflichteten Biedermann gestattet wurde.

Werk, Tendenzen, Wirkung. N. bezeichnete sich selbst als Volks- und Jugendschriftsteller. Die von „Volksschriftstellern" in großen Mengen produzierten Lesestoffe können (nach R. SCHENDA) nur sozialgeschichtlich, nicht aber ästhetisch bewertet werden. Einem gesteigerten Lesebedürfnis der breiten Volksmasse jener Zeit, aber auch der Jugend, kam eine hektische Literaturproduktion geflissentlich entgegen. N. motivierte seine Schriftstellerei zwar mit seiner wirtschaftlichen Not, die ihn zur Arbeitsamkeit und damit zum Nebenverdienst getrieben habe. In Wirklichkeit steckte ein immenser Produktionseifer dahinter, der durch verlegerische Initiative kanalisiert wurde. Die Folgeer-

scheinungen waren lastende terminliche Bindungen und vertragliche Massenproduktion.
N. begann als Volksschriftsteller („Das Pomeranzenbäumchen", 1830), verlegte sich aber zunehmend auf die Jugendschriftstellerei, nachdem ihm durch den geschäftstüchtigen Berliner Autor FR. W. GUBITZ (1786–1870) geraten worden war, sich in diesem Genre nach der Manier CHR. V. SCHMIDS zu versuchen. Wie viele Jugendschriftsteller seiner Zeit fühlte sich N. in den Dienst literarisch vermittelter Erziehung gestellt. Er wollte zu Herzen gehende Lehren erteilen, wie er ausdrücklich von sich bekennt, wollte auf erzählendem Wege Lehren, Wahrheiten, Normen für ein gesellschaftlich konformes Verhalten vermitteln, genießbar gemacht „wie eine Backpflaume". Dabei stand die stoffliche Ausrichtung im Vordergrund. N. berichtet in seiner autobiographischen Skizze „Wie ich zum Schriftstellern kam" (1857) ausschließlich von den stofflichen Anstößen für seine Produkte (u.a. von übernommenen literarischen Vorlagen) und von seinen belehrenden Absichten (Tendenzen), so von der „Entsittlichung des Menschen durch den Krieg" (Der junge Trommelschläger, 1838); „den Gefahren des Reichtums und der Hinfälligkeit irdischen Glücks" (Alexander Menzikoff, 1834); „dem Schädlichen der Glücksspiele" (Riesenstiefel, 1835); „den Vorzügen des Christentums gegen das Heidentum" (Die Schwanenjungfrau, 1834). Über die formalen Kriterien machte sich N. kaum Gedanken: „Um eine Erzählung schreiben zu können, bedarf es bei mir einer kleinen Anregung von auswärts, namentlich einer Nachricht oder Begebenheit, die mich bewegt oder rührt. Dieselbe bildet dann den Endpunkt oder das Schlußziel meiner Erzählung, von welcher ich mir nie zuvor einen Plan entwerfe. Mein Ziel im Auge behaltend, schafft meine rege Phantasie die dazu erforderlichen Charaktere und Handlungen, während ich die Feder bewege" (Wie ich zum Schriftstellern kam. S. 41). Auch bereits vorhandene Literatur beutete N. stofflich aus. Am Ende seiner Selbstbiographie zieht N. das Fazit seines Schaffens: 117 Bändchen selbständige Jugendschriften (davon 110 in der seinen Namen tragenden „Jugendbibliothek" enthalten), dazu zahlreiche Erzählungen in Periodika; für Erwachsene neun selbständige Veröffentlichungen und wiederum zahlreiche Beiträge in Periodika, u.a. in dem von ihm 1841 begründeten „Sächsischen Volkskalender". In der „Jugendbibliothek" erschienen jährlich sechs selbständige Titel und zusätzlich eine Weihnachtsnummer. N. verwahrte sich in naiver Weise gegen den Vorwurf der Vielschreiberei: nur ständige „Übung" halte ihn auf der Leistungshöhe. „Je länger ich das Schreiben oder Schriftstellern aussetze, desto holpriger und schwerfälliger gehts dann im Anfange" (a.a.O. S. 52). N. wußte sehr wohl um die Grenzen seines „Handwerks": einmal nannte er sich selbst einen „Pfuscher auf dem schriftstellerischen Gebiete" (Selbstbiographie, S. 373). Insgesamt habe seine Produktivität weder seine Geisteskraft noch seine Gesundheit angegriffen (!).
Die Publikumswirkung von N.s Schriften war zweifellos breit und anhaltend. Davon zeugen zahlreiche Leserzuschriften aus allen Kreisen der Bevölkerung (R. SCHENDA spricht in diesem Zusammenhang vom Herablassen zum „circuit populaire") und die lange Fortwirkung nach dem Tode. Von 1890 bis 1892 erschien in achtundzwanzig Bänden eine Auswahl der Erzählungen für die deutsche Jugend. Noch 1906 gab A. STERN einen Band ausgewählter Volkserzählungen von N. in „Hesses Klassikerausgaben" heraus. Das „Deutsche Bücherverzeichnis" von 1936 bis 1940 vermerkt noch Auflagennachdrucke von N. Viele seiner Erzählungen wurden in zahlreiche europäische Sprachen übersetzt.
Seine etwas wetterwendische Liberalität setzte N. allerdings Zeit seines Lebens und in den folgenden literarpädagogischen Kämpfen widersprüchlichen Urteilen aus. Er berichtet selbst von seinen Kritikern (wohl aus kirchlich-frömmelnden Kreisen kommend), die ihm Unchristlichkeit (wegen gewisser stofflicher Freizügigkeiten), Jugendgefährdung und Effekthascherei vorwarfen. H. SCHWERDT (1857) rühmt dagegen seine fromme Gesinnung, seine belehrend veredelnden Absichten (Kindesliebe, Elterntreue, Zufriedenheit, Heimatliebe, Enthaltsamkeit), und A. MERGET (1867) konstatiert als positiv seine Abstinenz „in der Behandlung politischer und sozialer Ideen". Bekannt ist dagegen H. WOLGASTS negative Beurteilung. Er rügt die religiös-moralische Tendenz, „auf das Gerüst einer Erzählung gezogen", die Umständlichkeit einer rein zweckgebundenen Gesprächsführung, die Unwahrscheinlichkeit in der Motivballung und kommt zu dem Schluß: „Die vorgeführten Menschen sind Typen des Guten oder Bösen, entweder gut oder schlecht, Engel oder Teufel. Die guten Engel sollen Muster, die bösen Teufel Schreckbilder sein" (a.a.O. S. 127). WOLGASTS und seiner Anhänger Verdikte haben in der Folgezeit die Oberhand behalten. Aktuell wurde das Für und Wider im Streit um N. und die spezifischen Jugendschriftsteller noch einmal auf dem 2. Kunsterziehertag in Weimar (1903), als im Anschluß an WOLGASTS Referat die Diskussion erneut die Kluft aufriß, die seither zwischen den Befürwortern einer Literatur als Medium für erzieherische Zwecke einerseits und den Apologeten einer Literatur um des Kunstwerks willen andererseits bestanden hatte. Dabei standen interessanterweise die orthodoxen Gymnasiallehrer den fortschrittlichen Volksschullehrern gegenüber.
Heute können wir N. etwa so einschätzen: er ist als Vertreter einer epigonalen Gefälligkeitsliteratur anzusehen, der, in teilweise abhängiger Produktionsweise ohne sprachlich-künstlerischen Ehrgeiz vornehmlich die kindliche Vorstellungs- und Willenskraft durch literarisch aufbereitete „rührende" Stoffe mit breit gestreuter erzieherischer Tendenz anregen wollte und wohl auch anzuregen vermochte. In seinem literarischen Wollen und Können fühlte er sich den geistesgeschichtlich wenig profilierten Repräsentanten der auslaufenden bzw. im 19. Jahrhundert erst wirkenden Aufklärung verbunden, u.a. SCHLEICHER, CRAMER, APEL, SPIESS. Geistige Bezüge zur Klassik und Romantik vermochte er nicht herzustellen. Als Rationalist positivistischer Prägung war er in seinen Werken stets

auf eine „platte Verständlichkeit" (A. STERN) bedacht, die ihm für breite Leserschichten angemessen schien.

Werke: Der kleine Bergmann oder Ehrlich währt am längsten. Zum Vergnügen und Unterricht der Jugend erzählt (1834); Betty und Toms, oder: Doktor Jenner und seine Entdeckung. Lehrreiche und anmahnende Erzählung für Kinder und Kinderfreunde (1834); Alexander Menzikoff oder: Die Gefahren des Reichtums. Eine wahre Geschichte, zur Unterhaltung in Familien-Kreisen erzählt (1834); Das Pommeranzenbäumchen. Der goldene Knopf. Das wilde Schwein. Drei historische Erzählungen (1834); Die Schwanen-Jungfrau. Eine belehrende Sage der Vorzeit für die Jugend erzählt (1834); Der Riesenstiefel oder: Die Glücksspieler. Abenteuer aus dem Gewerbsleben. Für die Jugend erzählt (1835); Die Wunderpfeife, oder: Die Kinder von Hameln. Ein Mährchen (1835); Die Auswanderer, eine Erzählung für Kinder und Kinderfreunde (1837); Wahrheit und Lüge. Erzählung für die Kreise der Jugend (1837); Der junge Trommelschläger und der gute Sohn (1838); Astern. Ein Festgeschenk für die Jugend und deren Freunde (1839); Der Findling, oder: Die Schule des Lebens (1839); Das vierte Gebot, oder: Die ungleichen Brüder (1840); Clarus und Maria, oder: Des Kindes Weh, des Kindes Lust (1841); Die Geschwister, oder: Die Waisen und ihre Freunde (1841); Gutenberg und seine Erfindung (1841); Die Negersklaven und der Deutsche (1841); Seppel, oder: Der Synagogenbrand zu München (1841); Der junge Soldat, oder: Arthur in Indien (1841); Der Strohhalm und der Schatz (1841); Der Bettelvetter, oder: Die drei Bleikugeln (1842); Hans Egede, der Grönlandfahrer (1842); Der Johannistopf. Einiges aus dem achten Gebot (1842); Der Pauken-Doctor. Die Brüder. Der Exorcismusstreit. Drei Erzählungen für die erwachsene Jugend (1842); Fedor und Luise, oder: Die Sünde der Thierquälerei (1843); Naomi und Christian, oder: Der arme Geiger (1843); Die Söhne Eduards, oder: Das fünfte Gebot (1843); Die Belagerung von Freiberg (1844); Mutterliebe und Brudertreue, oder: Die Gefahren einer großen Stadt (1844); Das wüste Schloß, oder: Harter Kampf – schöner Sieg (1844); Weihnachtsspenden. Fünf Erzählungen für die Jugend (1844); Der Leibeigene. Nips braucht alles (1845); Georg Neumark und die Gambe, oder: Wer nur den lieben Gott läßt walten (1845); Wie die Thaten, so der Lohn. Wirkliche Begebenheit, für die Jugend erzählt (1845); Die Belagerung von Magdeburg und Der Zimmermann von Saardam. Zwei Erzählungen (1846); Der kleine Eskimo und die Trompete, oder: Wer ist mein Nächster? (1846); Die heiligen drei Könige (1846); Der reiche Mann (1846); Drei Mütter zu einem Kinde (1846); Der Schmied von Ruhla. Eine Erzählung aus der Geschichte des 12. Jahrhunderts (1846); Das Strandrecht (1846); Gustav Wasa, oder: König und Bauer (1846); Die Bären von Augustusburg (1847); Die Hunnenschlacht (1847); Die Steckenpferde, oder: Des Verrathes Lohn (1847); Das neue Aschenbrödel (1849); Der Hirtenknabe und sein Hund, oder: Vergebet, so wird euch vergeben (1849); Die beiden Schwestern, und: Die gute Tochter (1851); Der Canarienvogel (1852); Jacob und seine Söhne (1852); Der Prinzenraub (1852); Störsteffen und sein Sohn (1852); Die Hussiten vor Naumburg (1853); Liebet euch unter einander (1853); Paul's Tagebuch (1853); Traugott und Hannchen (1853); Edelmann und Bauersmann (1854); Erdenglück und Erdennoth (1854); Köhlerbub' und Küchenjunge (1855); Des Königs Kind (1855); Leier und Geige (1855); Die Türken vor Wien im Jahre 1683 (1855); Bruderliebe (1857); Lingg von Linggenfeld (1857); Stern, Stab und Pfeife (1857); Der Kerkermeister von Norwich (1858); Der Bilderdieb (1863); Deutschlands Erniedrigung und Erhebung (1863); Der Goldkoch, oder: Die Erfindung des Porzellans (1863); Zwei Könige und drei Bitten, oder: Die gute alte Zeit (1863).

Hrsg.: Sächsischer Volkskalender (1–9. 1842–1850); Deutsches Volksbüchlein für Jung und Alt (Bd. 1–5. 1842–1846); Preußischer Volkskalender (1–7. 1843–1849); Deutscher Volkskalender (1849–1876).

Sekundärliteratur: G. Nieritz: Wie ich zum Schriftstellern kam (in: Centralblatt für deutsche Volks- und Jugendliteratur. 1857. 36–52); Selbstbiographie (1872). – J. Richter: Gustav Nieritz (in: Sächsische Lebensbilder. 1. Bd. 1930. 277–285). – H. Schwerdt: Gustav Nieritz (in: Centralblatt für deutsche Volks- und Jugendliteratur. 1857. 332–335). – A. Stern: Gustav Nieritz der Volkserzähler (in: A. Stern: Ausgewählte Volkserzählungen von G. Nieritz. 1906).

Hermann Bertlein

Niese, Charlotte

*(Ps.: Lucian Bürger). Lehrerin, Schriftstellerin; *7.6.1854 Burg/Insel Fehmarn, †8.12.1935 Altona-Ottensen.*

Als Tochter eines Predigers verbrachte N. die Kindheit im Elternhaus und dem Hause des Großvaters auf der Ostseeinsel Fehmarn. Nach der Seminarausbildung war N. einige Jahre als Hauslehrerin, unter anderem bei der holsteinischen Grafenfamilie BROCKDORF-AHLEFELD in Ascheberg, tätig. In dieser Zeit beschäftigte sie sich viel mit der holsteinischen Geschichte. Nach längeren Reisen in die Schweiz und Italien und einem zweijährigen Aufenthalt bei ihrem älteren Bruder in Amerika kehrte N. 1881 nach Plön in das Haus ihrer inzwischen verwitweten Mutter zurück, wo sie ihre schriftstellerische Tätigkeit begann.

Werk, Tendenzen, Wirkung. Mit ihrem unter dem Pseudonym LUCIAN BÜRGER geschriebenen historischen Roman „Cajus Rungholt" (1886) bekannt geworden, verfaßte N. in der Folgezeit rund 75 Romane und Erzählungen mit zumeist kulturhistorischem Hintergrund „für das Volk", mit denen sie eine moralische und religiös akzentuierte, doch nicht sehr anspruchsvolle Unterhaltungslektüre bot. Daneben schrieb sie eine Reihe von Jugendbüchern, die vorwiegend als Mädchenlektüre angelegt sind. Während die meisten dieser Erzählungen wie „Eine von den Jüngsten" (1893), „Die Allerjüngste" (1895), „Erika. Aus dem Leben einer einzigen Tochter" (1896), „Was Michel Schneidewind als Junge erlebte" (1909) oder „Barbarenkinder. Eine Erzählung aus der Zeit des Weltkriegs für die weibliche Jugend" (1915) kaum über die erste Auflage hinauskamen, fand ihre Erzählung „Das Lagerkind. Geschichte aus dem deutschen Krieg" (1914) großen Erfolg und weite Verbreitung. Im Jahr 1920 nahm der Thienemanns Verlag den Titel in einer neuen Bearbeitung in sein Programm und brachte 1944 das 111. Tausend seiner Bearbeitung heraus. Noch nach 1945 erlebte das Buch Neuauflagen. Der abenteuerliche Ansatz im Dreißigjährigen Kriege mit den Schilderungen der damaligen Zustände in Holstein hebt das Buch thematisch aus der Masse der im Anfang des Jahrhunderts weit verbreiteten Mädchenbücher heraus. In Anklängen an GRIMMELSHAUSENS Simplicissimus erzählt das Buch von einem weiblichen Findelkind, das als „Lagerkind" im Troß der Heere des Dreißigjährigen Krieges lebt und dessen sittsame Wiedereingliederung in die adelige Familientradition den Hauptteil der Handlung bildet; an die Hochzeit anknüpfend, berichtet die Verfasserin den weiteren Lebenslauf der Hauptperson als Herrin auf der Troiburg bei Lügumkloster nur noch summarisch. Das Buch „Das Lagerkind" erschien als fünfter Band in der Reihe „Jungmädchenbücher" des Mainzer Scholz-Verlages. Mehrere Auflagen erzielte auch der Sammelband „Aus dem Jugendland" (1908), der von der Freien Lehrervereinigung für Kunstpflege in Berlin herausgegeben wurde. Der Band enthält die Erzählungen „Johnys Regenschirm", „Mein Klaus", „Ferdinand", „Die Seeräuberburg" und „Um die Weihnachtszeit", die alle das einfache Leben der Bewohner der Ostseeinseln beschreiben und von denen der Herausgeber A. TROLL im Vorwort sagt, daß diese Erzählungen „dem kindlichen Verständnis ohne weiteres zugänglich" seien und „mit Gewinn von der deutschen Jugend gelesen" würden. Auch H. L. KÖSTER hebt den Band in seiner „Geschichte der deutschen Jugendliteratur" (^{4}1927, S. 335) als „geeignet für reifere Kinder" hervor. Die Erzählungen des Bandes erschienen später auch als Einzelausgaben.

→Mädchenbuch

Werke: Erzählungen für das Volk (1890); Eine von den Jüngsten. Erzählung für junge Mädchen (1893); Die Allerjüngste. Erzählung für junge Mädchen (1895); Erika. Aus dem Leben einer einzigen Tochter (1896); Das Dreigespann. Erzählung für junge Mädchen (1898); Philipp Reiffs Schicksale und andere Geschichten (1904); Gottes Wege (1904); Aus dem Jugendland (1908); Reifezeit (1908); Was Michel Schneidewind als Junge erlebte (1909); Aus schweren Tagen. Aus Hamburgs Franzosenzeit (1911); Das Lagerkind (1914); Barbarenkinder. Eine Erzählung aus der Zeit des Weltkrieges für die weibliche Jugend (1915); Als der Mond in Dorothees Zimmer schien (1918); Am Gartenweg (1922); Romane und Erzählungen (Bd. 1–8. 1922); Der feine Hansjakob Karrel und sein Freund. Der Teepott (1924).

Sekundärliteratur: G. J. Petersen: Charlotte Niese (in: Kölnische Zeitung. Nr. 279. 1924).

Margarete Dierks

Nigeria

(Federal Republic of Nigeria). Bundesrepublik in Westafrika. Staatsgebiet: 923768 km². Einwohner 63870000 (1969). Nach der Verfassung vom 1.10.1963 ist N. Republik und Bundesstaat. Aus den seit 1963 bestehenden vier Regionen und dem Bundesdistrikt wurden am 25.5.1967 zwölf Staaten gebildet. N. ist der volkreichste Staat Afrikas, der zahlreiche sprachlich, religiös und bildungsmäßig verschiedene Völker einschließt. Die wichtigsten Volksgruppen sind die Haussa (5,5 Millionen), die Fulbe (3,03 Millionen), die Kanuri (1,3 Millionen), die Yoruba (5,1 Millionen), die Ibo (5,46 Millionen) und die Edo (0,5 Millionen). Landessprache ist Englisch.

Entwicklung der Kinder- und Jugendliteratur und gegenwärtiger Stand. Die Vielfalt der in dem Staat N. zusammengeschlossenen Völkerschaften, die nicht nur religiös und sprachlich große Unterschiede aufweisen, sondern auch von ihrer traditionellen Kultur her große Gegensätze zeigen, setzt dem Versuch der Staatsführung, zu einer einheitlichen kulturellen und bildungsmäßigen Entwicklung vorzustoßen, erhebliche Schwierigkeiten entgegen. Nachdem keine der vorhandenen Eingeborenensprachen, sondern die Sprache der ehemaligen englischen Kolonialherren als Amtssprache gewählt wurde, bildete sich eine kleine englischsprechende Oberschicht, die die führenden Stellen in der Verwaltung, der Wirtschaft und den Bildungseinrichtungen besetzt, während die große Masse der Bevölkerung, vor allem die über 50 % der Dorfbevölkerung, aber auch große Anteile der in den weitgehend noch von dörflichen Strukturen bestimmten Großstädten lebenden Nigerianer, von der weiterführenden Bildung und der an der englischen Sprache orientierten kulturellen Entwicklung ausgeschlossen ist. Obwohl neuerdings mehr Kinder Englischunterricht erhalten, stoßen noch immer höchstens 10 % der Bevölkerung zu einem Grad der Beherrschung der englischen Sprache vor, der ihnen erlaubt, an der englischsprachigen Literatur Anteil zu haben. Dies trifft im besonderen Maß auf Kinder und Jugendliche zu.
Da der überwiegende Teil der in N. angebotenen Literatur, auch der Kinder- und Jugendbücher, in Englisch oder Französisch geschrieben ist, scheint damit der Bruch mit der eigenen Tradition schon rein sprachlich zementiert zu sein. Allerdings gibt es Versuche nigerianischer Autoren, diese Kluft zu überspringen und eine eigenständige Literatur zu schaffen, wenn auch überwiegend in Englisch. Schrittmacher für diese Selbstbefreiung waren die Autoren D. O. FAGUNWA und A. TUTUOLA, letzterer vor allem mit „The palm wine drinkard". Sie verstanden es, die weiße sprachliche Vormundschaft zu durchbrechen und abzuschütteln. Sie konnten der Gefahr, die dadurch entstand, daß sie sich der Sprache ihrer Unterdrücker bedienen mußten, widerstehen und ermöglichten zugleich eine Kommunikation über die Stammesunterschiede und die verschiedenen Stammessprachen hinweg. Die „Gänsehautsprache" (J. P. SARTRE) der Herrscher wurde von ihnen als die Sprache nationaler Vereinigung benutzt.

Legenden, Sagen, Märchen. In N., wie in vielen Ländern der Welt, spielen die Volkssagen, Legenden und Märchen in der Kinder- und Jugendliteratur eine bedeutsame Rolle. Hier, wie anderswo, sind immer wieder auch Kinder die Hauptpersonen dieser auch heute noch mündlich tradierten Geschichte. Innerhalb der mündlichen Tradition N.s können im wesentlichen folgende Formen der Erzählungen unterschieden werden: Götter- und Heldensagen, Warum-Geschichten, Moralische Geschichten, Fruchtbarkeitserzählungen und sogenannte „Trickster Tales". Überaus zahlreich und beliebt sind die Tierfabeln. Eine häufig wiederkehrende Figur ist die Schildkröte Ijapa. Sie ist gierig,

mißgünstig, rücksichtslos und außergewöhnlich schlau. Obwohl sie oft, z.B. in der Erzählung „Ijapa und Yanrinbo schwören einen Eid“, überaus erfolgreich ist, erfährt sie keine Anerkennung. Die Zuhörer betrachten Ijapas Benehmen als ungehörig und tadelnswert. Der bloße Erfolg einer schlechten Handlung garantiert in keiner Weise soziale Anerkennung für den Täter.
Umfragen ergaben, daß 1961 Ausgaben der GRIMMschen Märchen zur beliebtesten Kinderlektüre in N. gezählt wurden. Diese positive Aufnahme wird sicherlich dadurch begründet, daß in den nigerianischen Märchen Motive, Stoffe und Requisiten auftauchen, die solchen der europäischen Märchentradition ähnlich sind. Die Rezeption wird durch parallele Form und ähnlichen Gehalt begünstigt. So findet sich in dem Märchen „Oni und der Riesenvogel“, in dem der Junge Oni die Hauptfigur spielt, das Motiv der Schuhprobe, durch die der wahre Held beweisen kann, daß er und kein anderer das große Abenteuer bestanden hat.
Auch das Märchen „Auta, der Riesentöter“, das ebenfalls einen kleinen tapferen Jungen zur Hauptperson hat, zeigt deutliche Verwandtschaft zu den europäischen Märchen. So finden wir das Motiv des falschen Helden wieder, wenn der Junge durch List einen bösen Riesen besiegt (er wirft dem gierigen Riesen glühende Steine zum Fressen entgegen, an denen dieser verbrennt), ihm den Kopf abschlägt und im Gebüsch versteckt. Ein Soldat, der sich als Riesentöter ausgibt, wird von der Bevölkerung als Held und Befreier gefeiert, bis der Junge durch das Aufzeigen des Kopfes des Riesen als der wirkliche Held erkannt wird.

Moderne Kinder- und Jugendbuchautoren. Zwei Autoren geben der noch jungen nigerianischen Kinder- und Jugendliteratur ihr Gepräge: C. EKWENSI (*1921) und CH. ACHEBE (*1930). Beide waren als Autoren für Erwachsene schon bekannt, als sie sich der Kinder- und Jugendliteratur zuwandten. Die bedeutendsten ihrer Werke für Erwachsene sind EKWENSIS „People of the city“ (1954), ein Buch, in dem der Autor das Großstadtleben in Lagos schildert, und ACHEBES „Things fall apart“ (1958), ein Roman, der die Schwierigkeiten aufzeigt, die der Gegensatz von überlieferter Stammestradition und moderner Lebensweise hervorbringt.
ACHEBE besuchte als Kind ein Missionscollege in seinem Geburtsort Ogidi. 1953 legte er die B.A.-Prüfung am Ibadan University College ab. Anschließend arbeitete er bei dem „Nigerian Broadcasting Service“. Später unternahm er Reisen in die USA, Großbritannien und nach Brasilien. Nach längerer Rundfunkarbeit begann er zusammen mit anderen seine Herausgebertätigkeit. Es ist das Ziel von ACHEBE, Literatur für Schulkinder zu produzieren, die den jeweiligen lokalen Traditionen verbunden ist. Nach dem Bürgerkrieg von 1967 bis 1970 ging er für kurze Zeit in die USA. Sein bemerkenswertestes Kinderbuch ist „Chike and the river“ (1966). Der elfjährige Chike kommt zum ersten Mal in die große Stadt Onitsha, wo er bei seinem Onkel wohnen soll. Bald lernt der Junge das Großstadtleben kennen, das sich so sehr von dem Leben in der dörflichen Gemeinschaft unterscheidet. Es gibt keine Stammeszusammengehörigkeit, keine Solidarität der Sippe mehr, jeder ist auf sich selbst gestellt und in dem Bemühen, schnell viel zu verdienen, der Konkurrent seiner Nachbarn. Diese Sucht, mit allen, auch unredlichen Mitteln, zu Geld zu kommen, wird vor allem an dem Verhalten der Negativfigur Ezekiel gezeigt, einem Großstadtjungen, dessen Bekanntschaft Chike gemacht hat. Die Geschichte endet mit der Aufklärung eines Diebstahls durch Chike, die ihm als Belohnung ein Stipendium für die „Secondary School“ einbringt. In dieser pragmatisch orientierten Erzählung geht es dem Autor darum, jungen Menschen klarzumachen, daß der Übergang eines noch unentwickelten Landes zu einer anderen gesellschaftlichen Form soziale und psychologische Schwierigkeiten mit sich bringt. Der Autor sieht eine Aufgabe der Literatur darin, beim Sozialisationsvorgang mitzuhelfen. Der Literatur fällt die Aufgabe zu, die neuen gesellschaftlichen Anforderungen als Normen zu beschreiben, die erfüllt sein wollen. Sie muß aufzeigen, wie die alte Gesellschaft überwunden werden kann, um einer neuen Form gesellschaftlicher Existenz Platz zu machen. In diesen Zwiespalt gerät Chike. Seine Erziehung im heimatlichen Dorf muß ergänzt werden durch die sekundäre Sozialisation in der Großstadt. Sitten und Gebräuche seiner Vorfahren haben dort nur noch begrenzten Wert. Chike lernt, das Geld zu schätzen, sich auf sich selbst zu verlassen – Individuum zu sein, das aus seinen Familien- und Stammesbanden gelöst ist –, daß er arbeiten muß, wenn er vorankommen will. Der Autor versteht es, den sekundären Moralkatalog nicht zu sehr in den Vordergrund zu schieben, obwohl der moralische Zeigefinger unübersehbar bleibt. Alles kommt darauf an, so ist die Lehre für Chike, sich der Großstadt mit ihren eigenen Gesetzen anzupassen. Man darf nicht wählerisch sein und muß seine Zeit nutzen. Höchste Tugenden sind Sparsamkeit und Arbeitsamkeit.
Allerdings dürfen die afrikanischen Autoren sich, so führt ACHEBE aus, auch nicht über die afrikanische Vergangenheit täuschen, die eben keine reine „Idylle in Technicolor“ gewesen sei. Es reiche nicht hin, ein „advocatus dei“ zu sein, der Historiker habe auch „advocatus diaboli“ zu sein. ACHEBE bezieht sich dabei auf A. CÉSAIRE, der sagte, daß der kürzeste Weg in die Zukunft über die Vergangenheit führe. ACHEBE setzt sich ebenso mit dem Sprachproblem auseinander. Oft gibt es kein der afrikanischen Situation entsprechendes englisches Wort. Der Autor muß also Sprachschöpfer sein. Deshalb komme es zu allererst darauf an, die englische Sprache zu beherrschen, um dann ihre Regeln durchbrechen zu können und mit ihnen zu spielen.
EKWENSI gehört, wie ACHEBE, zu der Generation nigerianischer Autoren, die ihre schriftstellerische Tätigkeit bewußt in den Dienst des Aufbaus ihrer Nation stellen. Er beschrieb 1964 die „literarischen Einflüsse auf einen jungen Nigerianer“. Die Aufzählung der Autoren und Werke, mit denen er vertraut war, reicht von TENNYSON, CH. DICKENS, Robinson Crusoe und Gulliver über O. GOLDSMITH bis zu W. SCOTT. Zu

seiner Lektüre in der Freizeit zählten auch R. HAGGARD, E. WALLACE und A. SAPPER. Ein anderes, zentrales Leseerlebnis war die Bekanntschaft mit E. HEMINGWAYS Büchern, dessen Einfluß in EKWENSIS Büchern deutlich zu spüren ist. Beeindruckt war EKWENSI von H. G. WELLS und dessen utopischen Werken „Country of the Blind", „The invisible man", „The History of Mr. Polly" und „First men in the moon". Unauslöschlich prägte sich ihm S. MAUGHAMS „A Writer's Notebook" ein. Den größten Teil der Texte lernte er jedoch in Form von Exzerpten in Lesebüchern und durch den „Overseas Service" der BBC kennen. Diese persönliche Erfahrung läßt ihn die Rolle des Rundfunks im Erziehungs- und Bildungswesen höher einschätzen als die des Fernsehens: „Ich ziehe es vor, gebildet und unterhalten und nicht nur unterhalten zu werden" (S. 476). Prägend wurden für EKWENSI auch die Werke von D. THOMAS, J. JOYCE und S. BECKETT. EKWENSI ist sich der Gefahr bewußt, die darin liegt, daß er in Englisch für Afrikaner schreibt. Es besteht dabei immer die Möglichkeit, daß er gerade das nicht ausdrücken kann, was er für besonders wichtig hält, weil die afrikanische Denkweise, ihre Vorstellungswelt und ihr Begriffsapparat im Englischen keine Entsprechung finden. Die Sprachprobleme deuten auf Kulturprobleme. EKWENSI sieht die Funktion der Literatur nicht nur darin, ein „Katalog des Unrechts" zu sein. Er hält es für unangebracht, Literatur als Agitationsinstrument zu mißbrauchen. Der Autor müsse sich jedoch der Empfänglichkeit seines Publikums für die Wahrheit bewußt bleiben.

In EKWENSIS Erzählung „Trouble in Form Six" spielen zwei Schuljungen die Hauptrolle. Rikku zeichnet sich durch Fleiß, Disziplin und gute Leistungen aus. Akin Tayo dagegen ist aufsässig, andauernd zu dummen Streichen aufgelegt und fühlt sich ständig benachteiligt. Erst nach langen Umwegen und vielen bösen Erfahrungen sieht Akin Tayo ein, daß seine Lehrer recht haben und nur das Beste wollen. Am Ende kehrt er geläutert in das College zurück. EKWENSIS Erzählung von Rikku und Akin Tayo zeigt starke Verwandtschaft zu der moralischen Erzählung im Europa des 18. und 19. Jahrhunderts. Andererseits steht sie ganz in der Tradition der afrikanischen mündlichen Erzählung, die oft eine Lebensweisheit oder ein moralisierendes Sprichwort zum Kernpunkt ihres Inhalts machte.

Vergleichbar im Aufbau ist auch EKWENSIS Kinder- und Jugendbuch „Juju Rock" (1966). Es wurde mit R. L. STEVENSONS „Schatzinsel" verglichen und zeigt deutlich, daß EKWENSI sich stark am englischen Jugendbuch orientiert. Die Geschichte berichtet von abenteuerlicher Verbrecherjagd, Gefangennahme und Befreiung und schließlich der Überwindung der Bösewichter. Hier folgt EKWENSI weitgehend dem Schema europäischer Abenteuerbücher des 19. und frühen 20. Jahrhunderts. Allerdings werden nun im Gegensatz zum europäischen Abenteuerbuch, in dem oft Eingeborene als böse, hinterlistig und grausam geschildert werden, Weiße als Bösewichter vorgestellt.

Zu den bedeutenderen und vielgelesenen Kinder- und Jugendbuchautoren N.s gehören außerdem A. AJOSE, NK. NKANKWO und O. OLAGOKE. AJOSE trat hervor mit „Yomis Adventures" (1964), NKANKWO mit „Tales out of school" (1964) und OLAGOKE mit „The Iroko-man and the Woodcarver" (1963). Diese drei Taschenbücher sind typisch für die neue Art fiktionaler Literatur, die gegenwärtig von nigerianischen Autoren für Schulkinder in N. geschrieben wird. Während noch vor einigen Jahren vorwiegend europäische Schulbücher übernommen oder als Übersetzungen in den Schulen verwandt wurden, werden jetzt immer mehr Schulbücher von afrikanischen Autoren mit Inhalten, in denen sich Umwelt und Geisteshaltung der afrikanischen Bevölkerung widerspiegeln, als notwendig anerkannt. Man hat auch eingesehen, daß diese Bücher erschwinglich bleiben müssen.

Kinder- und Jugendbücher afrikanischer Prägung sollen als Ergänzung der Lehrmaterialien verwendet werden und sollen helfen, die Kinder in das gesellschaftliche Leben einzuführen. AJOSES Roman über Yomi Kayode, ein Schulmädchen aus Ibadan, die als Preis für den Sieg in einem Photowettbewerb einen Flug nach London gewinnt, führt den Leser aus afrikanischer Sicht in britische Sitten und Ansichten ein. Das Ganze ist eingebettet in eine Abenteuergeschichte. Dieses Buch

*Bruce Onobrakpeya (*1932) aus Agbarha-Otor (Nigeria). Illustration zu dem 1968 in Lagos erschienenen Buch „The Forest of Thousand Daemons".*

und auch NKANKWOS Sammlungen von Kurzgeschichten erschienen in Ausgaben, in denen seltenere englische Ausdrücke erläutert werden. Die „Tales out of school" von NKANKWO erschienen als Erstabdruck in der Jugendbeilage der „Daily Times" (Lagos), der „Junior Times" (1961). Die Geschichten sind aus dem Alltag nigerianischer Schulkinder genommen. Die erzieherische Absicht der Geschichten zielt auf respektvolles Verhalten der Kinder gegenüber den Lehrern, aber auch auf Toleranz gegenüber Behinderten, wie etwa Brillenträgern.
NKANKWO und OLAGOKE sind beide Lehrer und kennen die Bedürfnisse ihrer Schüler aus eigener Erfahrung. OLAGOKES Erzählungen greifen mehr auf die nigerianische Überlieferung zurück. Seine Geschichte „The Iroko-Man and the Woodcarver" basiert auf einer Yoruba-Sage und kann, da in Dialogform angelegt, als Theaterstück aufgeführt werden.

Massenliteratur: Onitsha Market Books. Onitsha ist der Name einer nigerianischen Stadt, die wegen ihres riesigen Büchermarktes berühmt ist, der sich in seiner äußeren Form in nichts von den herkömmlichen Wochenmärkten unterscheidet, außer daß in Onitsha bevorzugt Bücher verkauft werden. Zugleich bezeichnet Onitsha eine bestimmte Sorte Bücher: die Onitsha Market Books. E. OBJECHINA ist den Phänomenen der Massenliteratur in N. nachgegangen und gewährt der Untersuchung der Onitsha-Bücher den größten Raum. In der Tat sind sie ein singuläres Phänomen in Afrika; zeitweilig wurden sie sogar als eine Art Institution angesehen. Das erste Onitsha-Buch erschien 1947. Der Autor war C. EKWENSI, sein Buchtitel „Ikolo, the wrestler". 1960 zählte man schon gut 200 Titel auf dem Onitsha-Markt. Die Onitsha-Bücher stellen eine Reaktion auf die „sophisticated", an westlichen literarischen und sozialen Normen orientierte Literatur der sogenannten Küstenelite N.s dar. Gelegentlich wird ihnen ein „Demokratisierungs"-Effekt zugesprochen. Sie sind gleichzeitig ein Beweis des Alphabetisierungsgrades in N. Die Leser der Onitsha-Werke gehören zumeist der Unterschicht N.s an, vor allem den Bevölkerungsschichten, deren englische Sprachkenntnisse nur mangelhaft ausgeprägt sind. Die Onitsha-books sind daher auf eine Verbindung von reduziertem Englisch mit großem Illustrationsteil angelegt und entsprechen in ihrer Aufmachung und ihrer Intention teilweise den billigen Heft- und Comicserien der westlichen Länder. Das einheimische Bildungsbürgertum meidet und leugnet ihre Präsenz. Einzelne Autoren versuchen in den Vorwörtern zu ihren Werken auf die moralische Nutzanwendung hinzuweisen (Bücher als Lebenshilfe) und machen die Leser darauf aufmerksam, daß es keiner großen Englischkenntnisse bedarf, um das Buch zu lesen. So heißt es in „Miss Cordelia in the Romance of Destiny": „Ich habe das Buch so einfach wie möglich gemacht, damit es jeder Junge mit Vergnügen lesen kann, ohne ein Wörterbuch neben sich liegen zu haben." Die durchschnittliche Auflage der Onitsha-Bücher liegt bei 3000–4000 Stück, allerdings erreichen einige Titel, z. B. „The Nigerian Bachelor's Guide" eine Auflage von 60000.
Andererseits ist die Produktion von Onitsha-Büchern zu einem einträglichen Geschäft geworden. Die Autoren sind von den Verlegern überaus abhängig. Ihre Bezahlung ist gering und sie werden, was Form und Inhalt betrifft, stark von den Verlegern reglementiert. Der Verlag bestimmt, was als Publikumsgeschmack zu gelten hat und was die Publikumsbedürfnisse sind. Kernpunkt vieler Bändchen dieser Massenliteratur ist der Unterricht in den ökonomischen Kulturtechniken, dem Umgang mit Geld ebenso wie das Schreiben von Liebesbriefen. Die publikumserzieherische Intention der Produzenten wird offen zugegeben. Unter anderem erschien eine „Pocket Encyclopedia of Etiquette and Commen Sense" auf dem Markt von Onitsha. Die Onitsha-books sind für Erwachsene wie für Kinder und Jugendliche gemeinsam konzipiert.
OBJECHINA zieht in seiner Untersuchung über die nigerianische Massenliteratur eine Verbindungslinie von den englischen Chapbooks des 18. Jahrhunderts hin zu den marktgängigen Onitsha-books. In der Tat ist die Parallelität der Themen und der Interessen verblüffend. Der ideologische Gehalt der Onitsha-books ist unabweisbar. Geld verdienen wird als das oberste menschliche Ziel angepriesen und die herrschenden gesellschaftlichen Verhältnisse werden undiskutiert akzeptiert. Es ist die Absicht der Onitsha-books, die Einübung kapitalistischer Lebens- und Denkweisen in einem immer noch stark agrarisch ausgerichteten Land voranzutreiben. Fleiß und Sparsamkeit werden als höchste Tugenden angepriesen. Alles in allem preisen die Onitsha-books sich an als „Wegweiser zum glücklichen Leben". OBJECHINA stellt fest, daß Konsumenten dieser Massenliteratur die aktivsten Befürworter der industriellen Ordnung sind. Als Grund für diese uneingeschränkte Identifikation mit einer westlich ausgerichteten Großstadtkultur sieht er die mangelhafte Bildung an, über die auch rudimentäre Lesefertigkeiten nicht hinwegtäuschen können. Den meisten Lesern fehlt jegliche Fähigkeit zu einem kritischen Skeptizismus. Die Onitsha-books befassen sich lediglich mit Oberflächenphänomenen. Sie reproduzieren das hektische Leben des nach Gewinn strebenden Stadtbewohners und verhindern zugleich das Aufzeigen neuer und kreativer Formen gesellschaftlichen Zusammenlebens. Dadurch fördern sie das Einverständnis mit dem bestehenden System.

Organisationen, Förderungsmaßnahmen, Literatur zur Kinder- und Jugendliteratur. In einigen Regionen N.s verläuft die Entwicklung der Kinder- und Jugendliteraturproduktion recht erfolgreich und beständig. Hervorhebung verdient vor allem der Bücherdienst für Schulbibliotheken. Die „Eastern Nigeria School Libraries Association" gibt seit 1965 ein „Bulletin" heraus, das Anleitungen für die Einrichtung und Organisation von Bibliotheken gibt und Rezensionen über besonders empfehlenswerte Kinder- und Jugendbücher abdruckt. Eine andere Organisation, die das Interesse an Kinderbüchern stimuliert hat, ist die „Franklin Publications". Ihre Büros in Lagos gelten als Trainingszentrum für jüngere Kinderbuchautoren. Die „Franklin Publications" unterstützen auch die „Juvenile Book Writer's Group", die 1964 von einer Reihe nigerianischer Autoren gegründet wurde. Der wichtigste Verlag von Kinder- und Jugendbüchern ist die in Lagos ansässige „African Universities Press".

Sekundärliteratur: Ch. Achebe: The role of the writer in a new nation (in: Nigeria Magazine. No. 81. June 1964. 157–160). – J. Allen: Books for secondary and senior primary schools; a list of books suitable for schools in Northern Nigeria (1960). – M. Banham: The beginnings of Nigerian literature in English (in: Review of English literature. Vol. III. No. 2. April 1962. 88–99). – R. E. Crookall: School libraries in West Africa (1961). – C. Ekwensi: Literary influences on a young Nigerian (in: The Times Literary Supplement. 4.6.1964. 475–476). – B. Lindfors: Folklore in Nigerian literature (1973). – E. Objechina: An African popular literature (1973).

Winfred Kaminski

Nils Holgersson → S. Lagerlöf

Noack, Hans-Georg

*Jugendbuchautor, Übersetzer, Lektor; *12.2.1926 Burg bei Magdeburg.*

Nach der Schulzeit besuchte N. bis zu seiner Einberufung zum Kriegsdienst eine Lehrerbildungsanstalt. In belgischer Kriegsgefangenschaft arbeitete er in einem Kohlebergwerk und nach einem schweren Unfall als „Freizeitgestalter". Nach der Entlassung war er ein Jahr in einer Glasfabrik tätig, danach im Rahmen des belgischen CVJM im sozialpädagogischen Bereich (z. B. Gründung des „Arbeitsausschusses Kinderhilfe", aus der sich die Kommission „Freundschaft europäischer Jungen" entwickelte). Bis 1953 leitete N. mehrere internationale Jugendlager. Nach Deutschland zurückgekehrt, war er Dolmetscher bei der UNESCO, Privatsekretär bei der Pianistin E. Ney und Leiter einer Konzert- und Gastspieldirektion. Seit 1960 ist N. freier Schriftsteller mit Lektoren- und Übersetzertätigkeit. Er arbeitet im Bödecker-Kreis mit und war bis 1976 Vorstandsmitglied im Verband Deutscher Schriftsteller, insbesondere als der Interessenvertreter der Kinder- und Jugendbuchautoren. Verschiedene seiner Titel wurden in Preislisten aufgenommen, so „Die Milchbar zur bunten Kuh" 1969 in die Ehrenliste zum Österreichischen Staatspreis für Kinder- und Jugendliteratur, „Rolltreppe abwärts" 1971 und „Benvenuto, heißt willkommen" 1974 in die Auswahlliste zum Deutschen Jugendbuchpreis.

Hans-Georg Noack (1926)*

Werk, Tendenzen, Wirkung: N. stammt, wie er selbst es nennt, aus einer „Familie von Bücherwürmern". Seine ersten Schreibversuche bleiben zunächst erfolglos. Nach dem Zusammenbruch 1945 bricht auch für den ehemaligen Hitlerjungen N. eine Welt zusammen. Während der Kriegsgefangenschaft setzt die Neubesinnung ein. In Anlehnung an H. P. Richters Vorwort zu dessen Buch „Wir waren dabei" (1962) formuliert N. später seinen Grundsatz: „Ich habe geglaubt, und ich werde nie mehr leichtgläubig sein". Dieser Satz, verbunden mit seinen pädagogischen Neigungen, bestimmt ihn fortan. Seine Tätigkeiten weisen es ebenso aus wie seine Bücher. Grundtendenz seines schriftstellerischen Schaffens ist eine „immanente erzieherische Absicht". Er postuliert: „Ein Buch kann nicht ‚gut' sein, wenn der jugendliche Leser nach der Lektüre nicht ein wenig klüger, ein wenig besser oder ein wenig nachdenklicher geworden ist" (Es stellt sich vor: Hans-Georg Noack. In: Das gute Jugendbuch. 1. 1968. S. 22). N.s erzieherische Absicht aber ist, für die Zukunft eine bessere Welt zu bauen und verhindern zu helfen, daß totalitäre Ideen, wie etwa der Faschismus, nochmals die Oberhand gewinnen. Konsequent greift er Themen auf, die jeweils besonders aktuell sind: Rassenhaß, Staatsverdrossenheit, Jugendkriminalität, Drogensucht u. a. Sein Ziel ist, nicht nur Aufmerksamkeit zu erringen, sondern den jungen Menschen zu ändern. Er bemüht sich dabei um Milieutreue, macht umfangreiche Recherchen, erkundet das Thema nach allen Seiten, so daß ihm in vielen Fällen dokumentarische Bestandsaufnahme zu bescheinigen ist. Der Durchbruch als Schriftsteller kam mit dem Buch „Hautfarbe Nebensache" (1960), wo er darstellt, wie Rassenhaß geschürt wird. Die Fortsetzung des Themas war „Der gewaltlose Aufstand" (1965), der erzählende Bericht über M. Luther King und den Kampf der amerikanischen Neger. Seine Absicht war es, ein allgemein menschliches Problem möglichst vielen Lesern deutlich zu machen; daher wählte er die erzählende Form und nicht die des dokumentarischen Sachbuchs. Ganz ähnlich verhält es sich mit „Rolltreppe abwärts" (1970) – Thema: Jugendkriminalität – „Trip" (1971) – Drogenmißbrauch – oder „Benvenuto heißt willkommen" (1973) – Gastarbeiterproblem. „Stern über der Mauer" (1962) ist der Versuch, über die nazistische Vergangenheit Aufschluß zu geben. Als Mischform, teils erzählend – teils sachbuchgemäß, wäre „Streiter – Hüter – Erben" (1964) zu nennen, ein Buch, das vom Kampf um die Menschenrechte berichtet. Als Sachbücher folgten in dieser Richtung „Einmaleins der Freiheit" (1967) und „Extremisten – Schlafmützen – Demokraten" (1969), wo N. dem jungen Leser deutlich machen möchte, wie er sich den freien Bürger vorstellt. Neben diesen prononciert pädagogischen Titeln gibt es auch einige mehr unterhaltenden Charakters wie etwa „Jungen, Pferde, Hindernisse" (1963) oder „Die Milchbar zur bunten Kuh" (1966). Der letztgenannte Titel hatte besonders großen Erfolg bei den jungen Lesern. Es liegen auch zahlreiche Übersetzungen davon vor, weil hier ein Zustandsbericht der aktuellen Situation der Jugend gegeben wurde und der Leser sich wiedererkennen konnte (Gesamtauflage 1.4.1975: 99000). Indiz für die Wirkung des Jugendbuchautors N. sind auch die Übersetzungen seiner Bücher (sechs Titel ins Dänische, Englische, Französische oder Tschechische) sowie Lizenzausgaben für Buchgemeinschaften oder Taschenbuchreihen. Als erfolgreich darf man auch seine Übersetzer- und Lektorentätigkeit bezeichnen. Unter 135 Übersetzungn bis 1975 (darunter A. Catherall, F. Holman, I. Southall und B. Wersba) sind zwei Deutsche Jugendbuchpreise und neun Nennungen in der Auswahlliste zum Deutschen Jugendbuchpreis. N.s Zusammenarbeit mit dem Signal-Verlag und seine Tätigkeit beim Schaffstein-Verlag seit dessen Umsiedlung nach Dortmund haben das Gesicht dieser Verlage nicht unwesentlich geprägt. In der Jugendbuchkritik hat N. ein zwiespältiges Echo gefunden. Seine Übersetzer- und Lektorentätigkeit, seine Aktivitäten für das Jugendbuch, sind unumstritten. Für seine eigenen Bücher gibt es neben breiter Zustimmung auch Kritik, die sich so zusammenfassen läßt: N.s erzieherische Absicht sei zu offensichtlich, zu aufgesetzt und zu spürbar. Die Aufnahme aktueller Themen mache seine Bücher zu kurzlebig und vermittle den Eindruck der aktuellen Effekthascherei. Zu solcher Auffassung kann eine einseitig ästhetisierende Literaturkritik führen. Die Langlebigkeit einiger aus aktuellem Anlaß geschriebenen Bücher N.s (z.B. „Hautfarbe Nebensache") spricht allerdings gegen die Kritik.

Werke: Jürg, die Geschichte eines Sängerknaben (1955); Der Schloßgeist (1956; NA. 1971); Das große Lager. Ein Tagebuch von der Freundschaft europäischer Jungen (1960); Hautfarbe Nebensache (1960; NA. 1975); Mutter am Gerichtstag (1960); Fahrerflucht zu Gott (1961, ²1964); Stern über der Mauer (1962); Vier Geschichten zum Advent (1962); Jungen, Pferde, Hindernisse (1963); Geschichten auf buntem Papier (1964); Streiter, Erben, Hüter. Vom Kampf um die Menschenrechte (1964); Der gewaltlose Aufstand. Martin Luther King und der Kampf der amerikanischen Neger (1965); Die Milchbar zur bunten Kuh (1966); Einmaleins der Freiheit (1967); Extremisten, Schlafmützen, Demokraten (1969); Rolltreppe abwärts (1970); Trip (1971); Die Abschlußfeier (1972); Benvenuto heißt willkommen (1973); Suche Lehrstelle, biete ... (1976).

Hrsg.: Wie wir es sehen (1964); dabei (1972); Wir sprechen noch darüber (1972; zus. mit D. Lattmann); Rechtslexikon für Schüler, Lehrer und Eltern (1974; zus. mit L. Dietze und K. E. Hess).

Sekundärliteratur: K.-H. Klimmer: Hans-Georg Noacks Erzählung „Jungen, Pferde, Hindernisse" im Deutschunterricht einer 5. Klasse (in: Das gute Jugendbuch. 1. 1967. 5–9); Jugend übt Völkerverständigung (in: Das gute Jugendbuch. 1. 1968. 14–19). – H.-G. Noack: Es stellt sich vor: Hans-Georg Noack (in: Das gute Jugendbuch. 1. 1968. 20–24).

Dietrich Fischer

Nöstlinger, Christine

*Kinder- und Jugendbuchautorin; *13.10.1936 Wien.*

N., im Arbeitermilieu der Wiener Vorstadt aufgewachsen, nahm nach dem Abitur in Wien das Studium der Gebrauchsgrafik an der Akademie für angewandte Kunst auf, heiratete, bekam zwei Töchter, schrieb für Tageszeitungen und Magazine, arbeitete für den Österreichischen Rundfunk und veröffentlichte 1970 ihr erstes Kinderbuch: „Die feuerrote Friederike". Seitdem erscheinen jedes Jahr von ihr Bilder-, Kinder- und Jugendbücher. 1972 erhielt sie den Friedrich Bödecker-Preis, 1973 den Deutschen Jugendbuchpreis für ihr Kinderbuch „Wir pfeifen auf den Gurkenkönig" (1972) und 1974 den Österreichischen Staatspreis für „Achtung! Vranek sieht ganz harmlos aus" (1974). N. lebt in Wien.

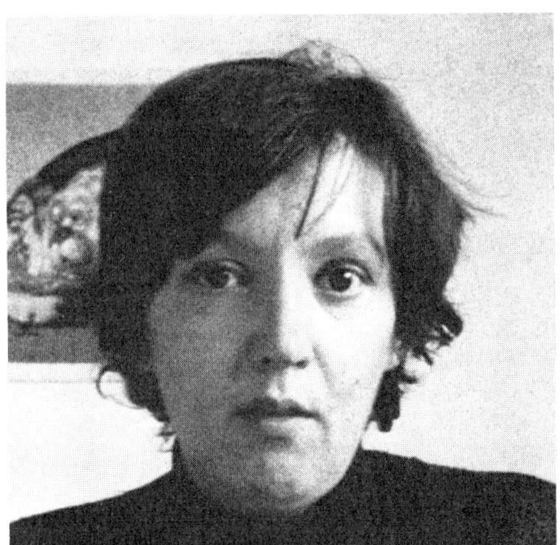

Werk, Tendenzen, Wirkung. N. schuf in ihren ersten Kinderbüchern „Die feuerrote Friederike" und „Die drei Posträuber" Text und Illustration gleichermaßen und schrieb auf Grund der positiven Kritik zu dem sozialkritisch-phantastischen Text – nicht zu den Illustrationen – weitere Kinderbücher. Ihre außerordentliche Produktivität – von 1970 bis 1976 hat sie mehr als zwanzig Titel vorgelegt – ging in verschiedene Richtungen: 1. verfolgte sie das Genre der phantastischen Erzählungen ihres ersten Buches weiter, indem weiterhin surreale Gestalten wie die Gurkinger (das sind gurkenähnliche Kellerlebewesen) und deren vertriebener Gurkenkönig („Wir pfeifen auf den Gurkenkönig", 1972), der große Hund und der schwarze Mann, sich als Helfer entpuppende Schreckfiguren in Kinderzimmern („Der schwarze Mann und der große Hund", 1973) oder die in den Tank des Riesen-Mopeds gesteckten Zwerge („Pelinka und Satlasch", 1976), eine solidarische Figurengruppe, die sich gegen Ausbeutung wehrt, auftreten; 2. beschreibt N. mit außergewöhnlicher psychologischer Einfühlung und Direktheit, und zwar vor allem für eine ältere Lesergruppe (Jugendliche), das Leben junger Leute in realistischen Erzählungen, so z.B. in „Ilse Janda, 14" (1974), einer modernen Variante des Mädchenbuchs, das konfliktreiche Familienleben und den Ausbruchsversuch einer Vierzehnjährigen und in „Stundenplan" (1975) die Probleme der Teenager innerhalb der „Jeansgeneration".

Einen besonderen Platz nimmt das Buch „Maikäfer, flieg" (1973) ein. Es ist der autobiografische Bericht eines achtjährigen Mädchens über das, was es in den letzten Kriegs- und den ersten Nachkriegsjahren in Wien erlebte. In diesem romanhaften zeitgeschichtlichen Werk werden die politischen, sozialen und wirtschaftlichen Lebensbedingungen zur Zeit des Kriegsendes anhand des persönlichen Schicksals der Ich-Erzählerin deutlich. Die Tendenz ist die einer humanen und pazifistischen Weltsicht.

Von N. gibt es Bilderbücher, Kinderbücher und Jugendbücher. Gelegentlich kehrt sie wieder zur eigenen Illustration in einem von Karikatur und Comic-Genre beeinflußten schwungvollen und großflächigen Stil zurück („Pelinka und Satlasch", 1976).

Wiederholt hat sich N. zu den stilistischen und thematischen Vorstellungen innerhalb ihres jugendliterarischen Oeuvres in Briefen, Verlagsalmanachen, Vor- und Nachworten geäußert. Sie könne z.B. nur schreiben, was sie selbst erfahren habe („Ich kann nur über Dinge schreiben, die ich kenne, Indianer, Filmstars und Söhne von Atomphysikern mit Nobelpreis fallen also weg"). Letztlich betrifft diese Feststellung auch ihre Phantastischen Erzählungen, denn diese schildern in teilweise surrealer Figuration und Szenerie die sozialen und psychischen Situationen und Vorgänge unter Kindern, Halbwüchsigen und durchschnittlichen Bürgern. N. behauptet, sie schreibe am liebsten im Wiener Dialekt: „Das ist meine Sprache. Da wird alles beim Schreiben leichter. Und alles stimmt mehr." Sie vollzieht demnach auch sprachlich ihre ideelle Parteilichkeit mit, nach der sie für die einfachen, nicht „fein" sprechenden Leute, und hier besonders für die jungen, zu schreiben vorhat. 1974 veröffentlichte sie in Wiener Dialekt den Band „Iba de Gaunz Oaman Kinder", verfaßte Glossen und Gedichte in Mundart und hat in ihren Jugendbüchern vielfach Austriazismen und Dialektwörter beibehalten (z.B. „dem Vranek seine Papierln" statt „Vraneks Papiere"; „Besenstangl" statt „Besenstiel" usw.).

Ihre erstaunliche schriftstellerische Begabung, ihre lockere und intelligente Schreibweise, ihre Fähigkeit zu Phantasieschöpfungen und treffenden Milieuschilderungen benutzt N., um ihren Texten eine sozialkritische Tendenz mitzugeben: „Das Einzige, was ich habe, ist ein unerschütterlich fester Glaube an Aufklärung und Humanität", schreibt sie in einem Brief. So wenden sich die Inhalte ihrer Bilder-, Kinder- und Jugendbücher erstens gegen angemaßte Macht (Unterdrückung der Kleinen, der Außenseiter, der Familie durch den Vater, der Jugendlichen durch sterile Erziehung usw.), zweitens gegen Vorurteile und Aberglaube (den Schwarzen Mann als Kinderschreck, die Hänselei eines rothaarigen Kindes, die Diskriminierung jugendlicher Subkultur usw.) und drittens gegen Inhumanität und eine kriegerisch-heroische Weltauffassung (gegen den Hitlerkrieg, gegen Geschäftemacherei, gegen Starkult usw.).

Wenn N. es auch ablehnt, in ihren Kinder- und Jugendbüchern anderes zu geben als Spaß („Ich will den Lesern und Hörern Spaß machen. Den jungen und den alten"), so ergibt sich doch eine mit dem phantasievollen Spaß mitgelieferte soziale Aussage. Diese dürfte in der Parteinahme für Emanzipationsprozesse, sozialen Fortschritt und humanere Lebensbedingungen zu finden sein.

N.s Bücher sind erstaunlich schnell bekannt geworden und werden auszugsweise zum Teil in neuere Lesebücher aufgenommen. Übersetzungen liegen schon vor („Wir pfeifen auf den Gurkenkönig" auch ins Russische: 1976). Verfilmt wurden 1975 „Wir pfeifen auf den Gurkenkönig" und 1976 „Ilse Janda, 14".

→ Mädchenbuch

Werke: Die feuerrote Friederike (1970); Die Kinder aus dem Kinderkeller (1971, [4]1975); Mr. Bats Meisterstück (1971); Die drei Posträuber (1971); Ein Mann für Mama (1972); Wir pfeifen auf den Gurkenkönig (1972, [4]1974); Der kleine Herr greift ein (1973); Maikäfer, flieg! (1973, [2]1974); Der schwarze Mann und er große Hund (1973); Sim-Sala-Bim (1973); Achtung! Vranek sieht ganz harmlos aus (1974); Gugerells Hund (1974); Iba de Gaunz Oaman Kinda (1974); Ilse Janda, 14 (1974); Der Spatz in der Hand ... ist besser als die Taube auf dem Dach (1974); Konrad oder Das Kind aus der Konservenbüchse (1975); Rüb-Rüb-Hurra! (1975); Stundenplan (1975); Der liebe Herr Teufel (1975); Pelinka und Satlasch (1976); Lollipop (1976).

Sekundärliteratur: G. Maßmann: 6 × Christine Nöstlinger (in: Jugendschriften-Warte. 3. 1973. 10–11). – D. Müller: Muß die feuerrote Friederike wirklich fliehen? (in: Buch und Spiel in der Praxis. 1973. 1. 4). – Nöstlinger – kompreß (in: Bulletin Jugend und Literatur. 1975. 10. 15–19). – A. Oehm: Kritische Bemerkungen zu Büchern von Christine Nöstlinger (in: Unsere Jugend. 27. 1975. 7. 324–326). – W. Ross: Die ernsthafte Lust am Unfug. Zu den Geschichten der Christine Nöstlinger (in: Süddeutsche Zeitung. 278. 1./2.12.1973. 106).

Klaus Doderer

Nonsense

N. ist die englische Bezeichnung für eine Form des Sprachspiels, die als konstitutives oder ornamentales Element in Vers- wie Prosaliteratur vorkommt, vornehmlich in solcher für Kinder. Die deutsche Übersetzung „(literarischer) Unsinn" hat sich als Fachausdruck nicht durchgesetzt. Das Phänomen, das in England eine lange Tradition hat und seit einigen Jahren auch in Deutschland an Popularität gewinnt, ist schwer einzugrenzen. E. Lears „Book of Nonsense" (1846) und L. Carrolls Alice-Bücher (1865–1872) sind klassische Realisierungen.

Verbreitung. Entgegen einer gelegentlichen Bestimmung des N. als Gattung (G. Klingberg, a.a.O. S. 222) versteht ihn R. Hildebrandt als eine Qualität nach Art der Tragik oder Ironie und unterscheidet gemäß Herkunft, Bewußtseinsgrad der Gestaltung und Stellung in einem Werk zwischen Volks-, ornamentalem und literarischem N. (a.a.O. S. 68). Der historische Ursprung ist im Volks-N. zu suchen, vor allem ausgeprägt in Kinderreimen (etwa „zersungenen" Abzählversen). Erste Beispiele des literarischen, d.h. ein Werk durchgängig strukturierenden N. sind die Bücher der beiden N.-Klassiker: E. Lears (1812–1888) selbstillustrierte Sammlung fünfzeiliger Limericks und L. Carrolls (1832–1898) phantastische Erzählung von den Begegnungen des Mädchens Alice mit nonsenseproduzierenden Geschöpfen, die zum Teil selbst N.-Produkte sind (etwa die „Mock Turtle"). Bekannte englische Erzählungen für Kinder, in denen sich ornamentaler N. findet, stammen von W. M. Thackeray, Ch. Kingsley, R. Kipling, J. M. Barrie, H. Lofting, A. A. Milne, J. R. R. Tolkien. Auch „The Magic Pudding" (1918) von dem Australier N. Lindsay gehört hierher. Als Verfasser von N.-Versen sind vor allem H. Belloc, W. de la Mare und E. Farjeon zu nennen, außerdem so unterschiedliche Autoren wie T. S. Eliot und der „Beatle" J. Lennon. In der deutschen Literatur der Vergangenheit lassen sich fast nur Gedichte von Chr. Morgenstern und J. Ringelnatz dem N. zurechnen. In bezug auf die Gegenwart ist von einer Renaissance des N. gesprochen worden (M. Schedler, S. 35). Zu beobachten sind in der Bundesrepublik Deutschland wie in der DDR: eine Rezeption der englischen N.-Klassiker durch neue Übersetzungen (L. Carroll durch Chr. Enzensberger, K. Reichert, L. u. M. Remané; E. Lear durch H. C. Artmann, B. Frischmut, J. Guggenmos, H. A. Halbey usw.) und Illustrationen (L. Carroll durch F. Haacken; E. Lear durch A. Bous, U. Kirchberg usw.), eine Verbreitung von N. durch Anthologien (J. Krüss, Seifenblasen, 1972; auch H. J. Gelbergs „Jahrbücher der Kinderliteratur", 1971ff.) und Kinderfernsehsendungen, sowie eine umfangreiche Eigenproduktion bei Autoren wie M. Ende, J. Guggenmos, P. Hacks, H. A. Halbey, F. Hoffmann, Janosch (d.i. Horst Eckert), S. Kilian, J. Krüss, M. Kruse, H. G. Lenzen, H. Manz, K. Recheis, Chr. Reinig, W. Schmögner, J. Spohn. Häufig erscheint N. in Bilderbüchern – kennzeichnend ist ein früher Titel von J. Spohn: „Eledil und Krokofant" (1967). Die phantastisch-hybriden Tier- und Pflanzengeschöpfe der Bilderbuchmacher D. Brembs und K. Halbritter könnten direkt aus L. Carrolls Unsinnswelt stammen. Die gegenwärtige Tendenz zum N., die auch in anderen Ländern zu belegen ist (vgl. J. Krüss' Anthologie und H. Krahé, a.a.O.) kann nicht nur als Ausdruck politischer Resignation (M. Schedler, a.a.O. S. 32) gedeutet werden. Sie hängt auch – literaturgeschichtlich Experimenten wie der konkreten Poesie nahe – mit einer Rückbesinnung auf Grundelemente der Sprache zusammen und pädagogisch mit Vorschulprogrammen zur Kreativitätsförderung und Sprachsensibilisierung.

Merkmale. Da N. fast nie in reiner Form vorkommt, ist es schwer, ihn gegenüber anderen literarischen Phänomenen abzugrenzen. Der Topos der verkehrten Welt wird als Charakteristikum genannt (A. Schöne, 1954, S. 138), kennzeichnet aber eher phantastische Literatur, mit der sich N. meistens verbindet. N. entsteht aus dem Spiel mit Sprache, nicht mit Vorstellungen; freilich können sich aus diesem Spiel auch seltsame Vorstellungsbilder ergeben wie etwa die N.-Geschöpfe von L. Carroll oder – ins Zeichnerische umgesetzt – von D. Brembs. D. Petzold (a.a.O. S. 204ff.) nennt fünf Stilmerkmale: 1. sinnlose Aneinanderreihungen von Wörtern und Begriffen, 2. fehlende Kausalität in Gedankenführung und Handeln, 3. bewußte Aussprache von Trivialitäten, 4. bewußt falsche Verwendung von Wörtern, 5. Wortneuschöpfungen ohne definierbaren Sinn. Punkt 2 weist auf den Übergang zur phantastischen Literatur, Punkt 5 bezeichnet das eindeutigste Merkmal. N. stimmt in diesen Merkmalen mit Erscheinungen der Kindersprache überein (Beispiel zu 5: „Mapa" als scherzhafte Anrede eines Dreijährigen an seinen Vater) und kann deshalb auch als literarische Ausformung solcher Erscheinungen verstanden werden, was in der kommunikativen Entstehungssituation der Kinderreime und der ersten Werke E. Lears und L. Carrolls unmittelbar greifbar ist (R. Tabbert, a.a.O.). – N. läßt sich als Verstoß gegen den konventionell festgelegten, für allgemein verbindlich gehaltenen Sprachkode deuten. Im prototypischen Fall der Wortneuschöpfungen heißt dies, daß bei aller an Flexionsformen und Satzstellung ablesbaren Ähnlichkeit mit üblichen Wörtern kein Bezug zu Gegenständen oder Sachverhalten der Realität, wie er konventionell Wörtern zugeordnet ist, da ist. Oft zitiertes Beispiel ist L. Carrolls Jabberwocky-Gedicht aus „Through the looking-glass", das beginnt (in: Chr. Enzensbergers Übersetzung): „Verdaustigt wars, und glasse Wieben Rotterten gorkicht im Gemank." Entstehen können die Neologismen aus dem Spiel mit Lautketten (bei Kindern und wohl meist bei E. Lear) oder nach Art von L. Carrolls Portmanteauwörtern (z.B. galumphing < gal [lop] + [tri]umphing). Neben der referentiellen Bedeutung kann, in Wörtern wie Texten, auch die affektive (Konnotation) reduziert sein, so daß der Eindruck von Emotionsarmut entsteht, mehrfach als

Merkmal des N. genannt (R. HILDEBRANDT, a.a.O. S. 224). E. LEARS Limericks enthalten viele Beispiele (etwa unangemessener Gebrauch des Adjektivs, wenn ein Mann, von seiner Frau im Ofen gebacken, als „unfortunate" bezeichnet wird). – Ursache und Folge der Verstöße gegen den Sprachkode ist eine Dominanz sprachlicher Form über die Bedeutung, also eine Umkehr des gewohnten Verhältnisses. Die vergleichbaren Sprachspiele der konkreten Poesie, die zunehmend jugendliterarisch relevant werden (vgl. E. JANDL, H. MANZ, K. H. FRANK u.a.) stellen insofern eine Gegenposition dar, als sie – oft nur aus Variationen eines Einzelworts bestehend – Formen radikal verändern, um Sprachinhalten, allerdings sehr elementaren, einen konkreten Ausdruck zu geben. N. signalisiert, wenn auch spielerisch, die Problematik von Kommunikation, konkrete Poesie einen Neuansatz.

N. ist nicht nur ein Sonderfall des Sprachspiels, sondern auch der Komik, in der ja punktuell und vorübergehend Normen in Frage gestellt werden: im N. die Regeln des Kommunizierens. K. REICHERT rechnet den klassischen englischen N. nicht der Komik zu (a.a.O. S. 8), was von seinem gesellschaftskritischen und tiefenpsychologischen Ansatz her verständlich ist. Vielfach werden in der Tat bei E. LEAR und L. CARROLL Normen radikal in Frage gestellt, so daß der Eindruck des Satirischen oder Grotesken entsteht (etwa bei dem unmenschlich wirkenden Verhalten der anonymen „they" in E. LEARS Limericks). Relativ sicherer Bezugspunkt kann Kindern in E. LEARS Limericks die regelmäßige Form (mit der Wiederholung des ersten Reimworts in der letzten Zeile) sein und in den Alice-Büchern die Heldin, die mindestens am Anfang und Ende der Bücher von den Auswirkungen des dargestellten Chaos unberührt ist.

Funktion und Wert. Für Produzierende wie Rezipierende signalisiert N. zugleich Freiheit von der Norm, nämlich den Regeln sinnvoller Kommunikation, und Angewiesenheit auf sie. Die Funktion des N. für viktorianische Erwachsene faßt D. PETZOLD in H. NICOLSONS Formel zusammen: „The main pleasure to be derived from nonsense is the release of the individual, either from the contemporary social pattern, or from the discipline of logical thought." Allzu einseitig verallgemeinert wird daraus in liberalistischer Sicht: „Nonsense ist Freiheit vom Regelzwang der Gesellschaft" (J. KRÜSS, a.a.O. S. 230) und in neomarxistischer: „Der Nonsense verweigert sich der Außenwelt, nimmt nicht wahr, was da in der Gesellschaft vorgeht, sondern treibt mit den von der Gesellschaft zusammengetragenen Bildungsgütern ein selbstvergessenes Spiel" (M. SCHEDLER, a.a.O. S. 32). Kinder, die nach H. HELMERS (a.a.O.) im Unterschied zu den satirisch orientierten Jugendlichen eine ausgeprägte Neigung zur Komik in engerem Sinne haben, vergewissern sich im Lachen der Gültigkeit gesellschaftlicher Normen. Auf diese Weise kann auch der N. als Sonderfall der Komik eine Funktion im Sozialisationsprozeß haben. Sein literaturpädagogischer Wert besteht darin, daß der Umgang mit ihm bei jüngeren Kindern zum Einspielen des geltenden Sprachgebrauchs beitragen kann und bei älteren zum Bewußtwerden der Differenz von Sprache und Sache und der Dialektik von Individuum und Gesellschaft. Unterrichtlich sollten für sprachproduktive Übungen eher (jugendliterarische) Sprachspielformen der konkreten Poesie verwendet werden (L. JEGENSDORF, in: Praxis Deutsch 5, S. 45–47), N.-Texte dagegen für eine analytische Erarbeitung von Sprachkomik und Kommunikationsproblematik (etwa L. CARROLLS Humpty-Dumpty-Episode aus „Through the looking-glass" oder P. BICHSELS Jodok-Geschichte, in denen Erklärungszusammenhänge des N. thematisiert werden (vgl. R. TABBERT, a.a.O.).

An neueren N.-Anthologien sind zu nennen: R. L. GREEN: The book of nonsense (Nachdruck 1969). – J. KRÜSS: Seifenblasen zu verkaufen. Das große Nonsense-Buch mit Versen aus aller Welt (1972). – E. RHYS: A book of nonsense (ND. 1970). – A. SCHÖNE: Englische Nonsense und Gruselballaden (1970).

→Alice im Wunderland, →L. Carroll, →Doctor Dolittle, →Großbritannien und Nordirland, →E. Lear

Sekundärliteratur: M. Boulby: Zum Begriff des Nonsense in der englischen Kinderliteratur (in: Studien zur Jugendliteratur. 1962. 801–807). – B. Bull: Nonsense und manieristische Elemente in der neueren deutschen Kinderpoesie (in: Jugendliteratur. 8. 1962. 245–252). – E. Cammaerts: The poetry of nonsense (1925). – G. K. Chesterton: A defense of nonsense (in: Chesterton's stories, essays and poems. 1956. 123–128). – H. Helmers: Sprache und Humor des Kindes (²1971). – R. Hildebrandt: Nonsense-Aspekte der englischen Kinderliteratur (1970). – H. Krahé: Nonsense-Literatur (in: R. Bamberger (Hrsg.): Das Irrationale im Jugendbuch. 1967. 100–112). – G. Klingberg: Die phantastische Kinder- und Jugenderzählung (in: G. Haas (Hrsg.): Kinder- und Jugendliteratur. 1974. 79–97). – A. Liede: Dichtung als Spiel. Studien zur Unsinnspoesie an der Grenze der Sprache, Bd. 1 (1963). – I. u. P. Opie: The lore and language of schoolchildren (1960). – D. Petzold: Formen und Funktionen der englischen Nonsensedichtung im 19. Jahrhundert (1972). – R. Phillips (Hrsg.): Aspects of Alice (1972). – K. Reichert: Lewis Carroll. Studien zum literarischen Unsinn (1974). – M. Schedler: Schlachtet die blauen Elefanten (1973). – A. Schöne: Nonsense-Dichtung – ein Phänomen der englischen Komik (in: Die neueren Sprachen. 1954. 132–140). – H. Schrey: Grundzüge einer Literaturdidaktik des Englischen (1973). – E. Sewell: The field of nonsense (1952). – R. Tabbert: Zum literarischen Nonsense: Versuch einer Orientierung (in: Der Deutschunterricht. 27. 1975. 5. 5–22). – J. Walter: Sprache und Spiel in Christian Morgensterns Galgenliedern (1966).

Reinbert Tabbert

Nord-Süd-Verlag

Mönchaltorf/Zürich und Hamburg. Ausschließlich Bilderbücher.

Der Verlag wurde 1960 gegründet. Gründer und derzeitige Leiter sind D. und B. SIDJANSKI (* 1914 und * 1931). D. SIDJANSKI ist als Autor unter dem Namen M. DAMJAN bekannt. Der Verlag ist ausschließlich Bilderbuchverlag. Er legte von Anfang an – besonders auch in

der Auswahl der Illustratoren – Wert auf internationale Kontakte.
Zu den wichtigsten Ereignissen in der Verlagsgeschichte gehört die Verleihung des „Goldenen Apfels" auf der BIB im Jahre 1971 an B. SCHROEDER für „Lupinchen". Außerdem gab es für Produkte des Verlages Auszeichnungen auf der Internationalen Buchausstellung in Leipzig (1971) und viele Preise in Frankreich. Die Bilderbücher erscheinen in vielen Sprachen: in deutsch, schweizer-deutsch, französisch, englisch, katalanisch, afrikaans, dänisch, schwedisch, norwegisch, japanisch und auch in walisisch und romanisch. Besondere Bedeutung für den Verlag hat sein Erfolg in Japan. Bislang sind dort mehr als 15 Titel erschienen.
Zu den wichtigen Werken des Verlags gehören: „Andersens Märchen" mit Illustrationen von J. PALEČEK; „Grimms Märchen", illustriert von B. WATTS; „Junge und Fisch" von M. VELTHUIJS; „Vodnik" von ST. ZAVREL; „Zwerg Nase" von FR. HECHELMANN; „Lupinchen" von B. SCHROEDER, K. BAUMANNS „Joachim"-Reihe, illustriert von D. MCKEE; „Atuk", illustriert von G. CASTY mit Text von M. DAMJAN; der „Kleine Prinz und sein Kater" von R. STEADMAN und M. DAMJAN.

Winfred Kaminski

Norwegen

(Kongeriket Norge). Königreich (erbliche konstitutionelle Monarchie) in Nordeuropa, zu dem als Außenbesitzungen Svalbard (Spitzbergen, Bäreninsel u. a.), Jan Mayen, die Bouvet-Insel und Peter I.-Insel gehören. Staatsgebiet: 324219 km². Einwohner: 3867000. Im Rahmen der schwedisch-norwegischen Union 1814 von Dänemark losgelöst, ist N. nach der Trennung von Schweden seit 1905 unabhängiges Königreich. Neben Norwegern finden sich in N. etwa 22000 Lappen (samer) als Rentiernomaden, Fischer oder Bauern und etwa 12000 finnische Einwanderer. Die Amtssprache ist norwegisch.

Entwicklung der Kinder- und Jugendliteratur und gegenwärtiger Stand. Seit 1319 stand N. in Personalunion mit Schweden, danach von 1380 bis 1814 war es eng an Dänemark gebunden und von 1814 bis 1905 war es wieder Schweden angeschlossen. Während der Verbindung mit Dänemark wurde die dänische Schriftsprache allmählich als Amtssprache eingeführt. N. hatte keine eigenen Druckereien. Alle Religionsbücher kamen aus Dänemark. Deshalb wurde dänisch auch norwegische Kirchensprache. Nach der Ablösung von Dänemark begann der Kampf um die Durchsetzung der norwegischen Sprache. Die Zusammenhänge zwischen altnorwegisch und den benutzten Dialekten wurden von I. AASEN in seinen Untersuchungen zur Grammatik und Volkssprache „Det norske folkesprogs grammatik" (1848) und „Ordbok over det norske folkesprog" (1850) dargelegt. Damit war die Grundlage für das Neunorwegische („landsmålet") geschaffen, und ein Sprachenstreit begann, der noch heute andauert. Mit der Stortingsentscheidung von 1885 wurde N. eine zweisprachige Nation. Die Verwandtschaft der beiden Sprachen ist jedoch so eng, daß man von einer gemeinsamen Literatur sprechen kann. Die Gleichstellung beider Sprachen im Schulwesen wurde mit dem Volksschulgesetz von 1892 abgesichert. Die offiziellen Bezeichnungen lauten seit 1929 „bokmål" (Schriftsprache) und „neunorwegisch" (landsmål). 1970 hatten ca. 81,6 % der Einwohner die Schriftsprache als Hauptunterrichtssprache, etwa 18,4 % das Neunorwegische. Das Sämische (die Sprache der lappischen Minderheit) gehört zur finnisch-ugristischen Sprachgruppe und ist mit dem Norwegischen nicht verwandt.

Entwicklung der Kinder- und Jugendliteratur bis 1850. N. war 1814 ein armer Staat mit nur 900000 Einwohnern. Die Zeit der dänischen Herrschaft wird oft „als vierhundertjährige Nacht" bezeichnet. Trotzdem besaß N. eine in einer langen Tradition wurzelnde eigenständige Kultur, in der sich die mündliche Erzählkunst lebendig und frisch gehalten hatte. Die Erwachsenenliteratur erlebte in N. gegen Ende des 18. Jahrhunderts eine Blütezeit. Eine Reihe praktischer Gründe verhinderte jedoch die Entstehung einer nationalen Kinder- und Jugendliteratur. Das Schulwesen war nur wenig ausgebaut, das Niveau der Lehrerausbildung niedrig, breite Volksschichten standen der Frage der Buchlektüre für Kinder gleichgültig gegenüber. Man nimmt an, daß das norwegische Volk um 1800 lesekundig war, jedoch war der versteckte Analphabetismus noch weit verbreitet. Ziel der Schulen war es, den Kindern die notwendigsten Religionskenntnisse beizubringen. LUTHERS „Kleiner Katechismus", einige Gebete und Psalmen wurden als ausreichende Lektüre angesehen. Es war schwierig, Bücher zu drucken und zu verkaufen. Hinzu kommt, daß die Schriftsprache dänisch war und sich stark von der Umgangssprache der Kinder unterschied. Um die Leselust der Kinder zu reizen, begann man um 1800 sogenannte Leseübungsbücher auszuarbeiten, die neben religiösen und moralisierenden Stoffen erste unterhaltende Elemente enthielten. Die endgültige Befreiung der Kinder- und Jugendliteratur von der einseitig religiösen Orientierung begann erst zwischen 1830 und 1840. In der Zeit der Aufklärung entstand das Lesebuch. So waren es auch Pädagogen mit aufklärerischer Intention, die die Kinder- und Jugendliteratur als eigene Literaturgattung anerkannten. Nicht Dichter, sondern bekannte Pädagogen schrieben die ersten Kinderbücher. Sie erkannten dem Kinderbuch einen Platz als Gebrauchsgegenstand im Rahmen der Erziehung zu: Kinder sollten Bücher besitzen, die gleichzeitig „der Herzensbildung und dem Wissenserwerb" dienten.
Das 19. Jahrhundert hindurch war die dänische Kinder- und Jugendliteratur beiden Ländern teilweise gemeinsam. Französische, englische und deutsche Kinderbücher, vor allem auch Lesebücher, teils in den Originalsprachen, teils in Übersetzungen, fanden über Deutschland den Weg zunächst nach Dänemark und später auch in norwegische Schulen. So wurde 1834 „Gutmann

oder der sächsische Kinderfreund" (1794) von K. FR. THIEME ins Norwegische übersetzt. D. DEFOES „Robinson Crusoe" gelangte zuerst in der CAMPEschen Bearbeitung in die beiden Länder. Die erste norwegische Übersetzung des Original-Robinson kam erst 1839 heraus und war auf 54 Seiten gekürzt.

Das geistige Leben wurde besonders von der Geistlichkeit gefördert. Die Geistlichen wollten die großen Ideen der Reformation verwirklichen: das gesamte Volk sollte lesen lernen. Hierzu mußte man bei den Kindern anfangen. Als erste Bemühungen, um dieses Ziel zu erreichen, entstanden ABC- und Lesebücher, die in N. geschrieben und gedruckt wurden. Sie bildeten ein Glied im Freiheitskampf des norwegischen Volkes und ein Beitrag zu dem Versuch, eine Nationalsprache zu schaffen. Die ersten in N. herausgegebenen Kinderbücher stammten von W. STEPHANSON (1762–1816), einem aus Dänemark eingewanderten Buchdrucker. Sein „Lommebog for Born" kam 1798 heraus. STEPHANSONS Schriften waren von geringem literarischen Wert. Sie zielten vor allem auf die Vermittlung elementarer Kenntnisse aus den Bereichen Religion und Naturlehre und waren mit zahlreichen moralischen Beispielgeschichten verbrämt. Der Pfarrer E. A. COLBAN (1760–1828) gab 1796 ein „Læsebog for Begyndere" heraus. Er wollte die Kinder mit Witz und Verstand lesen lehren. Der Pfarrer J. ZETLITZ (1761–1821), bekannt als Verfasser beliebter Trinklieder, gab 1800 ein „Læsebog for fremvoxende Bonder-Born" heraus. Eine Ausnahme in dieser Reihe moralisch-pädagogischer Jugendschriften der Zeit bildete das Buch von S. KILDAL (1761–1822), das den langen Titel aufweist: „Øvelse-Bog til Bogstav-Kjendskab, rigtig Staven og Retlœsning, bestemt til Vejledelse for Forældre og Ungdomslærere, som vil komme deres vigtige Kald ihu: at anføre Born paa en fornuftig Maade at læse, tænke og frygte Gud. Til Brug for Drængeborn"; die Erstausgabe für Jungen (es erschien auch eine Parallelausgabe für Mädchen) ist nicht mehr aufzufinden, eine Zweitausgabe folgte 1804. KILDAL, ebenfalls Geistlicher, hatte ein Gespür für die Probleme des einfachen Volkes, dessen Arbeitssituation ihm vertraut war und dessen Gesprächen er gern lauschte. So versuchte er auch, den Kindern ihre wirkliche Welt nahezubringen. Er berichtete nicht von kleinen Tugendmustern, sondern von ganz gewöhnlichen Fischerkindern, von kleinen Lausbuben. Das Buch schildert das tägliche Leben der Kinder so lebendig, daß man es getrost als erstes echtes Kinderbuch ansehen darf, das für norwegische Kinder von einem norwegischen Dichter geschrieben und in N. gedruckt wurde.

Der Pfarrer H. J. GRØGAARD (1764–1836) war der Bahnbrecher bei der Schaffung von Geschichten für Kinder, die deren Auffassungsgabe entgegenkamen. Sein ABC-Buch von 1815 und sein Lesebuch von 1816 bekamen große Bedeutung für die Volksschulen. Unter dem Volk erregte sein ABC-Buch allerdings Aufmerksamkeit, denn es war weltlich angelegt und widersprach der üblichen Vorstellung vom ABC-Buch, wonach dieses dazu dienen sollte, die Kinder in die Religion einzuführen. Es war H. J. GRØGAARDS Grundprinzip, Kindern keine Lesestoffe zu geben, die sie nicht verstehen konnten. Sein ABC-Buch galt als Vorbild für aufklärerische ABC-Bücher und erlebte bis 1872 zahlreiche Neuauflagen. 1829 gab H. J. GRØGAARD ein Buch für die Freizeitlektüre heraus: „Lommebog for gode Børn. N. 1. indeholdene A. Psalmer, B. Moralske Fortællinger, C. Bibelske Tankesprog samlede af H. J. Grøgaard".

Bis etwa 1820 war die bescheidene norwegische Kinder- und Jugendliteratur von zwei Hauptströmungen bestimmt: Rationalismus und Pietismus. Den deutschen Philantropen nahestehende christliche Kinderfreunde, die sich der körperlichen und seelischen Nöte armer Kinder annahmen, verfaßten Kinderbücher. 1823 brachte E. N. SAXILD (1787–1846) eine „Jule- og Nyaarsgave for Børn" heraus, die das kindliche Gefühl der Sicherheit und sein Vertrauen in Gott durchschimmern läßt. Er sieht die Kinder nicht als einheitliche Gruppe, sondern differenziert nach Altersstufen. 1830 erschien von ihm „Veiledning til Passions og Paaske-Betragtninger for Børn". N. J. HOLM (1778–1845) war Däne von Geburt, wurde jedoch in N. Vorsteher der Brüdergemeinde. Er war der erste, dessen Produktion für Kinder größere Breite erreichte. Seine erste originale Arbeit war ein Bilderbuch in Versen mit biblischen Holzschnitten, das in Deutschland gedruckt worden war. Als Lehrer führte er Linien weiter, die sich von COMENIUS herleiteten: Der Unterricht muß dem Kindesalter und seiner Auffassungsgabe gemäß eingerichtet werden. 1827 gab er „Jerusalems Kronike i Riim for Børn til Hjælp i den bibelske Historie" heraus. Er baute auf Erfahrungen auf, die er in den Jahren seiner Tätigkeit als Lehrer in der Sonntagsschule der Brüdergemeinde in England gewonnen hatte. Er hatte dort erlebt, wie beliebt H. MORES biblische Gesänge waren. Die Josephsgeschichte, die bereits viele Autoren für Kinder umgeschrieben hatten, gestaltete er als „Patriarchen Josephs Historie for Børn" (1827). Er übersetzte auch eine kleine biblische Geschichte aus dem Deutschen: „En liden Bog om Lydighed. Oversat fra Tysk" (1828). Im ersten Drittel des 19. Jahrhunderts mehrten sich Kontakte zur übrigen europäischen Kinderliteratur. Direkt aus dem Französischen übersetzt ohne den üblichen Umweg über das Deutsche erschien 1820: „Gave til mine Børn eller en Faders Fortællinger til hans Børns Forstands og Hjertets Dannelse. Efter J. N. BOUILLY".

Es dauerte längere Zeit, bevor die Romantik verspätet Einfluß auf die norwegische Dichtung gewinnen konnte. Als die romantische Bewegung 1830–1840 zum Durchbruch kam, beeinflußte sie nachhaltig die sogenannte „Nationale Aufbruchszeit". In diese Zeit fällt auch der erste Aufschwung der norwegischen Kinder- und Jugendliteratur. Er begann in den Jahren nach 1830, entfaltete sich voll in den Jahren nach 1840 und kulminierte um 1850. Dieses erste „goldene Zeitalter" der norwegischen Kinder- und Jugendliteratur erhielt seine Prägung vor allem durch P. CHR. ASBJØRNSEN, J. MOE und H. WERGELAND. Sie legten den Grundstein für eine nationale Kinder- und Jugendliteratur auf hohem literarischen Niveau. Alle drei hatten auch Anteil an der Schaffung einer norwegischen Schriftsprache, der Voraussetzung dafür, daß sich die Kinder- und Jugendliteratur auch außerhalb des kleinen Kreises Gebildeter ausbreiten konnte. Somit lag die Bedeutung dieser Autoren nicht nur im nationalen und literarischen, sondern auch im sozialen Bereich. Sie knüpften außerdem Verbindungen zur europäischen Literatur – P. Chr. Asbjørnsen und J. Moe auf dem Gebiet des Märchens und der Sage, H. Wergeland mit seiner Kinderpoesie. Die Märchen der Brüder Grimm wurden zuerst ins Dänische (1821) übersetzt und gelangten dann auch bald nach N. Der Vorläufer der drei Genannten, war der Sagensammler A. Faye (1802–1869), der die „Norske Sagn" sammelte und aufzeichnete (1833). Sein Vorbild waren vor allem die Brüder Grimm mit ihren „Deutschen Sagen". Er gab die Sagen in strenger Anlehnung an die mündliche Überlieferung wieder. Seine Bücher waren keine Kinderbücher, doch wurden einzelne Sagen zur Kinderlektüre, vor allem durch die Aufnahme in Lesebücher.

M. Hansen (1794–1842) war der einzige norwegische Dichter, der als Romantiker im deutschen Wortsinne gelten kann. Er entwickelte unter anderem Pläne für eine neue Form des Sprachunterrichts und schrieb eine

Trolle. Illustration von E. Werenskiold zu der Erzählung „Von den Knaben, welche die Trollen im Hedalswalde trafen", erschienen in der „Auswahl Norwegischer Volksmärchen und Waldgeister-Sagen". Die Auswahl besorgte Peter Christian Asbjørnsen, die deutsche Übersetzung (1881) H. Denhardt.

Reihe Schulbücher. Das bedeutendste war „Førsog til en Grammatik i Modersmaalet" (1822), das in neun Auflagen erschien. Bewußt arbeitete er an der Verselbständigung der norwegischen Sprache. Als aktiver Schulmann wußte er, daß es mit dem Lesestoff, den man kleinen Kindern bot, nicht gut bestellt war. Deutlich kommt dies in seinem „Forsøg til en hensigtsmæssig Barnets første Bog" (1842) zum Ausdruck. Er vertrat die Meinung, daß Leseübungen Spaß machen müßten und außerdem einen angemessenen Anteil von Spannung nicht entbehren dürften und daß sich Kinder gereimte Texte leichter aneignen könnten. Seine Dichtungen für Erwachsene sind heute weitgehend vergessen. Die kleine Prosaidylle für Kinder „Lille Alvilde og Bjørnen" (1829) bildete einen Meilenstein in der Geschichte der norwegischen Kinder- und Jugendliteratur. Er predigt darin keine Moral, die nicht der Handlung entspringt. Man kann die Erzählung noch heute in Lesebüchern und Anthologien finden. Andererseits stand Hansen noch mitten in der Epoche der pädagogisch-moralischen Kinderliteratur, wenn er etwa K. Fr. Thiemes „Gutmann" aus dem Deutschen übersetzte, eine Sammlung platter Moralgeschichten, und sie in mehreren Auflagen in N. herausbrachte. Bereits 1834 lag seine Bearbeitung der „Fünfzig Fabeln für Kinder" von Hey mit O. Speckters Zeichnungen vor. Er lieferte eine einfühlsame Nachdichtung, ergänzte die Fabeln um eigene, und brachte es dabei doch zu einem in sich geschlossenen Werk. Zweierlei war damit geschehen: in der norwegischen Kinderpoesie tauchte zum ersten Mal Lyrik für Kinder auf und gleichzeitig erschien das erste künstlerisch illustrierte Kinderbuch, das in N. gedruckt wurde und sich drucktechnisch ganz auf der Höhe befand, die man in Dänemark und Deutschland längst erreicht hatte.

P. Chr. Asbjørnsen (1812–1885) und J. Moe (1813–1882) förderten den mündlich überlieferten Märchen- und Sagenschatz ans Licht und gaben ihm eine Form, die ihn wieder lebendig werden ließ und außerdem große Bedeutung für die Entwicklung der norwegischen Schriftsprache gewann. Der Leitfaden für die Wiedergabe war die Forderung der Brüder Grimm, den richtigen Volkston zu treffen. Die Märchen sollten nicht einfach wiedergegeben werden, sie waren neu zu schaffen. Asbjørnsen und Moe hatten einen verschiedenen sozialen Hintergrund. Beide knüpften zum großen Teil an das an, was ihnen als Kinder an mündlicher Überlieferung begegnet war. Moe hatte eine ruhige Kindheit, ein Zuhause mit christlicher Grundeinstellung und festen ethischen Normen. Asbjørnsen hatte ein unruhiges, ökonomisch ungesichertes Zuhause erlebt. Beide besaßen in der Kindheit engen Kontakt mit dem Volke, lebten aber in verschiedenen Volksschichten. Moe, der Großbauernsohn aus geachtetem Geschlecht, war fest verwurzelt in seinem bäuerlichen Milieu. Asbjørnsen dagegen befand sich auf dem Weg aus seinem Milieu heraus und die soziale Stufenleiter hinauf. Moe kannte das Volk der weiten östlichen Landbezirke, Asbjørnsen sammelte seine Erfahrungen im Handwerkermilieu Oslos mit seinen

Gesellen und Lehrlingen, aber auch mit Trinkern und gestrandeten Existenzen in den dunkelsten Stadtvierteln. So erhielten sie zusammen Einblick in die Erzähltradition des ganzen Volkes. ASBJØRNSEN bewahrte das Leben hindurch seinen Sinn für die derbe Geschichte, das Schelmenmärchen, den heiteren Erzählton. MOES Märchenauswahl ist von seiner Lebensanschauung geprägt und wohl auch davon, daß er hauptsächlich Frauen erzählen hörte. Er war wählerisch und anspruchsvoll. Am liebsten befaßte er sich mit dem Wunder- und Zaubermärchen. 1837 trafen ASBJØRNSEN und MOE eine Vereinbarung über die gemeinsame Herausgabe einer Märchensammlung. 1841 erschien das erste Heft „Norske Folkeeventyr samlede ved Asbjørnsen og Moe" (dt. Norwegische Volksmärchen, 1847). Es erregte vor allem durch die originellen Sprachschöpfungen Aufmerksamkeit. 1844 erschien das vierte und letzte Heft der Ausgabe. J. GRIMM bescheinigte der Sammlung überragende Bedeutung. 1851 erschien bereits die zweite erweiterte Ausgabe. Im selben Jahr schied MOE aus der Zusammenarbeit aus. Er wurde Priester, später Bischof. ASBJØRNSEN setzte die Sammelarbeit fort und gab unter anderem in den Jahren um 1880 mehrere Sammlungen von Märchen und Sagen heraus, die er für Kinder besonders geeignet hielt. Mit den Märchensammlungen war eine Grundlage für eine norwegische Kinderliteratur geschaffen, die Gefühl und Phantasie ansprach. Selbstverständlich fanden die Märchen auch ihren Platz in den Kinderlesebüchern. Mit ihrem dramatischen Aufbau liefern sie noch heute Stoff für Kinderkomödien. In ihrer knappen, eindringlichen Form und ihrem heiteren Grundton sind sie den zahlreichen Kunstmärchen, die in ihrer Nachfolge entstanden, überlegen. 1879 erschien eine große Prachtausgabe, die von den bedeutendsten Künstlern des Landes illustriert wurde. Dieses Ereignis bedeutete den Durchbruch einer eigenständigen norwegischen Illustrationskunst.

Als Kinderbuchautoren hatten ASBJØRNSEN und MOE einen größeren Einfluß als die Märchensammlungen vermuten lassen. Sie deuteten nicht nur vorwärts, sie hielten auch Verbindung mit der Vergangenheit. ASBJØRNSEN führte die belehrende Tendenz der Aufklärung, MOE mehr den religiösen Grundton weiter. Auch über ihre Märchensammlungen hinaus sind beide Neuschöpfer in der Entwicklung der norwegischen Kinder- und Jugendliteratur. Der Naturforscher ASBJØRNSEN war wegweisend für die späteren Schulbücher und lehrreichen Scherzbücher. In seinen Lehrbüchern verwandte er altes Volksgut und schöne Literatur. Seine Naturgeschichte für die Jugend besticht weniger durch die Originalität als durch die zahlreichen, aus einem reichen Erfahrungsschatz stammenden Beobachtungen, die der Naturforscher ASBJØRNSEN einflocht und mit Hinweisen aus Volksglauben und Volksmedizin bereicherte.

1841 übersetzte ASBJØRNSEN „Udvalgte Eventyr af Jacob og Wilhelm Grimm" und gab 1860 den Band „Eventyr fra fremmede Lande. Fornemmelig efter Asbjørnsen og Grässe: Nord und Süd" heraus. Als Brotarbeiten übersetzte er unter anderem mehrere Bücher von CHR. VON SCHMID.

Von der begrenzten Produktion J. MOES ist eine Reihe lyrischer Gedichte lebendig geblieben und vor allem sein Kinderbuch „I Bronden og i Kjœrnet" (1850), das unverändert mehr als 125 Jahre überlebt hat. Es hat seinen festen Platz in den Lesebüchern und Anthologien und erschien noch 1973 in neuer Auflage. Kindheitserinnerungen bilden den Kern des Buches. Der Junge in dem Buch ist J. MOE selbst, das Mädchen seine Schwester BEATE. Auch die Umweltbeschreibungen sind den Kindheitserlebnissen des Autors entnommen. Vor allem in der gebildeteren Klasse fanden die Märchen gute Aufnahme und kaum Kritik. Das wurde anders, als sie in das erste autorisierte Lesebuch, das obligatorisch für die Grundschulen eingeführt war, aufgenommen werden sollten. Dieses Lesebuch war P. A. JENSENS (1812–1867) „Læsebog for Folkeskolen og Folkehjemmet. Udgiven efter offentlig Foranstaltning" (1863). Es brach mit der alten Mode, Kindern lediglich religiösen Lesestoff in der Schule anzubieten. Der Widerstand gegen die Aufnahme der Märchen in das Lesebuch kam sowohl von der pietistischen wie von der rationalistischen Seite. Den stärksten Widerstand zeigte die orthodoxe Kirche. Der Streit dauerte länger als dreißig Jahre und es kam vor, daß Eltern drohten, sie würden ihre Kinder von der Schule nehmen, falls das Lesebuch durch die Aufnahme der Märchen „entwürdigt" würde. Um die Mitte des 19. Jahrhunderts fanden auch einige Märchensammlungen aus dem Ausland den Weg nach N. In dem Band „Nytaarsgave for gode og flittige Børn" (1843), der mit farbigen Illustrationen ausgestattet war, begegnen wir ebenso Mme. LEPRINCE DE BEAUMONT wie PERRAULT. Meistens handelte es sich jedoch um kleine, unansehnliche Bücher, in denen weder Autor noch Übersetzer genannt wurden. Man nahm aus GRIMM, aus französischen Märchensammlungen und aus unbekannten Quellen. Um 1840 wurde „Tommeliden" (Däumling) zu einer weit verbreiteten Figur. Das Buch „Tommeliden en gave for Børn" (1846) geht auf PERRAULT zurück, wurde aber wahrscheinlich aus dem Deutschen übersetzt. 1846 kamen die „Fee-Eventyr for Børn" und 1848 „Tommeliden og Svend Tomling" heraus, Sammlungen, die vorwiegend Märchen der Brüder GRIMM enthielten.

Eine hervorragende Eigenart der norwegischen Kinder- und Jugendliteratur ist die Tatsache, daß schon früh auch Dichter, die in der Weltliteratur angesehen sind, für Kinder schrieben. Der bedeutendste norwegische Dichter des 19. Jahrhunderts H. WERGELAND (1808–1845) versammelte in seinen Schriften für Kinder alle Strömungen, die zwischen 1830 und 1840 nebeneinander her liefen. Doch erhält die aufklärende und belehrende Tendenz jetzt sinnlichen Ausdruck. WERGELAND war Aufklärer und Erzieher des Volkes. Er war Rationalist in seiner Einstellung zum Kind; die Vernunft lenkte seine Dichtung. Doch sprachen aus seinen Kinderschriften auch romantische Töne, die das Kind im romantischen Sinn verklärten. Für WERGELAND war die Grundlage für die neue Freiheit, die 1814 gewonnen wurde, die Aufklärung und die Erziehung des Volkes. Er wirkte als Volksaufklärer und Erzieher. Bereits 1830 gab er sein „Læsebog for den lærelystne, tilvoxende Ungdom" heraus. Als er 1844 schon todkrank niederlag, erarbeitete er sein großes „Læsebog for den norske Ungdom". WERGELANDS eigentliche Kinderpoesie gehört in die Jahre 1839 bis 1844. Einzelne seiner volkserzieherischen Gedichte wurden Eigentum der Kinder, vor allem durch die Aufnahme in Lesebücher. Er folgte auch in der europäischen Kinderliteratur vorherrschenden Tendenzen in seinem Kampf gegen Tierquälerei. In seinen Kinderschriften stand er den Philanthropen näher als den großen Dichtern seiner Zeit. Er schrieb eine Reihe von Liedern zu verschiedenen Anlässen. In diesen Liedern kommt seine soziale Grundanschauung zum Ausdruck. Wie in seinen volkserzieherischen Schriften mahnt er darin die Armen zur Zufriedenheit mit ihrem Los, das Gott für sie bestimmt habe. Sein Eintreten und sein Kampf für die unterdrückten Klassen, deren Elend ihm im höchsten Grade bewußt war, kommt dabei nicht zum Ausdruck. WERGELANDS Kinderlieder sind von dem Gefühl der Dankbarkeit geprägt. Als Gegengabe für Wohnung und Nahrung fordert er von den Kindern Demut und Fleiß. Die in den Waisenhäusern versorgten Kinder sollen nicht nur um ihrer selbst willen, sondern auch zum Nutzen der Gesellschaft erzogen werden.

N. ging 1814 nicht freiwillig die Verbindung mit Schweden ein. Es war vielmehr ein zwangsläufiges Ergebnis des Ausgangs der Napoleonischen Kriege. BERNADOTTE, einer von NAPOLEONS Marschällen, wurde unter dem Namen CARL JOHAN König beider Reiche. Bis zu einem gewissen Grade respektierte der König N.s Grundgesetze, doch war das Verhältnis der beiden Völker zueinander zu Zeiten sehr gespannt. Für WERGELAND wurde CARL JOHAN zum Revolutionshelden. WERGELANDS Zeitgenossen sahen einen Widerspruch zwischen seinem Vertrauen in den König und seiner oft ausgesprochenen republikanischen Gesinnung. Das brachte ihm viele Feinde. Trotzdem fuhr er fort, dem König zu huldigen, nicht zuletzt in den Liedern, die er den Kindern in den Mund legte. Ein versöhnlicher Zug zeigte sich allerdings in der großen Gebefreudigkeit des Königs, vor allem gegenüber Organisationen, die sich verarmter und verwaister Kinder annahmen. Das bekannteste seiner Kinderlieder über den König ist ein Dialog zwischen einer Mutter und ihrem kleinen Sohn „I Barnekammeret ved Carl Johans Død" (1844). In seinem einzigen Kinderbuch „Vinterblomme i Barnekammeret. Original og fri Oversat Samling for Børn" (1840) stammen nur drei Gedichte von WERGELAND selbst, doch wurde diese Tatsache erst in unserem Jahrhundert erkannt, weil auch die Nachdichtungen den unverkennbaren poetischen Stempel WERGELANDS tragen. Elf der Gedichte hat WERGELAND ARNIMS und BRENTANOS „Des Knaben Wunderhorn" entnommen. Weitere stammen aus HEINES Werken. Zwei Erzählungen sind Bearbeitungen GRIMMscher Texte. Eine Legende stammt von KOSEGARTEN, eine Fabel von LESSING und ein Wiegenlied von dem schwedischen Dichter S. HEDBORN.

In der volksaufklärerischen Zeitschrift „For Arbeidsklassen", die WERGELAND herausgab, brachte er 1840 eine Sammlung Lehrgedichte, in denen er von einer religiösen Grundansicht geprägtes Wissen mitteilte. In demselben Blatt lieferte er ein Jahr später vier Kinderlieder, darunter „Smaaguttenes Nationalsang", das jeweils am 17. Mai noch heute von Kindergruppen in N. gesungen wird. Weiter „Vesle Hans'es Eventyr i Skoven. Børnevise om barnlig Kjœrlighed", in dem Kindern viele Identifikationsmöglichkeiten eröffnet werden und das auch WERGELANDS kurzen Lebensweg widerspiegelt. Ein anderes Lied war das muntere, kindgemäße „Reenlighed eller Linerlen".
Das Einleitungsgedicht zu der Kinderzeitschrift „Børnevennen" (Kinderfreund) zeigt in einer schönen Einkleidung die aufklärerischen Intentionen des Autors. WERGELAND schrieb als erster in N. betont lyrische Kunstmärchen. Er entfernte sich dabei oft weit von der heimatlichen Erzähltradition. „Mine to sorte Katte" ist in orientalischem Stil geschrieben, „Piletræerne og Skjæren. En Fabel" spielt ins Mythische hinüber. Sowohl diese beiden wie auch „Røde og graa Dompaper" zeigen einen religiösen Grundton und eine klare ethische Haltung. Sie sind eine allegorische Darstellung menschlichen Lebens und Handelns.
In den Jahren nach 1840 setzte sich eine pietistisch-religiöse Grundstimmung in N. durch: Dies spiegelt sich auch in den Kinderbüchern, doch waren die meisten Kinderbuchautoren Anhänger eines weltzugewandten, freieren Gottesglauben wie der Pfarrer H. HALLING (1819–1886). Seine „Christelige Børnesange" (1844) schlagen einen fröhlichen Ton an und sind recht kindgemäß. „En liden Postille for Børn" erschien 1890 bereits in der 5. Auflage. Auch drei Autorinnen, alle Pfarrersfrauen, widmeten sich dem Kinderbuch. H.GISLESENS (1809–1859) „En Moders veilende Ord til sin Datter. Udgivne efter Opfordring" (1843; dt. Henriette, meine Bekehrung, 1862) erschien in mehreren Auflagen und wurde ins Englische und Deutsche übersetzt. G. KIELLAND (1800–1889) schilderte vor allem die Mühsal und das Elend der Kinder in den Notjahren vor 1814 und in der ersten Zeit der norwegischen Selbständigkeit. Noch heute singen die Kinder zu Weihnachten ihr fröhliches Weihnachtslied „O, Jul med din Glæde og barnlige Lyst", auch ihr Kindergedicht „Liden Ekhorn sad" ist noch lebendig. H. WINSNES (1789–1872) wurde bekannt als Küchen- und Haushaltsexpertin; ihre erste Arbeit aber war „Catechismi fem Parter udsatte i Vers" und erschien 1831. „Gaader med hosføiet Opløsning" kam 1845 heraus, die „Bibelhistorien udsat i Vers" im Jahr 1846. WINSNES war eine pädagogische Naturbegabung. Ihr wichtigstes Kinderbuch war „Aftnerne paar Egelund" (1852), das 1923 in der 6. Auflage erschien und 1867 ins Deutsche (Hanna, Abende in Egelund. Erzählung für die weibliche Jugend nach dem Norwegischen) und 1869 ins Englische übersetzt wurde. Es ist ein Erzie-

hungsroman nach dem Muster der Mme. LEPRINCE DE BEAUMONT.

Die Entwicklung der Kinder- und Jugendliteratur von 1850 bis 1890. Im ersten Jahrzehnt nach 1850 ist eine vergleichsweise schwache Ausbeute an norwegischer Kinder- und Jugendliteratur zu verzeichnen, obwohl jetzt auch Unterhaltungslektüre für Kinder bis zu einem gewissen Grad als legitim anerkannt wurde. In dieser Zeit nach 1850 machen sich Einflüsse der internationalen Kinderliteratur bemerkbar. Zwar sind die Übersetzungen nicht sehr zahlreich und kommen oft zufällig zustande. Ausländische Schriftsteller werden zum Teil in dänischer, zum Teil in norwegischer Sprache gelesen. Viele der nun aus dem Ausland kommenden Bücher waren ursprünglich für Erwachsene geschrieben und wurden für Kinder bearbeitet oder von Kindern adaptiert (J. F. COOPER, CH. DICKENS, R. KIPLING, H. MALOT, FR. MARRYAT, Z. TOPELIUS, J. VERNE u.a.). Die Bücher der Schweizer Autorin J. SPYRI waren in N. überaus populär und sind es von der Erstübersetzung 1882 bis heute geblieben.
In den Jahren nach 1850 entbrannte der Kampf um die neue Volksschule. Die Befürworter der neuen Schulformen wollten, daß die Kinder Freude am Schulleben fanden. Ähnliche Ideen tauchten in den Kinderbüchern auf: die Bücher sollten unterhaltend sein, sie sollten Phantasie und Gefühl ansprechen. Es entspann sich der Streit zwischen einer strengen, pietistischen Religionsauffassung und einem freundlicheren, weltzugewandten Christenglauben, der Lehre FR. S. GRUNDTVIGS. Der größte Teil der neueren Kinderliteratur neigte mehr dem freundlichen, zuversichtlichen Gottesglauben zu, während die Erziehungsschriften bis 1870 noch die Erbsünde zum Hauptthema hatten. Auf der einen Seite standen Geistliche und Pädagogen, die die Schule zu einer „Evangelisch-Lutherischen Gemeindeschule" machen wollten, auf der anderen die Grundtvigianer, die den religiösen Anteil am Unterricht begrenzen wollten. Mit dem Schulgesetz von 1860 wechselte die norwegische Schule – offiziell – von einer einseitigen Konfessionsschule zur Bürgerschule über. Für diese Jahrzehnte konnte man unter den Kinderbuchautoren von einer Geschlechtertrennung sprechen: die weiblichen Autoren setzten – grob gesehen – die religiöse Tradition fort, indem sie ihre Themen weitgehend aus dem Kinderalltag nahmen; die männlichen Autoren dagegen blickten über Alltag und Grenzen hinaus und versuchten, den religiösen Einfluß auf die Kinderliteratur einzuschränken. Sie nahmen Impulse von außen auf, erhielten Anstöße aus Robinsonaden, Indianererzählungen und Seeromanen. M. WEXELSEN (1832–1911) führte H. WINSNES' Gedanken weiter. In dem Buch „Ketil en Julegave for de Smaa" (1859) steht das Lied „Jeg er så glad hver Julekveld", das noch heute in beinahe jeder norwegischen Familie gesungen wird. Sie war auch die erste, die gezielt für Kleinkinder schrieb. H. S. ROSING (1827–1913) wollte ebenfalls Kindern mit ihren Büchern Freude machen. Mit dem Band „Barnets første Bog" gewann sie einen Wettbewerb, der von Kirche und Erziehungsdepartement veranstaltet worden war. Das Buch erschien 1879. Bereits 1876 hatte die Autorin ein „Billed ABC i Farvetrykk" herausgegeben, das von O. A. WERGELAND illustriert worden war. Dieses Buch wird als das erste in N. entworfene und gedruckte Bilderbuch mit farbigen Illustrationen bezeichnet. 1916 erschien es in 20. Auflage.
B. N. GJØR (1835–1909) war nicht GRUNDTVIG verpflichtet, sie hing mehr dem Pietismus an. Ihre Bücher erschienen unter dem Pseudonym MARGRETHE, wie es überhaupt selten war, daß Schriftstellerinnen aus der Anonymität heraustraten. Die Kinderbücher von MARGRETHE, das erste war „Doktorens Børn" (1884), zeugen von einem tiefen Gottvertrauen. Ihre Bücher zeigen Versuche der Beschreibung sozialer Mißstände. H. BERNHOFT (1865–1929) zeichnete sich durch psychologisches Einfühlungsvermögen aus. Das kleine Mädchen in „Fra Barnets verden" (1887) trägt biografische Züge aus der frühen Kindheit der Autorin. In „Mere fra barnets verden" (1890) ist ein Stück Emanzipation der Frauen versteckt. Das Mädchen Tulla will Studentin werden, etwas, was damals noch als unerhört angesehen wurde. So erzählt das Buch auch weitgehend von der Niederlage der emanzipationswilligen Frau – damals ein erstaunliches Phänomen in einem Buch, das sich an jüngere Leserinnen richtete. Das Buch endet allerdings im Stil der späteren Backfischbücher der Zeit mit der Hochzeit der Heldin. In den Erzählungen von I. VON DER LIPPE KONOW nehmen die Erwachsenen die Kinder ernst. In ihren Büchern finden wir Empörung über die Unterdrückung der Schwachen durch die Starken. Bücher wie „Smaafolk. Skisser fra Barnelivet" (1887), in denen die Partei der Kinder gegen die Ungerechtigkeiten der Erwachsenen ergriffen wird, wagten sich an echte Konflikte heran. Vor allem die von Frauen geschriebenen Bücher vertreten klar die Forderung, daß Mädchen auch Zugang zur höheren Schulbildung erlangen sollten.
CHR. BONNEVIE (1842–1914), die eine sehr angesehene Mädchenschule einrichtete, macht in dem Mädchenbuch „Hvorledes Ida blev alvorlig" (1889) die Forderung nach besserer Ausbildung der Mädchen zum Thema ihrer Erzählung.
Eine zentrale Gestalt unter den Kinderbuchautoren seit 1860 ist O. V. FALCK YTTER (1832–1914). Mit „Haakon Haakonsen. En norsk Robinson" (1869) wurde er Lieblingsautor der norwegischen Jugend. Die letzte Auflage erschien 1929. Das Buch folgt dem Handlungsmuster des Ur-Robinson. Der Reiz des Buches liegt wohl darin, daß der Held ein Siebzehnjähriger ist, mit dem sich der junge Leser leicht identifizieren kann. „Aslaug og Elling blant indianere" (1913) ist ein Räuberroman, der rassen- und völkerdiskriminierende Tendenzen aufweist. Hier wird der Idealist FALCK YTTER – gegen seinen Willen – als Vertreter einer Literatursparte sichtbar, die dem jungen Leser ein vom Klischee geprägtes chauvinistisches Weltbild anbot. Eine Verwandtschaft FALCK YTTERS zu K. MAY ist erkennbar. FALCK YTTER schrieb auch Seeromane. Neben Abenteuerbüchern verfaßte er auch Umweltge-

schichten aus dem Alltag norwegischer Kinder. Als einziges seiner Gedichte hat sich bis heute „Bestemor" (1868) erhalten. Dieses Gedicht wird oft anonym oder unter falschem Autorennamen gedruckt. In Dänemark gilt es sogar als dänisches Gedicht. I. Ross (1842–1923) gab Schulbücher heraus, aber auch ein Buch, das als erstes Unterhaltungsbuch für die Jugend auf wissenschaftlicher Grundlage aufgebaut war („I Norge for halvtredie tusen aar siden skizzeret i billeder fra stenalderen i en fortœlling for ungdom", 1882). Auch er schrieb nach europäischem Muster Robinsonaden und Ferienbücher. „Den norske Robinson. To norsk gutters eventyr i indiske farvande" (1894) von O. D. Adler (1847–1938) geht direkt auf H. Campes Robinsonbearbeitung zurück.

Entwicklung der Kinder- und Jugendliteratur von 1890 bis 1940. Die heute schon „klassisch" gewordene Kinderliteratur N.s entstand in der Zeit um die Jahrhundertwende, die gern das „goldene Zeitalter" genannt wird. Sowohl auf dem Gebiet der Literatur wie im Bereich der Politik bildeten die Jahre nach 1880 eine Kampfzeit, die sich in der Kinderliteratur widerspiegelt. Das nun verstärktere Auftreten realistischer Tendenzen muß in Verbindung mit der gesellschaftlichen Entwicklung gesehen werden. Deutlich sichtbar ist der große Anteil der bäuerlichen Dichtung. Es gibt dabei eine klare Scheidung zwischen hochsprachlichen und dialektsprachlichen Autoren. Die erste Gruppe kam aus dem Stadt- und Beamtenmilieu, die letztere kannte aus persönlichen Erfahrungen das weit verbreitete Elend in den Dörfern und das oft schwere Los der Dorfkinder. Heimatverbundener Dichtung begegnen wir jedoch bei allen Autoren, allerdings ist die dialektsprachliche Dichtung mehr von sozialen Tendenzen gekennzeichnet.

Die Erzählung „Sogor" von P. Sivle (1857–1904) markiert einen Einschnitt in der norwegischen Kinderliteratur. Offensichtlich war dieses Buch für Erwachsene geschrieben, wurde aber von den Kindern adaptiert und hat noch heute seinen Platz in den Lesebüchern. Es ist ein als Selbstbiografie angelegter Entwicklungsroman, bei dem sich das lesende Kind besonders gut mit der Figur des Helden Per identifizieren kann. Der vom Verfasser gewählte Erzählton erlaubt einen engen Kontakt zwischen Leser und Autor. Gegenstand der Erzählung sind die Schrecken grausamer Kindererziehung, der sich die Kinder oft ausgesetzt sahen. Der befreiende Humor, der an vielen Stellen durchbricht, versöhnt etwas mit den realistisch-drastischen Schilderungen. Der Band enthält alle Elemente des Kindseins: Tagtraum und Todesgedanken, Freundschaft und kindliche Zuneigung, Schuldgefühle, Höllenängste und Stolz. Die sozialen Zustände der Zeit treten kraß hervor, wenn Per, der aus genügsamen, doch geborgenen Verhältnissen stammt, mit dem ärmsten Landproletariat konfrontiert wird. Für das Kind wird das Gefühl des Ausgeliefertseins in einer Erwachsenengesellschaft zum Hauptmotiv. Die lyrischen Texte P. Sivles sind teilweise noch heute bei Erwachsenen und Kindern bekannt. Während der Okkupationszeit (1940–1945) erlebten seine Vaterlandslieder eine Wiedergeburt.

R. Løland (1861–1907) gilt als der unübertroffene dialektsprachliche Kinderbuchautor. Das Milieu seiner Bücher bilden das Leben auf dem Hof und das Dorf und seine Umgebung mit der Landschaft als Hintergrund. Die Milieuschilderungen besitzen heute hauptsächlich kulturhistorischen Wert, die Darstellung der Kinderfiguren dagegen ist von zeitlosen Werten geprägt. In einer Reihe von Kindergeschichten zeichnet Løland ein einprägsames Bild von Armut und der Härte des dörflichen Lebens. Ohne Idealisierung werden die Erwachsenen realistisch gezeichnet. Die beiden miteinander verbundenen Erzählbilder „Det store Nashorne" (1900) und „Kvitebjørnen" (1906) schildern in einem vergnüglichen Ton, was Kinder in einer bücherarmen Zeit aus aufklärerischen Schriften gewinnen können. Gleichzeitig enthalten sie eine vernichtende Kritik an den christlichen Kinderblättern der Zeit. Løland zeigt das Volksleben so, wie es sich in den Augen der Kinder darstellt. Er gilt als einer der Begründer der Umweltgeschichte, die in der norwegischen Kinderliteratur besonderen Raum einnimmt (Schilderungen des Volkslebens mit Kindern im Zentrum). Løland stellte auch Forderungen an das gute Kinderbuch zusammen.

Während in Deutschland und Schweden der Streit mehr um die richtigen Anforderungen an die kindliche Freizeitlektüre entbrannte, ging es in N. um die inhaltliche Gestaltung der Lesebücher in den Volksschulen. N. Rolfsen (1848–1928), der sich theoretisch mit Kinderliteratur beschäftigte, ging bei seinen Überlegungen vom Kinde selbst aus. Die Bücher für Schule und Freizeit sollten nach seiner Ansicht auf der Auffassungsebene der Kinder liegen und zur Ausbildung der Persönlichkeit, des Gefühlslebens und der Phantasie beitragen, aber auch das Wissen vermehren und die Charakterbildung fördern. Er hatte am eigenen Leib das trostlose Schulleben erfahren und wollte nun ein Lesebuch schaffen, das den Kindern Spaß machen und die Schule zu einem Ort machen sollte, an dem das Kind mit seinen Bedürfnissen und Wünschen im Mittelpunkt stehe. Die Unterrichtsstoffe sollten auf die Interessen der Kinder zugeschnitten werden, je nach dem erreichten Entwicklungsstand. Das Kind sollte sich nicht der Schule, sondern die Schule dem Kinde anpassen. Das Lesewerk, das Rolfsen herausgab, prägte die norwegische Schule von seinem Erscheinen 1892 bis zur Zeit nach dem Zweiten Weltkrieg, obwohl es keine öffentliche Unterstützung erfuhr. Private Initiativen ermöglichten die Herausgabe des Lesewerkes, nachdem der politische Streit darüber beendet war.

B. Lie (1868–1916), der als Repräsentant der Beamtenkultur galt, war einer der meistgelesenen Erwachsenenautoren des Landes. Seine Bücher wurden in mehrere Sprachen übersetzt. Es ging ihm wie vielen anderen Autoren, deren Bücher für Erwachsene heute vergessen sind, deren Kinderbücher aber noch heute verlegt und gelesen werden. Die meisten seiner Kinderbücher waren Geschichtensammlungen, oft mit Figuren, die immer wieder auftauchen. Der Reiz seiner Bücher liegt

in der jung gebliebenen Erinnerung des Autors, der drastisch und echt die gewaltigen Freuden über Spiele mit Kameraden, aber auch die brennende Bitterkeit über den Unverstand und die Ungerechtigkeit der Erwachsenen darzustellen vermag. In „Svend Bidevind. Skolehistorier“ (1897, 11. Auflage 1959) werden die Konturen des kommenden Dichters sichtbar. In diesem Buch richtet LIE harte Kritik an die damalige höhere Schule, die in den Kindern eine solche Angst erzeugte, daß sie sich oft in ihrer menschlichen Existenz bedroht fühlten. Kaum ein anderes Buch in der norwegischen Kinderliteratur schildert so realistisch die Schuldgefühle und die Gewissensangst, den Schrecken vor der Schule und die Verzweiflung der Kinder im Gefühl der eigenen Unzulänglichkeit. LIES Erzählung führt einprägsam vor, wie sich der autoritäre Druck, unter dem die Kinder in der Schule lebten, fortpflanzte gegenüber den Schwächeren, die von den Stärkeren gequält wurden. Durch B. LIES Dichtung erhalten wir Einblick in die Repressivität autoritärer Erziehung. Daß seine Bücher auch heute noch junge Leser ansprechen, hat seine Ursache sicher darin, daß jede einzelne Kinderfigur als individuelle Persönlichkeit gezeichnet ist.
Auch eine Reihe von Kinderbüchern von D. ZWILGMEYER (1853 1913) werden noch heute gelesen. Ihre Bücher waren für Kinder ohne Seitenblick auf Erwachsene und ohne pädagogische und moralische Zielsetzung geschrieben. In ihnen wurden den jungen Lesern Figuren vorgestellt, mit denen sie sich sofort zu identifizieren vermochten. Besonderen Erfolg hatten die Erzählungen um die fröhliche und unternehmungslustige Inger Johanne. Das erste Buch dieser Reihe kam 1890 unter dem Titel „Vi Børn, af Inger Johanne, 13 år gammel“ heraus. Die Erzählungen um Inger Johanne, insgesamt zwölf Bücher, sind von wechselnder Qualität, bilden aber als Einheit das zentrale Werke der Autorin. Inger Johanne ist die Anführerin einer Kindergruppe. Es war für die damalige Zeit etwas unerhört Neues, ein Mädchen diese Rolle spielen zu lassen. Trotz ihrer Wildheit zeigt Inger Johanne auch Verständnis für die schlechter Gestellten, wenn sie etwa einsieht, daß sie ihnen aus Gedankenlosigkeit Unrecht getan hat. Wesentlich ist dabei, daß die Erkenntnis ihrer Schuld dem dreizehnjährigen Mädchen in ihrem eigenen Inneren erwächst und nicht als moralischer Druck von außen kommt. Eine kleine Küstenstadt bildet den Rahmen der Handlung, eine Gemeinde, in der die soziale Kluft beinahe unüberwindlich war. Mit Inger Johanne hielt das lebensfrohe Kind seinen Einzug in die norwegische Kinderliteratur. Von D. ZWILGMEYERS Büchern wird die tiefernste Erzählung „Annikken Praestgaren“ (1900) am häufigsten gelesen. 1964 erschien bereits die neunte Auflage. Sie enthält die differenzierte Schilderung eines empfindsamen und feinfühligen jungen Menschen, der nach außen hin, im Gegensatz zu seiner Sensibilität, oft den Eindruck des Stolzes, des Trotzes und der Willensstärke erweckt. Annikken ertrinkt bei dem Versuch, einer Frau das Leben zu retten. Dieses Buch offenbart den zentralen Stellenwert, den die Religion im Leben der Autorin einnahm. Eine Sonderstellung nimmt das Buch „Paul og Lollik. En ungdomshistorie“ (1904) ein, in dem die erwachenden erotischen Gefühle und Wünsche junger Menschen in die norwegische Kinder- und Jugendliteratur eingeführt werden. Nach einer Bibliografie von 1953 erschienen von D. ZWILGMEYERS Büchern bisher rund 600000 Exemplare. Von insgesamt fünfundzwanzig Titeln sind neunzehn Kinderbücher. 1967 erschien eine dreibändige Gesamtausgabe. Die Bücher von D. ZWILGMEYER wurden ins Englische, Dänische, Schwedische, Finnische, Holländische und Deutsche übersetzt. Eine Biografie der Autorin erschien 1951 in dem „Junior Book of Authors“.
B. RING (1870–1955) repräsentiert in ihren Schriften eine beschränkte Oberklassenauffassung und ist deshalb, trotz aller Popularität, diejenige Autorin des „goldenen Zeitalters“, deren Bücher heute besonders veraltet wirken können. Ihre Schriften wurden in unserer Zeit noch übersetzt. Ihre erste Erzählung „Babbens dagbog“ (1904) erfuhr eine freundliche Aufnahme. Der Wunsch der jungen Mädchen, lieber ein Junge zu sein, ein Hauptthema in den Mädchenbüchern der damaligen Zeit, tritt hier hervor. B. RING schrieb hauptsächlich Bücher für Erwachsene. Mit „Tertit“ (1905; dt. Anne Karine Corvin, 1912) hielt der Liebesroman – „in Zucht und Ehren“ – seinen Einzug in die Kinder- und Jugendliteratur N.s. Die Bücher um Anne Karine spielen im Großbauernmilieu, in dem das mutterlose, kleine Mädchen aufgezogen wird, als wenn es ein Junge wäre. In der Novellensammlung „Tvillinger og andre børn“ (1907; dt. Feldmaus, eine Erzählung für Kinder, 1914) führt die Autorin die Fjellmus ein, die zur populärsten Figur ihrer Kinderbücher wurde. Eine

Umschlag der deutschen Ausgabe des Kinderbuches von Ågot Gjems-Selmer „Die Doktorsfamilie im hohen Norden“ (1919).

besonders liebenswerte Darstellung findet der siebenjährige „Peik“ (1909). Dieses Buch wurde ins Finnische, Schwedische, Holländische, Amerikanische, Estnische, Deutsche, Französische und 1946 ins Jugoslawische übersetzt. Das Buch ist noch heute populär, obwohl die darin vorgestellten gesellschaftlichen Auffassungen veraltet sind. RING besitzt eine ausgeprägte Fähigkeit zur eindringlichen Charakterbeschreibung und ein gutes Einfühlungsvermögen in kindliches Verhalten. In „Rædharen“ (1913) werden zum ersten Mal in der norwegischen Kinderliteratur kinderpsychologische Theorien sichtbar. RING verfaßte auch Stücke für das Kindertheater, von denen „Kongens hjerte“ einen großen Erfolg hatte.

Das Industriearbeitermilieu beschreibt L. KJØLSTAD (1861–1932). In seinen Erzählungen berichtet er mit feinem Humor und viel Lebensnähe aus seiner eigenen Erfahrung als Lehrer.

H. AANRUD (1863–1953), der aus dem bäuerlichen Milieu stammte, wurde zum Fürsprecher einer Integration von Bauern- und Stadtkultur. Er schilderte den Platz der Kinder innerhalb einer festgezimmerten und stabilen Gesellschaftsordnung. Seine Erzählungen besitzen einen optimistischeren Grundton als die meisten übrigen Kinderbücher, die arme, elternlose Kinder schildern. Zwar berichtet auch er von der harten Arbeit, die den Kindern auf dem Lande schon früh auferlegt wurde, jedoch erscheint dies als ein Teil der Grundhaltung der norwegischen Bauern. Man redete nicht von Rechten, sondern von Pflichten. Der Stolz auf die geleistete Arbeit sollte zeitig in dem jungen Menschen geweckt werden. Die Kinder der Bauern sollten nicht auf die Dienstleute herabsehen, sondern in diesen die Grundlage der Hofarbeit erkennen. AANRUDS Erzählungen, die stilistisch sehr ausgefeilt sind, zeichnen ein Stück Sozialgeschichte mit dem Kind als Mittelpunkt. Am bekanntesten wurden „Sidsel Sidsærk“ (1903; 11. Auflage 1976; dt. Sidsel Langröckchen, 1907) und „Sølve Solfeng“ (1910; dt. Sölve Solfeng, 1911). Vor allem die Geschichte von Sidsel, dem elternlosen Taglöhnerkind, brachte in Übersetzungen die intime Kenntnis norwegischer Lebensart und Bauernkultur nach Deutschland, England, Schweden, Dänemark, Island, Finnland, nach Zagreb und Riga ebenso wie nach Moskau und Boston.

G. SCOTT (1874–1958) steht mit seinen Büchern für Erwachsene auf der Schwelle von der Neuromantik zum Neurealismus. In seinen Kinderbüchern ist er dagegen Realist. Sein erstes Kinderbuch „Trip. Trap. Træsko. Fortælling om tre smaa venner paa landet“ (1902) wird noch heute gelesen. Er zeichnete darin ein humorvolles Abbild seiner eigenen Kindheitserlebnisse und der Umgebung, in der er als Pfarrerssohn aufwuchs. Er besaß eine unglaubliche Überredungsgabe gegenüber seinen Kameraden und setzte das, was er zum eigenen Vergnügen las, oft mit viel Phantasie in Rollenspiele um. Das Buch ist ein Vorläufer späterer Schelmenbücher. In der Novelle „Tri egg“ (1903) führt er einen schweren Angriff gegen die Zerstörungen, die der Mensch in der Natur hervorruft. In zwei Büchern um „Hollænder-Jonas“ (1908 und 1910) schildert er drei Generationen einer Familie, die auf einer Insel weit draußen im Meer leben und die sich notdürftig von Jagd und Fischerei ernähren. Es fehlt an vielen materiellen Gütern, dennoch ist es ein erfülltes Leben. Auf seiner Insel fühlt sich Jonas als Herr und Meister, aber sobald er auf das Festland kommt, wirkt er klein und unterdrückt, denn die Schuljungen necken ihn. Er gibt aber nie auf und kämpft mit großer Energie gegen alle Schwierigkeiten und gerade darin liegt die Botschaft des Buches. Die Geschichte von Jonas hat ihren Weg auch in die Lesebücher gefunden. 1913 legte G. SCOTT ein Schulprogramm in einem Buch vor, in dem ein Mädchen die Hauptperson spielt: „Kari Kveldsmat“. G. SCOTT schuf auch eine Nachdichtung von E. KREIDOLFS „Blumenmärchen“ (1898), die 1903 unter dem Titel „Blomster-Eventyr“ erschien.

In der Zeit zwischen den beiden Weltkriegen nahm die Kinderbuchproduktion zu, die Qualität dagegen sank. Aus dem Ausland kamen Anstöße für Feriengeschichten, Abenteuerromane, Reiseschilderungen. Diese fremden Elemente führten in der norwegischen Kinderliteratur zu einer Spannung, die durch wahllose Häufung unwahrscheinlicher Begebenheiten erzielt wird. Einzelne dialektsprachliche Autoren versuchten, das erreichte literarische Niveau aufrecht zu halten. S. MOREN (1871–1938) führte die realistische Tradition weiter in „Den store tømmerdrifta“ (1909) und „Dei morlause gutane i Skardfjellet“ (1915, Neuauflage 1976). Zwar sind die Kinderfiguren immer noch beherrscht von Gewissenskonflikten und Angst vor Strafe, doch wird das Verhalten der Eltern jetzt in einer versöhnlichen Weise aufgezeigt. Die Eltern zeigen Verständnis für ihre Kinder, greifen tröstend und erklärend in die Handlung ein. In seinen Kinderbüchern nahm MOREN Motive auf, die er später in seinen Schriften für Erwachsene ausformte. Ähnlich verhielt es sich bei O. DUUN (1876–1939) in seinen Kinderbüchern „Storbåten“ (1912) und „Sommer-eventyr“ (1913). Sie erschienen zuerst in der Hochsprache, wurden von O. DUUN jedoch 1935 in die Dialektsprache übertragen. Verglichen mit seinen differenzierten Schilderungen von Kindern in den späteren Werken für erwachsene Leser, fallen seine Kinderbücher etwas ab, nehmen aber im Vergleich mit dem damals vorherrschenden Niveau in der Kinderliteratur noch immer eine Sonderstellung ein – vor allem in der Charakterisierung der handelnden Personen und in der Dramatik des Handlungsverlaufes. In „Storbåten“ bildet eine Sturmflut den Höhepunkt, ein Vorläufer der monumentalen Schilderung der Schreckensnacht in dem Roman „Menneske og maktene“. Einen Kern der Handlung bildet die Reaktion des Kindes auf die Wiederverheiratung seiner Eltern. In „Sommer-eventyr“ wird das Verhalten normaler Kinder zu einem geistig zurückgebliebenen geschildert. Das Buch unternimmt den Versuch, den jungen Lesern Einblick in das norwegische Arbeitsleben, hier die Heringsfischerei, zu geben. Wie viele seiner Kollegen war O. DUUN Lehrer.

Auch H. FLODEN (1884–1956) war Lehrer. Seine

Kinderbücher, die von 1911 bis 1957 entstanden, besitzen ein eindeutiges Programm. Der Autor nimmt sich in seinen Büchern der schwachen und von Verwahrlosung bedrohten Kinder an. Bereits vor dem Ersten Weltkrieg war es für ihn selbstverständlich, daß auch schwierige Kinder mit Güte zu behandeln sind. Auch seine frühen Kinderschriften sind in der klar blickenden psychologischen Behandlung auftretender Konflikte noch heute modern. Er ist Heimat- und zugleich Tendenzdichter, der sich gegen die Form sozialer Vorsorge empörte, die sich in der Praxis der „Armenkassen" gegenüber elternlosen Kindern repräsentierte. Gnadenlos legte er die Ursachen für die abschreckende Wirkung der „Armenkassen" vor dem Zweiten Weltkrieg frei, am deutlichsten in „Frik med fela" (1917, 5. Auflage 1955). Dieses Buch erschien auch in den USA (1926) und in Deutschland (1932). Als Lehrer hatte H. Floden erfahren müssen, daß Waisenkinder, die für Nahrung und Kleidung arbeiten müssen, dazu verurteilt sind, in der Schule zu den Sitzenbleibern zu gehören. Sein Hauptwerk ist die Trilogie um den kleinen, mißgestalteten Kari, aus einem Ort hoch in den nordischen Wäldern und den selbstsicheren jungen Håvard: „Kari Trestakk" (1922), „Elden" (1923) und „Vi er venner" (1950). Obwohl für Kinder geschrieben, sind Flodens Bücher auch als Erwachsenenlektüre interessant.

R. Vaage (1889–1966) begann als Lyriker. 1923 kam sein Kinderbuch „Gutane på Tedneholmen" heraus. Als etablierter Erwachsenenautor begann er mit dem Schreiben von Kinderbüchern, da er Kinderliteratur für einen wichtigen Teil der Nationalliteratur hielt. Die meisten seiner Kinderbücher erschienen erst, als er sich von der landwirtschaftlichen Tätigkeit zurückgezogen hatte. In „Den forunderlege vegen" (1949) schildert er den Lebensweg eines Jungen vom sechsten bis zum achten Lebensjahr mit all den Höhen und Tiefen, die ein Junge in diesem Alter durchmacht. Das Hauptanliegen des Buches ist die Schwierigkeit, die der Junge hat, den verdammenden und den versöhnenden Gott als Einheit zu sehen. So kommt er – auch logisch – zu dem Schluß, daß es zwei Götter geben müsse. In der Fortsetzung „Den gode sumaren" (1955) setzt sich Vaage vor allem für die „Guds minste her på jord", die geistig Behinderten, ein. „Stivnakkane" (1957) beschreibt sehr realistisch die Anstrengungen einer Wäscherin, für ihre Kinder zu sorgen. Vaages Beschreibung des Schulmilieus ist deutlich und kritisch.

Die Kinderbücher des Lyrikers H. M. Vesaas sind durch seine besondere Fähigkeit zur eindringlichen Schilderung der Natur geprägt. „Du får gjere det du" (1935) ist eine Beschreibung des Lebens auf einem Hof im Osten N.s. Das Buch wurde auch ins Schwedische und Deutsche übersetzt. „Den grøne hatten" (1938), bewegter und handlungsreicher, berichtet von den sozialen Verhältnissen, wie sie in den dreißiger Jahren waren, und streift auch den Unterschied zwischen Kleinbauern und Großbauern, zwischen Randgebieten und Zentren. 1949 erschien „Tidleg på våren", das ein „klassisches" Kinderbuch wurde. Im Mittelpunkt steht die schwierige Kunst des Verzeihens. In den früheren Kinderbüchern ging es immer um die Frage, ob Eltern die kleinen Sünden und Fehler ihrer Kinder vergeben sollten. Vesaas stellt die Frage neu: Kann das Kind seinen Eltern verzeihen, wenn diese ein Versprechen nicht halten? Allerdings ist das Buch, dessen Hauptperson ein Mädchen von fünfzehn Jahren ist, etwas farblos. Die Spannung rührt nicht von der äußeren Handlungsführung her, sondern entsteht aus der Darstellung der inneren, seelischen Konflikte. Auf dem Gebiet der Dialektliteratur war H. M. Vesaas während der dreißiger Jahre der einzige bedeutende Autor für Kinder. Wie im letzten Jahrzehnt vor dem Ersten Weltkrieg, verfaßten auch in der Zeit zwischen den beiden Weltkriegen vorwiegend solche Autoren die besten Kinderbücher, die auch gleichzeitig für Erwachsene schrieben. Die meisten Kinderbuchautoren, deren Bücher zeitweilig große Popularität genossen, waren in diesen Jahren mehr Routineschreiber als Schriftsteller mit der Fähigkeit zur dichterischen Gestaltung. Einzelne von ihnen bemühten sich redlich, die Stellung des Kindes in Familie und Gesellschaft zu untersuchen, doch im großen und ganzen sind ihre Kinderschriften in die Masse der wenig profilierten Unterhaltungsliteratur einzureihen. Zahlreiche Autoren frönten auch dem Hang zur Serien- und Fortsetzungsgeschichte.

Eine Sonderstellung in dieser Zeit nimmt R. Normann (1867–1939) ein. Sie wurde in Vesterålen in Nord-N. geboren, wirkte aber als Lehrerin in Oslo. Sie hatte sich schon als Autorin für Erwachsene einen Namen gemacht, als sie 1916 ihr erstes Kinderbuch herausgab: „Den graa kat og den sorte" ([2]1969). Sie bereicherte die norwegische Kinderliteratur um die märchenhafte, phantastische Erzählung. 1925 erschien „Eventyr" und ein Jahr später „Nye eventyr". Hundert Jahre nach ihrer Geburt erschienen die beiden Sammlungen unter dem Titel „Ringelihorn og andre eventyr", prächtig illustriert von K. E. Johnson. Die phantastischen Geschichten bewegen sich auf der Grenze zwischen Kunstmärchen und Volksmärchen. Der Stil ist dem Volksmärchen entlehnt. Normann schöpfte teilweise aus der mündlichen Überlieferung, die sie als Kind kennengelernt hatte, und gestaltete die alten Stoffe neu. Ihre Geschichten sind heiter und phantasiereich aufgebaut und ganz auf die Naturkulisse und die Gemütsart Nord-N.s ausgerichtet. Volkskundler stellen ihre märchenhaften Erzählungen in die Nähe der Volksmärchen von Moe und Asbjørnsen und den Brüdern Grimm.

Kr. Elster (1881–1947) nahm im norwegischen Geistesleben eine bedeutende Stellung als Dichter, Essayist und Literatur- und Theaterkritiker ein. Sein Kinderbuch „Den ensomme ø" (1921, 2. Auflage 1968) gehört zu den besten Ferienbüchern seiner Zeit. Es erzählt von einigen Jungen, die in den Ferien das Wandern fröhlich genießen, frei von Verpflichtungen und ohne die drohende Autorität der Eltern oder der Schule. Sie erleben eine unfreiwillige Robinsonade. Auch „Tirdalsbrødrene" (1933, 3. Auflage 1966) berichtet von einer Fjellwanderung. Diese Wanderung hat jedoch einen düsteren Hintergrund. Zwei elternlose Jungen laufen aus dem Heim davon. Hier gewinnt das Wandern eine neue Dimension. Das Buch mündet in den optimistischen Glauben, daß ein edler menschlicher Charakter über Erniedrigung und soziales Unrecht den Sieg davontragen kann.

M. HAMSUN (1881–1969), die Frau des Dichters KN. HAMSUN, gehört zu den wenigen Kinderbuchautoren, deren Kinderbücher zu internationalen „Kinderbuchklassikern" geworden sind. Das erste „Bygdebørn. Hjemme og paa sæteren" (1924) wurde ins Dänische, Finnische, Schwedische, Englische, Russische, Tschechische, Deutsche und Japanische übersetzt. Später folgten drei Fortsetzungsbände und 1957 nahm sie das Thema wieder auf in dem Buch „Folk og fe på Langerud", in dem die nächste Generation auftritt. In der „Bygdebørn-Serie" zeigen die vier Kinder, die die Hauptpersonen der Serie bilden, Züge der eigenen Kinder der Autorin, von denen sie in ihrer Autobiografie „Regnbuen" erzählt. Der Rahmen der Erzählung ist ihrer eigenen Kindheit verbunden. Den ersten Anstoß für das Schreiben der Serie erhielt sie durch einen Brief ihres Mannes, dem sie eine Skizze über ihre Kinder zugesandt hatte, und der sie in dem Schreiben ermunterte, die Skizze zu einem Kinderbuch auszuarbeiten. Die in der Serie geschilderten Kinder mit ihren kleinen Fehlern und Vorzügen sind verständnisvoll gezeichnet. Die Serie von den „Langerud-Kindern" erfreute sich vor allem in Deutschland großer Beliebtheit, Ausgaben davon sind noch heute im deutschen Buchhandel zu finden. Nach 1945 gab die Autorin die Erzählung „Tina Toppen" (1955) heraus, auch hier stützt sich der Erzählrahmen auf Kindheitserinnerungen von M. HAMSUN. Das Buch kam 1958 auf die Ehrenliste des Hans Christian Andersen-Preises.

T. H. JOHANSEN (1892–1959), der als Reporter für Osloer Zeitungen arbeitete, berichtet in seinem Buch „Guttene på Sjøsprøit" (1927) von Grönland. Die Erzählung ist spannend im Reportagestil geschrieben und hält sich frei von den üblichen Abenteuerbuchklischees. In „Panterfolk og Gråbein" (1929) schildert JOHANSEN den Kampf zwischen einer norwegischen Gangsterbande und einem Zigeunerklan. Dieses Buch, eine wilde Geschichte von Einbruch, Raub, Giftmischerei und Mord kommt zwar dem Spannungsbedürfnis junger Leser entgegen, nähert sich aber mehr dem anspruchslosen Kriminalroman. Viele Jugendbuchautoren zwischen den beiden Weltkriegen sahen Kriminal- und Detektivgeschichten als für junge Leser geeignete spannende Lektüre an.

Eine umfangreiche Jugendbuchproduktion hat E. HERJE (1894–1969) aufzuweisen. Er war ein hervorragender Pädagoge, der in seinen Erzählungen vor allem die Lebensverhältnisse der Fischer darstellte. Die Hauptpersonen seiner Bücher sind immer Jungen. Sein Hauptthema ist die verbindende Kameradschaft, vor allem zwischen Starken und Schwächeren, zwischen Anführern und deren Gefolgsleuten. In „Da minen sprang" (1934) schildert er die Arbeit in einem Fischfanggebiet im Jahre 1915, als die Fischereiflotte zwischen treibenden Minen arbeiten mußte. In „Aeroguttene" (1947) geht es um die Idee des Naturschutzes. In „Lykke-Lars" (1950) werden die selbstbewußten Fischer geschildert. Das Buch zeigt die Veränderung, die nach dem Zweiten Weltkrieg in der Arbeitswelt und im Verhalten des Volkes stattgefunden hat. Den Schwerpunkt seines Werkes bildet die Trilogie um den Jungen Pål, eingeleitet mit „Det store spranget" (1952) eine Beschreibung des Gegensatzes zwischen Landstreichern und Bauern, wie er im vorigen Jahrhundert bestand. In vielen norwegischen Kinderbüchern übernehmen die Zigeuner (oft auch die Landstreicher) die Rolle des Fremden, Andersartigen und werden für die Darstellung krimineller Elemente benutzt. HERJE nahm seine Stoffe aus dem täglichen Leben und kann als Exponent der realistischen Umweltschilderung angesehen werden. Seine Erzählungen geben dem jungen Leser Einblick in das Erwerbsleben und die Lebensweise der norwegischen Fischer.

Die Kinder- und Jugendschriften B. STOKKES (* 1896) lassen sich in drei Gruppen einteilen: solche, die eigene Kindheitserlebnisse widerspiegeln, andere, die er auf Grund seiner Erfahrungen als Lehrer in einem Schülerheim geschrieben hat, und Bücher mit pädagogischer Zielrichtung, die über vergangene Epochen informieren. Als spannendes Element nutzt er oft das Fluchtmotiv. Besonders hervorzuheben ist die Erzählung „Den ensomme vaktpost" (1937), in der ein Mädchen die Hauptrolle spielt. Das Buch wurde ins Dänische, Finnische, Isländische, Deutsche und Niederländische übersetzt. Eine Serie von vier Büchern, die einen Jungen zum Helden haben (Erster Band „I natt rømmer vi", 1932) stellt eine spannend erzählte Sozialreportage dar. Der Autor zeichnet die Schwierigkeiten, mit denen Heimkinder im späteren Leben konfrontiert werden. Mit seinen erzählenden historischen Schriften hat STOKKE eine Sonderform des Sachbuches angeregt. Es sind erzählende Berichte aus der Steinzeit, der Bronzezeit und der Völkerwanderung.

I. REFLING HAGEN (* 1895) war schon als Schriftstellerin für Erwachsene bekannt, als sie mit Kinderbüchern als politische Autorin unter dem Pseudonym INGE BORG hervortrat. Sie begann mit „Vi må greie oss selv" (1934). Sie versteht sich als christliche Sozialistin und begnügt sich nicht damit, das Bestehende zu tadeln, sondern versucht Lösungen anzubieten, die den Unterdrückten helfen sollten, ihre Lage zu verbessern. Ihre Bücher haben autobiografischen Charakter. Als Arbeiterkind will HAGEN über das schreiben, was Arbeiterkinder angeht und über die Konflikte, denen diese in der Gesellschaft begegnen. Die Buchheldin Ingrid ist ihr Sprachrohr: Sie stillt ihren Lesehunger durch Bücher, die sie in der Schulbibliothek ausleiht, aber die Lektüre ist enttäuschend, denn immer geht es um Ferienerlebnisse oder Jungenstreiche, die in einem typischen Mittelschichtmilieu stattfinden. Dagegen machen Bücher von CH. DICKENS tiefen Eindruck auf sie. Nachdem sie Dienstmädchen geworden ist, fühlt sie sich dem Negerjungen in „Onkel Toms Hütte" verwandt. HAGEN betont unermüdlich, daß nur die Aneignung von Kenntnissen ein lebenswertes Dasein ermöglicht. Mit ihrer klaren sozialen Stellungnahme steht sie allein in der norwegischen Kinder- und Jugendliteratur zwischen den beiden Weltkriegen.

K. Holt (* 1917), einer der bedeutendsten norwegischen Autoren für Erwachsene, debütierte 1939 mit dem Kinderbuch „Tore kramkar", das in dem Band „Tore finner vei" (1940) seine Fortsetzung fand. Holt hatte selbst die Jugendarbeitslosigkeit erlebt. Er schreibt gesellschaftskritische Bücher voller Bitterkeit. Auch in seinen Kinderbüchern klingt das Hauptthema seiner Erwachsenenbücher an: im Augenblick der Entscheidung ist der Mensch frei. Seine Kinderbücher spiegeln die gesellschaftlichen Verhältnisse im N. der dreißiger Jahre und bilden eine schonungslose Darstellung des Loses der besitzlosen Landarbeiter. Auch die Nebenpersonen seiner Geschichten werden differenziert gezeichnet. Fast alle seine Figuren sind Opfer des sozialen und ökonomischen Systems auf dem Lande.

Neben den hier aufgeführten Werken der norwegischen Kinder- und Jugendliteratur erschienen zahlreiche neue Unterhaltungsbücher, die keinerlei Anspruch auf literarischen oder emanzipatorischen Wert erhoben. Es bleibt doch festzuhalten, daß sich die seriöse Jugendliteratur des hier untersuchten Zeitabschnitts nicht nur einseitig an der Mittelklasse orientierte, auch die Unterschicht kam zu Wort.

Entwicklung der Kinder- und Jugendliteratur von 1940 bis 1975. Während der deutschen Besetzung N.s erschienen nur wenige Bücher. Nach der von der Besatzungsmacht eingeführten Zensur und der „Säuberung" der Bibliotheken und Verlage im nationalsozialistischen Sinne, weigerten sich die meisten norwegischen Autoren zu schreiben. Ein Teil der Autoren floh ins Ausland. S. Undset war die einzige Schriftstellerin, die in der Emigration Kinderbücher schrieb. Sie war in die USA geflohen und gab dort „Happy Times in Norway" (1942) und ein Jahr später „Sigurd and his brave Companions" heraus. Beide Bücher wurden später ins Norwegische übersetzt.

Von den Dialektdichtern war S. By (1897–1975) einer der wenigen, die die Folgen der Urbanisierung und Industrialisierung zum Thema ihrer Kinderbücher nahmen. Er schrieb das Jugendbuch „Turid og dei andre" (1951), in dem das Schicksal eines blinden Mädchens geschildert wird. Systematisch versucht er, das Interesse junger Menschen für gesellschaftliche Probleme zu wecken. Er nimmt dabei einen nüchternen Standpunkt ein, vor allem zu der Frage: wie weit darf der Mensch in die Natur eingreifen, um sichere Arbeitsplätze zu schaffen. Die Stärke Bys liegt in der nüchternen Gegenwartsbewältigung und in dem Aufgreifen aktueller Fragen, die in den letzten Jahren zu Modethemen in Kinderbüchern geworden sind.

Der Romanschriftsteller und Lehrer K. Gjengedal (* 1900) schrieb in „Bortanfor Blåbreen" (1951) eine Studie über die Psychologie des Mutes. Sein Kinderbuch „Glomfolket" (1954) ist ein Diskussionsbeitrag mit genauen erfrischenden Beobachtungen von Kindern einer kleinen Dorfgemeinschaft, in dem er den Zusammenstoß der modernen Industrielandschaft mit den dörflichen Traditionen beschreibt. Er fordert, daß der alte Lebensstil respektiert werde. Hier liegt ein gesellschaftspolitisches Buch vor, das sich ernsthaft mit einem wichtigen gesellschaftlichen Problem befaßt, dem Bevölkerungsrückgang in den Dörfern.

N. Bjørgas (* 1910) zeigt in einer Kinderbuchtrilogie (Erster Band „Vetle-Jens", 1948) den Klassenunterschied zwischen Kindern aus entlegenen Dörfern und solchen aus Städten auf. Der letzte Band „Siste sommaren" (1950) schildert den Eintritt eines Jungen in die Pubertät. Jens reift zum Erwachsenen, als sein Vater todkrank wird und der Junge in eigener Verantwortung den Hof übernehmen muß. Die Pubertätskrise wird durch die Bewältigung der Anforderungen durch die harte Arbeit überwunden. Die Trilogie enthält genaue Beobachtungen von Land und Leuten und zeigt in den Dialogen die eigenwillige Sprache der Bauern auf.

K. Orbech (* 1902) wechselt je nach Gegenstand zwischen Hoch- und Dialektsprache. Ersten Erfolg brachte ihr das Buch „Hun som fikk navnet Loretta" (1952). Ein mutterloses Mädchen in einem abgeschiedenen Ort in den Wäldern N.s muß schon mit vierzehn Jahren Hausfrau und Mutter für ihre kleinen Schwestern sein. Die Sorgen und die täglichen Arbeiten sind erdrückend und ermüdend. Es entsteht ein lebendiges Porträt einer jungen Heldin, die sich im Alltag bewähren muß. In „Det kan ikke være sant" (1956) greift K. Orbech das Problem der Ehescheidung der Eltern und ihre Folgen für die Kinder auf. In „Liv og Lars" (1971) berichtet sie von einem Mädchen im Teenageralter, das für die sexuelle Freizügigkeit der Jugend bezahlen muß.

Auch B. Rongen (* 1906) schreibt abwechselnd in Dialekt- und Hochsprache. Er schildert in seinen Werken für Erwachsene das Anwachsen des Faschismus, wie er aus der Arbeitslosigkeit heraus entstand. Sein erstes Kinderbuch „Bergteken in Risehola" (1953) bleibt in der Motivwahl traditionell. Es schildert die Erlebnisse eines Hirtenjungen, ein Thema, das immer wieder ausgebeutet wurde. Allerdings unterscheidet sich das Buch von den herkömmlichen Erzählungen sowohl im Aufbau wie in der psychologischen Ausdeutung. Eine Großmutter erzählt einer Gruppe von Kinder Geschichten und setzt so die Tradition fort, die P. Chr. Asbjørnsen mit seinen erzählenden Frauen begann. „Fem døgn på isfjell" (1959) zeigt psychologisch differenziert die Reaktionen Schiffbrüchiger in einer anscheinend hoffnungslosen Situation. In „Slalåm for livet" (1961) spricht der Autor eine speziell norwegische Form der „Rassendiskriminierung" an, die sich im Verhalten der Dorfbewohner gegenüber den neu Hinzuziehenden zeigt.

J. Heggland (* 1919), ein Bauer, durch seine Romane für Erwachsene bekannt geworden, schreibt eindringliche und historisch zuverlässige Erzählungen über die Steinzeit, die Bronzezeit und die Zeit der großen Pest im 13. Jahrhundert. Seine neueren Bücher dokumentieren auch Not und Unfrieden zu Beginn des vorigen Jahrhunderts. In „Fregattar i fjorden" (1967) wird der Aufstand der kleinen Leute gegen einen sinnlosen Krieg beschrieben. HEGGLANDS historische Erzählungen stellen alle den Wunsch nach Frieden in den Mittelpunkt der Handlung. In „Den forfølgde" (1970) schildert der Autor die Zustände in dem neuen norwegischen Staat nach 1814 und das wachsende Verständnis für die Bemühungen, den Unterprivilegierten das Erlernen von Lesen und Schreiben zu ermöglichen, um dadurch zur Verbesserung ihrer Lage beizutragen. Sein bestes Buch ist „Syskenlaget. Barne-og ungdomsroman frå midten av førre hundreåret" (1966), das ein eindringliches Bild der sozialen Verhältnisse um die Mitte des vorigen Jahrhunderts zeichnet, unter denen Waisenkinder zusammen mit Kranken und Irren ins Armenhaus gesperrt wurden.

A. SOMMERFELT (1892–1975) debütierte in der Zeit zwischen den beiden Weltkriegen mit lustigen Unterhaltungsbüchern. Ihre anspruchsvolleren Kinderschriften erschienen dagegen erst nach 1945. Der Durchbruch gelang ihr mit „Miriam" (1950), einer Erzählung, in der sie sich gegen den Antisemitismus wendet. Das Buch wurde in viele Sprachen übersetzt. Den Welterfolg brachte ihr jedoch „Veien til Agra" (1959; dt. Der Weg nach Agra, 1961), ein Buch, das in mehr als zwanzig Sprachen, darunter sogar einige indische Dialekte, übersetzt wurde. Es erhielt zahlreiche internationale Auszeichnungen, darunter auch den Jane Addams-Preis. In dem Buch entwirft die Autorin das Bild des hungernden Indiens. Die Erzählung soll Kindern die Notwendigkeit der Völkerverständigung vor Augen halten. Der Analphabetismus der Länder der Dritten Welt ist das erste Hindernis, das überwunden werden muß. Diese Notwendigkeit wird in der Erzählung, durch den Wunsch eines kleinen indischen Jungen, lesen und schreiben zu lernen, ausgedrückt. Die Autorin macht aber auch deutlich, daß sich die Inder selbst dieses Ziel setzen müssen. Gleichzeitig unterstreicht sie in einer Kindern verständlichen Weise die Pflicht der reichen Länder, den armen zu helfen. In „Pablo og de andre" (1964; dt. Pablo und die anderen, 1966) beschreibt die Autorin das Leben der Kinder in den Slums Mexikos. A. SOMMERFELT setzt sich in ihren Kinderbüchern vor allem für Minderheiten und Diskriminierte ein. In „Den farlige Natten" (1971) nimmt sie sich der Schwierigkeiten der Gastarbeiter an und in „Reisen til Ingensteder" (1974) befaßt sie sich mit der prekären Situation der Zigeuner. Es ist ihr besonderer Wunsch, den norwegischen Kindern immer wieder klar zu machen, daß sie sich um ihre Brüder und Schwestern in den unterentwickelten Ländern kümmern müssen. Kein anderer norwegischer Kinderbuchautor hat mit so viel Mut, Einsatz und Wissen die Kinder über die Probleme der Bevölkerung der armen Länder unterrichtet. SOMMERFELTS Ruf blieb auch außerhalb der Grenzen N.s nicht ungehört.

ZINKEN (Signe) HOPP (* 1905) hat eine Reihe Kinderbücher geschrieben, teils in Prosa teils in Versen. Sie ist die einzige international berühmte Kinderbuchautorin N.s, die sich dem Nonsense zuwendet. Sie hat sowohl L. CARROLLS „Alicebücher" wie auch J. M. BARRIES „Peter Pan" übersetzt. Ihr bedeutendstes Buch ist „Trollkrittet" (1948), das in viele Sprachen, auch in osteuropäische und ins Japanische übersetzt wurde.

O. RYNNING-TØNNESEN (* 1901) war in der Besatzungszeit Kriegsgefangener in Deutschland. Seine Bücher für Erwachsene sind reine Unterhaltungsliteratur, aber als Kinderbuchautor hat er ein eigenes Profil. „Sjøspeiderne" (1952) ist von einem frischen Erzählton getragen. 1955 überraschte der Autor mit einem Buch ganz anderer Art. „Løp Jan – løp" ist ein sehr engagiertes Buch über die Leiden der Kinder in einer kriegerischen Welt und zugleich ein Bericht darüber, was Tagträume für Kinder bedeuten.

R. BRODTKORB (* 1909) ist ein großer Tierfreund und hat gute Tierbücher geschrieben. 1957 brachte er die ergreifende Reportage „Flukten gjennom Finland" heraus, in der er verdeutlicht, daß der Krieg kein Abenteuer darstellt, sondern Leiden und Tod bedeutet. In „Sorte bror" (1964) nimmt er sich der Schulprobleme der Neger in Südamerika an. In „Haiene går opp med tidevannet" (1969) bildet eine Stadt in Westafrika den Schauplatz. In seinen Schriften, die sich mit seinem eigenen Land befassen, vereint er Abenteuer und Alltagsrealität mit verdeckten kleinen Angriffen auf den Fortschritt unserer Zeit.

F. HAVREVOLD (* 1905), Architekt und anerkannter Zeichner, debütierte 1939 als Autor für Erwachsene. 1952 erschien sein erstes Kinderbuch „Sommereventyret" (dt. Abenteuer im Sommer, 1959). Viele seiner Bücher sind gekennzeichnet durch einen heiteren Grundton und durch geistreiche Handlungsführung. Schon in seinem ersten Buch durchbricht HAVREVOLD die künstliche Scheidung in Jungen- und Mädchenbücher, in dem er zwei Hauptpersonen verschiedenen Geschlechts vorstellt. Das Buch beginnt mit einem fröhlichen Segelausflug und endet als tragikomische Robinsonade. Die Entwicklung der Handlung zum tragischen Höhepunkt hin geschieht aus der psychologisch differenzierten Zeichnung erotischer Wünsche heraus. Trotz der ernsten Problematik ist das Buch mit einer Leichtigkeit und Eleganz geschrieben, die den Leser frappiert. „Drømmeveggen" (1953) ist ein literarisches Experiment, das auf das chinesische Schachtelsystem aufbaut. Die Erzählung gibt eine humorvolle Analyse des Resultats autoritärer Erziehung. „Marens lille ugle" (1957) ist eine Abrechnung mit der Jagd nach mehr und höherem Lebensstandard und ein Loblied auf die menschlichen Werte, die man mit Geld nicht kaufen kann, wie etwa Gemeinschaftsgefühl und Liebe, wie sie besonders gut in einer harmonischen Familie gedeihen sollen. Dieses Buch kam auf die Ehrenliste zum Hans Christian Andersen-Preis und wurde auch verfilmt. In „Den ensomme kriger" (1955; dt. Der einsame Krieger, 1959) befaßt sich der Autor mit dem Problem, wie ein Junge im Pubertätsalter das Gefühl der Einsamkeit und des Unglücklichseins durch Rollenspiel, in dem er selbst immer die Hauptrolle spielt, zu überwinden sucht. Mit „Viggo" (1957; dt. Gewagtes Spiel, 1962) untersucht HAVREVOLD den Zwiespalt des jugendlichen Gewissens auf der Scheide zwischen Gut und Böse, Schuld und Sühne. Es ist ein Buch über moralische Stärke und eine Studie der Gruppenmentalität. Der Autor hat sich immer wieder mit dem Begriff der Gewalttätigkeit auseinandergesetzt. In „Viggo" formuliert er das Problem so: „Schlage nie einen Menschen, weil du sonst verloren hast." Das Thema der Erzählung „Viggo" wird noch vertieft durch den Jugendroman „Grunnbrott" (1960; dt. Gefahrvolle Reise, 1961). Hier werden zwei Kontraste aufgebaut: Jørn aus solidem Kleinbürgermilieu und der ein wenig ältere Ulf aus schlechten sozialen Verhältnissen, der eine unruhige Jugend hat, sich immer auf der Flucht vor Konflikten befindet, und nicht weiß, wohin er eigentlich gehört, treffen aufeinander. In „Jeg flykter i natt" (1963) verficht HAVREVOLD die These, daß Angst Mißtrauen erzeugt und Mißtrauen Gewalt. Das Problem wird unter der Fragestellung betrachtet: Diktatur oder Demokratie. In „Lommekniven" (1969) wird noch einmal das Thema der suggestiven Macht der Gruppe durchgespielt: Die, die es verstehen, mit der Angst und Nachgiebigkeit der anderen und ihrem Wunsch, sich Anerkennung zu verschaffen, zu spielen, vermögen es, sich Macht über die Menschen zu verschaffen. Die Kinder- und Jugendbücher HAVREVOLDS zählen zu den anspruchsvollsten Jugendschriften im heutigen N.

E. HASLUND (* 1917) schrieb eine Reihe Romane für Erwachsene. Ihre Kinderbücher spiegeln die Tendenzen ihrer Bücher für Erwachsene wider. Sie sind eher lustig und kühner als die gewöhnliche Kinderliteratur. In „Frøken Askeladd" (1953) wird die Wanderung durch das Traumreich des Unterbewußten dargestellt, mit dem Ziel der Befreiung der Persönlichkeit. In „Baskinger på Brånåsen" (1960) geht es um die Problematik aufgezwungener Rollen. Die Heldin des Buches ist gezwungen, die einmal erlernte traditionelle Mädchenrolle durchzuhalten. Der andere Held des Buches, ein kleiner Junge, ist schwach und ängstlich und lebt unter dem Zwang, als Sohn eines berühmten Polarforschers den von der Umwelt gehegten Rollenerwartungen entgegen zu kommen und die Rolle des mutigen Draufgängers zu spielen. Der ständige Konformitätsdruck bildet für den Jungen eine dauernde Qual. Gegen Ende wehrt er sich gegen den Rollenzwang und findet einen Weg zu eigener Identität.

B. FRIIS-BAASTAD (1921–1970) debütierte mit „ Æresord" (1959). Hauptmotiv ihrer Kinderbücher ist die Forderung, auf die Stimme des Gewissens zu hören und den Forderungen der anerzogenen ethischen Haltung zu folgen. Die Erzählung „Kjersti" (1962) berichtet von einem siebenjährigen Kind, das bei einem Autounfall schwere Gesichtsverletzungen davonträgt. Das Buch kam auf die Ehrenliste zum Hans Christian Andersen-Preis. Der Fünfzehnjährige in „Ikke ta Bamse" (1964), dem anspruchsvollsten Buch von FRIIS-BAASTAD, hat einen angeborenen unheilbaren Hirnschaden. Im Mittelpunkt der Handlung steht das Verhalten seiner Verwandten ihm gegenüber. Mit dem Band „Du må våkne, Tor" (1967) will die Autorin Lesestoff für Leseschwache und geistig Zurückgebliebene schaffen, der diese Gruppe zum Lesen motiviert.

Die Reportageromane des Fliegeroffiziers L. HAMRE (* 1914) mischen Fiktion und Dokumentation. Er schuf einen völlig neuen Heldentyp: den Alltagshelden. Es sind die Menschen im Alltag, die täglich Arbeiten ausführen, die von ihnen gründliches Wissen, große Erfahrung und tiefe Verantwortung verlangen. Diese Alltagshelden leben nicht gefährlich um des Reizes der bloßen Gefahr willen. Sie haben vielmehr mit dem Beruf ein gefahrvolles Leben gewählt. Die Helden gestehen ihre Angst vor den Gefahren ein und zeigen gerade damit moralischen Mut. „Otter tre to kaller" erschien 1957, „Blå 2 – Hopp ut" 1958, 1959 „Klart fly" und „Brutt kontakt" 1965. Alle diese Bücher haben als Hauptpersonen Erwachsene, die mit der beruflichen Fliegerei verbunden sind. Lediglich in der Erzählung „Operasjon Arktis" (1971) steht ein Kind im Mittelpunkt der Handlung. HAMRES Bücher wurden in sechzehn Sprachen übersetzt.

A. KVASBØ (* 1928) ist Lehrer von Beruf, er wurde in der Finnmark geboren. 1963 erschien sein Roman „Måsen", der vom Krieg in der Finnmark berichtet. Das Jugendbuch „En flaske i snøen" (1966) handelt von Jungen auf dem Weg ins Erwachsenenalter. Thema der Erzählung sind das Alkoholproblem sowie Erinnerungen an die Kriegszeiten. In „Dueller" (1968) beleuchtet KVASBØ die Problematik des Todes und zeigt auf, daß auch junge Menschen mit dem Tod konfrontiert werden. Kameradschaft und Loyalität sind vorherrschende Themen weiterer Bücher. „Kaldt vann i blodet" (1969) und „En sjel av kork" (1970) schildern einen Jungen, der noch seine Persönlichkeit sucht. A. KVASBØ gilt als Erneuerer des norwegischen Jugendromans. Seine bedeutendsten Jugendbücher sind die Bände „Nærkamp" (1974) und „Mørketid" (1975). Sie beeindrucken den Leser durch die realistische und ergreifende Darstellung von Krieg und Besatzungszeit, wie er sie selbst als junger Mensch in der Finnmark in einem kleinen Dorf erfahren hat. Die Schilderung der letzten russischen Angriffe im Jahr 1944 ist aufrüttelnd. Den stärksten Eindruck hinterlassen die Berichte, die die wachsende Verrohung der Kinder durch den Krieg zeigen. In „Mørketid" bauen die Davongekommenen das kleine Dorf wieder auf und schöpfen neue Hoffnung im Blick auf die Zukunft.

Erzählende Sachbücher. Ende der dreißiger und dann häufiger in den vierziger und fünfziger Jahren erschien eine Reihe von Büchern, die den Kindern Wissen in unterhaltender Form vermitteln wollten. Die Bücher des Försters H. LIE (1884–1970), die über das Leben in Wald, Feld und Flur berichten, sind geprägt durch seine Liebe zur Natur. Am populärsten wurde der Band „Ekorngutten" (1928).

S. S. AMUNDSEN (1894–1976), Lehrer von Beruf, gab eine Anzahl Biografien heraus, die von dem Band „Avisgutten som ble verdens største oppfinner" (1933) eingeleitet wurden. Einige dieser Bücher behandeln das Leben von Persönlichkeiten der Gegenwart, so das Buch „Den unge presidenten, John F. Kennedy" (1965). AMUNDSEN gilt als vorbildlich in seiner Bemühung um gewissenhafte, leicht verständliche und doch historisch treue biografische Darstellungen.

T. FASMER DAHL (* 1903) schrieb Musikerbiografien und das sehr erfolgreiche Buch „Eventyret om Albert Schweitzer" (1954).
Der Jurist H. EVJENTH (1894–1951) schrieb Sachbücher über Nord-N., z. B. „3 på 2 og 2 på 4" (1935) und „En fiskergutt i Sameland" (1939), außerdem verfaßte er die Biografien „Gutten som Norge glemte. Boken om Johan Koren" (1938) und „Han som reddet verden. Winston Churchill" (1946). Er war während des Zweiten Weltkrieges aktiv in der Widerstandsbewegung tätig und gab 1945 den Band „Krig i kvitt" heraus. 1947 erschien „På falsk pass".
S. HALSE (* 1893) schrieb mehrere geografische Sachbücher, die er zumeist als Reiseschilderungen gestaltete. Der erste Band „Med bestefar til London" (1938), berichtet aus England, weitere Bücher erzählen von Reisen nach Stockholm, Kopenhagen und Finnland. Außerdem verfaßte HALSE eine siebenbändige Beschreibung N.s („Norge rundt", 1941–1949).
O. BROCHMANN (* 1909) schrieb mit dem Buch „Mariannes brev" (1946) eine kleine Erdkunde N.s und gleichzeitig einen Bericht über das Funktionieren eines Staatswesens. Die Fortsetzung davon ist „Marianne på sykehus" (1948), ein Band, mit dem der Autor bei den Kindern um Vertrauen gegenüber Krankenhäusern wirbt.
Literarisch geglückt sind vier Bücher O. BANG-HANSENS (* 1908), die vom Leben und den Problemen von Zwillingen berichten, angefangen mit „Mette og Tom i fjellet" (1948).
O. COUCHERON (* 1912) spricht die kindliche Wißbegierde an und steht mit seinen Büchern zwischen Abenteuerbuch und Sachbuch. Dies trifft vor allem auf die Bände „Trond torsk på eventyr" (1948) und „Espen fra Svart-tjernet" (1949) zu.
J. GIÆVER TENFJORD (* 1918) ist Bibliothekarin, hat an zahlreichen internationalen Begegnungen von Kinderbuchfachleuten teilgenommen und war die erste Vorsitzende von N.s IBBY-Sektion. Sie war auch zeitweilig Mitglied der Jury des Hans Christian Andersen-Preises. In „Venner verden over" (1949) stellt sie die Vereinten Nationen, ihre Funktion und ihre Tätigkeit, in einer Kindern verständlichen Art vor.
I. SVINSAAS (* 1912) hat vor allem Tiererzählungen für Kinder geschrieben (u. a. „Tom i villmarka", 1955 und „Gaupe i fjellet", 1957).
Der norwegische Rundfunk war für die Verbreitung der Kinder- und Jugendliteratur von großer Bedeutung. So blühte seit der Entwicklung des Kinderprogramms im Rundfunk der Nachkriegszeit vor allem die Kleinkinderliteratur auf. Das gilt auch für die Serien von A. C. VESTLY (* 1920), die zunächst über den Rundfunk gesendet wurden, große Popularität erlangten, und dann zu Buchausgaben führten. Ihre Produktion wurde eingeleitet mit der Serie über Ole Aleksander, den Jungen aus der großen Stadt, durch den sie es verstand, die Phantasiewelt der Großstadtkinder zu verlebendigen. Die nächste Serie wurde eingeleitet mit „Åtte sma, to store og en lastebil" (1957), einem fröhlichen Buch mit vielen sprudelnden Einfällen. In der Serie, die mit „Lillebror og Knerten" (1962) eingeleitet wurde, nähert sie sich sozialen Problemen, vor allem der Problematik der Berufstätigkeit der verheirateten Frau. Mit der „Aurora"-Serie, begonnen mit „Aurora i blokk Z" (1966), greift sie ein aktuelles Problem auf, nämlich die Frage nach der Rollenverteilung von Mann und Frau in der Ehe: Kann der Mann die Hausarbeiten verrichten und die Frau den Lebensunterhalt verdienen? Die sieben Bücher dieser Serie wurden in zahlreiche europäische Sprachen übersetzt, unter anderem auch ins Isländische, Schwedische, Russische und Finnische.
B. BRÆNNE (* 1918), die auch über den Rundfunk zum Kinderbuchschreiben kam, will zur Völkerverständigung unter Kindern beitragen. Über dieses Thema hat sie eine Trilogie geschrieben. Der erste Teil lautet „Historien om Tamar og Trine" (1958) und handelt von einer Familie, die elternlose Kinder aus fremden Erdteilen adoptiert.
Die zwei bekanntesten Kinderbuchautoren, die aus der Erfahrung mit dem Hörfunk heraus zum Schreiben von Kinderbüchern kamen, sind TH. EGNER und A. PRØYSEN. TH. EGNER (* 1912) versuchte in den vierziger Jahren qualitätsvolle und doch preiswerte Bilderbücher zu schaffen. Ein großer Erfolg wurde „Karius og Baktus" (1949), ein vergnüglicher Versuch, die Bedeutung der Zahnpflege zu erklären. Der große Erfolg seiner Kinderbücher liegt zu einem großen Teil in der glücklichen Kombination von singbaren Weisen, Prosa und Illustrationen. So zeichnet und erzählt er nicht nur selbst, er erfindet auch eigene Melodien. 1951 erschien „Tretten viser fra barnetimen" und ein Jahr später „Nye Viser fra barnetimen". Auch „Klatremus og de andre dyrene i Hakkebakke-skogen" (1953) war ursprünglich ein Hörspiel für Kinder, das EGNER für die Bühne dramatisierte und wozu er auch das Bühnenbild entwarf. Seit 1962 wird diese Kinderkomödie ununterbrochen in der ganzen Welt gespielt. Der Höhepunkt seines Schaffens ist das Buch „Folk og røvere i Kardemomme by", das auch als Komödie von EGNER bearbeitet wurde und seit der Erstaufführung mehrere hundert Wiederholungen erlebt hat. Oft wird das Stück von Kindern aufgeführt. EGNERS Kinderkomödien feierten Triumphe in Dänemark, Schweden, Island, Finnland, der ČSSR, Spanien, in der Bundesrepublik Deutschland und in der UdSSR. Seit 1950 gibt der Autor sein großes Lesewerk für die Grundschule in sechzehn Bänden heraus. Aus dem Englischen übersetzte er Bücher von A. A. MILNE, H. LOFTING und H. G. WELLS, die teilweise sehr freie Bearbeitungen darstellen. Seine Kinderbücher erschienen in Dänemark, Finnland, Grönland, Schweden, Island, Deutschland, England, Italien, Rumänien, Ungarn, USA und Japan.
A. PRØYSEN (1914–1970) wuchs in engen Verhältnissen auf. Zeitweise arbeitete er als Schweinekoch auf einem Hofgut. Von seiner Kindheit erzählt er in „Det var da det og itte nå" (1971). Dieses autobiografisch angelegte Buch ist gleichzeitig eine sozialhistorisch wertvolle Studie. Kindheitserinnerungen stellten eine unerschöpfliche Quelle für PRØYSENS Gesamtwerk dar. Den

Durchbruch erzielte der Autor mit Kinderweisen für die Kleinsten im Kinderfunk. In seinen Büchern, die sich an Erwachsene wenden, gibt er der Bitterkeit über das beengte Leben der Unterprivilegierten Ausdruck. Dennoch wurde er nie ein Arbeiterdichter. Seine soziale Empörung versteckt er hinter befreiendem Humor. Seit 1949 erschienen seine Kinderlieder „Lillebrors viser" und „Musevisa" und 1952 „Skøyerviser". „Julekveldsvise" (1957) ist eine volkstümlich-naive Interpretation des Weihnachtsevangeliums. Sein Werk baut auf die Volkstradition auf: Volkstümliche Lieder, Fabeln und Volkserzählungen werden systematisch von ihm gesammelt und archiviert. Er schrieb auch eine Reihe Prosaerzählungen für Kinder („Alle tiders gullhøne", 1959; „Sirkus Mikkelikski", 1963, das auch als Kinderkomödie aufgeführt wurde; „Den grønne votten", 1964). An erster Stelle ist „Teskjekjerringa" zu nennen, das auch als Bilderbuch erschien, eingeleitet mit „Kjerringa som ble så lita som ei teskje" (1957). Das Buch ist eine gelungene Erneuerung des Däumlingmotivs, das in der norwegischen Märchentradition verankert ist. 1970 wurde PRØYSEN der „Norsk kulturråds hederspris" verliehen. 1970 wurde er auf dem Ehrenfriedhof in Oslo begraben. Seine Bücher sind in viele Sprachen übersetzt.

Kinderreime und -gedichte. Die erste wissenschaftliche Sammlung mündlich überlieferter Kinderreime erschien 1899 unter dem Titel „Norsk barnerim og leikar", zusammengestellt von B. STØYLEN (1858–1937). Eine Faksimileausgabe der Erstausgabe kam 1975 heraus. Größere Bedeutung in der breiten Öffentlichkeit gewann die Sammlung des aus der Volkstradition stammenden Reimguts von E. HOLST (1849–1915). Der erste Band „Norsk Billedbog for Børn" erschien bereits 1888 und erlebte dreizehn Auflagen. Es folgten „Ny Samling" (1890) und „3die Samling" (1903). Die erste Sammlung wird als ein Fixpunkt der Geschichte der norwegischen Kinderliteratur bezeichnet. Die Bücher wurden von E. NIELSEN illustriert, der den Stil von E. HOLST in eine Reihe von Bildernbüchern in den zwanziger Jahren übernahm.
Die Gesangslehrerin M. MUNTHE (1860–1931) schrieb eine Reihe Kinderlieder zu bekannten Melodien. Ihre erste Sammlung erschien 1905 („Kom skal vi synge. Barnesanger for hjem og skole"). Insgesamt spiegeln ihre Lieder die pädagogisch-moralischen Normen um die Jahrhundertwende wider. Obwohl kritische Stimmen gegen die moralisierende Tendenz laut wurden, begegnet man ihren Liedern noch heute in Anthologien, Gesangbüchern und Lesewerken. In der Nachkriegszeit versuchten sich etablierte Lyriker der Erwachsenenliteratur auch auf dem Gebiet der Kinderliteratur. Die Dialektdichter greifen gern auf das traditionelle Volksgut zurück, während die hochsprachlichen Autoren sich häufig von der englischen Nonsensepoesie inspirieren lassen.
In der Dialektdichtung ist vor allem J.-M. BRUHEIM (* 1914) zu nennen, einer der feinsinnigsten Lyriker der Nachkriegszeit. Von seinen Gedichtsammlungen für Kinder verdienen vor allem „Skrythøna og andre barnerim" (1956), „Røysekatten og andre barnerim" (1961), „Romferden og andre barnerim" (1969) und „Syskenringen og andre barnedikt" (1972) Beachtung. Die Verserzählung „På langfart med Mjo Monsemann" erschien 1970. Die Verse zu dem einfühlsamen Bilderbuch „Reinsbukken Kauto fra Kautokeino" (1963) schrieb BRUHEIM ganz bewußt für Kinder, die in der Vorstellungswelt des Samlands leben. Es ist von R. J. BERLE prachtvoll illustriert und erschien zugleich in Sämisch und Englisch.
A. EGGEN (* 1923), ein Lyriker, der auch gesellschaftlich relevante Themen aufgreift, orientiert sich sowohl an der traditionellen Reimdichtung als auch an moderner Nonsensedichtung. Der Band „Ruske-Rasmus. Barnerim" erschien 1962, und 1966 kam „Tørres Brillesterk og andre barnerim" heraus.
Unter den hochsprachlichen Lyrikern kann die hervorragende Lyrikerin für Erwachsene I. HAGERUP (* 1905) als diejenige angesehen werden, die die Nonsensepoesie in die norwegische Kinderliteratur einführte. Sie begann mit „Så rart. Barnevers" (1950), das in mehreren Auflagen erschien. 1961 kamen die Gedichtbände „Lille Persille" und 1970 „Den sommeren" heraus. Zu den Bildern von BERLE schrieb sie die Verserzählung „Trekkfuglene og skjæra" (1967). Sie übersetzte auch die Nonsensebücher des dänischen Autors H. RASMUSSEN ins Norwegische.
A. BJERKE (* 1918) gilt als Theoretiker der Kinderlyrik. 1956 erschien seine erste Gedichtsammlung für Kinder „For moro skyld", ein Jahr später der Band „Mere moro. Barnerim" und 1966 „Fru Nitters datter og andre barnerim". 1959 gab er ein ABC heraus, in dem zu jedem Buchstaben ein kleines Gedicht zu finden ist.
Der englischen Nonsensedichtung am nächsten kommt H. SVERDRUP (* 1923) mit „Snurrebassen og andre tøysevers" (1958).

Illustrationen. Eine große Zahl bedeutender Illustratoren hat in der Zeit nach dem Weltkrieg Kinderbücher illustriert (z. B.: H. N. DAHL, R. J. BERLE, V. ROJAHN, K. BØGE, P. R. GAUGUIN, TH. EGNER, E. TORIN NÆSHEIM, T. ST. AAS, K. E. JOHNSON, B. RUD). Den staatlichen Bilderbuchpreis erhielten bislang: P. R. GAUGUIN, T. ST. AAS, R. J. BERLE, U.-L. JONSMOEN, H. J. TOMING, S. S. KAPSBERGER, H. BJØRKLID, H. N. DAHL, E. STORSVEEN, B. RUD.

Kinderzeitschriften. Vorbild für die erste norwegische Kinderzeitschrift war CHR. FR. WEISES „Kinderfreund". Das „Billed-Magazin for Børn" erschien 1838 und 1839 unter der Redaktion von M. HANSEN, K. O. KNUTZEN und P. CHR. ASBJØRNSEN. Die Zeitschrift erlaubt eine Übersicht über Formen und Themen der zeitgenössischen Kinderliteratur. Noch waren die Ideen der Aufklärung lebendig, und die religiösen Strömungen machten sich deutlich bemerkbar. Es fand sich eine Mischung von belehrenden Erzählungen, moralischen Beispielgeschichten, Märchen und Kinderreimen. 1843 begann der Priester N. A. BIØRN mit der Herausgabe der Zeitschrift „Børnevennen", die sowohl belehrende als unterhaltende Tendenzen verfolgte. Eine reine Unterhaltungszeitschrift war damals noch undenkbar. Immerhin stand BJØRN am Übergang zu einer neuen Zeit, in der auch unterhaltende Elemente Eingang in die Kinderblätter finden durften, allerdings konnte Unterhaltung noch nicht der Hauptzweck einer Kinderzeitschrift sein. FALCK YTTER gab zwischen 1864 und 1880 mehrere Kinderzeitschriften heraus: „Børnenes Blad", „For Ungdommen", „Maanedsskrift for Gutter og Piger". Die zweite Hälfte des 19. Jahrhunderts war eine Blütezeit der Kinder- und Jugendzeitschriften, doch existierten die meisten Blätter nur kurze Zeit. Viele davon waren religiöse Sonntagszeitungen. N. ROLFSENS „Illustreret Tidende for Børn", die von ihm von 1885 bis 1892 redigiert wurde, nimmt eine Sonderstellung ein. Sie wird heute als die wertvollste Kinder- und Jugendzeitschrift des 19. Jahrhunderts bezeichnet. Von dieser Kinderzeitschrift führt eine unmittelbare Verbindung zu seinem „Læsebog for folkeskolen". Eine Reihe bedeutender Kinderbuchautoren, die die Kinder- und Jugendliteratur um die Jahrhundertwende prägten und heute zu den Kinderbuchklassikern zählen, hatten in dieser Zeitschrift ihr Debüt. Außerdem erhielten die besten Illustratoren der Zeit die Möglichkeit zur Mitarbeit. Für die Dialektdichtung besaß das „Norsk Barneblad" außergewöhnliche Bedeutung. Sie wurde von R. LØLAND von 1903 bis 1907 redigiert. Das Blatt stellte sich die Aufgabe, die Dialektdichtung gezielt zu fördern. Die Texte waren niveaureich und nicht übertrieben autoritär. Im 20. Jahrhundert erschienen verschiedene Kinder- und Jugendzeitschriften unterschiedlicher Qualität.

Organisationen, Förderungsmaßnahmen, Literatur zur Kinder- und Jugendliteratur. Die Forderung, allen Kindern, unabhängig von ihrer Herkunft, Zugang zu Büchern zu verschaffen, wurde im Laufe des letzten Jahrhunderts immer dringender. N. ROLFSEN war der stärkste Befürworter für die Errichtung von Schulbibliotheken, in denen Kinder Bücher für die Freizeitlektüre ausleihen konnten. Um die Bibliotheken mit qualitätsvollen Texten auszustatten, strebte man eine zentrale Institution an, die teilweise selbst Bücher herausgeben und auch auf die Produktion der Verlage Einfluß nehmen sollte. Der Aufbau der Schulbibliotheken sollte diese zu regelmäßigen Großabnehmern von Kinderbüchern werden lassen. Als Folge erhoffte man sich hohe Auflagen und billige Verkaufspreise. Auf dem Treffen der norwegischen Lehrervereinigung im Jahr 1896 legte ROLFSEN seinen Plan zur Schaffung eines Netzes von Schulbibliotheken vor. Der Zentralrat der Lehrervereinigung stellte Buchkataloge zusammen und versandte diese an die Schulen. Schon 1907 waren 2200 Schulbibliotheken eingerichtet. Das erste Bibliotheksgesetz N.s von 1935 verlangte obligatorisch die Einrichtung von Schulbibliotheken in allen Volksschulen des Landes mit mehr als zwölf Schülern. Ab 1947 sind Schulbibliotheken in jeder Gemeinde einzurichten, ungeachtet der Größe der Schulen. Heute gibt es rund 3400 Schulbibliotheken, die 1974 einen Gesamtbestand von 4,3 Millionen Büchern aufweisen. Von den 600000 Schülern in der Regelschule leihen ca. 430000 regelmäßig aus. Dazu kommen die Ausleihen aus den Kinderabteilungen in den Volksbüchereien.

1914 schuf das Kirchen- und Unterrichtsministerium ein Komitee für Schulbibliotheken, das jedes Jahr eine Liste geeigneter Texte für Schulbibliotheken vorlegt. Seit 1948 werden jährlich staatliche Preise für die besten Kinderbücher verliehen. Seit 1957 auch für Illustrationen. Von 1961 an gibt es einen Bilderbuchpreis, neuerdings auch einen Übersetzerpreis. Um die importierten Comicserien einzudämmen – einzelne, wie „Donald Duck", erreichen Millionenauflagen – wurde während der letzten drei Jahre jährlich ein Preis für qualitätsvolle norwegische Comics vergeben. Mehrere Verlage veranstalten eigene Wettbewerbe für die besten Kinder- und Jugendbuchmanuskripte, die zum Teil mit hohen Geldprämien dotiert sind.

Die Norwegische Sektion der IBBY veranstaltet jährlich informative Zusammenkünfte von Fachleuten, Bibliothekaren und Verlegern. Ausstellungen mit norwegischen und ausländischen Büchern finden in ganz N. statt. 1964 wurde in Oslo der erste skandinavische Kongreß über Kinder- und Jugendliteratur abgehalten. International besuchte Seminare zu Fragen der Kinder- und Jugendliteratur finden regelmäßig statt. An der staatlichen Bibliotheksschule wird das Fach Kinder- und Jugendliteratur gelehrt. Kinderbibliothekare haben ihre eigene Vereinigung. Auch einige pädagogische Hochschulen haben Kinder- und Jugendliteratur als obligatorisches Unterrichtsfach. Allerdings sucht das Gebiet der Kinder- und Jugendliteratur an den Universitäten noch seine feste Verankerung.

Norwegische Kinder- und Jugendbuchautoren werden vom 1964 gegründeten „Norsk Kulturråd" unterstützt. Jeder Kinder- und Jugendbuchautor erhält für jedes Buch, das in den Schulbibliothekskatalog aufgenommen wird, 4000 Kronen (1976). Dazu werden 500 Exemplare für weitere soziale Institutionen angekauft. Der Kulturrat stellt Kataloge über empfehlenswerte Kinder- und Jugendbücher zusammen. Die größeren Zeitungen veröffentlichen regelmäßig Rezensionen von Neuerscheinungen auf dem Gebiet der Kinder- und Jugendliteratur. Zeitschriften dagegen bringen selten Artikel über Kinder- und Jugendbücher. Das von der Staatlichen Bibliotheksaufsicht herausgegebene „Bokbladet" enthält ebenfalls regelmäßig Ankündigungen von neuen Kinder- und Jugendbüchern. Auch im Hörfunk werden Kinder- und Jugendbücher gelegentlich besprochen, im Fernsehen ist dies nur sehr selten der Fall.

Ausgaben von Kinder- und Jugendbüchern in Norwegen

	Erstausgaben		*Neuauflagen*	
Jahr	Titel	Auflage	Titel	Auflage
1970	106	5600	43	5700
1971	93	6100	64	6900
1972	120	6500	90	6900
1973	154	6300	64	6100
1974	150	5900	94	7100

→ H. Aanrud, → P. Chr. Asbjørnsen, → B. Bratt, → M. Hamsun

Sekundärliteratur: O. Bakken: Rasmus Løland (1938). – B. Birkeland: Per Sivle (²1962). – J. Bondevik: Sidsel Sidsærk og Supermann. Barne- og ungdomsliteratur i bruk (zus. mit O. Solberg. 1975). – S. Hagemann: Jørgen Moe. Barnas dikter (1963); Hjertets geni. Henrik Wergeland dikting for barn (1964); Barnelitteratur i Norge inntil 1850 (1965); Barnelitteratur i Norge 1850–1914 (1970); Barnelitteratur i Norge 1914–1970 (1974); Marie Wexelsen (1968); Elling Holst. Norske barnerims plass i den fellesnordiske tradisjon (1969); Dammprisen. En analyse av de prisbelonte bokene (1971). – B. Lund: Skolebibliotek i Norge (1967). – K. Skonsberg: Kjonnsroller og sosial lagdeling i barnelitterturen (1972). – S. Sletvold: Barna og litteraturen. En analyse av utvikkingen av litter litteraer vurdering hos norske skolebarn (1958). – J. Tenfjord: Barn og lesning (1947). – H. L. Tveterås: En bok om Thorbijorn Egner (1972; zus. mit F. Matheson).

Sonja Hagemann

Nosov, Nikolaj Nikolajevič

*Jugendschriftsteller; *23.11.1908 Kiew, †26.7.1976 Moskau.*

N. wurde in einer Schauspielerfamilie geboren. Nach dem Besuch der Mittelschule war er Arbeiter und später Schüler an der Kunsthochschule in Kiew und am Staatlichen Institut für Kinematographie in Moskau. Von 1932 bis 1951 war er Regisseur für Zeichentrickfilme, Lehrfilme und wissenschaftliche Filme.
Zuerst erfand und erzählte er für seinen kleinen Sohn Geschichten. Eine davon wurde 1938 in der Kinderzeitschrift „Murzilka" veröffentlicht. 1945 gab N. sein erstes Buch für Kinder heraus: „Tuk-Tuk-Tuk". 1947 erschien das zweite: „Stupen'ki" (Stufchen), 1949 die große Erzählung „Vesjolaja semejka" (dt. Eine fröhliche Familie ¹⁸1957) und ein Jahr später eine weitere große Erzählung „Dnevnik Kolji Sinicyna" (1950, dt. Die Bienenfalle, ⁴1968). Besonderen Erfolg hatte die Erzählung „Vitja Malejev v škole i doma" (1951, dt. Ich war ein schlechter Schüler, ⁹1973). Sie erhielt den Staatspreis der UdSSR und bestimmte den literarischen Weg N.s als Kinderschriftsteller. 1973 erhielt er für seine Märchenromane um Nesnajka den Krupskaja-Preis.

Werk, Tendenzen, Wirkung. Die ersten Bücher N.s haben ihm den Ruf eines „humorvollen Schriftstellers" gebracht. In „Vesjolaja semejka", in „Dnevnik Kolji Sinicyna" und in „Vitja Malejev v škole i doma" versuchen sich Kinder in der Hühner- und Bienenzucht oder sie dressieren Hunde, alles ohne die Hilfe Erwachsener. Sie geraten in komische Situationen, weil ihnen noch Kenntnisse und Können fehlen. Zusammen mit dem Leser lacht der Schriftsteller über seine Helden, aber das Lachen ist nicht böse. 1950 bis 1970 schrieb N. eine Reihe satirischer Romanmärchen: „Priključenija Neznajki i jego druzej" (1954, dt. Nimmerklug im Knirpsenland, ⁸1968), „Neznajka v Solnečnom gorode" (1958, Nimmerklug in der Sonnenstadt) und „Neznajka na lune" (1966, Nesnajka auf dem Mond). In diesen Jahren erschienen auch seine Bücher „Priključenija Tolji Klukvina" (1961, Tola Klukwins Abenteuer) und „Povest' o moem druge Igore" (1973, Novelle über meinen Freund Igor). Zuletzt schrieb N. eine Novelle in der Art von K. Čukowskijs Buch „Von zwei bis fünf". Es ist eine Skizze über seinen Enkel vom Tag seiner Geburt an.
Während der letzten Jahre seines Lebens hat N. das autobiographische „Povest'o detstve" (1976, Die Erzählung über die Kindheit) und das Buch „Vsjo vperedi" (1976, Alles voran) geschrieben, von dem er meint: „Der Held dieser Erzählung bin ich selbst. Aber das sicher nur teilweise. Am Ende wünsche ich, daß die Leser nicht nur mich, sondern auch sich selber in meinem Helden erkennen. Ich möchte nicht nur mich, nicht nur einen Knaben darstellen. Ich möchte die Kindheit überhaupt darstellen."
N.s Bücher sind reich an Phantasie. Sie zeigen eine außerordentliche Kenntnis der kindlichen Psyche und sie haben immer ein pädagogisches Ziel. Seine Werke wurden in 70 Sprachen übersetzt – in die Sprachen der Sowjetrepubliken und in die Sprachen vieler Völker. Die deutschen Übersetzungen erschienen beim Kinderbuchverlag in Berlin. In der Anzahl der Übersetzungen aus dem Russischen nimmt N. den dritten Platz nach Gorkij und Puschkin ein.
Wie alle guten Kinderbücher eignen sich die Bücher von N. als Lektüre für junge Leute wie für Erwachsene. Zu seinen erwachsenen Lesern hat N. gesagt: „... das Kind ist wie der Erwachsene, und wir sind wie Kinder, – wenn wir wie zuvor unterscheiden, was gut und was schlimm ist, wo das Gute und wo das Böse liegt, und fähig sind uns über die Blume im Feld und die Vögel am Himmel zu freuen". A. Alexin hat N. einen „Klassiker der Kinderliteratur" genannt. Er bemerkt: „Oft sagt man, daß die Fertigkeit, für kleine Leute die großen Welten zu öffnen, eine ganz besondere Gabe sei. N. Nosow hat diese Gabe zauberhaft beherrscht."

Werke: Tuk-Tuk-Tuk (1945); Stupen'ki (1947); Vesjolaja semejka (1949; dt. Eine fröhliche Familie, ¹⁸1957); Dnevnik Kolji Sinizyna (1950; dt. Die Bienenfalle, ⁴1968); Vitja Malejev v škole i doma (1951; dt. Ich war ein schlechter Schüler, ⁹1973); Prikli učenija Nesnajki i jego drusej (1954; dt. Nimmerklug im Knirpsenland, ⁸1968); Nesnajka v Solnečnom gorode (1958; dt. Nimmerklug in der Sonnenstadt, ⁹1971); Freundchen und andere heitere Geschichten (³1965); Der lebende Hut (²1965); Die Träumer. Lustige Geschichten (1972).

Sekundärliteratur: A. Alexin: Ja wam pišu ... Otkrytoe pis'mo Nikolaju Nossovu. Z. „Detskaja literatura". 1966. 1. 25–27). – A. Barto: Ego knigi budut žit: Komsomolskaja prawda. 29.7.1976). – St. Rassadin: Nikolaj Nosov. Kritiko-biogaphičeskij očerk (1961). – W. Razumnevič: Knigi na wsju Žizn'. Semejstwo wesjolych malčišek. O knigach Nikolaja Nosova (1975. 87–100). – Sowjetische Kinderliteratur in Überblicken und Einzeldarstellungen (1974).

Igor Motjaschow

Nowotny, Joachim

*Erzähler, Kinderbuchautor der DDR; *16.6.1933 Rietschen/Oberlausitz.*

N., Sohn eines Arbeiters, erlernte den Zimmermannsberuf, besuchte 1951 die „Arbeiter- und Bauernfakultät" und studierte ab 1954 Germanistik in Leipzig. Nach dem Diplom in Germanistik (1958) war er als Verlagslektor tätig. Seit 1962 ist N. freischaffender Schriftsteller, seit 1969 Dozent am Institut für Literatur „Johannes R. Becher" in Leipzig. Von 1968 bis 1971 war er Vorsitzender des Aktivs Kinder- und Jugendliteratur beim Deutschen Schriftstellerverband, dem er seit 1964 angehört. Er wirkte an Spiel- und Fernsehfilmen mit und schrieb Hörspiele. N. erhielt mehrere Literaturpreise, u.a. 1964 den Preis des Ministeriums für Kultur für Kinder- und Jugendliteratur; 1970 den Kunstpreis der Stadt Leipzig; 1971 den Alex Wedding-Preis der Deutschen Akademie der Künste zu Berlin.

Werk, Tendenzen, Wirkung. N. schrieb zahlreiche Erzählungen und Kurzgeschichten, die seine tiefe Verbundenheit mit dem Lande (der Oberlausitz) darlegen. Er zeichnete realistische Bilder der Landbevölkerung mit ihren vielfältigen, alltäglichen Problemen. Jedoch verfiel er nicht einem engen Provinzialismus, da er es verstand, die relevanten gesellschaftlichen Probleme seiner Zeit und ihre Auswirkungen auf das Dorfleben realistisch zu gestalten. Am deutlichsten kommt dies in seinem Kinderroman „Der Riese im Paradies" zum Ausdruck. N. schildert hier eindrucksvoll, wie sich durch den Bau eines Kraftwerkes nicht nur die Natur, sondern in entscheidendem Maße das traditionelle Leben der Dorfbewohner verändert. Zu Anfang wird diese Veränderung als negativ, als zerstörerisch eingeschätzt, jedoch vollzieht sich im weiteren Verlauf der Handlung eine Bewußtseinsänderung bei den Dorfbewohnern, die den Bau nun nicht nur als gesellschaftlich notwendiges Ereignis ansehen, sondern vielmehr als eine Möglichkeit, sich aktiv am Neuen zu beteiligen. Der Konflikt zwischen der herkömmlichen Lebensweise auf dem Dorf und der gravierenden neuen Veränderung wird vornehmlich vom Betrachterstandpunkt des Haupthelden, des dreizehnjährigen Kurbel, gezeigt. Mit viel Originalität, kindlicher Direktheit und unmittelbarer Kritik sieht der Held die gesellschaftliche Veränderung und lernt sie als notwendig begreifen. Seine Beziehungen zur Natur, zu seinem Mädchen, Freunden, Eltern und Großeltern sind subtil gezeichnet. Als besonderes Thema hat N. immer wieder darzustellen versucht, wie die Beziehungen zwischen den Kindern auf der einen und der Erwachsenenwelt auf der anderen Seite verlaufen. In seinen beiden Büchern „Jagd in Kaupitz" und „Hochwasser im Dorf" wird mit viel Ernst für die Belange der Kinder und mit echtem Humor gezeigt, wie die Kinder der Dorfgemeinschaft an den Ereignissen und Problemen der Erwachsenenwelt partizipieren wollen. Auch in diesen beiden Büchern beschreibt N. das Alltägliche, das Dorfleben mit seinen vielfältigen Typen, Charakteren und Begebenheiten, die kleinen Probleme, die jedoch nur Widerspiegelung der großen sind. Für ihn ist das Dorf Prüffeld für die These: was dort noch nicht angekommen ist, ist überhaupt noch nicht angekommen (gemeint ist der Aufbau einer vollendeten sozialistischen Gemeinschaft). N. hat auf Grund seines literarischen Schaffens im Bereich der Kinderliteratur, durch seine meisterhafte Beobachtungsgabe kindlicher Psyche, durch seinen liebenswürdigen Humor und durch sein Engagement für die anstehenden Probleme seiner Gesellschaft dazu beigetragen, daß die Kluft zwischen der Kinder- und der Erwachsenenliteratur sowohl nach formalästhetischen als auch nach inhaltlichen Gesichtspunkten aufgehoben worden ist.

Werke: Hochwasser im Dorf (1963, [5]1972); Jagd in Kaupitz (1964, [5]1974); Jakob läßt mich sitzen (1965, [6]1975); Der Riese im Paradies (1969, [4]1975); Sonntag unter Leuten (1971).

Sekundärliteratur: Chr. Berger: Interview mit Joachim Nowotny (in: Weimarer Beiträge. 7. 1973. 99–112); Heimat bei Joachim Nowotny (in: Weimarer Beiträge. 7. 1973. 113–129). – M. Gerisch: Die poetische Erkundung neuer Verhaltensweisen und Lebensgewohnheiten in der entwickelten sozialistischen Gesellschaft (1974). – M. Kohl: Geschichten ausgraben. Einige Worte über Joachim Nowotny (in: Beiträge zur Kinder- und Jugendliteratur. 21. 1971. 21–27).

Magdalena Nima-Rolf

Nussbaumer, Paul

*Schweizer Illustrator, Gebrauchsgrafiker und Maler; *2.5.1934 Luzern.*

Aufgewachsen in Meiringen, Kanton Bern, besuchte N. von 1950 bis 1955 die Kunstgewerbeschule in Luzern, wo er sich zum Grafiker ausbildete. Nach einem sechsmonatigen Aufenthalt in Rom arbeitete er von 1956 bis 1959 als Gebrauchsgrafiker. Seitdem ist er als freischaffender Maler und Illustrator von Kinder- und Jugendbüchern und Literatur für Erwachsene (G. DE MAUPASSANT: Ein Leben, 1971; C. F. MEYER: Jörg Jenatsch und andere Novellen, 1971) tätig. Daneben hat N. auch Schulbücher seiner eigenen Heimat, des Kanton Luzern, grafisch gestaltet (u.a. Im Wunderland, 1966; Daheim, 1966) und zahlreiche Wandbilder gemalt. Er unternahm mehrere Auslandsreisen und stellte seine Werke an zahlreichen Orten in der Schweiz sowie in Bologna, Bratislava, Brno, Tokio, Frankfurt a.M. und München aus. 1967 erhielt er auf der ersten Bienále ilustrácií Bratislava (BIB) eine Silbermedaille für „Der Knabe des Tell" (1965; Text von B. HÜRLIMANN), 1974 den Schweizer Jugendbuchpreis. – N. lebt seit 1964 in Hildisrieden bei Luzern.

Werk, Tendenzen, Wirkung. N. wendet sich in seinem illustrativen Werk hauptsächlich den Themen seiner Heimat zu, vor allem der Gebirgswelt. In seinem Weihnachtsbuch „Ihr Kinderlein kommet" (1964; Text von M. NUSSBAUMER) versetzt er das Weihnachtsgeschehen in eine Schweizer Winterlandschaft, der auch in dem bislang erfolgreichsten Buch N.s, der Geschichte des Bernhardinerhundes „Barry" (1967), eine tragende Funktion zukommt. In „Der Knabe des Tell" – das Bilderbuch mit dem Text von B. Hürlimann ist in vielen Sprachen erschienen – schildert er ohne Verniedlichung das pathetische Geschehen auf kindlicher Ebene. N. ist als Künstler ein schwerblütiger Gebirgsmensch. Er ist am besten da, wo es ihm gelingt, diesem Ausdruck zu verleihen und zugleich durch die Leuchtkraft der Farben und die von ihm erschaffene Formenwelt diese Schwere zu überwinden. Fast alle seine Bilderbücher werden von mit dünner Feder ausgeführten Schwarz-Weiß-Zeichnungen durchzogen. Durch die im allgemeinen sehr dichten, fein gekreuzten Schraffuren entstehen eine auf Hell-Dunkel-Werten aufgebaute Bildspannung und eine größere Tiefenwirkung als bei den flächig aufgetragenen Farbbildern. Häufig werden mit Hilfe der Zeichnungen die düster-unheimlichen oder bedrohlichen Momente und Stimmungen der Erzählung hervorgehoben. In „Der Bauernhof" (1969) ergänzt N. überdies den Text durch genaue Sachinformationen (Höhe von Milchproduktion, Darstellung verschiedener Erntemaschinen etc.) enthaltende Randzeichnungen.

Einige der Bücher N.s sind ins Englische, Japanische, Norwegische und Französische übersetzt worden.

Werke: P. Brown: Anna Lavinias wunderbare Reise (1958); M. Nussbaumer: Ihr Kinderlein kommet (1964); U. Gisiger: Arrah, der Zigeuner (1964); A. Eidenbenz: Onkel Anselms wundersame Schweizerreise (1965); B. Hürlimann: Der Knabe des Tell (1965); U. Williams: Der schwarze Max (1966); B. Hürlimann: Barry (1967); R. Reichling: Der Bauernhof (1969); J. Fabricius: Heintjes ganz besonderer Winter (1969); L. Bechstein: Hans im Glück (1969); L. Bechstein: Hänsel und Gretel (1970); J. Spyri: Heidis Lehr- und Wanderjahre (1970); G. Bürgin: Pony Ranch (1972); W. Trüb u. M. Annoni: Als die Eisenbahn noch König war (1972); R. de Selva: Die rote Katzenfamilie (1974); S. Sempert: Na meh Guet-Nacht-Gschichtli (1975).

Sekundärliteratur: B. Hürlimann: Paul Nussbaumer (in: Bookbird. 2. 1970. 75–76).

Bettina Hürlimann

O

Oberfeld, Charlotte

*Jugendbuchtheoretikerin, Literaturwissenschaftlerin an der Universität Marburg; *24.5.1915 Königshütte.*

O. studierte Germanistik, Volkskunde, Geschichte sowie Pädagogik und schloß das Studium mit der Promotion ab. Von 1953 bis 1966 war O. im Schuldienst in Gießen und Marburg/Lahn tätig und wechselte am 1. April 1966 an die Philipps-Universität in Marburg/L., wo sie 1976 zum Honorarprofessor ernannt wurde.

O. hat zahlreiche Märchen aus Hessen, insbesondere aus dem Waldecker Kreis, gesammelt und herausgegeben. Sie tritt für eine umfassende Berücksichtigung der Kinder- und Jugendliteratur, die O. für ein bedeutsames Medium der literarischen Kommunikation hält, in der ersten Phase der Lehrerausbildung ein und hat zusammen mit I. Weber-Kellermann dem Mädchenbuch einen kritischen Beitrag gewidmet.

Werke: Einer schmiedet sein Glück. Neue Volksmärchen (o. J.); Volksmärchen aus Hessen (1962); Märchen des Waldekker Landes (1970); Das Jugendbuch als Medium literarischer Kommunikation (1974).

Beiträge: Jugendbuchforschung im Studium künftiger Lehrer (zus. mit K. Chr. Lingelbach; in : Börsenblatt. Frankfurt/M. Archiv für Soziologie und Wirtschaftsfragen des Buchhandels. Nr. 62. 1969. 1891–1899); ‚Familienglück' im Mädchenbuch (zus. mit I. Weber-Kellermann; in: H. Schaller (Hrsg.): Umstrittene Jugendliteratur. 1976. 47–60).

Rudolf Raab

Oberländer, Adolf

*Maler, humoristischer Zeichner; *1.10.1845 Regensburg, †29.5.1923 München.*

O., der ursprünglich Maler werden wollte, kam 1865 nach München zu Piloty ins Atelier, nachdem er vorher kurze Zeit bei Professor Anschütz Unterricht genommen hatte. Seit 1869 arbeitete er als Zeichner für die „Fliegenden Blätter", ab 1869 auch für die „Münchener Bilderbogen". Fast alle Veröffentlichungen O.s erschienen im Verlag Braun & Schneider. Der Malerei widmete sich O. nur in der Frühzeit seiner Tätigkeit und dann wieder nach 1904.

Werk, Tendenzen, Wirkung. Am 16. Oktober 1863 lieferte O. die ersten Zeichnungen für den Verlag Braun & Schneider, die in der dort herausgegebenen Kinderzeitschrift „Der Jugendfreund" erschienen. Noch im gleichen Jahr brachten dann die „Fliegenden Blätter" mit der Nr. 960 die ersten Oberländer-Zeichnungen. Von da an gehörte O. zu den in Deutschland bekanntesten humoristischen Zeichnern der Zeit. Lediglich W. Busch konnte ihm in der Beliebtheit den Rang ablaufen. Für den Bereich der Kinderliteratur wurde O. vor allem mit seiner langjährigen Mitarbeit an den „Münchener Bilderbogen" bekannt. Insgesamt zeichnete er dafür 43 Bogen. Im Gegensatz zu W. Busch, dessen Zeichnungen zumeist schon in den „Fliegenden Blättern" erschienen waren, bevor sie auch in die „Münchener Bilderbogen" aufgenommen wurden, waren O.s

Zeichnungen für die „Münchener Bilderbogen" fast durchweg Originalbeiträge. Daneben gelangten eine Reihe von einzelnen Kinderbüchern und Separatausgaben mit Zeichnungen O.s in die Hände der Kinder. Am verbreitetsten waren das „Oberländer-Bilderbuch" (1910) und die großformatigen Bände des „Oberländer-Albums" (Bd. 1–12. 1879–1901), obwohl die letzteren nicht für Kinder gedacht waren, aber in der Betonung des Bilderbuchcharakters bald zur Kinderlektüre wurden. Für die Reihe der „Münchener Bilderbücher", in der der Verlag Braun & Schneider besonders gut gelungene und für Kinder geeignete Bilderbogen separat in Bilderbuchform herausbrachte, lieferte O. den Band „Die Käuzchen-Familie. – Wie es wär', wenn's anders wär'" (1878). Auch das Schreibheft des kleinen Moritz, – übrigens die einzige Veröffentlichung, bei der auch der Text von O. stammt – mit den gewollt naiv-kindlichen Federkritzeleien und der nostalgischen Beschwörung der Schulzeit, hatte bei erwachsenen wie kindlichen Lesern großen Erfolg.

Obwohl von W. Busch beeinflußt, ist O.s Illustrationsstil von dem W. Buschs sehr verschieden. Nicht zuletzt wohl deshalb, weil er ausschließlich als Zeichner arbeitete, während Busch immer auf den Zusammenklang von Text und Bild hinarbeitete. So sind O.s Zeichnungen liebenswürdiger, ihnen fehlt die bittere Ironie und der tiefe Ernst, die sich hinter den meisten Zeichnungen Buschs verbergen. Vor allem die zahlreichen, weitgehend anthropomorphisierten Tierdarstellungen O.s sind gemütvolle bis herzliche Satiren menschlichen Verhaltens. O. liebte ausgreifende Bewegungen und großangelegte Kompositionen. Daher kamen ihm auch die großen Formate der „Münchener Bilderbogen" mehr entgegen als das kleinere Format der Zeichnungen für die „Fliegenden Blätter". A. Bayersdorfer charakterisiert O. im Gegensatz zu W. Busch so: „... seine Natur drängt ihn nicht zu dramatischen Vorstellungen. Er wirkt lediglich durch die bildnerischen Elemente seiner Darstellung, und Zustand oder Hergang, Ruhe oder Bewegung sind ihm gleich wichtige Aufgaben, die sein Humor souverän beherrscht. ... Er beherrscht das Charakteristische der Erscheinung, gibt nur dieses allein, und indem er es leise übertreibt und verdeutlicht und alle anderen vorhandenen Elemente ignoriert, gewinnt sein Bild eine Eindringlichkeit und Überzeugungskraft, die den Beschauer bestrickt und die keiner seiner Kunstgenossen heute erreicht ...".

Werke: Fr. Bonn: Lustige Naturgeschichte oder Zoologia comica (1877); Fr. Bonn: Lustige Botanik oder Mineralogie. Der lustigen Naturgeschichte zweiter Teil (1878); Die Käuzchen-Familie. – Wie es wär', wenn's anders wär'. Zwei lustige Geschichten für Kinder (1878); A. Oberländer: Oberländer-Album (Bd. 1–12. 1879–1901); Der pädagogisch verbesserte Struwwelpeter (1880); E. Bormann: Ein jedes Tierchen hat sein Pläsierchen (1888); G. Bötticher: O diese Kinder (1894); A. Oberländer: Oberländer-Bilderbuch (1910); A. Oberländer: Schreibheft des kleinen Moritz (1922).

Sekundärliteratur: H. Esswein: Adolf Oberländer (1905). – A. Rümann: Das Illustrierte Buch des XIX. Jahrhunderts in England, Frankreich und Deutschland 1790–1860 (1930). – K. Voll: Adolf Oberländer (in: Kunst und Künstler. 1. 1913. 341–349). – G. J. Wolf: Oberländer. Heiteres und Ernstes (1916).

Helmut Müller

Oberländer, Gerhard

*Illustrator und Bilderbuchkünstler; * 12. 9. 1907 Berlin.*

O. erhielt seine Ausbildung an der Reimann-Schule und an der Kunstakademie in Berlin. Insgesamt sieben Jahre mußte er Soldat sein. Nach 1945 war er als Gebrauchsgrafiker und auch als Kirchenmaler tätig. Seit 1952 konzentrierte er sich auf grafische Arbeiten und begann, zahlreiche klassische Werke der Kinder- und Jugendliteratur, aber ebenfalls Kochbücher, Umschläge, Schulbücher, Gedichtsammlungen und Lesebücher zu illustrieren. O. hat erst mit 45 Jahren begonnen, eigene Bilderbücher zu schaffen. Sie gehören durch Originalität der Fabel und bildnerische Umsetzung zu den Spitzenleistungen der modernen deutschen Bilderbuchkunst. Wiederholt kamen von ihm ausgestellte Bücher auf die Liste der „Fünfzig schönsten Bücher des Jahres" (1956, 1958, 1960); er erhielt 1968 den Premio grafico in Bologna und 1970 die Silbermedaille „Schönste Bücher aus aller Welt" in Leipzig für „Don Quijote" (1969).

Werk, Tendenzen, Wirkung. Seit 1953 hat O. in über zwei Jahrzehnten eine außerordentliche Produktivität als Illustrator und Bilderbuchgestalter entwickelt. Kein Jahr verging, in dem nicht ein oder mehrere von ihm ausgestattete Titel auf dem Markt erschienen. Entscheidenden Einfluß an dieser stetigen Arbeit hatte der Leiter der „Büchergilde Gutenberg", H. Dressler († 1975), der seit 1953 ein von O. für Kinder von Freunden konzipiertes erstes Bilderbuch in seine Obhut nahm („Pingo und Pinga"). Die Illustrationen zu „Kamps Lesebuch", zu einem Band „Gedichte für Kinder" (1962), auch die vielen Schutzumschläge und Einbände, vor allem für die „Büchergilde Gutenberg" – allein 1950–1962 mehr als 50 –, blieben beinahe die einzigen Exkurse neben den Kochbüchern, von denen sich O. von seiner konzentrierten Arbeit an den bedeutendsten Klassikern der Kinder- und Weltliteratur kurzfristig ablenken ließ. Bis in die siebziger Jahre hinein bleibt die Tendenz bemerkenswert, neben der Ausstattung von Gesamtausgaben des „Don Quijote", der Grimmschen und Andersenschen Märchen immer wieder Einzelerzählungen zum Thema großformatiger Bilderbücher zu machen.

Als Techniken bevorzugte O. in seinen frühen Illustrationen – in der Schatzinsel (1955), im Robinson Crusoe (1956), dem Simplizissimus (1961) – sehr variable Federzeichnungen. In seinen eigenen Bilderbüchern – „Pingo und Pinga" (1953), „Das Märchen von den drei Apfelbäumen" (1958), „Krählinde, die Aufgeplusterte" (1965) u.a. – tritt zur Federzeichnung eine kraftvolle Farbigkeit, die sich besonders in den Illustrationen zur Gesamtausgabe der „Kinder- und Hausmärchen der

Brüder Grimm" (1958–1961) zu wirkungsvoll plakativer Leuchtkraft steigert. In seinen nachfolgenden Arbeiten, den Illustrationen zur Gesamtausgabe der Märchen von H. CHR. ANDERSEN, 1964–1967 erschienen, benutzt er auch den Kugelschreiber, mit dem er radierungsähnliche Schwarzweißwirkungen erzielt.
Für das betrachtende Kind hat O. großzügig gezeichnete und kolorierte Tiere und Pflanzen geschaffen, darunter so unterschiedliche Wesen wie Insekten, Hunde, Pinguine oder Wildschweine. Bienen, Schnaken und Ameisen hat er zu Bilderbuchhelden erhoben, ihnen aber nichts an biologischer Exaktheit genommen. Bei seiner gelösten Art des zeichnerischen und malerischen Vortrags ist er nicht immer der Selbstkopie und modischer Geschmäcklerei entgangen. O. hat jedoch stets ein hohes künstlerisches Niveau gehalten. Seine Leistungen rücken ihn in die erste Reihe der Kinderbuchillustratoren der fünfziger und sechziger Jahre.
In freien Arbeiten, großformatigen Zeichnungen, hat er die Themen: Vergehen und Zerfall sowie alptraumhafte Erinnerungen an Krieg und Zerstörung gestaltet.

Gerhard Oberländer (1907). Illustration zum Märchen „Des Schlammkönigs Tochter" von Hans Christian Andersen (1805–1875) in dem Band „Märchen und Historien von H. Chr. Andersen" (Frankfurt/Main, 1965).*

Werke: G. Oberländer: Pingo und Pinga (1953); G. Oberländer: Pienchen mit dem harten „P" (1954); R. L. Stevenson: Die Schatzinsel (1955); D. Defoe: Leben und Abenteuer des Robinson Crusoe (1956); G. Oberländer: Krählinde, die Aufgeplusterte (1956); I. Korschunow: Der bunte Hund, das schwarze Schaf und der Angsthase (1958); G. Oberländer: Was ist das? (1958); M.-L. Wille: Das Märchen von den drei Apfelbäumen (1958); J. und W. Grimm: Kinder- und Hausmärchen (Bd. 1–3. 1958–1961); G. Baldner: Joba und das Wildschwein (1960); H. J. Chr. v. Grimmelshausen: Der abenteuerliche Simplicius Simplicissimus (1961); F. Bach, H. Chiout, R. Diehl (Hrsg.): Gedichte für Kinder (1962); G. Baldner: Pingo und Pinga bauen ein Haus (1962); P. Alverdes: List gegen List. Von Schelmen und Narren aus aller Welt (1963); G. Oberländer: Die Schnake Schnack (1963); J. de La Fontaine: 12 Tierfabeln (1964); H. Chr. Andersen: Märchen und Historien (Bd. 1–4. 1964–1967); G. A. Bürger: Münchhausen (1964); St. Andres: Die biblische Geschichte (1965); J. und W. Grimm: Die Bremer Stadtmusikanten (1965); C. Collodi: Pinocchio's Abenteuer (1966); A. Kopisch: Die Heinzelmännchen (1967); R. L. Stevenson: Die Schatzinsel (1968); G. Oberländer: Der kleine Zoo (1968); H. Chr. Andersen: Die Schönsten Kindermärchen (1968); M. de Cervantes Saavedra: Der sinnreiche Junker Don Quijote von der Mancha (Bd. 1 und 2. 1969); J. und W. Grimm: Das tapfere Schneiderlein (1970); H. Chr. Andersen: Der standhafte Zinnsoldat (1971); G. Geisler (Bearb.): Till Eulenspiegel (1971); G. Schneider: Die verzauberte Krähe (1972); G. Oberländer: Die Welt der Bienen (1973); G. Oberländer: Pingo, Pinga & Co (1974); G. Oberländer: Die Welt der Ameisen (1976).

Sekundärliteratur: A. Giachi: Die Ära nach 1945 (in: Kl. Doderer (Hrsg. zus. mit H. Müller): Das Bilderbuch. 1973, [2]1975. 357–394). – H. A. Halbey: Gerhard Oberländer. Zeichnungen, Buchillustration (1963). – C. Heusner: Bilderbücher für Kinder (in: Gebrauchsgrafik. 7. 1955. 12–15). – Kat op der Strepen: Zu den Zeichnungen – Gerhard Oberländer 60 Jahre (in: Zeitschrift für Jugendliteratur. 5. 1967. 299–304). – H. Künnemann: Gerhard Oberländer (in: H. Künnemann: Profile zeitgenössischer Bilderbuchmacher. 1972. 132–137).

Horst Künnemann

Obrig, Ilse

*Pädagogin, Autorin von Texten für Kinder (Fernsehen, Funk, Bücher), Leiterin des SFB-Kinderfunks; *21.2.1908 Wuppertal-Elberfeld.*

O. studierte Psychologie, Philosophie, Soziologie und Theaterwissenschaft. Seit 1928 ist sie Verfasserin von Kinderfunksendungen (Leipzig, Berlin). Sie bereiste Europa, Südafrika und Südamerika; Ergebnisse dieser Reisen wurden in Rundfunk- und Fernsehsendungen (NWDR, SFB, RIAS, Deutsche Welle), in Büchern und in praktischer Tätigkeit (bis 1973 im „Klingenden Haus" in Berlin, einem Institut für musische Erziehung) verwertet. O. war wesentlich am Aufbau eines deutschen Kinderfernsehens beteiligt. Seit 1973 ist O. wieder freie Journalistin. Für ihre pädagogische und kinderpsychologische Arbeit wurde sie mit dem Bundesverdienstkreuz ausgezeichnet, für ihre Pionierarbeit im Rundfunk und Fernsehen erhielt sie die Hans Bredow-Medaille.

Werk, Tendenzen, Wirkung. In ihrer Dissertation von 1932 erforschte O. die Abfolgen kindlichen Sprachgestaltens; den von ihr angenommenen drei Altersstufen ordnete sie – entsprechend ihren Ergebnissen – für das Alter von 4–6 Jahren „Selbstbezogenheit", für 7–9 Jahre „Weltbezogenheit" und für 10–12 Jahre „Werkbezogenheit" zu. Diese Resultate fand O. durch den Stand der damaligen Entwicklungspsychologie (O. KROH) bestätigt.
Ihre praktischen Arbeiten mit Kindern waren nicht auf ein Medium begrenzt. Ihr Ziel war es, für Kinder adäquate Formen sinnvoller Freizeitgestaltung zu entwickeln und durchzuführen. Konkret schlug sich dies im Berliner „Klingenden Haus" nieder: jeweils über 200 Kindern im Alter von 4 bis 16 Jahren wurden

kostenlos Kurse in Musik, Malen, Basteln, Theaterspielen vermittelt. Auch in ihren Kinderbüchern – meist Beschäftigungsbüchern – gelingt es O., ihre Leser im Plauderton mit interessanten Freizeitobjekten bekanntzumachen.

→ Kinderfernsehen, → Kinderfunk

Werke: Kinder erzählen angefangene Geschichten weiter (Diss. 1932); Kinder, wir basteln! (1935, ^{12}1969); Guter Mucki, nimm mich auch mit. Reise zu den Auslandsdeutschen in Rumänien (1937); Kinder wir spielen (1937, ^{11}1954); Wart, Kathrin, wir helfen dir! (1937); Dackel Lüttje und das Katzenkind (1938, ^{4}1956); Theater spielen macht Spaß (1938); Familie Fröhlichs Wunderbuch (1940); Kinder, wir wollen Theater spielen! (1941, ^{2}1946); Sepp und Sabine auf der Gemsenalm (1952, ^{2}1958); Fröhlich durch das ganze Jahr (1960); Bunt und froh ist unsere Welt (1960); Theater spielen macht Spaß (1960, ^{2}1968); Überall ist Kinderland (1961, ^{2}1977); Wir freuen uns auf Weihnachten (1970, ^{4}1977); Kindergeburtstag (1972, ^{3}1976).

Bernhard Meier

O'Dell, Scott

*Amerikanischer Schriftsteller; *23.5.1902 Los Angeles.*

O'D. wurde geprägt durch die damals noch urwüchsige Landschaft Kaliforniens. Heimat, Kindheits- und Jugenderlebnisse bilden nach eigenen Angaben den Hintergrund seiner Jugendbücher. Nach glücklicher Schulzeit studierte O'D. an den Universitäten Occidental, Stanford und Wisconsin. Frühe schriftstellerische Neigungen bestimmten die Wahl seiner Fächer: Psychologie, Philosophie, Geschichte und Englisch. Die Universität enttäuschte ihn: Studenten nennt er Gefangene, „die in Ketten auf ein unbekanntes Ziel losmarschieren". O'D. war Kameramann in Rom (bei den Originalaufnahmen zu „Ben Hur"), danach versuchte er sich als Journalist und als Herausgeber einer Zeitung. Als freier Schriftsteller lebt O'D. heute in Kalifornien. Für seine Jugendbücher erhielt er mehrere Auszeichnungen, darunter für „The island of the Blue Dolphins" (1960; dt. Die Insel der blauen Delphine, 1962), 1961 die Newbery-Medal, 1963 den Deutschen Jugendbuchpreis. Sein Gesamtwerk wurde 1972 mit dem Hans Christian Andersen-Preis gewürdigt.

Scott O'Dell (1902)*

Werk, Tendenzen, Wirkung. Seine Vorliebe für Kinderbücher begründet er so: „Für Kinder zu schreiben, macht mehr Freude und ist auch lohnender als für Erwachsene. Kinder haben noch die Fähigkeit, die die meisten Erwachsenen schon verloren haben: die Gabe, sich in jemanden anderen zu verwandeln und für die Dauer der Geschichte das Leben anderer Leute zu leben" (Autorenmedaille: Scott O'Dell; in: Jugend und Buch. 2. 1972. 3). So stehen im Mittelpunkt seiner Erzählungen häufig historische Gestalten, die als Identifikationsfiguren angelegt sind. Neben einem sehr umfangreichen Quellenstudium geben seine eigenen Erfahrungen das Gerüst für seine Bücher. Am bekanntesten wurde er mit „The Island of the Blue Dolphins" (1960; dt. Die Insel der blauen Delphine, 1962). Es ist die Geschichte eines Indianermädchens, das, historisch nachgewiesen, von 1835 bis 1853 auf einer einsamen Insel im Pazifik lebte und als „Verschollene von San Nicolas" bezeichnet wurde. O'D. läßt das Mädchen seine Geschichte selbst erzählen, eine moderne Robinsonade, die – als Begründung für die 18 Jahre währende Einsamkeit – von der Vertreibung der Indianer durch die Weißen berichtet und mit der Rückkehr des Mädchens glücklich endet. Während Anlage, Aufbau und Stil des Autors immer wieder gelobt werden, ebenso wie die dichterische Geschlossenheit und die einfühlsame Zeichnung der Charaktere, werden ihm die Ich-Form der Erzählung, das Happy-End und die geringe Spannung vorgehalten. Über die gewählte Erzählperspektive mag man streiten; sie mag sich aus der starken Bindung an eigene Kindheitserlebnisse ergeben haben; jedoch die zurückhaltende, distanzierte Erzählweise ist ein typisches Merkmal des Autors, macht den eigentlichen Reiz seiner Bücher insgesamt aus. Er will weniger durch äußere Spannung motivieren als vielmehr innere Anteilnahme am Schicksal des einzelnen erreichen. „The Island of the Blue Dolphins" wurde allein in elf Sprachen übersetzt.

Werke: The island of the Blue Dolphins (1960; dt. Die Insel der blauen Delphine, 1962, ^{10}1970); The King's fifth (1966; dt. Vor dem Richter des Königs, 1968, ^{3}1970); The black pearl (1967; dt. Die schwarze Perle, 1970); The dark canoe (1968; dt. Das dunkle Kanu, 1971); Journey to Jericho (1969); Sing down the moon (1970; dt. Geh heim, Navaho-Mädchen, 1973); The treasure of Topo-el-Bampo (1972); The cruise of the Arctic Star (1973; dt. Schwertfisch voraus: die Kreuzfahrt der „Polarstern", 1975); Child of fire (1974); The Hawk that dare not hunt by day (1975).

Sekundärliteratur: D. Hagey: Winners of the Hans Christian Andersen-Award (in: Bookbird. 2. 1972. 3–4). – Autorenmedaille: Scott O'Dell (in: Jugend und Buch. 1972. 2. 1–5).

Dietrich Fischer

Odyssee

Um 700 v. Chr. entstanden, nach der Ilias das älteste erhaltene große griechische Epos. Die O. schildert in ca. 15000 Hexametern die abenteuerliche Reise und Heimkehr des Odysseus nach dem Ende des Trojanischen Krieges. Sie gilt seit dem Humanismus als abendländisches Bildungsgut, wurde in alle wichtigen Sprachen übersetzt und ist heute als verschiedentlich bearbeitetes, in Prosa gefaßtes, klassisches Jugendbuch von Bedeutung. Die O. wurde wie die Ilias dem legendären Homer des 8. Jahrhunderts zugeschrieben. Nach den Ergebnissen der philosophischen und historischen Forschung können aber wegen der zu großen sprachlichen und kulturellen Unterschiede die beiden Epen nicht denselben Verfasser haben. Die eigentliche Handlung der O. spielt nur 41 Tage aus der Heimreise des Odysseus, seine Abenteuer auf der zehn Jahre dauernden Irrfahrt erzählt er selbst dazwischen.

Deutsche Übersetzungen. Die erste deutsche Übersetzung der O. (1537) hat der Münchner Stadtschreiber S. SCHAIDENREISSER, genannt MINERVIUS (um 1500–1572), geschaffen. Die Übersetzung – nicht von Wort zu Wort, sondern „sinnsweise" übertragen – ist in Prosa, nur hin und wieder mit Knittelversen vermischt. Das ganze Werk hat SCHAIDENREISSER mit Anmerkungen versehen, die alles Sachliche erläutern, seinen eigenen Ansichten gewährt er meist reichlichen Raum. Aus dieser Übersetzung der O. schöpfte H. SACHS (1494–1576) den Stoff für seine Dichtungen „Die Comedi Die Irrfahrt Ulissi mit den Werbern und seiner gemahel Penelope" (1555), die Tragödie „Die mörderisch Königin Clitemnestra" (1554) und die „Historia Clitemnestra, die Königin Micennarum" (1558). Entscheidende Einflüsse aber kamen aus England. Hier veröffentlichte 1615 G. CHAPMAN (1559–1634) seine „Odyssey"; die „Odyssey" von A. POPE (1688–1744) erschien 1726. Beide Übersetzungen des griechischen Epos wirkten stark auf das deutsche Kulturleben. 1781 brachte J. H. VOSS (1751–1826) seine vielbewunderte „Odyssee" heraus. Diese „Odyssee" mit lebhaftem Gemütsleben und stilistischer Abrundung entsprach der Zeitstimmung. Auch die späteren Übersetzer der „Odyssee" konnten die VOSSsche Fassung nicht völlig verdrängen: 1910 R. A. SCHRÖDER (1878–1962), 1918 T. VON SCHEFFER (1873–1951), 1927 in reimlosen Trochäen A. SCHAEFFER (1885–1950), 1957 in Prosa W. SCHADEWALDT (1900–1975).

Verarbeitete O.-Motive. Schon frühzeitig erschienen Dichtungen (Erzählungen, Versepen und Bühnenstükke), die Motive und Episoden der O. entnahmen und deren Zentralfigur Odysseus in ihrem Charakter unterschiedlich bewerteten. Was aus der O. alles entstehen kann, zeigen Prosawerke neuerer Zeit von J. JOYCE (1882–1941), J. GIONO (1895–1970), E. JOHNSON (* 1900), W. JENS (* 1923), denen zum Teil der heroisch-antike Stoff innerlich fern liegt und die Taten und Gedanken des Odysseus in andere Verhältnisse übertragen, tadelnd oder parodistisch wiedergeben.

O. als Schul- und Jugendliteratur. Seit der ersten deutschen Übersetzung (1537) dürfte der Gebrauch der O. als Schul- und Bildungslektüre des Adels und Bildungsbürgertums eine durchgängige Tradition besitzen, war aber schon in der Antike und im Mittelalter als didaktischer Stoff für grammatische und rhetorische Übungen bekannt. Die O. gehörte in den Kanon der Lateinschulen; sie erregte besonders im 18. Jahrhundert im Zuge der klassizistischen Hinwendung zu antiken Idealen erhöhte Aufmerksamkeit. In J. CHR. GOTTSCHEDS „Vorübungen der Beredsamkeit" (1754) wird die Anregung gegeben, Schüler sprachliche Übungen – d.h. Umformungen in Prosaerzählungen – auch an homerischen Epen vollziehen zu lassen. FRIEDRICH II. von Preußen hat in einer Kabinettsorder von 1779 seinem Minister K. A. VON ZEDLITZ klargemacht, daß die Menschen lernen sollten, „den Grazien zu opfern", indem sie große Dichter, darunter vornehmlich HOMER, lesen lernten. Die bildende Wirkung der griechischen Studien – ein in der zweiten Hälfte des 18. Jahrhunderts und danach bis heute in den Kreisen, welche die „humanistische Bildung" propagierten (FR. A. WOLF, 1759–1824) vertretener Gedanke – führte immer wieder zu Nennungen der O. im literarischen Kanon der humanistischen Gymnasien. J. FR. HERBART (1776–1841) fragte sich nach der idealen Jugendlektüre für Knaben: „Ich weiß nur eine einzige Gegend, wo die beschriebene Erzählung gesucht werden könnte – die klassische Kinderzeit der Griechen. Und ich finde zuerst die Odyssee" (1806). Die Motivation, die O. als Jugendlektüre zu rechtfertigen, hat im 19. Jahrhundert vor allem zwei Ausgangspunkte. Einmal galt das Epos als ein ursprüngliches Zeugnis der großen Dichtkunst überhaupt, kam aus einer fernen Zeit, die nach „Poesie athmete wie die Luft" (PH. WACKERNAGEL, 1800–1877); zum anderen galt im Sinne eines männlichen Erziehungsideals das heldenhafte Bestehen von Gefahren in den griechischen Sagen um Odysseus als Leitbild. HOMERS Epen konnten trotz einer fortschreitenden Nationalisierung der höheren Bildung nicht ganz vom germanischen Nibelungen-Epos verdrängt werden, obwohl dies mehr und mehr – auch in der ersten Hälfte des 20. Jahrhunderts, während der Weimarer Republik und besonders in der Hitler-Zeit – um sich griff (R. H. HIECKE, 1805–1861, schon 1841: „Aber auch das Fremde darf nicht ganz fehlen"). Nur vereinzelt wurde Kritik an dem den Schülerinteressen nicht gemäßen Stoff mit seinen „erotischen und poetischen Unverständlichkeiten" (L. MÄRTEN, Vom Lesen und von der Schule; in: Die Neue Erziehung, 8, 1926. 7. 525–530) geübt. Während in A. MERGETS „Geschichte der deutschen Jugendliteratur" (1882) in dem kurzen Kapitel „Die Sagen des klassischen Altertums für die

Die

Heimfahrt des Odysseus.

Für die Jugend erzählt

von

Dr Ernst Kapp,

Professor und Prorector am Gymnasium zu Minden.

Mit 24 Holzschnitten,

gezeichnet von W. Schurig, ausgeführt durch H. Bürkner.

Hamburg.

Hoffmann und Campe.

1850.

Titelbild und Titelseite einer der vielen Nacherzählungen für die Jugend von Homers „Odyssee“, hier speziell die Geschichte seiner Heimfahrt. Der Holzschnitt zeigt einen Ausschnitt aus der Szene, in der Polyphem überlistet wird, indem Odysseus sich selbst und seine Gefährten – unter den Widdern versteckt – aus der Höhle hinausschmuggelt.

Jugend“ die O. in einigen Jugendausgaben noch erwähnt wird, geht H. L. Köster in seiner „Geschichte der deutschen Jugendliteratur“ (1906) nicht auf die Sagen des klassischen Altertums ein. H. Wolgast braucht dagegen in seinem Buch „Das Elend unserer Jugendliteratur“ (1896) die Erwähnung der O. zum Beleg der positiven Wirkung großer Dichtung auf die Bildung berühmter Persönlichkeiten.

Innerhalb der Jugendbuchkunde der zwanziger, fünfziger und sechziger Jahre findet die O. wiederholt als geeignete Lektüre im sogenannten „Sagenalter“ der jungen Menschen (10./11. bis 12./13. Lebensjahr, lt. R. Bamberger) Erwähnung. Dem Leseinteresse dieser Altersstufe käme der O.-Stoff zwar entgegen, müsse jedoch altersstufengerecht nach Episodenauswahl und Stillagen zubereitet werden: „... die Odyssee aber kann als richtiges Abenteuerbuch in ihrer ganzen Breite und inneren Fülle von der Jugend aufgenommen werden – abgesehen von einzelnen bedenklichen Stellen, die jede Ausgabe wegläßt“ (R. Bamberger, 154). Von den zahlreichen Jugendausgaben sind als wichtig und für ihre Zeit bezeichnend zu nennen: A. L. Grimm „Märchen der alten Griechen und Römer“, IV. 1840. Das 3. Bändchen enthält „Odysseus“. – G. Schwab: „Die schönsten Sagen des klassischen Altertums. Nach seinen Dichtern und Erzählern, 3 Bände, 1840. Im dritten Band steht „Odysseus“. – „Die Heimfahrt des Odysseus“, für die Jugend erzählt von D. E. Kapp, in 24 Kapiteln nach den 24 Gesängen der O., mit 24 Holzschnitten (1850). – G. Schwab, „Die Irrfahrten des Odysseus“. Für die Gegenwart bearbeitet von M. Meister. Illustriert von E. Sahlinger (1953). – „Irrfahrt und Heimkehr des Odysseus“, nacherzählt und erläutert von Fr. Specht (1891–1975). Genehmigt für den Gebrauch an Schulen. Deutsches Lesewerk Nr. 62 (1958). – „Die Abenteuer des Odysseus“ (1961). Für die Jugend erzählt von A. Lechner (* 1905). – „Odysseus“. In der Übersetzung von T. von Scheffer. Deutsches Lesewerk Nr. 98 (1969). – Zusammengefaßt sind die beiden Heldengedichte in G. Schwabs „Die Sage von Troja und von Irrfahrt und Heimkehr des Odysseus“ (1955) und W. Jens' „Ilias und Odyssee“. Nacherzählung mit Illustrationen von A. und M. Provensen (1958).

→ Ilias

Sekundärliteratur: Th. Bleicher: Homer in der deutschen Literatur 1450–1740. Zur Rezeption der Antike und zur Poetologie der Neuzeit (1972). – E. D. S. Bradford: Reisen mit Homer. Die wiedergefundenen Inseln, Küsten und Meere der Odyssee (1967). – J. Fr. Degen: Literatur der deutschen Übersetzungen der Griechen (1797). – F. Eichhorn: Homers Odyssee. Ein Führer durch die Dichtung (1965). – H. Eisenberger: Studien zur Odyssee (1973). – G. Finsler: Homer in der Neuzeit von Dante bis Goethe. Italien – Frankreich – England – Deutschland (1912). – K. J. Heinisch: Homer im Deutschunterricht (1965). – C. Hermann: Erläuterungen zu Homers Odyssee in Auswahl (1957). – H. Heubach: Die Odyssee als Kunstwerk in der Lektüre des Gymnasiums und anderer höherer Schulen (1906). – P. von der Mühll: Die Dichter der Odyssee (1952). – F. Müller: Die antiken Odyssee-Illustrationen in ihrer kunsthistorischen Entwicklung (1913). – G. Raddatz: Die Homerlektüre am Gymnasium (1940). – A. Schroeter: Geschichte der deutschen Homer-Übersetzung im 18. Jahrhundert (1882). – O. Seeck: Die Quellen der Odyssee (1887). – A. Trestik: Das deutsche Homerbild des 18. Jahrhunderts (Diss. 1939). – H.-H. Wolf: Der Weg des Odysseus. Tunis – Malta – Italien in den Augen Homers (1968; zus. mit A. Wolf).

Hans Eich

Oer, Theobald von

*Maler, Radierer, Illustrator; *9. 10. 1807 Nottbeck b. Stromberg, †30. 1. 1885 Coswig b. Dresden.*

O., aus altem westfälischen Adelsgeschlecht stammend, verlor als Knabe sein Gehör und wurde später völlig taub. In Dresden wurde er Schüler des Historien- und Porträtmalers F. Matthäi (1777–1845), in Düsseldorf von W. Schadow (1788–1862), in dessen Atelier er R. Reinick (1805–1852) kennenlernte. Nach Wanderreisen durch Belgien, Frankreich, die Schweiz und bis nach Algier lebte er 1827 bis 1839 in Rom, kehrte 1839 nach Dresden zurück und schloß sich dem Kreis um L. Richter (1803–1884) an. Bekannt wurde O. mit historischen Bildern wie „Der sächsische Prinzenraub" (1843), „Dürers Werkstatt in Venedig" (1835) und „Schiller, die Räuber vortragend".

Werk, Tendenzen, Wirkung. Als Illustrator beteiligte sich O. an den gemeinsamen volkstümlichen Illustrationswerken des Dresdner Kreises, die meist bei G. Wigand in Leipzig erschienen: „Die Ammenuhr" (1843), Reinickes „ABC-Buch für kleine und große Kinder" (1845), dessen Buchstaben wie die einzelnen Strophen der „Ammenuhr" durch Verlosung unter den Künstlern verteilt wurden, „Deutsches Balladenbuch" (1852) und „Die Deutschen Volksbücher" (1858) – hier illustrierte O. „Herzog Ernst". Außerdem schuf er Zeichnungen zu Fr. Bülaus „Deutsche Geschichte in Bildern" (Bd. 1–3. 1855–1862), zum 1. und 3. Teil von „Mein Skizzenbuch für die Jugend und deren Freunde" (1852 u. 1853) von J. Hering (* 1821–?) sowie zum 14. Band der Hornschen „Spinnstube" (1859). Am „Deutschen Jugendkalender" arbeitete O. nicht nur als Illustrator mit: Zum Tode seines Freundes Reinick veröffentlichte er im 7. Jahrgang (1853. S. 15–31) ein Lebensbild des Autors, Malers und Herausgebers für die kindlichen Leser.

O., der als Maler im wesentlichen der Historien- und Genremalerei zugehörte, fügt sich als Illustrator zunächst ganz in den von L. Richter bestimmten Stil der bürgerlichen Volks- und Kinderbücher ein, die sich durch ihre charakteristisch spätromantisch-biedermeierliche Haltung und hervorragende Zeichen- und Schnittkunst auszeichnen. Das trifft insbesondere auf das dreiteilige Blatt „sieben" der „Ammenuhr" zu, das neben dem Richters zu den besten des Bändchens gehört, und die Blätter zu den Buchstaben S, V, Y des „ABC-Buches", von denen das Y mit dem auf den Kopf gestellten Narren als besonders witzig berühmt ist. Am fantasievollsten erweist sich O.s Illustrationskunst in den vier (kolorierten) Bildern aus der Märchen- und Spielzeugwelt der „Wurzelprinzessin" (1848), einem „Kindermährchen" von Reinick, das O. gemeinsam mit dem Autor illustrierte. Im „Balladenbuch" – O. fertigte Zeichnungen zu 26 Gedichten an kommt stärker der Historienmaler zur Geltung, doch ist es bezeichnend für O., daß er lieber die anekdotischen und sagenhaften Stoffe (Goethe, Chamisso, Heine) wählte als die reinen Historienballaden.

Werke: Die Ammenuhr (1843; zus. mit anderen); R. Reinick: ABC-Buch für kleine und große Kinder (1845, [4]1876; zus. mit anderen); H. Bürkner u. R. Reinick (Hrsg.): Deutscher Jugendkalender (1–7. 1847–1855; zus. mit anderen); R. Reinick: Die Wurzelprinzessin (1848; zus. mit R. Reinick); Deutsches Balladenbuch (1852, [3]1861; zus. mit anderen); O. Eschenbach (d. i. J. Hering): Mein Skizzenbuch für die Jugend und deren Freunde (Teil 1 u. 3. 1852 u. 1853; Teil 1 zus. mit H. Bürkner); Fr. Bülau: Die deutsche Geschichte in Bildern (Bd. 1–3. 1855–1862); G. Schwab: Die Deutschen Volksbücher für Jung und Alt wieder erzählt (1859, [13]1880; zus. mit anderen).

Sekundärliteratur: W. Kaulen: Freud und Leid im Leben deutscher Künstler (1878). – A. Rümann: Das illustrierte Buch des XIX. Jahrhunderts in England, Frankreich und Deutschland (1930; NA. 1975).

Eberhard Semrau

Ørvig, Mary

*Leiterin des schwedischen Instituts für Kinderliteratur, Bibliothekarin, Kinder- und Jugendbuchtheoretikerin; *4. 7. 1918 Stockholm.*

Ø. schloß ihr Bibliothekarsstudium (1947–1948) an der Library School der University of Oklahoma mit dem Bachelor of Arts (B. A.) ab. Es folgten Studien zur Literatur und Kinderliteratur in verschiedenen Ländern. 1949–1965 arbeitete sie an der Stockholmer Stadtbibliothek als Bibliothekarin; seit 1954 als Kinderbibliothekarin. Schon 1953 hatte sie in einer New Yorker öffentlichen Bücherei als Kinderbibliothekarin Erfahrungen gesammelt und verschiedene amerikanische Kinderbüchereien besucht.

Ø. ist außerdem als Kritikerin der Kinderliteratur tätig. Sie schreibt in schwedischen und ausländischen Periodika. Seit 1966 leitet sie das Schwedische Kinderbuchinstitut. 1972 war sie an der University of Chicago als May Hill Arbuthnot Honor lecturer eingeladen. O. ist seit 1974 Vorstandsmitglied der Internationalen Forschungsgesellschaft für Kinder- und Jugendliteratur. Die schwedische Sektion des IBBY zeichnete sie 1976 mit dem Gulliver-Preis aus.

In dem von Ø. zusammen mit L. Furuland und Ö. Lindberger 1970 publizierten und für die schwedische Kinder- und Jugendliteraturtheorie wichtigen Werk „Barnlitteratur i Sverige" (Kinderliteratur in Schweden) gibt die Theoretikerin einen Überblick zur schwedischen Kinderliteratur, wobei sie im ersten Teil, methodisch induktiv vorgehend, drei Gesichtspunkte miteinander verbindet: 1. die Orientierung über verschiedene Gattungen anhand von 2. gut gelungenen Exempla und über 3. die historische Entwicklung der Gattungen durch die chronologische Anordnung der Belegbeispiele. Der zweite Teil der Publikation informiert über die Entwicklung der Theorie zur Kinder- und Jugendliteratur. Dies geschieht wieder anhand der Positionen, die einzelne Theoretiker in verschiedenen Ländern Europas eingenommen haben. Beide Teile zeichnen sich durch ihre internationale Breite aus, da Ø. und ihre Mitautoren sich nicht auf die schwedische Nationalliteratur beschränkt haben. Der durch die Übersetzung ihres Bilderbuchs „Puttes äventyr i blåbärsskogen“ (1901; dt. Hänschen im Blaubeerenwald, 1903) auch in Deutschland bekannt gewordenen Autorin und Illustratorin E. Beskow (1874–1953) hat Ø. eine eigene Studie gewidmet. Ø. gab ferner eine Übersicht zur schwedischen Kinderliteratur von 1945 bis 1965 in deutscher und eine weitere in englischer Sprache heraus, die bis 1970 reicht.

Werke: Den separate biblioteksservicen för tonårsgruppen vid större amerikanska folksbiblioteket (1959); Skönlitteratur för ungdom (1960); Barnlitteratur i Sverige (zus. mit L. Furuland und Ö. Lindberger, 1970); Barn och böcker (zus. mit Gr. Bolin und E. v. Zweigbergk, 1972); Så skulle flickor vara (1973); Children's books in Sweden 1945–1970 (1973).

Hrsg.: Hur man hittar sagor (1963); The Swedish institute of children's books (1975).

Beiträge: Elsa Beskow, née Martman 1874–1953 (in: Top of the News. 1966. 240–252); War in books for young people (in: Bookbird. 1967. 3–16); A Bibliography of A. Lindgrens books in original and translation (in: Bookbird. 1971. 240–247); One world in children's books? (in: Top of the News. 1972. 399–422); A collage: Eight women who write books in Swedish for children (in: Horn Book Magazine. 1973. 17–23 und 119–126); A Russian view of childhood: The contribution of K. J. Chukovsky 1882–1969 (in: Horn Book Magazine. 1974. 69–85).

Rudolf Raab

Österreich

Bundesrepublik (parlamentarische Demokratie mit Neigung zur Präsidentschaftsrepublik) im Süden Mitteleuropas. Staatsgebiet: 83 850 km²; Einwohner: 7,48 Millionen. Die geltende Verfassung stammt vom 1. 10. 1920 in der Fassung von 1929, nach elfjähriger Unterbrechung nach dem Zusammenbruch des Deutschen Reiches 1945 durch das Verfassungs-Überleitungsgesetz wieder in Kraft gesetzt. Rund 98 % der Österreicher sind deutschsprachig. Als sprachliche Minderheiten leben im Burgenland Kroaten und Ungarn, in Kärnten Slowenen, in Wien Magyaren und Tschechen. Die Amtssprache ist Deutsch.

Entwicklung der Kinder- und Jugendliteratur und gegenwärtiger Stand. Die österreichische Bevölkerung und ihre Kultur entwickelten sich im Laufe der Geschichte aus der Verschmelzung vieler Volksstämme und kultureller Einflüsse. Die innige Verbindung von Baiern mit illyrisch-keltischen und romanischen Volkstumsresten und mit den Alpenslawen schuf die Grundlage für die Struktur der österreichischen Bevölkerung. Im habsburgischen Großreich wurden slawische, vor allem tschechische, ungarische, italienische und spanische Kultureinflüsse wirksam.

Eine Darstellung der Geschichte der Jugendliteratur in Ö. begegnet besonderen Schwierigkeiten. Das Staatengebiet vor 1918 hatte den gemeinsamen Nenner im habsburgischen Herrscherhaus, was eine offizielle Herausstellung einer österreichischen Nationalliteratur behinderte und die Verbindung mit der „deutschen Literatur“ noch enger gestaltete, als dies bei der Schweiz der Fall war. Auf dem Gebiet der Jugendliteratur war die Verflechtung mit Deutschland so stark, daß im 19. Jahrhundert in Wien mehr Jugendbücher für Deutschland gedruckt wurden als für Ö. Nürnberg und Wien galten als die bedeutendsten Produktionsstätten des deutschsprachigen Jugendbuchs.

Kinder- und Jugendliteratur im 18. und 19. Jahrhundert. Die Frühgeschichte der Jugendliteratur in Ö. verlief ähnlich wie jene in Deutschland und in anderen Ländern. Leider hat sich die Forschung mit den Frühformen des österreichischen Jugendschrifttums aus dem Mittelalter bis zum 18. Jahrhundert, wie sie sich in Klosterbibliotheken sicherlich finden ließen, noch nicht beschäftigt. Die ersten bekannten Materialien zu einer Geschichte der österreichischen Jugendliteratur stammen aus der Zeit der Aufklärung. Bedeutsam wurde die Robinson-Bearbeitung (1779–1780) von J. H. Campe, die 1784 als Neuauflage zum ersten Mal in Wien gedruckt wurde. Zwischen 1791 und 1826 erschienen in Ö. mehrere Robinson-Nachahmungen (zwei österreichische, ein oberösterreichischer, ein steirischer, ein mährischer, ein Lerchenfelder Robinson). Am bekanntesten wurde K. Temlichs „Österreichischer Robinson“ (1791).

Nach 1770 kamen in Ö. auch moralische Wochenschriften für Kinder nach deutschem Vorbild heraus. Ebenso ist die Masse der Gebrauchs- und Zweckliteratur, die Zeitvertreib mit sittlicher Bildung und Wissensvermittlung verbinden wollte, als Parallele zum spezifischen Jugendschrifttum Deutschlands im 19. Jahrhundert zu betrachten.

Als Begründer der eigentlichen österreichischen Jugendliteratur wird vielfach L. Chimani (1774–1844), der auch der „österreichische Christoph von Schmid“ genannt wurde, angesehen. Er war Lehrer, später auch Bücherzensor. Sein Streben war auf die Veredelung der „reiferen“, „geweckteren“ Jugend gerichtet. Unter seinen mehr als einhundert Jugendschriften finden sich so ziemlich alle Gattungen, von der moralischen über die abenteuerliche Erzählung und das Mädchenbuch bis zur belehrenden Jugendschrift. Seine Bücher wurden bis zur Jahrhundertwende als „Prämienbücher“ in Schulen verteilt. Bezeichnende Titel waren: „Der vaterländische Jugendfreund“ (1814, 6 Bde.); „Eusebia oder Frauengröße und weibliche Tugend“ (1824); „Edelsinn

Duval wird beym Studieren überraschet.

Merkwürdigkeiten

aus dem

Vaterlande.

Ein Lesebuch

für

Österreichs Jugend.

Von

Leopold Chimani.

Mit einem Titelkupfer.

Wien.

Druck und Verlag von A. Pichler's sel. Witwe.

1837.

Titelbild und Titelseite des Bändchens „Merkwürdigkeiten aus dem Vaterland. Ein Lesebuch für Österreichs Jugend" (Wien 1837) von Leopold Chimani. Es enthält historische Erzählungen, die geeignet waren, ein kaisertreues Nationalempfinden der Jugend zu fördern.

und Herzensgüte" (1829); „Knabenfreude" (1830); „Erzählungsbuch der Großmutter" (1845).

Die protestantische Parallele zum Katholiken CHIMANI bildete der Wiener Lehrer und Konsistorialrat J. GLATZ (1776–1831), dessen Schriften auch im katholischen Bereich stark verbreitet waren. Er bemühte sich besonders um die sittliche Erziehung der Töchter höherer Stände. Da seine Erzählungen den Kindern des Kaisers gefielen, wurde GLATZ vom Kaiser gelobt. Die Titel der Werke von GLATZ charakterisieren die moralgetränkte, frömmelnde Tendenz: „Iduna, ein moralisches Unterhaltungsbuch für die weibliche Jugend" (1803); „Alwina, oder das Glück eines tugendhaften und frommen Herzens und Wandels"; „Theone, ein Geschenk für gute Töchter" (1806); „Minona, ein unterhaltendes Lesebuch für junge Mädchen zur Bildung ihrer Sitten" (1807); „Kleines Erzählungsbuch für fleißige Knaben und Mädchen" (1814).

Auf den Einfluß der deutschen Romantik gehen die ersten österreichischen Märchen- und Sagensammlungen zurück, die bis heute als Quelle für Nacherzählungen und Bearbeitungen benutzt werden: FR. ZISKA (Tschischka): „Österreichische Volksmärchen" (1822); I. und J. ZINGERLE „Sagen aus Tirol" (1850) und „Kinder- und Hausmärchen aus Tirol" (1852); FR. J. VONBUND: „Volkssagen aus Vorarlberg" (1847).

Um die Mitte des 19. Jahrhunderts gab es eine Reihe österreichischer Versionen der Seeabenteuer, so F. ZÖHRERS (1844–1901) „Österreichisches Seebuch".

Als Beitrag zum Indianerbuch kann K. A. POSTLS (CH. SEALSFIELD, 1793–1864) „Tokeah oder die weiße Rose" (1828) und „Das Kajütenbuch" (1841) gewertet werden. Die Bücher waren zunächst für Erwachsene bestimmt, wurden aber später – bis in die Gegenwart – in Schul- und Jugendausgaben herausgebracht. Leider haben diese ethnographisch interessanten Bücher, die aus einer manchmal fast modernen soziologischen Sicht heraus geschrieben wurden, kaum Einfluß auf die Entwicklung der Indianergeschichten ausgeübt.

Gegen Ende des 19. Jahrhunderts und bis ins frühe 20. Jahrhundert stand in Ö. das patriotische Schrifttum im Vordergrund. Statt des Deutschnationalismus wurden hier das Kaiserhaus und die vaterländische Geschichte verherrlicht. STIFTERS Freund, FR. I. PROSCHKO (1816–

1891, Ps. FR. VON HOHENFURTH), ein Polizeibeamter, schrieb zwischen 1860 und 1880 zahlreiche patriotische Gesinnung verbreitende Erzählungen, die mit Vorliebe in Schülerbibliotheken eingestellt wurden: „Der Türke vor Wien", „Der Schwede vor Prag", „Der große oberösterreichische Bauernkrieg im Jahre 1626", „Die Kaiserburg in Wien".
Bis ins 20. Jahrhundert bildeten die Schriften von L. SMOLLE (1848–1920) den Grundbestand der Lesebücher und Schulbibliotheken: „Der letzte Graf von Cilli" (1906); „Wilhelm von Tegetthoff" (1910); „Prinz Eugen und seine Schützlinge" (1913); „Der Waldbub von Aggstein" (1913). Es sind Zeit- und Lebensbilder, die von Heldenmut, Vaterlandsliebe, Treue und Güte überfließen.
Um die Jahrhundertwende genoß die Wiener Schriftstellerin A. GRONER (1850–1929) einen guten Ruf. Neben ihrer Tätigkeit als Herausgeberin der „Österreichischen Jugendzeitung" als Beilage zum „Wiener Tagblatt" schrieb sie vor allem heimatkundliche und geschichtliche Erzählungen: „Geschichten aus dem Traunviertel" (1887); „Aus vergangenen Zeiten" (1890); „Geschichten aus Alt-Wien" (1891). Ihre schriftstellerische Leistung wurde sogar von E. ENGEL in seiner „Geschichte der deutschen Literatur" gewürdigt. Ihre Bücher sind heute so gut wie vergessen.
Ein Charakteristikum der Jugendbuchproduktion des 19. Jahrhunderts war in Ö. besonders ausgeprägt, nämlich die geschlossene Reihe, vielfach nach dem Namen des Verfassers oder des Herausgebers bezeichnet: „Jugendbücher aus dem Verlag des oberösterreichischen Lehrervereins"; „Gräser's Jugendbibliothek"; „Franz Fritsch's gesammelte Erzählungen"; „Hölders geographische Jugend- und Volksbibliothek"; „Sammlung Prochaska"; „Obentrauts Jugendbibliothek" (100 Bändchen).

Die Entwicklung von 1900 bis 1945. Der Einfluß der deutschen Jugendschriftenbewegung zeigte sich im Jahrzehnt vor dem Ersten Weltkrieg in der Herausgabe von billigen Sammlungen: „Gerlachs Jugendbücher" (ab 1900); „Volksschatz" (ab 1911, ebenfalls im Verlag Gerlach & Wiedling); beide Reihen waren von hervorragenden Künstlern illustriert. „Konegens Kinderbücher" wurden von 1910 an von H. SCHEU-RIESZ herausgegeben.
Im Sinne H. WOLGASTS suchte man Schriften bedeutender Dichter der Jugend zugänglich zu machen, so die Erzählungen „Krambambuli", „Der Fink", „Das Gemeindekind" von M. VON EBNER-ESCHENBACH (1830–1916) und „Waldheimat" und „Als ich noch der Waldbauernbub war" von P. ROSEGGER (1843–1918). Der bekannte Schriftsteller FR. K. GINZKEY (1871–1963) schrieb 1903 seine Verserzählung „Hatschi Bratschis Luftballon", die bis heute immer wieder aufgelegt und in hunderttausenden Exemplaren verbreitet wurde. Eigenartigerweise schien die sozialdemokratische Bewegung, die nach dem Ersten Weltkrieg für kurze Zeit die Regierungsgewalt inne hatte und weiterhin stark die Schulreform trug, ihr früheres eigenständiges politisches Interesse an der Jugendliteratur völlig vergessen zu haben. Man verließ sich im theoretischen Bereich auf die Leistung H. WOLGASTS, die auch von den zwei großen Schulbuchverlagen, dem „Deutschen Verlag für Jugend und Volk" und dem „Österreichischen Bundesverlag", zum Vorbild genommen wurde.
Vom Buchhandel wurde in einer Zeit, in der alle politischen Parteien den Anschluß an Deutschland vertraten, die reine Freizeitlektüre, die also in keiner Beziehung zur Schule stand, vorwiegend aus Deutschland importiert. Das Jugendbuchprogramm der erwähnten Schulbuchverlage war stark von pädagogischen Intentionen bestimmt. Die Jahresproduktion lag in der Regel zwischen 10 und 20 Titeln, im Jahre 1924 waren es 40 und 1925 45 Publikationen. Zwischen 1933 und 1938 wurden jährlich nur rund fünf Jugendschriften produziert. Die Bezeichnung „Jugendschriften" wurde hier absichtlich gewählt, um anzudeuten, daß die meisten Veröffentlichungen nur als Broschüren oder als kleine billige Bücher anzusehen sind.
Besonders wichtig für die literarische Entwicklung der Jugend wurde die „Wiener Klassenlektüre", eine Reihe, die zwischen 1920 und 1930 herausgegeben wurde und im wesentlichen auf die Leistung von V. FADRUS und K. LINKE zurückgeht. Hier wurde die Idee der billigen Ganzschriften, besonders als Volksgut und als Auswahl von großen Schriftstellern für Erwachsene, systematisch verwirklicht (vgl. K. LINKE: „Neue Wege der Jugendschriftenbewegung und der Klassenlektüre", 1929). Die „Klassenlektüre", in der für jedes Schuljahr rund 10 Büchlein zur Verfügung standen, wurde bestimmt von den Ideen WOLGASTS und der in Deutschland um 1905 einsetzenden Richtung „Vom Kinde aus", die auf die Entwicklung der Umwelterzählung großen Einfluß hatte. Daneben gab es Bändchen mit Sammlungen von kindgemäßen Erzählungen bedeutender Schriftsteller für Erwachsene, wie J. v. EICHENDORFF, G. KELLER, A. STIFTER, J. P. HEBEL, E. TH. A. HOFFMANN, E. MÖRIKE, H. CHR. ANDERSEN, TH. STORM, F. RAIMUND, P. ROSEGGER, O. ERNST, H. BARTSCH, H. STEHR u. a. Als Herausgeber zeichneten vielfach pädagogische Arbeitsgemeinschaften oder Autoren wie H. FRAUNGRUBER, FR. KUTHMAYER, F. J. PÖSCHL.
Im Gegensatz zur allgemeinen politischen Haltung in Ö. (Anschluß an Deutschland, internationale Verständigung) gab es im Jugendschrifttum lokalpatriotisch orientierte Erzählungen heimatkundlichen oder historischen Charakters. Man kann diese Publikationen jedoch als Fortwirken der Tradition aus der Zeit vor dem Ersten Weltkrieg betrachten. Volksmärchen und Volkssagen aus Ö. bzw. aus einzelnen Bundesländern oder Landschaften erlebten zahlreiche Neuauflagen. Besondere Verdienste erwarben sich hier der Wiener Bürgerschuldirektor FR. KUTHMAYER, J. SPENDIER, E. HOFMANN, GR. BEKK, K. ADRIAN, G. HAJEK, K. O. WAGNER, F. BÄSSLER und vor allem J. PÖTTINGER, dessen Bearbeitungen auch nach dem Zweiten Weltkrieg wieder aufgelegt und von andern Herausgebern reichlich verwertet wurden.

HOCH DIE REPUBLIK

Zur zehnten Wiederkehr
des 12. November 1918

Den Wiener Kindern
von ihrer Vaterstadt
gewidmet

19 FÜR JUGEND UND VOLK 28

WIEN – LEIPZIG
DEUTSCHER VERLAG FÜR JUGEND UND VOLK
GESELLSCHAFT M. B. H.

Titelblatt der von der Gemeinde Wien als Festausgabe zum 10. Geburtstag des Freien Volksstaates, der Republik Österreich, 1928 den Kindern übergebenen Schrift „Hoch die Republik" (1928).

Ein internationaler und weltbürgerlicher Aspekt wurde in die Sammlungen alten Volksguts von H. Scheu-Riesz getragen, die 1922 im Bundesverlag einen gut ausgestatteten Band „Dänische Volksmärchen" (134 Seiten) erscheinen ließ, im Deutschen Verlag für Jugend und Volk die billige „Sesambücherei" entwickelte und auch theoretische Arbeiten in Zeitschriften veröffentlichte. In ihrem Sinne wurden von verschiedenen Herausgebern Sammlungen von schwedischen (E. Hoffmann), estnischen, japanischen, norwegischen, russischen u.a. Volksmärchen herausgebracht. Daneben erschien eine Reihe von Büchlein mit „Kunstmärchen", die durch Wichtelmannsromantik und süßliche Feen-, Blumen- und Tierszenerien gekennzeichnet waren. Kaum weniger konstruiert als solche Märchenphantasien waren auch die Bändchen mit Erzählungen aus der kindlichen Umwelt, die vor allem für den Schulgebrauch geschrieben wurden und oft viele Auflagen erlebten: V. Fenzl: „Das und dies von Lois und Lies" (1929); A. Umlauf-Lamatsch: „Mein erstes Geschichtenbuch" (1927); K. Linke: „Lust und Leid im Kinderleben" (1930). Größeren Umfang hatten die Bücher einer Trilogie mit stark aufgetragenen Bildungswerten von A. Th. Sonnleitner (1869–1939): „Die Hegerkinder von Aspern" (1923, 110 Seiten), „Die Hegerkinder in der Lobau" (1924, 216 Seiten) und „Die Hegerkinder im Gamsgebirg" (1927, 206 Seiten). Sein berühmtestes Werk „Die Höhlenkinder" erschien in Deutschland.

Eine lokalpatriotische und heimatkundliche Orientierung zeigte sich sowohl in Umweltgeschichten als auch in historischen Erzählungen. So schildern G. J. Frimberger (1851–1919) in „Landflucht" (1918) das Leben der Bauern im niederösterreichischen Weinland, K. Springenschmid (*1897) in „Was der Hochleitner Thomerl erzählt" (1924) das Salzburger Land, Fr. Stüber-Gunther (1872–1922) in „Wiener Kinder" (1922) und in einigen anderen Schriften das Leben in der Bundeshauptstadt, R. Latzke (1874–1953) in „Auf dem Hohen Dachstein" (1924) die Alpenwelt in Verbindung mit der historischen Dachstein-Besteigung durch Fr. Simony, F. Wibmer-Pedit (1890–1967) in „Vier Läuterbuben" (1933) das Kärntner Land.

Auffallend wenig war die Gattung Abenteuerbuch in der Zwischenkriegszeit 1918 bis 1933 vertreten. Neben den Erzählungen von Ch. Sealsfield, Fr. Gerstäkker, J. F. Cooper, K. May u.a. standen der Jugend nur die Verarbeitungen von Reiseberichten zur Verfügung: „Den Südpol erreicht" (1925), herausgegeben von der Vereinigung für Arbeitsunterricht und Kunsterziehung; „Drei Jungen ziehen durch Kleinasien" (1936) von Th. Eder und „Als Schiffsjunge unter Segelpyramiden rund um die Welt" (1936) von J. A. Kundi.

Eine eigenständige österreichische Idee wurde in der Reihe „Wissenschaft für Kinder" verwirklicht. Einige dieser Bücher sind heute noch vorbildlich und wurden auch nach 1945 wieder aufgelegt. Vor allem die Bücher von K. Hartl („Warum? – Wozu?", 1937; „Wie? – Wann? – Wo?", 1937), die man als gut gelungene erlebnishafte Sachbücher bezeichnen kann. Sie stellen den Menschen in die Mitte der Darstellung von Sachbereichen wie Kautschuk, Pfeffer, Wald, Salz, Kohle, Verkehr, Glas, Wolle u.a. Daneben sind noch H. Brutmann-Johnscher („In der Stadt der Zellenzwerge", 1931), E. Gombrich („Weltgeschichte von der Urzeit bis zur Gegenwart", 1938), H. Schrenzel („Kleine Völkerkunde", 1938), P. Schotte („Leben als Abenteuer", 1938) zu nennen. (Eine vollständige chronologische Übersicht über die österreichische Jugendbuchproduktion zwischen 1918 und 1938 bringt die Dissertation von E. Schwab „Beiträge zur Geschichte des Kinder- und Jugendschrifttums in Österreich", Wien 1949.)

Die Zeit nach 1945. Nach dem Ende des Zweiten Weltkriegs stand die österreichische Jugendliteratur, wie die österreichische Literatur überhaupt, vor einem völlig neuen Anfang. Durch die hermetische Absperrung der Grenze nach Deutschland durch die Alliierten waren alle Verbindungen abgebrochen. Man war auf die Eigeninitiative und auf das Papier, das die vier Besatzungsmächte verwalteten und nur spärlich zuteilten, angewiesen.

Als Gegengewicht gegen die stark verbreiteten billigen Abenteuerhefte, die von einem großen Teil der Bevölkerung mit Entrüstung zurückgewiesen wurden („Schmutz und Schund"), boten „Tanten" und „Onkel" den Kindern gutgemeinte, vermeintlich „kindgemäße" Schriften an, die als kitschig aufgemachte kleine Hefte und Bücher erschienen.

Im Herbst 1945 entstanden lediglich zwei Kinderbücher: M. Oppitz, „Die Abenteuer des kleinen Hansel";

E. WOHANKA: „Prinz Pips. Eine Spatzengeschichte aus Schönbrunn". Eine vollständige chronologische Übersicht der Jugendbuchproduktion in Ö. in den Jahren zwischen 1945 und 1967 bringt H. HLADEJ in seiner Dissertation „Das österreichische Kinder- und Jugendschrifttum nach dem Zweiten Weltkrieg", 1968.
Wie es um die Qualität der Bücher der ersten Jahre nach 1945 bestellt war, ist aus der Tatsache zu ersehen, daß von den Autoren des Jahres 1946 eigentlich nur V. FERRA-MIKURA, deren „Märchenwebstuhl" 1946 erschien, später noch Bücher veröffentlicht hat. Auch die Buchtitel lassen auf die Qualität schließen: E. BLAAS: „Der Wolf mit den drei goldenen Schlüsseln"; H. HOLTZER: „Schorschi und Emmerich. Eine lustige Lausbubengeschichte in sechs Stücken"; A. M. JOKL: „Das süße Abenteuer"; TH. LANG: „Familie Schulrat. Der österreichischen Jugend gewidmet"; J. PILZ: „So denkt der Osterhase"; FR. STAMPRECH: „Das Tierhotel. Ein Kinderausflug ins Fabelreich der Vierbeinigen und Geflügelten".
Bis in den Anfang der fünfziger Jahre wurde die Produktion weitgehend von der Notlage der Autoren und Verleger bestimmt. Man schrieb, um sich etwas „dazuzuverdienen", und die Verlage nahmen, was sich ihnen bot. Daher eine Flut von Namen, die heute völlig vergessen sind. In bezug auf die Zahl der Publikationen ging es jedoch rasch aufwärts, wie die Zusammenstellung in der Dissertation von H. HLADEJ (S. 262) zeigt:

Um das Jahr 1950 bahnte sich eine Wende in der Qualität des Jugendbuchs an. Der Kulturdienst der amerikanischen Armee bemühte sich, Übersetzungen von amerikanischen Jugendbüchern zu fördern. Die Auswahl blieb den österreichischen Verlagen überlassen, die zumeist Empfehlungen von Experten befolgten und vielfach Übersetzungen von Büchern brachten, die mit der Newbery-Medaille oder mit anderen Preisen ausgezeichnet worden waren. Einige dieser Bücher wurden später auch von deutschen und Schweizer Verlagen übernommen. Diese amerikanischen Qualitätsleistungen haben das Prestige des Jugendbuchs in Ö. gehoben und sicherlich auch begabte österreichische Autoren ermutigt, sich dem Jugendbuch zuzuwenden.
Von den Autoren des ersten Jahrzehnts nach dem Zweiten Weltkrieg verdienen einige, hier festgehalten zu werden. Der realistische Tier- und Naturbuchautor F. ROSCHÉ (1883–1966) schrieb eine stattliche Zahl von Tierbüchern („Peter, der Rabe", 1950; „Mein Steinadlerbuch", 1951), die gute Beobachtung und Sachkenntnis aufweisen, jedoch geduldige Leser verlangen. Gleiches gilt für die Tierbücher von D. HOLESCH („Der Gamsbock Tschief und seine Berge", 1948), W. SCHNEIDER („Karnik. Die Geschichte eines Wildkaninchens", 1947) und M. WALDEGG, dessen gut geschriebene Naturbücher („Das bunte Jahr", 1946; „Das grüne Reich", 1952) viele Auflagen erlebten. Auch L. KOENIG („Gringolo. Die Geschichte eines Siebenschläfers", 1956) und A.-H. LEHMANN („Wir sind ganz unter uns", 1939; „Campi, der Berghengst", 1948) gehören dazu. J. M. SIMMEL versuchte, Problemgeschichten für Kinder (Gemeinschaftsleben im verschneiten Autobus, Angst vor dem Zeugnis u.a.) zu schaffen, so in „Ein Autobus, groß wie die Welt" (1951) oder „Meine Mutter darf es nie erfahren" (1952). Ebenfalls Problembücher schrieb R. M. STOIBER, die zum Teil mehrfach aufgelegt wurden („220 Millionen und Einer", 1951, als „Mann in Weiß", 1961, eine Biographie von H. DUNANT; „Tagebuch aus Kaprun", 1951; „Die harte Straße", 1952, ein LINCOLN-Roman; „Das Geheimnis auf Kanal 6", 1959).
Eine der fruchtbarsten Jugendschriftstellerinnen, die vor und nach dem Zweiten Weltkrieg schrieb, ist A. UMLAUF-LAMATSCH (1895–1962), deren Bücher fast

	1946	1947	1948	1949	1950	1951	1952	1953	1954
Kinder- und Jugendliteratur	67	155	318	240	258	217	259	268	226
Erwachsenenliteratur	283	567	1325	752	565	546	526	575	429

	1955	1956	1957	1958	1959	1960	1961	1962	1963
Kinder- und Jugendliteratur	237	227	237	165	133	162	177	283	231
Erwachsenenliteratur	526	478	584	455	377	503	508	581	596

	1964	1965	1966	1967
Kinder- und Jugendliteratur	197	276	320	334
Erwachsenenliteratur	488	456	553	574

Zahlenangaben aus der Dissertation „Das österreichische Kinder- und Jugendschrifttum nach dem Zweiten Weltkrieg" (1968) von H. Hladej. Die Zahlen weisen schon für das Jahr 1948 eine hohe Kinder- und Jugendbuchproduktion aus (318), die nach einem Absinken auf 133 im Jahre 1959 erst wieder ab 1966 erreicht werden konnte.

Zwischen 1967 und 1976 liegt die Jahresproduktion von Jugendbüchern laut Statistik zwischen 200 und 300 Titeln. Untersucht man die in die Statistik aufgenommenen Titel genau, so zeigt sich, daß rund zwei Drittel davon eher als Kalender, Broschüren oder Hefte zu bezeichnen sind. Aus der Aufstellung geht hervor, daß mit Ausnahme von einigen Jahren die Produktion von Kinder- und Jugendbüchern rund 50 % der Erwachsenenliteratur betrug. Ein solches Verhältnis dürfte es wohl kaum in einem anderen Land geben. Dafür kann man zwei Gründe annehmen: Bis zum Staatsvertrag haben viele Autoren überhaupt nicht publiziert, weil ihr Verlag schon immer in Deutschland war. Nach dem Staatsvertrag 1955 hat das stark angestiegene Schaffen der Autoren für Erwachsene wieder in großer Zahl den Weg nach Deutschland gefunden.

alle von dem seinerzeit berühmten, aber meist im Konventionellen verharrenden Illustrator E. KUTZER illustriert wurden. Sie war eine gute Lehrerin und verstand es, Kindern packend zu erzählen. Sie vermochte es aber nicht, neueren literarischen Entwicklungen zu folgen. Aus der großen Zahl ihrer Kinderbücher heben sich einige von echter Kindertümlichkeit ab: „Mein erstes Geschichtenbuch", 1927; „Die Schneemänner", 1930; „Die neun Kegel", 1932; „Peter in der Katzenstadt", 1934; „Hannerl in der Pilzstadt", 1941. Diese Titel wurden auch nach dem Zweiten Weltkrieg wiederholt aufgelegt.

Seit etwa 1950 geben ungefähr zwanzig Verlage in Ö. Kinder- und Jugendbücher heraus. Aber nur einige entwickelten ein reichhaltiges Programm: der „Österreichische Bundesverlag", der „Verlag Jugend und Volk", „Ueberreuter", „Jungbrunnen", „Breitschopf" und „Obelisk". Viele Bücher, besonders Sachbuchreihen, werden in Gemeinschaftsproduktion mit deutschen Verlagen herausgegeben. Eine bedeutende Kraft in der Verbreitung von Jugendbüchern stellen die Buchgemeinschaften dar: „Donauland", „Büchergilde Gutenberg", „Welt und Heimat", „Buchgemeinschaft Alpenland".

Im Verhältnis zu dem kleinen Markt bzw. zur geringen Jahresproduktion ist die Zahl der Schriftsteller, die Jugendbücher schreiben, relativ groß. Im Nachschlagewerk „Der österreichische Jugendschriftsteller und sein Werk" (1965) sind 145 Schriftsteller erfaßt. Selbstverständlich haben die meisten von ihnen nur gelegentlich ein Jugendbuch geschrieben. Andere, wie FR. HABECK, einer der bedeutendsten modernen Romanciers Ö.s, oder die Erzählerin M. HAUSHOFER, die Lyrikerin CHR. BUSTA sowie H. WAGGERL sind eigentlich Autoren von Büchern für Erwachsene und haben nur einige wenige Kinder- und Jugendbücher verfaßt.

Eine Reihe bedeutender Jugendschriftsteller, deren Werk größeren Umfang, persönliche Eigenart und allgemein anerkannte Leistungen aufweist, sollen hier kurz vorgestellt werden. Sie wurden in viele Sprachen übersetzt und gewinnen auch in Deutschland zusehends an Bedeutung.

V. FERRA-MIKURA (* 1923), die sich mit Gedichten, Essays und Romanen für Erwachsene einen Namen gemacht hat, trug viel zur Anerkennung der Bedeutung der Jugendliteratur in Ö. bei. Sie begann in den Jahren nach dem Zweiten Weltkrieg, für Kinder zu schreiben, und zeigte, wie der Schriftsteller das Kind ernst nehmen kann, indem er ihm von dem erzählt, was ihm selbst am Herzen liegt. Die Autorin verstand es schon früh, naive, kindertümliche Sprache und Schauweise auch bei der Darstellung von sozialen Problemen einzubringen, einem thematischen Trend, der erst in den Jahren nach 1970 allgemein wurde. So wird in „Zaubermeister Opequeh" (1957) die Gefahr der Diktatur, in „Willi Einhorn auf fremden Straßen" (1958) der Einbruch des Geschäftsgeistes in das Leben der Kinder, in „Der seltsame Herr Sauerampfer" (1957) die Sensationsmache der Presse und in „Peppi und die doppelte Welt" (1963) das Problem der geschiedenen Ehe behandelt. Die Sammlung von Kindergedichten „Lustig singt die Regentonne" und ihre phantastischen Erzählungen und Bilderbuchtexte, wie etwa die „Stanislaus"-Bände, sind bei den österreichischen Kindern überaus beliebt.

E. BERGER (* 1919) hat in Erzählungen und in Bearbeitungen von Volksmärchen und Sagen Muster einer kindgemäßen Sprache geliefert, die nicht nur Naivität, sondern auch Treffsicherheit und Anschaulichkeit zeigt. Mit Recht wurden ihre „Geschichten vom Hanselmann" (1967) mit dem Österreichischen Staatspreis für Jugendliteratur ausgezeichnet.

Obwohl M. LOBE (* 1913) Jugendbücher für alle Altersgruppen geschrieben hat, gilt ihre Vorliebe dem ersten Lesealter. In ihrer Entwicklung geht sie zunächst von den Bedürfnissen des Kindes aus: Der Außenseiter findet zur Gemeinschaft („Titi im Urwald", 1957; „Hannes und sein Bumpam", 1961; „Die Omama im Apfelbaum", 1965). Später tritt die soziale und gesellschaftliche Note stärker hervor. Durch die glückliche Verbindung von Phantasie und kritischem Denken gelingt es ihr, gesellschaftspolitische Themen schon für kleine Kinder anschaulich zu gestalten, so in „Das Städtchen Drumherum" (1970, Umwelt- und Autoritätsprobleme).

FR. HOFBAUER (* 1924) bereicherte die österreichische Kinderliteratur vor allem durch drei Bücher mit Gedichten („Die Wippschaukel", 1966; „Der Brummkreisel", 1969; „Im Lande Schnipitzel", 1973), die das Sprachspiel als Reflex der Realität zu besonderen Effekten nützen.

K. RECHEIS (* 1928) spricht ihre Leser in vielen literarischen Formen an: in Indianerbüchern für größere und kleinere Kinder, in Tiergeschichten, in realistischen Mädchenbüchern und Problemgeschichten. Außerdem bearbeitete sie Sagen und Schwänke und übersetzte aus dem Englischen.

Ganz bewußt bringt O. FR. LANG (* 1921) aktuelle Probleme in die Jugendliteratur hinein: Probleme der Arbeitswelt („Männer von Kaprun", 1955; „Männer und Erdöl", 1956), des Gegensatzes zwischen den Generationen („Vielleicht in fünf, sechs Jahren", 1961), Auswüchse des Zeitgeistes wie die Wirtschaftswunderwelt („Meine geliebte, gehaßte Verwandtschaft", 1961).

M. HAUSHOFER (1920–1970) schrieb im Gegensatz zu ihren sehr ernsten Büchern für Erwachsene humoristische Kinderbücher mit feinem Einfühlungsvermögen in die Kindersprache. Es gelingt ihr, zu ihren psychologischen Romanen für Erwachsene auch die Parallele in der Kinderliteratur zu geben, wobei ihre skeptische Lebenseinstellung von einem uneingeschränkten Ja zur Vitalität des Kindes abgelöst wird.

Lag der Akzent des Schaffens der bisher genannten Autoren vor allem auf dem Gebiet des Kinderbuchs, auch wenn sie einzelne Bücher schrieben, die für schon Ältere bestimmt sind –, so richten sich fast alle Bücher von K. BRUCKNER (* 1906) an den jugendlichen Leser. Seine Leistung für die österreichische Jugendliteratur liegt in der Verbindung seiner Erzählkunst mit dem persönlichen Anliegen, das auf das individuelle geistige Wachstum und die Reform der Gesellschaft gerichtet ist. Seine Reformabsichten sind jedoch nie direkt belehrend oder pädagogisierend, sondern in realistische und wirklichkeitsnahe Handlungen umgesetzt. Bei aller Einheitlichkeit seines Standpunkts ist das Stoffgebiet BRUCKNERS überaus breit. Sport und Spiel der Jugend sind ihm Anlaß, die Überwindung des Individualismus durch den Geist der Gemeinschaft herauszustellen („Die Spatzenelf", 1949; „Der Weltmeister", 1956 u. a.). Notzeiten, Katastrophen im Menschenleben und Weltgeschehen bilden die Grundlage für Erzählungen, in denen schließlich die Humanität und die Friedensliebe den Sieg davontragen („Giovanna und der Sumpf", 1953; „Sadako will leben", 1961 u. a.). K. BRUCKNER kann als der typisch österreichische Jugendschriftsteller und zugleich als Weltbürger angesehen werden. Die Großzahl der Übersetzungen seiner Bücher (mehr als 120) trug viel dazu bei, Ö.s Jugendliteratur Weltgeltung zu verschaffen.

Das Werk von W. BRUCKNER (* 1937) stellt in vieler Hinsicht die intellektuelle Ergänzung eines Großteils der österreichischen Jugendliteratur dar. Was andere kraft ihrer Persönlichkeit und ihrer individuellen Erlebnisse darstellen, entsteht bei W. BRUCKNER aus der Überzeugung und politischen Weltanschauung heraus. Eine Motivation für das Verfassen von Jugendbüchern, die in der Bundesrepublik in den letzten Jahren immer deutlicher hervortrat, war bei W. BRUCKNER von Anfang an der Ausgangspunkt seines Schaffens: die Emanzipation des Einzelnen wie der Gesellschaft, die Anklage der welthistorischen Verbrechen („Die toten Engel", 1963; „Aschenschmetterlinge", 1967) und das Aufzeigen von entscheidenden Aufgaben, z.B. die Entwicklungshilfe („Die Pfoten des Feuers", 1965). Auffällig ist, daß sich W. BRUCKNER seit 1970, dem Zeitpunkt, da viele Theoretiker die von W. BRUCKNER vertretene Problemliteratur als die eigentliche Aufgabe des Jugendschriftstellers deuteten, ähnlich wie V. FERRA-MIKURA vor allem dem unbeschwerten, humorvollen Unterhaltungsbuch für Jüngere widmet.

FR. FELD (* 1902), der seit 1939 in England lebt, hat zahlreiche Erzählungen, Theaterspiele und Hörspiele für Kinder verfaßt. Er hat schon lange vor Beginn der theoretischen Auseinandersetzungen um die Nutzung der Jugendliteratur als Mittel zur sozialen Anklage und zur Gesellschaftsreform soziale Probleme behandelt. In „Tirilin reist um die Welt" (1931) sucht der Held das Märchenland und erfährt, daß er es erst nach der Durchsetzung sozialer Gerechtigkeit finden könne. Daneben aber schrieb er auch Märchen, die an orientalische Geschichten erinnern, solide biografische Erzählungen, so über SHAKESPEARE („Die Komödianten des Königs", 1967).

G. ELLERT (Ps. für GERTRUD SCHMIRGER, 1900–1975) schrieb zahlreiche historische Romane für Erwachsene und widmete sich erst ab 1955 dem Jugendbuch. „Das blaue Pferd", das 1959 mit dem Staatspreis ausgezeichnet wurde, interpretiert bedeutende Kunstwerke durch Erzählungen, wobei ELLERT – wie in ihrem Roman für Erwachsene – allgemeine Lebensweisheiten einfließen läßt, die das Buch für viele junge Leser schwer verständlich machen. Ihre besondere Bedeutung für die österreichische Jugendliteratur liegt in einer Niveauanhebung des geschichtlichen Jugendbuches. Einige ihrer Jugendbücher wurden übersetzt.

Kein anderer Jugendschriftsteller Ö.s hat die Jugendliteratur so ins Gespräch gebracht wie CHR. NÖSTLINGER (* 1936). Ihre Bücher stellen vielfach eine Herausforderung an die Gesellschaft dar. Sie behandelt vorwiegend Probleme von Kindern aus unterprivilegierten Schichten und von Außenseitern. Obwohl Umwelt und Sprache starkes Wiener Lokalkolorit zeigen, finden ihre Bücher auch in der Bundesrepublik Anerkennung. Einige ihrer Bücher wurden mehrfach übersetzt. Eines ihrer besten Bücher ist „Maikäfer, flieg!" (1973), das die erste Nachkriegszeit im Erleben eines etwa 10jährigen Mädchens wiedergibt und neben Not und Verderben immer wieder Optimistisch-Menschliches durchleuchten läßt.

Eine Reihe von Jugendschriftstellern profilieren sich durch die Spezialisierung auf ein bestimmtes Stoffgebiet.

FR. BRAUMANNS (* 1910) Hauptthemen sind die Märchen- und Sagenwelt, die Umwelt und die Geschichte Ö.s. Aber auch das Wirken von Österreichern in fernen Ländern gibt ihm häufig Stoff für seine Bücher, so etwa in „Ritt nach Barantola" (1958) und „Tal der Verheißung" (1960).

A. LECHNER (* 1905) verfaßte seit 1953 („Herr Dietrich reitet") Nacherzählungen des Sagengutes der Weltliteratur: klassische Sagen des Altertums, germanische Sagen, Volksbücher und mittelhochdeutsche Epen, die mit Recht als persönliche Auseinandersetzung mit überlieferten Stoffen geschätzt werden. Bei aller Treue zum Original gelingt es ihr, eine gewisse überzeitliche Schau und damit auch Humanisierung der alten Heldenstoffe zu erreichen.

Der Autor FR. HABECK (* 1916) erbringt mit seinen Jugendbüchern den Beweis dafür, daß man historische Themen jugendgemäß behandeln und dabei den Anforderungen, die die Kritik an die „große Literatur" stellt, entsprechen kann. Die Geschichte liefert HABECK nicht nur die Stoffe zu seinen Büchern, sie ist auch der Spiegel, in dem er überzeitlich-menschliche Eigenschaften und Probleme sichtbar werden läßt. Von einer neuen Seite zeigt sich HABECKS Talent in einem seiner bisher letzten Werke „Schwarzer Hund im goldenen Feld" (1973), das in humoristisch-satirischer Weise eine Episode aus dem Bayerischen Erbfolgekrieg 1778, den „Kartoffelkrieg", erzählt.

Ein rundes Gesamtwerk weist G. SCHREIBER (* 1922) auf. Als Lehrer an einer höheren Schule verschrieb er sich vor allem dem historischen Roman. Seine historischen Romane sind durch gründliches Quellenstudium charakterisiert. Zunächst schrieb SCHREIBER Bücher mit Stoffen aus dem Altertum, so die „Römer-Trilogie" („Der Weg des Bruders", 1954; „Die X. Legion", 1957; „Aquileia im Hunnensturm", 1959). Andere Romane spielen in Griechenland oder auch im Mittelalter. Die Bücher SCHREIBERS können das geschichtliche Denken

des Lesers schulen, sie geben auch Denkanstöße zu sozialem und politischem Denken.
Auf dem Gebiet des biografischen Romans hat O. J. Tauschinski (* 1914), der auch mehrere wertvolle Bücher aus dem Polnischen übersetzte, einige erfolgreiche Bücher verfaßt: „Wer ist diese Frau?" (1955, Episoden aus dem Leben der M. Curie), „Die Liebenden sind stärker" (1962, ein historischer Gesellschaftsroman um B. v. Suttner).
W. Meissel (* 1922), hauptberuflich Bibliothekar, schrieb spannende biografische Romane: „Der große Kiongozi", 1962; „Held ohne Gewalt", 1967, Lebensbilder von Stanley und Nansen; Detektivgeschichten („Der Waggon auf Gleis 7", 1966), Sportbücher („Querpaß – Schuß – Tor!", 1964) und phantastische Erzählungen. Sein bestes Buch ist „Die Spur führt in die Höhle" (1969). Darin wird ein Höhlenabenteuer mit jugendpsychologischen Problemen verbunden.
E. Dolezal (* 1902) konzentriert sein schriftstellerisches Schaffen auf Weltraumfahrt und Science Fiction. Seit 1953 („RS 11 schweigt") sind ein Dutzend Titel erschienen, die in Ö. und Deutschland gute Publikumserfolge brachten. Einige seiner Bücher wurden auch in andere Sprachen übersetzt: „Mond in Flammen", 1954; „Festung Sonnensystem", 1960; „Vorstoß in den Weltraum", 1964.
K. Benesch (* 1926), Geschäftsführer der Österreichischen Gesellschaft für Literatur, schrieb neben Romanen und dramatischen Arbeiten für Erwachsene für die Jugend vor allem biografische Romane: „Die Frau mit den hundert Schicksalen" (1966, eine Erzählung um M. v. Ebner-Eschenbach); „Die vielen Leben des Mr. Sealsfield", 1966; „Nie zurück", 1967. In „Italien hat mehr als Meer" (1972) entwickelte Benesch einen neuen Typ des Reisebuchs für Kinder.
Etwa um 1970 traten neben Chr. Nöstlinger eine Reihe anderer jüngerer Schriftsteller hervor, die mit gutem Erzähltalent neue Themen und Formen der Darstellung in die österreichische Jugendliteratur brachten. L. Mayer-Skumanz (* 1939) wurde gleich mit ihrem ersten Jugendbuch („Ein Engel für Monika", 1965), in dem sie Schwierigkeiten des Erwachsenwerdens und weltanschauliche Probleme aufgriff, bekannt. Die Erzählungen, die seither von ihr erschienen sind, zeigen, daß sie sich für viele Gebiete der Jugendliteratur interessiert; vor allem hat sie sich der Kriminalgeschichte für Kinder angenommen („Der kleine Pater als Detektiv", 1972). Außerdem schreibt sie Abenteuererzählungen und phantastische Erzählungen. Obwohl ihr die Probleme der Dritten Welt, Rassenprobleme, das soziale Miteinander u.a. besonders am Herzen liegen, schreibt sie „leicht lesbar" und humorvoll.
R. Welsh (* 1937) verfaßte vorwiegend Problemgeschichten von zeitgeschichtlicher Aktualität: „Ülkü – das fremde Mädchen" (1973, Gastarbeiterproblem); „Alle Kinder nach Kinderstadt" (1974). In dem Buch „Der Staatsanwalt klagt an" (1975) wird das Thema der Jugendkriminalität aufgegriffen, wobei dokumentarische Berichte in die erzählende Darstellung eingeblendet sind.
W. J. M. Wippersberg (* 1945) erhielt für sein erstes Buch „Schlafen auf dem Wind" (1971) den Staatspreis. In dieser phantastischen Erzählung verbindet er humorvolle Zeitkritik mit dem individuellen Problem des mutterlosen Kindes. Neben anderen phantastischen Geschichten, wie „Kater Konstantin" (3 Bde.), schreibt er auch realistische Erzählungen, die sich mit Gegenwartsproblemen befassen, wie „Fluchtversuch", eine Geschichte, in der er die Schwierigkeiten eines Gastarbeiterkindes schildert.
W. Weiss (* 1942) schrieb Reisebücher eines neuen Typus: Nicht das überraschende Erlebnis, sondern die systematische Forschung gibt dem Buch „Die Piste ins Tibesti" (1971) die besondere Note. Das mit dem Staatspreis ausgezeichnete Buch „Der Tod der Tupilaks" (1973) zeigt bei Schilderung einer Grönlandfahrt auch die gesellschaftlichen, sozialen und politischen Probleme auf, wobei er trotz mancher philosophischen oder weltpolitischen Verallgemeinerung der Darstellung nicht die Anschaulichkeit nimmt.
A. Steiner (* 1911, Ps. für Rottensteiner) erhielt für sein Buch „Die stille, die heilige Nacht" (1962, Entstehung des Weihnachtslieds) den Österreichischen Staatspreis. In dem Bilderbuch „Alle meine Pferde" (1963) bringt er episodenhafte Bilder über die Bedeutung des Pferdes für den Menschen in verschiedenen Zeitabschnitten.

K. Wölfflin (* 1934, Ps. für Wölflingseder), ein Lehrer, schreibt leicht lesbare Umweltgeschichten mit kritischem Akzent, phantastische Erzählungen und Bilderbuchtexte.

M. Stebich (1897–1972) hat als Nacherzähler und Bearbeiter viele Bände Märchen und Sagen aus Ö. und anderen Ländern herausgebracht, die bis heute immer wieder aufgelegt werden. Im allgemeinen verlegen die österreichischen Verlage weit mehr Märchen- und Sagenbände als ihre Kollegen in Deutschland. Fast jeder Verlag hat eine oder mehrere Ausgaben dieser Art und eine Reihe von Herausgebern (Fr. Braumann, R. Beitl, K. Eigl, K. Haiding, M. Pacolt, K. Paulin, K. Paulitsch, J. Pöttinger, H. Strutz, K. Zens u.a.).

Ein umfangreiches Werk als Reiseschriftsteller hat der durch seine Expeditionen in das Himalaja-Gebirge bekannt gewordene H. Tichy (* 1912, Erstbesteigung des 8153 m hohen Cho Oyu 1954) aufzuweisen: „Cho Oyu", 1955; „Safari am Kamanga", 1958; „Unterwegs", 1962; „Der weiße Sahib", 1966. Seine Werke werden nicht nur vom persönlichen Erlebnis, sondern auch von der Begabung zur dichterischen Darstellung getragen.

Ein anderer erfolgreicher Reiseschriftsteller ist H. Harrer (* 1912), der durch seine Nanga-Parbat-Expedition 1939 bekannt wurde: „Sieben Jahre in Tibet", 1952 (in 30 Sprachen übersetzt); „Die Weiße Spinne", 1958; „Ich komme aus der Steinzeit", 1963 u.a.

Von den übrigen Schriftstellern können hier nur noch einige mit ihrem wichtigsten Werk genannt werden: E.

J. Bendl (*1914): „Der Sonnblick ruft" (1951); K. Eigl (*1911): „Alle brauchen Moro" (1960); E. Lilleg-Jené (*1910): „Vevi" (1955); G. Schwab (*1904): „Kamerad mit dem haarigen Gesicht" (1941).
Die österreichische Jugendliteratur hat seit 1945 eine eigenständige Entwicklung erfahren. Seit etwa 1960 erscheinen immer mehr österreichische Jugendbücher in Empfehlungsverzeichnissen der Bundesrepublik und der Schweiz. Im gleichen Zeitraum kamen rund fünfzig österreichische Jugendbücher in über 300 Übersetzungen heraus (von K. Bruckner allein etwa 120, darunter von „Sadako will leben" mehr als dreißig). Diesen 300 Titeln stehen rund 200 gegenüber, die, aus anderen Sprachen übersetzt, in österreichischen Verlagen erschienen. Man spricht daher von einer aktiven Handelsbilanz auf dem Gebiet des Jugendbuches.
Andererseits bildet die österreichische Jugendliteratur der Gegenwart nur einen Teil der Lektüre der österreichischen Jugend. Die deutschen Verlagshäuser haben ihre Auslieferungen in Ö., so daß den rund 600 Titeln, die aus Ö. auf dem Markt erscheinen, etwa 4000 Titel aus Deutschland gegenüberstehen. Nach statistischen Erhebungen werden jedoch jährlich etwa gleich viele Bücher aus österreichischen Verlagen wie aus deutschen Verlagen gekauft. Als Folge der Empfehlungsverzeichnisse und der Aufklärung der Eltern werden aus dem deutschen Angebot vor allem die als literarisch wertvoll angesehenen Bücher gekauft, von denen wiederum rund 40 % aus anderen Sprachen kommen.

Illustration in der Kinder- und Jugendliteratur. Das Bilderbuch und die Illustration, die zu einem immer wichtigeren integrierenden Teil der Jugendliteratur geworden sind, stehen in Ö., was den Umfang der Produktion angeht, hinter anderen Ländern zurück. Einige Ansätze sind – im positiven wie im negativen – als typisch österreichische Sonderleistungen hervorzuheben. M. von Schwind (1804–1871) ist nur zum Teil für Ö. in Anspruch zu nehmen, da es die „Münchener Bilderbogen" waren, für die er als Mitarbeiter gewonnen wurde. In München begann er auch die zyklischen Gemäldekompositionen, unter denen „Die sieben Raben" (1858) und „Die schöne Melusine" (1870) als „echte Märchenbilder, die den ganzen Zauber des romantischen Märchens ausstrahlen" (Köster, S. 25), für uns wichtig sind. Es bleibt weiter ein Charakteristikum der österreichischen Illustrationskunst für die Jugend, daß sie vielfach von Künstlern stammten, deren Hauptwerk für Erwachsene bestimmt war. Dies gilt für die Illustrationen in „Gerlachs Jugendbüchern" (ab 1900), für die der Verlag die bedeutendsten Künstler der Zeit gewinnen konnte: E. Liebenauer, I. Taschner, K. Fahringer, J. Loukota, Fr. Wacik u.a. Die Illustrationen in „Gerlachs Jugendbüchern" waren meist Halb- und Vollbilder in nur zwei oder drei Farbtönen, die weniger den Gegenstand als die Stimmung der Texte begleiten und keine bewußte Rücksicht auf die Kinder als Betrachter nehmen. Vielleicht hat dies dazu beigetragen, daß die Büchlein gegenwärtig ein gesuchtes internationales Sammelobjekt sind.
Dies trifft weniger für den Künstler E. Kutzer (1880–1960), zu, der in den zwanziger Jahren wegen seiner „Kindertümlichkeit" bewundert wurde. Er schuf eine Reihe von Bilderbüchern, illustrierte Bücher der Wiener Klassenlektüre, vor allem aber die Bücher von A. Umlauf-Lamatsch. Sogar H. Köster hebt ihn als „guten Zeichner" hervor, vermißt nur die Stärke im Ausdruck, geht jedoch nicht auf die süßlichen und verniedlichenden Elemente ein, weshalb die Kritik Kutzer später ablehnt.
Nach dem Zweiten Weltkrieg vertrat man zunächst die Auffassung, daß Ö. zu klein sei, daher zu wenig Käufer habe, um eine Bilderbuchproduktion finanziell zu sichern. Die Buchhandlungen waren auf den Import aus Deutschland angewiesen. Etwa ab 1960 traten jedoch einige Künstler mit Werken hervor, die sich von den üblichen traditionellen Bilderbüchern stark abhoben. R. Candea (*1922), der seit 1950 Bücher des Jungbrunnen Verlages illustrierte, gestaltete u.a. die phantastische Geschichte „Der alte und der junge und der kleine Stanislaus" (1962) von V. Ferra-Mikura als Bilderbuch in grotesk-skurriler Art, wobei in der Komposition oft eine geradezu mathematische Konstruktion zu erkennen ist, die an seine Tätigkeit als Werbegrafiker erinnern. Eine Zeichnerin von kräftigem Ausdruck und temperamentvoll erzählender Art ist E. Delignon-Wallenta (*1931). Humorvolle Groteske kennzeichnet die Bilder des als Karikaturisten in Zeitungen bekannt gewordenen W. Zeller-Zellenberg (*1910). Ähnlich, aber stärker zum Phantastischen hin offen und wesentlich mehr verspielt, wirken die Bilderbücher von W. Schmögner, vor allem „Mrs. Beestons Tierklinik". Die Werke einiger neuerer Bilderbuchkünstler wurden erstmals im Verlag Neugebauer-Press veröffentlicht, den Fr. Neugebauer, Lehrer an der Linzer Kunstgewerbeschule, führt. Er stellte einige seiner Schülerinnen vor und hat u.a. H. Aichinger und E. Reinl entdeckt. Erstere wurde zweimal bei der BIB (Biennale der Illustrationen in Bratislava) und 1974 auch im Rahmen des Internationalen Hans Christian Andersen-Preises ausgezeichnet. H. Aichingers (*1937) Bilderbücher sind getragen von einer poetischen, jedoch sehr ausdrucksstarken Stimmung, von harmonischer Linienführung und überaus differenzierter Farbgebung („Ein Körnchen für den Pfau", 1970). Eine ihrer letzten Arbeiten, das von R. Bamberger herausgegebene Lesebuch für das 3. Schuljahr (Bundesverlag) wurde mit dem 3. Staatspreis für die schönsten Bücher ausgezeichnet. E. Reinls Bilderbücher „Die fremde Feder", „Die kleine Schlange" u.a. gehen stärker ins Abstrakte, leben aber vor allem von der starken Farbgebung. Eine moderne, mit eindrucksvoller Farbgebung und feiner Strichführung wirkende Künstlerin ist A. Kaufmann („Lollobien"). – Wie R. Candea fast alle Bücher von V. Ferra-Mikura illustrierte, so S. Weigel die Bilder- und Kinderbücher von M. Lobe („Hannes und sein Bumpam"). Der Lehrer an der Akademie für bildende Künste, W. Jaruska, konnte für die Illustration einiger Bilderbücher von A. Steiner gewonnen werden.

Organisationen, Förderungsmaßnahmen, Literatur zur Kinder- und Jugendliteratur. Die Jugendschriftenkritik war im alten deutschsprachigen Ö. sehr rege. Es gab zahlreiche Jugendschriftenkommissionen, die sich vor allem um die Auswahl der Bücher für die Schülerbüchereien bemühten und häufig Empfehlungsverzeichnisse herausgaben. Einzig in der Welt dastehend ist wohl das zehn Bände umfassende Besprechungswerk „Die Großmacht der Jugend- und Volksliteratur" (1877–1886) von F. FISCHER, das 5000 Jugend- und 3000 Volksschriften vom patriotischen, religiösen und pädagogisch-didaktischen Standpunkt eingehend beleuchtete. Bis zum Ende des 19. Jahrhunderts erschienen noch einige Jugendbuchverzeichnisse in Form von Büchern, oft auch in mehreren Bänden. Dies dürfte ein Zeichen dafür sein, daß sich die Jugendbücher sehr lange auf dem Markt hielten. Es gab auch Verzeichnisse von Büchern, die für die Schülerbüchereien als ungeeignet angesehen wurden. Charakteristisch für alle Verzeichnisse ist: Als Kriterium galt nicht der literarische Wert, sondern die pädagogisch-patriotische Tendenz. Eine Wendung zur ästhetischen Betrachtung zeigte sich in der Zeitschrift „Österreichische Jugendschriften-Rundschau", die im ersten Jahrzehnt des 20. Jahrhunderts unregelmäßig erschien. Ähnlich fortschrittlich eingestellt wie die Hamburger „Jugendschriften-Warte" trat sie für gute Jugendlektüre ein, die vor allem aus der Literatur für Erwachsene ausgewählt sein sollte. Nach dem Ersten Weltkrieg zeigte sich auf dem Gebiet der Jugendschriftenkritik keine Änderung. Die Jugendschriften-Prüfungsstelle des Stadtschulrates für Wien nahm 1921 ihre Arbeit wieder auf. In ästhetischer Hinsicht war H. WOLGAST Vorbild, doch suchte man auch die belehrende Jugendliteratur der Schule dienstbar zu machen. C. KÖNIG gab 1924 das Ergebnis mühevoller Sichtungsarbeit heraus: „Wegweiser durch die Jugendlektüre und die Möglichkeiten ihrer unterrichtlichen Verwertung". Eine wichtige Quelle zum Studium der österreichischen Jugendschriftenkritik in den zwanziger und dreißiger Jahren sind die Zeitschriften „Quelle" und „Schulreform". Ebenso auch der „Wegweiser durch das Jugendschrifttum", eine Vierteljahreszeitschrift, die in den dreißiger Jahren unter der Schriftleitung von A. ROCZEK Besprechungen und Aufsätze brachte.
Seit dem Zweiten Weltkrieg ist die Jugendschriftenkritik – abgesehen von einzelnen kleineren örtlichen Ausschüssen – in drei Zentren konzentriert: 1. in der „Österreichischen Jugendschriftenkommission beim Bundesministerium für Unterricht und Kunst", gegr. 1947; 2. in der „Studien- und Beratungsstelle für Kinder- und Jugendliteratur", die die katholische Jugendschriftenarbeit vertritt; und 3. im „Österreichischen Buchklub der Jugend", der durch seine Lektorenkommission und durch das von ihm finanzierte „Internationale Institut für Jugendliteratur und Leseforschung" wirksam wird. Als Theoretiker treten vor allem R. BAMBERGER, L. BINDER, V. BÖHM, W. HARTMANN, O. KROPATSCH, W. LUSSNIGG, G. PAUKNER und H. STEUER in Erscheinung.

Richard Bamberger (1911). Österreichischer Literaturpädagoge und Organisator des Österreichischen Buchklubs der Jugend.*

Ausbildung auf dem Gebiet der Jugendliteratur bieten die Pädagogischen Akademien, die Institute für Heimerziehung und die Kindergärtnerinnen-Bildungsanstalten. Außerdem ist Jugendliteratur in der Lehrerfortbildung im Rahmen der Pädagogischen Institute, auf Tagungen und in Lehrerarbeitsgemeinschaften vertreten.
Die Hauptarbeit bei der Förderung des Jugendbuches wird durch den Österreichischen Buchklub der Jugend geleistet. Seine Bedeutung liegt nicht nur in seiner Leistung als „Buchgemeinschaft", sondern auch im Bemühen um den Ausbau der Schülerbüchereien, um die Aufklärungsarbeit unter Lehrern, Eltern, Bibliothekaren und der Jugend selbst. Seine zehn „Jahrbücher", nach Altersstufen gegliedert, mit einer Auflage von rund einer Million, werden als „Anlesebücher" zur Jugendliteratur in fast allen Schulen als „zweites Lesebuch" verwendet. Auch das „Elternjahrbuch" und das Lehrerjahrbuch „Die Barke" sowie die mit dem „Institut" gemeinsam herausgegebene Zeitschrift „Jugend und Buch", die „Schriftenreihe" des Österreichischen Buchklubs der Jugend und die „Schriften zur Jugendlektüre" (zwei Serien mit literaturpädagogischen und kritischen Studien) tragen die Öffentlichkeitsarbeit für das Jugendbuch. Die Presse ist auf dem Gebiet der Jugendbuchkritik leider nur in Ausnahmefällen über die traditionelle „Waschzettel-Schablone" hinausgekommen.
Wichtig für die Verbreitung von Jugendbüchern ist auch das Büchereiwesen. Es umfaßt rund 3000 öffentliche Büchereien in Form von Gemeinde-, Pfarr-, Betriebs- u. a. Büchereien und sorgt für die Lesebedürfnisse von etwa 25 % der Kinder. Die Schulbibliotheken, die meist als Klassenbüchereien organisiert sind, werden von der öffentlichen Hand völlig unzureichend

dotiert. Durch die Initiative der Lehrer, die mit Hilfe der Prämienaktionen des Buchklubs der Jugend (Anerkennung der Leistungen der Lehrerschaft bei der Verbreitung der Buchklublose, der Elternjahrbücher und der Gewinnung von Buchklubmitgliedern) und der Elternvereinigungen dem Notstand zu begegnen suchen, weisen fast alle 5000 Schulen einen Grundbestand von Lese und Arbeitsmaterial für die Schüler auf, wobei man bei rund 20% der Schulen von einem reichen Bestand an Lesestoff sprechen kann.
Ein Charakteristikum der österreichischen Jugendbucharbeit ist die Verbindung zwischen Freizeit- und Schullektüre, vor allem durch die Aktion „Zum Lesen verlocken", in deren Rahmen Kassetten mit Büchern gleichen Titels als Klassen- und Gruppenlektüre von Schule zu Schule zirkulieren. 1976 waren rund 12000 Kollektionen, das sind rund 450000 Bücher, im Einsatz, außerdem stellen die Schulen selbst immer mehr Bücher in Klassen- oder Gruppenstärke in die Schülerbücherei ein. Eine bedeutende Kraft in der Verbreitung von Jugendbüchern stellen auch die Buchgemeinschaften dar: „Donauland", „Büchergilde Gutenberg", „Welt und Heimat", „Buchgemeinschaft Alpenland". Der Buchhandel versorgt leider nur etwa 300 Orte mit Büchern, dagegen ist die Verbreitung von Comics und anderer Massenliteratur durch etwa 16000 Verkaufsstellen lückenlos gewährleistet.
„Der Österreichische Staatspreis für Kleinkinderbücher, Kinder- und Jugendliteratur" und der „Jugendbuchpreis der Stadt Wien" wirken sich als Förderungsmaßnahmen gegenüber Autoren, Verlegern und auch Lesern aus. Neben den preisgekrönten Büchern werden von beiden Stellen jährlich etwa 10 bis 15 der besten Bücher in einer Ehrenliste veröffentlicht, so daß die Juroren auch eine Auswahl der besten Bücher erarbeiten.
Die Schriftenreihe des Österreichischen Buchklubs der Jugend brachte zwischen 1957 und 1965 zwanzig Bände im Umfang von rund 100–160 Seiten heraus, weitere dreiundzwanzig Bände erschienen zwischen 1966 und 1976 in den „Schriften zur Jugendlektüre" des „Internationalen Instituts für Jugendliteratur und Leseforschung".
Aufsätze finden sich in den Zeitschriften „Jugend und Buch" (seit 1952), „Erziehung und Unterricht", „Erwachsenenbildung in Österreich" und in verschiedenen Blättern für Lehrer und Eltern.

→R. Bamberger, →K. Bruckner, →W. Bruckner, →Chr. Nöstlinger

Sekundärliteratur: R. Bamberger: Jugendlektüre (1955, [2]1965); Der österreichische Jugendschriftsteller und sein Werk (1965); Jugendschriftenkunde (1975). – L. Binder (Hrsg.): Lexikon der Jugendschriftsteller in deutscher Sprache (1968). – H. Hladej: Das österreichische Kinder- und Jugendschrifttum nach dem Zweiten Weltkrieg (Diss. 1968). – K. Linke: Neue Wege der Jugendschriftenbewegung und der Klassenlektüre (1929). – E. Schwab: Beiträge zur Geschichte des Kinder- und Jugendschrifttums in Österreich (Diss. 1949).

Richard Bamberger

Österreichischer Bundesverlag für Unterricht, Wissenschaft und Kunst

Wien. Schulbücher, Lehrbücher, Kinder- und Jugendbücher.

Der Verlag wurde 1772 von der Kaiserin Maria-Theresia als „Wiener k.k. Schulbücherverlag" gegründet. Seit dem Jahre 1925 führt der Verlag seinen derzeitigen Namen. Der Leiter ist zur Zeit P. Lalics.
Zu den aufwendigen Verlagsprojekten gehört die Jugendsachbuchreihe „Wissen der Welt", die in Zusammenarbeit mit deutschen, englischen, amerikanischen und italienischen Verlagen entsteht. Außerdem erschienen ein Österreich-Lexikon in zwei Bänden, ein Österreichisches Wörterbuch, Dichtung aus Österreich (eine fünfbändige Anthologie). Zu den wichtigen Mitarbeitern des Verlages zählen die Autoren K. Benesch, G. Fritsch, O. v. Frisch, F. K. Ginzkey, J. Guggenmos, O. Fr. Lang, A. F. Rottensteiner (Pseudonym: Alexis Steiner), K. Recheis und die Illustratoren E. Delignon, A. Pilch, K. Röschl, Fr. Weidner, W. Zeller-Zellenberg.

Winfred Kaminski

Österreichischer Kinder- und Jugendbuchpreis

Vom österreichischen Bundesministerium für Unterricht und Kunst ausgeschriebener Preis zur Förderung anspruchsvoller Kinder- und Jugendbücher.

Seit 1955 werden jährlich Staatspreise (vom Jahr 1972 an unter dem Titel „Förderungspreise", ab 1973 „Kinder- und Jugendbuchpreise") für Kinder- und Jugendliteratur vergeben, die mit insgesamt Ö.S. 100000,– dotiert sind. Als weitere Förderungsmaßnahme werden vom Bundesministerium für Unterricht und Kunst Exemplare der preisgekrönten Bücher im Gesamtwert von Ö.S. 100000,– angekauft, die gemeinnützigen Institutionen für Kinder und Jugendliche (Heime, Krankenanstalten etc.) zur Verfügung gestellt werden.
Eingereicht werden können nur Werke lebender Autoren, Neubearbeitungen oder Lizenzausgaben, die in österreichischen Verlagen nicht früher als ein Jahr vor dem Einreichungstermin erschienen sind. Seit 1965 können auch Bücher ausländischer Autoren, sofern sie in Österreich verlegt wurden, vorgeschlagen werden. Für die Preisträger gilt ein Bewerbungsinterkalar von drei Jahren. Handelt es sich bei einem Buch nach einhelliger Ansicht der Jury jedoch um das seit langem beste Werk einer Kategorie, so kann von dieser Bestimmung eine Ausnahme gemacht werden. Die Vergabebedingungen sowohl für die Preise wie für deren Anzahl werden laufend modifiziert. Gegenwärtig werden drei Kinderbuchpreise (Vorschulalter bis achtes Lebensjahr, achtes bis elftes Lebensjahr, elftes bis vierzehntes Lebensjahr), ein Jugendbuchpreis, ein Förderungspreis für ein kind- und jugendgemäßes Sachbuch und je ein Förderungspreis für Illustration und

eine gute Übersetzung vergeben. Ferner können auf Vorschlag der Jury Bücher in eine „Ehrenliste zum Österreichischen Kinder- und Jugendbuchpreis" aufgenommen werden. Die Aufnahme in die Ehrenliste ist jedoch nicht mit einem Geldpreis verbunden. Die Jury wird jeweils vom Bundesministerium für Unterricht und Kunst bestellt, die Namen der Juroren werden anläßlich der Preisverteilung bekanntgegeben. Seit 1975 erfolgt die Preisverleihung im November zur Zeit der Österreichischen Buchwoche.
Bisher wurden preisgekrönt: G. STAPPEN/O. HUBER, I. STEMMER (1955); K. BRUCKNER (1956, 1961); A. LECHNER, L. KOENIG (1956); O. J. TAUSCHINSKI (1957, 1962, 1970, 1971, 1975); F. BRAUMANN, M. LOBE/S. WEIGEL (1958); CHR. BUSTA, G. ELLERT (1959); K. EIGL, H. LEITER, W. ZELLER-ZELLENBERG (Illustrationspreis 1960); O. F. LANG (1961); V. FERRA-MIKURA (1962, 1963, 1964, 1971, 1973); A. STEINER (1962); G. SCHREIBER (1962, 1969); G. PILS (Illustrationspreis 1962); FR. HABECK (1963, 1967); K. RECHEIS (1961, 1963, 1964, 1967, 1971, 1972, 1975); W. JARUSKA (1963); M. STEBICH, G. URBAN, H. HOSTNIG (1964); I. SCHALLER, W. BRUCKNER, L. MAYER-SKUMANZ (1965); M. LOBE (1965, 1972); FR. HOFBAUER (1966, 1969); H. TICHY, A. RUTGERS, E. BERGER, V. ČTVRTEK, C. WILKESHUIS, E. REKIMIES (1967); E. WALLENTA (Illustrationspreis 1961, 1967); H. GALLER/F. NEUGEBAUER, R. BOLT, A. M. G. SCHMIDT, R. CANDEA (Illustrationspreis 1968); C. CENAC, M. L'ENGLE, J. CHAPMAN (1969); W. MEISSEL (1970); M. LEE, W. J. M. WIPPERSBERG, J. DOMAGALIK, S. WEIGEL (1971); B. FRISCHMUTH, G. FUSSENEGGER, U. WÖLFEL, J. EBNER (1972); B. PETER, J. TERLOUW, W. WEISS, M. CHINERY, A. KAUFMANN (Illustrationspreis 1973); CHR. NÖSTLINGER, I. BAYER, Das Sprachbastelbuch, T. KANZAWA, G. RUKSCHCIO (1975).

Lucia Binder

Oestreich, Gisela

*Psychologin, Jugendbuchtheoretikerin, Professorin für Pädagogische Psychologie an der Universität Frankfurt/Main; *24. 1. 1930 Zwickau/Saale.*

Im Anschluß an das erste Studium (1950–1952) war Oe. in München als Lehrerin (1952–1959) tätig, studierte daneben Psychologie und Pädagogik und schloß 1962 mit der Promotion ab. Ab 1959 in der Lehrerbildung (Pädagogisches Institut Darmstadt und seit 1963 Universität Frankfurt) wurde sie 1972 zum Professor für Pädagogische Psychologie ernannt.
Oe.s Forschungsschwerpunkte sind sozialpsychologische Analysen, im Bereich der Kinder- und Jugendbücher die Frage, wie sich Leitbilder, Klischees oder Vorurteile auf die kognitive Orientierung von Kindern auswirken. Von den Publikationen Oe.s beziehen sich zwei direkt auf Kinder- und Jugendliteratur: der Beitrag „Die Begegnung der Geschlechter im Jugendbuch" (1968) und „Erziehung zum kritischen Lesen. Kinder- und Jugendliteratur zwischen Leitbild und Klischee" (1973). Im letztgenannten Buch geht Oe. den Normen und den durch sie gesteuerten Verhaltensmustern nach, mit denen Autoren in Kinderbüchern die Rollen der dargestellten Kinder, Jugendlichen und Erwachsenen determinieren. Besonders eingehend äußert sich Oe. dabei auch zu Fragen der Angsterzeugung und -bewältigung. Wenn sich die Autorin auch meist eines explizit vorgetragenen Urteils enthält, so lassen die Ausführungen doch keinen Zweifel daran, daß sie im allgemeinen die Inhalte der untersuchten Kinder- und Jugendbücher ablehnt, zumal sie sich im ersten Abschnitt (S. 34) ausdrücklich M. DAHRENDORFS Position anschließt und Lesen als Kommunikationsprozeß versteht. Das dritte Kapitel ist für Berufstätige im Bildungsbereich besonders instruktiv. Der Abschnitt enthält eine Fülle didaktisch-methodischer Hinweise, im Unterricht, in der Jugendarbeit oder Erwachsenenbildung Produkte der Kommunikationsmedien zu analysieren und zu detailliert begründeten Ergebnissen zu kommen, statt dilettantisch die Etiketten „gut" sowie „geeignet" bzw. „schlecht" „ungeeignet" zu verteilen.

Werke: Nachbarschaftsheime gestern, heute – und morgen? (1965); Erziehung zum kritischen Lesen, Kinder- und Jugendliteratur zwischen Leitbild und Klischee (1973); Kinder zwischen Angst und Leistung (1975).
Beiträge: Die Begegnung der Geschlechter im Jugendbuch (in: Blätter für Lehrerfortbildung „Das Seminar". 20. 1968. 11. 401–409); Der Schulaufsatz – zwischen Pädagogik und Psychologie (in: Blätter für Lehrerfortbildung „Das Seminar" 20. 1968. 12. 441–452); Sexualverhalten und gesellschaftliche Normativität (in: Kl. Kippert (Hrsg.): Einführung in die Soziologie der Erziehung, 1970. 208–223); Lernen und Konflikt (in: Blätter für Lehrerfortbildung „Das Seminar" 25. 1973. 8/9. 304–316).

Rudolf Raab

Verlag Friedrich Oetinger

Hamburg. Bilder-, Bildersach-, Kinder- und Jugendbücher unterschiedlicher Thematik sowie Fotobildbände. Besondere Berücksichtigung von Publikationen aus dem skandinavischen, niederländischen und angloamerikanischen Sprachraum in Übersetzungen.

FR. OETINGER (*1907) gründete den Verlag 1946 in Hamburg und publizierte zunächst wirtschaftswissenschaftliche und sozialpädagogische Fachliteratur. Zur Zeit leiten H. OETINGER (*1908), TH. HUGGLE (*1939) und U. WEITENDORF (*1940) das Unternehmen.
Die Spezialisierung zum Kinder- und Jugendbuchverlag erfolgte 1949, als der Verlag die deutsche Übersetzung von A. LINDGRENS Best- und Longseller „Pippi Langstrumpf" herausbrachte. Im Jahre 1956 publizierte der Oetinger Verlag das Buch von J. KRÜSS „Mein Urgroßvater und ich". Er gab das als Experiment auf dem Nachkriegsmarkt wohl bedeutendste Bilderbuch „Das kleine Blau und das kleine Gelb" von L. LIONNI heraus, dessen Original kurz zuvor in den USA erschienen war. Seit 1963 erscheint jährlich der Oetinger Almanach „Gebt uns Bücher, gebt uns Flügel", der

Ausschnitte aus dem Verlagsprogramm und Aufsätze zu verschiedenen Themen der Kinder- und Jugendliteratur enthält. Im Jahre 1970 wurde der Chronos Verlag Martin Mörike angegliedert, der vor allem zeitkritische Theaterstücke für Kinder und Jugendliche anbietet. Zur Förderung deutscher Nachwuchsautoren hat der Verlag den Astrid Lindgren-Preis in Höhe von 10000 DM für das beste unveröffentlichte Kinderbuch gestiftet. Die wichtigsten Autoren des Verlages sind: J. Aiken, Kl. Jarunkova, O. L. Kirkegaard, J. Krüss, A. Lindgren, B. Lindgren-Enskog, P. Maar, E. Marder, Chr. Nöstlinger, K. Recheis, A. M. G. Schmidt, K. Thorvall. Für den Oetinger Verlag arbeiten außerdem die Grafiker W. Grieder, B. von Hayek, H. Holzing, M. und R. Rettich, E. Schindler, T. Stoye und I. Wikland.

Rudolf Raab

Offterdinger, Carl

*Maler und Illustrator von Kinderbüchern; *8.1.1829 Stuttgart, †12.1.1889 Stuttgart.*

O., Schüler von H. Rustige und Onkel von August O., hat außer seinen zahlreichen Buchillustrationen auch als Künstler an kirchlichen und profanen Bauten in Südwestdeutschland gewirkt. So schuf er ein Deckenbild in der Kirche zu Lauchheim und den Kinderfries in der Stuttgarter Liederhalle. In der Zeit von 1847 bis 1863 kaufte der Württembergische Kunstverein in Stuttgart mehrere Bilder, zumeist Aquarelle von O. (z.B. „Des Malers Feierstunde", „Ein Klosterbote", „Die Stammgäste").

Werk, Tendenzen, Wirkung. O.s Buchillustrationen gehören stilistisch und thematisch in die Nachfolge der Werke aus dem Keis der Dresdner Künstler (C. G. Peschel, 1789–1879, L. Richter, 1803–1884, u.a.), aber auch der von O. Pletsch (1830–1888). Seine zumeist aquarellierten Federzeichnungen enthielten vielfach ein fein ausgezeichnetes Genre, das aus dem Land- und Kleinstadtleben erzählt, auch Märchen- und Sagenmotive biedermeierlich verarbeitend. Häufig treten Kinder auf. Nicht umsonst fanden einige seiner Zeichnungen neben denen von F. Flinzer, O. Pletsch und L. Richter in Sammelbänden Aufnahme (z.B. in M. Bern: Anthologie für die Kinderstube, 1880). O. hat viele Kinderlieder-, Märchen- und Sagenausgaben illustriert bzw. mitillustriert (W. Hauff: Märchen für Söhne und Töchter gebildeter Stände, 1875; A. L. Grimm: Märchenbuch, ²1872; Fr. Strässle: Die schönsten Mährchen für artige Kinder, 1871; J. Hoffmann (Hrsg.): Märchenbuch für die Jugend, 1886; P. Arendt: Sagen und Schwänke von Rübezahl, 1895, u.a.). Außerdem stammen aus seiner Hand Zeichnungen, Radierungen und Aquarelle zu Jugendklassikerausgaben (J. H. Campes „Robinson", J. F. Coopers „Lederstrumpf" und Swifts „Gulliver").
In Buchausgaben des letzten Jahrhundertviertels, in denen Öl- bzw. „Farbdruckbilder nach Aquarellen" von O. erschienen (z.B. Fr. Schanz: 12 Kindergeschichten, 1889; Th. von Gumpert: Vier Erzählungen aus der Kinderwelt, 2 Bde., 1888 und 1890; Der Jugendgarten I, 1876) wirkt der Duktus O.s grob und klischeehaft. Dies ist zum großen Teil durch die Mängel des damals neu eingeführten Reproduktionsverfahrens verursacht. Daneben ist das ebenfalls von O. in Farb-, aber offensichtlich nicht in Öldruck nach Aquarellen 1868 veröffentlichte „Märchenbuch für die Jugend" (Text von J. Hoffmann) noch wesentlich diffiziler, genauer, phantasiereicher. Wie seine Illustrationen einerseits ein trauliches Milieu, in dem Mitleid und Liebe herrschen, entwerfen, so strahlen sie andererseits – vor allem bei dem späteren O. der Gründerjahre – eine hausbackene, steife Heroik aus. Prächtige Gewänder in Kinderstuben korrespondieren mit nicht sonderlich lebendigen, blassen Puppengesichtern.

Werke: C. Offterdinger: Das Landleben (1860); V. Blüthgen: Goldne Kindertage (1860); J. Hoffmann: Deutsches Prachtbilderbuch. Ein Jugendalbum (1867); J. Hoffmann (Hrsg.): Märchenbuch für die Jugend (1868, ²1872); W. Grimm: Die Gänsemagd (1871); Fr. Sträßle: Die schönsten Märchen für artige Kinder (1871); O. Wildermuth: Aus Nord und Süd (1874); Fr. Knauth: Glückwunschbüchlein für die liebe Jugend (1875); M. Bern: Anthologie für die Kinderstube (1880); Fr. Kamberg (Bearb.): Gullivers Reisen und Abenteuer im Lande der Zwerge und Riesen (1882); Fr. Schanz: Zwölf Kindergeschichten (1889); P. Arndt (Bearb.): Andersens Märchen für Kinder (1890); P. Arndt (Bearb.): Sagen und Schwänke von Rübezahl (1895).

Klaus Doderer

Ohorn, Anton Joseph

*Schriftsteller, Verfasser von Romanen, Novellen, Dramen, Gedichten und Jugendbüchern; *22.7.1846 Theresienstadt, †1.7.1924 Chemnitz.*

O. entstammte einfachen sozialen Verhältnissen. Jugend und Studienzeit verlebte er im böhmischen Teil der Habsburger Monarchie. Er entsagte früh einem ungeliebten Ordensleben und Priesterberuf, konvertierte und trat in den höheren Schuldienst ein. Er lehrte deutsche Literatur ab 1874 in Chemnitz.

Werk, Tendenzen, Wirkung. Das schriftstellerische Werk O.s umfaßte mehr als 100 Titel. Der Autor fand Zeit seines Lebens viel Anerkennung, mehr jedoch in der breiten Öffentlichkeit als durch die kritischen literarischen Größen seiner Zeit. G. Freytag (1816–1895) und F. Dahn (1834–1912) waren ihm zugetan. Nach seinem Tod verblaßte sein Werk schnell. In den Literaturgeschichten von Bartels (1906) und Vogt/Koch (1920) wird O. nur nebenbei und nicht gerade rühmlich erwähnt. Engel (1910) würdigt dagegen ausdrücklich den Dramatiker. Kochs Literatur-Lexikon nimmt ihn 1956 noch auf. O. gehört zu den Autoren, denen die Absicht an sich wichtiger ist als ihre künstlerische Verwirklichung. Über eine mittelmäßige Form- und Sprachgebung kommt O. nicht hinaus.

Neo-aufklärerische und zugleich edel-naturalistisch gefilterte Tendenzen durchziehen den größten Teil seines Werkes, soweit es nicht der problemlosen Unterhaltung dient. O. kann als Vertreter einer zweckbetonten „Tagesliteratur" angesehen werden, die „den Verfassern und Verlegern guten Gewinn und den Ruf der Beliebtheit einbringt" (K. MARTENS 1921). Der liberale Deutsch-Böhme, der zum Wiedererwachen deutsch-nationalen Bewußtseins in seiner Heimat vielfältige literarische Beiträge leistete, hat sich auch als „an Kaiser und Reich in vorbildlicher Treue hängender Dichter" ausgewiesen, der „mit starkem Griff die Leier" zu schlagen wußte (B. ROST im Ohorn-Gedenkbuch 1916). Als solcherart „entschiedener Charakter" wandte er sich auch der Jugendschriftenproduktion zu. In seinen monumentalen historischen Erzählungen, die einem obrigkeitsstaatlichen Patriotismus huldigten, versuchte er eine Verbindung zwischen den kühnen Taten seiner Heldengestalten und dem jeweiligen kulturgeschichtlichen Hintergrund der Zeit herzustellen. Er bevorzugte damit eine im letzten Drittel des 19. Jahrhunderts aufgekommene Darstellungsweise, die von H. L. KÖSTER bei O. im ganzen geschätzt wird, die jedoch oft Spielraum ließ für erschreckende patriotische Aufwallungen, so z. B. in der Verherrlichung WILHELMS I. als aus dem Kyffhäuser wiedererstandener BARBAROSSA („Kaiser Rotbart", 1900). In O.s vaterländischer Gesinnung stehen sich demnach nationaler Liberalismus und Herrscherglorifizierung nicht im Wege. „Sittliche Begeisterung" und „erziehlichen Einfluß" übten nach Meinung wohlwollender Beurteiler auch seine kulturgeschichtlichen Jugenderzählungen aus, deren Diktion auf ein uneingeschränkt affirmatives Leseverhalten zielte. Zu O.s Lebzeiten sah man diese Diktion „durch Zierlichkeit und Anmut ausgezeichnet und doch unaufhaltsam und kraftvoll in reinem Fluß dahinströmend" (ROST, Gedenkbuch, S. 133). O. produzierte für die Flemmingschen vaterländischen Jugendschriften und für die Lohmeyersche vaterländische Jugendbücherei.

Werke: Marschall Vorwärts (1885); Emin der weiße Pascha (1890); Der Bürgermeister von Lübeck (1891); Das Buch vom eisernen Kanzler (1894); Der letzte Staufe (1896); Karlsschüler und Dichter (1897); An Weimars Musenhofe (1898); Schiller und Goethe (1898); Die Dichterfürsten (1898); Aus Tagen deutscher Not (1898); Der Tempelhauptmann (1899); Kaiser Rotbart (1900); Unter deutscher Eiche (1905); Mit der großen Armee (1910).

Sekundärliteratur: J. Reinwarth: Anton Ohorn (1902). – B. Rost: Lebensbild eines Dichters der Gegenwart (1911); Ohorn-Gedenkbuch (1916).

Hermann Bertlein

Ohrlander, Gunnar

*(Ps.: Doktor Gormander). Schwedischer Schriftsteller und Kinderbuchautor; *18. 6. 1939.*

O. lebt als freier Schriftsteller in Stockholm. Er schreibt regelmäßig für namhafte linksstehende Tageszeitungen (z. B. „Dagens Nyheter") und Magazine; vor allem zu wirtschaftspolitischen Fragen und solchen der Arbeiterbewegung. Er verfaßte bekannte Liedtexte zu schwedischen Arbeitskämpfen, schreibt Theaterstücke und gehört zum Kollektiv des „Freien Proletarischen Theaters Stockholm".

Werk, Tendenzen, Wirkung. O. verfaßte zwei Kinderbücher, die in Schweden viel beachtet wurden: „När barnen tog makten" (1969; dt. Als die Kinder die Macht ergriffen, 1971) und „När barnen gick i strejk" (1971; dt. Als die Kinder streikten, 1972). „Als die Kinder streikten" spielt in den Kohlegebieten Nordschwedens. In der Einleitung erklärt der Autor den jungen Lesern, daß Geschichten wie diese teils vor langer Zeit, teils erst vor kurzem geschahen. Anhand eines Grubenstreiks unterrichtet O. sie über die Arbeitsbedingungen in Kohlegebieten, über die Geschichte der Arbeiterklasse, ihre Kultur, ihre Lebensverhältnisse und die Formen des Arbeitskampfes. Sie erfahren, daß die Bergarbeiterkinder in keiner isolierten Kinderwelt leben. Die Abenteuer, die sie erleben, z. B. Streikbrecher ins Moor zu führen, sind nicht mit den Abenteuerklischees traditioneller Jugendbücher zu vergleichen. Sie sind Ausdruck einer sozialen Phantasie, indem sie den gemeinsamen Kampf von Kindern und Erwachsenen für eine bessere Welt veranschaulichen. Dieses Buch ist auch ein Versuch, sprachlich dem Thema gerecht zu werden, indem O. den kraftvollen Jargon der Arbeiterklasse gegen die Klassensprache der Familie des Grubendirektors einsetzt.

Problematischer ist O.s erstes Kinderbuch „Als die Kinder die Macht ergriffen". Darin beschreibt er einen Aufstand von Vorschulkindern in einem schwedischen Tagesheim. Solange der Aufstand sich auf interne Probleme des Tagesheims beschränkt, ist er auch für kleinere Kinder einsichtig und als „utopische Denkübung" nachvollziehbar. Denn die Heimkinder, vom Millionärssohn bis zum Arbeiterkind, zwingen ihre Erzieherinnen in *die* Situationen täglicher Erniedrigung, die Kinder immer wieder aushalten müssen, um ihnen durch diese Umkehrung der Rollen zu verdeutlichen, wie Kinder die erwachsenen Erziehungs- und Dressurrituale erleben. Wenn die Kinder jedoch über Volksarmee und Revolutionen der armen Völker diskutieren und sich vorbehaltlos mit dem „Tramp" solidarisieren, die Situation gesellschaftlicher „underdogs" verstehen und damit die eigene Sozialisation verleugnen, werden Probleme der „Revolution im Wohlfahrtsstaat" – wenngleich witzig und brillant formuliert – einer Altersstufe in den Mund gelegt, die auch bei fortschrittlicher Erziehung nur ansatzweise solche Fragen wird verstehen können.

→ Antiautoritäre Kinder- und Jugendliteratur

Werke: När barnen tog makten (1969, ²1972; dt. Als die Kinder die Macht ergriffen, 1971); När barnen gick i strejk (1971; dt. Als die Kinder streikten, 1972).

Wolfram Frommlet

Oker, Eugen

*(d. i. Fritz Gebhardt, Adolar Gelb). Ofensetzermeister, Spielekritiker, Schriftsteller; *24.6.1919 Schwandorf (Oberpfalz).*

O. ging in Schwandorf, danach bis 1936 in Amberg zur Schule. Er wollte Topograph beim Bayerischen Landesvermessungsamt in München werden. 1938 wechselte er in die photogrammetrische Abteilung über. 1940 wurde er zum Kriegsdienst einberufen. Nach Kriegsende arbeitete er vorübergehend als Fußballreporter, Buchhändler und als Korrespondent der „Neuen Zeitung" (unter dem Pseudonym Adolar Gelb). 1951 trat er ins elterliche Geschäft ein (Heizungen, Öfen, Tankstelle) und legte 1958 seine Gesellen- und Meisterprüfung als Ofensetzer ab. 1964 erfand er die Spielekritik (Kolumne: „Für Spieler" in „Die Welt"). Er gab 1969 nach dem Tod des Vaters den Handwerksbetrieb auf und lebt seit 1971 in München-Hartmannshofen. Schon früh zeigte er Interesse für Malen, Theater, Kabarett. K. May, L. Thoma, E. Roth, C. Goetz und E. Kästner waren die Autoren, die ihn bis Kriegsende besonders interessierten. Kurz vor Kriegsende begann er seinen ersten Roman „Winnetou in Bayern". Dialektgedichte (in: Eine Sprache, viele Zungen, hrsg. von H. Ohff und H. Scholz, 1966) und Nonsensegedichte (in: Zucker & Zimt, 1972) folgten. Für sein Kinderbuch „Babba, sagt der Maxl, du mußt mir eine Geschichte erzählen" erhielt er 1973 den Astrid Lindgren-Preis.

Werk, Tendenzen, Wirkung. O.s erstes Kinderbuch, nicht speziell für Kinder verfaßt, ist eine Lausbubengeschichte in der Tradition von L. Thoma: „Winnetou in Bayern. Ein Roman für erwachsene Kinder" (1961). Aus der Perspektive und von der Sprachebene des zehnjährigen „Old Shatterhand" her werden Streiche und Taten einiger bayerischer Buben erzählt, die von K. May inspiriert, einen Indianerstamm gründen. Erst 1973 erscheint O.s nächstes Kinderbuch „Babba, sagt der Maxl, du mußt mir eine Geschichte erzählen". Die darin enthaltenen siebzehn phantasiegelenkten Geschichten schrieb O. bereits Mitte der sechziger Jahre auf, als er sie mit seinem Sohn Maximilian erfand. Das Besondere an diesen Geschichten ist die Erzählmethode, die Anregung geben kann für gemeinsames Geschichtenerzählen. Der Beginn ist jeweils ritualisiert: Maxls Aufforderung wird mit dem stereotypen Geschichtenanfang beantwortet, der den Elefanten als Leitfigur einführt. Die weitere Richtung der Geschichte wird – zumindest im Anfang – durch die von Maxl eingeworfenen Stichwörter beeinflußt, auf deren Basis der „Babba" assoziativ im mündlichen Erzählton weiterfabuliert. In der letzten Geschichte wechseln die Rollen. „Babba, sagt der Maxl, ..." ist auch als Platte produziert worden.

Werke: Winnetou in Bayern (1961); Eugen Oker's Spielwiese (1968); Babba, sagt der Maxl, du mußt mir eine Geschichte erzählen (1973); So wos schüins mou ma soucha (1977).

Gerlinde Rabenstein

Old Shatterhand

O. S. ist eine der Hauptfiguren der Reiseerzählungen K. Mays (1842–1912), die im Wilden Westen spielen („Der Schatz im Silbersee"; „Winnetou", Bd. 1–3; „Old Surehand", Bd. 1–2; „Winnetous Erben" u. a.). In den Erzählungen Mays, die im Orient spielen, taucht O. S. unter dem Namen Kara Ben Nemsi auf.

Charakteristik O. S.s. Die Figur des O. S. zeichnet sich wie die Helden von alten Sagen und Epen durch übermenschliche Kräfte und überlegenen Geist, dazu noch durch eine außergewöhnliche Lernfähigkeit aus. Kaum in den Vereinigten Staaten angekommen, ist er schon nach kurzer Zeit bekannt. Der deutsche Schriftsteller Karl – so der eigentliche Name O. S.s –, der von den Westernern als „Greenhorn" verlacht wird, stellt binnen kurzem klar, daß er es mit jedem von ihnen aufnimmt. Seine zur Schau getragene Einfältigkeit und Ungeschicklichkeit ist bewußte Untertreibung. Ihm wird der Ehrenname „Old Shatterhand" gegeben, nachdem er einen bärenstarken Mann mit einem einzigen Schlag an die Schläfe betäubt hatte. O. S. kämpft sogar, nur mit Revolver und Messer bewaffnet, gegen einen Grizzlybären. Ein erfahrener Westerner beschreibt O. S. mit den Worten: „Der Kerl hat eine Kraft wie ein Büffel, Muskeln wie ein Mustang, Flechsen und Sehnen wie ein Hirsch, Augen wie ein Falke, Gehör wie eine Maus und so fünf oder sechs Pfund Gehirn im Kopf" („Winnetou", Bd. 1. S. 148). O. S. besiegt selbst seinen späteren Blutsbruder, den berühmten Apachenhäuptling Winnetou. Doch nicht die körperliche Kraft allein zeichnet O. S. aus. Typisch für ihn ist vielmehr die Mischung aus körperlicher Stärke, umfangreichem Wissen in fast sämtlichen Natur- und Geistesbereichen und Geschicklichkeit bzw. Treffsicherheit vor allem beim Umgang mit seinen Waffen, dem fünfundzwanzigschüssigen Henrystutzen und dem weittragenden Bärentöter. Neben diesen äußerlichen Fähigkeiten hebt O. S. sich von seinen Mit- und Gegenspielern, ausgenommen Winnetou, durch seine vorzüglichen Charaktereigenschaften hervor. Seine Handlungen sind deutlich christlich bestimmt. Er verwahrt sich gegen die Blutrache, erhofft für den Verbrecher die Gnade Gottes, lehnt Massengemetzel ab, ergötzt sich nicht am Triumph des Siegers, predigt Demut, will nicht strafen, sondern, wenn möglich, Versöhnung und Verzeihung. Er lehnt die Marter ab. Blutvergießen meidet er, so gut er kann. Deshalb kämpft er vorwiegend mit der bloßen Faust. Insbesondere versteht O. S. sich als Vorkämpfer der Gerechtigkeit, der den Gesetzesbrecher seiner „gerechten" Strafe zuführen will. Er wird nicht müde, „Feindesliebe" zu vertreten, und tritt für die Gleichwertung von Indianern, der schwarzen Bevölkerung der Staaten und der Weißen ein. Materiellen Reichtum, der nicht auf eigener Arbeit beruht, verabscheut er. Derart gibt O. S. in der Intention K. Mays ein Vorbild für den Weg vom „niedrigen Animamenschen zum Edelmenschen" ab.

Ethische Normen und pädagogische Intention. Die nähere Analyse zeigt, daß von den ethischen Normen, die K. MAY durch O.S. vertreten sieht, viele nur Leerformeln sind (G. WILLENBORG, a.a.O.). Untersucht man den Zusammenhang der deklarierten Normen mit den Handlungen der Helden, so ändert sich ihre Rangfolge, einige nichtkonfliktorische Normen fallen dann sogar völlig aus. Vage bleiben bei MAY: Menschlichkeit, Nächstenliebe, Christlichkeit, Armut, Keuschheit und Selbstdisziplin. Nimmt quantitativ die ‚Achtung vor dem Leben' den ersten Platz unter den Normen O. S.s ein, so verliert sie, untersucht man qualitativ, diesen Platz an die ‚Brüderlichkeit', die in Notwehrsituationen oder dann, wenn ein Freund zu retten ist, über alles geht. Dann gewinnt die ‚Brüderlichkeit' den Vorrang vor der ‚Achtung vor dem Leben', was insofern sehr zwiespältig ist, als ja die ‚Brüderlichkeit' in den Romanen K. MAYS sich vor allem auf die gegenüber allen anderen Partnerschaften privilegierte freundschaftliche Beziehung O.S.s und Winnetous bezieht. Außerdem darf zugunsten der unumgänglichen Aufrechterhaltung und Festigkeit der Strafnormen Leben vernichtet werden. Bedeutsam ist auch, daß, quantitativ betrachtet, der ‚Gehorsam gegen O.S.' nur die achte Stelle einnimmt. Dies ändert sich jedoch, wenn man das Normenproblem unter dem Aspekt des Konfliktpotentials der Normen betrachtet. Dann rückt der ‚Gehorsam gegen O. S.' nach der ‚Brüderlichkeit' an die zweite Stelle.

Für K. MAY gilt O. S. als der „beginnende Edelmensch, der sich nach und nach von allen Schlacken des Animamenschen reinigt" (K. MAY: Mein Leben und Streben, a.a.O. S. 144). Der Autor sieht in seiner Gestalt „jene große Menschheitsfrage" zentriert, die Gott einstmals an Adam gestellt haben soll: „Mensch, wo bist Du?". Von dieser Frage glaubte K. MAY, daß sie nur von einem Deutschen beantwortet werden kann. O.S., das „Ich", steht als Gegenpart zu den Millionen „Gewalt- und Eigennutzmenschen", die es bislang nur gegeben hat. MAYS pädagogisches Sendungsbewußtsein drückt sich darin aus, daß er glaubt, durch die Lektüre seiner Bücher könne jenes Edelmenschentum erzeugt und das Gewaltmenschentum abgelöst werden: „Ich hatte dieses ‚Ich' ... ja mit allen Vorzügen ausgestattet, zu denen es die Menschheit im Verlaufe ihrer Entwicklung bis heute gebracht hat. Mein Held mußte die höchste Intelligenz, die tiefste Herzensbildung und die größte Geschicklichkeit in allen Leibesübungen besitzen" (K. MAY, Mein Leben und Streben, a. a. O. S. 146).

O.S.s literarische Vorbilder und ihre soziale Relevanz. In O.S. sieht V. BÖHM den Typ des Abenteurers personifiziert, der schon lange in der Volksliteratur vorhanden und von einem Nimbus aus Schrecken und Bewunderung umwittert war. Die Unterprivilegierten finden in dieser Figur einen Gesinnungsgenossen, der ihre Freiheitswünsche zu verwirklichen scheint. Nach V. BÖHM kann zwar bei O.S. nur in einem begrenzten Sinn von einer Rebellion gegen Recht und Gesetz der Herrschenden gesprochen werden, jedoch kommt sehr häufig sein Widerstand gegen anmaßende Gewalt und schreiendes Unrecht zum Ausdruck, denen er individuell zu widerstehen weiß.

Der Erfolg bei den Lesern resultiert auch daher, daß O.S. von seinen Fahrten immer wieder in die geliebte Heimat, nach Deutschland, zurückkehrt. Seine außergewöhnlichen Erlebnisse können ihn der Heimat nicht entfremden. So bestätigen O.S.s Handlungen dem Leser gerade, indem sie ihn in scheinbar fernste Ferne führen, die heimische Existenz. Die Anziehungskraft O.S.s erhöht sich dadurch, daß neben seine übermenschlichen Eigenschaften spießbürgerliche Züge treten, mit denen er sich seiner Leserschaft wieder anmißt. Er suggeriert ihr, daß sie recht eigentlich diese Leistungen auch hätten vollbringen können. Die vermeintliche Rebellion O. S.s kehrt sich so in den bloßen Faustschlag auf den Tisch um, in dem die Vergötzung der Herren widerdröhnt.

Politisch-soziale Bedingtheit der Figuren K. Mays. In den Figuren K. MAYS, wie z.B. O.S., und ihren Identifikationsangeboten fand die Jugend im ausgehenden 19. und im 20. Jahrhundert die Poesie des Lagerfeuers und der Kameradschaft, die Freude an der Natur und die glückliche Überwindung von Gefahren verwirklicht und ihren Protest gegen ein nüchtern rationalistisches Weltbild und Alltäglichkeit ausgesprochen. Anzunehmen ist, daß es einen engen Zusammenhang zwischen einigen Tendenzen der Werke MAYS und der Wandervogel- und Jugendbewegung gab. MAYS Werke und insbesondere eine Gestalt wie O. S. waren andererseits, wenn sicherlich auch nicht bewußt, dazu angetan, den imperialen Drang Deutschlands, in den Jahren von 1880 bis 1910 ein führender Industrie- und Militärstaat zu werden, und vor allem den Anspruch auf die Erschließung kolonialer Kapitalquellen und Märkte zu stützen und ideologisch zu legitimieren. Das subjektive Fernweh der Menschen im wilhelminischen Deutschland fand seine objektive Entsprechung in der imperialen Geste des Bismarckstaates. Eine nicht unbedeutende Rolle spielt dabei die Tatsache, daß K. MAYS Helden und eben auch O.S. Deutsche oder zumindest deutscher Herkunft sind, was sie nicht müde werden zu betonen.

Die enorme Verbreitung der Werke MAYS und der Bekanntheitsgrad von O. S. und Winnetou rührt daher, daß sie zwei deutlich unterschiedene, allerdings eng zusammenhängende soziale und individuelle Bedürfnisse befriedigten. Zum einen geben sie dem Wunsch nach Ausbruch aus dem spießbürgerlichen Alltag Ausdruck, der bei K. MAY durchaus ein begrenztes ROUSSEAUsches „Zurück zur Natur" beinhaltete – gibt es doch bei ihm den „bon sauvage" Winnetou –, zum anderen vertritt O.S. durch seine körperliche wie geistige Überlegenheit das deutsche imperialistische Machtstreben und seinen Herrschaftsanspruch. Was sich vor allem daran zeigen läßt, daß unter den Normen, für die er kämpft, der Gehorsam gegen ihn einen zentralen Platz einnimmt.

→Indianerbuch, →K. May, →Karl May Verlag, →Winnetou

Sekundärliteratur: V. Böhm: Karl May und das Geheimnis seines Erfolges (1955). – I. Bröning: Die Reiseerzählungen Karl Mays als literaturpädagogisches Problem (1973). – O. Forst-Battaglia: Karl May. Ein Leben, ein Traum (1931). – Karl May: Mein Leben und Streben (1975). – G. Oel-Willenburg: Von deutschen Helden (1973). – E. A. Schmid: Henrystutzen und Silberbüchse (in: Karl-May-Jahrbuch. 6. 1923. 216–227). – A. Schmidt: Sitara und der Weg dorthin (1963). – H. Stolte/G. Klußmeier: Arno Schmidt und Karl May (1973). – G. Ueding: Glanzvolles Elend. Versuch über Kitsch und Kolportage (1973). – B. Wandollek: Die Feuerwaffen des Romans Winnetou (in: Karl-May-Jahrbuch. 6. 1923. 228–237). – H. Wollschlaeger: Karl May. Grundriß eines gebrochenen Lebens (1976).

Winfred Kaminski

Olfers, Sibylle von

*Bilderbuchautorin und -illustratorin, Malerin; *8.5. 1881 Schloß Methgeten (Ostpreußen), †29.1.1916 Lübeck.*

O., die Schulbildung und Zeichenunterricht im Elternhaus erhielt, setzte ihre Studien in der Künstlerinnenschule in Berlin fort, wo sie im Hause ihrer Tante, der Malerin und Schriftstellerin Marie v. O. (1826–1924), lebte. Im Alter von 24 Jahren wurde O., die als lebenslustiger und fröhlicher Mensch geschildert wird, bei den „Grauen Schwestern" in Königsberg unter dem Namen „Schwester Aloysia" eingekleidet. Nach Lübeck versetzt, führte sie auf Wunsch des Ordens ihre Studien an der dortigen Kunstakademie fort. Neben ihrer Tätigkeit als Zeichenlehrerin an der Lübecker kaholischen Volksschule war sie stets mit eigenen künstlerischen Arbeiten, darunter auch Werken mit religiösen Motiven, beschäftigt.

Werk, Tendenzen, Wirkung. O.s „große Bilderbuchzeit" waren etwa die Jahre zwischen 1905 und 1912. Am bekanntesten wurde das bei J. F. Schreiber in Eßlingen 1906 erschienene Werk „Etwas von den Wurzelkindern", das, nach einer 1956 von R. Koser-Michaels durchgeführten Modernisierung, bis 1970 als große, kleine und kartonierte Ausgabe eine Auflagenhöhe von 740000 Exemplaren erreichte. 1975 wurde die 59. Auflage publiziert, Neuauflage o.J. (1976).

Bereits kurz nach Erscheinen des ersten Werkes der O., „Was Marilenchen erlebte!" (1905), sowie der „Wurzelkinder", das den Jahreslauf der Natur in anthropomorphisierter Form deutet, indem es die „Wurzelkinder" (Blumen und Gräser) als in die „Welt" ziehende und im Herbst müde in die Geborgenheit der „Mutter Erde" zurückkehrende Elfen und Zwerge darstellt, wurden formale und stilistische Abhängigkeiten von E. Kreidolf (1863–1956) und vor allem von E. Beskows (1874–1956) drei Jahre zuvor in Deutschland publizierten „Hänschen im Blaubeerwald" (1903) vermutet (vgl. J. Gläser in: Jugendschriften-Warte. 12. 1905. 46; H. L. Köster in: Jugendschriften-Warte. 12. 1909. 45). Diese Ableitungsversuche werden z.B. von B. Hürlimann (in: Europäische Kinderbücher in drei Jahrhunderten, [2]1963. S. 213ff.) oder H. A. Halbey (in: Das

Sibylle von Olfers (1881–1916). Doppelseite aus „Etwas von den Wurzelkindern" (1906).

Bilderbuch. 1973. S. 263) fortgesetzt. Unterschiedlich sind die Erklärungsversuche für die andauernde Faszination dieses Bilderbuches: FR. MINKE, die durch eine Umfrageaktion 1958 ermittelte, daß „Etwas von den Wurzelkindern" in der Beliebtheit an vierter Stelle rangierte, geht vor allem auf den kindlichen Rezipienten ein: „Sibylle von Olfers läßt die Kinder, durch die Identifikationsmöglichkeit mit einem Wurzelkind, den Jahresablauf unmittelbar miterleben und gibt auch eine ihnen adäquate Erklärung und Einkleidung des Naturgesetzes vom Werden und Vergehen aller Lebewesen. Der Reiz der Handlung beruht hier nicht auf einem Wechsel von Spannungs- und Lösungsmomenten, sondern liegt in der Hinführung zu einem Höhepunkt, dem Auszug der Blumen, Gräser und Käfer in den Frühling begründet... Die Bilder bieten jedoch mit ihrer ansprechenden Darstellung der bekannten Blumen und Tiere die Möglichkeit zu einer belebenden dramatisierenden Interpretation durch den Erwachsenen" (FR. MINKE: Kleinkind und Bilderbuch, 1958. S. 35). A. GIACHI (in: Das Bilderbuch. 1973. S. 360) meint, den erneut steigenden Absatz mit dem allgemeinen Interesse – der Erwachsenen! – für den Jugendstil erklären zu können; dieser Auffassung widerspricht W. SCHERF: „Man sagt oft leichthin, der Jugendstil sei wieder in Mode gekommen. Aber dahinter verbirgt sich etwas anderes: zur Zeit des Jugendstils, des Impressionismus und der beginnenden Kinderpsychologie, gab es eine tiefgreifende Besinnung auf das Haus und die Schönheit des Gartens, auf die unverfälschte Natur und das rechte Wohnen, auf die Familie und eine liebevolle Hinwendung zum Kind. Dieses kleine Bilderbuch war ein Teil der neuen Einstellung – und mit dieser Einstellung und nunmehr wieder mit der Sehnsucht nach ihr, ist es lebendig geblieben" (Nachwort zur 59. Auflage).

Auch in anderen Bilderbüchern der O., die es zum Teil als große und kleine Ausgaben, auf ca. 414500 Exemplare brachten, wird Natur anthropomorphisiert: Z.B. in der märchenhaften Geschichte „Was Marilenchen erlebte!" führen rundgesichtige, „niedlich gezeichnete" Schneeflockenkinder das Mädchen zur Schneeflockenkönigin und wieder zurück zur Mutter; der Wind als Mädchen personifiziert, wird zum Spielgefährten eines Jungen, Hagebutten und Blätter erscheinen als kleine Kinder (Windchen, 1910). In allen drei Büchern ist Auszug – verbunden mit Spiel in der Natur – und Heimkehr in Geborgenheit thematisiert. O.s farbenfreudige, gefühlsbetonte, einfache „kindliche" Figuren-, Tier- und Pflanzendarstellungen, eingebettet in eine perspektivische, zum Teil naturalistische Landschaft, bieten dem Kind eher eine Identifikationsmöglichkeit als die spannungslosen, häufig holprigen Verse, worauf schon die zeitgenössische Kritik hinwies.

In anderen Bilderbüchern schlagen vereinzelt rigide Erziehungsvorstellungen durch: dem Zuckerdieb droht die Rute (dreifach auf einer Bildseite dargestellt!), wer brav seine Suppe ißt, wird mit einem Kringel belohnt (Butze Butze Bübchen, 1906); das Tier, das sich seiner Natur gemäß verhält und sich nicht als Spielzeug mißbrauchen läßt, sperrt man zur „Buße" ein und appelliert an sein „Scham"-gefühl – so in dem posthum 1921 erschienenen, grob gezeichneten „Brumm-Brumm-Bärchen". Keines der Bücher, wie auch „Windchen" und „Eine Hasengeschichte" (1906) bis zum Ende der vierziger Jahre nachgedruckt, fand eine den „Wurzelkindern" vergleichbare Resonanz.

→ Bilderbuch

Werke: Was Marilenchen erlebte (1905, [12]1929); Etwas von den Wurzelkindern (1906, [60]1976); Eine Hasengeschichte in 8 Bildern (1906; NA. 1933, [5]1950); Butze Butze Bübchen (1906; ND. 1949); Prinzeßchen im Walde (1909, [11]1927); Windchen (1910, [10]1935; Kl. Ausg. [14]1948); König Löwes Hochzeitsschmaus (1911, [3]1923); Im Schmetterlingsreich (1913, [8]1931); Brumm-Brumm-Bärchen (1921, [5]1948); Tierkindergarten (1952).

Sekundärliteratur: Kl. Doderer und H. Müller (Hrsg.): Das Bilderbuch (1973, [2]1975). – Fr. Minke: Kleinkind und Bilderbuch. Empirische und theoretische Untersuchung des Bilderbuches aus psychologischem und pädagogischem Aspekt (Diss. 1958). – M. v. Olfers (Hrsg.): Zwei Schwestern. Briefe einer Ordensschwester an ihre in der Welt lebende Schwester (1933). – W. Scherf: Etwas von Sibylle von Olfers und ihren Wurzelkindern (in: S. v. Olfers: Etwas von den Wurzelkindern, [59]1975. Nachwort).

Charlotte Oberfeld

Olsen, Ib Spang → Spang Olsen, Ib

J. G. Oncken, Nachf. GmbH & Co

Haan. Hauptsächlich Bilderbücher für Kleinkinder und Jugendbücher für 8–14jährige.

Der Verlag wurde 1828 von J. G. ONCKEN (1800–1884) gegründet. 1883 begann er mit der Edition der „Jugendheimbibliothek" (insgesamt 70 Bändchen). Die Silbersterne-Hefte für Kinder erscheinen seit 1948 (bislang 150). Verlagsleiter ist Dr. U. BROCKHAUS (* 1936). Der Grafiker H. VELTEN entwarf 1976 das Oncken-Hausbuch.

Winfred Kaminski

Onkel Toms Hütte

Kurztitel der deutschen Ausgabe von H. Beecher Stowe's (1811–1896) Zeitroman gegen die Negersklaverei in den USA, der in Bearbeitungen zu einem klassischen Jugendbuch geworden ist (amer.: „Uncle Tom's cabin, or, Life among the Lowly", 1851/52).

Handlung und Charaktere. OTH gehört zu jenen Romanen des 19. Jahrhunderts, in denen alternierend zwei episodisch strukturierte Handlungsstränge dargeboten werden, wodurch ein breitgefächertes Bild der Gesellschaft und ein vielfältiger Appell an die Gefühle zustande kommt. Gemeinsamer Ausgangspunkt ist die Situation, daß ein Farmer in Kentucky, Mr. Shelby, sich aus finanziellen Gründen gezwungen sieht, zwei seiner Sklaven zu verkaufen: Tom, einen klugen und frommen

Schwarzen in mittleren Jahren, und Harry, den kleinen Sohn der jungen Mulattin Eliza. Tom gerät in den Süden, zunächst in den Haushalt des humanen und scharfsinnigen, aber unsteten St. Clare und nach dessen Tod auf die Baumwollplantage des brutalen Legree, der ihn zum Märtyrer seines unerschütterlichen Christentums macht. Dieser Haupthandlung, die in die Welt der Sklavenbesitzer einführt, steht die Nebenhandlung mit einer Reihe nordstaatlicher Abolitionisten gegenüber: unterstützt vor allem durch die Frau eines Senators und verschiedene Quäker, gelingt es Eliza, mit Harry und ihrem Mann George Harris nach Kanada zu fliehen. Dort werden sie aufgefunden (unwahrscheinliches Happy-End nach traditioneller Romankonvention) von Elizas Mutter, die – nicht verraten von Tom – Legree entkommen konnte, und von Georges Schwester, die als reiche Witwe von den Westindischen Inseln zurückkehrt. Die ganze Familie geht schließlich ins afrikanische Liberia, während auf der Farm in Kentukky Mr. Shelbys junger Erbe George, der zu spät gekommen war, um Tom zu retten, alle seine Sklaven in die Freiheit entläßt. Außer George gibt es in dem Buch noch zwei einprägsame jugendliche Charaktere: St. Clares Tochter Evangeline, die als engelhafte Symbolfigur alles Leid der Versklavten auf sich nehmen und durch ihren Tod zu sühnen scheint, und Topsy, ein komisch-irrwischhaftes Sklavenmädchen, das, ohne Eltern und Erziehung aufgewachsen, erst durch Evangelines Liebe, nicht durch die Ermahnungen der puritanischen Miss Ophelia, zu einem menschlich reagierenden Geschöpf wird.

Entstehung, Thematik, Darstellungsweise. Aufschlußreich für die Problematik und Wirkung des Romans ist sein biographisch-historischer Entstehungszusammenhang. Politischer Auslöser war das Fugitive Slave Law von 1850, das die Sklaverei endgültig zu besiegeln schien, indem es in allen Staaten der USA für die Unterstützung flüchtiger Sklaven schwere Strafen androhte. Veranlaßt zum Schreiben wurde die davon tief betroffene H. Beecher Stowe von ihrer Schwägerin („Now Hattie, if I could use a pen as you can, I would write something that would make this whole nation feel what an accursed thing slavery is", C. H. Foster, a. a. O. S. 28). Den Stoff für einen Roman fand sie außer in ihren eigenen Erfahrungen vor allem in den Autobiographien von J. Henson (1849) und F. Douglas (1845) und in der kommentierten Dokumentensammlung „American slavery as it is" (1839) von T. Weld. Zentrale politische Aussage ist nach S. Duvall die Entlarvung der einleitend vom Erzähler genannten „poetischen Legende von der patriarchalischen Institution". Keiner der dargestellten Sklavenhalter entspricht dem von Südstaatlern propagierten Bild des guten Hausvaters, und wie sollte ein Geschöpf, das als Ware gehandelt wird (ursprünglicher Untertitel des Romans: The man that was a thing), gleichzeitig Familienmitglied sein konnen. Wenn, wie zeitgenössische Gegenschriften bestätigen, die politische Relevanz des Romans auf dieser Argumentation beruht, so die Breitenwirkung auf der Emotionalität der Darstellung, die eng zusammenhängt mit dem Leitmotiv der Trennung von Müttern und Kindern. H. Beecher Stowe selbst nennt als einen Impuls für dieses Motiv den Tod ihres Sohnes Charles im Jahre 1849 („It was at his dying bed and at his grave that I learned what a poor slave mother may feel when her child is torn away from her", C. H. Foster, a. a. O. S. 27). Eine dritte Komponente neben der politischen und emotionalen ist die religiöse. Onkel Tom, dessen Märtyrertod die Autorin als erstes Stück des Romans zu Papier brachte, ist die vollkommene Verkörperung jenes Christentums, zu dem sie sich nach eigener Auffassung durchgerungen hatte. Selbst George Harris, der zunächst als eine demokratisch-revolutionäre Gegenfigur zu Tom erscheint, wird zu einem christlichen Bekenner. Die Unterordnung der politischen unter die religiöse Aussage macht das Buch in Anbetracht des dargestellten wirtschaftlich bedingten Antagonismus für moderne Kritiker ideologieverdächtig. Fragwürdig aus heutiger Sicht ist außerdem das Stereotyp vom Neger als einem kindlich naiven Wesen mit angeborener Frömmigkeit. – Für die Darstellungsweise des Buches ist eine Mischung von Realismus, Sentimentalität und Humor charakteristisch, beeinflußt von W. Scott und Ch. Dickens.

Wirkung. Der Roman gilt als der populärste, der je geschrieben wurde. 1851/52 in der politisch-literarischen Zeitschrift „New Era" abgedruckt, erschien er noch 1852 in mehreren Buchausgaben. Innerhalb eines halben Jahres wurden in Amerika 150000 Exemplare verkauft, und in London ließ ein Verleger im Herbst 1852 über vier Wochen lang täglich 10000 Exemplare herstellen. Übersetzungen in fast alle europäischen Sprachen folgten rasch. Für eine ungeheure Popularität sorgten in Amerika drastische Inszenierungen von 1852 (Bühnenfassung von G. Aiken) bis in unser Jahrhundert, wo sie durch Verfilmungen (1914, 1918, 1927, 1964) abgelöst wurden. Zu den frühen Bewunderern des Buches gehörten Ch. Dickens, Th. B. Macaulay, Th. Carlyle, H. Heine, G. Sand, L. Tolstoi. Heftige Kritik und Gegendarstellungen kamen aus den Südstaaten, worauf die Autorin 1853 mit „A key to Uncle Tom's cabin" reagierte, einer Darlegung der dokumentarischen Grundlagen ihres Romans. Lincoln soll von H. Beecher Stowe als der kleinen Frau gesprochen haben, die den großen Krieg (= Sezessionskrieg) entfachte. In Rassenauseinandersetzungen spielt der Roman bis heute eine Rolle. Aus gegensätzlichen Motiven ist er von Nationalsozialisten (P. Aley, a. a. O. S. 176) und politisch engagierten Schwarzen in den USA (J. Baldwin) abgelehnt worden. Unter den Afro-Amerikanern ist ‚Uncle Tom' ein verbreitetes Schmähwort.

Jugendbuch. In der literarischen Öffentlichkeit gilt der Roman weithin als Jugend- oder Kinderbuch. Von den 1973 erhältlichen 14 englisch- und 12 deutschsprachigen Ausgaben sind die meisten, gekürzt und bearbeitet, für junge Leser bestimmt. Dieses spezielle Publikum sprach schon die Autorin an, als sie im Nachwort der Zeitschriftenveröffentlichung die Kinder ermahnte, sich ein Beispiel für das Verhalten gegenüber den Schwarzen an Evangeline zu nehmen. Heutigen Kindern dient wohl eher George (in Bearbeitungen auch Robert genannt) als Identifikationsfigur. Was junge Leser an dem Buch anzieht, könnte neben der episodenhaften Struktur, der realistisch-sentimental-humorvollen Darstellungsweise und der aus Märchen vertrauten Eindeutigkeit von Gut und Böse eine altersrollenbedingte, im Roman selbst schon vorgegebene Solidarisierung der Kinder mit den Unterdrückten sein und vielleicht auch das ihnen existenziell nahegehende Leitmotiv der Trennung von Müttern und Kindern. Literaturpädagogisch problematisch ist, was schon allgemein als fragwürdig genannt wurde; zumal die klarsichtigen systemkritischen Passagen – meist St. Clare zugeschrieben – in den Jugendausgaben fehlen und Heranwachsende kaum in der Lage sind, die Aussagen des Buches in ihrer historischen Bedingtheit zu verstehen.

→H. Beecher Stowe, →Rassenfragen in der Kinder- und Jugendliteratur

Sekundärliteratur: F. C. Adams: Uncle Tom at home. A review of the reviewers and repudiators of ‚Uncle Tom's cabin' by Mrs. S. (1853). – J. R. Adams: Harriet Beecher Stowe (1963). – P. Aley: Jugendliteratur im Dritten Reich (1967). – J. Baldwin: Everybody's protest novel (in: J. Baldwin: Notes of a native son. 1955. 13–23). – H. Birdoff: The world's greatest hit: Uncle Tom's cabin (1947). – C. Bode: The anatomy of American popular culture 1840–1861 (1959. 169–187). – D. S. Brown: Thesis and theme in ‚Uncle Tom's cabin' (in: English Journal. 58. 1969. 1330–1334). – M. Christadler: Harriett Beecher Stowe: Uncle Tom's Cabin (in: H. J. Lang (Hrsg.): Der amerikanische Roman. 1972. 69–102). – A. C. Crozier: The novels of Harriet Beecher Stowe (1969). – S. Duvall: ‚Uncle Tom's cabin': The sinister side of patriarchy (in: Images of the negro in American literature. (Hrsg.): S. L. Gross und J. E. Hardy. 1966. 163–180). – C. H. Foster: The rungless ladder (1954). – J. C. Furnass: Goodbye to Uncle Tom (1956). – C. E. Jorgensen: ‚Uncle Tom's cabin' as book and legend (1952). – H. Künnemann: Onkel Toms Erbe – Zur Rassenproblematik im amerikanischen Jugendbuch (in: Jugendliteratur. 9. 1963. 337–349). – G. E. Maclean: ‚Uncle Tom's cabin' in Germany (1910). – M. Plessner: Onkel Tom verbrennt seine Hütte (1973. 30–47). – E. J. Stearns: Notes on ‚Uncle Tom's cabin' (1853). – E. Wilson: Patriotic gore. Studies in the literature of the American Civil War (1962. 2–58).

Reinbert Tabbert

Opie, Iona
Opie, Peter

*Britische Kinderfolkloristen, Sammler und Herausgeber englischer Kinderreime, Kinderlyrik und Märchen. Iona O. *13.10.1923 Colchester, England. Peter O. *25.11.1918 Kairo, Ägypten.*

PETER O. begann Ende der dreißiger Jahre als Schriftsteller, wandte sich aber bald nach seiner Heirat (1943) zusammen mit seiner Frau IONA der Erforschung der britischen Kinderfolklore und der Herausgabe älterer Kinderdichtung zu. 1953 wurde ihm die Silbermedaille der Royal Society of Arts verliehen. Er war 1962/63 Präsident der anthropologischen Sektion der British Association for the Advancement of Science und 1963/64 Präsident der britischen Folklore Society.
Für seine gemeinsamen Arbeiten wurde das Ehepaar O. auch wiederholt gemeinsam ausgezeichnet. Beide erhielten 1960 die Coote-Lake Research Medal, 1962 den Magistergrad e.h. der Universität Oxford, 1970 den Chicago Folklore Prize. Gegenwärtig wohnt das Ehepaar in West Liss, Hampshire (England).
I. und P.O. haben mehrere Sammlungen englischer Kinderreime herausgebracht. Von ihnen ist „The Oxford Dictionary of Nursery Rhymes" (1951) zweifellos die bedeutendste seit I. O. HALLIWELLS „The Nursery Rhymes of England" (1842) und „Popular Rhymes and Nursery Tales" (1849). Sie zeichnet sich aus durch die Fülle des zusammengetragenen Materials, durch eine auf die Geschichte und die Spielarten des Kinderreims eingehende Einleitung und durch einen aufschlußreichen Lesartenapparat zu jedem Reim. Eine zeitgenössische Bestandsaufnahme britischer Kinderfolklore wurde mit bisher zwei großen Feldstudien („The Lore and Language of Schoolchildren", 1959, und „Children's Games in Street and Playground", 1969) weit vorangetrieben. Das erste Werk sammelt Verse, wie sie noch heute von Kind zu Kind auf den Spielplätzen tradiert werden, sowie Sprache und Gebräuche, mit denen sich Kinder in ihrer Spielwelt bewußt absetzen wollen von der Welt der Erwachsenen. Die zweite Arbeit ist eine systematische Erfassung heutiger Straßenspiele. Aufgenommen wurden nur Spiele, wie sie Sechs- bis Zwölfjährige unter sich und ohne irgend welches Spielzeug wie Ball, Seil, Murmeln auf Straßen und nicht eigens für Spiele eingerichteten Plätzen spielen. Die Mannigfaltigkeit, das Alter und der Ritualcharakter vieler Spiele ist dabei auffallend. Die Verfasser stehen mit diesen beiden Arbeiten, denen weitere folgen sollen, in der Tradition der Forschungen von LADY GOMME („Traditional Games of England, Scotland and Ireland", 2 Bde., 1894–1898). Mit der Anthologie „The Oxford Book of Children's Verse" (1973) wird versucht, in chronologischer Abfolge diejenigen Gedichte für Kinder zusammenzustellen, „which either were cherished in their own day, or which have stood the test of time". Auf diese Weise entsteht ein gutes Bild der geschichtlichen Entwicklung der englischen (und amerikanischen) Lyrik für Kinder anhand „klassischer" Beispiele von CHAUCER bis NASH. Lebende Autoren wurden nicht aufgenommen. In „The Classic Fairy Tales" (1974) haben I. und P.O. zwei Dutzend der verbreitetsten Märchen in ihrer frühesten englischen Druckfassung vorgelegt. Jedes Stück wurde von den Herausgebern mit einer historisch-komparativen Einleitung versehen. Zahlreiche, großenteils farbige Illustrationen bedeutender Künstler des 19. und frühen 20. Jahrhunderts wurden dem Buch beigegeben.
Wirkungsgeschichtlich bleibt noch zu erwähnen, daß die Anthologie „The Oxford Nursery Rhyme Book (1955) H. M. ENZENSBERGER (*1929) neben CL. BRENTANOS und A. v. ARNIMS „Des Knaben Wunder-

horn" (1805–1808) als Modell zu der viel beachteten Sammlung deutscher Kinderlyrik „Allerleirauh" (Ausgaben von 1961, 1965 und 1966) diente.

→ Kinderreim

Hrsg.: The Oxford Dictionary of Nursery Rhymes (1951); The Oxford Nursery Rhyme Book (1955); Christmas Party Games (1957); The Lore and Language of Schoolchildren (1959); The Puffin Book of Nursery Rhymes (1963); Children's Games in Street and Playground (1969); The Oxford Book of Children's Verse (1973); The Classic Fairy Tales (1974).

Wolfgang Schlegelmilch

Orbis pictus

O. p. (lateinisch: gemalter Kreis, Erdkreis) wird in zwei Bedeutungen gebraucht: Erstens ist es die stark gekürzte Titelangabe für das große, christlich fundierte Unterrichtswerk des J. A. Comenius (1592–1670), das zugleich als ein erstes Bilderbuch aufgefaßt wurde, aus dem die Jugend mit Vergnügen lernen sollte. Der vollständige Titel lautet: „Orbis sensualium pictus. Die sichtbare Welt / Das ist / Aller vornemsten Welt-Dinge und Lebens-Verrichtungen Vorbildung und Benahmung" (Nürnberg, 1658). Zweitens wurde O. p. zum Titelbegriff für eine Fülle bebilderter Werke für die Jugend, anfangs noch in der Nachfolge und Bearbeitung des Comenius-Originals (systematische Anschauungs- und Sprachwerke in didaktischer Absicht), später auch als säkularisierte, unterhaltend-belehrende „Bilderbücher" (oder Bilderlexika), deren mehrsprachige Texte als Bilderläuterung dem anschauungsgestützten Erlernen von Fremdsprachen dienen sollten. Nach den zahlreichen O. p.-Nachdrucken, Bearbeitungen und Varianten im 17., 18. und 19. Jahrhundert ist der Begriff heute aus den Titeleien der Bilder-, Realien- und Lehrbücher sowie der lexikalischen Werke für Kinder verschwunden, doch gibt es Liebhabernachdrucke, z. B. das kleine Werk „Neuester Orbis pictus oder die Welt in Bildern für fromme Kinder", das 1838 anonym in Neuhaldensleben bei C. A. Eyrand erschien und 1972 als Insel-Taschenbuch herauskam. Der Begriff ist neuerdings wieder aufgetaucht in H. Kollers „Orbis pictus Latinus, Lateinisches Bilderlexikon, 550 lateinisch abgefaßte Artikel, über 750 Illustrationen" (1976).

Der O. p. des Comenius. COMENIUS wollte seinen „Orbis sensualium pictus" Lehrern und Schuljungen in die Hand geben, um das Erlernen der lateinischen Sprache zur Lust zu machen; die Erstausgabe (1658) brachte aber zu den 150 Holzschnitten sogleich mit dem lateinischen den ins Deutsche übertragenen Text. Nach dem didaktischen Prinzip, den Kindern die Sache und ihre Beschreibung (Anschauung und Sprache) als parallel gebundene Einheit gleichzeitig sich einprägen zu lassen, gab COMENIUS damit „ein neues Hülfsmittel vor die Schulen" heraus, wie er im „Vortrag an den Leser" 1658 schrieb; er stellte auch die Prinzipien der Gestaltung auf: genaue Sachzeichnung, klar abgrenzende, eindeutige Benennung, sprachlich prägnante, Kindern leicht faßliche Erklärung und sinnvolle Ordnung des dargebotenen Wissens (vgl. M. DIERKS, a. a. O. S. 15 ff.). Das Werk, von COMENIUS für die Hand der „Lehrknaben und Magister" empfohlen, vereint vorbildlich die charakteristischen Züge des Sachbild- und Textbuches für Kinder (zum Teil Abstrakta veranschaulichend) und bietet dabei, gemäß damaliger religiöser Vorstellung und Weltanschauung einen Gang durch den geordneten Kosmos, von Gott her zu Gott hin durch die Stationen menschlichen Lebens einschließlich Naturerscheinungen, geschichtlich-staatlicher und beruflich-ständischer Gliederungen menschlicher Gemeinschaft. Der „Orbis sensualium pictus" ist nicht nach alphabetischer Ordnung aufgebaut, es herrscht vielmehr eine „organische", die „gottgegebene" Ordnung vor. Daran hielten sich zunächst auch die Bearbeiter und Verfasser „Neuer Orbis pictus-Werke", wenn auch der Drang zum schnellen Auffinden der Nomen schon in der 3. Auflage des COMENIUS-Werkes (1662) in Form eines angehängten, alphabetisch geordneten Index verborum und eines vollständigen Wortregisters sichtbar wird. Die 4. Auflage (1666) erschien viersprachig (Französisch und Italienisch kamen hinzu) und lief auch in der 6. Auflage (1697) noch unter dem Verfassernamen J. A. COMENIUS und dem Titel „Orbis pictus sensualium Quadrillinguis. Die sichtbare Welt". Der O. p.-Buchbegriff hatte sich eingeprägt und ließ sich gut verkaufen. Doch führte bereits diese Entwicklungslinie vom Ursprungswerk und seiner geistigen Grundkonzeption weg in Richtung des mehrsprachigen, alphabetischen Bildwörterbuches. Zu Beginn des 18. Jahrhunderts mehrten sich die Veränderungen; die alten Holzschnitte wurden durch neuere Bilder ersetzt. Noch 1760 hält man am Namen des COMENIUS als Verfasser fest und nennt eine Bearbeitung „Die erneuerte sichtbare Welt. Orbis sensualium pictus renovatus". Erst 1790 erschien ein „Neuer Orbis pictus für Kinder in 5 Sprachen" ohne Angabe des Verfassers.

O. p.-Ausgaben anderer Autoren. Die Bezeichnung O. p. im Titel behauptete sich mit Erfolg neben den Elementar-, Anschauungs- und Bilder-Werken aus den Kreisen des Philanthropinismus, wurde ihnen aber in der Buchgestaltung recht ähnlich. So zeigt das Buch von H. SEIDEL, das 1808 erschien, schon im ausführlichen Titel an, welcher Wandel sich vollzogen hat: „Neuer Orbis pictus in 6 Sprachen oder das unterhaltende und belehrende Bilderbuch für Kinder von jedem Alter". An das „prodesse et delectare" der Aufklärung und des Philanthropinismus knüpft noch betonter J. H. MEYNIER an: „Neuer Orbis pictus in Deutscher und Französischer Sprache! Ein Hülfsmittel, Kinder viele nützliche Kenntnisse beizubringen, die Lust zu Erlernung der Französischen Sprache in ihnen erwecken und die Fertigkeit im Sprechen befördern" (1822). Einen um viele „Realien" erweiterten und stark säkularisierten Band veröffentlichte der Tübinger Lyzeumslehrer J. E. GAILER ausdrücklich als Bearbeitung des alten Vorbildes: „Neuer Orbis pictus für die Jugend oder Schauplatz der Natur, der Kunst und des Menschenlebens in

(2)

Invitatio. Einleitung.
Meg-ſzóllitás. Přizwánij.

M. Veni, *Puer* diſce ſapere.	L. Komm her/ Knab! lerne klug ſeyn.	*M.* Jöszte ide *gyermek*! tanully okoskodnyi, (böltselkednyi.	M. Podſem Pachole! Učſe maudrým býti/ (maudřeti.
P. Quid hoc eſt? ſapere.	S. Was iſt das? klug ſeyn.	*G.* Mitsoda ez? böltselkedni.	P. Co geſt to? maudrým býti.
M. Omnia, quæ neceſſaria ſunt rectè intelligere, rectè ágere, rectè éloqui.	L. Alles/ was nöthig iſt/ recht verſtehen/ recht thun/ recht ausreden.	*M.* Mindeneket valamellyek ſzükſége- [ſek. igazán meg-értennyi, igazán tselekednyi, (véghez vinni. igazán ki mondani.	M. Wſſe/ (wſſecko. Co potřebné geſt/ práwě rozuměti/ prawě činiti/ prawě wymlúwiti/
P. Quis me hoc docebit?	S. Wer wird mich das lehren?	*G.* Kitsoda tanét meg engemet erre?	P. Kdo mne tomu wyučí? (winauči.
M. Ego, cum DEO.	L. Ich/ mit GOtt.	*M.* En Iſten ſegitségével.	M. Já/ s Bohem.
P. Quómodo?	S. Welcher Geſtalt?	*G.* Mitsoda formán? (miképpen?	P. Yakým Způſobem?
M. Ducam te, per omnia. oſtendam tibi omnia: nominabo tibi omnia.	L. Ich will dich füh- (ren/ durch alle Dinge ich will dir zeigen alles: ich wil dir benennen alles:	*M.* Által viſzlek tége- [det, mindeneken. meg-mutatok néked mindeneket: meg-nevezek tenéked mindeneket.	M. Prowedu tě (tebe. ſkrze wſſecko ukážem tobě wſſecko: pogmenugem tobě wſſecko:

P. En!

Beginn der „Einleitung" des „Orbis sensualium pictus quadrilinguis" von Joh. Amos Comenius (1592–1670). Die abgebildete Seite ist einer 1685 in Leutschau erschienenen viersprachigen lateinischen, deutschen, ungarischen und „böhmischen" Ausgabe entnommen.

316 lithographirten Abbildungen mit genauer Erklärung in deutscher, französischer und lateinischer Sprache nach der früheren Anlage des Comenius bearbeitet und dem jetzigen Zeitbedürfnis gemäß eingerichtet" (1832, [3]1834). Das Werk umfaßt 568 Seiten und verbindet die systematische O.p.-Stoffanordnung mit einem alphabetischen Register zum Nachschlagen. Schüler können selbständig mit dem Werk umgehen lernen. GAILER wollte, wie er im Vorwort schreibt, „den in manchen Jugendschriften sich findenden kindisch-süßlichen Ton, der nie zu kräftiger Bildung führt", vermeiden, geriet dabei aber in das andere

Bildtafel aus „Neuer Orbis Pictus. Ein belehrendes und unterhaltendes Bilderbuch für Knaben und Mädchen von 4 bis 10 Jahren in fünf Sprachen" (Kitzingen, 5. verbesserte Auflage um 1835). Zu den in deutscher, lateinischer, französischer, italienischer und englischer Sprache in Schreibschrift gegebenen Benennungen sind weitere Erklärungen auf den folgenden Textseiten zu finden. So z. B. zu „der Tod": „Der Tod wird gewöhnlich als ein Totengerippe vorgestellt. Er führt in der Hand eine Sense, um damit anzuzeigen, daß er alles, was Leben hat, damit wegrafft."

Extrem, recht trockene Texte zu schaffen. In dem kleinen Werk „Neuester Orbis pictus oder die Welt in Bildern für fromme Kinder" (1838) wird an den Illustrationen ein „Gegenton" ablesbar: zu den in Deutsch, Englisch, Französisch und Italienisch aufgereihten Hauptwörtern bilden die den Vokabelkolonnen jeweils gegenüberstehenden Anschauungstafeln groteske, zum Teil surrealistische Bildkompositionen, eine spielerische Abart des Bildwörterbuches, die mit der Vermittlung eines in sich geordneten Kosmos nichts mehr gemein hat. Der Zug ins „Universale" (Universal-Lexikon) wird gegen Mitte des 19. Jahrhunderts mit dem O.p.-Begriff verbunden, so etwa in A. B. Reichenbachs „Neuestem Orbis pictus oder die Sichtbare Welt in Bildern. Ein Universalbilderbuch" (1845). Einen anderen O.p.-Typus läßt der Großherzoglich-sächsische Oberschulrat Dr. C. Fr. Lauckhard erscheinen, in dem er den vertrauten Buchtitel für ein Anschauungs- und Erzählbuch in Anspruch nimmt: „Die Welt in Bildern. Orbis pictus. Bilderbuch zur Anschauung und Belehrung" (1868). Die dreißig Tafeln eines jeden Bandes des dreibändigen Werkes zeigen jeweils sechs bis acht Einzelbilder zu einem Thema, das in sachlichen Erläuterungen abgehandelt und durch kleine Geschichten, Märchen und Fabeln mit nie fehlender moralischer Wendung ergänzt wird (vgl. M. Dierks, a.a.O. S. 23ff.). Lauckhard schaltete den Erwachsenen als Vermittler ein und erläutert im Vorwort die pädagogische Absicht der systematischen Anordnung: Von der nächsten Umgebung des Kindes geht es zur weiteren, vom „Leichteren zum Schwereren" sollte dieser O.p. führen. Die Texte sind nur in deutscher Sprache gehalten. Das Muster des Sprach- oder Wörterbuches verließ Dr. Chr. G. Hottinger mit seinem „für Schul- und Unterrichtszwecke" herausgegebenen Bildband „Die Welt in Bildern. Orbis pictus" (1881) gänzlich. Er fügte lediglich eine Reihe Bilder zum gleichen Begriff (z.B. „Krieg", „Frieden") aneinander. Im ersten und letzten Bild des Bandes kehrt Hottinger allerdings wieder zur „organischen" Ordnung des Comenius (von Gott her zu Gott hin) zurück. Indessen entwickelte sich im 19. Jahrhundert dort das Conversations- und Fachlexikon, eine Buchform, die auch für junge Leser genutzt wurde. Auch der neue Buchtyp findet sich in einigen Werken mit dem traditionsreichen O.p.-Begriff verbunden, so in dem Band „Erster Orbis pictus oder Schauplatz der Natur und Kunst. Ein Universal-Bilderlexikon mit erklärendem Deutschem Text und Einer Nomenclatur in V Sprachen" (1843), das von H. Becher und J. Chr. Schneemann zusammengestellt wurde. Für „die Allgemeinheit" gab O. Spamer 1870 ein achtbändiges „Illustriertes Konversations-Lexikon für das Volk. Zugleich ein Orbis pictus für die Jugend" heraus. Berücksichtigt man, daß selbst einmal der Gedanke des Fortschritts der menschlichen Gesellschaft mit dem O.p.-Begriff verbreitet worden ist (The Progress of Man. Neuer englischer Orbis pictus oder die Geschichte des Menschen und Menschlichen Gesellschaft in Bildern zur Belehrung und Unterhaltung der Jugend, um 1800 und 1810), so läßt sich sagen, daß der geniale didaktische Wurf des J. A. Comenius sich auf die bildliche und sprachliche Vermittlung der Erkenntnisse und Informationen nach dem jeweiligen Wissensstand an Kinder und Jugendliche grundlegend und langdauernd ausgewirkt hat. Der Einfluß verzweigte und verdünnte sich im Laufe von zweieinhalb Jahrhunderten, ist aber noch heute in Sachbilderbüchern, einigen Realienbüchern, Nachschlagewerken und Bildungsbüchern nachweisbar, so etwa in dem Versuch, ein geschlossenes, ganzheitlich-christliches Weltbild zu liefern, wie in „Herders kleinem Bildungsbuch" ([11]1962).

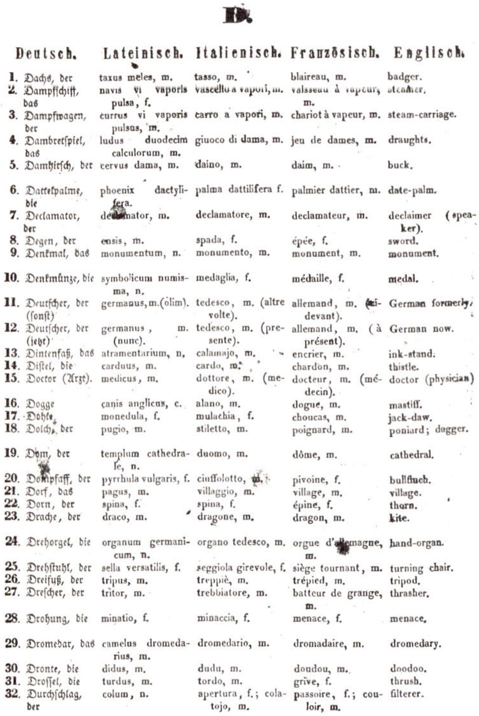

D.

Deutsch.	Lateinisch.	Italienisch.	Französisch.	Englisch.
1. Dachs, der	taxus meles, m.	tasso, m.	blaireau, m.	badger.
2. Dampfschiff, das	navis vi vaporis pulsa, f.	vascello a vapori, m.	vaisseau à vapeur, m.	steamer.
3. Dampfwagen, der	currus vi vaporis pulsus, m.	carro a vapori, m.	chariot à vapeur, m.	steam-carriage.
4. Dambretspiel, das	ludus duodecim calculorum, m.	giuoco di dama, m.	jeu de dames, m.	draughts.
5. Damhirsch, der	cervus dama, m.	daino, m.	daim, m.	buck.
6. Dattelpalme, die	phoenix dactylifera.	palma dattilifera f.	palmier dattier, m.	date-palm.
7. Declamator, der	declamator, m.	declamatore, m.	declamateur, m.	declaimer (speaker).
8. Degen, der	ensis, m.	spada, f.	épée, f.	sword.
9. Denkmal, das	monumentum, n.	monumento, m.	monument, m.	monument.
10. Denkmünze, die	symbolicum numisma, n.	medaglia, f.	médaille, f.	medal.
11. Deutscher, der (sonst)	germanus, m. (olim).	tedesco, m. (altre volte).	allemand, m. (ci-devant).	German formerly.
12. Deutscher, der (jetzt)	germanus, m. (nunc).	tedesco, m. (presente).	allemand, m. (à présent).	German now.
13. Dintenfaß, das	atramentarium, n.	calamajo, m.	encrier, m.	ink-stand.
14. Distel, die	carduus, m.	cardo, m.	chardon, m.	thistle.
15. Doctor (Arzt).	medicus, m.	dottore, m. (medico).	docteur, m. (médecin).	doctor (physician)
16. Dogge	canis anglicus, c.	alano, m.	dogue, m.	mastiff.
17. Dohle,	monedula, f.	mulachia, f.	choucas, m.	jack-daw.
18. Dolch, der	pugio, m.	stiletto, m.	poignard, m.	poniard; dogger.
19. Dom, der	templum cathedrale, n.	duomo, m.	dôme, m.	cathedral.
20. Dompfaff, der	pyrrhula vulgaris, f.	ciuffolotto, m.	pivoine, f.	bullfinch.
21. Dorf, das	pagus, m.	villaggio, m.	village, m.	village.
22. Dorn, der	spina, f.	spina, f.	épine, f.	thorn.
23. Drache, der	draco, m.	dragone, m.	dragon, m.	kite.
24. Drehorgel, die	organum germanicum, n.	organo tedesco, m.	orgue d'allemagne, m.	hand-organ.
25. Drehstuhl, der	sella versatilis, f.	seggiola girevole, f.	siège tournant, m.	turning chair.
26. Dreifuß, der	tripus, m.	treppiè, m.	trépied, m.	tripod.
27. Drescher, der	tritor, m.	trebbiatore, m.	batteur de grange, m.	thrasher.
28. Drohung, die	minatio, f.	minaccia, f.	menace, f.	menace.
29. Dromedar, das	camelus dromedarius, m.	dromedario, m.	dromadaire, m.	dromedary.
30. Dronte, die	didus, m.	dudu, m.	doudou, m.	doodoo.
31. Drossel, die	turdus, m.	tordo, m.	grive, f.	thrush.
32. Durchschlag, der	colum, n.	apertura, f.; colatojo, m.	passoire, f.; couloir, m.	filterer.

Wörter- und Bildseite (Tafel 6) zum Buchstaben D aus dem fünfsprachigen Universal-Bilderlexikon „Neuester Orbis Pictus oder Schauplatz der Natur und Kunst", das 1845 in Meissen und Wien von Huld. Becker und J. C. Schneemann herausgegeben worden ist. Die einzelnen Abbildungen sind lebendig gestaltete Szenen.

→ABC-Buch, →Anschauungsbuch, →Fr. J. Bertuch, →J. A. Comenius, →J. E. Gailer

Sekundärliteratur: R. Alt: Herkunft und Bedeutung des Orbis Pictus (1970). – M. Dierks: Vom Bilderbuch zum Arbeitsbuch (1965). – H. Göbels: Bildergalerie für Groß und Klein (1962). – K. Hobrecker: Alte vergessene Kinderbücher (1924). – B. Hürlimann: Comenius und das Sachbuch (in: Jugendliteratur. 11. 1958. 489–494). – H. Müller: Vorläufer (in: Kl. Doderer (Hrsg. zus. mit H. Müller): Das Bilderbuch. 1973. [2]1975. 1–65).

Margarete Dierks

Orell Füssli Verlag

Zürich. Kinder- und Jugendbücher unterschiedlicher Thematik, häufig aber auf Schweizer Verhältnisse bezogen.

Der Verlag reicht ins 16. Jahrhundert zurück und wurde von Chr. Froschauer (1519–1564) gegründet. Das Angebot des Unternehmens, das zur Zeit von M. Hofmann (* 1914) geleitet wird, ist breit gefächert. Die Kinder- und Jugendliteratur bildet nur einen Verlagssektor neben anderen, z. B. Schweizer Mundartbüchern, kunsthistorischen Publikationen, technischen, politischen und wirtschaftswissenschaftlichen Fachbüchern sowie dem Nachdruck von J. C. Lavaters (1741–1801) „Physiognomischen Fragmenten" (1775–1778).

Im Jahre 1971 hat der Orell Füssli Verlag die Herausgabe der Kinderbücher von A. Carigiet und S. Chönz sowie von V. Morgenthaler aus dem Schweizer Spiegel Verlag in Zürich übernommen. Zum Verlagsprogramm gehören der „Schweizerische Robinson" von J. D. Wyss, weiter A. Carigiets (Illustrationen) und S. Chönz' „Schellen-Ursli", „Der große Schnee", „Zottel, Zick und Zwerg" sowie „Birnbaum, Birke, Berberitze"; V. Morgenthalers „Die Legende von Sankt Nikolaus" und „Der kleine Pferdekönig"; L. H. Müller-Blesis „Erzählungen und Märchen in Schweizer Mundart", Band 1 und 2; außerdem Fr. Brunners „Wer isch de Dieb" und „Watanit und ihr Bruder" sowie „Felix".

Rudolf Raab

Osswald, Eugen

*Tiermaler, Illustrator; *22. 1. 1879 Stuttgart.*

O., Schüler von H. von Zügel und Jank, wurde vor allem durch seine Tiergemälde, die teilweise als Wandgemälde angelegt sind (z. B. Pferdebilder im Eingangssaal des Rathauses zu Wörth am Rhein), bekannt. Er lebte in München und war dort zeitweilig Professor an der Kunstakademie.

Werk, Tendenzen, Wirkung. Im Bereich der Kinderliteratur wurde O. vor allem durch seine zahlreichen Bilderbücher im Rahmen des Bilderbuchprogramms des Mainzer Verlages Scholz und durch die Illustration der von O. Zimmermann herausgegebenen Hansa-Fibel, die für den Raum Hamburg herausgegeben wurde, aber in zahlreichen regionalen Ausgaben im norddeutschen Raum nachgedruckt wurde, wichtig. In seinem Bilderbuchschaffen wandte sich O. mit Vorliebe Tiermotiven zu. So wählte er aus den Märchenbilderbüchern des Scholz-Verlages solche aus, die ihm die Möglichkeit der Darstellung von Tierszenen eröffneten (Der Wolf und die sieben Geißlein, 1910; Der gestiefelte Kater, 1913; Die Bremer Stadtmusikanten, 1928; Das Lumpengesindel, 1930). Im Sinne des Neuen Realismus von Leibl legte O. Wert auf naturgetreue Darstellung der Tiere in ihrer natürlichen Umgebung unter weitgehendem Verzicht auf die üblichen anthropomorphen Zutaten. Auch durch das Verlegen der Märchenhandlung in die Gegenwart erzielte er eine realistische Ausdeutung. In der humorvollen Gestaltung der Figuren und Szenen, aber auch in der geglückten Zusammenstellung der Farben geriet „Der gestiefelte Kater" wohl zu seinem besten Bilderbuch, wie die O.schen Bilderbücher überhaupt zu den besten Leistungen der Märchenreihe des Scholz-Verlages zählen. Stilistisch schließt O. mit seinen deutlich konturierten und flächig angelegten Figuren an G. Caspari an, gewinnt aber vor allem in der Benutzung der Farbe und in der Natürlichkeit der dargestellten Tiere eigenständige Gestaltungskraft. In der Zeit des Nationalsozialismus trat O. nur noch mit wenigen Bilderbüchern und Kinderbuchillustrationen hervor, da sein expressionistische Einflüsse verratender Zeichenstil nicht recht in die neuen kunsterzieherischen Vorstellungen paßte. Sehr deutlich bringt das R. Kressner in seinem Bändchen „Die kunsterzieherische Bedeutung des deutschen Bilderbuches" (1936) zum Ausdruck, wenn er bei der Besprechung des O.schen Bilderbuches „Der gestiefelte Kater" feststellt: „... In der Märchenillustration wirkt sich diese grobe Manier verheerend aus. Alle Märchenstimmung zum Teufel! Roh, plebejisch. Bezeichnend für die ganze Auffassung der Märchenbebilderung vor und nach dem Kriege, zugleich für das, was man für kindertümlich hielt. Der Schritt zum Warenhausbilderbuch ist nur klein ...". In den Zeichnungen zu der Hansa-Fibel, die mit ihren zahlreichen regionalen Varianten die am meisten benutzte Fibel der zwanziger Jahre bis 1933 war, entfernte sich O. von seiner Vorliebe für Tierdarstellungen und schuf zu den Fibeltexten passende Zeichnungen aus dem Alltag des Schulkindes.

Werke: A. Holst: Tierbilderbuch (1910); J. und W. Grimm: Der Wolf und die sieben Geißlein (1910); Ball der Tiere (1912); J. und W. Grimm: Der gestiefelte Kater (1913); I. Seidel: Familie Mutz (1914); O. Zimmermann: Hansa-Fibel (1920); Wald- und Seefibel. Küstenausgabe. Erstes Lesebuch für die Kinder der Ostküste Schleswig-Holsteins (1924); G. Falke: Tierbilder (Bd. 1–2. 1927); J. und W. Grimm: Die Bremer Stadtmusikanten (1928); Jungs holt fast! Erstes Lesebuch (1929); J. und W. Grimm: Das Lumpengesindel (1930); E. Rothemund: Deine deutsche Heimat (1936).

Sekundärliteratur: R. Kreßner: Die kunsterzieherische Bedeutung des deutschen Bilderbuches (1936). – P. Samuleit: Das deutsche Bilderbuch (in: Kind und Kunst. Beiträge zur Jugendschriftenbewegung. 1928. 61–113).

Helmut Müller

Osten, Mary

*(d. i. Emilie Eyler). Jugendschriftstellerin; *1. 6. 1815 Schweidnitz (Schlesien), † um 1890 Schweidnitz.*

O., Tochter der Kaufmannsfamilie Brettauer, heiratete bereits mit achtzehn Jahren den preußischen Hauptmann Eyler. Ein halbes Jahr nach der Eheschließung wurde O. Witwe. Sie blieb in Schweidnitz und begann um 1846 mit der Veröffentlichung von Geschichten und Reimen, die zuerst nur für ihre kleine Tochter bestimmt waren. Als Autorin nahm sie den Namen Mary Osten an, unter dem sie bald mit zahlreichen Erzählungen für Kinder, später vor allem für junge Mädchen, bekannt wurde. Bei einigen Buchtiteln fügte sie dem Pseudonym ihren richtigen Namen in Klammern hinzu.

Werk, Tendenzen, Wirkung. Als erstes Buch erschien der Sammelband „Frühlingsblüthen. Erzählungen für die Jugend gewidmet" (1846, [7]1888), dem 1847 ein zweiter folgte (Alles in Liebe. Der reiferen Jugend gewidmet, [7]1890). Ende der fünfziger Jahre setzte dann der Strom ihrer Veröffentlichungen, die zum Teil zahlreiche Auflagen erlebten, mit „Glühwürmchen" (1859), „Elisens Wunderknäuel, Erzählung für Kinder" (1860) und dem Bande „Lebenswege" (1861) ein. Der Geschichtenband „Der Raritätenschrank der Großmutter" (1862, [5]1890) war als „Fortsetzung von Elisens Wunderknäuel" angekündigt. Die Auffindung alter Dinge in dem Schrank hält als roter Faden die Erzählungen des Bandes zusammen; daran anknüpfend schrieb O. abermals eine Fortsetzung mit dem Titel „Das Stammbuch der Mutter" (1863, [5]1888); dieses Stammbuch wird in dem Schrank gefunden und enthält Bilder, Verse und Geschichten. Die vier Erzählungen „Junge Mädchen" (1865, [3]1894) sind noch stärker als die vorausgegangenen Mädchenbücher von der Tendenz bestimmt, „junge Mädchen zu Fleiß und Tätigkeit in Liebeswerken anzuregen" (A. Merget: Geschichte der deutschen Jugendliteratur, NA. 1950, S. 148). Schon jüngeren Lesern suchte O. Wohltätigkeit als eine oberste Tugend einzuprägen, so in dem Band „Aus

frommer, fröhlicher Kinderwelt" (1868, ²1872), mit dem sie sich an Zehn- bis Zwölfjährige wandte. Zu der stets deutlichen Absicht der Verfasserin, unterhaltend für die Erziehung zu Frömmigkeit, wohltätiger Nächstenliebe, Fleiß, Ordnung und Sittsamkeit beizutragen, kam die patriotische Tendenz nach der Gründung des Deutschen Kaiserreiches (1871) in dem Band „Deutsche Mädchen. Erzählungen aus großer Zeit für die weibliche Jugend" (1872, ⁵1890). Darin gibt O., vorwiegend auf Tatsachen beruhend, Schilderungen weiblicher Hilfeleistung im Kriege und der Teilnahme junger Mädchen an der nationalen Bewegung der Zeit. Mit ihren zahlreichen Schriften gehört O. in der zweiten Hälfte des neunzehnten Jahrhunderts zu dem Kreis der christlich-bürgerlichen Kinder- und Mädchenbuchautorinnen, die mit ihrer abseits der bereits erstarkten Frauen-Emanzipationsbewegung stehenden Lesekost, vor allem durch ihren Diminuitiv-Stil gekennzeichnet, viel zur Verflachung der erzählenden Jugendliteratur beigetragen haben und damit die harte Kritik des Literaturpädagogen H. Wolgast (Das Elend unserer Jugendliteratur, 1896) provozierten.
Einige der Kinder- und Mädchenbücher der O., die zum größten Teil in den Verlagen Trewendt, Breslau, und Winckelmann, Berlin, erschienen, waren mit handkolorierten Illustrationen von Th. Hosemann und L. Thalheim ausgestattet.

Werke: Frühlingsblüthen. Erzählungen der Jugend gewidmet (1846, ⁷1888); Alles in Liebe. Der reiferen Jugend gewidmet (1847, ⁷1890); Glühwürmchen. Erzählungen für artige kleine Kinder (1859); Elisens Wunderknäuel. Erzählungen für Kinder von 8–12 Jahren (1860); Lebenswege. Erzählungen für die reifere Jugend (1861); Der Raritätenschrank der Großmutter. Fortsetzung von Elisens Wunderknäuel (1862, ⁵1890); Das Stammbuch der Mutter. Erzählungen für Kinder von 10–14 Jahren (1863, ⁵1888); Glückliche Festtage. Erzählungen für Kinder von 10–12 Jahren (1865); Blüthen und Bilder für junge Mädchen (1865); Aus frommer, fröhlicher Kinderwelt. Erzählungen für Kinder von 10–12 Jahren (1868, ²1872); Lebensfrühling. Erzählungen für junge Mädchen (1870); Deutsche Mädchen. Erzählungen aus großer Zeit für die weibliche Jugend (1872, ⁵1890); Marie, des Hauses Sonnenstrahl. Eine Erzählung für die weibliche Jugend (1874).

Margarete Dierks

Osterroth, Franz

*(Ps.e: Franz Orr, Jörg Willenbacher, Pelle Treu). Verfasser von Bühnenstücken für die Arbeiterjugend, Chronist der sozialdemokratischen deutschen Arbeiterbewegung; *8.3.1900 Eisenberg (Rheinpfalz).*

O. wuchs als Sohn des Bergarbeiters und späteren SPD- und Bergarbeiterfunktionärs Franz O. auf. Nach der Volksschule arbeitete O. als Metall- und Bergarbeiter. 1914 wurde er Mitglied der Sozialistischen Arbeiterjugend in Hamm. Von 1919 bis 1924 war er zentraler Jugendsekretär der sozialdemokratischen Bergarbeiterjugend „Jungborn". In der Weimarer Republik arbeitete O. aktiv in der jungsozialistischen Bewegung mit und wurde einer der Begründer des nationalen, auf Volksgemeinschaft gerichteten „Hofgeismarer Kreises" und Herausgeber der „Politischen Rundbriefe". 1927 zog er sich aus der Jugendarbeit zurück und war von 1928 bis 1933 Redakteur des „Reichsbanners Schwarz-Rot-Gold". 1934 ging O. in die Emigration: zunächst nach Prag, dann über Polen nach Schweden. Während der Emigration war er Mitarbeiter der sudetendeutschen sozialistischen Bewegung, Leiter der „Beratungsstelle für Fest- und Feiergestaltung" und der „Roten Spielschar". 1948 kehrte O. nach Deutschland zurück. Bis 1963 war er Bildungs- und Kulturreferent der SPD in Schleswig-Holstein, gleichzeitig leistete er aktive Mitarbeit bei den Jungsozialisten und der Sozialistischen Jugend „Die Falken". Seit 1966 lebt O. als freier Schriftsteller in Lübeck.

Werk, Tendenzen, Wirkung. Die der Jugendliteratur zuzurechnenden Werke O.s sind Bestandteil der nach dem Ersten Weltkrieg in der Sozialistischen Arbeiterjugend weit verbreiteten Bühnenspielbewegung (s. R. Müller). Ähnlich der zeitgenössischen Arbeiterdichtung gestaltete die Bühnenspielbewegung unter Verzicht auf die Auseinandersetzung mit der Realität symbolhaft die Sehnsucht nach Freiheit, Sonne und Aufbruch. Klassenübergreifend richtete sich der Appell an die Jugend, an die Menschen insgesamt. Der Sieg des Prinz Frühling über Nordsturm und Schneewolke in dem Spiel „Frühling im Waldreich" (1924) symbolisierte den jugendfrischen neuen Beginn. Die überzeitliche und immerwährende natürliche Veränderung wird gleichgesetzt mit der gesellschaftlichen und bedeutete zugleich die Versöhnung mit der – gerade für die Arbeiterjugend – schlechten Realität der Weimarer Republik. Das Schmökerspiel „Am Marterpfahl der Sioux" (1927) weist darüber hinaus. Es diente einer spielerischen Aufklärung. Indem die Helden der Schmökerliteratur sich im Wilden Westen versammeln (Schinderhannes, Rinaldo Rinaldini, Prinzessin Übermut, Harry Piel, Frank Allan etc.), spiegelt allein schon die Ansammlung der Figuren die Überzogenheit und Wirklichkeitsverfälschung der Schmöker. Die Immanenz des Schlusses – Harry Piel heiratet die Prinzessin Übermut – wird so zur nachhaltigen, selbst erfahrbaren kritischen Einsicht in das ideologische und stereotype Grundmuster des Schmökers. Auch nach 1945 wurde diese Art kritischer Aufklärung in ähnlichen Spielen der sozialdemokratischen Arbeiterjugend fortgesetzt.

→Sozialistische Kinder- und Jugendliteratur

Werke: Frühling im Waldreich. Ein Märchenspiel (1924, ²1928); Am Marterpfahl der Sioux oder Ein Mädchenraub im Wilden Westen. Schmökerspiel (1927, ³1930; NA. 1951); Biographisches Lexikon des Sozialismus (1960); Der Hofgeismarkreis der Jungsozialisten (1964); Chronik der deutschen Soziademokratie 1863–1963 (1963, ²1975); Weg und Leistung der deutschen Arbeiterjugendbewegung (1973).
Hrsg.: Volk von Morgen. Der Hamburger Reichsjugendtag der deutschen Arbeiterjugend (1925; zus. mit A. Albrecht); Unter Tag. Bergbau- und Bergarbeiterdichtung unserer Zeit (1927); Wenn wir marschieren … Ein republikanisches Liederbuch (1930); Singendes Volk (1938).

Manfred Geiss

Osterwald, Georg

*Maler, Radierer, Lithograph und Illustrator; *26. 1. 1803 Rinteln, †1. 7. 1884 Köln.*

O., Sohn eines Lehrers, wurde mit 16 Jahren Zeichner am Oberbergamt in Köln, wo er an der Universität Vorlesungen vor allem über Architektur besuchte. Mit 19 Jahren wurde er in München Schüler des Architekten FR. V. GÄRTNER (1792–1847). Von 1825 bis 1828 war er als Zeichenlehrer am Fellenbergischen Institut in Hofwyl bei Bern angestellt. Er lebte in Paris (1830–1832), Koblenz, Hannover, Dresden (ab 1841). Später ließ er sich in Köln nieder, wohin er auch nach einer Unterbrechung durch einen mehrjährigen Italienaufenthalt (1855–1859) zurückkehrte. Als Maler schuf O. neben Porträts sowie historischen und religiösen Darstellungen vor allem Städte- und Architekturbilder.

Werk, Tendenzen, Wirkung. O.s Buchillustrationen gehören in den Zusammenhang mit seiner reichen Tätigkeit als Grafiker (Landschafts- und Städteradierungen und -lithographien). Als Hauptwerk gelten die Holzschnitte zu CHR. F. GELLERTS „Sämmtliche Fabeln und Erzählungen" (Leipzig 1837; 1844 als Federlithographien), „in denen er nicht nur stofflich, sondern auch stilistisch an Ramberg anknüpft" (I. BANG, a. a. O. S. 58; vgl. „Der Tanzbär"); aber im Gegensatz zu RAMBERGS Kupfern (1829) treten ironische und karikierende Elemente deutlicher hervor. Dieses „Gemisch von deutscher Romantik und englischem Humor" (A. RÜMANN: a.a.O. 1930. S. 260) kommt stärker in den Lithographien zu A. v. KNIGGES komischem Roman „Die Reise nach Braunschweig" (1839) und auch in den „Sagen und Mährchen aus der Oberlausitz" (Hannover 1843) zum Ausdruck. Neben diesem Werk, das sich durch sorgfältige und feine Zeichnungen und manchmal ins Groteske spielenden Humor auszeichnet, wirken die Holzschnitte zu zwei Märchen von J. K. A. MUSÄUS (Libussa, Dämon Amor) etwas kalt und trocken, besonders wenn man sie mit den gemütvollen Illustrationen L. RICHTERS (1803–1884) und den humorvollen A. SCHRÖDTERS (1803–1875) vergleicht. An dem 1847 erschienenen Gemeinschaftswerk war außerdem noch R. JORDAN (1810–1887) beteiligt. Einfallsreich und kindertümlich sind die drei Radierungen zu den Märchen „Däumelinchen", „Des Kaisers neue Kleider", „Die kleine Seejungfrau" und vor allem die Titelblattarabesken, in die Motive aus mehreren Märchen geschlungen sind, in der frühesten deutschen Ausgabe von H. CHR. ANDERSENS „Mährchen und Erzählungen für Kinder" (Braunschweig 1839). Die Märchen von ANDERSEN – in weiteren Ausgaben um Holzschnitte von RICHTER und später von L. LÖFFLER (1819–1876) erweitert – und MUSÄUS wurden wiederholt aufgelegt; daher dürften diese Illustrationen O.s bei Kindern am bekanntesten geworden sein.

Werke: Chr. F. Gellert: Sämmtliche Fabeln und Erzählungen in drei Büchern (1837; NA. 1838; NA. 1844); H. Chr. Andersen: Mährchen und Erzählungen für Kinder (1839, [6]1864); A. v. Knigge: Die Reise nach Braunschweig (1839); J. K. A. Musäus: Volksmährchen der Deutschen (1842, [8]1870, zus. mit anderen, ND. 1961); E. Willkomm: Sagen und Märchen aus der Oberlausitz (Teil 1 u. 2. 1843; [2]1845); C. O. Sternau: Neues Mährchenbuch (1848); G. Pfarrius: Die Waldlieder (1850).

Sekundärliteratur: I. Bang: Die Entwicklung der deutschen Märchenillustration (1944). – J. J. Merlo: Kölnische Künstler in alter und neuer Zeit (1895). – A. Rümann: Das illustrierte Buch des XIX. Jahrhunderts in England, Frankreich und Deutschland (1930; ND. 1975).

Eberhard Semrau

Ostini, Fritz von

*Journalist und Schriftsteller; *27. 7. 1861 München, † 1. 6. 1927 Pöcking am Starnberger See.*

Nach dem Besuch des Gymnasiums studierte O. Jura, besuchte aber gleichzeitig die Königliche Kunstakademie in München, um sich als Maler ausbilden zu lassen. Die Verhältnisse zwangen ihn zum Abbruch des Studiums. Nach einigen Jahren Militärdienst als Offizier kehrte O. ins Zivilleben zurück. Er betätigte sich als Journalist und trat 1887 in die Redaktion der „Münchener Neuesten Nachrichten" ein, wo er das Kunstressort übernahm. Zusammen mit der Münchener Künstlerschaft setzte er sich für die Gründung der Sezession ein. Mit dem Verleger G. HIRTH (1841–1916) schuf er 1895 die Wochenschrift „Jugend", die nicht nur eine neue Ästhetik vertrat, sondern auch auf politisch-gesellschaftliche Reformen abzielte. 1896 übernahm O. die Leitung der Zeitschrift, zu der er meist humoristisch-satirische Beiträge lieferte. In der Gesellschaft war O. beliebt als glänzender humorvoller Unterhalter und Arrangeur von Festen. Für wohltätige Veranstaltungen verfaßte er Prologe und Festspiele. Bis kurz vor seinem Tod war O. noch schriftstellerisch tätig.

Werk, Tendenzen, Wirkung. O. veröffentlichte mehrere Monographien über ihm meist persönlich bekannte zeitgenössische Maler. Diese Schriften dienten besonders den jungen Kunststudenten als Einführung. Ein von ihm herausgegebenes „Kleines Wilhelm Busch-Album" (1922) mit eigenen Beiträgen richtete sich an Erwachsene und jugendliche Leser. Mit seinen Erzählbänden erwies sich O. als einer der witzigsten Novellisten der Zeit. Weit verbreitet waren auch O.s politisch-satirische Gedichte, die zuerst in der Zeitschrift „Jugend", später in Sammelbänden erschienen.

Für Kinder schrieb O. Märchen und Bilderbuchtexte in Versen und Prosa. Das Bilderbuch „Fröhliche Kindheit" (1921) mit Illustrationen von L. VON ZUMBUSCH enthält zehn Gedichte O.s (Fröhliche Kinderzeit; Das Mädel am Bach; Huckepack; Schmetterlingsfang; Menschenliebe; Ringelreihen; Kinderspeisung; Nach dem Bade; Der Leckerbissen; Das Döcklein). Im Bilderbuch „Der grüne Hut" (1923) mit aus Buntpapier geschnittenen Bildern von H. FRONIUS erzählt O. in Reimen die unter dem Motiv „Hochmut kommt vor dem Fall" stehende lehrhafte Geschichte des jungen Herrn Schmitt, genannt der schöne Fridolin, der nach dem Kauf eines modischen grünen Hutes abenteuerliche Schicksale erlebt, bis er sich schließlich mit „schlichter bürgerlicher Kappe" zufrieden gibt und ein ihn schon lange verehrendes Fräulein heiratet. Zwei Bilderbücher, illustriert von L. MOË, haben Seltenheitswert: „Peter Quack" (1925, ³1928) und „Quieck, Mieck und Pieckchen. Der 3 kleinen Ferkelchen Abenteuer. Eine aufregende Geschichte, die aber gerade noch gut ausgeht" (1926). Lediglich von „Quieck, Mieck und Pieckchen" ist ein Exemplar bekannt (Institut für Jugendbuchforschung, Frankfurt/Main). Zu zwölf Bildern von H. PELLAR erzählt O. das Märchen „Der kleine König" (1909): König Fidelin von Nirwanien ist als Kind mit den anderen Kindern des Landes von der bösen Hexe Amara verzaubert worden. Sie hörten auf zu wachsen und blieben für immer so klein, wie sie gerade waren. Prinzessin Huldine wählt nach dem Tode ihrer Eltern den kleinen König zum Gatten und erlebt, wie sich ihr häßlicher Mann und alle anderen Zwerge des Landes durch Gegenzauber in schöne große Menschen verwandeln. Zu acht farbigen Bildern von R. WINKLER erzählt O. das Märchen „Prinzessin Goldkind und die Wunderlilie" (1922). Mit dem lustigen Märchen in Versen „Wurstel-Peters Mondreise", mit Bildern von A. ZANGERL (1922) schuf O. eine gelungene Parodie auf das bekannte Märchenspiel „Peterchens Mondfahrt" von G. VON BASSEWITZ. O.s Märchen „Drei Wünsche und sechs Wünsche und immer noch was dazu", mit fünf Bildern von E. KUTZER (1927) variiert in teils heiterer, teils lehrhafter Art das alte Volksmärchenmotiv von den drei Wünschen. O.s Märchen und Bilderbücher fanden großen Beifall, besitzen aber heute nur noch historischen Wert.

Werke: Hans Thoma (1900); Fritz von Uhde (1902); Arnold Böcklin (1904); Wilhelm von Kaulbach (1906); Der kleine König. Ein Märchen zu 12 farbigen Bildern von Hanns Pellar (1909); Karl Spitzweg (1920); Fritz Erler (1921); Fröhliche Kindheit. Ein Bilderbuch von Ludwig von Zumbusch (1921); Prinzessin Goldkind und die Wunderlilie. Ein Märchen zu acht farbigen Bildern von Rolf Winkler (1922); Wurstel-Peters Mondreise. Ein lustiges Märchen in Versen. Bilder von A. Zangerl (1922); Der grüne Hut. Ein Bilderbuch mit Reimen zu Bildern von Hans Fronius (1923); Peter Quack. Ein lustiges Bilderbuch. Illustriert von Louis Moë (1925, ³1928); Quieck, Mieck und Pieckchen. Der 3 kleinen Ferkelchen Abenteuer. Eine aufregende Geschichte, die aber gerade noch gut ausgeht. Bilder von Louis Moë (1926); Drei Wünsche und sechs Wünsche und immer noch was dazu. Ein Märchen mit fünf Bildern von Ernst Kutzer (in: T. Rothmund: Der Tanzknopf und anderes. 1927).

Hrsg.: Kleines Wilhelm Busch-Album. Sammlung lustiger Bildergeschichten mit etwa 450 Bildern und farbigem Selbstportrait von W. Busch (1922).

Sekundärliteratur: H. Raff: Fritz von Ostini (in: Das literarische Echo. 24. 1921/22. 78f.).

Hans Eich

Ostrovskij, Nikolaj Alekseevič

*Sowjetischer Schriftsteller; *24. 9. 1904 Wilja (Ukraine), †22. 12. 1936 Moskau.*

In einer Arbeiterfamilie geboren, beteiligte sich O. schon als Vierzehnjähriger an der revolutionären Untergrundarbeit. Mit fünfzehn Jahren, im August 1919, trat er freiwillig in die Rote Armee ein. Im Herbst 1920 wurde er bei den Kämpfen um Lvov schwer verwundet und anschließend vom Militärdienst entlassen. Nach Beendigung des Bürgerkriegs arbeitete O. in den Hauptwerkstätten der Eisenbahn in Kiew, wo er auch die örtlich Komsomolzenorganisation leitete. Er erkrankte schwer; ab 1926 war er gelähmt und ans Bett gefesselt, später erblindete er. Sein autobiographisches Buch „Kak zakaljalas ‚stal'" (1932; dt. Wie der Stahl gehärtet wurde, 1947), in das seine Erlebnisse während des Bürgerkriegs eingingen, diktierte er vom Krankenlager Verwandten und Freunden; es erschien in den Jahren 1932–1934 zunächst in Serienform in der Zeitschrift „Molodaja Gvardija", 1935 in Buchform. Sein zweites größeres Werk, „Roždennye burej" (1936; dt. Die Sturmgeborenen, 1947) konnte er nur noch im ersten Teil vollenden.

Werk, Tendenzen, Wirkung. O.s Ruhm (ihn besuchten berühmte westeuropäische Schriftsteller der Zeit an seinem Krankenbett) liegt vor allem in seinem Roman „Wie der Stahl gehärtet wurde" begründet. Obwohl ursprünglich nicht für Kinder geschrieben, wurde er sofort auch von Kindern gelesen; die sowjetische Kritik schreibt insbesondere diesem Werk bei der Charakterbildung der sowjetischen Kinder und Jugendlichen eine große Rolle zu. Die unmittelbare Wirkung des Romans war ungeheuer: noch bevor das Buch von der Kritik selbst richtig verarbeitet werden konnte, hatte die Masse der Leser es begeistert aufgenommen; 1938 betrug die Auflage bereits zwei Millionen Exemplare. O. geht es um die Gestaltung des „neuen Menschen", d.h. um den Entwurf eines sozialistischen Menschenbildes. Die Hauptgestalt des Buches ist Pavel Korčagin, ein junger Arbeiter, der nach Erscheinen des Romans zum Vorbild für die Jugend seines Landes wurde. O. schildert das Werden seines Helden in drei Etappen: Während der Revolution und des Bürgerkrieges drückt sich das noch unentwickelte Klassenbewußtsein des Helden in spontanem Haß gegen Unrecht und Unterdrückung aus; dann macht die Hauptfigur einen Lernprozeß durch und übernimmt gesellschaftliche Funktionen; schließlich überwindet Korčagin auch Krankheit und Resignation und kommt zu einer gereiften schöpferischen Lebenshaltung, in der er sich harmonisch entfalten kann. Das Besondere an O.s Roman innerhalb der sowjetischen Literaturentwicklung besteht darin, daß er sich nicht darauf beschränkt, die Jahre des Bürgerkriegs mit ihrem reichen Material für den Aufbau einer Handlung zu verwenden, sondern daß er das konfliktreiche Werden und die Entwicklung seines Helden in den gesellschaftlichen Prozeß einordnet, in einen Prozeß, in dem sich sowohl der Einzelne wie auch die Gesellschaft vorwärts bewegen. Das „Stahlhärten" erscheint in diesem Sinne als ein Vorgang, bei dem Gesellschaft und Individuum wechselseitig aufeinander einwirken und einander durch Bewältigung auftretender Widersprüche und Konflikte voranbringen.

O.s Werke werden wegen ihrer Parteilichkeit für die Sache des Sozialismus von der literarischen Kritik in der Sowjetunion als vorbildlich propagiert und in eine Reihe mit den Werken von M. Gor'kij, A. Fadejev und F. Gladkov gestellt.

Werke: Kak zakaljalas ‚stal' (1932; dt. Wie der Stahl gehärtet wurde, 1947); Roždennye burej (1936; dt. Die Sturmgeborenen, 1947); Sočinenija tom 1–2 (1952); Sobranie sočinenija (tom 1–3. 1955–1956).

Sekundärliteratur: I. I. Bačelis: Sčast'e Korčagina (zus. mit S. A. Tregub, 1944). – E. Balabanovič: Nikolaj Ostrovskij (1946). – N. Vengreov: Nikolaj Ostrovskij (1952). – S. A. Tregub: Nikolaj Ostrovskij. Kritiko-bibliografičeskij očerk (1954). – N. Vengrov: Žizn' Nikolaja Ostrovskogo (zus. mit M. Efros, 1954); Nikolaj Ostrovskij (1956). – G. Ziegengeist: Multinationale Sowjetliteratur. Kulturrevolution. Menschenbild. Weltliterarische Leistung. 1917–1972 (zus. mit E. Kowalski, A. Hiersche u. a. 1975).

Peter Sachsenmeier

Oterdahl, Jeanna Louise

Schwedische Lehrerin, Schriftstellerin, Kinder- und Jugendbuchautorin; 9. 8. 1879 Uddevalla, †27. 7. 1965 Göteborg.

O. wurde von ihrem früh verstorbenen Vater, dem Ingenieur Philip O., in ihren literarischen Neigungen bestärkt. Nach ihrem Studium am „Höheren Lehrerinnenseminar" in Stockholm unterrichtete sie von 1901 bis 1935 in der Mathilda Hall-Schule in Göteborg Schwedisch und Religion. Neben ihrer schriftstellerischen Arbeit unternahm sie ausgedehnte Vortragsreisen durch die nordischen Länder; außerdem lehrte sie an verschiedenen schwedischen Volkshochschulen. In der angesehenen Zeitung „Göteborgs Handels-och Sjöfarts-tidningen" rezensierte O., die von S. Lagerlöf (1858–1940) als Autorin gefördert wurde, Kinder- und Jugendbücher. Für das Buch „Skolflickor" (1927; dt. Die weiße Azalee, 1956) erhielt sie ein Schriftstellerstipendium. Auch die königliche Verdienstmedaille und das Verdienstabzeichen der Stadt Göteborg wurden ihr verliehen.

Werk, Tendenzen, Wirkung. O.s Werk ist vor allem von ihrer pädagogischen Tätigkeit bestimmt. Das Schwergewicht ihrer Produktion liegt auf Kinder- und Jugendbüchern teils realistischen, teils märchenhaften Inhalts. Dazu kommen Gedichte, mit denen sie ihre schriftstellerische Laufbahn begann, Märchen, Märchenbearbeitungen und Liedtexte, die in Schweden sehr bekannt wurden. Für den unmittelbaren schulischen Gebrauch verfaßte O. Singspiele und Theaterstücke, Texte für Morgenandachten, Gebetbücher, Lesebücher. Zwar wandte sich O. mit Novellen, Essays und Romanen auch an die erwachsenen Leser; doch sind gerade ihre Romane mehr oder minder als Jugendbücher verbreitet worden, weil das Motiv der Entwicklung und Selbstfindung in ihnen bestimmend ist. Neben O.s pädagogischer Motivation hat ihre starke – von den Quäkern geprägte – Religiösität ihre schriftstellerischen Arbeiten beeinflußt. Maßgebend für sie ist weniger das Kirchliche und Biblische als die unmittelbare Gotteserfahrung; alle Selbstfindung ist eingebettet in religiöse Erfahrung, die jedoch vor allem die personale und soziale Hinwendung zu anderen Menschen fordert. Das wird in ernster und besinnlicher Weise vorgetragen. Vieles davon ist autobiographisch zu deuten, wie es ihr Buch „En av oss" (1927; dt. Einer wartet immer auf dich, 1954) nahelegt.

Es gelingt O. in ihren besten Büchern, ihr Ideal mit einer lebendig geschilderten Umwelt zu verbinden, in der ihre Liebe zur Natur und zur Kultur der nordischen Länder deutlich wird. Dies macht vor allem den Reiz der Helga Vilhelmina-Trilogie aus. Die Erzähltechnik erinnert an S. Lagerlöf, deren Werk sich O. durch Biographien für die Jugend verpflichtet zeigt. Auf ein weiteres bestimmendes Element weist die Andersen-Biographie „Skomakarpojken från Odense" (1955; dt. Der Schustersohn aus Odense, 1956) hin. Die in Deutschland bekannt gewordenen märchenhaften Erzählungen für Kinder sind wenig überzeugend: Penetrante Bravheitsideologie wird durch die Verwendung der heimischen Märchenfiguren nicht glaubwürdiger. Der allzu optimistische Glaube an die unfehlbare Siegeskraft des Guten wirkt oft aufgesetzt. Jedoch hat O. in ihren realistischen Büchern mit viel Humor und Einfühlungsgabe in die kindliche Psyche gearbeitet und auch problematische und schwierige Kindergestalten überzeugend dargestellt.

Das Schweden O.s ist noch sehr weit entfernt von dem Wohlfahrts- und Wohlstandsstaat der Gegenwart. Fleiß, Arbeitsamkeit, Gottesfurcht und die Annahme der sozialen Ordnung als gegeben prägen es. Die Bücher O.s wurden ins Dänische, Finnische, Französische, Holländische und Isländische übersetzt. Im deutschsprachigen Bereich erfolgte die Publikation ihrer Werke mit Verspätung, dies vor allem, weil das „Dritte Reich" trotz seiner Vorliebe für das „Nordische" für O.s Themen wenig Interesse zeigte. Nach dem Zweiten Weltkrieg erschienen rasch aufeinanderfolgend Übertragungen ihrer Bücher; die höchste Gesamtauflage von 54 Tsd. Exemplaren erzielte „Helga Vilhelmina", seit 1968 überdies in einer Taschenbuchausgabe auf dem Markt.

→ S. Lagerlöf

Werke: Solhut (1901); Blommornas bok (1905); Det röda huset (1907; dt. Das rote Haus, 1945); Svenska lekar (1907); Sagor och visor (1910); Dags visor (1911); Per och Lisa hos fiskarne (1912); Ett gammalt borgarhem (1913; dt. Das Lehnsgut Gottes, 1959, [2]1960); En liten prinsessa (1915); Några dikter (1915; 4. Aufl. u.d.T.: Dikter, [9]1952); Snövit och de sju dvärgena (1915); Trollspöet (1915); Backsippor (1917); Den lilla drottningen (1917; dt. Die kleine Königin, 1933, NA. 1953); Inger Skram (1919; dt. Inger Skram, 1939, [7]1960); Lille bror Staffan (1920); Mors dag (1921); Den bergtagnas dotter (1922); Skolflickor (1924; dt. Die weiße Azalee, 1956, [3]1966); Lövängen (1926; dt. in: Der Eschenhof, 1927); En av oss (1927; dt. Einer wartet immer auf dich, 1954); Grekiska sagor (1927, [2]1939); Prinsessorna och narren (1927); Min fågel blå och andra flickhistorier samt ett sagospel (1930); Legender och sagor

(1931); Ute blåser sommarvind (1932; dt. Draußen weht Sommerwind, 1949, ^{2}1958); Helga Vilhelmina (1933; dt. Helga Vilhelmina. Ein Mädchen im hohen Norden, 1940. ^{3}1959); Ilskebyttan och andra barnsagor (1933; dt. Vom kleinen Zornnickel, 1951, ^{2}1957); Den sjungande löven (1933); Världen växer (1936; ^{5}1961 u. d. T.: Världen växer för Helga Vilhelmina; dt. Die Welt wird weit. Helga Vilhelmina blickt ins Leben, 1949, ^{3}1957); Vårträdet (1938; dt. Helga Vilhelmina und ihre Kameraden, 1958); Birgitta skriver till sin gudmor – och får svar (1940); Fågel Vinglös (1941; dt. Vogel ohne Schwingen, 1945, NA. 1955); Korta brev til min vän Birgitta (1945, ^{3}1948; dt. Briefe an Brigitte, 1955, ^{2}1958); Joakim, den lille urmakaren (1946, ^{2}1947; dt. Verborgene Schätze, 1956); Blåklint i rågen (1947); Herrgårdsflickan som blev världsberömd Selma Lagerlöf (1948; dt. Das Erlebnis von Mårbacka. Begegnung mit Selma Lagerlöf und ihrer Dichtung, 1953); Hon älskade människorna Fredrika Bremer (1950); Elfen und Trolle (1951); En riddare red fram (1952); Dansa min visa (1954); Hans mammas fingerborg och andra småbarnsagor (1955); Skomakarpojken från Odense. H. C. Andersens historia berättad för ungdom (1955; dt. Der Schustersohn aus Odense, 1956); Ska vi spela teater? (1956); De fem pärlorna och andra sagor (1957); Kajsa reser till Solköping (1958; dt. Kajsas erste Reise, 1960, ^{2}1962); Selma Lagerlöf. Skildrad för ungt folk och andra (1958); Kajsa och nyckelbarnet (1959; dt. Kajsa und das Schlüsselkind, 1961, ^{2}1964); Kajsa, Annika och Toni (1961; dt. Kajsa im Sommerhaus, 1963); Til min kära dotterdotter – om jag hade någon (1961).

Sekundärliteratur: Kr. Gehrling: Die Dichtung Jeanna Oterdahls (in: Studien zur Jugendliteratur. 4. 1958. 80–117). – St. Hagliden: Svenska barnboksförfattare. 16. Jeanna Oterdahl (in: Skolbiblioteket. 3. 1959. 109–115). – M. Lindqvist: Människor. (1938. 250–266).

Ottilie Dinges

Otto, Berthold

*Schriftsteller, Redakteur, Lehrer und Theoretiker der Reformpädagogik; *6. 8. 1859 Bienowitz/Liegnitz, †29. 6. 1933 Berlin-Lichterfelde.*

O. war nach seinem Studium als Privatlehrer in Westfalen und Berlin, zeitweilig auch als Schriftleiter einer Hamburger Tageszeitung tätig. Von 1890 an arbeitete er zwölf Jahre lang als Redakteur der Enzyklopädie des F. A. Brockhaus-Verlags in Leipzig. Seit 1902 wohnte er als freier pädagogischer Schriftsteller in Berlin. Er leitete von 1906 bis zu seinem Tode die von ihm begründete private „Hauslehrerschule". O. gehörte zu den bedeutenden Theoretikern der Reformpädagogik zu Beginn des 20. Jahrhunderts.

Großen Einfluß auf Theorie und Praxis des Jugendschrifttums im frühen 20. Jahrhundert gewann O. durch die Einführung des Begriffes der „Altersmundart" (1901). Er begann zunächst, bevor er die theoretische Grundlegung dazu entwarf, damit, daß er in seinen Zeitschriften „Die Deutsche Schulreform" (1898/99) und „Der Hauslehrer" (1901, seit 1917 „Deutscher Volksgeist") Texte in Altersmundart veröffentlichte, mit denen er versuchte, gegenwartsbezogene Sachverhalte, aber auch „Geschichten", schließlich sogar „Die Sage von Doktor Heinrich Faust" (diese als selbständige Veröffentlichung 1901) der Vorstellungswelt des Kindes in einer ihm gemäßen Sprache nahezubringen. Die grundsätzliche Diskussion über den Begriff „Altersmundart" eröffnete O. mit den Schriften „Hauslehrerbestrebungen – Altersmundart und ihre Gegner" (1905) und „Kindesmundart" (1908). O. spricht auch von dem Recht des Kindes, sich seiner eigenen Sprache zu bedienen. In den je nach Alter bedingten „Abstufungen der Sprachgewandtheit", den „Sprachstufen", erkennt O. wesentliche Zeichen des jeweiligen geistigen Entwicklungsstandes des Kindes. O. verlangt, die Fragen des Kindes so gelten zu lassen, wie sie gestellt sind, und sie nicht sprachlich zurecht zu rücken. Die Antworten müssen „nur in den Mitteln dieser Sprache" erfolgen, eben in der Altersmundart, von O. oft auch als Kindesmundart bezeichnet. Seine Erkenntnisse sammelte O. im Umgang mit seinen eigenen Kindern, aber auch aus den sprachwissenschaftlichen Arbeiten von H. Steinthal, von denen die „Einleitung in die Psychologie und Sprachwissenschaft" (1871) O. am meisten beeinflußt hat. O. gelingt nicht, den Begriff Altersmundart exakt zu fassen, bzw. die unterschiedlichen Kriterien der Kindesmundart etwa des 8-, 10- oder 12jährigen herauszustellen (wie es auch heute noch keine genaue, empirisch belegte Zuordnung der Sprache zu einer bestimmten Altersstufe gibt!). Er rät nur, auf die ganz besonderen „Stimmungsmodulationen" der Kindessprache zu hören, die „Eigenbewegung der Vorstellung" der Kinder wahrzunehmen, die sprachlichen „Wachstumstendenzen" zu verfolgen und diesen von seiten der Eltern und der Lehrer spontan zu entsprechen. Im „Hauslehrer" – dem Dolmetscher zwischen Erwachsenen und Kindern – gab O. laufend Proben der kindbezogenen Sprechsprache der Erwachsenen, – gleichsam zum Einüben für Eltern und Lehrer – in denen er „neue Worte und Begriffe in die Altersmundart einmischt". Auf Grund seines recht psychologistischen Literaturverständnisses versuchte er auch, „Dichtwerke in schlichter Erzählung neu zu gestalten", Geschichten, Sagen und Märchen zu erzählen, um stofflich das eigentliche spätere Verständnis für diese Form vorzubereiten. Damit erhoffte O., einer Literatur in Altersmundart den Weg zu bereiten. Die Aufgabe, „die reine Kindermundart in die Literatur" einzuführen, nahm ihm seine älteste Tochter Helene ab, die u. a. die Odyssee, die Ilias und die Siegfriedsage für ein Sprech- und Sprachalter von 8–10 erzählte, das sie aber bereits selbst überschritten hatte. Damit ist O.s Ziel, „eine wirklich vollkommen freie Literatur in verschiedenen Altersmundarten der Kinder" vorlegen zu können, wiederum nur annähernd erreicht, zumal er an anderer Stelle noch zugeben muß, daß das in Altersmundart schreibende Kind oft schon „allerlei von der Schriftsprache" in sich aufgenommen hat, das die effektive Natürlichkeit der Kindesmundart auch von daher in Frage stellt.

Es bleibt dazu zu vermerken, daß in O.s Forderung nach einer „Literatur in Altersmundart" ein unaufhebbarer Widerspruch steckt: diese Literaturform mit eigenen ästhetischen Gesetzen ist nicht mehr gesprochene Sprache, Altersmundart, sondern kindertümlich literarische Sprachgestaltung, die sich nicht grundsätzlich von der geschriebenen Literatursprache, gegen die sich O. so energisch wendet, unterscheidet. Ein deutlicher Bruch zwischen der kindeseigenen und der kindlichen Sprache der Altersmundartliteratur bleibt bestehen.

→ Kindersprache

Werke: Die Zukunftsschule (Bd. 1–2. 1901–1914); Mütterfibel (1903); Hauslehrerbestrebungen – Altersmundart und ihre Gegner (1905); Vom königlichen Amt der Eltern (1906); Geistiger Verkehr mit Schülern im Gesamtunterricht (1907); Kindesmundart (1908); Von der Helga (1910); Familienreform (1912); Volksorganisches Denken (Bd. 1–4. 1925/26); K. Kreitmair (Hrsg.): Ausgewählte pädagogische Schriften (1963).

Sekundärliteratur: P. Baumann: Berthold Otto (Bd. 1–5. 1958–1962). – G. Ferber: Berthold Ottos pädagogisches Wollen und Wirken (1925). – K. Günzel: Organische Bildung in der Weise Berthold Ottos (1937). – J. Kretschmann (Hrsg.): Was sagt Berthold Otto? (1929. NA. 1959). – W. Scheibe: Otto-Gesamtunterricht (1969).

Hermann Bertlein

Outcault, Richard Felton

*Amerikanischer Comiczeichner; *14. 1. 1863 Lancaster/Ohio, †25. 9. 1928 Flushing/Long Island.*

Nach seiner Schulzeit studierte O. Kunstgeschichte und Grafik in den USA und in Paris und graduierte an der McMicken University in Cincinnati. O. erwarb seine ersten Erfahrungen als Comiczeichner bei den Zeitungen bzw. Zeitschriften „Judge", „Truth", „Life" und „Electric World". Mit der Entwicklung und Einführung des Zeitungsfarbdrucks und der Einrichtung einer farbigen Beilage in J. Pulitzers „New York World" begann auch der Name O.s langsam bekannt zu werden, allerdings fand „Shantytown" (1893), eine Art „Vor-Comic", wenig Resonanz beim Publikum. 1894 brachte er in der „New York World" seine erste farbige sechsteilige Bildfolge heraus: „The Origin of a New Species, or the Evolution of the Crocodile Explained". O. wechselte in der Folgezeit mehrmals miteinander konkurrierende Zeitungen, deren Besitzer J. Pulitzer, R. Hearst und J. G. Bennett erkannt hatten, daß sich die farbigen Sonntagsbeilagen auflagensteigernd auswirkten. Später wurde O. Präsident der „Outcault Advertising Co., Chicago, Ill.".

Werk, Tendenzen, Wirkung. Ab Juli 1895 erschien die Bildfolge „Down in Hogan's Alley"; im Gegensatz zu „The Origin of a New Species" bestand sie nur aus jeweils einem Bild, auf dem die Zustände in einem New Yorker Elendsviertel dargestellt werden. Einer der immer wiederkehrenden Figuren in diesen großformatigen Milieustudien war ein kleiner zahnloser, kahlköpfiger Junge, der durch abstehende Ohren, durchtriebenen Gesichtsausdruck und vor allem ein langes weißes Nachthemd charakterisiert ist. Ihn wählte der Chefredakteur aus, um neue Farbdruckmaschinen zu erproben – das Nachthemd wurde gelb eingefärbt. Das erste Auftreten dieses „Yellow Kid" am 7. 7. 1895 wurde ein großer Publikumserfolg, der Verleger nutzte die Popularität dieser Figur und ließ sie ab dem 16. 2. 1896 (Titel: „The Great Dog Show in Mr. Hogan's Alley") regelmäßig in der Sonntagsausgabe der „World" auftreten. O. begründete durch die grafische Gestaltung – u. a. nehmen die Sprechblasen nach und nach größeren Platz ein – und die Texte seinen Ruhm als Mitentwickler des modernen Comicstrips.
Im selben Jahr wechselte er zum „New York Journal" über und zeichnete dort seine Serie weiter; seine alte Zeitung, die „New York World", ließ sie unter verändertem Titel von dem Zeichner G. Luks weiterführen. 1897 ging O. dann zum „New York Herald" des Verlegers J. G. Bennett, brachte dort 1901 „Pore Li'l Mose and Buddy Tucker" und im Mai 1902 den Bildstreifen „Buster Brown" heraus. Im Gegensatz zu der frechen, sozial-anklägerischen Jungenfigur „Yellow Kid" ist „Buster Brown" der hübsch frisierte und gut gekleidete Lausejunge der wohlhabenden amerikanischen Mittelschicht. Seine Aufgabe ist es, zusammen mit seiner sprechenden Bulldogge Tige seine Leser durch naive Streiche zu unterhalten. Ab 1906 erschien „Buster Brown" im „American Humorist", einer Unterhaltungsbeilage des „New York Journal", zu dem O. zurückgekehrt war. „Buster Brown" wurde im „Herald" in einer veränderten Version weitergeführt und in verschiedenen Fassungen bis zum Ersten Weltkrieg gezeichnet. Ebenfalls 1906 veröffentlichte O. eine Biographie des „Buster" in Prosaform und 1908 bis 1913 sechs weitere Bücher mit dieser Hauptfigur. Bereits im Oktober 1906 erschien eine dänische Übersetzung unter dem Titel „Lille Svends Gavtyvestreger" in der Wochenzeitschrift „Hjemmet". „Buster Brown", der Junge im Samtanzug, beeinflußte in Amerika Kindermoden, Spielzeugindustrie, Whisky-, Schuh- und Zigarettenwerbung und seine Werbungsprodukte füllten das „Buster Brown-Museum" in New York.

→ Comics

Werke: Shantytown (1893); The Origin of a new species, or the evolution of the crocodile explained (1894); Down in Hogan's Alley (1895); Pore Li'l Mose and Buddy Tucker (1901); Buster Brown (1902–1926); Buster Brown (1906); Buster, Mary Jane and Tige (1908); Buster Brown, the busy body (1909); Real Buster and the truly Mary Jane (1909); Buster Brown in foreign lands (1912); Buster Brown – the fun maker (1912); Buster Brown and his pets (1913).

Sekundärliteratur: St. Becker: Comic Art in America (1959). – P. Couperie: A history of the comic strip (1968; zus. mit M. C. Horn u. a.). – G. Metken: Comics (1970). – R. C. Reitberger: Comics. Anatomie eines Massenmediums (1971; zus. mit W. J. Fuchs).

Wolfgang Kempkes

Overbeck, Christian Adolf

*Jurist, Pädagoge, Liederdichter; *21. 8. 1755 Lübeck, †9. 3. 1821 Lübeck.*

O.s jüngster Sohn war der bekannte Maler Friedrich O. (1789–1869). O. besuchte das Gymnasium zu Lübeck und studierte anschließend in Göttingen Rechtswissenschaften, Philosophie, Geschichte und Naturwissenschaften. Nach dem Studium übernahm er zunächst in Bremen eine Erziehungsanstalt, kehrte dann aber nach Lübeck zurück, wo er 1779 Obergerichtsprokurator, 1792 Syndikus des Domkapitels und 1798 Consulent des Schüttings wurde. Im Jahr 1800 in den Senat berufen, kümmerte er sich um das Schul- und Armenwesen und war mit Geschick in diplomatischen Unterhandlungen tätig (Verhandlungen mit Dänemark, BERNADOTTE, MURAT und Zar ALEXANDER). Nach der Befreiung von der französischen Besatzung wurde O. 1814 Bürgermeister von Lübeck.

Werk, Tendenzen, Wirkung. Schon seit frühester Jugend befaßte sich O. mit Dichtungen und Kompositionen. So schrieb er Klavierauszüge (PERGOLESI: Stabat mater). Literarisch trat er mit Übersetzungen von Reisewerken und Abhandlungen in verschiedenen Zeitschriften hervor. 1781 veröffentlichte er sein bekanntestes Werk „Fritzchens Lieder", das eine Auswahl aus seinen Gedichten enthält. Über die damit verfolgte Tendenz verrät O. im Vorwort dazu: „In diesen Liedern hab' ich versuchen wollen, wie weit ichs etwa im Kinderton treffen könnte". Gleichzeitig kritisiert er vorsichtig den herablassenden Ton in den Liedern CHR. F. WEISSES. „Fritzchens Lieder" fanden großen Anklang und wurden mehrfach vertont. Am bekanntesten wurde das von W. A. MOZART vertonte Lied „Komm' lieber Mai". Lange hat man in O.s Lyrik nur die Nähe zu M. CLAUDIUS, die Freude an der kleinen Naturbetrachtung und spielenden Träumerei sehen wollen. Mit dieser Betrachtungsweise wird man O. aber nicht gerecht. Überblickt man die Kinderlyrik von CHR. F. WEISSE und FR. J. J. BERTUCH über O. zu K. FR. LOSSIUS, so bemerkt man eine deutlich fortschreitende Entwicklung. Bei O. darf das Kind im Gegensatz zu der durch moralische Maxime geprägten Kinderliteratur der Zeit ganz Kind sein, kann sich austoben, wird nicht gezwungen, das Verhalten eines Musterknaben zu zeigen. Die Natur findet bei O. ebenso Eingang in die Kinderdichtung wie die Arbeitswelt und der einfache arbeitende Mensch. In den meisten Darstellungen zur Geschichte der Kinder- und Jugendliteratur wird O. scharf kritisiert. Eine Ausnahme bildet die Arbeit von E. SCHMIDT „Die deutsche Kinder- und Jugendliteratur von der Mitte des 18. Jahrhunderts bis zum Anfang des 19. Jahrhunderts" (1974), in der die Bedeutung O.s für die Entwicklung der Kinderlyrik in Deutschland deutlich aufgezeigt wird.

Werke: Fritzchens Lieder (1781, ²1831); Lieder und Gesänge (1781); Lehrgedichte und Lieder für junge empfindsame Herzen (1786); Vermischte Gedichte (1794).

Sekundärliteratur: S. Köberle: Jugendliteratur zur Zeit der Aufklärung (1972). – E. Schmidt: Die deutsche Kinder- und Jugendliteratur von der Mitte des 18. Jahrhunderts bis zum Anfang des 19. Jahrhunderts (1974).

Erich Strobach

Oxenbury, Helen

*Englische Grafikerin und Bilderbuchkünstlerin; *um 1940 Ipswich/Suffolk.*

O. studierte jeweils zwei Jahre an der Ipswich School of Art und der Central School of Art in London mit dem Schwerpunkt Bühnenbild. Sie arbeitete für Theater in England und Israel. Seit ihrer Rückkehr nach England ist sie als Mitarbeiterin bei Film und Fernsehen, hauptsächlich aber als freie Grafikerin und Bilderbuchillustratorin (seit 1967) tätig. O. ist mit dem Bilderbuchkünstler J. BURNINGHAM (*1937) verheiratet. – Für die Illustration zu „The Quangle-Wangle's Hat" (1969; dt. Der Quingelwingelquie, ²1975) und „The Dragon of an Ordinary Family" (1969; dt. Müllers Familiendrache, 1969) erhielt sie 1969 die Kate Greenaway Medal; „Das erste Frühstück" (1971) wurde in die Liste der Schönsten deutschen Bücher aufgenommen.

Werk, Tendenzen, Wirkung. Das Schaffen von O. ist ohne die Rückbindung an wesentliche Formen und Gattungen der englischen Kinderliteratur wie Nursery Rhymes und Nonsense LEARscher und CARROLLscher Prägung, nicht zu denken. Hinzu kommt ein Hang zu spezifisch englischem Humor und fantastischen Ereignissen, die ohne Ankündigung unvermittelt in den Alltag von Menschen einbrechen, die oft dem Milieu der „Kleinen Leute" zuzurechnen sind (vgl. The Dragon of an Ordinary Family). Zu gängigen Themen der Kinder- und Bilderbuchliteratur wie ABC- und Zahlen-, sowie Tier- und Umweltproblemen hat sie durchweg originelle, grafisch neuartig akzentuierte Gestaltungen geschaffen. Zur Arbeit ihres Mannes führen manche inhaltliche Verbindungen, soweit fabel- und parabelähnliche Stoffe und Motive mit Hunden, Katzen, Mäusen, Bürgermeistern gewählt werden. Im Gegensatz zur stilistischen Vielfalt und Raffinesse in BURNINGHAMS Arbeiten bevorzugt O. Federzeichnungen, die aquarelliert oder in Mischtechniken mit Pastell und Farbkreiden koloriert werden. O.s Humor ist eher derb und handgreiflich, wobei dem Ungewöhnlichen und Verblüffenden breiter Raum belassen wird.

In „Meal One" (1971; dt. Das erste Frühstück, 1971; 1973 als rotfuchs-Taschenbuch) wird eine in sich kreisende Erzählform gewählt, bei der Mutter und Sohn eine intakte Teilfamilie verkörpern. Zwischen den Generationen klafft kein Unterschied; Mutter und Kind tummeln und toben gemeinsam, spielen Fußball und führen Ringkämpfe aus. Einem im Zimmer eingepflanzten Pflaumenkern entspringt ein gewaltiger Obstbaum, der das aufgedeckte Frühstück aufschmatzt und fortschlürft. Hier wird souverän mit Traum und Wachsein, mit dem Zeitablauf und der Imagination spielerisch verfahren. I. CUTLER, der Lehrer bei A. S. NEILL (1883–1973) in Summerhill war, hat zu diesem Buch wie zu „Balooky Klujypop" (1975) und „Diamonds" (1976) die erzählerische Vorlage geliefert. Die Widmung an den Lehrer und seinen antiautoritär-repressionsfreien Unterrichtsstil findet im partnerschaftlichen Umgang von Mutter und Sohn ihre Entspre-

Helen Oxenbury. Illustration aus dem farbigen Taschenbilderbuch „Das erste Frühstück" (1973; engl. „Meal One", 1971) mit dem Text von Ivor Cutler.

chung. Die skurril-fantastische Note bindet diese neueren Einfälle an die traditionsreichen Themen „The Hunting of the Snark" (1970) zu einem Text von L. Carroll (1832–1898) und „The Quangle-Wangle's Hat" zu einem Text von E. Lear (1812–1888).

Gesellschaftskritische Aspekte bringt O. in „Pig Tale" (1973; dt. Ein Schweineleben, 1973) ein: Zwei Schweine träumen ein Leben im Wohlstand, mit teuren Autos und kostbarer Kleidung. Nachdem ihr Dasein unter Luxusbedingungen kläglich scheitert, sind sie am Ende froh, nach der Devise „Alles zu seiner Zeit, jeder an seinem Ort" ihr altes Schweineleben wieder aufnehmen zu können. Ähnlich abständige Ideologien, sich mit seinem Los zu bescheiden, finden sich in themenverwandten Bilderbüchern wie „Sechs kleine Schweine" (1963) von T. Ungerer (* 1931) und einzelnen Tierparabeln L. Lionnis (* 1910).

„Cakes and Custard" (1974), Kinderreime, die Br. Alderson auswählte, gehört mit 250 Illustrationen von O. zu den bisher aufwendigsten Ausstattungsobjekten der jüngsten englischen Kinderliteratur. Humor und formaler Einfallsreichtum, eigenständige Interpretation und Bildwitz der Grafikerin finden hier ihren Ausdruck.

Werke: H. Oxenbury: Numbers of things (1967); A. Tolstoi: The great big enormous turnip (1968); M. Mahy: The dragon of an ordinary family (1969; dt. Müllers Familiendrache, 1969); E. Lear: The Quangle-Wangle's Hat" (1969; dt. Der Quingelwingelquie, [2]1975); L. Carroll: The hunting of the snark (1970); I. Cutler: Meal one (1971; dt. Das erste Frühstück, 1971); H. Oxenbury: ABC of things (1971); H. Oxenbury: Pig tale (1973; dt. Ein Schweineleben, 1973); Br. Alderson (Hrsg.): Cakes and Custard. Children's Rhymes (1974); I. Cutler: Balooky Klujypop (1975); I. Cutler: Diamonds (1976).

Horst Künnemann

Lexikon der Kinder- und Jugendliteratur

Personen-, Länder- und Sachartikel zu Geschichte und Gegenwart der Kinder- und Jugendliteratur

In drei Bänden (A–Z)
und einem Ergänzungs- und Registerband

Herausgegeben von Klaus Doderer

Beltz Verlag, Weinheim und Basel

Lexikon der Kinder- und Jugendliteratur

Dritter Band: P–Z

Lexikon der Kinder- und Jugendliteratur

Dritter Band: P–Z

Erarbeitet im Institut für Jugendbuchforschung
der Johann Wolfgang Goethe-Universität in Frankfurt/Main

Redaktion: Hannelore Daubert, Klaus Doderer, Winfred Kaminski,
Helmut Müller, Detlef Ram, Hildegard Schindler-Frankerl

Beltz Verlag, Weinheim und Basel

CIP-Kurztitelaufnahme der Deutschen Bibliothek

Lexikon der Kinder- und Jugendliteratur : Personen-, Länder- u. Sachart. zu Geschichte u. Gegenwart d. Kinder- u. Jugendliteratur ; in 3 Bd. (A–Z) u. e. Erg.- u. Reg.-Bd. / [erarb. im Inst. für Jugendbuchforschung d. Johann-Wolfgang-Goethe-Univ. in Frankfurt am Main]. Hrsg. von Klaus Doderer. – Sonderausg. in Kassette – Weinheim ; Basel : Beltz
ISBN 3-407-56520-8
NE: Doderer, Klaus [Hrsg.]; Institut für Jugendbuchforschung <Frankfurt, Main>
Bd. 3. P–Z / Red.: Hannelore Daubert... [Mitarb. dieses Bd. Dina Abramowicz...]. – 1984.
NE: Daubert, Hannelore [Red.]

Redaktionsschluß: Dezember 1978 (mit Nachträgen bis Herbst 1979)

Umschlagentwurf: Günther Stiller, Taunusstein
Gesetzt aus der 8 Punkt Garamond für die Grundschrift
Gesamtherstellung: Beltz Offsetdruck, 6944 Hemsbach über Weinheim
Printed in Germany

ISBN 3 407 56520 8

Vorwort des Herausgebers

Zwei Jahre nach dem zweiten liegt nun auch der dritte Band des „Lexikons der Kinder- und Jugendliteratur“ vor. Damit sind die Artikel zu Personen und Sachgebieten der Kinder- und Jugendliteratur bis zum Buchstaben Z gelangt. Redaktion und Herausgeber freuen sich, daß sie das vor mehr als anderthalb Jahrzehnten begonnene Vorhaben dank der fleißigen, zum großen Teil selbstlos geleisteten Anstrengungen und der oft mühsamen Recherchen unserer mehr als 350 Mitarbeiter im In- und Ausland, dank des Entgegenkommens im Beltz Verlag und besonders auch dank der Unterstützung der Deutschen Forschungsgemeinschaft bis zu diesem Punkt haben bringen können. Einen so seitenstarken und inhaltsreichen Band, wie der hier vorliegende, hatten wir allerdings bei der Planung nicht erwartet.
Die Tatsache des Anschwellens der Informationen und der Vergrößerung des Artikelbestandes von Band zu Band lassen erkennen, daß inzwischen noch vieles gefunden worden ist, was nachgetragen werden muß. Dies hat zur Folge, daß sich – wie seit längerem angekündigt – ein Ergänzungsband anschließen muß. Er wird viele, vom Benutzer sicher bisher vermißte Personen-, Länder- und Sachartikel aus der Gegenwart und Vergangenheit der Kinder- und Jugendliteratur enthalten, dazu ein ausführliches Sachregister und ein Personenregister. Beide werden eine noch intensivere Erschließung des Gesamtwerkes erlauben. Dieser in Vorbereitung befindliche, abschließende Band – wir schätzen, daß er an Umfang keinem der drei jetzt vorliegenden nachstehen wird – kann voraussichtlich schon 1981 erscheinen. Die Arbeiten daran sind im Gange. Zu ihnen hat uns nicht zuletzt das auf Initiative der Deutschen Forschungsgemeinschaft ins Leben gerufene Beratergremium ermutigt.
Jeder Artikel enthält im Geflecht der in ihm mitgeteilten Fakten und Daten auch die Auffassungen und individuellen Einschätzungen seines jeweiligen Verfassers. Dieser zeichnet deshalb auch in unserem Lexikon mit seinem Namen. Die Schwebe zwischen Handbuch- und Lexikoncharakter, welche wir von vornherein für dieses erste große Spezialnachschlagewerk für Kinder- und Jugendliteratur anzielten, ist auch im dritten Band durchgehalten worden. Überhaupt haben wir uns bemüht, Konzept und Form, wie wir sie in dem 1975 erschienenen Band 1 begonnen haben, kontinuierlich bis in den dritten Band fortzusetzen, von kleineren Veränderungen abgesehen, zu denen uns Hinweise und Kritik zu den bisher erschienenen Bänden angeregt haben. So werden im dritten Band die Vornamen der erwähnten Autoren, Illustratoren und Fachleute nicht mehr abgekürzt, sondern voll ausgeschrieben. Sicher werden dadurch Verwechslungen besser vermieden und Personenidentifikationen leichter gemacht. Für die Einhaltung unseres Konzepts sorgten das stets gut zusammenarbeitende Redaktionsteam und seine vielen Helfer innerhalb und außerhalb des Frankfurter Instituts für Jugendbuchforschung.

Frankfurt, Oktober 1979 *Klaus Doderer*

Mitarbeiter dieses Bandes

Dina Abramowicz, New York (USA)
Meral Alpay, Istanbul (Türkei)
Janine Aranda, Frankfurt/Main
Dieter Arendt, Gießen
Christian Baltes, Neu-Isenburg
Anton Baumeister, Freiburg im Breisgau
Alfred Clemens Baumgärtner, Würzburg
Hanna Bautze, Stuttgart
Jörg Becker, Frankfurt/Main
Hermann Bertlein, Worms
Lioba Betten, München
Wolfgang Biesterfeld, Kiel
P. Birungi, Kampala (Uganda)
Ute Blaich, Garstedt b. Hamburg
Monika Bosse, Straßburg (Frankreich)
Ivo Braak, Kiel
Carmen Bravo-Villasante, Madrid (Spanien)
Eckhard Breitinger, Tübingen
Theodor Brüggemann, Köln
Carlota Carvallo de Nunez, Lima (Peru)
Jan Červenka, Prag (ČSSR)
Otakar Chaloupka, Prag (ČSSR)
Hannelore Christ, Frankfurt/Main
Hans-Gerd Claßen, Krefeld
Malte Dahrendorf, Hamburg
Ingeborg Daube, Frankfurt/Main
Hannelore Daubert, Frankfurt/Main
Margarete Dierks, Darmstadt
Ottilie Dinges, Essen
Ingrid Doderer, Darmstadt
Klaus Doderer, Frankfurt/Main
Bernd Dolle, Frankfurt/Main
Erich Eberts, Frankfurt/Main
Rüdiger Edelmann, Frankfurt/Main
Hans Eich, Taufkirchen
Fred Erisman, Fort Worth (USA)
Hartmut Euler, Neu-Eichenberg/Hessen
Hans-Heino Ewers, Köln
Karlhans Frank, Ortenberg/Hessen
Kurt Franz, München
Christian Freitag, Gießen
Stanislaw Frycie, Warschau (Polen)
Hans Gärtner, Polling b. München
Viniciu Gafita, Bukarest (Rumänien)
Ella Gankina, Moskau (UdSSR)
Vladimira Gebhartova, Prag (ČSSR)
Klaus F. Geiger, Göttingen
Manfred Geiss, Mörfelden
Hildegard Gerlach, Freiburg im Breisgau
Gisela Goldbach, Kronberg i.Ts.
Norbert Groeben, Heidelberg
Hans-Martin Große-Oetringhaus, Münster
Dietrich Grünewald, Frankfurt/Main
Jutta Grützmacher, Berlin
Gerhard Haas, Reutlingen
Susanne Hahn, Köln
Hans A. Halbey, Mainz
Ulrich Hann, Seoul (Korea)
Wolf Harranth, Wien (Österreich)
Ernst Hauswedell, Hamburg
Götz Hillig, Marburg/Lahn
Ludwig Hirschberg, Hamburg
Detlef Hoffmann, Wiesbaden
František Holešovský, Prag (ČSSR)
Otto Holzapfel, Odense (Dänemark)
Bettina Hürlimann, Zollikon (Schweiz)
Geneviève Humbert, Straßburg (Frankreich)
Bettina Hurrelmann, Essen
Martin Hussong, Speyer
Petra Jäschke, Frankfurt/Main
Maureen Jeyapal, Singapur
Sabine Jungfer, Frankfurt/Main
Konrad Kallbach, Hannover
Winfred Kaminski, Frankfurt/Main
Theodor Karst, Reutlingen
Wolfgang Kempkes, Hamburg
Hans Kerst, Hamburg
Harro Kieser, Bad Homburg
Dieter Kirsch, Groningen (Niederlande)
Albert Klein, Iserlohn
Werner A. Kleye, Berlin
Karl-Heinz Klimmer, Bad Homburg
Göte Klingberg, Lund (Schweden)
Klaus Klöckner, Frankfurt/Main
Rolf-Dieter Kluge, Freiburg im Breisgau
Anneliese Knoop, Bühl
Hartmut Kokott, Frankfurt/Main
Ferdinand Kopp, Tutzing
Heike Kraft, Frankfurt/Main
Otwald Kropatsch, Radkersburg (Österreich)
Walter Kühnel, Frankfurt/Main
Horst Künnemann, Hamburg
Waltraut Küppers, Kassel
Lydia Kyselova, Bratislava (ČSSR)
Riana Luiks-Kramer, Utrecht (Niederlande)
O. F. Makafu, Dar-Es-Salaam (Tanzania)
Marion Masthoff, Essen
Bernhard Meier, Nürnberg
Gertraud Meinel, Freiburg im Breisgau
Velten Merz, Frankfurt/Main
Horst Mischke, Hamburg
Alexander Mitru, Bukarest (Rumänien)

Annie Moerkercken van der Meulen,
Den Haag (Niederlande)
Igor Motjašov, Moskau (UdSSR)
Helmut Müller, Frankfurt/Main
Luis Neira, Montevideo (Uruguay)
Wolfgang Neumann, Karben/Hessen
Hans-Wolfgang Nickel, Berlin
Magdalena Nima-Rolf, Bochum
José Maria Obaldia, Montevideo (Uruguay)
Mary Ørvig, Stockholm (Schweden)
Joaquina P. de Padilla, Panama
Walter Pape, Köln
Klaus-Ulrich Pech, Darmstadt
Vilasini Perumbulavil, Singapur
Dietger Pforte, Berlin
T. G. Piyadasa, Kelaniya (Sri Lanka)
Heinrich Pleticha, Würzburg
Almut Prieger, Frankfurt/Main
Wolfgang Promies, Darmstadt
Rudolf Raab, Hanau
Gerlinde Rabenstein, Ortenberg/Hessen
Brigitte Raitz, Rüsselsheim
Detlef Ram, Frankfurt/Main
Rosmarie Rauter, Frankfurt/Main
Traute Richter, Halstenbek
Hans Ries, Gilching
Flor P. de Rivera, San Juan (Puerto Rico)
Mae Durham Roger, Mill Valley/Californien (USA)
Hans Rudolph, Gießen
Christian Scheffler, Offenbach
Rudolf Schenda, Zürich (Schweiz)
Hildegard Schindler-Frankerl, Frankfurt/Main
Wolfgang Schlegelmilch, Freiburg im Breisgau
Kurt Schleucher, Darmstadt
Klaus Schleusener, Madras (Indien)
Karin Schmidt, Essen
Susanne Schmidt, Berlin
Wolfgang Schneider, Bischofsheim
Peter Schneck, Wien (Österreich)
Hans J. Schütz, Messel bei Darmstadt
Karin Schwarz, Frankfurt/Main
Almut Seiler-Dietrich, Bensheim
Eberhard Semrau, München
Joszef Seres, Budapest (Ungarn)
Luise Siegling, Frankfurt/Main
Ondrej Sliacky, Bratislava (ČSSR)
Ellen Spickernagel, Frankfurt/Main
Renate Spinanger, Weddelbrook
Reinhard Stach, Duisburg
Vaclav Stejskal, Prag (ČSSR)
Erich Strobach, Bielefeld
Reinbert Tabbert, Reutlingen
Heinz Tischer, Bayreuth
Béla Tóth, Budapest (Ungarn)
Veronika Uribe, Caracas (Venezuela)
Marian Vesely, Bratislava (ČSSR)
Ursula Walz, Wiesbaden
Rainer Wehse, Göttingen
Gertrud Weismantel, Frankfurt/Main
Heinz Wegehaupt, Berlin (DDR)
Klaus-Rüdiger Werner, Istanbul (Türkei)
Rudolf Wessel, Hamburg
Ingetraud Wild, Saarbrücken
Reiner Wild, Saarbrücken
Gisela Wilkending, Lich-Eberstadt
Steffen Wolf, München
Peter Zimmermann, Hamburg
Barbara Zinecker, Hamburg

Abkürzungsverzeichnis: Siehe Band 1, Seite X–XII

Zu den bibliographischen Angaben

Soweit wie irgend möglich, auch bei Zeitschriftenaufsätzen und Beiträgen in Sammelwerken, erfolgte eine Autopsie. Wo das nicht möglich war, richten sich die Angaben im außerdeutschen Bereich nach den jeweiligen Nationalbibliographien bzw. den einschlägigen Bibliothekskatalogen (wie etwa die „Library of Congress Catalogs" (LOC) bzw. der „National Union Catalog" (NUC); der „British Museum General Catalogue of Printed Books" (BM); „The British National Bibliography" (BNB); der Svensk Bok-Katalog" (bis 1965) bzw. „Svensk Bokförteckning" (ab 1956) etc.).
Weitere Bibliographien wurden hilfsweise herangezogen.
Zur Überprüfung der nicht autopsierten deutschen Titel dienten vorwiegend die folgenden bibliographischen Nachschlagewerke, neben vielen anderen weiteren Hilfsmitteln:
W. Heinsius: Allgemeines Bücher-Lexikon (1700–1892); Chr. G. Kayser: Bücher-Lexikon (1750–1910); A. Kirchhoff's Bücher Katalog (1851–1860) bzw. Hinrich's Fünfjähriger Bücher-Catalog (1861–1912); Deutsches Bücherverzeichnis, Leipzig (DBV): 1911–1965; Deutsche Nationalbibliographie, Leipzig (DNB): 1966ff.; Deutsche Bibliographie, Frankfurt a.M. (DB): 1945ff.

Bildnachweis

Bei allen hier nicht aufgeführten Illustrationen dieses Bandes ist die Quelle aus der jeweiligen Bildlegende ersichtlich.

S. 3: Verlagsprospekt aus Karatschi. – S. 9: Institut für Jugendbuchforschung, Archiv. – S. 10: Ch. M. Schulz: Good grief, more Peanuts. New York 1957. – S. 16: C. Bravo-Villasante: Historia y Antología de la literatura infantil iberoamericana. Bd. II. Madrid 1966. – S. 20: L. Bechstein: Zweihundert deutsche Männer in Bildnissen und Lebensbeschreibungen. Leipzig 1854. – S. 21: J. Pestum, Billerbeck. – S. 25: A. M. Peterson, Göteborg. – S. 55: e.o. plauen: Vater und Sohn. Ravensburg 1973. – S. 56: Arena Verlag, Würzburg. – S. 59: E. Rimkus, Hinzenhagen. – S. 64, 66 u. 67: J. Gilun, Warschau. – S. 71: Bienále Ilustrácií Bratislava '71 '73. Bratislava 1975. – S. 85: K. Thienemanns Verlag, Stuttgart. – S. 105 u. 106: G. Böhmer (Hrsg.): Puppentheater. München 1969. – S. 107 u. 108: Figur und Spiel. Im Puppentheater der Welt. Berlin 1977. – S. 109: Staatliches Puschkin-Museum, Moskau. – S. 141: Reprint, Hildesheim 1965. – S. 142: G. Schlegel, Wien. – S. 147: Anrich Verlag, Neunkirchen. – S. 149: K. Langosch (Hrsg.): Reineke Fuchs. Stuttgart 1967. – S. 161: E. Rimkus, Hinzenhagen. – S. 182: Fr. Holešovský, Prag. – S. 194: K. Thienemanns Verlag, Stuttgart. – S. 198: K. Gyula, Šamorin. – S. 220: Georg Bitter Verlag, Recklinghausen. – S. 224: F. Timpe, München. – S. 236: Friedrich Oetinger Verlag, Hamburg. – S. 246: A. de Saint-Exupéry: Der kleine Prinz. Zürich 1950. – S. 250: J. Röckl: Pädagogische Reise durch Deutschland. Dillingen 1808. – S. 261: Institut für Jugendbuchforschung, Archiv. – S. 264: N. Saz: Novellen meines Lebens. Berlin 1975. – S. 270: Institut für Jugendbuchforschung, Archiv. – S. 288: Insel Verlag, Frankfurt/Main. – S. 290: Chr. von Schmid: Erinnerungen und Briefe. München 1968. – S. 302: F. Timpe, München. – S. 305: K. Schleucher: Das Leben der Amalia Schoppe und Johanna Schopenhauer. Darmstadt 1978. – S. 324: United Features Syndicate, New York. – S. 328: G. Karpeles: Allgemeine Geschichte der Litteratur von ihren Anfängen bis auf die Gegenwart. Neue Ausgabe. Zweiter Band. Berlin 1901. – S. 348: Institut für Jugendbuchforschung, Archiv. – S. 349: A. Ekström, Stockholm. – S. 360: Nachdruck. verlag biermann + bonkes, Frankfurt/Main 1971. – S. 376: Diogenes Verlag, Zürich. – S. 397: J. Gilun, Warschau. – S. 402: Verlag Sauerländer, Aarau. – S. 412: A. Th. Sonnleitner: Die Höhlenkinder im Pfahlbau. Stuttgart [10]1922. – S. 425: H. Gärtner, Polling. – S. 429: Bienále Ilustrácií Bratislava Československo '67 '69. Bratislava 1971. – S. 440: Bienále Ilustrácií Bratislava '71 '73. Bratislava 1975. – S. 446: G. Villiger-Keller (Hrsg.): Die Schweizer Frau. Neuenburg 1910. – S. 463: D. Butts: Robert Louis Stevenson. London 1966. – S. 478: E. Rimkus, Hinzenhagen. – S. 499: M. Fuller: More Junior Authors. New York 1963. – S. 518: L. Carroll: Alice's adventures in wonderland. London 1868. – S. 521: Verlag Sauerländer, Aarau. – S. 533: L. Thoma: Tante Frieda. Neue Lausbubengeschichten. München 1949. – S. 540: Zusammengestellt aus: E. Lausch: Erstes ABC-, Lese- und Denkbuch für brave Kinder. Leipzig [4]1886. – S. 546: Rudolph Töpffer's Komische Bilder-Romane. Darmstadt 1975. – S. 547: Verlag Klett-Cotta, Stuttgart. – S. 559: Institut für Film und Bild, Grünwald. – S. 568: D. Larese: Im Zeichen Hans Christian Andersens. Amriswil 1968. – S. 581: Slunečni Prsten: Česti a slovenšti umelči dětem 1945/1975. Prag-Bratislava 1976. – S. 582: Bienále Ilustrácií Bratislava Československo '67 '69. Bratislava 1971. – S. 587: Slunečni Prsten: Česti a slovenšti umelči dětem 1945/1975. Prag-Bratislava 1976. – S. 593: Ex libris Hanser. Carl Hanser Verlag. München 1965. – S. 595: L. Carroll: Alices Abenteuer im Wunderland. Stuttgart o.J. – S. 598: W. Bangert: Meine Muttersprache. Ausgabe D mit Hamburger Schrift. Frankfurt/Main [3]1917. – S. 623: C. Lang, Adliswil. – S. 625: N. G. Kočnev, Moskau. – S. 636: Klingspor-Museum, Offenbach/Main. – S. 650: Bienále Ilustrácií Bratislava Československo '67 '69. Bratislava 1971. – S. 652: Institut für Jugendbuchforschung, Archiv. – S. 662, 664, 665, 667 u. 669: V. Haviland u. M. Coughlan (Hrsg.): Yankee Doodle's literary sampler of prose, poetry and pictures. New York 1974. – S. 678 u. 687: B. Bader: American picture books from Noah's ark to the beast within. New York 1976. – S. 690: Bienále Ilustrácií Bratislava Československo '67 '69. Bratislava 1971. – S. 693: B. Bader. A.a.O. – S. 698: Institut für Jugendbuchforschung, Archiv. – S. 709: J. Verne: L'île mystérieuse. Paris 1874. – S. 713: K. Vethake, Berlin. – S. 719: O. Wilde: Die Erzählungen und Märchen. insel taschenbuch 5. 1974. – S. 730: Archiv des Börsenvereins des Deutschen Buchhandels, Frankfurt/Main. – S. 777: W. Preuß: Erich Weinert Bildbiografie. Berlin 1970. – S. 785: Lauth, Wien. – S. 815: K. May: Winnetou. 1474. Tsd. 1963. – S. 819: Anrich Verlag, Neunkirchen. – S. 821: S. Wörishöffer: Lionel Forster, der Quarteron. Bielefeld u. Leipzig [3]1901. – S. 830: B. Ilovszky, Orosháza.

P

Pajeken, Friedrich Joachim

*Schriftsteller; * 25.3.1855 Bremen, † 8.11.1920 Bremen.*

P. entstammte einer alten Kapitäns- und Kaufmannsfamilie; er verbrachte mehrere Jahre in Venezuela und im nordamerikanischen Westen, wo er seine Kenntnisse über Indianer, Trapper, Fallensteller und Rancher sammelte; den Kämpfen zwischen den untergehenden Roten und den vordringenden weißen Siedlern entstammen zahlreiche Motive seiner Bücher, die ab 1880 in ununterbrochener Folge erschienen. P. lebte als freier Schriftsteller in Bremen, Hamburg und seit 1897 in Berlin-Charlottenburg.

Werk, Tendenzen, Wirkung. P. verfügte im Unterschied zu den meisten Indianerschriftstellern – insbesondere gegenüber KARL MAY – über konkrete Erfahrungen, die er bewußt nutzbar zu machen beabsichtigte mit dem Ziel der Desillusionierung der herkömmlichen Wildwest-Romantik. Seine Darstellungen gerieten aber zumeist zum blassen Szenar, einmal durch die überstilisierte Landschaftskulisse des Wilden Westens, dann aber auch durch die kumulative Überzeichnung der Gefahren und Schrecknisse während der Indianerkriege, durch das künstliche Arrangement der Dialoge und vor allem, weil er den in seinen Geschichten auftretenden abenteuernden Jungen unglaubhafte Verhaltensänderungen aufgrund moralischer Appelle andichtete. P.s moral-didaktische Absicht verstimmte schon die Leser seiner Zeit und hatte durch ihre trivial-traktathafte Intention gerade nicht den bezweckten Rezeptionseffekt gegenüber der trivial-exotischen Indianerliteratur. Einige Bücher erlebten zwar mehrere Auflagen, fanden auf die Länge jedoch keine Resonanz bei der lesenden Jugend; sie sind heute nur noch für den historisierenden Jugendbuchforscher von Interesse.

Werke: Aus dem wilden Westen Nordamerikas (1890); Bob, der Fallensteller. Eine Erzählung aus dem Westen Nordamerikas für die reifere Jugend (1890); Im wilden Westen und drei andere Erzählungen aus Nord- und Südamerika für die Jugend (1891); Das Geheimnis des Karaiben. Eine Erzählung aus den Tropen Südamerikas für die reifere Jugend (1891); Bob, der Städtegründer. Eine Erzählung aus dem Westen Nordamerikas für die reifere Jugend (1892); Jim der Trapper. Eine Erzählung aus dem wilden Westen Nordamerikas für die reifere Jugend (1892); Ein Held der Grenze (1893); Das Vermächtnis der Invaliden. Eine Erzählung aus den Nordstaaten Amerikas für die reifere Jugend (1893); Andrew Brown, der rote Spion (1894); Am Orinoko (1894); Bob, der Millionär. Eine Erzählung aus dem Westen Nordamerikas für die reifere Jugend (1894); Mitaha-Sa, das Pulvergesicht (1895); Unter heißer Sonne (1897); Martin Forster. Erlebnisse eines Knaben im wilden Westen (1898); Bill, der Eisenkopf. Eine Erzählung aus dem Westen Nordamerikas (1899); Wunderbare Wege (1901); Der Schatz am Orinoko (1902); Ein Held wider Willen. Eine Erzählung aus dem Westen Nordamerikas für die reifere Jugend (1904); Verloren und gerettet. Eine Erzählung aus dem wilden Westen Nordamerikas für die reifere Jugend (1907); Der gespenstische Reiter und andere Abenteuer (1907); Das Geheimnis des alten Hauses. Eine Erzählung aus den Tropen Südamerikas (1909); Schicksals Walten. Drei Erzählungen aus dem Landleben (1912); Der Teufel vom Minetonka-See. Eine Erzählung aus dem Westen Nordamerikas für die reifere Jugend (1914); Auf eigene Faust. Eine Erzählung aus dem wilden Westen Nordamerikas für die reifere Jugend (1915).

Sekundärliteratur: H. Schmidt-Barrien: Friedrich Joachim Pajeken (in: Bremische Biographie 1912–1962. 1969. 367–368).

Dieter Arendt

Pakistan

Islamische Republik in Vorderasien. Mitglied des britischen Commonwealth. Staatsgebiet: 946719 km²; Einwohner: 135365000. P., das am 14.8.1947 aus den vorwiegend mohammedanischen Teilen Britisch-Indiens als neues britisches Dominion gebildet worden ist, bezeichnet sich seit der Verfassung vom 23.3.1956 als Islamische Republik. Die Bevölkerung gliedert sich in zahlreiche Gruppen und Stämme, von denen die Sindhi, die Belutschen, die Pandschabi und die Pathanen die wichtigsten sind. Amtliche Sprachen sind Urdu und Bengali, bis 1975 auch Englisch.

Ähnlich wie in Indien, zu dem das jetzige P. bis zur Erreichung der Unabhängigkeit im Jahr 1947 gehörte, verhinderte die herrschende Sprachenvielfalt eine kontinuierliche Entwicklung der Kinder- und Jugendliteratur. Zwar sind Urdu und seit 1950 auch Bengali die offiziellen Staatssprachen, doch ist gerade das Urdu ursprünglich die Sprache der gebildeten Oberschicht, die von den meisten Bewohnern gar nicht oder nur mangelhaft beherrscht wird. Sie stellt sich den Pakistani, die als Muttersprache Punjabi, Sindhi, Pushto oder einen der zahlreichen Stammesdialekte sprechen, als Fremdsprache dar, die zuerst erlernt werden muß. Erschwerend wirkt, daß noch immer rund 75% der Bevölkerung Analphabeten sind, die bisher keinen Zugang zur Schriftsprache und damit zur schriftlich niedergelegten Literatur gefunden haben.
Der Einfluß der englischen Kolonialherren bis 1947 hat dazu geführt, daß von den Gebildeten vor allem die englische Sprache erlernt wurde und daß die Kolonialmacht England die kleine Oberschicht der Bevölkerung

für sich und ihre Ziele, vor allem auch auf Grund des ausgedehnten Verwaltungsapparates, zu gewinnen verstand. In Schulen, Universitäten, in der öffentlichen Verwaltung, aber auch bei den Gerichten, beim Militär und nicht zuletzt im interindischen Handel wurde zumeist englisch gesprochen. Kulturelle Einflüsse aus dem Mutterland England taten das Ihrige dazu, um die reichhaltige Eingeborenenkultur zu überlagern und, vor allem auf dem literarischen Sektor, das Entstehen einer eigenständigen Literatur zu erschweren, wenn nicht zu verhindern. Zahlreiche in P. angebotene Bücher stammen noch heute aus England oder englischsprachigen Ländern, war doch Englisch bis 1975 als Amtssprache anerkannt.

Entwicklung der Kinder- und Jugendliteratur und gegenwärtiger Stand. Bis zum 19. Jahrhundert waren es vor allem zwei Quellen, aus denen die eigenständige Literatur gespeist wurde. Einmal gab es die zahlreichen Märchen, Heldenepen, Göttermythen, aber auch Sittenlehren und Anweisungen zum richtigen Verhalten, die, mündlich überliefert, durch öffentliche Erzähler der Bevölkerung vorgetragen wurden. An dieser Tradition, die sich zum Teil bis heute gehalten hat, nahmen nicht nur erwachsene Zuhörer, sondern auch Kinder und Jugendliche teil. Eine Trennung in Kinderliteratur einerseits und Literatur für Erwachsene andererseits war dabei nicht festzustellen. Eine zweite Quelle waren die religiösen Unterweisungen und Texte, die schon früh schriftlich niedergelegt wurden und die zur Bildungsgrundlage der gehobenen Schichten gehörten. Vor allem auch die vorherrschende islamische Religion mit dem hohen Stellenwert des Korans und der Koranschulen kannte schon früh die schriftliche Fixierung von religiösen Auslegungen und praktischen Verhaltensanweisungen für den gläubigen Muslim im Alltag. Im 17. Jahrhundert waren es vor allem die Provinzen Delhi, Punjab, Deccan, Gujrat und Bihar, die unter der Herrschaft der Alamgirs solche Texte hervorbrachten. Es gab auch schon wenige profane Texte wie „Nesab-e-Sah Zaban" von A. W. Hanswi oder „Khaliq Bari" von Z. K. Shah. Auch die Kinder der gebildeten Oberschicht nahmen an diesen, allerdings nicht speziell für junge Leser verfaßten Schriften Anteil, vor allem, weil solche Texte oft in einer eingängigen Sprache und zudem noch in Reimen abgefaßt waren.

Im 18. Jahrhundert wandten sich N. Akbarabadi und M. Ghalib schon direkt an junge Leser. N. Akbarabadi hatte keinen religionspädagogischen Anspruch mehr, er wollte den Kindern unterhaltende und allgemein belehrende Texte bieten. Seine Themen waren die Jahreszeiten, die Tierwelt, die häufig stattfindenden Feste aus dem Alltag der Kinder. Ghalibs populärste Schrift war „Qadir Nama". Auch er vermied den lehrhaften Ton und wollte als Freund und Begleiter dem lesenden Kind Vergnügen bereiten.

Das 19. Jahrhundert brachte die Ausweitung der Buchproduktion für junge Leser. M. H. Azad, dessen Bücher von J. L. Kipling, dem Vater R. Kiplings und Leiter des Lahore Arts College, illustriert worden waren, M. A. H. Hali und M. I. Meerathi waren die Autoren, die den für junge Leser bestimmten Schriften in jener Zeit ihr Gepräge gaben. Sie schrieben sowohl Erzählungen wie auch Gedichte für Kinder. Ihre Texte waren gekennzeichnet von einem stark moralisierenden und religiös inspirierten Ton. Als erste Entwicklungsromane für Kinder mit verhaltensbestimmender Intention können die Bände „Miratul Aroos" und „Chand Pand" von M. N. Ahmad gelten, die er in der zweiten Hälfte des 19. Jahrhunderts verfaßte. Mit diesen Schriften sollten die Mädchen auf das spätere Eheleben als Gattin und Mutter, die Jungen auf ihre Position als Familienväter und Familienoberhaupt vorbereitet werden. Ahmads drittes wichtiges Werk war die Sammlung „Munthakhabul Hikayat" (1896). Von Beginn des 19. Jahrhunderts an erschienen zahlreiche Gedichtsammlungen, die sich an kleine Leser richteten. Einen bedeutenden Beitrag dazu leistete der Autor Iqbal mit seinen englischen Übertragungen und Bearbeitungen. Auch H. Jalandhri, der Herausgeber der wöchentlich erscheinenden Kinderzeitschrift „Phool", B. Shah, A. Marehravi, T. Najibabadi, T. Ch. Mahroom, Sh. Nayyar, H. Afsar, S. Tabassum, R. M. A. Khan, Q. Shafai, M. Badayuni, Sh. Shibli, Ibne Insha und J.-D. Aali traten Ende des 19. und zu Beginn des 20. Jahrhunderts mit Schriften für Kinder hervor. Zu den bekannten Autoren zählt Pr. Chand, der mit „Sanp Ka Man" eine Erzählung vorlegte, in der erstmals ein Kind Hauptfigur ist und die in der vertrauten Umgebung von Kindern spielt. Auch T. Najababadi, der die Kinderzeitschrift „Praim" gründete, zeichnete in seinen Kindergeschichten den Alltag des Kindes. Die Autorin M. Begum versuchte sich mit Bearbeitungen und Nacherzählungen von Stoffen der Kinderweltliteratur. In die Gruppe der ersten Kinderbuchautoren gehören noch I. A. Mujibi, A. W. Sindhi und A. T. Faridabadi, ebenso H. Hassan, A. Sabohi, Gh. Abbas, M. Adab, Sh. Thanvi, H. I. A. Taj und M. Aslam. Nach der Unabhängigkeit P.s wandten sich H. Masroor, die besonders Probleme des Familienlebens aufgreift, I. Chughtai, R. Lal, R. S. Dedi, A. Fatma, S. Anwar, R. F. Ahmad, K. A. Rizvi, M. Jehangir und Z. Anwar der Kinderliteratur zu. Mit einem Literaturpreis wurde M. N. Masroor für ihre Geschichte „Aik Thi Jheel" ausgezeichnet.

Ein wichtiger Kinderroman erschien 1920. Autor war M. R. Kairi. Der Roman, wie auch die weiteren Schriften des Autors, zeigen eine belehrende Tendenz. Kairi versuchte zum Ausdruck zu bringen, daß sich Mädchen zu Frauen entwickeln sollten, die klaglos Leid und Unglück ertragen können. 1947 brachte K. Chandar seine beiden Erzählungen „Ulta Drakht" und „Chiryon Ki Alaf Laila" heraus. Weitere Kinderbuchautoren waren S. Anwar, I. Rahmani, A. Enayatullah, A. Asri, M. Adeeb und K. Qadri.

Jetzt entstanden auch die ersten Kinderzeitschriften. Die von M. M. Ali gegründete Zeitschrift „Phool" erschien von 1909 bis 1957. Popularität gewannen auch die Kinderzeitschriften „Guncha" und „Parem" von

M. Tajwar und „Guldasta“ von R. Sahai sowie „Naunehal“ von H. A. Shuja, „Payam-e-Talim“ von M. Jamia, „Khelona“, „Sathi“ und „Bhajan“. Gegenwärtig werden die Kinderzeitschriften „Thalim-o-Tarbiat“ und „Naunehal“ herausgegeben.

Die Kinder- und Jugendliteratur seit den sechziger Jahren des 20. Jahrhunderts. Bis in die sechziger Jahre hinein beschränkten sich die wenigen Kinderbuchausgaben auf kleine Auflagen und erreichten nur wenige Kinder der schmalen Oberschicht. Erst von den sechziger Jahren an sind Bemühungen erkennbar, im Kampf gegen den Analphabetismus und im Zuge einer allgemeinen Schulreform auch weiteren Kreisen der Bevölkerung die Kinder- und Jugendliteratur zugänglich zu machen. I. Saad verweist in dem von ihm herausgegebenen Buch „Problems of the bookworld“ (1963) darauf, daß es zunächst nur darum gehen könne, ein Buchbewußtsein in der Bevölkerung zu schaffen, und das wiederum sei nur durchführbar, wenn das Problem des Analphabetismus gelöst werde. Saad erhebt auch die Forderung, das zur Zeit noch bestehende Staatsmonopol auf die sogenannten „text-books“ (Lehr- und Schulbücher) aufzuheben und statt dessen den „gesunden und fairen Wettbewerb auf dem Felde der Privatwirtschaft“ zuzulassen. In P. werden Zölle auf Nichtbuchmedien wie Microcards, Sprechplatten und Audiobooks erhoben, und es gibt hohe Steuern auf Kinderbücher, die vorwiegend aus Bildern bestehen. Diese letztere Maßnahme, gegen die wachsende Comicflut gerichtet, hindert zugleich die Herausbildung einer eigenen Bilderbuchproduktion, die ohnehin schon mit großen, vor allem technischen Schwierigkeiten zu kämpfen hat. Auch sollten ein Kinderbuchpreis und ein Förderpreis für junge Autoren geschaffen werden. Schulbüchereien sollten die Basis für noch zu schaffende Kinder- und Jugendbüchereien bilden. Lehrer sollten durch ergänzende Studien zum Bibliothekar weitergebildet werden. Alle diese Überlegungen zeigen, wie eng der Bereich der Kinder- und Jugendliteratur in P. mit dem gesamten Erziehungssystem verknüpft ist. In P. besteht heute die Pflicht zu fünfjährigem Grundschulbesuch. Das ist jedoch noch immer mehr eine Forderung als Tatsache. Auch heute geht nur etwa die Hälfte der schulpflichtigen Kinder zur Schule. Nach vier Schuljahren gilt ein Schüler als „literate“, wobei das Ziel der Grundschule der „functionally literate“ ist. Als Erziehungsziel wird die Heranbildung eines jungen Staatsbürgers empfunden, der „ein nützliches und zufriedenes Leben in einer sich rasch entwickelnden Gesellschaft“ zu führen imstande ist. Alle bisher ergriffenen Maßnahmen konnten jedoch die Anzahl der Analphabeten in P. kaum verringern.
Zu den genannten Problemen kommt erschwerend hinzu, daß der Inhalt der in den Schulen verwendeten Lehrbücher oft nicht auf P. bezogen war und ist, da es sich zumeist um recht unqualifizierte Übersetzungen und Übernahmen aus dem Englischen handelt und diese Bücher somit zur weiteren Desorientierung beitragen. Eine Verbesserung im Bereich der Kinder- und Jugendliteratur P.s trat 1972 mit der Gründung der National Book Foundation (NBF) ein, die sich auch auf dem Gebiet des Lesestoffs für Kinder und Jugendliche engagierte. Sie druckte 1974/1975 schon 52 Kinderbücher mit Auflagen zwischen 86000 und 193000 Exemplaren. Zweck der nationalen Kinderbuchproduktion ist es, die Kinder von Büchern und Texten, die dem Islam fremd sind, abzubringen und sie zugleich vor der „kolonialistischen Gehirnwäsche“ zu schützen, wie es Y. Said in einem Artikel in der pakistanischen Zeitung „Morning News“ formulierte.
Mit der Gründung der NBF, die seither schon mehr als 70 Titel herausgebracht hat, beginnt die eigentliche Geschichte einer eigenständigen Kinder- und Jugendliteratur in P. Die bevorzugten Themen der neuen Kinderbücher entstammen einmal der islamischen Tradition und zum anderen der engeren Umwelt des heutigen pakistanischen Kindes. Auch Sachbücher technisch-wissenschaftlicher Art für schon Ältere werden gefördert. So berichtet „Science ka Agaz“ über die Entwicklung der Wissenschaften, die Frühgeschichte

منظوم قصّے

قصّہ دُم کٹے چوہے کا

تحریر : ابنِ انشا

تصاویر: بی - اے - نجمی

مزے کی کہانی اور وہ بھی ابنِ انشا
کی زبانی – اردو کے اس مشہور ادیب نے
بچّوں کے لئے اپنے مخصوص انداز میں
یہ منظوم قصّہ لکھا ہے ۔

Anzeige eines pakistanischen Kinderbuchs. Die Mausegeschichte ist erzählt von Ebn Enschah und illustriert von Bi I Nedschmi. Der Verlag ist in Karatschi.

der Erde wird in „Is Sayyarey Ki Ibtida" dargestellt und die Kinderenzyklopädie „Harf o Mani" versucht umfassende Informationen zu geben. Zwar ist die Gesamtbuchproduktion P.s einschließlich der Kinder- und Jugendbücher von etwa 350 Titeln im Jahr 1947 auf über 3000 Titel 1975 angewachsen, doch lassen die unzureichenden technischen und ökonomischen Gegebenheiten und die fortbestehenden Abhängigkeiten nicht einmal zu, das zur Zeit vorhandene Lesebedürfnis bei der derzeit existierenden minimalen Lesefähigkeit aus eigener Kraft zu befriedigen.
Insgesamt ist der Kinder- und Jugendliteratur P.s die Aufgabe zugewiesen, an der „Schaffung eines Nationalbewußtseins" mitzuhelfen. M. N. Masroor kritisierte in der Zeitung „Morning News" (Ausgabe vom 15.11.1975), daß die Kinder P.s noch zu sehr von Tarzan und E. Blyton abhängig seien. Die für sie erreichbaren Bücher seien noch immer von einem versteckten Kolonialismus geprägt, der politisch als überwunden gilt, und außerdem stünden die importierten Texte dem Islam indifferent oder ablehnend gegenüber. Masroor hatte dabei vor allem die aus den USA importierten Tarzan-Hefte im Sinn, die für sie das Symbol des Anspruchs auf europäisch-westliche Überlegenheit gegenüber den Völkern der Dritten Welt darstellen. Die Kinder P.s sollten nicht lernen, mit den Augen der ehemaligen Kolonialisten zu sehen und wie diese zu denken. Deshalb fordert sie die pakistanischen Autoren auf, die Helden der eigenen Geschichte (Umardin, Anwar und Azmat) auferstehen zu lassen, von denen die Erzählungen „Chacha Choonch", „Konpal" sowie „Sarsoon anr Shahdara" berichten.
Derzeit verfassen in P. zahlreiche Autoren Kinder- und Jugendbücher. Die bedeutendsten und erfolgreichsten sind A. R. Khatoon, M. Aslam, A. Ahmed, Ibne Insha, A. K. Kashfi, A. L. Siddiqui, M. Adib, M. Yusufi, M. Badayuni, A. Farooqi, S. Tabassum, H. Jalundhari, H. I. A. Taj, Gh. Abbas und K. Naheed.

Verlage, Organisationen, Förderungsmaßnahmen. Zu den wichtigsten Verlagen P.s, die neben Schulbüchern auch Kinder- und Jugendbücher herausbringen, zählen „Darul Ishaat Punjab", den M. M. Ali gründete und den heute sein Sohn I. A. Taj leitet, „Ferozsons", den M. Ferozuddin gründete, und „Maktaba-e-Jamia". Von größter Bedeutung ist die halbstaatliche „National Book Foundation", die, 1972 entstanden, heute die Kinder- und Jugendliteratur maßgeblich mitbestimmt. Unterstützung erfährt die sich entwickelnde Kinder- und Jugendliteratur durch Diskussionen in den Tageszeitungen und durch das Interesse, das die Kinder- und Jugendliteratur in Rundfunk und Fernsehen erfährt. Seit einiger Zeit wird ein Preis, den die United Bank gestiftet hat, für das beste Kinderbuch verliehen. Die Preisvergabe organisiert die „Pakistan Writer's Guild". Einen weiteren Literaturpreis vergibt der „National Book Council". Die Hälfte der ausgesetzten Preissumme ist für den Bereich der Kinder- und Jugendliteratur vorgesehen.

Sekundärliteratur: R. Åsberg: Primary education and national development (1973). – R. Fuhr: Das Erziehungswesen in Westpakistan (1969). – T. Rafat: Situation report on book production for children and youths in Pakistan (1975). – National Book Council of Pakistan: A report of the sample of reading interests and taste of Pakistani children and young people in Urdu (1975). – I. Insha: Survey of preparation, production and distribution of literature for children and juveniles in West-Pakistan (1964). – I. Saad (Hrsg.): Problems of the bookworld (1963). – M. Rahman: Children's literature in Urdu (1977). – I. Schmidt-Braul: Die Rezeption des Buches in Ländern des Mittleren Ostens (in: Börsenblatt des deutschen Buchhandels. 1977. 9. 95–98).

Winfred Kaminski

Paleček, Josef

*Maler, Graphiker und Kinderbuchillustrator; *25.2.1932 Jihlava (ČSSR).*

P. studierte von 1951 bis 1955 Kunsterziehung an der Karls-Universität in Prag. Er arbeitet ausschließlich als freischaffender Künstler auf verschiedenen Gebieten, unter anderem auch auf dem der Tapisserie und des Trickfilms, und beteiligte sich an vielen Ausstellungen im In- und Ausland, z.B. in Montreal, Zürich, Paris, Nürnberg, München, Hamburg, mehrmals auch an den Illustrationsausstellungen in Bologna und auf der BIB in Bratislava. Unter den von ihm erzielten Preisen für Kinderbuchillustrationen seien der Illustrationspreis der Stadt Wien (1972), die ehrende Anerkennung in Leipzig (1973), das Diplôme Loisirs jeunes in Paris (1973), der Grand Prix de Treize (1974, Paris), die ehrende Anerkennung (1975, Wien) und der Österreichische Förderungspreis 1976 erwähnt. P. lebt in Prag. Libuše P. hat zum Teil die Bilderbücher ihres Mannes getextet.

Werk, Tendenzen, Wirkung. P.s Schaffen beruht auf dem Zusammenspiel von Malerei, Graphik und Illustration. Unter den bevorzugten Themen nimmt schon früh das des blühenden Gartens („Gärtleins") eine feste Stellung ein. P. selbst sagt dazu: „Diese ‚Gärtlein' führen uns wieder zu den Spielen und der Ungebundenheit unserer Kindheit; wir ziehen uns dorthin zurück, um mit unseren Träumen, Illusionen und Vorstellungen zu spielen, die uns hier viel bunter erscheinen als in der Wirklichkeit". Der überwiegende Teil des Schaffens von P. ist dem Bilderbuch und der Illustration von Gedicht- und Reimsammlungen für jüngere Kinder gewidmet. P. entführt die Kinder in die zauberhafte Welt der Blüten und ruft mit warmen Farbtönen Eindrücke hervor, welche die Stimmungen der Jahreszeiten wiedergeben. Überall dort, wo er Vögel, Blumen, Tiere und Bäume zeichnet und malt, tritt seine Vorliebe für Märchen, die Atmosphäre seines „Gärtleins" zutage. Auch seine Zeichnungen sind dekorativ komponiert und zeichnen sich durch die Anwendung verschiedener Oberflächenstrukturen aus. Die tschechische Musikerziehung fand in P. einen fähigen Illustrator, der in Lieder- und Lehrbüchern im Bereich Musik adäquate Bilder zu musikalischen Strukturen schuf.

Josef Paleček. Illustration aus dem Buch „Klavírní školička" (1976) von Z. Janžurová und M. Borová.

Werke: J. Mareš: Tři orlí pera (1959); M. Gergely: Žofka píše dějiny (1962; J. Mareš: Stromy rostou do nebe (1963); J. Ryska: Táto, sežeň štěně (1963); J. V. Svoboda: Papírová lodička (1963); G. Cyferov: Jak žabičky pily čaj (1964); A. A. Kuzněcova: Život volá (1964); H. Šmahelová: Lenka a Bob (1964); M. Paráček: O upovídaném brankáři (1965); Fr. Feld: Nona und die 33 Drillinge (1967); M. Florian: Jaké oči má vítr (1968); V. Čtvrtek: Hele, míč (1968; dt. Hoppla, ein Ball, 1970); Fr. Feld: Pfauenfeder (1969); Fr. Simons: Wunschland (1970); H. Chr. Andersen: Das häßliche Entlein (1971); W. Bruckner: Die unbesiegbaren Frösche (1971); H. Hladej: Ein Kinderbuch quer durch die Welt (1971); Z. K. Slabý: Mami, pofoukej (zus. mit D. Lhotová. 1971); J. V. Svoboda: Pampelíšek (1971); J. Štroblová: Byl jednou balon, hodný (1971); K. Baumann: Drei Könige (1972); W. Harranth: Da ist eine wunderschöne Wiese (1972); L. Palečková: Mir gefällt es nicht überall (1972); J. V. Svoboda: Za pohádkou pohádka (1972); W. Harranth: Leo ist der allerletzte Räuber (1973); V. Fišer: Elce, pelce, kotrmelce (zus. mit P. Eben. 1973); H. Chr. Andersen: Des Kaisers neue Kleider (1974); Kl. Born: Ignaz und der Schmetterling (1974); W. Harranth: Michael hat einen Seemann (1974); L. Huwe: Mein Kindchen, das bleibt mein (1974); J. Paleček: Der kleine schwarze Weißfellkater (1974); L. Palečková: Der kleine Tiger (1974); L. Palečková: Der lustige Mann (1974); H. Chr. Andersen: Däumelinchen (1975); Z. Adla: Konzelníkova zahrada (1976); Z. Janžurová: Klavírní školička (zus. mit M. Borová. 1976); L. Palečková: Pummel (1976).

František Holešovský

Pan Tau

Phantastische Figur in Kinderfilm und -buch, ein moderner Zauberer, entwickelt von dem tschechischen Künstler Ota Hofman (1928). P. T. ist die Titelfigur der gleichnamigen deutsch-tschechisch-österreichischen Fernsehserie für Kinder (hergestellt 1969–1972).*

Zur Charakteristik von Figur und Stoff. P. T. kann sich durch Streichen am Rand seines Hutes, einer Melone, verkleinern und vergrößern. Sein Habitus, seine Kleidung und sein Verhalten verbinden Elemente der Filmgestalten, die Charlie Chaplin, Buster Keaton und Fred Astaire darstellten. P. T.s stets stumme und unvermutete Auftritte sorgen für zahlreiche überraschende Effekte und erinnern an den frühen amerikanischen „slap-stick"- und Stummfilm, den Märchen- und Phantasiefilm und das Musical. Allerdings unterscheidet sich P. T. von diesen Vorläufern durch stark

realistische Motive und zahlreiche Momente des Alltagslebens. Der Einsatz von Groteske, Pantomime, Ballett, Kriminal- und Gangsterfilm gestattet den Filmemachern und Drehbuchautoren JINDRICH POLAK und OTA HOFMAN den Zusammenstoß von gewohnter Normalität und irrealer Problemlösung. Neben den genannten Assoziationen und Bezügen sind Querverbindungen zu WALT DISNEYS „Donald Duck", LEWIS CARROLLS „Alice im Wunderland" und ERICH KÄSTNERS „Emil und die Detektive" nachweisbar. P.T. übernimmt die Funktion eines Zauberers und Magiers, eines souveränen Wunscherfüllers und stets vergnügt lächelnden „Entertainers". Er ist moralische Instanz, verhindert Ungerechtigkeiten, steht stets auf seiten der Schwächeren, also auch der Kinder. Er greift herrschende Normen an und gibt oftmals elterliche sowie staatliche oder ökonomische Autoritäten der Kritik oder auch der Lächerlichkeit preis. In einer der Sendefolgen greift z.B. P.T. als „Deus ex Machina" in die Sorgen und Nöte einer tschechischen Familie helfend ein. In einer anderen sind Herr Viola, ein wohlhabender Schloßbesitzer und über unbegrenztes Vermögen verfügender Spielzeugproduzent, nebst einem kleinen Mädchen die Helden, die sich jeden nur erdenklichen Wunsch erfüllen.
Die Erzählperspektive der Buchfassung ist die des Detektivs Anderson, der P.T. über die Etappen Rom, Venedig, Prag und Rotterdam verfolgt. Dabei gleitet der Stoff wieder in die herkömmlichen Formen der Abenteuer- und Reiseliteratur zurück. Die Fernsehversion hält sich hingegen überwiegend an einzelne, in sich abgeschlossene Episoden, die vor allem durch den Helden P.T. zusammengehalten sind. Ihr ist neben dem Lob, kindliche Imagination und Phantasie zu befruchten, auch die Kritik zuteil geworden, sich ins phantastisch-imaginativ Unverbindliche zu flüchten, keine echten, realisierbaren Krisen- und Problemlösungen für Kinder und Erwachsene anzubieten, an die Stelle der Ursachenklärung der Ungleichheit den Trick und den unterhaltsamen Spaß gerückt zu haben. Erst 1970/1971 wurde eine Serienproduktion in Angriff genommen.

Zur Werk- und Wirkungsgeschichte. Eine erste Ausstrahlung von dreizehn Folgen erreichte 1971 über zehn Millionen Zuschauer. Diese Sehbeteiligung blieb auch bei einer zweiten Staffel von dreizehn Serienteilen 1972/73 erhalten (rd. 25–30% Sehbeteiligung). 1974–1976 kam es zur Wiederholung und zur Produktion neuer Serien.
Film und themengleiche Bücher mit Texten zur Serie bzw. mit Standfotos aus der Fernsehproduktion sind in knappe Episoden gefaßt, die raschen Wechsel gestatten, den unvermuteten Sprung aus der Realität ins Phantastische. Vornehmlich optisch eindrucksvoll geraten dabei die Motive des Vexierspiels, der Verfolgung, der Verdoppelung, des Verschwindens, sich Unsichtbarmachens. Während im Film narrative Züge dominieren, finden sich in der längeren Buchfassung des Jahres 1973 (dt.: 1974) Teile von Filmskripten und Dialoge der Fernsehserie.
Einige Geschichten um P.T. erschienen 1970 von JAMES KRÜSS nacherzählt: „Pan Tau und die Kinder im Schnee", „Pan Tau und eine schöne Bescherung", „Pan Tau, ein Junge und ein großer Dampfer". OTA HOFMAN veröffentlichte dann „Pan Tau prichazi" (dt. Pan Tau tritt auf, 1970) und „Pan Tau a tisic zázråku" (1973, dt., Pan Tau, seine ganze Geschichte, wie er verlorenging und wiedergefunden wurde, 1974).
P.T.s Erfolg, von seinen Herstellern als „europäische Antwort" auf den Überhang amerikanischer Serien deklariert, ist einerseits im Zusammenhang tschechischer Filmkunst und der besonderen Betonung der Rolle der Phantasie im allgemeinen tschechoslowakischen Kulturbetrieb zu sehen, andererseits als kommerziell interessantes Objekt, das durch Mehrfachnutzung in den verschiedenen Medien Film, Fernsehen, Literatur und Schallplatte selbst das Ende des Prager Frühlings und des Reformkommunismus im Jahre 1968 überstehen konnte. Bis 1976 stellte P.T. die umfassendste europäische Serienproduktion des Kinderfernsehens dar. 1977/1978 kommt es zu weiteren Neuaufnahmen und einer Fortführung der Fernsehserie. Beliebte Motive der Kinderliteratur werden neuerlich durchgespielt: Zirkus und Manege, Tag-, Wach- und Nachtträume und ihre optische Wunscherfüllung.

→ O. Hofman, → Kinderfernsehen, → Kinderfilm, → Trickfilm, → Tschechoslowakei

Sekundärliteratur: G. Müntefering: Liebe Eltern, liebe Kinder. Lach- und Sachgeschichten zum Kinderfernsehen (1974). – H. Mundzeck: Kinder lernen fernsehen (1973).

Horst Künnemann

Panteleev, Leonid

*(d.i. Aleksej Iwanovič Jeremeev). Journalist, Autor; *22.8.1908 Petersburg (Leningrad).*

P., Sohn eines Kaufmanns und zaristischen Offiziers, besuchte die Realschule in Petersburg. Durch die Ereignisse der Revolution wurde er entwurzelt und gehörte zu dem großen Heer heimatloser und kriminell gewordener Kinder, die in Banden umherstreiften und das Land und die Städte unsicher machten. P. wurde mehrmals straffällig und geriet des öfteren mit den Behörden in Konflikt. Schließlich wurde er als „besprisornyi" in staatliche Erziehung gegeben. In der Leningrader „Dostojewski-Schule" für junge Verwahrloste erhielt P. eine grundlegende Umerziehung. Nach der Entlassung war er zunächst als Schuhmacher, dann als Bibliothekar tätig. Nach dem Besuch der Arbeiterfakultät wurde er Journalist und begann Mitte der zwanziger Jahre zu schreiben.

Werk, Tendenzen, Wirkung. P.s erstes bedeutendes Buch war „Respublika Schkid" (1927; dt. Schkid, die Republik der Strolche, 1929, NA. 1954), in dem er gemeinsam mit seinem ehemaligen Mitzögling GRIGORI BELYCH die Umerziehung von jungen Menschen, die durch die Ereignisse des Ersten Weltkrieges und der nachfolgenden Revolution Heimat und Eltern verloren hatten und auf die kriminelle Ebene abgeglitten waren, schildert. Die Jungen Ljonka und Jankel erzählen nüchtern und ohne falsches Mitleid ihre Erlebnisse in der Dostojewski-Schule (Schkid). Wie in anderen Erzählungen P.s auch, werden hier deutlich biographische Momente aus dem eigenen Leben des Autors sichtbar. Die tragende Persönlichkeit des Buches ist der Leiter der Dostojewski-Schule, Viktor Nikolajewitsch Sorkin, der als obersten Grundsatz seines Handelns das Vertrauen zwischen Lehrer und Schüler anerkennt und dem es in einem langwierigen Kampf gelingt, die verwahrlosten Kinder zu nützlichen Bürgern des neuen Sowjetstaates zu erziehen. Auch in der Erzählung „Tschassy“ (1928; dt. Die Uhr, 1930, NA. 1949) wird von einem kleinen Verwahrlosten erzählt, Petka Walet, der zum Dieb wird und von der Miliz in eine Erziehungsanstalt eingeliefert wird. Hier kann er ungesehen seine letzte Diebesbeute, eine goldene Uhr, vergraben, um sie bei Gelegenheit hervorzuholen und dann die Flucht zu ergreifen. Die Geborgenheit im Heim, die Kameradschaft zu den anderen Insassen und das menschliche Entgegenkommen der Erzieher bringen ihn schließlich dazu, freiwillig im Heim zu bleiben und den Gedanken an Flucht aufzugeben. Schließlich holt er die Uhr hervor und gibt sie seinem Besitzer zurück.

P.s Erzählungen wurden zum Zeitpunkt ihres ersten Erscheinens in der Sowjetunion als aktuelle und realistische Beiträge zur Schaffung der neuen Gesellschaft angesehen. Auch noch heute geht von ihnen eine spontane und authentische Wirkung aus. Eindringlich vermag P. aus der Sicht der Betroffenen das Klima des Umbruchs darzustellen und die Gefährdung des Einzelnen am Schicksal von Kindern zu schildern, die durch die Ereignisse nach dem Ersten Weltkrieg aus dem Gleis geworfen wurden und sich nur mühsam und mit Hilfe aufopfernder Erzieher wieder in das Kollektiv der neuen sowjetischen Gesellschaft eingliedern lassen. Während sich die Erzählungen „Portret“ (1928; dt. Koska und das Mädchenbild, 1956) und das autobiographische Werk „Ljonka Pantelejew“ (1939; dt. Ljonka, 1961) ebenfalls mit dem Thema der Umerziehung umherstreunender Jugendlicher befassen, griff der Autor mit der Erzählung „Paket“ (1932; dt. Budjonnys Kurier, 1935; NA. u.d.T.: Der tolle Ritt, 1956) auf die Ereignisse der Revolution zurück. Der junge Rotarmist und Meldereiter Pjotr Trofimow, der im Mittelpunkt der Handlung steht, muß einen wichtigen Kurierbrief überbringen und gerät dabei in die Hände der Weißen. Trotz Folterung und Androhung des Todes bleibt er standhaft und kann schließlich mit Hilfe eines Freundes fliehen. Der Autor versucht hier, dem jungen Leser die Wesenszüge des Soldaten der Roten Armee, ihren Mut, ihre Disziplin, ihre Treue, aber auch ihr Klassenbewußtsein und ihre Findigkeit überzeugend vorzustellen. Der Feind dagegen wird als reaktionär, borniert und brutal gezeichnet. Der humoristische Ton P.s vermag die dramatischen Szenen aufzulockern und die Figur des jungen Helden dem kleinen Leser sympathisch zu machen. P., der während des Zweiten Weltkrieges die Blockade in Leningrad miterlebte, schrieb auch einige Erzählungen, die diese Ereignisse aus der Sicht von Kindern wiederspiegeln wie „Dolores“ (1948) und „Marinka“ (1943).

Werke: Respublika Schkid (1927; zus. mit G. Belych; dt. Schkid, die Republik der Strolche, 1929; NA. 1954); Portret (1928; dt. Koska und das Mädchenbild, 1956); Tschassy (1928; dt. Die Uhr, 1930; NA. 1949); Paket (1932; dt. Budjonnys Kurier, 1935; NA. u.d.T.: Der tolle Ritt, 1956); Ljonka Pantelejew (1939; dt. Ljonka, 1961); Tschestnoje slowo (1941; dt. Das Ehrenwort, 1956); Marinka (1943); Notschka (1948); Dolores (1948).

Sekundärliteratur: N. Ludwig (Hrsg. zus. mit W. Bussewitz): Sowjetische Kinderliteratur in Überblicken und Einzeldarstellungen (1974).

Horst Künnemann

Papas, William

*Englischer Illustrator und Cartoonist; * 15.7.1927 Ermelo (Transvaal, Südafrika).*

P. kam am Ende des Zweiten Weltkriegs nach England und durchlief seine Ausbildung dort an der Beckenham School of Art. Es folgten erste Versuche in freier Malerei, Tätigkeit als Zeitungszeichner, Studienfahrten während eines zunächst zweijährigen Aufenthaltes in Europa, die Rückkehr nach Südafrika, dort ein Leben als Farmarbeiter, um nach drei Jahren endgültig nach Großbritannien überzusiedeln, wo er bis heute als Illustrator von Bilder-, Kinder- und Jugendbüchern tätig ist.

Anregungen für sein Schaffen als Zeichner ergaben sich während seines bewegten Lebens als Farmer, Holzhändler und seiner Tätigkeit für die „Cape Times“ sowie die englischen Massenblätter „Guardian“ und „The Sunday Times“. Weitere Studienreisen durch Europa, vor allem nach Griechenland, in den Vorderen Orient und nach Israel und Indien schlugen sich in lebendigen Reisetagebüchern mit zugehörigen Skizzen nieder. 1964, 1967 und 1968 fanden seine Bilderbücher auf der „Runners-up“-Liste der Kate-Greenaway-Medal Erwähnung.

Werk, Tendenzen, Wirkung. P.s „Handschrift“ als Federzeichner ist durch satirische Dynamik geprägt. Er ist als Pressezeichner scharfer Beobachter seiner Umwelt und vermag es, durch sicheren Bild- und Situationswitz komplexere Prozesse der modernen Gesellschaft, insbesondere der englischen, auf seine Art zu interpretieren. Mit treffsicheren Karikaturen hat P. Kindern und auch Jugendlichen Einblick in die oft sehr komplizierten Zusammenhänge des Pressewesens ermöglicht („The press“, 1964). Ähnliches gilt auch für zwei weitere großformatige Bilderbücher über das britische Rechtswesen („The law“, 1966) und die Funktion der anglikanischen Hochkirche („The church“, 1967). Doppelseiten werden von P. sehr geschickt genutzt, um in die Haupthandlung viele interessante Nebenhandlungen und erläuternde Details einzubringen.

Während P. in Bilderbüchern, zu denen er selbst die Texte verfaßte, jede Freiheit als hintergründiger Komiker der Zeichenfeder nutzt – dem bitteren Satiriker RONALD SEARLE geistig und formal verwandt –, wirken seine Auftragsarbeiten, die zusammen mit den Texten anderer Autoren entstanden, ruhiger und gelassener. P. interessiert der Kontrast zwischen Gestern und Heute. Von seinen Reisen nach Griechenland hat er Themen mitgebracht, in denen der Zusammenstoß von alter Folklore mit technischer Innovation und dem Tourismus unserer Tage sichtbar wird. Zum Raumflug hat er eine ironisch gebrochene Interpretation mit einer flugbegeisterten Maus ausgearbeitet. In mehreren seiner Bilderbücher hat P. neben der heiter überspitzten Fabelführung auch Elemente der Comics aufgenommen.

Werke: P. H. Nortje: The Green Alley (1963; dt. Kennwort „grüne Murmel", 1969); Ch. Downing: Tales of the Hodja (1964); Fr. Grice: A Severnside story (1964; dt. Das Geheimnis der alten Kassette, 1966); R. Guillot: The children of the wind (1964); P. H. Nortje: Wilde goose summer (1964); W. Papas: The press (1964); A. Salkey: Hurricane (1964; dt. achtung, sturmwarnung hurricane 23 Uhr, 1966); H. F. Brinsmead: Season of the briar (1965; dt. Sommer der Heckenrosen, 1967); R. Manning-Sanders: Damian and the dragon. Modern Greek folk-tales (1965); P. H. Nortje: Dark waters (1965); Th. Papas: The story of Mr. Neró (1965; dt. Die Geschichte von Herrn Neró, dem Wasserträger, 1966); A. Salkey: Earthquake (1965); H. F. Brinsmead: Beat of the city (1966; dt. Treffpunkt Paradies, 1970); W. Papas: Tasso (1966); A. Salkey: Drought (1966; dt. Die große Dürre, 1969); N. Shrapnel: Parliament (1966); J. Stone: The law (1966); P. Walsh: Freddy, the fell engine (1966); G. Moorhouse: The church (1967); H. M. Nahmad: The peasant and the donkey (1967); W. Papas: No mules (1967); A. Salkey: Riot (1967); W. Papas: A letter from India (1968); W. Papas: A letter from Israel (1968); W. Papas: Taresh the tea planter (1968); F. Goldie: River of gold (1969; dt. Biwak am Goldfluß, 1971); W. Papas: Theodore, or The mouse who wanted to fly (1969); P. R. Collin: Parcel for Henry (1970); W. J. Martin: I'm going to build a supermarket one of these days (1970); W. Papas: Elias the fisherman (1970); P. R. Collin: Up Pepper Alley, down Goose Lane (1971); W. Papas: The monk and the goat (1971); Ch. Downing: Armenian folk-tales and fables (1972); W. Papas: The long-haired donkey (1972); W. Papas: The most beautiful child (1973); W. Papas: The zoo (1974).

Horst Künnemann

Parabel Verlag

München. Bilderbücher.

Der Parabel Verlag (GmbH & Co. KG) wurde 1953 von WILLI WEISMANN gegründet und von ihm bis 1974 geleitet. 1974 übernahm NADINE LANGE-SIEMENS als alleinige Gesellschafterin die Verlagsleitung. Seit 1977 ist der Verlag Junior Press (ursprünglich Augsburg) in den Parabel Verlag integriert.

Die Absicht des Parabel Verlags ist, künstlerisch wertvolle Bilderbücher internationaler Autoren und Illustratoren herauszugeben und den Kindern ihre Welt mit „Mitteln und Formen der Zeit" sichtbar zu machen. An die Inhalte wird der Anspruch gestellt, daß sie vorurteilslose und phantasievolle Unterhaltung und Information bieten und die Kinder anregen, neugierig und kritisch ihre Umwelt zu betrachten, zu verstehen und zu beurteilen. Für die jüngsten Leser werden unzerreißbare Bilderbücher herausgegeben. Als 1954 die ersten Bilderbücher erschienen, fielen sie durch unkonventionelle Illustrationsformen und -techniken auf.

Viele Bücher werden als Lizenzausgaben von Kinderbuchverlagen der DDR übernommen, aber auch aus Polen, England, den USA, Japan, Schweden und anderen Ländern. Das meistverkaufte Buch des Verlages ist SERGEJ PROKOFJEWS „Peter und der Wolf" (1958), das von FRANS HAACKEN illustriert wurde. Mehrere Parabelbücher standen auf den Auswahllisten für den Deutschen Jugendbuchpreis, den 1975 FRIEDRICH KARL WAECHTERS Bilderbuch „Wir können noch viel zusammen machen" (1974) erhielt. Zu den bekanntesten und erfolgreichsten „Bilderbuchmachern" des Parabel Verlages gehört JANOSCH (d.i. HORST EKKERT).

Zu den Autoren gehören außer den genannten auch WOLF BIERMANN, MAXIM GOR'KIJ, IRINA KORSCHUNOW, ALFONS SCHWEIGGERT, GÜNTER SPANG, LEO TOLSTOI und zu den Illustratoren unter anderem ANTONELLA BOLLINGER-SAVELLI, LILO FROMM, FRANS HAACKEN, MARY RAHN, JOSZEF WILKÓN.

Hannelore Daubert

Patmos Verlag

Düsseldorf. Katholisch-theologische Schriften, auch religiöse Kinderbücher.

Der Patmos Verlag GmbH ging aus dem 1910 in Trier gegründeten Mosella Verlag, einem Spezialverlag für Bibelveröffentlichungen, hervor. 1946 wurde unter dem Namen Patmos Verlag das Programm des Mosella Verlages mit der theologischen Abteilung des Schwann Verlages in Düsseldorf zusammengefaßt. Derzeitiger Geschäftsführer ist Dr. PAUL BÖHRINGER. Neben seinen Schwerpunktbereichen Theologie und Religionspädagogik entwickelte der Verlag seit 1948 auch ein Kinderbuchprogramm. Es ist entstanden in der Absicht, „für Kinder modern gestaltete und den Qualitäten freier Kinderbücher entsprechende, weltanschaulich orientierte Literatur in Text und Bild anzubieten". Hierzu gehören Bilder- und Bibelbilderbücher, Kindergeschichten, Kindergebet- und Religionsbücher. Zu den erfolgreichsten Veröffentlichungen mit hohen in- und ausländischen Auflagen zählen die „Bilderbibel" (1958), ausgewählt und übersetzt von WILLIBROD HILLMANN unter Mitarbeit von JOSEF QUADFLIEG mit Bildern von JOHANNES GRÜGER, weiterhin „Die große Patmos Bibel" (1973), erzählt von AUGUSTE M. COCAGNAC und HANS HOFFMANN mit Bildern von JACQUES LE SCANFF. In internationaler Koproduktion wurde 1976 eine „Kinder- und Jugendbibel" mit Bildern von MARLENE REIDEL entwickelt.

Zu den Autoren und Illustratoren des Verlages gehören Père Auguste M. Cocagnac, Johannes Grüger, Paul Lankes, Marlene Reidel, Jacques le Scanff, Josef Quadflieg, Stepan Zavrel.

Hannelore Daubert

Patriotische Kinder- und Jugendliteratur → Nationalerziehung in der Kinder- und Jugendliteratur

Pausewang, Gudrun

*Kinderbuchautorin, Schriftstellerin, Lehrerin; *3.3.1928 Wichstadtl/Böhmen.*

In ihrer Heimat besuchte P. die Grundschule und ein Mädchengymnasium. Nach der Flucht in den Westen (1945) – der Vater war 1943 in Rußland gefallen – beendete sie ihre Schulausbildung in Wiesbaden 1948 mit dem Abitur. Danach studierte sie am Pädagogischen Institut in Weilburg und arbeitete von 1951 bis 1955 als Lehrerin in Wiesbaden und Weilburg. 1956 ging P. an die deutsche Auslandsschule in Temuco/Chile und wechselte 1961 an eine deutsche Schule in Maracaibo/Venezuela. In diese Zeit fallen auch mehrere längere Reisen durch Südamerika und Asien. 1963 kehrte P. nach Deutschland zurück und arbeitete als Lehrerin in Mainz. 1968 übersiedelte sie erneut nach Südamerika, diesmal unterrichtete sie an der deutschen Auslandsschule in Barranquilla/Kolumbien. Seit 1972 lebt P. bei Schlitz in Hessen und übt weiterhin ihren Beruf als Grundschullehrerin aus.

*Gudrun Pausewang (*1928)*

Werk, Tendenzen, Wirkung. Die schriftstellerische Arbeit P.s ist geprägt von ihren langen Auslandsaufenthalten. Alle ihre Romane für Erwachsene („Der Weg nach Tongay", 1965; „Karneval und Karfreitag", 1976 u.a.) spielen in Südamerika. Einige ihrer Bücher wurden in mehrere Sprachen übersetzt, zum Teil auch verfilmt. Seit 1970 schreibt P. für Kinder und Jugendliche. Sie veröffentlichte Geschichten in Anthologien und Schulbüchern sowie mehrere Kinder- und Jugendbücher. Für „Die Not der Familie Caldera" (1977) erhielt sie 1978 den „Buxtehuder Bullen".

In ihren Büchern für junge Leser schildert und erklärt P. Kinderschicksale zwischen Glück und Elend. Sie schreibt zurückhaltend, aber packend und lebendig, ohne dabei theoretisch oder dogmatisch zu werden, und konfrontiert – mehr oder weniger direkt – ihre Leser mit kleinen und großen Problemen der sozialen Realität (Außenseiter, Flüchtlingselend, Not und Armut in der Dritten Welt). Während sich in ihren ersten Büchern reale Probleme mit märchenhaften und idyllischen Elementen vermischen, haben die letzten Bücher eine explizit realistisch-politische Dimension.

„Hinterm Haus der Wassermann" (1972) ist ein Märchen von der Freundschaft einer Prinzessin mit einem Wassermann. In „Und dann kommt Emilio" (1974) erzählt P. die Geschichte von einem Jungen, der mit seiner Mutter in einer Baracke wohnt und sich mit spanischen Gastarbeitern anfreundet. Der schrullige Papierwarenhändler aus „Kunibert und Killewamba" (1976) verkauft sein Geschäft, um mit einer schwarzen Medizinstudentin die Einwohner einer von einer Ölpest bedrohten Insel vor dem Hungertod zu retten. Der preisgekrönte Bericht über eine Indiofamilie gerät zu einer Anklage der Situation der Bevölkerung vieler Länder Südamerikas. In „Die Not der Familie Caldera" (1977) schildert P. den sozialen Aufstieg einer Indiofamilie und ihren Untergang. Nachdem der Vater den Beruf verliert, muß die Familie in die Slums ziehen; die Not treibt erst die Kinder, dann den Vater in die Kriminalität. Der Vater wird schließlich bei einem Einbruch erschossen. „Auf einem langen Weg" (1978) beschreibt die Erlebnisse zweier Kinder in der Zeit unmittelbar nach dem Zweiten Weltkrieg. Bei einem Bombenangriff auf einen Flüchtlingszug von der Mutter getrennt, ziehen die beiden durch das zerstörte Deutschland und erleben krassen Egoismus und menschliche Hilfsbereitschaft.

Werke: Hinterm Haus der Wassermann (1972); Und dann kommt Emilio (1974); Kunibert und Killewamba (1976); Die Not der Familie Caldera (1977); Auf einem langen Weg. Was die Adamek-Kinder erlebten, als der Krieg zu Ende ging (1978); Wie gewaltig kommt der Fluß daher (1978).

Hrsg.: Südamerika aus erster Hand (1970).

Sekundärliteratur: H.-Chr. Kirsch: Dank an eine Erzählerin: Gudrun Pausewang zum 50. Geburtstag (in: Bulletin Jugend und Literatur. 1978. 3. 25–26 u. 28).

Hartmut Euler

Pavlišin, Gennadij Dmitrievič

*Graphiker, Illustrator; *27.8.1938 Chabarowsk.*

1964 beendete P. sein Studium an einer Kunstschule in Wladiwostok und begann an einer Zweigstelle der Sibirischen Abteilung der Akademie der Wissenschaften der UdSSR Geschichte und Kultur der fernöstlichen Völkerschaften zu studieren. Die ersten von P. illustrierten Bücher erschienen Ende der sechziger Jahre in einem Chabarowsker Verlag („Tajožnye rodniki", 1967, 1969). Es waren Anthologien zur Literatur der kleinen fernöstlichen Völker der UdSSR. Bald wurden seine Illustrationen auch von Moskauer Verlagen wie „Detskaja Literatura", „Malyš", „Sovremennik", „Progress" gedruckt. Für seine Illustrationen zu dem Sammelband „Amurskie skaski" (1975) wurde P. mit dem „Goldenen Apfel" der Biennale illustracií Bratislava (1975) ausgezeichnet.

Werk, Tendenzen, Wirkung. Den Themen- und Gestaltenkreis in der Buchgraphik bestimmen seine historisch-ethnographischen Interessen: die Folklore der alteingesessenen, wenig bekannten Völkerschaften und Volksstämme im Fernen Osten der UdSSR, die lange kein eigenes Schrifttum hatten, ist das Thema seiner Arbeiten. Um das Wesen der bildhaften Darstellungsweise der Sagen und Märchen der Niwchen, Nanai und anderen Völkerschaften besser durchschauen zu können, erforschte er eine Zeitlang ihr religiöses und profanes Brauchtum, ihren Glauben, ihre materielle Kultur sowie ihre dekorativ-angewandte und ornamentale Kunst. P.s kulturethnologische Kenntnisse, seine unermüdliche Sammlertätigkeit, ebenso seine Tätigkeit als professioneller Jäger in den sibirischen Waldgebieten wurden zur Grundlage seines Schaffens als Illustrator. Er interpretiert geheimnisvolle Gestalten der fernöstlichen Folklore, indem er in seinen Illustrationen bildende und ornamentale Motive der angewandten Volkskunst umformt. Dabei greift er stilistisch auf die Erfahrungen der russischen Buchgraphik am Anfang des 20. Jahrhunderts zurück, lehnt sich insbesondere an das Schaffen I. J. Bilibins an, der als Begründer des dekorativ-ornamentalen Stils der Illustration russischer Volksmärchen und gleichzeitig als Hauptvertreter des Jugendstils in Rußland gilt.

Werke: Tajožnye rodniki (1967); Mergen i ego druza (1968); Voron, karassy, medved' i lissa. Nanajskaja skazka (1968); Amurskije skaski (1975).

Ella Gankina

Peanuts

Comicserie des amerikanischen Zeichners Charles M. Schulz.

Der von Charles M. Schulz geschaffene und seitdem von ihm gezeichnete und betextete Comicstreifen erschien zum ersten Mal am 10. Oktober 1950 gleichzeitig in acht amerikanischen Zeitungen. Acht Jahre später waren es schon 400 Zeitungen, 1966 900 Zeitungen, und heute wird die von dem United Feature Syndicate vertriebene Serie in über 1500 Zeitungen mit über 60 Millionen Lesern und in 19 Sprachen abgedruckt.
Die von Schulz ursprünglich „Li'l Folks" betitelte Serie mußte umbenannt werden, da dieser Titel schon an einen anderen Zeichner vergeben war. Auch der zweite Vorschlag von Schulz, den Streifen nach seiner Hauptfigur „Charley Brown" zu benennen, wurde nicht akzeptiert. Das United Feature Syndicate setzte als endgültigen Titel „Peanuts" durch.
Der Figurenkreis der P. ist klein: Charley Brown, die Hauptfigur, ist der geborene Versager, dem nichts gelingt, er kann weder beim Fußball gewinnen, noch vermag er einen Drachen steigen zu lassen. Er ist der „Antiheld" der Serie, der durch seine ständigen Mißerfolge Mitleid und Sympathie beim Leser erzeugt. Lucy van Pelt repräsentiert die holde, kratzbürstige Weiblichkeit; ihr Bruder Linus wirkt trotz seines Babyalters schon sehr intelligent. Er bedarf jedoch noch eines Bettuches zum Anschmiegen. Schröder, dem die Musik über alles geht und der sich der Liebesbezeugungen von Lucy erwehren muß, ist Pianist und abgöttischer Beethoven-Liebhaber. „Pig-Pen" ist ein anderer Junge, den Schmutz geradezu anzuziehen scheint. Der Hund Snoopy ist einziges Tier der Serie, jedoch

Figuren aus den von Charles M. Schulz entwickelten amerikanischen Comic-Strips „Peanuts".

anthropomorph gezeichnet; er entwickelt seltsame Gelüste, z. B. auf seiner Hundehütte zu liegen (statt in ihr) oder ein berühmter Mann zu sein. Zwei Freundinnen von Lucy, Patty und Violet, runden die Gesellschaft ab.

Seit 1950 sind die Figuren, die mit wenigen meisterhaften Strichen gezeichnet werden, nur etwa ein bis zwei Jahre körperlich gealtert. Ihre geistige Potenz und Aussagekraft hat deutlich zugenommen. Der Humor ist subtiler geworden.

Die ursprüngliche Absicht von SCHULZ, in seiner Serie das Leben von Kindern zu zeigen, wurde schon bald aufgegeben. Heute agieren seine „Kinder" in Situationen, in denen private, zwischenmenschliche Probleme, Verhaltensweisen und Erklärungen auf humorvolle Weise zutage treten. Die P. nehmen jedoch mehr den Standpunkt von Erwachsenen ein, sie argumentieren auch wie diese. Die Diskrepanz zwischen kindlichem Äußeren, altklugem Agieren sowie einem Gefühls- und Verstandesleben, das überwiegend durch die Erwachsenenwelt geprägt ist, macht unter anderem den Witz und den feinsinnigen und oft hintergründigen Humor dieser Serie aus. Die in ihr behandelten Inhalte reflektieren literarische und wissenschaftliche Trends in der amerikanischen Gesellschaft (in den fünfziger Jahren: Kinderpsychologie und Psychoanalyse; in den sechziger Jahren: moderne Prosa à la SAUL BELLOW; seit Beginn der siebziger Jahre eine zunehmende Tendenz zur „pure fantasy"). Die Themen zogen das Interesse psychologischer, soziologischer und theologischer Forschung auf sich.

Ein schnell einsetzender Erfolg der Serie in den USA und (mit Verzögerung) in Europa führte zu Buchausgaben, die heute eine Gesamtweltauflage von über 70 Millionen Exemplaren haben; es gibt Musicals, Kinofilme (1969/1970), Fernsehshows (1973/1974), Schallplatten, Puppen, Plastikfiguren, T-Shirts usw. Nach Schätzungen soll die Vermarktung einen Reingewinn von fünfzehn Millionen Dollar im Jahr 1967 erbracht haben. 1971 wurden mit allen Nebenproduktionen 150 Millionen Dollar erzielt.

Die Beliebtheit der Serie steigt von Jahr zu Jahr weiter an. Die Apollo-10-Astronauten benannten sogar ihr Raumschiff und die Mondfähre „Charley Brown" und „Snoopy".

→ Ch. M. Schulz

Sekundärliteratur: St. Becker: Comic art in America (1975). – H.-J. Ehlers: Wie macht man einen Comic? (in: Kontraste. 1975. 4. 31–35). – R. C. Reitberger: Die Comics. Anatomie eines Massenmediums (zus. mit W. J. Fuchs. 1971). – Ch. M. Schulz (in: Current biography yearbook. 1960. 363–365).

Wolfgang Kempkes

Pearce, Ann Philippa

*Englische Verfasserin von Kinderromanen und -erzählungen; * 1920 Great Shelford/Cambridgeshire.*

P. wuchs als das jüngste von vier Kindern eines Müllers auf. In Cambridge besuchte sie die Perse Girls' School und das Girton College. Nach Redaktionstätigkeit für den Schulfunk der BBC (1945–1958), die Pädagogikabteilung bei Oxford University Press (1958–1960) und für die Kinderbuchabteilung bei ANDRÉ DEUTSCH (1960–1967) lebt sie heute wieder, verwitwet und mit einer Tochter, in ihrem Geburtsort. P.s Kinderroman „Tom's midnight garden" (1958; dt. „Als die Uhr 13 schlug", 1961) wurde mit der Carnegie Medal ausgezeichnet. Die Erzählung „Mrs. Cockle's cat" (1961) in der Bilderbuchfassung von ANTONY MAITLAND erhielt die Kate-Greenaway-Medal.

Werk, Tendenzen, Wirkung. Zu ihrem ersten Buch wurde die Autorin veranlaßt, als sie 1951 den Sommer mit Tuberkulose in einem Cambridger Krankenhaus verbringen mußte. „My parents were then still living in the Mill House, with the river flowing by the garden. Imprisoned in hospital, I went there in my imagination as I had never done before" (in: TOWNSEND, S. 169). Die pastorale Örtlichkeit der eigenen Kindheit wurde zum Schauplatz der beiden ersten Romane, die Verfolgung eines Wunschbilds zur bevorzugten Thematik der Autorin.

In „Minnow on the Say" (1955; dt. Die Fährte des Herrn Laberdan, 1958) knüpfte P. an die englische Tradition der Ferienabenteuergeschichte an. „Minnow" ist ein Kanu und „Say" der Fluß, den David und sein Freund Adam hinaufpaddeln, um anhand eines geheimnisvollen Verses einen Schatz von Adams adligen Vorfahren zu suchen. Eine verinnerlichte Begegnung mit der Vergangenheit stellt „Tom's midnight garden" (1958) dar, wobei diesmal das Bild des Gartens, durch eine Mauer vom Fluß getrennt, in den Vordergrund tritt. Autobiographische Erfahrung und traditionelle Kindheits- und Lebenssymbolik verbinden sich in diesem Bild. Die Langeweile Toms, der bei Onkel und Tante die Masern auskurieren muß, wird beendet, als er eines Nachts die alte Standuhr in der Diele 13 schlagen hört. Der Junge schleicht sich an die Hintertür des Hauses und bemerkt dort, wo tagsüber die Mülltonnen stehen, einen wunderschönen Garten. Hier spielt er nun Nacht für Nacht mit dem Mädchen Hattie, die altmodisch-viktorianisch gekleidet ist und anfangs gleichaltrig, später immer älter zu sein scheint. Am Ende begegnet er der alten Hauswirtin Frau Bartholomew, und es stellt sich heraus, daß er in seiner Einsamkeit an ihren Träumen von der eigenen Vergangenheit teilgenommen hat. Als „time fantasy" (E. CAMERON) über das Kind als werdenden Erwachsenen und den Erwachsenen als gewesenes Kind ist dieses Buch P.s von JOHN WILLIAM DUNNES Buch „An experiment with time" (1927) beeinflußt.

„A dog so small" (1962) ist die psychologische Studie eines Londoner Jungen, der sich in der städtischen Enge keinen Hund halten darf und einen gestickten Chihuahua in seinen Träumen lebendig werden läßt. Schließlich, als er von den Großeltern ein richtiges Tier geschenkt bekommt, muß er mit dessen Eigenwilligkeit fertig werden. „The battle of Bubble and Squeak" (1978) zeigt aus wechselnder Perspektive, wie eine

Mutter zwei Wüstenmäuse ihres Sohnes akzeptieren lernt und wie dabei eine Familie mit Stiefvater und drei Kindern nicht ohne Konflikte zusammenwächst. Verschiedene existentielle Erfahrungen von Kindern stellt die Autorin in ihren Geschichtensammlungen dar – im Schnittfeld von Natur und Gesellschaft in „What the neighbours did" (1972) und an der Grenze zum Übernatürlichen in „The shadow cage" (1977). In dem bemerkenswerten naturmagischen Märchen „The squirrel wife" (1971) wird diese Grenze überschritten. Kennzeichnend für die Erzählkunst der Autorin sind eine sinnenhafte und präzise Wiedergabe von Wirklichkeit, eine einfache und unaufdringliche Natursymbolik, eine mit den Gefühlen der jugendlichen Helden verbundene Zielspannung und eine klare und rhythmische Sprachform. Von englischsprachigen Kritikern wird diese Kunst sehr hoch gewertet. JOHN R. TOWNSEND nennt „Tom's midnight garden" das beste englische Kinderbuch seit 1945 und das beste Buch, das je die Carnegie Medal erhielt (TOWNSEND, S. 163 und 166). Im deutschen Sprachraum sind die Autorin und ihre Bücher wenig bekannt.

Werke: Minnow on the Say (1955; auch u. d. T.: The Minnow leads to treasure, 1958; dt. Die Fährte des Herrn Laberdan, 1958); Tom's midnight garden (1958; dt. Als die Uhr 13 schlug, 1961); Mrs. Cockle's cat (1961); A dog so small (1962; dt. Ben und sein kleiner Hund Chiquitito, 1964); From inside Scotland Yard (zus. mit H. Scott, 1963); The strange sunflower (1966); The children of the house (zus. mit Br. Fairfax-Lucy, 1968); The Elmstreet lot (1969); The squirrel wife (1971); The Beauty and the beast (1972); What the neighbours did and other stories (1972); The shadow cage and other tales of the supernatural (1977); The battle of Bubble and Squeak (1978).

Sekundärliteratur: E. Cameron: The green and burning tree. On the writing and enjoyment of children's books (1969). – B. Jackson: Philippa Pearce in the Golden Age of children's literature (in: The use of English. 1969/1970. 21. 195–203). – Ph. Pearce: Tom's midnight garden (in: The Library Association (Hrsg.): Chosen for children. An account of the book which have been awarded the ‚Library Association Carnegie Medal', 1936–1965. 1967. 95–96); Writing a book: A dog so small (in: E. Blishen (Hrsg.): The thorny paradise. Writers on writing for children. 1975. 140–145). – D. Rees: The novels of Philippa Pearce (in: Children's literature in education. 1971. 4. 40–53). – J. R. Townsend: A sense of story (1971).

Reinbert Tabbert

Perrault, Charles

*Autor, Staatsbeamter, Märchensammler; * 12. 1. 1628 Paris, † 15. 5. 1703 Paris.*

P., Sohn eines aufgeklärten katholischen Juristen, besuchte von 1636 bis 1644 das Collège de Beauvais. Anschließend begann er das Jurastudium, das er 1651 abschloß. 1654 nahm ihn sein älterer Bruder PIERRE als Mitarbeiter in die Verwaltung auf. Als COLBERT 1661 Finanzminister wurde, nahm er P. in seine persönlichen Dienste. Im Jahr 1671 wurde P. Mitglied der „Académie Française". Der Tod COLBERTS im Jahr 1683 bedeutete für P. wirtschaftlich wie gesellschaftlich einen Rückschlag. Er widmete sich von da an stärker der schriftstellerischen Tätigkeit.

Werk, Tendenzen, Wirkung. Im Jahr 1697 erschien unter dem Titel „Histoires ou Contes du temps passé, avec des moralitez" die Märchensammlung, die P. internationale Berühmtheit verschaffte. Obwohl in der Erstausgabe als Autor der Sammlung PIERRE PERRAULT DARMANCOUR, der älteste Sohn P.s, genannt wird, nimmt man heute an, daß P. der eigentliche Autor war und daß sein Sohn ihm lediglich beim Zusammenstellen und bei der Niederschrift geholfen hat. Auf dem Titelbild zur Erstausgabe fand sich die Inschrift „Conte de ma mère l'Oye". Unter diesem Titel, als „Märchen meiner Mutter Gans", wurde die Sammlung P.s international bekannt. Der Name „Mutter Gans" sollte andeuten, daß die von P. aufgeschriebenen Märchen so alt seien, wie die sagenhafte Königin Bertha mit dem Gänsefuß („La reine Pédauques"). P. hat für seine Sammlung acht der bekanntesten im Volksgut überlieferten Märchen ausgewählt und neu formuliert. Schon die Brüder GRIMM lobten die Nähe der Märchen P.s zur Volksüberlieferung und stellten fest: „Perraults Verdienst besteht darin, daß er nichts hinzugesetzt und die Sachen an sich, Kleinigkeiten abgerechnet, unverandert gelassen ...". Die in die Sammlung aufgenommenen drei Märchen „Le petit chaperon rouge", „La Belle au bois dormant" und „Cendrillon ou La petite pantoufle de vain" sind im deutschen Sprachbereich als „Rotkäppchen", „Dornröschen" und „Aschenputtel" aus den Märchen der Brüder GRIMM bekannt. „Barbebleu" begegnet uns wieder bei TIECK. „Le maistre Chat ou Le chat botté" findet sich in verschiedenen deutschen Märchensammlungen als „Gestiefelter Kater". Das Märchen „Les fées" erinnert an Frau Holle, „Le petit poucet" taucht bei LUDWIG BECHSTEIN als „Der kleine Däumling" auf. Nur das Märchen von dem häßlichen, aber gescheiten Prinzen „Rique à la houppe" findet in deutschen Sammlungen keine Entsprechung. Als Quellen für P. dienten die „Piacevoli notti" von GIOVANNI FRANCESCO STRAPAROLA, in denen zum ersten Mal in der europäischen Literatur der Stoff vom gestiefelten Kater auftaucht, sowie die Sammlung „Pentamerone" von GIAMBATTISTA BASILE. Während P. Stoff und Handlungsgefüge weitgehend aus der Volksüberlieferung übernahm, formte er die Märchen sprachlich im Geist des Frankreich des 17. Jahrhunderts um und schuf eine interessante Mischung aus geistvoll-raffiniertem Stil und naivem Volksmärchenton. In einer Widmung an die Nichte des Königs, ELISABETH CHARLOTTE D'ORLEANS, wies P. ausdrücklich darauf hin, daß seine Märchen eine sehr sinnvolle Moral enthielten, die sich dem Leser je nach seinem Einfühlungsvermögen mehr oder weniger deutlich erschließe. Die an den Schluß eines jeden Märchens gestellten kleinen in Versen gehaltenen moralischen Erläuterungen bedeuteten den Tribut des Autors an die Hofgesellschaft der Zeit. In späteren Ausgaben verschwanden diese moralischen Zusätze aus der Sammlung. P.s Märchen, die nach seinen eigenen Aussagen nicht den Verstand, sondern

Der gestiefelte Kater. Illustration von Gustav Doré zu Charles Perraults Märchen, entnommen der von Moritz Hartmann neuerzählten deutschen Ausgabe aus dem Jahre 1867.

das Gefühl ansprechen sollten, begründeten in Frankreich die Mode der „Contes de fées". Es ist eine ungelöste Frage, ob P. seine Märchen mit dem Blick auf den kindlichen Leser geschrieben hat. Jedenfalls wurden sie in den späteren Jahren bis hin zur Gegenwart bevorzugte Lektüre von Kindern, nicht zuletzt, weil die Erwachsenen in ihnen die für Kinder geeignete Lektüre erblickten.

P.s Märchensammlung beeinflußte spätere Sammler und Herausgeber wie MUSÄUS oder die Brüder GRIMM. In späteren Ausgaben wurden auch die frühen Versmärchen P.s (Grisélidis, 1691; Les souhaits ridicules, 1694; Peau d'âne, 1694) einbezogen.

Werke: Le Portrait d'Iris (1659); Dialogue de l'amour et de l'amitié (1660); Saint Paulin (1686); Parallèle des Anciens et des Modernes (1688–1697); La Marquise de Salusses ou la Patience de Griselidis (1691); Les souhaits ridicules (1693); Griselidis avec le conte de Peau d'Ane et celui des Souhaits ridicules (1694); Histoires ou Contes du temps passé, avec des moralitez (1697); Les Fables de Faerne (1699).

Sekundärliteratur: H. Kortum: Charles Perrault und Nicolas Boileau. Der Antike-Streit im Zeitalter der klassischen französischen Literatur (1966). – H. Krüger: Die Märchen von Perrault und ihre Leser (Diss. 1969). – M. Rumpf: Ursprung und Entstehung von Warn- und Schreckmärchen (1955). – M. Soriano: Les contes de Perrault. Culture savante et traditions populaires (1968); Le Dossier Charles Perrault (1972).

N. N.

Perry Rhodan

P. R. ist die Titelfigur der gleichnamigen, 1961 zuerst in der Bundesrepublik Deutschland erschienenen Science-Fiction-Serie.

Inhalte, Figuren und Tendenzen. Im ersten Heft der P. R.-Serie leitet P. R. die erste amerikanische Mondexpedition; dieses Ereignis wird in das Jahr 1971 verlegt. Auf dem Mond trifft er mit Bewohnern des zerfallenden arkonischen Sternenreiches zusammen, die den Erdbewohnern technisch überlegen sind. Mit arkonidischem Wissen und terranischem Kampfeswillen gelingt es P. R., auf der Erde eine Dritte Macht aufzubauen und die Menschheit zu einigen. Die Vorstöße ins Weltall führen im Jahre 2044 dann zu einer Vereinigung von Arkon und Terra zum „Vereinigten Imperium der Menschheit". Später wird P. R. Führer des „Solaren Imperiums". Es finden immer neue Vorstöße im Sinne imperialistischer Landgewinnung in andere Milchstraßensysteme statt. Die Serie spielt inzwischen im 4. Jahrtausend.

Nach P. R. ist der Arkonide Atlan die zweite Hauptfigur. Er war vor 10000 Jahren auf die Erde verschlagen worden. P. R.s Stellvertreter ist der aufbrausende Reginal Billy Bull. Begleitet wird P. R. außerdem von einer Elitetruppe, den Mutanten, von denen sich besonders Gucky, ein humorvoller Mausbiber, großer Beliebtheit erfreut.

Die P. R.-Serie ist ein typisches Beispiel für die sogenannte „Space Opera", eine Abart der Science-Fiction-Literatur, die die üblichen Handlungsschemata der trivialen Abenteuerliteratur wie Auszug in die Fremde, Überfall, Gefangennahme, Befreiung, den aus den Western bekannten „Count-Down" (in Form gigantischer Weltraumschlachten) in die Ferne des Weltraumes verlegt und damit, da der Vergleich mit der Wirklichkeit ausgeschlossen bleibt, ein hemmungsloses Darauflosphantasieren erlaubt. Im Gegensatz zur ernstzunehmenden Science Fiction, die als spekulative Literatur den Versuch unternimmt, von dem heutigen Stand der Wissenschaft und Technik aus sich andeutende und in der Zukunft nicht auszuschließende Entwicklungen auszumalen, herrscht in der P. R.-Serie ein pseudowissenschaftliches Vokabular vor. Eine Unzahl technischer Errungenschaften und Erfindungen ist als vorhanden hinzunehmen. Überlegungen zu möglichen Entwicklungen oder Versuche einer rational nachvollziehbaren technischen Erklärung und Beschreibung finden nicht statt und werden durch die Häufung angeblicher „Fachausdrücke" ersetzt. So heißt es etwa in einem knapp sechs Zeilen umfassenden Abschnitt im Band 500 („Sie kamen aus dem Nichts", Erscheinungsjahr um 1971): „... Rhodan und Gucky materialisierten im Ultraenergie-Wandelraum. Die glockenförmig konstruierte Halle wurde von halbmeterstarken Wänden aus Ynkelonium-Terkonitstahl von der nebenan installierten Haupteinheit des Dimesextratriebwerks abgeriegelt. Drahtlose Dakkarpulsleiter endeten mit ihren isolierenden Sextadim-Röhrenfeldern an den Wandempfängern. Sie nahmen die Kräfte des Wandeltasters auf und lenkten sie in die Schirmstrahler des Dimesextratriebwerks ...". Der junge Leser wird so in einer pseudotechnischen Welt gefangengehalten, die ihn faszinieren kann, jedoch bei der ersten Lektüre eines P. R.-Heftes zunächst unverständlich erscheinen muß. Mit der Zeit jedoch sieht sich der Dauerkonsument von P. R.-Heften immer mehr zu den „Eingeweihten" gehörig, die diese Sprache verstehen. Er wird Mitglied einer In-group, deren Angehörige die Kenntnis dieser fiktiven Fachausdrücke mit echtem Fachwissen verwechseln und sich selbst als Mitglied einer „wissenden" Elite verstehen. Diese Haltung des jungen P. R.-Lesers wird vom Verlag durch spezielle „Lexika" gefördert, die die in den Heften benutzten ungewöhnlichen Vokabeln in alphabetischer Reihenfolge vorführen, sowie durch Anregungen zur Bildung von P. R.-Fanclubs, wie sie inzwischen in den meisten Städten der Bundesrepublik existieren.

Zu den Inhalten der P. R.-Hefte stellt RONALD M. HAHN in seinem Aufsatz „Wissenschaft & Technik = Zukunft" in dem Band „Science Fiction" (Hrsg. von EIKE BARMEYER, 1972) auf Seite 227 fest: „... Schon die Covers der Rhodan Hefte bieten einen repräsentativen Vorgeschmack auf den Inhalt: da wird geschossen, geprügelt und in die Luft gesprengt; das Dunkel des Weltraums wird nur erhellt vom Flackern der Fusionsbomben und Energiekanonen ...". Der Verlag meint, daß ein humanitäres Menschenbild, absolute Toleranz und ein Pluralismus der Lebensweisen in der Serie propagiert werden. Gekämpft werde nur im Notfall, jede Form des Nationalismus werde abgelehnt. Analysen der Serie haben dieses Konzept nicht bestätigen können. Deutlich konnten sozialdarwinistische Tendenzen herausgearbeitet werden; die Terraner sind die wertvollste Rasse des Alls. Die Technisierung der Umwelt wird in den Romanen fasziniert beschrieben; Kontrolle dieser gewaltigen technischen Möglichkeiten kann nur durch die Delegation aller Macht (in Wahlen) an den Führer P. R., dessen biologische und moralische Vorrangstellung außer Zweifel steht, erreicht werden. In immer neuen und härteren Kämpfen bewährt er sich. Die Wahlen bestätigen im nachhinein das Resultat des Ausleseprozesses. Der Held der Serie – wie auch seine unermüdlichen Begleiter – präsentiert sich in Handlungsweise und Denkart während seines durch biologische Manipulationen verlängerten, bereits über 3000 Jahre langen Leben, im Heft 550 genauso wie im ersten Heft. Das Selbstverständnis des Verlages wird aus den Vorstellungen des Erfinders und Chefautors der P. R.-Serie, KARL-HERBERT SCHEER, der sich die Exposés zu den einzelnen Heften ausdenkt und verfaßt, sichtbar, wenn er meint, Toleranz gegenüber anderen Lebewesen sei Rhodans oberstes Gesetz, aber gleich hinzufügt, „auch wenn der Kampf ums Dasein mit harten Bandagen geführt werden müsse“ und schließlich feststellt: „Mein Gott, warum soll nicht mal geschossen werden?“ (Antwort von SCHEER auf die Frage, warum in den „Perry Rhodan“-Heften so viel geschossen werde, während eines Vortrages im „Perry-Rhodan-Club“ Berlin).

Leserschaft, Publikationsgeschichte, Produktionsbedingungen. Die Serie „Perry Rhodan – der Erbe des Universums“ mit bisher 550 Folgen in rund 83 Millionen Heften, die Neuauflagen und Sonderhefte nicht eingerechnet, stellt eines der einträglichsten Verlagsgeschäfte in der Bundesrepublik nach 1945 dar. Der Hauptanteil der Science-Fiction-Leser in der Bundesrepublik wird von P. R.-Lesern gestellt, der weitaus größte Anteil davon sind Kinder und Heranwachsende. Dies hat dazu geführt, daß ausländische Science-Fiction-Kritiker wie SAM J. LUNDWALL die Science-Fiction-Literatur in der Bundesrepublik mit P. R. gleichsetzen (SAM J. LUNDWALL: Science-Fiction – What it's all about, 1971, S. 235). Die Heftromanserie P. R. begann am 8. September 1961 in wöchentlicher Fortsetzung im Moewig-Verlag (München) zu erscheinen. 1968 betrug die Auflage pro Band zwischen 100000 und 300000 Exemplare; 1968 wurde eine Comicserie mit dem Titel „Perry Rhodan im Bild“ (ab Nummer 27, 1970, nur noch „Perry“) begonnen. Gezeichnet wurde sie in dem Studio Giolitti, Rom. Anfangs folgte die Serie dem Text des Heftromans. Der Stil der Zeichnung mußte mehrfach verändert werden, zuletzt lehnte er sich eng an die Jugendstil-Renaissance an. Mit Nummer 129 stellte „Perry“ sein Erscheinen ein.
An der Herstellung der P. R.-Serie sind mehrere Autoren beteiligt. Nach dem Exposé des Chefautors schreibt dann jeder Autor ein Heft von 64 Seiten. – Die Hefte werden in deutschsprachige Länder exportiert; in Frankreich, Japan, Finnland, den Niederlanden und Belgien werden Lizenzausgaben hergestellt. – Der Verlag recherchiert gründlich die Leserwünsche und bietet den in Clubs zusammengefaßten Fans auch Materialien wie Weltraumkarten, Quartett-Spiele und P. R.-Schallplatten an. 1967 lief der Film an „Perry Rhodan – SOS aus dem Weltraum“.

Sekundärliteratur: E. Barmeyer (Hrsg.): Science Fiction. Theorie und Geschichte (1972). – W. U. Drechsel: Massenzeichenware. Die gesellschaftliche und ideologische Funktion von Comics (zus. mit J. Funhoff und M. Hoffmann. 1975). – B. Ellerbrock: Perry Rhodan. Untersuchung einer Science-fiction-Heftromanserie (zus. mit J. Ellerbrock und Fr. Thieße. 1976). – V. Graaf: Homo Futurus. Eine Analyse der modernen Science-fiction (1971). – D. Hasselblatt: Grüne Männchen vom Mars. Science Fiction für Leser und Macher (1974).

Detlef Hoffmann

Peru

(República del Perú). Republik in Südamerika. Staatsgebiet: 1285216 km²; Einwohner: 13590000. Nach der Verfassung vom 12. 7. 1979 wird der Staatspräsident auf sechs Jahre gewählt, ohne die Möglichkeit einer Wiederwahl. Die Regierungsgewalt wird von 12 Ministern ausgeübt. Der Großteil der Bevölkerung P.s ist indianischer Abstammung (vor allem Ketschua, am Titicacasee auch Aimara, Tieflandindianer im Amazonasgebiet). Der Anteil der noch reinblütigen Indios beträgt etwa 20%. Die Weißen bilden eine dünne Oberschicht. Die 0,5% Neger stammen von den von Spanien eingeführten Sklaven ab. Um die Jahrhundertwende begann die Zuwanderung von etwa 7000 Chinesen und 22500 Japanern. Etwa 30% der Bevölkerung benutzen Ketschua, 3% Aimara als Verkehrssprache. Amtssprache ist Spanisch.

Entwicklung der Kinder- und Jugendliteratur und gegenwärtiger Stand. Seit langem sind in P. traditionelle Formen der Oralliteratur erhalten, die auf Traditionen und Legenden der indianischen Folklore beruhen und die vom Vater zum Sohn mündlich übermittelt wurden. Wie in anderen süd- und mittelamerikanischen Ländern, dienten diese mündlich überlieferten Märchen, Legenden, Sagen und Epen sowohl für Erwachsene wie für Kinder. Neue Themen und Stoffe kamen bei der Ankunft der Spanier im 16. Jahrhundert hinzu. Einige spanische Chronisten schrieben Abenteuer und Sittengeschichten auf. Zum Beispiel erinnert die Geschichte von „Pedro Serrano“ an DANIEL DEFOES „Robinson Crusoe“. Es ist die vom Inka Garcilaso erzählte Geschichte eines Seefahrers, der bei einer kleinen Insel in der Karibik Schiffbruch erleidet.
Während der Kolonialzeit (16., 17. und 18. Jahrhundert) behielt man die traditionellen Erzählformen bei, ohne daß von Europa andere für Kinder und Jugendliche geeignete literarische Trends übernommen worden waren. Im 19. Jahrhundert, als P. schon seine Unabhängigkeit von Spanien erreicht hatte, begann ab 1821 europäische Literatur in P. bekannt zu werden.

Die traditionellen Märchen (Perrault, Grimm, Andersen, spanische Fabeln von Samaniego und Iriarte) fanden Verbreitung. Aber noch entstand keine von einheimischen Autoren geschaffene Kinderliteratur, mit Ausnahme einiger weniger Versuche wie die von Julio Felix Castro (1859–1910), der die Bücher „Veladas Infantiles" und „El cuento del tio Trijueque" (1887) verfaßte.
Ricardo Palma (1833–1919) schrieb einige Erzählungen, die von seiner Tochter Angelica gesammelt und unter dem Titel „El Palma de la juventud" (1921) herausgegeben wurden. Dank Palmas Einfluß wandten sich weitere Autoren dem Kinderbuch zu. Angelica Palma schrieb „Contando cuentos" (1930) und Amalia Puga de Lozada „El jabón de hiel" (1949). Die Autorin griff dabei auf Traditionen ihrer Heimatstadt Cajamarca zurück.
Eine der ersten Schriftstellerinnen P.s, die es sich zur Aufgabe machte, spezielle Kinderbücher zu schreiben, war Maria Wiesse (1894–1964). Als bedeutende Musikwissenschaftlerin und Erzählerin verfaßte sie unter anderem Biographien berühmter Peruaner und einige Theaterstücke. Von ihr stammen „Quipus" (1936), eine Zusammenstellung alter peruanischer Erzählungen, von denen einige von den indianischen Chronisten übernommen wurden, sowie die musikdidaktischen Werke „Viaje al país de la música" (1943) und „La flauta de Marsías" (1950). Für Jugendliche schrieb sie „El mar y los piratas" (1947), ein Buch, das, wie alle ihre Bücher, von ihrem Ehemann, José Sabogal, illustriert wurde. Alida Elguera schrieb die phantastische Kindererzählung „Juguetes" (1929), Lucila Larrabure den Band „Mis doce cuentos de colores" (1936).
Die peruanische Kinderliteratur verdankt drei großen Schriftstellern eine wesentliche Bereicherung. César Vallejo (1892–1938) verfaßte die zauberhafte, dem Märchen verwandte Kindergeschichte „Paco Yunque", die 1972 neu aufgelegt wurde. Ciro Alegría (1909–1967) hinterließ einige für Kinder geeignete Erzählungen, die in dem Band „Panky, el guerrero" (1958) zusammengefaßt wurden. Auch José Maria Arguedas (1911–1968), einer der berühmtesten peruanischen Erzähler, sammelte in zwei Bänden zahlreiche Legenden und Erzählungen der peruanischen Folklore, die sich für junge Leser gut eignen: „Mitos, leyendas y cuentos peruanos", die er in Zusammenarbeit mit Francisco Izquierdo Rios verfaßte, und „Canciones y cuentos del pueblo quechua" (1949).
Arturo Jimenez Borja (*1908), Arzt und Ethnologe, veröffentlichte zahlreiche der Folklore entlehnte Erzählungen, die auch von Kindern gelesen werden können. Die Titel seiner Werke sind „Cuentos peruanos" (1937), „Moche" (1938) und „Leyendas del Perú" (1941). Die Illustrationen dazu sind hauptsächlich von indianischen Kultgegenständen aus Keramik inspiriert. Francisco Izquierdo Rios (*1909) schrieb „Papagayo, el amigo de los ninos" (1952), „El arbol blanco" (1963), „Gregorillo" (1957), „Gavicho" (1965) und „El colibrí con la cola de pavo-real" (1968). Enriqueta Hebrera Gay veröffentlichte die ebenfalls von der

Einband zu der Sammlung „Cuentos Peruanos", die peruanische folkloristische Geschichten für junge Leser bringt und 1965 herauskam. Die Autoren des Bandes sind Carlota Carvallo de Nuñez und Francisco Izquierdo. Das Einbandbild stammt von Julio Montañés.

Folklore beeinflußte Sammlung „Fabulas Peruanas" (1945). Amalia Alayza de Gamio (*1918) verfaßte zwei Kinderbücher zu Themen aus der heimatlichen Umwelt: „El pastorcito de los Andes" (1962) und „Viaje al Macchu Picchu" (1963). In diesen Büchern schildert die Autorin Episoden aus der Geschichte P.s und erzählt von den Abenteuern, die seine Menschen an der Küste, in der Sierra und im Urwald erleben. Hauptperson ist Jeshuco, ein kleiner, verspielter Indio, der uns einen vergnüglichen Eindruck von den Bewohnern der Gebirgsländer vermittelt. Carlota Carvallo de Nunez (*1915) schrieb für Kinder den Roman „Rutsi, el pequeno alucinado", der den vom Verlagshaus Ferrar und Rinehart in New York ausgeschriebenen Wettbewerb gewann und der 1947 vom Ministerium für Erziehung herausgegeben wurde. Weitere Kinderbücher von ihr sind „El pájaro nino" (1958), „El arbolito" (1962), „Cuentos peruanos" (1965), „Cuentos fantásticos" (1969), „Cuentos de Navidad" (1970) und „El amaru yotros cuentos" (1977). Für den letzten Band erhielt sie den Nationalen Preis für Kinderliteratur. Für ihre Erzählung „Oshta y el duende" erhielt die Autorin in Madrid den „Premio Doncel 1965". GRACIELA NIERI DE DAMMERT bekam für ihr Buch „Cuentos del Perú" den Preis „Premio Juan Volatin", den jährlich die peruanische Filiale des IBBY verleiht. Ihre phantastischen Geschichten zeichnen sich durch Behutsamkeit und Schlichtheit aus. MERCEDES EGUREN und JOSÉ HIDALGO wurden ebenfalls 1968 mit dem „Premio Juan Volatin" für ihre Kindererzählungen bedacht, erstere für ihr Buch „Muneco de aserrín" und letzterer für „Muneca de trapo". ROSA CERNA GUARDIA erhielt in Chile einen Preis für Kinderliteratur für ihr Buch „La nina de las trenzas azules". Sie gewann auch zweimal den „Premio Juan Volatín" für „Los días de carbón" (1968) und „El hombre de paja" (1973); die äußerst originellen Erzählungen von ROSA CERNA sind durch Ungezwungenheit und Phantasie gekennzeichnet. GABRIELA CREMER ist die Autorin und Illustratorin des Kinderbuches „Las aventuras de Chalaquito" (1970). MARIA TELLERÍA SOLARI, Lehrerin, Journalistin und Schriftstellerin hat zwei Kinderbücher veröffentlicht: „Mi amiga Paquina" (1966) und „Carta de Luis Rodomiro" (1968). Das Kinderbuch „Muy cerca del cielo" (1963) stammt von TEÓFILO MAGUINA CUEVAS. JORGE FLORES RAMOS, ebenfalls Lehrer, hat die Erzählung „El nido de las torcazas" (1964) veröffentlicht. ALFONSINA BARRIONUEVO, Schriftstellerin und Journalistin, schrieb für Kinder zwei reizende Erzählungen „Pintadita, la Vicuna" (1973) und „Capitán Pelícano" (1974). Die Bücher sind von der kleinen Tochter der Autorin illustriert. FELIPE RIVAS MENDO hat zwei Bücher über das Theater für Kinder veröffentlicht: „Titeres en el aula" (1965) und „Cuatro obras para el retablillo" (1957). CECILIA ROGGERO widmete den peruanischen Kindern den Band „Garabatos" (1973). CATALINA RECAVARREN wurde durch ihre reizenden Kinderverse in dem Band „Ronda en el patio redondo" (1941) bekannt. Auch JULIA DEL MAR veröffentlichte in ihrem Buch „La ninez canta" (1954) eine Anzahl heute weit verbreiteter Kindergedichte.

Einige peruanische Autoren, die eigentlich Erwachsenenliteratur schreiben, haben gelegentlich auch für Kinder geschrieben, so SEBASTIAN SALAZAR BONDY („El Senor Gallinazo vuelve a Lima", 1960) oder MARIA ROSA MACEDO („Pachito Picaflor", 1955). Andere Schriftsteller schreiben nicht gezielt für Kinder, doch werden ihre Bücher auch von Kindern gelesen, z.B. ABRAHAM VALDELOMAR (1888–1919) (El hipocampo de oro o El nido de los condores) und ENRIQUE CONGRAINS MARTÍN (* 1932) mit „El nino de junto al cielo".

Bis jetzt gab und gibt es nur wenige, ausschließlich für junge Leser bestimmte Zeitschriften: „Figuritas" (1910–1915); „Cholito" (1928–1929); „Palomilla" (1940–1941); „Avanzada" (1965–1968); „Urpi", die Kinderbeilage der Tageszeitung „La Prensa" (1974–1975).

Institutionen und Förderungsmaßnahmen. Eine der Institutionen, die sich augenblicklich um die Verbreitung der Kinderliteratur in P. bemühen, ist die peruanische Sektion des IBBY unter dem Vorsitz von CARLOTA CARVALLO DE NUNEZ. Jährlich wird der Wettbewerb „Juan Volatin" veranstaltet, dessen Preis in der Veröffentlichung des ausgewählten Buches besteht.

Das Theater der Universität von San Marcos übernimmt bei einem Wettbewerb für das Schultheater die Schirmherrschaft über Schriftsteller. Bis vor kurzem wurde der Nationalpreis für Kinderliteratur „José Maria Eguren" für das beste peruanische Kinder- und Jugendbuch verliehen. Inzwischen wurde dieser Preis abgeschafft.

Die augenblickliche Situation der Kinderliteratur in P. ist wenig ermutigend. Die Verleger befassen sich zumeist mit der Herausgabe von Schulbüchern, solche Texte sind als ein Resultat der erst vor kurzem erfolgten Erziehungsreform anzusehen. Die Kinderliteratur jedoch führt noch ein Schattendasein. Bisher konnte sie auch nicht mit einer entscheidenden Unterstützung von seiten des Staates rechnen. Den Schriftstellern bietet sich kaum ein Anreiz für das Schreiben von Kinderbüchern. So lassen sie ihre Originale lange Zeit unveröffentlicht liegen, um einen günstigen Zeitpunkt für die Herausgabe abzuwarten.

Ein anderes Problem, dessen Lösung noch ansteht, sind die hohen Veröffentlichungskosten. Die Hauptursache hierfür ist zur Zeit die in P. bestehende Papierknappheit. Das Papier, das den Verlagen zur Verfügung steht, ist auch für Kinderbücher wenig geeignet.

Sekundärliteratur: J. M. Arguedas: Canciones y cuentos del pueblo Quechua (1949). – C. Bravo-Villasante: Historia y antología de la literatura infantil iberoamericana (Bd. 2. 1966); Weltgeschichte der Kinder- und Jugendliteratur (1977). – C. Carvallo Wallstein de Nunez: La sección peruana de la organización internacional del libro juvenil (in: IX. Congreso de la Organización Internacional para el Libro Juvenil. 1965. 165–171). – M. Indacochea: Bibliografia de literatura infantil y juvenil (1966). – E. Morote Best: Algunas de nuestras rimas infantiles (in: Revista universitaria. 38. 1949. 96. 163–232). – A. Olivas Caldas: Hacia la formación de una bibliografíaco sobre literatura infantil peruana (in: Boletín bibliografía. 13. 1940. 3. 255–274 und 13. 1940. 4. 389–396). – A. Pellowski: The world of children's literature (1968). – M. A. Ugarte: Juegos, canciones, dichos y entretenimientos de los ninos de Arequipa (1947).

Carlota Carvallo de Nuñez

Peschel, Carl Gottlieb

*Maler, Zeichner und Illustrator; * 31. 3. 1798 Dresden, † 3. 7. 1879 Dresden.*

P. war Sohn eines kurfürstlichen Finanzbeamten und besuchte schon mit 13 Jahren die Dresdener Akademie, wo er Schüler der Historienmaler C. A. LINDNER, TRAUGOTT L. POCHMANN und CARL VOGEL war. Er durfte bei VOGELS Deckengemälden im Pillnitzer Schloß mitwirken. 1825–1826 war P. in Italien, wo sich in Rom seine lebenslange Freundschaft mit LUDWIG RICHTER und J. SCHNORR anbahnte. Nach Dresden zurückgekehrt, erhielt P. sich von Zeichenunterricht und Dosenmalerei. Durch ein Bild der Rebekka am

Brunnen wurde er bekannt. Mit BONAVENTURA GENELLI (1798–1868) und JOSEPH A. KOCH (1768–1839) wirkte P. 1833 bei der Ausmalung des „Römischen Hauses" für den Buchhändler HÄRTEL mit. Im Bergschlößchen des Herrn VON QUANDT bei Dresden malte er einen Saal mit Fresken nach GOETHES Balladen aus (1836–1838). P. wurde 1837 Zeichenmeister und 1846 Professor an der Dresdener Akademie, an der er bis 1877 wirkte. Er malte neben anderen religiösen Bildern Altarbilder für die Kirchen in Auerbach im Vogtland und Staucha „aus innerster religiöser Überzeugung" (MOHN).

Werk, Tendenzen, Wirkung. P. gilt als der „Nazarener von Dresden". Als Zeichner gehörte er zum engsten Kreis um LUDWIG RICHTER, der ihn in seinen Lebenserinnerungen stets „Freund Peschel" nennt, und der dem gütigen und kindlichen Mann bis in sein Alter herzlich zugetan war. P. nahm an den Gemeinschaftswerken der Dresdener Künstler „Die Ammenuhr" (1843) und ROBERT REINICKS „ABC Buch für kleine und grosse Kinder" teil. Für „Die Ammenuhr" lieferte er das Bild „Das Nönnchen läut" mit den Nonnen, die durch einen romanischen Kreuzgang zur Zwei-Uhr-Messe ziehen, im „ABC Buch" sind die Holzschnitte zu den Buchstaben A (Adam und Eva), E (Einsiedler mit Reh, Hütte und Baum) und R (Ritter und Roß) von P. Diese Illustrationen zeichnen sich wie alles, was P. zeichnete, durch fromme und innige Stimmung aus. Der Einfluß L. RICHTERS ist nicht zu verkennen, doch fehlt, den meist religiösen Themen gemäß, dessen Humor. P. war auch L. RICHTERS Mitarbeiter bei den „Biblischen Historien" von FRANZ L. ZAHN (1833), bei JOHANN TRAUGOTT LÖSCHKE „Was bringt die Botenfrau" (1850) und beim „Kinderengel" (1858), für den er vier Bildchen mit Engeln beisteuerte. Unter dem Eindruck von ALBRECHT DÜRERS Zeichnungen schuf er elf Darstellungen zum Buch Tobiä (1830), die von J. WILLIARD auf den Stein übertragen wurden. Später lieferte er 24 Zeichnungen zu MARTIN LUTHERS „Kleinem Katechismus" (Holzschnitt von A. GABER, 1852). PAUL F. SCHMIDT spricht im Zusammenhang mit P. vom „Lyrischen der biedermeierlichen Empfindungen" in seinen Bildern und einem „Zuge genrehafter Kindlichkeit".

Werke: Das Buch Tobiä in eilf bildlichen Darstellungen (1830); Die Ammen-Uhr. Aus des Knaben Wunderhorn (zus. mit anderen. 1843); R. Reinick: ABC-Buch für kleine und große Kinder (zus. mit anderen. 1845); Der kleine Catechismus Martin Luther's (1852); Der Kinderengel. Spruchbüchlein für fromme Kinder (zus. mit L. Richter. 1858); C. v. Reiche: Die Reise ins Geschichtenland (zus. mit anderen. 1858).

Sekundärliteratur: K. J. Friedrich: Liebenswerte Künstlergestalten um Ludwig Richter (1940). – W. Kaulen: Freud' und Leid im Leben deutscher Künstler (1878). – V. P. Mohn: Ludwig Richter ([4]1906). – P. F. Schmidt: Biedermeier-Malerei (1922). – F. Schnorr von Carolsfeld: Peschel (in: Allgemeine Deutsche Biographie. 25. 1887. 415–416).

Eberhard Semrau

Pešek, Luděk

*Tschechischer Schriftsteller, Maler und Illustrator; *26.4.1919 Kladno (ČSSR).*

P. studierte Kunst und Planetologie in Prag und ist seit 1945 als Maler und Schriftsteller tätig. 1968 ging er in die Schweiz. Seine Romane „Tahouni" (1947) und „Drazba" (1948) erhielten Auszeichnungen des Europäischen Literarischen Klubs. Die 1966 erschienene Erzählung „Die Mondexpedition" kam 1967 auf die Auswahlliste zum Deutschen Jugendbuchpreis und 1968 auf die Auswahlliste ‚Europäischer Jugendbuchpreis Città di Caorle'. Der Deutsche Jugendbuchpreis wurde ihm 1971 für das Jugendbuch „Die Erde ist nah" (1970) verliehen.

P.s zweiter Tätigkeitsbereich ist die illustrative Umsetzung wissenschaftlicher Erkenntnisse aus den Bereichen der Geologie, Paläontologie, Planetologie und Astronautik, vor allem zur Ausstattung populärwissenschaftlicher Bildbände und Filme. Von P. stammen die Bildbände „Eine Insel für zwei" (1974), „Bildatlas des Sonnensystems. Ferne Welten – nah gesehen" (1974, zus. mit BR. STANEK), „Space shuttles – Die neue Brücke ins All" (1975, zus. mit BR. STANEK), „UFOs and other worlds" (1975), „Flug in die Welt von morgen" (1975), „Neuland Mars. Erkundung eines Planeten" (1976, zus. mit BR. STANEK). Auf der Internationalen Biennale der Illustration (BIB) 1967 in Bratislava erhielt er für sein Buch „Die Planeten des Sonnensystems" (1963) eine ehrende Anerkennung; Ausstellungen seiner Bilder wurden in Konstanz (1968), Washington (1969 und 1970), Paris (1970) und Bern (1971) veranstaltet. Seit seinem Verlassen der ČSSR arbeitete P. häufig mit der National Geographic Society in Washington zusammen. Im Planetarium „Omnithéâtre" in Winnipeg in Kanada hat er Filme für die Planetarien der ganzen Welt mitproduziert.

Werk, Tendenzen, Wirkung. Für junge Leser schrieb P. eine Reihe von Science-Fiction-Romanen, in denen sich seine spezifischen naturwissenschaftlichen Interessen widerspiegeln: „Die Mondexpedition" (1966); „Die Erde ist nah. Die Marsexpedition" (1970) und „Falle für Perseus" (1976). Sie stehen in der Tradition jenes ernsthaft-literarischen Science-Fiction-Typs, wie er vor allem aus angelsächsischen und sozialistischen Ländern bekannt ist: Fabel und Spannung beruhen nicht auf der simplen Verlagerung abenteuerlicher Aktionen in galaktische Dimensionen bzw. der ungehemmten verbalen Schaffung omnipotenter Automaten, sondern auf der realistischen Antizipation technischer Entwicklungen und den daraus resultierenden Anforderungen an den menschlichen Körper und die menschliche Psyche. Dabei wird das, was erst der ganze Mensch vermag, zum Maß des Fortschritts. – Dies ist das Thema des 1971 ausgezeichneten Romans „Die Erde ist nah". Die Marsexpedition, technisch durchführbar und perfekt geplant, reibt sich auf an beinahe alltäglichen Schwierigkeiten und der begrenzten psychischen Belastbarkeit ihrer Mitglieder. Diese Verknüpfung von Sachlichkeit

*Luděk Pešek (*1919) ist Autor und Illustrator des Buches „Flug in die Welt von morgen", das 1975 im Bitter-Verlag in Recklinghausen herauskam. Er gibt darin eine Prognose für die Weiterentwicklung der Weltraumforschung. Die Illustration zeigt vor den im Weltraum schwebenden „Weltraumstädten" einen „Homo Interstellaris", also einen im Weltraum geborenen und aufgewachsenen Menschen.*

und Humanität macht in P.s Roman „Falle für Perseus" einem – eventuell durch sein Erlebnis des Scheiterns der tschechischen Reformbewegung von 1968 mitbedingt – stark resignativen Zug Platz. In einem autarken Raumschiff, dessen Besatzung jeden Kontakt zur Erde abgebrochen hat, um eine bessere und von irdischen Denk-, Empfindungs- und Verhaltenskonventionen unabhängige Lebensform zu etablieren, hat sich die Herrschaft einer privilegierten Minderheit über die arbeitende, unwissende und von einer undurchdringlichen Ideologie disziplinierte Mehrheit herausgebildet. Der Eindringling von außen, der den Umerziehungsversuchen widersteht und die Wahrheit des Systems nach und nach hinter der egalitären Fassade entdeckt, zieht die Konsequenz, sich auf die Seite der Herrschenden zu schlagen und ihr Spiel mitzuspielen. Es ist zumindest fragwürdig, ob die eigene politische Resignation ausreichende Legitimation dafür sein kann, in einem Jugendbuch den Widerstand gegen Unterdrückung und den Willen zu gesellschaftlicher Veränderung alternativlos zu desavouieren.

Auch eine Reihe von Sacherzählungen für junge Leser ist von P.s naturwissenschaftlichem Interesse geprägt: in den Erzählungen des Bandes „Preis der Beute" (1973) macht er sich zum Anwalt der mittlerweile vom Aussterben bedrohten Wale. Er greift vier Stationen aus der Geschichte des Walfangs heraus (Urzeit, um 1000, um 1800, um 1910) und beschreibt jedesmal, wie Menschen die Jagd auf den großen Meeressäuger mit dem Leben bezahlen müssen. In einem angehängten „Exkurs über die Geschichte des Walfangs" belegt er anhand eindrucksvoller Fangziffern das tatsächliche Ausmaß der Bedrohung des Wals, gleichzeitig offenbart er die weltanschaulichen Grundlagen seines ökologischen Plädoyers: „Der Wal ist wie der Mensch ein Säugetier .... Manchmal scheint es nicht gut zu sein, alte Stammbäume allzu weit zurückzuverfolgen, denn es kommen Verwandtschaften zutage, die dem Menschen unpassend sind" (S. 123). Die Unterwerfung der Natur durch den Menschen ist P. ein Unrecht an phylogenetisch Verwandtem, die Menschheit selber – einschließlich ihrer durch Sozietät, also nicht durch Natur allein hervorgebrachten Zustände – ist ihm Objekt und Manifestation eines letztlich einheitlichen natürlichen Entwicklungsprinzips: „... seit Tausenden von Jahren bemüht sich die Natur, ein Gleichgewicht in der Entwicklung der Menschheit zu halten. Sie vernichtete die Menschen durch Überschwemmungen, Erdbeben, Pest und Kriege („!") – und doch wurden sie immer mehr" (S. 125).

Werke: Tahouni (1947); Drazba (1948); Die Mondexpedition (1966, ²1969); Die Erde ist nah. Die Marsexpedition (1970; TB. 1973); Darüber wie sich ein Baske auf eine kurze Seefahrt begibt. Plan zu einer Geschichte, die nicht geschrieben wurde (in: H.-J. Gelberg (Hrsg.): Geh und spiel mit dem Riesen. Erstes Jahrbuch der Kinderliteratur. 1971); Nur ein Stein. Geschichte einer langen Wanderung (1972); Schöne friedliche Welt. Ein Märchen (in: H.-J. Gelberg (Hrsg.): Am Montag fängt die Woche an. Zweites Jahrbuch der Kinderliteratur. 1973); Preis der Beute. Erzählungen. Mit einem Exkurs über die Geschichte des Walfangs (1973, ²1974); Falle für Perseus. Science-Fiction-Roman (1976); Die Messung des Unermeßlichen (1976).

Sekundärliteratur: D. Fischer: Detektivgeschichte und Science Fiction als Jugendliteratur (in: G. Haas (Hrsg.): Kinder- und Jugendliteratur. 1974. 289–311).

Hans-Gerd Claßen

Pestalozzi, Johann Heinrich

*Schweizer Pädagoge und Schriftsteller; * 12.1.1746 Zürich, † 17.2.1827 Brugg.*

P. gründete 1769 die landwirtschaftliche Versuchswirtschaft „Gut Neuhof", die er bis 1774 leitete und in eine Erziehungsanstalt für arme Kinder auf der Basis gärtnerisch-gewerblicher Arbeit umwandelte. Auf dem Neuhof, in Stans, Burgdorf, Münchenbuchsee und Iferten (1805–1825) versuchte P., „als Mensch, Christ und Bürger" seine auf tätige Liebe eingestellte erzieherische Grundkonzeption zu verwirklichen. Neben seine praktische Arbeit als Erzieher trat bald die Erarbeitung seiner umfassenden pädagogischen Lehre, die philosophisch-pädagogische Betrachtungen, methodische Grundlegungen und volkserzieherische Schriften erzählender Art umfaßte.

Johann Heinrich Pestalozzi (1746–1827)

Sein erzieherischer Impetus richtete sich auf die geistig-sittliche Erfüllung des Einzeldaseins im Rahmen der gesellschaftlichen Ordnung. Die Emporbildung der inneren Kräfte des Menschen, die in der Familie ihren Anfang nehmen müsse, führt gleichzeitig zur Vervollkommnung der Gesellschaft. Der natürliche wie auch der gesellschaftliche Zustand werden aufgehoben in der Stufe des sittlichen Wollens des Individuums, das die Krönung des Menschseins darstellt.

P.s Sprach(lehre)verständnis, das sich von der anfangs vertretenen reinen Elementarisierung der sprachlichen Mittel (Zerlegen in die Elemente des Schalls bzw. Lauts, der Silbe, des Wortes und Satzes) zur Auffassung einer „Lebenskreislehre" der Sprache mit „spiralförmiger", nicht linearer Erweiterung und Wirkung gewandelt hat, das im ganzen aber doch nur die logischen Zusammenhänge der Sprache erkannte („Worte sind Urteile"), hatte keine literarpädagogischen Folgen. So wenig das Kind (nach P.) reden kann, ehe es reden gelernt hat, so wenig kann auch eine freie Lektüre den „Gang der Natur" fördern. Eine pädagogische Auffassung, nach der die Weltbegegnung des Kindes in der aus der Anschauung gewonnenen begrifflichen Erkenntnis gipfelt, die elementenhaft aufzubauen ist, sperrt sich zwangsläufig dagegen, in ihrer methodischen Stufenfolge dem nichtanschaulichen Sinnbereich des „Literarischen" einen Platz einzuräumen. P. postuliert in seiner Didaktik für Mütter „Wie Gertrud ihre Kinder lehrt" (1801): „Da wo die Grundkräfte des menschlichen Geistes schlafend gelassen und auf die schlafenden Kräfte Worte gepfropft werden, da bildet man Träumer, die um so schattenhafter träumen, als die Worte groß und anspruchsvoll waren, die auf ihr elendes, gähnendes Wesen aufgepfropft worden sind". Die bestehenden Schulbibliotheken hätte P. am liebsten ausgemerzt.

In einem im „Schweizerblatt" 1782 veröffentlichten Gespräch ließ P. sein Mißtrauen gegenüber dem „zünftigen" Leser, der sich nur die Zeit vertreiben wolle, durchblicken. Er meinte, ein Autor solle nur dann und wann dem gemeinen Mann einen guten Rat geben. Das Lesen hält er „für einen Wagen, den Kinder zum Spaß und Narren zum Pracht herumführen, auf den aber gescheite Leute das Nötige aufladen und heimführen". P.s eigener Beitrag zum Lesestoff sind vor allem „Fabeln" (= vielfach dialogisierte Lebensberatungen, 1797, 1803 und 1823), dramatische Szenen, Anekdoten und Erzählungen („Schweizerblatt", 1792), die aber durch ihre spekulative Grundhaltung und ihre Gedankentiefe wohl nicht zur Jugendlektüre gezählt werden können. P. bezeichnet seine Fabeln selbst als „Figuren zu meinem Abcbuch oder zu den Anfängen meines Denkens". Lothar Kempter, der Mitherausgeber des „Rascher-Pestalozzi", sieht in P.s Fabeln den „eigentümlich humoristischen Sinn für das Phantastisch-Groteske" gespiegelt, der „so oft das künstlerische Schaffen der Schweizer ausgezeichnet" hat. Daher handelt es sich nicht um einen monströs-absurden Zug des Phantastischen, sondern eher um eine dämonisch-mythische Entsprechung, wie sie vergleichsweise in Jeremias Gotthelfs „Schwarzer Spinne" deutlich wird.

Wenn auch P.s unmittelbare Wirkung auf Theorie und Praxis der Jugendliteratur gering zu veranschlagen ist, so ist andererseits nicht zu leugnen, daß er einen mittelbaren Einfluß auf den Geist der Schweizer Jugendliteratur im Verlauf des 19. Jahrhunderts ausgeübt hat. Die eidgenössische Literaturbetrachtung stellt P. neben Jeremias Gotthelf und Gottfried Keller an den Anfang der neuen Schweizer Dichtung. Die in seinen Erziehungsromanen „Lienhard und Gertrud" (1781–1787) und „Christoph und Else" (1782) angeschlagene Thematik (Verantwortung des „politischen" Menschen vor und in dem sozialen Raum der Familie, Gemeinde, Genossenschaft) hat sicherlich mit dazu beigetragen, „die antimetaphysische Idee des diesseits-

gewandten, vernunftgläubigen Lebens“ (KARL SCHMID) im Schweizer Literaturbereich stärker zu betonen und damit eine nachhaltigere Politisierung – im Sinne der antiken demokratischen Polis – zu bedingen als im übrigen deutschen Sprachraum. Von daher ist auch eine entsprechende Spiegelung im Jugendbuch festzustellen. Der Zug zur unromantischen „Staatlichkeit“ der Schweizer Jugendliteratur, zumindest im 19. Jahrhundert (vgl. BETTINA HÜRLIMANN „Europäische Kinderbücher“), dürfte in diesem Zusammenhang gesehen werden.
P. hat seine Erziehungsromane auch „Volksbücher“ genannt. Sie sollten breiten Kreisen des Volkes die Grundlagen seines Denkens nahebringen. Er dachte dabei vor allem an bäuerliche Leser und daran, daß die Details der „Geschichten mit dem ganzen Reiz auf Kinder wirken“ könnten. JOACHIM H. CAMPE übernahm Teile aus „Lienhard und Gertrud“ in seine Kinderbibliothek.
P.s anthropologische Grundhaltung weist ihn als einen Erzieher aus, für den – modern gesprochen – die Frage nach einer speziellen Jugendliteratur unerheblich ist. In diesem Punkt wird seine Nähe zu JEAN J. ROUSSEAU deutlich.

Werke: Lienhard und Gertrud (1781–1787); Sämtliche Schriften (Cotta-Ausgabe, Bd. 1–15. 1819–1826); L. Kempter (Hrsg. zus. mit anderen): Gesammelte Werke (Bd. 1–10. 1944–1947); W. Flitner (Hrsg.): Ausgewählte Schriften (1949, [4]1968).

Sekundärliteratur: R. Alt (Hrsg.): J. H. Pestalozzi 1746 bis 1827. Zum Gedächtnis (1946). – Fr. Delekat: J. H. Pestalozzi, der Mensch, der Philosoph und der Erzieher (1926). – A. Rang: Der politische Pestalozzi (1967). – K. Schmid: Vom Geist der neueren Schweizer Dichtung (1949). – H. Schönebaum: Der junge Pestalozzi, 1746–1782 (1927). – E. Spranger: Pestalozzis Denkformen (1947). – G. Werner: Die Symbole Pestalozzis (1954).

Hermann Bertlein

Pestalozzi Verlag

Erlangen. Bilder- und Kinderbücher für Vorschulkinder und Leseanfänger.

Die Pestalozzi Verlag Graphische Gesellschaft mbH wurde 1844 von GUSTAV LÖWENSOHN in Fürth gegründet und trug bis 1937 den Namen des Gründers. In den zwanziger Jahren wurde der Firmenmantel des Pestalozzi Verlages, Wiesbaden, gekauft und dieser Name ab 1937 geführt. Seit 1975 liegt die Geschäftsführung bei NORBERT FRANKE (* 1940) und Dr. REINHOLD WEIGAND (* 1929).
Der Verlag, der seit seiner Gründung über eine eigene Lithographie, Druckerei und Buchbinderei verfügt, gab in den ersten Jahren Bilderbogen heraus und seit etwa 1860 die ersten Bilderbücher. Das Verlagsprogramm wendet sich an Kinder von 1 bis etwa 8 Jahren, wobei das Schwergewicht auf Büchern für Kinder im Vorschulalter liegt. Dabei werden für die einzelnen Altersgruppen geeignete Themen von einem Beratergremium erarbeitet, im Verlag selbst ausgearbeitet und von Graphikern illustriert. Einen Teil des Verlagsprogramms bilden bereits bekannte Märchen, Kinderlieder und -reime und einfache Tierbilderbücher für das Kleinkind.
Die Verlagserzeugnisse werden in großem Umfang exportiert und teilweise in mehreren Sprachen hergestellt.

Hannelore Daubert

Pestum, Jo

*(d.i. Johannes Stumpe). Schriftsteller, Kinder- und Jugendbuchautor, Karikaturist, Satiriker; * 29.12.1936 Essen.*

Als Sohn einer Arbeiterfamilie verbrachte P. seine Kindheit in Essen, besuchte dort das Gymnasium und die Malklasse der Folkwangschule für Gestaltung. Er war Privatschüler der Maler JOSEF VAN HEEKERN und OTTO PANKOK. Als Bauarbeiter, Nachtportier, Restau-

Jo Pestum (1936).*

rator und Taucher verdiente er sich seinen Lebensunterhalt. Seine ersten Veröffentlichungen erschienen 1958 in Zeitschriften. Ab 1959 war P. Redakteur und Layouter der Jugendzeitschrift „rover“, die er fünf Jahre lang als Chefredakteur betreute. Gleichzeitig war er ständiger Mitarbeiter der Periodika „Fährmann“, „impulse“,

„Kontraste“ und „twen“. Zunächst als Lektor und dann von 1971 bis 1973 als Cheflektor eines Jugendbuchverlages edierte P. eine Kinder- und Jugendsachbuchreihe und zeichnete für das Erscheinen wichtiger Werke der zeitgenössischen deutschen Literatur verantwortlich. Nach der kurzzeitigen Übernahme von Außenlektoraten ließ sich P. als freier Schriftsteller, Maler, Karikaturist und Drehbuchautor nieder. Er lebt mit seiner Frau und zwei Kindern in Billerbeck bei Münster. Mehrere seiner Bücher kamen auf die Auswahlliste des Deutschen Jugendbuchpreises. Zahlreiche Geschichten wurden in Anthologien bzw. Schullesebüchern publiziert. P. erhielt einige Malerei-Auszeichnungen und 1974 ein Stipendium des Landes Nordrhein-Westfalen.

Werk, Tendenzen, Wirkung. P.s Werk für junge Leser ist umfangreich und weit verbreitet. Seine intensive Herausgebertätigkeit zeitigte die vielbeachtete Sachbuchreihe „Wissen macht Spaß“ (Schwann), für die er selbst zwei Titel verfaßte und die Sachwissen in unterhaltsamer Form mit jugendgemäßen Karikaturen (unter anderem von ADOLF OEHLEN) anbietet. P.s schriftstellerische Stärke liegt in erster Linie im Bereich der anspruchsvoll-zeitkritischen Unterhaltung für junge Leser, die ihren Ausdruck im Kinder- und Jugendkrimi-Genre fand. Er bemüht sich um seine Leser, die, wie er selbst sagt, „wegen ihrer sozialen Situation kaum Zugang zu Buchhandlungen und Bibliotheken haben“. Die „Kater“-Krimis für Jugendliche, die neben Spannung die sozialen und psychologischen Hintergründe der sogenannten Kriminellen aufzeigen und für Humanität plädieren, wurden in mehrere Sprachen übersetzt und zum Teil in Blindenschrift gedruckt. Die fiktive Figur des „Kater“ genannten Düsseldorfer Kommissars Katzbach machte P. als Kinderschriftsteller bekannt. Neben knisternder Spannung und logischer Denkarbeit wird jene kritische Engagiertheit eingebracht, die zu einem lesenswerten Krimi gehört. Das aus den Silben des Familiennamens gebildete Künstlerpseudonym ist aus der Arbeit an den Krimigeschichten zu erklären. – Gelegentlich macht P. Abstecher in thematisch ähnlich gelagerte, jedoch von der „Kater“-Figur abgelöste Unterhaltungslektüre für jüngere Leser. Entscheidender Markstein auf dem Weg des Jugendbuchautors ist sein Titel „Zeit der Träume – Die sechs Wahrheiten über Peter“ (1976). Am Beispiel autobiographischer Erfahrungen beschäftigt sich P. hier mit den zeitbedingten Problemen Jugendlicher, die dem Leistungsanspruch der Gesellschaft zu entrinnen suchen und nur unter größten Schwierigkeiten den Weg in die Realität zurückfinden. Der durch häufige Diskussionen und Lesungen in Schulen und Bibliotheken immer wieder hergestellte Kontakt mit den Adressaten läßt Stoffe für neue Projekte entstehen. Unmittelbare Erfahrungen mit den jungen Lesern führten P. auch zur Initiierung der Reihe „Neue Texte für junge Leute“ (Arena), die zu kritischer Auseinandersetzung mit der Umwelt anregen will und Probleme wie Liebe, Zukunftserwartungen oder Außenseitertum thematisiert. – In jüngster Zeit wandte P. sich verstärkt der Film- und Fernseharbeit zu (Dokumentationen, Mitarbeit an der Vorschulserie „Der grüne Punkt“, phantastische Kinderfilme, Kriminalsatire). Seit Anfang der siebziger Jahre schreibt P. Satiren und Kriminalromane für Erwachsene.

Werke: Der Kater jagt die grünen Hunde (1968); Der Kater spielt Pik-As (1968); Der Kater und die rote Katze (1969); Schöner leben mit Maschinen (1969); Von Vettern, Lettern und bedruckten Blättern (1969); Image (1970); Astronautenlatein (1970; zus. mit A. Oehlen); Wer schießt auf den Kater (1971); Die Piratenbande (1972); Die Gespensternacht (1972); Der Kater zeigt die Krallen (1972); 5 Asse im Spiel (1972); Der Nachtfalter (1973); Der Kater und der Tag des Tigers (1973); Der Astronaut vom Zwillingsstern (1974); Drei schwarze Kreuze für den Kater (1974); 13 Minuten nach Mitternacht (1975); Duell im heißen Wind (1975); Der Kater und der Ruf im Nebel (1975); Das Rätsel der Bananenfresser (1976); Der Spuk von Billerbeck (1976); Zeit der Träume – Die sechs Wahrheiten über Peter (1976); Die Insel des Glücks (1977); Der Kater und die Nacht der Jäger (1977); Lange Schatten in der Nacht (1977); Leg deine Hand auf mein Gesicht (1977); Die Spur der blauen Drachen (1977); Vier rätselhafte Fälle (1977); Auf einem weißen Pferd nach Süden (1978); Wenn der Panther schläft (1978).

Hrsg.: Auf der ganzen Welt gibt's Kinder (1976); Die Stunden mit dir (1976); Morgen beginnt mein Leben (1977); Einsamkeit hat viele Namen (1978).

Hans Gärtner

Peter, Brigitte

*Österreichische Kinder- und Jugendbuchautorin; * 13.3.1936 Duisburg.*

P. lebt seit ihrem sechsten Lebensjahr in Wien. Sie absolvierte ein Studium der Kunstgeschichte und Psychologie. Mit ihrem Ehemann, einem Ethnologen, unternahm sie Forschungsreisen nach Neuguinea (1973) und Australien (1975–1977). Ihr Jugendbuch „Im Dschungel der Gargar“ (1975) wurde mit dem Österreichischen Förderungspreis für das Sachbuch und mit dem Kinderbuchpreis der Stadt Wien ausgezeichnet. Für ihre drei Kinder schrieb P. Geschichten, die seit 1972 in Anthologien veröffentlicht wurden. „Lollobien“ (1973) erhielt 1973 den Österreichischen Staatspreis und den Kleinkinderbuchpreis der Stadt Wien.

Werk, Tendenzen, Wirkung. P.s erstes Buch über Neuguinea „Zeig mir das Buch und die Bilder“ (1970) kann als ein durchaus konventionelles Jugendsachbuch über ein fernes Land bezeichnet werden. Ein persönlicheres und auch eindrucksvolleres Bild von der zweitgrößten Insel der Erde erhält der Leser durch ihr Buch „Im Dschungel der Gargar“ (1975). In der unbefangenen Schilderung ihrer Reiseerlebnisse vermittelt sie anschaulich und eindringlich ein schwieriges Sachgebiet: das Leben eines fast unbekannten Volksstammes, der Gargar.
Das von ANGELIKA KAUFMANN illustrierte Buch vom „Lollobien“ (1973) berichtet von einem sonderbaren,

winzigen Wesen, das in einer verwirrenden und gefährlichen Umwelt erst seinen Platz und seine Individualität finden muß. Humor, Phantasie und sicheres Erfassen kindlicher Alltagssituationen zeichnen P.s Kinderbücher und -geschichten aus, besonders respektlos und lustig etwa in den „Rimbimbim"-Büchern sowie in den Beiträgen zum „Sprachbastelbuch" (1975). In den von Hans-Joachim Gelberg herausgegebenen Jahrbüchern der Kinderliteratur ist P. ebenfalls mit Gedichten und kleinen Erzählungen vertreten.

Werke: Zeig mir das Buch und die Bilder (1970); Das Sommerboot (1972); Setzt die Segel für die weite Reise (1972); Reise nach Rimbimbim (1972, ²1975); Rimbimbim auf Rädern (1973); Onkel Willi weiß die Wahrheit (1973); Lollobien (1973); Im Dschungel der Gargar: ein Neuguinea-Buch (1975); Der schlafende Bumerang (1978).

Otwald Kropatsch

Peter Pan

Name eines Jungen, der nicht erwachsen werden will. Fiktive Figur des englischen Autors James M. Barrie (1860–1937), die erstmals 1902 in einer Kindergeschichte auftaucht, kurz darauf zum Titelhelden eines fünfaktigen Bühnenstücks für Kinder wurde und seitdem zu vielfacher Wiedergabe Anlaß gab.

Charakteristik von Figur und Stoff. Das Schauspiel für Kinder „Peter Pan or the boy who would not grow up" erlebte bei seiner Uraufführung am Duke of York's Theater in London einen triumphalen Erfolg.

P.P. fliegt mit den Kindern der Familie Darling (Wendy, John und Michael) in das „Niemals-Land". Dabei hilft ihnen die winzige Fee „Tinker Bell", die jedoch aus Eifersucht auf Wendy die Kinder mehrmals in gefährliche Situationen bringt. Nur P.P. selbst versteht die Glöckchensprache der kleinen Elfe. Das Niemals-Land ist ein Traumland, in dem eine Schar verlorener Kinder haust („Kinder, die aus ihren Wagen fallen, wenn das Kindermädchen nicht hinsieht, werden, falls man sie binnen einer Woche nicht zurückverlangt, weit fort ins Niemalsland geschickt"). Ihr Anführer ist P.P. Kein Erwachsener kann jemals dieses Reich betreten, da nur Kinder in der Lage sind, P.P. und sein Reich wahrzunehmen. P.P. und seine Freunde stehen im langjährigen Kampf mit der Piratenbande des Kapitän Hook, der im Kampf mit P.P. seinen Arm verlor und seither einen eisernen Haken als Arm trägt. Der abgeschlagene Arm war von P.P. einem Krokodil zugeworfen worden, das seitdem den Kapitän verfolgt, um auch den Rest von Hook aufzufressen. Im Bauch des Krokodils steckt eine Uhr, die durch ihr lautes Ticken Kapitän Hook und seine Bande in Angst versetzt, sobald sich das Krokodil nähert. Auf einer Insel im Niemals-Land wohnen die Indianer, deren Prinzessin Tiger Lily von den Piraten geraubt und von P.P. mit Wendys Hilfe wieder befreit wird. Als P.P. am Ende der Geschichte Wendy und ihre Brüder aus der Traumwelt zu ihren Eltern zurückbringt, muß ihm Wendys Mutter versprechen, daß sie einmal jährlich im Frühjahr zum großen Frühjahrsputz Wendy mit P.P. in das Niemals-Land fliegen läßt.

In Barries „Peter Pan" finden sich zahlreiche Gestalten und Abenteuerstränge, die aus anderen Märchen, Sagen und Abenteuergeschichten bekannt sind. So stellt P.P. mit Panflöte und Blätterkleid den Gott der griechischen Mythologie dar; Kapitän Hook und seine Bande scheinen Stevensons Schatzinsel entsprungen zu sein; P.P. verliert seinen Schatten wie Peter Schlemihl; die Indianer scheinen Coopers Lederstrumpf nachgezeichnet; das Krokodil scheint eine Erinnerung an Watertons Reisen zu sein. Neu bei Barrie ist die Verschmelzung all dieser märchenhaften, aus Folklore und Sage stammenden Elemente mit den Erlebnissen von Rothäuten und Piraten. Eine neue Traumwelt entsteht, die alles enthält, was Kinder ersehnen und erleben möchten. Zauberkräfte spielen eine große Rolle. So wird der Eisenarm Kapitän Hooks auf magische Weise zu einem furchtbaren Instrument und der magische Staub, den die Elfe Tinker Bell ausstreut, gewährt den Kindern die Gabe des Fliegenkönnens. Manchmal greift das magische Geschehen aus dem Spiel hinaus und auf die kleinen Zuschauer im Parkett über, wenn etwa Tinker Bell nur dadurch am Leben erhalten werden kann, daß die kleinen Zuschauer ihr laut und überzeugt zurufen, daß sie immer an sie glauben wollen. Es ist das Verdienst Barries, durch seinen P.P. in der englischen Öffentlichkeit den Sinn für den Gedanken geschärft zu haben, daß Kindern eine eigene phantastische Welt gehört, in der Erwachsene nichts verloren haben.

Zur Werk- und Wirkungsgeschichte. Der Stoff des Stückes geht zurück auf eine Episode aus einer Kindergeschichte, die Barrie unter dem Titel „The little white bird" 1902 geschrieben hatte und in der die Gestalt des Jungen, der nicht erwachsen werden wollte, zum ersten Mal auftauchte. Der Erfolg des in seiner Art völlig neuen Stückes, das stilistisch wie thematisch im Gegensatz zu den herkömmlichen viktorianischen Pantomimen stand, war außerordentlich groß. Bis heute erlebt „Peter Pan" in den englisch sprechenden Ländern jährlich ungezählte Wiederaufführungen.

Der Erfolg des Stückes veranlaßte den Schriftsteller, im Jahr 1906 die P.P.-Episode aus „The little white bird" neu bearbeitet unter dem Titel „Peter Pan in Kensington Gardens" herauszubringen. Die Illustrationen von Arthur Rackham (1867–1939) trugen mit zu der großen Verbreitung des Buches bei und machten es in England auf Jahre hinaus zu einem beliebten Weihnachtsgeschenk für Kinder. Im Jahre 1911 schrieb Barrie unter dem Titel „Peter and Wendy" (in den späteren Ausgaben auch „Peter Pan and Wendy") den Text des Stückes zum Kinderbuch um. In dieser Version wurde das Buch im Ausland am bekanntesten. Das kurze Spiel „Peter Pan, an afterthought" oder „When Wendy grew up", das nach Barries Vorstellungen im Anschluß an den „Peter Pan" gezeigt werden sollte, wurde nur einmal im Jahre 1908 aufgeführt. Darin ist Wendy nun erwachsen und hat selbst eine

kleine Tochter. Das Spiel erschien im Jahr 1957 als Kinderbuch.
1920 schrieb BARRIE das Drehbuch zu einem Stummfilm um P. P., der jedoch nicht gedreht wurde. Erst 1924 erfolgte eine Verfilmung des Stoffes in den USA und 1952 erneut als Zeichentrickfilm durch WALT DISNEY. Ein Musical „Peter Pan", von STYNE und CHARLAP vertont, erlebte 1954 in San Francisco seine Uraufführung. Noch zu Lebzeiten BARRIES und mit seinem Einverständnis wurde die Geschichte von P. P. und Wendy durch verschiedene namhafte Autoren bearbeitet, so etwa durch DANIEL O'CONNOR und ELEANOR GRAHAM, und von zahlreichen bekannten Graphikern illustriert, unter anderem von EDWARD ARDIZZONE. Auch in nicht Englisch sprechenden Ländern hatten die P. P.-Bücher großen Erfolg. In Deutschland erschien die erste Übersetzung von „Peter Pan in Kensington Gardens" 1911 unter dem Titel „Peter Pan im Waldpark". Das Spiel um P. P. bürgerte sich auf deutschen Bühnen erst nach dem großen europäischen Erfolg des WALT-DISNEY-Films ein. Am 23. April 1952 fand im Staatsschauspiel in München die deutsche Erstaufführung statt.
BARRIE vermachte 1929 alle Einkünfte aus seinem „Peter Pan" einer Stiftung zugunsten des „Great Ormond Street Hospital for Sick Children". Wie populär die Gestalt des P. P. in England geworden ist, zeigt das Denkmal, das „Peter Pan" zu Ehren im Kensington Garden in London errichtet wurde.

→ J. M. Barrie, → Großbritannien und Nordirland, → Klassiker der Kinder- und Jugendliteratur, → Phantastische Erzählung

Helmut Müller

Peters Verlag

Hanau. Bilderbücher, Kunstkalender, Bildbände.

Der Dr. Hans Peters Verlag wurde 1952 von Dr. HANS PETERS in Bad Honnef gegründet und nach dessen Tod von WOLFGANG ARNIM NAGEL (* 1924) im Jahr 1963 übernommen. Seit 1965 hat der Verlag seinen Sitz in Hanau am Main.
Der Verlag will das „anspruchsvolle, künstlerisch wertvolle Bilderbuch fördern", um bereits im Vorschulalter zur Geschmacksbildung und Entwicklung eines „künstlerischen Empfindens" beizutragen. Das erste Peters-Bilderbuch „Die Heinzelmännchen", illustriert von JOHANNES GRÜGER, erschien 1954. Einer der erfolgreichsten Titel in der Reihe „Die schönen Bilderbücher" war „Schlaf Kindlein schlaf" mit Illustrationen von SOFIE FRENZEL.
Ab 1968 nahm W. A. NAGEL japanische Bilderbücher in das Verlagsprogramm auf. Seither erschienen zahlreiche Titel von Illustratoren wie YUTAKA SUGITA, CHIHIRO IWASAKI, SAKURA FUJITA und SATOMI ICHIKAWA. Zu den internationalen Illustratoren des Verlages gehören außerdem TOMA BOGDANOVIC, ERROL LE CAIN, IVAN GANTSCHEV, LUIS DE HORNA, DAVID MCKEE, MARTA KOCI, JOSEF PALEČEK, MARIE JOSÉ SACRE, FULVIO TESTA, BERNADETTE WATTS, STEPAN ZAVREL.

Hannelore Daubert

Petersen, Marie

*Kinderbuchautorin; * 31. 7. 1816 Frankfurt/Oder, † 30. 6. 1859 Frankfurt/Oder.*

Bei P., dem ältesten Kind des Apothekers und Stadtrates KARL P. und seiner Ehefrau WILHELMINE, zeigte sich schon frühzeitig eine unheilbare Verkrümmung des Rückgrats. P. mußte deshalb durch einen Hauslehrer unterrichtet werden. Sie empfing künstlerische Anregungen durch die in der Familie gepflegte Hausmusik. Die zweite Gattin von KARL P., eine Schülerin des Komponisten CARL FRIEDRICH ZELTER (1758–1832), machte das Haus zum musikalischen Mittelpunkt in Frankfurt an der Oder. Der Schriftsteller OTTO ROQUETTE (1824–1896) schrieb in seinen Erinnerungen „Siebzig Jahre. Geschichte eines Lebens" (Bd. 1. 1894, S. 135): „Hier im Hause Petersen war alles stimmbegabt im höchsten Stil und durchweg geschult, daß man auch vor den schwierigsten Konzertleistungen nicht zurückzuschrecken brauchte". P. lebte zurückgezogen. Ihre schwache Gesundheit bannte sie an die unmittelbare Heimat, die sie selten und nur kurz verlassen konnte. So unternahm sie im Sommer 1851 eine Reise in den Harz. Deren Ergebnis bildete die 1852 veröffentlichte Dichtung „Prinzessin Ilse. Ein Märchen aus dem Harzgebirge" und vier Jahre später die märchenhafte Erzählung „Die Irrlichter" (1856). P. starb mit 42 Jahren an Lungenentzündung.

Werk, Tendenzen, Wirkung. Das Werk „Prinzessin Ilse. Ein Märchen aus dem Harzgebirge" erschien 1852 anonym, erst 1868 mit der 12. Auflage wurde der Verfassername angegeben. Dem Text ging ein Geleitwort „Das Märchen an die liebe Leserin" voraus, in dem davor gewarnt wurde, das Märchen nicht mit der Sage von der schönen Prinzessin Ilse zu verwechseln, die mit ihrem Schloß und ihren Schätzen vor überlangen Jahren unter dem Ilsenstein versunken sei und noch immer am frühen Morgen heraufsteige, um in der Quelle zu baden. Diese Sage sei „eine weitläufige Cousine" des neuen Märchens. Die symbolisch befrachtete märchenhafte Erzählung schildert, wie das junge Quellchen Ilse die Hilfe eines Engels ablehnt, und, schon halb überredet, vor den Versuchungen des Teufels entfliehen kann. Beim Tannenbaum geht sie in die Lehre. Sie erfährt hier von der Kultur und deren Enkeltochter, der Industrie. Prinzessin Ilse, ehedem ein törichtes, verirrtes Kind, wird mit der Zeit Arbeiterin im Dienst der Menschen und ist in den Mühlen- und Eisenwerken tätig. Wenn die Sommergäste des Harzes „bei der Moosbank unter dem Ilstenstein" Kaffee kochen wollen, spielt sie sogar „Prinzessin Kochwasser".
P. hat bei ihrer „Prinzessin Ilse" an heranwachsende Leserinnen gedacht, die eigentlich dem Märchenalter

entwachsen sind. Um so erstaunlicher war der große Erfolg. Noch im Erscheinungsjahr (1852) wurden drei weitere Auflagen nötig, und 1857 kam sogar eine aufwendig illustrierte Prachtausgabe heraus. Die Wertschätzung der „Prinzessin Ilse" als Jugendlektüre zeigt sich auch darin, daß THEODOR WEYLER diese Geschichte als ersten Band in seine „Illustrierte Jugendbibliothek" aufnahm. Die zweite märchenhafte Erzählung P.s „Die Irrlichter. Ein Märchen von der Verfasserin der Prinzessin Ilse" erschien 1856.

Auch die zweite Erzählung von P. will symbolisch verstanden werden. Die Irrlichter werden als „Geister Verstorbener" und „Seelen ausgelöschter Lichter" gedeutet. „Die Irrlichter" waren erfolgreicher als „Prinzessin Ilse". Von dem Buch erschienen zwei Prachtausgaben, die eine 1862 mit Illustrationen nach Zeichnungen von LUDWIG PIETSCH, die andere 1865 mit farbigen Illustrationen von KARL KOCH. „Prinzessin Ilse" erlebte 1906 die 25. Auflage, „Die Irrlichter" erreichten 1908 bereits die 48. Auflage. Beide Märchen wurden ins Englische und Französische übersetzt.

Die Autorin nahm von Angaben zu geographischen Gegebenheiten Abstand (so wurde der Name des Kurortes Ilsenburg, wo die Geschichte von „Prinzessin Ilse" spielt, verschwiegen) und gab den in ihren Erzählungen auftretenden Figuren lediglich Vornamen. Dadurch erhalten die Geschichten unwirkliche, romantische Züge. P. wollte in ihren beiden „Märchen" das Vergeistigende, das Beseelende der Natur als Wesenskern des Märchens zeigen. Allerdings stehen P.s phantastische Erzählungen der Novelle näher als dem europäischen Volksmärchen.

Werke: Prinzessin Ilse. Ein Märchen aus dem Harzgebirge (1852, ^{25}1906); Die Irrlichter. Ein Märchen (1856, ^{48}1908); Prinzessin Ilse. Die Irrlichter. Zwei Märchen (1894, ^{7}1900).

Sekundärliteratur: O. Elsner: Marie Petersens Märchendichtungen (in: Frankfurter Oder-Zeitung. 1890. Nr. 148 und 149). – E. von Hohenhausen: Marie Petersen (in: Gartenlaube. 1870. 19. 304). – O. Roquette: M. Petersen (in: Siebzig Jahre. Geschichte meines Lebens. Bd. 1. 1894. 135–136). – S. Verena: Marie Petersen. Ein Gedenkblatt (in: Novellenzeitung. 1859. 40. 635–638).

Hans Eich

Peterson, Hans

*Schwedischer Autor; * 26. 10. 1922 Väring/Schweden.*

P. arbeitete zunächst als Fabrikarbeiter und Elektriker. Mit 21 Jahren begann er, angeregt durch die Teilnahme an einem Wettbewerb, zu schreiben. Seit 1945 lebt er als freier Schriftsteller. Als einer der erfolgreichsten Autoren Schwedens hat er bis heute etwa 100 Kinder- und Jugendbücher, Romane und Novellen veröffentlicht. P. arbeitet auch für Zeitschriften, Zeitungen, für Funk und Fernsehen und hält seit Jahren an pädagogischen Hochschulen Vorträge über die kindliche Sprachentwicklung. Er wurde mit dem Schwedischen Staatspreis für Literatur, der Nils-Holgersson-Plakette, dem Internationalen Verlegerpreis und dem Deutschen Jugend-

*Hans Peterson (*1922)*

buchpreis ausgezeichnet; Stipendien bekam er unter anderem vom Svenska Dagbladet und vom Schwedischen Bibliotheksfond für Kinderbücher. Eine größere Auswahl von P.s Büchern ist bereits in 17 verschiedene Sprachen übersetzt worden.

Werk, Tendenzen, Wirkung. P.s Werk zeichnet sich von Anfang an durch eine realistische Prägung aus. Seine Erzählungen wirken auf den jungen Leser vertraut und bieten ihm Identifikationsmöglichkeiten. Sein Sprachstil hat sich im Laufe der Zeit verdichtet, ist prägnanter geworden. Zunächst für Erwachsene und jüngere Kinder schreibend, wenden sich seine in den letzten Jahren geschriebenen Bücher älteren Kindern und Jugendlichen zu. In seinen Geschichten geht es dem Autor um eine wahrheitsgetreue, aufklärerische Haltung und um ein „besseres Verständnis des Daseins" (H. PETERSON). In seinen frühen, weniger umfangreichen Büchern zeigt P. oft kleinere Kinder in einer problemlosen, ihnen selbstverständlichen und angenehmen Umgebung. Neues bleibt überschaubar und die Erwachsenen bieten Schutz und Sicherheit, z. B. in „Lill Olle och sommardagen“ (1962; dt. Sommer auf Pelles Hof, 1963). Bereits mit der Charakterzeichnung des siebenjährigen Matthias in „Magnus och ekorrungen“ (1956; dt. Matthias und das Eichhörnchen, 1958), später mit den Büchern über Jan Jansson, z. B. in „Pelle Jansson, en kille med tur“ (1970; dt. Jan Jansson, ein Junge mit Glück, 1971) gelingt P. die Darstellung kleiner Persönlichkeiten, die als unverwechselbare Figuren in die Kinderliteratur eingegangen sind. In ihnen werden sowohl die Ängste und ureigensten Gefühle von Kindern – sich selbst, den Erwachsenen und älteren Kindern gegenüber – als auch ihr Erfindungsreichtum aufgezeigt, mit dem sie Schwierigkeiten anzugehen und zu meistern vermögen. Eine thematische Erweiterung zeigt P. in dem Buch „Expedition Snöstorm“ (1968; dt. Expedition Schneesturm, 1970), in dem sich drei etwa zehnjährige Kinder – zuerst mutig, schließlich ängstlich und verfroren – eine Nacht lang durch Göteborg „schlagen“. Dieses von kindlicher Neugierde, Entdekkerfreude und Furcht geprägte, abenteuerliche Gruppenerlebnis und seinen positiven Ausgang hat P. spannend gestaltet. In seinen neueren Büchern stellt er soziale Probleme von Kindern aufklärerisch und kritisch zur Diskussion. In „Dagen när allting hände“ (1973; dt. Der Tag, an dem alles geschah, 1974) charakterisiert er ein Mädchen, das verzweifelt aus dem Waisenhaus flieht und sich dann gemeinsam mit zwei anderen Kindern auf die aussichtslose Suche nach seiner Mutter macht. Mit genauen Situations- und Charakterzeichnungen versehen ist auch das Buch „Jakten på Janne“ (1975; dt. Jagd auf Janne, 1977), in dem die Flucht des zehnjährigen Pflegekindes Janne geschildert wird, das zu seiner leiblichen, inzwischen verheirateten Mutter zurückgebracht werden soll.

Werke: Stina och Lars på vandring (1945; dt. Stina und Lars fliegen heim, 1974); Bröderna (1947); De ensamma (1947); Stina och Lars i Afrika (1947; auch u.d.T.: Med Stina och Lars söderut, 1958); Stina och Lars rymmer (1948; dt. Zwei Naseweise auf der Reise, 1972); Den uppdämda ravinen (1949); Flickan och sommaren (1950); Okänt land i sikte (1950); Lärkorna (1952); Janne (1954); Det kallas kärlek (1955; dt. Inga ist erst fünfzehn, 1966); Hejda solnedgången (1955); Stina och Lars i fjällen (1955; dt. Lars und Stina in der Klemme, 1972); Kvinnors kärlek (1956); Magnus och ekorrungen (1956; dt. Matthias und das Eichhörnchen, 1958); Ett lejon i huset (1957; dt. Ein Löwe im Haus, 1961); Magnus, Mattias och Mari (1957; dt. Matthias, Martin und Mari, 1958); Sjörövare i sikte (1957); Skådespelaren (1957); Magnus i hamn (1958; dt. Matthias hat seinen großen Tag, 1959); Älskarinnan (1959); Magnus i fara (1959; dt. Matthias in Gefahr, 1960); När vi snöade inne (1959; dt. Als wir eingeschneit waren, 1960); Petter Jönsson som hade en gitarr (1959; dt. Petter Jönsson und seine Gitarre, 1960); Gubben och kanariefågeln (1960; dt. Der blaue Kanarienvogel, 1961); Måns och Mia (1960); När vi regnade inne (1960; dt. Unser Schweinchen im Regen, 1961); Cecilia (1961); Jonas går på stan (1961); Känner du Jonas? (1961; dt. Jonas geht aus, 1962); Magnus och skeppshunden Jack (1961); Resebidrag (1961); Stina och Anders i Göteborg (1961); Kvinnorna (1962); Lill Olle och sommardagen (1962; dt. Sommer auf Pelles Hof, 1963); Liselott och Garaffen (1962; dt. Komm mit mir, kleine Bronx!, 1962); Det nya huset (1962; Das neue Haus, 1963); Här kommer Petter (1963; dt. Hier kommt Petter, 1963); Historien om en by (1963); Hunden buster (1963); När hönsen blåste bort (1964; dt. Als die Hühner weggeweht wurden, 1964); Petter kommer igen (1964; dt. Petter kommt wieder, 1964); En sommer för Erika (1964; dt. ... und plötzlich wurde alles anders, 1969); Liselott och de andra (1965; dt. Liselotte und die anderen, 1966); Den nya vägen (1965; dt. Die neue Straße, 1966); Älskaren (1966); Petter klarar allt (1966; dt. Petter und die Seilerbande, 1966); Sara och blåmesen (1966; dt. Lena, 1968); Bara Liselott (1967; dt. Ein ungewöhnliches Mädchen, 1968); Magnus hade en ekorre (1967; dt. Ein Eichhörnchen für Matthias, 1968); De nya bron (1967); Sara och sommarhuset (1967; dt. Lena, 1968); Expedition Snöstorm (1968; dt. Expedition Schneesturm, 1970); Jag vill inte, sa Sara (1968); Lill-Anna, Johan och den vilda björnen (1968); Magnus, Lindberg och hästen Mari (1968); Stina och Lars (1968); Stina och Lars på äventyr (1968); Stina och Lars reser till mormor (1968); Franssonsbarna i Fågelhult (1969; dt. Die Vogelhultkinder, 1970); När Per gick vilse i skogen (1969); Åke går till sjöss (1970); Barn, barnbok, barnboksförfattare (1970); Hur blev det hav? (1970); Min pappa är läkare (1970); När man är liten (1970); Nästan en idyll (1970); Pelle Jansson, en kille med tur (1970; dt. Jan Jansson, ein Junge mit Glück, 1971); Sara och Lillebror (1970); Vad händer i havet (1970); Elise och Rickard – en kärlekshistoria (1971); Pelle Jansson, En kille mitt i stan (1971; dt. Jan Jansson, ein Junge mit Mumm, 1973; auch u.d.T.: Jan Jansson, 1976); Titta jag kan gå! (1971); Elise ensam – en kärlekshistoria (1972); Pelle Jansson. En kille som inte ger sig (1972; dt. Jan Jansson, ein Junge mit Mumm, 1973; auch u.d.T.: Jan Jansson, 1976); Berättelsen om Elin (1973); Dagen när allting hände (1973; dt. Der Tag, an dem alles geschah, 1974); Den gamla bilen (1973); Elise och de andra – en kärlekshistoria (1973); Önskehuset (1973); Dagen när Simon försvann (1974); Helge och Anni (1974); Lantgården (1974); Vilse i fjällen (1974); Den stora snöstormen (1975); Jakten på Janne (1975; dt. Jagd auf Janne, 1977); Maja-Lena går till morfar (1975); Malin på en öde ö (1975); Veckan Anna och Vlasto försvann (1975; dt. Ulla und der fremde Junge, 1978); Alberta (1976); Dagen innan vintern kom (1976); Fågelpojken (1976); Gunga i parken (1976; dt. Am liebsten möchte ich Gänseblümchen essen, 1977); Dagen när Simon flyttade (1977); De fyra hemlösa (1977); Fem dager in november (1977); Kära Alberta (1977); Malin har en hemlighet (1977).

Sekundärliteratur: H. Krahé: Die Gebärdensprache bei Hans Peterson (in: P. J. Schindler (Hrsg.): Gebt uns Bücher, gebt uns Flügel, Oetinger-Almanach. 1966. 85–89). – L. Larson: Kinder- und Jugendbücher in Schweden 1945–1965 (Ausstellungskatalog) (zus. mit M. Ørvig, 1966).

Lioba Betten

Petiscus, August Heinrich

*Professor für Geschichte, Geographie und deutsche Sprache, Jugendschriftsteller; * 26. 7. 1780 Neu-Ruppin, † 30. 9. 1846 Berlin.*

P. war der Sohn eines Goldstickers. 1803 wurde er Lehrer am königlichen Kadettencorps und 1806 Inspektor und Lehrer am königlichen Joachimsthalschen Gymnasium in Berlin. Zwischen 1807 und 1815 wirkte P. als Prediger am Charité-Haus, am Friedrichs-Waisenhaus und an der Parochial Kirche. Nachdem er 1811 den Titel eines Professors für Geschichte, Geographie und deutsche Sprache erhalten hatte, übte er dieses Amt am königlich preußischen medizinisch-chirurgischen Friedrich-Wilhelm-Institut in Berlin aus.

Werk, Tendenzen, Wirkung. Während seiner Amtszeit als Prediger wurden verschiedene Reden von P. gedruckt: „Rede bei der ersten Wahl der Stadtverordneten in Berlin" (1809), „Predigt am Sonntage nach dem Brande des Thurms der Waisenhauskirche" (1809). Nach seiner Berufung zum Professor an das Friedrich-Wilhelm-Institut erschien seine Rede „Dem angehenden Arzte muß es besonders wichtig seyn, sich zum edlen Menschen auszubilden" (1811). Im gleichen Jahr verfaßte P. eine Kantate zur Einweihung der Luisenstiftung in Berlin und ein dramatisches Gedicht mit dem Titel „Crösus".

P.' Bedeutung liegt jedoch primär auf dem Gebiet historisch und religiös belehrender Jugendbücher. Das bekannteste unter ihnen ist das 1820 erschienene Werk „Der Olymp. Mythologie der Aegypter, Griechen und Römer. Zum Selbstunterricht für die erwachsene Jugend und angehende Künstler". Weiterhin sind erschienen „Gott mit dir! Ein Andachtsbuch für gebildete Christen jüngeren Alters" (1822), „Schul- und Hausbedarf aus der neuesten Geographie und Statistik" (1822) und eine Reihe weiterer Werke, die sich in zwei Kategorien einteilen lassen. Den ersten Komplex bilden Anstands- und Sittenlehren, zum Teil in der Form des elterlichen Rats: „Cäcilie oder der Muttersegen", „Johannes oder der Vatersegen" (beide 1825) und „Das Brautpaar oder Anstandslehre für Jünglinge und Jungfrauen bei ihrem Eintritte in die höheren gesellschaftlichen Verhältnisse" (1827). In die zweite Kategorie gehören Werke, die Beispielerzählungen und Anekdoten enthalten: „Menschenwerth in Beispielen aus der Geschichte und dem täglichen Leben" (1826), „Ehrenproben. Historische Erzählungen aus der neuen Zeit für die reifere Jugend gebildeter Stände" (1832), „Denkmäler menschlicher Tugend und Größe, in Darstellungen aus der Geschichte und dem täglichen Leben. Der Jugend zur lehrreichen Unterhaltung gewidmet" (1832), „Die Hauptbegebenheiten der Vorzeit und Mitwelt. Dargestellt in ihrer Folge und Beziehung auf einander, zur Unterhaltung und Belehrung" (1835). Gemeinsam ist allen Büchern für die Jugend, für die das letztgenannte nicht explizit bestimmt ist, die historische Grundlage der verschiedenen Themenkreise.

Die große Beliebtheit des Mythologiebuches, welches thematisch den Bildungsintentionen des 19. Jahrhunderts entgegenkam, zeigt sich unter anderem an der hohen Auflagenzahl, die das Werk erreichte. Von der ersten Ausgabe 1820 erschienen bis 1905 21 Auflagen, wobei das Werk sowohl formal als auch inhaltlich einige Veränderungen erfuhr. Das Werk war ursprünglich mit Umrißzeichnungen nach antiken Vorbildern ausgestattet. In den letzten Auflagen wurden diese durch photographische Abbildungen antiker Kunstwerke ersetzt. Aus dem Untertitel geht hervor, daß sich P. ausschließlich an die erwachsene Jugend und an angehende Künstler wendet. Er beschwört in seiner Einleitung die Leser, nicht an die Mythen der antiken Sagenwelt zu glauben, „denn Sie leben in einer Zeit, wo die Begriffe über die Entstehung der Welt, über Gott, als den Urheber alles Vorhandenen, über das Verhältnis der Menschen zu ihm und über die einzig rechte Art der Verehrung des höchsten Wesens geläutert sind ...", dennoch soll die Kenntnis der Mythologie „zur Bildung Ihres Geistes und Ihres guten Geschmacks" dienen. So werde der Leser „bei allem Ungereimten doch viel Wahres, nur sinnbildlich eingekleidet, und gar manches Belehrende und Erheiternde" entdecken.

P. gliedert sein Werk in drei Teile: 1. Die oberen Gottheiten, 2. Die unteren Gottheiten, 3. Heroen oder Halbgötter, wobei die Mythologie der Ägypter in relativ gedrängter Form behandelt wird. Der Verfasser nimmt eine sachlich orientierte Haltung der Mythologie gegenüber ein, so daß die belehrende Funktion des Werkes im Vordergrund steht. So weist P. in seinen Vorreden zu späteren Auflagen darauf hin, daß er das Werk besonders als Lehr- und Lesebuch für Schulen empfehle. Aus diesem Grunde habe er „... das Ganze durch mancherlei Einfügungen und Zusätze zu erweitern und zu verbessern" gesucht (Vorrede zur zweiten Auflage 1821) und eine „vorsichtig ausgeführte Säuberung alles der Jugend Anstößigen in der Mythologie" vorgenommen (Vorrede zur dritten Auflage 1824).

Durch sein religionsgeschichtliches Vorgehen bei der Darstellung der antiken Mythen knüpft P. an das Werk von C. Ph. Funke „Mythologie für Schulen und zum Selbstunterricht" (1808) an, auf das er in seiner Vorrede zur ersten Auflage verweist.

Die didaktische Intention wird in späteren, nach seinem Tode erschienenen Bearbeitungen dadurch noch deutlicher herausgestellt, daß das Werk jetzt zum Gebrauch für „Höhere Lehranstalten" ausgewiesen wird. Diese Ausgaben halten sich zunächst weitgehend an das Original, fügen jedoch noch die germanische und indische Mythologie bei. Erst die 20. Auflage, die 1890 von E. Anthes besorgt wurde, wurde vollständig umgearbeitet und auf den neuesten Stand gebracht. Die bisherige Einteilung wurde aufgegeben, und neue Holzschnitte und photographische Abbildungen wurden hinzugefügt. Die germanische Götterlehre erhielt mehr Raum. Hier zeichnet sich bereits die im ausgehenden 19. Jahrhundert veränderte Auffassung über den Sinn der Mythologie ab, deren Vermittlung nun primär als vaterländische Erziehungsaufgabe verstanden wurde.

P. richtet sich bei der Stoffauswahl nach dem Prinzip der Zuträglichkeit für die Jugend. Dieser Begriff wird in den späteren, nach seinem Tode erschienenen und bearbeiteten Ausgaben weit enger gefaßt, wie am Beispiel Jupiters deutlich wird. Während P. auf Jupiters Polygamie hinweist und sie nicht in Abrede stellt, wird in späteren Ausgaben der Versuch unternommen, diese sittlich zu rechtfertigen, denn „diese vielen Liebesverbindungen des Zeus ... sind aber aus verschiedenen Sagen zu erklären, die, unabhängig von einander, in verschiedenen Landschaften entstanden. In jeder dieser Sagen hatte Zeus nur eine Gemahlin ... und erst nachdem die Dichter diese Sagen als gleichberechtigt neben einander erzählten, ergab sich die Vorstellung, die uns geläufig ist" (18. Auflage 1878, S. 44).

P.' spätere Rezeption im Rahmen der Kinder- und Jugendliteratur ist primär auf seine Mythologie zurückzuführen. Erwähnenswert erscheint die Beurteilung von A. MERGET, der das Werk in seiner „Geschichte der deutschen Jugendliteratur" (1882) unter der Rubrik Mythologie aufführt und diese Gattung innerhalb der Jugendliteratur einem ganz bestimmten Adressatenkreis zuschreibt. MERGET führt aus: „Es ist in diesen Büchern, weil sie meist für Mädchen geschrieben sind, natürlich alles vermieden, was irgend Anstoß geben oder der Phantasie schädlich werden könnte, dabei aber doch, besonders in dem Buche von Petiscus, eine interessante Darstellung der Sachen zu finden".

Das Prinzip sittlich-moralischer Unterweisung auf religiöser Basis in P.' Werk tritt in den 1825 erschienenen Bänden „Cäcilie oder der Muttersegen" und „Johannes oder der Vatersegen" hervor.

Die Intention des Verfassers besteht darin, einen „Beitrag zur Förderung religiöser und sittlicher Bildung der erwachsenen Jugend gebildeter Stände, theils in rein belehrender, theils in geschichtlicher Form" zu liefern (Vorwort zu „Cäcilie", S. V). Hinsichtlich des Adressatenbezuges macht P. deutliche Unterschiede: „War der Zweck beider Schriften auch der nämliche; so mußte doch zur Erreichung desselben in der gegenwärtigen (Cäcilie, Anm. d. Verf.) mehr auf Phantasie und Gefühl, in der anderen aber mehr auf Nachdenken und Urtheil hingewirkt werden" (ebda.).

P. wählte die Form einer fiktiven posthumen Sammlung von Schriften, die Eltern ihren Kindern hinterlassen haben. Sie enthalten die Familienchronik, Darlegung der Erziehungsmethoden, ihres Bildungsgangs und der ihrer Kinder sowie Äußerungen zu religiösen und moralischen Fragen. Mit der religiösen Unterweisung, die in beiden Werken Vorrang hat, wird die Intention der Wissensbereicherung verbunden. Die Schilderung der Individualschicksale ist stets einem konkreten historischen Kontext zugeordnet, der besonders in „Johannes oder der Vatersegen" detailliert beschrieben und erläutert wird. In diesem Band findet sich unter der Rubrik „Aufsätze vom Oheim Johannes" eine Abhandlung mit dem Titel „Der Weltbürger und der Staatsbürger", in der die kosmopolitische Einstellung des Verfassers erkennbar wird. Dies bedeutet jedoch nicht, daß er Nationalbewußtsein bzw. -stolz ablehnt, denn nach P. ist Weltbürger ein jeder „... durch seine allgemein menschlichen, Staatsbürger aber durch seine besonderen rechtlichen Verhältnisse zu dem Lande, in welchem er wohnt, und unter dessen Gesetzen, wie unter dessen obrigkeitlichem Schutze er steht" (S. 228).

Auf gleicher Ebene liegt das Buch „Das Brautpaar oder Anstandslehre für Jünglinge und Jungfrauen ..." (1827). Ziel des Verfassers ist es „... zur geistigen Bildung wie zu Herzensveredelung jüngerer Personen nach Möglichkeit mitzuwirken" (Vorrede). Während bei den beiden oben genannten Bändchen der Schwerpunkt auf der inneren Formung der Jugendlichen liegt, werden hier zusätzlich Ratschläge in Hinblick auf äußere Lebensformen, d.h. auf das Verhalten in der Gesellschaft erteilt; z.B. körperliche Haltung, Gebärden, Sprache, Umgang mit dem anderen Geschlecht. Die Thematik wird auch hier geschichtlich eingekleidet, der Anspruch auf Authentizität verstärkt, indem P. vorgibt, Aufzeichnungen einer ihm befreundeten Familie über den Bildungsgang des Brautpaares Eduard und Eugenie wiederzugeben.

Die beiden Werke „Menschenwerth in Beispielen aus der Geschichte und dem täglichen Leben" (1826) und „Denkmäler menschlicher Tugend und Größe in Darstellungen aus der Geschichte und dem täglichen Leben" (1832) stehen sowohl inhaltlich als auch intentional auf einer Stufe. In Form von Beispielerzählungen und Anekdoten werden vor historisch verbürgtem Hintergrund Handlungsweisen und Charakterzüge bekannter Persönlichkeiten (NAPOLEON, FRIEDRICH WILHELM I. von Preußen, BEAUMARCHAIS, Kapitän COOK), aber auch unbekannter Personen vorgestellt. In beiden Werken greift P. auf historische Ereignisse, meistens Kriege, zurück, die nicht auf Deutschland beschränkt bleiben. Der Orient ist ebenso vertreten wie England, die Schweiz, Frankreich, Ungarn, Spanien oder Portugal. Die Reihenfolge und Auswahl der Erzählungen lassen weder eine chronologische noch thematische Systematisierung erkennen, sondern scheinen eher willkürlich gewählt zu sein. Hier zeigt sich der große Wert, den P. der Unterhaltung zum Zweck der Belehrung beimißt. In seinem Vorwort zu „Menschenwerth in Beispielen" macht er dies Bestreben deutlich, wenn er sagt, er habe das Buch nicht „... nach den Haupt- und Neben-Tugenden eingetheilt, und gleichsam wie in Reihe und Glied aufgestellt, auch keine sogenannte Nutzanwendung folgen lassen; sondern dem eigenen Urtheile der Jugend überlassen, selbst aufzufinden, welche Tugend jedes einzelne Beispiel empfehle ...".

In beiden Werken wird der Mensch in Krisensituationen hineingestellt, z.B. im Rahmen kriegerischer Ereignisse, in denen er sich bewähren muß. Thematisiert werden an diesen Beispielen Tapferkeit, Opfermut, Charakterstärke und Pflichtbewußtsein auf der Grundlage einer christlich-humanen Haltung. Mit diesen Themenbereichen wendet sich P. jedoch nicht nur an die männlichen Leser; mindestens ebenso häufig berichtet er über weibliche Opfer- bzw. Hilfsbereitschaft, Uneigennützigkeit und Klugheit.

Zum Teil stellt P. den Lebensweg von Personen dar, die, wie er im übrigen selbst auch, relativ bescheidenen Verhältnissen entstammend, auf Grund von Tugend, Charakterstärke und Bildungsdrang den sozialen Aufstieg errungen haben. In diesem Sinne gilt für P. die Tugend nicht mehr als alleiniges Privileg der höheren Stände, das schon durch Geburt mitgegeben wird. Jeder Mensch, ganz gleich, welchen Standes, kann tugendhaft sein, sofern er den Prinzipien der Vernunft, der Humanität und Religion folgt.

Mit dieser Thematik und den darin implizierten moralisch-gesellschaftlichen Normen bleibt P. den aufklärerisch-humanistischen Idealen des ausgehenden 18. und

beginnenden 19. Jahrhunderts verhaftet – in einer Zeit, in der unter den Zeichen der beginnenden Industrialisierung sich tiefgreifende geistige und soziale Umwälzungen vorbereiten.
Von seinen Werken, mit denen er zu seinen Lebzeiten Erfolg hatte, überlebte ihn im wesentlichen nur der „Olymp". In dem Maße, in dem im Laufe des 20. Jahrhunderts das Interesse an der antiken Mythologie als Bildungsgut abnahm, verlor auch dieses Werk und damit der Name P. an Bedeutung.

Werke: Predigten (1812); Der Olymp, oder Mythologie der Aegypter, Griechen und Römer. Zum Selbstunterricht für die erwachsene Jugend und angehende Künstler (1820, [21]1905); Gott mit dir! Ein Andachtsbuch für gebildete Christen jüngeren Alters (1822); Schul- und Hausbedarf aus der neuesten Geographie und Statistik (1822); Allgemeine Weltgeschichte; zur leichten Übersicht ihrer Begebenheiten, so wie zum Selbstunterricht faßlich dargestellt (1822); Cäcilie oder der Muttersegen. Töchtern gebildeter Stände gewidmet (1825); Johannes oder der Vatersegen. Jünglingen gebildeter Stände gewidmet (1825); Menschenwerth in Beispielen aus der Geschichte und dem täglichen Leben (1826); Das Brautpaar, oder Anstandslehre für Jünglinge und Jungfrauen bei ihrem Eintritte in die höheren gesellschaftlichen Verhältnisse (1827); Die Geschwister aus der Fremde. Beitrag und Nahrung für Geist und Herz der Jugend gebildeter Stände (1831); Ehrenproben. Historische Erzählungen aus der neuen Zeit für die reifere Jugend gebildeter Stände (1832); Denkmäler menschlicher Tugend und Größe, in Darstellungen aus der Geschichte und dem täglichen Leben. Der Jugend zur lehrreichen Unterhaltung gewidmet (1832); Die Hauptbegebenheiten der Vorzeit und Mitwelt. Dargestellt in ihrer Folge und Beziehung auf einander, zur Unterhaltung und Belehrung (1835).

Sekundärliteratur: O. Fischer: Evangelisches Pfarrbuch für die Mark Brandenburg (Bd. 2. 1941). – G. Chr. Hamberger (zus. mit J. G. Meusel): Das gelehrte Teutschland (Bd. 19. [5]1823). – J. E. Hitzig (Hrsg.): Gelehrtes Berlin im Jahre 1825 (1826). – B. Koerner (Hrsg.): Genealogisches Handbuch bürgerlicher Familien (Bd. 15. 1909). – A. Merget: Geschichte der deutschen Jugendliteratur ([3]1882; ND. 1967).

Theodor Brüggemann/Susanne Hahn

Petöfi, Sándor

*(d. i. István Petrovics). Ungarischer Nationaldichter; * 1. 1. 1823 Kiskörös, † 31. 7. 1849 bei Schäßburg (Segesvar).*

P., Sohn eines Fleischermeisters und einer ehemaligen Magd, beide evangelisch und von slowakischer Herkunft, erfuhr nur sporadisch an häufig wechselnden Schulen eine Ausbildung. Als Zwölfjähriger verließ er die Schule, diese ihm so „mißfälligen Anstalten", endgültig. Durch eine Aufführung deutscher Komödianten verlockt, wollte er Schauspieler werden. Er wandte sich an das Nationaltheater in Budapest, wo man ihn als Laufburschen und Kulissenschieber beschäftigte. Damit unzufrieden, ließ er sich als Soldat in Ödenburg anwerben. Als er nach zwei Jahren desertieren wollte, bewirkte der Regimentsarzt seine Entlassung wegen „Körperschwäche". Seiner Bildungslücken bewußt, war P. unermüdlich bemüht, als Autodidakt seine Bildung zu vervollständigen. Er betrieb Geschichtsstudien und erlernte fremde Sprachen (Deutsch, Französisch und Englisch). Seine Sprachkenntnisse wurden so gut, daß er später Dichtungen aus diesen Sprachen ins Ungarische übersetzen konnte. Zeitweilig zog er als Schauspieler mit einer Komödiantengruppe umher. Krankheit zwang ihn, diese Tätigkeit wieder aufzugeben. Besser ging es ihm, als er an einem Modejournal in Pest mitarbeiten durfte und Übersetzungsarbeiten für literarische Zeitschriften übernehmen konnte. Auch die Heirat mit Julia von Szendrey, der Tochter eines siebenbürgischen Landadeligen, der der Heirat erst nach langem Zögern zustimmte, gab ihm mehr finanzielle Sicherheit. 1846 gründete P. in Pest die „Gesellschaft der Zehn", aus der die Führer der ungarischen Revolution kamen. Als Wortführer der revolutionären Jugend in Pest stritt er am 15. März 1848 mit flammenden Aufrufen und Artikeln in der Presse. Die Meldungen aus Pest, besonders über das von der erbitterten Menge gesungene Lied P.s „Talpra Magyar" (Auf, auf Magyar!) bewirkten eine Veränderung der bestehenden Verhältnisse: Der ständische Landtag im ungarischen Preßburg schaffte die Leibeigenschaft ab. Im ungarischen Freiheitskampf schloß sich P. der Armee des Generals Bem an, dessen Adjutant er wurde. Mit 26 Jahren fiel P. als Major in der Schlacht bei Schäßburg.

Werk, Tendenzen, Wirkung. 1842 erschien P.s erstes Gedicht, 1844 kam sein erster Versband heraus. P.s Lyrik war erfüllt von „Geigenklang und Flötenton und Zymbalschlag" und bestimmt vom heimischen Volkslied. Von nicht minderer Bedeutung waren P.s epische und erzählerische Werke: Der das hohle Pathos der Bildungsliteratur verspottende Roman „A helység kalapácsa" (1844), das mit realistischen Zügen durchsetzte Märchenepos „János vitéz" (1845; dt. Held Janos, 1851), der die seelischen Krisen der Jugend widerspiegelnde Roman „A hóhér kötele" (1846; dt. Der Strick des Henkers, 1852) und das Epos „As Apostol" (1848; dt. Der Apostel, 1873), das den seiner Zeit weit vorausgeeilten Revolutionär zeigt, der als Attentäter auf dem Schafott endet.
Auch im Ausland wurde P. viel gedruckt und gelesen, das zeigen die zahlreichen deutschsprachigen Übersetzungen. Obwohl sich P. mit dem Großteil seiner Dichtungen an erwachsene Leser wandte, fand er in der gebildeten Jugend des Landes leidenschaftliche Anhänger. Vor allem P.s politische Gedichte und Lieder, die die nationale Unabhängigkeit und den Kampf für die nationale Freiheit predigten, wurden von der ungarischen Jugend begeistert aufgenommen. Am verbreitetsten waren die Lieder „Nemzeti Dal" (Nationalhymne), „A nemzetgyülés hez" (An die Nationalversammlung) und „Csatadal" (Schlachtlied).
Von P.s Dichtungen ist nur einer der Charakter des Jugendbuches zugebilligt worden, nämlich dem Märchenepos „János vitéz", das der Dichter 1845 als Zweiundzwanzigjähriger schuf. Das unter dem Titel „Held János" 1851 (Neuauflagen: 1878 und 1958) ins

Deutsche übersetzte Buch erzählt die Abenteuer des jungen Schafhirten János Kukuruz, der nach einem Zwist mit seinem Dienstherren und der bösen Pflegemutter mit seiner Geliebten Iluska in die weite Welt zieht. Der Held der Geschichte, der zahlreiche gefährliche Abenteuer mit phantastischen Wesen und in märchenhaften Reichen tapfer besteht und am Ende seine Iluska gewinnt und König des Feenreiches wird, wurde von den Ungarn als Symbol für den Kampf des ungarischen Volkes durch schicksalhafte Verstrickungen hindurch bis hin zum glückhaften Sieg gedeutet.

Werke: János vitéz (1845; dt. Der Held János, 1851); A hóhér kötele (1846; dt. Der Strick des Henkers, 1852); Tigris és hiéna (1846); Összes költeményei (1847); As Apostol (1848; dt. Der Apostel, 1873); Lyrische Gedichte. Deutsch von Th. Opitz (Bd. 1–2. 1864).

Sekundärliteratur: J. von Farkas: Der ungarische Vormärz. Petöfis Zeitalter (1943). – A. Fischer: Petöfi's Leben und Werke (1888). – J. Horváth: Petőfi Sándor (1922, [2]1924). – G. Illyés: Petőfi Sándor (1963; dt. Sándor Petőfi, 1971). – P. Pandi: János vitéz (in: Csillag. 1952. 455–468, 577–578). – B. Köpeczi (Hrsg.): Petöfi im Spiegel seiner Tagebuchaufzeichnungen, Briefe, Streitschriften und Gedichte (1973). – J. Révai: Petőfi (1949). – R. Schwachhofer: Bettelsack und Freiheit. Leben und Werk Alexander Petöfis (1954).

Hans Eich

Petrolay, Margit

*Ungarische Schriftstellerin und Kinderbuchautorin; * 11. 2. 1908 Budapest.*

P. erwarb ihr Lehrerdiplom für ungarische Sprache und Literatur sowie für Latein an der Universität von Budapest. Neben ihrer Tätigkeit als Kinderbuchautorin beschäftigt sie sich mit theoretischen Fragen der Kinderliteratur und der ästhetischen Erziehung.

Werk, Tendenzen, Wirkung. P.s Kinderbücher stehen dem Volksmärchen nahe. Die Autorin verzichtet jedoch weitgehend auf herkömmliche Märchenmotive. In ihren Büchern, die großenteils der Gattung „phantastische Erzählung“ zugerechnet werden können, verknüpfen sich irreale Begebenheiten mit Erlebnissen der heutigen Zeit. Diese Tendenz wird schon in ihrem ersten Buch „Az ezüstpagoda“ (1934), das sie zusammen mit ihrem Mann, dem Altphilologen Imre Trencsényi-Waldapfel (1908–1970), verfaßte, deutlich. In „A szél nótája“ (1968) und „Erdei kalács“ (1966), mit den Geschichten vom siebenköpfigen Drachen („A rettenetes hétfejű sárkány“) oder der vom großen Kummer der Prinzessin („A királylány nagy bánata“) tritt dieses Spiel auf zwei Ebenen besonders deutlich hervor. In der für Drei- bis Siebenjährige bestimmten Erzählung „Különös dolgok“ (1975) erlangt das Mädchen Katica die magischen Kräfte einer Fee und kann sich alle Wünsche erfüllen, die sie sich zusammen mit ihrem Spielkameraden Anderl ausgedacht und vorgestellt hatte.
Die biographische Erzählung „A sárkányok lovagja“ (1957) nimmt innerhalb P.s Kinderschriften eine Sonderstellung ein. Hier schildert die Verfasserin vier Episoden aus der Kinder- und Jugendzeit des ungarischen Schriftstellers Kálmán Mikszáth (1847–1910).
P.s literaturästhetische Studien sind hauptsächlich der Beziehung zwischen Märchen und Humanität gewidmet. Die klassische Form, die Formelhaftigkeit, das feste Wertsystem und die optimistische Moral der Märchen sind ihrer Meinung nach hervorragend dazu geeignet, bei Kindern humanistische Einstellungen und Verhaltensweisen entwickeln zu helfen.

Werke: Az ezüstpagoda (1934); A sárkányok lovagja (1957); Erdei kalács (1966); A szél nótája (1968); A vásárfia (1970); Különös dolgok (1975); A világszép kecskebéka (1977).

Beiträge: Az élőszótól az eleven betűig (in: Átmenetek az iskoláskorig. 1971. 66–89).

Sekundärliteratur: I. Erdős: Petrolay Margit: A világszép kecskebéka (in: Óvodai Nevelés. 1978. 1. 36–37). – J. Seres: Petrolay Margit: Erdei kalács (in: Könyv és Nevelés. 1973. 6. 8–10); Különös dolgok (in: Életünk. 1976. 1. 94–96).

Béla Tóth

Petzold, Alfons

*Österreichischer Arbeiterdichter; * 24. 9. 1882 Wien, † 26. 1. 1923 Kitzbühel (Tirol).*

P.s Eltern stammten aus Sachsen. Sein Vater, ursprünglich Handwerker und später selbständiger Geschäftsmann, wurde durch wirtschaftlichen Zusammenbruch gezwungen, als Arbeiter den Unterhalt der Familie zu verdienen. Er starb früh. Von da an mußte die durch einen schweren Unfall behinderte Mutter die Familie ernähren. P. ging vierzehnjährig von der Schule ab, um als Hilfsarbeiter zum Lebensunterhalt beizutragen. Trotz seiner schwachen Gesundheit arbeitete P. als Metallschleifer, Drechsler, Stanzer, Kleber, Schuster, Bäcker, Kellner, war Handlanger bei Bauarbeiten, Hilfsarbeiter in einer Schachtelfabrik, einer Färberei und einer Schokoladenfabrik, verdingte sich als Fensterputzer und Flaschenausträger und war zeitweilig Geschäftsdiener in einer Buchdruckerei. Dazwischen lagen immer wieder Perioden der Arbeitslosigkeit. Nach dem Tod der Mutter verlor P. seine Wohnung. Trotz der materiellen Not war P. um autodidaktische Fortbildung bemüht. Er fand früh Anschluß an den Arbeiterjugendverein, wo er sich ab 1901 mit sozialistischen Ideen beschäftigte. P. war ein eifriger Benutzer der Volksbibliotheken und verbrachte seine Freizeit viel in dem Ottakringer Volksheim. In dieser Zeit entstanden seine ersten Gedichte. P.s Freunde lernten die Manuskripte kennen und vermittelten sie an einflußreiche Beurteiler. Zu den wichtigsten Förderern, die vor allem Vorträge von P. und Lesungen seiner Dichtungen veranlaßten, zählte Franz Karl Ginzkey (1871–1963). Als P. Ende 1908 einen Blutsturz erlitt, ermöglichten ihm Gönner den Aufenthalt in der Lungenheilanstalt Alland bei Wien und später in Gries bei Bozen. P.s Veröffentlichungen halfen ihm, seit 1910 seine gefährdete Existenz zu erhalten. Er heiratete eine

Leidensgefährtin aus Alland, die er aber früh durch den Tod verlor. Mit seiner zweiten Frau verlebte er in Kitzbühel noch einige ruhige Jahre und die Geburt von drei Kindern. Als er, gesundheitlich geschwächt, mit vierzig Jahren starb, hatte er noch erleben dürfen, als „ein Wegbereiter der österreichischen sozialistischen Literatur im 20. Jahrhundert" gerühmt zu werden.

Werk, Tendenzen, Wirkung. P. schrieb zahlreiche Gedichte und Erzählungen. Seine Gedichte waren von Heinrich Heine (1797–1856) und dem politischen Geist der Vormärz-Dichter Ferdinand Freiligrath (1810–1876) und Georg Herwegh (1817–1875) beeinflußt. Es waren von sozialen Motiven bestimmte Kampfaufrufe und Anklagen, aber auch gegen den Krieg gerichtete und für Völkerversöhnung eintretende Gedichte. Deutlich spürbar ist die religiöse Grundhaltung, besonders stark in den Sammlungen „Der Ewige und die Stunde" (1912), „Franziskus von Assisi" (1918) und „Das Buch von Gott" (1920). Auch P.s Liebe zur heimatlichen Landschaft klingt in vielen Dichtungen an. Seine Erzählungen zeigen ein weites Spektrum: einmal die zeit- und gesellschaftskritischen Schilderungen aus dem Alltag, daneben aber auch Beispiele gelungener Stimmungsbilder und schließlich biographisch akzentuierte Schriften. Selbst in seinen realistischen Zeitzeugnissen ist P. noch um eine gewisse Art von „Verklärung" (eines seiner Lieblingswörter) bemüht. So endeten etwa die Novellen „Von meiner Straße" (1917) mit dem Bekenntnis: „Suche in jedem noch so häßlichen Dinge die Liebe, die Schönheit und die Güte". Selbsterlittene und -dargestellte Not spricht aus den Schriften „Aus dem Leben und der Werkstätte eines Werdenden" (1913), „Von meiner Straße. Novellen aus der Kriegszeit meines Lebens" (1917) und dem Roman „Das rauhe Leben" (1920). Die Erzählung „Der Franzl. Geschichte einer Kindheit" (1920) zeichnet die durch die Gesellschaft bedingte Entwicklung eines Jungen zum Totschläger. Obwohl sich P. mit seinen Gedichten und Schriften nicht speziell an die Jugend wandte, fanden diese schon bald, vor allem im Kreis der sozialistischen Jugend, zahlreiche Leser. Vor allem der Band „Menschen im Schatten. Wiener Proletariergeschichten" (1920), wurde von sozialistischer Seite jungen Lesern empfohlen und erschien 1929 gesondert in der „Neuen Jugendbücherei". Auch die zur Jugendweihe verfaßte Dichtung „Das Leben des Arbeiters" (1925) fand zahlreiche jugendliche Leser. Einige von P.s Schriften wurden auch als Schullektüre empfohlen. Die letzte für den Schulgebrauch bestimmte Sammlung P.scher Schriften erschien 1956 unter dem Titel „Ein bißchen Sonne jeden Tag".

Werke: Trotz allem! Gedichte (1910); Seltsame Musik. Gedichte (1911); Der Ewige und die Stunde. Gedichte (1912); Memoiren eines Auges (1912); Erde. Ein Roman (1913); Heimat Welt. Dichtungen (1913); Aus dem Leben und der Werkstätte eines Werdenden (1913); Krieg. Gedichte (1914); Der heilige Ring. Neuere Verse 1912–1913 (1914); Deutsche Legende (1915); Johanna (1915); Volk, mein Volk. Gedichte der Kriegszeit (1915); Österreichische Legende (1916); Der brennende Mai (1916); Der stählerne Schrei. Neue Gedichte aus der Kriegszeit (1916); Sil der Wanderer. Erzählungen (1916); Drei Tage. Novelle (1916); Dämmerung der Herzen. Gedichte aus der Kriegszeit 1916–1917 (1917); Das neue Fest. Ein Büchlein der Liebe (1917); Von meiner Straße. Novellen aus der Kriegszeit meines Lebens (1917); Verklärung. Legende in einem Akt (1917); Auferstehung. Novellen (1918); Franziskus von Assisi. Eine Gedichtreihe (1918); In geruhigter Stunde. Neue Verse (1918); Der feurige Weg. Ein russischer Revolutionsroman (1918); Der Dornbusch. Soziale Gedichte (1919); Einkehr. Gedichte (1920); Das Buch von Gott. Gedichte (1920); Der Franzl. Geschichte einer Kindheit (1920); Das rauhe Leben (1920); Menschen im Schatten. Wiener Proletariergeschichten (1920); Der Totschläger und andere Geschichten (1921); Frühlingssage. Drei Prosadichtungen (1922); Gesang von Morgen bis Mittag. Eine Auswahl der Gedichte (1922); Das Lächeln Gottes. Aufzeichnungen einer Liebe (1922); Gesicht in den Wolken. Gedichte (1923); Der Irdische. Gedichte (1923); Sevarinde. Ein alter Abenteuerroman (1923); Totentanz. Gedichte (1923); Gedichte und Erzählungen (1924); Das letzte Mittel und andere Geschichten (1924); Das Leben des Arbeiters. Jugendweihe (1925); Das hohe Leuchten. Gedichte (1939); Pfad aus der Dämmerung. Gedichte und Erinnerungen (1947).

Sekundärliteratur: F. Braun: Das musische Land (1952). – C. Brockhausen: A. Petzold (in: Neue Österreichische Biographie III. 1926. 181–196). – K. Debus: A. Petzold (in: Hochland. 1923. 20. 553–555). – H. Exenberger: A. Petzold (zus. mit Fr. Hüser und H. Schroth, 1972). – M. Salzner: H. Lersch und A. Petzold (Diss. 1943).

Hans Eich

Pfaff, Karl

*(auch M. C. Pfaff). Pädagoge, Historiker, Autor, Sänger; * 22. 2. 1795 Stuttgart, † 6. 12. 1866 Eßlingen.*

Pf., der aus einer alten Gelehrtenfamilie stammte, wurde nach dem Studium 1818 Konrektor in Eßlingen, wo er bis zu seinem Tod lebte. Er wurde vor allem als aktiver Förderer des Schwäbischen Sängerbundes bekannt. So leitete er das erste Sängerfest zu Plochingen. Die Stadt Eßlingen verlieh Pf. 1841 das Ehrenbürgerrecht und errichtete ihm nach seinem Tode ein Denkmal. Pf. hinterließ eine umfangreiche Sammlung von Büchern, Urkunden und persönliche Aufzeichnungen, die als kulturhistorische Dokumente von Bedeutung sind.

Werk, Tendenzen, Wirkung. Pf.s Tätigkeit für den schwäbischen Sängerbund, die durch seine patriotische Gesinnung gekennzeichnet war, forderte wiederholt das Mißtrauen der Regierung heraus. Wahrscheinlich verhinderte sein politisches Engagement den weiteren beruflichen Aufstieg. Pf. verfaßte eine Anzahl von Werken für junge Leser, die sowohl in die Schulen Eingang fanden als auch für die häusliche Lektüre verwendet wurden. Die meisten seiner Jugendschriften wie die „Geschichte Wirtembergs, für die Jugend bearbeitet" oder das „Lehrbuch der Natur-, Erd-Menschenkunde und Geschichte für Realanstalten" waren historisch oder erdkundlich orientiert. Eine Ausnahme machte seine für die Jugend bearbeitete Ausgabe der Märchen aus Tausend und einer Nacht

(„Mährchen der Scheherasade oder Tausend und Eine Nacht für die Jugend bearbeitet", 1838), die in zahlreichen Auflagen erschien und eine der ersten und in der ersten Hälfte des 19. Jahrhunderts verbreitetsten Jugendausgaben der orientalischen Märchensammlung darstellte. Der Band enthält insgesamt zwanzig Märchen, darunter bekannte wie „Die Reisen Sindbad des Seefahrers", die Geschichte „Ali Baba's und der vierzig Räuber" oder „Die Geschichte Aladins und der Wunderlampe". Es erschienen auch bekannte Märchen der Sammlung unter neuen Titeln wie „Die Geschichte des erwachten Schäfers", bei der es sich um das Märchen von Abul Hassan handelt. Dem Band ist ein engbedruckter vierseitiger Anhang beigegeben, der die in den Märchen vorkommenden orientalischen Ausdrücke erläutert.

In dem Vorwort zu seiner Auswahl, bei der Pf. auf die Rahmenerzählung um Scheherasade verzichtet, spricht der Autor die Entstehung der orientalischen Märchensammlung an, wenn er feststellt: „... Daher ist auch das Morgenland so reich an Mährchen, unter diesen aber sind am berühmtesten die Mährchen von Tausend und Eine Nacht. Sie bekamen ihren Namen daher, weil die Sultanin Scheherasade ihren Gemahl Schach Riar, den Sultan von Indien, damit jedesmal eine Stunde lang vor Sonnenaufgang Tausend und eine Nacht unterhalten haben soll ..." Auf die Gründe für das Erzählen der Märchen, nämlich die eheliche Untreue der ersten Gemahlin des Sultans und seinen Entschluß, jede seiner weiteren Frauen nach der Hochzeitsnacht köpfen zu lassen, geht Pf. nicht ein. Über die Intention, die er mit seiner Sammlung im Hinblick auf die jungen Leser verband, schreibt der Autor im Vorwort: „... Von diesen Mährchen nun erhaltet Ihr hier eine Auswahl. Ihr werdet in ihnen nicht nur Unterhaltung, sondern auch manche gute Lehre, die ich Euch zu beherzigen bitte, finden, und mit den, von den unsrigen so verschiedenen, Sitten des Morgenlandes bekannt werden; ... So wünsche ich denn, daß Euch das Lesen dieser Mährchen eben so belehren als ergötzen möge."

Werke: Handbuch der Weltkunde zum Gebrauch der Jugendlehrer (Bd. 1-5, 1823-1827); Geschichte Wirtembergs, für die Jugend bearbeitet (1824); Lehrbuch der Natur-, Erd-, Menschenkunde und Geschichte für Realanstalten (1832); Mährchen der Scheherasade oder Tausend und Eine Nacht für die Jugend bearbeitet (1838).

Erich Strobach

Pfeffel, Gottlieb Konrad

*Elsässischer Schriftsteller, Erzieher und Gelehrter; *28.6.1736 Colmar, †1.5.1809 Colmar.*

Pf., dessen Vater, nachdem er eine Zeitlang in französischen auswärtigen Diensten gestanden hatte, sich in Colmar niederließ und das Amt eines Stadtvorstehers bekleidete, besuchte bis 1750 das Gymnasium, um sich bald darauf, kaum 15 Jahre alt, an der Universität Halle zu immatrikulieren. Seine Pläne für eine diplomatische Karriere, ähnlich der des Vaters bzw. des älteren Bruders, mußte er jedoch aufgeben, als 1753 ein Augenleiden, das bis 1758 zur völligen Erblindung führte, seinen Studien ein Ende machte. In dieser Zeit, in der er sich teils in Colmar, teils in Straßburg aufhielt, begann er sich auf die literarische Tätigkeit zu konzentrieren. Außerdem wurde er Mitglied mehrerer wissenschaftlicher Gesellschaften. 1773 eröffnete er in Colmar eine Kriegsschule für Söhne protestantischer Edelleute, die bald zur „Académie Militaire" erhoben wurde und in der bis zu ihrer Schließung infolge der französischen Revolution (1792) über 300 Angehörige verschiedener europäischer Nationen ausgebildet wurden. Durch die Assignatenwirtschaft verlor Pf. darüber hinaus einen bedeutenden Teil seines Vermögens. Als im Colmarer Jakobinerklub auch seine Gefangensetzung gefordert wurde, erhoben sich Stimmen zu seiner Verteidigung, die auf sein positives Verhältnis zu den Ideen der Revolution und seinen Bürgersinn hinwiesen. In den folgenden Jahren nahm er seine literarischen Arbeiten wieder verstärkt auf, ebenso die Tätigkeit in zahlreichen wissenschaftlichen Gesellschaften; überdies beteiligte er sich am Aufbau und der Verwaltung der lutherischen Kirche des Elsaß. Die breite Anerkennung, die sein Werk und seine Tätigkeit fand, drückte sich in der für Pf. besonders ehrenvollen Aussetzung einer Pension durch Kaiser Napoleon (1806) aus.

Werk, Tendenzen, Wirkung. Die bevorzugte literarische Gattung Pf.s war die didaktische Kleinform. Neben anakreontischer Lyrik, Idyllen, Oden, Epigrammen und Balladen schrieb er zwischen 1754 und 1809 mehrere hundert gereimte Fabeln. Sie wurden in verschiedenen renommierten Literaturzeitschriften der damaligen Zeit, hauptsächlich in dem von Johann Heinrich Voss (1757–1826) redigierten „Göttinger Musenalmanach" veröffentlicht. Eine erste Buchausgabe erschien 1761 unter dem Titel „Poetische Versuche"; als wesentlich erweiterte Edition folgten 1783 die „Fabeln, der helvetischen Gesellschaft gewidmet". Die umfangreichste Ausgabe letzter Hand erschien 1802–1820, wiederum unter dem Titel „Poetische Versuche", in elf Teilen. P. hat dabei auf die antike, deutsche und französische Fabeltradition zurückgegriffen. M. Poll nennt mehr als 60 verschiedene Fabelsammlungen, die Pf. als Quellen benutzt haben soll, darunter Christian Fürchtegott Gellert (1719–1769) und Magnus Gottfried Lichtwer (1719–1783), dessen Fabeln er 1762 ins Französische übertrug. Von einer Einheitlichkeit in der formalen Gestaltung kann bei Pf.s Fabeln nicht gesprochen werden. Sowohl die Tierfabel als auch die „menschliche Fabel", das heißt der Verzicht auf tierische Einkleidung der Stoffe, kommen vor; als „Fabel" bezeichnet er auch einfache Gedichte, Epigramme und gereimte Erzählungen. Typisch sind die geschickte Verwendung des Reims, die oft drastische, sarkastisch-satirische Ausdrucksweise und der pointiert formulierte Schluß. In einer großen Zahl seiner Fabeln geht Pf. über die Darstellung allgemein-menschlicher Schwächen hinaus bis zu einer radikalen, von bürgerlich-demokratischen Positionen aus vorgetrage-

nen Kritik der spätfeudalen Gesellschaftsverhältnisse. In einigen Fabeln entlarvt er sogar das Ideal des aufgeklärten, volksverbundenen Herrschers als Illusion (z.B. Der Thronwerber). In anderen, besonders in denen der Jahre 1796–1798, sucht er eine Lösung des Konflikts zwischen Volk und Despot durch Aufklärung. Pf.s Verhältnis zur Revolution erweist sich so als zwiespältig: Er stand „zwischen subjektiver Verneinung dieses Prozesses und der Erkenntnis seiner Unvermeidlichkeit“ (K. Emmerich, a.a.O. S. 26). Er begrüßte begeistert die allgemeinen Ziele der französischen Revolution, lehnte jedoch die praktischen Maßnahmen, insbesondere die der Jakobiner, ab. In die Kinder- und Jugendliteratur gingen vorwiegend Fabeln Pf.s ein, denen die sonst für ihn so typische radikale Gesellschaftskritik fehlt. In die Schullesebücher gelangten schon bald Stücke wie „Die zween Hunde“, „Ochs und Esel“, „Die Stufenleiter“ und Gedichte wie „Die Tobackspfeife“ und „Die Kapelle“. Die Auswahl wurde meist einseitig unter pädagogischen Gesichtspunkten vorgenommen. Die Moral der Fabel „Die zwei Hunde“ beispielsweise soll zeigen, daß man in der Jugend fleißig lernen muß, da man im Alter dazu nicht mehr in der Lage sei. Einige Fabeln P.s wurden in die 12-bändige „Kleine Kinderbibliothek“ Joachim Heinrich Campes, die 1779–1784 erschien, aufgenommen. Als Anthologien für die Jugend, die ausschließlich Stücke P.s enthielten, erschienen unter anderem die 1810 von Johann Lorenz Blessig herausgegebene „Religiöse Blumenlese aus Pfeffels Gedichten“ und noch 1861 die von Hermann Hauff herausgegebene zweibändige Ausgabe „Fabeln und poetische Erzählungen von Gottl. Conr. Pfeffel“. Zu der langanhaltenden Beliebtheit von Pf.s Dichtungen stellt der Herausgeber Hauff fest: „... Aber wenn er die Philosophie mit seinen Genossen auf dem deutschen Parnaß theilte, so hatte er von den meisten die schöne Laune, den naiven Witz, die Gewandtheit im Ausdruck und in der Versification voraus. Diese seltenen Eigenschaften, welche den Dichter vorzüglich seinen Zeitgenossen empfohlen, sind es auch, welche einen Theil seiner Werke unter allen Wechseln des Geschmacks in verdienter Achtung erhalten werden“.
Mit seinen 1769 erschienenen „Dramatischen Kinderspielen“ wurde Pf. „einer der ersten, wenn nicht der erste Begründer der dramatischen Kinderliteratur“ (J. Minor, a.a.O. S. 51). Ludwig Göhrings Einschätzung dieser Versuche als „von Schwulst starrend“ (a.a.O. S. 80) muß als einseitig angesehen werden, da er nur das Traditionelle, einer starren Aufklärungspoetik Verhaftete an diesen drei Stücken (Damon und Pythias; Die Belagerung von Glocester; Die Gefahren der Verführung) sah. Die ersten beiden wurden nach Pf.s Angaben tatsächlich mit sechs- bis neunjährigen Kindern aufgeführt. Pf. suchte über die engen Zwecke des Schuldramas hinaus, Ansätze zu einer ästhetischen Bildung und Erziehung zu entwickeln. Moral sollte nicht in doktrinärer Form, sondern in Handlung ausgedrückt werden; darüber hinaus sollten dem Kind „angenehme Augenblicke“ und „Vergnügen“ bereitet werden (vgl. Egon Schmidt, a.a.O. S. 49–53). Die hierin enthaltenen vorwärtsweisenden Ansätze wurden jedoch weder von Pf. selbst, noch von anderen weiterentwickelt.
Während seiner Tätigkeit als Leiter der Colmarer Kriegsschule verfaßte Pf. eine Reihe von Lehr- und Unterrichtsbüchern, die zum Teil weit verbreitet waren und mehrere Auflagen erlebten. Für den Geschichtsunterricht verfaßte P. die Anekdotensammlung „Magazin historique pour l'esprit et le coeur“ (1764), die von der Pariser Militärakademie als Lehrbuch übernommen wurde. Auch die „Principes du droit naturel, à l'usage de l'école militaire de Colmar“ (1781) können als Ausdruck seiner aufklärerischen Bestrebungen gelten. In seinen „Liedern für die Colmarische Academie“ (1778) negiert er das feudale Heldenideal des schlachterprobten Kriegers und setzt ihm den im Sinne bürgerlicher Tugenden lebenden, tätigen jungen Menschen entgegen.

Werke: Poetische Versuche in drey Büchern (1761); Theatralische Belustigungen nach französischen Mustern (Bd. 1–5. 1765–1774); Dramatische Kinderspiele (1769); Lieder für die Colmarische Academie (1778); Principes du droit naturel, à l'usage de l'école militaire de Colmar (1781); Fabeln, der helvetischen Gesellschaft gewidmet (1783); Poetische Versuche (Bd. 1–11. 1802–1820).

Hrsg.: Allgemeine Bibliothek des Schönen und Guten (1764); Magazin historique pour l'esprit et le coeur (Bd. 1–2. 1764; dt. Historisches Magazin für den Verstand und das Herz, 1764).

Sekundärliteratur: L. Beck-Bernard: Théophile Conrad Pfeffel de Colmar. Souvenirs biographiques (1866). – G. Ellinger: Über Lichtwers Fabeln. Mit einer vergleichenden Betrachtung der Fabeln Gleims und Pfeffels (in: Zeitschrift für deutsche Philologie. 17. 1885. 3/4. 314–340). – K. Emmerich: Gottlieb Konrad Pfeffel als Fabeldichter (in: Weimarer Beiträge. 3. 1957. 1. 10–46). – L. Göhring: Die Anfänge der deutschen Jugendliteratur im 18. Jahrhundert (1904). – K. König: Der elsässische Fabeldichter. Gottlieb Konrad Pfeffel (in: Elsaß-Lothringen. 12. 1934. 113–116, 156–161, 215–224). – J. Minor: Fabeldichter, Satiriker und Popularphilosophen des 18. Jahrhunderts (1884, 48–56). – M. Poll: Die Fabeln von Gottlieb Konrad Pfeffel und ihre Quellen (in: Straßburger Studien. 3. 1888. 343–470). – J. J. Rieder: Gottlieb Konrad Pfeffel, ein biographischer Entwurf (1820). – E. Schmidt: Die deutsche Kinder- und Jugendliteratur von der Mitte des 18. Jahrhunderts bis zum Anfang des 19. Jahrhunderts (1974). – A. Stoeber: Gottlieb Konrad Pfeffels Verdienste um Erziehung und Schule (1878).

Bernd Dolle

Pfeiffer Verlag

München. Religiöse Schriften, Kindergebetbücher, Erzählbücher zum Religionsunterricht, Erzählungen und Werkbücher für Kinder- und Jugendgruppen.

Der Verlag J. Pfeiffer wurde 1882 von dem Buchbindermeister J. Pfeiffer gegründet und gab zunächst hauptsächlich Bücher mit katholisch-liturgischem und populärwissenschaftlich-religiösem Inhalt heraus. Nach zwangsweiser Schließung 1944 konnte der Verlag 1948 die Arbeit wieder aufnehmen und erweiterte vor allem die Programmzweige Jugendschriften, Hilfsliteratur

für Jugendarbeit und Werkbücher für zeitgenössische Jugendführung. Verlagsleiter ist GÜNTER R. MÜLLER. Im Bereich der Kinder- und Jugendliteratur gibt der Verlag Kindergebetbücher, Erzählbücher zum Religionsunterricht, Erzählungen und Werkbücher für Kinder- und Jugendgruppen heraus.
Zu den Autoren und Illustratoren gehören: FELICITAS BETZ, KLAUS FRANKEN, PAULA FRANKEN, IRENE KLEIN, HEINRICH A. MERTENS, JOHANNA PRETORIUS, LOTHAR ZENETTI.

Hannelore Daubert

Pflanz, Joseph Anton

*(Ps.: Klemens Specht). Realschullehrer, Schriftsteller, Jugend- und Volksschriftsteller; *25.2.1819 Ellwangen (Württemberg), † 17.9.1883 Buchau am Federsee.*

Pfl., Sohn eines Zimmermanns, besuchte die Elementarschule in Ellwangen und trat mit 14 Jahren in den väterlichen Handwerksbetrieb ein. Mit 16 Jahren verließ er den väterlichen Betrieb und ging an die polytechnische Schule in Stuttgart, im Herbst 1838 an die Universität Tübingen, wo er 1839 das Oberlehrerexamen ablegte. Mit Hilfe eines staatlichen Stipendiums unternahm er für eineinhalb Jahre eine Auslandsreise zur Erweiterung seiner wissenschaftlichen Kenntnisse; unter anderem wohnte er 15 Monate in Paris. Ab 1841 war Pfl. Lehrer der Mathematik und der Naturwissenschaften an der fürstlichen Studienanstalt Hedingen bei Sigmaringen. Ostern 1844 kam er als Realschullehrer nach Rottenburg am Neckar. Pfl. überwarf sich mit der Verwaltungsbürokratie und zog sich für einige Zeit von der Schule zurück, zumal er in dieser Zeit unter einem Halsleiden litt. Während er seine Schulstelle durch einen Verweser wahrnehmen ließ, war er als Mitarbeiter und zeitweilig auch als Schriftleiter des „Deutschen Volksblattes" tätig. Auch an dem „Sonntagsblatt für das christliche Volk" und an dem „Katholischen Volkskalender" arbeitete er mit. Um seinen Pensionsanspruch nicht zu verlieren, mußte er 1853 wieder in den Staatsdienst zurückkehren. Zunächst war er Realschullehrer in Neresheim, ab 1857 dann Hauptlehrer an der Realschule in Rottweil am Neckar, wo er bis zu seiner Pensionierung wohnte.

Werk, Tendenzen, Wirkung. Pfl. verstand sich als christlich orientierter Erzieher, der der Bildung des jungen Menschen, aber auch des schon erwachsenen einfachen Bürgers, durch entsprechende Lektüre großen Wert beimaß. Obwohl politisch nicht engagiert, ergriff er oft für die Schwächeren und Ungebildeten Partei, wenn er vermutete, daß sie durch Staat oder Verwaltungsbürokratie Unrecht erlitten. JOHANN BAPTIST HEINDL urteilt in seiner „Galerie berühmter Pädagogen, verdienter Schulmänner, Jugend- und Volksschriftsteller und Componisten aus der Gegenwart in Biographien und biographischen Skizzen" (Bd. 1–2. 1858–1859) über Pfl.: „Pflanz ist eine jener geraden, biederen Naturen, denen man in unserer überfirnißten Welt immer seltener begegnet; bescheiden und anspruchslos gegenüber von Jedem, der ihn in Ruhe läßt, aber auch unnachsichtlich und besonders mit der Waffe der schneidenden Satyre kämpfend, wenn es gilt, der Anmaßung oder gar dem Unrecht entgegen zu treten, sei es in eigener Sache oder in der eines Andern".
Auch in seinen zahlreichen Erzählungen, die er für „das Volk und seine Freunde", „für Jugend und Volk" oder „für die christliche Jugend" verfaßte, blieb er bescheiden und ohne große Ambitionen. In seinen wohl moralisch-belehrenden, aber in einem oft recht munteren Ton geschriebenen Geschichten um alltägliche Begebenheiten aus seiner näheren und weiteren Umgebung zeigt sich sein Bemühen, das einfache Volk zu erbauen und es in seinem Bildungsniveau zu heben. Auch geographische und historische Begebenheiten werden teils lehrhaft, teils im unterhaltenden Sinne von ihm in Erzählungen gefaßt. Während seine christlichen Erzählungen den Autor vor allem in seiner engeren Umgebung bekannt machten und heute so gut wie vergessen sind, nimmt der Band „Die Natur in Bildern" einen besonderen Stellenwert nicht nur im Werk des Autors, sondern auch in der Geschichte der Orbis Pictus-Nachfolger und Elementarwerke ein.
Das Werk „Die Natur in Bildern", das 1842 in Stuttgart erschien, zeigt besonders deutlich, wie Mitte des 19. Jahrhunderts die Romantik und das Biedermeier mit ihrer Weltauffassung auch in die Anschauungsbücher und die naturgeschichtlichen Darstellungen eindrangen. Wie eine große Anzahl um die Mitte des 19. Jahrhunderts aufkommender Anschauungsbücher, versucht Pfl.s Naturkunde, dem Kind den Teil der Welt anschaulich und verständlich vorzuführen, der es am meisten angehen mußte, nämlich seine eigene Umwelt. Sicher werden hier und da auch Ausblicke auf historische Begebenheiten oder Einblicke in exotische Landschaften und Volksbräuche sichtbar, wenn diese im Zusammenhang mit der Beschreibung der engeren Umwelt sinnvoll aufgegriffen werden können. Sie blieben jedoch immer nur Einsprengsel, im Grunde geht es in der „Natur in Bildern" um das Kennenlernen der heimatlichen Umwelt.
Sichtbar wird dies in der Vorrede des Verfassers – er nennt das Werk, „ein belehrendes und unterhaltendes Bilderbuch" – wenn er feststellt: „... Die einzelnen naturgeschichtlichen Gegenstände sind entweder der uns zunächst liegenden Umgebung entnommen, damit das Interesse des Kindes für das ihm Nahe und Gewöhnliche erweckt werde, und es die Bilder seines Buches sogleich verwirklicht finde. Oder es sind solche, die sich, wenigstens dem Namen nach, so ziemlich in unser Wissen eingeschlichen haben, wie z.B. Löwe, Bär, Papagei usw. ...".
Das Buch ist in vier Abschnitte eingeteilt, die jeweils mit „Der Frühling", „Der Sommer", „Der Herbst" und „Der Winter" überschrieben sind. Die insgesamt 350 handkolorierten Kupferstiche, die den Band illustrieren, sind auf 28 Tafeln untergebracht. Jede Tafel zeigt zwei bis vier größere Szenen zu der entsprechenden Jahreszeit, während rings um diese Hauptdarstellungen

Bildseite zum Kapitel „Der Frühling" aus dem Elementarwerk „Die Natur in Bildern", das 1842 bei Hallberger in Stuttgart erschien. Verfasser war der Sigmaringer Realschullehrer Joseph Anton Pflanz, der sein „belehrendes und unterhaltendes Bilderbuch" zur „naturgemäßen Entwicklung und Bildung des Verstandes und Gemüthes der Kinder" schrieb. Auf 28 Tafeln werden insgesamt 350 Sachdarstellungen aus der näheren und weiteren Umgebung des Kindes gebracht.

und dazwischen in Miniaturform, doch exakt und naturgetreu gezeichnet, eine Reihe von Einzeldarstellungen die Seite füllen. So zeigt die erste Tafel zu dem Abschnitt „Frühling" drei Szenen, die ein Schwarzwälder Bauernhaus mit Storchennest in einer Gebirgslandschaft, Bauern mit Pflug und Egge bei der Frühjahrsaussaat und Gärtner und Gärtnerin in einem großen Garten vor einem kleinen Teich neben einem Gewächshaus mit dem Schneiden von Baumstauden und beim Pflücken der ersten Frühlingsblumen vorstellen. Als Einzeldarstellungen finden sich auf dieser Bildseite unter anderem ein Storch, eine Schwalbe, eine Lerche, eine Amsel und ein Kuckuck.

Das Ziel des Autors ist nun nicht mehr in erster Linie die Vermittlung von naturwissenschaftlichen Einzelkenntnissen, er wollte vielmehr das Gemüt der Kinder ansprechen. Sehr deutlich spricht er das in der Vorrede aus: „,... Der Zweck dieses Bilderbuches ist: Dem Kinde eine heitere Naturanschauung beizubringen, und es auf diese Art von einseitiger, unnatürlicher Verbildung zu bewahren helfen. Deßwegen habe ich dem Kinde die Natur vorgeführt, wie sie sich in ihrer Schönheit und Fülle dem Auge des unbefangenen Beobachters darbietet, und nicht als ein dürres Gerippe, wie sie in den Büchern der Systematiker anzutreffen ist, die mit ihrem todten Wortkrame selbst den lebendigen kindlichen Geist martern und ersticken. Mag das Systematisieren in einem späteren Alter folgen, ... für das erste Kindesalter aber, für die lebendige Natürlichkeit des jugendlichen Geistes taugt es nichts".

Dieser Auffassung entsprechend ist der Text zu den Darstellungen in einem genrehaften Erzählton gehalten. Anstelle der lehrhaften Erzählungen gibt es zu jeder Darstellung einen kleinen, in fröhlichem Erzählton gehaltenen Aufsatz, der durch zahlreiche eingestreute Kindergedichte von „größtenteils den besten Jugenddichtern: Rückert, Güll, Hey, Chr. v. Schmid" aufgelockert wird. Pfl.s „Natur in Bildern" wurde zum Vorbild für nachfolgende Werke.

Werke: Geometrie (Bd. 1-3. 1841–1842); Die Natur in Bildern (1842, [5]1850); Anfangsgründe der Geognosie (1844); Bilder aus der Culturgeschichte des deutschen Volkes (1851); Wahre Volksgeschichten (1852); Geschichten fürs Volk und seine Freunde (Bd. 1-2. 1854–1855); Sonntagsfreude für die christliche Jugend (1857); Kinderfreude (Bd. 1-8. 1862–1865); Leben und Tode der Jungfrau von Orleans (1863); Amalia Corsini, oder die Waise von Siena (1863); Lebensbilder aus Dorf und Stadt (1865); Der Freihof. Ein Beitrag zum Volksschulwesen und zur Volksbildung (1866); Vergangenheit und Gegenwart in geschichtlichen und geographischen Erzählungen für die Jugend und das Volk (Bd. 1–8. 1866–1868); Die Unarten der Kinder und die Zierden der Jugend. 35 kleine Erzählungen für Kinder (1868).

Sekundärliteratur: J. Kehrein: Biographisch-literarisches Lexikon der katholischen deutschen Dichter, Volks- und Jugendschriftsteller des 19. Jahrhunderts (Bd. 1-2. 1868). – H. Müller: Vorläufer (in: Kl. Doderer (Hrsg. zus. mit H. Müller): Das Bilderbuch. Geschichte und Entwicklung des Bilderbuches in Deutschland von den Anfängen bis zur Gegenwart. 1973, [2]1975).

Helmut Müller

Phädrus

*Lateinischer Fabeldichter; * um 15 v. Chr. in der mazedonischen Küstenlandschaft Prierien, nahe dem Olymp, † 55 n. Chr. Rom.*

Ph. kam jung als Sklave nach Rom und nannte sich später „Freigelassener des Augustus". Erst unter dessen Nachfolgern Tiberius (42 v. Chr. – 37 n. Chr.), Caligula (12–41), Claudius (10 v. Chr. – 54) und Nero (36–68) schrieb Ph. während etwa 20 Jahren 93 Fabeln, die er in fünf Büchern zusammenfaßte. An der sozialkritischen Haltung der ersten Stücke, vor allem an der Fabel von den Fröschen, die einen König wollten, nahm Sejanus, der mächtige Günstling des Kaisers Tiberius, heftigen Anstoß und bewirkte die Verbannung des Ph. Erst unter Caligula durfte Ph. nach Rom zurückkehren, wo er als Siebzigjähriger halb vergessen starb.

Werk, Tendenzen, Wirkung. Ph. schuf aus griechischem Geist die römische Fabel. Obwohl Ph. den Aesop nur zum geringen Teil übersetzte und wenige Fabeln von ihm in sein Werk aufnahm – den Großteil seiner Fabeln hatte Ph. selbst erfunden –, nannte er seine Sammlung „Fabulae Aesopiae". In einem Prolog stellte Ph. fest, er werde „den Spuren des phrygischen Geistes gewissenhaft nachgehen". Der Leser solle es ihm aber nicht verargen, wenn er, „um den Fabeln Mannigfaltigkeit zu geben", etliche Zusätze für erforderlich halte. Er verwandte jambische Senare und wollte realistisch wirken, indem er „das Leben selbst und der Menschen Sitten" beschrieb. Als Fabelfiguren treten bei Ph. vor allem Tiere in Erscheinung. Dem Vorwurf, auch Bäume als Fabelfiguren benutzt zu haben, begegnet er mit dem Hinweis: „Fabeln sind ja Spiel der Dichtung". Seine Fabeln sind kurz und treffsicher aufgebaut. Glossenhafte Zeiteindrücke sind in vielen Fabeln eingefügt. Störend wirken oft die sicher gutgemeinten, aber zu langatmigen vor- oder nachgestellten Lehren. In heutigen Nachdrucken von Ph.' Fabeln werden die Lehren meistens weggelassen. Die von dem Mönch Romulus um 920 in Kloster Weißenburg im Elsaß in Prosa niedergeschriebene Fassung, die rund 80 Fabeln des Ph. enthält, brachte eine Hochblüte der Ph.schen Fabeln im Mittelalter: sie gehörte zum Grundbestand des Schulunterrichts. Neuerdings finden sich die Fabeln des Ph. auch wieder in der ursprünglichen Versform.

Werke: Phaedri fabularum Aesopiarum libri V. Nuper a P. Pithoeo V.C. primum editi (1595); Des Phaedri fünff Bücher seiner Fabeln oder Gedichte und Geschichte, nach Ordnung der Construction, Sinn und Wort-Verstand verdollmetschet von D. Hartnaccius (1696).

Sekundärliteratur: F. B. Adams: The codex pithoeanus of Phaedrus (in: The Horn Book Magazine. 41. 1965. 260–266). – J. Bertschinger: Volkstümliche Elemente in der Sprache des Phaedrus (Diss. 1921). – Ch. Causeret: De Phaedri sermone grammaticae observationes (1886). – A. Cinquini: Index Phaedrianus (1905, ND. 1964). – Kl. Doderer: Fabeln. Formen, Figuren, Lehren (1970). – H. Gasse (Hrsg.): Schöne Fabeln des Altertums. Äsop, Phädrus, Babrios (1955). – A. Hausrath: Zur Arbeitsweise des Phaedrus (in: Hermes. 71. 1936. 70–103). – L. Herrmann: Phèdre et ses fables (1950). – L. Mader (Hrsg.):

Antike Fabeln (1951). – L. Mueller: De Phaedri et Aviani fabulis libellus (1875). – H. v. Sassen: De Phaedri sermone (Diss. 1911). – G. Thiele: Der lateinische Äsop des Romulus und die Prosafassungen des Phaedrus (1910).

Hans Eich

Phantastische Erzählung

Im Bereich der Kinder- und Jugendliteratur geläufige Gattungsbezeichnung für Erzählungen, die neben realistischen auch phantastische Elemente in Form phantastischer Welten, Begebenheiten, Figuren oder Requisiten enthalten und die sich durch besondere Merkmale von dem Volksmärchen abheben.

Zur Entstehung des Begriffs. Im Jahr 1954 machte ANNA KRÜGER in ihrer Schrift „Das Buch – Gefährte eurer Kinder" zum ersten Mal darauf aufmerksam, daß immer häufiger Kinder- und Jugendbücher auftauchten, die sich von den herkömmlichen Märchen unterschieden und daher als eine eigene Gruppe angesehen werden könnten. KRÜGER nannte solche Erzählungen „phantastische Abenteuergeschichten". Später setzte sich RUTH KOCH in ihrem Aufsatz „Phantastische Erzählungen für Kinder, Untersuchungen zu ihrer Wertung und zur Charakteristik ihrer Gattung" ausführlich mit dieser neuen Buchgruppe auseinander und prägte als erste die heute als Gattungsbegriff verwandte Bezeichnung „Phantastische Erzählung". Zu Beginn ihres Aufsatzes stellte die Autorin fest: „Auf unserem Büchermarkt ist seit einigen Jahrzehnten, besonders aber in den letzten Jahren, ein Kinderbuchtyp aufgetreten, den man bisher zwar beachtete, dessen Sonderstellung man jedoch kaum herausstellt. Es sind dies zumeist für Kinder geschriebene Erzählungen, die wir phantastische Erzählung nennen wollen. Man betrachtet sie meistens als Märchen, weil sie viel Märchenhaftes enthalten. Sie haben jedoch einen anderen Charakter als diese Gattung" (in: K. LANGOSCH (Hrsg.): Studien zur Jugendliteratur. Heft 5. 1959. S. 55). KOCH bezog sich dabei auf die Tatsache, daß nach 1945 und vor allem zu Beginn der fünfziger Jahre immer mehr für Kinder verfaßte Erzählungen, vorwiegend aus dem skandinavischen und angelsächsischen Bereich, bekannt wurden, wie die „Mary Poppins"-Bücher von PAMELA L. TRAVERS (* 1906), die „Doktor Dolittle"-Bände des Engländers HUGH LOFTING (1886–1947) – bereits ab 1926 in deutscher Übersetzung vorliegend, jedoch erst ab 1950 in Neuauflagen häufiger gelesen –, ASTRID LINDGRENS „Pippi Langstrumpf" (1949) oder ERICA LILLEGGS (* 1910) „Vevi" (1955), die dieser neuen Buchgruppe zugerechnet werden müssen. Auch schon vor 1945 gab es ähnliche mit phantastischen Elementen ausgestattete Erzählungen, so etwa LEWIS CARROLLS „Alice im Wunderland" (1865), JAMES BARRIES „Peter Pan" (1906) oder CARLO LORENZINIS (unter dem Pseudonym CARLO COLLODI) 1883 erstmals in Buchform erschienener „Pinocchio", der ab 1905 in Deutschland in der Bearbeitung von JULIUS BIERBAUM unter dem Titel „Zäpfelkerns Abenteuer" bekannt wurde. Solche Erzählungen wurden jedoch gemeinhin als Märchen, märchenhafte Erzählungen oder wundersame Geschichten eingestuft, ohne daß der Versuch unternommen wurde, sie einer neuen Buchgruppe zuzuordnen. Von den sechziger Jahren an beschäftigten sich eine ganze Reihe von Kinder- und Jugendbuchtheoretikern mit der Ph. E. Vor allem LUCIA BINDER griff in mehreren Aufsätzen dieses Thema auf, das Institut für Kinder-, Jugend- und Volksliteratur in Wien stellte seine Tagung vom 22. bis 27. August 1967 in Raach unter das Thema „Das Irrationale im Jugendbuch" der schwedische Literaturwissenschaftler GÖTE KLINGBERG ging in mehreren Aufsätzen auf die Frage nach der besonderen Struktur der Ph. E. ein.

Definition des Gattungsbegriffs. Verschiedentlich wurde versucht, die Gattung der Ph. E. zu definieren. Einen wesentlichen Charakterzug der Ph. E. sieht KOCH in der Darstellung von Wunder und Wirklichkeit. Sie schreibt dazu: „... Wunder und Wirklichkeit sind in den P. E.en – im Gegensatz zum Märchen – miteinander verwoben. Demzufolge ist die Thematik der Erzählungen eine andere. Während im Märchen eine Idee nur im Bereich des Unwirklichen Gestalt gewinnt, ergibt sich der Vorwurf für ein Thema der Ph. E. zumeist aus der Idee der Einwirkung des Wunderbaren auf ein reales Geschehen ...". BINDER sagt in ihrem Aufsatz „Phantastische Erzählungen der Jugendweltliteratur" (in: Trends in der modernen Jugendliteratur. 1969. S. 77): „Die phantastischen Erzählungen schöpfen aus der Welt des Kindes, die sie – im Gegensatz zur Welt der Erwachsenen – mit liebevollem Verständnis schildern: Das Wunderbare, das immer wieder lockt, die fröhliche Unbekümmertheit, die den Erwachsenen verlorengeht ...". Im gleichen Aufsatz zählt BINDER fünf Merkmale auf, die ihrer Meinung nach die Ph. E. charakterisieren: 1. Den sprunghaften Wechsel von Realität und Wunderbarem, der in vielen Variationen erscheine und der charakteristisch sei für den Bruch zwischen den beiden Welten, die nicht mehr so wie im Märchen eine Einheit bildeten, sondern plötzlich aufeinanderstießen. 2. Die Vorrangstellung der kindlichen Welt vor der der Erwachsenen, deren Leben häßlich und langweilig sei, weil sie allzu vernünftig seien. 3. Der weite Spielraum für das Komische, der von einfacher Situationskomik über Witz, Ironie bis zum Nonsense und zur Freude am Wortspiel reiche. 4. Die Freude am Spiel in allen Variationen, ob es sich um echte Kinderspiele und -streiche handele oder um das Durchprobieren vieler Möglichkeiten oder um ein bewußtes oder unbewußtes Rollenspiel. 5. Das Geheimnisvolle, das nicht so sehr durch das Geschehen, als durch geheimnisvolle Andeutungen, denen der Leser auf die Spur kommen wolle, erzielt werde.

KLINGBERG schließlich stellt in seiner Schrift „The fantastic tale for children" (1970) fest, Ph. E.en seien „... all children's literature, where realism and wonders are ... found side by side and in union". KLINGBERG, der formal an die Lösung der Gattungsfrage herangeht, stellt die These auf: „The reality of the fantastic tale is here and now. The fantastic tale is wholly logical". Mit dieser These gerät Klingberg in Konflikt mit einigen der Erscheinungsformen der Ph. E., wie sie von Binder oder Koch gesehen werden. So ist er der Meinung, daß Erzählungen, die ganz in einer phantastischen Welt angesiedelt seien, nicht mehr zur Ph. E. gehörten, sondern eine eigene Gattung bildeten. Ebenso seien Traumgeschichten oder von Nonsense-Elementen geprägte Erzählungen (verkehrte Welt) eigene Gattungen. Die Diskussion um die neue Gattung Ph. E. ist noch nicht abgeschlossen. Trotzdem kann man bei dem Versuch, zu einer haltbaren Definition zu kommen, von zwei Merkmalen ausgehen: 1. Die Ph. E. enthält neben realistischen auch phantastische Elemente, die durch phantastische Welten, Geschehnisse, Figuren oder Requisiten gekennzeichnet sind, wie sie den gegebenen Gesetzlichkeiten unserer Welt entgegenstehen und so in unserer realen Welt nicht vorkommen können. 2. Die Ph. E. trägt in Thema, Handlungsverlauf, Aussage, Sprache und Stil die individuelle Handschrift des Autors, durch die sie sich von den Erzählungen anderer Autoren grundsätzlich unterscheidet.

Varianten der Ph. E. Man kann drei Varianten der Ph. E. unterscheiden: 1. Eine reale und eine phantastische Welt existieren nebeneinander. Durch bestimmte Umsteigepunkte ist es möglich, aus der realen in die phantastische Welt zu gelangen und auch wieder aus ihr zurückzukehren. Hierher gehört etwa Erich Kästners Erzählung „Der 35. Mai oder Konrad reitet in die Südsee" (1931). Die reale Welt des Deutschland der dreißiger Jahre existiert neben einer phantastischen Südseewelt, in die man gelangt, wenn man durch die Tür eines Kleiderschrankes hindurchgeht. Ein anderes Beispiel ist Christine Nöstlingers „Wir pfeifen auf den Gurkenkönig" (1972). Hier existiert neben der realen Welt der Familie Hogelmann die phantastische Welt der „Gurkinger" im Keller des Hauses. Den Umsteigepunkt bildet in diesem Fall die Kellertür. Auch in „Alice im Wunderland" gibt es neben der oberirdischen realen Welt eine unterirdische phantastische Welt, durch die man durch ein Kaninchenloch hindurch eintreten kann. In dieser mit Nonsense-Elementen angereicherten Erzählung stellt sich die reale Welt als eine Art Rahmenerzählung nur kurz am Anfang und Ende der Geschichte dar. Es kommt noch hinzu, daß hier die Abenteuer der Alice in der phantastischen Welt letzten Endes als Traum hingestellt werden. Trotzdem wird auch diese Version, die von Klingberg nicht zur Gattung der Ph. E. gerechnet wird, der oben versuchten Definition gerecht und läßt sich ohne weiteres zu der hier genannten Variante zählen. 2. Die Geschichte ist von Anfang bis Ende in der realen Welt angesiedelt. Innerhalb der realen Welt finden sich jedoch phantastische Figuren, Begebenheiten oder Requisiten, die außerhalb der für die reale Welt zutreffenden Gesetzmäßigkeiten stehen. Eine Untergruppe dieser Variante stellen Ph. E.en dar, in denen sonderbare, mit phantastischen Fähigkeiten ausgestattete Kinder in die reale Welt eintreten. Bekanntestes Beispiel dürfte Astrid Lindgrens „Pippi Langstrumpf" sein. Hier lebt mitten im realistisch geschilderten schwedischen Kleinstadtmilieu ein Mädchen, das sich durch seine phantastischen Eigenschaften (es ist so stark, daß es Pferde und Polizisten davontragen kann; es lebt allein in einem großen Haus, nur mit einem Pferd und einem Affen zusammen; es hat eine Kiste voller Goldstücke, die nie leer wird und braucht sich nach niemandem zu richten; es steht völlig außerhalb aller gesellschaftlicher Konventionen und Zwänge) als ein in die reale Welt gestelltes phantastisches Element ausweist. Eine andere Untergruppe dieser Variante sind Erzählungen, in denen lebendig gewordenes Spielzeug, häufig Puppen, Leben annehmen. Bekanntestes Beispiel dafür ist Collodis Erzählung „Pinocchio", der hölzerne Hampelmann, der in einer sehr realistisch beschriebenen Umwelt des Italiens der Jahrhundertwende Leben gewinnt. Andere Varianten sind das Auftauchen von modernen Hexen (Ottfried Preussler: „Die kleine Hexe", 1957) oder von phantastischen Tierfiguren (der Kater in Christine Nöstlingers Geschichte „Die feuerrote Friederike", 1970). 3. Die Erzählung spielt von Anfang an in einer phantastischen Welt mit nur dieser Erzählung eigenen Bewohnern und Gesetzmäßigkeiten. In diese Gruppe gehören die „Mumin"-Geschichten der finnischen Autorin Tove Jansson ebenso wie die Welt, die J. R. R. Tolkien in seinem Kinderbuch „Der kleine Hobbit" (1957) zeichnet. Obwohl als phantastische Welt vorgestellt, unterscheiden sich diese Welten nicht sehr von unserer menschlichen Welt, stellen vielmehr häufig nur ein Spiegelbild menschlicher Verhältnisse dar.

Unterschied zwischen Volksmärchen und Ph. E. Wenn die Ph. E. auch als eigene Gattung angesehen werden muß, hat sie viel Ähnlichkeit mit dem Märchen, wobei der weitläufige Begriff „Märchen" auf den literaturwissenschaftlichen Gattungsbegriff „Europäische Volksmärchen" einzuengen ist. Im deutschsprachigen Raum ist mit diesem Begriff vor allem die Sammlung der Brüder Grimm verbunden, die auch als Gattung Grimm fungiert.

Volksmärchen	*Phantastische Erzählung*
In der Märchenwelt stehen Wunderwelt und reale Welt auf einer Ebene. Das Auftreten phantastischer Figuren oder Begebenheiten wird als selbstverständlich hingenommen, ohne Verwunderung, Angst oder irgendwelche emotionelle Bewegung. Von Anfang bis Ende bilden Phantastisches und Realistisches eine untrennbare Einheit.	In der Ph. E. stehen reale und phantastische Welt getrennt nebeneinander. Das Geschehen spielt sich auf zwei Ebenen ab, die nur durch bestimmte Umsteigepunkte miteinander in Berührung treten. Die aus der realen Welt stammenden Figuren der Erzählungen, vorwiegend Kinder, sind sich bei der Berührung mit der phantastischen Welt durchaus der Besonderheit dieser Welt bewußt.
Zeit und Ort der Handlung sind unbestimmt („Es war einmal ...").	Ort und Zeit der Handlung werden fast immer genau angegeben, der Ort der Handlung häufig sehr detailliert beschrieben.

Die auftretenden Figuren sind sich immer gleichbleibende Typen (der König, die Prinzessin, der Königssohn, ein armer Holzhauer usw.). Eine detaillierte Charakterbeschreibung fehlt, Gefühlsregungen und individuelle Reaktionen der Figuren finden nicht statt.	Die auftretenden Figuren sind durch eine detaillierte Charakterisierung gekennzeichnet und heben sich deutlich voneinander ab. Gefühlsregungen, Gemütsbewegungen werden genau registriert und begründet.
Das Volksmärchen ist kurz. Es gehört zu den epischen Kurzformen.	Die Ph. E. ist umfangreich. Sie reicht von der vielseitigen Geschichte bis zum seitenstarken Buch.
Der Autor des mündlich überlieferten Volksmärchens ist unbekannt. Alle Volksmärchen sind durch ihre formelhafte Struktur in der Form einander ähnlich.	Von der Ph. E. ist der Autor genau bekannt. Jede Ph. E. unterscheidet sich von einer anderen durch die individuelle Handschrift des jeweiligen Autors.

Ph. E. und Kunstmärchen. Verwirrung schafft immer wieder die Frage des Verhältnisses des Kunstmärchens zur Ph. E. Die heute noch als literarische Gattung anerkannten Kunstmärchen bezeichneten ursprünglich diejenigen märchenhaften Erzählungen, die bekannte Autoren als individuelle Schöpfungen hervorbrachten, wobei sie sich des Figuren- und Requisitenarsenals der Volksmärchen bedienten, aber auch teilweise auf Formenelemente des Volksmärchens zurückgriffen. Historisch gesehen liegen diese Kunstmärchen von HANS CHRISTIAN ANDERSEN, EDUARD MÖRIKE, aber auch von den Romantikern (BRENTANO, TIECK) noch in der Nähe des Entstehens der Sammlung der Brüder GRIMM. Versucht man die vorstehend für die Ph. E. gegebene Definition an das Kunstmärchen anzulegen, so wird man erkennen müssen, daß diese Definition auch auf die Kunstmärchen zutrifft. Sie enthalten neben realistischen Elementen auch phantastische, wie sie den gegebenen Gesetzlichkeiten unserer Welt entgegenstehen und so in unserer realen Welt nicht vorkommen können. Es sind aber gleichzeitig Werke uns bekannter Autoren und zeichnen sich in Thema, Handlungsverlauf, Aussage, Sprache und Stil durch die individuelle Handschrift des betreffenden Autors aus. Für heutige Leser ist allerdings die realistische Komponente solcher Kunstmärchen, die dort geschilderte realistische Welt, eine längst vergangene, unter Umständen heutigen Lesern schon märchenhaft anmutende Welt, vor allem die des Biedermeier. Das ändert jedoch nichts an der Tatsache, daß für die Autoren von Kunstmärchen, die etwa vor hundertfünfzig Jahren entstanden sind, ihre eigene Alltagswelt als realistischer Anteil in ihre Kunstmärchen einfloß. Damit sind Kunstmärchen und Ph. E. letzten Endes identisch. Genauer gesagt, das Kunstmärchen stellt einen historischen Vorläufer oder eine frühe historische Variante der modernen Ph. E. dar.

Funktion der phantastischen Elemente in den Ph. E.en. Man kann davon ausgehen, daß ein Autor mit dem Einbau phantastischer Elemente in seine Kindergeschichte bestimmte Intentionen verfolgt. Wie unterschiedlich solche Intentionen gesehen werden können, verdeutlichen die nachfolgenden drei Stellungnahmen. LUCIA BINDER stellt in ihrem Aufsatz „Phantastische Erzählungen der Jugendweltliteratur" (in: Trends in der modernen Jugendliteratur, Wien, 1969) fest: „Die phantastischen Erzählungen schöpfen aus der Welt des Kindes, die sie – im Gegensatz zur Welt der Erwachsenen –, mit liebevollem Verständnis schildern: Das Wunderbare, das immer wieder lockt, die fröhliche Unbekümmertheit, die den Erwachsenen verlorengeht ... Durch ihre künstlerisch eigenwillige, oft poetische Gestaltung und die köstlichen Anspielungen auf die Schwächen der Erwachsenenwelt, die oft vielleicht nur erwachsene Leser erst richtig ‚genießen' können, ist die phantastische Erzählung geeignet, die Erwachsenen für die Kinderliteratur zu gewinnen und sie als Kunstform anzunehmen. Das Spiel mit Einfällen und Worten verlockt aber manchmal direkt, allzu ‚erwachsen' zu schreiben ...".
Der Kinderbuchautor JAMES KRÜSS sagt in seinem Buch „Naivität und Kunstverstand" (Weinheim, 1969): „Weil Kinder Phantasie haben, muß man das nutzen, um mit ihrer Hilfe die Wirklichkeit der Welt zu explizieren. Weil Kinder Phantasie haben, darf man ihnen getrost an Nixen und Faunen erklären, was unmenschlich und was menschlich ist. Weil Kinder Phantasie haben, darf man zu ihnen in Bildern reden, wenn der Erwachsene Definitionen erwartet. Kinder sind Wesen mit sehr viel Phantasie. Wer für sie schreibt, hat nicht nur das Recht, die Phantasie zu nutzen. Er ist dazu verpflichtet!"
In dem Bändchen „Märchen, Phantasie und soziales Lernen" (1974) von DIETER RICHTER und JOHANNES MERKEL heißt es: „Die subversiven Inhalte der Phantasietätigkeit wurden und werden zunehmend beschnitten zugunsten jener harmlosen, naiven, ungefährlichen, rein kompensatorischen Phantasien, wie sie heute etwa Massenliteratur, Kinderliteratur, Fernsehen, Werbung bieten. Die Realisation der kindlichen Bedürfnisse ist durch diese Form der Phantasie auf den St. Nimmerleins-Tag verschoben worden ... Daher sehen wir folgende Grundvoraussetzungen für das phantastische Kinderbuch: a) Die leidvollen Realerfahrungen der Kinder werden gesellschaftlich begriffen. b) Die Phantasie liquidiert diese Realerfahrungen nicht, sondern erhält sie am Leben. Das Kausalverhältnis zwischen Phantasie und Erfahrung ist also begreifbar. c) Die Phantasien zielen auf die Vorstellung einer Lösung, die nicht illusionär ist, sondern in den Kontext einer gesamtgesellschaftlichen Umwälzung gehört. Die Phantasie hat Perspektive."
Untersucht man die bisher erschienenen Ph. E.en auf die Funktion der in ihnen enthaltenen phantastischen Elemente, so kann man zur Zeit vier verschiedene Funktionen feststellen: 1. Die kompensatorische Funktion. Als Beispiel dafür kann ASTRID LINDGRENS „Pippi Langstrumpf" gelten. Diese Erzählung erfüllt genau das, was WALTRAUD HARTMANN in ihrem Aufsatz „Identifikation und Projektion im Volksmärchen und in der phantastischen Kindergeschichte" (in: Das Irra-

tionale im Jugendbuch, Wien, 1969) sagt, nämlich: „Geschichten dieser Art sind bei Kindern deshalb so beliebt, weil sie ihnen die Möglichkeit bieten, Bedürfnisse und Wünsche, die sie im realen Leben unterdrükken müssen, in die literarischen Figuren hineinzuprojizieren". 2. Die pädagogische Funktion. Ein gutes Beispiel dafür ist COLLODIS „Pinocchio". Am Beispiel des Negativverhaltens des uneinsichtigen hölzernen Hampelmanns werden den jungen Lesern die pädagogisch gewünschten Verhaltensweisen suggeriert. 3. Die emanzipatorische Funktion. Hier kann CHRISTINE NÖSTLINGERS „Gurkenkönig" als Beispiel dienen. Einerseits durch die Einführung der Welt der Gurkinger, in der die solidarische Auflehnung gegen einen Tyrannen vorgeführt wird, und andererseits durch das Eindringen des Gurkenkönigs in die Familie Hogelmann, wird versucht, den lesenden Kindern das autoritäre Verhalten des Vaters einsichtiger bzw. Handlungsstrategien für eine mögliche Veränderung der Machtverhältnisse in der Familie erkennbarer werden zu lassen. Der Gurkenkönig hat hier einen Verstärkereffekt. Nachdem die Solidarität der Familienmitglieder gegen den Vater hergestellt ist, wird die phantastische Figur nicht mehr gebraucht und verschwindet aus der Erzählung. 4. Die symbolische Funktion. Hierher gehört MICHAEL ENDES „Momo" (1973), in dem die phantastischen Figuren des Meisters Hora oder der grauen Herren durch ihr Auftreten und ihr Verhalten die Hektik der modernen Gesellschaft bzw. die Notwendigkeit, die kurze Zeit eines Menschenlebens sinnvoll zu nutzen, symbolisieren.

Allerdings treten die verschiedenen Funktionen selten rein zutage. Meistens ist eine bestimmte Funktion vorherrschend, während gleichzeitig noch andere Funktionen sichtbar werden. So herrscht in ASTRID LINDGRENS „Pippi Langstrumpf" die kompensatorische Funktion vor, doch sind auch Ansätze einer emanzipatorischen Funktion erkennbar. In CHRISTINE NÖSTLINGERS „Gurkenkönig" wird die emanzipatorische Funktion klar erkennbar, doch gleichzeitig sind pädagogische Ansätze nicht zu übersehen. In LORENZINIS „Pinocchio" steht die pädagogische Funktion im Vordergrund, doch sind streckenweise auch starke kompensatorische Elemente nachzuweisen.

Sekundärliteratur: Arbeitskreis für Jugendliteratur (Hrsg.): Phantasie und Realität in der Jugendliteratur (1976). – R. Bamberger (Hrsg.): Das Irrationale im Jugendbuch (1969). – K. Benesch: Das Irrationale im Jugendbuch (in: Jugend und Buch. 16. 1967. 4. 22–28). – L. Binder: Phantastische Bücher der Jugendweltliteratur (in: R. Bamberger (Hrsg.): Trends in der modernen Jugendliteratur (1969. 76–92). – E. Erl: Phantasie und Kreativitätsbildung (in: E. Erl (Hrsg. zus. mit W. Erl): Lektüre für Kinder und Jugendliche. 1973). – E. George: Die Phantasie und ihre Wunder oder „Denn möglich ist ja mehr, als wir oft denken" (in: Resultate. 1978. 4. 62–74). – W. Hartmann-Winkler: Lebensbewältigung im Kinderbuch (1970). – G. Klingberg: The fantastic tale for children. A genre study from the viewpoints of literary and educational research (1970). – R. Koch: Phantastische Erzählungen für Kinder. Untersuchungen zu ihrer Wertung und zur Charakteristik ihrer Gattung (in: Studien zur Jugendliteratur. 1959. 5. 55–84). – A. Krüger: Das Buch – Gefährte eurer Kinder (1954). – J. Krüss: Naivität und Kunstverstand (1969). – H. Kuhnert: Bemerkungen zu phantastischen Erzählungen (in: Beiträge zur Kinder- und Jugendliteratur. 1963. 13. 55–70). – G. Lehmann: Phantasie und künstlerische Arbeit. Betrachtungen zur poetischen Phantasie (1966). – W. Muschg: Die dichterische Phantasie. Einführung in eine Poetik (1969). – B. Neuhaus: Moderne Kindergeschichten für das Vorschulalter (1972). – D. Richter (Hrsg. zus. mit J. Vogt): Die heimlichen Erzieher (1974); Märchen, Phantasie und soziales Lernen (zus. mit J. Merkel, 1974). – A. Vetter: Die Erlebnisbedeutung der Phantasie (1950).

Helmut Müller

Die Phantastischen Vier

Amerikanische Comicserie von Stan Lee und Jack Kirby.

Inhalt, Form, Gestalten. Seit 1962 wird die Serie von dem Texter STAN LEE (d.i. STANLEY LIEBER) und dem Zeichner JACK KIRBY durch den neugegründeten Verlag Marvel Comics Group herausgebracht. Andere Zeichner werden nur gelegentlich eingesetzt. Die vier Hauptpersonen der Serie sind Ben, Reed Richards, Jimmy Storm und Sue. Jeder für sich verkörpert eine Superheldenfigur mit genau zugemessenen Fähigkeiten. Gegner sind Maschinen, Roboter und Edelschurken. Der sofort nach Erscheinen einsetzende immense Erfolg der Comicserie dürfte wesentlich durch eine bislang unbekannte Dynamik in Handlungsführung und Zeichenstil bedingt sein. Keine Geschichte beginnt mit einer langsamen Heranführung an das Thema, „springt" vielmehr sofort in die Aktion hinein. Die Bilder sind voll von wirbelnden Körpern und Gegenständen, Perspektiven werden verändert, Bildformate zerquetscht und mit Bildschnitten und Blickwinkelvariationen wird die Illusion einer sehr großen Handlungsgeschwindigkeit erzeugt. Seit 1966 wird die Serie auch in Westdeutschland durch den Bildschriften-Verlag herausgebracht und erscheint ab 1971 als eigenständige Heftreihe. Sie wird 1977 in einer Auflage von 80000 Exemplaren pro Heft gedruckt.

Die Hauptpersonen haben alle spezifische Fähigkeiten: der Wissenschaftler Reed Richards („Mr. Fantastic") kann seinem Körper jede nur mögliche Form geben, seine Frau Sue („Invisible Girl") vermag sich unsichtbar zu machen, ihr Bruder Jimmy Storm („Human Torch") kann sich in eine fliegende Fackel verwandeln und Benjamin Grimm („The Thing") ist ein aus vielen Erdklumpen zusammengesetzter, bitter ironischer Mann von außergewöhnlicher Kraft. Alle vier erleben einzeln oder gemeinsam phantastische Abenteuer auf fernen Planeten, im Makro- oder Mikrokosmos. Sie haben modernste utopische Waffen und können Zeit- und Raumsprünge durchführen. Jedes Abenteuer an jedem Ort und zu jeder Zeit ist denkbar, das immer gigantisch Böse wird überall in kolossalen Kampfszenen vernichtet. Bei ihren hektisch-dynamischen Aktionen unterhalten sich die Helden in gehobener Umgangssprache und verwenden wissenschaftliches Voka-

bular; ihre Zusammengehörigkeit dokumentieren sie durch ein Gruppenbild am Ende jeder Episode.
Obgleich sie in der Spezialisierung ihrer Fähigkeiten „Superhelden" äußerster Ausprägung sind und immer die hehren Ideale der Tapferkeit, des Edelmuts und der Freundschaft beschwören, werden bei ihnen doch auch zunehmend psychische Probleme sichtbar. Sie sind nicht mehr nur Symbolgestalten und Idealfiguren, sondern wirken zeitweise wie angekränkelte, an sich selbst zweifelnde Personen, die ihre Existenz und ihre Leistungen in Frage stellen und auch vor einer Diskussion des Stellenwertes ihrer Ziele nicht haltmachen. Die Welt ist bei ihnen nicht mehr nur in Gut und Böse aufgeteilt, sondern zeigt auch Zwischenpositionen, so daß auch einmal Mitleid und Verständnis für den Gegner möglich ist.
Mit der Serie der Ph. V. beginnt innerhalb der amerikanischen Comicszene die Demontage der übermächtigen und übernatürlichen Superhelden. Auch andere Helden der „Marvel Comics Group", wie z. B. der Spider-Man, Thor, Iron Man, Hulk, Silver-Surfer und der Submariner, folgen dieser Linie neuer Comicpolitik, in der die Hauptfiguren menschlicheres Verhalten zeigen. Allerdings wird die Grundideologie der herkömmlichen Abenteuer- und Supermanserien, daß nämlich Konflikte nur durch Gewalt zu lösen sind und der jeweils Stärkere auch immer der ist, der richtig handelt, höchstens verwischt, aber keinesfalls aufgehoben.

→ Batman, → St. Lieber, → Superman

Sekundärliteratur: Interview mit Stan Lee (in: Progress Report. 1. 1973. 28–40). – G. Metken: Comics (1970). – R. C. Reitberger: Comics. Anatomie eines Massenmediums (zus. mit W. J. Fuchs. 1971). – K. Riha: Zok roarr wumm. Zur Geschichte der Comics-Literatur (1970).

Wolfgang Kempkes

Phantom

Amerikanische Comicserie von Lee Falk.

Die von LEE FALK geschaffene und betextete Comicserie erschien erstmalig am 17. Februar 1936, zunächst als täglicher Zeitungsstreifen, ab 1939 in Sonntagsbeilagen. Ihre Titelfigur ist ein muskulöser Mann im enganliegenden Trikot, mit schwarzer Augenmaske und Kopfkappe, Stiefeln und einem Gürtel mit zwei Revolvern. Sein bevorzugtes Fortbewegungsmittel ist sein weißes Pferd Hero; begleitet wird er von dem Wolfshund Teufel. Ph. ist eine Art Sagengestalt – „Der Geist, der da wandelt" heißt es –, welche die Funktion eines Superhelden, Verteidigers der Gerechtigkeit und Rächers der Unterdrückten übernimmt. Ph.s Wirkungsstätte ist meist der afrikanische Dschungel. In seiner zweiten Existenz lebt Ph. als ruhiger Bürger Mr. Walker. Diese Doppelidentität wird in späteren Superheldencomics kopiert.
Die legendäre Heldenfigur des Ph. unterscheidet sich wesentlich von späteren Superhelden: er hat eine Geschichte vorzuweisen. Der einundzwanzigste Ph. „wandelt" heute auf der Erde. Die Gründe seines vor

„Phantom" gehört zu den Verwandten des „Superman" und zeichnet sich wie dieser durch eine geheimnisvolle Maske und seine „Body-Building-Gestalt" aus. Die Abbildung entstammt dem Heft Nr. 117 der Serie „Phantom" des Bastei-Verlages, das den Titel „Alarm in Sektor B" trägt. Die Zeichnungen der „Phantom"-Serie entwarf Lee Falk.

400 Jahren lebenden Vorfahren, sich als Rächer der Unterdrückten und Kämpfer gegen das Unrecht zu bewähren, werden beschrieben. Diese Mission wird jeweils auf den Sohn vererbt, der in gleicher Ausstattung und gleichem Szenarium agiert und somit die Unsterblichkeitslegende bei den im Dschungel lebenden Naturvölkern initiiert. Ph. lebt im bengalischen Dschungel in einer totenkopfartig geformten Höhle und mit einem Totenkopfsessel als „Thronsessel", hat einen Pygmäenstamm zur Hilfe und vermag seine Abenteuer allein durch seine Kraft und Schnelligkeit ohne übernatürliche Kräfte zu bestehen. Die Bösen kennzeichnet er nach seinem Sieg immer mit dem Totenkopfring, die Guten erhalten sein „gutes" Zeichen: zwei gekreuzte Knochen.
Die durch RUDYARD KIPLINGS „Dschungel-Buch" und die „Tarzan"-Abenteuer beeinflußten Geschichten pflegen die Stereotype von der heilen Welt des Dschungels und der verderblichen Welt der großstädtischen Zivilisation sowie der allein entscheidenden Stärke eines Mannes. Die Serie kann noch immer fortgesetzt werden, weil LEE FALK dafür sorgt, daß aus Liebschaften und Heiraten des Ph. immer ein Sohn hervorgeht, der das Erbe antreten kann.
Nach dem Erscheinen der Serie wurde sie rasch vom Publikum akzeptiert und an ihrem 25. Geburtstag (1961) in über 450 Zeitungen in 63 Ländern abgedruckt. Bis heute schreibt LEE FALK die Manuskripte für die Serie und bringt daneben Buchausgaben mit den Abenteuern der Titelfiguren heraus. Die Zeichner wechselten: von 1936 bis 1942 war es RAY MOORE, dann von 1947 bis zu seinem Tod 1962 WILSON MCCOY, anschließend SU BARRY. In der Bundesrepublik Deutschland begann 1952 der Aller Verlag, das Ph. als Serienhefttitel auf den deutschen Markt zu bringen. Bis 1955 erschienen 49 Hefte. Ab 1966 brachte der

Bildschriften Verlag weitere Ph.-Abenteuer für drei Jahre in 26 Heften heraus. Es folgte wieder eine längere Pause. 1973 und 1974 wurde Ph. in der Heftreihe „Super" (Moewig Verlag) mit je einem Band bedacht. 1974 ging die Serie an den Bastei Verlag über, der sie seither erscheinen läßt. Die Auflage pro Heft betrug 1977 95 000 Exemplare. Seit 1974 edierte der Hamburger Aller Verlag neun Ph.-Taschenbücher. Die wechselnde Popularität traf den täglich erscheinenden Zeitungsstreifen nicht, denn dieser erschien seit Jahrzehnten in deutschen Zeitungen.

→ L. Falk

Sekundärliteratur: St. Becker: Comic art in America (1959). – N. Breling: Phantom (in: Comic-Fan. 1975. 7/8. 14–16). – R. C. Reitberger: Comics. Anatomie eines Massenmediums (zus. mit W. J. Fuchs, 1971).

Wolfgang Kempkes

Philanthropinismus

(auch: Philanthropismus; dt. = Menschenfreundlichkeit). Ph. ist die Hauptströmung der deutschen Aufklärungspädagogik, die im späten 18. Jahrhundert die erzieherischen Impulse der philosophischen Aufklärung und die Veränderungen der sozialen und ökonomischen Lebensbedingungen einer entwickelten Nationalökonomie in eine eigene pädagogische Reformbewegung einbrachte. Er wirkte durch ausgedehnte Publikationstätigkeit seiner Vertreter und durch die Gründung von Musterschulen nach dem Vorbild des Dessauer Philanthropins des Johann Bernhard Basedow (1724–1790) hauptsächlich auf den Gebieten der Schulorganisation, der Schulbuchkonzeption, der Kinder- und Jugendliteratur und am Ende seiner Epoche auch im Felde der pädagogischen Theorie. Wegen des vornehmlich erziehungspraktischen und -agitatorischen Interesses des Ph. ist der Umkreis seiner Vertreter nur vage zu bestimmen. Aufgrund ihrer Bedeutung für die Entwicklung einer spezifischen Kinder- und Jugendliteratur in Deutschland seien folgende Namen besonders herausgehoben: Johann Bernhard Basedow, Joachim Heinrich Campe (1746–1818), Eberhard von Rochow (1734–1805), Christian Gotthilf Salzmann (1744–1811), Ernst Christian Trapp (1745–1818).

Reformkonzept und pädagogische Leitvorstellungen. Immanuel Kants (1724–1804) Definition der Aufklärung als „Ausgang des Menschen aus seiner selbstverschuldeten Unmündigkeit" brachte gegen Ende des Zeitalters auch den pädagogischen Impetus der Epoche auf den Begriff. Die säkularisierte Auffassung von Menschenbildung zur Mündigkeit, die Glück und Vollkommenheit des Menschen entscheidend zu einer Frage seiner Erziehung macht, erklärt die Erbitterung, mit der der Ph. die überlieferten Erziehungsziele, Lehrinhalte und Erziehungsinstitutionen der Vernunftkritik unterwirft. Grundsätzlich ist er mit Jean Jacques Rousseau (1712–1778) einig, daß der Mensch von Natur aus gut sei und die Erziehung im wesentlichen die Aufgabe habe, ihm zu ungehinderter Entfaltung zu verhelfen. Leidenschaftliche Anklagen richten sich so vor allem gegen das alte Gelehrtenschulwesen mit seinem Sprachlernbetrieb, dessen Lehrmethodik allen neuen Erkenntnissen natürlichen Lernens zuwiderlief und dessen Erziehungsnormen und Lehrkanon zudem längst ungeeignet waren, einer aufsteigenden Bürgerschicht zu lebenspraktischer Qualifikation zu verhelfen. In geringerem Maße gilt das Interesse der Philanthropisten der aus der Reformation überlieferten rein religiösen Katechismusschule für die große Masse der Jugend. Eberhard von Rochow steht als Reformator der ländlichen Elementarschule in ihrem Kreise relativ isoliert. – Erziehungs- und Schulreform versteht der Ph. zugleich als Gesellschaftsreform. Der Begriff des Gemeinwohls, fundiert in der rationalistischen Ethik, ist grundlegend für seinen pädagogischen Utilitarismus. Als Programmatiker des Ph. erhebt bereits Basedow die „öffentliche Wohlfahrt" zu Ziel und Maßstab des Reformwillens (Vorstellung an Menschenfreunde .... 1768). Die propagierte realistisch-lebenspraktische Erziehung und Bildung hat eine ganz diesseitig und konkret gefaßte ‚Bestimmung des Menschen' zu verwirklichen, seine soziale und berufliche Brauchbarkeit zu garantieren, und bezieht damit ihre gesellschaftsverändernde Kraft gegen das alte Feudalsystem gerade aus ihrer ökonomischen Zweckrationalität. In diesem Punkte treffen sich die Philanthropisten mit den Erziehungstendenzen des aufgeklärt-absolutistischen Staates, für den sie konsequent im Angriff gegen die kirchliche Schulhoheit die alleinige Schulaufsicht fordern, unterscheiden sich zugleich von Rousseau, der Bildung des Menschen und des Bürgers als unvereinbar gegenübergestellt hatte (Joachim Heinrich Campe, Allgemeine Revision des gesamten Schul- und Erziehungswesens, 16 Bde. 1785–1792; seine Übersetzung und Kommentierung des Rousseauschen „Emile" Bd. 12). Ihr pädagogisches Konzept beruht auf einer harmonisierend als Einheit gesetzten Bildung und Ausbildung, die weiterhin Standesbildung bleibt: „Beide, der Mensch und die Gesellschaft haben ihre Rechte; ersterer auf innere Vortrefflichkeit und Veredelung, diese auf Brauchbarkeit" (Peter Villaume in: Allgemeine Revision, Bd. 3. 567). Der Dialektik der Aufklärung unterlag damit auch der Ph.: Befreiung zur Mündigkeit war zwar für alle Menschen gefordert, verkam aber in der pädagogischen Realisierung zu einem Privileg des Bürgertums, das die Freiheiten des mündigen Individuums vorteilhaft in die volkswirtschaftliche Gesamtrechnung einbringen konnte und im übrigen bestimmte, welcher Grad an ‚Aufklärung" der großen Masse des ‚Volks' zuträglich sei. Für sie ist ‚Bildung zur Industriosität' in den auch vom Ph. propagierten Industrieschulen probates Mittel zur Qualifizierung des abhängigen Lohnarbeiters (Joachim Heinrich Campe: Über einige verkannte, wenigstens ungenutzte Mittel zur Beförderung der Industrie. 1786).

Kinder- und Jugendliteratur des Ph. Die Möglichkeiten der Philanthropisten, durch Musterschulgründungen und schulpolitische Reformtätigkeit Änderungen der Erziehungswirklichkeit in Deutschland herbeizuführen, waren trotz fürstlicher Unterstützung in einzelnen Territorien naturgemäß gering. Ergänzend entfalteten sie eine ungeheure Publizität nicht nur in der Propaganda ihrer Ideen, sondern auch in deren praktisch-literarischer Umsetzung als Schulbücher und Kinder- und Jugendliteratur. So erzielte BASEDOW für das Vorhaben seines ‚Elementarwerks' (1774) hohe Geldspenden und überregionale Aufmerksamkeit, ROCHOW setzte mit seinem ‚Kinderfreund' (1776) ein wirksames Vorbild neuer Elementarschullesebücher. Kennzeichen der philanthropistischen Kinder- und Jugendliteratur war jedoch gerade die Vermittlung von Lehr- und Unterhaltungsbuch, die in idealer Weise der häuslichen Lernsituation der Kinder der ‚gesitteten Stände' und dem Bedarf der meist pädagogisch unvorgebildeten ‚Hofmeister' entsprach. Hauptsächliches Publikum war also die Jugend des wohlhabenden Bürgertums, der auch die schul- und gesellschaftspolitischen Bemühungen des Ph. in erster Linie galten. Die Kinder- und Jugendliteratur gab Modelle familialen Lesens und Lernens, Adressaten waren sowohl die Erwachsenen wie auch die jungen Leser, häufig wurde der Vermittlungsprozeß der Lektüre eigens thematisiert. – Das inhaltliche Profil der philanthropistischen Kinder- und Jugendliteratur bestimmte der genuin bürgerliche Tugendkatalog von wirtschaftlicher Tüchtigkeit, Fleiß, Rechtschaffenheit, Wohltätigkeit, gesitteter Lebensart. In vorsichtiger Dosierung wurden auch gesellschaftskritische Perspektiven aufgerissen; CAMPE wagte sich mit seinen „Briefen aus Paris, zur Zeit der Revolution geschrieben" (1790) am weitesten in Richtung Politisierung der Jugendliteratur vor. In der Regel setzte man jedoch auf Verbesserung der menschlichen Verhältnisse durch soziale Tugenden des einzelnen, die immer stärker den regressiv-kleinlichen Anstrich von Wohlanständigkeit und Gehorsam bekamen. Der Kinder- und Jugendliteratur des Ph. ging es um gesellschaftliche Erziehung des künftigen Erwachsenen, nicht um ästhetische Erziehung des künftigen Lesers. Konsequenterweise entwickelten die Philanthropisten keine Theorie ästhetischer Erziehung, etwa im SCHILLERschen Sinne. Ästhetisch-literarische Formen hatten für sie lediglich den Vorzug, die Lehre angenehm einzukleiden. Das HORAZische Prinzip des „delectare et prodesse', das die literarische Aufklärung geprägt hatte, machte der Ph. in kultureller Verspätung zum Prinzip seiner Kinder- und Jugendliteraturproduktion und Jugendliteraturkritik (siehe TRAPPS Rezensionen in FRIEDRICH NICOLAIS (1733–1811) ‚Allgemeiner Deutscher Bibliothek'. Einflüsse von Empfindsamkeit und Sturm und Drang wurden weiterhin abgewehrt. – Ihrer Funktion entsprechend blieb die Kinder- und Jugendliteratur des Ph. eine getreue Realisierung seiner Pädagogik bis in ihre methodisch-didaktischen Prinzipien hinein. Der wiederentdeckten Natur- und Phasengemäßheit entsprach z.B. CAMPE mit einem in Inhalt und Sprachstruktur erstmals präzise altersbezogenen, gestuften Aufbau seiner Kinder- und Jugendschriften (Sämtliche Kinder- und Jugendschriften, 30 Bände. 1807); im Vorwort zu SALZMANNS „Unterhaltungen für Kinder und Kinderfreunde" (8 Bände, 1778–1787) wurde sogar durch Aufzeichnung von Prosodie, Mimik und Gestik an einem Beispiel vorgeführt, wie die folgenden Erzählungen in eine Art ‚Altersmundart' zu übertragen seien. Dem Prinzip der Anschaulichkeit folgend wurden alle abstrakten Tugendprinzipien möglichst in Kinderhandlungen innerhalb der bekannten Kinderumwelt transportiert; auf Selbsttätigkeit schließlich insistierte man durch einen unübersehbaren Praxisbezug bei der Vermittlung moralischer und nützlicher Erkenntnis. CAMPE war mit seinem Vorhaben, „Grundkenntnisse aller Art" in die Robinson-Erzählung einzuflechten (1779–1780, Vorrede), einig mit allen philanthropistischen Jugendbuchautoren, daher wurde z.B. die Reisebeschreibung eine beliebte Gattungsform zur Diskussion geographischer, politisch-soziologischer, historischer und naturkundlicher Tatbestände (z.B. E. C. TRAPP: Neue Sammlung von Reisebeschreibungen, zur Fortsetzung der Campischen, 6 Bände, 1794–1801; CHR. G. SALZMANN/K. CHR. ANDRÉ: Reisen der Salzmannischen Zöglinge, 6 Bände, 1784–1793; CHR. G. SALZMANN/J. W. AUSFELD: Reisen der Zöglinge zu Schnepfenthal, 2 Bände, 1799–1803). – Die Philanthropisten waren die entscheidenden Anreger und Vorbilder im Entstehungsprozeß einer ausgebreiteten spezifischen Kinder- und Jugendliteratur in Deutschland Ende des 18. Jahrhunderts. Wohl griffen sie dabei auf jugendliterarische Versuche des Auslands zurück, vor allem aber nutzten sie die in der Erwachsenenpädagogik der literarischen Aufklärung bewährten Autoren und Gattungsformen. Nicht zuletzt war es die publizistische Form der ‚Moralischen Wochenschrift', die, bereits von JOHANN CHRISTOPH ADELUNG (1732–1806) und CHRISTIAN FELIX WEISSE (1726–1804) zur spezifischen Kinderzeitschrift umfunktioniert, die verschiedensten didaktischen Textsorten in gut verdaulicher Häppchenkost für die Lektüre Heranwachsender vereinigt hatte. So entstand, von wenigen Vorläufern abgesehen, im letzten Drittel des 18. Jahrhunderts im Ansatz die ganze Palette des jugendliterarischen Gattungsformen, von denen die wichtigsten noch einmal herausgehoben seien: Anschauungsbuch, Bilderbuch, Beschäftigungsbuch, Anthologie für Kinder (mit moralischer Erzählung, Kinderlied, Kinderfabel u.a.), Kinderschauspiel, Abenteuerbuch, historisches Jugendbuch, Reisebeschreibung, Sachbuch, Kinder-, Jugend- und Schulzeitschrift, schließlich Ratgeber und Aufklärungsbuch für Jugendliche.

→ K. Chr. André, → Aufklärung, → J. B. Basedow, → J. H. Campe, → Elementarbuch, → Epochen der Kinder- und Jugendliteratur, → I. Iselin, → E. v. Rochow, → C. G. Salzmann, → E. Chr. Trapp

Sekundärliteratur: H. Blankertz: Berufsbildung und Utilitarismus (1963); Bildung im Zeitalter der großen Industrie (1969). – H. Göbels: Das ‚Leipziger Wochenblatt für Kinder', 1772–1774 (1973). – L. Göhring: Die Anfänge der deutschen Jugendliteratur im 18. Jahrhundert (1904; ND. 1967). – H. J. Heydorn: Zur

Pädagogik der Aufklärung (zus. mit G. Koneffke, 1973). – B. Hurrelmann: Jugendliteratur und Bürgerlichkeit (1974). – S. Köberle: Jugendliteratur zur Zeit der Aufklärung (1972). – H. König: Zur Geschichte der Nationalerziehung in Deutschland im letzten Drittel des 18. Jahrhunderts (1960). – F. Paulsen: Geschichte des gelehrten Unterrichts auf den deutschen Schulen und Universitäten vom Ausgang des Mittelalters bis zur Gegenwart (³1919–1921; ND. 1960). – A. Pinloche: Geschichte des Philanthropinismus (1896, ²1914). – H. Rommel: Das Schulbuch im 18. Jahrhundert (1968). – E. Schmidt: Die deutsche Kinder- und Jugendliteratur von der Mitte des 18. Jahrhunderts bis zum Anfang des 19. Jahrhunderts (1974). – R. Schumann: Die Auffassung des Philanthropinismus von Staat und Gesellschaft (Diss. 1905). – R. Stach: Robinson der Jüngere als pädagogisch-didaktisches Modell philanthropistischen Erziehungsdenkens (1970).

Bettina Hurrelmann

Photobilderbuch, Photobuch

Das Ph. ist eine relativ moderne Form des Bilderbuches, das vorrangig sachliche Informationen vermitteln will. Neben Themen der Alltagsbegegnung sind es vor allem Tierbilderbücher, Bestimmungsbücher aus der Naturkunde und solche, die das Leben anderer Länder und Kontinente nahebringen. In jüngster Zeit mehren sich die Beispiele, nach Kinder- und Jugendfilmen sowie nach Fernsehsendungen aus Standphotos Ph.er herzustellen. Zu beobachten ist auch eine verstärkte soziale Tendenz des Ph.s.

Zur Entstehung und Geschichte des Ph.s. Vorläufer des Ph.s gab es bereits im letzten Drittel des 19. Jahrhunderts. Ein gelungenes Beispiel dafür ist das 1877 in Dresden erschienene Bilderbuch „Ein Tag aus dem Kinderleben", das zu Versen von Franz Wiedemann ganzseitige Lichtdrucke nach Photographien der königlich-sächsischen Hofphotographen M. Scherer und H. Engler enthält. Verse und Lichtdrucke zeichnen den Tageslauf eines kleinen Mädchens aus der Welt des gehobenen Bürgertums. Der Anspruch der Photographien wird unterstrichen durch den Untertitel des Buches „Scenen nach dem Leben componiert". Allerdings handelt es sich bei den Photographien weniger um dokumentarische Momentaufnahmen als vielmehr um gestellte Posen, die den herrschaftlichen Lebensstil auf dem Hintergrund komfortabler Interieurs widerspiegeln. Auch in den zwanziger Jahren erschienen Bilder- und Kinderbücher, die mit Illustrationen nach Photographien ausgestattet waren. Stellvertretend dafür kann das Kinderbuch „Glückliche Kinderzeit. Lichtbilder, Verse und Geschichten für kleine und große Kinder" gelten, das von Lely Kempin zusammengestellt wurde und das in vierter Auflage 1922 bei Velhagen & Klasing erschien. Das Buch enthält eine Mischung von Gedichten und Erzählungen, teils märchenhafter Art, teils aus dem kindlichen Alltag genommen. Zu jedem Stück gibt es mehrere Photos. Im Sinne des Buchtitels versuchen Texte wie zur jeweiligen Textsituation gestellte Photos die Kindheit als ein Refugium des Glücks und der Unbeschwertheit auszuweisen. Dazu passen auch die dem Buch vorausgestellten Eingangsverse, in denen sich die Verfasserin mit dem Rattenfänger von Hameln vergleicht, der die Kinder mit der Flöte aus der Stadt gelockt habe, und feststellt: „... So habe auch ich mir viel Kindlein gefangen, / Glückliche Kinder mit roten Wangen. / Hielt ihnen ein schwarzes Kästlein hin, / Mit einem Schlupfloch, schwupp, saßen sie drin. / Und sie erzählen euch schnell bereit, / Von ihrer glücklichen Kinderzeit ..." Auch jetzt werden Eigenständigkeit der Photokunst und der dokumentarische Wert dieser Technik noch nicht erkannt. Vielmehr suchen die zahlreichen Photos im Sinne der Lichtbildnerei der Zeit durch entsprechende, oft überzogene, zum Teil kitschig wirkende Posen, den Einsatz von Soft-Filtern und entsprechende Lichtwirkungen, Ähnlichkeiten zur zeitgenössischen Malerei hervorzubringen und somit das Photo in direkte Konkurrenz zur Malerei zu stellen. Zu den Wegbereitern des neuen Bildmediums im Rahmen der Kinderliteratur gehört Friedrich Böer, der 1933 in einer Mischung von Photographie und freier Graphik die Titel „Klaus der Herr der Eisenbahnen" und „Drei Jungen erforschen eine Stadt" veröffentlichte. An die Kombination von Photographie, einer phantastischen Puppenfigur und einer freien Erzählung knüpfte Böer Jahre später mit „Die Reise in die Wirklichkeit oder, jeder weiß mehr, als er weiß" (1973) an. Mittels 500 Bildern und „Bildesbildern", Photomontagen und -collagen wird nicht allein an das Gefälle zwischen Vergangenheit und Gegenwart, sondern vornehmlich an die gewandelte Wahrnehmung von Kindern appelliert.

Der Aufschwung des Ph.s nach dem Zweiten Weltkrieg ist als Teil des „optischen Zeitalters" zu werten. Illustriertenpresse, der Film, die Bildwerbung unterschiedlicher Qualität und bald auch die erweiterte kindliche Wahrnehmung schaffen ein erhebliches Gegengewicht zur Funktion des gesprochenen, geschriebenen und des gedruckten Wortes. Der Photographie und Lichtbildnerei kommt in diesem Zusammenhang der Anspruch und Erwartungsgehalt zu, gerade Kindern die Wirklichkeit objektiviert, also wahrheitsgemäß näherzubringen. So entstehen in rascher Folge in den fünfziger Jahren in den USA, Großbritannien, Frankreich, den skandinavischen Ländern und in den deutschsprachigen Ländern ganze Sachbuchreihen, in denen die Photographie beherrschendes Element ist. Die Schwedin Astrid Bergmann-Sucksdorff veröffentlicht den Band „Micki Rävungen" (dt. Ricki, der junge Fuchs", 1954), der beispielhaft für ganze Serien ähnlicher Ph.er wird, in denen das Leben von Haustieren und Geschöpfen auf freier Wildbahn thematisiert ist. „Ricki" wird in neun Ländern veröffentlicht. 1955–1957 begleitete die Photographin ihren Mann nach Indien zu den Außenaufnahmen des Films „Ein Dschungelmärchen". 1959 erschien zum Thema ihr Ph. „Chendru und sein Tiger", in dem in eindrucksvollen Farbphotos die Begegnung eines auf dem Dorfe lebenden indischen Jungen mit einem rasch zur vollen Größe heranwachsenden Tiger geschildert wird.

Eine ähnliche Reihenauswirkung brachte das Buch

„Elle Kari" (dt. 1952) von ANNA RIWKIN-BRICK mit sich. Das zuerst in Schweden publizierte Bilderbuch erzählt in Schnappschüssen und genau beobachteten Detailaufnahmen, wie ein Mädchen bei den nomadisierenden Lappen im Norden Skandinaviens das entbehrungsreiche Dasein im Ablauf eines Jahres erlebt. Jahre später greift die Photographin das Thema im Ph. „Nomaden des Nordens" (dt. 1961) wieder auf. Außerdem erscheint eine umfangreiche Serie weiterer Ph.er, in denen Alltag, kleine Spannungen und Konflikte europäischer und außereuropäischer Kinder lichtbildnerisch eingefangen sind, u.a. „Randi aus Norwegen" (dt. 1965); „Mokihana" (dt. 1962); „Wanthai aus Thailand" (dt. 1967); „Noriko-San" (dt. 1956); „Gennet aus Äthiopien" (dt. 1968) sowie weitere Titel über Kinder in Holland, Finnland, Jugoslawien, Israel, Schweden. In der Reihe erschien auch von DMITRI BALTERMANTS: „Nikolai aus Moskau" (1966), das nach der Phase des „kalten Krieges" als ein Beitrag zur Entspannung und zur unpolemischen Information über den Alltag in der Sowjetunion gewertet werden konnte.
Zeitlich gleich wurden in Frankreich erste Ph.-Reihen von PAUL FAUCHER (Ps. PÈRE CASTOR) zu Umweltthemen, zum Tierleben („Un oiseau est né"; „Les oiseaux de la nuit", 1958), von DOMINIQUE DARBOIS „Paraná, der kleine Indianer" (1957) und „Agossou, der kleine Afrikaner" (1957) veröffentlicht, die ebenfalls in zahlreichen Übertragungen auch in anderen Ländern Verbreitung fanden. DARBOIS veränderte willkürlich die Formate und Bildausschnitte; er operierte mit Montagen und dem Trick der „Solarisation", der unübersetzten Reproduktion des Negativs, z.B. in „Nicki in Tahiti" (1959) und „Nicki in Afrika" (1959). Frankreichs nachhaltigster Beitrag zum Ph. wird durch Filmschöpfer geleistet. EDMOND SÉCHAN drehte einen Film über „Le petit eléphant", einen kleinen Elefanten in Hinterindien, und ließ dazu ein titelgleiches Ph. veröffentlichen. International breiteste Anerkennung fand ALBERT LAMORISSE mit seinen Arbeiten „Crin blanc" (dt. „Der weiße Hengst", 1955), „Le ballon rouge" (dt. Der rote Luftballon, 1957) und 1961 „Die Reise im Ballon", die ihm auf Filmfestivals zahlreiche Preise einbrachte und zur Publikation von Ph.ern führten, u.a. „Nils Holgerssons Reise mit den Wildgänsen". Über die genannten ersten Reihen hinaus blieb in den Ph.ern von LAMORISSE und SÉCHAN ein gut Teil von Stimmung, Umkreisung vereinsamter, in sich zurückgezogener Kinder, die sich selbst zu befreien versuchen, übrig. Hinzu kamen die Ansätze, über abenteuerliche Reisemotive ganze Länder (Frankreich, Schweden) mit der Kamera einzufangen. Durch den vorzeitigen Tod von A. LAMORISSE bei Filmarbeiten im Iran wurde die skizzierte Entwicklung des Ph.s jäh unterbrochen.

Kritik neuer Ph.-Produktionen. Wichtige Beiträge zum Ph. in den fünfziger und sechziger Jahren wie die von ANDRE MAUROIS „Nico" (1958) zu Bildern von GÉRALD MAUROIS, mehr noch die auflagenstarken Tierbilderbücher der Photographin YLLA (d.i. CAMILLA KOFFLER) über „Tiermütter – Tierkinder" (1959), „Die Ente" (1954), „Zwei kleine Bären" (1955) und Elefanten, nicht selten mit anspruchsvoll poetisierendem Text, lassen auch gravierende Schwächen des Ph.s erkennen: Bei Tierbildern und Porträts ist eine Tendenz zum Niedlichen, Harmlosen zu erkennen, bei der Tiere oft psychologisch vermenschlicht oder zu Spielobjekten werden, wie in den dänischen Beispielen IVAR MYRHØJS „Pinguin Pondus" (1967), „Pondus und seine Freunde" (1968), „Pondus und die kleine Tine" (1969). Tiere werden durch modische Accessoires, etwa einen umgebundenen Wollschal zum Zweck der Erheiterung in menschenähnliche Geschöpfe verfälscht. Ähnliches gilt für die Photogeschichte von OSBECK LENNART „Esel Benjamin" (1968), der Touristen auf einer griechischen Insel zuläuft und von ihnen behalten wird.
Der Gefahr, idyllischen Zuständen zu erliegen, sind auch die genannten Titel der RIWKIN-BRICK, mit Texten von ASTRID LINDGREN – z.B. „Sia wohnt am Kilimandscharo" (1958) – nicht entgangen. Durchgängig ist die Tendenz zur Harmonisierung, zu gestellten Bildern freundlichen Gesamtcharakters, zur Idylle zu beobachten. Wenn die Dritte Welt ins Bild rückt, wird an keiner Stelle die Andeutung gemacht, daß hier hohe Kindersterblichkeit, Gefahr von Hungersnöten, Unterentwicklung und Analphabetismus nur mühsam zurückgedrängt sind. Das Ph. wird somit gewollt/ungewollt zum Medium der Manipulation. Diese Vorwürfe sind auch weiteren skandinavischen Ph.ern wie etwa denen von MONICA GYDAL oder HAKON MIELCHE – „Bobo im Kindergarten" (1972) und „Bobo an der See" (1973) anzulasten. Stets wird der Wirklichkeits- und Weltausschnitt so zurechtgestutzt, wie ihn Erwachsene für Kinder gerne möchten – nicht, wie die Realität tatsächlich beschaffen ist. Von solchen Schwächen sind auch frühe Beispiele aus der Tschechoslowakei nicht frei geblieben (z.B. VACLAV JAN STANEK: „Das große Bilderlexikon der Tiere", 1962; ERICH TYLÍNEK: „Berni der kleine Bär", 1959; JAROSLAV HOLEČEK: „Mutter Rotfuchs und die Tiere des Waldes", 1963). Kritischere, weil objektivere Darstellung der Umwelt findet sich in Titeln von GILBERT CESBORN, ANDRÉ VICK und FULVIO ROITER und in der englischsprachigen Reihe von N. MITCHISON „Other people's worlds" (1958). Bedingt durch die gewählte Umwelt zeigen sich unverfälschte Züge in den Ph.ern von SONIA und TIM GIDAL wie „Söhne der Wüste" (1961), „Der große Rentierzug" (1962), „Der junge Fischer von Mykonos" (1963), „Patrick von der grünen Insel" (1964), „Jarle der junge Norweger" (1964). Einen erheblichen Umschwung in der Sichtweise markiert das Buch von HED WIMMER „Drei Fischerjungen auf Sizilien" (1962), in dem soziale Notstände, Kinderarbeit und das Angehen gegen vorhandene unsinnige Gesetze zumindest in Andeutungen geschildert sind.
Während in Deutschland noch nach 1968 eine konventionelle Erwachsenensicht in der „Kinder-Europa-Serie" des Erika Klopp Verlages (Berlin) anzutreffen ist, die touristisch von einer europäischen Sehenswürdigkeit zur anderen eilt, sind in englischen und amerikani-

schen Versuchen nachhaltigere Impulse zu finden. In ihnen wird die Photographie dazu benutzt, das Leben bedeutender Maler und Künstler zu thematisieren oder Metropolen im Kontrast zur verbleibenden Natur komplex darzustellen. „Young folks' New York" von SUZANNE SZASZ und SUSAN LYMAN mit über 150 Photos (1960) kennzeichnete den komplexeren Ansatz, der auch bei JOHN HAY und ARLINE STRONG in „A sense of nature" (1962) anzutreffen ist. WAYNE MILLERS „The world is young" ließ schon 1958 erkennen, über welch ungenutzte Möglichkeiten das Ph. für Kinder verfügte. WAYNE MILLER war seit 1955 Hauptassistent von EDWARD STEICHEN bei der Vorbereitung der ersten Weltschau der Photographie „The family of man", die in jahrelanger Wanderausstellung durch zahlreiche Länder geführt wurde. In Anlehnung an das großzügige Konzept, menschliches Leben so differenziert und vielfältig wie möglich einzufangen, mit der Kameralinse eine eigene Art der Welt-Philosophie, persönlicher Werte und Normen ins Lichtbild umzusetzen, lichtete der Photograph seine eigenen vier Kinder in 30000 Bildern von ihren Anfängen bis zur Adoleszenz ab. 300 Photos wurden zu einem Bildband vereinigt. Erst 1975 kam es zu einem ähnlichen europäischen Versuch, als die Dänen JESPER HOM und SVEN GRØNLYKKE ihr textloses „Børneses billedbøg" (dt. „Kinderbilderbuch", 1976) mit fast 500 Photos zu allen nur erdenklichen Aspekten des Lebens herausbrachten. Hier waren alle bisherigen Versuche gebündelt vertreten, Tier- und Sachbilderbuch, menschliches Leben, Freuden, Leid, Armut, Reichtum, Geburt und Altern. Zugleich war es zum Selbsterfinden, Weitererzählen, zum Demontieren und Neuzusammenfügen konzipiert.

Neue Tendenzen im Ph. Die pädagogische Diskussion der Jahre von 1968 bis 1972 brachte wesentliche Impulse, die dem Ph. neue Räume eröffneten. Sie lagen im gesellschaftskritischen, im sozialen Bereich. Sie rührten auch an die Gesetzmäßigkeit, die Stärken und Schwächen moderner Lichtbildnerei. Die Vorschulwelle schließlich erweiterte die Altersspanne der Rezipienten des Ph.s erheblich. Beispiele der neuen Welle im Ph. waren unter anderem aus dem Schwedischen die Sexualaufklärungsbücher von FRANCES VESTIN und HORST TUULUSKORPI „Mümmel, ein neuer Mensch" (1971; schwed. „Mummel en ny människa", 1970) und aus dem Dänischen von BENT H. CLAESSON „Vom Lieben und vom Kinderkriegen. Sexualinformation für Kinder" (1974; dän. „Elle- belle- bolle bogen. Sexorientering for børn", 1973). Deutsche Versuche wurden die „Sexfibel" (1972) von PETER JACOBI u.a. und das umstrittene Werk von WILL MCBRIDE „Zeig mal!" (1974), das wegen seiner direkten aufklärerischen Bildsprache unter das Sittenverdikt schweizerischer Zoll- und Einfuhrbestimmungen geriet und auch in der Bundesrepublik Deutschland heftige Diskussionen auslöste (großformatiges Ph. und Bildmappe).
Neue, gewandelte Positionen markierten die Bild- und Photosequenzen, die GÜNTHER STILLER und W. A. KILIAN im Programm des Beltz und Gelberg Verlags seit 1972 und in der Sonderreihe des O. Maier Verlages „diskussion" experimentell versuchten. Wichtig wurden ferner auch die Beiträge, die WERNER A. KILIAN zu Texten von SUSANNE KILIAN beisteuerte; „Nein-Buch für Kinder" (1972), „Nur 'ne Fünf" (1974), „Na und?" (1972) stellen die heile Welt des Ph.s entschieden in Frage. In den zwischen 1971 und 1976 von ihnen veröffentlichten Arbeiten wurden bis in den Bereich religiöser Unterweisung kritische Fragen gestellt und den Beziehungen der Kinder untereinander, zwischen den Generationen, im Schulalltag und in der keineswegs nur harmonisch lebenden Familie mit dem Medium der verdeutlichenden Photographie ein Spiegel der Wahrheit und größerer Ehrlichkeit hingehalten.
Ph.er für Kinder im Vorschulalter wurden auch zum Transportmittel für Verkehrserziehung sowie zum kognitiven Training benutzt. Harmonisierende Tendenzen zeichneten sich hingegen ab in Ph.ern zu beliebten Fernsehreihen der „Augsburger Puppenkiste" und ihren Serien „Bill Bo und seine sechs Kumpane" von JOSEF GÖHLEN (1968), „Der kleine, dicke Ritter Oblong – Fitz Oblong" (^{2}1963) von ROBERT BOLT, „Kleiner König Kalle Wirsch" von TILDE MICHELS (1969) sowie „Der Löwe ist los" (1952) und „Urmel aus dem Eis" (1969) von MAX KRUSE. In ihrer starren Optik der abphotographierten Puppenbühne, mehr noch in Nachbarschaft zum allein Unterhaltsamen, liegen sie nicht weit entfernt von den Trivialitäten der meisten übrigen Fernsehbücher.
Gewichtiger erscheinen die Ph.er, die soziale Zusammenhänge verdeutlichen helfen, die der Ichfindung von Kindern dienen. Die mehrbändigen Serie des O. Maier Verlages „Ich und die Welt" (ab 1972) von ANTOINETTE BECKER und ELISABETH NIGGEMEYER macht hier einen weiten Schritt über Bisheriges hinaus und zeigt Kinder auch in Krisenlagen, beim Schulbesuch, im Krankenhaus, im Umgang mit Taschengeld und Haustieren, bei familiären Spannungen, wenn weitere Geschwister erwartet werden. Das Programm runden Titel wie „du – ich – wir" (1975), „Weinen, Wüten, Lachen" (1975) oder die Auseinandersetzung mit Behinderten und gesellschaftlich Randständigen in „Ich bin doch auch wie ihr" (1975) ab. Besonders gelungen scheint das „Fotolesebuch" von BECKER/NIGGEMEYER: „Meine Familie, deine Familie" (1977) mit einem Vorwort HARTMUT VON HENTIGS.
Auch das exotisch orientierte Ph. hat sich gewandelt. SVEN GILLSÄTERS „Pias Safari" formuliert zumindest im Kommentar schon den Tierschutz- und Landschaftsschutzgedanken (1965). ULF SCHELLER und WULF WEISS zeigen in der „Indio-Schule" (1973) und in der „Indio-Geschichte" (1975), daß in Lateinamerika noch heute die Spuren einstigen Kolonialismus zu finden sind.
Politisch noch brisanter für deutsche Verhältnisse wurde ein heiter farbiges und unterhaltsames Ph. „Die Apotse kommen" (1972) von YAAK KARSUNKE und RIKI HACHFELD. Wegen ihrer Aufsässigkeit und Opposition wurden sie der Anlaß für Zensur- und Beschrän-

kungsmaßnahmen einiger öffentlicher Büchereisysteme West-Berlins und der Bundesrepublik Deutschland. Kritisches Betrachten von Ph.ern von Bildern überhaupt wollen INGRID BACHÉR und BERND JANSEN mit „Erzähl mir nichts!" (1974) erreichen. Wenn sich in der jüngeren deutschen Literaturdidaktik der Begriff des „Gegen-den-Strich-Lesens" eingebürgert hat, so gilt das auch für das fragende und skeptische Betrachten von Illustrierten, Bildunterschriften, Photoromanen und für Filme oder Fernsehangebote. Bewußtes Sehen wollen auch die unterschiedlich angebotenen Photoschulen und Lehrgänge für Kinder erleichtern wie „Wir Fotokinder. Ein Fotokurs für jedes Kind von 4–14" (1970) von GERHARD GRAEB, „Fotografierst du mit? Erste Schritte zur Fotografie" (1974) von EWALD STARK, „Mit deiner Kamera auf Jagd" (1974) von SOPHIE LAVERIÈRE, „Vorschulkinder fotografieren" (1971) von GERHARD GRAEB, „Das Fotografierbuch" (1976) von BARBARA und SIEGFRIED REMANN und „Jetzt weiß ich mehr über das Fotografieren" (1976) von HEINZ KURTH.

Mischformen des Ph.s. Mischformen des Ph.s sind vielfältig, etwa wenn in den Bilderbüchern von INGER und LASSE SANDBERG Phototeile zum sonst graphisch gehaltenen Buch einmontiert oder wenn in Bilderbüchern von JANOSCH und TOMI UNGERER Photomontagen und Paßbildphotos den Zeichnungen integriert werden. Im Bereich des Sachbilderbuches finden sich in den „Sachgeschichten für kleine Kinder" (1971) gezeichnete und photographierte Illustration gleichrangig nebeneinander.

Überhaupt spielt die Photographie im Rahmen des Sachbuchs eine zunehmend tragende, oft sogar den zugehörigen Text überflügelnde Rolle. Besonders markant wird das in Kinder- und Jugendbuchreihen, die nach 1970 produziert wurden und vielfach in Simultanausgaben im deutschsprachigen Bereich Verbreitung finden. Beispiele hierfür sind unter anderem die Titel der Reihen „Information heute" des Verlages O. Maier von KIRSCH und KORN, „blv juniorwissen", „Wissen der Welt – International Library" des Schreiber Verlags und aus der Deutschen Verlagsanstalt die „Reporter-Bücher". Eine Sonderform gewinnt die Photographie im Rahmen der Reportage für Kinder und Jugendliche. Der Hanns Reich Verlag war schon in den sechziger Jahren maßgeblich daran beteiligt, eine Programmgestaltung aufzubauen, die sich nur am Lichtbild orientierte. Neben den ländermonographischen Photokollektionen waren es insbesondere die Titel „Das Kind und sein Vater" (1960), „Kinder aus aller Welt" (1958) sowie „Die lachende Kamera" I und II (1958 und 1965) in der Reihe der „terra magica"-Bände, die international stilbildend wirkten. Folgerichtig wurde, anknüpfend an diese Vorarbeiten, eine neue Reihe von Ph.ern begonnen: „Kinder fragen, Kinder forschen" (Text und Bild von JOSEPH LEVINE und TILLIE S. PINE).

Jüngste Tendenzen des Ph.s müssen in Abhängigkeit und Beziehung zu allgemeinen Tendenzen des Buch- sowie des Kunst- und Ausstellungsmarktes gesehen werden. Zunehmend bemühen sich Verlage darum, ältere und neuere Photographie zu dokumentieren. Sie folgen damit allgemeinen Tendenzen des westlichen, internationalen Produktionswesens. Die „documenta" in Kassel brachte erstmals 1977 eine repräsentative Schau und einen visuellen Querschnitt durch die Photographie und Lichtbildnerei aus Vergangenheit und Gegenwart. Die unmittelbare Nachbarschaft des amerikanischen „Photorealismus" in der Malerei zeigt eine zusätzliche Verknüpfung der bildenden zur lichtbildnerischen Kunst.

An diesen Tendenzen hat das Ph. für Kinder und Jugendliche erheblich partizipiert, wenn auch zahlenmäßig das graphische Künstlerbilderbuch weiterhin dominiert, Malerei und Zeichnung gegenüber der photographischen Abbildung von Wirklichkeit für Kinder das Übergewicht behielten. Ein Beispiel der letzten Jahre ist „Jan und Antje im Hafen" (1978) von HANS-GÜNTER KIESEL (Fotos) und ILSE STRASMANN (Text), ein Titel, der Traditionen auf naiver Ebene fortsetzen hilft, die bei FRIEDRICH BÖERS „Der Hafen" (1950), „Alles über ein Schiff" (1955) begannen. „Nest am Fenster" (dt. 1977) von GERALDINE LUX FLANAGAN und SEAN MORRIS nach der englischen Film- und Buchversion „Window into a nest" (1975), erhielt den Deutschen Jugendbuchpreis als hervorragende Dokumentation tierischen Verhaltens und exakter Kamerabeobachtung. Dieses neu erwachende oder auch von den Verlagen genutzte Interesse an den wenigen Resten noch verbleibender Natur schlägt sich in weiteren internationalen Koproduktionen nieder, so in SOLANGE DUFLOS' und RENÉ BRANDICOURTS: „Die Wiese lebt. Streifzüge durch die Natur" (dt. 1977, frz.: Dans le pris) und vom gleichen Team „Der Wald lebt" (1978; franz. „Dans le bois", 1976).

Zunehmend werden Sport- und Hobbybücher als Ph.er angeboten. Modische Bevorzugungen, etwa von Pferden, Hunden, Katzen, besonderen Sportarten oder Höchstleistungen im Renn-, Ski- oder Fußballsport stechen dabei ins Auge. Eine charakteristische Arbeit aus dem Englischen, welche die Bezwingung des höchsten Berges der Welt durch eine britische Expedition für junge Leser vornehmlich über Photos dokumentiert, ist in der Reihe „Epic Adventures" unter dem Titel zu finden „Everest. The story of Mount Everest and the first ascent of the South-West face in 1975" (1978) und mit einem Vorwort von CHRIS BONINGTON versehen. Autor ist CHARLES CLARKE, der als „Medical Officer" an der Besteigung teilgenommen hat. In Gesamtaufmachung und textlich-visueller Verknüpfung hält sich der großformatige Band an die Technik der internationalen Illustrierten- und Magazinpresse.

Bisher weitgehend ungenutzt bleiben die photographischen Möglichkeiten im Bereich des religiösen, missionarischen und politisch orientierten Ph.s für Kinder und Jugendliche. Ausnahme ist „Ufer zum Frieden" (1977) mit Texten von ERNESTO CARDENAL und Photos von CONRAD CONTZEN, ein Buch, in dem Texte des lateinamerikanischen Dichters mit Farbfotos aus Japan zu einer Meditationseinheit verbunden sind. Es belegt,

was anderweitig in Photomappen, in moderner Lichtbildnerei zu Gebet-, Liederbüchern und in für junge Leser konzipierten Bearbeitungen der Bibel (Altes und Neues Testament) versucht wurde. Photographie wird hierbei zum Medium, zeitlich und lokal entfernte Texte in die unmittelbare Nachbarschaft des jüngeren Benutzers zu rücken.
Photos, die als Belege inhumanen Verhaltens, als politische Dokumentation für Kinder dienen, sind zuerst in Büchern der DDR erschienen, so in „Patrick" (1977), in dem der irische Bürgerkrieg schmerzlich aus der Perspektive betroffener Kinder vor Augen gerückt wird und „Pablo" (1976) von Eva Maria Kohl und Thomas Billahrdt (Fotos), weitere Illustrationen von Erich Gürtzig. Dieses Bilderbuch belegt die Zeitspanne 1970–1973 und die knappe Regierungszeit von Salvadore Allende bis zum Putsch der Offiziere in Chile.
Eine Abkehr von der mehr exotisch-abenteuerlichen Sicht auf fremde Länder belegt Christel Orzechowskis und Berna Schultes Ph. über das Elend bolivianischer Indiokinder „Komm, ich zeige dir, wo wir leben" (1977), während „Meine Augen" von Edi Lanners und Noldi Lutz (1976) an den elementaren Prozeß des Sehens überhaupt anknüpft.

Horst Künnemann

Piatti, Celestino

*Buchgestalter, Plakatkünstler und Bilderbuchillustrator; * 5. 1. 1922 Wangen bei Zürich.*

P. machte an der Kunstgewerbeschule Zürich eine Ausbildung als Graphiker durch (1937). Nach mehrjähriger Lehr- und Arbeitszeit in graphischen Betrieben in Zürich und Basel, unterbrochen durch den Militärdienst, eröffnete er 1948 ein eigenes Graphiker-Atelier. Seitdem ist er hauptsächlich als Plakatbildner, Buchillustrator, Bilderbuchmacher und Schöpfer von Glasbildern hervorgetreten. Seine Werke wurden vielfach in der Schweiz und im Ausland ausgestellt; für die Weltausstellung in Montreal (1967) entwarf er Wandbilder. P. lebt in Riehen.

Werk, Tendenzen, Wirkung. P. kam über die Werbegraphik, das Plakat und den künstlerisch gestalteten Buchumschlag zur Bilderbuchkunst für Kinder. Bis 1976 hat P. allein bei dtv etwa 2400 Umschläge gestaltet; davon rund 250 Titel in der Taschenbuchserie für Kinder „dtv-junior". Plakate für Sparkassen, Konsumvereine und für die Bücherwerbung hat er außerdem geschaffen. Bevorzugte Motive seiner Arbeit sind Hamster und Eule, die auch in seinen Bilderbüchern für Kinder eine wesentliche Rolle spielen.
P. entwickelt eine stark stilisierende, geschlossene Bildsprache, bei der die leuchtenden Einzelflächen von kräftigen schwarzen Konturen umschlossen sind. Die statuarische Gesamtstruktur seiner Bilder steht im Gegensatz zur „offenen Form". P. hat seinen kraftvollen plakativen Stil auch in seine ersten beiden Bilderbücher übernommen. Tiere und Pflanzen weisen in „Eulenglück" (1963) und im „ABC der Tiere" (1965) dekorative Züge auf, die dadurch noch verstärkt werden, daß sie auf weißen Grund mit kontrastfreudigen Akzenten gesetzt sind. Erst im „Zirkus Nock" (1967) geht P. zu einer sanfteren Farbskala über, löst sich von den etwas gewaltsamen Konturen. auch seine wirkungsvollen Bilder und Vignetten zu einem Baseler Schullesewerk wirken gedämpfter. In der Hamburger Erstlesefibel „Tür und Tor" (1967) nutzt P. wiederum seine vitale Farbskala und die zum Monumentalen tendierende Konturengebung. Er setzt mit der Gestaltung von Lesebüchern und Fibeln die spätestens seit Hans Fischers, Alois Carigiets und Felix Hoffmanns Wirken bestehende schweizerische Tradition eines hohen ästhetischen Anspruchs an Schulbücher fort.
P.s. Bilderbücher „Eulenglück", „ABC der Tiere" und ein Weihnachtsbuch erschienen bereits zu Beginn der sechziger Jahre in zahlenstarken Auflagen in den USA, England, Schweden, Dänemark, Japan, Deutschland und der Schweiz, ein Beispiel kooperativer Verlagsarbeit, das bis in die Gegenwart zahlreiche Nachahmer gefunden hat. Kollektivausstellungen prämierter Plakate P.s gelangten in alle fünf Kontinente.

Werke: E. Gutknecht: Annelie und Hansli, Ganzheitliche Lesefibel (zus. mit anderen, 1959); T. van Hoijtema: Eulenglück (1963); E. Schaper: Die Legende vom vierten König (1964); H. Schumacher: ABC der Tiere (1965); G. Debatin: Suse und Hans. Lesefibel (1966); M. Behrendt: Tür und Tor. Eine Fibel für den ersten Leseunterricht auf analytischer Grundlage (zus. mit H. Will-Beuermann u. Carl Will. 1967); U. Huber: Zirkus Nock (1967); A. von Jüchen: Die Heilige Nacht. Die Weihnachtsgeschichte (1968); W. Saroyan: Zirkusluft (1968); M. Bolliger: Der goldene Apfel (1970); U. Piatti: Der kleine Krebs (1973); U. Piatti: Barbara und der Siebenschläfer (1976).

Sekundärliteratur: H. Künnemann: Profile zeitgenössischer Bilderbuchmacher (1972). – M. Netter: Celestino Piatti (in: Graphis. 12. 1956. 66. 314–325 und 357 und Graphis. 20. 1964. 115. 362–373). – W. Tiessen (Hrsg.): Die Buchillustration in Deutschland, Österreich und der Schweiz seit 1945 (Bd. 1–4. 1968–1976).

Horst Künnemann

Pichler, Luise

*(d. i. Luise Zeller). Schriftstellerin; * 16. 1. 1823 Wangen bei Göppingen, †20. 11. 1889 Stuttgart.*

Werk, Tendenzen, Wirkung. P., älteste Tochter einer kinderreichen Pfarrerfamilie, hat nach eigenen Angaben („Das Vaterhaus") die idyllische Ausgeglichenheit und sozial-patriarchalische Lebensform und Ordnung einer bäuerlich-handwerklichen und kleinbürgerlichen Welt beglückend erfahren und für die Leser eben dieser Welt wiederum beschrieben. Frühe Leseanstöße empfing sie durch Walter Scott, dem sie auch ihr historisches Interesse verdankte. Ihre schriftstellerische Tätigkeit bezeichnete P. unumwunden als materiell motiviert. Da sie für eine vaterlose Geschwisterschar mitverantwortlich und sorgepflichtig war, schrieb sie auf Anregung eines ihr nahestehenden Publizisten hin für Barths „Jugendblätter" und Plieningers „Weihnachtsblüten" anspruchslose, lehrhaft-erzählende Beiträge, die den Kalendergeschichten nahestehen, aber deren Herzhaftigkeit vermissen lassen. Zeitgenossen und Freunde lobten an P.s literarischen Produkten „eine treue geschichtliche Darstellung, verbunden mit reicher Phantasie, eine Begeisterung für alles Edle und Schöne, aufrichtige Frömmigkeit und warme Vaterlandsliebe" („Das Vaterhaus", S. 101. Nachwort). Dies war kennzeichnend für eine Lesermentalität vornehmlich schwäbischer Ausprägung, wie sie in der siebten Flugschrift des Dürer-Bundes (1906. S. 44) dargestellt ist. Ihr Schaffen durchzog somit eine von religiösen Empfindungen getragene, provinzielle und zugleich vaterländisch geprägte Mentalität, die rein bewahrender Natur war und sich in einem beschönigenden, auf Harmonisierung bedachten Ausgleich menschlicher Gegensätze erschöpfte. Ihre anfängliche Produktion stand „unter dem prüfenden Blick des Gatten", eines rührigen Gymnasialprofessors, der indessen das Schaffen seiner Frau auf die Dauer nicht überwachen konnte. Sophie Patakys „Lexikon deutscher Frauen der Feder" (II. 1898) nennt von der Autorin P. 78 selbständige Titel, davon 33 zusammen mit Theodor Ebner verfaßt. Neben den oft mehrbändigen Romanen „für reifere Leser" stammen aus ihrer Hand 94 Schriften für Kinder und Jugendliche, zumeist in A. Oehmigkes Reihen erschienen. Die Wertschätzung ihres Schaffens war bereits in ihren späteren Lebensjahren und erst recht nach ihrem Tode umstritten. Während Heinrich Wolgast, Adalbert Merget und G. Ellendt P.s Schaffen ablehnend gegenüberstanden, finden wir andererseits lobende Stimmen bei E. Fischer. Er hob die religiös-erzieherische Tendenz und den „fesselnden, sittlich bildenden Inhalt" hervor, räumte allerdings auch ein, daß bei massenhafter Produktion nicht alles von gleicher Güte sein könne. Ebenfalls positiv äußerte sich die Jugendschriften-Kommission des Schweizer Lehrervereins 1874 („... in patriotischem Geist geschrieben"). Georg Dreyer (Die Jugendlitteratur, 1889) behauptet, sie habe in geschickter Weise historische Stoffe in novellistischer Form bearbeitet; H. F. Lindner (1901) empfahl besonders „Diademe und Myrten", „Germanien" und „Vom Fels zum Meer" und stellte die Charakterfestigkeit, die Phantasiebildung und Entfaltung des Geistes- und Gemütslebens in den Werken der Autorin heraus. P.s Schaffen kann als weiblicher Beitrag zum spezifischen patriotischen Schrifttum der zweiten Hälfte des 19. Jahrhunderts angesehen werden, in der Diktion allerdings eher versöhnlich und gemildert (mehr Mitgefühl, weniger Kriegsbegeisterung) gegenüber dem markigen Stil ihrer Gesinnungsgenossen.

Ihre Stoffe nahm P. aus dem Gesamtbereich der deutschen Geschichte, jedoch zumeist angelehnt an Ereignisse, die im schwäbischen Raum stattfanden oder dorthin zielten. Das französisch-deutsche Erbfeindverhältnis fand mehrfach Darstellung; die „klassischen" Stauferstoffe gaben nahezu unerschöpfliche Produktionsanstöße. Der Germanen-Römer-Komplex wurde nicht ausgelassen. In ihren ausgesprochenen Erwachsenen-Produkten läßt sich die übliche spätaufklärerische und triviale Erzählstruktur nachweisen: Turbulenz der Handlung, oft komisch und unwirklich wirkende Verwicklungen, knapper, flüssiger, bilderarmer Stil mit viel geschehniserschließenden Dialogen. Häufiger Wechsel in der Erzählhaltung, den P. nicht ungeschickt handhabte, läßt manche strukturelle Ungereimtheit nachsichtig beurteilen.

Ein offensichtlicher Gestaltungsmangel tritt in ihren Jugendschriften zutage. P. hatte sich dem Prinzip, daß die Jugendschrift ein deutsch-völkisches Erziehungsbuch sein solle (G. Erich, Der deutsch-völkische Gedanke im Jugendschrifttum, 1914), kritiklos verschrieben. Was 1874 in der Erzählung „Das eiserne Kreuz" an patriotischer Schwärmerei noch bedingt eingängig war, ist 1934 in einer Neuauflage von „Der alte Barbarossa" (1868) nicht mehr zumutbar geworden: das gleiche Thema (Versöhnung zweier verfeindeter Brüder) wird patriotisch ideologisiert, christlich abgesegnet, literarisch garniert und historisch-chronologisch unkorrekt verarbeitet (Gestalten des 12. Jahrhunderts erbauen sich z. B. an geistlichen Texten des 17. Jahrhunderts). Die nicht zu leugnende Fabulierfreudigkeit und -fähigkeit der Autorin versandete in einer ästhetisch entfremdeten Bewußtseinsenge, in der sich national-erzieherisches Gedankengut in ein traditionalistisches Nationalgefühl verflüchtigte und die nur eine pseudokünstlerische Schattenwelt zu erstellen vermochte.

Werke: Der Kampf um Hohentwiel (1846); Drei Erzählungen für die Jugend und ihre Freunde (1849); Geschichtenbuch für liebe Kinder von 4–10 Jahren (1850); Bilder aus Schwabens Vergangenheit (1851); Friedrich von Hohenstaufen der Einäugige (Bd. 1–3. 1853); Der letzte Hohenstaufe (Bd. 1–3. 1855–1856); Der Pflegsohn (1855); Heinrich des Vierten Vermählung mit Bertha von Sufa (Bd. 1–2. 1856); Aus böser Zeit. Vaterländischer Roman aus dem 30jährigen Kriege (Bd. 1–3. 1859); Der Expeditionsrath (1861); Der Gerichtstag zu Cannstatt. Ein Weihnachtsfest (1861); Kaiser und Fährmann. Der Goldschmied von Stuttgart (1861); Der Ring der Herzogin (1861); Deutsche Treue (1862); Kaiser Karls Urenkel (1862); Meister Konrad der Schöppe (1862); Der Rothmantel (1862); Die Schwarzwaldmühle. Ein deutscher Prinz (1862); Die Schwestern (1862); Die Ansiedler im Schwarzwald (1863); Die Brüder (1863); Franzosengeneral und deutscher Professor (1863); Das Hünenschloß (1863); Die Karthause (1863); Der Sohn der Witwe (1863); Die Kaiserbraut (Bd. 1–2. 1864); Ein deutsches Königsleben (1866); Pfarrer und Kriegsmann oder der Herr hat alles wohlgemacht (1866); Der Steinmetz von Speyer. Ein Karlsschüler (1866); Der alte Barbarossa (1868); Der erste Zollern (1868); Der Freihof von Siebeneichen (1868); Illustrirtes Theaterbüchlein für Kinder (Bd. 1–4. 1868–1883); Die Rose von Byzanz (1868); Unter Karl dem Großen (1868); An den Ufern des Rheins (1869); Im Teutoburger Walde (1869); Vater Friediberts Haus (1869); Vater und Sohn (1869); Die Deutschen in Rom (1871); O Straßburg, o Straßburg (1871); Sigulf und Grimolt (1871); Unter dem großen Churfürsten (1871); Am Johannisfeste (1874); Auf dem deutschen Meer (1874); Ein Grenadier des großen Fritz (1874); Das eiserne

Kreuz (1874); Hermann und Tiberius (1874); Die Nachbarn. Auf der Brücke zu Basel (1874); Der Rekrut (1874); Zur Zeit der Königin Luise (1874); Germania. Hermann der Befreier (1876); Der Überfall im Odenwald (1877); Der Sandwirth von Passeyer (1877); Der Burggraf zu Nürnberg (1878); Konradin von Schwaben (1878); Vom Fels zum Meer (1879); Alarich in Rom (1880); Des Dorfes Rose (1880); Der Findling (1880); Märchen (1880); Illustriertes Märchenbuch für Kinder (1882); Römische Macht und deutsche Kraft (1883); Erzählungen aus der Geschichte (Bd. 1–3. 1884); Die Helden der deutschen Wanderzeit (1884); Retter in der Not (1884; a. u. d.T.: Der alte Nettelbeck oder der Retter in der Not, ^{2}1896); Diademe und Myrten (1886); Rotkäppchen und andere Märchen (1886); Der Tiger im Fasse und andere Geschichten für die Jugend (1886); Chlodwig und Chlotildis (1894); Der junge Kreuzfahrer (1894); Theoderich der Große (1894); Das Vaterhaus. Bilder aus der Kindheit (1894); Die Waldschmiede zu Rottweil. Der Rittmeister (1894); Hohenstaufenbilder (1895); Kaiser und Fürsten (1895); Der Kaufherr von Straßburg. Die Spielgenossen (1895); Belohnte Kindesliebe (1896); In treuer Bürger Hut (1896); Rapperga. Heinrich der Vogelsteller (1896); Aus Deutschlands Eichenwäldern. Auf stürmischen Wellen (1897); Vom Hohenstaufen zum Zollernberge (1897); Vom Kerker zum Throne (1897); Die letzten Grafen von Achalm (1900).

Sekundärliteratur: G. Dreyer: Die Jugendlitteratur (1899). – Dürer-Bund (Hrsg.): 7. Flugschrift zur Ausdruckskultur (1906). – G. Ellendt: Katalog für die Schüler-Bibliotheken (^{2}1878). – G. Erich: Der deutsch-völkische Gedanke im Jugendschrifttum (1914). – E. Fischer: Die Großmacht der Jugend- und Volksliteratur. I. Abth. Jugendliteratur Bd. 1–4 (1877). – E. Geißler: Wegweiser für Schülerbibliotheken (1904). – H. F. Lindner: Was sollen unsere Töchter lesen? (1901).

Hermann Bertlein

Pinocchio

P. ist die Titelfigur einer von Carlo Lorenzini (1826–1890) unter dem Pseudonym Carlo Collodi verfaßten Kindergeschichte. P. ist eine aus Holz geschnitzte Kasperlpuppe, die sich am Ende der phantastischen Erzählung in einen Menschenjungen verwandelt.

Der italienische Journalist und Autor Lorenzini, der sich nach seinem Geburtsort „Collodi" nannte, verfaßte die Kindergeschichte „Le Avventure di Pinocchio. Storia di un burattino" (Pinocchios Abenteuer. Geschichte eines Hampelmanns) für die Kinderzeitschrift „Giornale dei Bambini", in der die phantastische Erzählung von 1881 bis 1883 in Fortsetzungen erschien. Bereits 1883 erschien die Geschichte in Buchform in Florenz mit den Zeichnungen von E. Mazzanti. Die Figur des P. wurde rasch zu einer Art Nationalheros für die italienischen Kinder. Bis heute gehört die Erzählung zu den beliebtesten Kindergeschichten in Italien.

Inhalt und Werkcharakteristik. Aus einem ganz gewöhnlichen Holzscheit, das er geschenkt bekommt, schnitzt Meister Gepetto einen Hampelmann, den er P. nennt. Die Holzpuppe beginnt zu leben und läuft dem gutmütigen Meister davon. P. wird von Menschen und Tieren, vor allem von der sprechenden Grille, immer wieder gewarnt – doch vergeblich; zwar faßt er fortwährend gute Vorsätze, doch reichen sie nie lange. In einem Puppentheater verursacht er einen Aufruhr, der dazu führt, daß ihn der Theaterdirektor ins Feuer werfen will, um seinen Braten daran zu rösten. Durch die jammervollen Reden des hölzernen Hampelmanns und durch dessen mutiges Eintreten für eine andere Puppe, die der Direktor anstelle von P. verbrennen will, wird der Puppendirektor milde gestimmt und entläßt schließlich P. mit einem Geschenk von fünf Goldstükken. Dieser Schatz wird dem gutmütigen und einfältigen Hampelmann von einem angeblich lahmen Fuchs und einer angeblich blinden Katze abgenommen. Die gute Fee mit dem himmelblauen Haar bewahrt den Hampelmann vor dem Tod, als er schon von den beiden Bösewichten Fuchs und Katze an einem Ast aufgehängt ist. Als P. Trauben stehlen will, tritt er in ein Fangeisen und muß fortan dem Bauern, dem der Weinberg gehört, als Wachhund vor dem Hühnerstall dienen. Von einer Taube an das Meer getragen, entdeckt P. weit draußen auf der stürmischen See seinen alten Vater in einem kleinen Boot. Meister Gepetto ist ausgezogen, um seinen Hampelmann wiederzufinden. Als der Hampelmann mutig ins Meer springt, um zu Meister Gepetto zu schwimmen und ihm zu helfen, wird er auf die „Insel der fleißigen Bienen" verschlagen. Hier trifft er wieder auf die gute Fee, die ihn wie ihr eigenes Kind aufnimmt. Voll von guten Vorsätzen, geht P. jetzt zur Schule. Doch schon bald gerät er in die Gesellschaft fauler und ungezogener Jungen, die ihn zu einer Rauferei verleiten, in deren Verlauf der Hampelmann einen anderen Jungen mit seinem dicken Lesebuch an den Kopf trifft. Der Junge ist schwer verletzt und P. wird von den herbeieilenden Polizisten verhaftet. Zwar entkommt er wieder, indem er ins Meer springt und davonschwimmt, doch gerät er in das Fangnetz eines grünhaarigen Fischers und wird ums Haar in Öl gebraten. Reumütig zu der guten Fee zurückgekehrt, ist er für eine Weile folgsam, bis er sich dazu verleiten läßt, in das Spielzeugland zu fahren, in dem man nichts mehr zu lernen braucht und wo man den ganzen Tag spielen darf. Wie die anderen faulen Kinder auch, wird er nach kurzer Zeit in einen Esel verwandelt und an einen Zirkus verkauft, in dem er auftreten soll. Als er während einer Zirkusvorstellung im Zuschauerraum die gute Fee entdeckt, bleibt er jämmerlich schreiend in der Manege stehen und wird von dem verärgerten Zirkusdirektor an einen Abdecker verkauft. Ins Wasser geworfen, fressen Fische seine Eselshaut auf, er erhält seine hölzerne Hampelmanngestalt wieder und schwimmt ins freie Meer hinaus. Dort wird er von dem Riesenfisch, von dem er schon so viel hat reden hören, verschlungen. Im Bauch des Fisches findet er seinen alten Vater Gepetto wieder. Beiden gelingt die Flucht, indem sie des Nachts aus dem Maul des Riesenfisches, der mit offenem Maul schläft, entwischen. P. rettet seinen alten Vater an Land, zieht mit ihm in eine Hütte und beginnt, regelmäßig zu lernen und zu arbeiten. Als Belohnung wird P. von der guten Fee in einen richtigen Menschenjungen verwandelt.

Collodi hat vielfältige Motive und Traditionen zu einer Einheit verschmolzen, die sich zwischen Irrealität und Wirklichkeit bewegt. So finden sich Elemente des Märchens (die gute Fee, Verwandlungen, wundersame Länder), aber auch Elemente der Fabel (Tiere mit menschlichem Verhalten). Der Erziehungsroman hat in den pädagogischen Beispielszenen seine Spuren hinterlassen, ebenso die Morallehre in Form zahlreicher analysierender Beobachtungen und Reflexionen. Auch zeitsatirische Elemente werden sichtbar, so in der Zeichnung des Richters, der den wirklichen Täter freispricht, den unschuldigen Hampelmann aber einsperren läßt, oder in der Zeichnung der Ärzte, die sich mehr durch großsprecherische Wichtigtuerei als durch medizinische Kenntnisse auszeichnen. Besonders deutlich ist der Einfluß des Puppentheaters zu bemerken: P. selbst ist eine Kasperlpuppe; zahlreiche Figuren aus dem Puppentheater treten in der Geschichte auf; Szenen spielen im Milieu eines Puppentheaters. In der Sprachführung dominiert der Dialog, die Hauptfigur selbst gibt in zahlreichen Monologen ihre Überlegungen, aber auch ihre Gewissensbisse in Worten wieder. Der Erzähler tritt dagegen zurück; was er zu berichten hat, nimmt sich mehr wie kurze Regieanweisungen aus.

LORENZINIS P., jene aus Pinienholz geschnitzte Figur, die, kaum daß ihr ein Mund gekerbt ist, ihrem „Vater" die Zunge herausstreckt, die gerade fertig gewordenen Hände dazu benutzt, um Meister Gepetto die Perücke vom Kopf zu zerren, die, kaum, daß sie laufen kann, ihrem Meister davonrennt, dieser hölzerne Hampelmann besitzt die Tugenden und Untugenden des toskanischen Bauern oder Handwerkers. Er ist zappelig und ungeduldig, wie sein Name es symbolisch ausdrückt. P. bedeutet Pinienkern. Die Landsleute des Autors liebten es, die Pinienzapfen vor das Kaminfeuer zu legen und darauf zu warten, daß die Kerne, sobald sie sich erwärmten, aus der Schale sprangen. P. ist ein Prahlhans, ein kleiner Lügner, ein Hasenfuß, wenn es ernst wird, ein Raufbold und jederzeit zu jedem Unfug bereit. Gleichzeitig ist er aber auch gutmütig, hilfsbereit, phantasievoll und geschmeidig.

Obwohl die märchenhaften Elemente von LORENZINIS P. nicht zu übersehen sind, zeigt sich auch von Anfang an eine deutliche Opposition gegen das herkömmliche Volksmärchen. So beginnt LORENZINIS P. mit der märchenhaften Formel „Es war einmal ...", um dann sofort die Schlußfolgerung der märchengewohnten Kinder abzuschneiden und sie in die Realität zurückzuholen, in der nicht von Königen, von Prinzen und Prinzessinnen gesprochen wird, sondern von einem gewöhnlichen Stück Holz, wie es zum Feuermachen gebraucht wird. Betrachtet man die in der Geschichte auftretenden phantastischen Figuren, so bemerkt man bald, daß es sich keineswegs um Figuren handelt, die sich, unserer realistischen Alltagswelt entrückt, im Zauberreich einer illusionären Märchenwelt bewegen. Schon P. selbst gehört zu jenen unveränderlichen Gestalten der „maschere", die seit Jahrhunderten das Gerüst der improvisierenden Commedia dell'arte bildeten, und der schon vor P. ein Harlekin, ein Polichinell oder ein Stenterello entstammten. Sie galten den italienischen Zuschauern als Spiegelbild ihrer ureigenen Tugenden und Untugenden. Auch die Fee, das Mädchen mit dem himmelblauen Haar, entstammt einer toskanischen Folklore, die an der Realität haftet und in den Traditionen des Dekameron und des Pentameron steht. Die sprechenden und handelnden Tiere sind weniger märchenhafte Wesen als in Tiergestalt verborgene Menschentypen, die den kleinen Lesern realistische Verhaltensweisen in drastischer Verfremdung vorführen sollen. Nichts wäre dem realistischen Politiker und Journalisten LORENZINI ferner gewesen, als seinen kleinen Landsleuten eine märchenhafte Welt ohne Bezug zur Wirklichkeit vorzugaukeln. Als er die politisch-satirische Zeitschrift „Il Lampione" ins Leben rief, tat er es mit dem ausdrücklichen Willen, „Licht für diejenigen zu schaffen, die im Dunkeln tappen". So nimmt er auch im „Pinocchio" Partei für die Belange des kleinen Mannes. Die phantastischen Figuren, die der Autor geschaffen hat, bewegen sich auf dem realen Hintergrund seiner eigenen Zeit. Mit den Abenteuern des P. hat der Autor der praktischen Vernunft des einfachen Italieners und ihrer Bewährung im Alltag ein Denkmal gesetzt. An den Abenteuern des hölzernen Hampelmanns zeigt LORENZINI seinen kleinen Lesern die Notwendigkeit, sich im Zusammenleben mit seinen Mitmenschen, im Anerkennen der gegebenen Umweltbedingungen und der zeitgebundenen Moralvorstellungen zu arrangieren. Ihm ist es dabei gelungen, eine von Kindern geliebte Phantasiewelt so eng und einleuchtend mit der Realität zu verweben, daß das Phantastische selbst zur Realität zu werden scheint.

Auf die Frage, ob der P. eine moralische Geschichte darstellt, muß man mit einem vorbehaltlosen Ja antworten. So fällt der Hampelmann von Anfang bis zum Ende der Geschichte immer wieder in die Fußangeln des Alltags, weil er unfähig ist, die Folgen seines Handelns vorauszusehen und weil er nicht auf das hört, was ihm die „vernünftigen" Erwachsenen predigen. Auflehnung gegen den herrschenden Moralkodex bringt Unglück, so könnte man die Erkenntnisse nennen, die LORENZINI in zahlreichen Szenen ausbreitet. Trotzdem ist LORENZINIS Moral eine Moral besonderer Art. PAUL HAZARD kennzeichnet in seinem Buch „Kinder, Bücher, große Leute" (dt. Ausgabe 1952) diese Moral: „Geben wir ruhig zu, daß seine Moral keineswegs erhaben ist, nicht einmal hochwertig. Sie ist nur praktisch. Wollte man die Lehren des Buches zusammenfassen, so käme das Folgende heraus: Es gibt eine waltende Gerechtigkeit, welche das Gute lohnt, das Böse straft. Da das Gute vorteilhaft ist, muß man es vorziehen ... Die gesellschaftliche Moral kommt auf ein Tauschgeschäft heraus. Man muß sich freundlich, hilfsbereit, großmütig zeigen und so das Recht erwerben, mit gleicher Münze bezahlt zu werden". Ein Buch ist immer nur auf dem zeitgeschichtlichen Hintergrund seines Entstehens zu verstehen. So gesehen, spiegelt der P. eine Gesellschaft, in der der kleine Mann im täglichen Kampf um das Leben, in der Konkurrenz gegenüber den Reichen und Mächtigen diesen nur mit List, Wendigkeit und Aufsässigkeit begegnen konnte. Eine andere Frage ist es, ob LORENZINIS P. auch heutigen Kindern noch etwas zu sagen hat. Die modernen Pädagogen und Literaturkritiker lehnen die moralischen Erzählungen des 19. Jahrhunderts ab, die mit ihren schulmeisterlichen Sittenpredigten die kleinen Leser zur Anerkennung und sittsamen Befolgung des bürgerlichen Tugendkanons erziehen wollten und die im Ergebnis zumeist eine unüberwindliche Abneigung gegen diese penetrante Tugendliteratur in den kleinen Lesern hervorriefen. Allerdings kann LORENZINIS „Pinocchio" nicht ohne weiteres diesen moralischen Schriften zugerechnet werden. Auch heutige Kinder sind im allgemeinen kleine Pragmatiker. Es kann angenommen werden, daß auch unsere Kinder durchaus in der Lage sind, eine so praktische und einfache Moral, wie sie im „Pinocchio" angeboten wird, zu verstehen und daraus Verhaltensweisen zu akzeptieren, die ihnen helfen können, im modernen Alltag mit seinen zahlreichen Fallstricken und Bedrückungen zu bestehen.

Wirkung des P. LORENZINIS Kinderbuch „Pinocchio" wurde schnell zum Lieblingsbuch der italienischen Kinder. Bald folgten Übersetzungen in andere Sprachen. Heute wird der „Pinocchio" zu den „Klassikern" der internationalen Kinder- und Jugendliteratur gezählt. In Deutschland wurde LORENZINIS Buch vor allem durch die sehr freie Bearbeitung von OTTO JULIUS BIERBAUM bekannt, die unter dem Titel „Zäpfel Kerns Abenteuer" 1905 in München erschien. Noch im gleichen Jahr übernahm der Schaffstein Verlag das Kinderbuch in sein Programm. Heute hat die Ausgabe bereits eine Million Exemplare erreicht. Es ist bedauerlich, daß die deutschen Leser LORENZINIS „Pinocchio" vor allem in der Fassung BIERBAUMS kennengelernt haben und zum Teil noch kennenlernen, da sie sich weit von dem Original und den ursprünglichen Intentionen des Autors entfernt, indem der Autor aus dem witzigburlesken Buch LORENZINIS eine symbolträchtige Wichtelmann- und Märchenwaldromanze sentimentaler Prägung gemacht hat. Mehr an das italienische Original halten sich die Übersetzung von ANTON GRUNDMANN, die im Herder Verlag erschien und inzwischen auch schon das erste Hunderttausend überschritten hat sowie die 1966 im Heimeran Verlag erschienene Übersetzung von HEINZ RIEDT.
Zahlreiche Illustratoren versuchten sich am „Pinocchio", so in Italien CHIOSTRI, MUSSINO, BERNARDINO und MARAJA, in Deutschland vor allem W. FELTEN, R. BICHER, A. ZACHARIAS und M. und R. KOSER-MICHAELS. Die erste Verfilmung erfolgte 1911 durch den Regisseur E. PASQUALI. Die bekannteste und umstrittenste Verfilmung besorgte WALT DISNEY (1939). Der P.-Stoff hat zu zahlreichen Hörspiel- und Sprechplattenfassungen Anlaß gegeben. Seit 1956 gibt es in Pescia in Italien einen Park und ein Museum, die P. gewidmet sind.

→ C. Collodi, → Italien

Sekundärliteratur: A. Adler: Holzbengel mit Herzensbildung (1972). – B. Croce: Pinocchio (in: B. Croce: La letteratura della nuova Italia. Bd. 5. 1939. 361–365). – V. Fazio-Allmayer: Commento a „Pinocchio" (1945). – D. Ferraro: Elogio di „Pinocchio" (1956). – R. Hagen: Kinder, wie sie im Buche stehen (1967). – P. Hazard: Kinder, Bücher, große Leute (1952). – H. Müller: „Pinocchio. Die Vernunft des kleinen Mannes als Motiv im Kinderbuch" (in: Kl. Doderer (Hrsg.): Klassische Kinder- und Jugendbücher. 1969, [3]1975. 17–34). – L. Santucci: Das Kind, sein Mythos und sein Märchen (1964). – L. Volpicelli: La verita su „Pinocchio" e saggio sul „Cuore" (1959).

Helmut Müller

Piper Verlag

München. Innerhalb des Kinderbuchprogramms: Sachbücher und Lexika für Kinder.

Der Reinhard Piper & Co Verlag wurde 1904 von REINHARD PIPER (1879–1953) in München gegründet. KLAUS PIPER (*1911) wurde 1941 Mitinhaber des Verlages und übernahm nach dem Tode REINHARD PIPERS die Gesamtleitung.
Zum Verlagsprogramm gehören neben den „Piper Drucken" zeitgenössische Werke, philosophische, politische und allgemeinwissenschaftliche Literatur. Als erstes Buch des Verlages erschien „Die Lieder des Schäfers Daphnis" von ARNO HOLZ.
Der Verlag begann sein Kinderbuchprogramm 1972 mit dem Kinderlexikon „Erklär mir die Welt". Von da ab wurde die von HANS PETER THIEL herausgegebene Reihe der „Erklär mir ..."-Lexika kontinuierlich erweitert. 1976 kamen Sachbücher hinzu. Die Lese- und Nachschlagebücher dieses Programms wenden sich an Kinder von 7 bis 12 Jahren und enthalten Informationen über unterschiedliche Wissensgebiete wie z.B. Tiere, Pflanzen, Technik, Indianer, Entdecker, Fußball. 1978 lagen zehn Bände dieser Reihe vor. 1976 kam das von HANS PETER THIEL und BERTHOLD CASPER herausgegebene Grundschülerlexikon für den Sachunterricht auf den Markt.
Zu den Autoren des Kinderbuchprogramms gehören: BERTHOLD CASPER, OTFRIED PREUSSLER, FERDINAND RANFT, GERD SEITZ, HANS PETER THIEL.

Hannelore Daubert

Pippi Langstrumpf

*P. L. ist die durch körperliche Stärke und provozierenden Spieltrieb gekennzeichnete Hauptfigur des gleichnamigen phantastischen Kinderbuchs von Astrid Lindgren (*1907), dessen drei Bände erstmals 1945 bis 1948 in Schweden erschienen (Pippi Långstrump, 1945; dt. Pippi Langstrumpf, 1949; Pippi Långstrump går ombord, 1946; dt. Pippi Langstrumpf geht an Bord, 1950; Pippi Långstrump i Söderhavet, 1948; dt. Pippi in Taka-Tuka-Land, 1951).*

Entstehung. Wie andere klassische Kinderbücher ist das Buch „Pippi Langstrumpf" in einer natürlichen Erzählsituation entstanden. 1941 wurde ASTRID LINDGREN von ihrer siebenjährigen Tochter, die krank im Bett lag, gebeten, etwas zu erzählen – über, so war der Wunsch, „Pippi Langstrumpf". Sie griff den anregenden Namen auf (schwedisch „pippi" = Verrücktheit) und ließ

daraus eine Figur werden, die ihre Tochter und deren Spielkameraden über Jahre erfreute. 1944, zum Geburtstag der Tochter aufgeschrieben, die Gelegenheit dazu ergab sich, als A. LINDGREN im Winter 1944 auf vereister Straße stürzte und das Bett hüten mußte, gingen die P.L.-Geschichten an den Bonniers-Verlag, der sie LINDGREN zurückgab. Ermutigt durch einen zweiten Preis in einem Mädchenbuchwettbewerb des Verlages Rabén & Sjögren, überarbeitete sie etwa 40% der „Ur-Pippi" (U. LUNDQUIST) und erlangte mit der neuen Fassung bei einem Kinderbuchwettbewerb desselben Verlages einen ersten Preis.
Geschichtlich gesehen ist P.L. das Kind einer Zeit, in der die interessierte Öffentlichkeit der westlichen Demokratien über freiere Erziehungsgrundsätze debattierte. An dieser Auseinandersetzung beteiligte sich auch ASTRID LINDGREN mit einem ironisch getönten Plädoyer für die heranwachsende Generation (in: Dagens Nyheter vom 7.12.1939, nachgedruckt bei M. ØRVIG, S. 18f.). Wichtig für sie war BERTRAND RUSSELLS Schrift „Education and the social order" (1935), aus der sie in ihrem Begleitschreiben zur „Ur-Pippi" anführte, daß der ausgeprägteste Instinkt

*Pippi Langstrumpf. Einbandillustration von Walter Scharnweber zu Astrid Lindgrens (*1907) Kinderbuch „Pippi Langstrumpf". Die schwedische Erstausgabe erschien 1945 in Stockholm, die deutsche 1949 im Oetinger-Verlag in Hamburg.*

von Kindern – auch ihre Phantasievorstellungen beherrschend – der Wunsch nach Macht sei (LUNDQUIST, S. 5). Die Bedeutung dieses auf ALFRED ADLER zurückgehenden Gedankens für die P.L.-Gestalt ist unverkennbar.
Figur und Leser. Die neunjährige P.L. ist, was Kinder gerne wären. Ihre äußeren Merkmale sind so herausfordernd-prägnant, daß sie oft für Faschingsverkleidungen übernommen werden: rote Zöpfe, sommersprossige Stupsnase, breiter Mund, ein selbstgemachtes Kleid, das zu kurz ist, ein schwarzer und ein geringelter Strumpf und Schuhe, die – clownesk, chaplinesk – viel zu groß sind. Sie wohnt am Rande einer kleinen schwedischen Stadt in der Villa Kunterbunt, die sie mit ihrem Affen, Herrn Nilsson, und einem Pferd teilt. Elterliche Aufsicht gibt es nicht, denn ihre Mutter ist schon lange tot, und ihr Vater, ein Kapitän, mit dem sie die Weltmeere befahren hat, lebt als Negerkönig auf einer Südseeinsel. Ihre gewaltige Kraft, mit der sie ihre Unabhängigkeit auch gegen gesellschaftliche Einschränkungen durch Schule und Kinderheim sichert, fasziniert abhängigkeitsgewohnte Kinder. P.L. besiegt Stier und Hai, Zirkusathleten und Einbrecher und erwirbt zusätzliche Bewunderung, wenn sie Kinder und Tiere gegen Peiniger in Schutz nimmt. Eine weitere Unabhängigkeitsgarantie bietet ein Koffer voller Goldstücke, der zugleich die Möglichkeit ungehemmter Lustbefriedigung zu eröffnen scheint, denn seine Besitzerin ist großzügig in der Verteilung von Süßigkeiten und Spielsachen.
Zur Quelle der Erheiterung wird P.L. dadurch, daß sie immer wieder Konventionen der Erwachsenen in Frage stellt. Ob in Schule, Zirkus oder Kaffeekränzchen, gegenüber P.L.s unsozialisierter Direktheit erweisen sich die Äußerungen der Erwachsenen als wirklichkeitsfremder Schein. Junge Leser, die darüber lachen, haben bereits Normen akzeptiert und empfinden deren vorgeführte Verletzung als vorübergehende Entlastung und das heißt als Humor.
Vielleicht würde P.L. nicht so wirksam die Wünsche junger Leser auf sich ziehen, wenn sie nicht auch gewöhnliche Züge mit ihnen gemeinsam hätte. Sie ist ein „Sachensucher", klettert gerne auf Bäume, liebt Schlagsahne, produziert Lügengeschichten und Nonsense (in dem Kapitel „Pippi findet einen Spunk") und zeichnet sich durch prälogisches und animistisches Denken aus. Als Verbindung zwischen ihr und den Lesern fungieren außerdem die beiden Nachbarskinder Thomas und Annika, die gesittet genug sind, um P.L. als etwas Außergewöhnliches hervortreten zu lassen, und unverdorben genug, um sie als ideale Spielkameradin zu schätzen.
Die konsequente Darstellung vom Standpunkt des Kindes scheint ein einziges Mal Erwachsenensentimentalität zu weichen: als nämlich P.L. am Ende des dritten Bandes beschließt, niemals erwachsen zu werden. Zugleich zeigt sich hier P.L.s Unabhängigkeit unter negativem Vorzeichen als Einsamkeit, ein Grundgefühl der Autorin, das bei späteren Erzählungen in den Vordergrund tritt.

Wirkung. In Schweden wurden von dem ersten Band der P.L.-Geschichten bis zur 20. Auflage 1971 über 300000 Exemplare gedruckt, weltweit – in etwa 30 Ländern – erschien ein Vielfaches davon. P.L.s Ruhm wird aber auch verbreitet durch Film und Fernsehen, Schallplatten und Kassetten, Bilder- und Lesebücher. Der Erfolg eines P.L.-Musicals in Estland führte zur Produktion von P.L.-Spielsachen, die auch in die Heimat des „Superkindes" (A. LINDGREN) exportiert wurden (E. BUTTENSCHØN, S. 22).
In der Jugendbuchkritik hat die Mehrdeutigkeit erzählter Provokationen immer neue Wertungen P.L.s veranlaßt. Das Recht des Kindes auf Übermut machten frühe Verteidiger P.L.s wie L. TETZNER gegen ihre konservativen Kritiker geltend. In den sechziger und siebziger Jahren ist sie aus antiautoritärer und feministischer Sicht gerühmt, aus ideologiekritischer als gesellschaftsstabilisierend abgelehnt worden. Literaturgeschichtlich wurde sie eingeordnet in die Tradition des englischen Nonsense (B. HÜRLIMANN), der tatsächlich die „Ur-Pippi" stark geprägt hat (LUNDQUIST), von E. T. A. HOFFMANNS „fremdem" und J. M. BARRIES „ewigem" Kind (G. KLINGBERG) sowie als Urheberin einer neuen Tradition phantastischer Kinderliteratur (R. BAMBERGER). Bücher wie G. HERBURGERS „Birne kann alles" (1971) sind ohne sie kaum denkbar.

→ A. Lindgren

Sekundärliteratur: E. Buttenschøn: Historien om et „pahit". Om Pippifiguren og Astrid Lindgrens gennembrudsvaerk (1975). – M. Führer: Pippi Langstrumpf. Kinderäußerungen zu Astrid Lindgrens berühmtem Buch tiefenpsychologisch betrachtet (in: Jugendliteratur. 2. 1956. 7. 342–345). – B. Hürlimann: Europäische Kinderbücher aus drei Jahrhunderten (1959). – U. Lundquist: Ur-Pippi. Pippi Långstrumps väg fran första manuskriptet ut till kritik och publik (in: Litteratur och Samhälle. Barnlitteraturprojektet. 1974. 5). – R. G. E. Müller: Das Kinderreich der Pippi Langstrumpf (in: Praxis der Kinderpsychologie. 1968. 2. 55–59). – M. Ørvig (Hrsg.): En bok om Astrid Lindgren (1977). – R. Tabbert: Astrid Lindgren. Leben, Werk und Leserschaft (in: Das gute Jugendbuch. 25. 1975. 1. 1–8). – L. Tetzner: An Pippi Langstrumpf. Villa Kunterbunt (in: Das gute Jugendbuch. 1959. 2. 8–9).

Reinbert Tabbert

Plate, Herbert

*Schriftsteller, Kinder- und Jugendbuchautor; *15. 4. 1918 Hardenberg.*

Pl. stammt aus bäuerlichem Milieu. Nach zahlreichen Reisen und der Ausübung verschiedener Tätigkeiten ließ er sich 1953 als freier Schriftsteller nieder.
Für sein Indienbuch „Der aus dem Dschungel kam" (1963) wurde er 1964 mit dem Friedrich-Gerstäcker-Preis der Stadt Braunschweig ausgezeichnet. P. lebt in Waldbröl.

Werk, Tendenzen, Wirkung. In Pl.s ersten Büchern verbinden sich die Kenntnis der Landschaft Indiens, seine Tierliebe und ein kritischer Sinn für die sozialen Probleme der Dritten Welt. Den Lebensbedingungen notleidender Völker gilt das Interesse seiner Bücher über die arabische Welt und Südamerika. Gespür für zeitgeschichtlich bedeutsame Entwicklungen drückt sich in „Das soll der Mensch nicht scheiden" (1960) und „Brennende Dschungel" (1966) aus. In dem satirischen Buch „Der Ring" (1964) geißelt Pl. Auswüchse seiner Zeit. In dieser Erzählung wie in thematisch ähnlichen Büchern versucht der Autor, dem jungen Leser eine stark sozial getönte Moral als Richtschnur des eigenen Handelns einsichtig werden zu lassen. Inhaltlich verwandt damit sind die Humoreske „Affentheater" (1968) und „Was steckt dahinter?" (1975), wo er zu kritischer Haltung aufruft. Pl. beschreibt Erscheinungen in ihrer historischen Dimension. Kulturgeschichtliche Aspekte werden besonders in seinen Tiersachbüchern und Sacherzählungen, so in „Das Beste aber ist das Wasser" (1966), deutlich.
Pl. ist fähig, historische Ereignisse kenntnisreich darzustellen und bedeutende Gestalten der Geschichte zu beschreiben, z.B. „Attila" (1974). Er bevorzugt Erzählungen mit psychologischem Einschlag, die Einsichten in Tatbestände schaffen, belehren und unterhalten. Dabei schreibt er nicht ausschließlich für die Jugend, wendet sich aber in erster Linie an sie. Einige der Bücher Pl.s wurden ins Dänische, Holländische, Italienische, Schwedische und Spanische übersetzt.

Werke: Tiger auf Menschenjagd (1955); Abdullah, der Bandit (1956; NA. u.d.T.: Die Flucht nach Karatschi, 1975); Der Clan der Schwarzen Ochsen (1956; NA. u.d.T.: Männer der Steppe, 1976); Jägerpfad durch den Orient (1956; NA. u.d.T.: Mit dem Drilling durch Vorderasien, 1967); Karuna (1956; NA. 1970); Das Land der Türken (1957); Männer der Wüste (1957; NA. u.d.T.: Wüstensöhne, 1970); Reiten im roten Rock (1957; NA. u.d.T.: Halla – Weltmeisterin und Olympiasiegerin, 1967); Die Ungezähmten (1957; NA. u.d.T.: Der schwarze Jäger, 1969); Schicksale der Gefährten (1958; NA. u.d.T.: Pferde, berühmt und geliebt, 1976); Straße der sausenden Peitschen (1958; NA. u.d.T.: Der Herr der Karawanserei, 1972); Die in der Tiefe leben (1959); Vom Leben treuer Hunde (1959); Das soll der Mensch nicht scheiden (1960); Und plötzlich ist es Gummi (1961); Yilmas, der Tapfere (1961; TB. 1965; NA. u.d.T.: Die Spur führt durch die Wälder, 1969); Der aus dem Dschungel kam (1963); Pu Chan (1964; NA. u.d.T.: Auf den Pfaden der Elefanten, 1973); Der Ring (1964); Ist Gott Brasilianer? (1965); Das Beste aber ist das Wasser (1966); Brennende Dschungel (1966); Pferde in des Pfarrers Stall (1967); Affentheater (1968); Erdöl wandelt die Wüste (1969); Jonny und Jörn (1969; NA. u.d.T.: Sommersprossen-Jörn. Ein Sparschwein für einen kleinen Hund, 1976); Narren und Knöpfemacher (1969); Gebrüllt, gebellt, gewiehert und gepfiffen (1970); Jonny und Jörn, die Reise in die weite Welt (1970; NA. u.d.T.: Sommersprossen-Jörn. Das Geheimnis des roten Anorak. 1976); Jonny und Jörn, Schätze, Büffel, Indianer (1971; NA. u.d.T.: Sommersprossen-Jörn. Eine folgenschwere Funknachricht, 1976); Verklingender Hufschlag (1971); Zeit der Pferde (1971); Hunde – Unsere Freunde 1 (1972); Katzen – Unsere Freunde 2 (1972); Pferde – Unsere Freunde 3 (1973); Kamele – Unsere Freunde 4 (1973); Nacht über Santa Virginia (1973); Esel – Unsere Freunde 5 (1974); Elefanten – Unsere Freunde 6 (1974); Attila (1974); Über die Ketten der Lutingbrücke (1974); Was steckt dahinter? (1975); Dschingis Chan (1976); Acht Pferde und ein Stall (1977); Von großen und kleinen Tieren (1977).

Hrsg.: Unterm Hufschlag klingt die Welt (1976).

Sekundärliteratur: K. H. Klimmer: Risiko der Freiheit. – Herbert Plate (in: Das gute Jugendbuch. 23. 1973. 2. 1–8).

Karl Heinz Klimmer

Plauen, E. O.

*(d. i. Erich Ohser). Satirischer Zeichner; * 18. 3. 1902 Plauen, † 6. 4. 1944 Berlin.*

Pl. verlebte seine Jugend in Plauen im sächsischen Vogtland. Er erlernte dort den Schlosserberuf, wandte sich jedoch bald der Graphik zu und ließ sich als Karikaturist ausbilden. Neben seinem Studium an der Leipziger Kunstakademie zeichnete er Karikaturen für Zeitungen und Zeitschriften, besonders für die „Plauener Volkszeitung", mit deren Redakteur, Erich Knauf, er befreundet war. Pl. lernte in Leipzig auch Erich Kästner kennen.
1924 wurde Erich Kästner Redakteur bei der „Neuen Leipziger Zeitung" und veröffentlichte dort viele Zeichnungen seines Freundes Pl. Drei Jahre später wurden beide wegen des freizügig gezeichneten und geschriebenen Gedichtes „Nachtgesang eines Kammervirtuosen" fristlos entlassen. Sie reisten nach Berlin und berichteten von dort für die Provinzpresse in illustrierten Reportagen über Berliner Ereignisse. Sie erfanden unpolitische und politische Witze, die von Pl. in Bilder umgesetzt wurden.
Nach einem kurzen Aufenthalt in Paris, währenddessen Pl. begann, in Pastell zu malen, kehrten sie wieder nach Berlin zurück. Dorthin war inzwischen Erich Knauf gezogen und in der Büchergilde Gutenberg für die Hauszeitschrift als Redakteur tätig. Er erteilte Pl. Illustrationsaufträge für Bücher von Rudyard Kipling, Michail Soščenko und einige Gedichtbände von Erich Kästner sowie für Zeichnungen für die Hauszeitschrift. 1929 reisten Pl. und Erich Kästner nach Moskau und Leningrad. Pl. veröffentlichte 1934 seine erste „Vater und Sohn"-Bildergeschichte und signierte von da an mit „e. o. plauen". Nachdem Erich Kästner Schreibverbot bekommen hatte und Erich Knauf ins KZ verschleppt worden war, wollte Pl. untertauchen, wurde aber denunziert und – genauso wie der wieder entlassene Knauf, der danach bei einer Filmfirma beschäftigt war – 1944 von der Gestapo verhaftet und dem Volksgerichtshof überstellt. Knauf wurde verurteilt und hingerichtet. Pl. beging in seiner Zelle Selbstmord.

e. o. plauen: *Vater und Sohn.*

Werk, Tendenzen, Wirkung. Pl. zählt zu den besten satirischen Zeichnern seiner Zeit. Mit seinen Zeitgenossen ging er unnachsichtig kritisch um, prangerte Profitmacher an und attackierte die wuchernde Bürokratie. Er verlachte Heuchler und Spießer, setzte sich für die persönliche Freiheit des einzelnen ein und wandte sich gegen die Verdummung der Menschen. Seine naiv unbändige Lebenslust schlug sich in seinen oftmals derben Zeichnungen à la Rabelais nieder, die hauptsächlich in sozialdemokratischen Zeitungen erschienen. Sie drückte sich auch in seinen erotisch-humoristischen Zeichnungen aus.
In den Jahren 1934 bis 1938 erschienen Pl.s schwarzweiße Bildergeschichten „Lustige Streiche und Abenteuer von Vater und Sohn" zum ersten Mal. Diese Bilderfolgen haben weder Dialog- noch Erklärungstexte, sondern besitzen nur eine erklärende oder kommentierende Überschrift. Jede Episode erzählt auf meistens vier, aber auch bis zu sechs Bildern die alltäglichen lustigen Erlebnisse eines kleinen strubbelköpfigen Jungen mit seinem glatzköpfigen, dicken Vater mit Schnauzbart und buschigen Augenbrauen. Weitere Personen treten nur sehr selten auf. Der Reiz der Geschichten liegt einerseits in den originellen Ideen, welche die Personen entwickeln, um auftretende Probleme zu lösen und sich in ihrem gegenseitigen Verhältnis treu zu bleiben, andererseits aber auch in dem einfachen Strich der Zeichnungen. Die Bilder sind wirksam auf eine Aussage konzentriert und sprechen wie Standfotos einer Trickfilmszene für sich selbst. Die klare bildliche Darstellung der menschlich-allzumenschlichen, scherzhaften, von Gutmütigkeit und naiver Lebensfreude getragenen Handlungsweise der Personen mag der entscheidende Grund für die große Popularität dieses ersten Comicstrip der Vorkriegszeit in Deutschland gewesen sein. Seine Verbreitung erstreckte sich aber auch bald über Deutschland hinaus nach Skandinavien, Afrika, Amerika, Australien und China. In Buchform erschienen die Geschichten erstmals 1935 und 1936 in zwei Bänden im Ullstein-Verlag. In den fünfziger Jahren wurde die Serie zuerst 1949 beim Südverlag, Konstanz, und dann 1957 beim Fackelträger Verlag in Hannover in Buchform herausgebracht. Sie erschienen auch als Taschenbuch. Seit Mitte der sechziger Jahre haben viele Episoden von „Vater und Sohn" Eingang in die Lesebücher gefunden und dienen im Deutschunterricht als Mittel der Sprech- und Aufsatzerziehung.
Die in der graphischen Tradition von Wilhelm Busch gezeichneten Bildfolgen zeigen einen oft zuerst autoritär erscheinenden Vater, der im Laufe der Episoden doch Verständnis für seinen Sohn zeigt und oft auch selbst „das Kind im Manne" hervorkehrt. Autorität gilt ihm letztlich nicht viel, dafür fördert er Liebe, Kameradschaft und Lebensfreude als verbindende Elemente

zwischen den Generationen. Beide, Vater und Sohn, haben ihre Fehler und Schwächen. Sie nehmen der Umwelt gegenüber eine überlegene Haltung ein, nehmen sich und das Gehabe aller anderen nicht allzu ernst und lassen sich weder verblüffen noch imponieren. Hinter allem steckt die Einsicht, daß alle Wichtigtuerei nur Schein ist und man den Tücken und Widrigkeiten des Lebens mit einem Lachen entfliehen kann. Vater und Sohn zeigen Charakter und bleiben sich immer selbst treu. Sie nehmen das Leben, so wie es ist, und finden ihren persönlichen Weg zu seiner Bewältigung. In den dreißiger Jahren erhob sich des öfteren Kritik an den „primitiven Zeichnungen" und der fragwürdigen Erziehung und Moral der Bilderstreifen. Sie hat es aber nicht vermocht, der Beliebtheit der Serie Abbruch zu tun.

Sekundärliteratur: E. Kästner: Heiteres von e.o. plauen (1957). – M. Gasser: E. O. Plauen (in: Graphis. 25. 1949. 74–79 und 96).

Wolfgang Kempkes

Pleticha, Heinrich

*Jugendbuchautor, -theoretiker und -kritiker, Oberstudiendirektor; * 9. 9. 1924 Warnsdorf/Böhmen.*

Pl., Sohn eines Buchhändlers, nahm 1946, nach der Flucht aus dem Sudetenland, das Studium der Geschichte, Geographie und Germanistik in Dillingen/Donau und Erlangen auf. Er promovierte 1949 mit einer Arbeit über „Die ägyptische Außenpolitik von 1890–1914" an der Universität Erlangen. Zunächst dem Bibliotheksdienst zugetan, trat er, nach abgelegtem Staatsexamen, 1950 in Würzburg, wo er heute lebt, in den Schuldienst.

Der Gymnasialpädagogik gab Pl. sehr bald durch die Intensivierung der Jugendbucharbeit entscheidende Anstöße. Als Jugendsachbuchautor trat Pl. erstmals 1950 in Erscheinung, zuerst angeregt durch den Verlagslektor EDUARD ROTHEMUND, dann als „Haus-Autor" im Arena Verlag, Würzburg. Pl. ist ständiger Mitarbeiter verschiedener Zeitschriften und Organe, Herausgeber von Unterrichtswerken, Lehrbeauftragter an der Universität Würzburg, war Heimerzieher, Jurymitglied, wiederholt Vorsitzender des „Arbeitskreises für Jugendliteratur e.V.", bekleidet das Amt des zweiten Vorsitzenden der Internationalen Jugendbibliothek, München, und des Präsidenten der Historischen Kinderbuchgesellschaft. 1967 erhielt Pl. die Prämie des Deutschen Jugendbuchpreises für die beispielhafte Bearbeitung eines historisch-naturwissenschaftlichen Sachbuchs. Weitere Auszeichnungen: Premio Europeo di Letteratura Giovanile (1973), Lista d'Onore für „Bürger, Bauer, Bettelmann" (1973), Friedrich-Bödecker-Preis für besondere Leistungen auf dem Gebiet der Kinder- und Jugendliteratur (1974), Anerkennungspreis des Sudetendeutschen Kulturpreises für Schrifttum (1975), 1976 Kulturpreis der Stadt Würzburg. Zwölf seiner Bücher wurden bisher in die Auswahlliste des Deutschen Jugendbuchpreises aufgenommen.

Pl.s jugendliterarisches Schaffen ist von seiner didaktisch-pädagogischen Schularbeit, seinem jugendliteraturtheoretischen Wirken und seiner Tätigkeit als Autor, Bearbeiter und Herausgeber von Jugendsachbüchern bestimmt. Die Gesamtauflage seiner Werke hat die Millionengrenze überschritten. In zahlreichen wissenschaftlichen Arbeiten äußerte sich Pl. außerdem zu Grundsatzfragen und Standortbestimmungen namentlich des erdkundlichen, historischen, zeit- und kulturgeschichtlichen, ethnologischen Sachbuchs für junge Leser.

Zunächst dem „gestalteten Sachbuch" verpflichtet, war für Pl. „das Bemühen um die Verbindung von sachlichen Werten und echtem Erleben, eine gesunde Mischung aus Fachlichem und Abenteuer" (Das erdkundliche Jugendbuch. 1955. S. 50) kennzeichnend für ein qualitätsvolles Jugendsachbuch und ausschlaggebend für dessen Effizienz beim jungen Rezipienten. Geschichte, so führte Pl. aus, wolle ein Zwölfjähriger erleben, nicht „lernen", und vor allem das Abenteuer führe zum Erlebnis. Dem Abenteuer räumt Pl. eine leserpsychologisch bedingte Vorstufe zur Interessenweckung für das Sachlich-Informative – etwa einer Indianergeschichte – ein, die die Brücke zur Beschäftigung mit den historischen Fakten bilden könne. „Im historischen Bereich ... interessiert nach Meinung Pletichas heute weniger die große Persönlichkeit in ihrer komplexen Entwicklung, in ihren Erlebnissen und Erfahrungen, sondern steht weit eher die ... Antwort auf die Frage nach der Gesellschaftsstruktur, nach der vergangenen Welt, nach den allgemeinen Lebensverhältnissen, nicht nur nach den Lebensumständen gehobener Schichten und einst privilegierter, geschichtsgestaltender Persönlichkeiten im Erwartungshorizont" (U. v. NEUBECK. Staatsexamensarbeit, Würzburg, 1972, S. 49f.). Die eigene Forderung an den Sachbuch-

*Heinrich Pleticha (*1924)*

autor, der, selbst über der Sache stehend, „zugleich führend lenken und den Stoff auch in faßbarer Form bieten" müsse (H. PLETICHA: Gedanken zum Sachbuch. S. 34), erfüllt Pl. durchweg in seinen Werken. Nicht selten nimmt er Einfluß auf Ausstattung und Aufmachung seiner Bücher. Der kulturhistorische Schwerpunkt seines schriftstellerischen Interesses ist unschwer aus den Werktiteln zu entnehmen, zusätzlich zeigt sich sein Interesse auf diesem Gebiet in der Auswahl derjenigen Werke, die er übersetzte, bearbeitete und herausgab.
Hervorzuheben ist schließlich Pl.s unermüdliches Engagement in der Jugendbuchtheorie, der er ständig neue, pädagogisch intendierte Impulse zu geben versucht.

Werke: Pygmäen (1950); Ninive und Babylon (1951); Der Weg ins Unbekannte (1953; NA. u. d. T.: 44 Tage durch die Hölle, 1959); Das Zeitalter der Entdeckungen (1955); Pharaonen und Schakale (1957); Begegnungen mit dem Buch in der Jugend I. Ensslin Jahresgabe (1958); Was soll mein Kind lesen? (1959); Geschichten aus erster Hand (1961); Ritter, Burgen und Turniere (1961, [5]1974; TB. 1977); Römisches, Kleine Geschichten aus der Geschichte einer großen Stadt (1963); Kulturgeschichte aus erster Hand (1963); Begegnungen mit dem Buch in der Jugend II. Ensslin Jahresgabe (1963); Ihnen ging es auch nicht besser (1965, [2]1966); Bürger, Bauer, Bettelmann (1971, [2]1976); Landsknecht, Bundschuh, Söldner (1974); Drachensegler am Horizont (1976).

Hrsg.: Wie komme ich zu schulischem Erfolg (1957, [4]1968); Wir leben seit fünf Sekunden (zus. mit G. Popp. 1958; NA. 1970); Nur Neues unter der Sonne (1959); Unterrichtshilfen für den Geschichtslehrer (zus. mit E. Reichert, 1965); Zwischen Ruhm und Untergang (zus. mit H. Schreiber, 1966); Zeitgeschichte aus erster Hand (zus. mit C. Schmid, 1967; TB. 1974); H. Schreiber: Der Mahdiaufstand in Augenzeugenberichten (1967); Entdeckungsgeschichte aus erster Hand (zus. mit H. Harrer, 1968); Politik aus erster Hand (zus. mit Fr. J. Strauß, 1969); Italien aus erster Hand (1969); Lettern, Bücher, Leser (1970); lesen 7 (zus. mit R. Vocke, 1970); Jahrtausende im Prisma (1971); Afrika aus erster Hand (1972, [2]1974); Zeitgeschichte im Spiegel der Dichtung (zus. mit C. Schmid, 1973).

Beiträge: Das erdkundliche Jugendbuch (in: Das gestaltete Sachbuch und seine Probleme. Ensslin-Jahresgabe 1955. 29–56); Das Jugendbuch im Unterricht (in: Anregung. Zeitschrift für die Höhere Schule 1956. 5/6. 377–381); Das Sachbuch (in: Das gute Jugendbuch. 1958. 2. 1–7); Das erdkundliche Jugendbuch (in: Der Deutschunterricht. 11. 1959. 6. 63–73); Jugendlektüre im Spiegel deutscher Selbstzeugnisse (in: Jugendliteratur. 6. 1960. 1. 1–7); Die Bearbeitung des „Robinson Crusoe" und die Entwicklung des klassischen Abenteuerbuches (in: Jugendliteratur. 6. 1960. 6. 269–282); Kriminalromane und Jugendlektüre (in: Das gute Jugendbuch. 1960. 3. 2–8); Schweizer Geschichte im deutschsprachigen Jugendbuch (in: Jugendliteratur. 7. 1961. 11. 526–529); Das Geschichtsbild im Jugendbuch (in: Jugendbücher bauen Brücken. 1961. 51–67); Gedanken zum Sachbuch (in: Wege zum guten Jugendbuch, 1961. 28–37); ... der jungen Leser wegen (in: H. P. Richter (Hrsg.): ... der jungen Leser wegen 1965. 207–210); Bewegen wir uns im Kreise? (in: Zeitschrift für Jugendliteratur. 1. 1967. 2. 86–92); Emin, der weiße Pascha im Sudan (in: Zeitschrift für Jugendliteratur. 2. 1968. 5. 288–292); Das Abenteuer im historischen Roman und im historischen Jugendbuch (in: Zeitschrift für Jugendliteratur. 2. 1968. 6/7. 349–368); Das Bild der Farbigen in der Jugendliteratur (in: Bücher spiegeln die Welt. 1969. 43–54); Zehn Jahre mit Krabat (in: H. Pleticha (Hrsg.): Otfried Preußler zum 50. Geburtstag 1973. 50–65); Das Abenteuerbuch (in: G. Haas (Hrsg.): Kinder- und Jugendliteratur. Zur Typologie und Funktion einer literarischen Gattung. 1974. 312–334); Die Begegnung mit dem Farbigen als Arbeitsthema im Deutschunterricht der Orientierungs- und Sekundarstufe I (in: Der Deutschunterricht. 26. 1974. 5. 34–47); Das historische Jugendbuch in einer „ahistorischen" Zeit (in: H. Schaller (Hrsg.): Umstrittene Jugendliteratur. 1976. 191–202).

Hans Gärtner

Pletsch, Oscar

*Zeichner und Illustrator; * 26. 3. 1830 Berlin, † 12. 1. 1888 Niederlössnitz bei Dresden.*

Pl. war Sohn eines Zeichenlehrers und Lithographen, der zu den „Erweckten" gehörte und von tiefer Frömmigkeit erfüllt war. Seine zeichnerische Begabung zeigte sich früh. Sechzehnjährig (1846) ging P. nach Dresden und wurde an der Akademie Schüler des Historienmalers EDUARD BENDEMANN. Er lernte LUDWIG RICHTER (1803–1884) kennen, der ihn seine Zeichnungen auf den Holzstock übertragen und auch sonst mitarbeiten ließ, vor allem bei „Es war einmal" (1862). Der seit 1857 verheiratete Pl. lebte unterdessen wieder in Berlin, wo er Zeichenunterricht gab. Sein erstes, ganz den Kindern gewidmetes Bilderbuch „Die Kinderstube" (1860) widmete er dem preußischen Kronprinzen für dessen kleinen Sohn, den späteren Kaiser WILHELM. 1872 zog Pl. nach Niederlössnitz bei Dresden, wo er ein geselliges Leben führte. 1877 erhielt er den Professorentitel.

Werk, Tendenzen, Wirkung: Pl.s Werk ist äußerst umfangreich und von thematischer Vielfalt. Seine stilistische Verwandtschaft mit LUDWIG RICHTER verleugnet es nicht. Pl. illustrierte in GUSTAV SCHWABS (1792–1850) „Deutschen Volksbüchern" ab der vierten Auflage (1859) vier der Erzählungen, darunter die „Schildbürger". Diese Illustrationen könnte man leicht für Werke RICHTERS halten. Er lieferte Holzschnitte für die vom Evangelischen Bücherverein herausgegebene Bibel (1855), an der auch RICHTER beteiligt war, und illustrierte andere religiöse Werke wie „Engel-Geschichten der Heiligen Schrift" (1859), „Passionsbuch für Kirche, Schule und Haus" (1861), „Christliche Ostergabe" (1861), die bei H. Richter in Dresden und in der Agentur des Rauhen Hauses in Hamburg erschienen. Auch an der „Deutschen Geschichte in Bildern" (1855) arbeitete er mit. In seinem ersten Bilderbuch „Die Kinderstube" (1860) hatte er seinen endgültigen Stil gefunden. Es erschienen nun Jahr für Jahr bis 1881 seine beliebten Kinderbilderbücher, zunächst noch im Berliner Verlag von Weidmann und bei H. Richter in Dresden, von 1868 an meist bei Alphons Dürr in Leipzig, der auch die früheren Kinderbücher Pl.s übernahm und im ganzen 22 seiner Bücher herausgebracht hat. Die Auflagen sollen bis zu 4000 Exemplare betragen haben. Viele Bände sind mehrmals aufgelegt worden. Die Holzschnitte wurden zuerst von AUGUST

Oscar Pletsch (1830–1888). Selbstdarstellung des Künstlers aus dem großformatigen Bilderbuch „Wie's im Hause geht nach dem Alphabet", das 1862 in Berlin in der Weidmannschen Buchhandlung erschien. Die von Pletsch entworfenen und auf Holz gezeichneten 25 Bilder des Buches wurden von H. Bürkner geschnitten.

GABER, dann von HUGO BÜRKNER, HERMANN GÜNTHER und KARL OERTEL geschnitten. Die Bilder zu „Für kleine Leute" (1868) und „Blatt für Blatt" (1869) im Verlag Schreiber in Esslingen und für „Kleine Sippschaft" (1883) bei C. Flemming in Glogau erschienen als farbige Lithographien. Die die Bilder begleitenden Verse stammen von FRANZ BONN, VICTOR BLÜTHGEN, FRIEDRICH OLDENBERG, RUDOLF REICHENAU, PAULINE SCHANZ oder auch von Pl. selbst. Er arbeitete an mehreren Zeitschriften mit, an der „Gartenlaube" und vor allem an JULIUS LOHMEYERS „Deutscher Jugend" (1872ff.), deren Titel er auch entworfen hat. Für die Stuttgarter „Deutschen Bilderbogen" illustrierte er gleich deren erstes Blatt „Hans im Glück" (1866). Er arbeitete an den späteren Auflagen von GEORG SCHERERS „Deutschem Kinderbuch" (ab 1873) mit und zusammen mit anderen Künstlern wie HUGO BÜRKNER, FEDOR A. FLINZER, EUGEN KLIMSCH, PAUL THUMANN illustrierte er unter anderem OTTILIE WILDERMUTHS „Aus der Kinderwelt" (1872), JULIUS STURMS „Das Buch für meine Kinder" (1876), VICTOR BLÜTHGENS „Hesperiden" (1878), FRIEDRICH ZIMMERS „Sang und Klang" (1880), JULIUS LOHMEYERS „Kunterbunt" (1883). Für mehrere Gedichte der Sammlung „Deutscher Humor in Poesie" (1869) steuerte er humorvolle Bilder bei, und auch an der Prachtausgabe von HANS CHRISTIAN ANDERSENS „Märchen" (1874) beteiligte er sich. – Gemalt hat Pl. nur wenig, nach FRIEDRICH VON BOETTICHER hauptsächlich in seinen späteren Jahren, als Bilderbücher von ihm nur noch vereinzelt erschienen.

Vor allem Pl.s frühe Zeichnungen standen ganz unter dem Einfluß LUDWIG RICHTERS bzw. seines Lehrers E. BENDEMANN. Auch später ist die Verwandtschaft mit RICHTER nicht zu übersehen, dessen Nachfolger er in gewisser Beziehung war. Pl. wurde „der beliebteste Kinderbuchillustrator des deutschen Bürgertums" und „der Kinderbuchillustrator der sechziger und siebziger Jahre" (HORST KUNZE). Modelle für seine immer wieder ähnlichen, jedoch motivisch einfallsreich variierten Zeichnungen von Kindern und ihrer Umwelt waren zunächst seine beiden Töchter. Auch später kommen kleine Mädchen am häufigsten und in allen Situationen vor. Er liebte „kleine niedliche Szenen ... mit allerliebsten rundwangigen Kindern und hübschen jungen Frauen und Mädchen" (HERMANN L. KÖSTER). LUDWIG RICHTER nannte diese Motive „recht fein dem Leben abgelauscht". Die Welt, die Pl. darstellt, ist freilich eng umgrenzt, ländliches und kleinstädtisches Milieu, in das kein Schatten der sich damals anbahnenden technischen Entwicklung oder des Großstadtlebens fällt. Nicht einmal Eisenbahn oder Dampfschiff kommen vor, man fährt mit der Kutsche oder dem Segelboot und lebt ausschließlich in Wald und Feld, Haus, Hof und Garten. Die Mädchen werden zu „Hausmütterchen" erzogen, die Jungen spielen mit Steckenpferd und Papierhelm Soldaten. Als künftige Berufe werden ihnen – so in „Was willst du werden" – Handwerker, Wirt, Lehrer, Polizist usw. vorgestellt. „Aus Haus und Feld, aus Flur und Wald / Ging ich das Schönste holen / Und hab es flugs, wenn keiner es sah, / Für die lieben Kinder gestohlen" sagt er in „Der alte Bekannte". Die konservativ-biedermeierliche Sichtweise Pl.s erklärt, daß das Nachlassen des Interesses für seine Bilderbücher in den achtziger Jahren nicht in erster Linie auf die sich damals bemerkbar machende „glatte Routine" und den allmählich „fahrig" (A. RÜMANN) werdenden Strich zurückzuführen ist. Pl. war für die damaligen Kinder unmodern geworden. Einzelnes ist freilich in den zwanziger Jahren unseres Jahrhunderts unter der Devise „Aus guter alter Zeit" neu aufgelegt worden, doch wohl mehr für den Sammler und Liebhaber.

Werke: C. T. Raebel: Erstes Lesebüchlein (1858); G. Schwab: Die deutschen Volksbücher (^{4}1858; zus. mit anderen); O. Pletsch: Engel-Geschichten der Heiligen Schrift (1859); O. Pletsch: Die Kinderstube (1860); O. Pletsch: Christliche Ostergabe in Bildern (1861); O. Pletsch: Bilder besehen (1861); O. Pletsch: Jahr ein Jahr aus im Elternhaus (1861); O. Pletsch: Wie's im Hause geht nach dem Alphabeth (1861); J. G. Zürn: Passions-Buch für Kirche, Schule und Haus (1861); O. Pletsch:

Es war einmal. Ein Bilderbuch von Dresdner Künstlern (Ill. zus. mit anderen. 1862); O. Pletsch: Was willst du werden? (Reihe 1–2. 1862–1863); O. Pletsch: Gute Freundschaft. Eine Erzählung in Bildern (1863; auch u.d.T.: Gute Freundschaft. Eine Geschichte für Damen, aber für kleine, 1865); G. Scherer: Illustriertes Deutsches Kinderbuch (zus. mit anderen; Bd. 1. ⁴1863; Bd. 2. 1869); O. Pletsch: Kleines Volk (1865); O. Pletsch: Allerlei Schnik-Schnak (1866); K. Bormann: Hausmütterchen (1868); O. Pletsch: Für kleine Leute (1868); O. Pletsch: Blatt für Blatt (1869); P. Schanz: Mancherlei aus des Lebens Mai (1870); Pletsch-Album: Eine Auswahl von Holzschnitten nach Originalzeichnungen (1870); Fr. Oldenberg: Springinsfeld (1871); O. Pletsch: Auf dem Lande (1871); O. Wildermuth: Aus der Kinderwelt (³1872); P. Schanz: Unter uns Kleinen (1872); Fr. Oldenberg: Der alte Bekannte (1873); H. Chr. Andersen: Märchen (Ill. zus. mit anderen. ⁷1874); Fr. Bonn: Nesthäkchen (1874); Fr. Hofmann: Der Kinder Wundergarten. Märchen aus aller Welt (Ill. zus. mit anderen. 1874); Fr. Oldenberg: Ein Gang durch's Dorf (1874); V. Blüthgen: Unser Hausgärtchen (1876); J. Sturm: Das Buch für meine Kinder (1876); V. Blüthgen: Stillvergnügt (1877); V. Blüthgen: Guckaus (1878); V. Blüthgen: Hesperiden. Märchen für Jung und Alt (Ill. zus. mit anderen. 1878); V. Blüthgen: Buben und Mädels (1879); Gräfin Lippe: Aus Haus und Hof (1879); G. Weck: Unsere Lieblinge (Ill. zus. mit O. Försterling. 1879); M. Bern: Anthologie für die Kinderstube (Ill. zus. mit anderen. 1880); A. Herding: Veilchen im Walde (Ill. zus. mit F. Flinzer. 1880); Th. Raebel: Kinder-Garten-Fibel (1880); Fr. Zimmer: Sang und Klang (1880); O. Pletsch: Spielgefährten (1881); J. Lohmeyer: Lachende Kinder (Ill. zus. mit anderen. 1882); A. Voelckerling: Mutter und Kind (Ill. zus. mit anderen. 1882); V. Blüthgen: Kleine Sippschaft (1883); J. Lohmeyer: Kunterbunt (1883); M. Bern: Für kleine Leute (Ill. zus. mit anderen. 1886); V. Blüthgen: Der Märchenquell (Ill. zus. mit anderen. 1887); V. Blüthgen: Im Kinderparadies (1905).

Sekundärliteratur: I. Bang: Die Entwicklung der deutschen Märchenillustration (1944). – Fr. von Boetticher: Malerwerke des 19. Jahrhunderts (Bd. 2. 1898). – Kl. Doderer: Das bürgerliche Bilderbuch im 19. Jahrhundert (in: Kl. Doderer (Hrsg. zus. mit H. Müller): Das Bilderbuch. 1973. 183–224). – A. F. Dürr: Die Buchhandlung Alphons Dürr in Leipzig (1903). – K. J. Friedrich: Liebenswerte Künstlergestalten um Ludwig Richter (1940). – A. Rümann: Das illustrierte Buch des XIX. Jahrhunderts in England, Frankreich und Deutschland 1790–1860 (1930). – E. Strobach: Die Entstehung eines Kinderbuches im vorigen Jahrhundert (in: Philobiblon. 1969. 13. 26–31). – H. Wegehaupt: Der Bilderbuchillustrator Oscar Pletsch (in: Marginalien. 1966. 22. 26–35).

Eberhard Semrau

Pludra, Benno

*Kinder- und Jugendbuchautor; *1. 10. 1925 Mückenberg (Niederlausitz).*

*Benno Pludra (*1925)*

Nach der Mittleren Reife und dem Besuch der Seemannsschule in Hamburg ging Pl. 1942 zur Handelsmarine und wurde Matrose auf einem Frachter. Seinen Berufswunsch, Kapitän zu werden, konnte er nicht verwirklichen. 1946 absolvierte er einen Neulehrerkursus in Riesa (DDR). Seit 1948 studierte er mehrere Semester Germanistik, Geschichte und Kunstgeschichte in Halle und Berlin. In dieser Zeit schrieb er Kurzgeschichten und Reportagen. Von 1950 bis 1952 arbeitete Pl. als Redakteur der Rundfunkzeitung. 1951 veröffentlichte er, angeregt durch ein Preisausschreiben zur Förderung der Kinder- und Jugendliteratur, seine erste größere Erzählung für Jugendliche. Seitdem schreibt Pl. überwiegend für Kinder und Jugendliche. Für seine Verdienste als Kinder- und Jugendbuchautor ist ihm 1964 die Erich-Weinert-Medaille und 1966 der Nationalpreis verliehen worden. Pl. lebt in Potsdam-Nedlitz (DDR).

Werk, Tendenzen, Wirkung. Pl. gilt in der DDR als einer derjenigen Autoren, die entscheidend zur Entstehung und Entwicklung einer neuen sozialistischen Kinderliteratur beigetragen haben. Seine ersten Jugendbücher nehmen Bezug auf aktuelle politische Ereignisse und können als beispielhaft für die erste Phase der Kinder- und Jugendliteratur in der DDR der fünfziger Jahre angesehen werden. In ihnen spiegelt sich auch besonders deutlich Pl.s Neigung zum Lehrhaften und Moralisieren wider.

Themen sind die grundlegenden Veränderungen des dörflichen Lebens, die sich mit der Gründung von landwirtschaftlichen Produktionsgenossenschaften vollzogen, so z. B. in „Ein Mädchen, fünf Jungen und sechs Traktoren“ (1951) und „In Wiepershagen krähn die Hähne“ (1953). In die Auseinandersetzung zwischen Gegnern und Befürwortern der Sozialisierung werden die Kinder unmittelbar einbezogen. Weiterhin befaßt sich Pl. mit der veränderten Umwelt der Kinder und Jugendlichen in der Schule in „Gustl, Tapp und die anderen“ (1955) und in der Pionierorganisation „Die Jungen von Zelt 13“ (1952).

Konflikte zwischen der Erziehung zum Sozialismus und konträren Einflüssen durch ein rückständiges

Elternhaus, konservative Ideologien und verantwortungslose Freunde werden in „Sheriff Teddy" (1955) und „Popp muß sich entscheiden" (1958) geschildert. In „Sheriff Teddy" werden ‚westliche' Erziehungseinflüsse an einem Jungen dargestellt, der – mit seinen Eltern von West- nach Ost-Berlin gekommen – Schwierigkeiten hat, sich der veränderten Situation anzupassen. Der Junge identifiziert sich mit den Helden der von ihm geschätzten „Schmutz- und Schundliteratur", die er auch an die Klassenkameraden vermittelt. Beide Erzählungen wurden inzwischen zusammen mit „Die Jungen von Zelt 13" überarbeitet und 1975 in einem Band neu aufgelegt.

Schematisch wie der Gegensatz zwischen sozialistischer und kapitalistischer Gesellschaftsordnung sind die meisten Konflikte in Pl.s frühen Texten dargestellt. Differenzierungen fehlen weithin. Die Tendenz Pl.s zum Beispielhaften läßt auch die Figuren durchweg typisiert erscheinen; so werden die Befürworter des Sozialismus generell mit positiven, seine Gegner mit negativen Eigenschaften geschildert. Bestimmte Verhaltensweisen und Charaktereigenschaften werden verurteilt: die Weigerung, sich in eine Gruppe einzuordnen; heimliches, abenteuerliches Spielen; Prahlen, Tollkühnheit aus mangelnder Einsicht; Feigheit, Verantwortungslosigkeit und Egoismus. Als nachahmenswerte Tugenden gelten Hilfsbereitschaft, Pflichterfüllung, Kameradschaft, Freundschaft, Pünktlichkeit, Sauberkeit.

Während in Pl.s frühen Texten hauptsächlich der Übergang zum Sozialismus und die damit verbundenen Probleme behandelt werden, beschreibt er in „Lütt Matten und die weiße Muschel" (1963), „Die Reise nach Sundevit" (1965) und „Tambari" (1969) das Leben in der sozialistischen Gesellschaft. Diese Bücher werden von der Literaturkritik in der DDR als kennzeichnend für einen neuen Abschnitt in der Geschichte der Kinder- und Jugendliteratur gesehen, in dem das Bild des „neuen Menschen" im Mittelpunkt steht: die Hauptfiguren weisen Charakterzüge auf, „durch die sie von vornherein eindeutig im Sinne des sozialistischen Ethos bestimmt sind" (MANFRED ALTNER, a.a.O. S. 44). Sie handeln pflichtbewußt und diszipliniert, bejahen ihre Verantwortung gegenüber der Gesellschaft, erstreben den Anschluß an ein Kollektiv und kennen die Bedeutung der Arbeit in der sozialistischen Gesellschaft.

Die Probleme der Helden ergeben sich aus dem Verhältnis zwischen Individuum und Kollektiv; innerhalb der Gesellschaft muß die Möglichkeit zur Entfaltung einer sozialistischen Persönlichkeit gegeben sein, auch Außenseiter sind in das Kollektiv einzubeziehen. Die Menschen dürfen nicht statisch bei dem einmal Erreichten verharren, zwischen der Welt der Kinder und der Erwachsenen besteht eine Wechselbeziehung, wobei die kritischen und unbequemen Anregungen der Kinder auch von den Erwachsenen akzeptiert werden müssen.

Thematisch wandte sich Pl. dem ihm vertrauten Bereich der Küste zu. Schon in den Erzählungen „Vor großer Fahrt" (1955) und „Wenn die Heringe ziehn" (1955) war ihm die Schilderung dieser Landschaft, der Lebens- und Arbeitsbedingungen von Fischern, Seeleuten, Matrosen, Bauern – nicht zuletzt durch Verwendung niederdeutscher und seemannssprachlicher Idiome – gelungen.

Die Ostseeküste ist auch Schauplatz der „Reise nach Sundevit" (1965). Dem achtjährigen Sohn eines Leuchtturmwärters, Timm Tammer, bietet sich die Chance, mit einer Pioniergruppe eine Fahrt zu machen. Zunächst hindern ihn, der sich selbstlos für andere einsetzt, drei Aufträge, die Reise anzutreten. Durch die Bereitschaft der anderen kommt er jedoch dennoch ans Ziel. Timm ist ein ‚positiver Held', ein Vorbild für die Leser, ein Junge, der sich selbst überwindet und einsichtig handelt, die gesellschaftlichen Notwendigkeiten der Pflichterfüllung einsieht, und auf diese Weise seine Umgebung positiv beeinflußt.

In „Lütt Matten und die weiße Muschel" (1963) und „Tambari" (1969) verzichtet Pl. auf die oberflächlich didaktische Erzählhaltung. Handlung und Personen wirken dadurch überzeugender. Der Junge Matten will mit einer selbstgebastelten Aalreuse an der Arbeit der Erwachsenen teilhaben. Als ihm dies mißlingt und er verspottet wird, glaubt er an die Kraft der ‚weißen Muschel', die nach einer überlieferten Legende den Fischern einmal aus der Not geholfen haben soll. Mattens Vater erkennt zuletzt das Bedürfnis des Jungen, sinnvolle Arbeit zu leisten und hilft ihm beim Bau einer besseren Reuse. Im Gegensatz zu Matten, der die Verhaltensweise der Erwachsenen bewundert und sie imitieren will, üben die Kinder in „Tambari" Kritik an den Fischern, die sie in ihren Bemühungen um den Kutter ‚Tambari' behindern. Das Boot war der Fischereigenossenschaft von einem als Außenseiter dargestellten Seemann vererbt worden. Die Kinder machen es seetüchtig, da es niemand außer ihnen haben will. Als die Genossenschaft in wirtschaftliche Schwierigkeiten gerät, beschließen die Erwachsenen, das Boot gegen den Willen der Kinder zu verkaufen. Die Beharrlichkeit der Kinder führt schließlich bei den Erwachsenen zu Einsicht und Selbstkritik: die Fischer wollen neue Fangmethoden anwenden und die ökonomischen Probleme nicht kurzfristig durch den Verkauf des Kutters lösen.

Werke: Ein Mädchen, fünf Jungen und sechs Traktoren (1951); Die Jungen von Zelt 13 (1952); Gustel, Tapp und die anderen (1953); In Wiepershagen krähn die Hähne (1953); Vor großer Fahrt (1955); Wenn die Heringe ziehn ... (1955); Sheriff Teddy (1955); Haik und Paul (1956); Jakob sucht Liebe (1958); Popp muß sich entscheiden (1958); Bootsmann auf der Scholle (1959); Heiner und seine Hähnchen (1962); Unser Schiff kommt von Kukkeia (1962); Lütt Matten und die weiße Muschel (1963); Die Reise nach Sundevit (1965); Vom Bären, der nicht mehr schlafen konnte (1967); Tambari (1969); Wie ich nach Swanetien reisen wollte (1974); Sundus und der hafergelbe Hund (1975).

Sekundärliteratur: M. Altner: Das sozialistische Menschenbild in der Kinder- und Jugendliteratur der DDR (1972. 43–51). – I. Dreher: Untersuchungen zur sozialistischen Jugendliteratur nach 1945 (Diss. 1967). – G. Ebert: Poesie und Pädagogik. Bemerkungen zu B. Pludras literarischem Schaffen (in: Beiträge zur Kinder- und Jugendliteratur. 1964. 6. 95–112); Ansichten zur Entwicklung der epischen Kinder- und Jugendliteratur in der DDR von 1945 bis 1975 (1977). – H. Hormann: Menschenbild und Perspektive im epischen Schaffen Benno Pludras, dargestellt an „Lütt Matten und die weiße Muschel", „Die Reise nach Sundevit" und „Tambari" (Diss. 1970); Benno Pludra (in: Literatur der DDR. 1972. 548–566). – H. Nalewski: Interpretierende Bemerkungen zu Benno Pludras „Reise nach Sundevit" (in: Beiträge zur Kinder- und Jugendliteratur. 1969. 13. 118–123). – K. Pieper: Neue Kinderliteratur. Benno Pludra: „Lütt Matten und die weiße Muschel" und „Die Reise nach Sundevit" (in: Die Unterstufe. 1964. 10. 11–12); Weil die Kinder mir sehr nahe stehen. Gedanken zu Benno Pludras Buch „Tambari" (in: Deutsche Lehrerzeitung. 1969. 30. Beilage zur Deutschen Lehrerzeitung. 33. 1–3); Interview mit Benno Pludra (in: Weimarer Beiträge. 23. 1977. 3. 95–104). – B. Pludra: Für Kinder schreiben (in: Junge Schriftsteller der DDR in Selbstdarstellungen. 1965. 43–49 und 189–190); Schreiben für Kinder (in: Neue Deutsche Literatur. 15. 12. 3–8); Wie wünschen wir uns das gute Kinderbuch? (in: Mitteilungen des Deutschen Schriftstellerverbandes. 1972. 12. 10–16); Über künstlerische Qualität (in: Der Bibliothekar. 26. 1972. 1. 41–45). – Fr. Rodrian: Schnack über Pludra (in: A. Voigtländer (Hrsg.): Liebes- und andere Erklärungen. 1972. 305–311). – E. Schmidt: Benno Pludra: Tambari (in: Der Bibliothekar. 23. 1969. 11. 1162–1164).

Gisela Goldbach

Pocci, Franz Graf von

Hofbeamter, Dichter, Zeichner, Komponist;
**7. 3. 1807 München, † 7. 5. 1876 München*

Bald nach dem Jurastudium wurde der Sohn eines italienischstämmigen Offiziers und Beamten am bayerischen Hof und einer malenden Dresdener Baronin Zeremonienmeister LUDWIGS I. (1830). Bedeutsam für seine künstlerische Entwicklung war die Mitgliedschaft in der „Gesellschaft für deutsche Altertumskunde" und in verschiedenen Künstlergesellschaften. Die ihm 1847 übertragene Hofmusikintendanz ließ ihm ebenso wie seine Berufung zum Oberstkämmerer des Hofes durch LUDWIG II. (1864) genug Zeit für seine Dichtung und die kaum übersehbare Zahl seiner Zeichnungen.

Werk, Tendenzen, Wirkung. P.s Kunst ist nur aus seiner engen Bindung an die Romantik und deren Verherrlichung des Mittelalters verständlich. Er verkehrte im Kreis von JOSEPH GÖRRES, traf dort mit CL. BRENTANO zusammen und schloß sich GUIDO GÖRRES an, dem geistigen Exponenten der katholischen Reaktion und Spätromantik in München. Mit seinen Werken für Kinder berühmt geworden, versuchte sich P. auch in der Volksdichtung (z. B. „Bauern-ABC", 1856), besonders im Volksdrama, freilich ohne rechten Erfolg („Gevatter Tod", 1855; „Michel der Feldbauer", 1858 – nach HEBELS „Karfunkel" – u. a.).
Seine Arbeit für Kinder begann mit Illustrationen. Im „Festkalender in Bildern und Liedern, geistlich und weltlich" (Heft 1–15, 1834–1837), den er zusammen mit GUIDO GÖRRES herausgab, sind von diesem der weitaus größte Teil der Gedichte, von P. die meisten der Lithographien. Bei den wenigsten Bildern und Gedichten läßt sich eine direkte Ausrichtung auf ein kindliches Publikum feststellen, der „Hausbuch"-Charakter überwiegt. GÖRRES nahm sogar fast alle seine Verse (vor allem Balladen, historische Lieder und Heiligenlegenden) in seine „Gedichte" von 1844 auf. Erst in den letzten der 15 Hefte (ab Heft 11) sind wirkliche Gedichte für Kinder (unter anderem von FRIEDRICH RÜCKERT) stärker vertreten. Die Betonung des Bayerisch-Patriotischen und Christkatholischen wird schwächer in den als Fortsetzung bezeichneten „Geschichten und Liedern mit Bildern" (1841–1845), zu denen P. alle Lithographien und auch viele Texte beisteuerte. Seine Bilder finden hier zum erstenmal ihren typischen Ausdruck: Idylle, Karikatur, Komik und Ironie stehen – meist altdeutsch kostümiert – nebeneinander oder vermischen sich in einem Bilde. Mit den Schattenbildern und -spielen war er auch der erste, der die Silhouetten in die Lithographie und später in den Holzschnitt übersetzte (vgl. D. LEUBE: Nachwort zu Franz Pocci: Kindereien, 1976, S. 163). Des weiteren zeichnete er Holzschnitte und Lithographien zu Werken von ANDERSEN, GUIDO GÖRRES, FRANZ VON KOBELL, einigen GRIMMschen Märchen, den Kindermärchen von ALBERT LUDWIG GRIMM und anderen. Sein Name als Illustrator aber ist vor allem mit FRIEDRICH GÜLLS „Kinderheimath in Liedern und Bildern" (1846) und der Sammlung „Alte und neue Kinderlieder. Mit Bildern und Singweisen" (1852) verbunden.

Titelbild des Bändchens „Allerneustes Spruchbüchlein", das 1876 bereits in der zweiten Auflage bei Braun & Schneider in München erschien. Die handkolorierten Kupferstiche und die gereimten Texte stammen von Franz von Pocci (1807–1876).

„Die Geschichten und Lieder mit Bildern" enthalten bereits die meisten Gattungen von P.s literarischen Arbeiten für Kinder: Kinderlieder und -sprüche, Gebete, Parabeln, Versmärchen, meist lustige Beispielerzählungen, Puppenspiel und Schattenspiel. Vorklänge zu den späteren Kasperlkomödien sind die Geschichte von Geburt und Lebenslauf des „Hanswurst" (Bd. 2, S. 29–32) und das „Puppenspiel" (Bd. 3, S. 41–48), das jedoch mehr ein ironisches Spiel übers Puppenspiel als ein Stück für Kinder ist. Zu den schönsten von P.s zahlreichen Kinderbüchern gehören das „Lustige Bilderbuch" (1852), das meist je Seite einen großformatigen Holzschnitt mit einem Gedicht verbindet, und „Was du willst" (1854); in beiden stammen alle Bilder und Texte von P. Das letztere bringt eine ähnliche Gattungsvielfalt wie die „Geschichten und Lieder", daneben enthält es ein damals öfter aufgeführtes „Krippenspiel" und die erste Fassung von „Kasperl in der Türkei" (umgearbeitet 1859 im ersten Komödienbüchlein).

Für die Verbreitung seiner Werke auch in Kreisen, die keine Bücher kauften, sorgten die „Münchener Bilderbogen". P. zeichnete von 1848 bis 1866 insgesamt 29 Bogen für sie, wobei bisweilen schon in Buchausgaben Gedrucktes übernommen wurde; zu den besten Bilderbogen gehört das komische bis unsinnige „Einmaleins in Reimen und Bildern" (Nr. 115–117). Auch für ISABELLA BRAUNS „Jugendblätter" lieferte er vom ersten Jahrgang (1855) bis zu seinem Tode über 70 Beiträge.

P.s Bedeutung für die Literaturgeschichte allgemein wie für die Kinderliteratur jedoch liegt vor allem in seinen Puppenspielen, die – nachdem das Interesse an dieser Gattung bereits in der Romantik seinen Höhepunkt erreicht hatte – die bedeutendste Leistung auf diesem Gebiete sind. Schon vor 1850 hatte P. in seinem Haustheater in Ammerland meist improvisierte Kasperlstücke aufgeführt; seit der Errichtung des Münchener Marionettentheaters durch JOSEPH LEONHARD SCHMID (1858) schrieb P. als Hausdichter über 40 Stücke für diese Bühne. Der Stoff war entweder eigener Erfindung oder es dienten ihm Märchen der Brüder GRIMM, CHARLES PERRAULTS, Erzählungen von CHRISTOPH VON SCHMID und ISABELLA BRAUN als Vorlagen. In den meisten ist der Münchener Kasperl Larifari die zentrale Figur. Mit ihm und vor allem seiner Sprachkomik, in verschiedenen Motiven und Szenerien (Zauberwelt, Schlußtableaus etc.) setzt P. auch durch Vermittlung des volkstümlichen Puppenspiels, NESTROYS und RAIMUNDS die Tradition des Altwiener Volkstheaters fort. HANS PÖRNBACHER schreibt über die dem Kasperl P.s eigene Komik: „Derbheit setzt er gegen Pathos, Trivialität gegen sentimentales Getue, und nie fehlt es an witzigen Parodien auf die Opernwelt oder Mittelalterromantik, Beamtenwürde und Dichterverehrung" (H. PÖRNBACHER, a.a.O. S. 299). Damit ist auch angedeutet, daß die meisten Puppenkomödien P.s, der das Mittel der romantischen Illusionszerstörung virtuos handhabt, nicht nur für Kinder geschrieben sind, trotz der bisweilen deutlichen pädagogischen Absicht. Vieles in ihnen ist literarische Parodie oder Satire, die damals nur einem gebildeten erwachsenen Publikum verständlich waren. Trotz Satire, Kritik und Selbstironisierung ist P. im Grunde seines Wesens konservativ und fortschrittsfeindlich. Er fürchtet, daß das Zeitalter der Naturwissenschaften Gott verdrängen werde, und übertreibt so beispielsweise in den Kasperlkomödien die Wissenschafts- und Gelehrtensatire („Schimpanse, der Darwinaffe", u.a.).

Doch neben diesem Zug sind es vor allem das damals schon antiquierte Pathos mancher Gedichte, die volkstümlich gemeinte archaisierende Sprache besonders einiger Versmärchen und die oft dilettantische Versbehandlung, wodurch manche seiner sonst liebenswürdigen Arbeiten für Kinder nur noch literarhistorisch interessant sind. Trotz solcher „ästhetischer" Unvollkommenheiten ist P. einer der wichtigsten Kinderdichter des 19. Jahrhunderts, der allerdings mit seinem Hauptwerk, den Kasperlkomödien, keine neue Tradition begründete, sondern eine alte abschloß. Puppenkomödien für Kinder von einigem literarischen Wert hat es nach ihm nicht mehr gegeben. Mit seinen Illustrationen hat er entscheidend auf LUDWIG RICHTER gewirkt, und er darf mit seinen eigene und fremde Dichtungen und Bilder verbindenden Werken als eigentlicher Schöpfer des „dichterischen" Bilderbuchs gelten.

Franz von Pocci. Vignette aus „Was Du willst. Ein Büchlein für Kinder" (München 1854).

Werke, Illustrationen: Fr. von Pocci (Hrsg. zus. mit G. Görres): Festkalender in Bildern und Liedern, geistlich und weltlich (H. 1–15. 1834–1837); Das Märlein vom Sneewittchen (1837); Hänsel und Grethel. Ein Märlein (1838); Legende vom Sanct Hubertus. Und: Das Märlein von Schneeweißchen und Rosenroth (1839); Rosengärtlein. Katholisches Gebetbuch für Kinder (1841); Fr. Güll: Kinderheimath in Liedern und Bildern (1846, NA. 1975); T. Löschke: Kinderreime (1847); G. Scherer: Der Osterhas (1850); Fr. von Pocci (Hrsg. zus. mit K. von Raumer): Alte und neue Kinderlieder. Mit Bildern und Singweisen (1852); A. Birlinger: Nimm mich mit. Kinderbüchlein (1862).

Text und Illustration: Spruchbüchlein mit Bildern für Kinder (1838); Geschichten und Lieder mit Bildern (Bd. 1–3. 1841–1845); Ein Büchlein für Kinder (1842); Blaubart. Ein Märchen (1845); Schattenspiel (1847); Allerneuestes Spruchbüchlein (1850); Dramatische Spiele für Kinder (1850); Lustiges Bilderbuch (1852); Was du willst. Ein Büchlein für Kinder (1854); Neues Kasperl-Theater (1855); Lustiges Komödienbüchlein (Bd. 1–6. 1859–1877); Lustige Gesellschaft (1867); Märchen, Lieder und lustige Komödien (1906); Sämtliche Kasperl-Komödien (Bd. 1–3. 1909; dasselbe in 6 Halbbänden 1910); M. Kesting (Hrsg.): Lustiges Komödienbüchlein (1965); Kasperl- und Gedankensprünge. In Erinnerung gebracht und mit einer Einführung versehen von L. Krafft (1970); K. Pörnbacher (Hrsg.): Kasperlkomödien (1970); M. Bernhard (Hrsg.): Die gesamte Druckgraphik (1974); Kindereien. Ausgewählt und mit einem Nachwort von D. Leube (1976); M. Nöbel (Hrsg.): Die Zaubergeige und andere Märchenkomödien (1977); R. Rilz (Hrsg.): Lustige Gesellschaft. Reime, Märchen und viele bunte Bilder aus den „Münchener Bilderbogen" (1978).

Sekundärliteratur: I. Braun: Franz Graf Pocci als Kinderfreund und Jugendschriftsteller (in: Jugendblätter. 1876. 22. 450–469). – A. Dreyer: Franz Pocci der Dichter, Künstler und Kinderfreund (1907). – H. Holland: Franz Graf Pocci, ein Dichter- und Künstlerleben (1890). – L. Krafft: München und das Puppenspiel (1961. 35–53). – A. Lucas: Franz Pocci und das Kinderbuch (1929). – Fr. Pocci (Enkel): Das Werk des Künstlers Franz Pocci. Ein Verzeichnis seiner Schriften, Kompositionen und graphischen Arbeiten (1926). – H. Pörnbacher: Romantisches Biedermeier in Bayern – Franz Graf Pocci und sein Kreis (in: Bayrische Literaturgeschichte in ausgewählten Beispielen. Bd. 2. 1967. 288–300). – R. Rall: Kasperl – ein Plebejer auf dem Theater. Bemerkungen zu den Kasperlstücken von Franz Pocci, Walter Benjamin und Max Kommerell (in: J. Drews (Hrsg.): Zum Kinderbuch. 1975. 60–85). – A. Riedelsheimer: Die Geschichte des J. Schmidschen Marionettentheaters in München von der Gründung bis zum heutigen Tage (1906; NA. 1922). – G. Schott: Die Puppenspiele des Grafen Pocci. Ihre Quellen und ihr Stil (Diss. 1911).

Walter Pape

Poesiealbum

Das P. – im Laufe der Jahrhunderte auch „Standbuch", „Stammbuch", „Album", „Denkmal der Freundschaft" und „Souvenir" genannt – wird heute definiert als ein „Album, in das man Freunde zur Erinnerung Gedichte und Sprüche schreiben läßt, besonders bei Kindern und jungen Mädchen beliebt" (Gerhard Wahrig). Die „Stammbuchsitte", der „Stammbuchbrauch" oder „Poesiealbumbrauch" läßt sich bis ins 16. Jahrhundert zurückverfolgen.

Zur Geschichte des P.s. Ursprünglich soll es sich bei P.en um genealogische Sammlungen gehandelt haben, die sich Familien des Adels über die Angehörigen ihres Geschlechts anlegten. Bereits im 16. Jahrhundert war der Stammbuchbrauch auch in bürgerlichen Schichten, besonders im Gelehrtenstand, bekannt (Fiedler, S. 13; Zillig, S. 130); hier schon unter einer Sinngebung, die den bloßen Herkunftsnachweis hinter sich ließ und die anhand der Worte des Magisters Frenzel (1609–1674), Professor der Poesie in Leipzig, mit denen er seine Bitte um eine Eintragung begleitete, deutlich wird: „Was bittlich ich begehr vndt gleichsam will ererben / Zur Zierath meines Buchs, zum denckmahl groszer Gunst / Das sey kein Fluchwort nich, noch Schertz von schnöder Brunst / Besonders was mich lehrt recht leben und wohl sterben / So jemand noch darzu mir wolte lassen setzen / Ein Bildt durch Mahlers Hand, ein Wappen oder Schild / So würd ümb so viel mehr mein Wuntzsch dadurch erfült / Dieweil ich mich hieran auf pflege zu ergötzen" (Fiedler, S. 14 und 14, Anmerkung 12).
Kinder und Jugendliche männlichen und weiblichen Geschlechts treten erst gegen Mitte bis Ende des 19. Jahrhunderts als Brauchteilnehmer auf. Heute setzt die Teilnahme am Brauch schwerpunktmäßig bei den Neunjährigen ein (Angermann, S. 23). Albumbesitz können vorrangig Mädchen vorweisen, doch sind auch Jungen durch das Eintragen von Sprüchen in großem Umfang am Brauch beteiligt.

Themen und Inhalte von P.en. Wenn sich auch über die Jahrhunderte die Brauchteilnehmerschaft verändert hat, macht ein Blick in die P.en deutlich, daß hier – legitimiert als Freundschaftsbeweis und als Erinnerungshilfe – nach wie vor gelehrt wird, „recht (zu) leben", wobei dem Spruchgut des 18. und 19. Jahrhunderts immer noch eine bedeutende Rolle zukommt (Angermann, S. 501; Zillig, S. 211). Texte des 20. Jahrhunderts haben nur in geringem Umfang Eingang in die Alben gefunden. Die „Poesiealbumlyrik" weist spezifische Eigenheiten auf, die sich in ihrem Kern nicht über eine Bestimmung des literarischen Rangs, sondern über eine Analyse der syntaktischen Form und angesprochenen Themenbereiche ermitteln lassen: „Aussagen" zum Menschsein, zum Leben, zur rechten Lebensführung und „Aufforderungen" zur Pflichterfüllung, zum Gehorsam, zur Bescheidenheit und Tugend, zur Heimatverbundenheit und zum Gottvertrauen, zur dienenden Liebe und Sorge, zur Eigenverantwortlichkeit oder auch zur Schicksalsgläubigkeit machen die Mehrzahl der P.-Eintragungen aus (Angermann, S. 147ff.). Es handelt sich also um Texte, die – ohne jede historische Dimension – ausdrücklich zu einem außersprachlichen Handeln auffordern, die belehren, erziehen, moralisch einwirken wollen. Aufmerksamkeit verdient dabei, daß einerseits Kinder selbst als Vermittler traditioneller Werte auftreten, andererseits die unmittelbar angesprochenen Albumbesitzer überwiegend Mädchen sind.
Als Quelle für P.-Texte dienen den Kindern hauptsächlich wieder P.en (Zillig, S. 162). Es findet also ein Prozeß des Tradierens von Tradiertem statt, wobei den Kindern Kriterien zur Bewertung der in den Texten enthaltenen „Aussagen" und „Aufforderungen" fehlen. Die kommunikativen Prozesse und Bedürfnisse, die dem Brauch zugrunde liegen, sind noch wenig geklärt. Trotz seiner weiten Verbreitung hat das P. noch keine weiterreichende literaturwissenschaftliche und literaturdidaktische Beachtung gefunden. Repräsentative Untersuchungen liegen nur aus volkskundlicher Sicht vor.

Sekundärliteratur: G. Angermann: Stammbücher und Poesiealben als Spiegel ihrer Zeit nach Quellen des 18.–20. Jahrhunderts aus Minden-Ravensberg (1971). – A. Bodensohn: Das Ich in zweiter Person. Die Zwiesprache des Poesiealbums. Mit einem Beitrag: Die Stammbücher im Stadtarchiv Worms von Fritz Reuter (1968). – G. Böhmer: Sei glücklich und vergiß mein nicht. Stammbuchblätter und Glückwunschkarten (1973). – A. Fiedler: Vom Stammbuch zum Poesiealbum. Eine volkskundliche Studie (1960). – R. Spinanger: Bedeutung und Funktion der Poesiealbumlyrik für Schüler einer Grund- und Hauptschule. Unveröffentlichte schriftliche Hausarbeit zur Ersten Staatsprüfung für Grund- und Hauptschullehrer in Schleswig-Holstein (1975). – M. Zillig: Die Stammbuchsitte der Mädchen (in: Zeitschrift für angewandte Psychologie und Charakterkunde. 62. 1942. 3/4. 129–244).

Renate Spinanger

Pohl, Norbert

*Graphiker, Illustrator; * 15. 6. 1935 Breslau.*

P. studierte von 1958 bis 1963 in Berlin an der Kunsthochschule und ist seitdem als Gebrauchsgraphiker in Berlin tätig.

Werk, Tendenzen, Wirkung. Zu seinen Arbeitsbereichen gehören neben den Buchillustrationen u. a. auch Plakate, Schallplattentaschen und freie Gestaltungen in Holzschnitt oder Lithographie. P. entwirft aber auch Bauteile und Großplastiken für Kinderspielplätze (ein roter Wal aus Klinker im Stadtbezirk Marzahn; eine dreigeteilte Holzwand mit Wurflöchern für Ballspiele im Neubaugebiet Buch u. a.) und ebenso Spielplastiken (Baukastensysteme).
Als Kinderbuchillustrator gelingt P., einfache Formen (Kreis, Dreieck) und symbolische Zeichen (Mondsichel, Rentier, Auge) sehr bewußt in der Fläche zu komponieren, gegenständlich und anschaulich zu bleiben, jedoch die traumhafte, archaische Wirklichkeit des Märchens hervorzurufen.

Werke: H. Chr. Andersen: Der fliegende Koffer (1964); H. Chr. Andersen: Sněžna kralowna (1969); V. Ruika-Franz: Der Recke im Tigerfell (1976).

Klaus Doderer

Polen

(Polska Rzeczpospolita Ludowa). Volksrepublik in Osteuropa. Staatsgebiet: 312677 km²; Einwohner: 32426000. Nach der Verfassung vom 22.7.1952 ist P. eine Volksrepublik. Höchstes Organ der Staatsgewalt ist das Parlament (Sejm). Oberstes Organ der zentralen Staatsgewalt ist der Ministerrat, der vom Sejm gewählt wird. Amtssprache ist Polnisch.

Vorläufer und Entwicklung der Kinder- und Jugendliteratur bis 1945. In P. wie auch in anderen Ländern gab es jahrhundertelang, einige Werke mit pädagogischem Inhalt ausgenommen, keine spezielle Kinder- und Jugendliteratur. Die Lesebedürfnisse der jungen Generation befriedigte man bis zur Aufklärung, also bis in das 18. Jahrhundert hinein, hauptsächlich durch die mündliche Weitergabe der nationalen Volksdichtung, durch Werke mit religiösen Inhalten und durch die traditionellen Epen sowie durch Adaptionen fremder und einheimischer Texte.
In den ältesten Zeiten sowie im frühen Mittelalter bildeten Märchen, Sagen, Legenden und Rittergeschichten die geistige Nahrung für die polnischen Kinder. Während Altersgenossen aus Ruthenien, Deutschland oder Irland die Sagen und Abenteuer des altruthenischen Riesen, die Nibelungensage oder die Elfensagen hörten, erfuhr der junge Pole die Sagen von der legendären Königin Wanda oder freute sich über den Untergang des Waweldrachen. Im Mittelalter begegnete der junge polnische Leser auch einer religiösen Literatur. Eine der ersten Pflichtlektüren bildeten damals die Heiligenlegenden.
Die sich in P. in der zweiten Hälfte des 15. Jahrhunderts sowie im 16. und der ersten Hälfte des 17. Jahrhunderts entwickelnde Epoche der Renaissance trug deutlich zur Bereicherung der Kinderlektüre bei. Der junge polnische Leser machte damals durch die Vermittlung von „Zywot Ezopa Fryga“ (1522) und „Biernat z Lublina“ (um 1485–1529) Bekanntschaft mit den Fabeln Äsops, mit den „Gesta Romanorum“, die bei uns gegen 1540 übersetzt wurden, und mit Werken der Antike, wie der „Ilias“ und der „Odyssee“ Homers, „Prace i dnie“ von Hesiodus, „Eneida“ von Vergilius, den „Metamorphosen“ von Ovid, „Zywoty slawnych mezow“ von Plutarch, den Satiren von Persius und Juvenal sowie historischer Schriften von Sallust. Ein für die Renaissance typisches Interesse für Klassiker sorgte dafür, daß die antike Literatur in dieser Epoche zu einem wesentlichen Bestandteil der schulischen Erziehung wurde. Die Welt der griechischen und römischen Mythologie, der Rittersagen mit ihren Bildern der menschlichen Leidenschaften, der menschlichen Empfindungen und Gefühle faszinierte jugendliche Leser.
Von polnischen Texten, die damals als Schullektüre fungierten, ist neben den Werken hervorragender polnischer Schriftsteller wie Jan Kochanowski (1520–1584), dem Autor von „Treny“ (1580), die populäre Anthologie „Facecje polskie“ eines unbekannten Autors (um 1570) zu nennen, die in die Lehrbücher der polnischen Sprache aufgenommen wurde. In dieser Zeit erschienen auch erste originäre Kinderbücher mit erzieherischem Charakter. Dazu

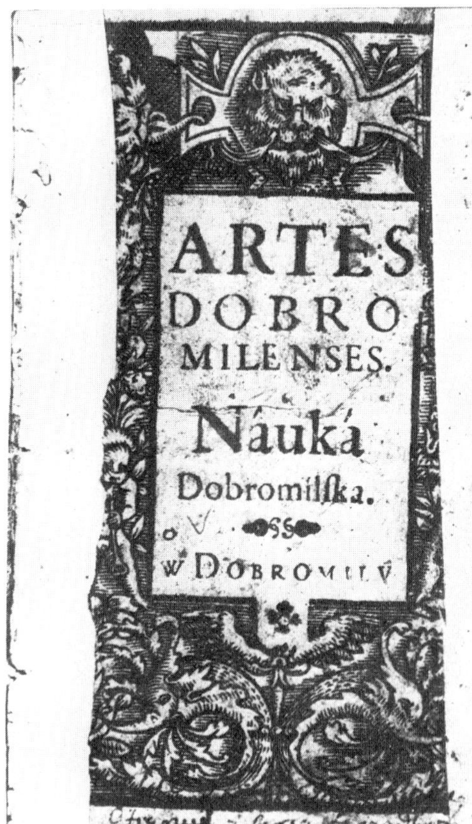

Titelseite eines frühen polnischen Kinderbuches, das 1613 erschien und Jan Szczesny Herburt zugeschrieben wird.

gehören „Artes Dombromilenses" (1613) sowie „Nauka dobromilska w Dobromilu" (1913), deren Autorschaft man JAN SZCZESNY HERBURT zuschreibt, verschiedene Elementarbücher, Sittenlehren, Spielmannserzählungen und zahlreiche Eulenspiegelstreiche. Die für Kinder gedachten Schriften waren gekennzeichnet durch witzige und lügenhafte Geschichten von Ländern, in denen die Wörter einfrieren, in denen man den Schnee trocknen, die Wege mit Würstchen einzäunen kann, und wo die gebratenen Rinder auf dem Markt spazierengehen (Schlaraffenland), aus der Folklore stammende groteske Stücke, die dem jungen Leser allerdings auch in drastischer Form allgemeine Lebensweisheiten vermitteln wollten.

In der zweiten Hälfte des 17. Jahrhunderts und das 18. Jahrhundert hindurch, also in der Barock- und Aufklärungszeit, ereigneten sich in der polnischen Kinderliteratur weitere Veränderungen. Unter dem Einfluß der in P. populären pädagogischen Anschauungen von JAN AMOS KOMENSKI (1592–1670) und JOHN LOCKE (1632–1704), dessen Traktat „Some thoughts concerning education" (1693) in polnischer Sprache 1781 erschien, begann man sich die Notwendigkeit klarzumachen, spezielle Kinderbücher zu schreiben. Eine wesentliche Rolle spielte dabei auch die Kommission für Nationale Erziehung (1773–1794), das erste polnische und im damaligen Europa einmalige Ministerium für Allgemeinbildung, das in einer Periode der Bedrohung des nationalen Daseins des polnischen Volkes versuchte, das System der nationalen Bildung zu reformieren.

Im 18. Jahrhundert gab es in polnischen Übersetzungen schon die bekannten Werke der frühen französischen Kinderliteratur. Dazu gehörten „Histoires ou Contes du temps passé" (1697) von CHARLES PERRAULT sowie FENÉLONS „Les Aventures de Télémaque fils d'Ulysse ou suite de quatrieme livre de l'Odysse". Die Märchen von PERRAULT waren in P. anfangs in der originalen Fassung verbreitet, später gelangten sie – einbezogen in verschiedene Sammelbände in polnischen Übersetzungen an die polnischen Leser. So enthielt die Sammlung „Komedie i tragedie" (1754) von URSZULA RADZIWILL das Märchen von Schneewittchen. Das Märchen von dem Mädchen und dem Ungeheuer und das von der Wahrsagerin und den drei Wünschen fand sich in dem Band „Polska ksjazka do czytania" (1785), der von DANIEL VOGEL herausgegeben wurde. „Przypadki Telemaka" von FENÉLON fand in der polnischen Übersetzung schnell Verbreitung. Eine Übersetzung in Gedichtform stammte von JAN JABLONOWSKI (1768), eine andere, in Prosa von MICHAEL TROTZ (1750).

Im 18. Jahrhundert waren in P. auch noch weitere Kinderbücher französischer Autoren im Original verbreitet, unter anderem das „Magazyn dziecinny" und das „Magazyn panieński" von MARIE LEPRINCE DE BEAUMONT, die in den Jahren 1768 und 1775 von EUSTACH DEBNICKI übersetzt wurden. „Przyjaciel dzieci" von ARNAUD BERQUIN (1749–1891), übersetzt von ANNA NARBUTÓWNA erschien in den Jahren 1782 bis 1786; „Wieczory zamkowe" von STEPHANIE FÉLICITÉ DE GENLIS (1746–1830) wurde in den Jahren von 1786 bis 1813 viermal übersetzt. „Teatr dla użytku mlodych", übersetzt von R. LADOWSKI, erschien 1787. Von deutschen Autoren erfreute sich in der Epoche der Aufklärung vor allem JOACHIM HEINRICH CAMPE (1746–1818) großer Popularität. In die Hand des polnischen Lesers gelangte im Jahre 1779 sein „Ksiażeczka moralna" in der Übersetzung von S. STAWSKI, etwas später die Trilogie, die den Entdekkungsreisen von COLUMBUS, CORTEZ, PIZZARO gewidmet war. CHR. G. SALZMANN, KAROLINE RUDOLPHI und CHR. F. WEISSE waren zwar bekannt, genossen aber in P. eine geringere Popularität als CAMPE. Die polnischen Leser kamen in dieser Zeit auch mit den Werken der englischen Schriftstellerin MARIA EDGEWORTH (1767–1849) in Berührung.

In der Zeit der Aufklärung erschienen neben den Kinderbüchern ausländischer Autoren die ersten Bücher einheimischer Schriftsteller, die sich direkt an Kinder wandten. Zu den interessantesten Werken, die für Kinder in dieser Zeit geschrieben wurden, gehört „Wyborny zbiorek historyjek, bajeczek, rozmówek, mdeytacji i innych rzeczy roztropnych do poczciwej rozrywki i nauki slużacyh ...", herausgegeben von JAN JAKÓB PZWONKOWSKI (1757). Dieses Buch enthielt Fragmente aus Werken der bekanntesten damaligen polnischen Schriftsteller, darunter JAN KOCHANOWSKI. Einen etwas anderen Charakter hatte die Veröffentlichung „Zbiór przystojnych rozrywek, czyli sposoby uczciwe i ucieszne do przystojnego rozweselania umyslów na użytek powszechności, a szczególniej dla mlodzi wiejskiej parafilanej" (1783), die Scherzgedichte, Epigramme, Parabeln, verschiedene Rätsel und Kinderspiele enthielt. Weiter verdienen Aufmerksamkeit das Bändchen „Nauka z przypadku. Moralne wierszem powieści do obyczajów mlodzi przystosowane" (1784) mit rationalistischer Tendenz; „Bukiet dla matki i dzieci" (1794), ein Band, in dem sentimentale Gedichte zusammengetragen wurden; „Polska ksiażka do czytania, to jest zbiór nauk i zabawek filozoficznych na pożytek i snadniejsze pojecie polskiego dla mlodzi kwitnacej Szkoly realnej wroclawskiej ...", herausgegeben von DANIEL VOGEL (1785); schließlich zahlreiche moralische Geschichten, die Kinder eindeutig didaktische Belehrungen erteilen wollten. Dazu gehören „Napomnienia na piśmie dane synowi", „List umierajacej matki do córki swojej ...", „Rady ojca dla córki ...", „Zdrowe rady dla mlodzieży z ‚Monitora' wybrane i dla osobnego użytku osobno przedrukowane" (1777). Einen typisch aufklärerischen Charakter hatte das von JÓZEF WYBICKI bearbeitete Buch „Rozmowy i podróże ojca z dwoma synami" (1804), in dem die Notwendigkeit herausgestellt wurde, das geistige Niveau der Jugend zu erhöhen. Der Autor der polnischen Nationalhymne übersetzte aus dem Französischen „Poczatki mitologii ..." von H. VANDELAICOURT und verfaßte eine Sammlung von Kindergeschichten. In der Epoche der Aufklärung fanden auch zahlreiche allgemeinbildende Werke Eingang in die Schullektüre. Dazu gehören „Mikolaja Doswiadczyńskiego przypadki" (1776) von IGNACY KRASICKI (1735–1801), „Satiren" (1778),

„Bajki i przypowieści" (1779) und „Bajki nowe" (1804). Im Jahre 1805 wurde der Sammelband „Bajki i przypowieści J. Krasickiego tudzież Bajki nowe z przydaniem bajek różnych autorów dla użytku dzieci" herausgegeben.
Am Ende der Aufklärungszeit erschien „Śpiewy historyczne" (1816) von JULIAN URSYN NIEMCEWICZ (1758–1841). Dieser Sammelband diente Jahrzehnte hindurch der patriotischen Einstimmung der jungen Generation. Darin stellt der Autor in 33 Gedanken die wichtigsten Ereignisse aus der polnischen Geschichte von PIAST bis zu JAN III. SOBIESKI vor. Dem gleichen Thema diente das Buch „Pielgrzym w Dobromilu" (1818) der Prinzessin IZABELA CZARTORYSKA. Die Erzählungen, weitgehend Gespräche, die der Popularisierung der polnischen Geschichte dienten und an das breite Volk, vor allem an die Frauen, gerichtet wurden, wurden zugleich auch zur populären Kinderlektüre. Am Ende der Aufklärung gab auch FRANCISZEK KARPIŃSKI (1741–1825) zwei Bücher für die Hand der jungen Leser heraus. Das eine davon war der moralische Traktat „Rozmowy Platona z uczniami swojemi" (1802), das zweite Bändchen „Dzieciom dla ich rozrywki i nauki niektóre zabawniejsze historie z różnych dziejów świata dawniejszego zebrane" (1820), das didaktische Geschichten mit patriotischer Tendenz enthielt.
Im 18. Jahrhundert und zu Beginn des 19. Jahrhunderts erschienen in P. zahlreiche Übersetzungen und Bearbeitungen bekannter Werke der Weltliteratur. Für die Jugend wurde „Robinson Crusoe" (1719) von DANIEL DEFOE (1660–1731) bearbeitet. Von den zahlreichen Bearbeitungen waren die deutsche Version „Robinson der Jüngere" (1779) von JOACHIM HEINRICH CAMPE sowie „Der Schweizerische Robinson" (1812/1813) von JOHANN D. WYSS in P. am bekanntesten. Die Bearbeitung CAMPEs unter dem Titel „Nowy Robinson" erfreute sich bis zur Mitte des 19. Jahrhunderts in P. großer Popularität. Der „Schweizerische Robinson" wurde in der polnischen Übersetzung von FRANCISZEK SALEZY DMOCHOWSKI unter dem Titel „Rodzina na bezludnej wyspie, czyli Robinson szwajcarski" (1833) herausgegeben. Für Kinder wurde auch „Gullivers Reisen" von JONATHAN SWIFT (1667–1745) bearbeitet. Die erste polnische Übersetzung des Gulliver erschien im Jahr 1784. Auch der „Don Quijote" von MIGUEL DE CERVANTES (1547–1616) kam 1786, von FRANCISZEK PODOSKI aus dem Französischen übersetzt, unter dem Titel „Historia czyli dzieje i przygody przedziwnego Don Kichota z Manszy" heraus. Große Popularität gewann die Märchensammlung „Tausendundeine Nacht". Die französische Übersetzung (1704–1717) von ANTONI GALLAND diente als Vorlage für die zwölfbändige Ausgabe (1767–1768), die von ŁUKASZ SOKOŁOWSKI ins Polnische übersetzt wurde. Die orientalischen Märchen wurden sogar als Schullektüre empfohlen, obwohl man in der Zeit der Aufklärung dem Märchen gegenüber kritische Ablehnung zeigte.
Nachdem unter dem Einfluß der pädagogischen Ideen der Aufklärung die ersten eigenständigen Kinderbücher erschienen waren, vermehrten sich die Kinderbuchausgaben während der Romantik. In der ersten Hälfte des 19. Jahrhunderts begann KLEMENTYNA HOFFMANOWA DE DOMO TAŃSKA (1798–1845) originelle Kinderbücher zu verfassen, darunter „Pamiatke po dobrej matce przez mloda Polke" (1819), „Powieści moralne ..." (1820), „Listy Elżbiety Rzeczychiej do przyjaciolki Urszuli za panowania Augusta III pisane" (1824) und „Dziennik Franciszki Krasińskiej w ostatnich latach panowania Augusta III pisany" (1825). Die kurzen Geschichten und umfangreichen Erzählungen von KL. HOFFMANOWA hatten eine moralische Tendenz, trugen deutlich das Erbe der Aufklärung in sich und spiegelten die bürgerlichen Normen der Zeit, also auch Heimatliebe, Elternliebe, Mildtätigkeit wider. Neben KLEMENTYNA HOFFMANOWA bereicherte in der ersten Hälfte des 19. Jahrhunderts vor allem PAULINA KRAKOWOWA (1813–1882) die Kinderbuchszene. Sie verfaßte „Rozmowy matki z dziećmi" (1841), „Niespodzianki" (1847) und „Wieczory domowe" (1848). Das letzte Buch enthält geschichtliche Darstellungen, kurze Erzählungen, kleine Lustspiele und Fabeln, außerdem schrieb sie einen autobiographischen Roman „Pamietnik mlodej sieroty" (1838) und die erste polnische Robinsonade „Wspomnienie wygnanki" (1843). Im Schaffen von P. KRAKOWOWA werden demokratische Vorstellungen sichtbar wie die Hochschätzung auch niederer Gesellschaftsschichten, der Arbeiter und Landleute. KRAKOWOWA und HOFFMANOWA traten gemeinsam für eine humanistische Lebenshaltung ein, sprachen sich für Nächstenliebe und Pflichterfüllung aus.
Während der Romantik machte sich der bekannte und geschätzte Pädagoge STANISŁAW JACHOWICZ (1796–1857) um die Kinderliteratur verdient. Er war Autor von Märchen, kurzen Geschichten und Kindergedich-

Klementyna Hofmanowa (1798–1845)

ten und kann als einer der Begründer des polnischen Kindergedichtes angesehen werden. Seine Dichtungen zeichneten sich vor allem durch Kindgemäßheit aus. Von ihm stammten „Bajki i powieści" (1824), „Nauki o zabawce dla najmlodszych" (1829), „Romzmowy mamy z Józia" (1830), „Powiastki i bajki" (1842), „Pamiatki dla Eryczka" (1846–1852), „Spiey dla dzieci" (1854) und „Ksiażeczka dla Stefcia" (1854). Der Autor erkannte den gesellschaftlichen Stellenwert der Arbeit und tadelte Faulheit und Verschwendungssucht.
Zu den Pionieren der polnischen Kinderliteratur gehören Schriftsteller wie TEOFIL NOWOSIELSKI (1812–1888), JULIA WOYKOWSKA (1816–1851), LUCJAN SIEMIENSKI, NARCYZA ZMICHOWSKA (1819–1876) und TEOFIL LENARTOWICZ (1822–1893). Diese zweite Generation von Schriftstellern der Epoche der Romantik widmete der bürgerlichen Erziehung große Aufmerksamkeit und betonten dabei nachdrücklich demokratische Ideen. So stellten sie jetzt mehr als bisher auch Schicksale von Angehörigen der unteren Gesellschaftsschichten vor. Sie verwandten in ihren Werken vielfach folkloristische und phantastische Motive. Bei diesen Autoren kam die spezifische romantische Auffassung mehr zum Tragen als es bei den vorhergehenden, stark von der Aufklärung beeinflußten Kinderbuchautoren der Fall war.
In der ersten Hälfte des 19. Jahrhunderts gelangten auch Werke der großen polnischen Romantiker, die ursprünglich nicht speziell für Kinder verfaßt worden waren, in den Bereich der Kinderlektüre. So die sich auf Volksmotive stützenden Balladen und Märchen von ADAM MICKIEWICZ (1798–1855) oder die märchenhafte Erzählung „O Janku, co psom szyl buty aus Kordian" (1834) von JULIUSZ SLOWACKI (1809–1849). Die Liste der Kinderlektüre erweiterte sich auch durch die von den Kindern „eroberten" Märchen des Komödienschreibers ALEKSANDER FREDRO (1793–1876).
Von ausländischen Autoren erfreute sich der englische Schriftsteller WALTER SCOTT (1771–1832), der den historischen Roman schuf und der Realismus mit Phantasie, Volkslegenden und Volksglauben verband, großer Popularität. Einen festen Platz in der Kinderlektüre nahmen seine Romane „Wawerley" (1814, polnische Ausgabe 1830), „Rob Roy" (1818, polnische Ausgabe 1830), „Wiezienie w Edynburgu" (1818, polnische Ausgabe 1827) und „Ivanhoe" (1820, polnische Ausgabe 1821) ein. Die Schriften des amerikanischen Schriftstellers JAMES FENIMORE COOPER (1779–1851) fanden bei der polnischen Jugend ein außergewöhnliches Interesse. Vor allem seine Lederstrumpfbände gehörten zur beliebtesten Lektüre der jungen Polen. Auch ein Roman von VICTOR HUGO (1802–1885), in P. unter dem Titel „Nedznicy" (1862) in verkürzter Form für die Jugend herausgekommen, fand Eingang in die polnische Kinderliteratur. In dem Roman ging es um das Schicksal des verlassenen kleinen Coset, aber auch um die Taten des findigen Straßenjungen Gavroche. Einen wichtigen Platz in der polnischen Jugendliteratur eroberte sich auch der französische Schriftsteller ALEXANDRE DUMAS (1802–1870), der Autor von in ganz Europa viel gelesenen, historisch-abenteuerlichen Romanen, von denen der populärste unter dem Titel „Trzej muszkieterowie" in polnischer Übersetzung von L. SYGIETYŃSKI im Jahre 1846 erschien. Auch der Name der amerikanischen Schriftstellerin HARRIET BEECHER-STOWE (1811–1896) war jungen polnischen Lesern ein Begriff. Ihre berühmteste Erzählung gelangte unter dem Titel „Chata wuja Toma" 1865 in einer verkürzten Fassung an den polnischen Leser.
In der Epoche der Romantik entstanden in Polen auch die ersten Kinder- und Jugendzeitschriften. Sie wurden von Pionieren der Kinderliteratur gegründet und herausgegeben (KLEMENTYNA HOFFMANOWA: „Rozrywki dla dzieci", 1824–1828; PAULINA KRAKOWOWA: „Pierwiosnek", 1838–1843; „Zorza", 1844–1844; STANISLAW JACHOWICZ: „Dziennik dla Dzieci", EWARYST ESTKOWSKI: „Szkólka dla Dzieci", 1850–1855). Weitere Kinderzeitschriften erschienen nur für kurze Dauer.

Stanisław Jachowicz (1796–1857)

Die in der Epoche der Romantik entstandenen Kinderzeitschriften stimulierten die Weiterentwicklung einer eigenständigen Kinderliteratur in P.
Das Zentrum des literarischen Schaffens für Kinder und Sitz der wichtigsten Kinderbuchverlage war Warschau. Erst in den vierziger Jahren des 19. Jahrhunderts entstanden in P. weitere Schwerpunkte (Krakau, Lwów, Posen). Neben der nun erweiterten Tätigkeit der Verlage wurden jetzt auch kritische Stellungnahmen in Form von Rezensionen und ausführlichen, literarischen Untersuchungen zu Fragen der Kinderliteratur häufiger. In den angesehenen Zeitschriften begann man die ersten Auseinandersetzungen zum Thema Kinderliteratur zu veröffentlichen. Kritiker stellten an die Autoren von Kinderbüchern hohe Anforderungen. So schrieb LUCJAN SIEMIEŃSKI für „Czas" den Aufsatz „O sposobach nauczania i ksiażkach dla dzieci", HIERONIM FELDMANOWSKI für die Zeitschrift „Tygodnik poz-

nański" die Abhandlung „O literaturze dla mlodzieży" (1862). KAZIMIERZ BRODZIŃSKI und EWARYST ESTKOWSKI verfaßten Rezensionen zu den Kinderbüchern von KLEMENTYNA HOFFMANOWA und STANISLAW JACHOWICZ.
Im Zuge der an die Romantik sich anschließenden Stilrichtungen des Positivismus, des kritischen Realismus und des Modernismus zeigte sich auch im Bereich der Kinder- und Jugendliteratur eine Vielfalt der Gattungen und Themen. So erschienen neben erzählenden Schriften auch zahlreiche folkloristische Schriften, Kindergedichte und neue Kinder- und Jugendzeitschriften. Die moralischen Erzählungen, die stark mit der Ideologie des Positivismus verknüpft waren, pflegten MARIA ŚWIDERSKA (1849–1926), TERESA JADWIGA PAPI (1844–1906), ZOFIA BUKOWIECKA (1844–1920), ZOFIA URBANOWSKA (1849–1939) und ADOLF DYGASIŃSKI (1839–1902). Die positivistischen Postulate zur Industrialisierung des Landes, zur Bildungsentwicklung, zur Sparsamkeit, zur philanthropischen Tätigkeit und zur Arbeitspädagogik kamen am deutlichsten in den Roman „Ksieżniczka" (1886) von ZOFIA URBANOWSKA zum Ausdruck. Ähnliche Ideen und pädagogische Auffassungen propagierten auch ADOLF DYGASIŃSKI in „Przygody mlodzieńca, czyli Robinson polski" (1891) und ZOFIA BUKOWIECKA in „Historia o Janku Górniku" (1896).
Die historische Erzählung wurde vor allem durch das Schaffen von WALERY PRZYBOROWSKI (1845–1913) repräsentiert, dem Autor von Werken wie „Bitwa pod Raszynem" (1881), „Szwoleżer Stach" (1900), „Szwedzi w Warszawie" (1901) oder „Grom maciejowicki" (1908). Historische Romane schrieb auch TERESA JADWIGA PAPI („Opowiadania ciotki Ludmily o dawnych czasach i ludziach", 1891; „Obrazki z życia znakomitych Polaków i Polek", 1899). Von der jüngeren Generation bereicherte WACLAW GASIOROWSKI (1869–1939) diese Gattung. Er verfaßte eine Buchreihe um Napoleon, die 1912 für die Jugend herausgegeben wurde.
Beiträge zur Entwicklung der historischen Erzählungen für die Jugend leisteten auch ANTONINA DOMAŃSKA (1853–1917) mit „Hanusia Wierzynkówna" (1909), „Paziowie króla Zygmunta" (1910), „Historia żółtej ciżemki" (1913) und „Krysia Bezimienna" (1914) sowie WIKTOR GOMULICKI (1850–1919) mit „Cudna mieszczka" (1897), „Miecz i lokieć" (1901) und JADWIGA LUSZCZEWSKA (1834–1908) unter dem Pseudonym DEOTYMA. Die Autorin schrieb auch den populären, historischen Liebesroman „Panienka z okienka" (1898). Die jungen Leser beschlagnahmten auch bald für sich die historischen Romane der bekannten Autoren für Erwachsenenliteratur wie die Romane von JÓZEF IGNACY KRASZEWSKI (1812–1882) und die berühmte „Trylogia" (1884–1888) von HENRYK SIENKIEWICZ (1846–1916). Die historischen Erzählungen für Kinder und Jugendliche wurden in der Zeit der Teilung P.s geschrieben und sollten der patriotischen Erziehung der Jugend dienen, das nationale Zusammengehörigkeitsgefühl stärken, zur Erhaltung der eigenständigen polnischen Kultur beitragen und mithelfen, die schwere Zeit der nationalen Unfreiheit zu überleben.
Ende des 19. und Anfang des 20. Jahrhunderts erschienen die bis heute populär gebliebenen Abenteuererzählungen und Science-Fiction-Bände von WLADYSLAW UMIŃSKI (1863–1954). Zu seinen bekanntesten Büchern gehören „Zwyciezcy oceanu" (1891), „Balonem do bieguna" (1894), „Podróż bez pieniedzy" (1894), „Flibustierowie" (1901), „Krwawy chleb" (1912), „Na druga planete" (1913) und „Czarodziejski okret" (1916). Exotische Reiseromane verfaßte auch WACLAW SIEROSZEWSKI (1858–1945), der einen seiner Romane, „Zamorski diabel" (1903) 1909 für junge Leser bearbeitete. Den eindeutig größten Erfolg hatte aber HENRYK SIENKIEWICZ mit seinem exotischen Abenteuerbuch „W pustyni i w puszczy" (1911), eine Robinsonade. „W pustyni i w puszczy" erfreut sich bis heute großer Popularität. Auch seine anderen historischen Romane, die eigentlich für Erwachsene geschrieben wurden, gehören noch heute zur bevorzugten Lektüre junger polnischer Leser. In der Erwachsenenliteratur dieser Zeit bestand ein lebendiges Interesse für das Kind und seine Welt. Das Kind als Thema und Hauptperson erscheint z.B. in den Erzählungen und Novellen von BOLESLAW PRUS (d.i. ALEKSANDER GLOWACKI, 1847–1912), ELIZA ORZESZKOWA (1841–1910) und auch HENRYK SIENKIEWICZ. Dieser Themenschwerpunkt ist sicher der Grund dafür, daß viele dieser Werke auch in die Jugendliteratur Eingang fanden.
Von ausländischen Werken wurden in diesere Zeit eine ganze Reihe von sogenannten Jugendbuchklassikern in die polnische Kinder- und Jugendliteratur übernommen. Dazu gehören die Erzählungen des englischen Realisten CHARLES DICKENS (1812–1870), vor allem sein berühmter Roman „David Copperfield" (1850, polnische Ausgabe, 1889), die abenteuerlichen Erzählungen von MARK TWAIN (1835–1910), vor allem „Przygody Tomka Sawyera" (1876, polnische Ausgabe 1901) und „Przygody Hucka" (1884, polnische Ausgabe 1898), die Reiseromane und technisch-utopischen Erzählungen von JULES VERNE (1828–1905), die bekannte Erzählung des Italieners EDMONDO DE AMICIS (1846–1908) „Serce" (1886, polnische Ausgabe 1887); die Abenteuererzählungen von ROBERT LOUIS STEVENSON (1850–1894) und THOMAS MAYNE REID (1818–1883).
Auf dem Gebiet der märchenhaften Erzählung und des Kindergedichtes betätigte sich MARIA KONOPNICKA (1842–1912), deren Schriften noch heute verlegt und gelesen werden. Die Autorin, die auch für Erwachsene schrieb, verfaßte auch einen umfangreichen phantastischen Roman, der heute zu den Meisterwerken der polnischen Kinderliteratur gezählt wird, „O krasnoludkach i sierotce Marysi" (1896). Dieser auf verschiedenen Erzählebenen ablaufende Roman, der an die Heimatliebe und Naturverbundenheit der Leser appelliert, spielte wie der Roman „W pustyni i w pusczy" von SIENKIEWICZ eine bedeutende Rolle bei der weiteren Entwicklung der polnischen Kinder- und Jugendliteratur und kann als Wegbereiter der phantastischen

Erzählung in P. angesehen werden. Weitere märchenhafte Erzählungen lieferten um die Wende vom 19. zum 20. Jahrhundert auch WALERY PRZYBOROWSKI mit „Baśnie ludowe dla mlodszej dziatwy" (1882), JÓZEF IGNACY KRASZEWSKI mit „Bajeczki" (1882), ADOLF DYGASIŃSKI mit „Cudowne bajki" (1896), WACLAW SIEROSZEWSKI mit „Bajiki" (1909), JAN KASPROWICZ (1860–1926) mit „Baśń o nocy Świetojańskiej" (1894) und dem Band „Bajki, klechdy i baśńie" (1901), LUCJAN RYDEL (1870–1918) mit „Madejowe loże" (1894) und „Bajka i Kasi i królewiczu" (1904), BOLESLAW LEŚMIAN (1898–1937) mit „Klechdy sezamowe" (1913) und „Przygody Sindbada Żeglarza" (1913) sowie JULIAN EJSMOND (1892–1930) mit „Baśń o ziemnych ludkach" (1914).
Gleichzeitig war in P. auch großes Interesse für Märchensammlungen und phantastische Erzählungen ausländischer Autoren zu beobachten. Im Jahr 1892 wurden in polnischer Übersetzung die Kinder- und Hausmärchen (1812–1815) der Brüder GRIMM herausgebracht. Im gleichen Jahr erschienen auch unter dem Titel „Bajki i opowiadania" die Märchen des dänischen Schriftstellers HANS CHRISTIAN ANDERSEN (1805–1875). Diese erste Übersetzung gab den Anstoß zu einer Reihe weiterer Übersetzungen der Märchen von ANDERSEN, die von 1900 bis 1918 in den Verlagen Gebethner und Wolff, Mortkowicz und Arct erschienen. Aus dem Englischen kamen die Dschungelgeschichten von RUDYARD KIPLING (1865–1936), einige phantastische Erzählungen von EDITH NESBIT (1858–1924), „Alice im Wunderland" von LEWIS CARROLL (1832–1898), „Peter Pan" von JAMES M. BARRIE (1860–1937). Auch der „Pinocchio" des Italieners CARLO LORENZINI, der unter dem Pseudonym COLLODI bekannt wurde, erschien 1912 in polnischer Übersetzung („Przygody pajaca").
Um die Jahrhundertwende wurde die polnische Kinder- und Jugendliteratur um die Kindergedichtbände von WLADYSLAW BELZA (1874–1913), ARTUR OPPMAN (Pseudonym OR-OT, 1867–1931) und BRONISLAWA OSTROWSKA (1881–1928) bereichert. Ihre Dichtungen zeigten volkstümliche patriotische Tendenzen. In der zweiten Hälfte des 19. und Anfang des 20. Jahrhunderts breiteten sich die Kinderzeitschriften in P. weiter aus. Führende Kinder- und Jugendzeitschriften der Zeit waren „Przyjaciel Dzieci" (1861–1914), „Wieczory Rodzinne" (1880–1914), „Świat" (1876–1881), „Maly Światek" (1887–1914), „Promyk" (1900–1910), „Z bliska i z dalcka" (1913–1914) und „W slońcu" (1916–1926).
Gegen Ende des 19. Jahrhunderts bildete sich auch eine deutliche theoretische Befassung mit der Kinderliteratur heraus. Mit entsprechenden Aufsätzen traten die Literaturhistoriker PIOTR CHMIELOWSKI, ADOLF DYGASIŃSKI, ANIELA SZYCÓWNA und STANISLAW KARPOWICZ hervor. ANIELA SZYCÓWNA und S. KARPOWICZ erarbeiteten die erste Geschichte und Theorie der Kinder- und Jugendliteratur in P. von ihren Anfängen bis zum Ende des 19. Jahrhunderts („Nasza literatura dla mlodieży", 1904).
Der um die Jahrhundertwende eingeleitete Kampf um die Hebung des Niveaus der Literatur für junge Leser wurde in den Jahren zwischen dem Ersten und Zweiten Weltkrieg fortgesetzt. In den Kinderbüchern dieser Jahre finden sich einige neue Tendenzen. Auf dem ersten Platz stand nun die realistische Erzählung, die Kinder aus den niederen Schichten zum Thema hatte und in der der Alltag im Vorkriegs-P. gezeichnet wurde. Diese Tendenz wird deutlich in dem Schaffen von HELENA BOGUSZEWSKA (1886–1978), von HALINA GÓRSKA (1898–1941), WANDA WASILEWSKA (1905–1964) und JANUSZ KORCZAK (1878–1943). Diese Autorinnen und Autoren, so H. BOGUSZEWSKA in „Czerwone weże" (1933), H. GÓRSKA in „Druga brama" (1935) und W. WASILEWSKA in „Pokój na poddaszu" (1939) beschrieben das Leben der Arbeiter- und Bauernkinder. Die tragenden Figuren dieser Erzählungen stammen aus dem einfachen Volk und spiegeln die Solidarität der Arbeiter, klagen aber auch gleichzeitig am Beispiel individueller Schicksale die Ungerechtigkeiten der damaligen Gesellschaft an.
Neben dieser fortschrittlich-realistischen Tendenz zeigte sich in den zwanziger Jahren unseres Jahrhunderts eine zweite Tendenz zur humor- und geistvollen Erzählweise, die auf folkloristische Elemente zurückgriff, Lebensoptimismus verbreiten wollte und im Gegensatz zu den gesellschaftlichen Verhältnissen Vorkriegs-P.s stand. Diese Richtung wird sichtbar bei KORNEL MAKUSZYŃSKI (1884–1954), dem Autor von Erzählungen wie „Panna z mokra glowa" (1933), „Awantura o Basie" (1937) und „Szatan z sidmej klasy" (1937) und GUSTAW MORCINEK (1891–1963), dem Autor von „Narodziny serca" (1932), „Gwiazdy w studni" (1933), „Ludzie sa dobrzy" (1936) und „Uśmiech na drodze" (1936).
Jetzt erschienen auch Kinderbücher, die auf eine neue Art und mit psychologischem Gespür auf die speziellen Probleme von Kindern in Familien, Freundeskreis oder in der Schule eingingen. Vertreter dieser Richtung waren ZOFIA ŻURAKOWSKA (1897–1931), eine begabte, früh verstorbene Autorin psychologisch-stimmiger Erzählungen („Jutro niedziela, Chlopcy na strychu, Pójdziemy w świat, Fetysz", 1925–1928); JULIUSZ KADEN-BANDROWSKI (1885–1944), Autor von „Miasto mojej matki" (1925) und „Wcieniu zapomnianej olszyny" (1926) und MARIA DABROWSKA (1889–1965), die in P. nicht nur als Autorin von Romanen für Erwachsene hervortrat, sondern auch als Kinderbuchautorin einen festen Platz gefunden hat. Die Erzählungen von M. DABROWSKA („Przyjaźń", 1927; „Marcin Kozera", 1927; „Wilczeta z czarnego podwórza", 1936) sind von dem Bemühen der Autorin um eine genaue Wiedergabe des Lebens und der Gefühle der aus dem städtischen oder dörflichen Proletariat stammenden Kinder gekennzeichnet. Im Mittelpunkt ihrer an die Jugend gerichteten Erzählungen stehen oft Freundschaften von Kindern untereinander und die Beziehungen zwischen Eltern und Kindern.
Eine Sonderstellung innerhalb der polnischen Kinderliteratur nimmt JANUSZ KORCZAK ein, der einerseits

fortschrittlichen Tendenzen verpflichtet war, andererseits die phantastische Erzählung weiter entwickelte. Dieser humanistische Erzieher, der sein Leben dem Wohl der Kinder widmete, blieb seinen humanistischen Grundsätzen bis zum Tode treu, als er jüdische Kinder während der deutschen Besetzung P.s in die Gaskammern eines Nazi-Vernichtungslagers begleitete. Die Bücher von J. KORCZAK („Król Maciuś I.", 1928; „Król Maciuś na wyspie bezludnej", 1931; „Kajtuś czarodziej", 1932) zeigen eine mit großer Einfühlungskraft gezeichnete Kinderwelt, in der sich Kinderträume verwirklichen können. Auf eine geschickte Art und Weise verbindet KORCZAK utopische Elemente mit kindgemäßem Humor und liefert in seinen utopischen Gegenwelten ein satirisches Bild der Gesellschaft seiner Zeit.

Von den ausländischen Autoren erfreute sich in den ersten Jahrzehnten des 20. Jahrhunderts besonders KARL MAY (1842–1912), der Autor der abenteuerlichen Reiseromane, großer Beliebtheit. Seine Erzählung „Winnetou" wurde schon 1910 ins Polnische übersetzt. Die meisten seiner anderen Bücher erschienen in P. zwischen den beiden Weltkriegen. In diesen Jahren wurden auch die Romane des bedeutenden amerikanischen Schriftstellers JACK LONDON (1876–1916) bekannt. Bei den polnischen jungen Leserinnen waren vor allem die Mädchenbücher der Engländerin LUCY MAUD MONTGOMERY (1874–1942) beliebt.

In den Jahren zwischen den beiden Weltkriegen traten märchenhafte Erzählungen und Gedichtbände für Kinder wieder mehr in den Vordergrund. Neue Themen wurden aufgegriffen, psychologisch vertieft, die literarischen Formen erweitert. Jetzt traten mit ihren Kinderbüchern neue Autoren auf, die zum Teil auch noch nach 1945 schrieben, wie ZOFIA ROGOSZÓWNA (1881–1921), EWA SZELBURG-ZAREMBINA (* 1899), JANINA PORAZIŃSKA (1888–1971), HANNA JANUSZEWSKA (* 1905), JULIAN TUWIM (1894–1955) und JAN BRZECHWA (1900–1966). In den Kindergeschichten und phantastischen Erzählungen dieser Autoren lassen sich zwei Tendenzen erkennen. Eine Gruppe griff deutlich auf das reiche folkloristische Erbe und die Nutzung phantastischer Elemente zurück, so die Autoren Z. ROGOSZÓWNA, J. PORAZIŃSKA, H. JANUSZEWSKA und E. SZELBURG-ZAREMBINA; die andere Gruppe wandte sich mehr der nationalen Tradition der satirisch-scherzhaften bis grotesken Dichtung zu. Vertreter dieser Gruppe waren vor allem J. TUWIM und J. BRZECHWA. Mit ihrer thematischen Breite, dem Einsatz neuer literarischer Formen, dem souveränen Umgang mit den verschiedenen Stimmungen, dem Reichtum der poetischen Ausdrucksmittel und der Einbeziehung grotesker Situationen schufen TUWIM und BRZECHWA einen neuen Typ der „Kinderlyrik" auf polnischem Boden.

Auch neue Kinder- und Jugendzeitschriften wurden in diesen Jahren herausgegeben. Zu den bekanntesten und populärsten zählen „Plomyk" (1918–1939) sowie „Plomyczek". Die beiden Zeitschriften pflegten die enge Verbundenheit des jungen Lesers mit seiner Heimat, dem Leben in Stadt und Land und versuchten, den Kindern humanitäre Ideen zu vermitteln. „Plomyk" propagierte vor allem die Idee der Brüderlichkeit aller Menschen untereinander, indem sie Monographien über verschiedene Länder herausgab. Eine Nummer der Zeitschrift war z.B. der Sowjetunion gewidmet.

In der Periode zwischen den beiden Weltkriegen machte die ernsthafte Jugendbuchkritik weitere Fortschritte. Von den einschlägigen Arbeiten, die in diesen Jahren herausgegeben wurden, erlangte die Schrift „Polska literatura dla dzieci i mlodzieży. Zarys historyczny z wypisami" (1927) von KAZIMIERZ KRÓLIŃSKI besondere Bedeutung. Es erschienen auch verschiedene Kinderbuchkataloge, so der 1931 in Krakau herausgegebene „Polska ksiażka dla dzieci i mlodzieży". Verschiedene Untersuchungen befaßten sich auch mit dem Leseinteresse von Kindern und Jugendlichen.

Die Kriegsjahre und die deutsche Besatzung unterbrachen eine weitere freie Entwicklung der polnischen Kinder- und Jugendliteratur. Für Jugendliche, die während der Besatzung in geheimen Ausbildungsstätten lernten, vervielfältigte man Texte auf verschiedene Art und Weise, nicht selten unter Lebensgefahr. Es waren vor allem Lehrbücher und einige ältere Dichtungen mit patriotischen Inhalten. Trotz der Verfolgungen der polnischen Intelligenz, der Festnahme politischer Schriftsteller und ihrer Einlieferung in die nationalsozialistischen Konzentrationslager wurden geheim neue Werke verbreitet, wie „Dywizjon 303" (1. Ausgabe London, 1942) von ARKADY FIEDLER (* 1894) und „Kamienie na szaniec" (1943) in einem geheimen Verlag von ALEKSANDER KAMIŃSKI (1903–1978).

Es gab konspirative Kinderzeitschriften, die in Form von Flugblättern erschienen. Zu den wichtigsten, die heute kaum noch bekannt sind, gehörten „Żródlo", „Brzask", „Badź gotów", „Dziś i jutro" und „Jawnutka", eine Zeitschrift, die unter dem Titel „Dziennik Dzieciecy" auch während des Warschauer Aufstandes herausgegeben wurde.

Entwicklung der Kinder- und Jugendliteratur von 1945 bis zur Gegenwart. In der Volksrepublik P. bekam das Schaffen für Kinder und Jugendliche einen neuen und wichtigen gesellschaftlichen Stellenwert. Dadurch nahm die Kinder- und Jugendliteratur einen großen Aufschwung und erlebte inhaltlich sowie formal eine grundlegende Erneuerung. Eine wesentliche Rolle dabei spielten die Bemühungen des Staates, alle talentierten Schriftsteller zu fördern, das Rezensionswesen in diesem Bereich und die theoretische Befassung mit der Kinder- und Jugendliteratur anzuregen und die Organisation des Jugendbuchwesens tatkräftig zu unterstützen.

Nach 1945 knüpfte die Kinder- und Jugendliteratur an die literarischen Muster der Vergangenheit an. Sie war noch weitgehend durch das Schaffen von Autoren bestimmt, die schon zwischen den beiden Weltkriegen bekannt geworden waren. In den Jahren nach 1945 begannen aber auch die Schriftsteller der jüngeren Generation für junge Leser zu schreiben. Der Lektürebedarf der jungen polnischen Leser wurde einerseits durch Neuauflagen gedeckt, die den jungen Leser in die literarische und kulturelle Tradition, die während der Besatzungszeit unterdrückt worden war, einführen, andererseits durch neue Erzählungen, die vor allem die nationalen, zur Entstehung der Volksrepublik P. führenden Erfahrungen vortrugen. Zahlreiche Kinder- und Jugendbücher beschäftigten sich in den ersten Jahren nach 1945 mit den Erlebnissen und Erfahrungen des polnischen Volkes während der Kriegs- und Besatzungszeiten. Häufiges Thema war die Schilderung des Einsatzes junger Polen, die zusammen mit den Erwachsenen für die nationale Existenz kämpften. Themen dieser Art griffen JANINA BRONIEWSKA (*1904) in der Erzählung „Krystek Z Warszawy" (1949), HALINA RUDNICKA (*1905) in der Erzählung „Polna ścieżka" (1949), ALEKSANDER KAMIŃSKI in „Kamienie na szaniec" (1943), IGOR NEWERLY (*1903) in „Chlopiec z Salskich stepów" (1949), WANDA ZÓLKIEWSKA (*1912) in „Pluton Wacka Hutnika" (1948), JADWIGA KORCZAKOWSKA (*1906) in „Palac pod grusza" (1948), JANUSZ PRZYMANOWSKI (*1922) in „Chlopiec znad Wisly" (1951) und in „Tajemnica wzgórza" (1954) auf. In der Kinder- und Jugendliteratur der ersten Nachkriegsjahre versuchte man, auch aktuelle Probleme der neuen Gesellschaft darzustellen. Man zeigte den Alltag im befreiten P., Probleme der jungen Generation in der neuen Gesellschaft, die Teilnahme der Jugend am Wiederaufbau des zerstörten Landes und an der Entstehung einer neuen, sozialistischen Wirklichkeit. Zu den Schriftstellern, die sich mit solchen Problemen befaßten, gehören MARIA KANN (*1916) in „Góra Czterech Wiatrów" (1948), JANINA BRONIEWSKA in „Ogniwo" (1952), HANNA MORTKOWICZ-OLCZAKOWA (1903–1968) in „Krzak jaśminu" (1954), IGOR NEWERLY in „Archipelag ludzi odzyskanych" (1960), KAZI MIERZ KOŻNIEWSKI (*1919) in „Piatka z ulicy Barskiej" (1952), HANNA OŻOGOWSKA (*1904) in den Romanen „Uczniowie III klasy" (1950) und „Na karolewskiej" (1952), ADAM BAHDAJ (*1918) in „Narciarski ślad" (1954), EDMUND NIZIURSKI (*1925) in „Ksiega urwisów" (1954) und MIRA JAWORCZAKOWA (*1917) in „Zielone pióro" (1956).

Die auf dem Büchermarkt vorhandenen Lücken versuchte man mit Übersetzungen aus der sowjetischen Literatur zu füllen. Für junge Leser wurde übersetzt: „Opowieść o prawdziwym czlowieku" (1946, polnische Ausgabe 1949) von BORIS POLEWOJ (*1908); „Mloda Gwardia" (1946, polnische Ausgabe 1948) von ALEKSANDER FADEJEW (1901–1956); „Timur i jego drużyna" (1940, polnische Ausgabe 1948) von ARKADY GAJDAR (1904–1941); „Syn pulku" (1945, polnische Ausgabe 1950) von WALENTIN KATAJEW (*1897). Die sowjetische Literatur half die Kenntnisse der polnischen Leser von den sozialistischen Ideen der neuen Gesellschaft zu erweitern und lieferte neue Muster einer sozialistischen Moral.

Die zügige Entwicklung, die seit der zweiten Hälfte der fünfziger Jahre zu beobachten ist, hatte als Ergebnis, daß heute eine breite Palette von Gattungen und Themen in dem Bereich der Kinder- und Jugendliteratur nicht nur in der erzählenden Kinderliteratur, sondern auch in den Zweigen des Kindertheaters, des Kindergedichtes und der folkloristischen Tradition in P. existiert.

*Andrzej Strumiłło (*1928). Illustration aus dem in Warschau 1971 erschienenen Buch von Robert Stiller „Narzeczony z morza". Strumiłło erhielt auf der BIB 1971 den Grand Prix.*

In den letzten Jahren entwickelten sich besonders die moderne Umweltgeschichte und der realistische Gegenwartsroman. In Werken dieser thematischen Richtung wird das Leben der Kinder im Familienverband dargestellt. Familienkonflikte und ihr Einfluß auf die Entwicklung der jungen Helden werden geschildert. Bücher mit dieser Thematik schrieben JADWIGA KORCZAKOWSKA („Buleczka", 1957), MIRA JAWORCZAKOWA („Oto jest Kasia", 1962; „Po slonecznej stronie", 1965), HANNA OŻOGOWSKA („Scyzoryk i koledzy", 1960; „Dziewczyna i chlopak, czyli heca na czternaście fajerek", 1961), WANDA ZÓLKIEWSKA („Szabla z perla", 1958), IRENA JURGIELEWICZOWA (*1903; „Ten obcy", 1961; „Niespokojne godziny", 1966), LEOKADIA SATURNINA WADECKA (*1922; „Adam i Ewa", 1962; „Adam, Ewa i reszta", 1964), STANISLAW KOWALEWSKI (*1918; „Czarne okna", 1961), NATALIA ROLLECZEK (*1919; „Kochana rodzinka i ja", 1962; „Rodzinka Szkaradków i ja", 1963; „Rodzinne klopoty i ja", 1966), BARBARA GÓRKIEWICZOWA (*1921; „A jednak radość", 1967; „Szesnaste lato Hanki", 1968), LUDWIKA WOŹNICKA (*1924; „Jagoda w mieście", 1968), IRENA KRZYWICKA (*1904; „Wicher i trzciny", 1959), MARIAN BIELICKI (*1920; „Gorycz slawy", 1961), JANUSZ DOMAGALIK (*1931; „Meska sprawa", 1963; „Koniec wakacji", 1966). Manche der hier genannten Autoren schufen einen neuen, psychologisch vertieften Helden. Sie verließen dabei die traditionelle Erzählweise und führten einen neuen Typ des Erzählers ein oder fanden neue, zum Teil auf verschiedenen Ebenen angelegte Erzählstrukturen.

Probleme, die das Heranreifen und die Pubertät junger Menschen aufwerfen, auch erste Liebesbeziehungen zwischen Heranwachsenden, schildern Autoren wie Krystyna Salaburska (*1924; „Spotkania z diablem", 1958; „Maski", 1964), Elżbieta Jackiewiczowa (1902–1976; „Tancerze", 1961; „Dwie milości", 1963), Halina Snopkiewicz (*1934; „Sloneczniki, 1962; „Paladyny", 1964), Marian Bielecki („Gdzie jesteś Malgorzato?", 1963; „Malgorzata szuka siebie", 1964; „Malgorzata szuka powrotu", 1965), Krystyna Siesicka (*1928; „Zapalka na zakrecie", 1966; „Jezioro osobliwości", 1966; „Bethoven i dżinsy", 1968); Irena Jurgielewiczowa („Wszystko inaczej", 1968; „Ważne i nieważne", 1971). In den genannten Erzählungen, die das komplizierte Gefühlsleben der Jugend berühren, griff man auch Themen auf, die bisher in der Jugendliteratur für tabu erklärt worden waren. Die Veränderungen im Bewußtsein der Gesellschaft und der moralischen Auffassungen führten dazu, daß Probleme, die früher bewußt aus der Jugendliteratur ferngehalten wurden, jetzt offen und kritisch angegangen werden können. Dieser Wandel in der Wahl von Jugendbuchthemen rief in der polnischen Literaturkritik zahlreiche Kontroversen hervor. So wurden vor allem der „Anachronismus der geschilderten Liebesverhältnisse", thematische und sprachliche Stereotypen, die Banalität der Dialoge kritisiert, andererseits fand die Tendenz zur Einbeziehung auch heikler Themen Beifall.

In der gegenwärtigen Kinder- und Jugendliteratur nehmen Werke über Schul-, Pfadfinder- und Sporterlebnisse einen bedeutenden Platz ein. Zu den interessantesten Büchern, die das Leben der Jugend im Schulmilieu und in der Pfadfinderorganisation schildern, gehören: „Tajemnica zielonej pieczeci" (1959), „Chlopak na opak, czyli z pamietnika pechowego Jacka" (1960), „Scyzoryk i koledzy" (1960), „Raz, gdy chcialem być szlachetny" (1963) und „Ucho od śledzia" (1964) von Hanna Ożogowska; „Lizus" (1956), „Sposób na Alcybiadesa" (1964), „Jutro klasówka" (1966), „Równy chlopak i Rezus" (1969) von Edmund Niziurski; „Dziewczeta szukaja drogi" (1958) von Elżbieta Jackiewiczowa; „Zawsze jakieś jutro" (1965) von Janina Wieczerska (*1931); „Plama na Zlotej Puszczy", „Leśna drużyna" (1962) von Boleslaw Mrówczyński.

In der gegenwärtigen Kinder- und Jugendliteratur ist die Kriegs- und Besatzungszeit noch immer ein häufig aufgegriffenes Thema. Allerdings zeichnen sich neue Werke dieser Thematik durch reportagehafte und dokumentarische Erzählweise aus (Adam Bahdaj: „Droga przez góry", 1957; „O siódmej w Budapeszcie", 1958; „Wyraj", 1964; Maria Kann: „Dujawica", 1956; „Owcze ścieżki", 1960; „Sprawa honoru", 1969; Wanda Zólkiewska: „Las noim domem", 1962; „Slady rysich pazurów", 1965; „Dzikus, czyli wyjety spod prawa", 1967; Leokadia Saturnina Wadecka: „Historia prawie autentyczna", 1960; „Bez drogowskazu", 1961; Janusz Przymanowski: „Czterej pancerni i pies", 1964; Elżbieta Jackiewiczowa: „Pokolenie Teresy", 1965; Jerzy Szczgiel: (*1932; „Tarnina", 1966; Drogi rezygnacji", 1962; „Ziemia bez slońca", 1970; Stanislaw Biskupski: (*1917; „ORP ‚Orzel' zaginal", 1958; „Chlopcy z ostrowieckich lasów", 1962; „Uwaga peryskop", 1962; „Na kursie ‚Bismarck'", 1963; Cezary Chlebowski (*1932; „Nocne szlaki", 1964). Es bildete sich im Bereich der Kriegserzählung ein Typ der dokumentarischen Berichterstattung heraus. Es wird auf die Fakten zurückgegriffen, weitgehend auf erzählerische Ausschmückungen verzichtet und ein nüchterner Stil bevorzugt.

In der gegenwärtigen, historischen Erzählung greift man vielfach nach Themen aus der Piasten- und Jagellonenzeit: Karol Bunsch (*1898): „Psie Pole", 1953; „Zdobycie Kolobrzegu", 1953; Jerzy Ciepik (*1929): „Krzyż i korona", 1967; Jadwiga Chamiec (*1910): „Król kurkowy", 1963; „Królewna zza gór", 1963; Jadwiga und Anna Chamiec: „Gniewko z Turboi", 1965; „Jak Semko Polske budowal", 1967; Kornelia Dobkiewiczowa (*1912): „Haftowane trzewiczki", 1958; „Rycerze kamiennego niedźwiedzia", 1962; „Slezaśnka legenda", 1967; „Najwiekszy skarb", 1966; „Ofka z Kamiennej Góry", 1968; „Odzyskana korona", 1958; „Piastẃny i żony Piastów", 1967). Auch das 17. und 18. Jahrhundert wird in zahlreichen historischen Erzählungen vorgestellt, und vor allem in den historischen Erzählungen der letzten Jahre werden auch regionale Themen aufgegriffen. Erzählungen dieser Art sind vor allem Gebieten gewidmet, die längere Zeit von dem Mutterland getrennt waren.

Einen wichtigen Platz in der gegenwärtigen geschichtlichen Kinderliteratur nimmt auch die Weltgeschichte ein. Die Schriftsteller widmen ihre Aufmerksamkeit besonders der Antike, die in Form literarischer Visionen den jungen Lesern nähergebracht werden soll: Halina Rudnicka: „Uczniowie Spartakusa", 1951; „Król Agis", 1963; „Syn Heraklesa", 1966; „Heros w okowach", 1969; Wanda Markowska (*1912): „Efeb z Eleusyny", 1965; Boguslaw Sujkowski (1900–1964): „Bogowie osadza", 1955; „Jantarowy szlak", 1965; Janusz Teodor Dybowski (*1909); „Światlo nad Hellada", 1963; „Ocalenie Syrakuz", 1966). Die neuere Zeit, vor allem die Freiheitskämpfe lange unterdrückter Völker, faszinieren Jadwiga Chamiec („Trójkolorowa kokarda", 1960; „Zlamana szpada", 1960) und Boleslaw Mrówczyński („Czlowiek bez nazwiska", 1958). Diese Schriftsteller zeigen auf dem Hintergrund der europäischen Revolutionen die Teilnahme der Polen, darunter die des Generals Bem, an den Kämpfen um die eigene Freiheit und die anderer Völker. Die einschlägigen Erzählungen greifen deutlich auf die literarische Tradition eines Przyborowski und Gasiorowski zurück. Die Darstellungen von Chamiec und Mrówczyński stellen jedoch die gesellschaftliche und politische Problematik deutlicher in den Vordergrund und zeichnen einen Helden, der nicht nur nationales und politisches Bewußtsein zeigt, sondern auch gesellschaftspolitisches Engagement. In den gegenwärtigen historischen Erzählungen für junge Leser ist das deutliche Bemühen um historische Authentizität zu erkennen. Im allgemeinen werden jedoch alte Muster nachgezeichnet, wie sie J. I. KRASZEWSKI und H. SIENKIEWICZ schufen. Dies ist vor allem dann der Fall, wenn die fiktiven abenteuerlichen Motive auf den ersten Platz gerückt werden.

Einen wesentlichen Anteil an der Kinder- und Jugendliteratur machen die erzählenden Biographien aus. Das Leitthema solcher Erzählungen ist das Leben hervorragender geschichtlicher Persönlichkeiten (BOLESLAW MRÓWCZYŃSKI: „Lew Sezostrysa", 1959; LEON PRZEMSKI: „Wielka przygoda kasztelanica", 1963; „Ksiaże Józefżolnierz doskonaly", 1968; KAROL KOŹMIŃSKI (1888–1967): „Obrońca Woli", 1957; „Meteor", 1961; „Bez trwogi i zmazy", 1962; „General Bosak", 1962; „Jozef Wybicki", 1963; „Bohater dwóch kontynentów", 1968; STANISLAW STRUMPH-WOJTKIEWICZ (* 1898): „W slużbie wolności", 1956; „Agent nr 1", 1959). Manche Biographien schildern auch das Leben von Wissenschaftlern und Erfindern (TADEUSZ TWAROGOWSKI (* 1915): „Pogromca piorunów", 1958; „Wielki samouk", 1961; „Droga do Cambridge", 1963; „Bibliotekarz króla Jana", 1963; WLADYSLAW KULICKI (* 1928): „Triumf marzyciela", 1962; „Peiszo po slawe", 1966; MARIA ZIÓLKOWSKA (* 1924): „Chlopiec spod zielonej gwiazdy", 1962; „Uczniowie pana Lindego", 1966). Auch berühmte Reisende, Schriftsteller, Künstler und neuerdings Piloten und Sportler sind Gegenstand erzählender Biographien für junge Leser. Für die biographischen Erzählungen für Kinder und Jugendliche sind vor allem der Reichtum der Themen, der Verzicht auf reine Lobrede und die Orientierung an der Realität des geschilderten Lebens, aber auch der Verzicht auf die frühere moralische Bemühung um die künstliche Schaffung eines edlen Vorbildes als Ansporn für das „richtige" Verhalten des jungen Lesers kennzeichnend. Im Gegensatz zur Erwachsenenliteratur, in der immer häufiger die biographische Dokumentation vorherrscht, dominieren in der Kinder- und Jugendliteratur die erzählenden Biographien. Allerdings zeigt sich auch in den erzählerischen Biographien eine Hinwendung zu belegbaren Fakten.

In den letzten Jahren entwickelte sich in P. auch die Gattung der Science-Fiction. Neben STANISLAW LEM (* 1921) mit seinen zahlreichen Werken („Astronauci", 1951; „Sezam i inne opowiadania", 1954; „Oblok Magellana", 1955; „Dzienniki gwiezdne", 1957; „Solaris", 1961; „Bajki robotów", 1964; „Cyberiada", 1965; „Opowieści o pilocie Pirxie", 1968) bereicherten diese in den fünfziger Jahren vernachlässigte Gattung auch BOHDAN KOREWICKI (1902–1975) mit seinem Roman „Przez ocean czasu" (1957), der in der Tradition eines J. VERNE bleibt, und MACIEJ KUCZYŃSKI (* 1929) mit seinen teils abenteuerlichen, teils philosophischen Werken wie „Atlantyda, wyspa ognio" (1967) und „Katastrofa" (1968). Auf dem Gebiet der Science-Fiction für junge Leser entstand in den letzten fünfzehn Jahren eine neue Form: die kurze, phantastisch-wissenschaftliche, oft auch groteske Erzählung. In dieser Art schreiben KONRAD FIALKOWSKI (* 1939; „Wróble Galaktyki", 1963; „Poprzez piaty wymiar", 1967; „Wlokno Claperiusa", 1969), JANUSZ A. ZAJDL (* 1938; „Jad mantezji", 1965), WITOLD ZEGALSKI (* 1928; „Wyspa Petersoa", 1968), ANDRZEJ CZECHOWSKI (* 1947; „Przybysze", 1967) und MACIEJ KUCZYŃSKI („Babcia – robot przy kominku", 1963). In der Science-Fiction-Literatur beobachten wir allgemein den Übergang vom Roman in Richtung kleiner, literarischer Formen mit philosophischen Tendenzen. Optimistische Zukunftsbilder, verbunden mit ungebrochenem technischen Fortschritt werden neuerdings durch eine kritische Einschätzung künftiger, technischer und gesellschaftlicher Entwicklungen ersetzt.

Die Entwicklung der phantastisch-wissenschaftlichen Erzählung für Kinder verläuft etwas anders. Die Verbindungslinie reicht hier von der märchenhaften Erzählung zur wissenschaftlich-phantastischen Geschichte auf der Basis der naturgesetzlichen Gegebenheiten (JERZY BROSZKIEWICZ, * 1922; „Wielka, wieksza i najwieksza", 1960; „Ci z Dziesiatego Tysiaca", 1961; „Oko Centaura", 1964; JANUSZ A. ZAJDL: „Lalande 21185", 1966; MARIA KANN: „Blekitna planeta", 1964).

Die gegenwärtigen abenteuerlichen Reiseerzählungen sind zwar durch konventionelle Muster gekennzeichnet, doch sind Landschaftsbeschreibung und Schilderung von Sitten und Gebräuchen nachprüfbar. Die schon bei SIENKIEWICZ und in den klassischen Trapperromanen anzutreffenden Stil- und Bauelemente finden sich wieder in dem mehrbändigen Abenteuerzyklus von ALFRED SZKLARSKI (* 1912) um die Figur des Tomek (1957–1967). Auf die klassischen Seeräubermotive greift JANUSZ MEISSNER (1901–1978) zurück („Czarna bandera", 1957; „Przygody śródziemnomorskie", 1961; „Opwieść pod psem, albo pod dwoma", 1961), Indianer- und Wildwestmotive verwenden ARKADY FIEDLER („Rio de Oro", 1950; „Maly Bizon", 1952; „Wyspa Robinsona", 1954; „Orinoko", 1957), NORA SZCZEPAŃSKA (* 1914; „Karibu i inne opowiadinia", 1957; „Sprzysieżenie czarnej wydry", 1958; „Zemsta Karibu", 1959; „Dziki Anda", 1961; „Ucho wodza", 1963) und WIESLAW WERENIC (* 1906; „Tropy wioda przez prerie", 1965; „Szeryf z Port Benton", 1966). Das alte Erzählschema und die traditionellen literarischen Leitmotive wurden in diesen Erzählungen genutzt, jedoch mit modernen gesellschaftlich-politischen Inhalten gefüllt.

Die Schilderungen von Polarreisen durch ALINA und CZESLAW CENTKIEWICZOWIE (* 1907 und * 1904) zeigen ebenso wie die Erzählungen über die Fliegerei von JANUSZ MEISSNER einen anderen Charakter. Auch die Reiseberichte von MARIAN BRANDYS (* 1912), MONIKA WARNEŃSKA (* 1922), ZBIGNIEW NIENACKI (* 1929), MACIEJ ZIMIŃSKI (* 1930) und KRYSZTOF CZYZEWSKI (1905–1968) gehören in diese neue Gruppe der dokumentarisierenden Reisereportage. Sie befassen sich hauptsächlich mit den gegenwärtigen Verhältnissen in anderen Ländern und Erdteilen und versuchen, wirtschaftliche, politische und gesellschaftliche Verhältnisse in einer objektiven und jungen Lesern verständlichen Art zu zeichnen.

Die früher heftig diskutierte Kriminalgeschichte für Kinder wurde als eigenständige Gattung der Jugendliteratur erst in den sechziger Jahren eingeführt. Früher hatte sie in P. keine Entfaltungsmöglichkeit, da man von ihr eine schlechte, erzieherische Wirkung auf den jungen Leser erwartete. Erst die intensiv geführte wissenschaftliche Diskussion änderten die alten Vorurteile über diese Literatursparte, der heute erzieherische Wirkung zugemessen wird, vor allem, wenn die Anziehung des jungen Lesers durch die kriminelle Intrige vermieden wird. Kriminalgeschichten schreibt mit Erfolg EDMUND NIZIURSKI („Niewiarygodne przygody Marka Piegusa", 1959; „Awantura w Nieklaju", 1961; „Falszywy trop", 1962; „Nikodem, czyli Tajemnica gabinetu", 1963). Ein Autor von Erzählungen, in denen junge Detektive auftreten und die kriminellen Motive einen humoristischen Akzent besitzen, ist ZBIGNIEW NIENACKI. Bücher, in denen ein Detektiv aus der Welt der Erwachsenen mit Hilfe von Jugendlichen Kriminalfälle löst, schreibt STANISLAW KOWALEWSKI. Sensationelle Kriminalromane mit psychologischen Tendenzen verfaßt JANUSZ DOMAGALIK („Pieć przygd detektywa Konopki", 1968). Bei der Kriminalerzählung für Kinder haben wir es hier vor allem mit Geschichten zu tun, in denen das detektivische Element aus humorvoller Sicht dargestellt wird. Solche Geschichten neigen oft zur Groteske und werden als Mittel der Parodie für diese Gattung genutzt. Die Autoren von Jugendkrimis haben nicht nur die spannungsgeladene Story, sondern auch den erzieherischen Wert der Erzählung im Blickfeld.

In der gegenwärtigen Kinder- und Jugendliteratur nehmen Bücher mit naturwissenschaftlicher Thematik einen breiten Raum ein. Sie lehren den jungen Leser die Natur zu lieben und versuchen seine Empfänglichkeit für die Schönheiten der Welt zu sensibilisieren. In der naturwissenschaftlichen Erzählung beobachten wir zwei zueinander im Widerspruch stehende Tendenzen. Einerseits bei HELENA BECHLEROWA (* 1908), MARIA KOWNACKA (* 1894), HANNA ZDZITOWIECKA (* 1909), MARIA KEDZIORZYNA (* 1905), IRENA JURGIELEWICZOWA, JÓZEF PONITYCKI (* 1919) und HALINA KOSZUTSKA (* 1904) haben wir es mit der Vermenschlichung der Natur und ihrer märchenhaft-phantastischen Betrachtung zu tun, andererseits zeichnet sich eine deutliche Tendenz für eine sachliche, naturwissenschaftliche Darstellung ab (CECYLIA LEWANDOWSKA, * 1902; JAN ŻABIŃSKI, 1897–1974). Während Bücher naturwissenschaftlicher Thematik für jüngere Kinder vorwiegend der anthropomorphisierenden Gruppe zuzurechnen sind, zeigen die Bücher für Jugendliche eine deutliche Neigung zur informierenden, populärwissenschaftlichen Darstellung.

Die gegenwärtige Kinder- und Jugendliteratur wurde durch Übersetzungen aus zahlreichen Ländern bereichert. In den letzten Jahren wurden neben den Werken populärer Schriftsteller aus der Sowjetunion und anderen sozialistischen Ländern auch die Werke fortschrittlicher westeuropäischer, skandinavischer, amerikanischer, australischer und asiatischer Autoren übersetzt. Die meisten dieser Erzählungen spielen im Familien- und Schulmilieu. Sie sind mit psychologischem Einfühlungsvermögen, aber auch mit attraktiven, abenteuerlichen Motiven ausgestattet. Die ins Polnische übersetzten Kinderschriften ausländischer Autoren gehören meistens zu den repräsentativen Jugendschriften der betreffenden Länder.

Das Kindergedicht hat auch in der gegenwärtigen Kinderliteratur seinen festen Platz. Die rhythmisch und stilistisch differenzierte und auf das Kind emotional einwirkende Poesie bildet neben der Prosa die Hauptquelle der ästhetischen Sensibilisierung der Kinder und Jugendlichen. Nach 1945 bereicherten noch Autoren der älteren Generation, die zwischen den beiden Weltkriegen zum erstenmal in die Öffentlichkeit traten, die Kinderliteratur mit ihren Gedichtbänden. Nach dem Zweiten Weltkrieg begann die junge Generation Kindergedichte zu schreiben. Die Autoren moderner Kindergedichte bevorzugen es, mit Hilfe eines metaphorischen Stils und plastischer Bilder Wirklichkeit poetisch darzustellen. Dabei vergessen sie nicht die erzieherische Rolle der Lyrik und die Notwendigkeit, durch das Kindergedicht auf das sozial richtige Verhalten der Kinder einzuwirken. Dazu dient häufig der poetische Scherz, der literarische Witz, Sprach- und Situationskomik.

Die in der gegenwärtigen Kinderdichtung lebendige, literarische Tradition verläuft parallel zu der deutlichen Suche nach neuen Ausdrucksformen. Es zeigt sich schließlich in der ganzen modernen Lyrik das Streben zur Erneuerung der poetischen Sprache, der Versuch zur allmählichen Beseitigung banaler nichtssagend gewordener Strukturen. Den großen Reichtum der poetischen Aussage im modernen polnischen Kindergedicht belegen vier Richtungen: 1. Sprachmelodische Werke, die der Volksdichtung nachempfunden sind und die mit märchenhaften, phantastischen Elementen durchdrungen sind. Dazu gehören die Dichtungen von JANINA PORAZIŃSKA, HANNA JANUSZEWSKA, EWA SZELBURG-ZAREMBINA, JOANNA KULMOWA und MIECZYSLAW BUCZKÓWNA. 2. Einen scherzhaften Ton anstimmende, satirische Gedichte, die oft die Welt in einem Zerrspiegel des Unsinns und der Groteske darstellen, und die zum spielerischen Umgang durch das Kind Anreiz geben sollen. Zu den Autoren dieser Richtung zählen JULIAN TUWIM, JAN BRZECHWA, WANDA CHOTOMSKA (* 1921), JAN IZYDOR SZTAUDYNGER (1904–1970) und IGOR SIKIRYCKI (* 1920). 3. Lyrische Gedichte mit einem starken Gefühlswert, die die Sensibilität und den Beobachtungssinn bei den Kindern entwickeln helfen sollen. Hierzu gehören die Dichtungen von CZESLAW JANCZARSKI (1911–1971), JERZY FICOWSKI (* 1924) und MARIA CZERKAWSKA (1881–1973). 4. Neue Formen des →

Zbigniew Rychlicki. Illustration zu L. F. Baum „Czarnoksieznik ze smaragdowego grodu nara ksiegarnia" (Nasza Ksiegarnia 1972).

Kindergedichts, die mit der traditionellen stilistischen, sprachlichen und den Versbau betreffenden Formen brechen und in den Kindern eine Empfänglichkeit für ungewohnte Sprach- und Stilformen anstreben. Kindergedichte dieser Art schreiben TADEUSZ KUBIAK (* 1924), JÓZEF RATAJCZAK (* 1932), JULIAN PRZYBOŚ (1901–1970) und ANNA KAMIEŃSKA (* 1920).
An der Entwicklung des modernen Kindergedichtes hatten in der Nachkriegsperiode wesentlichen Anteil: JANINA PORAZIŃSKA, EWA SZELBURG-ZAREMBINA, HANNA JANUSZEWSKA, LUCYNA KRZEMIENIECKA, MARIA KOWNACKA, MARIA KEDZIORZYNA, MARIA KANN, MARIA KRÜGER, WOJCIECH ŻUKROWSKI (* 1916), GUSTAW MORCINEK, BRONISLAW DLUGOSZEWSKI-MROZ, JAN BRZECHWA, CZESLAW JANCZARSKI, ANNA ŚWIRSZCZYŃSKA (* 1909), STEGANIA SZUCHOWA (* 1890), IRENA JURGIELEWICZOWA, HANNA ZDZITOWIECKA, KORNELIA DOBKIEWICZOWA, FRANCISZEK FENIKOWSKI, TADEUSZ STEPOWSKI (* 1908), STANISLAW PAGACZEWSKI (* 1916), WLODZIMIERZ PIOTROWSKI (* 1922) und MARIA NIKLEWICZOWA.
Auch in den Nachkriegsjahren wurden polnische und ausländische Volksmärchen neu herausgegeben, neu zusammengestellt und teilweise neu bearbeitet. Die aus den Märchen der Weltliteratur bekannten Zaubermotive treten neuerdings hinter neuen Märchen zurück, die auf Grund regionaler Traditionen volkstümliche, zum Teil derbe und lustige Motive aufgreifen. Autoren, die sich dieser Richtung annehmen, sind J. PORAZINSKA, E. SZELBURG-ZAREMBINA, H. JANUSZEWSKA, L. KRZEMIENIECKA, M. KANN, M. KEDZIORZYNA und B. DLUGOSZEWSKI. Auf regionale Sagen und Legenden greifen zurück G. MORCINEK, K. DOBKIEWICZOWA, F. FENIKOWSKI, H. ZDZITOWIECKA, T. STEPOWSKI, S. PUGAZZEWSKI und W. PIOTROWSKI. Immer häufiger werden auch Motive aufgegriffen, die aus ausländischen Märchen stammen, so im Schaffen von W. ZUKROWSKI, M. KRÜGER und M. NIKLEWICZOWA. Auch die phantastische Erzählung für Kinder, die dem Märchen verwandt ist und die teilweise Motive und Requisiten der Märchen gebraucht, ist in der gegenwärtigen Kinderliteratur in P. stark vertreten. Unter den gegenwärtigen phantastischen Erzählungen trifft man solche, die eine allegorische Fabel enthalten und die auf Tierfiguren zurückgreifen. In anderen treten lebendig gewordenes Spielzeug oder vermenschlichte Naturwesen in Kontakt mit Kindern und treiben die Handlung als Handlungsträger voran. Solche, teilweise satirisch-grotesken Erzählungen schreiben J. BRZECHWA, KRZEMIENIECKA, M. KOWNACKA, I. JURGIELEWICZOWA, A. ŚWIRSZCYŃSKA, S. SZUCHOWA, H. ZDZITOWIECKA und zahlreiche andere Kinderbuchautoren. Nach ausgiebiger Diskussion über Wert oder Unwert phantastischer Erzählungen ist die Notwendigkeit solcher Geschichten für die seelische Entwicklung des Kindes und für das Entstehen eines ästhetischen Urteilsvermögens bei den kleinen Lesern unbestritten.
In der Nachkriegsperiode nahm in P. auch das Kindertheater einen rapiden Aufschwung. Beim Wiederaufbau des Theaterlebens nach dem Zweiten Weltkrieg sorgte man sich auch um den kleinen Zuschauer. Für ihn wurden vor allem neue Texte für das Puppentheater geschaffen. Von 25 Puppentheatern in P. eroberten sich die Gruppen „Baj“, „Groteska“, „Arlekin“, „Niebieskie migdaly“ (Warschau), „Wesola Gromadk“ (Krakau) und „Jaskólka“ sowie „Kacperek“ in Rzeszów besondere Popularität. Vom Staat wird die Tätigkeit der Puppentheater für Kinder besonders unterstützt. Jährlich werden rund 90 Prämien für originelle Leistungen auf dem Gebiet des Puppentheaters vergeben. Neben dem Puppentheater nahm auch das Theater für junge Zuschauer einen deutlichen Aufschwung. Es richtet sich vor allem an schon ältere Heranwachsende. In den letzten Jahren setzte sich auch das Theater für Erwachsene für die jungen Zuschauer ein. Fernsehen und Rundfunk in P. haben viel dazu beigetragen, auch Stücke für Kinder und Jugendliche aus dem Ausland bekannt zu machen. Für das polnische Kindertheater schreiben MARIA KOWNACKA, EWA SZELBURG-ZAREMBINA, LUCYNA KRZEMIENIECKA, JANINA PORAZIŃSKA, HANNA JANUSZEWSKA, JAN BRZECHA, WANDA CHOTOMSKA, KRYSTYNA MILOBEDZKA (* 1932) und JAN DORMAN (* 1912).
Dynamisch entwickelten sich auch die Kinder- und Jugendzeitschriften. Eine Gruppe von Zeitschriften ist reich illustriert und versucht sich dem geistigen Entwicklungsniveau der jeweiligen Altersgruppe anzupassen. Bekannte Kinder- und Jugendzeitschriften sind: „Miś“ (für Vorschulkinder), „Świerszczyk“ (für Erstleser), „Plomyczek“ (für jüngere Kinder), „Plomyk“ (für Jugendliche). Eine andere Gruppe von Zeitschriften, die sich besonders an ältere Jugendliche wendet, bringt vorrangig wissenschaftlich-technische Themen. Dazu gehören „ABC Techniki“, „Horyzónty Techniki dla Dzieci“ und „Mlody Technik“. Eine dritte Gruppe bilden die Pfadfinderzeitschriften „Świat Mlodych“ und „Na przelaj“.
In der Nachkriegszeit entstand auch eine breite Sekundärliteratur für das Gebiet der Kinder- und Jugendliteratur. Eine wesentliche Rolle für die Forschung auf dem Gebiet der Kinderliteratur spielen zahlreiche wissenschaftliche Tagungen der auf diesem Gebiet schaffenden Literaturkritiker, Schriftsteller, Komponisten, Maler und Regisseure. So findet in Posen jedes zweite Jahr die Biennale der Kinderkunst (1973, 1975, 1977, 1979) statt. Die Kinderliteraturforschung wird vom Institut für Polnische Literatur der Universität Warschau gefördert und koordiniert. Zu den besonderen Leistungen des Instituts gehört die Erstellung eines fünfbändigen Werkes zur Geschichte der Kinder- und Jugendliteratur in P. (Autoren: I. KANIOWSKA-LEWAŃSKA, K. KULICZKOWSKA, J. Z. BIALEK und ST. FRYCIE). Weitere dem Kinderbuch gewidmete Institutionen sind unter anderem das Museum des Kinderbuches in der Öffentlichen Bibliothek der Stadt Warschau und die Gemeinschaft der Freunde der Kinder- und Jugendbücher des Warschauer Kreises des Bundes der Polnischen Schriftsteller.
Die Kinder- und Jugendliteratur wird vom Staat subventioniert, der alle Initiativen dazu und die Kinder-

und Jugendbuchautoren unterstützt. Im Jahr 1951 wurde der Kinder- und Jugendbuchpreis des Vorsitzenden des Ministerrates der Volksrepublik P. beschlossen und seit dieser Zeit verliehen. Inzwischen wurden 43 Schriftsteller ausgezeichnet. Seit 1968 gibt es daneben den Preis des Zentralrates der Gewerkschaften, den bisher acht Autoren erhielten. Der Literaturpreis der Pfadfinder wurde seit 1970 an neun Autoren vergeben. Viele Kinder und Jugendbuchautoren erhielten einen Literaturpreis des Ministers für Kultur und Kunst. Sehr geschätzt wird auch der von den „Plomyk"-Lesern verliehene Preis „Adlerfeder". Auf der Ehrenliste des internationalen Hans-Christian-Andersen-Preises stehen vier polnische Bücher: „Ten obcy" von I. JURGIELEWICZOWA, „Ucho od śledzia" von H. OŻOGOWSKA, „Koniec wakacji" von J. DOMAGALIK und „Porwanie w Tiutiurlistanie" von W. ŻUKROWSKI.
Die Sorge des Staates um die Entwicklung der Kinderliteratur äußert sich auch in den hohen Auflagen. Im Jahr 1945, als in P. der Aufbau begann, erschienen 111 Bücher für Kinder und Jugendliche in einer Auflage von 1092000 Exemplaren, von 1974 bis 1975 erschienen 1129 Bücher mit einer Gesamtauflage von etwa 65 Millionen Exemplaren.

→ J. Grabianski, → J. Korczak, → St. Lem, → J. Lenica, → E. und M. Murawski, → Zb. Rychlicki, → H. Sienkiewicz, → J. Stanny, → A. Strumillo, → J. Tuwim, → J. Wilkon

Sekundärliterar: J. Zb. Bialek: Literatura dla dzieci i mlodzieży w latach 1918–1939 (1979). – J. Cieślikowski: Wielka zabawa. Folklor dziechiecy. Wyobraźnia dziecka. Wierze dla dzieci (1967); Literatura i podkultura dzieciecа. Wroclaw (1975). – St. Frycie: Literatura dla dzieci i mlodzieży w latach 1945–1970 (T. 1. 1978). – St. Jachowicz: Życie i dzialalność (1970). – I. Kaniowska-Lewańska: Literatura dla dzieci i mlodzieży od poczatków do roku 1864 (1973); Twŕczość dla dzieci i mlodzieży Klementyny zu Tańskich Hoffmanowej (1964). – W. Krzemińska: Literatura dla dzieci i mlodzieży. Zarys dziejów (1963); Idee i bohaterowie. Lektury mlodego czytelnika. Zarys problemowy (zus. mit Wroclaw, 1969). – Kr. Kuliczkowska: Literature dla dzieci i mlodzieży w latach 1864–1918 (1975); Wielcy pisarze dzieciom. Sienkiewicz i Konopnicka (1964); W szklanej kuli. Szkice krytyczne (1970); Dawne i wspólczesne problemy prozy dla dzieci (1972). – J. Papuzińska: Wychowawcza rola prasy dzieciecej (1972). – G. Skotnicka: Pozytywistyczne powiéci z dziejów narodu dla dzieci i mlodzieży (1974). – H. Skrobiszewska: Brzechwa (1965); Ksiażki naszych dzieci, czyli o literaturze dla dzieci i mlodieży (1971); Literatura i wychowanie (1973).

Stanislaw Frycie

Politisches Kinder- und Jugendbuch → Antiautoritäre Kinder- und Jugendliteratur, → Bundesprüfstelle, → Geschichtliche Themen im Kinder- und Jugendbuch, → Jugendmedienschutz, → Kritik der Kinder- und Jugendliteratur, → Nationalerziehung in der Kinder- und Jugendliteratur, → Philanthropinismus, → Rassenkonflikte in der Kinder- und Jugendliteratur, → Realismus in der Kinder und Jugendliteratur, → Romantik und Kinder- und Jugendliteratur, → Schund und Schmutz, → Sozialistische Kinder- und Jugendliteratur, → Trivialliteratur, → Zeitgeschichte als Thema der Kinder- und Jugendliteratur, → Zensur der Kinder- und Jugendliteratur

Popeye

Amerikanische Comicserie von Elzie Crisler Segar.

Zur Entstehung, Inhalt und Form. SEGAR zeichnete seit 1919 die humoristische Serie „Thimble Theatre" und ließ in ihr eine Reihe skurriler Personen auftreten. Eine davon ist das Mädchen Olive Oyl. Ihr Bruder Castor Oyl engagierte am 17.1.1929 ihren späteren Freund, den Seemann P. Diese Figur wurde sehr schnell so populär, daß SEGAR sie zur Titelfigur erhob und den Streifen auf sie hin ausrichtete. P., mit seinen unförmigen dicken Armen und Beinen, seiner Maiskolbenpfeife, die sogar während des Zweiten Weltkrieges von General MAC ARTHUR benutzt wurde, und seiner gewaltigen, sich durch den Genuß von Spinat ständig erneuernden und steigernden Kraft – die Spinatbauern von Crystal City in Texas bauten ihm 1937 dafür ein Denkmal –, wirbt ständig um Olive Oyl. P. kämpft für die Verteidigung der Schwachen. Die einfach gezeichnete Comicserie lebt vorwiegend von einer mit Phantasie und skurrilem Humor gemischten aktionsreichen Handlung. P. ist gut, generös und begeisterungsfähig, von gar nicht heldenhafter Struktur. P. spricht ein schlechtes Englisch. Er und die Nebenfiguren, wie die Familie Oyl, bedeuten die nostalgische Reminiszenz an eine vergangene Zeit, in der noch nach alter Pioniersitte „hart aber gerecht" gehandelt wurde. Sein Symbolcharakter wird dadurch unterstrichen, daß er physisch Unmögliches erträgt; so wird er von Kugeln durchlöchert und schlägt viele Gegner gleichzeitig kampfunfähig, ohne sich dadurch geschwächt zu fühlen. Die auftretenden Nebenfiguren sind zwar Zulieferer für seine Aktionen, gewinnen jedoch zunehmend an Eigenpersönlichkeit und tragen mit ihrem kruden Humor viel zur Farbigkeit der Serie bei.

Werk- und Wirkungsgeschichte. 1938 starb SEGAR im Alter von 44 Jahren. Die Serie mußte für kurze Zeit unterbrochen werden. Zu Beginn des Jahres 1939 übernahmen dann TOM SIMS als Texter und BELA ZABOLY als Zeichner die Serie. Später kam für TOM SIMS RALPH STEIN hinzu. Das bis heute arbeitende Team wird durch SEGARS früheren Assistenten BUD SAGENDORF erweitert.
In den vierziger Jahren verbot BENITO MUSSOLINI in Italien alle Comics außer „Popeye". Ein Rekrutierungsposter mit P. als Titelfigur warb eine Zeitlang für den Eintritt in die amerikanische Marine, und Ende der sechziger Jahre wurde P. sogar als Titelfigur für Leselernhefte im Comicstil eingesetzt.
Der tägliche und sonntägliche Streifen wurde nach dem Kriege fortgesetzt, es erscheinen daneben Comichefte und seit Beginn der siebziger Jahre auch großformatige Comicalben. In der Bundesrepublik tauchte P. Mitte

der sechziger Jahre als Teilserie in anderen Comicheften auf. Seit 1969 erscheint die Serie als eigenständiges Heft. Bis heute sind mehr als 50 Nummern erschienen. Ab 1976 wurden auch Großbände herausgegeben. Die Serie wird in 600 Zeitungen im In- und Ausland gleichzeitig gedruckt. In Filmen von fünfzehnminütiger Dauer brachten die Max Fleischer Studios ab 1961 P. auf den Fernsehschirm. Die Leitmelodie der Serie ist in den USA sehr bekannt. Puppen, Seifen, Ausschneidefiguren, T-Shirts und andere Artikel werden mit seinem Namen und Konterfei verkauft. Die große Beliebtheit dieser Titelfigur färbte auch auf andere Figuren dieser Serie ab, z.B. auf J. Wellington Wimpy und Rough-House.

Sekundärliteratur: St. Becker: Comic art in America (1959). – R. C. Reitberger: Comics. Anatomie eines Massenmediums (zus. mit W. J. Fuchs, 1971).

Wolfgang Kempkes

Popov, Nikolaj Evgenevič

*Maler, Graphiker, Illustrator von Kinderbüchern; * 3. 5. 1938 Saratow (UdSSR).*

P. beendete 1962 seine Ausbildung am Moskauer Polygraphischen Institut. 1964 erschien das erste von ihm illustrierte Buch in Moskau. Seit 1967 wurden P.s Werke in Kunstausstellungen in Moskau, anderen Sowjetrepubliken und im Ausland gezeigt. 1971 erhielt er auf der Internationalen Buchausstellung in Leipzig eine Goldmedaille für die Illustrationen zu Fëdor M. Dostoevskijs Erzählung „Netočka Nezvanova" und 1975 für die künstlerische Ausgestaltung einer Robinson Crusoe-Ausgabe in Bratislava auf der Biennale illustracií Bratislava (BIB) den „Goldenen Apfel". Ebenfalls 1975 wurde er für seine Illustrationen zu den Märchen von Tausendundeinenacht auf der Internationalen Buchausstellung in Moskau ausgezeichnet. P. lebt in Moskau.

Werk, Tendenzen, Wirkung. Am bedeutendsten unter den Frühwerken ist die lithographische Reihe zu Andrej Platonovs Erzählung „Reka Potudanj" (1968, Der Fluß Potudanj). In derselben Zeit schuf er den Zyklus „Prostye professii" mit Darstellungen eines Perückenmachers, Friseurs, Trödlers, einer Kellnerin u.a., auch Lithographien zu russischen Volksmärchen (Baba-Jaga, Trojka), sowie zu Fëdor M. Dostoevskijs Erzählung „Netočka Nezvanova". Neben P.s Graphik sind auch die von ihm geschaffenen Zeichentrickfilme für Erwachsene wie „Es war einmal Kosjawin" und „Gesangslehrer" bekannt geworden. P. ist seit 1960 regelmäßig als Illustrator der Kinderzeitschrift „Mursilka" tätig. Seine Buchgraphik erscheint vor allem im Verlag Chudoshestwennaja Literatura.
P. gehört zu den jüngsten Künstlern der Moskauer Graphikerschule, die einen individuellen Stil entwickelt haben. Schon in seinen Frühwerken zeigte er ein hervorragendes Können. Ihn zeichnet Ausdruckskraft, ein distanziertes Behandeln der literarischen Vorlage und komplizierte Kombinationen zwischen Gegenstand und Raum aus. Seine Vorliebe gilt der Radierung und Lithographie. Er bemüht sich um ein sorgfältiges Grundieren des Hintergrundes, um lebhafte Struktur und sorgfältige Bearbeitung der Oberfläche des benutzten Materials wie Metall und Stein. P. aquarelliert jeden Abzug einzeln. Bei seiner Zuwendung zu folkloristischen Themen („Einfache Berufe", russische Volksmärchen) findet er eine eigentümliche Verbindung von modernen Stilformen und der Aufnahme von Traditionen der klassischen russischen Lithographie des beginnenden 19. Jahrhunderts, aber auch der städtischen Volkskunst, der einfachen Holzschnitte im Lubok-Stil und der naiven Malerei und Bilderbogen. Bedeutend ist P.s moderne Auslegung des Robinson Crusoe-Stoffes. Die farbig untermalten Lithographien wirken wie „echte" Notizen und Zeichnungen aus dem Tagebuch des berühmten Inselbewohners. Diese kühne Interpretation ist psychologisch wirkungsvoll und stilistisch ausgezeichnet gelöst.

Werke: D. Defoe: Robinson Kruso (1974); B. Šidfar (Hrsg.): Tysjača i odna noč (1975); S. Ente: Pionovy fonar (1976); J. Zvetkov (Hrsg.): Vidjapati. Pesni ljubvi (1977).

Beiträge: N. Popov: My vse nemnožko Robinsony (in: Detskaja literatura. 1976. 4. 75–76).

Sekundärliteratur: E. Gankina: Nikolaj Popov (in: Bookbird. 1978. 1. 55–58). – J. Gertschuk: Nikolaj Popov (in: Grafik '73. 1974. 89–92). – Wl. Gloster: Artist in the children's world (in: Soviet Union Today. 1975. 2. 52–54).

Ella Gankina

Poppe, Johann Heinrich Moritz von

*Mathematiker, Technologe, Schriftsteller; * 16. 1. 1776 Göttingen, † 21. 2. 1854 Tübingen.*

Schon früh mit dem Beruf des Vaters, der Universitätsmechaniker war, vertraut, begeisterte sich P. schon in seiner Jugend für die praktische Mechanik. Nach dem Besuch des Lyceums zu Göttingen fehlten die Mittel zu einem Universitätsstudium. Daher trat P. als Lehrling bei seinem Vater ein. Als er zum Waffendienst eingezogen werden sollte, entschloß sich P. trotz finanziell schlechter Lage zum Studium in Göttingen. Er hörte bei Abraham Gotthelf Kästner (1719–1800), dem bekannten Physiker und Aphoristiker Georg Christoph Lichtenberg (1742–1799) und Johann Beckmann (1739–1811). P. promovierte 1803, war von 1804 bis 1818 zunächst Lehrer, später Professor in Frankfurt und kam 1818 als Professor für Technologie, Maschinenkunde, Mathematik und Experimentalphysik nach Tübingen, wo er bis 1841 lehrte. Durch seine Schriften bekannt geworden, erhielt P. 1800 die Goldene Medaille der Stadt Göttingen, wurde zum Schwarzburg-Sonderhausischen Rat ernannt und 1805 durch den Preis der Jablonowskischen Sozietät in Leipzig ausgezeichnet.

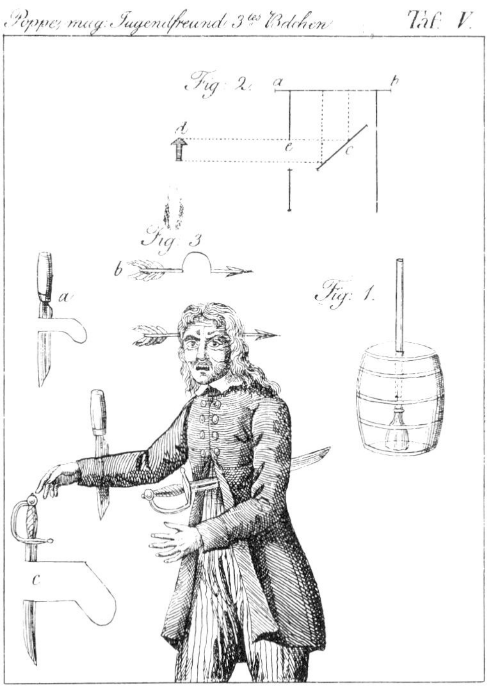

J. H. M. Poppe, Rat und Professor zu Frankfurt am Main, gab 1817 das 3. und letzte Bändchen seines Werkes „Der Magische Jugendfreund oder faßliche und unterhaltende Darstellung der natürlichen Zauberkünste und Taschenspielereyen“ heraus. Die Tafel V zeigt einige „Zauberwerkzeuge“.

Werk, Tendenzen, Wirkung. P. wandte sich schon früh der populärwissenschaftlichen Schriftstellerei zu. Auch seine zahlreichen Jugendschriften gehören in diesen Bereich. 1802 erschien P.s erstes für junge Leser konzipierte Werk, die „Physikalischen Unterhaltungen für die Jugend“, die sich, wie auch seine nachfolgenden Jugendschriften, an Bernhard Heinrich Blasche orientierten. In seinem umfangreichsten Werk für junge Leser, dem „Physikalischen Jugendfreund“ (Bd. 1–8. 1811–1821), das die „Physikalischen Unterhaltungen für die Jugend“ ausbaut und erweitert, schließt sich P. der durch Campes Schriften bekannt gewordenen sokratischen Methode an. So fungiert in diesem Werk ein älterer väterlicher Freund als Mentor, der in Gesprächen mit seinem jungen Schützling diesen durch das ganze Gebiet der Physik führt. Auf diese Art versucht P. den jungen Lesern die in seiner Zeit bekannten Kenntnisse auf dem Gebiet der angewandten Naturwissenschaften wie der Physik, aber auch der Technologie („Der technologische Reise- und Jugendfreund oder populäre Fabrikenkunde“, Bd. 1–3. 1824–1825), der Astronomie („Der astronomische Jugendfreund“, 1822–1823) und in den Bereich des Hobbys führende Gebiete wie die Tätigkeit als Zauberkünstler, wobei die aufgezeigten und zum Nachahmen durch Kinder vorgestellten Zaubertricks zumeist auf naturwissenschaftlichen Gesetzen beruhen („Der neue Tausendkünstler und Magiker“, 1835), aber auch den Umgang mit dem Werkstoff Pappe („Der Papparbeiter“, 1840) zu vermitteln. Hat P. sicherlich mit seinen Jugendschriften einen bemerkenswerten Beitrag zur Information junger Leser über den naturwissenschaftlichen und technologischen Wissensstand seiner Zeit geleistet, so ist in seinen späteren Werken festzustellen, daß er an einer gewissen Immobilität litt, die ihn mit der Zeit den Kontakt zu den neuesten Erkenntnissen verlieren ließ.

Werke: Physikalische Unterhaltungen für die Jugend (1802); Neue physikalische Unterhaltung für die Jugend (1803); Der physikalische Kinderfreund (Bd. 1–2. 1807); Physikalischer Jugendfreund (Bd. 1–8. 1811–1821); Der magische Jugendfreund (Bd. 1–3. 1817); Larunda oder der Schutzgeist unserer Lieben in so vielen Gefahren des Lebens (1819); Der astronomische Jugendfreund (1822–1823); Der technologische Reise- und Jugendfreund oder populäre Fabrikenkunde (Bd. 1–3. 1824–1825); Technologisches Lesebuch über die wichtigsten und interessantesten Gegenstände der Kunst- und Manufakturlehre (1825); Der neue Tausendkünstler und Magiker (1835); Naturlehre für die Jugend (1836); Der junge Physiker und Techniker (1838); Der Papparbeiter (1840); Das Buch der nützlichsten Künste und deren Erfindungen für die Jugend und ihre Freunde (1844); Naturlehre im Licht unserer Zeit (1847).

Sekundärliteratur: E. Heyden: Gallerie berühmter und merkwürdiger Frankfurter (1861).

Erich Strobach

Populärwissenschaftliche Kinder- und Jugendliteratur → Sachbuch

Potter, Helen Beatrix

*Englische Kinderbuchautorin und -illustratorin; *28. 7. 1866 London, †22. 12. 1943 Sawrey (Lancastershire).*

P. wuchs als Tochter wohlhabender Eltern in London auf. Die Familie war stolz auf ihre Vorfahren, unter denen besonders die Cromptons aus Lancastershire als eigenwillig-exzentrische Charaktere hervorragten. Diesem Erbteil wußte sich P. lebenslang verbunden. Schon früh zeigte sich in dem ausschließlich von Hauslehrerinnen erzogenen Mädchen die Neigung, Gesehenes getreu abzuzeichnen. Sie hatte mehrere Jahre privaten Zeichenunterricht, ging aber lieber in die nahen Museen von South Kensington, um dort Tiere, Pflanzen, Fossilien, Kostüme und Stickereien minuziös abzuzeichnen. In den Sommermonaten gaben die Familienaufenthalte in Schottland und im nordenglischen Seengebiet Gelegenheit zum Sammeln, Beobachten und Zeichnen von Kleingetier und Pflanzenwelt. In London hielt P. eine kleine Menagerie von Kaninchen, Mäusen, Igeln. Diese Tiere gehörten auch stets zum Reisegepäck. In den neunziger Jahren begann P. illustrierte Briefe an die Kinder ihrer ehemaligen Erzieherin, Mrs. Moore, zu schreiben. Es sind die „Urfassungen“ ihrer ersten Bücher, die seit 1902 bei dem Londoner Verleger

Warne zu erscheinen begannen. 1905 verlobte sie sich mit Norman Warne, der jedoch wenige Monate später starb. Im gleichen Jahr kaufte P. in Sawrey im Seengebiet einen Bauernhof (Hill Top Farm). Beträchtlicher Haus- und Grundbesitz kam in den folgenden Jahren hinzu. 1913 heiratete sie und war von da an als Mrs. Heelis of Sawrey hauptberuflich Bäuerin, Züchterin von Hochlandschafen und unermüdliche Kämpferin für den Naturschutz. Nach ihrem Tode gingen 1600 ha Land testamentarisch an den National Trust, die englische Naturschutzorganisation. – Für die Zeit von 1881 bis 1897 sind die von Leslie Linder entschlüsselten und 1966 veröffentlichten Tagebücher eine wichtige Quelle.

Werk, Tendenzen, Wirkung. Die Tagebücher der jungen P. dokumentieren, wie sie sich durch jahrelange geduldige Beobachtung und Übung autodidaktisch zur Zeichnerin und Schriftstellerin heranbildete. Nur Randolph Caldecott (1846–1886) beeinflußte sie in ihrer Frühzeit. Ihre schöpferische Periode umfaßt kaum mehr als zwölf Jahre und endet mit der Heirat 1913. Das Spätwerk, entstanden auf Drängen amerikanischer Bewunderer – unter ihnen Bertha Mahony, die Gründerin des „Horn Book Magazine" –, arbeitet altes Material auf und gilt als wenig befriedigend.

Die besten Bücher von P. überzeugen durch ihre Einheit von Bild und Wort. Sie sind primär Vorlesebücher für Kinder ab drei bis vier Jahren, zugleich auch Bilderbücher. Die ganzseitigen Aquarelle bevorzugen zarte Pastelltöne und zeigen die Tiercharaktere in der von P. geliebten Landschaft des Seengebiets, in Sawrey selbst oder im Innern der Hill Top Farm. Die kleinen schwarz-weißen Federzeichnungen wirken robuster, nüchterner als die Aquarelle, die gelegentlich recht lieblich ausfallen. Berühmt wurde das kleine, handliche Format aller Bändchen, ca. 14,5 × 11 cm.

P.s Bücher sind Tiergeschichten, subtile Mischungen aus Realismus und Märchenzauber. Hierbei wird die Vermenschlichung der Tiere (im Bild durch die Kleidung und menschliche Wohnwelt, im Text zusätzlich durch die Sprachbegabung und Handlungsweise) genau so weit vorangetrieben, daß ein merkwürdiges Gleichgewicht zwischen Tier- und Menschennatur entsteht. Peter Hase (Peter Rabbit) z.B. „ist gleichzeitig ein liebenswerter kleiner Junge und ein fachmännisch gezeichnetes Kaninchen" (Maurice Sendak). Er wie die anderen Tiere werden in ihrem Verhalten an bürgerlich-häuslichen Tugenden gemessen. Dargestellt wird die Welt sichtbarer Dinge, der sinnlichen Wahrnehmungen, der äußeren Handlungen und der elementaren menschlichen Gefühle. Dies geschieht in einer durch Präzision und Anschaulichkeit gekennzeichneten Sprache, deren Syntax sich fast ganz auf Hauptsatz und Satzreihe beschränkt. Bewußt plazierte schwierige Wörter („soporific", „apoplectic") erzeugen Überraschung und Neugierde. Ein trockener und manchmal makabrer Humor (z.B. in „The tale of Mr. Tod", dt. Die Geschichte von Herrn Gebissig) zieht sich durch die Bücher. Die Erzählstruktur der Geschichten ist fast

Einband zu Beatrix Potters Bilderbucherzählung „The tale of Johnny Town-Mouse", die 1918 gleichzeitig in London und New York herauskam. Bilder und Text stammen von der englischen Illustratorin. Die zahlreichen kleinformatigen Bilderbücher von Beatrix Potter, die vor allem Kleintiere zu Helden ihrer Geschichten machte, gehören im englischsprachigen Bereich zu den bekanntesten Kinderbüchern des 20. Jahrhunderts.

immer einsträngig. Gelegentlich kommentiert die Erzählerin in der ersten Person, sie kann auch als Nebenfigur in Wort und Bild auftreten (z.B. in „The tale of Samuel Whiskers", dt. Die Geschichte von Samuel Hagezahn). Die Handlung verläuft im Dreischritt von Exposition – Konflikt – Lösung und weiß dadurch zu fesseln und am Ende zu befriedigen. Eine große Zahl der auf diese Weise lebendigen und scharf konturierten Tiercharaktere erfreuen sich seit Jahrzehnten bei englischen und amerikanischen Kindern großer Beliebtheit. Zu ihnen gehören Peter Rabbit (Peter Hase) und seine Geschwister (Flopsi) Flopsy, Mopsy (Mopsi) und Cottontail (Wollschwanz), Peters Vetter Benjamin, die bösen Mäuse Tom Thumb (Dieter Däumling) und Hunca Munca (Hunka Munka), das Eichhörnchen Squirrel Nutkin, das Schweinchen Pigling Bland (Schweinchen Schwapp), die Katzenfamilie der Mrs. Tabitha Twitchit mit Tom Kitten (Stoffel Kätzchen), der Igel Mrs. Tiggy-Winkle, der Frosch Mr. Jeremy Fisher und viele andere; auch die Bösewichter Mr. Tod (Herr Gebissig) der Fuchs und Tommy Brock (Bobi Dax) der Dachs gehören dazu.

Die Bücher von P. erreichten im Englischen Millionenauflagen. Übersetzungen gibt es in ein Dutzend Sprachen, besonders ins Französische, Niederländische und Japanische. Einige wenige Übersetzungen ins Deutsche brachte Warne seit 1934 heraus; 1973 veröffentlichte der Diogenes Verlag in der Übersetzung von CLAUDIA SCHMÖLDERS sechs Bändchen. Lateinische Versionen gibt es von „The tale of Peter Rabbit" unter dem Titel „Fabula de Petro Cuniculo" (1962) und von „The tale of Jemima Puddle-Duck" unter dem Titel „Fabula de Jemima Anate-Aquatica" (1965). – Für das englische Kindertheater wurden einzelne Geschichten dramatisiert von HARCOURT WILLIAMS (1929 und 1930), THERON H. BUTTERWORTH (1933) und CATHERINE M. TURK (1936). DUDLEY GLASS verfaßte 1951 und 1962 zwei Singspiele um Peter Rabbit und 1967 schrieb CHRISTOPHER L. FLEMING die Musik zu P.s Dramatisierung von „Squirrel Nutkin". Mehrere Geschichten wurden auf Schallplatte gesprochen unter Mitwirkung von VIVIAN LEIGH. 1972 entstand der Ballettfilm „The tales of Peter Rabbit". – Noch zu Lebzeiten der Autorin entwickelte sich eine P.-Industrie. Die Wiedergabe der Tiercharaktere als Stofftiere und Porzellanfiguren, auf Geschirr, Wandbildern und Postkarten gehört ebenso dazu wie Peter-Rabbit-Gesellschaftsspiele. – Wer sich nach P. auf Bücher mit sprechenden Tieren einläßt, muß sich an ihr messen lassen. In ihrer Nachfolge ist in England wohl ALISON UTTLEY (* 1884) am bedeutendsten.

Werke: The tale of Peter Rabbit (1902; dt. Die Geschichte des Peterchen Hase, 1934; NA. Die Geschichte von Peter Hase, 1973); The tale of Squirrel Nutkin (1903); The tailor of Gloucester (1903); The tale of Benjamin Bunny (1904); The tale of two bad mice (1904; dt. Die Geschichte von den zwei bösen Mäuschen, 1939; NA. Die Geschichte von den beiden bösen Mäusen, 1973); The tale of Mrs. Tiggy-Winkle (1905; dt. Die Geschichte von Frau Tiggy-Winkle, 1948); The pie and the patty-pan (1905); The tale of Jeremy Fisher (1906); The story of a fierce bad rabbit (1906); The story of Miss Moppet (1906); The tale of Tom Kitten (1907; dt. Die Geschichte von Stoffel Kätzchen, 1973); The tale of Jemima Puddle-Duck (1908); The roly-poly pudding (1908; ab 1926 u.d.T.: The tale of Samuel Whiskers or, the roly-poly pudding; dt. Die Geschichte von Samuel Hagezahn oder der Wickelpudding, 1952; NA. Die Geschichte von Bernhard Schnauzbart oder der Rumpel-Pumpel-Kuchen, 1973); The tale of the flopsy bunnies (1909; dt. Die Geschichte der Hasenfamilie Plumps, 1948); Ginger and pickles (1909); The tale of Mrs. Tittlemouse (1910); The tale of Timmy Tiptoes (1911); The tale of Mr. Tod (1912; dt. Die Geschichte von Herrn Reineke, 1952; NA. Die Geschichte von Herrn Gebissig, 1973); The tale of Pigling Bland (1913; dt. Die Geschichte von Schweinchen Schwapp, 1973); The tale of Johnny Town-Mouse (1918); The fairy caravan (1929, NA. 1952); The tale of little pig Robinson (1930).

Sekundärliteratur: A. K. D. Campbell: The stories of Beatrix Potter: a suggested order for reading (in: Children's Literature in Education. 5. 1971. 12–19). – M. Crouch: Beatrix Potter (1960. rev. Aufl. 1969). – G. Greene: Beatrix Potter (1933). – M. Lane: The tale of Beatrix Potter, a biography (1946. rev. Ausg. 1968). – L. Linder (Hrsg. zus. mit W. A. Herring): The art of Beatrix Potter (1955); A history of the writings of Beatrix Potter (1971); (Hrsg.): The journal of Beatrix Potter from 1881 to 1897 (1966). – B. Potter: ‚Roots' of the Peter Rabbit tales (in: The Horn Book Magazine. 5. 1929. 69–72). – J. Quinby: Beatrix Potter, a bibliographical check list (1954). – M. Sendak: The aliveness of Peter Rabbit (in: Wilson Library Bulletin. 40. 1965. 345–348).

Wolfgang Schlegelmilch

Prager, Hans Georg

*(Ps.e: Wilm Carsten, Günter Franz). Autor von Sachbüchern, Rundfunksendungen und Fernsehfilmen; * 3. 7. 1925 Leipzig.*

Als Sohn eines Großkaufmanns besuchte Pr. das humanistische Gymnasium in Leipzig, wurde Seeoffizier und nahm an Fronteinsätzen der Kriegsmarine teil. Nach dem Krieg unterzog er sich einer drucktechnischen und journalistischen Ausbildung. Zeitweilig war er als Berichterstatter tätig. Seine weitgestreuten Interessen an technologisch-wirtschaftlichen Zusammenhängen ließen ihn in der Folgezeit in verschiedenen Tätigkeitsbereichen aktiv werden, so beim Such- und Rettungsdienst der Bundesmarine, als Brandmeister bei der Hamburger freiwilligen Feuerwehr, als Sporthochseefischer. Derzeit arbeitet Pr. als Lektor und Chefredakteur in Hamburg. In dieser Funktion ist er unter anderem für die Herausgabe von Koehlers Flottenkalender verantwortlich.

Werk, Tendenzen, Wirkung. Pr. ist in erster Linie vielseitiger Publizist von reportageartig gestalteten Sachbüchern mit technischen, technologischen und wirtschaftsorientierten Inhalten. Fachliche Kenntnisse erwarb er durch längere Tätigkeiten als Praktikant, so z. B. als Stahlarbeiter, Feuerwehrmann, Bergmann, Matrose und Mitarbeiter in technischen oder industriellen Betrieben. Die „Tatbestände in Funktion" lieferten ihm die gewünschten Erfahrungen, Kenntnisse und Überblicke. Bei der schriftstellerischen Verarbeitung der Sachverhalte, die er an keinen bestimmten Leserkreis richtet, zielt er nicht auf weltanschaulich motivierte gesellschaftlich-wirtschaftliche Veränderungsmöglichkeiten; ihn leitet lediglich der Wille zum aufklärend-erhellenden und detailliert-informierenden Aufzeigen der gegebenen Verhältnisse und Beziehungen, beflügelt allerdings von der Begeisterung für die Auswirkungen eines kooperativ-technischen Kräftespiels. Dieses wird nicht nur durch Zauber und Macht der Maschinen, sondern auch durch die unbeschönigt offengelegten und unpathetisch zur Sprache gebrachten Dienstleistungen der Arbeitenden verlebendigt. Sozialkritische Probleme bleiben allerdings unerwähnt. Eine die Reportage kennzeichnende journalistische Diktion und die Anwendung einer partnerschaftlichen Erzählweise, die das Problembewußtsein des Lesers wecken und fördern will, zeichnet Pr.s spezielle Gestaltungskraft aus. Dazu kommen die vorteilhaft verwendeten Stilmittel des erlebnishaften Berichts, der sparsamen Schilderung von Natureindrücken, die historischen Rückblenden und eine oft sensationell anmutende, die Abenteuer des Alltags nicht ausschließende Anordnung des Stoffes. Die Zuverlässigkeit der Auskünfte wird durch eine entsprechende Bebilderung der einzelnen Werke unterstrichen: neben vorsichtig kommentierten Photos finden sich schematisch-informierende Zeichnungen mit einer reichen Detailerläuterung. Die Inhalte der Publikationen werden durch die Buchuntertitel verdeutlicht. Anders als bei den verallgemeinernden Thematiken der früheren Jahre stellen die jüngeren Veröffentlichungen die besonderen technisch-wirtschaftlichen Leistungen einzelner Großunternehmungen heraus. Zunehmend richtet Pr. sein publizistisches Interesse auf gemeinschaftsbezogene Einsätze im Bereich der Seefahrt.

Werke: Orkan in Höhe Bäreninsel. 7 Wochen Eismeerfahrt (1953); Abstich 11 Uhr – Männer zwischen Glut und Eisen. Das Buch vom Hüttenwerk (1954); Was weißt du von der Waterkant (1954); 1000 Meter unter Tage – Männer in Strecke und Streb. Das Buch vom Bergbau (1955); Kurs Persergolf. Das Buch von den Überseetankern (1957); Schleppzug ankerauf. Das Buch von der Binnenschiffahrt (1960); Was weißt du vom Rhein (1961); Was weißt du vom Donaustrom (1962); Florian 14: Achter Alarm. Das Buch der Feuerwehr (1965); Klar vorn und achtern. Technik und Wagnis der modernen Seefahrt (1967); Retter ohne Ruhm (1970); Zu Schiff durch Europa (1973); F. Laeisz – Vom Frachtsegler bis zum Bulk Carrier (1974); DDG Hansa – Vom Liniendienst bis zur Spezialschifffahrt (1976); Blohm + Voss – Schiffe und Maschinen für die Welt (1977).

Hermann Bertlein

Preczang, Ernst

*Lyriker, Erzähler, Dramatiker und Verleger; *16.1.1870 Winsen an der Luhe, †22.7.1949 Sarnen (Schweiz).*

Nach der Lehre als Setzer in Buxtehude und der Tätigkeit im Buchdruckerhandwerk arbeitete Pr. als Schriftsteller in Berlin. Sehr früh trat er der SPD bei und lieferte Beiträge für die Partei- und Gewerkschaftspresse; seine Einakter und Szenen aus dem Leben des Kleinbürgertums und des Proletariats wurden oft in Laienveranstaltungen der Arbeitertheater und der „Freien Volksbühne" gespielt. Von 1904 bis 1919 war er Redakteur der sozialdemokratischen Zeitschrift „In freien Stunden"; als Mitbegründer und Cheflektor (1924–1927) der 1924 gegründeten „Büchergilde Gutenberg" hatte er wesentlichen Anteil an der Verbreitung zeitgenössischer sozialkritischer Weltliteratur, so der Werke von B. TRAVEN, JACK LONDON, UPTON SINCLAIR und MARTIN ANDERSEN-NEXÖ. 1933 mußte Pr. emigrieren, leitete für kurze Zeit die Zweigstelle der Büchergilde Gutenberg in Zürich und war anschließend als freischaffender Schriftsteller in der Schweiz tätig.

Werk, Tendenzen, Wirkung. Pr. gehört neben H. LESSEN und O. KRILLE zur ersten Generation der Arbeiterschriftsteller und erhielt seine entscheidenden Impulse in der sozialdemokratischen und gewerkschaftlichen Bewegung vor 1914. Sein Interesse galt hauptsächlich – wie er in seinem autobiographischen „Rückblick" betont – den „seelischen Einflüssen der Bewegung und ihrem Anteil an einer neuen geistigen Kultur, die sich aus der Volkstiefe erheben sollte. Freiheit, Gleichheit, Gerechtigkeit – es sind und waren mir nicht nur politische, sondern vor allem auch menschlich-ethische Postulate". In seinen literarischen Arbeiten wollte er „von einer mehr äußerlichen Tendenzdichtung zu einer aus dem rein Menschlichen, aus seelischen Quellen schöpfenden Kunst" gelangen (Rückblick, S. 289). Seine ersten Einakter und Dramen, angelehnt an klassische und naturalistische Vorbilder (z.B. „Töchter der Arbeit", 1898 und „Im Hinterhaus", 1903), zeichnen zwar genau die soziale Not und das Elend kleinbürgerlicher und proletarischer Familien und gestalten individuelle, einprägsame Charaktere, verbleiben jedoch in einer an den Naturalismus angelehnten Milieuschilderung und beschreiben das individuelle Scheitern, nicht jedoch die Perspektive einer geschlossenen und sieghaften Arbeiterbewegung. Seine Gedichte (z.B. „Im Strom der Zeit") begleiten zwar „das Leben des modernen Arbeiters in all seinen Kämpfen und Sorgen" (MEHRING, S. 489), setzen jedoch – wie in der Arbeiterdichtung üblich – die Entwicklung zur Veränderung in eins mit der Schilderung der Natur und ihrem unabänderlichen Prozeß des Veränderns: Sonne und Frühling werden zu Insignien für die Freiheit und der Gewißheit einer besseren Zeit. In seinen Erzählungen gestaltet Pr. die Schicksale einzelner aus kleinbürgerlichem und bäuerlichem Milieu, vor allem der armen Küstenfischer. Pr. zeichnet dabei lebendige und differenzierte Charaktere und genau das soziale Elend; die zentralen politischen und klassenmäßigen Auseinandersetzungen der Zeit bleiben jedoch verschwommen und abstrakt. Keine seiner Figuren findet den Anschluß an die organisierte Arbeiterbewegung. „Im Land der Gerechten" – einem Jugendroman – wird der Leidensweg des armen Deichwärtersohnes Peter Klupschek beschrieben. Vor allem von den Besitzenden, den Lehrern, aber auch den Eltern unterdrückt, gedemütigt und ungerecht behandelt, schließen einige Jungen sich zu einem Bund zusammen und wollen auf einer fernen Insel eine Gegenwelt zu den Erwachsenen errichten, in der sie frei und menschenwürdig leben können. Durch den alten Sozialdemokraten Niels Schuppe und den jungen Lehrer Heini Gleditsch wird Peter wieder in die Realität zurückgeführt. Nachdem ein Flugzeug abgestürzt ist, und er hilft, den Piloten zu retten, eröffnet sich für ihn eine individuelle (und wundersame) Chance: er kann Monteur und vielleich einmal Pilot werden. Ähnlich dem jungen sozialdemokratischen Lehrer Gleditsch ist er bereit, mit ganzer Kraft und Liebe daran zu arbeiten, die Welt vollkommener und gerechter zu gestalten. Die beiden Romane „Ursula. Die Geschichte eines kleinen Mädchens" und „Ursel macht Hochzeit" spielen zwar in der Weimarer Republik, doch wesentliche und bestimmende Faktoren wie z.B. die Arbeitslosigkeit und das Anwachsen der NSDAP bleiben lediglich Kolorit. In der Entwicklung der unehelich geborenen Ursula, die sich tatkräftig emporarbeitet, ihre Mutter und ihren Vater findet, eine Ehe mit einem Nationalsozialisten eingeht, diese nach kurzer Zeit wieder löst und ihren väterlichen Freund aus der Kindheit (einen Schriftsteller in der Schweiz) heiratet, sind alle Beziehungen zur Arbeiterbewegung getilgt. Die soziale Not wird so nicht Anklage und Ziel einer notwendigen Veränderung, einzig Ausgangspunkt für allgemeinmenschliche Probleme und Schwächen, die durch individuelles Handeln gelöst werden. In den Neuauflagen wurde in der DDR wesentlich der anfängliche soziale und sozialistische Impetus Pr.s betont, in der Bundesrepublik Deutschland durch die „Büchergilde Gutenberg" lediglich auf die beiden letzten Ursel-Romane zurückgegriffen.

Werke: Im Strom der Zeit (1908, [5]1929); Die Glücksbude (1909, [4]1925; NA. 1930); Nuckel, das Kapital und anderes (1918); Der leuchtende Baum (1925); Im Satansbruch. Märchen (1925); Röte dich, junger Tag (1927); Zum Lande der Gerechten. Der Roman einer Kindheit (1928; NA. 1947); Ursula. Geschichte eines kleinen Mädchens (1931, [3]1938; NA. 1947, [2]1950); Ursel macht Hochzeit (1934, [7]1948; NA. 1951); H. Herting (Hrsg.): E. Preczang. Auswahl aus seinem Werk (1969).

Sekundärliteratur: Fr. Mehring: Ernst Preczang. „Im Strom der Zeit". 20. November 1908 (in: Fr. Mehring: Gesammelte Schriften. 1961. Bd. 11. 489–490). – W. Emmerich (Hrsg.): Ernst Preczang: Rückblick (auszugsweise in W. Emmerich (Hrsg.): Proletarische Lebensläufe. 1. 1974. 288–289).

Manfred Geiss

Preisausschreiben zur Förderung der sozialistischen Kinderliteratur

Das Pr. ist ein Wettbewerb des DDR-Ministeriums für Kultur zur Anregung und Förderung neuer Kinder- und Jugendliteratur und wird seit 1950 in unregelmäßigen Abständen mit der Zielsetzung veranstaltet, die Entstehung neuer Kinder- und Jugendbücher im Sinn sozialistischer Kultur und Erziehung anzuregen und zu fördern. Die Initiatoren und die Bedingungen für den Wettbewerb haben sich im Laufe der Zeit geändert.
Das erste Pr. (1950) wurde vom Ministerium für Volksbildung initiiert „zur Schaffung einer neuen Jugend- und Kinderliteratur, die geeignet ist, die demokratische Erziehung zu fördern und der Jugend Kenntnisse in den Hauptfragen der modernen Naturwissenschaften und der Technik zu vermitteln". Die folgenden Pr. wurden vom Amt für Literatur und Verlagswesen, ab 1956 vom Ministerium für Kultur ausgeschrieben.
Jeder Wettbewerb steht unter einem bestimmten Themenschwerpunkt, aus dem sich die entsprechenden Auswahl- und Bewertungskriterien für die Preisauszeichnung ergeben. So standen z. B. im Mittelpunkt des 21. Pr.s 1975 „gehaltvolle Themen zu Entwicklungen und Fragen der Gegenwart sowie die literarische Gestaltung revolutionärer historischer Ereignisse und Prozesse". Das 22. Pr. 1978 wandte sich an „sozialistisch-realistische Werke mit hohem ideellen, moralischen und ästhetischen Gehalt, die durch ihre Wirklichkeitsnähe und künstlerische Gestaltungskraft beispielgebend und anregend sein können".
Der Wettbewerb steht für Autoren aller Formen und Gattungen der Kinder- und Jugendliteratur offen. Die Manuskripte müssen in deutscher Sprache verfaßt sein; Übersetzungen sind nicht zugelassen. Bereits veröffentlichte Bücher dürfen nicht vor einem angegebenen Stichtag, der etwa ein Jahr zurückliegt, erschienen sein. Die Auswertung erfolgt in zwei Gruppen: Arbeiten von Autoren, die noch nicht veröffentlicht haben, und Arbeiten von bereits bekannten Autoren. In jeder Gruppe werden drei Preise verliehen; darüber hinaus kann die Jury noch Sonderpreise vergeben (z. B. für das beste Bilderbuch, für Lyrik usw.). Die Preise bestehen aus einem Geldbetrag und einer Urkunde. Außerdem werden für weitere Bücher „lobende Anerkennungen" ausgesprochen.
Die Jury setzt sich aus Autoren, Literaturkritikern und Vertretern folgender Institutionen zusammen: Ministerium für Kultur, Ministerium für Volksbildung, Akademie der Künste der DDR, Schriftstellerverband der DDR, Zentralrat der Freien Deutschen Jugend – Pionierorganisation „Ernst Thälmann", DDR-Zentrum für Kinderliteratur, Kulturbund der DDR, Gesellschaft für Deutsch-Sowjetische Freundschaft, Deutsche Staatsbibliothek, Zentralinstitut für Bibliothekswesen. Bis 1978 fanden 22 Pr. statt.

Hannelore Daubert

Premio Europeo di Letteratura Giovanile „Provincia di Trento" Europapreis für Jugendliteratur

Preis des Kulturassessorats der Provinz Trient zur Förderung solcher Kinder- und Jugendliteratur, die den Interessen und Wünschen ihrer Leser und gleichzeitig den grundsätzlichen Zielen einer europäischen Erziehung in der heutigen Zeit entspricht.

Der mit einer Million Lire dotierte und von der autonomen Provinz Trient finanzierte Preis wird seit 1962 unregelmäßig ausgeschrieben und wurde 1978 zum siebenten Mal verliehen. Die wissenschaftliche Organisation liegt bei der Sektion für Jugendliteratur der Universität Padua, die auch den Juryvorsitzenden ernennt, zumeist ein Hochschullehrer für Pädagogik einer italienischen Universität.
Zum Preisausschreiben zugelassen ist jede Art von Literatur, die der genannten Zielsetzung entspricht und in den letzten beiden Jahren in einer der offiziellen Sprachen der europäischen Länder veröffentlicht worden ist. Handelt es sich um noch unveröffentlichte Werke, so dürfen sie sich an keinem anderen nationalen oder internationalen Preisausschreiben beteiligt haben.
Neben dem Europäischen Jugendbuchpreis werden vom selben Institut zahlreiche Sonderpreise vergeben: Es gibt einen Europäischen Bilderbuchpreis, einen Europäischen Preis für Poesie für das beste von Jugendlichen geschriebene Gedicht (oder eine Gedichtsammlung), den Preis für didaktische Literatur für das beste populärwissenschaftliche Werk, das für Jugendliche im Entwicklungsalter bestimmt ist und den Europäischen Preis für geschichtliche Darstellung, mit dem der beste historische Roman ausgezeichnet wird.

Hannelore Daubert

Prestel, Josef

*Lehrer, Dozent in der Lehrerausbildung, Literaturdidaktiker; *27.9.1888 Kempten (Allgäu), †20.4.1969 München.*

Pr. besuchte nach sieben Jahren Volksschule von 1901 bis 1904 die Präparandenschule Mindelheim, von 1904 bis 1906 das Lehrerseminar Lauingen an der Donau, wo er 1909 kurzzeitig als Seminarhilfslehrer tätig war. 1910 legte er die Prüfung für das Lehramt an Volksschulen und zusätzlich das Abitur am Humanistischen Gymnasium ab. Er arbeitete zunächst als Volksschullehrer in München. Von 1919 bis 1924 war er an der dortigen Universität immatrikuliert (Deutsche Sprache und Literatur, Pädagogik, Philosophie und Geschichte). Er promovierte 1924. In den folgenden Jahren begann Pr.s Tätigkeit als Autor und Herausgeber. 1933 erhielt er einen Lehrauftrag für Jugendschriftenkunde an der Universität München, 1935 wurde er Dozent für „Praktisch-theoretische Einführung in den Deutschunterricht der Volksschule" an der neugegründeten Hochschule für Lehrerbildung in München-Pasing. Zu dieser Zeit war Pr. auch in Jugendschriftenausschüssen tätig. Nach dem Zweiten Weltkrieg führte Pr. seine Lehrtätigkeit im Rahmen des „Instituts für Lehrerbildung" in Pasing, wo er 1954 nach Erreichung der Altersgrenze als Oberstudienrat pensioniert wurde, und seine Arbeit als Autor und Herausgeber fort.

Als Autor begann Pr. mit seiner Schrift über volkstümliche Dichtung („Von volkstümlicher Dichtung und romantischer Erneuerung", 1924), und diesem literarischen Bereich galt dann – neben der Jugendliteratur – der größte Teil seiner weiteren Arbeit, sowohl als Literaturwissenschaftler („Märchen als Lebensdichtung", 1938) wie als Literaturdidaktiker („Die deutsche Sage im Unterricht", 1927) und als Herausgeber von Textsammlungen für die Jugend („Schwäbisch-bayrische Sagen", 1928). Auch in seiner „Methodik des Deutschunterrichts" (1956) spielen Überlegungen zum literarischen „Volksgut" noch eine wichtige Rolle. „Von diesem Quellgrund volkstümlicher Dichtung", schrieb Pr. 1935, „steigt alle Kraft auf, die sich den höhern Gebilden der Dichtkunst mitteilt" („Volkhafte Dichtung", S. 7). Pr.s Neigung zum Volkstümlich-Volkhaften, verbunden mit einer konservativ-heimatverbundenen Haltung und einer deutlich antimarxistischen Einstellung, brachten ihn, namentlich in dem zuletzt erwähnten Buch, in die Nähe der nationalsozialistischen Ideologie; andererseits hatte Pr. zur Zeit des Nationalsozialismus mit politischen Schwierigkeiten zu kämpfen.

Die historische Entwicklung der deutschen Jugendliteratur hat Pr. dreimal dargestellt („Geschichte des deutschen Jugendschrifttums", 1933; „Abriß der Jugendliteratur", als Anhang zu „Methodik des Deutschunterrichts", 1956; „Das Lesegut der Jugend in geschichtlicher Darstellung", in: „Handbuch des Deutschunterrichts", hrsg. von ALEXANDER BEINLICH, 1961). Die letzte Darstellung ist eine teils gekürzte, teils erweiterte Fassung der ersten, wobei einige Abschnitte auch wörtlich übernommen wurden; die zweite ist ein knapper Leitfaden zur Information des Lehrers. In allen drei Darstellungen dominiert Pr.s bereits 1935 dargelegte Auffassung von der Zusammensetzung und der Entwicklung der Jugendliteratur: „Die Jugendliteratur umfaßt in der geschichtlichen Entwicklung des Nacheinander wie in der Entfaltung des Nebeneinander drei Schichten: Lehrgut, Volksgut, Kindgut .... In diesen drei Stufen entfaltet sich in Rein- und Mischformen die Typik der besonderen Jugendliteratur: Herrschaft des Lehrguts als sittliche Planung. Durchbruch des Volksguts als organische Teilhabe. Entdeckung des eigentlichen Kindguts. – Darin ist all das begriffen, was eine besondere Geschichte des Jugendschrifttums zum Unterschied von der allgemeinen Geschichte der Nationalliteratur mehr zu bieten, anders zu wenden oder stärker zu betonen hat" (S. 1 f.; gleiche bzw. ähnliche Formulierungen 1956 und 1961).

Durch seine Tätigkeit in der Lehrerausbildung, seine Publikationen zur Unterrichtsmethode wie durch Unterrichtshilfen und die Mitarbeit an Lehrbüchern hat Pr. zu seiner Zeit Einfluß auf den Unterricht der Volksschule, vor allem in Bayern, ausgeübt. Seine historischen Darstellungen der Jugendliteratur, die durchweg aus den Quellen erarbeitet sind, bieten auch heute noch aufschlußreiche stoffliche Hinweise, darüber hinaus sind sie durch Pr.s meist sehr entschiedene und immer selbständige Urteile über Strömungen, Autoren und Texte als rezeptionsgeschichtliche Dokumente interessant.

Werke: Von volkstümlicher Dichtung und romantischer Erneuerung (1924); Die deutsche Sage im Unterricht (zus. mit W. Ledermann, 1927); Von Helden und Holden. Ein Sagen- und Legendenbüchlein (zus. mit W. Ledermann, 1927); Deutschunterricht auf der Oberstufe (zus. mit E. Mahr, 1930); Deutsche Erzählkunst. Gestaltbetrachtungen (1932); Geschichte des deutschen Jugendschrifttums (1933); Die Schülerbücherei. Ein Führer zum guten Buch (1933); Vaterland und weite Welt. Erdkundebuch für das 5.–7. Schuljahr (1933); Leif. Eine Erzählung aus germanischer Frühzeit (1934); Ostland (1934); Sage und Volkheit (1934); Deutsche Literaturkunde. Erbgut und Erfüllung (1935); Grettir, ein nordischer Held (1935); Volkhafte Dichtung (1935); Wir deuten Märchen (1935); Dichtung der Gegenwart in der Volksschule (1936); Die Völkerwanderung (1936); Heinrich der Löwe (1937); Im Geleit der Geschichte. Aus deutschen Erzählungen (1937); König Theoderich (1937); Morgenblick. Erlebnisse der ersten Kinderzeit (1937); Witege (1937); Märchen als Lebensdichtung. Das Werk der Brüder Grimm (1938); Lesende Jugend. Lesekunde für das Volksschulalter (1950); Der Leseunterricht (1950); Methodik des Deutschunterrichts (1956).

Beiträge: Robinson (in: J. Prestel (Hrsg. zus. mit Fr. Fikenscher): Jugend und schönes Schrifttum. 1925. 155–186); Wandel des Heldenliedes (in: Jugendschriften-Warte. 40. 1935. 7. 45–48); Das Lesegut der Jugend in geschichtlicher Darstellung (in: A. Beinlich (Hrsg.): Handbuch des Deutschunterrichts im ersten bis zehnten Schuljahr. 8. 1960. II. 1–36; [2]1961, Bd. 2. 825–861).

Bearb.: Die Offenbarungen der Margaretha Ebner und der Adelheid Langmann (1939); D. Defoe: Tagebuch des Robinson (1948); G. Geißler (Hrsg.): Lesen (1958).

Hrsg.: Jugend und schönes Schrifttum (zus. mit Fr. Fikenscher, 1925); Münchener Jugendbücher (zus. mit Chr. Keller und H. Zinkl. Bd. 1–30. 1927–1934); Schwäbisch-bayrische Sagen (zus. mit I. Prestel, 1928); Bayerischer Sagenhort (zus. mit H. Kurz. Bd. 1–15. 1929–1930); Die Fundgrube. Schöne Lesestoffe für den Sachunterricht (Bd. 1–4. 1929–1930); Der kleine Don Quichote (1930); Robinson (1931); Die Volkssage. Gehalt und Stil (1931); Sagen aus aller Welt (1934); Sagen von deutscher Art. Für den Schulgebrauch (1935); Quellen der Freude (Bd. 1–6. 1948); R. Hildebrand: Von deutschem Sprachunterricht in der Schule und von deutscher Erziehung und Bildung überhaupt ([24]1950).

Sekundärliteratur: P. Aley: Jugendliteratur im Dritten Reich (1967).

Alfred Clemens Baumgärtner/Ferdinand Kopp

Preussler, Otfried

*Autor von Bilder-, Kinder- und Jugendbüchern, Hörspielen und Theaterstücken für Kinder, Übersetzer, Lehrer; *20.10.1923 Reichenberg/Böhmen.*

Pr. stammt aus dem Isergebirge (Sudeten). Beide Elternteile wirkten im pädagogischen Bereich, der Vater als Sonderschulrektor, die Mutter als Mittelschullehrerin. Nach Kriegsdienst (seit 1942) und Gefangenschaft (1944–1949) wurde Pr. nach seinem Studium 1953 in Bayern als Lehrer tätig; später übernahm er als Rektor die Leitung einer Schule in Rosenheim. 1970 schied er aus dem Schuldienst aus und widmete sich ganz der Schriftstellerei. Mehrere Reisen führten den Autor in die ČSSR, UdSSR, nach Polen und Italien. Pr. ist verheiratet und Vater von drei Töchtern. Der heute auch im Ausland zu den erfolgreichsten Autoren des deutschsprachigen Raumes zählende Schriftsteller wurde für seine Werke mehrfach ausgezeichnet: Er erhielt unter anderem im Jahr 1972 einen Platz auf der Ehrenliste des Internationalen Hans-Christian-Andersen-Preises, 1973 den Europäischen Jugendbuchpreis der Universität Padua, 1963 und 1972 den Deutschen Jugendbuchpreis, 1957 und 1961 je einen Sonderpreis im Rahmen des Deutschen Jugendbuchpreises sowie 1979 den Sudetendeutschen Kulturpreis. Die meisten Werke Pr.s standen auf den Auswahllisten zum Deutschen Jugendbuchpreis, und für die Hörspielfassungen des „Räuber Hotzenplotz" sowie der „Kleinen Hexe" erhielt der Autor 1973 bzw. 1975 eine Goldene Schallplatte. Darüber hinaus ist Pr. seit 1973 Träger des Verdienstordens am Band der Bundesrepublik Deutschland.

*Otfried Preußler (*1923).*

Werk, Tendenzen, Wirkung. Mit Hörspielen für Kinder und dem Kinderbuch „Der kleine Wassermann" (1956) begann Pr. zu schreiben. Er verfaßte außer zahlreichen Manuskripten für Kinderfunksendungen auch Stücke für das Kindertheater und übersetzte tschechische sowie englische Kinderbücher. Seine Übersetzung von Josef Ladas „Kocour Mikeš, díl první" (dt. Kater Mikesch, 1962) wurde ihrerseits wieder Vorlage für weitere Übersetzungen ins Dänische, Schwedische, Spanische, Englische und Japanische.

Pr. hat auch zu Bilderbüchern den Text verfaßt. Mit acht Auflagen (76000 Exemplaren) wurde das älteste „Die dumme Augustine" (1972; illustriert von H. Lentz) bisher auch sein erfolgreichstes. Mit humorvoller Ironie relativiert Pr. hier das Vorurteil eines Mannes seiner Frau gegenüber.

Neben der Neufassung des Volksbuchs „Bei uns in Schilda" (1958) und der Bearbeitung verschiedener Märchenstoffe, darunter „Der goldene Brunnen" (1975), sowie der Übersetzung mehrerer Kinderbücher hat Pr. fünf Kinderbücher publiziert, die hohe Auflagen erzielt haben und in zahlreiche Sprachen übersetzt wurden: „Der kleine Wassermann" (1956), „Die kleine Hexe" (1957), „Thomas Vogelschreck" (1959), „Der Räuber Hotzenplotz" (Bd. 1–3. Band 2 unter dem Titel „Neues vom Räuber Hotzenplotz" – 1962, 1973) und „Das kleine Gespenst" (1966).

Gemeinsames Merkmal aller Kinderbücher Pr.s ist ihre fiktive Struktur. Um eine bereits im Titel genannte Zentralfigur (kleiner Wassermann, kleine Hexe, Räuber Hotzenplotz, Thomas Vogelschreck – übrigens eine Vogelscheuche – und kleines Schloßgespenst) gruppieren sich einzelne Handlungen, linear miteinander verbunden, z.B. durch das Wachsen des kleinen Wassermanns, durch die Jahreszeiten („Kleiner Wassermann" und „Thomas Vogelschreck"), dem Erfolg bei der Fahndung nach Hotzenplotz, durch die Lernschritte der kleinen Hexe oder durch die schließlich glückliche

Rückkehr des kleinen Gespenstes auf das Schloß von Eulenberg. Diese lineare Koppelung der einzelnen in sich abgeschlossenen Handlungen ermöglicht tektonisch Klimaxbildungen, wobei die Spannungskurve nie abreißt. Pr. beendet jede Handlung mit einem Spannungsrest, der erst in einer späteren Episode aufgelöst wird. Die in der phantastischen Fiktion gründende Titelfigur ist zwar an den realen Raum und die reale Zeit nicht gebunden, übernimmt aber, darin dem Märchen, der Sage oder der Fabel verwandt, menschliche Eigenschaften und Verhaltensweisen. Sie kann sich z. B. irren, aus dem Irrtum lernen, sich freuen, traurig sein usw. Drei der Titelfiguren sind von vornherein als Identifikationsfiguren angelegt: der kleine Wassermann, die kleine Hexe und das kleine Gespenst. Sie sind in traditionellem Sinn keine Helden, sondern – das Adjektiv „klein" verweist schon darauf – entmythologisierte Geschöpfe, die zwar im Wasser leben, auf dem beim Kaufmann erworbenen Besen reiten oder verschlossene Türen öffnen können, aber sonst ähnlichen Bedingungen unterworfen wie auch Kinder. Indem nun Pr. die Titelfiguren mit Personen, teils in der phantastischen, teils aber auch in der realen Ebene in Beziehung treten läßt, ergibt sich ein abwechslungsreiches Spiel der Perspektiven voller Situationskomik. Diese beruht unter anderem auch darauf, daß der Informationsstand des Lesers bezüglich des Inhalts der Erzählung oft weiter fortgeschritten ist als der des Titelhelden, z. B. als das kleine Gespenst eine 325-Jahr-Feier in Eulenberg stört, weil es die Maskerade nicht erkennt und meint, die Schweden würden tatsächlich erneut Eulenberg angreifen und es müsse den Eulenbergern wieder zu Hilfe eilen. Zugleich mischen sich dabei Frosch- und Vogelperspektive dergestalt, daß sich keine der anderen überlegen zeigt. Ansonsten ist für Pr. eher typisch, daß die Perspektive der Kleinen, der Kinder, der Perspektive der Erwachsenen um eine Nasenlänge voraus ist.

Der Gattung der Kasperle-Geschichten entsprechend enthalten vor allem die drei Bände des „Hotzenplotz" ein hohes Maß an Situationskomik, wobei sich allerdings aus der Sicht des Erwachsenen in Band 2 auch Abnutzungserscheinungen zeigen, z. B. in der Form der Szenenreihung, oder wenn in Band 3 das gleiche Feenkraut, mit dem Kasper in Band 1 die Fee Amaryllis von ihrer Unkengestalt erlöst hat, dazu dient, Frau Slotterbecks Krokodilhund Wasti in die Gestalt eines Dackels zu verwandeln. Obwohl Pr.s Kinderbücher teilweise als Parodien märchenhafter Motive anmuten, gestaltet er das gleiche Prinzip wie die Märchen: das Prinzip der Hoffnung, der Selbstbestätigung des Kindes. Der Räuber Hotzenplotz ist inzwischen zweimal verfilmt, wobei die erste Fassung vor allem durch Gert Fröbe als Hauptdarsteller eine besonders komödienhafte Ausprägung erfahren hat, während die zweite Fassung durch Slapstickelemente die Motive des Nonsense hervorhebt. Vom „Kleinen Wassermann" und dem ersten Band des „Räuber Hotzenplotz" gibt es eine Ausgabe in Blindenschrift und von der „Kleinen Hexe" sowie dem „Kleinen Gespenst" eine Tonbandausgabe für Blinde.

Pr. hat sich nach der Publikation mehrerer Kinderbücher der Mythologie zugewandt. Diesem Stoffbereich entstammt das bisher einzige Jugendbuch Pr.s: „Krabat" (1971). Mehr als zehn Jahre hat nach Angaben von Heinrich Pleticha der Entstehungsprozeß gedauert, bis Pr. aus dem sorbischen Sagenkreis um Mistr Krabat das Jugendbuch „Krabat" erarbeitet hatte, wobei der Titelheld und das Geschehen neue Dimensionen gewonnen haben (vgl. H. Pleticha: Zehn Jahre mit Krabat; in: H. Pleticha (Hrsg.): Otfried Preußler zum 50. Geburtstag, S. 53 f.).

Krabat gelangt als Betteljunge durch einen Traum in den Bannkreis einer in ihrer Umgebung geächteten Mühle. Auch im weiteren Verlauf enthält Krabat wichtige, teils zukunftsweisende Einsichten durch Visionen. Das Personal der Mühle besteht aus dem Meister und zwölf Gesellen. Vorgesetzter des Meisters ist eine Figur – die Personifikation des Bösen –, die nur als Gevatter tituliert wird. In der Erzählung bleibt diese vollkommen anonym und wird nur als herrschende Instanz innerhalb einer Organisation erfahrbar. In den Neumondnächten müssen die Gesellen den Wagen des Gevatters mit Mahlgut beladen, das auf dem sonst stilliegenden siebenten Mühlengang gemahlen wird. Jedes Jahr bestimmt der Meister einen seiner Knappen zum Tode, damit er sein eigenes Leben um ein Jahr verlängern kann. Der betroffene Knappe erfährt davon an Silvester, wenn er sein eigenes Grab schaufeln muß. Dagegen bleibt der Vorgang des Sterbens im Dunkeln. Der Meister stellt deshalb jährlich einen Lehrling ein, der schon nach einem Jahr freigesprochen wird; denn in der Mühle altert man in einem Jahr so viel wie im normalen Leben in drei Jahren. Neben der Arbeit erhalten der Lehrling und die Knappen in der „schwarzen Kammer" Unterricht aus einem Zauberbuch, dem Koraktor. Die Mühlenzunft kennt auch einen fünfzackigen Stern, einen Drudenfuß als Mal. Jedes Jahr müssen die Gesellen und der Lehrling zu zweit die Osternacht außerhalb der Mühle an einem unheimlichen Ort verbringen, das Mal in den Boden ritzen, am Ostersonntag vor dem Müller durch ein Joch schreiten und geloben, dem Meister in allem zu gehorchen. Die Macht des Müllers ist nur zu brechen, wenn ein Mädchen einen Knappen liebt und ihn in einer schwierigen, das eigene Leben gefährdenden Probe identifiziert. Neben den düsteren Szenen finden sich auch schwankhafte Episoden, so z. B. das An-der-Nase-Herumführen eines Werbertrupps der Armee August des Starken von Sachsen, in dessen Regierungszeit die Handlung der Sage spielt. Drei Jahre braucht Krabat, um den Bann zu brechen. Der Held verdankt dies aber nicht allein der Liebe Kantorkas, sondern auch der Hilfe zweier Mitgesellen, Tonda, der Krabat während seiner Lehrlingszeit als Mentor betreut hat, und Juro. Juro stellt sich absichtlich dumm, erhält deshalb die Hausarbeit und den Küchendienst übertragen und hat Zugang zum Zauberbuch in der „schwarzen Kammer". Als Juro Krabats Absicht durchschaut, vermittelt er diesem sein ganzes Wissen und ermöglicht damit Krabat das Aufbrechen der Zauberfesseln.

Mit den Kinderbüchern verbindet „Krabat" das Wissen um die Bedrängnis des Menschen durch Isolation und Angst, aber auch die Überwindung dieser Angst mit Hilfe einer rationalen Analyse der dem Menschen bedrohlichen Elemente, die große Hilfe einer liebevollen Zuwendung und der Solidarität. P.r kennt die moderne Erscheinungsweise des Bösen, das dem Individuum häufig erfahrbar wird als totalitäre Organisation, die infolge ihrer Undurchschaubarkeit Angst erzeugt und im politischen Bereich individuelle Entfaltung nur unter der Bedingung, sich vorbehaltlos den Normen ihrer Führer zu unterwerfen, zuläßt. Daß sich totalitäre Systeme gern pseudoreligiöser Rituale bedienen, findet ebenfalls seinen Niederschlag in diesem Jugendbuch (das Zeichen des Mals, der Gang durch das Joch, der Meister mit den 12 Knappen als Assoziation an Christus mit den 12 Aposteln usw.).

James Krüss meint unter deutlicher Anspielung auf Pr.: „Immerhin glaube ich, etwas Bezeichnendes für die Kinderliteratur unserer Zeit entdeckt zu haben: Skepsis gegenüber alten Ordnungen, ein Entheroisieren, ein Entmythologisieren und ein Abbau hierarchischer Ordnungen: Könige werden zu Trotteln, Hexen und Wassermänner werden gut, ..., Gespenster komisch, ... Die Harmonie der Welt wird augenzwinkernd postuliert. Selbst die Ordnung von Zeit und Raum relativ" (J. Krüss „In Bildern denken"; in: J. Krüss: Naivität und Kunstverstand, [2]1970, S. 124). Pr. faßt sein Schreiben als ein Spiel auf und meint: „Mein Partner (gemeint ist der Leser; d.V.) verfügt über eine sprühende Phantasie. Er hat eine ausgesprochene Vorliebe für alles, was Abenteuer und Spaß heißt ... Alles, was ich ihm erzähle, muß Hand und Fuß haben. Es hat sich streng nach den Spielregeln zu vollziehen, die wir für die jeweilige Geschichte miteinander vereinbart haben ... Auf diese Weise zwingt und ermuntert er mich zu einer Art konkreter Phantasie" (in: Kl. Doderer (Hrsg.): Bilderbuch und Fibel, 1972, S. 166f.).

Werke: Die vier heiligen Dreikönige (1950); Es geistert auf der Mitteralm (1951); Das fremde Bleichgesicht (1951); Kasperl hat ein gutes Herz (1951); Lieb Nachtigall, wach auf (1951); Das Spiel vom lieben langen Jahr (1951); Wir wollen auf die Reise gehn (1952); Das Spiel von den sieben Gesellen (1953); Ei guten Tag, Frau Base (1954); Der kleine Wassermann (1956, [25]1976); Die kleine Hexe (1957, [29]1977); Bei uns in Schilda (1958, [14]1978); Thomas Vogelschreck (1959, [11]1977); Der Räuber Hotzenplotz (1962, [27]1977); Das kleine Gespenst (1966, [15]1977); Die Abenteuer des starken Wanja (1968, [9]1977); Neues vom Räuber Hotzenplotz (1969, [16]1976); Krabat (1971, [10]1977); Die dumme Augustine (1972, [7]1977); Hotzenplotz 3 (1973, [7]1977); Jahrmarkt in Rummelsbach (1973); Das Märchen vom Einhorn (1975); Der goldene Brunnen (1975); Die Glocke von grünem Erz (1976); Die Flucht nach Ägypten. Königlich böhmischer Teil (1978).

Beiträge: Vom kleinen Wassermann und von mir (in: Jugendliteratur. 3. 1957. 6. 262–263); Bei uns in Schilda (in: Jugendliteratur. 4. 1958. 9. 407–410); Tschechische Kinderbücher (Tl. 1 in: Jugendliteratur. 5. 1959. 6. 282–284, Tl. 2 in: Jugendliteratur. 6. 1960. 1. 43–46); Erfahrungen eines Kinderbuchautors mit seinen Lesern (in: Humor in der Kinder- und Jugendliteratur. Bericht über die 16. Internationale Jugendbuchtagung. 1.–8.4.1970, 1970. 59–74); Otfried Preußler (in: Kl. Doderer (Hrsg.): Bilderbuch und Fibel. 1972. 166–169); Wenn Manuskripte auf den Prüfstand kommen (in: Börsenblatt für den Deutschen Buchhandel. 30. 1974. 86. 1700); Wie sollten Kinderbücher aussehen? (in: Kath. Akademie Schwerte (Hrsg.): Protokolle zur Akademietagung „Bücher für Kinder. Zur gegenwärtigen und zukünftigen Bedeutung des Kinderbuchs", 1.–3.11.1974. 65–68).

Sekundärliteratur: A. Cl. Baumgärtner: Jugendbuchkritik in Deutschland (in: H. Schaller (Hrsg.): Umstrittene Jugendliteratur, 1976. 143–155). – H. Künnemann: 6 Fragen an einen Erfolgreichen (in: Bulletin Jugend + Literatur. 1971. 7/5. 7–9). – P. Maicher: Poesie in der Schule? – Beispiel „Krabat" (in: H. Schaller (Hrsg.): Umstrittene Jugendliteratur. 1976. 95–117. – H. Pleticha: Ein Jugendbuchautor. Otfried Preußler (in: Welt und Wort. 28. 1973. 4. 401–405); Mein Freund Otfried Preußler (in: Jugend und Buch. 1970. 1. 14–18); (Hrsg.): Otfried Preußler zum 50. Geburtstag (1973). – B. Scharioth: Auch im dritten Jahrtausend: Geister sind „in" (in: Börsenblatt für den Deutschen Buchhandel. 33. 1977. 57. 72–75). – D. Weitsch: Ein Versuch, Kinderbücher psychologisch zu lesen (in: Zeitschrift für Jugendliteratur. 1. 1967. 78–85).

Rudolf Raab

Prinz, Prinzessin

Prinz und Prinzessin sind primär Gestalten des Volksmärchens. Der Gattung entsprechend handelt es sich nicht um individuell gezeichnete Charaktere – worauf schon das weitgehende Fehlen persönlicher Namen hindeutet – sondern um stark typisierte Personen. Prinzen können häufig der umfassenderen Gruppe des erfolgreichen Märchenhelden par excellence zugeordnet werden, sind somit in der Funktion auf ihren Stand nicht immer unmittelbar festgelegt und deshalb in Varianten des gleichen Erzähltyps oft durch Mitglieder anderer Stände ersetzt. Die Prinzessin läßt sich als Stereotyp in differenziertere, zum Teil sogar polar gegenüberstehende Subtypen untergliedern. Im gesamten Verbreitungsgebiet des Märchens sind Prinz und Prinzessin als dominierende Gestalten belegt. Für die gedruckte Kinderliteratur werden Prinz und Prinzessin erst mit dem Erscheinen von Kindermärchenbüchern gegen Ende des 18. Jahrhunderts relevant.

Themen und Gestalten. Die größte Themengruppe mit dem Prinzen als Person handelt von der Brautgewinnung; wie in Dornröschen oder Schneewittchen sind hier besondere Fähigkeiten oder glückliche Umstände zur Erreichung des Ziels notwendig. Auch Tierbräutigammärchen, in denen das Mädchen (oft die Prinzessin) dem in ein Tier verzauberten Prinzen zur Erlangung seiner ursprünglichen Gestalt verhilft, gehören in den Themenkreis. Der Akzent einer weiteren Gruppierung liegt, wie im Tierbräutigammärchen, eher auf der Heldin, die, durch Geschick oder magische Mittel, einen Prinzen zum Gatten gewinnt. Das Thema der Trennung von Braut und Bräutigam durch widrige Umstände oder Untreue behandeln wieder andere. Ohne erotische Fabel verlaufen jene Märchen, in denen die klügste Antwort oder beste Lösung einer gestellten Aufgabe unter (meist drei) Königssöhnen über die

Thronfolge entscheiden. Prinzen sind nicht per se vom Schicksal begünstigt: Zahlreiche Märchen berichten von erfüllten Unglücksprophezeihungen, Aussetzung und Vertreibung ohne Happy End, aber auch Errettung aus großer Not, wobei Dinge, Tiere oder Menschen als Helfer auftreten können.

Ebenso wie für den Königssohn steht für die Königstochter erotische Thematik im Vordergrund. Das Hauptkontingent bilden Märchen, in denen ein Freier durch Erfüllung zum Teil unlösbar erscheinender, oft nur durch Zaubermittel und Helfer zu bewältigender Aufgaben die Hand der Prinzessin erhält. Nicht selten ist eine sozusagen hypertrophe Form dieser Brautwerbung – bekanntestes Beispiel ist die Ratselprinzessin Turandot –, bei der die erfolglosen Bewerber grausam hingerichtet werden. Hierbei erweist die Prinzessin sich – in einer kulturgeschichtlich alten matriarchalischen Variante der Brautwerbung – als durch die Ästhetik des Bösen faszinierender, bis zum Exzeß über den Mann herrschender Partner. Dem gegenübergestellt finden wir jene Königstöchter, die zwangsverheiratet oder ohne eigene Einwilligung Helfern ihres Vaters als Preis zugeteilt werden. Ein ähnlich hartes Schicksal wartet auf jene Protagonistinnen, die durch lange Leidenszeiten gehen müssen, bevor sie ihren verlorenen Bräutigam wiedererlangen. Prinzessinnen in untergeordneten sozialen Stellungen finden sich in verschiedenen Märchen, wobei bei einigen diese Unterordnung Strafe für unsoziales Verhalten ist. Von der Psychologie und Völkerkunde als Relikte früherer Initiationsriten interpretiert werden Erzählungen, in denen Töchter, wie Rapunzel, Schneewittchen oder Dornröschen, auf bestimmte Dauer von der Gesellschaft ferngehalten werden. Neben der Prinzessin als Braut steht die entweder mit oder ohne Hilfe magischer Mittel aus Verzauberung, der Gewalt von Unholden und Notlagen gerettete Königstochter paradigmatisch für die Märchenprinzessin. Die Gestalt der Prinzessin begegnet auch als kluge oder törichte Ratgeberin.

Zur Interpretation der Märchenfiguren. Nach Axel Olriks Gesetz des Topp- und Achtergewichtes wird im Märchen bei Auftreten einer Reihe von Personen oder Dingen der Vornehmste auf den ersten Platz gesetzt, so zum Beispiel in „König Drosselbart", auf den letzten Platz aber derjenige (z.B. Jüngster, Dummling), welcher die besondere epische Anteilnahme erregt. Da in der Gestalt von Prinz und Prinzessin im allgemeinen vornehmste und episch bedeutsamste Person (Held, Heldin) zusammenfallen, gelangen beide Gesetze gleichzeitig zur Anwendung. August von Löwis of Menar unterscheidet zwei Arten von Helden, den idealen, dem die größte Anteilnahme des Erzählers und Hörers gilt, und den formalen, welcher sich durch das größte Maß von Aktivität zum Träger der Handlung qualifiziert. Im Prinzen sind oft idealer und formaler Held vereint, die Prinzessin tendiert stärker zur Rolle der idealen, mehr passiven Heldin. – Treten mehrere Generationen im Märchen auf, gehören Prinz und Prinzessin meist der zweiten, selten der dritten, nie der ersten an. Der Königssohn ist der typische Jüngling an der Grenze zur Reifung zum Mann, die Prinzessin entweder noch Kind oder in heiratsfähigem Alter. Beide zeichnen sich – vor allem im Brautwerbungsmärchen – durch Schönheit (auch symbolisiert durch Standesabzeichen wie goldene Sterne, Haare usw.; vgl. Antonie Töpfer, S. 12) und geistige Qualitäten (Prinzessin: besonders Klugheit) aus. Ihre Charaktere, welche keinerlei Entwicklung durchmachen, entsprechen einer idealen Anschauung, die nur selten die Grenzen des Typischen durchbricht (vgl. August Löwis of Menar, S. 38ff.; Lutz Röhrich 1974, S. 25). Gesellschaftlich betrachtet passen Prinz und Prinzessin nicht in das Märchenschema strenger Absetzung der unteren gegen die oberen Schichten (Armer = ethisch Guter; Reicher = Böser; vgl. Lutz Röhrich 1974, S. 211ff.). Der König läßt seine Söhne oft ein Handwerk lernen (vgl. Antonie Töpfer, S. 13), Erziehung sowie Milieu des Königshofs tragen eher (wie im Rumpelstilzchen) bäuerlichen Anstrich. Gemeinsam mit anderen Märchenfiguren fallen Prinz und Prinzessin unter den Begriff der Allverbundenheit (Max Lüthi, S. 49–62), die sie mit allen Dingen und Wesen, also auch sozial Untergeordneten (z.B. durch Ehe) in Verbindung treten läßt. Dadurch eignen Prinz und Prinzessin sich nur in Grenzen als Vehikel zur Exemplifizierung ideologischer Theoreme, wie überhaupt Märcheninhalte sich weitgehend außerhalb sozialer Wirklichkeiten abspielen. Wo es jedoch um Werbung, Verlöbnis, Heirat, Kind- und Elternverhältnis geht, zeigt das Märchen mit Prinz und Prinzessin als Helden eine starke Verpflichtung alten Rechtsbräuchen gegenüber.

Die für Märchen charakteristische Polarisation der Personen mit ihren extremen, einfach zu erfassenden Eigenschaften wie Schönheit, Treue, Mut, erfordert nach Charlotte Bühler und Josephine Bilz nur eine geringe Fähigkeit zur Abstraktion. Gleichzeitig kann man für die Figuren von Prinz und Prinzessin einen hohen Identifikationswert mit dem kindlichen Ich annehmen. Versuchspersonen der Traumdeutungen Sigmund Freuds bewahrten diese Identifikation bis weit über das Märchenalter hinaus. Auch das Material der mehr als 12000 Einsendungen von Illustrationen zu Lutz Röhrichs „Kinder malen Märchen" (1976) zeigt in hohem Maße eine Gleichsetzung mit der Rolle von Prinz und Prinzessin, wie sie ebenfalls im Kinderspiel mit dem Brautschleier oder den Gardinen der Mutter stattfindet.

Die Ausstrahlung der Figuren über die Gattung des Volksmärchens hinaus ist beträchtlich. Bekannte Schriftsteller verwenden sie in literarischen Kindermärchen (Alexander Puschkin), für Erwachsene in den Kunstmärchen der Romantik und später (Oscar Wilde), wobei im weiteren Verlauf die Märchenkulisse verlorengehen kann und nur die Gestalt von Prinz und Prinzessin erhalten bleibt (Antoine de Saint-Exupery). Märchen mit Königssohn und -tochter werden dramatisiert für Film, Fernsehen, Theater, Kasperletheater und Kindergartenbühne. Auf ikonographischer

Ebene leben die Gestalten auf Bilderbogen, in Comics und allgemein in Kinderbuchillustrationen. Märchenhafte Anklänge finden sich selbst noch in der Bezeichnung „Prinzessin“ des Vaters für seine Tochter oder dem „Prinz Karneval“.

Sekundärliteratur: Antti Aarne: The types of the folktale. A classification and bibliography (zus. mit St. Thompson. 1928; NA. 1973). – P. Aley: Jugendliteratur im Dritten Reich (1967); Märchenkulissen (in: Kl. Doderer (Hrsg.): Bilderbuch und Fibel. Eine kritische Analyse der Literatur für Leseanfänger. 1972. 106–113). – H. von Beit: Symbolik des Märchens (3 Bde. 1952–1957). – R. S. Boggs: The hero in the folk tales of Spain, Germany and Russia (in: Journal of American folklore. 44. 1931. 27–42). – Ch. Bühler: Das Märchen und die Phantasie des Kindes (zus. mit J. Bilz. 1918; NA. 1958). – S. Freud: Die Traumdeutung (1900; in: Gesammelte Werke Bd. 2. 1961). – J. Hanika: Die schwarzen Prinzessinnen. Beziehungen eines Märchenmotivs zum Brauchtum (in: Rheinisches Jahrbuch für Volkskunde. 2. 1951. 39–47). – W. Liungman: En traditionsstudie över sagan om prinsessan i jordkulan (1925). – A. von Löwis of Menar: Der Held im deutschen und russischen Märchen (1912). – M. Lüthi: Das europäische Volksmärchen (1947, [6]1978). – A. Olrik: Epische Gesetze der Volksdichtung (in: Zeitschrift für deutsches Altertum. 51. 1909. 1–12). – W. Psaar: Wer hat Angst vor der bösen Geiß? Zur Märchendidaktik und Märchenrezeption (zus. mit M. Klein. 1976). – D. Richter: Märchen, Phantasie und soziales Lernen (zus. mit J. Merkel. 1974). – L. Röhrich: Märchen und Wirklichkeit (1956, [3]1974); Kinder malen Märchen. Die schönsten Märchen der Brüder Grimm (1976); Brauch (in: K. Ranke (Hrsg., zus. mit H. Bausinger u.a.): Enzyklopädie des Märchens. Handwörterbuch zur historischen und vergleichenden Erzählforschung. Bd. 1. 1977). – A. Töpfer: Der König im deutschen Volksmärchen (1930).

Rainer Wehse

Prinz Eisenherz

Amerikanische Comicserie von Harold Foster.

Zu Entstehung, Form und Inhalt. Diese klassische amerikanische Comicserie (Originaltitel: Prince Valiant) wurde von HAROLD FOSTER Mitte der dreißiger Jahre geschaffen und erschien erstmals am 13. Februar 1938 in der Sonntagsausgabe des „New York Journal“. 1953 wurden die P.E.-Geschichten für den Rundfunk bearbeitet, später entstand ein abendfüllender Kinofilm. Die wöchentlich erscheinende Serie wird vom King Feature Syndicate in aller Welt in Form von Zeitungsstreifen oder Heften vertrieben. Während des Zweiten Weltkrieges wurde sie in die Serie „The medieval castle“ eingefügt. Seit 1971 zeichnete JOHN CULLON MURPHY den P.E.-Comicstrip.
Der Serien- und Titelheld ist der im 5. nachchristlichen Jahrhundert zur Zeit König Arthurs lebende Wikingerprinz Eisenherz aus Thule, der sich als idealistischer, ritterlicher junger Mann für die Geistes- und Wertewelt der Tafelrunde einsetzt und gegen Drachen, Hexen, Wikinger und Hunnen kämpft. Er gerät auf seinen Reisen nach Afrika und in die Neue Welt. P.E. heiratet die Königstochter Aleta. Später tritt Arn, der Sohn von P.E. und Aleta in den Vordergrund des Seriengeschehens. Obwohl HAROLD FOSTER den Anschein erweckt, auf historische Begebenheiten einzugehen, stellen die Abenteuer von P.E. ein phantasievoll gestaltetes, absolut ahistorisches Gemengsel aus den verschiedenen geschichtlichen Epochen, europäischem Sagengut und amerikanischer Westernideologie dar. Die Figuren sind bildlich durchstrukturierte, lebendige und auch sich weiterentwickelnde, älter werdende Personen. Aufgrund ihrer Schwächen und Fehler reagieren sie wie gewöhnliche Menschen. Die Serie ist ganz in der Manier traditioneller Buchillustration mit genauester Linie und Perspektive und raffinierten Schattierungen gezeichnet. Die Bildfolgen zeigen neben weiten Seeblicken und Ansichten von Massenszenen, Nah- und Detailaufnahmen.

Werk- und Wirkungsgeschichte. In Deutschland wurde P.E. schon 1939 in der Kinderzeitschrift „Der Papagei“ unter dem Titel „Prinz Waldemar“ abgedruckt. Fünf Jahre nach dem Zweiten Weltkrieg erschien die Serie wieder, diesmal in der „Badischen Illustrierten“ (1950–1965), danach bis 1971 in der „Welt am Sonnabend“. Parallel dazu wurden Sammelbände herausgebracht. Einige Geschichten der Serie erschienen 1952 und 1953 für einige Zeit in den „Phantom“-Heften. 1954 und 1955 wurde P.E. als eigenes Heft mit insgesamt fünfzehn Nummern herausgebracht und einige Jahre später als Beigabe zu Comicheften des Kauka Verlages publiziert. Erst mit Beginn der Comicnostalgie der siebziger Jahre wurde ab Juni 1970 P.E. im Wiener Pollischansky Verlag neu herausgebracht und ab 1975 in einer achtzehnbändigen Reihe des Melzer Verlages im Großformat ediert. In den USA erschien die Serie erst in den fünfziger Jahren in Buchform. Der Verlag Hastings House brachte sieben P.E.-Bücher auf den Markt, die später auch in der Bundesrepublik vertrieben wurden. 1976 wurde P.E. von der Nostalgie Press Inc. in einem vierbändigen Werk neu vorgestellt.

→ H. Foster, → Tarzan

Sekundärliteratur: St. Becker: Comic art in America (1959). – R. Lehner: Prinz Eisenherz in Deutschland (in: Comixene. 1975. 5. 20). – G. Metken: Comics (1970). – R. C. Reitberger: Comics. Anatomie eines Massenmediums (zus. mit W. J. Fuchs, 1971).

Wolfgang Kempkes

Probst, Hans

*Pädagoge, Schriftsteller, Lyriker, Zeichner, Scherenschnittkünstler; *2.3.1861 Schwarzenmühle/Rothenburg o.d. Tauber, †27.5.1941 Bamberg.*

Pr. absolvierte ein Studium der Pädagogik, Altphilologie und Germanistik in München. Obwohl er die Aufnahmeprüfung an der Münchener Akademie bei WILHELM VON DIEZ (1839–1907) bestanden hatte, verzichtete er auf eine künstlerische Ausbildung. Von 1886 bis 1892 war Pr. als Gymnasialassistent in Bamberg, von 1892 bis 1901 als Lehrer in Bad Dürkheim (Rheinpfalz) tätig. 1901 kehrte er für zehn Jahre als Pädagoge nach Bamberg zurück. Anschließend war er in Nürnberg Konrektor und in Ansbach Rektor. Von 1926 an lebte er in Bamberg im Ruhestand.

Werk, Tendenzen, Wirkung. In seiner Heimat wurde Pr. besonders als Mundartdichter geschätzt (Rothenburger Novellen, Dialektgedichte). An seinen Wirkungsstätten als Pädagoge erregte er über diese Tätigkeit hinaus Aufsehen durch seine Studien zu orientalischen und klassischen Stoffen und zur Kunstgeschichte, durch Übersetzungen und Festspieldichtungen sowie durch beschauliche Scherenschnitte.
Schon als Student war Pr. Autor der „Fliegenden Blätter“. Der damit geknüpfte Kontakt zum Verlag Braun & Schneider in München führte zu den drei Malbilderbüchern „Wen soll ich malen?“ (1900), „Der Schnellmaler“ (1901) und „Der junge Künstler“ (1903), die ihn rasch in ganz Deutschland bekannt machten. Hierin gelang es ihm, das um die Jahrhundertwende in den unteren Klassen im Zeichenunterricht noch beliebte Exerzieren mit elementar-geometrischen Grundformen durch humorvolle Verse und Verwandlungsgeschichten zu würzen, wobei Reim und Bild an Wilhelm Busch (1832–1908) erinnern. Für zahlreiche Bilderbücher der Verlage Braun & Schneider (München) und Scholz (Mainz) schrieb er daraufhin die Reime zu Bildern von Carl Storch („Kribbel-Krabbel“, „Fips und Joko“), von Else Wenz-Viëtor (1882–1973, „Die Weihnachtsengelein“) und von Carl Olof Petersen (1880–1939, „Die Abenteuer des Putiputs“). Die Thematik der Reime von Pr. bewegt sich moralisierend-heiter vorwiegend in vermenschlichter Tier- und Pflanzenwelt. Die Beliebtheit seiner eingängigen, wenn auch heute anachronistischen Verse und der dazugehörigen Bilder bis in die Gegenwart hinein wird durch die hohe Auflagenziffer einiger Bilderbücher belegt, die auch nach 1945 wieder nachgedruckt wurden. So erlebten die Bilderbücher „Die Abenteuer des Putiputs“ seit 1945 sieben, „Die Weihnachtsengelein“ fünf Neuauflagen.

Werke: Wen soll ich malen? (1900); Der Schnellmaler (1901); Der junge Künstler (1903); Wer will lachen? (1904); Kribbel-Krabbel (1911); Fips und Joko (1912); Die Abenteuer des Putiputs (1927); Puck Wisperwind (1929); Die Weihnachtsengelein (1947).

Sekundärliteratur: M. Faber: Hans Probst zum 80. Geburtstag (in: Die Linde. 3. 1941. 2–8). – W. Klein: Hans Probst, der Humorist und Maler und sein Aufenthalt in Dürkheim und auf der Limburg (in: Rothenburger Land. 7. 1931. 49–53).

Karin Schmidt

Procházka, Jan

*Tschechischer Erzähler und Drehbuchautor, Filmdramaturg, politischer Feuilletonist; * 4.2.1929 Ivančice bei Brünn (Mähren), †20.2.1971 Prag.*

Pr., aus einer mährischen Bauernfamilie stammend, studierte 1945–1949 an der höheren Landwirtschaftsschule in Olmütz. Anschließend übernahm er die Leitung eines ‚Staatsgutes der Jugend‘ und wurde – seit 1947 Mitglied der KPČ – Funktionär im ZK des Bundes Tschechoslowakischer Jugend. Aus diesem Praxisbereich heraus entstanden auch seine ersten schriftstellerischen Versuche: 1956 erschien „Rok života“, Skizzen und Geschichten über Jugendbrigaden beim Wiederaufbau der tschechischen Landwirtschaft. 1958 trat er aus dem Vorstand des Jugendverbandes aus und widmete sich ganz seiner literarischen Tätigkeit. Sein erster großer Erfolg wurde die 1960 erschienene Novelle „Zelené obzory“.
1962, nach Auflösung des ‚Künstlerischen Rates‘, der zentralen Drehbuchbewilligungs- und -zensurbehörde, übergab man Pr. die künstlerische Leitung eines der acht neugegründeten ‚schöpferischen Kollektive‘, die alle tschechischen Spielfilme herstellten. Er arbeitete vor allem mit dem Regisseur Karel Kachyňa (* 1907) zusammen und schrieb über zwanzig Drehbücher, deren filmische Realisierungen bis zu seinem Tod insgesamt zwölf Auszeichnungen bei internationalen Filmfestspielen erhielten. Schon 1963 wurde ihm für einige seiner Szenarios der Klement-Gottwald-Staatspreis verliehen.
Für seinen Roman „Es lebe die Republik!“ (1968) erhielt Pr. 1969 den Deutschen Jugendbuchpreis; drei seiner Bücher wurden auf die Auswahlliste zum Deutschen Jugendbuchpreis, zwei auf die Ehrenliste zum Europäischen Jugendbuchpreis ‚Citta di Caorle‘ gesetzt; mit „Lenka“ (1969) erwarb Pr. den Niederländischen Jugendbuchpreis „Silberner Griffel“.
Auf dem XII. Kongreß der KPČ 1962 wurde Pr. zum Kandidaten des Zentralkomitees gewählt, ein Jahr später zum Mitglied des ZK des Verbandes Tschechoslowakischer Schriftsteller. Die Glossen und politischen Kommentare, die er seitdem für die Zeitschriften „Rudé Právo“, „Kulturní tvorba“, „Literární noviny“, vor allem aber für „My“, die Monatszeitschrift des Jugendverbandes schrieb, signalisierten spätestens seit 1965 jenen Reformkurs, der dann in den ‚Prager Frühling‘ des Jahres 1968 einmündete. 1967 wurde Pr. nach seiner Parteikritik auf dem IV. Kongreß des Tschechoslowakischen Schriftstellerverbandes aus dem ZK der KPČ ausgeschlossen, 1968 wählte man ihn wegen seines konsequenten Eintretens für den politischen Erneuerungsprozeß zum stellvertretenden Vorsitzenden des Schriftstellerverbandes. 1969 wurde Pr. aus der Kommunistischen Partei ausgeschlossen. Er starb 1971 im Alter von 42 Jahren in Prag.

Werk, Tendenzen, Wirkung. „Ein erwachsener Fünfzehnjähriger soll sich ... nicht wie ein minderwertiges Wesen bei der Hand führen lassen. Vati und Mutti sollen ihre schützenden Fittiche nicht mehr über ihn ausbreiten. Es ist nicht fair, sich den Weg ins Leben, zum geschützten Plätzchen, von anderen ebnen zu lassen.“ Diese Sätze aus einem seiner Artikel in der Rudé Právo sind programmatisch für die Konzeption von Pr.s Jugendbüchern, die in der Überzahl, seiner filmschaffenden Arbeit entsprechend, auf Drehbüchern basieren. Die dreizehn- bis sechzehnjährigen Mädchen, die im Mittelpunkt der meisten seiner Romane und

Erzählungen stehen, denken und handeln gegen die Umwelt der ‚wirklich' Erwachsenen an, die ihre eigenständige Entwicklung nicht wahrnehmen oder wahrhaben wollen. Sie setzen sich durch gegen bornierte, oft brutale Eltern, sie kämpfen mit schon nicht mehr kindlicher List um ihren Empfindungs-, Wertungs- und Entfaltungsraum. Allesamt (Lenka, Jitka, Milena, Jana) sind sie notwendig Einzelgänger, die ihren ‚kindlichen' Altersgenossen oder angepaßten Geschwistern durch Realitätssinn und sicheren Handlungsinstinkt weit überlegen sind. Ein zentraler Gegenstand ist dabei für Pr. die sexuelle Entwicklung der Mädchen. In realistischer und zugleich behutsamer Schilderung arbeitet er die entstehenden seins- und bewußtseinsmäßigen Widersprüche heraus und hält sie bis zum Schluß der Handlung offen. Nicht nur seine ‚Helden' sieht er als bereits Erwachsene an, sondern auch – nach Sprache und Thematik – seine Leser.

Ein konsequenter Realismus zeichnet Pr.s preisgekrönten Roman „Es lebe die Republik!" (1968) aus. Der zwölfjährige Olin, wiederum ein Einzelgänger, der mit seinen Erfahrungen selber fertig werden muß, erlebt das Zurückweichen der faschistischen Besatzer und den Vormarsch der Roten Armee in Mähren. Der kindliche Blick auf die Ereignisse kennt keine politische Wertung: für Olin sind die Kleinbauern, die sich den Besitz des Kulaken aneignen, Diebe, für ihn ist die grausame Steinigung des erwachsenen Freundes unmenschlich und unverständlich, da er nicht weiß, was Kollaboration mit dem Feinde ist. Pr., dem „die oberste Pflicht der Literatur Wahrhaftigkeit" ist (Solange uns Zeit bleibt. 1971. S. 28), läßt den jugendlichen Leser mit den ‚Fakten' allein und vermittelt ihm als einziges Wertungskriterium einen bedingungslosen Humanismus, eine Aversion gegen Leid in jeder Form. Der historische und politische Relativismus, der sich bei solch photographischem Abschildern der Phänomene einstellt, mag erwachsenen Lesern gegenüber vertretbar sein, in der Jugendliteratur wird er zumindest zum Problem. Damit ‚einfache Menschlichkeit' und jene „gewöhnlichen uralten und menschlichen Werte …, die uns vom lieben Vieh unterscheiden" (ebda., S. 27) in den Rang allgemein verbindlicher Handlungsmaxime erhoben werden, bedarf es einer Anstrengung, bei welcher das Ziel nicht bereits der Weg sein kann.

Hans Chr. Kirsch (1968), Pavel Kohout (1971) und Gabriel Laub (1970) haben in Nachworten zu einigen von Pr. ins Deutsche übersetzten Büchern versucht, seinen politischen und literarischen Standpunkt herauszuarbeiten.

Werke: Rok života (1956); Zelené obzory (1960, ³1968); Závěj (1961, ²1968; dt. Die Schneeverwehung, in: Prosa. Teilsamml. 1970. 21–131); Přestřelka (1964, ³1969); Povřdky o detech (1964; daraus dt.: Der Karpfen, 1974); At' žije republika! Já a Julina a konec velké války (1965, ²1966; dt. Es lebe die Republik! Ich, Julina und das Kriegsende, 1968. TB. 1972, ³1975); Jitka (in: Tři panny a Magdaléna. 1966; dt. Jitka. 1972. TB. 1976); Tři panny a Magdaléna (1966; daraus: dt. Milena spielt nicht mit. 1973); Svatá noc (1966, ²1968; dt. Heilige Nacht, in: Prosa. Teilsamml. 1970. 209–320); Divoké prázdniny (1967; dt. Lenka. 1969. TB. 1971, ⁵1977); Kočár do Vidně (1967; dt. Die Reise nach Wien, in: Prosa. Teilsamml. 1970. 133–207); Naše bláznivà rodina (1968; dt. Was für eine verrückte Familie, 1976); Politika pro každého (1968, ²1969; dt. Solange uns Zeit bleibt. 1971. TB. 1973).

Sekundärliteratur: W. Scherf: Die zeitgeschichtliche und politische Jugendliteratur (in: G. Haas (Hrsg.): Kinder- und Jugendliteratur. 1974. 392–414). – St. Wolf: Kinderfilm in Europa. Darstellung der Geschichte, Struktur und Funktion des Spielfilmschaffens für Kinder in der Bundesrepublik Deutschland, ČSSR, Deutsche Demokratische Republik und Großbritannien 1945–1965 (1969).

Hans-Gerd Claßen

Proft, Irmhild
Proft, Hilmar

*Kinder- und Jugendbuchillustratoren, Bühnen- und Kostümbildner, freischaffende Graphiker; Irmhild Pr. * 28. 11. 1936 Berlin; Hilmar Pr. * 8. 6. 1931 Stratschen/ČSSR.*

Nach seinem Studium an der Hochschule für bildende Künste in Berlin-Charlottenburg (1954–1957) war H. Pr. zunächst bis 1961 hauptberuflich als Bühnenbildner tätig. Seine Frau I. Pr. studierte in Charlottenburg während des gleichen Zeitraums Kostümbildnerei. Beide sind Mitarbeiter mehrerer deutscher Bühnen, sie leben als freischaffende Graphiker und Illustratoren in Berlin (DDR). Das Buch „Die Sonnenrose" (¹⁹1966) wurde als eines der „Schönsten Bücher" der DDR des Jahres 1967 ausgezeichnet, Anerkennung fand es auch auf der BIB 1967.

Werk, Tendenzen, Wirkung. Die Handschrift der beiden Pr.s ist stilistisch schwer auseinanderzuhalten. Traditionelle, kindertümlich realistische Tiere, wie z. B. das Entchen „Jolli" (1963) oder frontal dargestellte, plastisch im Fibelstil ausgemalte Kinderfiguren wie das Hänschen in „Hänschen und der Kater Murr" (1964) bevölkern die mit konventionellen Texten ausgestatteten Bilderbücher der P.s.

„Josefine" (1963) enthält dagegen neben einigen Farbtafeln Federzeichnungen als Textillustrationen, während „Timpetu" (1966), die Geschichte eines Kätzchens, mit teilweise farbig hinterlegten Monotypien ausgeschmückt ist. Eine Steigerung der weichen, malerischen Tonigkeit der Monotypie erreichen die Pr.s in der Märchensammlung „Schimmel, Tischtuch und Widderhorn" (1972). Hier verlassen sie ihre süßliche Schematisierung zugunsten einer Annäherung an Cocteausche Gesichtsdarstellungen.

Technisch interessant sind die Materialcollagen zu Günther Feustels „Jonathan" (1969). Scherenschnitthaft werden gepreßte Pflanzen, Häkelstrukturen und zurechtgezupfte, meist grobe Gewebe durch Überarbeitung mit der Feder zu Dingen und Personen vielseitig umgedeutet; aus wie hingeworfen wirkenden kleinen Federn wird so z. B. durch Hinzuzeichnung von Beinen und Köpfen ein bewegter Zug von aufgeregt gackernden Hühnern. Auch die humorvollen, dekorativ ausgemusterten Federzeichnungen in dem Erzählungsband „Das Sternenschiff" (1967) sind handwerklich solide Arbeiten; bestechend sind vor allem jene Seiten, bei denen sie farbkräftige, aquarellierte Formen mit hineincollagieren. Aber auch diese beachtlichen Ergebnisse bleiben ähnlich dem Umgang mit textilen Strukturen – wie im „Jonathan" – dem Kunstgewerblichen verhaftet.

Werke: A. Könner: Jolli (1963); A. Könner: Josefine (1963); U. Kroszewsky: Hänschen und der Kater Murr (1964, [6]1968); I. Proft: Hühnchen Kathrinchen (1966); M. Raedel: Timpetu (1966); Die Sonnenrose. Ukrainische Märchen ([19]1966); Fr. Wolf: Märchen für große und kleine Kinder (1966); A. Geelhaar: Das Sternenschiff (1967); A. Könner: Piddel (1967); G. Feustel: Jonathan (1969); Elin Pelin: Schimmel, Tischtuch und Widderhorn (1972); M. Raedel: Timmi (1972); M. Huchel (Hrsg.): Der Fächer des Lebens (1972); T. B. Kaminskaja: Die Löffelchen des Moctezuma (1972); G. Feustel: Rico (1974); H. Bräutigam: Die neunköpfigen Ungeheuer vom Zweidrachenberg (zus. mit G. Wittrin, 1974).

Klaus-Rüdiger Werner

Prohl, Hedwig

*Jugendschriftstellerin; *30. 6. 1823 Mewe (Westpreußen), †12. 2. 1866 Breslau.*

Pr., Tochter eines Postsekretärs, die den größten Teil ihrer Jugend bei Verwandten verbrachte, erhielt eine gute, durch Privatunterricht ergänzte Schulbildung. Nach ihrer Heirat mit einem Staatsbeamten lebte sie nach einigen Zwischenstationen in Breslau. Ihre ersten Erzählungen entstanden für die eigenen Töchter.

Werk, Tendenzen, Wirkung. Pr.s Erzählungen, die sich nahezu alle an junge Mädchen richten und die durchweg dem Genre der moralischen Erzählung zuzurechnen sind, lassen sich ohne weiteres in die Tradition der Mädchenliteratur des 19. Jahrhunderts einordnen und sind von deren Stereotypien geprägt. Im gutbürgerlichen, häufig auch im adligen Milieu spielend, zielen sie darauf, den jungen Leserinnen das überkommene Bild der weiblichen Rolle zu vermitteln und als Erfüllung weiblichen Lebens darzustellen; Demut und Arbeitsamkeit sind die zentralen Tugenden der Frau. So wird in der Erzählung „Stiefmütterchen" (1868) das Bild der treusorgenden, sich aufopfernden Gattin und Mutter gezeichnet. Furcht Gottes und Anerkennung seines Willens sind weitere wesentliche Bestandteile des vermittelten Frauenbildes. So wird die oft gewaltsame Konstruktion der Geschichte, mit der etwa durch reichlich unwahrscheinliches Zusammentreffen von Personen ein glückliches, die Tugend bestätigendes Ende herbeigeführt wird, als göttliche Fügung dargestellt. Bemerkenswert ist dabei das häufige Thema des Todes. Hilfsbereitschaft ist eine weitere wesentliche Leittugend der Erzählungen, die sich in der Konfrontation mit den ärmeren Schichten zu bewähren hat, die aber den Blick auf die soziale Problematik der Zeit verstellt und sie in individuelle Hilfeleistung auflöst. Eine für Pr. typische Erzählung ist etwa „Das angefangene Strickzeug" in der Sammlung „Samenkörner für junge Herzen" (1862), in der die erwähnten Elemente versammelt sind.

Pr.s Erzählungen – häufig in Sammelbänden erschienen –, deren Personen nur wenig differenziert und die, gerade auch in den für die Moral wichtigen Passagen, oft eher berichtend als erzählend sind, waren am Ende des 19. Jahrhunderts erfolgreich; in Auswahlverzeichnissen der Zeit werden sie lobend erwähnt, die meisten wurden mehrmals aufgelegt.

Werke: Samenkörner für junge Herzen. Drei Erzählungen (1862); Ernster Sinn in bunten Bildern. Drei Erzählungen (1864); Erfreue und nütze. Drei Erzählungen (1864); Sei willkommen! Drei Erzählungen (1866); Stiefmütterchen. Eine Erzählung für Mädchen (1868); Gefunden. Eine Erzählung für erwachsene Mädchen (1872); Das Glückskind. Eine Erzählung (1871); In Leid und Freud. Novellen (1879); Rosige Jugendzeit. Gesammelte Erzählungen (1881); Wo ist der Himmel? Eine Erzählung für die Jugend (1881); Brauseköpfchen. Erzählung für junge Mädchen (1884); Im trauten Daheim. Eine Erzählung für die Jugend (1884); Nur eine Tochter. Der erste Schnee. Erzählungen für junge Mädchen (1891).

Reiner Wild

Proletarische Kinder- und Jugendbücher → Sozialistische Kinder- und Jugendliteratur

Provensen, Alice
Provensen, Martin

*Amerikanisches Graphiker- und Illustratorenteam; Pr., Alice *14. 8. 1918 Chicago; Pr., Martin *10. 7. 1916 Chicago.*

A. Pr. erfuhr ihre Ausbildung an der University of California. Sie studierte dort gemeinsam mit M. Pr., den sie 1942 heiratete. Nach einer Tätigkeit in einem Cartoon-Syndikat in Hollywood arbeitete sie als Trickfilmzeichnerin bei den Walter-Lantz-Studios. Während des Zweiten Weltkriegs war sie als technische Zeichnerin mit der Illustration militärischer Handbücher befaßt. Ein Stipendium erlaubte ihr ein Studium an der „Art Student League" in New York. 1949 und 1951 führten Reisen die Pr.s nach Europa, 1953 und 1954 folgten mehrmonatige Aufenthalte in Griechenland, wo sie Skizzen für eine geplante Illustration von HOMERS Ilias und Odyssee erarbeiteten.

M. Pr. war nach seinem Studium an der University of California in den Disney-Studios in Hollywood tätig; unter anderem arbeitete er an den Filmen „Fantasia" und „Dumbo" mit. Mehrere Jahre arbeitete er dann am Photo Science Laboratory der US-Navy. Seine Werke wurden 1954 in Baltimore und 1959 im „Institute of graphic arts" ausgestellt. Gemeinsam erhielten die Pr.s in den Jahren 1947, 1948, 1952 den Preis des „American Institute of graphic arts" im Rahmen des Wettbewerbs „50 Books of the Year". Die „Society of illustrators" verlieh ihnen 1960 eine Goldmedaille. Außerdem gewannen sie den Wettbewerb „National Offset Lithography Competition". Mehrere ihrer ursprünglich bei

DÜNN UND
DICK

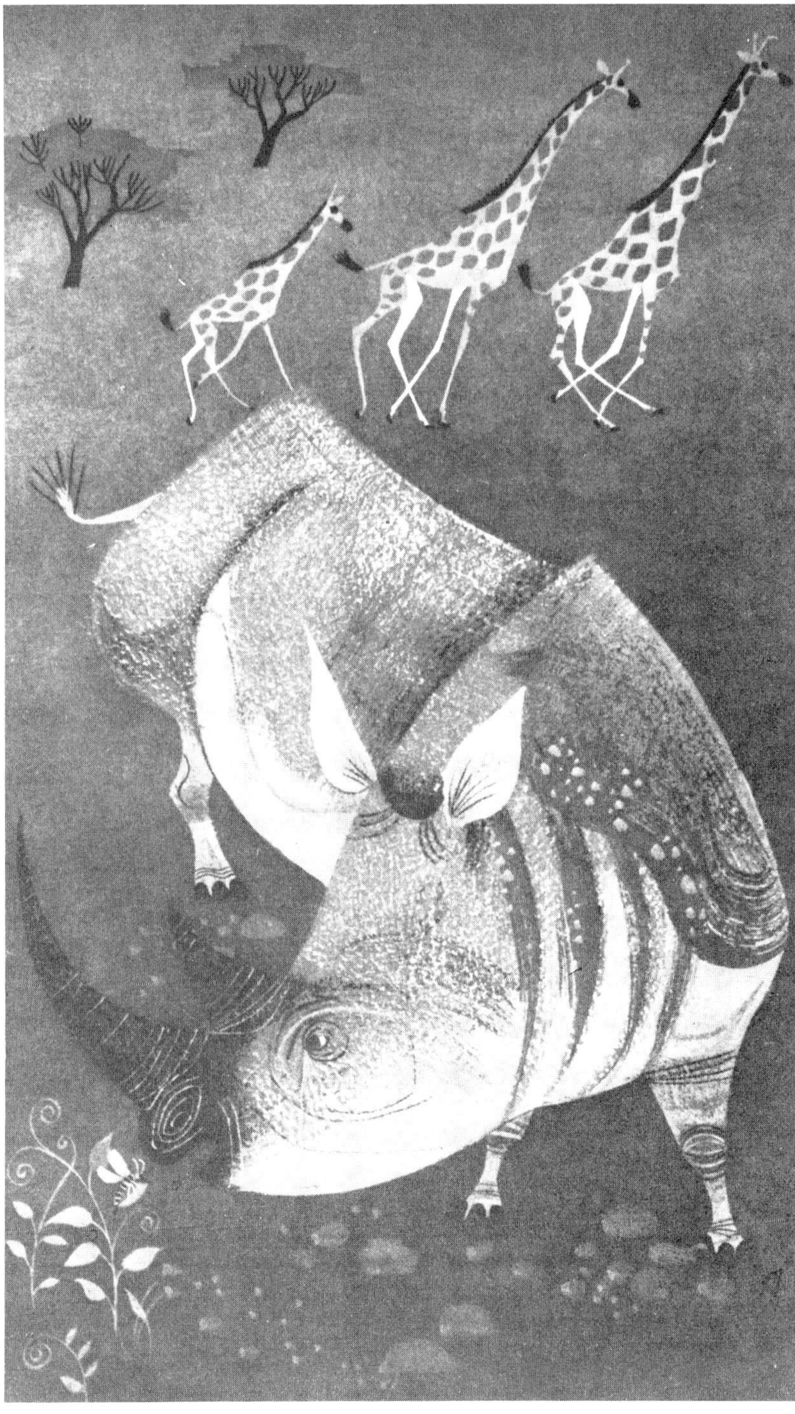

Die nordamerikanischen Künstler Alice und Martin Provensen schufen gemeinsam Geschichten und Bilder zu dem im Otto Maier Verlag, Ravensburg, 1955 erschienenen Band „Die neue Arche Noah", der im englischen Original schon vorher in den USA ediert worden war.

Golden Book Press veröffentlichten Werke wurden auch in Deutschland herausgebracht. Ihre „Neue Arche Noah“ kam 1958 auf die Auswahlliste zum Deutschen Jugendbuchpreis.

Werk, Tendenzen, Wirkung. Die Pr.s gehören zu den erfolgreichsten Bilderbuchgestaltern der USA. Sie haben Kindergedichte, Reimsammlungen, die großen Epen der Weltliteratur sowie einige Klassiker wie AESOP, JEAN DE LAFONTAINE, WILLIAM SHAKESPEARE und auch die Bibel illustriert. Tiergeschichten und Umweltdarstellungen vom ländlichen Leben gehören ebenfalls zu ihren Themen. In meist großformatigen Bilderbüchern halfen sie nach dem Zweiten Weltkrieg einen neuen Standard für die Illustration von Bilderbüchern setzen. Sie haben die traditionelle Welt der Märchen, Sagen, des Volksliedes und auch der folkloristischen Bereiche mit ihrem eigenen Stil durch humoristische und ironisierende Züge den Kindern des 20. Jahrhunderts neu zugänglich zu machen versucht. Das gilt auch für Themen über historische, kriegerische Unternehmen wie „The charge of the Light Brigade“, zu der intensive Uniformstudien getrieben werden mußten, wie auch zu ihren „Tales from the ballett“ (1968).
Den nachhaltigen und dauernden Erfolg der Pr.s bedingte nicht zuletzt, daß zu ihrer stilistischen Wandlungsfähigkeit auch eine Weite des Angebotes hinzukommt, die vom Bilderbuch für das Vorschulkind, etwa „Animal fair“ (1952) und „Our animal friends at maple hill farm“ (1974; dt. Unsere Tiere von der Ahornfarm, 1975) mit klarflächigen heiteren Tafeln, mit einem Zug zur Idylle, bis zu raffiniert strukturierten Tafelbildern, zu biblischen Themen oder der „gebrochenen“ Darstellung der Fabeln des AESOP (Aesop's Fables, 1965; dt. 1966) reicht. In diesem Buch wurden persiflierende Zitate in Comicform, Sprechblasen oder textverknappte Bildergeschichten als ungewöhnliche Interpretation des alten Erzählguts genutzt. Farbgebung und Zeichnung auf präpariertem Untergrund machten diesen Titel wie die meisten früheren Arbeiten auch zum Sammelobjekt für Erwachsene.
Im deutschen Sprachgebiet waren neben den bedeutsamen Themen (die Bibel, die antiken Epen der Ilias und Odyssee usw.) buchkünstlerische Aspekte für den Erfolg der beiden ausschlaggebend; aber auch, daß für die Übersetzungen und Bearbeitungen Autoren wie JAMES KRÜSS, WALTER JENS – mit seiner Nacherzählung der „Ilias und Odyssee“ (1966) – und RUDOLF HAGELSTANGE – mit der Anthologie „Fabeln des Aesop“ (1966) – gewonnen werden konnten.
Wegen sprachlicher Übertragungsprobleme, auch wegen der nur bedingt übersetzbaren Folklore des angloamerikanischen Kulturkreises wurden wichtige Bücher der Pr. kaum in andere Sprachen gebracht. Das trifft vor allem auf das Liederbuch „Fireside book of folk-songs“ (1947), für das die Pr.s 500 Illustrationen schufen und auf „The golden mother goose“ (1948) zu.
Die große Breite der beherrschten Techniken und Stile wie Temperamalerei, Pinselzeichnung, locker aquarellierte Federzeichnung und raffinierte Mischtechniken bescheinigen dem Künstlerehepaar sein intensives Bemühen um immer neue, dem jeweiligen Stoff gemäße illustrative Ausdrucksmöglichkeiten.

Werke: M. B. Boni: Fireside book of folksongs (1947); J. Werner (Hrsg.): The golden Mother Goose (1948); J. Werner: Mr. Noah and his family (1948); M. W. Brown: The color kittens (1949; dt. Farbenkätzchen, 1962); K. Jackson: Katie the kitten (zus. mit B. Jackson, 1949; dt. Muschi, das Kätzchen, 1953); J. Werner: The funny duckling (1949; dt. Das neugierige Entlein, 1952); M. W. Brown: The little fat policeman (zus. mit E. T. Hurd, 1950); K. Jackson: The golden circus (1950); R. Leornard: Funny Bunny (1950; dt. Stummelschwänzchen, 1962); R. L. Stevenson: A child's garden of verses (1951; dt. Im Versgarten, 1960); A. und M. Provensen: The animal fair (1952; dt. Die neue Arche Noah, 1955); J. Werner (Hrsg.): The Iliad and the Odyssee (1956; dt. W. Jens: Ilias und Odyssee, 1958); Ravensburger Bilderbibel. Das Neue Testament (1957); A. T. White (Hrsg.): The golden treasury of myths and legends (1959); H. Eich (Hrsg.): Die großen Sagen der Welt (1960; NA. 1968); A. und M. Provensen: Karen's curiosity (1963; dt. Karen möchte alles wissen, 1965); A. und M. Provensen: Karen's opposites (1963; dt. Karen wundert sich, 1965); A. Tennyson: The charge of the Light Brigade (1964); L. Untermeyer (Hrsg.): Aesop's fables (1965; dt. Fabeln des Aesop, 1966); A. und M. Provensen: What is a color (1967); L. Untermeyer: Tales from the ballett (1968); A. und M. Provensen: Who's in the egg? (1970); L. Untermeyer: The golden book of fun and nonsense (1970); A. und M. Provensen: The Provensen book of fairy tales (1971; dt. Federn aus meinem Flügel, 1973); A. und M. Provensen: Play on words (1972); A. und M. Provensen: My litte hen (1973); A. und M. Provensen: Roses are red. Are violets blue?? (1973); A. und M. Provensen: Our animal friends at Maple Hill Farm (1974; dt. Unsere Tiere von der Ahornfarm, 1975); A. und M. Provensen: A book of seasons (1976).

Horst Künnemann

Puerto Rico

(Estado Libre Asociado de Puerto Rico – Commonwealth of Puerto Rico). Kleinste Insel der Großen Antillen. Nach der 1952 angenommenen Verfassung des Commonwealth of P. R. ist P. R. ein den Vereinigten Staaten unterstehendes Territorium ohne staatliche Selbständigkeit. Der auf vier Jahre gewählte Gouverneur bildet die Spitze der Exekutive. Im Kongreß der USA ist P. R. nicht stimmberechtigt. Rund 75% der Bevölkerung sind Weiße spanischer Abstammung, 20% sind Mulatten und 5% Neger. Amtssprachen sind Spanisch und Englisch.

Entwicklung der Kinder- und Jugendliteratur von den Anfängen bis zur Gegenwart. Die Entwicklung einer eigenständigen Kinder- und Jugendliteratur in P. R. begann erst im Laufe des 20. Jahrhunderts. Jedoch können Vorläufer dazu schon gegen Ende des 19. Jahrhunderts festgestellt werden. LOLA RODRÍGUEZ DE TIÓ (1843–1924) und der bedeutende Pädagoge EUGENIO MARÍA DE ROSTOS (1839–1903) waren eng mit dem Kubaner JOSÉ MARTI befreundet, einem der Pioniere der iberoamerikanischen Kinderliteratur. Diese Gruppe fortschrittlicher Autoren, die zur Entstehung der eigenen Nation und des hispano-amerikanischen Men-

schen beitrugen, waren gemeinsam gezwungen, ins Exil zu gehen, weil sie sich engagiert für das Schicksal der jungen lateinamerikanischen Länder und für die Hebung des kulturellen und zivilisatorischen Niveaus ihrer Völker einsetzten.
L. RODRIGUEZ DE TIÓ legte ihre Liebe zu ihrer Heimat in die melodiösen Verse „Mis Cantares" (1876), die den Volksliedern nahestehen. Sie weisen Ähnlichkeiten zu J. MARTÍS „Versos Sencillos" (1891) auf. Die posthume Veröffentlichung „Claros de Sol" erzählt von der Liebe der Autorin zu Tieren.
ROSTOS veröffentlichte 1882 den Band „El Libro de Mis Hijos", eine Familiengeschichte, in der er zugleich seine erzieherischen Ideen erläuterte. Obgleich der Autor dieses Buch seinen eigenen Kindern gewidmet hatte, war es kein eigentliches Kinderbuch. Speziell für Kinder schrieb er 1888 eine Reihe humoristischer Erzählungen wie „Loa a Mamá", „Quién Preside?", „El Cumpleaños", die er seiner Tochter widmete und die Erzählung „La Llegada de la Guagua", die unvollendet blieb und die er aus Anlaß der Geburt seines Sohnes zu schreiben begann. MANUEL FERNÁNDEZ JUNCOS (1846–1828), der sich für die volle Unabhängigkeit P.R.s einsetzte, bemühte sich, die alten Volksüberlieferungen seiner Heimat zu bewahren. Er verfaßte 1885 die beiden Bände „Tipos y Caracteres" und „Costumbres y Tradiciones". 1958 wurden beide Bände zusammen mit späteren Schriften unter dem Titel „Galería Puertoriquena" neu herausgebracht. JUNCOS nannte sie „Notizen, Novellen und Geschichten". Man kann von Essays oder Erzählungen sprechen, in denen der Autor typische lokale Figuren zeichnete. Sein Buch „Las Golondrinas de la Intendencia" ist eine Allegorie auf die spanisch-amerikanische Übergangsperiode. 1888 schrieb JUNCOS seine „Semblazas Históricas", anekdotisch angereicherte Biographien hervorragender Persönlichkeiten aus P.R. Obwohl diese Biographien nicht für Kinder bestimmt waren, werden sie noch heute von jüngeren Lesern gelesen.
Im Jahr 1898 mußten die Spanier die Oberherrschaft über P.R. an die Vereinigten Staaten abtreten. In kurzer Zeit wurden neue Lehrbücher geschaffen, an deren Entstehung JUNCOS maßgeblich beteiligt war. Er übersetzte und bearbeitete und erreichte dabei ein hohes Niveau. Im Jahr 1898 verfaßte der Autor „Primeros Pasos en Español", dann sein „Libro Primero de Lectura", dem ein zweiter und dritter Band folgten. Gemeinsam mit BRAULIO DUEÑO COLÓN veröffentlichte er 1901 die „Canciones Escolares". MARIA LUISA MUÑOZ gab 1954 eine überarbeitete Ausgabe unter dem Titel „Nuestras Canciones" heraus. In dem Band „Antología Puertorriqueña" faßte JUNCOS 1907 Gedichte und Erzählungen für Kinder zusammen.
JOSÉ GONZÁLES GINORIO setzte die erzieherische Aufgabe, die JUNCOS begonnen hatte, fort. Er schuf eine Reihe literarischer Charaktere wie Luis, Ana oder Lola, die heute bei puertoricanischen Kindern gut bekannt sind. HERMINIA ACEVEDO und MANUELA DALMAU verfaßten um die Jahrhundertwende eine Reihe neuer Lehrbücher. JUAN B. HUYKE (1880–1961) trug mit seinen Kinderreimen „Rimas Infantiles", die er 1926 zusammenfaßte und die aus übersetzten, bearbeiteten und eigenen Stücken bestanden, zur Kinder- und Jugendliteratur P.R.s bei. HUYKE verfaßte auch didaktische Erzählungen. Die „ABC-Cantos Infantiles" wurden 1924 von MONSERRATE DELIZ (1896–1969) herausgegeben. MARÍA CADILLA DE MARTÍNEZ (1886–1951), Schriftstellerin, Lehrerin und Folkloristin, schrieb ihre „Cuentos a Lilian" (1925). CAYETANO COLL Y TOSTE (1850–1930) veröffentlichte zwei Bände mit historischen Erzählungen, den „Leyendas Puertorriqueñas" (1927). Es sind faszinierende Geschichten auch für Erwachsene. Das „Instituto de Cultura Puertorriqueña" gab 1971 eine Neuausgabe davon heraus, die Auswahl dafür traf RICARDO E. ALEDRÍA (* 1921), der auch eine Einführung dazu schrieb.
Im Jahr 1927 erschienen drei Gedichtbände, nämlich „Plumón de Cisne" (1927) von JOAQUÍN PARRILLA, „Una Nube en el Vento" von LUIS RECHANI AGRAÍT und RAFAEL RIVERA OTERO, sowie „Un Libro para Mis Nitos" (1931) von VIRGILIO DÁVILA (1869–1943).
Die Volksdichtung P.R.s kennt drei Quellen, die indianischen, die spanischen und die afrikanischen Überlieferungen. Zu den drei Richtungen liegen zahlreiche Studien vor, die oft als Inspirationsquelle für die Kinderliteratur dienten. Zwei grundlegende Werke sind „Porto rican Folklore", eine Sammlung von Balladen, Schlafliedern, Rätseln und Geschichten, die gemeinsam von JOHN ALDEN-MASON und AURELIO M. ESPINOSA 1916 herausgebracht wurden und ESPINOSAS „Romances de Puerto Rico", die 1918 herauskamen. RAFAEL W. RAMÍREZ versammelte Rätsel und Geschichten in dem Band „Folklore Puertorriqueño" (1926). Drei erwähnenswerte Bände gab MARÍA CADILLA DE MARTÍNEZ heraus: „La Poesía Popular de Puerto Rico" (1933), die „Juegos y Canciones Infantiles de Puerto Rico" (1940) und die „Raíces de la Tierra" (1941), eine Sammlung volkstümlicher, traditioneller Erzählungen. „Renadio", eine Sammlung von Liedern und Spielen, die M. DELIZ zusammenstellte, kam 1951 heraus. Darin dokumentiert sich der Reichtum der kindlichen Folklore P.R.s. FRANCISCO LÓPEZ CRUZ (* 1909) veröffentlichte 1967 die Untersuchung „La Musica Folklórica de Puerto Rico", CESÁ REO ROSA-NIVES (1901–1974) im gleichen Jahr den Band „Voz Folklórica de Puerto Rico". Beide Bücher befassen sich mit den traditionellen Volks- und Kinderliedern. Die umfassendste Studie zur puertoricanischen Volksdichtung ist die Dissertation „El Cantar Folklórice de Puerto Rico" (1974) von MARCELINO J. CANINO SALGADO (* 1943).
Das „Feast of the child and the poetry", ein Kinderfestival, das JUAN RAMÓN JIMENEZ bei seiner Ankunft auf P.R. 1935 veranstaltete, übte großen Einfluß auf die weitere Entwicklung der Kinderliteratur aus. Als unmittelbares Ergebnis von JIMEÑEZ' Bemühungen wurden mehrere Anthologien veröffentlicht. Die Lehrerin CARMEN GÓMEZ TEJERA veröffentlichte gemeinsam mit JUAN ASENICO ALVAREZ TORRES drei Sammlungen mit Gedichten und Erzählungen für Kinder, die den Titel „Verso y Prosa para Niños" tragen. Die drei

Anthologiebände bringen jeweils ausgewählte Texte aus den Schriften von JUAN RAMÓN JIMENEZ (1936), RUBÉN DARÍO (1948) und des Inders RABINDRANATH TAGORE (1949). Neuauflagen davon erschienen 1958. GÓMEZ TEJERA veröffentlichte 1938 seine „Antología Puertorriqueña“, eine Auswahl bedeutender literarischer Werke. 1955 brachte er gemeinsam mit ANA M. LOSADA und JORGE LUIS PORRAS CRUZ den Band „Poesía Puertorriqueña: Antología“ heraus. Die Gedichte darin sind nach Altersstufen geordnet. 1957 präsentierte ENRIQUE A. LAGUERRE (*1906) den puertorikanischen Kindern die „Antología de Cuentos Puertorriqueños“.
CARMELINA VICZARRONDO (*1903) verfaßte den Gedichtband „Poemas para Mis Nino“ (1938). Er ist mit Illustrationen von C. FILARDI ausgestattet. Literarischen Rang hat auch das Buch „Almacén de Baratijas“ von JOSÉ ANTONIO DÁVILA (1891–1941), das 1941 erschien. Es enthält eine Sammlung von 30 Gedichten, die trotz ihrer differenzierten Sprache durchaus als Kindergedichte anzusehen sind. Im selben Jahr erschien die „Traduccíon de un Sueno de Primavera“ von SAMUEL LUGO. FRANCISCO MANRIQUE CABRERA (*1908) veröffentlichte 1943 die Bände „Huella-Somra-Cantar“ und „Antología de Poetas Infantiles“, das letztere eine Sammlung von Gedichten, die von Kindern verfaßt wurden und die CABRERA zusammenstellte.
Als Blütezeit der puertorikanischen Kinderliteratur können die letzten zwanzig Jahre angesehen werden. CARMEN ALICIA CADILLA (*1906) stellte 1948 ihre „Mundo sin Geografía“ vor, ein Buch, das Erzählungen enthält, die an das Leben der puertoricanischen Landarbeiterkinder anknüpfen. Die Erzählungen richten sich an Kinder zwischen zehn und zwölf Jahren. Dieses Buch erlebte inzwischen eine zweite, farbig illustrierte Ausgabe. Das „Alfabeto del Sueño“ mit lebhaften Farbillustrationen, das 1970 herauskam, ist für das Grundschulkind gedacht.
CESÁREO ROSA-NIEVES widmete sein Buch „Girasol“, das CARLOS MARCHAL illustrierte, seinen Enkelkindern. Auf die von ihm selbst aufgeworfene Frage, was Poesie denn sei, antwortete er: „Farbe, Musik, Schönheit. Sie muß sein wie ein Kindertraum“. 1954 schrieb DORIS TROUTMAN PLENN die Erzählung „The green song“, die PAUL GALDONE illustrierte. Sie enthält die munteren Abenteuer eines „coqui“ in New York. Ein „coqui“ ist ein winziger, grüner singender Frosch, der als das Symbol P.R.s gilt und den alle Kinder lieben. „The violet tree“ (1962), mit Miniaturzeichnungen in blassem Violett von JOHANNES TROYER versehen, handelt von einem wundersamen Baum, der im Westen der Insel wächst. ANTONIO J. COLORADO übersetzte die beiden Bücher ins Spanische.
TOMÁS BLANCO (1897–1975) verfaßte die Erzählung „Los Aguinaldos del Infante“ (1962). Es ist eine allegorische Fabel, die auf den biblischen Bericht von der Reise der Heiligen Drei Könige zurückgeht. Die Geschenke der drei Weisen aus dem Morgenlande werden als Symbol für die Tugenden Glaube, Liebe und Hoffnung gedeutet. Die unter dem Titel „A twelfth night tale“ erschienene Geschichte endet damit, daß jeder der drei Könige entdeckt, daß er selbst einen kleinen Anteil an diesen Tugenden besitzt. Die zweisprachige Ausgabe (englisch und spanisch) ist mit Illustrationen von IRENE DELANO (*1919) und mit Melodien von JACK DELANO versehen. Die Übersetzung stammt von HARRIET DE ONÍS. Die Vignetten und farbenreichen religiösen Illustrationen wurden von der UNESCO für ihre Weihnachtskarten ausgewählt. Die Washingtoner „Library of Congress“ ordnete dieses Buch in ihre „Rare book collection“ ein. 1976 wurde ein Nachdruck angefertigt. Das Buch ist zum Vorlesen geeignet, kann aber von größeren Kindern auch selbst gelesen werden. Von den DELANOS stammt auch eine Übersetzung des Kunstmärchens „Des Kaisers neue Kleider“ (1971), das von H. CHR. ANDERSEN nach einer alten spanischen Überlieferung geschrieben wurde. Das Buch gewann einen Preis, den das Brooklyn Museum und die Brooklyn Public Library für herausragende künstlerische Leistungen auf dem Gebiet der Kinderbuchproduktion 1974 vergaben.
„Mitos para Niños“ von AMELIA AGOSTINI DEL RIO (*1896) wurde 1965 veröffentlicht. In einem beigegebenen Brief erklärt die Autorin die Wichtigkeit dieser Mythen. 1967 erschien RICARDO E. ALEGRÍAS „Cuentos Folklóricos de Puerto Rico“ mit farbigen Illustrationen von RAFAEL SECO. Der Band enthält zwölf Tiergeschichten und eine Reihe traditioneller Erzählungen, von denen einige „Juan Bobo“ einen legendären, bei Kindern beliebten Schlaukopf zum Helden haben. Eine englische Fassung mit dem Titel „The three wishes“ (1969) wurde von LORENZO HOMAR illustriert. 1950 kam ALEGRIAS „Historia de Nuestros Indios“ heraus.
Eine Reihe von Lehrern, die für Kinder schreiben, nahmen die Tradition FERNÁNDEZ JUNCOS wieder auf. Einen bemerkenswerten Beitrag lieferte die Lehrerin und Schriftstellerin ESTER FELICIANO MENDOZA (*1918). Mit ihren kleinen Liedern, Gedichten und Geschichten schuf sie eine melodienreiche Welt, die auf die reiche Volksdichtung P.R.s zurückgeht. Ihre Schlaflieder und Gedichte sind mit großem Einfühlungsvermögen in die Psyche des Kleinkindes verfaßt. 1945 veröffentlichte die Autorin die Wiegenliedersammlung „Nanas“. Der Band „Arco Iris“ (1951) wurde durch Fingermalereien von ANDRÉS BUESCO illustriert. In „Voz de la Tierra Mía“ (1956) trägt die Autorin kleine Szenen und Alltagserlebnisse aus P.R. vor. Ihre „Nanas de la Navidad“ erschienen illustriert von CARLOS MARICHAL, 1959. Der Band „Nanas de la Adolescencia“ (1963) enthält die letzten Kinderlieder, die MENDOZA für ihre nun herangewachsenen Kinder geschrieben hatte. In „Cajita de Música“ (1968), das MANUEL ESPINERA illustrierte, stellt die Autorin den Kindern die Figuren Jazmín und Perucho Serrucho vor. Ihr Buch „Sinfonía de Puerto Rico“ (1968), das RUBÉN MOREIRA illustrierte, gewann den Preis des „Instituto de Literatura Puertorriqueña“. Es enthält eine Sammlung von Mythen und Legenden aus der Zeit der

spanischen Eroberung und Kolonisation. Zugleich werden in diesen Geschichten die Pflanzen- und Tierwelt, die alten musikalischen Instrumente und die Menschen P.R.s dargestellt. Der Band „Nanas Segundas" (1970) gewann die Silbermedaille des panamerikanischen Wettbewerbs „Guatemala Chapter of the Unión de Mujeres Americanas". „Ronda del Mar" wurde mit einer Goldmedaille für das beste von einer Frau geschriebene Buch ausgezeichnet.

María Luisa Muñoz und Angeles Pastor veröffentlichten 1946 gemeinsam das zweisprachige Kinderliederbuch „Canta Conmigo", das hispanoamerikanische Lieder mit Notenschrift für Grundschulkinder enthält. Die „Cuentos Folklóricos", eine Sammlung von Erzählungen, die 1956 in der Schulzeitung „Escuela" vorgestellt wurde, enthielten ebenfalls einige dieser Lieder. Muñoz trug besonders durch ihre „Canciones Hispanoamericanas" (1952) zur lateinamerikanischen Kindermusik bei.

1949 wurde Pastors „Ronda de Niños", Gedichte für drei- bis zehnjährige Kinder, veröffentlicht. Es war das erste in P.R. veröffentlichte Buch, in dem Erfahrungen, die man mit Gedichten bei Kindern gemacht hatte, verwertet wurden. Betty Alden illustrierte es. Im Jahr 1959 veröffentlichte Pastor zwei Erzählbände, „Esta era una Vez Bajo las Palmeras" und „Esta era una Vez Bajo los Yagrumos". Das erste Buch richtet sich an Drei- bis Siebenjährige, das zweite an Acht- bis Zehnjährige. Die Bände enthalten sowohl realistische als auch phantastische Geschichten. Pastors Band „Campanillitas Folklóricas" (1960) bringt Sprichwörter und Lieder, die aus der puertoricanischen Folklore gespeist werden.

Manuel Joglar Cacho (*1898) veröffentlichte zwei Kinderbücher. „Por los Caminos del Dá" (1958) liegt bereits in der zweiten Auflage vor. Es wurde auf dem „Christmas Festival" mit einem Preis ausgezeichnet. „Canción Para Que No Se Duerma un Nino", eine Gedichtsammlung, kam 1967 heraus.

1968 veröffentlichten Rubén del Rosario, Isabel Freire de Matos und Antonio Martorell ihr „ABC de Puerto Rico", das zu einem Wegweiser für die weitere Entwicklung der Kinder- und Jugendliteratur in P.R. wurde. Zweimal wurde es vom „American Institute of Graphic Arts" zu den herausragenden Büchern des Jahres gezählt. Der Verdienst dieses Buches liegt einmal in der Qualität der Sprache, zum anderen in der Originalität der Illustrationen. Es zeigt zwar Verwandtschaft zu den ABC-Büchern anderer Länder, besitzt aber durch seinen spezifisch puertoricanischen Hintergrund einen ganz eigenen Charakter. Es ist ein Erstlesebuch, das nicht nur belehren, sondern auch anregen will.

Der Wechsel von der spanischen zur nordamerikanischen Staatsgewalt veranlaßte eine Emigrationswelle von Puertoricanern in die Vereinigten Staaten. Die Auswanderung konnte vor allem auf Grund der amerikanischen Staatszugehörigkeit aller Puertoricaner zustandekommen. Nach dem Zweiten Weltkrieg wuchs diese Welle noch an. Heute lebt in New York eine große Anzahl Puertoricaner. Diese Bevölkerungsgruppe produzierte seither ihre eigene, für die puertoricanischen

Doppelseite zum Buchstaben H aus dem puertoricanischen ABC-Buch „ABC de Puerto Rico" (1968) von Rubén del Rosario, Isabel Freire de Matos und Antonio Martorell.

Jugendlichen bestimmte Literatur. Zwei Ansätze sind erkennbar. Die erste Autorengeneration fand Anregung in Erinnerung an die heimatliche Volksdichtung. Die neue Generation baut ihre Arbeiten nicht mehr auf eigenen Erinnerungen an die Heimatinsel auf, sondern auf den hispanischen Charakter ihrer engeren Umwelt in der neuen Heimat. Die modernen Autoren interessieren sich für die sozialen Probleme und suchen nach neuen Formen, mit denen sie den bedrückenden Bedingungen des „Barrio" entgegenwirken wollen. PURA BELPRÉ und NICHOLASA MOHR (* 1935) zählen zu dieser Gruppe. Beide schreiben in Englisch. BELPRÉ, die als Kinderbibliothekarin und Geschichtenerzählerin in der New York Public Library arbeitet, ist durch ihre Tiergeschichten und folkloristischen Erzählungen bekannt. Sie veröffentlichte erstmals 1962 das Buch „Juan Bobo and the queens necklace", eine Erzählung, die in der Tradition der puertoricanischen Volksdichtung wurzelt. Der Spitzbube Juna Bobo findet durch seine Geschicklichkeit das verlorene Halsband und erhält die ausgesetzte Belohnung. Die farbigen Illustrationen, eine Mischung aus historischem Kolonialkolorit und der üppigen tropischen Vegetation, trugen zum Erfolg des Buches bei. „Tiger and the rabbit and other tales" (1965), achtzehn amüsante folkloristische Erzählungen mit schwarz-weißen Illustrationen von TOMIE DE PAOLA, gehören in die gleiche Gruppe. „Pérez y Martina", die Liebesgeschichte zwischen einer Küchenschabe und einer Maus wurde 1961 in Spanisch und 1966 in Englisch herausgebracht. „Oté" (1969) mit Illustrationen von PAUL GALDONE, ist die Geschichte eines armen Mannes mit fünf Kindern. Während er im Wald nach Nahrung sucht, begegnet der Bauer einem blinden Teufel, der auf seinen Rücken springt. Der Teufel zwingt den Bauern, ihn nach Hause zu tragen, wo er die wenigen Nahrungsmittel der armen Leute alle verzehrt. Das jüngste Kind kann die Familie schließlich mit Hilfe eines klugen Mannes von dem ungebetenen Gast befreien.

„Santiago" (1969), mit farbigen Illustrationen von SYMEON SHIMIN, ist die Geschichte eines Jungen, der bei der Auswanderung seine Lieblingshenne in P.R. lassen mußte und dafür in New York einen Freund findet. „The dance of the animals", eine Erzählung, die der Sammlung „The tiger and the rabbit" entnommen wurde, erschien separat mit Illustrationen von PAUL GALDONE und wurde in dieser Form ein großer Erfolg. Die Geschichte, die Fabelcharakter aufweist, handelt von dem Löwen, der vor Hunger fast verzweifelt und zusammen mit der Löwin einen Anschlag auf die Ziege plant, die mit anderen Waldtieren um ein Wasserloch tanzt. Die Ziege kann sich jedoch den Plänen, die man gegen sie spinnt, geschickt entziehen.

„Once in Puerto Rico" (1973), das CHRISTINE PRICE illustrierte, bringt sechzehn Erzählungen von Indianern, Entdeckern, Heiligen, Bauern und Stadtbewohnern. Das Vorwort bringt eine kurze Einführung in die Geschichte der Insel. Das Buch ist als Lesestoff für größere Kinder geeignet. BELPRÉ trug auch zur Entwicklung informativer Kinderliteratur mit ihren Übersetzungen der „I can read books"-Serie bei, die für Erstleser gedacht ist. NICHOLASA MOHR, Autor und Graphiker, illustrierte „Nilda" (1973), eine Sammlung kleiner Erzählungen, beschreibt das Leben puertoricanischer Einwanderer im Kampf um das Überleben in der Süd-Bronx in den USA während der Jahre 1946 bis 1956. Das „Library Journal" und die „New York Times" zählten dieses Buch zu den herausragenden Kinderbüchern des Jahres 1973. MOHR veröffentlichte 1975 das Buch „El Bronx Remembered" und 1978 eine Anthologie mit kurzen Geschichten unter dem Titel „In New York". Der Erzählband „El Medio Pollito: Siete cuentos infantiles" von ROSARIO FERRÉ, mit Zeichnungen von RIVARDO MOLINA, erschien 1978. In diesen märchenähnlichen Erzählungen „El Medio Pollito", „El Reloj de cuerda", „El gato y los tres perros", „Arroz con leche", „Pedro Animala", „Los tres Jorobados" und „El sombrero magico" werden soziale Mißstände aufgegriffen. „El medio pollito" verurteilt die beständige Gier der Reichen nach noch mehr Besitz, in „Los tres Jorobados" wird Betrug an den Armen bestraft, „El reloj de cuerda" enthält Kritik an der menschenfeindlichen Gesellschaft der modernen Welt, „El sombrero mágico" greift eine übermächtige politische Machtausübung an. Die letzte Geschichte spielt in der phantastischen Welt mächtiger Könige und Riesen, die in Kontrast zu der Armut der breiten Bevölkerung dargestellt werden. Folkloristische Anspielungen sind präsent in der Figur des „coqui" in dem Volkslied „Arroz con leche", in „Pedro Animala", diesem außergewöhnlichen Charakter, der mit dem Schlaukopf Juan Bobo verwandt ist, und in der Rolle, die die typischen alten Musikinstrumente und der breite Strohhut spielen.

Die vierjährige ELSA JOSEFINA TÍO verfaßte bereits in diesem frühen Alter Kindergedichte. Von ihren Eltern, die selbst als Schriftsteller hervortraten – LOLA RODRIGUEZ DE TÍO und TRINIDAD PADILLA DE SANZ, der unter dem Pseudonym LA HIJA DEL CARIBE schrieb – wurden die Gedichte der Vierjährigen 1958 in dem Band „Poesia" veröffentlicht. Das ungewöhnliche, in Leder gebundene Buch wurde in einer einmaligen Auflage von 250 Exemplaren gedruckt. CARLOS MARICHAL schuf dazu passende Vignetten. EUGENIO FLORIT, ein bekannter kubanischer Autor und Literaturkritiker, schrieb das Vorwort dafür, in dem er die Verse des Kindes „reine Poesie" nennt.

In den letzten zwei Jahrzehnten wurde in den puertoricanischen Schulen besonderer Wert auf eine kreative Textproduktion von Kindern gelegt. 1971 stellte CARMEN HERNÁNDEZ DE LEÓN, die Direktorin des puertoricanischen Schulbibliothekswesens, eine Auswahl solcher Schülertexte vor und lieferte auch eine Bibliographie unter dem Titel „El niño y su expressión creadora" dazu. Die Schreibversuche von Kindern finden sich unter anderem in der Zeitschrift „Escuela".

Die Bedeutung des Kindertheaters wurde von den puertoricanischen Kinder- und Jugendbuchautoren früh erkannt. Jahrelang spielten Amateurschauspieler in den Schulen die humorvollen Stücke von HOSTAS

und HUYKE. AMELIA AGOSTINI, die selbst für Kinder schreibt, begann als Laienschauspielerin. Einzelne Schulen sind auf dem Gebiet des Kinder- und Schultheaters besonders aktiv. 1952 kam MARICUSA ORNES nach P.R. und gründete die „Academy of scenic art", die sowohl in Santo Domingo wie in P.R. tätig ist. Von der Akademie gehen wichtige Impulse für das Kindertheater aus. JUAN RAMÓN JIMÑEZ war der enthusiastische Förderer des Unternehmens. Autoren und Techniker schlossen sich zusammen und erzielten gemeinsam gute Erfolge. CARMEN NATALIA als Librettistin, VICTORIA ESPINOSA als Direktorin, MAGDALENA DE FERDINANDY als Pantomimenspezialistin, RAFAEL CRUZ EMERIC, LUISA GÉIGEL und FRANCISCO ARRIVÍ als Autoren und Ideenlieferanten zählen zu den Persönlichkeiten, die auf dem Feld des Kindertheaters besonders aktiv sind. Balladen, kurze Stücke, vertonte Kindergedichte, die auch von Chören vorgetragen werden, Kinderballett, Pantomimen und andere Formen theatralischen Ausdrucks werden regelmäßig auf die Bühne gebracht. Eine spezielle Organisation, die „Arlequin Inc.", kümmert sich gezielt um den weiteren Ausbau des Kindertheaters. „Sleeping beauty" und „Cinderella" erlebten mehrere Aufführungen. 1954 wurde die mittelalterliche Legende „El juglarcillo de la virgen" als Pantomime aufgeführt. 1959 veranstaltete die Organisation „Ateneo de Puerto Rico" einen Wettbewerb mit dem Ziel, neue Stücke zu finden. Den Preis gewann LUIS RAÚL SÁNCHEZ mit dem Spiel „La cucarachita viuda". Zwischen 1961 und 1975 wurde das Stück dreimal inszeniert, sowohl in P.R. als auch im Nationaltheater von Santo Domingo. 1961 wurde auch AMAURY VERAYS „El Niño de Aguadilla" aufgeführt. 1962 spielte man BLANCOS „Los aguinaldos del infante" als Pantomime. Der Bühnenbildner JIMMY JASMIN arbeitete dabei mit IRENE DELANO zusammen, die musikalische Leitung hatte JACK DELANO.
Zu den wichtigsten puertoricanischen Illustratoren, die auch Kinder- und Jugendbücher ausstatten, gehören CARLOS MARICHAL (1923–1969), ANTONIO MARTORELL (* 1939), RUBEN MOREIRA (* 1922), LORENZO HOMAR (* 1913) und JACK (* 1914) und IRENE DELANO (* 1919).

Institutionen zur Förderung der Kinder- und Jugendliteratur. Der Beginn des puertoricanischen Bibliothekswesens liegt im Jahr 1903, als die „Insular Library", 1917 in „Carnegie Library of San Juan" umbenannt, eingerichtet wurde. Diese Bibliothek unterhielt eine eigene Kinderbuchabteilung. Ab 1950 erhielt jeder der acht Regierungsbezirke ein Bibliothekszentrum. Außerdem existierten sogenannte Fahrbüchereien. Diese bestanden aus Behältern mit jeweils 120 bis 150 Büchern, die zumeist in den ländlichen Gegenden angeboten und in bestimmten Abständen ausgetauscht werden. Mit Unterstützung des „United States Library Services Act" entstanden in kleineren Städten öffentliche Büchereien. Gegenwärtig gibt es 81 öffentliche und 13 private Büchereien, die sich an das allgemeine Publikum wenden.

An der Universität von P.R. werden im Rahmen der Erziehungswissenschaftlichen Fakultät Kurse in Kinderliteratur für die unteren Grade angeboten.

Sekundärliteratur: R. de Alvarez: Diccionario de la literatura puertorriqueña (Bd. 1–2. 1970–1974). – C. Bravo-Villasante: Historia y antologiá de la literatura infantil iberoamericana (Bd. 2 1966). – F. M. Cabrera: Historia de la literatura puertorriqueña (1971). – F. Mendoza: Literatura infantil puertorriqueña (1960). – A. de Torres: Bibliografía de Ester Feliciano Mendoza (1971).

Flor P. de Rivera

Puppengeschichte

Unter P. ist ein fiktionaler Text zu verstehen, dessen Haupt- und/oder Nebenhandlungsträger Puppen sind.

Zum Begriff „Puppe" und P. Puppe (aus lat. „pupa"; im Deutschen eigentlich „Docke" oder „Tocke") kann im weitesten Sinne als eine Nachbildung der menschlichen Gestalt definiert werden. Es gibt sie sowohl in lebensgroßer als auch in verkleinerter Form, einschließlich oder ausschließlich der Bekleidung. In unserem Zusammenhang ist die Puppe in verkleinerter Form von Belang, als persönliches Spielzeug, meist für Kinder. Tonpuppen sind in Deutschland schon aus dem Mittelalter überliefert, in Nürnberg werden im 15. Jahrhundert die ersten „Dockenmacher" erwähnt. Ursprünglich stellen Puppen Erwachsene, überwiegend Frauen, dar, erst in der Mitte des 19. Jahrhunderts kam die Kinder- oder Babypuppe auf. Die Stilreformbewegung der Wende zum 20. Jahrhundert nahm sich auch der Puppe an, es begannen die Entwürfe von Künstlerpuppen, die bekanntesten entwickelte KÄTHE KRUSE.
Unter P.n verstehen wir Geschichten, in denen eine oder mehrere Puppen Haupt- oder zumindest handlungsentscheidende Nebenpersonen sind. Hierbei wird die Puppe als verkleinerte Nachbildung eines Menschen – meist belebt – gedacht. Die Übergänge zu Geschichten mit künstlichen Menschen sind fließend.

Beispiele aus der Geschichte der P. Es ist symptomatisch, daß die P. des romantischen Dichters E. TH. A. HOFFMANN („Nußknacker und Mausekönig") fast zeitgleich mit der berühmtesten Geschichte eines künstlichen Menschen, MARY WOLLSTONECRAFT-SHELLEYS „Frankenstein, or the Modern Prometheus" (1818), erschienen ist. E. TH. A. HOFFMANN selbst hat sich mehrfach mit dem Thema künstlicher Mensch, Automaten, beschäftigt sowohl in der Erzählung „Die Automate" (1814) wie auch in dem „Sandmann", wo die Puppe „Olimpia" einem Menschen zum Verwechseln ähnlich sieht. „Nußknacker und Mausekönig", das 1816 in „Kindermärchen" zusammen mit Beiträgen von C. M. CONTESSA und F. DE LA MOTTE FOUQUÉ erschien, wurde bewußt für Kinder, die Kinder von HOFFMANNS Freund HITZIG, geschrieben. „Nußknakker und Mausekönig" ist nicht nur eine der ersten, es ist auch die bedeutendste P., die viele Eigenschaften der späteren Geschichten schon enthält. Der fließende

Übergang zwischen Phantasiewelt und Wirklichkeit ist wohl das wichtigste Charakteristikum. Was jedoch in späteren Kinderbüchern lehrhaft zum Programm erhoben wird – etwa in Tante Klärchens Erklärung: „Ja, wenn du deine Puppen nicht für lebendig hältst, verstehst du gar nicht mit ihnen zu spielen" (in: EMMA BILLER: Im Puppenparadies, Stuttgart, 1896, S. 5) –, wird von HOFFMANN unprogrammatisch mit großer erzählerischer Dichte realisiert. Ein weiteres Charakteristikum ist die Rollenbezogenheit des Spielzeugs: die Puppen zu dem Mädchen, die Zinnsoldaten zu dem Jungen. HOFFMANN hebt jedoch diese Rollenfixierung durch die liebevolle Zuneigung auf, die das Mädchen dem martialischen Nußknacker angedeihen läßt. Eine dritte Eigenschaft ist der Zeitpunkt, zu dem die P. spielt: Es ist der Weihnachtsabend, an dem nicht nur möglichst viel Spielzeug versammelt ist, an dem auch die strengen Codices bürgerlicher Erziehung etwas lascher gehandhabt werden; die Kinder dürfen z.B. später ins Bett. „Nußknacker und Mausekönig" ist bis in die jüngste Zeit immer wieder als Bilderbuch verlegt worden. Besonders zahlreich sind auch Erzählungen mit ähnlichem Figurenpersonal.

„Der standhafte Zinnsoldat" von H. CHR. ANDERSEN gehört zu einer Schachtel Soldaten, die zum Geburtstag geschenkt wurde. Seine Geschichte ist die Geschichte der Liebe zu einer Tänzerin, einer Puppe aus Papier. Beliebt sind auch zwei Porzellanfigürchen in „Die Hirtin und der Schornsteinfeger" von ANDERSEN. Doch aus ANDERSENS Puppenwelt ist alle Gruseligkeit, sind alle Sadismen verschwunden. Ihre biedermeierliche Selbstgenügsamkeit und Harmonisierung verleugnet das Schaurige, das man im späten 18. Jahrhundert noch empfunden hatte, wenn eine Puppe, das Abbild eines Menschen, lebendig wurde. In RUDOLF GEISSLERS „Rosamunde – Ein Puppenbilderbuch" (Stuttgart, 1856, NA. 1974) wird die Geschichte von einem Mädchen, das an Weihnachten eine Puppe, und dem Jungen, der Zinnsoldaten erhält, zu einer moralisierenden Fabel: Rosamunde verliebt sich in den Husarenoffizier. Nach dessen Fall will sie den König heiraten. Dabei fällt sie ins Kaminfeuer. Die angebrannte Puppe landet in einem Winkel der Bodenkammer: Hochmut kommt vor dem Fall. In dem Bilderbuch von JAMES KRÜSS und EVA JOHANNA RUBIN „Der Trommler und die Puppe oder: Wozu ein Trommler nütze ist" (1966) kommt sogar die Mausefamilie wieder vor. Ihr zu trommeln ist eine Lebensaufgabe für den bis zu dieser Begegnung rundum faulen Trommler.

Spiel mit Puppen wurde bis zur Romantik als typisch für das noch unvernünftige Kind angesehen. CHRISTOPH MARTIN WIELAND spricht von der Gleichgültigkeit, womit ein älter werdender Knabe die Puppen und Spielwerke seiner frühen Kindheit anzusehen pflegt. In J. KARL AUGUST MUSÄUS' „Moralische Kinderklapper" (1788), eine aus dem Französischen übernommene Schrift (MONGET: Hochets moraux, 1781–1784) „für Kinder und Nichtkinder" findet sich ein Text mit dem Titel „Die Puppe", der bezeichnenderweise die Puppe als Demonstrationsobjekt für Erziehungsmaßnahmen bei kleinen Mädchen herausstellt und mit dem Vierzeiler endet: „Daraus folgt also diese Lehr; / Sprach, da sie's las, die Tante: / Oft bessert eine Puppe mehr / Als eine Gouvernante". MORITZ THIEMES „Hedwig's liebste Puppe – Ein Lese- und Bilderbuch für kleine artige Mädchen" (1829) ist dafür ein weiteres, wenn auch verspätetes Beispiel. Bei „Hedwig's liebster Puppe" handelt es sich nämlich um ein Bilderbuch, das die Puppe – für die Hedwig sich zu alt fühlt – ablöst. Geschrieben ist das Buch für Mädchen von 6 bis 12 Jahren. Tatsächlich wußte man im Biedermeier schon recht gut über die pädagogische Bedeutung des Spiels mit Puppen Bescheid, nachdem in der Zeit der Aufklärung im Zuge erzieherischer Reformen auch der Puppe als Lehrmittel Beachtung zufiel. Schon 1774 schrieb THEODOR GOTTLIEB VON HIPPEL in seinem Buch „Über die Ehe": „Es ist ein Zeichen eines guten Kindes, wenn es begehrt, daß die Amme auch der Puppe die Brust gebe". Und JEAN PAUL interpretiert in der „Levana oder Erziehungslehre" (1807) das Kinderspiel: „Vergeßt es doch nie, daß Spiele der Kinder mit toten Spielsachen darum so wichtig sind, weil es für sie nur lebendige gibt und einem Kinde eine Puppe so sehr ein Mensch ist, als einem Weibe eine Erwachsene". Mit diesem Satz JEAN PAULS ist die pädagogische Grundlage der verbreitetsten P. beschrieben: A. COSMARS „Puppe Wunderhold". Nach dem französischen Text „Mémoires d'une Poupée" von L. D'AULNAY schrieb A. COSMAR 1839 „Die Schicksale der Puppe Wunderhold. Zur Unterhaltung für kleine Mädchen". 1840 erschien eine weitere Bearbeitung von D'AULNAYS Buch für den deutschen Leser von AMALIE WINTER (d.i. AMALIE VON GROSS): „Memoiren einer Berliner Puppe für Kinder von fünf bis zehn Jahren und für deren Mütter" (1840). Im Vorwort bemerkt die Autorin: „Dieses Buch schrieb die Mutter nun für ihr Kind, eine fünfjährige Tochter, die Kleine lauschte vom Anfange bis zum Ende mit großer Aufmerksamkeit, sie fand Züge aus dem eigenen Leben und Ermahnungen zum Guten in lieblicher Form gekleidet". Die Puppe wanderte von einer Puppenmutter zur anderen, jede dieser Puppenmütter bewährt sich – oder bewährt sich nicht – an ihrem Puppenkind. Nach diesem Schema sind viele P.n auch späterer Jahre geschrieben, etwa noch „Lieselümpchen" von WILHELM MATTHIESSEN (1936, ^{2}1949) oder „Scarabel und die fünf Puppenmütter" von MOYRA MCGAVIN (1962). Während Lieselümpchen jedoch durch unterschiedliche soziale Bereiche wandert, wandert Scarabel durch fünf Generationen, staunend sieht sie die Gegenwart der Leserin: „Eigentlich toll, daß kleine Mädchen so herumlaufen mögen, in Hosen wie ein Junge und dazu das Haar lang!" (S. 60). In diesen Zusammenhang gehört z.B. auch ein Bilderbuch, das sich in seinem Illustrationsstil am Photorealismus orientiert, CHRISTINE BÖERS „Die Geschichte von Helene" (1976). Helene ist eine Puppe des späten 19. Jahrhunderts, die in einem Abbruchhaus übrig blieb. Über viele Abenteuer kommt sie zu Kindern, die leider immer fernsehen wollen. Helene bleibt nicht so passiv wie ihre Ahnen von Wunderhold bis Scarabel, sie

ergreift vielmehr die Initiative und veranlaßt die Kinder, ihr ein Puppenhaus zu bauen.
Der Wechsel der Puppenmütter ermöglicht für die kindlichen Leser oder Zuhörer Lernen durch Vergleich. Wechselt eine Puppe ihre Puppenmutter nicht, dann kann die Moral nur eindeutig geäußert werden. In einem Bilderbuch, um 1840 im Mainzer Verlag Josef Scholz erschienen, liegt dies offen zutage: D. SCHMITTS „Die Puppe Anna – Ein Buch für Mädchen mit zwölf gemalten Darstellungen". Darin wird eine Spielwarenhändlerin „eine unvernünftige Frau" genannt, weil sie „keinen Unterschied zwischen einer feinfühlenden Puppe und rohen Gesellen", wie „Bleisoldaten, Schornsteinfegern, Bauernmädchen, langbärtigen Juden" und ähnlichem, gemacht habe. So war Anna „sehr froh, daß sie eine so liebe kleine Mama bekam", unter deren Leitung sie hoffen durfte, „zu einer vornehmen Dame zu werden". Die Puppe wird in diesem Buch nach allen Regeln der bürgerlichen Erziehung großgezogen. Die Puppenmutter sagt so zu Anna (S. 36): „Ja, ja Anna! Du sollst ein liebes, geschicktes Mädchen werden, damit dich die Menschen lieb haben, und damit du das wirst, will ich dich recht strenge halten und dir recht aufpassen, damit du in keinen Fehler verfällst, denn wen man lieb hat, den muß man züchtigen! ...".
Auch einer gründlichen religiösen Erziehung wird die Puppe Anna unterworfen. Annas Hochzeit und Annas Beerdigung fallen symptomatischerweise zusammen; die Hunde Marko und Meppes zerreißen die Puppe Anna an deren Freudentag. In einer schwarz ausgelegten Zigarrenkiste wird sie bestattet. Wie die Erziehung des Kindes mit der Hochzeit abgeschlossen ist, so muß die Puppe als Begleitfigur der Kindheit dann sterben, wenn das Bezugskind erwachsen geworden ist. Dies ist die brutale Umkehrung des JEAN PAULschen Satzes.
In den P.n vom Typus „Wunderhold" werden die Puppen Mitglieder der bürgerlichen Gesellschaft, sie erhalten dort einen festen Platz. Es gibt jedoch einen anderen Typus P. innerhalb der Geschichte der Kinderliteratur, in dem die Puppen in ihrer eigenen Welt bleiben. In gewissem Sinne handelt es sich hier um eine Verniedlichung von E. TH. A. HOFFMANNS „Nußknacker und Mausekönig". Die Puppenwelt ist dann ein Mikrokosmos, in dem neben verlebendigten Puppen auch Tiere sowie Wichtelmänner und vergleichbare Figuren einer Gegenwelt agieren, ja auch Eskapaden

Ernst Kutzer. Einband des Bilderbuchs „Im wunderbaren Puppenlande", das 1926 in Leipzig bei Hahn mit Versen von Albert Sixtus erschien. In der Geschichte streut der Weihnachtsmann Wunderkörnlein in Blumentöpfe, die von den Zwerglein gepflegt werden, bis die verschiedenen Puppen daraus hervorwachsen, die der Weihnachtsmann dann am Weihnachtsabend in den großen Sack packt und zu den Menschenkindern bringt.

vollführen, die in dem seither beschriebenen Typus der P. auf Grund seines auf Wohlverhalten ausgerichteten Lehrcharakters nicht möglich waren. Während die P. vom Typus „Wunderhold" vornehmlich für Kinder, die schon längere Texte lesen können, geschrieben ist, erscheinen die P.n des zweiten Typus häufig als Bilderbuch. EMMA BILLER löst in „Im Puppenparadies – Eine Geschichte von den Heinzelmännchen für Kinder von sechs bis neun Jahren" (1896) das unwirkliche Geschehen noch als Phantasiegebilde auf. Die Kinder, die die Geschichte von der Reise der Puppe Susi mit den Heinzelmännchen ins Puppenparadies erfahren, begreifen, daß die Geschichte ausgedacht ist. Sie reparieren nun selbst – wie im Puppenhospital – ihre Puppen, um sie „armen Kindern" zu schenken.
Geschichten, die in einer eigenen Puppenwelt spielen, erfreuen sich dann in den zwanziger Jahren großer Beliebtheit, wobei die „kindgemäße" Phantasie der Autoren zuweilen wundersame Blüten treibt. In dem Bilderbuch „Im wunderbaren Puppenlande" (mit Versen von ALBERT SIXTUS, Bildern von ERNST KUTZER, 1926) wachsen die Puppen aus „Wunderkörnlein" in Blumentöpfen. Zur „Puppenerntezeit" kommen sie aus den Töpfen, sie werden gewaschen, eingekleidet, gehen in die Puppenschule usw. Mit den „Bärlein aus Teddyland" machen sie Unsinn. An Weihnachten werden sie vom Knecht Ruprecht zur Erde gebracht. „Puppe Lenchen" wird von LOU SCHEPER-BERKENKAMP (1948) in einem Kritzelstil gezeichnet. Die Puppe fliegt mit einem Luftballon zum Himmel, rutscht auf dem Regenbogen erdwärts und kommt so zur Hauptstadt des Puppenreiches („Eintritt für Menschen verboten"). Das Ganze hat Puppe Lenchen in ihrem Puppenbett in Elisabeths Puppenstube geträumt. In Geschichten wie dieser zeichnet sich eine Tendenz ab, die nicht nur die P. bestimmt. Ein von Erwachsenen als Kinderwelt (= Puppenwelt) imaginiertes Reich der Freiheit wird als harmonisches und glückliches Gegenbild zur „Realität

Letzte Seite des kleinformatigen Bilderbuchs „Puppe Lenchen", das 1948 in Leipzig bei Wunderlich erschien. Die von Lou Scheper-Berkenkamp verfaßte und gezeichnete Geschichte erzählt von der Puppe Lenchen, die von einem Luftballon davongetragen wird und viele Abenteuer erlebt, bis sie zu dem Mädchen Elisabeth zurückkehren kann.

des Lebens" vorgestellt. P.n vom Typus „Wunderhold" sind kindgemäßer, weil sie die das Kind umgebende Welt besser beschreiben und ordnen als die Reisen ins Puppenparadies.
Die Aufwertung der Ware „alte Puppe" in den letzten zwei Jahrzehnten auf dem Antiquitätenmarkt hat einen besonderen Typus P. entstehen lassen: die Erlebnisse in der alten Puppenstube erzählt. KARL GRÖBER hat in seinem grundlegenden Buch über „Kinderspielzeug aus alter Zeit – Eine Geschichte des Spielzeugs" (1927) noch den unüberbrückbaren Gegensatz zwischen dem Umgang, den das Kind mit dem Spielzeug hat, und dem des Erwachsenen begriffen: „Die Phantasie des Erwachsenen, und wäre sie auch noch so beflügelt, kann ja doch nicht dem Reichtum der Gesichter folgen, die vor dem Herzen eines Kindes vorbeiziehen, wenn es sich still und ohne die Umgebung zu fühlen, in seine Spielsachen vertieft ... Schemenhaft und ungreifbar blitzt manchmal noch im erwachsenen Menschen ein Funken von Erinnerung auf, wenn er wieder ein armseliges Stückchen Spielzeug aus seiner Jugend in der Hand hält" (S. 1). Diese Distanz haben Bücher verloren, die versuchen, erzählend, alte Puppenhäuser, Puppenküchen und anderes Spielzeug zu beleben. Sie bewegen sich oft im Grenzbereich zwischen Bilder- bzw. Kinderbuch und Fachbuch. So enthalten LEONIE VON WILCKENS' „Tageslauf im Puppenhaus" (1958) oder JULIANE METZGERS „Die Spielzeugbude" (mit Bildern von HILDE DUIS (1965) fachliche Aussagen. RICARDA DUMLERS „Vom lieben Kathrinchen" (1967) spielt gar während einer Ausstellung von Puppen im Museum; es heißt im Vorwort: „Bilder vom lieben Kathrinchen und von den anderen Puppen im Museum finden sich in diesem Buch, das allen kleinen und großen Puppenmüttern gewidmet ist". MOYRA MCGAVIN verwendet das Motiv, Erlebnisse in einem alten Puppenhaus zu haben, ebenfalls. In ihrer Geschichte „Ein Haus für Frau Burlidu" (1966; engl. Ausgabe 1964) lebt die kleine Janne unverstanden bei Onkel und Tante, ihre Mutter im fernen Kanada. Auf dem Speicher findet sie ein altes Puppenhaus, in das sie sich die (ihre) Familie Burlidu denkt. Die Geschichte endet mit der Rückkehr der Mutter. Frau Burlidu lacht darüber vor Freude. Hier wird die P. ein Instrument, mit deren Hilfe Isolierung überbrückt wird, also eine Ersatzwelt gegenüber der unvollkommenen Realität.
MOYRA MCGAVINS Buch leitet zu jener Gruppe von P.n über, die aus der Perspektive des spielenden Kindes erzählt sind. Das älteste Bilderbuch dieser Art stammt aus dem Jahre 1832: „Die kleine Stella und ihre Puppe – Ein ergötzliches und belehrendes Büchlein für kleine Mädchen, die lesen können und mit der Puppe spielen" von KARL BLUMENHAUER. Stella bekommt zu Weihnachten eine besonders schöne Gliederpuppe geschenkt, mit der sie ihre Mutterrolle lernt. Bücher – vor allem Bilderbücher – dieser Art gibt es bis heute (z. B. WALTER KRUMBACHS „Meine Puppenkinder" mit Bildern von INGEBORG FRIEBEL, 1959). In den siebziger Jahren erschienen Bücher, welche die Konsumgewohnheiten der Wegwerfgesellschaft anzugreifen und das

Kind in seiner Anhänglichkeit an sehr persönliches Spielzeug zu stabilisieren suchen. KURT MÜHLENHAUPT erzählt in „Sabine und ihre Puppe“ (1971) von einem Mädchen, das von einem Rixdorfer Maler eine Puppe bekommen hat, die es sehr liebt, die die anderen Kinder – verdorben durch die Werbung – jedoch als „ein Stück Holz“ bezeichnen. Am Ende liebt jedoch auch die Mutter Sabines Puppe. Eine ähnliche Tendenz hat MICHAEL ENDES „Das kleine Lumpenkasperle“ (mit Bildern von ROSWITHA QUADFLIEG, 1975). Nachdem es aufwendige Puppen, gar Roboter, im Schaufenster gesehen hat, wirft „das Büblein“ sein Lumpenkasperle weg. Nach langen Irrfahrten kommt es zur Großmutter, die es repariert und dem Büblein, das sich nun sehr freut, zurückschickt. Im übrigen gab oder gibt es fast zu jeder Puppensorte auch ein Bilderbuch oder eine Bildergeschichte, ob es sich um KÄTHE KRUSE-Puppen handelt (INGE PETERSEN: „Puppenkinder“, 1943) oder um russische Maschas (DIMITER INKIOW: „Die Puppe, die ein Baby haben wollte“, mit Bildern von TRAUDEL und WALTER REINER, 1974; HANSGEORG STENGEL/INGE GÜRTZIG: „Tante Mascha“, [3]1972). Diese P.n oder Puppenbildfolgen leben von der Tatsache, daß Puppen den Menschen genauer abbilden als jedes andere Spielzeug, so daß die Identifikation erheblich erleichtert wird.

Die Internationalisierung der Bilderbuchproduktion nach dem Zweiten Weltkrieg führte dazu, daß heute Produktionen anderer Länder viel schneller auf den deutschen Markt kommen. Damit erscheinen auch Bücher, die in der bisher geschilderten deutschen P.-Tradition keinen Platz haben. So ist eine skurrile Geschichte wie „Gertrude und das Meermädchen“ von RICHARD HUGHES (mit Bildern von NICOLE CLAVELOUX, deutsch von DÖRTHE MARGGRAF und UWE FRIESEL, 1971), erstmalig – mit anderen Bildern – 1940 erschienen, nur aus der englischen Kinderbuchtradition zu verstehen: Eine Holzpuppe, die sehr vernachlässigt ist, wird aufs Meer hinausgetrieben. Da sie aus Holz ist, kann sie schwimmen. Das Meermädchen, zu dem sie schwimmt, stellt fest, daß sie eine Meermädchenpuppe sei, da sie schwimmen könne. Mit ihren „Landgeschichten“ erweckt die Puppe in dem Meermädchen die Sehnsucht, die Familie, aus der sie stammt, kennenzulernen. Sie gehen an Land. Wegen des Meermädchens ist

Eia poppeia Püppchen klein
Mir nur gehörst Du ganz allein.
Ich halt Dich im Arm, ich lieb Dich sehr
Und will Dich wer holen,
ich geb Dich nicht her!

Seite aus dem frühen Photobilderbuch „Puppenkinder“, das 1943 bei Metzner in Berlin erschien. Die Farbphotos wurden von Inge Petersen aufgenommen, die auch die Verse verfaßte. Das Buch nutzte die Beliebtheit der seinerzeit berühmten Käthe-Kruse-Puppen.

Einband des Bilderbuchs „Tante Mascha“, das als Puppenmotiv die russische Steckpuppe benutzt. Der Text des 1972 in Berlin erschienenen Bilderbuchs stammt von Inge Gürtzig, die Illustrationen von Hansgeorg Stengel.

die ganze Wohnung voll Wasser. Die Tochter der Familie befreundet sich mit der Nixe, vernachlässigt dabei jedoch wieder ihre Puppe. Das Meermädchen kehrt schließlich zur Nixenfamilie zurück.

P.n und Puppentheater. Unter P.n können auch solche Geschichten verstanden werden, die als Vorlagen zu Stücken des Puppentheaters bzw. Figurentheaters (Handpuppen, Stabpuppen oder auch Marionetten) verwendet werden. Zentrale Puppenfigur ist hier traditionsgemäß der Kasper. Hierbei bilden Bücher – meist Bilderbücher – die noch direkt mit dem Kaspertheater verbunden sind, es eigentlich nur wiedergeben, die eine Gruppe. Oft handelt es sich sogar um Pop-up-Bücher mit beweglichen Figuren (vgl. ED. ILLS: „Lampert's zweites lebendiges Bilderbuch mit beweglichen Figuren zur Belustigung für Kinder", 1864; HANS LOIBL: „Unser Kasperl", 1948). Die englischen Geschichten von „Mr. Punch and Miss Judy" – wenn auch mit einer anderen Komik – stehen hinter solchen Büchern. Eng mit dem Kaspertheater verbunden sind auch die Bilderbücher, in denen je eine Puppe des Kaspertheaters mit einem Vers vorgestellt wird (ROLF ITALIAANDER/HORST JANSSEN: „Seid ihr alle da?"). In diesen Beispielen ist Kasper nicht viel lebendiger als auf der Bühne. „Aber was der Kasperl manchmal für sich erlebt in stiller Nacht, wenn seine Freunde vom Theater alle im Bett liegen und schlafen, das wißt ihr noch nicht. Das hat euch noch keiner gesagt. Hier in dem Bilderbuch könnt ihr's sehen und lesen", so wird „Kasperle's heimliche Streiche" (1911) von FRITZ HERZ eingeleitet. P.n dieser Art sind häufig geschrieben worden. Im Gegensatz jedoch zu „Wunderhold" und „Anna", die ja Damen werden sollen, ist Kasper ein Randsiedler unserer Gesellschaft. So kann er sich allen Unsinn, alle Frechheiten erlauben, die Kinder so bewundern. JOSEFINE SIEBE erzählt in „Kasperle auf Reisen – eine lustige Geschichte" (1921) solche Streiche en masse. Das Kasperle stiehlt z. B. einem Bauern einen Kuchen mit der simplen Begründung, es habe Hunger gehabt. Die Kasperles solcher Geschichten werden meist in ländlich-handwerklichem Milieu groß, ihr „Vater" ist ein Puppenspieler oder ein Holzschnitzer (HERTA FISCHER: „Kasperle und die Wundermaschine", 1958; KURT SCHMELTZER: „Meister Bumfiedel und sein Kasperle", 1962). OTFRIED PREUSSLERS „Der Räuber Hotzenplotz – Eine Kasperlgeschichte" (1962) ist ebenfalls noch in großer Nähe zum Puppentheater anzusiedeln.

Puppenspiel und Puppentheater sind seit der Romantik Gegenstand tiefgründiger Reflexionen. Nicht nur E. TH. A. HOFFMANN, sondern auch ACHIM VON ARNIM, JUSTINUS KERNER, EDUARD MÖRIKE, S. A. MAHLMANN und HEINRICH VON KLEIST haben sich darüber geäußert. Das Milieu der Puppenspieler hat THEODOR STORM mit seiner Geschichte „Pole Poppenspäler" berühmt gemacht. Solche Überlegungen und Darstellungen sind in HILDE BARISCHS „Das Mädchen mit den Marionetten" (1965) eingegangen: „Die Puppe braucht einen Bewegungsantrieb von außen, eine aktive Kraft, die ihren mechanischen Körper bewegt – und diese Kraft ist nun der Mensch" (S. 25).

Aus der Werkstatt eines Puppenschnitzers stammt auch die berühmte Puppe, die am Ende der Geschichte zu einem richtigen Jungen wird: „Pinocchio" von CARLO COLLODI (d. i. CARLO LORENZINI, 1880). Manche der bisher zitierten Kaspergeschichten haben COLLODIS Buch viel zu verdanken. JOSEFINE SIEBES Kasper wird z. B. – ähnlich wie Pinocchio – in der Werkstatt des Schnitzers Meister Friedolin in Pritzendorf gefunden, wo er vor neunzig Jahren von dem Lehrjungen Johann Heinrich Pumpel mit einem Schlaftrunk eingeschläfert worden war. Lebendige Puppen in der Art des Pinocchio gehören seit COLLODI zum Personal der Kinderbücher. Dabei wechseln sie zwischen Kasper, Wichtel und Kobold, gemeinsam sind ihnen aber ihre Streiche. In „Stoffel und Wolfgang – Eine Puppe wird lebendig" von WOLFGANG BURESCH wird die Puppe Stoffel, die schon lange auf Wolfgangs Schreibtisch steht, auf einmal lebendig. Nun beginnt ein, in allerlei Stoffel-Frechheiten verpacktes Erlernen des Vorschulpensums. PETER BOGATIS „Feder-Peter" (1972; aus dem Ungarischen) handelt von einer Puppe, die auf einem Bauernhof zusammen mit Paulchen ihr Unwesen treibt. Auch ELLIS KAUTS „Pumuckel" unterscheidet sich in seinen Taten kaum von jenen belebten Puppen; selbst das Milieu des Handwerkers im Holzbereich blieb erhalten. Der Pumuckel ist jedoch ein Kobold.

Während die P.n vom Typus „Wunderhold" von Mädchenpuppen handeln und meist ausdrücklich für Mädchen geschrieben sind, ordnen sich die „hölzernen Bengerle" der Männerwelt zu. Die Puppen, die zu Damen werden, machen vorwiegend ihre Erfahrungen in den eigenen vier Wänden, den Kasperles und Kobolden gehört die Welt draußen. Die Rollenfixierung bestimmt die P. wohl deswegen in besonderer Weise, weil hier Menschen verkleinert abgebildet werden. Bisher ist die P. weder zusammenhängend noch in Einzeluntersuchungen als eigene Gattung behandelt worden.

→ H. M. Denneborg, → Pinocchio, → Fr. v. Pocci, → Puppenspiel, -theater

Detlef Hoffmann

Puppenspiel, Puppentheater (Figurentheater)

Puppenspiel und Puppentheater sind Formen des Theaters, bekannt aus fast allen Kulturkreisen und mit teilweise sehr weit zurückreichender Tradition. Zu unterscheiden sind verschiedene Arten von Puppen und dementsprechend Vorführtechniken, außerdem verschiedene Funktionen des Theaters mit Figuren (Lehrtheater, Volkstheater, Standestheater, Sprechtheater, Singspiel etc.).

Zur Begriffsausdeutung von Puppe, Puppenspiel und Puppentheater. Der Begriff Puppe (von lat. pupa = Mädchen) ist zu eng gefaßt, in allen Bereichen sollte

Die um 1825 entstandene Skizze des englischen Illustrators George Cruikshank zeigt „Punch and Judy", die englischen Versionen des deutschen Kasper und seiner Gretel.

eher von Figur (von lat. fingo = bilden) gesprochen werden. Als Spielfiguren finden wir neben Nachbildungen der menschlichen, tierischen oder auch pflanzlichen Gestalt abstrahierte Formen, alltägliche Gegenstände, abstrakte Zeichen und erfundene Gebilde. Durch Bewegung und Ansprache werden für den Zuschauer die Puppen zu handlungs- und empfindungsfähigen Wesen.
Eine einheitliche Terminologie hat sich weder zu Puppe noch zu Puppenspiel und Puppentheater herstellen lassen (Puppe oder Figur; Spiel mit Puppen oder Spiel mit Figuren als Bezeichnung für den Umgang mit Spielzeug; Puppenspiel oder Figurenspiel als gelegentliche Aufführung durch Amateure; Puppentheater oder Figurentheater im Gegensatz zum Personen- oder Menschentheater als Gattungsbezeichnung des Berufstheaters). Auch für die Bezeichnung der einzelnen Figurentypen, die sich von der Bau- und Spielart her unterscheiden lassen, ist die Terminologie uneinheitlich.

Typen des Figurentheaters. Unterschieden wird zwischen: 1. einem Theater, in dem von oben geführte Puppen agieren (Marionetten; in Frankreich ist allerdings Marionette die Bezeichnung für alle Puppenarten); 2. einem Theater, in dem von unten aufgeführte Puppen (Handpuppen, Stabpuppen, Stockpuppen, Marotten, Puppen mit innerer Führung) erscheinen; 3. ein Theater, in dem frei im Raum bzw. von hinten geführte Puppen auftreten (Kakauzki, Figuren des Schwarzen Theaters, japanische Bunraku-Puppen); 4. ein Theater, bei dem von der Seite, von hinten oder von unten geführte eindimensionale Puppen in Erscheinung treten (Flachfiguren, Metamorphosen, Schatten-, Schemen-, Silhouettenfiguren, Karagöz-Schattenfiguren, Wayang kulit-Figuren, Trickfiguren; verwandt sind die mit der Hand geformten Schattenspiele und das Schattentheater mit Menschen); 5. mechanischem Theater, theatrum mundi, Chromotropen (verwandt sind Automaten, Drehorgeln, Uhrenspielwerke usw.); 6. Modell- oder Papiertheater (verwandt sind Moritatenbilder, Guckkasten, Diorama, Laterna Magica, letztlich Film und Fernsehen).

Forschungslage. Puppenspiel und Puppentheater wurden lange als Erscheinungen sogenannter Populär- und Trivialkultur angesehen und wissenschaftlich vernachlässigt. Zeugnisse sind also nur zufällig überliefert und bisher nicht durchgreifend bearbeitet (Ausnahme: Ansätze einer Aufwertung in der Romantik und der Gegenwart). Wissenschaftliche Darstellungen beschränken sich meist auf einen Figurentyp, auf einen Sprachraum, auf spezielle Textanalysen, auf Beschreibungen von Puppen. Häufig bleiben die Arbeiten Teil der Lokalgeschichtsschreibung. Dafür zwei Beispiele: Meist werden die javanischen Stockpuppen (Wayang-kelitik) ohne Zusammenhang mit den javanischen Schattentheaterfiguren (Wayang-kulit) dargestellt, obwohl sie in Repertoire (Text), Spielweise, Darstellungsform identisch sind: sie gestatten dem Dalang, dem indonesischen Figurenspieler, die Fortsetzung der spät abends beginnenden Aufführung am ganz frühen Morgen, wenn Schattentheater nicht mehr möglich ist (NIESSEN). Ähnlich notwendig ist es, die Wanderkomödianten des beginnenden europäischen Menschentheaters im Zusammenhang mit den Wanderpuppenspielern zu behandeln, die ortsgebundenen Krippentheater im Zusammenhang mit Volksschauspiel und Glaubensle-

Der Hohnsteiner Kasper. Die in den zwanziger Jahren von Max Jacob in Hohnstein in der Sächsischen Schweiz gegründete Puppenspielgruppe gehörte zu den international bekanntesten. Max Jacob verfaßte die Stücke für sein Puppentheater selbst, die von ihm benutzten Handpuppen wurden von Theo Egginks angefertigt. Noch heute werden Hohnsteiner Kasperpuppen in viele Länder versandt.

ben. Puppentheater müßte also als ein öffentliches Ereignis deutlich werden, das im Insgesamt der Zeitkultur verankert ist, das mit den anderen Schau- und Unterhaltungskünstlern, mit Alltag und Religion, mit dem Menschentheater, der Bildenden Kunst, der Literatur und der Musik, das mit der Zeit- und Sozialgeschichte eng verbunden ist und sie zugleich mitformt. Dabei muß berücksichtigt werden, daß Puppenspiel und Puppentheater immer wieder spontane Erfindung ist (jedes Kind leistet sie), die allerdings auf mannigfaltigen Formen von soziokultureller Anregung, Beeinflussung und Übertragung basiert. „Über den Weg der Verbreitung können wir keine fundierten Angaben machen, da die Quellensituation nicht einmal begründete Hypothesen erlaubt" (Kölner Geschichtsjournal, S. 90).

Bewegliche Schattentheaterfiguren aus Indonesien. Sie stellen bekannte Helden aus den indonesischen Mythen dar. Die linke Figur heißt Ardjuna, die rechte Batara Kresna. Beide wurden Anfang des 20. Jahrhunderts in Java benutzt.

Figur des Teufels. Die hier abgebildete Handpuppe wurde gegen Ende des 19. Jahrhunderts in Frankreich benutzt.

Anfänge des Figurentheaters. Zeugnisse für Figurentheater sind wesentlich jünger als Kultfiguren und Puppenspielzeug. „Das Urtheater" – so meint Oskar Eberle, Erforscher des Urtheaters – „macht von den außerkörperlichen Hilfsmitteln wie Maske und Kostüm, Requisit, Dekoration und Musikinstrumenten wenig Gebrauch" (Cenalora, 1954, S. 19). Die frühesten Zeugnisse des Figurentheaters stammen aus der klassischen Antike. Xenophon (um 430–354) erwähnt das Gastspiel eines Wanderkomödianten aus Syrakus mit Pantomime und Puppentheater während eines Festmals bei Kallias (vgl. Platons „Symposion"). Athenaios berichtet in den Deipnosophistai (um 200 n. Chr.) von einer Marionettenaufführung im Athener Dionysostheater. Weitere klassische Zeugnisse stammen von Platon, Pseudo-Aristoteles, Horaz, Persius Flaccus. Andere frühe Zeugnisse sind unsicher. So die Nachricht über ein altes Schattentheater in Indien (Sitabenga-Höhle, 2. Jahrhundert v. Chr.) oder die Anekdote vom chinesischen Kaiser Wu-ti (140–87 v. Chr.), dessen Lieblingsfrau Wang gestorben war. Niemand konnte den Herrscher trösten außer Schao-Wong, der sich anbot, den Geist der schönen Wang erscheinen zu lassen. Der Kaiser saß Nacht für Nacht vor einem ausgespannten Tuch. Auf ihm erschien der Geist seiner Lieblingsgattin, bis er eines Tages das Tuch hinwegriß und Schao-Wong mit einer Schattenfigur aus Tierhaut entdeckte. Nach der einen Version ließ der Kaiser ihn köpfen, nach der anderen ehrte er ihn und ließ ihn auch Schüler in dieser neuen Kunst unterrichten.

Für den Übergang vom Kult zum Figurentheater können wir volkskundliche Zeugnisse heranziehen. Die Pangwe in Afrika setzen auf Totentrommeln kleine Figuren; während eines Festes werden mit diesen Pflockfiguren Szenen gespielt. Bei einem Totenfest auf Malekula (Melanesien) werden vier Figuren (bemalte Lehmköpfe auf Bambusstäben) tanzend gezeigt, dann erschlagen. Der Dalang in Indonesien beginnt sein Spiel lange vor der Aufführung mit Gottesdienst und ritueller Vorbereitung; er bringt Speiseopfer und „atmet die narkotischen Weihrauchdüfte ein" (Niessen, S. 154 f.); „nur durch strikte Einhaltung der zeremoniellen Vorschriften vermag der Zweck der Aufführung – die Abwendung des Unheils – erfüllt werden" (Pink-Wilpert, S. 26). Offensichtlich wurden von der kultischen Verwendung ausgehend religiöse Handlungen mit den Puppen ausgeführt. Vermutlich hat man sich die Entstehung von Spielpuppen für Kinder (indianische Cochinas z. B.) z. T. als Einübungsobjekte in Riten und

kultische Prozesse zu denken, ebenfalls das Puppentheater als „Vorspiel" und Übungsfeld für Kulthandlungen.
Bei einer Übersicht über weitere gesicherte Zeugnisse ergibt sich: Puppentheater ist belegt als Teil von Trauerzeremonien in China 633, Nachrichten vom japanischen Puppentheater gibt es aus dem 8. Jahrhundert; glaubhafte Zeugnisse aus dem 11. Jahrhundert von Schattentheatern in China, von Schattenaufführungen an den Höfen der Seldschuken in der Türkei, von beliebten Aufführungen mit Lederfiguren in Indonesien lassen sich finden. Der älteste Beleg über Puppentheater im arabischen Schrifttum stammt von dem bedeutenden Theologen Al Ghassali (1059–1111): „Du bist nur wie ein Knabe, der Nachts beim Spiel eines Gauklers zuschaut. Der läßt hinter einem Vorhang Figuren hervorkommen, die tanzen, schreien, aufstehen und sich setzen, obwohl sie doch aus Zeugflicken gemacht sind und sich nicht selbst bewegen können; sie werden vielmehr durch haarfeine Fäden bewegt, die im Dunkel der Nacht nicht sichtbar sind, ihre Köpfe aber hält der Gaukler in der Hand, der den Blicken der Jungen verborgen ist. Diese nun sind vergnügt und wundern sich ..." (Spies, S. 38). In diesem vermutlich weltlichen Spiel ist auch schon ein Hinweis auf Kinder (Knaben!) als Publikum zu lesen. Auf Bildern der chinesischen Sung-Periode (960–1279) finden wir Kinder, die Schattentheater nachahmen. Aus dieser Zeit stammt auch das erste mitteleuropäische Zeugnis, eine Zeichnung von zwei Puppenspielern mit zwei fechtenden Rittern („Marionettes aux genoux") aus dem

Traditionelle volkstümliche Marionette aus dem Programm von Devi Lal Samar. Udaipur (Indien), um 1965.

„Hortus deliciarum" der Äbtissin Herrad von Landsberg (1170). Im 12. Jahrhundert kommen dann Nachrichten aus dem Iran und aus Ägypten, im 13. Jahrhundert notiert Ibn Danijal die ersten arabischen Schattentheatertexte mit historischem Inhalt. Das im Jahr 1300 vollendete Lehrgedicht des Bamberger Rektors Hugo von Trimberg beschreibt Gaukler, die kleine Puppen (Kobold, Tatermann) unter dem Mantel hervorzogen und mit ihren Späßen die Marktbesucher zum Lachen brachten. Aus dem Jahr 1344 stammt das erste Bildzeugnis eines Handpuppentheaters: zwei Miniaturen von Johan de Grise in der Handschrift „Li romans du boin roi alixandre". Um diese Zeit sollen auch die beiden bekanntesten Figuren des türkischen Schattentheaters gelebt haben. Von ihnen, Karagöz und Hadschiwad, wird berichtet, daß sie als Schmied und Maurer an einer Moschee arbeiteten, jedoch mehr Spaß an Scherzen und Erzählungen hatten. Im Zorn darüber, daß sie die Bauleute von der Arbeit abhielten, ließ Sultan Orhan (1326–1359) sie hinrichten, bereute jedoch bald seinen Befehl. Deshalb „errichtete Seyh Küsteri in einer Palastecke einen Schirm, auf den er die Schatten der beiden Arbeiter projizierte und ihre Späße nachahmte" (Pink-Wilpert, S. 67). Wie sehr die jeweils Herrschenden den Einfluß des Puppentheaters fürchteten, geht aus den wiederholt belegten Spielverboten hervor. 1451 befahl Sultan Tschakmak in Ägypten, alle Schattenfiguren zu verbrennen; 1464 kommandiert das „Redentiner Osterspiel" alle in die Hölle, „die da spielen mit den Docken (= Puppen) und den Thoren ihr Geld ablocken". Aber zugleich beweisen immer häufigere Gesuche um Spielerlaubnis wie auch Spielverbote für Europa die Häufigkeit und Beliebtheit von Figurenaufführungen sowohl auf Jahrmärkten wie in Bürgerhäusern und an Höfen. – Für Thailand stammt das erste sichere Zeugnis von 1458, für die Türkei der erste Puppentheaterbeleg von 1582. Etwa um diese Zeit sind auch schon türkische Schattentheater bekannt und beliebt (Karagöz), wird in Java mit Wayang-golek-Figuren gespielt, entsteht in England das erste feste Figurentheater. Vom 16. bis zum 18. Jahrhundert ist das Bunraku-Theater in Japan auf seinem Höhepunkt; das Menschentheater (Kabuki) entwickelt sich unter dem Einfluß des Figurentheaters. In Frankreich wird im 17. Jahrhundert das erste feste Figurentheater eröffnet; Handpuppe und Marionette stellen in Europa aber eher eine volkstümliche Unterhaltung dar; Burattino (um 1620) prägt die italienischen Figuren; Adel und Bürgertum wenden sich im Verfolg der Chinamode gegen Ende des 17. Jahrhunderts mehr dem Schattentheater zu, goutieren im 18. Jahrhundert theatrum mundi und mechanisches Theater. Das burmesische Puppentheater ist ab 1776 nachweisbar; seine Marionetten zeigen kaum Unterschiede zum Menschentheater. In Japan finden wir Schattentheater seit dem 18. Jahrhundert; in Deutschland wird 1802 das erste stehende Figurentheater eröffnet (Köln, später Kölner Hänneschen). 1843 verbieten die Franzosen in Algier das Schattentheater aus politischen Gründen.

Zuschauer im Figurentheater. Wer die Zuschauer im Figurentheater waren, läßt sich aus zahlreichen Quellen aus den verschiedensten Kulturen erschließen. Insgesamt wird deutlich, daß offensichtlich das Puppentheater sowohl früher als auch heute noch neben höfischen und kultischen Figuren allgemein als Straßen- und Jahrmarktstheater, im System der Wandertruppen wirkend, breite Bevölkerungsschichten ansprach und anspricht, darunter immer auch Kinder. Einige Fakten seien hier – ohne Anspruch auf Repräsentanz – aufgeführt: Kinder als Publikum treten in China schon um 1100 und später auf, in der Türkei neben und unter Landbewohnern im 19. und 20. Jahrhundert (besonders werden Knaben erwähnt), in Persien und anderen arabischen Ländern zusammen mit Frauen, Soldaten, besonders Knaben (schon 1111), in Indien im 19. Jahrhundert und bis heute besonders unter der Landbevölkerung, in Algier noch heute unter Erwachsenen der unteren Volksschicht. Nicht nur aus dem Japan des 18. Jahrhunderts ist uns belegt, daß Wanderpuppenspieler für Kinder spielten. Dies ist ebenso, vor allem seit dem 19. Jahrhundert, für europäische Verhältnisse erkennbar, während auf Abbildungen aus Deutschland und Italien in den vorausgehenden Zeiten (18. Jahrhundert) vor allem Erwachsene als Zuschauer zu sehen sind.
Auch heute gilt das Figurentheater zwar vielfach als Kinderunterhaltung; reines Kinderpublikum gibt es aber nur bei Schulaufführungen. Auch die Nachmittagsvorstellungen werden durchaus von Erwachsenen besucht, und zwar nicht nur in ihrer Funktion als Begleiter. Dafür fehlen meist Jugendliche.

Indonesische Puppenfigur (Semar) aus dem 19. Jahrhundert.

Zur gesellschaftlichen Stellung des Figurentheaterspiels. Figurentheater ist auch einem Einzelspieler möglich, der die Ausstattung auf nahezu nichts reduziert und noch mit der primitivsten Figur Wirkungen erzielt; es läßt sich aber auch zu hoher Kunstfertigkeit mit ausgefeilter Technik, opulenter Ausstattung, umfangreichen und spezialisiertem Ensemble entwickeln. Von daher schwingt es zwischen der Gaukelei des Jahrmarktsschreiers und Virtuosentum, zwischen dem einmaligen Versuch des Amateurs und ernsthaft-künstlerischem Lebenswerk.
Bringt der Spieler Kultfiguren in Bewegung und Spiel, so wird ihr Ansehen leicht auf ihn übertragen (das geschah beim Dalang); zeigt er die Lächerlichkeiten und Ereignisse des Alltags, so kann er zwar mit Gelächter, muß aber häufig auch mit Verfolgung oder Verachtung rechnen.

Zur Entwicklung des deutschen Figurentheaters. Sie wurde getragen seit dem Mittelalter von Gauklern, Artisten und fahrendem Volk meist auf Jahrmärkten; sie nahm in starkem Maße Anregungen der Wanderkomödianten auf (vor allem englischer und italienischer Truppen); sie kam immer wieder auch in Berührung mit lokalem Brauchtum (hier vor allem den Krippenspielen) oder den Spielversuchen bestimmter Berufsgruppen (z.B. der Bergleute). Für das Volksschauspiel ist der Figurenspieler jahrhundertelang der einzige Berufsschauspieler.
Joseph Anton Stranitzky (1676–1726) ist dafür ein Beispiel. Der Sohn eines Lakaien und einer Trödlerin – mit acht Jahren vaterlos, mit dreizehn Vollwaise – erlernte das Gewerbe eines Zahnarztes und war schon 1699 Inhaber eines Marionettenunternehmens: Wahrscheinlich war er vorher als Ausrufer und Gehilfe mit einem wandernden Arzt herumgezogen. Er spielte in Augsburg, Nürnberg, Köln. In seinem Repertoire waren 50 Komödien sowie Opern, Pantomimen, Ballette und Maschinensingspiele. Daneben handelte er mit „tubis, microscopiis, Vergrößerungs- und Verkleinerungsgläsern, Lesegläsern, raren Brillen, Bataillonsperspektiven, camera obscura, so ich künstlich verfertige“. In Wien machte er noch 1707 das „Examen dentifraguli dentiumque medicatoris“ und übte das Gewerbe bis zu seinem Tode aus. Er verband sich mit anderen Wandertruppen und erhielt 1712 das Privileg zur Gründung des ersten stehenden Theaters deutscher Sprache am Kärntnerthor in Wien. Er wurde Schöpfer des Wiener Hanswurst, der sowohl auf die Figuren- wie auf die Menschenbühne gehört: Selbst auf der Höhe seines Erfolges als Theaterleiter und Begründer des Wiener Volkstheaters hatte er das Marionettentheater nicht aufgegeben.
Während sich das Wiener Volkstheater bis zu Ferdinand Raimund (1790–1836) und Johann Nepomuk Nestroy (1801–1862) zu diffizilen und individuellen dichterischen Formen entwickelte, hat vor allem das

Handpuppentheater in seiner traditionellen Form das feststehende Typentheater bewahrt: mit dem pfiffigen Kasper, mit Gretel, Großmutter, Polizist, Räuber, Hexe, Krokodil, König, Prinzessin. Aneinandergereihte Szenen mit witzigem Dialog und aufregenden Abenteuern des Kasper stehen im Vordergrund; selten sind mehr als zwei Puppen gleichzeitig sichtbar. Vollständige ältere Textbücher sind nicht erhalten; die groben Spielvorlagen wurden jeweils durch Improvisation ergänzt. In der Romantik wird das Figurentheater mit der Entdeckung der Volkskunst ästhetisch reflektiert (A. von Arnim, Justinus Kerner, Heinrich von Kleist, Eduard Mörike). Clemens von Brentano, Joseph von Eichendorff, Ludwig Uhland, Ludwig Tieck schrieben auch Texte mit oder für Figuren. Trotzdem beginnt mit der Romantik die Reduktion des Figurentheaters auf ein Kindertheater- zumindest im öffentlichen Bewußtsein. So steht auch die Erneuerung, die dem Grafen Franz von Pocci (1807–1876) zusammen mit dem Vereinsaktuar Josef Schmid gelang, im Zeichen des Kindes. Als Schmid 1858 öffentliche Aufführungen für Kinder in München plante, bat er Pocci um Hilfe. Der antwortete mit einer freudigen Zusage: „Allerdings fehlt so etwas in München für die Kinderwelt. Meine geringen Kräfte stehen zu Ihren Diensten, insoferne Sie dieselben gebrauchen wollen. Jedenfalls dürfte es darauf zunächst ankommen, der Jugend nur Gesundes und Frisches zu bieten, da eine etwa superfeine Sentimentalität ebenso schädlich auf die Gemüter wirkt als die Roheit des Dultkasperl, dem ich aber stets als der aufmerksamste und teilnehmendste Zuschauer angehöre".
Nach 1900 wird das Figurentheater durch grundlegende neue Bestrebungen verwandelt, zum Teil angeregt durch asiatische Puppenspiele (insbesondere Bunraku), getragen von bildenden Künstlern wie Appia, Craig, Calder, Täuber-Arp – Künstlern wie Paul Klee und Oskar Schlemmer, von der Jugendbewegung (Pädagogen und Autoren wie Leo Weismantel). Neue Figurentheater entstehen (Brann in München, Teschner in Wien, Puhonny in Baden-Baden, Baird in New York, Aicher in Salzburg; vom Kasper ausgehend und auf die Jugend gerichtet die Hohensteiner Puppenspiele von Max Jacob).

→ Gattungen, → Kindertheater, → Laienspiel, → Puppengeschichte, → Schultheater

Sekundärliteratur: B. E. Andersen: Das Puppenspielbuch. Bühne, Ton, Beleuchtung, Spiel und viele neue Puppen (1975). – Fr. Arndt: Das Handpuppenspiel. Erzieherische Werte und praktische Anwendung (⁶1976). – G. Böhmer: Puppentheater. Figuren und Dokumente aus der Puppentheater-Sammlung der Stadt München (1969). – H. Fettig: Hand- und Stabpuppen. Ein Werkbuch für Gestaltung und Technik der Akteure im Figurentheater (1970); Kleine Bühne, großer Spaß. Heimtheater, selbst gebastelt und gespielt (1974). – W. Hoenerbach: Das nordafrikanische Schattentheater (1959). – G. Küpper: Aktualität im Puppenspiel. Eine stoff- und motivgeschichtliche Untersuchung (1966). – C. Niessen: Kleine Schriften (1971). – Cl. Pink-Wilpert: Schattentheater (1973). – A. Raab: Das europäische Schattenspiel (1970). – M. L. Rambert: Das Puppenspiel in der Kinderpsychotherapie (²1977). – O. Rommel: Die Alt-Wiener Volkskomödie (1952). – L. Schmidt: Das deutsche Volksschauspiel. Ein Handbuch (1962); Das deutsche Volksschauspiel in zeitgenössischen Zeugnissen vom Humanismus bis zur Gegenwart (1954). – O. Spies: Türkisches Puppentheater (1959).

Hans-Wolfgang Nickel

Puškin, Aleksandr Serge'evič

*Russischer Dichter, Erzähler und Dramatiker; * 6.6.1799 Moskau, † 10.2.1837 Moskau.*

P. entstammte einem alten Adelsgeschlecht. Sein Vater war Major, sein Urgroßvater war der „Mohr Hannibal", der am Hofe Peters des Grossen diente. Nach dem Besuch des Lyzeums in Zarskoje Selo (1811–1817), heute Puschkin, erhielt P. seine weitere Erziehung durch Hauslehrer. P. erwies sich als frühreifes Talent. Bereits mit acht Jahren verfaßte er Komödien, Kurzgedichte und Spottverse auf Lehrer. Als eifriger Leser studierte er vor allem die Franzosen seiner Zeit sowie Lord Byron, W. Shakespeare, W. Scott und die zeitgenössischen russischen Autoren. Mit 15 Jahren erlebte er den ersten Abdruck eines Gedichts (1814). Frühzeitig wurde er Mitglied angesehener literarischer Gesellschaften wie „Arzamas" und „Zelenaja lampa" (1817–1819). Mit 18 Jahren trat P. in den Staatsdienst ein (1817). Daneben war er lebhaft literarisch tätig.

Aleksandr Puškin (1799–1837) als Gymnasiast. Bleistiftzeichnung (1935) von Vladimir Favorsky.

Einschneidende Erlebnisse waren für P. die napoleonischen Kriege und ihre Nachwehen, der wachsende Widerstand intellektueller Kreise gegen die zaristische Unterdrückung, gegen die Leibeigenschaft, gegen die Allgegenwart einer staatlichen Kontrolle und die mangelnde Meinungsfreiheit. P. kam wiederholt mit der Regierung in Konflikt, so durch seine Bekanntschaft mit politischen Geheimzirkeln, seine Verbindung zu rebellischen Dekabristen und nicht zuletzt durch eigene kritische Produktionen, die ihm Verbannungen innerhalb Rußlands einbrachten. Wegen kritischer Epigramme und satirischer Gedichte erregte er die Mißgunst seiner Vorgesetzten und zog sich Sanktionen durch den Zaren zu. So erfolgte 1820–1824 seine Strafversetzung nach Jekaterinoslav (heute Dnjepopetrowsk) in Südrußland. Nach Aufenthalten in Odessa und Kischinew lebte P. von 1824 bis 1826 auf dem Gut der Mutter in Michailskoje bei Pschow. Die schwere Anklage wegen Gottlosigkeit, seine unverhohlene Sympathie für revolutionäre Bewegungen in Spanien und Italien und den Dekabristenaufstand in Rußland (1825) führten auch zu Zerwürfnissen mit seiner Familie. Der Zar äußerte sich aufgebracht über eine nicht genehmigte Reise P.s in den Kaukasus. Er respektierte zwar das unverkennbare Genie des jungen Dichters, der nachhaltigen Einfluß gerade auch bei jüngeren Lesern und Hörern gewann, bat sich aber alle noch zu publizierenden Werke zur vorherigen Durchsicht aus. 1831 heiratete P. NATALIJA N. GONČAROV. Am 10. Februar 1837 starb P. an den Folgen eines Duells mit dem Franzosen GEORGE D'ANTHÈS.

Werk, Tendenzen, Wirkung. Neben TOLSTOJ (1828–1910) und FËDOR MICHAJLOVIČ DOSTOEVSKIJ (1821–1881) zählt P. zu den „klassischen" russischen Dichtern, deren Werk über die Grenzen Rußlands hinaus Weltgeltung erlangt hat. Zusätzlich zu seiner poetischen Ausstrahlung kommt die Anregung, die er für bedeutende Komponisten seines Landes wie PËTR IL'JC ČAIKOVSKI, GLASUNOV, RIMSKIJ-KORSAKOFF und MODEST MUSSORGSKIJ gewann, die seine Hauptwerke als Vorlagen für Opern und Ballettmusiken verwandten. Zu seinen bekanntesten Werken zählen die Verserzählung „Ruslan und Ludmilla" (1820), das historisierende Drama „Boris Godunov" (1831), der Versroman „Eugen Onegin" (1833), die poetischen und zugleich realistischen Reiseskizzen aus dem Kaukasus und die Novellen „Pique Dame" (1834), „Die Hauptmannstochter" (1836), „Der eherne Reiter" (1837). Wesentliche Einflüsse bezog P. aus dem überlieferten Volksgut, den Märchen seiner Heimat, dem Volkslied, den Sagen und Legenden Rußlands. P.s Dichtung stellt eine Mischung aus romantischen und kritisch-realistischen Einflüssen dar, denen er höchst originäre eigene Züge verlieh. Den Zugang zur Volkspoesie verdankte er ARINA RODIONOVNA, einer leibeigenen Bäuerin, die an der Erziehung des jungen P. beteiligt war. Andere Einflüsse rührten von zeitgenössischen Dichtern und Autoren, die im Elternhaus P.s verkehrten, her. So bezog er nachhaltige Anstöße für sein Schaffen aus der Bekanntschaft mit F. GLINKA, den Brüdern TURGENEV und dem Fabeldichter I. A. KRYLOV (1769–1844). Für die heutige Rezeption des Gesamtschaffens P.s – vor allem in der Sowjetunion – kommt hinzu, daß sich viele seiner Werke gerade über die Klanggestalt eröffneten und daß die Lyrik in den sozialistischen Ländern einen hohen und nachhaltigen Stellenwert hat. Zahlreiche Dichtungen P.s stehen auch schon jungen Lesern offen. So bemerkt S. MARŠAK, daß „Ruslan und Ludmilla" den Zehnjährigen zugänglich sei, die Märchen P.s für die Kleinen bestimmt seien und schon ältere Jugendliche für die Lyrik und die Poeme P.s zu begeistern seien. Gelobt wird P.s dynamische und lebendige Sprache, die „von wunderbarer Einfachheit" sei. Die lapidare, präzise Ausdrucksweise, die Genauigkeit im Erfassen von Stimmungen, Landschaften und Charakteren, aber auch die hohe Musikalität der Sprache werden hervorgehoben. Allerdings gehen einige dieser Qualitäten bei Übersetzungen verloren. P.s Lyrik war bei der zeitgenössischen Jugend außerordentlich populär. Ohne in einen gekünstelten Folklorismus zu verfallen, hat P. Lieder im Volksliedton verfaßt und eine größere Anzahl von Legenden und Märchen neu geschrieben. Zar NIKOLAUS I. ließ von P. eine Schrift „Über die Erziehung des Volkes" (1826) verfassen, die widerspiegelt, warum P., obwohl den oberen Ständen zugehörig, volkstümlichen Ton, alltägliche Situationen und sprachlich leicht zugängliche Gestaltungen bevorzugte.

Bis zur Gegenwart sind P.s Werke in Auswahl oder als gesammelte Editionen lebendig geblieben, in der Sowjetunion und in den sozialistischen Ländern oft in Ausgaben mit Originaltext, im Westen und im übrigen Ausland eher in Auszügen oder in Textvorlagen zu Bilderbüchern, oft mit den Illustrationen des russischen Malers und Zeichners I. J. BILIBIN.

Werke: Ruslan i Ljudmila (1820; dt. Ruslan und Ludmilla, 1833); Kavkazskij plennik (1822; dt. Der Berggefangene, 1823); Bachčisajskij fontan (1824; dt. Der Trauerquell, 1826); Brat'ja razbojniki (1825; dt. Das Räuberbrüderpaar, 1840); Cygane (1827; dt. Die Zigeuner, 1840); Graf Nalin (1828; dt. Graf Nalin, 1840); Poltava (1829; dt. Poltawa, 1840); Boris Godunov (1831; dt. Boris Godunoff, 1831); Povesti Belkina (1831); Skaza o Care Saltane (1832; dt. Das Märlein vom mächtigen König, Herrn Silvan, 1840); Evgenij Onegin (1833; dt. Eugen Onegin, 1854); Kirdshali (1834; dt. Kirdshali, 1835); Pikovaja dama (1834; dt. Pique Dame, 1840); Skaza o mertvoi carevne i o semi bogatyriach (1834; dt. Das Märchen von der toten Zarentochter, 1854); Skaza o rybake i rybke (1835; dt. Das Märchen vom Fischer und dem Fischlein, 1854); Zolotoj petušok (1835; dt. Das Märchen vom goldenen Hahn, 1922); Kapitanskaja dočka (1836; dt. Die Hauptmannstochter, 1848); Arap Petra Velikogo (1837; dt. Der Mohr Peters des Großen, 1882); Mednyi vsadnik (1837; dt. Der eherne Reiter, 1891); Dubrovskij (1841; dt. Dubrowskij, 1894); Polnoe sobranie sočinenij (Bd. 1–2. 1937–1959); H. Raab (Hrsg.): Werke (Bd. 1–6. 1964–1968).

Sekundärliteratur: D. D. Blagoj: Duša v zavetnoj lire. Očerki žizni i tvorčesta Puškina (1977). – K. Hielscher: A. S. Puškins Versepik (1966). – M. Hofmann: Pouchkine et la Russie (1947). – V. J. Korovína: Puškin v škole (1978). – A. Luther (Hrsg.): Solange Dichter leben. Puškin-Studien (1949). – D. Magaršak: Pushkin, a biography (1967). – S. Maršak: Bemerkungen zu Puschkins Märchen (in: Über Kinderliteratur. Bd. 1. 1955. 23–34). – B. S. Mejlach: Zizń Aleksandra Puškina (1974). – Kl. Staedtke (Hrsg.): Zur Geschichte der russischen Erzählung 1825–1840 (1975). – N. L. Stepanov: Proza Puškina (1962). – W. N. Vickery: Alexander Pushkin (1970).

Horst Künnemann

Quednau, Werner

*Schriftsteller, Biograph, Film- und Fernsehautor; * 17. 2. 1913 Rastenburg/Ostpreußen.*

Der in Braunschweig ansässige Qu. studierte nach dem Schulbesuch Filmregie und Dramaturgie in Berlin-Babelsberg und war längere Zeit beim Film tätig. Nach dem Zweiten Weltkrieg begann er Bücher zu schreiben; die ersten erschienen in der DDR. Der Minister für Kultur ehrte ihn mit vier Literaturpreisen „zum Schaffen einer neuen Kinder- und Jugendliteratur". Qu. hat vor allem als Biograph einer Reihe bedeutender Persönlichkeiten einen Namen.

Werk, Tendenzen, Wirkung. Das 1960 zunächst in der DDR veröffentlichte, zehn Jahre später als Taschenbuch neu in der Bundesrepublik Deutschland aufgelegte Buch „Die Ärztin Dorothea Christina" machte Qu. in Westdeutschland bekannt. Mit Lebensberichten solcher Art, die pädagogisierende Elemente wie Vorbildwirkung, Gesetz der Humanität, Beständigkeit des Guten, Pflichterfüllung, Berufung zu einer „Sendung" aufweisen, war Qu. schon früher hervorgetreten. Bedeutende Mediziner und Forscher, Künstler und Musiker werden unter der Unabdingbarkeit ihrer genialen Begabung und außerordentlichen Leistung gesehen, die dem Fortschritt der Menschheit dient. Die Frauenbiographien fungieren als Beitrag zur Anerkennung weiblicher Fähigkeiten im deutschen Kultur- und Geistesleben. In den Biographien, die vor allem auch jugendliche Leser ansprechen, gelingt Qu. die Verbindung von Informationsvermittlung und epischer Erzählkunst. Als Sachbuchautor zeichnet sich Qu. durch eingehende wissenschaftliche Recherchenarbeit und Quellentreue aus. Sachverhalte werden fast ausschließlich an „große" historische Gestalten geknüpft (Emil von Behring, Robert Koch, Ferdinand Lesseps, Maria Sibylla Merian, Clara Schumann, Johannes Brahms u. a.). Übersetzungen liegen in mehreren Sprachen vor.

Werke: Drei Jungen schlagen Alarm (1951); Rufa und ihre Schwestern (1953); Kämpfer für das Leben. Aus Robert Kochs Leben und Wirken (1954); Die Gefangenen von Murano (1954); Clara Schumann (1955); Die Schwestern der goldenen Stadt (1955); Der schwarze Graben (1956); Die Ärztin Dorothea Christiana (1958; TB. 1970); Alarm in Bärwald (1960); Maria Sibylla Merian (1961); Die große Sinfonie (1963); Antitoxin – eine große Entdeckung (1964, auch u.d.T.: Heilsames Gift, 1973); Fieberhölle Panama (1966).

Sekundärliteratur: Fr. Ullrich: Werner Quednau (in: Jugendschriften-Warte. 16. 1964. 9. 29).

Hans Gärtner

Quickborn

Das Wort bedeutet lebendiger Brunnen, d. i. Quelle. Qu. ist der Name eines Dorfes bei Burg/Dithmarschen, nach welchem Klaus Groth (1819–1899) seine Sammlung niederdeutscher Gedichte betitelte (1852). Seit 1904 hieß die „Vereinigung zur Pflege niederdeutscher Sprache" Qu. In ihr spielt die Pflege volkstümlicher und jugendliterarischer Dichtung eine große Rolle. Qu. hat sich auch eine 1909 gegründete Gruppe der Katholischen Jugendbewegung genannt.

Erscheinungsweisen der Sammlung Qu. Klaus Groths Sammlung erschien zuerst 1852 unter dem Titel „Quickborn, Volksleben in plattdeutschen Gedichten dithmarscher Mundart". Ein zweiter Teil kam 1871 heraus, der in Neufassung 1893 als Band II der Gesammelten Werke in der Bearbeitung von K. Köster eingefügt wurde. Von dieser Ausgabe erschienen 1898, 1909, 1913, 1918 und 1921 Neudrucke. Für die 2. Auflage wurden Holzschnitte nach Zeichnungen von Otto Speckter (1807–1871) geschaffen. Ivo Braak und R. Mehlem veranstalteten 1958 eine Neuausgabe des im Verhältnis zum ersten Teil weniger beachteten zweiten Teil des Qu. mit den 15 Holzschnitten und Zeichnungen von Ludwig Richter (1803–1884). Wie in den vorherigen Ausgaben vom zweiten Band des Qu. sind in diesem dritten Band der Ausgabe „Sämtliche Werke" als letzte Abteilung auch die Kinderreime „Voer de Goern" enthalten und zwar in ihrer Gesamtheit nach Groths Ausgabe von 1858. Es sind zum größten Teil alte Volks- und Kinderreime, die Groth gesammelt hat und nach deren Sprachgestus und Gestimmtheit er eigene Verse schuf und hinzufügte. Die Ausgabe von 1958 bringt zum ersten Mal für den zweiten Band ein Glossar. Übertragungen des Textes ins Hochdeutsche, wie sie in der Ausgabe von 1858 vorkommen – für einen größeren Leserkreis auch außerhalb der niederdeutschen Mundart gedacht –, sind weggelassen. Qu. und Einzelausgaben der Kinderlieder und -reime „Voer de Goern" erschienen, zum Teil gekürzt, auch im 20. Jahrhundert in zahlreichen Ausgaben und hohen Auflagen. Die 28./29. Auflage wurde 1906 (bei Lipsius und Tischer, Kiel) als Liebhaberausgabe mit Goldschnitt gestaltet und wiederholte außer den Vorworten zur 1., 4. und 28. Auflage (1892) die anerkennende Rezension des Qu. von Ernst Moritz Arndt (1769–1860) in der Kölnischen Zeitung vom August 1855. Eine Ausgabe des Qu. ohne Glossar und Anmerkungen wurde in 500 Exemplaren für den Insel Verlag auf der Ernst Ludwig-Presse 1912 in Darmstadt gedruckt. Für diese bibliophile Kostbarkeit (Ziegen- und Halbledereinband) wurde zum ersten Mal die Kleukens-Fraktur (Korpus) verwendet. Gedichte des Qu. gehörten zu den ersten Drucken, die nach Kriegsende 1945 mit Genehmigung der Militärregierung erscheinen durften (z.B. Notausgabe, Schleswig, Quickborn-Ausgabe, 1945, 32 S. „Voer de Goern", Laatzen, 1947, mit dem Titel „Min Jehann"). Der Verlag der Fehrs-Gilde brachte 1952 Texte „Ut den Quickborn" (Text nach der 8. Auflage) heraus.

Qu. und Mundartdichtung. Qu. nennt sich eine 1904 gegründete „Vereinigung zur Pflege niederdeutscher Sprache", die seit 1907 die „Mitteilungen aus dem Quickborn" herausgab (seit 1968 „Zeitschrift für plattdeutsche Sprache und Dichtung"). Von dieser Vereinigung wurden auch die Qu.-Bücher herausgegeben. Der erste Band brachte 1913 eine Auswahl aus dem Werk Johann Hinrich Fehrs' (1838–1916, Quickborn-Böker). In seiner Zusammenstellung empfehlenswerter plattdeutscher Bücher für die Jugend nannte Georg Clasen 1921 aus dem Qu.-Verlag (Hamburg) die Titel „Thees Bott, dat Waterküken" und „Strandgoot" von R. Kinau und von den Qu.-Büchern P. Wriedes „Plattdeutsche Kinder- und Volksreime", H. Grimms „De Füerböter", R. Kinaus „Steernkikers", J. E. Rabes „Sünd ji all dor?", „Vivat Putschenelle!" und „Kaspar to Hus". Eine „Spielreihe des Quickborn für die Schul- und Jugendbühne" mit plattdeutschen und hochdeutschen Texten gab G. Clasen selbst heraus. Auf Hochdeutsch erschien das in szenisches Spiel umgesetzte Märchen „Vom Fischer und seiner Frau" (1939). Die Hefte 1–17 brachten Spielszenen in Prosa oder Versen, auch mit eingestreuten Singstrophen und Musikstücken, z.B. „Hans im Glück" mit Text von G. Schumann und Musik von A. Wulff. Der 26. Band erschien 1949 von A. Staningk „Heitere Verse zu fröhlichem Spiel". In Heft 39 schrieb Alma Rogge die Erzählung „Sine", in Heft 40 Fritz Specht „Niederdeutsche Scherze". – Der 1915 von P. Wriede gegründete Qu.-Verlag hat keine speziell für Kinder und Jugendliche geschriebene Literatur veröffentlicht, doch viele der jugendgeeigneten plattdeutschen Dichtungen von R. Kinau.

→ Kl. Groth, → Mundart in der Kinder- und Jugendliteratur

Sekundärliteratur: R. Bülck: Die Verlagsgeschichte der Grothschen Werke (in: Jahrbuch des Vereins für niederdeutsche Sprachforschung. 1937/1938. 173–182). – G. Clasen: Wertvolle plattdeutsche Bücher für die Jugend (in: Jugendschriften-Warte. 1921. 10. 29–31).

Margarete Dierks

R

Rackham, Arthur

*Englischer Maler und Illustrator; *19.9.1867 Bermondsey, †6.9.1939 Stilegate (Limpsfield, Surrey).*

R.s Zeichentalent fiel schon während seiner Schulzeit (1879–1883) in der City of London School auf. Auf einer Reise nach Australien (1884) entstanden erste Aquarelle. Zusammen mit Charles Rickett, der ihn beeinflußte, besuchte er 1884 die Lambeth School of Art. 1885 bis 1892 arbeitete er bei einer Versicherungsgesellschaft. Er schickte Zeichnungen an Zeitschriftenverlage, aquarellierte und porträtierte. Ab 1893 widmete er sich mehr und mehr der Buchillustration. Nach seiner Heirat (1903) mit der Irin Edyth Starkie, einer Porträtmalerin, die seine Arbeit durch verständnisvolle Kritik und Anerkennung förderte, folgten bald die ersten Ausstellungen. Zu den künstlerischen Erfolgen kamen äußere Anerkennungen: 1908 wurde er Mitglied der Royal Water Colour Society, 1905–1907 war er Chairman der Freitagabend-Meetings des Langham Sketching Club. Später war er aktiv in der Art Worker's Guild, und 1919 erhielt er in London ein Studio bis an sein Lebensende. Dazu kamen Ausstellungen in den USA und 1927 eine Reise dorthin, die seinen Ruhm in Übersee begründete. Die großen Erfolge hatten es ihm ermöglicht, 1920 ein Farmhaus bei Houghton, nahe bei Arundal, zu erwerben, das er aber später (1929) aus Rücksicht auf den Gesundheitszustand seiner Frau aufgeben mußte. Die R.s erwarben ein komfortables Haus bei Limpsfield, Surrey, wo er 1939 verstarb.

Werk, Tendenzen, Wirkung. Nach ersten Anfängen waren besonders R.s Illustrationen zu „The Ingoldsby legends ..." (1898) und „Tales from Shakespeare" (1899) von Charles und Mary Lamb von Gewicht für seine weitere Laufbahn als Buchkünstler. Seine Bedeutung als Meister der Märchen-Illustration begründete er mit den 100 Illustrationen zu den Märchen der Brüder Grimm (1900), die schon bald (1909) eine Wiederauflage erfuhren. Ein Bestseller als Geschenkbuch zu Weihnachten 1906 wurde „Peter Pan in Kensington Gardens" mit 50 ganzseitigen farbigen Illustrationen. Dieses Werk blieb noch viele Jahre, auch in amerikanischen und französischen Editionen richtungsweisend. R.s Illustrationen zu „Alice's adventures in wonderland" riefen nach ihrem Erscheinen 1907 große Kontroversen wegen der starken Anlehnung an John Tenniel hervor. Später wurden auch seine Illustrationen zu Shakespeares „Midsummer-nights dream" (1908) international bekannt. Über die Art, wie er sich Kunst und Literatur für Kinder vorstelle, gibt es von R. die Äußerung, sie habe von höchster künstlerischer Qualität zu sein, weil die Eindrücke der frühen Kindheit für das ganze spätere Leben entscheidend seien. Seine von

Arthur Rackham. Bildseite aus dem Buch „Der Märchenwald", das 1919 bei Rascher in Zürich erschien.

Phantasie und großem Einfallsreichtum gespeiste Kunst erwuchs zwar deutlich aus dem Kreis der Präraffaeliten, in den auch hier und dort auftauchende symbolistische Motive verweisen; doch sein sich ständig geringfügig wandelnder Stil läßt die frühen Einflüsse immer mehr zurücktreten und die ganz eigene Note dieses Künstlers erkennen, den selbst ein AUBREY BEARDSLEY (1872–1898) und die große Strömung des Art Nouveau nur gering beeinflußten. Bei aller Liebe und Treue zum Detail und bei aller Genauigkeit in der Naturbeobachtung ist seine Bilderwelt unter dem zarten Farbklang immer tief poetisch, oft skurril bis gespenstisch, mitunter sogar an das Surreale reichend. Deshalb sind auch seine bedeutendsten illustrativen Werke im Bereich der ihm gemäßen Themen zu sehen: von SHAKESPEARE über die Märchen bis zu EDGAR ALLEN POE. R.s Einfluß auf jüngere Künstler war groß und anhaltend.
Aus dem künstlerischen Werk R.s, in das auch dekorative Arbeiten und Entwürfe gebrauchsgraphischer Natur einbeschlossen sind, ragen neben Illustrationen zu den Werken klassischer und zeitgenössischer Autoren besonders die zur Kinder- und Jugendliteratur heraus: GRIMM „Fairy tales" (1900 und 1909) sowie Editionen einzelner GRIMMscher Märchen wie „Little brother and little sister" (1917), „Snowdrop and other tales", „Hansel and Gretel and other tales" (1920).
„Cinderella" und „The sleeping beauty", beide neuerzählt von C. S. EVANS, erschienen 1919 und 1920. „Mother goose. The old nursery rhymes" (1913) und J. M. BARRIES „Peter Pan in Kensington Gardens retold for little people" (1930) bezeichnen neben anderen Märchenausgaben wie „English fairy tales" (1918), Irish fairy tales" (1920) und „The Arthur Rackham fairy book" (1933) die Weite des Schaffens. Höhepunkt für R. selbst war die Illustration der Märchen von HANS CHRISTIAN ANDERSEN, für deren Vorbereitung er eigens nach Dänemark reiste und die 1932 mit 71 Illustrationen herauskamen.

Werke: Sh. J. A. Fitzgerald: The Zankiwank and the Bletherwitch (1896); M. Browne: Two old ladies, Two foolish fairies and a tom cat. The surprising adventures of Tuppy and Tue (1897); R. H. Barham: The Ingoldsby legends (1898); Brüder Grimm: Fairy tales (1900); B. C. Niebuhr: The Greek heroes (1903); W. Irving: Rip Van Winkle (1905; dt. Rip van Winkle, 1905); J. M. Barrie: Peter Pan in Kensington Gardens (1906; dt. Peter Pan im Waldpark, 1911); R. Kipling: Puck of Pook's Hill (1906); L. Carroll: Alice's adventures in Wonderland (1907; dt. Alice im Wunderland, 1912); M. H. Spielmann: The rainbow book. Tales of fun and fancy (1909); J. Swift: Gulliver's travels (1909); M. Browne: The book of Betty Barber (1910); A. L. Haydon: Stories of King Arthur (1910); Aesop's fables (1912; dt. Aesop's Fabelbuch, 1913); Mother Goose. The old nursery rhymes (1913); Arthur Rackham's book of pictures (1913); St. Max (Hrsg.): Wenn ich in mein Gärtchen geh. Alte und neue Kinderreime und Lieder (1914); Ch. Dickens: A Christmas Carol (1915; dt. Ein Weihnachtslied, 1917); The Allies fairy book (1916); Brüder Grimm: Little brother and little sister, and other tales (1917); A. W. Pollard: The romance of King Arthur and his knights of the Round table. Abridged from Malory's Morte d'Arthur (1917); A. Ch. Swinburne: The springtide of life, poems of childhood (1918); Fl. A. Steel: English fairy tales (1918); Ch. S. Evans: Cinderella (1919); A. Rackham: Der Märchenwald (1919); Ch. S. Evans: The sleeping beauty (1920); Brüder Grimm: Hansel and Gretel and other tales (1920); A. Rackham: Das Sagenbuch (1920); J. Stephens: Irish fairy tales (1920); E. Phillpotts: A dish of apples (1921); N. Hawthorne: A wonder book (1922); A. Rackham: Novellenbuch (1925); M. Williams: Poor Cecco (1925); E. Fay: A road to fairyland (1926); W. Irving: The legend of Sleepy Hollow (1928); M. Cl. Gillington: J. M. Barrie's Peter Pan in Kensington Gardens (1929; dt. Peter Pan im Waldpark, 1930); Ch. Dickens: The Chimes (1931); Cl. C. Moore: The night before Christmas (1931); H. Chr. Andersen: Fairy tales (1932); J. Ruskin: The King of the Golden river (1932); The Arthur Rackham fairy book (1933); Chr. G. Rossetti: Goblin market (1933); R. Browning: The pied piper of Hamelin (1934); E. A. Poe: Tales of mystery and imagination (1935); K. Grahame: The wind in the willows (1940).

Sekundärliteratur: Fr. Coykendall: Arthur Rackham (1922). – J. Garner: The wizardry of Rackham (1923). – Chr. Kamenetsky: Arthur Rackham and the Romantic tradition. The question of polarity and ambiguity (in: Fr. Butler (Hrsg.): Children's literature. 1977. 6. 115–129). – S. B. Latimore: Arthur Rackham. A bibliography (1936, zus. mit Gr. C. Haskill). – E. Shaffer: Arthur Rackham, 1867–1939 (in: The Horn Book Magazine. 43. 1967. 5. 617–621).

Hans Adolf Halbey

Radczun, Günter

*Kinderbuchautor, Wissenschaftler; * 21. 2. 1931 Berlin, † 10. 7. 1978 Berlin.*

R., Sohn eines Buchdruckers, besuchte nach einer Lehre als Fernmeldemonteur von 1950 bis 1952 die Arbeiter- und Bauernfakultät an der Humboldt-Universität in Berlin und studierte dort anschließend Philosophie. Nach einer Tätigkeit als Redakteur promovierte er 1965 mit einer Arbeit über ROSA LUXEMBURG. R. war Mitarbeiter am Institut für Marxismus-Leninismus beim Zentralkomitee der SED. Er leitete die Redaktion für die Herausgabe der „Gesammelten Werke" von ROSA LUXEMBURG (1970ff.).

Werk, Tendenzen, Wirkung. Neben seinen wissenschaftlichen Arbeiten über ROSA LUXEMBURG publizierte R. auch ein Kinderbuch über sie „Es begann mit Antonis Verhaftung" (1964). KARL MARX und VLADIMIR I. LENIN gestaltete er ebenfalls zu Helden seiner Geschichten für jugendliche Leser. In „Prometheus aus Trier" (1968) und „Aus dem Funken schlägt die Flamme" (1973) versucht R. im biographischen Gewande auf einfache Weise, die Lehre der Führer der Arbeiterbewegung zu erläutern. 1961 hatte R. bereits ein Buch „Und sie bewegt sich doch" vorgelegt, in dem er über das revolutionäre wissenschaftliche Werk von NIKOLAUS KOPERNIKUS, GALILEO GALILEI, GIORDANO BRUNO und JOHANNES KEPLER unterrichtete und deren Entdeckungen in gesellschaftliche und historische Zusammenhänge stellte. R. ist einer der wichtigsten populärwissenschaftlichen Jugendbuchautoren in der DDR.

Werke: Und sie bewegt sich doch (1961, [7]1975); Es begann mit Antonis Verhaftung (1964, [4]1971); Prometheus aus Trier. Karl

Marx, aus seinem Leben, seinem Forschen, seiner Lehre (1968, [3]1976); Aus dem Funken schlägt die Flamme. Wladimir Iljitsch Lenin. Aus seinem Leben, seinem Forschen, seiner Lehre (1973).

Winfred Kaminski

Rätsel

In einem R. wird ein Gegenstand (eine Sache, Person, ein Tier, Ort, Vorgang etc.), der vom Hörer oder Leser zur Erprobung seines Scharfsinns, Wissens oder Witzes wie auch zur Befriedigung des Spieltriebs benannt, gedeutet oder gefunden werden soll, umschrieben oder verhüllt (von ahd. râtan = raten, deuten, bedenken). R. sind seit jeher auf allen kindlichen und jugendlichen Alters- und Entwicklungsstufen fester Bestandteil des Spielens. Schon vor und zu Beginn der spezifischen Kinderliteratur im 18. Jahrhundert wie bis heute sind R. als Stoffe und Vorlagen aufgetreten.

Ursprung, Geschichte. Obwohl das R. ursprünglich in engem Zusammenhang mit Magie und Kultus stand, läßt sich schon in frühester Zeit der Trend zum geistigen Spiel beobachten. Wissen manche Sagen und Märchen noch von R.n mit lebensentscheidender Bedeutung zu berichten – höchster Lohn im Falle richtiger Lösung (das arme Mädchen wird Königin, vgl. KHM Nr. 94); Verlust des Lebens bei nicht gelöstem R. (Turandot, Sphinx-R.); Freiheit dem Verurteilten, dessen R. die Richter nicht zu erraten vermögen (Halslösungs-R.) –, so dienten sie schon den alten Griechen als geistvolles Unterhaltungsspiel ihrer Gastmähler. Ein ähnlicher Zweck wird in einer R.-Sammlung des ausgehenden 17. Jahrhunderts genannt: „... zur ergetzlichen Zeitverkürzung auf Mahl- und Hochzeiten". Aber auch die Namen einzelner R.-Sammlungen des 16. Jahrhunderts wie z.B. „newe Spinstub" oder „Rockenbüchlein" (Rocken = Spinnstab; vgl. auch Rock) lassen erkennen, daß R. bei den Zusammenkünften in den bäuerlichen und bürgerlichen Spinnstuben der Geselligkeit und Unterhaltung dienten.

Als Heimat des R.s gilt der Orient. Schon im Altertum bekannt, zählt es zu den frühesten literarischen Produkten fast aller Völker (nach JOHANN GOTTFRIED HERDER waren diese „auf den ersten Stufen der Bildung Liebhaber von Rätseln"; HERDERS Werke, ed. Suphan, 12. Band, S. 192). Älteste Zeugnisse finden sich bei den Hebräern (R.-Streit zwischen Salomo und der Königin von Saba; Simson-R.), Persern (Form des Logogriph), Arabern (in den Makamen des Hariri), Griechen (Orakelsprüche; Ödipus und die Sphinx), Römern (Petronius; Symphosius) und in der altisländischen Dichtung (Eddalieder vom König Heidrek). Als frühester deutscher Beleg gilt das R. vom Vogel federlos, das sich zuerst im 10. Jahrhundert in einer lateinischen Handschrift des Klosters Reichenau fand: Flog vogel federlos / saß auf baum blattlos / kam frau ſußlos / fing ihn handlos / briet ihn feuerlos / fraß ihn mundlos. Andere frühe deutsche Belege entstammen der höfischen Spruchdichtung (Der Wartburgkrieg, um 1250; Traugemundslied, 14. Jahrhundert) und den Volksbüchern und Fastnachtsspielen der spätmittelalterlichen Zeit. Im 18. und frühen 19. Jahrhundert hatte sich das R. zu einer vollendeten Kunstform der Literatur entfaltet bzw. sich als solche erneuert; danach entwikkelte es sich – begünstigt durch die Massenmedien – mehr und mehr zum Unterhaltungsgut. Bilder- und Kreuzwort-R. verdrängten das Kunst-R. mehr und mehr. Die erste deutsche R.-Sammlung wurde um das Jahr 1505 in Straßburg gedruckt (ND. 1876). Eine systematische Erfassung aller im Lande mündlich noch umlaufenden R. setzte jedoch erst im 19. Jahrhundert ein. Zu den bedeutendsten Sammlungen jener Zeit zählen KARL SIMROCKS Werk „Das deutsche Räthselbuch" (1850; 3. Auflage 1874) mit ca. anderthalb Tausend Texten sowie RICHARD WOSSIDLOS „Mecklenburgische Volksüberlieferungen" (1897, Band I).

R. als Kinder- und Jugendlektüre. Manche der heute von Kindern rezipierten R. reichen weit ins Mittelalter zurück und waren auch schon damals Kindern geläufig (vgl. IGNATIUS ZINGERLE: Das deutsche Kinderspiel im Mittelalter, 1873, S. 166), obwohl R. ihrem Ursprung nach ebensowenig zur Literatur für Kinder zu zählen sind wie Märchen, Sage, Fabel oder Volksbuch, da sie wie diese im Kreise von Erwachsenen für Erwachsene entstanden und wie die anderen Formen volkstümlicher Literatur erst später „in die Kinderstube und Schullesebücher abgesunken" sind (M. HAIN, S. 55). Doch gilt das Kind, spätestens seit der Philanthrop CHRISTIAN FELIX WEISSE in seinem vornehmlich der Belehrung dienenden Werk „Der Kinderfreund" (1775) neben kleinen Geschichten und Begebenheiten, Sprichwörtern und Spielen auch R. veröffentlicht hatte und sich auf dem Titelblatt einer R.-Sammlung aus dem Jahre 1791 der Herausgeber als „Kinderfreund" empfiehlt, ebenfalls als Adressat des R.s. Dies zeigen neben R.n, die ausdrücklich und allein das Kind als Rezipienten ansprechen („... nun rate, Kind, was das mag sein"), auch alte Spiel- und Beschäftigungsbücher aus dem frühen 19. Jahrhundert (z.B. J. G. ZIEHNERT: „Winterfreuden für Kinder von jedem Alter, welche sich und andere Kinder unterhalten und belustigen wollen, bestehend in Taschenspielerkünsten, Spielen, Räthseln, Charaden, Schnurren, Anekdoten und Fabeln", 1810) sowie die ältesten Sammlungen von Kinderliedern, -reimen und -spielen. Befindet sich unter den Kinderliedern aus „Des Knaben Wunderhorn" (1806–1808) lediglich ein R., so enthält „Das deutsche Kinderbuch" (1848) von KARL SIMROCK bereits ein eigenes Kapitel mit 269 R.n, auf die schon der Untertitel hinweist. Um diese Zeit erschienen auch die ersten, von Jugendschriftstellern herausgegebenen reinen R.-Sammlungen für Kinder (z.B. FRIEDRICH AUGUST HOFFMANN: „Fünfzig Räthsel und Bilder für Kinder von 8–12 Jahren", 1839; FRANZ FRIEDRICH ALEXANDER HOFFMANN: „Charaden, Worträthsel und Räthselfragen", 1849, 3. Auflage 1850). Seither tauchen R. nicht nur dort, heute öfter in Form des R.-Taschenbuches, und in fast allen Kinderreimsammlungen sowie Spiel- und

Beschäftigungsbüchern auf, sondern sie sind in vielen für Kinder und Jugendliche bestimmten Almanachen, Anthologien, Kalendern und Magazinen sowie auf den „Seiten für das Kind“ in Illustrierten, Eltern- und Kundenzeitschriften üblich geworden. Das heißt jedoch nicht, daß sich die Kindheit als spezifisches R.-Alter herausgebildet habe und das R. zu einer prototypischen Textgattung für Kinder geworden wäre. RICHARD BAMBERGERS Eingrenzung „Kinder lieben Rätsel bis ins 10. Lebensjahr“ (R. BAMBERGER: Jugendlektüre, 2. Auflage 1965, S. 159) läßt sich angesichts der zahlreichen R. in Zeitschriften für Schüler und Jugendliche und natürlich in den vorwiegend für Erwachsene bestimmten Gazetten gewiß nicht aufrechterhalten. Vielmehr gelten hinsichtlich des R.-Publikums noch immer die Schlußverse jenes R.s, mit dem einst FRIEDRICH GÜLL (1812–1879) den Begriff des R.s verschlüsselt hatte: „Lieb' es nicht, die Kinder bloß zu necken, Spiele selbst mit Greisen noch Verstecken.“ (Räthselstübchen, S. 8, Nr. 5)

Unter den in den genannten Medien verstreut oder geschlossen plazierten R.n finden sich fast alle herkömmlichen und zeitgenössischen Formen, seien sie nun rhythmisch gebunden oder frei, gereimt oder ungereimt, als Frage oder Aussagesatz formuliert: Alte, zumeist zwei- oder vierzeilige Volks-R., die auch heute beim Kind beliebt sind, weil deren verschlüsselte Objekte noch vielfach einer gegenständlichen, schon im Erfahrungsbereich des Heranwachsenden liegenden Welt angehören; Scherzfragen; mehr oder weniger kunstvolle R.-Gedichte oder R.-Lieder; vielfältige Formen von Buchstaben- und Wort-R.n; Scharaden; Bilder-R. (Rebus); Vexier-R.; Zahlen-R. (Arithmogriph); Schach-R. (Rösselsprung); Flaggen-R. Von den modernen R.-Formen – in den auflagenreichsten Zeitschriften erscheint eine davon regelmäßig als Preisfrage – sind neben dem Quiz vor allem Kreuzwort- und Silben-R. zu nennen sowie die daraus abgeleiteten vielfältigen Formen wie z.B. Silbenkreuzwort-R., Silbenkreuzundquer, Silbenleiter, Waben-R., Pyramiden-R., Magisches Quadrat und Magisches Gitter, Wortlabyrinth, R.-Spinne, für die übrigens spezielle, nach Sachgebieten und Zahl der Buchstaben gegliederte R.-Lexika entwickelt wurden. Andere, offensichtlich immer beliebter werdende Arten sind Verkehrs-R., Denksportaufgaben, Puzzles und Drudel (Droodles). Daß mit dieser aus den angelsächsischen Ländern importierten scherzhaften Form(bildliche Wiedergabe einer fragmentarischen, von einem bestimmten Standort aus gemachten Beobachtung) Phantasie und Ratelust auch schon der kleinen Kinder geweckt werden können, zeigt das Bilderbuch von MARIA ENRICA AGOSTINELLI: „Ich weiß etwas, was du nicht weißt“ (1969, dt. ELISABETH BORCHERS).

Doch treten R. nicht nur als eigenständige, isolierte Formen auf, sondern sie sind oftmals in Anekdoten, Erzählungen, Kindergeschichten, Märchen, Sagen und Schwänken eingefügt. Als unterhaltendes, spannungstiftendes, belustigendes oder lehrhaftes Element können sie – wie in den kurzen R.-Dialogen zwischen Pippi Langstrumpf und dem „feinen Herrn“ in ASTRID LINDGRENS „Pippi in Taka-Tuka-Land“ – ohne weitere Bedeutung für die Handlungsführung sein oder aber durch die richtige Lösung des R.s dem weiteren Handlungsablauf einen wichtigen Impuls geben wie in GRIMMS „Märchen von der klugen Bauerntochter“, vielleicht sogar die entscheidende Wende bringen wie in den „Märchen von den klugen Rätsellösern“ von JAN DE VRIES (1928) oder in GRIMMS „Hirtenbüblein“.

Es gibt auch R., die ihre Funktion verloren haben. So ist aus dem R. von der Wiege ein Schlummerliedchen (vgl. J. LEWALTER/G. SCHLÄGER: Deutsches Kinderlied und Kinderspiel, 1911, S. 402) und aus dem R. von der noch feuerlosen Zigarette ein Abzählreim geworden (vgl. H. BAUSINGER, S. 127f.). Wegen der festen Verschmelzung von zahlreichen R.n und Kinderreimen und der lange Zeit geübten mündlichen Übertragungsweise läßt sich die ursprüngliche Verwendung jedoch vielfach nicht mehr erkennen.

Die ersten Kinderlieddichter traten als R.-Macher auf den Plan, nachdem FRIEDRICH SCHILLER mit seiner Bearbeitung von CARLO GOZZIS (1720–1806) Tragikomödie „Turandot“, der er nur ein R. entnahm, 14 weitere aber hinzudichtete, zahlreiche andere Dichter, z.B. JOHANN WOLFGANG GOETHE, GOTTFRIED AUGUST BÜRGER, JOHANN PETER HEBEL, THEODOR KÖRNER, WILHELM HAUFF, LUDWIG UHLAND und GUSTAV FREYTAG sowie den Theologen FRIEDRICH ERNST DANIEL SCHLEIERMACHER, den Sprachwissenschaftler WILHELM VON HUMBOLDT und den Philosophen ARTHUR SCHOPENHAUER zur Produktion kunstvoller R. inspiriert hatte. Zu den bekanntesten zählen: FRIEDRICH RÜCKERT (1788–1866; „Kinderlied von den grünen Sommervögeln“), JOHANN WILHELM HEY (1789–1854; „Was ist das für ein Bettelmann?“, gemeint ist der Rabe), HOFFMANN VON FALLERSLEBEN (1798–1874; „Ein Männlein steht im Walde“) und als bei weitem ertragreichster FRIEDRICH GÜLL (1812–1879), dessen Buch „Kinderheimath mit Bildern und Liedern“ (1836; 2. Auflage 1846 zusammen mit FRANZ POCCI unter dem Titel „Kinderheimath in Liedern und Bildern“) bereits 33, das „Räthselstübchen“, nach GÜLLS Tod von JULIUS LOHMEYER 1882 herausgegeben, sogar 342 R. enthält. Daß auch in der Gegenwart zahlreiche Kinderbuchautoren als R.-Texter hervortreten, zeigt ein Blick in die von HANS-JOACHIM GELBERG herausgegebenen Jahrbücher der Kinderliteratur („Geh und spiel mit dem Riesen“, 1971; „Am Montag fängt die Woche an“, 1973; „Menschengeschichten“, 1975; „Der fliegende Robert“, 1977), die auf die Gattung R. neben anderen Textformen wie z.B. Erzählungen, Märchen, Comics, Szenen, Spiele und Gedichte bereits im Untertitel verweisen und R. von FRIEDRICH HOFFMANN (*1914), HANS HERBERT OHMS (*1910), HANS BAUMANN (*1914), JOSEF GUGGENMOS (*1922), RUDOLF NEUMANN (*1926), MAX KRUSE (*1921), OTFRIED PÖRSEL (*1932), SUSANNE KILIAN (*1940) u.a. bringen. An den von diesen Autoren verrätselten Gegenständen wie z.B. Fernseher, Telephon, Staubsauger, Rasenmäher, Auto, Bagger, Flugzeug, Füllfeder oder Sonderbriefmarke kann abgelesen werden, daß sich die R.-Fra-

gen in ihrem Streben nach Aktualität häufig auf die Attribute moderner Zivilisation beziehen. Freilich kommen daneben auch Tiere (Elefant, Floh, Frosch), Berufe (Förster), Körperteile (Hände, Beine), Hausgegenstände (Türklinke, Teppich, Hausbriefkasten), Küchengeräte (Gabel, Teekessel), Genußmittel (Schlagsahne), Teile der Uhr (Stunden- und Minutenzeiger), Gebilde des Winters (Eiszapfen, Schneemann) und andere Begriffe vor, so daß es, insgesamt gesehen, eine wohl alle Erscheinungen berührende Namensfülle – selbst das Wort R. ist mehrfach zu erraten – aufzufinden gilt.
Von den Herausgebern mancher Kinder-, Schüler- und Jugendzeitschriften ermutigt, versuchen sich oftmals die jungen Leser selbst als R.-Macher. Ihre Produkte, darunter viele Scherzfragen, Drudel, Silben- und Kreuzwort-R. erscheinen dann unter Angabe des Einsenders, der bisweilen auch seinen Namen verrätselt hat, in einer der nächsten Nummern.

Zur Didaktik des R.s. Dem Rätsel werden seit langem vielfältige positive Wirkungen zugesprochen. Als eine der beliebtesten, reizvollsten und kurzweiligsten Unterhaltungen der Kinder diene es der Kommunikation und Geselligkeit, aber auch der Selbstbeschäftigung, rege zum Fragen und Nachdenken an, vermittle Wissen, schule das Gedächtnis und übe Scharfsinn wie Verstand, errege und erhalte das Interesse am Poetischen, erheitere, erziehe aber zugleich zur Ausdauer beim Lösen komplizierter Aufgaben, wie auch zum kritischen Verhalten gegenüber der jeweils erzielten persönlichen Leistung. Vor allem werde durch die besonderen Techniken der Verrätselung wie z.B. Verwendung von Wörtern mit mehreren Bedeutungen, mit gleichem oder ähnlichem Klang (Homonym); Metaphern; Verlagerung der Satzbetonung oder Interpunktion; Bildung neuer Wörter und Sätze durch Umstellen der Buchstaben (Anagramm), Umkehrung der Silben- oder Buchstabenfolge (Palindrom), Auslassung oder Hinzufügung einzelner Buchstaben (Logogriph); Ersetzung der Vokale durch andere Vokale oder Ziffern („Geheimsprache") die Freude am Spiel mit der Sprache geweckt und damit die sprachliche Entwicklung gefördert.
Aufgrund dieser didaktisch relevanten Eigenschaften fand das R. auch bald in Kindergarten und Schule Verwendung. In der Schule einerseits als fächerübergreifende Maßnahme zur Auflockerung und Belebung des Unterrichts in Phasen der Ermüdung oder als „Belohnung" für gute Mitarbeit, andererseits als geplanter fachspezifischer Schritt besonders des Sach-, Literatur- und Sprachunterrichts. Deshalb erscheinen R. nicht nur in Fibeln, Lese-, Sprach- und Sachbüchern (hauptsächlich der Primarstufe), sondern es wurden darüber hinaus spezielle R.-Sammlungen für den Unterricht entwickelt. R. finden sich aber bereits in eigens für die Vorschulerziehung entwickelten Arbeitsmappen, Heftreihen (z.B. „Spielen, Sehen, Denken") und Karteikästenserien („Denken und Raten"). Auch die Kinder und Schüler selber sollen zum Ausdenken und Sammeln von R.n ermutigt werden. Trotz der vielfältigen positiven Wirkungen des R.s, seiner zahlreichen unterrichtsmethodischen Möglichkeiten und der ungebrochenen Lust des Kindes an Ratespielen, findet es gegenwärtig in den einschlägigen theoretischen Werken zur Kinder- und Jugendliteratur wie auch in der didaktischen Fachliteratur nur geringe oder überhaupt keine Beachtung. Statt dessen wurde in der Vergangenheit wiederholt und aus unterschiedlichen Gründen an manchen den Kindern geläufigen R.-Formen Anstoß genommen. So wurden einerseits die „flachen" und „inhaltleeren" Scherzfragen, die auf einen bloßen Wort- oder Klangwitz hinauslaufen, wie auch jene Texte beklagt, deren Verschlüsselung hauptsächlich auf dem Prinzip der Zweideutigkeit beruht (obschon die Art der Umschreibung ein obszönes Lösungswort nahelegt, ist dieses harmlos), andererseits die „intellektuellen" Formen wie Quiz, Kreuzwort- oder Silben-R., denen wegen ihres enzyklopädischen Charakters nicht mehr in erster Linie durch Verstand und Witz, Humor, Phantasie und Anschauungskraft, sondern hauptsächlich durch Sachwissen bzw. ein perfekt funktionierendes Gedächtnis beizukommen ist, daß es überdies nur noch selten in der Geselligkeit, vielmehr hauptsächlich im stummen Zwiegespräch mit dem Text irgend einer „Rätselecke", „Rätselspalte" oder „Rätselseite" zu erproben gilt, heftig kritisiert. Eine besondere didaktische Funktion besaßen Rebus-R. im 18. Jahrhundert. Sie dienten vor allem im Bereich der religiösen Erziehung zur Ermunterung junger Leser beim Auswendiglernen religiöser Texte. Ein gutes Beispiel dafür ist das Bändchen „Sittensprüche des Buchs Jesus Sirach für Kinder und junge Leute aus allen Ständen mit Bildern welche die vornehmsten Wörter ausdrucken" (1784) und stammt von JAKOB FRIEDRICH FEDDERSEN, der Domprediger in Braunschweig war. Auf 28 Tafeln finden sich zwischen dem geschriebenen und gestochenen Text handkolorierte kleine Bildchen, die den Text an den betreffenden Stellen ersetzen und von den lesenden Kindern zu erraten sind. In seinem Vorbericht stellt FEDDERSEN seine Methode so vor: „... Und weil Kinder durchgehnds die Bilder gern sehen, dasjenige am besten behalten, was man ihnen durch selbige vorstellet; so werden sie noch überdiß zum Nachdenken gewöhnt, wenn sie sich auf die Wörter, deren Stelle die Figuren vertreten, besinnen müssen ...". Auch in der Gegenwart greifen Bilderbuchautoren auf diese Rebusmethode zurück, so SIGRID HEUCK in ihrem Bilderbuch „Büffelmann und Adlerkönig" (1968).

→ Beschäftigungsbuch, → Kinderreim

Sekundärliteratur: A. Aarne: Vergleichende Rätselforschungen (Bd. 1–3. 1918–1920). – W. Arens: Vom Bildungswert des Rätsels (in: Ganzheitliche Bildung, 7. 1956. 145–150 u. 155–156). – R. F. Arnold: Zur Geschichte des deutschen Kunsträtsels (in: Euphorion. 29. 1928. 230–234). – H. Bausinger: Formen der „Volkspoesie" (1968). – M. Centini: Das Rätsel als Bereicherung des Unterrichts (in: Pädagogische Welt. 19. 1965. 122–134). – O. Delepierre: Essai historique et bibliographique sur les rébus (1870). – J. Dünninger: Rätsel (in: Der Deutschunterricht. 15. 1963. 2. 51–60). – J. B. Friedreich: Geschichte des

Räthsels (1860). – M. Gardner: Mathematische Rätsel und Probleme ([3]1968). – M. Hain: Rätsel (1966). – F. R. Hoffman: Grundzüge einer Geschichte des Bilderräthsels (1869). – J. Huizinga: Homo ludens ([10]1971). – O. Jancke: Vom Rätsel des Rätsels. Eine Betrachtung über Sinn und Wert des Rätsels (1944). – A. Jolles: Einfache Formen (1930, [4]1968). – A. Liede: Dichtung als Spiel (Bd. 2. 1963). – G. Metscher: Das Rätsel, seine Verwendung und Behandlung im Unterricht (1923). – F. Panzer: Das Volks-Rätsel (in: A. Spamer (Hrsg.): Die deutsche Volkskunde. Bd. 1. [2]1934. 263–282). – R. Petsch: Das deutsche Volksrätsel (1917). – G. Rentner: Das Rätsel im Unterricht (in: Westermanns Pädagogische Beiträge. 14. 1962. 448–458). – L. Röhrich: Rätsellied (in: R. W. Brednich (Hrsg.): Handbuch des Volksliedes. 1973. Bd. 1. 205–233). – A. Taylor: A bibliography of riddles (1939). – K. Wagner: Rätsel (in: Reallexikon der deutschen Literaturgeschichte. [2]1966. Bd. 3. 316–321). – I. Weber-Kellermann: Über das Volksrätsel. Ein monographischer Abriß (in: W. Steinitz (Hrsg. zus. mit I. Weber-Kellermann): Beiträge zur sprachlichen Volksüberlieferung. 1953. 106–120). – B. L. Wunderling: Kind und Rätsel (1935).

Christian Freitag

Räuber

R. in der Kinder- und Jugendliteratur sind entweder Rebellengestalten, die „nach Ansicht der öffentlichen Meinung keine gemeinen Verbrecher sind" (Eric J. Hobsbawm) oder aber Diebe, Wegelagerer und Mörder, deren Treiben moralisch verworfen wird. Als stereotype Figur ist der R. im Kasperlespiel vorhanden.

Charakteristik der R.-Gestalt. Im Falle des „edlen" R.s offenbart sich unverhohlene Sympathie für diese Helden, die gegen politisch-gesellschaftliche Mißstände kämpfen. In den Geschichten vom „Räuber Rumzeis" (1972) des tschechischen Kinderbuchautors Vaclav Čtvrtek fungiert z. B. der R. als Rebell gegen reaktionäre Machtstrukturen, in Hans Matthes Merkels „Das gute Recht des Räubers Angelo Duca" (1977) wird mit dokumentarischer Genauigkeit der Kampf des R.s um mehr soziale Gerechtigkeit in Italien in der zweiten Hälfte des 18. Jahrhunderts nachgezeichnet und in Tilman Röhrigs „Matthias Weber, genannt der Fetzer" (1975) erzählt der Autor die Biographie dieses rheinischen R.s. Inbegriff des „edlen" R.s, der die ausgleichende Gerechtigkeit verkörpert, ist der aus der spätmittelalterlichen englischen Volksballade stammende Robin Hood. Seine Beliebtheit in der Kinder- und Jugendliteratur dokumentieren Prosabearbeitungen für Unterrichtszwecke sowie Comics, Spielfilme und Fernsehserien. Ein negatives Gegenbild zeigt etwa Otfried Preusslers Kasperlgeschichte „Räuber Hotzenplotz".

Beide Auffassungen vom R. basieren auf einem sozial- und literarhistorisch bereits vorgeformten Motivbestand. Die Trivialliteratur des ausgehenden 18. Jahrhunderts griff die Gestalt des „edlen" R.s, wie sie in Friedrich Schillers Karl Moor ihre klassische Ausprägung erhielt, in zahlreichen R.-Romanen (Christian August Vulpius: „Rinaldo Rinaldini", 1797) auf. Quellenberichte über historische R. des 18. und 19. Jahrhunderts (gerichtliche Aktenpublikationen, Zeitungsartikel, Flugblätter) wirkten auf die Bildung von R.-Sagen ein, wobei regionale Dominanzfiguren entstanden (Frankreich: Cartouche; England: Robin Hood; Italien: Fra Diavolo; Deutschland: bayerischer Hiesel, rheinischer Schinderhannes, norddeutscher Klaus Störtebeker und andere Piraten). Während bis ins 18. Jahrhundert der R. als dämonischer Teufelsbündner galt, herrscht in der jüngeren Überlieferung eine rational-schwankhafte Tendenz. Vorwiegend negativ erscheint der R. in Volksbuch und Volksschauspiel: seine Taten sollen als abschreckendes Beispiel, sein Schicksal als Warnung dienen. In dem vom Volksschauspiel beeinflußten Puppenspiel, dem Kasperletheater der modernen Kinderstube, fungiert der R. als negativer Gegenspieler zum Helden. R.-Märchen stellen ebenfalls den R. als Außenseiter und Bösewicht dar, so in den „Bremer Stadtmusikanten" (KHM 27) und „Der Räuberbräutigam" (KHM 40). Vielfach hat der Märchen-R. den Platz früherer übernatürlicher Wesen, etwa des Riesen, eingenommen. Der R. als positiver oder negativer Typus in der Kinder- und Jugendliteratur steht in beiden Fällen für latente Wünsche des Lesers. Als edler R. entspricht er bestimmten Idealvorstellungen vom mutigen und gewaltigen Einzelnen. Als asozialer Verbrecher verkörpert er dessen negatives Gegenbild, auf das verbotene und mit Sanktionen bedrohte Wünsche wie auch geheime Ängste projiziert und in dieser Form bewältigt werden können; eine Funktion, die sich bis ins Kinderspiel „Räuber und Gendarm" verfolgen läßt. Bücher wie Rudolf Otto Wiemers „Der gute Räuber Willibald" (1965) und Tomi Ungerers „Die drei Räuber" (1961) zeigen einen dritten Typus: Der R. will zwar böse sein, verhilft aber doch dem Guten zum Sieg.

In den letzten Jahren ist eine Tendenz festzustellen, sich unter sozialgeschichtlichem Aspekt der R.-Problematik zu nähern. Diese R.-Biographien lassen sich nicht mehr nur als spannendes Abenteuer konsumieren.

Sekundärliteratur: G. Anrich: Räuber, Bürger, Edelmann, jeder raubt so gut er kann. Die Zeit der großen Räuberbanden 1790 bis 1803 (1975). – J. W. Appell: Die Ritter-, Räuber- und Schauerromantik. Zur Geschichte der deutschen Unterhaltungsliteratur (1859. ND. 1968). – C.-M. Franke: Der Schinderhannes in der deutschen Volksüberlieferung. Eine volkskundliche Monographie (Diss. 1958). – L. E. Genin: Die volkstümliche deutsche Räuberdichtung im 18. Jahrhundert als Protest gegen Feudalismus (in: Weimarer Beiträge. 6. 1960. 727–746). – E. J. Hobsbawm: Die Banditen (1972). – G. Kraft: Historische Studien zu Schillers Schauspiel „Die Räuber". Über eine mitteldeutsch-fränkische Räuberbande des 18. Jahrhunderts (1959). – C. Küther: Räuber und Gauner in Deutschland. Das organisierte Bandenwesen im 18. und frühen 19. Jahrhundert (1976). – C. Müller-Fraureuth: Die Ritter- und Räuberromane (1894. ND. 1965). – L. Röhrich: Märchen und Wirklichkeit ([3]1974). – St. Top: Dämonische Züge in flämischen Räubersagen (in: Fabula. 14. 1973. 1/2. 1–43). – M. Zender: Schinderhannes und andere Räubergestalten in der Volkserzählung der Rheinlande (in: Rheinisch-westfälische Zeitschrift für Volkskunde. 1955. 2. 84–94).

Hildegard Gerlach

Raff, Georg Christian

*Naturwissenschaftler, Pädagoge, Jugendbuchautor; * 30. 9. 1748 Stuttgart, † 5. 6. 1788 Göttingen.*

Nach dem Besuch des Gymnasiums in Ulm studierte R. an der Universität Göttingen Geschichte, Philosophie und Naturwissenschaften. Anschließend arbeitete er zunächst als Lehrer für Geschichte und Erdbeschreibung, dann bis zu seinem durch eine Augenkrankheit hervorgerufenen frühen Tod als Direktor des städtischen Lyceums in Göttingen. R. hatte großen Anteil an der Entwicklung einer Unterrichtsmethodik in naturwissenschaftlichen Fächern.

Werk, Tendenzen, Wirkung. R. schrieb seine naturkundlichen, geschichtlichen und geographischen Lese-

Naturgeschichte
für
Kinder,
von
M Georg Christian Raff,
ordentlicher Lehrer der Geschichte und Geographie auf dem Lyceum zu Göttingen.
Mit
Vierzehn Kupfertafeln.
Neueste Ausgabe.
Mit allerhöchst = gnädigst Kayserl. Privilegio.
Tübingen,
bey Joh. Friedr. Balz und Wilh. Heinr. Schramm.
1788.

Titelblatt zu Georg Christian Raffs „Naturgeschichte für Kinder", die bekannteste und beliebteste des ausgehenden 18. und beginnenden 19. Jahrhunderts. Sie war bei den jungen Lesern besonders populär, weil der Autor die vorgestellten Tiere, so etwa die „Sau", selbst zu Worte kommen und in oft drastischer Sprache ihre eigene Geschichte erzählen ließ.

und Lehrbücher fast ausschließlich in dialogischer Form. Zumeist ist der Dialog nicht als solcher gekennzeichnet, sondern in einem fortlaufenden Text spricht der Lehrer mit den Kindern oder ein Kind mit den anderen, wobei an Beobachtungen beim Spazierengehen, an frühere Erlebnisse oder kleine Geschichten angeknüpft wird. An R.s Methode, in ernsthafter Naturgeschichte auch Tiere sprechen zu lassen, wurde Kritik geübt; am heftigsten von dem Göttinger Mathematiker und Physiker Abraham Gotthelf Kästner (1719–1800). Wenn die Dialogsprecher im Text genau gekennzeichnet sind (wie in den „Dialogen für Kinder"), tritt der Lehrende stets als Georg auf, nimmt jedoch sehr zurückhaltend am Gespräch teil, läßt zumeist die Kinder miteinander reden und greift nur dann in das Gespräch ein, wenn es notwendig wird, erläuternde Fakten mitzuteilen. Im Vorwort zu seiner „Naturgeschichte für Kinder" erläutert R., daß der Dialog die beste Unterrichtsmethode darstelle, da die Unterhaltung den Kindern am vertrautesten sei, ihre Lernlust anrege und auch niemals die Gefahr bestehe, das Anschauungs- und Fassungsvermögen der Kinder zu überfordern. Bei einem in Dialogen aufgebauten Kinderlehrbuch könne der Lehrer gut „auf die Temperamente der Kinder, auf ihr Alter, ihre Fähigkeiten, Gesundheit und künftige Bestimmung sehen". Häufig verwendet R. auch die Erzählform, um den Kindern auf anziehende Weise die Natur zu erklären: „Nun schiffen wir in dem weiten Weltmeere herum, und sehen Seehunde und Wallfische fangen". R. erzählt dann ebenso spannend wie detailgetreu von den Abenteuern der Waljagd, von der Verarbeitung dieses Tieres und vom Leben an Bord. Diese Erzählung von der Waljagd, die bei R. in verschiedenen Büchern enthalten ist und in der er Weite und Abenteuerlichkeit der Erde darstellt, erreicht stellenweise die Faszination von Melvilles „Moby Dick".

Ebenso bedeutsam für eine neue Unterrichtsmethodik wie die Dialogform ist der Aufbau des naturwissenschaftlichen Inhalts in seinen naturkundlichen Schriften. Im Gegensatz zu anderen Werken beginnt R. nicht bei einem fertigen System der Natur, sondern knüpft an die alltäglichen Erfahrungen der Kinder an. Erst allmählich verläßt er den vertrauten Umweltbereich und erklärt auch Fremdes, bis er schließlich alle Bausteine für das Natursystem erläutert hat. Nur Gelehrte hätten schon eine Ordnung, Kindern dagegen sei dies einerlei, wenn sie nur Interessantes und Neues erführen („Naturgeschichte", S. 3). Das schrittweise Zusammensetzen des Systems hält R. für das vernünftigste Vorgehen, weil dadurch die genaue Beobachtung des Kindes am einzelnen Gegenstand geübt werde, so daß es schließlich auch allein den Weg vom Besonderen zum Allgemeinen beschreiten könne. Niemals solle das Kind auf die Vorurteile und das törichte Gerede der Menschen hören, die zumeist nur Abfälliges über die Natur berichteten, sondern es müsse stets selbst beobachten und dann erst urteilen. Diese Methode des unsystematischen Vorgehens führt R. in allen drei Reichen der Natur durch: dem Tier-, dem Pflanzen- und dem

Mineralreich. Im Abschnitt über die Tiere weist R. darauf hin, daß kein Tier böse sei, sondern jedes seine Aufgabe besitze, der Mensch deshalb nicht willkürlich in die Natur eingreifen dürfe. In dem Betonen des Nützlichen zeigen sich philanthropische Elemente in R.s Werk. Nicht nur des Vergnügens wegen, sondern vor allem, um das Prinzip der Nützlichkeit zu erkennen, müssen Kinder die Natur „belauschen". Auch den Menschen stellt R. als ein Tier vor, und er versäumt es nicht, als eine der möglichen Arten des Menschseins den Wahnsinn genau zu erläutern. Der Abschnitt über das Pflanzenreich enthält eine umfassende Darstellung vieler hundert Pflanzen, die über das bloß Biologische weit hinausgeht, auch auf die Geschichte ausländischer Pflanzen in Deutschland und den Weg der Gewürze und Südfrüchte hinweist, dabei zugleich eine inhaltsreiche Geschichte der Entdeckung und Kolonisation unbekannter Erdteile liefert. Möglichkeiten der Bodenbearbeitung und der Nahrungsbeschaffung werden ebenso ausführlich erläutert wie der Gebrauch von heilenden Kräutern. Bei seiner Darstellung der Natur orientierte sich R. an zeitgenössischen naturwissenschaftlichen Magazinen, an Schriftstellern des Altertums (beispielsweise PLINIUS, 23–79) und an Reiseberichten älterer und zeitgenössischer Autoren. In Anmerkungen gibt er weiterführende Literatur an, ebenso die lateinischen Namen der beschriebenen Objekte nach LINNÉS (1707–1778) und BLUMENBACHS (1752–1840) Systemen.
Physikalischen Problemen sind die fünfzehn Unterhaltungen „Über die Naturlehre" gewidmet. Darin beschreibt R. die Eigenschaften fester, flüssiger und gasförmiger Körper, geht auf die Grundlagen von Bewegung, Elektrizität, Magnetismus und Wärme ein und berichtet, teilweise anhand kleiner Geschichten, sowohl über den Aufbau des Sonnensystems wie über alltägliche Phänomene des Wetters.
Wegen des Erfolgs der naturkindlichen Bücher bei der Jugend verfaßte R. anschließend eine Weltgeschichte, mit der er vor allem eine zweckmäßige Zusammenstellung schon vorhandener Materialien zu geben versuchte. Als Quellen dienten ihm unter anderem die Werke des Göttinger Staatsrechtslehrers JOHANN ST. PÜTTER (1725–1807) und des Göttinger Historikers JOHANN CHR. GATTERER (1727–1799) sowie des Lexikographen JOHANN G. MEUSEL (1743–1820). Seine Weltgeschichte läßt R. bei Adam beginnen, dessen Geburt er im Jahre 3983 v. Chr. vermutet, und geht dann auf die ganze Welt ein, soweit sie „kulturfähig" ist. Er beschreibt nicht nur Kriege und berühmte Männer, sondern stellt auch die Sozial- und Wirtschaftsgeschichte verschiedener Epochen vor. Besonders betont er die Bedeutung von technischen Erfindungen (beispielsweise Buchdruckkunst, Schießpulver, Kompaß) für den Fortgang der Weltgeschichte und berichtet von der Entdeckung Amerikas (dessen Geschichte er noch unter der Portugals und Spaniens abhandelt), in der er eine große Revolution der Menschheitsgeschichte sieht.
Sein geographisches Werk für Kinder ist ebenfalls in Dialogform verfaßt und sollte eine leicht verständliche Zusammenfassung damals vorhandener Kenntnisse geben. Für die Zusammenstellung dieses Werkes, das R. nicht mehr selbst vollständig veröffentlichen konnte, zog er die Schriften von Geographen, Biologen, Chemikern, Astronomen und Weltreisenden heran wie beispielsweise von ANTON FRIEDRICH BÜSCHING (1724–1793), CARSTEN NIEBUHR (1733–1815), CHRISTIAN KONRAD SPRENGEL (1750–1816), OLAUS RÖMER (1644–1710), GEORG FORSTER (1754–1794) und JAMES COOK (1728–1779), so daß auf äußerst umfassende und oft faszinierende Weise über fremde Länder berichtet wird.
Nach R.s Tod wurden seine Schriften von einer Vielzahl von Bearbeitern neu herausgegeben, sei es in Bearbeitungen oder auch in Neufassungen, die nur noch von R.s Namen zehrten, der bis in die zweite Hälfte des 19. Jahrhunderts populär blieb. An der Bearbeitung und Weiterführung seiner Werke beteiligten sich Geographen und Physiker ebenso wie Volksschriftsteller: CHRISTIAN KARL ANDRÉ (1763–1821), FRIEDRICH ALBERT MEYER (1768–1795), ARNOLD BERTHOLD (1803–1861), A. GASPARI (1752–1830) und andere. Die meisten der Bearbeitungen zerstörten die charakteristischen Momente von R.s Werk. BEUMER beispielsweise beanstandete, daß „einige Kinder das Erzählte, was Raff ein Tier sprechen läßt, der Fabel gleich stellen und an der Wahrheit desselben zweifeln" („Der kleine Raff", Vorwort) und löste R.s lockere Dialogsituation zugunsten eines starren Vater-Kind-Gesprächs auf. BERTHOLD versuchte, die „Naturgeschichte" auf den neuesten Stand zu bringen, zerstörte dabei aber zugleich R.s unsystematische Vorgehensweise, indem er das Dargestellte der „übersichtlicheren Ordnung" eines Systems unterwarf. Einige Bearbeiter beseitigten zudem die Freude, die das Lesen von R.s Schriften den Kindern bereitet hatte, indem sie den verschiedenen Kapiteln Aufgaben beifügten, um das Wissen der Kinder besser überprüfen zu können. Die bekannteste Bearbeitung stammte von PHILIPP JACOB BEUMER und erschien unter dem Titel „Der kleine Raff oder Vater Gottholds Unterhaltungen mit seinen Kindern über die Reiche der Natur" (1841, [6]1869).

Werke: Geographie für Kinder (1776, [5]1786); Naturgeschichte für Kinder, zum Gebrauch in Stadt- und Landschulen (1778, [4]1783); Dialogen für Kinder von 8–14 Jahren (1779); Vermischte Abhandlungen und Erzählungen für Kinder (1779); Geographie für Kinder zum Gebrauch für Schulen (1780, [3]1783); Abriß der allgemeinen Weltgeschichte für die Jugend (Bd. 1–3. 1787–1788).

Klaus-Ulrich Pech

Rahmenerzählung

R. ist die erzählte Geschichte, innerhalb deren entweder eine Serie weiterer Erzählungen oder eine einzelne berichtet wird. Die R. kann der oder den Binnenerzählungen untergeordnet sein, indem sie fast ausschließlich die Darbietung der jeweils folgenden Erzählung zu motivieren hat, sie kann auch gleich große oder größere Bedeutung als die Binnenerzählungen (dann Episoden genannt) erhalten und als Hauptteil des Textes fungieren. Teilstücke der R. können auch zwischendurch auftauchen und bewußt den Gang der Binnenerzählung unterbrechen.

Historisch und geographisch gesehen ist die Form der R. schon sehr früh im Orient bekannt (Tausendundeine Nacht), aber auch in der italienischen Renaissance (BOCCACCIOS „Decamerone", 1353; STRAPAROLAS „Le piácevoli notti, 1550–1553), bei CHAUCERS „Canterbury Tales" (ca. 1385) oder bei MARGARETE VON NAVARRA im „Heptamerone" 1558 zu finden. Auch die äsopischen Fabeln wurden schon im Altertum insofern in eine R. eingebunden, als sie als Erfindungen des AESOP ausgegeben und innerhalb dessen Biographie erzählt wurden. Hier gewinnt die R. eine große Bedeutung gegenüber den erzählten Fabeln als Binnenerzählungen.

Auch in der deutschen Literatur ist die Form der R. in allen Jahrhunderten gebraucht worden, so z.B. bei GOETHE (Unterhaltungen deutscher Ausgewanderter, 1795), bei den Romantikern (z.B. in E. TH. A. HOFFMANNS „Serapionsbrüdern" und bei WILHELM HAUFF), bei G. KELLER in den „Züricher Novellen" und dem „Sinngedicht", auch bei C. F. MEYER. Auch so bedeutende Romane des 20. Jahrhunderts wie TH. MANNS „Dr. Faustus" oder G. GRASS' „Der Butt" entbehren nicht der R.

Innerhalb der Geschichte der Kinder- und Jugendliteratur tritt die R. seit dem 18. Jahrhundert immer wieder in Erscheinung. Sie nimmt in CAMPES „Robinson der Jüngere" (1779) den Charakter der realistischen Schilderung einer pädagogisch nutzbar zu machenden Situation an – Erwachsene und Kinder sind versammelt und unterhalten sich; die Binnenerzählungen sind in diesem Fall moralische bzw. didaktische Erzählungen, im Grunde jedoch Geschichten aus dem Leben Robinsons auf der Insel.

Sieht man von den Kindern wie Erwachsenen zugänglichen und zugedachten bekannten R.en in „Tausendundeine Nacht", in WILHELM HAUFFS „Märchen", im „Cajüttenbuch" von CHARLES SEALSFIELD oder in ROBERT LOUIS STEVENSONS Schatzinsel-Roman ab, so gibt es auch in neueren Kinderbüchern die R. Sie ist mit starken reflektorischen Elementen des Icherzählers in ERICH KÄSTNERS „Emil und die Detektive" vorhanden, ebenso in SAINT-EXUPÉRYS „Der kleine Prinz". In letzterem Werk jedoch in der Form, daß eine einzige, in sich wieder untergliederte Binnenerzählung von der R., in der von der Notlandung in der Wüste berichtet ist, umschlossen wird. Der andere Typ der R. liegt etwa in JAMES KRÜSS' Fabelsammlung „Adler und Taube" vor, wo die Notlage der Taube geschildert wird, die so lange und so viele Geschichten erzählen muß, bis ihr die Flucht vor dem Adler gelingt. Gelegentlich rücken in Theorie (vgl. W. SCHERF, Strukturanalyse, a.a.O.) und Praxis R. und Binnenerzählung so direkt in einen Beziehungszusammenhang, daß besser von zwei (oder mehreren) Ebenen ein und derselben Erzählung gesprochen wird. Dies ist vor allem innerhalb der Gattung der Phantastischen Erzählung der Fall: LEWIS CARROLLS „Alice in Wonderland" schläft z.B. in der R. (realistische Erzählebene) ein und wacht in der Binnenerzählung (phantastische, surreale Erzählebene) auf, ähnlich in MAURICE SENDAKS Bilderbuch „Wo die wilden Kerle wohnen".

Die R. kann mehrere Funktionen übernehmen: 1. bündelt sie verstreutes Erzählgut zusammen, ordnet es auch; 2. schafft sie Begründungen zum Erzählen der Binnenerzählungen; 3. bereitet sie beim Leser/Hörer Interesse und Motivierung für die Varianten in den Binnenerzählungen vor (bei inhaltlicher Verflechtung von Rahmen- und Binnenhandlung); 4. schafft sie die realistische Grundlage, von der sich die Phantasieerzählungen innerhalb des Rahmens deutlich abheben; 5. schafft sie die Möglichkeit für den Erzähler, sich von den Binnenerzählungen zu distanzieren, etwa eine Chronistenrolle einzunehmen.

Sekundärliteratur: M. Goldstein: Die Technik der zyklischen Rahmenerzählungen (Diss. 1906). – A. Jolles: Einleitung in Boccaccio: Das Dekamerone (1928. VII–XCVI). – E. Lämmert: Bauformen des Erzählens (1955, [6]1975). – W. Scherf: Struktur und Funktion des erzählerischen Aufbaus in der Jugendliteratur (in: revue d'Allemagne. 3. 1976. 369–384); Strukturanalyse der Kinder- und Jugendliteratur (1978).

Klaus Doderer

Ramberg, Johann Heinrich

*Maler, Zeichner und Illustrator; * 22. 7. 1763 Hannover, † 6. 7. 1840 Hannover.*

R., Sohn eines kurfürstlichen Verwaltungsbeamten, späteren Hofrats, der als Dilettant auch künstlerisch hervortrat, zeigte früh große zeichnerische Begabung. Mit 17 Jahren ging er nach London, wo König GEORG III., der auf ihn aufmerksam gemacht worden war, ihm zur Aufnahme in die Akademie der Künste verhalf. Er fand außer bei dem König besondere Beachtung bei dem Historienmaler BENJAMIN WEST und bei Sir JOSHUA REYNOLDS (1723–1792). Als anerkannter Künstler war er bis 1788 in London tätig, dann reiste er nach den Niederlanden. Später ging er über Leipzig und Wien nach Italien, wo er zwei Jahre blieb. 1793 kehrte er endgültig nach Hannover zurück und wurde zum Hofmaler ernannt.

Werk, Tendenzen, Wirkung. R.s Haupttalent liegt im Zeichnerischen und im Aquarellieren. Er galt als „geborener Zeichner und Improvisator" (STUTTMANN). Auch J. W. v. GOETHE bestätigt in den „Gesprächen mit Eckermann" JOHANN P. LYSERS Bemerkung: „Er war der geistreichste, schnellste Improvisator, der mir vorgekommen ist". Vom Rokoko herkommend, dessen ganze Zartheit er anfangs manchmal erreicht hat, später oft dem Trivialen zuneigend, hat er „allen Kunstäußerungen der Romantik und des Klassizismus ... innerlich ferngestanden" (STUTTMANN). Seine Auffassung der Antike ist der CHR. M. WIELANDS verwandt, für dessen große Werkausgabe er auch Illustrationen geschaffen hat.

R. war als der eigentliche Nachfolger DANIEL CHODOWIECKIS (1726–1801) der Illustrator der in den ersten Jahrzehnten des 19. Jahrhunderts so beliebten Almanache und Taschenbücher. Für die Bändchen der „Minerva" hat er die Werke FRIEDRICH SCHILLERS – der für ihn schwärmte – und dann (seit 1821) die JOHANN WOLFGANG VON GOETHES illustriert, für „Orphea" Bilder zu den Opern WOLFGANG AMADEUS MOZARTS, CARL MARIA VON WEBERS und HEINRICH MARSCHNERS geschaffen. Außerdem hat er CHRISTIAN FÜRCHTEGOTT GELLERTS (1719–1769) Fabeln und Werke von FRIEDRICH DE LA MOTTE FOUQUÉ, AUGUST FR. F. LANGBEIN, MORITZ A. THÜMMEL mit Kupfern illustriert. Seine meist fein ausgeführten (und oft auch aquarellierten) Entwürfe wurden durch die Stecher freilich stark vergröbert. Besonders SCHILLER schätzte R.s Illustrationen trotz ihrer theatralischen Züge hoch. In seinem Humor zeigt sich R. deutlich als Schüler der Engländer, insbesondere von WILLIAM HOGARTH und THOMAS ROWLANDSON, deren Karikaturenstil bei ihm ins Niederdeutsche übertragen erscheint. Das zeigt sich neben seinen Ilias-Illustrationen im „Eulenspiegel" (zuerst 1827, in kleinem Format 1838) und im „Reineke Fuchs" (1828), in dem er groteske menschliche Figuren in der Art PETER BRUEGHELS und Tiere durcheinander wirbelt.
Das alles läßt R. nicht eben zum Illustrator von Jugendbüchern geeignet erscheinen. Doch ist ihm ein so hübsches Frontispiz wie das zu JOHANNES ANDREAS CHRISTIAN LÖHRS „Mancherlei Begebenheiten" (1820) geglückt, Mutter und Kind mit Katze in einem schlichten Interieur darstellend. Die Bilder für die erste Ausgabe von CHR. ERNST VON HOUWALDS „Buch für Kinder gebildeter Stände" (1819) sind zu allegorisch und bildungsbelastet und brauchen deshalb Erklärung. Das gilt nicht für die neuen, jetzt fein kolorierten Illustrationen der „Neuen verbesserten Ausgabe in 2 Bänden" (1833), die, oben und unten mit Veduten oder emblematischen und floralen Zierleisten gerahmt, Szenen aus dem Leben des Landmanns, Schiffers, Jägers oder Kinder im Walde zeigen, also stärkeren realistischen Charakter haben.

Werke: Fr. A. L. Matthäi: John Turnbulls Reise um die Welt (1807); E. von Houwald: Buch für Kinder gebildeter Stände (Bd. 1–3, 1819–1824); J. A Chr. Löhr: Das Buch der Mährchen für Kindheit und Jugend (1819); J. Glatz: Minona. Ein unterhaltendes Lesebuch für junge Mädchen von 7–12 Jahren zur Bildung ihrer Sitten (zus. m. H. Lips, 1820); A. F. C. Langbein: Magister Zimpels Brautfahrt und andere scherzhafte Erzählungen (1820); J. Ph. Wilmsen: Der Wald und das Meer (1820); A. F. C. Langbein: Mährchen und Erzählungen (1821); A. F. C. Langbein: Vacuna. Erzählungen für Freistunden vorzüglich der Jugend (1826); J. H. Ramberg: Reineke Fuchs. In 50 radirten Blättern (1826); Fr. Rassmann: Fastnachtsbüchlein für Jung und Alt (1826); J. H. Ramberg: Tyll Eulenspiegel. In 55 radirten Blättern (1827; auch u.d.T.: Der wieder erstandene Eulenspiegel, 1839); Chr. F. Gellert: Sämtliche Fabeln und Erzählungen in drey Büchern (NA. 1829); E. von Houwald: Bilder für die Jugend (Bd. 1, zus. mit anderen, 1829); J. Glatz: Rosaliens Vermächtnis an ihre Tochter Amanda oder Worte einer guten Mutter an den Geist und das Herz ihrer Tochter (T. 2 zus. mit M. Loder, [2]1830); J. A. Chr. Löhr: Wohlfeiles ABC- und Lesebuch (NA. 1832); A. L. Grimm: Bunte Bilder aus der Feen- und Märchenwelt der Tausend und Einen Nacht (1834); Neigebaur, der alte Nettelbeck. Ein Unterhaltungsbuch, zunächst für die preußische Jugend zur Beförderung wahrer Vaterlandsliebe (1841).

Sekundärliteratur: J. Chr. C. Hoffmeister: Johann Heinrich Ramberg, in seinen Werken dargestellt (1877). – A. Rümann: Das illustrierte Buch des XIX. Jahrhunderts in England, Frankreich und Deutschland 1790–1860 (1930; NA. 1975). – F. Stuttmann: Johann Heinrich Ramberg (1929).

Eberhard Semrau

Ramler, Karl Wilhelm

*Dichter, Lehrer, Theaterdirektor; * 25. 2. 1725 Kolberg, † 11. 4. 1798 Berlin.*

Als Sohn eines aus Franken stammenden Akzisen-Kontrolleurs bekam R. Unterricht in der heimischen Stadtschule, im Waisenhaus zu Stettin und in der „Latina" zu Halle. Hier bezog er 1742 die Universität, wo er Medizin studieren sollte, sich aber mehr mit klassischer Philologie befaßte. 1744 setzte er seine Studien in Berlin fort. Der Dichter J. W. L. GLEIM (1719–1803), den R. hier kennenlernte, verschaffte ihm 1746 eine Hauslehrerstelle in Lehnin, die er bis 1747 ausübte. 1749 kehrte er nach Berlin zurück, wurde Lehrer und erhielt später an der Berliner Kadettenanstalt eine Professur für Logik und die schönen Wissenschaften, die er bis 1790 innehatte. Zusammen mit J. G. SULZER (1720–1779) gab R. 1750 die „Kritischen Nachrichten aus dem Reiche der Gelehrsamkeit" heraus. R. war mit E. CHR. VON KLEIST (1715–1759), G. E. LESSING (1729–1781) und FR. NICOLAI (1733–1811) befreundet. Er entdeckte FR. VON LOGAU (1604–1655) wieder und gab 1791 dessen Sinngedichte neu überarbeitet heraus. Zum Dank für seine „Ode auf die Huldigung des Königs Friedrich Wilhelm II. 1786" und die „Kantate auf die Krönung des Königs 1787" wurde R. zum Mitglied der Akademie der Wissenschaften ernannt und erhielt eine Pension von 800 Talern. Zusammen mit dem Romanschriftsteller J. J. ENGEL (1741–1802) übernahm R. 1790 die Direktion des Berliner Nationaltheaters, die er nach ENGELS Abgang (1793) bis 1796 allein führte.

Werk, Tendenzen, Wirkung. Schon mit zehn Jahren verfaßte R. Verse, an denen er unermüdlich feilte, weshalb er „ein ewiger Ausbesserer" genannt wurde. Bekannt wurde er vor allem durch seine Oden und Kantaten. GOETHE (1749–1832) und SCHILLER (1759–1805) lobten seine Sprache. Seinen Zeitgenossen galt er wegen der bei ihm streng nach antiker Metrik eingehaltenen Gesetze als ein schulmäßiges Vorbild. Seine Werke, von einigen zeitgebundenen Schriften abgesehen, erlebten mehrfache Auflagen. Mit einzelnen Gedichten gewann R. Zugang in die Lesebücher. Selbst noch R. O. WIEMER (* 1905) bietet in seinem Erinnerungswerk „Liebes altes Lesebuch. Kurzweilige und nützliche Geschichten, Gedichte, Fabeln für Alte und

Junge" (1966, NA. 1972, [5]1975) R.s Gedicht „Der Junker und der Bauer".
Bei seinen Werken leitete R. immer die erzieherische Absicht. So wollte er vor allem zur Geschmacksbildung des Lesers beitragen, indem er ohne Rücksicht auf das Original Form und Sprache von ihm neu herausgegebener Werke nach eigenem kritischen Urteil veränderte. R. veröffentlichte M. G. LICHTWERS (1719–1783) Fabeln „Herrn M. G. Lichtwers Fabeln und Erzählungen in zwei Büchern" (1761) und S. GESSNERS (1730–1788) Idyllen „S. Geßners auserlesene Idyllen in Verse gebracht" (1787). Einzelne Fabeln LICHTWERS nahm R. in veränderter Form in seine dreibändige „Fabellese" (1783–1790) auf. Stücke von GESSNER erschienen in abgeänderter Form in den „Fabeln und Erzählungen aus verschiedenen Dichtern gesammelt" (1797). Die beiden weitverbreiteten Anthologien sollten der Jugend die Kenntnis der wichtigsten Dichter vermitteln. Andere „zum Gebrauch der Jugend" bestimmte Anthologien R.s waren „Sammlung der besten Sinngedichte der deutschen Poeten" (1766), „Lieder der Deutschen" (Bd. 1–4. 1766. NA. 1965), „Lieder der Deutschen mit Melodien" (Bd. 1–4. 1767), „Lyrische Blumenlese" (Bd. 1–2. 1774–1778).
Alle Stücke dieser Sammlungen waren von R. bearbeitet, was der Autor selbst als „bald mehr, bald weniger unter die Feile genommen" bezeichnete. Wie weit R.s Änderungen gingen, läßt sich daraus ersehen, daß er LESSINGS Prosafabeln in Verse umwandelte. Die Dichtungen mancher Autoren lernte die Jugend nur in Form der R.schen Umarbeitungen kennen, da die Originale zu Lebzeiten dieser Autoren nie erschienen waren und erst nach ihrem Tode in veränderter Form in den „vielfach verbesserte Auswahlen" von R. herauskamen. Das trifft zu auf die „Vermischten Gedichte" (1785) von J. N. GÖTZ (1721–1781) und die „Hinterlassenen Gedichte" (Bd. 1–2. 1792) von M. E. KUH (1731–1790).
R. fand seine persönliche Kunstauffassung durch den Literaturkritiker und Begründer der französischen Ästhetik ABBÉ CHARLES BATTEUX (1713–1780) bestätigt. Verschiedene Abhandlungen von BATTEUX bearbeitete R. „in römischer Beleuchtung, durch die französische Brille, vom Deutschen betrachtet" 1754 und 1758 in den beiden Bänden seiner „Einleitung in die Schönen Wissenschaften. Nach dem Französischen des Herrn Batteux, mit Zusätzen vermehret". Dieses Werk war für lange Zeit ein wichtiges Hilfsbuch für Lehrer. Außer ästhetischen Kriterien, die an das Kunstwerk angelegt werden sollten, so vor allem „die Nachahmung der schönen Natur" als künstlerisches Grundgesetz, enthielt das Werk für den Unterricht Jugendlicher Abschnitte über die Beschreibung, Schreibart und Ursprung der äsopischen Fabeln, den Charakter der berühmtesten Fabeldichter mit Mustern aus ÄSOP, PHÄDRUS, LA FONTAINE, HAGEDORN, GELLERT und LICHTWER sowie über die Behandlung der homerischen Epen.

Werke: Geistliche Kantaten (1760); Oden (1767); Lyrische Gedichte (1772); Kurzgefaßte Mythologie oder Lehre von den fabelhaften Göttern, Halbgöttern und Helden des Alterthums (Bd. 1–3. 1790–1791); L. Fr. G. von Göckingk (Hrsg.): Poetische Werke (Bd. 1–2. 1800–1801. NA. 1825).

Hrsg.: Sammlung der besten Sinngedichte der deutschen Poeten (1766); Lieder der Deutschen (1766; ND. 1965); Lieder der Deutschen mit Melodien (1767); Einleitung in die Schönen Wissenschaften. Nach dem Französischen des Herrn Batteux, mit Zusätzen vermehret (Bd. 1–2. 1754–1758, [5]1803); Lyrische Blumenlese (Bd. 1–2. 1774–1778); Fabellese (Bd. 1–3. 1783–1790); Fabeln und Erzählungen aus verschiedenen Dichtern gesammelt (1797).

Sekundärliteratur: A. G. de Capua: Karl Wilhelm Ramler (in: Journal of English and German philology. 55. 1956. 355–372). – W. Eggebrecht: Karl Wilhelm Ramler (in: Pommersche Lebensbilder. 4. 1966. 153–167). – H. Freydank: Goethe und Ramler (1928). – A. Pick: Über Ramlers Odentheorie (1887). – C. Schüddekopf: Karl Wilhelm Ramler bis zu seiner Verbindung mit Lessing (Diss. 1886). – J. H. Voß: Kritische Briefe über Götz und Ramler (1809).

Hans Eich

Rappus, Gerhard

*Graphiker, Kinderbuchillustrator; * 22.6.1934 Berlin.*

R. machte von 1951 bis 1954 eine Lehre als Gebrauchswerber mit. Als Graphiker ist er Autodidakt. Er lebt freischaffend in Berlin/DDR.

Werk, Tendenzen, Wirkung. Ende der sechziger Jahre hatte R. noch eine außerordentlich kräftige, auf theatralische Wirkung ausgehende Handschrift (ERICH WEINERT: Helles Lied aus dem dunklen Hof, 1968), wobei er Tuschezeichnung bevorzugte. Seine Themen sind seitdem vor allem Menschen und Tiere, aber auch vielfach phantastische Wesen, so z. B. ein froschgrünes Auto, ein an der Leine geführtes Monster oder ein Beamter mit Flügelchen. R. gelingt es, mit wenigen Strichen typische Bewegungen und Konturen, z. B. von Vögeln, in Schwarz-Weiß einzufangen. Er liebt großzügige Flächenausnutzung und Anlehnung an realistische Objekte, jedoch spielt er mit dem Bruch von Linien, Schatten und Licht, so daß interessante Effekte entstehen (THOMAS NICOLAOU: Petros, 1971; WANDA CHOTOMSKA: Die Hirsch-Oma, 1978). R. ist jedoch stets bereit, sein Pathos im Karikaturistischen ad absurdum zu führen. Seine Illustrationen, vor allem in Büchern für kleinere Kinder, zeugen von Humor und Fröhlichkeit, werden dann allerdings gelegentlich auch flach und klischeehaft.

Werke: W. Radetz: Kurier der Verbotenen (1963); M. Lange-Weinert (Hrsg.): Die jüngsten Kundschafter und andere Erzählungen (1964); N. Bogdanov: Draußen vor der Stadt (1965); A. Musatov: Die Kinder aus Stoskary (1965); E. Jachnina: Charlot aus Paris (zus. mit M. Alejnikov, 1966); Cl. Küchenmeister: Sie nannten ihn Amigo (zus. mit W. Küchenmeister, 1966); H. Meyer: Der Sperling mit dem Fußball (zus. mit H. Meyer, 1966); S. Solovev: Bevor der Bart wächst (1966); H. Lind: Servus Aladin (1967); O. Scheinpflugová: Königreich an Drähten (1967); E. Bekier: Delphinjäger (1968); W. Bianki: Mäuschen Pik und andere Geschichten (1968); W. Durian: Mister Kong (1968); E. Weinert: Helles Lied aus dem dunklen

Hof (1968); A. Winnington: Silberhuf (1969); A. von Arnim: Kinderreime und Kinderlieder aus „Des Knaben Wunderhorn" (zus. mit Cl. von Brentano, 1970); H. Beseler: Die Linde vor Priebes Haus (1970); W. Heiduczek: Die Brüder (1971); Th. Nicolaou: Petros (1971); A. Puškin: Der Schneesturm (1971); G. Rappus: Die Katze sitzt im Pflaumenbaum (1971); W. Basan: Brisebraus (1972); Der Märchensputnik (1972); A. Winnington: Silberhuf zieht in den Krieg (1972); H. Hüttner: Das Blaue vom Himmel (1974); T. Jansson: Geschichten aus dem Mumintal (1974); G. Prokop: Der Drache mit den veilchenblauen Augen und andere Märchen (1974); E. Švarc: Abenteuer auf der Treppe (1974); U. Speitel: Christian (1974); J. Feustel: Tillebille (1975); K. H. Berger: Rinaldo Rinaldini, der König von Kampanien (1976); Kl. Beuchler: Das rote Etui (1976); H. Hüttner: Alpha bläst Trompete (1976); W. Chotomska: Die Hirsch-Oma (1978).

Klaus Doderer

Rasch, Aiga

*(d.i. Aiga Naegele). Graphikerin, Illustratorin von Kinderbüchern; * 9.7.1941 Stuttgart.*

R., Tochter der Malerin Lilo Rasch-Naegele, die unter anderem auch Kinderbücher illustriert hat, begann nach dem Abitur (1961) als Autodidaktin mit ersten Arbeiten. In den Jahren 1963 und 1964 ist sie als freie Graphikerin für die Zeitschrift „DM" tätig gewesen. Seit 1964 hat sie für verschiedene Kinder- und Jugendbuchverlage Illustrationen und Schutzumschläge entworfen. R. lebt in Stuttgart.

Werk, Tendenzen, Wirkung. R. legt besonderen Wert auf Figurendarstellungen; landschaftliche bzw. architektonische Formen treten zurück, haben allenfalls dekorativen Charakter. Sie arbeitet in der Regel die individuellen Gesichtszüge ihrer Figuren nicht sonderlich aus, betont vielmehr die Typencharakteristik, z.B. bei Asiaten die Schlitzäugigkeit (Max Kruse „Die kleine Fang", 1966), Negern die Wulstlippen (Karen Olsen „Aus Njagwe wird Peter", 1970), Nordländern die Sommersprossen (Viola Wahlstedt „Jonas auf der Flucht durch Lappland", 1972) usw. Damit folgt sie weitverbreiteter Stereotypie. R. bevorzugt schwarzweiß, ist bei Kolorierung für strikte Farbtrennung und verwendet verschiedene Arbeitsweisen, darunter auch die der Reißtechnik (H. Grit Seuberlich: Balabin, 1968) oder auch Mischformen (Dorothy Sterling: ... ihre dunkle Haut, 1965). Die Bewegungen der Personen, die Drehungen des Kopfes, der Arme und Beine wirken teilweise schematisch, nicht jedoch organisch bzw. funktional bedingt. R. hat sich in ihrem Stil dem Grunddesign der Verlagshäuser, für die sie illustriert (Franckh, Ensslin & Laiblin, Erika Klopp, Arena, O. Maier u.a.) angeschlossen und mit ihrer kindertümlich-fröhlichen Themenauffassung und der Orientierung am Stil der Modezeichnungen eine nicht sehr ausgeprägte, jedoch ansprechende Handschrift gefunden.

Werke: H. G. Seuberlich: Freundschaft fällt nicht vom Himmel (1964); I. Ibach: Florian sucht Caroline (1965); H. G. Seuberlich: Wer kennt Pü (1965); D. Sterling: ... ihre dunkle Haut (1965); J. Elsendoorn: Eine Nase für Goliat (1966); M. Kruse: Die kleine Fang (1966); H. Baumann: Das Schiffschaukelschiff (1967); E. Glonnegger: Das goldene Spielbuch (1967); G. Kloss: Bimbo bei den Takka-Tonkas (1967); G. Kloss: Rübezahl ist wieder da (1967); H. Maurer: Die Zirkusdetektive (1967); J. C. Grund: Wo steckt Zacharias? (1968); N. G. Herrmann: Basteln mit Kindern zu Weihnachten (1968); N. G. Herrmann: Fernsehen mit Kindern (1968); N. G. Herrmann: Im Garten mit Kindern (1968); N. G. Herrmann: Lernen mit Kindern (1968); N. G. Herrmann: Ostern mit Kindern (1968); N. G. Herrmann: Reisen mit Kindern im Auto (1968); N. G. Herrmann: Reisen mit Kindern in der Eisenbahn (1968); N. G. Herrmann: Weihnachten mit Kindern (1968); G. Kloss: Bimbo im Wilden Westen (1968); G. Kloss: Bimbo und die Südseepiraten (1968); M. Kruse: Seifenblasen (1968); L. Puschert: So viele Spiele (1968); H. G. Seuberlich: Balabin (1968); N. G. Herrmann: Aufklärung mit Kindern (1969); N. G. Herrmann: Camping mit Kindern (1969); N. G. Herrmann: Geburtstag mit Kindern (1969); N. G. Herrmann: Hobbys mit Kindern (1969); N. G. Herrmann: Krankenpflege mit Kindern (1969); N. G. Herrmann: Singen mit Kindern zu Weihnachten (1969); N. G. Herrmann: Verkehrserziehung mit Kindern (1969); L. Puschert: So macht die Freizeit Spaß. Hobbys für alle Talente (1969); H. G. Seuberlich: Pippa und Pepe (1969); V. Wahlstedt: Keiner glaubt Aslak (1969); D. Baslau: Zaubern mit Kindern (1970); N. Carlson: Luigi auf den Straßen von Marseille (1970); K. Olsen: Aus Njagwe wird Peter (1970); M. Sachs: Eine Freundin für Jenny (1970); I. Brender: ix Tricks. Rätsel, Kniffe, Schabernack (1971); R. Burch: Queenie ist gar nicht so (1971); Das goldene Kinderbuch (1971); G. Seelhorst: Momolu. 2 Freunde in Afrika (1971); H. G. Seuberlich: Das verwandelte Auto und andere Erzählungen (1971); L. Betke: Anneke im Vogelbaum (1972); L. Betke: Das Geschenk der Tümmler (1972); V. Wahlstedt: Jonas auf der Flucht durch Lappland (1972); Chr. Süßmann: Der glückliche Pedro (1974).

Sekundärliteratur: I. Brender: Aiga Rasch. Porträt einer Graphikerin (in: Bulletin Jugend und Literatur. 1972. 5. 36–37).

Klaus Doderer

Rasp-Nuri, Grace

*(d.i. Grace Prinzessin Jahia subhi Ezel von Nur). Schriftstellerin; * 25.4.1899 Nikosia (Zypern), † 8.5.1978 München.*

Altem persischen Adelsgeschlecht entstammend und nach der Vertreibung ihrer Eltern aus Persien auf Zypern geboren, wuchs R.-N. in der Türkei auf. Sie kam auf Wunsch der Mutter im dreizehnten Lebensjahr in eine ihr völlig fremde Umwelt nach Deutschland. Während der Ausbildung zur Jugendleiterin hörte sie pädagogische Vorlesungen von Eduard Spranger. Sie lebte mit ihrer Familie längere Zeit in Gießen und Darmstadt. Im Zusammenhang mit ihrer schriftstellerischen Arbeit unternahm sie nach dem Zweiten Weltkrieg mehrere Reisen in die Türkei. Nach dem Erfolg ihres Buches „Alima" (1958) wurde sie mit einem Türkischen Staatsstipendium zu Lesungen und Studien dorthin eingeladen. Einige von R.-N.s Jugendbüchern erschienen auf der Auswahlliste zum Deutschen Jugendbuchpreis. R.-N. lebte in München.

Werk, Tendenzen, Wirkung. Neben Erzählungen und Romanen, von denen einige im Mittelmeerraum spielen, verfaßte R.-N. eine Reihe von Jugendbüchern.

Themen und Stoffe für diese Bücher sind aus Wirklichkeitserfahrungen und genauen Detailstudien gewonnen. In ihrem ersten Jugendbuch „Jussuf, der Türkenjunge" (1954) bildet die zyprische Hafenstadt der eigenen Kindheit R.-N.s lebendige Szenerie; das Buch wurde in sieben Sprachen übersetzt. In der spannend erzählten Geschichte soll ein Junge zu Verbrechen angehalten werden, doch ihm gelingt die Flucht. Eine frühe Bearbeitung des Themas „behindertes Kind" ist R.-N.s Buch „Sylvia. Geschichte einer seltsamen Freundschaft" (1956). Erlebnisse und Erfolg eines willensstarken Bauernmädchens beschreibt R.-N. in der Erzählung „Alima, ein Mädchen aus Anatolien" (1958) und gibt darin zugleich ein eindrucksvolles Bild von der allmählichen Durchsetzung der Reformgesetze von Ata Türk, welche Jungen und Mädchen gleichermaßen zum Schulbesuch berechtigten. Der Jugendroman „Brücke in die Fremde" (1966) schildert deutsch-türkische Begegnungen; die Autorin entwickelt die Problematik junger Menschen, die miteinander studieren und, gänzlich verschiedenen Kulturkreisen verbunden, einander heiraten wollen. In dem Buch „Das Mädchen Rose Pon-Pon", das noch im Jahr seines Erscheinens, 1969, im Schulfunk des Westdeutschen Rundfunks gesendet wurde, erzählt R.-N. aus den Perspektiven verschiedener beteiligter Erwachsener das Schülerschicksal des aus einer Zirkuskünstlerfamilie stammenden Mädchens in einer von Vorurteilen beherrschten Umwelt. Die in den Büchern von R.-N. auftretenden Jungen und Mädchen leben in kontrastreicher, unbeschönigter Wirklichkeit, in der es Bedrohung, Unrecht, Konflikte gibt, aber auch Güte, Hilfeleistung und Geborgenheit. Die Autorin überzeugt mit ihren Gestalten durch feine psychologische Führung, aus der sich jeweils der innere Spannungsbogen ergibt. R.-N. sieht im Buch ein Mittel der Völkerverständigung. Einige ihrer Erzählungen finden sich in verschiedenen Anthologien, unter anderem in den für junge Leser bestimmten Sammelbänden, die Hans Peter Richter herausgab: „Schriftsteller erzählen von ihrer Mutter" (1968); „... von der Gewalt" (1970); „... aus aller Welt" (1972); „... von der Gerechtigkeit" (1977).

Werke: Insel zwischen Welten (1944); Die Schlangenhaut (1948); Licht in der Nacht (1954); Jussuf, der Türkenjunge (1954, [2]1956); Sylvia. Geschichte einer seltsamen Freundschaft (1956); Alima, ein Mädchen aus Anatolien (1958); Brücke in die Fremde (1966); Das Mädchen Rose Pon-Pon (1969); Siegfried oder die Zerstörung eines Lebens (1969).

Margarete Dierks

Rassenkonflikte in der Kinder- und Jugendliteratur

Gesellschaftliche Konflikte zwischen Menschen verschiedener Hautfarbe gehören zu den grundlegenden Herrschaftskonflikten menschlicher Gesellschaft. Rassismus ist dann vorhanden, wenn rassische Gruppen von anderen rassischen Gruppen als minderwertig betrachtet und daher Aversionen, Ungerechtigkeiten, Verfolgungen bis hin zur Ausrottung ausgesetzt werden. In der Kinder- und Jugendliteratur sind verdeckt oder offen R. und Rassismus zur Darstellung gelangt, besonders deutlich – wenn auch mit jeweils gänzlich verschiedener Zielsetzung – im Indianerbuch des 19. und 20. Jahrhunderts, im kolonialistischen Jugendbuch vor dem Ersten Weltkrieg, dem faschistischen Jugendbuch und in den die Fragen der anderen Hautfarbe, der Integration von Minoritäten, der Vorurteilsbildung gegenüber Fremden thematisierenden Werken der letzten zwei Jahrzehnte. Insbesondere in der zeitgenössischen Kinder- und Jugendliteratur Schwarzafrikas, Lateinamerikas und der USA werden R. häufig behandelt.

Zur Begriffserklärung von Rassenkonflikt und Rassismus. Rasse ist eine Kategorie aus der biologischen Systematik. Ihre Übertragung in den gesellschaftspolitischen und sozialwissenschaftlichen Bereich durch J. A. Graf Gobineau („Versuch über die Ungleichheit der Menschenrassen", 1853–1856), H. St. Chamberlain („Die Grundlagen des 19. Jahrhunderts", 1899), A. Hitler („Mein Kampf", 1924) und A. Rosenberg („Der Mythus des 20. Jahrhunderts", 1930) bot die Legitimationsgrundlage für den Antisemitismus im deutschen Faschismus, der in den Rassengesetzen von 1935 und der Ermordung der jüdischen Bevölkerung gipfelte. Die Erfahrungen mit der Ideologie der faschistischen Rassenlehre nahm die UNESCO 1950 zum Anlaß, unter Hinweis auf ethnische Unterschiede zwischen den Menschen und der Tatsache einer Vielzahl von Populationen zu erklären: „Die Wissenschaft ist sich darin einig, daß alle Menschen zur Art des homo sapiens gehören" und nachdrücklich zu betonen, „daß die Ähnlichkeiten zwischen den Menschen bei weitem größer sind als die Unterschiedlichkeiten" (UNESCO: „Four statements on the race question", 1971, S. 30). In Fortführung dieser Grundsätze und in Ablehnung eines biologischen Rassenbegriffes geht der sozialwissenschaftliche Rassenbegriff davon aus, daß augenfällige Merkmale wie beispielsweise die Hautfarbe zu einem gemeinschaftsbildenden Bewußtsein und gemeinsamen Handeln führen können (I. Schwidetzky, „Rasse" in: Handwörterbuch der Sozialwissenschaften, Bd. 8, 1964, S. 673; J. Becker, „Alltäglicher Rassismus", 1977, S. 181 f.).

R. auf individualpsychologischer und Kleingruppenebene finden ihre Bedingung in rassischen Vorurteilen, die als Ergebnis familialer und medialer Sozialisationsprozesse angesehen werden müssen (G. W. Allport: „The nature of prejudice", 1958; A. Karsten: „Vorstellungen von jungen Deutschen über andere Völker", 1966; M. E. Goodman: „Race awareness in young children", [4]1970; J. D. R. Porter: „Black child, white child", [2]1973; Ä. Ostermann/H. Nicklas: „Vorurteile und Feindbilder", 1977). Pädagogische Konzepte zum Abbau von rassischen Vorurteilen orientieren sich meist an Strategien der Aufklärung, der Informationsvermittlung und der Bewußtmachung (W. Strzele-

WICZ (Hrsg.): „Das Vorurteil als Bildungsbarriere", 1965; H. MÜLLER: „Rassen und Völker im Denken der Jugend", 1967; E. BARRES: „Die Vorurteilsproblematik im politischen Unterricht", 1970). Derartige pädagogische Konzepte greifen jedoch zu kurz, da sie das rassische Vorurteil nicht im Zusammenhang mit der psychischen Gesamtstruktur einer Persönlichkeit sehen. Nach wie vor ist hier die These von TH. W. ADORNO et al. zu diskutieren, daß rassische Vorurteile zusammen mit Merkmalen wie Wertorientierung an der Eigengruppe, Aufteilung der Menschen in Starke und Schwache, Projektion eigener Mängel auf andere, hierarchischem und personenorientiertem Denken und der Unduldsamkeit gegenüber Mehrdeutigkeiten Teil einer „autoritären Persönlichkeit" seien (TH. W. ADORNO et al.: „Der autoritäre Charakter", 1968–1969). Analysiert man R. auf gesellschaftlicher oder gar zwischenstaatlicher Ebene, greift der psychologische Ansatz vollends zu kurz, da sich gesamtgesellschaftliche Strukturen nicht als Addition individueller Attitüden erweisen. Definiert man persönliche rassische Vorurteile als „personalen Rassismus", so gilt es bei der Analyse gesamtgesellschaftlicher Strukturen, den Begriff des „institutionellen" oder „strukturellen Rassismus" in die wissenschaftliche Debatte einzuführen. Nach ST. CARMICHAEL ist von institutionellem Rassismus dann zu reden, wenn die Gesamtaktivität der etablierten und respektierten Kräfte der Gesellschaft eine gleichberechtigte Verwirklichung der unterdrückten Minderheit verhindert (ST. CARMICHAEL: „The dialectis of liberation", 1968, S. 151). In Anlehnung an J. GALTUNGS Konzept der „strukturellen Gewalt" (J. GALTUNG: „Gewalt, Frieden, Friedensforschung", 1975), das dieser übrigens bei ST. CARMICHAEL vorformuliert fand, ließe sich von strukturellem Rassismus sprechen, wenn Menschen aufgrund ihrer Hautfarbe so beeinflußt werden, daß ihre aktuelle somatische und geistige Verwirklichung geringer ist als ihre potentielle Verwirklichung (J. BECKER: „Alltäglicher Rassismus", 1977, S. 125). Einige marxistische Theoretiker sehen im strukturellen Rassismus lediglich einen vom antagonistischen Konflikt zwischen Kapital und Arbeit abzuleitenden gesellschaftlichen Widerspruch; die historische Datierung des strukturellen Rassismus wird an der Frühphase des Handelskapitalismus festgemacht; erst zu diesem Zeitpunkt sei für die Ideologisierung des Sklavenhandels ein qualitativer Umschwung von personalem in strukturellen Rassismus festzustellen. Insofern sei aus historischen Gründen struktureller Rassismus immer noch weißer Rassismus. Viele farbige Sozialwissenschaftler in den USA und in der Dritten Welt sprechen (weißen) marxistischen Theoretikern die Berechtigung ab, über Rassismus zu reflektieren; der Rassenkonflikt sei grundlegender als der Konflikt zwischen Arbeit und Kapital, auch vor der Phase des Handelskapitalismus habe es schon weißen strukturellen Rassismus gegeben (F. FANON, „Die Verdammten dieser Erde", 1971; J. A. LADNER (Hrsg.), „The Death of White Sociology", 1973; M. MEAD/J. BALDWIN, „Rassenkampf – Klassenkampf", 1973).

Das Bild des Farbigen in der Kinder- und Jugendliteratur. In D. DEFOES „Robinson Crusoe" (1719) – nicht als Jugendbuch konzipiert, jedoch schon im 18. Jahrhundert, vor allem in Deutschland durch J. H. CAMPES Bearbeitung von 1779 dazu geworden – werden letztlich die menschlichen Gefühle den Schwarzen gegenüber dem Nützlichkeitskalkül eines Kaufmanns untergeordnet. Zwar flieht Robinson selbst aus der Sklaverei zusammen mit dem schwarzen Sklaven Xury, verkauft diesen jedoch, sobald er in Freiheit ist, um in Brasilien eine Plantage mit vielen schwarzen Sklaven zu bewirtschaften. Während seines späteren Aufenthaltes auf einer einsamen Insel nimmt er zwar den schwarzen „Freitag" auf, behandelt ihn jedoch als unterprivilegierten Andersartigen. Freitag muß Robinson als „Master" anreden, wird gezwungen, einige Kleidungsstücke zu tragen – aber nur einige, da er seinem Herrn nicht ebenbürtig sein soll – darf nicht im Inneren des Forts bei Robinson wohnen; und schließlich drillt ihn Robinson, seine Befehle zu verstehen und auszuführen. Als Resultat dieses Domestizierungsprozesses erscheint Freitag zufrieden in seiner Rolle als Abhängiger. Während Robinson den einzelnen Schwarzen Freitag als menschliches Individuum immerhin noch für domestizierungswürdig hält, ist seine Einstellung farbigen Kollektiven gegenüber von Angst und Mißtrauen gekennzeichnet. DEFOE hat in seinem Robinson auch dazu beigetragen, daß lange Zeit, vor allem in Kinder- und Jugendbüchern, Farbige als „Menschenfresser" gezeichnet wurden, eine Auffassung, die sich in unzähligen, vor allem für die breite Bevölkerung bestimmten Schriften niederschlug. So beschreibt DEFOE in seinem Robinson die erste Berührung Robinsons mit den Kariben in Form einer Beobachtung einer Gruppe Eingeborener, die auf der Insel gelandet ist, um im Rahmen eines „Festes" gefangene Eingeborene eines anderen Stammes zu schlachten und aufzuessen. Um einen der gefangenen Eingeborenen, der sich befreien konnte und die Flucht ergreift, vor den Verfolgern zu retten, muß Robinson diese mit seinen überlegenen Feuerwaffen töten. In den Augen der zeitgenössischen und auch späterer Leser, bis tief ins 19. Jahrhundert hinein, mußte die Tötung der „ruchlosen Menschenfresser" als gerechte Strafe für ihr unmenschliches Tun erscheinen, eine Betrachtungsweise, die sich in der weithin geteilten Meinung in der Bevölkerung, daß Schwarze grundsätzlich als Kannibalen und „Wilde" anzusehen seien, widerspiegelte, eine Meinung auch, die lange Zeit das Bild des Farbigen in der europäischen Öffentlichkeit bestimmte. Diese mißtrauische Einstellung gegenüber farbigen Menschen findet sich ganz ähnlich in FR. MARRYATS Robinsonade „Masterman Ready" (1841/1842; dt. Sigismund Rüstig, 1843), in dem Südseeinsulaner zu gefährlichen Feinden der Weißen gemacht werden.

Den wohl größten Einfluß auf das Bild des Schwarzen in der Kinder- und Jugendliteratur übte H. BEECHER-STOWES Roman „Uncle Tom's Cabin; or life among the lowly" (1851) aus. Obwohl dieses Buch seinerzeit großen Anstoß bei den Befürwortern der Sklaverei erregte, enthielt es in der Charakterisierung der Afro-Amerikaner zahlreiche zeitgebundene Vorurteile und Stereotype, die diese als kindlich, instinktgeleitet, gehorsam-unterwürfig und besonders sinnlich kennzeichnen. Insbesondere im 14. Kapitel charakterisiert die Autorin Onkel Tom als demütig, gutmütig, ruhig, geduldig, zufrieden, freundlich und hilfsbereit. Damit verfestigt H. BEECHER-STOWE das Bild des Schwarzen, der ohne das wohlwollende Patriarchat des Weißen nicht leben kann. Eine derartige Einschätzung von „Uncle Tom's Cabin" gilt in erster Linie für die trivialisierten Jugendbuchbearbeitungen, die die ursprünglich angelegte Systemkritik der Sklavenhalterwirtschaft oft auf sentimentale Rührseligkeit reduzierten. JAMES BALDWIN kritisierte „Uncle Tom's Cabin" insbesondere wegen des dort propagierten Christentums. Nur der Afro-Amerikaner, der sich wie Onkel Tom zum Christentum bekennt, könne nach BEECHER-STOWE erlöst werden; die Lösung politischer Konflikte wird ins Metaphysische verlagert: „Onkel Toms Hütte lebt also sozusagen von einem theologischen Terror, dem Terror der Verdammnis" (J. BALDWIN: „Schwarz und Weiß oder Was es heißt, ein Amerikaner zu sein", 1963, S. 78). Die in „Uncle Tom's Cabin" verkündete christliche Nächstenliebe als Lösungsmittel gegen die Diskriminierung von schwarzen Menschen ist ein historisch durchgängiges Motiv in der Kinder- und Jugendliteratur über R. Es findet sich schon in J. H. BERNARDIN DE SAINT-PIERRES Jugendbuch „Paul et Virginie" (1787), in der Missionskinderliteratur des 19. und 20. Jahrhunderts, bis zu G. HARTLS Romanserie „Kleines Herz – Weite Welt", „Kleines Herz – Fernes Ziel", „Kleines Herz – Kleines Glück", „Kleines Herz – Klare Sicht" (1958, 1965, 1968, 1973) oder zu W. TROBISCHS Missionsbuch „Ich liebte ein Mädchen" (1965).

War die Kinder- und Jugendliteratur über den Schwarzen bis zum letzten Drittel des 19. Jahrhunderts mehr sentimental, rührselig und exotisch angelegt – C. FALKENHORST ist noch ein Beispiel dafür – so wird sie um die Jahrhundertwende offen rassistisch, menschenverachtend und brutal. Beispielhaft dafür steht G. FRENSSENS Jugend- und Volksbuch „Peter Moors Fahrt nach Südwest" (1907), einem Loblied auf deutsche Tapferkeit, Treue, Pflichtbewußtsein und Redlichkeit und eine Schmähschrift auf die Hereros: „Diese Schwarzen haben vor Gott und Menschen den Tod verdient, nicht weil sie die zweihundert Farmer ermordet haben und gegen uns aufgestanden sind, sondern weil sie keine Häuser gebaut und keine Brunnen gegraben haben. ... Gott hat uns hier siegen lassen, weil wir die Edleren und Vorwärtsstrebenden sind. Das will aber nicht viel sagen gegenüber diesem schwarzen Volk; sondern wir müssen sorgen, daß wir vor allen Völkern der Erde die Besseren und Wacheren werden. Den Tüchtigen, den Frischeren gehört die Welt. Das ist Gottes Gerechtigkeit".

Jugendbuch- und Volksbuchautoren wie P. VON LETTOW-VORBECK, H. GRIMM, J. S. VIERA, B. VOIGT oder V. HELLING perpetuierten diesen mit kolonialistisch-imperialistischen Gedanken verbundenen Rassismus in der deutschen Kinder- und Jugendliteratur bis weit hinein in die Zeit der nationalsozialistischen Herrschaft. Ihre Bücher, oft vor der Zeit des deutschen Faschismus geschrieben, standen zum größten Teil auf den Empfehlungslisten zur Neuordnung der Schülerbibliotheken in der NS-Zeit. Während der Antisemitismus in der faschistischen Kinder- und Jugendliteratur nur selten in seiner offen-brutalen Form auftrat (Ausnahmen waren ELVIRA BAUERS in mehr als einhunderttausend Exemplaren verbreitetes antisemitisches Bilderbuch „Trau keinem Fuchs auf grüner Heid", 1936; und das „Stürmerbuch für Jung und Alt" von ERNST HIEMER „Der Giftpilz", das schon 1938 in sechzigtausend Exemplaren verbreitet war) zeigt der Rassismus gegen Schwarze Tradition. Einen traurigen Höhepunkt faschistischer Rassenideologie im Jugendbuch bildet E. ECKERTS Jugendbuch „Vom Rhein zu den Pyrenäen" (1942). Über schwarze Soldaten in der französischen Armee heißt es hier: „Diese Horden in französische Uniform gesteckter Wilder läßt Frankreich auf uns los. Gesichter, aus denen das Weiße der Augen fast grell leuchtet, Gesichter, in denen man vergeblich vertrautmenschliche Züge sucht. Gesichter, die indolent und grausam zugleich sind. Breitgedrückte Nasen, wulstige Lippen, Wangen, die von Stammesnarben zerschnitten sind, Schweinsäuglein, die im Fett der Lider ertrinken, Köpfe, die jede Form verloren haben, die noch an Menschen mahnt, Köpfe, wie sie Urwaldaffen tragen mögen".

Nach 1945 gab es in der Frage der Diskriminierung von Schwarzen in der Kinder- und Jugendliteratur kaum einen Neuanfang. V. ZIFREUNDS Rezension von „Onkel Toms Hütte" 1951 (in: Bücherei und Bildung, 6/1951) wies den Weg für die Zukunft. Sein damals geforderter „Widerstand gegen die Verhärtung des Herzens" war symptomatisch für die nun folgende oberflächliche, unpolitische und individualistische Betrachtungsweise gegenüber den Schwarzen in der Kinder- und Jugendliteratur der Bundesrepublik Deutschland. Autoren wie H. G. NOACK mit „Hautfarbe Nebensache" (1960) und „Der gewaltlose Aufstand" (1965), E. MARDER mit „Diogenes und der ganz schwarze Tom" (1963), L. ELLIOTT mit „Der Mann, der überlebte" (1969), L. GRAHAM mit „Die Stadt im Süden" (1962) und „Die Stadt im Norden" (1973) konnten sich nur ansatzweise von dieser Perspektive lösen. Lediglich im Sachbuchbereich gelang es einigen Autoren, ein authentisches Bild von den Schwarzen zu entwerfen. Dies gilt vor allem für FR. HETMANN mit „Das schwarze Amerika" (1970) und für das von NADINE LANGE herausgegebene Buch „Wir sind zornig und böse" (1972).

Bei der Darstellung der Schwarzen in Afrika war und ist die Kinder- und Jugendliteratur in der Bundesrepublik Deutschland noch stärker als bei der Porträtierung der Afro-Amerikaner mit rassistischen Vorurteilen durchsetzt. HERBERT KAUFMANNS (1900–1976) Afrikabücher vermitteln zwar oft authentische Berichte und wenden sich gegen offene Formen des Kolonialismus und

Rassismus, kommen aber kaum über eine unverbindlich-individualistische Perspektive hinaus. Einen Neuanfang boten jedoch Anfang der siebziger Jahre verschiedene Jugendbücher aus den Verlagen Hammer und Jugenddienst; hier vor allem das von H. G. Schmidt 1975 herausgegebene „Lesebuch Dritte Welt".

Im Gegensatz zum Bild des Schwarzen in der Kinder- und Jugendliteratur, das oft Diskriminierungen enthält, ist das in der Kinder- und Jugendliteratur verbreitete Indianerbild zum größten Teil romantisch-sentimental. Geprägt von der Vorstellung eines F. M. A. Voltaire (1694–1778) oder eines J. F. Seume (1763–1810) begegnet uns das Bild der „edlen Rothaut" sowohl bei Karl May (1842–1912) als auch in den „Lederstrumpf"-Büchern (1823–1841) des James Fenimore Cooper (1789–1851) bis zu J. Pajekens „Mitaha-Sa das Pulvergesicht" (1895). Ein fundierteres Indianerbild zeichnet sich in den zwanziger und dreißiger Jahren in den „Tecumseh"-Büchern von Fritz Steuben (d.i. E. Wittek, *1898) ab. Während bei Käthe Recheis und Anna Müller-Tannewitz (*1899) noch das Abenteuerlich-Romantische überwiegt, legt Liselotte Welskopf-Henrich (1901–1979) mit ihren Jugendbüchern „Die Söhne der großen Bärin" (1951–1967), „Nacht über der Prärie" (1966) und „Stein mit Hörnern" (1968) Indianerbücher vor, die zugleich authentisch und sozialkritisch sind.

Indianische Schurken sind in der Kinder- und Jugendliteratur seltener zu finden, obwohl sie bei Cooper, Karl May und Mark Twain (Indianer-Joe in „Tom Sawyer", 1876) vorkommen.

Nach Heinrich Pleticha (in: Bücher spiegeln die Welt, 1969) werden asiatische Menschen in der Kinder- und Jugendliteratur besonders negativ dargestellt. Seit den Tagen des Boxeraufstandes erscheint der Chinese als listig, verschlagen und fremdenfeindlich oder als exotisches Wunderwesen. Beispiele für ein derartiges rassisches Vorurteil bieten S. Sherrys „Die grünen Bergdrachen" (1971), L. Crocketts „Pong Tschuli, du Strolch" (1961) oder Hans Maria Lux' (1900–1967) „Felix und der Bund der roten Laterne" (1961). Zu diesem traditionellen Chinabild kam seit den fünfziger Jahren auch ein starkes antikommunistisches Element; beispielsweise in D. Fabers „Herz im Koffer" (1965), E. Schimmelfennigs „Zuflucht Formosa" (1961) oder in M. de Crisenoys „Die Geschwister Tschu Ki-Lang" (1961). Erst K. R. Seufert (*1923) gelangt der Durchbruch zu einem mehr realistischen, authentischen Bild Chinas mit „Einmal China und zurück" (1971).

Von K. May bis zu den Trivialromanen über Indien von Max Dauthendey (1867–1918), Waldemar Bonsels (1881–1952) oder H. H. Ewers ist auch das Bild der Inder in der Kinder- und Jugendliteratur klischeehaft und von Vorurteilen durchsetzt. Z.B. setzte Rudyard Kiplings (1865–1936) „Das Dschungelbuch" (1895) einen eurozentrischen Maßstab. Nach Burkhardt Lindner (in: Diskussion Deutsch. 28/1976) fördert „Das Dschungelbuch" eine imperialistische Mentalität, indem die Macht des Stärkeren verherrlicht und die Disziplin der Unterwerfung gepriesen wird. Die als natürlich ausgegebene Hierarchie von Jäger/Beute, Freund/Feind oder stark/schwach erweist sich als Folie für eine politische Hierarchie von Kolonialoffizier und indischem Untertan. Auch das gegenwärtige Indienbild in der Kinder- und Jugendliteratur ist nach S. Voegeli-Paranjpe (in: J. Becker/Ch. Oberfeld (Hrsg.): „Die Menschen sind arm, weil sie arm sind", 1977) noch stark eurozentrisch, d.h. daß Tempel, Maharajas, heilige Kühe, die Göttin Kali, Armut und Elend und indischer Dschungel die Versatzstücke zu einem Menschenbild sind, das aufgrund seiner rassischen Qualität solche Lebensverhältnisse ertragen muß. Ansätze zu einem realistischeren Indienbild finden sich zum Teil bei Herbert Plate (*1918) oder Winfried Bruckner (*1937).

Literaturpolitik und R. in der Kinder- und Jugendliteratur. Die unterschiedlichen historisch-gesellschaftlichen Einstellungen gegenüber farbigen Menschen finden verständlicherweise ihre Bedingung in literaturpolitischen Entscheidungen der mit Kinder- und Jugendliteratur befaßten Institutionen und Organisationen. Der Antisemitismus in der faschistischen Kinder- und Jugendliteratur des Deutschen Reiches fand seine Entsprechung in den Empfehlungslisten der im Dritten Reich mit der Kinder- und Jugendliteratur betrauten Organisationen. So wurde auf der Ersten Großdeutschen Arbeitswoche für das Jugendbuch 1939 die völkische Substanz der Kinder- und Jugendliteratur nachdrücklich gefordert: „In den Dienst der biologischen Sicherung unseres Volkes muß sich darum auch das Jugendbuch stellen. Seine Autoren und Verleger müssen die Aufträge sehen, die hier auf Erfüllung warten: Hebung der volksbiologischen Kräfte – bevölkerungspolitisches Denken – Bilder aus dem Leben der kinderreichen Familien – Rassenseelenkunde im Zusammenhang mit dem Abenteuerbuch – Vererbungslehre in Bildern aus der Arbeit des Bauern, Gärtners, Züchters usw." (zit. nach: P. Aley, „Jugendliteratur im Dritten Reich, 1967, S. 162). Derartiger Kulturpolitik vorausgegangen war die totale Zerschlagung des jüdischen Verlagswesens und Buchhandels durch die faschistischen Machthaber (vgl. dazu: V. Dahm, „Liquidation des jüdischen Buchhandels im Dritten Reich", in: Buchhandelsgeschichte, 6/1975).

Nach den in der Bundesrepublik Deutschland geltenden Rechtsbestimmungen würde die mediale Verbreitung von Rassismus gegen folgende Gesetze verstoßen: Art. 3 (3) des Grundgesetzes; § 130 des Strafgesetzbuches; Beschluß der Vollversammlung der UNO vom 7.3.1966 über ein „Internationales Übereinkommen zur Beseitigung jeder Form von Rassendiskriminierung", dem die Bundesrepublik Deutschland am 5.9.1969 Gesetzeskraft verlieh; § 1 (1) des Gesetzes über die Verbreitung jugendgefährdender Schriften. Unter Bezugnahme auf diesen ersten Paragraphen des Gesetzes über die Verbreitung jugendgefährdender Schriften indizierte die Bundesprüfstelle für jugendgefährdende Schriften am 17.4.1970 das Jugendbuch von

A. VERBEERT, „Die schwarzen und die weißen Trommeln", ²1968, weil es zum Rassenhaß anreize (J. BECKER, „Rassenprobleme im Kinder- und Jugendbuch", in: Kürbiskern, 1/1974).
In den USA engagierten sich im Rahmen der Bürgerrechtsbewegung Anfang und Mitte der sechziger Jahre zahlreiche Institutionen im Kampf gegen rassistische Kinder-, Jugend- und Schulbücher. Aus dieser Zeit datieren die ersten großen Bibliographien vorurteilsfreier Kinder- und Jugendbücher in den USA, von A. BAKER für die „New York Public Library" (1963), von CH. ROLLINS für den National Council for Teachers of English (1967) und von der pädagogischen Abteilung der National Association for the Advancement of Colored People (NAACP) (1967).
Konkrete organisatorische Formen nahm der Kampf gegen rassistische Kinder- und Jugendliteratur in den USA jedoch erst an, als 1965 in New York der Council on Interracial Books for Children, Inc. (CIBC) von Schriftstellern, Verlegern, Illustratoren und Erziehungswissenschaftlern gegründet wurde. Ziel des CIBC ist es, solche Kinder- und Jugendliteratur zu fördern, die die Realität einer multikulturellen und multiethnischen Gesellschaft besser spiegelt als es bislang der Fall ist. Zu diesem Zweck bietet der CIBC alternative Materialien für den Schulgebrauch und die Freizeitlektüre an, veranstaltet Seminare und Vortragsreihen, gibt die Fachzeitschrift „Interracial Books for Children – Bulletin" heraus, vergibt jährlich einen Kinderbuchpreis für das beste noch unveröffentlichte Kinderbuchmanuskript eines farbigen Autors und legt seit 1968 Buchveröffentlichungen zu Spezialthemen vor, so z.B. BR. CHAMBERS: „Chronicles of black protest", 1968; CIBC (Hrsg.): „Chronicles of American indian protest", 1971 (dt. C. PÜLZ (Hrsg.): „Die Wunden der Freiheit", 1974); CIBC: „Racism and sexism in children's books", 1974; CIBC: „Racism in career educations materials", 1975; P. YUILL: „Little black sambo: A closer look", 1976; The Baltimore Feminist Project: „Sexism and racism in popular basal readers 1964–1976", 1976; CIBC: „Stereotypes, distortions and omissions in U.S. history textbooks", 1976; CIBC: „Human (and anti-human) values in children's books", 1977.
Folgende von der CIBC prämiierte Bücher farbiger Autoren wurden ins Deutsche übersetzt: K. HUNTER: „The soul brothers and sister Lou", 1969 (dt. „Lieder haben keine Farbe", 1974); S. B. MATHIS: „Sidewalk story", 1971 (dt. „Draußen auf der Straße", 1973). Mitarbeiter des CIBC sind Schwarze, Puerto Ricaner, Chicanos, Amerikaner asiatischer Herkunft, Indianer und Frauen aller ethnischer Gruppen. Der Leitung des CIBC durch BR. CHAMBERS ist ein wissenschaftlicher Beirat zugeordnet. Die Literaturpolitik des CIBC orientiert sich an zwei Grundsätzen: 1. Der Rassismus gegenüber Farbigen im Kinderbuch darf nicht isoliert von anderen Formen der kinderliterarischen Manipulation gesehen werden. 2. Alternative Kinder- und Jugendbücher können nur von Vertretern der betroffenen Minderheit selbst geschrieben werden.
In Großbritannien, insbesondere in London, haben sich drei verschiedene Institutionen der Thematik R. im Kinder- und Jugendbuch angenommen: Die Lehrergruppe „Teachers Against Racism", das „Institute of race relations" und die Gruppe „Children's rights workshop". Der „Children's rights workshop" übernahm 1975 die Veröffentlichung der Publikation des CIBC „Racism and sexism in children's books" unter dem Titel „Racist and sexist images in children's books". Wie der CIBC in den USA dehnte auch der „Children's rights workshop" seine Arbeit aus auf den Kampf gegen Sexismus im Kinderbuch, dokumentiert in der 1976 in London erfolgten Publikation „Sexism in children's Books. Facts, figures & guidelines".

Forschungssituation. Angeregt durch die Aktivitäten des Council on Interracial Books for Children in New York, konzentrierte sich die internationale Kritik in den sechziger Jahren zunächst am latent rassistischen Gehalt einiger „klassischer" Kinder- und Jugendbücher, an der „Geschichte von den schwarzen Buben" in H. HOFFMANNS (1809–1894) „Struwwelpeter" (1844), an H. BEECHER-STOWES „Uncle Tom's Cabin" (1851), an der Volksweise „Zehn kleine Negerlein" (19. Jahrhundert), H. BANNERMANS „Little black sambo" (1899), HUGH LOFTINGS (1886–1947) „The story of Doctor Dolittle" (1920) und an PAMELA L. TRAVERS' (*1906) „Mary Poppins" (1935).
Über R. in der gegenwärtigen Kinder- und Jugendliteratur in den USA legten J. B. COLBY (1965), N. LARRICK (1965), D. GAST (1967), J. THOMPSON/G. WOODWARD (1969), P. CORNELIUS (1971), B. E. LATIMER (1973), J. FRASER (1973), J. RICHARDSON (1974) und A. BAKER (1975) kritische Artikel zu Einzelaspekten vor. Eine zusammenfassende Darstellung gelang jedoch erst D. BRODERICK mit ihrer 1972 veröffentlichten Monographie „The image of the black in popular and recommended American juvenile fiction, 1827–1967". Im historischen Vergleich kommen die meisten Forschungsarbeiten – cum grano salis – zu dem Ergebnis, daß der in Kinder- und Jugendliteratur vorhandene Rassismus entweder subtiler praktiziert oder daß ein nur kleiner, relativer Fortschritt erzielt wurde. D. BRODERICK faßt das Ergebnis ihrer Studie wie folgt zusammen: „Die Klischees aus der Sklavenzeit sind nicht ausgestorben oder auch nur abgeklungen. Wenn sie auch abgeschwächt und unschärfer erscheinen, so bleiben deren Grundbestandteile jedoch erhalten". Nach einer Untersuchung von 1977 hat sich zwar die Anzahl der Schwarzen, die in nordamerikanischen Kinder- und Jugendbüchern vorkommen, gegenüber 1967 verdoppelt, doch tauchen in ca. 85% aller Bücher überhaupt keine Schwarzen auf (New York Times, 8.1.1978).
Zu ähnlichen Ergebnissen kam in Großbritannien B. DIXON (1977), in Schweden K. STJÄRNE-NILSSON (1968, 1970) und in der Bundesrepublik Deutschland J. BECKER (1977). In seiner Monographie „Alltäglicher Rassismus. Die afro-amerikanischen Rassenkonflikte im Kinder- und Jugendbuch der Bundesrepublik"

kommt J. Becker zu dem Schluß, daß auch noch in jüngster Zeit – von wenigen Ausnahmen abgesehen – Kinder- und Jugendbücher „keinerlei Grundlage für ein friedensrelevantes Zusammenleben von Menschen verschiedener ethnischer Herkunft“ böten (S. 601).
Bis auf eine mehr deskriptive Studie aus Ungarn von B. Tóth liegen über die Darstellung von R.en in der Kinder- und Jugendliteratur der sozialistischen Länder keinerlei wissenschaftliche Veröffentlichungen vor. Wenige Studien aus der Dritten Welt (z.B. für Nigeria Chief T. T. Solaru, 1975, und für Argentinien L. Devetach/G. Roland in: J. Becker/Ch. Oberfeld, 1977) legen den Schluß nahe, daß neokolonialistische Produktionsstrukturen im Kinder- und Jugendbuchbereich die Ursache dafür sind, daß sich manifester und latenter Rassismus auch in der Kinder- und Jugendliteratur in Ländern der Dritten Welt findet. In ihrer Analyse der in Chile produzierten und verbreiteten Walt-Disney-Comics konnten A. Dorfman/A. Mattelart (1977) Rassismus in diesem Medium nachweisen.
Methodisch gehen sämtliche Studien hermeneutisch-ideologiekritisch oder rein deskriptiv vor. Lediglich die Studie von J. Becker (1977) arbeitet, in Auseinandersetzung mit der Methode der Content Analysis, mit dem Instrumentarium der empirischen Ideologiekritik. Als Forschungsdesiderate bleiben unter anderem Regionalstudien, Analysen mit einer größeren Samplebildung als bislang und historische Studien.

→ H. Beecher-Stowe, → J. F. Cooper, → D. Defoe, → Indianerbuch, → H. Lofting, → Fr. Marryat, → K. May, → Missionsliteratur, → Onkel Toms Hütte

Sekundärliteratur: P. Aley: Jugendliteratur im Dritten Reich (1967). – A. Baker: The changing image of the black in children's literature (in: The Horn Book Magazine. 1975. 1. 78–88). – J. Becker: Alltäglicher Rassismus. Die afro-amerikanischen Rassenkonflikte im Kinder- und Jugendbuch der Bundesrepublik (1977); (Hrsg. zus. mit Ch. Oberfeld): Die Menschen sind arm, weil sie arm sind. Die Dritte Welt im Spiegel von Kinder- und Jugendbüchern (1977); (Hrsg. zus. mit R. Rauter): Die Dritte Welt im Kinderbuch (1978). – V. Böhm: Indianerbücher heute (in: Jugend und Buch. 26. 1977. 1–5). – Bücher spiegeln die Welt. Das Bild der Rassen und Völker in der Jugendliteratur (1969). – D. Broderick: The image of the black in popular and recommended American juvenile fiction, 1927–1967 (1971). – M. Christadler: Uncle Tom's Cabin; Or Life among the lowly (in: H.-J. Lang (Hrsg.): Der amerikanische Roman. 1972. 69–102). – J. P. Colby: How to present the negro in children's books (in: Top of the news. 1965. 191–196). – P. Cornelius: Interracial children's books: Problems and progress (in: The Library Quarterly. 41. 1971. 2. 106–127). – B. Dixon: Catching them young. Bd. 1. Sex, race and class in children's fiction (1977). – A. Dorfman: Walt Disneys „Dritte Welt“. Massenkommunikation und Kolonialismus bei Micky Maus und Donald Duck (zus. mit A. Mattelart, 1977). – J. Fraser: Black publishing for black children (in: Library Journal. 98. 1973. 1511). – D. K. Gast: Minority Americans in children's literature (in: Elementary English. 44. 1967. 12–23). – H. Hill (Hrsg.): Books for children: The homelands of immigrants in Britain (1971). – O. R. Jessl: Stereotype Vorstellungen von ethnisch-nationalen, rassischen und religiösen Gruppen in Jugendschriften (1966). – H. Künnemann: Onkel Toms Erbe (in: Jugendliteratur. 9. 1963. 8. 337–349); Das Afrikabild in der deutschsprachigen Jugendlektüre (in: Jugend und Buch. 1964. 1. 2–9). – B. E. Latimer: Children's books and racism (in: The black scholar. 4. 1973. 8./9. 21–27). – H. Lutz: Sitting Bull and Siegfried: Some thoughts about recent trends in German books on American indians (in: Kritikon litterarum. 4. 1975. 47–58). – J. Merkel: Die Toleranz der Unterdrücker. Zur Darstellung der „Wilden“ im Abenteuerbuch (in: K. W. Bauer (Hrsg. zus. mit J. Vogt): Lesen (1975. 31–46). – H. Pleticha: Die Begegnung mit dem Farbigen als Arbeitsthema im Deutschunterricht der Orientierungs- und Sekundarstufe I (in: Der Deutschunterricht. 26. 1974. 5. 34–47). – J. Richardson: Black children's books (in: The journal of negro education. 1974. 43. 380–400). – Chief T. T. Solaru: Educational publishing and textbook production (in: E. Oluwasanmi (Hrsg. zus. mit E. McLean u. H. Zell): Publishing in Africa in the seventies. 1975. 297–306). – K. Stjärne Nilsson: Onkel Toms Barnbarn. Om rasfrågan i barnböcker (in: Bibliotheksbladet. 1968. 9. 1116–1123); Vad rätt du tänkt. Om rasrelationer i barn- och ungdomslitteratur (in: K. Allroth (Hrsg. zus. mit Ch. Sundström): Barn, böcker och samhälle. 1970. 102–112). – J. Thompson: Black perspective in books for children (zus. mit G. Woodward in: Wilson Library journal. 1969. 12. 416–424). – B. Tóth: a fajok és nepek ábrazolása a magyar gyermek és ifjusági irodalomban (in: Könyv és Nevelés. 1969. 11. 3–6). – C. Tóth: Rasszizmus és gyermekirodalom (in: Könyv és Nevelés. 12. 1975. 4./5. 219–222). – Ph. J. Yuill: Little black Sambo: A closer look (1976).

Jörg Becker

Raßmann, Friedrich Christian

*(Ps.: Hortensis Orlay). Theologe, Pädagoge, Schriftsteller; *3.5.1772 Schloß Wernigerode, †9.4.1831 Münster (Westfalen).*

Nach evangelisch-theologischem Studium in Halle war R., Sohn des Schloßbibliothekars von Wernigerode, Gymnasiallehrer in Halberstadt. Mit Ludwig Gleim war R. befreundet. Seit 1800 betätigte er sich als freier Schriftsteller, ab 1805 war er in Münster seßhaft. R. war Schriftleiter mehrerer Zeitschriften, Herausgeber eines Musenalmanachs und wurde schließlich Zensor der Leihbibliotheksbestände in Münster. 1825 konvertierte R. zum Katholizismus.

Werk, Tendenzen, Wirkung. R. führte ein literarisch vielseitig orientiertes, den jeweiligen Zeitströmungen angepaßtes Leben in äußerst bescheidenen sozialen Verhältnissen, die ihn zu vielerlei publizistischen Ergebenheitsleistungen veranlaßten und oft zum materiellen Bittsteller in eigener Sache machten. Geistes- bzw. literargeschichtlich stand er zwischen den Epochen. Beziehungen pflegte er, dabei mehr empfangend als gebend, sowohl zu den späteren Aufklärern als auch zu den Romantikern. Goethe blieb für ihn der unnahbare Olympier und Schiller der ehrfürchtig gemiedene Theaterkönig.
R.s publizistisches Werk war vielgestaltiger Art. Als Dichter trat er hauptsächlich mit nachempfundenen und nachgebildeten lyrischen Formen von Oden, Balladen, Romanzen, Idyllen, Elegien, vor allem mit den

artifiziellen Trioletts, Terzinen und Sestinen in Erscheinung. Dabei übernahm er unbekümmert konstruktive Anregungen aller erreichbaren literarischen Größen. Zeitgenossen bescheinigten ihm „Reinheit, Anmut und Lieblichkeit", während „Phantasie und poetische Kraft" vermißt wurden. R. verstand sich selbst eher als korrekter denn ausgezeichneter Dichter. Nichts Bedeutendes und Großes, doch „manche schöne, interessante Garbe auf dem Felde der deutschen Literatur" habe er hinterlassen („Raßmanns Leben und Nachlaß", 1833). Wichtiger war seine Aktivität im Bereich der Bibliographie und der Literaturhistorie. Unter seinen mehr als 60 selbständigen Veröffentlichungen finden sich zahlreiche profunde lexikalische Werke, so unter anderem ein Münsterländisches Schriftstellerlexikon, ein Lexikon pseudonymer Schriftsteller und ein Dichternekrolog, alles Publikationen, die heute noch für den Literaturhistoriker von Wert sind.

Die größte Breitenwirkung erzielte R. jedoch mit seinen Anthologien, die auch jugendliche Leser, in erster Linie wohl solche der bürgerlichen Oberschichten, gefunden haben. K. HOBRECKER verweist auf den hohen Reiz von R.s „Fastnachtsbüchlein" (1828) sowohl „für erwachsene Leute als auch für die gereifte Jugend". W. KAYSER schätzt R.s „Auswahl neuer Balladen und Romanzen berühmter Dichter" (1818). Im selben Jahr legte R. als ein „Geschenk für Freunde des Eislaufs und der Schlittenfahrt" ein gemischtes Lesebuch vor und errichtete mit einer Sammlung von Stammbuchversen einen „Tempel der Liebe und Freundschaft". Mit diesen Veröffentlichungen schwamm R. weitgehend auf der Welle romantisierender literarischer Folklore. Von 1821 bis 1824 erschienen sechzehn jeweils einem Dichter gewidmete Bändchen „Deutsche Anthologie oder Blumenlese aus den Klassikern der Deutschen". Der „Minderdichter" und vielbelesene, geschäftstüchtige R. nahm sich des Genres der Anthologie als einer Modepublikationsform der ausgehenden Aufklärung gern an, da sie schnell materiell ausnützbar war und breite, wiewohl nicht unkritische Leserkreise ansprach. Die stoffliche Einheit erhielt in seinen Anthologien zumeist den Vorrang vor der literarischen Qualität der Beiträge. R. war ständig auf der Suche nach renommierten Mitarbeitern, so gewann er z. B. H. HEINE für das „Fastnachtsbüchlein", eine beachtliche Zahl eigener Produkte steuerte er selbst bei. Als Mittler zwischen Produzent und Konsument spielte der ehemalige Schulmeister eine wichtige pädagogische Rolle, indem er, ohne ausdrückliche didaktische Festlegung, nach seinem Geschmack literarische Erzeugnisse portionierte und damit auch popularisierte. Inwieweit der Konvertit unmittelbaren Einfluß auf die literarische Erziehung in den gymnasialen Schulen seines Wohn- und Wirkungsbereichs gewonnen hat, müßten detaillierte Recherchen ergeben. Als Autor, Freund der Künste und Kontrolleur der Bestände von Leihbüchereien ist er zwar

Fastnachtsbüchlein

für

Jung und Alt.

Herausgegeben

von

Friedrich Raßmann.

Hamm:

Verlag von G. A. Wundermann.

1826.

Frontispiz und Titelseite zu dem „Fastnachtbüchlein für Jung und Alt", das von Friedrich Raßmann herausgegeben wurde und 1826 bei Wundermann in Hamm erschien. Der Kupferstich, der in drei übereinander angeordneten Szenen das Fastnachtstreiben zeigt, ist eine der bekanntesten Arbeiten des Hannoveranischen Künstlers Johann Heinrich Ramberg.

Beobachter und Kenner des seinerzeitigen Literaturbetriebs gewesen; als Förderer junger Kräfte wird er wohl kaum anzusehen sein. Belehrend-moralisierend im Sinn der herkömmlichen literarischen Beeinflussung der Jugend ist R. nicht in Erscheinung getreten.

Werke: Triolette (1795); Neue Triolette (1796); Lyrische Gedichte (1797); Bernardo der welsche Leiermann (1801); Kalliope (1806); Sommerfrüchte (1811); Paul Gerhard, eine dramatische Poesie (1812); Münsterländisches Schriftstellerlexikon (1814); Auserlesene poetische Schriften (1816); Sonette der Deutschen (1817–1818); Auswahl neuer Balladen und Romanzen (1818); Deutscher Dichternekrolog (1818); Geschenk für Freunde des Eislaufs und der Schlittenfahrt (1818); Tempel der Liebe und Freundschaft (1818); Heroiden der Deutschen (1819); Poetische Schriften. Ausgabe letzter Hand (1821); Deutsche Anthologie oder Blumenlese aus den Klassikern der Deutschen (Bd. 1–16. 1821–1824); Astern (1824); Fastnachtsbüchlein für Alt und Jung (1826); Lexikon deutscher pseudonymer Schriftsteller (1830); Pantheon der Tonkünstler (1832).

Sekundärliteratur: W. Kayser: Geschichte der deutschen Ballade (1936). – Fr. Wienstein: Lexikon der katholischen deutschen Dichter. Vom Ausgange des Mittelalters bis zur Gegenwart (1899).

Hermann Bertlein

Ratgeber → Sittenlehrbuch für Kinder und Jugendliche

Rauter, Ernst Alexander

*Schriftsteller, politischer Kolumnist; * 27. 4. 1929 Klagenfurt.*

R. verbrachte Kindheit und Jugend in Kärnten. Neben Heimaufenthalten lebte er auf einem Bauernhof, wo er schon früh in der Landwirtschaft mitarbeiten mußte. Außer in den erlernten Berufen Schriftsetzer und Buchdrucker arbeitete R. in verschiedenen anderen Berufen. Seit 1965 wohnt er als freier Schriftsteller in München. Als Autodidakt konnte er sich Kenntnisse in den Bereichen Geschichte, Ökonomie, Philosophie und Chinesisch aneignen. R. ist bekannt als politisch engagierter Publizist verschiedener gesellschaftskritischer Zeitungen und Zeitschriften (u. a. „Konkret“ und „Pardon“).

Werk, Tendenzen, Wirkung. R.s Intention, seine jugendlichen und auch erwachsenen Leser zu einem kritischen Umgang mit Texten zu befähigen, wird in seinen sprachanalytischen Betrachtungen deutlich. In „Du sollst mich mal kennenlernen“ (1972) läßt R. einen Jungen all die von Erwachsenen gegenüber Kindern gebrauchten Redewendungen, die oftmals gedankenlos und zynisch sind, wörtlich nehmen und hinterfragen. Sein Buch „Vom Umgang mit Wörtern“ (1978) beklagt die sorglose und undifferenzierte Sprachverwendung der Pressejournalisten und mahnt zur Vorsicht bei der Rezeption massenmedial vermittelter Texte.
In betont einfachem, antiintellektualistischen Stil behandelt R. in seinem Buch „Wie eine Meinung in einem Kopf entsteht“ (1971) den Zusammenhang von Informationsvermittlung und Anpassung; er versucht aufzuzeigen, welche Rolle Schule und Medien in der kapitalistischen Gesellschaft bei der Entstehung von Ideologien spielen. Auf der Grundlage des Historischen Materialismus belegt er in dem Nachfolgewerk „Vom Faustkeil zur Fabrik“ (1977) anschaulich, daß Geschichte nur aus der Komplexität und Wechselwirkung von Bedürfnissen, Werkzeugen, Gedanken, Produktionsweisen und Gesellschaftsformen heraus begriffen werden könne. Trotz des gelungenen Versuchs der Popularisierung kritischer Ideen bleibt die Reduktion mancher Probleme fragwürdig: Manipulation durch Medien und Schule werden als direkte Intention der „Herrschenden“ dargestellt, die private Verfügungsgewalt über Produktionsmittel gilt für ihn als das menschen- und fortschrittsfeindliche Übel schlechthin.
Weniger um politische als um sachorientierte Informationen geht es in der von R. neu bearbeiteten Sachbilderbuchreihe „Ich bin ...“. Diese im Original von den Spaniern J. L. G. Sánchez und M. A. Pacheco verfaßten Bücher präsentieren größtenteils naturwissenschaftliche Sachverhalte auf eine originelle und einfühlsame Weise, nämlich aus der Sicht und Perspektive der jeweils beschriebenen Lebewesen oder Sachen.

Werke: Wie eine Meinung in einem Kopf entsteht. Über das Herstellen von Untertanen (1971); Du sollst mich mal kennenlernen ... Das Haus der fertigen Sätze (1972); Vom Faustkeil zur Fabrik. Warum die Werkzeuge die Menschen und die Menschen die Werkzeuge verändern (1977); Vom Umgang mit Wörtern (1978).

Bearb.: J. Sánchez: Ich bin ein Regentropfen (zus. mit M. Pacheco. 1977); J. Sánchez: Ich bin die Sonne (zus. mit M. Pacheco. 1977); J. Sánchez: Ich bin ein Kind (zus. mit M. Pacheco. 1977); J. Sánchez: Ich bin ein Vogel (zus. mit M. Pacheco. 1977); J. Sánchez: Ich bin ein Fisch (zus. mit M. Pacheco. 1977).

Sekundärliteratur: P. O. Chotjewitz: Daß der Mensch denkt, verdankt er seiner Hand (in: Deutsche Volkszeitung. 25. 1977. 37. 11).

Hartmut Euler

Raymond, Alex

*(d. i. Alexander Gillespie). Amerikanischer Comiczeichner; * 2. 10. 1909 New Rochelle (New York), † 6. 9. 1956 Westport (Connecticut).*

R., Sohn eines Ingenieurs, war nach seiner Schulzeit für kurze Dauer (1928–1929) im Börsengeschäft tätig, begann danach ein Kunststudium (1929–1930) an der Grand Central Art School in New York, das er in der Zeit der Weltwirtschaftskrise durch den Verkauf von Hypotheken und Pfandbriefen finanzierte. R. lebte später in Connecticut (Marryapple Rand/Stamford). Er starb 1956 infolge eines Autounfalles.

Werk, Tendenzen, Wirkung. Ein Nachbar aus seiner Heimatstadt stellte R. als Assistent für den Comicstrip „Tillie, the Toiler“ an. Nach dieser Lehrzeit wechselte R. 1930 in den Stab der Comiczeichner des King

Feature Syndicate über und war dort für zwei Jahre Assistent bei CHIC YOUNG („Blondie") und dessen Bruder LYMAN („Tim Tyler's Luck"), um dann im Firmenauftrag als Konkurrenzstreifen zu „Buck Rogers" und „Dick Tracy" eine Science-Fiction-Comicserie, den seit dem 7. Januar 1934 erst sonntags und dann täglich erscheinenden Comicstreifen „Flash Gordon", zu zeichnen.
1935 gewann R. einen innerbetrieblichen Wettbewerb und erhielt von seinem Arbeitgeber den Auftrag, die Comicserie „Secret Agent X-9" des Autors DASHIELL HAMMETT zu gestalten. Ende 1936 gab er diese Serie wegen Arbeitsüberlastung an MEL GRAFF ab und zeichnete von da ab nur noch „Flash Gordon". Nebenbei schrieb er einen Roman mit Flash Gordon als Hauptperson. In seiner Freizeit betätigte R. sich als Illustrator naturwissenschaftlicher Magazine. Sein Assistent AUSTIN BRIGGS übernahm bald die Sonntagsfolgen, während R. die täglichen Folgen zeichnete. Für die Sonntagsseite führte R. den neuen Streifen „Jungle Jim" ein, der als Konkurrenz zur Comicserie „Tarzan" gedacht war.
Der Krieg unterbrach R.s Tätigkeit als Comiczeichner. Er wurde zur Marine eingezogen, zuerst als Art-director im Werbebüro der Marinefüsiliere in Philadelphia (Juni–November 1944) eingesetzt und dann als Informationsoffizier und Kampfzeichner auf dem Flugzeugträger „USS Gilbert Islands" im Südpazifik stationiert. A. BRIGGS und sein Bruder setzten währenddessen alle Serien von R. fort. Nach dem Krieg übernahm A. WILLIAMSON die Sonntagsseiten von „Flash Gordon". Nach seiner Rückkehr begann R. 1946 mit den Arbeiten an der Detektivserie „Rip Kirby", in die Kriegserlebnisse und -erfahrungen einflossen. Der Titelheld ist ein Detektiv, der zuvor Marineoffizier war. Die Serie erschien im selben Jahr beim King Feature Syndicate und verzeichnete trotz vieler Bedenken der Redakteure einen unmittelbaren und anhaltenden Erfolg. R. zeichnete die Serie bis zu seinem Tode.
1949 erhielt R. den „Reuben"-Preis der National Cartoonist Society. In den Jahren 1950–1951 war er ihr Präsident. Von da ab arbeitete er ausschließlich an „Rip Kirby". DAN BARRY nahm ihm die Arbeit an den täglichen Streifen zu „Flash Gordon" ab, den er auch nach R.s Tod weiterführte. „Rip Kirby" wurde nach dem Tode R.s mit JOHN PRENTICE als Zeichner und FRED DICKINSON als Texter weitergeführt.
R. schuf vier erfolgreiche Comicserien, die, vor allem im Hinblick auf Bildkomposition und Zeichentechnik, für viele spätere Comiczeichner richtungsweisend waren. Die Qualität seines Zeichenstils blieb niveauvoll, auch wenn er in frühen Folgen des „Flash Gordon" noch etwas für die damalige Comictechnik altmodisch wirkende Bildkompositionen vorlegte und einen recht einfachen Handlungsablauf konstruierte. Die Bilder, die keine Sprechblasen aufweisen, sind für sich gesehen jedoch stimmige Kompositionen und finden eine qualitative Ergänzung in den Dialogen und der allgemeinen Erzähltechnik. Dagegen fällt die klischeehafte Schwarz-Weiß-Zeichnung der Akteure besonders auf. Alle Verbrecher sind abgrundtief schlecht und alle Frauen „sexy". Die Figuren zeigen stereotype Züge und sind zu keiner Entwicklung fähig. „Flash Gordon" wurde in den Jahren 1936, 1938 und 1940 verfilmt, die Figuren werden noch heute zu Werbezwecken eingesetzt. Einige Abenteuer kamen in Buchform heraus, andere dienten zu wöchentlichen Radiosendungen.
Ähnliches gilt auch für die Serie „Secret Agent X-9", die als erster reiner Verbrecherstrip zum Teil recht schwache Manuskripte umsetzte. Die Serie erscheint seit einigen Jahren weiter unter dem Titel „Secret Agent Corrigan". Den Höhepunkt seines Schaffens, auch im Hinblick auf die Einheit von Bild und Text, erreichte R. erst im „Jungle Jim" und endgültig im „Rip Kirby". Die Titelfigur der letzten Serie ist ein Intellektueller, der Bücher liest, eine Brille trägt, Golf spielt, Schach spielt und manchmal auch gerne trinkt. Da er selten die Lösung von Problemen mit Hilfe des Revolvers sucht, andererseits als Liebhaber klassischer Musik geschildert wird, durchbricht die Figur des Rip Kirby das übliche Klischee des harten Helden, ohne allerdings die den amerikanischen Abenteuercomics zugrundeliegende Ideologie grundlegend zu verändern.

Sekundärliteratur: St. Becker: Comic art in America (1959). – G. Metken: Comics (1970). – R. C. Reitberger: Comics. Anatomie eines Massenmediums (zus. mit W. J. Fuchs. 1971).

Wolfgang Kempkes

Realienbuch

R.er sind Unterrichtswerke für den Elementar- und Volksschulunterricht. Sie enthalten eine Darstellung des Lehrstoffs der sogenannten „Realien", wozu neben der Naturgeschichte, der Physik und Chemie auch Geographie und Geschichte gehören.

Lesebuch als R. Entstehung und Geschichte des R.s sind eng mit der Geschichte des Lesebuchs verbunden. Die Einheit von muttersprachlichem Unterricht und Sachunterricht wurde schon von JAN AMOS COMENIUS (1592–1670) begründet. Die Problematik einer solchen Verbindung erscheint noch in der modernen Diskussion darüber, ob das Lesebuch in erster Linie der literarischen Bildung verpflichtet sein soll oder vordringlich Orientierung über Gesellschaft zu leisten habe.
Die ersten Versuche, Kompendien des Wissens für den Gebrauch in den Schulen zu verfassen und damit den bisher dominierenden Schulbüchern Bibel, Katechismus, Gesangbuch etwas Neues an die Seite zu stellen, kranken noch daran, daß Stoffauswahl und Darstellungsweise wenig kindgerecht sind. Beispiel ist ein 1765 in Berlin erschienenes „Lehrbuch, darin ein kurzgefaßter Unterricht aus verschiedenen philosophischen und mathematischen Wissenschaften, der Historie und Geographie gegeben sind" eines preußischen Konsistorialrats RECCARD. Das Interesse an den Realien in der zweiten Hälfte des 18. Jahrhunderts dokumentiert einerseits den Fortschrittsglauben der Aufklärung, die

neue Einschätzung der Naturwissenschaften und Entdeckungen, entspringt zugleich aber auch der wirtschaftlich-ökonomischen Notwendigkeit einer sich mehr und mehr differenzierenden Berufswelt. Dieser Aspekt klingt allerdings bei der Darstellungsweise der Realien in den Lesewerken noch kaum an, vielmehr dominieren teleologische Weltbetrachtung, Moralerziehung oder das Interesse an gebildeter Konversation. Vorbild für die Behandlung der Realien in Lesebüchern wurde für die nächste Zeit FRIEDRICH EBERHARD VON ROCHOWS (1734–1805) „Der Kinderfreund, ein Lesebuch für Stadt- und Landschulen“ (1776). Bis weit ins 19. Jahrhundert erfreute sich dieses Werk in verschiedenen Bearbeitungen großer Beliebtheit. Informationen über Erscheinungen der Welt stehen am Ende des Buches und nehmen gegenüber der moralischen Belehrung noch einen sehr geringen Raum ein. Größere Bedeutung erhalten die Realien dann in einem anderen sehr erfolgreichen Lesewerk. FRIEDRICH PHILIPP WILMSENS (1770–1831) „Der deutsche Kinderfreund“ (1801) erlebte ca. 200 Auflagen. Die Vorrede der 40. Auflage (1818) spricht die didaktischen Prinzipien deutlich aus: „Sollen die Kinder außer den elementaren Fähigkeiten des Lesens, Schreibens und Rechnens ‚auch noch einige andere Sachkenntniße, und die nothwendigsten Verstandesbegriffe erhalten, so müssen die Vorschriften, welche ihnen bei den Leseübungen in die Hände gegeben werden, so eingerichtet seyn, daß sie, indem sie schreiben und lesen, durch den Inhalt des Geschriebenen und Gelesenen zum Denken genöthigt, und mit den nothwendigsten Sachkenntnissen versehen werden.‘“ Das Lesebuch besteht aus drei Teilen: 1. Kurze Sätze zur Beförderung der Aufmerksamkeit und des Nachdenkens, 2. Erzählungen zur Beförderung guter Gesinnungen und zur Schärfung des Verstandes, 3. Die Realien. Informationen über Realien enthalten auch schon die ‚kurzen Sätze‘, deren Aufgabe es ist, die Lesefertigkeit anzubahnen. Diese Informationen werden allerdings in sehr unanschaulicher und trockener Manier geboten. Überall dominiert das abstrakte System des Faches über die konkrete Anschauung. Der Unterricht besteht weitgehend im Lesen und Einprägen des Stoffes. Das Inhaltsverzeichnis des „Deutschen Kinderfreunds“ gibt Auskunft darüber, was alles zu den Realien zu rechnen war: Den breitesten Raum nehmen die Gebiete der Naturgeschichte ein: Erdgeschichte, Biologie, Menschenkunde, Mineralien, daneben stehen Geographie, Gesundheitslehre, Theologie und Politik („Von den Rechten und Pflichten der Unterthanen in wohl eingerichteten Staaten“). Geschichte spielt noch keine Rolle, sie tritt erst im zweiten Viertel des 19. Jahrhunderts als vaterländische Geschichte auf.

Zunehmend gab es Kritik an diesen Realien-Lesebüchern. ADOLF DIESTERWEG (1790–1866) kritisierte, der Schüler habe keinerlei Gewinn von diesen Büchern, da er den Stoff nicht „thätig, d.h. denkend“, sondern nur „leidend“ erfasse (Vorwort zum „Lese- und Sprachbuch für mittlere Schulklassen und gehobene Elementarschulen“, 1826). Weiter wurde kritisiert, daß nur ein toter Extrakt der Wissenschaften geboten werde. Dennoch blieb diese Lesebuchgattung gegenüber der neuen, die ausschließlich der Lese- und Sprachbildung dienen wollte, vor allem in der Volksschule dominierend, ja sie erhielt noch einmal im Gefolge der STIEHLschen Regulative (1854) neuen Auftrieb. Diese bestimmten, die Vermittlung der notwendigen Kenntnisse der „Vaterlands- und Naturkunde“ habe nicht in besonderen Unterrichtsstunden, sondern mit Hilfe entsprechender Abschnitte des Lesebuchs zu geschehen. Damit erhielt das Lesebuch eine Monopolstellung für den Unterricht. Das Einteilungsprinzip war jetzt allerdings nicht mehr die wissenschaftliche Systematik, sondern, entsprechend der politischen Tendenz der Regulative, zentrale gesellschaftliche Institutionen: „Kirche, Staat, Familie“. Am deutlichsten kamen diese Prinzipien im „Münsterberger Lesebuch“ von EDUARD BOCK (1816–1894) („Illustriertes Volksschullesebuch, unter Mitwirkung der Königlichen evangelischen Schullehrer-Seminare zu Münsterberg“, 1855) zur Geltung. Die Anordnung des Stoffes folgte vorwiegend dem Jahreslauf, vaterländischen und kirchlichen Gedenktagen. Zugleich war man bemüht, die Realien in Gestalt klassischer Texte (nicht aufgenommen wurden GOETHE und SCHILLER; sie standen nicht auf dem Boden eines positiven Christentums und waren zu kosmopolitisch) zu repräsentieren.

Das R. in der Diskussion. Die „Allgemeinen Bestimmungen vom 15. Oktober 1872“ brachten eine Wende. Die Realien erhielten auch in der Volksschule eigene Geltung, wurden in eigenen Stunden unterrichtet. FRIEDRICH WILHELM DÖRPFELD (1824–1893) forderte in seiner Schrift „Zwei dringliche Reformen im Real- und Sprachunterricht“ (1883) die Trennung des belletristischen vom Realien-Lesebuch, eine Tendenz, die schon lange sichtbar war. Ein selbständiger Realienunterricht erforderte ein eigenes Unterrichtsbuch. Aus diesem Ansatz entwickelte sich ein regelrechter „Realienbuch-Streit“. Die Befürworter wiesen dem R. einen neuen Stellenwert zu. Die Texte dieses Buches sollten vor allem der Befestigung und Wiederholung eines im Unterricht möglichst anhand von Anschauung erarbeiteten Sachverhalts dienen. Die Gegner verwiesen u.a. auf die dadurch notwendige Festlegung der Stoffe und die Gefahr, daß der Lehrer auf eine selbständige Erarbeitung des Stoffes verzichte und den Schülern die Aneignung schließlich selbst überlasse. DÖRPFELD hatte eine „anschaulich-ausführliche“, leichtverständliche Darstellung gefordert, um dem Kompendien- und Leitfadenunwesen zu entgehen. Allerdings wurde von den meisten R.ern gerade diese Forderung nicht erfüllt. Schwieriger sind Anschauung und Prozeß der Erkenntnisgewinnung in Sachgebieten wie der Geographie zu vermitteln. Hier herrschen trockene Texte vor, gelegentlich unterbrochen durch eine emphatische Beschreibung. Mitunter fehlen auch nationalistische Töne nicht: „Die Franzosen sind lebhaft, klug, fleißig und mäßig, aber auch ehrgeizig und leicht erregbar. Sie waren von jeher unsere gefährlichsten Nachbarn.“

(„Realienbuch für Volksschulen" von G. ERB/H. LORCH/JOH. WOLF, II. Teil, [9]1902, S. 9).
Diese Art von R.ern, die sich weitgehend im Volksschulunterricht durchgesetzt hatten, zog sich die Kritik der Arbeitsschulbewegung zu. ALFRED BOGEN („Das Realienbuch der Arbeitsschule, ein Reformvorschlag", 1920) bemängelte, daß die bisherigen Bücher sich in reiner Stoffdarbietung erschöpft hätten und damit keinerlei Aktivität beim Kind weckten. Das neue R. solle dagegen ein Arbeitsbuch sein, das nicht Ergebnisse, sondern Anregungen und Materialien (z.B. Geschichtsquellen) zu Erkenntnisprozessen bietet. BOGENS eigenes „Realienbuch für Berlin. Im Sinne der Arbeits- und Heimatschule, in 3 Heften" (1924) regte z.B. an, Museen zu besuchen, Sammlungen anzulegen, Zeitung zu lesen und auszuwerten, nach populärwissenschaftlichen Darstellungen zu greifen.

Das Sachkundebuch. Die Ablösung des Gesamt- und Heimatkundeunterrichts in der neuen Grundschule durch den Sachunterricht hat heute zu einer neuen Generation von R.ern geführt. Die neuen Grundschulsachbücher verwirklichen eine Reihe von Forderungen der Arbeitsschule. Sie sind durchweg als Arbeitsbücher, meist mit getrennten Arbeitsheften oder -bögen, angelegt. Ein wesentliches didaktisches Prinzip ist die Einübung wichtiger methodischer Verfahren. „Der Schüler muß lernen, Methoden zur Erschließung bestimmter Vorgänge zu entwickeln, bestimmte Verhaltensweisen und Fragestellungen einzuüben" (FRANZ BAHL/GERNOD FAHRENBERGER/GÜNTER SCHOPF: „Arbeitsbuch für den Sachunterricht in der Grundschule", Bd. 3. Lehrerband. [2]1973. S. V). Methoden der Darbietung und Stoffgliederung sind in einzelnen Büchern sehr verschieden. Zum Teil herrscht eine Gliederung nach Fachgebieten, oder Stoffe ganz verschiedener Bereiche werden unverbunden aneinandergereiht. Es bleibt dem Lehrer überlassen, sinnvolle Zusammenhänge zu schaffen. Neu ist in allen diesen R.ern die große Bedeutung gesellschaftlicher Themen. Sie werden allerdings – je nach politischer Ausrichtung – sehr unterschiedlich angegangen, erschöpfen sich einerseits in Institutionenkunde oder versuchen andererseits kritisches Bewußtsein zu wecken. Trotz aller methodischen Raffinesse ist immer noch die Feststellung zutreffend, daß die Darstellungsweise sowohl, was die Abstraktionshöhe als auch den Horizont dessen, was ein Kind erfahren kann, betreffen, nicht ‚kindgemäß' genug ist, sondern, zum Teil zu früh, einseitig intellektuelle Informationen vermittelt wird.

→ Anschauungsbuch, → Elementarbuch, → Enzyklopädie, → Lesebuch, → Nachschlagewerke für Kinder und Jugendliche, → Naturgeschichte im Kinder- und Jugendbuch, → Orbis pictus, → Sachbuch

Sekundärliteratur: A. Bogen: Das Realienbuch der Arbeitsschule. Ein Reformvorschlag (1920). – F. Bünger: Entwicklungsgeschichte des Volksschullesebuches (1898; ND. 1972). – Fr. W. Dörpfeld: Zwei dringliche Reformen im Realunterricht und im Sprachunterricht (1883). – H. J. Frank: Dichtung, Sprache, Menschenbildung. Geschichte des Deutschunterrichts von den Anfängen bis 1945 (1973; TB. Bd. 1–2. 1976). – H. Fechner: Geschichte des Volksschul-Lesebuches (in: C. Kehr (Hrsg.): Geschichte der Methodik des deutschen Volksschulunterrichts. Bd. 1. [2]1887. 122–251). – J. Greßler: Die Reallesebuchfrage auf Grund der Unterrichtspraxis kritisch betrachtet (1885). – F. E. Helm: Geschichte der Methodik des naturgeschichtlichen Unterrichts in der Volksschule (in: C. Kehr (Hrsg.): Geschichte der Methodik des deutschen Volksschulunterrichts. Bd. 2. [2]1888. 133–174). – H. Helmers: Geschichte des deutschen Lesebuchs in Grundzügen (1970). – C. J. Krumbach: Geschichte und Kritik der deutschen Schullesebücher (Diss. 1893).

Martin Hussong

Realismus in der Kinder- und Jugendliteratur

R., bezogen auf die Kinder- und Jugendliteratur, ist die Bezeichnung für eine Stilrichtung, in der es bei Themenauswahl und Darstellungsweise um eine möglichst nahe Anlehnung an die (soziale) Wirklichkeit und ein möglichst genaues Treffen der tagtäglichen Probleme von Kindern und/oder Jugendlichen geht. Der Begriff R. dient in der Kinder- und Jugendliteratur zur Kennzeichnung eines stiltypologischen Phänomens, nicht aber als Epochenbezeichnung.

Realistische Elemente finden sich bei den meisten Gattungen der Kinder- und Jugendliteratur, selbst dort, wo das Phantastische die beherrschende Stilhaltung ist (wie im Märchen, der phantastischen Kinder- und Jugendgeschichte oder in Science Fiction). Über Realitäten an sich will das Sachbuch informieren. Abenteuergeschichten bleiben im Rahmen des Möglichen; andere fiktionale Texte können auch, wie in vielen trivialen Mädchenbüchern, Realistik nur vortäuschen. R. im Bilderbuch, in der Bildergeschichte, zum Teil auch in der neueren Kinderlyrik, steht meist im Dienst umweltzeigender und -klärender Absicht. Stoff, Thema und Fabel ergeben sich aus der Intention, eine gegebene, empirisch faßbare Wirklichkeit zu inszenieren. Die stofflich-thematische Auswahl wie auch die Darstellungsmittel bestimmen sich nach der (pädagogischen) Absicht des Autors; sie richten sich auch nach den Rezeptionsbedingungen der intendierten Zielgruppe (entwicklungspsychologische, soziokulturelle Faktoren).
R. im engeren Sinn ist für eine bestimmte Art der Erzählliteratur charakteristisch: die realistische Kindergeschichte (Umweltgeschichte) und den realistischen Jugendroman. Beide Formen sind seit dem 19. Jahrhundert bekannt, ja zeitweise für die Entwicklung der Kinder- und Jugendliteratur richtungsweisend geworden, denkt man etwa an die vielfach als Modell für einen poetischen R. (HEINRICH WOLGAST) angeführte Erzählung von THEODOR STORM „Pole Poppenspeler" (1872) an die zahlreichen kleinen realistischen Umweltgeschichten von ILSE FRAPAN, ADOLPH JENSSEN, HEINRICH SCHARRELMANN, ALMA DE L'AIGLE und viele andere, in denen es um die literarische Entdeckung der kindlichen realen Umwelt und teilweise auch um die

schon in ihr sichtbar werdenden sozialen Probleme (besonders bei CARL DANTZ und H. SCHARRELMANN) geht. Die auf die Gegenwartsproblematik ausgerichteten Kinderromane der Weimarer Republik weisen – gleich welcher politischen Richtung sie zuzurechnen sind – Elemente des R. auf. Dies gilt von ALEX WEDDINGS „Ede und Unku" (1931), CARL DANTZ' „Peter Stoll" (1925), ERICH KÄSTNERS „Emil und die Detektive" (1929) bis zu KARL ALOYS SCHENZINGERS „Der Hitlerjunge Quex" (1932). Die Autoren geben vor, Realität des politisch gesellschaftlichen Lebens in möglichst wirklichkeitsgetreuer Umweltbeschreibung wiederzugeben. Es ist von besonderer Bedeutung, welcher Art die durch Lektüre vermittelte Realität ist und in welchem Verhältnis sie zur außerliterarischen Wirklichkeit steht. Die neuere realistische Kinder- und Jugendliteratur der späten sechziger, besonders der siebziger Jahre ist problemorientiert und beschäftigt sich vorwiegend mit gesellschaftlicher Wirklichkeit und ihrer kritischen Analyse (z.B. Schule, Zusammenleben in einer Gruppe, soziale und Alltagsprobleme, Berufs- und Arbeitswelt, Sexualität, Dritte Welt). Gegenüber der Anpassungstendenz in einem Großteil der traditionellen Kinder- und Jugendliteratur hebt sich das neuere realistische Kinder- und Jugendbuch mit seinen auf den mündigen Leser gerichteten Zielen ab. Beispiele für realistische Kinderbücher aus den siebziger Jahren sind unter anderem PETER HÄRTLINGS „Das war der Hirbel" (1973), SUSANNE KILIANS „Die Stadt ist groß" (1976), URSULA WÖLFELS „Die grauen und die grünen Felder" (1970) oder auch die textlosen Bildermappen für Kleinkinder von JÖRG MÜLLER „Alle Jahre wieder saust der Preßlufthammer nieder" (1973) und „Die Zerstörung einer Stadt" (1976). Innerhalb der Jugendromane sind unter den zahlreichen Beispielen zu nennen WOLFGANG GABELS „Orte außerhalb" (1976), CHRISTINE NÖSTLINGERS „Ilse Janda, 14" (1974), FRANK GÖHRES „Gekündigt" (1974), HANS-GEORG NOACKS „Rolltreppe abwärts" (1970), LEONIE OSSOWSKIS „Die große Flatter" (1977). Erhellung der eigenen, gegenwärtigen Wirklichkeit, Entwicklung von Problembewußtsein, Kritikfähigkeit, aktive Teilhabe am gesellschaftlichen Leben sind Ziele, die das neuere realistische Jugendbuch mit einem Großteil der neueren zeitgeschichtlichen und politischen Jugendliteratur verbindet. Darstellungsprobleme ergeben sich aus der Notwendigkeit, die Komplexität gesellschaftlicher Wirklichkeit vereinfacht abzubilden; es besteht die Gefahr eines verengten oder verzerrten Bildes der Wirklichkeit. Im Blick auf das Ziel, den Leser zur Auseinandersetzung mit der Realität und zur Mitarbeit bei der Lösung von Konflikten anzuregen, setzt das demonstrierende, appellierende, provozierende oder agitierende Darstellen spezifische Akzente der Wirklichkeitsvermittlung.

Die beim neueren realistischen Jugendbuch vielfach anzutreffende offene Form, die der Unabgeschlossenheit der Realität entspricht, soll den (in der gleichen Wirklichkeit lebenden) Leser zum Fragen und zu eigenen Lösungsvorschlägen ermuntern. Diese didaktische Absicht ist dem grundsätzlichen Ziel zuzuordnen, mit Literatur kritisch und produktiv umgehen zu lernen. Verstärkt wird die Eigentätigkeit des Lesers gefordert, wenn die Wirklichkeitsdarstellung sich der dokumentarischen Methode bedient, die von sich aus keine Lösung anbietet oder vorformt. Zur offenen Form kann eine spannende, beim Kinderbuch meist lineare Handlung hinzutreten, mit der dem Leser auch gesellschaftliches, psychologisches, historisches, politisches und geographisches Sachwissen vermittelt wird. Dieses steht jedoch im Dienst der Aufgabe, dem jungen Leser für eine verbesserungsbedürftige Wirklichkeit Orientierungshilfen zu geben. Über diesem didaktischen Ziel darf aber auch das realistische Kinder- und Jugendbuch das Bedürfnis des Lesers nach Unterhaltung, Vergnügen und Spaß nicht außer acht lassen.

Der R.-Begriff spielt auch in den traditionellen Richtungen der Jungleserkunde eine Rolle, und zwar sowohl bei entwicklungspsychologischer Betrachtung, indem man hier von einer „realistischen Lesephase" spricht, wie auch bei der Lesertypologie, wo von einem „realistischen Lesertyp" die Rede ist.

→ Arbeitswelt, → Aufklärung, sexuelle, → Biedermeier, → S. Kilian, → Rassenkonflikte in der Kinder- und Jugendliteratur, → Realienbuch, → Realistische Kindergeschichte, → Sachbuch, → Sexualaufklärung im Kinder- und Jugendbuch, → Umweltgeschichte

Sekundärliteratur: A. Cl. Baumgärtner: Gesellschaftspolitische Tendenzen im modernen Jugendbuch (in: Jugendliteratur in einer veränderten Welt. 1972. 57–67). – M. Dahrendorf: Gesellschaftliche Probleme im Kinderbuch (in: H. Ide (Hrsg.): Projekt Deutschunterricht. 1. 1971. 1–25); Soziologische Aspekte der Kinder- und Jugendliteratur (in: Jugendliteratur und gesellschaftliche Wirklichkeit. 1974. 27–52); Anmerkungen zum gegenwärtigen Stand der Kinder- und Jugendliteratur in der BRD (in: M. Dahrendorf: Literaturdidaktik im Umbruch. Aufsätze zur Literaturdidaktik, Trivialliteratur, Jugendliteratur. 1975. 259–279). – Kl. Doderer: Neue Trends in der westdeutschen Kinder- und Jugendliteratur (in: Die Horen. 1977. 108. 42–44). – A. Gutter: Umweltgeschichte und realistisches Jugendbuch (in: R. Bamberger (Hrsg.): Trends in der modernen Jugendliteratur. 1969. 93–108). – H. Chr. Kirsch: Aufgaben und Chancen der Kinder- und Jugendbuchautoren in der sich wandelnden Gesellschaft (in: Jugendliteratur in einer veränderten Welt. 1972. 150–160). – S. Lichtenberger: Das realistische Kinderbuch (in: G. Haas (Hrsg.): Kinder- und Jugendliteratur. Zur Typologie und Funktion einer literarischen Gattung. 1974. 242–263). – K. E. Maier: Jugendschrifttum. Formen, Inhalte, pädagogische Bedeutung (⁷1973). – W. Scherf: Emanzipatorische und gesellschaftspolitische Tendenzen in der Kinder- und Jugendliteratur (in: Jugendliteratur und gesellschaftliche Wirklichkeit. 2. Jahrbuch des Arbeitskreises für Jugendliteratur. 1974. 53–77); Die zeitgeschichtliche und politische Jugendliteratur (in: G. Haas (Hrsg.): Kinder- und Jugendliteratur. Zur Typologie und Funktion einer literarischen Gattung. 1974. 392–414). – U. Wandrey: Realistisches Schreiben. Neun Fragen zum Kinder- und Jugendbuch (in: Jugend und Buch. 23. 1974. 2. 18–21 und 3. 14–23). – W. J. M. Wippersberg: Erziehung zur Realität. Oder: Warum ich Kinderbücher schreibe (in: Jugend und Buch. 20. 1971. 3. 1–5).

Theodor Karst

Realistische Kindergeschichte

Unter r. K. wird gewöhnlich eine Erzählung verstanden, die von Kindern handelt, diese und deren Umwelt möglichst wirklichkeitsgetreu zu treffen versucht und hauptsächlich Kindern vom Erstlesealter bis etwa zum 10. Lebensjahr zugedacht ist. Die Intention der realistischen Darstellung unterscheidet die r. K. von der phantastischen Kindergeschichte, die das Außergewöhnlich-Phantastische bewußt verwendet. R. K. und Umweltgeschichte sind verwandte Begriffe.

Die Leser der r. K. und leserbedingte Stilformen. Die Themen, Funktionen und Darstellungsmittel der r. K. werden wesentlich von den Seins- und Rezeptionsbedingungen der Alterszielgruppe bestimmt. Nach den Erkenntnissen der entwicklungspsychologisch orientierten Jungleserkunde befinden sich die Leser dieser Gattung der Kinder- und Jugendliteratur in einer Übergangszeit, die als Schritt vom Märchen- (4. bis 8./10. Lebensjahr) zum Robinsonalter (10. bis 12. Lebensjahr) – nach CHARLOTTE BÜHLER (1893–1974) – oder als Wandel von der märchenhaften (6. bis 8. Lebensjahr) zur sachbetonten (9. bis 10. Lebensjahr) – nach ELISABETH SCHLIEBE-LIPPERT (* 1898) – und auch als Übergang von der magisch-realistischen (etwa 5. bis 8. Lebensjahr) zur realistischen Phase (etwa 8. bis 11. Lebensjahr) – so KARL ERNST MAIER (* 1920) – bezeichnet wird. Diese in den Altersangaben durchaus variable, im wesentlichen in die Grundschulzeit fallende, durch soziokulturelle Faktoren verschiebbare Entwicklungsphase ist gekennzeichnet durch eine Hinwendung zur Außenwelt, die als Sachumwelt und als fremdmenschlicher Bereich erfaßt wird. Nach lesertypologischer Zuordnung wird, wie RICHARD BAMBERGER (* 1911) angeführt hat, realistische Lektüre von einem realistischen Rezipiententyp bevorzugt, der sich besonders während der märchenhaften und in der sachbetonten Phase ausprägt.

Die formale Gestaltung der r. K. wird bestimmt vom entwicklungspsychologischen Stand, von der sprachlichen Fähigkeit und der Lesefertigkeit der vorwiegend sieben- bis zehnjährigen Leser. Die Sachverhalte werden in der Regel in Geschehnis- und Handlungszusammenhänge erlebnishaft dargeboten. Innerhalb der Rezipienten-Altersspanne läßt sich unterscheiden zwischen einer einfachen Form für Leseanfänger (bis etwa 9 Jahre) und der r. K., die gegenüber dieser im Umfang, in der sprachlichen Differenzierung und in der Intensität der Problementfaltung eine Steigerung aufweist.

Den Leseanfängern angemessen sind Reihengeschichten: In einfacher, überwiegend parataktischer Sprachform wird eine begrenzte Erzähleinheit in mehreren kleineren Einzelgeschichten, die meist durch die gleichen Personen zusammengehalten werden, dargeboten. Nach diesem Rezept verfahren auch viele Fibeln. Da die Hauptgestalt hier meist jünger als der Leser oder gleichaltrig ist, kann er – in vergnüglicher Lektüre – angesichts deren Fehlverhalten seine eigene Weltsicherheit steigern. Geschichten, die dem jahreszeitlichen Ablauf folgen, und Reisegeschichten, die im Dreischritt von einer vertrauten Umgebung in eine neue Umwelt und wieder zurückführen, dienen ebenfalls der Wirklichkeitserkennung; hier lernt der Leser zwar Probleme kennen, erfährt aber auch deren Lösung, so daß mit dem Ende der Geschichte die Welt wieder in Ordnung ist. Größere inhaltliche Komplexität, die Darstellung von Konfliktsituationen im potentiellen Erfahrungsbereich des Kindes, der Verschiedenartigkeit der Menschen und die Entfaltung von Problemaspekten des modernen Lebens beanspruchen auch komplexere Darstellungsformen: größere Erzähleinheiten, Differenzierung auch durch zunehmende Hypotaxe, Vermittlung auch des Denkens und Fühlens der Handelnden. Eine überschaubare Handlungsstruktur, eine gute Gliederung, übersichtlicher Druck und Illustrationen sind leserorientierte Merkmale für alle Altersstufen der r. K.

Themen, Darstellungsmittel, Formen. Aus der realitätserschließenden Funktion ergeben sich die hauptsächlichen Themenbereiche, die überwiegend in der Erfahrungsmöglichkeit des Kindes liegen. Breiten Raum nimmt die Familie ein: Erlebnisse, Probleme, Konflikte mit den Eltern, Geschwistern, Verwandten. Die Darstellung alterstypischer Reaktionen (z. B. ein Kind bekommt Geschwister; die Eltern lassen sich scheiden) führt den Leser über die Identifikationsfigur zur Auseinandersetzung mit dem Problem. Begegnungen mit außerfamiliären Gemeinschaftsformen (Spielgruppe, Schule) werden spätestens mit Schuleintritt wichtig und erweitern das soziale Bezugsfeld des Kindes. Eine besondere Rolle spielt dabei der Außenseiter (z. B. behindertes oder Gastarbeiterkind). Überwiegt der sachlich-gegenständliche Aspekt, so tendiert die r. K. zur Vorform des erlebnishaft gestalteten Sachbuchs (z. B. Verkehr, Arbeitswelt). Auch Tiergeschichten können, sofern sie dem Kind Wirklichkeit erschließen, der r. K. zugezählt werden. Ihr nahe steht auch die humorvolle, aufdeckende Detektivgeschichte.

Für die Bewertung der pädagogischen Absicht bzw. Wirkung der r. K. sehr wichtig ist das Maß der Realitätsdarstellung und die Art ihrer Bewältigung durch die kindliche Hauptfigur. Neigte das Kinderbuch, auch wenn es gesellschaftliche Wirklichkeit thematisierte, im 19. und bis in die sechziger Jahre des 20. Jahrhunderts zur Idealisierung und Harmonisierung, so ist es heute vielfach bestrebt, Realität möglichst unverfälscht wiederzugeben. Gesellschaftliche Probleme, soziale Mißstände, Vorurteile, Ungerechtigkeiten sind herausragende Themen der modernen r. K. Die solche Themen demonstrierenden Handlungen spielen nicht immer nur in der unmittelbar erfahrbaren Umwelt des Kindes; die Schauplätze können auch in fernen Ländern liegen, doch wird dabei nicht so sehr das Andersartige herausgestellt als vielmehr die den Kindern überall gemeinsamen Erfahrungen und Probleme. Dabei bietet oft auch die Familie nicht mehr die Geborgenheit, die frühere Kindergeschichten kannten. Auch der Tod, im 19. Jahrhundert zumeist als Hinübergleiten in eine schönere Welt dargestellt, ist nun

Teil einer Welterfahrung, die ohne endgültige Sicherheit und Geborgenheit auskommen muß. Solche Geschichten mit überwiegend harter Wirklichkeitsdarstellung sind durch eine psychologisch-realistische Stillage gekennzeichnet. Hier sind zwei Stilrichtungen in der Gegenwart feststellbar, deren Befürwortung oder Ablehnung zu heftigen Fehden unter den Fachleuten geführt haben. Eine kleinere Gruppe von Autoren der r. K. besteht auf naturalistischer Härte, weil sie sich der wirklichkeitsgetreuen Darstellung der Mit- und Umwelt des Kindes verpflichtet weiß. Hierher gehören etwa „Das war der Hirbel" (1973) von PETER HÄRTLING oder auch die Kurzgeschichten URSULA WÖLFELS in „Die grauen und die grünen Felder" (1970) sowie viele Kindergeschichten von SUSANNE KILIAN. Die größere Gruppe von Autoren sucht jedoch noch bei realistischer Umweltzeichnung nach einem versöhnlichen Ausgang, um so dem angenommenen Wunsch des Kindes nach einer liebenswerten und geordneten Welt erfüllen zu können. Diesem Bedürfnis entsprechen vor allem Geschichten, in denen Humor und Optimismus überwiegen. Da diese Merkmale besonders in traditionellen Kinderbüchern skandinavischer Autoren, wie z.B. bei ASTRID LINDGREN in ihren Bullerbü-Erzählungen, zu finden sind, läßt sich von einem skandinavischen Stil der r. K. reden. Aber auch ERICH KÄSTNERS „Das doppelte Lottchen" (1949) kann zu dieser Gruppe gerechnet werden.

Im Blick auf die Ausbildung eines positiven Welt- und Lebensverständnisses bietet die r. K. für die von ihr dargestellten Probleme Lösungen oder Lösungsmöglichkeiten an, die der junge Leser über die Identifikationsfigur nachvollzieht, oder die ihm als Reflexionsmaterial angeboten werden. Die Solidarität einer Gemeinschaft Gleichaltriger gegenüber einer kinderfeindlichen Umwelt zu zeigen, ist ein bevorzugtes pädagogisches Ziel in der älteren und neueren r. K. (z.B. ERICH KÄSTNER: „Emil und die Detektive", 1928; GÜNTHER FEUSTEL: „Kinderstreik in Santa Nicola", 1970; DOKTOR GORMANDER: „Als die Kinder die Macht ergriffen", 1969 u.a.m.). Allgemeine Konflikte und Probleme werden aus leserpsychologischen Gründen im Schicksal einer Gruppe aufgezeigt. Realitätsdarstellungen in der sogenannten antiautoritären oder gesellschaftskritisch besonders engagierten Kinderliteratur neigen dazu, für gesellschaftliche Konfliktsituationen vom lesenden Kind selbst Lösungen finden zu lassen oder phantastisch übersteigerte, auf die Wirklichkeit aufgesetzte Lösungen anzubieten.

Funktion der r. K. Die r. K. vermittelt dem Kind ein Bild seiner Wirklichkeit als sachlich-technische, menschliche und gesellschaftliche Umwelt; sie belehrt und führt zu Einsichten in Konflikt- und Problembereichen. Indem sie den Blick auf die Außenwelt lenkt, leistet sie auch einen Beitrag zur Auseinandersetzung des jungen Menschen mit der Welt, in der er seinen Standort zu gewinnen sucht. Indem die r. K. belehrende und aufklärende Absichten verfolgt, gewinnt sie den Charakter pädagogischer Gebrauchsliteratur, die durch dargestellte Exempel auf das Leben des jungen Lesers Einfluß nehmen will.

Neben dieser psychologischen und gesellschaftlichen Funktion, insbesondere im Blick auf die Ich-Ausbildung und Sozialisation, stellt die r. K. für den jungen Leser ein Stück Literatur dar, deren Rezeption Freude und Spaß macht und zum Nachdenken anregt. Zur literarpädagogischen Funktion im engeren Sinn gehört auch, daß das Kind Ausdrucksmöglichkeiten sprachlicher Wirklichkeitserfassung und -darstellung kennenlernt. In der Entwicklung des jungen Menschen zum Leser ist die r. K. ein Bindeglied vom Märchen- zum Jugendbuch und zur Erwachsenenliteratur.

→ Detektivgeschichte, → Kriminalgeschichte als Kinder- und Jugendliteratur, → Realismus in der Kinder- und Jugendliteratur, → Sachbuch, → Tierbuch, → Umweltgeschichte

Sekundärliteratur: R. Bamberger: Jugendlektüre. Jugendschriftenkunde, Leseunterricht, Literaturerziehung (1955, [2]1965). – M. Dahrendorf: Gesellschaftliche Probleme im Kinderbuch (in: H. Ide (Hrsg.): Projekt Deutschunterricht. 1. 1971. 1–25). – Kl. Doderer: Realistische Kindergeschichte (in: Kl. Doderer (Hrsg.): Jugendliteratur heute. Eine Querschnittsanalyse des Jahrgangs 1964. 1965. 21–23). – E. Erl: Lektüre für Kinder und Jugendliche. Orientierungshilfen (zus. mit W. Erl, 1973). – A. Gutter: Umweltgeschichte und realistisches Jugendbuch (in: R. Bamberger (Hrsg.): Trends in der modernen Jugendliteratur. 1969. 93–108). – S. Lichtenberger: Das realistische Kinderbuch (in: G. Haas (Hrsg.): Kinder- und Jugendliteratur. Zur Typologie und Funktion einer literarischen Gattung. 1974. 242–263). – K. E. Maier: Jugendschrifttum. Formen, Inhalte, pädagogische Bedeutung ([7]1973). – W. Psaar: Spiel und Umwelt in der Kinderliteratur der Gegenwart. Ein Beitrag zur Literaturdidaktik in der Grundschule (1973). – U. Wandrey: Realistisches Schreiben. Neun Fragen zum Kinder- und Jugendbuch (in: Jugend und Buch. 23. 1974. 2. 18–21 und 3. 14–23). – W. J. M. Wippersberg: Erziehung zur Realität. Oder: Warum ich Kinderbücher schreibe (in: Jugend und Buch. 20. 1971. 3. 1–5).

Theodor Karst

Rebau, Heinrich

*(d.i. Christian August Gebauer; auch unter dem Ps. Al. Bauer). Jugend- und Volksschriftsteller; *28.8.1792 Knobelsdorf/Sachsen, † 16.11.1852 Tübingen.*

Der in der Fürstenschule in Meißen erzogene R. war dort nach der Schulzeit als Lehrer tätig. Ab 1818 war er Professor der Philosophie an einem Bonner Gymnasium. 1820 wurde R. Hofmeister bei dem Prinzen SAYN-WITTGENSTEIN; die Trennung erfolgte bereits Ende 1820. Von da an versuchte sich R. als freier Schriftsteller, Redakteur und – wenig erfolgreich – als Herausgeber von Zeitschriften. Stationen seines Lebens als freier Schriftsteller sind Mannheim (1821), Stuttgart (1825), Karlsruhe (1831) und Tübingen (ab 1848). Seine letzten Lebensjahre waren von materieller Not geprägt. Er starb fast vergessen, jedoch erlebten die für Kinder geschriebenen naturgeschichtlichen Bücher mehrere Auflagen bis in die achtziger Jahre des vergangenen Jahrhunderts hinein.

Werk, Tendenzen, Wirkung. R. war ein außerordentlich fruchtbarer Autor; nach der Gedichtsammlung „Veilchenkranz" (1811) erschien bis zu seinem Tod eine Fülle von Dichtungen, Nachdichtungen, Anthologien, religiösen Erbauungsschriften und Jugendschriften, darunter populärwissenschaftliche Naturgeschichten für die Jugend. Trotz des mehrfach geäußerten Vorwurfs des Plagiats war R.s Ansehen als Jugendbuchautor beträchtlich. „Der teutsche Jugendfreund" von 1834 z.B. wurde auf Anraten J. P. Hebels zur Lektüre für die Schulen des Großherzogtums Baden empfohlen.

Die populärwissenschaftlichen Jugendschriften R.s sind Ausdruck eines von emotionaler Religiosität geprägten Natur- und Weltbildes. Der Vorspruch zur „Naturgeschichte für die deutsche Jugend" von 1827 ist kennzeichnend für diese Haltung: „Zwei Bücher sind dir aufgethan, / Die Liebe Gottes zu zeigen an; / Sie heißen Bibel und Natur! / In beiden erkennst du seine Spur, / In Wort und Werk, mit Geist und Sinn: / So geh', und lies recht fleißig drinn!" Bibel und Natur sind Quellen eines Wissens, das in deutlich spürbarer didaktischer Absicht vermittelt wird. Im Vorwort zum „Schmetterlingsbüchlein" von 1843 spricht R. die Intention aus, mit seiner Schrift die Tatenlust der Jugend zu „nützlichen Dingen" abzulenken. Die Stilhaltung ist eine Mischung von detaillierter Beschreibung (unter anderem im „Schmetterlingsbüchlein") und anekdotenhaftem Erzählton (unter anderem bei exotischen Tieren). In der „Naturgeschichte für die deutsche Jugend" erscheint der Mensch als Vertreter der ersten Ordnung der Säugetiere unter der Bezeichnung „Säugetiere mit zwei Händen". Die Frau wird als an Körper- und Geisteskraft Unterlegene dargestellt. Bei der detaillierten Beschreibung des menschlichen Körpers und seiner Organe werden die Geschlechtsorgane ausgespart.

Die „belehrenden und unterhaltenden" Jugendschriften R.s sind gekennzeichnet durch die Sprache der bürgerlichen Idylle und Gefühlsinnigkeit. Das Verhältnis Mutter–Kind entspricht dem Klischeebild des 19. Jahrhunderts: „Die Mutter saß im Schlafkämmerlein neben der Wiege des holden Säuglings, und sang ihn in den Schlummer" („Jugend-Bibliothek zur Bildung des Geistes und Herzens", 1831). Die Kindheit erscheint als sorglose Zeit der Unschuld und Geborgenheit im Schoß der Familie; dem entspricht die von den Kindern geforderte Dankbarkeit den Eltern gegenüber. Die Familie ist Ort der Pflege christlicher Tugenden. Sorgen und Leid sind in der göttlichen Vorsehung aufgehoben, und Erde und Himmel werden in einem frommen und heilen Weltbild dem Menschen gleichermaßen als Heimat zugewiesen. „Innere Zufriedenheit" und „Genügsamkeit" werden als die dem Menschen adäquate Haltung empfohlen; die Sorge um die materiellen Bedingungen der Existenz soll Gott anheimgestellt werden. Häufig verfällt R. in einen moralisierenden und mitunter väterlichen Ton bei der Anrede des jungen Lesers. Der Heranwachsende wird dem bürgerlichen Arbeitsethos verpflichtet; so wird der „Teutsche Jugendfreund" als Lektüre nach der Tagesarbeit empfohlen. „Sich und andern zu nützen", ist der Sinn menschlicher Tätigkeit. Die moralisierende Tendenz R.s zeigt sich auch bei seinen Märchennachdichtungen. Die „Mährchen und Erzählungen aus Tausend und eine Nacht" will er von „giftigen Blumen" reinigen. Deutlich spürbar ist die Neigung, die Märchenmoral zu christlicher Gottergebenheit umzudeuten. Bei der Schilderung geschichtlicher Ereignisse, der Wiedergabe kunstgeschichtlicher, wirtschaftlicher und topographischer Fakten („Jugend-Bibliothek zur Bildung des Geistes und Herzens", 1831) zeigt R. in lebendiger und anschaulicher Darstellung eine Art von gelassenem und heiterem Patriotismus. Vaterlandsliebe und Frömmigkeit gehen noch in ungetrübter Weise ineinander auf. H. Heines Anmerkung zu Gedichten von R. („Der gemütliche Gebauer gibt uns hier vier Gedichte, recht

Sieh mächtiger Sultan die Prinzessin ist völlig gesund

Der Kupferstich des anonymen Illustrators zeigt eine Szene zu dem orientalischen Märchen „Das Zauberpferd", das dem 1843 in Reutlingen bei Fleischhauer und Spohm erschienenen Kinderbuch „Die schönsten und lehrreichsten Märchen und Erzählungen aus Tausend und eine Nacht" entnommen ist. Die Sammlung wurde von dem unter dem Pseudonym „H. Rebau" schreibenden Kinderbuchautor Christian August Gebauer zusammengestellt und bearbeitet.

herzig, recht hübsch") ist zweifellos eine treffende Charakterisierung.

Werke: Der rheinländische Kinderfreund (1824); Der teutsche Jugendfreund. Zur Belehrung und Unterhaltung für Knaben und Mädchen (Bd. 1–6. 1823, [4]1837); Naturgeschichte für die deutsche Jugend (1825); Naturgeschichte für die deutsche Jugend (1827); Parabeln oder Gleichnisse zur Bildung des jugendlichen Geistes und Herzens (1828); Der kleine deutsche Jugendfreund (1838); Volksnaturgeschichte (1838); Der schwäbische Kinderfreund (1840); Das erste Lesebuch für Kinder (1840); Die merkwürdigen Säugethiere nach ihren Ordnungen (1841); Schmetterlingsbüchlein (1843); Die schönsten und lehrreichsten Mährchen und Erzählungen aus Tausend und Eine Nacht (1843); Kleines Fabelbuch (1848); Käferbüchlein (1849); Geschichten aus der Tierwelt (1850).

Hrsg.: Jugend-Bibliothek zur Bildung des Geistes und Herzens (1831).

Sekundärliteratur: G. Heinemann: Heine und Gebauer (in: Heine-Jahrbuch. 1972. 11. 110–116).

Inge Wild

Réber, László

*Ungarischer Graphiker, Kinderbuchillustrator; *21.5.1920 Budapest.*

Die Kinder- und Jugendjahre verbrachte R. auf dem Lande, vor allem in der Provinzstadt Pécs. 1938 zog die Familie nach Budapest.

Werk, Tendenzen, Wirkung. Die künstlerische Begabung R.s – er ist Autodidakt – entwickelte sich in den Jahrzehnten der Nachkriegszeit. Die ersten Erfolge erlangte er als Karikaturist. Dieser Kunstart blieb er auch später treu: er arbeitete für satirische Wochenblätter und machte in den Jahren 1951–1953 Zeichentrickfilme. Als Kinderbuchillustrator trat er 1953 mit der Illustration einer Volksmärchensammlung in die Öffentlichkeit. Von dieser Zeit an interessierte sich R. immer mehr für Bilderbücher, die er hauptsächlich im Auftrag des Jugendbuchverlags Móra anfertigte. Die Bilder, die er zu dem in Budapest erschienenen Buch des Sowjetautors Jurij Olescha (A három kövér) herstellte, wurden 1963 im Klingspor-Museum in Offenbach/Main gezeigt. Die von R. illustrierten Bücher von Erwin Turcsányi (Nyolclábú vadászok, 1964; dt. Das achtbeinige Wunder der Spinne, 1966) und László Arany (A kis kakas gyémánt félkrajcára, 1971; dt. Der goldene Pfennig, 1973) wurden 1972 mit silbernen Medaillen ausgezeichnet. Den größten Erfolg errang R., als das mit Éva Janikovszky (*1926) gemeinsam gestaltete Kinderbuch „Ha én felnőtt volnék" (1965; dt. Große dürfen alles", 1972) 1973 den Deutschen Jugendbuchpreis gewann. Das Buch handelt von einem Kind – stellvertretend für alle Kinder –, das darüber nachdenkt, wie schwer es ist, ein Kind zu sein, und wie viel besser und leichter es die Erwachsenen haben. Dem Künstler ist es gelungen, die spezielle Beziehung zwischen Kind und Erwachsenen mit echtem Humor und im Einklang mit dem Text visuell darzustellen. In demselben Jahr erschien von beiden Autoren das Bilderbuch „Velem mindig történik valami" (1972; dt. Mir passiert immer etwas, 1973). Diese zwei Bilderbücher sowie viele andere gemeinsame Schöpfungen von Janikovszky und R. wurden in zahlreiche Sprachen übersetzt und fanden breite Leserkreise.

Für die graphische Kunst von R. ist charakteristisch, daß sie sich aus der Karikatur entwickelt hat. Seine einfallsreichen, humorvollen Bilder und Bildreihen kommentieren den illustrierten Text originell, suggestiv und mit einfachsten Mitteln. R. arbeitet mit großer Sorgfalt, die sich nicht nur in der zeichnerischen Formulierung, sondern auch in der Planung der Bücher und der Gestaltung der Typographie ausdrückt. Erst nach vielen Vorstudien und Skizzen beginnt er, den Bildern die endgültige Form zu geben. Seine Bücher und graphischen Blätter wurden in zahlreichen Ausstellungen gezeigt, so in Brünn (1966), Bratislava (BIB 1967, 1971, 1975), Bologna (Jugendbuchmesse 1969–1975), Budapest und Esztergom (1976). Für seine Buchgraphiken wurde R. 1967 mit dem Munkácsy-Preis ausgezeichnet.

→ E. Janikovszky

Werke: L. Réber: Hurdy-gurdy (1958); L. Réber: Strick um Hals und Sträußchen dran (1962); J. Olescha: A harom kövér (1963); É. Janikovszky: Te is tudod? (1963; dt. Weißt du es auch?, 1965); L. Réber: Ganz die Eltern (1964); E. Lázár: A kisfiú meg az oroszlánok (1964; dt. Auf Petis Hof sind Löwen, 1969); E. Turcsányi: Nyolclábú vadászok (1964; dt. Das achtbeinige Wunder der Spinne, 1966; auch u.d.T.: Achtbeinige Jäger, 1970); É. Janikovszky: Ha én felnőtt volnék (1965; dt. Wenn ich nicht mehr klein bin, 1971; auch u.d.T.: Große dürfen alles, 1972); É. Janikovszky: Akár hiszed, akár nem (1966; dt. Ob du's glaubst oder nicht, 1972); E. Turcsányi: A vizek akrobatái (1966; dt. Akrobaten des Wassers, 1968); É. Janikovszky: Felelj szépen, ha kerdeznek! (1968; dt. Antworte schön, wenn du gefragt wirst, 1974); É. Janikovszky: Bertalan és Barnabás (1969; dt. Balthasar und Barnabas, 1969); L. Arany: A kis kakas gyémánt félkrajcárja (1971; dt. Der goldene Pfennig, 1973; auch u.d.T.: Der güldene Pfennig des Hähnchens, 1973); É. Janikovszky: Velem mindig történik valami (1972; dt. Mir passiert immer etwas, 1973).

Béla Tóth

Rebus

Das R. (auch der R.) ist ein Bilderrätsel. Einzelne Bilder und Zeichen sind solcherart zusammengestellt, daß aus deren Lautwert ein Wort, mehrere Wörter, ein Satz, z.B. ein Sprichwort, erraten werden kann.

Der Name R. rührt von Fastnachtsscherzen der Studenten her, die – besonders in der Picardie um 1600 – solche Bilderrätsel über komische Vorfälle zusammenstellten und diese „de rebus quae geruntur" („über die Dinge, die geschehen", d.h. Tagesgeschichten) nannten. R.se wurden auch auf politischen Flugblättern aus der ersten Zeit des Dreißigjährigen Krieges benutzt. Im R. werden Ausdrücke, aus denen sich irgend ein anderes Wort herausschälen läßt, oder solche, die an ähnlich klingende Wörter unterschiedlicher Bedeutung erinnern, benutzt. Z.B. steht das Bild eines Widders anstelle des

Rebus aus dem 17. Jahrhundert. Entnommen dem 1685 in Augsburg gedruckten Band „Geistliche Herzens-Einbildungen Inn Zweihundert und Fünfzig Biblischen Figur-Sprüchen angedeutet" von Melchior Mattsperger.

Wortes „wider" oder auch „wieder". Verben und Substantive werden also durch eine bildliche Darstellung ersetzt (Bild einer Sonne = Sonne). So entsteht eine eigene Bilderschrift, die dekodiert werden soll. Das Repertoire an Zeichen blieb lange Zeit bis heute recht konstant.
Obwohl die frühen Bilderrätsel nicht für Kinder oder Jugendliche konzipiert waren, erstreckte sich die Publizität auch auf den Kreis jugendlicher Betrachter. Die älteste Sammlung von R.sen sind Bodenehrs „Geistliche Herzens-Einbildungen in 250 bibl. Figurensprüchen angedeutet" (Augsburg 1685, neue Ausgabe um 1720). Spätere Beispiele aus dem 18. und 19. Jahrhundert sind unter anderem die „Sittensprüche des Buchs Jesus Sirach für Kinder und junge Leute aus allen Ständen mit Bildern, welche die vornehmsten Wörter ausdrucken" (Nürnberg 1784) sowie Heinrich Hoffmanns „Im Himmel und auf der Erde" (1858).

→ Rätsel

Sekundärliteratur: J. O. Delepierre: Essai historique et bibliographique sur les rébus (1870). – F. R. Hoffmann: Grundzüge einer Geschichte des Bilderräthsels (1869). – L. Volkmann: Von der Bilderschrift zum Bilderrätsel (in: Zeitschrift für Bücherfreunde. N.F. 18. 1926. 4./5. 65–82).

N. N.

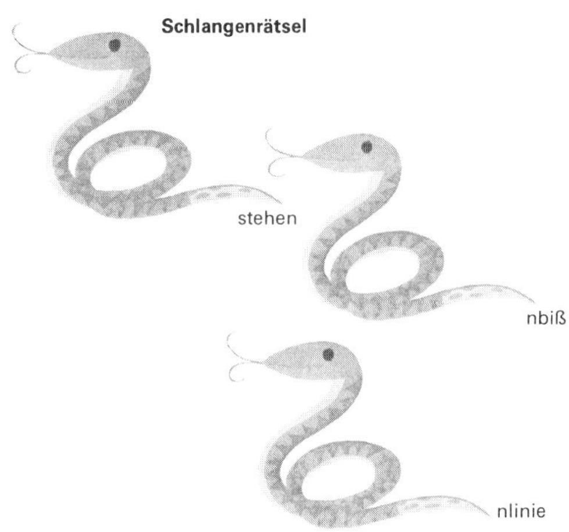

Ein Rebus aus dem Kinderbuch „100 Tropfen" des tschechischen Künstlers Zdenek Adla (Berlin-Ost 1978; Tschechische Ausgabe „100 Kapek" 1977)

Recheis, Käthe

*Österreichische Schriftstellerin, Verfasserin zahlreicher Kinder- und Jugendbücher; * 11.3.1928 Engelhartszell/Oberösterreich.*

R., das vierte Kind eines Landarztes, verbrachte ihre Kindheit in einem kleinen oberösterreichischen Dorf. Sie besuchte die Volksschule in Hörsching und legte ihr Abitur an einem Gymnasium in Linz ab. In der Folge arbeitete sie als Redaktionssekretärin, und von 1956 bis 1961 leitete sie das österreichische Büro einer internationalen katholischen Organisation zur Betreuung von Auswanderern. 1961 gab R. ihre bisherige Tätigkeit auf, um mehr Zeit zum Schreiben zu haben. Ihr erstes Buch „Kleiner Adler und Silberstern" (1961) eröffnete eine Reihe sachlich fundierter Indianerbücher, einem thematischen Schwerpunkt ihrer Arbeit, der sich aus den völkerkundlichen und persönlichen Interessen der Autorin ergab. R. erhielt zahlreiche Ehrungen für ihr Werk. Viele ihrer Kinder- und Jugendbücher wurden mit dem Jugendbuchpreis der Stadt Wien oder dem Österreichischen Staatspreis für Jugendliteratur ausgezeichnet. In den Jahren von 1961 bis 1976 konnte sie mehr als 14 Buchpreise entgegennehmen, unter anderem für „Kleiner Adler und Silberstern" (1961), „Red boy" (1967), „Martin und die Regengeister" (1971), „Kleiner Bruder Watomi" (1974). Ihre beiden Bücher „Der kleine Biber und seine Freunde" (1963) und „Sinopah und das Pony" (1963) standen 1964 auf der Auswahlliste zum Deutschen Jugendbuchpreis.

*Käthe Recheis (*1928)*

Werk, Tendenzen, Wirkung. Das von R. vielfach bearbeitete Thema Indianer ist für sie ein „Symbol der geheimen Sehnsucht des zivilisierten Menschen nach dem einfachen, noch im Einklang mit der Natur stehenden Leben". Zentrale Figur in all diesen Büchern ist der Einzelgänger, der Furchtsame, der Träumer. Die befreiende Tat sichert ihm zwar soziales Ansehen, zu innerem Frieden vermag er aber erst zu kommen, wenn die eigensüchtigen Motive oder der Verstoß gegen die allgemein anerkannten Normen den Betroffenen eingestanden sind. In „Die Hunde Wakondas" (1964), einer Episode aus der Geschichte der Dakota-Indianer, wird in knappem Realismus die Lebensbewältigung in einer archaischen Welt gezeigt. Im „Fallensteller am Bibersee" (1972) gestaltet die Autorin die Reifung eines weißen Jungen in der kanadischen Wildnis. Im Buch „Der weite Weg des Nataiyu" (1978) zeigt R. am Beispiel des Schicksals eines Blackfeet-Jungen, wie das von den „Freunden der Indianer" aufgebaute System von Indianerschulen dazu beitrug, Identität und Selbstbewußtsein der Indianer zu zerstören. Mit der Kinder-Tiergeschichte „Der kleine Biber und seine Freunde" (1963) und dem Bilderbuch „Kleiner Bruder Watomi" (1974), illustriert von Monika Laimgruber, gelangen R. zwei erfolgreiche Erzählungen für kleinere Kinder. Autobiographisches wird in dem Buch „Das Schattennetz" (1964) thematisiert, das auf der Geschichte ihres Vaters basiert, der nach Kriegsende kranke aus einem Konzentrationslager befreite Juden betreute und dann selbst am Fleckfieber starb. Dieses „document humain" gilt als „eines jener ganz seltenen Dokumente, in denen sich die Redlichkeit des Gewissens bekundet angesichts der größten Katastrophe unserer nahen Vergangenheit" (Friedrich Heer).

In „Martys irischer Sommer" (1974) zeigt R., eingebettet in die poetische Schilderung der Irlandfahrt des jungen Mädchens Marty, wie die Begegnung mit dem Maler und Herumtreiber Toby deren Mutter erst zur Partnerschaft mit dem Vater reifen läßt. In „London, 13. Juli" (1975) schildert R., die selbst vom Land und der Mentalität der Iren angetan ist, das andere Gesicht Irlands. Am Beispiel der fünfzehnjährigen Noreen, die in Kontakt mit Terroristen kommt, will die Autorin einerseits Verständnis dafür wecken, daß die Iren aus den Erfahrungen ihrer Geschichte heraus zur Gewalt gegriffen haben, andererseits aber zeigen, daß Gewalt ihren eigenen Gesetzen folgt und Probleme nicht lösen kann.

R., die oft als eine „poetische Realistin" bezeichnet wird, hinterläßt dort den nachhaltigsten Eindruck, wo sie das Gleichgewicht von poetischer Ausprägung und realistischer Schilderung findet.

Werke: Kleiner Adler und Silberstern (1961); Pablito (1962); Tiki und die kleine weiße Ziege (1962); Der kleine Biber und seine Freunde (1963); Sinopah und das Pony (1963); Das Schattennetz (1964); Die Hunde Wakondas (1964); 66 + 1 im Bächerhaus (1966); Das Blockhaus am Minnewanna (1966); Red boy (1967); Der kleine Schäferhund (1967); Nikel der Fuchs (1968); Mia Maria und der Maler (1970); Das graue Eselchen oder Wie man Freunde findet (1971); Martin und die Regengeister (1971); Fallensteller am Bibersee (1972); Professor, du siehst Gespenster (1973); Martys irischer Sommer (1974); Kleiner Bruder Watomi (1974); London, 13. Juli (1975); Kleiner Adler (1975); Der weite Weg des Nataiyu (1978).

Hrsg.: Das große Fabelbuch (1965); Sagen aus Österreich (1970); Die Uhr schlägt Mitternacht (1976); 99 Minutenmärchen (1976, zus. mit Fr. Hofbauer).

Sekundärliteratur: R. Bamberger (Hrsg.): Der Österreichische Jugendschriftsteller und sein Werk (1965).

Peter Schneck

Rechlin, Eva

*(d.i. E. Bartoschek-Rechlin). Schriftstellerin, Kinder- und Jugendbuchautorin; * 17.9.1928 Prillwitz/Mecklenburg.*

R., die als Pastorentochter geboren wurde, stellte bereits früh literarische Versuche an. Sie verbrachte mit vier Geschwistern Kindheit und Jugend im Mecklenburgischen, zuerst in Prillwitz, später in Pinnow bei Schwerin. 1945 brach sie den Besuch eines Mädchengymnasiums ab. Ursprünglich wollte R. Tropenärztin werden, begann aber zu schreiben und lebt seit 1950 als freie Schriftstellerin und Mitarbeiterin bei Rundfunk, Fernsehen, Film, Musik- und Sprechtheater in Berchtesgaden. Sie ist verheiratet und hat einen Sohn. Einzelne ihrer Buchtitel wurden ins Finnische, Katalanische, Niederländische, Schwedische und Afrikaans übersetzt.

Werk, Tendenzen, Wirkung. Ihre „selten glückliche, reiche und manchmal geradezu idyllische Kindheit" (Selbstaussage) gab zunächst Stoff und Motivhintergrund für Erzählungen wie „Eveline und die anderen"

(1955) und „Die Töchter“ (1960). Jedoch schon mit 20 Jahren schrieb R. eine „Pädagogik der frühen Jugend“ unter dem Titel „Die kleinen Geheimnisse“ (1953), die sich, eigentlich nicht als Kinderbuch konzipiert, lange auf dem Markt behauptete. Lebensbejahung, Natürlichkeit und intensive Verbundenheit mit Mensch und Landschaft des mitteldeutschen Raums bestimmen R.s Oeuvre. Unaufdringlich fließt in ihr genrereiches Gesamtwerk christlich-protestantische Tradition und Denken ein. Hohe ethische Ideale spiegelt ihre Erzählung „Tonki soll leben“ (1955), die 1956 als erstes deutsches Kinderbuch auf der Ehrenliste des Hans-Christian-Andersen-Preises auftauchte. Dieses Buch wurde mit dem „Kleinen Prinzen“ von Antoine de Saint-Exupéry verglichen. Die autobiographisch beeinflußten Bücher bevorzugen die Darstellung geordneter Familienverhältnisse und eines harmonischen menschlichen Zusammenlebens. Neben dem psychologisierenden Mädchen- und Jugendroman wandte sich R. auch Lebensbeschreibungen weiblicher Heiligengestalten zu. Der Drang zur literarischen Aufarbeitung von Kindheits- und Jugenderlebnissen blieb lange ein Antrieb für ihr schriftstellerisches Schaffen. Daneben bestimmten märchen- und abenteuerhafte, aber auch religiös-verinnerlichende Themenkreise und phantastisch-orientalische Erzählstoffe ihre Arbeit. Impulse zu ihren unterschiedlichen Arbeiten empfängt R. vielfach von außen, in Form von Auftragsarbeiten für Handpuppenbühnen, Fernsehen, Verfilmungen, Hörfunkserien. Mit wenigen Ausnahmen, etwa dem Bericht über die Jugend zur Zeit des Hitler-Regimes in „Vaterland, deine Kinder“ (1963), zeigt sie besondere Vorliebe für Verstexte, die nicht selten durch verschiedene Medien vermittelt werden oder gibt ursprünglich fürs Fernsehen Zugeschnittenes als Buch heraus („Tankstelle Kaleschke“, 1973). Die „Krischan“-Geschichten (1971), die sich großer Beliebtheit bei Rundfunkhörern erfreuten, wurden von der Gute-Nacht-Sendung „Nachtwächter Spinning“ (1964–1970) noch an Publizität übertroffen. Dutzende ihrer Lied- und Chansontexte wurden vertont und im Fernsehen aufgeführt sowie auf Schallplatten gepreßt. Seit 1975 verlegte sich R. auf geistliche Chansons. In Zusammenarbeit mit Cesar Bresgen entstanden außerdem Musiktheaterstücke für junges Publikum.

Werke: Die Schatzsucher aus der Gustergasse (1952); Die kleinen Geheimnisse (1953); Das große Abenteuer des kleinen Schakal (1954); Der Mond kommt von Finnland (1954); Wie Gott die Welt erschuf (1954); Wir steuern das Schiff zu dritt (1954); Eveline und die andern (1955); Der liederliche Ferdinand (1955); Tonki soll leben (1955); Das Osterfest des kleinen Salah (1956); Der Stern der Armen (1956); Für einen Groschen Glück (1956); Jobia geht zur Krippe (1956); Christof und Johanna (1957); Martin und sein Herr (1957); Die Weihnachtskarawane (1957); Ahimeh (1958); Ibrahims Weihnachtsgeschenk (1958); Wie Noah in die Arche ging (1958); Die Arche Noah (1959); Vom Mondmichel, der Piepsmaus und den Teufelchen (1959); Ein Spiel zum Muttertag (1959); Die Töchter (1960, [4]1965, TB. 1973); Heut' wandern wir zum Zoo (1961); Till und Tina im Gebirge (1963); Hafengasse Nr. 8 (1963); Das Schiff in den Wolken (1963); Vaterland, deine Kinder (1963); Rot – gelb – grün (1965); Barbara (1965); Der Kinderkönig (1965); Quartier im Pastorat (1966); Drops (1967); Eine Schneckenreise. – Mäuse schlafen (1967); Katharina, Karin (1967); Dick-Zuviel weiß zuviel (1969); Dominique, junger Gast aus Frankreich (1969); Kall und der Zauberer (1970); Das Ungeheuer von Klippeneiland (1970); Der Weihnachtsweg (1970); Krischan-Geschichten (1971); Windstoß aus Jerusalah (1971); Wiedersehen in St. Malo (zus. mit C. Bartoschek, 1971); Der grüne Hurrikan (1972); Krischan und Katinka (1972); Dick-Zuviel nascht zuviel, putzt zuviel, knallt zuviel (1973); Ein Huhn mit zwei was legt drei was? (1973); Komm, es geht los: Stimmen haben Wind und Tier (1973); Komm, es geht los: Eine Woche Liralaura (1973); Tankstelle Kaleschke (1973); Bébé Bernadette: kleiner Gast aus Saint Malo (1974); Es verschwanden Karpfen, Truthahn und Gans (1974); In der Minute, die jetzt ist (1974); Spiel in der Hütte: von verschiedenen Arten, Weihnachten zu feiern (1974); Die Legionäre: ein Spiel vom Leid in der Welt und seiner Überwindung (1975); Etwas wie Freundschaft oder mehr (1976); Hafis: Kleines Musiktheater für junge Leute (1976); Schlittenfahrt in Wesenberg (1976).

Sekundärliteratur: R. Bamberger: Eva Rechlin (in: Jugendlektüre. [2]1965. 310–314).

Hans Gärtner

Reding, Josef

*Autor von Fernseh-, Hör- und Laienspielen, Kurzgeschichten und Erzählungen für Kinder und Jugendliche, Laienpriester, Dokumentarist; * 20. 3. 1929 Castrop-Rauxel.*

R. wurde durch die Kriegswirren mit seinen Eltern aus dem Ruhrgebiet ins Elsaß, an den Bodensee und nach Bayern evakuiert und kam als 15jähriger noch zum „Volkssturm“. Nach dem Krieg bestand R. das Abitur und arbeitete dann in einer Betonierkolonne, um Mutter und Geschwister zu ernähren. In dieser Zeit veröffentlichte er bereits seine ersten Jugendbücher. Später studierte R. Germanistik, Anglistik und Psychologie an deutschen und amerikanischen Universitäten. 1956, nach einem einjährigen freiwilligen Aufenthalt im Grenzdurchgangslager Friedland, erschien seine „Chronik einer Heimkehr“. Sechs Jahre nach seiner ersten Buchveröffentlichung erhielt er 1958 den Förderpreis des Landes Nordrhein-Westfalen. R. arbeitete wiederholt in Hungergebieten der Dritten Welt. Seine Erfahrungen schlugen sich in einigen Erzählungen und Kurzgeschichten sowie in Dokumentationen nieder. 1961 wurde er Stipendiat der Villa Massimo in Rom. Seit 1965 hat er seinen Wohnsitz in Dortmund. Bereits als Mitglied der „Gruppe 61“ wurde R. 1969 der Kogge-Literaturpreis der Stadt Minden und der Annette-von-Droste-Hülshoff-Preis verliehen. 1973 wurde er Mitglied der westdeutschen Sektion des PEN-Clubs.

Werk, Tendenzen, Wirkung. Vier Jugendbücher standen am Anfang der literarischen Karriere R.s, geschrieben in einer Zeit, in der er selbst noch Jugendlicher war. Bereits in „Trommlerbub Ricardo“ (1954) wird die Haltung deutlich, die sein Werk charakterisiert: die „Liebe zum geringsten Bruder“. So ist „Friedland –

Chronik einer Heimkehr" (1956) eine sozialkritische Studie, in der er als Chronist gesellschaftliche Außenseiter in den Mittelpunkt stellt. In einer Trilogie von Kurzgeschichtenbänden dokumentiert R. Ende der fünfziger Jahre die Erlebnisse während seines Studienaufenthaltes in den USA. In New Orleans lebte er mit Farbigen zusammen, hatte Kontakt zum Mitarbeiterkreis MARTIN LUTHER KINGS und nahm an Aktionen gegen Rassendiskriminierung teil.

R. liegt daran, mit seinen Geschichten an einzelne Menschen „heranzukommen". Die Einsamen, Kranken und Alten in unserer Gesellschaft, aber auch die Aussätzigen und Hungernden der Dritten Welt stehen im Mittelpunkt seines Schaffens. Seine Eindrücke, die er während seiner Aufenthalte in den Ländern der Dritten Welt empfing, beschreibt er in den Bänden „Zwischen den Schranken" (1967) und „Weltmacht Hunger" (1966). In dem als Jugendsachbuch in die Auswahlliste des Deutschen Jugendbuchpreises aufgenommenen Werk „Weltmacht Hunger" wird die Frage gestellt, ob die reicheren Länder nur die Gebenden seien. Hier macht sich R.s Bekenntnis zur christlichen Nächstenliebe bemerkbar, auch wenn er betont auf die Bedeutung der Entwicklungshilfe der Kirchen hinweist.

In seinen Berichten und Kurzgeschichten ist stilistisch der Einfluß der amerikanischen „short story" zu erkennen. Er erzählt zielstrebig, ohne Abschweifung dem Höhepunkt der Handlung entgegen, der gleichzeitig die Lösung des Konflikts enthält. Dies will er von ERNEST HEMINGWAY, JOHN DOS PASSOS, WILLIAM FAULKNER und WILLIAM SAROYAN, aber auch von CHARLES DICKENS und WILLIAM THACKERAY gelernt haben.

In seiner literarischen Sprache und Thematik wurde R. zudem durch seine Umgebung geprägt. „Menschen im Ruhrgebiet – Berichte, Reden, Reflexionen" (1974) vermittelt Realität durch die Unmittelbarkeit der Sprache, durch einfaches Umgangsdeutsch des Ruhrgebiets. R. gefällt Sprache, wenn sie „in ihrem Wesen knapp, herb, bruchstückhaft ist. Eine Männersprache. Kaum überbietbar an Direktheit".

Aus dem Amerikanischen übersetzte R. Jugendbücher, und mit Kurzgeschichten, Satiren und Essays beteiligte er sich an Anthologien anderer Herausgeber und Autoren. In jüngster Zeit widmete er sich Texten für ganz junge Leser, die er in den Bänden „Gutentagtexte" (1974) und „Ach- und Krachtexte" (1976) zusammenfaßte. Als „Texte zum Wachmachen, Lachenmachen und Sachenmachen" sollen sie in einer gleichnishaften Sprache komplizierte Tatbestände verständlicher machen. Die Themen reichen von Scheidung über Warenhausdiebstahl bis zur Rassendiskriminierung. Für Kinder sollten allerdings nicht künstlich Probleme geschaffen werden, da es einen Raum gäbe, „in dem auch etwas unmotiviert und unproblematisch passiert". R. will nicht Unterhaltung zum Selbstzweck, vielmehr als Mittel, seine Aussagen – Appelle zu Humanität und Nächstenliebe – dadurch lesbarer machen. Von den 34 „Gutentagtexten" sind 22 gereimt; der Band ist von PAUL REDING, dem Bruder des Schriftstellers, illustriert. R.s Hauptanliegen in diesem Werk ist, Heldenideale – seien es allzu mächtige Vaterfiguren oder Kriegshelden – der Kritik und nicht der leichtfertigen Identifikation zugänglich zu machen. Die Texte sollen in Schulklassen bearbeitet, ihr Schluß im Klassengespräch problematisiert werden. R., nach dem religiösen Bekenntnis in seinem Werk, auch in seinen Kinderversen, befragt, antwortet: „Wenn ich überzeugend darstelle, wie einem diskriminierten Farbigen, einem ausgenutzten Gastarbeiter, einem mißhandelten Kind Unrecht geschieht, dann ist das mein Versuch, von einigen der Zehn Gebote etwas weiterzusagen".

Werke: Silberspeer und Roter Reiher (1952); Trommlerbub Ricardo (1954); Froschmänner und Feuerspringer (1955); Friedland – Chronik einer Heimkehr (1956); Nennt mich nicht Nigger (1957); Höllenpfuhl Sargasso (1957); Der spanische Winter (1958); Wer betet für Judas? (1958); Die Harlem Story (1960); Allein in Babylon (1960); Der Tod auf der Straße (1960); Die Minute des Erzengels (1961); Josef Redings Erfindungen für die Regierung (1962); Die Jäger kommen zurück (1963); Papierschiffe gegen den Strom (1963); Reservate des Hungers (1964); Wir lassen ihre Wunden offen (1965); Leih mir dein Ohr, kleiner Prinz (1966); Zwischen den Schranken (1967); Ein Scharfmacher kommt (1967); Die Stunde dazwischen (1969); Das stumme Geschenk (1972); Treffen ohne Tannengrün (1972); Die Anstandsprobe (1973); Weihnachten und 364 (1973); Menschen im Ruhrgebiet – Berichte – Reden – Reflexionen (1974); Gutentagtexte (1974); Kurs auf Sargasso. 4 junge Dänen nehmen Kurs auf den größten Schiffsfriedhof aller Jahrhunderte (1975); Löschtrupp Larry fällt vom Himmel (1975); Der geheimnisvolle Señor dos Santos (1975); Pestkahn „Stella Maris" (1975); Tim, König der Rodeos (1975); Froschmänner in Florida (1976); Warnsignal (1976); Ach- und Krach-Texte (1976); Polizeieinsatz in Alaska (1977).

Sekundärliteratur: M. Bourrée: Der leidende Satiriker (in: Test. Zeugnisse studentischer Sozialarbeit. 3. 1962. 1. 39–41). – A. Lenhard: Josef Reding und seine „Gutentagtexte" (in: Das gute Jugendbuch. 26. 1976. 1. 1–10); Interview mit Josef Reding (in: Das gute Jugendbuch. 27. 1977. 2. 55–58). – J. Reding: Liebe zum geringsten Bruder – Selbstporträt (in: K. Ude (Hrsg.): Besondere Kennzeichen. 1964. 141–143).

Wolfgang Schneider

Reich, Károly

*Ungarischer Graphiker, Kinderbuchillustrator; * 8. 8. 1922 Balatonszemes.*

R. stammt aus einer armen dörflichen Familie. Der Vater war Wagner auf einem Gutshof. Der junge R. besuchte die sechsklassige Volksschule, wurde Taglöhner und arbeitete in der Forstwirtschaft, später als Lehrling, dann als Dekorateur und Werbefachmann in einem Geschäft. Zur Illustration von Bilder- und Kinderbüchern gelangte er nach einem Studium an der Hochschule für Kunstgewerbe in Budapest, dort vor allem bei den bekannten Künstlern JENŐ HARANGHY und GYÖRGY KONECSNI. Seit 1948 lebt er als selbständiger Künstler in Budapest.

Werk, Tendenzen, Wirkung. Die latent vorhandene künstlerische Begabung spornte R. schon als Kind an, die dörfliche Welt, die ihn umgab, zu zeichnen. Werkzeuge, Geräte, Blumen, Bäume und Tiere waren Gegenstände dieser Versuche, merkwürdigerweise aber keine Menschen, obwohl gerade die Menschengestalt für die graphische Tätigkeit des reifen Künstlers charakteristisch ist. Am Anfang seiner Laufbahn als Graphiker lag der Schwerpunkt seiner Tätigkeit auf der Film- und Plakatgestaltung. Aber die Liebe zur Natur, das Interesse an den heranwachsenden Menschen und seine reiche Phantasie veranlaßten R., seine Begabung in den Dienst der Kinderbuchillustration zu stellen. Als erstes illustrierte er Verse von SÁNDOR PETŐFI: „Arany Lacinak" und JÁNOS ARANY: „A nemzetőr dala", (1948). Danach folgten 1959 Bilder zu einer bulgarischen Märchensammlung und den Fabeln des Dichters IWAN ANDREJEWITSCH KRYLOW (1768–1844). Nach dem Erfolg dieser Veröffentlichungen bei Kritik und Publikum wandte sich R. endgültig der Kinderliteratur zu. Zweimal erhielt er den Munkácsy-Preis, 1963 den Kossuth-Preis, 1973 bekam er den Titel „Verdienter Künstler", 1975 „Hervorragender Künstler der ungarischen Volksrepublik".

Das Kunstwerk soll nach Meinung R.s die Kinder in ihrer Entwicklung fördern, ihnen Freude bereiten und sie befähigen, für das Schöne empfänglich zu werden. Diese Ziele versuchte er besonders in den Illustrationen zu den Werken des großen ungarischen Schriftstellers des 20. Jahrhunderts FERENC MÓRA zu erreichen. Die außerordentliche Sensibilität MÓRAs für die Psyche der Kinder und deren Probleme harmonieren mit der Lebensauffassung und der humanistischen Einstellung R.s. Ähnliche gestalterische Tendenzen enthalten auch die Zeichnungen, die er zu den Jugendbüchern ungarischer Klassiker wie FERENC MOLNÁR, ZSIGNOMD MÓRICZ und GÉZA GÁRDONYI verfertigte. Zu seinen besten Werken zählt das Bilderbuch „Das goldene ABC". Es wurde mit der Goldmedaille ausgezeichnet und in viele Sprachen übersetzt. Auch die mit MAGDA DONÁSZY gemeinsam gestalteten Märchen in Versen (Madaras karácsonyfa) zeigen die enge Beziehung R.s zur Volksliteratur. In dieser Hinsicht sind die Illustrationen zu den zwei Märchensammlungen „A bőbeszédű teknősbéka" und „A hegyi szellem" (in der Reihe Märchen der Völker, hrsg. von GYULA ORTUTAY) und zu den ausgewählten Tiermärchen (dt.: Tiermärchen der Brüder GRIMM, LUDWIG BECHSTEIN und aus 1001 Nacht. Hrsg. von BARBARA GEHRTS, 1970) besonders gelungen. Ausstellungen der künstlerischen Werke von R. fanden in Budapest (1963, 1972), Berlin (1972) und Sofia (1976) statt.

Werke: M. Donászy: Arany ABC (1961); F. Molnár: A Pál utcai fiúk (1964); J. Attila: Lángos csillag (1965); B. Lengyel: Volt egy gólyám (1966); I. Pákolitz: Igazzságos Mátyás (1966); U. Wölfel: Das goldene ABC (1966); E. Gazdag: Itt a tavasz (1967); B. Gehrts (Hrsg.): Tiermärchen (1970); K. Reich: Was ist das (1971); K. Reich: Das goldene 1×1 (1971); K. Reich: Aljoscha und der Hecht. Nach einem russischen Volksmärchen erzählt von G. Schneider (1972); Fr. Hofbauer: Das goldene Buch der Tiere im Wald und auf der Wiese (1974); H. Hüttner: Das goldene Buch der Tiere (1975).

Sekundärliteratur: É. T. Aszódi: Károly Reich (in: Bookbird. 1972. 1. 71–73).

Béla Tóth

Reichardt, Johann Friedrich

*Komponist, Musikschriftsteller und politischer Publizist; *25.11.1752 Königsberg, †27.6.1814 Giebichenstein bei Halle.*

R., als Sohn eines Lautenisten geboren, studierte in Königsberg und Leipzig Jurisprudenz und Philosophie, nahm gleichzeitig Kompositionsunterricht bei HOMILIUS und wurde von JOHANN ADAM HILLER gefördert. 1775 ernannte ihn FRIEDRICH II. in Berlin zum Hofkapellmeister. Er unternahm Kunstreisen nach Italien, Frankreich und England und wurde 1794 nach Erscheinen seiner „Vertrauten Briefe" wegen revolutionsfreundlicher Gesinnung aus dem Amt entlassen. Danach lebte er in Hamburg, wo er das Journal „Frankreich" herausgab, und anschließend als Salinendirektor in Halle, wo sein Haus Treffpunkt romantischer Dichter und Musiker wurde. 1808 war er für kurze Zeit Hofkapellmeister JÉRÔME BONAPARTES in Kassel, ging 1809 nach Wien, zog sich aber bald nach Giebichenstein bei Halle zurück.

Werk, Tendenzen, Wirkung. R. ist als Komponist durch Singspiele („Jery und Bätely"), Oratorien, Kantaten und Instrumentalmusik hervorgetreten und veröffentlichte rund 30 Opern und Liederspiele, eine von ihm geschaffene Kompositionsform und Musikgattung, die er 1803 zuerst in Deutschland einführte. Besonderen Ruhm erlangte R. durch seine Vertonungen von Texten KLOPSTOCKS, SCHILLERS und GOETHES, der ihn sehr hoch schätzte. Von den über 700 Liedern, die er geschaffen hat, sind einige volkstümlich geblieben: „Schlaf, Kindchen, schlaf", „Wach auf, meins Herzens Schöne", „Bunt sind schon die Wälder". Die vier bzw. zwei Bände vertonter GOETHE- und SCHILLER-Dichtungen (116 bzw. 46 Lieder), die in den Jahren 1809–1811 erschienen, sind sein bedeutendstes musikalisches Vermächtnis. Trotzdem ist R. als Musikschriftsteller bekannter geworden. Er „gehört nicht nur mit vielen seiner Lieder, sondern auch mit einer beträchtlichen Zahl seiner literarischen Äußerungen zu den führenden Vertretern der deutschen Aufklärung" (SIEGMUND-SCHULTZE, S. 28). Wie kein zweiter seiner Zeitgenossen in Deutschland hat er sich bemüht, die Musik in die bürgerliche Aufklärungskultur einzufügen. Er bedachte Möglichkeit und Notwendigkeit einer musikalischen Erziehung der Gesellschaft, in deren Zusammenhang ihm auch das Liedgut für Kinder und Jugendliche wichtig wurde. Unter seinen zahlreichen Liedersammlungen befinden sich „Lieder für Kinder" (1781), „Wiegenlieder für gute deutsche Mütter" (1798) und „Lieder für die Jugend" (1799). In einem Aufsatz hat sich R. 1781 über die „Anwendung der Musik bei der frühen Erziehung" ausgesprochen.

Unter Hinweis auf die Griechen forderte R., daß bei der Erziehung mehr Gebrauch von der Musik, „der so mächtigen, unfehlbaren Lenkerin weicher Herzen", gemacht werden sollte. Er verstand dabei unter Musik den „einfachen, volkmäßigen, versbelebenden Gesang", von dem man ihm zufolge „nicht früh genug Anwendung machen" könne. Die frühe Verwendung der Musik begründete R. sowohl psychologisch wie ethisch: „jede Schilderung der Natur, jede Bewunderung und Anbetung für ihren Schöpfer, jede Aufmunterung zu Wahrheit und Güte" dringt mit der so definierten Musik und gesangsweise „so viel tiefer ins Herz" und haftet darin um so lebendiger. Selbstverständlich kann die Ton- und Gesangskunst diese „Beherzigung" nicht aus eigenen Kräften leisten. R. betont vielmehr ausdrücklich Wert und Gewicht der Wortschöpfung: „Der Dichter muß da freilich vorarbeiten; muß bestimmte, genaue und treffende Schilderungen geben, richtige Begriffe und guten Willen wecken, kurz, alles tun, was der Tonkünstler nicht vermag". Als Muster derart gelungenen Zusammenwirkens nennt R. Joachim Heinrich Campes „Kleine Kinderbibliothek", die in zwölf Bändchen von 1779 bis 1784 erschien, ein Unternehmen, das R. zufolge der Jugend „noch ganz fehlte und das unbeschreiblich viel Gutes wirken kann". Die Menge der darin enthaltenen „zweckmäßigsten sangbaren Gedichte" hat R. mit der „möglichsten Simplicität" in Musik gesetzt und mit Melodien versehen, die „Kinder auch ohne die geringste Kenntnis der Musik oder von irgendeinem musikalischen Instrument leicht fassen und behalten" oder auch als Klavier-Etüden gebrauchen konnten. Auf seine Weise hat R. etwas von der für Dichter erhobenen Forderung Gottfried August Bürgers verwirklicht, um des angesprochenen Publikums willen auf Popularität der Poesie abzuzielen.

Werke: Über die deutsche comische Oper (1774); Briefe eines aufmerksamen Reisenden, die Musik betreffend (Bd. 1–2. 1774–1776; NA. 1976); Leben des berühmten Heinrich Wilhelm Gulden, nachher genannt Guglielmo Enrico Fiorino (1779; NA. 1967); Lieder für Kinder (1781); G. F. Händels Jugend (1785; NA. 1959); Studien für Tonkünstler und Musikfreunde (1793); Musikalischer Almanach (1796); Wiegenlieder für gute deutsche Mütter (1798); Lieder für die Jugend (1790); Napoleon Bonaparte und das französische Volk (1804–1806); Offene Briefe des Freiherrn Arminius von der Eiche und seines Leibjägers Hans Heidekraut (1806); Vertraute Briefe, geschrieben auf einer Reise nach Wien und den Österreichischen Staaten zu Ende des Jahres 1808 und zu Anfang 1809 (Bd. 1–2. 1810. NA. 1915).

Hrsg.: Musikalisches Kunstmagazin (1782–1791); Musikalisches Wochenblatt (1791–1792); Berlinische musikalische Zeitung (1805–1806).

Sekundärliteratur: H. Dennerlein: Johann Friedrich Reichardt und seine Klavierwerke (1930). – M. Faller: Johann Friedrich Reichardt und die Anfänge der musikalischen Journalistik (1929). – F. Flößner: Beiträge zur Reichardt-Forschung (Diss. 1928). – G. Hartung: Reichardts Entlassung (1961); Reichardt als Schriftsteller und Publizist (Diss. 1964). – F. Jenkel: Reichardt. Ein deutscher Komponist als politischer Schriftsteller im Zeitalter der französischen Revolution (Diss. 1919). – C. Lange: J. Fr. Reichardt (1902). – E. Neuss: Das Giebichensteiner Dichterparadies. J. Fr. Reichardt und die „Herberge der Romantik" (1932). – W. Pauli: Johann Friedrich Reichardt, sein Leben und seine Stellung in der Geschichte des deutschen Liedes (1903). – R. Proepper: Die Bühnenwerke Johann Friedrich Reichardts (1965). – W. Salmen: Herder und Reichardt (1960); Johann Friedrich Reichardt, Komponist, Schriftsteller, Kapellmeister und Verwaltungsbeamter der Goethezeit (1963). – H. M. Schletterer: Johann Friedrich Reichardt. Sein Leben und seine Werke (1865). – P. Sieber: Johann Friedrich Reichardt als Musikästhetiker (1930). – W. Siegmund-Schultze: Reichardt (1954). – R. Steig: Die Familie Reichardt und die Brüder Grimm (in: Euphorion. 15. Ergänzungsheft. 1923. 15–54). – H. Wahl-Reinhardt: Johann Friedrich Reichardt (Diss. 1947). – W. Zentner (Hrsg.): Johann Fr. Reichardt. Eine Musikerjugend im 18. Jh. (1940).

Wolfgang Promies

Reiche, Dietlof

*Jugendbuchautor; *31.3.1941 Dresden.*

Vier Jahre seiner Kindheit verlebte R. in einem Dorf bei Nördlingen (Ries), der Stadt, die zum Schauplatz seines Romans „Der Bleisiegelfälscher" wurde. Die höhere Schule besuchte er in Königstein (Taunus). Von 1961 bis 1970 war R. Berufsoffizier, erhielt ein Stipendium, studierte Maschinenbau an der Technischen Hochschule in Darmstadt und wurde Diplomingenieur. Anschließend arbeitete R. als wissenschaftlicher Mitarbeiter an einem Hochschulinstitut für Ergonomie. Nach einer Zeit der Arbeitslosigkeit und nach Aufnahme eines Zweitstudiums (Soziologie) begann R. zu schreiben. Bereits sein erstes Buch „Der Bleisiegelfälscher" (1977) wurde 1977 mit dem Oldenburger Kinder- und Jugendbuchpreis und 1978 mit dem Deutschen Jugendbuchpreis ausgezeichnet.

Werk, Tendenzen, Wirkung. R.s historischer Roman „Der Bleisiegelfälscher" spielt in der Freien Reichsstadt Nördlingen im Jahr 1613. Authentisch, in einer Akte überliefert, ist die Geschichte des Lodenwebers Kratzer, der wegen Fälschens von Bleisiegeln, den Gütezeichen der Stadt Nördlingen für ihre Lodenstoffe, zum Tode verurteilt und hingerichtet wurde. Nach Quellenstudien in dem Nördlinger Stadtarchiv setzte R. diesen Fall in eine detail- und handlungsreiche sozialhistorische Erzählung um.
Kratzer und die anderen kleinen Lodenmeister und Gesellen leben am Rand des Existenzminimums. Um zu überleben und mehr Loden verarbeiten und verkaufen zu können, fälschen sie die Gütesiegel. Die Handelsherren tolerieren die Übertretung der Zunftordnung, da sie auf diese Weise größere Gewinne erzielen. Erst als von „ausländischen" Abnehmern Fälschungen aufgedeckt werden, muß der gute Ruf und das Preisniveau des geschätzten Nördlinger Loden wiederhergestellt werden. Um die Beachtung der Zunftordnung nach außen hin zu dokumentieren, soll ein Sündenbock verantwortlich gemacht und exemplarisch bestraft werden. Dieser wird in dem wegen seiner offen demokratischen Haltung ohnehin unbequemen Lodenmeister Kratzer gefunden. Kratzer gesteht nach Folterungen die Fälschungen zwar ein, wird aber durch das Aufdecken der

*Dietlof Reiche (*1941)*

Hintergründe der Korruption und von Namen angesehener Rats- und Handelsherren zu gefährlich, was zur Vollstreckung seines Todesurteils führt. Daran kann auch sein Geselle Martin – Identifikationsfigur des Buches –, der die Lodenmeister und Gesellen der Stadt vergeblich zum Widerstand gegen diese Machtwillkür aufruft, nichts mehr ändern.
R. beschreibt in diesem Roman Geschichte aus der Sicht des kleinen Mannes, aus der Perspektive der Beherrschten. Dadurch werden die Auswirkungen gesellschaftlicher Konflikte und Ungerechtigkeiten auf die Unterdrückten und sozial Schwachen deutlich. R.s engagiertes Herausarbeiten von Machtverhältnissen und Verhaltensstrukturen erhält eine aktuelle Bedeutung, wenn der Leser für Recht und Unrecht sensibilisiert wird: „Aber die Geschichtlichkeit des eigenen täglichen Lebens erkennen heißt: Begreifen, daß es veränderbar ist" (D. Reiche). Die Aufarbeitung historischer Themen in der Kinder- und Jugendliteratur kann zwar als ein Trend der ausklingenden siebziger Jahre angesehen werden, R.s „Bleisiegelfälscher" ist aber sicher ein Vorreiter einer neuen sozialkritischen Auseinandersetzung mit der Geschichte. Anerkennung hat auch das erzählerische Können des Autors dieses umfangreichen Werkes (423 Seiten) gefunden. In der Begründung der Hauptjury des Deutschen Jugendbuchpreises heißt es unter anderem: „Psychologie und Soziologie der Hauptfiguren sind glaubwürdig getroffen, der Erzählstil hält die Balance zwischen historischem Thema und gegenwartsbezogener Aufbereitung".

Werke: Der Bleisiegelfälscher (1977); Der verlorene Frühling (1979).

Detlef Ram

Reidel, Marlene

*Malerin, Graphikerin, Kinderbuchillustratorin und -autorin; * 20. 12. 1923 Landshut/Bayern.*

R. ist das älteste von sieben Kindern einer Landarbeiterfamilie. Sie wuchs auf dem Einödhof Krottental in Niederbayern auf. Zunächst erlernte sie das Keramikerhandwerk, bis sie bei den Professoren Hans Gött und Josef Oberberger an der Akademie der Bildenden Künste München zehn Semester studierte. Seit 1948 ist R. mit dem Bildhauer Karl Reidel verheiratet. Mit sechs Kindern lebt das Künstlerehepaar in Kummhausen bei Landshut. 1958 wurde sie mit dem Deutschen Jugendbuchpreis ausgezeichnet, 1965 erhielt sie den Kulturpreis Ostbayerns.

Werk, Tendenzen, Wirkung. Nach kunstgewerblichen Arbeiten und Illustrationsversuchen gelang R. 1957 der Durchbruch mit dem Bilderbuch „Kasimirs Weltreise", für das sie ein Jahr später den Sonderpreis für das beste Bilderbuch im Rahmen des Deutschen Jugendbuchpreises erhielt. Der Band, bald auch als Lizenzausgabe bei der Büchergilde Gutenberg erschienen, errang ein Jahr später auch Erfolge in den USA und trug 1961 den „Afrikaans Jugendbuchpreis" davon. Das Märchen vom Dreikäsehoch Kasimir, der vom Mond auf Reisen mitgenommen wird, „überzeugte durch seine großzügige Gestaltungsweise, die leuchtenden Farbtafeln und die handfeste Materialnutzung, die der farbige Linolschnitt hergibt". H. Künnemann sprach von „kindgemäßer Fabelführung" und „zyklischem Aufbau der Erzählung", wies aber auch auf die inhaltlichen Schwächen und die „Brüchigkeit der Handlungsführung und der benutzten Motive" hin (a.a.O. S. 159f.). Ungeachtet des weltweiten Erfolges ging R. als Kinderbuchillustratorin und -texterin stets ihre eigenen Wege. Bis heute hält sie unbeirrt an traditionell-volkstümlichen, ländlich-idyllischen Elementen fest, die ihr graphisches Schaffen, auch außerhalb des Kinderbuchmetiers (Bühnenbilder für das Hamburger Schauspielhaus 1959, 1960; Holzschnittserien für das Bayerische Fernsehen 1961–1964; künstlerische Ausstattungen von Kirchen und öffentlichen Gebäuden u.a.) kennzeichnen. R.s Schöpfungen sind im Zusammenhang mit altbairischem Volkstum, kerniger Bukolik und naiven Empfindungen für ursprünglich-naturhaftes Gewachsensein zu sehen. Durch ihr Verhältnis zur integren, unbeschwert-problemlosen Welt der eigenen und als Mutter erlebten Kindheit, die abgehoben ist von politisch-gesellschaftlichen Prozessen und Reformen, steht R. dem Expressionismus und einer Art Bewahrungspädagogik nahe. Märchen, Sage und Legende, Moritat und Bänkelsang, Verbundenheit mit Natur, dörflichem Leben und Jahresfestkreis durchziehen thematisch bzw. formal ihre Kinderbücher. Simpler, auf den ersten Blick kaum gefügig erscheinender Kindervers, Fingerspiel und Abzählreim, Wiegenlied und Volksballade reichen R. aus, Stoff und Begleitgerüst für ihre, sich namentlich an das Klein- und Grundschulkind wendenden Bücher zu liefern. Von den frühen Publikationen an, die R. zweifellos als Mitbegründerin des künstlerisch anspruchsvollen Bilderbuchs der Nachkriegszeit in der Bundesrepublik Deutschland ausweisen („Zehn kleine Negerlein“, 1958; „Der Gabriel mit dem Zauberstab“, 1961, Neuauflage 1976) bis zu jüngeren Arbeiten („Das Ratebilderbuch“, 1974; „Sprüchehaus“, 1974; „Der Lorenz“, 1976) lassen sich gleichbleibende, nach rückwärts und innen gewandte Grundgedanken verfolgen. Starke Ausdruckskraft haftet den vitalen Holzschnitten etwa in der „Räuber-Kneißl“-Moritat – an. Ohne pädagogische Ambitionen, aber mit sicherem Spürsinn für kindliches Moralverständnis und ätzendem Witz gestaltet R. die „Moritaten für Kinder“, die in unmittelbarer Nachfolge des „Struwwelpeter“ zu sehen sind. – Ungemein vielfältig setzt R. ihre graphischen Techniken ein: kontrastreich, scharfkantig, milierend oder pastos werden Farben und Formen erzeugt, typische Details wie Baum oder Berg kehren immer wieder, bald in Linolschnitt-, bald in Stempel- oder Materialdruckverfahren, dann wieder durch applikative Techniken unter Verwendung von Stoff-, Papier- oder Holzstrukturen. Klobig-kantiges wechselt mit einschmeichelnden Gold- oder Pastelltönen. Diese Manier kommt dem kleinformatigen Bild, z.B. in den postkartengroßen Kinderhandbüchlein des Freisinger Sellier-Verlags zugute, wo R. sachlich-informative Entwicklungs- und Anschauungsfolgen für Kleinkinder schuf und sich in die Dienste einer unprätentiösen Bild-Didaktik stellte, wie auch in den großflächigen Märchen- und Umweltpostern wirkungsvoll zum Tragen. R.s Kunst der narrativen Ästhetik machte sich die moderne Schulbuch- und Kindergartenprogramm-Produktion zu eigen.

Werke: M. Reidel: Das bunte Bilderbuch (1957); M. Reidel: Kasimirs Weltreise (1957); M. Reidel: Zehn kleine Negerlein (1958); M. Reidel: Lirum, larum, Löffelstiel (1959); M. Reidel: Ri-ra-rutsch (1959); M. Reidel: Schlaf, Kindlein, schlaf (1959); M. Reidel: Fünf kleine Bilderbücher (1960); M. Reidel: Die Träume des Florian (1960); M. Reidel: Der Gabriel mit dem Zauberstab (1961); H. Behringer (Hrsg. zus. mit anderen): Singen, spielen, tanzen. Spielbilderbuch mit Instrumenten im Anschluß an das Orff'sche Schulwerk für die Unterstufe der Volksschule (1962); M. Reidel: Der Jakob und die Räuber (1965); M. Reidel: Der Räuber Kneißl. 44 Holzschnitte über den Bayerischen Kriminalfall um 1900 (1966); L. Reinhard: Im Wundergarten (1967); M. Reidel: David und Goliath (1968); M. Reidel: Der Apfel. Ein Lesepeterbuch für die ersten Leseversuche gemalt (1969); M. Reidel: Die Puppe. Ein Lesepeterbuch für die ersten Leseversuche gemalt (1969); M. Reidel: Moritaten für Kinder (1970); M. Reidel: Viele bunte Tiere (1971); M. Reidel: Vom Essen und Trinken (1971); M. Reidel: Von Kopf bis Fuß (1971); H. Haller: Diese Schulräte (1972); B. Waubke-Klostermann: Timofei und Natascha (1972); M. Reidel: Du und ich (1973); M. Reidel: Vom Laich zum Frosch (1973); M. Reidel: Vom Nest zum Vogel (1973); M. Reidel: Von der Raupe zum Schmetterling (1973); H. Gärtner (Hrsg.): Ratebilderbuch (1974); M. Reidel: Menschen unserer Erde (1974); M. Reidel: Sprüchehaus (1974); M. Reidel: Vom Eis zum Regen (1974); J. und W. Grimm: Hans im Glück (1975); M. Reidel: Sie war ein Maikäfer (1975); M. Reidel: Vom Kätzchen zur Katze (1975); M. Reidel: Das blaue Haus (1976); M. Reidel: Der bunte Zug (1976); M. Reidel: Erzähl mir was (1976); M. Reidel: Kleines Bilder-ABC (1976); M. Reidel: Der Lorenz. Ein Jahr in Grottental (1976); M. Reidel: Ringelreihen (1976); M. Reidel: Schau her (1976); M. Reidel: Ein Sommertag (1977); M. Reidel: Der Franz, der hatte Mäuse (1977); L. Rückert: Waldsommer (1977).

Sekundärliteratur: H. Bleibrunner: Die Kinderbuchautorin Marlene Reidel (in: Beiträge zur Heimatkunde von Niederbayern. III. 1976. 712–737). – A. Giachi: Die Ära nach 1945 (in: Kl. Doderer (Hrsg. zus. mit H. Müller): Das Bilderbuch. 1973. 357–394). – H. Künnemann: Profile zeitgenössischer Bilderbuchmacher (1972).

Hans Gärtner

Reihe → Serie

Reineke Fuchs

R.F., trickreicher und lügnerischer Räuber im Tierreich, ist die Haupt-, meist auch Titelfigur einer Gruppe von Tiererzählungen und -epen, die im Mittelalter in Westeuropa entstanden und bis heute lebendig sind. Seit dem 19. Jahrhundert gibt es eigene Kinder- und Jugendbuchfassungen des R.F.

Die frühe Entstehungsgeschichte. Zunächst in Latein („Ecbasis captivi“ um 1045, „Ysengrimus“ um 1150), dann auch in den Volkssprachen sind Tiererzählungen überliefert, in denen die Tiere Eigennamen besitzen, immer stärker anthropomorphisiert werden und sich zu festen Typen ausbilden. Bald spielt der Fuchs die Hauptrolle in ihnen. Schon vor 1180 sind erste Teile des altfranzösischen „Roman de Renart“ nachzuweisen, der sich bis zur Mitte des 13. Jahrhunderts zu einem zyklischen Sammelwerk mit 27 „Branches“ (= unterschiedlich alte Episodengeschichten von den Abenteuern des Fuchses) entwickelt.
Der mittelhochdeutsche „Reinhart Fuchs“ (nach 1182) des Elsässers Heinrich der Glîchezâre verarbeitet einige der ältesten „Branches“ zu einem in sich geschlossenen Epos, hinter dessen Tierdarstellung sich eine beißende Satire auf die feudale höfische Gesellschaft verbirgt. Trotz seiner literarischen Qualität gerät er bald in Vergessenheit und hat nur geringe Auswirkungen auf die Tradition der deutschen Tiererzählung. Im 13. Jahrhundert beginnt mit dem niederländischen Epos „Van den Vos Reinaerde“ der Rezeptionsstrang, der den Weltruhm des R.F. begründet. Den Mittelpunkt dieser satirisch-didaktischen Dichtung, die zum großen Teil ebenfalls französische „Branches“ aufgreift, bildet der Gerichtshof des Löwen, vor dem der Fuchs wegen seiner Taten angeklagt wird und sich erfolgreich verteidigt. Neben einer lateinischen Übersetzung „Reynardus vulpes“ (zwischen 1268 und 1274), die unverhohlen moralische Ausdeutung der Fuchsepisoden aufweist, belegt vor allem die Umarbeitung und Fortsetzung dieses Werkes in „Reinaerts Historie“ (um 1375) die Popularität des Stoffes. In diesem Text, der

Hoftagserzählung, Anklagen und erfolgreiche Verteidigung gleichsam doppelt und im siegreichen Zweikampf des Fuchses mit dem Wolf gipfelt, ist „Reinaert" nicht mehr der listige Strolch und Schelm, sondern Typus, Allegorie des Bösen, und soll als Exempel dienen. Eine Prosaauflösung erscheint 1479 in Gouda und 1485 in Delft als „Die Hystorie van Reinaerd die Vos". Entscheidend aber für die weitere Geschichte des R.F. ist der Druck von „Reinaerts Historie" in der ursprünglichen Versform (gegen 1487), die ein HINREK VAN ALCKMAR überarbeitete und mit Kapitelüberschriften, einer didaktischen Prosaglosse (= an einzelne Episoden anknüpfende moralisierende und kritische Erläuterungen) und Illustration (Holzschnitte) versah.

Die Überlieferung seit dem 15. Jahrhundert. Die zweite deutsche, bis heute andauernde Tradition des R.F. beginnt mit der 1498 in Lübeck erschienenen niederdeutschen Übersetzung des ALCKMARschen Textes. Dieser moralisch-satirische „Reinke de Vos" in Reimpaarversen eines anonymen geistlichen Bearbeiters strahlt den R.F.-Stoff wieder in den gesamten europäischen Raum zurück. Von nun an wird Fabel und Typus des R.F. kaum noch verändert, und auch Prosaglosse und Illustration gehören – in immer neuen Formen – lange zu seiner unverwechselbaren Eigenart.

Die Verurteilung des Fuchses durch König Löwe. Holzschnitt aus dem Wiegendruck des niederdeutschen Epos „Reynke de Vos" von 1498.

In vier Bücher aufgeteilt, berichtet der Text vom Hoftag König Nobels, des Löwen, auf dem verschiedene Tiere gegen den Fuchs klagen. Doch bevor Reinke einer Vorladung folgt, verübt er an zwei Gerichtsboten, dem Bären Braun und dem Kater Hinze, weitere Perfidien. Auf dem Weg zum Hof – Reinke „beichtet" dem Dachs Grimbart, seinem Vetter – und vor dem König werden weitere Untaten des Fuchses publik. Vor Gericht aber kann sich der Fuchs durch Lügenmärchen, die vor allem auf die Habgier Nobels abheben, vor dem sicheren Galgen retten und sogar noch seine Gegner schädigen. Neue Freveltaten, darunter der Mord an Lampe, dem Hasen, führen dann zu einem zweiten Verfahren, in dem sich Reinke jedoch rehabilitieren kann. In einem abschließenden Gerichtskampf besiegt er schließlich seinen Widersacher, den Wolf Isegrim, und wird, hochgeehrt, Kanzler des Königs.

Ein 1539 in Rostock mit einer neuen, protestantisch ausgerichteten Glosse publizierter „Reinke de Vos" erfährt bis 1660 mindestens zehn Auflagen. 1544 folgt in Frankfurt/Main eine hochdeutsche Adaption mit gekürzter Fuchserzählung und entschärfter Glosse. 21 Auflagen bis 1617 dokumentieren den Erfolg dieses seit 1564 mit neuen Holzschnitten ausgestatteten R.F. 1567 übersetzt HARTMANN SCHOPPER (1542 bis nach 1595) den hochdeutschen R.F. ins Lateinische (bis 1612 sechs Auflagen, ab 1574 mit Holzschnitten JOST AMMANS (1539–1591). Eine 1650 in Rostock erschienene barocke Bearbeitung (mit neuer Glosse) wird Ende des Jahrhunderts in eine leicht lesbare Prosafassung umgeformt, von der bisher neun Auflagen nachgewiesen sind – alles kleine Oktavausgaben auf billigem Papier mit Holzschnitten aus dem 16. Jahrhundert, ein sogenanntes Volksbuch.

Die hochdeutsche Prosaübersetzung des „Reinke de Vos" JOHANN CHRISTOPH GOTTSCHEDS (1700–1766) von 1752 – mit Lübecker und Rostocker Glosse, niederdeutschem Originaltext und mit Kupferstichen ALLARD VON EVERDINGENS (1621–1675) – wird Anregung und Grundlage für JOHANN WOLFGANG VON GOETHES (1748–1832) „Reineke Fuchs in zwölf Gesängen" von 1794. GOETHES Hexameterbearbeitung, ohne Glosse und Illustrationen, sonst aber in enger inhaltlicher Anlehnung an den niederdeutschen Text, ist Teil seiner literarischen Auseinandersetzung mit der französischen Revolution. Doch bemüht sie sich dabei bewußt um eine heitere, zeitlose, in Tiergestalt gekleidete Darstellung menschlicher Unzulänglichkeiten. „Vor Jahrhunderten hätte ein Dichter dieses gesungen? / Wie ist das möglich? Der Stoff ist ja von gestern und heut!" (GOETHE/SCHILLER, Xenien).

Diese Tendenz zur Enthistorisierung bestimmt seit dem 19. Jahrhundert dann in weitem Maße die populäre R.F.-Rezeption, in der sich zwei Stränge abzeichnen: A) Immer neue Ausgaben des GOETHEschen „Reineke Fuchs", zum Teil in bibliophiler Aufmachung mit eigens angefertigten Illustrationen, unter denen die Kupferstiche WILHELM VON KAULBACHS (1805–1874) besonders hervortreten (veröffentlicht erstmals in der Ausgabe von 1846). B) Wiederholte Ausgaben und Übersetzungen (in Versen und in Prosa) des niederdeutschen „Reinke de Vos", der nun zur nationalen literarischen Tradition zählt. Hierher gehören die Übersetzungen DIETRICH WILHELM SOLTAUS (1803), GUSTAV SCHWABS (1817), KARL SIMROCKS (1845) und KARL LANGOSCHS (1967).

R.F. als Kinder- und Jugendbuch. Als Kinder- und Jugendbuch hat der R.F., gemessen am Alter des

Stahlstich von Wilhelm von Kaulbach (1805–1874) aus dem Prachtband „Reineke Fuchs“, der die Dichtung Goethes und dazu 37 Stahlstiche von Kaulbach enthält. Das Bild zeigt Reineke auf der Leiter zum Galgen, wo er für seine zahlreichen Untaten büßen soll. Reineke setzt gerade zu seiner heuchlerischen Lebensbeichte an. Neben diesem 1846 bei Cotta in Stuttgart erschienenen Großband brachte der gleiche Verlag 1857 eine kleinformatige Ausgabe mit 61 Holzschnitten nach den Zeichnungen von Kaulbach heraus.

Stoffes, noch keine lange Tradition. Wohl erst das „Volksbuch“ (Ende des 17. Jahrhunderts) wurde auch von Jüngeren gelesen (vgl. die Äußerungen JUNG-STILLINGS (1740–1817) in seiner „Lebensgeschichte“ und GOETHES in Briefen und in „Dichtung und Wahrheit“). Seit GEOTHES Neudichtung und der Wiederentdeckung des R.F. als Teil der volksliterarischen Zeugnisse nationaler Vergangenheit im Zuge der romantischen Bewegung erschienen im 19. Jahrhundert jedoch zunehmend Ausgaben auch für die Jugend, zumindest aber für „Jung“ und „Alt“ (z. B. FERDINAND SCHMIDT: Reineke Fuchs. Erzählt für Jung und Alt. Berlin: Verlag Hugo Kastner, 1865; GEORG MENSCH: Reineke Fuchs. Für Jung und Alt neu bearbeitet. Mit acht Originalbildern nach Aquarellen von HEINRICH LEUTEMANN. Leipzig: Alfred Oehmigke's Verlag, 1874; Reineke Fuchs. Nach GOETHES Epos bearbeitet mit 34 Denksprüchen. Erzählungen aus class. Dichtern für Alt und Jung von K. F. A. GEERLING. Köln 1884). Der anonyme Bearbeiter einer der frühesten solcher Fassungen, der mit Holzschnitten illustrierten Ausgabe von 1837 (Reineke Fuchs. Für die Jugend bearbeitet. Berlin, Ennslin'sche Buchhandlung), bekennt sich ausdrücklich zu dem Ziel, „eine Zierde der deutschen Literatur“ durch sprachliche Überformung der Jugend wieder zugänglich zu machen, damit sie „Weisheit und Verstand“ daraus lerne. Die früheren moralischen Bedenken gegenüber einer Erzählung, deren Held ein trickreicher, lügnerischer Räuber ist, werden in den Jugendausgaben in der Regel unterdrückt. Die erwähnte Ausgabe von 1837 endet mit dem bezeichnenden Satz: „Wer mit Reinekens Klugheit eben soviel Treue und Redlichkeit verbände, dem würde am meisten geholfen“ (S. 191).

Grundlage der Jugendausgaben sind im 19. und 20. Jahrhundert sowohl der „Reinke de Vos“ von 1498 als auch GOETHES „Reineke Fuchs“, der die größere Zahl der Bearbeitungen auf sich vereint. Dabei sind sowohl illustrierte Kinder- und Jugendbuch-, als auch reine Bilderbuchfassungen anzutreffen. Gekürzt um die aktuellen satirischen Anspielungen, oft auch um die sexuelle und fäkale Realistik, in eine einfache Sprache gebracht und mit Bildern versehen, wird der R. F. dabei häufig als harmloses Tiermärchen und Abenteuerbuch präsentiert. Immer neue Ausgaben dokumentieren zwar einerseits die Beliebtheit des Stoffes, sind andererseits aber auch Ausdruck der Unzufriedenheit mit den Bearbeitungen.

Schon 1857 kam eine spezielle Jugendausgabe des 1846 veröffentlichten, von WILHELM VON KAULBACH illustrierten GOETHE-Textes heraus (Stuttgart und Tübingen bei Cotta). Noch 1927 wurden KAULBACHS Bilder zusammen mit einer Nacherzählung des R.F. von MARIA KOCH-DOLL als Bilderbuch ediert (Essen: Fredebeul und Koenen). Auch heutige Illustrationen zehren manchmal noch von der Qualität der Bilder KAULBACHS (z. B. die GOETHE-Bearbeitung von THOMAS TRENT: Reineke schwindelt sich durch. Mit Illustrationen von WILHELM KAULBACH. Göttingen: W. Fischer o. J. (1964). 1856 erschien ein weiteres Bilderbuch: Der „Reineke Fuchs“ von CONRAD LUDWIG BECKMANN, „aufs Neue in jetziger Zeit üblichen Reimarten verarbeitet und mit sehr angenehmen Kupfern versehen“ (Düsseldorf: Arnz und Co.), und 1898 kam „Reineke Fuchs. Ein heiteres Kinderbuch“ in freier gereimter Nachdichtung von JULIUS LOHMEYER (1835–1903) und EDWIN BORMANN und mit Illustrationen in Öldruck von FEDOR FLINZER (1832–1911) heraus.

Vertreter einer literarischen Erziehung im Sinne des an der deutschen Klassik orientierten Bildungsbürgertums hatten um und nach 1900 mehr oder weniger subtile Bearbeitungen für die Jugend auf der Grundlage des GOETHE-Textes zur Verfügung (z. B. A. STEIN: Reineke Fuchs, nach WOLFGANG VON GOETHES Dichtung für die Jugend erzählt, Stuttgart 1897; MAX BARACK: Reineke Fuchs. Für die Jugend bearbeitet, [6]1902, [11]1906; JOHANN WOLFGANG VON GOETHE: Reineke Fuchs. Für die Jugend bearbeitet von HANS FRAUNGRUBER. Wien und Leipzig, „Gerlachs Jugendbücherei“, 1902). Als pädagogische Rechtfertigungen für diese Editionen werden einmal der für die Bildung der Jugend als nützlich angesehene national-literarische Dokumentarwert des Epos, zum anderen sein in es hineinkonstruierter, höchst zweifelhafter moralischer Beispielcharakter angegeben, nach dem der Lügner R. F. trotz allem besser sei als die anderen Tiere und einen vorbildlichen Verstand besäße. „Außerdem ist eines dem Rotbart nicht abzusprechen: Mut.“, heißt es im Vorwort der von einem Dr. FRIEDRICH NETTO um 1895 herausgegebenen Jugendausgabe (Reineke Fuchs. Eine Tiergeschichte. Nach GOETHES gleichnamigem Epos für die Jugend bearbeitet von Dr. Friedrich Netto. Mit 5 Bildern in feinem Farbendruck von A. SCHÄFER. Weißensee bei Berlin: Druck und Verlag. E. Bartels, o. J.).

Die Vertreter der seinerzeit gegenüber den herrschenden Bildungsauffassungen oppositionellen Jugendschriftenbewegung um und nach 1900, wie SEVERIN RÜTTGERS (1876–1937) und WILHELM FRONEMANN (1880–1954) legten ebenfalls R. F.-Bearbeitungen für die Jugend vor, griffen jedoch auf die niederdeutsche Fassung von 1498 zurück. „Das Buch ‚Reineke Fuchs‘ von Goethe, das können Kinder lesen, wenn sie einmal vierzehn bis sechzehn Jahre alt sind“, sagt S. RÜTTGERS in seiner 1904 im Schaffstein Verlag (Köln) erschienenen, in einer kindertümlichen Sprache erzählenden Ausgabe „Reineke Fuchs, eine Sage aus dem Königreich der Tiere“. Eine Einführung versucht auch, die politischen Zustände der Zeit um 1500 deutlich zu machen, damit die jungen Leser die in den Abenteuern des Fuchses versteckte Kritik am Fehlverhalten der Herrschenden besser begreifen könnten.

Auch nach 1945 beruhen die meisten, oft recht konventionellen Kinder- und Jugendausgaben des R. F. auf GOETHES Text (z. B. Reineke Fuchs. Die Prosaübertragung der GOETHEschen Fassung besorgte HENNIG HARTWIG. Bremen: P. Meyer, 1947; JOHANN WOLFGANG VON GOETHE. Reineke Fuchs. Kuppenheim/Murgtal: Elpis Verlag o. J. (1948); Reineke Fuchs. Eine Prosabearbeitung der Versdichtung von JOHANN

Die Verurteilung des Fuchses durch König Löwe. Janosch illustrierte und „übersetzte" J. W. von Goethes „Reineke Fuchs" für Kinder (München 1962).

WOLFGANG VON GOETHE. Titelzeichnung und Textillustrationen: F. M. KIESELBACH. Göttingen: W. Fischer-Verlag, o.J. (1954); Reineke Fuchs. Bearbeitet von JUTTA WEISNER mit 8 Farbtafeln von ULRIK SCHRAMM. Bayreuth: Loewes Verlag Ferdinand Carl, 1969; Reineke Fuchs. Nach der GOETHEschen Fassung erzählt von NINA ELTWICH. Illustrationen: R. OBERMÜLLER-SCHWARZER. Linz: Trauner Verlag, 1971). Besonders hervorzuheben ist die gelungene, eigene Wege einschlagende und die GOETHEsche Fassung stark kürzende Bearbeitung „Reineke Fuchs" von JANOSCH (d.i. HORST ECKERT) aus dem Jahre 1962 (München: Lentz), die die satirische Tradition des Stoffes fortzuführen versucht, wenn es z.B. über den Fuchs heißt: „Als Mensch ist er ein Schweinehund, aber als Typ ist er gut. Und er (sc. der Löwe) machte ihn zu seinem Ratgeber und Minister." Auf den niederdeutschen R.F. von 1498 gehen zurück „Reineke Fuchs. Eine Geschichte aus dem Königreich der Tiere". Nach alten Quellen neu erzählt und für die Jugend bearbeitet von ALFRED HEINZ ILLING. Feldberg/Mecklenburg: Peter-Paul-Verlag 1952, und: „Reineke Fuchs (erzählt nach dem Niederdeutschen und nach Simrock)", neu erzählt von FRANZ FÜHMANN. Mit Bildern von WERNER KLEMKE, der 1965 in „Der Kinderbuch Verlag" Berlin (DDR) und 1971 in der Bundesrepublik (Köln: Middelhauve) erschien. FÜHMANN bekennt sich im Nachwort seiner sprachlich meisterhaften Bearbeitung ausdrücklich zu der politisch-historischen Relevanz des Stoffes, indem er aus sozialistischer Sicht und unter Anspielung auf die Verhältnisse in der DDR sagt: „Heute haben solche Räuber wie Nobel und Reineke und Braun und Isegrim bei uns für immer ausgespielt – das Volk hat sie davongejagt" (S. 78).

→ Klassiker der Kinder- und Jugendliteratur

Sekundärliteratur: J. Flinn: Le Roman de Renart dans la littérature française et dans les littératures étrangères au Moyen age (1963). – K.-H. Göttert: Die Spiegelung der Leseerwartung in den Varianten mittelalterlicher Texte (am Beispiel des Reinhart Fuchs) (in: Deutsche Vierteljahresschrift. 48. 1974. 93–121). – J. Grimm: Reinhart Fuchs (1834; ND. 1974). – H. R. Jauß: Untersuchungen zur mittelalterlichen Tierdichtung (1959). – K. Lazarowicz: Verkehrte Welt. Vorstudien zu einer Geschichte der deutschen Satire (1963). – H. Menke: Ars vitae aulicae oder descriptio mundi perversi. Grundzüge einer Rezeptions- und Wirkungsgeschichte des Erzählthemas vom Reineke Fuchs (in: Niederdeutsches Jahrbuch 98/99. 1975/1976. 94–136). – Ch. Scheffler: Die deutsche spätmittelalterliche Reineke-Fuchs-Dichtung und ihre Bearbeitungen bis in die Neuzeit (in: Aspects of the medieval animal epic. 1975. 85–104). – L. Schwab: Vom Sünder zum Schelmen. Goethes Bearbeitung des Reineke Fuchs (1971). – U. Schwab: Zur Datierung und Interpretation des Reinhart Fuchs (1967). – C.

Voretzsch: Jacob Grimms Deutsche Thiersage und die moderne Forschung (in: Preußische Jahrbücher. 80. 1895. 417–484).

Hartmut Kokott

Reinhardt, Carl August

*(Ps.: Reymhold, Julius). Karikaturist, Illustrator, Landschaftsmaler und Schriftsteller; * 25.4.1818 Leipzig, † 11.8.1877 Kötzschenbroda.*

R. ist der Sohn des Leipziger Kupferstechers Carl Christian R. Nach anfänglichem Theologiestudium ließ er sich an den Akademien in Leipzig bei Julius Schnorr von Carolsfeld (1794–1872), in Dresden bei Johann Christian Clausen-Dahl (1788–1857) und in München bei Albert Zimmermann (1808–1888) zum Landschaftsmaler ausbilden. Seit dem Beginn der vierziger Jahre war er in Hamburg ansässig. Nach vorübergehendem Aufenthalt in München (seit 1847) kehrte R. 1850 nach Hamburg zurück. 1856 finden wir ihn vorübergehend in Wien; seit 1857 in Dresden. Als Landschaftsmaler bereiste er Norwegen, Tirol und Italien.

Werk, Tendenzen, Wirkung. Die Bedeutung R.s als Landschaftsmaler tritt stark hinter seinem reichen und vielgestaltigen Werk als Karikaturist und Illustrator zurück. So war er Mitarbeiter der Zeitschriften „Asmodi“ und der „Gartenlaube“, aber auch bei den „Fliegenden Blättern“ in München (seit 1845), der Leipziger „Illustrierten Zeitung“, dem „Kladderadatsch“ und dem „Dorfbarbier“. Seit 1872 gab er in eigener Regie das Witzblatt „Der Calculator an der Elbe“ in Dresden heraus. Außerdem beteiligte er sich mit Beiträgen an den „Musenklängen aus Deutschlands Leierkasten“ (1849), verschiedenen Kalenderausgaben und Almanachen. Mit den in mehreren Folgen erscheinenden „Schultze und Müller“-Reiseabenteuern hielt er dem deutschen Touristen des 19. Jahrhunderts huldvoll den Spiegel vor. Die Texte dazu, wie auch zu einer ganzen Reihe anderer humoristisch-satirischer Schriften, stammen von R. selbst und sind seinen Karikaturen in ihrer treffenden Art ebenbürtig.

Als Kinderbuchillustrator bekannt geworden ist R. besonders durch seine humoristischen Tierbilder zu Adolf Glassbrenners (1810–1876) „Sprechende Tiere“. In diesem in der Struwwelpeternachfolge 1854 entstandenen Bilderbuch ist die ehemals vehemente politische Kritik Glassbrenners hinter dem „biedermeierlichen Tugendkanon“ zurückgetreten. Die in den Tiergeschichten enthaltene Moral wird eher durch die witzigen R.schen Holzschnitte unterlaufen. Die beiden sich anschließenden Teile (Neue Sprechende Tiere, Text von H. J. Horwitz, 1858; So geht's in der Welt, Text: Carl Reinhardt) besitzen trotz ähnlicher Inhalte nicht mehr das Reimniveau Glassbrenners, erreichten aber noch beachtliche Auflagen. Wie in den genannten drei Büchern „kreucht und fleucht“ es auch in anderen Bilderbüchern des Künstlers – auf dem Lande, im und auf dem Wasser (Die Arche Noah und was darin gewesen ist, 1858; Die Reise in's Meer, 1869; Vom Pelzmärtel, vom Storch und vom Osterhas, 1874). Diesen Illustrationen R.s fehlt trotz mancher Anregung durch Grandville (1803–1847) die Bissigkeit von dessen Tierparodien.

In ihrer herzhaft-frischen Art heben sich die Hanswurstiaden und Kasperlegeschichten R.s von einigen seiner sehr breit und mit ausgeklügeltem Humor geschriebenen und gezeichneten Büchern, wie etwa „Radix“ (1874) oder „Die Jahreszeiten“ (1863) ab. Andere „komische Kinderschriften“, wie R.s Bücher im Untertitel meist heißen, wie „Der Bär und der Mond“ (1855) und der „Auswanderer-Spiegel“ (1863) überfordern mit komplizierten Parallelen zur Zeitgeschichte den kindlichen Leser. Daß R. kaum ein Genre des humoristischen Kinderbuches ausließ, zeigt seine konsequent gestaltete „Verkehrte Welt“ (1863), ein Bilderbuch, das – abgesehen von allen auf den Kopf gestellten Dingen – außerdem noch von hinten zu lesen ist.

Werke: C. Reinhardt: Schneider Lapp und sein Lehrjunge Pips (1851); C. Reinhardt: Hanswursts Schatzkästlein (1852); A. Glassbrenner: Sprechende Thiere (1854); C. Reinhardt: Rutschepeter (1857); C. Reinhardt: Schwarzes ABC (1857); H. J. Horwitz: Neue sprechende Thiere (1858); C. Reinhardt: Die Arche Noah und was darin gewesen ist (1858); C. Reinhardt: Till Eulenspiegels lustige Streiche (1861); C. Reinhardt: Das wahrhaftige Kasperltheater in 6 Stücken (1861); C. Reinhardt: Auswanderer-Spiegel (1863); C. Reinhardt: Die Jahreszeiten (1863); C. Reinhardt: Die verkehrte Welt (1863); J. Trojan: Durch Feld und Wald, durch Haus und Hof (1863); C. Reymhold: Die Reise in's Meer (1869); C. Reinhardt: So geht's in der Welt! Sprechende Thiere. 3. Thl. (1870); C. Reinhardt: Radix, des Wurzelmanns Reise ins Land (1874).

Sekundärliteratur: Kl. Doderer (Hrsg.): Das Bilderbuch (zus. mit H. Müller, [2]1975). – I. Dyhrenfurth: Geschichte des deutschen Jugendbuches ([3]1967). – K. Hobrecker: Der Humor im alten deutschen Bilderbuch (in: Westermanns Monatshefte. 857. 1928. 542). – H. Kunze: Schatzbehalter. Vom Besten aus der älteren deutschen Kinderliteratur (1964). – A. Rümann: Die illustrierten Bücher des 19. Jahrhunderts (1926. 225–229).

Karin Schmidt

Reinhart, Josef

*Schweizer Heimatdichter und Jugendbuchautor; * 1.9.1875 Rüttenen, † 14.4.1957 Solothurn.*

R. unterrichtete bis 1912 als Primar- und Bezirkslehrer, wurde dann zum Professor für deutsche Sprache und Literatur an der Kantonsschule Solothurn ernannt und lehrte dort bis zu seinem Rücktritt im Jahr 1947. Er war seit 1909 Herausgeber der Monatszeitschrift „Jugendborn“, arbeitete an zahlreichen Lesebüchern mit und schrieb die für seine Jugendschriften charakteristischen „Lebensbilder“ bekannter Schweizer und anderer Persönlichkeiten. R. erhielt dreimal einen Preis der Schweizer Schillerstiftung und im Jahr 1936 den Ehrendoktortitel der Universität Bern.

Werk, Tendenzen, Wirkung. R. verstand sich als Volksdichter. Er schuf eine Fülle von Erzählungen, Gedichten und „Volksliederspielen“, deren Grundthema meist das bäuerliche Dorfleben war. Sein Anliegen

war es, dieses Leben mit seinen intakten Ordnungen zu erhalten. Die Sprache seiner häufig mundartlichen Dichtungen ist einfach.
Geprägt von der Erziehungskonzeption PESTALOZZIS war es R.s Intention, der Jugend zu helfen, auf natürliche Weise die wirkliche Welt zu erobern. In seinen Biographien berühmter Persönlichkeiten war er bemüht, die Befriedigung spezifisch jugendlicher Bedürfnisse nach Information und spannender, abenteuerlicher Unterhaltung mit künstlerischem Wert der Darstellung und einem anschaulich dargestellten guten Beispiel für ein gottesfürchtiges, uneigennütziges und zielstrebiges Leben zu verbinden. Die höchsten Auflagenzahlen erreichten die Titel „Heinrich Pestalozzi" (1926) und „Mutterli" (1935), die Lebensbeschreibung der PESTALOZZI-Schülerin LISETTE RUEPP-UTTINGER. Mit beiden Werken waren sowohl Erwachsene als auch die älteren Jugendlichen als Leser angesprochen. Ausdrücklich für Jugendliche geschriebene Lebensbilder sind die Bücher „Helden und Helfer" (1931), „Schweizer, die wir ehren" (1941), „Brot der Heimat" (1943) sowie die Lebensbilder in den Heften der Sammlung „Jugendborn".

Werke: Kindergeschichten aus der Schweiz (1914); Heinrich Pestalozzi. Ein Lebensbild (1926); Die Knaben von St. Ursen (1928); Die Schule des Rebellen (1929); Helden und Helfer (1931); Mutterli. Ein Lebensbild (1935); Das Haus zum Sonnenblick (1939); Schweizer, die wir ehren (1941); Brot der Heimat (1943).

Hrsg.: Jugendborn. Monatszeitschrift für Sekundar- und obere Primarschulen (1909–1945).

Sekundärliteratur: P. Zinsli: Josef Reinhart, Würdigung seines schriftstellerischen Schaffens (zus. mit O. Basler, 1958).

Almut Prieger

Reinheimer, Sophie

*Kinderbuchautorin; *20.7.1874 Brüssel, †9.10.1935 Hofheim im Taunus.*

R. wurde in Brüssel geboren, wo die Familie ihres Vaters eine Fabrik zur Produktion von Brüsseler Spitzen betrieb. Ihre ersten Schuljahre verbrachte R. in Leipzig. 1886 zog die Familie nach Frankfurt am Main, der Heimat von R.s Mutter. In die Leipziger Zeit fällt auch ihre erste Veröffentlichung: Der Vater einer ihrer Leipziger Freundinnen ließ einen Brief R.s in einer Zeitschrift abdrucken.
Es war R.s Wunsch, Kindergärtnerin zu werden. Trotz des Widerstandes der Eltern, die ihr rieten, auf ihre zarte Konstitution Rücksicht zu nehmen, begann sie unter der Leitung von ELLA SCHWARZ, die bald ihre engste Freundin wurde, ihre Ausbildung am Frankfurter Kindergärtnerinnenseminar. Ziel der Ausbildung war es, die Schülerinnen im Sinne FRIEDRICH FRÖBELS zu „denkender Liebe" zu befähigen. Während ihrer Tätigkeit als Kindergärtnerin begann R. den Kleinen zu erzählen. 1909 erschien ihr erstes Kinderbuch „Aus des Tannenwalds Kinderstube". Ab 1913 begann die langjährige Zusammenarbeit der Autorin mit dem Franz Schneider Verlag.

Werk, Tendenzen, Wirkung. Mit seinem neugegründeten Kinderbuchverlag wollte FRANZ SCHNEIDER Kindern keine tagespolitischen Bücher bieten, sondern, wie er es nannte, ein ‚kindgerechtes' Kontrastprogramm. R.s märchenhafte Erzählungen, – sie war die erste Autorin des Franz Schneider Kinderbuchverlages – sollten im Industriezeitalter Kindern Natur und natürliches Empfinden vermitteln. Die Autorin erzählt von der Sonne und den Sternen, von Blumen und Bäumen, Großmutters altem Sessel oder vom Besen in der Kammer. R. verstand es, das Gewöhnliche und Unbeachtete mit der Aura des Geheimnisses, des Rätselhaften zu umgeben. Sie ließ die Kinder in Zwiesprache mit toten Gegenständen treten. Zwar waren die Umstände ungewöhnlich, aber die Beziehungen der agierenden Figuren zueinander waren überaus konventionell. Dem Sonnenstrahl z.B., von dessen Suche nach einer Frau erzählt wird, ist es, als er endlich ein Wölkchen, das ihn heiraten will, gefunden hat, ganz selbstverständlich, daß er nicht immer daheimbleiben kann. Er geht tagsüber seiner Arbeit nach und kann nur abends mit seiner Frau, die natürlich im Hause bleibt, zusammen sein. Es mutet eigenartig an, daß R. sich märchenhafter und phantastischer Motive bediente, um auf diesem Umweg die traditionell festgeschriebenen Rollenbilder von Mann und Frau zu bestätigen. In allen Erzählungen von R. werden die phantastischen Elemente lediglich kompensatorisch genutzt.
„Die Regentropfen"-Geschichte erzählt von der Arbeit der Regentropfen, lobt die Fleißigen und tadelt die Faulen. Arbeit wird als Zustand schlechthin vorgestellt. In der kleinen Geschichte „Das Wirtshaus zum Weidenbusch" steckt die anpasserische Moral, daß man die Dinge zu nehmen habe, wie sie kommen, daß das Leben nun einmal so sei und man nichts daran ändern könne. „Die wunderbare Puppenreise" gibt ein Beispiel von Gewissenserziehung. R. lehrt die Kinder, das Eigentum anderer zu achten und die Finger von fremdem Spielzeug zu lassen. Die Puppengeschichte lebt durch die Verbindung des exotischen Zirkusmilieus mit der heilen Welt der Käthe-Kruse-Puppen. Beides spricht kleine Mädchen emotional an und läßt sie die Moral akzeptieren. Immer wieder werden die sozialen Rollen klischeehaft vorgeführt, so ist der Puppenjunge Fritz furchtlos und reiselustig, das Puppenmädchen dagegen ängstlich und vom Heimweh geplagt. Auch das märchenhafte Happy-End, in dem gütige Erwachsene alles zu einem guten Ende bringen, wird häufig von der Autorin bemüht. So erhält am Ende der „wunderbaren Puppenreise" die rechtmäßige Puppenmutter ihre beiden verlorengegangenen Puppen wieder, und das Zirkuskind Seffi bekommt eine Käthe-Kruse-Puppe geschenkt.
R.s „kindgemäße" Art zu erzählen, ihre Nutzung märchenhaft-anthropomorpher Motive – bei ihr scheinen selbst tote Gegenstände belebt – verschafften der Autorin ungeheuren Erfolg. Bis 1978 wurden 5 Millionen Exemplare der R.-Bücher verkauft. „Von Sonne,

Regen, Schnee und Wind" (1910) und „Die wunderbare Puppenreise" (1959; die erste Auflage erschien 1932 unter dem Titel „O, Fritz, wohin sind wir geraten") erlebten noch 1977 Neuauflagen. Eine Auswahl von R.-Geschichten kam unter dem Titel „Omas schönste Reinheimer-Märchen" 1976 auf den Markt.

Werke: Aus des Tannenwalds Kinderstube (1909); Von Sonne, Regen, Schnee und Wind und anderen guten Freunden (1910); Bunte Blumen (1913); Freunde ringsum (1924); Meine Märchenwelt (1925); Märchenhefte (Bd. 1–4. 1925); Der Frühling und der Nikolaus (1926); Ruhe im Nest! Wiegenlieder aus Tier-Kinderstuben (1927); Lustige Gaben für Knaben und Mädel (1928); Osterzeit, weit und breit (1928); Im Blumenhimmel (1929); Heran, heran, wer lesen kann (1929); Vorfrühling und andere Märchen (1929); Rösel. Eine fröhliche Kleinmädchengeschichte (1930; zus. mit P. Gärtner); Vom Himmel der Tiere (1930); O, Fritz, wohin sind wir geraten! Puppen- und Kleinmädchengeschichte (1932; NA. auch u. d.T.: Die wunderbare Puppenreise, 1959; TB. 1977); Tier-Radio (1932); Rösel, das große Mädel (1933; zus. mit P. Gärtner); Märchenreise im Jahreskreise (1933); Kleiner Bär sucht Arbeit (1934); Die Schneckenpost (1934); Die Wiesenapotheke (1934); Villa D-Zug (1935).

Winfred Kaminski

Reinick, Robert

*Maler, Lyriker, Jugendschriftsteller; *22.2.1805 Danzig, † 7.2.1852 Dresden.*

R. stammt aus einer Danziger Kaufmannsfamilie; er verwaiste früh; seine Mutter starb 1814, den Vater verlor er als Sechzehnjähriger. Bei Freunden der Familie und bei Verwandten erhielt R. eine sorgfältige Erziehung, in der seine künstlerischen Neigungen, insbesondere seine früh hervortretende zeichnerische Begabung, verständnisvoll gefördert wurden. Nach dem Abitur 1825 entschied sich R. für den Beruf des Kunstmalers; das väterliche Vermögen gestattete ihm zeitlebens die freie Existenz eines Künstlers. Zur Ausbildung ging er zunächst nach Berlin, wo er auch Anschluß an die literarischen Zirkel fand; in ADELBERT VON CHAMISSOS Musenalmanach erschienen erste Gedichte von ihm. 1831 ging er nach Düsseldorf an die von FRIEDRICH WILHELM SCHADOW (1789–1862) geleitete Kunstakademie, die ein Zentrum der damaligen Historienmalerei war. Seine kränkliche Konstitution, die auch durch spätere Kuren nur vorübergehend gebessert wurde, und eine Augenkrankheit zwangen ihn, seine Betätigung als Maler einzuschränken; hinzu kam die allmähliche Einsicht, in der Historienmalerei nicht das leisten zu können, was er sich vorgestellt und vorgenommen hatte. Die Schriftstellerei trat jetzt in den Vordergrund; 1837 veröffentlichte er das „Liederbuch eines Malers mit Randzeichnungen seiner Freunde", dessen Ausstattung mit Illustrationen durch Düsseldorfer Maler einen Markstein in der Geschichte der Buchkunst des 19. Jahrhunderts darstellt. Ein dreijähriger Aufenthalt in Italien (1838–1841) folgte der Düsseldorfer Zeit; seine Kränklichkeit zwang R. jedoch, den Aufenthalt abzubrechen. Badekuren an der Ostsee kräftigten seine Gesundheit. 1844 heiratete er und ließ sich in Dresden nieder, wo er engen Kontakt mit dem Kreis um LUDWIG RICHTER (1803–1884) hielt. Er widmete sich nun nahezu ausschließlich der Literatur; 1849 erschien ALFRED RETHELS „Auch ein Todtentanz" mit Versen von R., 1851 eine hochdeutsche Übersetzung von J. P. HEBELS „Alemannischen Gedichten" mit Illustrationen von LUDWIG RICHTER. Im Mittelpunkt seiner literarischen Tätigkeit aber stand nun die Jugendliteratur; 1845 erschien das „ABC-Buch für kleine und große Kinder", 1848 R.s erstes Märchen, seit 1847 arbeitete er am „Deutschen Jugendkalender" mit.

Robert Reinicks „ABC-Buch für große und kleine Kinder" (Leipzig 1845) illustrierten die Dresdner Künstler. Ludwig Richter selbst übernahm die Gestaltung des Titelblattes.

Werk, Tendenzen, Wirkung. Der Ursprung von R.s Lyrik ist in der Geselligkeit zu sehen; in den Erinnerungen an R. heben seine Freunde immer wieder seine gesellige Begabung hervor, die sich im Beisammensein und den Festen der Maler in Düsseldorf und später in Rom entfaltete. In den „Liedern" (1844) sind Wein- und Trinklieder, die den Einfluß der anakreontischen Lyrik, vor allem den LUDWIG CHRISTOPH HEINRICH HÖLTYS (1748–1776) zeigen, Liebeslieder und Naturgedichte, insbesondere Frühlingslieder, versammelt. Formale Gewandtheit, sprachliche Schlichtheit und heitere Stimmung sind Kennzeichen von R.s Lyrik, in der die Liedform vorherrscht, der die Musikalität der Sprache entgegenkommt. Neben HEINRICH HEINE (1797–1856) und EMANUEL GEIBEL (1815–1884) war R. der meistvertonte Lyriker seiner Zeit. Insgesamt lassen sich seine Gedichte als Stimmungslyrik bezeichnen, die fröhliche Bilder der Natur geben und Fröhlichkeit im geselligen

Kreis erzeugen will. Dies erlaubt es, R. als repräsentativen Vertreter der Geselligkeitslyrik des Biedermeier zu begreifen.

Auch R.s Lyrik für Kinder zeigt die Herkunft seiner lyrischen Begabung aus der Geselligkeit; ein Rest des Improvisierens ist nicht zu verkennen. Veröffentlicht hat R. seine Kindergedichte (ebenso seine Märchen und Erzählungen) vor allem im „ABC-Buch für kleine und große Kinder" (1845), das von Dresdener Künstlern, unter anderem von LUDWIG RICHTER, illustriert wurde und das Kompositionen von FERDINAND HILLER enthält, in dem Band „Lieder und Fabeln für Kinder", dessen zweite Auflage hauptsächlich Texte von R. enthält, und im „Deutschen Jugendkalender". Der jeweils zu Weihnachten erscheinende Kalender wurde zunächst von HUGO BÜRKNER herausgegeben, der auch die meisten Illustrationen zeichnete. 1849 wurde R., der seit 1847 mitarbeitete, Mitherausgeber, und von diesem Jahrgang an sind bis 1853 alle Texte von ihm; nach seinem Tod setzten BÜRKNER und LUDWIG BECHSTEIN (1801–1860) den „Deutschen Jugendkalender" fort.

R. bewegt sich in seinen Gedichten für Kinder, die zumeist in Liedform geschrieben sind, in verschiedenen Genres. Stimmungslyrik, in denen insbesondere die Natur in den wechselnden Jahreszeiten und die Freude an den Dingen der Natur besungen wird, steht neben Scherzgedichten; dazu treten Gedichte und Lieder über das alltägliche Leben der Kinder, wobei einige gelungene Schlaf- und Wiegenlieder hervorzuheben sind; gereimte Fabeln wechseln ab mit Spielliedern wie Ringelreihen, mit „Kniereiter-Versen" für kleine Kinder, mit Reimsprüchen didaktischer Tendenz und mit „Gleichnisgedichten", in denen menschliche Verhaltensweisen in Tiergestalten zumeist scherzhaft-komisch abgebildet werden. Kennzeichnend für R.s Kinderlyrik ist ihre Konkretheit; den Kindern vertraute Begebenheiten und Vorgänge werden zum Gegenstand der Gedichte, und es gelingt R., sie gewandt und zugleich in schlichter Sprache umzusetzen; der Anschluß an die Volksliedtradition der Romantik ist deutlich erkennbar. Insbesondere vermeidet R. auch in den lehrhaft-didaktischen Genres wie den Fabeln die direkte Moralisierung. Scherzhaftigkeit, Komik und Humor sind weitere Kennzeichen der Kinderlyrik R.s, die sich in besonderer Weise in seinen Tiergedichten zeigen, in denen häufig unpassende Verhaltensweisen und Eigenschaften wie Eitelkeit oder Furchtsamkeit in sanfter Satire dargestellt werden. Charakteristisch ist zugleich die zeittypische Tendenz zur Idyllik, wie etwa in den unter dem Titel „Der Bauernhof" zusammengestellten Gedichten, zur Betrachtung des Kleinen, die gelegentlich auch ins Niedliche abgleitet. Dieses biedermeierliche Charakteristikum der Versenkung ins Kleine wird durch die Illustrationen zu den Gedichten R.s noch unterstützt. Wie seine Erwachsenenlyrik zeichnen sich auch R.s Kindergedichte durch ihre Musikalität aus; zahlreiche Lieder wurden vertont. In seiner Kinderlyrik erreicht R. seine literarische Meisterschaft. Ohne Zweifel gehört er mit FRIEDRICH WILHELM GÜLL (1812–1879), JOHANN WILHELM HEY (1789–1854) und HOFFMANN VON FALLERSLEBEN (1798–1874) zu den bedeutendsten deutschen Kinderlyrikern des 19. Jahrhunderts.

Auch in seinen Märchen gelingt R., wenn auch nicht so erfolgreich wie in den Gedichten, die didaktische Absicht in die Texte zu integrieren. Durch phantasievolles Ausmalen des Tierlebens in seinen Tiermärchen, die damit über das Genre der Fabel hinausreichen, und durch das Moment des Phantastischen erreicht R., die intendierte Moral ihrer Ernsthaftigkeit zu entkleiden, ohne sie damit aufzuheben, und sie auf scherzhafte, lustige und scheinbar naive Weise vorzutragen. Das allegorische Zaubermärchen „Der Faule und der Fleißige" ist ein Beispiel dafür. Gelegentlich erreicht er dabei, wie in dem Märchen „Rübezahls Mittagstisch", die satirische Darstellung menschlicher Schwächen und Aufgeblasenheit. Der Einfluß des romantischen Kunstmärchens, vor allem der Märchen von E. TH. A. HOFFMANN und FRIEDRICH DE LA MOTTE FOUQUÉ (1777–1843) ist deutlich erkennbar. R.s erstes Märchen „Die Wurzelprinzessin" (1848) ist an E. TH. A. HOFFMANNS „Nußknacker und Mausekönig" angelehnt; in ihm wird zugleich die Herabstimmung der romantischen Motive ins Kleine, ins Biedermeierliche, sichtbar. R.s Erzählungen sind von geringerer Bedeutung; fast durchweg gehören sie zu dem Genre der moralischen Erzählung, und sie reichen, gerade auch in ihrer moralisierenden Tendenz, über das übliche Niveau dieses Genre nicht hinaus. Lediglich in einigen autobiographischen Erzählungen, wie in „Des Esels Schatten", erreicht R. den frischen und heiteren Ton, der seine Gedichte und seine Märchen kennzeichnet.

Als Lyriker für Erwachsene und Kinder war R. im 19. Jahrhundert ein sehr populärer Autor. Eine 1873 erstmals erschienene Sammlung seiner „Dichtungen für die Jugend" erreichte zahlreiche Auflagen; Auswahlausgaben seiner Märchen erschienen noch nach 1945, und in Kinderliedanthologien ist R. auch gegenwärtig noch vertreten. GUSTAV FREYTAG (1816–1895) bescheinigte R. „kein großes, aber ein gesundes und wohltuendes Dichterleben".

Werke: Drei Umrisse nach Holzschnitten von Albrecht Dürer (1830); Liederbuch eines Malers mit Randzeichnungen seiner Hefte (Bd. 1–3. 1837–1844); Lieder und Fabeln für die Jugend (1844); Lieder (1844); ABC-Buch für kleine und große Kinder. Gezeichnet von Dresdener Künstlern (1845, [3]1864); Die Wurzelprinzessin. Ein Kindermärchen mit Bildern (1848); Konradin der letzte Hohenstaufe (1846); Hebels alemannische Gedichte, ins Hochdeutsche übertragen (1851); Lieder (1852, [5]1863); Märchen-, Lieder- und Geschichtenbuch. Gesammelte Dichtungen für die Jugend (1873, [11]1896); R. Riemann (Hrsg.): Geschichten und Lieder für die Jugend (1906).

Hrsg.: Liederbuch für deutsche Künstler (zus. mit Fr. Kugler, 1833); Deutscher Jugendkalender (Bd. 3–6. 1849–1852).

Sekundärliteratur: H. Haßbergen: Robert Reinick (in: Heimatblätter des Deutschen Heimatbundes Danzig. 9. 1932). – E. Müller: Robert Reinick. Eine Monographie (Diss. 1921). – Fr. Sengle: Die Formenwelt. Biedermeierzeit, Bd. II (1972).

Reiner Wild

Reinig, Christa

*Autorin, Verfasserin von Prosa, Lyrik und Hörspielen; *6.8.1926 Berlin.*

Nach einem Studium an der Arbeiter- und Bauernfakultät (1950–1953) in Berlin studierte R. von 1953 bis 1957 an der dortigen Humboldt-Universität Kunstgeschichte und christliche Archäologie. Sie war anschließend bis 1963 als wissenschaftliche Assistentin am Märkischen Museum in Ost-Berlin tätig. Seit 1964 lebt sie in der Bundesrepublik Deutschland. Aus ihren zahlreichen Auszeichnungen sind der Bremer Literaturpreis (1964), der Hörspielpreis der Kriegsblinden (1968) und der Kritikerpreis für Literatur (1976) hervorzuheben.

Werk, Tendenzen, Wirkung. R.s Werk ist nach inhaltlichen und gestalterischen Aspekten breit gefächert. Vor allem Erwachsene sind ihre Adressaten. Für Kinder sind zwei Bücher von ihr erschienen: „Hantipanti" (1972) und „Der Hund mit dem Schlüssel" (1976). In dem zuerst veröffentlichten Kinderbuch geht es in zwölf Geschichten um inhaltlich recht weit auseinanderliegende Themen; verbindendes Element ist die Hauptfigur Hantipanti. Diese schwer fixierbare Gestalt überrascht den Leser ständig und läßt ihn mitunter mit überkommenen, vielleicht sich gerade verfestigenden Gewohnheiten brechen. Die Schwierigkeit, sich mit der nicht greifbaren Hauptfigur „Hantipanti" zu identifizieren, und die inhaltlich große Spanne der einzelnen Episoden stellt große Anforderungen an den Erfahrungs-, Nachempfindungs- und Reflexionshorizont der kindlichen Leser. Geschlossener ist dagegen die Geschichte „Der Hund mit dem Schlüssel" gestaltet. Die Hauptfigur, ein Hund, ist mit außergewöhnlichen Fähigkeiten, wie der Beherrschung der menschlichen Sprache, ausgestattet, mit denen er seine Umwelt – Menschen und Tiere – in Erstaunen versetzt und sie verunsichert. Der betonte Einsatz phantastischer Elemente in die für Kinder konzipierten Bücher läßt die Deutung zu, daß R. mit diesem Stilmittel die Leser zu einer neuen Sicht und zur Auseinandersetzung mit ihrer Umwelt anregen will.

Werke: Hantipanti (1972); Der Hund mit dem Schlüssel (1976).

Peter Zimmermann

Reiseliteratur

R. gibt es in Form von Erzählungen, Berichten, Sachbüchern und Reiseführern. Als Kinder- und Jugendliteratur sind die belehrende Reiseerzählung im 18., die abenteuerliche im 19. und im 20. Jahrhundert, daneben auch andere Formen aufgetreten. R. wird allen Lesealtern angeboten, besonders aber der Entwicklungsstufe der 8/9-14/15jährigen.

Formen der R. Der Drang des Menschen in die Ferne und sein Bestreben, neue Räume zu erschließen, finden ihren Niederschlag schon in den ältesten schriftlichen Aufzeichnungen der Völker. In kaum einem anderen Gebiet der Jugendliteratur läßt sich so deutlich eine Linie von frühesten schriftlichen Quellen bis zur R. und – in Verbindung damit – zum Abenteuerbuch unserer Tage verfolgen. Die Begegnung des jungen Lesers mit der engeren und weiteren Umgebung, dem Vaterland, fremden Ländern und fremden Erdteilen kann über Erzählungen, Abenteuerbücher und Sachbücher erfolgen. Die Spiegelung fremder Länder und ihrer Bewohner geschieht ebenso in Reiseberichten. In Reiseerzählung und Reisebericht verbinden sich vielfach Erlebnisschilderung (häufig mit durchaus realem Abenteuercharakter) und sachliche Beschreibung eines Landes und seiner Bewohner. Die Grenzen zwischen Reiseerzählung und -bericht können fließend sein und wurden bisher weder im Bereich der Erwachsenen- noch der Jugendliteratur genauer untersucht und analysiert. Im Gegensatz zum exotischen Abenteuerbuch, wo zwischen der Schilderung des spannenden Abenteuers und der Darstellung des geographischen Hintergrundes oft ein Riß klafft, sind Erlebnis und Beschreibung im anspruchsvollen Reise- und Entdeckungsbericht zu einer Einheit verschmolzen. Ging es in der älteren R. überwiegend um die Begegnung mit der Landschaft, so stehen heute die Menschen, ihre Kultur und vor allem der Wandel politischer und sozialer Verhältnisse im Vordergrund.

Frühe R. Im Alten Orient und in der griechisch-römischen Antike verschmolzen geographische Aussagen, Schilderungen von Reisenden und Erzählungen verschiedentlich zu einer Einheit wie etwa im altägyptischen Reisebericht des Wen-Amun oder in der Sinuhe-Erzählung. Die „Odyssee" spiegelt die nautischen und geographischen Kenntnisse der griechischen Seefahrer des 8. vorchristlichen Jahrhunderts, bei Herodot zeigen sich schon Ansätze einer Reiseschilderung und der Bericht des Karthagers Hanno über seine Fahrt nach Westafrika oder die Beschreibung der Seereise des Nearchos, die dieser im Auftrag Alexanders des Grossen unternahm, gehören zu den Anfängen echter R., die in verhältnismäßig bescheidenem Rahmen in der römischen Zeit weitergeführt wurde. Im Abendland gingen während des Mittelalters Reiseberichte über Pilgerfahrten in den Orient auch in die Volksliteratur ein und vermischten sich hier mit phantastischen Schilderungen. Zu den beliebten, wahrscheinlich auch jungen Menschen bekannten Volksbüchern gehörten in Deutschland die Geschichten St. Brandans Meerfahrt, die Erzählungen von Herzog Ernst, die besonders viele orientalische Elemente aufnahmen, und die Abenteuer des Ritters Schiltenberger, die auf dem tatsächlichen Reisebericht eines bayerischen Ritters über seine Gefangenschaft und Irrfahrten im Vorderen Orient basierten. Marco Polos Bericht über seine Reise an den Hof des Großkhans bildete einen neuen Höhepunkt der R. Besonders beliebt in allen Schichten der Bevölkerung aber waren die „Reisen des Ritters Mandeville", eine geschickte Mischung aus kompilierten Fakten und phantastischen Übertreibungen, die ein

Bestseller des Spätmittelalters wurden und sogar MARCO POLO überflügelten.

R. im 16. bis 18. Jahrhundert. Das Zeitalter der Entdeckungen brachte der R. neue Impulse. Das Interesse breiter Leserkreise an der Entdeckung und Erschließung Amerikas manifestierte sich in den Auflagen und raschen Nachdrucken des Kolumbus-Briefes, der Cortez-Berichte oder der „Americae partes" (ab 1590) und riß auch in den folgenden Jahrhunderten nicht ab. Die allgemeine Aufmerksamkeit galt dabei aber weniger der Landschaftsschilderung als vielmehr den Berichten über das Leben der indianischen Bevölkerung. Über den spektakulären Reise- und Entdekkungsberichten aus Amerika übersieht man nur zu leicht die kulturgeschichtlich so bedeutsamen Ansätze innerdeutscher Reiseschilderungen etwa in den Autobiographien eines JOHANNES BUTZBACH (1478–1516) oder eines THOMAS PLATTER (1499–1516), die beide als „fahrende Schüler" weite Teile des deutschen Sprachgebietes durchwanderten.
Seit dem 17. Jahrhundert setzt eine zweigleisige Entwicklung der R. ein, die sich auch auf das spätere Jugendbuch auswirkt. Dem zunehmenden Interesse an solider sachlicher Information kommen zahlreiche Reiseberichte aus Amerika, den Küstengebieten Westafrikas und Ostasien entgegen. Als Grundlagen für die Bildungsreisen junger Adliger auf der „Grand Tour" durch Westeuropa und Italien dienen Reiseschilderungen, die ein besonderes Schwergewicht auf Kunst und Kultur legen. Neben diesem sachlich orientierten Zweig entwickelt sich die Reiseerzählung, in der allmählich das phantastische Element zugunsten realistischer Darstellung zurücktritt. Ansätze dazu finden sich schon in den spanischen Schelmenromanen, in H. J. CHR. GRIMMELSHAUSENS „Simplizissimus" (1669) und dann deutlicher ausgeprägt in den Robinsonaden und Seefahrerromanen des beginnenden 18. Jahrhunderts, z.B. in DANIEL DEFOES „Kapitän Singleton" (1720), in dem erstaunliche Kenntnisse über Innerafrika verarbeitet sind. Eine Sonderstellung nehmen Schilderungen von Phantasiereisen (GRIMMELSHAUSEN, CYRANO DE BERGERAC) ein, die als Vorläufer moderner Science-fiction-Erzählungen angesehen werden dürfen.

R. in der Kinder- und Jugendliteratur seit der Aufklärung. Die Jugendliteratur der Aufklärung nutzte Möglichkeiten und Vorteile von Reiseberichten und -erzählungen. JOACHIM HEINRICH CAMPE übernahm in seine „Kleine Kinderbibliothek" Originalberichte wie AUGUST LUDWIG SCHLÖZERS (1753–1809) „Neujahrsgeschenke aus Jamaika in Westindien für ein Kind in Europa", zehn Briefe des bedeutenden Historikers, die in anschaulicher Prosa nicht nur eine gute Reiseschilderung lieferten, sondern sich auch kritisch mit den sozialen Verhältnissen in Westindien auseinandersetzten. CAMPE selbst bearbeitete die Reiseberichte von KOLUMBUS, CORTEZ und PIZARRO. Er übernahm die gerade neu erschienene Reisebeschreibung JOHN CARVERS, der 1766 den oberen Mississippi bereist hatte, mit einer der ersten blutrünstigen Beschreibungen der Marterpfahl-Zeremonie. Dieses Werk steht damit am Anfang der langen Reihe von Jugendbüchern über das Leben der Prärieindianer. An afrikanischen Reiseberichten brachte er die Expedition LA VAILLANTS von 1780–1785 und BARROWS Reise durch Südafrika, über Asien nur eine Bearbeitung der Reisen VASCO DA GAMAS. In der Jugendliteratur der ersten Hälfte des 19. Jahrhunderts dominiert die Reiseerzählung. Von nachhaltiger Wirkung waren die seit 1823 erschienenen Lederstrumpf-Romane JAMES FENIMORE COOPERS. Allerdings stand von Anfang an in den Jugendbearbeitungen das abenteuerlich-ethnologische Moment im Vordergrund, während die etwas idealisierten Natur- und Landschaftsbeschreibungen den Kürzungen zum Opfer fielen. Diese Verlagerung des Schwergewichts blieb kennzeichnend für die Amerikaerzählungen der folgenden Jahrzehnte. Die realistischere Landschaftszeichnung KARL POSTL-SEALSFIELDS konnte sich nicht durchsetzen. Wie überhaupt seine Bücher trotz vielfach empfehlender Hinweise (z.B. bei HEINRICH WOLGAST) bei der Jugend nie besonders ankamen. So wie er kannten auch andere Abenteuerschriftsteller dieser Zeit, z.B. FRIEDRICH GERSTÄCKER, BALDUIN VON MÖLLHAUSEN oder ARMAND (d.i. F. A. STRUBBERG) Nordamerika dank ausgedehnter Reisen aus eigener Anschauung, so daß sie einigen ihrer Romane jene realistischen Züge zu verleihen vermochten, die auch noch in Jugendbearbeitungen durchschimmern. Die eigentlichen Reiseberichte eines M. LEWIS (1774–1809), W. CLARKE (1770–1838), FREMONT oder Prinzen von WIED spielten dagegen bei der Jugend eine völlig untergeordnete Rolle oder erschienen nur selten in Volksausgaben, so daß sich das Amerikabild der Jugend nicht aus Sachbüchern, sondern aus Abenteuerromanen, d.h. nicht aus der Sicht des Reisenden oder Forschers, sondern aus der des Desperados oder bestenfalls des Grenzers formte.
Einen neuen Auftrieb der Reisebeschreibungen brachte die Erschließung Afrikas in der zweiten Hälfte des 19. Jahrhunderts. Die aufsehenerregenden Reisen DAVID LIVINGSTONES (1813–1873), HEINRICH BARTHS (1821–1865) und vor allem SIR HENRY MORTON STANLEYS (1841–1904) wurden in Originalausgaben, Übersetzungen, sehr bald auch in stark gekürzten Volksausgaben von der Jugend gelesen. Ergebnisse solcher Forschungsreisen verarbeitete, sachlich gut fundiert, JULES VERNE (1828–1905) in seinem ersten 1872 erschienenen Roman „Fünf Wochen im Ballon". Die Erwerbung der ersten deutschen Kolonien in Afrika führte zur Entwicklung einer Sonderform der Reiseerzählung: die Kolonialerzählung. In ihr wurden Reiseberichte mit ein paar Abenteuern garniert und erhielten zugleich jene „vaterländische Tendenz", die das historische Jugendbuch der Wilhelminischen Zeit kennzeichnete. Aber auch weltpolitische Ereignisse wie Mahdiaufstand und Burenkrieg brachten sofort die entsprechenden Neuerscheinungen auf dem Jugendbuchmarkt. Zu den bekanntesten Titeln gehörte „Pieter Maritz, der Burensohn aus Transvaal" (nach 1880, [8]1910) von AUGUST NIEMANN. Obgleich dieser geschickt weniger bekannte

zeitgenössische Reisewerke ausnutzte, geht das Buch doch nur am Rand auf das Wesen der Landschaft ein, die als Schauplatz dient. FRIEDRICH WILHELM MADER setzte seine bekannten und beliebten Abenteuererzählungen („Im Lande der Zwerge", 1911; „Nach den Mondbergen", 1911; „Ophir", 1911) aus zahlreichen Einzelfakten zusammen, die er den gängigen Reisewerken entnahm. Von seinen vielen Büchern über Erlebnisse in fremden Erdteilen waren die oben genannten Afrika-Erzählungen am lebendigsten und entwarfen ein stellenweise recht geglücktes Bild von Land und Leuten.

Im 19. Jahrhundert war das Interesse an Information über Asien durch die Indianererzählungen und die großen Reiseberichte aus Afrika weitgehend zurückgedrängt worden. Erst SVEN HEDIN (1865–1952) gelang es, breite Kreise, vor allem auch die Jugend, insbesondere für Zentralasien und Tibet zu interessieren.

Noch ungünstiger ist die Spiegelung Australiens und der Südsee in der R. Australien, durch FR. GERSTÄCKER (1816–1872) für die Jugend entdeckt („Im australischen Busch", 1864), blieb unbedeutender Nebenschauplatz im Jugendbuch. Die Südsee wurde wohl am bekanntesten als Kulisse für ROBERT LOUIS STEVENSONS „Schatzinsel", während sich FR. GERSTÄCKERS und HERMAN MELVILLES realistische Südsee-Erzählungen nicht auf das Jugendbuch auswirkten. Auch einige europäische Länder erlebten eine lebendige Spiegelung in der Jugendliteratur. So vermittelte SELMA LAGERLÖF in der 1906/1907 (dt. 1907/1908) erschienenen „Wunderbaren Reise des kleinen Nils Holgersson" eine Begegnung mit Schweden, den charakteristischen Merkmalen des Landes, mit seinen Menschen und seiner Geschichte. Ihr Vorbild wurde zwar in der R. nachgeahmt, blieb aber unerreicht. JON SVENSSONS vielgelesene „Nonni"-Bücher (seit 1913) brachten nicht nur beschauliche Kindheitserlebnisse, sondern gaben auch ein Bild Islands aus der Sicht eines Jungen und wurden fünfzig Jahre lang immer wieder aufgelegt.

R. nach dem Ersten Weltkrieg. Nach dem Ersten Weltkrieg dominierten in der R. für die Jugend die Sachberichte. Neue wichtige Impulse gingen von zwei Reihen des Brockhaus-Verlages aus. Die hervorragend edierten und geschickt bearbeiteten rund 20 Bände „Alte Reisen und Abenteuer" brachten klassische Reiseberichte von HERODOT bis zum Beginn des 19. Jahrhunderts und „Reisen und Abenteuer" weitere 50 Titel mit Bearbeitungen neuer und neuester Reisen von SIR HENRY MORTON STANLEY bis RICHARD BYRD (1888–1957). Eine Entdeckungsgeschichte Afrikas, die zugleich mit Ausblicken in die Gegenwart eine kulturmorphologische Schau des Erdteils zu geben suchte, boten die sechs Bände der 1923 von LEO FROBENIUS (1873–1938) herausgebrachten Reihe „Afrikanisches Heldentum". Sie blieb die einzige Sachbuchreihe, in der sich ein namhafter Forscher bemühte, seine wissenschaftlichen Erkenntnisse in einfacher Form schon jungen Menschen zugänglich zu machen. Hier allerdings, wie auch in den wenigen Reiseerzählungen von überdurchschnittlicher Qualität, dominiert das ethnologische Moment, so z. B. in RICHARD KEARTONS „Tier im Feuerberg" oder V. STÉFANSSONS Eskimobücher „Kek, der Eskimo" und „Des Zauberers Rache" (1925). Bei den Indianerbüchern verlagerte sich der Akzent weitgehend auf die Geschichte – so z.B. bei FRITZ STEUBEN –, während Landschaftsbeschreibungen und Völkerkunde zurücktraten.

R. nach dem Zweiten Weltkrieg. Nach 1945 empfing die R. neue Impulse vor allem durch Übersetzungen. Zwar war die Zeit der großen Reisebeschreibungen weitgehend vorüber, aber der Brockhaus-Verlag versuchte, mit einigen klassischen (SVEN HEDIN, ROBERT SCOTT, EDMUND HILLARY) und ein paar modernen Titeln (M. JOSSLIN, G. F. DUFEK) die Reihe „Reisen und Abenteuer" wieder aufzunehmen. Der Ullstein Verlag brachte in einer neuen Reihe „Bunte leuchtende Welt" rund 30 überwiegend moderne Reisebücher (G. DURELL, E. FUCHS, HEINRICH HARRER, HERBERT TICHY u. a.), und der Arena Verlag versucht, mit den Bändchen „Wissenschaft und Abenteuer" weniger bekannte Reiseberichte in bearbeiteten Auszügen jungen Lesern zugänglich zu machen. Die „Länderkunden aus erster Hand" (1969ff.) wollen die Begegnung mit einzelnen europäischen Ländern (Italien, Frankreich, England usw.) und außereuropäischen Gebieten und Erdteilen (Südamerika, Schwarzafrika, China usw.) und ihren vielschichtigen geographischen, historischen, politischen und sozialen Problemen an Hand alter und moderner Quellentexte aus der Literatur des jeweiligen Landes vermitteln.

In der erzählenden R. dienen Fahrtenberichte von Jugendgruppen als Folie für Erlebnisschilderungen aus Deutschland (L. WISPLER „Wir sind durch Deutschland gefahren", 1955) oder europäischen Nachbarländern (WALTER SCHERF „Schwedenfahrt", 1955). Nach wie vor dienen außereuropäische Gebiete als Hintergrund für Abenteuererzählungen, aber nur wenigen Autoren gelingt es, in der Begegnung mit den fremden Ländern zugleich auch die Begegnung der Bevölkerung im Spannungsfeld zwischen Tradition und Fortschritt und die Probleme einer Entwicklungshilfe deutlich werden zu lassen. FRITZ MÜHLENWEG (1898–1961) knüpfte mit seinen Jungenabenteuergeschichten aus Zentralasien an die große alte Tradition an. HERBERT KAUFMANN (1920–1976) vermittelt in „Roter Mond und heiße Zeit" (1957) aufgrund persönlicher Beobachtungen und Reiseerlebnisse in der Sahara das selten eindrucksvolle Bild der alten sterbenden Welt der Tibbu. Ebenfalls auf genauer Kenntnis von Land und Leuten beruhen die realistischen Schilderungen, die ERICH WUSTMANN (* 1907) aus der Welt der südamerikanischen Urwaldindianer gibt. Nach wie vor spielen auch Berichte über Entdeckungsreisen eine wichtige Rolle und erfahren durch Autoren wie KURT LÜTGEN (* 1911) oder KARL ROLF SEUFERT (* 1923) neue Belebung und vor allem Aktualisierung.

Eine Sonderstellung unter der R. nehmen seit einigen Jahren Sachbilderbücher für Kinder ein, die versuchen, in Fotos und einfachen Texten einen Eindruck vom Leben in anderen Ländern zu vermitteln. Dazu gehören die von ILSE KLEBERGER und LISELOTTE und ARMIN ORGEL-KÖHNE entwickelte „Kinder-Europa-Reihe“ und die Bilderbücher von A. RIWKIN-BRICK („Mati aus Finnland“, „Jap aus Holland“ usw.). Innerhalb enger Grenzen können solche Titel auch als eine Art Reiseführer für Kinder dienen, da diese Sachbuchsparte trotz des weltweiten Urlaubsverkehrs in dürftigen Ansätzen stecken blieb und nur durch gelegentliche Versuche eine Belebung erfährt.

→ Abenteuerbuch, → J. H. Campe, → J. F. Cooper, → D. Defoe, → Fr. Gerstäcker, → H. J. Chr. Grimmelshausen, → Sv. Hedin, → H. Kaufmann, → S. Lagerlöf, → K. Lütgen, → Fr. W. Mader, → K. May, → H. Melville, → B. v. Möllhausen, → Fr. Mühlenweg, → W. Scherf, → A. L. Schlözer, → Ch. Sealsfield, → R. Seufert, → Fr. Steuben, → R. L. Stevenson, → F. A. Strubberg, → J. Svensson, → K. H. Tichy, → J. Verne, → H. Wustmann

Sekundärliteratur: R. Bamberger: Erdkundeunterricht und Jugendlektüre (1958). – U. Bitterli: Die „Wilden“ und die „Zivilisierten“ (1976). – A. Bodensohn: Abenteuer. Wildnis – Wüste – Pharaonen (1961); Im Zeichen des Manitu (1963); Abenteuer. Meer – Insel – Schiff (^{2}1965); Rothaut und Bleichgesicht (1967). – W. Klages: Reisebeschreibungen, weite Welt und Abenteuer (in: Das gute Jugendbuch. 1957. 1. 74–91). – V. Klotz: Durch die Wüste und so weiter (in: G. Schmidt-Henkel (Hrsg. zus. mit anderen): Trivialliteratur. 1964. 33–52). – H. Künnemann: Das Afrikabild in der deutschsprachigen Jugendlektüre (in: Jugend und Buch. 1964. 1. 2–9). – M. Kreitz: Der geographische Wert der Jugendlektüre (1929). – H. Pleticha: Das erdkundliche Jugendbuch (in: Das gestaltete Sachbuch und seine Probleme. 1955. 29–56); Das Bild des Farbigen in der Jugendliteratur (in: Bücher spiegeln die Welt. 1969. 43–54); Das Abenteuerbuch (in: G. Haas (Hrsg.): Kinder- und Jugendliteratur. 1974. 312–334). – H. Plischke: Von Cooper bis Karl May (1951). – W. Scherf: Zur Geographie des Abenteuers (in: Jugendliteratur. 1957. 8. 341–343).

Heinrich Pleticha

Rekimies, Erkki Vilho Kalevi

*Finnischer Jugendbuchautor und Journalist; * 21. 11. 1923 Kouvola/Finnland.*

Nach seiner Schulzeit studierte R. moderne Literatur an der Universität Helsinki. Anschließend absolvierte er die Offiziersschule der finnischen Armee. Seit 1946 arbeitet er als freier Journalist und Kolumnist für verschiedene Tageszeitungen (u.a. „Kouvolan Sanomat“); einige seiner Kolumnen erschienen auch in Amerika und Spanien. 1954 veröffentlichte R. sein erstes Buch. 1962 wurde „Tapporahat“ (1959; dt. Jagt den Wolf, 1966), für das R. 1967 auch den Österreichischen Staatspreis bekam, in der Ehrenliste des Hans-Christian-Andersen-Preises aufgeführt. 1972 erhielt er die Kuusankoski-Medaille und 1975 den Kuusankoski-Preis.

Werk, Tendenzen, Wirkung. Während R.s journalistische Arbeiten, die tages- und gesellschaftspolitischen Inhalts sind, sich ausschließlich an Erwachsene richten, schrieb er seine Bücher für Jugendliche im Alter von 13 bis 18 Jahren. Grundlage seines literarischen Schaffens sind immer reale Begebenheiten, die er wahrheitsgetreu und in sprachlich klarem Stil darstellt. Da R. seine Themenbereiche – Vergangenheit (Susi-Rolf, Martti ja minä, 1970) und Gegenwart (Tapporahat, 1959) – vor dem geographischen und gesellschaftspolitischen Hintergrund Finnlands entwickelt, kann seine Literatur inhaltlich als spezifisch finnisch bezeichnet werden. Das 1966 ins Deutsche übertragene Buch „Tapporahat“ zeigt die Problematik der in finnischer Weite vereinzelten und abseits jeglicher Zivilisation lebenden Dorfgemeinschaften mit ihren sozialen und politischen Benachteiligungen sowie ihrer Angst vor grausamer Kälte und heulenden Wölfen.

Werke: Pahakuruu aavesun Seikkailukertomus (1954); Hannu Rautapaita (1955); Suurten metsien vaeltaja (1956, ^{2}1963); Jouko Väkivahva ja Karvahousun pojat (1957); Ukkoslaivueen Kasvatti (1958); Tapporahat (1959; dt. Jagt den Wolf, 1966); Uponnut sotasaalis (1959); Onnenkääntäjä (1960); Turman Korpit (1960); SOS-Hanhikari (1962); Laatokan lentäjät (1963); Susi-Rolf, Martti ja minä (1970); Näkymätön intiaani (1972); Tuömas ja tykkivene (1972).

Lioba Betten

Religiöses Kinder- und Jugendbuch → Agentur des rauhen Hauses, → Biblische Geschichte, → Borromäusverein, → Deutscher Verband evangelischer Büchereien e. V., → Don Bosco Verlag, → Erbauungsliteratur, → Jiddische Kinder- und Jugendliteratur, → Katechismus für Kinder, → Kinderbibel, → Kindergebet, → Legende, → Missionsliteratur

Renesse, Margarete von

*Schriftstellerin; * 1. 6. 1882 Leipzig, † 29. 5. 1964 Leipzig.*

Werk, Tendenzen, Wirkung. In der Geschichte der Jugendliteratur ist der produktiven Autorin des ersten Drittels unseres Jahrhunderts ein Platz im Bereich des Kunstmärchens und in der Nachhut des Backfischbuches alten Stils zuzuweisen. Auch als Herausgeberin von Kinderzeitschriften und Kinderkalendern auf der Ebene des problem- und geistlosen Zeitvertreibs hat sie eine Rolle gespielt.

Ihre Kunstmärchen zeigen zumeist eine tantenhaft ausgestattete, paradiesische Naturwelt, die von Zwergen, Prinzeßchen, Hexlein, Feen und jedwedem Getier bevölkert ist. Zentrale Motive sind die Hochzeit, das Gruppenfest, das Mitleid meist armer Kinder mit Tieren und immer wieder die Erlösung aus unverschuldeter Bedrängnis und aus neidbedingten Verzauberungen. Kindernamen werden oft in Verkleinerungsformen gegeben. Die magischen Kräfte der Natur werden entmachtet und zugleich verniedlicht. Menschliche Lebensformen erfahren Projizierungen ins Tier- und Pflanzenreich. Dort werden sie harmonisiert, idealisiert und stilisiert. Wenn die künstlerischen Mittel bei

Autoren wie BONSELS, EWALD oder KYBER noch ausreichen, ihren Anthropomorphisierungstendenzen im Bereich der Tierwelt mit Vorbehalten zuzustimmen, so ist dies bei R. nicht mehr möglich. Hier sind die Grenzen der Einfalt überschritten. Zudem sind die Anlehnungen an die genannten Vorbilder zu offensichtlich. Gestalten, Arsenal und Requisiten in ihren märchenhaften Geschichten zeigen zwar Parallelen zu dem europäischen Volksmärchen, entfernen sich von diesen jedoch durch psychologisierende Erklärungen und Didaktisierungsabsichten der Verfasserin. R. verwandte gehäuft schmückende Adjektive.
In ihren Jungmädchengeschichten führte R. die von TH. VON GUMPERT (1810–1897), E. VON RHODEN (1832–1885) und anderen Mädchenbuchautorinnen eingeschlagene Linie fort. Ihr Buch „Die Unzertrennlichen" (1937) z. B. stellt sich als eine Mischung aus moralischen Beispielerzählungen in der Art von FR. E. VON ROCHOWS „Kinderfreund" und Alltagserlebnissen aus dem Guts- und Bürgermilieu der dreißiger Jahre unseres Jahrhunderts dar. Kindertümlichkeit artet bei R. oft in Albernheit aus. Gönnerhafte Erwachsene haben ihre Freude an braven, leicht erziehbaren Kindern, und selbst die soziale Kontrastgestalt des armen Frieder vom Gutshof schafft keine Konflikte. Edle Gesinnung, maßvolles Verlangen und einfältige Herzlichkeit erzeugen die erforderliche Harmonie, noch gefördert durch landschaftliche Symbole („Der heilig, stille hehre Dom (= Wald) macht die Menschen rein und still und gut"). Zeitweilig übernahm R. auch die Schriftleitung der Blätter „Der lustige Sachse", „Die lachende Welt", „Die lustige Kiste" und „Das kleine Witzblatt".

Werke: Orchidee (1920); Sturzel und Purzel (1920); Heiners wunderbare Luftreise (1921); Zu Lust und Freude für kleine Leute (1920); Stips und Stops. Eine lustige Zwergengeschichte (1922); Flitzeflinks Waldkirmes (1927); Vom unartigen Engelein und artigen Teufelein (1928); Guckerle Flimmerling (1929); Der singende Quell (1930); Die Unzertrennlichen (1937).

Hrsg.: Onkel Antons Kinderkalender (1921–1923); Der frohen Jugend Zeitvertreib (1922); Die Wundertüte. Lustiger Kinderkalender (1932–1934).

Hermann Bertlein

Renn, Ludwig

*(d. i. Arnold Friedrich Vieth von Golßenau). Schriftsteller; * 22. 4. 1889 Dresden, † 21. 7. 1979 Berlin.*

R., der aus einer sächsischen Adelsfamilie stammt, verlebte seine Kindheit in Dresden, wo sein Vater Gymnasiallehrer und Erzieher am sächsischen Königshof war. Nach dem Abitur entschied sich R. trotz seiner künstlerischen Neigungen für den Dienst beim Militär. Das Erlebnis des Krieges verursachte bei R. eine Desillusion über die Kriegsziele des kaiserlichen Deutschlands, Traditionen und Werke seiner bisherigen Lebensform. Er gab 1920 seine militärische Laufbahn auf. Von 1920 bis 1927 studierte R. mit Unterbrechungen in Göttingen, München und Wien (unter

Ludwig Renn (1889–1979)

anderem Russisch, Volkswirtschaft, Kunstgeschichte , Archäologie, türkische und chinesische Geschichte und Anthropologie). Er befaßte sich mit dem Marxismus und trat 1928 in die KPD ein.
Im gleichen Jahr erschien sein erstes Buch „Krieg", das international Beachtung fand. Es beruhte auf Tagebuchaufzeichnungen aus dem Ersten Weltkrieg, die R. seit 1916 bearbeitet und ergänzt hatte. Der Autor nahm den Namen der Hauptfigur dieser kritischen und desillusionierenden Darstellung des Krieges an, er nannte sich von nun an „Ludwig Renn".
Von 1928 bis 1932 war R. Sekretär des Bundes proletarisch-revolutionärer Schriftsteller (BPRS), Mitherausgeber und Redakteur der „Linkskurve", Mitherausgeber der militärpolitischen Zeitschrift „Aufbruch"; von 1931 bis 1932 Dozent für Kriegsgeschichte und militärische Theorie an der Marxistischen Arbeiterschule (MASCH) in Berlin. 1932 wurde R. wegen literarischen Hochverrats verhaftet, freigelassen, 1933 bis 1935 erneut inhaftiert. Nach seiner Flucht in die Schweiz wurde er 1936 Chef des Stabes der Elften Internationalen Brigade im Spanischen Bürgerkrieg. Im Auftrag der spanischen Republik unternahm er Reisen in die USA, nach Kanada und Kuba. Von 1939 bis 1947 war R. im Exil in Mexiko, 1940 bis 1941 Professor an der indianischen Universität in Morelia für moderne europäische Geschichte und Sprachen und Präsident der „Bewegung Freies Deutschland" in Mexico.
1947 kehrte R. nach Deutschland zurück und wurde Professor an der Technischen Hochschule in Dresden für Anthropologie. An der Humboldt-Universität in

Berlin hielt er Vorlesungen über chinesische Kunstgeschichte. Seit 1952 lebt R. als Schriftsteller in Berlin. R. wurde mehrmals Preisträger im Wettbewerb des Ministeriums für Kultur für Kinder- und Jugendbücher (1954, 1955, 1956 und 1958). Für sein Gesamtwerk erhielt er den Nationalpreis für Kunst und Literatur. R. ist Inhaber der Deutschen Friedensmedaille, des Vaterländischen Verdienstordens in Gold und „Held der Arbeit".

Werk, Tendenzen, Wirkung. 1954, im Alter von 65 Jahren, veröffentlichte R. sein erstes Jugendbuch „Trini, die Geschichte eines Indianerjungen", das er auf Anregung des Ministeriums für Volksbildung schrieb. Es gilt als bemerkenswert, daß ein Autor, der sich mit Werken wie „Krieg" (1928), „Nachkrieg" (1930) und „Adel im Untergang" (1944) einen Namen gemacht hatte, in seinem Spätwerk überwiegend Kinder- und Jugendbücher verfaßt. Die Bedeutung der Kinder- und Jugendliteratur war ihm in den vierziger Jahren bereits bewußt geworden, nachdem er in Deutschland und Nordamerika die Auswirkungen von Rassendiskriminierung erlebt hatte: Es käme darauf an, den jugendlichen Lesern Aufgeschlossenheit und Verständnis für andere Völker zu vermitteln, eine „neue Kinderliteratur zu schaffen, die in den jungen Menschen die stets vorhandenen Gefühle für Güte, Gerechtigkeit und Heldentum stärken konnten". Beim Schreiben für Kinder gelang es R., seinen bisherigen Stil, den er als kritischen Realismus mit Nähe zum Naturalismus und zur Reportage bezeichnet, zu ändern und sich gleichzeitig von biographischen Inhalten, die sein Werk ausmachten, zu lösen. Nicht zuletzt empfand R. es als eine Möglichkeit, für den sozialistischen Staat zu wirken, wie er in der DDR aufgebaut werden sollte.

Das zentrale Thema der Kinder- und Jugendbücher R.s ist der Kampf um Befreiung, gegen Ausbeutung und Unterdrückung. Dargestellt wird er an Beispielen von Ländern aus der Dritten Welt und aus der Geschichte. Im Jugendbuch „Trini" (1954) schildert R. den Aufstand der mexikanischen Bauern gegen die Großgrundbesitzer. In „Nobi" (1955) beschreibt er in einer Mischung aus Realem und Phantastischem die Auflehnung eines afrikanischen Stammes gegen Sklavenhändler; im Kinderbuch „Camilo" (1963) eine Episode aus der kubanischen Revolution. „Herniu und der blinde Asni" (1956) und „Herniu und Armin" (1958) handeln vom Freiheitskampf der Germanen gegen die Römer; „Auf den Trümmern des Kaiserreichs" (1961) kreist um die gescheiterte Revolution in Deutschland von November 1918 bis zum Januar 1919.

R.s erstes Jugendbuch „Trini", in dem er den mexikanischen Bauernkrieg unter Führung Emiliano Zapatas von 1910 bis 1920 in den Mittelpunkt der Handlung stellt, ist exemplarisch für alle Jugendbücher des Autors. Das Thema vom Elend der Massen, vom Reichtum einiger weniger, von der Armut in der „Dritten Welt" und vom Wohlstand der übrigen Länder, der auf Ausbeutung basiert, wird behandelt, indem R. die ökonomischen und politischen Hintergründe der Unterdrückung und ihre Folgen exakt wiedergibt und mit Fakten aus der mexikanischen Geschichte belegt.

R. versteht es, die Situation der mexikanischen Indianer zu schildern, die in völliger Abhängigkeit von den Gutsherren wie Leibeigene leben und bewußt in Unwissenheit gehalten werden. Dagegen setzt er als Kontrast das luxuriöse Leben der Reichen. R. zeigt die verschiedenen Erscheinungsformen der Unterdrükkung, die sich in physischer Gewalt, Folter, Waffengebrauch gegen die Bauern und in sozialer Ungerechtigkeit manifestiert. Die Indianer erkennen zunächst, daß es *ihr* Land ist, das von fremden Herren bebaut wird. Mit dem Bewußtsein ihrer Abhängigkeit eröffnen sich ihnen Möglichkeiten zur Befreiung: „Wir Indianer können uns nur dann befreien, wenn wir zusammen die Herren bekämpfen ... Darum sollt ihr euch erheben und zweierlei fordern: Land und Freiheit" („Trini", S. 147).

Der historische Befreiungskampf der Germanen gegen die Römer ist das Thema der „Herniu"-Bände. Im Mittelpunkt steht die Schlacht im Teutoburger Wald, am Ende die Ermordung des Arminius, der am Widerstand der verfeindeten Germanenfürsten scheitert. Sie sind aus wirtschaftlichen Interessen nicht bereit, von den Römern unabhängig zu werden, weil sie auf Vorteile des römischen Steuersystems verzichten müßten. R.s Absicht ist es, die historischen Fakten kritisch zu schildern. Er will eine Heroisierung des Cheruskerfürsten Armin vermeiden und das „wahre Heldentum des Volkskrieges gegen einen wirtschaftlich und militärisch überlegenen Aggressor" zeigen.

Bei der Darstellung der Novemberrevolution von 1918 in „Auf den Trümmern des Kaiserreichs" (1961) bemüht sich R. wie in allen Büchern um Authentizität und stützt sich auf umfangreiches dokumentarisches und historisches Material. Ähnlich wie bei „Trini" und den „Herniu"-Bänden verfährt er hier in der für ihn typischen Form der historischen Erzählung: es treten historische Personen auf und – zur Identifikation für den Leser –, Jugendliche, die zu Hauptpersonen werden und mit den historischen Helden wie Zapata oder Armin unmittelbar in Beziehung stehen können.

R. beschreibt Geschichte, um die Notwendigkeit der Auflehnung gegen ungerechte gesellschaftliche Verhältnisse sichtbar zu machen. Wenn alle Mittel zur Befreiung versagen, ist der Krieg unabwendbar und gerecht; in diesem Kampf ist es notwendig, den Gegner zu hassen und zu töten. Die ambivalente Haltung des Autors zum Krieg wird deutlich, wenn er versucht, die Schrecken des Krieges zu zeigen. Der Befreiungskampf beseitigt die Voraussetzungen für den Krieg, indem er Verhältnisse schafft, in denen Frieden möglich ist.

Kinder haben im revolutionären Geschehen eine wichtige Funktion; sie kennen die Bedeutung des Befreiungskampfes. Sie sind tapfer, klug, lernen Lesen und Schreiben und geben ihr Wissen an andere weiter; sie sind opferbereit, bleiben immer bescheiden und ordnen sich in ein Kollektiv ein. Sie sind listig, täuschen die Erwachsenen, wenn sie naiv erscheinen und Feinde in den Hinterhalt locken. Sie helfen bei der Pflege Verwundeter und bauen ein Kurier- und Spähersystem auf. R. verweist selbst auf die Nähe dieses Themas der „nützlichen Organisation von Kindern" zu ARKADIJ GAIDAR. Die Probleme der Erwachsenen sind die Probleme der Kinder; sie wachsen häufig über sich selbst hinaus, ihnen werden Fähigkeiten zugeschrieben, die nicht ihrem Alter entsprechen, sie sind für den Leser Identifikationsfiguren und Vorbilder.

Im Kampf um Befreiung verändern sich die Menschen: am Beispiel der mexikanischen Indianer, der Erwachsenen und Kinder, demonstriert R., wie sie sich ihrer Situation bewußt werden und bereit sind, zu lernen und zu kämpfen; am Ende fühlen sie sich selbst verändert. Der Befreiungskampf ist bei R. immer verbunden mit einer Veränderung des Bewußtseins. In diesem Emanzipationsprozeß sind die Kinder unbefangener und offener als die Erwachsenen.

R. nimmt in der Kinder- und Jugendliteratur der DDR eine Sonderstellung ein. Er ist einer der wenigen Autoren, die den Aufbau des Sozialismus in der DDR nicht schildern. Er selbst erklärt aus seiner Biographie, daß die DDR nicht sein Thema ist. Seine Anerkennung als einer der wichtigsten Repräsentanten einer neuen sozialistischen Kinder- und Jugendliteratur zeigt sich in zahlreichen Preisen und großen Auflagenhöhen; sie beruht auf seiner Fähigkeit, marxistisches Geschichtsbewußtsein zu vermitteln und das Thema der „internationalen Solidarität" mit den um ihre Befreiung kämpfenden Völkern für Jugendliche überzeugend darzustellen.

Werke: Trini (1954, [20]1975); Nobi (1955, [21]1976); Herniu und der blinde Asni (1956); Herniu und Armin (1958, [9]1976); Auf den Trümmern des Kaiserreichs (1961); Camilo (1963, [7]1976); Krieger, Landsknecht und Soldat (1973).

Beiträge: Ansprache bei der Eröffnung einer Kinderbuchausstellung (in: Almanach für die Freunde des Kinderbuchs 1949–1959. 1959. 13–15); Von der seelischen Basis der Kinderliteratur (in: Der Bibliothekar. 13. 1959. 2. 143–144); Über künstlerische Mittel im „Neger Nobi" (in: Deutschunterricht. 1958. 4. 189–200); Beim Schreiben für Kinder (in: Beiträge zur Kinder- und Jugendliteratur. 1962. 1. 3); Ich über mich (in: Zeitschrift für Jugendliteratur. 1968. 6/7. 387–390).

Sekundärliteratur: A. Auer: Ludwig Renn. Ein ungewöhnliches Leben (1964); Ein kunstvolles Geschöpf seines Autors (in: Sinn und Form. 16. 1964. 2. 228–244); Der freundliche Baron (in: A. Voigtländer (Hrsg.): Liebes- und andere Erklärungen. 1972. 319–327). – L. Fürnberg: Ludwig Renn – Dichter des nationalen Befreiungskampfes (in: Weimarer Beiträge. 10. 1964. 6. 837–838). – H.-J. Geerdts: Germanische Helden in neuer Sicht (in: Neue Deutsche Literatur. 7. 1959. 4. 133–135). – G. Hamann: Der Beitrag Ludwig Renns zur Kinder- und Jugendliteratur (1973). – F. Hammer: Ludwig Renn (in: Der Bibliothekar. 1974. 4. 257–261). – L. Martienssen: Schriftsteller, Historiker, Kämpfer (in: Weimarer Beiträge. 15. 1969. 5. 987–1004). – H. Mühlstädt: Historische Belletristik oder illustrierte Geschichte? (in: Beiträge zur Kinder- und Jugendliteratur. 1973. 26. 29–40). – Fr. Rodrian: Weil er die Kinder ernst nimmt (in: Pionierleiter. 1971. 13/14. 6); Der freundliche Baron (in: Börsenblatt für den Deutschen Buchhandel, Leipzig. 1974. 21. 384–385). – J. Schild: Schriftstellerische Methode und erzählerische Eigenart Ludwig Renns (1966). – E. Stein: Von der erzieherischen Kraft des Kinderbuchs. Gedanken zu L. Renns „Neger Nobi" (in: Deutschunterricht. 1958. 2. 78–87). – E. Strittmatter: Wie man leben soll (in: Neue Deutsche Literatur. 1960. 9. 41–44). – W. O. Wülfing: Ludwig Renn und der sozialistische Realismus (in: Weimarer Beiträge. 10. 1964. 6. 819–836). – E. M. Kohl (Hrsg.): Ludwig Renn zum 85. Geburtstag (1974).

Gisela Goldbach

Rettich, Margret
Rettich, Rolf

*M. R. Graphikerin, Illustratorin, Autorin von Reimen und Geschichten für Kinder; * 23. 7. 1926 Stettin.*
*R. R. Illustrator, Graphiker, Fernsehzeichner und Maler; * 29. 6. 1929 Erfurt.*

M. R. studierte von 1946 bis 1952 Gebrauchsgraphik an der Kunsthochschule in Erfurt. Sie war Werbegraphikerin, ehe sie Bilderbücher zu illustrieren begann. R. R. ist Autodidakt und fand erst über den Umweg des Vermessungstechnikers und Plakatmalers zum Beruf des Graphikers und Fernsehzeichners.

Nach ihrer Heirat 1958 richteten sich beide ein Atelier in Leipzig ein. 1960 übersiedelten sie in die Bundesrepublik Deutschland. Seit 1967 leben sie auf dem Land in Wedenbüttel bei Braunschweig.

Werk, Tendenzen, Wirkung. Die R.s begannen mit Werbe- und Modezeichnungen, ehe sie ihre ersten Kinderbuchillustrationen zu den Texten von JAMES KRÜSS' (* 1926) „Leuchtturm auf den Hummerklippen" (1961) und „Die kleinen Pferde heißen Fohlen" (1962) und ASTRID LINDGRENS (* 1907) „Michel in der Suppenschüssel" (1964) und „Ich will auch in die Schule gehen" (1964) vorlegten. Es folgten weitere Aufträge, vor allem von den Verlagen Oetinger, Westermann, Thienemann, Loewe, Schroedel, Bertelsmann, seit 1969 besonders von Otto Maier. Seit 1965 zeichnen M. R. und R. R. für das Westdeutsche Fernsehen ihre „Sprachlosen Bildgeschichten" (u. a. „Die mehreren Zauberer" von TANKRED DORST, „Der kleine Seeteufel" nach GÜNTHER SPANG und „Die Sendung mit der Maus"). Ein zusätzliches Tätigkeitsfeld erschlossen sie sich mit Arbeiten für den Vorschulbereich, für Spielmaterial und mit Illustrationen für Schulbücher. M. und R. R. haben in Bratislava, Belgrad und Bologna ausgestellt und gehören heute zu den produktivsten deutschen Bilderbuchillustratoren. Ihre Bücher sind unter anderem in Lizenzausgaben in Dänemark, Finnland, Norwegen, Schweden, England, Holland und Frankreich erschienen.

Das, was R. und M. R. von früheren Kinderbuchillustratoren wie ERNST KUTZER, ELSE WENZ-VIËTOR oder den Geschwistern WALTER und GERTRUD CASPARI unterscheidet, ist die anhaltende Qualität und Originalität ihrer Bildideen sowie die Flexibilität im Umgang mit Bilderbuchstoffen. Die Einstellung der beiden Graphiker zum Bilderbuch und ihr hohes Niveau ist zum Teil durch ihre Auffassung begründet, sich durch

Aufträge aus Werbung und Fernsehen wirtschaftlich zu sichern. R.R. ist durch seine Zeichnungen für JAMES KRÜSS, später zu ASTRID LINDGREN, darunter „Pippi Langstrumpf" (1967), bekannt geworden. Er hat die Texte mehrerer bekannter Kinderbuchdichter illustriert, so 1970 CARLO COLLODIS „Pinocchio", 1972 ERICH KÄSTNERS „Die lustige Geschichtenkiste", 1972 JOSEF GUGGENMOS' „3 Spechte in der großen Stadt" und 1973 CHRISTINE NÖSTLINGERS „Der kleine Herr greift ein". Seine Stärke liegt in der Federzeichnung, bei einer raschen, spontanen Strichführung. Er bevorzugt das kleinformatige Bild, liebt die Darstellung von Massenszenen, die Vielfigurigkeit im Bild, Bewegtheit und Aktionsdrang der Einzelpersonen, die er jeweils mit besonderer Individualität ausstattet. R.R.s Titelfiguren können skurril-komisch, abenteuerlich-grotesk, phantastisch-surreal sein, zum Teil verwandt denen von REINER ZIMNIK. R.R. zielt jedoch stärker auf den Humor des Kindes und seine unmittelbaren, teilweise auch versponnen dargestellten Umwelterfahrungen ab, so z.B. in „Das höfliche Alptraumkrokodil" (1974). In seiner künstlerischen Entwicklung gibt es in der Mitte der sechziger Jahre eine kurze Phase der Stagnation. Die dann folgenden Fernsehaufträge führten ihn in den Zwischenbereich des Trickfilms, des Cartoons und der Comics. Er adaptiert jedoch nur einzelne Ausdrucksmerkmale, insbesondere im Hinblick auf die Körpersprache (Mimik, Gestik), ähnlich wie in den antiautoritären Phasen des Bilderbuches bei WILHELM SCHLOTE, URSULA GEBERT und HEIDRUN PETRIDES.

M.R. durchdenkt im Gegensatz zu R.R. ihre Kompositionen sorgfältig, ehe sie mit der Ausführung beginnt. Es gibt in ihrem Bilderbuchschaffen mehrere Entwicklungsphasen. Sie begann ebenfalls mit Aufträgen zu Texten von ASTRID LINDGREN und JAMES KRÜSS, wandte sich dann dem Vorschulbereich zu und erfand schließlich eigene Bilderbuchstoffe. Ihre ersten Arbeiten als Autorin waren „Die Geschichte vom Wasserfall" (1974), „Saus und Braus" (1976) und „Wirklich wahre Weihnachtsgeschichten" (1976). M.R. gesteht, daß sie schon immer geschrieben habe, aber die Texte der Kritik bis zum Zeitpunkt der ersten „öffentlichen" Versuche nie standgehalten hätten. Ihre Pappbilderbücher „Allerlei um mich herum" (1970), „Komm mit" (1971), „Steig ein" (1972), die Folge „Jan und Julia" (1973), schließlich die gemeinsamen Arbeiten mit R.R. bei „Hier kommen die Radieschen" (1976) und „Kennst Du Robert" (1975) waren ursprünglich nur für den Vorschulbereich bestimmt, werden inzwischen jedoch auch bei sprachgestörten Kindern und in Sonderschulen verwendet. M.R. verwendet in diesen Bildern merkmalsbezogene Farben, wogegen sie in „Zinnober in der grauen Stadt" (1973) das trostlose Grau einer Industriestadt durch regelrechte Farbkaskaden zu einer umweltfreundlichen Stadt verwandelt.

Beide Illustratoren arbeiten eigenständig, auch wenn die Titel häufig gemeinsam herausgegeben werden. Sie haben ca. 200 Bilderbuchstoffe gestaltet – mehr als ELSE WENZ-VIETOR und FRITZ BAUMGARTEN. Ihre Produktivität und ihre Ideenreichtum wurden durch das vielfältige Bilderbuchangebot der letzten beiden Jahrzehnte begünstigt.

Werke: M. und R. Rettich: E. Blyton: Die Arnoldkinder bewähren sich (1964); M. d'Alencon: Florian und Roter Blitz (1965); H. Fallada: Fridolin der freche Dachs (1965); Chr. Scheffer: Puntje in der Stadt (1966); Chr. Scheffer: Puntje und Struppi (1966); K. O. Buchner: Jakob von Jakobis (1967); Cl. Lennart: Kathinka aus der Milchbartstraße (1968); W. Buresch: Der Räuberzirkus (1970); T. Francis: Eckard und sein Wunderhut (1970); Märchen aus 1001 Nacht (1970); H. Plate: Jonny und Jörn (Bd. 2–3. 1970–1971); U. Ule: Ein Schaukelpferd im Weltraum wird gesucht (1971); A. Gelbhaar: Abenteuer mit dem Zauberglas (1972); Hast du Worte? (1972); H. G. Noack (Hrsg.): dabei. Das Buch für Jungen und Mädchen (1972); E. Blyton: Eine Geburtstagskatze für Peter und Penny (1973); E. Blyton: Peter und Penny erleben spannende Ferien (1973); E. Blyton: Eine Überraschung für Peter und Penny (1973); M. u. R. Rettich: Was ist hier los? (1973); M. u. R. Rettich: Einmal zweimal um das Haus (1974); M. u. R. Rettich: Ich will dir was erzählen (1974); M. u. R. Rettich: Kennst du Robert? (1975); M. u. R. Rettich: Hier kommen die Radieschen (1976); M. u. R. Rettich: Von früh bis spät Radieschen, Radieschen (1976).

M. Rettich: J. Krüss: Die kleinen Pferde heißen Fohlen (1962); H. Peterson: Komm mit mir kleine Bronx (1962); A. Rutgers: Das wilde Land (1962); K. Recheis: Sinopah und das Pony (1963); A. Rutgers: Flieh, Wassilis, flieh (1963); P. Hobson: Fünf Kugeln im Kamin (1964); I. Hoth: Aufruhr in Dreiteichen (1964); A. Lindgren: Ich will auch in die Schule gehen (1964); H. Peterson: Petter kommt wieder (1964); K. Recheis: Die Hunde Wazondas (1964); A. Rutgers: Steffos und sein Osterlamm (1964); P. Townshend: Die Zauberkastanie (1964); E. Marder: Der himmelblaue Elefant (1965); H. Peterson: Petter und die Seilerbande (1965); A. Rutgers: Flucht aus der Polarnacht (1965); E. Marder: Die Nibelungen sind an allem schuld (1966); H. Peterson: Lieselotte und die anderen (1966); D. J. Saint: Josephine und das Drachenpferd (1966); E.-L. Wuoris: Silberne Fische und hellgrüner Wind (1966); M. Jarre: Roberto, der Zwanzigmillionste (1967); A. Rutgers: Hurra – ein Krachemunkel (1967); A. M. G. Schmidt: Die Entführung aus der Kiste (1967); J. Harland: Kinder sehr erwünscht (1968); H. Peterson: Ein ungewöhnliches Mädchen (1968); G. A. Priester: Kommt ihr Kinder, nehmt zu Herzen (1968); G. Turner: Der versteckte Schimmel (1968); H. Plate: Jonny und Jörn (Bd. 1. 1969); G. Ruck-Pauquèt: Der Junge mit der goldenen Trompete (1969); Gl. Swarthout: Staubtornado (zus. mit K. Swarthout, 1969); H. Beyersdorff: Pawels Geheimnis – Mein Bruder Rikki (1970); H. Peterson: Die Vogelhultkinder (1970); M. Rettich: Allerlei um mich herum (1970); M. Rettich: Dies und das aus meiner Welt (1970); I. Southall: Die Falle am Desmond (1970); W. Ecke: Aufgepaßt – mitgemacht (1971); R. Holbe: Jo rettet eine Fernseh-Show (1971); H. G. Lenzen: Ich bin der Kapitän (1971); A. Lindgren: Astrid Lindgren erzählt (1971); M. Rettich: Komm mit (1971); M. Rettich: Spiel und Spaß mit Legespielen (1971); M. Rettich: Steig ein (1971); G. Ruck-Pauquèt: Opa, Kläff und Jonki (1971); Kl. Jarunková: Miros geheimes Notizbuch (1972); M. Rettich: Ich weiß, was du bist (1972); M. Rettich: Ich weiß, was du machst (1972); M. Rettich: Um Antwort wird gebeten (1972); K. Thorvall: Aber Gunnar! (1972); H. Chr. Kirsch: Ich heiße Pfopf (1973); E. Meinerts (Hrsg.): Schuster, Schuster, die Milch kocht über (1973); M. Rettich: Jan und Julia kaufen ein (1973); M. Rettich: Jan und Julia ziehen um (1973); M. Rettich: Zinnober in der grauen Stadt (1973); K. Wölfflin: Hanne und Andy (1973); A. Lindgren: Ich will auch Geschwister haben (1974); M. Rettich: Die Geschichte vom Wasserfall (1974); M. Rettich: Jan und Julia im Kindergarten (1974); M. Rettich: Spiel und Spaß für

Rätselkinder (1974); M. Rettich: Jan und Julia verreisen (1975); M. Rettich: Siehst du was? (1975); A. Davies: Machen wir, sagte Doktor Gluuk (1976); M. Rettich: Jan und Julia feiern Geburtstag (1976); M. Rettich: Jan und Julia haben ein Tier (1976); M. Rettich: Wirklich wahre Weihnachtsgeschichten (1976); M. Rettich: Ich wäre gern auf einem Stern (1976); M. Rettich: Saus und Braus, der Wind weht um das Haus (1976); M. Rettich: Minni ist die Größte (1977).

R. Rettich: J. Krüss: Der Leuchtturm auf den Hummerklippen (1961); H. Peterson: Jonas geht aus (1962); K. Recheis: Paplito (1962); Fr. Feld: 1414 geht auf Urlaub (1963); E. Marder: Diogenes und der ganz schwarze Tom (1963); J. Pabel: Mit Wurstbrühe und Mondscheinwasser (1963); H. Croy: Der Mond, der Teppich und der Duft von Jasmin (1964); G. Hakansson: Pomander malt alles (1964); A. Lindgren: Michel in der Suppenschüssel (1964); J. Bech Nygaard: Tobias Zaubermaus (1965); M. Bernhard von Luttitz: Ottochen im Turm (1965); G. Dannholz: Pit von Pat (1965); J. Nagel: Der fröhliche Holzschuh (1965); G. Hakansson: Spuk im Park (1966); A. Lindgren: Michel muß mehr Männchen machen (1966); H. B. Mahrt: Margit, Marina und Waldemar Wal (1966); G. Dannholz: Gwim stört die Tröpfe (1967); J. C. Grund: Hi, der Poltergeist (1967); A. Lindgren: Pippi Langstrumpf (1967); E. Marder: Der kleine Straßenkehrer (1967); E. L. Wuorio: Tim und der sausende Tonio (1967); Fr. K. Ginzkey: Hatschi Bratschis Luftballon (1968); J. C. Grund: Tschip, der Klabautermann (1968); A. Rutgers: Das Loch im Zaun (1968); A. Santarova: Krümelchen bei Piff und Paff (1968); U. Ebert: Der riesengroße Schokoladenpudding (1969); L. Gast: Unser kleiner Esel Jan (1969); L. Gast: Wuschi, der Waschbär (1969); Fr. K. Ginzkey: Florians wunderbare Reise über die Tapete (1969); E. Marder: Der alte Drehorgelmann (1969); G. Adrian: Wir bauen uns ein Haus (1970); Fr. Bendová: Krach-Bum und 15 Affen (1970); C. Collodi: Pinocchios Abenteuer (1970); N. Erli: Seidelbart sucht Insel Mi (1970); D. Hassenstein: Segel für die Pamela (1970); I. Kleberger: Unsere Oma (1970); M. Kruse: König Knirps (1970); A. Lindgren: Michel bringt die Welt in Ordnung (1970); A. Lindgren: Der Räuber Fiolito (1970); R. Sander: Mahntje und Nummel (1970); K. Schaaf (Hrsg. zus. mit E. Seifriz): Wir sagen Euch an eine fröhliche Zeit (1970); A. Baker: Die Oma mit dem fliegenden Schaukelstuhl (1971); Th. Beckman: Weltreise mit Korilu (1971); W. Ecke: Das Schloß der roten Affen (1971); L. Gast: Drei Dackel im Versteck (1971); J. C. Grund: Das Gespenst mit der roten Nase (1971); I. Korschunow: Der Zauberstock des Herrn M. M. (1971); I. Kubasch: Der Rosendieb (1971); P. Maar: Der König in der Kiste (1971); E. Marder: Der Bär auf dem fliegenden Teppich (1971); Ille Otter: Hollys Reise nach Morabunt (1971); J. Tomlinson: Die Henne, die alles erreichen wollte (1971); A. de Vries: Geschichten von Hans-Frieder (1971); A. Baker: Ein Zauberspiegel für Babsi (1972); T. Casserberg: Fips, der kleine Hund (1972); W. Ecke: Das Gesicht an der Scheibe (1972); W. Ecke: Der Mann in schwarz (1972); W. Ecke: Solo für Melodica (1972); L. Gast: Wisky stellt alles auf den Kopf (1972); J. Guggenmos: Drei Spechte in der großen Stadt (1972); E. Kästner (Hrsg.): Die lustige Geschichten-Kiste (1972); V. Medvedev: Ein Schandfleck für die ganze Schule (1972); R. Neil: Viel Gerumpel um Frau Pumpel (1972); H. Schaller (Hrsg.): Spukgeschichten von überall her (1972); A. M. G. Schmidt: Laß das Zaubern, Wiplala (1972); K. Wölfflin: Miki (1972); L. Barring: Edle Räuber, große Gauner (1973); P. Biegel: Die zwölf Räuber (1973); W. Bruckner: Superfrosch und der Fall des Schlaflosen Siebenschläfers (1973); K. O. Buchner: Streng geheim, Start 17 Uhr! (1973); W. Ecke: Das Geheimnis der alten Dschunke (1973); L. Gast: Kleines Pony Frechdachs (1973); D. Grimm: Archi das Gespensterkind (1973); J. C. Grund: Fabian Flunkerstein und der kleine Clown (1973); J. C. Grund: Fabian Flunkerstein und der 32. März (1973); D. Jannausch: Die Luftballonapfelsine und andere Geschichten um Stina (1973); I. Kleberger: Ferien mit Oma (1973); Chr. Nöstlinger: Der kleine Herr greift ein (1973); A. Proysen: Frau Pepperpott ganz groß in Fahrt (1973); R. Rettich: Spiel und Spaß mit Wimmelbildern (1973); H. Schaller (Hrsg.): Tabak und Pflaumenkuchen (1973); K. Wölfflin: Miki und die Seeräuber (1973); H. Bautze (Hrsg.): Die berühmtesten Detektive der Welt (1974); W. Ecke: Das Haus der 99 Geister (1974); J. C. Grund: Fabian Flunkerstein und das Schluckauf-Gespenst (1974); W. Korner: Der ausgedachte Vater (1974); A. Proysen: Frau Pepperpott bringt Schwung ins Haus (1974); U. Weise: Das höfliche Alptraumkrokodil und andere komische Gruselgeschichten (1974); R. O. Wiemer: Selten wie Sommerschnee (1974); D. Jannausch: Guten-Morgen-Geschichten (1975); J. Viorst: Alexander und der abscheuliche, gräßliche, mistige, eklige Tag (1975); W. Ecke: Schach bei Vollmond (1976); M. Rettich: Ich wäre gern auf einem Stern (1976); M. Rettich: Saus und Braus, der Wind weht um das Haus (1976); W. Ecke: Der unsichtbare Zeuge (1977); H. Krahé (Hrsg.): Das Tingeltangeltrampeltier (1977).

Ulrich Hann

Reuter, Fritz

*Schriftsteller, Lehrer, Landwirt; * 7. 11. 1810 Stavenhagen (Mecklenburg-Schwerin), † 12. 7. 1874 Eisenach.*

Der Vater, Bürgermeister in R.s Geburtsstadt, sah in dem Jungen den Nachfolger im Amt. Gelegentliche Äußerungen des Schülers, er wolle Maler werden, schlug er in den Wind. Das juristische Studium wurde von R. in Rostock und Jena aufgenommen, und zwar konsequent nach dem vorgefaßten Plan des Vaters. Bei den geringsten Abweichungen mußte R. mit Vorhaltungen des Vaters rechnen.

R. wurde 1833 während eines kurzen Aufenthaltes in Berlin wegen seiner Teilnahme an Bestrebungen der Burschenschaft verhaftet und zum Tode verurteilt; zu dreißigjähriger Festungshaft begnadigt, mußte R. sieben Jahre verbüßen, bevor er 1840 vorzeitig entlassen wurde.

Das wiederaufgenommene Studium gab R. bald auf, um Landwirt zu werden. Er war 1842–1845 auf Gütern tätig. Zwei Jahre lang war er dann als Privat- und Turnlehrer in seiner Heimatstadt und in Treptow. 1853 begann er seine schriftstellerische Laufbahn; er lebte von 1856 bis 1863 in Neubrandenburg, von da an bis zu seinem Tode in Eisenach.

Werk, Tendenzen, Wirkung. Mit dem Lyrikband „Quickborn" von KLAUS GROTH wurde 1852 die neuniederdeutsche Dichtung eröffnet, ab 1859 folgte das Prosawerk R.s. Damit standen am Anfang der niederdeutschen Mundartdichtung zwei Dichterpersönlichkeiten großen Formats: ein Lyriker und ein Epiker. GROTH urteilte über die Romane R.s: „... von so köstlicher Lebendigkeit, von so echtem Humor, daß man sie dem Besten an die Seite setzen darf. Dieser talentvolle Mann hat hier plötzlich seinen Gegenstand gefunden".

R. begann seine dichterische Laufbahn mit dem Gedichtband „Läuschen un Rimels" (1853), in der Mehr-

zahl harmlose gereimte Schwänke, die auch in Kinderbuchausgaben erschienen. Nichts ist bezeichnender für den „Standort" der jungen, sich damals erst etablierenden niederdeutschen Dichtung, als der heftige Streit zwischen GROTH und R. über die literarische Daseinsberechtigung der „Läuschen un Rimels".
Nachdem R. von dem Pommeraner ROBERT PRUTZ in einem Aufsatz höher als GROTH eingestuft wurde (mit dem immer wieder nachgesprochenen Vorurteil: bei GROTH handele es sich um raffinierte Bildungsdichtung, im Grunde sei sie hochdeutsch – bei R. träfe man auf die naive Volksdichtung), ging GROTH in seinen „Briefen über Hochdeutsch und Plattdeutsch" (1858) gegen R.s Gedichte vor. Er hielt sie für schädlich, weil sie die niederdeutsche Dichtung wieder zurückversetzten in den Stand unterhaltender Gebrauchsliteratur.
Zwar äußerte sich R. gereizt, aber er schuf mit den beiden Verserzählungen „Kein Hüsung" und „Hanne Nüte" den Übergang zu seinem eigentlichen Feld: dem Prosaroman. R. war ein begabter Erzähler. Behutsam begann er in seinem ersten Roman „Ut de Franzosentid" (1859) mit Nacherzähltem. Diesen Stil setzte er sicherer fort mit der Erzählung seines eigenen Leidens in „Ut mine Festungstid" (1862). Den Gipfel seiner Erzählkunst erreichte er mit dem dritten Roman „Ut mine Stromtid" (1862/1864) – „Strom" ist ein Gehilfe in einem größeren landwirtschaftlichen Betrieb –, mit dem er ganz Mecklenburg einfing, Land und Leute, Gutsbesitzer, Bauern, Arbeiter, Frauen und Mädchen. Mit einer Hauptfigur, dem Inspektor Bräsig, gelang ihm, auch in sprachlicher Hinsicht, die Zeichnung eines Charakters. Bräsig denkt plattdeutsch, will aber liebend gern hochdeutsch sprechen, z. B. „die welchen wollen das und die welchen wollen das nicht" (= welk wüllt dat und welk wüllt dat nich). Diese „Missingsch" (= Meißnisch) genannte Sprache ist ein plattdeutsches Hochdeutsch und darf nicht verwechselt werden mit dem heute verbreiteten hochdeutschen Platt (z. B. „ich eröpne hiermit de Versammlung").
R.s Werke fanden nicht nur im norddeutschen Raum Verbreitung, sondern auch erstaunlicherweise in der Originalsprache im ganzen deutschen Sprachgebiet und in Übersetzungen in zahlreichen Sprachen des Auslands (selbst ins Japanische).
Einige von R.s Schriften wurden auch schnell zur Kinder- und Jugendlektüre. Vor allem „Hanne Nüte un de lütte Pudel. ‚Ne Vagel- und Minschengechicht'" wurde, von der zweiten Auflage an mit 40 Holzschnitten nach Zeichnungen von OTTO SPECKTER versehen, zu einem der volkstümlichsten Jugendbücher der Zeit. Die niederdeutsche Versgeschichte, die R. „Sinen ollen Fründ Karl Kräuger taum Gedächniß an de schönen Jungs- und Schauljohren von den, de't schrewen het", gewidmet hatte, erlebte in der dritten Auflage von 1865, jetzt neben den Zeichnungen SPECKTERS auch noch mit 20 neuen Illustrationen von OTTO LAU versehen, einen noch größeren Erfolg. Auch die weiteren Schriften R.s, zum Teil als Auszüge oder in hochdeutschen Bearbeitungen, wurden speziell für junge Leser herausgegeben. Weite Verbreitung fand z. B. die von GERHARD HENNES bearbeitete Fassung „Aus der Franzosenzeit", die 1912 in dem Kölner Verlag J. P. Bachem im Rahmen der Reihe „Aus allen Zeiten und Ländern. Eine Sammlung von Volks- und Jugendschriften" (Bd. 10) erschien. Im Vorwort weist der Bearbeiter darauf hin, daß er mit dem Buch, da R. in einer Sprache geschrieben habe, die nur von zehn Millionen Menschen gesprochen werde, das Buch jedoch wert sei, von allen Deutschen gelesen zu werden, einen Mittelweg beschritten habe, „in dem die Handlung hochdeutsch, der Dialog aber in Mundart gebracht ist, wodurch das Verständnis erleichtert wird, an ursprünglichem Reiz aber nicht viel verloren geht".
R., sicherlich beeinflußt von CHARLES DICKENS und dem deutschsprachigen Dorfroman (JEREMIAS GOTTHELF), fand eigenständige Nachfolge in JOHN BRINCKMAN („Kasper Ohm un ick") und dem Holsteiner JOHANN HINRICH FEHRS („Maren"), auch wirkten seine Romane auf die hochdeutsche Dichtung, z. B. auf THOMAS MANN („Buddenbrooks").

→ Mundart in der Kinder- und Jugendliteratur

Werke: Läuschen und Rimels (Bd. 1–2. 1853–1858); Polterabendgedichte in neuhochdeutscher und niederdeutscher Mundart (1855); Dei Reis nah Belligen (1855); Blücher in Teterow (1857); Der 1. April 1856 oder Onkel Jakob und Onkel Jochen (1857); Kein Hüsung (1857); Die drei Langhänse (1858); Hanne Nüte un de lütte Pudel (1860); Zwei lustige Geschichten. Woans ick tau, 'ne Fru kam. Ut de Franzosentid (1859); Schnurr-Murr (1861); Ut mine Festungstid (1862); Ut mine Stromtid (Bd. 1–3. 1862–1864); Dörchläuchting (1866); De mecklenbörgschen Montecchi un Capuletti oder Dei Reis nah Konstantinopel (1868); Sämtliche Werke, Bd. 1–17 (1861–1878); W. Seelmann (Hrsg. zus. mit H. Brömse): Werke (Bd. 1–12. 1936–1937); K. Batt (Hrsg.): Gesammelte Werke und Briefe (Bd. 1–9, 1967).

Hrsg.: Unterhaltungsblatt für beide Mecklenburg und Pommern (1.4.1855–30.3.1856); En poa Blomen ut Annmariek Schulten ehren Goren von A. W. X. (1858).

Sekundärliteratur: K. Batt: Fritz Reuter. Leben und Werk (1967). – H. Chr. Christiansen: Fritz Reuter (1975). – H. Geist: Fritz Reuters literarische Beziehungen zu Charles Dickens (Diss. 1913). – Br. Hallmann: Fritz Reuter im Urteil seiner Zeit (1960). – M. Töteberg: Fritz Reuter (1978). – E. S. Tryhler: Fritz Reuters soziale und poetische Anschauungen auf Grund seiner Werke (Diss. 1965).

Ivo Braak

Reutimann, Hans

*Schweizer Kinderbuchautor und Journalist; * 15.3.1923 Bassersdorf.*

R. wuchs in Oerlingen (Zürich) auf, besuchte das Lehrerseminar in Küsnacht und Zürich und wurde Primarlehrer in Hinwil, später in Lima (Peru), Zürich und Bangalore (Indien). Seit 1960 arbeitet er als Schriftsteller und Journalist sowie als redaktioneller Mitarbeiter bei der „Zürichsee-Zeitung". 1962 erhielt er für sein literarisches Werk den Conrad-Ferdinand-Meyer-Preis und 1972 den Jugendbuchpreis des

Schweizerischen Lehrervereins für sein Kinderbuch „Das Drachenfest“ (1970).

Werk, Tendenzen, Wirkung. R.s Lehrertätigkeit in Ländern der Dritten Welt findet ihren Niederschlag in seinen Kinderbüchern, in denen zum Teil die orientalische Erzählweise der ineinander verschachtelten Geschichten übernommen wird. Besonders deutlich zeigt sich dies in dem Buch „Birbal der Trommler“ (1960), dessen Titelfigur in Anlehnung an eine geschichtliche Gestalt aus dem Indien des 16. Jahrhunderts entwickelt wurde. R. gelingt es hier – ebenso wie bei der Übersetzung und Bearbeitung indischer Märchen „Der kluge Papagei“ (1956) –, dem jungen Leser das indische Volksleben nahezubringen. Dabei vermeidet er einen belehrenden Tonfall. In witzig-ironischer Sprache werden in beiden Werken die Situationen geschildert, in denen sich der jeweilige Held mit Schlagfertigkeit, Weisheit und Geistesgegenwart, aber auch häufig mit Hilfe eines gütigen Geschicks aus drohender Gefahr rettet. Im „Drachenfest“ (1970) wird von Andres berichtet, der gemeinsam mit einem kleinen Bären und zwei exotischen Papierdrachen zur Insel Lanka fliegt, um dort am jährlich stattfindenden Drachenfest teilzunehmen.
R. versuchte auch eine Neubearbeitung (1959) von Johann David Wyss' (1782–1830) „Schweizerischem Robinson“ (1812–1827).

Werke: Birbal der Trommler. Eine indische Schelmengeschichte (1960); Bedingung des Glaubens. Ein freies Wort an die Jugend (1963); Das Drachenfest (1970).

Bearb.: Der kluge Papagei (1956; auch u.d.T.: Der tapfere Dhobi, 1965); J. D. Wyß: Der Schweizerische Robinson (1959).

Almut Prieger

Rex Verlag

Luzern. Religiöse Jugendbücher und Jugendbücher von Schweizer Autoren, Religionslehrbücher und Arbeitsbücher für Jugendleiter.

Der Rex Verlag wurde 1931 durch den Schweizerischen Katholischen Jungmannschaftsverband (heute Schweizerischer Katholischer Jugendverband) gegründet. Von 1931 bis 1966 war Eugen Vogt (* 1909) Verlagsleiter; seit 1966 liegt die Leitung bei Dr. Zeno Inderbitzin (* 1930). Das Verlagsprogramm umfaßt Jugendbücher Schweizer Autoren, religiöse Jugendbücher, Religionslehrbücher und Arbeitsbücher für Jugendleiter.
Zu den älteren Autoren des Verlages gehören: Berthe Bernage, Lucy M. Boston, Betty K. Erwin, Wilhelm Hünermann. Zu den zeitgenössischen Autoren zählen: Paolo Brenni, Federica de Cesco, Helen Keiser, Ruedi Klapproth, Eva-Maria Kremer, Heinrich A. Mertens; als Illustratoren arbeiten: Werner Hofmann, Mona Helle-Ineichen, Otto Lehmann.

Hannelore Daubert

Rezensionswesen

Das die Kinder- und Jugendliteratur betreffende R. der Bundesrepublik Deutschland ist überwiegend in internen Apparaten institutionalisiert und erreicht nur eine Insider-Öffentlichkeit. Es haben sich spezifische, meist kurze und überwiegend inhaltsbeschreibende Formen der Rezension eingebürgert.

Organisationen und Institutionen. Eine bedeutende Rolle spielen die konfessionellen, gemeindlichen und öffentlichen Büchereiverbände und Büchereien sowie die auf Kinder- und Jugendliteratur spezialisierten Abteilungen der Lehrerverbände (z.B.: Vereinigte Jugendschriften-Ausschüsse), welche die Eignung der Kinder- und Jugendbücher im Hinblick auf die Aufgaben- und Berufsfelder der Verbände überprüfen, die Prüfungsergebnisse entweder in internen Karteien festhalten und den Berufskollegen zugänglich machen oder sie in Besprechungszeitschriften bzw. in speziellen Rubriken dieser Zeitschriften zirkulieren lassen. Ein Teil der Rezensionen wird auch zu Empfehlungslisten wie z.B. „Das Buch der Jugend“ verarbeitet, die von Verbänden angeboten werden. Die Rezensionen enthalten nicht nur Angaben zu Eignung, Lesbarkeit und Wert für bestimmte Lesergruppen, sondern auch Anschaffungsempfehlungen für öffentliche, konfessionelle und Schulbüchereien. Die Rezensenten dieser Systeme sind Bibliothekare oder Pädagogen (Lehrer), die sich auf diesem Gebiet spezialisiert haben. Die Kriterien, nach denen rezensiert wird, sind oft wenig reflektiert und begründet. Sie folgen dem traditionellen Stufenschema der Leseentwicklung und sind stark beeinflußt durch die Berufsfelder der jeweiligen Verbände.

Rezensionen in Fachzeitschriften, Tageszeitungen und anderen Medien. Rezensionen von Kinder- und Jugendliteratur im deutschen Sprachgebiet werden regelmäßig in Fachzeitschriften wie „Jugend und Buch“ (Wien), „Das gute Jugendbuch“, „Bulletin Jugend & Literatur“, „Informationen Jugendliteratur und Medien – Jugendschriften-Warte“, „Beiträge zur Kinder- und Jugendliteratur“ (Berlin, DDR) und „Jugendliteratur“ (Zürich) veröffentlicht, die jedoch nur selten eine breitere Öffentlichkeit erreichen. In diesen Zeitschriften nehmen die Rezensionen gelegentlich die Form von „Kritiken“ an, wobei zunehmend der Bezug auf Leser/Lesergruppen und die Rezeptionsproblematik mit beachtet werden.
Allgemein zugänglich, wenn auch in der Reichweite jeweils abhängig von der des betreffenden Organs, sind die Rezensionen der regionalen und überregionalen Presse (Süddeutsche Zeitung, Frankfurter Rundschau, Frankfurter Allgemeine Zeitung, Die Welt, Die Zeit, Vorwärts, Christ und Welt, Deutsches Allgemeines Sonntagsblatt und andere). Jedoch erscheinen hier Rezensionen teils nur gelegentlich und mehr zufällig, teils nur aus terminlichen Anlässen (besonders zur Buchmesse und vor Weihnachten, manchmal auch vor Beginn der Urlaubszeit) und teils zwar regelmäßig, aber – im Gegensatz zur Literatur sonst – in größeren

zeitlichen Abständen, etwa einmal im Monat. Daraus läßt sich schließen, daß man nicht mit einem allgemeinen, permanenten Interesse der Zeitungsleser rechnet. Es bedeutet ferner, daß man nicht die eigentlichen Abnehmer der Kinder- und Jugendliteratur, das heißt ihre Leser, sondern nur die Vermittler und besonders potentielle Käufer anspricht. Die Massenmedien Funk und Fernsehen vernachlässigen die Möglichkeiten, den Kindern vermittels Rezensionen Literatur nahezubringen, weitgehend. Tips mit Kurzbegründungen im Kinderfunk werden ab und zu zur Buchmesse und vor Weihnachten gesendet; gelegentlich werden Gesprächsrunden mit Fachleuten arrangiert, die innerhalb weniger Minuten ganze Bücherstapel herunterrezensieren. Im Norddeutschen Rundfunk läuft täglich die Fünfminutensendung „Taschenbücher und Krimi", in der manchmal auch auf Kinder- und Jugendbücher hingewiesen wird, jedoch ausschließlich zur Elterninformation. Versuche, aus der Stereotypik von Besprechung herauszukommen und über Bücher mit Kindern und Jugendlichen selber zu diskutieren oder die Texte zu „verfeaturen", für die es Beispiele gibt, sollten gefördert und verstärkt werden.

Die Struktur der Rezensionen. Zur Struktur der Rezensionen läßt sich sagen, daß zwar – verglichen mit dem internen R. – hier in Richtung auf eine begründete Kritik weitergegangen wird, daß aber die Möglichkeiten der Rezensionen gegenüber der der allgemeinen Literatur immer noch begrenzt sind. Verbreitet sind Kurzbesprechungen oder themengebundene Sammelbesprechungen. Kontextbezogene Auseinandersetzungen mit beachtlichen Neuerscheinungen oder mit Gesamtwerken sind selten.
Eine Zeitlang waren tabellarisch unter Inhalts- und Lesealtersgesichtspunkten, auf engstem Raum eine Schnellorientierung ermöglichende Massenbesprechung (bzw. -empfehlungen) beliebt und in Mode. Generell gilt: der für Rezensionen von Kinder- und Jugendliteratur zur Verfügung gestellte Raum ist knapp. Es besteht die Tendenz zu ausschließlich befürwortender Rezension, wobei entweder Fragwürdiges gar nicht erst rezensiert wird oder ein erwarteter Publikumserfolg zum Hauptkriterium avanciert. Dies geschieht mit der Begründung, daß die Käufer nicht wissen wollen, warum etwas „schlecht" ist, sondern daß sie Anregungen für Buchkauf und -ausleihe wünschen. Dadurch wird die Kinder- und Jugendliteratur dem „literarischen Gespräch" entzogen. Es liegt auf der Hand, daß die Presse dadurch nicht dazu beiträgt, die Kompetenz der Leser im Verhältnis zur Kinder- und Jugendliteratur zu steigern. Es erstaunt daher nicht, daß durch manche Rezension das Selbstlob der Verlage (Waschzettel, Klappentext) hindurchscheint.

Die Rezensenten. Die Rezensenten sind überwiegend Spezialisten; selten beschäftigen sich Chef- und Starkritiker mit Erscheinungen der Kinder- und Jugendliteratur. Nur für Bilderbücher greifen gelgentlich Kunstkritiker zur Feder.
Ein besonderes Problem stellen Rezensionen unmittelbar für den Gebrauch der tatsächlichen Leser dar. Das R. für Kinder selbst ist in der Bundesrepublik Deutschland so gut wie nicht entwickelt. Nur selten erscheinen in Kinderbeilagen der Presse (Beispiel: Frankfurter Rundschau) und Magazinen (stern) auch Buchbesprechungen. Einige Kinder- und Jugendzeitschriften bieten ihren Lesern allerdings Rezensionen, so regelmäßig in jeder Nummer von „ran" und „treff". Doch gibt es auch Anstrengungen, Kinder und Jugendliche selber für ihre Altersgenossen Bücher besprechen zu lassen („Bücherzirkus", Hannover). Einige Schülerzeitungen geben selbstinitiativ Buchhinweise. In der Zeitschrift der „Deutschen Lesegesellschaft", „Kanguruh", liegt ein Versuch vor, sich mit Buchempfehlungen direkt an die Kinder zu wenden; kritische Maßstäbe werden dort jedoch nicht vermittelt.
Der Stand des R.s dokumentiert die allgemeine Bedeutung und das Ansehen der Kinder- und Jugendliteratur und ihrer Autoren und Kritiker in der Bundesrepublik Deutschland. Er zeigt auch, daß die Frage nach der Bedeutung und Funktion der Texte für ihre Leser immer noch hinter der nach dem vermeintlich „objektiven Rang" eines Autors oder Titels zurücksteht. Im R. der Bundesrepublik Deutschland regiert völlig das Interesse der Erwachsenen; wenn aber der „Kinderblick" ein entscheidender ästhetischer Grundsatz der Kinderliteraturproduktion ist (M. LYPP), so sollte dieser auch mehr und mehr im R. beachtet werden.

Malte Dahrendorf

Rezeption

R. meint die Prozesse der Aneignung, Aufnahme und Verarbeitung von Literatur in allen ihren Erscheinungsformen und bei allen Lesern (Einzelleser, Leserschicht, Lesealter etc.), also auch bei Kindern und Jugendlichen. Diese Bestimmung reduziert im allgemeinen den Prozeß der literarischen Kommunikation auf die beiden Pole „Leser" und „Text". R. ist aber angemessen nur untersuchbar und beschreibbar mit Hilfe eines literarischen Kommunikationsmodells, in dessen Zentrum zwar die Text-Leser-Relation steht, das darüber hinaus jedoch den Textautor und dessen Kontexte, die Leserkontexte und damit auch die Produktions- und R.s-Bedingungen (gesellschaftliches System, Sozialisation, Bildungsprozesse, Sprache, Verhaltensnormen etc.) mit erfaßt. R. ist ein „vermittelter gesellschaftlicher Vorgang". Es gibt kein unmittelbares Gegenüber von Text und Leser, jede R. ist durch Prozesse der Distribution und institutionelle Bedeutungsfestlegungen vielfach vermittelt. Im folgenden wird jedoch im Gesamtprozeß literarischer Kommunikation R. akzentuiert und dabei das Kind und der Jugendliche als Leser (Rezipient von Kinder- und Jugendliteratur) hervorgehoben. R. schließt immer Wertung mit ein.

Erforschung und Strukturmomente der R. R.s-Forschung markiert einen „Paradigmawechsel" der Literaturwissenschaft seit etwa 1970: von der Darstellungszur R.s-Ästhetik bzw. zu einer den gesamten literarischen Kommunikationsprozeß umgreifenden Ästhetik (HOHENDAHL, 1974). Die Literaturwissenschaft beginnt sich damit von einer Ästhetik zu distanzieren, welche die am Literaturprozeß beteiligten Institutionen „autonomisiert", wie die sogenannte „Genieästhetik" den Autor, den Leser, den Kritiker, den Verleger etc. (zur „Autonomie"-Problematik vgl. SCHULTE-SASSE in: GRIMM, 1975; BREUER, 1974; LINK, 1976). Die der Autonomieästhetik entsprechende hermeneutisch-literaturwissenschaftliche Methode ist die „werkimmanente", die aus einer Haltung der Werkisolierung und -hermetisierung interpretiert. Die werkimmanente Interpretation verfuhr jedoch immer nur scheinbar immanent, da Wissen über den Autor und seine Zeit, Formtraditionen, Kenntnis anderer Werke des Autors in die Interpretation zwangsläufig mit eingingen. Schritte zur Überwindung der Autonomieästhetik wurden von HANS ROBERT JAUSS (1970), WOLFGANG ISER (1970) und HARALD WEINRICH (1971) getan. Im weiteren wurde dieser Ansatz differenziert und ausgebaut (NAUMANN, 1973 (DDR) die Beiträge in: DEHN, 1974, und HOHENDAHL, 1974a), wobei zum Teil ältere Entwürfe wieder in die Diskussion eingebracht wurden (ROMAN INGARDEN, JEAN PAUL SARTRE, GEORG LUKÁCS, LEVIN SCHÜCKING). Summarisch kann man das Ergebnis dieser Forschungen und Diskussionen so zusammenfassen: Texte existieren nur als rezipierte; sie stellen „Rezeptionsvorgaben" dar, die sich erst in der Lektüre „vollenden", so daß die Leser zu „Mitautoren" (SARTRE in: HOHENDAHL, 1974a; HEUERMANN und andere in: HEUERMANN, 1975) werden, wobei sowohl die Autoren wie auch die Leser kontextbezogen gesehen werden müssen. Die Texte entwerfen jeweils bestimmte Leserrollen (NAUMANN: „gelenkte Wahrnehmung") und legen diese durch eine bestimmte Anordnung der literarischen Mittel nahe, die damit ein „wirkungsästhetisches Potential" (NAUMANN, 1973) darstellen. Jedoch können Texte die in ihnen angelegte Lesehaltung nicht erzwingen, sie entwerfen nur eine Leserrolle (ISER: „impliziter Leser"), die der reale Leser annehmen, abweisen oder auch verändern kann. Die „Freiheit" des Leserzugriffs auf den Text wird jedoch von den verschiedenen R.s-Analytikern unterschiedlich bestimmt; in einigen Beiträgen wird das Moment der „Lenkung", in anderen das der „Freiheit" stärker betont. Dieses Problem wurde unter dem Stichwort „adäquate" R. diskutiert: Wie weit ist die Leserreaktion durch den Text determiniert bzw. in ihren Möglichkeiten eingeengt? Welches Verständnis (Bedeutungskonstitution) ist vom Text her noch legitimiert, oder darf der Leser mit ihm willkürlich verfahren? (GRIMM, 1975; LINK, 1976; HEUERMANN und andere in: HEUERMANN, 1975). Während die ältere Ästhetik von der Möglichkeit eines absoluten Verstehens ausging und somit einen „idealen" Leser postulierte, wird jetzt der Glaube an eine verbindliche Auslegung als „irrig" bezeichnet (GLINZ, 1973) und läßt die R.s-Ästhetik prinzipiell eine Vielzahl von Textrealisationen zu, allerdings nur innerhalb des vom Text abgesteckten Rahmens (HEUERMANN und andere, in: HEUERMANN, 1975; NAUMANN, 1973). Hier kommen aber bereits didaktische Überlegungen ins Spiel, die immer auch auf „Rezeptionskompetenz" (WALDMANN, 1973) zielen, was auf Beachtung des Textrahmens auch bei individuellen Reaktionen hinausläuft.

Die Problematik der „gelenkten Wahrnehmung" und der akzeptablen bzw. nichtakzeptablen Reaktion führt zwangsläufig zur Frage nach dem „erkenntnisleitenden Interesse" der R.s-Forschung. Das Programm einer „gelenkten Wahrnehmung" ist an einer größeren Wirksamkeit der Literatur im Sinne von Weltbild- und Normvermittlung und Handlungsbefähigung interessiert, akzentuiert daher das Wirkungspotential des Textes (NAUMANN, 1973) und beabsichtigt eine Effektivierung des R.s-Prozesses durch entsprechende Strukturierungen der Texte (Kritik an dieser Position übten GRIMM, 1975, und HOHENDAHL, 1974a): „Die Unterstellung einer vollkommenen sozialistischen Literaturgesellschaft impliziert die Gefahr, die antizipierten idealen R.s-Bedingungen als gegeben zu stipulieren und dann zu dekretieren, was gelesen werden soll" (HOHENDAHL, 1974a). Auf der anderen Seite kann – didaktisch gesehen – die R. nicht dem Selbstlauf überlassen werden, da das R.s-Verhalten durch die am Interesse der Industrie orientierten und durch die Warenform bestimmten Medien weitgehend restringiert ist; die dadurch entstandenen Erwartungs- und Selektionsmuster beeinflussen dann auch die Wahrnehmung primär nicht kommerziell motivierter Texte (EGGERT und andere in: DEHN, 1974). HILLMANN (in: DEHN, 1974): „Wenn man die kritische Potenz von Literatur nicht im Leseakt verschwinden sehen, sondern für den Leser wirksam und brauchbar machen will, so müßte – da ja die vorliegende Literatur das aus eigener Kraft nur selten schafft – ihr eine Literaturpädagogik an die Seite treten. Ihre Aufgabe wäre es, sowohl dem Leser gegenüber dem Text zu seinem Recht zu verhelfen, wie auch dem Text gegenüber dem Leser, allerdings nicht um des Textes, sondern um des Lesers willen." Hier wird deutlich, das R.s-Forschung immer auch Ausdruck bestimmter gesellschaftlicher Zielvorstellungen und Interessen und durch anthropologische Grundaussagen bestimmt ist. Ist eine Wahrheit vorgegeben und soll sie nur möglichst unverkürzt kommuniziert werden, oder entsteht sie erst im literarischen Diskurs durch die Interaktion zwischen Text und Leser? Jedoch reicht das „um des Lesers willen" nur dann als Alternative aus, wenn es in Beziehung gesetzt wird zur gesellschaftlichen Entwicklung, weil sonst eine Korrelation gesellschaftlicher und individueller Evolution geleugnet und das Individuum – wie in der älteren bürgerlichen Ästhetik – wieder isoliert würde (vgl. KREFT, 1977).

Letztlich läuft das Legitimationsproblem der R.s-Forschung auf die Frage ihrer Zwecke und Verwendungen hinaus. Soll sie einer effektiveren „Planung und Leitung literaturgesellschaftlicher Prozesse" (WALTER in: HOHENDAHL, 1974a) dienen und den Menschen nur verfügbar machen für technologische Prozesse und über diese zum passiven Objekt ökonomischer Herrschaft wie in der zumeist im Dienste der Werbung praktizierten empirischen Kommunikationsforschung (vgl. die Ergebnisse bei LIEBHARDT in: BAUMGÄRTNER, 1973) oder soll sie diejenigen Prozesse erhellen, die zum diskursiven Abbau von Vorurteilen und zur Selbstreflexion führen? „Den Kern des Problems bildet die Frage, wie verhindert werden kann, daß der Schüler vom Empiriker und vom Lehrer als Mittel, d. h. als berechenbarer Faktor gebraucht, nicht aber als Zweck an sich, d.h. als Person anerkannt wird" (HEUERMANN und andere in: HEUERMANN, 1975).

Ob die R.s-Forschung der ‚ersten Jahre' bereits tatsächlich ein Paradigmawechsel war, ist umstritten, weil auch sie immer noch vom Text ausging und nur die interpretatorischen Fragestellungen differenziert hat (LINK, 1976). Deshalb fordert NORBERT GROEBEN (1977) eine konsequente Rekonstruktion des Sinnes von den individuellen Konkretisationen realer Leser aus. Er fragt, welchen Leser der Hermeneut eigentlich meine: die Beschränktheit seines eigenen Ich überwinde er erst, wenn er konkrete Leser und deren Realisationen mit einbeziehe. Eine solche „Empirisierung" der Literaturwissenschaft wurde bisher erst in Ansätzen verwirklicht (vgl. HILLMANN in: DEHN, 1974, und andere; versch. Beiträge in: HEUERMANN, 1975), unter didaktischem Aspekt bei HERING und anderen (1976). Daß Empirisierung nicht eo ipso Optimierung von Lesersteuerung zum Ziel haben muß, machen GROEBEN und HERING klar, desgleichen bereits WALDMANN (1973) mit seiner empirischen Untersuchung trivialliterarischer R.s-Prozesse.

Struktur des literarischen R.s-Prozesses und Leserbegriffe. Es wurde deutlich, daß die R.s-Forschung insofern über die traditionelle Darstellungsästhetik hinausgeht, als sie eine neue Vorstellung des „Lesers" einführt: den realen (realgeschichtlichen, faktischen) Leser und sie diesen vom (wissenschaftlichen) Interpreten klar unterscheidet (GRIMM, 1975; GROEBEN, 1977; HOHENDAHL, 1974a). Zur weiteren Differenzierung hebt LINK (1976) voneinander ab: L 1 = realer Leser, L 2 = abstrakter (impliziter) Leser und L 3 = fiktiver, expliziter (falls vom Erzähler angesprochener) Leser. Ferner ist vom Rezipienten als intendiertem Leser der „Adressat" zu unterscheiden, der mit dem „impliziten Leser" identisch sein kann, aber nicht muß (LINK, 1976). Diese „Leser" sind jeweils als Korrelate entsprechender „Autoren" bzw. „Erzähler" zu denken. Entsprechend ihrem Verhalten gegenüber dem Text sind die realen Leser im Sinne von „Rezeptionstypen" (LINK) weiter differenzierbar: Adäquate R. im engeren, adäquate R. im weiteren Sinn, Anschließung; entweder versuchen die Leser den historischen Sinn zu rekonstruieren, oder sie erarbeiten, synchron, einen der möglichen, den ihnen entsprechenden Sinn, oder sie „schließen" den Text konsequent an das eigene Erfahrungsraster „an" (Konsumhaltung, „Normalisierung", vgl. LINK). An dieser Stelle sind entsprechend den „Lesetypen", „Texttypen" einzuführen: Autortext (Text 1), Lesertext (Text 2) oder weiter differenziert (womit „Anschließung" als statisch-alternativer R.s-Typ überwunden wird): Text 1, Text 2 („Privattext) und Text 3 (Synthese aus Texten 1 und 2). Der Leser gelangt nur im Durchgang durch einen „Privattext", indem er einen subjektiven Gebrauch von dem Text macht, zu einem sowohl für den Text als auch für ihn selber adäquaten Verständnis (HILLMANN in: DEHN, 1974). Dieses System ist vor allem von didaktischem Interesse, dem es darauf ankommt, daß Schüler a) sich überhaupt einen „Privattext" machen (EGGERT und andere in: DEHN, 1974) und b) diesen am gegebenen Text zu überprüfen bereit sind, damit sie nicht auf ihr „borniertes Ich" beschränkt bleiben und das „kritische Potential" des Textes für sich fruchtbar machen. Dadurch ergibt sich eine idealtypische Form des R.s-Prozesses: Stufe 1: projektives Lesen in bezug auf sich selber, individuelle Aktualisierung; Stufe 2: Erfahrung der Diskrepanz von intendierter Textbedeutung und individueller Aktualisierung, deren Überprüfung am Text, Fruchtbarmachen der „interpretatorischen Differenz"; Stufe 3: Rückbezug des Lernvorgangs auf die Ausgangssituation, metakommunikative Reflexion des Verstehensprozesses und Integration der literarischen Information in den eigenen Lebenszusammenhang. – Durch diesen R.s-Prozeß wird aus dem (abstrakten) Primärtext 1 über den Privattext ein „Metatext" 2 als Resultat der Reaktion auf den Primärtext (vgl. BAUER und andere in: DEHN, 1974, und – unter didaktischem Aspekt – KREFT, 1977).

Wirkungsprobleme als Teilaspekt der literarischen R. Die literarische Wirkungsforschung steckt noch in den Anfängen; sie ist vor allem durch die Massenkommunikationsforschung beeinflußt und durch deren Verallgemeinerung bzw. Übertragung entstanden (vgl. LIEBHARDT in: BAUMGÄRTNER, 1973; GAST, 1976; DAHRENDORF in: BAUMGÄRTNER, 1973, und PROKOP, 1973), so daß hier literarische Kommunikation als Sonderfall medialer Kommunikation behandelt wird, mit der sie in der Tat einige Merkmale teilt: ihren Einwegcharakter, persuasive Strategien u.a. Daher gelten Gesetzmäßigkeiten wie: „Unberechenbarkeit" (= Nichtvoraussagbarkeit von Wirkungen), das heißt Abweisung monokausaler Beziehungen von Information und Wirkung, vorwiegende Verstärkerfunktion infolge selektiven kommunikativen Verhaltens, two-step-flow of communication durch die Wirkung sogenannter opinion leaders, das Gesetz der kognitiven Dissonanz (das modifiziert im Begriff der „Leerstelle" und seiner Auffüllung bei ISER, 1970, und im Begriff der „Normalisierung" wieder auftaucht), die Möglichkeit von Bumerang- und Sleeper-Effekten und schließlich die Bedeutung von Persönlichkeitsvariablen („Beeinflußbarkeit", Ichstärke), von Sozialisationsbedingungen und momentaner Befindlichkeit auch für Wirkungen von Lektüre. Für diese gelten jedoch besonders: relative Freiheit des Zugriffs, Wiederholbarkeit und überhaupt Selbstbestimmung, was Ort und Zeitpunkt der Lektüre angeht; eine höhere Zugangsbarriere, da Sinnrekonstruktion aus sprachlichen Zeichen hohe Anforderungen stellt und ein hohes Maß aktiven R.s-Verhaltens erfordert; da Identität mit Wirklichkeit schwerer suggerierbar ist, enthält Buchkommunikation immer ein Moment der Distanz, erleichtert eine kritische Einstellung, vermittelt eher die Erfahrung des „Möglichen" und trainiert damit den „Möglichkeitssinn". Freilich wird durch die Konfrontation mit Handlungsmöglichkeiten und -alternativen und die Benennung und Formulierung von im Sozialprozeß verschütteten Bedürfnissen Literatur schwer konsumierbar (HEUERMANN und andere in: HEUERMANN, 1975; EGGERT und andere in: DEHN, 1974). Schriftfixierte Texte können bestimmte Formen der R. weder durchsetzen noch verhindern; freilich gilt dies nur tendenziell, da auch sie Überredungstechniken anwenden können und der Rezeptor auch gegenüber massenmedialen Texten (wie z. B. Werbung) nicht zum passiven Objekt verurteilt ist und es generell keine einfache Entsprechung von Wirkungsabsicht und Leserreaktion gibt. Das gilt auch für Texte mit klaren Handlungsanweisungen, es sei denn, sie sind – wie Gesetzesvorschriften – mit Sanktionsandrohung verbunden.

R. von Einzeltexten, Autoren und Texttypen. Es wurden z.B. die von lyrischen Formen (GROEBEN in: HEUERMANN, 1975; GIRSCHNER-WOLDT in: DEHN, 1974) und Trivialliteratur (WALDMANN, 1973; GEIGER und KELLNER in: GRIMM, 1975) nahegelegten R.s-Weisen (Leserrollen) untersucht; eine Arbeitsgruppe untersuchte „Böll in Reutlingen" (in: GRIMM, 1975), SCHWARZ das Phänomen „Hesse" (in: HOHENDAHL, 1974b); verschiedene Rekurse auf die Werther-R. liegen vor (z.B. in: LINK, 1976); HILLMANNS empirische R.s-Analyse eines KEUNER-Textes von BERTOLT BRECHT (in: DEHN, 1974); die NAUMANN-Gruppe (1973) untersuchte ein BRECHT-Gedicht und ANNA SEGHERS „Das siebte Kreuz" als „Rezeptionsvorgaben". Außerdem liegt eine Reihe R.s-Analysen, auch unter Einbeziehung von Leserreaktionen, zu Comics vor. Schließlich hat WALDMANN (1976) an einem Textbeispiel (ERHARD WITTEK) die kommunikativen, auf die je speziellen R.en einwirkenden Bedingungen einer ganzen Epoche (Nationalsozialismus) untersucht.

R. und „Lesbarkeit" (readability). Zur R.s-Forschung im weiteren Sinne gehören alle Untersuchungen zur Lesbarkeit (readability) und Verständlichkeit von Texten, die auf Grund von Satzumfang und -komplexität und Wortschatzumfang (nach durchschnittlicher Silbenzahl pro Wort) sowie weiterer Faktoren, z. B. Anteil an Personalpronomen, möglich sind. Die ursprünglich im Dienste einer effektiveren Werbung entwickelte Untersuchungsmethode hat MIHM (1973) auf die Beurteilung der Sprachanforderungen von Lesebüchern angewendet (vgl. auch BREUER, 1974). BOURDIEU (1970) faßt den sprachlichen, literarischen und thematischen Anspruchsgrad eines Textes unter dem Begriff „Emissionsniveau", das er dem „Rezeptionsniveau" des Lesers gegenüberstellt: eine literarische Kommunikation könne nur zustandekommen, wenn beide Niveaus einander ungefähr entsprechen.

R. von Kinder- und Jugendliteratur durch Kinder- und Jugendliche. Es gibt bisher, abgesehen von programmatischen Äußerungen, kaum systematische Untersuchungen zum R.s-Verhalten von Kindern und Jugendlichen (DAHRENDORF in: BAUMGÄRTNER, 1973; DAHRENDORF, 1975b) und literaturdidaktisch bestimmten Arbeiten (EGGERT und andere in: DEHN, 1974; GRIMM, 1975; EGGERT und andere, 1975; CONRADY, 1974; HERING und andere, 1976). Wie die Erforschung von R. allgemein ohne einen entsprechenden Rahmen aus Gesellschaftstheorie und anthropologischen Grundannahmen nicht möglich ist, so bedarf die R.s-Forschung bei Kindern und Jugendlichen außerdem einer Theorie der Entwicklung. Diese lag – implizit – auch der älteren Jungleserforschung zugrunde.
Erste Ansätze, die kindliche Moralentwicklung auf das Verhalten gegenüber Texten anzuwenden, liegen bei KREFT (1977) vor, wobei es sich erst um einen Theorieentwurf handelt und die Gefahr besteht, Texte auf Grund eines – wenn auch verbesserten – Stufenschemas zu kanalisieren. Auf der Grundlage der bis 1978 veröffentlichten Forschungsergebnisse lassen sich zum R.s-Verhalten von Kindern und Jugendlichen folgende Aussagen machen: Es bestehen, was die Erwartungshaltungen, inhaltlichen Interessen (Genres, Inhaltsgruppen) und literaturstrukturellen Kompetenzen angeht, starke Unterschiede, in denen sich Sozialisationsbedingungen und auf die Lebensumwelt und die schulischen Bildungsgänge zurückführbare Variablen ausdrücken. Kinder rezipieren projektiv („anschließend") und identifizierend und verlangen deshalb nach einem Angebot, das diese Bedürfnisse befriedigt oder das sie entsprechend verarbeiten können. Ihr sprachrealistischer Entwicklungsstand erschwert ihnen die Unterscheidung von Literatur und Leben, so daß sie Erzähltes gern unbesehen „für wahr" halten bzw. dort, wo sie nicht entsprechend „normalisieren" können, die R. verweigern. Jedoch sind solche Aussagen nicht ungefährlich, da daraus durchaus verschiedene Schlüsse gezogen werden können, was das Lektüreangebot betrifft (Entwicklungsimpulse sind nur von solchen Lektüren zu erwarten, die über den aktuellen Stand hinausgehen), und da nicht allgemein gesagt werden kann, wann ein R.s-Prozeß entsprechend dem mitgeteilten Modell durchlaufen werden kann. Überdies ist sicher, daß es entsprechend den Sozialisationsbedingungen verschiedene, nach Milieu, Wohnortgröße, Stellung der Eltern im Arbeitsprozeß, Geschlecht usw. differierende R.s-Typen gibt. Bezieht man die R.s-Bereitschaft der Kinder auf eine sogenannte „Entwicklungslogik" (KREFT, 1977), so ergeben sich Relationen zwischen den Moral- bzw. Handlungsstrukturen der Texte und den Stufen der kindlichen Moralentwicklung (praemoralisch, heteronom konventionell und autonom moralisch). Vereinfacht lassen sich der sprachlichen, kognitiven und interaktiven Entwicklung des Kindes Polaritätsprofile von Textstrukturen so gegenüberstellen, daß

jeweils der eine Pol einer früheren und der andere Pol einer späteren Entwicklungsstufe entspricht: geschlossene vs. offene Form, deutlich/eindeutig vs. mehrdeutig, Darstellung „positiver" Verhältnisse und Entwicklungen und positiver Lösungen vs. Darstellung negativer Verhältnisse und Entwicklungen („negativer Held" mit Distanzierungszweck und Ausschließung bestimmter Lösungen), personale vs. auktoriale Erzählhaltung (nach STANZEL), monoperspektivisches vs. polyperspektivisches Erzählen, Darstellung ohne vs. mit relativierende(n) Distanz- und Fiktionssignale(n), chronologisches vs. analytisches Erzählen, einsträngige vs. mehrsträngige Handlung; geringer vs. großer Leerstellenbetrag, beruhigend und versichernd vs. beunruhigend und verunsichernd, Identifikationsangebot vs. Einschränkung oder Aufhebung von Identifikationsmöglichkeiten, persontypisierend und rollenfixierend vs. rollenflexibel und entwicklungsoffen (einfache und differenzierte literarische Figuren), eindeutige Normen vs. diskursiv-offene Normenfindung als Prozeß, Verhalten und Verhältnisse als unveränderbar vs. verursacht usw. Wieweit diese Polaritäten in der Tat Entwicklungen widerspiegeln, müßte im einzelnen überprüft werden. Die Untersuchung kinder- und jugendliterarischer Texte auf ihre Qualität als R.s-Angebote hin läßt sich auf vier Ebenen durchführen: 1. (Buch-)äußeres, -umschlag und -präsentation, Binnenillustrationen und ihr Anteil am Gesamttext, dessen Umfang, Drucktype und Typengröße, Textmenge pro Seite, Zeilenlänge, Durchschuß, Titelstruktur und ähnliches; 2. sprachlich-literarische Mittel und Erzählhaltung, Stilmerkmale (z.B. Metaphorik), Aufbau des Textes, Dialoganteil, eventuell weitere Informationen (Vorwort, Anhang etc.); 3. Thematik, Inhaltlichkeit, Handlungsstruktur (Ort, Zeit, Personen, Interaktionen); 4. Bedeutungen, Wertungen, Normproblematik, Absichten, Weltbild und Moralstruktur, Sympathielenkung. Es bleibt jedoch festzuhalten, daß eine plane Zuordnung von Textstrukturen und Entwicklungsstufen problematisch ist: 1. weil Entwicklungsstufen immer nur auf Grund des erreichten jeweiligen wissenschaftlichen Standards (also unvollkommen) beschrieben werden können, und 2. weil eine solche Zuordnung – selbst unterstellt, es wäre optimal möglich – keine Entwicklungsreize bieten würde. Literarische Kommunikation ist selbst in der Schule nur begrenzt plan- und kanalisierbar. Wahrscheinlich laufen sogar die wirkungsrelevanten und folgenreichen literarischen R.s-Prozesse außerhalb der Schule ab, so daß die Schule sogar entgegen der „Entwicklungslogik" literarische Kommunikationen herbeiführen muß, um ihre Aufgabe nicht zu verfehlen, für reale Lebenssituationen zu qualifizieren. Dies wäre auch ein Einwand gegen die Didaktisierbarkeit der Vorschläge KAISERS (1976 und 1978). KAISER bezieht Kindertexte in empirisch erhobenen Fallbeispielen auf bestimmte, meist altersspezifische „Entwicklungsaufgaben" und kommt so zu einer Erklärung kindlichen Selektionsverhaltens gegenüber Texten und damit zu einer Differenzierung und Neufundierung des traditionellen Lesestufenschemas.

Bedeutung der R.s-Forschung für die Lese- und Literaturdidaktik. Grundlegend für didaktische Konsequenzen der R.s-Forschung ist das erkenntnisleitende Interesse, das auf Mündigkeit in Verbindung mit gesellschaftlicher Evolution gerichtet sein sollte. Zu den Zielen einer solchen auf R.s-Forschung basierenden Literaturdidaktik gehört es, den Schüler erst einmal zur R.s-Bereitschaft zu ermutigen. Dies ist jedoch nur möglich, wenn die „Privattexte" der Schüler nicht nur akzeptiert, sondern für den Unterricht „substantiell" werden (EGGERT und andere in: DEHN, 1974). Das Gelingen eines der Entfremdung entgegenwirkenden Literaturunterrichts hängt weitgehend von einem Ernstnehmen außerschulischer R.s-Weisen auch für die Schularbeit (RUMPF, 1976) ab. Dies lenkt auf die Probleme der „Verschulung" von Lektüre sowie der Fortschreibung des von der R.s-Forschung ausgehenden „Paradigmawechsels" auf den Literaturunterricht: nicht mehr „Literatur" ist sein Thema, sondern ihre R. bzw. verschiedene R.en ein und desselben Textes (HERING, 1976) oder das literarisch initiierte „kommunikative Handlungsspiel" (S. J. SCHMIDT, 1973). Die Schüler werden vom Lehrer nicht mehr auf ein einziges oder ein bestimmtes Textverständnis festgelegt, weil der Text für sie dann gleichgültig werden würde, sondern sie werden zu individuellen R.en ermutigt; die Verschiedenartigkeit der R.en wäre dann metakommunikativ aufzuarbeiten und zur Selbstreflexion weiterzuführen. Das bedeutet nicht, daß nun die Privattexte kanonisiert werden, vielmehr geht es um den Aufbau einer R.s-Kompetenz (WALDMANN, 1973), indem nicht nur zum Durchlaufen der Stufen des R.s-Prozesses befähigt wird, sondern ein Kanon von Textverwendungsweisen und eine Vielfalt von Reaktionsmöglichkeiten gegenüber Texten vermittelt werden (SCHOBER, 1978; HAAS, 1976; KREFT, 1977). Wenn man die möglichen Textverwendungsweisen betrachtet, gelangt man unschwer zu einem Konzept zu erlernender „Leserrollen", die gegenüber den BAMBERGERschen „Lesertypen" und den GIEHRLschen „typischen Leseweisen" (evasorisch, informierend, kognitiv, literarisch; [3]1978) den Vorteil haben, einander nicht auszuschließen und einen angstfreien schulischen Umgang mit ihnen zu ermöglichen. Auch SPINNER (1976) leitet aus einer Kategorisierung literarischer Texte drei Grundweisen literarischer Kommunikation ab: Fiktiv-, Sach- und Schemakommunikation.

Die R.s-Kompetenz ist jedoch mit spezifischen, texttypbezogenen Lesefähigkeiten nur unzulänglich beschrieben; vielmehr kommt es auf die durch Texte in Gang gesetzte und geförderte kognitive, sprachliche und moralisch-interaktive Entwicklung an, auf Förderung von Ichidentität durch Beteiligung am literarischen Diskurs. Erst in der Auseinandersetzung mit dem Textthema kann das Ich sich selber zum Thema werden, indem es zugleich (und dadurch) über seine Beschränktheit hinausgelangt. Es versteht sich von selber, daß es sich hierbei um einen langwierigen Prozeß handelt und daß sein Gelingen wiederum von gesellschaftlichen

Rahmenbedingungen abhängt, also nicht allein über literarische R. erreichbar ist.

→ Jungleserpsychologie, → Junglesersoziologie, → Kritik der Kinder- und Jugendliteratur, → Leseinteresse, → Textverständnis

Sekundärliteratur: Th. W. Adorno: Ästhetische Theorie (1970). – A. Cl. Baumgärtner (Hrsg.): Lesen. Ein Handbuch (1973). – P. Bourdieu: Zur Soziologie der symbolischen Formen (1970). – D. Breuer: Einführung in die pragmatische Texttheorie (1974). – P. Conrady: Analyse und Steuerung von Rezeption beim Umgang mit Texten in einem 2. Schuljahr (in: P. K. Hohendahl (Hrsg.): Rezeptionsforschung, 1974b). – M. Dahrendorf: Das Mädchenbuch und seine Leserin (³1978); Literaturdidaktik im Umbruch (1975a); Zum Problem der Wirkungen der Kinderliteratur und ihrer Untersuchung (in: J. Drews (Hrsg.): Zum Kinderbuch. 1975b. 131–147). – W. Dehn (Hrsg.): Ästhetische Erfahrung und literarisches Lernen (1974). – H. Eggert: Schüler im Literaturunterricht (zus. mit anderen, 1975). – W. Gast: Text und Leser im Feld der Massenkommunikation (in: Wirkendes Wort. 25. 1976. 2. 108–128). – D. Gerlach: Lesen und soziale Herkunft (zus. mit anderen, 1976). – H. E. Giehrl: Der junge Leser (1968, ³1978). – H. Glinz: Textanalyse und Verstehenstheorie (1973). – G. Grimm (Hrsg.): Literatur und Leser (1975). – N. Groeben: Rezeptionsforschung als empirische Literaturwissenschaft (1977). – G. Haas: Lesen: In der Schule – nicht (nur) für die Schule (in: Westermanns Pädagogische Beiträge. 28. 1976. 10. 585–591). – J. Hering: „Caine im Reiche des Pumas". Unterrichtspraktische Konsequenzen selektiver Textrezeption am Beispiel von Comics (zus. mit A. Raths und G. Rümelin-Brand in: Westermanns Pädagogische Beiträge. 28. 1976. 10. 559–565). – H. Heuermann (Hrsg.): Literarische Rezeption (zus. mit P. Hühn und Br. Röttger, 1975). – P. U. Hohendahl (Hrsg.): Sozialgeschichte und Wirkungsästhetik (1974a); (Hrsg.): Rezeptionsforschung (1975b). – R. Ingarden: Das literarische Kunstwerk (1931, ³1965). – W. Iser: Die Appellstruktur der Texte (1970); Der implizite Leser (1972). – H. R. Jauss: Literaturgeschichte als Provokation (1970). – M. Kaiser: Zur Frage der Leserentwicklung (in: Westermanns Pädagogische Beiträge. 28. 1976. 11. 633–642); Die textorientierte Leseranalyse als Aufgabe der Literaturdidaktik (in: Diskussion Deutsch. 9. 1978. 41. 237–248). – D. Kirsch: Literaturbarrieren bei jugendlichen Lesern (1978). – J. Kolbe (Hrsg.): Neue Ansichten einer künftigen Germanistik (1973). – J. Kreft: Grundprobleme der Literaturdidaktik (1977). – B. Lecke: Rezeptionsästhetik und Literaturdidaktik (in: Diskussion Deutsch. 9. 1978. 41. 205–221). – H. Link: Rezeptionsforschung (1976). – A. Mihm: Sprachstatistische Kriterien zur Tauglichkeit von Lesebüchern (in: Linguistik und Didaktik. 4. 1972. 14. 117–127). – M. Naumann: Gesellschaft Literatur Lesen (zus. mit anderen. 1973). – G. Oestreich: Erziehung zum kritischen Lesen (1973). – G. Pilz (Hrsg.): Literarische Wertung und Wertungsdidaktik (zus. mit E. Kaiser, 1976). – D. Prokop (Hrsg.): Massenkommunikationsforschung. 2: Konsumtion (1973). – H. Rumpf: Unterricht und Identität (1976). – S. J. Schmidt: Texttheorie (1973). – O. Schober: Literaturunterricht und Rezeptionsanalyse (in: Fr.-J. Payrhuber (Hrsg. zus. mit A. Weber): Literaturunterricht heute – warum und wie?. 1978. 104–130). – K. H. Spinner: Das vergällte Lesevergnügen (in: J. Hienger (Hrsg.): Unterhaltungsliteratur. 1976. 98–116). – G. Waldmann: Theorie und Didaktik der Trivialliteratur (1973); Kommunikationsästhetik I (1976). – R. Warning (Hrsg.): Rezeptionsästhetik (1975). – H. Weinrich: Literatur für Leser (1971). – L. Winckler: Zum Verhältnis von ästhetischer Produktion und Rezeption im literarischen Leben (in: Diskussion Deutsch. 8. 1977. 3. 22–38).

Malte Dahrendorf

Rhoden, Emmy von

*Mädchenbuchautorin; * 1832 Leipzig, † 7. 4. 1885 Dresden.*

Rh., Tochter eines Bankiers, heiratete 1854 den Schriftsteller und zeitweiligen Vorsitzenden des Allgemeinen Deutschen Schriftsteller-Verbandes HERMANN FRIEDRICH-FRIEDRICH; sie hatte zwei Kinder.

Rh. veröffentlichte zuerst kleinere Erzählungen für Almanache, stellte dann aber ihre schriftstellerische Tätigkeit zugunsten ihrer Familie zurück. 1883 bis 1885 erschienen ihre Kinder- und Mädchenromane, von denen der posthum herausgekommene Band „Der Trotzkopf. Eine Pensionsgeschichte für junge Mädchen" die Verfasserin bis heute berühmt gemacht hat (1909, 55. Auflage). Die bis heute erreichte Gesamtauflage ist nicht mehr festzustellen, doch geht die Verbreitung in die Millionen, die Übersetzungen nicht inbegriffen.

Werk, Tendenzen, Wirkung. „Der Trotzkopf" schildert die Pensionsjahre des Mädchens Ilse Macket, Tochter eines Oberamtmanns und Gutsbesitzers. Ilse lebt anfangs noch auf dem pommerschen Gut ihres Vaters, mag sich dort jedoch nicht anpassen und ihrer Stiefmutter unterordnen. Im Pensionat des Fräulein Reimar lernt Ilse allmählich gutes Benehmen und ihren Trotz und Eigensinn zu zügeln und wird im Stile der Zeit zu einer „höheren Tochter" und „Dame" erzogen. Bei der Erziehung Ilses spielt die Lebensgeschichte Fräulein Güssows, einer jungen Lehrerin, die diese Ilse zur Warnung erzählt, eine besondere Rolle. Wichtig für die Erziehung Ilses ist auch der Tod Lillis, einer Halbwaise, die durch das Verhalten ihrer Mutter, die sich als Schauspielerin nur ihrem Beruf widmet, seelisch und körperlich erkrankt ist. Nach der Geburt eines Brüderchens fährt Ilse heim und lernt unterwegs den Assessor Leo kennen, mit dem sie sich am Ende verlobt. Der auf dem Gut weilende Onkel Kurt entpuppt sich als der frühere Verlobte Fräulein Güssows. Das eigensinnige Verhalten von Fräulein Güssow hatte zur Lösung der Verlobung geführt; Ilse vermag den Streit zu schlichten und das Paar wieder zusammenzuführen. Die englische Pensionsfreundin Nellie heiratet den Lehrer Althoff, so daß sie nicht mehr Erzieherin zu werden braucht. – Der Roman verwendet Motive und Topoi, die für die Mädchenliteratur der Jahrhundertwende und danach bestimmend werden sollten: die berufliche Orientierung des Mädchens hat bloße Lückenbüßerfunktion für den Fall der Nichtheirat; Hauptberuf des Mädchens ist Hausfrau, Mutter und Ehegefährtin; eine berufliche Primärorientierung der Frau hat stets unglückbringende Folgen für Familie und Kinder; die Erziehung des Mädchens zur „höheren Tochter" im Mädchenpensionat soll es in den Stand setzen, für Männer von Rang und Ansehen eine „gute Partie" zu werden. Die

Formulierung der Inhalte und Ziele der Mädchenerziehung erfolgt ausschließlich aus der Interessenlage des gesellschaftlich herrschenden Mannes. Die Erziehung des Mädchens beinhaltet den Übergang vom „Trotzkopf“ und „Wildfang“ zur anpassungsfähigen, dem Mann treu ergebenen, sich ihm willig unterordnenden Frau und bloßen „Zierde“ des Hauses. Die Pensionatszöglinge, was Geschlecht und Sozialstatus angeht ausschließlich unter ihresgleichen, sind stark typisierend dargestellt und von der gesellschaftlichen Wirklichkeit total abgeschirmt. Der Unterhaltungszweck der Lektüre verbirgt geschickt die Absicht, die Leserinnen in bestimmte, gesellschaftlich vorgegebene Rollen einzuweisen, die das herrschende Sozialsystem stützen. Der ideologische Charakter der Erzählung wird besonders deutlich durch das, was sie verschweigt und verdrängt: Familie und Pensionat als eingeschränkte Erfahrungsräume, die gegen soziale Wirklichkeit, besonders die Arbeitswelt abschirmen; Sexualität wird in Schwärmerei abgelenkt, der Ich-Anspruch der Mädchen durch Überzeichnung zu „Trotz“ und Eigensinn massiv diskriminiert. Die Erzählstruktur zielt auf distanzlose Identifikation mit den Hauptfiguren: durch Verwendung des zeitgenössischen Backfischjargons und zustimmende Darstellung „weiblicher Interessen“, durch eine konsequente Subjektivierung aller Ereignisse aus der Sicht der Hauptfigur. Diese Erzählhaltung soll, in Verbindung mit dem sozialen Status und den vermittelten Rollenschemata, ein hohes Maß an Zufriedenheit der Leserin mit sich selber und darüber hinaus mit den Verhältnissen erzeugen. Heinrich Wolgasts Kritik 1896: Unnatürlichkeit, Stoffmenge, Oberflächlichkeit und Banalität, aber auch Verdrängung sozialer Realität ist zwar bereits teilweise politisch-gesellschaftlich motiviert, verharrt jedoch überwiegend im Ästhetischen; die neuere von G. Cwojdrak akzentuiert die politische Funktion dieser Lektüre zur Legitimierung und Absicherung der bürgerlichen Interessen; Malte Dahrendorf verweist demgegenüber stärker auf die Rollenproblematik und auf die für diese funktionalen Erzählstrukturen. Rh.s Roman muß sozial- und erziehungsgeschichtlich vor dem Hintergrund der Institutionen und Ziele der Mädchenerziehung im ausgehenden 19. Jahrhundert während der Wilhelminischen Ära betrachtet werden. Über die Rezeptionsgeschichte des „Trotzkopf“ lassen sich auf der Ebene der literarischen Vorbildwirkung auf die nachfolgende Mädchenliteratur Aussagen machen; über die Wirkung auf die Leserinnen – und welche Leserinnen – lassen sich jedoch nur Vermutungen anstellen, da es an Primärzeugnissen fehlt. Fortsetzungen zum „Trotzkopf“ erschienen nach dem Tode der Verfasserin von ihrer Tochter Else von Wildhagen und der Holländerin Suze la Chapelle Roobol.

→ Mädchenbuch, → Trotzkopf, → E. Wildhagen

Werke: Lenchen Braun (1883); Das Musikantenkind (1883); Der Trotzkopf (1885).

Sekundärliteratur: G. Cwojdrak: Vom Trotzkopf und Nesthäkchen (in: Die Zaubertruhe. 1966. 12. 190–201). – M. Dahrendorf: Das Mädchenbuch und seine Leserin (1970, [3]1978). – E. Kempe-Wiegand: Seit 90 Jahren: Was ist an „Trotzkopf“ so fabelhaft? (in: Börsenblatt für den Deutschen Buchhandel. 31. 1975. 87. 1480–1482). – A. Kuhn: Sentimentalität und Geschäft (zus. mit J. Merkel, 1977).

Malte Dahrendorf

Richardson, Samuel

*Englischer Verfasser gefühlvoller Briefromane, die die moderne Romantradition begründeten und zur Herausbildung eines jugendlichen Lesepublikums beitrugen; *1689 Mackworth bei Derby, †4. 7. 1761 Parson's Green bei London.*

Während das genaue Geburtsdatum nicht bekannt ist, existiert ein Eintrag im Taufregister, der das Datum des 19. August 1689 trägt. Als Sohn eines verarmten Tischlers erhielt R. eine geringe Schulbildung und wurde 1706 zu einem Londoner Drucker in die Lehre gegeben. 1721 heiratete er dessen Tochter und eröffnete selbst eine Druckerei, die bald als eine der drei besten in London galt. Der berufliche Erfolg ging einher mit familiären Schicksalsschlägen. Von zwölf Kindern aus zwei Ehen erreichten nur drei das Erwachsenenalter.

Werk, Tendenzen, Wirkung. R.s erstes Buch war eine Bearbeitung von Äsops Fabeln für die Jugend (1739), die 1757 auch in deutscher Sprache in einer Übersetzung und Bearbeitung von Gotthold Ephraim Lessing herauskam. Dann brachte er im Auftrag von zwei anderen Druckern einen Briefsteller für die schreibunkundige Landbevölkerung heraus. Aus dieser Arbeit entwickelte sich der Briefroman „Pamela: or virtue rewarded“ (1741; dt. Pamela oder die belohnte Tugend eines Frauenzimmers, 1772), als dessen Zweck er angab: „Now first published in order to cultivate the principles of virtue and religion in the minds of the youth of both sexes.“ Als weitere, sehr umfangreiche Briefromane folgten „Clarissa: or the history of a young lady“ (1747/1748; dt. Klarisse oder Geschichte eines jungen Frauenzimmers, 1790) und „The history of Sir Charles Grandison“ (1753/1755; dt. Geschichte des Herrn Grandison, 1754–1759). 1756 wurden die drei Romane unter dem Titel „The part of virtue delineated“ in einer einbändigen Ausgabe für die Jugend zusammengefaßt, und ab etwa 1769 erschienen sie bei Francis Newbery in Ausgaben zu einem Schilling.

R.s literarische Leistung liegt in der verfeinerten Darstellung der Seelenzustände seiner Heldinnen aus deren eigener Sicht. Diese Seelenzustände ergeben sich zumeist aus moralischen Konflikten innerhalb der zeitgenössischen Klassengesellschaft. Dabei ist das Verhalten der Mädchen bei aller Gefühlsseligkeit und auch gelegentlich Raffinesse von einer Naivität, die dem Verständnis des jugendlichen Lesers entgegenkam.

Der erste Roman, nach R.s Angabe eine wahre Begebenheit ausgestaltend, besteht im wesentlichen aus Briefen der fünfzehnjährigen Häuslerstochter Pamela an ihre Eltern; gelegentlich sind deren Antwortschreiben beigefügt. Das Geschehen beginnt mit dem Tod der

Herrin, von der Pamela, obwohl als Dienstmädchen angestellt, wie eine Dame erzogen wurde. Der Sohn, Landedelmann Mr. B., dem sie von der Sterbenden anvertraut worden ist, nähert sich ihr bald auf unzweideutige Weise. Wie sie sich seiner erwehrt und ihn doch zugleich als Ehemann zu gewinnen sucht, ergibt die Kette dramatischer Szenen, an der der Leser dank der Briefform unmittelbar Anteil nimmt. Als Mr. B. schließlich auf Pamelas Tagebuch stößt und daraus ihre Tugendhaftigkeit ersieht, macht er sie nicht zu seiner Geliebten, sondern zu seiner Ehefrau. Übersetzungen ins Französische, Holländische, Deutsche und Italienische, Dramatisierungen (unter anderem von FR. VOLTAIRE und C. GOLDONI), Nachahmungen und Parodien sind Zeugnisse der großen Popularität des Romans. Mochte HENRY FIELDING (1707–1754) auch die berechnende Moral der Heldin kritisch parodieren (in „Apology for the life of Mrs. Shamela Andrews“, 1741, und „Joseph Andrews“, 1742), das gerade entstehende bürgerliche Lesepublikum war von der ihm gemäßen neuen Fassung des Cinderella-Motivs fasziniert. Selbst ein ALEXANDER POPE (1688–1744) akzeptierte die puritanischen Rechtfertigungen Pamelas und meinte, das Buch werde mehr Gutes tun als viele der neuen Predigten. Der Name von R.s Heldin, übernommen aus SIDNEYS „Arcadia“ (1590), fand in den englischsprachigen Ländern weite Verbreitung.

Die nachfolgenden Romane wurden, wie schon das höhere Alter der Hauptfiguren anzeigt, nicht mehr in erster Linie zum Nutzen Heranwachsender geschrieben. In einer wenig geglückten Fortsetzung zu „Pamela“ wird vorgeführt, wie die junge Frau ihren zu Seitensprüngen neigenden Mann immer wieder auf den rechten Weg bringt. „Clarissa“, der wahrscheinlich längste Roman der englischen Literatur, entfaltet in 547 Briefen, aus der Feder verschiedener Personen, eine Liebestragödie, die das bürgerliche Trauerspiel (LESSING) ebenso beeinflußt hat wie ROUSSEAUS „Neue Heloise“ und GOETHES „Werther“. Die neunzehnjährige Clarissa liebt den schönen und stolzen Robert Lovelace. Als dieser von ihren Eltern zugunsten eines reicheren Bewerbers abgelehnt wird, verführt er sie aus Rache. Sie stirbt an gebrochenem Herzen, er im Duell mit ihrem Vetter. „Grandison“ entsteht in Opposition zu der laut R. sehr schlimmen Tendenz von FIELDINGS „Tom Jones“ (1749). Der Held ist ein vollkommener Gentleman, der nach langen Konflikten aus der Verpflichtung gegenüber der katholischen Adligen Clementina in Italien entlassen wird und in England die geliebte Harriet heiraten kann. Die Lektüre dieses Buches durch Jugendliche belegt ein Brief, in dem der junge BEAUMARCHAIS (1732–1799) von seiner Schwester als wahrhafter Grandison bezeichnet wird.

In der Geschichte der Jugendliteratur haben R.s Briefromane einen ambivalenten Stellenwert. Einerseits verdeutlichen sie, wie wenig heikel man in der Mitte des 18. Jahrhunderts in dem war, was man Heranwachsenden als Lektüre empfahl. Andererseits trugen sie – „Pamela“ von vornherein und die nachfolgenden Bücher in bearbeiteten Fassungen – maßgeblich zur Herausbildung eines spezifischen, jugendlichen Lesepublikums bei. Man sieht heute in R.s Schriften Vorläufer und Ausgangspunke des spezifischen Mädchenbuches.

Werke: Aesop's fables (1739; dt. Sittenlehre für die Jugend in den auserlesensten Aesopischen Fabeln mit dienlichen Betrachtungen zur Beförderung der Religion und der allgemeinen Menschenliebe vorgestellet, 1757); Pamela: or virtue rewarded (1741; dt. Pamela oder die belohnte Tugend eines Frauenzimmers, 1772); Clarissa: or the history of a young lady (Bd. 1–8. 1747–1748; dt. Klarisse oder Geschichte eines jungen Frauenzimmers, 1790); The history of Sir Charles Grandison (Bd. 1–8. 1753–1755; dt. Geschichte des Herrn Grandison, 1754–1759); The path of virtue delineated (1756).

Sekundärliteratur: J. Carroll (Hrsg.): Samuel Richardson (1969). – R. Cowler (Hrsg.): Twentieth century interpretations of ‚Pamela‘ (1969). – B. W. Downs: Richardson (1928). – T. C. D. Eaves: Samuel Richardson: a biography (1971, zus. mit B. D. Kimpel). – G. Engel: Individuum, Familie und Gesellschaft in den Romanen Richardsons (1974). – A. D. McKillop: Samuel Richardson (1936). – P. Muir: English children's books 1600–1900 (1954). – W. M. Sale: Samuel Richardson (1936). – I. P. Watt: The rise of the novel (1957).

Reinbert Tabbert

Richter, Dieter

*Hochschullehrer, Germanist, Theoretiker der Kinder- und Jugendliteratur; * 24. 12. 1938 Hof/Saale.*

Nach dem Studium der Germanistik und Altphilologie von 1958 bis 1963 promovierte R. 1965 über den mittelalterlichen Volksprediger BERTHOLD VON REGENSBURG. Von 1965 bis 1970 war R. wissenschaftlicher Assistent am Seminar für Deutsche Philologie in Göttingen, seit 1972 ist er Professor für Literaturwissenschaft an der Universität Bremen. R. engagierte sich von 1969 bis 1972 in der Kinderladenarbeit und ist Mitglied im Arbeitskreis „Roter Elefant, Kinder – Bücher – Medien“.

R.s Arbeitsschwerpunkte liegen auf den Gebieten der mittelalterlichen deutschen Literatur, der Literaturtheorie und der Kinder- und Jugendliteratur. Im Bereich der Kinder- und Jugendliteratur setzte er sich vorwiegend mit Untersuchungen zu ihrer Geschichte und Problemen der literarischen Sozialisation auseinander. So gab er 1973 den Sammelband „Das politische Kinderbuch. Eine aktuelle historische Dokumentation“ heraus. Die bis ins Jahr 1890 zurückgehende Dokumentation über Kinderbücher im weitesten Sinn – in erster Linie Produktionen mit einem „hohen Grad an bewußtseinsbildender Relevanz“: so auch Schulbücher, Zeitschriften, Flugblätter, Wandzeitungen und Produktionen von Kindern selbst – verdeutlicht die These R.s, daß das Erziehungsmittel Kinderbuch schon immer politisch war und politisch ist, da „Realitätserfahrung (wie sie auch das Kinderbuch vermittelt) immer die Erfahrung einer spezifischen gesellschaftlichen Realität ist und dem Kind Einstellungen und Handlungsanleitungen angeboten werden, die immer auf sein Leben in einer konkret so oder so beschaffenen Gesellschaft mit diesem und jenem Werte-, Normen- und Pflichtenkanon zielen" (Das politische Kinderbuch, S. 23). Mit dem Begriff „politisch" meint R. nicht nur die Kinder- und Jugendliteratur, die sich als bewußt politische versteht, z. B. in ihrer Funktion im politischen Kampf, sondern er weist immer wieder darauf hin, daß gerade die als apolitisch deklarierten Kinderbücher einen politischen Begriff von Erziehung implizieren, der auf die Aufrechterhaltung und Stabilisierung bestehender Herrschaftsverhältnisse abzielt. Die ideologiekritische Analyse dieser Kinderliteratur erfordert nach R. praktische pädagogische Konsequenzen: „... Es geht darum, den Erziehungsbereich in seinen verschiedenen Formen (also auch im Bereich der Kinderliteratur) als Praxisfeld sozialistischer Politik zu nutzen" (Das politische Kinderbuch, S. 21).

Die Frage nach den bewußtseinsbildenden Inhalten, Formen und Funktionen der Kinderbücher als Mittel der Sozialisation wird auch in den Beiträgen des 1974 gemeinsam von R. und JOCHEN VOGT herausgegebenen Buches „Die heimlichen Erzieher. Kinderbücher und politisches Lernen" analysiert. Ebenfalls 1974 veröffentlichte R. zusammen mit JOHANNES MERKEL das Buch „Märchen, Phantasie und soziales Lernen". Er ist außerdem Mitherausgeber der Reihe „Sammlung alter Kinderbücher", die seit 1977 im Weismann Verlag erscheint.

Werke: Märchen, Phantasie und soziales Lernen (1974; zus. mit J. Merkel).

Beiträge: Kinderbuch – Wendung zum Realismus? (in: betrifft: erziehung. 6. 1973. 8. 62–64); Kinderbuch und politische Erziehung. Zum Verständnis der neuen linken Kinderliteratur (in: D. Richter (Hrsg.): Die heimlichen Erzieher. 1974. 31–64); „Als Hitler das rosa Kaninchen stahl ...". Faschismus und Weimarer Republik aus der Sicht einiger Jugendbücher (in: E. Schütz (Hrsg. zus. mit J. Vogt): Lesen. Kinder – Bücher – Massenmedien. 1975. 163–169); Teachers and readers. Reading attitudes as a problem in teaching literature (in: New German Critique. 1976. 7); Till Eulenspiegel – der asoziale Held und Erzieher (in: Ästhetik und Kommunikation. 8. 1977. 27. 36–53).

Hrsg.: Das politische Kinderbuch (1973); Die heimlichen Erzieher (1974; zus. mit J. Vogt); J. H. Campe: Robinson der Jüngere (1977; zus. mit J. Merkel); J. Fr. Oest: Höchstnöthige Belehrung und Warnung für Jugendliche und Knaben (1977; zus. mit J. Merkel); C. Dantz: Peter Stoll (1978; zus. mit J. Merkel).

Hannelore Daubert

Richter, Götz Rudolf

*Kinderbuch- und Romanautor; * 1. 8. 1923 Kleinröhrsdorf/Sachsen.*

R., Sohn eines Glashüttenarbeiters, ging vierzehnjährig zur Handelsmarine und mußte dann von 1941 bis 1945 zur Kriegsmarine. Nach Ausübung verschiedener Berufe wurde er Lehrer und begann zu schreiben. 1972 ehrte man ihn mit dem Alex-Wedding-Preis. R. lebt in Großhain/Sachsen.

Werk, Tendenzen, Wirkung. R. debütierte mit dem Roman „Najok, der Perlentaucher" (1952). Er richtet seine abenteuerlichen Erzählungen gegen Werke in der Art KARL MAYS und die seiner Meinung nach von diesen vertretene imperialistische Ideologie. Andere seiner Werke handeln vom Leben auf See. Handlungsort vieler der Bücher R.s ist Afrika. Im Mittelpunkt steht hier seine Parteinahme für den afrikanischen Befreiungskampf. Gegen Kolonialismus und Imperialismus setzt er die Solidarität der Unterdrückten. Besonderes Gewicht hat seine „Savvy-Trilogie". In ihr erzählt R. von der Erziehung und Entwicklung des Jungen Savvy aus Liberia. Der Name Savvy entstammt dem Pidgin-Englisch und bedeutet „verstehen". Zur „Savvy-Trilogie" gehören „Savvy, der Reis-Shopper. Die Abenteuer eines Negerjungen vom Stamme der Basa-Kru" (1955), „Die Höhle der fliegenden Teufel" (1958) und „Trommeln der Freiheit" (1963). Vor afrikanischer Kulisse spielt ebenfalls „Die Löwen kommen" (1969), in dem ein Kikuyu-Junge seinen von arabischen Sklavenhändlern entführten Vater sucht. Der Roman spielt in Kenia in den Jahren 1892 bis 1899 und veranschaulicht das Zerbrechen der alten Stammesordnungen, die dem Eindringen der englischen Kolonialisten keinen Widerstand entgegensetzen können.

Werke: Najok, der Perlentaucher (1952); Savvy, der Reis-Shopper. Die Abenteuer eines Negerjungen vom Stamme der Basa-Kru (1955, [15]1976); Schiffe, Menschen, fernes Land. Das Buch einer großen Fahrt (1956, [12]1973); Jonas oder der Untergang der Marie-Henriette (1957, [9]1976); Segel in Sonne und Sturm. Mit dem Segelschulschiff „Wilhelm Pieck" auf großer Fahrt (1958, [2]1960); Die Höhle der fliegenden Teufel (1958, [11]1971); Abenteuer im Urwald und auf See (1959, [8]1971); Rache für Pronto und andere Erzählungen (zus. m. a. 1962, [3]1965); Kamau, der Afrikaner (1962, [9]1976); Hanna und Jörg (1962); Trommeln der Freiheit (1963, [4]1968; auch u. d. T.: Aufstand in den wilden Bergen, 1971, [7]1975); Kimani (1964, [7]1977); Die Falle (1966); Sado und Apii. Ein Märchen aus Kenya (1967); Die Löwen kommen (1969, [7]1977); Kimani in Nairobi (1974, [3]1977); Die Nacht auf der Wananchi-Farm (1976); Msuri (1977).

Winfred Kaminski

Richter, Hans Peter

*Sozialwissenschaftler und Jugendbuchautor; * 28. 4. 1926 Köln.*

R., der im Zweiten Weltkrieg einen Arm verlor, studierte Psychologie und Soziologie und promovierte zum Dr. rer. pol. Seit 1952 arbeitete er in selbständiger Forschungstätigkeit für Rundfunkanstalten und Wirtschaftsunternehmen. Seinem weitgefächerten Arbeitsfeld entstammen auch Arbeiten zu Jugendfragen. 1973 wurde R. Professor für Wissenschaftsmethoden und Soziologie an der Fachhochschule in Darmstadt. Seit 1958 veröffentlicht R. Kinder- und Jugendbücher. Für sein Buch „Damals war es Friedrich" (1961) wurde er 1961 mit dem Jugendbuchpreis des Sebaldus-Verlages ausgezeichnet. Außerdem wurde ihm 1971 der Woodward School Book Award (USA) und 1972 der Mildred

Bachelor Award der amerikanischen Bibliotheksvereinigung zuerkannt. 1965 und 1966 erhielt R. Stipendien der Cité Internationale des Arts in Paris. Seine Bücher wurden in mehrere Sprachen übersetzt.

Werk, Tendenzen, Wirkung. Mit unterschiedlichen Themen und Formen richtet R. sich an verschiedene Altersstufen. Drei seiner Bücher setzen sich mit der Hitlerzeit auseinander. „Damals war es Friedrich" (1961) zeigt am Beispiel eines Jungen das Schicksal der Juden in dieser Zeit. In dem Buch über die Hitler-Jugend „Wir waren dabei" (1962) wird die Verführungskraft der nationalsozialistischen Ideologie deutlich. Eine antimilitaristische Tendenz hat sein Buch „Die Zeit der jungen Soldaten" (1967). R.s gestalterische Mittel sind Erzählung, Dokumentation, Reportage und szenischer Aufbau. Seine distanzierte Sachlichkeit und seine zurückhaltenden Stellungnahmen bekräftigen seine Bemühungen um eine wahrheitsgemäße Darstellung. Dies wird z.B. deutlich in den Büchern „Birgitta" (1963) und „Peter" (1963), in denen er die Lebensbilder von Heiligen nachzeichnet, oder in dem Werk „Mohammed" (1974), in dem er die Quellen zur Darstellung des Islam auswertet.
Nach R.s Auffassung sollten „künstlerische Aussagen nicht gerichtet sein oder Zwecke verfolgen". Er will keine Ratschläge erteilen. R. sucht vielmehr das Gespräch und die Auseinandersetzung mit dem jungen Leser wie z.B. in „Schriftsteller antworten jungen Menschen auf die Frage: Wozu leben wir?" (1968), „Der Hundemord" (1968) und „Das war eine Reise" (1962).
R.s „Haltung der Mitmenschlichkeit", wie es Hans-Georg Noack formulierte, zeigt sich in der von R. herausgegebenen Anthologie „Schriftsteller erzählen aus aller Welt" (1973), in der im Plauderton gehaltenen Geschichte „Katzen haben Vorfahrt" (1973), in den teils besinnlichen, teils übermütigen Lausbubengeschichten „Ich war kein braves Kind" (1967) sowie in „Vierundzwanzig Weihnachtswünsche" (1975).

Werke: Die Freizeit deines Kindes (1957); Karussell und Luftballon (1958); Das Pferd Max (1959); Der heilige Martin (1959); Wie Heinz und Inge sich verlaufen haben (1959); Hans kauft ein (1960); Nikolaus der Gute (1960); Immer ist etwas los! (1961; auch u.d.T.: Sibille, 1974); Damals war es Friedrich (1961); Wir waren dabei (1962); Das war eine Reise (1962; auch u.d.T.: Kunibert im Schlafanzug, 1973); Birgitta (1963); Peter (1963); Eine Reise um die Erde (1963); Eine wahre Bärengeschichte (1964); Nikolaus (1965); Jagd auf Gereon (1967); Die Zeit der jungen Soldaten (1967); Ich war kein braves Kind (1967); Der Hundemord (1968; auch u. d. T.: Einschreiben vom Anwalt (1974); Katzen haben Vorfahrt (1972); Mohammed (1974); Vierundzwanzig Weihnachtswünsche (1975); Saint Just und die Französische Revolution (1975).

Hrsg.: Der jungen Leser wegen (1965); Schriftsteller antworten jungen Menschen auf die Frage: Wozu leben wir? (1968); Schriftsteller erzählen von ihrer Mutter (1968; NA. 1974); Schriftsteller erzählen von der Gewalt (1970; NA. 1976); Harte Jugend (1970); Schriftsteller erzählen aus aller Welt (1973); Schriftsteller erzählen von der Gerechtigkeit (1977).

Karl-Heinz Klimmer

Richter, Ludwig

*Maler und Graphiker; *28.9.1803 Dresden, † 19.6.1884 Dresden.*

R. wuchs in einer protestantisch-kleinbürgerlichen, auf Tradition und handwerklichem Können fundierten Umgebung auf. Seine Ausbildung erhielt er in der Werkstatt seines Vaters, des Landschaftszeichners und Kupferstechers Karl August R. Bereits mit 13 Jahren wurde R. zu Aufträgen herangezogen. 1823–1826 erhielt er ein Italienstipendium, das ihn mit der deutsch-römischen Romantikerschule in Kontakt brachte und entscheidend prägte. Nach seiner Rückkehr heiratete R. und war von 1828 bis 1835 als Zeichenlehrer an der Meißener Porzellanmanufaktur tätig. Bis zu seiner freiwilligen Pensionierung (1876) lehrte er das Fach Landschaftszeichnen an der Dresdener Akademie. Einsam seit dem Tod seiner Frau (1854), krank durch ein Nervenleiden und eine Augenschwäche, entstanden in den letzten Lebensjahren nur noch wenige Arbeiten; er widmete sich hauptsächlich der Niederschrift seiner Lebenserinnerungen. R. war schon zu seinen Lebzeiten außerordentlich bekannt und geschätzt. 1859 erhielt er von der Universität Leipzig den Ehrendoktortitel verliehen.

Werk, Tendenzen, Wirkung. R.s Kunst ist der Spätromantik verpflichtet. Den politischen Umwälzungen seiner Epoche stand er fremd gegenüber. Als Individuum rang er um religiöse Wahrheit. Als vorbildhaft galt ihm das Mittelalter, dem Einheit des Glaubens und ein harmonisches Sozialgefüge unterstellt wurden. Im Volks- und Brauchtum, in Sagen und Märchen, im Reich der Kindheit, Poesie und Natur suchte R. seine utopische Vergangenheit.
Der Maler R. ist nie so populär geworden wie der Graphiker. Die Impulse für seine Illustrationstätigkeit von Kinderbüchern waren anfangs privater Natur. Für seine eigenen Kinder zeichnete er Bilderbücher mit erfundenen Geschichten und Versen. Seine Aufträge zu volkstümlichen Druckschriften verdankte er zunächst engen freundschaftlichen Beziehungen zu Verlegern. Vor dem politisch-sozialen Hintergrund des Biedermeier und der Restauration wuchs mit dem Scheitern der Reformansätze von 1848 und der Industrialisierung das Bedürfnis, die Familie als heile Gegenwelt und Rückzugsort aufzuwerten. Diesem Bedürfnis kamen die Verleger mit einer Vielzahl von Publikationen für die ganze Familie entgegen. R. erwies sich dabei als besonders fähig, diese Wünsche und Vorstellungsweisen in eine angemessene Bildsprache umzusetzen.
Nur wenige Arbeiten R.s entstanden als Radierung. Sein eigentliches Gebiet ist der Holzschnitt, dem er mit rund 3000 Vorlagen für Randillustrationen und eigene Blattfolgen zu neuer Blüte verhalf. Die Wahl dieses Reproduktionsverfahrens wurde mit dem bewußten Anknüpfen an mittelalterliche Traditionen begründet, außerdem ließ die reine Schwarz-Weiß-Zeichnung dieses Mediums ein Mehr an Phantasietätigkeit zu als die Farblithographie. Lieferte R. anfangs noch gesonderte

Ludwig Richter. Die „Bildermann"-Seite aus dem „ABC-Buch für große und kleine Kinder" (Leipzig 1845). Die von dem Bildermann angebotenen Zeichnungen sind Konterfeis von Dresdner Künstlern, wie E. Rietschel (l. o.), E. Bendemann (r. o.) und im Handel befindliche Kinderbücher wie „Die Ammenuhr" (l. u.) und das „ABC-Buch" (r. u.) Robert Reinicks, das – ebenfalls von Ludwig Richter illustriert – im gleichen Jahr bei Wiegand in Leipzig herauskam.

Vorzeichnungen, so ging er nach 1841 dazu über, die Entwürfe direkt auf den Holzblock aufzutragen. Dieses Verfahren erleichterte dem Schneider eine getreuere Umsetzung des Entwurfs.

R. begann in den dreißiger Jahren des 19. Jahrhunderts, sich der Buchillustration zuzuwenden. Von 1838 bis 1849 arbeitete er an der im Leipziger Verlag Otto Wigand herausgegebenen Reihe „Volksbücher" mit. Von den insgesamt 37 Bändchen entwarf R. zu den „Sieben Schwaben", der „Heiligen Genoveva", der „Melusine" und anderen Texten etwa 150 Zeichnungen, die jedoch von offensichtlich ungeübten Holzschneidern sehr vereinfacht wurden. Nach der Illustrierung einiger anderer Werke (u.a. OLIVER GOLDSMITH: Landprediger von Wakefield, 1841) fertigte er für die Ausgabe der „Volksmärchen der Deutschen" von J. K. A. MUSÄUS allein 151 Bilder. Von dieser Zeit an hat R. neben Ausgaben von Studentenliedern (1844) und Volksliedern (1846) vor allem viele Kinderbücher künstlerisch ausgestaltet, wie z.B. „Die Ammenuhr" (1843), R. REINICKS „ABC-Buch" (1845), J. H. CAMPES „Robinson der Jüngere" (1848), CLARA FECHNERS „Die schwarze Tante" (1848), L. BECHSTEINS „Deutsches Märchenbuch" (1853) und „Es war einmal" (1862), weiterhin Beiträge in Zeitschriften wie der „Illustrierten Jugend-Zeitung", in Kalendern (R. REINICKS „Deutscher Jugendkalender", 1846–1852). Dies tat er zum Teil mit anderen zusammen, wie z.B. bei der „Ammenuhr", an der die Künstler des „Dresdner Kreises" (E. BENDEMANN, 1811–1889; E. RIETSCHL, 1804–1861; O. WAGNER, 1803–1861, u.a.) nur je ein Blatt übernahmen. Ein Werk wie L. BECHSTEINS „Deutsches Märchenbuch" enthielt in der Ausgabe letzter Hand (1857) dagegen nur Bilder von R., und zwar insgesamt 187. Das letzte Bild für ein Kinderbuch soll R. 1874 für ein Märchen R. REINICKS ausgeführt haben. R. hat für die Kinderliteratur über drei Jahrzehnte seines künstlerischen Wirkens verwandt.

R.s Stil kennzeichnet leise Ironie und Zartheit der Empfindungen. Er selbst meinte, von seinen Blättern gehe eine Stimmung wie „Sonntag" oder „Sonnenschein" aus. Als Beispiel hierfür können die Illustrationen zu CAMPES „Robinson der Jüngere" dienen: Robinson wird als schöner nackter Jüngling in friedlichem, trautem Milieu aufgefaßt. Personen komponierte R. mit Hilfe historisierender Zutaten in eine genrehafte Umgebung, sie harmonieren mit der Natur und Umwelt und sind meist gütig und gelöst. Der Familienverband, das Haus, das Dorf sind der selbstverständliche, harmonische Bezugsrahmen. Handeln wird nicht von außen gesteuert, sondern entspricht innerer Übereinstimmung, ist getragen von religiösem Frieden. Am reinsten aber verkörpern alle diese Tugenden die Kinder.

Schon im 19. Jahrhundert ist die R.sche Graphik durch billige Volksausgaben, durch Sammelbände wie das „Ludwig Richter Hausbuch" ungeheuer populär geworden. Diese Popularität hat er bis heute nicht eingebüßt. Sein Werk hat bei seinen Schülern und Kollegen (OSKAR PLETSCH, L. VENUS, E. SACHSE, P. THUMANN und A. HENDSCHEL) einen breiten Nachhall gefunden. Sie steigerten gelegentlich R.s schon manchmal hart ans Süßliche heranreichende Zeichnungen von Kindern ins Peinliche. Ist bei R. die Gleichsetzung von Kindern mit Natur noch echt empfunden, rührt er an Wünsche nach Geborgenheit und Unverstelltheit, so muß sie in seiner Rezeption im ausgehenden 19. und im 20. Jahrhundert häufig zur Verschleierung herhalten. In den Gründerjahren wurden Erscheinungen wie Kinderarbeit und autoritäre Kindererziehung wegretuschiert, indem Kindheit wie bei R. als glückhaft, problemlos, höchstens von „niedlichen" Mißgeschicken gestört, geschildert wurde. Eine neue Aufwertung R.s fand im Zuge der Kunsterziehungsbewegung zu Beginn des 20. Jahrhunderts statt. Durch Wandschmuck und in Form von Lesebuchillustrationen wurde aus dem Künstler für die Familie der Künstler für die Schule. Während des Dritten Reiches wurde R. zum Vertreter reiner Volkstumskunst gestempelt und zum Zweck nationalsozialistischer Familienideologie eingespannt. Im Zuge der heutigen Nostalgiewelle hat er eine neue unkritische Aufwertung erfahren. Die Zahl der Ausgaben mit Stichen R.s und der meist populärwissenschaftlichen Literatur zum Werk des Künstlers ist unüberschaubar.

→ Die Ammenuhr

Werke: G. O. Marbach (Hrsg.): Volksbücher (Bd. 1–18, 21–26, 30–33. 1838–1842; zus. mit anderen); O. Goldsmith: Der Landprediger von Wakefield (1841); J. K. A. Musäus: Volksmährchen der Deutschen (zus. mit anderen, 1842); G. Nieritz (Hrsg.): Deutsches Volksbüchlein für Jung und Alt (Bd. 1–5. 1842–1846); Die Ammenuhr (zus. mit anderen, 1843); L. Richter (Hrsg. zus. mit E. Marschner): Alte und neue Studenten-Lieder (1844); H. Chr. Andersen: Mährchen und Erzählungen für Kinder (zus. mit anderen, 1845); R. Reinick: ABC-Buch für kleine und große Kinder (zus. mit anderen, 1845); Th. Gumpert: Hymnen für Kinder (1846); L. Richter (Hrsg. zus. mit E. Marschner): Alte und neue Volkslieder (1846); G. Keil: Märchen und Geschichten eines Großvaters (1847); J. H. Campe: Robinson der Jüngere. Ein Lesebuch für Kinder (1848); Cl. Fechner: Die schwarze Tante. Märchen und Geschichten für Kinder (1848); Richter-Album (1848); Tr. Löschke: Räthselnüßchen nebst Nußknacker zum Aufknacken für brave, dickbackige Kinder (1849); G. Scherer (Hrsg.): Alte und neue Kinderlieder, Fabeln, Sprüche und Räthsel (zus. mit anderen, 1849, [3]1853; auch u.d.T.: Illustriertes Deutsches Kinderbuch, Bd. 1–2. 1863–1869); F. Schmidt: Das Märchenbuch für Kinder (1850); J. Traugott: Nach Belieben Kraut und Rüben! Dichtungen für Kinder (zus. mit anderen, 1850); Was bringt die Botenfrau? Erster und zweiter Tragkorb (1850); Beschauliches und Erbauliches. Ein Familienbilderbuch (Bd. 1–3. 1851–1855); Deutsches Balladenbuch (1852); J. Traugott: An der Krippe zu Bethlehem. Weihnachtsgabe für Jung und Alt (1852); J. Traugott: Knecht Ruprecht, auch St. Niclas oder Pelzmärtel genannt (Bd. 1–2. 1852–1853); J. E. Volbeding (Hrsg.): Kinderleben (1852); L. Bechstein: Märchenbuch (1853, NA. 1857); C. u. Th. Colshorn: Märchen und Sagen (1854); W. O. Horn: Rheinische Dorfgeschichten (1854); L. Richter: Zweimal 12 Bilder als Colorirübung für Knaben und Mädchen (Bd. 1–2. 1854); G. Scherer (Hrsg.): Deutsche Volkslieder mit ihren eigenthümlichen Singweisen (Bd. 1–2. 1854–1855, zus. mit anderen; auch u.d.T.: Die schönsten deutschen Volkslieder, 1868); J. Stern: Das rothe Buch. Neue Märchen für mein Kind (1856); Kl. Groth: Voer de Goern.

Kinderreime alt und neu (1858); Der Kinderengel. Spruchbüchlein für fromme Kinder (zus. mit anderen, 1858); C. Reiche: Die Reise ins Geschichtenland (zus. mit anderen, 1858); L. Richter: Für's Haus (Bd. 1–4. 1858–1862); W. Hey: Bilder und Reime für Kinder (1859); O. Wigand (Hrsg.): 202 Holzschnitte nach Zeichnungen L. Richters (1860); L. Richter: Der Sonntag in Bildern (1861); Es war einmal (zus. mit anderen, 1862); L. Richter: Neuer Strauß für's Haus (1864); W. Schröder: Snaken und Snurren (1872); R. Reinicks Märchen-, Lieder- und Geschichtenbuch (1873); L. Richter: Altes und Neues (1873); G. Scherer (Hrsg.): Aus der Jugendzeit (1875); G. Scherer (Hrsg.): Die schönsten deutschen Volkslieder. Prachtausgabe (zus. mit anderen, 1875); E. Lausch: Kinderspiegel in Wort und Bild (zus. mit anderen, 1876); G. Scherer (Hrsg.): Deutsche Art und Sitte (1876); J. Sturm: Biblische Bilder (1876); J. Sturm: Kinderleben in Bild und Wort (Bd. 1–2. 1877); M. Bern: Anthologie für die Kinderstube (1880).

Sekundärliteratur: K. J. Friedrich: Die Gemälde Ludwig Richters (1937); Ludwig Richter und sein Schülerkreis (1956). – J. Fr. Hoff: Adrian Ludwig Richter, Maler und Radierer (1877). – W. Hoffmann: Ludwig Richter als Radierer (1921). – H. J. Neidhardt: Ludwig Richter (1975). – H. Richter (Hrsg.): Lebenserinnerungen eines deutschen Malers (1885, [12]1905). – W. Stubbe (Hrsg.): Das Ludwig Richter Album. Sämtliche Holzschnitte (Bd. 1–2. [3]1974).

Heike Kraft

Riesen

R. begegnen als Urzeitwesen und Naturdämonen von übermenschlichen Körpermaßen und -kräften in den Mythen verschiedener Völker, in Märchen, Sagen und Schwänken. Sie sind insofern auch Teil des Heldenpersonals historischer und zeitgenössischer Kinderliteratur.

Charakteristik der R. Das Reich der R. liegt entweder in der Unterwelt, im Wasser oder im Gebirge, wo sie Schätze hüten, als Menschenfresser in Felsenhöhlen hausen oder auf selbsterbauten Burgen wohnen. Außerordentliche Naturerscheinungen beruhen auf ihrem Wirken, denn sie fahren in Sturm und Unwetter daher, bringen Nebel, Reif und Frost, verursachen Erdbeben und Überschwemmungen, lassen Gebirge, Täler und Seen entstehen und verändern mit Urgewalt ganze Landschaften. Sie gelten als Widersacher von Göttern, Zwergen und Helden, die sich ihnen gegenüber durch besondere Gewandtheit und Weisheit auszeichnen und ihrer Brutalität und Dummheit List entgegensetzen. Für ihre Bosheit und ihren Frevel hat die R. auch manchmal die Strafe Gottes ereilt. Sie werden vom Blitz erschlagen, durch die Pest vertilgt oder wie König Watzmann und Frau Hütt zur ewigen Warnung in den Bergen versteinert.
In der Antike stehen Giganten, Titanen und Kyklopen im Kampf mit Göttern und Helden. So muß Atlas zur Strafe für seine Teilnahme am Kampf gegen die Götter das Himmelsgewölbe tragen, und Odysseus entrinnt mit seinen Gefährten den Gefahren in der Höhle des menschenfressenden R. nur durch Überlistung und Blendung des einäugigen Polyphem. Im germanischen Mythos werden R. mit der Urschöpfung in Verbindung gebracht. Aus dem Leib des von den Asen erschlagenen Urriesen Ymir bilden sich Erde, Meer, Himmelsgewölbe, Seen, Flüsse und Wälder. Besonders der Donnergott Thor liegt in ständiger Fehde mit den R.-Geschlechtern der Jöten und Thursen. Mit seinem Hammer erschlägt er den um seinen Preis betrogenen R.-Baumeister der Götterburg Asgard. Erst im eschatologischen Endkampf der Götterdämmerung vernichten die R. die Welt der Götter und Menschen, führen jedoch damit auch ihren eigenen Untergang herbei.

R. als Figuren literarischer Vorlagen. Das Alte Testament nennt verschiedene R.-Geschlechter, die Enakiter und Amoriter, und berichtet vom Sieg Davids über Goliath. In den mittelalterlichen Epen erweisen sich R. entweder als gutmütige Helfer oder meistens als grimmigste Feinde der Helden. Bei ihrer Aventürefahrt müssen sich die Ritter deshalb wiederholt im Kampf gegen R. und Drachen bewähren. Die Gegner werden dabei in ihrer Größe und in ihren Kräften gern ins Übermenschliche gesteigert, um die Spannung des Kampfgeschehens zu erhöhen und den Ruhm des Siegers zu vergrößern. Ähnliches gilt für die Abenteuer, die der Märchenheld mit R. zu bestehen hat. Er tritt ihnen unbefangen und furchtlos entgegen, kommt ihrer Bosheit mit Geschicklichkeit und List zuvor, befreit ihre Gefangenen, benutzt ihre Zaubermittel wie z.B. die Siebenmeilenstiefel, bringt sie gegeneinander auf, so daß sie sich im Zorn erschlagen, oder lenkt ihre Dummheit zu seinem eigenen Vorteil. Nur gigantische Überreste wie Knochenfunde, Hünengräber, Felsabdrücke und ihnen zugeschriebene Großbauten zeugen noch von ihnen in der Sage, die sich um die Erklärung solcher Spuren bemüht. Die Zeit der R., die als Heiden gelten, ist längst vergangen, eine direkte Bedrohung von ihnen ist kaum mehr zu befürchten, sie spielen im Volksglauben nur noch eine geringe Rolle, Erlebnissagen treten daher zurück. Beliebt sind jedoch die Verhältnissagen wie die Erzählung vom R.-Spielzeug oder vom schlafenden R., in dessen Nasenloch ein Bauer mit seinem Fuhrwerk fährt und herausgeniest wird. Ursprünglich ernsthafte Erzählungen gleiten immer mehr ins Schwankhafte ab, vor allem in dem Baumeistersagen wird der dumme R. vom Teufel abgelöst, der sich um seinen Lohn prellen läßt.

R. als Figur der Kinderliteratur. Kinder begegnen den R. zuerst im Märchen, d.h. sehr früh, noch vor dem eigentlichen Lesealter. Die Verhältnisse der Größe zwischen R. und Mensch entsprechen in etwa ihrem eigenen im Vergleich zu dem der Erwachsenen. Sie identifizieren sich daher niemals mit den R., selbst wenn sie als gutmütige Helfer im Märchen auftreten, sondern immer mit dem Märchenhelden. Dieser begegnet der rohen Gewalt, Bösartigkeit, Dummheit und Rückständigkeit der R. mit Mut, Selbstvertrauen und List wie z.B. das „Tapfere Schneiderlein“ (KHM 20). Der unbeholfene R. wird im Märchen übertölpelt, ausgenützt, gequält und ohne Skrupel getötet. Der Kleine und Schwache kennt keine Furcht vor dem R. Das Märchen dient also der Angstbewältigung. Diese einmal

gemachte Erfahrung hilft dem Kind, wenn es im Lesealter auch mit wirklich furchtgebietenden R. im Mythos, in Sagen, in Kinderschreck- und Abenteuergeschichten bekanntgemacht wird.
Aus pädagogischen Gründen spielen R. in der neueren Kinderliteratur nur eine untergeordnete Rolle und werden bewußt verharmlost. Dort, wo repressive Erziehungsmethoden als überwunden abgelehnt werden, haben R. ihre Funktion als Schreckfiguren verloren. Bilderbücher wie „Der Riese Mogul" (1919) von Paul Gärtner oder „Die Riesin" (1978) von Anne Milsdorf nutzen den Reiz der Größenunterschiede zwischen Menschen und R., die komisch wirken. Jonathan Swifts 1726 zuerst in England erschienener satirisch-abenteuerlicher Reiseroman „Gullivers Reisen" (engl. Originaltitel: „Travels into several remote nations of the world") ist auf Grund seiner im 19. Jahrhundert beginnenden, ununterbrochen andauernden Tradition als Kinderbuch besonders hervorzuheben. Im zweiten Teil schildert Swift die abenteuerliche Reise Gullivers nach Brobdingnag, dem Land der R. Kinder und Jugendliche empfinden an den grotesken Situationen und abnormen Größenverhältnisse, in die sich der Mensch plötzlich gestellt sieht, Vergnügen, erkennen jedoch kaum mehr die dem ungekürzten Text innewohnende bittere Kritik des Autors an der gesellschaftlichen Wirklichkeit des damaligen England. Bereits Swift sieht das Geschlecht der R. für menschenfreundlich an, das sich von dem Kleinen gern belehren läßt, wenn dies auch zum Schaden gereicht und zu Unglück und Untergang führt. Moderne Kinderbücher

Grandvilles (d.i. Jean Ignace Isidore, 1803–1847) Darstellung zur französischen Ausgabe (1838) von Jonathan Swifts „Gullivers Reisen" illustriert die Textstelle, wo die Riesen ein „ausgesprochen freundliches Interesse" an dem „winzigen Menschen, den sie wie ein lästiges Insekt hätten zertreten können", zeigten.

über R. enthalten bereits in ihrem Titel ihr pädagogisches Programm. Ursula Fürst und Heinrich Hannover haben ein bekanntes Sprichwort zu „Riesen haben kurze Beine" (1976) verfremdet. Bei ihnen handelt es sich um eine kritische Stellungnahme zu dem gefräßigen, rüpelhaften und überheblichen R., der die kleinen Menschen für sich arbeiten läßt, bis sie sich als geschlossene Einheit gegen ihn zur Wehr setzen. Als sie sich weigern, noch das Geringste für ihn zu tun, wird er hilflos und muß sein Verhalten ändern. David L. Harrissons Buch „Riesen sind nur halb so groß" ([2]1973) zeigt das Kind in seiner Unbefangenheit und Furchtlosigkeit den R. als eindeutig überlegen. Es vermag die R. zu überlisten und zu vertreiben, hilft einem verzauberten R., der sich vor Schmetterlingen fürchtet, wieder alles in den richtigen Größenverhältnissen zu sehen und zeigt seinem neuen Freund, was er bisher beim Pfeifen falsch gemacht hat. Das Kind läßt sich von den R. nicht einschüchtern, denn es ist klüger als sie und verhält sich im Umgang mit ihnen richtig. In Michael Endes „Jim Knopf und Lukas, der Lokomotivführer" (1960) entpuppt sich der R. beim Näherkommen sogar als Täuschung bzw. als „normaler Mensch". Allerdings lebt in Astrid Lindgrens mythologischem Kinderroman „Die Brüder Löwenherz" (1974; Bröderna Lejonhjärtet, 1973) die Vorstellung einer durch riesenhafte Gestalten symbolisierte Überwelt wieder auf, gegen die die Autorin die menschlichen, ritterlichen Tugenden als Gegenkräfte setzt.

Sekundärliteratur: E. H. Ahrendt: Der Riese in der mittelhochdeutschen Epik (Diss. 1932). – Kl. Beitl: Die Umgangsriesen. Volkskundliche Monographie einer europäischen Maskengestalt (Diss. 1961). – I. M. Boberg: Baumeistersagen (1955). – J. R. Broderius: The Giant in Germanic Tradition (1932). – A. Haas: Burgwälle und Hünengräber der Insel Rügen in der Volkssage (1925). – V. Höttges: Die Sage vom Riesenspielzeug (1931); Typenverzeichnis der dt. Riesen- und riesischen Teufelssagen (1937). – L. Petzoldt (Hrsg.): Deutsche Volkssagen (1970). – L. Röhrich: Sage ([2]1971); Die Grausamkeit im Märchen (in: Märchen und Wirklichkeit, [3]1974. 123–158); Die mittelalterlichen Redaktionen des Polyphem-Märchens und ihr Verhältnis zur außerhomerischen Tradition (in: Sage und Märchen. Erzählforschung heute, 1976. 234–252). – H. Schrade: Götter und Menschen Homers (1952). – E. Tegethoff: Die Dämonen im deutschen und französischen Märchen (in: Schweizer Archiv für Volkskunde. 24. 1923. 3. 137–166). – J. de Vries: Altnordische Literaturgeschichte (Bd. 2, 1942).

Gertraud Meinel

Říha, Bohumil

*Tschechischer Schriftsteller und Kinderbuchautor; * 22.2.1907 Vyšetice/ČSSR.*

Ř. studierte an einer Lehrerbildungsanstalt und wirkte von 1926 bis 1945 als Lehrer an einer Grundschule. Anschließend war er sieben Jahre als Schulinspektor tätig. 1952 bis 1956 war Ř. Sekretär des Verbandes der Schriftsteller. Seit 1956 leitete er den staatlichen Kinderbuchverlag. Ř. arbeitet seit 1967 als freier Schriftsteller; außerdem nimmt er die Funktion des Präsidenten der

*Bohumil Řiha (*1907)*

Nationalsektion der IBBY wahr. Der Ehrentitel „Verdienter Künstler" wurde Ř. 1967 verliehen. Er wurde 1975 zum „Nationalkünstler" ernannt. Seine Bücher erreichten zum Teil hohe Auflagen und wurden in mehrere Sprachen übersetzt.

Werk, Tendenzen, Wirkung. Das literarische Werk Ř.s ist zu großen Teilen Kindern gewidmet und zeichnet sich durch eine Vielfalt von Themen und Genres sowie eine deutliche Experimentierfreude aus. Ř. ist ein zielstrebiger Schriftsteller, der von der formativen Funktion der Kunst überzeugt ist. Er leistete wichtige theoretische Beiträge zum Stellenwert der modernen Kinder- und Jugendliteratur.
Schon mit seinem Erstlingswerk „O třech penízích" (1941) und dann mit seinen weiteren Kinderbüchern nahm Ř. wirkungsvoll an der Neuentwicklung der tschechoslowakischen Kinderliteratur teil. Ein literarisches Thema, mit dem der Autor die Kinderliteratur der Tschechoslowakei nachhaltig beeinflußte, gewann er in der Auseinandersetzung mit den gesellschaftlichen Veränderungen. Es ist dies seine humanistische Grundhaltung, die er in der Selbstverantwortlichkeit der Individuen begründet und die an vielen Stellen seines Werks deutlich wird: „Weisheit ist für mich eher die Folge eines gewissen Verhaltens als eine bestimmte Handlungsweise, und unter Glück verstehe ich die Kraft, mit der der Mensch seine Menschenwürde dadurch zu wahren weiß, daß er jedes Unrecht und jede Ungerechtigkeit, die das Leben mit sich bringt, zu bewältigen fähig ist".
Mit dem ungekünstelten, humorvollen und mit nahezu kindlicher Naivität gezeichneten Porträt eines kleinen Jungen in „Honzíkova cesta" (1954) erreichte Ř. große Popularität. Die Erzählungen „O lékaři Pingovi" (1941), „Divoký koník Ryn" (1966; dt. Das wilde Pferdchen Ryn, 1969), der allegorische Tierroman „O rezavém rváči a huňatém pánovi" (1971) und die psychologische Erzählung „Nový Gulliver" (1973) zählen zu den wichtigsten Kinderbüchern des Autors. Ř. ist auch als Bearbeiter von Jugendbüchern (u.a. von Johanna Spyris „Heidi"), als Verfasser eines Kinderlexikons und als Mitarbeiter an Lehrbüchern für die Grundschule hervorgetreten.

Werke: O třech penízích (1941); O lékaři Pingovi (1941); Kmotříček Blažej (1946); Na útěku (1947; auch u.d.T.: Stázka. 1961); Povstání na horách a j. povídky (1949); Honzíkova cesta (1954); O letadélku Káněti (1957); Dětská encyklopedie (1959); Náš Vítek (1961); Střídá se kapitán (1963); Divoký koník Ryn (1966; dt. Das wilde Pferdchen Ryn, 1969); Pět bohů táhne přes moře (1968; dt. Fünf Götter ziehen übers Meer. 1972); Adam a Otka (1970; dt. Adam und Otka. 1975); O rezavém rváči a huňatém pánovi (1971); Moje domovy (1972); Jak jel Vítek do Prahy (1973); Nový Gulliver (1973); Zatvrzelý sen (1973); Vítek je zase doma (1974); Jak vodníci udobřili sumce (1974); Klouček Smírko (1975); Dva kluci v palbě (1975); Vítek na výletě (1976).

Sekundärliteratur: Vl. Frýbová: Nefalšovaná epika (in: Zlatý Máj. 1972. 7. 443–446). – Z. Heřman: Bohumil Říha (1968); Tajemství moudré intuice (in: Zlatý Máj. 1972. 2. 77–80). – J. Hilčr: Bohumil Říha (1967). – Vl. Nezkusil: Zasloužená ocenění (in: Zlatý Máj. 1975. 8. 516–517). – B. Říha: Profily autorů knih KMČ (1973). – Z. K. Slabý: Využívat celý prostor, který je v dětech (in: Zlatý Máj. 1970. 8. 529–534).

Vladimíra Gebhartová/František Holešovský

Ringelnatz, Joachim

*(d.i. Hans Bötticher). Schriftsteller, Rezitator eigener Werke, Maler; *7.8.1883 Wurzen (Sachsen), †17.11.1934 Berlin.*

Der Sohn des Musterzeichners, Schriftstellers und Kinderbuchautors Georg Bötticher (1849–1918) verließ mit der Obersekundareife 1901 die Schule und ging mit Einverständnis der Eltern als Schiffsjunge nach Westindien. In der Folgezeit war er Matrose, kaufmännischer Lehrling, Mariner. 1909 folgte sein erster Auftritt im Münchener „Simplicissimus", 1912/1913 arbeitete er unter anderem als Privatbibliothekar. Den Ersten Weltkrieg erlebte R. als Mariner hinter der Front, 1917 wurde er Reserveoffizier. Nach dem Kriege übte er zunächst verschiedene Tätigkeiten aus. Seit Dezember 1919 schrieb er unter dem Pseudonym Joachim Ringelnatz. Er trat 1920 erneut im „Simpl" auf, erhielt ein Engagement im Berliner „Schall und Rauch" und heiratete im selben Jahr Leonharda Pieper (Muschelkalk). Der „reisende Artist" mit eigenen Dichtungen (1921–1933) erhielt am 12.4.1933 Auftrittsverbot; er starb an Magen- und Lungentuberkulose.

Werk, Tendenzen, Wirkung. Mit seinen komischen und unsinnigen Versen modernisierte R. die Tradition der Unsinnspoesie des 19. Jahrhunderts, ohne die seine „Schnupftabaksdose“ und „Turngedichte“ nicht denkbar sind (W. PAPE, a.a.O. S. 14–64 und 159–186). Der Vortrag dieser Gedichte und der von „Kuttel Daddeldu“ begründete nach dem Kriege R.' Ruhm. Eine kindliche und augenscheinlich dennoch verdorbene Figur wie Kuttel Daddeldu kam zweifellos dem Geschmack einer Verfallszeit entgegen, aber die eigentlichen Wurzeln seines Dichtertums liegen im Leiden an seiner häßlichen Gestalt; Kuttel Daddeldu ist die Selbstparodie des gescheiterten Seemannes. Der oft als satirischer Bürgerschreck mißverstandene R. war im Grunde unpolitisch. Die Gedichte nach „Kuttel Daddeldu“ reichen von den halbprivaten „Reisebriefen eines Artisten“ bis zu späten Versen von Angst und Tod. Weniger bekannt sind seine Prosaarbeiten (Märchen, Erzählungen) und Dramen.

R. schrieb schon als Dreizehnjähriger Verse, die Volksüberlieferungen nachempfunden sind und 1897 und 1898 in FRIDA SCHANZ' (1859–1944) Jahrbuch für Kinder, der „Kinderlust“, erschienen. Auch „Auerbach's Deutscher Kinder-Kalender“, den R.' Vater herausgab, enthält 1901–1909 mehrere Beiträge des Sohnes. Später druckten die von ISABELLA BRAUN (1815–1886) begründeten „Jugendblätter“ ein Märchen und mehrere Gedichte von ihm (1914–1915). Mit diesen so gut wie unbekannten Arbeiten reiht er sich ebenso wie mit seinen beiden ersten Kinderbüchern von 1910 – „Kleines Wesen“ (Bilder von FRITZ PETERSEN) und „Was Topf und Pfann' erzählen kann“ (Text zusammen mit FERDINAND KAHN, Bilder von FRANZISKA SCHENKEL) – in eine Tradition ein, die für ihn sein Vater und die meist auch Kinderbücher schreibenden Poeten aus dessen Bekanntenkreis verkörperten. Vor allem VICTOR BLÜTHGEN (1844–1920) verdanken diese Verse viel, die zu einer Zeit entstanden, als das künstlerische Kinderbuch Mode wurde. Zwar zählt HORST KUNZE (Schatzbehalter. S. 371, 391–393) „Kleine Wesen“ zu den wertvollsten Arbeiten dieser Jahre, doch findet sich neben gelungenen Scherzgedichten und feiner, unmerklicher Lehrhaftigkeit auch allzu Schematisches: Wer böse ist, endet als armer Leierkastenmann, wer brav ist und fleißig, wird Prinzessin.

Nach dem unbedeutenden Zwischenspiel des Ausschneidebuches vom „Zirkus Schnipsel“ (1921) schrieb R. die Verse für sein 1924 erschienenes „Geheimes Kinder-Spiel-Buch“, das bis heute die unterschiedlichsten Deutungen und Wertungen erfahren hat. Dabei ist es von der Intention her nachgewiesenermaßen ein Kinderbuch, das an eigene Spiele der Kindheit anknüpft. Die Grausamkeiten und ‚ekelhaften' Spiele dieser Gedichte sind keine Erfindung eines hämischen oder dekadenten Erwachsenen, sondern Ausdruck einer Kindlichkeit, die SIGMUND FREUD „polymorph pervers“ nannte und die – freilich in bewußt gebrochener Form – einen Zug auch des erwachsenen R. ausmachte. Sind die acht „schlimmen“ Spielgedichte hierin und in der Anlehnung an volkstümliche Kinderspiele echt kindlich, so werden sie von der pädagogischen Kritik mit einem Nebensatz aus der Kinderliteratur verwiesen, meist zusammen mit dem „Kinder-Verwirr-Buch“ (1931), das jedoch im ganzen völlig anderer Art ist und nur noch wenige Gedichte enthält, die Eltern und Pädagogen bedenklich stimmen könnten. Die Grausamkeit in „Silvester bei den Kannibalen“, die Verse vom Treiben der Berliner Eltern und der Rat: „Denkt mal: fünf Kinder genügen, / Um eine Großmama zu verhauen“ stehen neben Gedichten und Märchen, die zum einen Abkehr von den schlimmen Kinderversen sind, zum anderen als Literatur für Kinder nicht nur damals ihresgleichen suchen. Da gibt es unter anderem Unsinnsverse, ein wirklich aufklärerisches Gedicht („Das Hexenkind“) und „Kind, spiele!“, wo der Mensch als Spielzeug Gottes erscheint. Außerhalb dieser beiden Kinderbücher, die R. selbst mit komischen und unsinnigen Zeichnungen geschmückt hat, stehen zwei seiner schönsten Kindergedichte: die „Kindergebetchen“ mit ihren unverkennbaren Anklängen an volkstümliche kindliche Gebetsparodien und das „Schlummerlied“ (ausführlich: W. PAPE: a.a.O., besonders S. 267–295: „Gedichte für und über Kinder“). Wie die Grausamkeit und die bösen Kinder ihre Tradition haben (WILHELM BUSCH, MARK TWAIN, METTA VICTORIA VICTORS „A bad boy's diary“ von 1880, JULES RENARDS „Poile de Carotte“ von 1894, HILAIRE BELLOCS „The bad child's book of beasts“ von 1896, HARRY GRAHAMS „Ruthless rhymes for heartless homes“ von 1909) – vgl. auch die Anthologie von W. COLE „Beastly boys and ghastly girls“ (London 1970, ^{4}1975) –, so haben diese Tradition und auch R.ens entsprechende Verse ihre Nachfolger gefunden, vor allem in der sogenannten antiautoritären Kinder- und Jugendliteratur. Dort aber wirkt die ‚emanzipatorische Unanständigkeit' häufig nur peinlich und forciert.

Werke: Kleine Wesen (1910; NA. 1958 u.ö.); Was Topf und Pfann' erzählen kann. Ein lustiges Märchen (zus. mit F. Kahn, 1910); Der lehrreiche, erstaunliche und gespassige Zirkus Schnipsel! (1921); Geheimes Kinder-Spiel-Buch (1924, ^{2}1975); Kinder-Verwirr-Buch (1931, ^{2}1969); Kasperle-Verse (1939; NA. 1954); und auf einmal steht es neben dir. Gesammelte Gedichte (1950); Reisebriefe an M(uschelkalk) (1964).

Sekundärliteratur: C. A. Butler: Joachim Ringelnatz: A critical assessment of his literary achievement (Diss. 1964); Ringelnatz und seine Zeit (in: Die sogenannten Zwanziger Jahre. First Wisconsin Workshop. 1970. 143–167). – H. Günther: Joachim Ringelnatz in Selbstzeugnissen und Bilddokumenten (1964, ^{2}1977). – W. Pape: Joachim Ringelnatz. Parodie und Selbstparodie in Leben und Werk. Mit einer Joachim-Ringelnatz-Bibliographie und einem Verzeichnis seiner Briefe (1974). – G. Sichelschmidt: Joachim Ringelnatz als Kinderdichter (in: Jugendschriften-Warte. 18. 1966. 7./8. 25). – J. M. Trojanowicz: The poetry of Joachim Ringelnatz – an interpretation (Diss. 1964).

Walter Pape

Ripkens, Martin → H. Stempel/M. Ripkens

Ritter

Das Bild des R.s in der Kinder- und Jugendliteratur hat, gemessen an seinen historischen und literarischen Vorbildern, eine starke Kontinuität bewahrt. Ideale des Rittertums: Mut, Gerechtigkeit, Nächstenliebe, wie sie sich in mittelalterlichen „Ritterspiegeln", kirchlichen Traktaten und den Werken der höfischen Epik zeigen, mischen sich in der Kinder- und Jugendliteratur mit abenteuerlichen und märchenhaften Elementen.

Zur Charakteristik und Ursprung der R.-Gestalt. Meist wird der R. als Idealfigur gezeigt, mit der sich vor allem die männlichen Leser identifizieren können. Abenteuerliche Fahrten des Helden, Auseinandersetzungen mit menschlichen Gegnern und mythischen Wesen (Drachenkampf) haben die Funktion von ritterlichen Bewährungsproben, die auch dem Dienst an der Gemeinschaft gelten (ROBERT BOLT: „Der kleine dicke Ritter Oblong-Fitz-Oblong", 1971; zuerst als Hörspielfolge „Ritter Oblong-Fitz-Oblong und Baron Bolligru"). – Bereits seit dem vorigen Jahrhundert entstanden zahlreiche Prosabearbeitungen von Stoffen der germanischen Heldensage, der höfischen Epik und der spätmittelalterlichen Volksbücher, die besonders auch märchenhafte Erzählstoffe aus Antike und Orient aufgriffen (Epen zu Edda, Nibelungen, Gudrun, Dietrich, Artus, Spielmannsepik). Das gegen Ende des 18. Jahrhunderts neu erwachte Interesse am Mittelalter spiegelt sich auch in der Vielzahl der seit JOHANN WOLFGANG VON GOETHES „Götz von Berlichingen" (1773) entstandenen R.-dramen und -romane, im 19. Jahrhundert besonders im Aufgreifen mittelalterlicher Stoffe in Dichtung (FRIEDRICH HEBBEL „Die Nibelungen", 1862) und Musik (RICHARD WAGNER) sowie in Sammlungen von Volkserzählungen wie den „Deutschen Sagen" der BRÜDER GRIMM (1816), die eine große Zahl von R.-erzählungen enthalten. – Das Angebot dieser Themen in Jugendbüchern, Lesebogen und Lesebüchern ist im 19. Jahrhundert und zum Teil auch bis heute unverändert groß geblieben. Gekürzte und bearbeitete Ausgaben bekannter R.-romane wie WALTER SCOTTS „Ivanhoe" (1820) und MIGUEL DE CERVANTES' „Don Quichote" (1605/1615) nehmen einen wichtigen Platz ein. Selbst die der mittelalterlichen R.-welt entnommenen stark moralisierenden Erzählungen CHRISTOPH VON SCHMIDS erlebten bis ins 20. Jahrhundert neue Auflagen und Übersetzungen („Rosa von Tannenburg" 1820, NA. 1957). Sammlungen von Rittersagen (MARTIN BEHEIM-SCHWARZBACH, 1973) knüpfen an mittelalterliche R.-epen an. Neuerdings stellen Sachbücher das Rittertum unter kulturhistorischem Aspekt dar (z.B. HEINRICH PLETICHA „Ritter, Burgen und Turniere", 1974). Die Figur des R.s lebt auch in Comicserien (Prinz Eisenherz, Ivanhoe, El Cid, Lancelot, Sigurd) wieder auf, die zum Teil verfilmt wurden. – In allen Fällen entspricht die Ritterlichkeit des Helden und seine unbedingte Treue zu Herrn und Freunden einem Wunsch des Lesers nach Solidarität und Sicherheit, sein Sichbewähren in der Gefahr jugendlicher Kampf- und Abenteuerlust.

Sekundärliteratur: J. W. Appell: Die Ritter-, Räuber- und Schauerromantik. Zur Geschichte der deutschen Unterhaltungs-Literatur (1859; ND. 1968). – K. O. Brogsitter: Artusepik (1965). – H. L. Köster: Geschichte der deutschen Jugendliteratur (1906–1908; [4]1927, ND. 1968). – H.-D. Mauritz: Der Ritter im magischen Reich. Märchenelemente im französischen Abenteuerroman des 12. und 13. Jahrhunderts (1974). – C. Müller-Fraureuth: Die Ritter- und Räuberromane (1894; ND. 1965). – A. Schultz: Das höfische Leben zur Zeit der Minnesinger (1879. Bd. 1–2; ND. 1965). – H. Uecker: Germanische Heldensage (1972). – J. M. van Winter: Rittertum. Ideal und Wirklichkeit (1965).

Hildegard Gerlach

Robin Hood

Legendärer englischer Volksheld des späten Mittelalters, dessen listige Abenteuer schon früh als literarischer Vorwurf dienten und in balladesker, epischer oder dramatischer Form erschienen. Seit Beginn des 19. Jahrhunderts hat R. H. auch Eingang in die Jugendliteratur, zunächst in England, etwas später auch in Deutschland gefunden.

Historischer Kern. Die Frage, ob es einen historischen R.H. gab, dessen Leben den Anlaß zu der Balladendichtung lieferte, ist umstritten. Das 15. und frühe 16. Jahrhundert bringt Erwähnungen in schottischen Chroniken. Alle Versuche einer geschichtlichen Fixierung bleiben jedoch Mutmaßungen, wie z.B. die Vorstellung von einem R.H. als Kämpfer gegen den intriganten PRINCE JOHN (1167–1216) während der Kreuzfahrt seines königlichen Bruders RICHARD I. LÖWENHERZ oder die Annahme, R.H. sei ein Anhänger SIMON DE MONTFORTS bei seinem Aufstand der Barone (1264–1266) gegen HENRY III. gewesen. Am überzeugendsten läßt sich R.H.s Ursprung mit dem angelsächsischen Widerstand gegen die normannische Unterdrückung in Verbindung bringen.

Charakteristik R.H.s. und Wandel seines Bildes. Nach der Überlieferung lebt in den Wäldern von Sherwood (Nottinghamshire) und Barnsdale (Yorkshire) der rothaarige R.H. mit seinen Gesellen, unter ihnen der Hüne Little John, Will Scarlet, der Müllersohn Much und Friar Tuck. Sie alle sind Geächtete, tarnen sich durch grüne Kleidung, leben von der streng unter Strafe gestellten Jagd in den königlichen Forsten und vom Straßenraub. In den ältesten Balladen und Chroniken schwankt sein Charakterbild zwischen dem eines kühnen Außenseiters und dem eines mordenden Wegelagerers. Nach seinem Herkommen ist R.H. offenbar bäuerlich (yeoman). Um die Wende vom 15. zum 16. Jahrhundert beginnt eine Stilisierung zum ethisch wie sozial „edlen" Helden. Eine adlige Abkunft wird behauptet (EARL OF HUNTINGDON u.a.), auch die von R.H. bisher berichteten grausamen Praktiken mittelalterlicher Auseinandersetzungen treten zurück. Das bis heute populäre Bild zeigt einen von den Normannen geächteten adligen Angelsachsen im Kampf gegen Ungerechtigkeit und Willkür der Reichen und Mächtigen. Kühn, listenreich und hochgestimmt, fromm

(Marienkult) und königstreu (!) kämpft er gegen Repräsentanten einer repressiven Rechtsordnung, den Sheriff von Nottingham, sowie gegen habgierige Äbte und Bischöfe. Er wird zum Wohltäter der Armen und Bedrängten, ein ritterlicher Verehrer und Beschützer der Frauen. Aus der französischen Pastoraldichtung wird ihm eine Gefährtin (Maid Marian) zur Seite gegeben. Listenreichtum und Verkleidungskunst zusammen mit einer unglaublichen Gewandtheit im Bogenschießen, aber auch im Stockfechten und im Schwertkampf, sichern ihm immer neue Triumphe über seine Feinde. Findet R.H. aber einen im Kampf ebenbürtigen oder gar überlegenen Gegner, gewinnt er ihn zum Freund und Gefolgsmann. Seine letzte Krankheit und der todbringende Verrat durch die Priorin des Klosters Kirklees geben seinem abenteuerlichen Leben einen tragischen Schlußakzent.

Literarische Bearbeitungen. Die Gestalt des R. H. ist am frühesten greifbar in englischen Volksballaden, die zumindest seit der zweiten Hälfte des 14. Jahrhunderts verbreitet waren. Gedruckte Fassungen sind zunächst spärlich, seit 1450 überliefert und in FRANCIS JAMES CHILDS berühmter Sammlung englischer und schottischer Volksballaden leicht zugänglich. Es sind 38 Stück. Elisabethanische Dramatiker schreiben die ersten R.H.-Bühnenstücke. Mit dem letzten Drittel des 17. Jahrhunderts treten erste Prosaerzählungen von R.H. auf, im 18. Jahrhundert kommen R.H.-Opern dazu. In „Ivanhoe" (1819; dt. Ivanhoe, 1820) verherrlicht WALTER SCOTT einen romantischen R.H. aus dem Volke. THOMAS LOVE PEACOCK parodiert die Welt der Briganten in seinem Kurzroman „Maid Marian" (1822; dt. Der Forstgraf, oder Robin Hood und Mariane, 1823). ALFRED TENNYSON schreibt ein Schauspiel um R.H., „The Foresters" (1881/1892).

Jugendbearbeitungen. Der erste Sammler von R.H.-Balladen, JOSEPH RITSON (1752–1803), veröffentlichte 1795 seinen „Robin Hood: A collection of all the ancient poems, songs, and ballades ...". Das Kernstück besteht aus 33 Balladen. Davon wurde 1820 eine das Beiwerk beschneidende Ausgabe für die Jugend besorgt, deren Nachdruck von 1823 durch ein Reprint 1972 neu herauskam. Ein gutes Dutzend der alten Balladen hat IAN SERRAILLER in modernem Englisch nachgedichtet („Robin in the Greenwood", 1967; „Robin and his Merry Men", 1969). Von den vielen Nacherzählungen in Prosa ist die des amerikanischen Illustrators und Verfassers historischer Romane HOWARD PYLE ein Standardwerk („The merry adventure of Robin Hood of great renown in Nottinghamshire", 1883; dt. Die Abenteuer des Robin Hood", 1963). Neuere Nacherzählungen stammen unter anderem von ENID BLYTON („Robin Hood and his merry men", 1930; „Tales of Robin Hood", 1930), CAROLA OMAN („Robin Hood, the prince of outlaws", 1939), ROSEMARY SUTCLIFF („The chronicles of Robin Hood", 1950), und ROGER LANCELYN GREEN („The adventures of Robin Hood", 1956). GREEN versucht ältere und neuere literarische Gestaltungen des Stoffes zu einer einheitlichen Geschichte zu verschmelzen.

Von der Tradition lösen sich „Bows against the Barons" (1934, ²1966; dt. Pfeile gegen Barone, 1935, NA. unter dem Titel: Robin Hoods großer Plan, 1973) von GEOFFREY TREASE und „Wild Jack" (1974) von JOHN CHRISTOPHER. TREASE zeichnet in Schwarz-Weiß-Manier ein antiromantisches klassenkämpferisches Zeitbild. Sein R.H., ein Anwalt der Ausgebeuteten, führt die leibeigenen Bauern in einem Aufstand gegen ihre Unterdrücker – die adligen Grundherren, den Klerus und den König. Seine politische Vision ist ein auf Freiheit und Gleichheit gegründetes Gemeinwesen. Die Bauern jedoch unterliegen auf dem Schlachtfeld. R.H. war seiner Zeit voraus. – CHRISTOPHER schreibt einen Zukunftsroman, angesiedelt im Südengland des 23. Jahrhunderts. Mit seinen Leuten führt Wild Jack ein primitives, aber freies Leben in den Wäldern. In den sich einigelnden Städten, in denen eine elitäre Oberschicht ein zivilisatorisch-luxuriöses Leben auf Kosten einer rechtlosen Dienerklasse führt, gehen dunkle Gerüchte über ihn um. Den Entrechteten bleibt nur die Wahl zwischen dieser Sklavenexistenz oder dem Leben draußen in der Wildnis als Geächtete. In dem Buch wandelt sich der junge Icherzähler vom verwöhnten Stadtjungen zu einem Anhänger des Lebens in den outlands unter Freien.

Von den neueren original deutschsprachigen Nacherzählungen der alten Balladen erweisen sich die von RUDOLF HERMANN („Robin Hood, Kämpfer für das Recht", 1971; „Robin Hood, König der Geächteten", 1971; TB. 1974) und MAX VOEGELI („Die abenteuerlichen Geschichten des Robin Hood", 1947; TB. 1973) als besonders erfolgreich. Für den Englischunterricht an deutschen Schulen in Ost und West gibt es in den letzten Jahrzehnten vielfach aufgelegte Lektürehefte. Auch in Englischlehrbüchern für das 7. Schuljahr findet man R.H.-Geschichten, neuerdings sogar als Comics. Es gibt über R.H. zahlreiche Spielfilme – der erste erschien schon 1912 –, Hörspiele auf Schallplatten, Walt-Disney-Hefte, Comics, Fernsehserien. DOUGLAS FAIRBANKS, Sen., und ERROL FLYNN waren prominente R.H.-Darsteller.

Sekundärliteratur: J. B. Bessinger (jr.): Robin Hood: Folklore and historiography. 1377–1950 (in: Tennessee studies in literature. 11. 1966. 61–69). – J. H. Gable: Bibliography of Robin Hood (1939). – P. V. Harries: The truth about Robin Hood (1951). – R. H. Hilton: The origins of Robin Hood (in: Past and present. 14. 1958. 30–44). – J. C. Holt: The origins and audience of the ballads on Robin Hood (in: Past and present. 18. 1960. 89–110). – W. E. Simeone: The historic Robin Hood (in: Journal of American folklore. 66. 1953. 303–308); More Robin Hood bibliography (in: Notes and queries. 196. 1951. 4–5).

Wolfgang Schlegelmilch

Robinson Crusoe

R. C. ist die Hauptfigur von Daniel Defoes (1660–1734) Roman „The life and strange surprizing adventures of Robinson Crusoe, of York. Mariner: who lived eight and twenty years, all alone in an un-inhabitated island on the coast of America, near the mouth of the great river of Oroonoque; having been cast on shore by shipwreck, wherein all the men perished but himself. With an account how he was at last as strangely deliver'd by pyrates. Written by himself."; dessen erster Teil 1719 erstmalig in London erschien.

Inhalt und Entstehungsgeschichte des Romans, mögliche Vorbilder R. C.s: Der Roman mit dem Titelhelden R.C. schildert in der Ichform seine Auswanderung – gegen das väterliche Gebot –, seine Erlebnisse als Schiffsjunge, Schiffbruch und Rückkehr nach England, erneute Ausfahrt, Gefangennahme durch Seeräuber, Versklavung in Nordafrika, Befreiung und Fahrt nach Brasilien, wo er eine Pflanzung anlegt, seine Absicht, aus Afrika neue Sklaven zu holen, sein Scheitern unterwegs und Landung auf einer kleinen unbewohnten Insel, wo er 28 Jahre leben muß und den von Kannibalen verfolgten Freitag zum Freund gewinnt, bis ein Schiff landet, dessen Meuterer er überwältigen hilft und nach seiner Abreise als Keimzelle eines neuen staatsähnlichen Gemeinwesens auf der Insel zurückläßt.

Am 25. April 1719 erschien das Buch unter dem Titel „The life and strange surprizing adventures of Robinson Crusoe". Drei weitere Auflagen im gleichen Jahr verweisen auf einen schnellen Erfolg. 1720 erschienen schon die ersten Übersetzungen ins Französische, Deutsche und Holländische. Noch am 20. August 1719 ließ DEFOE eine Fortsetzung des Buches unter dem Titel „The further adventures of Robins Crusoe" folgen und am 6. August 1720 einen dritten Band „Serious reflections during the life and surprizing adventures of Robinson Crusoe", in welchem der Titelfigur religiös-sittliche Betrachtungen in den Mund gelegt werden.

Obgleich der Verfasser ungenannt blieb, ist die Autorenschaft DEFOEs nie ernsthaft bezweifelt worden. Als mögliche Schriftsteller werden schon 1766 von AIMÉ A. J. FEUTRY (1720–1789) RICHARD STEELE, ein paar Jahre später (1774) von THOMAS WHARTON der Earl of Oxford ROBERT HARLEY und in der Biographia Britannica JOHN ARBUTHNOT genannt. HERMANN ULLRICH wies 1924 diese Behauptungen zurück. Brisanter und durchgängiger ist die Diskussion um eine mögliche Romanvorlage. 1708 erschien in Amsterdam die von HERMANN HETTNER erstmals erwähnte Geschichte von HENDRIK SMEEKS (1638–1729) „Beschryvinge van het magtig Koningryk Krinke Kesmes", die neben den Berichten über den schottischen Matrosen ALEXANDER SELKIRK von WOODES ROGER in „A cruising voyage round the world begun in 1708 and finished in 1711" (1712) und von RICHARD STEELE in „The Englishman" (Nr. 26/1713) immer wieder als Quelle für DEFOE genannt werden. Die „Mas a tierra" wurde Robinsoninsel. Neben AUGUST KIPPENBERG ist es auch hier besonders HERMANN ULLRICH, der die Frage der Vorlage ausführlich erörtert. Sein Ergebnis: „Für seine zentrale Idee, das Inselmotiv, mögen die Erlebnisse und einige unbedeutende Einzelheiten der Selkirkgeschichte als Anregung gedient haben; von ihnen als Quelle des ‚Robinson' zu sprechen, ist unzulässig." Ähnlich wie SELKIRK, aber unter anderen Umständen und zu einem weitaus längeren Inselaufenthalt, wird die imaginäre Gestalt R.C.s auf eine namenlose Insel nahe der Oronokomündung verbannt. Während jedoch SELKIRK in eine Lethargie versinkt, nimmt R.C. sein Schicksal in die Hand und entwickelt in der Zeit seiner Inseleinsamkeit eine wohlbedachte Aktivität, durch die er sein Schicksal meistert und eine geordnete Welt im Kleinen aufbaut. Interessant in diesem Zusammenhang ist der Hinweis von GERHARD JAKOB auf eine in der deutschsprachigen R.C.-Literatur sonst nicht erwähnte Abhandlung DEFOEs aus dem Jahre 1704, in der er die Frage beantwortet, wie sich Menschen auf einer einsamen Insel verhalten würden. Diese frühe Schrift könnte ein Beleg dafür sein, daß der Roman „in allen seinen Teilen als Ganzes eine Widerspiegelung der äußeren und inneren Erfahrungen seines Verfassers" (ULLRICH) und somit DEFOEs originäres Werk ist.

Aspekte der Interpretation in Vergangenheit und Gegenwart. Die Vielfalt der in dem Roman eingegangenen Gedanken und Handlungen war Anlaß zu den verschiedensten Interpretationsversuchen. JEAN JACQUES ROUSSEAU (1712–1778) verstand den R.C. als Erziehungsschrift und empfahl ihn 1762 im dritten Buch seines „Émile" als Jugendlektüre. JOACHIM HEINRICH CAMPE (1746–1818) griff diese Anregung auf und gestaltete 1779 „Robinson den Jüngeren" als pädagogisch-didaktisches Modell des philanthropistischen Erziehungsdenkens. Im Herbartianismus führten die „Robinsonkonferenzen" 1863/1864 zur Neufassung durch GUSTAV A. GRÄBNER und zum Schulrobinson von FRITZ LEHMENSICK. Die Arbeitsschule schließlich pointiert die Handlungsrelevanz des Romans. Pädagogisch betrachtet ist der R.C. ein exemplarischer Fall. Die Literaturwissenschaft bestätigt die Pädagogik; denn H. ULLRICH bekennt die „Didaxis als Grundelement des Robinson" (S. 16f.) und die „Didaktik als Lebenselement" der DEFOEschen Schriftstellerei (S. 10f.). Unter psychologischem Aspekt wurde der R.C. zunächst in seiner Beziehung zur Phasenstruktur der männlichen Reifezeit gebracht und mit Hilfe von Untersuchungen zum Leseinteresse das R.-Alter festgelegt. Aus psychoanalytischer Sicht betrachtet, zeigte sich im R.C. die Problematik der Pubertätsrebellion und der Selbstfindung als Ablösungsprozeß. Gerade dieser Interpretationsaspekt hat gegenwärtig zu einer der originellsten Bearbeitungen beigetragen, der von MICHEL TOURNIER „Freitag oder Im Schoße des Pazifik" (1968), in der Robinson aufgrund der insularen Einsamkeit die Erde als Demeter entdeckt. Bei der Betrachtung der vielen Bearbeitungen und Nachahmungen des DEFOEschen Originals (vgl. ULLRICH) zeigt sich, daß jede Zeit ihren R.C. neu artikuliert und gestaltet. Das liegt nahe, weil im R.C. Möglichkeit und Entwicklung menschlichen Lebens in elementarer Struktur und Inhaltlichkeit vorgegeben sind und zur Neugestaltung anregen.

Der Roman ist, entsprechend seiner erbaulichen und bürgerlich-aufklärerischen Tendenz, als Lob des Maßes, des Ausgleichs und der bürgerlichen Tugenden zu verstehen. R.C. verläßt seine Heimat und sein Elternhaus, aber nicht aus kulturkritischem Affekt und antibürgerlicher Gesinnung, sondern um sich eine neue Heimat zu schaffen und eine neue Ordnung ins Werk zu setzen. Indem er die bürgerliche Welt der umhegten Ordnung und Pflichterfüllung verläßt, erkennt er ihren Wert und erbaut sie neu.

Er repräsentiert in seinem Verhalten und Denken die Werte a) der Ordnung, der traditionellen Normen, der Zivilisierung, b) des planenden Verstandes, c) des konkreten Wirkens, der Arbeitsamkeit, Tüchtigkeit und Handwerklichkeit, d) des Aufbaus einer umhegten, überschaubaren Welt, in der der Mensch sich zu Hause und geborgen fühlen darf, e) der Hinwendung zum anderen, zur Humanität, f) des Vertrauens in die eigenen Kräfte und Möglichkeiten, die g) auf einem tiefverwurzelten Glauben an die Güte der göttlichen Vorsehung beruhen.

Das bürgerliche Wertsystem R.C.s atmet puritanischen Geist, aber in dem optimistischen Fortschrittsglauben und der Hoffnung, daß ein einzelner Mensch imstande sei, ohne äußere Hilfsmittel die zivilisierte Welt über die Stadien des Jägers, Viehzüchters, Ackerbauers und Handwerkers erneut aus sich hervorzubringen, kündigt sich das Zeitalter der Aufklärung an.

R.C. ist aber auch ein religiöser Entwicklungsroman, der die allmähliche Läuterung eines eigensinnigen, gottfernen Menschen in der Abgeschiedenheit des Inseldaseins darstellt, zu dem die „Vorsehung“ R.C. verurteilt hat, um ihn zu Gott zurückzuführen. R.C. hält ständig Zwiesprache mit Gott und findet im Vertrauen auf dessen Güte zu gelassener Weltbetrachtung und heiterem Realismus. Doch besteht der wesentliche Teil seines „Gottes-Dienstes“ darin, daß R.C. sich lauter begrenzte und begrenzende Aufgaben stellt, die sein Leben erhalten und alles Bedrohende abweisen; er jammert nicht um Verlorenes und verzichtet freiwillig auf Unerreichbares, er richtet sich wohlgemut in dem ein, was er vorfindet.

Kritische Einschätzung des „Robinson Crusoe“ findet sich auch durch eine ideologiekritisch-soziologische und marxistische Literaturwissenschaft. So bezeichnet z.B. JAN KOTT den R.C. als einen „Abschnitt der Gesellschaftsgeschichte, der Geschichte Englands und der Geschichte des Bürgertums“, und er entlarvt den Roman als Scheinwelt frühkapitalistischer Bourgeoisie. Auf die didaktisch bedeutsame Modellsituation R.C.s haben OTTO WILLMANN 1869 und neuerdings wieder W. PIELOW hingewiesen. Durch Freisetzung aller Bürgertugenden werde alles Unberechenbare zu unserer Beruhigung bewältigt, das Inseldasein ins einprägsam Paradigmatische gesteigert und damit zum Urbild (PIELOW). Doch die pädagogische Relevanz allein hätte den R.C. nicht zum Jugendbuchklassiker machen können; erst das Gleichgewicht zwischen phantasieansprechender exotischer Welt, die den Menschen völlig auf sich selber stellt und ihn von jedem gesellschaftlichen Druck befreit, sowie der „eifrigen Präzision“ (SANTUCCI) prädestiniert den Roman zur Jugendlektüre und macht ihn zur Nahrung des jungen Menschen auf seiner Reise in die Welt (SANTUCCI). Bis heute hat der R.C. an Wirkung auf den jungen Menschen kaum etwas eingebüßt; er gehört in Deutschland noch zu den meistgelesenen Jugendklassikern und vielfach zur Schullektüre.

→ J. H. Campe, → D. Defoe, → Inselmotiv, → Fr. Marryat, → Robinsonaden, → Robinsonalter, → J. G. Schnabel, → J. K. Wezel, → J. D. Wyss, → J. R. Wyss

Sekundärliteratur: J. Berna: Robinson Crusoe in psychoanalytischer Sicht (in: du atlantis. 26. 1966. 403–404). – A. Bodensohn: Abenteuer: Meer, Insel, Schiff (1960). – Ch. Bühler: Kunst und Jugend (in: Zeitschrift für Ästhetik und allgemeine Kunstwissenschaft. 20. 1926. 288–306). – O. Bürger: Die Robinson-Insel (1909). – H. Brunner: Die poetische Insel (1967). – P. J. Buijnsters: Inleiding (in: H. Smeeks: Beschryvinge van het magtig Koningryk Krinke Kesmes. 1975. 5–58). – O. Deneke: Robinson Crusoe in Deutschland. Die Frühdrucke 1720–1780 (1934). – D. Droese: Robinson Crusoe in seiner Zeit (in: du atlantis. 26. 1966. 357–358). – A. Ermel: Eine Reise nach der Robinson-Crusoe-Insel (1889). – E. Gutensohn: Robinson (in: E. M. Roloff (Hrsg.): Lexikon der Pädagogik. 4. 1915. 394–397). – H. Hettner: Robinson und die Robinsonaden (1854). – H. Hieber: Bücher haben ihre Schicksale (1959). – K. Hillebrand: Daniel Defoe und sein Robinson Crusoe. Eine kulturpolitische Sinndeutung für Mütter und Erzieher (1949). – A. Hölder: Das Abenteuerbuch im Spiegel der männlichen Reifezeit (1967). – G. Jacob: Daniel Defoe (1660–1731) und sein „Robinson Crusoe“ (in: Werke der Weltliteratur für die Jugend. Ensslin-Jahresgabe. 1951. 30–48). – A. Kippenberg: Robinson in Deutschland bis zur Insel Felsenburg 1731–1743. Ein Beitrag zur Litteraturgeschichte des 18. Jahrhunderts (1892). – J. Kott: Kapitalismus auf einer öden Insel (in: V. Žmegač (Hrsg.): Marxistische Literaturkritik (1970. 259–273). – H. Landmann: Robinson Crusoe (in: W. Rein (Hrsg.): Encyklopädisches Handbuch der Pädagogik. 5. 1898. 916–922). – J. Langfeldt: Robinsonausgaben und Robinsonbearbeitungen (in: Jugendliteratur. 1959. 10. 437–449). – E. Liebs: Die pädagogische Insel. Studien zur Rezeption des „Robinson Crusoe“ in deutschen Jugendbearbeitungen (1977). – J. Meyer: Robinson Crusoe. Seine Geschichte, Eigenart und pädagogische Bewertung zum 200. Jahrestage seines Erscheinens (1919). – H. Pleticha: Die Bearbeitungen des ‚Robinson Crusoe‘ und die Entwicklung des klassischen Abenteuerbuches (in: Jugendliteratur. 1960. 6. 269–282). – J. Prestel (Hrsg.): Robinson (1931). – W. Rotzler: Der historische Robinson (in: du atlantis. 26. 1966. 340–343). – B. Scheunemann: Erziehungsmittel Kinderbuch. Zur Geschichte der Ideologievermittlung in der Kinder- und Jugendliteratur (1978). – R. Stach: Robinson der Jüngere als pädagogisch-didaktisches Modell des philanthropistischen Erziehungsdenkens (1970). – H. Ullrich: Robinson und Robinsonaden. Bibliographie, Geschichte, Kritik (1898); Defoes Robinson Crusoe. Die Geschichte eines Weltbuches (1924). – H. F. Wagner: Robinson in Österreich. Ein Beitrag zur Geschichte der deutschen Robinson-Literatur (1886); Robinson und Robinsonaden in unserer Jugendliteratur. Literaturgeschichtliche Studie (1903). – O. Willmann: Pädagogische Vorträge über die Hebung der geistigen Thätigkeit durch den Unterricht (1869). – P. Zupancic: Die Robinsonade in der Jugendliteratur (Diss. 1976).

Reinhard Stach

Robinsonade

Unter R.n werden episodenhafte Erzählungen verstanden, die, zumeist im Anschluß an Daniel Defoes „Robinson Crusoe" (1719), von Inselabenteuern berichten. R.n zeichnen sich, vor allem zu Beginn des bürgerlichen Zeitalters, durch stark utopisch-pädagogische Züge aus.

Zur Geschichte der R. Das Robinsonmotiv als episodenhafte Erzählung und Teilelement von Mythologie und Dichtung findet sich schon in der Sagenzeit des klassischen Altertums. RICHARD ANDREE sieht die erste „wirkliche und wahrhaftige Robinsonade" in PLUTARCHS Erzählung „von den verzauberten Inseln, auf denen der zur Einsamkeit verdammte und von dem Titanen Briareus bewachte Saturn lebte". Daneben erwähnen ABRAHAM GOTTHELF KÄSTNER, AUGUST KIPPENBERG und HERMANN ULLRICH HOMERS „Odysseus", „Philoktetes" von SOPHOKLES, „Hai Ibn Yokdhan" von ABU DSCHAFAR IBN TOFAIL, die Gudrunsage, die Reiseabenteuer „Sindbad des Seefahrers", GARCILASSO DE LA VEGAS Geschichte über den Matrosen Pedro Serrano, die Lebensgeschichte Peter Sparres, WOLFGANG HELMHARD von HOHENBERGS Epos über den Habsburgischen Ottobert, JAKOB CHRISTOFFEL VON GRIMMELSHAUSENS (1620–1676) „Simplicius Simplicissimus", HENRY NEVILS „Pineser Eiland" und schließlich der sogenannte Holländische Robinson. JAN HENDRIK SCHOLTE, der in einer Studie diese frühen R.n untersuchte, sieht sie „zeitlich auf den Übergang vom Barock zum Rationalismus beschränkt". „Das Religiöse ist das Thema, das in dieser Gattung immer wiederkehrt". Insgesamt tendiert der Abenteuer- und Reiseroman, soweit er Inselmotive zum Inhalt hat, zur R.

Es ist jedoch das Verdienst DANIEL DEFOES (1660–1731), mit seinem „Robinson Crusoe" (1719) einer neuen Literaturgattung den Weg bereitet zu haben; sein Robinson ist der Prototyp „und alles Nachfolgende ist eine Imitation dieses Werkes oder eine Imitation einer Imitation" (SCHOLTE, S. 333). JOHANN CHR. LUDWIG HAKEN trifft 1805 in seiner „Bibliothek der Robinsone" rückblickend die Feststellung: „Durch das Vorbild von DEFOES Robinson Crusoe in Bewegung gesetzt, regnete es mehrere Decennien des verflossenen Jahrhunderts hindurch Robinsone ohne Zahl. Die Bahn einer neuen Dichtungsart von ungewöhnlichem Interesse war einmal gebrochen; und so konnt' es denn unter den lieben Deutschen, den gebohrnen Imitatoren ihrer Nachbarn, nicht an Nachtretern fehlen, welche – hie und da nicht ohne Glück, mehrentheils aber ohne allen inneren Beruf – sich in dieser Gattung versuchten" (Bd. I, S. II). HERMANN ULLRICH hat in seiner Bibliographie „Robinson und Robinsonaden" (1898) die Vielzahl der gelungenen und mißratenen Versuche festgehalten und einer ersten Sichtung unterzogen. Jede Nation, Landschaft oder Stadt besaß ihren Robinson. Jeder Stand und viele Wissenschaften wurden bedacht. Es erschienen Kuriositäten wie „Der Geistliche Robinson" (1723) oder „Madame Robunse mit ihrer Tochter Jungfer Robinsgen" (1724). Die meisten dieser Werke sind vergessen, viele verschollen.

Einige wurden durch szenische Akzentuierungen und inhaltliche Variation literarische Erfolge, die auch innerhalb der Jugendbuchgattung Bedeutung gewannen. Die „Wunderliche Fata einiger See-Fahrer, absonderlich Alberti Julii eines gebohrnen Sachsens", ein vierbändiges Werk (1731, 1732, 1736, 1743) von JOHANNES G. SCHNABEL (1692–1750), 1828 von LUDWIG TIECK (1773–1853) unter dem Titel „Die Insel Felsenburg" neu bearbeitet, enthält im ersten Band die eigentliche R. mit dem Entwurf eines utopischen Gemeinwesens. Hierher gehört auch KASPAR FRIEDRICH LOSSIUS' dreibändige Erzählung „Gumal und Lina. Eine Geschichte für Kinder zum Unterricht und Vergnügen, besonders um ihnen die ersten Religionsbegriffe beizubringen" (1795–1800), in der zwei heidnische Kinder, die sich gegen den Willen der verfeindeten Eltern lieben, in robinsonhafte Isolation zu einem Einsiedler nach Afrika geraten, der sie im christlichen Sinne erzieht und mit ihnen eine kleine Kolonie bildet, die den Ausgangspunkt einer im urchristlichen Sinne lebenden Gemeinde wird.

In Frankreich erschien 1788 „Paul und Virgine" von JACQUES HENRI BERNADIN DE SAINT PIERRE (1737–1814). Als Fortsetzung seiner Naturstudien gedacht, zählt „das einfache Naturbild einer Insel" (ALEXANDER VON HUMBOLDT, Kosmos, Bd. II. Seite 67ff.) zu den klassischen R.n. 1812 veröffentlichte JOHANN RUDOLF WYSS den ersten Teil des „Schweizer Robinson" (weitere Teile 1813, 1826, 1827). JOHANN DAVID WYSS (1743–1818) konzipierte den Familienroman als Erzählung für seine Kinder. In London erschien 1841 „Masterman Ready, or the wreck of the Pacific" von FREDERICK MARRYAT (1792–1848), ein Jugendbuch, das in der deutschen Bearbeitung von FRANZ HOFFMANN 1843 unter dem Titel „Der neue Robinson oder Schiffbruch im Pacific" erschien. In dieser Erzählung strandet eine englische, in späteren deutschsprachigen Ausgaben eine deutsche Familie, an einer von heimtückischen Eingeborenen heimgesuchten Insel in der Südsee. Dem opfermutigen Einsatz des Steuermanns „Ready", der im Kampf mit den Eingeborenen umkommt, hat die Familie das Leben zu verdanken. Noch im gleichen Jahr brachte der Teubner-Verlag in Leipzig eine neue Übersetzung von HEINRICH LAUBE heraus, die unter dem vom Verleger erfundenen Titel „Sigismund Rüstig, der Bremer Steuermann" zu den meistaufgelegten R.n für junge Leser zählt. Neuausgaben davon finden sich noch heute in verschiedenen Jugendbuchverlagen.

Die Folgezeit brachte kaum bedeutende R.n hervor. Allerdings erschien 1918 der seitdem häufig aufgelegte historisierende, Sachwissen veranschaulichende Entwicklungsroman „Die Höhlenkinder" des Schriftstellers und Pädagogen aus Böhmen A. TH. SONNLEITNER (d.i. ALOIS TLUČHOR; 1869–1939), in dem ein im Hochgebirge befindlicher „heimlicher Grund" zur Robinsoninsel wird, auf der zwei Kinder selbständig von steinzeitlichen Anfängen an Gesellung, Gesittung und familiale Rollenverständnis, Domestizierung von Tier und Feuer, Ackerbau und Handwerk erlernen. Das Motiv der R. blieb bis zur Gegenwart Bestandteil der Romanliteratur. Aus dem gegenwärtigen Angebot der Robinsonliteratur ist das Werk von MICHEL TOURNIER „Vendredi ou les Limbes du Pacifique" (1967) zu nennen, das unter dem Titel „Freitag oder Im Schoß des Pazifik" (1968) in deutscher Sprache erschien und dessen vom Autor erstellte Jugendbuchausgabe als „Freitag und Robinson im Bann der wilden Insel" (1973) herauskam.

Begriff und thematisierte Aspekte. DEFOES „Robinson Crusoe" wurde erstmals 1924 – nachdem schon HERMANN HETTNER 1854 ihr und anderen R.n eine mehr pathetische als sachliche Rede gewidmet hatte – von HERMANN ULLRICH in seiner „Geschichte eines Weltbuches" untersucht. Unter R. versteht ULLRICH „eine mehr oder weniger kunstvoll komponierte Erzählung, die uns die Erlebnisse von einer Person oder mehreren in insularischer Abgeschlossenheit, d.h. von der menschlichen Gesellschaft und ihren Zivilisationsmitteln isolierter Lage, die nicht das Ergebnis einer sentimentalen Weltflucht ist, als Hauptmotiv oder doch als größere Episode vorführt." Problematisch an dieser Definition ist der Begriff Zivilisationsmittel; denn Robinson strandete mit einem Wrack, und viele Nachahmungen gestalteten für ihre Insulaner eine ähnlich günstige Anfangssituation. Gemeint ist also nur der Verlust einer weiteren Inanspruchnahme der zivilisatorisch-technischen Entwicklung und ihrer Güterproduktion.

Prinzipiell sind „Robinson Crusoe" und die nachfolgenden R.n ihrem äußeren Handlungsverlauf nach Abenteuerromane. Ihrer inneren Aussage nach thematisieren sie unterschiedlich akzentuiert Grunderfahrungen des menschlichen Daseins, die alle Bereiche des Lebens berühren, besonders den religiös-sittlichen, den sozial-politischen, den kulturgenetischen und den pädagogischen. Während DEFOE beim Leser mit Hilfe der Figur des Robinson die Einsicht des Menschen in die Allmacht Gottes bewirken will (Bekehrungsroman), setzen SCHNABEL und WYSS utopische Gemeinwesen mit humaner Relevanz dem Rezipienten vor. JOACHIM HEINRICH CAMPE demonstriert in „Robinson dem Jüngeren" den kulturgenetischen Prozeß, er entwickelt ein Modell pädagogisch-didaktischen Denkens.

R. als Kinder- und Jugendliteratur. Im dritten Band seines „Émile" (1762; dt. 1789/1791) empfahl JEAN JACQUES ROUSSEAU (1712–1778) den „Robinson Crusoe" als Erziehungsschrift, weil die Konventionen der bürgerlichen Scheinwelt hier keine Bedeutung besäßen, da der Mensch der Natur in der Ursprungssituation gegenüberstünde und die kulturellen Zustände sich für den jugendlichen Leser anschaulich und rational erfahr- und beurteilbar entwickelten. Durch ROUSSEAUS Impuls angeregt, erschien 1766 in Frankreich FEUTRYS verkürzte Neufassung und in Deutschland 1779 eine Bearbeitung von J. KARL WEZEL (1747–1819); doch erst die Neugestaltung von J. H. CAMPE (1779) wurde das

Titelbild der von Ludwig Richter illustrierten Ausgabe von Joachim Heinrich Campes Robinsonbearbeitung „Robinson der Jüngere" von 1779 und 1780. Sie erschien 1848 in Braunschweig. Der Kupferstich zeigt den dozierenden und Robinsons Leben erzählenden Vater im Kreis seiner Familie.

„von Kadix bis Moskau und Konstantinopel" gelesene Jugendbuch. CAMPES Werk war nach Form und Inhalt ein Novum, weil es als kulturgenetischer Konzentrationsstoff den Anforderungen ROUSSEAUS und, der Form nach sokratisierend, einem zeitgemäßen und pädagogisch legitimierten Stil entsprach. Anerkennung und Verbreitung dieses Jugendbuches sind nicht hoch genug einzuschätzen, denn mit „Robinson dem Jüngeren" machte sich das Jugendbuch selbständig und begann sich als Literaturgattung zu entfalten. Auch als R. war CAMPES Werk ein Erfolg; denn trotz vieler Bearbeitungen wurde das Original weiter verlegt, übersetzt, fortgesetzt (E. HILDEBRANDT, „Robinsons Kolonie", 1807) und bildete die Grundlage für pädagogisierte Fassungen, dem „Robinson Crusoe" von GUSTAV A. GRÄBNER (1865) und dem Märchen- und Robinson-Lesebuch, das von LEHMENSICK bearbeitet und von den Verfassern der „Schuljahre" W. REIN, A. PICKEL und E. SCHELLER 1879 didaktisch kommentiert wurde.

Neben CAMPES „Robinson der Jüngere" war GUSTAV A. GRÄBNERS Umarbeitung der CAMPEschen Vorlage die verbreitetste Fassung bis in die dreißiger Jahre des 20. Jahrhunderts hinein. Nach GRÄBNER sollte der Robinsonstoff „nicht nur als Privatlektüre, sondern auch als Lektüre in öffentlichen Schulen verwandt werden". GRÄBNER, der von allen Robinsonbearbeitungen nur die von CAMPE gelten ließ, hatte allerdings auch an der Fassung CAMPES einiges auszusetzen. So sei „die Gesprächsform, in welche Campe die eingestreuten Lehren gekleidet hat, den heutigen Ansprüchen an eine Jugendschrift durchaus nicht angemessen", „die religiöse Crisis, welcher Robinson nach der Krankheit anheimfällt" verflache, und ein dritter Hauptgrund liege „in den mancherlei und zum Theil sehr erheblichen geographischen und naturwissenschaftlichen Unrichtigkeiten".

Pavel Petrovič Blonskij (1884–1941) benutzt den Campeschen Robinson zur Entwicklung einer Sommer-Robinsonade (Die Arbeitsschule, 1921). Die Vereinigten Jugendschriftenausschüsse gaben erstmals wieder dem Original den Vorzug (O. Zimmermann, „Robinson Crusoe. Das Original des Daniel de Foe", 1904) und leiteten eine Entwicklung ein, in der beide Ausgaben rivalisierend erschienen.

Im Jahr 1913 erschien unter dem Titel „Aus dem Tagebuch des Robinson Crusoe" eine sehr eigenwillige Robinsonbearbeitung von Fried Stern, die zwar auf Campe zurückgeht, aber im Sinne der Arbeitsschule und der Kunsterziehungsbewegung, auch unter dem Einfluß der zurück zur Natürlichkeit strebenden Jugendbewegung (Wandervogel) die Geschichte von Robinson in lapidaren Versen vorträgt, die mit zahlreichen, derb konturierten Zeichnungen versehen sind und die Ausgabe in den Bereich des Bilderbuches rücken. Der Autor sieht in der Beschränkung auf wesentliche Elemente des Robinsonstoffes, die er in Text und Bild umzusetzen versucht, die einzig kindgemäße Bearbeitung des Robinson. Die Allgemeingültigkeit dieses Stoffes für das Kind betont Stern in einer Widmung an Daniel Defoe, die dem Buch vorgesetzt ist und in der es am Ende heißt: „... Dies sei Dein allerschönster Lohn, in jedem Bub lebt Robinson!". Bereits 1914 erschien eine stark erweiterte Auflage. Im Jahre 1916 erschien das Buch neu in Großformat und festem Bucheinband unter dem Titel „Der Robinson in Reim und Bild" und erlebte in dieser Form mehrere Auflagen, die letzte noch 1949.

Auch die anderen bedeutenden R.n des 18. und 19. Jahrhunderts, die Insel Felsenburg, der Schweizer Robinson und Sigismund Rüstig wurden im 19. und 20. Jahrhundert viel gelesene Jugendbücher, gerade weil sie entscheidende Probleme menschlichen Daseins in abenteuerlicher Form einer lebenswerten Lösung zuführten. Selbst die audiovisuellen Medien verschlossen sich der Thematik nicht, produzierten vielmehr zunächst ähnlich den Robinson-Bilderbögen Dia-Serien und Bilderbücher, dann Hörspiele, Schallplatten, Filme und Fernsehsendungen. Im literarischen Gewande entsteht Robinson immer wieder neu, um naturwissenschaftlich-technisches Wissen oder religiös-sittliche Belehrung zuteil werden zu lassen, damit der Jugend soziales Lernen und Leben involviert und der Gedanke an eine humanere Gestaltung der Welt expliziert wird.

Aus der Fülle der im 20. Jahrhundert erschienenen R.n seien weniger wertend als vielmehr paradigmatisch einige Werke genannt, die teilweise bei Hermann Ullrich, Johannes Meyer und Josef Prestel nicht angeführt sind. 1906 bringt Otto Felsing eine naturkundliche Studie unter dem Titel „Professor Robinson" heraus, die durch starke nationalistische, imperialistische und kolonialistische Tendenzen geprägt ist. Auch A. Th. Sonnleitners „Die Höhlenkinder" (1918) hat stark ausgeprägte didaktische Tendenz, besonders im Hinblick auf Natur- und Kulturgeschichte, ist aber nicht ganz frei von einer romantischen Verklärung individualistischen Naturerlebens. Josef Viera schrieb 1927 ein zweibändiges Werk „Der afrikanische Robinson" und „Die Siedlung des afrikanischen Robinson". Alma Auswald-Heller verfaßte 1933 die Geschichte „Drei Jungen spielen Robinson". Friedrich Ritter beschreibt 1935 seine Erlebnisse „Als Robinson auf den Galapagos". 1963 wurde die R. von Scott O'Dell „Insel der blauen Delphine" mit dem Deutschen Jugendbuchpreis ausgezeichnet. 1973 erschien von Theodore Taylor „Hilfe! Eine Robinsonade".

Der Robinson ist eine idealtypische Gestalt und jede R. eine idealtypische Gestaltung menschlichen Lebens. Sie entsteht unter den religiösen, ethischen, sozialen, politischen und pädagogischen Bedingungen ihrer Zeit, um der sich verändernden Gesellschaft den Spiegel vorzuhalten und den Entwurf zu einer humaneren Entwicklung der Welt einzuleiten.

→ J. H. Campe, → D. Defoe, → Großbritannien und Nordirland, → Inselmotiv, → Klassiker der Kinder- und Jugendliteratur, → Fr. Marryat, → Robinson Crusoe, → Robinsonalter, → J. G. Schnabel, → J. K. Wezel, → J. D. Wyss, → J. R. Wyss

Sekundärliteratur: R. Allerdissen: Die Reise als Flucht. Zu Schnabels „Insel Felsenburg" und Thummels „Reise in die mittäglichen Provinzen von Frankreich" (1975). – A. Bodensohn: Abenteuer: Meer, Insel, Schiff (1960). – U. Broich: Gattungen des modernen englischen Romans (1975); Robinsonade und Science Fiction (in: Anglia. Zeitschrift für Englische Philologie. 94. 1976. 140–162). – F. Brüggemann: Utopie und Robinsonade. Untersuchungen zu Schnabels Insel Felsenburg 1731–1743 (1914); (Hrsg.): Vorboten der bürgerlichen Kultur. Johann Gottfried Schnabel und Albrecht von Haller (1931; ND. 1964). – H. Brunner: Die poetische Insel (1967). – O. Deneke: Robinson Crusoe in Deutschland. Die Frühdrucke 1720–1780 (1934). – H. Hettner: Robinson und die Robinsonaden (1854). – H. Hieber: Bücher haben ihre Schicksale (1959). – K. H. Hiemesch: Die Robinsonerzählung als Gesinnungsstoff in der Volksschule (1907). – A. Hölder: Das Abenteuerbuch im Spiegel der männlichen Reifezeit (1967). – G. Jacob: Daniel Defoe, 1660–1731, und sein Robinson Crusoe (in: Werke der Weltliteratur für die Jugend. Ensslin-Jahresgabe 1951. 30–48). – A. Kippenberg: Robinson in Deutschland bis zur Insel Felsenburg 1731–1743. Ein Beitrag zur Litteraturgeschichte des 18. Jahrhunderts (1892). – H. Landmann: Robinson Crusoe (in: W. Rein (Hrsg.): Encyklopädisches Handbuch der Pädagogik. 5. 1898. 916–922). – E. Liebs: Die pädagogische Insel. Studien zur Rezeption des Robinson Crusoe in deutschen Jugendbearbeitungen (1977). – J. Meyer: Robinson Crusoe. Seine Geschichte, Eigenart und pädagogische Bewertung zum 200. Jahrestage seines Erscheinens (1919). – J. Prestel (Hrsg.): Robinson (1931). – J. H. Scholte: Robinsonaden (in: G. Weydt (Hrsg.): Der Simplicissimusdichter und sein Werk. 1969. 333–350). – R. Stach: Robinson der Jüngere als pädagogisch-didaktisches Modell des philanthropistischen Erziehungsdenkens (1970); „Robinson soll nicht sterben". Zur Geschichte eines Jugendbuches (in: Das gute Jugendbuch. 24. 1974. 18–24); 24 Robinsonaden. Eine illustrierte Bibliographie (in: J. H. Campe: Robinson der Jüngere, NA. 1978). – H. Ullrich: Robinson und Robinsonaden. Bibliographie, Geschichte, Kritik (1898); Robinson und Robinsonaden in der Jugendliteratur (in: W. Rein (Hrsg.): Encyklopädisches Handbuch der Pädagogik. 5. 1898. 567–576); Defoes Robinson Crusoe. Die Geschichte eines Weltbuches (1924). – H. F. Wagner: Robinson in Österreich.

Ein Beitrag zur Geschichte der deutschen Robinson-Literatur (1886); Robinson und Robinsonaden in unserer Jugendliteratur. Literaturgeschichtliche Studie (1903). – A. Werl: Robinson's Stammbaum. Eine Skizze der Robinson-Jugendliteratur (1862). – E. H. Wohlrab: Unser Robinson. Skizzenmäßige Darstellung einer Robinson-Schularbeit mit Kindern des dritten Schuljahres (1922). – P. Zupančič: Zur Entwicklung der Jugendrobinsonade (in: Das gute Jugendbuch. 25. 1975. 10–15); Die Robinsonade in der Jugendliteratur (Diss. 1976).

Reinhard Stach

Robinsonalter

R. ist der von der Psychologin Charlotte Bühler (1893–1974) in ihrem Buch „Das Märchen und die Phantasie des Kindes“ (1918) zuerst geprägte psychologische Begriff, mit dem der Versuch gemacht wird, die seelische Struktur einer Altersstufe von der Lektüre-Vorliebe her zu bestimmen. Entsprechend sind die Bezeichnungen Struwwelpeter-, Märchen- und Sagenalter gebildet. Mit R. umschreibt Bühler die auf das „Märchenalter“ folgende Lektüre (ca. 9.–12. Lebensjahr), in der der junge Mensch mehr und mehr Interesse an abenteuernden Helden, fernen Ländern und genauer, realistischer Beschreibung gewönne. Bei einer 1923 durchgeführten Wiener Erhebung an 8000 Kindern hatte Bühler festgestellt, daß der Robinson-Roman einen Anteil von 18 Prozent am Gesamt der Lektüre in dem 10. und 11. Lebensjahr ausmachte.

Der Begriff R. (auch: Abenteueralter) ist schon seit längerer Zeit umstritten und in Frage gestellt, da Lektüre-Vorlieben vom jeweiligen Buchangebot abhängen und die Leseinteressen einer Entwicklungsphase nicht durch eine Buchart und erst recht nicht durch ein einziges Werk erfaßbar und charakterisierbar sind. Außerdem hängt die Lektüre des Lesers nicht nur von der Entwicklungsphase, sondern auch von der sozialen Schichtzugehörigkeit ab.

→ Ch. Bühler, → Jungleserpsychologie, → Lesealter, → Leseinteresse

Malte Dahrendorf

Rochow, Friedrich Eberhard von

*Guts- und Domherr, Offizier, Pädagoge, Schriftsteller; * 11. 10. 1734 Berlin, † 16. 5. 1805 Reckahn.*

R., Sohn des kurmärkischen Kammerpräsidenten und Königlichen Staatsministers Friedrich Wilhelm von R., wurde durch Hofmeister im väterlichen Hause erzogen. Er studierte von 1747 bis 1749 an der Ritterakademie in Brandenburg. Als Offizier nahm er am Siebenjährigen Krieg teil und wurde in der Schlacht bei Losowitz verwundet. Zur Genesung kam er nach Leipzig, wo er Christian Fürchtegott Gellert kennenlernte und sich dessen dauernde Freundschaft erwarb. Gellert führte den „wißbegierigen Offizier“ in den Leipziger Gelehrtenkreis ein. Nachdem R. bei einem Duell eine schwere Handverletzung erlitt, nahm er 1758 den Abschied vom Militär, um die ererbten Güter zu verwalten. 1759 heiratete er. 1762 erhielt er die Stelle eines Domherrn zu Halberstadt.

Werk, Tendenzen, Wirkung. Am 14. Februar 1772 hatte R. die für seine öffentliche Tätigkeit entscheidende „Vision“, die ihn noch im gleichen Jahr zu seiner ersten Publikation „Versuch eines Schulbuches für Kinder der Landleute oder zum Gebrauch in Dorfschulen“ veranlaßte. Die Vision selbst hat er in der „Geschichte meiner Schulen“ (1795) wiedergegeben. Der eigentliche literarische Erfolg für R. wurde jedoch sein „Kinderfreund“ aus dem Jahre 1776. R., der die Not des Landvolkes kannte, schuf auf seinen Gütern in Reckahn, Krahne und Gettin Musterschulen, um durch intellektuelle und religiös-sittliche Bildung den „Ausgang des Menschen aus seiner selbstverschuldeten Unmündigkeit“ (Kant) zu erreichen. Lehrplan, Methode und Erfolg, besonders der Schule zu Reckahn, sind in Briefen von Besuchern, aber auch in wissenschaftlichen Abhandlungen von Carl Friedrich Riemann und Johann Stuve beschrieben worden. R.s Verdienst um die Hebung des niederen Schulwesens und die Lehrerbildung ist von außerordentlicher Bedeutung. Allerdings hielt R. die vorhandene ständische Gesellschaftsordnung (Gutsherren, Taglöhner) für selbstverständlich und unveränderbar. Wenn er sich um die Bildung der auf seinen Gütern beschäftigten abhängigen Taglöhner bemühte, so dürfte doch die Wissenserweiterung der Bauern allein nicht Grund für die Schaffung von Schulen und Schulbüchern gewesen sein. Man darf nicht verkennen, daß R. auch ein ökonomisches Interesse daran hatte, durch die Beschäftigung besser ausgebildeter Arbeiter auch bessere Arbeitserträge zu erhalten und somit die Rentabilität seiner Güter zu steigern.

Der literaturdidaktische sowie der unterrichts- und schulorganisatorische Wirkungsbereich brachte R. Anerkennung im wissenschaftlichen, kulturellen und politischen Leben. R. fand Kontakt zu den Pädagogen Johann Bernhard Basedow (1724–1790), Carl Friedrich Bahrdt (1741–1792), Joachim Heinrich Campe (1746–1818) und Christian Gotthilf Salzmann (1744–1811). Den pädagogischen Bestrebungen der Philanthropisten nahestehend, besuchte R. als Beobachter 1776 die Dessauer Prüfung und verfaßte auf den Rat Christoph Martin Wielands (1733–1813) für den „Teutschen Merkur“ seine „Authentische Nachricht von der zu Dessau auf dem Philanthropin den 13. bis 15. Mai angestellten öffentlichen Prüfung“. Sein lebhaftes Interesse an Basedows Musteranstalt dokumentiert sich in der materiellen Unterstützung, die er der Schule zukommen ließ.

Obgleich mehr Sozialkritiker und Pädagoge als Schriftsteller, korrespondierte R. mit den Dichtern Chr. F. Gellert (1715–1769), Johann Wilhelm Ludwig Gleim (1719–1803) und Chr. M. Wieland (1733–1813), deren Rat und Urteil er suchte und schätzte. Seine Geschichten im „Kinderfreund“ fanden weithin Anerkennung. Carl Kehr urteilt in der „Geschichte des deutschen Unterrichts in der Volksschule“ (1889):

„Die kleinen Geschichten, welche Rochow im ‚Kinderfreund' bot, und welche sich auf Verhältnisse und Vorkommnisse des ländlichen Lebens beziehen, sind gut erfunden und in einfacher, korrekter Sprache dargestellt. Immer waltet die Absicht vor, die Denkkraft und den sittlichen Sinn zu wecken und zu läutern, Gemüt und Einbildungskraft mit guten Bildern zu erfüllen, überall durch die Erzählung zu belehren. Diese Aufgabe war in jener Zeit, wo eine gute Jugendliteratur noch eben erst im Entstehen war, keine leichte." R. selbst hatte sich auch nicht gescheut, vor der Drucklegung verschiedene Urteile über das erste Lesebuch einzuholen. Diese Maßnahme führte dazu, daß das Manuskript länger als beabsichtigt liegen blieb. R., der das Manuskript dem Minister VON ZEDLITZ eingereicht und der Oberschulklasse zum Geschenk angeboten hatte, kam in die Mühlen der Gutachter, die sogar den Oberkonsistorialrat WILHELM ABRAHAM TELLER mit einer entsprechenden Änderung beauftragten. Minister VON ZEDLITZ holte auch nach dieser redaktionellen Änderung noch weitere Urteile ein, die jedoch nicht so günstig ausfielen. R., der zwischenzeitlich schon Teile zum Gebrauch in seinen Schulen drucken ließ, erhielt am 6. Januar 1776 einen ablehnenden Bescheid. Des langen Wartens müde, gab R. das Manuskript auf eigene Kosten bei den Gebrüdern Halle in Brandenburg in Druck. Entgegen der ursprünglichen Absicht nannte er das Lesebuch nicht „Bauernfreund", sondern, möglicherweise durch CHRISTIAN FELIX WEISSES (1716–1804) Zeitschrift angeregt, „Kinderfreund". 1779 ließ R., durch den Erfolg des ersten Bandes ermuntert, einen zweiten Teil folgen, den er nach den gleichen Gesichtspunkten erstellte. 1805 brachte er eine verbesserte Ausgabe heraus, in welcher er aus „Achtung für die jetzt weit gebildeteren Lehrer" „keine Nutzanwendung oder Lehre" mehr den Geschichten anfügte.

Der „Kinderfreund" besaß hauptsächlich zwei Wirkrichtungen. Im engeren Sinne nicht ein Kinderbuch, enthielt er doch Anregungen zur Gestaltung der Freizeitlektüre nach Art der „Kinderbibliothek" (1779–1784) des J. H. CAMPE, der „Unterhaltung für Kinder und Kinderfreunde" (1778–1788) von CHR. G. SALZMANN oder des „Prämien-Buches" (1827) von FRIEDRICH PHILIPP WILMSEN. Eine eigentliche Untersuchung dieser Beziehungen und Einflüsse fehlt. Die Geschichten in R.s „Kinderfreund" dienten dazu, den jungen Leser die bestehende Gesellschaftsordnung als gültig erkennen zu lassen und ihnen sehr deutlich ihre Untertanenpflichten gegenüber Staat und Höhergestellten vor Augen zu führen. Sicher war diese Tendenz mit ausschlaggebend für den großen Erfolg und die zahlreichen Nachdrucke und Nachahmungen des R.schen Lesebuchs im In- und Ausland.

Nach Angabe von WILHELM VON TÜRK wurde der „Kinderfreund" ins Französische, Schwedische, Dänische, Polnische und Illyrische übertragen. Die erste polnische Übersetzung erschien schon 1778. Neben den Übersetzungen wurden sogleich auch konfessionell und regional geprägte Bearbeitungen veröffentlicht. PETER ANDREAS CLEMENS brachte 1802 eine Ausgabe für die katholischen Schulen heraus. 1789 erschien die erste Bearbeitung von JOHANN FERDINAND SCHLEZ „für einen Teil Oberdeutschlands, besonders für Franken". Ihr folgte ebenfalls von SCHLEZ 1804 eine „für die Würzburger Schulen". JAKOB HOOGEN bearbeitete den Kinderfreund „für die niederrheinischen Schulen". CHRISTIAN TRAUGOTT OTTO brachte 1829 in Anlehnung an F. P. WILMSEN und CARL CHRISTOPH GOTTLIEB ZERRENNER (1780–1851) sowie sicherlich auch im Wissen um KARL TRAUGOTT THIEMES (1745–1802) „Gutmann oder der sächsische Kinderfreund" (1794) eine Ausgabe für Sachsen heraus: „Der Sächsische Kinderfreund, ein Lesebuch für Stadt- und Landschulen". Eine Vorrangstellung als amtliches Lesebuch behielt der „Kinderfreund" in Sachsen bis 1851.

Um dem Schüler auch titularisch deutlich eine Hilfe für die Verstandesübungen anzubieten, entstanden in Anlehnung an R.s „Kinderfreund" die sogenannten „Denkfreunde". In diesen Büchern dominiert gegenüber dem moralischen Moment das rational und wissenschaftlich orientierte Lesegut. Die einzelnen Texte sollten den Schüler anleiten, Natur und Kultur – Kultur hier als Natur des Menschen verstanden – zu beobachten und zu reflektieren. Ohne das Verdienst der unzähligen Bearbeiter und Nachahmer zu schmälern, muß man hervorheben, daß es gerade R.s „Kinderfreund" gewesen ist, der eine Schlüsselstellung in dieser Literaturgattung eingenommen hat, weil er mannigfache Anregungen zur Gestaltung schulischen und außerschulischen Lesegutes gab.

→ Kinderfreund

Werke: Versuch eines Schulbuches für Kinder der Landleute oder zum Gebrauch in Dorfschulen (1772); Der Kinderfreund. Ein Lesebuch zum Gebrauch in Landschulen (1776); Der Kinderfreund. Eine Lesebuch. Zweiter Teil (1779); Der Kinderfreund oder erster Unterricht im Lesen und bei dem Lesen (1805); Katechismus der gesunden Vernunft oder Versuch, in faßlichen Erklärungen wichtiger Wörter, nach ihren gemeinnützigsten Bedeutungen und mit einigen Beispielen begleitet, zur Beförderung richtiger und besserer Erkenntnis (1790); Geschichte meiner Schulen. Nebst vier Beilagen (1795); Materialien zum frühen Unterricht in Bürger- und Industrieschulen (1797); J. Gausen (Hrsg.): Fr. E. von Rochow ausgewählte pädagogische Schriften (1894); F. Jonas (Hrsg. zus. mit F. Wienecke): Fr. E. von Rochows sämtliche pädagogischen Schriften (Bd. 1–4. 1907–1910).

Sekundärliteratur: F. Bünger: Entwicklungsgeschichte des Volksschullesebuches (1898). – O. Gerlach: Die Nationalerziehung im 18. Jahrhundert, dargestellt an ihrem Hauptvertreter Friedrich Eberhard von Rochow (1929). – Th. Klähr: Rochow (in: W. Rein (Hrsg.): Encyklopädisches Handbuch der Pädagogik. VII. ^{2}1908. 576–585). – F. Lütholz: Über das Verhältnis Rochows zu dem Philanthropinismus (1894). – G. Pohlisch: Die pädagogischen Verdienste des Domherrn E. von Rochow (1897). – R. Stach: Über die Anfänge einer planmäßigen und naturgemäßen Denkerziehung in der Pädagogik der Aufklärung (in: Paedagogica Historica. XIII. 2. 1973. 486–514). – W. Thilo: Rochow (in: K. A. Schmid (Hrsg.): Encyklopädie des gesamten Erziehungs- und Unterrichtswesens. VII. 1869. 203–218).

Reinhard Stach

Rockstroh, Heinrich

*Schriftsteller; * 20. 6. 1770 Lich (Hessen), † um 1835 Berlin.*

Über R.s Leben ist kaum etwas bekannt. Er wurde 1770 in Lich in Hessen-Darmstadt geboren, studierte Naturwissenschaften und Mathematik; in Halle promovierte er mit einer mathematischen Dissertation. Sein Todesdatum ist unbekannt, 1831 ist er noch in Berlin nachgewiesen, seine letzte Veröffentlichung erschien 1837.

Werk, Tendenzen, Wirkung. R. war Autor populärwissenschaftlicher Sachbücher, deren Themen aus den Bereichen der Mathematik, der Naturwissenschaft und der Technik genommen sind. Zum Teil handelt es sich dabei um einführende Lehrbücher in die Anfangsgründe des Rechnens, der Geometrie und der Algebra; die Grenze zum Schulbuch ist fließend. Mehrere seiner Veröffentlichungen sind dem geometrischen Zeichnen und dem Zeichnen mit freier Hand gewidmet. Dazu treten sachlich berichtende Bücher über Gegenstände der Naturgeschichte, wie Astronomie, Geographie oder auch Schmetterlinge, und der Technik, wie Architektur, Glasbläserei oder Uhren. Kennzeichnend sind die durchgängig gegebenen Hinweise zur selbständigen Tätigkeit des Lesers, zu eigener Beobachtung und Experimenten oder zur Anfertigung von Modellen.
Der einführende, lehrbuchartige Charakter zahlreicher Veröffentlichungen R.s rückt sie bereits in die Nähe der Jugendliteratur; die Grenzen zum spezifisch für Kinder und Jugendliche gedachten Buch sind nicht genau festzulegen. In seinen, in Titel oder Vorrede ausdrücklich für junge Leser bestimmten Büchern dominieren die mathematischen und naturwissenschaftlichen Themen; Einführungen ins Rechnen stehen neben Anleitungen zu physikalischen Experimenten, Anweisungen zum Modellieren neben Darstellungen der Astronomie und der Anleitung zum Gebrauch des Mikroskops, mit der zugleich eine Einführung in die systematische Naturgeschichte der Zeit gegeben wird. Die Präsentation der Gegenstände ist streng sachlich orientiert; Möglichkeiten, den jugendlichen Leser durch Anreden oder durch die Gesprächsform in die Vermittlung der Gegenstände einzubeziehen, vermeidet R. nahezu ganz. Allerdings bemüht er sich, schon in seiner ersten, von Fr. J. Bertuch in der Vorrede gelobten Veröffentlichung („Anweisung zum Modelliren aus Papier", 1802) durchweg um eine didaktisch begründete Anordnung des Stoffes, und es gelingt ihm, die naturgeschichtlichen und technischen Kenntnisse seiner Zeit in angemessener, schlichter und faßlicher, wenn auch gelegentlich trockener Sprache zu vermitteln. Kennzeichnend ist der auch in den Titeln mehrfach auftauchende Hinweis auf die Nützlichkeit des vermittelten Wissens. Anregungen für nutzbringende Beschäftigungen in den Mußestunden zu geben, nennt R. in den Vorreden immer wieder als eine seiner Intentionen.
Als Jugendschriftsteller wandte sich R. auch anderen Gegenständen zu, blieb jedoch beim Genre des Sachbuchs. In seinen in schlichter und sachlicher Sprache vorgetragenen historischen Erzählungen, die sich weitgehend auf Personengeschichte beschränken, erweist sich R. als Aufklärer; dies wird in den rationalistischen Erklärungsversuchen der antiken Mythologie und ebenso der Berichte des Alten Testaments sichtbar. Sein „Reiseführer" über Berlin, in dem er eingehend und informativ Berlins Sehenswürdigkeiten, insbesondere die Bauten, beschreibt, zeigt einen gemäßigten preußischen Patriotismus mit leichtem antifranzösischem Akzent, vor allem erkennbar in dem eingefügten Abriß der preußischen Königs- und Militärgeschichte. Eine gewisse Ausnahme in R.s Werk ist der „Thiergarten zu Lilienthal" (1817). Hier greift R. die aufklärerische Form des Gesprächs auf; die eingehende Beschreibung einheimischer und exotischer Tiere ist in diesem mit ansprechenden Kupfern illustrierten Band in den Tiergartenbesuch dreier Kinder mit ihrem Vater integriert, die sich über die Tiere unterhalten.
Einige von R.s Sachbüchern für die Jugend erreichten mehrere Auflagen; er gehörte jedoch bereits in der zweiten Hälfte des 19. Jahrhunderts zu den vergessenen Autoren. Dies ist kaum in mangelnder Qualität seiner Schriften begründet, vielmehr darin, daß die Zunahme naturwissenschaftlicher Kenntnisse und technischer Fertigkeiten und der Wandel in der Pädagogik seine Darstellungen sachlich und didaktisch überholten. Als Dokumente der Vermittlung naturwissenschaftlich-technischer Kenntnisse an jugendliche Leser verdienen seine Bücher jedoch historisches Interesse.

Werke: Anweisung zum Modelliren aus Papier oder aus demselben allerlei Gegenstände im Kleinen nachzuahmen. Ein nützlicher Zeitvertreib für Kinder (1802); Vorlegeblätter für die ersten Uebungen im Zeichnen mit freier Hand, nach Pestalozzi (1806); Die Kunst, mit Einsicht und Bewußtseyn fertig zu rechnen. Ein Lehrbuch für Jedermann, besonders aber zum Gebrauche bei der Jugend (1810); Die Kunst, mancherlei Gegenstände aus Papier zu formen. Eine bereits anerkannt nützliche und angenehme Beschäftigung für junge Leute (1810); Der Thiergarten zu Lilienthal. Ein unterhaltendes naturgeschichtliches Bilder- und Lesebuch für Knaben und Mädchen (1817); Leichte Künsteleien zum Vergnügen und zum Nutzen für Kinder und Nichtkinder (1819); Der mathematische und physicalische Jugendfreund. Ein Buch zur Unterhaltung und als Lehrmittel (1819); Curiositäten oder mancherlei seltene, künstliche, sonderbare und drollige Dinge; nebst einigen nützlichen und angenehmen mechanischen Beschäftigungen, belustigenden Spielen, sinnreichen Räthseln und Charaden. Zur Belehrung und Unterhaltung für Knaben und Mädchen (1822); Berlin, nach seinen vorzüglichsten Merkwürdigkeiten. Ein Buch zur Belehrung und Unterhaltung für die Jugend, besonders für die in den Preußischen Staaten (1823); Der kleine mechanische Künstler oder Anweisung zu mancherlei nützlichen und angenehmen kleinen Handarbeiten. Ein Buch für die Jugend in ihren Neben- oder Freistunden (1824); Erzählungen aus der Weltgeschichte für den ersten Unterricht in der Geschichte (Bd. 1–2. 1825); Erzählungen aus der älteren und mittleren Geschichte zum ersten gründlichen Unterricht in der Weltgeschichte (Bd. 1–3. 1829); Der gestirnte Himmel oder Anweisung zur Kenntniß der Gestirne und vorzüglichsten Sterne. Zur Belehrung und Unterhaltung für gebildete Leser besonders jüngeren Alters (1830); Mechanemata oder der Tausendkünstler. Eine reichhaltige Sammlung leicht ausführbarer physikalischer Experimente und mathematischer, physikalischer, technischer und anderer Belustigungen. Zur Selbstbelehrung, so wie auch zur Unterhaltung im geselligen Kreise, für die Jugend und für Erwachsene (1831); Das Mikroskop, oder Anweisung zur näheren Kenntniß und zum Gebrauche desselben Behufs einer belehrenden und nützlichen Beschäftigung in den Stunden der Muße. Ein Geschenk für die reifere Jugend, so wie für Freunde der Natur überhaupt (1835); Belustigungen für die Jugend beiderlei Geschlechts, durch Selbstanfertigung mannichfacher, leicht ausführbarer technischer Künsteleien und Spielwerke (1836).

Reiner Wild

Rodari, Gianni

*Italienischer Kinderbuchautor; *23.10.1920 Omegna/ Piemont.*

R., dessen Vater Bäcker war, erhielt 1938 sein Lehrerdiplom. Einige Jahre unterrichtete er an einer Elementarschule und besuchte während dieser Zeit Kurse an der Universität. Um journalistisch arbeiten zu können, gab er den Lehrberuf auf und war in Varese, Mailand und Rom, wo er heute lebt, tätig.
R. hat drei Bereiche in seinem schriftstellerischen Schaffen: einmal seine Arbeit als Journalist, der sich vor allem sozialer und politischer Themen annimmt – R. gehört zum Herausgebergremium der römischen Tageszeitung „Paese Sera"; zweitens seine psychologischen und pädagogischen Artikel und Essays, zumeist in dem Magazin „Il giornale dei genitori", dessen Leitung er seit 1968 innehat; und außerdem seine Erzählungen für Kinder, Märchen und Gedichte. Hauptsächlich veröffentlicht er diese Texte in „Il pioniere", dem wöchentlichen Beiblatt der Tageszeitung der Kommunistischen Partei Italiens „L'Unità", und im „Il corriere dei piccoli". Von 1950 bis 1953 war R. Direktor von „Il pioniere". 1970 wurde er für sein kinderliterarisches Werk mit dem Hans-Christian-Andersen-Preis ausgezeichnet.

*Gianni Rodari (*1920).*

Werk, Tendenzen, Wirkung. So phantastisch und märchenhaft R.s Geschichten auch sind, so sind sie dennoch strikt mit den Problemen und der Atmosphäre unserer Zeit verbunden. Vor allem versteht er es, technische Apparate und Maschinen mit einem ‚magischen Leben' zu versehen. So wird z.B. in „Gip nel televisore" (1962) ein kleiner Junge, der gespannt einer Fernsehsendung folgt, buchstäblich vom TV-Gerät absorbiert. In „Il pianeta degli alberi di natale" (1962) trägt ein Schaukelpferd den Jungen Marco auf einen fremden Planeten, auf dem immer Weihnachten ist und überall Tannenbäume wachsen. Überaus phantastisch ist auch R.s „Gelsomino nel paese dei bugiardi" (1959). Hier entlarvt der Junge Gelsomino durch seine Stimme, die so gewaltig ist, daß sie Häuser zum Einsturz bringen kann, die Lüge der Herrschenden. Märchenhafte Züge haben auch R.s Gutenachtgeschichten „Favole al telefono" (1962), die ein Vater, der beruflich viel auf Reisen sein muß, seiner Tochter am Telefon erzählt und die deshalb sehr kurz sind, weil der Vater die Telefongespräche bezahlen muß. Aufregung verbreitet „La torta in cielo" (1966), eine Erzählung, in der sich eine Atombombe durch ein technisches Versehen in eine riesige Torte verwandelt. R.s frühes Buch „Il romanzo di Cipollino" (1951) ist durch sozialrevoltionären Gehalt gekennzeichnet.
Auf R. haben eine Vielzahl von Autoren eingewirkt. Der Einfluß Hans Christian Andersens ist deutlich zu spüren in „La freccia azzura" (1967), das Züge mit dessen „Der standhafte Zinnsoldat" gemeinsam hat. Beziehungen gibt es aber auch zu Jonathan Swifts Satiren, zu Lewis Carrolls Nonsense und vor allem zu Carlo Collodi. Gerhard Holtz-Baumert schrieb über R.s Arbeitsweise: „Wie Brecht hat Rodari vieles abgeklopft und gewendet, was vorhanden ist, was vorgedacht, vorgestaltet war und Neues geschaffen, neu und anders, unserer Zeit und ihren Kämpfen gemäß". Die Einschätzungen von R.s Werk schwanken zum Teil sehr. Der Behauptung, daß er nicht didaktisch sei, steht die Betonung eines starken didaktisch-pädagogischen Zuges gegenüber.
R. tritt in seinen Büchern für das Recht auf Phantasie und die Kraft der Imagination ein und sieht dabei keinen strikten Gegensatz zwischen Phantasie und Wissenschaft. „Es braucht viel Phantasie und starke Imagination, um ein richtiger Wissenschaftler zu sein, um sich Dinge vorzustellen, die noch nicht existieren, und sie dann zu entdecken: um sich eine bessere Welt als die bestehende vorzustellen und an ihrem Aufbau mitzuarbeiten", heißt es in seiner Dankesrede anläßlich

der Entgegennahme des Hans-Christian-Andersen-Preises 1970. Märchen sind für R. wissenschaftlichen Hypothesen nicht unähnlich. Denn, so führt er dazu aus: „Das, was wir sagen, kann wahr werden". Seine Theorie der Phantasie hat R. in dem Buch „La grammatica della fantasia" (1973) vorgestellt. Allerdings verhindert das Primat der phantastischen und märchenhaften Elemente in vielen seiner Erzählungen das Durchschlagen der politisch-emanzipatorischen Anliegen des Autors. Während Erwachsene die hintergründigen Lehren und Erfahrungen aus R.s Geschichten herauszulesen vermögen, konsumieren Kinder diese Geschichten oft als bloße Märchen.

→ Italien

Werke: Il libro delle filastrocche (1950); Il romanzo di Cipollino (1951; dt. Zwiebelchen, 1956); Il treno delle filastrocche (1952); Le avventure di Scarabocchio (1954); La freccia azzura (1954; dt. Der blaue Pfeil, (1967); Gelsomino nel paese dei bugiardi (1959; dt. Gelsomino im Lande der Lügner, 1966); Fillastrocche in cielo e in terra (1960; dt. Kopfblumen: 7×7 Gedichte für Kinder, 1972); Gip nel televisore (1962; dt. Flip im Fernsehen, 1968); Il pianeta degli alberi natale (1962; dt. Von Planeten und Himmelhunden, 1969); Favole al telefono (1962; dt. Gutenachtgeschichten am Telefon, 1964); La torta in cielo (1966; dt. Das fliegende Riesending, 1968); Tante storie per giocare (1971); Gli affari del Signor Gatto (1972; dt. Die Geschäfte des Mr. Cat, 1974); Venti storie più una (1969; dt. Ein Wolkenkratzer auf See, 1973); La grammatica della fantasia (1973); Il palazzo di gelato (1973); I viaggi di Giovanni Perdigiorno (1973); Marionette in libertá (1974); La filastrocca di Pinocchio (1974); C'era due volte il barone Lamberto (1978).

Beiträge: Rede anläßlich der Verleihung des Hans-Christian-Andersen-Preises (in: Jugend und Buch. 19. 1970. 2. 4–6); Der Däumling ist immer noch nützlich (in: Jugend und Buch. 19. 1970. 3. 8–12).

Sekundärliteratur: L. Binder: Gianni Rodari (in: L. Binder (Hrsg.): Jugendbuchautoren aus aller Welt B.d 2. 1975. 179–186). – P. Boero: Gianni Rodari: invenzione e ideologia (in: Il minuzzolo. 1974. 10. 3–18). – G. Holtz-Baumert: Einiges Wenige über Rodari (in: Beiträge zur Kinder- und Jugendliteratur. 1969. 13. 78–86). – L. Kassil: Unser Freund Gianni Rodari (zus. mit S. Michalkow in: Beiträge zu Kinder- und Jugendliteratur. 1969. 13. 72–77). – A. Moreno: Analisi critica dell'opera di Rodari (in: Specchio del libro per Ragazzi. 66. 11–14; 67. 10–15; 69. 12–17; 70. 9–13. 1974–1975). – H. Müller: Hans-Christian-Andersen-Preis 1970 (in: Das gute Jugendbuch. 20. 1970. 2. 11–15). – C. Poesie: Gianni Rodari (in: Bookbird. 6. 1968. 3. 19–23). – B. Poggio: Sur un trattatello in laude di Monna Fantasia (in: Il Minuzzolo 1974. 10. 19–23).

Winfred Kaminski

Rodman, Maia

*Polnisch-amerikanische Kinder- und Jugendbuchautorin; * 7. 8. 1927 Warschau.*

R. besuchte Schulen in Polen, Frankreich, England und in den Vereinigten Staaten, wo sie seit 1942 – von Aufenthalten in Portugal, Spanien, Mexiko und Haiti unterbrochen – lebt. Sie beherrscht mehrere Sprachen und arbeitete längere Zeit als Übersetzerin, u.a. bei Radio Free Europe. Für ihr Buch „Shadow of a bull" (1964; dt. Der Sohn des Toreros, 1967) bekam sie 1965 die Newbery Medal und für die Übersetzung 1968 den Deutschen Jugendbuchpreis.

Werk, Tendenzen, Wirkung. R. ist eine äußerst vielseitige Autorin. Ihre Themen, die sich vornehmlich mit den Problemen Jugendlicher beschäftigen, zeigen historische, gesellschaftspolitische und sozial aufklärende Aspekte. So stellt R. das Leben des Cabeza de Vaca dar, der im 16. Jahrhundert als erster Nordamerika durchkreuzte (Odyssey of courage, 1965; dt. Die Irrfahrten des Cabeza de Vaca, 1977). In „Shadow of a bull" (1964; dt. Der Sohn des Toreros, 1967) wird die schwierige Entscheidung eines Jungen vorgeführt, der sich der Familientradition entzieht und statt Stierkämpfer Arzt werden möchte. Auch in den anderen Büchern der Autorin werden individuelle Lebensschicksale von Menschen (Taubstummheit eines Kindes, kinderreiche Familie, die die Mutter verliert, Todesnähe) eindringlich und exemplarisch dargestellt. Auffallend sind die differenziert gezeichneten Charaktere, die jungen Lesern gute Identifikationsmöglichkeiten bieten. In ihrer Autobiographie „Till the break of day" (1972) beschreibt R. ihre Kindheit während des Zweiten Weltkrieges in Europa.

Werke: Market day for Ti André (1952); Shadow of a bull (1964; dt. Der Sohn des Toreros, 1967); A kingdom in a horse (1965); Odyssey of courage (1965; dt. Die Irrfahrten des Cabeza de Vaca, 1977); The Hollywood kid (1966); A single light (1968; dt. Ein einziges Licht, 1969); Turned out (1968); Hey, what's wrong with this one (1969; dt. Die Mutti aus dem Supermarkt, 1972); Don't play dead before you have to (1970; dt. Spiel nicht mit dem Tod, 1973); Rotten years (1971); The life and death of a brave bull (1972); Through the broken mirror with Alice (1972); Till the break of day (1972); Winter tales from Poland (1973).

Lioba Betten

Rodrian, Fred

*Kinderbuchautor, Verlagsleiter und Cheflektor des Kinderbuchverlags Berlin (DDR); * 14. 7. 1926 Berlin.*

R. kommt aus einer Arbeiterfamilie. Er war zunächst als Reproduktionsphotograph tätig. Nach der Rückkehr aus der Kriegsgefangenschaft wurde R. FDJ-Funktionär und nahm eine kulturpolitische Tätigkeit auf. R. studierte an der Verwaltungsakademie in Fort-Zinna und am „Institut für Literatur Johannes R. Becher" in Leipzig. Seit 1952 arbeitet er als Lektor, seit 1955 als Cheflektor. Derzeit ist er Verlagsleiter des „Kinderbuchverlages".

Seine Kinderbücher erreichten wiederholt hohe Auflagen und wurden in mehrere Sprachen übersetzt. Einige seiner Titel wurden verfilmt und für die Schallplatte bearbeitet. R. selbst schrieb auch Filmdrehbücher (unter anderem „Das Feuerzeug", 1959; „Christine und die Störche", 1962; „Treffpunkt Erfurt", 1962).

Erste Aufmerksamkeit erzielte R. durch seine Auszeichnung im „Preisausschreiben zur Förderung der sozialistischen Kinderliteratur" 1957 für das „Wolkenschaf“ und 1958 für „Der Märchenschimmel“. 1971 erhielt er eine Ehrenurkunde für „Wir haben keinen Löwen“ und einen Preis für „Wir gehen mal zu Fridolin“. Für seine besonderen Leistungen auf dem Gebiet der Verbreitung von Kinder- und Jugendliteratur konnte er 1972 die Alex-Wedding-Medaille in Empfang nehmen.

Werk, Tendenzen, Wirkung. Neben seiner Verlagsarbeit schrieb R. phantasievolle, teils märchenhaft-abenteuerliche Bilderbuchgeschichten für die jüngsten Leser, in denen ein ausgewogenes Nebeneinander von realistischen und phantastischen Elementen zu finden ist. Seine Bilderbücher entsprechen dem ästhetischen Empfinden und dem Auffassungsvermögen der jüngsten Leser. Subtil weiß R. die Geschichten der Kinder in die Welt der Erwachsenen einzubetten. In allen seinen Büchern vermittelt R. Grundwerte einer sozialistischen Erziehung wie: internationale Solidarität, Pflichtbewußtsein, Achtung vor der Arbeit anderer. Viele seiner Geschichten spielen auf dem Dorf. Sie zeigen die Verbundenheit des Menschen mit der Natur und betonen die Verantwortung jedes einzelnen für die sozialistische Dorfgemeinschaft, von der die Kinder nicht ausgenommen sind.

In „Minni und die Kuh Mariken“ (1966) trägt das kleine Mädchen Minni schon Verantwortung für das Federvieh und einmal sogar für die Herde Kühe. Als die kleinste Kuh in die Schonung läuft, gerät Minni in Aufregung. Unter schwierigsten Bedingungen gelingt es ihr, zuletzt mit Hilfe der Jungen Pioniere und der Erwachsenen, das Tier sicher ins Dorf zurückzubringen. „Wir gehen mal zu Fridolin“ (1971), ebenfalls ein Bilderbuch für Kleinkinder, zeigt den Wert der internationalen Solidarität. Fridolin, der für einen abgestürzten sowjetischen Piloten Hilfe holen soll, muß dabei seine Angst vor dem Wald und dem gefährlichen Wildschwein überwinden.

In „Die Hasen und der Wilddieb Waldemar“ (1974) wird eine kleine Hasenfamilie vom Wilddieb Waldemar bedroht. Die Tiere flüchten in den Stadtpark und finden dort unter dem Schutz der Kinder und des Parkwärters eine neue Heimat. In dem Buch „Der Märchenschimmel“ (1959) erfährt ein kleiner Junge, daß das von ihm entdeckte Schloß ein Kinderheim ist und nicht mehr von Grafen und Prinzen bewohnt wird, da es diese in der sozialistischen Gesellschaft nicht mehr gibt. In einfacher Sprache gehalten ist die Geschichte von „Hirsch Heinrich“ (1960), der aus einem fernen Wald bei China in den Tierpark geholt wird und dort nach einigen Enttäuschungen doch noch in den Kindern Freunde gewinnt.

Neben der schriftstellerischen Tätigkeit für die jüngsten Leser hat sich R. mit theoretischen Fragen zur Kinder- und Jugendliteratur beschäftigt. In seinem Vortrag „Zwanzig Jahre sozialistische Kinder- und Jugendliteratur. Beginn – Bilanz – Aufgaben“, den er 1969 auf der theoretischen Konferenz der Tage der Kinderliteratur hielt, hat er die Bemühungen der letzten zwanzig Jahre auf dem Gebiet der Kinder- und Jugendliteratur in der DDR sowohl im wissenschaftlichen als auch im schriftstellerischen und verlegerischen Bereich dargestellt. Besonders betont R. dabei die Bedeutung des literarischen Erbes für die Kinderliteratur und nennt die vier wichtigsten Quellen: erstens die proletarische Kinderliteratur vor 1933 sowie die in der Emigration entstandene, zweitens die klassische deutsche Kinderliteratur (z.B. Bearbeitungen der GRIMMschen Märchen), drittens die humanistisch-realistische Weltliteratur für Kinder und schließlich die sowjetische Literatur. Ferner geht er auf inhaltliche und formale Defizite in der Kinderliteratur der DDR ein und versucht, Anstoß zu einer Änderung zu geben. Folgende Themen sind seiner Meinung nach noch zu wenig jugendliterarisch bearbeitet worden: die Stadt als Handlungsort, die Bedeutung der Wissenschaft, Vorstellungen über die Zukunft sowie die Aufgaben des Funktionärs, Genossen und politisch aktiven jungen Revolutionärs. R. verweist ferner auf eine bislang ungenügende Berücksichtigung literarischer Kleinformen wie Märchen, Novelle, Reportage und Kurzgeschichte in der Kinderliteratur hin. Speziell hat sich R. mit den Kinderbüchern von ERICH KÄSTNER beschäftigt und diese kritisch analysiert (Diplomarbeit 1958; Notizen zu Erich Kästners Kinderbüchern, 1960). Daneben sind vor allem seine zahlreichen Aufsätze zu einzelnen Kinder- und Jugendbuchautoren zu nennen, in denen er sowohl die Werke als auch die Persönlichkeit der Schriftsteller darzustellen weiß.

Werke: Das Wolkenschaf (1958); Der Märchenschimmel (1959); Das Entenliesel (1960); Felix und das Täubchen Turr (1960); Hirsch Heinrich (1960); Die Schwalbenchristine (1962); Die Rakete von Bummelsberg (1963); Minni und die Kuh Mariken (1966); Wir haben keinen Löwen (1969); Wir gehen mal zu Fridolin (1971); Die 777. Hasengeschichte (1974; auch u.d.T.: Die Hasen und der Wilddieb Waldemar, 1976); Paul und Janni finden Teddy (1978).

Hrsg.: Die Kastanien von Zodel. Abenteuer, Erlebnisse und Begegnungen in unserer Zeit für Jungen und Mädchen (und Eltern). In 26 Geschichten und Berichten aufgeschrieben von 26 Autoren, illustriert von 26 Grafikern, gesammelt und mit einem kurzen Nachwort versehen von Fred Rodrian (1970).

Beiträge: Notizen zu Erich Kästners Kinderbüchern (in: Neue Deutsche Literatur. 1960. 9. 117–129); Notizen zur Literaturplanung (in: Beiträge zur Kinder- und Jugendliteratur. 1964. 6. 153–161); Timm Thaler und Schwierigkeiten (in: Beiträge zur Kinder- und Jugendliteratur. 1965. 7. 71–83); Zwanzig Jahre sozialistische Kinder- und Jugendliteratur. Beginn – Bilanz – Aufgaben. Vortrag auf der theoretischen Konferenz der Tage der Kinderliteratur am 18. April 1969 (in: Der Bibliothekar. 23. 1969. 9. 921–927 und 930–943); Zu Paul Schallück: Karlsbader Ponys (in: Beiträge zur Kinder- und Jugendliteratur. 1970. 15. 58–61); Voll von Geschichten. Fred Rodrian über Günter Görlich (in: A. Voigtländer (Hrsg.): Liebes- und andere Erklärungen. Schriftsteller über Schriftsteller (1972. 93–98); Schnack über Pludra. Fred Rodrian über Benno Pludra (in: A. Voigtländer (Hrsg.): Liebes- und andere Erklärungen. Schriftsteller über Schriftsteller. 1972. 305–311); Rucksack für Schulz. Fred Rodrian über Max Walter Schulz (in: A. Voigtländer (Hrsg.): Liebes- und andere Erklärungen. Schriftsteller über Schriftsteller. 1972. 344–349); Fängt Fische und Fabeln. Fred Rodrian über Alfred Wellm (in: A. Voigtländer (Hrsg.): Liebes- und andere Erklärungen. Schriftsteller über Schriftsteller. 1972. 387–393); James Krüss (in: Gebt uns Bücher, gebt uns Flügel. 1976. 14. 23–29).

Sekundärliteratur: G. Albrecht (zus. mit anderen): Lexikon deutschsprachiger Schriftsteller von den Anfängen bis zur Gegenwart (1968. 357). – H. Beseler: Wir sagen: Der Fred (in: Beiträge zur Kinder- und Jugendliteratur. 1976. 41. 19–25). – Bibliographie der Werke von und über Fred Rodrian (in: Beiträge zur Kinder- und Jugendliteratur. 1976. 41. 112–114).

Magdalena Nima-Rolf

Roehle, Reinhard

*Schiffsoffizier, Schriftsteller; *22.2.1876 Berlin, †6.3.1938 Jugenheim (Bergstraße).*

Werk, Tendenzen, Wirkung. R.s literarisches Schaffen erstreckte sich nach anfänglichen allgemein-erzählerischen Versuchen, die M. Geissler als „technisch schwach und ohne Vermögen psychologischer Entwicklung" charakterisierte, auf den Bereich der abenteuerlichen Jugenderzählung. Dabei bevorzugte er Reise- und Seeabenteuer. Als Schiffsoffizier kannte er Meer und Schiff und wußte die entsprechenden Details fachmännisch einzusetzen. Die Seekriegserzählungen des Ersten Weltkrieges suchte R. auf Einzelleistungen zu reduzieren, bei denen auch der „Spaß", die Freude an der Jagd auf den Feind, stark hervortrat. Durch edelmütiges Verhalten der „Helden" wurden bei R. „innere Kraftquellen erschlossen", die dem Krieg eine idealisierende Note geben sollten. Dementsprechend verfiel R. streckenweise dem üblichen Verbal-Patriotismus der Zeit. Wie die Kriegsgeschichten schildern auch die späteren Veröffentlichungen hauptsächlich Reiseerlebnisse, die zwar abenteuerlich ausstaffiert sind, mit dem eigentlichen Genre „Abenteuer" jedoch kaum etwas zu tun haben. R.s Helden suchen aus einer bürgerlichen Langeweile heraus die Abwechslung im exotischen Abenteuer, aus dem man heil und befriedigt nach Haus zurückkehrt. Dabei lassen sich trotz aller stofflichen Varianten nahezu gleichbleibende Konstruktionsklischees feststellen: die Reisen werden mit wirtschaftlichen oder wissenschaftlichen Absichten gleichsam aus der bürgerlichen Wohnstube heraus vorbereitet; eine moralisch integre Gestalt (Unternehmer, Professor) gibt den Anstoß und unterstützt das Vorhaben. Es findet sich eine verständnisvolle Reisegesellschaft zusammen, deren Vorhaben durch einen Schurken gestört wird, der so die Mechanismen der „Abenteuerlichkeit" in Gang bringt. Schwarzweißmalerisch dick aufgetragene Menschlichkeit und Großherzigkeit einerseits und unmotivierte Niederträchtigkeit andererseits schaffen Konstellationen, die die „Abenteuer" als vermeintliche moralische und geistige Bewährungsproben erfahren lassen. Zufrieden treten dann die „Helden" in ihre bürgerliche Sicherheit zurück und genießen die Bewunderung derer, die das Risiko der Ausfahrt gescheut haben. Da die Ereignisse zumeist unecht wirken, sind auch die Konflikte und seelischen Spannungen zwischen den handlungstragenden Personen bedeutungslos und unglaubwürdig. Im Grunde herrscht in R.s Abenteuererzählungen eine harmonische Atmosphäre, zu der in überwiegendem Maß gerade die jungen Handlungsträger ihren Beitrag leisten. Sie sollen schließlich auch, nach anfänglich nur widerwilliger Einsicht, zu Gehorsam, Pflichterfüllung und endlich begeisterter Zustimmung erzogen werden. Daher verwundert es auch nicht, daß soziale Probleme kaum angeschnitten werden. Es wird eher um Verständnis für die vorgegebenen gesellschaftlichen Verhältnisse geworben. Diener und Hilfskräfte sind treue, einfältige Burschen, die häufig zu aufheiternder Situationskomik beitragen. Sicher kamen R.s Publikationen dem Abenteuerdrang jugendlicher Leser im Rahmen der qualitativen und intentionalen Bedingtheit seiner Zeit entgegen. Tendenziöse und moralisierende Absichten im Sinne Wolgasts fallen nur geringfügig auf. Sachliche Belehrungen sind bei R. zumeist aufgesetzt und kaum gestalterisch integriert.

Werke: Am Berg der Läuterung (1909); Von Seebären und Landratten (1910); Vikar Körner und die Wandervögel (1913); Emden – Ayesha (1915); Durch Urwald und Sertao (1916); Die Kriegsfahrten unseres Kreuzergeschwaders (1916); Über Anden und Meer ins deutsche Heer (1916); Graf Dohnas Heldenfahrt auf S.M. „Möve" (1916); Als Flüchtling um den halben Erdball (1917); Das Geheimnis von Ragpura (1919); Auf großer Safari (1921); Der Kampf um die Tigermine (1922); Quer durch Sibirien (1925); Unter Bullerdieks Teerjacken (1925); Goebens Erlebnisse in Spanien (1927); Die Piraten vom Obern Fluß (1934); Das Gespenst mit den weißen Augen (1936).

Sekundärliteratur: M. Geißler: Führer durch die deutsche Literatur des 20. Jahrhunderts (1913).

Hermann Bertlein

Röhling, Carl

*Historienmaler und Illustrator; *21.11.1849 Berlin, †25.10.1922 Berlin.*

R. ist der Bruder des Genre- und Historienmalers Ernst August R. (1845–1887). An der Berliner Akademie begann er zunächst mit einer Ausbildung zum Bildhauer, wechselte aber dann zur Historienmalerei über.

Werk, Tendenzen, Wirkung. R. stattete die Rathäuser in Spandau, Eger und Krefeld mit Gemälden zur deutschen Geschichte aus. Die etwas pathetische und posenhafte Darstellung, durch die die Historienmalerei der Kaiserzeit ohnehin gekennzeichnet ist, findet sich in seinen Kinderbuchillustrationen wieder. Besonders dort, wo es sich um Abhandlungen über damals bedeutungsvolle Persönlichkeiten der deutsch-preußischen Geschichte – wie die Hohenzollern oder Bismarck – handelte. Eine andere Auffassung spiegelt sich in den Illustrationen zu „230 Liedern, Sprüchen und Reimen" (1886) wider, die R. zusammen mit Julius Kleinmichel (1846 1892) schuf. Da wird in bewährter Tradition des 19. Jahrhunderts mit Gereimtem das Jahr durchschritten. Beide Illustratoren greifen in ihren ganzseitigen Darstellungen und den eingestreuten Bildern gern auf „Altdeutsches" in der Kleidung, aber auch in ihrer nostalgischen Einstellung zum Landleben zurück. Die Probleme, die es im schon fortgeschrittenen Stadium der Industrialisierung am Jahrhundertende in Stadt und Land gibt, bleiben ausgespart. R. illustrierte darüber hinaus Werke von VIKTOR BLÜTHGEN (1844–1920), LUDWIG GANGHOFER (1855–1920), WILHELM RAABE (1831–1910) und HEINRICH SEIDEL (1876–1945).

Werke: C. Röhling: Die Ahnen. Bilder zu Gustav Freytag's gleichnamigem Roman (1877); H. Chr. Andersen: Ausgewählte Märchen (ill. zus. mit anderen, 1882); J. Lohmeyer: Fragemäulchen (1885); H. Seidel: Wintermärchen (ill. zus. mit anderen, 1885); Kinderwelt. 230 Lieder, Sprüche und Reime (ill. zus. mit J. Kleinmichel, 1886); H. Seidel: Die Jahreszeiten (1886); H. Seidel: Allerlei aus Stadt und Land (1888); H. Seidel: Der Besuch auf dem Lande (1888); H. Seidel: Der Besuch in Berlin (1888); H. Seidel: Das Volksfest (1888); H. Seidel: Das Wirtshaus an der Landstraße (1888); K. Homann: Liliput (1891); R. Hofmann: Otto von Bismarck (1897); R. Sternfeld: Die Hohenzollern in Bild und Wort (1899); H. Seidel: Kinderlieder und Geschichten (1903).

Karin Schmidt

Röhrig, Tilman

*Autor von Kinder- und Jugendbüchern, Hörspielen und Fernsehfilmen, Schauspieler; *28.3.1945 Henweiler/Hunsrück.*

Nach dem Abschluß seiner Ausbildung an der staatlichen Schauspielschule Frankfurt/Main war R. an Theatern mehrerer westdeutscher Großstädte tätig. In dieser Zeit schrieb er seine ersten Jugendbücher. Inzwischen lebt er als freiberuflicher Autor und Schauspieler. 1973 wurde R. für sein Buch „Thoms Bericht" (1973) mit dem „Buxtehuder Bullen" ausgezeichnet, das, wie auch „Langes Zwielicht" (1974), in die Auswahlliste zum Deutschen Jugendbuchpreis aufgenommen wurde. R. erhielt 1974 den Förderpreis von Radio Bremen für das Manuskript und die Regie des Hörspiels „Das Mädchen in der Kugel".

Werk, Tendenzen, Wirkung. Themenauswahl und literarische Gestaltung der Jugendbücher R.s sind vielfältig und zeigen das Bemühen, den jugendlichen Rezipienten ernstzunehmen. Dominieren in R.s ersten Veröffentlichungen Parabeln, die auffällig konstruiert wirken (Die Hochzeit des Schornsteins, 1972; Die Kinder in der Kugel, 1975), so bevorzugt er bald auch Erzählerberichte, die dem Leser in hohem Maße Authentizität suggerieren (Thoms Bericht, 1973; Langes Zwielicht, 1974). Motive wie Außenseitertum, Einsamkeit, Unverständnis und repressives Erwachsenenverhalten Kindern gegenüber finden sich in R.s Büchern mehrfach, ohne daß jedoch die Ursachen für das Fehlverhalten der Erwachsenen deutlich gemacht werden. Situationen und Hauptfiguren bieten trotz realistischer Züge nur partiell Identifikationsmöglichkeiten für den jugendlichen Leser. R. bevorzugt den Appell an die Gefühlswelt und verzichtet weitgehend auf die Möglichkeiten rationaler Problembewältigung. Er greift zu desillusionierenden Darstellungen, die keine positive Aufklärung erfahren, so daß zuweilen eine pessimistische Tendenz in seinen Büchern überwiegt. Dies trifft insbesondere auf „Thoms Bericht" (1973) zu, in dem der vierzehnjährige Ich-Erzähler seine trostlose Kindheit schildert. Aufgewachsen in einer streng evangelischen Pfarrersfamilie sprengt er am Ende des Berichts die Enge seiner Sohn-Rolle durch seinen Kirchenaustritt unmittelbar nach seiner Konfirmation, um sich so an seinem schlagenden, sinnlos strafenden Vater zu rächen. Die kompromißlose Darstellung des Autors und der pessimistische Grundton der Erzählung führten zu heftigen Auseinandersetzungen zwischen Befürwortern und Gegnern dieses Buches.
In dem Buch „Mathias Weber, genannt der Fetzer" (1975) stellt R. mit detailgetreuen historischen Fakten die Biographie eines Räuberhauptmanns vor, der um 1800 das Rheinland verunsicherte. Dieses Buch wurde verfilmt und lief als 12-teilige Fernsehserie unter dem Titel: „Anton Keil, der Specialcommissaire" (1978).

Werke: Die Hochzeit des Schornsteins (1972); Thoms Bericht (1973; TB. 1976); Langes Zwielicht (1974); Die Kinder in der Kugel (1975); Mathias Weber, genannt der Fetzer (1975); Kugel oder wie die Gemeinsamkeit sich traf (1975); Herr Simsalo zaubert nur am Samstag (1978).

Marion Masthoff

Roll, Dušan

*Slowakischer Kinderbuchfachmann, Organisator der Bienale ilustrácií Bratislava (BIB); *28.2.1928 Martin/ČSSR.*

Nach Beendigung des Studiums der Rechte durch die Promotion und der Tätigkeit in einer Druckerei arbeitete R. im Verlag Osveta in Martin. Er begann mit der Edition von Leporelloalben, Malbüchern, Ausschneidebogen u.a. Seit 1958 ist R. im Kinderbuchverlag Mladé Letá als Leiter der Kunstredaktion und Stellver-

*Dušan Roll (*1928)*

treter des Chefredakteurs tätig. Er widmet sich vorwiegend der Entwicklung von Büchern für die Kleinsten. R. ist Mitbegründer des „Slovart", einer Gesellschaft für den Import und Export von Kulturschätzen. Als Mitglied der Exekutive der IBBY (Internationales Kuratorium für das Jugendbuch) kümmert sich R. vor allem um die Entstehung neuer nationaler Sektionen und um den Kontakt mit der IBBY-Zeitschrift „Bookbird". R. wurde durch mehrere in- und ausländische Auszeichnungen geehrt: „Verdienter Arbeiter der Kultur" (UdSSR und Polen), Träger der finnischen Medaille „Ani Swan", der Alex-Wedding-Medaille der DDR sowie der Ehrenplakette der BIB. Als Initiator der BIB war R. ihr langjähriger Generalsekretär, seit 1972 ist er ihr Generalkommissar.
R. propagiert den Gedanken der musischen Einheit von Text, künstlerischer Ausstattung und Illustration und Musik in Kinderbüchern. Zur Mitarbeit an dieser Editionsform gewann er bedeutende Komponisten (EUGEN SUCHOŇ, * 1908; JÚLIUS LETŇAN, 1914–1973; JÁN CIKKER, * 1911). Auf in- und ausländischen Kongressen trug er seine Einsichten und Erfahrungen vor. Seit 1968 ist R. Mitarbeiter des „Bookbird" und präsentiert darin Profile der BIB-Preisträger und anderer hervorragender Illustratoren. R.s organisatorische und theoretische Tätigkeit für die BIB geschieht unter Mitarbeit der Slowakischen Nationalgalerie und deren Internationalen Kabinett der Graphik, das ANNA URBLÍKOVÁ (* 1940) leitet.

Werke: Zázračná muzika (1969); Varila myška kašičku (1965, [4]1975; dt. Was kocht die Maus in ihrem Haus. 1966); Skúpy Macko (1962, [5]1976; dt. Der Geizhals, 1964); Das geizige Bärchen (1965); Čo sa sníva mrožovi (1969, [2]1973; dt. Wovon das Walroß träumt, 1974).

Beiträge: Die musische Dreiheit moderner Kinderbücher: Bild. Text. Musik (in: Trends in der modernen Jugendliteratur. Schriften zur Jugendlektüre XI. 1969. 45–49); Die Entwicklung der Kinderbuchillustration in der ČSSR (in: Graphis. 1971. 155. 284–291 und 326); Perspektivy na tretje desjatiletie (in: Detskaja literatura. 1972. 2. 70–71); What is BIB? (in: Bookbird. 1974. 1. 61–71); Was ist „BIB"? (in: Beiträge zur Kinder- und Jugendliteratur. 1974. 31. 69–72); Bienále ilustrácií Bratislava (in: Typografia. 1975. 5. 173–175); Zeitgenössisches Kinderbuchschaffen in der Tschechoslowakei (in: Graphis. 1975. 177. 94–99); Children's books international II (in: Bookbird. 1976. 3. 72–75).

František Holešovský

Rollenhagen, Georg

*Prediger, Pädagoge; * 22. 4. 1542 Bernau, † 20. 5. 1609 Magdeburg.*

Nach dem Studium der Philosophie und Theologie in Wittenberg war R. als Prediger und Lehrer in Magdeburg tätig; 1575 wurde er Rektor des altstädtischen Gymnasiums, das sich unter seiner Leitung zu einer der bedeutendsten Schulen Norddeutschlands entwickelte.

Werk, Tendenzen, Wirkung. R.s literarisches Werk ist weitgehend von seiner Schultätigkeit bestimmt; so berichtete er in den „Argumenta" (1592) zu seinem „Terentius" von den Aufführungen einiger Komödien des Terenz an seiner Magdeburger Schule. In seinen drei Schauspielen „Abraham" (1569), „Tobias" (1576) und „Vom reichen Manne und armen Lazaro" (1590) setzte er geschickt die Moralsatire des 16. Jahrhunderts ins Dramatische um; die Dramen sind geprägt von der Verbindung des Schulhumanismus mit stadtbürgerlicher Moralität. Dies gilt auch für sein 1595 erschienenes Hauptwerk, das mehr als 20000 Verse umfassende Tierepos „Froschmeuseler". Die Rahmenhandlung entnahm er den antiken Iliasparodie „Batrachomyomachia, vom Krieg zwischen Fröschen und Mäusen". Der Mäuseprinz Bröseldieb begegnet Bausback, dem König der Frösche, der ihn in seine Wohnung einlädt; bei der Fahrt über den Teich ertrinkt Bröseldieb; daraus entsteht der Krieg, der nach wechselndem Verlauf mit dem Sieg der Frösche endet. Im ersten und zweiten Band erweiterte R. das ausführliche Gespräch zwischen Bröseldieb und Bausback, indem er in ineinander verschachtelter Erzählweise die Gesprächspartner immer neue Figuren mit Reden und Erzählungen einführen ließ; in diese Erzählungen hat er zahlreiche Fabeln und Tiergeschichten aus der Antike und aus zeitgenössischen Werken verarbeitet. Thema des ersten Buches ist die richtige Haushaltung; im zweiten behandelt er, wie „die regiment bestallt sein solten", wobei in Anspielungen auf die Reformation breit über die Stellung der Religion im Staat gehandelt wird. Der Bericht des Krieges im dritten Buch wird, gleichfalls in Erzählungen verschiedener Sprecher und in den Kampfdarstellungen selbst, zur Belehrung über Krieg und dessen Grausamkeit.
Obgleich R. sein Tierepos im Titel ausdrücklich der Jugend widmete und sie auch im Text mehrmals anspricht, wäre es verfehlt, dieses Werk als ausgesprochenes Jugendbuch zu verstehen; auch die Dramen sind der Jugend gewidmet. Dem Sprachgebrauch der Zeit entsprechend verweist diese Anrede eher auf den Gebrauch in der Schule und damit auf die didaktische Absicht des Werkes. R. nannte es in der Vorrede eine „Contrafactur dieser unserer Zeit"; im Gewand des Tierepos gestaltete er in satirischer Absicht ein Abbild seiner Zeit. Die moralische und politische Belehrung verbindet sich mit satirischer Unterhaltsamkeit, die sich in den Fabeln und ihrem teilweise naiven, teilweise auch derben Humor äußert, auch in den geschickt der Vorlage nachgebildeten sprechenden Namen. Bis ins 18. Jahrhundert erschienen mehrere Auflagen des „Froschmeuseler", im 18. Jahrhundert entstanden auch erste Bearbeitungen für jugendliche Leser; im 19. Jahrhundert wurde das Werk, obgleich R. es gegen die Volksbücher seiner Zeit stellte, als Volksbuch verstanden.

→ Froschmeuseler

Werke: Abraham. Des Erzuaters Abrahams Leben vnd Glauben (1569); Tobias, Eine schöne, tröstliche Comoedia oder Spiel vom heiligen Ehestand (1576); Vom reichen Man, vnd armen Lazaro. Ein Deutsche Action (1590); Terentivs. Wie des

Terentij sechs Lateinische Comoedien angeordnet vnd in der Magdeburgischen Schulen ... sein gespielet worden (1592); Froschmeuseler. Der Frösch vnd Meuse wunderbare Hoffhaltunge. Der Frölichen auch zur Weyßheit, vnd Regimenten erzogenen Jugend, zur anmutigen aber sehr nützlichen Leer (1595).

Sekundärliteratur: E. Bernleithner: Humanismus und Reformation im Werke Georg Rollenhagens (Diss. 1954). – J. Bolte: Quellenstudien zu Georg Rollenhagen (in: Sitzungsberichte der Preussischen Akademie der Wissenschaften. 1929. 668–689). – A. M. Haas: Georg Rollenhagens Froschmeuseler (in: U. Schwab (Hrsg.): Das Tier in der Dichtung. 1970. 175–199). – R. Richter: Georg Rollenhagens Froschmeuseler. Ein rhetorisches Meisterstück (1975). – E. Sobel: Georg Rollenhagen. Sixteenth-Century playwright, pedagogue, and publicist (in: Publication of the modern languages association of America. 70. 1955. 762–780). – J. Telle: Zu Georg Rollenhagens ‚Froschmeuseler' (in: Wolfenbütteler Barock-Nachrichten. 3. 1976. 256–259).

Reiner Wild

Rollenspiel in der Kinder- und Jugendliteratur

Unter R. wird im allgemeinen eine spielerische Handlung verstanden, bei der Kinder und Erwachsene in kurzen, spontan gestalteten Szenen eine Rolle übernehmen; meistens, um bestimmte Personen oder einen sozialen Typus zu imitieren und sich mit ihm, bewußt oder unbewußt, zu identifizieren. R.e dieser Art hat es seit jeher gegeben. Die Spielelemente wurden zum Teil aus Gedichten, Reimen, Liedern und Geschichten für Kinder entnommen. Wort, Gesang und Gebärde sind wesentliche Bestandteile eines R.s.

Historische Vorläufer des modernen R.s. Die improvisierte Rollenverteilung sollte bereits vor dem und im Zeitalter der Aufklärung eine pädagogische Intention intensivieren, nämlich die Einübung sozialer Verhaltensweisen entsprechend den herrschenden Gesellschaftsnormen und -ordnungen. So spiegelt sich etwa in dem die Jahrhunderte überdauernden Abzählreim „Kaiser, König, Edelmann; Bürger, Bauer, Bettelmann" hierarchisches Denken. Auch fiktive Rollen sind geeignet, Umwelt- und Lebenssituationen des Kindes zu reproduzieren und ihm seine eigenen Grenzen und Möglichkeiten erfahrbar zu machen. Bereits im 17. und 18. Jahrhundert boten didaktische Texte, die als Dialoge zwischen Mutter und Kind, Lehrmeister und Schüler pädagogische und moralische Wirkungen erzielen wollten, Anknüpfungspunkte.
Die Philanthropen, für die das Kind ein eigenständiges, kreatives Wesen war, schufen in ihren ABC-Büchlein, Lesebüchern und „Kinderfreunden" bezeichnenderweise Texte, die vielfach fingierte Unterhaltungen von Familienmitgliedern, Dialoge zwischen Kindern untereinander oder zwischen Eltern und Erziehern und Kindern waren. Als pädagogisches Leitbild gilt Pestalozzis Gertrud aus „Wie Gertrud ihre Kinder lehrt" (1801). Sie ist der Mittelpunkt der Familie und die natürliche Erzieherin ihrer Kinder. Zuvor brachte der Landedelmann Friedrich Eberhard von Rochow (1734–1805) in seinem „Kinderfreund" (1776) kleine moralische Geschichten und Szenen, die später auch zu Singspielen umgewandelt wurden. Und Christian Felix Weisse (1726–1804), dessen Kinderjournal „Kinderfreund" schon 1775 zu erscheinen begann, war nicht umsonst als Verfasser von Komödien, Singspielen und Kinderliedern, die alle dramatische Elemente enthielten, bekannt. Das Nachspielen dieser Texte schuf den Übergang zum R. Die Lesebücher der Aufklärungszeit sind ähnlich gestaltet: Joachim Heinrich Campes (1746–1818) Lesebuch von 1778 enthält Gespräche zwischen einer Mutter und ihrer sechsjährigen Tochter; in Christian Gotthilf Salzmanns (1744–1811) „Kiefers ABC- und Lesebüchlein" von 1798 ist ein Gespräch zwischen „Herrn Fritz" und „Herrn Kurt", das als Leseanreiz gelten sollte, aber die Rollenverteilung deutlich macht, zu finden. Die Frage nach dem Verhältnis von Didaktik und Dramaturgie hat schon Johann Georg Hamann (1730–1788) in seinen „Fünf Hirtenbriefen, das Schuldrama betreffend" (1762) gestellt und den Schulmeister mit dem Theaterdirektor verglichen. Er fordert, „daß Begriffe und Lehren für Schüler in eben das Spiel, wie die Charaktere auf der Bühne, gesetzt werden sollten". Jean Paul (1763–1825) empfiehlt in seiner „Levana" (1807) besonders Sprichwörterspiele als „fortgesetzte und höhere Nachspiele der Marionetten- und Puppenspiele, welche die Kinder früher mit ihren Puppen und Mitgespielen extemporierten, als ob sie schon hinter das nachgespielte Leben sich vor der Luft des wirklichen flüchten wollten". Friedrich Fröbel (1782–1852) entwickelte in seiner „Menschenerziehung" (1826) den Gedanken, daß die Darstellung lebendiger Geschehnisse mit dem Handeln eines Kindes im Einklang stehen müsse. 1844 erschien seine Sammlung „Mutter-, Spiel- und Koselieder. Fünfzig Beispiele, wie Mütter durch Singen, Gebärden und Spielanleitungen ihr kleines Kind leisesten Schrittes in das Erkenntnis- und Erwerbsleben einführen sollten". Diese Liedersammlung war entstanden aus einer Begegnung mit einer jungen Bäuerin, die ihr Kind anwies, mit Hühnern und Tauben zu spielen, indem es ihnen zuwinkte und die Mutter dazu sprach: „Winke dem Hühnchen, winke dem Täubchen ..."; sicherlich eine erste Kinderpantomime, die Fröbel hier aufgezeichnet hat. Auch die Fröbelschen „Gaben" Ball, Kugel, Würfel waren mit kleinen Versen versehen. Beim Ball hieß es dazu: „Kann gehen und laufen, kann rollen und fallen, kann hüpfen und springen ...". Das Kind konnte sich auf diese Weise mit dem Gegenstand vertraut machen und ihn personifizieren. Insofern geht es um die Simulation der Rolle eines Gegenstandes. Die nachahmenden Bewegungen waren zudem erste Ansätze für Kreis- und Gruppenspiele, die sich zu kleinen R.en ausweiten konnten. Auch durch das im 19. und 20. Jahrhundert viel geübte Nachspielen von literarischen Vorlagen wie z.B. beim Märchen und von Fabeln werden Prozesse im Rollenübernehmen ausgelöst, durch die das Kind lernt und spielend begreift.

Neuere Entwicklungen. Improvisiertes Spiel in einer selbst gewählten Rolle in bestimmten selbst erlebten realen Situationen und unter altersgerechten Bedingungen ist inzwischen als eine für Kinder und Jugendliche wichtige Entwicklungshilfe erkannt worden. Die spielerische Ausdrucksmöglichkeit dient der sozialen Reifung ebenso wie der individuellen Selbstfindung. Der Als-Ob-Charakter des R.s besagt zwar einerseits, daß solche Rollen nicht die Realität sind, sie stehen aber in einer bestimmten „verfremdenden" Relation zur Lebenswirklichkeit.
War in der Reformpädagogik in den ersten Jahrzehnten des 20. Jahrhunderts das Stegreifspiel, das sich an einen Text anlehnte, Höhepunkt des darstellenden Spiels, so läßt sich heute in Kinder- und Jugendbüchern eine ganz bewußte Hinwendung zum improvisierten, spontanen, „textfernen" Spiel nachweisen. URSULA WÖLFEL (* 1922) zeigt in ihrem Buch „Du wärst der Pienek" (1973), wie aus Geschichten R.e werden können, ohne daß der wörtliche Dialog vorgegeben wird. „Jedes Spiel entsteht erst aus den Einfällen der Spieler". Sie möchte sich bewußt abheben von traditionellen Formen des „Theaterspielens", um dem Kind und Jugendlichen Gelegenheit zu geben, sich „auszuspielen" und „aufzuspielen", „weil es Spaß macht, etwas nachzuahmen". Auch FRIEDRICH KARL WAECHTER (* 1937) verfolgt in seinen Kinder-R.en mit beigefügten Texten zum Singen ähnliche Ziele. „Brülle ich zum Fenster raus" (1973) läßt Kindern freie Hand in der Gestaltung von Spiel und Textbehandlung. Die Illustrationen und ausgesparten Bilder verleiten zum Mitmachen, Nachahmen und Selbermachen, spielend, sprechend und singend. Es ist bezeichnend, daß WAECHTER in seinem 1979 erschienenen Buch „Spiele" ganz auf literarische Vorlagen verzichtet und das Spielen zu nutzen empfiehlt, um zur Ausweitung sozialer Phantasien zu gelangen, d. h. im R. sich von vorhandenen Rollenklischees zu befreien.

→ Kindertheater, → Puppengeschichte, → Puppenspiel, → Schulspiel, → Schultheater

Ursula Walz

Roman in der Kinder- und Jugendliteratur

R. ist die übliche Bezeichnung für die in Prosa erzählte epische Großform. In der Regel stellt der R. verzweigte äußerliche Handlungen dar und beschreibt innere Zustände und Entwicklungen, die als individuelle Schicksale subjektive Projektion der Bedingungen der Wirklichkeit sind. Die Breite der Darstellung, insbesondere aber die Anforderungen an das Rezeptionsvermögen des Lesers haben dazu geführt, daß der Begriff R. im Bereich der Kinder- und Jugendliteratur nur zurückhaltend Verwendung gefunden hat.

R.-Begriff und Kinder- und Jugendliteratur. Nur selten werden literarische Werke für die Zielgruppe Kinder/Jugendliche mit dem Begriff R. belegt. Traditionell pflegt man unter dem R. Erwachsenenliteratur zu subsumieren. Die Literaturpädagogik, die sich darum bemüht, den jugendlichen Leser in bezug auf Verstehen, Genießen und kritische Auseinandersetzung „literaturfähig" zu machen, sieht in der Kinder- und Jugendliteratur eine Vorform, zum Teil eine vereinfachte Variante des R.s. Entsprechend wird die Kinder- und Jugendliteratur zur „Propädeutik der Langform", wird Unterrichts- und Übungsmittel, den Weg zum Erwachsenen-R. zu finden. Konsequenterweise kann man nach diesem Verständnis der Kinder- und Jugendliteratur selbst die Qualität des „höherstehenden" R.s nicht zuerkennen. Basis der These, die Form des R.s sei erst dem erwachsenen Leser zugänglich, ist die spezifische Einschätzung der Lesefähigkeit und -fertigkeit der Jugendlichen. Der R. sei für den Jugendlichen rein äußerlich zu lang und daher, im Gegensatz zu Erzählung und Kurzgeschichte, als Form ungeeignet. Allerdings ist diese These generell kaum verifizierbar, wie zahlreiche beliebte Jugendbücher mit überdurchschnittlichem Umfang wie z. B. SELMA LAGERLÖFS (1858–1940) „Nils Holgersson", KURT HELDS (1897–1959) „Die rote Zora", ERWIN STRITTMATTERS (* 1912) „Tinko" zeigen. Die aktuell beobachtbare Favorisierung kürzerer Formen scheint eher ein (kultur-)soziologisches Problem zu sein und ist in Zusammenhang mit der Einschränkung der Lesezeit bei einem übergroßen Angebot der Massenmedien zu sehen. Wo dieses Angebot der Jugendliteratur nicht die gleiche Konkurrenz macht wie in der Bundesrepublik, finden sich, z. B. in der DDR, zahlreiche umfangreiche Kinder- und Jugend-R.e, oftmals in mehrfacher Auflage. Wichtiger als der Hinweis auf die Länge des R.s ist dagegen die Frage, inwieweit die Rezeptionsfähigkeit des jungen Lesers für die R.-Form ausreicht. Zweifellos sind dem Lesevermögen des Kindes Grenzen gesetzt, da es sich in einem Entwicklungs- und Lernprozeß befindet. Allerdings ist eine definitive Aussage, etwa im Sinne der BÜHLERschen Lesealtertheorie, problematisch, da nicht nur Inhalte und Interessen, sondern auch Vorinformationen und Vertrautheit mit Lesetechniken keine altersspezifischen Konstanten darstellen, sondern sich historisch gesellschaftlich verändern.
Der Kampf um den R. als eine im Sinne eines bürgerlichen Literaturbewußtseins des 19. und 20. Jahrhunderts „anerkannte" Kunstform, verbunden mit der betonten Abgrenzung vom Trivialen und seiner in der Regel linear, klischeehaft und damit leicht rezipierbaren Struktur, führt nur allzu rasch dazu, in oberflächlicher Weise nur den kompliziert strukturierten, eine Fülle von Vorwissen verlangenden R. anzuerkennen. Verständlichkeit, die über den Kreis der Fachleute und Kenner hinausgeht, macht so den R. oft suspekt, scheint ihn zu disqualifizieren. Da nun Anschaulichkeit und Verständlichkeit wichtige Kriterien der Kinder- und Jugendliteratur sind, ist diesem Verständnis der Begriff R. für die Zielgruppe Kind und Jugendlicher desavouiert, wird auch die Kinder- und Jugendliteratur insgesamt abgewertet, wissenschaftlich zur terra incognita und insgeheim der Trivialliteratur an die Seite gestellt. So entpuppen sich oft R.e, die für „die liebe

Jugend" bearbeitet wurden, als Verfälschung, als inhaltlich-ideologische Zensurierung, als sprachliche Trivialisierung. Die Hybris dieser Wertung findet allerdings in der Geschichte der Jugendliteratur ihre teilweise Rechtfertigung. Nur zu oft wurden Anschaulichkeit und Verständlichkeit von Schnell- und Vielschreibern mit Trivialisierung, Vereinfachung und Klischeeproduktion gleichgesetzt. Die struktural-experimentelle Entwicklung des R.s wurde zum größten Teil von den Jugendbuchautoren ignoriert; man legte sich auf einen Typus (linear einsträngige Handlung) fest, wie er seit Beginn des zielgruppengerichteten Jugendbuches im 18. Jahrhundert angemessen schien. Durchgängig im ganzen 19. Jahrhundert, dominiert dieser Typus auch heute. Künstlerische Sterilität beeinflußt Lesehaltung und -erwartung, so daß Formexperimente (z.B. mehrsträngige Handlung, Perspektivwechsel), die Gewohntem zuwiderlaufen, erst Lesebarrieren überwinden müssen. Die Literaturpädagogik ist ihrer Aufgabe bezüglich der Ausbildung eines breiten Lesetechnikkanons, der Vermittlung eines reichen Dekodierungsrepertoires nur unzulänglich nachgekommen und hat so dazu beigetragen, Lesen typgebunden zu automatisieren. Der breite Markt (auch für den überwiegenden Teil der Erwachsenenliteratur) ist diesem anerzogenen Rezipientenverhalten angepaßt. Mit dem konventionellen Formtypus des R.s verbindet sich eine ebenso konventionelle inhaltliche Aussage. Trotz HEINRICH WOLGAST (1860–1920) ist die Kinder- und Jugendliteratur weitgehend auf dem formalen Stand des R.s der Aufklärungszeit stehen geblieben. Der sichtbare pädagogische Zeigefinger, die moralisch erziehende Quintessenz oder – was kein Widerspruch ist – die Verweisung in die oberflächliche Unterhaltung innerhalb einer konstruierten „heilen Welt des Kindes", die Priorität äußerlicher Handlungsspannung und ihre Klischees – Parallelen zum trivialen Unterhaltungs-R., wie er schon im ausgehenden 18. Jahrhundert heftiger Kritik unterworfen war, bestehen – weisen sich, da in ihrer Entwicklung historisch abgeschlossen und somit redundant, als trivial aus. Für die Fülle dieser Produkte ist der Begriff R. als künstlerischer Wertbegriff tatsächlich fragwürdig; fragwürdig aber auch ihr Wert unter dem Aspekt der Hinführung zum R. der Erwachsenen.

Zur historischen Entwicklung des R.s. Der R. stammt vom Epos ab, unterscheidet sich aber nicht nur durch die äußere Form von ihm (Versform des Epos, Prosa des R.s seit dem ausgehenden 13. Jahrhundert). Während jenes überzeitlich auf Darstellung der Totalität von Welt zielt, bleibt der R. historisch gebunden, stellt Wirklichkeit subjektiv am individuellen Beispiel dar, dessen Schicksal Spiegel historischer Bedingungen im Allgemeinen wie im Besonderen ist. Die Entwicklung des R.s korrespondiert eng mit der technischen Entwicklung (Buchdruck), mit den Vertriebsmöglichkeiten, mit der Ausbildung eines breiten lesekundigen Publikums. Nach Vorformen setzt sich der R. als in der Volkssprache geschriebene Prosagroßform im 16./17. Jahrhundert durch. Der episodenreiche Barock-R. muß verstanden werden als umfassende, in Handlung umgesetzte Metapher, die in der Verbindung von Wirklichkeit und Illusion den Versuch unternimmt, die Wirklichkeit, die der Oberflächensicht verborgen bleibt, zu durchdringen. Während im Trivial-R. (und als Ableger auch im Abenteuerbuch für Jugendliche) diese metaphorisch-analytische Funktion verlorengeht und die äußere Handlungsspannung allein unterhalten will, umfaßt die Weiterentwicklung des R.s im 18. Jahrhundert direkter die realistische Darstellung. Der Mensch wird nicht mehr als Typ, vielmehr als Individuum behandelt. In der Mikroskopie seiner seelisch-sittlichen Analyse, reflektiert, oft ironisch dargestellt, spiegelt sich die distanzierte, kritische Auseinandersetzung des Autors mit der bürgerlichen Wirklichkeit. CHRISTIAN FR. VON BLANCKENBURGS „Versuch über den Roman" (1774), orientiert an CHRISTOPH MARTIN WIELANDS (1733–1813) „Agathon", charakterisiert ihn als „innere Geschichte" eines Menschen und ordnet ihm ganz im Sinne der Aufklärung als Ziel die Vervollkommnung des Menschen zu. In der zur selben Zeit entstehenden Kinder- und Jugendliteratur wird dieses Ziel enger gefaßt und als Mittel bürgerlicher Erziehung pädagogisiert. Der englische R. (SAMUEL RICHARDSON (1689–1761), HENRY FIELDING (1707–1754), LAURENCE STERNE (1713–1768)) ist Schrittmacher. In der Charakterisierung seiner Aussage und Funktion etabliert sich der R. jetzt als eigenständiges und -wertiges Kunstwerk, löst in der Bedeutung das Epos ab und wird zum wichtigsten Mittel dichterischer Gestaltung. GEORG WILHELM FRIEDRICH HEGEL (1770–1831) bezeichnet ihn als „moderne bürgerliche Epopöe". JOHANN WOLFGANG VON GOETHE (1749–1832) unterscheidet in seiner Definition („Darstellung von Gesinnungen und Begebenheiten") den R. vom Drama („Charaktere und Taten"). Mit dem Erscheinen des „Werther" ist der R. als Kunstform weithin anerkannt. Der psychologische R. (KARL PHILIPP MORITZ, 1756–1793), der Entwicklungs- und Bildungs-R. (GOETHE, JEAN JACQUES ROUSSEAU, 1712–1778) reagieren auf die Forderungen an den R., Beobachtungen aus der Umwelt, Gedanken über Kunst, Welt, Geschichte aufzunehmen, also insgesamt Produkt innerer Bildung, Klarheit des Details und Empfindungskraft zu sein, wie GOETHE in seiner Kategorientafel als Qualitäten des R.s verlangt. Nicht eine vorgeschriebene äußere, sondern die „innere" Form bestimmt den R. So sieht auch die Romantik, etymologisch dem R. verbunden, in ihm ihre höchste Erfüllung (NOVALIS, d.i. FRIEDRICH VON HARDENBERG, 1772–1801). Die weiträumige freie Form des R.s sollte es in idealer Weise ermöglichen, der romantischen Poesie und Philosophie Ausdruck zu verleihen. Weil der R. dem gestaltenden Subjekt die größte Freiheit beläßt, ist er als Gattung prädestiniert für die romantische Poesie als Komplement der unbegrenzten Freiheit des dichterischen Subjekts. Der R. wird verstanden als mehr oder weniger verhülltes Selbstbekenntnis des Verfassers, als Ertrag seiner Erfahrungen, als Quintessenz seiner Eigentümlichkeit (FRIEDRICH SCHLEGEL, 1772–1829). FRIEDRICH SPIELHAGEN (Beiträge zur

Theorie und Technik des Romans, 1883) stellt demgegenüber die umstrittene Forderung auf, die Person des Erzählers müsse, selbst in der Ich-Form, völlig hinter dem objektiven Bericht zurücktreten. SPIELHAGEN insistiert auf den realistischen R., der, bei Beibehaltung eines psychologischen Grundzuges (OTTO LUDWIG) Spiegel analytisierter historischer bzw. aktueller Wirklichkeit, „Sinnbild des Wesentlichen" (GEORG LUKÁCS, 1885–1971) sein wollte. Gegenstand ist der Mensch unter dem Einfluß historischer Mächte. So versteht sich der historische R. (WALTER SCOTT, 1771–1832; VICTOR HUGO, 1802–1885; ALESSANDRO MANZONI, 1785–1873), der Gesellschafts-R. (CHARLES DICKENS, 1812–1870), der zeitkritisch dokumentarhaft zum Bekenntnis-R. wird (STENDHAL, d.i. HENRY BEYLE, 1783–1801; EMILE ZOLA, 1840–1902), starke psychologische Strukturen (HENRY JAMES, 1843–1916; FJODOR DOSTOJEWSKI, 1821–1881) und soziologische Aspekte (GUSTAVE FLAUBERT, 1821–1880; LEO TOLSTOI, 1828–1910) betont, sich jedoch stets in Aussage und Struktur bemüht, die historisch begründete Diskrepanz zwischen der aktuellen Organisation der Wirklichkeit, dem daraus resultierenden Verhalten und den gegebenen historischen Möglichkeiten sichtbar werden zu lassen (HONORÉ DE BALZAC, 1799–1850). Der realistische R. des 19. Jahrhunderts liefert das Grundverständnis für die Gattung R. Allerdings zeigte sich, daß der Versuch einer normativen Gattungsbestimmung (GEORG LUKÁCS) scheitern mußte. Die Geschichte des R.s ist weniger eine Geschichte seiner Gegenstände als seiner Struktur (LUCIEN GOLDMANN, 1913–1970). Im modernen R. des 20. Jahrhunderts scheint die Form zu dominieren. Experimente stellen hohe Anforderungen an den Leser, der vielschichtigen Handlungsstränge verfolgen muß, die verschlungen auf unterschiedlichen Ebenen laufen können, unter unterschiedlichen Blickwinkeln dargestellt werden, symbolisch weisend gemeint sind und anderes mehr. Schließlich scheint im ‚nouveau roman' die Handlung ganz zurückzutreten. Während in den zwanziger Jahren, beeinflußt durch die literatura facta SERGEJ TRETJAKOVS (1892–1939), der sozialengagierte R. in detaillierter Reportage Wirklichkeit abbilden wollte, wird die Forderung an episches Vorgehen, in und durch die Erzählung den Menschen kennenzulernen, vom modernen synthetischen R. in Frage gestellt. Dominant ist oft der innere Monolog (E. DUJARDIN), Instrument des Begreifens, der Sichtbarmachung psychologischer Realität. Es gibt nicht „den" R.; er ist ein „Proteus" (W. PABST), der seine Wandelbarkeit im aktuellen modernen R., der offensichtlich der Erzählung wieder großen Raum gibt (GÜNTHER GRASS), unterstreicht.

R.e für Kinder und Jugendliche. Trotz der geäußerten Kritik ist es vereinfacht, den Begriff R. für den Bereich der Kinder- und Jugendliteratur auszuschließen, bzw. ihn auf den Trivial-R. zu beschränken. Zwar ist die künstlerische Sterilität bezüglich der Form auf dem Markt dominant, doch ist sie nicht ausschließlich. Auch inhaltlich hat die Kinder- und Jugendliteratur, wenn auch nachhinkend und nicht zu generalisierend, den Bezug zur Entwicklung des Erwachsenen-R.s nicht verloren. Partiell wurden die Forderungen der R.-Theorie auch in der Kinder- und Jugendliteratur akzeptiert und zu verwirklichen gesucht, dem Verstehenshorizont der gewünschten Leser angepaßt. Der Aufklärungs-R. steht dem mit JOACHIM HEINRICH CAMPE (1746–1818) beginnenden Strom der Robinsonaden Pate. FRANÇOIS FÉNELONS (1651–1715) „Telemach" (1699), THOMAS DAYS (1748–1789) „Sandford and Merton" (1783) weisen die Kriterien des Bildungs-R.s auf. Wenn dann im 19. Jahrhundert das Jugendbuch ins Triviale abgleitet, so nicht zuletzt deshalb, weil es als Ware zum lukrativen Geschäft wird, wobei nicht künstlerische Ausarbeitung, sondern profitabler Massenumsatz Verleger und Autoren bestimmt. Erst in den Ansätzen der sozialistischen und kommunistischen Jugendbuchproduktion findet der realistische R. Eingang. Während insbesondere in Deutschland die trivialisierten Nachfahren des Reise- und Abenteuer-R.s oder des historischen R.s (CARL FALKENHORST), nationalistisch-ideologisiert und in oft genug nachlässiger Weise produziert, dominieren, forderte MAXIM GOR'KIJ (1868–1936) 1916 Biographien „großer Männer", geschrieben von anerkannten Schriftstellern, für die Jugend. Ende der zwanziger Jahre werden dann auch in Deutschland Jugendbücher wie ALEXANDER NEVEROVS (1887–1923) „Taschkent" bekannt, die in der Weise des realistischen R.s die Situation und Entwicklung von Jugendlichen schildern. Auch wenn man tendenzhaft, der Lesefähigkeit der Zielgruppe angemessen, spezifische Aspekte für R.e für Kinder und Jugendliche nennen kann (z.B. durchgehende Handlung, ausführliche Personenbeschreibung, Betonung der Dialoge), so weisen diese Punkte noch auf keinen spezifisch eigenständigen Kinder- und Jugend-R. hin. Trotz widersprüchlicher Positionen ist sich die Gattungslehre darin einig, in der Gattung keine präskriptiven Postulate, sondern eher Spielregeln des Schreibens mit evolutionärer Entwicklungsmöglichkeit zu sehen. EBERHARD LÄMMERT versteht unter „Gattung" einen historischen Leitbegriff, unter Typus seine ahistorische Konstante. Typus der Gattung R. ist z.B. der Handlungs-R. F. STANZEL unterscheidet Untergattungen, z.B. den pikaresken R. Daneben kann von einer bestimmten Schreibweise gesprochen werden, vom Narrativen, Dramatischen, Satirischen. Der R. für die Zielgruppe Jugend wird in diesem System nicht gesondert ausgewiesen, sondern ist einzuordnen. Gleiches gilt bei Anwendung der konkreten Kategorienbildung der R.-Theorie. Die Gliederung des R.s nach Stoff oder Inhalt (z.B. Schelmen-R., Reise-R., Liebes-R., Kriminal-R., Zukunfts-R.), die seine Vielfalt dokumentiert, ist in gleicher Weise auf das Kinder- und Jugendbuch übertragbar. Das von WOLFGANG KAYSER vorgestellte Kategoriensystem, das den Geschehnis-R. (z.B. Abenteuer-R.), den Figuren-R. (Ausbreitung des Lebensschicksals einer zentralen Figur) und den Raum-R. (Detailfülle der Welt) nennt, grenzt das Kinder- und Jugendbuch ebensowenig aus. Gleiches gilt, wie DIEter Arendt 1977 nachwies, bezüglich der für den R. typischen Erzählerhaltung. So können z. B. dem Ansatz von Stanzel (auktional, Ich-Form, personale Erzählsicht) zahlreiche Beispiele zugeordnet werden. Einen spezifischen Jugend-R., verstanden als Typus oder als Untergattung des R.s, gibt es somit nicht. Die Ausklammerung des Begriffs R. für Werke, die primär die Zielgruppe Kinder/Jugendliche ansprechen, als Werturteil ist, pauschalierend, ebenso unzulässig, lediglich Spiegel der Diskriminierung der Kinder- und Jugendliteratur. Nicht wissenschaftlich, sondern ideologisch begründet scheint diese Wertung zu sein, wenn die Absicht bekannter Erwachsenenautoren, bewußt für Kinder/Jugendliche zu schreiben, als „Herablassung" kommentiert wird. Mag es auch Einzelfälle geben, in denen ein literarischer „Papierkorb" noch schnell für ein Kinderbuch ausgebeutet wurde, so zeigt doch die Liste bekannter Erwachsenenautoren, die bewußt Kinder- und Jugendbücher verfaßt haben (z.B. Selma Lagerlöf, 1858–1940; Eric Linklater, *1899; Rudyard Kipling, 1835–1910), daß das Argument der literarischen Minderqualifikation fragwürdig ist. Scheinbar „romaneigene" Inhalte als für Kinder und Jugendliche unzuträglich zu bezeichnen, ist verallgemeinert ebenso falsch, fällt doch oft die Trennung zwischen Jugend- und Erwachsenenbuch schwer. Viele heute klassische Jugendbücher waren ehemals R.e für Erwachsene. R.e mit einem kindlichen/jugendlichen Helden als spezifischen Jugend-R. zu bezeichnen ist, angesichts zahlreicher Gegenbeispiele, nicht möglich. Weder Kürze noch wohlmeinende „Verständlichkeit", die zur Trivialisierung wird, kennzeichnen den R. für Kinder und Jugendliche, sondern die für den Leser einsichtige literarische Wahrheit der Aussage, eine Forderung, die für den R. allgemein gilt.

Die aktuelle Praxis zeigt, daß Verlage, Kritiker und Autoren den Begriff R. nicht selbstverständlich, wohl aber gezielt auch für Kinder- und Jugendbücher verwenden. Offensichtlich soll die Gattungsbezeichnung dem Käufer ein besonders „literarisches" Buch (z.B. Dieter Kühn, Mit dem Zauberpferd nach London, 1975; Jurij Korinec (*1923) Wolodjas Brüder, 1974) signalisieren bzw. auf Themen, die nicht Unterhaltung im Sinne eskapistischen Konsums liefern, sondern eher Denkanstöße erzeugen wollen (Beispiel: Sophie Brandes „Hauptsache, jemand hat dich lieb" (1976); Dagmar Chidolue „Das Maisfeld" (1976); Susanne Kilian „O.K.", 1974; Hans Peter Richter „Damals war es Friedrich", 1961), verweisen. Die aktuelle Kinder- und Jugendbuchproduktion nimmt, wenn auch partiell und nicht in ihrer Gesamtheit, durchaus Entwicklungen und Tendenzen des R.s auf. Dies betrifft seine Thematik (z.B. Entwicklungsprozeß Jugendlicher in seinen gesellschaftlichen und politischen Dimensionen und psychologischen Komponenten, das heißt analog der R.-Theorie, Information über den Menschen am subjektiven Beispiel vermittelnd), und ebenso seine Gestaltung (z.B. Tagebuchform, innerer Monolog, Montagetechniken, zum Mitdenken und Übertragen anregende symbolisierende Darstellung). Das gelingt ihr um so glaubwürdiger, als sie nicht speziell einen Typus Kinder- und Jugend-R. vorstellt, sondern vielmehr R.e, die in ihrer literarischen Aussage den jugendlichen Leser in seiner Situation ernstnehmen und ansprechen wollen.

Sekundärliteratur: Th. W. Adorno: Form und Gehalt des zeitgenössischen Romans (in: Akzente. 1. 1954. 410–416). – D. Arendt: Der Ich-Erzähler im Jugendbuch (in: Das gute Jugendbuch. 27. 1977. 4. 172–180). – H. Arntzen: Der moderne deutsche Roman. Voraussetzungen, Strukturen, Gehalte (1962). – R. Bamberger: Kompositionsformen des Jugendbuchs (in: Jugendliteratur. 4. 1958. 8. 348–354). – A. Cl. Baumgärtner: Deutsche Jugendliteratur seit 1945 (in: Arbeitskreis für Jugendliteratur (Hrsg.): 20 Jahre Deutscher Jugendbuchpreis. 1976. 215–222). – F. v. Blanckenburg: Versuch über den Roman (1774; ND. 1965). – M. Durzak: Der deutsche Roman der Gegenwart (1971). – R. Grimm (Hrsg.): Deutsche Romantheorien (1968; NA. Bd. 1–2. 1974). – W. Hartmann-Winkler: Lebensbewältigung im Kinderbuch (1970). – K. W. Hempfer: Gattungstheorie (1973). – B. Hillebrand: Theorie des Romans (Bd. 1–2. 1972). – W. Kayser: Entstehung und Krise des modernen Romans ([5]1968). – V. Klotz (Hrsg.): Zur Poetik des Romans ([2]1969). – E. Lämmert (Hrsg. zus. mit H. Eggert): Romantheorie. Dokumentation ihrer Geschichte in Deutschland 1620–1880 (Bd. 1–2. 1971–1975). – H. U. Lindken (Hrsg.): Theorie des Romans (1977). – G. Lukács: Die Theorie des Romans. Ein geschichtsphilosophischer Versuch über die Formen der großen Epik ([4]1977). – K. E. Maier: Jugendschrifttum. Formen, Inhalte, pädagogische Bedeutung (1965). – K. Migner: Theorie des modernen Romans. Eine Einführung (1970). – N. Miller (Hrsg.): Romananfänge. Versuch zu einer Poetik des Romans (1965). – W. Pabst: Literatur zur Theorie des Romans (in: Deutsche Vierteljahresschrift. 34. 1960. 2. 264–289). – A. Robbe-Grillet: Argumente für einen neuen Roman (1965). – F. X. Schönhuber: Grundsätzliches zur Jugendschriftenfrage (in: F. Fikenscher (Hrsg. zus. mit J. Prestel): Jugend und schönes Schrifttum (1925. 1–40). – J. Schramke: Zur Theorie des modernen Romans (1974). – F. Spielhagen: Beiträge zur Theorie und Technik des Romans (1883). – F. Stanzel: Typische Formen des Romans ([8]1976). – H. Steinecke (Hrsg.): Theorie und Technik des Romans im 20. Jahrhundert (1972). – W. Voßkampf: Romantheorie in Deutschland. Von Martin Opitz bis Friedrich von Blanckenburg (1973). – E. Weber (Hrsg.): Texte zur Romantheorie I (1974). – W. Welzig: Der deutsche Roman im 20. Jahrhundert ([2]1970).

Dietrich Grünewald

Romantik und Kinder- und Jugendliteratur

R. ist eine viele Lebensbereiche erfassende Bewegung, in Deutschland seit den neunziger Jahren des 18. Jahrhunderts bis in die Mitte des 19. Jahrhunderts (Auslauferscheinungen auch noch danach) wirksam, die auf der Berücksichtigung und Stärkung von Phantasie, Empfindungswelt und Kunst als zentraler Bereich des menschlichen Lebens basiert und zu speziellen Stilformen in den Künsten (Musik, Theater, Bildende Kunst und Literatur) geführt hat. In der Geschichte der Kinder- und Jugendliteratur ist die R. als Gegenbewegung gegen die aufklärerische und philanthropische Kinderliteratur zu verstehen und erst zu Beginn des 19.

Jahrhunderts aufgetreten. Die R. hat maßgeblich die Herausbildung der bürgerlichen Jugendliteratur bis heute vorbereitet und bestimmt.

Das Konzept der R.er. In der Periode zwischen dem Ausbruch der Französischen Revolution (1789) und dem Wiener Kongreß (1815), als in Weinmar J. W. VON GOETHE (1749–1832) und FRIEDRICH SCHILLER (1759–1804) ihre „klassischen" Werke schufen, entstand in den Köpfen von NOVALIS (d.i. FRIEDRICH VON HARDENBERG, 1772–1801), A. W. SCHLEGEL (1767–1845), FRIEDRICH SCHLEGEL (1772–1829), LUDWIG TIECK (1773–1853) u.a., dann auch der jüngeren R.er wie CLEMENS BRENTANO (1778–1842), ACHIM VON ARNIM (1781–1831), JOSEPH VON EICHENDORFF (1788–1857), JACOB GRIMM (1785–1863) und WILHELM GRIMM (1786–1859) das Konzept einer neuen, der „romantischen" Kunst und Literatur. Diese enthält viele Schattierungen (Frühromantik, Spätromantik, Heidelberger Romantik, Schwäbische Romantik u.a.), wird jedoch insgesamt durch folgende, die Literatur für die Jugend beeinflussende Ideen bestimmt: 1. Jenseits der um 1800 noch herrschenden (höfischen), zum Teil an französischen, englischen, antiken Vorbildern ausgerichteten Literatur gilt es, die vom „Volk" – von Kindern und noch nicht verbildeten Erwachsenen – erzählten, gesungenen und gelesenen einfachen Dichtungen ernstzunehmen, wiederzuentdecken und in gewisser Weise auch genialisch weiterzudichten und fortzusetzen (Volkslied, Märchen, Volksbuch, Volkssage, Kinderreime etc.). Das, was noch in der Zeit der Aufklärung abschätzig „Ammenmärchen" und „Afterliteratur" genannt wurde, bekommt normgebenden Charakter. 2. Die in der Kinderliteratur der Aufklärung vorherrschende utilitaristisch-rationalistische Tendenz in den sogenannten Moralischen Geschichten, Fabeln, Lehrstücken, didaktischen Dialogen und Sachbüchern von J. H. CAMPE, CHR. F. WEISSE, FR. E. VON ROCHOW, FR. J. BERTUCH usw. wird abgelehnt zugunsten der Aufwertung des Phantasiegehaltes im Märchen, des reinen Tons im Volkslied oder des rhythmischen Klanges im Gedicht. Die Reinheit des Gemüts und Empfindens bestimmten mehr die Vorstellungswelt der R.er als rationale Einsicht und Vernünftigkeit. 3. Thematisch werden von den R.ern die Natur und die nationale Vergangenheit entdeckt. Die Naturkulisse enthält in der Regel alle die Topoi, welche auch im Märchen Verwendung finden (Wald, Berg und Tal), sie trägt idealisierende und liebliche, nicht gewaltige Züge (wie noch im Sturm und Drang), Tier und Mensch leben in ihr in Harmonie (Genoveva), zumindest ist diese Projektion dem romantischen Dichter naheliegend. Die Vergangenheit ist die der Voraufklärungszeit, ausgestattet mit Zügen der mittelalterlichen Lebenswelt (Burgen, Schlösser, Städte im vorindustriellen Stadium mit Nachtwächtern, Stadttoren, Befestigungen, Handwerker, fahrende Gesellen, Landsknechte). Zugleich sind Landschaft und Vergangenheit innerhalb der deutschen R. auch vordringlich die nationale Kulisse und Szenerie. Das Konzept der R.er verband damit die Idee der Wiedergewinnung eines nationalen Bewußtseins (im Zeitalter napoleonischer Besatzung und klassizistischer Kultur an den Höfen).

Zum Teil treten innerhalb der Intention, die Reinheit (die in die mittelalterliche Vergangenheit hineingelesen wurde) wiederherzustellen und zu einem harmonischen Weltbild zu gelangen, auch religiöse Themen (Sterntaler-Märchen, Legenden, Sagen, Gebete) und Topoi (Mönche, Klöster, Kirchen) auf. Auch hierin ist eine Reaktion auf die rationalistische Säkularisierungstendenz im ausgehenden 18. Jahrhundert zu sehen. Ein oftmals sehr weiträumiges religiöses Bewußtsein – für SCHLEIERMACHER ist Religion „Gegenwart des Unendlichen im Endlichen" – ließ zwischen der Suche nach einer deutschen Mythologie (im Gegensatz zur klassischen) und der Suche nach einer Rückgewinnung christlicher Frömmigkeit keinen Widerspruch entstehen.

Der Mythos vom Kind. Schon bei den Frühromantikern, vor allem NOVALIS, sind Kinder bzw. nicht genau in ihrem Lebensalter bestimmbare Jugendliche („Die Lehrlinge zu Sais") Symbolfiguren für Nähe zum Ursprung, Unverbildetsein, Naivität, Reinheit, Natürlichkeit. Ihre reine Sinnlichkeit läßt sie unverstellt tiefer in die Welt blicken als die Erwachsenen, denen die irrationalen Sinnesorgane abgestorben sind. Konsequent haben die R.er dann auch recht früh das für Kinder vorhandene volkstümliche Dichtungsgut gesammelt, bearbeitet und herausgegeben und es als Dokumente ursprünglicher Poesie betrachtet. ACHIM VON ARNIM und CLEMENS BRENTANO fügten im dritten Band der bezeichnenderweise „Des Knaben Wunderhorn" betitelten Sammlung einen Anhang mit Kinderliedern bei (Beendigung der Arbeit im August 1808) und die Brüder GRIMM nannten von Anfang an ihre Märchenanthologie „Kinder- und Hausmärchen" (1812).

Die beziehungsreiche und symbolträchtige Zuwendung zu Kindergestalten korrespondiert mit der Zuwendung zum „einfachen Volk". Kinder und einfache Menschen (Flößer, Mägde, Händler, Handwerker, Bauern) hätten noch jenen „poetischen Unschuldssinn", von dem eine allgemeine Erneuerung der Künste ausgehen sollte. Insofern lehnten die R.er die spezifische Kinderliteratur, wie sie in der späten Aufklärung zu Papier gebracht und von ihnen selbst als Heranwachsende gelesen worden war, ab. Sie folgten vielmehr anfänglich der von JACOB GRIMM im Zusammenhang mit seiner und seines Bruders Märchensammeltätigkeit formulierten These: „Sind denn diese Kindermärchen für Kinder erdacht und erfunden? Ich glaube dies so wenig, als ich die allgemeinere Frage nicht bejahen werde: ob man überhaupt für Kinder etwas eigenes einrichten müsse? Was wir an offenbarten und traditionellen Lehren und Vorschriften besitzen, das ertragen Alte wie Junge, und was diese dann nicht begreifen, über das gleitet ihr Gemüt hinweg, bis daß sie es lernen ..." (J. GRIMM an A. VON ARNIM, 28.1.1813). Biographisch ist die Antipathie der R.er gegen alles Lehrhafte verständlich,

wenn man z. B. von EICHENDORFF erfährt, daß ihm sein Hofmeister CAMPES „Kinderbibliothek" verordnete, jene „pädagogische Fabrik", er jedoch sich von der Lesung des phantasieanregenden Volksbuchs vom gehörnten Siegfried im Häuschen armer Leute angezogen fühlte.
Die R.er setzten demnach das Kind mit dem Ideal des naiven, reinen, einfachen Menschen gleich, lehnten deshalb auch eine spezifische Kinderliteratur ab, wollten vielmehr die von Kindern und dem einfachen Volk in mündlicher Tradition geretteten Reste der Poesie allen wieder zugänglich machen. Jedoch kamen weder die Brüder GRIMM noch WILHELM HAUFF, weder HANS CHRISTIAN ANDERSEN noch GUSTAV SCHWAB umhin, sich bei ihren Bearbeitungen nach dem jugendlichen Publikum zu richten.

Die bevorzugten Gattungen der romantischen Kinder- und Jugendliteratur. In Anbetracht der Aufwertung der sogenannten volkstümlichen Literatur kamen in der R. vor allem folgende poetischen Formen in Gebrauch: 1. Kinderreime, Kinderlieder, Kindergedichte; 2. Volksmärchen und Kunstmärchen; 3. Volks-, Helden-, Göttersagen und Legenden; 4. volkstümliche Erzählungen, sogenannte Volksbücher. Es war sowohl Platz für Bearbeitung überlieferter Stoffe und Texte wie auch für die originäre Erfindung neuer Geschichten im Geiste volkstümlicher Tradition. Wie weit der Bearbeiter freie Hand hat, ist schon zwischen den Herausgebern des „Wunderhorns" und der „Kinder- und Hausmärchen" strittig gewesen, ja von JACOB GRIMM in den ersten Jahren der Märchenarbeit (bis etwa 1815) strenger im Sinne historischer Treue entschieden worden als von seinem Bruder WILHELM. Bei den Spätromantikern und den Epigonen sind oftmals Tonfall, Sprachduktus, Topoisystem und Thematik noch aus romantischem Geist zu verstehen, jedoch mit dem Anspruch originaler Dichtung produziert (FR. GÜLL, L. BECHSTEIN, G. SCHWAB, W. HAUFF, LUDWIG UHLAND, HOFFMANN VON FALLERSLEBEN, WILHELM HEY). Bei H. CHR. ANDERSEN sind z. B. selbsterfundene und an Überlieferungen angelehnte Märchen gar nicht mehr getrennt ediert.
Gattungen wie die Fabel und die Parabel und auch die Sachliteratur für Kinder hatten in der R. kaum eine Entfaltungsmöglichkeit.

Kinderreim, Kinderlied, Kindergedicht. Kinderreime, Kinderlieder, Kindergedichte, auf die schon JOHANN GOTTFRIED HERDER durch seine Sammlung „Volkslieder" (1778–1779) aufmerksam gemacht hatte, fanden ihre richtunggebende Sammlung in „Des Knaben Wunderhorn". Im dritten Band (1808) sind etwa 170 Texte aufgezeichnet, die von CL. BRENTANO in seiner Heimat am Rhein und Main gesammelt worden waren und die er auch redigiert hatte. HOFFMANN VON FALLERSLEBEN bekannte sich noch 1855 nachdrücklich zu der „Sendung" des „Wunderhorns". Im Anschluß an diese frühe Sammlung begann man an vielen Stellen regionale und überregionales Reim- und Liedgut zu sammeln. Die umfangreichste Sammlung (ca. 1000 Nummern) brachte KARL SIMROCK (1802–1872) in seinem „Deutschen Kinderbuch" (1848) zusammen. Neben den Volkskinderreimen und -liedern entstanden, hervorgegangen und angelehnt an den romantischen Stil und Ton, bei einer Reihe von Autoren das ganze 19. Jahrhundert hindurch Kunstkinderreime, so z. B. von KLAUS GROTH (1819–1899) in seinem Band „Voer de Goern" (1858), von FRIEDRICH RÜCKERT (1788–1866) die „Fünf Märlein zum Einschläfern für mein Schwesterlein" (1813), von HOFFMANN VON FALLERSLEBEN (1798–1874) z. B. „Das Lied vom Mond" und vom „Schlaraffenland" sowie viele Gedichte von FRIEDRICH GÜLL (1812–1879) und ROBERT REINICK (1805 1852). Der romantische Ton und die harmonische, gemüthafte Ansprache verbinden späte R. mit dem Biedermeier.

Märchen. Die Brüder GRIMM waren keineswegs die ersten, die Märchen sammelten. Vor ihnen hatte z. B. in Deutschland schon JOHANN KARL AUGUST MUSÄUS (1735–1787) in fünf Bänden unter dem Titel „Volksmärchen der Deutschen" (1782–1787), in Frankreich CHARLES PERRAULT (1628–1703) und die Gräfin D' AULNOY (1650–1705) Märchen gesammelt. Jedoch waren JACOB und WILHELM GRIMM die ersten, die im Volksmärchen „ächte Poesie" und „ungetrübte Phantasie" sowie originale Reste eines mythologischen Ursprungs sahen und eine neue Welle der Märchenliteratur hervorriefen. Auf sie geht auch die „Literarisierung" der Märchenüberlieferung zurück, wodurch das Volksgut Märchen zum Lesegut in bürgerlichen Kinderstuben wurde. Ursprünglich zwar von den Brüdern GRIMM in der Absicht gesammelt, eine „demokratische Literatur" vor dem Untergang zu bewahren und den Kindern in Form von gemeinsamer Hauslektüre kostbares Gut zur nationalen Bewußtseinsbildung zu übergeben, haben die Brüder GRIMM, vor allem WILHELM als steter Betreuer der Sammlung, den Märchen eine stilistische und auch inhaltliche Veränderung (Einführung einer komplizierten Schriftsprache, Verniedlichungstendenz, gemütvolle Ausschmückung im Detail etc.) angedeihen lassen, so daß diese romantische Märchenform mit Recht als Sonderform gesehen werden muß („Gattung Grimm"). Die „Kinder- und Hausmärchen" dienten jedoch vielen anderen Sammlern und Bearbeitern in vielen Ländern als Modell. In der Nachfolge der Brüder GRIMM stehen z. B. LUDWIG BECHSTEINS (1801–1860) Märchenbücher, auch das „Neue Mährenbuch für die Jugend" (1841) von FRIEDRICH HOFFMANN (1796–1874) und viele andere.
Die Tradition der Märchenausgaben und der Märchenlektüre für Kinder (in Haus und Schule) ist seit der R. ungebrochen, wenn sich auch die didaktische Rechtfertigung seitdem mehrfach verschoben hat.

Sagen und Legenden. Zu den neu bzw. wiederentdeckten Gattungen romantischer Kinder-, Jugend- und Erwachsenenliteratur gehört weiterhin der gesamte Bereich der Sagen und Legenden. Auch hier stießen die R.er auf verfasserlos überlieferte Reste, die sie vor dem Verlust retten wollten und aus denen sie glaubten, die Mythologie der Vorfahren erschließen zu können.

Geschichtlich ist zu bedenken: Die Brüder GRIMM wie andere R.er auch, waren politisch-ideologisch in Opposition zu der sie umgebenden „klassischen" Kultur und in der Frühphase ihrer Sammeltätigkeit auch zu der politischen Fremdbestimmung, nämlich der französischen Besatzungsmacht (in Kassel residierte ein Bruder NAPOLEONS). Kurz nach dem Wiener Kongreß gaben die GRIMMS dann die Früchte ihres Recherchierens, die „Deutschen Sagen" (1. Bd. 1816; 2. Bd. 1818), heraus. Sehr schnell wurden die aus mündlichen und schriftlichen Quellen zusammengekommenen Ortssagen und geschichtlichen Sagen in Jugendausgaben und Schulbücher übernommen, zogen auch den Sammel-, Bearbeitungs- und Herausgebereifer anderer nach sich. Wie politisch diese Arbeit der Editoren gesehen werden muß, geht aus dem Satz im Vorwort zu L. BECHSTEINS „Deutschem Sagenbuch" (1853) hervor: „Die Sage ist patriotischer als die Politik." Unter den mannigfaltigen Sagenausgaben, die speziell für die Jugend allein bis zur Mitte des vorigen Jahrhunderts ediert wurden, befinden sich z.B. WIDAR ZIEHNERTS „Deutsche Sagen und Mährchen für die Jugend" (1838); A. GEYGERS „Album für die Jugend. Die schönsten Sagen, Erzählungen, Schilderungen aus dem Helden-, Familien- und Völkerleben alter und neuer Zeit" (1. Bd.chen, 1842); FRANZ HOFFMANNS „Deutsche Sagen" (Bd. 1–4. 1848–1851). Namen wie GUSTAV SCHWAB (1792–1850), der aus historischem Interesse und schriftstellerischer Ambition „Die schönsten Sagen des klassischen Altertums – nach seinen Dichtern und Erzählern" (1838–1840) herausgab, KARL SIMROCK, KARL MÜLLENHOFF, A. STÖBER u.v.a., aber auch AMALIE SCHOPPE, die 1832 unter dem Titel „Die Helden und Götter des Nordens oder Das Buch der Sagen" die erste, speziell für die deutsche Jugend bestimmte Sammlung mit den germanischen Göttersagen und germanischer Mythologie erscheinen ließ, sind zu nennen. Es muß gesehen werden, daß die Versorgung der Jugend mit Sagen, wie sie das ideologische Konzept der R. nahelegte, eindeutig nationalerzieherische, später sogar mehr und mehr chauvinistische Züge trug. Unter Bezug auf K. SIMROCK formulierte dies unmißverständlich GUSTAV SCHALK (1848–1929) im Vorwort zu seinen „Deutschen Heldensagen. Für Jugend und Volk erzählt" (^{6}1903), militantes, männliches Heldentum als Leitbild herauskehrend: „In Wort und Bild, schlicht, wahr und getreu, schildert es (das Buch) hehres deutsches Heldentum und erzählt von unverbrüchlicher Treue in Kampf und Sturmgebraus, in Lust und Leid, in Not und Tod. Und an diesen hehren Vorbildern deutscher Heldengröße soll die deutsche Jugend, und zumal die männliche, welche berufen ist, dereinst das Schwert zu führen, sich heranbilden und reifen zu gleich hohen Heldentugenden – das ist der Zweck dieses Buches ...".

Gleichsam der religiöse Zweig des Sagenbereichs ist der der Legende. Waren schon in den „Kinder- und Hausmärchen" der Brüder GRIMM sogenannte Legendenmärchen zu finden, so sammelte z.B. auch K. SIMROCK diese Gattung („Legenden", 1855). Und CHRISTOPH VON SCHMID (1768–1854) bearbeitete schon 1810 z.B. den ins Volksbuch eingegangenen Stoff der „Genoveva" unter breiter Ausgestaltung christlicher Motive. Die Intention war zweifellos, mit Hilfe der Erzählungen von Heiligen die rückwärtsgewandte Frömmigkeit, die Abkehr von rationaler, fortschrittlicher Weltsicht und die Hinwendung zu Demut, Einfalt, Gläubigkeit zu fördern.

Andere volkstümliche Erzählungen. Neben dem volkstümlichen Gedicht- und Liedgut, neben Märchen, Sagen und Legenden gewannen die R.er besonderes Interesse an den größeren volkstümlichen Erzählungen wie die von Reineke Fuchs, Till Eulenspiegel, den Schildbürgern, von Doktor Faust, den Sieben Schwaben u.a. Manche dieser Stoffe waren als „Trivialliteratur", auf billigem Papier gedruckt, auf Märkten verkauft, in Umlauf. Diese sogenannten „Volksbücher" wurden ebenso Sammel- und Forschungsobjekt der R.er (JOSEPH GÖRRES; GUSTAV SCHWAB; GOTTHARD OSWALD MARBACH, 1810–1890; K. SIMROCK) und führten gleichzeitig zu unzähligen Jugendbearbeitungen. Folgende Volksbuchstoffe wurden auf Grund der romantischen Neuherausgaben, vor allem der von K. SIMROCK 1839 begonnenen und 1867 abgeschlossenen 13bändigen Sammlung, nach W. SCHERF (a.a.O.) ab der Mitte des 19. Jahrhunderts immer wieder auf Empfehlungslisten und in Katalogen für die Jugend aufgeführt: 1. Heldensagen (Siegfried, Wieland u.a.); 2. Ritterromane (Artus, Parzival u.a.); 3. Geschichtsromane (Alexander, Barbarossa u.a.); 4. Rebellenbücher (Melusine, Haimonskinder u.a.); 5. Außenseiter der Gesellschaft (Robin Hood, Wilhelm Tell, Schinderhannes, Rattenfänger u.a.); 6. Sozialkritik (Till Eulenspiegel, Rübezahl, Faust u.a.); 7. Rolle der Frau (Griseldis, Fortunatus, Genoveva u.a.); 8. Romane von zwei Menschen (Tristan und Isolde, Magelone u.a.); 9. Biblische Stoffe (Kindheit Jesu, Der ewige Jude).

Lesebücher und Bilderbücher. Bezeichnend für den durch die R. hervorgerufenen Wechsel in Stil und Inhalt der Schullesebücher dürfte PHILIPP WACKERNAGELS (1800–1877) Feststellung im Vorwort („Gespräch über das Lesebuch") zum dreibändigen, seit 1843 erschienenen Lesewerk für acht- bis vierzehnjährige Schüler sein. Er betont den christlichen und nationalen Charakter und will, daß „Literatur uns umwachsen und umspielen" solle, uns „von Schönheit zu Schönheit" führe. Die idealistische Forderung, „keinen Unterschied zwischen Volk und Gebildeten" zu machen, soll dadurch verwirklicht werden, daß die durch Schule angebotene Literatur für die Jugend 1. von deutschen Dichtern der verschiedensten Jahrhunderte stammen soll (Anthologisches Lesebuch), 2. volkstümliche Dichtung ihren Platz bekommt (z.B. Märchen und Sprichwort) und 3. schöne Literatur die in der Zeit der Aufklärung benutzte moralische und didaktische Literatur ablöst. Insofern ist im Zuge der R. das sogenannte moralische, sachorientierte Lesebuch von dem historisch-anthologischen abgelöst worden. Allerdings dürfte dieser Prozeß fast nur die Schulen der bürgerlichen Schichten (Gymnasialbereich) und in geringen Anfängen die

Vorschule (Kindergarten) und Elementarschule erreicht haben, weniger die Volksschule, welche im 19. Jahrhundert stark auf das sogenannte „Realienbuch" als Lesebuch angewiesen war.
Die Jugendausgaben der durch die R. neu entdeckten Literatur, soweit sie für die private Lektüre bestimmt war, trugen oft den Vermerk „für die Jugend", „für Jugend und Erwachsene", auch „für die Jugend der gebildeten Stände" oder „für die Töchter/Söhne der gehobenen Stände" usw. Daraus geht hervor, daß vor allem die bürgerliche Leserschicht die Privatlektüre der Jugend förderte und trug.
Selbst in der Geschichte des Bilderbuchs, die in der ersten Hälfte des 19. Jahrhunderts und im Rückgriff auf durch die R. aktualisierte Themen beginnt, spiegeln sich die erwähnten romantischen Bestrebungen, volkstümliche Stoffe und Töne jedermann, auch den Kindern, zu übermitteln. Unter den ersten Bilderbüchern befinden sich etwa unter dem Titel „Die Ammenuhr" (1843) die illustrierte Ausgabe eines Gedichts aus „Des Knaben Wunderhorn", befinden sich das Liederbilderbuch „Alte und neue Kinder-Lieder" (1852), herausgegeben von FR. VON POCCI u.a., ebenso der Band „Schiefertafel-Bilder zu deutschen Kinder Liedern" (1851). FRIEDRICH FRÖBELS „Mütter- und Koselieder" (1844) dürften in ihrer Absicht der „Lebenseinigung" durch Spiel und Dichtung als Beispiel für romantische Pädagogik nicht unerwähnt bleiben. Ebenso ausgeprägt wenden sich die Bilderbuchillustratoren und -herausgeber vor und nach der Jahrhundertmitte dem Gebiet des Märchens zu. Dies betrifft auch die sogenannten Bilderbogen, Einblattdrucke, auf denen sehr oft Szenen aus den Märchen der Brüder GRIMM oder L. BECHSTEINS zur Darstellung gelangten. Auch Sagen-, Legenden- und andere volkstümliche Erzählstoffe (Münchhausen, Rübezahl) fanden Aufnahme ins Bilderbuch, wie es aus der späten R. hervorgegangen war.
Das poetische Bilderbuch spätromantischer Intention – übrigens in deutlicher Abgrenzung etwa vom aufklärerisch-satirischen „Struwwelpeter" (1845) – hat sich nach seiner Entstehung in den vierziger Jahren vor allem drei Themenbereichen gewidmet: der illustrierten Darstellung des lyrischen Potentials an Volksliedern, Kinderreimen und erzählenden Gedichten; der Wiedergabe der Märchen und der dem Kind verständlichen und bildhaften Darstellung von großen alten epischen Stoffen wie dem Reineke Fuchs, dem Till Eulenspiegel, dem Don Quichote und mancher äsopischer Fabel. So unterzieht sich auch das Bilderbuch dem Forderungskatalog romantischer Absichten, eine volkstümliche, das Vergangene kultivierende, eine nationale, christliche, gemütbezogene, ästhetische Bildung zu erstreben. Es erreicht jedoch nur eine kleine, bürgerliche Leserschicht.

→ Die Ammenuhr, → H. Chr. Andersen, → A. v. Arnim, → B. v. Arnim, → L. Bechstein, → Biedermeier, → Cl. Brentano, → K. W. Contessa, → J. v. Eichendorff, → Epochen der KJl, → J. Görres, → J. u. W. Grimm, → Fr. Güll, → W. Hauff, → J. G. Herder, → W. Hey, → E. Th. A. Hoffmann, → Hoffmann von Fallersleben, → Kindergedicht, → Kinderlied, → Kinderreim, → Des Knaben Wunderhorn, → Legende, → Märchen, → Mythologie, → R. Reinick, → Fr. Rückert, → Sage, → G. Schalk, → Chr. v. Schmid, → G. Schwab, → K. Simrock, → L. Uhland, → Volksbuch, → Volkslied

Sekundärliteratur: Kl. Doderer: Kinderbücher und Jugendschriften 1750–1850 (zus. mit H. Müller in: E. L. Hauswedell und Chr. Voigt (Hrsg.): Buchkunst und Literatur in Deutschland 1750 bis 1850. Bd. 1. 1977. 196–248); Das poetische Bilderbuch im 19. Jahrhundert (in: Kl. Doderer und H. Müller (Hrsg.): Das Bilderbuch. ²1975. 99–140). – I. Dyhrenfurth: Geschichte des deutschen Jugendbuches (1967). – R. Hagen: Kinder wie sie im Buche stehen (1967). – H. L. Köster: Geschichte der deutschen Jugendliteratur in Monographien (⁴1927, NA. 1968). – A. Merget: Geschichte der deutschen Jugendlitteratur (³1882, NA. 1967). – W. Scherf: Volksbuch und Jugendliteratur (1976). – J. Schmidt: Volksdichtung und Kinderlektüre in der ersten Hälfte des 19. Jahrhunderts (Bd. 3 der „Studien zur Geschichte der deutschen Kinder- und Jugendliteratur, hrsg. von H. Kunze, 1977).

Klaus Doderer

Rommel, Alberta

*Schriftstellerin, Jugendbuchautorin, Musikpädagogin; * 5. 5. 1912 Stuttgart.*

R., die Tochter der Schriftstellerin CLARA ROMMEL-HOHRATH, studierte von 1929 bis 1934 an der Stuttgarter Musikhochschule und absolvierte anschließend ein privates Gesangsstudium. Von 1936 an war sie als Privatmusiklehrerin tätig; ihre besondere Liebe galt der Jugend-, Volks- und Kirchenmusik. R. lebt heute als Schriftstellerin in Stuttgart. Im Jahr 1956 wurde ihr Jugendbuch „Der goldene Schleier" (1955) im Rahmen des Deutschen Jugendbuchpreises ausgezeichnet.

Werk, Tendenzen, Wirkung. R. hat mehrere thematische Schwerpunkte, die in abgewandelter Form in ihren Jugendbüchern immer wieder auftauchen: Konflikte und Entwicklung des heranwachsenden Mädchens in der Auseinandersetzung mit Umweltanforderungen („Der goldene Schleier", 1955; „Die gläserne Barke", 1966; „Ein paar Schritte vorwärts", 1972), die gemischtgeschlechtliche Gruppe Gleichaltriger – häufig geprägt von einer starken Mädchenfigur –, die sich gemeinsam eine Aufgabe stellt, wie z.B. die Aufklärung eines Verbrechens, eines Geheimnisses, eine Hilfsaktion für in Not geratene Mitmenschen („Das Haus am Hang", 1950; „Kapitän Ursula", 1954; „Die Sternsinger", 1954) und als dritte Gruppe die Titel mit historischem Hintergrund, die einzelne Lebensabschnitte des LORENZO DE MEDICI zum Thema haben („Der junge Michelangelo", 1965; „Mein Leben für Florenz", 1962). Den Zusammenhang mit dem Zeitgeschehen versucht die Autorin teilweise auch in ihren Mädchenbüchern herzustellen, jedoch nur soweit, wie es zum Verständnis der Handlung erforderlich ist. So ergibt sich in dem Buch „Der goldene Schleier" (1955) die Unzufriedenheit Mariannes unter anderem aus ihrem Schicksal als Kriegshalbwaise und Flüchtlingskind. R. bemüht sich, ihre Mädchenfiguren vom passiven, angepaßten Vorbild des herkömmlichen Mädchenbuches abzuheben; ihre Heldinnen zeigen teilweise deutliche Bestrebungen nach Eigenständigkeit und Freiheit. Besonders eindringlich wird diese Intention im Buch „Allein gegen die Welt“ (1964) dargestellt. Traditionelle Grundwerte wie Familie oder Autorität der Erwachsenen bleiben jedoch unangetastet.

Werke: Sommerfahrt zu dritt (1942); Das Haus am Hang (1950); Lonni und Sonni (1951); Ein Maispiel (1952); Die Nacht in der Burgruine (1953); Christl und die Vagabunden (1953); Jungfrau Maleen (1954); Lonni und Sonni am See (1954); Kapitän Ursula (1954); Die Sternsinger (1954); Der goldene Schleier (1955); Ursula und der weiße Pirat (1956); Der Koffergeist (1957); Mit Corinna kannst du was erleben (1959); Der rätselhafte Veit (1960); Verwandlung am Bodensee (1960); Hochzeit in Florenz (1961); Das Licht in der Bärenschlucht (1961); Mein Leben für Florenz (1962); Lucrezia und der Fremde (1963); Allein gegen die Welt (1964); Der junge Michelangelo (1965); Die gläserne Barke (1966); Feuerzeichen am Berg (1966); Party im Ferienhaus (1968); Ein Fremder kam nach Mantua (1969); Unser Beat-Freund (1969); Anita und der rote Pirat (1970); Ein paar Schritte vorwärts (1972); Petronella und die Nebelmänner (1974); Glückliches Haus (1974).

Almut Prieger

rororo rotfuchs
Rowohlt Taschenbuch Verlag

Reinbek. Kinder- und Jugendtaschenbuchreihe.

Die „rotfuchs“-Taschenbuchreihe erscheint seit 1972 nach der Konzeption ihres Herausgebers Uwe Wandrey mit monatlich zwei bis drei Titeln im Rowohlt Taschenbuch Verlag GmbH und wendet sich an die Altersgruppe zwischen 3 und 16 Jahren.
Zum Verlagsprogramm gehört die Herausgabe von Bilderbüchern und Bildergeschichten, Vorlesegeschichten, Jugendromanen und -krimis, historischen Abenteuerromanen, Umweltgeschichten, Reportagen, fortschrittlichen Mädchenbüchern, kritischen Berichten über gesellschaftliche Institutionen wie Schule, Beruf, Medien etc., Jahrbüchern zu verschiedenen Themenbereichen – sogenannten „Weckbüchern“ –, Gedicht- und Liedersammlungen, Musiker-Biographien, rotfuchs-Ratgebern.
Die durch die antiautoritäre Erziehungsbewegung neu definierten Ansprüche an ein modernes Kinder- und Jugendbuch spiegeln sich in der Themenauswahl der rotfuchs-Bände wider. Nach der Intention seiner Reihe gefragt, meint Uwe Wandrey, sie habe zum Ziel „Aufklärung über die Umwelt, über das gesellschaftliche Umfeld, in dem Kinder heute und hier leben, das heißt also eine realistische Darstellung der Gesellschaft“. Er versuche, Bücher herauszubringen, in denen sich Kinder selbst wiederfinden, ihnen auch Orientierungs- und Entscheidungshilfen mit auf den Weg gegeben werden und in denen sie durch Informationen, durch Vorbilder und Beispiele zur Auseinandersetzung angeregt werden. Er hielte wenig von bloß analytisch-theoretischer Aufklärung. Jugendliche brauchten die sinnliche Annäherung an Probleme, brauchten die Möglichkeit, etwas nachzuerleben. Lyrikbände seien genauso wichtig wie Liederbände, Kurzgeschichten, historische Romane oder Science Fiction. Die verschiedenen Einstellungen zur Realität müßten zur Diskussion gestellt werden (in: Börsenblatt für den Deutschen Buchhandel. 46/9.6.1978. S. 1134–1139). Viele der sogenannten Problembücher, die neben sozialer Problematik besonders die Alltagsrealität ihrer Zielgruppe, der Schüler, zum Thema haben, sind auch als unterrichtsbegleitende Lektüre konzipiert. In den Verlagsprospekten sind diese Bücher mit einem besonderen Sigel (S = geeignet für Schulen) ausgewiesen.
Ungefähr 60% des Titelvolumens der rotfuchs-Reihe sind Originalausgaben, ca. 30% Inlands- und etwa 10% Auslandslizenzen. Zu den meistverkauften Titeln zählen: Heinrich Hannover „Das Pferd Huppdiwupp und andere lustige Geschichten“ (1972), Heike Hornschuh „Ich bin 13“ (1974), Janosch „Der Räuber und der Leiermann“ (1972), Hansjörg Martin „Überfall am Okeechobee. Vom Freiheitskampf der Seminolen-Indianer“ (1972). Das 1977 herausgegebene Buch über die „Bild“-Zeitung „Schlagzeile. Ein Zeitungsreporter berichtet“ von Hans Schulte-Willekes erzielte in den ersten sechs Monaten eine Verkaufsziffer von 40000 Exemplaren.
Mit Originalausgaben sind unter anderem vertreten: Herman Altenburger, Marie-Luise Bernhard von Luttitz, Wilfried Blecher, Heinrich Hannover, Frederik Hetmann (d.i. Hans-Christian Kirsch), Angela Hopf, Doralies Hüttner, Janosch (d.i. Horst Eckert), Friedrich Kohlsaat, Ann Ladiges, Hansjörg Langenfass, Marie Marcks, Hansjörg Martin, Chlodwig Poth, Irene Rodrian, Martin Selber, Manfred Söhl, Jan P. Schniebel, Rüdiger Stoye, Friedrich Karl Waechter.

Hannelore Daubert

Rosegger, Peter

*(Ps.e: Petri Kettenfeier, Hans Malser). Schriftsteller; *31.7.1843 Alpl bei Krieglach (Obersteiermark), †26.6.1918 Krieglach.*

R. war der Älteste von sieben Geschwistern in einer verarmenden Bergbauernfamilie. Er hütete das Vieh und lernte pflügen. Ein aus dem Mürztal vertriebener Lehrer („Waldschulmeister“) unterrichtete ihn im Schreiben und Lesen, als Fünfzehnjähriger ging er in die Lehre bei einem wandernden Schneidermeister. Erste Gedichte und Prosa in steirischer Mundart schickte er, kaum zwanzigjährig, an die Grazer „Tagespost“; sie erregten die Aufmerksamkeit des Schriftleiters, der R. zur Weiterbildung empfahl. Nach vorübergehender Tätigkeit im Buchhandel besuchte R. von 1865 bis 1869 die Akademie für Handel und Industrie in Graz. Er lebte in diesen Jahren im Erziehungsinstitut für Studierende, als dessen Sekretär und Chronist er zugleich tätig war. Lebenswelt und Erfahrungen seiner Kindheit und Jugend sind in seine Schriften eingegangen. Ein Stipendium des Grazer Zweigs der Schiller-Gesellschaft ermöglichte ihm eine Studienreise durch einige Länder Europas. 1876 gründete R. in Graz die Monatsschrift „Heimgarten", die er bis zur Übergabe an seinen Sohn Hans Ludwig R. 1910 leitete. Als volkstümlicher Schriftsteller berühmt geworden, wurde R. häufig zu Lesungen aus seinen Büchern und zu Vorträgen in alle Gegenden des alten Reichsgebietes eingeladen. 1870 begann seine Freundschaft mit Ludwig Anzengruber, 1878 lernte er Berthold Auerbach persönlich in Berlin kennen. Die volkstümlichen Schriften dieser beiden Autoren waren ihm von Anfang an Vorbild. Aus der 1879 geschlossenen zweiten Ehe hatte R. drei Kinder, von denen er in einigen Schriften erzählt. Ende Mai 1918 wurde R., schwer erkrankt, von Graz nach Krieglach gebracht, wo er nach wenigen Wochen starb.

Werk, Tendenzen Wirkung. R. veröffentlichte seine Erzählungen, Aufsätze, Gedichte, Skizzen seit 1876 zuerst in seiner Monatsschrift „Der Heimgarten". Sie sei sein „öffentliches Tagebuch geworden", sagt R.s Biograph Th. Kappstein. Seit 1906 erschien darin die feststehende Abteilung „Heimgärtners Tagebuch" mit tagebuchartigen Aufzeichnungen R.s, die bis zum 31.8.1917 reichen (Buchausgabe 1913). Eine Sammlung mundartlicher Gedichte erschien mit dem Titel „Zither und Hackbrett" (1869) als R.s erstes Buch. Eine Anzahl steirischer Geschichten unter dem Titel „Tannenherz und Fichtennadeln", zwischen die er auch biblische Dialekterzählungen eingefügt hatte, folgte 1870. „Stoansteirisch" betitelte R. einen Band „ursteirischer" Schwänke und Späße (1885), die er auch in Städten anderer Sprachgebiete vorzulesen pflegte. Es folgten Novellen und Romane, in denen er auch die soziale Not der Älpler beschrieb, aus der Geschichte erzählte (unter anderem „Jakob der Letzte", 1888; „Peter Mayr, der Wirt an der Mahr", 1893) und Einblick gab in die konfessionellen Spannungen zwischen den Menschen seiner Heimat, aber auch in die eigene religiöse Erfahrung außerhalb kirchlicher Lehre (unter anderem „Die Schriften des Waldschulmeister", 1875; „Der Gottsucher", 1883; „Bergpredigten", 1885; „Mein Himmelreich", 1901).

Nachhaltigsten Erfolg hatten R.s autobiographische Erzählungen aus seiner Waldbauernheimat und dem ersten Erleben städtischer Umwelt. Mit ihrer sprachlichen Einfachheit und Anschaulichkeit, ihrem Wirklichkeitsgehalt und der psychologischen Feinzeichnung, mit der R. das Erleben und Verhalten von Kindern und Jugendlichen schilderte, wurden sie von den Literaturpädagogen der Jugendschriftenbewegung als besonders für die Jugend geeignete, niveauvolle Dichtung entdeckt. W. Lottig erscheint es berechtigt, „Storm und Rosegger die Klassiker der erzählenden Jugendschrift" zu nennen. Er schrieb, die R. „lebendig gegenwärtigen Eindrücke aus der Kindheit" drängten „zur Gestaltung im Wort"; R. habe „nie, insonderheit seine Waldbauernbubgeschichten nicht, für die Jugend geschrieben", gerade damit aber sei Storms Theorie „vorausbestätigt" worden, denn R. habe „Kindeswelt durch Kinderaugen gesehen" und ohne Rücksicht auf einen „zunächst bestimmten jungen Hörerkreis, ... nur seinen inneren Erfordernissen gemäß" gestaltet (vgl. W. Lottig, Storm-Rossegger). R. selbst sah sich veranlaßt, aus seinen „Ausgewählten Werken" (Bd. 1–6, 1888–1891), deren letzte beiden Bände von A. Greil und Arpad Schmidhammer illustriert wurden, Sammelbände für die Jugend herauszugeben. Als empfehlenswerte Lektüre für Leser ab vierzehn Jahren nannten die Vereinigten Jugendschriftenausschüsse 1897 auf ihrer Vorschlagsliste vor Weihnachten (vgl. Jugendschriften-Warte Nr. 11, 1897 und Nr. 11, 1898) die R.-Titel „Aus dem Wald" (1891). „Waldferien" (1887), „Deutsches Geschichtenbuch" (1890), „Ernst und heiter und so weiter" und „Waldjugend" (1898). Fast uneingeschränkte Anerkennung bei den Vereinigten Jugendschriftenausschüssen fanden die Sammelbände „Deutsches Geschichtenbuch. Für die reifere Jugend gewählt ..." (1890), „Waldferien. Ländliche Geschichten für die Jugend gewählt ..." (1887) und das von A. Mailick illustrierte Buch „Waldjugend. Geschichten für junge Leute von 15 bis 70 Jahren" (1898).

Überhaupt sei R. „ein Volksschriftsteller von Gottes Gnaden, dazu einer der berufensten Jugendschriftsteller der Gegenwart", heißt es 1901 in der Jugendschriften-Warte. Am bekanntesten und beliebtesten wurden die drei Bändchen, die die Vereinigten Jugendschriftenausschüsse in Hamburg 1900–1902 herausgaben: „Als ich noch der Waldbauernbub war. Erzählungen, für die Jugend ausgewählt". Die drei „Teile" genannten Bändchen erreichten schon bald das 60. Tausend der Auslieferung. In der Ausgabe von 1903–1904 ist zu den einzelnen Erzählungen angegeben, welchen Titeln R.s sie entnommen sind: „Waldferien", „Deutsches Geschichtenbuch", „Waldjugend" I und II, „Neue Waldgeschichten", „Als ich jung noch war" (1895), „Hoch vom Dachstein" (1891), „Der Waldvogel" (1896), „Idyllen aus einer untergehenden Welt" (1899). Von allen diesen Erzählungen erschienen einzelne oder neue Zusammenstellungen in zahlreichen Schulausgaben. Sie wurden zum muttersprachlichen Unterricht herangezogen und gingen in die Didaktik für den Deutschunterricht in der Volksschule (heute Hauptschule) mit unterschiedlicher literaturpädagogischer Auswertung und methodischen Hinweisen ein. In A. Beinlichs „Handbuch des Deutschunterrichts" vom Jahre 1963 werden mehrfach R.-Erzählungen herangezogen. W. Helmich nennt R. einen Dichter, der die Forderung erfülle, die dörfliche Umwelt echt wiederzugeben. J. Prestel wertet die Auswahl der „Waldbauernbub"-Geschichten durch die Vereinigten Jugenschriftenausschüsse und ihre Publikation in billiger Ausgabe – wie fast gleichzeitig Storms „Pole Poppenspäler" und Liliencrons „Kriegsnovellen" – als Tendenzwende in der Geschichte der Jugendliteratur und Literaturpädagogik. Dem jungen Leser sei die Identifikation mit dem „Waldbauernbuben" zur Aufgabe zu machen – heißt es im Vorwort von W. Lottig –, damit er dessen

Lebenswelt mit ihren Charakteren richtig verstehe. In seinem Band „Lesende Jugend" (1950) führt J. PRESTEL noch nach dem Zweiten Weltkrieg anhand der R.-Erzählung „Als ich noch der Waldbauernbub war" eine literarpädagogische Lektion durch bis in die Einsicht hinein, daß der „kompositionelle und ethische Kern" der Erzählung „der tapfere Sieg der Wahrheitsliebe nach anfänglichem schuldhaften Verschweigen" sei.
R.-Erzählungen wurden in verschiedene europäische Sprachen übersetzt, im gesamten deutschen Sprachgebiet gehören sie auch heute noch gelegentlich zur Lektüre für junge Leser. Sie erschienen mehrfach als Klassenlesestoffe in preisgünstigen Einzelausgaben, auch nach 1945 (z. B. „Als ich noch der Waldbauernbub war", Bd. 2 der Reihe „Volk und Zeit", 1948; „Der Waldbauernbub erzählt", als Bd. 14 des „Deutschen Lesewerkes" bei Westermann, 1955) die Teilausgabe („Waldbauernbub", 1958; „Als ich jung noch war", 1959; „Waldheimat" mit Holzschnitten von A. ZACHARIAS, 1954) in Ost-Berlin. Auch Ausgaben der letzten Jahre zeigen, daß die R.-Rezeption durch junge Leser noch andauert. So gab der Schroedel-Verlag 1968 vier Erzählungen aus dem „Waldbauernbub" heraus; als Goldmanns Jugendtaschenbuch Band 1 erschien 1971 eine Sammlung R.-Geschichten mit dem Titel „Des Waldbauernbub erlebnisreiche Kindheit in der Steiermark". Einen Band „Sinnsprüche" von R. mit Holzschnitten von E. VON DOMBROWSKI brachte 1972 die Stifterbibliothek heraus. Im Rosenheimer Verlagshaus Förg wurde 1975 mit dem Titel „Die Welt ist gut genug" eine Teilsammlung von R.s „Betrachtungen und Plaudereien aus dem ‚Heimgarten'" mit 23 Zeichnungen von seiner Hand veröffentlicht. In Neuausgaben erschienen die beiden Romane „Jakob der Letzte" (Taschenbuch, 1975) und „Peter Mayr der Wirt an der Mahr" (1975), ebenso „Als ich zum Pflug kam, Jugendgeschichten aus der Waldheimat" (1974). Allein die im Staackmann-Verlag (Bamberg) herausgekommenen Erzählungen „Als ich noch der Waldbauernbub war" erlebten bis 1978 eine Gesamtauflage von eineinhalb Millionen Exemplaren.

Werke: Tannenharz und Fichtennadeln (1870); Sittenbilder aus dem steirischen Oberlande (1870); Zither und Hackbrett (1870); Geschichten aus Steiermark (1871); Wanderleben. Skizzen (1871); Das Buch der Novellen (Bd. 1–2. 1872–1886); In der Einöde (1872); Geschichten aus den Alpen (Bd. 1–2. 1873); Aus dem Walde (1874); Die Schriften des Waldschulmeisters (1875); Sonderlinge aus dem Volke der Alpen (Bd. 1–3. 1875); Aus Wäldern und Bergen (1875); Streit und Sieg. Novellen (Bd. 1–2. 1876); Waldheimat (1877); Wie sie lieben und hassen (1878); Lustige Geschichten (1879); Bilder von Defregger (1880); Aus meinem Handwerkerleben (1880); Feierabend (1882); Heidepeter's Gabriel (1882); Am Wanderstabe (1882); Der Gottsucher (Bd. 1–2. 1883); Neue Waldgeschichten (1884); Das Geschichtenbuch des Wanderers (Bd. 1–2. 1885); Sterben im Wald (1885); Stoansteirisch (Bd. 1–2. 1885–1889); Dorfsünden (1887); Hatenfeuer (1887); Sonntagsruhe (1887); Waldferien. Ländliche Geschichten für die Jugend gewählt (1887); Jakob, der Letzte (1888); Allerhand Leute (1888); Martin der Mann (1889); Deutsches Geschichtenbuch. Für die reifere Jugend gewählt (1890); Der Schelm aus den Alpen (Bd. 1–2. 1890); Hoch vom Dachstein (1891); Ernst und heiter und so weiter. Für die reifere Jugend gewählt (1892); Allerlei Menschliches (1892); Aus dem Walde. Ausgewählte Geschichten für die reifere Jugend (1892); Gute Kameraden (1893); Peter Mayr, der Wirt an der Mahr (1893); Als ich jung noch war (1895); Alpengeschichten (1896); Der Waldvogel (1896); Das ewige Licht (1897); Waldjugend. Geschichten für junge Leute von fünfzehn bis siebzig Jahren (1898); Mein Weltleben oder Wie es dem Waldbauernbuben bei den Stadtleuten erging (Bd. 1–2. 1898–1914); Sonnenschein (1901); Als ich noch der Waldbauernbub war. Für die Jugend ausgewählt aus den Schriften (Bd. 1–3. 1902); Steirische Geschichten (1903); Der Höllbart (1903); Weltgift (1903); Das Sünderglöckel (1904); Wildlinge (1906); Der Adlerwirt von Kirchbrunn (1907); Nit nutzig Volk (1907); Die Försterbuben (1908); Alpensommer (1909); Lasset uns von Liebe reden (1909); Das Buch von den Kleinen (1910); Mein Lied (1911); Die beiden Mäuse (1912); Ausgewählte Schriften (Bd. 1–30. 1894); Gesammelte Werke (Bd. 1–40. 1913–1916).

Hrsg.: Das neue Jahr. Deutscher Volkskalender für Österreich-Ungarn (Jg. 1–8. 1873–1880); Heimgarten. Eine Monatsschrift (Jg. 1–35. 1876–1910).

Sekundärliteratur: W. Helmich: Die erzählende Volks- und Kunstdichtung in der Schule (in: A. Beinlich (Hrsg.): Handbuch des Deutschunterrichts. Bd. 2. 1963. 945–1040). – O. Janda (Hrsg.): Peter Rosegger: Das Leben in seinen Briefen (1943, [2]1948). – Th. Kappstein: Peter Rosegger (1904). – A. Katterfeld: Leuchtendes Leben. Vom Werden, Wirken und Wesen Peter Roseggers (1949). – R. Latzke: Peter Rosegger. Sein Leben und sein Schaffen (Bd. 1–2. 1943–1953). – W. Lottig: Storm-Rosegger. Eine Betrachtung (in: Vereinigte deutsche Prüfungsausschüsse für Jugendschriften (Hrsg.): Zur Jugendschriftenfrage. Eine Sammlung von Aufsätzen und Kritiken ([2]1906. 19–21). – J. Prestel: Lesende Jugend. Lesekunde für das Volksschulalter (1950); Das Lesegut der Jugend in geschichtlicher Darstellung (in: A. Beinlich (Hrsg.): Handbuch des Deutschunterrichts. Bd. 2. 1963. 873–910).

Margarete Dierks

Roser, Wiltrud

*Grafikerin und Kinderbuchautorin; * 8. 9. 1924 Cham.*

R. besuchte die Oberschule und arbeitete von 1942 bis 1945 in einem Trickfilmatelier in Berlin. Ab 1946 lebte sie in Stuttgart und besuchte dort zwei Jahre lang die „Freie Kunstschule". 1954 heiratete sie einen Puppenspieler. Nach der Geburt ihres Sohnes schrieb und zeichnete sie ihr erstes Bilderbuch „Die Pimpelmaus" (1958). Einige ihrer Bücher standen auf der Auswahlliste des Deutschen Jugendbuchpreises. Seit einigen Jahren lebt R. wieder in ihrem Geburtsort.

Werk, Tendenzen, Wirkung. R. zeigt in ihren Bilderbüchern eine Welt, in der Mensch und Tier friedlich miteinander leben. Ihre Tierfiguren wie Hunde, Hasen, Mäuse, Eichhörnchen, die von Kindern besonders geliebt werden, weisen zum Teil menschliche Züge auf. Die von R. dargestellten Erwachsenen denken und handeln kindlich; Konflikte spielen sich im Rahmen des kindlich Faßbaren und Lösbaren ab. Häufig erweisen sich die Tiere als die Klügeren. In dem Buch „Wo sich Fuchs und Has' gute Nacht sagen" (1966) lernen die Tiere des Waldes durch die Erzählungen eines Zirkuspferdes einiges über die menschliche Ordnung und beschließen, selbst auch einen König zu wählen. Letztendlich fällt dieses Amt jedoch dem machtlosen Zitronenfalter zu, und alles bleibt beim alten, jeder tut, was er will und alle sind zufrieden. R. läßt hier, wie auch in einigen anderen Tiergeschichten, Anklänge an die hintergründig-ironische Form der Fabel erkennen. Ihre feingestrichelten detailgetreuen Illustrationen sind nur vereinzelt mit wenigen, klaren Grundfarben koloriert. R. experimentiert häufig mit Schreib- und Druckschriften, mit Reim- und Erzählform und läßt die eigentliche Erzählung mit gesonderten Bildunterschriften parallel auftreten. Ihre Bilderbücher geraten trotz betont einfacher, kindgemäßer Darstellungsweise nie in Gefahr, zur verniedlichenden Schablone zu erstarren, da keine künstliche Kinderwelt gezeigt wird, sondern stets originelle und phantasievolle Möglichkeiten des Umgangs mit der Realität.

Werke: Die Pimpelmaus (1958); Die Geschichte von Schnick und Schnack und der Mietze Dotterweich (1959); Tante Fannys Tiere (1959); 1000 Mark für Waldemar (1960); Das Hündchen Benjamin (1960); Herr Kracks oder die schönen Träume des schwarzen Heiner (1963); Die Vogelhochzeit (1964); Wo sich Fuchs und Has' gute Nacht sagen (1966); Unglaubliche Mekel-Geschichten (1966); Alles über Osterhasen (1968); Vom Büblein auf dem Eis (1973); Der kleine und der große Hase (1973); Die Prinzessin und das Krokodil (1975).

Almut Prieger

Rost, Johann Leonhard

*(Ps.: Meletaon). Astronom, Dichter; *14.2.1688 Nürnberg, †22.3.1727 Nürnberg.*

R., Sohn eines Gastwirts, studierte nach seiner Schulzeit in Nürnberg (St. Sebald und Aegidiengymnasium) an den Universitäten Altdorf (1705–1708), Leipzig (1708–1709) und Jena (1709–1712) Philosophie und Rechtswissenschaften, widmete sich aber vor allem mathematisch-astronomischen Studien, mit denen er schon früh begonnen hatte. Ohne sich um ein Amt bewerben zu müssen, konnte er als wohlhabender Mann und Privatgelehrter, seit 1712 in Nürnberg ansässig, ganz seinen Neigungen leben.

Werk, Tendenzen, Wirkung. Die Leistung R.s muß differenziert gesehen werden, denn zu seiner Zeit war er sowohl auf dem Gebiet der Sternenkunde wie auch auf dem der schönen Literatur recht erfolgreich, während er in der heutigen Literaturgeschichtsschreibung kaum noch erwähnt wird. R.s Hauptaugenmerk galt immer der Astronomie. So veröffentlichte er, ähnlich wie sein Bruder Johann Karl R. (1690–1731), der als praktischer Arzt in Nürnberg lebte, in zahlreichen Aufsätzen meteorologische Beobachtungen über Nebensonnen, Polarlichter, Hagelfälle und andere Erscheinungen. Eine kleine Schrift galt dem Zeitunterschied zwischen dem gregorianischen und dem julianischen Kalender. Besondere Bedeutung, auch als Schullektüre und Studienliteratur für den privaten Gebrauch, erlangten seine Lehrbücher, vor allem der „Atlas portatilis coelestis" (1723). Der in barocker Manier sehr umfangreiche Untertitel kennzeichnet deutlich die Absichten des Autors dieses Werkes, das zu den frühesten Büchern gehört, die junge Leser mit astronomischen Kenntnissen vertraut machen wollten. Der Untertitel lautet: „Oder Compendiose Vorstellung des ganzen Weltgebäudes in den Anfangsgründen der wahren Astronomie. Dadurch man nicht nur zur Erlernung dieser unentbehrlichen Wissenschaft auf eine sehr leichte Art gelangen; sondern auch zugleich daraus, sich einen bessern Begriff von dem wahren Fundament sowohl der Geographie als der Schiffahrt zueignen kann. Den Liebhabern zu Gefallen; absonderlich aber der studierenden Jugend zum Unterrichte in möglichster Deutlichkeit abgefasset und durch mehr als anderthalb hundert Figuren erkläret". Die 150 „Figuren" finden sich auf 38 Kupfertafeln, die von Christoph Weigel gestochen wurden, in dessen Nürnberger Verlag das Werk auch erschien. Sein „Astronomisches Handbuch" (1718, mit Ergänzung 1726) gilt als erstes streng wissenschaftliches Standardwerk der Astronomie. Wegen seiner wissenschaftlichen Leistungen wurde er zum korrespondierenden Mitglied der Berliner Akademie der Wissenschaften ernannt. Noch produktiver war R. als Autor schöngeistiger Literatur, wenngleich man ihm als typischem Unterhaltungsschriftsteller in der Folge bestenfalls historische Beachtung schenkte. Mit seinen zahlreichen Romanen und Versdichtungen, die er meist unter dem Pseudonym Meletaon veröffentlichte, steht er ganz in Abhängigkeit von der französischen Gesellschaftspoesie, welche als sogenannte Galante Dichtung in den Jahrzehnten um und nach 1700 das literarische Leben in Deutschland weitgehend beherrschte. Als typischer Epigone in der Übergangszeit („Frührokoko") schaffend, kann er neben zeitgenössischen Schriftstellern wie August Bohse (genannt Talander, 1661–1730) und Christian Hunold-Menantes (1680–1721) doch als ein Vermittler zwischen Barock und eigentlichem Rokoko und als wichtiger Vorläufer weitverbreiteter Unterhaltungsliteratur angesehen werden. Seine Romane, die zum Teil Übersetzungen bzw. Nachdichtungen aus dem Französischen oder Englischen sind, bestehen meist aus einer verwirrenden Anhäufung von Motiven und Geschehnissen wie Abenteuern und Liebesverwicklungen, hatten aber trotzdem offensichtlich didaktische Ziele, indem sie neben der Erbauung vor allem die Belehrung des jungen Lesepublikums verfolgten. Nicht nur räumlich und zeitlich verschlüsselte Anspielungen auf Personen und Ereignisse der eigenen Zeit mußten erraten, die vielen eingestreuten Gespräche und Briefe wollten geradezu als Vorbild gesellschaftlich-höfischen Verkehrstons verstanden werden. Bedingt durch die gesellschaftliche Aktualität, die große Anzahl der Werke und die teilweise Anonymität des Verfassers, wurde R. in verschiedene literarische Fehden verwickelt; diese wurden häufig in den Vorreden oder in den Romanen selbst ausgetragen. Trotzdem erlebten manche Werke, auch schon zu Lebzeiten des Dichters, mehrere Auflagen wie sein bekanntester Roman „Der verliebte Eremit"

ATLAS PORTATILIS
COELESTIS.
Oder
Compendiöse Vorstellung
des gantzen
Welt-Gebäudes/
in den Anfangs-Gründen
der wahren
ASTRONOMIE.
Dadurch man nicht nur zur Erlernung dieser unentbehrlichen Wissenschaft/ auf eine sehr leichte Art gelangen; sondern auch zugleich daraus, sich einen bessern Begriff von dem wahren Fundament/ so wol der Geographie als Schiffahrt/ zueignen kan.
Den Liebhabern zu Gefallen;
absonderlich aber der studirendem Jugend zum Unterrichte, in möglichster Deutlichkeit abgefasset: und durch mehr als anderthalb hundert Figuren erkläret/
von
Johann Leonhard Rost.
Nürnberg/ verlegt und zu finden/ bey Johann Christoph Weigel/ Kunsthändlern.
Gedruckt, bey Johann Ernst Adelbulner. 1723.

Titelblatt des astronomischen „Atlas Portatilis Coelestis" von Johann Leonhard Rost, der 1723 bei Christoph Weigel in Nürnberg erschien. Der Band mit zahlreichen handkolorierten ausklappbaren Tafeln wurde von dem Autor der „Königlich Preussischen hochlöblichen Societät der Wissenschaften" gewidmet. Rost war zu Beginn des 18. Jahrhunderts anerkannter Experte auf dem Gebiet der Astronomie in Deutschland.

(1711). Diese weitschweifige „curiöse Schrift" mit eingestreuten Gedichten, Briefen und Wendungen an den Leser schildert in äußerst sprunghaften Handlungsgängen das Kennenlernen und das wechselvolle Verhältnis der befreundeten jungen Grafen Maximilian und Leondini zu ihren Verlobten bis zum glücklichen Ende. Trotz der künstlich anmutenden Atmosphäre sind die Werke R.s ein getreues Spiegelbild der Erziehungs-, Bildungs- und Gesellschaftsideale ihrer Zeit.
Das zu seiner Zeit verbreitetste Werk R.s, das sich direkt an junge Leser wandte, war R.s in der Tradition der Sittenbüchlein stehende, aber nun barock aufgeschwollene Werk „Die wohlangerichtete, neuerfundene Tugendschule, in welcher 24 anmuthige Historien zu erlaubter Gemüths-Ergötzung der Jugend auf eine erbaulich Art vorgetragen und mit nützlichen Anmerkungen und Lehren begleitet werden". Der Band erschien unter seinem Pseudonym Meletaon. Der Verfasser, der sein Buch unter das Motto „Wenn alle Tugenden zusammen ein Ring wären, so sey die Gottesfurcht der Edelstein darinne" stellte, wollte damit der verderbten Zeit entgegenwirken, indem er „wohlausgesuchte Exempel" auf eine Art vortrug, „daß sie auf eine unschuldige Weise das Gemüth ergötzen, vor allen Lastern einen Abscheu erwecken; und dagegen die Tugend auf eine reizende Art vorstellen", wie er in seiner Vorrede schreibt. Das Buch enthält Geschichten wie „Der listig-betrügende Alchymist", „Der unersättlich sehende und nichts bekommende Blinde", „Der durch Schiffbruch reich gewordene Engländer" oder „Der zweybeweibte Sclave von Tripolis". Das mit Kupferstichen ausgestattete Werk bringt dem Titelblatt zwei Kupferstiche vorgeheftet, die noch einmal die Absichten des Autors betonen. Der erste Kupferstich zeigt Kinder im Kreise von Engeln und trägt den gestochenen Spruch „Wer Gott fürcht und sich leiten läßt / Den Tugend-Weg: erwählt das best". Der zweite Kupferstich zeigt Kinder, von geschwänzten Teufeln umgeben, und trägt als Bildunterschrift den gestochenen Vers „Wer sich läst Welt und Wollust freuen, Dem wirds dort ewiglich gereuen".

Werke: Die getreue Bellandra (1707); Die unglückliche Atalanta (1708); Die türkische Helena (1710); Der verliebte Eremit in der Lebens- und Liebesgeschichte des Grafen von Castro (1711); Liebesgeschichte Hypolite Grafen von Douglas (1711); Die Liebenswürdige und galante Noris in einem Heldengedichte (1711); Liebesgeschichte der Prinzessin Normanna (1711); Die durchlauchtige Prinzessin Tamestris aus Egypten (1712); Eines Nordischen Hofes Liebes- und Heldengeschichte (1713); Curieuse Liebesbegebenheiten. Aus dem Französischen (1714); Durchlauchtiger Hermintes (1714); Hermeontes, der Kronprinz aus Syrien (1714); Die schöne Holländerin und unvergleichliche Heldin (1715); Venda, Königin in Polen (1715); Die Helden- und Liebesgeschichten dieser Zeit, Welche sich bey dem verwichnen Spanischen Successionskrieg hin und wieder in Europa zugetragen (1715); Astronomisches Handbuch (1718; NA. Bd. 1–4. 1726); Leben und Thaten der englischen Coquetten und Maitressen. Aus dem Englischen (1721); Liebesgeschichte Heinrichs Herzogs der Vandalen (1722); Atlas portatilis coelestis (1723); Lindopolanders Liebe ohne Beystand und niemals glücklicher Liebhaber Orontes (1724); Die Leipziger Landkutsche (1725); Heroine mousquetaire, oder Liebesgeschichte Frauen Christinen Baronesse von Meyrac (1727); Der aufrichtige Astronomus (1727); Die wohlangerichtete, neuerfundene Tugendschule (1739).

Sekundärliteratur: Cl. A. Baader: Lexikon verstorbener Baierischer Schriftsteller (1824–1825). – J. G. Doppelmayr: Historische Nachricht von den Nürnbergischen Mathematicis und Künstlern (1730).

Kurt Franz

Rotapfel Verlag

Zürich und Stuttgart. Bilder- und Sachbücher, Jugendromane, außerdem Bücher über Heilpädagogik und Kinderpsychiatrie und religiöses Schrifttum.

Der Verlag wurde 1919 von dem Schweizer Schriftsteller EMIL RONINGER gegründet. Zur Zeit liegt die Verlagsleitung bei Dr. jur. PAUL TOGGENBURGER (* 1917).
Zum Verlagsprogramm gehören hauptsächlich Bilderbücher klassischer und zeitgenössischer Autoren. Der Rotapfel Verlag bemüht sich seit 1943 besonders um Neuausgaben der Werke des Bilderbuchklassikers ERNST KREIDOLF (1863–1956), wobei die Reproduktion anhand der Originalaquarelle erfolgt. Zu den bekanntesten gehören „Alpenblumenmärchen“ (1922, ^{5}1977), „Die Wiesenzwerge“ (1903, ^{4}1977) und „Der Traumgarten“ (1955, ^{3}1976). Auch Kindersachbücher, die in den meisten Fällen Hinweise und Anregungen für Freizeitgestaltung und Berufswahl geben sollen, so z. B. EMIL KNOBELS Buch für Waldläufer „14 Uhr am Waldrand“ (^{5}1977), werden neben Jugendromanen und pädagogischer Literatur über Jugendliche herausgegeben.
Zu den Autoren des Verlages gehören unter anderem THOMAS DUBS, BRUNO KNOBEL, VERENA KNOBEL, PAUL EMANUEL MÜLLER, BRIGITTA SCHALL, DORIS SUTER, FRITZ G. WARTENWEILER, BETTY WEHRLI-KNOBEL.

Hannelore Daubert

Roter Elefant Arbeitskreis Kinder – Bücher – Medien e.V.

Unabhängiger Verein zur Förderung einer kritisch-engagierten Kinder- und Jugendliteratur und alternativen Kinderkultur, die sich an den Bedürfnissen der Kinder orientiert.

Gründung und Organisation. Der Arbeitskreis ‚Roter Elefant‘ wurde im Oktober 1976 als Alternative zum „Arbeitskreis für Jugendliteratur“ (München) gegründet. Er ist ein Zusammenschluß von Wissenschaftlern, Kritikern, Pädagogen, Bibliothekaren, Buchhändlern, Graphikern, Schriftstellern, Verlegern und anderen Personen, die im Bereich der Kinder- und Jugendliteratur und der audiovisuellen Medien tätig sind. Der Arbeitskreis ist ein unabhängiger Verein, der sich aus Mitgliedsbeiträgen finanziert. Er bestand Ende 1978 aus 74 Vollmitgliedern, davon drei Institutionen, und sieben kooperierenden Mitgliedern. Regionale Gruppen arbeiten in Bremen, Hamburg, Essen, Frankfurt, Rüsselsheim, München und in Berlin. Erster Vorsitzender seit 1976 ist MALTE DAHRENDORF (* 1928).

Zielsetzung. Der ‚Rote Elefant‘ entstand aus dem Bedürfnis, „diejenigen Kräfte in der Bundesrepublik zusammenzufassen, die bisher isoliert voneinander für die gleichen Ziele gearbeitet haben“. Der „Arbeitskreis für Jugendliteratur“ bot nach Meinung der Gründungsmitglieder zu wenig Möglichkeiten der Mitarbeit. Die Konservierung der vorhandenen Kinderliteraturszene durch das Übergewicht an Verbänden und am Markt orientierten Interessen und die Beschränkung auf das Medium Buch (wie es dem Arbeitskreis von seinen Kritikern vorgeworfen wird) machte eine Alternative erforderlich.
Der ‚Rote Elefant‘ hat es sich zum Ziel gesetzt, „die Herstellung und Verbreitung einer fortschrittlich-kritischen und für Kinder und Jugendliche lesbaren und interessanten Kinder- und Jugendliteratur zu fördern“. Dabei sollen neben dem Buch auch die anderen Medien berücksichtigt werden. Darüber hinaus soll die Notwendigkeit einer alternativen Kinderkultur, die weniger kommerziell als an den Bedürfnissen der Kinder orientiert ist und einen Beitrag zu ihrer Emanzipation darstellt, in das Bewußtsein der Öffentlichkeit gerückt werden. Dies erfordert eine ständige Diskussion und Erprobung neuer Formen der Produktion und Distribution; besondere Unterstützung sollen dabei die Aktivitäten der Jugendlichen selbst erfahren.
Gleichzeitig möchte der ‚Rote Elefant‘ „allen Zensur- oder zensurähnlichen Erscheinungen in der Bundesrepublik Deutschland durch Öffentlichkeitsarbeit energisch entgegenwirken“.

Aktivitäten. Der Arbeitskreis gibt eine didaktisch kommentierte Liste empfehlenswerter Kinder- und Jugendbücher zum Thema „Soziales Lernen“ heraus. Daneben werden regional sachgruppenbezogene Spezialisten empfehlenswerter Kinder- und Jugendliteratur erarbeitet, so z. B. zum Thema „Faschismus in der Kinder- und Jugendliteratur“. Seit 1978 veröffentlicht der Arbeitskreis die Broschüre „Elefantenbaby“, die in vierteljährlicher Erscheinungsweise die Aktivitäten des Gesamtvereins und der regionalen Gruppen dokumentiert und die Mediendiskussion auf breiter Basis weiter-

führt. Die Redaktion lag bisher in der Hand der Frankfurter Gruppe und wurde 1979 von der Hamburger Gruppe übernommen.
Der Kindermedienpreis des Arbeitskreises „Roter Elefant" wurde bisher zweimal vergeben (1976 und 1977). Er ging an den Autor SVEN WERNSTRÖM und an die Kinderliedermacher und Sänger CHRISTIANE und FREDERIK. Daneben vergibt der Arbeitskreis seinen Intentionen entsprechend auch Negativpreise.
Zweimal im Jahr werden Mitgliederversammlungen durchgeführt. So wurde in der Mitgliederversammlung im April 1978 zusammen mit Autoren über die wirtschaftliche Situation der Kinder- und Jugendbuchautoren und über alternative Produktionsformen von Kinder- und Jugendliteratur diskutiert. Die Herbsttagung 1978 fand zusammen mit Buchhändlern statt und behandelte die Fragen einer besseren Distribution von Kinder- und Jugendliteratur und die Arbeitsbedingungen im Buchhandel.
Längerfristige Themenschwerpunkte des Vereins sind außer den genannten: eine ständige Kriteriendiskussion, die Auseinandersetzung mit den Themen Faschismus, Krieg und Geschichte in der Kinder- und Jugendliteratur und das Thema Kinderkultur im Verhältnis zur kommerziellen Massenkultur.

Hannelore Daubert

Rothemund, Eduard

*Lehrer, Schriftleiter der Jugenschriften-Warte, Verlagslektor; * 8. 12. 1900 Rehau (Oberfranken), † 10. 3. 1966 Darmstadt.*

R. studierte am Lehrerseminar in Bayreuth (1920) und war seit 1921 an der Taubstummenanstalt in Bayreuth tätig. 1938 trat er hauptamtlich in die Zentrale des Nationalsozialistischen Lehrerbundes (NSLB) ein (mit der späteren Dienstbezeichnung „Reichsstellenleiter"), nachdem er nebenberuflich schon seit 1933 die Jugendschriftenstelle im „Haus der Erzieher" in Bayreuth geleitet und 1935 die Schriftleitung der Jugendschriften-Warte übernommen hatte. In dieser Zeit war R. verantwortlich für die Herausgabe der Jugendschriftenverzeichnisse „Deutsches Wesen und Schicksal" (1936). Nach Kriegsdienst und zeitweiliger Berufsunterbrechung berief ihn 1948 der Reutlinger Verlag Ensslin & Laiblin in das Cheflektorat, dem er bis 1960 vorstand. In den letzten Jahren seines Lebens baute er in Darmstadt die „Bildungsstätte der Druckindustrie" auf und leistete so einen Beitrag zur Diskussion um die Gestaltung und Förderung der beruflichen Bildung für Lehrlinge. Aus der Jugendbewegung kommend und den Zielen der Kunsterziehungsbewegung zugewandt, sah er in der aktiven Mitarbeit an der nationalsozialistischen Kulturpolitik die Möglichkeit, seine anfänglichen nationalerzieherisch-idealistischen Vorstellungen von Kinder- und Jugendliteratur in die Tat umzusetzen.
Publizistisch ist R. in der Theorie der Jugendliteratur kaum und als Autor im Primärbereich nur wenig hervorgetreten. Dagegen wirkte er vor allem nach dem Zweiten Weltkrieg als bedeutender Anreger, Mittler und Förderer. Er entwickelte eine fruchtbare Vortragstätigkeit auf Tagungen, Lehrgängen und Ausbildungskursen (z.B. in der Buchhändlerfachschule, in der Lehrerfortbildung, aber auch in nichtfachbezogenen Veranstaltungen), in denen er – gleichsam als modifizierter Erbe HEINRICH WOLGASTS – das Kinder- und Jugendbuch zum Gegenstand sachgerechter und literarerzieherisch zeitgemäßer Betrachtung machte. Als Verlagslektor gelang es ihm nach 1945, junge Autoren zu aktivieren und ältere mit neuen Aufgaben zu betrauen. Das erste Jugendlexikon nach 1945 (Die Welt von A bis Z) ist mit auf seine Initiative hin zustandegekommen. Die Jahresgaben des Ensslin Verlages (ab 1949) mit häufig theoretischen Beiträgen zur Jugendliteratur (Themenbereiche u. a.: Klassiker der Jugendliteratur, Sachbuch, Jugendbuch im Urteil seiner Leser) und die Hausmitteilungen „Das Ensslin-Buch" wurden von ihm angeregt und redigiert. Im Vorwort zur Jahresgabe 1955 prägte er den Begriff „gestaltetes Sachbuch", der als griffige Formel in der Theorie der Jugendliteratur Allgemeinbedeutung gewonnen hat („Wir fordern heute nicht das Sachbuch schlechthin, sondern das gestaltete Sachbuch; zur kindgemäßen Sache muß noch eine Darbietungsform hinzukommen, die den objektiven Gehalt zu einem Stück jugendlicher Weltbemächtigung macht").
Maßgeblichen Anteil hat R. auch an der Programmgestaltung und Durchführung der internationalen Mainauer Jugendbuchtagungen, die von 1956 bis zur Auflösung des CVJM-Zentrums auf der Bodenseeinsel im dortigen Schloß veranstaltet wurden und die in beispielhafter Arbeitsform Experten auf dem Gebiet der Jugendliteratur aus Ost und West zusammenführten.

→ Sachbuch

Werke: Ludwig Richter, der deutsche Mensch und Künstler (1934); Albrecht Dürer, der große Deutsche in Leben und Werk (1935); Deine deutsche Heimat (1936); Meine Lieblingstiere (1938); Wer will fleißige Handwerker sehn? (1939); Wir backen Weihnachtsstollen (1939, [4]1950); Der Zirkus kommt (1966).

Beiträge: Das Jugendbuch in der deutschen Schule (in: B. Payr (Hrsg. zus. mit H.-G. Otto): Das deutsche Jugendbuch. 1942. 45–87); Johanna Spyri und das Mädchenbuch (in: Jugendbücher der Weltliteratur. 1952. 5–44); Jugendbuch und Freizeit (in: Das Jugendbuch als Bildungsmacht. 1961. 31–35).

Hrsg.: Deutsches Wesen und Schicksal. Billiges Schrifttum für junge Deutsche (1936); Das goldene Geschichtenbuch (1957).

Hermann Bertlein

Rothfuß, Kristine

*Graphikerin, Illustratorin von Kinderbüchern; * 29. 4. 1944 Heidelberg.*

R. begann ihre Ausbildung an der Fachklasse in Basel, ging dann an die Folkwangschule in Essen, wo sie ihr Studium als Meisterschülerin abschloß. Die in Horben bei Freiburg lebende Künstlerin (seit 1977 verheiratete

R.-Riethmann) trat besonders als Kinderbuchillustratorin hervor, entwirft aber auch Plakate und Buchumschläge. Sie stellte in Bologna, Brünn, Essen, Freiburg und anderenorts ihre graphischen Werke aus. 1972 erhielt sie für Gina Ruck-Pauquèts „In jedem Wald ist eine Maus, die Geige spielt" (1970) den Premio Grafico auf der Kinderbuchmesse in Bologna.

Werk, Tendenzen, Wirkung. R. illustriert sowohl Kinderbücher, in welchen den Rezipienten eine weitgehend in der Irrealität angesiedelte Welt gezeichnet wird („Die Kinder im Zahlenland", 1971), als auch solche, in denen sein Wirklichkeitssinn stärker berücksichtigt ist („In jedem Wald ist eine Maus, die Geige spielt", 1970). Stets neigt R. dazu, auf die räumlichen und plastischen Eigenschaften sowie die Stofflichkeit von Figuren und Gegenständen zu verzichten, um alles in Flächenmuster umzuwandeln. Dadurch verengt sie weitgehend die Vielfalt der realen Welt. Auch werden die in manchen Texten enthaltenen, für Kinder relevanten Problem- und Fragestellungen, wie die von Altersunterschieden, sozialem Gefälle, Konflikten und Widersprüchen zwischen Wunsch und Wirklichkeit kaum visualisiert. Die im einzelnen und in ihrer Beziehung zur Bildfläche graphisch höchst reizvollen Musterbildungen bezeugen eine ausgeprägte dekorative Gestaltungskraft, die vor den Kindern eine artifizielle Welt entstehen läßt.

Werke: G. Ruck-Pauquèt: In jedem Wald ist eine Maus, die Geige spielt (1970); G. Drohla: Der goldene Karpfen (1971); H.-J. Gelberg (Hrsg.): Geh und spiel mit dem Riesen (zus. m. anderen, 1971); A. M. Matute: Die Kinder im Zahlenland (1971); Z. K. Slabý (Hrsg.): Der orangefarbene Mond und andere Kindergeschichten aus der Tschechoslowakei (1972); Kr. Rothfuß: Märchen vom halben Hahn (in: H.-J. Gelberg (Hrsg.): Bildgeschichten & Comics für Kinder. 1973. 48–51).

Sekundärliteratur: P. Pagendarm: Kristine Rothfuß. Künstler-Porträt (in: Bulletin Jugend und Literatur. 1974. 11. 23–24).

Ellen Spickernagel

Rothmund, Toni

*Schriftstellerin; *2. 10. 1877 Barlt (Holstein), †22. 8. 1956 Karlsruhe.*

Werk, Tendenzen, Wirkung. R., geborene Lüdemann-Ravit, ist als Roman- und Novellenautorin hervorgetreten, erst in zweiter Linie widmete sie sich dem Jugendbuch, der Erzählung und dem Kunstmärchen. Ihre Romane sind zumeist kulturgeschichtlich verankert – bei recht großzügigem Umgang mit den historischen Fakten. Adolf von Grolman, einst renommierter, völkisch tendierender Literaturwissenschaftler, würdigte das schriftstellerische Werk der R. als „ahnungsschwer" und reich an „sinnschweren Beziehungen zwischen dem Natürlichen und dem Übernatürlichen". R. kann als Mitläuferin eines neuen Irrationalismus angesehen werden. Sie pflegte Verbindungen zur sogenannten Heimatliteratur ihrer Zeit. Der angeblich verwerflichen „Asphaltliteratur" der Jahre von 1920 bis 1933 setzte sie die von ihr beschworenen Naturkräfte entgegen. Ihre literarischen Gestalten (u. a. Caroline Schlegel, J. Gutenberg, F. A. Mesmer) sind „eigenwertige Spielwerke der großen Natur, die sich einzuordnen haben". Dies sei als Begnadung zu empfinden. Gutenberg wird als „reines alemannisches Edelblut" bezeichnet; Mesmers „Seele vereint sich mit dem Weltgeist"; „der Tiefe der Volkheit entsteigt der Genius" einer weiteren Gestalt ihres Werks. Im „Streit im Hause Iring" werden die starken Kraftmenschen gepriesen, die sich dem Reich, dem Ganzen willig unterordnen. Eine solcherart dokumentierte irrationale und schwärmerische Seelenhaltung fand im Kunstmärchen der Spätzeit ihre angemessene Gestaltungsform („Märchen", 1919). R. bezeichnete ihre märchenhaften Erzählungen als „Blüten aus dem Traumland", „als Grüße der Sehnsucht", die aus den „Tiefen des Seins" quellen und die den „erdgebundenen Blick" des Menschenkindes verinnerlichten und veredelten. „Liebe" war für R. ein Zauberwort, nicht die sinnliche, sondern die opfernde Liebe, die Erlösung aus Laster und Lebensgier bedeutete. Die Naivität des Volksmärchens ist bei R. in allegorische Künstlichkeit überführt, der mitunter erbauliche, frömmelnde Spielarten beigemischt sind. Die allegorisch-symbolhaften Beispielgeschichten (als solche kann man die oft auf Klärung und Deutung der Zusammenhänge angelegten „Märchen" treffender bezeichnen) sind im ganzen gesehen recht komplex motiviert: die magisch-mystische Verkettung wird durch göttliche Lenkung und sozialethische Versöhnung bekräftigt und sublimiert, letztlich aber doch entkräftet. Die speziellen „Kindermärchen" („Allermärchenbaum") enthalten viel gekünstelte Einfalt und sind nicht frei von sprachlichen und inhaltlichen Banalitäten. Was heute als unerträglich, als sterile Spielereien mit verniedlichten und künstlich überzogenen oder aufgesetzten Märchendetails angesehen wird, konnte 1927 W. Fronemann noch als „lobenswerte Nachempfindung Bonselsscher Manier" bezeugen.

Die irrationalen „ursprünglichen" Kräfte bringt R. in ihrer Erzählung „Der Fremdling" (1922, NA. 1949) mit besonderer Hingabe zum Ausdruck: einem kranken „dunkeln Seelchen" sucht die Erzählerin durch jugendbewegte Erziehungspraktiken zu helfen. Thematische und gehaltliche Stichworte sind: Harmonisierung gegensätzlicher Kräfte, Naturverbundenheit, Barmherzigkeit, Vertrauen, Liebe, Sehnsucht nach Freiheit in Gebundenheit – eine Fülle anspruchsvoller Problemlosigkeiten, die in einem sentimentalen Schlußpathos gipfeln. Agnes Günthers „Seelchenzauber" hat zweifellos einen nicht geringen Einfluß auf R. ausgeübt. „Seele" als Inbegriff einer gemüthaften, aber nie recht faßbaren Innerlichkeit ist ein Schlüsselwort im schriftstellerischen Werk der R. Daß sie in der Jugenderzählung „Schloß Ohneleid" (1917) „gegen den jüdischen Intellektualismus Stellung" bezieht, rundet das Bild einer Schriftstellerin ab, die im Literaturbetrieb der zwanziger und dreißiger Jahre das kindlich-schwärmerische, poetisch-verklärende Gemüts- und Gesinnungsdeutschtum vertrat. Um so mehr muß es verwundern, daß einige ihrer Erzählungen schon bald nach 1945 wieder nachgedruckt wurden.

Werke: Die Totbeterin (1917); Schloß Ohneleid (1917); Märchen (1919); Die Pfaueninsel (1919); Das Haus zum kleinen Sündenfall (1919); Das stumme Klavier (1919); Ein Kind sucht seine Mutter (1919; auch u.d.T.: Die Bernsteinperle, 1920); Vom Allermärchenbaum (1920); Der Fremdling (1922); Heilige Grausamkeit (1924); Der verlorene Kranz (1924); Caroline Schlegel (1926); Glas (1929); Streit im Hause Iring (1933); Menschen am Kreuzweg (1934); Die Herrin auf Birka (1935); Der unsichtbare Dom (1937); Mesmer, Genie oder Scharlatan? (1939); Das Kind vom Bellisberg (1951).

Sekundärliteratur: W. Fronemann: Das Erbe Wolgasts (1927). – W. E. Oeftering: Geschichte der Literatur in Baden (Bd. 3. 1939).

Hermann Bertlein

Rousseau, Jean-Jacques

*Französisch-schweizer Schriftsteller, Philosoph und Pädagoge; * 26.6.1712 Genf, † 2.7.1778 Ermenonville b. Paris.*

R. führte ein unstetes, widerspruchsvolles Leben, das er in seinen „Confessions" (1770–1782) in schonungslos analysierender Weise dargestellt hat. Frühen Ruhm gewann er durch seine beiden „Discours" (1750, 1754), in denen er unter anderem die antiaufklärerische Ansicht von der verderblichen Wirkung der Künste und Wissenschaften auf die Natur des Menschen vertrat. Von R.s vielgliedrigem Werk interessiert hier sein Beitrag zur Erziehungslehre, vor allem die der personalen Einkleidung wegen als „Erziehungsroman" bezeichnete Schrift „Emil oder über die Erziehung" (1789–1791), die ihn auf den ersten Blick eher als Überwinder denn als Repräsentant der Pädagogik der Aufklärung erscheinen läßt.

Aus dem Grundsatz „Alles ist gut, wie es aus den Händen des Schöpfers der Dinge hervorgeht, alles entartet unter den Händen des Menschen" entwickelt R. zunächst ein Bild natürlicher (= „negativer") Erziehung, die zu verhüten habe, daß die Entfaltung aus dem Inneren des Kindes und Jugendlichen durch äußere Einflüsse gestört werde. Nicht Tugend und Wahrheit seien zu lehren, sondern das Herz vor dem Laster und der Geist vor dem Irrtum zu bewahren (Emil, II). Vor allem das Kindes- und Knabenalter (Erfüllung und Reife der Kindheit) müsse vollkommen erfahren und dürfe nicht für eine später zu erreichende Stufe geopfert werden. Dieses habe sich allein im Bereich der Dinge zu vollziehen, an denen das Kind seine Erfahrungen sammeln müsse. Dem Kindes- und Knabenalter schließt sich das Jünglingsalter an, für das R., zwar immer noch auf der Maxime „verhüte, daß etwas geschieht" fußend, nunmehr doch eine eher positiv gerichtete Erziehung vorsieht. Jetzt spielen die Kräfte des Fühlens und der Leidenschaften, die Bindung von Mensch zu Mensch die Hauptrolle, und auf Grund dieser Dispositionen soll Emil die Welt der sozialen Lebensformen (einschließlich ihrer kulturellen Verankerungen) erschlossen werden. Eine Gefahr für die Entfaltung aller Entwicklungsstufen (als „Stufen des menschlichen Daseins" möchte sie MARTIN RANG bezeichnet wissen) sieht R. in der Beschleunigung bzw. Verfrühung des Naturvorgangs. Deshalb sei es Aufgabe des Erziehungsprogramms, die Einbildungskraft Emils zu dämpfen. Allein auf der Grundlage der „Sachlichkeit", in der nach Worten HERMANN RÖHRS „ein Rückgriff auf das Ursprüngliche alles Lebens" deutlich werde und die damit auch eine Begrenzung der Lehrinhalte mit sich bringe, kann Emil zur wahren Lebensfähigkeit erzogen werden. R.s mißtrauisch-kritische Einstellung gegenüber der Bedeutung von Wissenschaft und Kultur für die Erfüllung des Menschseins drückt sich unter anderem darin aus, daß in dem für Emil entworfenen Erziehungs- und Bildungsplan das Buch eine unbedeutende Rolle spielt. Seine lakonisch empirische Äußerung „Ich hasse die Bücher" modifiziert er dahingehend, daß das lesende Kind nicht denke, sondern eben nur lese: es lerne dadurch nur Worte gebrauchen, gewinne aber keine Einsichten. „Lesen ist die Geißel der Kinder ...; noch im 12. Lebensjahr wird Emil kaum erfahren, was ein Buch ist" (Emil, II). Die Aneignung der Welt der Dinge läßt sich für R. nicht mit den durch Lesen vermittelten Vorstellungserlebnissen in Verbindung bringen. Ihm ist das Buch lediglich ein Mittel zur Durchsetzung seiner erzieherischen Prinzipien. Der besondere Wahrheitswert der Dichtung ist für Emils Erziehung unerheblich. Daher rührt auch R.s Ablehnung der Fabeln (vor allem derjenigen JEAN DE LA FONTAINES) als Lern- und Erziehungsgut für die Kinder. Die Formschönheit dieser epischen Kurzform sei auf Kosten der Deutlichkeit erkauft; die verhüllte Wahrheit sei, weil sie nicht verstanden werde, eine Lüge. „Die Lehre, die man daraus ziehen will, macht es notwendig, Gedanken hereinzuziehen, die es (das Kind) nicht fassen kann" (Emil, II). Dagegen sieht R. die Fabeln als brauchbares Lehrgut für den heranwachsenden, sich seiner Moralität bewußten Emil an (Emil, IV). R.s Abneigung gegenüber dem Buch als Erziehungsmittel muß auch im Zusammenhang mit dem in jenen Jahren umlaufenden, durch unkontrollierbaren Konsum unterhaltender Literatur entstandenen Lesefieber gesehen werden, das breite Leserschichten befallen hat und das schon damals von kritischer Seite als eine aktivitätshemmende und die Selbsttätigkeit beschränkende zivilisatorische Erscheinung erkannt wurde.

Dem im Jünglingsalter stehenden Emil will R. indessen das Buch nicht verweigern; aber es soll möglichst nur faktenbezogene Darstellungen aus dem Leben historischer Persönlichkeiten enthalten, die „keine Urteile über (die) Tatsachen abgeben" und die allein helfen sollen, den Menschen als moralisches Wesen kennenzulernen. An spätklassischen Autoren erläutert R. seine entsprechenden Vorstellungen. Solche Bücher sollen den Leser nicht enthusiasmieren, sondern einen menschenkundlichen Lehrgang in praktischer Philosophie ermöglichen. R. möchte vermeiden, daß sich der lesende Emil mit den Buchgestalten identifiziere: „Wer sich einmal sich selbst entfremden will, der wird sich bald ganz und gar vergessen" (Emil, IV). In der Mädchenerziehung will R. nahezu ohne Buch auskommen. Lediglich FENELONS „Telemach" könnte dazu

beitragen, Sophies (der späteren Partnerin Emils) Rolle als Liebende im Sinne des Empfindsamkeitsbewußtseins jener Zeit zu steigern.
Obwohl R. im Bereich der Jugendliteratur selbst nicht unmittelbar tätig war, wären die Werke einer großen Anzahl europäischer Kinder- und Jugendbuchautoren wie des Franzosen ARNAUD BERQUIN, der Comtesse DE GENLIS, des Engländers THOMAS DAY oder des Deutschen JOACHIM H. CAMPE ohne die Thesen und Vorstellungen R.s nicht denkbar. Sein Name ist auch auf besondere Weise untrennbar mit der Wirkung eines „Klassikers" der Jugendliteratur verbunden: des Robinson. Wenn R. auch nichts vom Lesen in der Kindheit hält, so hat er gleichwohl als erster die pädagogisch-psychologische Bedeutung des Lesealters (wenigstens auf einer entscheidenden Stelle des Entwicklungsprozesses) erkannt und beschrieben. Im Knabenalter (12–15) will R. seinem Emil – „da wir durchaus Bücher haben müssen!" – den Robinson, allerdings in DANIEL DEFOES Originalfassung, in die Hand geben. „Dies Buch wird das erste sein, das Emil liest; lange Zeit hindurch wird es seine ganze Bücherei ausmachen" (Emil, III). Nicht DEFOES Dichtung interessiert R., sondern allein der Stoff, „die Lage eines völlig isolierten Menschen", aus dessen Schicksal man „alles lerne, was man in einer solchen Lage zu wissen nötig hat" (Emil, III). Für R. ist Literatur demnach erzieherisches Medium; die Dichtung wird einer Erziehungsidee geopfert, nicht aber wird der potentielle Leser zum Buch geführt. Trotzdem verdankt die spätere literaturpsychologisch fundierte Jugendbuchtheorie R. einen entscheidenden Anstoß, bedingt durch die Zuordnung eines bestimmten literarischen Stoffes zu einer kindlichen Entwicklungsstufe. In diesem Zusammenhang hat es die weite und schnelle Verbreitung des „Emil" mit sich gebracht, daß DEFOES Robinson in wenigen Jahren ein weltbekanntes Buch für junge Leser wurde. Wie aus der Vorrede zu seinem „Robinson der Jüngere" (1779/80) hervorgeht, war es der Hinweis ROUSSEAUS, der JOACHIM HEINRICH CAMPES Bearbeitung des DEFOEschen „Robinson" veranlaßte und ihr seine spezifische Prägung gab.

→ J. H. Campe, → Frankreich, → S. de Genlis, → Großbritannien und Nordirland, → I. Iselin

Werke: Émile, ou de l'éducation (1762; dt. Emil oder Über die Erziehung, 1789–1791); B. Gagnebin: Oeuvres complètes (Hrsg. zus. mit M. Raymond u.a. Bd. 1–4. 1959–1969); V. D. Musset-Pathay (Hrsg.): Oeuvres complétes (Bd. 1–22. 1823–1824).

Sekundärliteratur: S. Bogumil: Rousseau und die Erziehung des Lesers (1974). – R. Brandt: Rousseaus Philosophie der Gesellschaft (1973). – I. Fetscher: Rousseaus politische Philosophie (1960, [3]1975). – Fr. P. Hager: Pestalozzi und Rousseau (1975). – E. Hartmann: J. J. Rousseaus Einfluss auf J. H. Campe (1904). – S. W. Patterson: Rousseau's Émile and early children's literature (1971). – M. Rang: Rousseaus Lehre vom Menschen (1959). – K. Ridderhoff: Sophie von La Roche, die Schülerin Richardsons und Rousseaus (1895). – J. Sénelier: Bibliographie générale des oeuvres de J.-J. Rousseau (1965). – P. Themanns: Rousseau und der Arbeitsschulgedanke (1914). – O. Vossler: Rousseaus Freiheitslehre (1963). *Hermann Bertlein*

Rubin, Eva Johanna

*Illustratorin von Kinder- und Jugendbüchern, Graphikerin; * 24. 4. 1926 Berlin.*

R. verbrachte eine umhegte Kindheit und Jugend in Berlin und studierte an der Hochschule für Bildende Kunst in Berlin-Charlottenburg. Ihre Kindheitsträume und Erinnerungen begann sie danach als freischaffende Graphikerin, vor allem durch die Illustration von Kinder- und Jugendbüchern, thematisch zu verwirklichen. 1955 erhielt sie ihren ersten Illustrationsauftrag für das Märchenbuch „Das weiße Kätzchen". Seitdem publizierten zahlreiche Verlage des In- und Auslandes ihre Arbeiten. Sie lebt in West-Berlin. Sowohl in der DDR als auch in der Bundesrepublik Deutschland wurden die von ihr illustrierten Bücher des öfteren ausgezeichnet, so kamen unter anderen schon 1963 „Kleine Gratulanten", 1964 „Das Feuerzeug", 1966 „Das Tierschiff", 1968 „Das Liederkarussell" unter „Die Schönsten Bücher der DDR". Das von JAMES KRÜSS getextete Bilderbuch „3×3 an einem Tag" (1963) erhielt 1964 den Deutschen Jugendbuchpreis. R. stellte in Berlin, Recklinghausen, Bayreuth und an anderen Orten aus, 1977 auch auf der Bienale ilustracií Bratislava (BIB).

Werk, Tendenzen, Wirkung. Unberührt von zeitbedingten Modeströmungen der Kinderbuchproduktion nach dem Zweiten Weltkrieg oder der Einflußnahme aktueller Kunstströmungen verharrt R. erfolgreich in ihrer verspielt-romantischen Bilderwelt, die sich sowohl in der Federzeichnung, der liebevollen Art ihrer Kolorierung als auch der kostbaren Gesamtgestaltung ihrer Bücher niederschlägt.
Auch die von ihr illustrierten Texte haben zumeist keinen direkten realistischen Gegenwartsbezug. Ihre illuminierten Tafeln und Vignetten veranschaulichen gängige Texte im Sinne von echten „Haus-" und „Familienalben". Neben Märchensammlungen (Das Tierschiff, 1965; Der goldene Schlüssel, 1969) gestaltet sie Sammlungen von Kinderliedern (Das Liederkarussell, 1967), von Kindergedichten (Im Frühling wie im Winter, 1962), Texte von JAMES KRÜSS (3×3 an einem Tag, 1970; Der Trommler und die Puppe, 1966) oder JOSEF GUGGENMOS (Ein Elefant marschiert durchs Land, 1968; Ich hab's mit eigenen Ohren gesehen, 1970). Sie bildet gemäß den ihr vorliegenden Texten einfühlsam und phantasievoll eine behütete, konservative Welt ab; sie experimentiert nicht mit neuen Ausdrucksmitteln, stagniert aber auch nicht routiniert in ihrer heilen, mit biedermeierlichen Zügen ausgestatteten federgezeichneten Welt. Ihre Technik ist altertümlich einprägsam. Oft scheinen ihre Gestalten der Volkskunst verhaftet; die puppenhaften Menschendarstellungen wirken so, als ob sie der thüringischen oder erzgebirgischen Spielzeugschnitzerei entlehnt seien. Trotz aller Stilisierung erreicht R. eine stille, humorvolle Charakterisierung von Gestik und Mimik; nie überwuchert nur Ornamentales ihre Bilder, die sie wie eine Spielzeugwelt auf dem Papier inszeniert. Ein

hervorragendes Beispiel für ihre Arbeitsweise ist die Märchensammlung „Der goldene Schlüssel" (1969). Die Eindringlichkeit und Geschlossenheit ihrer klar konturierten Abbildungen wird durch die sparsame Verwendung eingetönter Hintergründe gesteigert; meist sind jedoch ihre der Fläche verhafteten Motive gut lesbar und frei vor einen Hintergrund gestellt. R. malt im strengen Sinne nicht, sie koloriert vielmehr ihre ausgewogenen Federzeichnungen in stimmigen, bisweilen kräftigen Farben. Das Linienwerk der Schraffuren verdichtet sich zu kostbaren Strukturen; den präzisen Konturen entspricht die optische Fülle einer liebevollen Binnengliederung.

Eva Johanna Rubin. Illustration zu dem Märchen „Bruder Regen" aus der von Imme Geissler und Juliane Metzger herausgegebenen Sammlung „Der Goldene Schlüssel" (München 1969).

Werke: A. Koralijčev: Der goldene Apfel. Märchen aus Bulgarien (1957); A. Lesser (Hrsg.): Das weiße Kätzchen und andere Märchen, Sagen und Fabeln (1957); E. J. Rubin: Didel didel Dänzchen (1959); M. Neumann: Der Wunderbaum (1960); A. Geelhaar: Gänschen Dolli (1961); E. George: Sausewind, Brausewind. Märchen (1961); E. George: Im Frühling wie im Winter (1962); W. Krumbach: Kikeriki, wacht auf! (1962); J. Wickram: Der Goldfaden (1962); Th. Fontane: Kleine Gratulanten (1963); J. Krüss: 3×3 an einem Tag (1963); R. Peters: Großmütterchen Immergrün (1963); H. Chr. Andersen: Das Feuerzeug (1964); R. Neumann: Der böse Bär oder die Macht der Musik (1964); E. J. Rubin: Himpelchen und Pimpelchen (1964); Gr. Vitez (Hrsg.): Der goldene Vogel. Märchen aus Jugoslawien (1964); Fr. Fühmann (Hrsg.): Das Tierschiff (1965); E. J. Rubin: Drei kleine Mädchen (1965); J. Krüss: Der Trommler und die Puppe oder Wozu ein Trommler nütze ist (1966); H. Chr. Andersen: Däumelinchen (1967); J. Metzger (Hrsg.): Das Liederkarussell (1967); E. J. Rubin: Pferdchen lauf Galopp (1967); E. J. Rubin: Drei Reiter zu Pferd (1967); H. Chr. Andersen: Der Schweinehirt (1968); J. Guggenmos: Ein Elefant marschiert durchs Land (1968); J. Guggenmos: Warum die Käuze große Augen machen (1968); E. J. Rubin: Ein kleiner Herr aus Askalon (1968); I. Geissler (Hrsg. zus. mit J. Metzger): Der goldene Schlüssel. 101 Märchen (1969); E. J. Rubin: Ri-ra-risch (1969); E. J. Rubin: Tanz, tanz Hampelmann (1969); J. Guggenmos: Ich hab's mit eigenen Ohren gesehen (1970); P. Biegel: Die Gärten von Dorr (1973); J. Guggenmos: Ich läute den Frühling ein (1975); E. T. A. Hoffmann: Nußknacker und Mäusekönig (1976).

Sekundärliteratur: H. Künnemann: Profile zeitgenössischer Kinderbuchmacher (1972). – H. Wendland: Die Zeichnerin Eva Johanna Rubin (in: Illustration 63. 7. 1970. 2. 52–54). – F. H. Wills: Die Illustratorin Eva Johanna Rubin (in: Gebrauchsgraphik. 41. 1970. 12. 42–49).

Klaus-Rüdiger Werner

Ruck-Pauquèt, Gina

*Kinder- und Jugendbuchautorin; * 17. 10. 1931 Köln.*

R.-P., Tochter eines Zahnarztes, verließ das Gymnasium kurz vor Erreichen der Mittleren Reife. Sie erlernte zunächst den Beruf der zahnärztlichen Assistentin. Anschließend besuchte sie die Werkschule in Köln, arbeitete zwei Jahre in einem Modesalon und versuchte sich in verschiedenen Branchen als Mannequin, Fotomodell, Werbeassistentin, Akkordeonvertreterin, Gerichts- und Bildreporterin. Mit 18 Jahren veröffentlichte sie ihre erste Kurzgeschichte für Erwachsene. In der Nähe von Bad Tölz (Oberbayern) ließ sie sich schließlich 1958 als freie Schriftstellerin nieder. R.-P. war mit einem Journalisten verheiratet. Sie liebt das Landleben, Malerei, Musik und „die Geschichten unverbildeter Leute". Schulen verabscheut R.-P.: „Bis

*Gina Ruck-Pauquèt (*1931)*

heute sträubt sich in mir so etwas wie ein inneres Fell, wenn ich eine Schule betrete. Ich lernte an Schulen außer Vokabeln, Geschichtsdaten, mathematischen Techniken und ähnlichen Dingen, die mir auch jemand an der frischen Luft hätte beibringen können, vor allem Leistungsdenken, übermäßige Anpassung und von daher Unaufrichtigkeit. Nichts über Menschen, nichts über Zärtlichkeit. Nichts von all dem, dessen wir so dringend bedürfen".
Seit 1959 sind mehr als 50 in fünfzehn Sprachen übersetzte Kinder- und Jugendbücher entstanden, zudem Arbeiten für das Kindertheater, den Kinderfunk, das Fernsehen, Musical- und Liedtexte (z.B. für den Sänger Udo Jürgens) sowie Erzählungen, die in Zeitschriften, Schulbüchern und Anthologien aufgenommen wurden.
Ihre in verschiedenen Verlagen publizierten Titel trugen R.-P. zahlreiche Auszeichnungen ein (Auswahlliste des Deutschen Jugendbuchpreises, Schönste Bücher des Jahres, Internationaler Preis „Città di Caorle", Ehrenliste zum Hans Christian Andersen-Preis, Ehrenliste des Österreichischen Staatspreises). 1977 erhielt sie vom O. Maier Verlag das „Goldene Taschenbuch" für über eine Million verkaufter Taschenbücher allein aus dem Ravensburger Verlag.

Werk, Tendenzen, Wirkung. Wenn generell Intuition, Spontaneität und Kreativität als Schlüsselbegriffe geistiger Produktion gelten können, so trifft dies im besonderen auf das literarische Schaffen R.-P.s zu. Für sie ist Schreiben eine wesentliche Art der Lebensäußerung: „Es ergab sich durch das Leben, daß ich vom Schreiben leben mußte ... Ich nehme die Wirklichkeit und filtere sie durch die eigene Persönlichkeit, die Geschichten kommen nicht aus der Realität" (Frankfurter Neue Presse v. 4.2.1978). Dem Schreiben für junge Leser mißt die Autorin Eigenwert bei; nicht das Produkt, sondern der Entstehungsprozeß selbst ist ihr wichtig. Viele ihrer Figuren verfolgen sie bis in ihre Träume hinein. Ohne sich modischen Trends anzupassen, folgt R.-P. ihrem subjektiven Impetus, sieht „die Welt" schön und schrecklich zugleich und will nicht als Intellektuelle eingestuft werden, die, bevor sie über bestimmte Themen, Orte oder Gruppen schreibt, Studien dazu anstellt. Sie gestaltet ihre Geschichten stimmig und glaubhaft, entwickelt sie geradlinig mit sparsamen sprachlichen Mitteln und gelangt zu einer allgemeingültigen Aussage: „In den meisten meiner Geschichten geht es um Leute, die sich abweichend von der Norm verhalten, um Outsider, um Leute am Rande der Gesellschaft, oft auch schon in den Büchern für kleine Kinder. Mir geht es um Humanität, um die kleine Kraftanstrengung, die man machen sollte, um zu versuchen, andere zu verstehen ...". Das schriftstellerische Werk der Autorin reicht von der einfachen, auf teilnehmender Beobachtung beruhenden bzw. mit phantastischen Elementen durchsetzten Kindergeschichte – viele davon sind als Bilderbuchtexte erschienen – bis zu anspruchsvoller sozialkritisch-engagierter Literatur für junge Erwachsene („Der eine Sommer", 1972; „Die Ringerkönigin", 1975; „Wie in einer Seifenblase. Emanzipationsgeschichten", 1978). Ihre Erzählungen vermitteln Denkanstöße, provozieren zur Auseinandersetzung mit Problemen der Partnerschaft, alternativen Lebensformen, des Außenseitertums, so etwa schon die frühe Erzählung „Joschko" (1963), eine Variation des Parzival-Motivs. Eine zentrale Rolle im Gesamtwerk spielen Tiere. Sie werden nicht verniedlicht, erhalten nie phantastisch-märchenhafte Züge, sondern übernehmen meist einen entscheidenden Part in der Beziehung zum Kind, zum Menschen. Gewisse Tiere, namentlich Katzen, kehren stets wieder. Bemerkenswert erscheint die Spannbreite der Themen und deren unprätentiöse Abstimmung auf den Adressaten. „Das große Buch von Gina Ruck-Pauquèt" (1978), versehen mit einem Werkverzeichnis (1958–1977), weist das variable Spektrum einer Erzählerin auf, die sich nicht scheut, darin auch zu sagen, „wie sie ist – wie sie schreibt – was sie treibt".

Werke: Gespenster essen kein Sauerkraut (1959); Der kleine Igel (1959); Der Floh im Sauerkraut (1960); Das Lämmchen und die Wolke (1960); Aljoscha (1961); Bim aus der Schlauchgasse (1961); Hubert malt nur dicke Frauen (1961); Mit Spargel schießt man keine Hasen (1961); Pony (1961); Zweiundzwanzig kleine Katzen (1961); Vierzehn höllenschwarze Kisten (1962); Joschko (1963); Der kleine Nachtwächter und das Schlaflied. Der kleine Nachtwächter und die Glocke (1966); Der kleine Schornsteinfeger und der Regenbogen. Der kleine Schornsteinfeger und das Äffchen (1966); Der kleine Stationsvorsteher und die Chinesen. Der kleine Stationsvorsteher und der Traum (1966); Der kleine Zauberer und das Papierschiffchen. Der kleine Zauberer und das Sternchen (1966); Kommt ein Wölkchen angeflogen (1966); Murmel (1966); Sandmännchen erzählt von seinen kleinen Freunden (1966); Die Tante und der Seehund (1966); Die kleinen Gauner von Bampione

(1967); Die Abenteuer des kleinen Briefträgers (1968); Katzenmusik (1968); Kläff soll zählen lernen. Kläff will einen anderen Namen (1968); Sandmännchen erzählt von neuen kleinen Freunden (1968); Wenn der Mond auf dem Dach sitzt (1968); Wo ist meine Mami? (1968); Die bezauberndsten Kinder der Welt (1969); Der Junge mit der goldenen Trompete (1969); Paprika für ein Eselchen (1969); Senja und der Räuberprinz (1969); Tipsy hat Geburtstag. Tipsy will ein Schäfchen (1969); Tipsy macht den Goldfisch glücklich (1969); Wa-ta-wah (1969); Während du schläfst (1969); Drei kleine Nikoläuse (1970); Ich kenne viele Farben (1970); Ich kenne viele Tiere (1970); In jedem Wald ist eine Maus, die Geige spielt (1970); Die große Schau (1971); Ich kenne viele Zahlen (1971); Das kleine Faultier (1971); Das kleine Nachtgespenst findet seinen Platz. Das kleine Nachtgespenst und Isa (1971); Niko mit den vielen Namen (1971); Opa, Kläff und Jonki (1971); Wolfsnase (1971); Der eine Sommer (1972); Katzerlapapp, sagte der Kater (1972); Ein Esel ist genug (1973); Das Haus der 44 Beine (1973); Oliver hat einen Löwen (1973); Um fünf Uhr brennt die Knödelklößchensuppe an (1973); Eine Badewanne voll Geschichten (1974); Nachts sind Raben bunt (1974); Skipper und die Maus im Haus (1974); Die Sonne gehört uns allen (1974); Zwei kleine Igel (1974); Kunterbuntes Jahr (1975); Das Pfannkuchenglück (1975); Die Ringerkönigin (1975); So ein Hündchen (1975); Ginas Zoo (1976); Leselöwen Katzengeschichten (1976); Tag- und Traumgeschichten (1976); Das Schnurzelbum (1977); Tippitip (1977); Borni und der Zauberfisch (1978); Das große Buch von Gina Ruck-Pauquèt (1978); Großer Bär und kleine Maus (1978); Ich sage ja nicht, daß ihr Leben sollt wie ich (1978); Das Landstraßenglück (1978); Wie in einer Seifenblase (1978).

Hans Gärtner

Rudert, Otto

*Jugendbuchautor; * um 1890, † um 1950.*

Biographische Angaben sind trotz des verhältnismäßig großen Bekanntheitsgrades von R. als Jugendbuchautor zwischen 1920 und 1933 nicht ausfindig zu machen. Sicher ist daran auch die Tatsache schuld, daß der Stuttgarter Union-Verlag, in dem alle Bücher R.s erschienen, seine gesamten Archivunterlagen durch Bombenangriffe im Zweiten Weltkrieg verlor.

Werk, Tendenzen, Wirkung. R. ist in erster Linie Repräsentant der gegenständlich motivierten, im Wahrscheinlichen und Tatsächlichen verankerten geographischen Abenteuererzählung, die in der Erfahrungswelt der Hauptgestalten – zeit- und wirtschaftsgeschichtlich aktualisiert – beginnt, sich zumeist alten Kulturobjekten zuwendet und in diesem abgesteckten Rahmen sensationelle Handlungen, auch Kriminalstories, einbaut. Wohl zur Absicherung gegenüber Mißverständnissen, Irrtümern und Übertreibungen wurden von R. für die geographischen Objekte zuweilen Decknamen gewählt. Die in der Karl May-Nachfolge betonte „Stärke der Sittlichkeit", mit der die positiven Gestalten letztlich den Sieg erringen, charakterisiert auch R.s Erzählungen. Die Erzählung „Stadt des Schweigens" (1922) z.B. propagiert die Lehre: „Nicht Geld schafft Werte, sondern die Arbeit". So siegen auch nicht Härte und Brutalität in der Abenteuererzählung, sondern „die opferbereiten Kräfte des Herzens". Die Rassenprobleme („Gewalten der Tiefe", 1929) werden noch stark im Sinne von Onkel Toms Hütte gesehen, eher noch in einem geringschätzigen Bezug. Dem deutschen Nationalstolz wird mit Maßen gehuldigt. Die zentralen („perfekten") Figuren entstammen der Mittelschicht und dem Kleinbürgertum und haben sich gegenüber den gesellschaftlichen Übermächtigkeiten durchzusetzen bzw. jene zu relativieren. Das gilt auch für das von R. gepflegte Genre der „Knabenerzählung", u.a. für „Der Herr auf Fasanenhof" (1928). Hier überwinden stark idealisierte Kräfte eines „jugendbewegten" Verhaltens Sperren eines überlebten und verkrusteten adeligen Standesbewußtseins. Verblichenes Soldatentum lebt erinnerungsschwer noch im stillen fort. „Reine" Menschlichkeit wird bis zur Grenze der Trivialität gefordert und gefördert. Pädagogische Reflexionen werden nicht ungeschickt eingeblendet, erschöpfen sich jedoch im Rahmen selbstverständlich erachteter Ordnungen. Die Diktion prunkt gelegentlich mit Bildungsrequisiten (Fremdsprachenproben, lexikalisches Wissen); stilistische Schwächen lassen sich damit nicht vertuschen.

R.s Abenteuerbüchern auf historischem Hintergrund gelingt es nicht, geschichtliche Bedeutsamkeiten spürbar werden zu lassen. Die räumliche Dimension bleibt auch hier wichtiger als die zeitliche. Das historische Heldenstereotyp ist verhältnismäßig „schlüssig", weil zeitlich patiniert und durch historische Requisiten abgestützt. Im Grunde handelt es sich bei diesen Gestalten jedoch nur um historisch kostümierte Personen des 20. Jahrhunderts. Man kann R.s Jugendschriften als leicht reißerische, idealistisch-stilisierte und pädagogisch indizierte Produkte auf dem Feld der spannenden „Knabenliteratur" mit gezügelter Abenteuerlichkeit bezeichnen.

Werke: Das Haus der Götter (1923); Die Stadt des Schweigens (1922); Die Insel der Flibustiers (1921); Die Minen der Azteken (1927); Der Herr auf Fasanenhof (1928); Gewalten der Tiefe (1929); Die Brüder der Küste (1929); Der Stern des Mopico (1931); Das Land der Gifte (1932).

Hermann Bertlein

Rübezahl

R. ist der Name eines Berggeistes, des Herrn des Riesengebirges. Volksetymologisch wurde das Wort mit Rüben-zählen in Verbindung gebracht; wahrscheinlich bezeichnet der Name aber den Berggeist als einen „Rauhschwanz" (althochdeutsch: hriobo = rauh, zagel = Schwanz). Die erste Abbildung auf einer schlesischen Landkarte von 1561 zeigt R. mit einem Schwanz. R. hat als Naturdämon auch Züge anderer Wesen (Kobold, Riese, Teufel, Zwerg) auf sich vereint. Noch immer sind Neubildungen von Erzählungen zu beobachten. Besonders die Kinder- und Jugendliteratur hat durch eine geschickte Auswahl aus den historischen Sammlungen, die sprachliche Umformung und Modernisierung der Sagentexte und deren Illustration wesentlich zu ihrer Verbreitung beigetragen.

Entstehung und Gehalt der R.-Sagen. Ursprünglich war R. ein Bergwerksgeist, dessen unterirdisches Reich mit seinen Gnomen und Schätzen sich bis zum Mittelpunkt der Erde erstreckte. Nach ersten Nachrichten aus dem 15. und 16. Jahrhundert ließ er sich manchmal in einem Mönchsgewand, offenbar einer alten Bergwerkstracht, sehen. Erst durch die Sammlungen des Leipziger Magisters JOHANNES PRAETORIUS (1630–1680) mit ca. 250 Erzählungen wurde R., der nur eine regional begrenzte Bedeutung besaß, über Schlesien hinaus bekannt. Seiner „Daemonologia Rubinzalii Silesii" von 1662 ließ er wegen ihres Erfolges noch einen zweiten und dritten Band und 1672 den „Satyrus Etymologicus" folgen. Er vermischte darin echt Volkstümliches mit halbliterarischen Überlieferungen, z. B. aus Volksbüchern (Faust, Eulenspiegel u. a.). Der R. des PRAETORIUS zeigt den grobianischen Geschmack zur Zeit des Dreißigjährigen Krieges. Wirklich populär wurde R. aber erst, als JOHANN KARL AUGUST MUSÄUS (1735–1787) seine „Volksmärchen der Deutschen" in fünf Bänden 1782–1786 herausgab, darunter auch die Überarbeitungen und Neudichtungen der R.-Sagen. Er übernahm die Volksetymologie von R.s Namen, den schon PRAETORIUS als Spottname auf das Rübenzählen des Geistes zurückgeführt hatte.

Ludwig Richter (1803–1884). Eingangsillustration zu Johann Karl August Musäus' „Legenden von Rübezahl" in der Ausgabe von 1845.

Romantische R.-Illustrationen (LUDWIG RICHTER; JOHANN PETER BURMEISTER, d. i. JOHANN PETER LYSER; PETER CARL GEISSLER) und Ölbilder (MORITZ VON SCHWIND; DANIEL FOHR) zeigen wie auch die von CARL MARIA VON WEBER in Breslau geschaffene Oper „Rübezahl" (1804–1805) das Interesse von Künstlern des 19. Jahrhunderts an diesem Sagenstoff, der seit dem beginnenden 19. Jahrhundert bis heute hauptsächlich Kindern und Jugendlichen angeboten wird. In den Erzählungen zeigt sich der Dämon, der Zwergen-, Riesen-, Tier- und Menschengestalten annehmen kann, den Menschen gegenüber launisch, weil sie ihn enttäuscht haben. Manchmal ist er gutmütig, freigiebig und hilfsbereit, besonders den Armen gegenüber, dann wieder grausam und hartherzig. Er betrachtet die Menschen als „Erdenwürmer", treibt mit ihnen sein Spiel, bestraft sie streng oder belohnt sie überreich. Für den Heranwachsenden kann gerade das merkwürdig Unberechenbare an R. faszinierend sein, weil er ähnliche Erfahrungen über unmotiviertes Verhalten bei sich selbst und seiner Umgebung machen kann und dadurch lernt, sich und andere differenzierter zu beurteilen.

Die R.-Sagen erschienen im Zuge spätromantischer Wiederbelebungsversuche der Volksliteratur des Mittelalters und der frühen Neuzeit in der Reihe der in Leipzig bei O. Wigand herausgegebenen Volksbücher 1847 in OSKAR LUDWIG B. WOLFFS Fassung unter dem Titel „Der wegen seiner kurzweiligen Possen merkwürdige schlesische Rübezahl oder der schalkhafte Berggeist". Diesem Versuch einer Popularisierung für ein breites bürgerliches Leserpublikum ließ der vielschreibende Volks- und Jugendschriftsteller FRANZ HOFFMANN (1814–1882) schon sechs Jahre später die Schrift „Rübezahl und andere deutsche Sagen" (1853), später „Rübezahl. Kleines Sagenbuch. Ein Nachtrag zu der größeren Sammlung" (Chelius, Stuttgart, 1865) folgen. Viele Bearbeitungen für die Jugend, Übernahmen in Lesebücher und Werke für den Heimatkundeunterricht, Dramatisierungen (z. B. MARIE TAUBERT: „Rübezahl. Märchenspiel in zwei Aufzügen", Bloch Theaterverlag, Berlin, 1919) schlossen sich an. Die Tradition des Bearbeitens und erneuten Auflegens scheint sich bis heute ungebrochen fortzusetzen. So haben unter anderem nach dem Zweiten Weltkrieg 1951 der Ueberreuter Verlag ohne Verfasser die Ausgabe „Rübezahl, Sagen und Legenden um den Herrn des Riesengebirges. Für die Jugend neu bearbeitet" vorgelegt, später dann FELIX KARLINGER den Titel „Der abenteuerliche Glückstopf in welchem allerlay wundersame Märlein, seltene Historien und lustige Schwänke in Welsch- und Teutschland, dann in Frankreich, Hispanien und Britannien mehr erdacht und aufgezeichnet worden", 1965, CHRISTL KUTSCHERA „Rübezahl" (1966), GERHARD KLOSS „Rübezahl ist wieder da" (1967) und KARL BENESCH „Rübezahl" (1973). Neufassungen, auch der „Rübezahl" von JOHANN KARL AUGUST MUSÄUS, erlebten weitere Auflagen. Bei einem Blick auf die mit den Bearbeitungen und Herausgaben gegebenen Intentionen läßt sich feststellen, daß sie entweder auf das Numinose und Schauerliche oder aber das Schelmenhafte, Neckische besonders abzielen. Oft möchten sie auch dem Leser Freude bereiten durch das Nasführen der Mächtigen und die Solidarität R.s mit dem „kleinen Mann".

→ J. K. A. Musäus

Sekundärliteratur: I. Bang: Die Entwicklung der deutschen Märchenillustration (1944). – R. Cogho: Volkssagen aus dem Riesen- und Iser-Gebirge (Hrsg. zus. mit W.-E. Peuckert. 1967). – A. C. Groeger: Rübezahl: Wettermacher, Schatzhüter und Kobold. Entstehung, Wandlung und Verbreitung der Sage vom Geist des Riesengebirges (in: Schlesien. 1964. 9. 219–238). – G. Grundmann: Das Riesengebirge in der Malerei der Romantik ([3]1965. 133–145). – G. Jungbauer: Die Rübezahlsage (1923); Der Berggeist Rübezahl (in: Schlesisches Jahrbuch für deutsche Kulturarbeit im gesamten schlesischen Raum 1928/1929. 1. 37–48). – G. Kahlo: Der Wilde Jäger und Rübezahl (in: Forschung und Fortschritt. 1959. 33. 381–382). – J. Klapper: Schlesische Volkskunde. Auf kulturgeschichtlicher Grundlage ([2]1952). – R. Loewe: Rübezahl im heutigen Volksglauben (in: Zeitschrift des Vereins für Volkskunde. 1908. 18. 1–24 und 151–160). – A. Moepert: Die Anfänge der Rübezahlsage (1928). – L. Petzold (Hrsg.): Deutsche Volkssagen (1970). – W.-E. Peuckert: Die Sagen vom Berggeist Rübezahl (1926); (Hrsg.): Schlesische Sagen (1924, [2]1966). – L. Röhrich: Sage ([2]1971). – Th. Siebs: Rübezahl (in: Mitteilungen der Schlesischen Gesellschaft für Volkskunde. 1908. 20. 128–142). – R. Weizsäcker: Rübezahl und der Bergbau (in: Jahrbuch Riesengebirge. 1930. 19. 63–80). – K. de Wyl: Rübezahlforschungen. Die Schriften des Mag. Johannes Prätorius (1909). – K. Zacher: Rübezahl und seine Verwandtschaft (in: Mitteilungen der Schlesischen Gesellschaft für Volkskunde. 1903. 10. 33–52).

Gertraud Meinel

Rückert, Friedrich

*(Ps.: Freimund Raimar). Dichter, Orientalist; * 16. 5. 1788 Schweinfurt, † 31. 1. 1866 Neuseß bei Coburg.*

R. war der Älteste von fünf Geschwistern. Als der Vater 1792 eine Stelle als Amtmann annahm, übersiedelte die Familie nach Oberlauringen. Ab 1802 besuchte R. das Gymnasium in Schweinfurt und begann 1805 mit dem Jura- und Philosophiestudium in Würzburg. Nach Studien in Heidelberg habilitierte er sich 1811 in Jena und hielt dort Vorlesungen über orientalische und griechische Mythologie. R. wurde 1815 Redakteur des in Stuttgart erscheinenden „Morgenblattes". 1817 reiste er nach Italien. Bei der Rückkehr 1818 lernte er bei dem Orientalisten Joseph von Hammer-Purgstall in Wien orientalische Sprachen kennen und entwickelte sein Interesse für orientalische Literatur. Nach Publikation einiger Übersetzungen 1826 erhielt er einen Ruf als außerordentlicher Professor der orientalischen Sprachen an die Universität Erlangen. 1841 wurde er als ordentlicher Professor nach Berlin berufen. 1848 zog sich R. auf das durch seine Frau der Familie zugebrachte Landgut Neuseß zurück und blieb bis weit ins hohe Alter hinein literarisch tätig.

Werk, Tendenzen, Wirkung. R., einer der bedeutendsten Orientalisten seiner Zeit, bevorzugte in seinen Dichtungen Themen des Alltags, der Familie, des Kinderlebens und des natürlichen Rhythmus des Jahres. Die Dichtungen R.s wurden von einem breiten bürgerlichen Lesepublikum aufgenommen und bis weit ins 20. Jahrhundert hinein tradiert. Einige seiner Gedichte gehören bis zur Gegenwart zu den bekanntesten und verbreitetsten Kindergedichten in deutscher Sprache. Der pädagogische Effekt, der vielen seiner Kindergedichte anhaftet, ist meist unaufdringlich ins phantasievolle oder alltägliche Handlungsgefüge einbezogen. Seine ersten und bekanntesten Kindergedichte entstanden aus dem Wunsch, die dreijährige Schwester Marie zu beschenken, im Dezember 1813 im Hause der damals in Ebern wohnenden elterlichen Familie. „In einer einzigen Nacht ausgeheckt" als „ein Spaß" (zit. bei H. Prang: Friedrich Rückert), sagt er selbst von diesen „Fünf Märlein für Kinder", die zunächst „Fünf Märlein zum Einschläfern für mein Schwesterlein" benannt waren. Als Zyklus und in Einzelausgaben erreichten sie hohe Auflagen; bibliophil nachgedruckt wurden sie 1921 auf der Ernst Ludwig Presse zu Darmstadt in einer von Christian Heinrich Kleukens entworfenen Letter und mit stilvollen Initialen: „Vom Büblein, das überall hin mitgenommen hat sein wollen – Vom Bäumlein, das andere Blätter hat gewollt – Vom Bäumlein, das spazieren ging – Der Spielmann – Das Männlein in der Gans." Die ersten beiden märchenhaften Gedichte wurden durch viele Jahrzehnte in Lesebücher der Grundschulen aufgenommen und erschienen zusammen mit dem „Männlein in der Gans" häufiger als die beiden anderen in Anthologien und als Bilderbücher. „Liebenswert didaktische Märlein" nennt sie R.s Biograph Helmut Prang; er würdigt vor allem das Märchen „Vom Bäumlein ..." als „eine spielerisch verkleidete Lebenslehre von Ernst und Tiefe, die aber auch für die sogenannten Erwachsenen jederzeitliche Geltung besitzen" (vgl. H. Prang: „Friedrich Rückert" und „Friedrich Rückert als Dichter und Gelehrter").

Eine Auswahl aus R.s Gedichten „für Haus und Schule" erschien schon 1897 im Verlag Sauerländer. Die Märlein, zum Teil in Verbindung mit anderen Gedichten, kamen in Einzelausgaben illustriert erst nach der Jahrhundertwende heraus. Als Nr. 34 in der Reihe der Pestalozzi-Bilderbücher gab Helene Bernhardi die Auswahl „Vom Büblein ... und andere Märchen" mit leuchtend farbigen Bildern von Sulamith Wülfing heraus (1928); Johannes Geyer schuf die Bilder für ein Mini-Leporello „Vom Büblein" in der Reihe „Das Kindergärtlein" (1949); bei J. Scholz erschien 1947 als Künstlerbilderbuch „Das Männlein in der Gans", illustriert von Beatrice Braun-Fock; im Verlag Ellermann erschienen „Fünf Märlein für Kinder" mit 24 Zeichnungen von Petra Clemen (1953); Hilde Hoffmann schuf acht Blätter zum „Büblein ..." als Stalling-Künstlerbilderbuch Nr. 167 (1966); im Verlag Oetinger kam 1967 ein von Maria Girbardt illustriertes Bilderbuch „Vom Büblein ..." heraus.

Einige Gedichte R.s gingen durch leicht sangbare Vertonung in den Volksliederbestand ein, z.B. „Aus der Jugendzeit“, das zum Zyklus der „Italienischen Gedichte“ gehört. Auch das „Kinderlied von den grünen Sommervögeln“ wurde mehrmals vertont. Die Romantik, besonders die Lieder CLEMENS BRENTANOS, hat R.s Dichtung beeinflußt. So scheint z.B. auch HANS CHRISTIAN ANDERSENS Märchen vom „Mädchen mit den Schwefelhölzchen“ dem R.-Gedicht „Des fremden Kindes heiliger Christ“ Vorbild gewesen zu sein (dem armen, von allen Freuden ausgeschlossenen Kinde erscheint in der Christnacht das Christkind selbst und weist es in den Himmel ein). In volkstümlich, liedhaft, balladisch oder lehrhaft gefaßten Gedichten verschiedener Formen für Kinder reimt R. lautklang- und sprachspielerisch (z.B.: „Ich weiß ein schönes Märchen“, „Der gebannte Geizhals“, „Der Apotheker“, „Aus der Kinderstube“). Urgestalt von LUDWIG UHLANDS „Burg Niedeck“ scheint die Erzählung zu sein „Die Riesen und die Zwerge“ (Pflug, Ochsen und den Bauern bringt die Riesentochter aus Spaß herbei, doch der Vater verlangt, daß sie sie wieder an ihren Ort zurückträgt, damit das Volk der Zwerge weiter schaffen kann, auch für die Riesen). Die „Kindertotenlieder“, erst nach des Dichters Tod veröffentlicht, entstanden im ersten Halbjahr 1834 (einige vertonte GUSTAV MAHLER). R. schrieb diese Gedichte in der Trauer um zwei seiner Kinder, die kurz nacheinander im Alter von drei und fünf Jahren an Scharlach starben. In dem Gedicht „Vom Messerchen und Gäbelchen als Geschwisterpaar“ berichtet er vom Zusammenleben der beiden Kinder. Lustige und ernstere Begebenheiten aus Haushalt, Kinderstube, Garten, Wald und Tageslauf sind von R. erzählerisch mit Empfindung, oft mit Humor und Witz gereimt, z.B. „Empfehlung der Überschuhe“, „Das Geburtstagsgeschenk“, „Wiegenlied“.

Manchen Stoff aus heimischer Sage und aus der Dichtung anderer Völker bildete R. im Deutschen balladisch oder liedhaft nach, z.B.: „Barbarossa“, „Die Beichte der Tiere“ (nach JONATHAN SWIFT), „Des Hahn Gockels Leichenbegräbnis“ (aus dem Altenglischen), „Hühnchen und Hähnchen“ (aus dem Serbischen). In Schullesebücher gingen vor allem R.s balladische Lieder „Chidher“ und die Parabel „Es ging ein Mann im Syrerland ...“ ein. JAMES KRÜSS nahm in seine Sammlung Kindergedichte „So viele Tage wie das Jahr hat“ (1959) von R. „Barbarossa“, „Chidher“ und „Vom Büblein ...“ auf. Im Nachwort zu seiner Sammlung nennt JAMES KRÜSS R. einen „Aufklärer und Moralisten“.

Werke: Deutsche Geschichte (Bd. 1–2. 1814–1817); Oestliche Rosen (1822); Amaryllis. Ein ländliches Gedicht (1825); Nal und Damajanti (1828); Gesammelte Gedichte (Bd. 1–6. 1834–1838); Die Weisheit des Brahmanen. Ein Lehrgedicht in Bruchstücken (Bd. 1–6. 1836–1839); Erbauliches und Beschauliches aus dem Morgenland (Bd. 1–2. 1837–1838); Haus- und Jahreslieder (Bd. 1–2. 1838); Brahmanische Erzählungen (1839); Leben Jesu. Evangelien-Harmonie in gebundener Rede (1839); Gedichte (1841); Lieder und Sprüche. Aus dem lyrischen Nachlasse (1867); H. Rückert (Hrsg.): Aus Friedrich Rückerts Nachlaß (1867); H. Rückert (Hrsg. zus. mit D. Sauerländer): Gesammelte poetische Werke (Bd. 1–12. 1867–1869).

Sekundärliteratur: C. Beyer: Friedrich Rückert. Ein Lebens- und Charakterbild für Haus und Schule (1888). – E. Herford: Friedrich Rückert und seine Bedeutung als Jugenddichter (in: Wissenschaftliche Beilage zum Bericht des Königlichen Gymnasiums, Thorn, 1893. 34–52). – Fr. Krämer: Rückerts Bearbeitungen altdeutscher Dichtungen (Diss. 1923). – L. Magon: Der junge Rückert (1914). – H. Prang: Friedrich Rückert, Geist und Form der Sprache (1963); Friedrich Rückert als Dichter und Gelehrter (1963). – A. Rutz: Friedrich Rückerts „Kindermärlein“ (in: Zeitschrift für Jugendliteratur. 2. 1968. 1. 6–12).

Margarete Dierks

Rümann, Arthur

*Kunsthistoriker, Kinderbuchsammler; *29.3.1888 München, †15.7.1963 München.*

R.s Vater war der Bildhauer und Akademieprofessor WILHELM VON R., seine Mutter die Tochter des Malers und Akademieprofessors ARTHUR VON RAMBERG. Nach dem Besuch des Münchener Wilhelmsgymnasiums studierte R. von 1907 bis 1913 in München, Berlin und Heidelberg Kunstgeschichte. Seine Studien beschloß er 1913 in Heidelberg mit einer Dissertation über das Holzschnittwerk HONORÉ DAUMIERS. Zwischen 1915 und 1918 nahm R. am Ersten Weltkrieg teil. Anschließend arbeitete er als freier kunstwissenschaftlicher Schriftsteller in München. Während der Zeit des Nationalsozialismus war R. von Publikations- und Auftrittsverbot betroffen. Nach einer zeitweiligen Tätigkeit als Kunsthändler wurde R. ab 1945 als Konservator bei der Stadt München angestellt und war von 1947

Arthur Rümann (1888–1963)

bis 1956 Direktor der Münchener Städtischen Kunstsammlungen im Lenbachhaus.
Auf kunstwissenschaftlichem Gebiet trat R. nach seiner Pensionierung besonders durch die Abfassung verschiedener Kunstkataloge für die Stadt München auf den Gebieten Plastik und Graphik des Historischen Stadtmuseums und der Plakatsammlung hervor. Die Resonanz auf R.s berufliche Tätigkeit war zwiespältig. Man warf ihm zugleich starren Konservatismus und allzu große Nachgiebigkeit gegenüber modernen Künstlern vor.
Zu Standardwerken wurden seine Veröffentlichungen zur Buchillustration: „Die illustrierten deutschen Bücher des 19. Jahrhunderts" (1926), „Die illustrierten deutschen Bücher des 18. Jahrhunderts" (1928) sowie „Das illustrierte Buch des XIX. Jahrhunderts in England, Frankreich und Deutschland 1760–1860" (1930). 1931 brachte R. ein Verzeichnis der Werke Adam Friedrich Oesers heraus. Es folgte der Band „Alte deutsche Kinderbücher" (1937). R. trug selbst eine umfangreiche Sammlung alter Kinderbücher zusammen. Diese Sammlung steht seit 1966 als Dauerleihgabe der Frankfurter Stadt- und Universitätsbibliothek im Institut für Jugendbuchforschung in Frankfurt/Main. Die „Sammlung Rümann" umfaßt 749 Titel.
R.s Absicht war, durch die Beschäftigung mit der Buchillustration die Kunstgeschichte auf ein Gebiet aufmerksam zu machen, das bislang von ihr vernachlässigt wurde. Diesem Vorhaben, das er 1930 in der Einleitung zu seinem Buch über „Das illustrierte Buch des XIX. Jahrhunderts" darlegte, widmete er wesentliche Teile seiner Arbeit. Im Text selbst diskutiert er unter anderem das Eindringen des bürgerlichen Elements in die Kunst in England und die Rolle, die dieses Element vor allem in der nichtoffiziellen Kunst, die dem geschlossenen Kreis des höfischen Lebens fernstand, spielte. Es folgen Beispiele aus Frankreich und Deutschland.
Das Interesse R.s an Kinderbüchern ist nicht so sehr der literarischen Seite wie vielmehr der künstlerischen Ausstattung der Bücher gewidmet. In dem einführenden Text zu dem Band „Alte deutsche Kinderbücher" (1937) lieferte er eine umrißhafte Geschichte des illustrierten Kinderbuchs. Er befaßte sich mit ABC-Büchern, Fibeln, Orbis-Pictus-Bänden, den Werken der Philanthropinisten und den buchkünstlerischen Arbeiten von G. Süs, O. Speckter, L. Richter, M. von Schwind und anderen. Intensiv ging er auf Daniel Chodowiecki, Adam Friedrich Oeser, Max Slevogt und Salomon Gessner ein.

Werke: Honoré Daumier, sein Holzschnittwerk (1914); Daumier als Illustrator (1919); Gustave Doré (1921); Hans Holbein (1924); Daniel Chodowiecki (1926); Die illustrierten deutschen Bücher des 19. Jahrhunderts (1926); Die illustrierten deutschen Bücher des 18. Jahrhunderts (1928); Das illustrierte Buch des XIX. Jahrhunderts in England, Frankreich und Deutschland 1760–1860) (1930); Adam Friedrich Oeser. Bibliographie (1931); Das deutsche illustrierte Buch des 18. Jahrhunderts (1931); Christoph Nathe (1932); Verzeichnis der Graphik von Max Slevogt in Büchern und Mappenwerken (1936); Alte deutsche Kinderbücher (1937); Geschichte der deutschen Taschenbücher und Almanache aus der klassisch-romantischen Zeit (zus. mit M. Gräfin Lanckorońska, 1954).

Beiträge: Was soll der Sammler illustrierter Werke des 19. Jahrhunderts besitzen? (in: Philobiblon. 1930. 3. 51–62); Salomon Geßner (in: Philobiblon. 1930. 3. 146–148); Ein Jahrhundert Goethe-Illustration (in: Philobiblon. 5. 1932. 11–18. 53–59); Die Brüder Alfred und Tony Johannot (in: Philobiblon. 1934. 7. 79–90); Hey-Speckters Fünfzig Fabeln (in: Philobiblon. 1934. 7. 297–313); Robinson und Robinsonaden in der Buchillustration des 18. und 19. Jahrhunderts (in: Philobiblon. 1936. 9. 9–21); Emblem – Bücher des 16. und 17. Jahrhunderts (in: Philobiblon. 1936. 9. 161–164); Historisch genealogische Kalender (in: Philobiblon. 1939. 11. 7–24); Historische Almanache und Taschenbücher (in: Philobiblon. 1939. 11. 185–200).

Winfred Kaminski

Rüttgers, Severin

*Lehrer, Literaturpädagoge, Jugendliteraturtheoretiker; * 27.9.1876 Ameln, † 22.9.1938 Koblenz.*

R. war von 1896 bis 1901 Volksschullehrer in Holzheim/Neuß, von 1901 bis 1934 in Düsseldorf. In den zwanziger und dreißiger Jahren galt er als einer der einflußreichsten Vertreter der Jugendschriften- bzw. Kunsterziehungsbewegung. 1932 trat R. in die NSDAP ein und wurde aktiver Funktionär der Partei und des Nationalsozialistischen Lehrerbundes (NSLB). Von 1934 bis 1937 war R. Regierungs- und Schulrat in Koblenz, ab 1938 Dozent für deutsche Sprache und Dichtung an der Hochschule für Lehrerinnenbildung in Koblenz. Durch zahlreiche Publikationen zur Literaturpädagogik, Jugendliteratur und „deutschen Volksdichtung" sowie seine Bearbeitung, Übersetzung oder Herausgabe vornehmlich „nordisch-germanischen Schrifttums" war R. einer der Wegbereiter der nationalsozialistisch-völkischen Erziehung.
Veranlaßt durch seine Erfahrungen in der Schularbeit einer Großstadt und in der Jugendschriften- bzw. Kunsterziehungsbewegung (Jugendschriftenausschuß des Düsseldorfer Lehrervereins) entwickelte R. etwa ab 1908/1909 sein Konzept einer „literarischen Erziehung" vornehmlich für die Volksschule („Über die literarische Erziehung als ein Problem der Arbeitsschule", 1910; „Die Dichtung in der Volksschule", 1914, ^{2}1923). Darin wandte er sich zunehmend radikaler einerseits gegen die überkommene autoritäre „Lernschule", andererseits gegen das vor allem von Heinrich Wolgast und Alfred Lichtwark entworfene literatur- und kunstdidaktische Programm einer Erziehung zur „ästhetischen Genußfähigkeit". Für ihn war die Jugendschriftenfrage, die Reform des Deutschunterrichts, die Lesebuchdiskussion und der Aufbau eines Lektürekanons „nicht von ästhetischen Problemen und Dogmen", sondern nur „vom Kinde und von der Gegenwart aus" zu lösen und sollte „in der Richtung auf praktische und nationale Ziele weitergeführt" werden („Über die literarische Erziehung, a.a.O. S. VI). In seiner Bestandsaufnahme der Gegenwart orien-

tierte R. sich an den irrational-nationalistischen Lehren FRIEDRICH NIETZSCHES, PAUL DE LAGARDES und vor allem des „Rembrandtdeutschen" JULIUS LANGBEHN („Rembrandt als Erzieher", 1890). Als Wesensmerkmale seiner gesellschaftlich-kulturellen Gegenwart beklagte er bis 1933/1934 die „artfremde Intellektualkultur", den „pädagogischen Bolschewismus", die „völkische Entwurzelung der Gebildeten", die „Verstädterung in den Steinöden der Großstädte", die „Entwurzelung des Fabrikarbeiters von der Scholle" und seine Verkümmerung im „seelenlosen Räderwerk der Fabrikation", die „Zersetzung der Volksgemeinschaft" durch Klassenhaß und Klassenkampf, die „Herrschaft des verantwortungslosen Geldes", den Machtverlust des Staates durch die „artfremde formale Demokratie", die „Bodenarmut und Raumenge des deutschen Volkes" sowie dessen „Verzicht auf innere und äußere Kolonisation" (vergleiche insbesondere „Literarische Erziehung", 1931, S. 13ff.). In Anlehnung einerseits an die genannten Kulturpessimisten, vor allem aber an die „Konservativ-revolutionäre" Bewegung der zwanziger Jahre (ARTHUR MOELLER VAN DEN BRUCK, RICHARD BENZ, OSWALD SPENGLER, ERNST KRIECK) sah R. den einzigen Weg zur Überwindung dieser „Kulturkrise" in der Wiederherstellung der verlorengegangenen „Volksgemeinschaft" durch die Rückbesinnung auf die „gemeinsame völkische Vergangenheit". Als Leitbilder dieser politisch-ethischen Ordnungsvorstellung werden die romantizistisch verklärten Wesensmerkmale der germanisch-deutschen Vergangenheit in die Zukunft des Volkes projiziert und so als Agens für den Kampf gegen die augenblickliche Staats- und Gesellschaftsform benutzt: „völkische Einheit und Zusammengehörigkeit", „wunderbare Einheit von Volk und Führern", „Verwurzelung in der Allmutter Erde", „Siedlerwille", „naives, mythisches Grundverhältnis zur Natur, zum Leben, zur Welt", „naturhaftes Familienleben und Standeswesen", „Selbsttreue und Herrentreue", „schonungsloser Mut und Opfergeist", „Heldengeist" usw.

Die Wiedererweckung dieser von „deutscher Art und deutschem Wesen" geprägten Volksgemeinschaft ist nach R. die zentrale Aufgabe der völkischen Erziehung, die teilweise durch die Schule geleistet werden kann. Für das wirksamste Mittel dieser Erziehung hält der in alt- und mittelhochdeutschen Texten außerordentlich belesene Reformpädagoge die „deutsche Volksliteratur" bzw. die „volkseigene (volkhafte, völkische) Dichtung". Wie in vielen Aspekten kann man auch hier in R.' Schriften eine sukzessive Radikalisierung der Terminologie, der Vorstellungen und Forderungen feststellen. Zur Rassentheorie als Basis seiner Weltanschauung hat er sich allerdings schon 1910 ausdrücklich bekannt (vergleiche „Über die literarische Erziehung", S. 28f.). Der „volkseigenen Dichtung" wird das Vermögen zugeschrieben, „Bilder gemeinsamer völkischer Vergangenheit" zu vermitteln, das „kulturelle Erbe der Väter" zu erschließen und die im Kinde schlummernden „Instinkte der germanischen Rasse" zum Leben zu erwecken.

Seinen Kanon der „volkseigenen Dichtung" hat R. schon 1914 in dem Handbuch „Die Dichtung in der Volksschule" ausführlich beschrieben, er wurde in den späteren Publikationen allerdings deutlich eingeschränkt. Da „wahre Dichtung" nach R.' Auffassung aus irrationalen Tiefen heraus „geboren" wird, sind alle seit der Aufklärung entstandenen Werke streng genommen nicht mehr zur „volkseigenen Dichtung" zu zählen, da die „artfremde und volkzersetzende" Aufklärung das „mythische Verhältnis" des Menschen zur Welt zerstört und die Französische Revolution die „Volksgemeinschaft" des Ständestaates zerschlagen habe. Deshalb steht zum Beispiel die Klassik bereits für den frühen R. – im Gegensatz etwa zu den germanischen Götter- und Heldensagen oder den Volksmärchen – „nicht mehr in der volksechten Weglinie, sondern abseits auf einem toten Gleise" (Über die literarische Erziehung, S. 37). Die philosophischen und literarischen Werke der Aufklärung verketzert er 1934 als „artfremden und volksfeindlichen Aufkläricht" (Die Dichtung in der völkischen Erziehung, in: Die Volksschule. 1934. 9/10. S. 296), die Arbeiten der „naturalistischen Pseudokünstler" als „Machwerke" (Über die literarische Erziehung, S. 32f.) und das Werk GERHART HAUPTMANNS als „Gemächt" (Literarische Erziehung, S. 121).

Aus seinem ideologischen Konglomerat von Rassentheorie, Blut-und-Boden-Mystik, Volk-ohne-Raum-These, polistischem Romantizismus und biogenetischem Grundgesetz entwickelt R. schließlich den „Grundriß eines Ordnungs- und Darbietungsplans" für den Einsatz der „volkseigenen Dichtung" in der Schule. Schon sein „Lehrplanschema" von 1914 konzentrierte sich fast ausschließlich auf die „art- und wesenseigenen" Formen wie Märchen, Sage, Legende, Schwank und Volksbuch; erst im 7. und 8. Schuljahr wollte R. einige „moderne Balladen" und „moderne Novellen" (vor-)gelesen wissen (vergleiche: Die Dichtung in der Volksschule, S. 440).

Wie seine Auffassung von der Dichtung, so ist auch R.' Zielvorstellung vom Umgang mit dieser Dichtung in der Schule irrational. Hatte er 1914 „literaturkundlichen Erörterungen und Belehrungen" stilistisch-formaler oder literaturgeschichtlicher Art noch eine eingeschränkte Berechtigung am Rande der literarischen Erziehung eingeräumt, so forderte er Anfang der zwanziger Jahre bereits die „Erziehung durch die Dichtung" unter „völliger Ausschaltung des Verstandes" (Erweckung des Volkes, S. 34). Das Kind soll die vom Lehrer vorgetragene Dichtung ohne die „schlimme Beigabe der Erklärung und wertenden Betrachtung" erleben (Literarische Erziehung, S. 42). Um die „vollkommene Illusion" beim Erleben nicht zu trüben, will R. jede rationale, kritische oder wertende Auseinandersetzung mit der Dichtung ausgeschaltet wissen; aus diesem Grund schlägt er sogar vor, auf jede „Besprechung" oder Nacherzählung durch die Schüler zu verzichten und Wort- oder Sacherklärungen auf das unumgängliche Maß zu beschränken.

Neben diesen literaturpädagogischen Arbeiten war R.

ständig bemüht, der Jugend „die Schätze der volkseigenen Dichtung" durch seine Nachgestaltung, Übertragung oder Herausgabe von Sagen, Legenden, Schwänken und Volksbüchern als Lesestoff anzubieten. Eine Vielzahl solcher Billigbändchen erschien seit 1907 unter Titeln wie „Die Geschichte von den Lachstälern (Laxdoela Saga). Erzählung von nordischen Bauern und Seefahrern" (1907); „Wodans Aufgang und Schicksal – das germanische Heidentum" (1911). R.' Versuch, diese „volksechte Dichtung" in einer mehrbändigen Lesesammlung unter dem Titel „Die Wanderer" bzw. „Der Burgring" zusammenzutragen und herauszugeben, scheiterte 1907/1908 und 1926/1927 jeweils an dem geringen Absatz der zuerst erschienenen Bändchen.
Die Machtübernahme der Nationalsozialisten pries R. 1934 konsequent als „kulturelle Rettung am Rande des Abgrundes" (Die Dichtung in der völkischen Erziehung, S. 300); ADOLF HITLER hatte er ein Jahr zuvor schon in der „Rheinischen Lehrerzeitung" als „Gesandten Gottes" gefeiert. Die Faschisten ihrerseits dankten ihm als „Wegbereiter einer neuen völkischen Erziehung" und als „nationalsozialistischem Schulreformer". So machte der Volksschullehrer noch spät Karriere und wurde zuerst Schulrat, dann Hochschuldozent. Die neuen Machthaber unterstützte er auch als Politischer Leiter und Redner der NSDAP sowie als Schulungsleiter des NSLB in der Lehreraus- und -fortbildung. Auf die Abfassung der NS-Richtlinien zur Schaffung neuer Lesebücher nahm R. 1933 maßgeblichen Einfluß; der mittelrheinische Band des nationalsozialistischen „Reichslesebuchs" wurde ein Jahr später im Kultusministerium unter seiner Leitung erarbeitet (vergleiche die Nachrufe und Gedenkblätter zu R.' Tod in der NSLB-Zeitschrift „Der Westmarkerzieher", Jg. 1938, S. 290–314). Die Kinder des 5. und 6. Schuljahres konnten 1943 in diesem „Reichslesebuch" zwölf Stücke von R. selbst lesen, jeweils eines von SCHILLER und GOETHE; sie erfuhren nichts von HEINE, BÜCHNER, HERWEGH, HAUPTMANN, BRECHT, HEINRICH MANN usw. (vergleiche Deutsches Lesebuch für Volksschulen, 5./6. Schuljahr, Frankfurt/Main, Diesterweg 1943).
R. starb am 22.9.1938, elf Monate vor dem Überfall Nazi-Deutschlands auf das polnische Nachbarland. Damit sollte sich eine frühe, von der Jugendschriftenbewegung jedoch ignorierte Warnung HEINRICH WOLGASTS vor den Konsequenzen der R.schen Auswahlkriterien, vor dem „wahllosen Abstoßen und Abweisen des Fremden" in dessen Lektürekanon bestätigen: „In der Einsamkeit und Isoliertheit müssen wir entweder verkümmern oder die Welt unterjochen!" (H. WOLGAST, 1910, im Nachwort zur vierten Auflage seines „Elends unserer Jugendliteratur", hier zitiert nach der siebenten Auflage, 1950, S. 286). Das „Handbuch des Deutschunterrichts" feierte dagegen den Kunsterzieher R. noch 1970 ohne jeden Ansatz von Kritik als „den fruchtbarsten Kopf" der Jugendschriftenbewegung, der „erst die Ehrfurcht vor dem volkhaften Erbe und das Hineinwachsen in seine Welt möglich" gemacht habe (JOSEF PRESTEL in: Handbuch des Deutschunterrichts, 2. Band: Das Lesen und die literarische Erziehung, herausgegeben von A. BEINLICH, Emsdetten [5]1970, S. 1086).

Werke: Eine schreckliche Geschichte von Robert dem Teufel, Herzog von der Normandie (1908); Über die literarische Erziehung als ein Problem der Arbeitsschule. Ein Beitrag zur Reform des Sprachunterrichts und der Lesebücher und zu einem Leseplan für die deutsche Jugend (1910); Die Blumen des Bösen. Erste Rede an die Kinderfreunde über die Schundliteratur (1911); Die Dichtung in der Volksschule. Ein Handbuch für Lehrende (1914); Die pädagogische Fakultät. Notwendigkeit, Einrichtung, Aufgaben (1920); Lesebuch und Klassenlektüre. Ein Beitrag zur Erziehung durch die Dichtung (1922); Deutsches Lesebuch für die weibliche Jugend. Ausgabe für Rheinland und Westfalen (zus. mit A. Kippenberg und H. Jantzen. Bd. 1–2. 1927); Das Buch der Gottesfreunde (1931); Literarische Erziehung. Ein Versuch über die Jugendschriften auf soziologischer Grundlage (1931); Erweckung des Volkes durch seine Dichtung (1933); Geschichte der deutschen Volksdichtung (1933); Grundfragen der Jugendliteratur (1934).

Bearb.: Die Geschichte von den Lachstälern (1907); Wodans Aufgang und Schicksal (1911); Alte deutsche Schwänke (1914); Der Heiligen Leben und Leiden, das sind die schönsten Legenden aus den deutschen Passionalen des 15. Jahrhunderts (1922); Germanische Göttersagen (1926); Rheinsagen (1930); Deutsche Fabeln aus 6 Jahrhunderten (1932); Deutsche Heldensagen (1933); Nordische Heldensagen (1935); Götter und junge Helden. Sagen aus germanischer Frühzeit (1937); Kudrun (1937).

Hrsg.: Drei Legenden aus den deutschen Volksbüchern von den unschuldig bedrängten Frauen Genoveva, Hirlanda und Griseldis (1907); G. Schwab: Eine schöne und lustige Historie von den vier Haimonskindern und ihrem Roß Baiart (1907); K. Simrock: Ein kurzweilig Lesen von Fortunas mit seinem Seckel und Wunschhütlein (1907); Eine lesenswürdige Historie von Herzog Ernst in Bayern und Österreich (1907); Wunderbare Geschichte von der edeln und schönen Melusina (1907); Zwei Wundergeschichten aus den deutschen Volksbüchern (1907); K. Simrock: Historia von Dr. Johann Faustus (1908); Die schöne Magelona (1908); Reinicke der Fuchs (1909); K. Simrock: Zwei Kindergeschichten (1910); Die schönsten Geschichten aus 1001 Nacht (1914); Das Volksbuch von der schönen Melusine (1923); D. Defoe: Robinson (1925); J. und W. Grimm: Kinder- und Hausmärchen (1926); König Dietrich von Bern und seine Gesellen (1926); Die Schellenkappe. Altdeutsche Schwänke aus den Sammlungen des 16. Jahrhunderts (1934); Deutsche Volksbücher (1935); J. und W. Grimm: Deutsche Sagen (1935).

Sekundärliteratur: D. Boueke: Severin Rüttgers. Ein Beitrag zum Irrationalismus in der Literaturdidaktik (zus. mit Br. Röttger, in: Pädagogische Rundschau. 28. 1974. 1. 23–41).

Hans Rudolph

Ruhkopf, Julie

*Erzieherin, Jugendschriftstellerin; * 29.11.1799 Bielefeld, † 1880 Dresden.*

Der Vater FRIEDRICH ERNST R. war Rektor am Gymnasium zu Bielefeld und veröffentlichte lateinische Texte. Er starb 1821. Sein Einfluß auf die Entwicklung der Tochter war von entscheidender Bedeutung. R. war zuerst Erzieherin der Prinzessinnen SALM-HERSTMAR und später der Prinzessinnen zu Lippe. Einige Jahre verbrachte sie in der Schweiz. Nach ihrer Rückkehr nach Deutschland wurde sie Vorsteherin des Schwesternhauses „Frauenschutz“ in Dresden.

Werk, Tendenzen, Wirkung. Die ersten Kindergeschichten schrieb R. für ihre Nichte. R. wollte vor allem den jungen Leser auf der Entwicklungsstufe vom Kind zum Erwachsenen ansprechen. Sehr deutlich macht sie dies im Vorwort zu dem Band „Jugendnovellen“ (1854): „... Es ist mir oft die Bemerkung ausgesprochen worden, daß es eine Art von Uebergangs-literatur geben müsse für das Jugendalter, welches, die Kindheit hinter sich lassend, den Erwachsenen sich mehr und mehr anschließt ...“. Sie fährt dann fort: „... Die folgenden Jugendnovellen wollten gern etwas dazu beitragen, solchem Verlangen zu genügen; möchten sie vielen jungen Herzen wohlthun! ...“. Sie hofft jedoch auch, mit ihren Jugendschriften noch Erwachsene zu erreichen und meint: „... Sollten auch erfahrenere, gereiftere Leser an der einfachen Kost Gefallen finden, desto besser – wage ich zu sagen – für die gute Sache, der ich diene ...“.
Die Qualität ihrer Jugendschriften ist recht unterschiedlich. Szenen, die offensichtlich aus ihrem eigenen Leben stammen, sind lebensnah geschildert und zeigen kritische Akzente auf (Zehn Türen, 1874). In anderen Erzählungen wird dann wieder Moral wandspruchartig geboten, und die Handlung zeigt überraschende und unwahrscheinliche Verläufe. In das Jugendalbum von Hallberger (Stuttgart) brachte sie Erzählungen, Scharaden und Rätsel ein. Es existieren Übersetzungen ihrer Erzählungen ins Englische. Ihre Bücher sind teilweise von guten Illustrationen (Theodor Hosemann, Leopold Venus, Rudolf Geissler, Karl Fröhlich) begleitet. Bekannt wurde R. auch durch Übersetzungen aus dem Schwedischen und Norwegischen (Henrik Ibsens Drama „Brand“).

Werke: Zwölf kleine Tiergeschichten (1851); Jugendnovellen (1854); Aurora (1855); Schlüsselblumen (1856); Kleine Tierfreunde (1856); Schwalben (1856); Der gute Kamerad (1857); Zahm und wild (1857); Nannie's jewel case (1858); Wie Hänschen durch den Wald kam (1858); Ein Dachstübchen (1858); Gretchens Sommertag (1859); Undank ist der Welt Lohn (1859); Zur Großmutter (1861); Rätselkranz für alt und jung (1861); Saatkörner (1873); Zehn Türen (1874); Was die Mühle plaudert (1877).

Erich Strobach

Rumänien

(Republica Socialistă România). Sozialistische Republik in Südosteuropa. Staatsgebiet: 237502 km²; Einwohner: 21559416 (Januar 1977). Nach der Verfassung vom 21.8.1965 ist R. eine sozialistische Republik. Höchstes Organ der Staatsgewalt ist die Große Nationalversammlung, die den Präsidenten der Republik und den Staatsrat wählt. Rund 88% der Bevölkerung sind Rumänen, 8% Ungarn und 1,6% Deutsche, Serben und andere. Amtssprache ist rumänisch. In den Wohngebieten der Nationalitäten sind auch deren Umgangssprache Amts- und Gerichtssprachen.

Die Anfänge der rumänischen Kinder- und Jugendliteratur. Die Anfänge der rumänischen Kinder- und Jugendliteratur gehen auf die ersten Jahrzehnte des 19. Jahrhunderts zurück, als die Entstehung eines eigenständigen Unterrichtswesens die Schaffung entsprechender Schulbücher notwendig machte. Das 19. Jahrhundert hat eine besondere Bedeutung für die Geschichte des rumänischen Volkes. Damals, nach vielen Unruhen und harten Kämpfen, gelangte R. zur nationalen Selbständigkeit.
„Das Tor der Stürme“, wie R. in der Zeit der großen Völkerwanderungen in den ersten tausend Jahren unserer Zeitrechnung genannt wurde, war auch die Schwelle, an die die türkische Macht im Mittelalter anbrandete, und der Ort, an dem die Großmächte zu Beginn der Neuzeit ihre Rivalitäten austrugen. Die Heimat der alten Daker kannte in der Vergangenheit nur wenige Ruhepausen, in denen Kunst und Kultur auf dem Hintergrund der traditionellen Bräuche aufblühen konnten.
Hunderte von Jahren hindurch wurden die Märchen, Epen, Sagen und Lieder der Volksliteratur mündlich weiterüberliefert und bereichert; dadurch entstand ein unerschöpflicher Folkloreschatz. So gehören die überlieferten und inzwischen fixierten Märchen zur beliebtesten Lektüre der rumänischen Kinder. Lange vor der Erfindung des Buchdrucks und auch danach bildeten solche Märchen, Schwänke, Sagen und Legenden, die den Kindern mündlich vorgetragen wurden, die Kindern zugängliche Literatur.
„Făt-Frumos“ stellt den nationalen Volkshelden der Märchen dar, Verkörperung der Würde, der Männlichkeit und der Aufopferungskraft. „Ileana Cosînzeana“ erscheint als die Verkörperung der weiblichen Tugenden, steht als Symbol des Guten, Schönen und Wahren, das sich ewig den Kräften des Bösen, verkörpert durch Drachen, Lindwürmer und andere schreckliche Wesen, widersetzt. Diese Figuren dienen den rumänischen Kindern nicht nur zum unterhaltenden Vergnügen, sie besitzen auch eine außerordentliche Erziehungskraft, indem sie moralische und ethische Werte verkörpern.
„Păcală“ und sein Freund „Tîndală“, die humorvollen, auch satirischen Volkshelden, Brüder des Eulenspiegel und des orientalischen Nastratin Hogea, waren und sind von jeher die Freunde vieler Kindergenerationen.
Für die Erziehung und Ausbildung einiger Fürsten- und Boyarensöhne gab es auch schon damals andere Literatur. Zu Beginn des 16. Jahrhunderts wurde am Hofe eines einflußreichen, aufgeklärten Wojewoden eine Schrift mit dem Titel „Die Lehren Neagoe Basarab für seinen Sohn Teodosie“ verfaßt, die ausdrücklich für den künftigen feudalen Herrscher bestimmt war. Allerdings blieben solche Schriften Einzelfälle, die keinen Einfluß auf die Masse der rumänischen Kinder hatten.
Nach Einführung des Buchdrucks wurden den Kindern Volkskalender und Volksbücher zugänglich. Weit verbreitet waren Anfang des 17. Jahrhunderts die „Ale-

xandria"-Ausgaben, die von den Taten ALEXANDERS DES GROSSEN berichteten, und Ausgaben mit Fabeln von ÄSOP. Ein Jahrhundert später fanden sich auch in Volksbuchausgaben die Geschichten aus 1001 Nacht unter dem Titel „Halima" und die Abenteuer Till Eulenspiegels. Alle diese Volksbücher, zumeist billige, schmale Bändchen, die von umherziehenden Händlern vertrieben wurden, waren zwar für das breite Publikum bestimmt, wurden aber besonders von jungen Lesern konsumiert.

Bücher mit dem speziellen Hinweis „für Kinder" begannen in den dreißiger Jahren des 19. Jahrhunderts zu erscheinen. Diese Bücher verdankten ihre Entstehung vor allem patriotisch gesinnten Lehrern. Als erster gilt GRIGORE PLEŞOIANU (1808–1857), ein Schüler GHEORGHE LAZĂRS (1779–1823), Begründer der ersten Hochschule in rumänischer Sprache und Professor der Nationalschule aus Craiova. Die ersten von ihm in rumänischer Sprache herausgegebenen Kinderbücher sind Bearbeitungen ausländischer Texte wie „Telemah, fiul lui Ulise" oder „Genoveva din Brabant". Ab 1859 gab ein anderer Professor aus Bukarest, I. M. RÎUREANU (1833–1904), eine Bibliothek für die Jugend beiderlei Geschlechts, die „Biblioteca pentru junimea de ambele sexe", eine erste Sammlung von Kinder- und Jugenderzählungen in 22 Bänden heraus, die vorwiegend aus Übersetzungen und Bearbeitungen deutscher und französischer Kinderbücher bestand, darunter solchen von CHRISTOPH VON SCHMID.

Die rumänische Kinder- und Jugendliteratur war in diesen Jahren gekennzeichnet durch eine schnelle Entwicklung auf dem Hintergrund eines nun entstehenden Leseinteresses breiter Massen, für die Lektüre bereitgestellt werden mußte. Bedeutende Schriftsteller der Zeit wandten sich nun auch mit ihren Werken an junge Leser. Die Tätigkeit der Professoren PLEŞOIANU und RÎRUEANU sowie anderer ihrem Beispiel folgender Autoren und Pädagogen war eng mit den Werken der rumänischen Klassiker verbunden, die mit Teilen ihres Werkes von Anfang an in den für junge Leser bestimmten Lektürekanon aufgenommen wurden.

Der Lehrer ION CREANGA (1837–1889) verfaßte Schulbücher, kämpfte für die Annäherung des Schulunterrichts an das wirkliche Leben, setzte sich für die Einführung rationeller Lehrmethoden ein und schrieb Erzählungen, vor allem märchenhafte phantastische Geschichten, die schon bald zu den Hauptwerken der rumänischen Kinderliteratur zählten und noch heute zählen. Mit seinen märchenhaften Geschichten „Harap Alb", „Punguta cu doi bani", „Fata babei si fata moşului", „Capra cu trei iezi" und anderen bewies CREANGĂ seine Nähe zur Volksliteratur, aber auch seine Fähigkeit, trotz Heranziehung der volkstümlichen Umgangssprache künstlerisch ausdrucksvolle Werke für junge Leser zu schaffen. Vor allem mit seinen Erinnerungen „Aminriri" ist es CREANGĂ gelungen, anschaulich und eindringlich ein Fresko seiner Zeit zu liefern. Die Erinnerungen CREANGĂS besitzen nicht nur literarischen und sprachwissenschaftlichen, sondern auch dokumentarischen und historischen Wert. Die Werke CREANGĂS erschienen in zahlreichen Ausgaben und Auflagen, angefangen mit Büchlein, die nur eine kurze, reich illustrierte Geschichte für kleine Kinder enthielten, bis hin zu aufwendig ausgestatteten Bänden, die mit Illustrationen der berühmtesten Graphiker der Zeit versehen waren. Zahlreiche seiner Werke wurden in andere Sprachen wie Englisch, Deutsch, Französisch, Russisch oder Spanisch übersetzt.

Sehr beliebt bei den Kindern sind auch noch heute die Werke eines anderen rumänischen Klassikers, des Schriftstellers, Folkloristen und Politikers VASILE ALECSANDRI (1821–1890). Seine patriotischen Verse, die vor allem die Vereinigung der rumänischen Fürstentümer (1859) und die Erringung der Unabhängigkeit R.s (1877) besingen, seine Volkslieder (Doine) und Balladen, seine naturbeschreibenden Gedichte wurden in die Schulbücher aufgenommen und gehören zu den Gedichten, die noch heute Kinder bei den verschiedenen Schulfeiern aufsagen. Im Dorfe Mircesti, am Flusse Siret, wo ALECSANDRI einen großen Teil seines Lebens verbrachte, wurde eine Gedenkstätte eröffnet.

Die Werke MIHAI EMINESCUS (1850–1889), der als bedeutendster Autor gilt, traten erst spät in die Kinderlektüre ein. Aus seinen Dichtungen wurden die Gedichte „Somnoroase păsărele", „Copii eram noi amîndoi", „Ce te legeni codrule", „Revedere" und die phantastischen, teilweise gereimten Geschichten „Călin nebunul", „Făt-Frumos din lacrima", aber auch einige Fragmente historischer Erzählungen übernommen. ION LUCA CARAGIALE (1852–1912), Dramatiker, Novellendichter, Verfasser von Pamphleten und ein großer Satiriker, war in der Vergangenheit lange Zeit für die Kinderbuchverlage interessant. Der Grund dafür waren die ätzenden Satiren CARAGIALES, die vor allem gegen die staatliche Bürokratie und die neureichen, skrupellosen Emporkömmlinge gerichtet waren. Dadurch geriet er in Konflikt mit den Behörden. Nach seinem Tod versuchte man sogar die Verbreitung seiner Werke zu verhindern. Heute werden diese in Schulausgaben gedruckt, wie die Schauspiele „O scrisoare pierdută", „Conu Leonida fată cu reactiunea", seine Skizzen mit Kindern als Helden („Vizita", „Lantul slăbiciunilor", „Un pedagog de scoală nouă"), einige phantastische Erzählungen und sogar einige Abhandlungen zur Erziehung der Kinder in der Familie. Viele seiner Helden sind volkstümlich geworden. So ist „Domnul Goe", der Held einer Erzählung mit demselben Titel, zum Synonym für ein „verwöhntes, unartiges Kind", geworden. Ein Verfasser, dessen Name durch seine folkloristisch geprägten Werke weit bekannt wurde, ist PETRE ISPIRESCU (1830–1887). Er nannte sich selbst mit Bescheidenheit Sammler und Buchdrucker. Als gründlicher Kenner der rumänischen Folklore gab er einige Bände mit Märchen, Anekdoten und Kinderspielen heraus. Viele seiner eigenen märchenhaften Erzählungen wie „Tinerete fără bătrînete si viată fără de moarte", „Prîslea cel voinic si merele de aur", „Greuceanul", oder „Cele 12 fete de împarat" beeindrucken durch den klaren epischen Aufbau und durch die Kraft der Phantasie. Sie gehören zu den besten Werken dieser Gattung innerhalb der rumänischen Kinderliteratur. Seine Erzählungen sind auch heute noch bei Kindern beliebt. Es erscheinen immer wieder neue Auflagen für die verschiedenen Altersstufen. Die Märchen ISPIRESCUS wurden durch zahlreiche Übersetzungen auch international bekannt.

Von den Gedichten GEORGE COSBUCS (1866–1918) wurden insbesondere humorvolle und fröhliche wie „Iarna pe ulită", „Povestea gîstelor", „Povestea a doi zbîrliti si a mai multor pîrliti" und „Jucăriile celui cuminte" in die Kinderliteratur aufgenommen. Auch einige andere, die die Geschichte des rumänischen Volkes veranschaulichen, wie „Cîntece de vitejie" oder in denen das Vaterland geschildert wird („Fire do tort"), fanden Eingang in die Kinderlektüre. Die Einfachheit der Verse läßt seine Gedichte schon den jüngsten Lesern zugänglich sein. Zwei seiner längeren Gedichte („Nunta Zamfirei" und „Moartea lui Fulger") spiegeln in origineller Form rumänische Volksbräuche bei Hochzeit und Beerdigung.

Auch andere Schriftsteller, die Ende des 19. Jahrhunderts und Anfang des 20. Jahrhunderts tätig waren, leisteten Beiträge zur Bereicherung der rumänischen Kinder- und Jugendliteratur, wie DIMITRIE BOLINTINEANU (1819 1872) mit seinen historischen Balladen, AL. ODOBESCU (1834–1895) mit seinen märchenhaften Erzählungen und Novellen, ALEXANDRU VLAHUTĂ (1858–1919) mit seinen Kindheitserinnerungen, I. AL. BRĂTESCU-VOINESTI (1868–1946) mit Erzählungen aus dem Leben der Kinder, EMIL GÎRLEANU (1878–1914) und PETRE DULFU (1856–1953).

In der Zeitspanne zwischen den beiden Weltkriegen erlebte die Kinder- und Jugendliteratur in R. einen Aufschwung. Eine besonders fruchtvolle Tätigkeit übte über zwei Jahrzehnte hinaus NICOLAE BATZARIA (1874–1952), Herausgeber mehrerer Kinderzeitschriften, Organisator von Begegnungen zwischen Kindern, Übersetzern und Bearbeitern von Dichtungen aus der Weltliteratur, aus. Unter verschiedenen Pseudonymen (MOS NAE, ALI BABA, DINU PIVNICERU, N. MACEDONEANU und anderen) gab BATZARIA über 100 Bände mit Romanen, Märchen, Erzählungen, Gedichten und Dramen heraus. Einer seiner Helden, der für die Leser zum Begriff wurde, ist der Tölpel Haplea, ein Verwandter des Till Eulenspiegel, aber auch des Nastratin Hogea, des Păcala und des Tîndala.

Einige Schriftsteller errangen in dieser Periode einen bedeutenden Platz in der Kinder- und Jugendliteratur und traten gleichzeitig in die rumänische Literaturgeschichte als bedeutende Autoren für Leser jeden Alters ein.

MIHAI SADOVEANU (1880–1961) wurde durch mehrere Erzählungen wie „Un om necăjit", „Ianos Năzdrăvan" oder „Stigletele" und besonders durch die Märchendichtung „Dumbrava minunata", eine Verserzählung einer naiven und glücklichen Kindheit unter schweren Daseinsbedingungen, bekannt. Die kleine Lizuca und ihr Hund Patrocle laufen von zu Hause vor einer bösen Stiefmutter weg. Auf dem Weg zum Hause der Großeltern übernachten sie auf einer Wiese. Hier treten sie in Verbindung zu dem Zauberreich des Waldes und nehmen an der Feier der Zwerge teil. Als Mitarbeiter bei Schulbüchern schrieb SADOVEANU eine Reihe kurzer Erzählungen, die anonym erschienen. Die ausdrucksvolle Sprache, die Wärme und Zärtlichkeit, mit der er seine Helden zeichnet, aber auch das Identifikationsangebot, das seine Erzählungen für den jungen Leser bereithalten, haben dem Autor die Liebe und Schätzung der kleinen Leser eingetragen. CEZAR PETRESCU (1892–1961), Romanautor, Satiriker und geschätzter Novellist, verfaßte auch einige Bücher für kleine Leser, unter denen „Fram, ursul polar", ein Buch, das heute zu den Besten der rumänischen Kinderliteratur zählt, herausragt. Fram ist ein Eisbär im Zirkus, der im Alter die Gelegenheit findet, an seinen Geburtsort zurückzukehren, nach dem er sich ein Leben lang sehnte. Aber das Leben unter den Menschen, die angenommenen Gewohnheiten im Zusammensein mit den Menschen, haben den Eisbär sehr verändert. Wurzellos geworden, fühlt er sich auch in der alten Heimat nicht glücklich und ist hier bald ebenso unzufrieden, wie zu der Zeit, als er noch von der Heimat des ewigen Eises träumte. Die Erzählung strahlt Zärtlichkeit aus, obwohl sie in ihrer Anlage mehr melancholisch ist. Die Erzählung zeigt auf, wie der Mensch nicht nur die Natur, sondern auch den Charakter ihrer Lebewesen, die längere Zeit unter seinem Einfluß stehen, verändert. Die einfache Sprache macht die Lektüre der Erzählung schon für die jüngsten Leser verständlich. Die weiteren Kinderbücher PETRESCUS („Neghinită, Paf! Puf", „Iliută copilul", „Omul de zăpadă") blieben im Schatten der volkstümlich gewordenen Erzählungen vom Bären Fram. Auch die Tätigkeit TUDOR ARGHEZIS (1880–1967) erstreckte sich über die Zeitspanne von 1918 bis 1945 hinweg. Am bekanntesten wurden seine Gedichte „Cuvinte potrivite", „Flori de mucigai", „Cîntare omului". Er war gleichzeitig ein gefürchteter Polemiker. Sein Schaffen für junge Leser begann mit dem Spielzeugbuch „Cartea cu jucării", „Povestile boabei si ale farîmei" schloß sich an. Danach folgten die Gedichtbände „Prisaca", „Stihuri pestrite", „Cartea mea frumoasa", „Jocuri de cpii", „Animale mici si mari" und „Buna dimineata primăvăra!". TUDOR ARGHEZI beachtete immer das kindliche Auffassungsvermögen. Er nimmt die Kinder ernst und wirkt dadurch nicht wie ein alleswissender Vater, sondern eher wie ein älterer Freund mit Humor und guter Beobachtungsgabe. STEFAN O. IOSIF (1875–1913), ION AGARBICEANU (1882–1963), GEORGE TOPÎRCEANU (1886–1937), IONEL TEODOREANU (1897–1954), ION PAS (1895–1974) und VICTOR EFTIMIU (1889–1972) leisteten einen bedeutenden Beitrag zur Weiterentwicklung der rumänischen Kinder- und Jugendliteratur. Die Verbindung zwischen der Generation, die schon in den Jahren zwischen den beiden Weltkriegen für Kinder schrieb, und der zeitgenössischen Kinder- und Jugendliteratur wird durch Schriftsteller verkörpert, die schon vor, während und gleich nach dem Zweiten Weltkrieg Kinder- und Jugendbücher verfaßten.

ALEXANDRU SAHIGHIAN (1901–1965), ein leidenschaftlicher Jäger und Naturliebhaber, hat die Helden und Ereignisse seiner Erzählungen aus der uns alle umgebenden Natur gewonnen. Die Geschichten „Rici-Rici", „Ursul etul si Grivei", „Lacul cu rate", „Ursul", „Povesti adevărate" und „Povesti dunărene" besitzen alle ein gemeinsames Merkmal – die Liebe zur Natur. Die zwei Romane „Coiful de aur" und „Rîul fierbinte" zeichnen sich durch die mutige Haltung einiger Kinder aus, die mit viel Einfühlungsvermögen dargestellt werden. CICERONE THEODORESCU (1908–1974), der zu der literarischen Avantgarde zählt, enthüllt durch seine Verse für Kinder eine zarte, einfühlsame Seite seiner schriftstellerischen Aktivität. Mit den Büchern „Intîmplarea din grădină", „Gogu-Pintenoqu", „Atentie copii" zählt er zu den tätigsten Autoren in der rumänischen Kinderliteratur. RADU TUDORAN (* 1910), ein beim rumänischen Publikum sehr geschätzter Autor, hat sich auch die Sympathie der Kinder erworben. Sein Buch „Toate pînzele sus", das 1954 erschien und danach zahlreiche Auflagen erlebte, kann als beste Abenteuererzählung der rumänischen Kinder- und Jugendliteratur angesehen werden. In einer sehr originellen Art geschrieben, voll von Überraschungen und unvorhergesehenen Wendungen, ist die Erzählung mit den differenziert gezeichneten Charakteren eine spannende Odyssee über die Weltmeere hinweg, die dem jungen Leser die Gelegenheit gibt, die verschiedenen Gegenden der Welt, ihre Völker, Sitten und Gebräuche, aber auch merkwürdige Naturerscheinungen kennenzulernen. Durch die Vielfalt der Aspekte dieses Buches ist wohl auch seine große Volkstümlichkeit zu erklären. Die Erzählung wurde auch dramatisiert und verfilmt. Eine andere Erzählung des Autors, „Ultima poveste", hat als Thema die Erlebnisse einiger Kinder während des Zweiten Weltkrieges, als sich die deutschen Truppen aus R. zurückziehen mußten. TUDORANS Erzählungen „O lume întreagă" und „Al treilea pol al pămîntului" stehen der Gattung Science-Fiction nahe. NINA CASSIAN (* 1924) trat 1950 zum ersten Mal in der Kinderliteratur mit dem Märchen „Nică fără frică" hervor. Die Autorin widmete einen großen Anteil ihres Werkes den Kindern. Von ihr stammen die Kinderbücher „Ce a văzut Oana", „Printul Miorlau", „Chipuri hazlii pentru copii", „Aventurile lui Trompisor", „Încurcă lume" und „Povestea celor doi pui de tigru, Ninigra si Aligru". Einige dieser Erzählungen wurden auch für das Puppentheater umgearbeitet. NINA CASSIAN beschränkt sich in der Beschreibung von Landschaft und Umwelt auf das für das Verständnis ihrer Fabel unbedingt Notwendige. Jede kleine Erzählung, jedes kleine Gedicht sind auf ein enges, im guten Sinne moralische Thema beschränkt. Zwischen den Dichtungen für Erwachsene von GELLU NAUM (* 1915), die vor oder gleich nach dem Zweiten Weltkrieg erschienen sind, und seinen Schriften für Kinder besteht ein sichtbarer Gegensatz, der die Fähigkeit des Autors für eine variable Anwendung künstlerischer Mittel beweist. Während in seinen Dichtungen für Erwachsene durch eine Entwicklung vom surrealistischen zum sozialkritischen Autor gekennzeichnet sind, strahlen seine Kinderbücher „Asa e Sanda", „Cel mai mare Guliver" und insbesondere die beiden Bände „Cărti cu Apolodor" einen gesunden Lebensoptimismus aus. Die humorvolle Sprache hilft dem kleinen Leser, die satirische Parabel von dem Pinguin Apolodor, der seine Verwandten in der Antarktis besucht, leicht zu verstehen. Auch dort, wo Kinder den vollen Sinn der Parabel noch nicht erfassen können, finden sie an der spaßigen Handlung großes Vergnügen. OCTAV PANCU-IASI (1929–1975), „das Wunderkind" der fünfziger Jahre, verfaßte eine Reihe von Skizzen, die zum Teil in Zeitschriften, zum Teil in Erzählbänden mit den Titeln „Multe, multe, luminite", Are tata doi băieti", „Mai e un loc pe genunchi", „Schite în pantaloni scurti", „Scrisori pe adresa băietilor mei" und „Tartine cu vara si vînt" erschienen. Seinen größten Erfolg erlebte der Autor mit dem Roman „Cartas cu ochi albastri". Die Dichtungen PANCU-IASIS sind gekennzeichnet durch die genaue Beobachtung, den Humor, die Offenheit und die Spontaneität, mit der sich der Dialog und die Handlung entwickeln. VLADIMIR COLIN (* 1921) schreibt phantastische Erzählungen wie „Basmele omului", „Povestile celor trei mincinosi", „Zece povesti pitice" und „Povesti de buzunar". COLIN verfaßte auch Science-Fiction-Romane wie „Dincolo de zidul de neon", mythologische Erzählungen wie „Die Legenden aus dem Lande Vams" und Sachbücher, z.B. eine Geschichte der Schrift.

GICA IUTES (* 1925) widmete sich dem realistischen Roman und der Umwelterzählung. In den Büchern „Inimosii", „Prastia năzdrăvană", „Cei de la Crisanta" oder „Faima detasamentului" werden sehr realistische Episoden aus dem Alltag rumänischer Kinder geschildert. Mit dem Buch „Atentiune, Carolina", dem ersten Teil aus einem umfangreichen Zyklus, begibt sich die Autorin auf das Gebiet der phantastischen Erzählung. Bei ihr erwachsen für den jungen Leser sehr einsichtig dargestellte phantastische Begebenheiten als Folge wirklichen Geschehens.

MIRCEA SINTIMBREANU (* 1926), Pädagoge und Schriftsteller, nimmt die Themen seiner humorvollen Erzählungen aus dem Schulalltag, wie es auch die meisten Titel seiner Bücher ausweisen: „Cu si fără ghiozdan", „32 de premianti", „Extemporale si alte lucrari scrise", „Recreatia mare". In Erzählungen wie „La telefon ... telefonul", „Lîngă groapa cu furcnici", „Eu eram zîna" oder „Elefanti in rochite" gelingt es ihm, Kinderspiele aus der Umgebung des Autors, vor allem Spiele seiner Tochter, widerzuspiegeln.

CĂLIN GRUIA (* 1915) wurde gleichzeitig durch seine Tätigkeit im rumänischen Kinderfunk, durch seine Beiträge für Zeitschriften wie durch seine Kinderbücher bekannt. Er bevorzugt epische Kunstformen wie Skizzen, kurze Erzählungen, Sagen, kurze märchenhafte Geschichten, in denen Motive und Requisiten des Volksmärchens mit modernen gesellschaftlichen Gegebenheiten eine Verbindung eingehen. Von GRUIA stammen „Ciubotelele ogarului", „Nuelusa de alun", „Izvorul fermecat", „Drumul spre povesti", „Jucăusul", „Domnita de rouă" und andere. Die Erinnerungen aus dem Ersten und Zweiten Weltkrieg, die der Schriftsteller zum Teil erlebte, beeinflussen auch seine Schriften, besonders die für Jugendliche bestimmten. Indem er eine traditionelle Sprache pflegt und Dialektwendungen belebt, gewinnen die Bücher GRUIAS ein altertümliches Gepräge, das besonders von kleinen Kindern sehr geliebt wird.

COSTACHE ANTON (* 1930) wurde vor allem mit seinem Roman „Seri albastre", der sein Hauptwerk darstellt, bekannt. In ihm schildert der Autor kunstvoll die Reifeprozesse Heranwachsender und die seelischen Spannungen, denen die Jugendlichen unterworfen sind. Auch in seinen anderen Werken, wie „Despărțirea de jocuri" oder „Ochii aurii ai Roxanei" beschreibt er mit psychologischem Gespür Pubertätsprobleme. In den letzten Jahren galt das Interesse des Autors besonders den Problemen von Stadtkindern, die der hektischen Großstadtsphäre und raschen Veränderungen mehr ausgesetzt sind als Dorfkinder.

IULIU RATIU (* 1930) verfaßte Kinderbücher, die von jugendlicher Begeisterung ebenso erfüllt sind wie von einer aufrichtigen kindhaften Naivität. Seine Erzählungen zeichnen sich vor allem durch die Beherrschung des ungekünstelten, echten Dialoges zwischen Kindern aus. Der Band „Impărătia de zahăr" und sein neuestes Buch „Cu capul in nori" lassen die Bemühungen des Schriftstellers erkennen, seine Schreibweise ständig zu verbessern.

VINICIU GAFITA (* 1926) trat schon im Jahre 1945 mit Beiträgen für die Zeitschrift „Universul copiilor" hervor. Er schrieb unter verschiedenen Pseudonymen. Als Kinderbuchverleger hat V. GAFITA eine Reihe von Studien auf dem Gebiet der Kinder- und Jugendliteratur durchgeführt und reiches Material für die Erarbeitung einer Bibliographie der rumänischen Kinderbuchautoren sowie einer Geschichte der rumänischen Kinder- und Jugendliteratur zusammengetragen. V. GAFITA ist als Kinderbuchautor in den verschiedenen Gattungen der Literatur für junge Leser zu Hause. In den letzten 20 Jahren hat er zahlreiche Kinderbücher verfaßt, darunter „Soaptele pămîntului", „Întîmplările Marianei", „Trei întîmplări la Suceava", „Noi cei care visăm", „Curcubeul povestilor", eine phantastische Erzählung, die den kleinen Lesern gewidmet ist.

MIHAI NEGULESCU (* 1936), ein Autor, dessen Werke durch ihren originellen Sprachrhythmus gekennzeichnet sind, neigt zur Reflexion über die großen historischen Veränderungen, die er gemeinsam mit dem rumänischen Volk erlebt hat. In der Kinderliteratur wurde er mit lyrischen Gedichten wie „Jocul „soarelui" oder „Mînzul" bekannt, aber auch durch Erzählungen wie „Orasul lui Pintea" oder „Arcul de miazănoapte". NEGULESCU gilt als Wegbereiter für die Reportage als Gattung der Kinderliteratur. Einsatz für die Belange der heranwachsenden Generation zeigt sich nicht nur in seinen Kinderbüchern, sondern auch bei der Schriftleitung der Zeitschrift „Cutezătorii". Er setzt sich dafür ein, daß bekannte Autoren für diese Kinderzeitschrift Beiträge liefern, versucht aber gleichzeitig, junge Autoren und sogar schreibende Kinder zu Wort kommen zu lassen.

Einen besonderen Platz in der zeitgenössischen Literatur hat sich der Hochschullehrer ALEXANDRU MITRU (* 1914) erworben. Er wurde vor allem durch seine Märchen-, Legenden- und Anekdotensammlungen bekannt, wie „Copii muntelui de aur", „În tara legendelor", „Povesti cu tîlc" oder „Basmele mării". Eines seiner Hauptwerke, das MITRU zu einem der beliebtesten rumänischen Kinderbuchautoren werden ließ, ist eine Bearbeitung von Sagen aus der griechischen Mythologie „Legendele Olimpului". MITRU erzählt uralte Legenden neu, z. B. die Sagen der Weltliteratur („Marile legende ale lumii"), nimmt sich der Erforschung der nationalen Folklore an, wie in „Intoarcerea lui Neghinită" oder den Erzählungen über Păcală und Tîndală. Er setzt historische Episoden aus der rumänischen Geschichte in Jugendbücher um, wie in den Bänden „Săgeata capitanului jon", „Vulturii de foc" oder „Stralucitoarea Sabie" und verfaßt Erzählungen, die im Alltag rumänischer Kinder angesiedelt sind, wie in „Flori pentru Mihaela", „Bastonul cu mîner de argint" oder „Jocul".

CONSTANTIN CHIRITA (* 1925), einer der bekanntesten zeitgenössischen rumänischen Schriftsteller hat unter anderem einen fünfteiligen Romanzyklus für junge Leser verfaßt, der unter dem Sammeltitel „Ciresarii" 1956 erschienen ist. Der Schriftsteller gestaltete seine Kinderfiguren so lebensecht und schuf solche Identifikationsfiguren für die jungen Leser, daß er mit seinem Zyklus eine spontane Bewegung auslöste. Im Lande bildeten sich Gruppen von „Kirschenwinklern", die dem Buchhelden nacheifern wollten. Kinderläden borgten sich den Buchtitel als Name, und der Ausdruck „Kirschenwinkler" ist heute zu einem positiven Symbol für das rumänische Kind geworden.

Unter den rumänischen Kinder- und Jugendbuchautoren zeichnete sich ION HOBANA (* 1931) als Verfasser verschiedener Werke aus, in denen er mit psychologischem Spürsinn die Pubertätskrisen Heranwachsender zeichnet. Solche Erzählungen sind „Centru înaintas" oder „Petrică si ceasul rājit". Am bekanntesten wurde sein Roman „Sfîrsitul vacantei", in dem der Weg eines Jünglings zum Verständnis der vaterländischen Geschichte durch eigene Erfahrungen während des Zweiten Weltkrieges geschildert wird. Gleichzeitig ist ION HOBANA als einer der wesentlichen Autoren auf dem Gebiet der Science-Fiction hervorgetreten. „Oameni si stele" und „Viitorul a început ieri" sind seine bedeutendsten Werke in dieser Gattung.

Beachtung fanden unter anderem die Kinderbücher von CONSTANTIN MATEESCU (Zborul de probă), HEDI HAUSER (Spiridusii pădurii), OVIDIU ZOTTA (Alexandru ce argintiu), FODOR SANDOR (Cipi, acest pitic urias), ION CRÎNGULEANU (Întinde mînas vei primi o floare), ADA ORLEANU (Însemnati cu stea în frunte), SÜTO ANDRAS (Ape nelinistite), VASILEA MANUCEANU (Împăratul nimeni), LUDOVIC ROMAN (Racheta alba), LEONIDA NEAMTU (Comoara locotenentului Balica), CONSTANTA BUZEA (Cărticelele de doi, trei si patru

ani), MIHAIL DRUMES (Elevul Dima dintr-a saptea), GRIGORE BĂJENARU (Cismigiu et comp) und MONICA PILLAT (Corabia timpului).
Nicht nur die erzählende Prosa hat den rumänischen Kindern Figuren wie die „Kirschwinkler" geschenkt, mit denen sie sich gerne identifizieren, auch eine Reihe zeitgenössischer Gedichte hat solche Figuren hervorgebracht, die zu Lieblingen der Kinder geworden sind. Dazu gehören „Der Träumer Bondocel" des Autors MARCEL BRESLASU (1903–1966), der in dem Gedicht „Ce-so să fie Bondocel" versucht, in seinen Gedanken alle möglichen Berufe zu erlernen, und der sich dann für den leichtesten entschließt; der Erfinder „Ciopîrtilă" des TIBERIU UTAN (*1930) aus der Verserzählung „Isprăvile lui Ciopîrtilă", der die erfinderische Unruhe der Kindheit verkörpert; „Noru-Visătoru", eine Figur, die MARIA BANUS (*1914) in seiner Dichtung „Noru-Visătoru si prietenii lui" geschaffen hat.
Auf der Basis der alten literarischen Tradition des Kindertheaters, die besonders erfolgreich von VICTOR ION POPA (1895–1946) gepflegt wurde („Păpusa cu piciorul ruptd" und „Pufusor si mustăcioara" sind seine bekanntesten Stücke) entwickelte sich in den letzten 25 Jahren das Kindertheater zügig weiter. Einen wichtigen Platz unter den Autoren für das Kindertheater hat sich ALECU POPOVICI gesichert. In seinen Stücken, von denen „Incepe teatrul tocepe" und „Sut gol" am bekanntesten geworden sind, hat er es verstanden, die Mitte zwischen einem derben Realismus und einer bezaubernden Zartheit zu halten.
Der Reichtum und die Mannigfaltigkeit der rumänischen Kinder- und Jugendliteratur kann nur verstanden werden, wenn man weiß, wie viele rumänische Autoren der Vergangenheit und Gegenwart ihr Werk den Heranwachsenden gewidmet haben.
Mit erzählenden Werken sind neben den schon genannten hervorgetreten: EUSEBIU CAMILAR, ION ISTRATI, ION VLASIU, DUMITRU ALMAS, VASILEA BĂRAN, SONIA LARIAN, ELENA MĂTASĂ, LOTTE BERG, PETRE LUSCALOV, SZEMLER FERENCZ, IOANA POSTELNICU, TITEL CONSTANTINESCU, NICUTĂ TĂNASE, IRIMIE STRAUT, EDUARD JURIST, DRAGOS VICOL, SARINA CASSVAN, RUTH LISSAI, ADRIAN und VIORICA HUBER-ROGOZ, MIRCEA SERBĂNESCU, STEFAN TITA, POP SIMION, ION ARAMĂ, ION DAN und GH. NICA.
Als Autoren von Kindergedichten verdienen noch Erwähnung: NICOLAE LABIS, OTILIA CAZIMIR, DEMOSTENE BOTEZ, ION HOREA, MIHU DRAGMIR, VERONICA POPUMBACU, DRAGOS VRÎNCEANU, MIHAI BENIUC, PROFIRA SADOVEANU, MIRCEA MICU, VICTOR TULBURE, ION CARAION, STEFAN AUGUSTIN DOINAS, ION BRAD, GH. TOMOZEI, EMILIA CĂLDĂRARU, DOINA SĂLĂJAN, VIOLETTA ZAMFIRESCU, ELENA DRAGOS, STELIAN FILIP, VALERIA BOICULESI, RUSALIN MURESANU, DUMITRU M. ION und andere.
Ein besonderes Interesse für die bedeutenden Werke der Weltliteratur legten die rumänischen Schriftsteller und Literaturwissenschaftler schon im 17. Jahrhundert an den Tag, als sie „Kalender" und „Volksbücher" erscheinen ließen. Von den Schulbüchern GR. PLEŞOIANUS und I. M. RIUREANUS bis heute wurden in R. fast alle wichtigen Werke der Weltliteratur in Übersetzungen herausgebracht. Dazu gehören die Märchen des CHARLES PERRAULT, der COMTESSE DE SÉGUR, von H. CHR. ANDERSEN und den Brüdern GRIMM, aber auch der „Pinocchio" des CARLO COLLODI, das „Dschungelbuch" von RUDYARD KIPLING, „Die Rose und der Ring" von W. THACKERAY, „Alice im Wunderland" von LEWIS CARROLL, „Scarabouche" von GEORGE SAND, „Der glückliche Prinz" von OSCAR WILDE, „Nils Holgersson" von SELMA LAGERLÖF, „Poil de carotte" von JULES RENARD und „Die Biene Maja" von WALDEMAR BONSELS. „David Copperfield" von CHARLES DICKENS, „Die Abeuteuer des Tom Sawyer" von MARK TWAIN, die Erzählungen von LEO TOLSTOI, „Die Jungen aus der Paulstraße" von FERENC MOLNAR fanden ebenfalls den Weg in die rumänische Kinderlektüre. Großes Interesse fanden auch Nacherzählungen und Bearbeitungen für junge Leser von Werken, die im Original für Erwachsene gedacht waren, wie die „Ilias" und die „Odyssee" von HOMER, das Nibelungenlied, die Gudrunsage, das Rolandslied oder das Gilgamesch-Epos. An der Übersetzung und Bearbeitung dieser Werke waren die besten rumänischen Autoren beteiligt.
Von den bekanntesten Kinder- und Jugendbuchillustratoren der Gegenwart müssen erwähnt werden: VAL MUNTEANU, DONE STAN, MARCELA CORDESCU, AUREL STOICESCU, COCA CRETOIU, VASILE OLAC, VASILE SOCOLIUC, ADRIANA MIHĂILESCU, GETA BRATESCU, SABIN BĂLASA, GEORGETA PUSZTAI, CLARA TAMASBLAIER, HELGA UNIPAN, ILEANA CEAUSU, SILVIU BĂIAS.

Organisationen und Förderungsmaßnahmen zur Kinder- und Jugendliteratur. Die Einführung der zehnklassigen Schule und die Hebung des materiellen und kulturellen Niveaus haben in R. eine erhöhte Nachfrage nach Kinder- und Jugendbüchern geschaffen. Kinder- und Jugendbücher erscheinen in rumänischer, ungarischer und deutscher Sprache, aber auch in den Sprachen der anderen Nationalitäten, die in R. leben. In den letzten beiden Jahrzehnten sind in R. mehr Kinder- und Jugendbücher erschienen als in allen Jahrhunderten davor. Die Auflage eines Kinderbuches, die vor Gründung der sozialistischen Republik nur in Ausnahmefällen mehr als 4000 Exemplare betrug, liegt heute gewöhnlich bei 30000–40000 Exemplaren. Bei zu Klassikern gewordenen Titeln, vor allem bei Märchenausgaben, erreicht die Auflage 150000–300000 Exemplare.
Durch die Gründung des Kinderbuchverlags „Ion Creangă" und des Jugendbuchverlags „Albatros" im Jahr 1969, beide in Bukarest, wurden Zentralverlage für die Herausgabe von Kinder- und Jugendbüchern geschaffen. Daneben haben auch andere Verlage wie „Cartea Românească", „Junimea" aus Iasi, „Scrisul românesc" aus Craiova, „Facla" aus Timosoara, „Dacia" aus Cluj oder der Verlag „Ceres" Bücher für junge Leser in ihrem Programm vorgesehen. Die Tätigkeit der Verlage richtet sich neben dem Aufspüren neuer Themen auf die Herausgabe altersstufenbedingter Wer-

ke und auf die Schaffung thematisch gebundener Serien und Reihen.

Zu den wichtigsten Kinder- und Jugendbuchreihen zählen „Die goldene Bibliothek“, „Die Bibliothek für alle Kinder“, „Die Schulbibliothek“, „Die zeitgenössische Bibliothek“, „Die Bibliothek Jules Vernes“, „Beliebte Helden“, „Der Märchensack“, „Unsterbliche Märchen“, „Die freudenbringende Kassette“. In den letzten Jahren entstanden wichtige Sachbuchreihen wie „A. B. C.“, „Die kleinen Handwerker“, „Enzyklopädie für Kinder“, „Lexikon Ion Creangă“, „Albatros Wörterbücher“ usw.

Die ersten beiden Bibliotheken auf rumänischem Gebiet entstanden im Jahr 1300 in der siebenbürgischen Stadt Sibiu. Eine war die Gemeindebibliothek, die andere gehörte zu einem Dominikanerkloster. Die erste Schulbibliothek finden wir im Jahr 1545 in dem lutherischen Gymnasium in Brasov, das von dem Gelehrten Johann Honterus gegründet wurde. Erste Bibliotheken entstanden auf Grund privater Stiftungen. Der erste Stifter war Albert Huet im Jahre 1607. Die Bibliothek des „Kollegiums der Heiligen Sava“ in Bukarest, die im Jahre 1831 gegründet wurde, und die Bibliothek der fürstlichen Akademie in Iasi, die 1835 eingerichtet wurde, hatten die Funktion nationaler Buchzentren. Die erstere wurde nach der Vereinigung der rumänischen Fürstentümer im Jahr 1864 in die „Rumänische Staatsbibliothek“ umgewandelt.

Heute gibt es neben den großen nationalen Bibliotheken, wie der „Bibliothek der Akademie der S. R. Rumänien“, die „Zentrale Staatsbibliothek“ oder die großen zentralen „Universitätsbibliotheken“, in jeder Stadt, in jedem Kreis und in jedem größeren Betrieb eigene Bibliotheken. Für Kinder und Jugendliche gibt es in jeder Schule eine Schulbibliothek, die alle Buchmaterialien bereithält, die für den Unterricht notwendig sind.

Alle öffentlichen Bibliotheken haben eine Abteilung für Kinder- und Jugendliteratur. Die bedeutendste Abteilung für Kinderliteratur ist diejenige im Rahmen der „Mihail Sadoveanu“-Bibliothek in Bukarest. Zu den Aufgaben dieser Bibliothek zählen die nationale Förderung der Kinderliteratur und umfassende Breitenwerbung für neue Kinder- und Jugendbücher. So werden jährlich Fragebögen an junge Leser in den Schulen, Bibliotheken und durch die nationalen Jugendorganisationen verteilt. Auf Grund der Angaben der jungen Leser über ihre Lieblingsbücher werden die „Preise der jungen Leser“ (Volkstümlichkeitsprämien) verliehen.

Der Schriftstellerverband R.s sorgt dafür, daß die örtlichen Teilverbände einen Teil ihrer Tätigkeit der Kinder- und Jugendliteratur widmen. Der Schriftstellerverband in Bukarest kennt eine Abteilung für Kinder- und Jugendliteratur. Jährlich verleiht der nationale Schriftstellerverband zwei oder drei Prämien für die besten Kinder- und Jugendbücher des vorhergehenden Jahres.

Auch die Akademie der sozialistischen Republik R., das höchste Kulturforum des Landes, vergibt im Rahmen der jährlichen Literaturpreise unregelmäßig Prämien für wertvolle Kinder- und Jugendbücher.

Die pädagogischen Hochschulen kennen Vorlesungen zur Kinder- und Jugendliteratur. Auch im Bereich der Literaturwissenschaften nimmt die Kinder- und Jugendliteratur ihren Platz ein. In den Literaturzeitschriften, in der Zentralpresse, in Rundfunk und Fernsehen werden oft Besprechungen von Kinder- und Jugendbüchern vorgenommen. Außerdem dienen die Jugendzeitschriften wie „Scînteia tineretului“, „Cutezătorii“ und „Luminita“ (von den letztgenannten gibt es auch ungarische Ausgaben) zur Besprechung von Werken der Kinder- und Jugendliteratur.

Erstmals im Jahr 1977 wurde der große künstlerische nationale Wettbewerb „Cîntarea României“ organisiert, an dem auch Kinder- und Jugendbuchautoren teilnehmen.

Im Rahmen des „Nationalen Büchersalons zum Kindertag (1. Juni)“ oder während der „Tage des Kinderbuches“ werden alljährlich Festlichkeiten und Buchausstellungen sowie Begegnungen zwischen Schriftstellern und jungen Lesern organisiert.

Sekundärliteratur: B. Bratu: Prescolorul si literatura (1977). – V. Gafita: Bibliografie de literatura româna pentru copii (1978). – V. Goia: Literatura pentru copii. Manual pentrù liceele pedagogice si institutle pedagogice de 2 ani (1972). – M. Popa: Dictionar de literatură română contemporană (1977). – D. Trancă: Biblioteca copiilor nostri (1969).

Viniciu Gafița/Alexandru Mitru

Rumpf, Johann Daniel

*Jurist, Schriftsteller; *21.7.1766 Assenheim (Wetterau), † 1839 Berlin.*

R. stand zuerst in gräflich Solmsischen, später in preußischen Diensten. Neben seiner vielseitigen Tätigkeit im Steuerdienst und der Militärverwaltung entwikkelte er eine reiche schriftstellerische Aktivität. Offensichtlich empfing er durch den rührigen Buchhändler und Verleger Oehmigke in Berlin eine ebensolche Förderung wie der Jugendschriftsteller Carl Lang. R.s Schrifttum läßt sich bis Ende der dreißiger Jahre des 19. Jahrhunderts verfolgen. Im Jahre 1822 ernannte ihn der preußische König zum Hofrat.

Werk, Tendenzen, Wirkung. R. war vorwiegend durch die Herausgabe der „Neuen Bildergallerie für junge Söhne und Töchter“ bekannt geworden. Die „Neue Bildergallerie“ stellte als Sachbuch das wichtigste Werk in der Nachfolge des Bertuchschen „Bilderbuches für Kinder“ dar. Dabei ist nicht ganz klar, wann ihn Carl Lang in der Herausgabe ablöste. Der achte Band wurde jedenfalls schon von Lang herausgeberisch betreut. Es ist jedoch anzunehmen, daß R. auch noch an den weiteren Bänden als Mitherausgeber tätig war. Obwohl die „Neue Bildergallerie“ im Text und in der Illustration nicht ganz die Qualität von Bertuchs Werk erreichte, erlebte sie mehrere Auflagen und tauchte

Neue
BILDER GALLERIE
für junge
Söhne und Töchter
zur angenehmen und nützlichen Selbstbeschäftigung
aus dem Reiche der Natur, Kunst, Sitten
und des gemeinen Lebens
Ihro Königl: Hoheit der Prinzeßin AUGUSTE v. Preußen
zugeeignet.
XXIV. Fig. 102.
mit 151 Abbildungen
Berlin bey Wilhelm Oehmigcke dem Jüngern
1794.

Die von Johann Daniel Friedrich Rumpf und anderen herausgegebene fünfzehnbändige „Neue Bilder Gallerie für junge Söhne und Töchter", die bei Oehmigcke in Berlin herauskam, gehörte neben Bertuchs „Bilderbuch für Kinder" zu den bekanntesten Elementarwerken des 18. und frühen 19. Jahrhunderts. Die Abbildung zeigt das Titelblatt des ersten Bandes, der 1794 erschien.

später auch noch unter dem Namen „Neue Bilderschau" auf.

Werke: Neue Bildergallerie für junge Söhne und Töchter zur angenehmen und nützlichen Selbstbeschäftigung aus dem Reiche der Natur, Kunst, Sitten und des gemeinen Lebens (Bd. 1–14. 1794–1806); Moralisches Bilderbuch für junge Knaben und Mädchen (1804).

Sekundärliteratur: L. H. W. E. Scriba: Biographisch-literärisches Lexicon der Schriftsteller des Großherzogthums Hessen im ersten Viertel des neunzehnten Jahrhunderts (1831). – G. Chr. Hamberger (Hrsg. zus. mit J. G. Meusel u.a.): Das gelehrte Teutschland (Bd. 6. [5]1798. 487–488; Bd. 19. [5]1823, 481–483).

Erich Strobach

Rutgers, An

*(Ps.: Bas, Rutger, d.i. An Rutgers van der Loeff-Basenau). Niederländische Schriftstellerin und Jugendbuchautorin; * 15.3.1910 Amsterdam.*

R. ist die älteste Tochter des holländischen Bakteriologen Dr. Basenau und der Übersetzerin Nora Basenau-Goemans. Sie absolvierte das Gymnasium und studierte klassische Sprachen. Nachdem R. eine große Zahl schwedischer und norwegischer Bücher übersetzt hatte, bekam sie von einem Verleger den Auftrag, ein Buch über Schweden zu schreiben. Das war der Anstoß zu einer umfangreichen Produktion eigener Kinder- und Jugendbücher sowie weiterer Übersetzungen dieses Genres. Sie verfaßte auch einige Romane für erwachsene Leser. R. hat nationale und internationale Ehrungen erfahren. Für ihr Gesamtwerk erhielt sie 1968 den holländischen „Staatsprijs voor kinder- en jeugdliteratuur" und 1976 die königliche Auszeichnung „Ridder in de Orde van Oranje-Nassau". Ihr Buch „Lawines razen" (1954) wurde in Holland im Erscheinungsjahr mit dem Preis für das beste Kinderbuch ausgezeichnet. 1959 erhielt R. für das Sachbuch „Pioniere und ihre Enkel" (1958) den Deutschen Jugendbuchpreis, der ihr 1977 für den Jugendroman „Ich bin Fedde" (1976) zum zweitenmal verliehen wurde. Außerdem konnte sie den Österreichischen Staatspreis (1966) und die goldene Medaille der italienischen Stadt Verona für „Mens of wolf" (1951; dt. Mensch oder Wolf?, 1966) in Empfang nehmen. Weitere Titel gelangten auf die Auswahlliste des Deutschen Jugendbuchpreises.

Werk, Tendenzen, Wirkung. Thematische Vielfalt und ein starkes soziales Engagement kennzeichnen das Werk von R. Gesellschaftliche Probleme und Widersprüche spiegeln sich in den individuellen Problemen ihrer Romanfiguren und werden unverblümt und schonungslos aufgedeckt. Vielen ihrer Bücher liegen langjährige Quellenstudien und Reisen zugrunde. Nach über zwei Jahren Vorstudien z.B. schrieb sie „De kinderkaravaan" (1949), ein Buch über die unmenschlich schwere Fahrt der sieben Kinder Sager durch den Nordwesten Amerikas um das Jahr 1844. Die Menschen, denen R. auf ihren Reisen begegnete, sind dabei vielfach als Romanfiguren in ihren Büchern wiederzufinden. Ihre wiederholten Reisen nach Amerika inspirierten sie unter anderem auch zu dem mit dem Deutschen Jugendbuchpreis ausgezeichneten Buch „Amerika, pioniers en hun kleinzoons" (1951; dt. Pioniere und ihre Enkel, 1958). In ihrem Buch „Ik ben Fedde" (1972; dt. Ich bin Fedde, 1976) stehen die Schwierigkeiten eines Jungen, der nach 13 Jahren Heimaufenthalt „ins Leben" entlassen wird, im Vordergrund. Feddes Weg in die vermeintliche Freiheit erweist sich als ein Teufelskreis in den Mühlen der Sozialinstanzen. Ständig an seine Vergangenheit erinnert, kämpft er sich durch sein neues Leben mit der Hoffnung, daß der ‚Sozialfall Fedde' endlich zu den Akten gelegt wird. Neben solchen sozialkritisch engagierten Büchern schrieb R. auch rein unterhaltende

*An Rutgers (*1910)*

Erzählungen. R. widmet sich in den letzten Jahren mehr und mehr ihrem Hobby, der Gärtnerei, was auch in ihrem autobiographischen Werk „Mijn tuin – klein erfgoed" (1977), das von ihr selbst illustriert wurde, zum Ausdruck kommt.

Werke: Het oude huis en wij (1941; zus. mit N. Basenau-Goemans); Van een dorp, een jongen en een orgel (1945); Zweden. Droom en werkelijkheid (1948); De kinderkaravaan (1949; dt. Die Kinderkarawane, 1953); Wij Amsterdammers, wat doen we met onze kinderen in de vacanties? (1950); Amerika. Pioniers en hun kleinzoons (1951; auch u. d. T.: Amerikaans avontuur; dt. Pioniere und ihre Enkel, 1958); Anna Menander (1951); Mens of wolf? (1951; dt. Mensch oder Wolf?, 1966); Rossy, dat krantenkind (1952; dt. Das Haus in der 17. Straße, 1961); Terugkeer (1952); Brieven aan een zieke jongen of Het verhaal van de hond Max (1953); Vader, de kinderen en ik (1953); Voor een kans op geluk. De vaart van de „Miss Jane" (1953; auch u. d. T.: Een kans op geluk, 1968; dt. Flucht in die Freiheit, 1974); Lawines razen (1954; dt. Lawinen über dem Dorf, 1956); Jimmy en Ricky (1955); Het licht in je ogen (1955; dt. Das verlorene Licht, 1957); Je bent te goed, Giacomo (1957); Konijne Japie (1957); Ze verdrinken ons dorp (1957; dt. Der Staudamm von Saint Sylvestre, 1959); Her verloren koffertje (1958; dt. Der verschwundene Koffer, 1960); Dat zijn M-brigadiers (1959); Gideons reizen (1960; dt. Gideons Reisen, 1969); Het wilde land – Iedersland (Bd. 1–2. 1961; dt. Das wilde Land, 1962); Alleen tegen alles. Sluitstuk van een puberteit (1962); Steffos en zijn paaslam (1962; dt. Steffos und sein Osterlamm, 1964); Vlucht Wassilis, vlucht! (1962; dt. Flieh, Wassilis, flieh, 1963); Het witte huis in het groen (1962); Kinderen van 1813 (1963); Een vlinder achterna (1964; dt. Einem Schmetterling nach, 1966); Vlucht uit de poolnacht (1964; dt. Flucht aus der Polarnacht, 1965); Als je zou durven (1965); Alles om een speelplaats (Bd. 1–2. 1965; dt. Hurra, ein Krachemunkel, 1967); De elfstedentocht (1965); August en Roosje (Bd. 1–2. 1966; dt. Das Loch im Zaun, 1968); Lieverdjes en ijzervreters (Bd. 1–2. 1966); Vriend of vijand (Bd. 1–2. 1966); Vals spoor in Waterland. Een speurdersverhaal (1967; dt. Das Geheimnis der Poldermühle, 1969); Ruim voldoende. Verhalen en tekeningen van Amsterdamse scholieren (zus. mit anderen, 1967); Het uur van de Scapinezen. Een onwaar verhaal waar veel waars in zit (1968); Donald (1969; dt. Donald, ein Junge kämpft sich durch, 1970); Met open ogen (1969); Wrak onder water (1970; Wrack unter Wasser, 1971); Gewoon in het ongewone. Een verhaal over jonge vrijwilligers in ontwikkelingswerk in Afrika (1971; dt. Abenteuer Afrika, 1972); Ik ben Fedde (1972; dt. Ich bin Fedde, 1976); De reus van Pech-zonder-end (1974; dt. Goliath von nebenan, 1975); De dubbele bodem van Pech zonder-end (1975); Het kerstverhaal (1975); Het goud van Pech-zonder-end (1976); Mijn tuin – klein erfgoed (1977).

Hrsg.: De druiven zijn zoet. Zeventien stemmen over het kinderboek. Hoe het gemaakt, gelezen en beoordeeld wordt (1967).

Riana Luiks-Kramer

Rutt, Theodor

*Deutschdidaktiker, Jugendliteraturtheoretiker; *5.5.1911, Köln.*

R. studierte nach dem Abitur Germanistik, Geschichte, Geographie, Philosophie, Psychologie und Pädagogik an den Universitäten Köln und Bonn sowie an der Pädagogischen Akademie Bonn. Seine Studien schloß R. 1939 mit einer Dissertation über ADALBERT STIFTER und den Staatsexamina für Volks- und Höhere Schulen ab. Seiner Berufung als Dozent für Deutschdidaktik (1947) an die damalige Kölner Pädagogische Akademie gingen acht Jahre Schuldienst voraus. 1951 erfolgte die Ernennung zum außerordentlichen, 1954 zum ordentlichen Professor. Neben seiner Lehrtätigkeit war R. in universitären Selbstverwaltungsgremien und von 1954 bis 1962 als Rektor der Pädagogischen Hochschule in Köln tätig. Von 1959 bis 1962 stand R. dem Pädagogischen Senat des Landes Nordrhein-Westfalen vor und war von 1963 bis 1967 Mitglied des Strukturausschusses für Fragen der Lehrerbildung in Nordrhein-Westfalen. R. ist Korrespondierendes Mitglied des Linzer Adalbert-Stifter-Instituts.
R. trug insbesondere in den fünfziger und sechziger Jahren durch seine Veröffentlichungen zur Belebung der deutschdidaktischen Diskussion bei. Dies gilt sowohl für den sprach- als auch für den literaturdidaktischen Sektor. R. nahm auch immer wieder zu grundsätzlichen Fragen der Jugendliteratur Stellung. Seine auf der IV. Mainau-Jugendbuchtagung 1958 vorgetragene Untersuchung zum Komplex „Buch und Jugend" (publiziert 1959) galt lange Zeit als Standardwerk. R. hat darin als einer der ersten davor gewarnt, „das Lob des hochwertigen literarischen Bildungsgutes zu singen" und gleichzeitig „Schund- und Schmutzschriften zu bekämpfen" (S. 38). Seine Forderung, zeitgenössische Dichtung und das Sachbuch in die Schule einzubringen, hat wesentlich zu der heute schon vielfach erreichten Öffnung des Deutschunterrichts beigetragen. R.s Aussagen waren stets vom „Ernstnehmen des

jungen Menschen" getragen. Sprachliche Probleme wurden von R. nie isoliert angegangen, da für ihn Sprache „Lebensausdruck des ganzen Menschen" ist.

Werke: Selbsterziehung und Selbstbildung im Leben und in den Werken Adalbert Stifters (Diss. 1939); Sprachentfaltung und Buch (1951, [2]1955); Muttersprachschule (1951); Bild und Wort (1955); Wege des Wortes (1955); Vom Wesen der Sprache (1957); Buch und Jugend (1959); Lesegut der Volksschule (1963); Didaktik der Muttersprache (1964); (Hrsg.): Beiträge zur empirischen Unterrichts- und Erziehungsforschung (Bd. 1–6. 1971–1976; zus. mit E. Schmack).

Beiträge: Lesen – Leseunterricht – Lesegut – Lesebuch (in: Pädagogische Rundschau. 1955. 9. 540–548); Sprachentfaltung und Sprachgestaltung im Kindes- und Jugendalter (in: Probleme der Jugendliteratur. 1956. 39–64); Das Buch und die kindliche Sprachentwicklung (in: Das gute Jugendbuch. 1961. 1. 1–6); Das gesprochene und geschriebene Wort in seiner Bedeutung für die geistige Entwicklung des Kindes (in: Jugendliteratur. 8. 1962. 1. 3–13); Analyse beispielgebender sprachlicher Leistungen im modernen Kinderbuch (in: R. Bamberger (Hrsg.): Trends in der modernen Jugendliteratur. 1969. 33–44); Der Wortschatz des Kindes auf den verschiedenen Entwicklungsstufen (in: G. Pott (Hrsg.): Voraussetzungen und Grundlagen der Buchwirkung. 1972. 49–84).

Bernhard Meier

Rychlicki, Zbigniew

*Polnischer Maler, Graphiker, Kinderbuchillustrator; * 17. 1. 1922 Orzechówka.*

R. studierte am Institut der Bildenden Künste und an der Akademie der Schönen Künste in Krakau. R. lebt in Warschau, ist dort stellvertretender Direktor des Verlages „Nasza Księgarnia" und für künstlerische und herstellerische Fragen verantwortlich. Seine Tätigkeit umfaßt insbesondere die Bereiche Graphik, Plakat- und Buchillustration. R. beteiligte sich an vielen europäischen Ausstellungen. Einzelausstellungen seiner Werke fanden in Wien, Sofia, Budapest und in Bukarest statt. Für seine Illustrationstätigkeit wurden ihm eine Reihe von Preisen und Auszeichnungen in Polen und im Ausland zuteil, so 1959 die Silbermedaille in Leipzig, 1965 die Goldmedaille in Leipzig, 1965 die Goldmedaille in Sao Paulo, 1971 die Bronzemedaille in Leipzig, 1973 „Zlote koziolki" in Posen und eine Goldplakette in Bratislava, 1975 die Bronzemedaille in Moskau. Die Bücher mit seinen Illustrationen kamen mehrmals auf die Liste der „Schönsten Bücher des Jahres". 1954 und 1973 erhielt er die Auszeichnung der polnischen Regierung für sein Werk für Kinder und Jugendliche.

Werk, Tendenzen, Wirkung. R. betrachtet die Illustration als Träger erzieherischer Werte und als Spiegel, in dem alle Erscheinungen des zeitgenössischen Lebens sichtbar werden. Innerhalb der polnischen Illustrationskunst schätzt er vor allem deren Suchen nach neuen Formen, ihre malerische Poesie der Farben und ihre Lyrik, auch ihren Hang zum Grotesken. Er führt diese Eigenschaften auf das Wesen seines Heimatlandes, auf dessen Klima und Farbenpracht, auf die Tradition der polnischen Malerei und die Achtung, die der Volkskunst gezollt wird, zurück. R. selbst illustriert am liebsten Märchen, interessiert sich jedoch auch für die Probleme der Illustration zu Erzählungen aus dem Leben in der Gegenwart, ebenso für die künstlerische Ausstattung von populärwissenschaftlichen Büchern. Ihn fasziniert der schöpferische Prozeß, das Stadium des Erwägens noch nicht realisierter Konzeptionen.

Werke: H. Januszewska: Jak Polska Pyza wędrowalta (1951); Cz. Janczarski: Prygody i wędrowki misia Uszatka (1963; dt. Teddy Puschelohrs Abenteuer, 1964); Cz. Janczarski: Nowi przyjaciele misia Uszatka (1963; dt. Teddy Puschelohrs neue Freunde, 1964); M. Kownacka: Plastusiowy Pamiętnik (1965; dt. Die Abenteuer eines Knetemännleins, 1970); Š. Wortman: U zlotego źródla (1967); J. Gorzechowska: Tatry moje Tatry (zus. mit M. Kaczurbina, 1967); G. Morcinek: Przedziwna historia o zbójniku Ondraszku (1967); T. Kubiak: Bajka o śnieżnym królu (1968); W. Chotomska: Od rzeczy do rzeczy (1969); J. Gorzechowska: Jak to dawniej na Kurpiach bywalo (zus. mit M. Kaczurbina, 1969); J. Gorzechowska: Na tym naszym Śląsku (zus. mit M. Kaczurbina, 1970); Cz. Janczarski: Zaczarowane kólko misia Uszatka (1970); Zb. Rychlicki: Mój kalendarz 1971 (1970); J. Gorzechowska: Od Lowicza grają gracze (1972); L. F. Baum: Czarnoksiężnik ze Szmaragdowego grodu (1972); L. J. Kern: Proszę slonia (1972); L. J. Kern: Mądra poduszka (1972); Zb. Rychlicki: Kolorowy świat. Ilustracje w książkach Naszej Księgarni (1972); L. F. Baum: W krajinie Czarnoksiężnika Oza (1973).

Sekundärliteratur: o. Verf.: Zbigniew Rychlicki (in: Bookbird. 8. 1970. 4. 77–78).

František Holešovský

S

Sachbuch

Das S. versucht, geisteswissenschaftlich oder naturwissenschaftlich erfaßbare Sachverhalte, Probleme und Erkenntnisse einem größeren Leserkreis von Nichtfachleuten zu erschließen. Dabei wird der Stoff zwar mit dem Anspruch wissenschaftlicher Stichhaltigkeit behandelt, aber die Darstellung der Fachsprache weitgehend entkleidet, um der Interessenssphäre und Verständnisebene der angesprochenen Leser (Laien) gerecht zu werden. Innerhalb der Gattung S. lassen sich Kinder- und Jugendbücher, wenn überhaupt, nur aufgrund der Besonderheiten der Übersetzung in die Alltagssprache dieser Zielgruppe unterscheiden. Thematisch gibt es keine Grenze zum S. für Erwachsene. In der Geschichte des S.s lassen sich Lehrbuch und S., auch Fachbuch, nicht immer scharf trennen.

Geschichte. Die sich immer mehr spezialisierenden Fachwissenschaften einerseits, der Bildungshunger des sich emanzipierenden Bürgertums andererseits machten seit der Aufklärung eine Vermittlung der Wissenschaften in leicht verständlicher Form für eine breite Leserschaft notwendig. Als die technische Umsetzbarkeit solcher wissenschaftlicher Erkenntnisse immer bedeutsamer wurde, nahm das Interesse weiter Kreise noch zu. Später, besonders seit der zweiten Hälfte des 19. Jahrhunderts, traten weitere Motive hinzu: Bei der Jugend sollte naturwissenschaftliches Interesse geweckt werden; damit wurde wissenschaftlicher Nachwuchs geworben. Zunehmend wichtiger wurde das Bedürfnis der Verfasser und Herausgeber von S.ern nach Legitimation des technischen Fortschrittsstrebens vor den (jugendlichen) Lesern.

Die Verwendung der Nationalsprache, statt der lateinischen Gelehrtensprache, z.B. bei Galileo Galilei, war ein erster Schritt zur Verbreiterung der wissenschaftlichen Öffentlichkeit. Vor allem waren es dann Popularphilosophen der Aufklärung, die wissenschaftliche Kenntnisse einem größeren Publikum vermitteln wollten. Bernhard Fontenelle veröffentlichte 1686 seine „Entretiens sur la pluralité des mondes". Er versuchte darin, das neue astronomische Weltbild in Form eines Gesprächs mit einer Marquise allgemeinverständlich darzustellen. In dieser Tradition stehen noch Christian Ernst Wünschs „Kosmologische Unterhaltungen" (1778ff.). Für das Jugend-S. wurden die nach dem Muster der Moralischen Wochenschriften gestalteten Kinder- und Jugendzeitschriften, z.B. Christian Felix Weisses „Der Kinderfreund" (1775–1782), Almanache, Jahrbücher sowie Lesebücher, z.B. Johann Georg Sulzers „Vorübungen zur Erwekkung der Aufmerksamkeit und des Nachdenkens" (1768) wichtig. Neben Gedichten, Erzählungen und moralischen Texten enthält das Lesebuch Sulzers auch Geographie und „Merkwürdigkeiten der Natur". Es entstanden bald auch auf einzelne Sachgebiete spezialisierte Bücher, hauptsächlich zu geschichtlichen, geographischen und naturgeschichtlichen Themen. Naturgeschichte ist dabei Sammelbegriff für Erdgeschichte, Mineralogie, Astronomie, Tier- und Pflanzenkunde. Zum Teil sind diese Bücher als reine Lehrwerke, zum Teil aber auch zur belehrenden Unterhaltung konzipiert. Das Modell der „Entretiens" Fontenelles blieb beliebt, das heißt die Darbietung eines Sachverhaltes in Form eines Gesprächs, z.B. zwischen Vater bzw. Lehrer und Kindern, und wurde noch weit bis ins 19. Jahrhundert verwendet. Es findet sich auch in Joachim Heinrich Campes „Robinson der Jüngere zur nützlichen und angenehmen Unterhaltung für Kinder" (1779/1780) und in seiner „Entdeckung Amerikas" (1782). In diesen beiden Büchern ist der Typus des erzählenden S.s vorgebildet.

Neben geschichtlichen Themen dominierte in der ersten Hälfte des 19. Jahrhunderts die Naturgeschichte. Vor allem in Jugendzeitschriften und Jahrbüchern nahmen aber technische Themen nach und nach zu. Insgesamt ist die Darstellungsweise noch stark beleh-

Historische
Erdbeschreibung
zum
Gebrauche
der
Jugend.

München 1770.
Verlegts Johann Nepomuck Fritz,
akademisch = und bürgerlicher Buchhändler.
Nächst dem schönen Thurme.

Die von Johann Nepomuck Fritz 1770 in München erschienene „Historische Erdbeschreibung zum Gebrauche der Jugend" versucht, in einem Frage-Antwort-System jungen Lesern einen Überblick über die bekannte Welt zu geben.

rend und folgt oft der Systematik der jeweiligen Wissenschaften.

Das 1880 in Stuttgart erstmals erschienene Jahrbuch „Das Neue Universum" mit dem Untertitel „Die interessantesten Erfindungen und Entdeckungen auf allen Gebieten, ein Jahrbuch für Haus und Familie, besonders für die reifere Jugend" war in mehrfacher Hinsicht ein Neuansatz. Zwar gab es schon vorher populäre Kompendien über Technologie und Erfindungen, z.B. das „Populäre Handbuch der allgemeinen und speciellen Technologie" (^{2}1860) von B. C. F. A. Hartmann. Doch dienten diese vor allem pragmatischen Zwecken; Handwerker und Unternehmer informierten sich z.B. über neue Fertigungsmethoden. Das „Neue Universum" dagegen bot als Familien- und Jugendjahrbuch zum ersten Mal vorwiegend technisches Wissen als Unterhaltung. Unterhaltung wird in der Folge zum dominierenden Darstellungsprinzip.

EYDECHSEN.

Das Geschlecht der *Eydechsen* ist groſs, denn sogar der Crocodill gehört dazu, und so fürchterlich es auch den meisten Menschen vorkommt, so sind es doch meistens sehr schöne Thiere. Es ist auch ein Vorurtheil, daſs sie giftig wären; denn dieſs ist doch höchstens nur von ein Paar Arten bekannt; und manche davon, z. E. der *Leguan*, werden als Leckerbissen gegessen.

No. 1. Der Leguan,

oder die groſse Kamm-Eydechse.

Der *Leguan* ist in Indien, sonderlich in der Insel Curassao einheimisch, und heiſst die Kamm-Eydechse, weil von seinem Kopfe an bis zum Schwanze eine ganze Reihe harter Spitzen fortlaufen, die wie ein Kamm aussehen. Er ist blaulich von Farbe, und der Schwanz braun geringelt. Seine Haut besteht aus lauter kleinen glänzenden Schuppen. Er hält sich an klippigen Ufern auf, und nährt sich von Wasser-Insecten. Er hat deswegen so lange Krallen, daſs er sich an den Felsen und Klippen anhalten kann. Er hat ein sehr zartes, weiſses und wohlschmeckendes Fleisch, welches wie das zarteste Hühnerfleisch zu essen ist, und woraus man in Indien vieles Wesen macht. Unter dem Halse hat er einen Lappen, wie einen Hühnerkamm, und an den Seiten Warzen, die wie Perlen glänzen. Er legt Eyer, durch welche er sich fortpflanzt.

No. 2. Der Chameleon.

Er wird mit zu den Eydechsen gerechnet, ungeachtet er in manchen Stücken davon abweicht: denn er legt keine Eyer, sondern gebiert lebendige Junge. Er wohnt in Bengalen und andern heiſsen Ländern, und ist vornehmlich deshalb bekannt, weil er immer und sehr schnell, oft in einer Minute wohl zwanzigmal, seine Farbe, welche eigentlich blaulich grün ist, ändert, so daſs er zuweilen ganz bunt und vielfarbig aussieht. Er hat auf dem Kopfe eine haubenförmige Kappe, groſse spitzig hervorragende Augen, mit einem groſsen Ringe umgeben, auf dem Rücken und am Bauche einen gezähnelten Kamm. Er nährt sich von Fliegen, die er sehr geschickt mit seiner langen Zunge, die er wie einen Pfeil herausschieſst, fängt; weil er selbst sich sehr langsam bewegt. Er ist übrigens völlig unschädlich. Daſs er immer von dem Gegenstande, bey dem er steht, die Farbe annehme, ist eine Fabel. Die schnelle Abwechselung seiner Farben kommt von dem Umlaufe seiner Säfte her.

No. 3. u. 4. Der Salamander.

Es ist eine alte und bekannte Fabel, daſs der *Salamander* im Feuer leben könne. Wahrscheinlich ist sie daher entstanden: Der Salamander ist glatt von Haut, hat aber sehr groſse Schweiſslöcher, aus welchen er, wenn er gedrückt oder auf Kohlen gelegt wird, sehr häufig einen milchigten Saft von sich giebt, wodurch die Kohlen vielleicht ausgelöscht sind und er sich einige Zeit im Feuer erhalten hat. Er ist übrigens weder giftig noch sonst schädlich, und lebt gern an feuchten Orten in altem Gemäuer und unter Baum-Wurzeln. Es giebt verschiedene Arten der Salamander, und in allen Welttheilen. No. 3. ist ein Ostindischer, grau mit gelben Streifen; No. 4. ein Teutscher, schwarz mit orangen Flecken. Letztere Art nennt man auch *Erd-Molche.*

Textseite zum Thema „Eydechsen" aus Friedrich Johann Justin Bertuchs „Bilderbuch für Kinder", das in 12 Bänden zwischen 1792 und 1830 herauskam und Kindern naturwissenschaftliches Wissen in einer heute kaum mehr geübten Gründlichkeit in Wort und Bild übermittelte.

Von besonderem Einfluß sind Strukturen der Biographie, der Entdeckungsreise, der Abenteuererzählung, journalistische Formen wie Tatsachenberichte, Reportagen, human interest stories. Alle diese Formen enthalten stark narrative Elemente und bedienen sich der Personalisierung von Sachverhalten. Dieser Darstellungsweise entspricht eine andere Rezeptionshaltung. Nicht mehr das Sachinteresse ist bestimmend, sondern das effektive Engagement des Lesers an den dargestellten Personen und Ereignissen. S.er für die Jugend ließen sich in der Folge kaum von Büchern für Erwachsene unterscheiden. Oft waren sie eigentlich für Erwachsene geschrieben, ihre anschauliche und lebendige Darstellungsweise machten sie zugleich aber auch zu Jugendbüchern. Beispiele für solche S.er sind ALOYS SCHENZINGERS „Anilin" (1936) und HANS DOMINIKS „Vistra, das weisse Gold Deutschlands" (1936). Die Entwicklung des S.s nach 1945 ist in besonderer Weise von CERAM (KURT W. MAREK) und seinem Bestseller „Götter, Gräber und Gelehrte, Roman der Archäologie" (1949) geprägt. Neben Themen, die immer wieder behandelt wurden (Geschichte von Entdeckungen, Forscherschicksale) dominieren Darstellungen technischer Probleme und Errungenschaften, so wie sie gerade aktuell sind. So erzeugte der Erfolg der Weltraumfahrt einen Boom von S.ern über Astronomie, Satelliten und Astronauten.

Typologie. Eine Abgrenzung verschiedener Arten von S.ern kann von unterschiedlichen Gesichtspunkten aus vorgenommen werden. Wenig ergiebig ist dabei der thematische Aspekt. Allenfalls kann man dabei feststellen, daß S.er aus dem System der Wissenschaften und ihren Themenbereichen eine recht einseitige Auswahl treffen. Problematisch, aus schon genannten Gründen, ist auch eine Unterscheidung nach den angesprochenen Leserkreisen. Bei S.ern, die für Kinder und Jugendliche verfaßt wurden, läßt sich allenfalls eine Zunahme narrativer Elemente feststellen. Allerdings fehlt eine genauere Untersuchung darüber, an welche Interessenhorizonte die Informationen bei S.ern für Kinder und Jugendliche hauptsächlich angeschlossen werden. Eine Typologie des S.s geht sinnvollerweise von den Kategorien aus, die für die Gattung konstitutiv sind. Die wichtigste Kategorie ist die der Übersetzung aus der Sprache und Vorstellungsweise der Wissenschaft in die eines Leserkreises von Nichtfachleuten. Den einen Pol einer Typenskala bilden S.er, die weitgehend an Sprache und Struktur der Sache, so wie sie die Wissenschaft bietet, orientiert sind, sie allenfalls didaktisch aufbereiten. MALTE DAHRENDORF nennt diesen Typ „reines Sachbuch" (Das naturwissenschaftliche Sachbuch, in: RICHARD BAMBERGER (Hrsg.): Probleme des Sachbuchs für die Jugend. 1966. S. 74). Diese Form läßt sich oft nicht klar vom Fachbuch oder vom Lehrbuch abgrenzen. Am anderen Ende der Skala steht die „Sacherzählung". Der Sachverhalt ist hier nur noch zentrales Motiv in einem weitgehend fiktionalen Zusammenhang. Sachromane, historische Romane, Tierromane stellen zugleich die Grenzen der Gattung dar. Ob man einen historischen Roman noch zur Gattung S. rechnen soll, hängt weitgehend davon ab, ob der Sachverhalt dominiert und die Romanstruktur nur der Vermittlung dient, oder ob er bloßes Realitätskolorit ist. DAHRENDORF unterscheidet noch einen dritten Typ, das „erzählende Sachbuch", zum Teil auch „gestaltetes Sachbuch" genannt. Ohne im Romanhaften aufzugehen, versucht es, z.B. mit den Mitteln der Reportage oder des Interviews, den Sachverhalt aus der Perspektive eines erlebenden, beteiligten oder betroffenen Subjekts darzustellen und dem Leser so emotionales Engagement und Identifikation zu ermöglichen. Diese drei Formen betreffen verschiedene Kommunikationstypen, einerseits auf bestimmte Autorenintentionen (informieren/belehren – unterhalten), andererseits auf ihnen korrespondierende Leserinteressen bezogen.

Eine andere Form von S.ern sind Hobbybücher, wie sie z.B. in der Kosmos-Reihe der Franckh'schen Verlagshandlung (Stuttgart) erscheinen. Sie tendieren zwar zum Typ des Fachbuchs, in ihrer Ausrichtung auf Hobbies als nicht mit existentiellem Ernst betriebenen Freizeitbeschäftigungen findet jedoch auch bei Hobbybüchern in der Regel ein Übersetzungsprozeß statt. Oft werden hier differenzierte Hintergrundinformationen ausgespart und bei der Anordnung des Stoffes vor allem die Interessen der Benützer berücksichtigt. Die Fachsystematik tritt in den Hintergrund.

Eine auffällige Erscheinung der letzten Jahre ist, daß moderne Lehrbücher, vor allem solche für Unterstufen von Schulen, aus didaktischen Gründen Formen des S.s, sowohl was die Ausstattung als auch was die Textgestaltung betrifft, übernehmen.

Bewertungsprobleme. Lange hatte das S. gegen HEINRICH WOLGASTS Verdikt anzukämpfen. Er warf den Autoren einerseits „Unfähigkeit in wissenschaftlicher Hinsicht" vor, vor allem aber lenke die Form der spannenden Erzählung den jugendlichen Leser vom wahren Ernst der Wissenschaft ab. Volle Anerkennung bei den Didaktikern der Kinder- und Jugendliteratur erreichte das S. erst nach 1945. Allerdings hatte WILHELM FRONEMANN bereits 1926 versucht, das S. zu rehabilitieren. Der didaktische Wert von S.ern wurde aber, neben anderen, erst von KLAUS DODERER und RICHARD BAMBERGER systematisch erarbeitet. Dabei ist vor allem an das erzählende, das „gestaltete" S. gedacht. Das S. diene der Demokratisierung und Humanisierung des Wissens. Gerade die literarische Gestaltung vermag es, aus dem isolierten Wissen der Fachwissenschaften eine Ganzheit, ein reflektiertes Weltbild zu schaffen.

In der Tat gehört zu den zentralen Aufgaben von S.ern nicht nur Sachwissen zur Orientierung in der technischen Welt zu vermitteln, sondern auch dieses Wissen in den Zusammenhang des praktischen Interesses der von den Folgen Betroffenen zu rücken. Dieser Aufgabe stehen aber sowohl Hemmungen der Kommunikationssituation als auch die Art, wie S.er heute überwiegend verfaßt sind, entgegen: 1. Die Rezeption von S.ern erfolgt weitgehend in der Freizeit. Die Verwendung von Darstellungsmitteln der Unterhaltungsliteratur ist auch darin begründet. Es besteht dabei die Gefahr, daß S.er, die diese Strukturen übernehmen, die Sachverhalte nicht mehr in die Praxis übersetzen, sondern in eine fiktive Welt, die ausgesprochen triviale Züge trägt, geschaffen für eskapistischen Konsum. Eigenart einer solchen trivialen Rezeption ist es, irritierende Information gerade nicht zu akzeptieren, Informationen nicht kritisch zu prüfen. 2. Technische Informationen werden – trotz des fiktiven Zusammenhangs – weitgehend um ihrer selbst willen angepriesen. Die Isolierung des Wissens wird gerade nicht aufgehoben. 3. Viele S.er vertreten eine platte Fortschrittsideologie; Fortschritt wird weitgehend quantifiziert, Superlative ersetzen kritische Verarbeitung. 4. Stereotyp wiederkehrende narrative Modelle, wie das vom genialen, einsamen, dem Fortschritt der Menschheit dienenden Forscher oder Unternehmer, rücken Wissenschaft und Technik in den Bereich einer pseudowissenschaftlichen, mythischen Erlösungslehre. Auch dies ist geeignet, triviale Bedürfnisse und unkritische Rezeptionsweisen zu fördern. 5. Die Geschichte des S.s zeigt eine große Anfälligkeit für politische Ideologien, die die Fortschrittsideologie als Hülle für ihre jeweiligen konkreten Ziele benützen. 6. In der Vergangenheit dominierten technische S.er. Gesellschaftspolitische Themen kamen demgegenüber zu kurz.

Gerade in den letzten Jahren zeigten sich dennoch eine Fülle neuer Tendenzen. Ein Beispiel dafür, wie gerade auch der gesellschaftliche Zusammenhang menschlicher Leistung anschaulich und eindringlich werden kann, sind die Sachbilderbücher David Macaulays (z. B. „Sie bauten eine Kathedrale", 1973). Es gibt auch mehr und mehr Kinder- und Jugend-S.er über gesellschaftliche und politische Probleme, die Jugendliche in besonderere Weise betreffen: z. B. Antoinette Becker/Elisabeth Niggemeyer „Ich bin doch auch wie ihr", ein Sachbilderbuch über behinderte Kinder, oder die Reihe „Informationen für Jugendliche", z. B. Ulrich Konitzer, „Schüler machen Politik". Besonders anspruchsvolle S.er erschienen von Ursula und Jürgen Lücking „Überleg doch mal. Beiträge und Modelle zur Mitbestimmung" oder Dieter Nohlen „Feuer unter der Asche. Chiles gescheiterte Revolution". An diesen Büchern zeigt sich allerdings die prinzipielle Schwierigkeit: Sie tendieren alle zum ‚reinen Sachbuch', verzichten auf narrativen Dekor und damit womöglich auch auf eine breitere Leserschaft. Als spezielle, in der Öffentlichkeit in den letzten zehn Jahren vielfach kontrovers diskutierte Gruppe von S.ern für Kinder und Jugendliche ist die zum Thema sexueller Aufklärung anzusehen.

→ Anschauungsbuch, → Astronautik, → Aufklärungsbuch, sexuelles, → Bilderbuch, → Enzyklopädie, →

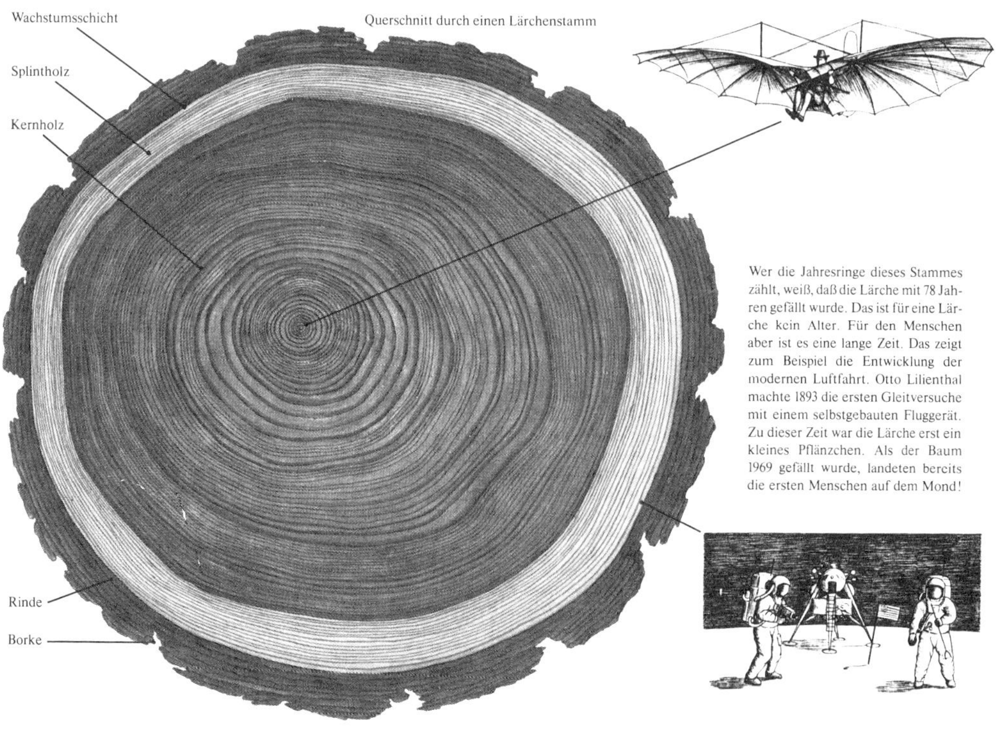

Ausschnitt aus einer Seite des Sachbilderbuchs „Die Baum-Uhr" aus dem Ellermann-Verlag (1978).

Lehrdichtung, → Nachschlagewerke für Kinder und Jugendliche, → Naturgeschichte im Kinder- und Jugendbuch, → Realienbuch, → Schulbuch, → Sexualerziehung im Kinder- und Jugendbuch, → Wörterbuch

Sekundärliteratur: I. Auböck: Die literarischen Elemente des Sachbuchs (Diss. 1963). – R. Bamberger (Hrsg.): Probleme des Sachbuches für die Jugend (1966). – G. Böse: Das Sachbuch (in: Bertelsmann Briefe. 38. 1965. 4–8). – U. Diederichs: Die Verwendung des Begriffs ‚Sachbuch' (in: Berichte des Instituts für Buchmarktforschung. 17–19. 1965. 35–49). – Kl. Doderer: Das Sachbuch als literarpädagogisches Problem (1961). – L. Fischer (Hrsg. zus. mit anderen): Gebrauchsliteratur (1976). – E. Glaser: Kann die Wissenschaft verständlich sein? (1965). – M. Hussong: Das Sachbuch (in: G. Haas (Hrsg.): Kinder- und Jugendliteratur. 1974. 368–391). – S. Köberle: Jugendliteratur zur Zeit der Aufklärung (1972). – H. Künnemann: Jugendsachbücher (in: Kindlers Literaturgeschichte der Gegenwart. Die deutschsprachige Sachliteratur. 742–766). – J. G. Leithäuser: Zur Definition und Geschichte des Sachbuchs (in: Börsenblatt für den Deutschen Buchhandel. 20. 1964. 1749–1755). – W. Maier: Die Heimat der Fakten. Zur Trivialität im Tatsachenroman (in: Sprache im technischen Zeitalter. 1963. 8. 650–666). – H. Meyer: Einiges über den emotionalen Aspekt populärwissenschaftlicher Literatur (in: Beiträge zur Kinder- und Jugendliteratur. 1967. 25–40). – C. W. Marek: Provokatorische Notizen (1960). – E. Rothemund (Hrsg.): Das gestaltete Sachbuch und seine Probleme. Ensslin-Jahresgabe (1955). – G. Schmidt-Dumont: Sachbücher für das Vorschulalter (in: Informationen Jugendliteratur und Medien. 28. 1976. 5. 65–72). – H. Schulrath: Sachbücher für die Sekundarstufe I (in: Informationen Jugendliteratur und Medien. 28. 1976. 6. 81–87). – K. Steinbuch: Bemerkungen zum Sachbuch (in: Buch und Bibliothek. 24. 1972. 660–665).

Martin Hussong

Sachse, Günter

*Schriftsteller, Jugendbuchautor, Verlagslektor; * 23. 8. 1916 Hannover.*

S. besuchte in Hannover das humanistische Gymnasium. Die Jugendbewegung übte einen starken Einfluß auf seine Entwicklung aus. Nach der Reifeprüfung wurde er zum Arbeitsdienst und unmittelbar danach zum Wehrdienst eingezogen. Im Zweiten Weltkrieg war er Offizier. 1947 kehrte er aus der Gefangenschaft zurück. Zu einem geplanten philologischen Studium kam es nicht mehr; S. arbeitete zunächst als Hilfsarbeiter, wurde dann kaufmännischer Angestellter und später Verlagsbuchhändler und Verlagsvertreter. Heute ist S. Cheflektor des Jugendbuchverlages W. Fischer, Göttingen. Mit mehreren Titeln und hohen Auflagen ist S. auch als Jugendbuchautor hervorgetreten.

Werk, Tendenzen, Wirkung. Für die eigene Erzählung und auch zur Bearbeitung und Übersetzung bevorzugt S. abenteuerliche historische Stoffe. In seinem ersten Buch greift er die Vorgänge der Meuterei auf der Bounty auf und gestaltet die dramatischen Schicksale des Kapitäns und der mit ihm ausgesetzten Mannschaft sowie die rechtlichen und menschlichen Folgen der Tat der Meuterer zu einem für junge Leser spannenden und eindrucksvollen Werk. Unter der historischen Frage „... und wo ist des Indianers Land?" (1961) erschien S.s packend geschriebener Bericht vom Leben und Kampf des Simon Girty, der in der Geschichte der nordamerikanischen Indianerkriege als zwiespältige und verräterische Persönlichkeit erscheint. S. klärt in feiner psychologischer Führung die Motive des vom Seneca-Irokesen-Stamm adoptierten weißen Mannes und schildert realistisch die wechselvolle Tragödie des Kampfes der Indianer um freie Existenz in ihrem Land. Das Werk hebt sich von einer Vielzahl von Indianerbüchern für die Jugend ab. Für Leser ab 12 Jahre schrieb S. eine zweibändige Erzählung aus der Wikingerzeit „Akis Söhne" (1977) und „Wikinger zwischen Hammer und Kreuz" (1979). Mehrere ältere Abenteuerbücher und vorwiegend Sagenstoffe hat S. zur Bearbeitung, Nacherzählung und Übersetzung herangezogen. Auch in diesen Büchern kommt seine anschauliche, lebendige Sprachgestaltung dem Verständnis junger Leser entgegen.

Werke: Die Meuterei auf der Bounty (1959, ^{17}1976; TB. 1977); ... und wo ist des Indianers Land? (1961, ^{3}1971; auch u. d. T.: Der Weiße Wilde, 1976); Akis Söhne (1977); Wikinger zwischen Hammer und Kreuz (1979).

Bearb.: Das Schiff der Meuterer (1959; NA. 1974); D. Defoe: Robinson Crusoe (1959); Lustige Schildbürgerstreiche (1971; TB. 1976); Der Kampf um Troja (1971); Die Irrfahrten des Odysseus (1971); Die Abenteuer des Herakles (1971; TB. 1976); Die schönsten Sagen der Griechen (1972); Gudrun und andere Sagen (1972); Die Nibelungen (1972; TB. 1976); Dietrich von Bern. Walther und Hildegund (1972); Von Schelmen und Narren (1973); Ali Baba und die vierzig Räuber (1974; TB. 1974); Aladin und die Wunderlampe (1974); Geschichten aus 1001 Nacht (1974); Sindbad, der Seefahrer (1974; TB. 1976); J. K. A. Musäus: Rübezahl (1976).

Margarete Dierks

Sage

Die S. kennt drei Hauptgruppen: Götter-S.n (Mythos), Helden-S.n, die sich häufig zu umfangreichen S.n-Kreisen formiert haben, und Volks-S.n, die als epische Kurzform wiederum über zahlreiche Untergruppen verfügen und – eine schlüssige, allgemein akzeptierte typologische Gliederung liegt noch nicht vor – hinsichtlich ihrer Entstehung und Funktion in Erlebnis-S.n (dämonische und magische S.n), Ereignis-S.n (historische S.n) und Erklärungs- oder ätiologische S.n (Natur-S.n), aber auch nach inhaltlichen und lokalen Gesichtspunkten (S.n von Riesen und Zwergen, Wassermännern und Nixen, Wald- und Feldgeistern, Widergängern und Vampiren usw.; Orts-, Regional-, Wander-S.n etc.) eingeteilt werden können. Diese anonymen, ursprünglich nur mündlich tradierten, einsträngigen, vorwiegend kunstlosen und objektiv unwahren, aber als Wahrheitsbericht gemeinten phantastischen Ereignisse sollen von den im Text Betroffenen wie auch von den Rezipienten – im Gegensatz zum Märchen – als etwas Unerhörtes, der realistischen Dimension Widersprechendes empfunden, aber – der unkritischen, naiven Darstellungsweise entsprechend – dennoch geglaubt werden. Die S. gehört allen Zeiten und Völkern an; sie ist ernst, will fesseln und erschüttern. Als kulturhistorisches und literarisches Zeugnis hat sie viele Stoffe und Motive für Dichtungen, z.B. Kindergedichte (August Kopisch, Friedrich Rückert, Heinrich Seidel), Balladen (Ludwig Uhland, Adelbert von Chamisso), Dramen (Friedrich Schiller, Carl Zuckmayer) geliefert.

S. als Kinder- und Jugendlektüre. Wie die anderen Gattungen der Volksliteratur, so waren auch die S.n ursprünglich Texte für Erwachsene. Doch müssen Kinder schon im 18. Jahrhundert S.n gekannt haben, denn Johann Karl August Musäus (1735–1787) hat seine S.n-Stoffe auch Kindern abgelauscht und von seiner Sammlung „Volksmärchen der Deutschen" (1782–1787) betont, daß sie auch von der Jugend gelesen werden könnte. Dagegen bedurften andere Sammlungen erst der Auswahl und Bearbeitung, um sie Kindern und Jugendlichen zugänglich machen zu können. So hat Heinrich Dittmar (1792–1866) in seine für junge Leser bestimmte Anthologien „Der Knaben Lustwald" (2 Bde., 1821/1822) und „Eichen- und Buchenzweige" (1826) eine Auswahl von Grimms „Deutsche Sagen" (2 Bde., 1816/1818) aufgenommen und Amalie Schoppe (1791–1858) etwa zur gleichen Zeit eine für die Jugend bestimmte Bearbeitung von S.n aus den beiden von Friedrich von der Hagen (1780–1856) und den Brüdern Grimm herausgegebenen Sammlungen der Eddalieder veröffentlicht. Seitdem haben Jugendschriftsteller immer wieder S.n ausgewählt und bearbeitet. Zu den ältesten zählt Friedrich August Hoffmanns (1796–1874) „Christgeschenk. Unterhaltung für die Winterabende in Erzählungen, Fabeln und Sagen für Kinder von 8–10 Jahren" (1842), zu den jüngsten Josef Guggenmos' (* 1922) „Hausbuch deutscher Sagen und Schwänke" (1972). Bearbeitungen von S.n stammen auch von Dichtern, die nicht oder nur zum Teil zu den Jugendschriftstellern zu zählen sind, so z.B von Wilhelm Raabe (1831–1910) „Der Rattenfänger von Hameln", Wilhelm Schäfer (1868–1952) „Rheinsagen" (1950), Erich Bockemühl (* 1885) „Deutsche Sagen" und Walter Jens (* 1923) „Ilias und Odyssee" (^{2}1959). Während Ludwig Bechstein (1801–1860) sein „Deutsches Sagenbuch" (1853) ausdrücklich für junge Leser bestimmt und damit die erste große, noch heute bekannte, Volkss.n aller deutscher Regionen umfassende Ausgabe als Jugendbuch vorgelegt hatte, wandelte sich der österreichische Schriftsteller Kurt Eigl (* 1911) durch die Bearbeitung und Nacherzählung von S.n wie „Deutsche Götter- und Heldensagen" (1953), „Volkssagen aus aller Welt" (1953), „Die schönsten Sagen des klassischen Altertums" (1955), „Rittersagen" (1958) selber zum Kinder- und Jugendbuchautor. Für „Schule, Haus und Wanderschaft" und in der Absicht, „die Jugend zur Erlernung der vaterländischen Geschichte heiter anzuregen", hat Karl Simrock (1802–1876) seine „Rheinsagen aus dem Munde des Volkes und deutscher Dichter" (1836) bestimmt. Aus dieser Zeit stammen auch die ersten eigens für den Unterricht z.B. an „höheren Lehranstalten" oder „höheren Töchterschulen" hergestellten „Schulausgaben" einzelner Götter- und Heldens.n, hauptsächlich des Nibelungenliedes, das wegen der zahlreichen Kürzungen oder völligen Streichung vieler Textpassagen, besonders der erotischen, dann freilich oft eine veränderte Aussage erhielt.

Zur Frage der Quellentreue in den Bearbeitungen der S.n, die ja auch im geschriebenen Text ihren ursprünglichen Charakter als Oralliteratur nicht verlieren sollten, ist wiederholt Stellung genommen worden. Während Ulrich Mallmann für größtmögliche Quellentreue eintritt, Hermann L. Köster (1872–1957) und Eduard Mudrak (1894–1965) die subjektiven Deutungen kritisieren, Köster zudem alle „wissenschaftlichen Erörterungen in einer Schrift, die ‚für Jugend und Volk' bestimmt ist" (S. 229), ablehnt, plädieren Richard Bamberger (* 1911, Jugendlektüre, ^{2}1965. S. 164) und Johannes Langfeldt für das Prinzip der Jugendgemäßheit. Auch aus dem Zwiespalt Quellentreue oder Jugendgemäßheit, in dem sich von jeher und in erster Linie Herausgeber und Bearbeiter befunden haben, läßt sich schließen, daß die von Charlotte Bühler (1893–1974) begründete und später weiter ausgebaute Lehre von den „Lesealtern", wonach S.n wie auch Märchen in ihrem Aufbau, ihrer Denkstruktur und Aussageweise dem seelischen und sprachlich-intellektuellen Entwicklungsgrad des Kindes entspräche, problematisch ist. Allein schon für die einfachen Volks- und Heimats.n ist umstritten, wann sie bei Kindern Anklang finden: im Alter von „etwa 8. bis 11. Lebensjahr" (Karl Ernst Maier „Jugendschrifttum", ^{7}1973. S. 269) oder von „etwa 5 bis zu etwa 8 Jahren" (Alexander Beinlich in „Lesen. Ein Handbuch". 1973. S. 195).

Der Rattenfänger von Hameln. Zeichnung von A. Richter.

Der Rattenfänger von Hameln. Die Abbildung ist dem Band „Unsere Vorzeit I. Germanische Göttersagen in Schilderungen für Jugend und Volk" entnommen, der 1911 bei Spamer in Leipzig in der 9. Auflage erschien. Autor ist Wilhelm Wägner, der Illustrator A. Richter.

Zur Didaktik der S. Nachdem der S. bis in die zweite Hälfte dieses Jahrhunderts ein hoher Bildungs- und Erziehungswert zugesprochen worden war und sie vor

Siegfrieds Kampf mit dem Drachen und sein Bad im Blut des Drachen. Die Seite entstammt dem Band „Unsere Vorzeit II. Deutsche Heldensagen. Erzählt für Jugend und Volk", dessen zweite Auflage 1881 bei Spamer in Leipzig erschien. Autor ist Wilhelm Wägner, die Illustrationen sind von Hermann Vogel.

allem im heimatkundlichen Unterricht eine überragende Rolle gespielt hatte (Ausbildung eines Heimatgefühls, Vorbereitung des Verständnisses für Geschichte und bestimmte Naturerscheinungen, erste Einblicke in magisches und mythisches Denken, Öffnung des Zugangs zum „nationalen Altertum"), ist ihre Wirkung als Unterrichtsstoff wie auch als Kinder- und Jugendliteratur in letzter Zeit kritisiert worden. Bemängelt wird ihre große Realitätsferne, ihre düstere, pessimistische und resignative Grundhaltung sowie ihre moralisierende und disziplinierende Intention, die besonders auf kindliche Leser, die womöglich das unheimliche Wirken dämonischer Kräfte glauben und in ihre Welt einbeziehen, niederdrückend, erschreckend und bedrohend wirken müsse. Zu den schärfsten Kritikern zählt CHRISTA BÜRGER, die in Anlehnung an ERNST BLOCHS (1885–1977) Auffassung von der Volks-S. als einem Instrument geistiger Unterdrückung diese im direkten Gegensatz zum Märchen als „gegenaufklärerisch und antiemanzipatorisch" charakterisiert und daher für die unterrichtliche Behandlung, falls eine solche überhaupt erfolgt, die Freilegung dieser „ideologischen Wirkung" fordert (Märchen und Sage. In: Kritische Stichwörter zum Deutschunterricht. 1974. S. 245).

Abgesehen davon, daß S.n jedoch auch von Menschen handeln, die – wie z.B. Schinderhannes, Störtebeker, Tell oder die Weiber von Weinsberg – bei der Bewältigung schwieriger Situationen über sich hinauswachsen und daher Bewunderung erregen, wird bei deutlicher Distanzierung von BÜRGERS Betrachtungsweise heute erneut auf positive Wirkungen der S. wie z.B. Herausbildung einer „Art Überlegenheitsgefühl ..., das durch kritische Reflexion unterbaubar ist", „Materialgrundlage für politische, kulturgeschichtliche Einsichten", „Ausbildung der toleranzfördernden rationalen Fähigkeit ..., auch das Andere, dem eigenen Wesen und Sein Fremde zu verstehen", hingewiesen (G. HAAS, S. 166), ihre Kenntnis als „unerläßliche Voraussetzung für das Verständnis vieler Werke und Verhaltensweisen älterer Zeiten" bezeichnet (H. E. GIEHRL, S. 305f.) und zugleich gefordert, durch empirische Untersuchungen ihre Gegenwarts- und Zukunftsbedeutung genauer zu klären, wobei auch zu prüfen wäre, „inwieweit die archetypischen Bilder der Weltdeutung und Welterfahrung in der Sage als Kontrast zum oftmals vordergründigen Aufklärungsoptimismus der Gegenwart den Verstehenshorizont erweitern und relativieren könnten" (SCHERL, S. 343).

Sekundärliteratur: A. Cl. Baumgärtner: Märchen und Sage (in: Literarische Erziehung in der Grund- und Hauptschule. 1965. 5–14). – H. Bausinger: Sage, Märchen, Schwank. Ein Weg zum Verständnis dichterischer Formen (in: Der Deutschunterricht. 8. 1956. 6. 37–43); Sage (in: Formen der ‚Volkspoesie'. 1968). – M. Beisbart: Die Sage im 4. Schuljahr (in: Lebendige Schule. 1969. 24. 69–72). – A. Bodensohn: Zwischen Glaube und Verhängnis. Zur Gattungs- und Wesensbestimmung der europäischen Volkssage. Mit einem didaktischen Ausblick (1969). – M. Brauneck: Der Rattenfänger von Hameln. Ein Beitrag zur Sagenbehandlung auf der Unterstufe (in: Der Deutschunterricht. 20. 1968. 6. 28–41). – Chr. Bürger: Die soziale Funktion volkstümlicher Erzählformen – Sage und Märchen (in: H. Ide (Hrsg.): Projekt Deutschunterricht. 1. 1971. 26–56); Märchen und Sage (in: E. Dingeldey (Hrsg., zus. mit J. Vogt): Kritische Stichwörter zum Deutschunterricht. 1974. 245–253). – H. E. Giehrl: Märchen, Sage, Legende (in: K. Stocker (Hrsg.): Taschenlexikon der Literatur- und Sprachdidaktik M–Z. 1976. 303–306). – G. Haas: Märchen, Sage, Schwank, Legende, Fabel und Volksbuch als Kinder- und Jugendliteratur (in: G. Haas (Hrsg.): Kinder- und Jugendliteratur. Zur Typologie und Funktion einer literarischen Gattung. 1974. 144–177). – N. Hopster: Epische Kurzformen (in: E. Wolfrum (Hrsg.): Taschenbuch des Deutschunterrichts. 1972. 275–295). – W. Huth: Funkische und epische Gestaltung bei Märchen und Sage (1961). – A. Jolles: Einfache Formen (⁴1968). – H. L. Köster: Geschichte der deutschen Jugendliteratur (⁴1927. ND. 1968). – J. Langfeldt: Sagen des klassischen Altertums (in: Jugendliteratur. 6. 1960. 2. 78–89). – I. Lattwesen: Die Sage im dritten Schuljahr. Ein Unterrichtsentwurf (in: Lebendige Schule. 24. 1969. 66–69). – M. Lüthi: Volksmärchen und Volkssage. Zwei Grundformen erzählender Dichtung (1961); Gehalt und Erzählweise der Volkssage (in: Sagen und ihre Deutung. 1965. 11–27). – U. Mallmann: Die Sagen der Griechen (in: Jugendliteratur. 6. 1960. 6. 260–268). – E. Mudrak: Die Bearbeitung der nordischen Götter- und Heldensage für die Jugend (in: Jugendliteratur. 6. 1960. 2. 90–95). – L. Petzoldt: Vergleichende Sagenforschung (1969). – H. Reger: Die Sage im Literaturunterricht der Primarstufe. Strukturanalyse – Didaktik – Methodik (in: Die Schulwarte. 25. 1972. 11. 32–45). – L. Röhrich: Sage

(1960). – H. Scherl: Kleine epische Formen (in: D. Boueke (Hrsg.): Deutschunterricht in der Diskussion. 1974. 334–361). – L. Schmidt: Die Volkserzählung. Märchen, Sage, Legende, Schwank (1963). – P. Wolfersdorf: Märchen und Sage in Forschung, Schule und Jugendpflege (1958).

Christian Freitag

Saint-Exupéry, Antoine de

*Französischer Pilot, Schriftsteller, Reporter; *29.6.1900 Lyon, †31.7.1944 vermißt seit einem Aufklärungsflug über dem Mittelmeer.*

S.-E., Sohn des 1904 verstorbenen Finanzbeamten Graf SAINT-EXUPÉRY, legte 1917 das Abitur ab und studierte, da er bei der Aufnahmeprüfung für die Eliteschule der Marine am Aufsatz scheiterte, Architektur in Paris. Schon während seines Militärdienstes (1921–1922) entdeckte er seine Flugleidenschaft. 1925 trat er in die Compagnie Aérienne ein und flog ab 1927 mit anderen Pionieren auf der Poststrecke Toulouse bzw. Dakar – Casablanca. Als Flugplatzleiter im marokkanischen Aufstandsgebiet verfaßte S.-E. das Buch „Courrier Sud“ (1928; dt. Südkurier, 1949). 1929 bis 1931 war S.-E. Betriebsdirektor der Aéropostale Argentina. 1931 erhielt er für die Erzählung „Vol de Nuit“ (1931; dt. Nachtflug, 1932) den Prix Fémina. In den folgenden Jahren betätigte er sich in Indochina, Afrika und Amerika unter anderem als Testpilot, Drehbuchautor und Film-Double. S.-E. wurde 1934 der Propagandaabteilung der Air France zugeteilt, berichtete 1935 für die Zeitung „Paris Soir“ aus Moskau und wurde als Reporter Zeuge des Spanischen Bürgerkrieges (1937). Die Ruhepause nach seinem fünften und schwersten Absturz in Guatemala nutzte er zur Niederschrift des Essays „Terre des hommes“ (1939; dt. Wind, Sand und Sterne, 1940), für den er 1939 den großen Romanpreis der Académie Francaise erhielt. 1940 eingezogen, erlebte S.-E. auf französischer Seite den deutschen Frankreichfeldzug und emigrierte kurz darauf nach New York, wo er 1942 „Pilote de guerre“ (dt. Flug nach Arras, 1942) und 1943 „Le petit Prince“ (dt. Der kleine Prinz, 1950) veröffentlichte. 1944 rief S.-E. über einen New Yorker Sender zur Versöhnung innerhalb der französischen Widerstandsbewegung auf. Trotz körperlicher Behinderung und überschrittener Altersgrenze erreichte er die Wiederaufnahme in seine alte Truppe unter amerikanischem Kommando. Unmittelbar vor der Invasion kehrte S.-E. von einem letzten Flug (Korsika–Grenoble), den er ertrotzt hatte, nicht mehr zurück; er wurde wahrscheinlich von deutschen Jägern abgeschossen.

Werk, Tendenzen, Wirkung. Wie die Biographie belegt, stand S.-E. im Zentrum der politisch-technologischen Entwicklungen seiner Epoche. Daß er die Erfahrungen einer technischen Avantgarde (die Beherrschung der Luft war für Frankreich eine nationale Prestigefrage) zum literarischen Gegenstand erhob, brachte ihm die Förderung ANDRÉ GIDES und der Nouvelle Revue Francaise (N.R.F.) ein. S.-E.s scheinbar vorurteilslose Neutralität, sein Engagement bei der Verteidigung Frankreichs und der abendländischen Kultur in Verbindung mit einer wagemutigen Lebensführung bilden den Stoff der Legende, die lange eine objektive Einschätzung des Autors und seines Werkes verhinderte. Die posthume Publikation der unvollendeten „Citadelle“ (1942), einer sozial-humanitären, aber geschichtsfeindlichen Utopie, brachte die kritiklose Bewunderung für den Autor erstmals ins Wanken. Doch verhinderten zunächst vor allem die Bildungsinstitutionen (Kirche, Schule, Jugendverbände) und eine Fülle mythisierender Literatur eine nüchterne Sicht. 1953 wurden die Werke S.-E.s in den Kanon der „Klassiker“ (Edition de la Pléiade) aufgenommen. Die meisten Bücher des Autors wurden in der Kriegs- und Nachkriegszeit internationale Erfolge. Bis zur Mitte der sechziger Jahre blieb S.-E. eine anerkannte Identifikationsfigur. Noch 1969 zählte er zu den meist verkauften und meist gelesenen französischen Autoren, auch wenn seine Werke inzwischen in die Rubrik „Jugend- und Pfadfinderliteratur“ übernommen wurden. Fast alle Veröffentlichungen S.-E.s wurden für junge Leser empfohlen, „Le Petit Prince“ sogar als internationaler Kinderbuchklassiker eingestuft. „Vol de Nuit“ figurierte 1975 in der Empfehlungsliste der zehn besten französischen Jugendbücher, die M. SORIANO in seinem „Guide de la littérature enfantine“ aufstellte und stand noch vor ALBERT CAMUS auf dem zweiten Platz einer Bestsellerliste, in der „Terre des hommes“ und „Le Petit Prince“ den sechsten und siebenten Platz einnahmen. Selbst von „Courrier Sud“, dem niemals ein besonderer literarischer Rang zugemessen wurde, verkaufte der Verlag in Frankreich zwei Millionen Exemplare (bis 1975). Alle Schriften S.-E.s wurden in der DDR wie in der Bundesrepublik Deutschland vielfach aufgelegt, zum Teil in Schulausgaben. Nur langsam mehren sich in der Bundesrepublik Deutschland nach einer ersten Welle begeisterter Anerkennung (O. BOLLNOW, F. SIEBURG, K. RAUCH) die kritischen Stimmen (W. HEIST, E. KNAPP-TEPPERSBERG, R. GAUGER). Während die französische Kritik dem Humanisten Paternalismus, moralisierende Erbaulichkeit und Dilettantismus vorwirft, stellen deutsche Wissenschaftler ein antiquiertes Gesellschaftsverständnis, Mangel an Realitätsbewältigung und faschistische Elemente fest.

Das beherrschende Thema von S.-E.s Romanen ist die Fliegerei – im eigenen Verständnis ein „Handwerk“, in dessen Ausübung er sich zutiefst mit der bäuerlichen Bevölkerung verbunden fühlte und dem er meditierend jedes Odium der Abenteuerlichkeit durch eine betonte Moral der Pflichterfüllung abzustreifen trachtete.

In „Courrier Sud“, einer sentimentalen Liebesgeschichte zwischem dem Flieger Bernis und einer sozial höher gestellten Jugendfreundin, entspricht dem privaten Scheitern der Absturz des Helden, der auf diese Weise sozialpsychologisch erklärt und moralisch legitimiert wird. Es ist der einzige Roman S.-E.s, in dem eine Frau eine wichtige Rolle spielt. Frauen tauchen später nur noch als Metaphern (z.B. Rose) auf.

„Vol de Nuit“ belegt, daß die Schlüsselwörter S.-E.s

eher „Ordnung", „Unterordnung", „Bindung" oder „die Sterne" (THEISEN) sind, die stereotyp für fast alle Ziele heroischer Sehnsucht stehen. Der Roman führt in die Pionierzeiten des Luftverkehrs ein; er berichtet vom Ausbau der Südamerika-Linien und ihrer Konkurrenz zu den traditionellen Verkehrsmitteln. Wichtigste Etappe in diesem Wettlauf ist die Einführung des riskanten und daher umstrittenen Nachtflugs. So deutet der Titel auf den Preis, den der Fortschritt fordert: ein jung verheirateter Pilot wird nachts von einem Unwetter überrascht und kehrt nicht mehr zurück. S.-E. glorifiziert den Chef (Rivière), der das Leben seiner Mitarbeiter aufs Spiel setzt.

In „Terre des hommes" erhebt der Autor seine persönliche Erfahrung zum Exempel. Der Titel charakterisiert treffend den philosophisch-moralistischen Anspruch, der sich aus einem etwas platten Analogieschluß ableitet: da der Flieger auf Grund der Flughöhe, in der er sich normalerweise bewegt, über eine größere reale Übersicht verfügt, können ihm tiefere Einsichten in das Wesen von Mensch und Kosmos gelingen.

Der um das Flugzeug entstandene Berufsraum eröffnet eine phantastisch verzerrte Welt, in der alle „kleinbürgerlichen" Maßstäbe angeblich außer Kraft gesetzt sind und alle „wesentlichen" Maximen des „Essentialisten" (ALBÉRÈS) S.-E. sich erneut bestätigen. Das Flugzeug korrigiert nämlich die falschen Vorstellungen, die sich der europäische Mensch von seiner Situation im Kosmos mache, indem dieser seine universelle Bedrohung ebenso erfahre wie die Überlegenheit der abendländischen Kultur. Es wird daher zu demjenigen „Werkzeug" verklärt, mit dem die „Wüsten" der Industriegesellschaft verlassen und ihre spezifischen Lebensformen (Aufstiegsstreben, „Buchhalterunwesen", statusgebundener Konsum, Freizeitriten) abgewehrt werden können.

Am schärfsten kommt die Gespaltenheit S.-E.s im „Pilote de Guerre" zum Ausdruck. Hier wird eindrucksvoll die Absurdität eines Krieges geschildert, in dem sinnlose Rituale zur Selbstbefriedigung der kommandierenden Generäle abgewickelt werden – und gleichzeitig der kritiklose Gehorsam des Untergebenen gefordert und mit den Möglichkeiten außerordentlicher Selbsterfahrung im Augenblick eines möglichen Todes gerechtfertigt.

S.-E.s bekanntestes Buch ist „Le petit Prince". Zu diesem Ruhm hat vermutlich das Mißverständnis, es handele sich um ein ausgesprochenes Kinderbuch, nicht unwesentlich beigetragen. In Wirklichkeit umschreibt die Widmung „An Léon Werth, als er noch ein kleiner Junge war" recht genau die Zielgruppe: Erwachsene, die ein nostalgisches Verhältnis zur eigenen Kindheit kultivieren. Der Reiz des Buches liegt in der aus der Sicht von Erwachsenen gezeichneten kindlichen Perspektive auf die Welt, die der Autor in einigen typischen Verformungen von Sprache und Wahrnehmung zu Wort kommen läßt. Kindern selbst erscheint dies Verfahren zumeist wenig interessant, da sie weder über die analytische Distanz noch über den erforderlichen Bildungs- und Erfahrungshorizont verfügen, aus dem heraus die Abstraktionen S.-E.s zu leben beginnen. „Le petit Prince" ist ein melancholisches Buch, in dem der alt gewordene S.-E. die eher traurige Essenz seiner Lebenserfahrung mitteilt. Die Sternenreise des kleinen Prinzen, dem der notgelandete Autor in der Wüste begegnet sein will, gibt ihm Gelegenheit, vor dem Leser seine Typologie der Einsamkeit Revue passieren zu lassen. Diese Typen werden als sozial isolierte, in ihre eigene Psyche eingeschlossene Charaktere vorgestellt. Auch in den übrigen Gesprächen des kleinen Prinzen entsteht ein desillusioniertes Bild vom Menschen und seinen möglichen Sozialbeziehungen: auf seiner Suche trifft der kleine Prinz nur Einsamkeit und Leere. Was bleibt, ist die Flucht in einen Traditionalismus der „Bindung", den ausgerechnet der von der literarischen Tradition als listig verschrieene Fuchs predigt. Die pseudo-poetische Hoffnung auf die Wiederkehr des kleinen Prinzen, mit der das Buch endet, kann so nur als eine falsche Hoffnung gewertet werden. Trotzdem muß – gerade in der Bundesrepublik Deutschland – dieser Traditionalismus mit seinen Illusionen deutlich abgehoben werden von faschistischen Tendenzen, in deren Gefolge man ihn bisweilen antrifft. Denn das Schlüsselwort „Zähmung", mit dem der Fuchs dem kleinen Prinzen das Entstehen dauerhafter Sozialbeziehungen erläutert, ist nicht mit „Dressur" identisch. Die eher konservative Ideologie S.-E.s, in deren Zentrum man die Apologie emotionaler und materieller Abhängigkeit

Antoine de Saint-Exupéry illustrierte eigenhändig sein Märchen „Der kleine Prinz". Hier fegt der Held auf seinem Planeten die Vulkane.

durch die Pflege von Gewohnheiten und den Respekt vor schützenden Ritualen findet, scheint in ihrer Spätform nichts mehr gemein zu haben mit der weit verbreiteten Konzeption eines menschlichen Ich, das soziale Leistung angeblich nur durch die mehr oder minder gewaltsame Unterdrückung im Sinne einer Dressur zustandebringen soll.
Trotzdem sind gegen den didaktischen Wert dieser verschlüsselten Handlungsanweisung in Märchenform Bedenken anzumelden. Das disparate Konglomerat simplifizierender Verkürzungen – S.-E. schöpft aus der Tradition der französischen Moralisten, indem er sie auf fast unerträgliche Weise verwässert – verniedlicht letztlich schwierige Probleme und suggeriert insbesondere dem jugendlichen Leser, er habe es mit begründeter philosophischer Deutung zu tun. In Wirklichkeit besteht die Funktion der aneinandergereihten Klischees nur darin, eine Stimmung der Verlassenheit zu verbreiten und auf diesem Wege traditionalistische gesellschaftliche Deutungsmuster wieder zu befestigen.

Werke: Courrier Sud (1928; dt. Südkurier, 1949); Vol de nuit (1931; dt. Nachtflug, 1932); Terre des hommes (1939; dt. Wind, Sand und Sterne, 1940); Pilote de guerre (1942; dt. Flug nach Arras, 1942); Lettre à un otage (1942; dt. Brief an einen Ausgelieferten, 1948); Le petit Prince (1943; dt. Der kleine Prinz, 1950); Citadella (1948); Carnets (1953; dt. Dem Leben einen Sinn geben, 1957).

Sekundärliteratur: R. M. Albérès: Saint-Exupéry (zus. mit E. d'Astier und P. Chevrier, 1963). – L. Estang: Saint-Exupery in Selbstzeugnissen und Bilddokumenten (1958). – R. Gauger: ‚Littérature engagée' in Frankreich zur Zeit des 2. Weltkriegs. Die literarische Auseiandersetzung Sartres, Camus, Aragons und Saint-Exuperys mit der politischen Situation ihres Landes (Diss. 1971). – E. Knapp-Teppersberg: Heroisches Handeln und Melancholie (in: P. Bürger (Hrsg.): Vom Ästhetizismus zum Nouveau Roman. 1975. 73–91). – S. Neumeister: Saint-Exupery in unserer Welt. Kritische Überlegungen beim Lesen von „Terre des Hommes" (in: Die Neueren Sprachen. 67. NF. 17. 1968. 325–332). – P. Pagé: Saint-Exupéry et la monde de l'enfance (1963). – R. Tavernier: Saint Exupéry en procès (1967). – J. Theisen: Antoine de Saint-Exupéry (1969). – B. Vercier: Les critiques de notre temps et Saint-Exupéry (1971).

Monika Bosse

Saint-Pierre, Jacques Henri Bernardin de

*Französischer Schriftsteller, Ingenieur, Offizier; * 19. 1. 1737 Le Havre, † 21. 1. 1814 Eragny-sur-Oise.*

Der aus Lothringen stammende S.-P. kam schon als Zwölfjähriger nach Martinique. Er besuchte eine technische Lehranstalt und schloß seine Ausbildung mit dem Ingenieur-Examen ab. Später erhielt er in Paris den Rang eines „königlich französischen Offiziers". Als Ingenieur reiste S.-P. nach Preußen, Belgien, Holland, Malta, Rußland und Polen. Vergeblich bemühte er sich bei der Zarin Katharina I. (1729–1796), Verständnis für eine zu errichtende Kolonie am Aralsee zu gewinnen. In Warschau bot er vergeblich dem Feldherrn Stanislaus Poniatowski (1676–1762) seine Dienste an. 1768 bis 1771 lebte S.-P. auf Isle de France (heute Mauritius) im Indischen Ozean und kehrte fast mittellos nach Paris zurück. Hier lernte er 1772 Jean Jacques Rousseau (1712–1778) kennen. Sie wanderten zusammen, betrieben botanische Arbeiten und diskutierten miteinander. Über seine Reisen und den Aufenthalt auf Isle de France berichtete S.-P. in seinem ersten 1773 anonym veröffentlichten Buch „Voyage à l'Isle de France, à l'Isle de Bourbon, au Cap de Bonne Èsperance etc. Avec des observations nouvelles sur la nature & sur les hommes, par un offizier du roï". Erst Jahre nach Rousseaus Tod erschienen „in dankbarer Erinnerung" ein Band von S.-P. über Leben und Werke des großen Philosophen (1781) und seine eigenen, von Rousseau beeinflußten Werke, darunter das theoretische Werk „Études de la nature" (1784–1788), in dessen vierten Band die Erzählung „Paul et Virginie" enthalten war, die ihm Erfolg verschaffte und sein Dasein sicherte. Hinzu kamen einige Ehrenämter. So wurde S.-P. Direktor des „Jardin des Plantes" und Professor an der „École Normale", die ihm lebenslängliche Pensionen einbrachten. Auf seinem Landgut, wo er noch sein letztes Buch „Harmonies de la nature" schrieb, starb er zwei Tage nach seinem 77. Geburtstag.

Werk, Tendenzen, Wirkung. In seinen Werken hat S.-P. die hernach im 18. Jahrhundert typisch gewordene Lehre vertreten, daß eine moralische Ordnung und Harmonie in der Natur des Universums grundsätzlich angelegt sei. Ähnliche Anschauungen liegen der ursprünglich im vierten Band der „Études de la nature" enthaltenen Beispielerzählung „Paul et Virginie" zugrunde. Die erste französische Einzelausgabe erschien 1789. Im Vorwort zu „Paul et Virginie" betont S.-P., er wolle hier eine Welt schildern, die von der Europas sehr verschieden sei; außerdem wolle er der Wahrheit zur Überzeugung verhelfen, daß das Glück des Menschen in einem der Natur und Tugend gemäßen Leben bestehe. Er versuchte auch, seiner Erzählung Wahrheitsgehalt zu geben, indem er die Erzählung einem alten Mann, dem er auf der Insel begegnet sein will, in den Mund legte. S.-P. selbst tritt nur als Zuhörer zu Beginn und am Ende der Geschichte in Erscheinung.
Zwei an den gesellschaftlichen Zuständen im heimatlichen Frankreich gescheiterte Frauen, Madame de la Tour mit ihrer heranwachsenden Tochter Virginie und das einfache Landmädchen Marguerite mit ihrem Sohne Paul, leben zusammen mit ihren alten Sklaven Domingue und Marie auf der Isle de France zurückgezogen und glücklich. Die beiden gleichaltrigen, wie Geschwister aneinander gewöhnten Kinder waren einander sehr zugetan, bis der Brief einer Erbtante in Paris mit dem Angebot einer standesgemäßen Erziehung der fünfzehnjährigen Virginie in Frankreich jäh das friedliche Idyll stört. Madame de la Tour willigt ein, und schon das nächste Schiff entführt Virginie nach Frankreich. Paul findet Trost und Halt bei dem alten Mann, dem Erzähler, der ihm Lesen und Schreiben beibringt, damit er mit Virginie Briefe wechseln kann. Er liest gern. Der Band „Les aventures de Télémaque, fils d'Ulysse" von

FRANÇOIS DE FENELON (1651–1715) wird Pauls Lieblingsbuch. Virginie weigert sich, auf den Wunsch ihrer Tante hin, einen ihr bestimmten Mann zu heiraten. Deshalb wird sie enterbt und nach zweijährigem Aufenthalt im „verderbten" Paris nach Isle de France zurückgeschickt. Kurz vor der Küste erleidet der Segler Schiffbruch. Die vom Ufer aus beobachtende kleine Gemeinschaft sieht, wie Virginie hilflos ertrinken muß. Paul und die beiden Mütter sterben kurz nacheinander vor Verzweiflung. Nur der alte Mann bleibt zurück, das traurige Los seiner Freunde beklagend.

Den Stoff von „Paul et Virginie" benutzten drei Komponisten für Opern: J. F. LE SUEUR (Uraufführung in Dubreuil am 13. Januar 1794), K. KREUTZER (1780–1849) und V. MASSÉ (Uraufführung in Paris am 5. November 1876). Die Erzählung „Paul et Virginie" wurde ein internationaler Erfolg. S.-P.s Zeitgenossen bewunderten vor allem die sinnenhaft-anschauliche Schilderung einer bisher kaum bekannten Tropenlandschaft, die Idee der „sensibilité", die ihre Verkörperung in Virginie fand und der Entwurf einer idealen Gesellschaft. S.-P. gilt als Vorläufer der französischen Romantik, der mit „Paul et Virginie" die späteren Dichtungen von FRANÇOIS-RENÉ VICOMTE DE CHATEAUBRIAND (1768–1848) und ALPHONSE DE LAMARTINE (1790–1869) nachhaltig beeinflußt hat.

„Paul et Virginie" fand in veränderten Fassungen und Übersetzungen schon bald Eingang in die Jugendliteratur. Vor allem die unter dem Titel „Paul et Virginie et la chaumière indienne" 1838 herausgekommene Ausgabe wurde zum Modell für zahlreiche Jugendausgaben. Die erste deutschsprachige Ausgabe, die in der Übersetzung von J. L. HADERMANN 1795 in Frankfurt am Main erschien, war noch vor allem an erwachsene Leser gerichtet. In der 1820 von FRIEDRICH GLEIM in neuer Übersetzung herausgebrachten Ausgabe betont der Übersetzer die Bedeutung des Buches für junge Leser, wenn er feststellt, es eigne sich „... vielleicht mehr, wie viele Tausend andere Bücher, zu einer Lectüre für zartfühlende, reine jugendliche Wesen, denen das Leben, oft hart und rauh, die heitern Träume noch nicht geraubt hat". Auch gegen Ende des 19. Jahrhunderts finden sich noch spezielle Jugendausgaben, z. B. „Paul und Virginie oder die Einsiedler auf Isle de France. Eine Erzählung aus den Kolonien des Indischen Ozeans. Nach Saint-Pierre frei für die Jugend bearbeitet von A. H. Fogowitz. Universalbibliothek für die Jugend Nr. 190" (1886).

Werke: Voyage à l'Isle de France, à l'Isle de Bourbon, au Cap de Bonne Epérance etc. Avec des observations nouvelles sur la nature & sur les hommes, par un officier du roi (1773; dt. Reise eines königlichen französischen Offiziers nach den Insuln Frankreich und Bourbon, dem Vorgebürge der guten Hoffnung usw. Aus dem Französischen übersetzt und mit einigen Anmerkungen versehen, 1774); La vie et les ouvrages de J.-J. Rousseau (1781); Études de la nature (Bd. 1–4. 1784–1788); L'Arcadie (1788; dt. Arkadien, 1800); Paul et Virginie (1789); De la nature et de la morale (1798).

Sekundärliteratur: H. d'Alméras: Paul et Virginie de B. de Saint-Pierre. Histoire d'un roman (1937). – A. Barine: B. de Saint-Pierre (1891). – W. Heege: Die optischen und akustischen Sinnesdaten in Saint-Pierre's „Paul et Virginie" und Chateaubriands „Atala" (1917). – J. Leclercq: Au pays de Paul et Virginie (1895). – W. Lusch: Chateaubriand in seinem Verhältnis zu Bernardin de Saint-Pierre (1912). – F. Maury: Étude sur la vie et les oeuvres de B. de Saint-Pierre (1892). – G. Michaut: B. de Saint-Pierre. Paul et Virginie (1941). – L. Roule: B. de Saint-Pierre et l'harmonie de la nature (1930). – M. Souriau: B. de Saint-Pierre d'après ses manuscrits (1904). – P. Toinet: Paul et Virginie. Répertoire bibliographique et iconographique (1963). – J. N. Ware: The vocabulary of Bernardin de Saint-Pierre and its relation to the French romantic school (1927).

Hans Eich

Salinger, Jerome David

*Amerikanischer Erzähler; * 1. 1. 1919 New York.*

S., Sohn eines jüdischen Vaters und einer christlichen Mutter – wie die Kinder der Familie Glass in seinen Kurzgeschichten – wuchs wie der Held seines Romans „The catcher in the rye" (1951) in New York auf: „My boyhood was very much the same as that of the boy in the book" (FREESE, S. 181).

Er besuchte verschiedene Schulen, eine Militärakademie und vorübergehend die Universität, veröffentlichte 1940 seine erste Kurzgeschichte und absolvierte 1942–1946 den Kriegsdienst. Nach dem Erfolg seines bisher einzigen Romans zog er sich nach Neuengland in die Einsamkeit zurück, beschäftigt mit mystischer Religiosität und einer immer zögernderen Abfassung erzählender Prosa.

Werk, Tendenzen, Wirkung. „The catcher in the rye", ein „Huckleberry Finn" der Großstadt und des Teenagerjargons, in dem sich die amerikanische Jugend der fünfziger Jahre wiedererkannte, hat sich als Adoleszenzroman von dauerhafter und internationaler Wirkung erwiesen. Es ist die Icherzählung des 16jährigen schnoddrig-sensiblen Holden Caulfield, der sein Internat in Pennsylvania verläßt, ein Wochenende lang das heimatliche New York als ein befremdliches Babylon erlebt und schließlich im Glauben an seine kleine Schwester Phoebe wieder einen Halt findet. Auszug, Fremde und Rückkehr in eine neue Gemeinschaft – das sind die drei Phasen des charakteristisch amerikanischen Initiationsromans. Dabei ist Initiation eine schockartige Einsicht, die den Übergang vom Kind- zum Erwachsensein bezeichnet. Wenn Holden die Welt in „phony" und „nice" unterteilt, so kontrastiert er damit eine verdorbene Erwachsenengesellschaft mit Menschen, die für ihn noch im Stande kindlicher Unschuld sind. Er selbst würde gern als „Fänger im Roggen" Kinder vor dem Fall in das Erwachsensein bewahren, doch erkennt er, daß eben dies nicht möglich ist.

Ein durch JEAN JACQUES ROUSSEAU und WILLIAM BLAKE bestimmtes Idealbild vom Kinde mit Zügen von Frühreife und im Zusammenhang von Problemen der Identität und Sexualität, Isolation und Kommunikation ist auch für S.s Kurzgeschichten kennzeichnend und veranlaßt gleichermaßen die Faszination dieses Autors bei heranwachsenden Lesern wie den Streit der Kritiker um seinen Rang. Mit einer Verkaufsziffer von drei Millionen bis Ende der sechziger Jahre, Übersetzungen in fast zwanzig Sprachen und zahlreichen Deutungen gehört „The catcher in the rye" zu den erfolgreichsten Romanen der amerikanischen Nachkriegsliteratur (FREESE, S. 178). Sein Einfluß reicht von amerikanischen Jugendbüchern wie PAUL ZINDELS „The pigman" (1968) und BARBARA WERSBAS „The dream watcher" (1968) bis zur politisch folgenreichen Empfindsamkeit von ULRICH PLENZDORFS Roman „Die neuen Leiden des jungen W" (1973).

Werke: The catcher in the rye (1951; dt. Der Mann im Roggen, 1954; auch u.d.T.: H. Böll (Bearb.): Der Fänger im Roggen, 1962); Nine stories (1953; dt. Neun Erzählungen, 1966); Franny and Zooey (1961; dt. Franny und Zooey, 1963); Raise high the roof beam, carpenters and Seymour, an introduction (1963; dt. Hebt den Dachbalken hoch, Zimmerleute und Seymour wird vorgestellt, 1965).

Sekundärliteratur: W. F. Belcher (Hrsg.): J. D. Salinger and the critics (zus. mit J. W. Lee, 1962). – P. Freese: J. D. Salingers Nine stories (in: P. G. Buchloh (Hrsg.): Amerikanische Erzählungen von Hawthorne bis Salinger: Interpretationen. 1968. 242–283); Die Initationsreise. Studien zum jugendlichen Helden im modernen amerikanischen Roman mit einer exemplarischen Analyse von J. D. Salingers The Catcher in the Rye (1971). – W. French: J. D. Salinger (1963). – H. A. Grunwald (Hrsg.): Salinger. A critical and personal portrait (1962). – B. Günter: J. D. Salinger: The Catcher in the Rye (in: P. Freese (Hrsg. zus. mit L. Hermes): Der Roman im Englischunterricht der Sekundarstufe II. 1977. 207–222). – Th. Karst: Kindheit in der modernen Literatur (zus. mit R. Overbeck und R. Tabbert, 1976). – M. Laser (Hrsg.): Studies in J. D. Salinger (zus. mit N. Fruman, 1963). – M. Marsden (Hrsg.): If you really want to know: A „Catcher" casebook (1963). – J. E. Miller, jr.: J. D. Salinger (1965). – B. Schröder: Das Bild des Kindes bei J. D. Salinger (1975). – H. P. Simonson (Hrsg.): Salinger's ‚Catcher in the Rye': clamor versus criticism (zus. mit Ph. E. Hager, 1963).

Reinbert Tabbert

Salkey, Andrew

*Westindischer Romancier, Verfasser von Kinderromanen und Reportagen; *30. 1. 1928 Colón/Panama.*

S. wuchs in Jamaika auf, ehe er 1952 nach London übersiedelte. 1967 erhielt er den Deutschen Jugendbuchpreis (Kinderbuch) für „Hurricane" (1964; dt. achtung – sturmwarnung hurricane – 23.00 Uhr, 1966).

Werk, Tendenzen, Wirkung. S. gehört zu den modernen westindischen Schriftstellern englischer Sprache. In seinen Romanen für Erwachsene stellt er Probleme der farbigen Jamaikaner zu Hause oder in der Londoner Emigration dar. „A quality of violence" (1959) zeigt, wie in der Extremsituation einer Dürreperiode um die Jahrhundertwende alte Voodoo-Riten, Grausamkeit und Wildheit wieder hervorbrechen. „Escape to an autumn pavement" (1960) und „The adventures of Catullus Kelly" (1969) schildern das Dilemma junger Jamaikaner in London. „The late emancipation of Jerry Stover" (1968) zeigt eine Gruppe junger Leute auf der Suche nach einem Lebenssinn im unabhängig gewordenen Jamaika.

S.s fünf Romane für Kinder sind hoffnungsvoller als seine Werke für Erwachsene. Die jugendlichen Hauptfiguren sind alle in ihren Familien geborgen, es gibt keine Generationsprobleme. Aber was die Kinder erleben, läßt sie reifer werden, sie ein Stück hineinwachsen in die Welt der Erwachsenen. Diese Erwachsenenwelt ist charakterisiert durch Gemeinschaftssinn, Gelassenheit, Leidensfähigkeit und Humor, aber auch durch Kampfentschlossenheit und Selbstbehauptung gegen die Natur oder soziale Ungerechtigkeit. In „Hurricane" (1964; dt. „achtung – sturmwarnung hurricane – 23.00 Uhr", 1966) erzählt der dreizehnjährige Joe aus Kingston die wachsende Bedrohung durch das Unwetter, seine Entladung und Folgen. Die zwischenmenschlichen Beziehungen sind gekennzeichnet durch Joe's Sorge für die kleinere Schwester Mary und sein Hineinwachsen in eine Partnerschaft mit dem Vater. In „Earthquake" (1965) erleben die drei Geschwister Ricky, Doug und Polly während der Sommerferien bei den Großeltern auf dem Lande Erdstöße und einen Erdrutsch. Ihr Freund Marcus, ein „Zurück-nach-Afrika"-Wanderprediger, wird dabei verschüttet, doch durch die Geistesgegenwart der Kinder gerettet. Diese Erlebnisse machen die Geschwister reif für die Erzählung des Großvaters von dem furchtbaren Erdbeben im Jahre 1907. Auch „Drought" (1966; dt. Die große Dürre, 1969) schildert eine Naturkatastrophe und nimmt dabei das Thema von S.s erstem Roman wieder auf. In dieser Erzählung meistern die kleinen Farmer des Dörfchens Nain ohne fremde Hilfe die Probleme der Dürreperiode. Der Junge Seth und seine Freunde versuchen mit rituellen Spielen, die bis an ein Tieropfer nach Voodoo-Brauch heranreichen, den Regen herbeizuzwingen. Sie graben aber auch nach Wasser und finden unvermutet eine Quelle. Doch erst der erlösende Regen läßt das Dorf zum normalen Leben zurückfinden. „Riot" (1967) ist in Thema und Erzähltechnik anspruchsvoller als die voraufgegangenen Kinderbücher. Es ist die Geschichte einer Arbeiterdemonstration in Kingston. Sie wird führerlos, als die Polizei Alexander Crossman verhaftet, den Initiator eines gewerkschaftlichen Zusammenschlusses der rechtlosen Arbeiter und Arbeitslosen. Mit Crossmans Freilassung nach einem Wochenende der Gewalt, Brandstiftung und Plünderung wächst am Ende des Buches die Hoffnung auf die Gründung einer starken Gewerkschaft. Die Geschichte zentriert um den Freund und Mitstreiter Crossmans, den besonnenen Martin Manson und seine Familie. Der Sohn Gerald wird Zeuge der Vorgänge und dadurch aus seinen jungenhaften Spielen herausgerissen und mit Fragen des Arbeitskampfes und der sozialen Gerechtigkeit konfrontiert. „Jonah Simpson" (1969) ist das Porträt eines glücklichen Außenseiters. Jonah verbringt bei seinem Onkel in Port Royal die Sommerferien. Durch den Filter seiner hypersensiblen Einbildungskraft werden Stadt und Menschen geschildert.

Werke: A quality of violence (1959); Escape to an autumn pavement (1960); Hurricane (1964; dt. achtung – sturmwarnung hurricane – 23.00 Uhr, 1966, ^{3}1968); Earthquake (1965, ^{3}1969); Drought (1966; dt. Die große Dürre, 1969); Riot (1967); The late emancipation of Jerry Stover (1968); The adventures of Catullus Kelly (1969); Jonah Simpson (1969); Havana Journal (1971); Georgetown Journal (1972); Anancy's Score (1973); Jamaica (1973).

Sekundärliteratur: H. Bausinger: Domestiziertes Abenteuer (in: Zeitschrift für Jugendliteratur. 1. Beiheft. 1968. 28–36).

Wolfgang Schlegelmilch

Salzmann, Christian Gotthilf

*Evangelischer Pfarrer, Liturg und Religionslehrer am Dessauer Philanthropin, Gründer einer Erziehungsanstalt in Schnepfenthal, Verfasser zahlreicher pädagogischer und populärer Schriften; * 1. 6. 1744 Sömmerda, †31. 10. 1811 Schnepfenthal.*

S.s Leben verblieb bis zum 35. Lebensjahr ganz im Anonymen. Obwohl zwei Jahre älter als Campe, trat S. erst Ende der siebziger Jahre in die literarische und pädagogische Öffentlichkeit. Als ältestes Kind einer Pfarrersfamilie wuchs er in der Kleinstadt Sömmerda auf; die Großeltern väterlicherseits waren noch Bauern. Nach erstem Unterricht durch die Eltern kam er mit

Christian Gotthilf Salzmann (1744–1811)

sechs Jahren in die Schule. Zwei Jahre (1756–1758) besuchte er das Gymnasium in Langensalza, wo er Carl Gottlob Ausfeld kennen lernte, dessen Familie später eng mit der Schnepfenthaler Erziehungsanstalt verbunden war. Bis 1761 verweilte S. in der elterlichen Familie, die inzwischen nach Erfurt verzogen war. Als Siebzehnjähriger begann er das Studium der Theologie an der Universität Jena. Während Studentenleben und Studium kaum Eindruck hinterließen, gewann das Naturerleben im nahegelegenen Rauhtal um so größere Bedeutung. Ab 1764 hielt S. sich wiederum im elterlichen Hause auf, bis er schließlich 1768 in dem Erfurtischen Dorf Rohrborn eine Pfarrstelle erhielt. Hier heiratete er die 14 Jahre alte Pfarrerstochter Sophie Magdalene Schnell; aus der Ehe stammten neun Töchter und sechs Söhne, nur zwei Kinder starben früh. 1772 erhielt S. die Pfarrstelle an der Andreas-Kirche zu Erfurt. In Rohrborn und Erfurt wurde S. mit dem materiellen Elend der unteren Bevölkerungsschichten konfrontiert, das durch Kriegszerstörungen, Hungersnöte und Teuerungswellen bedingt war. Hier gewann er das Anschauungsmaterial für seinen Roman „Carl von Carlsberg oder über das menschliche Elend" (Bd. 1–6. 1783–1788), der Aufsehen erregte, in der literarischen Kritik (Gleim, von Halem, Schiller) aber Ablehnung erfuhr. 1778 begann S.s plötzlicher Aufstieg: Sein erstes Kinderbuch, die „Unterhaltungen für Kinder und Kinderfreunde", erschien durch die Vermittlung Chr. F. Weisses in Leipzig. Mit Campe war S. seit 1779 in brieflichem Kontakt. 1780 erschienen zwei erste pädagogische Abhandlungen, die Beachtung fanden. Der Mainzer Stadthalter in Erfurt, von Dahlberg, lud S. zu sich. Mit seinen religiösen und religionspädagogischen Ansichten geriet S. bald in Gegensatz zu den Amtskollegen. Wie R. Lachmann zeigt, hatte S. sich in Erfurt von der protestantischen Orthodoxie entfernt und der aufgeklärten Theologengruppe der „Neologen" um Spalding und Zollikofer angenähert. Im Unterschied zu den Rationalisten hielten die „Neologen" an der Offenbarung zwar noch fest, sahen aber auch in ihr nur die Mitteilung von Vernunftwahrheiten, zu deren Kenntnis der Mensch aus eigenen Stücken nur auf Grund seiner Schwäche noch nicht gelangt sei. Der Wunsch, sich aus orthodoxer Bevormundung zu befreien, ließen S. 1781 einen Ruf an das Dessauer Philanthropin annehmen. In Dessau nahm er die Aufgaben eines Liturgen und Religionslehrers wahr: An Werktagen hielt er eine Morgenandacht, an Sonntagen eine „Gottesverehrung" ab; zudem gab er täglich eine Lehrstunde über Christentum und Sittenlehre. In Dessau nahm S. Verbindung zu Zollikofer, Garve, Hermes und G. N. Fischer auf. S. faßte bald den Plan, eine eigene Erziehungsanstalt zu gründen. Hierzu unternahm er 1783 einige pädagogische Orientierungsreisen, die ihn unter anderem nach Halberstadt und Quedlinburg zu Gleim, Fischer, Goeze und Villaume, zu den Herrenhuthern nach Barby, schließlich zu Rochow nach Reckhan führten. Einige dieser Reisen sind in den ersten beiden Bänden der „Reisen der Salzmannschen Zöglinge" für die Jugend beschrieben. Mit dem Leipziger Verleger CRUSIUS schloß S. einen Vertrag ab, der ihm eine jährliche Geldzahlung sicherte. Auf der Suche nach einem Landgut kam ihm Herzog ERNST II. von SACHSEN-GOTHA entgegen: Ende 1783 wurde das Gut Schnepfenthal von S. für 8000 Gulden erworben, wobei der Herzog dreiviertel der Kaufsumme übernahm. RUDOLF ZACHARIAS BECKER, der ursprünglich S.s Partner sein sollte, zog sich im letzten Augenblick zurück. Anfang 1784 bezog S. mit seiner Familie das Gut und begann, noch bevor die ersten Schüler eintrafen, mit dem Bau eines aufwendigen Schulhauses. Die Finanzierung der Schulgründung erregte allgemeine Bewunderung, zumal S. ohne Vermögen war und andere Geldgeber im Dunkeln blieben. Für G. BURGGRAF gab es eine Reihe verläßlicher Anzeichen dafür, daß hinter der Schulgründung der Illuminatenorden stand, zu dessen Mitgliedern der Herzog von Gotha gehörte. Juli 1785 kam es zur Eröffnung der Erziehungsanstalt. Die Zahl der Schüler war nach vier Jahren auf fünfzehn angewachsen; sie stieg 1791 auf 35, 1798 auf 45 und 1803 auf 61. Unter ihnen waren einige Söhne aus regierenden Fürstenhäusern und dem hohen Adel. S. gelang es, eine Reihe von jüngeren Mitarbeitern zu gewinnen, die später selbst bedeutende Erzieher und Schriftsteller wurden. Zu ihnen gehörten unter anderem HEINRICH BEUTLER (von 1784–1787 in Schnepfenthal), CHRISTIAN CARL ANDRÉ, der 1785 zu S. stieß, ein Jahr später im alten Gutshaus eine weibliche Erziehungsanstalt gründete, die 1790 nach Gotha verlegt wurde; JOH. MATTH. BECHSTEIN (1784–1800), JOH. CHR. FR. GUTSMUTHS (1785–1839), G. F. C. WEISSENBORN (1791–1834), JOHANN WILHELM AUSFELD (ab 1795), BERNHARD HEINRICH BLASCHE (ab 1796) und JACOB GLATZ (1797–1804). Die Schnepfenthaler Erziehungsanstalt wurde zum begehrten Reiseziel. Zu den Besuchern gehörte auch GOETHE, der Juni 1786 in Begleitung von WIELAND und anderen in Schnepfenthal war; ein zweiter Besuch GOETHES hat nach ALBRICH im August 1801 stattgefunden. In der Vorrede zum zweiten Teil der „Erlösung des Menschen vom Elend durch Jesum" (1790) begrüßte S. die französische Revolution als „eine für die Menschheit äußerst wichtige und wohltätige Begebenheit" und als „Einsetzung der Menschheit in ihre Rechte". In Deutschland sei eine Revolution jedoch nicht vonnöten, da hier den Fürsten „der Name Landesväter mit Recht beigelegt" werde. S. nahm in der Folgezeit eine betont gemäßigte, reformerische Haltung ein: Er trat für die aufgeklärte Monarchie ein und sah in aufklärerischen Reformen und in einer richtigen Erziehung die wirksamsten Mittel gegen einen gewaltsamen Umsturz. Seine Vorstellungen fanden in dem Wochenblatt „Der Bote aus Thüringen" wirksame Verbreitung, das seit 1788 erschien, vorwiegend in bäuerliche Schichten drang und um die Jahrhundertwende rund 6000 Abonnenten zählte. 1811 starb S. 67jährig in Schnepfenthal.

Werk, Tendenzen, Wirkung. In einer seiner ersten Schriften, der „Anweisung zu einer zwar nicht vernünftigen, aber doch modischen Erziehung der Kinder" (1780), die seit der dritten Auflage 1792 den Titel „Krebsbüchlein" führte, bemerkt S., daß trotz aller Aufklärung „auch bey uns das Vorurtheil eine gewisse Gattung der Menschen zur völligen Unterjochung verdammt, und ihren Beherrschern ein unumschränkte Freiheit, sie nach eigener Willkür zu behandeln, zugestanden ... Diese, unter dem Drucke seufzende Menschenart sind die *Kinder*, und ihre Unterdrücker die *Aeltern.*". S.s Buch wollte eine „Schutz- und Bittschrift für die armen wehrlosen Kinder" sein: Es geißelt in kurzen satirischen Beispielgeschichten die geläufigsten Fehler und Torheiten der Erziehung. Seine positiven Erziehungsvorstellungen entwickelte S. in „Noch etwas über die Erziehung nebst Ankündigung einer Erziehungsanstalt" (1784), in „Über den ersten Unterricht der Kinder" (1791), schließlich in der späten Schrift „Ameisenbüchlein oder Anweisung zu einer vernünftigen Erziehung der Erzieher" (1806), die als positives Gegenstück zum satirischen „Krebsbüchlein" konzipiert ist. Von großer Bedeutung ist für S. die physische Erziehung, die die Entfaltung der „Kräfte des Leibes" und die Erhaltung der Gesundheit beinhaltet. S. denkt hierbei an frühe Abhärtung, den Genuß einfacher Kost, an häufige Bewegung im Freien und kalte Bäder. Als regelmäßige Leibesübungen sieht er nicht nur das traditionelle Tanzen, Fechten und Reiten vor, sondern auch Laufen, Springen, Klettern und Schwimmen. Zudem sollen die Kinder „recht ernstlich körperliche Arbeit thun", da eine „ernstliche Anwendung körperlicher Kräfte ... doch zu einer guten Erziehung schlechterdings nöthig (ist)". S. schlägt hier in direkter Anlehnung an ROUSSEAUS „Emile" die Erlernung eines Handwerks sowie Garten- und Feldarbeit vor. Zentrales Stück seiner Erziehungslehre ist S.s Theorie der Naturbetrachtung als des „ersten Unterrichtes der Kinder". Die Naturbetrachtung wird hierbei von S. nicht als Selbstzweck, sondern als „Erziehungsmittel" angesehen. Wichtig ist ihm, daß die Kinder „bey der Betrachtung der Natur ihre Kräfte, ihr Empfindungsvermögen, Gedächtniß, Einbildungskraft, und Verstand üben sollen". Sie lernen, von den sinnlichen Gegenständen auszugehen, wahre Begriffe zu bilden, Beobachtungsgeist und Wahrheitssinn zu entwickeln. Auch lernen sie, sich selbst zu helfen, denn die Natur ist für S. das „allgemeine Behältnis von Mitteln gegen das menschliche Elend und zur Vermehrung menschlicher Glückseligkeit". Schließlich gelangen die Kinder über die Naturbetrachtung zur ersten Kenntnis von Gott als dem Schöpfer. S.s Auffassung vom ersten Unterricht der Kinder ist in ihrer sensualistischen Färbung polemisch gegen die Ausläufer des Schulhumanismus und dessen Ausgang vom Wort, vom Zeichen, gerichtet, trifft aber ebenso den gelehrten, unanschaulichen Naturkundeunterricht der vorphilanthropischen Zeit. Hinsichtlich der moralischen Erziehung wendet S. sich gegen die „moralischen Gängelwagen und Laufzäune" der Gebote und Verbote. „Man lasse ... das Kind immer seinen eigenen Willen thun, so wird es gut werden." Die moralische Unterweisung müsse sich die „Nachahmungsbegierde" der Kinder zunutze machen: „Man muß ihnen in wahrhaften oder erdichteten Erzählungen von der Handlungsart, zu welcher man sie bringen will, Muster vorstellen, und sie so lebhaft schildern, daß sie dieselben glauben vor sich stehen zu sehen, und so gefällig, daß in ihnen der Entschluß entsteht, eben so zu handeln." Lange Ermahnungen und „abstrakte Grundsätze" seien bei Kindern unwirksam. Seine pädagogischen Ansichten hat S. in dem Erziehungsroman „Conrad Kiefer oder Anweisung zu einer vernünftigen Erziehung der Kinder" (Buchtitel) veranschaulicht und popularisiert, der 1794 im siebenten Jahrgang des „Boten aus Thüringen" erschien und 1796 als „Buch fürs Volk" herausgekommen ist. Der Roman spielt in der Familie des zwar nicht „vornehmen" und „reichen", aber doch vermögenden und rechtschaffenen Bauern Kiefer und schildert dessen Heirat, die Geburt des ersten Sohnes Conrad, die Erziehung und den Schulbesuch Conrads und endet mit der Heirat des Sohnes. Daß S. eine Bauernfamilie zum Ort einer mustergültigen Erziehung macht, ist symptomatisch für seine auf Natürlichkeit und Einfachheit ausgerichtete Erziehungslehre.

Mit der Schnepfenthaler Schulgründung suchte S. seine pädagogischen Ideen in die Praxis umzusetzen. Daß die Erziehungsanstalt auf dem Lande lag, hatte programmatische Bedeutung: In den verdorbenen Städten kann nach S. auch der beste Lehrer seine Schüler nicht „von der Welt unbefleckt erhalten". Dieses Moment hob S. auch später immer wieder hervor: „Wir zogen miteinander auf das Land, um daselbst von Mode, Vorurtheil und Verführung, anderer Menschen desto freyer zu leben ... Unsere der Natur gemäß eingerichtete Lebensart ist gleichsam der Schutzengel, der alle körperlichen Leiden ... von uns entfernt". Auch ist die Autorität des Erziehers in der Stadt bedroht: „... je größer die Städte, desto kleiner und geringfügiger ist insgemein die Rolle, die darinnen der Lehrer und Erzieher spielt." Daß die Schüler ihre ersten Kenntnisse nicht aus Büchern, sondern aus dem eigenen Anblick der Natur erlangen, gehört gleichermaßen zu den besonderen Charakteristika der Schnepfenthaler Schule. Um die Selbsttätigkeit der Schüler zu fördern, ließ S. sie die Lehrmittel selbst herstellen und übergab jedem ein Amt im Rahmen der Schulorganisation. Aus dem Dessauer Philanthropin übernahm S. das Belohnungssystem der Meritentafel und Fleißorden. Im Unterschied zu Dessau war die Schnepfenthaler Schule eher wie eine patriarchalische Familie organisiert. Zugleich aber war die Schule auch ein Markt: Alle Arbeiten und Ämter wurden bezahlt, die Schüler hatten je eine private Kasse und konnten Eigentum erwerben. S. wollte hiermit früh die „Erwerbungsbegierde" wecken: „... ich bin nicht gesonnen, meine Zöglinge zu Romanhelden, sondern zu Menschen zu ziehen, die in der Welt, so wie sie ist, glücklich und brauchbar sind."

Eine herausragende Stellung innerhalb des Werkes nehmen S.s religionspädagogische Überlegungen ein. Bereits in der frühen Schrift „Ueber die wirksamsten Mittel Kindern Religion beyzubringen" (1780) kommt seine unorthodoxe, aufgeklärte Position zum Ausdruck: Religion bedeutete für ihn nichts anderes als „gute Gesinnung", Bewußtsein des „wahren Werthes der Dinge", wozu unter anderem auch eine rechte Ansicht von Gott gehörte. Unter „Gesinnung" verstand S. nicht bloß eine rein verstandesmäßige Einsicht, sondern eine existentielle Erfahrung und Werterkenntnis. Die biblische Geschichte, die Geheimnisse der Offenbarung sowie die Kirchenlehren gehören nicht zur „Religion", sie sind für S. lediglich „Beförderungsmittel derselben". Die Schrift von 1780 entwirft einen Plan für den religiösen Unterricht der Kinder bis ins 14. Lebensjahr: Auf der ersten Stufe ist der Religionsunterricht inhaltlich nichts anderes als Sittenlehre, wobei lediglich erste Begriffe der natürlichen Gotteslehre einfließen sollen (6.–10. Lebensjahr). Methodisch schlägt S. hier das Mittel der moralischen Beispielerzählung vor; die Gegenstände sollen aus der Sphäre der kindlichen Erkenntnis genommen werden, womit die biblische Geschichte ausscheidet. Die zweite Stufe des Religionsunterrichtes erst führt die Kinder zur göttlichen Offenbarung, die allerdings in unparteiischer Auslegung und in einer Form geboten werden soll, in der sich „das der Vernunft anstößige" verliert. Auf der dritten Stufe soll dem Schüler Gelegenheit gegeben werden, „seine eigenen gesammelten Ideen, seine eigenen Urtheile mit seinen eigenen Worten vorzutragen". Die Methode ist hier die der sokratischen Unterredung. Auf der letzten Stufe schließlich steht die Vermittlung der verschiedenen kirchlichen Lehrmeinungen. S.s religionspädagogische Ansichten haben jüngst von R. LACHMANN eine umfassende Darstellung und Würdigung erfahren.

Das „Moralische Elementarbuch" (Bd. 1–2. 1782–1783, neue verbesserte Auflage 1785–1787) ist eine Umsetzung der ersten Phase des Religionsunterrichtes in das Medium des Kinderbuches. Sein Titel sollte ursprünglich „Erste Grundsätze der Religion, in Kindersprache übersetzt" lauten. Seine Intention ist, „in sechs- bis achtjährigen Kindern dasjenige zu erzeugen, was man gute Gesinnungen zu nennen pflegt". Es enthält in zusammenhängenden Erzählungen die Schilderung der Erlebnisse der Kaufmannsfamilie Herrmann, wobei die Kinder Ludwig und Luise im Mittelpunkt stehen. Im Text jeder Erzählung sind die Tugend bzw. der Wert, um deren Veranschaulichung es jeweils geht, typographisch hervorgehoben. Der zweite Teil des „Moralischen Elementarbuches" enthält nicht zusammenhängende Erzählungen von S. und anderen zeitgenössischen Autoren (SULZER, WEISSE, ROCHOW, CAMPE, R. Z. BECKER und andere), die jeweils thematisch gruppiert sind. Zu S.s Elementarwerk ist 1784–1788 in drei Lieferungen eine Kupfersammlung erschienen. Nach der Wende vom 18. zum 19. Jahrhundert verfaßte S. erneut religionsunterrichtliche Kinderbücher, die nun aber alle Stufen abdecken: Hierbei entspricht die Schrift „Erster Unterricht in der Sittenlehre für Kinder von acht bis zehn Jahren" (1803) ganz dem ersten Band des „Moralischen Elementarbuches". In zusammenhängenden Erzählungen werden hier die Erlebnisse des

Kaufmanns Ehrenfried und seiner Kinder geschildert, wobei es inhaltlich allerdings nur um die Sittenlehre geht. Die natürliche Gotteslehre ist in Abweichung vom ursprünglichen Konzept auf die zweite Stufe des Religionsunterrichtes verlagert, die durch das Buch „Heinrich Gottschalk in seiner Familie, oder erster Religionsunterricht für Kinder von 10 bis 12 Jahren" (1804) abgedeckt wird. Schauplatz ist wiederum die Kaufmannsfamilie Ehrenfried: Ihr Hauslehrer Tillmann und der Großvater Heinrich Gottschalk machen in Erzählungen die Kinder mit Gott und den Gesetzen der Schöpfung bekannt, ohne dabei Bezug auf die Bibel und das Leben Jesu zu nehmen. Den Abschluß bildet das 1808 erschienene Lehrbuch „Unterricht in der christlichen Religion", das im ersten Hauptstück die „Geschichte und Beschaffenheit der Religion vor der Erscheinung Jesu", im zweiten Stück schließlich Leben und Werk Jesu behandelt. Zu den religiösen Jugendbüchern S.s müssen auch seine zahlreichen Andachtsbücher gezählt werden (Gottesverehrungen, gehalten im Betsale des Dessauer Philanthropin, Bd. 1–4, 1781–1783; Verehrungen Jesu, 1784; Gottesverehrungen, gehalten in der Erziehungsanstalt zu Schnepfenthal, 1788). Sie enthalten Predigten und Betrachtungen, die von Gebeten und Gesängen unterbrochen sind. An den Gottesverehrungen nahmen jeweils auch die Zöglinge teil, die häufig direkt angesprochen werden. So darf geschlossen werden, daß Jugendliche auch zu den Adressaten dieser Publikationen gehörten; S. BAUR sieht in ihnen denn auch „Religionsvorträge für junge heranwachsende Christen".

S.s besonderer Beitrag zur Kinder- und Jugendbuchproduktion der Aufklärung lag auf dem Gebiet der Erzählung für Kinder. Bereits die zeitgenössische Kritik hob S.s Fähigkeit hervor, sich in der Sprache zu den Kindern „herabzulassen": „Herr Salzmann kann sich ganz zu der Fassungskraft der Kinder herablassen, ohne ins Tändelnde zu verfallen. Er ist nebst Campen gewiß ihr liebster Gesellschafter, denn immer weiß er ihre Aufmerksamkeit rege zu erhalten, und nie verfällt er in den trockenen Lehrton. Seine Sprache ist gefällig und herzlich ..." (S. BAUR). Die Erzählung gehörte für S. neben dem Spiel zur angenehmsten Unterhaltung der Kinder. Die erzählende Unterweisung galt ihm deshalb als die einzig kindgemäße Methode für den moralischen Anfangsunterricht. Erst für spätere Stufen sah S. neben den erzählenden auch gesprächsweise Unterrichtsformen vor, so etwa die sokratische Unterredung, bevorzugte aber auch hier noch deutlich die Erzählmethode. S. nahm hiermit eine Sonderposition innerhalb der philanthropischen Bewegung ein, für die die sokratische Methode im Mittelpunkt stand. An dieser schätzte S. zwar das Moment der Selbsttätigkeit des Schülers; insofern sie aber wesentlich Verstand und Vernunft aktivierte, ist sie für S.s Absicht, „Gesinnungen" zu vermitteln, zu intellektuell. Die Erzählmethode schien ihm geeigneter, gerade die Empfindungskräfte anzusprechen.

Die „Unterhaltungen für Kinder und Kinderfreunde", die 1778 bis 1783 mit einer jährlichen Lieferung erschienen, enthalten moralische Beispielgeschichten, sokratische Unterredungen, Briefwechsel, kleine Lustspiele (Bd. 3, 5), Reisebeschreibungen, Lieder von R. CHR. LOSSIUS und Rätsel. Über mehrere Bände hin zieht sich die sokratische „Unterredung Herrn Treuens mit seinen Zöglingen" über die christliche Religion und das Leben Jesu (Bd. 3–7). Der Briefwechsel eines Schülers des Dessauer Philanthropins mit seinem Vater schildert den Besuch, den die Schüler dem Dessauischen Arbeits- und Waisenhaus abstatten. 1786–1787 folgten zwei weitere Bände der „Unterhaltungen", die allerdings von Mitarbeitern S.s verfaßt wurden. Innerhalb der Jugendschriften S.s nehmen die Reisebeschreibungen einen bedeutenden Platz ein: Bereits in den „Unterhaltungen" (Bd. 6) beschreibt S. seine von Dessau aus unternommene Reise nach Erfurt, Gotha und Sömmerda. Die „Reisen der Salzmannischen Zöglinge" (Bd. 1–6. 1784–1793) schildern neben den schon genannten die ersten Reisen der Schnepfenthaler Zöglinge. Nur der erste, zweite (teilweise) und sechste Band stammen von S., der zweite (teilweise) und dritte Band von ANDRÉ, der vierte Band von GUTSMUTHS. Die Reisebeschreibungen wurden 1799 und 1803 durch zwei Bände der „Reisen der Zöglinge zu Schnepfenthal" fortgesetzt. Im Unterschied zu den CAMPEschen gehen S.s Reisebeschreibungen nur auf selbst unternommene Reisen zurück. Bis auf die von GUTSMUTHS beschriebene Reise nach Frankfurt und Mainz führen sie lediglich in die nähere Umgebung Schnepfenthals. Die Reisen haben nach S. für die Schüler einen vielfältigen Nutzen: „Sie lernen Beschwerlichkeiten aushalten, erweitern ihre Kenntniß in Ansehung einer Menge Gegenstände aus der Natur und Kunst, die man ihnen auf dem Zimmer nicht vorzeigen kann, und gewöhnen sich mit Menschen aus allerley Ständen umzugehen." Die jugendlichen Leser forderte S. auf, selbst kleine Reisebeschreibungen zu verfassen.

1798 gab S. „Conrad Kiefers ABC- und Lesebüchlein" heraus, das neben dem ABC-Teil kurze Lesestücke, Erzählungen und Gespräche enthält, die gemäß S.s Konzeption vom ersten Unterricht der Kinder hauptsächlich Themen aus der Pflanzen- und Tierwelt aufgreifen. Der zweite Teil (1799) soll der Übung des ausdrucksvollen Lesens dienen; es handelt sich um eine Sammlung von Fabeln verschiedener Autoren, denen drei Gespräche im „kindischen Ton" angehängt sind. 1803 erschien „Konrad Kiefers Bilderbüchlein", das 36 Kupfer von D'ARGENT enthält. 1787 hatte S. für seine Schüler eine Anthologie zusammengestellt, mit der er sie „in die Gesellschaft einiger unserer besten deutschen Schriftsteller zu bringen" beabsichtigte. Die „Bibliothek für Jünglinge und Mädchen" enthält Fabeln von ZACHARIAE und GLEIM, Idyllen von GESNER, Gedichte, Romanzen, Epigramme und andere Stücke von HÖLTY, UZ, WEISSE und E. VON KLEIST, schließlich ein Trauerspiel von CRONEGH.

Zu den Jugendschriften S.s sind schließlich noch einige seiner Volksromane zu zählen, die zunächst im „Boten aus Thüringen" in Fortsetzungen abgedruckt wurden, in der späteren Buchpublikation aber einen jugendspezifischen Adressatenbezug bekamen. So ist etwa „Constants curiose Lebensgeschichte und sonderbare Fatalitäten“ (Teil 1–3, 1791–1793) speziell an „Handwerksburschen“ adressiert. Die Erzählungen „Joseph Schwarzmantel“ (1810) und „Heinrich Glaskopf“ (1820) sind speziell als „Unterhaltungsbücher für die Jugend“ erschienen. Es handelt sich hierbei um Bearbeitungen, bei denen man das „weggelassen hat, was für Kinder nicht unterhaltend oder nicht passend war“.

Von allen Philantropen entfaltete im 19. Jahrhundert wohl S. die größte Wirkung. Sehr schnell kam es zu einer Idealisierung der Person des „Vater“ S., an der die „tiefe Frömmigkeit“, die „trauliche Schlichtheit“ und „Besonnenheit“ geschätzt wurde. Obwohl zugestanden wurde, daß S. weder ein bahnbrechender Denker noch Schöpfer neuer pädagogischer Ideen sei (E. Ackermann), galt er dem 19. Jahrhundert doch als bevorzugter Vertreter des Philantropinismus, weil er gerade im Unterschied zu Basedow sich von den Übertreibungen und Auswüchsen der Aufklärung ferngehalten habe. Zahlreiche Ausgaben seiner pädagogischen Schriften im 19. und beginnenden 20. Jahrhundert belegen diese Wirkung. Gegen diese „Salzmann-Legende“ hat 1955 H. König Einspruch erhoben und auf die zunehmend konservative Haltung S. nach 1789 hingewiesen, zu der sich um die Jahrhundertwende noch deutsch-patriotische Töne mischten. Gerade hierin steche S. von anderen Philanthropen wie Bahrdt, Campe und Villaume ab, die ihren aufklärerisch-kritischen Ideen treu blieben.

Werke: a) Kinder- und Jugendschriften: Unterhaltungen für Kinder und Kinderfreunde (Bd. 1–8. 1778–1787); Gottesverehrungen gehalten im Betsale des Dessauischen Philanthropins (Sammlung 1–4. 1781–1783); Moralisches Elementarbuch nebst einer Anleitung zum nützlichen Gebrauch desselben (Bd. 1–2. 1782–1783; [3]1795); Charaden, eine angenehme Uebung des Witzes und Nachdenkens für Kinder (1784); Verehrungen Jesu gehalten im Betsale des Dessauischen Philanthropins (1784; auch u. d.T.: Gottesverehrungen gehalten von C. G. Salzmann. Fünfter Theil, 1784); Reisen der Salzmannischen Zöglinge (Bd. 1–6. 1784–1793); Kupfer zu Salzmanns Elementarwerken (Heft 1–3. 1784–1788); Nachrichten für Kinder aus Schnepfenthal (1787); Bibliothek für Jünglinge und Mädchen (1787); Gottesverehrungen gehalten in der Erziehungsanstalt zu Schnepfenthal (1788); Constants curiose Lebensgeschichte und sonderbare Fatalitäten. Ein Buch fürs Volk, besonders für Handwerksburschen (Bd. 1–3. 1791–1793); Gesangbuch für die Erziehungsanstalt zu Schnepfenthal (1792); Conrad Kiefers ABC- und Lesebüchlein oder Anweisung auf die natürlichste Art das Lesen zu erlernen (Bd. 1–2. 1798–1799); Reisen der Zöglinge zu Schnepfenthal (Bd. 1–2. 1799–1803); Konrad Kiefers Bilderbüchlein (1803); Erster Unterricht in der Sittenlehre für Kinder von acht bis zehn Jahren (1803); Heinrich Gottschalk in seiner Familie, oder erster Religionsunterricht für Kinder von 10 bis 12 Jahren (1804); Unterricht in der christlichen Religion (1808); Joseph Schwarzmantel. Ein Unterhaltungsbuch für die Jugend (1810); Heinrich Glaskopf. Ein Unterhaltungsbuch für die Jugend (1820).

b) Sonstige Werke: Predigten für Hypochondristen (1778); Beyträge zur Aufklärung des menschlichen Verstandes in Predigten (1779); Ueber die wirksamsten Mittel Kindern Religion beyzubringen (1780); Anweisung zu einer zwar nicht vernünftigen, aber doch modischen Erziehung der Kinder (1780; ab 3. Auflage u. d.T.: Krebsbüchlein oder Anweisung zu einer unvernünftigen Erziehung der Kinder, 1792); Carl von Carlsberg oder über das menschliche Elend (Bd. 1–6. 1783–1788); Noch etwas über Erziehung nebst Ankündigung einer Erziehungsanstalt (1784); Ueber die heimlichen Sünden der Jugend (1785); Nachrichten aus Schnepfenthal für Eltern und Erzieher (Bd. 1–2. 1786–1788); Der Bote aus Thüringen (Jg. 1–25. 1788–1812); Über die Erlösung des Menschen vom Elend durch Jesum (Bd. 1–2. 1789–1790); Sebastian Kluge's Lebensgeschichte (1790); Auserlesene Gespräche des Botens aus Thüringen (1791); Über den ersten Unterricht der Kinder (in: Der deutsche Schulfreund, hrsg. v. H. G. Zerrenner, 1. Bd. 1791); Revolutionsgespräche gehalten von dem Boten aus Thüringen mit seinem Wirte und einem Weber (1794); Conrad Kiefer, oder Anweisung zu einer vernünftigen Erziehung der Kinder (1796); Der Himmel auf Erden (1797); Taschenbuch zur Beförderung der Vaterlandsliebe (1801); Denkwürdigkeiten aus dem Leben ausgezeichneter Teutschen des achtzehnten Jahrhunderts (1802); Ausführliche Erzählung wie Ernst Haberfeld aus einem Bauer ein Freiherr geworden ist (1805); Ameisenbüchlein oder Anweisung zu einer vernünftigen Erziehung der Erzieher (1806); Ueber die Erziehungsanstalt zu Schnepfenthal (1808); Geschichte Simon Blaukohls (1811); Geschichte des Landrichters Pappel (1841).

Sekundärliteratur: E. Ackermann: Chr. G. Salzmann (in: W. Rein (Hrsg.): Enzyklopädisches Handbuch der Pädagogik. Bd. 7. [2]1908. 626–634). – K. Albrich: Goethe und Chr. G. Salzmann (1918). – Chr. C. André: Bildung der Töchter in Schnepfenthal (1789). – J. W. Ausfeld: Erinnerungen aus Chr. G. Salzmanns Leben (1813, [3]1845). – O. Bastian: Soziologie und Sozialpädagogik bei Chr. G. Salzmann (1926). – S. Baur: Charakteristik der Erziehungsschriftsteller Deutschlands (1790). – I. Breddin: Volkskunde und Volksideal bei Chr. G. Salzmann (1937). – G. Burggraf: Kosmopolitische Ziele bei Chr. G. Salzmann und Goethe (in: Die Sammlung. 1949. 4. 524–535); Salzmann im Vorfeld der Französischen Revolution (1966). – Th. Dietrich: Erziehung und Unterricht in Schnepfenthal zur Zeit Chr. G. Salzmanns (in: Schola. 1948. 3. 213–219); Mensch und Erziehung in der Pädagogik Chr. G. Salzmanns (1963). – Festschrift zur Hundertjährigen Jubelfeier der Erziehungsanstalt Schnepfenthal (1884). – E. Gehmlich: Erziehung und Unterricht im 18. Jahrhundert nach Salzmanns Roman Karl von Karlsberg (1894). – R. Lachmann: Der Religionsunterricht Salzmanns. Ein Beitrag zur Religionspädagogik der Aufklärung (1974). – J. L. Müller: Die Erziehungsanstalt Schnepfenthal 1784–1934. Festschrift aus Anlaß des 150jährigen Bestehens der Anstalt (1934). – E. Richinstein-Ziemann: Chr. G. Salzmann und seine Bedeutung für die Pädagogik (1912). – H. Ritter: Die pädagogischen Strömungen im letzten Drittel des 18. Jahrhunderts in den gleichzeitigen deutschen pädagogischen Romanen und romanhaften Darstellungen (Diss. 1938). – J. Röckl: Pädagogische Reise durch Deutschland (1808). – E. Thiem: Wie weit erscheint Chr. G. Salzmann von J. J. Rousseau beeinflußt? (Diss. 1906). – Chr. A. Zeis: Von den Vorzügen der Erziehung und des Unterrichts in Schnepfenthal (1799).

Hans-Heino Ewers

Sammelband → Album, → Almanach, → Anthologie, → Jahrbuch

Sammlungen deutschsprachiger Kinder- und Jugendbücher

Systematische Sammlungen älterer oder neuer deutschsprachiger Kinder- und Jugendbücher existieren zu wissenschaftlichen und bibliophilen Zwecken in der Bundesrepublik Deutschland (Bielefeld, Braunschweig, Frankfurt/Main, Hamburg, Köln, München u.a.), der DDR (Berlin) und im Ausland (z.B. New York, Philadelphia und anderen Orten). Sie wurden erst im 20. Jahrhundert begonnen und sind zum Teil Privatbesitz, zum Teil in öffentlichen Bibliotheken zugänglich.

Die Tatsache, daß die Literaturwissenschaften und andere Wissenschaftszweige, dementsprechend auch wissenschaftliche Bibliotheken, Kinder- und Jugendliteratur bis in die jüngste Vergangenheit hinein nicht als Teil der deutschen Nationalliteratur ansahen, Kinder- und Jugendbücher vielmehr als Trivial- oder Subliteratur betrachteten, die, ähnlich den Romanheften oder Comics, der wissenschaftlichen Beachtung nicht wert befunden wurde, hat dazu geführt, daß sich heute in den großen Universitäts- oder Landesbibliotheken kaum Kinder- und Jugendbücher finden lassen. Ein systematisches Sammeln dieser Literaturgruppe wurde als unnötig angesehen. Soweit sich Kinder- und Jugendbücher in den Beständen wissenschaftlicher Bibliotheken befinden, können sie nur unter großen Schwierigkeiten über den alphabetischen Katalog erschlossen werden, da im allgemeinen eine eigene Sachgruppe „Kinder- und Jugendliteratur" in den Sachkatalogen nicht existiert. Einzelne Kinder- und Jugendbücher finden sich daher verstreut unter Stichwörtern wie „Pädagogik" (hier handelt es sich weitgehend um ältere Werke der Philanthropen), „Märchen" oder „Sagen" oder in den entsprechenden regionalen Sonderabteilungen (z.B. „Frankfortensia"). Auch auf dem privaten Sektor interessierten sich vor 1945 nur wenige Sammler für ältere Kinder- und Jugendbücher. Es wurden bis 1945 vier Sammler besonders bekannt, die systematisch das Sammeln älterer Kinder- und Jugendbücher betrieben: Walter Benjamin (1892–1940), Karl Hobrecker (1876–1949), Arthur Rümann (1888–1963) und Walter Schatzki (* 1899).

W. Benjamin, der mit dem systematischen Sammeln von Kinderbüchern um 1918 begann, weist in einem Brief an Ernst Schoen (31.7.1918) auf seine Sammlertätigkeit hin, wobei er betont, daß er sich „... ein Spezialgebiet geschaffen habe ... auf dem auch noch heute noch nicht allgemein gesammelt wird und auf dem also ein glücklicher Fund noch möglich ist". Wie er weiter ausführt, erhielt er den Grundstock für seine Sammlung aus „einem großen Raubzug", den er in der Bibliothek seiner Mutter unternommen habe. Die Sammlung dürfte ursprünglich einen Umfang von 200 bis 300 Titeln gehabt haben, wobei es sich inhaltlich vor allem um Märchen, Sagen und erzählende Kinderbücher handelte, zeitlich vorwiegend um Bücher aus dem 19. Jahrhundert. Die Sammlung wurde in den vierziger Jahren nach London gebracht, wo sie nach dem Tode von Dora Benjamin 1964 in das Eigentum von Stefan Benjamin überging. Seit 1972, dem Todesjahr von Stefan Benjamin, befindet sich die Sammlung im Besitz von Janet Benjamin, der Witwe Stefans. Ein Teil der Sammlung wird in dem Bändchen „Zum Kinderbuch", das von Jörg Drews 1975 als Inseltaschenbuch herausgegeben wurde, von dem Herausgeber und Natje Friedrichs beschrieben. Beide konnten die Sammlung in London in Augenschein nehmen und sich Notizen dazu anfertigen.

K. Hobrecker, der schon sehr jung mit dem Sammeln älterer Kinder- und Jugendbücher begann, war dem Kinder- und Jugendbuch auch als Bibliothekar sowie als Autor, Herausgeber und Bearbeiter klassischer Stoffe verbunden. Seine Sammlertätigkeit erstreckte sich ursprünglich auf alte Bilderbücher, Märchen- und Fabelausgaben, Rätsel-, Lieder- und Kinderreimsammlungen. Besondere Vorliebe hegte er für Kinderbücher mit handkolorierten Kupferstichen. Bereits 1924 ließ er das Bändchen „Alte vergessene Kinderbücher" erscheinen, in dem er im Plauderton einen kurzen Exkurs durch die Geschichte des deutschsprachigen Kinder- und Jugendbuches unternimmt. Besonders wichtig für Kinder- und Jugendbuchinteressenten ist darin die bibliographische Beschreibung von 132 Titeln aus seiner damaligen Sammlung, die um 1924 etwa 400 Titel umfaßt haben dürfte. Im Sommer 1933 wurde Hobrecker zum Kurator der Reichsjugendbücherei ernannt und ihm offiziell „Die Sammlung Hobrecker" unterstellt. Diese nun von seiten der nationalsozialistischen Jugendführung unterstützte Sammlung wies einen Bestand von etwa 12000 Bände auf. Die umfangreiche Sammlung, die fast vollständig auch die Kinder- und Jugendbücher enthielt, die in den Jahren von 1933 bis 1945 in Deutschland erschienen, war in ihren Schwerpunkten auf Volksliteratur hin ausgerichtet. Nach dem Zweiten Weltkrieg galt die Sammlung Hobreckers längere Zeit als verschollen. Teile davon tauchten nach 1945 auf abenteuerlichen Umwegen in der Bibliothek der Pädagogischen Hochschule in Braunschweig (jetzt Universitätsbibliothek Braunschweig) auf. Zur Zeit werden die dort vorhandenen Bestände, die sich auf etwa 8000 bis 10000 Titel belaufen, mit Mitteln der Deutschen Forschungsgemeinschaft katalogisiert. Neben der großen Sammlung in der „Reichsjugendbücherei" hatte Hobrecker seine ursprüngliche Privatsammlung, die die von ihm geliebtesten Stücke enthielt und die als Grundlage für sein 1924 erschienenes Bändchen diente, stets zu Hause getrennt aufbewahrt. Während des Krieges lagerte er diese Privatsammlung nach Oberbayern aus. Nach dem Tode Hobreckers im Jahr 1949 erbte sein Neffe die Privatsammlung des unverheiratet gebliebenen Hobrecker. Auf Initiative des Instituts für Jugendbuchforschung konnte die Stadt- und Universitätsbibliothek Frankfurt diese 411 Titel umfassende Sammlung mit Mitteln der Deutschen Forschungsgemeinschaft ankaufen und dem Institut für Jugendbuchforschung als Dauerleihgabe übergeben, wo sie als Teil der historischen Bestände des Instituts untergebracht ist.

Der Kunsthistoriker ARTHUR RÜMANN, der sich vor allem für die Geschichte der Buchillustration interessierte und dazu eine Reihe heute noch grundlegender Werke herausgab, wurde besonders durch die illustrative Ausstattung auf das alte Kinderbuch aufmerksam, an der fast alle bekannten Buchillustratoren des 18. und 19. Jahrhunderts Anteil hatten. So war seine Sammlertätigkeit vorwiegend auf ältere Kinderbücher gerichtet, die durch qualitätvolle Illustrationen aus dem Gros der Kinderbuchproduktion herausragten. Schwerpunkte seiner Sammlung bildeten illustrierte ABC-Bücher, die wichtigsten Werke der Philanthropen, aber auch alle Kinder- und Jugendbücher mit Illustrationen des von RÜMANN besonders geschätzten Malers und Illustrators THEODOR HOSEMANN. Die Sammlung RÜMANN wurde durch das Werk „Alte Deutsche Kinderbücher" weit bekannt, das RÜMANN 1937 herausgab. Neben einer kurzen Geschichte der deutschsprachigen Kinder- und Jugendliteratur enthält der Band die bibliographische Beschreibung von 368 Titeln, dazu einen umfangreichen Bildteil.

Allerdings stammen, was nur wenigen Kinder- und Jugendbuchfachleuten bekannt ist, lediglich der kleinere Teil der im Band beschriebenen Nummern aus der Sammlung RÜMANNS, den größeren Teil der genannten Titel fand RÜMANN im Besitz des mit ihm gut bekannten WALTER SCHATZKI. Nach Ende des Zweiten Weltkrieges galt auch die Sammlung RÜMANNS für verschollen. Erst 1966 gelang es dem Direktor des Instituts für Jugendbuchforschung, den Erben, einen Bekannten des unverheirateten RÜMANN, zum Verkauf der kompletten Sammlung an die Frankfurter Universitätsbibliothek zu bewegen, die dann mit Mitteln der Thyssen-Stiftung den Ankauf tätigen konnte. Die Sammlung, die insgesamt 749 Titel in rund 1200 Bänden umfaßt, wurde von der Universitätsbibliothek Frankfurt als Dauerleihgabe dem Institut für Jugendbuchforschung übergeben, wo sie jetzt einen Teil der historischen Bestände des Instituts ausmacht.

Der Buchhändler und Antiquar WALTER SCHATZKI begann um 1924 mit dem Sammeln alter Kinder- und Jugendbücher. Seine erste Sammlung, die ungefähr 350 Titel älterer Kinder- und Jugendbücher umfaßte, die in den Schwerpunkten identisch mit denen der Sammlung RÜMANNS waren, kam im Jahr 1932 in New York zur Ausstellung und wurde von SCHATZKI noch im gleichen Jahr an die New York Public Library verkauft. Titel dieser Sammlung bilden den Hauptanteil der von RÜMANN zusammengestellten Bibliographie. In der New Yorker Bibliothek sind alle Bücher der Sammlung in der „Shelflist of the Schatzki-Collection" erfaßt. Bis zu seiner Emigration nach den USA konnte SCHATZKI eine neue Sammlung älterer Kinder- und Jugendbücher zusammentragen. Es gelang ihm, die neue Sammlung mit in die USA zu nehmen. Dort wurde sie 1941 in dem Katalog „Children's Books Old and Rare" veröffentlicht. Der Band enthält 206 Nummern, darunter auch zahlreiche englische Titel. Bis Mitte der siebziger Jahre, als sich SCHATZKI von seiner Tätigkeit als Antiquar zurückzog, wuchs die Sammlung auf rund 850 Nummern an, die in einer von SCHATZKI selbst zusammengestellten Liste, deren Original sich heute im Institut für Jugendbuchforschung in Frankfurt befindet, aufgeführt sind. Darunter finden sich auch zahlreiche ausländische, vor allem englische und französische Titel. Im Laufe der zweiten Hälfte der siebziger Jahre wurde diese neue Sammlung auf verschiedenen Versteigerungen verkauft. Eine Anzahl dieser Titel wurde in Hamburg bei der Jubiläumsauktion der Firma Hauswedell (200. Versteigerung) angeboten.

Nach dem Zweiten Weltkrieg, vor allem in den sechziger Jahren, als in Frankfurt das Institut für Jugendbuchforschung gegründet wurde (1963) und das Kinder- und Jugendbuch immer mehr in das Gesichtsfeld und Interesse von Wissenschaftlern und Bibliothekaren rückte, begannen sich auch große wissenschaftliche Bibliotheken und Institutionen für Kinder- und Jugendbücher zu interessieren. Die Folge war ein Zunehmen der Nachfrage nach alten Kinder- und Jugendbüchern, die nun auch im privaten Bereich größeres Interesse fanden. Schon 1951 richtete die Deutsche Staatsbibliothek in Ost-Berlin unter Leitung von HORST KUNZE eine eigene Kinder- und Jugendbuchabteilung ein, in deren Rahmen nicht nur alle Neuerscheinungen, sondern auch, so weit möglich, ältere Kinder- und Jugendbücher systematisch gesammelt werden sollten. Zur Zeit enthält diese Sammlung neben ausländischen Kinder- und Jugendbüchern alle Neuerscheinungen der DDR seit 1945 sowie zahlreiche Neuerscheinungen anderer deutschsprachiger Länder. Die historische Abteilung zählt zur Zeit rund 10000 Titel von den Anfängen der deutschsprachigen Kinder- und Jugendliteratur bis zum Jahr 1950. Zur Zeit wird von dem derzeitigen Leiter der Kinder- und Jugendbuchabteilung, HEINZ WEGEHAUPT, eine Bibliographie erarbeitet, die alle bis 1850 erschienenen in der Sammlung der Staatsbibliothek vorhandenen Kinder- und Jugendbücher ausweisen soll.

Die Internationale Kinder- und Jugendbibliothek (IJB) in München, die 1948 von JELLA LEPMAN gegründet wurde und deren derzeitiger Leiter WALTER SCHERF ist, hat seit ihrer Gründung versucht, alle neuerschienenen Kinder- und Jugendbücher des In- und Auslandes systematisch zu sammeln. Zur Zeit dürfte diese Bibliothek auf internationaler Ebene die größten Kinder- und Jugendbuchbestände nachzuweisen haben. In den letzten Jahren hat sich die IJB auch dem Sammeln älterer Kinder- und Jugendbücher zugewandt, darunter auch deutschsprachiger. Zur Zeit werden die in der IJB vorhandenen älteren Kinder- und Jugendbücher im Rahmen eines Sonderprogramms mit Mitteln der Deutschen Forschungsgemeinschaft katalogisiert. Allerdings ist die Anzahl der dort vorhandenen deutschsprachigen älteren Kinder- und Jugendbücher noch nicht sehr umfangreich.

Das Institut für Jugendbuchforschung der Johann Wolfgang Goethe-Universität in Frankfurt am Main hat seit seinem Bestehen den Versuch unternommen, eine Dokumentation der deutschsprachigen Kinder- und Jugendliteratur sowohl der Vergangenheit als auch der Gegenwart zusammenzutragen. So besitzt das Institut in seinen Beständen fast lückenlos die seit dem Jahr der Gründung des Instituts (1963) erschienenen deutschsprachigen Kinder- und Jugendbücher, die ihm von den meisten Kinder- und Jugendbuchverlagen als Belegexemplare überlassen werden. Gleichzeitig hat das Institut versucht, durch Ankauf von Sammlungen mit Hilfe der Frankfurter Universitätsbibliothek (Slg. RÜMANN und Teile der Slg. HOBRECKER), durch Erwerb von Nachlässen (ROTHEMUND, WEISMANTEL, FRONEMANN und andere), durch gezielte Suchaktionen und den Ankauf bei Antiquaren, aber auch mit Hilfe zahlreicher Spenden von Schulen, Bibliotheken und aus der Bevölkerung, die Geschichte der deutschsprachigen Kinder- und Jugendliteratur durch seine systematische Sammlung repräsentativ zu dokumentieren. Das Institut besitzt in seinen Magazinen zur Zeit rund 65000 Bände, darunter mit etwa 18000 Kinderbüchern von den Anfängen bis 1950 die größte geschlossene Sammlung historischer Kinder- und Jugendbücher in deutscher Sprache. Besondere Schwerpunkte der Sammlung sind ABC-Bücher und Fibeln, Robinsonausgaben und Robinsonaden, Struwwelpeterausgaben und Struwwelpetriaden und Fabelausgaben. Neu hinzugekommen sind in den letzten Jahren die Schwerpunkte Proletarische Kinder- und Jugendbücher (etwa 1900–1933), Abenteuerbücher der letzten Jahrzehnte des 19. Jahrhunderts, Mädchenbücher von der Wilhelminischen Ära bis 1933. Das Institut ist zur Zeit damit beschäftigt, mit Hilfe von Mitteln der Deutschen Forschungsgemeinschaft im Rahmen einer Sonderaktion die noch nicht aufgenommenen älteren Kinder- und Jugendbücher zu katalogisieren.

Die Universitätsbibliothek Braunschweig, die den Großteil der Kinder- und Jugendbücher aus der ehemaligen in der Reichsjugendbücherei stehenden „Sammlung Hobrecker" besitzt, ist zur Zeit dabei, im Rahmen der Sonderaktion der Deutschen Forschungsgemeinschaft, an der auch Frankfurt und München beteiligt sind, ihre Bestände zu katalogisieren.

Im Gegensatz zu dem mehr bibliophilen Interesse der früheren privaten Kinderbuchsammler sammeln die vorgenannten Institutionen nicht so sehr nach bibliophilen Gesichtspunkten, vielmehr aus literaturhistorischem und buchgeschichtlichem Interesse. Eine möglichst repräsentative und geschlossene Sammlung aller in der Geschichte der deutschsprachigen Kinder- und Jugendliteratur sichtbar gewordenen Strömungen und Tendenzen, aber auch ihrer Themenbereiche und Buchgruppen wird angestrebt.

Das wachsende Interesse der Öffentlichkeit am Kinder- und Jugendbuch im allgemeinen hat als Begleiterscheinung auch das Interesse am Sammeln alter Kinder- und Jugendbücher gefördert. In der letzten Zeit zeichnet sich auf dem antiquarischen Büchermarkt ein Kinderbuchboom ab, wobei Kinder- und Jugendbücher offensichtlich nicht nur aus Sammlerinteresse, sondern auch als wertsteigernde Spekulationsobjekte gehandelt werden. So wird heute für ein Buch bis zum Zwanzigfachen dessen geboten, was das gleiche Buch noch vor 15 oder 20 Jahren kostete.

Von den privaten Kinder- und Jugendbuchsammlungen, die zur Zeit in der Bundesrepublik Deutschland bekannt sind, sind die wichtigsten die Sammlung HIRSCHBERG, die Sammlung STROBACH und die Sammlung BRÜGGEMANN. In der Hamburger Sammlung HIRSCHBERG, die rund 10000 Titel umfaßt, findet sich als besonderer Schwerpunkt die wohl umfangreichste und kostbarste Sammlung von Struwwelpetriaden und Struwwelpeterausgaben überhaupt. Auch die Sammlung von Emblembüchern des 16., 17. und 18. Jahrhunderts sowie die fast komplette und wohl einzige Spezialsammlung der Kinder-, Jugend- und Volksschriften aus dem Spamer-Verlag bilden herausragende Gruppen der Hamburger Sammlung. Die Sammlung STROBACH, die vor allem sehr viele seltene Einzelstücke aus der Frühzeit des deutschsprachigen Kinder- und Jugendbuches enthält, beinhaltet die umfangreichste BERTUCH-Sammlung, die bisher bekannt wurde, mit fast allen Ausgaben und Varianten von BERTUCHS berühmtem „Bilderbuch für Kinder". Die Sammlung BRÜGGEMANN wurde vor allem durch den Versuch des Besitzers bekannt, seine Sammlung in einer Bibliographie ausführlich zu kommentieren. Der 1975 erschienene Katalog „Kinder- und Jugendliteratur 1698–1950. Katalog der Sammlung Th. Brüggemann. Ein bibliographischer Versuch" enthält 480 Nummern, die nicht nur exakt bibliographiert, sondern auch ausführlich kommentiert werden und damit den Versuch einer „bibliographischen Dokumentation" vorstellen, als Beitrag zu einer noch ausstehenden ausführlichen Gesamtbibliographie der deutschsprachigen Kinder- und Jugendliteratur.

→ W. Benjamin, → K. Hobrecker, → Institut für Jugendbuchforschung, → Internationale Jugendbibliothek, → A. Rümann, → W. Schatzki

Sekundärliteratur: Th. Brüggemann: Kinder- und Jugendliteratur 1698–1950. Katalog der Sammlung Th. Brüggemann. Ein bibliographischer Versuch (1975). – E. Hauswedell (Hrsg.): Alte deutsche Kinderbücher. Mit 63 Abbildungen auf 32 Tafeln (1974). – K. Hobrecker: Alte vergessene Kinderbücher (1924). – A. Rümann: Alte deutsche Kinderbücher. Mit Bibliographie und einhundertundfünfzig Bildtafeln (1937). – W. Schatzki: Children's Books old and rare. Catalogue Number One (1941; NA. 1974).

Helmut Müller

Sanchez-Silva, José Maria

*Spanischer Schriftsteller, Journalist, Kinder- und Jugendbuchautor; * 1. 11. 1911 Madrid.*

S., Sohn eines Journalisten, war schon mit zehn Jahren durch den Tod seiner Mutter und den Verlust seines Vaters, der vermißt wird, auf sich selbst gestellt. Als Küchenjunge, Apothekenbote und Friseurlehrling verdiente er seinen Unterhalt. 1925 kam es zu seinem ersten Schulbesuch in der Waisenschule „Nuestra Señora de la Paloma" von Madrid. Nach der Absolvierung journali-

stischer Kurse arbeitete S. als Journalist nacheinander bei den drei großen Zeitungen „El Debate", „Arriba" und „Pueblo" und leitete verschiedene Wochen- und Monatszeitschriften. Für seine journalistische Arbeit wurden S., der als Korrespondent weite Teile der Welt bereiste, bedeutende Preise dieses Berufes verliehen: der Preis „Mariano de Cavia" und der nationale Journalistenpreis. 1964 wurde er zum „Journalisten ehrenhalber" ernannt. S., der für den Rundfunk schrieb und über zwölf Spielfilme inszenierte, erhielt den nationalen Filmdrehbuchpreis, den spanischen Filmpreis und wurde 1966 mit dem „Ondas"-Preis als bester Rundfunk- und Fernsehschriftsteller des Jahres ausgezeichnet.
Auch für sein literarisches Werk konnte S. den nationalen Literaturpreis in Empfang nehmen. 1968 wurde ihm die Hans-Christian-Andersen-Medaille überreicht. Seine Bücher erreichten hohe Auflagen und sind in über 26 Sprachen übersetzt sowie für Funk und Fernsehen bearbeitet worden.

Werk, Tendenzen, Wirkung. S., der zu den bekanntesten spanischen Kinderbuchautoren zählt, hat für Erwachsene und für Kinder geschrieben, wobei ihm die Kinder als Adressaten zunehmend wichtiger wurden. Er selbst sagte dazu: „Ich bin 55 Jahre alt und habe als Lebensinhalt des Menschen noch nichts Wichtigeres oder Würdigeres gefunden als die Beschäftigung mit der Bildung, der Erziehung und die literarische Arbeit für die Kinder. Ich glaube, daß der berühmte Ausspruch ‚Cherchez la femme' heute nicht passend ist. Von jetzt an muß es heißen: ‚Cherchez l'enfant'." S.s eigene Kindheitserfahrungen, vor allem der frühe Verlust der Eltern, haben in seinem Schaffen die Familie und ein von Zuwendung und Liebe bestimmtes Zusammenleben zum zentralen Thema werden lassen. Dies wird deutlich in dem vierbändigen Werk um den Waisenjungen Marcelino, der in der spanischen Kinderliteratur so bekannt wurde wie „Pinocchio" oder „Peter Pan". In dem ersten Band („Marcelino Pan y Vino", 1953; dt. Die Legende von Marcelino, 1955) kommt Marcelino, von Mönchen in einem Kloster aufgenommen, mit dem gekreuzigten Christus ins Gespräch. Dieses Buch, das auch erfolgreich verfilmt wurde, ist zu einem der meist übersetzten Bücher Spaniens geworden. Auch die drei weiteren Bände („Historias Menores", 1953; „Aventura en el cielo", 1954; „Adán y el Señor Dios", 1967) erzählen auf poetische Weise Geschichten und Anekdoten von dem Jungen Marcelino. Die Begegnung mit dem gekreuzigten Jesus steht auch im Mittelpunkt von S.s Novelle „El Hereje" (1956; dt. Der Ketzer Tadeo, 1958), die als christliches Gegenstück zu Ernest Hemingways Roman „Der alte Mann und das Meer" (dt. 1952) Anerkennung fand. In S.s weiteren Kinderbüchern stehen vielfach Tierfiguren im Mittelpunkt der Geschichten. In ihnen will der Autor den jungen Lesern deutlich machen, daß liebevolle Behandlung das Schönste ist, das ein Tier von einem Kind erfahren kann.
In „La burrita Non" (1955; dt. Die Eselin Ungerad, 1956) erzählt S. die traurige Geschichte einer Eselin, die zum Schluß doch noch im Paradies der Tiere aufgenommen wird. Ein Kind, das sich mit einer Ameise anfreundet, ist Thema der beiden Bücher „Un gran pequeño" (1966) und „El segundo verano de Ladis" (1968). Die Geschichte eines Kindes, das in seiner Einbildung einen Walfisch besitzt, den es riesengroß oder winzigklein zaubern kann, schildert „Adios, Josefina" (1962; dt. Adieu, Josefine, 1963). Mit der Ablösung von der Kindheit, symbolisiert durch die Aufnahmeprüfung für die höhere Schule, ist es auch Zeit für den Wal, Abschied zu nehmen. In einer neuen Folge von Büchern, in deren Mittelpunkt der junge Leser steht, erzählt S. Abenteuergeschichten aus der heutigen Zeit („Ladis y el F. B. I.", 1970; „Ladis en las praderas", 1971).

Werke: Bokumba, rey de los negros (1948); Marcelino Pan y Vino (1953; dt. Marcelino, 1955); Historias Menores (1953; dt. Neue Geschichten von Marcelino, 1957); Aventura en el cielo (1954); La burrita Non (1955; dt. Die Eselin Ungerad, 1956); El hereje (1956; dt. Der Ketzer Tadeo, 1958); Luiso (1960); Cuentos de Navidad (1960); Adios, Josefina (1962; dt. Adieu Josefine, 1963); Colasín y Colasón (1963); Tres animales son (1966); Un gran pequeño (1966); Adan y el Señor Dios (1967); El segundo verano de Ladis (1968); Ladis va al Oeste (1969); Ladis y el F. B. I. (1970); Ladis en las praderas (1971).

Sekundärliteratur: Zd. Novak: José Maria Sanchez-Silva (in: Bookbird. 6. 1968. 4. 18–19).

Carmen Bravo-Villasante

Sandberg, Inger
Sandberg, Lasse

*Inger S., Kinderbuchautorin; * 2. 8. 1930 Karlstadt; Lasse S., Illustrator; * 17. 2. 1924 Stockholm.*

I. S., Tochter einer Landwirtsfamilie, ging in Karlstadt zur Schule, ehe sie an der Lehrerhochschule in Strängnäs studierte. Nach dem Examen (1954) war sie bis 1963 im Schuldienst. L. S., Kaufmannssohn, übte nach dem Abschluß seiner Studien mehrere Tätigkeiten aus, darunter auch die eines Pressephotographen. L. S. und I. S. sind seit 1950 verheiratet und leben in Karlstadt in Schweden. Die Geschichte ihres Bilderbuchschaffens ist eng mit dem Leben ihrer Kinder verbunden, für die sie viele Bilderbücher verfaßt haben. L. S., der ausschließlich für seine Frau illustriert, übernimmt dabei die Bildregie, I. S. das Verfassen der Texte. Sie debütierten gemeinsam 1953 mit „Fåret Ullrik får medalj". Ihre Zusammenarbeit wurde durch mehrere Bilderbuchpreise ausgezeichnet: 1966 mit der Elsa-Beskow-Plakette für „Lilla spöket Laban" (1965), 1967 mit der Silbermedaille auf der Bienale ilustracií Bratislava (BIB) für „Pojken med de hundra bilarna" (1966), 1967 mit dem Staatskunstpreis von Schweden, 1969 mit dem Preis des Verlags ‚Heffarklump' für das schönste Kinderbuch „Pappa kom ut!" (1969) und 1973 mit dem Nils-Holgersson-Preis. Ihre Bilderbücher erschienen in Dänemark, England, Finnland, Deutschland, Japan, Norwegen und in den USA.

Illustration in der für Lasse Sandberg in den sechziger Jahren typischen Technik – Mischung von Collage und gezeichneter Karikatur – aus „Pojken med de hundra bilarna“ (Stockholm 1966).

Werk, Tendenzen, Wirkung. Die Themen der Bücher von I.S. und L.S. basieren auf Situationen aus dem Kinderalltag. Sie enthalten Szenen, in denen humorvoll gezeigt wird, wie sich Geschwister zueinander, Eltern zu ihren Kindern verhalten und wie kindliche Wunschträume erst über viele Umwege und Hindernisse hinweg in Erfüllung gehen, aber auch zu Einsichten und zu Kompromissen führen. Das pädagogische Einfühlungsvermögen der beiden kongenial arbeitenden S.s sorgt dafür, daß Text und Bild streng an der Auffassungsgabe des Kindes orientiert bleiben. Für sie haben Behutsamkeit, Geduld, Phantasie, Neugierde für das, was das Kind meinen könnte, Vorrang vor dem Erreichen von selbstgesetzten Erziehungszielen. Die Bilder von L.S. berücksichtigen die kindlichen Wahrnehmungsmöglichkeiten. Sie sind durch ein Merkmal, das L.S. über Jahrzehnte hinweg immer wieder wählt, besonders einprägsam: die streng stilisierten, großköpfigen Gesichter mit weit geöffneten Augen und lebendiger Mimik. Der Künstler will damit die Wiedererkennungsfreude des Kindes wecken, zugleich beim Betrachten zu eigenen kreativen Ideen anregen. L.S. verbindet verschiedene Techniken innerhalb einer Abbildung: Deckfarben und Gouache-Malerei mit Klebebildern, die er aus Versandkatalogen, Reiseprospekten und Illustrierten herausschneidet, Materialien übrigens, die alle auch dem Kind leicht zugänglich sind. Die Bilderbücher der S.s sind unterschiedlich in der Qualität. Humorvoll, cartoonistisch und originell ist der scheinbare Realismus des kleinen Gespensts Laban in „Lilla spöket Laban“ (1965; dt. Laban will nicht geistern, 1968), das keinen Sinn für die Gespensterfamilientradition hat. Umgekehrt muß Niklas in „Niklas önskedjur“ (1967; dt. Ein Tier ganz für mich allein, 1969) erst begreifen lernen, daß seine phantastischen Tierwünsche unerfüllbar sind, bis er endlich einen ‚gewöhnlichen‘ Hundewelpen akzeptabel finden kann. Ein Elefant, ein Nashorn, zumindest aber ein Nilpferd waren zunächst die Verhandlungsbasis zwischen Vater und Sohn. Weniger gelungen sind die Bilderbücher „Var är lilla Annas Hund" (1972; dt. Wo ist Susis Hund, 1973) und „Lilla Anna och Långa Farbrorn på havet" (1971; dt. Susi fährt zur See, 1972), in denen das Phantastische und Pädagogisierende zu aufdringlich wirken. Dagegen sind „Vad är det som ryker?" (1971; dt. Rauch' nicht, Drache, 1972) und „Vi leker öken, Fröken" (1973; dt. Wir spielen Wüste, 1974) graphisch und inhaltlich gelungene Bilderbücher.

Werke: Fåret Ullrik får medalj (1953); Jag målar en ... (1955); Jonas och bilen och äventyret (1959); Godnattsagor på rullgardinen (1960); Filuren på äventyr (1961); Hemma hos mej (1962); Lena berättar (1963; dt. Lena und ihr Hund Jassi, 1973); Trollen i Lill-Skogen (1963); Niklas röda dag (1964); Vad Anna fick se (1964; dt. Was Susi alles sieht, 1965); Barnens bildordlista (1965); Den musikaliska myran (1965); En morgon i varuhuset (1965); Johan (1965; dt. Gleich kommt Johan, 1968); Lilla Anna och trollerihatten (1965; dt. Susi und der Zauberhut, 1965); Lilla spöket Laban (1965; dt. Laban will nicht geistern, 1968); Vad lilla Anna sparade på (1965; dt. Susi und das Flugzeug, 1965); En konstig första maj (1966); Lilla Annas mamma fyller år (1966); Nör lilla Annas far forkyld (1966); Pojken med de hundra bilarna (1966; dt. Ein Junge und hundert Autos, 1967); Niklas önskedjur (1967; dt. Ein Tier ganz für mich allein, 1969); Mathias bakar kakor (1968); Mathias och trollet (1968); Pojken med de många husen (1968; dt. Der Junge mit den vielen Häusern, 1970); Vi passar oss själva (1968); Filurstjärnan (1969); Johan i 2:an (1969; dt. Ein Leopardenfell macht noch keinen Tarzan. Johans aufregendes Schuljahr, 1974); Mathias hjälper till (1969); Mathias målar en ... (1969); Pappa, kom ut! (1969; dt. Vati, komm' doch!, 1970); Buffalo Bengt och indianerna (1970; dt. Häuptling Schwarze Zehe und seine Indianer, 1971); Lena står i kö (1970); Stora tokboken (1970); Lilla Anna och Långa Farbrorn på havet (1971; dt. Susi fährt zur See, 1972); Vad är det som ryker? (1971; dt. Rauch nicht, Drache!, 1972); Fred Strid krymper (1972; dt. Großer Mann ganz klein, 1973); Lilla Anna flyttar saker (1972); Lilla Annas julklapp (1972); Var är lilla Annas hund? (1972; dt. Wo ist Susis Hund?, 1973); Lilla Anna – kom och hjälp! (1973; dt. Susi, Susi hilf mir bitte, 1974); Lilla Anna leker med bollar (1973; dt. Susi hat zwei Bälle, 1974); Vi leker öken, Fröken (1973; dt. Wir spielen Wüste, 1974); Hej, välkommen till mej! (1974; dt. Herzlich willkommen, 1975); Lilla Anna i glada skolan (1975); Perry och osynlige Wrolf (1975); Var är Långa Farbrorns hat? (1976); „Gissa vem jag är i dag?" sa Labolina (1977); „Kommer snart" sa Laban och Labolina (1977); Labolinas lina (1977); Labolinas snubbeldag (1977); Lilla spöket Laban får en lillasyster (1977); Pappa är sjuk, sa lilla spöket Laban (1977).

Sekundärliteratur: Illustratorenprofil Lasse Sandberg (in: Bulletin Jugend und Literatur. 1972. 12. 82–83). – L. Sandberg: When I am drawing pictures (in: Bookbird. 7. 1969. 3. 64–67).

Ulrich Hann

Santucci, Luigi

*Italienischer Sprachwissenschaftler, Schriftsteller; * 11.11.1918 Mailand.*

S. studierte Literaturwissenschaften und Geschichte. Er lehrt als Professor für Sprachwissenschaften an der Universität in Mailand. In Italien wurde S. vor allem durch seine satirischen, humorvoll gehaltenen Novellen, Romane und Dramen meist kirchlich-religiöser Thematik bekannt. Mit der Studie „La letteratura infantile" (1958; dt. Das Kind, sein Mythos und sein Märchen, 1964), die dem Autor internationale Bekanntheit verschaffte, trat S. in die Diskussion um die Kindern gemäße Literatur, vor allem des Märchens, ein. In dieser Studie betont S. die Relevanz des Märchens für die kindliche Persönlichkeitsentwicklung. Er geht dabei von dem pädagogischen Begriff des „Pan-Mythos" aus, einer seiner Meinung nach dem Kind „eigentümlichen Deutung der Empfindungen und Erfahrungen in der Perspektive der verzaubernden Phantasie". Er betont die geschlossene Welt des Kindes und lehnt von daher eine realistische Literatur ab, die dem Kind Elemente der Erwachsenenwelt nahezubringen versucht. Neben diesen „veristischen" werden auch die „schießfreudigen" Textsorten wie Comics, Abenteuer- und Kriminalromanhefte, Science-Fiction-Produkte und anderes abgelehnt, denn Kindheit als mythisches Stadium der menschlichen Psyche erfordere eine Kinderliteratur, die vom „Wunderbaren" gezeichnet sein müsse. Weitere, in der „guten" Kinderliteratur verwirklichte Kategorien seien das „Arhetorische", das „Abenteuerliche", das „Unheimliche". Am besten seien diese Forderungen im Märchen realisiert.

Zweifellos ist S.s Position einseitig. S. betrachtet das Kind als idealtypisches Konstrukt, das losgelöst von sozialen Determinanten und individuellen Eigenheiten eine Entwicklung durchlaufe, die scheinbar nur von physiologischen und psychischen Faktoren abhängig und daher leicht voraussagbar sei. Darüber hinaus ist es zweifelhaft, ob nur allein das Märchen und nicht auch ein realistischer „veristischer" Lesestoff allgemeinen Forderungen an „gute" Jugendliteratur gerecht werden kann.

Werke: La letteratura infantile (1958; dt. Das Kind, sein Mythos und sein Märchen, 1964).

Bernhard Meier

Sapper, Agnes

*Kinder- und Jugendbuchautorin, Erziehungsschriftstellerin; * 12.4.1852 München, † 19.3.1929 Würzburg.*

S., Tochter des Juristen, Publizisten und Politikers Karl Brater, verlebte ihre Jugend in München, Nördlingen und Erlangen. Sie heiratete 1875 den Lokalpolitiker und Notar Eduard S. und hatte drei Kinder. Nach dem Tod ihres Mannes (1898) zog sie nach Würzburg. Schon dem Kind Agnes sagte man Erzähltalent und Interesse für Erziehung nach. 1882 wurde sie durch ein Preisausschreiben zum Schreiben angeregt und verfaßte in den folgenden Jahren eine Reihe kleinerer Erzählungen für Kinder, die 1892 in Buchform gesammelt herauskamen. Eckpfeiler ihres Werks sind zwei populärwissenschaftliche Erziehungsbücher („Die Mutter unter ihren Kindern", 1895; „Erziehen oder Werdenlassen?", 1912), den Höhe-

Agnes Sapper (1852–1929)

punkt ihres Schaffens stellen die Bände über die Familie Pfäffling dar.

Werk, Tendenzen, Wirkung. Einige der Erzählungen S.s gehören zu den wenigen aus der Zeit der Jahrhundertwende, die bis heute mit Erfolg immer wieder aufgelegt werden. Vor allem „Die Familie Pfäffling" mit einer Gesamtauflage von ca. 800000 Exemplaren zählt zu den erfolgreichsten Jugendbüchern des 20. Jahrhunderts, wenn diese Erzählung auch nie zum eigentlichen „Bestseller" geworden ist, sondern sich mehr durch eine gewisse Stetigkeit der Wirkung auszeichnete.

S. begann mit traditionell heimatgebundenen, genrehaften Geschichten für kleine Mädchen. Auch die Gretchen-Reinwald-Geschichten (1894, 1901) stehen noch ganz im Banne der pädagogischen Kindergeschichte bzw. der Backfischliteratur der Wilhelminischen Ära (E. v. Rhoden, M. v. Felseneck u.a.), in der es vor allem um eine Erziehung des Mädchens zur tugendhaften Anpassung geht und ein „ausgelassenes Gänschen" im Lyceum „in Zucht" genommen wird. – Mit der Erzählung „Das kleine Dummerle" (1904) fand die Verfasserin nicht nur zu ihrem Hauptthema „Familie" und ihrem „Pfäfflings"-Stoff, sondern schlug auch einen neuen Ton an. Trotz gewisser Märchenanklänge wurde ein beherzter Schritt zu einem gewissen Alltagsrealismus vollzogen, so wenn die Familie sich wegen ihrer zahlreichen Kinder vergeblich um eine neue Wohnung bemüht. Auf das Präludium folgte das Hauptwerk „Die Familie Pfäffling" (1907), ein Jahr aus dem Leben einer kinderreichen Familie in einer süddeutschen Kleinstadt, deren Vater seine Familie als Musiklehrer mehr schlecht als recht durchzubringen versucht. Jedes der sieben Kinder entwickelt einen eigenständigen Charakter; viele realistische Details und Entwicklungskonflikte zeigen, daß die Pfäffling-Kinder durchaus keine Musterkinder sind. Das Buch sollte ein Loblied auf die „deutsche Familie" sein und zeigen, wie es möglich ist, trotz Not und Mangel zufrieden und fröhlich zu werden. Die Familie geriet hier nicht nur zu einem Gegengewicht gegen Mangel und Not, sondern zu einer Stätte, in der – aus heutiger Sicht – ein Kanon traditioneller, häuslicher Tugenden gedeiht wie Gehorsam, Bescheidenheit und Ordnungssinn. Die Familie ist nicht nur wichtig für die Erfahrung der Geborgenheit und des Vertrauens, sondern in ihrer patriarchalischen Struktur verantwortlich für die Erzeugung privat-familiärer Tugenden, eine traditionelle Rollenzuweisung und eine permanente moralisierende Form der Bearbeitung kindlicher Eigenarten, die stark aus einer pädagogischen Erwachsenenperspektive gesehen und dadurch leicht zu „Unarten" werden. Die Grundspannung des Buches: Sinn für kindliche Eigenart und deren Pädagogisierung, löst sich letztlich dadurch, daß das Pädagogische Oberhand gewinnt. Das „Buch der frohen Bescheidung" (J. Prestel) ist daher als Zeugnis einer bürgerlichen „Flucht nach innen" zu bewerten.

Jedoch war der Verfasserin allem Anschein nach die Problematik bewußt, wenn sie sie auch nicht aufzulösen vermochte. Die Feier der Familienidylle, die zugleich den Blick für die Wirklichkeit verstellt, steht in Spannung zu einer – bloß rational – als notwendig erkannten Überschreitung und Loslösung aus der Familie (vgl. Vorwort der Verfasserin zu „Werden und Wachsen", 1910, der Fortsetzung von „Die Familie Pfäffling"). Wenn S. 1918 schreibt: „Es ist einem immer traurig zumute, wenn man sich nicht auf die Familie beschränkt, und das kann man nicht, die allgemeine Not liegt einem zu sehr am Herzen" (zitiert nach Agnes Herding-Sapper, S. 163), so kommt darin sowohl das Eingeständnis eigenen Scheiterns als auch die Unfähigkeit zum Ausdruck, die Fluchthaltung zu überwinden.

Entgegen der „ursprünglichen Neigung", der Versuchung zur geschichtslosen Idylle nachzugeben, erarbeitete sich S. einen beachtlich scharfen Blick für soziale Konflikte, die sie jedoch auf individueller Ebene, unter Berufung auf schicksalshafte Fügung, Wohltätigkeit und idealistischen Willen, zu lösen bestrebt ist. Die Erzählung „Im Thüringer Wald" (1914) schildert, aufgrund eigener Erfahrungen der Verfasserin, das Elend der Heimarbeiter in der Thüringer Puppenindustrie; in „Regine Lenz" einer Erzählung, die S. nach Besuchen in einem Frauengefängnis geschrieben hat, wird die Erschütterung einer Familie, deren Mutter wegen Diebstahls „einsitzt", beschrieben. Im Ersten Weltkrieg zollte S. dem Zeitgeist mit nationalistischen Durchhalteerzählungen Tribut („Ohne den Vater", 1915; „Das Enkelhaus", 1917).

S.s zwischen Erzähltemperament, Sinn für kindliche Bedürfnisse und einer auf Bewahrung der alten Tugenden gerichteten Pädagogik angesiedelte Geschichten verraten eine für die Zeit ihrer Entstehung beachtliche Sensibilität für Alltagserfahrung, kindliche Eigenarten und soziale Konflikte; diese Sensibilität wird jedoch immer zugleich korrigiert und kanalisiert durch zeitbedingte Normen und mangelnde Konsequenz. In einem naiven, kindlichen Glauben und einem unbeirrbaren

Optimismus werden wahrgenommene Bedürfnisse und Konflikte wieder verdrängt – eine zwar unsentimentale, geradlinige, manchmal etwas spannungslose Prosa, der man einen „echten Kinderton" nachgesagt hat, in der aber Armut durch Fröhlichkeit therapiert wird. Die sich vor allem an Kinder und heranwachsende Mädchen wendenden Erzählungen halten an der traditionellen Geschlechtsstereotypik fest und preisen eine sich gegen widrige Umstände durchsetzende „Begabung" (u.a. „In der Adlerapotheke", 1911). Weite Verbreitung fanden vor allem die Erzählungen S.s, die in der vom Gundert-Verlag herausgegebenen Reihe „Sonne und Regen im Kinderland" erschienen.

Werke: Für kleine Mädchen. Zehn Erzählungen (1892); Das erste Schuljahr (1894); Die Mutter unter ihren Kindern. Ein Büchlein für Mütter (1895); Gruß von Rigi den Kindern daheim (1896); Gretchen Reinwald (1901); Das kleine Dummerle und andere Erzählungen (1904); Die Familie Pfäffling (1907); Lieschens Streiche und andere Erzählungen (1907); Werden und Wachsen. Erlebnisse der großen Pfäfflingskinder (1910); In der Adlerapotheke (1911); Erziehen oder Werdenlassen? (1912); Im Thüringer Wald (1914); Kriegsbüchlein für unsere Kinder (1914); Ohne den Vater (1915); Das Enkelhaus (1917); In Rot bewährt (1922); Lili (1924); Ein Wunderkind und andere Erzählungen (hrsg. von Fr. Pferdmenges, 1926); Im Familienkreis. Kleine Lustspiele für die Jugend (1926).

Sekundärliteratur: Agnes Sapper zum 70. Geburtstag (1922). – A. Herding-Sapper: Agnes Sapper. Ihr Weg und ihr Wirken (1931). – J. Krüss: Naivität und Kunstverstand (1969). – A. Sapper: Ein Gruß an die Freunde meiner Bücher (1922). – I. Weber-Kellermann: Die deutsche Familie (1974).

Malte Dahrendorf

Satire in der Kinder- und Jugendliteratur

Als S.n werden die Texte aus der historischen Gattung des Spottgedichts bezeichnet, zurückgehend auf die römischen Vers-S.n, und die vielseitigen ironisch-witzigen literarischen Formen, in denen die Empfindung des Unbehagens, der kritischen Distanz, ja der Empörung – menschliche Schwächen, Laster und soziale Verhältnisse betreffend – Gestalt gewinnen. Unter dem historischen wie unter dem typologischen Aspekt läßt sich S. verstehen als ästhetisch sozialisierte Aggression. Diese ist auch Kindern und Jugendlichen zugänglich und vertraut.

Drei konstitutive Elemente der S. Wer eine S. schreibt, bringt seine persönliche Irritation, seinen Zweifel, seinen Haß, seine Wut, seine Aggressionslust zum Ausdruck. Dies ist das individuelle Element der S. Schon HORAZ verstand sie als Dichtung des persönlichen Impulses; er folgte beim S.-Schreiben seiner Natur. Für HEINRICH HEINE ersetzte sie die Sitte, einen Degen an der Seite zu tragen. Der Satiriker will also kämpfen, nicht nur eine unvollkommene Wirklichkeit erkennen und beschreiben. Er will durch Lächerlichmachen die Ursachen der Unvollkommenheit vernichten. Solche Züge satirischer Kritik sind durchaus auch Kindern eigen. In vielen Kinderversen kämpfen sie schon im Vorschul- und Grundschulalter gegen eine für sie unbefriedigende Realität, verspotten beispielsweise Schule, Obrigkeit und scheinheiligen Sittenkodex der Erwachsenen (vgl. die Sammlungen von PETER RÜHMKORF: Über das Volksvermögen, Exkurse in den literarischen Untergrund, 1967; ERNEST BORNEMAN: Das Bild des Gesellschaftlichen in den Liedern, Reimen, Versen und Sprüchen deutschsprachiger Großstadtkinder, in: Jahrbuch für Volksliedforschung. 17. 1972. S. 181–207).

Damit ist das zweite, das soziale Element der S. angesprochen. Der Angriff soll etwas bessern, soll im Sinne FRIEDRICH SCHILLERS („Über naive und sentimentalische Dichtung") Realität zu einer im Satiriker verinnerlichten Idealität hin verändern helfen; oder er soll Widersprüche in der gesellschaftlichen Wirklichkeit – so sind Ursprung und Gegenstand der S. bei KARL MARX definiert – aufheben. Trotz des nachweisbaren häufigen Gebrauchs satirischer Formen im täglichen Verhalten bei Kindern, bietet der heutige Kinder- und Jugendbuchmarkt wenig entsprechende Texte. Satirische Züge sind jedoch unter anderem zu finden bei PETER HACKS („Der Bär auf dem Försterball"), JANOSCH (d.i. HORST ECKERT, „Janosch erzählt Grimms Märchen"), MARIE MARCKS („Immer ich") und TOMI UNGERER („Der Hut"). Die im Zusammenhang mit der S. auch immer wieder genannten Werke von WILHELM BUSCH („Max und Moritz"), MIGUEL SAAVEDRA DE CERVANTES („Don Quijote"), LUDWIG THOMA („Lausbubengeschichten") und JONATHAN SWIFT („Gullivers Reisen") werden von Kindern nicht immer als satirische Kritik aufgenommen. Als solche wurden sie aber geschrieben. Statt dessen werden sie als phantastische Erzählungen herausgegeben und gelesen. Der in ihnen ursprünglich vorgetragene Angriff auf eine bestimmte historische Situation (Don Quijote – sterbendes spanisches Rittertum im 15. und 16. Jahrhundert. Gulliver – absolutistische Herrschaftsform im England zu Anfang des 18. Jahrhunderts und anderes mehr) ist für den heutigen jugendlichen Leser nicht mehr nachvollziehbar, wird ihm auch in den üblichen Jugendbearbeitungen und Kurzfassungen nicht mehr vermittelt. Das zeigt, daß das Verständnis des satirischen Angriffs entscheidend vom historischen Standort und politischen Bewußtsein des Adressaten abhängt, daß er bewußt vom Schreiber eingeplant werden muß, geht es doch darum, ihn für das eigene Anliegen zu gewinnen. S.n auf allgemeine menschliche Schwächen wie Neid, Hochmut, Geiz, Unterwürfigkeit, Eitelkeit usw., wie sie in Fabelform tradiert und immer wieder neu bearbeitet werden, sind dagegen auch losgelöst von historischen Bezügen für Kinder verständlich. Ebenso ist für sie die Kritik am Wirtschaftswunder, an Profitdenken und perfektionistischem technologischem Denken, wie sie JANOSCH in seinen Märchen vorträgt, nachvollziehbar im Sinne der von der S. intendierten Verständnisform (vergnüglich die Wahrheit zu erfahren).

Dazu bedient sich der Satiriker des dritten konstitutiven Elementes der S., des ästhetischen. Er bindet seine

Aggression an Zeichen, macht sie am Text ablesbar. Er baut in diesem Text eine eigene, in sich stimmige, eine fiktionale Welt auf, deren Gesetze die Perversion der vom Satiriker erhofften Ordnung in der Welt ist. In dieser Indirektheit liegt die Möglichkeit des Satirikers, seinen Angriff in das Bewußtsein des Lesers zu bringen. In ihr liegt zugleich aber auch die Gefahr des Nicht- oder des Mißverstehens.

Rezeption der S. bei Kindern und Jugendlichen. Voruntersuchungen über die Rezeption von S.n bei Kindern und Jugendlichen bestätigen, daß es die Darstellungstechniken des uneigentlichen Sprechens sind, wie die Übertreibung, die Reduktion, die perspektivische Verfremdung, die das Verstehen von S.n behindern. Sie zeigen aber auch, daß bei Gymnasiasten mit einem durchschnittlich fachspezifischen Literaturunterricht der Anteil des Nichtverstehens abnimmt. Damit läßt sich allerdings höchstens eine Aussage über den Stand der literarischen Erziehung machen, keinesfalls jedoch der geringe Rezeptionsgrad von S.n erklären.
Die Geschichte der S. zeigt, daß ihre Popularität seit der Romantik zu Beginn des 19. Jahrhunderts zurückgegangen ist und ihre reflektorische Rechtfertigung durch das Protegieren einer Theorie des Humors verdrängt wurde. Dieser Vorgang des allmählichen Verlustes von Möglichkeiten, mit S.n Bekanntschaft zu machen, spiegelt sich in den Lehrplänen der Schulen und in der textlichen Ausstattung von Lesebüchern wider, aber auch in der Art und Weise der Bearbeitung von S.n, sobald sie zu Kinderbüchern umfunktioniert werden. Damit aber bestand und besteht die Gefahr, daß Kinder und Jugendliche von einer Möglichkeit der Auseinandersetzung mit der Wirklichkeit und von einer literarischen Form, die diese Wirklichkeit als eine zu verändernde zeigt, ausgeschlossen werden. Jedoch zeigen schon die Alltagsbeispiele der Kinderreime und Spottgedichte, die parodistischen Versuche von Schülern in Aufsätzen und zum Teil auch die Comic-Literatur (Peanuts, Asterix und andere), daß die S. ihre Wege, unter Umständen auch auf subkulturellem Sektor, zum Kind und Jugendlichen findet.

Hinzuzufügen ist aber, daß die Schwierigkeiten der S. in der Schule auch etwas aussagen über die Schwierigkeiten der Schule mit der S. Für lange Zeit galt, wie Helmut Arntzen ausführte: „Deutsches war der Satire nie gut gesonnen“.

Sekundärliteratur: H. Arntzen: Satire und Deutschunterricht (in: Der Deutschunterricht. 18. 1966. 3. 29–38). – J. Brummack: Zu Begriff und Theorie der Satire (in: Deutsche Vierteljahresschrift. 45. 1971. Sonderheft Forschungsreferate. 275–377). – D. Grünewald: Satire in der Grundschule? (in: Diskussion Deutsch. 32. 1976. 6. 569–576). – H. Helmers: Lyrischer Humor (1971). – U. Karthaus: Humor – Ironie – Satire (in: Der Deutschunterricht. 23. 1971. 6. 104–120). – W. Trautmann: Das ‚Komische‘, ‚Satirische‘, ‚Ironische‘, ‚Humorige‘, ‚Heitere‘ – in Theorie und Unterricht (in: Der Deutschunterricht. 23. 1971. 6. 86–103). – H.-J. Wehnert: Humor und Satire in einigen klassischen Kinderbüchern (in: Beiträge zur Kinder- und Jugendliteratur. 13. 1969. 7–21).

Dieter Kirsch

Sauerländer Verlag

Aarau, Frankfurt/Main und Salzburg. Bilderbücher, Kinderbücher, Jugendbücher, Sachbücher, Schul- und Fachbücher, Belletristik, Fachzeitschriften.

Der aus Frankfurt/Main stammende Johann David Sauerländer (1776–1847), der mit Clemens von Brentano, Johann Heinrich Pestalozzi (1746–1827) und Heinrich Zschokke befreundet war, gründete 1807 den Verlag. Derzeitiger Leiter für alle drei Firmen ist Hans Christof Sauerländer (* 1943).
Von Beginn an stand das Verlagsprogramm im Zeichen aufklärerisch-emanzipatorischen Denkens. Schon damals entstanden Kinderbücher, oft belehrenden Inhalts. Seit 1870 erschienen die wesentlichen Jugendschriftenverzeichnisse und Jugendschriften für den deutschschweizerischen Raum. Nach 1918 erfolgte unter der Leitung von Remi Sauerländer der Ausbau des Kinder- und Jugendbuchprogramms, der sich seit 1933 erheblich verstärkte. Seit damals stehen Kinder- und Jugendbücher im Mittelpunkt der Verlagsproduktion. Betrug die Anzahl der Titel 1934 noch 40, so waren es 1949 schon 170. Das dabei erreichte und eingehaltene inhaltliche und graphische Niveau verdeutlicht sich an der überdurchschnittlich hohen Zahl von nationalen und internationalen Preisen, die den Verlagsproduktionen seit den vierziger Jahren zuerkannt wurden.
Für diese Jahre bleibt hervorzuheben, daß Sauerländer emigrierten deutschen Autoren wie Lisa Tetzner (1894–1963) und Kurt Kläber (1897–1959, Ps.: Kurt Held) Publikationsmöglichkeiten gab, eine im oft emigrantenfeindlichen Schweizer Klima nicht nur verlegerisch mutige Entscheidung. – Mit Kläber als Herausgeber erschienen seit 1949 die Drachenbücher (bis 1961). Im Zuge der Bekämpfung von „Schmutz und Schund“ sollten sie – äußerlich den Heftchenreihen ähnlich – den jugendlichen Leser zur Weltliteratur hinführen. Ein ähnliches Projekt stellte die Trio-Reihe dar, preiswerte Nachdrucke bereits anerkannter Jugendbücher in Kooperation mit dem Verlag Jugend & Volk und dem Gebrüder-Weiss-Verlag (ab 1960). Die Reihe ging auf in den bt-Taschenbüchern, die zusammen mit Benziger bis 1975 herausgegeben wurden. Neben literarischen Kinder- und Jugendbüchern spielt das Bilderbuch eine wichtige Rolle im Verlagsprogramm. Zur Zeit gehört Jörg Müller (* 1942) mit seinen Bildermappen und Bilderbüchern, die in Zusammenarbeit mit Jörg Steiner entstanden sind, zu den Spitzenautoren des Verlages. Jörg Müller erhielt 1974 für seine Bildermappe „Alle Jahre wieder saust der Preßlufthammer nieder oder Die Veränderung einer Landschaft“ (1973) den Deutschen Jugendbuchpreis.
Heute erscheinen durchschnittlich 20 Titel im Jahr, die sich auf alle Altersstufen verteilen. Neben einer spezifisch schweizerischen hat das Programm im wachsenden Maße eine internationale Komponente. So gab es in den letzten Jahren mehr Übersetzungen als deutschsprachige Neuerscheinungen. Das Schulbuchprogramm umfaßt alle Schulstufen. 1977 stellte der Verlag die Reihe „Neue Texte bei Sauerländer“ vor, die an das

Jugendbuchprogramm anschließen soll und für ein Lesepublikum zwischen 16 und 25 Jahren gedacht ist. Zu den Autoren gehören: LUDVIK ASKENAZY, CECIL BØDKER, FRITZ BRUNNER, VERA und BILL CLEAVER, JEAN C. GEORGE, MICHEL GRIMAUD, KURT HELD, JOSEF LADA, NORMA MAZER, PIERRE PELOT, JÖRG STEINER, LISA TETZNER, MAX VOEGELI und andere. Zu den Sauerländer-Illustratoren zählen: THEO GLINZ, WALTER GRIEDER, FELIX HOFFMANN, JÖRG MÜLLER, MAURICE SENDAK, Herr und Frau SMITH (d. i. RAY und CATRIONA SMITH), DIETER WIESMÜLLER, URSULA ZANDER und andere.

Erich Eberts

Saz, Natalja (Sac)

*Sowjetische Kindertheaterautorin, Gründerin und Leiterin des ersten Kindertheaters in Moskau; * 14.(27.)8.1903.*

Intensiv gefördert im Elternhaus (ihr Vater war der Komponist ILJA S., Bühnenmusiker, der unter anderem für STANISLAVSKIS Künstlertheater komponierte, ihre Mutter war Sängerin), zeigte S. schon früh Neigung zu Regie und Organisation. Als noch nicht Fünfzehnjährige richtete sie nach der Oktoberrevolution im Sektor „Theater/Musik" des Moskauer Rats der Arbeiterdeputierten Aufführungen für Kinder ein. Die erste fand am 7. Juli 1918 statt. Aus dieser Arbeit entwickelte sich 1921 das Moskauer Kindertheater, das 1936 in „Zentrales Kindertheater" umgenannt wurde und dessen Direktorin und künstlerische Leiterin S. bis 1937 war. Seit 1925 führt sie auch selbst Regie, und seit 1927 schreibt sie eigene Stücke. Nach Verfolgung und Deportation unter STALIN initiierte S. 1944 das Erste Kasachische Kinder- und Jugendtheater in Alma-Ata; sie leitete es bis 1950. Seit 1964 ist S. Leiterin der auf ihre Initiative hin gegründeten ersten Kinderoper in Moskau.

*Natalja Saz (*1903). Aufnahme aus dem Jahr 1934.*

Werk, Tendenzen, Wirkung. S. begann mit breitem Formenreichtum. Für die Moskauer Kinder organisierte sie in den Wirren nach dem Ersten Weltkrieg Puppentheater, Schatten- und Marionettenspiele, Vorführungen von Clowns und Tierdressuren, Tanz und Ballett, Kinderkabarett, Trickfilme, Märchenvorlesungen, Erzähl- und Liederabende, Orchester- und Solistenkonzerte. Sie ließ an unterschiedlichen Orten spielen (im Theater, in Parks, auf Straßen, im Pionierlager, in Schulen, im Gefängnis), richtete mobile Wageninszenierungen ein, förderte Massenspiele („theatralisierte Festzüge" und Kinderfeste) und sogenannte „Mitspiele" (in der UdSSR „Spiel-Stück" genannt), in denen Zuschauer mit aktiv werden konnten. Von Beginn an verfolgte sie, gleichberechtigt nebeneinander stehend, künstlerische und pädagogische Ansprüche. Sie zog Maler, Schauspieler, Regisseure, Komponisten, vor allem aber neue Autoren für das Kindertheater heran. Zusammen mit SERGEJ ROSANOV, dem Leiter der pädagogischen Abteilung, begann sie das „systematische Studium der Theatereindrücke unserer jugendlichen Zuschauer"; sie entwickelte die Einteilung in Altersgruppen, stimulierte die Zusammenarbeit mit Amateuren und Schulen und betrachtete das Theater in seiner Gesamtheit bis hin zur Platzanweiserin als pädagogischen Dienst am Kind. Das von S. gewählte Repertoire begann improvisierend mit Stücken nach IVAN ANDREEVIČ KRYLOV (1768–1844), mit „Pinocchio" (1923), MARK TWAIN (1835–1910) und vor allem Märchendramatisierungen, vielfach nach HANS CHRISTIAN ANDERSEN (1805–1875) und wurde dann systematisch immer mehr zu realistischen, politisch aktuellen Stücken hin entwickelt („Seid bereit!", ein Pionier-Spielstück von SERGEJ ROSANOV, 1924; „Das Negerlein und der Affe" von S. und SERGEJ ROSANOV, 1927; „Mister Bewble und Wurm" von SERGEJ SAJAITZKI, ein Stück über verwahrloste Kinder, 1927). Vor allem das Jugendstück „Fritz Bauer", das 1928 von S. zusammen mit V. SELICHOVA geschrieben wurde, dokumentiert diese Entwicklung. In ihren Erinnerungen schreibt sie zu diesem Stück: „ein Drama, in dem es nichts Heiteres gibt ... Der kommunistische Arbeiter Karl Bauer ist gezwungen, in die Illegalität zu gehen, da ihn die Polizei sucht. Mit allen Mitteln versucht die Gendarmerie, von dem kleinen Fritz das Versteck seines Vaters zu erfahren ... An einigen Stellen des Stücks weinten die Kinder; aber das waren keine sentimentalen Tränen, es waren Tränen des Zorns, eine kampfbereite Trauer. Der Inszenierungsstil (Regie führten S. und BERNHARD REICH vom Deutschen Theater Berlin) war hart und lakonisch ...". In der politischen Verfestigung der STALIN-Zeit zog S. sich wieder betont auf das Märchen zurück und führte LEO TOLSTOJS „Das goldene Schlüsselchen" (1936), J. L. SCHWARZ' „Rotkäppchen" (1936/1937), SERGEJ PROKOFEVS „Peter und der Wolf" (1936) auf. Die Anregung zur musikalischen Bearbeitung des letztgenannten Stückes stammte von S.

S. geht von der für sie selbstverständlichen Einheit der Künste aus, die in der Sowjetunion als „synthetisches Theater" (Zusammenfassung von Schauspiel, Musiktheater, Tanz) bezeichnet wird. Ihr von Beginn an spürbarer Glaube „an eine organische, gleichberechtigte Gemeinschaft zwischen Theater und Musik" führte sie folgerichtig zur Oper.

Durch ihre beharrliche, ideenreiche und niveauvolle Arbeit wurde S. zur großen Anregerin des neuen Kindertheaters, das nach 1945 in seiner Struktur vor allem für die Volksdemokratien richtungsweisend wurde.

Sekundärliteratur: H. Pasquar: Mon Théâtre à Moscou (1930). – N. Saz: Kinder im Theater. Erinnerungen (1966). – M. Schedler: Kindertheater (1972).

Hans-Wolfgang Nickel

Schaffstein Verlag

Dortmund. Erzählende Kinder- und Jugendbücher, Jugendsachbücher.

Der Hermann-Schaffstein-Verlag wurde 1894 von HERMANN SCHAFFSTEIN gegründet. Seit 1928 war er im Besitz der Familie EISENREICH und gehört seit 1973 zur Verlagsgruppe Schroedel. Literarischer Verlagsleiter ist der Jugendbuchautor HANS-GEORG NOACK (*1926), wirtschaftlicher Verlagsleiter Dr. TRAUGOTT MENSE.

Die Grundsätze des Gründers bestimmten von Anfang an das Verlagsprogramm. Hierzu gehörte die Ablehnung sogenannter Tendenzschriften, die Berücksichtigung der gesamten Literatur bei der Auswahl geeigneter Stoffe für die Jugend und der im Geiste der Jugendschriftenbewegung (H. WOLGAST) erhobene Anspruch, die „dichterische Jugendschrift" müsse ein „Kunstwerk" sein, das auch von Erwachsenen mit Interesse gelesen wird.

Der Verlag gab zunächst „Volksbücher" in damals ungewohnt moderner Gestaltung sowie künstlerische Bilderbücher und seit 1910 die für den schulischen Gebrauch bestimmten Reihen „Blaue Bändchen" und „Grüne Bändchen" heraus. Bis 1940 erschienen 245 „blaue" und 114 „grüne" Bändchen, zeitgenössische und klassische Titel in preiswerter Ausgabe. Zu den erfolgreichsten Jugendbüchern des Verlages gehörten OTTO JULIUS BIERBAUMS (1865–1910) „Zäpfelkerns Abenteuer" (1905) und „Das rote U" (1932) von WILHELM MATTHIESSEN (1891–1965).

Während in den Jahren nach dem Zweiten Weltkrieg der Schwerpunkt des Verlagsprogramms auf der Kinderbuchproduktion lag, verschiebt sich das Gewicht seit 1973 zunehmend auf das Jugendbuchprogramm. „Der Verlag will zeitnahe, literarisch anspruchsvolle, oft problemorientierte, immer aber auch unterhaltsame Literatur anbieten". Die Reihe „flexibel" greift aktuelle Themen aus dem Lebensbereich junger Menschen auf, die 1977 begonnene Reihe „Klassiker der Jugend" stellt Werke von Autoren wie R. L. STEVENSON, J. VERNE und CH. DICKENS vor. In letzter Zeit hat sich der Verlag dem Sachbuch zugewandt. Zur Zeit erscheinen bei Schaffstein etwa 16 Titel im Jahr. Der angesprochene Leserkreis reicht vom Kind im ersten Lesealter bis zum Erwachsenen, der zum Beispiel mit Romanen von PIERRE PELOT erreicht werden soll. Einige Titel der Schaffstein-Produktion erhielten den Deutschen Jugendbuchpreis, weitere Titel standen auf der Auswahlliste.

Autoren des Verlages sind unter anderem: LOTTA BETKE, JURIJ BREZAN, CHARLES P. CRAWFORD, MEINDERT DE JONG, ILSE KLEBERGER, EVA MARDER, WILHELM MATTHIESSEN, ANNE-MARIE NORDEN, PIERRE PELOT, RENATE WELSH, RUDOLF OTTO WIEMER.

Hannelore Daubert

Schalk, Gustav

*Schriftsteller, Bearbeiter und Herausgeber von Märchen und Sagen, Lehrer; *21.8.1848 Vietzig/Pommern, †23.11.1929 Kloster Zinna bei Jüterbog.*

Nach dem Studium war Sch. zunächst Lehrer in Berent (Westpreußen), dann im internationalen Erziehungsinstitut zu Grenchen (Schweiz). Nach mehrjähriger Tätigkeit an einer höheren Bürgerschule in Solingen lebte er als freier Schriftsteller zuerst in Düsseldorf, nach seiner Verheiratung in Berlin. Dort gründete er zusammen mit M. VON EGIDY die Wochenschrift „Versöhnung", deren ersten Jahrgang (1894) er redigierte. Sch. kann einer Richtung der Germanistik in der zweiten Hälfte des 19. Jahrhunderts zugerechnet werden, als deren Hauptvertreter KARL SIMROCK (1802–1876) zu nennen wäre und die sich zum Ziel gesetzt hatte, die „deutsche Volkspoesie" der Vergessenheit zu entreißen, sie schriftlich zu fixieren oder neu herauszugeben. Dazu zählten unter anderem die deutschen Volksbücher, die mittelalterliche Dichtung, Sagen, Märchen und Schwänke.

Werk, Tendenzen, Wirkung. Sch., der in seinem Roman „Stacheldrahtzäune" (1910) KARL SIMROCK ein schwärmerisches Denkmal setzte, folgte dessen Anregungen, indem er sich vor allem als Herausgeber von Märchensammlungen und als Nacherzähler alter Sagenstoffe für die Jugend betätigte. Dem Vorwort seines Buches „Deutsche Heldensage" (1891) ist deutlich zu entnehmen, daß er seine schriftstellerische Arbeit als einen Beitrag zur Stärkung des deutschen Nationalbewußtseins sah. An den „hehren Vorbildern deutscher

Einband zu dem Buch „Die Nibelungen. Heldensage für Jugend und Volk", das 1891 in Düsseldorf bei Bagel erschien. Die Bearbeitung für „Jugend und Volk" stammt von Gustav Schalk (1848–1929), dessen Ausgaben germanischer Götter- und Heldensagen für die Jugend Ende des 19. und Anfang des 20. Jahrhunderts zu den verbreitetsten im deutschsprachigen Raum gehörten. Die Illustrationen des Bandes stammen von Hermann Vogel. Das Einbandbild zeigt Hagen, wie er den Nibelungenschatz in den Rhein versenkt.

Heldengrösse" solle „die deutsche Jugend, und zumal die männliche, welche berufen ist, dereinst das Schwert zu führen, sich heranbilden und reifen zu gleich hohen Heldentugenden" (S. VIII). Die „hehren Vorbilder" fand er vor allem im Sagenkreis der Edda in der mittelalterlichen Heldendichtung, wobei er Stoffe aus der höfischen Dichtung, zum Beispiel Wolframs von Eschenbach oder aus dem Bereich der Spielmannsepik (Herzog Ernst u.a.) ohne Bedenken der Gattung „Sage" zuschlug. Sch. erzählte die von ihm gewählten Stoffe in einem recht wortreichen, ausführlich beschreibenden, ausmalenden Stil, der überladen ist mit schmückenden Adjektiven („zu ritterlichen Spielen ordneten sich die kühngemuten Recken und ritten in prunkvollen Waffengewändern den herzerfreuenden Buhurd") und gesuchten Metaphern und Vergleichen („mein Herz glühte in Minne wie die Wolken im Abendsonnenstrahle").

Sch. hat nicht nur bereits vorliegende Stoffe frei bearbeitet, sondern – neben Romanen, in denen das hohe Lied deutscher Innerlichkeit gesungen wird (vor allem „Doktor Biedermann und sein Zögling", 1896, und „Stacheldrahtzäune", 1910), – auch zwei historische Erzählungen für Jugendliche geschrieben. Geeignet dafür schien ihm die Zeit der Hanse als eine Epoche wirtschaftlicher Vorherrschaft Deutschlands in Europa zu sein. In „Paul Beneke, ein harter deutscher Seevogel" (1902) wird der erfolgreiche Kampf Danzigs sowohl gegen die Herrschaftsansprüche des Deutschordens („anmaßende Ordensknechte") als auch die von seiten Englands und Frankreichs dargestellt. Gegen die heimtückischen Feinde setzen sich die blauäugigen, blonden und strahlenden Seerecken durch, sind sie doch Angehörige des deutschen Volkes, von dem es heißt: „O, meine jungen Freunde, danket Gott, daß ihr nicht Welsche seid, sondern Deutsche! Denn das deutsche Volk trägt in sich der Menschheit ewiges Kleinod und jene Heldenkraft, welche die Welt zum Lichte zu führen berufen ist. Dem Volke … gehört die Zukunft, gebührt die Herrschaft dieser Erde" (S. 56). Die gleiche Tendenz findet sich in „Die Bunte Kuh von Flandern" (1905), worin stellvertretend für die Hansestadt Hamburg der Müllerssohn und Seefahrer Hermann Nyenkerken den Kampf gegen den als üblen Finsterling und charakterlosen Usurpator gezeichneten Klaus Störtebeker und dessen Gesellen, die Vitalienbrüder, führt. Ein Versuch, Störtebekers Tun, seine Motivationen und Absichten differenziert zu betrachten (wie es z.B. Wilhelm Lobsien ansatzweise in „Klaus Störtebeker", 1927, tut), fehlt vollkommen. In beiden Erzählungen sind die Helden zwar siegreich, finden aber im Kampf für ihre Stadt den Tod, was als ein notwendiges und angemessenes Opfer dargestellt wird.

Sch. hat offenbar versucht, eine Art „Grundbestand" an geeigneten Büchern für Kinder und Jugendliche zusammenzustellen: so finden sich außer den schon erwähnten Bereichen (historische Erzählung, deutsche Märchen und Sagen) unter anderem auch eine Ausgabe des Campeschen „Robinson", eine Auswahl aus den Märchen aus Tausendundeine Nacht und eine Sammlung römischer Heldensagen unter seinen Werken.

Rasch aufeinanderfolgende Auflagen lassen auf eine relativ breite zeitgenössische Rezeption schließen. Während des Dritten Reiches wurden vor allem die Sagenbücher und die zwei historischen Erzählungen neu aufgelegt. Aufgrund ihrer deutschnationalen Tendenz gehörten sie zu den empfohlenen Schriften. Aber auch nach 1945 wurden einige Sagenbücher von Sch. – manchmal nur unter Weglassung des Vorworts und mit einigen geringfügigen stilistischen Änderungen versehen – wieder aufgelegt und in den Bestand vieler städtischer Büchereien aufgenommen.

Werke: Nordisch-germanische Götter- und Heldensagen (1881, [8]1941); Heldenfahrten (1885); Die schönsten Märchen, Sagen und Schwänke (1886); Im Märchenlande ([2]1890); Bechsteins Märchen (1891); Deutsche Heldensage für Jugend und Volk (1891, [25]1937, [29]1957); Die Nibelungen (1891); Die grossen Heldensagen des deutschen Volkes (1899, 1933 auch u.d.T.: Die großen deutschen Heldensagen); Paul Beneke, ein harter deutscher Seevogel (1902; auch u.d.T.: Unter der Kriegsflagge der deutschen Hansa. Paul Beneke. [3]1909); Römische Heldensagen (1904; NA. 1923); Das Märchenbuch (1904); Die Bunte Kuh von Flandern im Kampf gegen den Seeräuberhauptmann Klaus Störtebeker und die Vitalienbrüder (1905; auch u.d.T.: Klaus Störtebeker und die Vitalienbrüder, [2]1911; NA. 1936); Walhalla (1906, [13]1955); Meisterbuch Deutscher Götter- und Heldensagen (1911; NA. 1938); Parzival (1914).

Bearb.: J. und W. Grimm: Grimms Märchen (1908); J. H. Campe: Robinson Crusoe (1908); Die schönsten Märchen aus 1001 Nacht (1908); Von Ikarus bis Zeppelin (zus. mit R. Martin, 1908); Die Eroberung der Luft (zus. mit R. Martin, 1909).

Brigitte Raitz

Schaller, Horst

*Ausbildungsleiter, Jugendbuchtheoretiker und -praktiker; * 13.5.1916 Breslau.*

Sch. studierte Pädagogik und war ab 1937 Volksschullehrer. Nach Kriegsteilnahme und Vertreibung aus Schlesien trat er 1946 wieder in den Schuldienst. 1959 wurde er pädagogischer Assistent, später Studienleiter an der Pädagogischen Hochschule Niedersachsen, Abteilung Göttingen, wo er noch heute im Fach Schulpädagogik tätig ist. Seit 1963 nimmt Sch. einen Lehrauftrag für „Theorie und Praxis der Jugendliteratur" an der Pädagogischen Hochschule Göttingen wahr. Hier war er wesentlich am Aufbau eines jugendliterarischen Zentrums beteiligt, baute eine Jugendlesestube auf, welche die regelmäßige Durchführung von lesepädagogischen Übungen mit Schulkindern und zugleich die Gewinnung empirischer Daten zu Leseinteressen und -wirkungen erlaubt. Jugendliteraturkundliche Akzente setzt Sch. in der Lehrerfortbildung (Durchführung von Studienwochen für Mentoren, Seminare, Ausstellungen, Lehrerberatung).
Die in der Lehrerausbildung entwickelten Initiativen setzten sich im außerschulischen Bereich fort. Von 1956 bis 1967 wirkte Sch. verantwortlich bei Planung und Leitung von Jugendbuchtagungen des „Internationalen Instituts Schloß Mainau" und des „Arbeitskreises für Jugendliteratur" mit. Drei der „Internationalen Jugendbuchtagungen" (Loccum 1968, Donndorf 1969, Urach 1970) standen unter Sch.s Leitung. Sch. war elf Jahre Mitglied der Hauptjury des „Deutschen Jugendbuchpreises" und hatte von 1965 bis 1971 den Vorsitz inne. Der 1976 gegründeten „Deutschen Akademie für Kinder- und Jugendliteratur" gehört Sch. als Gründungsmitglied an.
Die Schwerpunkte der wissenschaftlichen Arbeit Sch.s liegen in der Beschäftigung mit Fragen zur Gattungstypologie der Kinder- und Jugendliteratur, zur Leserpsychologie und Lesemotivation. Er zählt zu den Mitbegründern und -herausgebern der „Zeitschrift für Jugendliteratur" (1967–1968).
Besonders in den sechziger Jahren setzte sich Sch. für ein evangelisch-christlich geprägtes Verständnis von Jugendliteratur ein. In seinen Überlegungen „Zur lesepädagogischen Funktion der Jugendliteratur" (1972) bezieht Sch. eine vermittelnde Position zwischen überlieferter und zukunftsweisender Rolle der Jugendliteratur und sieht deren Verschulung und Didaktisierung durchaus kritisch. Dabei bleibt er Erzähl- und Darstellungstraditionen verpflichtet, die sich für ihn z.B. im Werk Otfried Preusslers bewahrt haben und denen er pädagogische Funktionen zuspricht. Sch.s Bemühungen um Gewinnung von Beurteilungskriterien für Kinder- und Jugendliteratur (1963) erzielten in der Fachwelt starke Resonanz.
1976 leistete Sch. durch die Herausgabe des Sammelbandes „Umstrittene Jugendliteratur" einen Beitrag zur Konsolidierung der Diskussion um die gegenwärtige Kinder- und Jugendliteratur, wobei er einen aus der Distanz zu ideologisch-kritischen Auseinandersetzungen gewonnenen vermittelnden Standpunkt bekundete. Vier Geschichtensammlungen erwiesen Sch. als einen umsichtigen, die Lesebedürfnisse des Kindes einkalkulierenden Anthologen.

Beiträge: Christliche Jugendbücher (in: Jugendliteratur. 1956. 10. 473–477); Versuche mit dem zeitgeschichtlichen Jugendbuch in Schule und Jugendgruppe am Beispiel „Damals war es Friedrich" (in: R. Bamberger (Hrsg.): Probleme des Sachbuches für die Jugend. 1966. 57–66); Beurteilungsmaßstäbe für das Kinder- und Jugendbuch (in: Das Jugendbuch und die Massenmedien. 1963. 100–107); Vom Ärgernis christlichen Erzählens (in: Evangelischer Buchberater. 1964. 2. 82–85); Jugendlektüre und Schule (in: Zeitschrift für Jugendliteratur. 1967. 1. 15–30); Das Sachbuch in der Schule (in: Probleme des Sachbuches für die Jugend. 1966. 47–57); Vom Studium in die Praxis der Schule (in: Zeitschrift für Jugendliteratur. 1968. 5. 257–260); „Krimis" für die Jugend (in: R. Bamberger (Hrsg.): Trends in der modernen Jugendliteratur. 1969. 124–134); Zur lesepädagogischen Funktion der Jugendliteratur (in: E. Wolfrum (Hrsg.): Taschenbuch des Deutschunterrichts. 1972. 473–488); Das Pädagogische bei Otfried Preußler (in: Festschrift zum 50. Geburtstag von Otfried Preußler. 1973. 20–33); Zur Theorie und Praxis gegenwärtiger Jugendbuchkritik (in: Analyse, Interpretation und Kritik des Jugendbuches. 1973. 2–21); Das Kinderbuch im Wandel. Historische und gegenwärtige Aspekte der Jugendliteratur (in: Zur gegenwärtigen und zukünftigen Bedeutung des Kinderbuches. 1975. 19–37).

Hrsg.: Spukgeschichten von überallher (1972); Tabak und Pflaumenkuchen (1973); Schwänke und Schnurren (1975); Ein Hund auf dem Dach (1975); Umstrittene Jugendliteratur. Fragen zu Funktion und Wirkung (1976).

Hans Gärtner

Schaller, Ilse

*Journalistin, Kinderbuchautorin; * 8.2.1923 Wien, † 29.7.1967 Wildenwarst.*

Sch. studierte in Wien Germanistik und war nach ihrer Promotion als Journalistin im Österreichischen Buchklub der Jugend und in einer Wiener Beratungsstelle für Mittelschüler tätig. Von ihrer Verheiratung bis zu ihrem frühen Tod lebte sie in Bachham-Überprien am Chiemsee. 1965 erhielt sie für „Himpel, Hampel, Humpel und der Vogel Hui" (1965) den Österreichischen Staatspreis für Kleinkinderbücher.

Werk, Tendenzen, Wirkung. Erst spät hat Sch. begonnen, ihre Kindergedichte und märchenhaften Erzählungen zu veröffentlichen. Ein endgültiges Urteil über ihr wenig umfangreiches Werk ist schwer möglich. Im „Eseleinbuch“ (1956) und in kleinen früheren Veröffentlichungen gibt sie sich durchaus konventionell, die pädagogische Absicht liegt noch deutlich an der Oberfläche. Erst die Bücher von dem Zwerg Himpel, dem Hampelmann Hampel und dem Riesen Humpel zeigen ihre Stärken: einen kindgemäßen Humor, ihre Phantasie im Erfinden lustiger Geschichten und die zwar nicht ausgereiften, aber dennoch wirkungsvollen Kinderverse. Die Erlebnisse in diesen kleinen Kunstmärchen sind (zu) brav und (zu) harmlos.

Werke: Das Eselein-Buch (1956, [2]1964); Himpel, Hampel, Humpel und der Vogel Hui (1965); Kleine Geschichten für kleine Leute (1967); Neue Himpel-Hampel-Humpelei (1967).
Otwald Kropatsch

Schallplatte → Hörspiel, → Kinderschallplatte, → Tonkassette

Schanz, Frida

*(d.i. Frida Soyaux). Lehrerin, Kinderbuchautorin; * 16.5.1859 Dresden, † 17.6.1944 Bad Warmbrunn (Schlesien).*

Sch. war die Tochter des Journalisten und Schriftstellers JULIUS Sch. (1828–1902) und der Kinderbuchautorin PAULINE Sch. (1828–1913). Nach dem Schulbesuch ließ sie sich pädagogisch ausbilden, legte in Dresden das Lehrerexamen ab und war eine Zeitlang als Lehrerin in Böhmen tätig. Im Jahr 1885 erhielt Sch. für das beste Trinklied bei einem Preisausschreiben den ersten Preis. Im gleichen Jahr heiratete sie den Buchhändler und Schriftsteller LUDWIG SOYAUX, mit dem sie bis 1891 in Leipzig und danach in Berlin lebte. 1905 starb ihr Ehemann. Von da an arbeitete Sch. in der Redaktion der Zeitschrift „Daheim“ und betreute als Lektorin den lyrischen Teil von „Velhagen und Klasings Monatsheften“.

Werk, Tendenzen, Wirkung. Sch. gehörte zu den beliebtesten und produktivsten Kinder- und Jugendbuchautorinnen der Zeit von 1887 bis zum Ersten Weltkrieg. Auch noch in den zwanziger Jahren wurden ihre Geschichten immer wieder neu aufgelegt. Insgesamt verfaßte sie über 60 Kinder- und Jugendschriften, daneben betätigte sie sich als Herausgeberin verschiedener Jahrbücher. Man kann im Werk der Autorin drei Richtungen unterscheiden: Sie verfaßte Kindergedichte und Reime für kleine Kinder, unter anderem in Zusammenarbeit mit JULIUS LOHMEYER (1835–1903), schrieb kurze Erzählungen für Kinder von sechs bis elf Jahren, die zumeist in Sammelbänden zusammengefaßt herauskamen und veröffentlichte eine Reihe von größeren Erzählungen für ältere Kinder, darunter eine Anzahl spezieller Mädchenbücher.
Nur wenige ihrer Verse heben sich aus der Masse der zeitgenössischen Kinderbuchproduktion heraus. Im allgemeinen sind ihre Verse wie auch ihre Erzählungen von einer Mischung aus Sentimentalität, lehrhaftem Ton und überschwänglichem Patriotismus geprägt. Während KÖSTER die Autorin besser als ihre zahlreichen Zeitgenossinnen einschätzte – er spricht von „einer stärkeren Begabung“ –, stellt IRENE DYHRENFURTH fest: „Auch Frida Schanz muß man, abgesehen von einigen kleineren Erzählungen, die ihr besser gerieten, zu den Mädchenbuchfabrikantinnen der gleichen Gattung rechnen. An Überschwenglichkeit, Süßlichkeit und Banalität gibt sie ihren Zeitgenossinnen nichts nach“.
Die Verquickung sentimentaler Töne mit überzogenem Patriotismus wird besonders in ihrem ersten Buch „Mit Ränzel und Stab. Eine Pensions- und Reisegeschichte“ (1887) sichtbar. Darin erzählt ein Lehrer den andächtig lauschenden Pensionärinnen von der großen Welt und schließt seine Erzählungen mit der Beschreibung der Stadt Berlin. Dazu heißt es am Ende seiner Ausführungen: „Und das soll nun das Ende unserer Wanderungen sein! – Wir haben ganz Europa durchzogen und gar manches Herrliche geschaut. Daß Euch aber die Wangen heute am meisten glühten und die Augen am meisten glänzten, das ist mir der liebste Lohn für alle Wanderungen! Ich weiß es, auch die Fremden unter Euch werden Deutschland gern als ihr zweites Vaterland betrachten. Ihr deutschen Jungen aber, – und ob euch der jugendliche Sinn noch so sehnsüchtig in die Weite steht, – Ihr werdet es nie vergessen, daß die heilige deutsche Erde Eure Heimat ist.“ Darauf stimmen die Kinder das Deutschlandlied an und die Autorin läßt ihr Buch mit den Sätzen ausklingen: „Und alle Wehmut vergessend, stimmten die anderen, laut und leise, in den Gesang mit ein. Über den hohen Linden sah vom blassen Abendhimmel der Mond auf die jungen begeisterten Gesichter nieder, und auf den Straßen draußen blieben die Vorübergehenden stehen und lauschten, bis der andächtige Gesang leise, leise in der dämmernden Sommerluft verhallte.“
Wie sehr auch noch Ende der zwanziger Jahre die Autorin geschätzt wurde, zeigt das Vorwort von WALTHER GÜNTHER SCHRECKENBACH zu dem ersten Band der von ihm herausgegebenen „Frida Schanz-Bücher“: „Unter den Lebenden ist wohl Frida Schanz, der zu Ehren das vorliegende Buch seinen Namen trägt, die bekannteste. In vielen hundert Märchen, Geschichten und Gedichten liegt ihr Lebenswerk vor uns, und mit dieser Veröffentlichung wird der Versuch gemacht, all das wertvolle Gut im Laufe der Jahre zu erfassen. Im ersten Band haben wir nur neue Arbeiten der Autorin gebracht, was wir, soweit es eben möglich ist, auch in den kommenden Bänden tun werden. Aber mit der Zeit soll doch das gesamte Schaffen der beliebten Erzählerin in diesen Büchern eine Heimstatt finden.“

Werke: In der Feierstunde (1886); Mit Ränzel und Stab. Eine Pensions- und Reisegeschichte (1887); Neues goldenes Bilderbuch (1887); Licht. Märchengedicht (1888); Gedichte (1888); Kleine Leute von sonst und heute (1888); Die Reise mit dem Weihnachtsmanne (1889); Zwölf Kindergeschichten (1889); Um Leben und Liebe (1890); In der Heiligen Nacht (1890); Blumen und Früchte (1890); Mit sechzehn Jahren. Lustige Mädchengeschichten (1891); Rottraut und Ilse (1892); Das

Komteßchen und andere Erzählungen für die Jugend (1892); O du selige Backfischzeit (1892); Am trauten Herd (1892); Junges Blut (1893); Blätter aus dem Buch des Lebens (1893); Unsere Lieblinge (1893); Bunter Strauß (1893); Ährenlese. Neue Sprüche (1894); Die Alte (1896); Aus dem Jugendland (1897); Hand in Hand (1898); Maiwuchs (1899); Waldkind und Weltkind (1900); Feuerlilie (1901); Morgenrot (1901); Schulkindergeschichten (1901); Heidefriedel (1903); Unter der Tanne (1903); Wachsende Kräfte (1906); Hirtenhannel und andere Geschichten (1906); Kinderlieder (1908); Kinderballaden (1909); Neue deutsche Märchen (Bd. 1–2. 1913); Der Teufelsbub (1925); W. G. Schreckenbach (Hrsg.): Das Frida Schanz Buch.

Hrsg.: Junge Mädchen (1895–1904); Kinderlust (1887–1905).

N. N.

Scharrelmann, Heinrich

*Erziehungs- und Schulreformer, Schriftsteller; * 1. 12. 1871 Bremen, † 31. 8. 1940 Ludwigshafen (Bodensee).*

Sch. war anfangs Lehrer in Bremen. 1909 gab er sein Schulamt auf, wurde Privatschullehrer und widmete sich der Schriftstellerei. Ab 1919 war er erneut im Schuldienst in Bremen tätig. Sch. leitete von 1920 bis 1926 die erste „Gemeinschaftsschule". Er vertrat eine erlebnis- und heimat(-umwelt-)betonte „Pädagogik vom Kinde aus".

Werk, Tendenzen, Wirkung. Als ideenreicher, kämpferischer Erziehungs- und Schulreformer überwarf sich Sch. mit seiner vorgesetzten Schulbehörde wiederholt. Er führte gemeinsam mit FRITZ GANSBERG (1871–1950) einen harten Kampf gegen die reine „Lernschule" und verfocht die Erlebnis- und Arbeitschulidee, die zur freien Entfaltung des Kindes führen sollte. Häufig durchbrach er die starren, behördlichen Vorschriften und verließ 1909 sein Schulamt für zehn Jahre. Erst als seine Reformideen auch behördlich anerkannt wurden, kehrte er in den Lehrerberuf zurück.
In seinem Buch „Sonniger Alltag" (1921), „einem Buch über Kindererziehung und Familienglück", forderte Sch.: „... Wir sollten mehr die Kinder zum Beobachten und Experimentieren anleiten anstatt zum Spekulieren und Theoretisieren. Wer das tut, erzieht die Kinder zu einer wissenschaftlichen Denkweise". Diese reformerische didaktische Forderung setzte er in seiner Schulpraxis um (individuelle Erziehung in der Gemeinschaft, freies Erzählen, freier Aufsatz) und als Schriftsteller in seinen weithin verbreiteten Kinderbüchern, in denen die Umwelt des Kindes in einfacher, natürlich formulierter Sprache lebendig wird. Kritiker haben diese beobachtend beschreibende Darstellungsweise als wenig phantasievoll bezeichnet. Befürworter sahen darin ein vorbildliches Sprachverhalten, das Kindern ein unmittelbares Verstehen der Texte ermögliche und sie ermuntere, dem Autor nicht nur inhaltlich, sondern auch im freien Gebrauch der Sprache lernbereit zu folgen. JOSEF PRESTEL schrieb in seiner „Geschichte der deutschen Jugendschriften" (1933): „Von grundsätzlicher Bedeutung, aber ohne unmittelbare Wirkung war, was Scharrelmann schon 1903 schrieb: ‚Wer für die Jugend schreiben will, der muß sich bemühen, ein Stück Welt vom Standpunkt des Kindes aus darzustellen'." In Sch.s Reihe der „Berni"-Geschichten kann sich das Kind mit seinem Helden identifizieren, erlebt die gleiche oder ähnliche Umwelt in einer Sprache, die der von ihm selbst gesprochenen recht nahekommt und die ihm vom Alltag her vertraut ist. Die Berni-Bücher, die aus dem Alltag des Jungen Berni erzählen, von seinen Erlebnissen im Vorschulalter, vom ersten Schulgang, aber auch von seinem Hineinwachsen in die ihn umgebende Gesellschaft („Berni lernt Menschen verstehen"), und die mit vielen Zeichnungen und farbigen Bildern von PAUL HELMS und THEODOR HERRMANN versehen sind, fanden großen Anklang. Sie wurden auch in einer billigen Schulausgabe (kartoniert zu 70 Pfennig pro Bändchen) herausgebracht, die vor allem von jüngeren, fortschrittlich eingestellten Lehrern im Unterricht eingesetzt wurden. Sch.s Absicht, vor allem die Großstadtkinder mit ihrer Umwelt lesend vertraut zu machen, spiegeln weitere Bücher wider (Spaziergänge in die Großstadt; Arbeitsstätten; Aus der Geschichte einer alten Stadt). Das Bändchen „Der Geburtstag. Ein Geschichtenbuch mit Bildern, gedichtet und gemalt von der V. Mädchenklasse der Schule an der Birkenstraße in Bremen" ist ein Zeugnis kreativen Schaffens von Kinder im Geiste Sch.s. Speziell für Mädchen (für „Inge") schrieb Sch. ein Weihnachtsbuch. Auch für Pädagogen, Eltern und Erzieher verfaßte er Bücher zur (seinerzeit) modernen Erziehung.

Werke: Herzhafter Unterricht. Gedanken und Proben aus einer unmodernen Pädagogik (1902); Aus Heimat und Kindheit und glücklicher Zeit (Bd. 1–4. 1903–1925); Weg zur Kraft. Des herzhaften Unterrichts 2. Theil (1904); Fröhliche Kinder. Ratschläge für die geistige Gesundheit unserer Kinder (1906); Ein kleiner Junge. Was er sah und hörte, als er noch nicht zur Schule ging (1908; auch u. d. T.: Berni. Ein kleiner Junge, 1916); Aus meiner Werkstatt (1909); Berni. Aus seiner ersten Schulzeit (1912); Erlebte Pädagogik (1912); Däumling. Eine Geschichte für Kinder (1913); Die Großstadt (Bd. 1–3. 1914); Berni. Im Seebad (Bd. 1–2. 1916); Berni lernt Menschen kennen (1922); Religion von der Straße (1923); Von der großen Umkehr (1924); Berni lernt Menschen verstehen (1926); Billie, der Hund, und andere Tiergeschichten (1927); Vom strahlenden Leben (1927); Die Kunst der Vorbereitung auf den Unterricht (1928); Pinkepanks Weihnachten und andere Erzählungen für die Jugend (1928); Der Kindergarten. Ein Buch für Mütter und Erzieherinnen vier- bis siebenjähriger Kinder (1929); Von der Lernschule über die Arbeitsschule zur Charakterschule (1937).

Sekundärliteratur: K.-H. Günther: Der lebensphilosophische Ansatz der Bremer Schulreformer Gansberg und Scharrelmann (Diss. 1957). – L. Klarmann: Auf dem Wege zur Arbeitsschule, Geschichtliches und Theoretisches in kritischer Beleuchtung (1924). – Fr. Lichtenberger: Die geschichtliche Entwicklung der Idee der Kindertümlichkeit im Jugendschrifttum (in: Jugendschriften-Warte. 45. 1940. 9/10. 65–70). – E. Neuhaus: Muttersprachliche Bildung im Raum der Reformpädagogik (1963). – E. Saupe: Deutsche Pädagogen der Neuzeit ([8]1929). – H. Wolgast: Das Elend unserer Jugendliteratur (1896).

Velten Merz

Die Schatzinsel → R. L. Stevenson

Briefkopf von Walter Schatzkis „Jugendbücherstube Frankfurt am Main" in den zwanziger Jahren.

Schatzki, Walter

*Buchhändler und Antiquar; *26.8.1899 Klafeld bei Siegen.*

Mit seinem Namen verbindet sich die Geschichte des Sammelns und Handelns alter deutscher Kinderbücher. Aufgewachsen in der Zugehörigkeit zur „Wandervogel"-Gruppe und im Rahmen der „Freien Deutschen Jugendbewegung" begann er seine Tätigkeit als Wanderbuchhändler in Hessen, der von Haus zu Haus und auf Jahrmärkten Bücher verkaufte und dazu auf seiner Geige spielte. 1920 gründete er seine „Frankfurter Jugendbücherstube", die sich über das Angebot an modernen illustrierten Kinderbüchern hinaus zu einer der führenden Sortimentsbuchhandlungen entwickelte. Um 1924 wandte Sch. als erster sein Interesse den alten deutschen Kinderbüchern zu, ein Gebiet, das damals von Sammlern und Händlern wenig beachtet wurde. Er konnte z.B. die erste Auflage der „Ostereyer" von CHRISTOPH VON SCHMID, des „Struwwelpeter" und der Fabeln von JOHANN WILHELM HEY/OTTO SPECKTER erwerben. Bald begann er, für sich selbst zu sammeln. Seine Sammlung wurde 1932 in New York ausgestellt und von der New York Public Library angekauft. Diese erste Sammlung ist in einer Kartothek erfaßt, die unter der Bezeichnung „Shelflist of the Schatzki-Collection" in der New York Public Library zu finden ist. Sch. begann sofort mit einer neuen Sammlung. Sie bildete mit einigen Ergänzungen von anderer Seite das Abbildungsmaterial für RÜMANNs Buch „Alte Deutsche Kinderbücher", das 1937 im Herbert Reichner Verlag erschien. Als Sch. Deutschland während der Nazijahre verlassen mußte, gelang es ihm, diese zweite Sammlung mitzunehmen, aber es dauerte lange, bis er sich in New York, seiner neuen Heimat, auf diesem Gebiet durchsetzen konnte.

Sein erster Katalog, 1941 in New York unter dem Titel „Children's books, old and rare" veröffentlicht, ist inzwischen so selten geworden, daß 1974 ein Reprint (foreword by LESLIE SHEPARD, Detroit, Gale Research Company, 1974) erschien. Er zeigte, wie schnell sich Sch. auch in das Gebiet des englischen und amerikanischen Kinderbuchs eingearbeitet hatte. Aber der Erfolg stellte sich nur langsam ein. Unter den wichtigsten der von ihm betreuten Kunden war Dr. EDGAR OPPENHEIMER, der 1943 bis zu seinem Tode (1958) mit Sch.s Hilfe eine der bedeutendsten Kinderbuchsammlungen aufbauen konnte. Teile dieser außergewöhnlichen Kollektion, die englische, amerikanische, französische und deutsche Kinderbücher umfaßt, sind auf mehreren Versteigerungen verstreut worden. Sie haben wiederum dazu beigetragen, das Interesse an alten Kinderbüchern zu steigern.

Sch. lebt zurückgezogen in New York. Er hat in der Herbstnummer 1978 der amerikanischen Zeitschrift

Hierdurch gebe ich bekannt, daß ich am Dienstag, den 4. Mai in dem Hause Theaterplatz 12, Ecke Biebergasse, eine Buchhandlung eröffne unter dem Namen

Jugend-Bücher-Stube.

Im Nachstehenden will ich versuchen, in knappen Umrissen den Rahmen zu zeichnen, in dem ich die Jugend-Bücher-Stube zu führen gedenke und darzulegen, welche Absichten ich mit ihr verfolge.

Das Schicksal Deutschlands hängt von der zukünftigen Generation, also der heutigen Jugend, ab. Es kann deshalb nicht genug für deren Erziehung getan werden, für eine Erziehung, die ihr das Rüstzeug mitgibt für den beschwerlichen Weg, den sie zu gehen hat und für den Kampf, der ihr bevorsteht. Eine der wichtigsten Faktoren in der Erziehung ist das Buch. Es ist zur Genüge bekannt, wieviel minderwertige Literatur gerade an Jugendbüchern auf den Markt gebracht wird. Ich erinnere nur an die bekannten Schundliteraturheftchen, an Marlitt und Courths-Mahler. Andererseits gibt es aber auch sehr viele gute Jugendschriften, die weiteren Kreisen garnicht bekannt sind. In der Jugend-Bücher-Stube wird nun ständig eine **große Auswahl von guten Jugendschriften** zu finden sein, vom Bilderbuch für die Kleinsten bis zu den erzählenden und belehrenden Schriften für die schulentlassene Jugend. Besonderen Wert lege ich darauf, Bücher zu bringen, die sich vom Unnatürlichen fernhalten und in künstlerischer Form das Leben so zeigen, wie es wirklich ist. Da auch in Bezug auf Kunst und Buchschmuck der Jugend nur das Beste geboten werden darf, werde ich nur solche Bücher bringen, deren Ausstattung mit ihrem inneren Wert in Einklang steht.

Handzettel vom 1. Mai 1920 zur Eröffnung der ersten Frankfurter Jugendbuchhandlung. Unterzeichner ist Walter Schatzki, der auf der Rückseite der Hoffnung Ausdruck gibt, seine „Jugend-Bücher-Stube", der eine Lesestube angeschlossen sei, soll „der Treffpunkt aller werden, die in der Frankfurter Jugendbewegung stehen".

„Phaedrus“ einen ausführlichen Bericht über seine Tätigkeit auf dem Gebiet des alten Kinderbuches in Deutschland und Amerika gegeben. Über Sch.s Arbeit in Frankfurt unterrichtet Fred Lübbecke in der Veröffentlichung „Fünfhundert Jahre Buch und Buchdruck in Frankfurt“ (1948).

Ernst Hauswedell

Schedler, Melchior

*Theoretiker des Kinder- und Jugendtheaters, Regisseur und Dramaturg; * 24. 4. 1936 Oberammergau.*

Nach dem Studium der Bildenden Kunst, Fachrichtung Bühnenbild, mit den Nebenfächern Kunstgeschichte und Theaterwissenschaft, wirkte Sch. zeitweise als Bühnenbildner, dann als freier Journalist. Von 1965 an lebte er als Autor und Regisseur von Kinderfernsehsendungen in München, wo er ab 1969 Theaterkritiken, insbesondere für die Fachzeitschrift „Theater heute“ schrieb. Von 1972 bis 1975 war er Lektor für Kinder- und Jugendliteratur im Verlag der Autoren sowie Herausgeber und Autor verschiedener theoretischer Werke zum Kindertheater. Sch. lebt seit 1976 in Frankfurt am Main und übernahm am „Theater am Turm“ (TAT), das sich seit der Spielzeit 1977/1978 auf Kinder- und Jugendtheater spezialisiert hat, die Dramaturgie.

„Sieben Thesen zum Theater für sehr junge Zuschauer“ (1969) nannte Sch. seine Bemerkungen über das Schreiben von Kinderstücken und kritisierte darin jene, die glauben, durch herkömmliches Kindertheater die deutschen Bühnen zu sanieren. Er entwarf ein Gegenmodell, das neue Akzente im Kindertheater setzen sollte: Impulse sollen im Theater von den Kindern ausgehen, Spielvorlagen sich deren Erfahrungswelt bedienen und eine Dramaturgie des Zwischenrufs, Sich-Einmischens und Mitspielens solle sich entwickeln.

Neben der seit dem 19. Jahrhundert ungebrochenen Tradierung der Weihnachtsmärchen entwickelte sich so eine progressive Bewegung im Kindertheater. Sch. analysierte diese „Neue Welle“, die zunächst auf West-Berlin beschränkt bleiben sollte, und maß ihr in seinem Werk über die Geschichte des Kindertheaters einen außerordentlichen Stellenwert bei. Sch.s Werk „Kindertheater“ (1972) setzte sich zur Aufgabe, die Geschichte des Kinder- und Jugendtheaters nachzuzeichnen und Anregungen für die Entwicklung dieser Theatergattung zu geben. Sch. beschrieb die Genese dieses Mediums von der Aufklärung bis zum Theater im Berliner Märkischen Viertel und trug zusätzlich Materialien von Walter Benjamin, Asja Lacis, Stückanalysen sowie Texte, die die Diskussion der neuesten Entwicklung reflektieren, zusammen. Weitere Beiträge Sch.s dienten der Wiedererinnerung an die Frühzeit des Kindertheaters. So wollte er mit seiner 1974 formulierten Forderung, zum frühen kommunistischen Kindertheater zurückzukehren, auf die von Natalia Saz in den zwanziger Jahren in Moskau geleiteten Theateraufführungen für Kinder aufmerksam machen.

1973 veröffentlichte Sch. zwei Bücher, die einen Überblick über Form und Inhalte des zeitgenössischen Kindertheaters geben. In „Mannomann“, nach dem Titel eines Stückes des Berliner Grips-Theaters, stellt er exemplarisch Kindertheatergruppen aus Italien, Polen, Schweden, der Tschechoslowakei, den USA und aus West-Berlin vor. Berichtet wird in diesem Handbuch über die Arbeit der Gruppen, ihre didaktisch-pädagogischen Zielsetzungen und ihre Schwierigkeiten. Nebeneinandergestellt werden die Formen des Agitationsspiels, des zweckfreien Jux- und Puppenspiels und des Spiels mit von Kindern selbst erdachten Texten. Daß Westdeutschland mit nur einem benennenswerten „Beispiel“, wie Sch. kommentiert, vertreten ist, zeigt die Rückständigkeit im engagierten Kinder- und Schultheater. Auf diesen Mißstand reagiert er in einem anderen, mehr polemischen Band „Schlachtet die blauen Elefanten“. In satirischer Weise kritisiert er die traditionellen, verschleierten, kindertümelnden Aufführungen für Kinder zur Weihnachtszeit und ihre ideologischen Folgen. In einer Chronologie der Kindertümlichkeit zeigt er die bewußte Verdummung, die Ablenkung von der Realität und damit auch von politisch brisanten Vorgängen auf, die dem traditionellen Kindertheater eigen war.

Lag Sch.s Arbeitsschwerpunkt anfangs auf der Theorie des Kinder- und Jugendtheaters, so verlagerten sich seine Interessen mit seiner Tätigkeit am Frankfurter „TAT“ zugunsten praktischen Engagements als Stückeschreiber und Inszenator sowie Bearbeiter von Kinder- und Jugendtheaterstücken. 1976 präsentierte er im „TAT“ „Lazarillo oder wie man Kaiser wird“, ein Geschichtsstück für Kinder und Jugendliche. Allerdings scheint die von Sch. mitverantwortete Theaterpraxis am Frankfurter „TAT“ einige von Sch.s Forderungen abzuschwächen, indem zugunsten von Spielfreude, Ästhetik und Zuschauerspaß die progressiv-politischen Momente in den Hintergrund treten. Die Theaterarbeit begleitend, gab Sch. zu Anfang seiner Arbeit den „TAT“-Kinder- und -Jugendtheaterbrief heraus, der sich an Pädagogen und Eltern wandte. Dieser Brief berichtete über die Arbeit an Stücken, reagierte auf Kritiken und Kommentare und setzte sich oft polemisch mit Rezensenten und Gegnern des modernen Kinder- und Jugendtheaters auseinander.

Werke: Kindertheater – Geschichte, Modelle, Projekte (1972); Schlachtet die blauen Elefanten! Bemerkungen über das Kinderstück (1973).

Beiträge: Sieben Thesen zum Theater für sehr junge Zuschauer (in: Theater heute. 10. 1969. 8. 30–33); Dringende Aufforderung, das frühe kommunistische Kindertheater wiederzuentdecken (in: Kürbiskern. 1974. 1. 118–127); Experimenta 5: Kindertheater als Volkstheater (in: Theater heute. 16. 1975. 8. 37–43).

Hrsg.: Mannomann! 6 × exemplarisches Kindertheater (1973); Kinderfernsehen anders. Entwürfe zu einem emanzipatorischen Fernsehen (1975).

Wolfgang Schneider

Scheel, Marianne

*Graphikerin, Illustratorin von Kinderbüchern; * 23. 1. 1902 Flensburg (Schleswig-Holstein).*

Nach dem Studium von 1921 bis 1927 an der Akademie für graphische Künste und Buchgewerbe in Leipzig (Meisterklasse Prof. HUGO STEINER-PRAG) und Studienreisen nach Ungarn, Siebenbürgen, Litauen, Polen und die Tschechoslowakei lebte Sch. von 1933 bis 1943 in Berlin, nach kriegsbedingten Zwischenstationen in Oberkärnten von 1950 bis 1969 in München und seitdem in Velden am Wörthersee, verheiratet mit dem Maler ERNST GRAEF.
Schon während ihres Akademiestudiums gewann Sch. Wettbewerbe, später erhielt sie für das beste Bilderbuch des Jahres eine Prämie innerhalb des Deutschen Jugendbuchpreises (1959) und 1958 wurde „Das Haus zum Regenbogen" unter den fünfzig „Schönsten Büchern des Jahres" genannt.

Werk, Tendenzen, Wirkung. Sch. ist Zeichnerin und Malerin gleichermaßen. Dadurch ist sie zur Illustratorin geworden, auch in ihren Bilderbüchern. Starke malerische Eindrücke wechseln mit illustrativen Zeichnungen, die mit den Bildern aufs schönste harmonieren.
Dies betrifft vor allem die naturkundlichen Bücher wie „Die Jahreszeiten" und „Tiere im Haus und Hof". Ihr charaktervoller Strich befähigt sie aber auch zur Illustration literarischer Texte wie „Wiegenlieder", zu CHARLES KINGSLEYS „Die Wasserkinder" oder zu WERNER BERGENGRÜNS „Zwieselchen". In ihren Zeichnungen sowie in ihren Farbbildern pflegt sie ihren eigentlichen Stil, sensibel, kultiviert, nie plakativ oder grell, wenn auch die Farbe als Ausdrucksmittel, wo es den Themen entspricht, zu ihrem vollen Recht kommt, wie etwa in ihrem vielleicht schönsten Bilderbuch „Das Haus zum Regenbogen".
Von der künstlerischen Erziehung der zwanziger Jahre her kommend, dazu von der Leipziger Akademie, die das Buch als Einheit ansah, hat sie die Bilderbuchwelt um wertvolle Werke bereichert und vor allem einzigartige Werke zu den Themen der Natur geschaffen, die nie im engen Sinne nur naturalistisch, sondern zugleich Ausdruck einer künstlerischen Weltschau von eigener Prägung sind.

Werke: M. Scheel: Peters Ferien (1925); Fr. Böer: Krischan der Bauernjunge oder Leben und Arbeit auf dem Lande (1934; ill. zus. mit E. Graef); B. Kiepenheuer: Die Jahreszeiten (1936); R. Andreas-Friedrich (Hrsg.): Wiegenlieder (1938); W. Bergengruen: Zwieselchen (1938); H. W. Smolik: Das große Frühjahrswecken und andere Naturmärchen (1939); L. Rinser-Schnell: Tiere in Haus und Hof (1942); H. Schachenmeier: Kommt mit zum Handwerksmann (1942); K. R. Schmidt: Hansi und der Gockelhahn (1943); S. Oswald: Die Geschichte von der Wiese (1945); M. Scheel: Die Reise mit Zebi oder die wunderbaren Begebenheiten an Peters Geburtstag (1947); A. Kayser-Beblo: Die Klangbrücke (1952); A. Valeton: Bei den Wasserkindern (1953); J. Streit: Bergblumenmärchen (1954); G. B. Vogt: Tunt oder Die unerhörte Geschichte einer langen Reise (Bd. 1–2. 1954–1956); M. Scheel: Das Haus zum Regenbogen (1958); R. Thun: Geheimnisse der Bienenburg (1960); R. Thun: Geheimnisse des Baches (1960); H. Döbler: Kuddelmuddel und Quaddelbüdel (1961); M. Scheel: Schornebogs Wald (1961); E. Hemeran: Zauber der Weihnacht (1962); Das bucklige Männlein und andere alte Kinderverse (1964); R. Thun: Raubtiere (1964); B. Hürlimann: Klein und Groß (1965); M. MacGavin: Ein Haus für Frau Burlidu (1966); R. Sawyer: Das allerkleinste Eselchen (1967).

Bettina Hürlimann

Scheffel, Joseph Victor von

*Schriftsteller; * 16. 2. 1826 Karlsruhe, † 9. 4. 1886 Karlsruhe.*

Sch., der eigentlich Maler werden wollte, begann nach dem Besuch des Karlsruher Gymnasiums auf Wunsch des Vaters das Studium der Rechte in München (1834), das er in Heidelberg und Berlin fortführte. Er war Burschenschafter und setzte sich lebhaft mit den geistigen, künstlerischen und politischen Strömungen seiner Zeit auseinander. Sch. vertrat liberaldemokratische Anschauungen und nahm an den Verhandlungen des Vorparlaments und der Nationalversammlung in Frankfurt am Main (1848) teil. Nach Staatsexamen, Promotion und ersten Berufserfahrungen als Jurist wurde er sich bei seinem zweiten Aufenthalt in Italien (1851/1853) über seine Begabung zum Schriftsteller klar. Er schied aus dem Staatsdienst aus und führte, nach einer Tätigkeit als Bibliothekar (Donaueschingen, 1857–1859), als freier Schriftsteller ein unruhiges Leben wechselnder Aufenthalte und Studienreisen. Vor allem mit der Versnovelle „Der Trompeter von Säckingen" (1854), dem Roman „Ekkehard, eine Geschichte aus dem zehnten Jahrhundert" (1855, [200]1892) und einer Reihe seiner Fahrten- und Studentenlieder, die als Volkslieder angenommen wurden, gehörte er im letzten Drittel des 19. Jahrhunderts zu den meistgelesenen Schriftstellern. Ängste vor eigenem Versagen und die Folgen einer Gehirnentzündung (1860) minderten seine dichterische Kraft. 1876 wurde Sch. aus Anlaß seines 50. Geburtstags in den Adelsstand erhoben. Im gleichen Jahr kaufte er das Schlößchen Mettnau mit großem Grundstück, wohin er sich für die folgenden Jahre zurückzog.

Werk, Tendenzen, Wirkung. Aus Wander-, Fahrten- und Studentenliederbüchern wurden Lieddichtungen Sch.s (z. B. „Wohlauf, die Luft geht frisch und rein", „Altheidelberg, du feine", „Gaudeamus igitur") immer neuen Jahrgängen der Jugend vertraut. Auch die Verserzählung „Der Trompeter von Säckingen" wurde häufig im Jugendalter gelesen. Sch.s Roman „Ekkehard" (1855) galt noch in der Jugendschriftenbewegung gegen Ende des 19. Jahrhunderts als empfehlenswerte historische Erzählung von dichterischem Rang (WOLGAST, KÖSTER) und stand als Neuausgabe bei Schaffstein (Schaffstein's blaue Bändchen, Nr. 95–99) noch auf der Titelempfehlungsliste der Vereinigten Jugendschriften-Ausschüsse vom Dezember 1922. Sch. entwickelte seine Titelfigur aus der Gestalt, die als Verfasser des Waltharius-Liedes in den Casus St. Galli erscheint. Sch. hat seine historische Erzählung mit vielen Quellenhinweisen versehen. Er fügte eine eigene Übersetzung des Walthari-Liedes und Nacherzählungen deutscher Sagen aus den Deutschen Volksbüchern („Schmied Wieland", „König Rother") in den Roman ein. Im Vorwort von 1855, das in die meisten Neuauflagen des „Ekkehard" übernommen wurde (z. B. Atlas Verlag, Köln, 1964), hat Sch. seine Auffassung vom Verhältnis des Dichters zur Geschichte vorgetragen, eine Problematik, die im Hinblick auf junge Leser und die Entstehung ihres Geschichtsbildes bis in die Gegenwart hinein diskutiert wird (vgl. H. Bertlein, H. Roth, H. Eggert). Sch. vertrat das Recht des Schriftstellers, mit „schöpferisch wiederherstellender Phantasie" überall dort einzusetzen, wo die historische Forschung Lücken und Bruchstücke vorfindet, und zu „unbefangener, von Poesie verklärter Anschauung der Dinge" zu führen. In den Hochzeiten nationaler Gesinnungsbildung (so nach 1871 und nach 1918, doch weniger nach 1933) fand der Roman besonders starke Verbreitung. Eine kritische Analyse der Dichtungen Sch.s, vor allem des „Ekkehard", führte 1971 nach neueren literarsoziologischen und wirkungsgeschichtlichen, aber auch ästhetischen Kriterien H. Eggert durch. In der Wertung des „Ekkehard" stehen sich heute die Auffassungen gegenüber, daß hier eine klassische historische Erzählung vorliege, bzw. daß es sich bei dieser Erzählung um ein Stück „Butzenscheibenpoesie mit nationalem Akzent" handele. Die aus dem 1924 gegründeten Scheffelbund hervorgegangene „Literarische Gesellschaft (Scheffelbund) Karlsruhe" publiziert kleinere Arbeiten Sch.s und Kommentare dazu.

Werke: Der Trompeter von Säckingen. Ein Sang vom Oberrhein (1854); Ekkehard. Eine Geschichte aus dem zehnten Jahrhundert (1855); Frau Aventiure (1863); Lieder aus dem Engern in Heidelberg (1865); Juniperus. Geschichte eines Kreuzfahrers (1866); Hugideo. Eine alte Geschichte (1884); F. Panzer (Hrsg.): Werke (Bd. 1–4. 1919).

Sekundärliteratur: H. Bertlein: Der geschichtliche Roman und sein jugendlicher Leser (in: Der Deutschunterricht. 13. 1961. 6. 42–57). – H. Eggert: Studien zur Wirkungsgeschichte des deutschen historischen Romans 1850–1875 (1971). – W. Griebe: Scheffels Erzählungstechnik (1918). – M. Lechner: J. V. v. Scheffel. Eine Analyse seines Werks und seines Publikums (Diss. 1962). – S. G. Mulert: Scheffels Ekkehard als historischer Roman (1909). – H. Pleticha: Das Geschichtsbild im Jugendbuch (in: Jugendbücher bauen Brücken. 1961. 51–67). – H. Roth: Kind und Geschichte (1955, [5]1968).

Margarete Dierks

Schelmengeschichte

Schwankhafte Erzählung, in deren Mittelpunkt eine humoristisch gezeichnete Person steht, die anderen einen witzig-listigen, oft in moralischer Hinsicht nicht ganz harmlosen Streich spielt.

Wesen und Geschichte. Urbild des „Schelms" als Kristallisationsfigur eines Schwankzyklus ist „Till Eulenspiegel": der Typus des freien Vagabunden, der sich mit Witz und Schläue durchs Leben schlägt und sich von seiner Außenseiterposition aus über die Einfalt der Bauern, die hochmütige Borniertheit der reichen Bürger und die Scheinheiligkeit des Klerus lustig macht (Ein kurtzweilig Lesen von Dyl Ulenspiegel, Straßburg 1515). Neue Impulse erhielt die Schelmenliteratur durch die spanischen Picaro-Romane (picaro: Gauner, Spitzbube), die um 1615 nach Deutschland gelangten. 1669 erschien der erste deutsche Schelmenroman, „Der abenteuerliche Simplicissimus" des Hans Jacob Christoffel von Grimmelshausen (1621–1676); 1696 folgte „Schelmuffskys curiose und sehr gefährliche Reise-Beschreibung zu Wasser und Land" von Christian Reuter (1665 bis nach 1712). Beispiele des modernen Schelmenromans sind Jaroslav Hašeks (1882–1923) „Die Abenteuer des braven Soldaten Schweyk" (1921), Giovannino Guareschis (1908–1968) „Don Camillo und Peppone" (1948) und Thomas Manns (1875–1955) „Bekenntnisse des Hochstaplers Felix Krull" (1954).

Neben der als Ganzes konzipierten, obwohl meist aus einzelnen Episoden zusammengesetzten epischen Großform steht die Sch. als Stück erzählerischer Kleinprosa. Exemplarisch sind hierfür neben den Schwankmärchen in der Sammlung der Brüder Grimm („Das kluge Gretel", „Der kluge Knecht" u. a.) die Geschichten vom „Zundelheiner und Zundelfrieder" im „Schatzkästlein des Rheinischen Hausfreunds" (1808 ff.). Die Sympathie, die Johann Peter Hebel (1760–1826) für seine beiden „Helden" bekundet, beruht darauf, daß diese ihre Spitzbübereien „nie aus Not oder aus Gewinnsucht oder aus Liederlichkeit, sondern aus Liebe zur Kunst und zur Schärfung des Verstandes" begehen („Wie sich der Zundelfrieder hat beritten gemacht"), auch „mordeten sie nicht und griffen keine Menschen an" („Die drei Diebe"). Hier werden zwei Wesenszüge der Sch. deutlich: die Verstöße gegen Recht und Sitte dürfen nicht schwerwiegend erscheinen, und das Motiv der materiellen Übervorteilung des Gegenspielers tritt zurück gegenüber dem Motiv des mehr übermütigen als bösartigen Schabernacks. Später kommen als neue Varianten zur Spitzbubengeschichte die Lausbubengeschichte und der Bauernschwank hinzu, der als Zentralfigur oft ein eulenspiegelhaft-verschmitztes Dorforiginal hat (so z. B. bei Oskar Maria Grafs „Kalendergeschichten", 1957).

Die Sch. in der Kinder- und Jugendliteratur. Die moralische Sichtweise, die bis weit ins 19. Jahrhundert hinein die Auswahl der Kinder- und Jugendlektüre bestimmte, ließ für Geschichten, in denen Mutterwitz und augenzwinkernder Humor über biedere Hausbakkenheit triumphiert, keinen Raum. Die Wende kam mit der Kunsterziehungsbewegung, die das Volksgut der Sagen und Schwänke, darunter auch viele Sch.n, dem jungen Leser erschloß. Einen weiteren Anstoß gab die Erwachsenenliteratur mit Werken wie Wilhelm Buschs „Max und Moritz" (1865), Ludwig Thomas „Lausbubengeschichten" (1905) und Mark Twains „Huckleberry Finn" (1884; dt. von Henny Koch,

1890), dem klassischen amerikanischen Picaro-Roman, dessen Held „sehr viel mit seinem berühmten Ahnen und Vorbild, dem Lazarillo von Tormes, gemeinsam hat" (HEINRICH PLETICHA: Das Abenteuerbuch, in: G. HAAS (Hrsg.): Kinder- und Jugendliteratur, 1974). In diesen Büchern geht es keineswegs nur um Scherz und Ulk, sondern um die Kritik der Erwachsenenwelt aus der Perspektive des Heranwachsenden sowie um die Zerstörung des sentimentalen Mythos von der „Unschuld der Kinderseele". Die meisten jungen Leser werden diese Polemik noch nicht bewußt nachvollziehen; sie zeigen aber eine spontane Neigung, sich in ihrer Lektüre mit nonkonformistischen Außenseitern zu identifizieren (vgl. KLAUS DODERER, Das Interesse der Kinderliteratur an den Randfiguren menschlicher Gesellschaft; in: K. E. MAIER (Hrsg.): Historische Aspekte zur Jugendliteratur, 1974). Sch.n, wie sie heute zum festen Bestand der Kinder- und Jugendliteratur gehören, machen ihnen diese Identifikation besonders leicht, da der „Schelm" als soziale Kontrastfigur in einer Weise dargestellt wird, die der junge Leser als „lustig" und somit als positiv empfindet. Während beim Grundschulkind die Freude am „Hereinlegen" eines anderen, an drastischer Situationskomik und mutwilligem Über-die-Stränge-Schlagen überwiegt, kommt beim älteren Kind die Lust am Lächerlichmachen von Personen und Institutionen hinzu, als eine Form des Protestes, der Opposition und Kritik. „Die Enge und Abwechslungslosigkeit des nach Erwachsenenmaßstäben geordneten Kinderlebens, die Autorität von Familie und Schule, der Zwang von Aufgaben und Pflichten verlangen hin und wieder nach einem Ventil, durch das die Spannung entweichen kann ... Die Wirklichkeit duldet nicht allzu viele Ausbrüche aus dem Kreis der Normen. Darum vollzieht der Mensch in der Phantasie, was ihm der Alltag nur selten erlaubt. Die Literatur ist dabei willkommene Hilfe ..." (KARL ERNST MAIER: Jugendschrifttum, 1973, S. 123). Ebenso wichtig wie diese Entlastungsfunktion ist für das Kind die Erkenntnis, daß Normen und Autoritäten in gewissen Grenzen durch Humor und soziale Phantasie relativierbar sind. Vorschläge, um im Unterricht auf ein tieferes, auch kritisch wertendes Verständnis von Schelmen- und Spitzbubengeschichten hinzuwirken, hat ROBERT ULSHÖFER entwickelt (1962, S. 24–39).

Sch.n findet man heute in den für die Jugend bearbeiteten Ausgaben der alten Volksschwänke (z.B. MAX STEBICH: „Von Schelmen und närrischen Leuten", 1961; PAUL ALVERDES: „List gegen List. Von Schelmen und Narren in aller Welt", 1963; JOSEF GUGGENMOS: „Hausbuch deutscher Sagen und Schwänke", 1972). Viele dieser Sammlungen sind landschaftlich gebunden, wie beispielsweise auch die aus dem Riesengebirge stammenden „Rübezahl-Sagen", in denen die Elemente des Schwank- und Schelmenhaften besonders stark ausgebildet sind. An ihnen, wie etwa auch an dem alten Tierepos von „Reineke Fuchs", das im 19. und 20. Jahrhundert in vielen Bearbeitungen für die Jugend erschien, zeigt sich, daß das Schelmenhafte nicht durchweg einen eigenen Gattungstypus konstituiert, sondern oft als wesentliches Handlungs- und Gestaltungsmoment in die Struktur anderer Erzählformen (Märchen, Sage, Schwank, Fabel) integriert ist. Dies trifft ebenso auf eine Reihe moderner Kinderbücher zu, in denen Motive der Sch. mit solchen des Märchens und der phantastischen Erzählung vermischt sind, wie es z.B. in OTFRIED PREUSSLERS (* 1923) Geschichten „Der kleine Wassermann" (1956), „Die kleine Hexe" (1957) und „Der Räuber Hotzenplotz" (1962) der Fall ist. In den Kinderbüchern JANOSCHS finden sich vielfach schelmenhafte Züge. Besonders weite Verbreitung und viele Auflagen hat die 1938 zuerst erschienene Nacherzählung des „Till Eulenspiegel" für Kinder von ERICH KÄSTNER (1899–1974) erfahren. Von dem in den USA lebenden jiddischen Erzähler ISAAC B. SINGER erschien eine Variante des Schelmenthemas unter dem Titel (deutsche Ausgabe) „Die Narren von Chelm und ihre Geschichten" (1975) als Kinderbuch. In Lesebüchern der Sekundarstufe I findet man aber zuweilen auch noch ältere Texte, so z.B. das eine oder andere Stück aus dem „lange-Rübe"-Zyklus von PAUL ERNST (1866–1933; Spitzbubengeschichten, 1920).

→ W. Busch, → Eulenspiegel, Till, → Huckleberry Finn, → H. J. Chr. von Grimmelshausen, → J. P. Hebel, → Lügendichtung, → Schildbürger, → L. Thoma, → Twain, Mark

Sekundärliteratur: K. E. Maier: Schelmereien und Streiche als lustige Kindergeschichten (in: Der Deutschunterricht. 14. 1962. 5. 5–11); Jugendschrifttum. Formen, Inhalte, pädagogische Bedeutung (⁷1973). – H. Rausse: Zur Geschichte des spanischen Schelmenromans in Deutschland (1908). – H. G. Rötzer: Picaro – Landstörzer – Simplicius. Studien zum niederen Roman in Spanien und Deutschland (1972). – R. Ulshöfer: Lustige Geschichten im Deutschunterricht der Unterstufe (in: Der Deutschunterricht. 14. 1962. 5. 24–39).

Heinz Tischer

Schelper, Clara

*(d.i. Clara von Wedelstaedt, verwitwete Willrath, geb. Schelper; Ps. um 1930: Harry Lehmann). Lehrerin, Schriftstellerin; * 30.6.1884 Frankfurt/Oder, † 3.3.1960 Wiesbaden.*

Sch. lebte unter anderem in Guben (Mark), Ludwigshafen, Füssen und Wiesbaden. Sie besuchte ein Lehrerinnenseminar. Bereits als Zwanzigjährige begann sie mit dem Schreiben von Gedichten, veröffentlichte dann kleine Feuilletons, schließlich eine große Zahl von Jugend-, vor allem Mädchenbüchern. Ende der zwanziger Jahre verfaßte sie Operetten, die jedoch erfolglos blieben. Zwischen 1932 und 1935 produzierte sie zahlreiche Hörspiele, die sich hauptsächlich an Frauen und Mädchen wandten und verfaßte Rundfunksendungen in ostpreußischem und mecklenburger Dialekt.

Werk, Tendenzen, Wirkung. Sch. arbeitete sowohl auf dem Gebiet des Sachbuchs wie der unterhaltenden Literatur. Thema des von ihr 1929 herausgegebenen „Goldenen Mädchenbuchs" – mit Beiträgen von LUISE

Glass, Tony Schumacher, Josephine Siebe und anderen – ist die Vorbereitung des Mädchens auf eine neue Frauenrolle in einem neuen Staat. Sowohl in den Aufsätzen über Kosmetik und Berufswahl wie in den kleinen Geschichten von Nesthäkchen und Backfischen werden die jungen Leserinnen ermahnt, den Körper zu trainieren und voller Optimismus in die Zukunft zu schauen: „Halte dich wach und aufrecht, die neue Zeit braucht dich! Dich und deine junge, reinerhaltene Frauenkraft". Die beigegebenen Gymnastikfotos unterstreichen das neue, sportliche Frauenbild. Deutlich wird Sch.s ideologische Position, die zwar schon in ihren ersten Schriften angedeutet ist, sich aber erst nach 1933 voll entwickelt, in dem 1934 erschienenen Lexikon „Ich weiß alles", das all jene Fragen beantworten soll, die „das Leben der Jugend stellt". Themen der Artikel sind einerseits technische Meisterleistungen, Sportereignisse und die Radiobastelei, die in vielen Stichworten abgehandelt wird. Andererseits unterstützt Sch. in zahlreichen Artikeln die nationalsozialistische Ideologie. Sie ermuntert Kinder zur Familienforschung, behauptet, Ironie sei „eines offenen deutschen Menschen nicht würdig", fordert die Rückgabe ehemaliger Kolonien, um „schreiende Ungerechtigkeit wieder gutzumachen", lobt die Charaktereigenschaften des Ariers, deutsche Waffen und deutsche Kriegshelden. Als geeignete Lektüre für deutsche Jugendliche empfiehlt sie die Werke von Victor Blüthgen (1844–1920), Richard Dehmel (1863–1920), Adolf Holst (1867–1945) und anderen.

Ihre Romane für Mädchen sind typische Backfischbücher. Zum Teil erschienen sie als Serie (Gerti-Serie) und verfolgten das Leben der Heldin von der Jugend bis zur Ehe. Alle genretypischen Klischees sind vertreten: lustige Streiche einer Jugendbande, erste Liebschaften, traurige Familienereignisse und ein stets glücklicher Ausgang. Charakteristisch ist auch hier die Betonung des Sports, wodurch die Kinder zu „frischen, frohen Lebenskämpfern" erzogen würden („Gerti das Sportmädel", S. 149). Ein Teil dieser Bücher, die während des Dritten Reichs erschienen und die damals herrschende Ideologie widerspiegeln, wurden in den fünfziger und sechziger Jahren mit nur oberflächlichen Änderungen neu aufgelegt; ein Zeichen für das merkwürdige Geschichtsbewußtsein mancher Jugendbuchverlage. Sch. veröffentlichte auch mehrere Frauen- und Liebesromane, die teilweise in Groschenheft-Reihen erschienen. In ihnen vollzieht sich ein nahezu bruchloser Übergang vom Mädchenbuch zum billigen Trivialroman, was an zahlreichen formalen wie inhaltlichen Punkten (Sprachstil, Figurenkonstellation, Handlung, Vertröstungsideologie) zu erkennen ist.

Werke: Zwanzig Jahre und rotes Blut (1906, ²1909); Vom Lieben, Leben und Lachen (1913, ²1914); Sein Leibfuchs Lotte. Erzählung für junge Mädchen (1918); Der Butznickel. Heitere Erzählung für die Jugend (1920); Aster (1920); Schelmenmädel (1921); Republikaner (1922); Im Spatzenwinkel (1927); Halbjüngferchen (1927); Sport-Hansi. Ein Tennis Roman (1928, ⁷1938); Sport-Hansi am Start (1930, ⁶1938); Frauen um Jobst (1930, ⁴1956); Die blonde Ditt und ihr Schofför (1932); Komtess Erika (1932); Der gestohlene Wille (1932); Drei Mädel ziehen ins Leben hinaus (1933, ²1935); Siedlung Herzwinkel (1933); Werkstudent Krüger (1933); Annelot ist schuld (1933); Geheimnis um Lottka (1933, ²1939); Gräfin Zeck? – eine reizende Frau! (1933); Gerti als Backfisch (1934, ²1952); Gerti das Sportmädel (1934, ²1951); Gerti Naseweiß (1934, ³1961); Recht so, Jutta! (1935); Zuletzt lacht doch die Liebe (1936, ²1950); Drei Mädels auf Schloß Heiterkeit (1938); Gerti wählt einen Beruf (1938); Wird Gerti heiraten? (1939); Gertis glückliche Ehe (1940); Du schaffst es, Sabine (1940); Liebe im Nebel (1943); Die das Leben meistern (1950); Das Klavier (1950, ²1953); Junger Liebe Leid (1952).

Hrsg.: Mütter, Poesie und Prosa (1909); Jugend-Jahrbuch (1911); Unter Siebzehn. Modernes Novellenbuch für die Jugend (Bd. 1–2, zus. mit W. Wintzer; 1915, ²1922); Das Goldene Mädchenbuch (1929); Ich weiß alles. Das Lexikon der Jugend (1934).

Klaus-Ulrich Pech

Schenzinger, Karl Aloys

*Neurologe, Schriftsteller; *28.5.1886 Neu-Ulm, †4.7.1962 Prien am Chiemsee.*

Sch. studierte nach einer Apothekerlehre Medizin in Freiburg, München und Kiel und ließ sich als Facharzt für Nervenkrankheiten in Hannover nieder. Daneben begann er zu schreiben. Nach einem Aufenthalt in New York (1923–1925) widmete er sich ganz der Schriftstellerei. Ab 1928 lebte er als freier Schriftsteller zuerst in Berlin, später in Deggendorf/Donau.

Werk, Tendenzen, Wirkung. Als Jugendbuchautor wurde Sch. durch sein 1932 erschienenes Buch „Der Hitlerjunge Quex" bekannt, das 1942 eine Auflage von 325000 Exemplaren erreicht hatte. Der Autor erzählt darin von der Wandlung des Tischlerlehrlings Heini Völker, der aus einer den Kommunisten nahestehenden Arbeiterfamilie stammte, zum begeisterten Hitlerjungen und Nationalsozialisten. Anfangs hat Heini Kontakt zu kommunistischen Jugendgruppen, mit denen er auf Fahrt geht. Aber er erlebt die Teilnehmer der Wanderfahrt als von Diebstahl, Alkohol und sexueller Gier besessen: „Die ganze Welt ekelte ihn. Wo man hinsah, nichts als Gaunerei. Jeder war nur auf Fressen und Vergnügen aus. Einer stahl dem anderen die Arbeit aus der Hand, das Brot aus der Tasche". Auch zu Hause fühlt er sich bedrückt durch den Geldmangel und das Zusammenleben mit dem arbeitslosen und trunksüchtigen Vater. Um der dauernden Bedrückung zu entgehen, dreht Heinis Mutter den Gashahn auf. Sie stirbt, während Heini gerettet werden kann.

Neue Lebensperspektiven erfährt Heini durch die Bekanntschaft mit dem Gymnasiasten und Bürgersohn Franz Dörries, der ihn in die Hitlerjugend einführt. Heini bekehrt sich endgültig zum Nationalsozialismus. Er bekennt: „Ich bin auch ein Deutscher", und glaubt zu spüren, daß er nun nicht mehr abseits steht: „Er fühlte, daß er mit diesen Jungens gehen möchte, daß hier das gerade Gegenteil war von dem, was in der Clique vor sich ging, daß hier Ordnung war, Ordnung." Kameradschaft und Gehorsam werden als

höchste Tugenden gepriesen: „Wer solch eine Uniform trägt, hat nicht mehr zu wollen, er hat zu gehorchen“. Heini Völker geht völlig in seiner Funktion in der NS-Organisation auf: „Er wollte Befehle und wollte gehorchen. Er wollte bewundern und wollte verehren“. Was Sch. mit seinem Buch verfolgte, veranschaulicht das erste Gespräch zwischen Heini Völker, dem Arbeiterkind, und Franz Dörries, dem Sohn aus gutbürgerlicher Familie. Dörries kritisiert dabei scharf das „System“, die Weimarer Republik. Gegen die gesellschaftlichen Unterschiede zwischen arm und reich, oben und unten, setzt er „dasselbe Blut“, die „natürliche Gemeinschaft“, das „Volk“. Die „Gesetze der Natur“ sollen wieder Einfluß auf das gesellschaftliche Handeln finden. Es darf keine „Bastarde“ und „Vermischungen“ geben. In der menschlichen Gesellschaft sollen dieselben Gesetze gelten wie im Tierreich: „Dort hat auch jeder seinen Platz nach dem, was er ist und was er im Rudel leistet“. Heini, der durch den Eintritt in die Hitlerjugend Schwierigkeiten mit seinem Vater und den bisherigen Freunden bekommt, wird nach dem Besuch einer politischen Veranstaltung überfallen und tödlich verletzt. Sch. stilisiert Heinis Tod zum Märtyrertod für die nationalsozialistische „Bewegung“.
Die besondere Gefährlichkeit des „Hitlerjungen Quex“ lag in der Tatsache begründet, daß hier die nationalsozialistischen Ideen nicht explizit und propagandistisch aufgenommen wurden. So findet man in dem Buch keine eindeutig rassistischen Vorurteile, keine ausdrücklich militaristischen, kriegshetzerischen Parolen. Dennoch trug der „Hitlerjunge Quex“ in einem großen Ausmaß dazu bei, die nationalsozialistische Ideologie bei jungen Lesern zu verbreiten und eine geistige Haltung zu fördern, die blinden Gehorsam und Führerverehrung als Leitfaden anerkannte.
Sch.s „Hitlerjunge Quex“ blieb nicht ohne Folgewirkungen. 1933 wurde das Buch von Hans Steinhoff erfolgreich verfilmt. Zugleich wurde Schs. Roman Vorbild für weitere Erzählungen ähnlicher Art wie Peter Hagens „SA-Kamerad Tonne“ (1933; gekürzt u.d.T.: „Wie ein Proletarierjunge SA-Mann wurde“, 1934), Josef Vieras „Utz kämpft für Hitler“ (1933), Arnold Littmanns „Herbert Norkus und die Hitlerjungen vom Beusselkietz“ (1934), aber auch für Alfred Weidenmanns Trilogie „50 Jungen im Dienst“.
In seinem zweiten an junge Leser gerichteten Roman „Der Herrgottsbacher Schülermarsch“ (1934) erzählt Sch. vom Anschluß der katholischen Jugendorganisationen an die Hitlerjugend. Dieses Buch war dem Reichsjugendführer, dem „Dichter und Kämpfer“ Baldur von Schirach gewidmet. Dem Buch war ein Spruch aus dem Matthäus-Evangelium vorangestellt: „... und Gott, was Gottes ist!“. Sch. beginnt mit der Beschreibung der miefigen Situation einer katholischen Kleinstadt in Süddeutschland, in der erst wenige Schüler sich zur NSDAP und zur Hitlerjugend bekennen. Der katholische Pfarrer des Ortes wettert gegen die ‚gottlosen‘ Nazis. Hier setzt Sch. ein. An einigen Stellen geht er so weit, die geistige Verwandtschaft Adolf Hitlers mit Jesus Christus zu behaupten, um dem Vorwurf des Unglaubens zu begegnen und die noch abseitsstehenden Jungen zu gewinnen. Beschrieben wird, wie sich die Schüler, oft gegen den Willen der Eltern, zum NS-System bekennen. Die Schüler im „Herrgottsbacher Schülermarsch“ treten an, die Alltagslügen zu bekämpfen und die, wie sie unermüdlich betonen, zum bloßen Ritual abgesunkenen Handlungen wie Kirchengebete und Gesang beiseite zu schieben. Diese Haltung, auf der ein Großteil der Attraktivität des Buches basierte, wandte sich gegen das ‚Lager der Spießer‘ und die hohle Gelehrsamkeit. „Der Herrgottsbacher Schülermarsch“ spielt kurz vor der Machtergreifung der Nazis und während der ersten Wochen ihrer Herrschaft. Hitlers Machtantritt wird als „Revolution“ begriffen. Der Inhalt dieser Umwälzung ist in dem idealistisch gesinnten Satz der Jungen zusammengefaßt: „Wir wollen nicht mehr lügen“. Von daher erklärt sich auch die scharfe Kritik an der Kirche. Nach dem Machtantritt wird der ‚Krieg der Jungen‘, wie die Aufgabe der Hitlerjugend charakterisiert wird, immer erfolgreicher. Es gelingt ihnen, mehr und mehr Schüler anzuwerben.
Sch. scheut sich nicht, zu sentimentalen und rührseligen Mitteln zu greifen. Der Tod eines schwindsüchtigen Jungen, der lange mit sich gerungen hat, ob er in die Hitlerjugend eintreten solle oder nicht, wird zum Heldentod überhöht. Es heißt von ihm: „Er war Adolf Hitlers bester Soldat (...) Dolf Laible ist nicht gestorben, (...) er ist gefallen“. Charakteristischerweise ist es dann aber nicht die spezifisch nationalsozialistische Ideologie, die die katholischen Schüler überzeugt, sondern die Verehrung der Technik und insbesondere der Fliegerei. Dieses Moment verbindet Sch. geschickt mit der religiösen Erziehung der Jugendlichen. Das Bekehrungserlebnis des zum Priester bestimmten Mäxe Dolfinger ist typisch für Sch.s Bücher. Mäxe entfernt sich innerlich mehr und mehr von seiner Kongregation und tritt schließlich ganz zum Nationalsozialismus über. Dennoch bleibt seine Bekehrung religiös inspiriert: „Er verstand nur ein Wort: erwache! Es war die Stimme, die er aus dem Lautsprecher kannte, die Stimme, die ihn wie seine Kameraden ganz erfüllte, die ihn gerufen hatte, die ihm befahl, und der er freudig gehorchte“. Aus der Gottesgefolgschaft ist die Gefolgschaft für den Führer, für Adolf Hitler geworden. Wie an zahlreichen Stellen in seinen Büchern erfolgt hier die Gleichsetzung des Führers mit Gott.
Auch die populärwissenschaftlichen Romane Sch.s, die seit Mitte der dreißiger Jahre erschienen, fanden großen Anklang bei technisch interessierten Jugendlichen. Am bekanntesten wurden „Anilin“ (1936; NA. 1949) und „Metall“ (1939; NA. 1949). Obwohl beide Bücher „deutsche“ Wissenschaft und Technik verherrlichen, wurden sie auch nach Ende des Dritten Reiches neu aufgelegt. „Anilin“ erreichte insgesamt eine Auflage von 500000, „Metall“ bis 1951 bereits 1000000 Exemplare. Weitere populärwissenschaftliche Schriften verfaßte Sch. nach dem Zweiten Weltkrieg („Atom“, 1950; „Bei IG-Farben“, 1953; „99% Wasser“, 1957; „Magie der lebenden Zelle“, 1959).

Werke: Berggang (1921); Ass, Ass und Ass (1926); Abitur am Niagara (1928); Hinter Hamburg (1929); Man will uns kündigen (1931); Es brennt in USA (1932); Der Hitlerjunge Quex (1932); Ein Deutscher wandert aus (1933); Wehe den Wehrlosen (1933); Der Herrgottsbacher Schülermarsch (1934); Der schwarze Ritter (1936); Anilin (1936); Metall (1939); Atom (1950); Schnelldampfer (1951); Bei IG-Farben (1953); 99% Wasser (1958); Magie der lebenden Zelle (1959).

Sekundärliteratur: P. Aley: Jugendliteratur im Dritten Reich (1967). – D. Grenz: Entwicklung als Bekehrung und Wandlung. Zu einem Typus der nationalsozialistischen Jugendliteratur (in: M. Lypp (Hrsg.): Literatur für Kinder. Beiheft 7. Zeitschrift für Literaturwissenschaft und Linguistik. 1977. 123–154). – R. Jaroslawski: Die politische Jugendschrift. Zur Theorie und Praxis faschistischer deutscher Jugendliteratur (zus. mit R. Steinlein, in: H. Denkler (Hrsg. zus. mit K. Prüm): Die deutsche Literatur im Dritten Reich. 1976. 305–329). – E. Leiser: „Deutschland, erwache!" Propaganda im Film des Dritten Reiches (1968). – H. G. Meyer: Die deutsche Kinder- und Jugendliteratur 1933 bis 1945. Ein Versuch über die Entwicklungslinien (in: H. Kunze (Hrsg.): Studien zur Geschichte der deutschen Kinder- und Jugendliteratur Bd. 6/7. 1975). – J. B. Neveux: La jeunesse et les luttes politiques dans „Der Hitlerjunge Quex" de K. A. Schenzinger (in: Revue d'Allemagne. Bd. 8. 1976. 3. 431–448).

Winfred Kaminski

Scherer, Georg

*Hochschullehrer und Schriftsteller, Herausgeber von Anthologien; * 16. 3. 1824 Dennenlohe bei Ansbach, † 21. 9. 1909 Eglfing (Oberbayern).*

Sch. besuchte die Lateinschule zu Wassertrüdingen (1840–1842) und 1846 das Seminar zu Altdorf bei Nürnberg, um Volksschullehrer zu werden. Der beengte Wirkungskreis mißfiel ihm, er ging nach München, wo er sein Gymnasialstudium beendete. Seit 1847 war er Erzieher im Hause des Freiherrn von Reischach. Von 1849 bis 1854 studierte er in München und Stuttgart und promovierte in Tübingen zum Dr. phil. Sch. unternahm literatur- und kunsthistorische Reisen durch Deutschland, Frankreich und England. 1865 habilitierte er sich als Dozent für Ästhetik und Literaturgeschichte am Polytechnikum in Stuttgart. Sch. kam mit vielen Autoren, Malern und Komponisten in Verbindung und führte mit namhaften Persönlichkeiten einen regen Briefwechsel, vor allem mit Wilhelm Raabe (1831–1910) und Wilhelm Jensen (1837–1911). Er betätigte sich in der freien Bildungsarbeit, indem er in vielen deutschen Städten Vorträge hielt. 1874–1875 war Sch. in Italien und wurde nach seiner Rückkehr Professor und Bibliothekar an der königlichen Kunstschule in Stuttgart. Diese Stellung gab er 1880 auf und siedelte nach München über, wo er seitdem als freier Schriftsteller lebte. Als Sch. im hohen Alter unbegründete Prozesse gegen Kollegen und seine Frau anstrengte, wurde er auf ärztlichen Rat in die Irrenanstalt Eglfing eingeliefert, wo er in geistiger Umnachtung starb.

Sch. hatte jahrelang Kleinkunst, Kunstgewerbe und künstlerische Graphik gesammelt. Den größten Teil seiner Sammlung, soweit es sich um Bücher, meist mit Widmungen der Verfasser versehen, handelte, erwarb die Bayerische Staatsbibliothek in München. Den Rest der Sammlungen, mehr als 8000 Nummern, übernahm das „Süddeutsche Antiquariat" in München zum Verkauf und gab dazu fünf Kataloge heraus.

Werk, Tendenzen, Wirkung. Sch.s tief empfundene „Gedichte" (1864) erschienen 1898 bereits in der siebenten Auflage, „Das Lied vom Magdalener Wein" (1900) erreichte im Erscheinungsjahr bereits das zwölfte Tausend. Trotz der Erfolge seiner Gedichte war Sch. mehr Zuträger und Herausgeber von Anthologien als selbstschaffender Lyriker. Sch., der die Ansicht vertrat, „daß Anthologien für pädagogische und literaturgeschichtliche Zwecke nun einmal nicht zu entbehren seien", gab 1853 die reich illustrierte Sammlung „Deutscher Dichterwald" heraus, die 1912 die 25. Auflage erreichte. An der Erforschung des deutschen Volksliedes hatte Sch. sicher ebenso viel Anteil wie August Heinrich Hoffmann von Fallersleben (1798–1874), Ludwig Erk (1807–1883), Franz Magnus Böhme (1827–1898) und Rudolf Hildebrand (1824–1894).

Sch. gab eine Reihe Volksliedsammlungen heraus, die für den Schulunterricht, aber auch für das Singen im geselligen Kreis gedacht waren (Deutsche Volkslieder, 1851; Die schönsten deutschen Volkslieder mit ihren eigenthümlichen Singweisen, 1854/1855; Jungbrunnen, Die schönsten deutschen Volkslieder, 1873; Die schönsten deutschen Volkslieder. Illustrierte Prachtausgabe, 1875; Liederborn. 200 Volks- und volksthümliche Lieder in zwei- und dreistimmigem Satz, 1880).

Wilhelm von Kaulbach (1804–1874) regte Sch. an, für den jungen bayerischen Kronprinzen Ludwig ein „extrafeines Kinderbuch" zu schaffen. Kaulbach stellte dafür fünf heitere Zeichnungen zur Verfügung. Sch. traf aus bekannten deutschen Liedern, Märchen, Geschichten, Fabeln, Sprüchen und Rätseln eine Auswahl, zu der Bilder von Künstlern wie P. v. Cornelius (1783–1867), C. v. Heideck (1788–1861), A. v. Kreling (1819–1876), O. Pletsch (1830–1888), Fr. Graf v. Pocci (1807–1876), L. Richter (1803–1884), M. v. Schwind (1804–1871), C. Stauber (1815–1902), A. Strähuber (1814–1882), G. Süs (1823–1881), P. Thumann (1834–1908) und anderen beigesteuert wurden. So entstand die reich bebilderte Anthologie „Alte und neue Kinderlieder", die in späteren Auflagen den Titel „Illustriertes Deutsches Kinderbuch. Alte und neue Lieder, Märchen, Geschichten, Fabeln, Sprüche und Rätsel" erhielt. 1905 erschien das Buch in der siebenten Auflage. Dieses bekannteste Werk des Autors, das Sch. im Bereich der Kinderliteratur berühmt machte, ist vor allem durch den harmonischen Zusammenklang von Text und Bild geprägt. Der Band diente auch als Vorbild für die Separatausgabe eines prachtvollen Pergamentkodexes, den F. A. Lehner (1824–1895) mit ausgezeichneten Miniaturen des Malers W. Traub (1828–1874) als Festgeschenk dem österreichischen Kronprinzen Rudolf darbrachte.

Bild-Textseite aus dem von Georg Scherer herausgegebenen Band „Alte und neue Kinderlieder, Fabeln, Sprüche und Räthsel", der in wenigen Jahren mehrere Auflagen erlebte (¹1849, ³1853). Die Zusammenstellung der Texte besorgte Georg Scherer; an der Illustration des Werkes waren bedeutende Künstler der Zeit wie C. v. Heideck, W. v. Kaulbach, G. König, A. Kreling, E. Neureuther, Fr. Graf Pocci und L. Richter beteiligt. Die Zeichnung zu dem Gedicht „Herr Guckguck und Frau Nachtigall" lieferte Neureuther.

Mit dem Büchlein „Der Osterhas" (1850), einem heiteren Bilderbuch mit Reimen von Sch. und Zeichnungen von FRANZ POCCI, gelang Sch. ein gern gekauftes Kinderbuch, das 1900 die fünfte Auflage erlebte. Der unberechtigte Nachdruck dieses Werkes verschaffte Sch. großen Ärger. Zu einem „Rätselbuch für jung und Alt" (1862) stellte Sch. Beiträge aus alter und neuer Zeit zusammen, die unter anderem von FR. W. GÜLL (1812–1879), FR. SCHILLER (1759–1805), P. HEYSE (1830–1914), J. W. GOETHE (1749–1832), J. CHR. FR. HAUG (1761–1829), J. P. HEBEL (1760–1826), W. JORDAN (1819–1904), K. SIMROCK (1802–1876), FR. SCHLEIERMACHER (1768–1834), TH. KÖRNER (1791–1813) und E. MÖRIKE (1804–1875) stammten. Die häufigsten Beiträge sind von GÜLL (54 Stück) und Sch. selbst (62 Stück). Im Vorwort dazu stellt Sch. fest: „Es gibt kaum eine angenehmere, Verstand und Phantasie gleichmäßig anregende Unterhaltung für Kinder und Erwachsene, als gute Rätsel". Als charakteristisch nannte er die häufig vertretenen Sinnrätsel, Buchstabenrätsel, das Anagramm („durch Versetzung der einzelnen Buchstaben eines Wortes gebildet"), das rückläufige Rätsel, Palindrom („welches vor- und rückwärts gelesen dasselbe Wort gibt"), die zum Silbenrätsel gehörige Scharade und die zum Worträtsel gehörige Homonyme („das doppelsinnige oder mehrdeutige Rätsel"). Noch 1922 erschien die neunte Auflage von Sch.s Rätselbuch.

Werke: Der Osterhas. Festgabe für Kinder (1850); Gedichte (1864).

Hrsg.: Alte und neue Kinder-Lieder, Fabeln Sprüche und Räthsel (1849; auch u. d. T.: Illustriertes deutsches Kinderbuch. Alte und neue Lieder, Märchen, Fabeln, Sprüche und Räthsel. Bd. 1–2. 1863–1869); Alte und neue Kinder-Lieder (1850); Deutsche Volkslieder (1851; auch u. d. T.: Jungbrunnen. Die schönsten deutschen Volkslieder. 1873); Deutscher Dichterwald. Lyrische Anthologie (1953, ²⁵1912); Deutsche Volkslieder mit ihren eigenthümlichen Singweisen (H. 1–2. 1854–1955; NA. 1862; auch u. d. T.: Die schönsten deutschen Volkslieder mit ihren eigenthümlichen Singweisen, 1868); Räthselbuch für Jung und Alt (1862, ⁹1922); Aus der Jugendzeit (1875); Die schönsten deutschen Volkslieder. Illustrierte Prachtgabe (1875); Liederborn. 200 Volks- und volksthümliche Lieder in zwei- und dreistimmigem Satz (1880); Die Jahreszeiten. Ein Kinderbuch in Bildern und Liedern (1883).

Sekundärliteratur: L. Fränkel: Ein Vorkämpfer deutscher Volks- und Kinderpoesie. Georg Scherer (in: Eckart: Ein deutsches Literaturblatt. 4. 1909. 2. 148–150). – H. Holland: G. Scherer (in: Biographisches Jahrbuch. 1909. 14. 179–181).

Hans Eich

Scherf, Walter

*(Ps.: Tejo). Direktor der Internationalen Jugendbibliothek in München, Verfasser von Kinder- und Jugendbüchern, Theoretiker der Kinder- und Jugendliteratur; * 11. 6. 1920 Mainz.*

Nach dem Abitur studierte Sch. Mathematik, Physik und Musikwissenschaft in Danzig, Aachen und Göttingen, später Pädagogik, Psychologie und Volkskunde in München. Zugleich volontierte Sch. in Druckereien, war als Hersteller, Lektor und Redakteur tätig und übernahm 1957 als Nachfolger JELLA LEPMANS (†1970), der Gründerin und ersten Direktorin der Internationalen Jugendbibliothek (IJB), die Leitung dieser Institution. Im Rahmen dieser Funktion unternahm Sch. Reisen in Länder Ost- und Westeuropas, in die USA sowie nach Kanada und Japan.
Sch. begann zunächst 1949 nebenberuflich Kinder- und Jugendbücher zu schreiben, verlagerte aber später den Schwerpunkt seiner Veröffentlichungen auf Übersetzungen, Herausgabe und Bearbeitung meist klassischer Kinder- und Jugendbücher sowie auf theoretische Beiträge.
Die Kinder- und Jugendbücher Sch.s knüpfen größtenteils an die Zeit der Jugendbewegung an. Dieser Einfluß läßt sich teilweise neben autobiographischen Zügen bis in Sprache und Stil Sch.s verfolgen, wie z. B. in dem Buch „Schwedenfahrt" (1955), in dem die Dialogteile den „Jargon" der Fahrtenteilnehmer widerspiegeln.

Diese Publikationen Sch.s sind heute weitgehend nur noch von historischem Interesse. Von Sch. stammt auch eine Art Jugend-Knigge „Der Musterknabe" (1953). Sch.s theoretische Darlegungen gehen auf sehr unterschiedliche Themenbereiche ein. Die Analyse „Gibt es gute Comics?" (1959) gehört zu den frühen Beiträgen in der Kinder- und Jugendliteraturtheorie, welche die Abkehr von einer pauschalen Verurteilung der Comics als Schund markieren. Unter dem Titel „Was bedeutet dem Kind die Grausamkeit der Volksmärchen?" (1960) wehrte sich Sch. gegen den Versuch, Märchen wegen der seiner Meinung nach falsch interpretierten Beziehung zwischen Kindern und ihrer Haltung zur Grausamkeit aus dem Erzählgut für Kinder zu verbannen. Mehrfach setzte sich Sch. mit Fragen der Illustration auseinander, so unter anderem in seinem Referat „Die Form des zeitgenössischen illustrierten Buches und ihre Nutzung" auf dem Symposium im Rahmen der Bienále ilustracií Bratislava 1967, wo Sch. den Manierismus als Gefahr des Bilderbuchs kritisierte, die das Kind von seiner Gestaltungsfreude weg zu Resignation und gedankenlosem Konsum führe. Erwähnenswert ist Schs. Auseinandersetzung mit der zeitgeschichtlichen und politischen Jugendliteratur.

Es lassen sich drei Schwerpunkte im theoretischen Schaffen Sch.s erkennen: Der erste liegt auf dem Sektor der Geschichte der Kinder- und Jugendliteratur. Die Ausgangsposition für eine Geschichtsschreibung der Kinder- und Jugendliteratur beurteilt Sch. in seinem Forschungsbericht „Von der Schwierigkeit, die Geschichte der Kinderliteratur zu schreiben" (1975) recht pessimistisch. Im Rahmen vorläufiger Bemühungen auf diesem Gebiet ist Sch.s Neuherausgabe und Ergänzung der „Geschichte der deutschen Jugendliteratur" von Hermann L. Köster (1. ND. der 4. Auflage von 1927; 1968; 2. Nachdruck 1971) zu sehen. Der zweite Schwerpunkt liegt auf den zusammen mit den Mitarbeitern der Internationalen Jugendbibliothek für ein interessiertes Publikum erarbeiteten und kommentierten Katalogen zu den Ausstellungen in der Internationalen Jugendbibliothek. Diese Kataloge geben jeweils einen repräsentativen Querschnitt der Kinder- und Jugendbücher zu einem bestimmten Themenbereich, so z.B. „Bewältigung der Gegenwart? Emanzipatorische und gesellschaftspolitische Tendenzen in der Kinder- und Jugendliteratur" (1974). Ausgehend von einem historischen Überblick, analysiert Sch. darin zwei Strömungen: a) die Enthüllung disharmonischer Tatbestände, b) die Entwicklung von Projektionsfiguren. Sch. bemängelt die unkritische Verfahrensweise zahlreicher zeitgenössischer Autoren, die ahistorisch ihre eigenen Autoritätsprobleme, z.B. in der Auseinandersetzung mit dem Vater, auf die Gegenwart derzeitiger Leser übertragen.

Der dritte, im Schaffen Sch.s jüngste Schwerpunkt liegt auf dem Sektor strukturanalytischer Untersuchungen der Kinder und Jugendliteratur. Der Autor hat diesen Aspekt erstmals 1976 für die Zeitschrift „Revue d'Allemagne" aufgegriffen und ihm 1978 eine eigene Publikation gewidmet.

Werke: Großfahrt (1949); In Tipi, Zelt und Kohte (1949); Die Heimrunde (1950); Weiße Straßen. Lieder der Großfahrt (1950); Lautlos wandert der große Bär (1952); Der Musterknabe (1953); Flossenschwimmer vom rostigen Rittersee (1954); Das große Lagerbuch (1954); Schweden (1955); Schwedenfahrt (1955); Sybille, Sabine und ein Roller namens Muck (1955); Die Zeltpostille, Geschichten und Lieder (1956); Kindermärchen in dieser Zeit? (1961); Muschelhorn und Kiefernwurzel (1962); Politische Bildung durch das Jugendbuch (1963); Landsknecht, Bundschuh, Söldner. Die große Zeit der Landsknechte, die Wirren der Bauernaufstände und des Dreißigjährigen Krieges (zus. mit H. Pleticha. 1974); Volksbuch und Jugendliteratur (1976); Strukturanalyse der Kinder- und Jugendliteratur (1978).

Bearb.: L. Bechstein: Sämtliche Märchen (1965); Ch. Perrault: Der gestiefelte Kater (1971).

Hrsg.: Heijo. Taschenbuch für Jungen (Bd. 5–11. 1952–1958); Keki. Taschenbuch für Mädchen (Bd. 1–3. 1956–1958); Das bunte Fenster. Ein Geschichtenbuch (Bd. 2. 1957); H. L. Köster: Geschichte der deutschen Jugendliteratur. In Monographien (ND. 1968); Preisgekrönte Kinderbücher (1969); J. Swift: Gullivers Reisen (1970); Die Besten der Besten (1971); R. L. Stevenson: Die Schatzinsel (1971); C. Collodi: Pinocchio (1972); D. Defoe: Robinson Crusoe (1973).

Beitr.: Gibt es gute Comics? (in: Jugendliteratur. 5. 1959. 9. 406–411); Was bedeutet dem Kind die Grausamkeit der Volksmärchen? (in: Jugendliteratur. 6. 1960. 11. 496–510); Jugendbuch und Massenmedien (in: Jugendliteratur. 8. 1962. 11. 481–497); Wie erzählt man Märchen? (in: Jugendliteratur. 8. 1962. 12. 549–557); Welches Bild hat Deutschland von der französischen Jugendliteratur? (in: Zeitschrift für Jugendliteratur. 1. 1967. 1. 4–14); Die Haltung des Bilderbuchkünstlers (in: Zeitschrift für Jugendliteratur. 2. 1968. 1. 28–32); Kinderbuchillustration in Osteuropa (in: Zeitschrift für Jugendliteratur. 2. 1968. 3. 164–172); Das Angebot: Genügt das Vorhandene? (in: Das Kinderbuch aus der Perspektive internationaler Verständigung. 1969. 44–57); Folktales and the promotion of international understanding by means of children's literature (in: Literature for children and young people. 1970. 59–65); Die Form des zeitgenössischen illustrierten Buches und ihre Nutzung (in: J. Hrasko (Hrsg.): Bienále ilustrácií Bratislava. 1967, 1969; 1972. 81–85); Emanzipatorische und gesellschaftspolitische Tendenzen in der Kinder- und Jugendliteratur (in: W. Scherf (Hrsg.): Bewältigung der Gegenwart?. 1974. 7–39); Beim Kleinkind fängt es an. Über die Bedeutung der Kinderliteratur (in: Pädagogische Welt. 28. 1974. 8. 487–491); Die zeitgeschichtliche und politische Jugendliteratur (in: G. Haas (Hrsg.): Kinder- und Jugendliteratur. Zur Typologie und Funktion einer literarischen Gattung. 1974. 392–414); Von der Schwierigkeit, die Geschichte der Kinderliteratur zu schreiben (in: J. Drews (Hrsg.): Zum Kinderbuch. Betrachtungen. Kritisches. Praktisches. 1975. 148–168); Ablösungskonflikte in Zaubermärchen und Kinderspiel (in: Phantasie und Realität in der Jugendliteratur. 1976. 76–101); Struktur und Funktion des erzählerischen Aufbaus in der Jugendliteratur (in: Revue d'Allemagne. 8. 1976. 3. 369–384).

Rudolf Raab

Schieber, Anna

*Schriftstellerin; * 12.12.1867 Eßlingen am Neckar, † 7.7.1945 Tübingen.*

Einer kinderreichen schwäbischen Handwerkerfamilie entstammend, war Sch. nach Abschluß der Mädchenschule zunächst als Haustochter tätig. Sie bildete sich nach privatem Lektüreplan weiter, später auch durch Reisen. Längere Zeit arbeitete sie in einer Buch-Kunsthandlung. In Jahren der Krankheit (Lungensanatorium) entdeckte sie ihre pflegerische und ihre schriftstellerische Begabung. Im Ersten Weltkrieg war Sch. in Kriegslazaretten tätig. Grundlegend wirkte sie nach 1918 am Aufbau der Volksbildungsarbeit in Württemberg mit, vor allem in der musischen Fortbildung landständischer Jugend (Sing-, Lese- und Kunstbetrachtungskreise). In Degerloch ansässig geworden, stand sie viele Jahre in Kontakt mit Gruppen der evangelischen Jugendbewegung, wurde 1930 Mitglied des von J. W. Hauer (1881–1962) geführten „Bundes der Köngener" und blieb auch nach 1933 auf seiten der Gruppe, die mit der Bekennenden Kirche Verbindung hielt. Durch einen Bombenangriff verlor Sch. 1944 ihr Heim. Sie fand Zuflucht in Tübingen. Dort schied sie nach Kriegsende freiwillig aus dem Leben.

Werk, Tendenz, Wirkung. Nur wenig aus Sch.s Biographie läßt sich genau datieren. Sie hat ihrem Lebensbericht „Wachstum und Wandlung" (1935) dichterische Form und Sprache gegeben ebenso wie ihrem autobiographischen Kindheitsbuch „Doch immer behalten die Quellen das Wort. Erinnerungen aus einem ersten Jahrsiebent" (1932). In beiden Werken gibt sie wenig biographisch-dokumentarische Information, legt jedoch ihre persönliche und schriftstellerische Entwicklung offen und berichtet von ihren religiösen Erfahrungen und den ihr wichtig gewordenen Begegnungen mit Menschen. Die Liebe zum Kinde schien ihr von Anfang an mitgegeben. Sch. gewann in den ersten Jahrzehnten des 20. Jahrhunderts einen großen Leserkreis für ihre Erzählungen, vor allem im schwäbischen Raum, dessen Bauern, Dienstleute, Handwerker und Inhaber kleiner Wirtschaften und Verkaufsläden sie im Zusammenleben mit ihren Familien, den Lehrern und Pfarrern der Gemeinden in Dorf und Kleinstadt aus genauester Kenntnis oft mit Humor lebensgetreu schilderte. Sch. zog zunächst keine Grenzen der Lesealter, erklärte ihren ersten Band Erzählungen „Warme Herzen" (1899) im Untertitel als „Geschichten für große und kleine Leute" und die Einzelerzählung „Was des anderen ist" (1900) als „Eine Kindergeschichte, auch für die Großen". Es folgten die „Guckkastenbilder. Kindern und Kinderfreunden gezeichnet" (1901), die Sammlung „Sonnenhunger. Geschichten von der Schattenseite" (1903), von denen besonders „Kinderleid" bekannt wurde und „Zugvögel und andere Geschichten für Kinder und Kinderfreunde" (1905). Alle diese Bändchen erschienen zuerst in der Reihe „Sonntagsbibliothek" im Gundert Verlag, Stuttgart, und erreichten bis 1928 hohe Auflagen.

Einige der Erzählungen wurden später auch in andere Sammlungen übernommen. Sch.s Titel „Röschen, Jaköble und andere kleine Leute. Ein Geschichtenbuch für Kinder und Kinderfreunde" mit Bildern von A. Beuerle, 1907, erhielt in der Neuausgabe (17.–20. Tausend) den Titel „Röschen und Jaköble. Ein Geschichtenbuch für kleine Leute" und Bildschmuck von A. G. Colsman und erschien 1949 in der Gundert-Reihe „Das Vogelnest" (32.–36. Tausend). Im Grundmuster unterschieden sich diese frühen Geschichten Sch.s für Kinder nicht von den moralischen Erzählungen des 19. Jahrhunderts, wirkten aber von Anfang an, darin der Schweizerin Johanna Spyri verwandt, durch ihren Empfindungsreichtum und ließen Sch.s genaue psychologische Beobachtung erkennen. In vielen dieser Erzählungen versuchte die Autorin, Kriegserlebnisse, Treue zur Heimat und Menschenbrüderlichkeit zu schildern wie in den Bänden „Heimat" (1915, 48. Tausend 1931) und in der auf Einladung des Verlages für junge Leser geschriebenen Kriegserzählung in Briefen „Kameraden" (mit Zeichnungen von Adolf Hildenbrand, 1917).

Die Entwicklung ihrer Erzählkunst zum Gestaltungsvermögen großer Epik, das sich in ihren Romanen zeigt (Alle guten Geister, 1907; Ludwig Fugeler, 1918; Das große Ich, 1930; Das große Angesicht, 1935), kam auch ihren späteren Erzählungen zugute. Modern ist in vielen Erzählungen Sch.s die soziale Thematik: Frauen und Mütter im Gefängnis (Sch. selbst suchte sie zum Gespräch in der Zelle auf), geistig und körperlich Behinderte jeden Alters, von Hause aus Schlechtweggekommene, Spannungen zwischen den Generationen. Resozialisierung und Gewinnung zwischenmenschlicher Kontakte waren die Themen einiger Sammelbändchen (Der Unnutz. Zugvögel, 1912; Zur Genesung, 1924; Echte Menschen. Erzählungen für die reifere Jugend, 1926).

In der Kinderliteratur wurden von Sch. besonders bekannt die in Einzelausgaben der Gundert-Reihe „Sonne und Regen im Kinderland" in gefälligem Quartformat und illustriert publizierten Bändchen „Annegret" mit Bildern von E. Sauer (* 1922), „Bille Hasenfuß" (1926) und „Der Zeitungsbub" (1928), die beiden letzten mit Holzschnitten von Maria Welsch, bekannt. – Unter wechselnden Sammelbandtiteln sind Sch.s Erzählungen in verschiedenen Zusammenstellungen erschienen. Der Wandel der Sozialstruktur in Dorf und Kleinstadt und der Stilwandel in der Kinder- und Jugendliteratur haben Sch.s Epik in einem ersten Schub nach 1933, in einem zweiten Schub nach 1945 ins Vergessen gedrängt; doch wurden einzelne ihrer Erzählungen auch noch nach 1950 in Schullesebücher und Anthologien aufgenommen, u.a. die Erzählung „Die Macht der Güte" in den ersten Band des schweizerischen Lesewerkes „Jugend und Leben", das für Sekundarschulen herausgegeben wurde (St. Gallen) und 1958 in fünfzehnter Auflage erschien.

Werke: Warme Herzen. Geschichten für große und kleine Leute (1899); Was des anderen ist. Eine Kindergeschichte auch für die Großen (1900); Guckkastenbilder. Kindern und Kinderfreunden gezeichnet (1901); Sonnenhunger. Geschichten von der Schattenseite (1903); Zugvögel und andere Geschichten für Kinder und Kinderfreunde (1905); Alle guten Geister … (1907); Röschen, Jaköble und andere kleine Leute. Ein Geschichtenbuch für Kinder und Kinderfreunde (1907; auch u.d.T.: Röschen und Jaköble. Ein Geschichtenbuch für kleine

Leute, 1934); Gesammelte Immergrün-Geschichten (1910); Allerlei Kraut und Unkraut. Gesammelte Bilder und Geschichten für große und kleine Leute (1910); Fröhlich, fröhlich Weihnacht überall! 3 kleine Weihnachtsspiele für Kinder (1912); Sum, sum, sum! Ein Liederbüchlein für die Mutter und ihre Kinder (1912); Der Unnutz. Zugvögel (1912); Das Kind (1916); Kameraden. Eine Erzählung in Briefen (1917); Ludwig Fugeler (1918); Annegret. Eine Kindergeschichte (1922); Zur Genesung (1924); Das Hemd des Glücklichen. Ein Spiel (1924); Aber nicht weiter sagen! Ein Märchenbuch (1926); Aus Gesprächen mit Martina (1926); Bille Hasenfuß. Wie er sich und den Gänserich bezwang (1926); Echte Menschen. Erzählungen für die reifere Jugend (1926); Der Zeitungsbub. Eine Kindergeschichte (1928); Das große Ich (1930); Ein Tag aus Bimberleins Leben (1930); Doch immer behalten die Quellen das Wort. Erinnerungen aus einem ersten Jahrsiebent (1932); Veronika und ihr Bruder (1936).

Sekundärliteratur: E. Ackerknecht: Die schwäbische Dichterfamilie (Vortrag. Gedruckt für die Mitglieder der Deutschen Schillergesellschaft. 1950). – H. Binder: Anna Schieber (in: Die Neue Literatur. 1934. 12. 750–760; zus. mit E. Metelmann). – M. L. Euckendorf: Die Dichterin Anna Schieber (in: Kommende Gemeinde. 3. 1931. 4. 27–35).

Margarete Dierks

Schiefertafelbuch → E. W. Engelmann

Schildbürger

Volksbuch des ausgehenden 16. Jahrhunderts, erzählt Narrenstreiche einer fiktiven Bürgergemeinde. Im 20. Jahrhundert werden in Deutschland die Sch. zu Figuren der Kinderliteratur.

Geschichte und Wirkung. 1597 erschien in Straßburg das „Lalebuch", eine Sammlung von Schwänken über die Bewohner von Laleburg, einer kleinen Stadt in Utopia, 1598 in Frankfurt am Main ein etwas veränderter Nachdruck unter dem Titel „Schiltbürgerbuch". Der neue Name verweist auf die Stadt Schilda in der Provinz Meißen („Misnopotamia"). Der Verfasser ist unbekannt. Von der Beliebtheit des Buches zeugen etwa 35 Ausgaben bis zum Beginn des 19. Jahrhunderts. Besonderes Interesse fand der Stoff bei den Romantikern. Ludwig Tieck (1773–1853) verwandte ihn zu einer ironischen Zeitsatire (1797). Als Autoren von Neufassungen und Nachdichtungen sind vor allem Ludwig Aurbacher (1784–1847), Karl Simrock (1802–1876) und Gustav Schwab (1792–1850) zu nennen. Die grundlegende textkritische Ausgabe des „Lalebuches" und des „Schiltbürgerbuches" (Halle 1914) besorgte Karl von Bahder (1852–1932). Im 20. Jahrhundert wurden die Schildbürgergeschichten in zahlreichen, qualitativ sehr unterschiedlichen Bearbeitungen zur Kinder- und Jugendlektüre.

Die Sch.-Streiche als Kinder- und Jugendliteratur. Die Sch.-Streiche haben ihre eigene Logik. Oft ergibt sich aus einem durchaus vernünftigen Handlungsansatz eine Frage, die mit einem plötzlichen „salto mortale" in den Unsinn beantwortet wird. Der Witz liegt zum einen in der haarscharfen Vermeidung der naheliegenden vernunftgemäßen Lösung, zum anderen im Mißverhältnis von intensiver intellektueller Anstrengung und närrischem Resultat. Um die hintergründige Ironie dieses „Gegen-den-Strich-Denkens" in seiner Mischung von Naivität, Borniertheit und Spitzfindigkeit voll zu erfassen, bedarf es einer entwickelten Reflexionsfähigkeit. Kinder im Grundschulalter haben an den Sch.-Streichen ein mehr vordergründiges Vergnügen. Sie erfreuen sich an der drastischen Situationskomik, der Übertreibung, dem Nicht-Ernstnehmen des Widerspruchs zur Realität und am unbeirrbaren Optimismus der Sch. Didaktische Hilfen können auch subtilere Strukturen erschließen helfen, doch entsteht dann die Gefahr, die Sch.-Geschichten zu „Lehrstücken" umzufunktionieren. Die bekanntesten modernen Bearbeitungen für Kinder stammen von Erich Kästner (1899–1974; 1954) und von Otfried Preussler (* 1923), der die Sch.-Streiche in Form einer Stadtschreiberchronik unter dem Titel „Bei uns in Schilda" (1958) erzählt.

→ Lügendichtung, → Münchhausen und Münchhausiaden, → Schwank, → Volksbuch

Sekundärliteratur: H. Bausinger: Schildbürgergeschichten. Betrachtungen zum Schwank (in: Der Deutschunterricht. 13. 1961. 1. 18–44). – W. Dietze: Mündlicher Volksschwank und romanhafte Erzählformen im „Lalebuch" (in: Weimarer Beiträge. 14. 1968. 1. 158–174). – St. Ertz: Aufbau und Sinn des Lalebuchs (Diss. 1965); Schilda und die Schildbürger (in: Euphorion. 1965. 59. 386–400). – W. Hesse: Das Schicksal des Lalebuches in der deutschen Literatur (Diss. 1929). – E. Jeep: Hans Friedrich von Schönberg, der Verfasser des Schildbürgerbuches und des Grillenvertreibers (1890). – J. Klapper: Beinverschränkung, ein Schildbürgerstücklein (in: Mitteilungen der schlesischen Gesellschaft für Volkskunde. 26. 1925. 147–152). – O. Preussler: Bei uns in Schilda. Arbeitsbericht von der Neufassung eines Volksbuches (in: Jugendliteratur. 4. 1958. 9. 404–410). – E. Strassner: Schwank (1968). – Fr. Stroh: Volksbuchprobleme. Zur Wesensbestimmung des Lalebuches (in: Euphorion. Neue Folge. 36. 1935. 78–87). – H. Trümpy: Die Hintergründe des Schwankbuchs von den Laleburgern (in: E. Walter (Hrsg. zus. mit P. Gilg): Festgabe Hans von Greyerz zum 60. Geburtstag. 1967. 759–782).

Heinz Tischer

Schiller, Friedrich von

** 10. 11. 1759 Marbach am Neckar, † 9. 5. 1805 Weimar.*

Die jugendliterarische Relevanz von Sch.s Werk. „In Schillers Werken findet sich nichts für Kinder", heißt es lapidar in Adalbert Mergets „Geschichte der deutschen Jugendliteratur" ([3]1882, S. 94). Denn „wiewohl die Jugend vielleicht schon vom zehnten Jahre ab und noch früher seine Balladen und Romanzen um der reizenden Schilderungen und des ihr zusagenden deklamatorischen Tones willen mit Leidenschaft liest und lernt, so sind sie doch nicht für Kinder geschrieben". Für Merget ist „nur jenes Liedchen, was wir im ‚Wilhelm Tell' von Walther, seinem Sohne, singen hören: ‚Mit dem Pfeil, dem Bogen' auch in der Kinder

Mund gekommen". Er verweist lediglich noch auf jenes Gedicht, das Sch. „für seinen Sohn Karl zum Geburtstag der Frau Kirchenrätin Griesbach zu Jena 1796 gedichtet. Es fängt an: ‚Mach' auf, Frau Griesbach, ich bin da' und schließt: ‚doch könntest Du mir, eh' ich geh', 'ne Butterbemme schneiden'." Sch.s Verhältnis zur Jugendliteratur mag damit bezeichnet sein, nicht aber das Verhältnis der Jugend zur Literatur Sch.s. Vor allem sein dramatisches Werk und seine Lyrik, in Sonderheit seine Balladen, gehörten bereits in der ersten Hälfte des 19. Jahrhunderts zum schulischen und außerschulischen Lesekanon. Schon zu seinen Lebzeiten waren einige seiner Balladen und Auszüge aus seinem „Wallenstein" in eine Schul-Anthologie – in FRIEDRICH RAMBACHS „Odeum. Eine Sammlung deutscher Gedichte aus unterschiedenen Gattungen zum Behuf des Unterrichts und der Übung in der Deklamation" (Berlin, Stettin 1800) – aufgenommen worden.

Freilich hatte Sch.s Werk es ebenso schwer wie generell die deutschsprachige Literatur seiner Zeit, in den Schulen gelesen zu werden. Noch um 1840 wurde die Lektüre der deutschen – im Gegensatz zu der der griechischen und lateinischen – Klassiker in den außerschulischen Raum verbannt: „Die deutsche Lectüre gehört in die Erholungsstunden des Schülers" (nach HORST JOACHIM FRANK: Dichtung, Sprache, Menschenbildung. Geschichte des deutschen Unterrichts von den Anfängen bis 1945. Bd. 1. 1976. 261). Nur wenige Jahrzehnte später, in den siebziger Jahren des 19. Jahrhunderts, „war die Nationalliteratur auch ein Gegenstand des Volksschulunterrichts geworden"; „Tell" und „Wallenstein" – so wurde 1882 den Mittelschulen empfohlen – sollten gar „im Zusammenhange", also als ‚Ganzschrift', gelesen werden.

An dieser Eroberung der Schulen durch die deutschsprachige Literatur hat Sch. nicht allein mit seinem poetischen Werk Anteil, sondern auch durch seine ästhetischen Anschauungen, die die Schul- und Populärästhetiken des 19. Jahrhunderts wesentlich beeinflußt haben. In seinen Briefen „Über die ästhetische Erziehung des Menschen" hat Sch. für eine Absonderung der Kunst von Gesellschaft plädiert und die Utopie einer Bildungsgesellschaft und ihres ästhetischen Staats entworfen: „In dem ästhetischen Staate ist Alles, auch das dienende Werkzeug, ein freier Bürger, der mit dem Edelstein gleiche Rechte hat (...). Hier also, in dem Reiche des ästhetischen Scheins, wird das Ideal der Gleichheit erfüllt, welches der Schwärmer so gern auch dem Wesen nach realisiert sehen möchte." Für Sch. hat diese Autonomie der Kunst letztlich einen gesellschaftlichen Zweck, insofern in der Produktion und in der Rezeption von Kunst Menschen aus allen gesellschaftlichen Klassen miteinander ästhetisch versöhnt werden. Er versteht diese ästhetische Versöhnung, die zu einer moralischen Gleichheit aller Bürger führen soll, als Ersatz für die in der Gesellschaft seiner Zeit noch nicht mögliche politische Gleichheit aller Bürger. Jeder Mensch, so Sch.s Überzeugung, kann durch die Kunst für sich erlangen, was ihm als Bürger in der Gesellschaft verwehrt ist: seine Selbstverwirklichung in Freiheit. – Dadurch wurde Kunst zu einem wichtigen Mittel der Erziehung und der Dichter zum Erzieher des einzelnen Menschen. Der Schule kam demnach die neue Aufgabe zu, den Weg zur Kunst, zur Literatur zu weisen.

Der von den Schulen gewiesene Weg zum Werk Sch.s veränderte sich ebenso oft wie die Zielsetzungen und Methoden des Deutschunterrichts sich verändert haben. Über mehr als anderthalb Jahrhunderte hinweg waren sich Literaturpädagogen aber immer wieder darin einig, daß Sch. ein „Klassiker der Jünglingsjahre" (so z.B. JOSEPH ANTZ: Führung der Jugend zum Schrifttum. ^{2}1950. S. 64) sei. Bestätigt wird dieses Urteil in zahlreichen Selbstbiographien und Jugenderinnerungen des 19. und der ersten Jahrzehnte des 20. Jahrhunderts, in denen immer wieder auf den großen Einfluß von Sch.s Balladen und Dramen hingewiesen wird. Bemerkenswert ist, daß die Begeisterung jugendlicher Leser häufig von jenen Werken ausgelöst worden ist, die in den Schulen wegen vermeintlicher moralischer Bedenklichkeiten gar nicht oder bloß ‚bereinigt' behandelt worden sind (vgl. IRENE DYHRENFURTH-GRAEBSCH: a.a.O. S. 108 und S. 195–197).

Sch.s Werk ist von den sich ablösenden Lesergenerationen nicht einheitlich rezipiert worden. Die widersprüchlichsten Leseintentionen sind innerhalb ein und derselben Lesergeneration an das Werk herangetragen worden; die gleichen Leseintentionen haben sich über mehrere Lesergenerationen bewahrt. Trotz dieses Gegen-, Neben- und Nacheinander widersprüchlicher Leseintentionen, das dazu geführt hat, daß Sch.s Werk vom Bürgertum ebenso gelesen worden ist wie vom Proletariat, daß es progressiven Lesern ebenso verfügbar war und ist wie konservativen, ist eine interessante Regelmäßigkeit in der Rezeption von Sch.s Werk zu beobachten, nämlich die, „daß in politisch bewegten Epochen der deutschen Geschichte größeres Interesse an Schiller herrschte als in ruhigeren Zeiten, in denen man sich gerne Goethe zuwandte" (EVA D. BECKER: Schiller in Deutschland 1781–1970. 1972. S. VIII). Weiterhin ist immer wieder zu beobachten: jede Lesergeneration versucht erneut, den ihr ‚unbekannten Schiller' zu entdecken, d.h. die von der jeweils vorangegangenen Generation kanonisierte Werkauswahl in Frage zu stellen und andere Texte in den neuen Lesekanon aufzunehmen. Der letzte bedeutende Versuch einer solchen Revision fand 1966 statt: In einer Auflage von 50000 Exemplaren legte der Insel-Verlag, Frankfurt/Main, eine vierbändige Schiller-Auswahlausgabe vor, bei der HANS MAGNUS ENZENSBERGER (*1929) für die Auswahl der Gedichte verantwortlich war. ENZENSBERGER hat eine Reihe der populärsten Gedichte in seine Sammlung nicht aufgenommen: es fehlen z.B. „Das Lied von der Glocke", „Die Kraniche des Ibykus", „Der Kampf mit dem Drachen", „Die Bürgschaft" und „Das verschleierte Bild zu Sais". In einer öffentlich geführten Diskussion ist dieser Traditionsbruch ungewöhnlich heftig gerügt worden, selbst von Kritikern, die „ohne Skrupel auch die populärsten Balladen zu ‚Schillers schwächeren Arbeiten' zählen" (so z. B. Marcel Reich-Ranicki: Kein Lied mehr von der Glocke. In: Die Zeit vom 9.9.1966).

→ J. W. v. Goethe

Dietger Pforte

Schindler, Edith

*Schweizerische Illustratorin, Autorin von Kinderbüchern und Bildgeschichten; * 17.4.1940 Rüti/Glarus (Schweiz).*

Sch. besuchte die Kunstgewerbeschule in Zürich, die sie mit dem Diplom als Textilentwerferin verließ. Zunächst als Zeichenlehrerin arbeitend, ist Sch. seit 1963 hauptberuflich als Illustratorin tätig. Das von ihr illustrierte und verfaßte Kinderkochbuch „Wenn ich großen Hunger hab, fang ich an zu essen" (1974) wurde in die Auswahlliste zum Deutschen Jugendbuchpreis aufgenommen, „Pecos Bill" (1975, Text von FR. HETMANN) als eines der fünfzig „Schönsten Bücher des Jahres 1975" ausgewählt. Die Illustratorin, die unter anderem die skandinavischen Länder, die Türkei, Griechenland und die USA bereiste, ist mit einem Graphiker verheiratet und lebt in Zumikon/Schweiz.

Werk, Tendenzen, Wirkung. Sch., eine der produktivsten Illustratorinnen im deutschsprachigen Raum, arbeitet fast ausschließlich mit der Feder; erst in den letzten Jahren treten differenzierte Bleistiftzeichnungen und flächig aufgetragene farbige Abbildungen stärker hervor. Außer Buchumschlägen, Bildgeschichten in Jahrbüchern und Anthologien schuf sie vor allem Illustrationen zu gegenwartsbezogenen Werken deutscher und ausländischer Kinderbuchautoren. Neben Texten für Kinder im Erstlesealter wie Bilder-, mundartliche Lieder- und Vorlesebücher, Tiergeschichten, Abenteuererzählungen hat sich Sch. vor allem Stoffen zugewandt, in denen verschlossene, kontaktscheue, ängstliche, einsame, Zärtlichkeit und Verständnis suchende Kinder – vornehmlich Mädchen – eine Rolle spielen. In den atmosphärisch dichten Illustrationen zu den Mädchenbüchern versucht Sch., die durch das Geschehen ausgelösten psychischen Prozesse und Stimmungen zu visualisieren. Die Kontur, hier als einfache gerade Linie, dort mit kurzen, gezackten Strichen ausgeführt, ist das tragende Element der in den Text eingestreuten, zum Teil gerahmten oder in Bildsequenzen aufgeteilten gegenständlichen Zeichnungen. Interieur und Landschaft treten gegenüber der Menschendarstellung zurück. Binnenstrukturen, genaue perspektivische Darstellungen mit Hilfe von Schraffuren sind in den Werken der ersten zehn Jahre seltener.
Sch.s zeichnerisches Repertoire ist differenziert, doch vermeidet sie nicht immer Schematisierungen, besonders in den Gesichtsdarstellungen von lieben, stillen Mädchen. Daneben ist ein Zug zum drastischen Realismus, bisweilen zum Karikaturenhaften bemerkbar, der zur Bloßstellung von häufig kalten, gedankenlosen, aufgeschwemmten, gierig Eßbares in sich hineinstopfenden Erwachsenen dient: So in der Darstellung von harten, mit Vorurteilen behafteten Dorfbewohnern in „Zigeuner-Joschi" (1969, Text von U. VALENTIN), von drei gefräßigen reichen Bauern, die mit absurden Maßnahmen einen Fuchs verfolgen (R. DAHL: Herr Fuchs ist wirklich fabelhaft, 1972), von spießerhaften, bösartig beim Essen die Zähne bleckenden Typen in CHR. NÖSTLINGERS „Der Spatz in der Hand" (1974) oder in den „Eß- und Trinkgeschichten" von H. MANZ (1974). Demgegenüber gibt das von der Illustratorin selbstverfaßte „Lust"-Buch für Kinder „Wenn ich großen Hunger hab, fang ich an zu kochen" nicht nur Kochanleitungen in Bildgeschichtenform, sondern unterhält auch durch witzig-emanzipatorische Geschichten und Zeichnungen.
Während in den frühen Bilderbüchern die Farbe nur als Kontrapunkt zu den Schwarzweiß-Zeichnungen dient – so in „Der kleine rote Elefant" von H. EGLI und M. PARAVICINI (1964) –, gewinnt sie in den neueren Werken an Bedeutung. Sch.s auf Binnengliederung, Perspektive, Farbschattierungen und Überschneidungen weitgehend verzichtende Darstellungsweise zielt darauf ab, die im Bild gezeigten alltäglichen Gegenstände und Situationen auch für das kleine Kind wiedererkennbar und überschaubar zu machen (vgl. I. KORSCHUNOW: Steffis roter Luftballon, 1978). Die klaren, kräftigen Farben sind hier wie auch in „Spaghetti, Spaghetti" (1974, Text von B. SCHWINDT) flächig aufgetragen. In dem bislang einzigen großformatigen Märchenbilderbuch „Das Regentier kommt" (1976, Text von H. GÜNTHER) arbeitet die Graphikerin grundsätzlich nach dem gleichen Prinzip: In den personenbezogenen, teils pastell-, teils leuchtend farbigen Bildern von verschiedener Größe treten die Hintergründe vor den voluminös aufgeblasenen Körpern und Körperteilen kulissenartig zurück. Die im Text angelegten satirischen Elemente, das Spiel mit der beschränkten Perspektive und Sensationsgier der Menschen, werden durch Bildwitz verstärkt.
In FR. HETMANNS „Pecos Bill", eine Parodie auf die Legenden des Wilden Westens, nimmt Sch. die Übertreibungen wörtlich, zeichnet sie in realistischer Manier mit weichem Bleistift, so die Absurditäten verdeutlichend. Dieser Stil der fotografischen Genauigkeit und zugleich Verfremdung durch ungewohnte Ausschnitte und Hervorhebungen von scheinbar nebensächlichen Textdetails setzt sich in den tonigen Zeichnungen zu den „zärtlichen Geschichten" von H. MANZ fort (Adam hinter dem Mond, 1976). Er hilft, eine unbekannte Wichtigkeit, Schönheit, ja Poesie im Alltäglichen zu entdecken.

Werke: Fr. Brunner: Miguel und Miga (1963); S. Gut: Kasperli und die Prinzessin von Luda (1963); O. Meyer: Chrigi. Heitere und ernste Erlebnisse eines Bauernbuben (1963); L. v. d. Crone: Über die goldige Brugg ([2]1964); H. Egli: Der kleine rote Elefant (zus. mit M. Paravicini, 1964); M. Bolliger: David (1965); L. Kätterer: Bauz, der Tüpfelkater (1965; NA. 1973); E. Müller: Eveli und das Wickelkind (1965); R. Lampel: Irith und ihre Freunde (1966; NA. 1972); L. Lenski: Drei kleine Schwestern (1966); A. Arnold: Felix Stümpers Abenteuer und Streiche (1967); A. Kariniemi: Pikka. Ein Mädchen in Lappland (1967);

O. Meyer: Käthi aus dem Häuserblock (1967); R. Parker: Hilfe – ich bin unsichtbar (1967); A. Stern: Liedergärtli (zus. mit Kl. Stern (1967); R. Weir: Die Hafenhundebande (1967); B. Lischke: Lippo (1968); R. L. Stevenson: Die Schatzinsel (1968); M. Janson: Tom und die Neonstrasse (1969); J. Procházka: Lenka (1969); U. Valtentin: Zigeuner-Joschi (1969); R. Weir: Der kleinste Hund der Welt (1969); G. Bufalari: Das gelbe Boot (1970); H. Götz: Liebe oder so ähnlich (1970); J. London: Der Ruf der Wildnis (1970); R. Weir: Bachulke mit dem halben Ohr (1970); R. Dahl: Der Zauberfinger (1971); M. Gripe: Der Nachtpapa (1971); Z. Jakob: Vrenli in der Stadt (1971); M. Bolliger: Mose (1972); R. Dahl: Herr Fuchs ist wirklich fabelhaft (1972); R. Lampel: Urmel auf dem Eis (1972); J. Procházka: Jitka (1972); A.-C. Vestly: Aurora aus Hochhaus 7 (1972); D. Christiansen: „Mein Volk ist aber stärker!" Spaß und Streitgeschichten (zus. mit anderen, 1973); M. Gripe: Was wird aus Julias Haus? (1973); J. Procházka: Milena spielt nicht mit (1973); K. Thorvall: Anstelle eines Vaters (1973); A.-C. Vestly: Auroras heimliche Freunde (1973); Die besten Tiergeschichten der Welt (Bd. 1–2. 1974); M. Gripe: Sommer mit Metta und Mulle (1974); R. Klapproth: Dani und Mutz (1974); H. Manz: Ess- und Trinkgeschichten (1974); Chr. Nöstlinger: Der Spatz in der Hand (1974); G. Ruck-Pauquèt: Skipper und die Maus im Haus (1974); E. Schindler: Wenn ich großen Hunger hab, fang ich an zu kochen (1974); B. Schwindt: Spaghetti, Spaghetti (1974); K. Thorvall: Und danach? (1974); A.-C. Vestly: Aurora und das kleine blaue Auto (1974); M. Gripe: Elvis und die Sonnenblumen (1975); E. Heck: Der Schwächste siegt (1975); Fr. Hetmann: Pecos Bill (1975); A.-C. Vestly: Auroras große Schlittenfahrt (1975); H. Günther: Das Regentier kommt (1976); P. Maar: Andere Kinder wohnen auch bei ihren Eltern (1976); H. Manz: Adam hinter dem Mond (1976); E. Koch: Wumme und der beste Papa der Welt (1977); I. Korschunow: Steffis roter Luftballon (1978).

Rosmarie Rauter

Schlaraffenland

Schl. bedeutet traditionell und sprichwörtlich das Reich der Müßiggänger, des mühelosen Wohllebens, auch der Toren. Das Wort „Schlaraffenland" leitet sich von mittelhochdeutsch slûr = Faulenzer und affe = Tor, gedankenlos Lebender, her.

Zur Geschichte von Wort, Begriff und Phänomen. Wort und Begriff tauchen 1494 in SEBASTIAN BRANTS (1457–1521) „Narrenschiff" als Schluraffenlandt, 1530 in HANS SACHS' (1494–1576) Fabeln als Schlaweraffen Landt und Schlauraffenlandt, 1669 in HANS CHR. VON GRIMMELSHAUSENS (1620–1676) „Simplizissimus" als Schlauraffen-Land auf. Früh schon erscheint der Begriff sowohl in Verbindung mit dem Topos von der „verkehrten Welt" als auch synonym mit „Utopie": JOHANN HEINRICH ZEDLERS „Universal-Lexicon" von 1742 verweist vom nicht ausgeführten Stichwort „Utopia" auf den Artikel „Schlaraffenland" (Band 34, Leipzig/Halle, 1742. Sp. 1828/29), und noch ARTHUR VON KIRCHENHEIM betitelt seine Darstellung der Utopie „Schlaraffia politica. Geschichte der Dichtungen vom besten Staate" (1892). Der Wirksamkeit und des Assoziationsgehalts von Schl. sind sich auch Autoren des 20. Jahrhunderts bewußt: HEINRICH MANN „Im Schlaraffenland" (1900), OTTO ERNST (d.i. OTTO ERNST SCHMIDT) „Der Kinder Schlaraffenland" (1910), WILHELM SCHMIDTBONN „Schlaraffenland" (1916), MEINRAD LIENERZ „'s Schlaraffeland" (1927). Älter als der Begriff ist die Geschichte des Phänomens, wie es sich in mündlicher, bildnerischer und schriftlicher Überlieferung manifestiert. Seine Wurzeln sind in der auch in anderen Kulturen wiederkehrenden Vorstellung vom Goldenen Zeitalter, den Inseln der Seligen und dergleichen zu suchen, die geistesgeschichtlich dem Komplex des Mythischen zuzuordnen ist, unter soziologischem Gesichtspunkt aber in die Reihe der Äußerungen und Texte gestellt werden muß, die innerhalb einer Spannweite von passiver Kompensation bis zu revolutionärem Aufruf das Ungenügen des Menschen an seiner verbesserungsbedürftigen Realität spiegeln.

Schl. in der Kinder- und Jugendliteratur. Innerhalb der Kinder- und Jugendliteratur hat das „Märchen vom Schlaraffenland" seinen festen Platz. Die GRIMMschen Kinder- und Hausmärchen siedeln ihren Stoff in der „Schlauraffenzeit" an und geben ihm die Form des Lügenmärchens, das vom Topos der verkehrten Welt Gebrauch macht und die populären, den Lebensgenuß darstellenden Motive fast ganz ausspart; in LUDWIG BECHSTEINS (1801–1860) Version sind beide Züge zu finden. Unter den zahlreichen Bearbeitungen des Märchens, die sich bis auf die Medien (Schallplatte) erstrekken, ist die von PAUL ALVERDES (* 1897) „Vom Schlaraffenland" (1965), illustriert von KATHARINA MAILLARD (* 1922), erwähnenswert sowie die Neuausgabe des Textes von HANS SACHS mit den Bildern des Simplicissimus-Zeichners KARL ARNOLD (1976). Häufig findet das Märchen in Primarstufen-Lesebüchern Verwendung, z.B. in den Texten für die Primarstufe „TP 2" (Hrsg. DIETRICH PREGEL zus. mit anderen, 1972). Das Schl.-Motiv – in der Version als Märchenland, in dem man ohne Anstrengung an allen leiblichen Genüssen teilhaben kann – kommt dem anschaulichen Wunschdenken der Kinder entgegen. In der Version als „verkehrte Welt", in der z.B. Kinder über ihre Eltern bestimmen können oder Mäuse einen Bischof weihen (vgl. KHM 158), kann das Schl.-Motiv den jugendlichen Rezipienten wegen der Einsicht in die schwankhafte Irrealität und witzigen Kuriosität der geschilderten Ereignisse erfreuen.

Sekundärliteratur: E. M. Ackermann: Das Schlaraffenland in German literature and folksong. Social aspects of an earthly paradise (Diss. 1944). – J. Bolte: Bilderbogen des 16. und 17. Jahrhunderts. Nr. 14: Das Schlaraffenland (in: Zeitschrift für Volkskunde. 20. 1910. 187–193); Anmerkungen zu den Kinder- und Hausmärchen der Brüder Grimm (1913–1932; zus. mit G. Polívka; ND. 1963. Bd. 3. 244–258). – H. Langerbeck: Die Vorstellung vom Schlaraffenland in der alten attischen Komödie (in: Zeitschrift für Volkskunde. 59. 1963. 192–204). – Kl. Lazarowicz: Verkehrte Welt. Vorstudien zu einer Geschichte der deutschen Satire (1963). – A. L. Morton: The English utopia (1952; dt. Die englische Utopia. 1958). – C. Müller-Fraureuth: Die deutschen Lügendichtungen bis auf Münchhausen (1881; ND. 1965). – J. Poeschel: Das Märchen vom Schlaraffenland (in: H. Paul (Hrsg. zus. mit W. Braune): Beiträge zur Geschichte der deutschen Sprache. 5. 1878. 389–427).

Wolfgang Biesterfeld

Schlein, Miriam

*Amerikanische Kinderbuchautorin; Journalistin; *6.6.1926 New York.*

Schl. lebt seit ihrer Kindheit in New York, wo sie nach der Schulzeit Psychologie, Verhaltensforschung, Photographie und Journalismus studierte. Neben ihrer umfangreichen Arbeit als Kinderbuchautorin schrieb sie einige Romane für Erwachsene, die in Zeitschriften veröffentlicht wurden. Sie liefert aktuelle Beiträge für Fernsehen und Rundfunk und engagierte sich von 1977 bis 1978 als Vorsitzende der New Yorker Gruppe des „Forum of writers for young people". 1976 erhielt sie für „Giraffe, the silent giant" (1976) die Auszeichnung einer Lehrervereinigung.

Werk, Tendenzen, Wirkung. Innerhalb der amerikanischen Kinderliteratur ist Schl. als Bilderbuchtexterin und als Erzählerin für Vorschulkinder bekannt geworden. In stilistisch einfachen und leicht verständlichen Texten schildert sie häufig Tiere aus der näheren Umgebung des Kindes sowie das alltägliche Verhalten und die Probleme von unscheinbaren Leuten. So erlebt beispielsweise ein kleiner Junge, daß es gar nicht so schlecht ist, überall der Kleinste zu sein. Der Schluß des Buches, der aufzeigt, daß es immer wieder einen Kleineren geben wird, der dann „der Kleinste" ist, bleibt allerdings unbefriedigend („Billy, the littlest one", 1966; dt. Willi ist der Kleinste, 1976).
Bereits 1954 setzte sich Schl. mit der Aufbereitung von Sachthemen in erzählerischer Form für kleinere Kinder auseinander („How do you travel?", 1954; „The sun looks down", 1954). Die von ihr in eindringlich knapper Art und Weise gestalteten Themen wie Jahreszeiten, Wetter, Reisen, Berufe, unterschiedliche Lebensgewohnheiten in Stadt und Land und verschiedene andere Themen wurden in Europa erst ein Jahrzehnt später allmählich aufgegriffen.

Werke: A day in the playground (1951); Go with the sun (1952); Shapes (1952); Fast is not a ladybug (1953); The four little foxes (1953); When will the world be mine? (1953); Elephant herd (1954); Heavy is a hippopotamus (1954); How do yo travel? (1954); The sun looks down (1954); Big talk (1955); City boy, country boy (1955); It's about time (1955); Lazy day (1955); Little Red Noose (1955; dt. Peter mit der roten Nase, 1956); Oomi, the new hunter (1955; dt. Umi wird Jäger, 1956); Puppy's house (1955); Deer in the snow (1956); Henry's ride (1956); Something for now, something for later (1956); A bunny, a bird, a funny cat (1957); Amazing Mr. Pelgrezo (1957); Here comes night (1957); Little rabbit, the high jumper (1957); The big cheese (1958; dt. Die sonderbare Geschichte. Ein Käse für den König, 1969); The bumblebee's secret (1958); Herman McGregor's world (1958); Home: The tale of a mouse (1958); The fisherman's day (1959); Kittens, cubs and babies (1959); Little dog little (1959); The raggle taggle fellow (1959); My family (1960); The sun, the wind, the sea and the rain (1960); Amuny, the boy of old Egypt (1961); Laurie's new brother (1961); The pile of Junk (1962); Snow time (1962); The big green thing (1963); The snake in the carpool (1963); The way mothers are (1963); Who (1963); Big lion, little lion (1964); Billy, the littlest one (1966; dt. Willi ist der kleinste, 1976); The best place (1968); My house (1971); Moon-months and sun-days (1972); Juju-sheep and the python's moonstone (1973); The rabbit's world (1973); What's wrong with being a skunk? (1974); The girl who could rather climb trees (1975); Metric: The modern way to measure (1975); Bobo the troublemaker (1976); Giraffe, the silent giant (1976); I hate it (1978).

Sekundärliteratur: A. Commire: Miriam Schlein (in: A. Commire: Something about the author. Vol. 2. 1971. 222).

Lioba Betten

Schlinkert, Martha

*Kinder- und Jugendbuchautorin; *24.4.1913 Gelsenkirchen, †30.6.1979.*

Schl., Tochter eines Hochofenwerkers, besuchte eine Höhere Handelsschule und war als Sekretärin tätig. Nach dem Zweiten Weltkrieg begann sie Gedichte, Romane und Erzählungen für Erwachsene zu schreiben. 1956 legte sie ihr erstes Jugendbuch vor. Schl. gehört heute zu den erfolgreichsten Kinderschriftstellern der Nachkriegszeit; allein von 1956 bis 1976 sind von ihr über 70 Kinder- und Jugendbücher mit einer Gesamtauflage von ca. 4 Millionen veröffentlicht worden. Sie lebte in Olsberg/Sauerland.

Werk, Tendenzen, Wirkung. Schl. schreibt in der Tradition der herkömmlichen Mädchenbuchserie. In ihren Kindergeschichten schildert sie aufgrund eigener harter Jugend- und Kriegserfahrungen bewußt eine noch heile Welt: „Nicht künstlerisches Niveau und Kunstverständnis sind mir wesentlich, sondern menschliches Niveau und Verständnis der Menschen füreinander." Sie versteht es, ihren Erzählungen trotz eindeutiger pädagogischer Absicht einen unterhaltend-lebhaften Ton zu geben. Dies – sowie der billige Preis ihrer größtenteils über Warenhäuser vertriebenen Bücher – hat erheblich zu ihrer Verbreitung beigetragen. Das Weltbild der Erzählungen Schl.s ist schlicht; sie setzen für den Leser einfach erkennbare, positive und negative Werte vermittels entsprechender Persontypisierungen. Positive Werte sind bei Schl. Kinder- und Tierliebe, praktische Nächstenliebe, Gemüt, einfaches Leben, Heimat- und Naturverbundenheit, Zufriedenheit, Familiensinn. Negativ eingeschätzt werden von ihr ablenkendes, naturfernes Großstadtleben, Selbstsucht, Ansprüche stellen. Hauptsächliche Trägerin der positiven Werte ist für Schl. die Frau und Mutter. Intellektuelle wie auch politische Ambitionen der Frau sind ihr suspekt; so bricht Bummi (in der gleichnamigen Serie) ihre gymnasiale Schulbildung ab, um die praktisch-fürsorgerische Laufbahn einer Kinderschwester einzuschlagen. In Schl.s Büchern wird gegen Oberflächlichkeit und Äußerlichkeit, Leichtsinn und Mode Stellung genommen. In traditioneller Manier wird nach dem Motto „arm, aber glücklich" familiäre Geborgenheit selbst dort gepriesen, wo sie mit wirtschaftlicher Not einhergeht (Anne-und-Sanne-Bücher). Berufliche Orientierungen der Mädchen richten sich ausschließlich auf den sozialpflegerischen Bereich (Krankenschwester, Kindergärtnerin). Insgesamt zeichnen sich in den Erzählungen Schl.s nirgends Ansätze einer Überwindung traditioneller Rollenbeschränkungen der Mädchen ab. So ordnet sich auch in den Familien die Frau dem Mann bereitwillig unter. Außer einer sehr indirekten und kompensierenden Bevorzugung eines ländlich-heilen Lebens, das der modernen Großstadtzivilisation entgegengesetzt wird, fehlt dem Werk Schl.s jeglicher Zeitbezug.

Wie schon ihre Vorgängerinnen zeichnet Schl. ihre jeweilige Vorbildfigur als „Nesthäkchen", „wilde Hummel", die sich trotz Älterwerdens praktisch nicht verändert, die selbstlos, strebsam, „lieb" ist und ein „goldenes Herz" hat, aber auch frisch, unbekümmert und „bildhübsch" und dazu geschaffen, nichts als Glück und Frohsinn zu verbreiten. Konflikte entstehen allenfalls durch Übertreibung positiver Eigenschaften. Bummi, Anne und Inge sind ausschließlich sozial engagierte, total stereotypisierte Idealfiguren, denen alle Herzen zufliegen, reine Wunschbilder und – insofern sie starke Momente der Verdrängung (Sexualität, politische Realität, Möglichkeiten weiblicher Selbstverwirklichung) zeigen – ideologisch aufgeladen. Die konservativ-restaurative Grundhaltung zeigt sich weiterhin im Festhalten an einem nativistischen Begriff von „Begabung"

Die Erzählungen Schl.s sind zwar dialogisch, verzichten aber auf Herausarbeitung individueller Sprachgesten und verwenden häufig Redensartliches (Jargon). Ihr Aufbau ist am biographischen Verfahren orientiert: erzählt werden ausschließlich Lebensabschnitte, besonders des Übergangs vom Kind zum Erwachsenen. Entscheidende Lebenswenden werden meist durch äußere Anlässe und Zufälle oder „Schicksalsschläge" herbeigeführt. Während die „Heldinnen" ihrem Wesen stets „treu" bleiben, geschehen in Nebenpersonen – vielfach durch das Wirken der Hauptfiguren hervorgerufen – oft radikale Umbrüche. Auffällig ist die Neigung der Heldinnen, sich selber und ihre typischen Eigenarten herauszustellen; selbst dies wird nicht dem Leser überlassen. Überhaupt fordern Form und Inhalt der Geschichten nur ein geringes Maß an Leseraktivität.

Werke: Die Hütte am See (1956); Bienchen und Strolch (1957); Im Märchenwald (1957); Man nennt mich Bummi (1957); Unser täglich Brot (1957; auch u.d.T.: Mit der Zauberuhr ins Abenteuer, 1969); Was ist mit Bummi los? (1957); Bummi in Nöten (1958); Bummi und Fiete (1958); Pummelchen und Pelle (1958); Sieben Raben bauen ein Nest (1958); Sieben Raben endlich glücklich (1958); Sieben Raben fliegen aus (1958); Heide Thelen (1959); Meine Freundin Anne (1959); Bummi und ihre Freundinnen (1960); Bummi steht kopf (1961); Wenn man erst vierzehn ist (1962); Komm wieder, Martina (1963); Liebe kleine Martina (1963); Martina und Cornelia (1963); Das Mädchen aus dem Hexenhaus (1964); Sabine hat's gut (1964); Sabine ist goldrichtig (1964); Sabines Geheimnis (1964); Geheimnis um Isabelle (1965); Isabelle hat's gut (1965); Wohin – Isabelle? (1965); Möpschen – vorwiegend heiter (1965); Alles dreht sich um Winnie (1966); Bummi und ihr Pony (1966); Bummi wird dreizehn (1966); Nur Mut, Winnie (1966); Peter Purzel und Rosinchen (1966); Stippchen und der Zauberer (1966); Winnie im Paradies (1966); Anne und Sanne (1967); Anne, Sanne und die Neue (1967); Freie Fahrt für Katrin (1967; auch u.d.T.: Ein Brief im Baum, 1975); Hausmütterchen Inge (1967); Inge entscheidet sich (1967); Inge wird gebraucht (1967); Julia (1967); Wer bist du, Nicole? (1967; auch u.d.T.: Eine neue in der Tertia, 1972); Bummi hat es geschafft (1968); Bummi wird flügge (1968); Dorothee sattelt um (1968); Ein Zipfel Glück für Sigrid (1968); Linda als Babysitter (1968); Marianne und das neue Schwesterchen (1968; auch u.d.T.: Anne hat ein Geheimnis, 1974); Marieliese sucht eine Freundin (1968); Meine Schwester Silvie (1968; auch u.d.T.: Immer diese Silvie, 1975); Marei auf dem Kuckuckshof (1969); Marli kommt in die Schule (1969); Ein Fall für Susanne (1970); Die Kinder aus dem Hasenbusch (1970); Maxi und ihr Dackel Florian (1970); Maxi und ihre lustigen Vettern (1970); Rebellin mit Herz (1970); Rosen für Susanne (1970); Angela und Nikolo (1971); Detektivklub Viereinhalb: Das Geheimnis von Zimmer 16 (1971); Maxi und Uta (1971); Detektivklub Viereinhalb: Spuk im alten Park (1972); Detektivklub Viereinhalb: Die verschwundenen Ponys (1972); Der kleine Hoppediz (1972; auch u.d.T.: Bärbel fliegt zur Milchstraße, 1976); Maxis erstes Jahr im Internat (1972); Die verzauberte Katrin (1972); Ein Pony für Kordula (1973); Heike erobert das Leben (1973); Hoppediz und Quirlewitt (1973); Maxi kämpft um Niki (1973); Christine im Lügennetz (1974); Humm, das kleine Gespenst (1974); Jessika und Flick: Der fremde Hund (1974); Jessika und Flick: Gefahr am Weg (1975); Jessika und Flick: Die Spur führt zum Amselweg (1975); Brigitte siegt auf Hella (1976); Mit dem Glück auf du (1976).

Malte Dahrendorf

Schlözer, August Ludwig von

*Professor für Geschichte, Politik und Statistik, Schriftsteller; *5.7.1735 Jaggstadt/Württemberg, †9.9.1809 Göttingen.*

Als Sohn eines früh verstorbenen Predigers unbemittelt, studierte Schl. nach dem Besuch der Stadtschulen zu Langenburg und Wertheim zunächst in Wittenberg Theologie (1751–1754). Bei dem Orientalisten J. D. Michaelis in Göttingen setzte er seine Studien fort und ging Ende 1755 als Hauslehrer nach Stockholm. Dort ließ er sich in die gotische und altnordische Sprache einführen, gewann und entwickelte Interesse an Politik, Staatsrecht und Statistik, begann für verschiedene Zeitschriften zu arbeiten und publizierte die „Neueste Geschichte der Gelehrsamkeit in Schweden" (1756–1760). Nach kurzem Aufenthalt in Lübeck als Hauslehrer nahm er Studien in Medizin und Naturwissenschaften, Rechts- und Staatswissenschaften wieder in Göttingen auf, ging von dort 1761 mit einer Empfehlung nach Petersburg, wo er nach kurzer Zeit Mitglied der wissenschaftlichen Akademie und Lehrer an der Erziehungsanstalt wurde. 1769 nahm er eine Berufung als Professor der Philosophischen Fakultät an die Göttinger Universität für die Lehrfächer Geschichte, Politik und Statistik an. Er unternahm von Göttingen aus in den folgenden Jahren mehrere Studienreisen durch Westeuropa und wurde durch zahlreiche wissenschaftliche Werke verschiedenster Bereiche und Themen, vor allem aber als Begründer und Herausgeber des „Staatsanzeigers" (Bd. 1–18, 1782–1793) international berühmt. 1802 wurde er in den Adelsstand erhoben.

Werk, Tendenzen, Wirkung. Mit seinem „Briefwechsel" (Bd. 1–10, 1776–1782) und dem „Staatsanzeiger" kann Schl. als Vorläufer für die moderne Journalistik und politische Berichterstattung gelten. In der Verbindung von Geschichte, Staatswissenschaften und Statistik schuf er sich eine eigene wissenschaftliche Position, die er im Einklang mit den Ideen der Aufklärung zu verteidigen wußte. Er bekannte sich zu dem pädagogischen Optimismus der Aufklärung, wonach durch allseitige Bildung und Schulung der Vernunft bessere Menschen heranwachsen, die bessere Lebensverhältnisse für alle herbeizuführen imstande seien. Schl. bekämpfte J. B. Basedows philanthropinistische Erziehungsmethoden und erzog in seiner 1770 geborenen Tochter Dorothea einen „Antibasedow", indem er das Kind vom zweiten Lebensjahre an systematisch schulte und das junge Mädchen studieren ließ; als Siebzehnjährige promovierte Dorothea Schl. zum Doctor philosophiae. Von dem Verhältnis zwischen Vater und Tochter und Schl.s Erziehungsgrundsätzen berichtet der jüngere Sohn, Christian v. Schl. in dem von Schl. selbst noch begonnenen Werk „August Ludwig von Schlözers öffentliches und Privatleben" (Bd. 1–2. 1828). Der Tochter Dorothea galt Schl.s erstes Kinderbuch, eine dem erzählenden Kind in den Mund gelegte Reisebeschreibung „Dortgens Reise von Göttingen nach Franken und wieder zurück. Zum Lesen und Lernen für Dortgen" (1774). Auch für seine jüngeren Kinder verfaßte Schl. Fibeln und Lehrbücher. Heute kaum noch aufzufinden sind sein „Lesebuch für den kleinen dicken Ludwig Schlözer, genannt Lux" und die in französischer Sprache verfaßten Büchlein „Le joujou des petites filles" (1776) und „Le jouet des jolis petits garçons" (1776). Von einem größer geplanten Werk, das zehnjährige Kinder in die Kenntnis der Geschichte einführen sollte, erschienen zwei Teile: „Vorbereitung zur Weltgeschichte für Kinder" (Bd. 1–2, 1779–1782); der zweite Teil trägt den Untertitel: „I. Urwelt, bis zur Sündflut, Anfang der Dinge: mehr Raisonnement, als Geschichte". Beide Teile wurden mehrfach aufgelegt. Obwohl diese Geschichte für Kinder unvollständig blieb, wird in ihr die grundsätzliche Einstellung des Autors zum Wert geschichtlicher Kenntnisse für Kinder sichtbar. Seiner Meinung nach sollen schon Kinder aus den Ereignissen der Vergangenheit lernen und daraus Nutzen für ihr eigenes Verhalten ziehen. Daß er in seiner Geschichte für Kinder „Historie mit Politik part", verteidigt er mit der Feststellung, daß es ihm unnatürlich vorkam, „von Staaten, Reichen, Königen, und Eroberungen einem Kinde vorzuschwatzen, das von Bürgerlicher Gesellschaft, von Contrat Social, von Force Publique u. s. f. nicht den allergeringsten Begriff hat! Sollte ein Kind dieser Ideen durchaus nicht fähig seyn; Oder hilte man's für bedenklich, ein Kind schon aus dem Stupor zu errütteln, in welchem Millionen aller Erdbürger sanft schlummern, und wonniglich träumen: nun – so lasse man es, zu seiner Ruhe, und zur Ehre der Wissenschaft, mit der Weltgeschichte lieber ganz ungeplagt ..." Schl. hebt auch hervor, er habe sich „vor dem zudringlichen Moralisiren" fleißig gehütet und fügt hinzu: „... Nichts ist alten Lesern unleidlicher, nichts jungen Lesern unnützer, als das unzeitige Predigen in der Historie. Aber solche moralische Sätze, deren stärkste Beweise gerade in der Geschichte sitzen, die Sätze von der natürlichen Gleichheit aller Menschen, vom Glücke der bürgerlichen Gesellschaft, vom Werthe der Erziehung, vom Unsinn der Intoleranz, usw.: diese durft' ich doch anbringen, erklären, so gar ans Herz und Zwerchfell legen ...". Zur Mehrung der Kenntnisse in Erd-, Völker-, Pflanzen- und Sachkunde schrieb Schl. das „Neujahrsgeschenk aus Westfalen für einen teutschen Knaben" (1784). Er verfaßte den Text in Briefen, die ein junger Mann während seines Aufenthaltes auf Jamaica an seinen kleinen Vetter Christian in Westfalen schreibt. Die Briefe sind mit 1778 und 1779 datiert. Die Reiseerfahrungen und Informationen aus der exotischen Weltgegend werden in frischem, zum Teil scherzenden Ton und für die Aufnahmefähigkeit jüngerer Kinder anschaulich mitgeteilt. Wie in seinen wissenschaftlichen Publikationen und öffentlichen Stellungnahmen in Zeitschriften tritt Schl. auch in seinen Kinderschriften für religiöse und rassische Toleranz ein und dafür, daß beiden Geschlechtern intellektuelle Bildung zuteil werden solle.

Werke: Kleine Weltgeschichte (Bd. 1–2. 1769); Versuch über den Kinder-Unterricht (1771); Dortgens Reise von Göttingen nach Franken und wieder zurück (1774); Le joujou des petites filles (1776); Le jouet des jolis petits garçons (1776); Briefwechsel meist historischen und politischen Inhalts (Bd. 1–10. 1776–1782; u..d.T.: Staatsanzeiger. Bd. 1–18. 1782–1793); Vorbereitung zur Weltgeschichte für Kinder (Bd. 1–2. 1779–1806); Neujahrsgeschenk aus Jamaica in Westindien für ein Kind in Europa (1780); Neujahrsgeschenk aus Westfalen für einen teutschen Knaben (1784); Öffentliches und Privat-Leben, von ihm selbst beschrieben. Erstes Fragment (1791).

Hrsg.: Nestor. Russische Annalen (Bd. 1–5. 1802–1809).

Sekundärliteratur: F. Frensdorff: Von und über Schlözer (1909). – Fr. Fürst: August Ludwig von Schlözer, ein deutscher Aufklärer im 18. Jahrhundert (Diss. 1928). – M. Küssner: Dorothea Schlözer (1976). – Chr. v. Schlözer: August Ludwig Schlözers öffentliches und Privatleben (Bd. 1–2. 1828). – L. v. Schlözer: Dorothea von Schlözer, der Philosophie Doctor (1925).

Margarete Dierks

Schlote, Wilhelm

*Cartoonist, Bilderbuchillustrator, -autor, Trickfilmzeichner; * 4. 3. 1946 Lüdenscheid.*

Schl. bestand 1966 in Essen das Abitur. Anschließend studierte er Germanistik (bis 1968) und bildete sich in Malerei und Graphik in Kassel aus. Seine Lehrer waren Albert Schulze-Vellinghausen und Hans Hillmann. Ein Jahr lang arbeitete er im Atelier Leo Lionnis in Lavagna (Italien) als Assistent mit. Anschließend war er Deutschlehrer und Kunsterzieher in Kassel, daneben freier Mitarbeiter bei regionalen und überregionalen Zeitungen. Schl. ist verheiratet, er hat ein Kind. Seit 1975 lebte er in Hamburg. Für sein

*Wilhelm Schlote (*1946)*

Bilderbuch „Heute wünsch' ich mir ein Nilpferd" (1975, Text von ELISABETH BORCHERS) erhielt er 1976 den Deutschen Jugendbuchpreis. Seit 1979 arbeitet Schl. freischaffend in Paris.

Werk, Tendenzen, Wirkung. Schl. hat wie kaum ein anderer deutscher Bilderbuchkünstler innerhalb weniger Jahre alte Formen wiederbeleben helfen und neuen Möglichkeiten der Bildergeschichte zum Erfolg verholfen. Er hat überwiegend Bilderbücher mit spielerischem, den Betrachter aktivierendem Aufforderungscharakter gestaltet, z. B. Leporellos und die „Zickzack-Bücher". In den oft stark stilisierten Bildabfolgen seiner Bilderbücher wird die kindliche Eigentätigkeit durch ausgestanzte Fensteröffnungen in der Seite oder durch offen bleibende oder schwarze Bildfelder angeregt („Fenstergeschichten", 1972; „Die Geschichte vom offenen Fenster", 1973; „Heute wünsch' ich mir ein Nilpferd", 1975). Die Möglichkeiten der formalen Wandlung werden genutzt, die sich aus einer Fensterrahmung ergeben, hinter der Tiere, Wolkengebilde und die Gestirne Veränderungen unterworfen sind. Im Nilpferd-Buch vollzieht ein Junge sogar eine Traumreise durch das Innere dieses Dickhäuters. Schl. hat bestimmte Lieblingstiere. Elefanten, Nilpferde und Krokodile tauchen immer wieder als motivierende Figuren seiner „cartoons" und Bildergeschichten auf. In „Hampeldile, Hampelfanten" (1974) können die „Helden" sogar von den Kindern ausgeschnitten, zusammengesetzt und zu bestimmten Bewegungen gebracht werden.

Schl. verfügt über eine breite Skala von Witz und Humor. In Einzelbildern, knappen, auf eine Seite begrenzten Sequenzen und in längeren Bilderfolgen karikiert er Tiere, nimmt Redensarten beim Wort und wendet Dialog-Komik und Situations-Groteske an. Damit erreicht er auf verschiedenen Ebenen der Witzwahrnehmung Kinder im Vorschulalter, wie er auch erwachsene Betrachter mit gelegentlichen satirischen Ausflügen und durch schwarzen Humor verschreckt.

Während Schl. in seinen frühen Arbeiten „Bunthals und der Vogelfänger" (1970) und „Die fliegende Schildkröte" (1970) noch stärkere malerische Akzente setzte, gebunden an die herkommliche Tierfabel mit modernerem, gesellschaftskritischem Bezug, wurde er in seinen jüngeren Arbeiten asketischer, stärker auf die Linie konzentriert; die Farbe dagegen wurde sanfter abgestuft. Neben den anderen deutschen Erfindern von Bildgeschichten wie BETTINA ANRICH-WÖLFEL, FRANS HAACKEN, LILO FROMM und JANOSCH wirkt Schl.s Zeichnung auf die entscheidende Aussage zurückgenommen. Schl.s künstlerische Vorbilder sind der Franzose JEAN MICHEL FOLON (*1934), der Italo-Amerikaner LEO LIONNI (*1910) und der Amerikaner MILTON GLASER (*1910).

Erheblich ist Schl.s Beziehung zu dem Genre-Stil der Comics. In den verknappten Dialogen von „Na, du?" (1972), den neuen und älteren Elefanten-Geschichten sowie im „Superdaniel" (1972) operiert er sehr überlegen mit den Bauformen marktgängiger Comics. Inhaltlich verspottet er die Mythen von den Übermenschen und ihren Heldentaten. Formal spielt er mit der Bildumrahmung, der Sprache in Blasenformat, den Schwunglinien („speedlines"), den Denkblasen und zumeist klischiert geratenen Bauformen dieser Bildsprache. Kindern wird damit die angezielte „Trivialform" der Bildergeschichten in „strips" und „books" leichter durchschaubar.

Schl. vertritt die Auffassung, seine Zukunft liege im „künstlerischen Cartoon". Er folgt dabei der Resonanz, die Arbeiten hervorragender Graphiker in den USA, in Frankreich und in der Schweiz haben. Er selbst wandte sich seit 1977 zunehmend einer anspruchsvollen Postkarten-Produktion zu. Auf der Messe in Frankfurt 1978 fanden sie lebhaften Zuspruch. Mehr als eine Million der zu den Bilderbüchern und „cartoon"-Bänden themenverwandten Arbeiten fanden ihren Abnehmer.

Bis 1978 wurden von Schl.s Bilder- und „cartoon"-Büchern mehr als 150000 Exemplare abgesetzt. Übersetzungen seiner Arbeiten kamen in den Niederlanden, in Belgien, Frankreich, Italien und in Japan heraus.

Werke: W. Schlote: Bunthals und der Vogelfänger (1970); W. Schlote: Die fliegende Schildkröte (1970); H.-J. Gelberg (Hrsg.): Geh und spiel mit dem Riesen. Erstes Jahrbuch der Kinderliteratur (1971); W. Schlote: Schorsch, Lisa und ich ... und Walther (1971); W. Schlote: Fenstergeschichten (1972); W. Schlote: Na, du? (1972); W. Schlote: Superdaniel (1972); H.-J. Gelberg (Hrsg.): Am Montag fängt die Woche an. Zweites Jahrbuch der Kinderliteratur (zus. mit anderen, 1973); E. Oker: Babba, sagt der Maxl, du mußt mir eine Geschichte erzählen

Guten Morgen, sagte das Nilpferd.

Wilhelm Schlotes Bilderbuch „Heute wünsch ich mir ein Nilpferd" mit Texten von Elisabeth Borchers (Frankfurt am Main 1975) erhielt den Deutschen Jugendbuchpreis 1976.

(1973); W. Schlote: Am Hafen (1973); W. Schlote: Die Geschichte vom offenen Fenster (1973); W. Schlote: Die Schnecke und der Igel (1973); W. Schlote: Der süße Brei (1973); W. Schlote: Tier-Puzzle (1973); B. Robinson: Hilfe, die Herdmanns kommen! (1974); W. Schlote: Das Elefanten-Buch (1974); W. Schlote: Hampeldile, Hampelfanten und andere Hampeltiere zum Ausschneiden (1974); W. Schlote: Kuhfant oder Elewal? (1974); E. Borchers: Heute wünsch' ich mir ein Nilpferd (1975); H.-J. Gelberg (Hrsg.): Menschengeschichten. Drittes Jahrbuch der Kinderliteratur (zus. mit anderen, 1975); W. Schlote: Entenmaus oder Hasenfrosch (1975); E. Borchers: Briefe an Sarah (1977); E. Borchers: Die Zeichenstunde (1977); W. Schlote: Uaaaahhh (1977); W. Schlote: Der Hund und sein Herr (1979); W. Schlote: Geschichten mit Sarah (1979).

Sekundärliteratur: (o. Verf.): Wilhelm Schlote – dialektisch betrachtet (in: Bulletin Jugend und Literatur. 1976. 10. 17–20).

Horst Künnemann

Schmid, Christoph von

*Katholischer Geistlicher und Jugendschriftsteller; * 15. 8. 1768 Dinkelsbühl, † 3. 9. 1854 Augsburg.*

Schm., Sohn eines Deutschordensbeamten, besuchte das Gymnasium in Dillingen und sollte nach dem frühen Tod des Vaters 1781 Schreiber werden; durch die Übernahme einer Hauslehrerstelle konnte er jedoch seine Ausbildung fortsetzen. Von 1785 bis 1791 studierte er Theologie an der bischöflichen Universität in Dillingen, besonders beeindruckt und beeinflußt von JOHANN MICHAEL SAILER (1751–1832), dem späteren Bischof von Regensburg, dessen Vertrauter und Freund er wurde. Die Verbindung mit dem des Illuminatentums verdächtigten Theologen und Pädagogen, der 1794 sein Lehramt verlor, brachte Schm. Schwierigkeiten in seiner beruflichen Laufbahn, die erst nach der Thronbesteigung LUDWIGS I. (1825), der ein Verehrer SAILERS war, zu Ende gingen. Schm. wurde 1791 zum Priester geweiht. Er war Kaplan zunächst in Nassenbeuren bei Mindelheim, dann bei JOHANN MICHAEL FENEBERG (1751–1812), einer der führenden Gestalten der Allgäuer Erweckungsbewegung, in Seeg, schließlich für zwanzig Jahre in Thannhausen an der Mindel. Hier hielt er neben seiner Tätigkeit als Kaplan Schule – auch in Fächern wie Lesen, Schreiben und Rechnen – und begann, für Kinder zu schreiben. Erst 1816 wurde Schm. in Oberstadion bei Ulm Pfarrer. Rufe als Professor an die Universitäten Landshut, Dillingen und Tübingen lehnte er mit Rücksicht auf seine Arbeit als Jugendschriftsteller ab. Der Versuch der württembergischen Geistlichkeit, Schm. als Bischof von Rottenburg zu gewinnen, scheiterte, da der Staat seine Zustimmung verweigerte. 1826 wurde Schm. von LUDWIG I. nach Bayern gerufen; er erhielt die Stelle eines Domkapitulars in Augsburg und war vor allem in Schulangelegenheiten tätig. 1837 wurde er Ritter des Verdienstordens der bayerischen Krone und damit in den Adelsstand erhoben. Schm.s Alter ist durch vielfältige Ehrungen gekennzeichnet; so wurde sein 80. Geburtstag in Augsburg als öffentlicher Festtag gefeiert, die Universität Prag verlieh ihm aus Anlaß ihres 500jährigen Bestehens die Ehrendoktorwürde. Schm. starb während einer Cholera-Epidemie.

Christoph von Schmid in seinem Studierzimmer.

Werk, Tendenzen, Wirkung. Schm. war nicht nur Autor eines höchst umfangreichen erzählenden Werks für Kinder und Jugendliche; der Theologe und praktische Pädagoge Schm. hat auch im engeren Sinne lehrhafte, für Unterrichtszwecke bestimmte Schriften verfaßt, wie, gleich zu Anfang seiner schriftstellerischen Tätigkeit, noch in Thannhausen, eine sechsbändige „Biblische Geschichte für Kinder“, einen „Kleinen Katechismus der christkatholischen Religion“ oder den „Ersten Unterricht von Gott für die lieben Kleinen“ (alle 1801). Auch in späteren Jahren veröffentlichte er Katechismen (1836 und 1844/1845) und eine weitere Biblische Geschichte (1845/1846); auch gab er in staatlichem Auftrag ein „Lehr- und Lesebuch für die mittleren und oberen Klassen der deutschen Schulen im Königreich Bayern“ (1840) heraus. Am Anfang seiner Tätigkeit als Erzähler stand bereits ein so erfolgreiches und zugleich charakteristisches Buch wie „Genovefa“ (1810) mit dem für Schm. und sein Gesamtwerk fast programmatischen Untertitel „Eine der schönsten und rührendsten Geschichten des Alterthums, neu erzählt für alle guten Menschen, besonders für Mütter und Kinder“. Ihm schloß sich 1816 jene Erzählung an, die ihren Autor so bekannt machte, daß er sich fortan auf den Titelblättern seiner Bücher häufig als „Verfasser der Ostereyer“ bezeichnete. Der Erfolg Schm.s steigerte sich noch mit den Büchern, die während seiner Zeit in Oberstadion herauskamen, in denen freilich manches ausgearbeitet wurde, was in den von vielfältiger Arbeit belasteten Thannhausener Jahren nur hatte entworfen oder begonnen werden können; in diesen Zusammenhang gehören – um nur einige wichtige aufzuführen – „Wie Heinrich von Eichenfels zur Erkenntnis Gottes kam" (1818), „Rosa von Tannenburg" (1823) und „Das Blumenkörbchen" (1823). Von den Büchern der Augsburger Zeit seien lediglich „Der gute Fridolin und der böse Dietrich" (1830) und „Florentin Walther, ein verständiger und rechtschaffener Bauersmann" (1850) erwähnt, die aus der Menge des übrigen herausragen – das erste, weil es die Vorstellung vom realitätsfremden, ausschließlich harmonisierenden Schönschreiber Schm. zu revidieren zwingt, das zweite, weil es als Antwort des Autors auf die Revolution von 1848 und für seine gesellschaftlichen Vorstellungen interessant ist. Zu den vielen Einzelveröffentlichungen kamen Sammelbände mit Nachdrucken und 1831 die ersten „Gesammelten Schriften"; die „Gesammelten Schriften des Verfassers der Ostereier, Christoph von Schmid", „Originalausgabe von letzter Hand", erschienen in 26 Bänden von 1841–1856.

Schm.s Werk läßt deutlich den Einfluß der Aufklärung erkennen. Das gilt bereits für den Anstoß zu seiner Schriftstellerei: In seinen Lebenserinnerungen berichtet er, daß er in seiner Dillinger Zeit als Hauslehrer aus Campes „Robinson" und Weisses „Kinderfreund" vorgelesen und bedauert habe, daß es keine derartigen Schriften katholischen Ursprungs gebe. Es finden sich jedoch auch inhaltliche Beziehungen, die zum Teil auf die bei aller Frömmigkeit strikt rationale Erziehung durch den Vater zurückgeführt werden können. Was sich hier anbahnte, wurde durch das Studium bei Sailer, dem man ja eine große Nähe zu den Ideen der Aufklärung vorwarf, verstärkt. Schm. kann als Vertreter einer Art „katholischer Aufklärung" innerhalb der Kinder- und Jugendliteratur angesehen werden, wenn auch Phänomene wie Tradition, Offenbarung, Kirche und Glaube eine wichtige Rolle bei ihm spielen. Für Schm. ist bezeichnend, daß auch in seinen vom Handlungsverlauf her unwahrscheinlichsten Geschichten die Wendung zum Guten nie durch ein Wunder zustandekommt. Ausgehend von den Vorstellungen der Leibnizschen Theodizee, die ihm Sailer vermittelt hatte, bedurfte es für Schm. in einer letztlich gut und sinnvoll geordneten Welt keines direkten, die Gesetze der Natur durchbrechenden Eingreifens Gottes; es genügte, wenn die Menschen seinen Geboten folgten. Weniger eindeutig ist sein Verhältnis zur Romantik, mit deren wichtigsten Vertretern er ungefähr gleichaltrig war. Gewisse Übereinstimmungen im Stofflichen sind nicht zu übersehen; auch Schm. bevorzugte als zeitlichen Hintergrund seiner Schriften das christliche, ritterliche Mittelalter mit Burgen, Klöstern und Einsiedeleien, Kreuzzügen und Fehden, eine Epoche zudem, in der der Glaube die bestimmende Macht und Denken und Handeln der Menschen auf Gott bezogen war. Was seine Bücher von den Werken der Romantiker trennt, ist das Fehlen von Momenten wie Unendlichkeitssehnsucht, Ironie oder, vor allem, der Blick in die „Nachtseite" der Welt und des Menschen. Interessanterweise zeigen Briefe aus den neunziger Jahren, daß gerade das letztere Schm. höchst vertraut war; in seine Schriften ist davon nichts eingegangen. Joseph Bernhart vermutet, „daß der Wissende, vielleicht an seinem Wissen Leidende als Volkserzieher es für besser hielt, die Menge um des leichteren Glaubens, der leichteren Bewältigung des Lebens willen unter dem Ideal der schönen Seele zu bergen". Die Harmonisierung der Welt und des Menschen im Werk Schm.s darf auch als Versuch verstanden werden, den eigenen, in jungen Jahren so merklich gefährdeten Seelenfrieden zu wahren.

Die Wirkung Schm.s war groß und weitreichend; das zeigen bereits die hohen Auflagen seiner Bücher, die noch nach dem Zweiten Weltkrieg nachgedruckt wurden, sowie ihre Übersetzungen in mehr als zwanzig Sprachen. Sie standen das ganze 19. Jahrhundert hindurch in Auswahl- und Empfehlungslisten und wurden in historischen und kritischen Darstellungen der Jugendliteratur durchweg gelobt, etwa bei Hopf, Kühner und Merget. In seinem Aufsatz „Die Kunstschule" (1849) verweist Adalbert Stifter auf Schm.s Schriften als Beispiele geglückter Literatur für Kinder wie für das Volk. Geschichten Schm.s, meist aus den „Kleinen Erzählungen" (1833), finden sich daher auch häufig in Lesebüchern, so in Philipp Wackernagels „Deutschem Lesebuch" (1843). Um die Wende zum 20. Jahrhundert wurde von den Vertretern der Jugendschriftenbewegung der Wert von Schm.s Büchern in Frage gestellt. So verwies Heinrich Wolgast (1860–1920) in seinem Buch „Das Elend unserer Jugendliteratur" (1896) auf Schm.s „aufdringliches Moralisieren", die „zur Schau getragene Gottseligkeit" und seine geringe Fähigkeit zur Wirklichkeitsdarstellung und Menschenschilderung und erklärte, daß in Schm.s Büchern neben der religiös-moralischen Tendenz „alles, was für eine literarische Beurteilung Wert und Bedeutung hat, völlig als gleichgültige Nebensache" erscheine. Ähnliche Urteile finden sich bei Köster oder Lang. Diese Einschätzung Schm.s ist von da an auch für die meisten historischen Darstellungen der Jugendliteratur bestimmend geworden, in denen freilich auch einige offenkundige Fehldeutungen Schm.s – etwa, was seine Einstellung zur Feudalwelt des Mittelalters oder die Motive seiner Handlungsführung angeht – weitergereicht werden. Als Jugendlektüre von heute sind Schm.s Schriften nicht mehr zurückzugewinnen; zu fordern wäre eine sachgemäßere Beurteilung des Autors im Blick auf die historischen Zusammenhänge, in denen er stand und die sich in seinem Werk ausgewirkt haben.

Werke: Das Glück der guten Erziehung. Eine Kindergeschichte in Briefen (1797); Biblische Geschichte für Kinder (Bd. 1–6. 1801); Genovefa. Eine der schönsten und rührendsten Geschichten des Alterthums, neu erzählt für alle guten Menschen, besonders für Mütter und Kinder (1810); Die Ostereyer. Eine Erzählung zum Ostergeschenke (1816); Wie Heinrich von Eichenfels zur Erkenntniß Gottes kam. Eine Erzählung für Kinder und Kinderfreunde (1818); Blüthen, dem blühenden Alter gewidmet (1819); Erzählungen für Kinder und Kinderfreunde (Bd. 1–4. 1821–1829); Das Blumenkörbchen. Eine

Erzählung, dem blühenden Alter gewidmet (1823); Rosa von Tannenburg. Eine Geschichte des Alterthums (1823); Der Weihnachtsabend. Eine Erzählung zum Weihnachtsgeschenke für Kinder (1825); Das hölzerne Kreuz (1826); Eustachius. Eine Geschichte der christlichen Vorzeit, neu erzählt (1828); Der gute Fridolin und der böse Dietrich. Eine lehrreiche Erzählung für Eltern und Kinder (1830); Gesammelte Jugend- und Kinderschriften (Bd. 1–8. 1831); Neue Erzählungen für Kinder und Kinderfreunde (Bd. 1–4. 1832–1838); Die kleine Lautenspielerin. Ein Schauspiel für Kinder und Kinderfreunde (1832); Lehrreiche kleine Erzählungen für Kinder. Ein Lesebüchlein für Volksschulen (Bd. 1–2. 1833); Kleine Schauspiele für Familienkreise (Bd. 1–3. 1833); Ferdinand. Die Geschichte eines jungen Grafen aus Spanien (1834); Erzählungen, dem blühenden Alter gewidmet (Bd. 1–2. 1836–1838); Die Früchte der guten Erziehung (Bd. 1–2. 1838–1840); Blumen der Wüste. Erzählungen aus dem Leben der ersten, christlichen Einsiedler (1841); Gesammelte Schriften. Originalausgabe von letzter Hand (Bd. 1–26. 1841–1856); Timotheus und Philemon. Eine Geschichte christlicher Zwillingsbrüder (1841); Das beste Erbteil (1842); Klara oder Die Gefahren der Unschuld. Eine Geschichte, dem blühenden Alter gewidmet (1842); Der Wunderarzt. Ein Mährchen zum Ostergeschenke (1844); Mathilde und Wilhelmine, die ungleichen Schwestern (1846); Waldomir, eine alte Sage nebst zwei kleineren Erzählungen aus neuerer Zeit (1847); Adelheid von Thalheim. Eine denkwürdige und rührende Geschichte aus dem vorigen Jahrhundert. Dem blühenden Alter gewidmet (1848); Pauline, die Stifterin in einer Kleinkinderschule (1848); Deutsche Frauen der christlichen Vorzeit (1849); Florentin Walther, ein verständiger und rechtschaffener Bauersmann (1850); Erinnerungen aus meinem Leben (Bd. 1–4. 1853–1857); Nachgelassene Erzählungen (1856); Nachgelassene Schauspiele für die Jugend und ihre Freunde (1863); Josaphat, Königssohn von Indien. Eine Geschichte aus dem christlichen Alterthume neu erzählt (1867).

Sekundärliteratur: J. Antz: Bildnis eines Jugendfreundes (1932). – J. Bernhart: Christoph von Schmid (in: Lebensbilder aus dem Bayerischen Schwaben. Bd. 5. 1956. 307–343). – F. Brutscher: Christoph von Schmid als Pädagoge und Jugendschriftsteller (Diss. 1917). – P. Lang: Das deutsche Schullesebuch und Christoph von Schmid. Eine kritische Studie als Beitrag zur Lesebuch- und Jugendschriftenfrage (1906). – H. Pörnbacher (Hrsg.): Christoph von Schmid und seine Zeit (1968). – J. Schneiderhan: Christoph von Schmid. Lebensbild eines Schulmannes und Jugendschriftstellers (1899).

Alfred Clemens Baumgärtner

Schmid, Eleonore

*Schweizer Bilderbuchillustratorin, -autorin, Graphikerin; * 15. 3. 1939 Luzern.*

Schm. wuchs in Luzern auf und besuchte dort die Kunstgewerbeschule. Anschließend arbeitete sie als Graphikerin drei Jahre in Zürich, illustrierte Kinderzeitschriften, Spiele, kulinarische Karten und gestaltete Bücher. Nach verschiedenen Reisen durch Europa zog sie nach Paris und später nach New York, wo 1966/1967 ihre ersten Bücher erschienen. Nach längeren Aufenthalten in Mexiko und Ceylon lebt Schm. wieder in Zürich. Neben ihrer Arbeit als Malerin und Autorin illustriert sie für Zeitungen und entwirft Buchumschläge und Briefmarken. Schm. erhielt Auszeichnungen von der Society of Illustrators in New York, auf der Bienale ilustracií in Bratislava (BIB) und auf der Messe in Bologna.

Werk, Tendenzen, Wirkung. Bereits ihre 1964 erschienenen Illustrationen zu ROBERT LOUIS STEVENSONS „Schatzinsel" erregten aufgrund der plastischen und informativen Darstellung Aufsehen. Die von Schm. künstlerisch gestaltete Ausgabe der berühmten Seefahrergeschichte war als Liebhaberausgabe schnell vergriffen. Sie wurde – wie auch später „Fenny" (1968) – in die Auswahlliste des Deutschen Jugendbuchpreises aufgenommen. In ihrem ersten Bilderbuch „The tree" (1966; dt. Der Baum, 1969), an dem ETIENNE DELESSERT mitgearbeitet hat, entwickelte Schm. ihren eigenen Mal- und Schreibstil. Das durch die Jahreszeiten führende Buch weist warme, aquarellartige, zuweilen auch kräftige Farbzeichnungen auf und hat einen für kleinere Kinder anregenden Text. Im Wechsel mit Illustrationen zu selbsterdachten Geschichten illustrierte Schm. Texte von HANS BAUMANN (* 1914) und JAMES KRÜSS (* 1926). In „Fenny" (1968), der zärtlichen Geschichte eines kleinen Wüstenfuchses, herrscht eine ocker-gelblich-braune Farbgebung vor, die beispielsweise die Fuchsfamilie, die Fuchshöhle und die Wüstenlandschaft in sanfter, impressionistischer Weise treffend zum Ausdruck bringt. „Tonia, die Maus mit dem weißen Stein" (1970) und „Das schwarze Schaf" (1976) sind im phantastischen Bereich angesiedelte Tierbilderbücher, deren Inhalte spielerisch auf die Welt der Kinder übertragen werden können. In ihnen geht es um die individuelle Lebensweise und um die Existenzprobleme kleiner Lebewesen (Maus, Schaf), die sich gegenüber fremden und stärkeren Weggenossen erproben und durchsetzen müssen. Die Bilder dieser Bücher, auch „Die Geschichte vom großen A" (1972), sind im Vergleich zu früheren, stilistisch ruhigeren Bildern lebendiger und viel detailreicher. Sie sind insofern für suchfreudige Kinder von außerordentlichem Interesse.

Werke: R. L. Stevenson: Die Schatzinsel (1964); E. Delessert: The tree (1966; dt. Der Baum, 1969); E. Delessert: The endless party (1967); H. Baumann: Fenny (1968); E. Schmid: Horns everywhere (1968); E. Schmid: Tonia, die Maus mit dem weißen Stein (1970); J. Krüss: Die Geschichte vom großen A (1972); E. Schmid: Das schwarze Schaf (1976); E. Schmid: Mein Kätzchen Sebastian (1978).

Lioba Betten

Schmidhammer, Arpad

*Maler, Karikaturist, Bilderbuchautor; * 12. 2. 1857 St. Joachimsthal (Böhmen), † 13. 5. 1921 München.*

Schm., Sohn des Oberbergrats JOSEPH Schm., besuchte die Volksschule in Neuberg in der Steiermark und ging von 1869 bis 1877 auf das Gymnasium in Kremsmünster, Graz und Seitenstetten. 1878 nahm er am Feldzug nach Bosnien teil. Zunächst studierte er Malerei in Graz bei LIPOSCHÜTZ, dann von 1879 bis 1883 an der Malerakademie in Wien und von 1883 bis 1889 an der Akademie in München.

Werk, Tendenzen, Wirkung. Schm. arbeitete als Illustrator und Karikaturist an den Zeitschriften „Über Land und Meer", „Die Gartenlaube", „Velhagen und Klasings Monatshefte" und „Berliner Illustrierte Zeitung" mit. Besonders bekannt wurde er durch seine politischen Karikaturen in der Zeitschrift „Münchner Jugend".
Ein großer Teil der Arbeit Schm.s war dem Kinderbilderbuch und der Kinderbuchillustration gewidmet. Im Bereich der Kinderbuchillustration wurde er vor allem als Illustrator von Otto Julius Bierbaums (1865–1910) „Zäpfel Kerns Abenteuer" bekannt, einer sehr freien deutschen Nacherzählung der Holzpuppengeschichte „Pinocchio" des unter dem Pseudonym Collodi schreibenden italienischen Autors Carlo Lorenzini (1826–1890). Die übersprudelnden, von skurrilen Einfällen gekennzeichneten Schwarz-Weiß-Zeichnungen Schm.s haben an dem großen Erfolg dieses Kinderbuches, das inzwischen eine Auflage von weit über 100000 Exemplaren erreicht hat, sicher ebenso viel Anteil wie der Text Bierbaums.
Im Bereich des Bilderbuchs wurde Schm. vor allem mit den in der Märchenbilderbuchreihe des Mainzer Scholz Verlags erschienenen Märchenbilderbüchern „Rotkäppchen" (1904) und „Tischlein deck dich" (1914) und der phantastisch-grotesken Bilderbuchgeschichte „Der verlorene Pfennig" (1908), zu der er selbst den Text und die Idee entwarf, bekannt.
Auch in seinem Bilderbuchschaffen kann Schm. nicht verleugnen, daß er von der Karikatur herkommt. Er bevorzugt kräftige, kontrastreiche Farben und einen durch dicke Umrandungen gekennzeichneten Umrißstil, wobei die Farben keinen Eigenwert gewinnen, sondern lediglich zum Ausmalen der klaren Konturen dienen. Darin steht er der Bilderbuchkünstlerin Gertrud Caspari (1873–1948) nahe. Was ihn aus der Gruppe der stilistisch ähnlich arbeitenden Bilderbuchillustratoren seiner Zeit heraushebt, ist seine Vorliebe für drollige bis skurrile, manchmal ins Makabre abgleitende Physiognomien und grotesk-verzerrte Bewegungen. Mit dieser Vorliebe hängt auch seine Themenwahl zusammen – so suchte er sich aus der Märchen- und Volksliteratur vorwiegend Stücke mit Schwankcharakter aus –, die fast immer auf seltsam-groteske Geschehnisse hinauslaufen. Unrühmlich hervorgetreten ist Schm. mit seinen beiden Bilderbüchern aus dem Ersten Weltkrieg „Die Geschichte vom General Hindenburg" (1915) und „Maledetto Katzelmacker" (1916), die im Hinblick auf kriegshetzerische Tendenzen zu den schlimmsten Kinderbucherzeugnissen zählen. Im „General Hindenburg", das bald zu Beginn des Krieges 1914 entstand, wird noch die Vorstellung vom schnellen Sieg der deutschen Truppen sichtbar. Die Schlachten werden in dem Bilderbuch zu fröhlichen Jungenstreichen verniedlicht. Von General Hindenburg angeführt, werfen die als kleine Jungen in feldgrauer Uniform gezeichneten deutschen Soldaten die dumm-täppisch dargestellten Russen ins Wasser und in den Dreck. Dem Bilderbuch geht ein Blatt voraus, das ein von Schm. gezeichnetes Portrait Hindenburgs zeigt, daneben stehen Verse, die den Generalfeldmarschall glorifizieren („Bedrohten je das Vaterland die Feinde mit dem Schwert, / Dann hat der liebe Gott uns stets 'nen Helden auch beschert"). Das letzte Blatt des Bilderbuches bringt die Zeichnung eines gekrönten Adlers, der einen Siegeskranz in den Fängen hält und unter dem die Verse stehen: „Deutschland, Deutschland über alles, über alles in der Welt! Es lebe General Hindenburg, der große deutsche Held. Er rettet unser Vaterland aus Not und aus Gefahr, Und siegreich über einer Welt von Feinden schwebt der Aar."
Im Vergleich zu dem noch relativ harmlosen „General Hindenburg" stellt das Bilderbuch „Maledetto Katzelmacker" eine Haßtirade auf Italien dar, das hier als „von Beruf Abruzzenräuber" angeprangert wird. Die Farbbilder zeigen den „Maronibrater" vor „Michls Haus" (mit Michl ist Deutschland gemeint), in dem auch der „Seppl" (Österreich) aus- und eingeht, wie er jedesmal vor Michl und Seppl seine Diener macht. Als die „Internationale Dreibund-Bande", „dieser Räubertrupp": Niko (Rußland), John (England) und Jacques (Frankreich), heranschleichen, um in Michls Haus einzubrechen, schließt sich der Katzelmacker ihnen an. Mit diesem Ereignis spielt der Autor auf den Eintritt Italiens in den Bund der Alliierten gegen Deutschland und Österreich an. Als die vier Einbrecher eine Pyramide bauen, um in das Fenster einzusteigen, wird das von innen geöffnet und der Seppl schaut heraus, während sich gleichzeitig die Tür öffnet, Michl heraustritt und die Menschenpyramide zum Einsturz bringt („Denn der Seppl faßt beim Ohr Maledetto jetzt, / Während Michl unten hinten Niko eins versetzt"). Auf dem vorletzten Bild hält Seppl den Katzelmacker am Ohr in der Luft, während sich die drei Einbrecher im Hintergrund in die Nacht davonmachen. Die Verse dazu lauten: „Maledetto bettelt kläglich, Seppl aber lacht, Michl, was wird mit dem Racker eigentlich gemacht?". Die Antwort erfolgt in den Versen zum letzten Bild („Häng ihn im Maronikessel / Ruhig an die Luft! / Wenn es nicht die Raben ekelt, / Fressen sie den Schuft"). Das letzte Bild zeigt den Katzelmacker im Maronikessel an einem Galgen baumeln, der von Raben umschwirrt wird. Das Einbandbild des Bilderbuchs zeigt Maledetto Katzelmacker in Räuberkluft mit einem blutigen Dolch in der Hand, wie er von Raben umschwärmt wird. Zu beiden Bilderbüchern schrieb Schm. auch den Text.

Werke: H. Moebius: Die Nibelungensage (1893); H. Schaffstein (Hrsg.): Der getreue Eckart (1903, zus. mit anderen); A. Schmidhammer: Münchhausen (1904); A. Schmidhammer: Schildbürger (1904); O. J. Bierbaum: Zäpfel Kerns Abenteuer (1904); A. Schmidhammer: Mucki. Eine wunderbare Weltreise (1905); A. Schmidhammer: Schlimme Streich' von Hans und Grete, Liese, Fritz und Ernst und Käthe (1907); A. Schmidhammer: Lustige Malerei (H. 1–2. 1908); A. Schmidhammer: Der verlorene Pfennig (1908); G. Bötticher: Fritz und Klas, ein Nordpolspaß (1909); W. Kotzde: Lustige Märchen (1909); A. Schmidhammer: Bunte Blätter. Leichte Malvorlagen (H. 1–2. 1909); A. Schmidhammer: Eio popeio (1909); A. Schmidhammer: Bilder und Friese für Kinderstuben (Mappe 1–4. 1910); G. Falke: Drei Helden (1911); N. Henningsen: Lustige Verslein

(1911); A. Holst: Guck hinein! Lustiges Bilderbuch (1911); A. Holst: Heiteres Spiel (1911); A. Jank: Für Buben und Mädchen (1911, zus. mit E. Osswald und R. Scholz); A. Schmidhammer: Heiteres Malbuch (H. 1–2. 1911); R. Hennings: Klein Heini, ein Großstadtjunge (1912); A. Holst: Hoppe, hoppe Reiter (1912); W. Kotzde: Des Kindes Fibel (1912); A. Holst: Frohe Ostern (1912); A. Holst: Bunte Bilder (1912, zus. mit E. Heinsdorff); A. Schmidhammer: Ach, lieber Herr Schmied (1912); A. Holst: Wieviel sind's? (1913); W. Kotzde: Die Fahrt zu den Ameisenleuten (1913); A. Schmidhammer: Heile heile Segen (1914); A. Schmidhammer: Lustige Fahrt (1914); A. Schmidhammer: Tischlein deck dich (1914); A. Schmidhammer: Die Geschichte vom General Hindenburg (1915); A. Schmidhammer: Maledetto Katzelmacker (1916); A. Schmidhammer: Hans und Pierre (1916); A. Schmidhammer: John Bull Nimmersatt und wie's ihm ergangen hat (1916); A. Schmidhammer: Wir fahren mit der Eisenbahn (1917); W. Ledig: Mücken und Tücken (1918); A. Schmidhammer: Pips und Pipi (1919); L. Anzengruber: Annerl, Hannerl und Sannerl und andere Märchen (1920); L. Anzengruber: Märchen des Steinklopferhans und andere launische Geschichten (1920); L. Anzengruber: Treff-As und andere Volkserzählungen (1920); G. Falke: Peters Reise (1920); J. Manz: Resi (1920); A. Schmidhammer: Dies und das (1920); A. Schmidhammer: Fritz und Liese (1920); A. Holst: Wer zählt mit? (1921); A. Schmidhammer: Tanz, Kindlein, tanz (1921); A. Schmidhammer: Frohe Kindheit (1922); A. Schmidhammer: Das schönste Buch mit 22 bunten Bildern und lustigen Versen (1923); A. Schmidhammer: Ein Buch voll lust'ger Sachen (1925); A. Schmidhammer: Ich hab' ein klein' Rößlein (1925); A. Schmidhammer: Lustig ist die Eisenbahn (1927); A. Schmidhammer: Das gefällt euch. Lustiges aus der Kinderwelt mit Reimen (1928).

Helmut Müller

Schmidt, Anna Maria Geertruida

*Niederländische Kinderbuchautorin; *20.5.1911 Zeeland/Holland.*

Schm. war Bibliothekarin. Während des Zweiten Weltkriegs nahm sie Verbindung mit der illegalen Zeitschrift „Het Parool" auf, für die sie später auch in der Dokumentation tätig war. Seit Anfang der sechziger Jahre widmete sie sich mehr und mehr ihrer schriftstellerischen Arbeit und veröffentlichte mehr als 40 Bücher für Kinder und Erwachsene. 1965 erhielt sie den holländischen Staatspreis für Kinder- und Jugendliteratur. Einige ihrer Bücher wurden in die Auswahlliste zum Deutschen Jugendbuchpreis aufgenommen. Ihre Bücher wurden in viele Sprachen, darunter deutsch, japanisch, französisch, hebräisch und finnisch, übersetzt. Für das holländische Fernsehen und für den Rundfunk hat sie verschiedene Serien geschrieben.

Werk, Tendenzen, Wirkung. Schm.s Kinderbücher gehören zumeist in die Gruppe der phantastischen Erzählungen. An einem Umsteigepunkt wird die Handlung jeweils von der realen auf die phantastische Ebene gehoben. Diese „phantastische Realität" ist für kindliche Leser vorstellbar, denn sie tangiert latent vorhandene Kinderideen und -wünsche. Im immer wieder aufgelegten „Abeltje" (1953; dt. Der fliegende Fahrstuhl, 1955) wird dies besonders deutlich. Während des turbulenten Betriebes einer Kaufhauseröffnung reagiert der eben eingeweihte Fahrstuhl auf einen nicht programmierten Knopfdruck anders, als es der Liftboy Abeltje erwartet. Er und seine drei Passagiere geraten dadurch auf einen unfreiwilligen Flug um die ganze Welt und erleben die abenteuerlichsten Ereignisse, bis sie schließlich – eigentlich ganz selbstverständlich – wieder wohlbehalten im Kaufhaus landen. Eine ebensolche Verbindung von Realität und Phantasie ergibt sich in „Heksen en zo" (1964; dt. Hexen und so, 1968). In diesem Buch erbt ein junger Mann eine Streichholzschachtel, in die man sich alles Mögliche hineinwünschen kann. In ihren Handlungen bietet Schm. Abwechslung, Spannung und hier und da auch gesellschaftspolitische Aspekte („Minoes", 1970). Sie schreibt ihre Texte in einem Dialogstil, der auf kindliche Literaturkonsumenten eingestellt ist und dem Sprachton der Acht- bis Zehnjährigen nahekommt.

Werke: Brood en mangelpers (1950); En wat dan nog (1950, [32]1958); Het fluitketeltje en andere versjes (1950, [15]1976); Bloemlezing (1951); Dit is de spin Sebastian (1951, [12]1971); Het schaap Veronica (1951); Impressies van een simpele ziel (1951, [8]1956; dt. Trostbüchlein für Damen, 1957); Cabaretliedjes (1952); Nieuwe impressies van een simpele ziel (1952); Veertien uilen (1952); Abeltje (1953, [14]1971; dt. Der fliegende Fahrstuhl, 1955); Die toren van Bemmelekom (1953); Jip en Janneke (1953, [23]1977; dt. Heiner und Hanni, 1961); Komm, zei het schaap Veronica (1953); De familie Doorsnee (1954); De groeten van Jip en Janneke (1954; dt. Tausend Grüße von Heiner und Hanni, 1962); De lapjeskat (1954, [7]1976); Van schuitje varen tot Van Schendel (1954); Weer of geen weer (1954); De A van Abeltje (1955, [10]1972; dt. Die Entführung aus der Kiste, 1967); De ark (1955); Hop maar Jip en Janneke (1955); Ik ben lekker stout (1955); In Holland staat mijn huis (1955); Daar gaan Jip en Janneke (1956; dt. Da gehen sie, Heiner und Hanni, 1961); Doorsnee in Doorsnee (1956); Het huis dat Japie heeft gebouwd (1956); Op visite bij de reus (1956); De graaf van Weet-ik-veel (1957); Een zoentje van Jip en Janneke (1957); Huishoudpoezie (1957); Wiplala (1957, [11]1969; dt. Wiplala, 1961); Goed zu, Jip en Janneke (1958); Het beertje Pippeloentje (1958); Drie stouterdjes gaan snoepen (1959); Iedereen heeft een staart (1959); Pas op, Jip en Janneke (1959; dt. Aufgepaßt, Heiner und Hanni, 1962); Wim is weg (1959); Dag, meneer de kruidenier (1960); Eventjes lachen, Jip en Janneke (1960); Het hele schaap Veronica (1960); Woelewippie onderweg (1960); De wimwam reus en andere liedjes voor de jeugd (1961); Dikkertje Dap en een heleboel andere versjes (1961, [14]1971); Wiplala weer (1962; dt. Wiplala kommt wieder, 1964); Pluis en Poezeltje en de bijen (1963); Pluis en Poezeltje op school (1963); Pluis en Poezeltje op straat (1963); Pluis en Poezeltje uit winkelen (1963); Roodkapje (1963); Heksen en zo (1964; dt. Hexen und so, 1968); Spiegeltje rondreis (1964); Vingertje lik (1964); Heerlijk duurt het langst (1967); Ja zuster, nee zuster (1967); En ik dan ...? (1969); Minoes (1970; dt. Die geheimnisvolle Minusch, 1971); Pluk van de Petteflet (1971; dt. Pluck mit dem Kranwagen, 1973); Water bij de wijn (1973); Waaidorp. Leesstof voor de laagste klassen van de basisschool naar een idee van Arie Rampen (Bd. 1–4. 1974).

Sekundärliteratur: D. O. Le Maire: Annie M. G. Schmidt (1973).

Lioba Betten

Schmidt, Ferdinand

*Volksschullehrer, Jugend- und Volksschriftsteller; *2. 10. 1816 Frankfurt an der Oder, †30. 7. 1890 Berlin.*

Das Leben Schm.s war gekennzeichnet durch große Kontinuität. Aus einfachen Verhältnissen stammend – der Vater, ein kleiner Beamter, starb, als Schm. 16 Jahre alt war –, zeigt sein Leben eine Entwicklung von außerordentlicher Geradlinigkeit. Er besuchte die Seminarschule in Neuzelle und anschließend das Lehrerseminar am gleichen Ort. Früh entschied sich Schm. für den Beruf des Volksschullehrers und war sein Leben lang mit Freude und großem Einsatz in der Schule tätig. Nach der Ausbildung wurde er Lehrer an einer Gemeindeschule in Berlin, wo er bis zu seiner Pensionierung im Oktober 1880 unterrichtete. Er war – vor allem durch DIESTERWEG angeregt – um Hebung des Bildungsniveaus der Volksschule bemüht und auf volkspädagogischem Gebiet tätig, initiierte einen Verein zur Hebung des Bildungsniveaus der Arbeiterjugend und gründete die ersten Schul- und Volksbibliotheken in Berlin. Parallel dazu begann eine produktive schriftstellerische Tätigkeit; seine Jugendschriften fanden Anerkennung und weite Verbreitung. Schm. wurde von der Stadt Berlin nach 43jähriger Dienstzeit bei Weiterzahlung seines Gehalts in den Ruhestand versetzt. Er starb 1890 in Berlin.

Werk, Tendenzen, Wirkung. Schm.s schriftstellerische Tätigkeit war so produktiv, daß sie ihm neben der Anerkennung namhafter Zeitgenossen (z. B. DIESTERWEG, A. VON HUMBOLDT, L. TIECK, VARNHAGEN) allerdings auch den Vorwurf der Vielschreiberei und mitunter des Plagiats eintrug. Die Motivation für diese unermüdliche Produktivität war neben dem Engagement des geschulten Pädagogen, das sich in manchen der programmatischen Vorreden ausspricht (so im Vorwort zur „Illustrirte(n) Jugend-Zeitung", 1849) auch die Notwendigkeit, bei geringem Einkommen für eine große Familie sorgen zu müssen.

Schm.s Jugendschriften fanden beim jungen Lesepublikum positive Aufnahme; sehr unterschiedlich war dagegen das Urteil der Kritik. Was den einen als „warmer Patriotismus" erschien, wurde den anderen zum Ärgernis. Die Vorwürfe reichen darüber hinaus von dem bereits genannten der Vielschreiberei bis zu dem der Tendenzliteratur, der Langweiligkeit und der sexuellen Freizügigkeit. Lob wird von anderer Seite Schm.s lebendiger Darstellungsart, seinem Versuch, das Verständnis der Jugend für Geschichte zu wecken, seinem sozialen Engagement gezollt.

Neben eigenen Erzählungen gab Schm. eine Fülle von Bearbeitungen und Nachdichtungen heraus, wozu er den Stoff hauptsächlich der Antike und der altdeutschen Sagenüberlieferung entnahm. Diese Nachdichtungen sind zumeist flüssig, mitunter sogar spannend erzählt, wobei es Schm. gelingt, dem Originalton möglichst nahe zu bleiben. Auch bei den Bearbeitungen zeigt sich Schm. als geschickter Erzähler; so sind in der Bearbeitung des Romans „Georg der kleine Goldgräber in Kalifornien" GERSTÄCKERS stilistische Schwerfälligkeiten beseitigt. In seinen eigenen Erzählungen ist Schm. weniger glücklich; er schreckt nicht vor banalen und abgegriffenen Sujets zurück, wie das des glücklichen, behüteten Knaben, der von Zigeunern geraubt wird („Kriegsruhm und Vaterlandsliebe. Eine Erzählung aus den Befreiungskriegen"), und mutet dem jungen Leser häufig allegorische Darstellungen zu, die wenig kindgemäß erscheinen (wie die Darstellung der Sünde in der Erzählung „Die glückliche Insel oder Reichthum und Armuth").

Am weitaus fruchtbarsten war Schm. auf dem Gebiet historischer Darstellungen und Biographien. Hier war er neben eigener Tätigkeit auch als Anreger wirksam. Die Biographien sind anschaulich und lebendig erzählt: häufige Zitate der dargestellten Persönlichkeit fügen sich lückenlos in die Darstellung ein. Bei der Beurteilung der historischen Arbeiten Schm.s mischt sich für den heutigen Leser Anerkennung und Kritik. Lobenswert ist Schm.s Auseinandersetzung mit Geschichte auch als Zeitgeschichte; so schrieb er Darstellungen der Kriege von 1864, 1866, 1870/1871 anhand von Zeitungslektüre, also in unmittelbarer Beschäftigung mit dem Zeitgeschehen. Bedenklich ist die ideologische Haltung, die Schm.s Deutung von Geschichte prägte. Die Beschäftigung mit den „Ahnen" soll nämlich zur Stärkung des patriotischen Gefühls dienen („Götterhimmel der Germanen"). Dieser preußisch-kleindeutsche Patriotismus gewinnt seine Konturen vor allem in scharfer, polemischer Absetzung gegen Österreich und Frankreich (während des 1870/1871er Krieges). Glorifizierung des deutschen Wesens, deutscher Religiosität und Gemütstiefe, die in der „heiligen" Liebe zum Vaterland ihren gemeinsamen Ausdruck finden („Die Vaterlandsliebe trat mir entgegen wie ein heiliger Genius", Kriegsruhm und Vaterlandsliebe) sind dem heutigen Leser fatal.

Trotz dieser grundlegenden Kritik und Bedenklichkeit muß festgehalten werden, daß Schm.s umfangreiches Werk die literarischen und weltanschaulichen Tendenzen der Zeit in aufschlußreicher Weise widerspiegelt. Seine Vielschreiberei, die dazu führte, daß manches den Stempel des flüchtig Gemachten trägt, bringt dennoch auch Vielfalt. Eine Sammelausgabe der Werke Schm.s erschien von 1851 bis 1858 in 24 Bänden unter dem Gesamttitel „Jugend-Bibliothek". In neuer Auflage wurden diese Titel, zusammen mit anderen, in der „Deutschen Jugend-Bibliothek" 1862 ff. veröffentlicht, in der unter der Herausgeberschaft Schm.s insgesamt 62 Bände erschienen, davon 47 von Schm. selbst.

Werke: Die glückliche Insel oder Reichthum und Armuth. Eine Erzählung (1847); Bilder aus dem Volksleben. Aus den Schriften der Volksschriftsteller gesammelt (1848); Janko, der Maler. Eine Erzählung für Jung und Alt (1851); Kriegsruhm und Vaterlandsliebe. Eine Erzählung aus den Befreiungskriegen (1851); Die schönsten Märchen, Legenden und Sagen des deutschen Volkes. Für Schule und Haus. Gesammelt aus den Werken unserer vorzüglichsten Dichter (1851); Das Buch der Märchen. Märchen aller Zeiten und Völker (1851); Äolsharfe der Welt-Poesie. Eine Auswahl von Gedichten aller Zeiten und

Nationen. Den deutschen Frauen und Jungfrauen gewidmet (1851); Frauengestalten aus der Sage und der Geschichte aller Zeiten und Völker. Für Schule und Haus gesammelt und bearbeitet (1851); Die Nibelungen. Eine Heldendichtung. Für die Jugend erzählt (Bd. 1-2. 1853); Epheuranken. Erzählungen und Märchen. Eine Gabe für die Jugend (1854); Robinson. Nach Defoe für Jung und Alt erzählt (1854); Homer's Odyssee. Für die Jugend bearbeitet (1855); Friedrich der Große bis zu seiner Thronbesteigung. Ein historisches Gemälde (1855); Oberon. Eine Erzählung für Jung und Alt (1856); Homer's Iliade. Der trojanische Krieg (1857); Virgil's Aeneide. Für Alt und Jung erzählt (1862); Benjamin Franklin. Ein Lebensbild für Jung und Alt (1868); Heinrich Pestalozzi. Ein Lebensbild für Jung und Alt (1870); Geschichtsbilder. Gewalt und List Frankreichs gegen Deutschland seit dreihundert Jahren (1870); Geschichte des Alterthumes (1870); Geschichte des Mittelalters (1871); Schiller. Ein Lebensbild für Jung und Alt (1874); Goethe's Jugend und Jünglingszeit. Ein Lebensbild für Jung und Alt (1875); Jugend-Bibliothek (Bd. 1–24. 1851–1858).

Hrsg.: Illustrirte Jugend-Zeitung (4. Jg. 1849); Deutsche Jugend-Bibliothek (Bd. 1–62. 1862–1890).

Sekundärliteratur: H. Jahnke: Ferdinand Schmidt (1886). – H. Pröhle: Ferdinand Schmidt (1886).

Inge Wild

Schmidt, Heiner

*Jugendbuchautor, Herausgeber, Bibliograph und Jugendliteraturtheoretiker; *28.2.1929 Duisburg.*

Nach einem Pädagogikstudium (1951–1953) war Schm. von 1953 bis 1963 zunächst in Duisburg im Schuldienst tätig. Seit 1958 (hauptamtlich ab 1963) ist er Leiter der Duisburger Lehrerbücherei und seit 1962 auch Leiter der schulbibliothekarischen Arbeitsstelle. Neben der organisatorisch-administrativen Bedeutung, die Schm. mit dem Auf- und Ausbau der Duisburger Lehrerbücherei erlangt hat, erstrecken sich seine publizistischen Aktivitäten auf Versuche, Teilkategorisierungen von Lesegut und Lesenden im Rahmen der sich nach 1945 ausbreitenden Jugendliteraturforschung vorzunehmen und dazu in entsprechender Abstimmung Jugendbuchtexte auszuwählen und herauszugeben. In der Folgezeit richtete sich sein Interesse auf die bibliographische Erschließung der pädagogischen, speziell der literarpädagogischen Publikationen der neuesten Zeit. Seine Veröffentlichungen „Die Lektüre der Flegeljahre" (1954) und „Das lesende Mädchen" (1959) sind Ergebnisse einer induktiv-empirischen Interessenbefragung unter Verwendung leserpsychologischer Vorarbeiten; sie plädieren für die funktionale Berechtigung der jeweils angesprochenen, spezifischen Jugendbuchgattungen. Die vorgenommenen, heuristisch zu verstehenden Typisierungen können notgedrungen ihren zeitgebundenen Standort nicht verleugnen. Fehlhaltungen in den vom Autor erwünschten Interessensbekundungen der Leser sollen nach Schm.s Vorschlägen durch breit gefächerte direktive Maßnahmen ausgeschaltet werden – dies im Rahmen einer „positiven Bekämpfung von Schmutz und Schund", also nicht durch Verbote, sondern durch Schaffung äußerer und innerer Voraussetzungen eines erzieherisch wirksamen Umgangs mit dem „guten" Buch. Dabei sei „die Natur des Kindes" in „seinen Entwicklungsstadien und Entwicklungsgesetzen" entsprechend zu berücksichtigen. Der praktische Pädagoge Schm. bot dazu Literaturverzeichnisse für junge Leser unter dem Titel „Lesen macht Freude" (1961), zahlreiche Sammelbände mit Proben empfehlenswerter Buchgruppen (u. a. „Freundin aus der Fremde", 1963; „Unterm Schnee der Sterne", 1966; auch eine altersgemäß angeordnete und geringfügig bearbeitete Ausgabe der GRIMMschen Märchen, 1964, 1965). Neben der Beleuchtung der freien Lektüre richtete Schm. sein Augenmerk auch auf den seit ANNA KRÜGERS Vorschlägen („Kinder- und Jugendbücher als Klassenlektüre", 1963) aktuell gewordenen Aufgabenbereich „Jugendbuch im Unterricht", zu dem er bereits 1960 ein stofflich-inhaltlich angeordnetes Nachschlagewerk „Schulpraktische Jugendlektüre" zur „unterrichtlichen Erschließung des Jugendschrifttums" vorlegte, das 1966 und 1973 unter dem Titel „Jugendbuch im Unterricht" in erweiterter und bibliographisch handlich aufbereiteter Form erschien. Dabei steht der sach- bzw. stoffbezogene Gesichtspunkt zumindest gleichwertig neben der rein literar ästhetisch betriebenen Auswertung des Jugendbuches. Als ein Standardwerk der Literaturpädagogik und der Jugendbuchforschung gilt das Handbuch „Bibliographie zur literarischen Erziehung" (1967), das alle einschlägige Literatur (Bücher und Zeitschriftenaufsätze) seit 1900 – einschließlich der fachwissenschaftlichen Grundlagenforschung – erfaßt, systematisiert und ordnet.

Eine Fülle weiterer bibliographischer Nachschlagewerke, zum Teil in Gemeinschaftsarbeit mit Fachleuten entstanden, erschließen seit Ende der sechziger Jahre pädagogische Einzelkomplexe (u. a. „Literarische Erziehung", 1967; „Lehrerbildung", 1968; „Schulorganisation und Reform des Bildungswesens", 1969; „Programmiertes Lernen", 1969; Pädagogische Psychologie", 1969); schließlich den Gesamtbereich der Pädagogik und Erziehungswissenschaft in Form von pädagogischen Jahresberichten („Erziehungswissenschaftliche Dokumentation", ab 1969). In allen diesen Veröffentlichungen findet auch der Jugendbuchforscher umfassende Publikationsnachweise.

Neben seinen bibliographischen Leistungen und literarpädagogischen Anregungen treten Schm.s anfängliche schriftstellerischen Erfolge als Jugendbuchautor unverdient in den Schatten.

Werke: Die Turbine am Turtelbach (1954); Die Lektüre der Flegeljahre. Ein Beitrag zur positiven Bekämpfung der Schundliteratur (1954); Die Villa des Herrn Prison (1955); Das lesende Mädchen. Eine Untersuchung der Mädchenlektüre (1959); Bilder-, Kinder-, Jugendbuch. Ein kritisches Auswahlverzeichnis 1948–1958 (1959); Schulpraktische Jugendlektüre. Die unterrichtliche Erschließung des Jugendschrifttums (1960; auch u. d. T.: Jugendbuch im Unterricht. Inhaltliche Erschließung des Jugendschrifttums. Zugleich ein kritischer Gesamtüberblick 1950 bis 1965 (1966; zus. mit W. Röwekamp); Lesen macht Freude. Die besten Bücher für junge Leser (1961, ^{12}1966);

Die Reise auf dem Regenbogen (1962); Märchen von überallher (1962); Freundin aus der Fremde (1963); Schnelle Tatzen im Gebüsch (1963); Treffpunkt 13 Abenteuer (1963); Wilde Flüsse, Meere, Männer (1964); Unterm Schnee der Sterne (1966); Bibliographie zur literarischen Erziehung. Gesamtverzeichnis. Bücher und Zeitschriftenaufsätze (1900–1965); Zu grundlegenden Fragen der Sprachwissenschaft und -pädagogik, der Literaturwissenschaft und -pädagogik, der Jugendkunde und literarischen Jugendpflege, mit bes. Berücks. der Jugendschriftenfrage und der bibliothekarischen Buchvermittlung (1967); Lehrerhandbücher für Grundschulen und Hauptschulen. Eine Auswahl wichtiger Werke für Studium und Weiterbildung (1969); Jugendbuch im Unterricht. Ausgabe 1970–1972. Bibliographische Erschließung des Jugendschrifttums (1973; zus. mit W. Röwekamp).

Bearb.: Grimms Märchen Erster Teil. Das singende springende Löweneckerchen (1964); Grimms Märchen Zweiter Teil. Goldvogel und Königssohn (1964); Grimms Märchen Dritter Teil. Des Teufels drei goldene Haare (1965).

Mithrsg.: Die sieben Ähren. Lesebuch für katholische Volksschulen, 2. Schuljahr (zus. mit anderen, 1962); BIB-report. Bibliographischer Index Bildungswissenschaften und Schulwirklichkeit. German education index (Monatsberichte.) (1974–1978; zus. mit E. Hanel und anderen); ADIEU 76. Auswahl-Dienst 1974: Informationen über Erziehung und Unterricht. Zugl. Titelzusammenfassung und Gesamtindex zum BIB-report 1976 (1977); Als die Sterne fielen. Zeitgeschichtliche Texte für junge Menschen (zus. mit W. Fährmann, 1965); Weinheimer Lesebuch (Bd. 1–4; zus. mit B. Weisgerber, 1967).

Hrsg.: Erziehungswissenschaftliche Dokumentation. Reihe A (Bd. 1–12, zus. mit F. J. Lützenkirchen, 1968–1972); Erziehungswissenschaftliche Dokumentation. Reihe B (Bd. 1–11, zus. mit E. Hantke u.a., 1973–1976); Pädagogischer Jahresbericht Erziehungswissenschaftliche Dokumentation. Reihe C (1971–1978).

Hermann Bertlein

Schmidt, Kurt Oskar

*(Ps. Kurt Oskar Buchner). Schriftsteller, Jugendbuchautor und Schulpädagoge; *21.5.1912 Berthelsdorf/Oberlausitz.*

Schm.s früheste Kindheitswelt war vom Geist der pietistischen Brüdergemeinde bestimmt; viele seiner Vorfahren waren Herrnhuter. Schriftsteller- und Rednerbegabung zeigte sich schon in der väterlichen wie in der mütterlichen Familie, die in der Gegend um Straßburg beheimatet war. Aufgewachsen in ländlichen Verhältnissen, studierte Schm. in Leipzig und Königsberg, wo er 1938 mit einer Arbeit über den „Wandel des Naturgefühls in der erzählenden Dichtung der Gegenwart“ promovierte. Schm. schloß seine Studien mit dem Staatsexamen für das höhere Lehramt ab. Nach dem Zweiten Weltkrieg, in dem er Soldat war, gab Schm. privat Unterricht in Deutsch und Englisch und hatte schon mit seinen ersten Jugendbüchern Erfolg. Ab 1952 war er bis zu seiner Pensionierung als Gymnasiallehrer tätig. 1949 hatte er geheiratet und bald danach im noch fast unbewohnten Heiderandgebiet, der Eysselheide, für seine Familie das „Waldhaus“ errichtet. Als Schriftsteller nahm Schm. den Vatersnamen seiner Mutter, BUCHNER, an. Er ist Mitglied des Verbandes deutscher Schriftsteller, der „Kogge“ und des Friedrich-Bödeker-Kreises. Seine vorwiegend für junge Leser geschriebenen Bücher – bisher 27 Titel – sind in über 670000 Exemplaren verbreitet, fast alle in mehreren Auflagen.

Werk, Tendenzen, Wirkung. Schm. spielte bereits als Kind Theater und verfaßte nach eigenen Einfällen Dialoge, Szenen, Stücke, die er mit den Mitschülern aufführte. Theaterspiel und freies Erzählen setzte er als Student bei der Ferienbetreuung in Schülerinternaten fort. Selbsterlebtes, Berichte anderer, oft nur ein Wort oder eine kurze Zeitungsmeldung wurden ihm Anstoß zu phantasievoll in der Wirklichkeit ausgestalteten Geschichten und Hörszenen. Aus der Erfahrung eigener Spannungen im Entwicklungsalter und der Wirkung bedrückender politischer Ereignisse brachte Schm. großes Verständnis für Konflikte und Verletzlichkeit im Jugendalter mit. Gegen Verzweiflung und Müdigkeit nach Kriegsende und Fluchtschicksalen setzte er in seinen Kinder- und Jugendbüchern der ersten Hälfte der fünfziger Jahre die Kräfte der Gemeinschaft in Familie und anderen Gruppen, die Bewährung im Alltag mit seiner Forderung aller Fähigkeiten und der Hilfeleistung für andere. In der verunsicherten Erziehungswelt, im Ablösungsprozeß der Jugend von der Vatergeneration hellhörig, griff Schm. seit Mitte der fünfziger Jahre eben erst jugendliteraturfähig werdende Probleme in Erzählungen und Hörszenen auf: soziale Spannungen, sexuelle Aufklärung, Verwirklichung von Gerechtigkeit, Problematik des Außenseiters und der Vorurteile, Emanzipation in der Familie, Zerreißprobe der Eltern-Kind-Bindung infolge der politischen Teilung Deutschlands, Gefährdung durch Drogen, Sozialisierung des behinderten Kindes. Durch einen Unfall erlitt Schm. bleibende Einbuße an körperlicher Einsatzfähigkeit und gewann daraus tieferes Verstehen für die Nöte Jugendlicher, die sich in einer solchen Lage bewähren und um Anerkennung in der Gruppe ringen müssen. Dem jeweils spannenden Handlungs- und Konfliktgefüge seiner Bücher gibt Schm. vielfältiges Kolorit; er schreibt lebendige Dialoge unmittelbar aus der Sprachwelt der Kinder und Jugendlichen, wie sie dem Pädagogen und sensiblen Schriftsteller durch Jahrzehnte vertraut wurde. Schm. verfaßte auch für erwachsene Leser Novellen, Romane und Lyrik. Er ist mit Erzählungen in verschiedenen Anthologien vertreten.

Werke: Der abenteuerliche Wohnwagen (1950); Die Inselräuber (1951); Mit 2 PS ins Abenteuer (1952); Doktors Fünfe werden sechs (1953); Ein Haus steht Kopf (1954); Auf großer Fahrt mit dem Wohnwagen (1955); Die Hundeverschwörung (1955); Klassenfahrt mit Hindernissen (1956); Wir meutern für Vater (1957); Der lustige Zirkuswagen (1958); Watscheli (1959); Uli findet vier Freunde (1960); Nur ein kleines Herz (1966); Gespenst einer Tat (1967); Jakob und Jakobis (1967); Zehn Tage mit Vater (1970); Späher und Spuren (1973); Streng geheim, Start 17 Uhr! (1973).

Margarete Dierks

Schmitthenner, Adolf

*Evangelischer Pfarrer, Schriftsteller; * 24.5.1854 Nekkarbischofsheim (Baden), † 22.1.1907 Heidelberg.*

Der Pfarrerssohn Schm. besuchte das Gymnasium in Karlsruhe und studierte von 1872 bis 1876 Theologie in Tübingen, Leipzig, Heidelberg und Berlin. Er war Vikar in Brötzingen, Kippenheim, Lahr, Heidelberg und Karlsruhe. Von 1883 bis 1893 war er Pfarrer in seiner Vaterstadt Neckarbischofsheim, ab 1893 Stadtpfarrer und Dozent am Predigerseminar in Heidelberg.

Werk, Tendenzen, Wirkung. Mit seinem Amt und seiner Lehrtätigkeit verband Schm. eine umfangreiche schriftstellerische Tätigkeit, die zu seinen Lebzeiten – er starb schon im 53. Lebensjahr – vorwiegend in seinem heimatlichen süddeutschen Raum Beachtung fand. Schm. schrieb ernste und heitere, gemüt- und humorvolle Erzählungen, geprägt von menschlicher Wärme und einer besonderen Einfühlungsgabe in Geist und Seele des Kindes. Seine Erzählungen fanden zunächst Aufnahme in Zeitschriften und erschienen schließlich gesammelt. Geschichtliche Vorgänge vermag Schm. mit wissenschaftlicher Phantasie, gestützt auf historische Quellen, plastisch darzustellen. So verschaffte ihm die geschichtliche Erzählung „Friede auf Erden" zuerst Ansehen auch in Norddeutschland. Seine Erzählungen wurden von Pädagogen und Jugendbuchtheoretikern für junge Leser besonders geeignet gehalten und fanden Aufnahme in zahlreichen Jugendschriftenreihen. So wurde der Band „Aus Geschichte und Leben" im Auftrag der „Freien Lehrervereinigung für Kunstpflege" von Carl Meyer-Frommhold ausgewählt und herausgegeben. Er enthält Erzählungen wie „Der Seehund", „Die Frühglocke", „Friede auf Erden", „Ein Wort", „Der Dickkopf und das Peterlein" oder „Am Ende der Welt". Die erste Auflage erschien 1907, das 30. Tausend 1921. Im Jahr 1909 erschien in der „Deutschen Jugendbücherei" im Hermann Hillgen Verlag, einer der „billigen Reihen", die in Wettbewerb gegen die „Schundhefte" traten, Schm.s Erzählung „Die Frühglocke". Jedes Heft dieser Reihe mit farbigem Umschlag kostete damals 10 Pfennig. Auch in der „Hausbücherei" und in der Reihe der „Volksbücher" der Deutschen Dichter-Gedächtnisstiftung erschienen Geschichten und Novellen von Schm. Zahlreiche Erzählungen Schm.s fanden auch Eingang als Lesestoffe in die Schulen.

Werke: Psyche (1891); Novellen (1896); Neue Novellen (1901); Aus Geschichte und Leben (1907); Das deutsche Herz (1908); Die sieben Wochentage und andere Erzählungen (1909); Friede auf Erden. Der Seehund. Zwei Erzählungen (1910); Vergessene Kinder. Ein letzter Band Erzählungen (1910); Aus Dichters Werkstatt (1911); Treuherzige Geschichten (1912); Vier Novellen (1913).

Sekundärliteratur: H. Spiero: Deutsche Geister (1910). – A. Otto: Adolf Schmitthenner (in: Zeitwende. 9. 1933. 2. 144–149).

Velten Merz

Schmögner, Walter

*Österreichischer Graphiker und Bilderbuchkünstler; * 11.6.1943 Wien.*

Schm. wuchs von 1949 bis 1953 in Toledo in Spanien auf. Seine Ausbildung zum Graphiker erfuhr er an der Graphischen Lehr- und Versuchsanstalt in Wien. Schm. begann früh für verschiedene Tageszeitungen Kurzgeschichten zu illustrieren und entdeckte dabei seine Begabung zur Satire. 1963 fand die erste Ausstellung mit Tuschzeichnungen „Humor, Satire, Ironie" statt. 1966 entstand sein erstes Kinderbuch „Das Drachenbuch" (1969). Graphiken erschienen in in- und ausländischen Zeitungen, Zeitschriften und Büchern. 1971 erhielt das von Schm. illustrierte Buch R. Nebehays „Mrs. Beestons Tierklinik" (1970) den Deutschen Jugendbuchpreis. Seit 1973 arbeitete Schm. auch an Objekten. Seine Bücher erschienen u.a. in den USA, England, Dänemark, Australien und Brasilien. 1976 veranstaltete die Albertina in Wien eine Gesamtausstellung von Schm.s Arbeiten.

Werk, Tendenzen, Wirkung. Obwohl Schm. seit 1969 mehr als zehn Bilderbücher veröffentlicht hat, davon die meisten für Kinder, wehrt er sich entschieden dagegen, als Kinderkünstler eingestuft zu werden: „Ein Greuel sind für mich verkrampfte, pädagogische Kinderbücher. Meine wirkliche Lust und Liebe gehört dem Skurrilen, Satirischen, Vertrottelten, Makabren, Unendlichen, Mystischen". Der Lust am Verfall und Zerstörerischen – eine bestimmte Lebendigkeit begänne für ihn erst mit dem Absterben – hat er sich in vornehmlich für Erwachsene konzipierten graphischen Blättern, Cartoon- und Bildgeschichten thematisch zugewandt, so in „Das Ploppwu-u-umwhaasch" (1970) oder in „Böse Bilder" (1969) zu „braven Worten" von H. C. Artmann, besonders auch in „Zeit zum Aufbrechen" (1978). Schm. führt diese Vorliebe auf die schrundigen Wände seiner Heimatstadt, den Anblick alter Menschen in den Kaffeehäusern, Verwesendes in seiner Umgebung und die glatten Knochen der Paläontologischen Abteilung des Naturwissenschaftlichen Museums zurück. Als Außenseiter und bedingter Vertreter des neuen Wiener „phantastischen Realismus" sind ihm zudem alle Aspekte des Nächtlich-Skurrilen, des Nonsense eigener Prägung, des schwarzen Humors, der Traumdeutung à la Sigmund Freud und eine eigenwillige Phantasiebegabung inhaltlich und formal vertraut.
In das moderne Bilderbuch hat Schm. eine Fülle neuer Anregungen gebracht. Sie reichen von der absurd überzogenen Geschichte vom Drachen, der an einem Sängerwettbewerb teilnimmt, daraus als Sieger hervorgeht und ein Kofferradio gewinnt („Das Drachenbuch", 1969), über ein assoziationsreich kommentiertes „Traumbuch für Kinder" (1970) zu Titeln, in denen der Animismus herrscht, scheinbar tote Gegenstände zum Leben erweckt werden, die miteinander sprechen oder in Streit geraten („Das Etikettenbuch für Kinder", 1972; „Das Guten-Tag-Buch", 1974). Schm.s Traum-

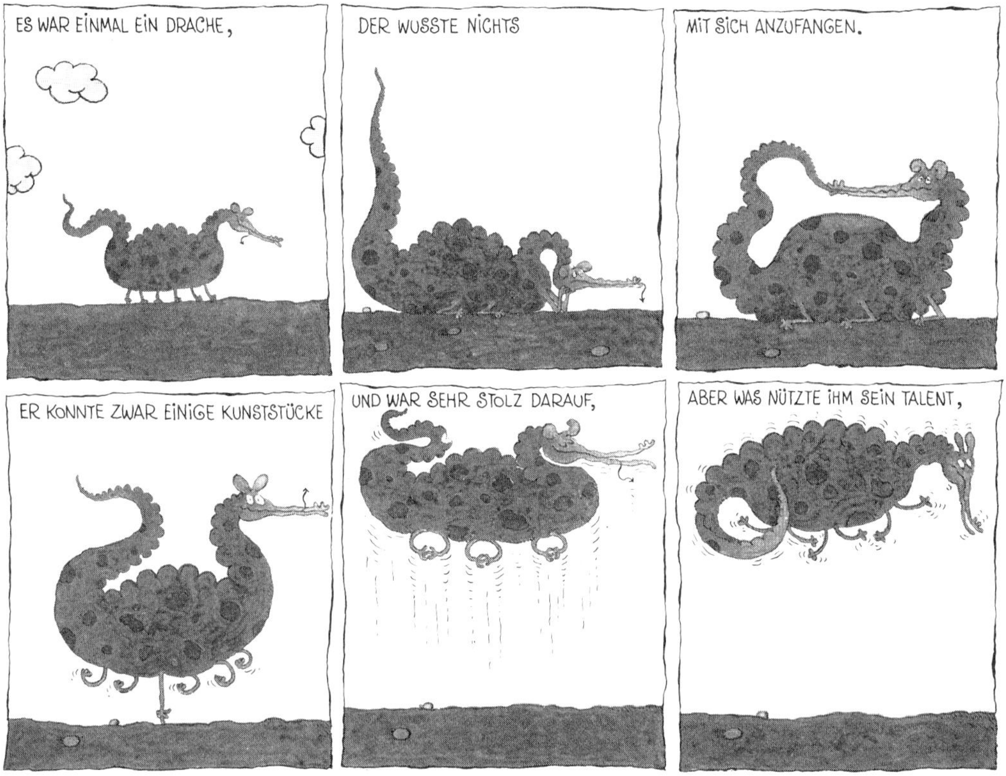

Walter Schmögner. Erste Seite des im Insel Verlag in Frankfurt zuerst 1969 erschienenen querformatigen Bilderbuchs „Das Drachenbuch".

welten sind bizarr und konkret zugleich. Seine Tiere sind Teile eines menschtierischen Sonderwitzes, den er schon in dem prämiierten Buch „Mrs. Beestons Tierklinik" (1970) kultivierte. Vom „Traumbuch", mehr noch vom „Guten-Tag-Buch" laufen viele inhaltliche Beziehungen zu den „Kindergeschichten" (1969) von PETER BICHSEL (* 1935) oder zu den absurden Kindergeschichten „Premier conte pour enfants" (1967) und „Deuxième conte pour enfants" (1967) von EUGÈNE IONESCO (* 1912), die von ETIENNE DELESSERT (* 1941) illustriert wurden, und zum Nonsense englischer Prägung.

Dem landläufigen Kinderbuch, das belehren will, stellt Schm. starke Unterhaltungs-, phantastische Spiel- und sprachfördernde Kreativitätsangebote entgegen. Im „Unendlichen Buch" (1973) wird mit der Metamorphose, der kosmischen Annäherung und Entfernung zu anderen Gestirnen operiert. Nähe und gleichzeitige Distanz sind in textlose Bilderketten mit stark visuellem, aber auch verbalem Appellcharakter gebracht. Dieses Science Fiction-Märchen für Kinder beginnt mit einer Reise durch einen Wassertropfen zu fernen Gestirnen und endet wieder im vertrauten Umfeld. Für Handlungshöhepunkt und Aktion sorgt ein explodierender Stern, wie auch in den meisten Bilderbüchern Schm.s für Kinder Konflikte bis zur letzten Konsequenz ausgetragen werden: Im „Etikettenbuch" (1972) geraten Heft- und Buchaufkleber mit den seltsamen Namen „Aaaa!", „sdlst", „smdbm" und „pfstdldp" bei einem Zirkusunternehmen konkurrierend aneinander. Der anfallende Streit mit dem Neuling „Aaaa!" wird erst durch dessen Zerplatzen beendet, ähnlich wie der aufgeblasene „Pluderich" (1969) am Ende der Geschichte in Fetzen geht.

Stilistisch bevorzugt Schm. die skurrile Federzeichnung, die in allen Kinderbüchern sorgfältig aquarelliert wird. Auffallend ist die starke Neigung zur Parodie und zu der artistisch formalen Nutzung von Elementen des Comics. Das trifft auf den Bildablauf, auf Blasentexte mit oft nur klanglichem Assoziationsinhalt, auf Tempo, Bildschnitt, Einzelbildrahmung, die Neigung zur gesteigerten, übertriebenen Dramatik zu.

Schm. stellt die herkömmliche Tiergeschichte durch groteske Karikierung von Hunden, Dickhäutern, Katzen, Vögeln in erschreckender Weise auf den Kopf und führt den Comic-strip durch Zitierung von Explosionsblasen, Schwunglinien („speed lines"), durch Ausrufe- und Fragezeichen ad absurdum. Ähnlich verfährt Schm. in der heiteren Geschichte von PETER HACKS (* 1928) „Der Bär auf dem Försterball" (1972). In dieser

Groteske mischt sich ein Bär unter die betrunkenen Jagdhüter und Forstleute, nimmt an ihrem Gelage teil, bis ihn seine Frau, immer noch unerkannt, wieder heimführt. Eine eigene Note erhalten Schm.s Bilderbücher durch solide Handwerklichkeit, zu der auch eine etwas zitterige Schrift, Nutzung von Golddruck und altväterliche Zitate gehören.
1973 erschien ein Band „Walter Schmögner" mit Arbeiten aus den Jahren 1968 bis 1973, und 1978 brachte der Insel Verlag einen Band mit Bildern, Zeichnungen und Objekten aus den Jahren 1973 bis 1978 „Zeit zum Aufbrechen" heraus, in dem Schm. selbst äußert: „Das Schreiben und Zeichnen von Kinderbüchern ist mir deshalb leicht gefallen, weil ich mich an meine eigene Kindheit sehr gut erinnern kann. Aber animiert dazu wurde ich bestimmt hauptsächlich von meinem Sohn Thomas. Mit seiner Reife hat sich auch meine Ausdrucksform geändert."
Zur weiten Verbreitung von Schm.s Arbeiten hat wesentlich beigetragen, daß neben limitierten Ausgaben anspruchsvoller Graphik für Sammler mehrere seiner Bilderbücher für Kinder in preisgünstigen Taschenbuchausgaben und in zahlenstarken Auflagen herauskamen.

Werke: E. Ekker: Das Geheimnis um Herrn Feierlich (1968); H. C. Artmann: Böse Bilder (1969); B. Frischmuth: Der Pluderich (1969); W. Schmögner: Das Drachenbuch (1969); Fr. C. Heller: Traumbuch für Kinder (1970); R. Nebehay: Mrs. Beestons Tierklinik (1970); W. Schmögner: Das Ploppwu-uumwhaasch. In 3¹/₄ Akten und 66 Bildern (1970); Fr. Hofbauer: Die Propellerkinder (zus. mit anderen, 1971); P. Hacks: Der Bär auf dem Försterball (1972); W. Schmögner: Das Etikettenbuch. Für Kinder (1972); W. Schmögner: Das unendliche Buch (1973); W. Schmögner: Das Guten-Tag-Buch (1974); W. Schmögner: Ein Gruß an Dich. Bildergeschichten (1976); H. Hesse: Die Stadt. Ein Märchen (1977).

Sekundärliteratur: Tr. Lessing: Menschen, Tiere Katastrophen (in: Zeitmagazin. 1971. 27. 16–18). – H. Künnemann (Hrsg.): Profile zeitgenössischer Bilderbuchmacher (1978).

Horst Künnemann

Schnack, Friedrich

*Journalist, Schriftsteller; *5.3.1888 Rieneck/Mainfranken, †6.3.1977 München.*

Schn., dessen vier Jahre jüngerer Bruder ANTON Schn. ebenfalls mit Lyrik und Erzählungen bekannt geworden ist, wuchs in der Natur- und Kulturlandschaft zwischen Aschaffenburg und Nürnberg auf. Nach dem Schulbesuch in Würzburg wechselte er mehrmals die Berufstätigkeit, war Bankbeamter, Hauslehrer, Industrieangestellter und Journalist. Im Ersten Weltkrieg wurde er in der Türkei interniert (1919 am Marmarameer). Zurückgekehrt, veröffentlichte er Gedichte, die ihn einem großen Leserkreis bekannt machten. Er löste sich aus einer Bürotätigkeit in Breslau und lebte fortan als freier Schriftsteller. Schn. wechselte häufig seine Wohnorte in Deutschland und im Ausland und durchforschte bei längerem Aufenthalt die Insel Madagaskar. Zuletzt wohnte er in Überlingen und München. 1929 erhielt er den Lessing-Preis des Sächsischen Staates, 1965 den Ersten Kulturpreis der Stadt Würzburg. Er war Mitglied mehrerer Akademien und kulturfördernder Gesellschaften, unter anderem im Verein der Freunde Madagaskars.

Werk, Tendenzen, Wirkung. Schn.s Dichtung gründet in seiner genauen Kenntnis und emotionalen Verbundenheit mit der Natur, über die er durch genaue Beobachtung, durch biologische und zoologische Studien reiche Kenntnis erwarb. Er schrieb außer Lyrik und erzählender Prosa Erlebnis- und Reiseberichte, Biographien und von ihm zutreffend als Schilderungen bezeichnete „Sachbuchtexte" über Städte, Landschaften und zahlreiche Werke über verschiedenartigstes Tier- und Pflanzenleben. Unter anderem verfaßte er den deutschen Text zu dem DISNEY-Bildband „Wunder der Prärie" (1955). Häufig durchdringen sich in seinen Büchern die Schilderungen des in der Wirklichkeit Beobachteten mit Mythischem, Märchenhaftem, freier Phantasie. Von den Werken dieser Art wurde besonders der Band „Das Leben der Schmetterlinge" (1928, NA. 1972) bekannt, der in zahlreiche Sprachen übersetzt wurde. Mit Naturdichtungen, erzählend und dialogisch angelegten „Sachbüchern" wandte sich Schn. auch an junge Leser, unter anderem mit dem Titel „Oswald bei den Schmetterlingen" (1956). In zeitgenössisch ERICH KÄSTNER verwandtem Ton verfaßte er eine Reihe Erzählungen für Kinder, die er – seine Intention, für einen breiten Leserkreis zu schreiben, spiegelnd – „Romane für kleines und großes Volk" nannte, wie etwa die realistischen Kindergeschichten „Klick aus dem Spielzeugladen" (1933), und „Klick und der Goldschatz" (1938). Beide Bände erschienen auch als Schulausgaben in Holland, England und den USA (1932–1938), wurden in den fünfziger Jahren wieder aufgelegt und vom Verfasser für eine Neuausgabe (1965) umgearbeitet. Haupthandlungsträger sind Großstadtkinder, die Not leiden und diese Not aus eigener Kraft, aber auch mit Hilfe von Erwachsenen zu meistern suchen. Märchenhaft weihnachtlich ist der Inhalt der Bilderbogengeschichte „Der Spielzeugladen" (1948) mit Zeichnungen von M. HARTMETZ. Spielszenen daraus wurden auch als Hörspiele gesendet. Mit aktivierender Lebenszuversicht erzählt Schn. „Der Mann aus Alaska. Eine Goldgräbergeschichte für jung und alt" (1952). Das alte Würzburg ist darin Lebenswelt zweier Jungen, die mit ihrer Phantasie bei den Goldgräbern sind und in dem heimgekehrten Goldgräber „Alaska" einen neuen Vater finden. Ein Bekenntnis zur Emanzipation der Mädchen steckt in der Erzählung „Florentine und die kleine Stadt" (1955): Der Tochter eines Bürgermeisters gelingt es, der Stadt zum Aufblühen zu verhelfen. In der Erzählung „Weltreise mit Beryl" (1955) spielt die Handlung am und auf dem Bodensee in einem Hausboot. Die Verbindung zur „weiten" Welt wird durch das Ferienkind aus Südafrika erreicht. Schn. bekannte sich zu dem optimistischen Grundzug seiner Bücher und sah es als seine Aufgabe an, mit seinen Schriften zu ermutigen und in Kindern das Vertrauen auf Menschen und auf die Ordnung in der Natur zu festigen. Viele seiner kurzen Erzählungen und Gedichte für junge Leser wurden durch Lesebücher und Anthologien verbreitet.

Werke: Sebastian im Wald (1926); Beatus und Sabine (1927); Das Leben der Schmetterlinge (1928); Goldgräber in Franken (1930); Im Wunderreich der Falter (1930); Auf ferner Insel. Glückliche Zeit in Madagaskar (1931); Der Lichtbogen. Falterlegenden (1932); Im Paradies der Schmetterlinge (1932); Klick aus dem Spielzeugladen. Roman für das große und kleine Volk (1933); Land ohne Tränen. Eine Bilderbogengeschichte (1934); Sybille und die Feldblumen (1937); Klick und der Goldschatz. Heiterer Roman (1938); Cornelia und die Heilkräuter (1939); Das Waldkind. Ein kleiner Roman. Das Jahr der Schmetterlinge (1944); Clarissa mit dem Weidenkörbchen (1945); Gärtchen im Schutt (1947); Der Spielzeugladen. Zwei Bilderbogengeschichten (1948); Das Honigfest der Blumengeister (1952); Der Mann aus Alaska. Eine Goldgräbergeschichte für jung und alt (1952); Liebesgärtchen für Clementine (1954); Florentine und die kleine Stadt (1955); Weltreise mit Beryl. Roman für die Jugend (1955); Aurora und Popelio. Roman der Schmetterlinge (1956); Das Buch Immergrün (1956); Oswald bei den Schmetterlingen (1956); Das Waldbuch (1960); Gesamtausgabe der poetischen Werke (Bd. 1–7. 1948–1954); Gesammelte Werke (Bd. 1–2. 1961).

Bearb.: W. Disney: Wunder der Prärie. Nach dem Film beschrieben (1955).

Sekundärliteratur: Friedrich Schnack: Versuch, ein Selbstporträt zu zeichnen (in: W. Buhl (Hrsg.): Fränkische Klassiker. 1971. 681–691). – W. Jantzen (Hrsg.): Friedrich Schnack. Festgabe des Arbeitskreises für deutsche Dichtung zu seinem 70. Geburtstage (1958). – A. Hölzl: Die Kindergeschichten von Fr. Schnack (Diss. 1941). – H. Maiwurm: Der Jugendschriftsteller Friedrich Schnack (1956).

Margarete Dierks

Franz Schneider Verlag

München. Kinder- und Jugendbücher, Sachbücher, Lexika, Kunstdruckbände, Broschüren zur Begabungsförderung.

Der heutige Franz Schneider Verlag GmbH & Co. KG wurde von FRANZ SCHNEIDER sen. (1875–1946) mit einer Starthilfe von 5000 Goldmark des Reichstagsabgeordneten FRIEDRICH NAUMANN in Berlin gegründet. Der Verlag, dessen erste Buchveröffentlichung SOPHIE REINHEIMERS (1874–1935) „Von Regen, Sonne, Schnee und Wind“ war, war anfangs nicht ausschließlich auf Kinderbücher spezialisiert. Nach dem Ersten Weltkrieg wurden Poster, Geschichtsbilder, zeitkritische und politische Bücher verlegt. 1922 wurde LUDWIG MARCUSE als Autor gewonnen und unter anderem sein Werk „Die Welt der Tragödie“ herausgegeben. 1927 konzentrierte sich der Verlag auf das moderne Kinderbuch, in dem das Kind handelnder Mittelpunkt ist. Zu den bekanntesten Büchern jener Zeit gehört „Kai aus der Kiste“ (1927) von WOLF DURIAN (1892–1969). Nach dem Tode FRANZ SCHNEIDERS 1946 übernahm seine Frau Luise die Leitung. Der Verlag hatte mittlerweile seinen Sitz in Wittenberg, übersiedelte 1947 nach Augsburg und 1953 nach München. Seit 1964 liegt die Verlagsleitung bei FRANZ SCHNEIDER jun. (* 1925).

Zum Verlagsprogramm gehören die unter dem Namen „Schneider Buch“ bekannten erzählenden Kinder- und Jugendbücher, die sich an 6- bis 14jährige Leser wenden. Diese am Geschmack eines Millionenpublikums orientierten Bücher bestimmen weitgehend den Verkaufserfolg. Der Schneider Verlag ist nach dem Zweiten Weltkrieg zum umsatzstärksten deutschen Kinderbuchverlag geworden, der jährlich etwa 7,5 Millionen Exemplare verkauft. Seit 1948 wurden inzwischen weit mehr als 2000 Titel verlegt. Zu den sogenannten „Auflagenmillionären“ unter den Autoren gehören ENID BLYTON (1896–1968) mit einer Gesamtauflage bis 1978 von 8 Millionen, MARIE LOUISE FISCHER (* 1922, 4 Millionen), MARGARETHE HALLER (* 1893, 5 Millionen), OLIVER HASSENCAMP (1 Million), ERICH KLOSS (1889–1964, 5 Millionen), SOPHIE REINHEIMER (5 Millionen), ROLF ULRICI (* 1922, 4 Millionen), BERTE BRATT (* 1905, 3 Millionen), MARIE BRÜCKNER (1 Million), M. Z. THOMAS (*1915; d.i. MICHAEL THOMAS ZOTTMANN, 1 Million). Diese Autoren haben das Verlagsprofil entscheidend mitgeprägt. Daher findet sich auch in der absatzstärksten Gruppe der Produktion kaum Experimentelles, Progressives und Unbequemes. Vielmehr wird durch die Verwendung gängiger Klischees dem Leser wenig zu einem differenzierteren Weltverständnis verholfen.

Seit 1972 wendet sich der Verlag verstärkt dem Sachbuch zu. Die enzyklopädische Reihe „Wissen Universell“ ist mit Titeln wie „Technik, mit der wir alle leben“ oder „Welches Tier paßt zu mir?“ für ein jugendliches Publikum ab 14 Jahren konzipiert und will auf informative und unterhaltende Weise Wissen vermitteln.

Seit 1973 bringt der Verlag zunehmend Bücher ausländischer Autoren heraus, so z.B. von UWE KANT (DDR), INGER und LASSE SANDBERG (Schweden), KRYSTYNA SIESICKA (Polen).

Ebenfalls 1973 begann die Serie „Kinderkolleg“ zur Begabungsförderung von Kindern von 4 bis 14 Jahren zu erscheinen. Diese Broschüren sollen es den Eltern, deren Kinder keinen Vorschul- oder Kindergartenplatz haben, erleichtern, die Fähigkeiten und Fertigkeiten zu trainieren, die bei Schuleintritt vorausgesetzt werden.

Seit 1975 produziert der Verlag mit Erfolg auch Taschenbücher.

Zu den Autoren des Verlages gehören außer den bereits genannten z.B. EDDA BARS, WOLFGANG BREU, GITTA VON CETTO, DIETER CONRADS, ANN MARIE FALK, JOSEF CARL GRUND, DIMITER INKIOW, EVA JANIKOVSZKY, THOMAS JEIER, KARL HEINZ KÖPCKE, MARGOT KREUTER, EVELYN KOLNBERGER, JO PESTUM (d.i. JOHANNES STUMPE), HERBERT REINECKER, IVAN STEIGER.

Sekundärliteratur: 30 Jahre Franz Schneider Verlag in Bayern 1947–1977 (1977).

Hannelore Daubert

Schnurre, Wolfdietrich

*Schriftsteller; *22. 8. 1920 Frankfurt/Main.*

Bis zum neunten Lebensjahr lebte Schn. in seiner Geburtsstadt. 1928 nahm ihn sein Vater mit nach Berlin. Auf Wanderungen mit dem Vater, der als Naturschutzbeauftragter in Weißensee tätig war, prägten sich dem jungen Schn. Naturerlebnisse stark ein. Als Schüler war er zu Beginn der dreißiger Jahre Zeuge heftiger politischer Auseinandersetzungen und Straßenschlachten, er erfuhr am Schicksal von Freunden und seinem Lehrer die Auswirkungen des Nationalsozialismus. Im Zweiten Weltkrieg war Schn. Soldat. Nach mehrfachen Inhaftierungen und Desertionsversuchen kehrte er nach Berlin zurück, verließ nach kurzer Zeit den Ostsektor der Stadt und lebt seitdem in West-Berlin. Seit dieser Zeit bestand „mein Leben nur noch aus Schreiben", sagt er in der autobiographischen Skizze „Dreimal zur Welt gekommen" (1966). Zusammen mit Schriftstellerkollegen gründete er 1947 die „Gruppe 47", deren Beurteilung von Literatur in der Bundesrepublik Deutschland fast zwei Jahrzehnte hindurch maßgeblich war. Schn. wurde 1959 mit dem Immermann-Preis, 1960 mit dem Georg-Mackensen-Erzählpreis ausgezeichnet.

*Wolfdietrich Schnurre (*1920).*

Werk, Tendenzen, Wirkung. Sch.s anfängliches Schreiben resultierte aus seinen Kriegserlebnissen. Er sah seine Bestimmung darin, die Schrecken des Krieges aufzuzeigen und vor einer Wiederholung zu warnen. Die literarische „Ausgangsposition" bezog er zwischen den Jahren 1945 und 1947 „im Kahlschlag der deutschen Literatur". Einem im Krieg gefallenen Freund widmete er seine ersten Erzählungen, die 1960 unter dem Titel „Man sollte dagegen sein" erschienen. Einen „Roman in Geschichten" nannte er die zu dem Titel „Als Vaters Bart noch rot war" (1958) aneinandergereihten, stark autobiographischen Erzählungen; Schn. hat sie mit eigenen Zeichnungen in einem expressiven Stil ausgestattet. Aus diesem Buch, das bald als Taschenbuch zahlreiche Auflagen erlebte, gingen einige Erzählungen in Lesebücher und Anthologien für die Jugend ein, am häufigsten „Veitel und seine Gäste", „Jenö war mein Freund" und „Die Leihgabe". Die Hauptfiguren in vielen straff und mit dramatischer Spannung geführten Kurzgeschichten, für die er Prototypen schuf, sind Kinder oder Jugendliche in schicksalshafter Betroffenheit oder in Konfliktsituationen, unter anderen „Steppenkopp", „Reusen heben", „Freundschaft mit Adam", „Ein Fall für Herrn Schmidt". Ende der sechziger Jahre begann Schn. eigens für Kinder zu schreiben und zu zeichnen. Sein erstes Kinderbuch, „Die Zwengel", erschien 1967. Es enthält kurze, zumeist gereimte Texte um spaßige Phantasiegeschöpfe, die aus einer Kreuzung von Zwerg und Engel entstanden (Zwengel). Namenskomik und Sprachspiele sollen Kinder anregen. Wie in der Sprache verbindet Schn. auch in den von ihm selbst gestalteten farbigen Bildern Märchenhaftes und Skurriles. Trotz des großen Interesses, das Schn.s Bilderbuch bei Fachleuten fand, wurde es ein verlegerischer Mißerfolg. Die Gründe dazu waren sicher einmal die ungewohnte Diktion in Verbindung mit skurril-surrealistischen Motiven, dann aber auch der Schwierigkeitsgrad des als Bilderbuch aufgemachten Bandes, der von Kindern im Bilderbuchalter kaum verstanden wurde, von älteren Kindern aber, die sich dem Bilderbuch entwachsen fühlten, nicht mehr angenommen wurde. Weitere Bilderbücher Schn.s entstanden in Zusammenarbeit mit seiner Frau Marina Schn., so die Eskimogeschichte „Ein Schneemann für den großen Bruder" (1969) und die Bauernhoferzählung vom Hahn „Gocko" (1970); Marina Schn. illustriert starkfarbig in Reißtechnik und mit kräftigen Tuschzeichnungen. Witziges und Humorvolles erzählt Sch. in der Meerschweinchen-Trilogie, einem Fortsetzungsroman für Kinder (Die Sache mit den Meerschweinchen, 1971; Immer mehr Meerschweinchen, 1971; Der Meerschweinchendieb, 1972). In aufgezeichneten Kinderdialogen teilt er seine Erfahrungen, die er aus dem Studium von Kindern in der Großstadt Berlin gewann, in dem Buch „Ich frag ja bloß" (1973) mit. Aus diesen Kindersprachstücken übernahm er vieles in den von ihm illustrierten Sammelband „Schnurren und Murren. Ein Buch für Kinder" (1974), ein Kinder- und Hausbuch zu gemeinsamem Gebrauch für junge und ältere Leser. Schn. bietet darin spaßige Unterhaltung, witzige Belehrung und teilt augenzwinkernd bittere und heitere Wahrheiten mit. Vor allem einige Kindergeschichten, Fabeln und Verse, die Sch. aus dem Buch „Der Spatz in der Hand" (1971), in den Sammelband übernahm, wecken Fragen im Sozialbereich und schärfen die Kritikfähigkeit. Schn. ist als Erzähler, Lyriker und Autor von Fabeln, auch in seinen Arbeiten für junge Leser, Moralist, der die Mittel des Witzes, der Komik, des Skurrilen und des Humors wirkungsvoll zu gebrauchen weiß. Als Fabeldichter charakterisiert ihn KLAUS DODERER in dem Werk „Fabeln" (1970) als einen der Gegenwartsautoren, die die literarische Kleinform der Fabel „als Werkzeug politisch gesellschaftlicher Beeinflussung benutzen" (S. 230).

Werke: Als Vaters Bart noch rot war (1958, [3]1972); Steppenkopp (1958); Die Flucht nach Ägypten (1960); Jenö war mein Freund (1960); Ein Fall für Herrn Schmidt (1962); An die Jugend Westdeutschlands (1963); Brief an eine Schülerin (in: ders.: Schreibtisch unter freiem Himmel. Polemik und Bekenntnis, 1964); Die Erzählungen (1966); Die Zwengel (1967, [2]1972); Ein Schneemann für den großen Bruder (1969); Gocko (1970); Die Sache mit den Meerschweinchen (1970); Immer mehr Meerschweinchen (1971); Der Spatz in der Hand. Fabeln und Verse (1971); Wie der Koala-Bär wieder lachen lernte (1971); Der Meerschweinchendieb (1972); Ich frag ja bloß (1973); Schnurren und Murren. Ein Buch für Kinder (1974).

Beiträge: Emil und die Direktiven (in: Jugend und Buch. 17. 1968. 1. 7–11).

Sekundärliteratur: Kl. Doderer: Fabeln (1970). – K. G. Kribben: Wolfdietrich Schnurre (in: D. Weber (Hrsg.): Deutsche Literatur seit 1945. [2]1971. 311–328).

Margarete Dierks

Schönfeldt, Sybil Gräfin

*(d. i. Sybil Schlepegrell). Journalistin, Schriftstellerin, Jugendbuchübersetzerin; * 13. 2. 1927 Bochum.*

Nach dem Studium der Germanistik und Kunstgeschichte promovierte Sch., die die österreichische Staatsangehörigkeit besitzt, in Wien. Zunächst arbeitete sie als Redakteurin bei verschiedenen Zeitschriften, später als freie Journalistin. Ihre schriftstellerische Vielseitigkeit kommt durch die Veröffentlichung zahlreicher Kosmetik- und Kochbücher, Beiträge zur Babypflege und Kindererziehung und theoretischer Abhandlungen zum Ausdruck. Bekannt wurde Sch. unter anderem durch Übersetzungen aus der englischsprachigen Kinder- und Jugendliteratur. Das von ihr übersetzte Buch „Die 12 vom Dachboden" (1967) von PAULINE CLARKE wurde 1968 mit dem Deutschen Jugendbuchpreis ausgezeichnet. 1972 wurde Sch. der Wilhelmine-Lübke-Preis verliehen. Sie ist Mitbegründerin des Jugendbuchforums und der Kinderbuchwoche in Hamburg.

Werk, Tendenzen, Wirkung. 1964 übersetzte Sch. eines der erfolgreichsten Jugendbücher „The wizard of Oz" (1900; dt. Der Zauberer von Oz, 1940, NA. 1964, [2]1965) des Amerikaners FRANK LYMAN BAUM (1856–1919) neu. Eine Geschichte wie diese, voll Phantasie, aber ohne Grausamkeit, hält sie für die geeignete Kinderlektüre. Viele ihrer Übersetzungen entstanden gemeinsam mit MARIA TORRES. Neben Abenteuerbüchern überträgt Sch. mit Vorliebe Geschichten mit sozialer Problematik, in denen die Verbindung von realen und phantastischen Elementen nicht selten zur Veränderung der sozialen Wirklichkeit im Hinblick auf ein Mehr an Humanismus auffordert. Gerade die von ihr entdeckte englische Autorin EDITH NESBIT (1858–1924) lieferte Sch. Inhalte, die mithelfen, ihre Ideale von „Freundschaft, Liebe und Hilfsbereitschaft" weiterzuverbreiten.

Ihre Sorge, ob man aus den letzten hundert Jahren Kindererziehung gelernt habe, äußert sich in ihrem Aufsatz „Die gute alte Zeit, die Kinder und die Großstadt" (1974) in der Befürchtung, daß Eltern auch heute noch ihren Kindern nur selten eine Literatur zukommen lassen, die den Zielen einer Friedenserziehung gerecht werden. Aus diesem Grund bietet sie gegen die Massenliteratur einen Ratgeber für Eltern „Mutti, was soll ich lesen?" (1971) als pädagogische Alternative. Sie berät und erläutert darin in einfacher Sprache über die erste Konfrontation des Kindes mit Büchern, Bildern und Texten bis hin zur schulbegleitenden Jugendlektüre. Für die ersten Lebensjahre empfiehlt sie optimistische Literatur, da die Kinder in dieser Entwicklungsstufe erwarten, „daß Geschichten gut ausgehen ..." (S. 88). Insofern befürwortet sie die Vermittlung von Märchen. Sie meint, daß Kinder zwischen zwei und sechs Jahren die Schwarz-Weiß-Malerei der Märchen begreifen, und glaubt, daß man Grausamkeit und autoritäre Verhaltensweisen der Märchen durch richtiges Vorlesen kompensieren könne. Märchenhafte Elemente sollten ihres Erachtens auch in anderen Kinderbüchern für diese Altersgruppe nicht fehlen. Überhaupt sollten phantastische Züge Bestandteil einer zeitgemäßen Literatur sein, die den Kindern helfen könne, Erfahrungen zu sammeln und Probleme zu bewältigen. Sie wendet sich gegen passives Konsumverhalten, das durch Fernsehen, Massen- und Comicliteratur unterstützt wird. Der zunehmenden Verbreitung von Comics steht Sch. skeptisch gegenüber.

Die von Sch. herausgegebenen Anthologien mit Texten unter anderem von ERICH KÄSTNER, SIEGFRIED LENZ, ASTRID LINDGREN, CHRISTINE NÖSTLINGER und URSULA WÖLFEL sollen Familien zur Gestaltung von Erzählstunden dienen. Auf das Vorlesen der Geschichten und das Gespräch im Kreis der Familie legt Sch. besonderen Wert, nicht zuletzt deshalb, weil sie feststellen konnte, daß Gespräche mit Kindern über Bilder und literarische Produktionen positive Veränderungen im emotionalen und sozialen Bereich bewirken („Über die Wirkung von Bildern und Texten", 1976).

Sch. spricht mit ihren essayistischen Schriften in erster Linie Frauen an: durch Veröffentlichungen zur Schönheitspflege, durch die vielen Koch- und Backbücher, als Ratgeberin in Erziehungsfragen. In einem Artikel „Die Kinderliteratur und die Frauen" (1975) weist sie auch auf die besondere Stellung der Frau als Schriftstellerin hin. Frauen stellten den größten Anteil an Kinder- und Jugendbuchautoren. Sie behauptet: „Die Eignung der Frau fürs Kinderbuch hängt nicht nur von ihrer Erinnerungskraft und Erzählkunst ab, sondern auch von ihrer Weiblichkeit und Mütterlichkeit" (S. 11–12). Des weiteren meint sie, Frauen hätten zwar zuerst über soziale Probleme geschrieben, es läge ihnen jedoch nicht, „sich theoretisch zu ihren Themen zu äußern" (S. 29).

Werke: Mutti, was soll ich lesen? Das Buch in der Erziehung unserer Kinder (1971); ABC der Kinderfeste (1972, ²1974); Das große Ravensburger Weihnachtsbuch. Basteln, Backen, Kochen, Feiern (zus. mit I. Ströbl-Wohlschläger. 1973, ⁷1976); Das Buch vom Kind. Zwischen zwei und zwölf (1974); Die Großmutter und ihr Enkelkind (1975).

Beiträge: Häschenschule oder l'art pour l'art (in: Gebt uns Bücher, gebt uns Flügel. Almanach des Oetinger Verlags. 7. 1969. 21–27); Zum Zwanzigsten (in: 10 Jahre Signal-Verlag. 1969. 42–47); Laudatio aus Anlaß der Verleihung des Astrid Lindgren-Preises an Hilde Heisinger (in: Gebt uns Bücher, gebt uns Flügel. Almanach des Oetinger Verlags. 8. 1970. 9–14); Gedanken zur Poesie (in: H. Pleticha (Hrsg.): Otfried Preußler zum 50. Geburtstag. 1973. 8–19); Die gute alte Zeit, die Kinder und die Großstadt (in: K. E. Maier (Hrsg.): Historische Aspekte zur Jugendliteratur. 1974. 103–109); Die Kinderliteratur und die Frauen (in: Gebt uns Bücher, gebt uns Flügel. Almanach des Oetinger Verlags. 13. 1975. 7–30); Über die Wirkung von Bildern und Texten (in: H. Schaller (Hrsg.): Umstrittene Jugendliteratur. 1976. 156–165).

Hrsg.: Deutsche Demokratie von Bebel bis Heuss (zus. mit Fr. Andrae, 1964); Geschichten, Geschichten, Geschichten. Zum Vorlesen und Selberlesen (1971); Bunt wie ein Pfau (1975); Blickwechsel. Moderne Erzählungen (1975); Das Bilderbuch für die Weihnachtszeit: Bilder, Geschichten, Legenden, Gedichte (1976).

Bearbeitungen: Chr. Palmgren: Das bist du – dein Körper (1972).

Wolfgang Schneider

Schönlank, Bruno

*Lyriker, Dramatiker, Roman- und Hörspielautor, Verfasser von Märchen und Chorwerken für die Arbeiterjugend und die Arbeiterbewegung; * 31. 7. 1891 Berlin, † 1. 4. 1965 Zürich.*

Als Sohn des gleichnamigen sozialdemokratischen Publizisten und Chefredakteurs der „Leipziger Volkszeitung" besuchte Sch. einige Jahre das Gymnasium, dann eine Ackerbauschule, war Volontärverwalter auf einem thüringischen und ostpreußischen Gut, dann Fabrikarbeiter, Handwerksbursche, Laborant, Schreiber und Buchhandlungsgehilfe bei dem SPD-nahen J. H. W. Dietz Verlag in Stuttgart. Früh hielt Sch. Vorträge in der sozialdemokratischen Partei; seine ersten Gedichte schrieb er für „Die schwäbische Tagwacht" und die „Lese". Nach der Wanderschaft durch einige westeuropäische Länder kehrte er bei Kriegsausbruch nach Deutschland zurück, organisierte 1915 eine Friedensdemonstration und wurde verhaftet, bald darauf eingezogen. Nach der Novemberrevolution 1918 kurz auf der Seite der äußersten Linken in der Spartakusgruppe, orientierte er sich während der Weimarer Republik wieder an der SPD und war Mitarbeiter verschiedener sozialdemokratischer Zeitungen. Seine Sprechchorwerke wurden von vielen Laienbühnen der Arbeiterbewegung aufgeführt und erlebten mehrere Auflagen. 1933 emigrierte er in die Schweiz, in der er auch bis zu seinem Tode lebte.

Werk, Tendenzen, Wirkung. „Von Kindesbeinen an mit sozialistischer Weltanschauung durchtränkt", will Sch. „dem Proletariat Verkünder und Dolmetscher ihrer oft nur dumpf gefühlten Regungen" sein, will eine nach dem Chaos des Ersten Weltkrieges bessere und stärkere Welt beschreiben, „die der schaffenden Arbeit" („Sei uns, du Erde!", Einleitung). Die ersten Gedichte Sch.s (In diesen Nächten, 1917) bleiben noch weitgehend abstrakt in der Formulierung einer allgemeinen Freiheits- und Friedenssehnsucht, während seine späteren Gedichte – die zum Teil im Arbeiterjugend-Verlag erschienen – die neue Zeit verkünden und (analog der Arbeiterdichtung der Weimarer Republik) oft die Verkündung der neuen Zeit in eins setzen mit dem natur- und prozeßhaften Verändern der Sonne, Frühling und Erde. Bedeutsam für die Arbeiterbewegung werden seine Sprechchordichtungen für Arbeiterfeste und Jugendweihen, die Sch. als „zukunftsträchtiger Keim der Arbeiterkunst" erschienen (‚Sei uns, du Erde', Vorwort). Diese Sprechdichtungen bzw. dramatischen Chorwerke gestalten oft in mehreren Szenen in zumeist emphatischer und ekstatischer Sprache die Zuversicht einer Welt ohne Herren und Knechte („Erlösung", 1920), symbolhaft und verschlüsselt den alles Menschliche verschlingenden Kapitalismus, der bereits die kleinen Kinder den Müttern entreiße und dem Krieg opfere („Der Moloch", 1923) und existentielle Notsituationen der Proletarier, beispielsweise das Elend der häufigen Schwangerschaften in der Zeit der Arbeitslosigkeit und der damit verbundenen Verkümmerung der Kinder („Verfluchter Segen", 1921). Bleibt in diesen Sprechchorwerken noch die Zukunftsvision an die Kraft der Arbeiterbewegung gebunden, tritt in späteren szenischen Aufbereitungen (z. B. „Der gespaltene Mensch", 1927) diese revolutionäre Perspektive nicht mehr hervor. Stellt Sch. in seinem Roman „Agnes" (1929) noch deutlich den Bezug zur Arbeiterbewegung her, indem er die Entwicklung einer kleinbürgerlichen Frau zur bewußten Kämpferin innerhalb der Partei während des Sozialistengesetzes zeichnet, wird in seinen in den zwanziger Jahren verfaßten Märchen nur noch in wenigen deutlich, „über eine verbindliche, alle gesellschaftlichen Bezüge ausklammernde Kinderliteratur hinauszugelangen" (Lexikon sozialistischer deutscher Literatur. S. 450). In „Der Kraftbonbon und andere Großstadtmärchen" (1928) werden nur noch allgemein Kindersehnsüchte nach Macht und Stärke aufgegriffen, zumeist jedoch im Wunder gelöst. Nur marginal gehen zentrale Probleme und Auseinandersetzungen der Weimarer Republik in die Märchen ein, wenn – dies stets in märchenhaft-wundersamer Art – Lebensfreude alle Menschen versöhnt, so auch tendenziell die Unterschiede der Klassen aufhebt und die ehemals verfeindeten Länder versöhnt. Nach 1945 knüpfte Sch. an die Traditionen der Weimarer Republik an und verfaßte für verschiedene Gewerkschaften Festspiele und Sprechchöre (unter anderem

„Wir schaffen alle Hand in Hand" und „Vom König Dampf zur Atomkraft", 1956), ohne daß dies jedoch massenwirksam wurde.

Werke: Sonniges Land. Kindergedichte (1920); Erlösung. Weihespiel (1920, ³1928); Großstadt-Märchen (1923); Jugendtag. Chorwerk (1925, ²1926); Sei uns, du Erde! (1925); Seid geweiht. Ein Sprechchorwerk für die Jugendweihe (1927); Der Kraftbonbon und andere Großstadtmärchen (1928; veränderte NA. u.d.T.: Der Kraftbonbon und andere wunderliche Geschichten, 1951); Schweizer Märchen (1938); Mein Tierparadies (1949); Heraus, heraus aus Hof und Haus (1955); Doppelbukkelchen. Märchen (1965).

Sekundärliteratur: Br. Schönlank (in: Lexikon sozialistischer deutscher Literatur. 1973. 449–450). – G. Albrecht (zus. mit anderen): Lexikon deutschsprachiger Schriftsteller (Bd. 2. ²1974. 288–289). – J. Büscher: Zum Tode des Arbeiterdichters Bruno Schönlank (in: Gewerkschaftliche Rundschau. 1965. 18. 367–368); Einleitung (in: Bruno Schönlank: Sei uns, du Erde!, 1925).

Manfred Geiss

Schoppe, Amalia

*Schriftstellerin, Kinder- und Jugendbuchautorin; * 9. 10. 1791 Burg/Fehmarn, † 29. 9. 1858 Schenectady/USA.*

Als Tochter des Arztes Friedrich Wilhelm Weise verbrachte Sch. eine glückliche Kindheit auf der Insel Fehmarn. Die Sechsjährige kam nach des Vaters Tod zu einem strengen Onkel nach Hamburg, dann ins Haus ihres Stiefvaters, des Hamburger Kaufmanns Johann Georg Burmester. Hier lernte sie Friedrich Schuppe kennen und heiratete ihn 1814. Er wurde Advokat und nannte sich nun Schoppe. Sie gebar ihm die Söhne Adelbert, Julius und Alphons. Die unglückliche Ehe endete 1829 mit dem Tod Schoppes. Seitdem ernährte Sch. ihre Familie durch Schreiben für Zeitungen und Zeitschriften und durch das schnelle Produzieren zahlreicher Bücher. Ihre Söhne Adelbert und Julius starben früh, Alphons wanderte nach einer Gefängnisstrafe 1850 nach New York aus. Sch. folgte ihm 1851. Sie zogen nach Schenectady im Staat New York. Dort starb die Autorin verehrt und verarmt 1858.

Werk, Tendenzen, Wirkung. Sch. war mit Justinus Kerner befreundet. Er veröffentlichte Gedichte von ihr in seinem „Poetischen Almanach" (1812) und in dem auch von Uhland herausgegebenen „Deutschen Dichterwald" (1813). Später wandte Sch. sich der Prosa zu, schrieb für „Cottas Morgenblatt", für Zeitschriften und Jahrbücher, gab zwanzig Jahre lang die „Neuen Pariser Modeblätter" heraus, schrieb Erzählungen, Biographien, Briefsteller, Novellen, Romane, Kinder- und Jugendbücher, ein Garten- und ein Kochbuch, eines über den bürgerlichen Haushalt und eines über Theater und Theaterkostüme. Insgesamt verfaßte sie mehr als 200 Bände. Sie schrieb zur Unterhaltung, zur moralischen Belehrung und zur praktischen Unterrichtung für ein breites und ständig wachsendes Leserpublikum, das in der Lektüre Illusion, Trost, Wissen und Lebenshilfe suchte.

Für Jugendliche bot sie in ihrer „Iduna – Eine Zeitschrift für die Jugend beiderlei Geschlechts, belehrenden, erheiternden und geistbelebenden Inhalts", die sie von 1831 bis 1838 herausgab, als Nachfahrin der Enzyklopädisten eine Fülle greifbaren und begreifbaren Wissens: von Expeditionen, Naturereignissen, Reisen, Völkerkunde, Entdeckungen, Erfindungen, historischen Gestalten und Begebenheiten, chemischen und physikalischen Kunststücken, dazu Buchempfehlungen, praktische Hinweise für das tägliche Leben und mutige Kritik am vormärzlichen Deutschland. Kein Thema war zu klein, keines zu groß. Auf gewöhnlich acht Quartseiten – sie enthielten auch Fortsetzungserzählungen und Gedichte (darunter erste von Friedrich Hebbel, dem sie den Weg zur Literatur ebnete) – zogen ihre pädagogisch intendierten Erzählungen viele junge Leser an und fanden den Zuspruch von Eltern und Lehrern.
Ihre vielen Bücher für Kinder und Heranwachsende jeden Alters verengen sich meistens auf das Vorführen erhebender Beispiele und die moralische Nutzanwendung. Sie wollte mit einer unterhaltsamen Geschichte stets einen pädagogischen Effekt erzielen. Ergänzend schrieb sie Fibeln, Lehr- und Lesebücher, um das Grundwissen einzuexerzieren. 1835 erschien ihr „Klei-

Amalia Schoppe (1791–1858). Gemälde aus dem Jahr 1828 von Johann J. Stickert.

nes Schatzkästlein", mit dem Untertitel: „Das liebste Lesebuch fleissiger und artiger Kinder". Es enthält Denk- und Sittensprüche, Erzählungen und Fabeln, das kleine und das große Alphabet sowie das Einmaleins. „Leben ist Ordnung", heißt die Maxime dieses Büchleins. Das Wort „Pflicht" erscheint als Sperrdruck in vielen Zeilen. Gehorsam, Gottesfurcht, Fleiß, Pünktlichkeit, Bescheidenheit, Sparsamkeit, Sauberkeit, Höflichkeit – zu diesen biedermeierlichen Idealen wollte Sch. konsequent erziehen.
Die moralische Tendenz und das Fließbandsystem ihrer Produktion ließen Sch. oft an den Rand des Trivialen geraten. Sie selbst wählte häufig Untertitel wie „eine rührende und belehrende Geschichte". Waren ihre Bücher auch nicht immer ausgereift, so blieb Sch. doch stets wahrhaftig und traf den Geschmack der breiten Masse der zeitgenössischen Leser. Das beweist die starke Rezeption ihrer Werke, die z.T. in zwei und mehr Bänden erschienen, oft mehrere Auflagen hatten und ins Französische, Englische, Holländische und Tschechische übersetzt wurden. Ihr erstes Buch erschien 1823 („Abendstunden der Familie Hold"), ihr hundertstes 1836 („Briefsteller für die Jugend gebildeter Stände oder faßliche Anweisung alle Arten von Briefen zu schreiben, welche im jugendlichen Alter vorkommen können"), ihr letztes 1858 („Die Holsteiner in Amerika"). Es erinnert in seiner mehr farbigen Darstellung an „Die Hütte am Gigitonhonha" (1828), das von Auswanderern nach Brasilien handelt. So griff sie im letzten Lebensjahr ein Thema ihrer Anfangszeit auf, dieses Mal aus eigener Erfahrung schreibend.
Die Kinder- und Jugendbücher Sch.s fanden nach der Jahrhundertwende kaum noch Leser. Nur ihr „Briefsteller für Damen" hat sich mit immer neuen Auflagen bis zum Beginn des 20. Jahrhunderts gehalten.

Werke: Abendstunden der Familie Hold (1823); Eugenia (1824); Die Erzählungsabende im Pfarrhaus (1825); Erzählungen aus Gegenwart und Vergangenheit (1825); Die Familie Ehrenstein (1826); Erste Nahrung für Geist und Herz (1827); Die Winterabende von Sonnenfels (1827); Lust und Lehre in unterhaltenden Erzählungen und Märchen (1827); Neue Erzählungen und Märchen für Herz und Geist (1827); Der Sang-König Hiarne (1828); Bunte Bilder aus dem Jugendleben (1828); Kleine Märchenbibliothek (1828); Neue Erzählungsabende der Familie Sonnenfels (1828); Die Hütte am Gigitonhonha (1828); Die kleinen Waisen (1828); Sonotra oder Seelen- und Sittengemälde für die reifere gebildete weibliche Jugend (1829); Die Pflegemutter und ihre Pflegetöchter (1829); Neue Bunte Bilder aus dem Jugendleben (1829); Erzählungen der kleinen Hamburger Auswanderer (1829); Neue nordische Sagen (1829); Wilhelm und Elfriede (1929); Jugendleben (1829); Der Bildersaal (1830); Festgaben (1830); Heinrich und Marie (1830); Asträa (1830); Der kleine Lustgarten (1830); Iduna (1831); Die Gefahren des Meeres (1831); Sagenbibliothek (1831); Kurzer Abriß der nordischen Mythologie für die reifere Jugend (1832); Die Helden und Götter des Nordens (1832); Das erste Geschenk für fleißige und wißbegierige Kinder (1832); Volkssagen, Märchen und Legenden aus Norddeutschland (1833); Neue Sagenbibliothek (1833); Florinde und Carollina (1833); Rosen und Dornen (1834); Bunte Reihe (1834); Licht und Schatten (1834); Feierstunden (1834); Kleines Schatzkästlein (1835); Die beiden kleinen Seiltänzer (1835); Denkblätter aus dem Jugendleben (1836); Briefsteller für die Jugend gebildeter Stände (1836); Hundert kleine Geschichten (1836); Erzählung für Töchter (1837); Christgabe (1839); Christliche Erzählungen für die Jugend (1839); Robinson in Australien (1843); Hundert kleine Erzählungen (1855); Die Holsteiner in Amerika (1858).

Sekundärliteratur: K. Schleucher: Das Leben der Amalia Schoppe und Johanna Schopenhauer (1978).

Kurt Schleucher

Schrader, Karl

*Graphiker; * 30. 8. 1915 Hildesheim.*

Schr. erhielt seine erste Ausbildung in Hildesheim an der Schule für Kunst und Handwerk, Abteilung Graphik (1933–1936). Dann studierte er bis 1939 an der Akademie für graphische Künste und Buchgewerbe in Leipzig als Meisterschüler von Professor Walther Thiemann. Er lebt als freischaffender Graphiker in Berlin (DDR) und ist vor allem als Karikaturist, aber auch als Illustrator für Kinderbücher tätig. 1975 erhielt Schr. den Kunstpreis der DDR und den vaterländischen Verdienstorden in Silber.

Werk, Tendenzen, Wirkung. Schr. gestaltet seine Kinderbuchillustrationen vorrangig mit den Mitteln der Karikatur, indem er bei seinen Figuren auf Proportionsverschiebungen, überspitzte Charakterisierung, Typenbildung, demonstrative Gestik wert legt. Witzige bildnerische Einfälle und kleine phantasievolle Pointen, die sich gleichsam am Rand der Darstellungen abspielen, sprechen häufig für sich selbst und können gelegentlich größeres Interesse hervorrufen als die manchmal etwas konventionellen Texte, die ihm als Vorlage dienen; diese leben, z.B. im „Schnurrpfeifland am Schnurrpfeifstrand" (Text von Hansgeorg Stengel), von Paradoxien oder vermögen kaum, Erfahrungen der Kinder in der Gegenwart zu aktualisieren, wie in „So ein Struwwelpeter" (Text ebenfalls von H. Stengel), einem Bilderbuch, das von der pädagogischen Intention her dem Hoffmannschen Original-Struwwelpeter entspricht. Frühere Illustrationen Schr.s sind im Gegensatz zu den späteren durch eine lapidare, großflächige Form- und Farbgebung gekennzeichnet.

Werke: K. Schrader: Großstadtkinder (1949); K. Schrader: Johann, spann an (1949); N. Werner: Eichhörnchen Pinselohr (1959); Fr. Reinke: Uli und der Schneemann Max (1965); H. Hauser: Häschen Schnurks (1966); H. Stengel: Schnurrpfeifland am Schnurrpfeifstrand (1968); J. Rudnianski: Lernen – aber wie? (1969); H. Stengel: So ein Struwwelpeter (1970); P. Brock: Ich bin die Nele (1975).

Sekundärliteratur: P. Rosié: Karl Schrader und seine Puppen (in: Magazin. 1975. 7. 37–39).– H. Kunze (Hrsg.): Für Kinder gemalt. Buchillustratoren der DDR (1975).

Ellen Spickernagel

Schreiber, Georg

*Historiker, Reise- und Jugendschriftsteller; * 12. 6. 1922 Wiener Neustadt.*

Nach dem Abitur wurde Schr. zum Kriegsdienst eingezogen. Danach studierte er Klassische Philologie, Archäologie und Alte Geschichte und schloß das Studium mit der Lehramtsprüfung für Latein und Griechisch und der Promotion ab. Seit 1954 steht er im Schuldienst der Stadt Wien. Die Altertumswissenschaft, aber auch Volkskunde, Kultur- und Militärgeschichte sind die Fundamente seines literarischen Schaffens. Bereits sein erstes Buch „Der Weg des Bruders" (1954), ein Jugendroman über die Gracchen, wurde mit dem Jugendbuchpreis der Stadt Wien ausgezeichnet. 1966 empfing Schr. den Kulturpreis der Stadt Baden bei Wien, 1962 und 1969 den Österreichischen Staatspreis für Jugendliteratur. Einige seiner Bücher sind in mehrere Sprachen übersetzt worden. Schr. selbst ist auch als Übersetzer englischer und italienischer Jugendsachbücher tätig.

Werk, Tendenzen, Wirkung. Zahlreiche Jugendbücher des Autors haben die römische und griechische Geschichte zum Gegenstand. Das Soldatenleben der Kaiserzeit ist z. B. zentrales Thema des Buches „Die zehnte Legion" (1957). Zunehmend rückt auch Schr.s österreichische Heimat in den Mittelpunkt seiner Arbeit wie in „Die Römer in Österreich" (1974). Das Leben historischer österreichischer Persönlichkeiten und Originale wird in einigen Büchern detailgetreu nachgezeichnet, so das Leben des Offiziers Madik in „Husaren vor Berlin" (1974), des Diplomaten Kufstein in „Fahrt zur hohen Pforte" (1965) und Friedrichs von Österreich in „Schwert ohne Krone" (1962).
Schr. kombiniert die Arbeitsweise eines Archäologen – „Den Funden nach zu schließen" (1960) – mit der eines Historikers, der sich getreu an die Überlieferung hält. Um seinem eigenen Anspruch, „so genau und verläßlich (zu) schreiben, wie es nur möglich ist", gerecht zu werden, unterrichtet er in den Nachworten seiner Bücher über jede Abweichung von der historischen Wahrheit. Schr.s wissenschaftliche Haltung ist geprägt von Distanz zum Untersuchungsgegenstand bei gleichzeitigem Engagement für die Sache. Er versteht es, mit konventionellen Sprachmitteln Geschichte anschaulich und transparent zu vermitteln. Seine exemplarischen Darstellungen und Überlegungen führen oft zum Überdenken eigener Standorte.

Werke: Der Weg des Bruders (1954); Bordfunker gesucht (1955); Versunkene Städte (zus. mit H. Schreiber. 1955); Mysten, Maurer und Mormonen (zus. mit H. Schreiber. 1956); Throne unter Schutt und Sand (zus. mit H. Schreiber. 1957); Die zehnte Legion (1957); Die schönsten Heldensagen der Welt (zus. mit H. Schreiber. 1958); Aquileia im Hunnensturm (1959); Den Funden nach zu schließen (1960; NA. u. d. T.: Die Römer in Österreich, 1974); Fahr mit nach Italien (1961); Fahr mit nach Griechenland (1962); Schwert ohne Krone (1962); Fahr mit nach Jugoslawien (1963); Ritt ins Hunnenland (1964); Segelschiffe aus Phokaia (1964); Fahrt zur Hohen Pforte (1965); Peter mit der Flöte (1966); Wokkio, König der Noriker (1966); Die Tyrannen von Athen (1967); Des Kaisers Reiterei (1967); König Pyrrhos in Tarent (1968); Balkan aus erster Hand (1971); Glück im Sattel oder Reiter-Brevier (1971); Lösegeld für Löwenherz (1973); Husaren vor Berlin (1974); Sipahi. 400 Jahre Türkenzeit in Europa (1975).

Sekundärliteratur: P. Scheiner: Charakteristik (in: Die Barke. 1965. 343–345). – G. Schreiber: Autobiographie (in: Die Barke. 1965. 338–342).

Karl-Heinz Klimmer

Schreiber, Hermann

*(Ps.e: Ludwig Bühnau, Ludwig Berneck, Ludwig Barring, Lujo Bassermann). Schriftsteller, Sachbuchautor; * 4. 5. 1920 Wiener Neustadt.*

Nach dem Besuch eines österreichischen Musterinternats studierte Schr. Germanistik, Kunstwissenschaft, Geschichte und Philosophie an der Universität Wien. 1944 promovierte er über das Alterswerk GERHART HAUPTMANNS. Danach war er Redakteur einer französischen Wochenschrift sowie Verlagslektor. Seit 1951 ist Schr. freier Schriftsteller und hat seitdem über fünfzig Bücher veröffentlicht, darunter einige Romane, in erster Linie aber historisch orientierte Sachbücher sowie Städte- und Ländermonographien. Von 1955 bis 1958 schrieb er einige Bücher zusammen mit seinem Bruder GEORG Schr. Einige Zeit hat Schr. in Italien und Frankreich gelebt; seit 1960 wohnt er in München. Mit „Die weißen Indianer" (1960) gelangte er 1960 auf die Ehrenliste zum Österreichischen Staatspreis. „Entdekkung im Zeichen des Glaubens" (1965) und „Weltgeschichte der Seefahrt" (1973) wurden 1966 und 1974 auf die Auswahlliste zum Deutschen Jugendbuchpreis gesetzt. Einige seiner Bücher sind in über zehn Sprachen übersetzt worden. Seine bekanntesten Sachbücher für Erwachsene sind „Land im Osten" (1961), „Die Hunnen – Attila probt den Weltuntergang" (1976), „Auf den Spuren der Goten" (1977) und „Die Chinesen" (1978). Für „Paris. Biographie einer Weltstadt" (1967) erhielt S. 1967 in Österreich den Ehrentitel „Professor".

Werk, Tendenzen, Wirkung. Etwa ein Drittel von Schr.s Werk ist der Jugendliteratur zuzurechnen. Nach eigenen Worten ist Schr. „vor allem historisch interessiert, betrachtet aber Jugendbücher nicht als Nebenbeschäftigung, sondern als eine begrüßenswerte und notwendige Möglichkeit zum Fabulieren". Dabei versteht er es, umfassendes Sach- und Detailinformieren mit interessantem, spannungs- und handlungsreichem Erzählen zu verbinden. Während in den frühen Büchern fiktive Personen als Handlungsträger fungieren („Die weißen Indianer", 1960; „Der Plan auf altem Segeltuch", 1964; „Gegen Pest und Piraten", 1965), wendet sich Schr. später bekannten Namen der Geschichte zu („Vom Experiment zum Erfolg", 1969; „Marco Polo – Karawanen nach Peking", 1974), allerdings ohne dabei Welt- und Kulturgeschichte auf die Lebensgeschichte großer Männer zu reduzieren. Ein Schwerpunkt der Arbeiten Schr.s liegt bei der Thematik

‚Seefahrt'. In „Weltgeschichte der Seefahrt" (1973), dem zentralen Werk auf diesem Gebiet, stellt er die verschiedenen Epochen und Entwicklungen von den Phöniziern bis hin zu den atomgetriebenen Schiffen unserer Zeit dar, zum Teil eingebettet in die jeweiligen sozialen und politischen Zusammenhänge. Die Tatsache, daß in Schr.s Büchern nicht immer zu erkennen ist, was historisch belegt, was Zitat, ausgeschmückt oder ‚fabuliert' ist, mag zu kritisieren sein; andererseits mag dieses Verfahren zu dem unbestreitbaren Erfolg des Autors und den zum Teil sehr hohen Auflagen beigetragen haben.

Werke: Versunkene Städte (1955; zus. mit Georg Schreiber); Throne unter Schutt und Sand (1957; zus. mit Georg Schreiber); Die schönsten Heldensagen der Welt (1958; zus. mit Georg Schreiber); Die weißen Indianer (1960); Schwarzer Herrscher auf goldenen Thron (1961); Vom Einbaum zum Düsenklipper (1962); Piraten und Korsaren der Weltgeschichte (1963); Der Plan auf altem Segeltuch (1963); Kaufleute erobern die Welt (1964); Gegen Pest und Piraten (1965); Entdeckung im Zeichen des Glaubens (1965); Brennpunkte der Geschichte (1966); Zwischen Ruhm und Untergang (1966; zus. mit Heinrich Pleticha); Fahrt auf freien Meeren (1967); Die Post (1968); Von Thule bis Madagaskar. Inseln der Welt in Geschichte und Sage (1968); Vom Experiment zum Erfolg (1969); Frankreich aus erster Hand (1970); Weltgeschichte der Seefahrt (1973); Marco Polo – Karawanen nach Peking (1974); Spanien aus erster Hand (1974); Es spukt in Deutschland (1975); Schwarze Flagge am Mast (1976).

Sekundärliteratur: R. Bamberger (Hrsg.): Der österreichische Jugendschriftsteller und sein Werk (1965. 68–75).

Hartmut Euler

J. F. Schreiber Verlag

Esslingen. Bilderbücher, Jugendbücher, naturwissenschaftliche Anschauungstafeln, Sachbücher, Beschäftigungsmittel und Poster.

Der Lithograph Jacob Ferdinand Schreiber (1809–1867) gründete im März 1831 in Esslingen eine graphische Kunstanstalt, aus der ein Jugendbuchverlag hervorging. Der Verlag ist heute in der fünften Generation im Familienbesitz und stand zwischenzeitlich mit anderen Verlagshäusern in Verbindung. Er wird von Joachim Schreiber (* 1912) und Gerhard Schreiber (* 1922) geleitet.

Der Verlag begann seine Arbeit mit Städteansichten und Landschaftsbildern, erweiterte 1833 sein Programm auf Lehr- und Schulbücher und nahm 1835 die Bilderbuchproduktion auf. Viele der früheren Bilderbücher sind heute von antiquarischem Wert und werden deshalb seit 1977 in der Reprint Abteilung als Faksimile-Ausgaben wieder nachgedruckt. Hierzu gehören vor allem die Zieh- und Verwandlungsbilderbücher Lothar Meggendorfers, die mit ihren beweglichen Figuren und Veränderungsmöglichkeiten bereits Ende des 19. Jahrhunderts als Vorläufer moderner Aktivitätsbilderbücher erschienen sind. Auch „Bohny's Bilderbuch", in dem die wichtigsten Handwerksberufe des 19. Jahrhunderts dargestellt werden, wurde wie Sibylle von Olfers' „Etwas von den Wurzelkindern" (1906) nach den Originalen neu aufgelegt. Zum früheren Verlagsprogramm zählten außerdem Bilderbogen sowie Mal-, Ausschneide- und Modellierbogen.

Seit dem Zweiten Weltkrieg ist der Verlag auf die Herstellung von Jugendsachbüchern spezialisiert. Die internationale Jugendsachbuchreihe „Wissen der Welt, International Library" erscheint gleichzeitig in neun Ländern und hat eine Weltauflage von über zwei Millionen. Drei der Reihen-Titel wurden bisher mit dem Deutschen Jugendbuchpreis ausgezeichnet.

Neben den Sachbüchern und Reprints umfaßt das Verlagsprogramm heute Bilder- und Jugendbücher (die Jugendbuchserie „Blauer Punkt"), naturwissenschaftliche Tafeln (die „Graser"-Tafeln sind Tier- und Pflanzenposter mit exakten naturwissenschaftlichen Darstellungen), Hobby- und Bastelbücher, Poster und Modellbaubogen.

Zu den früheren Autoren und Illustratoren des Verlages gehörten Mathilde Ade, Carl Häberlin, Leo Kainradl, Mila von Lüttich, Josef Mauder, Lothar Meggendorfer, Josef Mukawosky, Sibylle von Olfers, Oscar Pletsch, Ferdinand Rotbart, Moritz von Schwind, Aline Stickel, Karl Thienemann, Marianne Trimberger, Johann Volz.

Zu den heutigen Autoren und Illustratoren gehören Ernst W. Bauer, Michael Chinery, Otto von Frisch, Wally Herbert, Irina Korschunow, James Krüss, Hans Gottfried von Stockhausen.

Hannelore Daubert

Schriftenreihe → Serie

Schröckh, Johann Mathias

*Historiker, Schriftsteller; * 26. 7. 1733 Wien, † 2. 7. 1806 Wittenberg.*

Schr. stammte aus einer protestantischen Kaufmannsfamilie. Seine Mutter, Tochter des protestantischen Predigers Bel, hatte entscheidenden Einfluß auf seine Entwicklung. Sein Großvater Bel, in dessen Haus er während seines Besuches des lutherischen Gymnasiums in Preßburg wohnte, hatte eine Geschichte von Ungarn geschrieben. So kamen schon sehr früh Neigungen zu Religiosität und Geschichte bei Schr. auf. Ab 1751 studierte er dann in Göttingen. Schr.s Absicht, sich dem geistlichen Amt zuzuwenden, zerschlug sich. Er ging nach Leipzig, wo sein Oheim Bel als Professor lebte. In dessen Auftrag verfertigte Schr. Rezensionen. In Leipzig kam Schr. unter den Einfluß von Ernesti und in Verbindung mit Christian Felix Weisse, der den „Kinderfreund" herausgab. Mit beiden ergab sich ein enger, freundschaftlicher Kontakt. In Leipzig konnte Schr. die von ihm angestrebte Professur nicht erreichen. Dafür erhielt er eine Professur in Wittenberg, wo er Dichtkunst lehrte und Vorlesungen über antike Schriftsteller und Kirchengeschichte hielt. Sein Ruf als Historiker, vor allem als Kirchenhistoriker, war weit verbreitet. Als Historiker erhielt er von der sächsischen

Regierung eine Belobigung und wurde von Zar ALEXANDER I. bei einem persönlichen Zusammentreffen als „sein persönlicher Lehrmeister“ bezeichnet.

Werk, Tendenzen, Wirkung. Schr. wurde durch WEISSE zur Abfassung seines „Lehrbuchs der allgemeinen Weltgeschichte zum Gebrauche bey dem ersten Unterricht der Jugend“ (1774) angeregt. Lange Zeit hatte er gehofft, daß WEISSE diese Geschichte für Kinder schreiben würde, da er WEISSES Schreibweise sehr schätzte. Schließlich entschloß er sich selbst zur Abfassung des Werkes, das nach seinen Vorstellungen „weder ein Lehrbuch der allgemeinen Weltgeschichte, noch eine Sammlung von Erzählungen, noch ein moralisches Exempelbuch“ werden sollte. In der „Vorrede zur ersten Ausgabe“ (datiert 1773) stellte Schr. fest: „... Nichts würde mich jemals bewegen können, ein ausführliches Werk über die allgemeine Weltgeschichte zu schreiben. Kenner wissen es, mit welchen fast unüberwindlichen Schwierigkeiten eine solche Arbeit verknüpft sey ...“. Er habe sich jedoch bereit gefunden, „... selbst einen kurzen Auszug der merkwürdigsten Begebenheiten der allgemeinen Weltgeschichte, für den Unterricht der Jugend abzufassen ...“. Im Hinblick auf die zu seiner Zeit vorhandenen Geschichtswerke für junge Leser kommt Schr. zu dem abfälligen Urteil: „... Freylich ist es leicht, etwas besseres zum Gebrauche der Jugend über die Geschichte aufzusetzen, als die meisten vorhandenen Compendien darstellen ...“. Allerdings warnt er auch davor, eine Darstellung für junge Leser leicht zu nehmen und betont: „... Denn es ist allerdings ein Vorurtheil zu glauben, als wenn für Kinder und Ungelehrte das Mittelmäßige immer hinreichend wäre ...“. Zur Konzeption seines Werkes erläutert der Autor: „... habe ich mir auch vorgesetzt, nicht bloß für das Gedächtnis, sondern eben so sehr für die Beurtheilung der jungen Lernenden zu schreiben. Man glaubt ordentlich, daß bey denselben nur die erstere dieser Kräfte geübt werden könne; daß alles geschehen sey, was geschehen kann, wenn sie vieles gefaßt haben, und fertig herzusagen wissen. Aber Lehrer, welche nicht gewohnt sind, sie als blosse Maschinen zu behandeln, verstehen es besser, als ich es ihnen zu sagen brauche, daß das Nachdenken ihrer Lehrlinge zeitig erweckt und geschärft werden könne und müsse, wenn nicht alles, was sie lernen, bloß eine Last des Gedächtnisses bleiben soll ...“. Schr. hängte seiner Vorrede eine „Anleitung zum Gebrauche dieses Lehrbuchs“ an, in dem er sich besonders an Lehrer wandte. Er trifft darin eine Feststellung, die auch heute, im Hinblick auf die Tendenz, Kinder- und Jugendbücher von seiten der Verleger mit Altersangaben zu versehen, noch aktuell ist: „... Dieses Buch ist zum Unterrichte von Kindern von ohngefähr zehn bis fünfzehn Jahren bestimmt. Ich sage: ohngefähr; weil Fähigkeit, Wißbegierde und andere Eigenschaften oder Bedürfnisse diese Gränzen weiter zurück setzen oder vorrücken können ...“. Schr. macht auch darauf aufmerksam: „... Nur selten habe ich ausdrücklich Betrachtungen und Sittenlehren beygefügt. Hingegen habe ich, welches ich für weit angenehmer und nützlicher halte, die Begebenheiten dergestalt zu erzählen gesucht, daß jene Lehren aus denselben von selbst fliessen ...“.
Im Anhang bringt Schr. „Zeittafeln der Allgemeinen Weltgeschichte“, die er in den „Ersten Hauptteil (Die Geschichte von der Geburt Christi)“ und den „Zweiten Hauptteil (Geschichte nach der Geburt Christi); aufgegliedert. Vor Christi Geburt zählt Schr. 3983 Jahre. In das erste Jahr dieser Zeitrechnung legt er „die Schöpfung der Welt und des Menschen“. Adams Tod setzt er auf das Jahr 930 fest, die „Sündfluth“ auf das Jahr 1656. Das Jahr 3983 ist gleichzeitig das Jahr 1 der neuen Zeitrechnung (Christi Geburt). Schr.s Zeittafeln enden mit dem Jahr 1777.
Schr.s Geschichtswerk für Kinder war zu seiner Zeit weit verbreitet und hoch geschätzt. Es erlebte drei Auflagen in der Originalfassung und eine Reihe von Neuauflagen in bearbeiteter Form. Zahlreiche spätere Werke gehen auf Schr.s Geschichtswerk zurück, so auch die später berühmt gewordene „Weltgeschichte für Kinder“ von HOLD. Auch im Ausland wurde das Werk verbreitet. 1799 erschien in Leyden eine holländische Ausgabe, 1784 eine französische.

Werke: Lehrbuch der allgemeinen Weltgeschichte zum Gebrauche bey dem ersten Unterricht der Jugend (1774, ^{5}1795); Allgemeine Weltgeschichte für Kinder (Thl. 1–4. 1779–1784).

Erich Strobach

Schroeder, Binette

*Graphikerin, Bilderbuch-Illustratorin; * 5. 12. 1939 Hamburg.*

Schr. wuchs in Garmisch auf. Ihre künstlerische Ausbildung erhielt sie zuerst in München an einer Privatschule der angewandten Graphik, seit 1961 an der Allgemeinen Gewerbeschule in Basel. Dort belegte sie Kurse in Zeichnen, Malen, Lithographie, Typographie und Portraitphotographie. Seit 1971 ist Schr. mit dem Rechtsanwalt PETER NICKL verheiratet. Unter den von ihr illustrierten, teilweise auch selbstverfaßten Geschichten befinden sich auch solche mit Texten ihres Mannes. Gleich für eines ihrer ersten Bilderbücher erhielt Schr. mehrere internationale Auszeichnungen: 1970 in Paris den Prix Loisirs, 1971 den Goldenen Apfel auf der Bienále ilustrácií in Bratislava (ČSSR) und eine Silbermedaille auf der Internationalen Buchmesse in Leipzig. Dasselbe Buch kam 1971 auch auf die Auswahlliste des Deutschen Jugendbuchpreises. Es hat inzwischen eine Auflage von mehr als 80000 Exemplaren erreicht und ist in Norwegen, Dänemark, Holland, Spanien, Südafrika, Frankreich, England, Amerika und Italien erschienen.

Werk, Tendenzen, Wirkung. Hohe Sensibilität, besonders ein außerordentliches Gefühl für den Zwischenbereich von Traum und Wirklichkeit und die Verschmelzung von Text und Illustration, zeichnen ihre bisher veröffentlichten Bilderbücher aus. Die Vielseitigkeit ihrer Ausbildung bringt Schr. in jedem neuen Bilderbuchstoff anders zur Geltung. Die subtilen, zarten und

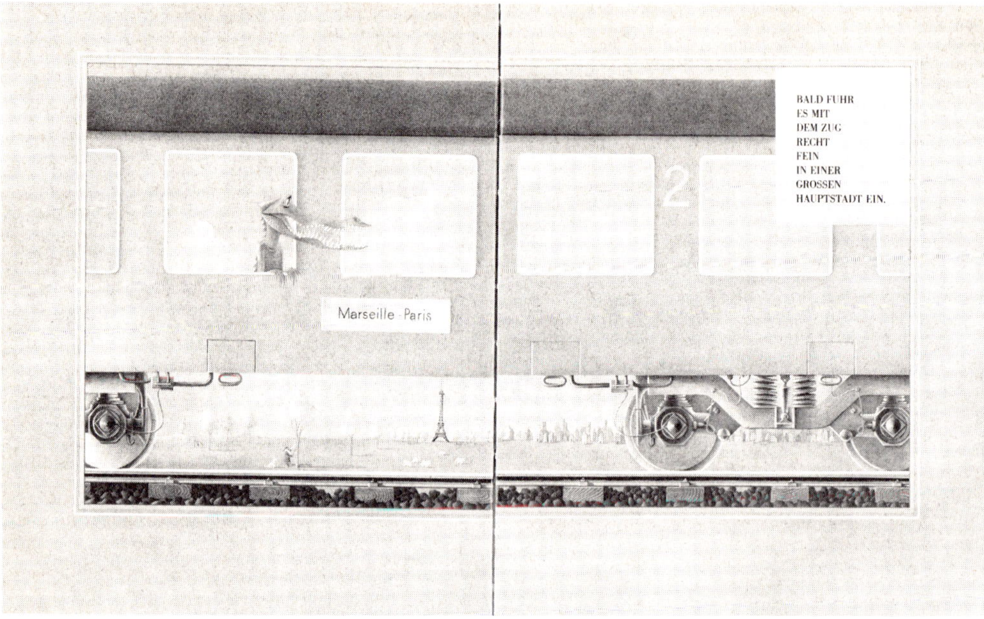

Doppelseite aus Binette Schroeders und Peter Nickls Bilderbuch „Krokodil Krokodil" (Mönchaltdorf 1975).

phantasievollen Bilder von „Lupinchen" (1970) und „Ra ta ta tam – Die seltsame Geschichte einer kleinen Lok" (1973) erinnern an surrealistische Landschaften, wie sie von HIERONYMUS BOSCH (1450–1516), GHIRLANDAIO (1449–1494), MAX ERNST (* 1891) oder SALVADORE DALI (* 1904) vorgegeben sind. Aber statt das Bedrohliche und Beängstigende herauszustellen, schafft sie eine unbekümmerte Atmosphäre, in der ihre Figuren vehement agieren können. „Lupinchen" ist die Geschichte einer zerbrechlichen kleinen Puppe mit schwarzem Haarschopf, die mit ihren Freunden Humpty Dumpty und dem Springteufel, Herrn Klappaufundzu, auf Reisen geht. Unterwegs überrascht sie ein Sturm, aus dem sie der Vogel Robert rettet. Das alte Motiv der abenteuerlichen Reise mit verbürgt glücklicher Heimkehr wird surreal, traumwandlerisch wie ein Federtanz dargestellt. Die Bilder zu „Florian und Traktor Max" (1971) sind dagegen bewußt „naiv" gemalt, während „Lelebum" (1972), die Geschichte eines Elefanten, der lieber grau statt blau sein möchte, alle nur denkbaren Kombinationsmöglichkeiten typographischer Gestaltungsprinzipien ausschöpft.

Werke: E. Kloss: Miez und Murr (1966); B. Schroeder: Lupinchen (1970); B. Schroeder: Archibald und sein kleines Rot (1970); B. Schroeder: Florian und Traktor Max (1971); B. Schroeder: Lelebum. Eine gereimte und bebilderte Elefantengeschichte (1972); P. Nickl: Ra ta ta tam – Die seltsame Geschichte einer kleinen Lok (1973); P. Nickl: Krokodil, Krokodil (1975); B. Schroeder: Die wunderbaren Reisen und Abenteuer des Freiherrn von Münchhausen (1977).

Sekundärliteratur: I. Ramseger: Binette Schroeder (in: Bookbird. 1974. 2. 71–75).

Ulrich Hann

Les Schtroumpfs

Französische Comicserie.

Zu Entstehungsgeschichte, Form und Inhalt. Die in der Comicwelt einmalige Serie wurde von dem belgischen Zeichner PIERRE CULLIFORD (Pseudonym: PEYO) geschaffen und von YVAN DELPORTE geschrieben. Sie entstand 1958 und kam erstmals als Nebenhandlung in der achten Episode der alten Comicserie „Die Abenteuer des Ritters Jehann" der Zeitschrift „Spirou" vor. Die positive Publikumsreaktion motivierte PEYO, sie als eigenständige Serie erstehen zu lassen.

Die Besonderheit dieser Serie liegt in ihrer Sprache. In allen Episoden werden alle Worte der französischen Sprache virtuos durch ein einziges Wort „schtroumpfs" (dt.: schlumpf) ausgedrückt. Dieses Wort wird konjungiert und dekliniert, wird flehend oder befehlend vorgetragen, ist Anrede der Comicpersonen oder Bezeichnung verschiedenartigster Objekte. Das Wort und die aus ihm gebildeten Sätze, die Comicdialoge, bilden den eigentlichen Witz der Serie, sie dominieren eindeutig über die Bildinhalte und die Handlung. In neuerer Zeit hat man die allzu häufige Verwendung dieses Wortes, vor allem in den deutschsprachigen Ausgaben, in denen die Serie „Die Schlümpfe" heißt, eingeschränkt und läßt es nur noch als Name oder Verb ein- bis zweimal pro Satz zu.

Die Serienfiguren sind eine Mischung aus winzigen, blauhäutigen, zipfelmützigen DISNEY-Zwergen und Kölner Heinzelmännchen. Sie wohnen in Pilzhäuschen inmitten einer mythischen Landschaft mit dem Schlumpfwald, den Schlumpfbergen und dem

Schlumpffluß. Jeder sieht dem anderen ähnlich durch Zipfelmütze und Schlumpfhose. Einige Schlümpfe, die durch besondere Aufgaben ausgezeichnet sind, werden auch durch ein besonderes Äußeres herausgehoben. Der Ober-Schlumpf hat einen weißen Bart und rote Kleider, der Koch-Schlumpf Kochmütze, weiße Schürze und Schöpfkelle, der Doktor-Schlumpf eine altertümliche Arztkleidung und Klistierspritze, der Wilde-Schlumpf ein Negerkostüm usw. Es gibt ein langmähniges, blondes Schlumpfinchen und eine Vielzahl weiterer Schlümpfe, die jeder für sich eine eigene Persönlichkeit besitzen. Ihr gemeinsames, nach außen hin abgeschlossenes Leben wird durch die Vielzahl der Charaktere und Neigungen in seinem Ablauf turbulent oder auch beschaulich geprägt. Der Humor der Serie verleitet mehr zum Lächeln als zum lauten Auflachen.

Zu Werk- und Wirkungsgeschichte. Der Erfolg in Frankreich ist enorm. Rasch entstehen großbändige Kinderbücher, für das Fernsehen werden Zeichentrickfilme produziert und als Nebenprodukte werden die Figuren als Puppen, Radiergummis, Aufkleber, auf T-Shirts, in Gesellschaftsspielen usw. vermarktet. Sicher ist der große Erfolg auch darauf zurückzuführen, daß sie dem Leser erlaubt, sich eine Zeitlang in eine heitere, beschauliche „Schlumpfwelt" zurückzuziehen, die von den Ereignissen und Problemen unserer Zeit nicht erreicht wird. Seit Mitte der sechziger Jahre erscheint die Serie auch in Westdeutschland. Der Kauka-Verlag druckt sie in den „Fix und Foxi"-Heften. Seit einigen Jahren sind auch Taschenbücher davon auf dem Markt.

Sekundärliteratur: G. Metken: Comics (1970). – R. C. Reitberger: Comics. Anatomie eines Massenmediums (zus. mit W. J. Fuchs, 1971).

Wolfgang Kempkes

Schubert, Johann David

*Maler, Radierer und Zeichner; *1761 Dresden, †1822 Dresden.*

Erste Anleitung im Zeichnen erhielt Sch. von seinem Vater, der als Orgelbauer und Architekturzeichner in Dresden tätig war. Nach dem Tode des Vaters (1772) besuchte Sch. die Dresdener Akademie, wo er bei HUTIN und CASANOVA eine Ausbildung als Schlachten- und Historienmaler erhielt. Nach Beendigung des Studiums und aus Mangel an Malaufträgen verdiente sich Sch. den Lebensunterhalt als Zeichner von Vorlagen für Kupferstichradierungen zu Taschenbüchern und Romanen der Zeit. Im Jahr 1781 erhielt er bei der Meißener Porzellanmanufaktur eine Anstellung als Maler. 1795 wurde er als Lehrer an die Zeichenschule der Meißener Porzellanmanufaktur berufen, im Jahr 1801 zum Professor der Geschichtsmalerei an der Dresdener Akademie ernannt. Diese Stellung hatte Sch. bis zu seinem Tode im Jahr 1822 inne.

Werk, Tendenzen, Wirkung. Sch. wurde weniger durch seine Gemälde als durch seine Zeichnungen bekannt. Ein überaus produktiver Künstler, soll er über tausend Zeichnungen als Vorlagen für Kupferstiche geschaffen haben. In seiner Neigung zu einem strengen und engen Realismus war er CHODOWIECKI verwandt und bildete zusammen mit JOHANN GEORG PENZEL die Hauptgruppe der Dresdener Schule, die zwischen Klassizismus und Romantik stand. Die oft kleinformatigen Zeichnungen, die für die Bebilderung von zeitgenössischen Romanwerken und Almanachen gebraucht wurden, kamen dem Kompositionstalent Sch.s besonders entgegen. Da Sch. gezwungen war, oft recht wahllos Arbeitsaufträge anzunehmen, die in kurzen Zeiträumen fertigzustellen waren, konnte er nicht immer die notwendige Zeit und Sorgfalt aufwenden. Es kommt noch hinzu, daß seine zeichnerischen Vorlagen von einer großen Anzahl verschiedener Kupferstecher (GROGÓRY, CRUSIUS, HEINRICH MÜLLER, GLASSBACH, DORNHEIM, GEYSER u.a.) verwandt wurden, deren unterschiedliche Techniken zu uneinheitlichen Ergebnissen führten. Am bekanntesten von Sch.s Buchillustrationen wurden die Vignetten zu KARL GOTTLOB CRAMERS „Erasmus Schleicher" (1790–1791), zu OVIDS „Liebeskunst" (1790) und KARL GOTTLIEB HOFMANNS „Pantheon der Deutschen" (1794–1795).

Im Bereich der Kinder- und Jugendliteratur trat Sch. vor allem mit seinen zierlichen Vignetten zur zweiten Auflage von MUSÄUS' „Moralischer Kinderklapper" (1794) und seinen Zeichnungen für die Kupferstiche zu CHRISTIAN FELIX WEISSES „Neues ABC-Buch" (1810) hervor.

Das Hauptwerk Sch.s bilden die 74 Zeichnungen für die Kupferstiche zur fünfbändigen „Moralischen Bilderbibel" (1805–1812) von KASPAR FRIEDRICH LOSSIUS, die von BOETTGER, JÜGEL, BÖHM, MENO HAAS, STOELZEL, JURY, SCHULE, WEINRAUCH, ROSMAESLER, BUCHHORN, SCHMIDT, FROSCH, BOLT und KRÜGER sorgfältig und unter Wahrung der Sch.schen Stilmerkmale gestochen wurden. Da der Künstler die 74 Zeichnungen, die als Krönung seines Lebenswerkes anzusehen sind, erst erarbeitete, als er bereits Professor an der Dresdener Akademie geworden war, konnte er, nun wirtschaftlich gesichert, ohne Hast und mit großer Behutsamkeit seine Entwürfe gestalten. Die Kupferstiche sind von großer Ausdruckskraft und zeigen eine enge Verbundenheit zu den ROUSSEAUschen Ideen. Darstellungen von Gott-Vater, ein in den früheren Bilderbibeln gern und häufig aufgegriffenes Thema, hat Sch. gänzlich vermieden. Im Mittelpunkt seiner Zeichnungen steht nun der einzelne Mensch mit seinen Gefühlen und Regungen. Der Hintergrund verliert an Bedeutung, er fügt aber den Menschen harmonisch in die Natur ein.

Werke: Chr. F. Weiße: Neues ABC-Buch (NA. 1810); J. K. A. Musäus: Moralische Kinderklapper für Kinder und Nichtkinder ([2]1794); K. Fr. Lossius: Moralische Bilderbibel (Bd. 1–5. 1805–1812); K. Fr. Lossius (zus. mit C. F. Schulze): Historischer Bildersaal oder Denkwürdigkeiten aus der neuern Geschichte (Bd. 1–5. 1815–1831, zus. mit C. A. Heideloff).

Sekundärliteratur: H. Keller: Nachrichten von allen in Dresden lebenden Künstlern (1788). – C. J. G. Haymann: Dresdens

Schriftsteller und Künstler (1809). – A. Rümann: Das deutsche illustrierte Buch des 18. Jahrhunderts (1931).

Helmut Müller

Schülerbücherei → Schulbibliothek

Schülerlexikon → Enzyklopädie, → Nachschlagewerke für Kinder und Jugendliche, → Wörterbücher als Kinder- und Jugendliteratur

Schülerzeitung

Sch. ist ein periodisch erscheinendes Informations- und Diskussionsblatt, das von Schülerredakteuren für Schüler und ehemalige Schüler einer oder mehrerer Schulen herausgegeben und gestaltet wird.

Sch., Umschreibung und Abgrenzung. Sch.en erscheinen in der Regel zwei- bis dreimal im Jahr. Ihre Aktualität ist daher begrenzt. Insofern ist auch die Bezeichnung „Zeitung" irreführend, da sie aktuelle und universelle Information impliziert (HAGEMANN). Die Berichterstattung der Sch. liegt schwerpunktmäßig im Schul- und Bildungsbereich. Eigentlich müßte von „Zeitschrift" gesprochen werden, doch hat sich der Begriff Sch. durchgesetzt. Die Sch. ist von anderen Schülerpublikationen wie der jährlich erscheinenden Schulchronik (Jahrbuch) oder einmaligen „Bierzeitungen" (Abiturs-, Klassenzeitung) zu unterscheiden. Weiterhin ist sie abzugrenzen von der „Schulzeitung". Während die Sch. ausschließlich von Schülern gestaltet und herausgegeben wird (in der Regel steht der Schülerredaktion ein beratender Lehrer zur Seite), ist die Schulzeitung offizielles Organ der Schule und wird von der Schulleitung herausgegeben. Die Redaktion besteht aus Lehrern, die von der Schule eingesetzt werden. Eine Mitarbeit von Schülern ist möglich. Allerdings weist A. LEUSCHNER „Das Recht der Schülerzeitungen" (Diss. 1966) darauf hin, daß die oft genannte Unterscheidung, die Verantwortung für die Schulzeitung trage die Schule, die für die Sch. liege allein bei den Schülern, unzutreffend ist. Als Schulveranstaltung im Rahmen der Schülermitverantwortung trägt letztlich auch für die Sch. die Schule die rechtliche Verantwortung. Eine Ausnahme bildet die Regelung in Hessen, wo durch einen Erlaß (13.8.1964) die unbeschränkte Pressefreiheit der Schülerredakteure, frei von Einflußnahme und Verantwortung der Schule, festgelegt ist.

Zur Geschichte der Sch. Die Anfänge der Sch.en grunden in den Jugendzeitschriften des 18. und 19. Jahrhunderts. Von HEINRICH SEIDEL (1842–1906) wird z.B. berichtet, daß er eine „Schülerzeitung" herausgegeben habe. Doch zielte sie primär auf Unterhaltung und ging in ihrer Thematik an der Realität der Schüler vorbei. Erste Studenten- und Sch.en entstanden im Zusammenhang mit der Revolution von 1848. Allerdings blieben Zeitungen wie „Walhalla", Sch. des Magdeburger Domgymnasiums, mit einer Auflage von 3000 Exemplaren, Einzelfälle. Um die Jahrhundertwende wurden Sch.en von Erwachsenen gegründet und herausgegeben. Sie wurden überregional vertrieben. Schüler erhielten die Gelegenheit zur Mitarbeit. Neben Zeitschriften der Bündischen Jugend, die bis in die Weimarer Republik und propagandistisch ausgewertet im Dritten Reich das Jugenderlebnis, das Fahrtenabenteuer etc. verherrlichten, erschienen kämpferisch kritische Zeitschriften. ERNST HEIMERANS „Zwiestrolch" (1917) wurde von einem Siebzehnjährigen redigiert. In GUSTAV WYNEKENS „Anfang" (1912) fanden sich aggressive Aufsätze von Jugendlichen, die sich gegen die starren und autoritären Formen von Schule, Staat und Elternhaus wenden. 1915 wurde die Zeitschrift vom Generalkommando verboten. Die Kritik der Pädagogen an den kommerziellen Jugendschriften war verbunden mit den Ansätzen einer Schülermitverwaltung. Diese Ideen wurden in England aufgegriffen. Allerdings beschränkt sich die „Mitverwaltung" in den meisten Fällen auf organisatorische Hilfsdienste. Die pädagogischen Ziele des Kunstunterrichts und der Arbeitsschule („Selbstmachen", „learning by doing") förderten zu Anfang des 20. Jahrhunderts die Idee der Sch. Von Lehrern angeleitet, schrieben die Schüler selbst, verteilten an ihren Schulen die anspruchslos hektographierten Blätter, die in der Regel Erlebnisse des Schulalltages, Schulfahrten und -veranstaltungen schilderten. In den Jahren vor 1933 waren es vor allem Verbände und politische Parteien, die Sch.en herausgaben und förderten. Die Sch.en waren überregional, sie wurden von den Programmen und Zielen der Parteien bestimmt. Vor allem politisch links orientierte Sch.en, so z.B. in Berlin-Neukölln der „Schulkampf. Organ der sozialistischen höheren Schüler", sahen sich Zensur und Verboten ausgesetzt. Die politischen und sozialen Spannungen, die auch an den Schulen nicht vorbeigingen, wurden in den parteilichen Sch.en thematisiert. Mit dem Dritten Reich endete die jugendeigene Schülerpresse. An ihre Stelle traten Massenblätter wie die in Millionenauflage und nach Altersgruppen aufgegliederte Zeitschrift des Nationalsozialistischen Lehrerbundes „Hilf mit". Die Abnahme war für Schüler vielfach obligatorisch. Die Beiträge stammten von Lehrern, gelegentlich konnten auch Schüler mitarbeiten. Erst nach 1945 entwickelte sich, beeinflußt durch die USA, eine jugendeigene, selbstbestimmte Schülerpresse im Rahmen einer praktischen, auf Demokratisierung zielenden Pädagogik. Während die nordamerikanischen Sch.en hauptsächlich den Charakter von Informationsblättern haben, deren Herstellung als Schulfach (Journalistik, fünf Wochenstunden) anerkannt ist, entwikkelten sich die Sch.en in der Bundesrepublik eher zu einem Diskussionsforum. Die Schülerredakteure erstellten die Zeitschrift in ihrer Freizeit.

Sch. in der Bundesrepublik Deutschland. Einer UNESCO-Untersuchung zufolge weist die Bundesrepublik Deutschland mehr Sch.en auf als die meisten anderen Mitgliedstaaten. In den romanischen Ländern gibt es Sch.en nur vereinzelt, in England und den skandinavischen Ländern erreichen sie nicht die deutsche Größenordnung. 1956 wurden 700, 1965 ca. 1000 Sch.en an deutschen Schulen gezählt. 10000 Schülerredakteure stehen hinter den drei bis fünf Millionen Exemplaren Jahresgesamtauflage. 1969 erhöhte sich die Zahl der Sch.en auf 1300, Anfang 1977 wurden 1500 bis 1800 gezählt. 76,3% der Sch.en erscheinen an staatlichen Gymnasien, zählt man die Privatschulen und Internate dazu, kommt man auf 91%. Berufsschulen, Real- und Hauptschulen sind unterrepräsentiert. Allerdings werden 30,6% der Sch.en an mehreren Schulen vertrieben. Auch die Gesamtschule verschiebt das einseitige Bild. Die durchschnittliche Auflage liegt bei 700 Exemplaren, der mittlere Umfang bei 36 Seiten. Davon sind 20% Anzeigen, die 72% der Einnahmen einbringen. Spenden und Verkauf decken den Rest. Die Sch.en arbeiten ohne Gewinn. Die hohen Kosten ergeben sich für die meist zwei, drei oder vier Ausgaben pro Jahr durch den Druck. 86,7% der Sch.en werden in kommerziellen Druckereien im Kleinoffsetverfahren hergestellt. Übergeordnete Organisationen unterstützen die Arbeit der Schülerredakteure, so die „Junge Presse" mit ihren Landesverbänden und die „Deutsche Jugendpresse e.V.". Ihre Aufgaben bestehen unter anderem in der Interessenvertretung der Sch.en, der Organisation von Tagungen, Rechtsschutzvermittlung und praktischer Hilfestellung für die Redakteure (unter anderem durch Informationsdienste). Daneben existieren kommerzielle Firmen, die als Anzeigenvermittler tätig sind. Bis Ende der fünfziger Jahre berichteten die Sch.en fast ausschließlich über schulische Ereignisse und gaben Schülern Gelegenheit zu ersten literarischen Versuchen. Mitte der sechziger Jahre wurden dann mit der Diskussion des Vietnamkrieges, des Pressemonopols und der Notstandsgesetzgebung aktuelle politische Themen aufgenommen, nach 1969 brisante Themen wie Sexualität, Konflikte im Elternhaus, Ersatzdienst etc. Von der Sensationspresse hochgespielt, führten solche Berichte öfters zu Konflikten mit der Schulleitung. Extreme Reaktionen – sie reichten von der Zensur bis zu Verbot und Verbrennung von Sch.en und Schulentlassung von Schülerredakteuren – setzten eine lebhafte juristische Diskussion um das Recht der Sch. in Gang. Erst nach einem Grundsatzurteil des Bundesverfassungsgerichtes von 1957 war es den Ländern möglich, auch Minderjährigen die verantwortliche Redaktion einer Sch. zu übertragen. Die gängige Rechtsauffassung (A. LEUSCHNER) stellt die Schülerpresse nur bedingt unter den Schutz des Presserechts. Die Sch. gehört zum Aufgabenkreis der Schülermitverwaltung/-verantwortung. Sie ist eine schulische Angelegenheit und fällt damit in den schulischen Verantwortungsbereich. Die Schule, definiert als „Besonderes Gewaltverhältnis" (O. MAYER), hat das Recht, den Artikel 5 des Grundgesetzes (Gewährleistung der Pressefreiheit) einzuschränken, sobald die pädagogischen Ziele der Schule gefährdet sind. Als Organ aller Schüler darf die Sch. keine einseitige politische Stellung beziehen, ist den allgemeinen Bestimmungen des Jugendschutzes unterworfen, darf das Ansehen der Schule und ihrer Lehrkräfte nicht herabsetzen. In der Regel kommt die Schule ihrer Aufsichtspflicht nach, indem sie der Schülerredaktion einen beratenden Lehrer zur Seite stellt. Dafür übernimmt der Schulträger die Haftung für die Sch.; Schüler wie Eltern sind von der vertraglichen Haftung befreit. Den presserechtlichen Vorschriften unterliegt die Sch., unter anderem der Impressumspflicht. Die Praxis hat gezeigt, daß provokante Artikel die Ausnahme bilden. Die Abhängigkeit der Schüler führt schnell zu einer Art freiwilligen Selbstzensur, die sich der oft konservativen Grundhaltung der Institution Schule anpaßt, nicht selten im Unterstufenteil der problematischen Tradition einer Behütungspädagogik verbunden. Um die demokratischen Erziehungsziele, die eine selbstverantwortete Sch. in optimaler Weise fördern kann, nicht durch Angst vor Repressalien zu gefährden, fordern unter anderem „Junge Presse" und „Deutsche Jugendpresse e.V." die volle Presse- und Vertriebsfreiheit für Sch.en. Die Sch. soll nicht allein Mittler zwischen Schule, Eltern und Schülern sein, sondern offenes Forum der Diskussion. Da die kommerzielle Jugendpresse dieser Funktion kaum gerecht wird, ist die Schülerpresse eine Möglichkeit der Jugend, sich frei und selbstbestimmt darzustellen. Diese Bedeutung überwiegt das Risiko eines Fehlgebrauchs. Dagegen ist die Gefahr, daß sich die Sch.en der Schule entfremden und ähnlich wie in der Weimarer Republik zu überregionalen Sprachrohren von politischen Parteien werden, gewachsen. Die pädagogische Chance der Sch. wäre mit dieser Entwicklung in Frage gestellt.

→ Jugendmedienschutz, → Jugendpressewesen, → Kinder- und Jugendzeitschrift, → Massenmedien als Kinder- und Jugendliteratur, → Zeitung als Kinder- und Jugendlektüre.

Sekundärliteratur: H. Adamietz: Die Schulzeitschrift, Aufgaben, Bedeutung und technische Voraussetzungen (1951). – G. Brenner: Pressefreiheit und Schülerzeitungen (1966). – D. Cramer: Die Zensur bei Schüler- und Studentenzeitungen (1964). – D. Dau: Taschenbuch zum Jugendpresserecht (zus. mit H. Bremer. 1969). – P. Döring: Der Schüler als Staatsbürger. Eine Bibliographie zu Schülermitverantwortung und Schülerpresse mit Rechtsvorschriften und Anschriften (1967). – K. Friesicke: Handbuch der Jugendpresse (1956). – J. P. Hintz: Schüler und ihre Presse (zus. mit D. Lange. 1969). – V. Hummel: Journalismus für die Jugendzeitschrift (1967). – Junge Presse Nordrhein-Westfalen (Hrsg.): Handbuch für Schülerredakteure. Schülerzeitung – aber wie? (1957). – H. Kaul: Wesen und Aufgaben der Schülerzeitungen (1965). – W. Mickel: Wesen, Aufgabe und Problem der Schülerzeitschrift (in: Die pädagogische Provinz. 1961. 15. 109–120); Pressefreiheit auch für Schülerzeitschriften? Grenzfragen zwischen Recht und Pädagogik bei Schülerzeitschriften (in: Gesellschaft, Staat, Erziehung. 1964. 9. 336–342). – W. Perschel: Die Meinungsfreiheit des Schülers (1963). – Fr. Rendtel: Jugendschutz zu Zensurzwecken (in: auditorium. 1966. 41. 6–8); Zur Schülerpresse in der Bundesrepublik. Eine erziehungswissenschaftlich-empirische Untersuchung (1971). – A. Reuter: Zensur bei Schülerzeitungen (in: Bayerische Verwaltungsblätter. 1965. 11. 339–341). – H. M. Rupprecht: Schreiben vor Wut. Do-it-yourself für Schülerzeitungsmacher (1974). – P. Schneider: Pressefreiheit und Erziehungsfragen der Schule (zus. mit L. Dietze. 1972). – W. Schwerbrock: Proteste der Jugend –

Schüler, Studenten und ihre Presse (1968). – W. Sewerin: Rechtsfragen bei Schülerzeitungen (in: Recht und Wirtschaft der Schule. 2. 1961. 6. 181–183).

Dietrich Grünewald

Schulausgaben → Schullektüre

Schulbibliothek

Der Begriff Sch. hat im deutschen Sprachraum etwa seit 1970, mit Erscheinen des Buches „Die moderne Schulbibliothek" (1970), die Bezeichnungen „Schülerbücherei" und „Lehrerbücherei" abzulösen begonnen. Er bezeichnet eine Einrichtung, die sich erheblich von den Schülerbüchereien und Lehrerbüchereien alter Form unterscheidet und lehnt sich an entsprechende Bezeichnungen in anderen Ländern an. Die Sch. ist integrierter Bestandteil der Schule und übernimmt eine zentrale Funktion bei der schulischen Arbeit und zum Teil auch bei außerschulischen Beschäftigungen der Schüler und Lehrer. Die „Kommission Schulbibliothek" des Deutschen Bibliotheks-Verbandes definierte 1975 die Sch. als eine Einrichtung, die „allen Angehörigen der Schule" dient. „Sie bietet Bücher, Zeitschriften, audiovisuelle Materialien und andere Lehr- und Lernmittel zur geplanten und freien Benutzung an. Sie dient als Informations-, Material- und Arbeitszentrum für alle Unterrichtsbereiche. Die zusätzliche Ausstattung mit Material zur medienorientierten Freizeitbeschäftigung ist abhängig von örtlichen Gegebenheiten, z. B. von der Entfernung zur nächstgelegenen Jugendbibliothek und von deren Beständen. In Ganztagsschulen muß der Freizeitbereich breit vertreten sein". Wegen der Einbeziehung audiovisueller Medien wird die Sch. mancherorts auch Mediothek genannt.

Zur Geschichte der Sch. Pädagogische Bestrebungen, wie sie erst wieder seit den siebziger Jahren des 20. Jahrhunderts konsequent neu formuliert wurden und in Praxis umgesetzt zu werden begannen, basieren auf vielfältigen vorausgegangenen Ansätzen im deutschen Schul- und Bibliothekswesen. Schon 1896 hatte Heinrich Wolgast geklagt, „die Schülerbibliothek war und ist wohl vielfach noch jetzt ein bloßes Anhängsel des Schulorganismus". Eines der wichtigsten früheren Dokumente ist der preußische Schülerbücherei-Erlaß von 1928, in dem es hieß: „Die Schülerbüchereien in den Volksschulen finden noch nicht überall die genügend sorgfältige Pflege, die ihnen ermöglicht, ihren wichtigen Aufgaben gerecht zu werden. ... Es sollte alljährlich ein angemessener Betrag in den Schulhaushaltsplan eingestellt werden, um die Schülerbücherei planmäßig äußerlich und inhaltlich zu verbessern. ... Bei der Auswahl der Bücher ist darauf zu achten, daß nicht nur schöngeistige Schriften berücksichtigt werden, sondern auch geeignete volkstümliche Darstellungen aus den verschiedenen Sachgebieten, ohne die ein Unterricht im Sinne der ‚Richtlinien' kaum möglich ist. ... Das bloße Vorhandensein der Bücherei und ihr geordneter Ausleihdienst reichen jedoch nicht aus, um die Bücherei zu dem zu machen, was sie der Schule bedeuten soll. Notwendig ist in erster Linie, daß der Lehrer die vorhandenen Bücher genau kennt und daß in allen Unterrichtsfächern auf eine Verflechtung der Arbeit mit der Bücherei Bedacht genommen wird. ... Besonders wertvoll ist es, wenn eine verständige Zusammenarbeit zwischen der Öffentlichen Bücherei und der Schule erreicht werden kann. Über die Formen dieser örtlich verschieden gestalteten Zusammenarbeit lassen sich allgemeine Weisungen nicht geben" (Der preußische Schülerbücherei-Erlaß vom 9.6.1928). Die in diesem Erlaß aufgestellten Forderungen blieben auf Jahrzehnte Desiderate. Ein Grund dafür ist darin zu sehen, daß fünf Jahre später die Nationalsozialisten in Deutschland die Macht übernahmen, die an der Förderung des freien Umgangs mit Informationsmaterial kein Interesse hatten. Es wäre zu erwarten gewesen, daß nach dem Ende des Zweiten Weltkrieges im Zuge der Reorganisation des Erziehungswesens die Bedeutung der Schülerbüchereien erneut herausgestellt worden wäre. Das geschah jedoch nicht, obwohl die Siegermächte in ihren Ländern schon damals leistungsfähige Sch.en aufgebaut hatten. Im besetzten Japan dagegen wurde auf Betreiben der Amerikaner 1947 ein grundlegendes Erziehungsgesetz erlassen, in dem die Notwendigkeit von Sch.en für die Erziehungsreform dargestellt wurde.

Erst in den sechziger Jahren belebte sich in der Bundesrepublik Deutschland die Diskussion über Sch.en unter Lehrern und Bibliothekaren. Noch war aber die Trennung zwischen Lehrer- und Schülerbücherei nicht fragwürdig geworden, ebensowenig der Vorrang der Unterhaltungsliteratur, womit der Schülerbücherei lediglich eine Stellung neben der Schule zugebilligt wurde. Betont wurde als Aufgabe: Hinführung des Schülers zum „guten Jugendbuch". Die Bezeichnung „Sch.", die vor 1970 synonym mit Bezeichnungen wie „Schülerbücherei" oder „Schulbücherei" gebraucht wurde, wurde nach 1970 mit neuem Inhalt gefüllt. Die Ergebnisse der Untersuchung des Instituts für Jugendbuchforschung in Frankfurt, die in dem Buch „Die moderne Schulbibliothek. Bestandsaufnahme und Modell" 1970 veröffentlicht wurden, fanden ein unerwartet großes Echo, nicht nur bei Lehrern und Bibliothekaren, sondern auch bei Schulämtern, Kultusbehörden, dem Bundesministerium für Bildung und Wissenschaft, dem Deutschen Büchereiverband sowie kommunalen Verbänden. Es war deutlich geworden, daß eine Schule, deren Aufgabenstellung sich von der Vermittlung von Wissen zur Vermittlung von Technik der Wissensaneignung wandelt, nicht mehr ohne das Arbeitsinstrument Bibliothek auskommt.

Die Studie des Instituts für Jugendbuchforschung ging von einer Untersuchung der Sch.s-Verhältnisse in der Bundesrepublik Deutschland und in West-Berlin aus und kam zu deprimierenden Ergebnissen. Aus dem Negativ-Katalog, aus einigen wenigen positiven Ansätzen und aus der Analyse der Sch.s-Verhältnisse in vergleichbaren Industrieländern entwickelte das Team des Instituts Vorstellungen zum Modell einer modernen Sch. Neben einer ausführlichen Beschreibung der wünschenswerten Sch. wurden neun Thesen formuliert, die in den folgenden Jahren die Diskussion um die Sch. nachhaltig beeinflußt haben: 1. Die Sch. steht zentral im schulischen Leben. Das erfordert ihre entsprechende räumliche Eingliederung. 2. Die Sch. dient Schülern wie Lehrern gleichermaßen als Informations-, Lese und Arbeitsstätte, aus der sich Schüler wie Lehrer ständig neue Impulse für die Unterrichtsarbeit holen können. 3. Soll die Sch. die an sie gestellten Forderungen erfüllen, muß sie von sachkundig vorgebildeten Schulbibliothekaren geleitet werden. 4. Die Sch. steht Schülern wie Lehrern während der gesamten Unterrichtszeit (am besten ganztägig) zur Verfügung. Sie muß die notwendigen Voraussetzungen bieten, um von Schülern oder Lehrern jederzeit für individuelle Studien oder Gruppenarbeit genutzt werden zu können. 5. Quantität und Qualität des Buchbestandes müssen der zentralen pädagogischen Bedeutung der Sch. gerecht werden. Zehn Titel pro Schüler sind zu fordern. Die Titelauswahl hat nach den Belangen der unterrichtlichen und gesamtpädagogischen Konzeption der betreffenden Schule zu erfolgen. 6. Die Katalogisierung und Aufstellung der Bücher soll in allen Bundesländern einheitlich sein. Die Sch. erfordert ein an ihren Funktionen orientiertes eigenes Katalogisierungssystem, das geeignet ist, die Schüler auf die spätere Nutzung von Öffentlichen, Wissenschaftlichen, Fach und Spezialbibliotheken vorzubereiten, dessen Konstruktion aber auch das unterschiedliche Auffassungsvermögen von Schülern der verschiedenen Schulstufen berücksichtigt. Jede Sch. braucht einen Autoren-, Sach-, Titel- und Standortkatalog. 7. Um eine möglichst große Effektivität der Sch. zu gewährleisten, müssen Buch- und Bibliothekskunde in den Arbeits- und Stundenplan einbezogen werden. 8. Die Sch. kann ihre Funktionen nur erfüllen, wenn alle an der Schule beteiligten gesellschaftlichen Gruppen und Personen (Schulleiter, Lehrer, Schulbibliothekar, Schüler und Eltern) in aufgeschlossener Weise zusammenarbeiten. Dem Aufbau der Bibliothek und ihrer Integration in den Unterricht ist besondere Aufmerksamkeit zu schenken. 9. Die moderne Sch. soll die Demokratisierung der Bildung im heutigen Schulwesen ermöglichen helfen und den jungen Menschen frühzeitig durch Bereitstellen von Quellentexten zum selbständigen Erwerb von Informationen und intellektuellen Erfahrungen als Grundlage kritischen Urteilsvermögens befähigen.

Auf Anregung des Bundesministeriums für Bildung und Wissenschaft und als direkte Folge der Untersuchung des Instituts für Jugendbuchforschung wurde 1971 die „Zentrale Beratungsstelle für das Schulbibliothekswesen in der Bundesrepublik Deutschland" in dem Frankfurter Institut ins Leben gerufen. Sie bemühte sich, in Zusammenarbeit mit der „Kommission Schulbibliothek" des Deutschen Bibliotheksverbandes und mit weiteren Fachleuten, verschiedene theoretische Vorstellungen zu koordinieren, ausländische Beispiele auszuwerten und praktische Ansätze im Lande zu entwickeln. Eine Reihe von Modellversuchen, sowohl an einzelnen Schulen als auch in zusammenhängenden Systemen, wurde begonnen, beratende Hilfe für bestehende Sch.en vor allem dort geleistet, wo es um den Ausbau von Schüler- und Lehrerbüchereien in Richtung auf funktionsgerechte Sch.en ging. Der Verbreitung der Idee der Sch. diente die Zeitschrift „Informationen für den Schulbibliothekar", die kostenlos an alle Schulen in der Bundesrepublik Deutschland, Öffentliche Bibliotheken, Schulbehörden, Lehrerverbände und weitere interessierte Institutionen und Personen versandt wurde. Der Begriff der Sch. und seine inhaltlichen Implikationen konnten sich innerhalb relativ kurzer Zeit etablieren. In ihrem „Zwischenbericht" zum Bildungsgesamtplan forderte die Bund-Länder-Kommission für Bildungsplanung 1971 den „Auf- und Ausbau insbesondere von Sch.en als Informationszentrum im Schulbereich; Schaffung von Lese- und Arbeitsräumen mit geeigneter Ausstattung an Büchern und Medien; Verbund mit dem allgemeinen Bibliotheksnetz; Einsatz von Schul- und Jugendbibliothekaren; Einrichtung von Beratungsdiensten für die Ausstattung von Sch.en". Noch im selben Jahr 1971 konstituierte sich die „Kommission Schulbibliothek" des Deutschen Bibliotheksverbandes, der neben Bibliothekaren auch die Zentrale Beratungsstelle angehörte. Die ersten Ergebnisse der Beratungen der Kommission wurden 1972 unter dem Titel „Die Schulbibliothek. Stand der Fachdiskussion" veröffentlicht. Darin wurde eine Akzentverlagerung deutlich: Hatte das Institut für Jugendbuchforschung die Sch. vor allem als eine Einrichtung der Schule betrachtet, die natürlich mit Öffentlichen Bibliotheken zusammenarbeiten könnte und sollte, so setzte sich nun immer mehr die Auffassung durch, daß funktionsfähige Sch.en nur mit engagierter Hilfe der Öffentlichen Bibliotheken eingerichtet und unterhalten werden können. Kooperation oder sogar Integration sollte institutionell abgesichert werden.

Am konsequentesten formulierte die Deutsche Bibliothekskonferenz in ihrem „Bibliotheksplan '73" die Vorstellungen der bibliothekarischen Seite: „Schulen sind mit Schulbibliotheken auszustatten. Eine Schulbibliothek kann – entsprechend den örtlichen Gegebenheiten – innerhalb von Schulzentren mehreren Schulen dienen. Schulbibliotheken bilden mit öffentlichen Bibliotheken eine Funktionseinheit. – Schulbibliotheken stellen Bücher, Zeitschriften, Zeitungen, audiovisuelle Materialien und andere Informationsträger als Arbeitsmittel für alle Unterrichtsbereiche zur gemeinsamen Benutzung durch Schüler und Lehrer und zur freien Interessenbetätigung zur Verfügung. – Diese Bestände sollen durch bibliothekarische Fachkräfte verwaltet, erschlossen und vermittelt werden. – Der Auf- und Ausbau von Schulbibliotheken nach den Normzahlen der KGSt ist zu fordern. – Eine schulbibliothekarische Arbeitsstelle bei der Öffentlichen Bibliothek bzw. bei der regionalen Bibliothekszentrale ist in enger Kooperation mit allen an Schulbibliotheken Beteiligten für den Bestandsaufbau, die Etatverwaltung, die Organisation

und die technische Bearbeitung der Bestände zuständig. Ihr obliegt zugleich die methodische Bibliotheksarbeit in den Schulen."
Kooperation und Integration von Sch. und Öffentlicher Bibliothek wurden inzwischen in vielen Variationen erprobt. Die Erfahrungen sind unterschiedlich; allgemeinverbindliche Schlüsse lassen sich noch nicht ziehen. Die Zusammenarbeit bringt dann für alle Beteiligten Vorteile, wenn die Zuständigkeiten zwischen Bibliothekaren und Pädagogen klar vereinbart sind und beide Berufsgruppen ihre spezifischen Vorstellungen den Interessen der Schüler unterzuordnen verstehen. Als nützliche Instrumente der Zusammenarbeit haben sich Sch.s-Kommissionen erwiesen, die jeweils zu einer Sch. gehören, aus Vertretern der Lehrer, der (Schul-)Bibliothekare und der Schüler bestehen, und regelmäßig alle mit der Sch. zusammenhängenden Fragen diskutieren und mitentscheiden.

Schulbibliothekarische Arbeitsstellen. Zielvorstellung ist die Ausstattung aller Schulen mit funktionsfähigen Sch.en. Man kann davon ausgehen, daß – bei aller individuellen Besonderheit jeder einzelnen Schule – eine ganze Reihe von Arbeiten in der Sch. für die meisten Schulen identisch ist. Dazu gehören vor allem Fragen der Einrichtung, der Bestandsauswahl, der Bestandsbeschaffung und -bearbeitung, der Bestandserschließung. Der Gedanke war naheliegend, diese Arbeiten regional zu rationalisieren und in Schulbibliothekarischen Arbeitsstellen zu institutionalisieren. Aus praktischen Erwägungen wurden solche Schulbibliothekarischen Arbeitsstellen bei Öffentlichen Bibliotheken angesiedelt, im allgemeinen bei der Hauptstelle der Stadtbibliothek. Inzwischen existieren Schulbibliothekarische Arbeitsstellen in Bremen, Duisburg, Frankfurt, Hannover, Hochtaunuskreis, Köln, Mönchengladbach, München, Nürnberg, Oberhausen, Wiesbaden und einigen weiteren Städten bzw. befinden sich in verschiedenen Stadien der Vorbereitung und des Aufbaus.
Im einzelnen haben die Schulbibliothekarischen Arbeitsstellen die jeweils in die zentralen Einrichtungen und Dienste der Öffentlichen Bücherei des Bereichs eingebunden sind, folgende Aufgaben und Funktionen: „Funktionsgerechte Einrichtung oder Reorganisation von Schulbibliotheken: Bau (Beratung); Einrichtung (Planung und Mitwirkung bei der Durchführung). – Bestandsaufbau und -ausbau (Sichtung und Prüfung von Lektoratsdiensten der Öffentlichen Büchereien hinsichtlich schulrelevanter Materialien; Zusammenstellung von Empfehlungslisten für Grundbestände bestimmter Jahrgangsstufen, Stufenbereiche, Fachbereiche und Schularten; Herausgabe von Empfehlungslisten für die Bestandsergänzung, -aktualisierung und -differenzierung; Zusammenstellung von Modellbeständen für bestimmte Stufenbereiche oder zu ausgewählten Themen). – Beschaffung; katalogmäßige Erschließung, Einrichtung eines Zentralkataloges der Schulbibliotheksbestände. – Vermittlung und Austausch von Teilbeständen der Schulbibliotheken untereinander. – Bewirtschaftung der Investitionsmittel für die Ausstattung neuer und bestehender Schulen mit Schulbibliotheks-Erstausstattungsbeständen und für den Aufbau, die Ergänzung und den Ersatz zentraler Modellbestände. – Entwicklung, Koordination und Überwachung der bibliothekarischen, insbesondere der methodischen Fachdienste. – Spezielle Aus- und Fortbildung des Fachpersonals der Öffentlichen Bibliotheken und Schulbibliotheken für die Arbeit in der Schule unter Mitwirkung der pädagogischen Ausbildungsstätten. Fachliche Anleitung des Personals der Schulen in Schulbibliotheken: theoretische Unterweisung, praktische Anleitung und Einübung. – Wahrnehmung der Fach- und Rechtsaufsicht über das Fachpersonal der Öffentlichen Bibliotheken in Schulbibliotheken: Dienstaufsicht über das Fachpersonal der Öffentlichen Bibliotheken in der Schulbibliotheksabteilung." Zwischen den im Aufbau befindlichen Schulbibliothekarischen Arbeitsstellen hat inzwischen ein Erfahrungsaustausch und eine engere Kooperation begonnen. Einige der zu bewältigenden Aufgaben sind wiederum arbeitsteilig leichter zu lösen. Eine der wesentlichsten und zugleich arbeitsintensivsten Bereiche ist der der Lektoratsdienste: ausführliche Auswahllisten für Bestände der Sch.en können und brauchen nicht in jeder Stadt einzeln erstellt zu werden. Denkbar und relativ schnell einzurichten wäre eine Aufteilung von Lektoratsbereichen nach Fachbereichen und Altersstufen. Eine zentrale Koordinationsstelle würde die nach einem einheitlichen System erarbeiteten Ergebnisse sammeln und verbreiten.

Beratungsstelle für Sch.en. Als Fortsetzungsprojekt der Frankfurter „Zentralen Beratungsstelle für das Schulbibliothekswesen" (1971–1974) arbeitet seit 1975 die „Beratungsstelle für Schulbibliotheken" als besonderes Projekt der Arbeitsstelle für das Bibliothekswesen des Deutschen Bibliotheksverbandes in West-Berlin. Die Beratungsstelle setzt die praktische und konzeptionelle Arbeit auf dem Gebiet des Sch.s-Wesens fort, letztere weiterhin in enger Zusammenarbeit mit der „Kommission Schulbibliothek" des Deutschen Bibliotheksverbandes. Die Beratungsstelle gibt seit 1975 die vierteljährlich erscheinende Zeitschrift „schulbibliothek aktuell" heraus. Zu den zu klärenden Problemen gehören Fragen der Aus- und Fortbildung von Sch.s-Personal (Bibliothekaren und Lehrern), Fragen der Systematisierung und Katalogisierung, Lektoratsfragen und vor allem die Mitarbeit an verbindlichen gesetzlichen Grundlagen, die den Aufbau von Sch.en nicht mehr dem Ermessen des jeweiligen Schulträgers überlassen.

Sch.en in internationaler Sicht. Struktur und Entwicklungsstand des Sch.s-Wesens in europäischen und außereuropäischen Ländern ist äußerst unterschiedlich und abhängig von der Organisation und dem Zustand der Bildungs- und Schulsysteme, der Lage des Buchhandels und der ökonomischen Situation des Landes. Während z.B. in den USA etwa 80% der Kinder- und Jugendliteratur über Schul- und Öffentliche Bibliotheken distribuiert werden, dürfte dies in der Bundesrepublik Deutschland gerade umgekehrt sein. In Europa haben die Nordischen Länder und Großbritannien traditionsreiche Sch.en, was zum Teil – vor allem in England mit der Existenz von gut ausgestatteten privaten Internatsschulen zu tun hat, aber ebenso – vor allem in Dänemark, Norwegen und Schweden – mit den Ideen einer breit angelegten demokratischen Volksbildung. In Dänemark wurde z.B. schon 1919 die erste Sch. errichtet, heute besitzen dort alle Schulen diese Einrichtung, welche insgesamt einer zentralen Verwaltung auf nationaler Ebene unterliegt (Nationales Zentrum für Erziehungs- und Unterrichtsmaterial mit seinen regionalen Zentren für Erziehungsmedien). Dementsprechend sind nicht nur das Anschaffungssystem von Büchern und neuerdings mehr und mehr auch anderen Medien wie Schallplatten, Tonbänder, Videoaufzeichnungen, Dias und Lehrmittel (Experimentierkästen, Landkarten, Steinsammlungen etc.), sondern auch die Verwaltung und Ausbildung der Bibliothekare (Mediothekare) einheitlich geregelt. Allerdings sind im Gegensatz zur Bundesrepublik Deutschland in den angelsächsischen und skandinavischen Staaten Sch.en und Öffentliche Bibliotheken weitgehend voneinander getrennte Einrichtungen. In Japan – ein zweites Beispiel – besteht seit 1953 ein Sch.s-Gesetz, das fordert, daß jede Schule eine von einem qualifizierten Schulbibliothekar geleitete Sch. haben sollte. Trotz der Aktivitäten der 1950 gegründeten Japan School Library Association sind jedoch noch viele praktische Probleme zu lösen, ehe das Gesetz verwirklicht ist. Im Durchschnitt ist die Pro-Kopf-Quote an Büchern in japanischen Grundschulen und der Sekundarstufe I 11, in der Sekundarstufe II 13 Bände. Sch.en in Japan stellen neben dem Buchbestand auch Zeitungen, Zeitschriften, Broschüren, Zeitungsausschnitte, Landkarten, Atlanten, Filme, Lichtbilder, Schallplatten etc. zur Verfügung. Ähnlich wie in den USA und anderen angelsächsischen und skandinavischen Ländern zielt das japanische Gesetz darauf hin, daß der Schulbibliothekar ein ausgebildeter Lehrer und Bibliothekar ist, der der Schulbehörde untersteht. Zur Zeit ist allerdings nur in wenigen Fällen dieser Zustand doppelter Qualifikation erreicht. Auch in der UdSSR sind Sch.en, die von eigens dafür ausgebildeten Schulbibliothekaren betreut werden, neuerdings obligatorisch.

In den sechziger Jahren begann, initiiert durch Mitglieder der „World Confederation of Organisations of the Teaching Profession" (WCOTP), die Vorarbeit zu einem internationalen Zusammenschluß der an der Entwicklung des Sch.s-Wesens Interessierten. Dieser kam im August 1971 in der „International Association of School Librarianship" (IASL) auf der Tagung in Jamaica zustande, nachdem schon in den Jahren davor – 1970 auf einem Treffen in Sidney (Australien), 1967 in Vancouver, 1967 in Dublin – die Rahmenbedingungen und Zielvorstellungen ausgearbeitet worden waren. Die IASL (1979, Sitz in USA: School of Librarianship. Western Michigan University, Kalamazoo, Michigan) möchte engere internationale Zusammenarbeit zwischen Sch.en in allen Ländern, Verbesserung der beruflichen Bedingungen der Schulbibliothekare, Entwicklung von Sch.en und Programmen in allen Ländern erreichen. Dazu veranstaltet sie jährlich eine Tagung (1971 Jamaica; 1972 London; 1973 Nairobi; 1974 Singapore; 1975 Berlin; 1976 Annapolis Jct., Maryland, USA; 1977 Ibadan, Nigeria; 1978 Melbourne, Australien; 1979 Middelfort, Dänemark) und gibt mehrmals im Jahr ein Informationsblatt „Newsletter" heraus.

→ Institut für Jugendbuchforschung, → E. Key, → Kinder- und Jugendbibliothek

Sekundärliteratur: R. Bamberger: Zur Frage der Klassen- oder Schulbücherei (in: Studien zur Jugendliteratur und literarischen Bildung. 1962. 8. 847–854). – B. Dankert: Einleitung zum gegenwärtigen Stand der Diskussion um das Schulbibliothekswesen in der BRD (in: Theorie, Organisation und Praxis der Schulbibliothek. 1975. 11–15). – R. A. Davies: The school library (1969). – Deutscher Büchereiverband (Hrsg.): Die Schulbibliothek. Stand der Fachdiskussion (1972). – Institut für Jugendbuchforschung (Hrsg.): Die moderne Schulbibliothek. Bestandsaufnahme und Modell (1970). – G. Eisert: Von der Schülerbücherei zur Arbeitsbücherei der Schule (in: Die Bücherei in der Schule. 1970. 41–50). – J. B. Ensch: Gesichtspunkte und praktische Ratschläge für die Anlegung von Schülerbibliotheken (1916). – W. Fricke: Grundriß der Geschichte deutscher Jugendlitteratur. Ein Beitrag zur deutschen Litteraturgeschichte und ein Handbuch für Eltern und Lehrer, zugleich Wegweiser zur Anlage von Schüler- und Volksbibliotheken (1886). – N. Koch (Hrsg.): Die Schulbibliotheken (1965). – H. F. Lindner: Was sollen unsere Töchter lesen? Ein Wegweiser für Haus, Schule und Seminar (1901). – U. Mallmann: Theorie und Praxis der Schulbücherei (1966). – V. Merz: Die Schulbibliothek. Das Konzept des Frankfurter Instituts für Jugendbuchforschung (in: Bücherei und Bildung. 2. 1970. 7./8. 301–308). – H. Müller: Die pädagogische Konzeption von Schulbibliotheken (in: Informationen für den Schulbibliothekar. 1972. 1. 3–10). – J. Prestel: Die Schülerbücherei. Eine Führung zum guten Buch (1933). – L. G. Ricek: Der Kampf um die Schülerbücherei (1923). – A. Roderberg: Jugendlektüre. Geschichte, Wesen und Wert der Jugendschrift, Einrichtung und Ausnutzung der Schülerbücherei (1917). – R. Schmidt: Über die Schulbücherei (in: Studien zur Jugendliteratur und literarischen Bildung. 1962. 8. 855–859). – H. Schulz: Die Gründung einer zentralen Schulbibliothek (1926). – G. Solle: Schülerbücherei. Schulbibliothek. Stand der Diskussion (in: Öffentliche Bibliothek und Schulbibliothek. 1972. 43–52). – D. Theden: Die deutsche Jugendliteratur. Kritisch und systematisch dargestellt. Grundsätze zur Beurteilung der deutschen Jugendliteratur, Winke für Gründung, Einrichtung und Fortführung einschlägiger Bibliotheken und Verzeichnisse empfehlenswerter Schriften. Ein Handbuch für Eltern, Erzieher und Bibliothekare ([2]1893). – Verzeichnis der Schülerbibliothek des Königlichen Gymnasiums zu Quedlinberg (1896). – W. Winter: Der praktische Aufbau der Schülerbücherei (1929).

Klaus Schleusener

Schulbuch → ABC-Buch, → Anschauungsbuch, → Atlas, → Biblische Geschichte, → Elementarbuch, → Enzyklopädie, → Fibel, → Ganzschrift, → Häppchenliteratur, → Katechismus für Kinder, → Kinderfreund, → Lehrdichtung, → Lesebogen, → Lesebuch, → Leselernmethode, → Moralische Geschichte, → Nachschlagewerke für Kinder und Jugendliche, → Orbis pictus, → Realienbuch, → Schullektüre, → Sittenlehrbuch, → Wörterbuch

Schuldrama → Schultheater

Schulfunk

Sch. (internationale Bezeichnung: school radio, school broadcasting) ist eine Sparte im Wortprogramm des Hörfunks, die sich an den Unterricht wendet, also von didaktischen und funkdramaturgischen Gesichtspunkten bestimmt wird. Diese Programme ersetzen nicht den Lehrer, konkurrieren nicht mit ihm. Sie ergänzen, bereichern und weiten seine Arbeit aus, wie es die UNESCO-Definition von 1948 zum Ausdruck bringt („They supplement, enrich and extend his work"). In der Bundesrepublik Deutschland ist Sch. ein freies Angebot der öffentlich-rechtlichen Rundfunkanstalten.

Anfänge des Sch.s in Deutschland. Obwohl sich der Rundfunk in seinen Anfängen vornehmlich als Bildungsanstalt verstand, ist er als „technisches" Medium von einer vorwiegend konservativen Pädagogik mit Reserve betrachtet worden. Die Reformpädagogen der zwanziger Jahre hingegen, die von ihm Auflockerung und Aktualisierung des Unterrichts erhofften, begrüßten ihn. So korrespondierten früh zwei Tendenzen: die von Bildungsoptimismus getragenen Versuche, den Rundfunk als Unterrichtsmedium nutzbar zu machen, und das Bestreben, die Schule und damit die künftigen Radiohörer für den Rundfunk zu gewinnen.

Schon von Juni 1924 an – ein Jahr nach der Einrichtung des Rundfunkprogramms überhaupt – strahlte die Nordische Rundfunk AG (NORAG) in Hamburg in regelmäßiger Folge englische Vorträge und musikalische Darbietungen für Schüler aus. Im Oktober 1924 fand an der Berliner Universität ein Lehrgang „Rundfunk und Schule" statt. Welche pädagogischen Hoffnungen sich an das neue Medium knüpften, zeigt ein Zitat aus dem Referat von HANS BREDOW, dem „Vater" des deutschen Rundfunks (zit. nach H. HEINRICHS, S. 55): „Die Mütter sind tiefinnerlich glücklich darüber, daß es ihnen mit Hilfe des Rundfunks gelingt, die heranwachsenden Kinder zu Hause und von den verderblichen Einflüssen der Straße und der Vergnügungssucht fernzuhalten."

Programmatisch sind die Sätze, mit denen 1926 der Deutschlandsender sein Sch.-Programm eröffnete: „Es kann sich nicht um Unterricht oder Ersatz des Unterrichts, sondern nur um eine den Unterricht belebende und abwechslungsreiche Beigabe handeln, die Lehrern und Schülern sonst nicht zur Verfügung steht." Das sind Prinzipien, die weitgehend bis heute gelten: 1. Sch. ist kein direkter Unterricht. Ausnahmen gibt es im Falle von Versuchen, Modellen, Innovation; „direct teaching" ist notwendig zur Behebung von Defiziten, etwa in Entwicklungsländern. 2. Belebung und Abwechslung durch Sch. sind Chancen für den Unterricht. 3. Der Sch. konzentriert sich in Darstellungsweisen (z.B. Hörszenen) und Inhalten (Aktualität, Authentizität) auf Funkspezifisches, nicht auf die Möglichkeiten, die der Unterricht ohnehin hat. 4. Der Begriff „Beigabe" ist strittig: „Enrichment" wurde zeit- und stellenweise abgewertet als beliebiges Beiwerk, wird aber heute weitgehend aufgefaßt als spezifischer Beitrag des Funks zum Unterricht. Eine bloß alternative Gegenüberstellung „enrichment" versus „direct teaching" („selbstlehrend") ist für eine differenzierte Erörterung unergiebig.

Am 1. Oktober 1926 wurde in Berlin der „Deutsche Schulfunkverein" gegründet, der zehn Monate später schon 2000 Mitglieder zählte. Früh wurden neben Kulturbeiräten auch Sch.-Ausschüsse konstituiert, z.B. 1928 bei der Südwestdeutschen Rundfunk AG in Frankfurt am Main: „Die Bearbeitung des ganzen Schulfunkwesens geschieht durch die Leitung der Rundfunkgesellschaft in Zusammenarbeit mit dem Schulfunkausschuß. Die Sitzungen werden vom Rundfunk einberufen und geleitet. In dem Ausschuß sollen alle Gebiete des Sendebezirks vertreten sein, ferner die Behörden und die verschiedenen Schularten." Schon hier kommen die Unabhängigkeit des Senders von den Schulbehörden und die nur beratende Funktion des Sch.-Ausschusses zum Ausdruck. Bezeichnend für die Anfänge ist das älteste überlieferte Sch.-Programm des Frankfurter Senders (6. Juni 1928): „Eine frohe Stunde – Deutsch, vorgetragen von Herrn August Gaede. a) Hans Sachs: Sankt Peter und die Geis. b) Goethe: Legende vom Hufeisen. c) Goethe: Der Zauberlehrling. d) Kopisch: Der gestrichene Scheffel."

In rascher Folge richteten alle deutschen Sender Sch.-Programme ein, besonders zu folgenden Bereichen: Deutsch- und Volkskunde, Musik, Englisch und Französisch, Wirtschaftskunde. Im Jahre 1931 wurden den Schulen in Deutschland 2000 verschiedene Sendungen angeboten. Von insgesamt 55000 Schulen verfügten 20000 (35%) über eigene Empfangsgeräte.

Die spätere „Gleichschaltung" auch des Sch.s unter dem Nationalsozialismus bereitete man unbewußt durch organisatorische Zentralisierung vor (1927 Zeitschrift „Der Schulfunk", 1930 „Zentralstelle für Schulfunk" in Berlin u.a.); es zeigten sich auch erste Tendenzen in der Forderung nach einem befohlenen „Gemeinschaftsempfang". Allerdings trat von 1933 an im Sinne nationalsozialistischer Erziehung im Rundfunkprogramm der Einfluß der staatlichen Jugendorganisationen in den Vordergrund, was zu einem Rückgang des Sch.s überhaupt führte.

Sch. nach 1945. Der Neubeginn des Rundfunks nach 1945 war bestimmt von Mißtrauen gegenüber Zentralisierung und Zwang und zunächst getragen vom Bildungsoptimismus der „reeducation". Für den Sch. sind seitdem Programmsouveränität der Sender auf der einen, Freiwilligkeit der schulischen Mitarbeit auf der anderen Seite die bestimmenden Prinzipien. Alle funkischen Formen wurden für den schulischen Gebrauch umgesetzt (Reportage, Interview, Feature, Hörspiel usw.): Sch. sollte nicht lediglich Transportmittel für Bildungsinhalte sein, sondern zu freiem Gebrauch angebotenes Unterrichtsmaterial, zugleich ein attraktiver, weil besonders gut verständlicher Teil des Gesamtprogramms, das sich potentiell an alle Hörer wendet.

Mit dem Blick auf die Verwendbarkeit im Unterricht schuf man besondere Einrichtungen: außer den beratenden Sch.-Ausschüssen oder -Beiräten, die eine ständige Verbindung zwischen Redaktion und Schulpraxis sichern sollen, gibt es stellenweise von seiten der Sender Sch.-Berater als Bindeglieder zwischen Lehrern und Redakteuren. Sch.-Beihefte informieren im voraus über die Sendungen eines bestimmten Programmabschnitts und bieten didaktische und methodische Hilfen.
Eine wichtige Neuakzentuierung ergab sich in den fünfziger Jahren durch die Verbreitung von Magnettonaufzeichnungsgeräten. Dadurch wurde die zeitlich beliebige Wiedergabe im Unterricht möglich. § 47 des Urheberrechtsgesetzes bietet die nötige rechtliche Basis dafür.
Sch.-Redaktionen gibt es heute bei folgenden Sendeanstalten: Bayerischer Rundfunk, München; Hessischer Rundfunk, Frankfurt; Norddeutscher Rundfunk, Hamburg; RIAS Berlin; Radio Bremen; Saarländischer Rundfunk, Saarbrücken (in Kooperation mit Stuttgart); Sender Freies Berlin; Süddeutscher Rundfunk, Stuttgart (auch für Südwestfunk, Baden-Baden); Westdeutscher Rundfunk, Köln.

Aufgaben, Möglichkeiten, Tendenzen. Heute versteht sich der Sch. als ein Instrument neben anderen im Konzert der technischen Unterrichtsmedien: als ein relativ wenig aufwendiges und besonders leicht handhabbares, das sich, seit dem Aufkommen des Schulfernsehens, nach medienspezifischen Kriterien auf die besonderen Möglichkeiten auditiver Darbietung konzentrieren kann. Nach wie vor sind Sch.-Sendungen auch Teil der Erwachsenenbildung. Der Rundfunk kann außerdem wie keine andere Institution einer großen Öffentlichkeit Einblick in neue Inhalte und Formen der Schule, des Bildungswesens überhaupt eröffnen; er allein verbindet mit dem gesetzlich verankerten allgemeinen Bildungsauftrag die publizistische Komponente der Schaffung einer breiteren Öffentlichkeit. Dies verleiht ihm eine Initial- und Anstoßfunktion.
Die Aufgaben des Sch.s in der heutigen Schule lassen sich etwa mit folgenden Stichworten umreißen: Vermittlung von „Inhalten" in exemplarischer Auswahl und aktueller Aufbereitung (Beispiel: Reportage); dokumentarische Darbietung von Realität (Beispiel: authentische Präsentation von Personen im „Originalton"); Simulation realitätsgerechter Situationen zur Analyse von „Fällen"; Aktivierung des Wortschatzes (bes. durch Verbalisierung von Hörerlebnissen und kritische Erörterung); Einübung in den Umgang mit reproduktiven und produktiven funkischen Formen; dabei Auseinandersetzung mit den spezifischen Möglichkeiten auditiver Vermittlung. Wichtig ist, daß dabei die Chancen und die Gefahren akustischer Manipulation aufgezeigt werden: Hörerziehung, die eigentlich systematisch betrieben werden müßte, ist Teil der Medienerziehung, bei der freilich außer den Fragen akustischer Vermittlung und auditiver Rezeption auch die Probleme der Rundfunk-Organisation nicht außer acht bleiben dürfen. Wenn das geleistet wird, kann der Sch. helfen, das immer noch vorherrschende Frontalverhältnis im Unterricht durch Einbeziehung einer „dritten Kraft" abzubauen, die nicht unmittelbar vom Lehrer abhängig ist. Ziel einer sachgerechten Medienerziehung mit Hilfe des Sch.s ist Hinführung zum kritischen Umgang mit dem Medium überhaupt.

Sch. und Kinderliteratur. Von Anfang an hat sich der Sch., dem jeweiligen Zeitverständnis entsprechend, der Kinder- und Jugendlektüre zugewandt, zunächst hauptsächlich durch – keineswegs unproblematische – Dramatisierungen von Märchen, Kinderbüchern usw., aber auch, der Sache gemäß, durch Lesungen, wobei auch Autoren selbst auftraten. Für die Einbeziehung von Kinder- und Jugendliteratur in den Unterricht hat der Sch. Schrittmacherdienste geleistet. Diese Funktion ist nach wie vor aktuell: Es werden – etwa in einer Sendereihe „Für junge Leser" (Hessischer Rundfunk) – Neuerscheinungen exemplarisch vorgestellt; Autoren kommen durch Lesungen oder im Gespräch über ihre Arbeit zu Wort.

→ Jugendfernsehen, → Jugendfunk, → Kinderfernsehen, → Kinderfunk

Sekundärliteratur: Hörfunk – Fernsehen – Bildung. Ein Literaturverzeichnis, WDR-Bibliothek (1971). – A. Eßer (Hrsg.): Schulfunk im Unterricht (1978). – H. Heinrichs: Der Schulfunk – Geschichte – Wesen und Wirkung, Bibliographie (1956). – Th. Dahlhoff (Hrsg.): Schulfunk. Zur Didaktik und Methodik (1971). – G. Kadelbach (Hrsg. zus. mit C. Freund): Bibliographie des Schulfunks (1960); (Hrsg. zus. mit Kl. Klöckner): Bibliographie des Schulfunks Bd. II (1965). – Kl. Klöckner: Möglichkeiten und Grenzen des Schulfunks (in: Gutachten zur Medienerziehung und zum Unterricht mit technischen Mitteln. 1970). – M. Nestel-Begiebing (Hrsg.): Schulfunk Köln. Wege und Ziele (1972). – R. Riedler: Schulfunk und Schulpraxis (1976).

Klaus Klöckner

Schullektüre

Der Begriff Sch. umfaßt nach heutigem Verständnis im engeren Sinne diejenigen Druckerzeugnisse, die zum Gegenstand des literarischen Unterrichts in Schulen gemacht werden. Dazu zählt vor allem das Lesebuch. Im weiteren Sinn gehören zur Sch. Lehrbücher, Sachschriften, Zeitschriften, Lexika und alle anderen Texte, die innerhalb des Lehrbetriebs benutzt werden. Gegenüber dem Schulbuch hat die Sch. den größeren Begriffsumfang. Schulbücher sind Publikationen, die von vornherein für unterrichtliche Zwecke konzipiert wurden und die behördlich zugelassen werden müssen. Sch. als Ergänzung der Schulbücher ist zumeist von administrativer Genehmigung unabhängig und ermöglicht dadurch dem Lehrenden eine größere didaktische Selbständigkeit. Der Begriff der Sch. muß allerdings bis ins 19. Jahrhundert hinein unter Vorbehalt gebraucht werden, da das Verständnis von dem, was Schule ist, angesichts von auseinanderklaffenden Praktiken (Hauslehrererziehung, Privatschulen, öffentliche Schulen) ein anderes war als gegenwärtig.

Inhalte der Sch. Themen und Inhalte der Sch. waren und sind, erziehungsgeschichtlich und bildungstheoretisch gesehen, einer wechselnden Einschätzung unterworfen. Festsetzung und Veränderung sind abhängig: 1. vom Wandel des Lehrplans und der damit verbundenen literarischen Kanonbildung, 2. von Schulkonzeptionen und Schulordnungen, 3. von mehr oder weniger schulneutralen literarischen Bewertungsmaßstäben.

Zu 1. Die sogenannte Kanonisierung, das heißt das nach gegenwärtigem Sprachgebrauch von gesellschaftlichen Instanzen betriebene Verbindlichmachen eines für erzieherisch wertvoll und didaktisch fruchtbar erachteten Literaturgutes zum Zwecke der Vermittlung in Schulen, ist eng gekoppelt mit der Theorie der Bildungsinhalte. Im Auseinandersetzungs- bzw. Integrationsvorgang zwischen antikem und christlichem Geistesleben im Kulturbereich des Abendlandes spielten vom frühen Mittelalter an als literarische Quellen und Lehrunterlagen einerseits die Bibel einschließlich der davon abgeleiteten oder daraus entnommenen Texte – Gesänge, Katechismus, Psalmen, Gebete – und andererseits antike Stoffe, die auctores – die Hauptrolle. Sie waren Lehrmittel, die sich in der Hand des Lehrenden befanden und die teils vorgelesen und teils abgeschrieben und transkribiert wurden. Im Angebot der auctores traten Sprüche von CATO und Fabeln des ÄSOP und AVIAN hervor. In dem im Mittelalter auf die sieben artes liberales beschränkten, nach antikem Vorbild gruppierten Bildungswissen nahm die Lektüre von SENECA, LIVIUS, SUETON und CICERO im Prosabereich und von VERGIL und OVID im didaktischen Bereich einen besonderen Platz ein. „Der antik-mittelalterliche Einheitslehrplan" (J. DOLCH), aufgebaut auf dem universalistischen Ordnungsprinzip christlichen Weltanspruchs, erhält bereits im Hochmittelalter Risse, die sich darin zeigen, daß auch zögernd andere als die bisher üblichen literarischen Autoritäten unterrichtlich verwendet wurden („andere püchel"). Mit der serienmäßigen Herstellung von Büchern seit der Erfindung des Buchdrucks im 15. Jahrhundert, der zunehmenden schulischen und unterrichtlichen Organisation, diese wiederum bedingt durch frührationalistische Aufbrüche, entwickelte sich allmählich der Typ des Schulbuchs. Die „Sachen" (Realien) wurden unter Rücksichtnahme auf den Lernenden bewußt didaktifiziert und mehr und mehr diesem in die Hand gegeben. Erziehungsgeschichtlich deutlich wurde dieser Wandel im Werk des JOHANN AMOS COMENIUS (1592–1670), ganz besonders in seinem „Orbis sensualium pictus" (1658). Für die Praxis des Deutschunterrichts schlug sich dieser Vorgang in der Konzeption von Fibeln und Lesebüchern nieder.

Nachdem die Aufklärung seit dem Ende des 17. Jahrhunderts, besonders aber im 18. Jahrhundert, die Geschlossenheit der kirchlich supranaturalen Wirklichkeitsauffassung zugunsten eines „vernünftigen" Selbst- und Weltbewußtseins in Frage gestellt hatte, ergab sich eine Fülle neuer Möglichkeiten, „die Weltkenntnis des Lesenden" (W. FLITNER) zu erweitern. JOHANN BERNHARD BASEDOWS „Elementarwerk" (1774) war hierfür richtungsweisend. Das 19. Jahrhundert als Zeitraum der versuchsweisen Konsolidierung und Humanisierung alter gegensätzlicher Erziehungsprinzipien ließ im Blick auf die Gegenstände der Sch. deutlich werden, daß die Kanonisierung einen geschichtlichen Prozeß darstellt, in dem die Wirkung einstiger Verbindlichkeiten aufgehoben wird in der Beglaubigung neuer Ansprüche. So ist auch FLITNERS Versuch einer historischen Gliederung des literarischen Kanons in ein „geistliches", von der Romantik herangerücktes „volkhaftes", „realistisches" und „humanistisches" Schrifttum zu verstehen. Die historische Abfolge dieser „Wertbereiche" mündet in ein verschieden gewichtiges Neben- und Miteinander „der geistigen Dringlichkeit der (einzelnen) Werke und Autoren" (W. FLITNER).

Literaturgut als verordneter Wertträger überlieferten menschlichen Geistes trug von jeher auch dazu bei, geistig-seelische Kräfte beim Leser zu wecken und zu fördern. Daß die Inhalte immer auch eine weltanschaulich und sozialgeschichtlich prägende Funktion ausübten, wurde in der theoretischen Diskussion oft übersehen.

Kräftebildend, oft auch formalbildend genannt, sollte kanonisch überlieferte Sch. wirken a) im Bereich der Gedächtnisschulung. In Zeiten und Schultypen, in denen christlich-biblische Inhalte den Ausschlag gaben, im 19. und der ersten Hälfte des 20. Jahrhunderts auch dort, wo es sich um die schulische Übermittlung von Mustertexten handelte, war die gedächtnismäßige Aneignung der Stoffe, auch durch Nacherzählung vielgeübter Brauch; b) durch Übung des Verstandes und der Urteilskraft, durch Anregung von Denkprozessen. Dabei wurde die Sch. vordringlich als arbeitsteiliges Veranschaulichungsmaterial an Hand mustergültiger Vorlagen aufgefaßt. Daß die „Musterstücke" (L. KELLNER) eine Doppelaufgabe zu erfüllen hatten, nämlich neben dem analytischen Eindringen in die sachlichen Aussagen des Textes auch eine vorbildhafte Moralerziehung zu ermöglichen, galt damals als selbstverständlich. Erst in jüngster Zeit führt die Theorie des „kritischen Lesens" auch zur Übermittlung von Problemfällen und Negativbeispielen innerhalb der Sch., die sich dann als Textsammlung zur Anregung, eigenständige Urteile und Ansichten zu finden, versteht; c) durch Bildung des Geschmacks und der Phantasie, indem „Schönes" in mustergültiger Form erlebt und durch möglichst „dichten" Nachvollzug verinnerlicht und auch die Begegnung mit dem Werk („dichterisches Kunstwerk") zur Aktivierung eigener kreativer Kräfte genutzt wird (Lesung, Aufführung, Weiterdichtung, Vertonung, Umdichtung).

Zu 2. Die im Gefolge des Humanismus und der Reformation sich anbahnende, im 17. und 18. Jahrhundert sich ausgliedernde Schulorganisation in höhere und niedere Schulformen beeinflußte insofern den Lektürekanon, als für die gymnasiale Richtung weiterhin mehr fach- und sachbezogene, für die elementare Richtung mehr naiv-moralisierende Textgruppierungen vorgenommen wurden. Deutlich wird dies beim Vergleich des Lesebuchs von J. SULZER „Vorübung zur Erwek-

kung der Aufmerksamkeit und des Nachdenkens" (1768) mit FRIEDRICH E. VON ROCHOWS „Kinderfreund" (1776). Beide standen indessen bereits fest auf dem Boden muttersprachlicher Sageweise. Der mediale Charakter der Sch. bleibt jedoch für das elementare Schulwesen länger erhalten als für das gehobene. Die Diskussion um den pädagogischen Wert der Sch. ließ bereits zum Ende des 19. Jahrhunderts deutlich werden, daß ihr auf dem Weg über das Schulbuch (nach F. KOPP) Öffentlichkeitsbedeutung zukommt, das heißt, daß sie öffentlich begutachtet wird und Ausdruck einer pädagogischen Gesamthaltung und Spiegelung eines didaktischen Leitbildes ist.
Nicht zu übersehen ist die Tatsache, daß die obrigkeitlich bzw. behördlich verfügte Sch. häufig auf den Widerstand der Vermittlungsinstanz, d.i. des je einzelnen fortschrittlich gesinnten Lehrers, stieß. Dabei trat das literarische Bildungsgut in ein nicht immer fruchtbares Spannungsverhältnis von Tradition und Modernität. Das umgekehrte Verhältnis läßt sich in neuester Zeit verschiedentlich aufzeigen, wenn reformbestrebte Behörden neue literarische Empfehlungen gegenüber konservativen Lehrer- und Elterngruppierungen geltend zu machen versuchen (Streit um „Rahmenrichtlinien").
Zu 3. Die pädagogische Reformbewegung um 1900 brachte theoretisch den Höhepunkt und vorläufigen Abschluß des Prozesses, der die Sch. nicht mehr als Mittel für außerliterarische Absichten, sondern als Gegenstand primär literarischer Betrachtungen, Analysen und Interpretationen verwendet sehen will. Das Angebot an Literatur zum Zwecke der Verwendung in Schulen erweiterte sich über den bisherigen, geschlossenen, relativ eng bemessenen Kanon an Sch. hinaus; es entstand eine größere „Offenheit beim Lesen", bedingt durch eine dem Gegenstand Literatur angemessenere Beurteilung der Textunterlagen. Die schuldidaktische, medial bedingte sogenannte „Niveauschwelle" in der Bewertung von Literatur wurde abgebaut, ohne den Reifegrad des jungen Lesers zu übersehen. Der Genußaspekt bei der Begegnung mit Literatur wurde zugunsten einer Einsicht- und Arbeitshaltung des Lesenden stark eingeschränkt.
Sch. heute steht in einem antinomen, zeitweilig heftig umstrittenen Verhältnis zwischen Klassizität und Aktualität, wobei das Maß der gegenseitigen Verbindlichkeiten oft kräftig attackiert wird. Die einstige Wertbeständigkeit literarischer Inhalte und Gehalte, normativ begründet, hat einer permanenten Revision dieser Inhalte Platz gemacht. Ihre jeweilige historische Anbindung bewahrt die Angebote vor dem Abgleiten in bildungspolitische Zufälligkeiten.

→ ABC-Buch, → Fibel, →Ganzschriften, → Lesebuch, → Leselernmethoden, → Realienbuch

Sekundärliteratur: F. Aberle: Klassen- und Massen-Lektüre (1891). – A. Cl. Baumgärtner (Hrsg.): Lesen (1973). – J. Dolch: Lehrplan des Abendlandes (1959). – W. Flitner: Grund- und Zeitfragen der Erziehung und Bildung (1954). – F. Kopp: Das Schulbuch im Unterricht der Volksschule (1965). – A. Krüger: Kinder- und Jugendbücher als Klassenlektüre (1963). – W. Raitz (Hrsg.): Der alte Kanon neu (zus. mit E. Schütz, 1976). – H. Rechtmann: Geschichte der Pädagogik (1848–1850). – E. Reicke: Lehrer und Unterrichtswesen in der deutschen Vergangenheit (1901). – G. Rentner: Wesenszüge und Wandlungen des literarischen Kanons in den deutschen Volksschullesebüchern (1949). – H. Rommel: Das Schulbuch im 18. Jahrhundert (1968). – H. Wolgast: Vom Kinderbuch (1906).

Hermann Bertlein

Schuloper → Kinderoper

Schulspiel

Sch. als ein neuerer Begriff bezeichnet den intentionalen Umgang mit Formen von Spiel und Theater in einem eigenen Lernbereich; dieser Lernbereich umfaßt auch das Schultheater. Davon zu unterscheiden sind einzelne Spiele in der Schule. Sch. wie Spiele in der Schule sind zum Teil literarisch oder literaturnahe.

Spiele in der Schule sind momentane Einschübe, entweder spontan von Schülern eingebracht (etwa während der Pause) oder intentional durch den Unterrichtenden: als Belohnung und Erholung (rekreative Spiele), zur körperlichen Ertüchtigung (gymnastische und sportliche Spiele), zur Förderung des Lernens (didaktische Spiele). Meist dienen sie mehrfachen Intentionen; sie sind immer auch Träger sozialen und emotionalen Lernens. Im weiteren Zusammenhang gehören in diesen Bereich auch Fest und Feier, auch Wandertag, Schullandheimaufenthalt und Studienreise. In vielen Fällen werden Spiele dieser Art ermöglicht und strukturiert durch die Verwendung von Sprach- und Literaturquellen (Kinderreime, Abzählverse, Liedtexte; Märchen-, Schwank- und Moritatendramatisierungen, Gedichte, Parodien etc.). Sie kommen oft ohne Worte aus oder brauchen nur wenige Formeln (z.B. „Wer hat Angst vorm Schwarzen Mann?"). Nur ausnahmsweise werden spontane wie angeleitete Sprachspiele, Erzählungen, Dialoge, Rollenspiele festgehalten. Spiele in der Schule gab es vermutlich schon immer. In jüngster Zeit werden sie verstärkt als Möglichkeit zu handlungs- und erfahrungsbezogenem Lernen diskutiert (vor allem das Rollenspiel), wenn auch kaum umfassend praktiziert.
Das Sch. im engeren Sinne ist der pädagogisch intendierte und didaktisch strukturierte Umgang mit Formen von Spiel und Theater. Sch. dieser Art entsteht im gemeinsamen Planen und Üben von Schülern und Lehrern. Es ist insbesondere dem sozialen Lernen verpflichtet. Andere Bezeichnungen für Sch. sind Interaktionsspiel, Darstellendes Spiel, Animationsspiel. Sch. in diesem Sinne ist eine neuere Entwicklung mit Ansätzen in der Reformpädagogik der ersten Jahrzehnte des 20. Jahrhunderts. Erst seit 1969 ist „Schulspiel" Lehr- und Prüfungsfach an der Pädagogischen Hochschule in Berlin (West). Sch. ist zum Teil sprachfern (Körper- und Materialspiele). Literaturnah sind die rhetorischen Spiele und Übungen, eine Reihe von gruppendynamischen und Interaktionsübungen und das Rollenspiel; es wird gelegentlich notiert bzw. zum

Theater entwickelt. Literarisch sind Lehrstück/Lernstück und das Schultheater durch die Verwendung von selbst erarbeiteten wie auch von Autorentexten.

→ Kindertheater, →Laienspiel, → Rollenspiel, → Schultheater

Sekundärliteratur: P. Amtmann: Das Schulspiel (1968). – E. Colberg: Mein Weg ins Schulspiel (1959). – B. Daublebsky: Spielen in der Schule (zus. mit anderen, [4]1976). – E. Gording: Dramatisches Spiel (1971). – H. Haven: Darstellendes Spiel (1970). – S. Krause: Zur Praxis des Rollenspiels in der Schule (1975). – G. Loschütz: Sofern die Verhältnisse es zulassen. Drei Rollenspiele (1972). – E. J. Lutz: Das Schulspiel (1957). – W. Meyer (zus. mit J. Seidel): Spielen und Darstellen (Bd. 1–3. 1975–1976). – H.-W. Nickel: Spiel, Theater, Interaktionspädagogik (1976).

Hans-Wolfgang Nickel

Schultheater

Unter Sch. ist seit dem Mittelalter die Entwicklung, Erprobung, Einstudierung und Aufführung dramatischer Werke mit Schülern und durch Schüler unter Anleitung von Lehrern zu verstehen. Ähnliches gilt für die Formen des Kabaretts, Pantomimen-, Figuren-, Maskentheaters, auch der Schuloper, des Tanzes, der Rezitation, des Sprechchors, Hörspiels, Films und Videofilms, soweit sich die Institution Schule ihrer annimmt. In der Gegenwart ist das Sch. nur ein Teil des umfassenden Lernbereichs „Schulspiel".

Zur Geschichte des Sch.s. Das Sch. hat eine wechselvolle Geschichte: neben langen Perioden, in denen Schulen nur sporadisch theatralisch aktiv wurden, neben solchen mit umfassendem Anspruch an die Theaterarbeit (die dann als fester Teil und Medium des sozialen Lernens verstanden wurde) stehen solche, in denen Sch. auf begrenztes ästhetisches Tun reduziert war.
Im Mittelalter waren Zöglinge von Kloster- und Lateinschulen, Vaganten und später Studenten selbstverständliche Mitwirkende im religiösen wie im weltlichen Theater, das sich unabhängig von antiken Mustern aus der christlichen Liturgie (seit dem 13. Jahrhundert auch in der jeweiligen Nationalsprache), aus Brauchtums- und Spaßmachertraditionen entwickelte. Besondere Funktionen übernahmen Schüler in den Heischebräuchen (z.B. bei Adventsumzuügen), bei den wiederholt wegen ihres sittenverrohenden, blasphemischen Charakters verbotenen Narrenfesten, in den Aufzügen und der nachahmenden oder parodierenden Liturgie des Knabenbischof (Abbas scholasticus, 911 in St. Gallen, 1307 in Worms, bis 1460 in Wien), manchmal in Passionsspielen (so bei dem Lateinschulmeister BENEDIKT DEBS in Bozen 1485–1515). Ihre Mitwirkung blieb nicht unbestritten. So erhielt z.B. im 15. Jahrhundert ein Magister J. ZELLER eine offizielle Rüge der Artistischen Fakultät der Wiener Universität, weil er mit seinen Studenten in der herzoglichen Burg öffentliche Passionsspiele abgehalten hatte (1431/1432). Neben diesen praktischen theatralischen bzw. vortheatralischen Aktivitäten blieb die Rhetorik, als Kunst der öffentlichen Rede in der Antike Teil der Allgemeinbildung und zu einem umfassenden Lehrgebiet ausgearbeitet, auch im Mittelalter verpflichtend als eine der sieben artes liberales, oft in zentraler Stellung innerhalb des Triviums. Ähnlich bestimmend blieben im sich langsam formierenden europäischen Schulwesen die antiken Dramatiker (insbesondere SENECA, TERENZ, PLAUTUS) als Lesedramen und Stilmuster.
Von höchster Bedeutsamkeit sowohl für die allgemeine Theatergeschichte wie für das Schulwesen wurde das Sch. der beginnenden Neuzeit, das sogenannte „Schuldrama". Dieses an den Humanistenschulen des 15. bis 17. Jahrhunderts gepflegte, zunächst lateinische (selten griechische), dann auch nationalsprachliche Drama verfolgte zuerst historische Zwecke, nämlich die der Rekonstruktion des antiken Theaters im Sinne der Renaissance-Ideologie, dann primär pädagogische, nämlich die der Schulung von Auftreten, eleganter Handhabung der rhetorischen Mittel der lateinischen bzw. der Nationalsprache, und der Einübung in die ethische Praxis des Christentums und des Humanismus, schließlich auch propagandistische Zwecke für die Reformation bzw. die Gegenreformation. Erste Versuche zur praktischen Erkundung des antiken Theaters wurden am Hof von Ferrara unternommen (1444), dann insbesondere durch den Professor für Rhetorik POMPONIUS LAETUS in der Römischen Akademie am Quirinal (1473–1478). Als erstes frühhumanistisches Gesprächsspiel in Deutschland ist WIMPHELINGS „Stylpho" überliefert. WIMPHELING, damals Vizekanzler der Universität Heidelberg, fügte es 1480 in eine akademische Festrede ein. Die Dialoge zwischen zwei angehenden Geistlichen sollten vor Überheblichkeit und Trägheit warnen. Aus Ferrara ist überliefert, daß dort ein paar Jahre später (1486) eine PLAUTUS-Komödie in italienischer Übersetzung gespielt wurde. In Ingolstadt forderte K. CELTIS etwa zur selben Zeit (1492) die Einbeziehung von Dramenaufführungen ins Erziehungsprogramm von Universitäten und Lateinschulen. Wiederum in Heidelberg wurden die ersten regelrechten neulateinischen Komödien im deutschen Sprachraum gespielt („Henno", „Sergius"; beide von dem Humanisten JOHANN REUCHLIN, 1496/1497). LUTHER empfahl in den Tischreden: „Comödien zu spielen soll man um der Knaben in der Schule willen nicht wehren ... erstlich daß sie sich üben in der lateinischen Sprache, zum andern, daß ... ein Iglicher seines Amts und Standes erinnert und vermahnet werde ... welchs denn sehr nütz und wol zu wissen ist." Auch von PHILIPP MELANCHTHON ist bekannt, daß er auf seiner Schola privata zahlreiche Dramen spielen ließ (so 1525/1526 EURIPIDES, SENECA, PLAUTUS und TERENZ). Von dieser Zeit an wurde auf den evangelischen Schulen allerorten gespielt; Zentrum wurde Straßburg unter JOHANNES STURM (Gründung des Gymnasiums 1538, Erhebung zur Akademie 1566).
Dem protestantischen Sch. folgten die katholischen Orden, insbesondere das Jesuitentheater, dessen Blütezeit etwa 1550–1650 war; Bekehrungsstücke mit prunkvoller Ausstattung wurden zum Teil in Freilichtaufführ-

rungen mit Massenaufzügen zur Darstellung gebracht. In München wirkten 1577 bei einer Inszenierung 1700 Personen mit. Die Hauptvertreter waren JAKOB BIDERMANN (1578–1639), JAKOB MASEN (1606–1681), NICOLAUS AVANCINI, SIMON RETTENBACHER († 1706). An einzelnen Orten, insbesondere in Osteuropa und den Alpenländern, blieb das Jesuitentheater bis zur Aufhebung des Ordens 1773 lebendig.
Höchstes literarisches Niveau erreichte das protestantische Schuldrama im schlesischen Kunstdrama in der Zeit von etwa 1650 bis 1690. Hauptvertreter sind hier ANDREAS GRYPHIUS, DANIEL CASPAR LOHENSTEIN, JOH. CHRISTIAN HALLMANN, HAUGWITZ. Adelige waren die Träger der Haupthandlung in dem barocken Trauerspiel; staatsrechtliche Themen wurden behandelt (Herrschermacht, Absolutismus). Erneut primär pädagogisch wurde das Sch. bei CHRISTIAN WEISE, der seit 1678 als Rektor in Zittau über 50 Stücke für die Schulbühne schrieb und aufführte, um zur „politischen", d. h. weltmännischen Lebensform zu erziehen. Er wählte seine Themen aus der biblischen und weltlichen Geschichte und der literarischen Tradition. Insgesamt tendierte sowohl das protestantische Sch. wie auch das katholische Ordenstheater im Zusammenhang mit den rhetorischen Vorübungen und vielen dramatischen Kleinformen innerhalb des Unterrichts über die Erarbeitung von Theater als Kunstform hinaus zu einem umfassenden sozialen, ethisch-religiösen und politischen Lernen, das freilich in eine gegebene Welt und Weltanschauung einführt. Eine Sonderstellung nimmt JOHANN AMOS COMENIUS ein; er schrieb nicht nur als Emigrant in Polen und Ungarn eine Reihe von lateinischen Dramen, die von seinen Schülern aufgeführt wurden, während in Prag das Jesuitentheater Triumphe feierte, sondern faßte auch das gesamte Wissen seiner Zeit in einem achtteiligen Theaterstück „Schola ludus seu encyclopaedia viva" zusammen (1657).
Im Verlauf des 18. und 19. Jahrhunderts rückte das Sch. mehr und mehr aus dem Zentrum öffentlichen Interesses in eine Randstellung. Ursache sind weniger die Verbote – etwa 1718 durch FRIEDRICH WILHELM I. in Preußen, der als Grund angab, die Stücke vereitelten die Gemüter und verursachten Unkosten; 1768 durch MARIA THERESIA in Wien; 1773 Aufhebung des Jesuitenordens –, als das sich ausbreitende Berufstheater, das höhere und speziellere Ansprüche erfüllte. Sch. blieb jedoch üblich. Es galt jedenfalls nirgends als außergewöhnlich, wenn Knaben, seltener Mädchen, noch seltener gemischte Gruppen ab und an in der Schule oder der Hochschule Theater spielten oder zumindest Deklamationen aufführten (zum Sedanstag, Kaisers Geburtstag, Schulfest). Die Klassiker (Wilhelm Tell, Iphigenie, Wallensteins Lager) SHAKESPEARE („Lady Macbeth als Stiefbruder"); auch antike oder lokale Autoren) wurden häufig nur in einzelnen Szenen bzw. auszugsweise aufgeführt. Insbesondere Internate (etwa Schulpforta), Klosterschulen, ehemalige Ordensschulen bewahrten ihre Spieltradition (vielfach auch in Spielstil und Repertoire). Letzteres gilt vor allem für die Alpenregion. Aber auch die neugegründeten Realgymnasien spielten ab und an; weniger die Volksschulen. Zudem gab es von den Schulen mancherlei Verbindungen mit dem Dilettantentheater, den Theatervereinen, der kleinstädtischen Geselligkeit. So traf der Neubeginn des „Laienspiels" im 20. Jahrhundert nicht auf ein völliges Vakuum.
Nach dem Ersten Weltkrieg verstärkten sich die neuen Impulse, aus den Landerziehungsheimen (namentlich von MARTIN LUSERKE), aus der Jugendbewegung (namentlich von RUDOLF MIRBT) und aus der Kunsterziehungsbewegung. Sie gewannen Eingang in die Lehrpläne (vor allem in Preußen seit 1924), führten zu Tagungen, Publikationen, Zeitschriften und einer Fülle von Spieltexten, vor allem für Jüngere. Rückgriffe auf altes Volksgut (Märchen, geistliche Spiele) bis hin zu HANS SACHS finden im Zuge der Neuromantik statt, neugeschriebene Stücke, bei M. LUSERKE insbesondere SHAKESPEARE-Stücke, traten als Textbücher hinzu. Politisch bewußte Autoren suchen den Zugang zur Schule (BRECHT mit seinen Lehrstückversuchen um 1930, HINDEMITH).
Die Entwicklung des Sch.s wurde wie die des Laienspiels von 1933 bis 1945 unterbrochen. Christliches wie sozialistisches Gedankengut wurde ausgeschieden. Weiterhin gespielt wurden Klassiker und Märchen, auch eine ganze Reihe der neuen Texte; Völkisch-Nationales wurde verstärkt, nationalsozialistische Stücke entstanden jedoch kaum und wurden auch selten gespielt.
Nach 1945 begann das Sch. mit den alten Stücken und den alten Anschauungen der Zeit vor 1933. Erst allmählich gelang unter dem Begriff „Amateurtheater" die Lösung vom Laienspiel; gespielt wurden Stücke des absurden Theaters (Avantgardetheater), immer wieder kabarettistische Formen, nach 1968 verstärkt politische Montagen, ein wenig später auch BRECHTs Lehrstücke wieder, im Zuge der Entwicklung des Schulspiels mehr und mehr auch selbstgeschriebene oder montierte Stücke.
In jüngster Zeit wird „Darstellendes Spiel" (zum Teil stark medienkundlich-theaterwissenschaftlich ausgerichtet) an gymnasialen Oberstufen angeboten. Theaterinteressierte Lehrer sind in der „Bundesarbeitsgemeinschaft Spiel in der Schule" zusammengeschlossen. Vom Sch. gibt es zahlreiche Verbindungslinien zum Schulspiel, das als der umfassendere Zusammenhang auch rekreative, gymnastische sowie didaktische Spiele umfaßt. Auch das Schulspiel greift manchmal auf literarische Vorlagen zurück.

→ Kindertheater, → Laienspiel, → M. Luserke, → R. Mirbt, → Rollenspiel, → Schulspiel

Sekundärliteratur: H. Amersdorffer: Schulbühnen und Puppenspiel (zus. mit anderen. 1958). – H. Kindermann: Theatergeschichte Europas (Bd. 1–10. 1957–1974). – R. Müller (Hrsg.): Spiel und Theater als kreativer Prozeß (1972). – H.-W. Nickel: Spiel, Theater, Interaktionspädagogik (1976). – E. Stadler (Hrsg.): Schweizer Schultheater 1946–1966 (1967).

Hans-Wolfgang Nickel

Schulz, Charles Monroe

*Amerikanischer Comiczeichner; * 26. 11. 1922 Minneapolis (Minnesota).*

Sch. wurde als einziges Kind des Friseurs Carl Sch. und dessen Ehefrau Dena geboren. Seit 1949 ist er verheiratet und hat fünf Kinder. Sch. lebt in Santa Rosa (Californien). Von früh auf bewies Sch. sein Zeichentalent. Er hatte bereits mit sechs Jahren den festen Wunsch, Comiczeichner zu werden. Seine Grundschulzeit verbrachte er als unterdurchschnittlicher Schüler und mußte Klassen wiederholen. Ähnliches zeigte sich auf der St. Paul's Central High School, wo er in vier Fächern durch das Examen fiel. Sch. entwickelte kaum Kontakte zu Schulkameraden und Mädchen. Zeichnungen, die er für das Schuljahrbuch einsandte, wurden nicht veröffentlicht. Er fühlte sich als ewiger Versager, wie Charley Brown, die spätere Hauptfigur seiner „Peanuts".
Trotz seiner schulischen Mißerfolge bildete sich Sch. autodidaktisch im Zeichnen weiter aus und begann einen Lehrbriefkursus der Art Instruction Inc., Minneapolis, nachdem er 1940 seine Schulzeit doch noch erfolgreich abschloß.
1943 wurde Sch. zur Armee eingezogen. Er kämpfte als Soldat in Frankreich und Deutschland. Nach Kriegsende kehrte er nach St. Paul zurück, blieb einige Zeit ohne Arbeit, durfte aber dann die Schriften auf der Comicseite eines religiösen Magazins der Stadt zeichnen. Zu seiner eigenen Überraschung wurde er bald darauf in das Lehrerkollegium seiner früheren Kunstschule berufen und gehörte ihm für fünf Jahre an. Neben dieser Tätigkeit begann er eine wöchentliche Comicserie für die St. Paul Pioneer Press zu zeichnen und konnte 1948 seinen ersten „Cartoon" an die Saturday Evening Post verkaufen.
1955 erhielt er den „Reuben-Preis" der National Cartoonist Society, ein Jahr später den „Yale Humor Award" der Yale Universität. 1960 errang er den „School Bell Award" der reputierten National Education Society. Sch. zeichnet und textet alle Comicstreifen selbst.

Charles M. Schulz (*1922)

Werk, Tendenzen, Wirkung. Sch.s große Chance kam, als das United Feature Syndicate (UFS) ihm die Idee zu der Comicserie „Peanuts" abkaufte. Die erwachsenenhafte Sprech- und Verhaltensweise ihrer kindlichen Akteure sowie ihr verhaltener, hintergründiger Humor verhelfen Sch.' Werk zu vielfachen Interpretationen und Deutungen. So wird er unter den Comic-Herstellern als der Intellektuelle, auch der Semantiker, Psychologe oder gar Existentialist bezeichnet. Seiner Serie wird außerdem nachgesagt, sie habe ausgesprochen religiöse Inhalte. Das hat wohl seinen Grund darin, daß Sch., der in der Geisteshaltung der Lutherischen Kirche aufwuchs, als Erwachsener zur Fundamentalist Church of God übertrat und sich als tief religiöser Mann in ihr als Sonntagsschullehrer und Laienprediger hervortut. Er raucht nicht, trinkt nicht, flucht nicht, spielt Golf, Tennis und Bridge, liest gerne und genießt klassische Musik.

→ Peanuts

Sekundärliteratur: St. Becker: Comic art in America (1959). – H.-J. Ehlers: Wie macht man einen Comic? (in: Kontraste. 1975. 4. 31–35). – R. C. Reitberger: Comics. Anatomie eines Massenmediums (zus. mit W. J. Fuchs, 1971). – Ch. M. Schulz (in: Current Biography Yearbook. 1960. 363–365).

Wolfgang Kempkes

Schumacher, Tony

*(d. i. Antonie Schumacher). Schriftstellerin; * 17. 5. 1848 Ludwigsburg, † 10. 7. 1931 Ludwigsburg.*

Sch. wurde im Revolutionsjahr 1848 in Ludwigsburg als siebentes und jüngstes Kind des Majors und späteren Generals Fidel von Baur-Breitenfeld geboren. Sie wuchs in Ludwigsburg und Stuttgart auf, wo der Vater vorübergehend lebte, während er Württembergischer Kriegsminister war. Schulbildung erhielt Sch. in einem Privatinstitut für Töchter. Im Jahr 1875 heiratete sie Karl Friedrich Schumacher, Hofrat und Vermögensverwalter der Prinzessin Marie von Württemberg in Stuttgart. Als Großnichte von Justinus Kerner (1786–1860) von diesem zwar früh zu schriftstellerischen Versuchen ermuntert, begann die kinderlose „Frau Geheimrat" erst fast vierzigjährig mit ihrer in der Folge reichen popularpädagogischen und jugendliterarischen Tätigkeit. Sch. starb 83jährig während eines Zwischenbesuchs 1931 in Ludwigsburg und wurde in Stuttgart beigesetzt.

Werk, Tendenzen, Wirkung. Der pädagogische Teil ihres umfangreichen Werkes ist nicht zu Unrecht der Vergessenheit anheim gefallen. Jedoch besitzt deren traktathafter Stil für das literarhistorische Interesse nicht geringen Aufschlußwert, spiegelt doch die pädagogische liebevolle und didaktisch betuliche Sprachgestik jene aus mütterlicher Güte und gouvernantenhafter Bestimmtheit gemischte Haltung, wie sie für die Mädchenerziehung im Kaiserlichen Deutschland besonders typisch und bezeichnend war. Die Jugendbücher werden gleichfalls von dieser Haltung getragen: Die Autorin erzählt direkt und ohne einen intervenierenden, die Handlung durch außenstehende Kommentare relationierenden bzw. sublimierenden Erzähler; dadurch rükken die erzählenden Bücher auf die Kommunikationsebene der Trivialliteratur. Die Motivik ist ebenso zeitverhaftet wie aufschlußreich: Die hausväterlich streng geregelte und von mütterlicher Güte erwärmte Ordnung wird dem engen Einerlei durch eine romantisierende Sehnsucht zum Milieu der Ungebundenen und Fahrenden, der Zirkusleute und Zigeuner enthoben. Zuweilen lockt auch ein kolonialer Exotismus. Nicht zufällig belebt die aus einer kinderreichen Familie stammende, aber kinderlose Autorin ihre literarischen Familien gern mit Kindern aus fremdem Milieu, beispielsweise mit dem Halbnegerkind Nelly und später mit Nellys Kindern. Fremden und kranken Kindern gegenüber bewährt sich die wie immer sentimentale Geschwisterliebe als Humanität; freilich gelingt am Ende zumeist allzu rasch die Integration in die gute Gesellschaft. Sehr deutlich zeigen sich Haltung und Intention der Autorin im Nachwort der Erzählung „Komteßchen und Zigeunerkind" (1914), in dem Sch. unter anderem schreibt: „... Und damit nehmen wir Abschied vom Schloß, vom Wald und von der Heide und von allen denen, die wir da auf ihrem Lebenslauf verfolgten. Ein jeder dieser Menschen ging seinen eigenen Weg, den ihm von Gott angewiesenen, im Sonnenlicht und im Schatten, durch frohe Zeiten und durchs dunkle Tal, dem „Goldenen Tor" entgegen, das Winifred so früh erreichte. Wir alle – ihr und ich – haben auch unseren Weg zu gehen, oft über blumige Auen und dann wieder auf heißer, staubiger Straße. Aber das goldene Tor, das zu den himmlischen Gärten führt, das möchte ein jedes von uns erreichen, nicht wahr? Ich glaube, wir kommen am ehesten zu ihm, wenn wir's machen wie die kleine Komtesse und auch wie Zinna, die es von ihr gelernt hat: ‚Lieb haben und Liebe geben!' ...". Sch.s Bücher fanden eine weitreichende Resonanz bei der Jugend, vor allem vor und nach dem Ersten Weltkrieg. Die schwärmerische Rezeption ist an der von Sch. selbst in Auftrag gegebenen Einbindung und in der Württembergischen Landesbibliothek deponierten Korrespondenz der jugendlichen Leser nachprüfbar. Sogar noch in der faschistischen Ära erlebten ihre durch die Praxis familiärer Humanität das rassistische Vorurteil ignorierenden Bücher hohe Auflagen, wenn auch überarbeitet und angepaßt in Text und Illustration. Einige Bücher erzielten zwar nach dem Zweiten Weltkrieg erneut Auflagen, sanken aber bald in die Vergessenheit. In der Schweiz erhielt Sch. den Beinamen „die deutsche Spyri". Allerdings stellt sich ein ironischer Unterton ein, denn die zweifelhafte Ehrung ist unzutreffend, weil sie keineswegs eine solche Wirkung und Nachwirkung und keine solch treu bleibende Lesergemeinde fand wie ihre Schweizer Kollegin in Deutschland.

Werke: Schulleben (1879); Vom Schulmädel bis zur Großmutter. Plaudereien (1898); Was ich als Kind erlebt. Plaudereien (1900); Das Veferl vom Eibsee (1901); Spaziergänge ins Alltagsleben (1902); Opfer der Schuld. Erzählungen (1902); Überlegt's! (1903); Ein Wunderkind (1903); Heimatzauber (1904); Überall Sonnenschein (1905); Aus meiner Mappe. Erzählungen (1905); Dummerchen (1906); Zirkuskinder (1907); Und doch glücklich (1908); Rigikinder und andere Geschichten (1909); Mütterchens Hilfstruppen (1909); Die fröhlichen Doktorskinder (1910); Eine glückliche Familie (1911); Keine Langeweile (1911); Marietta. Geschichte (1911); Hanneles Opfer (1913); Komteßchen und Zigeunerkind (1914); Wenn Vater im Krieg ist (1916); Vater noch im Krieg (1917); Miriams Treue (1918); Die beiden Trotzköpfe (1919); Ein Kind aus Indien (1920); Um der Mutter willen (1921); Rechts oder links und andere Geschichten (1922); Aus früher Jugendzeit. Erzähltes und Erlebtes (1923); Nellys Kinder (1923); Mein Kindheitsparadies. Erinnerungen (1925); Das Schloß Bärbele (1925); Heimat um Heimat (1926); Heut-beste Zeit! (1927); Was meine alten Möbel mir erzählen. Erzählungen (1928).

Sekundärliteratur: J. Becker: Alltäglicher Rassismus. Die afro-amerikanischen Rassenkonflikte im Kinder- und Jugendbuch der BRD (1977). – W. Hagen: Aus Leben und Werk von Tony Schumacher (in: Ludwigsburger Geschichtsblätter. 17. 1965. 147–164). – A. Rooschuez: Tony Schumacher. Ein Lebensbild (1931).

Dieter Arendt

Schummel, Johann Gottlieb

*Haus- und Gymnasiallehrer, Geschichtsprofessor, Schriftsteller; * 8.5.1748 Seitendorf bei Hirschberg, † 23.12.1813 Breslau.*

Sch. entstammte einer kleinbürgerlichen Familie. Der Vater war Dorfschullehrer und Kantor. Der begabte und strebsame Sch. besuchte nach kurzem Unterricht im Elternhaus von 1759 bis 1767 das Gymnasium in Hirschberg. Von 1769 bis 1770 studierte er in Halle Philosophie und Theologie. Enge finanzielle Verhältnisse zwangen ihn, eine Hauslehrertätigkeit in Magdeburg zu übernehmen und weitere Studien als Autodidakt zu betreiben. 1772 wurde er mit der hauptamtlichen Stelle als Präzeptor im Kloster „Unsere Lieben Frauen" in Magdeburg betraut. Hier entfaltete er seine pädagogische Tätigkeit, die durch die Teilnahme an der Musterprüfung des Dessauer Philanthropin 1776 ihre erste öffentliche Anerkennung fand. Vom Minister ZEDLITZ entdeckt und gefördert, übernahm Sch. 1779 eine Professur für Historie an der Ritter-Akademie in Liegnitz. 1788 wurde er Prorektor am Elisabethan-Gymnasium in Breslau und Inspektor des Stadtschullehrerseminars. Seiner großen Verdienste wegen wurde ihm von der Breslauer Universität der Ehrendoktortitel verliehen.

Werk, Tendenzen, Wirkung. In seiner schriftstellerischen Tätigkeit beherrschte Sch. ein weites Spektrum der Formen. Er verfaßte häufig in Anlehnung an einschlägige deutsche und englische Werke Romane, Dramen und Schauspiele und behandelte pädagogische und politische Zeitfragen. Seine für die Kulturgeschichte bedeutendsten Werke sind der Roman „Spitzbart. Eine komisch-tragische Geschichte für unser pädagogisches Jahrhundert", der in Leipzig 1779 erschien und die 1776 anonym erschienene Reisebeschreibung für Kinder „Fritzens Reise nach Dessau". Obwohl pädagogisch reformbewußt, blieb Sch. in seinem Schrifttum stets zeitkritisch.

Werke: Der Würzkrämer und sein Sohn. Schulkomödie in einem Aufzug (1773); Fritzens Reise nach Dessau (1776); Kinderspiele und -gespräche (Bd. 1–3. 1776–1778).

Sekundärliteratur: Fr. Etzin: Johann Gottlieb Schummels Pädagogik. Ein Beitrag zur Geschichte des deutschen Philanthropinismus (1915). – M. Hippe: J. G. Schummel. Ein Lebensbild (in: Zeitschrift des Vereins für Geschichte und Altertum Schlesiens 1892. 26. 249–281). – H. Kämmel: Schummel (in: K. A. Schmid (Hrsg.): Encyklopädie des gesammten Erziehungs- und Unterrichtswesens. Bd. 8. 1870. 399–405). – H. Ritter: Die pädagogischen Strömungen im letzten Drittel des 18. Jahrhunderts in den gleichzeitigen deutschen pädagogischen Romanen und romanhaften Darstellungen (1939). – G. Weigand: J. G. Schummel. Leben und Schaffen eines Schriftstellers und Reformpädagogen (1925).

Reinhard Stach

Schund und Schmutz

Mit dem Ausdruck Sch. und Schm. werden Schriften und andere Medienerzeugnisse bezeichnet, die als ästhetisch und/oder moralisch minderwertig gelten und von deren Rezeption eine negative Wirkung auf Individuum und Gesellschaft, besonders aber auf Jugendliche, erwartet wird.

Bedeutungsumfang. Sowohl ‚Schund' als ‚Schmutz' konnten zunächst Schriften der verschiedensten Art meinen, insbesondere ‚Schund' ist als polemischer Begriff in diesem Sinne seit der Aufklärung geläufig. Erst im Wilhelminismus trat insofern eine gewisse Bedeutungseinengung ein, als das Wortpaar seitdem primär in bezug auf die Lektüre Jugendlicher verwendet wird. Doch blieben die zahllosen literaturpädagogischen und juristischen Definitionen immer verschwommen und widersprüchlich. Allenfalls läßt sich sagen, daß „Schmutz" vor allem die moralische, „Schund" daneben auch die ästhetische Minderwertigkeit ausdrücken soll; wobei die Bedeutung der Ausdrücke „Schund" und „Kitsch" ineinander übergehen kann.

Geschichte des „Schundkampfes". „Die Geschichte der Schundliteratur ... ist die Geschichte ihrer Bekämpfung" (Beyer). Den Anlaß für den sogenannten „Schundkampf" im Wilhelminischen Deutschland boten die wachsende Produktion der von Kolporteuren vertriebenen Lieferungsromane und das Aufkommen der den „dime novels" nachgebildeten Romanhefte. Die Sch.- und Schm.-Bewegung wurde von den verschiedensten Organisationen getragen, von Parteien, standespolitischen Vereinigungen, kulturpolitischen und literaturpädagogischen Verbänden, wie z.B. den Jugendschriftenausschüssen und dem Dürerbund, oder von speziellen Organisationen, wie z.B. der „Zentralstelle zur Bekämpfung der Schundliteratur". Neben die Propagierung „guter" Literatur durch Vorträge, Ausstellungen, billige Reihen trafen Verbote, die sich auf Strafgesetze, besonders auf die §§ 184 und 184a des StGB, Gewerbeordnung und Polizeiverordnungen stützten, und Boykottaktionen. Im Zentrum stand die Annahme, die Verbrechensdarstellung in der Massenliteratur wirke auf Jugendliche kriminalisierend. Neben moralischem Verfall – die „Hintertreppenromane" bewirkten beim Leser die „Erregung seiner Sinnlichkeit und seines Blutdurstes" (Schultze) – wurde die Verderbnis des ästhetischen Geschmacks befürchtet. Daneben finden sich politische Argumente. So wurde von konservativer Seite behauptet, die Hefte behinderten die Wehrertüchtigung und trieben die Leser dem Sozialismus in die Arme, obwohl die Sozialdemokratie dieser Literatur kritisch gegenüberstand. Bedeutsam waren aber auch ökonomische Motive, vor allem der Kampf des stationären Buchhandels und seiner Verlage gegen den Kolportagebuchhandel und seine Verlage, und soziale Gründe – die öffentliche Aufwertung des Lehrerstandes, dem viele Träger der „Schundkampf"-Bewegung angehörten. Von heute aus gesehen wird der Ersatzcharakter dieser Auseinandersetzung deutlich, die von drängenderen sozialen Problemen ablenkte; gleichzeitig bleiben Verdammungsurteile da überzeugend, wo Verlage mit eindeutig sadomasochistischen Produkten die wachsende Lesefähigkeit ausbeuteten. Wie stark allerdings die Definition dessen, was Sch. und Schm. sei, von der herrschenden Ideologie der Zeit bestimmt war, erhellt, wenn von denselben Personen Indianerheftchen abgelehnt, von Hurrapatriotismus strotzende Schriften aber gelobt oder gar selbst produziert wurden. – In der Weimarer Republik wurde der Kampf gegen Sch. und Schm. noch stärker eine Sache konservativer Bewegung. Als schädlich gebrandmarkt wurden in erster Linie Darstellungen der Erotik und Sexualität. Das zeigt sich auch in der Anwendung des 1926 vom Reichstag beschlossenen „Gesetzes zur Bewahrung der Jugend vor Schund- und Schmutzschriften", in dem sich keine Definition von Sch. und Schm. findet. Die in der „Liste der Schund- und Schmutzschriften" erfaßten Druckwerke waren Vertriebsbeschränkungen unterworfen. – In der Zeit des Nationalsozialismus verloren Staatsanwaltschaften und die 1926 geschaffenen Prüfstellen an Bedeutung gegenüber Polizei und Reichsschrifttumskammer. 1935 wurde das Sch.- und Schm.-Gesetz aufgehoben. Die von der Reichsschrifttumskammer herausgegebene „Liste der für Jugendliche und Büchereien ungeeigneten Schriften" belegt, was als schädlich zu gelten hatte: vor allem Abenteuer-, Detektiv-, Wildwestromane und ähnliches. – Nach einem Vorläufer in Rheinland-Pfalz (1949) erhielt die Bundesrepublik 1953 ein „Gesetz über die

Verbreitung jugendgefährdender Schriften" (novelliert 1961), das die Begriffe Sch. und Schm. meidet und in einem Beispielkatalog als jugendgefährdend „vor allem unsittliche, verrohend wirkende, zu Gewalttätigkeit, Verbrechen oder Rassenhaß anreizende sowie den Krieg verherrlichende Schriften" nennt. In der Liste der indizierten Schriften, die Vertriebsbeschränkungen unterliegen, nehmen wieder Erotika den weitaus größten Raum ein. In der vor allem in den fünfziger Jahren heftigen öffentlichen Diskussion waren daneben Comics und Verbrechensdarstellungen von Bedeutung.
Auch in anderen Ländern wurden Debatten über die schädliche Wirkung bestimmter Erzeugnisse der Massenliteratur auf Jugendliche geführt und entsprechende Gesetze erlassen.
Die heutige Diskussion über den Wert von Medienprodukten für Jugendliche kann sich weder der mehrdeutigen, inhaltsleeren Begriffe Sch. und Schm. bedienen, noch die dem Kulturpessimismus entstammenden Wirkungsannahmen und Wertungen der Sch.- und Schm.-Debatte weiter tradieren.

→ Bundesprüfstelle für jugendgefährdende Schriften, → Jugendmedienschutz, → Junglesersoziologie, → Kitsch, → Konsumliteratur für Kinder und Jugendliche, → Kritik der Kinder- und Jugendliteratur

Sekundärliteratur: E. Ackerknecht: Zur Psychologie der Schundliteratur (in: E. Ackerknecht: Büchereifragen. 1924. 125–132). – D. Aigner: Die Indizierung „schädlichen und unerwünschten Schrifttums" im Dritten Reich (in: Archiv für Geschichte des Buchwesens. Bd. XI. 1971. 933–1034). – H. Amschl: Schmutz und Schund im Unterricht (1973; zus. mit L. Holzinger und J. Mende). – R. Bamberger: Die unterwertige Lektüre (1965; zus. mit W. Jambor). – H. Bauer: Die moderne Schule im Kampf gegen Schmöker, Plund und Schund (1957). – H. Bausinger: Wege zur Erforschung der trivialen Literatur (in: H. O. Burger (Hrsg.): Studien zur Trivialliteratur. 1968. 1–33). – U. Beer: Literatur und Schund. Eine Arbeitshilfe (1963). – H. Benfer: Schundkampf und literarische Jugendpflege (1932). – H. Beyer: Schundliteratur (in: P. Merker (Hrsg. zus. mit W. Stammler): Reallexikon der deutschen Literaturgeschichte. 3. Bd. 1928–1929. 201–203). – H. Epstein: Der Detektivroman der Unterschicht (1930). – W. Fronemann: Die Lage im Kampf gegen die Schundliteratur (in: Volksbildungsarchiv. 1922. 6/7. 137–149); Lesende Jugend (1930). – W. Gensch: Schundliteratur, Jugendbuch und Jugendnot (in: Kind und Kunst. 1928. 288–300). – A. Hellwig: Jugendschutz gegen Schundliteratur (1927). – K. W. Hesse (Hrsg.): Schmutz und Schund unter der Lupe (1955). – E. Hoernle: Unser Kampf gegen die Schundliteratur (in: D. Richter (Hrsg.): Das politische Kinderbuch. 1973. 251–255). – W. Jambor: Entwicklung und Aufgabe des Kampfes gegen die Schundliteratur (in: Die Barke. 1958. 273–289). – E. Martin: Das Problem der Schundliteratur (in: Jugend und Lektüre. 1957. 99–125). – H. Paul: Im Namen der Jugend. Jugenderziehung und Schundliteratur in ihrem inneren Zusammenhang (1912). – H. Reinhardt: Schmutz- und Schundliteratur im Volksschulalter (1957). – S. Rüttgers: Die Blumen des Bösen. 1. Rede an die Kinderfreunde über die Schundliteratur (1911). – P. Samuleit: Kriegsschundliteratur (1916). – R. Schenda: Schundliteratur und Kriegsliteratur (in: ders: Die Lesestoffe der Kleinen Leute. 1976. 78–104). – R. Schilling: Literarischer Jugendschutz (1959). – H. Schmidt: Die Lektüre der Flegeljahre. Ein Beitrag zur positiven Bekämpfung der Schundliteratur (1954). – E. Schultze: Die Schundliteratur (1909). – R. Stefen: Massenmedien und Jugendschutz (1976). – D. Strothmann: Nationalsozialistische Literaturpolitik (1960).

Klaus F. Geiger

Schupp, Ottokar Wilhelm

*Pfarrer, Jugendschriftsteller; *25.8.1834 Grebenroth b. Wiesbaden, †1.5.1911 Wiesbaden-Sonnenberg.*

Als Sohn des Pfarrers Johann Georg Sch. verbrachte Sch. seine Kindheit in Oberhof und Dausenau, dem Amtssitz seines Vaters. Ab 1846 besuchte er das Gymnasium in Wiesbaden. Von 1855 bis 1858 studierte Sch. Theologie in Heidelberg und Marburg. Im Jahre 1860 trat er in das Pfarramt in Obernhof im Lahntal ein, 1868 kam er nach Walsdorf bei Camberg, ab 1872 nach Sonnenberg bei Wiesbaden. Von 1872 an hatte er gleichzeitig bis zum Jahre 1899 die Kreisschulinspektion inne. Im Jahre 1905 mußte Sch. wegen völliger Erblindung in den Ruhestand treten.

Werk, Tendenzen, Wirkung. Als Sch. 1860 vorübergehend in einem Landgängerdorf im Kreis Usingen Pfarrdienst versah, lernte er die Schicksale zahlreicher ins Ausland verdingter und oft gegen deren Willen dahin verschleppter Mädchen kennen. Diese Erlebnisse regten Sch. zu der Novelle „Hurdy-Gurdy" (1867) an, die zuerst 1866 in der Zeitschrift „Daheim" erschien und Aufsehen erregte. Auch der unter dem Pseudonym W. O. von Horn schreibende Pfarrer und Volksschriftsteller Friedrich Wilhelm Philipp Oertel (1798–1867), der die im Verlag Nidner erschienene Schriftenreihe „Jugend- und Volksschriften" herausgab, wurde durch die Novelle auf den jüngeren Kollegen aufmerksam und schlug ihn dem Verlag als Nachfolger für die bis zu seinem Tode von ihm betreute Reihe vor. Sch., der schon zu Lebzeiten Oertels einige Bände zu der Reihe beigesteuert hatte, übernahm ab 1867 deren Schriftleitung und verfaßte bis 1905 47 Bändchen selbst.
Ähnlich wie Oertel schrieb auch Sch. die vorwiegend zur Erbauung und Unterhaltung Heranwachsender bestimmten Geschichten der Reihe im Sinne christlicher Gottergebenheit und frommer Nächstenliebe. Seine Themen griff er vorwiegend aus der deutschen Geschichte. Die historischen Vorlagen dienten ihm weniger zur geschichtlichen Belehrung als zum Aufzeigen braver, gottesfürchtiger Männer und Frauen, die auch in schweren Zeiten ein gottgefälliges Leben zeigten und alle Prüfungen standhaft erduldeten. Mehr noch als in den Erzählungen von Oertel macht sich bei Sch.s Erzählungen eine Vorliebe für sensationelle Momente bemerkbar. Vor allem bei der Beschreibung von Kriegsgreueln verfällt der Autor in detaillierte Beschreibungen, die zeitgenössischen Kolportageromanen nahekamen. Die von Sch. herausgebrachten und meist von ihm selbst verfaßten Bändchen der Reihe erlebten zahlreiche Neuauflagen und waren bis zum Ersten Weltkrieg in den meisten Pfarr-, Schul- und Öffentlichen Bibliotheken als besonders empfohlene Jugendliteratur zu finden. Dies traf vor allem auf evangelische

Gegenden zu, während manche katholische Kritiker die Reihe wegen zu derber Zeichnung, vor allem in der Darstellung von Mönchen in geschichtlichen Erzählungen, ablehnten.

Werke: Hurdy-Gurdy (1867); Die Entstehung des Klosters Arnstein (1868); Der Freiherr vom Stein (1868); Die beiden Freunde oder Peters Reise nach Japan (1869); Luise, Königin von Preußen (1869); Die Pfarrfrau von Heftrich (1869); Der Feldmarschall Graf Neithardt von Gneisenau (1870); Feurige Kohlen (1870); Der Pfarrer Plebanus von Miehlen (1870); Der Fuhrmannsjunge im Krieg (1871); Das Büchlein vom Vater Arndt (1872); Im finsteren Thale (1872); Brand um Brand (1873); Friedrich Wilhelm der Große Kurfürst (1873); Der Postraub in Wörges (1873); Friedrich Wilhelm I., König von Preußen (1873); Der Stadtmeister Rülin Baarpfennig (1873); Im Eise (1875); Der Wolkenbruch in der Wiegenau (1875); Wilhelm von Oranien (1875); Im Busche (1876); Unter den Falschmünzern (1876); Am Zambesi (1877); Der Hexenmüller in der Wisper (1877); Der blinde Zeuge (1877); Die Eroberung Wiesbadens (1878); Der Tabuntschik (1878); Die Flüchtlinge im Steinthal (1879); Der Kassendiebstahl (1879); Der Fürst und sein Hofprediger (1880); Der Stanhub (1880); Der Onkel in Batavia (1881); Dudo von Rüdelin (1881); Die Ehre des Vaters (1881); Die Brüder (1882); Auf dem Wachholder (1883); Joseph in Ägypten (1883); Der Turmbau auf den Halligen (1884); Das verlorene Kind (1884); Die Klemenskirche (1885); Die Rache ist mein (1885); Das Nationaldenkmal auf dem Niederwald (1886); Unter den Menschenfressern von Borneo (1886); Theobald (1887); James Garfield (1887); Vom Rhein zur Donau (1888); Kaiser Wilhelm I. (1889).

Rudolf Wessel

Schwab, Gustav

*Lyriker, Literaturwissenschaftler und Herausgeber, Gymnasiallehrer, evangelischer Geistlicher; *19. 6. 1792 Stuttgart, †4. 11. 1850 Stuttgart.*

Schw., Sohn eines Professors und württembergischen Hofrats, besuchte das Gymnasium in Stuttgart und studierte von 1809 bis 1814 Theologie, Philosophie und Philologie in Tübingen, wo er Freundschaft mit LUDWIG UHLAND (1787–1862) schloß, der Schw.s Dichtung stark beeinflußte, ebenso mit JUSTINUS KERNER (1786–1862) und KARL MAYER (1786–1870). Er wird wie diese und wie WILHELM HAUFF (1802–1827) und WILHELM WAIBLINGER (1804–1830) zur „Schwäbischen Schule" der Spätromantik gerechnet. Schw. war Burschenschaftler, was auch in seiner ersten Gedichtsammlung, „Neues deutsches allgemeines Commers- und Liederbuch" (1815), zum Ausdruck kommt. Nach seinem Studium war Schw. Vikar, später Repetent und wurde 1817 Professor für alte Sprachen an einem Stuttgarter Gymnasium. In den Jahren von 1827 bis 1837 war er zudem Redakteur des literarischen Teils des „Cottaischen Morgenblatts" sowie von 1833 bis 1836 und 1838 Mitredakteur des von ADALBERT VON CHAMISSO (1781–1838) herausgegebenen „Musenalmanachs". Schw. ließ sich 1837 als Pfarrer nach Gomaringen bei Tübingen versetzen, auch um dem Freund UHLAND näher zu sein. Er kehrte 1841 nach Stuttgart zurück, wo er Stadtpfarrer und Amtsdekan und 1845 Oberkonsistorialrat und Oberstudienrat wurde. In den Jahren etwa seit 1820 hatte Schw. eine größere Zahl von Publikationen vorgelegt, neben eigenen Gedichten (Bd. 1–2. 1828–1829; eine weitere Ausgabe, „Gedichte. Neue Auswahl", 1838), Editionen älterer Werke wie GEORG ROLLENHAGENS (1542–1609) „Froschmeuseler" (1819), PAUL FLEMINGS (1609–1640) Gedichte (1820) oder ANDREAS GRYPHIUS' (1616–1664) Drama „Carolus Stuardus" (1829), aber auch 1830 die zeitgenössischer Autoren wie WILHELM MÜLLER (1794–1827) und WILHELM HAUFF. Eine umfangreiche Lebensbeschreibung SCHILLERS erschien 1840. Schw. ist auch als Übersetzer, so von ALPHONSE DE LAMARTINES (1790–1869) Gedichten (1826) und VICTOR HUGOS (1802–1885) Texten (1831), hervorgetreten. Reisen führten ihn nach Norddeutschland, wo er unter anderem GOETHE, FOUQUÉ und RÜCKERT kennenlernte, in die Schweiz, nach Dänemark und Schweden. Die Universität Tübingen verlieh ihm 1847 den theologischen Ehrendoktor. Schw. starb an einem Schlaganfall.

Gustav Schwab mit seinen Freunden Ludwig Uhland und Justinus Kerner (links Kerner, Mitte Schwab, rechts Uhland). Die drei werden zur spätromantischen „Schwäbischen Schule" gerechnet. Lithographie von Breitschwert und Payer.

Werk, Tendenzen, Wirkung. Man kann drei Beiträge unterscheiden, die Schw. zur Jugendliteratur geleistet hat. Zunächst sind einige seiner Gedichte schon bald in Lesebücher aufgenommen worden, am häufigsten „Das Gewitter" und „Der Reiter und der Bodensee". Sodann hat Schw. selbst zwei Textsammlungen für Lehrzwecke herausgegeben: „Fünf Bücher deutscher Lieder und Gedichte von A. von Haller bis auf die neuste Zeit" (1835) und „Die deutsche Prosa von Mosheim bis auf unsere Tage“ (Bd. 1–2, 1842–1843). In beiden Büchern hat Schw., im Gegensatz zu vielen anderen, früheren und zeitgenössischen „Mustersammlungen“, die Texte nach Epochen, nicht nach Gattungen gruppiert, da – wie er im Vorwort des Gedichtbandes darlegt – nur der literarhistorische Kontext eine angemessene ästhetische Beurteilung der einzelnen Texte erlaube. Die einleitenden Ausführungen zu den beiden Anthologien sind auch für Schw.s Verhältnis zur Literatur und sein Selbstverständnis als Autor aufschlußreich. So schreibt er im Vorwort der Gedichtsammlung von der Romantik: „Jene Schule stand in voller Blüthe, als sich in ihm (Schw.) selbst der dunkle Drang der Poesie zum Kunstbewußtsein emporarbeitete; ihr verdankt er die erste Richtung seines Geistes auf unmittelbare Poesie und die erste Begeisterung für dieselbe, ihr den Widerstand, welchen er bei der Ausübung seiner Dichtergabe den damals verführerischen Verlockungen der Rhetorik entgegensetzen lernte.“ Uhland nennt er „seinen Meister“. Im Vorwort zur Prosasammlung zeichnet sich dagegen etwas von Schw.s Einstellung zu den geistigen Entwicklungen seiner unmittelbaren Gegenwart ab, wenn er bezüglich seiner Absichten bei der Textzusammenstellung erklärt, er „wollte in einer Zeit, in welcher die Wissenschaft zu so großem Theile einer Entwicklungstheorie huldigt, nach welcher jede Wahrheit allmählich zur Unwahrheit, und jede Unwahrheit zur Wahrheit wird, thatsächlich daran erinnern, daß der menschliche Geist, und mithin auch die Literatur, von jeher, auch außer seinen logischen und dialektischen Gesetzen, Urwahres und Ewiges, nur so oder anders ausgeprägt, besessen und hervorgebracht hat“. Es ist nur folgerichtig, daß Schw. seine Sammlung als „weltliches Erbauungsbuch“ bezeichnet.

Schw.s wichtigster Beitrag zur Jugendlektüre ist indessen der dritte, die Bearbeitung und Herausgabe literarischer Texte der Vergangenheit als Lesestoff für die Jugend. In diesen Zusammenhang gehört als erstes seine Bearbeitung der Volksbücher, ursprünglich unter dem Titel „Buch der schönsten Geschichten und Sagen. Für Jung und Alt wiedererzählt“ (Bd. 1–2. 1836–1837). Der erste Band enthält „Der gehörnte Siegfried“, „Die schöne Magelone“, „Der arme Heinrich“, „Hirlanda“, „Genovefa“, „Das Schloß in der Höhle Xa Xa“, „Griseldis“, „Robert der Teufel“ und „Die Schildbürger“, der zweite Band „Kaiser Octavianus“, „Die vier Heymonskinder“, „Die schöne Melusine“, „Herzog Ernst“ und „Fortunat und seine Söhne“; in der zweiten Auflage ist die Bearbeitung des Faust-Buches hinzugekommen. Was die Art der Bearbeitung angeht, ist bei einem Vergleich mit den Quellen zu erkennen, daß Schw. einerseits zwar gewisse Derbheiten, Zoten und Obszönitäten, die in den Originalausgaben zu finden sind, gemildert, umschrieben oder einfach gestrichen hat, so unter anderem bei den Schildbürgern oder im „Fortunat“; aber er ist nicht jener für sein Jahrhundert bezeichnenden Prüderie verfallen, mit der spätere Herausgeber von Volksbuchbearbeitungen für die Jugend etwa in der „Genovefa“ die Verführungsversuche Golos, immerhin Schlüsselszenen der Gesamthandlung, verändert oder ausgemerzt haben. Die pädagogischen Absichten, die Schw. mit der Herausgabe der Volksbücher verfolgt hat, werden an einer Stelle seines Vorworts deutlich: „Besonders werden jüngere Leser, welche gleich dem Volke gesteigerter Kunstbildung noch nicht zugänglich sind, von der Poesie dieser Sagen in ihrer einfachsten Gestalt ergriffen und gerührt werden, während zugleich der Grundton von Frömmigkeit und reiner Sitte, der durch die besten dieser Poesien in ihrer ältesten Form am hörbarsten durchklingt, sie vorzugsweise zu einem Lesebuch der Jugend macht, das, ohne von ausgesprochen didaktischer Tendenz zu sein, sie doch gegen Unglauben und Unsitte zu befestigen und darüber zu belehren geeignet ist, daß die schönste Dichtung mit Religion und Tugend in ewigem Bunde steht.“ Mit dieser Vorstellung einer Verbindung von Religion, Sittlichkeit und Dichtung, die sich bis zu dem Frühromantiker Wilhelm Heinrich Wackenroder (1773–1798) zurückverfolgen läßt, setzt sich Schw. ganz bewußt in Gegensatz zu bestimmten, von ihm abgelehnten Tendenzen seiner Zeit, in der – wie er, im Blick auf einen seiner Hauptgegner, erklärt – „das Junge Deutschland den Greuel der Verwüstung aufpflanzen wollte“.

Der zweite Textkomplex, den Schw. für die Jugend bearbeitet hat, stammt aus der Welt der Antike. Nach der Sammlung „Die Dichter des alten Griechenlands und Roms“ (Bd. 1–2. 1835), innerhalb einer „Bibliothek für die weibliche Jugend“, erschienen als in dieser Hinsicht wichtigstes Werk Schw.s „Die schönsten Sagen des klassischen Alterthums. Nach seinen Dichtern und Erzählern“ (Bd. 1–3. 1838–1840), das er im Vorwort des dritten Bandes als „Wiederhall zwanzigjähriger öffentlicher und häuslicher Beschäftigungen“ bezeichnet. Der erste Band vereinigt eine Fülle kleinerer mythischer Geschichten und Sagenzusammenhänge, darunter die Argonauten-, Herakles-, Theseus- und Ödipussage und „Die Sieben gegen Theben“; der zweite Band ist ausschließlich der Sage von Troja gewidmet; der dritte Band umfaßt die Schicksale der letzten Tantaliden, des Odysseus und des Aeneas. Schw. war der Überzeugung, daß die alten mythischen Stoffe auch unabhängig von der jeweils überlieferten dichterischen Fassung zu wirken vermöchten, auch und gerade auf die Jugend, wenn er auch bemüht war, die Texte der alten Autoren „wo immer möglich, mit ihren eigenen Worten nachzuerzählen“. Freilich hat er – dem Vorwort des ersten Bandes zufolge – dafür gesorgt, „daß alles Anstößige entfernt bleibe, und deßwegen unbedenklich alle diejenigen Sagen ausgeschlossen, in welchen unmenschliche Greuel erzählt werden, die nur eine symbolische Erklärung gewissermaßen entschuldigt, die aber als Geschichte dargestellt – als welche der Jugend diese Sagen doch gelten müßten – nur einen empörenden Eindruck auf sie machen könnten“. So hielt er es „fast für unmöglich, die Schicksale der letzten Tantaliden einer Lesewelt, die zum großen Theile voraussichtlich aus Frauen und Kindern bestehen sollte, unverkürzt mitzutheilen“ (Vorwort zum dritten Band). Auch legte er es dem Vater oder dem Lehrer des jungen

Lesers nahe, „auf das Einseitige und in wesentlichen Stücken Irrthümliche" der antiken Weltanschauung, „auf ihre Unzulänglichkeit gegenüber der Offenbarung des Christenthums" aufmerksam zu machen (Vorwort zum ersten Band).
Die Wirkung namentlich von Schw.s Bearbeitung der Volksbücher auf die Entwicklung der Jugendlektüre war groß, nicht nur durch weitere Auflagen des Originalwerks und spätere Neufassungen, sondern auch infolge der Anregungen, die von hier auf andere Autoren ausgingen.

Werke: Gedichte (Bd. 1–2. 1828–1829); Die Dichter des alten Griechenlands und Roms (Bd. 1–2. 1835); Buch der schönsten Geschichten und Sagen für Alt und Jung wiedererzählt (Bd. 1–2. 1836–1837); Reineke Fuchs (1837); Die schönsten Sagen des klassischen Altertums, nach seinen Dichtern und Erzählern (Bd. 1–3. 1838–1840).

Bearb.: J. v. Hildesheim: Die Legende von den heiligen drei Königen (1822).

Hrsg.: Der Froschmäuseler oder Geschichte des Frosch- und Mäusekriegs, von Max Hupfinsholz und Mäusebach, der jungen Frösche Vorsinger. Ein Volksbuch aus dem sechzehnten Jahrhundert (1819); Deutscher Musenalmanach (1833–1838, zus. mit anderen); Fünf Bücher deutscher Lieder und Gedichte (1835); Deutsche Volksbücher (Bd. 1–3. 1836–1837); Jugend-Album. Blätter für den häuslichen Kreis (1850, zus. mit anderen).

Sekundärliteratur: W. Schulze: Gustav Schwab als Balladendichter (1914). – Ch. Th. Schwab: Gustav Schwabs Leben (1883). – G. Stock: Gustav Schwabs Stellung in der zeitgenössischen Literatur (Diss. 1916).

Alfred Clemens Baumgärtner

Schwabenverlag

Ostfildern. Kinder- und Jugendbücher, außerdem theologische, erziehungswissenschaftliche und volkstümliche Literatur.

Der Schwabenverlag wurde 1848 als Verlag „Deutsches Volksblatt" von Dr. Florian Riess gegründet und gab Zeitungen und Kalender heraus. Seit 1924 trägt er den Namen Schwabenverlag. Jetziger Verlagsdirektor ist Paul Löcher. Die Buchproduktion setzte allmählich um die Jahrhundertwende ein. Es erschienen zunächst Broschüren zu politischen, kulturellen und aktuellen Zeitfragen. Nach dem Zweiten Weltkrieg wurden theologische Werke und seit 1951 Kinder- und Jugendbücher in das Verlagsprogramm aufgenommen. Es folgten pädagogische und volkstümliche Schriften sowie großformatige Informationsbände der Reihe „Reise – Forschung – Abenteuer".
Das Kinder- und Jugendbuchprogramm enthält Bücher für Leseanfänger, Abenteuer-, Sachbücher und Jugendromane. Neben deutschsprachigen Autoren sind Autoren aus den skandinavischen und angelsächsischen Ländern, aus Frankreich und Afrika vertreten. Bei der Auswahl der Titel fühlt sich der Verlag seinem „Anspruch nach literarischem Niveau verpflichtet". Historische und zeitgeschichtliche Themen werden häufig behandelt. So auch in dem 1966 erschienenen Buch von Peter Berger (* 1915) „Im roten Hinterhaus", das 1967 mit dem Deutschen Jugendbuchpreis ausgezeichnet wurde. Aktuelle Konfliktstoffe finden sich auch in „Mein Sommer mit Kevin" (1977) von Anthrin Model-Andreae, das die Problematik des Bürgerkrieges in Nordirland zum Inhalt hat und in Lothar Streblows Jugendroman „Geheimnis im Steinbruch" (1977), ausgezeichnet mit der Umweltschutzmedaille 1978.
Neu im Verlagsprogramm sind Kinderbücher, die von ihren Lesern selbst illustriert werden können, ohne daß die Konturen, wie im herkömmlichen Malbuch, vorgegeben sind.
Zu den Autoren und Illustratoren des Verlages gehören unter anderem Jochen Bartsch, Peter Berger, Inger Brattström, Franz Braumann, Fritz Brustat-Naval, John Scott Douglas, Rachel Field, James v. Marshall, Robert Martin, William Mayne, Leigh Merrell, Angela Payson, Pierre Pfeffer, Eva Rechlin, Konrad Seifert, Hildegard Sieburger, Aimée Sommerfelt, Günther Stiller, Lothar Streblow, Olga Wilström.

Hannelore Daubert

Schwank

Der Schw. gehört zu den literarischen Kleinformen mit lustigem, Situationskomik und Übertreibung nützenden Inhalt. Er gilt als volkstümliche Gattung, taucht in epischer und dramatischer Form auf.

Zu Wesen und Geschichte. Das Wort „Schwank" (mittelhochdeutsch „swanc" = leicht zu schwingen) bedeutete ursprünglich Schlag oder Hieb. Im 15. Jahrhundert übertrag man diese Bedeutung auf eine Begebenheit mit witziger Pointe, den „Streich". Der Schw. ist eine kurze Geschichte, „die durch die Erzählung lustiger Streiche, unerhörter Dummheit, übermütiger Aufschneiderei, pfiffiger Diebereien und waghalsiger oder verfänglicher Liebesabenteuer ergötzen will" (Bolte-Polivka, Bd. 4. 38). Die älteste deutsche Schw.-Sammlung, der „Pfaffe Amis", stammt vom Stricker, einem bürgerlichen Fahrenden des 13. Jahrhunderts. Sein Vorbild waren die französischen „Fabliaux", heiter-satirische Reimerzählungen von Rittern, Geistlichen, Bürgern und Bauern (etwa ab 1150). Zahlreiche Schw.e finden sich im „Decamerone" des Giovanni Boccaccio (1313–1375). Sehr beliebt waren Schw.-Bücher im Bürgertum des ausgehenden Mittelalters und der Reformationszeit, wobei die Erfindung des Buchdrucks viel zur schnellen Verbreitung der Texte beitrug. Bekannte deutsche Schw.-Sammlungen des 16. Jahrhunderts sind „Dil Ulenspiegel" (1515), „Schimpf und Ernst" (1552) von Johannes Pauli, das „Rollwagenbüchlein" (1555) von Jörg Wickram und das „Lalebuch" (1597). Meister des dramatischen Schw.s war Hans Sachs (1494–1576), der Verfasser zahlreicher „Fastnachtsspiele". Um eine neue Variante, die „Lügengeschichte", bereicherte Gottfried Au-

GUST BÜRGER (1747–1794) die deutsche Schw.-Literatur mit seinen „Wunderbaren Reisen des Freiherrn von Münchhausen" (1786), die allerdings auf ältere Vorlagen zurückgehen. Auch die GRIMMschen Märchen enthalten Schw.-Motive (z.B. „Das tapfere Schneiderlein", „Der Bauer und der Teufel", „Die kluge Else", „Doktor Allwissend"). Eine Fundgrube schwankhafter Erzählungen sind die „Kalendergeschichten" JOHANN PETER HEBELS (1760–1826). Versuche, den Typus der um eine Titelfigur gruppierten Schw.-Sammlung neu zu beleben, wurden im 20. Jahrhundert von PAUL ERNST (1866–1933) „Spitzbubengeschichten" (1920) und JOSEF WINCKLER (1881–1966) „Der tolle Bomberg" (1922) unternommen, aber auch von JAROSLAV HASEK („Die Abenteuer des braven Soldaten Schwejk"). Schw.e haben erst allmählich im 19. Jahrhundert und schubweise im 20. Jahrhundert besondere Beachtung in der Kinder- und Jugendliteratur gefunden. Im Zuge der literarhistorischen Wiederentdeckung der Volksliteratur des späten Mittelalters entstanden um die Mitte des 19. Jahrhunderts auch „für die Jugend geeignete", der derben Erotik und Fäkalsprache entkleidete Ausgaben der Volksbücher (Till Eulenspiegel, Schildbürger u.a.). Um 1900 interessierte sich die Jugendschriftenbewegung für die rustikale, volkstümliche Literatur der LUTHER-Zeit, ebenso sahen die deutschnationalen, später die faschistischen Literaturpädagogen in der Schw.-Literatur der Reformationszeit eine Gegenliteratur gegen romanische Überfremdung im Humanismus, deren Tradition sie wiederbeleben wollten. Weithin unabhängig von diesen politischen Tendenzen haben sich bedeutende Jugendschriftsteller wie ERICH KÄSTNER, OTFRIED PREUSSLER, ISAAC B. SINGER der Schw.-Literatur angenommen und in den vergangenen Jahrzehnten wiederholt für die Jugend geeignete Bearbeitungen vorgelegt. Es läßt sich beobachten, daß nach 1970 bei der Rezeption und Bearbeitung des Märchens besonderer Wert auf dessen schwankhafte Züge gelegt wird. Dies gilt in starkem Maße z.B. für JANOSCH („Janosch erzählt Grimms Märchen", 1972), dessen Stücke fast alle Schw.-Märchen sind.

Motive und Tendenzen. Grundmotiv des Schw.s ist die Verspottung menschlicher Schwäche und der durch sie bedingten Zustände. Viele Schw.e sind zweiteilig angelegt, nach dem Prinzip: „Wer zuletzt lacht, lacht am besten". Zu Beginn befindet sich der eine von zwei Gegenspielern im Vorteil und läßt das den anderen spüren, dann kehrt dieser durch eine List, wohl auch durch skrupellose Nutzung seiner Möglichkeiten, den Spieß um und übertrumpft den zuerst Überlegenen. Auf sozialkritische Tendenzen im Schw. wurde besonders in jüngster Zeit hingewiesen (BAUSINGER 1968; HILDEBRANDT in: IDE 1971/1972, 104ff.). Der zu Beginn Dominierende gründet seine Stärke auf eine überlegene soziale Position; sein Partner führt dagegen persönliche Fähigkeiten – Klugheit, Phantasie, Schlagfertigkeit – ins Feld, wodurch es ihm gelingt, das Herr-und-Knecht-Verhältnis vorübergehend aufzuheben. Die polemische Provokation wird jedoch durch den Humor der Schlußpointe wieder entschärft, so daß die Wirkung letztlich eine entspannende und versöhnliche ist. Die Dialektik zwischen sozialer Norm und individuellem Bedürfnis wird kurzfristig zum Ausgleich gebracht, ohne daß sich wirklich etwas ändert: „Schwänke in der herkömmlichen Form berühren die Sozialverhältnisse nur, sie zeigen soziale Grenzen, aber sie tasten diese im Grunde nicht an. Gewiß: Lächerlichkeit kann töten; aber die behagliche Abrundung der Schwankerzählungen läßt oft eher an eine beschwichtigende Funktion des Lachens denken" (BAUSINGER, a.a.O., 153). Besonders deutlich zeigt sich diese „Ventilfunktion" an Schw.en mit obszönem Einschlag, deren meist deftige Komik dazu dient, die Rigidität sexueller Normen in Frage zu stellen.

Der Schw. als Kinder- und Jugendlektüre. Gewöhnlich fällt es Kindern nicht schwer, Zugang zur Schw.-Literatur zu finden. Der lineare Handlungsverlauf und die klare Typisierung der Gestalten kommen dem kindlichen Bedürfnis nach einfachen Strukturen und Formen entgegen. Das Kind identifiziert sich mit dem Schw.-Helden, weil dieser zumeist, genau wie es selbst, ein sozial Unterlegener ist, und weil ihm der Sieg des Kleinen über den Großen, des Schwachen über den Starken von seiner eigenen Rollensituation her wünschenswert erscheint. Die für den Schw. charakteristische Lust an Wortspiel und -witz (z.B. das Wörtlichnehmen des nichtwörtlich Gemeinten in den Eulenspiegel-Geschichten) entspricht der Eigenart kindlichen Humors.

Der Schw. ist realistisch und unrealistisch zugleich. Die Umwelt, in der er spielt, ist weitgehend wirklichkeitsgemäß, aber die schwanktypischen Darstellungsmittel der Übertreibung und der Anhäufung komischer Elemente erwecken den Eindruck des Unwirklichen. Damit fügt sich die Schw.-Lektüre gut in das naiv-realistische Weltbild des etwa 8–10jährigen Kindes ein. Wunder, wie das Märchen sie bietet, werden jetzt nicht mehr ohne weiteres akzeptiert; doch nach wie vor schätzt der junge Leser Geschichten mit glücklichem Ausgang. Diesem Verlangen wird der Schw. durch seine pointiert-humoristischen Lösungen gerecht. Die Aufhebung des Unwahrscheinlichen oder gar Unmöglichen im Absichtsvoll-Komischen, wie sie am deutlichsten in den Lügengeschichten erfolgt, läßt den Schw. geeignet erscheinen, eine distanziert-ironische Lesehaltung anzubahnen, die später zum Verständnis verfremdeter und „uneigentlicher" Aussagen erforderlich ist.

Skeptisch muß dagegen die Möglichkeit beurteilt werden, dem jungen Leser die dem Schw. inhärente Sozialkritik zu vermitteln. Das „Bezugssystem" des Schw.s, die mittelalterliche Gesellschaftsordnung mit ihren Ständen und Zünften und ihrer starren Rollenverteilung, liegt dem Kind von heute so fern, daß es meist schwierig sein wird, Interesse und Verständnis für die in den Erzählungen konservierten sozialen Situationen und Konflikte zu wecken. Auch der erotische Schw. ist, zumindest in seiner derb-drastischen Variante, problematisch. Aus diesen Gründen erscheint es ratsam, den

Beginn der Schw.-Lektüre nicht zu früh anzusetzen und bei der Auswahl sorgsam zu differenzieren. Als Übergang von der Märchen- zur Schw.-Literatur werden dem Kind häufig Schw.-Märchen angeboten, danach einfache Schw.-Erzählungen mit mehr vordergründiger Komik, Lügengeschichten und auch solche mit leichtverständlicher didaktischer Intention (z.B. JOHANN PETER HEBELS „Seltsamer Spazierritt"). Schw.e, die wegen ihrer Hintergründigkeit, ihrer sozialen Polemik oder ihrer fragwürdigen „Moral" eine genaue kritische Betrachtung erfordern, sollten eher dem beginnenden Jugendalter vorbehalten bleiben.

→ G. A. Bürger, → Eulenspiegel, Till, → J. P. Hebel, → Lügengeschichte, → Märchen, → Münchhausen und Münchhausiaden, → Schildbürger, → J. Wickram

Sekundärliteratur: H. Bausinger: Formen der „Volkspoesie" (1968). – J. Bolte: Anmerkungen zu den Kinder- und Hausmärchen der Brüder Grimm (Bd. 4. 1930 zus. mit G. Polivka). – H. Gumbel: Zur deutschen Schwankliteratur im 17. Jahrhundert (in: Zeitschrift für deutsche Philologie 53. 1928. 303–346). – W. Helmich: Der Schwank (in: A. Beinlich (Hrsg.): Handbuch des Deutschunterrichts (Bd. 2 [5]1970. 1202–1205). – N. Hopster: Schwank (in: E. Wolfrum (Hrsg.): Taschenbuch des Deutschunterrichts. 1972. 292–294). – H. Ide (Hrsg.): Projekt Deutschunterricht 1. Märchen – Sage – Fabel – Volksbuch (1971). – H. Kindermann: Die deutschen Schwankbücher des 16. Jahrhunderts (in: Heimatblätter des deutschen Heimatbundes Danzig 6. 1929. 3). – G. Kuttner: Wesen und Formen der deutschen Schwankliteratur des 16. Jahrhunderts (1934). – S. Neumann: Schwank und Witz (in: Letopis, Festschrift für Friedrich Sieber (1964. 328–335). – W.-E. Peuckert: Deutsches Volkstum in Märchen und Sage, Schwank und Rätsel (1938). – L. Röhrich: Erzählungen des späten Mittelalters und ihr Weiterleben in Literatur und Volksdichtung bis zur Gegenwart (2 Bde. 1962–1967). – H. Rupp: Schwank und Schwankdichtung in der deutschen Literatur des Mittelalters (in: Der Deutschunterricht. 14. 1962. 2. 29–48). – L. Schmidt: Die Volkserzählung: Märchen – Sage – Legende – Schwank (1963). – B. Schulz: Der literarische Unterricht in der Volksschule (Bd. 1. 1961. 95–116). – E. Strassner: Schwank (1968).

Heinz Tischer

Schwann Verlag

Düsseldorf. Schulbücher, wissenschaftliche Fachliteratur, kunsthistorische Reihen, Kinderbücher und -schallplatten.

Der Pädagogische Verlag Schwann GmbH setzt die Verlagstradition des 1821 von LEONHARD SCHWANN in Neuß gegründeten Schwann Verlages fort. Derzeitiger Verlagsleiter ist Dr. PAUL BÖHRINGER.

Das Kinderbuchprogramm umfaßt Bilder-, Beschäftigungs- und Sachbücher, Umwelterzählungen, Anthologien und Schallplatten. Erfolgreichstes Kinderbuch ist die erstmals 1927 erschienene „Liederfibel", ein Bilderbuch zum Singenlernen, gestaltet von HERIBERT und JOHANNES GRÜGER. Zum Verlagsprogramm gehören außerdem Schulbücher und wissenschaftliche Fachliteratur, hauptsächlich zu den Bereichen Sprachwissenschaft und Pädagogik sowie kunsthistorische Reihen und Schallplatten.

Für die jüngsten Leser erscheinen Spielbücher (farbig bedruckte Karten zum Zusammensetzen und Austauschen) und Bilderbücher zum Vorlesen. An Kinder im Vorschulalter und Erstlesealter wenden sich Sach- und Beschäftigungsbücher, wie z.B. die von KARL-HEINZ WALTER und anderen herausgegebenen „Sachgeschichten für kleine Kinder" (1971) oder von URSULA WÖLFEL „Das Wundertor. Ein Bilderbuch zum Lesenlernen" (1969), illustriert von LILO FROMM. Die sogenannten „Schwann-Mitmach-Bücher" – ebenfalls für diese Altersgruppe konzipiert – verbinden durch Kombination von Schallplatte, Text und farbiger Illustration optische und akustische Information und regen zum Singen, Sprechen und Mitspielen an.

In der Sachbuchreihe „Wissen macht Spaß" soll den 8- bis 11jährigen Information über ihre Umwelt in ansprechender Form vermittelt werden, so z.B. über die Arbeit auf einem modernen Bauernhof, in einem Fernsehstudio, über Leben und Werk von Cowboys, Feuerwehrleuten, Astronauten, Kriminalbeamten, Rennfahrern, über Tiere, Flugzeuge, Klima und Wetter, Geld und Banken.

Für ältere Kinder publiziert der Schwann Verlag Umwelterzählungen und themenbezogene Anthologien von „literarischem Rang" wie das von HORST SCHALLER herausgegebene Buch „Tabak und Pflaumenkuchen – Spaßgeschichten für Kinder und Erwachsene" (1973).

Zu den Kinderbuchautoren und -illustratoren des Verlages gehören unter anderem LILO FROMM, HERIBERT und JOHANNES GRÜGER, SIGRID HANCK-FEHSE, ERNST KLEE, HANS GEORG LENZEN, GUDRUN PAUSEWANG, JO PESTUM (d.i. JOHANNES STUMPE), EVA RECHLIN, ROLF RETTICH, HORST SCHALLER, IRMELA WENDT, URSULA WÖLFEL, URSULA ZANDER.

Hannelore Daubert

Schwarz, Jewgenij Lwowitsch (Švarc, Evgenij L'vovič)

*Sowjetischer Dramatiker und Kindertheaterautor; * 21. 10. 1896 Kazan, † 15. 1. 1958 Leningrad.*

Schw., Sohn eines Petersburger Arztes und einer Schauspielerin, studierte in Moskau Jura, arbeitete dann als Schauspieler und Journalist und wurde 1924 SAMUIL JAKOVLEVIČ MARŠAKS (1887–1964) Mitarbeiter in Leningrad an der Kinderbuchabteilung des Staatsverlages. Schw. schrieb Beiträge für Kinderzeitschriften und Kinderbücher in Vers und Prosa. 1928 begann er mit Arbeiten für das Leningrader Theater und entwickelte seine Form der modernen Märchendramatik. 1929 wurden „Underwood", 1936–1937 „Rotkäppchen" und 1938/1939 „Die Schneekönigin" uraufgeführt.

Schw. bekam zunehmend Schwierigkeiten von offizieller Seite: Das Theaterstück „Ten" (dt. „Der Schatten" in: „Stücke", 1968) wurde 1940 bald nach der Premiere abgesetzt, „Drakon" (1943, dt. „Der Drache", 1962) wurde schon nach der Generalprobe bis 1962 verboten (die Uraufführung fand 1961 in Nowa Huta in polni-

scher Sprache statt). Seine Autobiographie wurde bis heute noch nicht publiziert. Schw. schrieb jedoch weiter, unter anderem Stücke für das Puppentheater in Leningrad („Das Märchen vom tapferen Soldaten", 1946; „Das Märchen von der verlorenen Zeit", 1948; „100 Freunde", 1948) und Filmdrehbücher (unter anderem „Aschenputtel", 1946). 1947 inszenierte GUSTAV GRÜNDGENS (1899–1963) in Berlin eine vielbeachtete Aufführung des „Schatten".
Nach 1954 wurde Schw. allmählich auch offiziell wieder akzeptiert. Eine erste Sammlung seiner Stücke erschien 1956, er avancierte zum vielgespielten Dramatiker in der UdSSR und im Ausland. Viele seiner Stücke wurden übersetzt und bearbeitet (unter anderem von WOLF BIERMANN: „Der Dra-Dra", 1970).

Werk, Tendenzen, Wirkung. Schw. weist dem Kindertheater einen hohen Rang zu. So meint er: „1. Ein Unterschied wie Schriftsteller – Kinderschriftsteller, Dramatiker – Dramatiker für Kinder ist ein bloßes Vorurteil. 2. Die Arbeit an der Sprache in einem Theaterstück für Kinder ist nicht weniger und nicht leichter als die Arbeit an der Sprache in einem achthundert Seiten langen Roman. 3. Derartige Gerüchte wie, daß ein gutes Wort nicht über die Rampe geht, sind eine Lüge. 4. Gerüchte, daß in einem Theaterstück für Kinder die Charaktere elementar sein müssen, sind eine starke Übertreibung. 5. Gerüchte, daß in einem Theaterstück für Kinder die Idee leicht erkennbar sein muß, sind zweifelhaft" (in: Rabocij i teatr, Nr. 23. 1934; zitiert nach: Der Drache, 1962). Schw. macht also keinen grundsätzlichen Unterschied zwischen seinen „Märchenkomödien für Erwachsene" (so der Untertitel zu „Der Schatten") und seinen Kinderstücken: Beide verwenden Märchenelemente – vielfach nach HANS CHRISTIAN ANDERSEN (1805–1875) – und meinen politische und menschliche Probleme der Gegenwart; beide sind schlicht und volkstümlich, arbeiten mit starken Gefühlen, mit Witz, Ironie und dem GOGOLschen „Lachen unter Tränen"; beide sind ähnlich anspruchsvoll in Charakterzeichnung und Handlungsaufbau. In dem Erwachsenenstück sind es in einer weitgehend korrupten Welt von Diktatur und Anpassung allerdings nur die Handwerker, die dem einsamen Helden Lanzelot beistehen (so im „Drachen"), in den Kinderstücken dagegen schließt sich eine ganze Koalition von Guten und Schwachen mit mancherlei Fehlern zusammen und siegt schließlich gemeinsam gegen den einzelnen Bösewicht. Mit Rotkäppchen setzen sich Hase, Schlange, Bär, Vögel, schließlich Jäger und Mutter gegen den starken Wolf und den intriganten Fuchs durch; Gerda, der Märchenerzähler und viele Helfer befreien Kay von der „Schneekönigin" mit dem Herzen aus Eis und dem reichen Kommerzienrat; Wassilissa, die Arbeiterin, ihr jüngster Sohn Iwanuschka, Bär, Kater und Hund befreien die beiden „Verzauberten Brüder" von der Hexe Baba-Jaga. Selbstlosigkeit, Hilflosigkeit und Schwäche, Gemeinsamkeit und Liebe bei den kleinen Leuten stehen gegen Egoismus, Falschheit und Grausamkeit bei den Großen, die gerade wegen ihres Egoismus verlieren. Daß diese Großen in der politischen Wirklichkeit nicht eindeutig zu identifizieren sind, machte Schw. immer wieder Schwierigkeiten. So sind bis heute seine etwa 30 Stücke und Filmdrehbücher nur zum Teil publiziert und übersetzt worden.
Über seine unbestrittene Qualität als Dramatiker hinaus sind Schw.s Märchenstücke wichtig als Gegenbeispiele zu den vielen kommerziellen Märchenadaptationen, die noch immer einen Großteil des Spielplans des gegenwärtigen Kindertheaters ausmachen.

Werke: Rasskaz staroj balajki (1925); Undervud (1929); Klad (1933; dt. Der Schatz, 1963); Golyi korol' (1934; dt. Der nackte König, 1966); Krasnaja šapočka (1936; dt. Rotkäppchen, 1974); Ten (1940); Drakon (1943; dt. Der Drache, 1962); Zoluška (1946); Skazka o poterjannom vremeni (1948; dt. Das Märchen von der verlorenen Zeit, 1953); Pervoklassnica (1949; dt. Das erste Schuljahr, 1951); Ten i drugie p'esy (1956; darin: Obyknovennoe čudo; dt. Das gewöhnliche Wunder, 1967; Dva klëna; dt. Die verzauberten Brüder, 1969); Kukol'nyj gorod (1959); P'esy (1960; NA. 1972); Stücke (dt. Teilsammlung, 1968).

Sekundärliteratur: L. Debüser (Hrsg.): Jewgeni Schwarz, Mensch und Schatten (1972). – W. Kasack: Lexikon der russischen Literatur ab 1917 (1976). – L. R. Simard: The life and works of Evgenii Shvarts (1970).

Hans-Wolfgang Nickel

Schwarz, Lieselotte

*Graphikerin, Bilderbuchkünstlerin; * 6. 10. 1930 Liegnitz, Schlesien.*

Schw., mit 14 Jahren Vollwaise, kam 1945 auf der Flucht nach Flensburg. Sie verließ vorzeitig das Lyzeum. Es folgten Aufenthalte in Sozialheimen und Gelegenheitsarbeit. 1949 kam Schw. nach Hamburg, wo sie ein Stipendium der Hansestadt zum Studium an der Meisterschule für Mode, Abteilung Stickerei, erhielt. Danach studierte sie von 1952 bis 1956 an der Staatlichen Hochschule für Bildende Künste in Hamburg. Ihre Studienfächer waren Malerei, freie Graphik, Typographie. Heute lebt sie als Malerin in Wiesbaden. 1960 erhielt Schw. eine Silberne Medaille auf der Triennale in Mailand, 1973 den „Grand Prix" der Bienále Ilustrácií Bratislava (BIB), 1975 fand auf der BIB die Gesamtausstellung ihres Werks in Bratislava (ČSSR) statt. Es folgten mehrere Ausstellungen ihres sonstigen künstlerischen Werkes (Gemälde, Aquarelle, Zeichnungen u. a.).

Werk, Tendenzen, Wirkung. Schw. hat von 1957 bis 1976 einige der eindrucksstärksten deutschen Leporellos und künstlerisch anspruchsvollsten Bilderbücher für Kinder gestaltet. Sie benutzte dabei die Collagetechnik mit gerissenen Papieren, großzügige Flächengestaltung und eine malerische, expressive Palette. Die Bilderbücher von Schw. sind sowohl elementar wie in „Musch, die kleine Katze", als auch von symbolischer Überhöhung und dramatischer Steigerung des textlichen Vorgangs wie in „Einen Löffel für den goldenen

*Lieselotte Schwarz (*1930). Illustration aus dem Bilderbuch „Der Traummacher" (München 1972). Sowohl die Bilder als auch der Text stammen von der Künstlerin, die 1973 auf der BIB den „Grand Prix" erhielt.*

Hahn" (1961) oder „Dornröschen" (1967). Kinder erhalten durch diese Bilder sowohl Widerspiegelungen aus ihrer Umwelt, als auch Impulse für die eigene Phantasie. Jedes Einzelbild ist stark einprägsam und vorzüglich dafür geeignet, kindliches Qualitätsbewußtsein zu beeinflussen.
Ihre Themen bezieht Schw. aus Märchen, Sagen und aus ihrer eigenen Phantasie. Sie schreibt ihre Texte vielfach selber. In zunehmendem Maße spielen Magie, Wort- und Bildbeschwörung sowie psychologisch vertiefter Traum und Imagination eine beherrschende Rolle. Aus verfremdeten Bildsymbolen, Bedeutungskürzeln und einem sprachlich in der Schwebe gehaltenen poetischen Text wirken die Bildtafeln raum- und zeitenthoben. Sie zielen auf Assoziationsfähigkeit und eine sprachlich wie visuell weiterfabulierende Fähigkeit des Betrachters ab, wobei die ursprünglich angezielte Adressatengruppe der Kinder ganz offensichtlich keine Eingrenzung bedeutet. Figuren stehen Kopf; Eule, Hahn, Taube und Katze gewinnen Symbolfunktionen, Farben werden bedeutsam, z.B. auch das Schwarz, das sonst in der Geschichte des Bilderbuchs kaum eine Rolle spielt. Einige Merkmale der Komposition und der magischen Weltauffassung erinnern an CHAGALL. Schw. nennt zwar die Namen der von ihr geschätzten Künstler und Bilderbuchmacher GÜNTER STILLER – ihr Schwager –, TOMI UNGERER, KLAUS ENSIKAT oder WALTER SCHMÖGNER, legt aber Wert auf ihre bewußte Einsamkeit, in der sie versucht, in ihren Bildern „das Chaos zu ordnen, um mich, in mir". Zunehmend werden ihre Arbeiten zu den künstlerisch anspruchsvollen Beispielen ästhetischer Gestaltung gerechnet, die auch den erwachsenen Bilderbuchsammler interessieren.

Werke: L. Schwarz: Musch, die kleine Katze (1957); L. Schwarz: Leiermann dreht goldne Sterne (1959); L. Schwarz: In einem kleinen Haus (1960); L. Schwarz: Einen Löffel für den goldenen Hahn (1961); R. Dirx: Kinderreime (1963); L. Schwarz: Ich bin der König Liebel (1963); E. T. A. Hoffmann: Das öde Haus (1964); J. u. W. Grimm: Dornröschen (1967); L. Schwarz: Ich hab ein wunderliebes Kind (1968); L. Schwarz: Der Rattenfänger (1970); L. Schwarz: Der Traummacher (1972); L. Schwarz: Zauber (1974).

Sekundärliteratur: Illustratoren-Profil Lieselotte Schwarz (in: Bulletin Jugend und Literatur. 1971. 2. 6).

Horst Künnemann

Schweden

(Konungariket Sverige). Königreich in Nordeuropa, im Osten der skandinavischen Halbinsel. Staatsgebiet: 449750 km². Einwohner (1971) 8092000. Nach der mehrfach (zuletzt 1969) geänderten Verfassung vom 6.6.1908 (Regeringsformen) ist Schw. ein im Mannesstamm erbliches konstitutionelles Königreich, das sich seit 1917 zu einer parlamentarischen Demokratie entwickelt hat. Seit 1970 hat sich in der verfassungspolitischen Diskussion die Tendenz verstärkt, dem König die repräsentativen Funktionen eines Staatsoberhauptes zu belassen, die Exekutive jedoch der parlamentarisch verantwortlichen Regierung zu übertragen. Den Hauptanteil der Bevölkerung bilden die Schweden. Daneben leben im nördlichen Schw. rund 10000 Lappen sowie eine durch ständige Zuwanderung sich vergrößernde Anzahl von Finnen (rund 200000). Weitere rund 200000 in Schw. lebende Ausländer sind vor allem Dänen, Norweger, Deutsche, Jugoslawen und Griechen. Landessprache ist Schwedisch.

Entwicklung der Kinder- und Jugendliteratur bis 1900. Seit dem Ende des 16. Jahrhunderts werden in Schw. Bücher für Kinder und Jugendliche herausgegeben. Vor dem 17. Jahrhundert erschienen ungefähr 50 Bücher, im 18. Jahrhundert belief sich ihre Zahl auf 200, um dann in den ersten vier Jahrzehnten des 19. Jahrhunderts auf über 400 anzusteigen. Der Anteil an Übersetzungen betrug damals 50 bis 60%. Interessant ist, daß auch noch heute das Verhältnis der schwedischen Originalausgaben zu den Übersetzungen dasselbe ist. Zwar hat sich die Zahl der Veröffentlichungen beträchtlich erhöht, aber die Hälfte davon blieben Übersetzungen. Eine Veränderung gibt es allerdings im Hinblick auf die Herkunft der übersetzen Kinder- und Jugendbücher. Bis 1850 kamen 50 bis 60% der Übersetzungen aus dem deutschen Sprachraum, auf dem zweiten Platz lag die französische Sprache mit ca. 20%, das Englische lag mit 10–15% auf dem dritten Rang. Seit 1850 wurde dann das Englische die wichtigste Sprache, und der Anteil der Übersetzungen aus dem Deutschen ging zurück. Um 1970 kamen rund 75% der Übersetzungen aus dem angloamerikanischen Bereich. Die Bedeutung der Übersetzungen für die Buchproduktion muß deshalb hervorgehoben werden, weil eine einseitige Schilderung der nur schwedischen Originalausgaben ein schiefes Bild davon vermitteln würde, was den jungen schwedischen Lesern als Lektüre angeboten wurde und wird. Die schwedischen Originaltitel, die im Folgenden genannt werden, müssen im Zusammenhang mit der Entwicklung der internationalen Kinder- und Jugendliteratur gesehen werden.
Die früheste in Schw. für Kinder und Jugendliche herausgegebene Literatur bestand aus religiösen Texten, höfischer Literatur, Schilderungen musterhafter Gestalten aus Mythologie und Geschichte und den äsopischen Fabeln als einzigem Beispiel für fiktionale Literatur.
Die west- und mitteleuropäische Kinder- und Jugendliteratur der Aufklärungspädagogen wurde seit dem 18. Jahrhundert ins Schwedische übersetzt: die moralischen Feenmärchen, die didaktischen Abenteuergeschichten, die moralischen Kindererzählungen und die belehrend-unterhaltenden Sachbücher (FIELDING, LEPRINCE DE BEAUMONT, WEISSE, CAMPE). Wenige schwedische Autoren, die im 17. und 18. Jahrhundert für Kinder schrieben, waren mehr als Nachahmer ausländischer Vorgänger. Werke, die wie Originale aussahen, waren ganz oder teilweise Übersetzungen, wenngleich die Quellen nicht angegeben wurden. Die Kinder- und Jugendbücher wanderten in jener Zeit frei von einem Land ins andere. Von größerer Wichtigkeit als die schwedischen Autoren waren die Kinder- und

Jugendbuchverleger jener Zeit. Bedeutend war z.B. CARL CHR. GJÖRWELL (1731–1811), der in einer Zeitschrift für die Jugend, die von 1785 bis 1787 erschien, die Kinder- und Jugendliteratur der deutschen Philanthropen nach Schw. einführte (WEISSE, CAMPE). Die zwei Autoren, die für diesen Zeitabschnitt genannt werden müssen, sind der Staatsmann CARL GUSTAF TESSIN (1695–1770) und der Schriftsteller OLOF VON DALIN (1708–1763). Beide waren an der Erziehung des Thronfolgers (des späteren GUSTAV III.) beteiligt. Sie schrieben im Geiste J. LOCKES und FR. FÉNELONS und mit psychologischem Gespür für die Bedürfnisse und Wünsche des jungen Prinzen. Von DALIN gibt es sechs moralische Feenmärchen, die an LEPRINCE DE BEAUMONT erinnern, obgleich die meisten schon vor den Werken dieser Autorin erschienen waren (Prinz GUSTAV wurde 1746 geboren). Darauf ist hinzuweisen, da DALINS Feenmärchen niemals in einer selbständigen Kinderbuchausgabe gedruckt wurden. Sie erschienen zuerst in den gesammelten Schriften DALINS 1767, zwei von ihnen erschienen sogar erst 1964 in einem wissenschaftlichen Werk. TESSINS Beitrag zur Prinzenerziehung, der in Briefform gehalten war, wurde gedruckt; die Auflagen der verschiedenen Titel erschienen 1751, 1753, 1756 und 1785. Einige seiner Werke wurden ins Deutsche, Englische, Französische und Italienische übersetzt. TESSINS Werk enthält französisch beeinflußte Fabeln, Ansätze zu moralischen Kindererzählungen, ein moralisches Märchen und Gedanken zur Naturkunde.

Der dominierende fiktionale Literaturtyp des ausgehenden 18. Jahrhunderts war die moralische Erzählung. Das gilt auch noch für das beginnende 19. Jahrhundert, als z.B. A. BERQUIN aus dem Französischen übersetzt wurde. Zwischen 1820 und 1830 scheint das moralische Feenmärchen neue Popularität gewonnen zu haben. Die didaktische Abenteuererzählung wurde zur religiös-romantischen Abenteuererzählung umgestaltet. CHR. VON SCHMID und verwandte Autoren wurden nun übersetzt.

Die Vorherrschaft der Kinder- und Jugendliteratur der Aufklärungspädagogik wurde angegriffen, als 1821/1822 die romantische Literatur mit der Übersetzung von Werken E. TH. A. HOFFMANNS („Das fremde Kind") und E. M. ARNDTS vier Märchen hervortrat.

Seit 1835 gelangten auch die Werke der Brüder GRIMM nach Schw. Der erste Herausgeber ihrer Märchen in den dreißiger Jahren des 19. Jahrhunderts war HENRIK REUTERDAHL (1795–1870), der 1837/1838 24 ihrer Märchen auf schwedisch veröffentlichte. Die Märchen H. CHR. ANDERSENS kamen erstmals 1838 nach Schw. Andere bekannte Werke der romantischen Kinder- und Jugendliteratur wurden ebenfalls übersetzt, z.B. E. TH. A. HOFFMANNS „Nussknacker und Mausekönig" (1848) sowie Schwänke, Götter- und Heldensagen, Abenteuererzählungen und Kindergeschichten ohne lehrhafte Intention. REUTERDAHL gab 1838 24 Fabeln von HEY heraus. Es erschienen dem Nonsense verwandte Kinderbücher. Schon 1822 wurde ein solches, ein im Original nicht mehr erhaltenes Schattenspiel von AUGUST W. ZACHARIAE aus dem Deutschen übersetzt. 1834 wurde MARTINS „Old mother Hubbard" bekannt. HEINRICH HOFFMANNS „Der Struwwelpeter" erschien 1849 erstmalig in schwedischer Sprache, allerdings war die Ausgabe noch in Mainz gedruckt.

Unter den schwedischen Herausgebern und Autoren der frühen romantischen Kinder- und Jugendliteratur muß ADOLPH IVAR ARWIDSSON (1791–1858) genannt werden, der 1835 eine isländische Sage für Kinder und eine Sammlung von Kinderliedern herausgab. Die vorher nur mündlich überlieferten Lieder, obwohl nicht nur für Kinder gedacht, wurden für spätere Ausgaben von Versen und Reimen wichtig. Hierher gehört auch OLOF FRYXELL (1806–1900), der 1830 das Kinderspiel als Thema in die Kinder- und Jugendliteratur einbrachte, ein für die damalige Zeit ungewöhnliches Genre: Eine Anzahl Jungen spielen Wikinger, kämpfen um eine Schneefestung und werden schließlich zu Blutsbrüdern.

Die Übersetzungsliteratur zwischen 1840 und 1900 wurde von britischen und amerikanischen Abenteuererzählungen beherrscht (SCOTT, MARRYAT, COOPER, BEECHER-STOWE, REID, ELLIS, STEVENSON, KIPLING) sowie von Erzählungen aus dem Alltag und Leben von Kindern und Jugendlichen (DODGE, KIPLING, WETHERELL, ALCOTT, COOLIDGE, TURNER, BURNETT, MARK TWAIN), auch Nonsensegeschichten englischen Ursprungs (RUSKIN, KINGSLEY, CARROLL) waren häufig. Aus dem Französischen kamen Übersetzungen der Bücher von FERRY, AIMARD, VERNE und MALOT, aus dem Deutschen solche von KARL MAY und JOHANNA SPYRI, aus dem Italienischen von DE AMICIS.

Im Jahre 1809 wurde Finnland von Schw. abgetrennt, aber die in Finnland auf schwedisch geschriebene Literatur wurde weiterhin in Schw. gedruckt. Als bedeutendster Autor des 19. Jahrhunderts für schwedische Kinder muß ZACHRIS TOPELIUS (1818–1898), der Finnlandschwede gewesen ist, angesehen werden, besonders wegen des achtbändigen Werkes „Läsning för barn" (1865–1896), das auch auf Finnisch erschien und in viele Sprachen übersetzt wurde. Weite Teile des Inhalts sind in Dialogform gehalten. In den acht Bänden finden sich moralische Feenmärchen, jetzt allerdings um komische Elemente bereichert, die an ZACHARIÄ erinnern, aber auch Schilderungen von Kinderstreichen und -spielen wie Schneeballschlacht, Christen und Türken, Räuber und Zigeuner.

Von der Jahrhundertwende an gab es eine verstärkte Produktion schwedischer Kunstmärchen und Bilderbücher für kleinere Kinder. VIKTOR RYDBERG (1828–1895) gab 1871 das Märchen „Lille Viggs äfventyr på julafton" heraus, das sehr bekannt wurde, obgleich es einen moralisierenden Ton anschlägt. Die darin vorkommenden Märchenfiguren bewerten die guten und schlechten Taten der Menschen und verteilen die Geschenke je nach Verdienst. Eine von JENNY NYSTRÖM (1854–1946) illustrierte Auflage erschien 1875.

Der Volkskundler JOHAN NORDLANDER (1853–1934) gab 1886 eine neue Sammlung von Kinderliedern und -reimen heraus. Gemeinsam mit der Illustratorin J.

NYSTRÖM benutzte NORDLANDER dieses Material für das „Svenska barnboken" (1886–1887). Traditionelle Kinderreime wurden vielfach von schwedischen Illustratoren für ihre Bilderbücher herangezogen, so für NYSTRÖMS „Barnkammarens bok" (1882–1890), OTTILIA ADELBORGS (1855–1936) „Barnens julbok" (1885) und ELSA BESKOWS (1874–1936) „Sagan om den lilla lilla gumman" (1897). Wie bei den ausländischen Bilderbuchkünstlern, die sich dem Jugendstil verschrieben hatten, bildeten personifizierte Blumen ein beliebtes Hauptmotiv in den Bilderbüchern dieser Künstler, vor allem in ADELBORGS „Prinsarnes blomsteralfabet" (1893) und „Blomstersiffror med rim" (1894) und in den Büchern von BESKOW, die nach 1900 erschienen. ADELBORGS bekanntestes Buch ist „Pelle Snygg och barnen i Snaskeby" (1896). Es handelt von dem Vergnügen, sich zu waschen.

Die Diskussion um die Kinder- und Jugendliteratur, die seit dem 18. Jahrhundert geführt wurde, stellte als ihre Ziele heraus, daß die Heranwachsenden in die Wissenschaften eingeführt und ihnen zugleich moralische Begriffe vermittelt werden sollten. Neu war die Spielpädagogik der Aufklärungspädagogen, die auf unterhaltsame Art belehren wollten. Mit dem Aufkommen der romantischen Idee gerieten diese Ziele in die Diskussion. Man fragte jetzt, ob es die Aufgabe der Kinder- und Jugendliteratur sein sollte, lediglich Kenntnisse zu vermitteln, ohne auf die Phantasie der jungen Leser Rücksicht zu nehmen. In einer Rezension der von REUTERDAHL herausgegebenen Märchen der Brüder GRIMM wurde 1838 angeführt, daß diese Märchen die Kinder nicht allein durch ihre Grausamkeit erschreckten, sondern außerdem völlig falsche Vorstellungen von der Wirklichkeit unserer Welt erweckten. Eine solche Sammlung könne folglich niemals als „Lehrbuch" dienen. Das Interesse des Rezensenten war demnach – und das traf auf viele Kritiker der Zeit zu –, ausschließlich auf den didaktischen Wert eines Kinderbuches gerichtet. In der zweiten Hälfte des 19. Jahrhunderts wurde man in Schw. auf den 1862 erschienenen Beitrag des Deutschen KARL KÜHNER aufmerksam, und die Diskussion entzündete sich neu. Der Herbartianer KÜHNER legte besonderen Wert auf sorgsames Lesen und warnte vor sorgloser Vielleserei. KÜHNERS Überlegungen schienen zum Teil noch von der Aufklärung geprägt, andererseits zeigte er sich den romantischen Ideen gegenüber aufgeschlossen. So empfahl er die von den Romantikern geschätzten Volksmärchen, Volksbücher, Sagen und Legenden, vor allem HOMERS Epen, mit der Begründung, daß die kindliche Entwicklung durch die Darstellung der heldenhaften Kämpfe gefördert werde. Schon 1865 wurde KÜHNER in Schw. zitiert. 1870/1871 wurden seine Vorstellungen von dem Pädagogen JULIUS HUMBLE ausführlich behandelt und weiterentwickelt. HUMBLE, der noch mehr als KÜHNER davor warnte, bei der Erziehung zu viel Gewicht auf die alleinige Ausbildung des Verstandes zu legen und der die wichtige Rolle der Phantasie und der Gefühle herausstellte, stand den Romantikern noch näher als KÜHNER. Dies zeigte sich noch deutlicher in einem 1885 von HUMBLE herausgegebenen Aufsatz. Daß HUMBLE sich sowohl der Aufklärung als der Romantik verpflichtet fühlte, zeigt sich auch in seiner Herausgebertätigkeit: er publizierte sowohl eine Bearbeitung von GRÄBNERS „Robinson" (1875) als auch eine Übersetzung der Märchen der Brüder GRIMM (1883–1884).

Um die Jahrhundertwende wurde HUMBLE zur Inspirationsquelle für einen anderen Pädagogen, FRIDTJUV BERG, der dem ästhetischen vor dem didaktischen Moment in der Kinder- und Jugendliteratur den Vorzug gab. BERG diskutierte in einer Artikelserie 1901 das Werk WOLGASTS. Für BERG wurde WOLGAST zum Mitstreiter, der ebenfalls, so BERGS Interpretation, einseitige moralische und intellektuelle Bildung ablehnte und für die Entwicklung des ganzen Menschen eintrat. Die nach 1900 hervortretende Ansicht von der Kinder- und Jugendliteratur zeichnete sich durch eine neuerliche Stärkung der romantischen und ästhetischen Position aus, was sicherlich damit zusammenhängt, daß auch in der übrigen Literatur seit 1890 eine Hinwendung zu Gefühl und Phantasie stattfand, nachdem davor eine intellektualistischere Haltung vorherrschte. Eine bedeutende Initiative ging um die Jahrhundertwende von dem schwedischen Volkschullehrerverband aus, die Kinder- und Jugendbücher auch in der Arbeiterklasse verbreiten wollte und eine Buchserie mit dem Titel „Barnbiblioteket Saga" herausgab, die den Kindern in Heftform zum Preis von 10 Öre pro Heft angeboten wurde. In dem für die Konzeption der Serie verantwortlichen Ausschuß saß auch FR. BERG. Schaut man sich die ersten 15 Hefte der Reihe, die heute noch existiert, an, so bilden Märchen und Abenteuerschilderungen inhaltliche Schwerpunkte. Der erste Band enthielt von FRIDTJUV BERG bearbeitete schwedische Volksmärchen. Ein Studium der Verlagswerbung in den Heften – der Verlag lag in den Händen von Volksschullehrern – zeigt noch immer Anklänge an die Gedankenwelt der Aufklärungspädagogik. Die Gegensätze zwischen aufklärerischer und romantisierender, ästhetischer Sicht zeigen sich noch heute in der schwedischen Kinder- und Jugendliteratur.

Entwicklung der schwedischen Kinder- und Jugendliteratur von 1900 bis 1970. Das erste schwedische Kinderbuch, das einen Siegeszug durch die Welt antrat, war SELMA LAGERLÖFS (1858–1940) „Nils Holgerssons underbara resa genom Sverige" (1906/1907). Dieses schon klassisch gewordene Kinderbuch war ursprünglich ein Schullesebuch, das als Auftragsarbeit eines Lesebuchkomitees des schwedischen Volksschullehrerverbandes entstand. Ziel des Auftrags war die Schaffung eines neuen Lesebuches, das den Kindern einen Überblick über die Landschaften, die Pflanzen- und Tierwelt ihres Heimatlandes geben sollte. LAGERLÖFS Buch wurde ein spannendes und abenteuerreiches Lesebuch, das jedoch von pädagogischer Seite Kritik hervorrief, da es Phantasie und Fakten nicht klar trennte. Mit ihrem Buch vermittelte S. LAGERLÖF einen unvergeßlichen Eindruck von Schw., so wie R. KIPLING – dessen Einfluß auf dieses Werk unverkennbar ist – von Indien.

Wesentlich für die Entstehung des „Nils Holgersson" war ELLEN KEYS (1849–1926) Kritik an den vorhandenen Lesebüchern, denen man anmerkte, daß sie von Pädagogen gemacht seien, die vom Schreiben nichts verstünden. KEYS Kritik veranlaßte die schwedische Volksschullehrerorganisation, sich an einen bekannten Schriftsteller zu wenden und ihn mit dem Abfassen eines Lesebuches für die schwedischen Schulen zu betrauen.

Um 1900 und kurz danach schrieb man Kindererzählungen nach altbewährten Mustern. Sie handelten meist von Kindern aus einem wohlsituierten Milieu und deren Erlebnissen während der Sommerferien. AMY PALM (1859–1916) schrieb eine fünfbändige Serie zu diesem Thema mit immer derselben Heldin. Der erste Band erschien 1892 unter dem Titel „Barnen på Broby". A. PALM kann als erste angesehen werden, die in Schweden eine solche mehrbändige Serie verfaßte. Ihr Vorbild machte Schule.

1907 erschien „Barnen ifrån Frostmofjället" von LAURA FITINGHOFF (1848–1908). Dieses Buch zählt zweifellos auch noch heute zu den großen schwedischen Kinderromanen. Zeitlich spielt der Roman während der Hungerjahre von 1860 in Norrland im hohen Norden Schw.s und schildert, wie eine siebenkopfige Geschwisterschar, deren Eltern gestorben waren, ihr Schicksal in die eigenen Hände nimmt, um nicht, wie es damals Sitte war, auf verschiedene Höfe verteilt zu werden. Die Geschichte hat streckenweise einen starken Wirklichkeitsbezug. Im Vorwort zur ersten Auflage wendet sich die Autorin gegen die damals vorherrschende Kinderliteratur, die in ihren Augen einzig für die Kinder der gebildeten Klassen bestimmt war. Sie war der Meinung, daß Realismus und Gesellschaftskritik Einzug in die Kinderliteratur halten müßten. Erst nach dem Zweiten Weltkrieg jedoch konnte sich diese Tendenz in der schwedischen Kinder- und Jugendliteratur durchsetzen.

Von sozialem Pathos ist auch das umfangreiche Schaffen JEANNA OTERDAHLS (1879–1965) geprägt. Sie debütierte 1901 mit „Solhult", einer Sammlung von Kindergedichten. Ihr vielseitiges Werk enthält neben Märchensammlungen vor allem realistische Geschichten aus dem Schulmilieu. J. OTERDAHL war Quäkerin und hatte deutliche soziale Interessen. Ihr Werk ist denn auch nicht zufällig durch die den Quäkern eigene abweisende Haltung gegenüber materiellen Reichtümern geprägt.

ANNA MARIA ROOS (1862–1928) trat zur selben Zeit als Autorin für Erwachsene wie für Kinder hervor. Auch in ihrem zweiten umfangreichen Werk schrieb sie für Erwachsene und Kinder. Ihr erstes Kinderbuch war die Kindergedichtsammlung „Lilla Elnas sagor" (1894). Am bekanntesten wurde A. M. ROOS durch ihre reichbebilderten Lesebücher für Vorschulkinder, die 1892 erstmals erschienen. Millionen schwedischer Kinder erfreuten sich an ihrem idyllischen Bild vom harmonischen Leben einer Bauernfamilie. Vor allem Nacherzählungen bekannter Märchen in einer schon für Vorschulkinder verständlichen Sprache, die zahlreichen Kinderreime und Liedverse machen den Reiz der Bücher aus. Dazu kommen die Illustrationen der Künstlerinnen BRITA ELLSTRÖM (1873–1945) und INGEBORG UDDÉN (1877–1960), die durch einen kindgemäßen Realismus gekennzeichnet sind. Die Bändchen „Sörgården" und „I Önnemo" erschienen 1912, „Önnemofolk" 1917.

Für die Entwicklung des schwedischen Bilderbuchs waren die Übersetzungen von Bilderbüchern aus anderen Ländern von großer Bedeutung. Vor allem der „Struwwelpeter" des HEINRICH HOFFMANN, der schon 1849 übersetzt wurde. Bedeutungsvoll war auch der Einfluß von WALTER CRANE, obwohl er nie ins Schwedische übersetzt wurde. CRANES Einfluß auf ihre eigenen Arbeiten wurde von OTTILIA ADELBORG (1855–1936) und E. BESKOW selbst bestätigt. ADELBORG interessierte sich vor allem für Kinderreime, und in ihrer Sammlung „Ängsblommor" (1890) erschien erstmals das englische Kinderlied „Ba Ba black sheep" auf Schwedisch. Das Bilderbuch „Prinsarnas blomsteralfabet" erschien 1892, und man findet darin die in der CRANE-Nachfolge vermenschlichten Bäume und Blumen, die später auch E. BESKOWS Bilderbücher anreicherten. ADELBORGS großer, auch internationaler Erfolg war „Pelle Snygg och barnen i Snaskeby" (1896).

ELSA BESKOWS (1874–1953) erstes Bilderbuch war „Sagan om den lilla, lilla gumman" (1897), das auf einem alten Kinderstubenreim aufbaut. Ihr letztes Bilderbuch „Röda bussen och gröna bilen" erschien 1952, ein Jahr vor ihrem Tod. BESKOW verfaßte und illustrierte etwa dreißig Bilder- und Liederbücher, mehrere Märchensammlungen und einige Theaterstükke. Bedeutung gewann sie auch auf dem Gebiet des Lesebuchs mit der Serie „Vill du läsa?" (Bd. 1–2. 1935–1936), die allmählich A. M. ROOS' Lesebücher ablöste. Einfühlungsvermögen, menschliche Wärme und Naturverständnis prägen E. BESKOWS Bilderbücher mit ihren liebevoll gezeichneten Kinderfiguren inmitten alltäglicher Vergnügen. In „Tomtebobarnen" (1910) begegnet uns in nordischem Wald eine gemütliche Familie, die mit allen Waldbewohnern auf freundschaftlichem Fuße steht. In der aus fünf Bilderbüchern bestehenden Serie, die von „Tant Grön, tant Brun och tant Gredelin" (1918) eingeleitet wurde, wird der Leser in eine idyllische schwedische Kleinstadt um die Mitte des 19. Jahrhunderts versetzt, deren Einwohner liebenswert und humorvoll geschildert werden. „Pelles nya kläder" (1912) berichtet über das tägliche Leben auf alten Bauernhöfen. Alle Bilderbücher BESKOWS singen das Loblied der menschlichen Gemeinschaft und gegenseitigen Hilfe in einer kindertümlichen Kombination von Wort und Bild, die das Interesse der Kinder seit mehr als einem Jahrhundert auf sich zieht.

Sogar CARL LARSSONS (1853–1919) wirklichkeitsverankerte Bilderbücher, die ursprünglich nicht für Kinder bestimmt waren, wurden von diesen zu den ihren gemacht. „Ett hem" (1899) und „Spadarvet" (1906), zwei Bildbände, die die Wohnkultur und das bürgerliche Heim der Schweden der Jahrhundertwende unverwechselbar festgehalten haben, erschienen bald auch in besonderen Ausgaben für Kinder. C. LARSSON, der zweifellos von WILLIAM MORRIS beeinflußt worden war, wurde schon früh in der Zeitschrift „The Studio" (1904) dem englischen Publikum vorgestellt, wurde jedoch mit seinem Bilderbuch über das Haus in Dalarna vor allem in Deutschland erfolgreich.

Eines der bekanntesten schwedischen Bilderbücher wurde von einem Künstler geschaffen, dessen enge Verbindung zu seiner Tochter sich in dem Buch widerspiegelt. Es ist „Kattresan" (1909), mit Text und Illustration von IVAR AROSENIUS (1878–1909), ein Buch, das immer noch aufgelegt wird, aber nie übersetzt wurde. Es ist eine naive Rahmenerzählung um ein kleines Mädchen, das auf seiner Reise um die Welt alle plötzlich auftauchenden Gefahren überwindet.

Oft übersetzt, zuerst in den USA, wurden dagegen die Bilderbücher von MAJ LINDMAN (1886–1972), deren Werk von Kindern, aber nicht von den Kinderbuchfachleuten geschätzt wurde. Ihr erstes Buch, die Kleinkindergeschichte „Snipp, Snapp, Snurr", für das sie sowohl den Text schrieb als auch die Bilder entwarf, kam 1921 heraus. Dieses erste Bilderbuch der Autorin erfuhr zahlreiche, sehr populäre Fortsetzungen in der ansonsten bilderbucharmen Zeit in den zwanziger und dreißiger Jahren. 1927 gab sie „Våra husdjur. En bilderbok för barn" heraus, in dem sie die Sommerferien auf dem Land von Kindern der zwanziger Jahre schildert. Neben E. BESKOW hatte auch M. LINDMAN vor dem Zweiten Weltkrieg in den USA großen Erfolg, wo man ihre Bilderbücher als charakteristisch für Schw. sah.

In der Zeit zwischen den beiden Weltkriegen erschien das Bilderbuch „För barn och barnbarn. Rim och teckningar" (1925) des Politikers HUGO HAMILTON (1849–1928). Illustrationen und Texte dieses in bester Nonsensetradition verfaßten Bilderbuches stammen von HAMILTON. Dieses Bilderbuch, das der Autor zum privaten Gebrauch gemeinsam mit den eigenen Kindern schuf, war eine der wenigen gelungenen und fröhlichen Unternehmungen in der düsteren schwedischen Kinderbuchperiode zwischen den Kriegen. Äußerst populär bei den schwedischen Kindern wurde die Serie um eine schwanzlose Katze, die 1939 begann und bis 1951 zehn Fortsetzungen erfuhr. Der Autor war GÖSTA KNUTSON (1908–1973), ein populärer Radiosprecher, der vor allem im Kinderfunk tätig war.

Der Zweite Weltkrieg ließ auch in dem friedlichen Schw. die Kinderbuchproduktion zurückgehen. Mit dem Jahr 1945 begann eine Autoren- und Künstlergeneration hervorzutreten, die der schwedischen Kinder- und Jugendliteratur ein neues, eigenes Profil verschaffte. Das Jahr 1945 war ein Scheidepunkt in mehr als nur einer Hinsicht. In der Zeit zwischen 1918 und 1939 hatte sich auch die Gesellschaft im Schw. verändert. Der schwedische Wohlfahrtsstaat mit seinen sozialen und ökonomischen Voraussetzungen begann sich herauszubilden. Nach Kriegsende 1945 war auf dem Gebiet der Kinder- und Jugendliteratur national wie international ein rascher Aufschwung zu erkennen, an dem auch Schw. Anteil hatte und mit Hilfe dessen es seine durch den Krieg bedingte Isolation durchbrechen konnte. Der Buchimport erreichte höhere Stückzahlen als je zuvor, das Angebot von Kinder- und Jugendbüchern wuchs erheblich, und es entstand die Notwendigkeit, aus der angebotenen Fülle auszuwählen. Die Auflagen sowohl der schwedischen Originalausgaben wie auch der Übersetzungen schnellten in die Höhe. Nach dem Zweiten Weltkrieg machte eine ganze Anzahl schwedischer Kinder- und Jugendbuchautoren und Bilderbuchkünstler auch im Ausland auf sich aufmerksam, und viele von ihnen wurden übersetzt. Das Kinderbuch stand bald im Rahmen des schwedischen Buchexports an erster Stelle.

1945 erschien ASTRID LINDGRENS (* 1907) „Pippi Långstrump", ihr erstes Kinderbuch schon 1944. Auch LENNART HELLSING (* 1919) begann 1945 zu schreiben. Er und LINDGREN leiteten die Erneuerung des schwedischen Kinder- und Jugendbuches ein und steckten neue Wege ab. Als „Pippi Långstrump" (1945) mit ihrer souveränen Selbständigkeit, ihrer fröhlichen Stärke und ihrem ungewöhnlichen Äußeren zum ersten Mal erschien, wurde sie von den Kindern sofort freudig akzeptiert. Dagegen brauchte es längere Zeit, bis auch die Erwachsenen diese eigenwillige Pippi verstehen und akzeptieren lernten, bis sie erkannten, daß in diesem sonderbaren Mädchen die wildesten Wunschträume aller unterdrückten Kinder verkörpert sind. Die Illustratorin dieses Buches war INGRID VANG NYMAN (1916–1959). Aufbauend auf die Pippi-Bücher entstanden zahlreiche Bilderbücher. In „Pippi Långstrump" zeigte A. LINDGREN besonders deutlich ihre Fähigkeit, die Welt aus der Perspektive des Kindes sehen zu können. Auch die Trilogie um „Lillebror och Karlsson på taket" (1955, 1962, 1968) bestätigt das Einfühlungsvermögen der Autorin. Das Buch um den Lausbuben Emil spielt in A. LINDGRENS eigener småländischer Heimat zu Beginn des 20. Jahrhunderts. Emil kann sich mit Pippi an Willensstärke und Unternehmungslust messen, man findet aber auch die subtile Zeichnung sozialer Unterschiede. JÖRN BERG hat die drei Emil-Bücher illustriert. Über den Alltag auf Småland hatte A. LINDGREN schon früher in ihren drei Bullerby-Büchern berichtet, die 1947, 1949 und 1952 erstmalig erschienen und von einer Kindergruppe handeln. Aus einem früheren und ärmeren Schw. berichtet sie in dem Band „Rasmus på luffen" (1956), für den sie mit der Hans Christian Andersen-Medaille ausgezeichnet wurde. A. LINDGREN hat mehrere der traditionellen Literaturgattungen erneuert, eine besondere Vorliebe zeigt sie jedoch für die phantastische Erzählung. In den sagen- und märchenverwandten Büchern der Autorin findet sich ein etwas dunklerer Ton als in ihren sonstigen Werken, und man begegnet hier immer wieder dem einsamen und wehrlosen Kind, das seine innere und äußere Freiheit sucht. In „Mio, min Mio" (1954) ist der Kampf zwischen Gut und Böse das Hauptmotiv. Auch in „Bröderna Lejonhjärta" (1973) wird der Kampf gegen Bosheit und grausame Gewalt geschildert; dieses Buch, in dem die Autorin das Sterben und das Leben nach dem Tode als Kinderbuchthema aufgreift, rief

erregte Debatten in Schw. hervor. Zwar geht die eigentliche Handlung außerhalb der alltäglichen Wirklichkeit vor sich, dennoch hat das Buch einen deutlichen Bezug zu unserer Gegenwart.
Wie wenige andere schwedische Autoren beherrscht A. LINDGREN die Kunst, Phantasie und Wirklichkeit zu verschmelzen. Sie hat einen ausgeprägten Sinn für die Kraft des Wortes und kann ihre Sprache der düsteren Stimmung wie den ausgelassensten Späßen gemäß gebrauchen.
In dem Buch „Katten blåser i silverhorn" (1945), das BO NOTINI (* 1910) illustrierte, zeigte LENNART HELLSING (* 1919) bereits seine poetische bildreiche Sprache, seine gekonnte Reimtechnik und sein Gespür für echten Nonsense. Er hat mit seinen Kinderreimen bewußt auf Formen und Stoffe des alten schwedischen Volksreims wie auch der englischen Nursery Rhymes zurückgegriffen. Gemeinsam mit einer Reihe hervorragender Künstler hat HELLSING das Bilderbuch in Schw. in wesentlichen Punkten erneuert. Seine originellen Gedichtbände wurden unter anderem von dem Keramiker STIG LINDBERG mit surrealistischen Bildern illustriert, so in „Nyfiken i en strut" (1947) und „Musikbussen" (1948). Mit dem Künstler und Karikaturisten POUL STRØYER begann L. HELLSING 1950 eine enge Zusammenarbeit. Beide schufen gemeinsam eine Reihe unvergeßlicher Bilderbücher wie „ABC" (1961), „Sjörövarbok" (1965), oder „Boken om bagar Bengtsson" (1966). In „Sjörövarbok" begegnet man wahrscheinlich HELLSINGS gekonntester Wortakrobatik. Das Buch ist von einer Respektlosigkeit gegenüber Theorien über das für Kinder noch Zumutbare gekennzeichnet. STRØYERS expressive und vitale Bilder hatten wichtigen Anteil an dem Erfolg von HELLSINGS Bilderbüchern. 1963 gab der Autor „Katten blåste i silverhorn" mit phantasievollen schwarzweißen Illustrationen von FIBBEN HALD heraus. In dieser Anthologie findet sich eine Auswahl aus HELLSINGS in den Jahren davor verfaßten Reimen. Spätere Reimbilderbücher sind „Bananbok" (1975), mit Bildern von TOMMY ÖSTMAR und „Den underbara pumpan" (1975), mit Bildern des Dänen SVEND OTTO S. (Ps. für SVEND OTTO SORENSEN). HELLSING, der einen ausgeprägten Sinn für einen kindlichen Reimrhythmus besitzt, spielt nicht nur mit der Sprache, sondern jongliert ebenso souverän mit Begriffen, Traditionen und überlieferten Ansichten.
ÅKE HOLMBERG (* 1907) gehört ebenfalls zu den Autoren, die in den vierziger Jahren zu schreiben begannen. Sein erstes Jugendbuch erschien 1946 unter dem Titel „Skuggornas hus". Der Durchbruch gelang ihm mit der Erzählung „Gritt" (1947), die von einem Mädchen handelt, das sich ihrem Milieu entfremdet und damit fertig werden muß. HOLMBERGS Stärke ist die realistische Schilderung von Menschen und Milieu. Großen Publikumserfolg errang er mit der Serie um Ture Sventon, die 1948 begann. Diese kriminalistischen Grotesken um Privatdetektive sind der Parodie verwandt. Die Dialoge sind zwar todernst und lakonisch, doch unterstreichen sie damit nur den komischen Charakter der von verrückten Situationen lebenden Erzählungen. Å. HOLMBERG versucht, auch der Phantasie des Kleinkindes mit seinen Vorschulbilderbüchern gerecht zu werden. Wie wenige schwedische Schriftsteller verstand er es, seinen Stil und seine Sprache den verschiedenen Buchsituationen anzupassen.
HARRY KULLMAN (* 1919) begann ebenfalls 1948 mit einer historischen Erzählung für junge Leser zu schreiben. Der Durchbruch gelang ihm mit dem Buch „Den svarta fläcken" (1949), das die Großstadt Stockholm und die jungen Menschen, die darin aufwachsen, beschreibt. Die realistische Beschreibung krimineller Jugendlicher und der offene Schluß des Buches führten zu erregten Diskussionen darüber. In den folgenden Büchern, besonders in der Trilogie „Gårdarnas krig" (1959), „De rödas uppror" (1968) und „Fangarna på Fattigmannagatan" (1972), setzte KULLMAN seine Schilderungen Stockholmer Jugendlicher aus der Arbeiterklasse fort und beschrieb ihre Konfrontation mit dem sozialen und politischen Geschehen, vor allem aber mit der Gewalt. H. KULLMAN führte die realistische Schilderung des Arbeitermilieus in die schwedische Jugendliteratur ein und wählte Jugendliche aus diesem Milieu als Handlungsträger. Bitterkeit über die Ungerechtigkeiten der Klassengesellschaft tritt deutlich hervor. In der Erzählung „Den amerikanske Fången" (1975) erwies sich KULLMAN als ein geschickter Berichterstatter des sozialen Milieus und der politischen Ereignisse in einem lateinamerikanischen Polizeistaat. Ein in KULLMANS Erzählungen häufig auftauchender Jungentyp ist der zurückgezogene, der introvertierte Junge, der oft handlungsgehemmt ist. Als Gegenpol führt der Autor den Gewalt- und Machtmenschen vor. KULLMAN schreibt eine klar verständliche Sprache, die ohne Umschweife auf ihr Ziel losgeht. Seine Bücher bilden auch stilistisch eine Einheit.
HANS PETERSON (* 1922) begann 1945 zu schreiben und hat seitdem rund 90 Bücher vorgelegt. Er schreibt sowohl für Kinder wie auch für Jugendliche und Erwachsene und äußert sich in Zeitschriften und Tageszeitungen zu Kinderbuchfragen. Mit dem Buch „Magnus och ekorrungen" (1956), dem ersten Band einer fünfbändigen Fortsetzungsreihe (der fünfte Band erschien 1961) begann PETERSON bereits, die für ihn wichtigen Themen des Kinderbuches auszuformulieren: die Ohnmacht, die Isolation, die Einsamkeit des Kindes. In den drei Büchern über Liselott (1962, 1965, 1967) erzählt er von Umwelterfahrungen und den menschlichen Beziehungen eines kleinen Mädchens. Das dreibändige Werk um Pelle Jansson (1970, 1971, 1972) schildert ein emotional vereinsamtes Kind, das mit vielen äußeren Widerwärtigkeiten fertig werden muß. Das besondere Interesse PETERSONS gilt Büchern für das Kleinkind, für den Leseanfänger. Er versteht es, diese Erzählungen inhaltlich wie auch sprachlich an die Aufnahmefähigkeit kleinerer Kinder anzupassen. Sein Sprachstil ist einfach, aber ohne anbiedernde Kindlichkeit. Er gestaltet den Alltag und die Spielwelt der Kinder immer wieder neu und zeigt die vielfältigen Entwicklungsprobleme auf. Im Gegensatz zu KULLMAN spart er die Darstellung der dunklen Seiten der

Wirklichkeit aus. Es geht ihm mehr darum, den kleinen Lesern Spaß und Trost zu schenken.

Edith Unnerstad (* 1900) ist in Finnland aufgewachsen, ihr literarisches Werk wurde jedoch in Schw. verlegt, wo sie 1932 zum erstenmal an die Öffentlichkeit trat. Seitdem hat sie eine Reihe von Kinder- und Jugendbüchern für alle Altersstufen und mehrere Romane für Erwachsene geschrieben. 1949 begann Unnerstad die Serie um die Kinder der Pip-Larsson-Familie mit „Kastrullresan". Drei Fortsetzungsbände erschienen 1950, 1952 und 1955. Die Serie wurde Unnerstads größter Erfolg und erschien auch im Ausland. Die Autorin versteht es, frisch und lebendig die Alltagserlebnisse der Kinder, die zwischen einem und vierzehn Jahren alt sind und die in einer recht harmonischen Familie mit demokratischen Spielregeln aufwachsen, zu schildern. „Farmorsresan" (1956) erzählt von den Erlebnissen eines kleinen Jungen, der nach der schweren Krankheit seiner Mutter von ihr getrennt wird. Er lernt, die Trennung zu überwinden und andere, für ihn neue Verhältnisse auf einem Bauernhof in Schonen, wo er den Sommer verlebt, zu akzeptieren. In „Mormorsresan" (1959) und „Englandsresan" (1960) zeigt die Autorin ihre Fähigkeit, auch einen historischen und sozialen Stoff für junge Leser interessant zu gestalten. Sie berichtet von Familien, die in der zweiten Hälfte des 19. Jahrhunderts nach Helsinki, Petersburg und London reisten, um dort Arbeit zu finden. Unnerstad gibt in diesen Erzählungen ein treffendes Bild des armen Schw. im 19. Jahrhundert und erzählt anschaulich von der Armut, die die Arbeitsuchenden auch in anderen Ländern antreffen. Im Vordergrund stehen dabei die Abenteuer und Erlebnisse der Kinder der arbeitsuchenden Familien. Unnerstad gab auch zahlreiche Märchensammlungen heraus und verfaßte die Texte zu einigen Bilderbüchern. Die Fähigkeit der Autorin, Charaktere psychologisch überzeugend schildern zu können, wird in allen ihren Büchern sichtbar, am deutlichsten wohl in dem Roman „Ensam hemma med Johny" (1951), der 1969 in ungekürzter Neuauflage für Jugendliche herausgegeben wurde. Die Hauptfigur ist ein tschechisches Mädchen, das in eine freundliche schwedische Familie aufgenommen wird. Die Autorin beschreibt fesselnd die Gedankenwelt eines vierzehnjährigen Mädchens, das sich in einer unrealistischen Traumwelt bewegt und das sich trotz des Entgegenkommens der schwedischen Familie fremd und unverstanden fühlt.

Die realistische Alltagsschilderung Heranwachsender fand bei den schwedischen Kinder- und Jugendbuchautoren besondere Vorliebe. Ein Großteil dieser realistischen Erzählungen variiert die bewährten alten Motive wie Alltagskonflikte in der Familie, das Verhältnis zu Freunden, Schul- und allgemeinen Entwicklungsproblemen. Viele dieser Geschichten zeigen einen starken Zug zum Abenteuerlichen. Mit Beginn der sechziger Jahre zeigte sich eine Veränderung in den Themen, aber auch in Sprache und Stil der für jüngere Leser gedachten Umwelterzählungen. Die Sprache wird direkter, die Dinge werden bei ihrem Namen genannt. Mit psychologischem Einfühlungsvermögen und im Bewußtsein der sozialen Verantwortung wurde nun öfter auch das schüchterne und schwache Kind dargestellt, das von ratlosen und hilflosen Eltern im Stich gelassen wird. Das Idyllische und Abenteuerliche herkömmlicher Umwelterzählungen mußte jetzt der realistischen Beschreibung von Kindern mit ihrer Umwelt in unserer modernen Gesellschaft weichen. Die neue Blickrichtung der Autoren brachte es mit sich, daß Themen und Motive, die lange Zeit als Tabu galten oder wissentlich ignoriert wurden, nun in den Vordergrund traten. Allerdings steckt auch noch in diesen neuen realistischen Kinderbüchern häufig ein moralischer Anspruch. Die realistischen Kinderbücher aus dem Alltag heutiger Kinder haben die schwedische Kinder- und Jugendliteratur zu einem bedeutenden Exportartikel werden lassen.

Zwar brachten in den letzten Jahren eine Reihe schwedischer Autoren phantastische, dem Nonsense verwandte Kinderbücher heraus, doch noch immer ist die schwedische Kinderliteratur auf diesem Gebiet auf Importe, vor allem aus England, angewiesen.

Maria Gripe (* 1923) trat 1954 an die Öffentlichkeit. Alle ihre Bücher wurden von ihrem Mann Harald Gripe illustriert. Der erste Band ihrer Trilogie um Josefine „Josefin" (1961) brachte den literarischen Durchbruch der Autorin. Das Buch „Josefin" liefert das genau erfaßte Bild eines Kindes, das in einer verständnislosen Umwelt die Flucht nach innen, in kindliche Phantasien und Vorstellungen antritt. In den Fortsetzungen „Hugo och Josefin" (1962) und „Hugo" (1966) ist Josefines Welt, sind daher auch ihre Beziehungen zur Umwelt weiter geworden. Mit dem Mädchen Loella in „Pappa Pellerins dotter" (1963) schuf M. Gripe eine beeindruckende Figur, die außerhalb der üblichen gesellschaftlichen Konventionen steht. 1972 startete M. Gripe ihre Serie um Elvis Karlsson. Bis 1976 erschienen drei Bände (Elvis Karlsson, 1972; Elvis! Elvis!, 1973; Den ‚riktiga' Elvis, 1976). Elvis, der im ersten Band gerade in die Schule eintritt, lebt voller Ängste, bis er schließlich seinen eigenen Weg findet. In den Büchern um Elvis fällt Elvis' Mutter eine wesentliche Rolle zu. Im Gegensatz zu dem positiven Mutterbild, das weithin die Kinderliteratur beherrscht, schuf Gripe mit Elvis' Mutter eine unselbständige und launische Frau, die oft von oberflächlichen Gefühlen beherrscht wird. M. Gripe schrieb auch eine Reihe allegorischer Erzählungen wie „Glasblåsarns barn" (1964) und „I klockornas tid" (1965), die in einer poetischen, altertümlichen Sprache abgefaßt und mit phantastischen Elementen wie Zeitverschiebungen und mystischen Erscheinungen ausgestattet sind. Sie erzählen von dem zeitlos-ewigen Kampf zwischen Gut und Böse. In ihren Kinderbüchern weicht Gripe den dunklen, ernsten und bedrückenden Problemen nicht aus. Immer wieder schildert sie Kinder, die die hektische Welt der Erwachsenen als chaotisch und unbegreiflich erfahren müssen. Das Gute, was das Leben dennoch bietet, läßt die Autorin die Kinder selbst entdecken.

GUNNEL LINDE (* 1924) begann 1958 zu publizieren. Im Jahr darauf gab sie den Band „Tacka vet jag Skorstensgränd" (1959) heraus, der das Alltagsleben eines Kindes in einem Stockholmer Mietshaus schildert. Das Buch erlebte 1962 eine Fortsetzung. Auch ihr erstes Buch für Leseanfänger, „Lurituri", das 1959 erschien, erhielt 1961 einen Fortsetzungsband. Beide Bücher, die auch im schwedischen Rundfunk gesendet wurden, zeugen von LINDES Fähigkeit, mit psychologischem Einfühlungsvermögen die Traumwelt zu schildern, die sich ein Kind neben der Alltagswelt schafft. G. LINDE hat ein besonderes Gespür für Melodien und Reime, die sie in die meisten ihrer Bücher einflicht und die der Erläuterung oder der Erklärung der laufenden Handlung dienen. In „Fröken Ensam Hemma åker gungstol" (1963) erzählt die Autorin von einem kleinen Mädchen, das auf ihrem Schaukelstuhl eine phantastische Reise unternimmt, als es von der Mutter alleingelassen wird. Spielbären und Phantasietiere folgen dem Mädchen in eine bunte Traumwelt. G. LINDES wichtigstes Buch ist „Den vita stenen" (1964). Auch es handelt von den ärmlichen Verhältnissen, in denen ein Kind lebt, und der warmen, schönen Phantasiewelt, die es sich als Kompensation für eine triste Realität ausdenkt. Die Erzählung berichtet von Identitätstausch, von Traumwelten, von erhoffter Liebe, aber auch, wie die meisten Bücher von LINDE, von der Blindheit der Erwachsenen, wenn es um Kinder und deren Bedürfnisse geht. 1976 erschienen LINDES „Mamm- och pappsagor", eine Sammlung von Märchen-Travestien, die voller Humor stecken. Die Sprache der Autorin ist durch ihre kindgemäße Leichtigkeit und durch originelle Wortneuschöpfungen geprägt.

OLLE MATTSONS (* 1922) erstes Jugendbuch erschien 1952. In „Briggen Tre Liljor" (1955), dem Buch, mit dem der Autor den Durchbruch schaffte, begegnen wir der Armut in einem schwedischen Fischerdorf des 19. Jahrhunderts. Der Held der Geschichte ist der Junge Mickel, dessen Vater nicht mehr von der See zurückgekommen ist. Parallel zu der äußeren Handlung läuft die innere Handlung, die die Entwicklung des Jungen in seiner Beziehung zum vermißten Vater zeigt. Dieser Kunstgriff findet sich in mehreren von MATTSONS Büchern. 1966 erschien „Veckand innan Algot rymde", eine Erzählung, die während des Zweiten Weltkriegs an der schwedischen Westküste spielt. Es ist eine Detektivgeschichte, die unter zerbrochenen und ausgestoßenen Menschen, dem Bodensatz der Gesellschaft, spielt. Aus dem alten Schw. berichtet der Autor in dem 1967 erschienenen Buch „Fem ljus för Talejten". Darin lernen wir die Slums im Göteborger Hafen des Jahres 1866 kennen. Hauptfigur dieser Geschichte ist der elternlose, arme Junge Sackris, der ständig auf der Flucht vor Mißhandlungen ist. Der Fortsetzungsband Talejten väntar i väst" (1975) erzählt von Sackris' Erlebnissen in Amerika. O. MATTSON ist einer der vielseitigsten schwedischen Jugendbuchautoren, aber seine Bücher sind keine leichte Lektüre. Seine Erzählungen haben oft eine recht verschlungene Handlungsführung, die Sprache ist kräftig und reich an westschwedischen Dialektausdrücken. Er wählt als seine Themen gerne die Schattenseiten der Geschichte und Gegenwart.

Der in Helsinki geborene KAJ SÖDERHJELM (* 1918) schrieb eine Reihe historischer Romane. Er vermag es, gekonnt Atmosphäre, Milieu und Stimmung der gewählten Zeit wiederzugeben. Seine bekannteste historische Erzählung ist „Mikko i kungens tjänst" (1959), die den Krieg zwischen Rußland und Schweden, der im 16. Jahrhundert auf finnischem Boden stattfand, beschreibt. Das Buch trägt eine betont pazifistische Botschaft, die auch in dem Band „Aldrig kom den sommarn" (1960), das unter SÖDERHJELMS Pseudonym JONAS BERGMAN erschien, zum Ausdruck kommt.

ANNA LISA WÄRNLÖF (* 1911), auch unter dem Pseudonym CLAQUE bekannt, veröffentlichte 1958 ihr erstes Jugendbuch „Pellas bok". Drei Fortsetzungsbände folgten (Pellas andra bok, 1959; Pella i praktiken, 1960; Lennerboms, 1965). Im Gegensatz zu dem geborgenen Dasein des lebensfrohen Mädchens Pella führt Fredrike in „Pojken en trappa upp" (1961) ein problemreiches Leben während einer schwierigen Pubertätskrise. Der starke Wunsch eines Kindes nach Kontakten zu anderen Kindern ist das durchgehende Motiv in „Boken om Agnes" (1963). Einsame Kinder, isolierte Menschen sind das Hauptthema von WÄRNLÖFS Büchern. Sie beschreibt oft Kinder, die ihre erwachsene Umwelt durchschauen und auf deren Haltung ablehnend reagieren.

BRITT G. HALLQVIST (* 1914) begann 1950 ihre Kinderbuchkarriere mit „Rappens på Blåsopp", eine Erzählung, in der sie in Prosa und Reimen von dem Alltag einer lebensfrohen schwedischen Familie und den Spielen und Phantasien der Kinder erzählt. Eine Fortsetzung erschien unter dem Titel „Roligt med Rappens" (1963). Die Illustratorin H. HENSCHEN (* 1917) hat zu beiden Büchern originelle Bilder geschaffen. Gemeinsam mit dem Illustrator STIG LINDBERG gab HALLQVIST 1951 ein „ABC" heraus, das anhand lustiger und geistreicher Verse einen Gang durch das Alphabet unternimmt. Weitere Reimgeschichten sind „Fru Johanssons djur" (1960) und „Pi Po Pampe" (1962), die mit vielen Wortspielen und skurrilen Begebenheiten angereichert sind. In den fünfziger und sechziger Jahren publizierte HALLQVIST fast jedes Jahr ein neues Buch mit Kinderreimen. Parallel zu der eigenen literarischen Produktion fertigte sie eine Anzahl Übersetzungen amerikanischer, englischer und deutscher Kinderbücher an, ohne die die schwedische Kinderliteratur sehr viel ärmer wäre. Darunter findet sich T. S. ELIOTTS „Old Possum's Book of Practical Cats" sowie Schriften von A. A. MILNE, E. LEAR, L. CARROLL, C. SANDBURG, J. KRÜSS und CHR. MORGENSTERN. Die Autorin verfaßte auch religiöse Texte. In der Gedichtsammlung „Jag skall fråga Gud" (1968) befaßt sie sich recht unsentimental mit dem Gottesverständnis eines Kindes. HALLQVIST, die sich besonders durch den Reichtum und die Prägnanz ihrer Sprache auszeichnet, schreibt humorvolle, kluge und wirklichkeitsnahe Kindergedichte.

Barbro Lindgren (* 1937), die 1965 ihr erstes Kinderbuch herausbrachte, schreibt Lyrik und Prosa für Kinder, Jugendliche und Erwachsene. In ihren Büchern zeichnet sie Alltagsgeschehen mit seinen traurigen, fröhlichen und besinnlichen Situationen. Ein ausgeprägter Sinn für Nonsense kommt sowohl in ihrer Lyrik wie auch in den beiden Loranga-Büchern (1969, 1970) zum Ausdruck. B. Lindgren wurde vor allem mit „Jättehemligt" (1971) und der Fortsetzung „Världshemligt" (1972) bekannt. In Tagebuchform erzählt die Autorin darin von ihrer eigenen Kindheit und Jugend: von dem Alltag mit seinen umweltgeprägten Ereignissen, von der bedrängenden Welt der Erwachsenen, von den düsteren und hoffnungsvollen Gedanken, die ein Kind befallen, von dem Gefühl der eigenen Unzulänglichkeit. All das wird eindringlich geschildert, erhält jedoch immer durch einen optimistischen Humor eine versöhnliche Note. In der nicht sehr umfangreichen schwedischen Kinderlyrik nehmen ihre Gedichtsammlungen „Goda', Goda'" (1971) und „Gröngölingen är på väg" (1974) einen besonderen Platz ein. Die Autorin läßt in ihren Gedichten das ganze Dasein des Kindes, seine Gedanken über Leben, Alter und Tod zu Wort kommen. Ausdrucksvoll und lebendig, bald lustig, bald voller Sprachspielereien wechselt ihre Sprache zwischen Dur und Moll. Lindgren versteht es, in ihren Erzählungen phantastische und realistische Momente nahtlos zu einer gekonnten Synthese zu vereinen. Ihre einzigartige Beobachtungsgabe hilft ihr dabei, kindliche Probleme und Wünsche wirklichkeitsnah zu erfassen.

Ingrid Sjöstrand (* 1922) schrieb 1966 ihr erstes Kinderbuch. Sie hat auch eine Reihe von Artikeln und Essays zur Situation des Kindes in der modernen Gesellschaft in Zeitungen und Zeitschriften veröffentlicht. Erst mit der Erzählung „Kalle Vrånglebäck" (1968) zog sie die Aufmerksamkeit der Kritiker auf sich als Kinderbuchautorin. Das Buch handelt von einem Geschwisterpaar, dem Jungen Kalle und dem Mädchen Loppa und deren außergewöhnlich geduldigen Eltern. Es werden familiäre Auseinandersetzungen, kindliche Temperamentsausbrüche geschildert, und die Autorin versucht, aus völlig neuer Sicht über Einpassung in die Familiengemeinschaft und mögliche Konfliktlösungen zu berichten. Die Eltern können dadurch viel über die Beziehung der Geschwister zueinander lernen. Zwei weitere Bände „Hurra, en kamrat" (1969) und „Loppas liv. Om Kalle Vrånglebäcks lillasyster" (1969) setzen die Familiengeschichte fort. I. Sjöstrand veröffentlichte 1969 und 1970 zwei Bände mit originellen und spaßigen Sinnsprüchen. Sowohl sprachlich wie inhaltlich hat sie damit eine neue Variante in der schwedischen Kinderliteratur geschaffen. Die Autorin steht der Rolle der Kinder in der modernen schwedischen Gesellschaft äußerst kritisch gegenüber. Sie ist Moralistin, doch geraten ihre Erzählungen nie in die Gefahr des Moralisierens.

Max Lundgren (* 1937) gab 1965 sein erstes Kinderbuch heraus. In seinem vielgestaltigen Werk gibt es deutliche Schwerpunkte. In den Büchern „Omin Hambbe i Slättköping" (1966) und „Pojken med guldbyxorna" (1967) beleuchtet er das Verhalten der Schweden zur Dritten Welt und die Anstrengungen, die unternommen werden, um die Dritte Welt zu verstehen und ihr zu helfen. In einer Serie von vier Büchern beschreibt er das Schicksal eines Fußballklubs (1967–1971). Lundgren, der selbst aktiver Sportler war, schildert, wie der Sport Verständnis und Zusammenhalt schafft und sogar Klassenunterschiede überbrücken kann. Er zeichnet mit gleicher Deutlichkeit das Verhalten der Einzelnen wie der Gemeinschaft. Seine Jugendromane zeigen die innere Entwicklung und den momentanen Zustand junger Menschen. In „Ole kallar mej Lise" (1969) wird von einem jungen Mädchen und einem Jungen erzählt, die unter bedrückenden materiellen Verhältnissen leben und die nur unter großen Schwierigkeiten den Weg zueinander finden. „Sommarflickan" (1971) ist die psychologisch tiefgreifende Geschichte der zufälligen Bekanntschaft eines zehnjährigen entwicklungsgestörten Jungen mit einem nicht alltäglichen Teenager. Reifungs- und Anpassungsprozesse werden hier mit großem Realitätsbezug geschildert. In „Regnbågskriget" (1968) erzählt Lundgren von der Sinnlosigkeit des Krieges. Zusammen mit dem Illustrator Fibben Hald brachte Lundgren drei Bilderbücher heraus, von denen jedes einer bestimmten Lebensfrage gewidmet ist. Sie sollen als Ausgangspunkt für Diskussionen dienen. So berichtet das Bilderbuch „Sagan om Lotta från Dösjöbro" (1969) von der kritischen Haltung Gottes zur Einstellung der Menschen gegenüber dem Weltgeschehen. „Mats farfar" (1970) erzählt aus dem Blickwinkel des Kindes vom Älterwerden. „Fyrskeppsmysteriet" (1973) veranschaulicht in allegorischer Form das Sterben der Menschen. Lundgren formuliert kraftvoll und mit viel Humor. In seinen Büchern hat er manche alte Tabus gebrochen und die psychologische Sicht vertieft. Die jungen Menschen, die er zeichnet, stehen bei ihm nicht isoliert in einer spezifischen Kinderwelt, sondern werden als unabtrennbarer Teil der Gesellschaft und als Partner der Erwachsenen gezeigt.

Siv Widerberg (* 1931) begann 1966 für Kinder zu schreiben. Sie untersucht in ihren Büchern die sozialen und politischen Probleme sowohl in Schw. wie in der übrigen Welt. So ist die Ungerechtigkeit bei der Verteilung der Bodenschätze ein Gegenstand, den sie gern zum Thema nimmt. Wie viele schwedische Autoren ihrer Generation schreibt sie sowohl für Kinder und Jugendliche wie auch für Erwachsene. Gemeinsam mit der Illustratorin Kaj Beckman gab sie zwei Bilderbücher über den Alltag von Kindern heraus, „Gertrud på daghem" (1966) und „Alldeles vanliga Hjalmar och Hedvig" (1968). F. Hald illustrierte ihr Buch „Min bästa vän" (1969), das von den Phantasien und dem Innenleben eines kleinen Mädchens handelt. 1967 gab S. Widerberg das Aufklärungsbuch „Mamma, pappa, barn – en bok för barn om kärleks och sexuallivet" heraus. Dieses mit großer Offenheit geschriebene Buch versucht, die zahlreichen oft gegensätzlichen Ansichten zu Fragen der Sexualität vorzustellen. Widerberg veröffentlichte mehrere Gedichtbände – der erste erschien 1968 – mit schlichten und eingängigen Versen, deren Themen aus dem schwedischen Alltag genommen sind, aber auch auf Probleme der Dritten Welt eingehen. Es werden in ihnen Geburt und Tod, Familienkonflikte und die Geschlechtsproblematik angesprochen. 1975 brachte WIDERBERG nach einer Reise durch die Volksrepublik China die Gedichtsammlung „Folkets kraft är stor" heraus. Es ist ein Loblied auf das sozialistische Gesellschaftsmodell. In diesem Gedichtband finden sich auch einige kleinere Lehrgedichte, in denen die Autorin die politischen Zusammenhänge zu verdeutlichen sucht. WIDERBERG spricht klar ihre Positionen aus. Neben gesellschaftskritischen und politischen Themen widmet sich WIDERBERG der verständnisvollen Beschreibung der kindlichen Psyche.

GUNNEL BECKMAN (* 1916) begann ihre schriftstellerische Tätigkeit 1960 mit einem traditionellen Jugendbuch. Weithin bekannt wurde sie mit dem Jugendroman „Tillträde till festen" (1969). Mit großer Offenheit schildert sie hier das Schicksal eines neunzehnjährigen Mädchens, das weiß, daß es an Leukämie sterben wird. 1973 erschien das erste Buch um das Mädchen Mia mit dem Titel „Tre veckor över tiden". Als Mia, die noch zur Schule geht, sich klar wird, daß sie schwanger ist, durchläuft sie alle Stufen der Verzweiflung. Da ist der Druck der Konventionen, da ist aber auch Mias Absicht, ihre Ausbildung fortzusetzen, sie nicht wegen eines Kindes abzubrechen. Das Buch, das auch im Ausland viel diskutiert wurde, versteht sich als Beitrag zur Diskussion um die Abtreibung. In dem Fortsetzungsband „Våren då allting hände" (1974) ist Mia schon gereifter, die Furcht vor einer Schwangerschaft hat sie nachdenklicher und verantwortungsbewußter werden lassen. Die Erzählung „Ett slag i ansiktet" (1976) handelt von einer Party und deren Folgen. Hier diskutiert die Verfasserin die Gründe und die Problematik von Gewalttaten. BECKMAN gehört zu den Autoren der modernen schwedischen Kinder- und Jugendliteratur, die die Probleme der modernen Gesellschaft aufgreifen. In ihrem Werk spiegelt sich die aktuelle Debatte um die sozialen Probleme in Form scharfer Momentaufnahmen.

SVEN WERNSTRÖM (* 1925) kommt aus dem Arbeitermilieu. Er ist Autodidakt und versucht sich ständig weiterzubilden. WERNSTRÖM schrieb 1945 sein erstes Abenteuerbuch im traditionellen Stil. Bis 1962 gab er mehr als 50 ähnliche unterhaltende Erzählungen teilweise unter dem eigenen Namen, teilweise pseudonym oder auch in Autorengemeinschaft mit anderen heraus. Die Erzählungen, die WERNSTRÖM international bekannt machten, schrieb er erst ab 1963, nachdem er begonnen hatte, das Kinder- und Jugendbuch als Mittel einer sozialistischen Propaganda und Pädagogik einzusetzen. Die Bände „Mexikanen" (1963) und als Fortsetzung „Befriaren" (1965) verfaßte er nach einem längeren Besuch in Mexiko. Er schildert darin die hoffnungslose Armut und Unwissenheit der mexikanischen Indianer. Noch deutlicher kommen die sozialistischen Ideen in „Upproren" (1968), das die kubanische Revolution beschreibt, zum Ausdruck. „De hemligas ö" (1966) ist eine moderne Robinsonade. An einer zufälligen Miniaturgesellschaft zeigt der Autor auf, wie eine Gesellschaft entsteht, wie sie sich entwickelt, wie sie Irrtümern verfällt und wieder auf den rechten Weg findet. Er bediente sich auch der Märchenform, um die Lage der Arbeiter in der kapitalistischen Gesellschaft deutlich zu machen. „Kamrat Jesus" (1971) berichtet von Jesus Christus als einem Guerillaführer in dem von den Römern besetzten Palästina. Auch als Science-fiction-Autor hat sich WERNSTRÖM versucht. Er schrieb die Erzählung „Resa på okänd planet" (1967), in der Wesen von fremden Sternen auf die Erde kommen und zusammen mit schwedischen Kindern Lateinamerika und Vietnam besuchen. 1973 begann WERNSTRÖM mit der historischen Serie „Trälarna", die im Jahre 1000 n. Chr. beginnt und die Geschichte der Beherrschten in Schw. nachzeichnet und ihren Befreiungskampf beschreibt. Die Aussagen WERNSTRÖMS sind immer politisch eindeutig. In seinem Werk befaßt er sich mit den Schwierigkeiten der kapitalistischen Gesellschaft in Vergangenheit und Gegenwart. Zweifellos ist WERNSTRÖM der bedeutendste sozialistische Autor innerhalb der schwedischen Kinder- und Jugendliteratur.

Bilderbücher nach 1945. Neben E. BESKOW war es EVA BILLOW (* 1902), die die schwedische Natur mit liebevoller Einfühlung nachzeichnete. Die Bildgeschichte „Pojkarna Igelkotts vinterskor" erschien 1948. In zahlreichen Bilderbüchern zeigt die Illustratorin großes Verständnis für eine gelungene typographische Gestaltung und Ausgewogenheit zwischen Bild und Text. Eine enge Verbindung zur schwedischen Natur zeigte auch INGA BORG (* 1925). Ihr erstes Bilderbuch „Plupp och renarna" erschien 1955. Im Mittelpunkt des Bilderbuches steht eine drollige Figur, die sich mit einem Rentierkalb anfreundet und mit den Rentieren nach Lappland zieht. I. BORGS Bilderbücher erregten auch im Ausland Interesse, da sie es versteht, in Wort und Bild zoologische und botanische Fakten konkret wiederzugeben und diese Sachinformationen mit erzählerischem Leben zu füllen.

Die schwedischen Kinderbuchillustratoren kommen aus verschiedenen Berufszweigen. Wie in anderen Ländern, haben auch in Schw. eine Reihe von Zeichnern, die für Zeitungen und Zeitschriften arbeiten, ihr Interesse am Kinderbuch entdeckt. Zu dieser Gruppe gehört vor allem BIRGER LUNDQUIST (1910–1952), der für die Tageszeitung „Dagens Nyheter" arbeitete und auch als Illustrator von Büchern bekannt geworden ist. Gemeinsam mit EVA VON ZWEIGBERGK (* 1906) schuf er das Bilderbuch „Johans jul. Berättad av honom själv" (1947), das von Weihnachten und den Weihnachtsvorbereitungen in einer Stockholmer Familie in den vierziger Jahren erzählt. BERTIL ALMQUIST (1902–1972) wurde durch eine lange Bilderbuchserie über Steinzeitkinder bekannt, die durch Schweden und die Welt reisen. Die Serie ist voll von satirischen Anspielungen auf soziale und politische Gegebenheiten in der Gegenwart. Der erste Band der Serie erschien 1948 unter dem

Titel „Hedenhös". POUL STRÖYER (* 1923) stammt aus Dänemark. Er arbeitet vorwiegend als politischer Karikaturist für „Dagens Nyheter". STRÖYER illustrierte mehrere von HELLSING verfaßte Bücher wie „Summa summarum" (1950). „Den krågliga kråkan" (1953), „ABC" (1961), „Boken om bagar Bengtsson" (1966). STRÖYERS Bilder sind voller Leben und haben eine große Ausdruckskraft. In seinen eigenen Bilderbüchern wie „Sagan om PP och hans stora horn" (1956) und „Bytt är bytt" (1960) zeigt er auch, daß er den Text zu Bilderbüchern in enger Harmonie zu den Illustrationen gestalten kann. BJÖRN BERG (* 1923) arbeitet ebenfalls als Zeichner für „Dagens Nyheter". Er illustrierte zahlreiche Kinderbücher verschiedener Autoren. Seine Bilder dienen nicht nur zur Ausschmückung des Textes, sie gingen vielmehr in den Text ein und erzählen die Fabel in origineller Bildersprache nochmals. Durch BERG sind die drei Erzählungen „Emil i Lönneberga" von ASTRID LINDGREN beinahe zu Bilderbüchern geworden. NIELS CHRISTIAN (FIBBEN) HALD (* 1933) zeichnet für das „Svenska Dagbladet". Er begann als Kinderbuchillustrator mit phantasievollen Schwarzweißbildern zu der Anthologie „Katten blåste i silverhorn" (1963) von L. HELLSING. Farbige Illustrationen schuf er zu Texten verschiedener Autoren, so zu solchen von M. LUNDGREN. Gemeinsam mit diesem gab er die Bände „Sagan om Lotta från Dösjöbro" (1969), „Mats farfar" (1970) und „Fyrskeppsmysteriet" (1973) heraus. Das letztgenannte Bilderbuch ist eines der interessantesten der siebziger Jahre.

Der Keramiker und Industriedesigner STIG LINDBERG (* 1916) hat von den vierziger Jahren an einige der besten und lustigsten Bilderbücher Schw.s geschaffen, so etwa „Nyfiken i en strut" (1947), „Musikbussen" (1948) und „Krakel Spektakel köper en klubba" (1956) mit Texten von L. HELLSING. Zu HELLSINGS dem Nonsense verwandten Texten hat LINDBERG ein sprühendes Feuerwerk surrealistischer Bilder geschaffen. ST. LINDBERG hat auch die Bilder zu BRIT G. HALLQVISTS ABC-Buch „ABC" (1951) entworfen. Sogar ein so bekannter Maler wie SVEN LJUNDBERG (* 1913) hat ein Bilderbuch publiziert. Es trägt den Titel „Oskar Katt" (1963) und wurde von E. VON ZWEIGBERGK getextet. Die Illustrationen sind in Holzschnittechnik ausgeführt. Es ist das einzige moderne schwedische Bilderbuch, das sich dieser Illustrationstechnik bedient.

LASSE und INGER SANDBERG (* 1924 und * 1930) publizierten gemeinsam einige Bilderbücher und Bücher für Leseanfänger, die den noch begrenzten Lesefertigkeiten und dem Aufnahmevermögen kleinerer Kinder entgegenkommen. L. SANDBERG, der die Illustrationen besorgt, begann 1953 mit dem Buch „Fåret Ullrik får medalj". Er schuf eine naive Bilderwelt, die Kindern aus vielen Ländern bekannt geworden ist. I. SANDBERGS Texte sind durch eine klare und eindringliche Sprache gekennzeichnet. Die Bilderbücher „Lilla spöket Laban" (1965) und „Pojken med de hundra bilarna" (1966) vermitteln mit einfachen textlichen und bildlichen Mitteln große Spannung. Die Bilderbücher der SANDBERGS sind vor allem durch eine seltene Harmonie von Bild und Text ausgezeichnet.

ULF LÖFGREN (* 1931) veröffentlichte mehrere Bilderbücher, zu denen er neben den Illustrationen auch die Texte lieferte. Er hat große zeichnerische Routine und arbeitet viel mit dekorativer Farb- und Formgebung. Seinen Bilderbüchern liegen häufig pädagogische Absichten zugrunde. Sie erschienen in zahlreichen Übersetzungen. Das Bilderbuch „Det underbara trädet" (1969), das im Ausland preisgekrönt wurde, zeigt seine Originalität und sein ausgeprägtes Farbgefühl. LÖFGREN hat einen ausgesprochenen Sinn für surreale und komische Elemente, die auch in seinen Texten durchschlagen. HARALD WIBERG (* 1908) ist Tier- und Landschaftsmaler. Er gehört einer älteren Schule an, die sich besonders an der Beobachtung der Natur orientierte. Er illustrierte Erzählungen von LINDGREN und PETERSON. Zu einigen bekannten älteren Weihnachtsgedichten schuf er Bilderbücher wie „Tomten" (1960) nach einem Gedicht von VIKTOR RYDBERG und „Räven och tomten" (1965) nach einem Gedicht von K. E. FORSSLUND.

ILON WIKLAND (* 1930) wurde in Estland geboren. Sie ist eine der bekanntesten Illustratoren von Werken von LINDGREN. Ihre gemeinsam geschaffenen Bilderbücher sind „Jul i Bullerby" (1963) und „Vår i Bullerbyn" (1965). WIKLAND hat auch die Episoden in PETERSONS Magnus-Büchern mit ganzseitigen, farbigen Bildern versehen und UNNERSTADS „Klarbärskalaset" (1970) illustriert. Sie arbeitet mit klaren leuchtenden Farben. Das Bauernmilieu des alten Schw. gibt sie mit einem Zug von Romantik und mit der Einbringung gemütvoller Details wieder.

Bilderbücher ohne Text oder mit nur knappem Text gewinnen in Schw. immer größere Bedeutung für die Alltagsorientierung und die optische Wahrnehmungsfähigkeit von Kindern. In diesem Bereich gibt es große Einflüsse aus dem Ausland, allen voran die Illustratorin MARY STEICHEN MARTIN mit ihrem Bilderbuch „The first picture book" (1930), das bereits 1932 in Schw. herauskam. Die Entwicklung ähnlicher Bilderbücher schritt in Schw. nur langsam voran. Erst 1957 entstand mit den sogenannten „Zeigebüchern" der Vorschulpädagogin LISA SMEDBERG (* 1897) eine einheimische Form dieser Bilderbuchsparte. Eine wesentliche Erneuerung erfuhr das Bilderbuch für Vorschulkinder durch GUNILLA WOLDE (* 1939), deren erstes Bilderbuch als Hauptperson den Jungen Totte vorführt. Mit einer Reihe ähnlicher gut durchdachter kleinformatiger Bändchen versucht sie, dem Kleinkind seine Alltagswelt zu erschließen. Allerdings überwinden ihre Bilderbücher häufig bewußt konventionelle Vorurteile. Ihre Bücher wurden ein internationaler Erfolg.

Im Umfeld des Photobilderbuches erwarben sich mehrere schwedische Photographen einen internationalen Rang. Einige von ihnen spezialisierten sich auf die Themen Kind und Tier in ihrer engeren Umgebung. ANNA RIWKIN-BRICK (1908–1970) ist wohl die international bekannteste Bilderbuchphotographin. Das tägliche Leben und die soziale Situation von Kindern verschiedener Länder fand schon früh ihr Interesse und führte sie zum dokumentarischen Photobilderbuch für Kinder. Es war eine Neuerung in der Kinderliteratur, als sie mit der Journalistin ELLY JANNES (* 1907) gemeinsam das Photobilderbuch „Elle Kari" (1951) herausbrachte, das das Leben der Samen dokumentiert. RIWKIN-BRICK unternahm zahlreiche Reisen gemeinsam mit bekannten Autoren. Zusammen mit ASTRID LINDGREN gab sie zum Beispiel den Bildband „Eva möter Noriko-San" (1956) heraus, der das japanische Familienleben vorstellt.

Auch ASTRID BERGMAN SUCKSDORF (* 1927) besitzt die Fähigkeit, mit Photos zu erzählen. Sie veröffentlichte mehrere Photobilderbücher über den Sommer in Schw. (Micki rävungen, 1955; Ödetorpet, 1964). Mit dem Band „Chendru får en tiger" (1959) schuf sie ein dekoratives Photobilderbuch mit leuchtenden Farben. RALPH HERRMANNS (* 1933) ist ein photographischer Wanderer, der Farbreportagen anfertigt und diese mit eigenen Texten versieht. SVEN GILLSÄTER (* 1921) widmet sich vor allem dem Sachgebiet Tier und Natur. Er ist äußerst geschickt und genau im Umgang mit den Details. Seine Photoalben, für die er den Text häufig selbst schreibt, geben präzise zoologische Informationen.

Der Photograph BEPPE ARVIDSSON (* 1942) gab zusammen mit der Journalistin ANNIKA HOLM (* 1937) das Photobilderbuch „Plats för Vanna" (1971) heraus. Eine Fortsetzung dazu erschien 1976. Die Photogeschichte erzählt von einem Tagesheim, in dem die entwicklungsgestörte Vanna zusammen mit gesunden Kindern lebt. Beispiele für eine neue Technik liefert das Photobilderbuch „Barn på farfars tid" (1972), das anhand alter Photos und Dokumente zeigt, wie die Kinder früherer Zeiten lebten. In die Photos sind Zeichnungen und Sprechblasen eingearbeitet. Das Buch wurde von CECILIA LEVAN-TORUDD (* 1942), die die Bilder zusammenstellte, und STIG UNGE (* 1945), der den Text entwarf, veröffentlicht.

Die Rolle der Finnlandschweden in der schwedischen Kinder- und Jugendliteratur. Die schwedische Kinder- und Jugendliteratur wäre unvollständig dargestellt, würde man nicht auch die Bedeutung der finnlandschwedischen Autoren hervorheben. Z. TOPELIUS schuf als erster eine eigenständige Kinder- und Jugendliteratur für Finnland und Schw. Nach TOPELIUS fanden noch viele andere Autoren ihren Weg von Finnland nach Schw. Die schwedische Kinderliteratur ist undenkbar ohne die Finnin TOVE JANSSON, die ihre Bücher in schwedischer Sprache verfaßt. Zusammen mit A. LINDGREN und L. HELLSING begann sie 1945 für Kinder zu schreiben. Wesentliche Bedeutung erlangten auch BO CARPELAN, MARTIN LINDQUIST und IRMELIN SANDMAN LILIUS.

Die Diskussion um das Kinder- und Jugendbuch und die Kinder- und Jugendliteraturforschung. Wie in den meisten anderen Ländern war auch in Schw. die Diskussion um das Kinder- und Jugendbuch zunächst die Domäne der Pädagogen. Die Literaturwissenschaft und die wissenschaftlichen Bibliotheken interessierte dieses Feld kaum. So war auch die bibliographische Erfassung von Kinder- und Jugendbüchern durch die schwedische Nationalbibliothek bis ins späte 19. Jahrhundert nur sehr fragmentarisch. In Schw. faßte eine eigenständige Kinderbuchdiskussion erst recht spät Fuß. Ein früherer Diskussionsbeitrag von JULIUS HUMBLE, „Vår tids ungdomsläsning, hennes inflytande och riktiga ledning" (1871), war stark durch die deutsche Kinderbuchdiskussion beeinflußt. Die Kinderbuchkritikerin GURLI LINDER, deren Wirken neuerdings in einer literaturwissenschaftlichen Abhandlung über die Entwicklung der Kinderbuchkritik in der Tagespresse von LENA KÅRELAND untersucht wurde, gab 1916 die Schrift „Vår barns fria läsning" heraus. LINDER stützte sich dabei auf H. WOLGASTS Streitschrift „Das Elend unserer Jugendliteratur" (1896). Erst Mitte der vierziger Jahre machte sich ein größeres Interesse an theoretischen Fragen zur Kinder- und Jugendliteratur bemerkbar. Eine Untersuchung über Leserinteressen wurde 1947 von LORENTZ LARSON unter dem Titel „Ungdom Läser" veröffentlicht. In den fünfziger Jahren kam es zu einer erregten und kontroversen Diskussion der Comics und Heftromane. Die Diskussionsbeiträge wandten sich vor allem gegen die Glorifizierung der Gewalt in solchen Heften. Zu der Generation, die sich in den vierziger Jahren mit dem Kinder- und Jugendbuch befaßten, gehört auch L. HELLSING, der in der Essaysammlung „Tankar om barnlitteraturen" (1963) Bewertungsfragen zur Kinder- und Jugendliteratur diskutierte. Ein Jahr zuvor hatte GÖTE KLINGBERG eine Übersicht über die vorhandenen Kinderbücher veröffentlicht, die unter dem Titel „Barnboken genom tiderna. En översikt" 1962 erschien und für den Gebrauch der Lehrer bestimmt war. Umgearbeitete und erweiterte Auflagen dieser Schrift erschienen 1967, 1968 und 1970. 1964 brachte KLINGBERG den Band „Svensk barn- och ungdomslitteratur 1591–1839" heraus, seine Dissertation mit pädagogisch-historischem Schwerpunkt. Die Bibliographie zu diesem Zeitabschnitt „Kronologisk bibliografi över barn- och ungdomslitteratur utgiven i Sverige 1591–1839" erschien 1967. Einen Beitrag zur Kinder- und Jugendliteraturforschung lieferte KLINGBERG mit seinem Buch „Barnlitteraturforskning. En introduktion" (1972). Theoretische Schriften KLINGBERGS erschienen auch im Ausland. 1965 gab EVA VON ZWEIGBERGK ihre reich illustrierte Geschichte des Kinderbuchs mit kulturhistorischem Schwerpunkt („Barnboken i Sverige 1750–1950) heraus. Im gleichen Jahr erschien auch I. WILLKES Dissertation „ABC-Bücher in Schweden. Ihre Entwicklung bis Ende des 19. Jahrhunderts und ihre Beziehung zu Deutschland" (1965).

Eine lebendige Diskussion löste GUNILLA AMBJÖRNSSONS Abhandlung „Skräpkultur åt barnen" (1968) aus, in der sie auf den kommerziellen Zugriff im Bereich der Kinder- und Jugendliteratur hinwies, wie er in der Literatur, aber auch in Film, Rundfunk, Fernsehen und Theater stattfindet. Die Rolle des Kinderbuchs in der modernen Gesellschaft wird in „Barn, böcker och

samhälle" (1970), einem von KERSTIN ALLROTH und CHRISTER SUNDSTRÖM zusammengestellten Band, vom marxistischen Standpunkt aus abgehandelt. Weitere wichtige Beiträge sind „Barnbok och barnboksforskning" (1972), eine Essaysammlung, die von LENA FRIDELL herausgegeben wurde, und der Band „Läsning för barn" (1971), der von GUNILLA AMBJÖRNSSON und MARGARETA STRÖMSTEDT herausgegeben wurde und in dem Kinderbücher, Autoren und Leseinteressen diskutiert werden.
Seit 1970 hat sich durch die staatliche Bildungsreform ein wesentlich höheres Interesse an der Kinderliteratur herausgebildet. Zur schwedischen Lehrerausbildung auf der Universität gehört heute auch ein Kurs in Kinder- und Jugendliteratur. Die Anthologie „Barnlitteratur i Sverige" (1970), die von LARS FURULAND, ÖRJAN LINDBERGER und MARY ØRVIG zusammengestellt wurde, stieß auf großes Interesse. 1971 gab M. ØRVIG eine Übersicht über internationale Mädchenbücher heraus, die ins Schwedische übersetzt wurden. Es liegen umfassende Studien zu einzelnen Kinder- und Jugendbüchern wie über LAURA FITINGHOFFS „Barnen ifrån Frostmofjället" von MARGOT NILSON (1968) oder die Arbeit PÄR BERGMANS über E. BESKOWS Bilderbücher „Tant Grön, Tant Brun och Tant Gredelin" vor (1971). GUDRUN FAGERSTRÖM schrieb eine Abhandlung über „Maria Gripe, hennes verk och hennes läsere" (1977). CHRISTINA TELLGREN setzte ihre Untersuchungen über Kinderbuchausgaben in Schw., die nach 1965 herauskamen, mit dem Buch „Utgivningen av barn- och ungdomslitteratur i Sverige 1965–1972" (1975) fort. Studien zum Kinder- und Jugendbuchangebot auf historischer Basis, die sich als Querschnittsanalysen verstehen, bringt STEFAN MÄHLQVIST in der Abhandlung „Böker för svenska barn 1870–1950" (1977). M. ØRVIG ist die Redakteurin des Buches „En bok om Astrid Lindgren" (1977), das neben einer Anzahl von Aufsätzen auch eine Bibliographie aller Ausgaben der Werke von A. LINDGREN im In- und Ausland enthält, die von LENA TÖRNQVIST zusammengestellt wurde. Die Kunstwissenschaft hat sich bislang nur in geringem Maße für die Kinderbuchillustration interessiert. Ein deutlicher Bezug zur Kinderliteratur findet sich jedoch in MARGARETHA ROSSHOLMS Abhandlung „Sagan i nordisk sekelskiftetskonst" (1974).
In der Kinderbuchforschung dominiert zur Zeit die Literaturwissenschaft. Einige literaturwissenschaftliche Institute der Universitäten in Schw. haben in dreijähriger Zusammenarbeit ein Forschungsprojekt über literarische Kinderkultur in Schw. seit 1945 durchgeführt. VIVI EDSTRÖM und LARS FURULAND leiteten dieses Projekt. Als Ergebnis liegen eine Reihe von Aufsätzen vor, die in der Serie „Litteratur och samhälle" der Abteilung für Literatursoziologie in Uppsala erschienen sind.

Organisationen, Förderungsmaßnahmen, Literatur zur Kinder- und Jugendliteratur. Die Nils-Holgersson-Plakette, die 1950 vom Schwedischen Allgemeinen Bibliotheksverband gestiftet wurde, wird alljährlich an den Autor des besten Kinder- oder Jugendbuches des vorangegangenen Jahres verliehen. Der Preis kann auch einem Autor für sein gesamtes kinder- und jugendliterarisches Werk zugesprochen werden.
Die Elsa Beskow-Plakette, die 1958 von derselben Organisation geschaffen wurde, wird jährlich dem Illustrator oder Photographen, der im vorangegangenen Jahr das beste schwedische Bilderbuch oder die Illustrationen zum bestillustrierten Kinderbuch entworfen hat, verliehen. Dieser Preis kann ebenfalls einem Illustrator oder Photographen für sein Gesamtwerk zuerkannt werden.
Der Gulliver-Preis wurde 1968 auf Initiative der schwedischen IBBY-Sektion „Barn- och ungdomsrådet" geschaffen und wird jährlich einer Person verliehen, die durch Kritik, Theorie oder praktische Arbeit zum besseren Verständnis des Kinder- und Jugendbuchs beigetragen hat.
Der „Statens Kulturråd" wurde 1974 eingerichtet und erhielt die übergreifende Aufgabe, die kulturpolitischen Ziele, die der schwedische Reichstag in diesem Jahr aufgestellt hatte, zu verwirklichen. Neben anderen Aufgaben soll der Kulturrat als Ratgeber tätig werden, staatliche Aufträge verteilen, Unterstützungen gewähren, kulturpolitische Fragen aufwerfen, Forschung und Unterricht begleiten und Informationen verbreiten helfen. Daneben soll „Statens Kulturråd" eine freie und vielseitige Entwicklung des Kulturlebens anregen. Der Kulturrat ist direkt verantwortlich für die staatliche Regie von Theatern, Volksbibliotheken, Museen und Ausstellungen. Außer dem leitenden Gremium gibt es Ausschüsse, Delegationen sowie permanente und temporäre Arbeitsgruppen. Sämtliche Mitglieder des leitenden Gremiums, der Ausschüsse und Delegationen werden von der Regierung ernannt.
Der „Sveriges Författarfond" wurde 1954 auf Beschluß des Reichstags eingerichtet. Der Fond hat die Aufgabe, die Organisation des „Autorengroschen" zu übernehmen, das heißt, dafür zu sorgen, daß die Autoren die Vergütung für die Ausleihe ihrer Bücher aus den öffentlichen schwedischen Bibliotheken erhalten. Fondmittel werden auch für Stipendien, Pensionen und zu anderen Zwecken gegeben. Auch Buchillustratoren können Stipendien aus dem Fond erhalten.
Das „Svenska Barnboksinstitutet" (Schwedisches Kinderbuchinstitut) dient als Informations- und Dokumentationszentrum für die schwedische Kinder- und Jugendliteratur. Das Institut bietet seine Dienste Wissenschaftlern, Verlegern, den Massenmedien, Bibliotheken, einschlägigen Organisationen und interessierten Personen an. Das schwedische Kinderbuchinstitut ist eine Stiftung von fünf Institutionen: dem Bibliotheksausschuß der Stadt Stockholm, der schwedischen Verlegervereinigung, der Stockholmer Universität, der Sektion für Kinder- und Jugendliteratur im schwedischen Schriftstellerverband und der Vereinigung schwedischer Illustratoren. Die Stiftungsurkunde wurde am 7.12.1965 ausgestellt. Das Institut ist in einem Gebäude aus dem 18. Jahrhundert im Zentrum von Stockholm untergebracht. 1967 waren die Restaura-

*Mary Ørvig (*1918). Leiterin des schwedischen Kinderbuchinstituts „Svenska Barnboksinstitutet" in Stockholm.*

tionsarbeiten an dem Gebäude abgeschlossen, und das Institut konnte einziehen. In der Zwischenzeit hatte schon die Informationsarbeit und der Aufbau der Buchbestände begonnen. Zuschüsse zum Ankauf älterer schwedischer Bücher und von Sekundärliteratur kommen aus verschiedenen Quellen. Durch eine Absprache verpflichteten sich die schwedischen Kinder- und Jugendbuchverlage, dem Institut von allen Neuerscheinungen ein Belegexemplar kostenlos zur Verfügung zu stellen. Alle benötigten finanziellen Mittel werden jetzt vom Staat zur Verfügung gestellt.

1948 entstand die Vereinigung der schwedischen Jugendbuchautoren (Sveriges Författarforbund – Sektion för barn – och ungdomslitteratur) mit der Absicht, die ideellen und ökonomischen Interessen der Autoren zu vertreten. 1971 löste sich diese Organisation auf und ging in einer eigenen Sektion für Kinder- und Jugendliteratur des schwedischen Schriftstellerverbandes, der 1893 gegründet wurde und seit 1971 seinen gegenwärtigen Namen trägt, auf. Der schwedische Autorenverband ist in einer Reihe von Gremien und Verwaltungsorganen, so auch im Bereich des schwedischen Kinder buchinstituts, vertreten.

Der Bund schwedischer Illustratoren (Föreningen Svenska Tecknare) arbeitet seit 1955 und hat die Aufgabe, die Interessen der Illustratoren, unter ihnen auch der Kinderbuchillustratoren, wahrzunehmen. Auch diese Vereinigung ist in verschiedenen Gremien wie im schwedischen Kinderbuchinstitut vertreten.

Der „Barn- och ungdomsrådet" (BUR) ist die schwedische Sektion des Internationalen Kuratoriums für das Jugendbuch (IBBY). Sie wurde 1956 gegründet, um neben anderen Aufgaben die Herausgabe, Verbreitung und Förderung des guten Kinder- und Jugendbuches zu stimulieren. Der Sektion können sowohl Einzelpersonen wie auch Organisationen angehören. Mitglieder sind unter anderem Volksbildungsvereine, Frauenorganisationen und Lehrerverbände. Der schwedische Staat gewährt Zuschüsse zur Arbeit der Sektion. Der BUR hat mehrere kurze Bücherverzeichnisse als Wegweiser durch die Kinder- und Jugendliteratur veröffentlicht, das letzte trug den Titel „Jag vill läsa!". 1968 stiftete der BUR den Gulliver-Preis. Der BUR ist auch in einigen Ausschüssen, die Stipendien an Kinder- und Jugendbuchautoren vergeben, vertreten. Aktuelle Informationen über die Tätigkeit des BUR liefert das Mitgliedsorgan „BUR-nytt".

Ende der sechziger, Anfang der siebziger Jahre entstanden in Schw. eine Reihe sogenannter Zentren, die helfen sollten, den Kontakt zwischen dem Künstler und seinem Publikum zu erleichtern. Das „Författarcentrum" (Autorenzentrum), das 1967 entstand, gehört zu den ersten dieser Art. Es veranstaltet Autorenlesungen, Diskussionen und Ausstellungen und vermittelt den Besuch von Autoren in Schulen. Ungefähr die Hälfte der Mittel, die dem Zentrum zur Verfügung stehen, wird für den Bereich der Kinder- und Jugendliteratur ausgegeben. Vergleichbare Aktivitäten versuchen das Filmzentrum, das Theaterzentrum und das Illustratorenzentrum, die alle, wie auch das Autorenzentrum, staatliche Unterstützung erhalten.

→ E. Beskow, → E. Key, → G. Klingberg, → H. Kullmann, → S. Lagerlöf, → C. Larsson, → A. Lindgren, → U. Löfgren, → M. Lundgren, → M. Ørvig, → A. J. Oterdahl, → H. Peterson, → Pippi Langstrumpf, → L. u. I. Sandberg, → Schwedisches Institut für Kinderliteratur (Svenska Barnboksinstitutet), → P. Ströyer, → E. Unnerstad, → Sv. Wernström, → I. Wikland

Sekundärliteratur: G. Ambjörnsson: Skräpkultur åt barnen (1968); Läsning för barn (zus. mit S. Strömstedt, 1973). – G. Bolin (Hrsg.): Barn och böcker. En orientering (zus. mit E. v. Zweigbergk und M. Ørvig, 1972). – L. Fridell: Barnbok och barnboksforskning (1972). – G. Fagerström: Maria Gripe, hennes verk och hennes läsare (1977). – L. Furuland (Hrsg.): Barnlitteratur i Sverige. Läsning för barn och barnboksprogram. I urval (zus. mit Ö. Lindberger und M. Ørvig, 1970). – L. Hellsing: Tankar om barnlitteraturen (1963). – L. Kåreland: Gurli Linders barnbokskritik (1977). – G. Klingberg: Svensk barn- och ungdomslitteratur 1591–1839 (1964); Sekelskiftets barnbokssyn och Barnbiblioteket Saga (1966); Kronologisk bibliografi över barn- och ungdomslitteratur utgiven i Sverige 1591–1839 (1967); Barn- och ungdomslitteraturen (1970); Das deutsche Kinder- und Jugendbuch im schwedischen Raum (1973). – C. A. Lövgren (Hrsg.): De skriver för barn. Porträtt av 12 svenska barnboksförfattare (1974); De skriver för ungdom. Porträtt av svenska ungdomsförfattare. 1–2. (1975); De tecknar för barn. Porträtt av 12 svenska barnboksillustratörer (1976). – U. Lundqvist: Kring den svenska ungdomsboken (zus. mit S. Svensson, 1977). – S. Mählqvist: Böcker för svenska barn 1870–1950 (1977). – M. Nilson: En barnbok som tidsspegel. Laura Fitingshoffs Barnen infrån Frostmofjället (1968). – M. Ørvig: Children's books in Sweden 1945–1970 (1973); Den internationella flickboken i svensk tappning (in: Fataburen. Nordiska museets och Skansens årsbok. 1971). – M. Rossholm: Sagan i nordisk sekelskiftolskonst (1974). – B. Strömstedt (Hrsg.): Min väg till barnboken. 21 barnboksförfattare berättar (1964). – V. Stybe: Från Snövit till Snobben (1971). – Y. Toijer-Nilsson: Tro och utro i modern barnlitteratur (1976). – I. Willke: ABC-Bücher in Schweden. Ihre Entwicklung bis Ende des 19. Jahrhunderts und ihre Beziehungen zu Deutschland (1965). – M. Winquist: Den engelske Robinson Crusoes sällsama öden och äventyr genom svenska språket (1973). – S. Wranér: I Sagas tjänst (1966). – F. Zetterholm: Barnvisan i Sverige (1969). – E. von Zweigbergk: Barnboken i Sverige 1750–1950 (1965). – Ska vi ge barnen skräplitteratur? (1975).

Göte Klingberg/Mary Ørvig

Schwedisches Institut für Kinderliteratur Svenska Barnboksinstitutet

Das Sv.B. ist das schwedische Informations- und Dokumentationszentrum für Kinder- und Jugendliteratur. Sein Sitz ist in Stockholm. Leiterin seit der Gründung: Mary Ørvig (1918).*

Gründung und Organisation. Das Sv.B. wurde 1965 gegründet und nach zweijähriger Vorbereitungsphase 1967 offiziell eröffnet. Hinter der Stiftung stehen fünf Träger: Die Stadt Stockholm, vertreten durch das kommunale Bibliotheksamt, der schwedische Buchverlegerverein, die Stockholmer Universität, die Sektion für Kinder- und Jugendliteratur im Schwedischen Schriftstellerverband und – seit 1977 – der Verband der Schwedischen Illustratoren. Jede der fünf Institutionen benennt ein ordentliches Mitglied und einen Stellvertreter in den Vorstand des Sv.B.s. Leiterin und von Anfang an für den Aufbau und Ausbau des Sv.B. Verantwortliche ist die Bibliothekarin und Publizistin MARY ØRVIG.

Svenska Barnboksinstitutet. Das stilvoll eingerichtete alte Haus steht unter Denkmalschutz.

Ziele und Aufgaben. Ziel des Sv.B.s ist, als Informations- und Dokumentationszentrum der Öffentlichkeit Information und Material bereitzustellen, um Studium und Forschung auf dem Gebiet der schwedischen Kinder- und Jugendliteratur zu fördern, um eine erweiterte und verbesserte Information über Kinder- und Jugendliteratur in der Öffentlichkeit sowie besonders in der Lehrerausbildung zu ermöglichen. Hierzu gehört das Sammeln und Katalogisieren schwedischer Kinder- und Jugendbücher sowie der Ausbau einer Forschungs- und Auskunftsbibliothek, die der Öffentlichkeit zur Verfügung steht. Die Leistungen des Sv.B.s werden hauptsächlich von Bibliothekaren und anderen Institutionen, von Wissenschaftlern, Studenten und Lehramtskandidaten, aber auch von Fernsehen, Rundfunk und Presse in Anspruch genommen.
Die umfangreiche Kinder- und Jugendbuchsammlung umfaßt alte und neue Bücher in schwedischer Sprache (Originale und Übersetzungen aus anderen Sprachen), teilweise auch fremdsprachige Originale und Übersetzungen schwedischer Bücher in andere Sprachen, darüber hinaus Bücher für Erwachsene, die in Jugendbuchfassung publiziert werden und Jugendbuchfassungen schwedischer Volksdichtung.
Die Forschungs- und Auskunftsbibliothek enthält internationale Nachschlagewerke, Informationsschriften, Fachbücher und Fachzeitschriften über verschiedene Bereiche der Kinder- und Jugendliteratur und benachbarte Gebiete sowie Auswahlkataloge von Verlagen, Buchhändlern, Bibliotheken und Material über den Kinderbuchmarkt.
Eine weitere Aufgabe sieht das Sv.B. darin, dem Ausland Informationen über das schwedische Kinder- und Jugendbuch, seine Autoren und Illustratoren zu geben. Der Informations- und Erfahrungsaustausch wurde von Anfang an durch Kontakte und Zusammenarbeit mit ähnlichen Institutionen und Bibliotheken, vor allem in Ost- und Westeuropa, den USA und Kanada, gepflegt. Neben der Organisation von Kinderbuchausstellungen im Inland wirkt das Sv.B. auch bei internationalen Jugendbuchausstellungen mit. So wurde beispielsweise 1973 in Zusammenarbeit mit dem Centre Culturel Suédois (Paris) eine Ausstellung organisiert, die über 100 schwedische Kinder- und Jugendbücher mit Schwerpunkt auf der Entwicklung nach 1945 umfaßte. Eine ähnliche Ausstellung wurde im selben Jahr auch in Prag gezeigt. Für diese beiden Ausstellungen stellte MARY ØRVIG eine Informationsschrift über das moderne schwedische Jugendbuch unter dem Titel „Children's books in Sweden 1945–1970. A survey" zusammen, die auch in französischer und tschechischer Fassung erschien. 1978 organisierte das Sv.B. eine Ausstellung in Paris, die schwedische Kinder- und Jugendbücher der letzten fünf Jahre zeigte.
Mehrfach wurden Kurse zur Thematik „Auskunftsquellen des Jugendbuches" in Zusammenarbeit mit

dem Allgemeinen Schwedischen Bibliotheksverein (Sondergruppe Jugendbibliotheken) unter Mitwirkung von Hochschuldozenten des Fachgebietes veranstaltet. Seit 1978 gibt das Institut das Informationsblatt „Barnboken" heraus, das zweimal jährlich erscheint.
Seit seinem Bestehen bis 1978 hat das Sv.B. folgende Publikationen herausgegeben: Svenska Barnbokinstitutets förvärvskatalog över referenslitteratur 1967–1973 (1975). – K. CHUKOWSKY: Från två till fem år. Om barns språk, dikt och fantasi (1975). – Im Rahmen einer eigenen Schriftenreihe sind erschienen: P. BERGMAN: Studier kring Tant Grön, Tant Brun och Tant Gredelin (1971). – M. WINQVIST: Den engelske Robinson Crusoes sällsamma öden och äventyr genom svenska spraket (1973). – M. ØRVIG (Hrsg.): En bok om Astrid Lindgren (1977). – L. KÅRELAND: Gurli Linders barnbokskritik. Med en inledning om den svenska barnbokskritikens framväxt (1977). – ST. MÄHLQVIST: Böcker för svenska barn 1870–1950. En kvantitativ analys av barn – och ungdomslitteratur i Sverige (1977). – G. FRAGERSTRÖM: Maria Gripe, hennes verk och hennes läsare (1977). – L. FRIDELL (Hrsg.): Bilden i barnboken (1977). – G. KLINGBERG (Hrsg. zus. mit M. ØRVIG und ST. R. AMOR): Children's books in translation. The situation and the problems. – Proceedings of the third symposium of the International Research Society for Children's Literature, held at Södertälje, Sweden 1976 (1978). – ST. BERGSTEN: Mary Poppins and myth (1978). – Y. TOIJER-NILSSON: Berättelser för fria barn. Könsroller i barnboken (1978).

Sekundärliteratur: Informationsschrift des Schwedischen Instituts für Kinderliteratur „Svenska Barnbokinstitutet – The Swedish Institute for Children's Book's, 1974 (1976, mit Nachtrag von 1977). – Information om Svenska Barnboksinstitutet (1977). – M. Ørvig: The Swedish Institute for Children's Books (in: Bookbird. 1969. 1. 16–25).

Hannelore Daubert

Schweiz

(Schweizerische Eidgenossenschaft – Confoederatio Helvetica; Confédération Suisse; Confederazione Svizzera; Svizzra). Bundesstaat in Mitteleuropa. Staatsgebiet: 41288 km²; Einwohner: 6300000. Nach der Verfassung vom 29.5.1874 ist die Schw. ein demokratischer Bundesstaat mit 25 Kantonen (19 Ganz-, 6 Halbkantone). Die legislative Gewalt hat die Bundesversammlung inne. Der Bundesrat ist die Regierung. Der aus seiner Mitte von der Bundesversammlung jährlich im Dezember gewählte Bundespräsident ist nicht Staatsoberhaupt, sondern lediglich Vorsitzender des Bundesrates (Kollegialprinzip). Die Bevölkerung gehört vier Sprachgebieten an. 72% der Bevölkerung sprechen deutsch, 20% französisch, 6% italienisch und 1% rätoromanisch. Außerdem leben rund 700000 Ausländer in der Schw.

Die vier Sprachgebiete des Schw.er Bundesstaates (Deutsch, Französisch, Italienisch, Rätoromanisch) stellen in ihren Bedürfnissen und ihren kulturellen Ausprägungen höchst verschiedenartige Regionen dar. Auf dem Gebiet der Kinder- und Jugendliteratur waren im Rahmen der geschichtlichen Entwicklung der Sch. vor allem deutsche und französische Einflüsse von Bedeutung.
Vorläufer der Kinder- und Jugendliteratur in der Schw. traten in der Reformationszeit in Gestalt von Regelbüchern und Abcdarien auf, die teils von religiösen Absichten beherrscht waren, teils die Kinder- und Tischzucht zum Gegenstand hatten. Eine wichtige Persönlichkeit in dieser Zeit war der Gelehrte und Humanist ERASMUS VON ROTTERDAM (1469–1536), der lange Zeit in Basel lebte und durch seine theologischen und pädagogischen Schriften weit über die Schw. hinaus in ganz Deutschland und anderen Teilen Europas wirksam wurde. Seine Schulbücher wurden von Lehrern beider Konfessionen benutzt und gelobt. Seine Vorstellungen und Methoden im Hinblick auf die Unterrichtung von Kindern sowie seine Gedanken zu einer von der Vernunft bestimmten Lebensführung dienten später den Philanthropen als Anregung für ihre pädagogischen Reformen. Das von ERASMUS in Latein verfaßte Anstandsbüchlein „Familiarum coloquiarium formulae" (1522), das er für sein Patenkind verfaßt hatte, erschien in deutscher Übersetzung unter dem Titel „Kinderzucht. – Von guoten züchtigen und zierlichen sitten, gebaerden und wandel, in ston und gon, in reden und hoeren, zu tisch, by eeren lüten, daheim und dauss, vast notwendig jungen lüten sich darinn zeneben und zelernen, ein vast nutzlich buechlin" bei Froschauer in Zürich (1545). Auch ULRICH ZWINGLI (1484–1531) verfaßte ein lateinisches Lehr- und Sittenbüchlein, das später auch in deutscher Sprache unter dem Titel „Herr Ulrich Zwingli lehrbiechlein" veröffentlicht wurde (1524). Verbreitete Unterweisungen für junge Leser waren auch der St. Galler Katechismus („Ain christliche underwisung der jugend im glouben gegründet in der hailigen geschrifft, fragens wys", 1572 bei Froschauer, Zürich), „Der Biblische Kinder- und Jugendspiegel" (hrsg. von JACOB MEYER, 1685), „Das Gulden Kleinodt, für die anfahenden Schüler Christi" (1657) und das „Steffan della Bella Thierbüchlin, nachgemacht und mit erbaulichen Versgedichten gezieret durch Johan Rudolf Simler" (1685). Die Mitte des 17. Jahrhunderts brachte mit der Entstehung der sogenannten „Neujahrsblätter" (auch „Neujahrsstücke" genannt) eine Eigentümlichkeit der Schweizer Jugendliteratur, die sich bis weit in die Gegenwart hinein gehalten hat. Die Sitte der „Neujahrsstücke" hat ihren Ursprung in den „Stubenhitzen", den Beiträgen zu den Heizkosten der Trinkstuben der Schweizer Gesellschaften. Diese Beiträge wurden am Neujahrstag durch Kinder überbracht, die als Gegengabe ursprünglich „Dirgeli" (Semmelringe) oder Veltliner Wein erhielten. Später wurden diese Gaben durch „ein hübsch theologisch oder moralisch carmen" ersetzt. Als erstes und beispielgebendes Neujahrsstück erschien die „Tischzucht" (1645), ein Foliokupfer von KONRAD MEYER mit Versen des Züricher WILHELM SIMMLER, die den Kindern Anweisungen erteilten wie:

Züricher Neujahrsblatt. Solche Einblattdrucke wurden Schweizer Kindern zur Jahreswende geschenkt. Das hier vorgestellte Blatt wurde zu Neujahr 1779 von der „Gesellschaft der Herren Gelehrten auf der Chorherren" an die „sittsame und lernensbegierige Züricher Jugend" gerichtet. Der auf dem Kupferstich abgebildete klassizistische Torbogen gibt den Blick auf Zürich frei.

„Nicht wie ein Aff umgaff, / nicht schmatze wie ein Schwein. / Die Bein den Hunden gleich / mit Zähnen nicht genage". Die Thematik der Neujahrsstücke ist durchweg moralisch-belehrender Art. Bis in die Gegenwart hinein haben Kupferstecher, Gelehrte und Schriftsteller an ihrer Entstehung mitgewirkt. Gegenüber den derb-anschaulichen Texten der frühen Neujahrsstücke machte sich im 18. Jahrhundert falsche Gelehrsamkeit und süßlicher Pietismus breit.

Die Entstehung der eigentlichen Kinder- und Jugendliteratur in der Schw. fiel in die zweite Hälfte des 18. Jahrhunderts. Als selbständige Gattungen traten auch bereits Mädchenbücher und Jugendzeitschriften auf. Johann Jakob Bodmer (1698–1783), Jean Jacques Rousseau (1712–1778) und vor allem Johann Heinrich Pestalozzi (1746–1827) schufen mit ihren philosophischen und pädagogischen Lehren den Boden, aus dem der Teil der neuen Jugendliteratur erwuchs, die „aus der Anschauung die aus sich selbst nach Entfaltung strebende Natur des jungen Menschen" (Pestalozzi) bilden wollte. Vor allem der Baseler Schriftsteller und Ratsschreiber Isaak Iselin (1728–1782), der sich auch nachdrücklich für die Verbesserung des Schweizer Schulwesens einsetzte, verfaßte zahlreiche Erziehungsschriften im Sinne der Aufklärung. Seine „Sammlung dem Nutzen und dem Vergnügen der Jugend geheiligt" (1768) gilt als das erste weltliche Lesebuch in deutscher Sprache und hatte weitreichende Bedeutung für die Weiterentwicklung des deutschsprachigen Lesebuchs. Iselin begründete unter anderem die „Helvetische Gesellschaft", warb in der Schw. für die Ideen des deutschen Philanthropen J. B. Basedow (1723–1790) und förderte Pestalozzi, dem er für den Erziehungsroman „Lienhard und Gertrud" (1781) den Verleger Decker vermittelte. Bedeutende jugendliterarische Werke der Zeit waren auch noch das „Nützliche und angenehme Lehrbuch der Jugend" von A. F. Büsching (Zürich, 1769), „Das Neue und angenehme ABC oder Buchstabier- und Lesebuch für Kinder" von Johann Hofmeister (Zürich, 1777), die „Briefe für Knaben von einer kleinen Sittenakademie" von Josef Ignaz Peter Zimmermann (Solothurn, 1772) und die „Sittlichen und gefühlreichen Erzählungen" von J. J. Bodmer (Zürich, 1773). Mit der Schrift „Helvetische Galerie großer Männer und Thaten für die vaterländische Jugend von Leonhard Meister (Zürich, 1786) kam ein Werk heraus, das für zahlreiche spätere Autoren als Vorbild der patriotischen Geschichtsschreibung für junge Schweizer diente. Das bedeutendste Jugendbuch der Epoche war Pestalozzis „Lienhard und Gertrud" (1781), das weit über die Grenzen der Schw. hinaus Bedeutung gewann. Es gehörte zu der jetzt aufkommenden Gattung der Mädchenbücher wie „Sittenlehre der Liebe und Ehe für meine Freundin" (L. Meister, 1779), „Feyerstunde der Grazien" (Johann Georg Heinzmann) und „Mädchenwerth und Mädchenglück" (Johann Rudolf Sulzer, Bd. 1–6. 1780–1792). Mit diesen Büchern wandten sich die Autoren vor allem an heranwachsende junge Mädchen, die auf die Pflichten als spätere Hausfrau und Mutter vorbereitet werden sollten.

Im Zuge der Französischen Revolution wurden Ende des 18. Jahrhunderts Versuche sichtbar, das Schul-, Bildungs- und Kulturwesen der Schw. im Geiste der Aufklärung zentralistisch zu regeln. An Jugendschriften erschienen in dieser revolutionären Epoche „Der Revolutionsalmanach für Kinder" (1799) und „Das kleine Taschenbuch für die helvetische Jugend im 2. Jahr der schweizerischen Einheit" (Zürich, 1799). Der Zusammenbruch des künstlichen helvetischen Staatswesens ließ die konservativen Kräfte wieder aufleben, die „den Bund zwischen Thron und Altar" verfochten. Es entwickelte sich eine gefühlsbetonte Epoche, die in Anlehnung an deutsche Vorbilder (Christoph von Schmid, 1768–1854) eine Flut religiös betonter, rührseliger Geschichten hervorbrachte, wie „Das belohnte kindliche Vertrauen, oder der kleine Schweizerseppeli auf der Insel R" von Franz Sales Meyer (Luzern, 1818), „Der arme Rudli, ein Schweizerknabe. Oder das glückliche Wiederfinden" von Georg Sigrist (Solothurn, 1819) oder die Bändchen „Ali und Ala, oder: die kleinen Insulaner" (1821), „Ferdinand Dulder" (1821) und „Peter oder die Folgen der Unwissenheit" (1821) des Schweizer Vielschreibers Johann Georg Tobler.

Als bedeutendstes Werk dieser Epoche, vor allem im Hinblick auf seine weltweite Rezeption, gilt „Der Schweizerische Robinson" des Pfarrers JOHANN DAVID WYSS (1743–1818), der noch heute in vielen Ländern Neuauflagen erlebt. Der Titel des Originalmanuskriptes lautete „Charakteristik meiner Kinder in einer Robinsonade". Das Manuskript, das der Schweizer Pfarrer für die eigenen Kinder erfunden und niedergeschrieben hatte und das er ihnen in der gemeinsamen Runde erzählte, wurde in der ursprünglichen Form nie gedruckt. Der Sohn des Autors, JOHANN RUDOLF WYSS (1782–1830), ließ den bearbeiteten Text unter dem Titel „Der Schweitzerische Robinson oder der Schiffbrüchige Schweitzerprediger und seine Familie: ein lehrreiches Lesebuch für das Alter und die Jugend zu Stadt und Land" (1812/1813) drucken. Im Gegensatz zu DEFOES Robinson ist der Schweizer Robinson kein Thesenroman, sondern dient der Illustration von Erziehungsideen, wie sie der Berner Pfarrer in der eigenen Familie verwirklichte.
Ende des 18., Anfang des 19. Jahrhunderts traten in der Schw. zwei Erscheinungen hervor, die auch jugendliterarisch ihren Niederschlag fanden. Es waren dies einmal die sogenannten Schweizerreisen, die zur gesellschaftlichen Bildung des Heranwachsenden gehörten. Man wollte durch sie den jungen Schweizern in gemeinsamen Reisen mit Schulkameraden unter der Aufsicht eines Erziehers die Augen für die Schönheiten und die Eigenheiten seines Landes öffnen. Ein typisches Beispiel dafür ist das mehrbändige Werk „Friedrich Meissners Alpenreise mit seinen Zöglingen 1796" des aus Hannover als Hauslehrer nach Bern gekommenen Professors MEISSNER, das 1801 erschien. Eine zweite Erscheinung der Zeit waren die sogenannten Knaben- und Kindergesellschaften. Die Knaben versammelten sich zu Spiel, Musikdarbietungen und dramatischen Aufführungen. In JOHANN JAKOB HOTTINGERS Bändchen „Die Knabengesellschaft" (Bd. 1–2. 1812–1814) werden vierundzwanzig Abende einer solchen Knabengesellschaft geschildert.
Als Kupferstecher und Illustrator auch für Kinder- und Jugendbücher wurde in dieser Zeit der Schweizer JOHANN HEINRICH LIPS (1758–1817) bekannt. Er fertigte schon als junger Mann die Kupferstiche zu LAVATERS „Physiognomische Fragmente zur Beförderung der Menschenkenntnis und Menschenliebe" (Bd. 1–4. 1775–1778) an, kam auf Betreiben von GOETHE als Leiter der künstlerischen Lehrklasse an die Weimarer Zeichenschule und überwachte dort die Herstellung der rund 6000 Kupferstiche für FR. J. J. BERTUCHS (1774–1822) berühmtes „Bilderbuch für Kinder" (Bd. 1–12. 1792–1830).
Die Schweizer Jugendliteratur der ersten Hälfte des 19. Jahrhunderts war durch einen vorwiegend belehrenden Grundzug gekennzeichnet. Diese Einstellung äußerte sich in den Worten des Baseler Schulmannes DANIEL LA ROCHE („Einige Gedanken über die Lektüre der Jugend", Basel, 1843): „Vermehrung des Wissens ist allerdings der Hauptzweck des Lesens ... und sehr wichtig ist es, daß schon der Knabe vor dem Lesen, das keinen andern Zweck als Belustigung oder bloße Unterhaltung hat, und das man nur vornimmt, um die Zeit zu vertreiben oder gar zu töten, bewahrt werde ...". Aus der Masse der schulmeisterlichen Moralschriften dieser Jahre ragen die Erzählungen des Emmentaler Bauernpfarrers ALBERT BITZIUS (1779–1854) heraus, der unter dem Pseudonym JEREMIAS GOTTHELF bekannt wurde. Obwohl als Volksliteratur für einfache erwachsene Leser gedacht, wurden schon bald viele seiner Erzählungen zur Jugendlektüre. Vor allem Geschichten wie „Das Erdbeeri Mareili" (1858), „Elsi, die seltsame Magd" (1843) und „Kurt von Koppigen" (1844) fanden bis weit ins 20. Jahrhundert hinein in besonderen Jugendbuchausgaben große Verbreitung. Seine Erzählung „Der Knabe des Tell" (1846), eine der wenigen, die der Autor speziell für junge Leser verfaßte, ist eine der ersten nennenswerten historischen Erzählungen für die Jugend von literarischem Rang. Im Vorwort zu der ersten Nummer der 1841 erschienenen „Kinderzeitschrift" (Bern, Bureau der Kinderzeitung) schrieb GOTTHELF: „Leider ist eine pädagogische Barbarei mit den Kindern getrieben worden, indem man ihnen das heilloseste Gebräu verrückter Köpfe einstopfen wollte, und wenn sie sich auch mit Händen und Füßen wehrten, so sperrte man sie ein, als wären es Straßburger Gänse". Zu internationaler Bedeutung

Titelblatt zu dem Bilderbuch „Deutsche Reime und Räthsel" von Wilhelm August Corrodi. Texte und Illustrationen der 1861 editierten 36 Blätter stammen von Corrodi, der zu den bekanntesten Schweizer Jugendbuchautoren und -illustratoren des 19. Jahrhunderts gehört.

gelangte auch WILHELM CORRODI (1826–1885), vor allem mit seinen „Fünfzig Fabeln und Bilder aus der Jugendwelt" (1840), der zu vielen seiner Schriften auch die Illustrationen entwarf. Auch JOHANNES STAUB mit seinen mehrbändigen „Kinderbüchlein" (ab 1842) wurde sehr populär. Seine erzählenden Sachbilderbücher erlebten noch in den zwanziger Jahren unseres Jahrhunderts Neuauflagen.

Die zweite Hälfte des 19. Jahrhunderts brachte in der Schw. ein Anwachsen des industriell hergestellten Kinder- und Jugendbuches. Vernachlässigung der typographischen und illustrativen Qualität war die Folge. Auch inhaltlich herrschte weitgehend Konfektion vor. Besonders zahlreich fanden sich nun Backfischromane für höhere Töchter. Hier erreichte die Schweizer Jugendliteratur einen Höhepunkt mit dem Werk der aus dem Züricher Land stammenden Arzttochter JOHANNA SPYRI (1827–1901). Die literarischen Anregungen zu ihren Büchern wurzelte im sentimentalen Mädchenbuch. Die Verfasserin verstand jedoch die Rührseligkeit des Stoffes durch originelle schriftstellerische Kraft zu meistern. 1879 veröffentlichte sie ihre „Geschichten für Kinder und solche, die Kinder lieb haben". Internationale Bedeutung erlangte sie vor allem mit ihren Heidi-Büchern, deren erster Band unter dem Titel „Heidis Lehr- und Wanderjahre" 1881 erschien. Obwohl die Autorin Armut als gottgegeben und unveränderlich darstellt, die jungen Leserinnen darin ermuntert, gottergeben alle Schicksalsschläge hinzunehmen und vor allem ein gotterfülltes und damit zufriedenes Leben zu führen, also Haltungen vorführt, die modernen pädagogischen Erziehungsvorstellungen entgegenstehen, zählen die „Heidi"-Bände auch noch heute vielfach zu dem Grundbestand der sogenannten „klassischen" Kinder- und Jugendliteratur in und außerhalb Europas. Gerade in den letzten Jahren ist ein erneuter „Heidi"-Boom zu verspüren, der sich in neuen Verfilmungen und Fernsehsendungen niederschlägt.

Unter dem Einfluß HEINRICH WOLGASTS (1860–1920) und seines für die Entwicklung der Kinder- und Jugendliteratur grundlegenden Werkes „Das Elend unserer Jugendliteratur" (1896) und der Kunsterziehungsbewegung in Deutschland entstanden in der Schw. Anfang des 20. Jahrhunderts eine Reihe von Kinder- und Jugendbüchern, die hohen literarisch-ästhetischen Ansprüchen gerecht zu werden versuchte. Auf dem Gebiet des Kinderbilderbuches war es vor allem der Berner Malerpoet ERNST KREIDOLF (1863–1956), der mit seinen dem Jugendstil nahestehenden „Blumenmärchen" (1898) einen neuen Bilderbuchstil schuf, der von künstlerischem Verantwortungsgefühl getragen wurde und der als Ausgangspunkt eines neuen Bilderbuchschaffens vor allem auch in Deutschland gesehen werden kann. Seine „Schlafenden Bäume" (1901), „Sommervögel" (1908) oder „Alpenblumenmärchen" (1922) wurden wegweisend für die weitere Entwicklung der Bilderbuchillustration. Auf erzählerischem Gebiet ragen aus dieser Zeit aus der Masse der wenig Erwähnenswerten hervor „Die Turnachkinder" (1906) von INA BINDSCHEDLER, „Die Geschichte eines jungen Mädchens" (1907) von MARIA STEINBUCH, „Müssen und Wollen" (1907) von MARIA WYSS und „Svizzero" (1912) von NIKOLAUS BOLT.

Einen tiefen Einschnitt in Thema und Form des Jugendbuchs bildete der Erste Weltkrieg. Die Flut der sentimentalen Erzählungen und Backfischromane ging zurück und ließ lebenswahren Büchern den Weg frei. In der Nachfolge JOHANNA SPYRIS gestaltete ELISABETH MÜLLER (1885–1977) ihre Mädchenbücher „Vreneli" (1916), „Theresli" (1918) oder „Christeli" (1920). Zur gleichen Zeit beschrieb OLGA MEYER (1889–1972) die Schicksale eines Landmädchens („Annelie", 1919) und gab ein Kulturbild der Zeit der Fabrikantenherrlichkeit („Anneli kämpft um Licht und Freiheit", 1927). Beide Autorinnen, in den fünfziger und sechziger Jahren die beiden großen alten Damen der Schweizer Kinder- und Jugendliteratur, waren mit Erfolg bis kurz vor ihrem Tod schriftstellerisch tätig. Intention und Erzählhaltung der beiden Schriftstellerinnen beschreibt der Verleger A. FRANCKE recht genau, wenn er nach der Lektüre des ersten Manuskriptes von E. MÜLLER feststellt: „Man hat das Gefühl nicht des Erfundenen, sondern des wirklich Erlebten, geführt von einer leise ordnenden Hand, einer Art Vorsehung, die für Gerechtigkeit und guten Ausgang sorgt, aber nicht ohne schwere Schicksale, unter denen man tief durch muß, und auch nicht ohne wehmütigen Ausklang, dem aber die Läuterung nicht fehlt".

JOHANNES JEGERLEHNER griff in seinen Märchen und Sagen aus den Alpen auf altes Volksgut zurück. Eine Reihe von Autoren fand durch das Kriegserlebnis zur geschichtlichen Besinnung, so ROBERT SCHEDLER („Schmied von Göschenen", 1920) und ERNST ESCHMANN („Remigi Andernacher", 1918).

Nach 1945 lag die Hauptleistung der Schweizer Kinder- und Jugendliteratur auf dem Gebiet der Erneuerung des Bilderbuches. Die Bilderbücher von ALOIS CARIGIET (* 1902), HANS FISCHER (1909–1958) und FELIX HOFFMANN (* 1911) rückten schnell an die Spitze der Bilderbuchproduktion. CARIGIET, der für sein Gesamtwerk 1966 mit der Hans-Christian-Andersen-Medaille ausgezeichnet wurde, sagt von seinem Schaffen selbst: „Die Kraft meines Herzens gehört den einfachen, den nahen Dingen des Lebens". Zusammen mit SELINA CHÖNZ (* 1911) schuf er eine Reihe großformatiger Bilderbücher wie „Schellen-Ursli" (1945), „Flurina und das Wildvögelein" (1952) oder „Der große Schnee" (1955), die weltweite Anerkennung fanden. CARIGIET bevorzugt die Thematik der eigenen bäuerlichen Bergwelt, in der sich Bergbauern, Kinder und Tiere in klaren Farben von dem weißen Hintergrund abheben. Seine Darstellungsweise eines naiven Realismus kommt den einfachen Versgeschichten von S. CHÖNZ entgegen. HANS FISCHER, auch unter der Abkürzung „fis" bekannt, wurde vor allem mit seinen Märchenillustrationen international berühmt. Im Mittelpunkt seiner Zeichnungen stehen fast immer Tierfiguren. FISCHER, der vorwiegend Federzeichnungen lieferte, versuchte vor allem Federzeichnung, Aquarell, Druck, Satzanordnung und Gesamtausstattung in eine künstleri-

sche Einheit zu bringen. Die Bilderbücher von FELIX HOFFMANN, der als Technik die Lithographie, als Themen vor allem archaische Stoffe wählt, liegen inzwischen in über 600000 Exemplaren vor.
Die unter dem Pseudonym KÄTHE HAUSMANN schreibende GERTRUD HÄUSERMANN (* 1921) verfaßte nach 1945 eine Reihe von Mädchenbüchern, die in psychologisch differenzierter Darstellungsweise Berufswahl, Freundschaft und erste Liebe, Verhältnis von Mutter zu Tochter zeigen. Wie viele andere Autoren und Autorinnen der Zeit nach dem Zweiten Weltkrieg vertritt die Autorin ideale Wert- und Weltvorstellungen. Neu ist das Aufgreifen von Problemen aus gestörten Familien. Bald nach 1945 erschien auch das einzige Werk für junge Leser, das die bekannte Schweizer Autorin CÉCILE LAUBER (* 1887) verfaßte. In dem vierbändigen Erzählwerk „Land deiner Mutter" (1946), das 1964 den Jugendbuchpreis des Schweizerischen Lehrervereins erhielt, schildert sie die Suche des Waisenknaben Nicco nach seinen Großeltern, die ihn durch die ganze Schw. führt. Das Werk kann als eine schweizerische Variante des „Nils Holgersson" angesehen werden. Der Wandernde, Suchende steht hier als Symbol des Menschen, der aus seiner Kindheit heraustritt und die Individualität des Erwachsenen sucht.
Bedeutende Jugendbuchautoren nach 1945 sind RENÉ GARDI (* 1903) mit seinen Abenteuererzählungen („Walfischjagd", 1947; „Mit der Windrose im Knopfloch", 1951, u. a.), VERENA WINTER mit den Erlebnissen einer Schweizer Familie in der Mongolei („Grüne Steppen – weiße Jurten"), MAX VOEGELI (* 1921), der mit seiner Erzählung „Die wunderbare Lampe" (1952) einen internationalen Erfolg errang, FRITZ BRUNNER (* 1899, „Aufruhr in Bursada", 1960, u. a.) und ADOLF HALLER (* 1897; „Heini von Uri", 1942; „Der Page Orteguill", 1959; und andere).
In neuer Zeit hat der Lehrer und Verfasser pädagogischer Schriften ERNST KAPPELER (* 1911) eine Reihe von Jugendbüchern herausgegeben, die im Schulmilieu spielen („Klasse I c", 1961; „Klasse II c", 1963) oder die Jugendlichen zu einer christlichen verantwortungsvollen Lebenshaltung anhalten wollen („Ich finde meinen Weg", 1958). Auch in mundartlichen Dichtungen wirbt er für mehr Menschlichkeit und Naturliebe („Chumm a d'Sunne sing e chli", 1961). Der auch in Gedichten, Chansons, Reden und Gesprächen Jugendarbeit leitende „ungewöhnliche Schulmeister" hat inzwischen einen großen Anhängerkreis weit über die engeren Grenzen seiner Heimat hinaus gefunden. In der Gegenwart sind PETER BICHSEL (* 1935), MAX BOLLIGER (* 1929) und

Paul Nussbaumer. Ganzseitige Farbillustration aus dem Buch „Der Knabe des Tell", das 1965 im Atlantis-Verlag in Zürich erschien. Den Text des Buches schrieb die durch ihre Essays zur Geschichte des Kinder- und Bilderbuchs bekannt gewordene Schweizer Verlegerin Bettina Hürlimann.

Hans Manz (* 1931) besonders hervorgetreten. Bichsel wurde mit seinen „Kindergeschichten" (1969) bekannt, für die er 1970 im Rahmen des Deutschen Jugendbuchpreises eine Prämie erhielt. Seine Geschichten unterscheiden sich insofern von solchen herkömmlicher Art, als er die alltägliche Sprache in Frage stellt, sie ständig auf ihre Aussagekraft und ihren Wirklichkeitsgehalt hin überprüft. So wirken seine kurzen Geschichten doppelbödig und mehrschichtig. Max Bolliger hatte vor allem mit der Nacherzählung biblischer Stoffe großen Erfolg. Seine Erzählung „David" wurde 1966 mit dem Kinderbuchpreis des Deutschen Jugendbuchpreises ausgezeichnet. Der Lehrer, Schriftsteller und Journalist Hans Manz versucht die Sprache selbst zum Thema seiner Kinderbücher zu machen. Sie sind bestimmt von einem spielerischen Umgang mit der Sprache, einer Sprache zwischen Sinnlichkeit und Abstraktion, die über Nonsenseelemente zur konkreten Poesie hinführt („Worte kann man drehen", 1974).

Auch auf dem Gebiet der Bilderbuchillustration hat die Schw. in der Gegenwart einige namhafte Künstler aufzuweisen. Vor allem Walter Grider (* 1914), Ruth Hürlimann (* 1939), Etienne Delessert (* 1941), Werner Maurer (* 1933) und Paul Nussbaumer (* 1934) sind über die Schw. hinaus mit ihren Bilderbuchillustrationen hervorgetreten. Aus dem Rahmen herkömmlicher Bilderbuchillustrationen fallen Warja Honegger-Lavater (* 1913) und Jörg Müller (* 1942) mit ihren Arbeiten. Honegger-Lavater bedient sich bei ihren „Folded stories" abstrakter Elemente. Ihre Graphiken fassen konkrete Vorgänge in verschlüsselte Symbole und malerisch-zeichnerische Kürzel, zu deren Verständnis sie bei Kindern eine sehr anspruchsvolle und differenzierte Auffassungsgabe voraussetzt.

Jörg Müller ist vor allem durch seine Mappen bekannt geworden, die jeweils sieben großformatige farbige Bilderbogen enthalten, auf denen unter Verzicht auf jeden Text, hintereinander betrachtet, z.B. die Veränderung einer ländlichen Siedlung bis hin zu einem modernen Stadtteil aufgezeigt ist („Alle Jahre wieder saust der Preßlufthammer nieder oder Die Veränderung der Landschaft", 1973).

Die Schweizer Schulen haben viele Jahrzehnte hindurch durch das Verteilen spezieller Jugendzeitschriften dazu beigetragen, bei den Heranwachsenden ein günstiges Leseklima zu schaffen. Bereits 1873 erschienen in Aarau im Verlag Sauerländer die „Illustrirten Jugendblätter", die von den beiden Jugendschriftstellern Heinrich Herzog und Otto Sutermeister herausgegeben wurden. Als 1901 die „Jugendblätter" das Erscheinen einstellten, beschlossen der Aarauer Lehrer Gottlieb Fischer und der Solothurner Schriftsteller Josef Reinhart, eine neue Jugendschrift herauszugeben, die sowohl für die lesefreudige Jugend wie auch für den Schulunterricht da sein sollte. So erschien ab 1909 der „Jugendborn", eine Zeitschrift, die in den ersten Jahren den Untertitel „Monatsschrift für Sekundar- und obere Primarschulen, als Beigabe zum Lesebuch" trug. Als die Zeitschrift im April 1964 zum letzten Mal erschien, hatte sie 55 Jahre hindurch in den Schulen als ergänzende Literatur gedient und die jungen Leser „zum Lesen verlockt".

Organisationen, Förderungsmaßnahmen. Schon im 18. Jahrhundert gab es in der Schw. erste öffentliche Bestrebungen zur Pflege der Jugendlektüre. Im Jahr 1768 befaßte sich „Die moralische Gesellschaft in Zürich" mit der Herausgabe von Jugendschriften. Im Herbst 1858 erfolgte die Gründung einer Jugendschriftenkommission durch den Schweizerischen Lehrerverein. Ab 1862 erschien als Beilage der neugegründeten „Schweizerischen Lehrerzeitung" ein Verzeichnis von guten Jugendbüchern. Daneben kam ab 1899 jährlich eine Sonderbeilage, das „Weihnachtsverzeichnis", heraus, das die Titel der bestempfohlenen Bücher enthielt. Von 1930 an trat an seine Stelle der Katalog „Das Gute Jugendbuch", zusammengestellt von der Jugendschriftenkommission des Schweizerischen Lehrervereins unter Mitwirkung kantonaler Ausschüsse. Im Jahr 1929 erfolgte die Gründung der „Wanderausstellung", die zwei Reihen zu je 400 Bücher umfaßt. Am 1.7.1929 erfolgte in Olten die Gründung des noch heute existierenden „Schweizerischen Jugendschriftenwerkes", das sich die Bekämpfung der Schund- und Schmutzliteratur durch die Verbreitung guter und preiswerter Jugendschriften zum Ziel setzte. Bis zur Gegenwart werden jährlich eine große Anzahl von Einzelschriften, meist 32 Seiten starke Hefte mit Erzählungen oder Sachschriften für alle Stufen der Volksschule, in den vier Landessprachen herausgebracht. Auf Antrag der Jugendschriftenkommission beschloß die Delegiertenversammlung des Schweizerischen Lehrervereins im Jahr 1942 die Schaffung eines „Jugendbuchpreises", mit dem einheimische Schriftsteller, die sich um die Gestaltung des Jugendbuches verdient gemacht haben, ausgezeichnet werden können. Dem Lehrerverein hat sich der „Lehrerinnenverein" angeschlossen. Seit 1943 wird von beiden Instanzen der Preis einmal jährlich verliehen.

Im Jahr 1953 wurde „Das Internationale Kuratorium für das Jugendbuch" (International Board on Books for Young People: IBBY) auf Initiative von Jella Lepman (1891–1970) als gemeinnütziger, der UNESCO assoziierter Verein mit Sitz in Zürich gegründet. Anläßlich der Tagung des Kuratoriums im Oktober 1953 in Zürich fand die Gründung der schweizerischen Sektion des Kuratoriums, der „Schweizerische Bund für Jugendliteratur" statt. Die Kantonsgruppe Zürich des Schweizerischen Bundes für Jugendliteratur gibt jährlich das Jugendschriftenverzeichnis „Das Buch für Dich" (1978 im 21. Jahrgang und mit einer Auflagenhöhe von 325000 Exemplaren) und das Jahrbuch „Das Buch Dein Freund" (1978 im 17. Jahrgang und mit einer Auflage von rund 100000 Exemplaren) heraus.

Im Jahr 1966 wurde auf Initiative von Franz Caspar (1916–1977) in Zürich das „Schweizerische Jugendbuch-Institut" gegründet, das mit dem Aufbau einer Sammlung von Fachliteratur und historischen Schweizer Kinder- und Jugendbüchern begann und das Untersuchungen auf dem Gebiet der Jugendliteratur durchführt. Nach Errichtung der „Johanna Spyri-Stiftung" am 23.7.1968 mit Sitz in Zürich, wurde dem Jugendbuch-Institut ein „Johanna Spyri-Archiv" angeschlossen.

Durch die Kantons- und Gemeindehoheit auf kulturellem Gebiet sind die Bibliotheksverhältnisse in der Schw. vielfältig und kompliziert. Die großen Volksbibliotheken in Zürich, Basel, Genf und Lausanne haben ihre Jugendbuchabteilungen in den letzten Jahren stark entwickelt. Unabhängige Jugendbibliotheken bestehen in Neuenburg („Bibliothèque Pestalozzi"), in Bern (eine Gründung der Vereinigung Ferienzeit) und in Olten (auf Anregung der städtischen Handelsschulen). Mit Unterstützung der Rockefeller-Stiftung konnte sich die „Schweizerische Volksbibliothek" kurz vor dem Zweiten Weltkrieg eine Jugendbuchabteilung angliedern. In Bern besteht ein Archiv der schweizerischen Jugendliteratur, das bis heute rund 3000 Bände gesammelt hat. Der „Schweizerische Bund für Jugendliteratur" besitzt eine Sammlung von Fachliteratur, die an Interessenten unentgeltlich ausgeliehen wird. In den letzten Jahren hat auch das Schulbibliothekswesen in der Schw. große Fortschritte gemacht.

An einigen Lehrerbildungsanstalten besteht das Fach Jugendbuchkunde, an den Universitäten wird Jugendliteratur nur sporadisch behandelt. Im Kanton Solothurn haben Lehrer Pflichtkurse zur Weiterbildung auf dem Gebiet der Jugendliteratur zu absolvieren.

Im Rahmen der Förderung der Kinder- und Jugendliteratur und in der Organisation des Jugendschriftenwesens in der Schw. haben vier Persönlichkeiten besondere Verdienste aufzuweisen. Es sind dies der schon als Autor erwähnte FRITZ BRUNNER (* 1899), Präsident der Schweizerischen Stiftung zur Verbreitung guter Jugendbücher, Mitinitiator des Schweizerischen Jugendschriftenwerkes und des Schweizerischen Bundes für Jugend- und Volksbibliotheken im Kanton Zürich sowie Mitbegründer und langjähriges Vorstandsmitglied des Internationalen Kuratoriums für das Jugendbuch, der viel dazu beigetragen hat, daß das Jugendschriftenwesen in der Schw. ein so vielfältiges Echo gefunden hat; FRANZ CASPAR, der Gründer des „Schweizerischen Jugendbuch-Instituts", der die Schw. auf zahlreichen internationalen Kongressen vertrat und der auch als Jugendbuchautor, -lektor und -übersetzer hervorgetreten ist; dann HANS CORNIOLEY (1896–1977), auf dessen Anregung hin der „Schweizerische Bund für Jugendliteratur" gegründet wurde und der auch als Kritiker, Herausgeber, Übersetzer und Bearbeiter von Jugendbüchern hervorgetreten ist; BETTINA HÜRLIMANN (* 1909), die als Verlegerin und Publizistin, vor allem auf dem Gebiet des Bilder- und Kinderbuchs, tätig war und die als Vertreterin der Schw. in zahlreichen internationalen Gremien die Belange der Schw. vertreten hat.

→ P. Bichsel, → M. Bolliger, → Fr. Brunner, → A. Carigiet, → Fr. Caspar, → S. Chönz, → H. Cornioley, → W. Corrodi, → E. Delessert, → J. Gotthelf, → Heidi, → F. Hoffmann, → B. Hürlimann, → I. Iselin, → E. Kappeler, → E. Kreidolf, → C. Lauber, → J. H. Lips, → H. Manz, → W. Maurer, → O. Meyer, → E. Müller, → J. Müller, → P. Nussbaumer, → J. H. Pestalozzi, → J. Reinhart, → J. J. Rousseau, → Schweizer Jugendbuchinstitut, → Schweizerischer Jugendbuchpreis, → J. Spyri, → M. Voegeli, → Tr. Vogel, → J. D. Wyss, → J. R. Wyss

Sekundärliteratur: H. Cornioley: Beiträge zur Jugendliteratur (1966). – D. Kraut: Die Jugendbücher in der Deutschen Schweiz bis 1850 (1945). – D. Larese: Schweizer Jugendschriftsteller der Gegenwart (1963). – H. Rohr (Hrsg.): Zürcher Neujahrsblätter (1971). – J. Schatzmann: Tradition und Internationalität im Schweizer Kinderbuch (in: Third international survey of children's book illustration. 1975. 60–75). – J. Schatzmann: Von „Heidi" und anderen Rennern (in: Börsenblatt für den Deutschen Buchhandel. Sondernummer Schweiz. 35. 1979. 55–57). – P. Schuler: Freundesgabe für Dr. h.c. Elisabeth Müller zum 80. Geburtstag (1965); Freundesgabe für Olga Meyer zum 75. Geburtstag, Traugott Vogel zum 70. Geburtstag (1964). – F. Wendler: Die Situation der Schweizerischen Schul- und Jugendbibliotheken, aufgezeigt am Beispiel des Kantons Zürich (in: R. Bamberger (Hrsg.): Die Lesesituation in Österreich. 1972. 52–62).

Helmut Müller

Schweizerischer Jugendbuchpreis

Im Jahre 1942 zum Zweck größerer Publikumswirkung der Kinder- und Jugendliteratur gegründeter Preis zur Auszeichnung des Gesamtschaffens bzw. eines Werkes von einem Schweizer Autor.

Die Einrichtung geht auf eine Initiative H. CORNIOLEYS (1896–1977) zurück, die 1942 zu einem Antrag der Jugendschriftenkommission des Schweizerischen Lehrerverbandes an den Zentralvorstand der Standesorganisation führte. Seit 1946 ist der Schweizerische Lehrerinnenverband an dem Preis beteiligt. Dieser zielt vor allem darauf ab, Kinder- und Jugendbücher sowie ihren Autoren in der Öffentlichkeit zu einer stärkeren Resonanz zu verhelfen. Die Auszeichnung kann für das Gesamtschaffen, für ein hervorragendes Einzelwerk (auch Illustration) oder als Ehrengabe, verstanden als Ermunterung, verliehen werden. Der Preis wird jährlich vergeben, ist aber an Werke gebunden, die von Schweizer Autoren stammen und in Schweizer Verlagen erschienen sind. Vorschlagsberechtigt ist die Jugendschriftenkommission beider Verbände; ein Einreichverfahren etwa seitens der Autoren oder Verleger gibt es nicht. Über die Vergabe der Auszeichnung, die zugleich mehreren Personen zugesprochen werden kann, entscheiden die Zentralvorstände beider Verbände. Das gleiche gilt für die Dotierung, die nicht feststeht, in der Regel aber bei 3000 Franken (bis 1971: 1000 Franken) liegt.

Preisträger des Schweiz. Jugendbuchpreises:

1943	Arnold Büchli (1885–1970)	Gesamtschaffen
1944	Josef Reinhart (1875–1957)	Gesamtschaffen

1945	Olga Meyer (1889–1972)	Gesamtschaffen
1946	Elisabeth Müller (* 1885)	Gesamtschaffen
1947	Adolf Haller (1897–1970)	Gesamtschaffen
1948	Alois Carigiet (* 1902)	Einzelwerk
1948	Hans Fischer (1909–1958)	Einzelwerk
1948	Selina Chönz (* 1911)	Einzelwerk
1949	Traugott Vogel (1894–1975)	Gesamtschaffen
1950	Fritz Aebli (* 1895)	Ehrengabe
1950	R. Frei-Uhler	Ehrengabe
1950	Josef Reinhardt (1875–1957)	Ehrengabe
1951	Schweiz. Jugendschriftenwerk SJW	
1953	Max Voegeli (* 1921)	Einzelwerk
1954	Gertrud Häusermann (* 1921)	Einzelwerk
1955	Ernst Kreidolf (1863–1956)	Bilderbücher
1956	Olga Meyer (1889–1972)	Einzelwerk
1957	Felix Hoffmann (1911–1975)	Gesamtschaffen
1958	Anna Keller (1879–1962)	Gesamtschaffen
1959	Fritz Brunner (* 1899)	Gesamtschaffen
1960	Toni Halter (* 1914)	Einzelwerk
1961	Hans Schmitter (* 1913)	Einzelwerk
1962	Hans Cornioley (1896–1977)	Gesamtschaffen
1963	René Gardi (* 1903)	Gesamtschaffen
1964	Cécile Lauber (* 1887)	Einzelwerk
1965	Fritz Wartenweiler (* 1889)	Gesamtschaffen
1966	Alois Carigiet (* 1902)	Einzelwerk
1967	Adolf Haller (1897–1970)	Einzelwerk
1968	Ernst Kappeler (* 1911)	Gesamtschaffen
1969	Hans Witzig (1889–1973)	Gesamtschaffen
1970	Therese Keller (1923–1972)	Gesamtschaffen
1972	Agathe Keller (* 1937)	Einzelwerk
1972	Hans Reutimann (* 1923)	Einzelwerk
1973	Max Bolliger (* 1929)	Gesamtschaffen
1974	Hans P. Schaad (* 1928)	Einzelwerk
1974	Paul Nussbaumer (* 1934)	Einzelwerk
1975	Gertrud Heizmann (* 1905)	Gesamtschaffen
1977	Jörg Müller (* 1942)	Illustration zu Kinderbüchern
1978	Eveline Hasler (* 1933)	Gesamtschaffen

Rudolf Raab

Schweizerisches Jugendbuch-Institut (Johanna Spyri-Stiftung)

Beratungs-, Dokumentations- und Forschungsstelle für Kinder- und Jugendliteratur in Zürich.

Gründung und Organisation. Das Schweizerische Jugendbuch-Institut wurde 1967 von dem Autor, Übersetzer und Lektor Dr. FRANZ CASPAR (1916–1977) als private Stiftung gegründet, um eine fundierte Orientierung über die stark zunehmende Kinder- und Jugendbuchproduktion zu ermöglichen. Rechtsträger ist die 1968 errichtete Johanna Spyri-Stiftung. Der Gründer leitete das Institut bis zu seinem Tod im Jahre 1977. Seitdem steht das Institut unter der interimistischen Leitung von ROSMARIE TSCHIRKY.

Zielsetzung. Ziel der Arbeit des Instituts ist, Studium und Erforschung der Kinder- und Jugendliteratur zu fördern und dabei denjenigen, die sich mit Kinder- und Jugendliteratur beschäftigen, praktische Hilfestellung zu leisten. Das erfolgt durch den Ausbau einer zentralen Informations-, Dokumentations- und Beratungsstelle, die der Öffentlichkeit zur Verfügung steht. Gleichzeitig soll das Andenken an die Kinderbuchautorin JOHANNA SPYRI (1827–1901) durch die Führung eines Johanna Spyri-Archivs gewahrt werden.

Aufgabenbereiche. Die Bibliothek des Instituts enthält Fachliteratur zur Jugendbuchkunde und -forschung und eine repräsentative Sammlung alter und neuer Kinder- und Jugendbücher aus allen Sprachgebieten der Schweiz und eine Auswahl von Klassikern der Kinder- und Jugendliteratur. Es ist geplant, die über diesen Bestand hinausgehende Primärliteratur als Depositum der Zentralbibliothek Zürich zu übergeben und damit dem Schweizerischen Gesamtkatalog anzuschließen.
Besonderes Gewicht der Institutsarbeit liegt auf dem Informations- und Beratungsdienst, der von Fachberaterinnen durchgeführt und als wissenschaftliche Auskunftsstelle stark in Anspruch genommen wird. Kommentierte Empfehlungslisten geben einen Überblick über bestimmte Bereiche der Kinder- und Jugendliteratur. Weiterhin betreut das Institut Fachtagungen, Arbeitskreise und Veranstaltungen zu speziellen und aktuellen Themen der Kinder- und Jugendliteratur, so z. B. über die Wirkung des Bilderbuchs, über Aufklärungsliteratur für Kinder und Jugendliche, Jugendbuchkunde in der Lehrerbildung, Comics, Drogenliteratur, antiautoritäre und politische Kinderbücher, Kinder- und Jugendzeitschriften. Die Ergebnisse der Arbeitskreise werden in Arbeitsberichten veröffentlicht. 1972 erschien die Broschüre „Neuere Kinderbibeln. Beschreibung – Kritik – Empfehlung" (2. Auflage 1974), 1975 „Aufklärungsbücher für Kinder und Jugendliche". Das Institut organisiert Kinderbuchausstellungen in der Schweiz und in anderen Ländern. Seit 1972 zirkuliert die Wanderausstellung „Dritte Welt im Kinderbuch" in der Schweiz. Neben den regelmäßigen Beiträgen der Schweiz zur Internationalen Biennale der Kinderbuchillustration in Bratislava initiierte das Institut 1971 dort die Sonderausstellung „Alois Carigiet als Schöpfer von Bilderbüchern". Bei internationalen Fachtagungen – z. B. den Kongressen des Internationalen Kuratoriums für das Jugendbuch (IBBY) und der Internationalen Forschungsgesellschaft (IRSCL) – vertritt das Institut die schweizerischen Interessen. Der Kontakt zu Bibliotheken und Instituten im Ausland wird durch gemeinsame Projekte vertieft.
Das vom Institut betreute Johanna Spyri-Archiv enthält eine dokumentarische Sammlung über Leben, Werk und Wirkungsgeschichte der JOHANNA SPYRI. Hierzu gehören Handschriften der Autorin, zeitgenössisches Bildmaterial, Erinnerungsgegenstände sowie ihr gesamtes literarisches Werk in deutscher Sprache und in zahlreichen Übersetzungen und Bearbeitungen. Eine kleine Auswahl aus den Archivbeständen ist als Ausstellung „Johanna Spyri – Leben und Werk" zu sehen.

Hannelore Daubert

Schwellenliteratur

Schw. ist eine am Ende der fünfziger Jahre aufgekommene Bezeichnung für literarische Werke, die für Jugendliche (16 Jahre und älter), welche der Kinderliteratur entwachsen sind, sich aber als Leser noch nicht voll dem Repertoire der Erwachsenenliteratur zuwenden, empfohlen bzw. produziert wird. Der Ausdruck wurde bald durch die Formulierung „Bücher für die junge Generation" abgelöst, ein Begriff, der seit 1961 dann für mehr als ein Jahrzehnt Titel einer jährlich im Herbst erschienenen broschierten Auswahlliste des „Arbeitskreises für Jugendliteratur" von Büchern für junge Leser („Teenager") wurde. Hinter dem Begriff Schw. verbirgt sich die in veränderter Form noch immer bestehende Problematik, daß es im Laufe der individuellen und auch durch Generationszugehörigkeit und soziokulturelle Determination bedingten Leserentwicklung vielfach zwischen der Lektüre von Kinderliteratur und Erwachsenenliteratur, also zwischen dem Kind als Leser und dem Erwachsenen als Leser ein nicht leicht bestimmbares Zwischenfeld gibt, das Verleger, Autoren, Pädagogen ausfüllen möchten. Aus heutiger Sicht dürfte der Begriff Schw. auf Grund seiner Unschärfe kaum Bedeutung haben.

Klaus Doderer

Schwind, Moritz von

*Maler und Illustrator; *21.1.1804 Wien, † 8.2.1871 München.*

Schw.s Kindheit in einem an geselligem und künstlerischem Verkehr reichen Elternhause endete 1818 mit dem Tod seines Vaters, des k.k. Hofsekretärs und Legationsrates JOHANN FRANZ VON SCHW. Der vielseitig Begabte, der im Freundeskreis um FRANZ GRILLPARZER (1791–1872), NIKOLAUS LENAU (1802–1850) und FRANZ SCHUBERT (1797–1828) verkehrte, studierte zunächst Philosophie und besuchte von 1821 bis 1823 den Antikensaal der Wiener Kunstakademie und das Atelier des romantischen Malers LUDWIG SCHNORR VON CAROLSFELD (1794–1872). Gleichzeitig mußte er sich mit zeichnerischen Gelegenheitsarbeiten den Lebensunterhalt verdienen. 1828 nach München übergesiedelt, geriet er unter den Einfluß des Nazareners PETER VON CORNELIUS (1783–1867) und malte 1832–1836 gemeinsam mit JULIUS SCHNORR VON CAROLSFELD und FRIEDRICH OLIVER (1791–1859) an Wandbildern in der Münchner Residenz, unterbrochen von einer Italienreise im Sommer 1835. 1840–1844 arbeitete er ebenfalls an Fresken in Karlsruhe und dann bis 1847 in Frankfurt am Main, von wo ihn ein Ruf als Professor an die Akademie nach München zurückholte.

Werk, Tendenzen, Wirkung. Schw. gilt als Märchenerzähler unter den Malern des 19. Jahrhunderts. Aber die kindliche Heiterkeit und die scheinbare Naivität seiner Erzählkunst lassen leicht die Spannung vergessen, die er erst allmählich zum Ausgleich bringen konnte: Die klassizistische Idealität der Münchner Monumentalmalerei mit dem lyrischen Grundzug, dem launigen Humor und der heiteren Musikalität seiner Wiener Jugendjahre. Das Ergebnis ist eine Kunst, die ganz von der Schönheit der Linie lebt, von der Sicherheit des Umrisses, der zugleich anmutig und streng, fließend und fest ist.

Dieses Formbewußtsein bewahrte Schw.s realistisch-humoriges Biedermeiertum vor dem Absinken in die Skurrilität und zugleich seinen Hang zur Idealität der Nazarener vor deren Affektgeladenheit. Schw. gewann seinen Bilderzählungen gerade die märchenhaften, die rührenden Züge ab, gab sein Bestes in kleinem Format und erwies sich als der geborene Illustrator. Selbst seine Wandmalereien sind „so etwas wie monumentale Illustrationen" (STUBBE).

Schw.s Ruhm als Märchenerzähler beruht vor allem auf drei Zyklen: Den Märchen vom „Aschenputtel" (als Gemälde 1854 vollendet), „Von den sieben Raben und der treuen Schwester" (15 Aquarelle 1857/1858) und dem „Von der schönen Melusine" (11 Aquarelle, 1869 vollendet). Diese Zyklen haben nur in gestochenen und photographischen Reproduktionswerken Verbreitung gefunden.

Die illustrative Tätigkeit stand schon am Anfang seiner künstlerischen Entwicklung. Sie diente zunächst vor allem dem Broterwerb und zeigt den Einfluß LUDWIG SCHNORRS VON CAROLSFELD, der ihn in seinen romantischen Neigungen bestärkte. Bereits der 18jährige lithographierte ein Kinderbuch: „Rosen-Blätter. Neue Erzählungen und Lieder für die Jugend". Dann folgten in den Jahren 1823/1827 die Zeichnungen für die volkstümlichen „Mandlbogen" im Verlag Josef Trentsensky zu Themen aus Sage und Geschichte, zum Robinson und die „Kinderbelustigungen". Am liebenswürdigsten zeigt sich die Phantasie des jungen Malers in den erst 1904 veröffentlichten 30 Blättern des Zuges zur „Hochzeit des Figaro" (1825).

In den Münchener Jahren gewannen die zahlreichen graphischen Arbeiten an Klarheit und Plastizität der Figuren. Schw. lithographierte 1832 zehn Blätter zur „Geschichte von den 7 Schwaben" von LUDWIG AURBACHER (1784–1847) nach den Zeichnungen FERDINAND FELLNERS und radierte danach die köstlichen Erfindungen von Pfeifenköpfen, Humpen und Pokalen, die erst 1843 mit Gedichten von FEUCHTERSLEBEN als „Album für Raucher und Trinker" erschienen und in denen sich eine ganze Welt biedermeierlichen Lebens ausbreitet.

Die schönsten Illustrationen für Kinder gehören der Meisterzeit Schw.s nach 1847 an. Keiner traf wie er den naiven Ton der „Alten und neuen Kinderlieder, Fabeln, Sprüche und Räthsel", die GEORG SCHERER 1849 herausgab und für die er ein Dutzend Zeichnungen lieferte. Von den vier Blättern, die E. N. NEUREUTHER (1806–1882) nach diesen Vorlagen radierte, sind vor allem das „bucklige Männlein" und die Tiere in der „verlassenen Mühle" wegen ihres zugleich hintergründigen wie befreienden Humors unvergeßlich.

Zu weitreichender Wirkung gelangte Schw. durch seine Mitarbeit an den „Fliegenden Blättern" und den „Münchner Bilderbogen" im Verlag Braun und Schneider. Die acht Bilderbogen, die er zwischen 1848 und 1855 gestaltete, sind in ihrer Anschaulichkeit und ihrem künstlerischen Niveau Meisterwerke der Holzschnitt-

kunst der damaligen Zeit. Bereits der Bogen Nr. 5 erzählt in sieben Szenen das Leben des „Herrn Winter", dessen jahreszeitlich-allegorischer Gehalt die Gestalt eines einsamen alten Mannes annimmt, überall versto-ßen und doch mit einem liebenswürdigen Zug ausgestattet, der ihn zum „Weihnachtsmann" des deutschen Hauses werden ließ. Ein Beispiel romantischer Zeichnung ist das große Blatt zum „Gestiefelten Kater" (Nr. 48), „einem großen verschlungenen Ornament von Mensch, Tier und Landschaft" (I. BANG, S. 44). Anders das Blatt Nr. 41 „Der Bauer und der Esel", auf dem der Humor der LA FONTAINEschen Fabel in sieben Holzschnitten behaglich erzählend ausgebreitet wird. Knapp und auf die einfachsten, fast ornamentalen Formen gebracht ist dagegen das Märchen vom „Machandelbaum" (Nr. 179), Schw.s letzter Originalbeitrag. „Das Grausige dieses Märchens hat Schwind durch sein tiefes, warmes Empfinden gemildert und durch sein starkes Stilgefühl gedämpft" (I. BANG, S. 45).
Schw. hat neben FRANZ POCCI (1807–1876) und KASPAR BRAUN (1807–1877) trotz der geringen Anzahl seiner Beiträge maßgeblich die Arbeit des Verlages Braun und Schneider mitbestimmt, die Bilderbogen aus dem Bereich des Trivialen herauszuführen und Kunst im Stile altdeutscher Holzschnitte zu popularisieren versucht. Ein einziges Mal hat Schw. seine bildnerische Phantasie an einen durchgehenden Text gebunden, nämlich in den sieben humorvollen Szenen zu EDUARD MÖRIKES „Historie von der schönen Lau", die 1873, von J. NAUE radiert, erschienen; ihre renaissancehafte Kraft und Plastizität kann man jedoch erst nach den 1922 veröffentlichten Zeichnungen beurteilen.
Schw. wird oft als Spätromantiker angesprochen und ist doch keiner bestimmten Schule einzugliedern. Sein graphisches Werk ist uneinheitlich; anders als bei LUDWIG RICHTER war es mehr eine gelegentliche Ergänzung seiner Malerei. Aber Illustrationen wie etwa sein „Rübezahl" bestimmen zum Teil bis heute die Bildvorstellungen, vor allem im Bereich des Märchens und der Sage.

Werke: J. M. Armbruster: Rosen-Blätter. Neue Erzählungen und Lieder für die Jugend (1822); L. Aurbacher: Die Geschichte von den sieben Schwaben (1832; ND. 1918); E. von Feuchtersleben: Almanach von Radierungen von Moritz von Schwind mit erklärendem Text in Versen (1843; ND. 1920); G. Scherer (Hrsg.): Alte und neue Kinder-Lieder, Fabeln, Sprüche und Räthsel (1849, [3]1853; auch u.d.T.: Illustriertes Deutsches Kinderbuch. Alte und neue Lieder, Märchen, Fabeln, Sprüche und Räthsel (zus. mit anderen Bd. 1–2. 1863–1869); M. von Schwind: Aschenbrödel (1857); Das Märchen von den sieben Raben und der treuen Schwester (1862); E. Mörike: Die Historie von der schönen Lau (1873); M. von Schwind: Die schöne Melusine (1873); Schatten- und Lichtbilder. Ein moralisches Bilderbuch für die liebe Jugend (1877); W. Eggert-Windegg (Hrsg.): M. von Schwind: Mörike-Album (1922); A. Trost (Hrsg.): Moritz von Schwind: Die Hochzeit des Figaro (1904).

Sekundärliteratur: I. Bang: Die Entwicklung der deutschen Märchenillustration (1944). – E. W. Bredt (Hrsg.): Moritz von Schwind. Fröhliche Romantik (1917). – M. Bernhard (Hrsg.): Deutsche Romantik. Handzeichnungen. Bd. 2 (1973). – U. Eichler: Münchener Bilderbogen (1974). – C. Gurlitt: Die deutsche Kunst des 19. Jahrhunderts ([3]1907). – F. Haack: M. von Schwind ([2]1904). – H. Hildebrandt: Die Kunst des XIX. und XX. Jahrhunderts (1931). – H. Holland: Moritz von Schwind (1873). – O. Lang: Die romantische Illustration (1922). – R. Oldenbourg: Die Münchner Malerei im 19. Jahrhundert (Tl. 1. 1922). – A. Rümann: Das illustrierte Buch des XIX. Jahrhunderts in England, Frankreich und Deutschland (1930; ND. 1975). – P. F. Schmidt: Biedermeier-Malerei (1922, [2]1923). – W. Stubbe: Illustrationen und Illustratoren (in: Buchkunst und Literatur in Deutschland 1950 bis 1850. 1977. 58–144). – O. Weigmann: Moritz von Schwind (1905).

Horst Mischke

Schwitters, Kurt

*(Ps. Hermann Eduard Karl Julius). Maler, Plastiker, Schriftsteller; * 20. 6. 1887 Hannover, † 8. 1. 1948 Little Langdale/Ambleside (Westmorland, Lake District).*

1908, nach abgelegter Matura, studierte Schw. zwei Semester an der Kunstgewerbeschule in Hannover, dann von 1909 bis 1914 an Akademien in Dresden und Berlin. 1917 absolvierte er seinen Militärdienst auf einer Schreibstube in Hannover und arbeitete bis Kriegsende als Maschinenzeichner in einem Eisenwerk. Bis dahin malte er unter Anlehnung an Expressionisten und Kubisten akademisch bis epigonal. Auch seine ersten Gedichte sind nicht eigenständig, sondern orientiert an Futuristen, besonders an dem „Sturmdichter" AUGUST STRAMM (1874–1915). 1918 glaubte er, „daß alle Werte nur durch Beziehungen zueinander bestehen und daß alle Beschränkung auf ein Material einseitig und kleinlich sei". Aus dieser Einsicht entstand die von ihm so genannte MERZkunst, die künstlerische Anordnung aller denk- und findbaren Materialien. Schw. studierte noch einmal zwei Semester lang Architektur in Hannover. Ab 1918 fanden Ausstellungen seiner Werke statt, ab 1919 die literarischen Veröffentlichungen, zum Teil im eigenen MERZ-Verlag und im ursprünglich als Verlag für Kinderliteratur von ihm gegründeten Apossverlag. 1920 begann Schw. mit seinem ersten MERZbau, geplant als ständig wachsende anekdotische Plastik. 1921 entstand seine durch RAOUL HAUSMANN angeregte Ursonate. Das Verhältnis von Schw. zum Dadaismus ist nicht eindeutig: so lehnte er (und lehnten ihn) die Berliner Dadaisten ab, weil Schw. Kunst und Politik nicht verbinden wollte; mit anderen Dadaisten (HANS ARP, THEO VAN DOESBURG, TRISTAN TZARA) arbeitete er zusammen, warb mit ihnen für DADA. 1924 und 1925 kamen in Zusammenarbeit mit KÄTE STEINITZ und THEO VAN DOESBURG die von Schw. selbst als Kinderbücher gedachten Werke „Hahnepeter" (1924), „Die Scheuche" (1925) und „Die Märchen vom Paradies" (1924) heraus. Ab 1930 reiste Schw. öfter nach Norwegen, wohin er 1937 endgültig emigrierte. Seine bildnerischen Werke wurden von den Nationalsozialisten als „entartete Kunst" bezeichnet, seine literarischen Werke gerieten auf die Scheiterhaufen der Bücherverbrennung. Nach der Invasion deutscher Truppen in Norwegen floh Schw. mit seinem Sohn nach England. Seinen

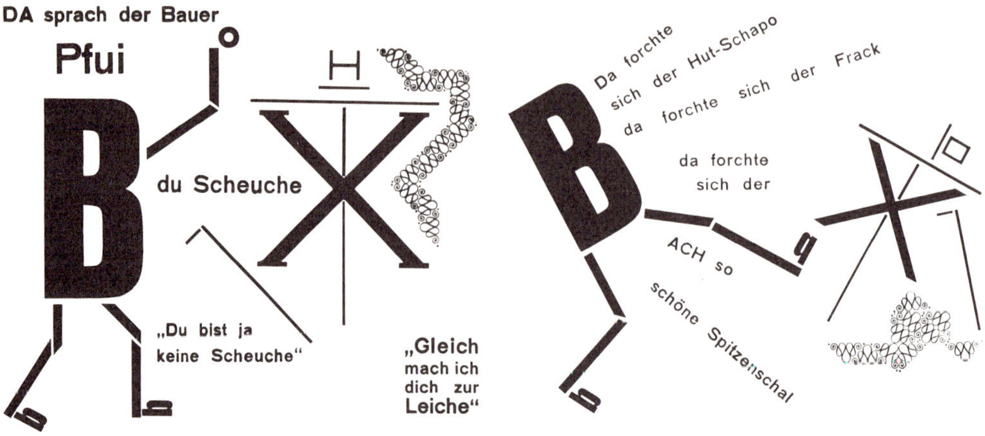

Kurt Schwitters. Doppelseite aus dem typographischen Bilderbuch „Die Scheuche", das 1925 im Aposs-Verlag Hannover erschien. An der typographischen Ausgestaltung waren Kurt Schwitters, Käte Steinitz und Theo van Doesburg beteiligt.

Lebensunterhalt verdiente er in der Emigration bis zu seinem Tode durch Landschafts- und Portrait-Malerei.

Werk, Tendenzen, Wirkung. Schw. wollte erklärtermaßen die Grenzen der Kunst erweitern. Daher kommt es, daß sich seine Werke der Kategorisierung durch Kritiker entziehen. Auch die geringe Verbreitung seiner Kinderbücher hat darin ihre Ursache. Die drei von Schw. als Kinderbücher herausgegebenen Werke „Der Hahnepeter", „Märchen vom Paradies" und „Die Scheuche", die Beeinflussung durch den russischen Künstler Eliezer Lissitzkij (Suprematische Geschichte von zwei Quadraten in Konstruktionen, 1922) erkennen lassen, sind von ihm ebenso streng typographisch durchgestaltet (und damit der Gewohnheit zuwiderlaufend) wie seine an Merzkunst-Interessierte gerichteten Arbeiten. Obwohl für Kinder gedacht, enthielt sich Schw. in diesen Bilderbüchern nicht der für ihn typischen, für Kinder kaum verständlichen Assoziationen und Anspielungen. Er scheute auch nicht vor der Trivialität überkommener Märchen-Stereotypen zurück, die sich gerade in dieser modernen Form auf das Spaßigste selbst entlarven. Der Apossverlag, in dem „Die Scheuche" und die „Märchen vom Paradies" erschienen, hat einen programmatischen Namen, so bedeutet die Abkürzung „aposs" aktiv, paradox, ohne Sentimentalität, aber sensibel. Das „Vermerzen" aller gewohnten und ungewohnten Materialien in diesen modernen Märchen verwirrt den Erwachsenen mehr als die Kinder. So kommt es, daß sich Kinderbuchverleger oder Lesebuchherausgeber sehr selten der Werke von Schw. annehmen, vor allem auch seiner Gedichte und Prosatexte, die er nicht selbst ausdrücklich als Kinderliteratur bezeichnet hat. Dabei ist nicht nur das berühmte und in manchen Lesebüchern und Anthologien auftauchende Gedicht „Anna Blume" gerade im Sinne neuerer Kinderliteraturtheorie für Kinder geeignet, sondern mehr noch viele seiner märchenhaften Grotesken oder seine heterogene Elemente verknüpfenden Gedichte, die der kindlichen Phantasie entgegenkommen.

Werke: Anna Blume (1919); Sturmbilderbuch IV (1920); Die Blume Anna. Die neue Blume Anna. Eine Gedichtsammlung aus den Jahren 1918–1922 (1923); Memoiren Anna Blumes in Bleie (1922); Auguste Bolte (1923); Familie Hahnepeter (1924); Die Märchen vom Paradies (1924); Die Scheuche (1925; ND. 1971); Veilchen. Eine kleine Sammlung von Merz-Dichtungen aller Art (1931); Ursonate (1932); E. Schwitters (Hrsg.): Anna Blume und ich (1965); E. Nündel (Hrsg.): Wir spielen, bis der Tod uns abholt. Briefe aus 5 Jahrzehnten (1974).

Gesamtausgabe: Fr. Lach (Hrsg.): Das literarische Werk. Band 1–3 (1973–1975).

Sekundärliteratur: W. Schmalenbach: Kurt Schwitters (1967). – K. T. Steinitz: Kurt Schwitters – Erinnerungen aus den Jahren 1918–1930 (1963).

Karlhans Frank

Science-Fiction

Der Begriff S. F. (italienisch: fantascienza, russisch: naučna fantastika) setzt sich aus science (= Wissenschaft) und fiction (= Dichtung) zusammen. Er wurde nach Vorstufen wie „invention stories", „off-trail stories", „impossible stories", „different stories", „pseudo-scientific stories", „scientific fiction" und „scientifiction" von Hugo Gernsback (1884–1967), dem Herausgeber des Magazins „Amazing Stories" (erscheint seit 1926) im Jahre 1929 geprägt. Heute sieht man in S. F. weitgehend eine spezielle Form der Prosaliteratur, die zwar Elemente des Abenteuerromans, des Märchens, der Horror- und Detektivgeschichte, der Reiseerzählung in sich aufnehmen kann, jedoch insgesamt Züge einer eigenen Literaturgattung aufweist. Eine genaue Eingrenzung des Begriffs S. F. ist wegen seiner zahlreichen, oft höchst unterschiedlichen Interpretationen schwierig. Einige Kritiker legen den

Schwerpunkt auf den wissenschaftlich-technischen Aspekt, andere stellen das Element der Phantasie in den Vordergrund. Konsensus besteht darüber, daß es sich bei S.F. um eine spekulative Literatur handelt, indem sie bei ihren Entwürfen von Möglichkeiten Wahrnehmung und Erfahrung überspringt. Grundlegende Meinungsverschiedenheiten bestehen allerdings im Hinblick auf die Basis, von der aus spekuliert wird. So spricht Robert A. Heinlein von „realistischer Spekulation", während Moskowitz von „imaginativer Spekulation" spricht. Ein Vertreter der reinen Spekulation war etwa Jules Verne, indem er sich immer an das bestehende wissenschaftliche Weltbild hielt und nie vom naturwissenschaftlich Plausiblen abwich. Imaginative Spekulation sieht Moskowitz dann, wenn zwar durch neue Spekulationen das bestehende wissenschaftliche Weltbild verändert, umgedeutet, variiert wird, aber immer nur soweit, daß noch ein erkennbarer Bezug zwischen der S.F.-Spekulation und dem modernen wissenschaftlichen Weltbild bestehen bleibt. Danach sind Werke rein phantastischer Natur, wie sie neuerdings auch zum Teil unter dem Begriff „Fantastic Tale" erscheinen und zum Teil der S.F. zugerechnet werden, aus dem Begriff S.F. auszuklammern.

Vor allem die anerkannten S.F.-Autoren bemühen sich um eine Definition der Gattung, in der sie schreiben. So stellt Fredric Brown fest: „Science Fiction beschäftigt sich mit Dingen, die sein oder eines Tages werden könnten." Michel Butor meint: „Science Fiction ist eine Literatur, die das Feld des Möglichen erkundet, den Einblicken entsprechend, die uns die Wissenschaft gönnt." John Wood Campbell formuliert: „In der Science Fiction schreiben technisch Interessierte über technisch Interessierte zur Befriedigung technisch Interessierter." Frederik Pohl behauptet, Science Fiction sei „die der Wirklichkeit entsprechende Erweiterung einer Lüge". Theodore Sturgeon kommt zu der Definition: „Eine Science Fiction-Story ist eine Geschichte, in deren Mittelpunkt der Mensch steht, die ein menschliches Problem stellt und eine menschliche Lösung bietet, die aber ohne ihren wissenschaftlichen Gehalt überhaupt nicht möglich wäre" (in: Fr. R. Scheck (Hrsg.): Koitus 80. Neue Science Fiction. 1970. S. 181). Vera Graaf erklärt in ihrer Untersuchung „Homo futurus. Eine Analyse der modernen Science-Fiction" von 1971 (S. 173): „Die Science Fiction-Literatur ist eine spekulative Prosaform, in der mit wissenschaftlichen oder pseudowissenschaftlichen Mitteln dem zum gegenwärtigen Zeitpunkt Unmöglichen entweder in einem Angst- oder einem Wunschbild der Schein des Möglichen gegeben wird." Heinrich Vormweg nannte S.F. in einem Rundfunkvortrag 1972 „das hypothetische, alle Möglichkeiten offenhaltende Denken der Wissenschaft, mit spekulativer Phantasie in die Zukunft projiziert und in erfundenen, unterhaltenden, Geschichten konkretisiert." Zu einer sehr pragmatischen Auffassung kommen Michael Pehlke und Norbert Lingfeld in ihrem Buch „Roboter und Gartenlaube" (1970). Sie erklären lapidar: „Zur Science Fiction ist zu rechnen, was die Verlage unter diesem Namen auf den Markt werfen."

Geschichte der S.F. Die S.F. hat frühe Vorläufer, zu denen die mythische Tradition und Texte der literarischen Utopie gerechnet werden können. Die spätantike Visions- und Katabasis-Literatur, Jenseitsfahrten, die den Religionsstiftern zur Legitimation dienten, als Topos in die Heldendichtung („Nekya" in der Odyssee) übernommen wurden und noch in späterer Literatur auftauchten (Simplizissimus bei den Geistern im Mummelsee, Sancho Pansas Sternenritt, Doktor Faustus' Himmelsreise im Volksbuch), gehören hierher ebenso wie die Gesellschaftsentwürfe von PLATONS „Politeia" oder JONATHAN SWIFTS „Gullivers Reisen". Auch die Erzähltradition des 19. Jahrhunderts kennt eine Reihe von Autoren, deren phantastisch-skurrile Geschichten zwar keine reinen S.F.-Erzählungen darstellen, aber viele Elemente aufweisen, die dann die Entstehung der modernen S.F. begünstigt haben.

Hierher gehören der Amerikaner EDGAR ALLAN POE (1809–1849), vor allem mit seiner großen Erzählung „Narrative of A. Gordon Pym" (1838), die Schilderung einer Reise zum Nordpol, in der sich Realität der Reisebeschreibung und unerklärliche mystische Begebenheiten vermischen, und in der eine Personifizierung von Gott selbst auftritt. MARY WOLLSTONECRAFT-SHELLEY schuf mit der Schauergeschichte „Frankenstein" (1818) die Urform des in der modernen S.F. häufig anzutreffenden Roboter-Monsters. MARK TWAIN bringt in seiner Geschichte „A Connecticut Yankee in King Arthur's Court" (1889) die erste Zeitreise in die Vergangenheit zu Papier und ROBERT L. STEVENSON erwies sich mit seiner Geschichte „Dr. Jekyll und Mr. Hyde" (1887), in der die Veränderung der Identität eines Menschen durch einen geheimnisvollen Trank geschildert wird, als der Vorläufer der Autoren, die einen beträchtlichen Anteil der heutigen S.F.-Literatur mit ihren Erzählungen psychedelischer und parapsychologischer Natur bestreiten.

Alle diese Autoren, die literarisch der Romantik und Spätromantik zugerechnet werden können, waren Exponenten eines literarischen Klimas, das die Voraussetzungen für das Entstehen der modernen S.F. geschaffen hat.

Eigentliche Vorläufer der S.F. waren, ohne den heute gebräuchlichen Begriff bereits zu kennen (man sprach damals in deutschsprachigen Ländern von Zukunftsromanen oder utopischen Romanen), der Franzose JULES VERNE (1828–1905), der Engländer HERBERT GEORGE WELLS (1866–1946), der Deutsche KURD LASSWITZ (1848–1910) und der Amerikaner HOWARD PHILIPS LOVECRAFT (1890–1937). JULES VERNE, der Urahne des technischen Zukunftsromans, stand mit seinen Erzählungen ganz in der Tradition der klassischen Abenteuer- und Reiseromane. Die Mittel der Erzähltechnik blieben, neu dagegen waren seine Themen. VERNE nutzte vor allem die Verwirrung seiner Zeit über die neuen technischen Revolutionen (Dampfkraft, Elektrotechnik, elektrische Tonübertragung, Explosionsmotor, Röntgenstrahlen, Leuchtgas usw.) und den daraus erwachsenden Glauben an die prinzipielle Wunderkraft der Technik. Bemerkenswert sind bis heute die in seinen

Werken enthaltenen Voraussagen künftiger technischer Entwicklungen (atomangetriebenes Unterseeboot, Klimaanlagen, Tonfilm und Fernsehen, elektrische Meßuhren, Tauchkammern, hochwirksame Explosionsstoffe und Kriegswaffen, ferngelenkte Flugkörper, Raumfahrt). Über 20000 Zettelnotizen über technische Neuerungen und Theorien aus zahllosen internationalen Fachzeitschriften, die nach des Autors Tod in seinem Besitz gefunden wurden, lassen allerdings darauf schließen, daß seine Prophetengabe weitgehend auf einer gründlichen Durchforstung der Fachliteratur und deren genialer Auswertung beruhte. Damit war er seinen wissenschaftlich nicht bewanderten Zeitgenossen immer um weite Informationsstrecken voraus.
Wells erfand mit seiner „Time Machine" (1895) die Zeitmaschine für die S. F., eine Erfindung, ohne die ein Großteil der modernen S. F.-Literatur nicht auskommen kann, und führte mit seiner Erzählung „War of the Worlds" (1898) die Bedrohung der Erde durch Monster aus dem All als erster in die S. F.-Literatur ein. Beide Autoren, Verne wie Wells, benutzten das „Spiel mit den möglichen Erweiterungen der Realität" als Gegenstand ihrer Schriften und waren in einem gewissen Grad progressiv orientiert. Während Verne den Fortschrittsbegriff mehr technokratisch sah, versuchte Wells diesen Begriff gesellschaftspolitisch zu füllen.
Der Schriftsteller, Pädagoge und Mathematiker Lasswitz, der als Vater der S. F. in Deutschland gelten kann und dessen Erzählungen „Auf zwei Planeten" (1897), einer Invasionsgeschichte, und „Bilder aus der Zukunft" (1878), die Darstellung eines futurologischen Programms, heute zu den S. F.-Klassikern zählen, versuchte vor allem, seine Erzählungen mit philosophischen Kommentaren auszustatten. Lovecraft schließlich versuchte in seinen Erzählungen, die als eine thematisch sich fortsetzende Reihe geschrieben wurden, das Eindringen von Invasoren aus dem All in Verbindung mit Schilderungen aus der Vorgeschichte und der Zeit der Entstehung der Menschheit zu verbinden. Vor 1945 wurden in Deutschland vor allem Hans Dominik (1872–1945) und Rudolf Hans Daumann bekannt. Auch Edgar Rice Burroughs, der als Autor der Tarzangeschichten weltweit bekannt wurde, verfaßte zehn Venusromane, die von abenteuerlichen Ereignissen auf diesem Planeten berichten und die heute als S. F.-Klassiker Neuauflagen erleben.
Der Tscheche Karel Čapek (1890–1938) schilderte in „Válka s mloky" (1936; dt. Der Krieg mit den Molchen, 1937) die Begegnung mit einer außermenschlichen Intelligenz, in „R. U. R." (1920; dt. W. U. R., 1922) einen Roboteraufstand; der Russe Evgenij Samjatin (1884–1937) konnte seinen das sowjetische Regierungssystem kritisierenden Roman „My" (1920; dt. Wir, 1958) erst 1924 außerhalb der Sowjetunion in englischer Übersetzung erscheinen lassen; der Engländer Clive Staples Lewis (1898–1963) schrieb seine tiefreligiöse Trilogie „Out of the silent planet" (1938; dt. Der verstummte Planet, 1948), „Perelandra" (1943; dt. Perelandra, 1957) und „That hideous strength" (1945; dt. Die böse Macht, 1954); sein Landsmann Olaf Stapledon (1886–1950) entwarf mit „Last and first man" (1930) eine phantastische stufenweise Geschichte der Menschheit, innerhalb derer der Homo Sapiens nur eine Durchgangsstufe darstellt; Aldous Huxley (1894–1963) und George Orwell (d.i. Eric Blair, 1903–1950) brachten ihre skeptischen Romane „Brave New World" (1932; dt. Welt, wohin?, 1953) und „Nineteen-Eighty-Four" (1949; dt. „1984", 1950) heraus, die in aufrüttelnder Weise Konsum- und Wirtschaftsgläubigkeit bzw. Entartungsformen sozialistischer Diktaturen vorführen.

Themen und Elemente der S. F. Drei Elemente prägen S. F.-Literatur: 1. Die Rolle der Wissenschaft. Thematisch ist die S. F.-Literatur auf beständige Anregung aus den verschiedenen Bereichen der Wissenschaft angewiesen. Die Wissenschaft liefert die Basis für alle Spekulationen der S. F. Da Wissenschaft nicht nur schmückender Bestandteil sondern funktionaler Bestandteil ist, müssen die Informationen weitgehend korrekt sein. Es muß ein Weiterdenken, eine gedankliche Weiterentwicklung von Wissenschaft und Technik, erfolgen. Oft profitiert der Autor von dem zeitlichen Abstand zwischen dem Zeitpunkt einer neuen Erfindung oder einer neuen Theorie und dem Zeitpunkt des allgemeinen Bekanntwerdens bei dem Leser. So kann S. F. zur Brücke zwischen dem letzten Stand der Wissenschaft und Technik und dem interessierten Leser sein.
2. Die Rolle der Phantasie. Phantasie ist ebenfalls funktionaler Bestandteil der S. F. und wird von dem Psychologen Ph. Lersch als „... welterschließende Phantasie als einem Teilphänomen beim Aufbau der dem Menschen zugänglichen realen Welt ..." gewertet. Die Verschmelzung von Phantasie und Wissenschaft ergibt oft das sogenannte „pseudowissenschaftliche Element" der S. F. Es handelt sich dabei um als wissenschaftlich deklarierte Theorien, die jedoch nicht empirisch überprüfbar sind. Der „Hyper-Drive" ist ein solcher technischer Trick, ohne den die S. F.-Erzählung von Reisen im All nicht mehr auskommen könnte, eine „Erfindung", mit deren Hilfe Entfernungen von Lichtjahren in Sekundenschnelle überwunden werden können. Das pseudowissenschaftliche Element ist immer Ausdruck des Wunschdenkens des Autors, der mit wissenschaftlicher Phantasie die Schwierigkeiten der Realität zu überbrücken sucht.
3. Die Rolle des utopischen Denkens. Das utopische Denken ist die richtunggebende Kraft, die eine bestimmte Orientierung der wissenschaftlichen Phantastik ergibt. Es ist der Versuch, eine bestimmte Konstellation von Möglichkeiten vorauszusehen, politisch-sozialer ebenso wie wissenschaftlich-technischer Natur. Es sind dabei zwei Richtungen zu unterscheiden, die utopisch-hoffnungsvolle und die gegenutopisch-angstvolle. Beide Möglichkeiten werden oft als Mittel einer politisch-sozialen Beeinflussung des Lesers genutzt. Waren in der Literatur vergangener Zeiten oft unbekannte Inseln Schauplatz der Zukunft, so versucht man heute, da es keine unentdeckten Inseln auf der Erde

mehr gibt, das Entstehen utopischer Gesellschaftssysteme auf Inseln im All zu verlegen.
Ein Hauptthema gehobener S. F.-Romane bilden politisch-soziale Zukunftsvisionen, Visionen der Menschheitszukunft. Man unterscheidet hier zwischen kosmischen Visionen und der atomaren Zerstörung. Jedesmal geht es um ein Ausmalen der Zukunft, die die Menschheit zu erwarten habe. Während jedoch bei der kosmischen Vision, die sich bis zum Untergang des Gesamtuniversums räumlich und zeitlich ausdehnt, der Mensch nur eine untergeordnete Rolle im Universum spielt, das von einer unendlichen Vielfalt verschiedener, zum Teil erheblich weiter als der Mensch entwickelter Lebensformen belebt wird und der Untergang der Menschheit als eine natürliche Evolution im Werden und Vergehen des Universums geschildert wird, stellt die atomare Zerstörung – ein Thema, das vor allem seit dem Abwurf der Atombombe auf Hiroshima (1945) einen Großteil der S. F.-Literatur bestimmt – die apokalyptische Vision der Selbstzerstörung des Menschen durch die Anwendung perfektionierter atomarer Zerstörungswaffen dar. Auch bei dieser Richtung der S. F.-Aussage gibt es zwei Richtungen, einmal der Atomkrieg als Symbol des Neuanfangs, dann aber auch atomare Zerstörung als endgültige Apokalypse. In der ersten Richtung versuchen die Autoren zwar, die Verwüstung großer Teile der Erde und der Menschheit vorzuführen, stellen aber einen solchen Krieg nicht als endgültiges Versagen der Menschheit dar, sondern als begangene Fehler, aus denen die Menschheit zu lernen vermag, die mit Hilfe der Wissenschaft einen hoffnungsvollen Neuanfang findet. In der zweiten Richtung dagegen schlägt die pessimistische Vorstellung durch, daß der Homo Sapiens von Natur aus ein Versager sei und durch seine Persönlichkeitsstruktur zum Vernichter der eigenen Rasse bestimmt sei.

Erneuerungsversuche in der S. F.-Literatur. „Die typische Science Fiction ist ein kollektives Phänomen mit einer Reihe von etablierten Kunstgriffen, Handlungselementen, stehenden Figuren und Themen, die endlos wiederholt und miteinander kombiniert werden, mit nur geringen Variationen von Geschichte zu Geschichte und selbst von Autor zu Autor. Schon die Nomenklatur verrät jedem Kenner, wie stereotyp diese Versatzstücke geworden sind: PSI-Kräfte, Zeitmaschinen, Hyperraum ...", so urteilt FRANZ ROTTENSTEINER in dem Band „Science Fiction. Theorie und Geschichte" (S. 340). Polemisch notieren PEHLKE und LINGFELD: „Das Mobiliar der Science-Fiction-Welt gehört der Zukunft an, ihre Menschen der Gegenwart, ihre Gesetze der Vergangenheit". Das Bewußtsein solcher Mißstände bewegte in den USA mehrere Autoren zum Versuch einer Erneuerung des Genre. Eine neue Welle mit der Zeitschrift „New Worlds" als Sprachrohr war das Resultat, der unter anderem MICHAEL MOORCOCK (* 1939), JAMES GRAHAM BALLARD (* 1930), THOMAS M. DISCH (* 1940), BRIAN W. ALDISS (* 1925) und JOHN T. SLADEK (* 1937) angehören. Kennzeichen ihres Programms sind die Forderung nach einer dem Sujet analogen Universalität der Schreibtechnik und einer neuen Moralität, deren Ausdruck häufig die Figur des Antihelden ist. Vielgelesene S. F.-Autoren sind heute: ISAAC ASIMOV (* 1920) mit „I, Robot" (1950; dt. Ich, der Robot, 1952), „Foundation" (1951; dt. Der Tausendjahresplan, 1966), „Foundation and Empire" (1952; dt. Der galaktische General, 1966), „Second Foundation" (1953; dt. Alle Wege führen nach Trantor", 1966), „The Caves of Steel" (1954; dt. Der Mann von drüben, 1956) und „The End of Eternity" (1955; dt. Am Ende der Ewigkeit, 1958); ARTHUR C. CLARKE (* 1917) mit „Prelude to Space" (1951; dt. Die Erde läßt uns los, 1954), „The Sands of Mars" (1951; dt. Projekt Morgenröte, 1953), „Childhood's End" (1953; dt. Die letzte Generation, 1960) und „The City and the Stars" (1956; dt. Die sieben Sonnen, 1960); ROBERT A. HEINLEIN (* 1907) mit „The Puppet Masters" (1951; dt. Weltraum-Mollusken erobern die Erde, 1957), „Citizens of the Galaxy" (1957; dt. Bewohner der Milchstraße, 1958), „Orphans of the Sky" (1963) und „Time enough for Love" (1974); JOHN WYNDHAM (1903–1969) mit „The Chrysalids" (1955; dt. Wem gehört die Erde?, 1961), „The Seeds of Time" (1956; dt. Die Kobaltblume, 1960) und „The Midwich Cuckoos" (1957; dt. Es geschah am Tage X, 1965). Eine zusätzliche Erweiterung erfuhr die S. F. durch Entstehen und Bekanntwerden der S.F. aus den sozialistischen Ländern. Die Brüder ARKADI und BORIS STRUGATZKI aus der Sowjetunion und der Pole STANISLAW LEM sind hier zu nennen. Zur Popularisierung sozialistischer S. F. hat auch der Jugoslawe DARKO SUVIN mit seiner Anthologie „Other Worlds, other Seas" (1970) beigetragen. Bei der westdeutschen S. F. der jüngsten Gegenwart ragen CARL AMERYS Romane „Das Königsprojekt" (1974) und „Der Untergang der Stadt Passau" (1975) heraus.
Neben der – häufig in Anthologien anzutreffenden – short story und dem Roman erscheint die S. F. auch in der Form von Comics. Vorläufer dazu waren „Little Nemo" (1905–1911, 1924–1927) von WINSOR MCCAY, „Buck Rogers" (1929 ff.) von JOHN F. DILLE, PHILIPP NOWLAN und R. W. CALKINS, „Flash gordon" (1934 ff.) von ALEX RAYMOND und „Superman" von JERRY SIEGEL und JOE SHUSTER (1938 ff.); aus neuerer Zeit stammt die erotische Heldin „Barbarella" (1964; dt. Barbarella, ^{2}1967) von JEAN-CLAUDE FOREST mit ihren italienischen Schwestern „Uranella" und „Cosmine" (1973), eine westdeutsche Produktion ist „Raumagent Alpha". Große Bedeutung hat mittlerweile der S. F.-Film für die S. F.-Literatur gewonnen. RAY BRADBURYS „Fahrenheit 451" (1955), geschrieben unter dem Druck der Intellektuellenverfolgungen der MCCARTHY-Ära, ist als Film, Regisseur war FRANÇOIS TRUFFAUT, 1966, eindrucksvoller als die Vorlage; ARTHUR C. CLARKES „2001: A Space Odyssey" (1968; dt. 2001. Odyssee im Weltraum, 1969) entstand in seiner endgültigen Form erst zum gleichnamigen Film von STANLEY KUBRICK (1968).
Nachdem im deutschsprachigen Raum bereits früh die Heftserien „Der Luftpirat und sein lenkbares Luftschiff" (1908) und „Sun Koh, der Erbe von Atlantis"

(1933–1939, 1949–1953) von PAUL ALFRED MÜLLER erschienen sind, darf als erfolgreichste Reihe „Perry Rhodan“ (1961ff., 1967ff. mit einer begleitenden Comicreihe) betrachtet werden, die von einem Team, darin WALTER ERNSTING (Ps. CLARK DARLTON), produziert wird und das Abflauen des S.F.-Booms der späten sechziger Jahre überstanden hat.

S.F. als Kinder- und Jugendliteratur. Gut 90 Prozent dessen, was in den westlichen Ländern als S.F. angepriesen wird, gehört in den Bereich des Trivialen. Trivial ist hier verstanden einmal im Sinne konservativer Ästhetik, bestimmt durch seinen Abstand vom Kunstideal der Hochliteratur, dann aber auch im Sinne ideologiekritischer Theorien, denen die moderne Trivialliteratur als Instrument politischer Indoktrination verdächtig ist. So stellt S.F.-Literatur in ihrer Gesamtheit weithin exemplarische Massen- und Marktliteratur dar, was sowohl durch die nicht endenwollende Perry-Rhodan-Serie mit immer neuen Heften wie auch durch die Taschenbuchserien vor allem des Goldmann- und des Heyne-Verlages, die monatlich bis zu zehn neue Titel auf den Markt werfen, belegt werden kann. In der Regel sind die zahlenmäßig stark verbreiteten trivialen S.F.-Erzählungen beherrscht durch eine dem technischen Dekor nicht entsprechende Irrationalität der Zukunftsvision. Zu oft erweisen sich der Weltraum und das antizipierte künftige Leben auf unserem Planeten aus der Sicht der S.F. als ein einziges Schlachtfeld nur allzu bekannter Mythen und Emotionen. WOLF DONNER („Rückschritte in den Fortschritt“, in: Die Zeit Nr. 35 vom 28.8.1970) stellte heraus, daß sich in vielen herkömmlichen S.F.-Romanen eine Kleinbürgermoral breitmacht und die unterdrückten repressiven Wünsche und Ängste, Hoffnungen und Erwartungen, Enttäuschungen und Vorurteile und die kollektiven Frustrationen dieser gesellschaftlichen Gruppe unverändert wiederkehren. Nicht die Phantasie wird angeregt, nicht das ständig wachsende Interesse an der technischen Entwicklung angesprochen, sondern allenfalls dumpfes Staunen wird erzeugt, das Spiel mit dem Entsetzen und die Lust am Grauen werden praktiziert. Die Spielart der S.F. bleibt fast immer beim Horror stehen, statt kreative Utopie zu entwerfen.

Eine unmißverständliche Intellektfeindlichkeit offenbart sich auch im traditionellen Motiv des verrückten Wissenschaftlers: Er wird, zu klug und zu phantasievoll, ständig als von moralischen Skrupeln, Korruption und Wahnsinn bedroht gezeigt und somit als labiler Charakter disqualifiziert.

Wie wenig Neues die Masse der trivialen S.F. zu bieten hat, zeigt schon die konventionelle Dramaturgie der erzählten Geschichten: Die Wunderwelt der Märchen, Sagen und Abenteuer kehrt wieder, das Schema der Krimis, Spionage-Thriller, Kriegsberichte und Western wird genutzt, alte triviale Erzählmuster werden kopiert, in eine technisch drapierte Zukunft projiziert. Die wissenschaftliche Glaubwürdigkeit bildet meistens den schwächsten Punkt der Stories, die mit Recht oft abwertend als „Space-Opera“ bezeichnet werden. Ein Großteil der Leserschaft solcher trivialer S.F.-Schriften ist bei Heranwachsenden zwischen 11 und 18 Jahren zu suchen. Machen Jugendliche bei den S.F.-Comics rund 90 Prozent aus, so stellen sie bei den Lesern der Taschenbuchserien immer noch einen erheblichen Teil der Konsumenten, der bei 50 Prozent liegen dürfte. Der faktischen Rezeption der trivialen Massenliteratur steht das verhältnismäßig geringe Angebot der tatsächlich für Kinder und Jugendliche geschriebenen S.F.-Literatur gegenüber, die die einschlägige Forschung noch unter „Abenteuerliteratur“ subsumiert, jedoch gewinnen bereits Texte mit reinen S.F.-Elementen pädagogische wie typologische Relevanz. Berührungspunkte ergeben sich vorab in Bereichen der phantastischen Literatur, die zur Genese der S.F. beigesteuert hat und ihre didaktische Problematik im Verhältnis von Kompensation und Weckung produktiver Phantasie stellt. Es ist bezeichnend, daß Kinder, wenn sie phantastische Texte produzieren, sich häufig S.F.-Themen zuwenden, wie die Fabulier-Wettbewerbe des Verlags Ueberreuter gezeigt haben (Die Maus auf dem Mars, 1972; Hirsch Henri in der Badewanne, 1973; Die Abenteuer der Maus auf dem Mars, 1976). S.F.-Elemente sind schon in vielen Bilderbüchern enthalten, die dem Vorlese- oder Erstlesealter zugedacht sind, werden jedoch nicht als solche erfaßt: ihr Prototyp ist das immer wieder aufgelegte „Peterchens Mondfahrt“ von GERDT VON BASSEWITZ. Später scheint beliebtestes Requisit die Rakete zu sein, die trotz Technik und Medien die Phantasie jahrmarkthaft beeindruckt, so OTA HOFMANS „Klaun Ferdinand a raketa“ (1965; dt. Clown Ferdinand und die Rakete, 1967), MICHAEL FOREMANS „Dinosaurs and all that rubbish“ (1972; dt. Die weite Reise im Paradies, 1973), EDWARD MCLACHLANS „Simon and the moon rocket“ (1972; dt. Alex und die Mondrakete, 1973). In diesen Zusammenhang gehört auch der von sieben Autoren ausgestaltete Reizwort-Titel von FRIEDL HOFBAUER und anderen „Die Propellerkinder. Acht Tage aus ihrem sehr vergnüglichen Leben, miterlebt von ...“ (1975). Anspruchsvoll sind die von HEINZ EDELMANN illustrierten Bilderbücher mit Texten UWE FRIESELS „Maicki Astromaus“ (nach FREDRIC BROWN: „The Star Mouse“, 1941; dt. 1970) und von HANS STEMPEL und MARTIN RIPKENS „Andromedar SR 1“ (1970); die Politisierung durch letzteren Titel wird intensiver bei ANNUSCH MÖHRINGS „Martin der Mars(x)-Mensch“ (1970), wo ein Besucher aus dem Weltraum auf die Abschaffung des Kapitalismus hinarbeitet. S.F.-Jugendbücher sind CHRISTIAN GRENIERS „Verrat an Alpha Centauri?“ (1976), KONRAD GRUDAS „Zwölf Uhr einundvierzig“ (1975), GÜNTER MARTELLS „Das phantastische Abenteuer“ (1976), HORST ZAHLTENS „Rückfahrkarte in die Zukunft“ (1976). Als Comics können genannt werden HERGÉS „Tim und Struppi“ hier die Bände „Reiseziel Mond“, „Schritte auf dem Mond“ (1967) und JAN LÖÖFS „Felix och tidmaskinen“ (1973; dt. Paul und die Zeitmaschine, 1975). Analog zur S.F. für Erwachsene gibt es mittlerweile S.F.-Anthologien für Kinder und Jugendliche (Das Marsungeheuer und andere Stories, hrsg. von HANNA BAUTZE, 1972).

Texte von Romanumfang sind LUDĚK PEŠEKS „Die Mondexpedition“ (1966) und „Die Erde ist nah“ (1970), ARTHUR C. CLARKES „Dolphin Island“ (1963; dt. Die Delphininsel). In der Form des Dramas erschien WERNER KLOSES „Klassenfahrt zum Mond“. Unter den dem Literaturunterricht zugedachten Texten sind zu erwähnen „Unsere Zukunft“ JUTTA BÖTTCHER (Hrsg.): 1971; mit Ausschnitten aus ORWELLS „1984“, HUXLEYS „Schöne neue Welt“, ARTHUR KOESTLERS „Sonnenfinsternis“ und „Sciencefiction. Eine Textsammlung, für die Schule herausgegeben“ (von FRIEDRICH LEINER und JÜRGEN GUTSCH. Textband 1971, Materialienband 1972). In Lesebücher sind S.F.-Texte ganz und in Ausschnitten aufgenommen wie JULES VERNES „Von der Erde zum Mond“ (HEINRICH VOGELEY und HORST HALLER (Hrsg.): Geschichten Berichte Gedichte, 9/10. 1972), „Perry Rhodan“ (DIETRICH FISCHER (Hrsg. zusammen mit anderen): Texte für die Sekundarstufe. 1974) und das Filmdrehbuch „Fehlstart der Phantasie“ von JÜRGEN MENNINGEN und DIETER HENS (DIETRICH BOUEKE, KLAUS DODERER (Hrsg. zus. mit anderen: Lesarten. 8. 1974).

→ Abenteuerbuch, → Astronautik, → Batman, → H. Dominik, → Großbritannien und Nordirland, → St. Lem, → Perry Rhodan, → L. Pešek, → Phantastische Erzählung, → Superman, → Utopie, → J. Verne

Sekundärliteratur: H. Amschl: Science-Fiction, die Zukunft der Vergangenheit (in: H. Amschl (Hrsg. zus. mit L. Holzinger und J. Mende): Schmutz & Schund im Unterricht. 1973. 134–166). – E. Barmeyer (Hrsg.): Science Fiction. Theorie und Geschichte (1972). – L. Dietz: Der Zukunftsroman als Jugendlektüre (in: Der Deutschunterricht. 13. 1961. 6. 79–98). – B. Ellerbrock: Perry Rhodan: Untersuchung einer Science-fiction-Heftromanserie (1976). – H. Enders: Der Zukunftsroman (in: Jugendschriften-Warte. 7. 1955. 3. 19–20). – D. Fischer: Sei gegrüßt, Freund Mars! Jugendbücher zur Weltraumfahrt (in: Jugendliteratur. 2. 1956. 80–85); Utopie und Science Fiction (in: R. Bamberger (Hrsg.): Das Irrationale im Jugendbuch. 1969. 113–119); Detektivgeschichten und Science Fiction als Jugendliteratur (in: G. Haas (Hrsg.): Kinder- und Jugendliteratur. Zur Typologie und Funktion einer literarischen Gattung. 1974. 289–311). – V. Graaf: Homo Futurus. Eine Analyse der modernen Science Fiction (1971). – J. Gutsch: Literarische Systeme für den Möglichkeitssinn. Einige Aspekte der Science-fiction-Literatur (in: Diskussion Deutsch. 6. 1971. 335–350). – D. Hasselblatt: Grüne Männchen vom Mars. Science Fiction für Leser und Macher (1974). – R. Jehmlich (Hrsg.): Die deformierte Zukunft. Untersuchungen zur Science Fiction (1974; zus. mit H. Lück). – B. Kling: „Science-Fiction“ (in: G. Seeßlen: Romantik und Gewalt. Lexikon der Unterhaltungsindustrie. Bd. 1. zus. mit B. Kling. 1973. 124–194). – A. Könner: Wirklichkeit und Utopie. Zum Problem der Zukunftsromane für Kinder (in: Deutschunterricht. 11. 1958. 190–201). – H. Künnemann: Loks, Raketen und Computer – Technik im Kinder- und Jugendbuch (in: Der Deutschunterricht. 26. 1974. 5. 55–68). – M. Markus: Das Science-Fiction-Jugendbuch in der Bundesrepublik Deutschland ab 1970 (in: Blätter für den Deutschlehrer. 18. 1974. 67–82); Wer hat Angst vor den UFOs? Zu Nicholas Fisks Science-Fiction-Jugendbuch „Tillionen“ (in: Diskussion Deutsch. 25. 1975. 508–517). – M. Nagl: Science Fiction in Deutschland. Untersuchungen zur Genese, Soziographie und Ideologie der phantastischen Massenliteratur (1972). – D. Pforte: „Science Fiction“ (in: E. Dingeldey (Hrsg. zus. mit J. Vogt): Kritische Stichwörter zum Deutschunterricht. 1974. 346–355). – B. Rullkötter: Die wissenschaftliche Phantastik der Sowjetunion. Eine vergleichende Untersuchung der spekulativen Literatur in Ost und West (1974). – R. Schilling: Utopia – ein neues Gebiet für Schundautoren? (in: Jugendliteratur. 5. 1959. 1. 8–12). – M. Schwonke: Vom Staatsroman zur Science Fiction. Eine Untersuchung über Geschichte und Funktion der naturwissenschaftlich-technischen Utopie (1957). – Science Fiction. Soziale Utopie (Kürbiskern. 1. 1975). – D. Wessels: Welt im Chaos. Struktur und Funktion des Weltkatastrophenmotivs in der neueren Science Fiction (1975).

Wolfgang Biesterfeld

Scott, Walter

*Schottischer Dichter der englischen Romantik und einflußreicher Begründer des Geschichtsromans; *15.8.1771 Edinburgh, †21.9.1832 Schloß Abbotsford, Schottland.*

Sc. stammte aus alter schottischer Familie. Sein Vater war Rechtsanwalt. Sc. studierte in Edinburgh ebenfalls Rechtswissenschaft, arbeitete dann in der väterlichen Kanzlei und wurde 1792 als Anwalt zugelassen. Er bekleidete juristische Ämter, ehe er sich ganz dem Schriftstellerberuf widmete. 1809 wurde er Mitbegründer und Teilhaber des Verlags J. Ballantayne und Co., Amt und Würde eines Hofdichters (poet laureate), das ihm 1813 angeboten wurde, schlug er aus. Von seinen Einkünften als Herausgeber schottischer Volksballaden und -lieder und Dichter historischer Versromanzen kaufte Sc. 1811 Abbotsford und baute diesen Landsitz zu einer „Romanze aus Stein“ nach seinem Geschmack aus. Abbotsford wurde fortan Sc.s Wohnsitz. 1821 wurde Sc. geadelt (Baronet). 1826 ging das Verlagshaus Ballantayne in Konkurs und Sc. suchte fortan, die hohen Schulden des Verlags durch seine Honorare aus einer gesteigerten Romanproduktion abzutragen. Sc.s seit 1817 angegriffene Gesundheit brach nach dem Tode seiner Frau im Jahre 1832 (Sc. hatte 1797 geheiratet) endgültig zusammen. Er starb wenig später noch im gleichen Jahr.

Werk, Tendenzen, Wirkung. Zu Sc.s frühen literarischen Arbeiten zählen die Übersetzungen deutscher Balladen – G. A. BÜRGERS „Lenore“ und „Der wilde Jäger“, J. W. GOETHES „Erlkönig“ – und des „Götz von Berlichingen“. Sc.s Beschäftigung mit der schottischen Volksdichtung wird durch die Sammlung „Minstrelsy of the Scottish border“ (1802–1803) dokumentiert. Nach den Gepflogenheiten der Zeit bearbeitete, ergänzte und schuf Sc. nach, wo die Vorlagen nicht befriedigten. Es folgten dichterische Arbeiten, mit denen Sc. die Versromanze aus romantischem Geist erneuerte. „The lay of the last minstrel“ (1805) eröffnete eine Serie ähnlicher historischer Romanzendichtungen.

Sc.s literarhistorische Bedeutung beruht auf dem von ihm geschaffenen Geschichtsroman. Nach seinem ersten, „Waverly“ (1814; dt. Waverley, 1821), wird die lange Reihe seiner historischen Romane „Waverley-

Romane" genannt. Sie stellen in den ersten acht Werken die jüngere schottische Vergangenheit dar. Mit „Ivanhoe" (1820; dt. Ivanhoe, 1820) nahm sich Sc. zum erstenmal einen Stoff aus der englischen Geschichte vor. Dieses Buch, das den Gegensatz zwischen Sachsen und Normannen unter Richard I. („Löwenherz", 1189–1199) darstellt, ist heute im angloamerikanischen und im deutschen Sprachraum der weitverbreitetste Roman Sc.s, obgleich gerade dieses Buch von der Literaturkritik nicht allzu hoch eingeschätzt wird. Ihr gilt „The heart of Midlothian" (1816; dt. Das Herz von Midlothian, 1826) als Sc.s Meisterwerk, ein Roman aus Schottlands jüngerer Geschichte (erste Hälfte des 18. Jahrhunderts).

Sc.s Geschichtsauffassung schwankte „zwischen nostalgischer Bindung zu den Traditionen seiner schottischen Heimat und pragmatischer Bejahung des Fortschritts. Der Widerstreit und die schließliche Harmonisierung alter und neuer gesellschaftlicher Kräfte in der Geschichte kann als das Grundmuster der Waverley-Romane angesehen werden. In ihrer Summe sind sie ein Nationalepos, das die Einheit und Kontinuität einer Volkskultur in einer die Vergangenheit und Gegenwart bergenden Heimatlandschaft feiert. Sc. beschrieb die Gesellschaft nicht als unveränderliche, vielmehr sich stetig wandelnd im Strom der Geschichte. Literarische Mittel zur Erfassung der Vergangenheit sind Sc.s Detailbeschreibungen von Landschaften, Interieurs und Kleidermoden, die Verwendung von schottischem Dialekt und eine archaisierende Sprache. E. NESBIT (1858–1924) verspottete in „Five children and it" (1902; dt. Psammy sorgt für Abenteuer, 1972) die altertümelnde und gestelzte Sprache der in der Nachfolge Sc.s florierenden historischen Romanzen für Kinder. Sc.s Hauptfiguren sind fiktiv, Nebenfiguren und Umwelt sind historisch. Dies ist ein seit Sc. häufig befolgtes Muster.

Sc.s Ruhm zu seinen Lebzeiten war der eines modernen Bestsellerautors; sein Werk wurde mit dem HOMERS, CERVANTES' und SHAKESPEARES verglichen. Sc.s Waverley-Romane wurden Vorbild für den historischen Roman und den Heimatroman des 19. Jahrhunderts in England, Frankreich, Italien und Deutschland. Hier war WILHELM HAUFF (1802–1827) der erste, der in „Lichtenstein" (1826) ein deutsches Geschichtsthema im Roman gestaltete.

Sc.s Romane wurden in Deutschland schnell und mehrfach übersetzt und begierig gelesen. 1821 lagen bereits sieben Übersetzungen vor. Vom gleichen Jahr an erschienen gesammelte Ausgaben Sc.s, zumeist als „wohlfeile Taschenausgaben". Zwischen 1822 und 1828 gab es im deutschen Sprachraum mindestens dreizehn Uraufführungen von Dramatisierungen Sc.scher Romane. Von den zahlreichen Opern europäischer Komponisten des 19. Jahrhunderts auf Libretti nach Sc. überlebte DONIZETTIS „Lucia di Lammermoor" (1835).

Sc. als Jugendschriftsteller. Die Geschichte der Sc.-Übersetzungen in Deutschland ist von Anfang an eine Geschichte der Bearbeitung und der Transformation. Als Teil dieser Rezeptionsgeschichte müssen auch die Editionen der Waverley-Romane „für die reifere Jugend" gesehen werden, die 1864 mit einer „Ivanhoe"-Ausgabe begannen und bis in die Gegenwart reichen. Es können zwei Bearbeitungstendenzen beobachtet werden, die Umformung und die Umdeutung. Grundsätzlich bot sich Sc. nach der damals herrschenden Ideologie als Lektüre für die Jugend wegen seiner nationalen und ethischen Wertvorstellungen an. Doch will die Umformung durch Kürzungen des Originals auf Kosten des Faktischen den Illusionsfaktor erhöhen und die Unterhaltungsfunktion hervorheben. Die Geschichtskomponente wird im Namen der Jugendbildung in Wirklichkeit verniedlicht und fragmentiert. Die Umdeutung hingegen läßt das Original unangetastet, gibt aber vor, die faktische Authentizität durch zusätzliche Erläuterungen zu erhöhen. In erster Linie stellt aber ihre Bildungsabsicht einen weltanschaulich-politischen Gegenwartsbezug zum Geschichtlichen willkürlich her. Insofern enthistorisieren und emotionalisieren beide Bearbeitungsweisen. Sie lassen sich noch an „Ivanhoe"-Ausgaben von 1952 (Ost-Berlin) und 1963 (München) nachweisen. Dabei wird in der DDR die Umdeutung, in der Bundesrepublik Deutschland die Umformung bevorzugt. Jugendbearbeitungen von Sc.s historischen Romanen erscheinen noch heute in deutschsprachigen Taschenbuchreihen.

Während die historischen Romane, die Sc. mit dem Blick auf den erwachsenen Leser schrieb, noch heute aufgelegt werden, ist das einzige Werk, das Sc. für Kinder schrieb, heute vergessen. Es sind dies seine „Tales of a grandfather" (1827–1830; dt. Erzählungen eines Großvaters, 1828–1830), die der Autor seinem sechsjährigen Enkelsohn J. H. LOCKHARDT widmete. Zur Intention und zum Anlaß für dieses Buch schrieb Sc. in der Vorrede dazu (zitiert nach der deutschen Übersetzung von 1828): „Diese Erzählungen wurden während mancher Abhaltungen zum Gebrauch des jungen Verwandten geschrieben, dem sie gewidmet sind. Es ist darin der Versuch gemacht worden, einen Ueberblick der schottischen Geschichte zu liefern und zugleich die am meisten malerischen Parthieen derselben hervorzuheben. Da die Sammlung für die jungen Menschen, zu dessen Gunst sie gemacht wurde, sich nützlich erwies, so übergibt man sie hiermit dem Publikum in der Hoffnung, daß sie eine Quelle der Unterweisung für Andere sein möge." Kritik an der Schwierigkeit seines Stils und der Stoffülle für kindliche Leser trat Sc. mit der Feststellung entgegen: „Es ist nicht nachtheilig, vielmehr ein Gegentheil es ist vorteilhaft, wenn man einem Kinde Vorstellungen darbietet, die seiner Fassungskraft nicht so leicht und unmittelbar zugänglich sind. Dergleichen Schwierigkeiten, wenn sie nur nicht zu groß und zu gehäuft sind, spornen die Neugierde und muntern die Anstrengung auf."

Werke: Minstrelsy of the Scottish border (Bd. 1–3. 1802–1803; dt. Schottische Lieder und Balladen. 1817); The lay of the last minstrel (1805; dt. Der letzte Minstrel, 1820; auch u.d.T.: Das Lied des letzten Minnesängers, 1828); Marmion. A tale of

Flodden Field (1808; dt. Marmion oder die Schlacht von Flodden Field, Bd. 1–2. 1822); The lady of the lake (1810; dt. Die Jungfrau vom See, 1819; auch u.d.T.: Das Fräulein vom See, 1819); The vision of Don Roderick (1811; dt. Don Roderick, 1823); Glenfinlas and other ballads (1812); The bridal of Triermain, or the vale of St. John (1813); Rokeby (1813; dt. Mathilde von Rokebie, Bd. 1–2. 1822); Waverley, or Tis sixty years since (Bd. 1–3. 1814; [8]1821; dt. Waverley, Bd. 1–4. 1821); The field of Waterloo (1815; dt. Die Schlacht von Waterloo. 1823); Guy Mannering (Bd. 1–3. 1815; dt. Der Astrolog. Bd. 1–3. 1822); The lord of the isles (1815; dt. Der Beherrscher der Eilande. 1821); The antiquary (Bd. 1–3. 1816; dt. Der Alterthümler. Bd. 1–3. 1821); Tales of my landlord (Ser. 1. Bd. 1–4. 1816; Ser. 2. Bd. 1–4. 1818; Ser. 3. Bd. 1–4. 1819; Ser. 4. Bd. 1. 1832); Harold the dauntless (1817; dt. Harold der Unerschrokkene. 1822); Rob Roy (Bd. 1–3. 1818; dt. Robin der Rothe. Bd. 1–4. 1823); The abbot (Bd. 1–3. 1820; dt. Der Abt. Bd. 1–3. 1821); Ivanhoe (Bd. 1–3. 1820; dt. Ivanhoe. Bd. 1–3. 1820); The monastery (Bd. 1–3. 1820; dt. Das Kloster. Bd. 1–3. 1821); Kenilworth (Bd. 1–3. 1821; dt. Kenilworth. Bd. 1–3. 1821); The fortunes of Nigel (Bd. 1–3. 1823; dt. Niegels Schicksale. Bd. 1–3. 1822); Halidon hill (1822; dt. Halidon-Höhe. 1825); The pirate (Bd. 1–3. 1822; dt. Der Pirat. Bd. 1–3. 1822); Quentin Durward (Bd. 1–3. 1823; dt. Quentin Durward. Bd. 1–3. 1823); Redgauntlet, a tale of the eighteenth century (Bd. 1–3. 1824; dt. Redgauntlet, eine Erzählung aus dem 18. Jahrhundert. Bd. 1–3. 1824); St. Ronan's well (Bd. 1–3. 1824; dt. Der St. Ronans-Brunnen. Bd. 1–3. 1824); Lives of the novelists (Bd. 1–2. 1825; dt. Lebensbeschreibungen berühmter britischer Dichter und Prosaisten. 1825); Tales of the crusades (Bd. 1–4. 1825; dt. Erzählungen von den Kreuzfahrern. 1825); Woodstock, or The cavalier (Bd. 1–3. 1826; dt. Woodstock oder der Ritter. Bd. 1–3. 1826); Chronicles of the Canongate (Bd. 1–5. 1827–1828; dt. Die Chronik von Canongate. Bd. 1–2. 1828); The life of Napoleon Bonaparte, emperor of the French (Bd. 1–9. 1827; dt. Das Leben Napoleon Bonapartes, Kaiser der Franzosen. Bd. 1–9. 1827–1828); Tales of a grandfather (Serie 1–4. 1827–1830; dt. Erzählungen eines Großvaters. Folge 1–3. Bd. 1–11. 1828–1830); Anne of Geierstein (Bd. 1–3. 1829; dt. Anna von Geierstein oder das Nebelmädchen. Bd. 1–5. 1829); Poetical works of Sir Walter Scott, with the authors introductions and notes (1904); Gesamtausgabe der Waverley-Romane (dt. von E. Walter. Bd. 1–34. 1904–1909); C. B. Wheeler (Hrsg.): Annoted editions of the Waverley novels (Bd. 1–24. 1914–1920); Short stories (1934).

Sekundärliteratur: A. Calder: Scott (zus. mit J. Calder. 1969). – A. O. J. Cockshut: The achievement of Walter Scott (1969). – Th. Crawford: Scott (1965). – D. D. Devlin (Hrsg.): Walter Scott. Modern judgements (1968). – A. Fleishman: The English historical novel. Walter Scott to Virginia Woolf (1971). – R. C. Gordon: Under which king? A study of the Scottish Waverley novels (1969). – H. J. C. Grierson (Hrsg.): The letters of Sir Walter Scott (12 Bde. 1932–1937). – J. O. Hayden (Hrsg.): Scott. The critical heritage (1970). – J. T. Hillhouse: The Waverley novels and their critics (1936). – A. N. Jeffares (Hrsg.): Scott's mind and art (1969). – E. Johnson: Sir Walter Scott: The great unknown (2 Bde. 1970). – Ch. Keith: The author of Waverley: a study in the personality of Sir Walter Scott (1964); R. Mayhead: Walter Scott (1968). – H.-J. Müllenbrock: Scott und der historische Roman: Aspekte der neueren Forschung (in: Die Neueren Sprachen. 1972. 71. 660–669). – P. M. Ochojski: Waverley über alles – Sir Walter Scott's German reputation (in: A. Bell (Hrsg.): Scott Bicentenary essays. 1973. 260–270). – R. Schüren: Die Romane Walter Scotts in Deutschland (Diss. 1969); Sir Walter Scott als deutscher Jugendschriftsteller (in: Sprachkunst. 1973. 4. 248–278). – R. Sühnel: The heart of Mid-Lothian (in: F. K. Stanzel (Hrsg.): Der englische Roman (Bd. 1. 1969. 338–378). – J. G. Tait (Hrsg.): The journal of Sir Walter Scott (Bd. 1–3. 1939–1946). – H. A. White: Sir Walter Scott's novels on the stage (1927; NA. 1973).

Wolfgang Schlegelmilch

Sealsfield, Charles

*(d.i.: Karl Anton Postl. Auch unter dem Ps.: Charles Sidons). Reiseschriftsteller, Sekretär; *3.3.1793 Poppitz (Mähren), †26.5.1864 Solothurn (Schweiz).*

S. besuchte das Untergymnasium in Znaim und ging 1813 in das Kreuzherrenstift in Prag, wo er 1816 Ordenssekretär wurde. Da er sich mit der jesuitischen Lebensordnung nicht abfinden konnte, verließ er das Stift. Seine Versuche, in Wien in den Staatsdienst einzutreten, schlugen fehl. Da er ohne Erlaubnis aus dem Prager Kreuzherrenstift weggegangen war, war ihm der Weg in seine engere Heimat, vor allem nach Prag, versperrt. Er floh in die Schweiz und schließlich, durch Gönner unterstützt, 1823 nach Amerika. Von New Orleans, seiner ersten Reisestation aus, ging er flußaufwärts und ließ sich 1824 in dem Städtchen Kittaning am Allegheny in Pennsylvanien nieder. Dort verfaßte er eine scharfe Abrechnung mit seinem österreichischen Vaterland, die 1828 zuerst in Englisch unter dem Titel „Austria as it is" in London erschien, bevor sie über eine französische Übersetzung ins Deutsche übertragen wurde. In Österreich war diese Schrift bis 1919 verboten. S. reiste durch weite Teile der Vereinigten Staaten, besuchte Mexiko und Texas und hielt sich am längsten während seines fünfzehnjährigen Aufenthaltes in Amerika im Südwesten der Vereinigten Staaten auf. Ab 1832 lebte er in der Schweiz. S. ließ sein erstes Werk „Die Vereinigten Staaten von Nordamerika nach ihren politischen, religiösen und gesellschaftlichen Verhältnissen betrachtet" (1827) unter dem Pseudonym CHARLES SIDONS bei Cotta in Stuttgart erscheinen. Seine erfolgreichen Reiseromane erschienen zunächst alle anonym. Erst in der ersten gesammelten Ausgabe seiner Werke im Stuttgarter Verlag Metzler (1843–1846) wurde als Verfasser CHARLES S. genannt. Seine eigentliche Identität als der aus dem Jesuitenstift geflohene KARL ANTON POSTL kam erst nach seinem Tode auf Grund seines Testamentes an die Öffentlichkeit.

Werk, Tendenzen, Wirkung. Der Höhepunkt von S.s Schaffen lag in den Jahren zwischen 1832 und 1840. S.s Reiseromane wie „Der Legitime und der Republikaner" (1833), „Der Virey und die Aristokraten" (1835), „Morton oder die große Tour" (1835) und „Das Cajüttenbuch" (1841) erregten Aufsehen und führten zu einem schnellen Erfolg des „großen Unbekannten". Die Werke stellten einen kühnen Griff in die Wirklichkeit dar. S.s Wirklichkeitssinn führte zu einer genauen Kennzeichnung sowohl der amerikanischen Siedlertypen wie der auftretenden Indianerfiguren. S. versuchte durch die Mittel der Sprache, die Worte und den Satzbau, die tropische Landschaft, die fiebrige Hitze, aber auch den Charakter der französischen, englischen, spanischen, indianischen und schwarzen Elemente zu erfassen. Im Gegensatz zu COOPERS Lederstrumpf, der ein romantisches Jägerleben führt, wie es europäische Jäger gern gelebt hätten, ist S.s Squatterregulator Nathan hart, fast knöchern, ohne jede Gemütlichkeit, geprägt durch die harten Gebote, die das tägliche Leben als Squatter ihm auferlegte. Auch die Schilderung der Landschaft erfolgt bei S. wirklichkeitshart, während sie bei COOPER durch einen romantischen Zauber gekennzeichnet ist. In der getreuen Nachzeichnung der damaligen Lebensumstände lag der besondere völkerkundlich-politische Auftrag, den S. sich selbst gegeben hatte. Den Dichtern des „jungen Deutschland" programmatisch verwandt, versuchte S. die Grundsätze einer freiheitlichen Welt in den Vereinigten Staaten der Despotie seiner österreichischen Heimat entgegenzustellen.

S.s wichtigstes Werk ist „Das Cajüttenbuch oder Nationale Charakteristiken" (1841), später gemeinhin unter dem Titel „Das Kajütenbuch" bekannt geworden. Das „Cajüttenbuch" schildert in Skizzen, Genrebildern und Erzählungen den Kampf um die politische Unabhängigkeit des Südens. Im Mittelpunkt der Darstellungen stehen die Pioniertaten der Siedler, ihre Abenteuer und Leiden. Held des Buches ist das gesamte Volk der Vereinigten Staaten. Schauplatz der Handlung ist die „Kajüte", das Landhaus des Kapitäns Murphy, nach dem der Roman seinen Namen hat. In dem Landhaus versammelt sich eine Abendgesellschaft, die in lebhafte Gespräche, Diskussionen und immer wieder eingeblendete Erzählungen verwickelt wird. Das Buch wird charakterisiert durch den dauernden Wechsel der beiden Erzählebenen und steht dem späteren, Objektivität anstrebenden Realismus nahe. S. nannte den neuen Erzähltypus, den er mit seinem „Cajüttenbuch" schuf, einen „Volksroman", in dem „die Sitten, der Charakter eines Volkes, vorzugsweise den Stoff der Bearbeitung bilden". Er betrachtete seine Romane als „Bildungsinstrumente" für das Volk. So erstrebte er auch mit seinem Werk keine romantische Versenkung des Lesers in eine idealisierte Vergangenheit, vielmehr wollte er, wie er es seinen Alkalden im „Cajüttenbuch" aussprechen läßt, „eine faktische Poesie" liefern.

Vom Bekanntwerden der Schriften S.s bis zur Gegenwart wurden und werden seine Erzählungen als wertvolle Jugendliteratur eingestuft. Obwohl seine Schriften von Pädagogen wie Literaturdidaktikern als bedeutend wertvoller als die Reiseromane von KARL MAY, FR. GERSTÄCKER oder B. MÖLLHAUSEN angesehen werden, haben sie bei jugendlichen Lesern nie die Anziehungskraft wie die Schriften der drei anderen Autoren erreicht. Dies hängt sicher mit der für junge Leser oft schwierigen Erzähltechnik, mit den verschiedenen Erzählebenen, den Verschachtelungen und Rahmenerzählungen zusammen, aber auch mit der Absicht des Autors, die abenteuerlichen und sensationellen Momente „faktisch objektiv" zu entidealisieren.

Einzelne Erzählungen aus dem Kajütenbuch, wie „Das blutige Blockhaus" oder „Die Prärie am Jacinto", aber auch die zuerst in Englisch erschienene Indianergeschichte „Tokeah und die weiße Rose" wurden immer wieder von Jugendbuchverlagen herausgebracht, so noch 1957 im Oetinger Verlag, 1964 im Rahmen des Jugendbuchklubs „Domino", 1971 im Arena Verlag. Das „Verzeichnis lieferbarer Bücher" von 1975/1976 weist zehn lieferbare Ausgaben von S.s Schriften aus, die sich vorwiegend an junge Leser richten. Darunter befindet sich auch der im Olms Verlag herausgekommene Nachdruck der „Sämtlichen Werke" von 1843–1846.

Werke: Die Vereinigten Staaten von Nordamerika nach ihren politischen, religiösen und gesellschaftlichen Verhältnissen betrachtet (1827); Austria as it is; or Sketches of continental courts. By an eye wittness (1828); Tokeah or The White Rose (Bd. 1–2. 1828); Der Legitime und der Republikaner (Bd. 1–3. 1833); Transatlantische Reiseskizzen (Bd. 1–2. 1834); Seufzer aus Österreich und seinen Provinzen (1834); Morton oder die große Tour (Bd. 1–2. 1835); Ralph Daoghbys Brautfahrt (1835); Der Virey und die Aristokraten oder Mexiko im Jahre 1812 (Bd. 1–3. 1835); Pflanzerleben und die Farbigen (Bd. 1–2. 1836); Nathan, der Squatter-Regulator (1837); Das Cajüttenbuch oder Nationale Charakteristiken (Bd. 1–2. 1841); Süden und Norden (Bd. 1–3. 1842); Gesammelte Werke (Bd. 1–18. 1843–1846).

Sekundärliteratur: E. Arns: Charles Sealsfield. Besonderheit und Grenzen eines Schriftstellers (Diss. 1955). – E. Aufderheide: Das Amerika-Erlebnis in den Romanen Charles Sealsfield's (Diss. 1946). – G. Berger: Das Bild der Vereinigten Staaten von Nordamerika in der deutschen Reiseliteratur des 19. Jahrhunderts. Unter besonderer Berücksichtigung von Werk und Persönlichkeit des Österreichers Karl Postl (Diss. 1945). – E. Castle: Der große Unbekannte. Das Leben von Charles Sealsfield – Karl Postl (1952). – M. Reich: Menschendarstellung und Charakterisierungskunst in den Romanen Charles Sealsfields (Diss. 1948). – H. Zimpel: Karl Postls Romane im Rahmen ihrer Zeit (1941).

Helmut Müller

Seeabenteuer → Abenteuer

Segawa, Yasuo

*Japanischer Maler, Illustrator, Bilderbuchkünstler; *1932 Gkazaki.*

Abgesehen von einer kurzen Lehrzeit bei dem traditionellen Maler KEISEN YAMAMOTO ist S. Autodidakt. Im Anschluß an seine Lehrzeit entdeckte er die westliche Kunst, zuerst HONORÉ DAUMIER (1808–1878), dann EUGÈNE DELACROIX (1798–1863), später die Meister der italienischen Renaissance. S. verbrachte Jahre damit, diese alten Meister zu kopieren und die verschiedensten Techniken auszuprobieren. Später wandte er diese dann bei eigenen Werken an. Der junge S. überstand die von Krankheit und Armut gezeichneten Nachkriegsjahre in Japan, immer auf der Suche nach einem Weg zwischen seinem „großen Appetit für westliche Kunst und seiner Leidenschaft für die traditionelle japanische Kunst", wie er einmal sagte. Sein größtes künstlerisches Erlebnis waren aber dann die mehr als tausend Jahre alten buddhistischen Tuschbilder, deren Anblick ihn endgültig auf den eigenen Weg brachten. Er identifizierte sich vollkommen mit dieser Kunst und schuf dennoch etwas Neues. Seit Anfang der sechziger Jahre gestaltet S. Kinder- und Bilderbücher, die zum Teil internationale Anerkennung fanden. 1967 erhielt er auf der Bienále ilustracií Bratislava den Grand Prix für „Taro and a bamboo shoot" (Text: M. MATSUNO, 1964), 1968 die japanische Shogakkan-Auszeichnung für Illustratoren und 1973 den Kinderbuchpreis der Sankei-Press. S. ist verheiratet und hat zwei Kinder. Er lebt in einem traditionellen japanischen Haus, wo er auch seine eigene Druckwerkstatt hat.

Werk, Tendenzen, Wirkung. Nach gebrauchsgraphischen Arbeiten, Plakaten und Porträts erschien 1960 sein erstes Kinderbuch, das in einzigartiger Weise ein Resultat dieser Symbiose von Tradition und modernem Kunstempfinden ist. Es ist das Märchen „The fox wedding" (1963), das zu den Pionierleistungen der modernen japanischen Bilderbücher gehört. Schon dieses erste Buch weist S. als traditionellen und zugleich eigenständigen Künstler aus. Japanische Märchen und buddhistische Legenden entdeckt er neu, und sie bilden weitgehend den Inhalt seiner Kinderbücher, die am Anfang das Resultat eines Teamworks mit seinem ersten Verleger TADASHO MATSUI sind. Mit seiner Geschicklichkeit als Lithograph und seiner Hingabe an die künstlerische Arbeit bringt er wirkungsvolle Resultate hervor. S. betrachtet sich nicht als freier Künstler, sondern als Handwerker. Er möchte seine Person vergessen und wie ein Bettler werden, um schöpferisch zu sein, sagt er in seiner Selbstbiographie.

Werke: M. Matsutani: The fox wedding (1963); M. Matsuno: Taro and the Bamboo shoot (1964); K. Schuefftan: The Tengu's thunderstaff (1965); T. Kanzawa: Fushigi na komvriuta (1968); B. J. Lifton: The many lives of Chio and Goro (1968); M. Matsutani: Nihon no shinwa (1968); T. Saigó: Kamōtri Gombee (1968); M. Maeda: How the rabbit tricked his friends (1969); M. Matsutani: How the withered trees blossomed (1969); M. Matsutani: The witch's magic cloth (1969); M. Matsutani: Momotaro (1970); M. Matsutani: Shitakirisuzume (1970); T. Seta: Warashibe chōja (1972); K. Tsutsui: Kachikachiyama no sugu soba de (1972); Sh. Tamkawa: Kotoba asobi uta (1973).

Bettina Hürlimann

Seghers, Anna

*(d.i. Netty Radvanyi, geb. Reiling); Schriftstellerin, Novellistin und Essayistin; * 19. 11. 1900 Mainz.*

S., die Tochter eines Antiquitätenhändlers, studierte nach dem Besuch der höheren Schule von 1919 bis 1924 in Köln und Heidelberg Philologie, Sinologie, Geschichte und Kunstgeschichte. Die Bekanntschaft mit politisch verfolgten Emigranten, die Mitarbeit in Zirkeln revolutionärer Studenten sowie ausgedehnte Studienreisen führten sie an die Arbeiterbewegung heran; 1928 wurde S. Mitglied des „Bundes proletarisch-revolutionärer Schriftsteller" (BPRS) und der KPD. Nach ihrer Verhaftung und Flucht im Jahre 1933 wirkte sie von Paris aus in Zeitschriften, auf Veranstaltungen, Tagungen und Kongressen (u.a. in Wien 1934, Madrid 1938) für die Sammlung aller antifaschistischen Kräfte. Nach der deutschen Invasion (1940) mußte sie mit ihrer Familie über Marseille nach Mexiko emigrieren. Nach der Rückkehr, 1947, wurde sie in der DDR in der Weltfriedensbewegung und auf kulturpolitischem Gebiet tätig; seit der Gründung des Schriftstellerverbandes der DDR (1952) war sie lange Zeit dessen Präsidentin. Für ihre schriftstellerischen Leistungen sowie ihre politische Arbeit erhielt S. zahlreiche nationale und internationale Auszeichnungen.

Werk, Tendenzen, Wirkung. S., die in ihrem Prosawerk das Aufbegehren der Entrechteten und Verfolgten, den Befreiungskampf der Arbeiterklasse und die neue Qualität sozialistischer Verhältnisse gestaltet, griff auch in die literaturhistorische Debatte ein und betätigte sich als politische Publizistin. In einigen Arbeiten beschäftigte sie sich mit jugendliterarischen und jugendpolitischen Themen (z.B. „Was wissen wir von Jugend-Cliquen?", 1931; „Für Alex Wedding", 1966). Andere Arbeiten, wie z.B. „Wer war das eigentlich? Gespräch mit einem Kind über Lenin" (1932), waren von vornherein an ein jugendliches Lesepublikum gerichtet. Ein Teil ihrer Erzählungen wurde in der DDR in Jugendausgaben veröffentlicht („Die Tochter der Delegierten", 1970; „Geschichten von heute und gestern", 1966). Realistische Gestaltung gesellschaftlicher Auseinandersetzungen, anschauliche und spannende Handlungsführung und die auf Klarheit und Präzision gerichtete Sprache verhalfen S. zu einem breiten jugendlichen Leserkreis. Darüber hinaus gehören ihre Erzählungen und Romane – vor allem „Das siebte Kreuz" (1942) – zum Bestandteil des Literaturunterrichts in der DDR. Erzählungen von S. erschienen auch in geringerem Umfang in der Bundesrepublik Deutschland in Jugend- und Schulausgaben (z.B. „Das Schilfrohr", 1968; „Das wirkliche Blau", 1967). Auch Auszüge aus ihren Erzählungen und Romanen wurden in Schullesebücher der Bundesrepublik aufgenommen.

Werke: Aufstand der Fischer von St. Barbara (1928); Auf dem Weg zur Amerikanischen Botschaft und andere Erzählungen (1930); Die Gefährten (1932); Der Kopflohn (1933); Der Weg durch den Februar (1935); Der letzte Weg des Koloman Wallisch (1936); Die Rettung (1937); Die schönsten Sagen vom Räuber Wojnok (1940); Das siebte Kreuz (1942); Der Ausflug der toten Mädchen und andere Erzählungen (1946); Das Ende (1948); Transit (1948); Die Hochzeit von Haiti. Wiedereinführung der Sklaverei in Guadelupe (1949); Die Toten bleiben jung (1949); Die Linie (1950); Crisanta (1951); Die Kinder (1951); Der Mann und sein Name (1952); Der erste Schritt (1953); Die Tochter der Delegierten (1957, NA. 1970); Brot und Salz (1958); Die Entscheidung (1959); Das Licht auf dem Galgen (1961); Die Kraft der Schwachen (1965); Sagen von Artemis (1965); Geschichten von heute und gestern (1966); Das wirkliche Blau (1967); Das Schilfrohr (1968); Das Vertrauen (1968); Über Kunstwerk und Wirklichkeit (Bd. 1–3. 1970–1971); Die Überfahrt (1971).

Beiträge: Was wissen wir von Jugend-Cliquen? (in: Der Weg der Frau. 1. 1931. 7. 7–8); Wer war das eigentlich? Gespräche mit einem Kind über Lenin (in: Rote Fahne vom 21.1.1932);

Für Alex Wedding (in: Sinn und Form. 18. 1966. 2. 285); Antwort an die Pioniere (in: Beiträge zur Kinder- und Jugendliteratur. 31. 1974. 7–8).

Sekundärliteratur: H. Barnasch: Die Inhaltsangabe eines literarischen Werkes: Anna Seghers „Das siebte Kreuz" (in: Deutschunterricht. 7. 1954. 7. 401–409). – E. Haas: Ideologie und Mythos. Studien zur Erzählstruktur und Sprache im Werk von Anna Seghers (1975). – V. Merkelbach: Zur Rezeption systemkritischer Schriftsteller in der BRD. Erzählungen der Anna Seghers als Schullektüre (in: Diskussion Deutsch. 3. 1972. 10. 389–413). – H. Neugebauer: Anna Seghers (in: H. J. Geerdts (Hrsg.): Literatur der DDR in Einzeldarstellungen. 1972. 91–112); Die Jungen und die Revolution. Wir grüßen Anna Seghers zu ihrem 65. Geburtstag (in: Deutschunterricht. 18. 1965. 10. 545–550). – Kl. Sauer: Anna Seghers (1978). – E. Schumann: „Ich erzähle von ganz ... unauffälligen Menschen". Unheroische als Vorbildfiguren und Unheroisches als Vorbild im Werk der Anna Seghers (in: Deutschunterricht. 28. 1975. 10. 560–565). – W. Urban: Möglichkeiten eines hochschulvorbereitenden Literaturunterrichts, veranschaulicht an der Behandlung des Romans „Das siebte Kreuz" von Anna Seghers (in: Deutschunterricht. 21. 1968. 1. 10–23). – Fr. Wagner: „Der Kurs auf die Realität". Das epische Werk von Anna Seghers (1975). – D. Wuckel: „Überfahrt". Eine Liebesgeschichte von Anna Seghers (in: Deutschunterricht. 28. 1975. 10. 531–541); Zur Gestaltung des Deutschunterrichts. Anna Seghers Erzählungen „Das Obdach" und „Die Tochter der Delegierten" (in: Deutschunterricht. 13. 1960. 11. 604–616); Zur sozialistischen Literatur. Die Erzählung „Die 40 Jahre der Margarete Wolf" von Anna Seghers. Hinweise für die Behandlung im Literaturunterricht (in: Deutschunterricht. 12. 1959. 3. 139–144).

Bernd Dolle

Ségur, Sophie Comtesse de

*Kinderbuchautorin; * 19. 7. 1799 Sankt Petersburg, † 31. 1. 1874 Paris.*

Von Geburt Russin, Französin durch Heirat und aus Überzeugung, steht S. gleichsam im Schnittpunkt der Geschichte der beiden Nationen: Als sie 1818 Etienne de S. heiratete, wurde sie Mitglied einer der ältesten Familien des französischen Hochadels. Ihr Vater, der Fürst Rostopčin, war Vertrauter des Zaren Paul I. und ein Feind der Franzosen während Napoleons Feldzügen (seine Rolle bei dem Brand von Moskau blieb bisher ungeklärt). 1817 kam die Familie Rostopčin nach Frankreich. Sie blieb bis 1823 und kehrte ohne Sophie – das dritte von zahlreichen Kindern – nach Rußland zurück. S.s Eingliederung in die französische Gesellschaft des 19. Jahrhunderts wurde durch ihren Übertritt zum Katholizismus erleichtert (1814 oder 1815), ihre Mutter war vorher konvertiert. Durch ihre Heirat kam S. in die Kreise der französischen „haute société" und bekam Beziehungen zur Regierung und zum Großkapital (S.s Gatte wurde Generaldirektor der französischen Ostbahn-Gesellschaft). Durch ihre katholische Wahlverwandtschaft gehörte S. zum ultramontanen Flügel: als Mädchen wurde sie mit dem ultrakatholischen Denker Joseph de Maistre bekannt; später wurde der kämpferische ultramontane Schmiedessohn Louis Veuillot ihr Freund und literarischer Ratgeber.

Gleich nach ihrer Heirat ließ sich S. in der Normandie auf dem Gut „Les Nouettes" (Oise-Departement) nieder. Sie verbrachte die meisten Jahre ihres Lebens auf dem Lande, umgeben von ihren Kindern (insgesamt acht) und später von zahlreichen Enkeln. Nach einer schwierigen Geburt (1835) war S. fast fünfzehn Jahre lang krank. S., die nicht ungern die Rolle der Gutsherrin spielte, hatte zeitweilig mit Geldsorgen zu kämpfen.
Es scheint, daß ihr ältester Sohn Gaston (* 1820) bei ihr eine neue Wendung zum tieffrommen Katholizismus auslöste: der angehende Diplomat und talentierte Kunstmaler wurde Priester; sein Wirkungskreis war zuerst die Pariser Jugend (Lehrlinge und Soldaten), dann das Rom des streng orthodoxen Papstes Pius IX. S.s Sohn, der später erblindete, schrieb ein weit verbreitetes Andachtsbuch (Gesamtauflage: an die 700000 Exemplare) unter dem Titel „Réponses aux objections contre la religion".

Werk, Tendenzen, Wirkung. Die zwanzig letzten Jahre ihres Lebens waren nicht nur die Jahre eines intensiven Familienlebens, sondern auch die einer regen literarischen Tätigkeit. Weil zwei ihrer Lieblingsenkelinnen mit ihrem Vater nach England zogen (er war französischer Botschafter in London), schrieb sie die Märchen, wie sie sie vorher den Kindern erzählt hatte, auf, um sie ihren Enkelinnen zu übersenden. So entstand S.s erstes Buch, das der junge aufstrebende Verleger Louis Hachette (ein Freund von Veuillot) herausbrachte. Hachette hatte gerade einen Vertrag mit den großen Eisenbahngesellschaften unterzeichnet, der es ihm ermöglichte, gute und billige Bücher in der „Bibliothèque des Chemins de Fer", die vor allem an Reisende verkauft wurden, unterzubringen. Die „Nouveaux contes de fées" erschienen 1856 mit Zeichnungen des jungen Künstlers Gustave Doré, der auch späterhin S.s Bücher illustrierte. In kurzen Abständen folgten an die zwanzig Bücher, in denen die Verfasserin aus ihren Überzeugungen keinen Hehl machte, sei es auf politischem Gebiet (Abneigung gegen England; französischer Patriotismus; Bewunderung für Polen; zwiespältige Gefühle Rußland gegenüber) oder im sozialen Bereich (Glaube an eine gottgewollte soziale Schichtung der Gesellschaft; Verdammung der „Schurken und Schmarotzer"; Warnung vor Geiz und falschem Ehrgeiz). Die Handlungen ihrer Bücher wurden immer „erwachsener", je älter ihre eigenen Enkel wurden.
Seit über hundert Jahren gibt es kaum ein französisches Kind, dem die Figuren, die S. in ihren Büchern schuf, fremd wären. Mancher Buchtitel wurde zum geflügelten Wort, wie z. B. „Les petites filles modèles" (1858) oder „Les malheurs de Sophie" (1859). Man hat sich oft gefragt, zum Teil mit verständnisloser Verwunderung, warum S.s Erzählungen nicht nur in der „guten alten Zeit" gelesen wurden, sondern auch noch heute von Kindern gelesen werden. Es mag daran liegen, daß die von der Wahlfranzösin geschaffenen Figuren die vielschichtigen, oft verborgenen Charakterzüge des französischen Volkes widerspiegeln. Sicher hat auch die klare, einfache, der Umgangssprache nahekommende

Diktion der Autorin dazu beigetragen. So gebrauchte S. oft den Kunstgriff, in die erzählende Prosa bühnenähnliche Dialoge einzufügen, was zu einer Dynamik der Sprache führte und die Figuren lebendiger werden ließ. Befremdend wirkt sehr oft die gepflegte Sprache, die von S. schon kleinen Kindern in den Mund gelegt wird. Dies hatte seinen Grund in der Überzeugung der Verfasserin, daß die Sozialisation der Kinder über eine gepflegte Sprache vor sich gehe. Stilistisch finden sich in ihren Kinderbüchern alle Schattierungen, von der Empfindsamkeit bis zur Satire, vom Realismus bis hin zum augenzwinkernden Humor.

In mancher Hinsicht stellt S. das Gegenstück zu EMILE ZOLA dar. Im Gegensatz zu ihm gibt sie eine positive Zeichnung ihrer Zeit, dem Frankreich des 2. Kaiserreiches, das sich einerseits wirtschaftlich schnell entwikkelte, das aber andererseits den napoleonischen oder republikanischen Traum weiterträumte. Nicht nur wirtschaftliche und gesellschaftliche Probleme scheinen in ihren Büchern auf, auch politische Ereignisse und Gedanken werden sichtbar, so in „Le géneral Dourakine“ (1864), in „Les deux nigauds“ (1862) und in „L'auberge de l'Ange Gardien“ (1862). Der Rahmen bleibt meistens die ihr vertraute Normandie; die bretonische und die schottische Welt taucht in „Jean qui grogne et Jean qui rit“ und in „Un bon petit diable“ (beide 1865) auf.

Bei der Lektüre von S.s Kinderbüchern kann manchmal der Eindruck entstehen, sie wollte die Kinder für den Lebenskampf wappnen, ohne sie von vornherein zu entmutigen. So geben Erzählungen wie „Les malheurs de Sophie“ eine Art Anschauungsunterricht „by trials and errors“; in „La fortune de Gaspard“ (1866) wird der unaufhaltsame Aufstieg eines allzu lernbegierigen Bauernsohnes zum reichen Fabrikanten recht kraß geschildert, wobei das fromme „happy-end“ stören mag. Die „heile Welt“ ist bei S. nicht an und für sich heil, sie muß es erst werden, die Leidenschaften der Kinder und der Erwachsenen müssen mit Gottes Hilfe bekämpft werden; Ausdauer und Tapferkeit sind die anzustrebenden Tugenden („Les vacances“, 1859; „La soeur de Gribouille“, 1861). Gott ist in den Werken von S. immer präsent, er ist aber kein „frommer“ Gott: das Beten allein genügt nicht, es bedarf auch der guten Handlung.

Entgegen der Konvention der Zeit schildert S. eher ihre Mädchen- und Frauenfiguren als die Knaben- und Männergestalten positiv. Das „starke Geschlecht“ tritt oft als ein ziemlich weiches und nicht immer lebenstüchtiges auf. S. kannte die Bedürfnisse und Sehnsüchte von Kindern gut. Dazu gehören die Freude an der Entdeckung der Welt, gepaart mit Angst, das Bedürfnis, zugleich beschützt zu werden und abenteuerlich leben zu können, die Sehnsucht nach dem Älterwerden und gleichzeitig der Wunsch nach dem Verstandenwerden.

Werke: Nouveaux contes de fée (1857); La santé des enfants (1857); Les petites filles modèles (1858); Les vacances (1859); Les malheurs de Sophie (1859; dt. Sophiens Leiden, 1864); Les mémoires d'un âne (1860; dt. Memoiren eines Esels, 1878; auch u.d.T.: Erinnerungen eines Esels, 1901; und: Aus den Erinnerungen eines Esels, 1947); Pauvre Blaise (1860); La soeur de Gribouille (1861); Les bons enfants (1862); L'auberge de l'Ange Gardien (1862; dt. Die Herberge zum Schutzengel, 1885; auch u.d.T.: Das Engelswirtshaus, 1951); Les deux nigauds (1862); Francois le bossu (1864); Le général Dourakine (1864); Comédies et proverbes (1865); Evangile d'une grand mère (1865); Jean qui grogne et Jean qui rit (1865); Un bon petit diable (1865); La fortune de Gaspard (1866); Le mauvais génie (1866); Quel amour d'enfant (1866); Diloy le chemineau (1867); Après la pluie, le beau temps (1871).

Sekundärliteratur: P. Bleton: La vie sociale sous le Second Empire: un étonnant témoignage de la Comtesse de Ségur (1953). – P. Guérande: Le petit monde de la Comtesse de Ségur (1953). – H. Guirgues: La comtesse de Ségur et l'enfant (Diss. 1952). – M. de Hédouville: La Comtesse de Ségur et les siens (1953). – S. Muller: La thematique de stabilité dans l'œvre romanesque de la Comtesse de Ségur (Diss. 1978). – M. Soriano: Guide de la littérature pour la jeunesse (1974).

Geneviève Humbert

Seidel, Heinrich

*Schriftsteller, Kinderliederdichter; *25.6.1842 Perlin in Mecklenburg, †7.11.1906 Groß-Lichterfelde bei Berlin.*

S. entstammte dem Mecklenburger Pfarrhaus S. Sein Vater HEINRICH ALEXANDER S. (1811–1861) trat als geistlicher Dichter hervor. S. mußte mehrmals den Schulbesuch, später auch das Studium an der Technischen Hochschule und der Gewerbeakademie unterbrechen. In den Zwischenzeiten arbeitete er zunächst als Lehrling, dann als Handwerker und Technischer Zeichner in verschiedenen Betrieben. 1866 zog er von Güstrow nach Berlin und nahm dort 1868 eine Stellung als Ingenieur in der Wöhlertschen Maschinenfabrik an. Seit 1872 Ingenieur bei der Berlin-Anhaltischen Eisenbahngesellschaft, entwarf er das Hallendach des Anhalter Bahnhofs in Berlin. Nachdem er mit ersten kleinen Erzählungen, Gedichten und Märchen Erfolge erzielen konnte, lebte er von 1880 an als freier Schriftsteller. 1895 konnte er ein Landhaus in Groß-Lichterfelde erwerben, wo er sich auch der Vogelbeobachtung, der Blumen- und Obstkultur widmete. Die Universität Rostock verlieh S. im Jahre 1902 die Ehrendoktorwürde.

Werk, Tendenzen, Wirkung. Durch die Berliner Schriftstellervereinigung „Tunnel über der Spree“ trat S. in freundschaftliche Verbindung mit Kollegen wie PAUL HEYSE (1830–1914), THEODOR FONTANE (1819–1898), THEODOR STORM (1817–1888) und vor allem JOHANNES TROJAN (1837–1915), der auch den Nachruf für ihn im Biographischen Jahrbuch 1908 schrieb. Mit ihnen hat S. manchen gemeinsamen Zug in Stil und Sprache aus zeitgenössischer Mischung von Nachromantik, poetischem Realismus und Biedermeier. Berühmt wurde er mit dem humorvoll erzählten lebensgeschichtlichen Roman „Leberecht Hühnchen“ (1882), den er mit den Bänden „Neues vom Leberecht Hühnchen“ (1888) und „Leberecht Hühnchen als Großvater“ (1890) fortsetzte. Gemütsbindung an die Idyllik der kleinbürgerlichen Welt (vgl. vor allem „Vorstadtgeschichten", 1880) und Liebe zur Natur und ländlichen Heimat kennzeichneten S.s Erzählungen und Gedichte. Seine erzählenden Schriften waren weit verbreitet. Bereits ab 1888 erschien unter dem Titel „Gesammelte Schriften" eine zwanzigbändige Gesamtausgabe seiner Werke, deren letzter Band 1907 herauskam. Eine siebenbändige Werkausgabe erschien in den Jahren 1899–1900 (Erzählende Schriften) bei Cotta in Stuttgart. Als Volksschriftsteller sehr beliebt, sprach S. zu Kindern mit besonderer Wärme und oft mit feinem Humor in seinen Liedern, Versen und gereimten Fabeln und Märchen. Als Lektüre, die ihn selbst als Kind angeregt und gefangengenommen habe, nannte er in seiner Autobiographie („Von Perlin nach Berlin", 1894) neben Volksbüchern und HEBELS „Schatzkästlein" ROBERT REINICKS „Märchen-, Lieder- und Geschichtenbuch". Als Erzähler und Dichter für Kinder setzte er diese Tradition fort, und es scheint, als habe er, der Ingenieur, in einem Vorgefühl der Bedrohung durch Verstädterung und Industrialisierung den Kindern in Märchen und Liedern eine natur- und gemüthaft bestimmte Heimat erhalten wollen mit offenen Türen zum Wunderbaren. JAMES KRÜSS schrieb im Nachwort seiner Kindergedicht-Anthologie „So viele Tage wie das Jahr hat" (1959, S. 295), S. sei als Kinderdichter viel zu wenig bekannt. Dabei habe er köstlich burschikose Verse für Kinder geschrieben, „sprühend von hübschen Einfällen und kecken Wendungen". Acht der bekanntesten S.-Gedichte übernahm JAMES KRÜSS in seine Anthologie: „Bei Goldhähnchens", „Das Huhn und der Karpfen", „Der Luftballon", „Der Vater kann alles", „Der Sperling", „General Bumbum", „Hänschen auf der Jagd", „November". HORST KUNZE hob anerkennend im „Schatzbehalter alter Kinderbücher" (1964) S.s „Kinderlieder und Geschichten" von 1903 (^{4}1925) mit den Illustrationen von CARL RÖHLING hervor, der auch S.s Bändchen „Wintermärchen" (zwei Bändchen 1885, Neuausgabe 1901) mit „feinem Buchschmuck" versehen hat, und verwies auf die beiden Bände „Gesammelte Gedichte" (1889/1893). KUNZE übernahm in seine Anthologie die Gedichte „Bei Goldhähnchens" und „Am Abend" und motivierte die Aufnahme mit den Worten: „... aber wer trotz aller kleinbürgerlichen Betulichkeit und Enge mit so viel echter Liebe zu seinen Mitmenschen und besonders zu den Kindern gesprochen hat, sollte doch nicht ganz vergessen werden" (a.a.O. S. 361). Die ersten Kindergedichte gab S. 1884 in den Bändchen „Ernst und Scherz" und „Allerlei" heraus. S.s Gedichte gehörten durch häufige Nachdrucke in Fibeln, Schullesebüchern und Anthologien, auch durch Vertonungen, über ein halbes Jahrhundert lang zu den verbreitetsten, die Kindern bis zum zehnten Lebensjahr angeboten wurden.

Sein erstes Märchen „Schmetterlingskönigin Wieglinde", schrieb S. 1864. IRENE DYHRENFURTH machte auf den Einfluß HANS CHRISTIAN ANDERSENS auf das Märchenschaffen von S. aufmerksam (in: „Geschichte des deutschen Jugendbuches". 1951. S. 125f.). Die besondere Form gab S. seinen Märchen durch die Einführung eines „Gewährsmannes", von dem er die märchenhaften Erlebnisse erfahren habe oder der das Märchen als Berichtender vortrug („Das wunderbare Schreibzeug", „Das Hünengrab", „Die grüne Eidechse", „Das versunkene Schloß"). ANDERSEN vergleichbar ist auch die Erfindung von Märchen, mit denen Untugenden angeprangert werden sollen. So ist das Märchen „Dolpatsch" gegen übersteigerte Unnatürlichkeit gerichtet; in dem Märchen „Die Monate" wird der hartherzige, wucherische Bruder Christian ins Verderben geführt, der gute Johann ins Glück. Doch treten auch bei S. die moralisierenden Tendenzen meist nicht störend hervor, „das Epigonische" zeigt sich in der kunstvollen Erzählweise und beibehaltener Volksmärchenkomposition. Die Märchen aus S.s beiden Bändchen „Wintermärchen" wurden in verschiedenen Zusammenstellungen und mit anderem Titel auch nach 1945 wieder herausgegeben: „Zitrinchen und andere Märchen" mit Illustrationen von DAGMAR SCHWINTOWSKY brachte der Verlag Gebrüder Knabe in Weimar 1958 und 1969 heraus und empfahl sie Lesern im Alter von acht Jahren an; für Leser von zehn Jahren an veröffentlichte derselbe Verlag 1957 eine Zusammenstellung mit dem Titel „Das Zauberklavier und andere Märchen", mit Illustrationen von FRITZ LATTKE. Für beide Ausgaben schrieb Dr. HANS MALBERG das Nachwort, ein Lebensbild S.s. In die Berliner Lesebogen wurden als Nr. 66 „Prinzessin Zitrinchen" und als Nr. 67 „Der Schlangenkönig" aufgenommen. Eine Märchen-Auswahl mit einem Vor- und Nachwort von EDMUND SCHRIEDER und mit Bildern von HERBERT BARTHOLOMÄUS erschien 1950 in Schwerin. 23 Märchen der „Wintermärchen"-Bändchen wurden im Hera Verlag, Berlin und Buxtehude (^{3}1950) herausgegeben. Sie erschienen unter dem Titel des letzten Märchens der Sammlung „Das wunderbare Schreibzeug".

Werke: Vorstadt-Geschichten. Humoristische Studien (1880); Leberecht Hühnchen (1882); Ernst und Scherz. Kindergedichte (1884); Allerlei Kindergedichte (1884); Wintermärchen (1885); Die Jahreszeiten. Bilderbuch (1886); Allerlei aus Stadt und Land. Ein lustiges Bilderbuch (1888); Der Besuch auf dem Lande (1888); Der Besuch in Berlin. Bilderbuch (1888); Das Volksfest. Bilderbuch (1888); Das Wirtshaus an der Landstrasse. Bilderbuch (1888); Neues vom Leberecht Hühnchen (1888); Leberecht Hühnchen als Großvater (1890); Kinderlieder und Geschichten (1903); Von Perlin nach Berlin. Von Berlin nach Perlin und Anderes. Aus meinem Leben (1903); Gesammelte Schriften (Bd. 1–20. 1888–1907); Erzählende Schriften (Bd. 1–7. 1899–1900).

Sekundärliteratur: P. Lindenberg: Es lohnte sich, gelebt zu haben. Erinnerungen (1941). – H. Kunze: Schatzbehalter. Vom Besten aus der älteren deutschen Kinderliteratur (1964).

Margarete Dierks

Seidmann-Freud, Tom

*Autorin, Bilderbuchkünstlerin; * 17.11.1892 Wien, † 8.2.1930 Berlin.*

S.-Fr., eine Nichte des Begründers der Psychoanalyse SIGMUND FREUD, studierte an der Berliner Akademie

Farbbildseite aus dem querformatigen Bilderbuch „Die Fischreise", zu dem die Künstlerin Tom Seidmann-Freud (1892–1930) Text und Illustrationen schuf. Das Bilderbuch erschien 1923 im Berliner Peregrin-Verlag.

der bildenden Künste. Schon in ihrer Jugend schrieb und zeichnete sie viel. Später gestaltete sie mit großem pädagogischen Einfühlungsvermögen für die kindliche Psyche, nicht zuletzt für ihre kleine Tochter, zahlreiche Bilderbücher. Zunächst – bis Anfang der zwanziger Jahre – veröffentlichte sie unter ihrem Mädchennamen TOM FREUD; ihr erstes Kinderbuch erschien 1918. Da die Autorin der jüdischen Glaubensgemeinde angehörte, erschienen ihre Bücher auch in hebräischer Fassung. In Deutschland wurden ihre Bücher 1937 verboten.

Werk, Tendenzen, Wirkung. In Rezensionen der zwanziger Jahre wurde immer wieder betont, daß S.-Fr. als Künstlerin, befreit von der Vorstellungswelt der Erwachsenen, sowohl im Text als auch im Bild den Kindern einprägsam Nachvollziehbares gestalte, ohne dabei kindertümelnd zu sein. Jedoch weist der Text „Fischreise" (1923) eine für heutiges Verständnis gelegentlich betuliche Sprachhaltung auf, ebenfalls dürfte der Inhalt – die Traumreise des Jungen Peregrin auf einem Fisch aus einer chaotischen Welt in ein sozialistisch angelegtes Zukunftswunschland – für Kinder schwer verständlich sein. Weitere Arbeiten S.-Fr.s sind weniger lyrisierend und zeigen, wie z. B. die nach ihrem Tode publizierten Lese- und Rechenspielfibeln, ihr pädagogisches Engagement für Vorschulkinder und Erstkläßler. Bemerkenswert sind ihre Experimente, traditionelle Stoffe in Büchern zum Drehen, Bewegen und Verwandeln aufzuarbeiten, so z. B. „Das Wunderhaus" (1927) und „Das Zauberboot" (1929).

S.-Fr. ist den Stilrichtungen des zweiten und dritten Jahrzehnts unseres Jahrhunderts verpflichtet. So stehen in ihren frühen Büchern Rahmungen, der Einsatz der Kontur und die satte, matte Farbigkeit noch unter dem Einfluß der Wiener Schule, wohingegen in der „Fischreise" ihre steifen, holzpuppenartigen Gestalten expressive Bewegungen und kubische Figurationen bewußt schematisieren. 1924 wiederholt sie sowohl inhaltlich als auch optisch im „Buch der Hasengeschichten" ihr Vorbild KARL F. EDMUND VON FREYHOLD. Ihre in einfachster Stilisierung ausgeführten Bilder sind flächig, zugunsten der Lesbarkeit werden Überschneidungen und eine komplizierte Räumlichkeit vermieden. Sie isoliert sowohl Gegenstände als auch Situationen. Zur Darstellung von Dialogen verwendet sie die gestisch einprägsame Seitenansicht. Trotz der teilweise kostbar in ausdrucksvollen Klängen handkolorierten Blätter überwiegt eine gewisse fibelhafte Steifheit. S.-Fr. ver-

suchte, didaktischen Zielen spielerisch, aber deutlich zu folgen, kindliche Rezipienten als selbständige Leser und ernsthafte Betrachter zu akzeptieren und künstlerisch den Anschluß an zeitgenössische Kunstrichtungen (KARL HOFER) nicht zu verlieren.
In einer Rezension von 1930 nannte WALTER BENJAMIN (1892–1940). S.Fr.s Spielfibel „Hurra, wir lesen! Hurra, wir schreiben!" einen der „radikalsten Versuche" dieses Genres. Er lobte insbesondere den Einfall, Fibel und Schreibheft zu verbinden. Zudem verweist er auf die lange Tradition, in der S.-Fr. steht, und untersucht ihre Methode, Buchstabe und Bild zu verbinden. In gewisser Weise bediente sich S.-Fr. des in zahlreichen Fibeln des 17. Jahrhunderts gebräuchlichen „Biomorphismus der Lettern", um die Kluft zwischen Sache und Zeichen zu überbrücken. Oberstes Ziel S.-Fr.s war die unbewußte Übung durch Spiel. Im Geleitwort für Erwachsene, das der Spielfibel angefügt ist, heißt es dazu: „Dies ist einer der wichtigsten Grundsätze der hier vertretenen Erziehungsmethode: sie ist nicht auf ‚Aneignung' und ‚Bewältigung' eines bestimmten Pensums gerichtet – diese Art des Lernens ist nur den Erwachsenen gemäß –, sondern sie trägt dem Wesen des Kindes Rechnung, für das Lernen wie alles übrige von Natur aus ein großes Abenteuer bedeutet (...). Die alte Schule zwingt nur zu einem unausgesetzten Laufen nach Zielen, zu einem Miteinanderringen um das ‚Können' von dem, was der allmächtige Erwachsene verlangt. Dabei werden aber die Türen zu dem wirklichen Können verrammelt."

Werke: St. Max: Das neue Bilderbuch (1918); T. Seidmann-Freud: Die Fischreise (1923); T. Seidmann-Freud: Buch der Hasengeschichten (1924); T. Seidmann-Freud: Das Buch der Dinge (1924); T. Seidmann-Freud: Das Wunderhaus (1927); T. Seidmann-Freud: Buch der erfüllten Wünsche (1929); T. Seidmann-Freud: Das Zauberboot (1929); T. Seidmann-Freud: Hurra, wir lesen – Hurra, wir schreiben! Eine Spielfibel (1930); T. Seidmann-Freud: Spielfibel II (1931); T. Seidmann-Freud: Hurra, wir rechnen (1931); T. Seidmann-Freud: Hurra, wir rechnen weiter (1932).

Klaus Rüdiger Werner

Seiler, Georg Friedrich

*Evangelischer Theologe und Lesebuchherausgeber; * 24.10.1733 Kreußen bei Bayreuth, † 13.5.1807 Erlangen.*

S. wurde 1770 Professor für Theologie an der Universität Erlangen, später Superintendent. Neben theologischen Schriften verfaßte er vor allem Lehrbücher für Schulen, so unter anderem eine Fibel, eine Sittenlehre, eine Erkenntnislehre, eine Biblische Geschichte und Schulgebete.

Werk, Tendenzen, Wirkung. Aufschlußreich für die Geschichte der Schullektüre ist sein „Allgemeines Lesebuch für den Bürger und Landmann und für Stadt- und Landschulen" (1790), das in etwa 30 Auflagen gedruckt wurde. Es zählt zu den „realistischen" Lesebüchern, deren primäre Aufgabe in der Vermittlung von Sachwissen aus den verschiedensten Gebieten gesehen wurde. So enthält S.s Buch Kapitel wie „Erdbeschreibung", „Das Nöthigste aus der Naturlehre", „Das Nöthigste aus der Himmelskunde und Zeitrechnung", „Geschichte der Deutschen", „Gemeinnützige Rechtslehre" usf. Der Geist des Aufklärungszeitalters drückt sich in Kapiteln aus wie „Wider den schädlichen Aberglauben" und „Uebungen des Verstandes und des Witzes". Der Typus des realistischen Lesebuchs ist freilich insofern nicht ganz rein verwirklicht, als das Kapitel „Sitten- und Klugheitslehren" neben Texten anderer Herkunft auch einige Geschichten aus dem „Kinderfreund" (1776–1779) von FRIEDRICH EBERHARD VON ROCHOW (1734–1805) enthält, der gebräuchlicher Lesebucheinteilung zufolge als vorwiegend „Moralisches" Lesebuch angesehen wird. Literarische Texte im engeren Sinne fehlen völlig. Besonders wichtig war für S. offensichtlich die Information der Schüler über Fragen der Landwirtschaft. Das umfangreiche Kapitel „Oekonomie und Landwirtschaft" stellt eine Art Kompendium des damaligen Wissens über die einschlägigen Gegenstände dar, bis hin zu einer detaillierten Darstellung der verschiedenen Pferdekrankheiten und ihrer Behandlung, und auch in Kapiteln, die eigentlich anderen Themen gewidmet sind, kommt S. häufig auf Landwirtschaftliches zurück. Dies hat ihm dann auch Kritik eingetragen. So schrieb F. BÜNGER, daß S. „mit der Verplattung der Lesebuchstoffe auf die gemeinste Nützlichkeit am weitesten von allen gegangen" sei. Bezeichnend für den Charakter von S.s Lesebuch ist bereits der Titel, der ja letztlich auf den Erwachsenen zielt. Von dem, was man später „Kindertümlichkeit" genannt und worum ROCHOW sich durch die Wahl der Erzählung als Mittel moralischer Prägung und Sachinformation wenigstens bemüht hat, ist bei S. nichts zu finden. In einem dem eigentlichen Lesebuch vorangestellten Teil, „Vom Gebrauch dieses Buches", legt S. dar, welche Abschnitte in solchen Landschulen gelesen werden sollen, in denen nur im Winter unterrichtet wird, und welche Abschnitte in Schulen mit ganzjährigem Lehrbetrieb hineinzuzunehmen seien; in Stadtschulen und in den unteren Klassen des Gymnasiums dagegen könne sein Buch „beynahe ganz, wie es ist, gelesen werden". Was die Auswahl der zu lesenden beziehungsweise nicht zu lesenden Stoffe angeht, macht S. an einer Stelle in einer Fußnote die bezeichnende Anmerkung, daß die Abschnitte, in denen die Behandlung der trächtigen Kuh und Hilfen beim Kalben dargestellt werden, vom Lehrer in der Schule übergangen werden könnten, mit der Erklärung an die Schüler: „diese Stelle gehört für euern Vater und Mutter".

Werke: Religion der Unmündigen (1772; auch u.d.T.: Unterredungen eines Vaters mit seinem Sohn über die ersten Grundlagen der christlichen Religion, 1823); Lehrgebrauch der evangelischen Glaubens- und Sittenlehre für die Jugend und den gemeinen Mann (1774); Kleiner und historischer Katechismus, oder erste Grundlage zum Unterricht in der biblischen Geschichte (1775); Über die Unterweisung der Jugend im Christentum (1777); Wie die von den Predigern anzustellende öftere Besuche der deutschen Schulen beschaffen seyn müssen, wenn der erwünschte Nutzen hervorgebracht werden soll

(1777); ABC-Tabelle für Kinder, um ihnen solches spielend beizubringen (1780); Grundsätze zur Bildung künftiger Volks- und Jugendlehrer, oder die Homiletik, Katechetik, Pädagogik (1782); Versuch eines Plans zu Schullehrerseminaren des protestantischen Deutschlands (1787); Schulmethodenbuch (1789); Allgemeines Lesebuch für den Bürger und Landmann und für Stadt- und Landschulen (1790); Schullehrerbibel, oder Anweisung für Lehrer. Neues Testament (Bd. 1–3. 1790–1793); Neues Buchstabir- und Lesebuch, mit den ersten Grundlagen menschlicher Erkenntniß (1791); Gebete für Stadt- und Landschulen (1793); Schullehrerbibel, oder Anweisung für Lehrer. Altes Testament (Bd. 1–3. 1796); Geist und Kraft der Bibel für die Jugend (Bd. 1. Das alte Testament; Bd. 2, Das neue Testament, 1801); An Eltern und Lehrer. Einige Worte über die Pflicht und rechte Art des frühen Religionsunterrichts für Kinder (1803); Der kleinste Katechismus für die Kleinen, für Kinder von 5–7 Jahren (1803); Erste Grundlage menschlicher Erkenntnisse (1805; auch u.d.T.: Neues kleines Lesebuch für Schulen aller Confessionen, 1823).

Sekundärliteratur: F. Bünger: Entwicklungsgeschichte des Volksschullesebuches (1898; ND. 1972).

Alfred Clemens Baumgärtner

Sellier Verlag

Freising. Bilderbücher, Poster, Leporellos, Lernspiele und Schulbücher.

Das Unternehmen wurde 1702 als fürstbischöfliche Hofdruckerei in Freising gegründet und entwickelte seine Verlagstätigkeit seit etwa 1860.

Mit dem heutigen Verlagsprogramm wurde 1950 unter dem derzeitigen Verlagsleiter Kurt Sellier (* 1919) begonnen. Der Verlag brachte zunächst Schulbücher heraus und wandte sich 1966 der Kinder- und Jugendbuchproduktion zu. Nach Ausgliederung des Verlages aus der Sellier GmbH Freising, Verlag, Druckhaus und Großbuchbinderei wurde er als Sellier Verlag GmbH zum 1.1.1978 neu gegründet. Das Kinderbuchprogramm – mit Schwerpunkt auf vorschulischer Förderung – umfaßt Bilderbücher, Großposter, Leporellos und Lernspiele.

Zu den Kinderbuchautoren und -illustratoren gehören: Annegret Fuchshuber, Sigrid Heuck, Ali Mitgutsch, Margot Naumann, Gina Ruck-Pauquèt und Marlene Reidel.

Hannelore Daubert

Sempé, Jean Jacques

*Französischer Cartoonist; * 17.8.1932 Bordeaux.*

Seine Schulausbildung erfuhr S. in seiner Heimatstadt. Er begann als Autodidakt zu zeichnen, gewann 1951 den mit 50000 Francs dotierten „Prix Carrizey", zog danach nach Paris und wurde Mitarbeiter der besten französischen Magazine wie „L'Express", „Paris Match", „Marie Claire", aber auch des englischen „Punch". Erste Buchveröffentlichungen folgten, unter anderem zusammen mit René Goscinny, zu dessen „Nick"-Büchern S. Illustrationen beisteuerte. 1969 reiste S. in die USA. Seine Zeichnungen wurden auf Ausstellungen in Paris, Avignon, Hamburg, Hannover, Lausanne, Wien, Graz, Rom und Zürich (1973, Galerie Keel) gezeigt. S. lebt in Paris.

Werk, Tendenzen, Wirkung. S. gelingt es, wie den meisten international arrivierten Cartoonisten und Karikaturisten, mit wenigen andeutenden Strichen, oft nur mit einem Bedeutungsstenogramm, sehr komplexe Zusammenhänge erkennbar zu machen. S. wurde „Chronist des Massenzeitalters" genannt, der mit Vorliebe seine Sujets in den Städten sucht: Übermotorisierung, anonymes Leben in Wohnsilos mit standardisierter Inneneinrichtung, Hektik des Alltags am Arbeitsplatz, in der Freizeit und in den Ferien.

Inmitten dieser menschenfeindlichen Umwelt siedelt S. auch seine Kindergestalten an. Sie müssen sich selbst von früh auf anpassen, um zu überleben, um gegen die Allmacht und Allgegenwart der Erwachsenen zu bestehen und sich eine eigene Position zu erkämpfen. S. hat die geschilderten Probleme am eigenen Leibe erfahren. Er sah auch die Schwierigkeiten seines Sohnes, den er auf Umwegen in den Illustrationen zu R. Goscinnys Geschichten vom „Petit Nicolas" (dt. „Der kleine Nick") verewigte.

Zwar holt S. vornehmlich seine zeichnerischen Vorlagen aus dem Leben des Mannes von der Straße, zugleich aber macht er auch kenntlich, daß wirtschaftlicher Druck, Konsumzwang, ökonomische Ungerechtigkeiten in Frankreich, ja überall in Westeuropa, eine Klassengesellschaft mit starken Abgrenzungen nach oben und unten und oft frustrierenden Zwängen entstehen ließen.

Diese sehr differenziert zu sehenden Zusammenhänge und ihre oft fatalen Auswirkungen auf Heranwachsende hat S. immer wieder thematisiert. Bei aller Skepsis und scheinbarer Resignation – Zeichnen sieht S. „als Waffe zum Überleben ... gegen alles Unerträgliche im Leben" an – demonstriert er in situationskomischen Einzelblättern wie in durchgehenden kürzeren und längeren Bildergeschichten, wie der Einzelne Widerstand leisten und damit bestehen kann. „Marcellin Caillou" (1969, dt. Carlino Caramel, 1971) zeigt in zugleich witziger und rührender Weise, wie zwei Kinder zusammengeführt werden, die unter der Zivilisation und psychosomatischen Störungen zu leiden hatten. Das eine von ihnen wird ständig ohne Anlaß rot, das andere ist von permanentem Heuschnupfen mit Niesanfällen geplagt.

Die „Geschichten vom kleinen Nick" durchmessen alle Stationen französischer Kindheit vom familiären Rahmen über den weiteren Zusammenhang der Gesellschaft, in der Schule, im Freizeitbereich bis zum ersten Zusammentreffen mit dem anderen Geschlecht. Wird hier aus der Sicht der Betroffenen, also der Kinder selbst, die Umwelt anvisiert, so sind in zahlreichen weiteren Buchveröffentlichungen S.s die Kinder und Heranwachsenden aus der Perspektive der oft ratlosen Erwachsenen, der Eltern, Lehrer, Vorgesetzten gezeigt. Über S.s gezeichnete Massenpsychologie und seine ironische Kommentierung und karikaturistische Interpretation des Lebens in riesigen Trabantenstädten, im Gewimmel der Kaufhäuser, Supermärkte, an Badestränden führen viele Verbindungen zu den grotesk-komischen Szenen in den Filmen von JACQUES TATI („Les Vacances de Monsieur Hulot", „Jour des fêtes", „Traffic").

Werke: R. Goscinny: Le petit Nicolas (1960; dt. Der kleine Nick, 1962); L. Carroll: Alice au pays de merveilles (1961); R. Goscinny: Les récrés du petit Nicolas (1961; dt. Neues vom kleinen Nick, 1965); R. Goscinny: Les vacances du petit Nicolas (1962); J. J. Sempé: Rien n'est simple (1962); R. Goscinny: Le petit Nicolas et les copains (1963); J. J. Sempé: Tout se complique (1963); R. Goscinny: Joachim a des ennuis (1964); J. J. Sempé: Sauve qui peu (1964); J. J. Sempé: Monsieur Lambert (1965; dt. Monsieur Lambert oder Wie einem das Leben so mitspielt, 1973); J. J. Sempé: La grande panique (1966); J. J. Sempé: L'information consommation (1968; dt. Die manipulierte Gesellschaft, 1970; auch u.d.T.: Sempés Konsumgesellschaft, 1973); J. J. Sempé: Saint Tropez (1968; dt. St. Tropez, 1970); J. J. Sempé: Marcellin Caillou (1969; dt. Carlino Caramel, 1971); J. J. Sempé: Des hauts et des bas (1970; dt. Von den Höhen und Tiefen, 1972); J. J. Sempé: Face à face (1972; dt. Alles wird komplizierter, 1974); J. J. Sempé: Bonjour, Bonsoir (1974; dt. Bonjour, Bonsoir, 1976); M. Gilbert: Vacances moins cher (1975); J. J. Sempé: L'ascension sociale de Monsieur Lambert (1975); J. J. Sempé: Simple question l'équilibre (1977); J. J. Sempé: Un liger décalage (1977; dt. Kleine Abweichung, 1978).

Dt.e Teilsammlungen: J. J. Sempé: Volltreffer (1959); J. J. Sempé: Wie sag ich's meinen Kindern (1960); J. J. Sempé: Emil, ich hab ‚Schiß' (1964); J. J. Sempé: Mama, mia (1965); J. J. Sempé: Sie sind entlassen (1967); J. J. Sempé: Um so schlimmer (1971); J. J. Sempé: Wie verführe ich die Frauen? (1974); J. J. Sempé: Wie verführe ich die Männer? (1974); R. Goscinny: Der kleine Nick und seine Bande (1974); J. J. Sempé: Gute Fahrt und andere Bildergeschichten (1975); J. J. Sempé: Der Lebenskünstler und andere Bildergeschichten (1975); J. J. Sempé: Unsere schöne Welt (1975); R. Goscinny: Der kleine Nick und die Schule (1975); R. Goscinny: Der kleine Nick und die Ferien (1976); R. Goscinny: Der kleine Nick und die Mädchen (1976).

Horst Künnemann

Sendak, Maurice Bernard

*Amerikanischer Graphiker, Bilderbuchautor und -maler; * 10. 6. 1928 Brooklyn/New York.*

S. war das jüngste von drei Kindern einer Familie, die aus einem Dorf nahe Warschau nach Amerika eingewandert war. Eindrücke der Alten und der Neuen Welt prägten seine Kindheit. Polnisch-jüdischer und New Yorker Hintergrund sind in späteren Illustrationen wiedergegeben (Zlateh the goat, 1966; The sign on Rosie's door, 1960). Sein erstes Buch gestaltete er als Sechsjähriger, in Konkurrenz zu seinem Bruder JACK, der später ebenfalls Kinderbuchautor wurde. Als Jugendlicher skizzierte S. während langer Krankheiten die spielenden Kinder der Nachbarschaft. Nach der Oberschulausbildung mit Kunst als Hauptfach, arbeitete er als Phasenzeichner in der Herstellung von ‚comic books' und später als Schaufensterdekorateur. 1951 erschien das erste Kinderbuch mit Illustrationen von S. (MARCEL AYMÉ: The wonderful farm). Seither hat er

*Maurice Sendak (*1928)*

etwa 80 Bücher illustriert und eine Anzahl davon selbst geschrieben. Am bekanntesten und vielleicht auch bedeutendsten sind seine Bilderbücher „Where the wild things are" (1963; dt. Wo die wilden Kerle wohnen, 1967), das mit der Caldecott-Medal ausgezeichnet wurde, und „In the night kitchen" (1970; dt. In der Nachtküche, 1971) sowie seine Illustrationen zu ausgewählten Märchen der Brüder GRIMM (The juniper tree and other tales from Grimm, 1973). Besonders originell sind außerdem „Nutshell library" (1962; dt. Die Minibibliothek, 1970), eine kinderhandgroße Kassette mit vier pointenreichen Büchlein für das erste Lesealter, und „Higglety pigglety pop!" (1967; dt. Higgelti Piggelti Pop!, 1969), die Geschichte der rätselhaften Abenteuer eines Sealyham Terriers – ein Nekrolog des Verfassers auf seinen Hund Jennie. Für sein Gesamtwerk erhielt S. 1970 den Hans-Christian-Andersen-Preis. Die Bostoner Universität zeichnete ihn 1977 mit der Ehrendoktorwürde aus.

Werk, Tendenzen, Wirkung. Charakteristischer Themenbereich der von S. illustrierten Bücher, vor allem der auch selbst geschriebenen, ist die Welt frühkindlichen Erlebens. Aufmerksamkeit erregten schon die spielenden und tanzenden Kindergruppen, mit denen er RUTH KRAUSS' „A hole is to dig" (1952; dt. Wozu ist die Welt da?, 1954) bebilderte. In diesem Kinderbuch sowie in ELSE H. MINARIKS beliebten Geschichten vom kleinen Bären, in denen S., der Autorin folgend, kindliches Verhalten in einer Tierfamilie spiegelt, tritt dem Leser eine freundliche Welt vor Augen. Ein

and made him king of all wild things. "And now," cried Max, "let the wild rumpus start!"

Doppelseite aus Maurice Sendaks zuerst 1963 in den USA bei Harper & Row erschienenen Bilderbuch „Where the wild things are", das seit 1967 unter dem Titel „Wo die wilden Kerle wohnen" auch in deutscher Sprache bekannt geworden ist.

weniger harmonisches Bild der Kindheit zeigt der Illustrator, seit er selbst die Texte verfaßt. In „Kenny's window" (1956) setzt diese Tendenz ein und erreicht einen ersten Höhepunkt in „Where the wild things are" (1963). „Max", sagt S. von seinem Helden bei Entgegennahme der Caldecott-Medal, „has appeared in many other books under different names: Kenny, Martin and Rosie. They all have the need to master the uncontrollable and frightening aspects of their lives." In einem Interview von 1974 nennt S. als sein zentrales Thema: wie Kinder überleben.

Paradigmatisch hierfür ist „Wo die wilden Kerle wohnen". Der kleine Max, der in einem Wolfsanzug herumtobt, wird von seiner Mutter ohne Abendessen in sein Zimmer gesperrt, das sich im Traum des Trotzenden, durch Wort- und Bildassoziationen, in ein Land grobschlächtiger Monster verwandelt. Max bezwingt sie mit hypnotischem Blick, tobt sich zusammen mit ihnen aus und schickt sie schließlich – jetzt hat er die Gewalt über andere – zum Schlafen. Nachdem sich damit seine Affekte beruhigt haben, kehrt Max in die Wirklichkeit seines Zimmers zurück, wo er, freudig überrascht, das von der Mutter hereingebrachte Essen erblickt. – In der alptraumhaften „Nachtküche" soll Micky von drei Bäckern, alle drei mit grinsenden Oliver-Hardy-Gesichtern, in einen Kuchen eingebakken werden. Aber er entzieht sich ihnen triumphierend mit Hilfe eines rasch aus Teig gekneteten Flugzeugs. – In den von S. ausgewählten 27 GRIMMschen Märchen und den zugeordneten Illustrationen dominieren Bedrängung, Gewalt und Tod, vorab in dem Titelmärchen der amerikanischen Ausgabe „Von dem Machandelboom". Die Kindergestalten jedoch, etwa die treue Marleenken (als S.s Lieblingsfigur auf dem Umschlag abgebildet) und die mutige Gretel, widerstehen dem Unheil.

Die S.schen Kinder, gefährdet durch äußere Zwänge und noch nicht beherrschbare Gefühle, ‚überleben' dank Mut, Hoffnung, Findigkeit und vor allem Phantasie, letztere in der Erscheinungsform des Traums oder des Fiktionsspiels. Die stringent eingehaltene Darstellungsweise aus der Sicht des Kindes sowie die kindlichen Züge auch der meisten Erwachsenenfiguren finden eine Erklärung in S.s Selbstcharakteristik: „Zum Glück lebt ein wichtiger Teil meines Wesens – mein Traumleben – immer noch im starken dringlichen Licht der Kindheit". So wird auch die Vorliebe für private Anspielungen innerhalb der Illustrationen verständlich (z.B. Einbeziehung der eigenen Hunde, selbst an unmotivierter Stelle).

In der frühkindlichen Welt seiner Bilderbücher fehlt – wie kritisiert worden ist (CHRISTA HUNSCHA, S. 138) – Vernünftigkeit, auch bei den Erwachsenen. Der pädagogische Wert der Bücher liegt, gerade in Anbetracht ihrer Thematik, darin, daß sie wegen ihrer vollendeten sprachlichen und bildnerischen Gestalt Kindern helfen können, die eigenen Ängste zu artikulieren und damit zu kontrollieren. „Die wilden Kerle" wurden beispielsweise mit Erfolg in der Behandlung verhaltensgestörter Kinder verwendet.

Das Bild steht für S. entschieden im Dienst des Textes. Bewußt knüpft er an die Tradition der englischen und mitteleuropäischen Kinderbuchillustration des 19. Jahrhunderts an – mit dem feinen Strich der Kreuzschraffur und den zarten Wasserfarben, die meist zur Kolorierung eingesetzt werden. Für nahezu jedes Buch nennt er spezifische Vorbilder, wobei er RANDOLPH CALDECOTT als eigentlichen Lehrmeister verehrt. Mit ihm teilt er die geglückte Darstellung von Gestik, Mimik und Bewegung und die Ökonomie im Gebrauch der künstlerischen Mittel. Bei einzelnen Werken erweitert sich das übliche Spektrum der Vorbilder. So ist die „Nachtküche" stilistisch an amerikanischen Comics und Filmen orientiert, die GRIMM-Ausgabe an ALBRECHT DÜRER, MATHIAS GRÜNEWALD und JOHANN HEINRICH FUESSLI.

Bestimmend in der stilistischen Vielfalt ist die Tendenz zu einem magischen Realismus, der sich in den traumhaft-poetisch verwendeten Kreidefarben der „Moon jumpers" (1959) ebenso äußert wie in der maskulinen Gestalt des Hasen in „Mr. Rabbit and the lovely present" (1962; dt. Herr Hase und das schöne Geschenk, 1969) oder in der Überdimensionalität der Figuren, die den engen Rahmen der schwarz-weißen GRIMM-Illustrationen zu sprengen droht.

Schon in „A hole is to dig" (1952) ist es S. um eine kompositorische Einheit von Illustration und Druckbild zu tun. In der „Nutshell Library" (1962) und in der zweibändigen GRIMM-Ausgabe bezieht er noch die Buchkassette in die Gestaltung mit ein. „Die wilden Kerle" sind auch in buchkünstlerischer Hinsicht ein Höhepunkt. Der emotionale Rhythmus des Textes wird begleitet von zartesten Blauabstufungen des Bildhintergrunds und einem An- und Abschwellen des Bildformats.

Das vom Time Magazine geprägte und oft kolportierte Wort vom ‚Picasso der Kinder' signalisiert Rang und Ruhm S.s. Geschätzt wird er heute vornehmlich in Amerika, England, den skandinavischen und den deutschsprachigen Ländern, eher abgelehnt in Frankreich. „Die wilden Kerle" in ihrer angeblich erschrekkenden Monstrosität (sie haben aber auch kleinkindhafte Züge und sind Max unterworfen) lösten heftige Kontroversen unter Jugendbibliothekarinnen, Kritikern, Pädagogen und Eltern aus. Von Anfang an fanden sie aber – nach vielfältigen Zeugnissen – die begeisterte Zustimmung der Kinder, die sie oft zu Bildern eigener Schreckvisionen anregen. Mit unterschiedlicher Zielsetzung wird das Buch „Wo die wilden Kerle wohnen" in Schulen verwendet (vgl. HANS-WERNER FEINDT, HORST KÜNNEMANN). Die deutsche Fassung wurde im Vergleich zum Original als unzulänglich kritisiert (TARCISIUS SCHELBERT).

Das Interesse von Sammlern an der Kunst S.s hat die Preise für seine graphischen Blätter, die in renommierten Galerien gezeigt werden, in die Höhe getrieben. Die deutsche GRIMM-Ausgabe brachte der Diogenes Verlag, für Kinder aus finanziellen Gründen kaum mehr zugänglich, in der „Bibliothek der Bibliophilen" heraus. Die ROSENBACH-Sammlung in Philadelphia hat alle Rechte an den Originalzeichnungen der von S. illustrierten Bücher.

→ H. Manz

Werke: M. Aymé: The wonderful farm (1951); R. Krauss: A hole is to dig (1952; dt. Wozu ist die Welt da?, 1954, auch u.d.T.: Viele, viele Kinderspiele, 1968); R. Krauss: A very special house (1953); M. de Jong: The wheel on the school (1954); R. Krauss: Charlotte and the white horse (1955); M. Sendak: Kenny's window (1956); J. Sendak: The happy rain (1956); M. Sendak: Very far away (1957); E. H. Minarik: Little bear (1957; dt. Der kleine Bär, 1959); E. H. Minarik: Father bear comes home (1959; dt. Vater Bär kommt heim, 1961); E. H. Minarik: No fighting, no biting (1958; dt. kein Kampf – kein Streit, 1965); S. Joslin: What do you say, dear? (1958; dt. Was sagst du dann?, 1973); J. M. Udra: The moon jumpers (1959); M. Sendak: The sign on Rosie's door (1960; dt. Das Schild an Rosies Tür, 1967); E. H. Minarik: Little bear's friend (1960; dt. Der kleine Bär und seine Freundin, 1962, ²1964); Cl. von Brentano: The tale of Gockel, Hinkel & Gackeliah (1961); E. H. Minarik: Little bear's visit (1961; dt. Der kleine Bär auf Besuch, 1964); J. M. Udry: Let's be enemies (1961; dt. Hans und Heinz, 1969); Cl. von Brentano: Schoolmaster Whackwell's wonderful sons (1962); M. Sendak: Nutshell library (1962; dt. Die Minibibliothek, 1970); R. Graves: The big green book (1962; dt. Das grüne Buch, 1965); Ch. Zolotow: Mr. Rabbit and the lovely present (1962; dt. Herr Hase und das schöne Geschenk, 1969); M. Sendak: Where the wild things are (1963; dt. Wo die wilden Kerle wohnen, 1967, NA. 1972); D. Orgel: Sarah's room (1963; dt. Sarah's Zimmer, 1970); F. R. Stockton: The griffin and the minor canon (1963; dt. Der Greif und der jüngste der Domherren, 1969); M. Sendak: Hector Protector, and As I went over the water (1965; dt. Hektor Protektor und Als ich über den Ozean kam, 1971); R. Jarrell: The animal family (1965); I. B. Singer: Zlatch the goat and other stories (1966; dt. Zlateh, die Geiß, und andere Geschichten, 1968); M. Sendak: Higglety pigglety pop! (1967; dt. Higgelti piggelti pop!, 1969); G. MacDonald: The golden key (1967); E. H. Minarik: A kiss for little bear (1968; dt. Ein Kuß für den kleinen Bären, 1970); G. MacDonald: The light princess (1969); M. Sendak: In the night kitchen (1970; dt. In der Nachtküche, 1971); Gebr. Grimm: King Grisley-Beard (1973; dt. König Drosselbart, 1974); Gebr. Grimm: The juniper tree and other tales from Grimm (1973; dt. Märchen der Brüder Grimm, 1974).

Sekundärliteratur: B. Alderson: Catalogue for an exhibition of pictures by Maurice Sendak at the Ashmolean Museum Oxford (1975). – W. Bachem: Erlittene Gewalt. Zu den Bildern des Maurice Sendak (zus. mit R. Tabbert, in: Merkur. 30. 1976. 342. 1093–1098). – A. Bell: An affectionate analysis of ‚higglety pigglety pop!' (in: The Horn Book Magazine. 44. 1968. 2. 151–154). – H.-W. Feindt: Darstellendes Spiel im 1. Schuljahr (zus. mit W. Meyer und G. Seidel, in: Information – Literatur und Medien. Jugendschriften-Warte. 25. 1973. 6. 7–8). – D. Hagey: Maurice Sendak (in: Jugend und Buch. 19. 1970. 2. 9–10). – V. Haviland: The coming together of all my various worlds (in: Top of the news. 1970. 26. 366–369). – Introduction to ‚Pictures by Maurice Sendak' (1971); Questions to an artist who is also an author (in: M. Hoffman (Hrsg. zus. mit E. Samuels): Authors and illustrators of children's books, 1972); (Hrsg.): Children and literature (1973). – N. Hentoff: Among the wild things (in: The New Yorker 22.1.1966. ND. in: Egoff, Stubbs, Ashley (Hrsg.): Only connect. Readings on children's literature. 1969). – L. B. Hopkins: Maurice Sendak (in: Bookbird. VII. 1969. 3. 74–78). – C. S. Huck: Children's literature in the elementary school (³1976). – B. Hürlimann: Maurice Sendak (in: Graphis. 25. 1969. 143. 252–263, 274–275). – Chr. Hunscha: Struwwelpeter und Krümelmonster (1974). – H. Krahé: Maurice Sendak (in: Zeitschrift für Jugendliteratur. 1967. 6. 349–362). – H. Künnemann: Profile zeitgenössischer Bilderbuchmacher (1972). – M. Maxwell: „Higglety, pigglety pop" or The moon who tried to murder mother goose (in: The Horn Book Magazine. 45. 1969. 4. 392–394). – U. Nordstrom: Maurice Sendak (in: Library journal. Vol. 89. 1964. 6. 1374–1376). – T. Schelbert: Die gehörnte Eigenheit der Sprache (in: Sprache im technischen Zeitalter. 1975. 53. 59–74). – M. Sendak: Acceptance speech for Caldecott Medal (in: L. Kingman (Hrsg.): Newbery and Caldecott Medal books 1956–1965. 1965). – A. Swanton: Maurice Sendak's picture books (in: Children's literature in education. 1971. 6. 40–48). – R. Tabbert: Wo die wilden Kerle wohnen. Ein gedichteter Kindertraum (in: Das gute Jugendbuch. 24. 1974. 1. 1–4). – M. A. Taylor: In defense of the ‚wild things' (in: The Horn Book Magazine. 46. 1970. 642–646).

Reinbert Tabbert

Senegal

(République du Sénégal). Republik in Westafrika. Staatsgebiet: 196730 km²; Einwohner: 4,02 Millionen (amtliche Schätzung 1971). Nach der zuletzt 1970 geänderten Verfassung vom 3.3.1963 ist S. eine Republik mit Präsidialsystem. Die Gesetzgebung wird von der Nationalversammlung wahrgenommen, die aus 60 direkt gewählten Abgeordneten besteht. Staatsoberhaupt ist der Präsident, der gleichzeitig Oberbefehlshaber der Streitkräfte und Chef der Regierung ist, deren Mitglieder er ernennt und entläßt. S. ist in sieben Regionen gegliedert, die jeweils einem Gouverneur unterstehen (Cap-Vert, Casamance, Diourbel, Fleuve, Sénégal-Oriental, Sine-Saloum, Thiès). Die vorwiegend islamische Bevölkerung zerfällt in zwölf ethnische Gruppen, von denen die Wolof (37%), die Serer (17%) und die Tukulor (9%) die wichtigsten sind. Außerdem gibt es 18% nomadisch lebende Fulbe sowie rund 47000 Nichtafrikaner, vor allem Franzosen und Libanesen. Amtssprache ist Französisch.

Entwicklung der Kinder- und Jugendliteratur und gegenwärtiger Stand. Wie in den meisten schwarzafrikanischen Ländern ist die in den afrikanischen Sprachen verbreitete Literatur weitgehend Oralliteratur, die sich aus mündlich überlieferten, auf einer langen Tradition beruhenden Märchen, Epen, Liedern und Spruchweisheiten speist. Diese Dichtungen in Wolof, Serer und Fulfulde, wie die verbreitetsten Sprachen S.s heißen, richten sich in gleicher Weise an Erwachsene wie an jugendliche Zuhörer. Sie dienen der Unterhaltung ebenso wie der Belehrung und dem richtigen Verhalten. Eine eigenständige Kinder- und Jugendliteratur in den Eingeborenensprachen besteht nicht. Soweit erste Versuche zu einer speziellen Kinder- und Jugendliteratur vorliegen, sind diese durchgängig in Französisch, der Sprache der ehemaligen Kolonialherren und der jetzigen Amtssprache und gleichzeitig der Sprache der kleinen, gebildeten Oberschicht des Landes abgefaßt.
Als die französischen Kolonialherren 1816 die erste Schule für senegalesische Jungen in Saint-Louis du Sénégal einrichteten, brachten sie ihre Sprache, ihre Schrift und die Bildungsideale des damaligen Frankreich mit. Senegalesische Kinder wurden mit den gleichen Lehrbüchern, Lesebüchern und Fibeln unterrichtet, wie sie in der französischen Heimat gebraucht wurden. Seit dieser Zeit ist die senegalesische Kinder- und Jugendliteratur weitgehend mit der französischen identisch. Dies geht so weit, daß senegalesische Kinder aus Geschichtsbüchern den Satz „Unsere Vorfahren waren die Gallier" auswendig lernen mußten.
Zur Zeit beherrschen lediglich etwa 15% der Einwohner S.s die französische Sprache in Wort und Schrift in genügendem Maße, um an der französisch abgefaßten Literatur Anteil nehmen zu können. Zwar besuchen etwa 50% der Kinder im schulpflichtigen Alter die staatlich vorgeschriebenen Schulen, doch viele Kinder besuchen die Schulen nur sporadisch, eine große Anzahl geht vorzeitig ab, und so kommt nur ein kleiner Teil der Schüler dazu, die französische Sprache gut genug zu erlernen, um dann anspruchsvolle Texte aufnehmen zu können. Das hat dazu geführt, daß die bisher vorliegenden Ansätze einer speziellen Kinder- und Jugendliteratur in französischer Sprache nur von einer kleinen Minderheit der senegalesischen Kinder gelesen werden kann. Eine Untersuchung der Lesegewohnheiten senegalesischer Oberschüler aus dem Jahr 1962, die von FRANCOISE FLIS-ZONABEND durchgeführt wurde (die Veröffentlichung erschien 1968 unter dem Titel „Lycéens de Dakar"), ergab, daß zu diesem Zeitpunkt die Schülerbüchereien kaum genutzt wurden, daß dagegen Illustrierte und Comics französischer Herkunft, bei denen der Text eine untergeordnete Rolle spielt, den Hauptanteil der jugendlichen Lektüre bildete.
Der erste senegalesische Jugendroman in französischer Sprache, der 1920 in Paris unter dem Titel „Les trois volontés de Malic" erschien, stammt von AHMADOU MAPATÉ DIAGNE (er wurde zwischen 1894 und 1899 geboren, das genaue Geburtsdatum ist nicht feststellbar). Dieser Jugendroman schildert die Versuche eines senegalesischen Jungen, sich für den Fortschritt und gegen die Tradition durchzusetzen. So erringt er die Erlaubnis, eine französische Dorfschule zu besuchen und kann anschließend seine Bildung in der Stadt weiter vervollständigen. Schließlich erlernt er das Schmiedehandwerk, eine Tätigkeit, die in Westafrika einer bestimmten Kaste, zu der der Junge nicht gehörte, vorbehalten ist, und die Malic nur deshalb ausüben darf, weil er mit der Tradition seines Stammes gebrochen und sich den Bildungsidealen der französischen Kolonialmacht zugewandt hat. Der Roman zeichnet drastisch das Idealbild des kolonisierten Senegalesen. AHMADOU MAPATÉ DIAGNE stammt aus der Region Diorbel und gehört als Wolof zu der größten Volksgruppe des Landes. Er besuchte die Schule in Saint-Louis, war Lehrer und Schulleiter in Dakar und arbeitete einige Zeit als Sekretär von GEORGES HARDY, dem Gründer und Leiter der Lehrerbildungsanstalt „William Ponty" in Gorée. Später wurde er zum Schulrat der Provinz Casamance ernannt.
Die „William Ponty"-Schule in Gorée, an der zukünftige Lehrer, Ärzte und Verwaltungsbeamte ausgebildet wurden, war in den dreißiger Jahren Aufführungsort von Theaterstücken, die Schülergruppen nach ethnographischem Material in französischer Sprache verfaßt und prodziert hatten. Die Stücke wurden jeweils zum Jahresabschluß von Schülern, die aus verschiedenen Ländern Westafrikas stammten, aufgeführt und nach dem Verlassen der Schule mit in ihre Heimat genommen. Es kann daher durchaus gesagt werden, daß das Schülertheater von „William Ponty" den Grundstein zu dem modernen westafrikanischen Theater in französischer Sprache legte. Die bekanntesten Stücke, die auch in der Zeitschrift „Bulletin de l'enseignement en A.O.F. (Afrique Occidental Francais)" abgedruckt wurden, waren: „La dernière entrevue de Behanzin et de Bayol" (Erstaufführung: 11.6.1933); „Un mariage au Dahomey" (Erstaufführung: 23.4.1934); „L'élection d'un roi au Dahomey" (Erstaufführung:

24.2.1935); „Le triomphe du griot" (Erstaufführung: 24.2.1936); „Sokamé" (Erstaufführung: 12.8.1937).
Neuerdings bemüht sich der senegalesisch-ivorische Verlag „Nouvelles Editions Africaines" in Dakar und Abidjan um den Aufbau eines speziellen Kinder- und Jugendliteraturprogramms in französischer Sprache. Dazu gehört das Buch „Chansons pour Laity" (1977), das Kinderreime von Annette Mbaye d'Erneville mit Illustrationen von Cheikh Ndime enthält. Annette Mbaye wurde am 15.12.1926 in Sokone (Sine-Saloum) geboren und studierte nach dem Besuch der Grund- und Oberschule in Saint-Louis am Lehrerinnenseminar in Rufisque. Von 1947 bis 1957 studierte sie an verschiedenen Hochschulen in Paris und kehrte dann als Lehrerin nach S. zurück. Die Autorin ist auch als Journalistin tätig; so schrieb sie Reportagen für die Zeitschriften „Elle", „Bingo" und „La Vie Africaine". Im Jahr 1963 gründete sie die senegalesische Frauenzeitschrift „Awa". Zeitweilig arbeitete sie auch als Programmdirektorin für Radio Senegal und schrieb Beiträge für die Blätter „Jeune Afrique" und „Le Soleil". Sie wurde auch durch die Veröffentlichung von Lyrikbändchen bekannt (Poèmes africaines, 1965; Kaddu, 1964).
Ein weiterer Titel des Kinder- und Jugendbuchprogramms ist das Buch „Contes d'Awa" (1978), das Kindermärchen von Birago Diop enthält. Birago Diop wurde am 12.12.1902 in Dakar geboren, studierte in Frankreich Tiermedizin und wurde kurz nach der Entlassung S.s in die Unabhängigkeit (1961) Botschafter in Tunesien. Er eröffnete 1965 eine Tierklinik in Dakar. Birago Diop wurde mit seinen Märchensammlungen bekannt, in denen er versuchte, mündlich überlieferte Märchen in französischer Sprache wiederzugeben (Les contes d'Amadou Koumba, 1947; Les nouveaux contes d'Amadou Koumba, 1958; Contes et lavanes, 1963). Während sich diese Märchensammlungen weitgehend an Erwachsene richten, stellt sein Buch „Contes d'Awa" eine Märchensammlung dar, bei der der Autor aus seinen Märchenbänden für Kinder geeignete Märchen auswählte und auch zum Teil speziell für das kindliche Verständnis bearbeitete. Birago Diop ist auch als Lyriker bekannt geworden (Leurres et Lueurs, 1960).
Das Programm des Verlages „Nouvelles Editions Africaines" bringt weiterhin zwei Kinderbücher von Théodore Ndock Ndiaye, den heimatkundlichen Reisebericht „Le beau voyage de Biram à travers le Sénégal" und die Traumgedichte „Si j'étais ...", die sich an fünf- bis achtjährige Kinder wendet. Beide Bücher sind von Arona Dabo illustriert und erschienen 1976. Geschichte und Tradition der afrikanischen Stämme spiegelt sich in der Legende von dem senegalesischen Widerstandskämpfer „Lat Dior" von Thierno Ba mit Illustrationen von A. W. Diallo, die 1978 herauskam. Im gleichen Jahr erschienen das dreibändige Werk „Contes et histoires d'Afrique" von A. Coulibaly und D. Kouassi, die phantastische Erzählung „Le coq, l'âne et le chien" von Mgagne Ba und die Erzählung „La trahison" von Assane Ndong.
Neuerdings wird auch versucht, mit Hilfe von Comic-Heften senegalesischer Produktion Kinder- und Jugendliteratur über dieses Medium an die jungen Leser heranzubringen. Besonders erwähnenswert sind hier „Les aventures de Leuk-le-Lièvre", eine Geschichte, die sich an ein Fabelbuch von Leopold Sedar Senghor, dem senegalesischen Staatspräsidenten, anlehnt und deren Illustrationen von G. Lorofi stammen. Die Abenteuer des Helden einer Rundfunkserie finden sich in dem Comic-Buch „Maxureja Gey, Chauffeur de taxi" von Ibrahim Mbengue mit Zeichnungen von A. W. Diallo.

Almut Seiler-Dietrich

Sergel, Albert

*Lyriker, Herausgeber; *4.11.1876 Peine, †26.6.1946 Berlin.*

S., aufgewachsen in Hildesheim, studierte an süd- und norddeutschen Universitäten Germanistik und Altphilologie und promovierte in Rostock mit einer Arbeit über „Oehlenschläger in seinen persönlichen Beziehungen zu Goethe, Tieck und Hebbel Nebst einer Oehlenschläger-Bibliographie" (1907). Im Ersten Weltkrieg war er ungedienter Landsturmmann, später Offizier. Er lebte – „im Herzen Niedersachse geblieben" – jahrzehntelang in Berlin-Karlshorst.

Werk, Tendenzen, Wirkung. S. veröffentlichte außer seiner Operndichtung „Marienburg" (1906) fast nur Gedichte, die für Kinder verfaßt, vielfach in Bilderbüchern herausgegeben und in Lesebüchern für Grundschulen abgedruckt wurden. Auch als Herausgeber von Lyrik für Erwachsene, so in dem Band „Du mein Vaterland! Eine Sammlung nationaler Dichtung von Friedrich dem Großen bis auf unsere Tage" (1912), trat S. hervor. Seine nationalistischen, die preußisch-deutsche Geschichte verherrlichenden Auffassungen, ebenso die von ihm glorifizierte Reichsidee wilhelminischer Prägung, die er auch noch in der Zeit nach dem Ersten Weltkrieg aufrecht erhielt, lassen ihn als reaktionär-konservativen Literaten erscheinen. In der erwähnten, von ihm in den zwanziger Jahren herausgegebenen Anthologie mit Gedichten zur deutschen Geschichte seit Friedrich II. von Preussen setzt er nicht von ungefähr ein Gedicht von Karl Henckell „Der Väter wert" ans Ende, dessen letzte Strophe deutlich einen Aufruf zum bewaffneten Widerstand gegen die politischen Verhältnisse der damaligen Gegenwart enthält: „Wir heben hoch die Hände / und kreuzen Schwert mit Schwert / Nun hat die Schmach ein Ende, / Wir sind der Väter wert!"
S.s Kinderlyrik enthält sich allerdings weithin politischer und sozialer Thematik. Eine Ausnahme ist das 1933 erschienene Buch „Hitlerfrühling 1933. Lieder um den Führer". Sichtbare Entwicklungen stilistischer und thematischer Art von seinen ersten Gedichten („Sehnen und Suchen", 1904) bis zu den im Dritten Reich erschienenen Versen in „Klein-Seelchen" (1934) sind

nicht zu erkennen. S. formt die seit der Romantik vertrauten Lied-Töne immer wieder neu und nimmt die umweltgebundenen Lebensregungen und alltäglichen Dinge in der Kinderwelt (Trotz, Freude, Spiel, Schule, Heim, Eltern, Geschwister, Freunde, Tiere der Umgebung) zu Themen und Motiven, schildert verniedlichend und verharmlosend das Tagtägliche der Kinderstube. Innerhalb seiner biedermeierlich, kindertümelnden manchmal holprigen Reime kann man bei S. gelegentlich auch auf schlichte, aber eindringliche Töne stoßen, welche wie in seinem „Abendlied" an Eichendorff oder Matthias Claudius erinnern („Der Winter tutet in sein Horn, / Und stille sind die Straßen; / Vor unserm Fenster nur der Born / Kann nicht vom Plaudern lassen. / Wir wollen schlafen gehn."). Für die kleinen Bilderbuchreimereien „Plitscheplaß, / Regenfaß! / Die Stube naß – / was schert mich das!" oder „Jemine! Der kleine Mann / hat am Stuhl sich weh getan! / Brause Wind, / und blas das Kind ..." dürften die altersmundartlichen Kindergedichte Paula Dehmels und Christian Morgensterns nicht ohne Einfluß gewesen sein. Hermann L. Köster sagt S. einen „innigen Ton" nach und meint, am besten seien ihm die kurzen Neckreime gelungen (Geschichte der deutschen Jugendliteratur, ND. 1968, S. 145). Von sich selbst sagt S., sein Schaffen gelte vor allem der „Kinderwelt": „Mit einfachen Mitteln schlichte Schönheit zu geben, ist in der Lyrik mein Ziel". Einige Kinderlieder hat Engelbert Humperdinck vertont („Wiegenliedchen", „Abzählen", „Auf Vaters Knien").

Einband zu dem Kinderbuch „Güldenkettlein. Fünfzig neue Kinderlieder" von Albert Sergel, das 1926 bei Borgmeyer in Hildesheim erschien. Illustrationen sowie Einbandgestaltung stammen von dem Österreicher Ernst Kutzer.

Werke: Sehnen und Suchen (1904); Marienburg. Operndichtung in vier Aufzügen (1906); Oehlenschläger in seinen persönlichen Beziehungen zu Goethe, Tieck und Hebbel (1907); Ringelreihen (1907); Im Heimathafen (1909); Dideldumdei! Verse für die Kleinen (1910); Tausendschön. Ein Märchen-, Vers- und Fabelbuch (zus. mit Fr. Düsel, 1910); Bunte Welt! Geschichte für Buben und Mädel (1911); Die Flammenzeichen rauchen. Deutsche Männer im Freiheitskampf gegen Napoleon (1912); Der Frühlingsgarten (1912); Strampelchen. Reime für die Kleinsten (1912); Eiserne Saat. Kriegsgeschichte (1914); Sommersegen (1919); Der Rattenfänger von Hameln (1920); Unterm Holderbusch (1923); Glokkentraum (1926); Güldenkettlein (1926); O du Heimatflur (1926); Unserm herzlieben Kind (1926); Sausewind. Reime für die Kleinen (1927); Hänschen klein geht allein (1928); Hitlerfrühling 1933. Lieder um den Führer (1933); Klein-Seelchen (1934); Suse, suse Kindchen (1937).

Hrsg.: Du mein Vaterland. Eine Sammlung nationaler Dichtung von Friedrich dem Großen bis auf unsere Tage (1912); Saat und Ernte. Die deutsche Lyrik um 1925 (1924).

Klaus Doderer

Serie

S. bezeichnet die Reihung von Einzelpublikationen (Buch, Heft, Einzelblatt) nach einem bestimmten Zuordnungsprinzip, wobei jede der Publikationen selbständig ist, sie aber insgesamt ein Ganzes bilden. Die Erscheinungsweise von S.n-Teilen kann kontinuierlich oder periodisch erfolgen.

Zum Begriff der S., Reihe und anderer Sammelwerke. Im Bereich der Kinder- und Jugendliteratur werden S.n vor allem nach inhaltlichen, thematischen, tendenziellen, alters- und geschlechtsspezifischen Gesichtspunkten produziert. Der Charakter als S. wird im allgemeinen durch eine gleiche oder ähnliche Textaufbereitung und durch die serientypische äußere Aufmachung (S.-Titel, -Einband, -Ausstattung) kenntlich gemacht. S.n zielen gemäß ihrer jeweiligen Konzeption auf spezifische, weitgehend homogene Erwartungshaltungen bestimmter Lesergruppen, denen sie durch serientypische, einander ergänzende Teile zu entsprechen suchen. Sie versuchen gleichzeitig, den Leser – zur Sicherung der Rentabilität der S.n-Produktion – an die S. (als ‚komplettierenden' Leser und Käufer) zu binden. Eine Abgrenzung des Begriffs der Reihe von dem der S. ist nur schwer zu ziehen, zumal beide Begriffe häufig synonym gebraucht werden. Streng definiert, folgt die Reihe – anders als die S. – mehr einem additiven Prinzip nach weitgehend äußerlichen, formalen und losen inhaltlichen Zuordnungskriterien (z.B. Taschenbuchreihe). Die periodische Erscheinungsweise von einzelnen S.n-Typen läßt teilweise die Grenze zwischen S. und Zeitschrift (z.B. bei Comics, Romanheften) verschwimmen. Kalender, Jahrbuch, Almanach, Album stellen besondere Ausprägungen der S. dar.

Zur Geschichte der S. innerhalb der Kinder- und Jugendliteratur. Erste S.n für Kinder und Jugendliche entstanden in der Aufklärung. Bibliotheken, Almanache, Sammlungen oder Unterhaltungen für Kinder, wie sie etwa nach 1770 in zunehmendem Maße Verbreitung fanden, sind einerseits auf Grund ihrer Anlage und Konzeption als S. typisch für die pädagogischen und die mit diesen unmittelbar verbundenen literarischen Ziele aufklärerischer Erziehung, sie dokumentieren aber andererseits auch von Anfang an die Anpassung der Kinder- und Jugendliteratur an die Interessen des Marktes. Entstehung und Bedeutung der S.n-Literatur für Kinder sind in unmittelbarem Zusammenhang mit den aus den Moralischen Wochenschriften entwickelten Zeitschriften für Kinder zu sehen. Kinderzeitschriften und Kinderbibliotheken weisen inhaltliche und formale (besonders im Hinblick auf den zunächst anthologischen Charakter beider Typen) Ähnlichkeiten auf, wobei die Zeitschrift auf Grund ihrer in relativ kurzen Abständen erfolgenden Erscheinungsweise eine engere Beziehung zu vorangegangenen und nachfolgenden Teilen schaffen kann, als dies die S. – zunächst häufig in jährlicher Erscheinungsweise als „Weihnachts-" oder „Neujahrsgeschenk" – vermag. Aus der Fülle von S.n-Schriften für Kinder – anfangs meist in Form von Almanachen –, die häufig konzeptlos aus „unterhaltenden und lehrreichen" Erzählungen, Fabeln, Gedichten und Liedern eines GELLERT, GLEIM, HAGEDORN, LICHTWER oder RABENER u. a. zusammengestellt waren („der alte Brey immer wieder aufgewärmet", CHR. G. SALZMANN), ragt nach den biederen „Unterhaltungen für Kinder und Kinderfreunde" (Leipzig, 1778–1787) von CHR. G. SALZMANN (1744–1811) die von J. H. CAMPE (1746–1818) herausgegebene „Kleine Kinderbibliothek" (Hamburg, 1779–1785) hervor. CAMPES „Kleine Kinderbibliothek" (auch „Hamburgischer Kinderalmanach" oder „Weihnachtsgeschenk für kleine Kinder in angenehmen und lehrreichen Unterhaltungen, die ihren Fähigkeiten angemessen sind") ist nach Prinzipien der S. als Reihung von Anthologien unter einem übergreifenden Ziel und Konzept der Darbietung und Aufbereitung von Literatur für Kinder entworfen. Nach drei Altersstufen differenziert und entsprechend in jedem Band gegliedert (Anfänger, 8- bis 10jährige und 10- bis 12jährige und darüber), versammelt CAMPE in seiner Kinderbibliothek mit pädagogischem Geschick und Sorgfalt in Auswahl und Darbietung eigene und fremde Beiträge, „für die Kinder eben so verständlich, als unterhaltend und lehrreich zugleich" (Vorbericht). Als Fortsetzung der „Kleinen Kinderbibliothek" erschien seit 1785 CAMPES „Sammlung interessanter und durchgängig zweckmäßig abgefaßter Reisebeschreibungen für die Jugend" (1.T. Hamburg, 2.T. Wolfenbüttel, ab 3.T. Braunschweig, 1785–1793), die nunmehr nicht mehr nach Altersstufen unterteilt, sondern sich an Kinder richtete, „welche sich dem jugendlichen Alter nähern". Die thematische Vielfalt der Kinderbibliothek verengt sich in der „Fortsetzung dieses Werks" auf „Auswahl und Vertiefung" solcher Reisebeschreibungen, die der Jugend mehr als alle anderen „Lesereien" nützlich sein sollten, wobei gleichzeitig das darstellende Erzählen in größerer Form als Teil der S. in den Vordergrund tritt. CAMPES Kinderbibliothek und Sammlung von Reisebeschreibungen sind hervorragende Beispiele für S.n-Literatur aus den Anfängen der Kinder- und Jugendliteratur. Während sich die „Kinderbibliothek" nach Intention und Anlage formal im Typus anthologisch konzipierter Jahrbücher oder ähnlicher Publikationen fortsetzt, stellte die Sammlung von Reisebeschreibungen Vorläufer und Muster von in größerer Form erzählenden S.n-Schriften für Kinder und Jugendliche dar. Darüber hinaus aber bildete das Gesamtwerk CAMPES für Kinder und Jugendliche nach Planung und Realisation im eigentlichen Sinne eine S., die in einem System literarischer Erziehung (vgl. Konzept und Anordnung der „Ausgabe der letzten Hand", Braunschweig 1807) vom „Neuen ABEZE- und Lesebuch" über die „Sammlungen von Reisebeschreibungen" bis hin zum „Theophron" ein Ganzes bildet.

Neben Jahrbüchern, Almanachen, Alben, Kalendern oder Sammelbänden, die serienartig publiziert wurden, blühte im 19. Jahrhundert eine nichtanthologische S.n-Literatur in unterschiedlichster Ausprägung. Von den Spezifika des Typus der S. her gesehen sind die inhaltlich-qualitativen Möglichkeiten serieller Literaturproduktion kaum realisiert worden, wohingegen aus ökonomischem Interesse an einem konstanten Absatz Zusammenstellungen von verschiedenartigen Druckwerken vorwiegend äußerlich (serienmäßiger Einband und Aufmachung) als S. zurechtgemacht werden. S.n aus dem Bereich der erzählenden Literatur werden häufig nur von einem einzelnen Autor oder von wenigen Autoren bestritten. Von wenigen Ausnahmen abgesehen, wird die S. von ihrem Anfang an in zunehmendem Maße zum Träger literarischer Massenproduktion. Aus der Fülle von S.n für Kinder und Jugendliche wären als Beispiele einige Erfolgs-S.n oder -reihen nach S.n-Art des 19. Jahrhunderts zu nennen: KARL GUSTAV NIERITZ (1795–1876): „Jugendbibliothek"; FERDINAND SCHMIDT (1816–1890): „Deutsche Jugendbibliothek" (1855–1867); W. O. v. HORNS (d.i. FRIEDRICH WILHELM PHILIPP OERTEL, 1798–1867) „Jugend- und Volksschriften"; JOSEPH SPILLMANNS (1842–1905) „Aus fernen Landen". Neben solchen S. tragen teilweise auch Sammlungen von größeren Werken S.n-Charakter. Die zwischen 1892 und 1910 in Fehsenfeld bei Freiburg erschienenen „Gesammelten Reiseromane" von KARL MAY sind im eigentlichen Sinne eine S. An bestimmte Personen oder Personenkreise gebundene Buch-S.n gewinnen im Bereich des Mädchenbuchs als Fortsetzung der „Backfischliteratur" des 19. Jahrhunderts zunehmend an Bedeutung. Solche S.n, denen Lektüre zum S.n-Lesen, d.h. zu einem Identifikationsverhalten der S. „entlang" führt, sind ELSE URYS (1877–1943) „Nesthäkchen" (1918), M. TROTTS (1880–1945) „Pucki" (1934), EMMA GÜNDELS (1889–1968) „Elke" (1937–1953). Seit den fünfziger Jahren wird der Backfisch-S.n-Typ zunehmend von den aus dem Englischen übersetzten S.n von ENID

BLYTON (1896–1968) abgelöst (Hanni und Nanni-S., Abenteuer-S., Geheimnis-S., Fünf-Freunde-S.). Neben den S.n mit erzählendem Inhalt entstanden in der Mitte des 19. Jahrhunderts Sachbuch-S.n, die in populärer Form sich „die Verbreitung nützlicher und unentbehrlicher Kenntnisse fürs Leben angelegen sein lassen" (Vorwort zu: „Malerische Feierstunden"). Beachtenswerte Leistungen waren die bei OTTO SPAMER in Leipzig erschienenen S.n der „Malerischen Feierstunden. Illustrirte Volks- und Familienbibliothek zur Verbreitung nützlicher Kenntnisse" und „Illustrirte Jugend- und Hausbibliothek".
Nicht der S.n-Literatur zuzurechnen sind auf Grund ihres Fortsetzungscharakters die Lieferungswerke der Kolportageliteratur, wohingegen die zuerst nach dem Ersten Weltkrieg zunehmend massenhaft erschienenen Leseheftreihen durch Strukturen der S. geprägt sind. Bilderbogen und Comics sind ähnlich den Leseheftreihen serienartig angelegt. Bei Leseheftreihen und Comics vermischen sich Strukturen der S. mit denen von Zeitschrift, Reihe oder Sammlung.

→ Album, → Almanach, → Anthologie, → Bilderbogen, → Comics, → Jahrbuch, → Kalender für Kinder, → Kinder- und Jugendzeitschrift, → Kinderfreund, → Kriegsromanheft, → Leseheftreihe, → Magazin, → Münchener Bilderbogen, → Neuruppiner Bilderbogen, → Spamers Haus- und Jugendbibliothek

Albert Klein

Seton, Ernest Thompson

*(d.i. Ernest Seton Thompson). Kanadischer Schriftsteller, Maler, Naturwissenschaftler; * 14.8.1860 South Shields, England, †23.10.1946 Santa Fé, USA.*

S.s Geburtsname ist Ernest Seton Thompson. Seine Familie wanderte aus finanziellen Gründen nach Kanada aus, wo S. in engem Naturkontakt auf den wildreichen Prärien von Manitoba aufwuchs. Nach den ersten Auszeichnungen für seine Skizzen (Goldmedaille der Ontario School of Art) schickte ihn sein Vater zum Kunststudium an die Londoner Royal Academy of Art, wo S. bei der ersten Aufnahmeprüfung durchfiel, ein Jahr darauf (1880) jedoch ein Siebenjahresstipendium erhielt. Nach seiner vorzeitigen Rückkehr wurde er in Kanada und speziell in den USA als ebenso rastloser wie produktiver Illustrator, Schriftsteller, Vortragsreisender und Populärwissenschaftler rasch berühmt. 1901 ließ er seinen Namen offiziell in S. umändern, den ursprünglichen Namen seiner schottischen Vorfahren, die ihn auf der Flucht nach der mißlungenen Stuartrebellion des Jahres 1745 geändert hatten, um weiteren Nachstellungen zu entgehen. Neben seiner Tätigkeit als Schriftsteller und Maler wurde S. speziell durch den Beitrag bekannt, den er zur Etablierung der amerikanischen Pfadfinderbewegung leistete. Er war Mitbegründer der „Boy Scouts of America" sowie des „Camp Fire Club of America" und formte seine eigene Jugend- und Naturbewegung, die „Woodcraft Indians". 1930 erwarb S. die amerikanische Staatsbürgerschaft und übersiedelte wenig später in den amerikanischen Südwesten, wo er trotz seines hohen Alters weiterhin produktiv war. Sein Hauptinteresse in diesen letzten Jahren seines Lebens richtete sich auf das Studium der Indianerkulturen, speziell der Puebloindianer des Rio Grande Valley.

Werk, Tendenzen, Wirkung. Die Konfrontation mit den damals noch fast unerschlossenen Prärien Kanadas wurde für den jungen S. zum Schlüsselerlebnis, das sein gesamtes Leben prägen sollte. Dort wurden die Grundmuster seiner lebenslangen künstlerischen und amateurwissenschaftlichen Auseinandersetzung mit der amerikanischen Tierwelt gelegt, dort entwickelte sich seine Liebe für einen naturnahen und einfachen Lebensstil. In seiner Autobiographie sagt er, daß der „Wissenshunger alles Natürliche betreffend damals so groß wurde, daß er mich schmerzte ... niemand außer mir schien zu glauben, daß diese Einblicke in die Natur die einzigen wertvollen Dinge im Leben sind" (Trail of an artist-naturalist, 1940). Obwohl weder Zoologe noch Biologe im streng wissenschaftlichen Sinne, nutzte er seine Ausbildungszeit wie spätere Expeditionen in die Wildnis immer wieder dazu, sich möglichst genaue Kenntnisse anzueignen, deren essentielle Korrektheit durch naturwissenschaftliche Studien bestätigt wurden (vgl. speziell seine Skizzen in „Studies in the art anatomy of animals", 1896). S. charakterisierte sein Interesse selbst dadurch, daß er sich nie als Wissenschaftler, sondern stets als „naturalist" bezeichnete, ein Begriff, der sich auch mit der Umschreibung „amateurwissenschaftlicher Naturfreund" nur schlecht ins Deutsche übertragen läßt. Vielleicht läßt sich aber so am ehesten sein unverkennbarer Hang zu romantizistischer Naturerfahrung und zur Anthropomorphisierung ihrer Kreaturen erklären. In seiner Tierdichtung ist die Reduktion aller Fragen und Probleme auf gängige Dichotomien das kennzeichnende Strukturprinzip. Die emotionsfördernde Projektion menschlicher Verhaltens- und Denkweisen in den Charakter des Tieres wird das bevorzugte Verfahren, der Gut-Böse, Tapfer-Feig oder Stark-Schwach Polarität seines Denkens Ausdruck zu verleihen (vgl. speziell „The biography of a grizzly" oder „Lobo" und „Krag"). S. nahm eindeutig die Darstellungsweisen eines WALT DISNEY vorweg, ein Eindruck, der dadurch noch verstärkt wird, daß auch S. oft genug die einfachen Formen und Motive von Sage und Märchen aufnimmt, auch wenn er „Personal" und „Requisiten" ins Tierreich versetzt. Anthropomorphisierung und Romantisierung seiner Tierhelden sowie die Verwendung populärer Formen waren wesentliche Gründe für den Bestsellererfolg von S.s Büchern zu Beginn des 20. Jahrhunderts. Hinzu kommt, daß die damals allgemein in den USA geführte Diskussion über Wert bzw. Verwertungszweck von Natur und Wildnis (die sogenannten „conservation" oder „preservation movements") und die sich gerade etablierende Pfadfinderbewegung einen spezifischen Markt für Bücher schufen, die die Wildnis oder das Leben in ihr zum

Gegenstand hatten. Mit „Woodmyth and fable" (1905), dem von ihm mitverfaßten „Boy Scouts of America official manual" (1910), „Sign talk" (1918) oder „Library of pioneering and woodcraft" (1926) hatte S. großen Anteil an der Etablierung dieses Marktes. Mit „Two little savages" (1903) und „Rolf in the woods" (1911) schrieb er zwei klassische amerikanische Kinderbücher, die das abenteuerliche Leben in der Natur zum Inhalt haben. Als „wissenschaftliches" Hauptwerk müssen die Bände „Lives of game animals" (Bd. 1–4, 1925–1928) angesehen werden. Die Mehrzahl seiner erhalten gebliebenen Skizzen und Ölgemälde sind heute im Seton-Museum im amerikanischen Bundesstaat New Mexico gesammelt. S.s Ruhm hat in den letzten Jahrzehnten abgenommen, aber eine Vielzahl seiner Bücher ist (oft in Auswahleditionen) noch im Druck. Die zahlreichen Tiererzählungen S.s, die der Verfasser für ein breites Publikum geschrieben hatte, waren auch in Deutschland weit verbreitet, wo sie bis in die Gegenwart hinein besonders von Jugendlichen gelesen wurden und werden.

Werke: Mammals of Manitoba (1886); The American bison or buffalo (1888); Birds of Manitoba (1891); The packrat (1896); Studies in the art anatomy of animals (1896); Wild animals I have known (1898, dt. Bingo und andere Tiergeschichten, 1899); Lobo, Rag and Vixen (1899; dt. Vixen, 1914; auch u.d.T.: Lobo und andere Geschichten, 1933); Trail of the sandhill stag (1899; dt. Fahnenschwanz und Sandhügelhirsch, 1925; auch u.d.T.: Der Sandhügelhirsch, 1930); The biography of a grizzly (1900; dt. Wabh, 1922); The birch-bark roll of woodcraft (1900); Wild animals play for children (1900); Bird portraits (1901); Pictures of wild animals (1901); Lives of the hunted (1901; dt. Prärietiere und ihre Schicksale, 1907; auch u.d.T.: Jochen Bär und andere Tiergeschichten, 1909); American woodcraft for boys (1902); Krag, the kootenay ram and Johnny Baer (1902; dt. Jochen Bär und andere Tiergeschichten, 1909); Two little savages (1903; dt. Jan und Sam im Walde, 1924); Woodland tales (1903); How to play Indian (1903); Monarch, the big bear of Tallac (1904; dt. Monarch, der Riesenbär, 1921); Animal heroes (1905; dt. Tierhelden, 1909); Woodmyth and fable (1905); The natural history of the ten commandments (1907); The birch-bark roll of the outdoor-life (1908); Life histories of northern animals (1909); The biography of a silver fox; or Domino Reynard of Goldur Town (1909; dt. Domino Reinhard, Lebensgeschichte eines Silberfuchses, 1924); Boy scouts of America: A handbook (1910); The war dance and the fire-fly dance (1910); Rolf in the woods (1911; dt. Rolf der Trapper, 1923; auch u.d.T.: Mit den letzten Trappern in Prärie und Urwald, 1951); Arctic prairies: A canoue journey of 2000 miles in search of the Caribou (1911); Forester's manual (1911); The book of woodcraft and Indian lore (1912); Spartans of the west (1912); Wild animals at home (1913; dt. Wilde Tiere zu Hause, 1922); The slum cat (1915); Manual of the woodcraft Indians (1915); Legend of the white reindeer (1915); Wild animal ways (1916; dt. Tiere der Wildnis, 1921); The preacher of Cedar Mountains (1917); Sign talk (1918); Woodland tales (1921); Bannertail. The story of a grey squirrel (1922; dt. Fahnenschwanz und Sandhügelhirsch, 1925); Library of pioneering and woodcraft (Bd. 1–6. 1926); Lives of game animals (Bd. 1–4. 1925–1928); Katug, the snow child (1927; dt. Katug: Lebensgeschichte eines Polarfuchses, 1937); Foam; the razorback (1927; dt. Abenteuer eines Wildschweins, 1930); Chink, a woolly coated little dog (1929); Billy, the dog that made good (1930); Cute coyote and other stories (1930; dt. in: Abenteuer eines Wildschweins, 1930); The gospel of the redman; an indian bible (1936, zus. mit J. Seton-Ross); Biography of an arctic fox (1937); Great historic animals: Mainly about wolves (1937; dt. Die Wölfin Wosca und andere Tier- und Urwaldgeschichten, 1937); The buffalo wind (1938); Trail of an artist-naturalist (1940); Santana, the hero dog of France (1945).

Sekundärliteratur: W. Blassingame: Ernest Thompson Seton. Scout and naturalist (1971). – H. v. Kieseritzky: Englische Tierdichtung (1935). – H. Reichling: Thompson Seton und die Woodcraft-Bewegung in England (1937). – K. Reindorf: Die Tierbücher des Ernest Thompson Seton (1939). – F. A. Wiley (Hrsg.): Ernest Thompson Seton's America (1954). – J. G. Samson: The world of Ernest Thompson Seton (1976).

Walter Kühnel

Seuberlich, Hans Erich

*(Ps. Hans Erich). Militär- und Jugendschriftsteller, Offizier; * 8. 9. 1920 Riga.*

S. verbrachte seine Schulzeit in Riga (Lettland); im Kriege Soldat, war er zuletzt Oberleutnant; von 1947 bis 1956 lebte S. als freier Schriftsteller zeitweise in Österreich, seitdem ist er aktiver Soldat, Oberst der Bundeswehr. S. veröffentlichte neben 28 Jugendbüchern, die zwischen 1949 und 1957 entstanden und eine Gesamtauflage von 1,4 Millionen erreichten, eine Reihe von militärfachlichen Büchern und Aufsätzen. 1977 erhielt er das Bundesverdienstkreuz.

Werk, Tendenzen, Wirkung. S. war in den fünfziger Jahren ein erfolgreicher und vielgelesener Jugendschriftsteller, der besonders für zehn- bis zwölfjährige Mädchen schrieb. Er bedient sich vor allem der Serie, deren Einzelbände jedoch relativ abgeschlossene Geschichten darstellen, wenn auch bei gleichbleibendem Bestand an Hauptfiguren. S. knüpft dabei an zeitgeschichtliche Themen (Flucht, Rassengegensätze) an und ist namentlich um eine Modernisierung des traditionellen Mädchenbildes bemüht (Bettina-Serie), allerdings unter Verwendung von Modethemen und Motiven aus Massenmedien und Show-Geschäft (Presse, Film), wobei jedoch auch sachlich und aufklärend informiert wird. S. neigt dazu, von allen bewunderte und erfolgreiche Kinderfiguren, die ihre Umgebung durch ihre Tüchtigkeit weit überragen, in den Mittelpunkt zu stellen. Seine Erzählungen tendieren zu Ausführlichkeit und Breite, zu einer Anhäufung von nicht immer integrierten Motiven und Ereignissen und verwenden einen oft treffsicheren, die Alltagssprache von Kindern adaptierenden Dialog; vielfach wirken seine Erzählungen überdialogisiert.

Die Robbi- und Reni-Serie, mit der S. nach dem Kriege zuerst an die Öffentlichkeit trat, stellt eine Klassengruppe in den Mittelpunkt und innerhalb dieser das Mädchen Reni und den dominierenden Robbi, die miteinander befreundet sind. Die Geli-Serie, deren ursprünglich fünf Bände später zu „Geli, ein Mädchen aus der Fremde" (1964) und „Gelis neue Heimat" (1965) zusammengefaßt wurden, schildert die Integration eines aus dem Banat stammenden Flüchtlingsmädchens in Wien nach 1945, wobei die Konflikte ganz ins Private gerückt werden und Geli ihre Anerkennung vor allem durch erfolgreiche Film- und Rundfunk-Engagements erreicht. – Die Bettina-Serie (Gesamtauflage: 550000) zeichnet die Jugend eines überaus tatkräftigen, selbstbewußten, immer bewundert im Mittelpunkt stehenden und erfolgreichen Mädchens nach. Die totale Umkehrung des traditionellen Mädchenbildes wirkt überzeichnet und die Wirklichkeit kompensierend. – In „Weißes Mädel – schwarze Freundin“ (1956; NA. Bekenntnis zu Bessie, 1963) gelingt es dem weißen Mädchen Dana, die Vorurteile des Vaters gegen ihre Freundin Bessie zu überwinden, jedoch spielen dabei Zufälle eine große Rolle, und Bessie muß den Vater ihrer Freundin durch sportliche Tüchtigkeit überzeugen.

Werke: Robbi und Reni (1949; auch u.d.T.: Reni und Robbi, 1950); Robbi der Rennfahrer (1949; auch u.d.T.: Reni und Robbi die Rennfahrer, 1950); Reni und Robbi, der Tormann (1950; auch u.d.T.: Reni und Robbi, der Torwart, 1950); Reni und der Robbenklub (1951); Bettina, das Vespa-Mädel (1951); Bettina, die rasende Reporterin (1951); Bettina knipst (1951); Bettina, wo sind deine Zöpfe? (1951); Geli die Fremde (1951); Ulli oder Ike? (1951); Ulrikes sonderbare Reise (1951); Bettina hat keine Zeit (1952); Bettinas große Entdeckung (1952); Geli unterwegs (1952); Nicht so stürmisch, Ulrike (1952); So viele Sorgen, Ulrike? (1952); Nur so weiter Bettina (1953); Viele Fragen um Geli (1953); Wirbel um Bettina (1953); Freude mit Geli (1954); Ist das noch Bettina? (1954); Alles wird anders, Ulrike (1955); Ein Mädel wie du (1955); Wir hören Geli (1955); Ferien unter'm Halbmond (1956); Hallo, Bettina (1956); Weißes Mädel, schwarze Freundin (1956; auch u.d.T.: Bekenntnis zu Bessie, 1963); Und Zipa schweigt (1957).

Malte Dahrendorf

Seufert, Karl Rolf

*Jugendbuchautor, Reiseschriftsteller und Lehrer; * 1.12.1923 Frankfurt/Main.*

S. unternahm zahlreiche Reisen nach Afrika und Fernost, unter anderem 1966 nach China. Er lebt heute als Pädagoge in Hallgarten/Rheingau. S. wurde 1962 für sein Buch „Die Karawane der weißen Männer“ (1961) mit dem Friedrich-Gerstäcker-Preis der Stadt Braunschweig und 1973 mit dem Kurt-Lütgen-Sachbuchpreis des Arena Verlages ausgezeichnet. 1964 erhielt er den Junior Book Award. Einige Bücher von S. erschienen auf der Auswahlliste zum Deutschen Jugendbuchpreis.

Werk, Tendenzen, Wirkung. S.s wichtigstes Arbeitsgebiet ist die kulturhistorische Erzählung um authentische Figuren der geographischen und archäologischen Forschungs- und Entdeckungsgeschichte des 19. und 20. Jahrhunderts. Seine Erzählungen beruhen auf sorgfältigen Quellenstudien und – seit 1966 – auch auf eigenen Reiseerfahrungen. S. ist bestrebt, historische Informationen so zu verarbeiten, daß Lesbarkeit, Interessantheit und Spannung nicht zu kurz kommen. Jedoch entsteht hieraus mitunter ein Konflikt zwischen dem historischen Sachinteresse des Autors, das er auch seinen Lesern vermitteln möchte, und dem beim Leser oft vorrangigen Spannungs- und Abenteuerinteresse, den S. nicht in allen seinen Arbeiten überzeugend zu lösen vermochte. Insgesamt scheint das Spannungsmoment bei S. immer mehr ab- und das historisch-informative Interesse zuzunehmen: In den siebziger Jahren sind von ihm fast ausschließlich erzählerisch eingekleidete Darstellungen von Forschungsreisen erschienen. Die Form des „erzählenden Sachbuchs“ gewinnt so mehr und mehr die Oberhand. Zwar hatten auch die ersten Werke S.s bedeutsame Forschungsreisen zum Thema (z.B. die Sahara-Durchquerung HEINRICH BARTHS im 19. Jahrhundert in „Die Karawane der weißen Männer“), jedoch bestand in ihnen noch ein stärkeres Gleichgewicht zwischen historischer Information und Abenteuerhandlung.

Eine inhaltliche Sonderstellung nimmt S.s Interesse für das alte und das neue China ein. „Einmal China und zurück“ (1971) ist S.s Bericht über eine eigene Reise in dieses Land, leicht verfremdet durch die Verwendung der vorgeschobenen Figur des englischen Journalisten Bonnet. Das Thema China hat S. derart fasziniert, daß er dazu außerdem eine Reihe kürzerer Erzählungen veröffentlicht hat, in denen er versucht, hundert Jahre Geschichte des modernen China in erzählerischen Schlaglichtern einzufangen. Während es ihm hier gelingt, Mosaiksteinchen zu einer erzählerischen Erfassung des „chinesischen Nationalcharakters“ zusammenzutragen, wird die Aussage in „Einmal China und zurück“ durch die Perspektive eines liberalen Europäers beeinflußt, die ihm den Blick für die Besonderheiten der chinesischen Entwicklung verstellt. Im Umkreis von „China“ ist auch S.s einziger rein fiktiver Roman angesiedelt („Das Jahr in der Steppe“, 1967), der im landschaftlichen Rahmen der Wüste Gobi spielt und die abenteuerliche Geschichte der Gefangenschaft und Befreiung eines Jungen erzählt. Der Protagonist lernt angesichts der unmittelbaren Erfahrung, seine Vorurteile gegen Mongolen abzubauen. Der Roman beeindruckt durch die differenzierte Darstellung von Land und Leuten. S.s Erzählweise hat eine Neigung zu detailreicher Ausmalung von Episoden. Die Handlung wird immer wieder durch farbige und sorgfältig ausgearbeitete Schilderungen unterbrochen. Seine Hauptfiguren, meist authentischen historischen Reisedarstellungen nachgestaltet, sind einsame und zielbesessene Forscher-Abenteurer, „echte Helden im tradierten Sinn“ (HORST KÜNNEMANN) ohne eigentliche Entwicklung, typisiert, ausschließlich auf ihre Ziele fixiert, um deretwillen sie alle Strapazen und Gefahren auf sich nehmen. Die Frage, wem die Forschungen nützen, stellen sie sich kaum. Die Sprache S.s schwankt zwischen gelegentlicher Saloppheit und präziser Wiedergabe exotischer Umwelten. Kolportage-Elemente und künstliche Spannungsreize werden fast immer vermieden. S.s Hauptinteresse gilt fast immer einer Erweiterung historischen Wissens und einer Sicherung des kulturellen Bestands. Dabei zeigt sich indirekt eine gewisse Skepsis gegenüber der Moderne. Während man sich im Verhältnis des Verfassers zu seinen Figuren manchmal etwas mehr Distanz gewünscht hätte – nur ganz selten wird der Kontext des imperialistisch-kolonialistischen Zeitalters angedeutet –, fehlt es vielfach an Bemühungen, die Bedeutung des Historischen für die Gegenwart herauszuarbeiten.

Werke: Die Karawane der weißen Männer (1961); Die Türme von Mekka (1963); Die vergessenen Buddhas (1965; auch u.d.T.: Polizeiwache Peking, 1972); Das Jahr in der Steppe (1967); Einmal China und zurück (1971); Abenteuer Afrika (1971); Und morgen nach Nimrud (1971); Ihr Ritt nach Lhasa (1972); Die Schätze von Copàn (1972); Neunzig Tage bis Harar (1973); Durch den Schwarzen Kontinent (1973); Dreitausend Jahre Afrika (1973); Das Geheimnis des Lualaba (1974); Vorstoß zum Reich der Mitte (1975); Die Abenteuer sind noch nicht zu Ende (1977); Die Straße der wilden Abenteuer (1978).

Sekundärliteratur: W. Frommlet: Die Menschen sind arm, weil sie arm sind. Die „Dritte Welt" im Sachbuch für Jugendliche (in: J. Becker (Hrsg. zus. mit Ch. Oberfeld): Die Menschen sind arm, weil sie arm sind. 1977. 115–162). – H. Künnemann: Mehr als nur Abenteuer. Die Bücher von Karl Rolf Seufert (in: Zeitschrift für Jugendliteratur. 1968. 5. 284–287).

Malte Dahrendorf

Dr. Seuss

*(d.i. Dr. Theodor Seuss Geisel; Ps.: Theo Le Sieg). Karikaturist, Kinderbuchillustrator, Autor; *2.3.1904 Springfield/Mass. (USA).*

S. studierte in Dartmouth und Oxford (England). 1925 graduierte er in Dartmouth und reiste anschließend durch Europa, den Nahen Osten und Lateinamerika. Als Karikaturist und Werbezeichner war er unter anderem für „Standard Oil" und für die Zeitschriften „Life", „Judge", „Vanity Fair" und „Liberty" tätig. Im Zweiten Weltkrieg arbeitete er als Offizier innerhalb des amerikanischen Nachrichtenkorps in der Informations- und Erziehungsabteilung von 1943 bis 1946. Für die von ihm produzierten Erziehungs- und Informationsfilme bekam er den Orden „Legion of Merit". Er drehte Filme wie „Hitler lives", „Your Job in Germany". 1946 erhielt er den „Academy Award" für den besten Dokumentarfilm, 1947 den gleichen Preis für den Film „Design of Death". S. ist auch Liebhaberarchäologe und versucht sich in seinem Heim in La Jolla/Californien mit der Aufzucht von Bäumen. Kinderbücher schreibt und illustriert er seit den dreißiger Jahren.

Werk, Tendenzen, Wirkung. Nachdem er 1931 zum ersten Mal als Illustrator bekannt wurde („Boner" und „More Boners", compiled by A. Abingdon), begann 1937 mit seinem ersten von ihm selbst geschriebenen und illustrierten Kinderbuch „And to think that I saw it on Mulberry street" seine Serie von Kinderbüchern in unverwechselbarem Sprach- und Bildstil. In Rhythmus und Wortwahl, vielfach der Balladenform angenähert, voller phantastischer Wortbildungen, oft sich im Nonsensbereich bewegend, kommt S. in seinen humorvollen Kinderbüchern dennoch dem Sprachvermögen und der Auffassungsfähigkeit kleinerer Kinder entgegen. S. zielt auf möglichst weitreichende Einfachheit in Wortwahl und Ausdrucksform und zugleich auf spielerische Sprach- und Vorstellungsbereicherung der jungen Leser ab.

1957 entstand in Zusammenarbeit zwischen Graphikern und Verlegern im Verlag Random House (New York), bei dem fast alle Bücher des unter dem Pseudonym Dr. Seuss außerordentlich populären literarischen Erziehungshelfers und beliebten Kinderbuchautors publiziert sind, die Serie der „Beginner books" mit genau kalkuliertem Wortschatz für Schulanfänger und Kindergartenkinder. Die Bände beabsichtigen, „to attract children's attention to reading and learning words". Als erster Titel erschien die inzwischen in viele Sprachen übersetzte, auch zweisprachig (englisch/französisch; englisch/spanisch) gedruckte phantastische Erzählung von S. „The cat in the hat" (1957). S. nahm 220 Wörter, reimte sie zusammen und erzählte mit ihnen die Geschichte, welche zwei Kinder mit einer der Phantasiewelt des Autors entsprungenen, die Umwelt in Unordnung bringenden, clownesken Katze an einem regnerischen Tag erleben. Mit seinen Büchern will S. „Träumen, Lachen, Liebe und Spannung" den Kindern bringen und glaubt dies vor allem durch spielerische Elemente zu erreichen. Wichtig ist ihm, daß die Kinder selbst aktiv werden und auch mit ausgefallenen Worten umgehen lernen. Sein literarischer Kunstgriff ist dabei der, daß er die Menschen nicht zeichnet, wie sie in Wirklichkeit sind, sondern so wie er sie sich vorstellt. Sein von den Zeichentrickfilmen (Walt Disneys und anderer) deutlich geprägter Illustrationsstil hält bewußt und durchgehend an klischeenahen Typen fest und schließt so alle seine Bücher unverwechselbar zusammen. Der Erfolg fast aller Titel, von denen mehrere in Zeichentrickfilme umgesetzt wurden, liegt vor allem in den Themen und ihrer meist verblüffenden Handhabung begründet. In einer Art augenzwinkernder Verschwörung mit dem kindlichen Leser werden dessen Probleme, Sorgen und Konflikte in grotesker Weise aufgegriffen und gelöst, ohne jedoch lehrhaft oder moralistisch zu werden. In vielen seiner Bücher erfährt die alte Tierfabel eine moderne, einfallsreiche Abwandlung.

Werke: A. Abingdon: Boners (1931); A. Abingdon: More boners (1931); Dr. Seuss: And to think that I saw it on Mulberry street (1937); Dr. Seuss: The 500 hats of Bartholomew cubbins (1938); Dr. Seuss: The king's stilts (1939); Dr. Seuss: Horton hatches the egg (1940; dt. Der Elefant im Vogelnest, 1973); Dr. Seuss: Mc Elligot's pool (1947); Dr. Seuss: Thidwick, the big-hearted moose (1948); Dr. Seuss: Bartholomew and the oobleck (1949); Dr. Seuss: If I ran the zoo (1950); Dr. Seuss: Scrambled eggs super! (1953); Dr. Seuss: Horton hears a Who! (1954; dt. Horton hört ein Staubkorn reden, 1974); Dr. Seuss: On beyond zebra (1955); Dr. Seuss: If I ran the circus (1956); The cat in the hat (1957; dt. Der Katz mit dem Latz, 1979); Dr. Seuss: How the Grinch stole Christmas (1957); Dr. Seuss: The cat in the hat comes back (1958); Dr. Seuss: Yertle the turtle (1958); Dr. Seuss: Happy birthday to you! (1959); Dr. Seuss: Green eggs and ham (1960); Dr. Seuss: One fish, two fish, red fish, blue fish (1960); Dr. Seuss: The Sneetches and other stories (1961; dt. Die Schnipfen und andere Geschichten, 1973); Dr. Seuss: Ten apples up on top! (1961; dt. Mit Äpfeln zählen lernen, 1971); Dr. Seuss: Dr. Seuss's sleep book (1962); Dr. Seuss's ABC (1963); Dr. Seuss: Hop on Pop (1963); Dr. Seuss: Fox in socks (1965); Dr. Seuss: I had trouble in getting to Solla Sollew (1965); Dr. Seuss: Come over to my house (1966); The eye book (1968); Dr. Seuss: The food book (1968); Dr. Seuss: I can lick 30 tigers today (1969); Dr. Seuss: My book about me, by myself (1969); Dr. Seuss: Mr. Brown can moo! Can you? (1970); Dr. Seuss: The Lorax (1971; dt. Der Lorax, 1974); Dr. Seuss: Marvin K. Mooney, will you please go now! (1972); Dr. Seuss: In a people house (1972); Dr. Seuss: Did I ever tell you how lucky you are (1973); Dr. Seuss: The many mice of Mr. Brice (1973); Dr. Seuss: The shape of me and other stuff (1973); Dr. Seuss: Dr. Seuss storytime (1974); Dr. Seuss: Great day for up (1974); Dr. Seuss: There's a wocket in my pocket (1974); Dr. Seuss: Wacky Wednesday (1974); Dr. Seuss: Oh, the thinks you can think! (1975); Dr. Seuss: Would you rather be a bullfrog? (1975); Dr. Seuss: Hooper Humperding ...? Not him! (1976); Dr. Seuss: The cat's quizer (1976); Dr. Seuss: Please try to remember the first of October (1977).

Sekundärliteratur: H. Künnemann: Profile zeitgenössischer Bilderbuchmacher (1972). – S. G. Lanes: Down the rabbit hole (1971).

Hans Adolf Halbey

Sexualerziehung

In der Kinder- und Jugendliteratur hat die S. seit Mitte der sechziger Jahre ein besonderes Gewicht, wobei, mitbedingt durch einen Wandel der gesellschaftlichen Norm- und Moralvorstellungen in bezug auf die Entwicklung kindlicher Sexualität und die sexuellen Problem der Jugendlichen, Übersetzungen vornehmlich aus dem skandinavischen Bereich anregend und richtungweisend waren. S. wird in Sachtexten unternommen, findet aber mehr und mehr auch Eingang in erzählende Texte, in denen es um Beziehungsprobleme, Schwangerschaft, Schwangerschaftsabbruch sowie um Fragen der Art und Weise des Zusammenlebens und anderes mehr geht.

Sexualpädagogische Tendenzen in der Kinder- und Jugendliteratur der sechziger Jahre. Der Übergang von Sexualaufklärung zur S. brachte – teilweise unter schwedischem Einfluß – einen Buchtyp hervor, der davon ausgeht, Sexualität nicht nur in ihren biologischen, sondern vor allem in ihren mitmenschlich-personalen, gesellschaftlichen und ethischen Bezügen darzustellen. Als pädagogische Zielsetzung gilt die Erziehung zur Liebesfähigkeit und Partnerschaft. Autoren dieser Literatur sind meist Psychologen, Pädagogen oder Ärzte.

In der bis in die fünfziger Jahre hineinwirkenden Traktatliteratur drückte sich die christliche Leibproblematik in einer verschleiernden Mystifizierung von Zeugung und Schwangerschaft aus. Diese Art von Aufklärungsbroschüren war gekennzeichnet durch eine Pädagogik des Behütens, Ablenkens, Warnens. „Aufklärung" bedeutete Belehrung zur Abwendung gesundheitlicher und moralischer Gefahren sowie Hilfe in der Unterdrückung eventuell noch unbewußter geschlechtlicher Regungen und Interessen. Ausläufer dieser Aufklärungsliteratur fanden auch noch bis Mitte der sechziger Jahre Beachtung.

Im Laufe der sechziger Jahre wurde die Tendenz deutlich, ausführlicher und konkreter über körperliche und seelische Vorgänge zu informieren. Charakteristisch für diese Epoche ist die Vermittlung und Rechtfertigung traditionsgebundener Geschlechtsrollen und autoritärer Familienstrukturen. Die Geschlechtsorgane werden ausschließlich in ihrer Fortpflanzungsfunktion dargestellt. Häufig wird dabei an biologische Tatsachen in der Tier- und Pflanzenwelt angeknüpft.

Sexualpädagogik in der Kinderliteratur seit 1970. Mit den Empfehlungen der Kultusministerkonferenz (KMK) zur S. in der Schule (1968) und mit der Einsicht, daß S. von Kindheit an in die Gesamterziehung zu integrieren ist, werden auch die für Kindergarten, Vor- und Grundschulalter als Anschauungs- und Lesematerial angebotenen Bücher in ihrer Thematik vielfältiger, in ihrer Darstellungsweise freimütiger und in ihren Abbildungen realistischer.

Seit Beginn der siebziger Jahre laufen verschiedene Richtungen nebeneinander her. Einerseits gibt es nach wie vor die Form der zeugungsorientierten Darstellung sowohl in Neuerscheinungen (WERNER KIRST/ULRICH DIEKMEIER: „Die Geburt", 1973; LENNART NILSSON: „Så blev du till"; dt. „So kamst Du auf die Welt. Von der Zeugung zur Geburt", 1975; GERD-HEINRICH NEUMANN: „Was du über dein Leben wissen mußt", 1977; BO JARNER: „Sille får en lille-søster", dt. „Wie ich ein Schwesterchen bekam", 1978) wie auch in unveränderten Auflagen älterer Schriften (KURT SEELMANN: „Woher kommen die kleinen Buben und Mädchen?", 1962, [17]1970; ROBERT P. ODENWALD: „Der wunderbare Lauf des Lebens", 1966, [10]1976). Andererseits erscheinen im gleichen Zeitraum Bücher, in denen die Sexualität auch unabhängig von Eheschließung und Familie Bedeutung erhält. Aufsehen und Meinungskontroversen erregte die bebilderte „Sexfibel" von P. JACOBI, HEIDI KRIEDEMAN, LUTZ MAIER und INGE PETERS (1972, [2]1974). Was schon in dem aus dem Schwedischen übersetzten Kinderbuch von FRANCES VESTIN und HORST TUULOSKORPI „Mümmel. Ein neuer Mensch" (1971) zum Ausdruck kam: Aktuelle Gesellschaftsprobleme, Selbstwert der sexuellen Lust, Methoden der Empfängnisverhütung, Verbalisierung des Liebesaktes sowie Gebrauch von Vulgärausdrücken wird in der „Sexfibel" provokativ fortgeführt. Bisher ausgeklammerte Inhalte wie Praktiken der Kindersexualität und auf Nacktfotos dargestellte sexuelle Situationen werden in der Kinderliteratur erstmalig vorgelegt. Die Verfasser argumentieren gegen eine unbewußte Verfestigung geschlechtsspezifischer Rollen, vermeiden es, die herkömmliche Familie als einzig mögliche Form des Zusammenlebens darzustellen und verzichten auf die Schilderung einer heilen Welt. Mit dem Vorwurf, sie sei „sozial-ethisch begriffsverwirrend", wurde 1974 ein Indizierungsantrag gegen die „Sexfibel" gestellt, dem von der „Bundesprüfstelle für jugendgefährdende Schriften" nicht entsprochen wurde.

Einige der für die „Sexfibel" charakteristischen Merkmale progressiver und enttabuisierter S. wurden in späteren Publikationen aufgenommen oder abgewandelt (Bent H. Claesson: „Elle – belle – bolle bogen, Sexorientering for børn", dt. „Vom Lieben und vom Kinderkriegen. Sexualinformation für Kinder", 1974; die überarbeitete Neuausgabe von Maj-Briht Bergström-Walan: „Vi blir vuxna. Du och jag och livet", dt. „Wir werden erwachsen. Was Kinder über Sexualität wissen sollten", 1969, [6]1974; Will McBride und Helga Fleischhauer-Hardt: „Zeig mal, Ein Bilderbuch für Kinder und Eltern", 1974, [3]1976).
Mitte der siebziger Jahre bildete sich jedoch eine gemäßigte sexualpädagogische Konzeption heraus, die für viele der Publikationen dieser Zeit typisch ist: In Umweltgeschichten, fingierten Gesprächen oder direkten Mitteilungen werden Informationen über Sexualität und ihre sozialen Zusammenhänge meist in Verbindung mit Erwartung, Geburt und ersten Lebenswochen eines Kindes in die Darstellung unbeschwerten wohlsituierten Familienlebens eingebettet. So setzt sich wiederum in verschiedenen Ausformungen eine neue Version herkömmlicher S. durch. Hierzu zählen z.B. Antoinette Becker und Elisabeth Niggemeyer: „Ich bekomme einen Bruder" (1973); Horst Bachmann und Klaus Schüttler-Janikulla: „Peter bekommt eine Schwester. Sexualerziehung für Kinder" ([2]1973); M. Leist: „Mutter erzählt mir alles" (1969, [7]1978); Wolfgang Tarnowski: „Mann und Frau. Eine Sexualkunde" (1974); Per Holm Knudsen: „Sådan får man et barn", dt. „Wie Vater und Mutter ein Kind bekommen" (1972, [5]1978). Die Autoren sind darauf bedacht, biologisch überfrachteten Wissensballast zu vermeiden und statt dessen die Vorstellungswelt fünf- bis achtjähriger Kinder mit emotionalen Erlebnisqualitäten zu füllen. So wird in einigen Büchern die Gefühlskomponente der Sexualität hervorgehoben, um Verständnis zu wecken für das Erleben geschlechtlicher Lust und gegenseitiger Beglückung. Es werden soziale Bezüge eingewoben, bisweilen auch konflikthafte Situationen

Mutter und Vater legen sich aufs Bett.
Sie bringen das Glied in die Scheide.
So können sie miteinander spielen.
Vater und Mutter schaukeln miteinander auf und ab.
Das nennt man beischlafen.
Das kann ganz toll sein.
So können Mutter und Vater ein Kind bekommen,
wenn sie es wollen.

Die beiden Darstellungen zum Thema Geschlechtsverkehr sind Aufklärungs-Bilderbüchern für kleinere Kinder von etwa 4–8 Jahren entnommen. Links: Per Holm Knudsens 1972 zuerst erschienenes „Wie Vater und Mutter ein Kind bekommen" (schwedisch: Sådan får man et barn, 1972); rechts: Joachim Brauer und Gerhard Regel, Fotos: Herbert Rogge: Tanja + Fabian, 1974.

wie die des unehelichen Kindes vorgestellt. Ein neues Rollenverständnis für Mann und Frau wird proklamiert. Bedeutung und Klärung der Unterschiede der Geschlechter werden im Kontext der kindlichen Sozialisation erörtert. Auch wird in einigen Büchern die Reifezeit vorbereitet (Kurt Seelmann, Klaus Verch, Peter Jacobi). Informationen über Empfängnisverhütung sind in den Büchern dieser Gruppe selten (K. Verch: „Oliver und Ulrike entdecken die Geschlechtlichkeit“, 1973; Joachim Brauer und Gerhard Regel: „Tanja und Fabian. Ein Bilderbuch für 4–8jährige“, 1974). Vertreter einer progressiven Richtung bekunden ihre positive Einstellung zu sexuellen Bedürfnissen der Kinder, indem sie deren Spiele und Lusterfahrungen mit dem eigenen Körper in Wort und Bild darstellen („Tanja und Fabian“, „Sexfibel“). Das Bilderbuch für Kinder und Eltern „Zeig mal“ dokumentiert die Variationsbreite sexueller Spielarten in einer mehrseitigen Bildfolge. Im Vorwort entwickelt Helmut Kentler ein sozialpolitisch orientiertes Konzept restriktionsfreier S. Diesem umstrittenen Band wurde 1974 in einem Indizierungsantrag unter anderem „gezielte Verführung von Kindern zur Unsittlichkeit“ angelastet; der Antrag wurde abgelehnt.

Die Diktion der Bücher aus den siebziger Jahren ist im allgemeinen offen, auch da, wo es sich um „peinliche“ Themen handelt wie die Beschreibung des Geschlechtsakts. Die meisten Texte und Abbildungen vermitteln eine wirklichkeitsgetreue Darstellung mit der Absicht, Kinder zu befähigen, unbefangen über sexualbezogene Sachverhalte reden zu können.

Im Laufe der Zeit hat sich neben der Thematik des sexualpädagogischen Kinderbuchs auch seine äußere Aufmachung geändert. War sie in den Broschüren der sechziger Jahre noch ausgesprochen bescheiden, so sind die meisten der heutigen Publikationen aufwendig. Das größtenteils farbige Bildmaterial reich illustrierter, großformatiger Bände verdeutlicht in schematisierten Skizzen der Anatomie, spiegelt aber auch in künstlerisch anspruchsvollen Photos oder in kindgefälligen

Auch im Bett haben sich Fabians Eltern lieb.
Sie spüren die Haut
und die Wärme des anderen.
Vaters Glied wird groß und steif.
Nun möchten sich die Eltern
besonders nahe sein.
Vorsichtig steckt Vater sein Glied
in die Scheide der Mutter.
Beide bewegen sich auf und ab.
Sie haben Geschlechtsverkehr.
Er macht Spaß und ist sehr schön.
Wenn es am allerschönsten ist,
fließen Samenzellen durch Vaters Glied
in Mutters Scheide.
Die Samenzellen können eine Eizelle
in Mutters Bauch befruchten.
Aus der befruchteten Zelle
wächst ein Kind.
So sind Fabian und Torsten,
aber auch Tanja entstanden.

Abbildungen die Atmosphäre gefühlsbetonter Partnerschaft. Es bezieht familiäre Lebensbedingungen und Alltag der Kinder mit ein und motiviert zu weiterführenden Gesprächen. Darüber hinaus gibt es realistische Bildsequenzen über die Entwicklung des Embryos, Stadien der Schwangerschaft und den Geburtsvorgang.

Kritik am sexualpädagogischen Kinderbuch. In der kritischen Beurteilung von Konzept und Inhalt, von Sprache und Bebilderung der sexualpädagogischen Literatur stehen sich verschiedene Auffassungen unvereinbar gegenüber. Kernpunkt der Kontroversen ist die Frage, ob es pädagogisch angemessen, verfrüht oder aber verfehlt ist, Kinder im Grundschulalter über Methoden der Geburtenregelung sowie über Einzelheiten des Liebesspiels zu informieren. Als augenfälliges Beispiel für eine Überforderung des Fassungsvermögens fünf- bis neunjähriger Kinder gilt das Buch „Vom Lieben und vom Kinderkriegen". Auch die hier durchgängige Verwendung der Umgangssprache findet mehr Ablehnung als Zustimmung.
Die von Verlag oder Autor festgelegten Altersangaben der Zielgruppe entsprechen oft nur unzulänglich den entwicklungsbedingten und sozialen Voraussetzungen der Adressaten. Die Lektüre sexualpädagogischer Kinderbücher bedarf stets einer ergänzenden und begleitenden Orientierung durch Eltern, Erzieher und Lehrer. Einer Reihe der genannten Publikationen sind Hinweise beigefügt, worin die intendierten Lernziele des Autors als Anleitung zu einem kind- und situationsgemäßen Umgang mit der betreffenden Schrift aufgeführt und kommentiert sind.

Sexualpädagogische Themen und Tendenzen in der Jugendliteratur der siebziger Jahre. Im sexualpädagogischen Jugendbuch zeigen sich ähnliche Strömungen wie in der Kinderliteratur; nur werden die dort vermittelten Inhalte erweitert und altersgemäß ausgeführt, auch kommen neue Themen hinzu. Diese tragen zum tieferen Verständnis von Sachverhalten und Vorgängen im Sexualbereich bei und machen deutlich, daß Sexualität als Teil der Gesamtpersönlichkeit auch Entwicklungen, Schwankungen, Umwelteinflüssen und sozial-ethischen Normen unterworfen ist. Neben der Behandlung konkreter, die Erfahrungsebene des Jugendlichen betreffender Fragen geht es um die Deutung übergreifender Zusammenhänge. Sexuelle Aufklärung erweitert sich darüber hinaus in die argumentierende Bewertung von Alternativen des Denkens, Empfindens und Verhaltens. Inhaltlich richten sich die meisten Bücher nach den „KMK-Empfehlungen zur Sexualerziehung" (1968) und ihrer Grundforderung einer „Erziehung zu verantwortlichem geschlechtlichem Verhalten und zum Bewußtsein der Verantwortung, in die der Einzelne in bezug auf sich selbst, den Partner, die Familie und die Gesellschaft gestellt ist". Die Themen folgen dem in Richtlinien der einzelnen Bundesländer präzisierten Katalog, der außer den biologisch-anatomischen Standardthemen insbesondere die Komplexität sexuellen Verhaltens berücksichtigt (z.B. physische und psychische Bedingungen der Reifezeit; jugendgemäße sexuelle Aktivitäten; Erleben geschlechtlicher Lust und Befriedigung; sexuelle Reaktionsweisen und Empfindungen der Geschlechter; Empfängnisregelung und Schwangerschaftsabbruch; psychologische, ethische und soziologische Fragen von Partnerschaft, Ehe und Familie; andere Formen sexuellen Verhaltens; kulturhistorische, medizinische, soziale und rechtliche Verflechtungen der Sexualität; Sinn und Wandel konventioneller Tabus und Normen; Fragen der geschlechtsspezifischen Rollenverteilung; Sexualität und Medien).
Einige sexualkundliche Jugendbücher sind so konzipiert, daß sie in der Schulpraxis benutzt werden können (z.B. Peter Jacobi: „Samspel. Was Jugendliche über Sexualität wissen sollten", 1968, [4]1977; Gerhard Fels: „Pubertät. Eine Schrift für junge Menschen im 5.–7. Schuljahr", 1969; Adelina Husslein: „abc für junge Mädchen. Entwicklung – Reife – Liebe", 1969; Joachim Brauer, Gerhard Kapitzke und Karl Horst Wrage: „Junge, Mädchen, Mann und Frau", Bd. 1 für Acht- bis Zwölfjährige, 1970, [8]1975; John Takman: „Att vara twa", dt. „Zu Zweit. Informationen zur Sexualität Jugendlicher", 1971, [4]1977; J. Brauer, G. Kapitzke, Heinz Mehl und K. H. Wrage: „Junge, Mädchen, Mann und Frau", Bd. 2 (ab 13 Jahren), 1972; Hans und Hilke Schildt: „Sexualerziehung", 1973; Dense de Boer, Heinz Schneider und Karl-Heinz Walter: „Wer ‚a' sagt ... muß auch zärtlich sein. Fragen und Antworten zu Sexualproblemen", 1973; Rolf Bertuch: „Sex und Liebe. Informationen für Jugendliche, 1974). Teilweise wurden diese Schriften von den Kultusministerien einiger Bundesländer als Arbeitsmaterialen zugelassen. In erster Linie dienen die Bücher jedoch der Eigenlektüre: zur Erlangung von Kenntnissen sexualbezogener Sachverhalte wie auch zur Orientierung über jeweils geltende Normen und Wertungen. Sie geben Entscheidungshilfen hinsichtlich geschlechtlicher Kommunikation und darüber hinaus Anleitung zur Gestaltung partnerschaftlicher Beziehungen.
Die altersspezifischen Übergänge zwischen sexualpädagogischen Kinder- und Jugendbüchern sind fließend. Während sich für Jugendliche ab vierzehn Jahren ein reichhaltiges Angebot findet, besteht Mangel im Bereich der Publikationen, die speziell dem Erlebnishintergrund und Auffassungsvermögen der Elf- bis Vierzehnjährigen entsprechen. Als besonders geeignet für diese Altersgruppe erscheinen neben einigen Kinderbüchern wie „Junge, Mädchen, Mann und Frau" (Bd. 1 und 2), „Pubertät" und „Sexualerziehung" die Bände von Hans Grothe: „Wie ist das eigentlich mit der Liebe", 1969; Wolfgang Tarnowski (Hrsg.): „Mann + Frau. Eine Sexualkunde", Bd. 2, 1974; H. Brückner: „Denkst du schon an Liebe? Fragen des Reifealters – dargestellt für junge Leser", 1976; Thaddäus Troll: „Was ist bloß mit mir los?", 1978.
Die seit Ende der sechziger Jahre zu beobachtenden Veränderungen im pädagogischen Bereich – wie Autoritätsabbau, Hinlenken zu Selbstbestimmung und Emanzipation, Liberalisierung jugendlichen Sexualver-

haltens – werden in den Intentionen und Wertmaßstäben der seither erschienenen sexualpädagogischen Jugendbücher erkennbar. Die Literatur steht im Spannungsfeld gegensätzlicher Meinungen. Diese reichen im erzieherischen Ansatz von restriktiven Postulaten bis hin zur Propagierung ungehemmter Triebbefriedigung. Da in den Zielsetzungen kein Konsensus besteht und auch weithin Unklarheit herrscht über den Einfluß sexualpädagogischer Schriften auf die Verhaltensdisposition des Lesers, lassen sich verbindliche Qualitätsmerkmale für ein zeit- und jugendgemäßes sexualpädagogisches Buch nicht aufstellen.
Nachwirkungen herkömmlicher Behütungspädagogik sind z.B. unverkennbar in Kurt Seelmann: „Zwischen 15 und 19. Information über sexuelle und andere Fragen des Erwachsenwerdens", 1971; Barthold Strätling: „Von der Kameradschaft zur Liebe. Ein offenes Wort für junge Männer", 1972; Theodor Bovet: „Junge Leute, Sex & Liebe. Biologische und psychologische Informationen für Jungen und Mädchen ab 15, ^{2}1972; Christa Meves: „Ich will leben. Briefe an Martina", 1974, ^{6}1978; Joachim Illies: „Auf dem Wege. Briefe an Thomas", 1978; Gottfried Schröter: „Liebe – schwer und schön. Wegweisung für junge Christen", 1978; Günter Riediger: „Wenn beide zärtlich sind. Liebe und Partnerschaft", 1978). Die Autoren stellen zwar die Sexualität als positives Lebenselement heraus, versuchen jedoch, teils durch subtile, teils durch massive Indoktrination sexuelle Kontakte im Jugendalter zu unterbinden; Verzicht und Enthaltsamkeit werden als Garanten späteren Eheglücks empfohlen.
Im Gegensatz zu diesen Ausprägungen konservativer Sexualpädagogik lehnen andere Schriften – meist mit gesellschaftskritischem Anspruch – traditionsgebundene Prinzipien entschieden ab, wie Günther Amendt: „Sexfront", 1970; B. H. Claesson: „Dreng og pige, mand og kvinde, moderne sexorientering for unge", dt. „Sexualinformation für Jugendliche", 1969, ^{5}1976; Antje Kunstmann: „Mädchen. Sexualaufklärung emanzipatorisch", 1972, überarbeitete Neuausgabe, 1976; Eva Jaeggi: „Auch Fummeln muß man lernen", 1978.
Uneingeschränkte sexuelle Betätigung in jedem Alter und in jeder Weise gilt als selbstverständliche Verhaltensnorm; dabei sind die Autoren allerdings darauf bedacht, überhöhte Erwartungen an Potenz- und Orgasmusfähigkeit zu relativieren. Mit der Perspektive optimalen Lustgewinns werden Techniken und Varianten verschiedener Sexualpraktiken (Masturbation, Petting, Umgang mit Präservativen, Koitusstellungen) detailliert geschildert und zum Teil auch in Bildfolgen vorgeführt.
In der pädagogischen Fachpresse geben diese Publikationen mitunter Anlaß zu heftigem Widerspruch. Dieser wendet sich vor allem gegen Ausdrucksweise und Bebilderung und gründet sich darauf, daß die Darbietung intimer Details und praxisbezogener Anleitungen den Jugendlichen stimuliere und ihn zu hemmungsloser Aktivität auffordere.
Gegen die „Sexfront" und „Sexualinformation für Jugendliche" wurde 1971 bzw. 1972 wegen ihrer „Erziehung zur Bindungslosigkeit" und der „Gefahr sozialethischer Verwirrung" ein Indizierungsverfahren bei der Bundesprüfstelle für jugendgefährdende Schriften eingeleitet, dem jedoch nicht stattgegeben wurde. In der überarbeiteten Neuauflage von „Sexualinformation für Jugendliche" wurden einige der beanstandeten krassen Übertreibungen der Vulgärsprache gemildert.
Im Mittelfeld zwischen libertinistischer Freizügigkeit und einengenden Verhaltensschemata zeigt sich die Tendenz, sich an emotionalen Bedürfnissen des Jugendlichen zu orientieren und ihm einen Weg zu partnerschaftsbezogenem Liebesleben zu weisen. Vertreter dieser Richtung verzichten auf normierende Zwänge und ideologische Festlegungen jeder Art, stellen vielmehr die Variationsbreite akzeptabler Verhaltensweisen dar und öffnen dem Heranwachsenden Raum für eigene Urteils- und Entscheidungsfindung. Als Beispiele einer ausgewogenen sexualpädagogischen Konzeption gelten „Samspel", „Zu zweit", Denkst Du schon an Liebe?" sowie Marielene Leist: „Liebe von der Jugend diskutiert", 1970; M. Leist: „Angst vor Sex?", 1970; M. Leist: „Liebe ist kein Gesellschaftsspiel", 1972; Klaus Franke: „Empfängnisverhütung für Jugendliche", ^{3}1973; Ulrich Beer: „Mit Lust und Liebe", 1973; Lothar Hanisch (Hrsg.): „Mann + Frau. Eine Sexualkunde", Bd. 3 für 14- bis 16jährige, 1975 und Bd. 4 für 14- bis 18jährige, 1975; Joachim Brauer, Heinz Peter Mehl und Karl Horst Wrage: „Frau und Mann. Partnerschaft, Sexualität, Empfängnisregelung", 1976; Irmela Brender (Hrsg.): „Die Sache mit dem Sex. Jugendliche und Partnerschaft", 1977; Peter Mayle: „Will I like it", dt. „Das erste Mal", 1978; Mischa Lentz: „Was Mädchen nicht zu fragen wagen", 1978).
Die in sich unterschiedlich akzentuierten Bücher verstehen sich mehr als Begleitung sexueller Eigenerfahrungen denn als Vorbereitung für die künftige Ehepraxis. Damit wird die frühere Tabuisierung vorehelicher Beziehungen wie auch die früher hohe Bewertung der Unberührtheit des Mädchens zugunsten der Erprobung sexuellen Erlebens aufgehoben. Partnerschaften werden in erster Linie gemessen an sozialen Wertkategorien wie Personalität, Gleichberechtigung, Verantwortlichkeit, Fairneß, Offenheit.
Gemeinsam ist diesen Schriften außerdem die Absicht, die sexuelle Begegnung als ein beglückendes Erlebnis darzustellen, an dem beide Partner aktiv beteiligt sind. Gleichzeitig werden überzogene Erwartungen und zwanghafte Fixierungen an Leistung und Prestige revidiert. Je nach Motivation und Freimut der Autoren finden sich gezielte Hinweise für den partnerschaftlichen Umgang, wobei auch Einzelheiten des Liebesspiels – wie körperliche und seelische Reaktion – eingehend beschrieben werden. Bücher dieser Gruppe respektieren die Ambivalenz junger Menschen in ihrer Einstellung zu ihrem eigenen Geschlechtsleben und zeigen in Pro und Contra günstige und ungünstige Bedingungen für die Aufnahme sexueller Beziehungen

im jugendlichen Alter. In weiterführenden Normendiskussionen werden andere umstrittene Themen behandelt, wie z.B. Masturbation, Homosexualität, Empfängnisverhütung, Schwangerschaftsabbruch, Perversion, Pornographie, veränderte Rollenbeziehungen und Emanzipation der Frau. So werden in einigen dieser Titel geschlechtsdifferenzierende Verhaltensweisen im Zusammenhang mit kulturgeschichtlichen Entwicklungen, mit Normen und mit Sozialisationsbedingungen gesehen und unter dem Aspekt der Gleichberechtigung gebührend erörtert.

Aufbau, sprachliche und visuelle Darstellung. Die meisten Publikationen sind gemäß einem gängigen Schema aufgebaut, wonach einer einleitenden Darstellung über biologische Grundtatsachen und entwicklungspsychologische Aspekte weitere Informationen über einschlägige Themen folgen; der Schwerpunkt liegt meist auf der Auseinandersetzung mit sozialethischen Normen. Eine Reihe von Autoren verzichtet zugunsten verhaltensorientierter Angebote auf den biologisch informierenden Anteil, z.B. KUNSTMANN, BEER, DE BOER, BERGER, MAYLE, BRENDER, ILLIES, MEVES. Um relevante Konflikte aufzuzeigen und entsprechende Problemlösungen anzubieten, sind Bücher auch als fiktive Diskussion oder in Briefform angelegt. In weiteren Schriften werden Tagebuchaufzeichnungen, Briefzitate, Erfahrungsberichte Jugendlicher, aber auch Essays oder konkrete Fakten in den Gesamtzusammenhang eingeblendet oder einzelnen Fragebereichen vorangestellt.

Die zunehmende Enttabuisierung sexueller Themen zeigt sich sowohl in der verbalen Darstellung als auch im Bildmaterial der sexualpädagogischen Jugendliteratur. Die Autoren äußern sich klar und unmißverständlich im Stil einer begriffsdeutenden, pädagogisch motivierten Orientierungshilfe. Ihre Ausführungen sind vielfach eher redundant als knapp gefaßt und zum Teil mit Fachwissen überfrachtet. Die Diktion ist meist leicht faßlich und altersgerecht. Je nach Standort der Autoren ist sie freimütig-offen, betulich-lehrhaft, eifernd-moralisierend oder sachlich-distanziert. TAKMAN, CLAESSON, KUNSTMANN, JAEGGI, AMENDT und MAYLE wenden sich in direkter Anrede an den Leser. Die bei einigen dieser Autoren häufige Verwendung umgangssprachlicher Ausdrücke wird in der sexualpädagogischen Diskussion gegensätzlich beurteilt. Befürworter behaupten, sexuelle Vorgänge und Details würden auf diese Weise klanglich oder bildhaft angemessen beschrieben, womit Jugendliche sich unmittelbar angesprochen fühlten. Dem wird die Auffassung entgegengehalten, dies Vokabular sei obszön und schamverletzend, würde die Intensität des Gefühls entwerten und auf die Ebene des Vulgär-Drastischen herabziehen.

Kam in der sexualpädagogischen Kinderliteratur dem Bildmaterial eine zentrale Bedeutung zu, so hat dies in den Jugendbüchern unterschiedliches Gewicht. Abgesehen davon, daß in biologisch breit angelegten Kapiteln die Anatomie der Genitalien in Schemazeichnungen ausführlich veranschaulicht wird, konzentrieren sich manche Autoren vorrangig auf Textaussagen und verwenden Fotos nur als illustratives Beiwerk, oder aber sie verzichten gänzlich darauf. Andere Verfasser bedienen sich einer breiten Skala erotisch gestimmter und auch das Umfeld des Jugendlichen mitumfassender photographischer Motive.

Die Abbildung des nackten Menschen – sei es zur Demonstration der Geschlechtsunterschiede, sei es, um eine Atmosphäre von Geborgenheit, Zärtlichkeit, Hingabe oder auch Ekstase wiederzugeben – ist zu einem wesentlichen Bestandteil der sexualpädagogischen Jugendliteratur geworden. Kritik setzt da ein, wo es sich um eine eingehende Darstellung sexueller Verhaltensszenen handelt, wie sie sich in „Sexualinformation für Jugendliche", „Mädchen", „Erste Liebe, erster Sex", „Frau und Mann" finden.

Eine Variante des sexualpädagogischen Aufklärungsbuches ist die lexikalische Publikation. Ihre Definitionen und Kommentierungen geben einen Überblick über den gesamten Bereich der Sexualpädagogik und angrenzender Gebiete.

Das „Lexikon der Sexualerziehung" (Hrsg. von TOBIAS BROCHER und LUDWIG VON FRIEDEBURG, 1972) wendet sich mit wissenschaftlich fundierten Beiträgen aus verschiedenen Fachdisziplinen an ältere Jugendliche oder an Erwachsene und stellt im jeweiligen Sachzusammenhang auch unterschiedliche Meinungen und Positionen gegenwärtiger S. dar.

WALTER HEMSINGS „Sexuallexikon. Ein Bildungsbuch für junge Menschen" (1969) und MARTIN GOLDSTEINS und WILL MCBRIDES „Lexikon der Sexualität. 400 mal Auskunft, Antwort und Beschreibung" (1970, ^{5}1976) koordinieren Begriffsdeutungen und Beschreibungen biologischer Funktionen mit jugendgemäßen Entwicklungs-, Verhaltens- und Partnerproblemen. Das „Lexikon der Sexualität" kann als Repräsentant enttabuisierter Sexualpädagogik angesehen werden. Der Band informiert vorbehaltlos auch über sogenannte heikle Themen, verweist auf beratende Instanzen und fängt mittels ästhetisch wirkungsvoller Fotos den emotionalen Kontext ein.

Sexualpädagogik in Jugendzeitschriften und im Kinder- und Jugendtheater. Starken Einfluß bewirkt die wöchentlich in sehr hoher Auflage erscheinende Jugendzeitschrift „Bravo"; sie erhält pro Tag über 200 Zuschriften von 12- bis 16jährigen, die für ihre – meist sexuellen – Probleme Rat und Hilfe suchen. Ein Beraterteam geht in der Briefkastenrubrik „Was Dich bewegt" auf individuelle Fragen und Anliegen Jugendlicher ein. Neben dem Versuch, internalisierte Schuldgefühle des Jugendlichen zu verringern, werden aktuelle Trends des Sexualverhaltens angeboten. Die in den Antwortschreiben wie auch in einigen speziellen Aufklärungsserien (z.B. „Liebe ohne Angst") empfohlenen Verhaltensweisen sind wegen ihrer suggestiven Tendenz und moralischen Indifferenz pädagogisch umstritten. Eine der Bravo-Aufklärungsreihen ist auch als Broschüre erschienen (A. KORFF: „Die heißen Fragen der Liebe", 1971). Die 1976 in der Jugendzeitschrift „ran" veröffentlichte „Aufklärungsserie" von EVA SAEGGI kam 1978 unter dem Titel „Auch Fummeln muß man lernen" als Buch heraus. Auf ähnliche Weise geht auch die seit 1977 wöchentlich erscheinende Jugendzeitschrift „Rocky" auf sexualpädagogische Fragen ein („Sexualreport", Briefkastenecke „Sex und Seele"). Seit Ende 1978 verfaßt OSWALT KOLLE für diese Zeitschrift eine weitere Aufklärungsreihe.

In zwei im Berliner Kinder- und Jugendtheater „Rote Grütze" inszenierten und in Buchform vorgelegten Stücken wird Sexualpädagogik in spielerische Aktion umgesetzt: „Darüber spricht man nicht!!!. Ein Spiel vom Kindermachen & Kinderkriegen, vom Liebhaben & Schämen & was noch alles vorkommt" (1973); und in dem Stück „Was heißt hier Liebe? Ein Spiel um Liebe und Sexualität für Leute in und nach der Pubertät" (1977) von H. FEHRMANN, J. FLUGGE und H. FRANKKE. „Darüber spricht man nicht" wurde nach einer schwedischen Vorlage von einem Autorenkollektiv verfaßt. Das Stück greift auf kindliche Spielmuster zurück, bezieht Bedürfnisse, Meinungen und Fragen sechs- bis elfjähriger Kinder in den Spielablauf ein und geht mit tabubesetzten und umstrittenen Themen teils unbefangen, teils bewußt provozierend um. „Was heißt hier Liebe?" schließt inhaltlich und formal an „Darüber spricht man nicht" an. Das Stück entstand in Zusammenarbeit mit Jugendgruppen und will – wie es in einer Stellungnahme des Kinder- und Jugendtheaters „Rote Grütze" heißt – „Erfahrungen, Vorstellungen, Haltungen und Schwierigkeit im emotionalen Bereich zur Sprache bringen und die Bedingungen untersuchen, unter denen sie entstanden". Entsprechend werden konkrete Situationen – wie erwachende Sexualität und Reaktionen der Eltern – aus der Sicht von Jugendlichen und in deren Jargon szenisch so präsentiert, daß die Zuschauer zu kritischen Reflexionen angeregt werden. Beide Stücke sind im Stil einer Revue aufgebaut mit kabarettartigen Einzelszenen, Gesprächen, Sketches, Songs und statements. Diese sind auf spielerische Weiterverarbeitung angelegt und geben Gelegenheit für freie Assoziationen sowie für spontane Dialoge mit dem Publikum.

Die Autoren sind Vertreter einer gesellschaftskritisch motivierten emanzipatorischen S., die darauf zielt, eine positive, entkrampfte und lustvolle Einstellung zur Sexualität zu vermitteln. Das Spektrum der Urteile geht von zustimmender Begeisterung („pädagogischer Glücksfall") bis zu radikaler Ablehnung („schamloses Machwerk").

Die in verhaltensorientierten sexualpädagogischen Schriften erörterten Fragen werden in neuester Zeit auch in der Erzählliteratur für Jugendliche thematisiert. Frühe Intimkontakte, Auseinandersetzungen mit den damit verbundenen Problemen und Konflikten sind Gegenstand zahlreicher Jugendromane, in denen vorurteilsfrei auf sexuelle Wünsche und Erfahrungen des Heranwachsenden eingegangen wird, z.B.: MAX LUNDGREN: „Ole nennt mich Lise", 1972; IRMELA BRENDER: „Man nennt sie auch Berry", 1973; TILMAN RÖHRIG: „Langes Zwielicht", 1974; MAX LUNDGREN: „Der Sommer mit Britt", 1974; A. G. WINDEY: „Wenn jemand einfach weggeht", 1974; GUNNEL BECKMAN: „Drei Wochen über die Zeit", 1974; P. TOWNSEND: „Ein Sommer und nie wieder", 1974; CHRISTINE NÖSTLINGER: „Stundenplan", 1975; IRENE RODRIAN: „Viel Glück, mein Kind", 1975; ANITA SKOGLUND: „Ich will das Kind behalten", 1976; AGATHE KELLER: „Eine Hand voll Luft", 1976; JOHN DONAVAN: „Du sagst ja ich sag nein", 1976; A. SKOGLUND: „Glaube, Hoffnung und Liebe der Marie L.", 1975; G. BECKMAN: „Mia, verstehst du", 1977; ANGELIKA MECHTEL: „Kitty und Mary", 1978; HERBERT LICHTENFELS: „Reifezeugnis", 1978; INGEBORG BAYER: „Zwiesprache mit Tobias", 1978; WOLFGANG GABEL: „Fix und Fertig", 1978).

Emanzipatorische Tendenzen, vor allem im Hinblick auf die soziosexuelle Eigenständigkeit des Mädchens, zeichnen sich auch im Genre des Mädchenbuches sowie in Sachbüchern ab, z.B. in BO DAN ANDERSEN: „Das kleine rote Schülerbuch", 1970; UWE WANDREY: „Klein Erna auf Linkskurs", 1972; HEDI WYSS: „Das rosarote Mädchenbuch", 1973; OTFRIED PREUSSLER: „Die dumme Augustine", 1974; HEIKE DOUTINÉE: „Mädchenbuch auch für Jungen", 1975; INGRID BACHÉR: „Das war doch immer so", 1976; GERTRUD WILKER (Hrsg.): „Kursbuch für Mädchen", 1978).

→ Aufklärungsbuch, sexuelles

Sekundärliteratur: Bundeszentrale für Gesundheitliche Aufklärung: Schriften und Unterrichtsmittel zur Geschlechtserziehung ([3]1975). – J. Henke: Kommentiertes Literaturverzeichnis zur Sexualerziehung (in: E. Ahrens (Hrsg.): Einführung in die Schulpraxis. 1974. 268–276). – U. Herbst: Bibliographie zur Sexualpädagogik (1978; zus. mit I. Kerscher). – M. Huppertz: Literatur zur Sexualerziehung im Vorschulalter (in: Welt des Kindes. 53. 1975. 2. 86–92); Bilderbücher für die Sexualerziehung im Vorschulalter (in: Blätter des Pestalozzi-Fröbel-Verbandes. 26. 1975. 2. 39–49). – H. Hunger: Literaturbericht zu sexualpädagogischen Schriften für die Hand des Grundschülers (in: N. Kluge (Hrsg.): Sexualunterricht. 1975. 181–203). – A. Knoop: Literaturbericht zur Sexualerziehung: Neuerscheinungen 1973 (in: Medien- und Sexualpädagogik. 1973. 4. 28–31; 1974. 1. 21–29; 1974. 2. 20–26 (zus. mit H. Hunger); 1974. 4. 27–29 (zus. mit H. Steinhaus); Die sexualkundlichen Neuerscheinungen des Jahres 1974 (in: Medien- und Sexualpädagogik. 1975. 1. 7–12); Die sexualkundlichen Neuerscheinungen des Jahres 1975 (in: Medien- und Sexualpädagogik. 1976. 2. 28–38); Sexualunterricht. Eine Übersicht über Materialien für die Sekundarstufe I (in: Gesamtschule. 1975. 2. 20–23); Kindliche Sexualerziehung im Spiegel der Kinderliteratur (in: Unterricht Biologie. 1977. 4. 41–44); Ein Report über sexualkundliche Neuerscheinungen (in: Die Deutsche Schule. 1973. 5. 353–358); Geschlechtserziehung im Schrifttum. Neuerscheinungen 1973–1975 (1976); Sexualerziehung im Vor- und Grundschulalter – Bücher für Eltern und Kinder (1978). – Fr. Koch: Kommentiertes Literaturverzeichnis zur Sexualerziehung (in: H.-J. Gamm (Hrsg. zus. mit Fr. Koch): Bilanz der Sexualpädagogik. 1977. 204–208). – R. Müller: Literaturbericht: Sexualaufklärung für Kinder (in: Westermanns Pädagogische Beiträge. 1974. 7. 356–364); Aufklärungsbücher in der Sackgasse? (in: U. Kattmann (Hrsg.): Sexualerziehung in der Schule. 1975. 61–73). – G. Oestreich: Literatur zur Sexualerziehung. Voraussetzungen, Kategorien, Urteile (in: Der evangelische Erzieher. 22. 1970. 8. 318–326 und 22. 1970. 10. 417–428). – Schweizerisches Jugendbuchinstitut Zürich (Hrsg.): Aufklärungsbücher für Kinder und Jugendliche (1975).

Anneliese Knoop

Seybold, Johann Georg

*Pädagoge, Philologe; * 16. 8. 1617 Schwäbisch Hall, † 9. 4. 1686 Schwäbisch Hall.*

S. stammte väterlicherseits aus Handwerkerkreisen. Die Eltern und der Rat der Stadt ermöglichten eine gymnasiale Ausbildung S.s im Kontubernal (einer Stiftung für musikalische, bedürftige Schüler). S. studierte dann mit Unterstützung des Rates an den Universitäten Straßburg, Altdorf und Königsberg in Preußen. Nach einem abenteuerlichen Leben in Kurland kam er 1642 nach Lübeck, von wo er mit einem Zwischenaufenthalt in Frankfurt am Main 1643 wieder nach Schwäbisch Hall gelangte. Hier wurde er zum Praeceptor der dritten Klasse am dortigen Gymnasium berufen. Er übte diese Funktion über 38 Jahre aus. 1682 bat er den Rat, ihn wegen Altersbeschwerden aus seinen Amtspflichten zu entlassen. Am 9. 4. 1686 erlag einem Schlaganfall.

Werk, Tendenzen, Wirkung. S.s Bedeutung liegt einmal auf dem Gebiet der Didaktik der lateinischen Sprache. Sein freier Umgang mit dem Lehrstoff, wie auch der Gebrauch der deutschen Sprache werden hervorgehoben. S. hat angeblich die erste deutschsprachige lateinische Grammatik geschrieben. Man kann ihn in diesem Zusammenhang mit bedeutenden Zeitgenossen und Comeniusnachfahren sehen (Buno, Reyher). Wie bei vielen Gelehrten dieser Epoche ist deutlich ein Wandel des Sprachverständnisses zu bemerken. S. seinerseits fußt sowohl auf der Janua wie auch auf dem Vestibulum des Comenius. Die Muttersprache wird ein neues Mittel der Weltbemächtigung. Es konnte im Falle S. nicht verwunderlich sein, daß er sich um die deutschen Sprichwörter wesentlich bemühte und sie auch sammelte. Von Bedeutung für die Sprichwortforschung ist die Tatsache, daß zahlreiche Sprichwörter nur bei S. verzeichnet sind. So taucht der Begriff „Schlaraffenland" erstmalig bei ihm auf. In seinen Lehrbüchern bevorzugte er die Mehrsprachigkeit, auch wenn es sich um moralische Schriften für die Jugend handelte wie in seiner „Officina virtutum" (1670). Diese Schrift wird als seine bedeutendste genannt. In der Anlage ist sie ein Nachfahre der Schriften, wie wir sie von Vives, Erasmus, Sulpicius und anderen kennen und ein interessanter Spiegel der Moralvorstellungen der damaligen Zeit. Durch die Entdeckung von Pilz weiß man, daß S. der Verfasser des 1685 anonym erschienenen „Teutsch-lateinischen Wörterbuches zum Nutz der Schuljugend" war. Vor allem dieses Wörterbuch, aber auch zahlreiche andere Schriften S.s erfreuten sich großer Beliebtheit bis in die zweite Hälfte des 18. Jahrhunderts hin.

Werke: Teutscher und neuer Wegweiser zur lateinischen Sprache (1650); Erneuter Donat oder erste Unterweisung (1658); Differentiae latinarum vocum in tres classes distributae (1668); Bellum grammaticale (1670); Officina virtutum seu praeceptiunculae morales (1670, [3]1720); Selectiora quaedam colloquia (1672, [2]1722); Compendium grammaticae (1675, [2]1714); Praeceptor methodicus sive methodus institutionis puerilis (1677); Viridarium selectissimis parvemiarum et sententiarum latino-germanicarum flosculus amoenissimum (1677); Officina scholastica (1678, [3]1710); Teutsch-lateinisches Wörterbuch (1685, [4]1733); Selectiora Adagia Lationo germanica (1689, [5]1747); Tyrocinium nomanclatoris (1703); Minor silvula phrasiam linguae latinae (1716); Beschreibung der Tugenden (1763); Beschreibung der Laster für die Schuljugend (1768).

Sekundärliteratur: K. Pilz: Johann Amos Comenius. Die Ausgaben des Orbis Sensualium Pictus (1967). – D. Rammensee: Bibliographie der Nürnberger Kinder- und Jugendbücher 1522–1914 (1961). – Kl. Schaller: Die Pädagogik des Johann Amos Comenius und die Anfänge des pädagogischen Realismus im 17. Jahrhundert ([2]1967).

Erich Strobach

Shaw, Elizabeth

*Irisch-deutsche Illustratorin; * 4. 5. 1920 Belfast/Irland.*

Sh. besuchte bis 1933 die Royal Academy in Belfast, dann infolge des Umzugs ihrer Familie in Bedford/England die High School für Mädchen. Ihr Studium absolvierte sie 1938 bis 1940 an der Chelsea School of Art in London. Sie spezialisierte sich auf Buchillustration. Ihre Lehrer waren Graham Sutherland und Brian Robb. Ab 1940 kriegsdienstverpflichtet, legte Sh. ihre ersten Arbeiten in Form von Zeichnungen und Plakaten im Stile von Majakowskis Agitations-Karikaturen in „Our Time", „Lilliput" und „Fore Publications" vor. Seit 1944 ist Sh. mit dem seinerzeit aus Deutschland geflüchteten Bildhauer und Maler René Graetz verheiratet und lebt seit 1946 in Berlin (DDR), wo sie als freie Mitarbeiterin für verschiedene Periodika wie „Ulenspiegel", „Frischer Wind", „Aufbau", „Neues Deutschland" zeichnete. Seit Mitte der fünfziger Jahre spezialisierte sie sich auf Porträtkarikatur, Reiseberichte und Buchillustration. 1961 begann sie, Kinderbücher auch selbst zu texten. Einzelausstellungen ihres graphischen Werks fanden unter anderem in Coventry (1964), Berlin (1970) und Perleberg (1975) statt. 1975 erhielt Sh. den Kunstpreis der DDR.

Werk, Tendenzen, Wirkung. Seit über zweieinhalb Jahrzehnten gehört Sh. mit einem thematisch reichhal-

Elizabeth Shaw: Illustration aus dem „Kinder-Kunstkalender 1978" (Der Kinderbuchverlag, Berlin).

tigen Titelangebot zu Kinderreimen, Umweltgeschichten und heiteren Themen zu den markantesten und zugleich produktivsten Kinder- und Bilderbuchgraphikerinnen der DDR. Sie begann 1951 mit der Illustration von „Tiergeschichten“ FRIEDRICH WOLFS. Es folgten graphische Gestaltungen zu vielen bekannten, älteren und neueren Werken der Kinder- und Jugendliteratur, darunter CHR. F. GELLERTS „Fabeln“ (1956), BERTOLT BRECHTS „Ein Kinderbuch“ (1965), PAULA DEHMELS „Von morgens bis abends“ (1969), HANS FALLADAS „Der getreue Igel“ (1970) und ASTRID LINDGRENS „Lillebror und Karlsson vom Dach“ (1971). Sh. gibt der klaren Kontur den Vorzug. Der überwiegende Teil ihrer Illustrationen besteht aus Federzeichnungen, die in humorvollem, leicht karikierendem, naivisierendem realistischem Stil und gelegentlich sanft koloriert sind.

Werke: Fr. Wolf: Tiergeschichten (1951); N. Mika: Das Mädchen Max und 10 mal Fax (1955); J. Krüss: Spatzenlügen und andere seltsame Begebenheiten (1957); E. Anderson: Hunde, Kinder und Raketen (1958); K. H. Berger: Eine fröhliche Reise (1959); E. Anderson: Großer Felix und kleiner Felix (1961); N. Nossow: Freundchen (1963); E. Shaw: Der kleine Angsthase (1963); U. Wilke: Helle im Tor (zus. mit J. Wilke. 1963); K. H. Berger: Das Kutschpferd und der Ackergaul. Fabeln (1964); E. Shaw: Gittis Tomatenpflanze (1964); B. Brecht: Ein Kinderbuch (1965); E. Kästner: Das Schwein beim Friseur (1965); E. Shaw: Die Schildkröte hat Geburtstag (1965); M. M. Hellendall: Ping, pang, poch. Englische Kindergedichte (1967); E. Shaw: Wie Putzi einen Pokal gewann (1967); G. Holtz-Baumert: Von lustigen Wichten 12 kleine Geschichten (1968); P. Dehmel: Von morgens bis abends (1969); H. Fallada: Der getreue Igel (1970); E. Shaw: Bella Belchaud und ihre Papageien (1970); E. Shaw: Bettina bummelt (1971); A. Lindgren: Lillebror und Karlsson vom Dach (1971); E. Shaw: Zilli, Billi und Willi (1971); H. Kahlau: Schaumköpfe (1972); E. Shaw: Das Bärenhaus (1973); R. Kirsch: Es war ein Hahn (1975); E. Shaw: Als Robert verschwand (1975); E. Shaw: Guten Appetit! (1976).

Sekundärliteratur: W. Klemke: Die Künstlerin Elizabeth Shaw (in: Bildende Kunst. 1958. 2. 134–136). – L. Lang: Ein Kinderbuch der Elizabeth Shaw (in: Die Weltbühne. 1968. 10. 316–318); Drei Illustratoren unserer Republik. Elizabeth Shaw (in: Marginalien. 1969. 33. 48–49); Elizabeth Shaw (in: Die Weltbühne. 1972. 5. 149–151). – B. Nowak: „... mit Illustrationen von Elizabeth Shaw (in: Bildende Kunst. 1970. 3. 160–163). – S. Pawel: Atelierbesuch bei Elizabeth Shaw (in: Beiträge zur Kinder- und Jugendliteratur. 1976. 39. 68–71).

Horst Künnemann

Sherman, Denis Ronald

*Englischsprachiger Schriftsteller und Jugendbuchautor; * 20. 12. 1934 Calcutta.*

Sh. verbrachte seine Kindheit in Indien und wurde später in England erzogen. Nachdem er vorübergehend zur See gefahren war, ließ er sich in Südafrika bei einer Eisenbahngesellschaft anstellen. Er unternahm weite Reisen und lebt heute als Besitzer einer Kokosnußplantage auf den Seychellen im Indischen Ozean.

Werk, Tendenzen, Wirkung. Für seine 1965 in deutscher Sprache erschienene Novelle „Das Tellereisen“, die 1964 als sein erstes Buch unter dem Titel „Old Mali and the Boy“ in London veröffentlicht wurde, erhielt Sh. 1966 die Prämie des Deutschen Jugendbuchpreises: „Obgleich es sich um kein ‚spezifisches Jugendbuch‘ handelt, vermag die Erzählung durch die vordergründig spannende Handlung, das Thema und die Intensität der Darstellung junge Menschen unmittelbar zu packen und baut ihnen so eine Brücke zur Erwachsenenliteratur.“ In dieser Novelle, die in Indien spielt, wird von der Freundschaft zwischen einem alten Mann und einem Jungen erzählt, die auf tragische Weise endet. Während eines Jagdausfluges in den Dschungel gerät der alte Mann – nicht ohne Mitschuld des Jungen – in ein verborgenes Fangeisen; dabei wird sein Bein so schwer verletzt, daß er auf dem Rückweg trotz der Anstrengungen des Jungen verblutet. Die Ereignisse lösen in dem zunächst gedankenlos egozentrischen Jungen einen beschleunigten Reifungsprozeß aus. In seinem Bemühen um Realistik scheut der Autor nicht vor der detaillierten Beschreibung grausamer Szenen zurück. Zu den auffälligsten Erzähltechniken gehören die Rückblende und die variierende Wiederholung bestimmter Leitmotive. Sh.s abenteuerliche Romane spielen zumeist vor exotischer Kulisse.

Werke: Old Mali and the boy (1964; dt. Das Tellereisen, 1965); Brothers of the sea (1966; dt. Gefährten des Meeres, 1967); Into the noonday sun (1966, dt. In der Sonne des Mittags, 1968); The sinners (1970; dt. Die Sünder, 1972); The lion's paw (1974); Ryan (1973; dt. Ryan, der Killer, 1976); The boat (1973; dt. Das fremde Boot, 1975).

Sekundärliteratur: J. Grützmacher: Denis Ronald Sherman „Das Tellereisen“ (in: A. Cl. Baumgärtner (Hrsg.): Jugendliteratur im Unterricht. 1972. 161–169).

Jutta Grützmacher

Siebe, Josephine

*Kinderbuchautorin; * 10. 11. 1870 Leipzig, † 26. 7. 1941 Leipzig.*

S. verlebte ihre Jugend bei ihren Eltern in Leipzig, Jena, Halle a. d. S., Halberstadt und Bromberg. Nach dem Schulbesuch in Halle und Leipzig beabsichtigte S., eine Mal- und Zeichenausbildung zu absolvieren, war auch eine Zeitlang im Photogeschäft ihres Vaters tätig. Ihre schriftstellerischen Fähigkeiten bestimmten jedoch die Wahl ihres Berufs. Ein Aufenthalt auf dem Rittergut Pösen bei Jena in jungen Jahren war von großem Einfluß auf ihre Vorstellung von Naturverbundenheit und Landleben. S. lebte zurückgezogen und pflegte kaum Kontakte zur Öffentlichkeit; über ihr Leben ist daher wenig bekannt. Von 1904 ab war sie viele Jahre Schriftleiterin der Frauenbeilage des „Leipziger Tageblatts“, später auch des Frauenteils von „Reclams Universum“. Nebenher half sie in Volkswohlfahrt und Jugendfürsorge. Durch eine schwere Krankheit im Jahre 1920 büßte sie nach und nach ihre Schaffenskraft ein, bis sie nach schwerem Leiden 1941 starb. S. erhielt in einem Wettbewerb der Zeitschrift „Woche" zu Weihnachten 1905 für ihre Erzählung „Bäschen Bangbüchschen" einen ersten Preis.

Werk, Tendenzen, Wirkung. S. begann unmittelbar nach ihrer Schulzeit zu schreiben. Ihr erstes Buch „Stille Kämpfer" veröffentlichte sie 1901.

Der Jugendschriftstellerei wandte S. sich mit der Herausgabe des „Ludwig Richter-Buches" (1904) zu. S. versuchte darin, 62 Bilder RICHTERS durch kurze Erzählungen und Gedichte sprachlich zu verlebendigen und in einen inhaltlichen Zusammenhang zu bringen. Die Zeitschrift „Jugendschriften-Warte" meinte in einer kritischen Betrachtung dazu: „Richtersche Bilder bedürfen keines Kommentars; sie werden ohne weiteres von Kindern verstanden ... besser als J. Siebe es mit ihren Erzählungen und Reimen vermag" (Jugendschriften-Warte. 11. 1906. S. 43).

S.s erster Erfolg kam mit den „Oberheudorfer Buben- und Mädelgeschichten" (1908), denen drei weitere Bände „Neue Kindergeschichten aus Oberheudorf" (1912), „Die Oberheudorfer in der Stadt" (1914) und „Drei aus Oberheudorf" (1932) folgten.

S.s Bücher spielen in der Regel in ländlicher oder kleinstädtischer Umgebung und in freier Natur. Sie setzt sich oft mit dem Stadt-Land-Gefälle auseinander. Die Atmosphäre ihrer Bücher ist heiter, gewollt gelokkert und kennt keine ernsthaften Konflikte oder deren Austragung. Beispiele dafür sind „Die Sternbuben in der Großstadt" (1918) und „Lump und Schlingel" (1934), in dem das Schicksal zweier Dackeljungen geschildert wird, die aus einem ländlichen Forsthaus in eine Stadtwohnung umgesiedelt werden.

S. neigt in ihren Geschichten zum Harmonisieren und zu Sentimentalitäten. Das drückt sich zum Teil in den Titeln ihrer Bücher aus wie „Im Paradiesgärtlein" (1910), „Im hellen Tal" (1923), „Fritz Immerfroh" (1938). S. hat auch eine Reihe von Tierbüchern geschrieben, wovon, neben dem schon erwähnten „Lump und Schlingel" die „Sechs Bärenbrüder" (1927) bekannt wurden.

Ihr Hauptwerk sind die heute noch verbreiteten und beliebten Kasperle-Geschichten, von denen von 1920 bis 1930 insgesamt sieben Bände mit einer geschätzten Gesamtauflage von 200000 Exemplaren erschienen sind.

Seit den zwanziger Jahren verfaßte sie auch Mädchenbücher, die stilistisch mit den Geschichten von AGNES SAPPER (1852–1929) vergleichbar sind, z. B. „Die kleine Mamsell Pfefferkraut" (1923) sowie „Die Dietrichkinder" (1926) und „Lene Kellermann" (1925). In ihrem Bemühen um Literatur für junge Mädchen fungierte sie 1921 auch als Herausgeberin des von THEKLA VON GUMPERT (1810–1897) gegründeten „Töchteralbums" und gab neben LUISE GLASS und ELSE HOFMANN das „Goldene Mädchenbuch" (Bd. 1–6. 1909–1914) heraus.

Werke: Stille Kämpfer (1901); Wie Lenchen eine Heimat fand (1904); Deutsche Jugend in schwerer Zeit (1904); Das Ludwig Richter-Buch (1904); Durchgerungen (1905); Otti (1905); Bärbelis Wunderbett (1906); Der Edelweißbub (1907); Oberheudorfer Buben- und Mädelgeschichten (1908); Kleinstadtkinder (1910); Im Paradiesgärtlein (1910); Lustige Fahrten ins Blaue hinein (1910); Im Hasenwunderland (1910); Heimatsucher (1911); Neue Kindergeschichten aus Oberheudorf (1912); Joli (1913); Das Ruhmesbüchlein (1913); Die Oberheudorfer in der Stadt (1914); Deutsches Herz im welschen Kleid (1915; auch u. d. T.: Deutsches Herz im fremden Kleid, 1921); Meister Schnupphase und seine Freunde (1915); Die Schelme von Steinach (1916); Rose, Linde und silberner Stern (1917); Die Sternbuben in der Großstadt (1918); Die Helden von Spatzenbühl (1918); Dudeleins Garten und Schippels Kinder (1919); Die Nichten des Herrn von Trentlin (1919); Rund um die Rabenburg (1919); Feriengäste im Silbernen Stern (1920); Die goldene Brücke (1920); Hans Hosenmatz will träumen lernen (1920); Kasperle auf Reisen (1921); Herrn de Chiarreards deutsche Kinder (1922); Kasperles Abenteuer in der Stadt (1922); Als noch die Postkutsche fuhr (1923); Im hellen Tal (1923); Kasperle auf Berg Himmelhoch (1923); Die kleine Mamsell Pfefferkraut (1923); Die verbannten Prinzessinnen (1923); Die neue Heimat (1924); Das Teddybuch (1924); Kasperles Schweizerreise (1925); Lene Kellermann (1925); Die Dietrichkinder und andere Erzählungen (1926); Kasperle im Kasperland (1926); Sechs Bärenbrüder (1927); Kasperle ist wieder da (1928); Anna, Sabine und ihre Schwestern (1929); Das lustige Puppenbuch (1929); Das Wetterhexlein (1929); Frohe Mädel und ihre Kameraden (1930); Kasperles Spiele und Streiche (1930); Friedel und die vier Spatzen (1931); Das Haus im Walde (1931); Drei aus Oberheudorf (1932); Lump und Schlingel (1934); Die fünf Schatzgräber (1937); Fritz Immerfroh (1938).

Hrsg.: Das goldene Mädchenbuch (zus. mit L. Glass und E. Hofmann. Bd. 1–6. 1909–1914); Das Töchteralbum (Bd. 67–68 u. 71. 1921–1922 u. 1925); Das goldene Jugendbuch (1929).

Rüdiger Edelmann

Siemsen, Anna

*Sozialdemokratische Kultur- und Schulpolitikerin, Literaturkritikerin und Jugendschriftstellerin; * 18. 8. 1882 Mark bei Hamm, † 22. 1. 1951 Hamburg.*

S. absolvierte eine Lehrerausbildung. 1921 bis 1923 war sie Oberschulrätin für das Fach- und Berufsschulwesen in Berlin. Zunächst war sie Mitglied der Unabhängigen Sozialdemokratischen Partei Deutschlands. Ab 1923 in Thüringen in der Lehrerausbildung tätig, erhielt sie später eine Professur in Jena. 1928 wurde sie Mitglied des Reichstages. Seit 1926 betätigte sich S. als Mitherausgeberin der „Jungsozialistischen Schriftenreihe", wurde Mitglied des Sozialistischen Kulturbundes und Mitarbeiterin an der linkssozialistischen Zeitschrift „Der Klassenkampf". 1931 trat S. in das Führungsgremium der Sozialistischen Arbeiterpartei ein. 1932 erhielt sie Berufsverbot und emigrierte 1933 in die Schweiz. Nach ihrer Rückkehr 1945 war S., die erneut den Professorentitel erhielt, Leiterin des Institutes für Lehrerbildung in Hamburg.

Werk, Tendenzen, Wirkung. S. war die profilierteste Kulturpolitikerin auf dem linken Flügel der deutschen Sozialdemokratie. Ausgehend von einer Orientierung am künstlerischen Erbe des Bürgertums, entwickelte sie ein operatives Konzept für die sozialistische Kinder- und Jugendliteratur. Propagierung sozialistischer Ideen

Frauen, die in den Kerker gingen

Schwerer noch als in Deutschland und Oesterreich war Arbeit und Kampf der Frauen in Rußland. Hier konnte man für die Befreiung der Armen und Unterdrückten nur heimlich arbeiten, und viele Männer und Frauen sind von den Beamten des Zaren verurteilt, in den Kerker und nach Sibirien geschickt, nicht wenige sind getötet. Wera Figner wurde im Jahre 1884 als junge Frau von 32 wegen ihrer revolutionären Arbeit zum Tode verurteilt und zu lebenslänglichem Kerker begnadigt. Sie hat dann 20 Jahre ihres Lebens in der Festung Schlüsselburg verbracht, bis sie im Jahre 1904 entlassen wurde. Seither hat sie weiter für die Sache der Arbeiter gelebt und gewirkt und tut das noch heute als alte 75jährige Frau. Was sie hier von ihrem Leben im Gefängnis erzählt, das zeigt uns, wie sehr Kameradschaft, Solidarität und schaffende Arbeit auch das schwerste Leben erhellen können.

Seite aus dem „Buch der Mädel" von Anna Siemsen, das 1927 bei der Urania-Verlags-Gesellschaft in Jena herauskam. Die der Arbeiterbewegung zuzurechnende Autorin setzte sich vor allem für die Gleichberechtigung der Frau ein.

war für sie eingebunden in die Grenzen der Kunst, und diese war für sie das einzige Mittel, die Jugend von einer politischen Wahrheit zu überzeugen. Damit befand sie sich in Distanz zum offensiven kommunistischen Agitationskonzept, aber auch zu der in der Sozialdemokratie geläufigen Auffassung, eine spezifische sozialistische Kinder- und Jugendliteratur sei nicht notwendig. Sie widmete sich besonders dem emanzipatorischen Aspekt im Mädchenbuch, bekämpfte Nationalismus und bürgerliche Indoktrination im Schul- und Lesebuch und veröffentlichte eine Reihe von Lesewerken und Textsammlungen mit sozialistischer Tendenz.

Werke: Kämpfende Menschheit. Ein Geschenkbuch zur Jugendweihe (1925); Das Buch der Mädel (1926); Menschen und Menschenkinder aus aller Welt (1929); Laßt uns Kameraden sein! Eine Jugendweihegabe (1933, zus. mit anderen); Der Weg ins Freie (1943); Die gesellschaftlichen Grundlagen der Erziehung (1948).

Sekundärliteratur: D. Richter: Das politische Kinderbuch (1973). – A. Siemsen: Anna Siemsen. Leben und Werk (1951). – Fr. Trommler: Sozialistische Literatur in Deutschland (1976. 551–552 und 555–556).

Hans J. Schütz

Sienkiewicz, Henryk

*(Ps.: Litwos). Polnischer Schriftsteller und Journalist; * 5.5.1846 Gut Wola Okrzejska bei Siedlce, † 15.11.1916 Vevey am Genfer See.*

S., Sohn eines Großgrundbesitzers, besuchte das Gymnasium in Warschau und studierte dort an der Universität Philosophie und Geschichte. 1872 brach er sein Studium aus finanziellen Gründen ab und wurde Journalist. Er reiste durch Europa, nach Nordamerika und in den Orient. Als Journalist bekämpfte er den rückständigen Adel, beschrieb das bittere Elend der Bauern in Polen, die trostlose Lage der polnischen Emigranten außer Landes und das grausame Los der unterdrückten Indianer und Neger in Amerika. Höchstes Ansehen erwarb er sich durch seine weitverbreiteten historischen Romane, vor allem durch „Quo vadis" (1894–1896).
Als S. im Jahr 1900 das 25jährige Jubiläum seiner schriftstellerischen Tätigkeit feierte, schenkten ihm seine dankbaren Landsleute das Gut Oblegorek im Gouvernement Radom. S. erhielt 1905 den Nobelpreis für sein international bekanntes Gesamtwerk. Im Kampf gegen die Unterdrückung der polnischen Nationalität durch das Deutsche Reich schrieb S. 1906 einen offenen Brief an Kaiser WILHELM II. und brachte 1909 die Dokumentation „Prusse et Pologne" heraus. Zu Beginn des Ersten Weltkrieges ging S. über Österreich in die Schweiz, wo er ein Komitee zur Hilfe der polnischen Opfer des Krieges gründete. Die sterblichen

Henryk Sienkiewicz (1846–1916)

Überreste des 1916 in Vevey (Schweiz) beigesetzten Schriftstellers wurden 1924 nach Warschau überführt.

Werk, Tendenzen, Wirkung. Anfangs neigte S. der positivistischen Lehre mit ihrer Grundauffassung „Arbeit an der Basis“ zu, so beschrieb S. in „Szkice weglem“ (1877; dt. Kohlenzeichnungen, 1903), in „Janko muzykant“ (1881; dt. Janko der Musikant, 1903) und in „Bartek Zwycieża“ (1882; dt. Bartek der Sieger, 1892) die erbärmliche Lage der polnischen Bauern. In „Latarnik“ (1882; dt. Der Leuchtturmwärter, 1904) schildert S. das Los eines polnischen Emigranten in Amerika, in „Orso“ (1882) und „Sachem“ (1882) die Unterdrückung der Neger und Indianer in den amerikanischen Ländern. War S.s Interesse ursprünglich auf soziale Themen gerichtet, so nahm er mit der Zeit immer mehr eine konservative und religiöse Haltung ein. Seine späteren Romane sind weitgehend von einem nationalen Engagement geprägt. So wollte S. mit seinen historischen Romanen einen Beitrag zur nationalen Erziehung der polnischen Jugend leisten. Seine geschichtliche Trilogie „Ogniem i mieczem“ (Bd. 1–4. 1884; dt. Mit Feuer und Schwert, Bd. 1–4. 1888), „Potop“ (1886; dt. Sintflut, 1904) und „Pan Wolodyjowski“ (Bd. 1–3. 1887; dt. Pan Wolodyjowski, der kleine Ritter, 1902), die den heldenmütigen Kampf der Polen gegen Schweden, Türken und Tataren im 17. Jahrhundert schildert, sollte das Nationalbewußtsein seiner Landsleute wecken und stärken. Die gleiche Intention zeigt der Roman „Krzyzacy“ (Bd. 1–4. 1897–1900; dt. Die Kreuzritter, 1902), in dessen Mittelpunkt die für die Polen siegreiche Schlacht gegen den Deutschritterorden bei Tannenberg im Jahr 1410 steht. Weltruf erlangte S. mit dem Roman „Quo vadis“ (Bd. 1–3. 1894–1896; dt. Quo vadis, Bd. 1–2. 1898), der in dreißig Sprachen übersetzt wurde. Mehrmals wurde der Stoff vertont, verfilmt und dramatisiert.

Der auf genauestem Quellenstudium beruhende Roman „Quo vadis“ schildert den Widerstand des neu entstandenen Christentums gegen das alte im Abstieg begriffene Heidentum im Rom des Kaisers NERO (37–68). Der Titel des Romans „Quo vadis“ (Wohin gehst du?) ist symbolisch gemeint als die entscheidende Lebensfrage, die dem aus Rom flüchtenden Petrus auf der Via Appia von Jesus Christus gestellt wird und die im übertragenen Sinne den Christen an seine Mitverantwortung für seine Glaubensbrüder erinnern will.

In deutschen Übersetzungen wandelte sich das im Original keineswegs leicht zu lesende Werk zum bloßen Unterhaltungsroman und erlebte zahlreiche Bearbeitungen für junge Leser schon vom zehnten, elften Lebensjahr an. Diese Trivialisierung des historischen Romans von S. in Deutschland wurde oft kritisiert. „Mit dem in den letzten drei Jahrzehnten eingetretenen Absinken in die Sphäre der Jugendliteratur und des Unterhaltungsromans geschieht dem Werk Unrecht“ (Lexikon der Weltliteratur, herausgegeben von G. VON WILPERT, Bd. II. S. 852. 1968).

Während spezielle Jugendbearbeitungen von „Quo vadis“ heute selten geworden sind, erlebt der Unterhaltungsroman „Quo vadis“ immer neue Auflagen und wird heute auch weitgehend von Jugendlichen gelesen. Speziell für junge Leser schrieb S. die für seine Enkel gedachte Erzählung „W pustyni i w puszczy“ (1911; dt. Durch die Wüste, 1911), die unter verschiedenen Titeln mehrfach in deutscher Sprache verlegt wurde. Die Erzählung basiert auf S.s eigenen Reiseerfahrungen. Zwei europäische Kinder, der vierzehnjährige Stasch Tarkowski und die achtjährige Nel Rawlison, deren Väter leitende Stellungen in der Suez-Kanal-Kompanie einnehmen, werden zur Zeit des Mahdi-Aufstandes von Aufständischen entführt, fliehen und gelangen erst nach gefährlichen Abenteuern zu ihren Vätern zurück.

Werke: Stary sluga (1875; dt. Der alte Diener und sein Enkelkind, 1909); Hania (1876; dt. Hanna, 1887); Selim Mirza, 1876; dt. Selim Mirza, 1908); Szkice weglem (1877; dt. Kohlenzeichnungen, 1903); Za chlebem (1880; dt. Ums liebe Brot, 1884); Janko musykant (1881; dt. Janko der Musikant, 1903); Bartek Zwyczieża (1882; dt. Bartek der Sieger, 1892); Latarnik (1882; dt. Der Leuchtturmwärter, 1904); Orso (1882); Sachem (1882); Ogniem i mieczem (Bd. 1–4. 1884; dt. Mit Feuer und Schwert. Bd. 1–4. 1888); Potop (1886; dt. Sintflut. 1904); Pan Wolodyjowski (Bd. 1–3. 1887; dt. Pan Wolodyjowski, der kleine Ritter, 1902); Bez dogmatu (1891; dt. Ohne Dogma. Bd. 1–2. 1892); Rodzina Polanieckich (Bd. 1–3. 1893–1894; dt. Die Familie Polaniecki, 1899); Quo vadis (Bd. 1–3. 1894–1896; dt. Quo vadis. Bd. 1–2. 1898); Krzyżacy (Bd. 1–4. 1897–1900; dt. Die Kreuzritter, 1902); Na polu chwaly (1900; dt. Auf dem Felde der Ehre, 1906); Wiry (Bd. 1–2. 1910; dt. Strudel, 1910); W pustyni i w puszczy (1911; dt. Durch die Wüste, 1911).

Sekundärliteratur: A. Bronarski: Stosunek „Quo vadis“? do literatur romańskich (1926). – T. Bujnicki: „Protop“ Henryka Sienkiewicza. Poweści film (zus. mit A. Helman, 1977); Trylogia Siekiewicza na tle tradycji polskiej powieście historyznej. Mit engl. Zus.fass.: Henryk Sienkiewicz's trilogy and the traditions of the Polish historical novel (1973). – K. Czachowski: H. Sienkiewicz (1931). – Z. Falkowski: Przde wszystkim Sienkiewicz (1959). – M. M. Gardner: The patriot novellist of Poland, H. Sienkiewicz (1926). – J. K. Gorskij: Istosičeskij roman Senkeviča (1966). – M. Kosko: Un „best-seller“ de 1900: Quo vadis? (1960). – W. Lednicki: H. Sienkiewicz. A retrospective synthesis (1960). – O. Marucchi: Introduction historique et archéologique à „Quo vadis“ de H. Sienkiewicz (1901). – A. L. Nofer: H. Sienkiewicz (1959, [5]1971). – S. Papée: H. Sienkiewicz jako humorysta (1921). – E. Ravaglia: „Quo vadis“ e „I promesi sposi“. Studio parallelo (1900). – Z. Sweykowski: Trylogia Sienkiewicz (1973). – T. Zielinksi: Idea Polski w dzielach Sienkiewicz (1920).

Hans Eich

Signal-Verlag

Baden-Baden. Literatur für Heranwachsende.

Der Signal-Verlag Hans Frevert wurde am 10.1.1959 von dem jetzigen Inhaber HANS FREVERT (* 15.7.1932) mit der Absicht gegründet, auf dem Gebiet der Jugendliteratur neue Impulse zu geben. Hierzu gehört auch die Beteiligung der jugendlichen Leser selbst an der Verlagsplanung, wie sie durch die Gründung eines Jugendlektorates mit Mitspracherecht verwirklicht ist.

Der Schwerpunkt der Produktion liegt seit Beginn bei engagierten, an der Aktualität orientierten Büchern für

Leser von 14 bis 18 Jahren. Zeitgeschichtliche Jugend- und Sachbücher, die zu dem gesellschaftlichen, politischen und sozialen Geschehen Stellung nehmen, bestimmen das Verlagsprofil. Unbequeme Themen, wie die Not der Dritten Welt, Unmenschlichkeit, soziale Ungerechtigkeit, Vorurteile, Kriege etc., sollen die jungen Menschen aufklären und betroffen machen. Ein Beispiel ist der 1968 von HANS FREVERT selbst herausgegebene dokumentarische Band „Verachtet, gehetzt, verstoßen. Die Verfolgung der Menschen aus rassischen, politischen und religiösen Gründen". Ein großer Teil der erzählenden Literatur – darunter unkonventionelle Mädchenbücher – wurden aus dem Englischen, aber auch aus dem Tschechischen und Schwedischen übersetzt.
Mehrere Titel des Signal-Verlages wurden mit in- und ausländischen Preisen ausgezeichnet. 1971 erhielt das von HANNO DRECHSLER herausgegebene Lexikon der Politik „Gesellschaft und Staat" (1970) den Deutschen Jugendbuchpreis als bestes Sachbuch. 1973 wurde dieser Preis dem Buch von BARBARA WERSBA „Ein nützliches Mitglied der Gesellschaft" (1972) zuerkannt. Neben dem bisherigen Programm werden vermehrt auch Bücher für den Gemeinschaftskundeunterricht und Informationsmaterial zu den Massenmedien und ihrer Aufgabe und Funktion veröffentlicht.
Zu den Autoren des Verlages gehören INGEBORG BAYER, IRMELA BRENDER, JANA ČERVENKOVA, MAVIS THORPE CLARK, WOLFGANG GABEL, HERMANN GAIL, LEIF JØRGENSEN, M. E. KERR (d.i. MARIJANA MEKKER), HANS-CHRISTIAN KIRSCH (Ps. FREDERIK HETMANN), FRANZ NEUMANN, HANS-GEORG NOACK, DIETER NOHLEN, JÜRGEN ROTH, IWAN SCHMELJOW, SIGRID SCHUSTER-SCHMAH, KARL ROLF SEUFERT, CHRISTIANE SPRENGER, OTTO STEIGER, ANNEMARIE WEBER (d.i. KATJA HENNING), BARBARA WERSBA, ALEXANDER WOLF.

Hannelore Daubert

Die Silberne Feder

Preis des Deutschen Ärztinnenbundes e.V. zur Auszeichnung von Büchern für Kinder und Jugendliche, die sich auf ansprechende und informative Weise mit den Problembereichen Gesundheit und Krankheit beschäftigen.

Der Preis wurde 1976 erstmals verliehen und soll alle zwei Jahre wieder vergeben werden. Die technische und organisatorische Ausführung übernimmt der Arbeitskreis für Jugendliteratur e.V. in München.
Den Anstoß für die Stiftung der „Silbernen Feder" lieferten die ärztlichen Erfahrungen mit dem oft gesundheitswidrigen Verhalten der Erwachsenen im sozialen und familiären Umfeld der Kinder. Von einer unterhaltsamen, nicht moralisierenden Information im Kinder- und Jugendbuch versprechen sich die Gründer eine zusätzliche Aufklärung über gesundes und vernünftiges Leben. Durch die Preisvergabe sollen besondere Leistungen bei der Darstellung gesundheitserzieherischer und aufklärender Themenbereiche gewürdigt werden.
Der Preis – eine Urkunde und eine silberne Feder – kann einem Bilderbuch, einem erzählenden Buch oder einem Sachbuch zuerkannt werden. Es muß sich dabei um deutschsprachige Originalwerke oder deutsche Übersetzungen fremdsprachiger Werke handeln.
Die Hauptjury besteht aus jeweils zwei Vertreterinnen des Deutschen Ärztinnenbundes und des Arbeitskreises für Jugendliteratur sowie zwei Schülern. Den Vorsitz führte Dr. HEDDA HEUSER, Präsidentin des Deutschen Ärztinnenbundes. 1976 wurde die „Silberne Feder" dem Bildersachbuch „Meine Augen" (1976) von EDI LANNERS und NOLDI LUTZ zuerkannt, 1978 der Erzählung mit dokumentarischem Charakter „Wie mein Kind mich bekommen hat" (1978) von BARBARA BRONNEN.

Hannelore Daubert

Simrock, Karl

*Germanist, Schriftsteller, Übersetzer altgermanischer und mittelhochdeutscher Literatur, Herausgeber der Volksbücher, Sammler von Kinderreimen, -liedern und -spielen, Rätseln und Sagen; *28.2.1802 Bonn, †18.7.1876 Bonn.*

S., Sohn eines Musikalienhändlers, besuchte das Gymnasium und studierte ab 1818 an der Universität Bonn, ab 1822 in Berlin Rechtswissenschaften und Germanistik. Zu seinen Lehrern zählten unter anderem ERNST MORITZ ARNDT (1769–1860), AUGUST WILHELM VON SCHLEGEL (1767–1845) und KARL LACHMANN (1793–1851), zu seinen Kommilitonen HEINRICH HEINE (1797–1856) und HOFFMANN VON FALLERSLEBEN (d.i. AUGUST HEINRICH HOFFMANN, 1798–1874). Seit 1823 im preußischen Staatsdienst, wurde er 1826 Referendar am Kammergericht in Berlin, 1830 jedoch wegen seines Gedichts „Die drei Farben", das die französische Juli-Revolution enthusiastisch begrüßt, aus dem Staatsdienst entlassen. Zwei Jahre später siedelte er auf sein Weingut Menzenberg bei Bonn über und widmete sich intensiv germanistischen Studien, schrieb aber auch Gedichte, Lieder und Schwänke. 1850 wurde er Professor für deutsche Sprache und Literatur an der Bonner Universität, wo er bis zu seinem Tode lehrte.

Werk, Tendenzen, Wirkung. Ein großer Anteil des umfangreichen Werkes von S. wurde auch von jungen Lesern konsumiert. Eine wesentliche Bereicherung der Kinder- und Jugendliteratur erfolgte durch die von S. gesammelten und herausgegebenen Volksbücher, die bisher vorwiegend in Form fliegender Blätter auf Messen und Märkten feilgeboten und durch viele Druckfehler, Mißverständnisse, willkürliche Textänderungen (aus Verschämtheit, Staatsräson oder Rücksichtnahme auf die Kirchen) sowie Kürzungen (um die Auflagen zu verbilligen) in einen verfälschten und verwahrlosten Zustand geraten waren. Eine erste fünfbändige Ausgabe S.s erschien 1839–1843, die auf dreizehn Bände erweiterte endgültige Sammlung von 1845–1867 „Die deutschen Volksbücher. Gesammelt und in ihrer ursprünglichen Echtheit wiederhergestellt" enthält mit über 50 Volksbüchern fast alle überlieferten Titel. Nur wenige wie z.B. „Der Pfaff vom Kalenberge", „Richard Ohnefurcht" oder „Robert der Teufel" wurden von S. nicht aufgenommen. Die Bände fanden bei den jungen Lesern nicht nur großen Anklang, ihnen wurde auch ein beträchtlicher Bildungswert zugesprochen. So meinte noch Hermann Leopold Köster (1872–1957), daß „die ungebrochene Leidenschaft, die in ihnen herrscht, die Einfachheit der Charaktere und Motive ... die Volksbücher zu einer vorzüglichen Lektüre für die Jugend" mache; manche davon seien überdies „vorzüglich geeignet, den Übergang vom Märchen und von der Volkssage zur dichterischen Erzählung zu vermitteln" (Geschichte der deutschen Jugendliteratur, [4]1927. S. 213–218). Während Köster wegen „geschlechtlicher Dinge" und „Zoten" eine Aussonderung bestimmter Volksbücher forderte – S.s Ausgabe des „Reineke Fuchs" z.B. sei wegen der „derben Stellen" und „Ausführungen über die Pfaffen" „für Kinder nicht geeignet" (a.a.O. S. 219) –, bewertete S. selbst seine Textausgaben, die sich im Gegensatz zu anderen Bearbeitungen der Zeit eng an den Urtext anlehnen, uneingeschränkt so: „Es ist eine dem Volke gemäße Nahrung, die wir ihm reichen, sie kann niemand gefährlich werden, auch nicht der zarten Jugend. Gefährlicher ist dieser eine zu ängstliche Hut vor Dingen, die natürlich und darum doch nicht zu umgehen sind; werden sie als natürlich und sich von selbst verstehend behandelt, so geben sie keinen Anstoß mehr" (a.a.O. S. 212f.).

Diese für die damalige Zeit erstaunlich moderne Auffassung hat S. jedoch nicht konsequent vertreten. Vielmehr mußte S. aus Rücksicht auf die öffentliche Meinung und zum Zwecke höherer Verkaufszahlen in späteren Ausgaben Konzessionen machen. So heißt es in der Vorrede S.s zur dritten Auflage seines „Deutschen Rätselbuches" (1874): „Alles weggeblieben, was das Anstandsgefühl verletzen könnte, weil es sich der Verbreitung der Sammlung hinderlich erwiesen hatte ..., so daß die Sammlung Kindern unbedenklich in die Hand gegeben werden kann." In seine Volksbücher nahm S. auch „Das deutsche Kinderbuch" (1848), das 1856 in einer stark erweiterten Fassung als häufig aufgelegter Einzelband erschien, auf. Die Texte, die vielfach mit kurzen Erläuterungen und Spielanleitungen versehen sind, jedoch über keine Quellenangaben verfügen, verteilen sich auf die Themen Ammenscherze, Schoß- und Knieliedchen, Buchstabierscherze, Wiegenlieder, Kindergebete, Kinderpredigten, Allerlei Lieder und Reime, Verkehr mit der Natur, Nachahmungen, Spiele, Jahreslieder, Neck-Märchen und Gedächtnisübungen, Sprechübungen, Deutsch oder Wälsch? und Rätsel. Diese Sammlung, die dem Interesse an dem volkstümlichen Kinderreim neue Nahrung gab, wurde im Vorwort von dem Schweizer Jugendschriftsteller August Wilhelm Corrodi (1826–1885) als „kinderliterarisches Ereignis, eine kinderweltgeschichtliche That, die eine wahrlich segensreiche Tragweite hat" (S. V.) gepriesen und jenen Autoren, „die nur jugendschriftstellern und nicht auch geistig jung geblieben sind" als Orientierungshilfe und Wertmaßstab empfohlen. S.s Kinderbuch bildete trotz zahlreicher Nachfolger die erste umfassende und lange Zeit richtungsweisende Sammlung von Kinderreimen, -liedern, -rätseln und -spielen.

S. hat auch zur Bereicherung der Schullektüre beigetragen, so durch manche seiner in der Nachfolge Ludwig Uhlands (1787–1862) entstandenen Balladen (z.B. Die Eichensaat), durch seine zahlreichen, oft dichterisch ausgestalteten Übersetzungen aus dem Altnordischen (z.B. Die Edda) oder Mittelhochdeutschen (z.B. Das Nibelungenlied; Gedichte Walthers von der Vogelweide; Das Heldenbuch u.a.) sowie durch die von ihm gesammelten und herausgegebenen Rheinsagen, die „für Schule, Haus und Wanderschaft" bestimmt waren und mit denen er hoffte, „die Jugend zur Erlernung der vaterländischen Geschichte heiter anzuregen" (Rheinsagen aus dem Munde des Volkes und deutscher Dichter. 1836. Vorwort. S. VI).

Werke: Wieland der Schmied. Deutsche Heldensage. Nebst Romanzen und Balladen (1835); Deutsche Volksbücher. Nach den ächtesten Ausgaben hergestellt (Th. 1–5. 1839–1843); Die deutschen Volksbücher (Bd. 1–13. 1845–1867); Legenden (1855); Deutsche Märchen (1864); Auserlesene deutsche Volksbücher (Bd. 1–2. 1869); Deutsche Kriegslieder (1870).

Hrsg.: Rheinsagen aus dem Munde des Volks und deutscher Dichter gesammelt (1837); Die Legende von den heiligen drei Königen (1842); Das Heldenbuch (Bd. 1–6. 1843–1849); Kerlingisches Heldenbuch (1848); Das deutsche Räthselbuch (1850); Die geschichtlichen deutschen Sagen aus dem Munde des Volks und deutscher Dichter (1850); Das deutsche Kinderbuch. Altherkömmliche Reime, Lieder, Erzählungen, Übungen, Räthsel und Scherze für Kinder gesammelt (1856); Till Eulenspiegels auserlesene Schwänke (1857); Das kleine Heldenbuch (1859); Deutsche Weihnachtslieder (1859); Lieder vom deutschen Vaterland. Zur Jubelfeier der Leipziger Schlacht gesammelt (1863).

Sekundärliteratur: H. Moser: Karl Simrock. Universitätslehrer und Poet, Germanist und Erneuerer von „Volkspoesie' und älterer ‚Nationalliteratur' (1976). – W. Ottendorf-Simrock: Das Haus Simrock ([2]1954); Die Grimms und die Simrocks in Briefen (1966).

Christian Freitag

Singapur

(Republic of Singapore – Singapura). Staat in Südostasien im Süden der Malaiischen Halbinsel. S. besteht aus der Hauptinsel S. und 54 kleineren vorgelagerten Inseln. Staatsgebiet: 587,6 km²; Einwohner: 2033500. Die frühere britische Kronkolonie S. ist seit 1965 Republik und unabhängiges Mitglied des britischen Commonwealth. Staatsoberhaupt ist der vom Parlament gewählte Präsident. Etwa 75% der Bevölkerung sind Chinesen, 15% Malaien und 8% eingewanderte Inder. Dazu kommen etwa 40000 Europäer. Nationalsprache ist Malayisch, daneben sind als Amtssprachen

Englisch, Chinesisch (Mandarin-Dialekt) und Tamil zugelassen.

Für die chinesisch sprechende Bevölkerung erarbeitet und verlegt das Educational Publications Bureau vor allem Schul- und Lehrbücher. Der malayische Verlag Pustaka Nasional verlegt vorwiegend reißerische Abenteuerhefte, die sich an Erwachsene und Heranwachsende zugleich richten. Die Autoren dieser Hefte stammen zumeist aus Malaysia.
Eine große Rolle auf dem Kinder- und Jugendbuchmarkt S.s spielen Übersetzungen. Dabei ist der Umsatz wichtiger als die literarische Qualität. So kommt es, daß vorwiegend bunte Comic-Hefte, in denen rassistische Vorurteile stecken und die von Superhelden amerikanischer Prägung wimmeln, den Weg nach S. finden und damit den jungen Lesern eine Welthaltung offerieren, die noch kolonialistisch geprägt ist und die Entwicklung des selbstbewußten jungen Staatsbürgers mehr hemmt als fördert. Der asiatischen Folklore entnommene Texte für junge Leser kommen gegen die Flut der Massenhefte nicht an. Eine jüngst erschienene Studie des Institute of Education machte deutlich, daß das Niveau der jungen Leser nach Qualität und Quantität nicht den gehegten Erwartungen entspricht. Diese Tatsache ist sicher auch darauf zurückzuführen, daß die Schüler das Lesen vor allem als eine schulische Pflicht betrachten und nicht geneigt sind, in ihrer Freizeit Bücher zu lesen. Von privaten Käufern, aber auch von den Schulbibliotheken werden, von Schul- und Lehrbüchern abgesehen, nur wenige Kinder- und Jugendbücher verkauft. Hauptabnehmer ist das National Library System.

Institutionen und Aktivitäten zur Förderung der Kinder- und Jugendliteratur. Am aktivsten setzt sich die National Library für eine eigenständige Kinder- und Jugendliteratur ein. Die National Library, die 1823 gegründet wurde, war zuerst nur für die gebildete englischsprechende Bevölkerung vorgesehen. Seit 1957 ist sie als allgemeine öffentliche Bücherei jedermann zugänglich. Neben der Zentralbibliothek gibt es sechs Zweigstellen und einen mobilen Bücherdienst. Außerdem sammelt die National Library im Rahmen ihres speziellen Children's Service alle ihr zugänglich werdenden Kinderbücher über Asien. Der Children's Service verfügt über Kontakte zu internationalen Organisationen wie der Münchener Internationalen Jugendbibliothek, der IFLA Children's Library Section, dem International Board on Books for Young People, der Children's Book Section der Library of Congress in den USA und dem Information Centre on Children's Culture.

Entwicklung und gegenwärtiger Stand der Kinder- und Jugendliteratur. Trotz vergleichsweise guter Voraussetzungen im Hinblick auf das Verlagswesen, den Stand der Alphabetisierung in der Bevölkerung und die zahlreichen Buchverkaufsstellen gibt es in S. nur Ansätze zu einer eigenständigen Kinder- und Jugendliteratur. Buchhandlungen und Bibliotheken erhalten fast alle Bücher auf dem Importweg; Lieferanten sind die frühere Kolonialmacht Groß-Britannien, die USA, Taiwan, Hongkong, Malaysia, Indonesien und Südindien. Lediglich bei den Schul- und Lehrbüchern ergibt sich ein anderes Bild. Bei der Produktion von Schul- und Lehrbüchern spielt S. seit vielen Jahren eine wichtige Rolle. In S. hergestellte Schriften dieser Art werden sogar nach Afrika und nach den Karibischen Inseln exportiert.
Es gibt drei Gründe dafür, daß die Kinder- und Jugendliteratur in S. noch am Anfang steht. Bedingt durch die Vielsprachigkeit der Bevölkerung können nur kleine Auflagen gedruckt werden, die dann für die Verlage unökonomisch sind. Es gibt keine literarische Tradition in S. Die Möglichkeit, billige Texte aus dem Ausland importieren zu können, verhinderte die Entstehung einer eigenen Kinderbuchproduktion.
Bisher gibt es in S. nur eine sehr kleine Zahl von Kinder- und Jugendbuchautoren. Erst 1972 wagte es ein einheimischer Verleger, Kinderbücher herauszubringen. Es waren Nacherzählungen asiatischer Märchen in Englisch. Der Autor dieser Nacherzählungen, Chia Hearn Chek, hatte in Tokio studiert und dort die japanische Buchkunst kennengelernt. Gemeinsam mit der Illustratorin Kwan Shan Mei hat Chia inzwischen über 20 Titel geschaffen. Amerikanische, englische und japanische Bilderbücher dienten als Vorbilder dazu. Ein Titel davon „The white elephant", ein burmesisches Märchen, wurde auf der Biennale der Illustrationen in Bratislava 1973 lobend erwähnt.
Auch die Schulbibliotheken setzen sich für die Entwicklung einer eigenständigen Kinder- und Jugendliteratur in S. ein. Neben speziellen Lesetrainingskursen versuchen sie die jungen Leser dazu zu bringen, über ihre Erfahrungen mit Büchern zu berichten und sogar selbst zu schreiben. Das tragende Organ für diese weitgestreuten Unternehmungen ist das Singapore Library Journal. Ein Schritt vorwärts wurde 1969 getan, als der National Book Development Council of Singapore gegründet wurde. Diese Organisation hat als Aufgabe, das Leseinteresse bei Heranwachsenden zu vergrößern und nationale und internationale Kontakte zu pflegen. Die Organisation veranstaltet jährlich Bücherfestivals und Buchmessen, vergibt Preise auch für Kinderbuchillustrationen und läßt Übersetzungen qualitätvoller ausländischer Kinder- und Jugendbücher erarbeiten. Der Buchpreis des NBDCS wird alle drei Jahre vergeben. Als erster Preisträger wurde der Autor Chew Kok Chan ausgezeichnet, als erste Illustratorin Kwan Shan Mei. Aus der Kinder- und Jugendbuchproduktion von 1975 bis 1977 wurden zwei in Malayisch geschriebene Bücher für Teenager lobend genannt. Es waren Mohd Naim Daipis „Seorang Pelukis muda", die Geschichte eines jungen Künstlers, und Mohd Latiff Mohameds „Kota airmata".
Jugendbuchrezensionen erschienen sporadisch in der Zeitschrift „Singapore book world". Von Wichtigkeit für die Weiterentwicklung der einheimischen Kinderbuchproduktion war ein Workshop, an dem 1971 der australische Autor Ivan Southall teilnahm. Mit

Unterstützung der UNESCO wurde eine Serie von sechs Titeln unter dem Reihennamen „Folktales of Asia" herausgegeben. In der Serie „Festivals of Asia" erschienen zwei Titel mit Unterstützung der UNESCO, außerdem ein Buch über asiatische Kinderspiele („Let's play"). Erstmals stammten Texte und Illustrationen dieser Bücher von einheimischen Autoren und Illustratoren.
Seit einiger Zeit ist auch ein wissenschaftliches Interesse für die Kinder- und Jugendliteratur in S. sichtbar. Eine Hauptrolle spielt dabei das English Department of the University of Singapore. Hier entstand auch eine Magisterarbeit über südostasiatische Bilderbücher, Märchen und Erzählungen, die in Englisch abgefaßt wurde.

Maureen Jeyapal/Vilasini Perumbulavil

Singer, Isaac Bashevis

*Jiddisch schreibender amerikanischer Schriftsteller und Kinderbuchautor; * 14.7.1904 Radzymin (Polen).*

In ärmlicher Umgebung verbrachte S. seine Kindheit und Jugend in Warschau und in Bilgoraj, der Heimatstadt seiner Mutter. Im Alter von vier Jahren wurde S. auf eine religiöse jüdische Schule („Heder") geschickt. Seine weltliche Ausbildung erarbeitete er sich durch eifriges Lesen und Selbststudium. Die bedrückenden Lebensverhältnisse der Juden im Polen der Vorkriegszeit beschleunigten seine Emigration in die Vereinigten Staaten im Jahre 1935, wo S. seither lebt.
S.s Bücher wurden mehrfach ausgezeichnet. „Zlateh the Goat" (1966; dt. Zlateh, die Geiss, 1968), „The Fearsome Inn" (1967) und „When Shlemiel went to Warsaw" (1968) wurden Newbery Honor Books und „A day of pleasure" (1969) gewann 1970 den National Book Award for Children's Books. 1969 wurde „Zlateh, die Geiss" mit dem Deutschen Jugendbuchpreis ausgezeichnet. Der Literatur-Nobelpreis wurde S. 1978 zuerkannt.

*Isaac Bashevis Singer (*1904)*

Werk, Tendenzen, Wirkung. Seit 1935 trat S. mit Romanen und Kurzgeschichtensammlungen hervor, die er alle in jiddischer Sprache abfaßte und die dann ins Englische übersetzt wurden. S.s Karriere als Kinderbuchautor begann relativ spät, sein erstes Kinderbuch „Zlateh the goat" erschien 1966. Auch die Kinderbücher S.s wurden auf jiddisch abgefaßt und dann ins Englische übersetzt. An den Übersetzungen war S. selbst beteiligt. Bedeutende Künstler, unter ihnen Maurice Sendak, haben S.s Kinderbücher illustriert.
Man kann S.s Kindergeschichten in mehrere Kategorien einteilen. Zur Gruppe autobiographischer und realistischer Werke zählen: „A day of pleasure" (1969), eine Reihe von Episoden aus der Kindheit des Autors, „Naftali the story-teller and his horse Sus" (1977), ein fiktives Porträt eines jungen Autors, der ins Geschichtenerzählen und in Bücher verliebt ist, sowie „A little boy in search of God" (1976) mit dem Untertitel „Mysticism in a personal light", in dem der Autor seine eigene intellektuelle Entwicklung nachzeichnet.
In der Einleitung des letztgenannten Buches schildert S. seine Konflikte, die sich aus einer streng-religiösen jüdischen Erziehung, einem wachsenden kritischen Bewußtsein und den weltlichen Erfahrungen und Verführungen ergaben. Diese autobiographischen Schriften S.s setzen ein Genre fort, das von dem großen jiddischschreibenden Klassiker Sholom Aleichem (Ps. für Solomon Rabinowitz, 1859–1916) mit der Reihe „Funem Yarid" (1916; engl. „The great fair, scenes from my childhood", 1955) begonnen wurde. Die Geschichte „Zlateh the goat", die in der Umgebung des jüdischen „shtetl" spielt und die Freundschaft zwischen einem kleinen Jungen und einem Tier zum Thema hat, steht ganz in der Tradition von Sholom Aleichems klassischer Kindergeschichte „Dem Khazns Yingl" (1907; bekannter unter dem Titel: „Motl Peyse dem Khazns"; engl. „Adventures of Mottel, the cantor's son", 1953).
Eine andere wichtige Gruppe von S.s Kinderbüchern basiert auf jiddischer Folklore. Einige davon entstammen den humorvollen Geschichten aus Chelm, der Stadt der Narren. Hierzu zählen Teile aus den Sammlungen „Zlateh the goat" (1966), „When Shlemiel went to Warsaw and other stories" (1968), „The fools of Chelm and their history" (1973) und „Naftali the story-teller" (1977). Die groteske Narrheit der Charaktere dieser Geschichten wird bis an den Rand des Absurden geführt, dennoch bleibt die Ähnlichkeit mit ‚normalem' menschlichen Handeln und Verhalten durchaus erhalten. Hierin liegt der komische Effekt für die erwachsenen Leser. Aber auch für Kinder bietet die Darstellung der ‚verrückten' Personen und Situationen reizvolle Unterhaltung.
Die bekanntesten Kinderbücher S.s drehen sich um übernatürliche und magische Motive. Einige enthalten eine lebendige Beschreibung der Erscheinung des ‚Bö-

sen', etwa in „Grandmother's tale" (in: Zlateh the goat, 1966), andere zeigen den Kampf zwischen bösen Mächten und guten Menschen. Die typische Färbung dieser Geschichten wird durch die Einführung jüdischer Charaktere und religiöser Aktivitäten, wie z.B. das Anzünden der Hanukkahkerzen oder dem Aufsagen des täglichen Gebets in „The devil's tricks" (in: Zlateh the goat, 1966) und in „Rabbi Leib and the witch Cunegunde" (in: When Shlemiel went to Warsaw, 1968) erreicht. Zu S.s Märchen gehören „The fearsome inn" (1967) und „Alone in the wild forest" (1971): Schöne Jungfrauen werden von bösen Wesen geraubt, ein geschickter junger Mann befreit sie von ihrem Fluch; magische Kräfte erfüllen Wünsche, göttliche Helfer greifen ein. Ihre ethnische Einzigartigkeit erhalten diese phantastischen Geschichten durch die jüdischen Charaktere, die jüdischen Namen und den kabbalistischen Glauben an die Seelenwanderung.

Einige der Geschichten gehen auf jüdische Legenden zurück und haben biblischen und midraschitischen Ursprung, z.B. „Elijah the slave" (1970). Hauptperson dieser Erzählung ist der geliebte Prophet Elijah, ein Freund der Armen und Unterdrückten. „The wicked city" (1972) breitet die Geschichte Sodoms aus, und „Why Noah chose the dove" (1973) ist ein witziger Dialog zwischen Tieren. Die beiden letztgenannten Geschichten sind Parabeln auf den traurigen Zustand der Menschheit. Eine midraschitische Legende liegt der liebenswerten Erzählung „Mazel and Shlimazel or the milk of a lioness" (1969) zugrunde, während „Joseph and Koza or the sacrifice to the Vistula" (1970) im heidnischen Polen spielt, in das ein jüdischer Reisender als der erste Verkünder einer neuen Religion und Zivilisation kommt. „A tale of three wishes" (1975) berichtet von einem Motiv, das in der osteuropäischen jüdischen Jugendfolklore überaus beliebt war und auf den alten Glauben zurückgeht, daß sich nämlich in der Nacht von „Hoshana Rabbah" der Himmel öffnet.

In der Einführung zu einer der Sammlungen schrieb S., daß es in seinem Werk keine prinzipielle Scheidung zwischen Geschichten für Erwachsene und solche für Kinder gibt. Neben seinem Interesse am Übernatürlichen sind Einfachheit und Klarheit der Sprache, gekonntes Geschichtenerzählen, ein scharfer Sinn für Beobachtungen, Humor, Wertschätzung traditioneller Normen der Menschlichkeit, Moralität und Religion einige der Elemente, die S.s Originalität ausmachen. Mit dem Aufgreifen alter jüdischer Volkstraditionen und der Schaffung eines lebensvollen Porträts einer Welt, in der das jüdische Kind seit Jahrhunderten lebt, hat S. einen wesentlichen Beitrag zur jüdischen, aber auch zur internationalen Kinderliteratur geleistet.

→ Israel, → Jiddische Kinder- und Jugendliteratur

Werke: Satan in Goray (1955; dt. Satan in Goraj, 1969); Gimpel the fool, and other stories (1957; dt. Gimpel, der Narr. Ausgew. Erzählungen, 1968); The magician of Lublin (1960; dt. Der Zauberer von Lublin, 1967); The slave (1962; dt. Jakob, der Knecht, 1965); Short Friday and other stories (1964); In my father's court (1966; dt. Mein Vater, der Rabbi, 1971); Zlateh the goat, and other stories (1966; dt. Zlateh, die Geiß und andere Geschichten, 1968); The fearsome inn (1967); The manor (1967); Mazel and Shlimazel, or the milk of a lioness (1967; dt. Massel und Schlamassel oder die Milch einer Löwin, 1969); When Shlemiel went to Warsaw, and other stories (1968; dt. Als Schlemiehl nach Warschau ging und andere Geschichten, 1970); A day of pleasure (1969); Joseph and Koza, or the sacrifice to the Vistula (1970); Alone in the wild forest (1971); Enemies, a love story (1972; dt. Feinde, die Geschichte einer Liebe, 1974; TB. 1976); The wicked city (1972); The fools of Chelm and their history (1973; dt. Die Narren von Chelm und ihre Geschichte, 1975); Why Noah chose the dove (1973; dt. Noahs Taube, 1974); A crown of feathers, and other stories (1974; dt. Der Kabbalist vom East Broadway, 1976); A tale of three wishes (1975); A little boy in search of God (1976); Naftali the story-teller and his horse Sus, and other stories (1977).

Sekundärliteratur: M. Allentuck (Hrsg.): The achievement of Isaac Bashevis Singer (1969). – I. H. Buchen: Isaac Bashevis Singer and the eternal past (1968). – I. Malin (Hrsg.): Critical views of Isaac Bashevis Singer (1969).

Dina Abramowicz

Sittenbüchlein → Sittenlehrbuch für Kinder und Jugendliche

Sittenlehrbuch

S. bezeichnet eine Sparte person- und gesellschaftsbezogener didaktischer Werke (auch Sittenspiegel, Zuchtbuch u.a. genannt), die innerhalb der Geschichte der Kinder- und Jugendliteratur eine wichtige Rolle gespielt hat. Das S. belehrt über Sittlichkeit und Umgangsformen, gibt die gesellschaftlich anerkannten Verhaltensregeln für gewohnte und besondere Situationen an, prägt die geltenden Normen ein und erklärt dem Leser deren Bedeutung sowohl für die persönliche Integration und Anerkennung in der Gesellschaft wie für den Bestand des jeweils gesellschaftsbegründenden, geistig-religiösen, staatlich politischen Ordnungsgefüges. Bis ins 19. Jahrhundert hinein machen Formen des S.s einen wesentlichen Teil der Literatur aus, die speziell an Kinder und Jugend, dazu meistens geschlechtsspezifisch adressiert wird. Zunächst wechselnd betitelt, vorwiegend als „Trostbüchlein", „Zuchtbüchlein", „Tugendbüchlein", „Ratgeber", „Sittenbüchlein", später neuere hinweisende Vokabeln im Titel mitführend – Benehmen, Anstand, Wohlanständigkeit, guter Ton, Takt –, tradieren diese Bücher unter ideen- und modegeschichtlich bedingten Anpassungserscheinungen erzieherische und gesellschaftsstabilisierende Tendenzen durch Jahrhunderte.

Geschichtliches. Die Sparte des S.s ist zu ihrer Vielfalt aus zwei Quellgebieten angewachsen, der Unterweisung in Bibeltext und kirchlicher Lehre, womit sich die Erziehung zur christlichen Tugend und Moral verband (vgl. „Der Seele Trost", 1478), und der Belehrung über Sitten, Anstand, Umgangsformen der höfischen Gesellschaft, des Adels (Ritterschulen, Hofmeistererziehung) und der aufstrebenden bürgerlichen Schichten (vgl. „Zuchtmayster für die jungen Kinder. Kauff mich deinen kindern / o vater vn mutter un laß mich fleyssig un offt lesen / so werden sie eer von Got un den menschen haben", 1529). Neben bloßen Gebots- und Regelsammlungen – den eigentlichen „Zuchtbüchlein", die Kleidung, Reinlichkeit, Tischsitten, Verhalten gegenüber Erwachsenen (Eltern, Lehrern, älteren Angehörigen) betrafen – und den in Bibel, Passional, Brevier und später an den Katechismus angelehnten Unterweisungen – den eigentlichen „Trost-" und „Tugendbüchlein" – stand von früh an der mit Fabeln, Sprichwörtern, Gleichnissen, mit Beispiel- und Gegenbeispielerzählungen veranschaulichende Text, auch vorherrschend episch, als Großerzählung oder Roman konzipiert wie von JÖRG WICKRAM das Buch „Knaben Spiegel" (1554), das die Produktion weiterer Zucht- und Sittenbüchlein anregte. Einige Formen und Arten der Stoffaufbereitung des S.s vom 15. bis über die Schwelle des 20. Jahrhunderts sind von Lehrdichtung, Erbauungsliteratur und Sammlungen moralischer Geschichten nicht exakt zu unterscheiden. Wie diese sind sie mit ihren altersspezifisch ausgerichteten Belehrungsmethoden und den stände- und geschlechtsspezifisch orientierten Inhalten bestimmt für den Unterricht in Schulen, durch den Hauslehrer, d.i. Hofmeister, und zur bildenden Privatlektüre, dies vor allem für Mädchen, die vom Besuch weiterführender Schulen bis gegen Ende des 19. Jahrhunderts ausgeschlossen waren. Eines der Hauptziele ihrer Erziehung in Pensionaten jener Zeit war die vollkommene Anpassung an die Tugendnormen, die vollendete Beherrschung der Anstandsregeln in der Damenrolle der europäischen Oberschicht. Doch schon seit dem 16. Jahrhundert war in der patriarchisch-autoritär organisierten Gesellschaft die überwiegende Menge der „Ratgeber"-, „Tugend"- und „Sittenbüchlein" an die Mädchen, die Töchter, die Jungfrauen adressiert. Die moralisch zementierte Trennung der Geschlechter bis zur Eheschließung und die lebenslange Arbeitsteilung zwischen ihnen, die die Mädchen und Frauen in die dienenden Rollen verwies, bildeten Ursache und einen in allen Spielarten des S.s wesentlichen Themenkreis der spezifisch weiblichen Tugend- und Sittenlehre, der religiösen und moralischen Verankerung der weiblichen Pflichten für Familie und Gesellschaft. Trotz mancher Forderung, zu höherer Schulbildung auch die Mädchen zuzulassen, trotz freimütigerer Behandlung von Fragen des Geschlechtslebens und der Eheführung bewirkten selbst hervorragende Erreger und Vertreter der Bewegung des Humanismus, der Reformation und später der Aufklärung keine grundlegende Änderung mit ihren im S.-Stil fortschrittlichen Geistes für die Jugend verfaßten Schriften (ERASMUS VON ROTTERDAM, ULRICH ZWINGLI, MARTIN LUTHER, FRANÇOIS FÉNELON, JOHN LOCKE). Es ist bezeichnend, daß aus der S.- und Erbauungsliteratur, aus sittlicher und praktischer Belehrung für Haushaltsführung und Sorge für die Familie, geschrieben von Theologen (u.a. JOHANN LUDWIG EWALD: „Die Kunst, ein gutes Mädchen, eine gute Gattin, Mutter und Hausfrau zu werden", 1798), über die Mischformen der moralischen Geschichte (u.a. JOSEPH I. ZIMMERMANN: „Die junge Haushälterin. Ein Buch für Mütter und Töchter", 1785) der Typus „Mädchenbuch" entstand, der im ganzen 19. Jahrhundert vorherrschte. Unter dem zunächst aus England und Frankreich kommenden Einfluß der Pädagogik der Aufklärung nahm die S.-Literatur für Kinder und Jugend starken Aufschwung. Vor allem nach dem Vorbild des häufig übersetzten und bearbeiteten Werkes der JEANNE-MARIE LEPRINCE DE BEAUMONT „Magazin des enfans" (1756; dt. 1758) wurden die Bücher üppig mit Beispielerzählungen für sittliches, gesellschaftliches, gehorsam lernbegieriges Wohlverhalten ausgestattet. Zahlreiche Übergangs- und Mischformen des S.s und des Sammelbandes moralischer Geschichten entstanden (vgl. H. MÜLLER: „Vom Sittenbüchlein zur moralischen Erzählung" a.a.O.). Am stärksten jedoch wirkte auf Form und Gehalt des S.s die pädagogische Bewegung in Abwandlung und Gefolge der Aufklärung, der Philanthropismus, ein. Seine Hauptvertreter – J. B. BASEDOW, J. H. CAMPE und dessen Mitautoren an dem sechzehnbändigen Werk „Allgemeine Revision des gesamten Schul- und Erziehungs-Wesens", 1785–1791 – haben das S. bewußt eingebaut in die Ideologie von der Bestimmung des Menschen zur persönlichen „Glückseligkeit", wozu „Tugend" und zur „Brauchbarkeit" in der Gesellschaft erlernte Kenntnisse beruflich praktischer Art und gesellschaftlicher Umgangsformen als unerläßliche Voraussetzungen galten. In dem philanthropischen S. für Kinder und Jugend herrschen nach dem Prinzip der „Versinnlichung" Beispielerzählungen, Dialogform der Beratung, Gedichte, Merkverse, Spielszenen gemäß dieser pädagogischen Zielsetzung vor. Vorbild werden J. H. CAMPES „Sittenbüchlein für Kinder aus gesitteten Ständen" (1779) und sein „Theophron" (1778–1783). Daneben wird szenische und allegorische Illustration aufgenommen, ähnlich der in der Orbis pictus- und Elementarwerk-Literatur. Doch wird der Stoff nun wie nie zuvor systematisiert nach dem Grundmuster: Pflichten gegen sich selbst, Pflichten gegenüber den anderen, Pflichten gegen Gott. Viele nach diesem Schema (auch mit geänderter Reihenfolge) gearbeitete Bücher führten ein Sonderkapitel „Sittentafel" mit. Danach sollte das Kind sein Idealverhalten für den ganzen Tageslauf vom Aufstehen bis zum Zubettgehen ablesen (vgl. u.a. J. H. M. ERNESTI: „Moral für Kinder nebst einer kleinen Sittentafel", 1789; CARL PAYER: „Eusebs und Sophiens Schmuckkästchen für Kinder", o.J.; A. DÖRLE: „Die Sommerabende auf Sinai oder der Vater als Lehrer im trauten Kreise seiner Kinder", 1835). Die vom Philanthropismus geprägte gesellschaftsstabilisierende S.-Literatur fand durch viele Jahrzehnte, wenn auch allmählich verwässernde Nachfolge (J. GLATZ u.a.) und wurde unter Einflüssen der Romantik und des Biedermeier mit nicht mehr echt gegründeter frommer Gefühlsseligkeit durchtränkt.

In der Blütezeit des Philanthropismus wurde jedoch auch ein neuartiges weltliches „Zuchtbüchlein", zunächst für Erwachsene, geschrieben. Der Name seines Verfassers, ADOLPH VON KNIGGE (1752–1796), übertrug sich bleibend auf den neuen Typus des S.s, den

„Knigge“. Von „Über den Umgang mit Menschen“ (2 Bde. 1788) gab es schon bald Auszüge und Bearbeitungen für die Jugend (vgl. u.a. „Adolf Freiherr von Knigge über den Umgang mit Menschen. Im Auszuge für die Jugend mit einer durchgängigen Beispielsammlung“ von J. G. Gruber; dem 1. Teil dieser Bearbeitung von 1800 ließ Gruber 1803 den 2. Teil folgen, enthaltend „die pragmatische Anthropologie“). Knigges Anstandslehre wirkte sich in entsprechenden Büchern und Schriften für die Erziehung der Söhne und Töchter gebildeter Schichten durch das ganze 19. Jahrhundert aus.

Neuere Entwicklung des S.s. Historisch vergleichend zieht den „Knigge“ in der lockeren, abwechslungsreichen Gestaltung eines „Sittenlehrbuchs“ für die Jugend neuerdings Elke Zaak heran: „Ein Herr namens Knigge. Von guten, alten und anderen Sitten“, illustriert von Ernst Hürlimann, 1969: grob spaßig werden die verschiedenen früheren Sitten apostrophiert, Reizworte und -geschichten sollen zur Besinnung auf richtiges und menschenfreundliches Verhalten anregen, in Paragraphen wird Wissenswertes über die Grenzen von „Streich“ und Untat vermittelt – ein S.

Die Tür des Zimmers öffne leise
Und tritt hinein auf art'ge Weise.
Das wird den Lehrer stets erfreun
Und dir ein guter Anfang sein.

„Anstand“ ist der Titel der Bildseite aus dem Bilderbuch „Büblein merk dir's fein oder Der gute Ton in der Schule“ von Curt Woyte. Das Buch, erschienen 1921 bei Hesse & Becker in Leipzig, war für ABC-Schützen gedacht und ist vom bürgerlichen Verhaltenskodex der ersten Jahrzehnte unseres Jahrhunderts geprägt.

nach jugendliterarisch modernen Gestaltungsprinzipien, „dem jungen Leser zulieb“.

Wie in früheren restaurativen Epochen werden auch nach den Kriegen, Revolutionen und den Emanzipationsschüben im 20. Jahrhundert jungen Lesern zahlreiche diese Tradition fortsetzende Bücher angeboten, die über allgemeine und speziell zu beachtende Umgangsformen unterrichten, so z. B. Dr. Curt Woyte: „Büblein merk dir's fein oder der gute Ton in der Schule“ (1921); Helene Haluschka: „Was heißt schon anständig?“ (1938, ^{5}1952); Anton Tesarek, Wilhelm Börner: „Der Kinderknigge“ (1948); Dr. Hans-Otto Meissner: „Man benimmt sich wieder“ (1955); Konstanze von Franken: „Der gute Ton. Ein Brevier für Takt und Benehmen in allen Lebenslagen“ (^{82}1957); Berthold Lutz: „Frechdachs lernt Anstand“ (1953, ^{13}1961); andere Bücher dieser Art bezeichnen im Titel die besonderen Anlässe und Vorhaben, zu denen sie über Verhaltensregeln informieren – z. B. zur Tanzstunde (vgl. Rosemarie Schittenhelm: „Tanzstunden Büchlein“, 1955), zum Empfang von Gästen, für Feste und Parties aller Art (vgl. Lille Keller: „Deine Feste, Deine Gäste, 1000 Tips für junge Gastgeberinnen“, 1956).

In der S.-Tradition unterscheidet sich in der zweiten Hälfte des 20. Jahrhunderts die inhaltliche Gestaltung der Bücher, die Verhaltensregeln mehr oder weniger bloß aufreiht, dabei den Leser oft mit aufforderndem Du anredet (vgl. W. Scherf: „Der Musterknabe“, 1954) von der in Werken, in denen heitere und witzige Form der Darbietung in Wort und Bild vorherrscht (vgl. Dr. Gertrud Oheim: „Einmaleins des guten Tons“, illustriert von Gerhard Kraaz, ^{11}1956; Sesyle Joslin: „What do you say, dear?“ – illustriert von Maurice Sendak; dt. Was sagst du dann?, 1973). Daneben gibt es die Form der Erzählung (vgl. Werner E. Hintz: „Peter, benimm dich! Ein ‚guter Ton‘ für kleine Leute“, 1954) und die umfassender angelegten Texte, die die Umgangsformen vertiefend begründen, sie und ihre Wirkung psychologisch kommentieren und die Tugend der Höflichkeit und Rücksichtsnahme religiös motivieren in der Achtung vor Gott und den Menschen, in der Liebe zum Nächsten, – „denn gutes Benehmen ist eine Sache des Herzens“ (G. von Heid: „Immer froh sein. Die Kunst, sein Leben zu gestalten. Ein Buch für junge Mädchen“, 1955). Gering sind auch heute noch die Ansätze im deutschsprachigen S. für Kinder und Jugend, vergleichend über entsprechende Sitten, Anreden, Umgangsformen, Verhaltensweisen in anderen Ländern zu informieren.

In gewisser Weise können die jetzt schon wieder im Abnehmen begriffenen Taschenkalender, Jahrbücher und Hefte (z. B. „Das kleine rote Schülerbuch“, ^{6}1971, „Roter Kalender für Lehrlinge und Schüler“, 1972) in die Tradition des S.s gestellt werden, auch wenn sie seit 1968 im Zuge der antiautoritären Revolte teilweise politisch motivierte Verhaltensvorschläge geben, die darauf hinauslaufen, bisher bestehende Normen zu attackieren (z. B. Solidarisierungsaufruf gegen Schulsitten, Anleitung zum freieren Sexualverhalten gegenüber

dem anderen Geschlecht usw.) und eine autonome jugendliche Gesittung zu propagieren. Daß diese Versuche, unkonventionelle Verhaltensweisen einzuführen, nicht ohne Antwort bleiben, beweist das von GERD HAMBURGER verfaßte sogenannte „Kleine gelbe Schülerbuch" (1971), in dem die antiautoritären Texte scharf angegriffen werden.
Lebensart und richtiges Verhalten vermitteln – wenn auch unter anderer Zielsetzung (Integration in das sozialistische Gemeinwesen) – die an die jungen Pioniere der DDR gerichteten Taschenkalender, z. B. „Kalender für Jungpioniere" (1971) oder „Pioinierkalender" (1972). Im Gegensatz zu den antiautoritären Kalendern scheinen in ihnen durchaus wieder „bürgerliche" Tugenden auf (z. B. K. SCHRADER: „So ein Struwwelpeter", 1970). 1971 erschien außerdem von REIMAR DÄNHARDT „Ein paar Takte über Takt". DÄNHARDT informiert darin über den Wandel der Sitten von der Ritterzeit bis hin zur sozialistischen Moral der DDR. Dabei verbindet er die Geschichte gesellschaftlicher Kämpfe mit dem Kampf um die Durchsetzung neuer sittlicher Verhaltensweisen.

Kuriose Einzeltitel. Aus den von HANS SACHS in schwankhafter Umkehrung geschilderten „Tischzuchten" (vgl. „Die verkehrt dischzucht Grobiani" in M. GEYER: Altdeutsche Tischzuchten, 1882) geht hervor, welche Unsitten bei Tisch und im allgemeinen Zusammenleben man durch Erziehung und Lehre ausmerzen wollte. In frühen ausführlichen S.-Titeln wird angezeigt, daß Kinder zu gutem Benehmen über den ganzen Tageslauf hin anzuhalten sind. Ohne Nennung des Verfassers erschien 1743 ein „Kurzes Sitten-Büchlein vor Kinder, Wie sie Erstens / Bey dem Aufstehen und Schlafen-gehen, Zweytens / Bey der Mahlzeit, Drittens / In der Schule und Kirche, und Viertens / Überall, zu allen Zeiten, gottselig und ehrbar sich verhalten sollen". Am Schluß des Bändchens ist an die „Liebsten Söhne" gerichtet „Eines klugen Vaters Kurzer, doch fürtrefflicher Denck-Zettel Zu einer Honetten Aufführung vor seine Söhne". Noch mehr ins Einzelne ging M. GRAF, der 1761 ein S. in Reimen herausgab: „Der höfliche Schüler, wie er sich vor, in und nach der Schule, zu Hause, über Tisch, in der Kirche, beym Besuch und in Gesellschaft, wie auch in den Recreations-Stunden, bey dem Spazieren-Gehen, Fahren und Reiten gebührend, höflich und geschickt aufzuführen, und was er bey Verfertigung, Absendung und Empfang eines Briefes, in Ansehung des Wohlstandes und der Höflichkeit, nach seinen Umständen zu beobachten hat". Das kleine Buch erschien in zahlreichen Auflagen, Bearbeitungen und Nachahmungen. 1825 wird als „verbesserte Auflage" anonym herausgegeben: „Der höfliche Schüler", ein Bändchen mit 15 Lektionen und insgesamt 55 gereimten Zweizeilern, auch „Vorspruch" und „Beschluß" sind in Versen geschrieben. Mit Sprüchen durchsetzt, doch in Prosa geschrieben, gibt es bald auch das S. „Der höfliche Schüler oder Regeln zu einem höflichen und artigen Betragen für junge Leute" (Nürnberg, o. J.). Es schließt mit einem „Goldenen ABC für den höflichen Schüler", worin auch das damals oft gebrauchte Wort nachgedruckt ist: „Wer im Studieren zunimmt und in guten Sitten abnimmt, nimmt mehr ab als zu". Aus dem Französischen des Herrn DU PUY übersetzt erschien 1769 ein S. für das weibliche Geschlecht „Die Pflichten eines jungen Frauenzimmers, wie es sich fromm und wohlanständig in der Welt aufführen solle, vorgetragen von einem zärtlichen Vater". Darin wird auch vor „bösen Büchern" gewarnt und das Lesen jener empfohlen, „welche die Vorschriften der Gottseligkeit und der Sittenlehre vortragen" (S. 242). Der Domprediger zu Braunschweig, JAKOB FRIEDRICH FEDDERSEN, gibt illustriert „Sittensprüche des Buches Jesus Sirach für Kinder und junge Leute aus allen Ständen mit Bildern welche die vornehmsten Wörter ausdrucken" (Nürnberg, o. J.) heraus. Die kleinen Bilder müssen durch das richtige Wort ersetzt werden, damit der Bibelspruch vollständig wird. Getadelt werden unter anderem auch „Unvorsichtigkeit im Reden", Schwatzhaftigkeit und Grobheit. In die unteren Leisten der Bilderrahmen sind winzige Sprüche und pädagogische Ratschläge eingedruckt, z. B. „Verwöhne nicht dein Kind / wenn was aus ihm soll werden / sonst wirds ein wildes Pferd / ja eine Last auf Erden". JOHANN HEINRICH MARTIN ERNESTI, dessen „Moral für Kinder" 1789 als „Neue mit vielen Zusätzen vermehrte Auflage" erschien, bezeichnet die Tugendlehre als „allerwichtigste Wissenschaft" (S. VIII), in der Kenntnisse ebenso wie in Geographie, Historie und Naturlehre erworben werden sollten. In seiner „Moral", die er eine „vernünftige und keine christliche" nennt, fügt er als Anhang zu den „Pflichten gegen andere" hinzu: „Was haben wir gegen die Thiere zu beobachten?" Er zählt nötige Pflege, Nahrung, Mitleid auf und gibt die Weisung, den Tieren keine Schmerzen zuzufügen. Auch in dem „Kinderalmanach auf das Jahr 1800" (von G. C. CLAUDIUS) verbirgt sich Sittenlehre, im Kalendarium für Eintragungen ist die breiteste Rubrik für „Moralisches Betragen" vorgesehen. Die „Erste Bildung der Kinder für den geselligen Umgang" enthält kleine Kupferstiche von HOPPE und erzählende Aufsätze, deren Titel auf die Lehre hinweisen, z. B. „Man kann auch überhöflich seyn". M. JOHANN CHRISTIAN DOLZ gab 1814 eine „Anstandslehre für die Jugend" heraus. Er beruft sich auf ältere Autoren zu diesem Thema wie ERASMUS, KNIGGE, CAMPE, ERNESTI und CLAUDIUS und auf ein mit dem Vorwort auf 1706 datiertes S.: „Nützliche und nöthige Handleitungen zu wohlanständigen Sitten, wie man sich in Conversation, auf Reisen, im Briefschreiben und bey Einrichtung der Geschäfte sittig, bescheiden, ordentlich und klüglich verhalten soll". Zur „Wohlanständigkeit" gehörte damals „die Art und Weise, seinen Körper in verschiedenen Lagen so zu halten, zu tragen und zu kleiden, daß man dadurch kein Mißfallen erwecke ..." (S. 12). Für Mädchen lange in Gebrauch war ein Buch mit dem Titel „Beruf der Jungfrau. Mit einem Anhange: Albumblätter für stille Stunden. Eine Mitgabe für Töchter bei ihrem Eintritt in's Leben". Von HENRIETTE DAVIDIS geschrieben, besorgte die siebente Auflage 1878 ALBER-

TINE FRIEDLINGHAUS. Belehrender Text und Anstandsregeln wechseln ab mit Gedichten und Prosa zum Thema, z. B. „Die gute Tochter im Familienleben. Die Braut. Die Stiefmutter". Gegen Ende des 19. Jahrhunderts mehren sich die Bücher, die großflächig bebildert, gutes und schlechtes Verhalten drastisch gegenüberstellen, z. B. LOTHAR MEGGENDORFERS „Die brave Bertha und die böse Lina. Ein lehrreiches Bilderbuch für Kinder" (6. Auflage um 1890). Untergründig wirken für viele Textgestaltungen BUSCHS Verserzählung von „Max und Moritz" fort, auf deren Streiche die grotesk übersteigerte Strafe folgt.

→ Aufklärung, → J. H. Campe, → Epochen der Kinder- und Jugendliteratur, → Erasmus von Rotterdam, → Erbauungsliteratur, → Fabel, → Fr. Fenélon, → J. Glatz, → Knabenspiegel, → Lehrdichtung, → M. Luther, → Mädchenbuch, → Moralische Geschichte, → Philanthropinismus

Sekundärliteratur: H. Kunze: Wann beginnt die spezifische Kinder- und Jugendliteratur in Deutschland (in: Beiträge zur Kinder- und Jugendliteratur. 1976. 38. 46–48). – W. Martens: Die Botschaft der Tugend (1968). – H. Müller: Vom Sittenbüchlein zur moralischen Erzählung (in: Das gute Jugendbuch. 26. 1976. 3. 121–128). – K. Schrader: Die Erziehungstheorie des Philanthropinismus (1938).

Margarete Dierks

Sixtus, Albert

*Kinder- und Jugendbuchautor; * 12. 5. 1892 Hainichen (Sachsen), † 24. 2. 1960 Jena.*

Werk, Tendenzen, Wirkung. S. schrieb einige Jugenderzählungen im Stil des „Roten U" (1932) von WILHELM MATTHIESSEN (1891–1965). Vor allem die Geschichten um „Die wilden Jungen von der Feuerburg" (1925), die er in drei Bänden herausbrachte, machten ihn als Jugendbuchautor bekannt. Es handelt sich dabei um eine Gruppe von Mädchen und Jungen, die sich zusammenschließen, um einen Schatz in der alten Burg zu finden und dabei einer Einbrecherbande auf die Spur kommen. Die Erzählungen um die Feuerburg erlebten zahlreiche Neuauflagen auch noch in den fünfziger Jahren.

Bekannter als durch seine Abenteuererzählungen wurde S. als Verslieferant für Bilderbuchillustratoren. Häufig arbeitete er dabei mit ELSE WENZ-VIETOR (1882–1973) und FRITZ KOCH-GOTHA (1877–1956) zusammen. Die zahlreichen Bilderbücher, für die S. Texte lieferte, die viele Auflagen erlebten und zum Teil auch noch heute im Buchhandel sind, haben ihre Beliebtheit wohl mehr den Illustratoren als den in traditionellen Reimschemata verharrenden Versen des Autors zu verdanken. Am bekanntesten wurde S. durch seine Verse zu dem Bilderbuch „Die Häschenschule" (1924) mit den Illustrationen von KOCH-GOTHA. Während KOCH-GOTHA in treffender Darstellungsweise ein ironisch-verschmitztes Bild des Kleinbürgertums zeichnet, bestätigen die biederen Verse S.' die in der Bilderbuchgeschichte zum Ausdruck kommenden Erwartungen der Erwachsenen im Hinblick auf eine dem Moralkodex der Zeit entsprechende Anpassung der kindlichen Leser. Für „Auerbachs Kinderkalender", der alljährlich im roten Einband erschien, war S. einige Jahre während des Dritten Reichs Herausgeber. In diese Zeit fällt auch der Versuch mit dem braunen Einband, der aber vom Leserpublikum abgelehnt wurde.

Einband zu dem Buch „Der Wolkenkönig" (Reutlingen 1925) mit märchenhaften Geschichten von Albert Sixtus. Das Bild zeigt den Wolkenkönig, wie er eine Geschichte aufschreibt, die er durch eine Taube einem Erdenmädchen, das er ins Herz geschlossen hat, auf die Erde bringen läßt. Einbandgestaltung und Textillustrationen des Bandes stammen von Ernst Liebermann.

Werke: Mein Guckkästchen (1922); Die Häschenschule. Ein lustiges Bilderbuch (1924); Brummerchen (1924); Alle meine Häschen (1924); Die wilden Jungen von der Feuerburg (1925); Neue Abenteuer von der Feuerburg (1925); Der Wolkenkönig (1925); Im Katzenkränzchen (1926); Im wunderbaren Puppenland (1926); Schniepapo, der Zaubermeister. Märchenspiel (1927); Der Zuckertütenbaum (1928); Grünbart, das Moosmännchen (1928); Die Zwergeisenbahn (1928); Der faule Teddybär (1928); Baumkindleins Nachtfahrt (1929); Liese auf der Märchenwiese. Märchenspiel (1929); Klipper, Klapper. Kindergedichte (1929); Ferienabenteuer der Feuerburgkinder (1930); Die beiden Ausreißer (1931); Schützenfest in Katzenhausen (1933); Die kleinen tapferen Eierzwerge (1935); Mitgemacht! Spielt und lacht! Laienspiel (1936); Das Zwergenstädtchen (1949); Das Geheimnis des Riesenhügels (1949); Die Gespenstermühle in der Silberschlucht (1949).

Rudolf Wessel

Slevogt, Max

*Maler, Illustrator; * 8. 10. 1868 Landshut, † 20. 9. 1932 Neukastel (Pfalz).*

Sl. erfuhr seine künstlerische Ausbildung als Zeichner und Maler in München, Paris und Italien von 1889 bis 1890. Bis 1900 lebte Sl. in München, dann in Frankfurt und ab 1901 in Berlin. Stilprägende Ägyptenreise 1914. 1917 übernahm er in Ägypten eine Professur. Zusammen mit MAX LIEBERMANN (1847–1935) und LOVIS CORINTH (1858–1925) gehörte Sl. zu den bedeutendsten deutschen Impressionisten. Einflüsse von LEIBL und TRÜBNER.

Die Anregungen der französischen Freilichtmalerei setzte Sl. in spezifischer Weise um und verwandte sie in Porträts, Figurenbildern, Bühnenszenen, Landschaften, Wandfresken, vornehmlich Pfälzer Ansichten. Genaues Kostümstudium und häufige Opernbesuche befähigten ihn dazu, atmosphärisch dichte Szenen aus der Vergangenheit als Historienbilder und Vorgänge auf der Szene in bewegter Hell-Dunkel-Dramatik zu gestalten, unter anderem „D'Andrade als Don Juan", Illustrationszyklus zur „Zauberflöte" und zum „Leben des Benvenuto Cellini". Dieses Können setzte Sl. auch für Einzelbilder, Federzeichnungen und Lithographien als Illustrationen zu Stoffen der Kinder- und Jugendliteratur ein.

Werk, Tendenzen, Wirkung. Sl.s Beitrag zur künstlerischen Ausgestaltung des Jugendbuches sind seine Lithographien zum „Lederstrumpf" J. F. COOPERS (1789–1851) und die kleinformatigen Illustrationen zu einer Reihe von Schaffstein-Bändchen. Die Darstellungen zu den Lederstrumpf-Geschichten erschienen zuerst 1909 und 1910 in der COOPER-Übersetzung von K. FEDERN. Gerade die preiswerte und in hohen Auflagen publizierte Serie des um 1910 als fortschrittlich bekannten Schaffstein Verlages verhalf den Ideen der Kunsterziehungsbewegung der Jahrhundertwende mit zum Durchbruch. Für junge Leser illustrierte Sl. Abenteuer- und Entdeckungsgeschichten, Liedersammlungen, Tier- und Pflanzenbücher sowie historische Stoffe und Kolonialgeschichten. Anfängliche Pläne des Schaffstein Verlages, die ganze Serie der „Schaffstein-Bändchen" von Sl. illustrieren zu lassen sowie auch die Idee, die Ausgestaltung der deutschen Götter- und Heldensagen, der Nibelungen- und Gudrunsage Sl. zu übertragen, wurden nicht verwirklicht. Sl.s Illustrationen wurden vor dem Ersten Weltkrieg statt der zu schwach wirkenden Autotypie in Strichätzungen gedruckt.

Sl. gilt unter den Künstlern seiner Generation als „geborener Illustrator": „Aus dem bürgerlichen Naturalismus des 19. Jahrhunderts kommend, scheint Slevogt die historische Mission zu erfüllen, einer neuen Romantik mit barockem Lebensgefühl die Wege zu ebnen" (I. BANG: Die Entwicklung der deutschen Märchenillustration, 1944. S. 103). Er war durch seine Fabulierlust, dem Interesse an dramatischer Inszenierung, an mythologischen und märchenhaften Stoffen (Der Königssohn, der sich vor nichts fürchtet, 1923; Die Inseln Wak-Wak, 1921) ein Künstler, der dem Grundsatz der Kunsterziehungsbewegung entsprechen konnte, das Kunstwerk müsse qualitätvoll und jugendgemäß zugleich sein. Eine Wiederbelebung und Neuauflage von Sl.s Illustrationen nach dem Zweiten Weltkrieg vollzog sich über den Nachdruck in Anthologien und Sammlungen sowie über die Verbreitung seiner „Lederstrumpf"-Illustrationen in Editionen des Ellermann-Verlages und der Büchergilde Gutenberg.

Werke: M. Slevogt: Ali Baba und die 40 Räuber (1903); Achill. 15 Illustrationen zur Ilias (1908); Sindbad, der Seefahrer (1908). – J. F. Cooper: Lederstrumpf-Erzählungen (Bd. 1–5. 1909–1910). – J. K. A. Musäus: Die Märchen vom Rübezahl (1909). – M. Slevogt: Coranna. Eine Indianergeschichte (1909). – Auf dem alten Seewege nach Indien (1910). – Aus germanischer Zeit (1910). – Tra-ri-ra. Alte deutsche Kinderlieder (1910). – Vom Hühnchen und Hähnchen und anderen Tieren (1910). – Von Blumen und Bäumen (1910). – Bericht des Ferdinand Cortez an Kaiser Karl V. über die Eroberung von Mexico (1–3. 1911). – Die Zeit der Völkerwanderung (1912). – J. Bolte (Hrsg. zus. mit anderen): Alte und neue Lieder (1918). – J. u. W. Grimm: Deutsche Märchen (1918). – Fr. Wichert: Die goldene Kugel (1920). – J. Zimmermann: Alte Märchen (1920). – G. Ferry: Der Waldläufer (1921). – Die Inseln Wak-Wak (1921). – J. u. W. Grimm: König Drosselbart und andere Märchen (1922). – M. Slevogt: Zeichnungen zu Kinderliedern, Tierfabeln und Märchen (1922). – J. u. W. Grimm: Fitchers Vogel (1923); Der Königssohn, der sich vor nichts fürchtet (1923); Das singende, springende Löweneckerchen (1923). – K. Immermann: Tulifäntchen (1923). – J. u. W. Grimm: Die zwei Brüder (1924); Das blaue Licht und andere Märchen (1925). – M. Slevogt: Reisebilder (1926); Reineke (1928).

Sekundärliteratur: I. Bang: Die Entwicklung der deutschen Märchenillustration (1944). – E. Gudenrath: Max Slevogts klassische Illustrationen zu Fenimore Coopers „Lederstrumpf" (in: Jugendliteratur. 7. 1961. 10. 455–457). – H.-J. Imiela: Max Slevogt (1968). – K. Scheffler: Max Slevogt als Illustrator (in (ders.): Deutsche Maler und Zeichner im 19. Jahrhundert. 1911. 183–189). – E. Waldmann (Hrsg.): Max Slevogts graphische Kunst (1921, ²1924). – Max Slevogt: Das druckgraphische Werk 1890–1914 (1962).

Horst Künnemann

Šmahelová, Helena

*Tschechische Schriftstellerin, Verfasserin von Kinder- und Jugendbüchern; * 14. 7. 1910 Roztoky (Böhmen).*

Sm. erlangte nach einem Studium der Philosophie in Prag den Doktorgrad. Seit 1939 ist sie Mitglied des tschechischen Schriftstellerverbandes. Neben ihren Büchern für Erwachsene ist sie vor allem durch Kinder- und Jugendbücher bekannt geworden, für die sie in der ČSSR mehrmals ausgezeichnet wurde. 1961 verlieh ihr der „Kreis der Freunde der Kinderliteratur" für das Buch „Karlínská číslo 5" (1961) den Marie-Majerova-Preis, 1966 erhielt sie „Die goldene Feder", die die Leser ihren beliebtesten Autoren zuerkennen. 1966 erhielt sie ebenfalls die Ehrenurkunde der internationalen Jury des Hans-Christian-Andersen-Preises. Das Prädikat „Verdienter Künstler" wurde ihr 1975 zuerkannt, 1976 wurde ihr Gesamtwerk ausgezeichnet.

Mehrere ihrer Bücher sind vor allem in osteuropäischen Ländern übersetzt worden.

Werk, Tendenzen, Wirkung. Die beiden ins Deutsche übersetzten Erzählungen, das Kinderbuch „Dobrá mysl" (1964; dt. Störche mögen keine Orangen, 1966) und der Mädchenroman „Magda" (1959); dt. Liebe Madlena, 1971) sind in einem traditionellen Verständnis geschrieben. Die Rollen der Mädchenfiguren werden bestimmt durch ein geschlossenes, familiäres Bezugssystem und durch die herkömmlichen Normen und Regeln der Mädchenerziehung.

In „Dobrá mysl" ist die harmonische Beziehung der Mädchenfigur zu dem alleinstehenden Vater durch Gehorsam und Autorität gekennzeichnet. Sie wird auch durch den berufsbedingten Wechsel der Umwelt von der Stadt auf ein Dorf, wo der Vater als Restaurator auf einem Schloß arbeitet, nicht gestört. Dagmars Kindheit wird nicht durch Erlebnisse verändert, denn Naturverbundenheit kennzeichnet den Lebensbezug der dargestellten Personen, nicht gesellschaftliche Realität. Dagmar wird in einer kinderfeindlichen Umwelt eine feste Rolle zugewiesen (sie näht für den Vater einmal sogar einen Knopf an). Während sie sich an das Dorfleben gewöhnt, besonders durch die Freundschaft mit Tino, dem Sohn der Lehrerin, gibt es für den Vater ein happy-end: er heiratet Tinos Mutter.

Weniger konfliktarm verläuft die Jugend für Madlena in „Liebe Madlena", die sich von der familiären Umwelt vernachlässigt fühlt und in eifersüchtiger Konkurrenz zu ihrer Schwester Linka steht. Der Verlust des geliebten Katers und der Tod des Vaters verändern das Weltbild Madlenas von einem kindlichen zu einem erwachseneren.

Dialoge und Gedanken entsprechen in beiden Mädchenbüchern einem kindhaften Klischee. Es läßt die Absicht der Autorin vermuten, daß sich die Leserinnen mit den Mädchenfiguren identifizieren sollen. Daß dieses Stilmittel dazu geeignet ist, den Leserinnen einen Ausschnitt der Realität zu vermitteln, mag angezweifelt werden. Die Bücher sind in ihrer inhaltlichen und vor allem stilistischen Form dem Muster der Trivialliteratur ähnlich.

Werke: Mládí na křídlech (1956, [4]1967); Velké trápení (1958, [4]1966; dt. Jana oder der große Kummer eines kleinen Mädchens, 1960); Magda (1959; dt. Liebe Madlena, 1971); Dva týdny prázdnin (1960); Karlínská číslo 5 (1961, [4]1974); Isem už velká dívká (1963); Dobrá mysl (1964; [2]1968; dt. Störche mögen keine Orangen, 1966); Chrabrovka (1965, [2]1971); Dora a medvěd (1968, [2]1972); Bratr a sestra (1974); Žárlivost (1975); Kdy přijde Dora? (1977).

Traute Richter

Smolik, Wilhelm

*Tierschriftsteller, Lyriker, Jugendbuchautor; * 1. 11. 1906 Leipzig, † Mai 1962 Irsee b. Kaufbeuren.*

Sm. ist auf dem von ihm vertretenen Sachgebiet Autodidakt. Nach dem Besuch der Volksschule und nach einer kaufmännischen Lehre war er in mehreren Berufssparten als Angestellter tätig. Seit 1930 publizierte er nebenher; ab 1933 lebte er als freier Schriftsteller.

Werk, Tendenzen, Wirkung. Sm.s Hauptschaffensperiode fällt in die Zeit nach 1945, in der ein großer Bedarf an ausgesprochen unproblematischer, unbelasteter Kinder- und Jugendliteratur bestand. Seine „Naturdichtungen", die in erster Linie die heimische Tier- und Pflanzenwelt in Wald und Flur zum Gegenstand haben, aber auch humanbiologische (Das wandernde Blutkörperchen) und anorganische (Wacker auf Wanderschaft) Randbereiche einschließen, kamen dem Bedarf entgegen. Sm.s Stärke und Schwäche zugleich ist seine weitgehende Anthropomorphisierung der Naturwelt. Die Vermenschlichungstendenz gegenüber Tier- und Pflanzenwelt schafft zwar ein besonders nahes Partnerverhältnis zwischen dem lesenden Kind und der Natur und bedingt eine nachhaltige, gefühlsmäßige Verankerung der vornehmlich in Dialogform vorgetragenen Sachverhalte. Die damit einhergehende Naturbeseelung hebt aber die biologische Eigengesetzlichkeit von Pflanze und Tier merklich auf und führt zu einer Verniedlichung und Verharmlosung der natürlichen Vorgänge. Diese Zwiespältigkeit spiegelt sich in Sm.s Werk. Er beläßt zwar Tiere und Pflanzen in ihren natürlichen Lebensbereichen und macht sie nicht zum eingekleideten Spielzeug der Kinder in einer unrealistischen Welt, aber die von ihm angewandte naive Poetisierung tierischer Verhaltensweisen und biologischer Vorgänge bewirkt oft eine gekünstelte „Humanisierung", die den sachlichen Gegebenheiten nicht mehr gemäß ist („Nun schwoll der Eiche das Herz unter der klopfenden Rinde" – Rauschebart, S. 34). Der Autor gibt seinen Texten poetologisch nicht gerechtfertigte Bezeichnungen, wie Tiermärchen, Naturmärchen, Plauderei, Tiergeschichte, Tiernovelle. Allen Texten gemeinsam, jedoch unterschiedlich in der Intensität, ist die Absicht, biologisch zu belehren. In den Büchern mit erzählendem Aufbau ist diese Absicht weniger offenkundig; sie ist hinter einer flüssigen und vorstellungsnahen Gesprächsführung pädagogisch geschickt versteckt. Allgemeine Lebensweisheiten werden ab und zu eingeblendet. Offen belehrend, in größere ökologische Zusammenhänge hineingestellt und überzeugend in der Verwendung der darstellerischen Mittel, sind seine gestalteten (von ihm aber nicht so bezeichneten) Sachbücher, die auf die Anthropomorphisierungstendenz verzichten: „Schniefnase", „Schwalbenschwanz und Pfauenauge", „Tausend Wunder auf stillen Wegen", „Tiere und Menschen". Im Vorwort zu dem letztgenannten Sammelband legt Sm. ein objektiv nicht ganz stichhaltiges, für sein Schaffen jedoch bezeichnendes Bekenntnis zur Friedfertigkeit der Tiere untereinander und auch den Menschen gegenüber ab. Die von Sm. vorgelegten rein erzählenden Jugendbücher, in denen die dargestellten jungen Natur- und Tierfreunde eine poetische Verklärung finden, sind in Aufbau und Handlung so klischeehaft angelegt, daß sie in die Nähe der Trivialliteratur rücken.

Werke: Das große Frühjahrswecken. Naturmärchen (1939); Wuppdi. Tiernovelle (1940); Kribbelfix. Tiernovelle (1941); Schäfer Martin und die Tiere. Naturmärchen (1941); Wundersame Erlebnisse eines Hirtenknaben (1943); Grimback, der Hamster. Tiernovelle (1945); Mein Freund Sägebein. Plauderei (1945); Die ganze Welt unter einem Dach. Naturmärchen (1945); Rauschebart, die Eiche. Naturdichtung (1947); Der Waldhüter. Plauderei (1947); Ein Luftikus. Plauderei (1947); Wacker auf Wanderschaft. Naturmärchen (1948); Zwischen Abend und Morgen. Gedichte (1948); Rostpelzchen, die Waldmaus. Tiernovelle (1948); Die große Frage des kleinen Purzellicht. Naturmärchen (1948); Drei Wege. Erzählungen (1948); Knorzel, der Baumstumpf. Naturmärchen (1949); Nicks Brautfahrt. Naturmärchen (1949); Das goldene Herz des Waldes. Tiernovelle (1949); Gaukeljan und Schaukeline. Naturmärchen (1949); Der rote Kobold. Naturmärchen (1949); Warzenbiß, der Wiesenmusikant. Tiernovelle (1949); Ein Mädchen allein. Erzählung (1950); Mein Freund der Igel. Tiernovelle (1951); Schniefnase. Tiergeschichte (1953); Tierfreund in Not. Erzählung (1954); Plink reist um die Welt. Naturmärchen (1954); Langbeen, der Wasserfrosch. Tiernovelle (1954); Absonderliche Gesellen. Geschichten (1954); Unsere heimatliche Tierwelt. Geschichten (1955); Schwalbenschwanz und Pfauenauge. Plauderei (1955); Tausend Wunder auf stillen Wegen (1956); Der schwarze Zimmermann. Tiergeschichte (1958); Tiere und Menschen. Tiergeschichten (1960); Der wilde Waldkater (1960).

Hermann Bertlein

Sommerfelt, Aimée

*Norwegische Kinder- und Jugendbuchautorin; *2.4.1892 Oslo, †7.8.1975 Oslo.*

Nach der Schulzeit erhielt S. im Hospital ihres Vaters eine Ausbildung als Pflegerin. Danach betrieb sie Sprachstudien in England, Deutschland und Frankreich. Dort legte sie das Dolmetscherexamen ab. Mit ihrem Ehemann Dr. ALF S., einem der Gründer der UNESCO, unternahm S. von 1945 bis 1965 viele Reisen in Länder der Dritten Welt. Ihr schriftstellerisches Werk umfaßt 17 Kinder- und Jugendbücher. Während S. bis 1950 hauptsächlich unterhaltsame Erzählungen geschrieben hatte, begann sie aufgrund der Reiseeindrücke engagierte Bücher über die aktuellen Probleme in den Entwicklungsländern zu schreiben. Manche ihrer Bücher erschienen in mehr als 25 Ländern. Für „Veien til Agra" (1959), „Den huite Bungalowen" (1962), „Pablo og de andre" (1964) und „Den farlige Natten" (1971) erhielt S. mehrere Preise, unter anderem jeweils den Norwegischen Staatspreis sowie englische und amerikanische Auszeichnungen; die zwei letztgenannten Bücher erschienen 1962 und 1966 auf der Ehrenliste zum Hans-Christian-Andersen-Preis.

Werk, Tendenzen, Wirkung. Aus S.s breitem Repertoire ragen einige Bücher besonders heraus. Bekannt sind vor allem ihre Bücher „Veien til Agra" (1959; dt. Der Weg nach Agra, 1965) und „Den huite Bungalow" (1962; dt. Der weiße Bungalow, 1970), die im heutigen Indien spielen. „Der Weg nach Agra" beschreibt das Schicksal zweier indischer Kinder. Um auch weiterhin die Schule besuchen zu können, wandert ein an den Augen erkranktes Mädchen mit seinem Bruder nach Agra, um in einem Spital der UNESCO geheilt zu werden. Die Schilderung dieses abenteuerlichen Weges führt aufschlußreich in die indische Alltagsproblematik ein. Die Fortsetzung „Der weiße Bungalow" thematisiert eindringlich die ärmlichen Lebensbedingungen, Not und Elend der indischen Landbevölkerung sowie die Schwierigkeiten, wirtschaftlichen und sozialen Fortschritt – hier gezeigt am Beispiel der Anhebung des Bildungsstands – zu erreichen. Auch in dem Buch „Pablo og de andre" (1964; dt. Pablo und die anderen, 1966), das in Mexiko spielt, ist die Darstellung der Freundschaft zwischen einem – privilegierten – weißen Jungen und einem einheimischen Schuhputzer-Jungen Anlaß, Ursachen und besonders auch individuelle Auswirkungen von Armut in Mexiko zu zeigen. Mehrere Bücher S.s befassen sich mit dem Problemkreis Vorurteile und Diskriminierung. „Den farlige Natten" (1971; dt. Die gefährliche Nacht, 1973) erzählt vom Leben der Gastarbeiter; „Miriam" (1950), die Geschichte eines jüdischen Mädchens, ist ein Buch, das sich gegen rassische und religiöse Vorurteile wendet. In mehreren Büchern hat S. mit viel Einfühlungsvermögen die spezifischen Probleme der Pubertät und des Erwachsenwerdens geschildert, so zum Beispiel in „16 År" (1939; dt. Nennt mich nicht mehr Sofus, 1965), ebenso in „Morten og Monika" (1954; dt. Martin und Monika, 1968). S. verstand es, informative, humanitäre und kritische Ideen erzählend umzusetzen und trotz des ernsten Inhalts spannend und humorvoll zu präsentieren.

Werke: Stopp Tyven (1934; dt. Mit Mädchen fängt man keine Diebe, 1967); Fire detektiver arbeider med saken (1935; dt. Das schräge b verriet ihn, 1969); Trulte (1936; dt. Inge stellt immer was an, 1963); Trulte i toppform (1938); 16 År (1939; dt. Nennt mich nicht mehr Sofus!, 1965); Lisbeth (1943); Ung Front (1945); Annabeth (1948); Miriam (1950); Bare en Jentunge? (1952); Morten og Monika (1954; dt. Martin und Monika, 1968); Veien til Agra (1959; dt. Der Weg nach Agra, 1965); Den huite Bungalowen (1962; dt. Der weiße Bungalow, 1970); Pablo og de andre (1964; dt. Pablo und die anderen, 1966); Den farlige Natten (1971; dt. Die gefährliche Nacht, 1973); Etterlyst (1973); Reisen til Ingensteder (1974).

Sekundärliteratur: Chr. Andersson: Aimée Sommerfelt (in: De översätts för ungdom. 1976). – J. Gormsen: Ein Gespräch mit Aimée Sommerfelt (in: Jugend und Buch. 24. 1975. 4. 5–9). – G. Pott: Aimée Sommerfelt (in: L. Binder (Hrsg.): Jugendbuchautoren aus aller Welt. 1975. 197–203).

Hartmut Euler

Sonderland, Johann Baptist

*Maler, Lithograph und Illustrator; *2.2.1805 Düsseldorf, †21.7.1878 Düsseldorf.*

S. war ursprünglich Lithograph und studierte dann unter PETER CORNELIUS (1783–1867) und EDUARD BENDEMANN (1811–1889) an der Düsseldorfer Kunstakademie.

Werk, Tendenzen, Wirkung. S. hat einige Genrebilder gemalt: Hans und Grete (nach LUDWIG UHLAND), Der Tanzbär, Kosakeneinquartierung. Er gehörte zu dem Düsseldorfer Künstlerkreis (ANDREAS ACHENBACH, 1815–1910; EDUARD BENDEMANN, EHRHARDT, HÜBNER, LESSING, SCHRÖDTER), der zu ROBERT REINICKS „Lieder eines Malers mit Randzeichnungen seiner Freunde" (1838) Radierungen schuf. S. steuerte die Illustration zum „Käferlied" bei, das er mit witzigen Blumen-, Insekten- und Figurenarabesken, ganz im Geiste SCHRÖDTERS, umrahmte. In den später als zweiter Band dieser „Lieder und Bilder" erschienenen „Deutschen Dichtungen mit Randzeichnungen deutscher Künstler" (1843) illustrierte er FRIEDRICH RÜCKERTS „Parabel" und das „Fliegende Blatt", „90 × 9 × 99". In den ausschließlich von S. illustrierten „Bildern und Randzeichnungen zu deutschen Dichtungen", Radierungen und Stahlstichen (in 10 Lieferungen 1838–1844), rahmen die nun teilweise kärglichen Arabesken ein Genrebild oder auch mehrere ein. Die fünf Stahlstiche zu HAUGS „200 Hyperbeln auf Herrn Wahls ungeheure Nase" (1841) sind im Rahmen seiner Arabeskenkunst sein geistreichstes und witzigstes Werk. S. hat auch kirchliche Stoffe illustriert: BAYERLES „Katholische Festbilder" (1847), „Festkränzchen" (1850). Für die „Düsseldorfer Monatshefte" lieferte er Lithos nach eigenen und nach Bildern anderer Künstler. Auch am „Düsseldorfer Künstler-Album" (1851–1857) arbeitete er mit.
S. war ein sehr routinierter Zeichner, der sich immer geschickt anzupassen verstand. „Als Illustrator ordnete er sich vollständig den Wünschen der Verleger unter" (SCHÜRMEYER). Das trifft insbesondere auf seine Illustrationen zu Jugendbüchern zu. Seinen sechs Bildern zu WILHELM HAUFFS „Märchen" (1842) wurde zwar „starkes Einfühlungsvermögen" (BANG) zugestanden, doch andererseits die Zerstörung des eigentlichen Märchentons „durch zu virtuose Behandlung" bemängelt. Auch die kolorierten Lithos zu den „Kindermährchen" (1844) machen, etwa beim Aschenputtelbild, „die innere Beziehungslosigkeit zum Märchenstoff" deutlich. Bei FRANZ LAUTERS „Mährlein von Fletsch und Winzelchen" (1844) tritt die „Bilderbogenmanier" mit ihrem Hang zum Grellen und Gruseligen stärker hervor. Andere Kinderbuchillustrationen wirken wie schwache Nachahmungen THEODOR HOSEMANNS (1807–1875). In den Bilderbüchern der sechziger und siebziger Jahre werden Liedertexte wieder von mehreren größeren und kleineren Bildern umgeben, die wie bei den Arabeskenrandzeichnungen durch florale Elemente miteinander verbunden sind. Zu einer eigenen künstlerischen Handschrift hat S. nicht gefunden.

Werke: J. B. Sonderland: Bilder und Randzeichnungen zu deutschen Dichtungen (Bd. 1–10. 1838–1844); J. B. Sonderland: Deutsche Sagen (zus. mit anderen, 1840); W. Hauff: Märchen für Söhne und Töchter gebildeter Stände (1842); A. L. Grimm: Mährchen aus dem Morgenlande (1843); K. Fr. Lossius: Das Vergißmeinnicht (1843); Fr. Lauter: Das Mährlein von Fletsch und Winzelchen (1844); L. Wiese: Kindermährchen (1844); Fr. W. Hempel: Vater Hellmuth unter seinen Kindern (1845); J. B. Sonderland: Scenen aus Immermanns Münchhausen (1848); J. B. Sonderland: Das goldene ABC (1849); J. B. Sonderland: Das Federspiel. ABC mit Flügeln. Aus des Knaben Wunderhorn (1849); Aurelie (S. Wolff-Baudissin): Theater-Almanach für die Jugend (Bd. 1–2. 1849–1850); Märchenfleiss. Eine Auswahl von Gedichten für die weibliche Jugend (1849); Festkränzchen (1850); Kinderlust. Eine Sammlung von Kinderliedchen, Sprüchlein und Reimen, Spielen, Scherzen und Räthseln (1850); K. Arenz: Die Geschwister (1851); W. Herchenbach: Goldspiegel. Bilder aus dem Jugendleben (1852); J. B. Sonderland: Das Jahr, und was es den Kindern bringt (1861); J. B. Sonderland: Goldene Regeln in Bild und Wort (1861); Ph. J. Beumer: Aufgepasst! du kleines Volk! (1868); J. Ph. Beumer: Die Mutter unter ihren Kindern (1868); Das Kind unter seinen liebsten Tieren (1870); G. Hartmann: Thier- und Jagdbilder. Mit naturgeschichtlichen Erzählungen (1873); Fr. Wiedemann: Die drei Freunde (1873); J. B. Sonderland: Bilder aus dem Leben (1877).

Sekundärliteratur: I. Bang: Die deutsche Märchenillustration (1944). – P. Horn: Düsseldorfer Graphik in alter und neuer Zeit (1928). – A. Rümann: Das illustrierte Buch des XIX. Jahrhunderts in England, Frankreich und Deutschland (1930, ND. 1975). – W. Schürmeyer: J. B. Sonderland (in: Zeitschrift für Bücherfreunde. 1934. 38. 37–40).

Eberhard Semrau

Sonnleitner, A. Th.

*(d. i. Alois Tlučhořr). Pädagoge, Fachlehrer, Schriftsteller; *25.4.1869 Daschitz bei Pardubitz (Böhmen), †2.6.1939 Perchtolsdorf (Wien).*

Der aus einer armen böhmischen Bauernfamilie stammende S., der sich nach einer der Landschaften seines berühmtesten Werkes („Die Höhlenkinder") „Sonnleitner" nannte, studierte in Wien Philologie und Pädagogik und war als Fachlehrer und später als Direktor der Bürgerschule in Wien tätig. An der Universität Wien promovierte er zum Dr. phil. S. erlebte zahlreiche Ehrungen und wurde nach seinem Tod in Wien in einem Ehrengrab beigesetzt.

Werk, Tendenzen, Wirkung. S. verfaßte eine Reihe von Aufsätzen zu pädagogischen und soziologischen Fragen, Gedichte, märchenhafte Erzählungen und vor allem Erzählbände für junge Leser mit Sachbuchtrend, durch die er international bekannt wurde.
Sein bedeutendstes Werk ist die von dem Autor „Kultur-Erarbeitungs-Roman" genannte Trilogie „Die Höhlenkinder" (1. Band: „Im Heimlichen Grund", 1918; 2. Band: „Im Pfahlbau", 1919; 3. Band: „Im Steinhaus", 1920). Die mitteleuropäische Robinsonade spielt zur Zeit der Hexenprozesse. Ein armes, altes Weib ist gezwungen, mit zwei verwaisten Kindern, deren sie sich angenommen hat, einem Jungen und einem Mädchen, nach einer schwer zugänglichen Stelle in dem Dolomitengebirge zu fliehen. Durch eine Naturkatastrophe, bei der die Pflegemutter ums Leben kommt, wird die Gegend völlig von der Außenwelt abgeschnitten, und die beiden Kinder, die buchstäblich nur das nackte Leben gerettet haben, sind allein auf sich angewiesen. Alles, was sie zu ihrer Existenz benötigen, müssen sie sich selber schaffen, ob Kleidung, Wohnung

Frontispiz zu der mitteleuropäischen Robinsonade „Die Höhlenkinder im Pfahlbau". Die Erstausgabe des Buches, das der böhmische Lehrer Alois Tlůchǒr unter dem Pseudonym A. Th. Sonnleitner verfaßte, erschien 1919. Das Titelbild von Fritz Jaeger zeigt „den heimlichen Grund", ein von hohen Gebirgen eingeschlossenes fiktives Tal, das den Schauplatz der Robinsonade darstellt.

oder Waffen und Jagdgeräte. So erleben sie an sich die ganze Kulturgeschichte der Menschheit. Allerdings handelt es sich bei dem Erfinden neuer Geräte und Utensilien immer um ein Erinnern, so daß die kulturelle Entwicklung in einem Zeitraffertempo vonstatten gehen kann. Die beiden Kinder sind mit stark geschlechtsspezifischen Eigenschaften ausgestattet. Während der mutige und unternehmungslustige Peter auf die Jagd geht, schwere Arbeiten verrichtet, für den Hausbau sorgt, wird Eva fraulich und treusorgend dargestellt. Sie übernimmt von Anfang an die hergebrachten Hausfrauenpflichten und verschönt das einsame Dasein der beiden jungen Menschen durch „hausmütterliche" Behaglichkeit. Als die beiden heranwachsen, verlieben sie sich ineinander und werden Mann und Frau. Die Erfindungen von Peter werden von dem gemeinsamen Sohn Hans bis zur Mühle am Bach und zur Schaffung der Buchstabenschrift weitergeführt. Dem Sohn gelingt es am Schluß, den Weg zu den Menschen zurückzufinden.

Der Autor hat die verschiedenen Erfindungen und Tätigkeiten in einer für Kinder leicht verständlichen und sogar nachvollziehbaren Art und Weise geschildert. Damit wird die Erzählung gleichsam zu einem Sach- und Werkbuch, das den jungen Leser mit den verschiedenen handwerklichen Tätigkeiten vertraut macht. Dazu tragen auch die zahlreichen Sachzeichnungen von Fritz Jaeger bei, die detaillierten Lexikonzeichnungen entsprechen und die die Franckh'sche Verlagsanstalt in Stuttgart, die alle Bücher S.s herausbrachte, bis zur Gegenwart beibehielt.

Die „Höhlenkinder" S.s wurden ein großer Erfolg. Dazu trugen nicht zuletzt die lobenden Urteile der Pädagogen und Jugendschriftenfachleute bei. Bereits in der August-/September-Nummer des Jahrgangs 1920 der „Jugendschriften-Warte" wird das Werk in der „Auswahl wertvoller Jugendlektüre" genannt. 1959 erschien das 220. Tausend in der 50. Auflage (Jubiläumsauflage). Die „Höhlenkinder" finden sich noch heute, nur wenig verändert, im Angebot des Stuttgarter Verlages. Das Werk wurde in viele Sprachen übersetzt, unter anderem ins Englische, Italienische und Tschechische. Außerdem wurde es in Blindenschrift gedruckt.

Auch die weiteren Jugendbücher des Autors waren erfolgreich, vor allem die Trilogie um „Koja" (1921–1925) und die drei Bände über die „Hegerkinder" (1920–1923). Die Erzählungen um Koja schildern anschaulich die Kindheitserinnerungen eines Naturwissenschaftlers. Im zweiten Buch nimmt die Anleitung zu eigenen Beobachtungen noch zu und ist, wie es in der April-Nummer 1928 der Jugendschriften-Warte heißt, „für den Geschmack vieler Kinder ... zu langweilig". Die Koja-Bände enthalten viel Biographisches und zeigen dem jungen Leser den erfolgreichen Kampf dreier Menschen gegen ein widriges Geschick. Wie die meisten seiner Werke, will S. auch in den Koja-Bänden „Wegweiser zu selbstverantwortlicher Schicksalsgestaltung" geben. Der Autor betrachtete alle seine Bücher als „im Dienste der Lebenskunde" stehend. In den „Hegerkindern" bietet der Verfasser im Rahmen einer einfachen Familiengeschichte eine Heimatkunde im besten Sinne des Wortes. Alles, was die Hegerkinder in der Lobau, einer Donauinsel, erleben, wird verwertet, um eine Fülle geschichtlicher, naturkundlicher und heimatkundlicher Kenntnisse zu vermitteln. Allen Erzählungen S.s ist eine religiöse und ethische Haltung gemein, die vor allem in den Gedichten, die der Autor seinen Bänden vorgesetzt hat, aufscheinen. So ist der Band „Die Höhlenkinder im Steinhaus" mit einem Gedicht als Einleitung versehen, das den Titel „Im Steinhaus" trägt und dessen zweiter Vers lautet: „Wir wohnen im Steinhaus, umstrahlt von der Sonne, – Wir baden im Licht den Leib und den Geist. / In uns lebt die Kunde vom Schaffen der Ahnen, / Die fernher uns kommt und ins Künftige weist." Auch aus den letzten Zeilen des gleichen Bandes kommt noch einmal die Vorstellung S.s zum Durchbruch, daß ein jeder Mensch sich als Glied einer Menschheit zu verstehen hat, die im ewigen Aufstieg zum Lichte hin begriffen ist und die von einer ewigen und unumstößlichen göttlichen Ordnung getragen wird.

Werke: Bäckerfranzel (1907); Der Universal-Erbe (1907); Die Grille (1911); Das Märchen in der Seele des Kindes (1913); Die

Höhlenkinder im Heimlichen Grund (1918); Die Höhlenkinder im Pfahlbau (1919); Die Höhlenkinder im Steinhaus (1920); Die Hegerkinder im Gamsgebirg (1920); Kojas Haus der Sehnsucht (1921); Kojas Wanderjahre (1925); Kojas Waldläuferzeit (1925); Von Schönheits Gnaden (1920); Die Hegerkinder von Aspern (1923); Die Hegerkinder in der Lobau (1923); Rübezahl und der Kloppel-Hannes (1925); Der Zwerg am Steuer (1927); Dr. Robin-Sohn. Reise-Roman (1929); Aus dem goldenen Buch der Helfer: Samariter (1930).

Helmut Müller

Southall, Ivan

*Australischer Schriftsteller und Jugendbuchautor; * 8. 6. 1921 Canterbury, Victoria (Australien).*

Nach der Schulzeit arbeitete S. zunächst als Journalist in Melbourne. Im Zweiten Weltkrieg flog er als Pilot mit der Royal Australian Air Force von England aus Einsätze und wurde mit dem Distinguished Flying Cross ausgezeichnet. In kriegsgeschichtlichen Studien befaßte er sich anschließend mit dem Anteil der australischen Streitkräfte an den westeuropäischen Kampfhandlungen. Den „Australian Children's Book of the Year Award" erhielt S. 1966 für „Ash road" (1965), 1968 für „To the wild sky" (1967), 1971 für „Bread and honey" (1970) und 1976 für „Fly west" (1974). Für „The sly old wardrobe" (1968) bekam er 1969 den „Australian Picture Book of the Year Award", und für „Josh" (1971) wurde ihm 1972 die Carnegie Medal verliehen. S. lebt heute – nach Jahren auf dem Lande – in Sidney.

Werk, Tendenzen, Wirkung. S. wurde in den fünfziger Jahren im englischen Sprachraum durch die Abenteuerserie um seinen fiktiven Fliegerhelden Simon Black bekannt. Erst mit „Hills end" (1962) gelang ihm jedoch der Durchbruch zum anerkannten Jugendbuchautor. In der Aufsatz- und Vortragssammlung „A journey of discovery" (1975) hat S. seine Abkehr von der Darstellung sensationeller Abenteuer eines Superhelden à la Simon Black selbstkritisch beschrieben. Seit „Hills end" gilt sein Interesse mehr der imaginativen Wiedergabe von Verhalten, wie es durchschnittliche Kinder oder Jugendliche in angsterzeugenden Situationen zeigen können. Seine Erkenntnis, daß sich wahres Heldentum in der Meisterung von Angst erweist, wurzelt in seinen Kriegserlebnissen. Jugendbücher S.s sind in mehrere Sprachen, insbesondere ins Deutsche, übersetzt worden.

S.s Romane spielen im Australien der Gegenwart, zumeist fernab der großen Städte, wo landschaftliche und klimatische Gegebenheiten vehement auf die existentiellen Lebensbedingungen einwirken können. In dieser Umgebung werden die von S. realistisch gezeichneten Kinderfiguren mit unvorhergesehenen Situationen konfrontiert. Außergewöhnliche Ereignisse – Naturkatastrophen in „Hills end" (1962) und in „Ash road" (1965), tödliche Unfälle in „To the wild sky" (1967) und in „Finn's Folly" (1969) – lösen dabei eine Krise im Leben einer Kindergruppe aus. Mit einem erzähltechnisch mehrgleisigen Verfahren und äußerem Erzählstandpunkt versteht es S. hier, das Verhalten einzelner Charaktere in oft schnell wechselnden Szenen – die jeweils eine Figur in den Mittelpunkt stellen – aufzuzeigen. Die Welt der Erwachsenen erweist sich in der Regel als wenig hilfreich und an den Reaktionen der auf sich selbst gestellten Kindergestalten kann abgelesen werden, wie sie mit den Herausforderungen, der Verunsicherung, Isolation und Angst fertig werden. In diesen Krisengeschichten der ersten Schaffensperiode von S. werden die psychischen Konflikte, in die die Kinder geraten, in Abenteuergeschichten eingekleidet, was nicht immer ohne ein gewisses Maß an Sentimentalität gelingt.

Eine stark veränderte Erzählweise kennzeichnet das spätere Werk von S. In der Form des psychologischen Romans wird nunmehr die innere Krise eines Einzelnen thematischer Schwerpunkt. Die Darstellung konzentriert sich auf eine einzige Figur. Eine einsträngige Handlungsführung und eine personale Erzählperspektive erlauben die Verlagerung des Geschehens in die psychische Ebene. S.s Absicht, jetzt vor allem die inneren Vorgänge seiner Figuren zu verfolgen, zeigt sich deutlich in „Let the balloon go" (1968), und in „Josh" (1971) wird diese Intention durch die Verwendung von Partizipialsätzen sprachlich exzessiv verwirklicht, um Bewußtseinsvorgänge wiederzugeben. Die Gedanken der Zentralfigur und die durch ihre Wahrnehmung gefilterte äußere Wirklichkeit lassen den seelischen Konflikt erkennen, der durch ein äußerlich triviales Ereignis wie das Erklettern eines Baumes trotz körperlicher Behinderung in „Let the balloon go" oder den Besuch bei einer eigenwilligen alten Tante auf dem Lande in „Josh" ausgelöst wurde. Das Panorama der erzählten Welt ist zwar zusammengeschrumpft, doch erschließt die Reduktion auf eine Einzelfigur und ihre psychischen Dispositionen eine neue Tiefendimension. S.s psychologische Jugendromane verlangen vom Leser erhöhte Anstrengungen, da die Erzählbreite nicht mehr von den Spannungselementen eines abenteuerlichen Geschehens allein ausgefüllt wird.

Werke: Meet Simon Black (1950); Simon Black in peril (1951); Simon Black in space (1952); Simon Black in coastal command (1953); Simon Black in China (1954); Simon Black and the spaceman (1955); Simon Black in the Antarctic (1956); Simon Black takes over (1959); Journey into mystery (1961); Simon Black at sea (1961); Hills end (1962; dt. Sieben werden vermißt, 1969); Rockets in the desert (1964); Ash road (1965; dt. Buschfeuer, 1967); Indonesian journey (1965); The fox hole (1967; dt. Die Falle am Desmond, 1970); The sword of Esau. Bible stories (1967); To the wild sky (1967; dt. Überleben, 1967); Bushfire (1968); The curse of Cain. Bible stories (1968); Let the balloon go (1968; dt. Der verbotene Baum, 1974); The sly old wardrobe (1968); Finn's folly (1969; dt. Kurve im Nebel, 1970); Bread and honey (1970; dt. Tag der Helden, 1971); Chinaman's reef is ours (1970; dt. Die Stadt gehört uns, 1971); Josh (1971; dt. Tim, 1972); Head in the clouds (1972); Over the top (1972; auch u.d.T.: Benson boy, 1973; dt. Die Nacht als keiner schlief, 1974); Matt and Jo (1973; dt. Matt und Jo, 1973); Fly west (1974); Seventeen seconds (1974); What about tomorrow? (1976).

Sekundärliteratur: G. Fox: Growth and masquerade: a theme in the novels of Ivan Southall (in: Children's Literature in Education. 6. 1971. 49–64). – A. Pirani: Writers for children – Ivan Southall (in: The use of English. 22. 1970–1971. 233–237). – I. Southall: A journey of discovery. On writing for children (1975). – R. Tabbert: Sieben werden vermißt. Zur Analyse von Abenteuerliteratur (in: Das gute Jugendbuch. 28. 1978. 187–194). – J. R. Townsend: Ivan Southall (in: J. R. Townsend: A sense of story. Essays on contemporary writers for children. 1971. 182–192).

Wolfgang Schlegelmilch

Sozialistische Kinder- und Jugendliteratur

Sozialistische (deutsche) Kinder- und Jugendliteratur (sKJL) fügt sich in ihrer Vielfalt nicht einer abstrakt typologischen Definition, muß eher historisch verstanden werden. Subsummiert sind ihr die frühe sKJL vor 1914, in der Weimarer Republik die an der SPD orientierte sozialistische bzw. sozialdemokratische Literatur sowie die Arbeiterdichtung, die im Umfeld der KPD entwickelte proletarische bzw. proletarisch-revolutionäre Literatur und die durch das Programm des „sozialistischen Realismus" bestimmte Kinder- und Jugendliteratur der DDR nach 1945. Von ihrer Bestimmung und Wirkung bleibt die sKJL an die organisierte Arbeiterbewegung gebunden. Analog zu deren Fraktionierung – die sich jedoch erst nach 1918 durch verschiedene Parteien ausdrückt (SPD, KPD u.a.) – erhält die Literatur eine andere Funktionsbestimmung, entsteht auch eine andere Kinder- und Jugendliteratur.

Frühe sKJL vor 1914. Angesichts der Situation in den (für die Arbeiterkinder einzig wichtigen) Volksschulen des Wilhelminischen Reiches, die – angefüllt mit religiöser Unterweisung, Patriotismus, Verherrlichung des Herrscherhauses und Glorifizierung des Krieges – wesentlich Gesinnungsunterricht leisteten und eindeutig den Auftrag hatten, gegen die Sozialdemokratie zu erziehen; angesichts auch der sich immer massenhafter entwickelnden „Schundliteratur" wurden bereits auf den Parteitagen von 1871 und 1874 sozialistische Jugendbildungsschriften gefördert, die – orientiert an den Grundsätzen „des wahren Menschentums" – geeignet waren, „in anregender Weise den Freiheitsgedanken in die Kinderbrust" zu pflanzen. Wesentlicher als dieser allgemeine Konsens waren die verschiedenartigen inhaltlichen Forderungen an eine Literatur für Kinder des Proletariats. Parallel zur objektiv ambivalenten Situation der Arbeiterbewegung im Wilhelminischen Reich, in dem staatliche Repressionen konträr zur teilweise erfolgreichen Reform- und Sozialpolitik standen, entfalteten sich die Fraktionierungen innerhalb der SPD um die um August Bebel (1840–1913) und Karl Kautsky (1854–1938) zentrierte Marx-Orthodoxie (Zentrum), die Reformisten bzw. Revisionisten und später die „Linken" um Franz Mehring (1846–1919) und Clara Zetkin (1857–1933). Diese Fraktionierung bedingte eine verschiedenartige Funktionsbestimmung von Literatur, auch von Kinder- und Jugendliteratur. Gebunden blieb diese Diskussion an die Frage nach der Übernahme des bürgerlichen Erbes, der Auseinandersetzung mit aktuellen Literaturrichtungen (des Naturalismus) und dem Problem der „Tendenz". Unter dem Stichwort der „Tendenz" wurde diese Diskussion gerade auch heftig um die Literatur für Kinder und Jugendliche geführt. Dabei beschieden sich die Vertreter des Reformismus – aber auch prinzipiell die Vertreter des Zentrums wie K. Kautsky und der spätere Vorsitzende der Bildungskommission der SPD Heinrich Schulz (1872–1932) – während der Zeit des Kampfes des Proletariats mit einer gereinigten und neutralen bürgerlichen Kinder- und Jugendliteratur. Im Rückgriff auf bzw. in Parallele zur Reformpädagogik und der Kunsterziehungsbewegung (vgl. Heinrich Wolgast und die Zeitschrift „Jugendschriften-Warte") forderte z.B. H. Schulz die Abwendung von der „tendenziösen Jugendschriftstellerei" (H. Schulz: Sozialdemokratische Jugendliteratur? In: Neue Zeit. 1901. 19. S. 173) und sprach sich gegen eine sKJL aus; dafür sollte mit gewissen Abänderungen das Jugendschriftenverzeichnis der „Jugendschriften-Warte" übernommen werden, was dann auch ab 1907 geschah. In der Ablehnung einer kämpferischen Literatur setzte sich praktisch damit auch die Sicht einer behüteten Kindheit durch, die es möglichst lange zu schützen galt, Politik den Erwachsenen zuordnete und der Literatur die Funktion der Charakter- und Gemütsbildung zumaß. Gegenüber dieser wohl auch als pragmatisch verstandenen Richtung des Gefühlsmäßigen und tendenziell mit der bürgerlichen Literatur Versöhnenden betonte vor allem Cl. Zetkin die strikte und dezidierte Gegenposition der eigenständigen sKJL, die der „sozialistischen Weltanschauung Seele und Sprache verleiht" (Kunst und Proletariat, 1911; zit. nach Cl. Zetkin: Kunst und Proletariat, hrsg. von H. Koch, 1977, S. 193). Auf dem Mannheimer Parteitag von 1906 formulierte sie die prinzipiell strikte Trennung zur umgebenden bürgerlichen Literatur und forderte eine Literatur, welche die „sozialen Tugenden" des Proletariats zum Inhalt haben sollte, seine Solidarität, seine Kampfbereitschaft. Dies sollte jedoch nicht in agitatorischer, plakativer Formelhaftigkeit geschehen, sondern die Tendenz, der sozialistische Standpunkt sollte dabei aus der Sache selbst erwachsen, nicht aufgesetzt sein.

Beide Ansatzpunkte, die nach dem Ersten Weltkrieg in der Weimarer Republik unverstellter und organisierter hervortraten, realisierten sich in diesem Kontrast noch nicht in den praktischen Beispielen der frühen sKJL vor 1914. Die ersten Kinder- und Jugendbücher, die von Text und Widmung den „Kindern des Proletariats" zugeordnet sind (so z.B. Fr. E. Schulze: Der große Krach, 1875; E. Rossbach: König Mammon und die Freiheit, 1878; Märchenbuch für die Kinder des Proletariats, 1893; Bilderbuch für große und kleine Kinder, 1893; Arm und Reich. Der Arbeit ABC, 1894; Th. Werra: Hans Röders Abenteuer, um 1898), formulierten unter oft abstrakten Sinnbildern wie Mammon, Freiheit, Arbeit, Glück moralische Werturteile über zwei gegensätzliche Arten von Menschen: Der Faulheit und Verschwendungssucht, der Gier nach Mammon als Grundzug des Strebens der Reichen stehen die Arbeitsamkeit der Armen gegenüber, ihr Ausweis der redlichen Arbeit, aber auch schon Hinweise auf die Macht der Solidarität. Im lehrhaften Duktus, aber auch teilweise in der graphischen Ausstattung erinnern diese Bilderbücher an den „Orbis pictus", wenn auch hier die Welt aus einer anderen Sicht gezeigt wird.

Im Gefolge der verbreiteten Rezeption des Darwinismus durch die Arbeiterbewegung entstanden Kinderbücher, die das Eingeordnetsein in die Natur und die Aufklärung darüber mit dem Gang des gesellschaftlichen Fortschritts verquicken. Symptomatisch hierfür ist J. BRANDS (d.i. EMIL SONNEMANN) Buch „Ulenbrook. Briefe aus der Heide" (1907), das als das – von der Auflage gesprochen – wirksamste Kinder- und Jugendbuch der Arbeiterbewegung vor 1914 angesehen werden muß. Seine Sehnsucht nach der Natur und der gesellschaftlichen Veränderung kennzeichnet sein zweites Buch „Gerd Wullenweber" (1915). Es verknüpft das Erlebnis der Natur und das Erkennen des einzelnen als Teil der Gesamtheit mit dem Kampf Wullenwebers für die Sache des Proletariats. Zeigen die Natur- und Tiermärchen K. EWALDS (Der Storch und andere Märchen für erwachsene Kinder, 1901; Ausgewählte Märchen, 1903) lediglich den Wert des Kleinen und den ewig gleichen Kreislauf der Natur, so wiesen die Geschichten und Märchen von R. GRÖTZSCH (Naucke's Luftreisen und andere Wunderlichkeiten, 1908; Muz der Riese, 1913) erstmals inhaltlich in der Märchenform darüber hinaus, indem sie ansatzweise einen Heldentypus darstellen, der gegen die Unterdrückung aufsteht, und in dem die Unterdrückten sich gemeinsam organisieren und eine neue Welt herstellen.

Die sKJL vor 1914 blieb wesentlich Charakterbildung; nur zaghaft zeichneten sich neue klassenkämpferische Tugenden ab. Evident war der stark moralische Gestus.

Auch die seit 1905 von CL. ZETKIN redigierte Zeitschrift „Für unsere Kinder" änderte daran prinzipiell nichts. Neben den neuen Kunstmärchen und Fabeln (z.B. den „Oculi-Fabeln" von EDWIN HOERNLE), kurzen Geschichten, Reiseschilderungen und Naturgeschichten wurden leicht verständliche naturwissenschaftliche Abhandlungen wichtig. Verknüpft war dies jeweils mit der Tradition des aufgeklärten Bürgertums, demonstriert durch die Gedichte SCHILLERS, HEINES, FONTANES und anderer. Daneben traten Biographien der neuen „Helden", z.B. A. BEBELS und FERDINAND LASSALLES. Als Beilage der „Gleichheit" fand „Für unsere Kinder" weite Verbreitung, band die konträre theoretische Diskussion über die Funktion und Gestaltung einer Kinder- und Jugendliteratur für die Kinder des Proletariats praktisch zusammen, da hier sowohl die Vertreter des reformistischen Flügels (z.B. H. SCHULZ) wie auch die „Linken" CL. ZETKIN und E. HOERNLE schrieben, der nach ZETKIN eine Zeitlang „Für unsere Kinder" redigierte. Als beispielhaft angesehen, wurde dieses Konzept (verbunden durch HOERNLE) bis etwa 1925 auch für die kommunistischen Kinderzeitungen der Weimarer Republik übernommen.

SKJL in der Weimarer Republik. Die bereits seit 1914 analog der politischen Differenzierungen verschiedenartigen Funktionsbestimmungen von Kinder- und Jugendliteratur wurden in der Zeit nach dem Ersten Weltkrieg weiter präzisiert; es entwickelte sich eine eigenständige Literatur im Umfeld von SPD und KPD.

Die Kinder- und Jugendliteratur im Umfeld der SPD. Die Literaturtheorie der SPD setzte nach der Novemberrevolution und der wenigstens anfänglichen Etablierung als Regierungspartei jenen Strang der Diskussion vor 1914 fort, der scharf trennte zwischen politischem und ästhetischem Urteil. Die nach dem Ersten Weltkrieg beginnende sogenannte „Arbeiterdichtung" – die auch weitgehend in den SPD-Publikationen als mustergültig beschrieben wird und als deren Vertreter unter anderem KARL BRÖGER, OTTO KRILLE, H. LESSEN, MAX BARTHEL, ERNST PRECZANG, BRUNO SCHÖNLANK, JULIUS ZERFASS, GERRIT ENGELKE gelten können – verstand sich als Ausdruck von allgemeiner Menschlichkeit, nicht mehr als Ausdruck des Proletariats allein. Kunst wurde eher als neutral begriffen, ergriff nicht mehr Partei für eine Klasse, sondern für die „Menschheit" schlechthin. Dies korrespondierte mit dem strikt parlamentarisch-reformerischen Moment der SPD in der Weimarer Republik, das notwendig den Appell an das „Volk", nicht mehr allein an die Arbeiterklasse einschloß. Die „Arbeiterdichtung" gestaltete – vor allem in ihren Gedichten – die nach Veränderung schreienden Anklagen und Schilderungen von Not und Elend der Arbeit im Kapitalismus; allerdings versöhnte diese Anklage in der schönen ästhetischen Gestaltung und Schilderung des Hinausziehens in die Natur, besänftigte im Gefühl, in einem Staat zu leben, der von der Idee her als der eigene begriffen werden konnte. Erholung in der freien Zeit bis zum Arbeitsbeginn am Montagmorgen wurde so stilisiert zur Aufhebung von Fremdbestimmtheit des Menschen. Nicht die durch die kapitalistischen Produktionsbedingungen definierte Ausbeutung in der Arbeit, sondern die „Technik" wurde als „Moloch" dem allein in der freien Natur sich frei fühlenden Menschen gegenübergestellt. Diese starke Betonung des Gefühlsmäßigen, das Abziehen von konkreten gesellschaftlichen Bedingungen, barg den Hang zum Mystischen (wie auch dann zum Teil diese „Arbeiterdichtung" vom Nationalsozialismus übernommen werden konnte). Davon betroffen war auch die Kinder- und Jugendliteratur. Auffällig war die Empfehlung der „Arbeiterdichtung" für Jugendliche, die wesentlich durch die Zeitschrift der Sozialistischen Jugend, der „Arbeiter-Jugend", vermittelt wurde. Deutlich wurde das stark irrationale, gefühlsmäßige Moment, das – in deutlicher Parallele zur „Freideutschen Jugend" – die „Jugend" als Seinsform beschrieb. Die in der sozialistischen Arbeiterjugend nach dem Ersten Weltkrieg weit verbreitete Bühnenspielbewegung (vgl. FR. OSTERROTH und R. MÜLLER) gestaltete ähnlich der „Arbeiterdichtung" eine allgemeine Freiheits- und Gerechtigkeitssehnsucht, setzte dies jedoch zumeist in eins mit dem prozeßhaften Verändern der

Natur. Frühling und Sonne wurden so zu Insignien der Freiheit, des Aufbruchs zum Neuen und der Sehnsucht nach einer besseren Zeit, wobei der Reichtum oft als Reichtum des Herzens formuliert ist. Indem die überzeitliche und immerwährende Veränderung gleichgesetzt wurde mit der gesellschaftlichen, dispensierte dies praktisch von aktuellen politischen Auseinandersetzungen und versöhnte mit der für die Arbeiterjugend schlechten Realität der Weimarer Republik. Einzig Br. Schönlanks Sprechchordichtungen und Jugendweihen wiesen über diese allgemeinen Gestaltungen einer abstrakten Freiheits- und Gerechtigkeitssehnsucht hinaus. In seinen dramatischen Chorwerken – welche die Starrheit der früheren Sprechchordichtungen auflösen – gestaltete er z. B. die konkrete existentielle Notsituation der Proletarier (Verfluchter Segen, 1921) und die Zukunftsvision des tatkräftigen Überwindens kapitalistischer Kriege (Der Moloch, 1923).

Mangelnde politische Auseinandersetzungen mit der konkreten und für das Arbeiterkind schlechten Realität der Weimarer Republik war zugleich wichtiges Moment der im Umfeld der SPD entstehenden Kinderliteratur, die mit der Pädagogik der entwickelten Bewegung der „Kinderfreunde" (K. Löwenstein, Otto Felix Kanitz) korrespondierte, die nicht dogmatische Parteierziehung, eher Menschheitserziehung sein wollte. Sie blieb wesentlich Bildung des Gemüts, wobei der Respekt vor dem Reich des unberührten Kindes involviert wurde, das – solange es irgend geht – geschützt werden sollte vor der Härte des Alltags und des politischen Kampfes. Lediglich gefühlsmäßig sollte das Kind zur Sache des Sozialismus stehen. Analog des „neutralen Landes unserer Jugend" (H. Wolgast: Ganze Menschen. 1910, S. 45) beschrieben die in den Parteiverlagen erscheinenden Zeitschriften „Der Kinderfreund" und „Kinderland" das Idyll der wohlbehüteten Kindheit, das nach eigenen Gesetzen funktioniert, in dem die Beziehungen der Menschen auf Freundschaft aufgebaut sind und Hilfsbereitschaft, Güte und Freundlichkeit über Ängste und Nöte hinweghelfen und dadurch eine hellere Welt gestalten können. Die in den Parteiverlagen (z.B. J. H. W. Dietz, Vorwärts, Arbeiterjugend-Verlag) erscheinende Kinderliteratur zeigte Armut und Not als Zustand, kaum jemals aber eine mögliche sieghafte Veränderung. Sie postulierte mitunter eine neue kommende Zeit, geriet aber oft ins Märchenhafte, das zwar die in der sozialen Not begründete Sehnsucht als Motivation aufnahm, aber im Wunder auflöste. Dabei entfaltete sich allerdings ein Spektrum, das wenig Konsistenz aufwies und die Vernachlässigung einer eigenständigen und zu entwickelnden sKJL innerhalb der Sozialdemokratie nach 1919 bezeugte. Beispielhaft dafür sind R. Grötzschs Märchensammlungen „Der Zauberer Burufu" (1923), J. Zerfass' „Die Reise mit dem Lumpensack" (1924) und Br. Schönlanks „Der Kraftbonbon und andere Großstadtmärchen" (1928). Bei R. Grötzsch schickt Burufu aus Wut über die Menschen, die sich ihm nicht unterwerfen wollen, der Erde das Gold, das sie entzweit, Hunderttausende in Kriegen sterben läßt und Reiche und Arme schafft. Doch die Wahrsagerin Mutter Weißauge deutet ihm, daß Hunderttausende neuer Menschen geboren werden: In der Zeit, in der gewaltige eiserne Maschinen rasseln, wird ein neuer Geist einziehen; dann wird es keine Knechte und Herren mehr geben und jeder nach seiner Arbeit geachtet sein. Burufu erfindet Krankheiten, Seuchen und den Alkohol, doch die Menschen werden auch davon in der neuen Zeit befreit werden. Burufu sprengt sich selbst in die Luft und löst auf diese Weise die Problematik: ohne Zutun der „Menschen", die schicksalhaft nur auf die neue Zeit zu warten brauchen.

Bei J. Zerfass erfüllt das Vöglein Lustig dem ewig verdrießlichen Maurer Verdrießlich seinen Herzenswunsch und schenkt ihm ein Häuschen im Grünen; dies unter der Bedingung, er dürfe nie mehr verdrießlich sein. Doch der ewig verdrießliche Maurer verliert wieder sein märchenhaftes Idyll, bleibt so ewig verdrießlich an seine Situation gebunden. Übergreifend wird auch in den anderen Märchen der Sammlung die elende und armselige Welt des Arbeiterkindes Ausgangspunkt der Geschichte, sie handeln deshalb von armen Mädchen, armen Maurern, armen Bäuerlein, der Not der Kinder bei der Spielzeugherstellung und der Natursehnsucht der Arbeiter, der klassenmäßigen Scheidung in „Feine" und „Grobe". Die (märchenhafte) Veränderung wird jedoch nicht mehr auf die Veränderung der Gesellschaft gerichtet: Die Veränderung wird bezogen auf das Innere des Menschen, den Charakter. Die Arbeiter werden nicht mehr als solche bezeichnet, sie werden zu „Menschen", zwar unterschieden in arme und reiche, grobe und feine, doch unterschiedslos gemacht in der Bestimmung des „Menschen", der die Fröhlichkeit als das Wichtigste im Leben erkennen muß.

In Schönlanks Titelgeschichte „Der Kraftbonbon" wird nur allgemein die Kindersehnsucht nach Macht und Stärke aufgegriffen, indem dem Laufburschen Max für eine gute Tat von einem eisgrauen Männlein ein Kraftbonbon geschenkt wird, er jetzt gegen die starken Männer auf dem Rummel kämpfen kann: dies allerdings nur für begrenzte Zeit, weil dann die Wirkung des Kraftbonbons verfliegt. Auch die anderen Märchen bezeugen, wie (auf märchenhaft-wundersame Art) die Lebensfreude alle Menschen verbrüdert, die Unterschiede der Klassen aufhebt und die ehemals verfeindeten Länder versöhnt.

Herausragend aus dieser Linie sind lediglich Carl Dantz und Lisa Tetzner. In C. Dantz' „Peter Stoll. Ein Kinderleben" (1925) und „Peter Stoll, der Lehrling, erzählt von Flegel-, Lehr- und Wanderjahren" (1930) berichtet Peter Stoll sein Leben und liefert dabei eine bis dahin selten so genaue, subtile Milieuschilderung eines proletarischen Lebens. Gezeigt werden dabei zugleich die „Heldentaten" des Alltags der Arbeiter. Die „Entwicklung" Peter Stolls wird erzählt: seine Identifikation mit seinem sozialdemokratischen Vater, der Beginn einer Lehre, sein Grübeln über den Zustand der Welt, der Eintritt in die (sozialdemokratische) Arbeiterjugend, sein Widerstand gegen die opportunistischen

Alten, was ihn dann auch von zu Hause vertreibt, um dann nach einigen Wanderjahren gereift nach Hause zu finden, jetzt gelassen an die kleine Veränderung glaubend und von ihr wissend.

L. TETZNERS Zuordnung zur Sozialdemokratie ist formal sicher unzulässig, dennoch formuliert sie in ihren beiden Jugendbüchern „Hans Urian, die Geschichte einer Weltreise" (1929) und „Der Fußball" (1932) jene Linie der Zustandsbeschreibung, die mehr Charakterbildung und Gemütserziehung denn Einordnen des Kindes in den Klassenkampf bedeutet. Der Proletarierjunge Hans Urian will für seine Mutter Brot holen, doch ohne Geld bleibt dies in dieser Welt ein sinnloses Unterfangen. Auf dem Rücken Trillewipps, der als besonderer Hase beide Ohren zu Propellern umbauen kann, fliegt Hans um die weite Welt, erkennt überall die gleiche Unterdrückung, trifft einen Eskimojungen, einen Millionärssohn aus Amerika und kommt endlich nach Rußland, der Heimat der Kinder. Doch Hans kehrt wieder nach Deutschland zurück und will hier mithelfen und dafür sorgen, daß alles besser wird.

Zumindest C. DANTZ leistet eine Hinwendung zum kindlichen Lebensraum, bleibt ohne Pathos, beschreibt genauer kindliche Situationen, zeigt tatsächliche Konflikte und lebendige Menschen. Er schildert, unmittelbar aus der Handlung erwachsend – die Notwendigkeit und die Chance einer kleinen Veränderung, bleibt aber fern jeder Dekretierung einer großen Veränderung der Welt.

Nur ansatzweise werden in der von der SPD bestimmten Kinder- und Jugendliteratur klassenkämpferische Tugenden beschrieben. So geben die Sammelbände „Kämpfende Menschheit" (um 1925) und „Buch der Mädel" (1927) von ANNA SIEMSEN wie auch I. GERLACHS „Jungkämpferinnen" (1925) Beispiele heldenhaften Bestehens aus der Geschichte der Unterdrükkung, postulieren jedoch lediglich das Neue, zeigen Beispiele der Vergangenheit, nicht der Gegenwart. Auch die gegenüber den kommunistischen Kindergruppen zahlenmäßig weitaus bedeutendere „Kinderfreund"-Bewegung wurde nur in zwei Berichten dokumentiert (ANTON TESAREK: Das Buch der Roten Falken, 1926; ANDREAS GAYK: Die rote Kinderrepublik, 1928), die ansatzweise den Stolz des Arbeiterkindes zeigen, zu den Roten Falken zu gehören und Teil eines größeren politischen Kampfes zu sein.

Zwar gab die SPD bis 1932 die „Bücherwarte" heraus, doch kam es kaum – außer in verbalen Beteuerungen – zur Formulierung einer eigenständigen sozialistischen Literaturtheorie. In der „Bücherwarte" wurde so C. DANTZ neben HUGH LOFTINGS „Doktor Dolittle" oder ERICH KÄSTNERS „Pünktchen und Anton" gesetzt und unterschiedslos hervorgehoben. Alle bleiben letztlich Aufruf zur Beschreibung kindlichen Daseins, möglichst gut geschrieben und aus dem Leben der Kinder gegriffen. So zeigte sich in dieser unreflektierten Reihung die Annäherung an die umgebende bürgerliche Kinder- und Jugendliteratur. Sozialistische Erziehung durch die Kinder- und Jugendliteratur im Umfeld der SPD der Weimarer Republik schrumpfte auf Gemütserziehung und Beschreiben eines schlechten Zustandes, aus dem das Beste zu machen ist.

DIE ROTE KINDERREPUBLIK

EIN BUCH VON ARBEITERKINDERN FÜR ARBEITERKINDER

AUS BRIEFEN, TAGEBUCHBLÄTTERN UND HORDENAUFZEICHNUNGEN ZUSAMMENGESTELLT UND ERGÄNZT VON ANDREAS GAYK, KIEL ● BILDSCHMUCK U. PHOTOMONTAGE VON NIELS BRODERSEN UND RICHARD GRUNE, KIEL ● DRUCK DER FIRMA CHR. HAASE & CO., KIEL ● HERAUSGEGEBEN VON DER REICHSARBEITSGEMEINSCHAFT DER KINDERFREUNDE

BERLIN 1929, 2. AUFLAGE, 7.-16. TAUSEND

ARBEITERJUGEND-VERLAG, BERLIN SW 61, BELLE-ALLIANCE-PLATZ 8

Titelseite zu dem großformatigen Bild-Textband „Die rote Kinder-Republik", der 1929 in zweiter Auflage im Arbeiterjugend-Verlag in Berlin erschien. Der Band, der von den an einem Zeltlager in Seekamp teilnehmenden rund 2000 Jungen und Mädchen aus der Arbeiterbewegung mitgestaltet wurde, sollte die erste „Kinderrepublik" dokumentieren, in der sich die Kinder und Jugendlichen ein eigenes Parlament schufen. Für den Text zeichnete Andreas Gayk, für die Photos und Zeichnungen Richard Grune verantwortlich.

Die Kinder- und Jugendliteratur im Umfeld der KPD. Die strikte Gegenposition hierzu setzte die Kinder- und Jugendliteratur der KPD der Weimarer Republik, die den Ansatz von CL. ZETKIN aus der Zeit vor 1914 wieder aufgriff. Kinder- und Jugendliteratur sei von ihrer Funktionsbestimmung wesentlich dazu verpflichtet, die „sozialen Tugenden" (ZETKIN) des Klassenkampfes darzustellen; die ästhetische Form könne nur dadurch ihren Wert erhalten, daß sie diese Realisierung – literarisch einprägsam und zur Identifikation und Auseinandersetzung anregend – einkleide. Diese Funktionsbestimmung war zugleich eingebunden in den Bezugsrahmen kommunistischer Pädagogik, den beispielhaft E. HOERNLE (Die Arbeit in den kommunistischen Kindergruppen, 1923; Die Grundfragen der proletarischen Erziehung, 1929) formulierte: Das Kind – als Teil des Proletariats seit seiner Geburt – ist in den Klassenkampf gestellt, muß einen ihm gemäßen Kampfauftrag erfüllen (z.B. Schulkampf, Wahlzettel austragen, Propaganda treiben usw.). Gegen die behütete Kindheit wurde die strikte Identität von Kindern und Erwachsenen in der Klassenauseinandersetzung postuliert. Wie der Klassenkampf neue „Tugenden" notwendig machte, so brauchte er auch eine neue Literatur. Nicht die Frage nach Politik oder Tendenz in der Literatur sei so die Frage, sondern die nach einer richtigen Politik, nach einer richtigen Tendenz. Dazu seien neue proletarische Helden zu schaffen, „Heldentypen aus dem revolutionären Kampf der unterdrückten und ausgebeuteten Klassen und Rassen aller Zeiten und Länder", wobei „die proletarisch-revolutionäre Kinderliteratur" ihre „‚Romantik', ihre ‚Abenteuer' aus den großen Spannungen und gewaltigen Umwälzungen der proletarischen Revolution" nehmen müßte (E. HOERNLE: Grundfragen proletarischer Erziehung, 1929; zit. nach E. HOERNLE: Grundfragen proletarischer Erziehung, hrsg. von L. VON WERDER und R. WOLFF, [3]1971, S. 109). Neue Tugenden seien zu formulieren, die in einer revolutionären Umgestaltung des bürgerlichen Scoutismus den kindlichen Drang nach Aktivität, Abenteuern und Heroenkult aufnähmen, dies in neuen literarischen Formen, z.B. durch „proletarische industrielle Märchen" (E. HOERNLE, a.a.O. S. 110).

Solch pointierte Aufgabenstellungen kamen der Literatur der KPD jedoch erst Mitte der zwanziger Jahre zu. Nach den erfolglosen Aufständen in Sachsen und Hamburg, die von einer baldigen revolutionären Erhebung ausgingen, erfolgte – im Zuge der Zentralisierung der Partei unter ERNST THÄLMANN und eingebunden in eine relative Stabilisierung der Weimarer Republik – die Wendung zu einer verstärkten Propagandatätigkeit, die auch eine striktere Abgrenzung zur SPD einschloß. Dabei muß die Literaturdiskussion innerhalb der KPD eng mit der sich ändernden Politik der Partei und deren beginnenden Abhängigkeit von den Entwicklungen der Kommunistischen Partei der Sowjetunion gesehen werden. Der neue Kurs der Partei formulierte den Kampfauftrag für die Literatur, wobei solche „Kampfkultur" (KARL AUGUST WITTFOGEL in: Die Rote Fahne, vom 31.5.1925) zunehmend mit dem Auftrag an die sowjetischen Schriftsteller korrespondierte, mitzuhelfen am ersten Fünf-Jahres-Plan. 1924 erschien FJODOR GLADKOWS „Zement", der erste Aufbauroman im Sinne des später formulierten „sozialistischen Realismus". Nach sowjetischem Vorbild entstanden die Arbeiterkorrespondenten und später auch die Kinderkorrespondenten, 1929 wurde der „Bund proletarisch-revolutionärer Schriftsteller" (BPRS) gegründet, wobei diese Literatur nun nicht mehr als proletarische, sondern als proletarisch-revolutionäre gekennzeichnet wurde. Definiert als eine Literatur, „die die Welt vom Standpunkt des revolutionären Proletariats aus sieht und sie gestaltet", beschrieb sie „Klassenliebe und Klassenhaß" (JOHANNES R. BECHER: Unsere Front, in: Die Linkskurve. 1929. 1. S. 1). Literatur war Instrument des aktuellen politischen Kampfes und mußte deshalb wirksam werden. 1930 erfolgte die sogenannte „Wende" zur Massenliteratur: Beispielsweise erschienen in der von KURT KLÄBER betreuten Reihe „Der rote 1 Mark-Roman" des Internationalen Arbeiter-Verlages Romane von HANS MARCHWITZA, WILLI BREDEL, KLAUS NEUKRANTZ und WILHELM SCHÖNSTEDTS „Kämpfende Jugend" (1932). Der „Rote Massenroman" gestaltete dabei statt Persönlichkeitskonflikten und Privatleidenschaften „die Konflikte der Zeit und die Kämpfe der Massen" (O. BIHA in: Die Rote Fahne, vom 2.8.1930). In ähnlicher Weise zeigte auch die Kinder- und Jugendliteratur der KPD eine aufsteigende Linie hin zu einer konkreten Partei- und Teilnahme im Klassenkampf durch die Schilderung aktueller Klassenauseinandersetzungen. Im Gegensatz zur SPD wurde z.B. in der „Roten Fahne" bis 1933 immer erneut die Diskussion um eine sozialistische bzw. proletarisch-revolutionäre Kinder- und Jugendliteratur geführt. Wesentlichen Anteil an der Kinder- und Jugendliteratur der KPD hatten die Heftserien des Malik Verlages, des Neuen Deutschen Verlages, des Verlages Junge Garde und des Verlages der Jugendinternationale. Dabei lassen sich schematisierend vier Abschnitte erkennen:

1. Abschnitt: Zwischen 1922 und 1925. Hier dominierte die Märchenliteratur, vor allem die von HERMYNIA ZUR MÜHLEN (Der kleine graue Hund, 1922; Der Rosenstock, 1922; Der Spatz, 1922; Warum?, 1922; Ali der Teppichweber, 1923). 1923–1924 begann der Malik Verlag eine Heftserie „Märchen der Armen", meist sehr kurze Märchen, die aber bereits eine eindeutige politische Stellung bezogen, wenn auch mitunter allein mystisch-märchenhafte Rettung erteilen. Beispielhaft E. LEWIN-DORSCH in „Die Dollarmännchen" (1923): Hier wird Jonny Dollar gezeigt, der alles verschlingt, aber alles mit harten Dollars bezahlt, die ganze Erde zerstört, bis ein Knabe in einem silbernen Mondkahn mit einer silbernen Flöte die Erde in ihrer alten Schönheit wieder erstehen läßt. Daneben stehen sehr kurze historische Erzählungen wie die in der Reihe „Proletarische Jugendschriften" des Neuen Deutschen Verlages in vier Fortsetzungen erscheinende Erzählung von K. A. WITTFOGEL „Die Verschwörung zu Palma. Die Abenteuer des zwölfjährigen Freiheitshelden Antonio Mascaro im Bauernaufstand von Mallorka" (1924–1925).

2. Abschnitt: Zwischen 1926 und 1927. Ersetzt wurde diese Märchenliteratur durch eine Heftchenliteratur der Serie „Mit Hammer und Sichel", die im Verlag Junge Garde erschien. Verstanden als Agitations- und Propagandaliteratur, zeigte sie Beispiele des „Roten Rummels" (Roter Rummel, 1927; Hände weg von China!, 1927; Zehn Jahre Sowjet-Rußland, 1927), wobei alle kindlichen Situationen ausgeschieden blieben. Alle diese „Aktionsspiele" waren Abbild der aktuellen Kämpfe der kommunistischen Kinder- und Jugendgruppen, die analog der Politik der KPD wesentlich deren Probleme aufgriffen: Kellog-Pakt, Dawes-Plan, Verteidigung der Sowjetunion, Arbeiterhilfe usw. Sie sind in enger Beziehung zu den Agitprop-Gruppen des Rotfront-Kämpfer-Verbandes zu sehen, die sich allmählich bildeten und innerhalb der politischen harten Auseinandersetzungen gegen den – später so deklarierten – „Sozialfaschismus" der SPD, aber auch gegen den aufstrebenden Nationalsozialismus lebendigere Formen als geschriebene Literatur darstellten. Parallel dazu erschienen die beiden Kinderbücher BERTA LASKS „Auf dem Flügelpferd durch die Zeiten" (1925) und „Wie Franz und Grete nach Rußland kamen" (1926). Als erste geschlossene größere Erzählung wiesen sie über die Heftchenliteratur hinaus, waren gekennzeichnet durch eine stärkere Hinwendung zur kindlichen Sphäre, doch überwanden sie nicht die Schwäche zu großer Abstraktheit. Ist zwar die Handlung in „Wie Franz und Grete nach Rußland kamen" an die beiden Kinder gebunden, die durch die Sowjetunion reisen, bleibt das Buch in der bruchlosen Glorifizierung der Sowjetunion – verstärkt durch die typisierten Kinder aus Deutschland – bloßes Exempel und Verdoppelung der strikten Identität mit der Sowjetunion, gibt aber keine Chance für den kindlichen Leser, dies erlebnishaft nachzuvollziehen.

3. Abschnitt: Zwischen 1927 und 1932. 1927 bis 1930 begann der Verlag der Jugendinternationale seine zehnbändige Heftreihe „Roter Trommler", 1932 die „Gelbe 10-Pfg.-Serie". Neben den Märchen H. ZUR MÜHLENS wie „Der Muezzin" (1927), „Said der Träumer" (1927), „Die Söhne der Aischa" (1927) finden sich Erzählungen revolutionärer Situationen: VERA FIGNERS „Die Jagd nach dem Zaren" (1927), ILJA EHRENBURGS „Die Pfeife des Kommunarden" (1927), S. BOJARSKAJAS „Klara Zetkin, eine Kämpferin" (1927), GEORG W. PIJETS „Wiener Barrikaden und andere Erzählungen" (1930) und andere. Deutlich wurde – außer in den Märchen ZUR MÜHLENS – die Herausbildung positiver Helden; selbst wenn die revolutionären Situationen verloren gehen und nicht sieghaft durchgestanden werden, sind sie doch im tiefen Zukunftsglauben an die Revolution geschrieben. Entlarvt werden sollte die Sozialdemokratie, die Hefte waren gedacht als Bestätigung der eigenen Arbeit und boten Möglichkeit zur Identifikation.

Auffällig war bis 1927 die starke Verbreitung der Märchen H. ZUR MÜHLENS. Die Märchen versuchten, in einer Art Parabel die notwendige Solidarität der Unterdrückten darzustellen, die es als einzige leisten kann, die Unterdrückung abzuschaffen. ZUR MÜHLENS Märchen sind dabei sehr verschlüsselt und waren für Proletarierkinder nur schwer auf die eigene Situation zu übertragen, brauchten die Vermittlung z. B. der kommunistischen Kindergruppen. Auch durch das Auswechseln von Thematik und Figuren blieben die Märchen nur wenig effektiv in der Wendung auf die Realität und eine beispielgebende revolutionäre Umgestaltung, die Vorbild für die Leser hätte werden können. So wurde am Ende der Weimarer Republik die Abschaffung des Märchens als Relikt und Produkt der demutsvollen Sehnsucht des unterdrückten Volkes im Feudalismus gefordert.

Folgerichtig brachte auch die „Gelbe 10-Pfg.-Serie" keine Märchen mehr, dafür positive Modelle revolutionärer Umgestaltung und revolutionärer Situationen. Formuliert wurde der „positive Held", der sich vor allem der Parteirealität unterordnet und deshalb Erfolg hat. Beispielsweise beschrieb ERNSTE (d. i. H. BUTT) in „Das Lied der Weberkinder" (1932) und EMKO in „Der Sieg der 15 Gießerstifte" (1932) die erfolgreich durchgeführten Streikaktionen, in denen die Kinder den Vätern helfen oder bei der Internationalen Arbeiterhilfe mitwirken. Die Glorifizierung der Roten Armee (M. KOLZOW: Und richten sie die Gewehre, 1932) und die Schilderung des frohen Lebens der Pioniere in ihrem Ferien- und Landagitationslager am See (ERNSTE: Zwölf Zelte am See, 1932) verdoppelten dabei lediglich die gewünschte Realität, ohne daß jedoch eine literarisch einprägsame Gestaltung gelang, die zur Identifikation Anreiz gab. Aus der Kinderkorrespondentenbewegung entstanden einzelne Veröffentlichungen wie z. B. „Wir kämpfen mit – Arbeiterkinder schreiben" (1932) oder „Vater streikt" (1932), einfache unliterarische Formen nackter Tatsachenschilderung, die nicht massenwirksam wurden.

4. Abschnitt: Zwischen 1929 und 1933. Diese Heftchenliteratur, die wohl wegen ihrer von der Erfahrungswelt der Kinder abgehobenen Themen und der unkindlichen sprachlichen Behandlung wenig Resonanz fand, wurde zum Schluß der Weimarer Republik abgelöst durch die Übernahme von Beispielen der weiter entwickelten sowjetischen Kinder- und Jugendliteratur. Andererseits entstanden die ersten größeren deutschen Romane wie „Ede und Unku" (1931) von ALEX WEDDING und WALTER SCHÖNSTEDTS „Kämpfende Jugend" (1932). Von den übernommenen Büchern – z. B. „Pioniere" (1929) und „Die Rache des Kabunauri" (1931) von HELENA BOBINSKA, „Schkid, die Republik der Strolche" (1929) von G. G. BJELYCH und LEONID PANTELEJEW, „Das erste Mädel" (1930) und NIKOLAI BOGDANOW – wurde vor allem „Die Rache des Kabunauri" als beispielhaft angesehen, da es unter anderem dem von E. HOERNLE als wichtig erachteten Erlebnis- und Tatendrang durch die Schilderung spannender Erlebnisse und übertragbarer kindlicher Konflikte entsprach. Blieben diese Bücher zwar gebunden an die Ausgangslage Jugendlicher in der Sowjetunion, so zeigte sich in der Übernahme jedoch eine differenziertere Auseinandersetzung mit der Frage sKJL innerhalb der KPD. Gefordert wurde jetzt nicht mehr so sehr die aufgesetzte platte Tendenz (weil sie offensichtlich nicht genügend Effekt zeigte), sondern die Auseinandersetzung mit der Wirklichkeit auf der Grundlage der realen Kämpfe unter der führenden Rolle der KPD. Literatur hatte den Auftrag, die geschichtliche Tendenz herauszuarbeiten, auch wenn die Literatur „realistisch" Konflikte und Niederlagen beschreibt. Individuelle Konflikte sind aufzunehmen, doch als gesellschaftliche und kollektiv zu lösende vorzustellen, wobei die Charaktere jedoch lebendig und widerspruchsvoll zu zeigen sind. Kinder und Erwachsene bilden dabei prinzipiell eine Einheit, sind beide in den Klassenkampf gestellt: wenn auch nach dem Alter verschieden.

Diese am Ende der Weimarer Republik von der KPD bzw. dem „Bund proletarisch-revolutionärer Schriftsteller" für eine politisch wirksame proletarisch-revolutionäre Massenliteratur geforderten Prinzipien wurden

erstmals durch A. WEDDINGS „Ede und Unku" und W. SCHÖNSTEDTS „Kämpfende Jugend" ansatzweise in einem Kinder- bzw. Jugendroman verwirklicht. Ede, der Sohn eines sozialdemokratischen Streikbrechers, verwandelt sich innerhalb weniger Tage durch den Kommunisten Klabunde zum klassenbewußten Kämpfer, der Klabunde vor der Polizei versteckt und seinen Vater so verändert, daß er zum Schluß dem Kommunisten die Hand reicht. Heute als mustergültig angesehen und den „ideologisch-ästhetischen Höchststand der proletarisch-revolutionären Kinder- und Jugendliteratur ... Ende der Zwanziger Jahre" repräsentierend (Sozialistische Kinder- und Jugendliteratur der DDR, 1977. S. 350), wurden in der Rezension der „Roten Fahne" vom 19.12.1931 neben der Unglaubwürdigkeit von Edes schneller Entwicklung vor allem das individualistische Verhalten und wesentliche Lücken im Kampf eines bewußten Proletarierjungen kritisiert, z.B. das Fehlen des Pionierverbandes, die Stellung zur Schule und die mangelnde Siegeszuversicht der kämpfenden Klasse.
W. SCHÖNSTEDT zeigt in seinem Roman, der in der Reihe „Der rote 1 Mark-Roman" des Internationalen Arbeiter-Verlages erschien, den Kampf der Jugendstraßenzelle der Kreuzberger Nostizstraße in Berlin um die wilden Wandercliquen und den Kampf gegen den Faschismus. Zwar wurde in der Rezension der „Linkskurve" (1932. 2. S. 25–28) die Schilderung des sozialen Milieus „als Prozeß" gelobt, die Lebendigkeit der Charaktere hervorgehoben, doch das Verlagern der Schwerpunkte der Schilderung auf die wilde Clique kritisiert. Die kommunistische Jugendgruppe sei zu wenig lebendig und blutvoll gezeichnet. Die proletarisch-revolutionäre Literatur als „Waffe im Klassenkampf" habe die Gruppe des kommunistischen Jugendverbandes differenzierter und vor allem mit mehr Entwicklungschancen zu zeigen; wesentlich müsse die Literatur mit den Einsichten des historischen Materialismus im Einklang stehen und historisch genau die Realität spiegeln.
Die Forderungen an die Kinder- und Jugendliteratur waren so – lediglich unterteilt in altersgemäße Abstufungen – identisch mit denen an die proletarisch-revolutionäre Literatur für erwachsene Arbeiter, wobei die Theoriebildung darüber am Ende der Weimarer Republik bereits stark geprägt war durch die programmatische Formulierung des „sozialistischen Realismus" in der Sowjetunion.

Die vom Programm des ‚sozialistischen Realismus' bestimmte Kinder- und Jugendliteratur der DDR. Nationalsozialismus und Zweiter Weltkrieg unterbrachen die Entwicklung der sKJL in Deutschland. Die Arbeiterdichtung im Umfeld der SPD wurde teilweise von den Nationalsozialisten übernommen (Das Lied der Arbeit. Selbstzeugnisse der Schaffenden. Hrsg. von H. MÜHLE, 1935), Werke einiger „Arbeiterdichter" (PRECZANG, SCHÖNLANK) erschienen weiter in der Schweiz. In der Bundesrepublik Deutschland wurde nach 1945 die Tradition der sKJL (z.B. Sprechchordichtungen), auch der sozialdemokratischer Färbung nur vereinzelt durch die Büchergilde Gutenberg und die Gewerkschaften aufgenommen. Die wenigen Beispiele blieben jedoch wirkungslos (E. PRECZANG: Ursula. Geschichte eines kleinen Mädchens, NA. 1947 und 1950, sowie „Ursel macht Hochzeit", NA. 1951; BR. SCHÖNLANK: Der Kraftbonbon und andere wunderliche Geschichten, NA. 1951; Doppelbuckelchen, 1965; Heraus, heraus, aus Hof und Haus, 1955; Vom König Dampf zur Atomkraft, 1956). Im Bereich der von der KPD bestimmten proletarisch-revolutionären Literatur entstanden zwar in der Zeit des Faschismus einige Kinder- und Jugendbücher, wurden auch zum Teil veröffentlicht, entfalteten jedoch einzig nach ihrem Erscheinen in der DDR ihre Wirkung, wo sie die Brücke bildeten zwischen der proletarisch-revolutionären Literatur der Weimarer Republik und der sich neu bildenden „realistischen" Kinder- und Jugendliteratur der DDR, die bestimmt war durch das Programm des „sozialistischen Realismus". Wurden die noch in Deutschland bzw. in der Emigration geschriebenen Kinder- und Jugendbücher von AUGUSTE LAZAR (Jan auf der Zille), MAX ZIMMERING (Die Jagd nach dem Stiefel) und A. WEDDING (Söldner ohne Sold; Die Fahne des Pfeiferhänsleins) erstmals nach dem Zweiten Weltkrieg in der DDR aufgelegt, so waren A. LAZARS „Sally Bleistift" schon 1935 in Moskau und A. WEDDINGS „Das Eismeer ruft" 1936 in London erschienen, ohne allerdings große Wirkung erzielen zu können. Diese stellte sich erst bei der Neuauflage nach dem Kriege ein. Zentrum der Theoriebildung über die Funktions- und Formbestimmung einer sozialistischen Literatur wurde die Sowjetunion. Mit dem Aufbau des Sozialismus nach der Oktoberrevolution erfolgte – nach einer Phase der Proletkult-Bewegung und deren endgültiger Zurückweisung durch LENIN im Jahre 1920 – unter der Anleitung der Partei (auch im Rückgriff auf die schon von LENIN 1905 erstmals für die *Parteiliteratur* erhobene Forderung nach „Parteilichkeit") die immer striktere Formulierung eines positiven „sozialistischen Realismus", der endgültig in der Ära STALINS und der von ihm proklamierten Notwendigkeit des Aufbaus des Sozialismus auf dem Ersten Allunionskongreß der Sowjetschriftsteller 1934 seine Ausprägung erhielt. Bereits 1932 wurde in den Statuten des sowjetischen Schriftstellerverbandes eine Definition des „sozialistischen Realismus" aufgenommen: „Der sozialistische Realismus, die grundlegende Methode der sowjetischen schöngeistigen Literatur und der Literaturkritik, verlangt von den Künstlern, die Wirklichkeit in ihrer revolutionären Entwicklung wahrheitsgemäß auf historisch konkrete Art und Weise darzustellen ..., die Werktätigen im Sinne des Sozialismus ideologisch zu entwickeln und zu erziehen" (zit. nach: Über den sozialistischen Realismus, in: Weimarer Beiträge. 1965. S. 970). „Grundtypen und Haupthelden" dieser Literatur – so präzisierte A. ŽDANOV 1934 im richtungsgebenden Einleitungsreferat – seien „die aktiven Erbauer des neuen Lebens: Arbeiter und Arbeiterinnen, Kollektivbauern und Kollektivbäuerinnen, Parteifunktionäre,

Wirtschaftler, Ingenieure, Komsomolzen und Pioniere". Die Literatur „ist erfüllt von Enthusiasmus ..., ist optimistisch ihrem Wesen nach ..., weil sie einer neuen Sache, der Sache des sozialistischen Aufbaus, dient". Die Schriftsteller als „Ingenieure der menschlichen Seele" müßten das Leben kennen, „um es in künstlerischen Werken wahrheitsgetreu darstellen zu können, nicht scholastisch, nicht tot, nicht einfach als ‚objektive' Wirklichkeit, sondern als die Wirklichkeit in ihrer revolutionären Entwicklung" (Die Sowjetliteratur, die ideenreichste und fortschrittlichste Literatur der Welt. Zit. nach H. J. SCHMITT und G. SCHRAMM (Hrsg.): Sozialistische Realismuskonzeptionen. 1974. S. 47).
Die Kunst des „sozialistischen Realismus" entspreche dabei „objektiven Bedürfnissen" (G. SIMONS, in: Zur Theorie des sozialistischen Realismus. 1974. S. 96), sei eingebettet in den Aufbau des Sozialismus unter der Führung der marxistisch-leninistischen Partei, die Ausdruck und vorantreibendes Moment dieses Entwicklungsprozesses sei. „Sozialistischer Realismus" sei strikt gebunden an die „ideologische Anleitung durch die Partei" (Über den sozialistischen Realismus, a. a. O. S. 989) und an den jeweiligen Notwendigkeiten des von der Partei angegebenen aktuellen Kampfes zu orientieren. Die proletarisch-revolutionäre Literatur – im Begriff des „Revolutionären" ist sie kämpferisch – wurde nun zu einer Literatur, die, an die Gesamtheit des sozialistischen Aufbaus gebunden, diesen *legitimieren*, absichern und schöpferisch weiterentwickeln sollte. Bestimmend wurde das Programm des „sozialistischen Realismus" für die Literaturtheorie der DDR, auch vermittelt u. a. durch Schriftsteller und Literaturtheoretiker der Weimarer Republik, wie z. B. J. R. BECHER, W. BREDEL, O. GOTSCHE und GEORG LUKÁCS, die teilweise in der DDR wichtige Funktionen übernahmen. Erstmals in der Arbeiterbewegung in Deutschland wurde eine geschlossene programmatische Literaturtheorie entfaltet, die eine strikte Wendung zum optimistischen, aktiven und positiven Helden implizierte. „Als Repräsentant der progressiven Kräfte und ihrer ethisch-ästhetischen Klassennormen – Kollektivität, Bewußtheit des Handelns und der Übereinstimmung persönlicher und gemeinschaftlicher Anliegen, Solidarität und Internationalismus – ist dieser neue Held realistisches Maß menschlichen Aufsteigens zum bewußten Subjekt der Geschichte ... und damit auch Kampfansage an jede Variante eines ichbezogenen, sozial bindungslosen und passiven Persönlichkeitsideals der imperialistischen Dekadenzkunst" (E. SIMONS: Der sozialistische Realismus – eine neue Weltkunst, in: Weimarer Beiträge. 1971. 1. S. 10f.). Basis der – sozialistischen – Persönlichkeit war dabei das (schöpferische) Verhältnis zur Arbeit, die Grundlage des gesellschaftlichen Prozesses sei und in der sich der Mensch verwirkliche. Kinder- und Jugendliteratur in der DDR als „spezifischer Bestandteil der sozialistischen Nationalliteratur" (M. ALTNER: Das sozialistische Menschenbild in der Kinder- und Jugendliteratur der DDR. 1972. S. 7) orientierte sich – ähnlich der Erwachsenenliteratur – an den von der SED gegebenen Wegmarkierungen der verschiedenen Etappen des Aufbaus des Sozialismus, die zugleich jedoch auch reale Entwicklungen der DDR widerspiegelten. Kinderbücher als „Lehrbücher des sozialistischen Lebens" (H. MEYER, zit. nach E. SCHMIDT: Sozialistische Kinderliteratur, in: Weimarer Beiträge. 1965. S. 1023) sollten in ihrer Funktion vorrangig darauf gerichtet sein, Kinder und Jugendliche als aktiv mitgestaltende Glieder der sozialistischen Gemeinschaft heranzubilden, wobei es zu den Merkmalen der Kinder- und Jugendliteratur gehöre, „daß sie sich in grundsätzlicher Übereinstimmung mit der herrschenden Arbeiterklasse und dem sozialistischen Staat befindet" (Sozialistische Kinder- und Jugendliteratur der DDR. 1977. S. 14). Kinder und Erwachsene werden deshalb begriffen als „Partner im gesellschaftlichen Entwicklungsprozeß, Verbündete im Klassenkampf, aktive Mitgestalter des Sozialismus und potentielle Repräsentanten der gesellschaftlichen Zukunft" (M. ALTNER, a. a. O. S. 8). Kinder und Erwachsene wurden in einer einheitlichen Welt als prinzipiell gleiche gezeigt. Dies rekurrierte bewußt auf die Traditionen der kommunistischen Pädagogik der Weimarer Republik und den dort entwickelten ersten Beispielen sKJL; Vorbild blieb jedoch noch wesentlicher die sowjetische Kinder- und Jugendliteratur. Als musterhaft wurden vor allem rezipiert A. FADEJEWS „Die Junge Garde" (1949), ARKADIJ GAIDARS „Timur und sein Trupp" (1940) – der das Kinderspiel einbindet „in die Verantwortlichkeit des wirklichen Lebens" (G. EBERT: Ansichten zur Entwicklung der epischen Kinder- und Jugendliteratur in der DDR von 1945 bis 1975. 1976. S. 19) – und NIKOLAI A. OSTROWSKIS „Wie der Stahl gehärtet wurde" (1937), das als „Lehrbuch der Revolution" und „Ideal einer deutschen Nachkriegsjugend" angesehen wurde (G. EBERT, a. a. O. S. 17).
Die Übernahme der sowjetischen Literatur, die Neuauflagen von Werken, die während des Faschismus und des Zweiten Weltkrieges geschrieben wurden (A. LAZAR: Sally Bleistift in Amerika, 1949; Jan auf der Zille, 1950; A. WEDDING: Das Eismeer ruft, 1946; Söldner ohne Sold, 1948; Die Fahne des Pfeiferhänsleins, 1948; M. ZIMMERING: Die Jagd nach dem Stiefel, 1953), kennzeichneten die erste Phase der Kinder- und Jugendliteratur der DDR. In diesem Übergang von der „antifaschistisch-demokratischen Phase" in die des beginnenden planmäßigen Aufbaus des Sozialismus diente die Auseinandersetzung mit historischen Stoffen vor allem der ideologischen Bewältigung der Vergangenheit, der „Abwehr der ideologischen Diversion des imperialistischen Gegners" (G. EBERT, a. a. O. S. 28), aber zugleich auch der Entwicklung einer eigenständigen Literatur: Das Ankommen im Sozialismus wie auch die Bewältigung des sozialistischen Aufbaus wurden gezeigt. Beispielhaft dafür stehen HORST BESELERS „Die Moorbande" (1952), BENNO PLUDRAS „Die Jungen von Zelt 13" (1952), IRENE KORNS „Mit Bärbel fing es an" (1952), A. WEDDINGS „Das eiserne Büffelchen" (1952) und ERWIN STRITTMATERS „Tinko" (1954), wobei „Tinko" signalgebend ein Kind in Konflikte der Erwachsenen stellt und schildert, wie das

Neue des sozialistischen Aufbaus beginnt, als dessen Teil sich auch die Kinder verstehen müssen.
Blieb auch die Auseinandersetzung mit historischen Stoffen (vor allem dem Faschismus) Thema der Kinder- und Jugendliteratur der DDR (z.B. A. LAZAR: Die Brücke von Weißensand, 1965; H. BESELER: Käuzchenkuhle, 1965; M. ZIMMERING: Li und die roten Bergsteiger, 1968; GISELA KARAU: Der gute Stern des Janusz K., 1972; H. W. BRÄUER: Leuchtfeuer, 1975), galt es weiter „historische" Vorbilder zu schaffen (M. ZIMMERING: Buttje Pieter und sein Held, 1951; VILMOS und ILSE KORN: Mohr und die Raben von London, 1963), wurden thematisch immer erneut der revolutionäre Befreiungskampf unterdrückter Völker und die Auseinandersetzung mit dem Imperialismus aufgegriffen (LUDWIG RENN: Trini, 1954; WILLI MEINCK: Salvie Fünf und der zerrissene Faden, 1966; D. BERGNER: Tosho und Tamiki, 1969; GÜNTER HARDEL: Treffen mit Paolo, 1967), so wurde seit Mitte der sechziger Jahre zentrales Thema das Verhältnis zwischen Individuum und Kollektiv, die Konflikte und Entscheidungen *innerhalb* des Sozialismus.
Gezeigt wurde das aktive Kind als schöpferischer Mitgestalter; das Kollektiv als zentrale Kategorie ist Symbol des Drangs nach sinnvoller Tätigkeit, die der Gemeinschaft zugute kommt. Wurden auch die Konflikte und die Wechselbeziehungen zwischen Kindern und Erwachsenen jetzt wichtiges Thema, wurden Erwachsene und Kinder widerspruchsvoll und differenziert gezeichnet, so gelingt prinzipiell die Selbstverwirklichung nur im Hinblick auf die aus der Handlung erwachsende und einsichtige Wendung zum Kollektiv und das (schöpferische) Mitwirken an den Aufgaben des Kollekitvs beim Aufbau des Sozialismus. Individuelles Glück blieb immer gebunden an die hohe Leistung für das Kollektiv (z.B. PLUDRA: Reise nach Sundevit, 1965). Basis aller menschlichen Verhältnisse ist dabei die Beziehung zur Arbeit, die auch das Verhalten der Menschen zueinander bestimmt und verändert. Das schöpferische, stolze Verhältnis zur Arbeit sollte auch für das Kind, das sich im Lernen darauf vorbereitet, dargestellt werden. Neben dem Kind wurde so der Werktätige, der Mensch des sozialistischen Alltags, auch Held der Kinderliteratur; wobei jedoch diese Helden nicht mehr widerspruchsfrei, sondern in ihren Konflikten beschrieben wurden. Beispiele solcher produktiver Auseinandersetzungen zwischen Individuum und Kollektiv, dem Aufheben dieses Konfliktes auf höherer Ebene und damit der Selbstverwirklichung des einzelnen sind ALFRED WELLMS „Kaule" (1962), KARL NEUMANNS „Frank und Irene" (1964), JOACHIM NOWOTNYS „Der Riese im Paradies" (1969), BENNO PLUDRAS „Tambari" (1969), UWE KANTS „Das Klassenfest" (1969). Es gelte – so der VIII. Parteitag der SED 1971 – „in den alltäglichen Handlungen der Menschen im Sozialismus die großen weltverändernden Taten zu entdecken", dies jedoch einzubinden in die „bejahende Gestaltung des Großen und Schönen in unserer Zeit und der kritischen Darstellung auch ihrer zu überwindenden Widersprüche" (zit. nach M. ALTNER, a.a.O. S. 56 und 57). Trotz der individuelleren und konfliktreicheren Gestaltung der Helden und ihrer Widersprüche mit dem Kollektiv, trotz einer humoristischen Auseinandersetzung mit Problemen des sozialistischen Alltags (GERHARD HOLTZ-BAUMERT: Alfons Zitterbacke, 1962; KARL VEKEN: Die Rei-Nopis, 1958; UWE KANT: Klassenfest, 1969), trotz der stärkeren Gewichtung des Phantastischen (z.B. HANNES HÜTTNER: Das Blaue vom Himmel, 1975) werden normgebend und unabfragbar die Moral und der Tugendkatalog des „neuen Menschen". Aufrichtigkeit, Wahrheitsliebe, Disziplin, hohe Leistungsbereitschaft, Kollektivbewußtsein und geschichtliches Bewußtsein der Veränderung der Welt unter Anleitung der Partei bleiben positiv übergeordnete Momente der Kinder- und Jugendliteratur der DDR. Konflikte werden so folgerichtig oft nur begriffen als subjektives Nachhinken des Bewußtseins hinter der objektiv fortgeschrittenen Realität; sie sind deshalb zwar darzustellen, aber in der optimistischen und positiven Perspektive ihrer Lösung auf Grund des Fortgangs der gesellschaftlichen Entwicklung. Kindliche Konflikte mit Eltern, Schule, Freizeit, Arbeitsplatz, individueller Befreiung und Verwirklichung sind nur in einer spezifischen Form Bestandteil der in der Entwicklung gesehenen Realität der DDR; treten sie auf, so sind die individuellen Konflikte eher zu verstehen als zweitrangige, wenn auch ernstzunehmende Defekte, die von den axiomatisch vorgegebenen Fixpunkten (z.B. dem Kollektiv oder der schulischen Leistung des Kindes zur gesellschaftlichen Arbeit) geregelt werden, jedoch keinesfalls umschlagen in eine grundlegende Kritik solcher unverrückbarer Vorgaben, höchstens diese schöpferisch und aufbauend kritisieren, von Erstarrung befreien wollen.
Stärker als vorher wird seit dem Anfang der siebziger Jahre die Subjektivität der Helden betont, werden seine individuellen Konflikte mit Eltern und erstarrten Arbeitsbeziehungen sowie mangelnder Perspektive des einzelnen akzentuiert (GUNTER GÖRLICH: Den Wolken ein Stück näher, 1971; BERND WOLFF: Alwin auf der Landstraße, 1971; ULRICH PLENZDORF: Die neuen Leiden des jungen W., 1973; KARL NEUMANN: Ulrike, 1974; ROLF SCHNEIDER: Die Reise nach Jaroslaw, 1974), dies jedoch immer noch prinzipiell dargestellt und gelöst in der „Geborgenheit junger Menschen in der sozialistischen Gesellschaft" (G. EBERT, a.a.O. S. 160). Genauer werden – dies zeigt auch G. HOLTZ-BAUMERTS „Trampen nach Norden" (1975) – stark voneinander abgegrenzte, unverwechselbare Charaktere gezeichnet, deren Handlung nicht mehr allein die Verwirklichung im Kollektiv zum Ziel hat, sondern auf sich selbst gerichtet ist – weniger zur aktiven und kämpferischen Auseinandersetzung mit der Realität provoziert, als diese kaum noch befragte Realität mit individuellen Gestaltungen ausfüllt.
Kennzeichnend für die siebziger Jahre sind viele Neuausgaben von Märchen sowie das Aufgreifen der großen „Poesie der Vergangenheit", die geeignet ist, „Kontakt herzustellen zwischen dem kulturellen Erbe und der Jugend" (G. EBERT, a.a.O. S. 179), beispiels-

weise durch FRANZ FÜHMANNS „Das Nibelungenlied" (1971), „Prometheus – die Titanenschlacht" (1974), WERNER HEIDUCZEKS „Die seltsamen Abenteuer des Parzival" (1974) und HANNES HÜTTNERS „Beowulf" (1977). Die Auseinandersetzung mit der umgebenden Realität wird so immer unspezifischer, der Rückgriff auf die kulturellen Traditionen (z. B. auch auf BEETHOVEN und MOZART) ist Teil des Verständnisses der DDR als Vollenderin des kulturellen Erbes und der freiheitlich-bürgerlichen Literatur Deutschlands.
Der kämpferisch-revolutionäre Impetus – einst bestimmendes Moment sozialistischer Literatur – ist in der „realistischen" Kinder- und Jugendliteratur der DDR als Teil der „sozialistischen Nationalliteratur" des „herrschenden Volkes" (G. EBERT, a.a.O. S. 180) verändert zur schöpferisch bejahenden Verdoppelung der strukturell unveränderbaren Realität.

→ Antiautoritäre Kinder- und Jugendliteratur, → Arbeiterbewegung, → K. Čukovski, → Fr. Fühmann, → A. Gaidar, → M. Gor'kij, → K. Held, → G. Holtz-Baumert, → H. Hüttner, → O. F. Kanitz, → U. Kant, → V. und I. Korn, → B. Lask, → A. Lazar, → K. Liebknecht, → N. Ludwig, → R. Luxemburg, → Vl. Majakowski, → A. Makarenko, → S. Maršak, → W. Meinck, → M. Miturič, → K. Neumann, → J. Nowotny, → Fr. Osterroth, → N. Ostrowski, → L. Pantelejew, → B. Pludra, → L. Renn, → J. Schwarz, → A. Siemsen, → L. Tetzner, → J. Tscharuschin, → Cl. Zetkin, → M. Zimmering, → H. zur Mühlen

Sekundärliteratur: M. Altner: Das sozialistische Menschenbild in der Kinder- und Jugendliteratur der DDR (1972). – M. Diersch u. W. Hartinger (Hrsg.): Literatur und Geschichtsbewußtsein. Entwicklungstendenzen der DDR-Literatur in den sechziger und siebziger Jahren (1976). – I. Dreher: Die deutsche proletarisch-revolutionäre Kinder- und Jugendliteratur zwischen 1918 und 1933 (1975). – G. Ebert: Ansichten zur Entwicklung der epischen Kinder- und Jugendliteratur in der DDR von 1945 bis 1975 (1976). – H. Kaufmann (Hrsg.): Positionen der DDR-Literaturwissenschaft. Auswahl aus den Weimarer Beiträgen 1955–1973 (Bd. 1 und 2. 1974). – H. Koch (Hrsg.): Zur Theorie des sozialistischen Realismus (1974). – Literatur der Arbeiterklasse (1971). – H. Meyer: Die deutsche Kinder- und Jugendliteratur 1933 bis 1945 (1975). – H. Neubauer: Proletarisch-revolutionäre Literatur 1918 bis 1933 (⁴1970). – D. Richter (Hrsg.): Das politische Kinderbuch (1973). – Fr. J. Raddatz: Traditionen und Tendenzen. Materialien zur Literatur der DDR (1972). – W. Rothe (Hrsg.): Die deutsche Literatur in der Weimarer Republik (1974). – H.-J. Schmitt u. G. Schramm (Hrsg.): Sozialistische Realismuskonzeptionen. Dokumente zum 1. Allunionskongreß der Sowjetschriftsteller (1974). – G. Stieg u. B. Witte: Abriß einer Geschichte der deutschen Arbeiterliteratur (1973). – Fr. Trommler: Sozialistische Literatur in Deutschland (1976). – Über den sozialistischen Realismus (in: Weimarer Beiträge. 1965. 970–1002). – Fr. Wallesch (Hrsg.): Sozialistische Kinder- und Jugendliteratur der DDR (1977). – H. Wegehaupt: Deutschsprachige Kinder- und Jugendliteratur der Arbeiterklasse von den Anfängen bis 1945 (1972). – Zur Tradition der sozialistischen Literatur in Deutschland (²1967).

Manfred Geiss

Sozialistischer Realismus in der Kinder- und Jugendliteratur → Sozialistische Kinder- und Jugendliteratur

Spamer, Johann Christian Gottlieb Franz Otto

*(Ps.: Franz Otto). Buchhändler, Verleger, Schriftsteller; *29.8.1820 Darmstadt, †27.11.1886 Leipzig.*

Sp. gründete 1847 unter dem Namen OTTO SPAMER einen Buchverlag in Leipzig und eröffnete 1879 eine Niederlassung in Berlin.
Sp., Sohn eines Forstbeamten, kam mit 13 Jahren in die Lehre zu dem Buchhändler E. HEIL in Darmstadt. Das Zeugnis empfahl ihn als einen „moralisch guten, treuen, fleißigen und gewandten jungen Mann". In Leipzig lernte Sp. bei dem bedeutenden Verleger J. J. WEBER die moderne Buchausstattung und die Möglichkeiten des wiederentdeckten Holzschnitts kennen. Mit 26 Jahren gründete er den Verlag Otto Spamer in Leipzig. Aber schon ein Jahr später (1848) trieben ihn politische Gründe außer Landes. Aus dem Orient zurückgekehrt, handelte er mit allem, was sich ihm gerade anbot, um dadurch seinen Verlag aufrechtzuerhalten. Erst 1851 schlug er als Verleger die Richtung ein, die seinen Namen bekannt machen sollte.

Werk, Tendenzen, Wirkung. Sp.s Idee war es, ein systematisch aufgebautes und gegliedertes Bildungswerk für alle Volksschichten, besonders aber für die Jugend zu schaffen, das die Wißbegierde gleichzeitig anregen und befriedigen sollte. Als Autodidakt fühlte er sich berufen, allen lernwilligen jungen Menschen die Möglichkeit zu geben, sich ohne Schulwissen oder über die Schulkenntnisse hinaus auf anschauliche Weise zu bilden. Er spezialisierte sich deshalb auf unterhaltende Sachbücher, deren belehrenden Stoff er durch eine Fülle von Illustrationen auflockerte.
Man hat Sp. den Pädagogen unter den Verlegern genannt. Er versäumte keine Gelegenheit, sich an die „Schulmänner" zu wenden und ihre Verdienste hervorzuheben. So waren es auch vorwiegend Pädagogen, die seine Bücher verfaßten, überarbeiteten, rezensierten und empfahlen. Die Wiener „Presse" zitierte 1871 den Ausspruch DIESTERWEGS: „Hätte ich über Anlegung einer Bibliothek für Menschen von 10 bis 18 Jahren zu bestimmen, so würde ich an Herrn Spamer schreiben: Schicken Sie mir Ihren ganzen Verlag". Dies Wort hat in den Schülerbibliotheken reiche Früchte getragen. Der Verlag wuchs aus kleinsten Anfängen zu internationaler Bedeutung. In regelmäßigen Abständen wurde das Unternehmen 1858 um ein Kunstatelier, 1868 um eine Buchbinderei und 1877 um eine Buchdruckerei erweitert; 1879 gründete Sp. eine Niederlassung in Berlin. Das setzte eine rege Geschäftstätigkeit in Verlagsrechten, Illustrationen und Übersetzungen voraus. Alle Werbemittel, angefangen bei dem gedruckten Bestellzettel über eine Programmvorschau, Buchanzeigen, Zeitungsreklamen und Ausstellungen, bis zu den in

Büchern vorangestellten Redaktionsmitteilungen, wurden ausgeschöpft, um das Publikum anzusprechen und eine persönliche Bindung herzustellen. Diese Bemühungen führten schließlich zu einer Massenproduktion, die den Einfluß industrieller Kalkulation nicht verleugnen konnte. Doch setzte man sich über diese Mängel hinweg, denn man sah in der Entwicklung nur die Zeichen des Fortschritts.
Die mehrfachen Auszeichnungen des Verlages hätten eigentlich der Person des Verlegers gelten müssen. Sein merkantiler Ehrgeiz war von hohen Idealen getragen. Als Unternehmer der Gründerzeit rechnete sich Sp. nicht ohne Stolz zu den „Fürsten der Arbeit, welche die Menge mit sich fortreißen". In der Einleitung zu seinem Buch „Männer eigener Kraft" bekennt er sich zu seiner liberalen Gesinnung. Darin heißt es: „Meist sind diese Männer, die den Kern der Weltgeschichte bilden, nicht den höheren Klassen entsprossen, sondern Söhne des Volkes". In der Bewunderung dieser Vorbilder und in dem Bewußtsein der Verantwortung für das Volk und seine Jugend wurzelte Sp.s leidenschaftlicher Patriotismus. Er versuchte, seinen Lesern die Augen für soziale Übelstände zu öffnen und ging selbst in seinem Unternehmen durch eine Stiftung, die der Vorsorge für seine Mitarbeiter dient, mit gutem Beispiel voran.
Sp. hat den Charakter seines Verlages nicht zuletzt durch die eigene Mitarbeit als Schriftsteller geprägt. An zahlreichen Werken und Überarbeitungen hat er mitgewirkt und unter seinen Vornamen „Franz Otto" mehr als zwölf Bücher selbst verfaßt. Sie mögen eher von Gründlichkeit als von dichterischen Gaben zeugen, aber sie sind in flüssigem Zeitstil geschrieben und erfreuten sich großer Beliebtheit. Die meisten von ihnen gehörten etwa 40 Jahre lang zu den erfolgreichen Titeln des Verlages. „Der große König und sein Rekrut" hat in dieser Zeit 15 Auflagen erlebt, bevor der Titel von einem anderen Verlag übernommen worden ist. Ein Zeitgenosse stellte allerdings nüchtern fest, Sp. hätte für seinen Verlag selbst „Bücher gemacht, indem er die Arbeiten anderer für seine populären Zwecke benutzte", gibt dann aber einschränkend zu, daß er „aber auch aus eigenen Sachen immer wieder neues entwickelte". Tatsächlich plante und arbeitete Sp. noch, als er bereits von Krankheit gezeichnet war. Erst kurz vor seinem Tode machte er 1886 seinen Schwiegersohn Dr. MAX LANGE zu seinem Teilhaber.
Nach dem Tode Sp.s wurde seinen Freunden und Verehrern im Dezember 1886 ein Exemplar des Buches „Wohlthäter der Menschheit" als „das letzte Werk eigenen Schaffens" überreicht. Der beigefügte Nachruf nennt FRANZ OTTO als Verfasser folgender Jugend- und Volksschriften: Die Buschjäger. Streifzüge und Abenteuer im Lande der Boers (1858); Der grosse König und sein Rekrut. Lebensbilder aus dem Siebenjährigen Kriege (1861); Deutsche Geschichten für die Kinderstube (1863); Das Buch berühmter Kaufleute (Bd. 1 u. 2, 1868 und 1869); Das Tabakskollegium und die Zeit des Zopfes (1872); Alruna. Der Jugend Lieblings-Märchenschatz (1872); Auf hohen Thronen. Herrscher und Kriegsfürsten im 18. und 19. Jahrhundert (1873); Männer eigner Kraft (1875); Deutsche Dichter, Denker und Wissensfürsten (1875); Vaterländisches Ehrenbuch, II. Teil (1882); Wunderglaube und Wirklichkeit. Seltsame und unerklärte Vorgänge im Thier- und Menschenleben (1885); Unser Kaiser. Ein Lebensbild des Kaisers Wilhelm (1886).

Ludwig Hirschberg

Spamer's Jugend- und Hausbibliothek

Unter dem Namen „Otto Spamer's Jugend- und Hausbibliothek" versteht man die in der zweiten Hälfte des 19. Jahrhunderts von dem Verlag Otto Spamer in Leipzig herausgegebene Sammlung von Kinder-, Jugend-, Familien- und Volksschriften, obwohl der Titel genau genommen nur eine Unterabteilung des nach den Vorstellungen des Verlegers fest gegliederten Unterhaltungs- und Bildungswerkes bezeichnet.

Entwicklung und Umfang des Verlagswerkes. Der Ursprung geht auf die erste von SPAMER 1851 begonnene Serie „Das Illustrirte goldne Kinderbuch" zurück, als deren Untertitel 1854 zum ersten Mal die „Neue Jugend- und Hausbibliothek" erschienen ist. Die Serie bestand aus zwölf Bänden: I. Bd. Der Illustrirte Kinderfreund. Von LOUIS THOMAS, 565 Abb., 1 col. Titelbl., 1852; II. Bd. Der Illustrirte Jugendfreund. Von LOUIS THOMAS, 182 Abb., 1 col. Titelb., 1852; III. Bd. Das Buch der wunderbaren Erfindungen. Von LOUIS THOMAS, 100 Abb., 2 col. Bilder, 1853; IV. Bd. Das Buch der denkwürdigsten Entdeckungen. Von LOUIS THOMAS, 70 Abb., 2 col. Bilder, 1853; V. Bd. Das Buch der Arbeit I. Von Dr. L. BERGMANN, 85 Abb., 1 col. Titelb., 1 Schmucktitel, 1854; VI. Bd. Das Buch der Wunder I. Von LOUIS THOMAS, 85 Abb., 1 col. Titelb., 1 Schmucktitel, 1854; VII. Bd. Das Buch der Thierwelt I. Von Dr. A. B. REICHENBACH, 120 Abb., 1 col. Titelb., 1854; VIII. Bd. Das Buch der Therwelt II. Von Dr. A. B. REICHENBACH, 110 Abb., 1 col. Titelb., 1855; IX. Bd. Das Buch der Welt I. Von FRIEDRICH KÖRNER, 110 Abb., 3 Buntbilder, 1855; X. Bd. Das Buch der Welt II. Von Dr. JULIUS MORITZ, 80 Abb., 1 col. Titelb., 1855; XI. Bd. Das Buch der Arbeit II. Von Dr. L. BERGMANN und U. SCHWARZWÄLLER, 100 Abb., 1 col. Titelb., 1855; XII. Bd. Das Buch der Wunder II. Von LOUIS THOMAS, 100 Abb., 1 col. Titelb., 1856 (erschien bereits 1855).
Die „Neue Jugend- und Hausbibliothek" wurde 1855 als selbständige Gruppe mit dem Untertitel „Illustrirtes goldnes Kinderbuch. II. Serie" angezeigt. Sie bestand aus zwei Bänden: I. Bd. Das Illustrirte Soldatenbuch. Von Major R. v. BERNDT, 85 Abb., 1 col. Titelb. (Pracht-Ausgabe m. 23 col. Uniformbildern), 1854; II. Bd. Das Illustrirte Seemannsbuch. Von Major R. v. BERNDT, 150 Abb., 1 col. Titelb., 1 col. Schmucktitel, 1855.
Noch im gleichen Jahr (1855) erhielten beide Serien den Sammeltitel „Neue Illustrirte Jugend- und Hausbibliothek". Anschließend umfaßte diese Gruppe zehn Serien, darunter solche mit schon bekannten Namen wie

„Kosmos", „Vaterlandsbuch" und „Pantheon". „Das Illustrirte goldne Kinderbuch" schied wegen seines wenig kindlichen Charakters aus und wurde auf andere Serien verteilt. Der Name wurde 1863 einer neuen Abteilung von Kinderbüchern zugewiesen.
Die Gliederung hat im ganzen wie im einzelnen immer wieder gewechselt und ist nie zu einem Abschluß gekommen. SPAMER setzte sich je nach Bedarf über Formalien und sogar über das eigene Konzept hinweg, ohne dabei seine Idee aus den Augen zu verlieren. So hat sich z.B. „Das Buch der Erfindungen", das 1853 als dritter Band der Serie „Das illustrirte goldne Kinderbuch" erschienen war, zu einer zehnbändigen Prachtausgabe ausgeweitet. Rückblickend sind die Beweggründe für SPAMERS Entscheidungen kaum noch zu erkennen.
Das Verlagsprogramm für 1873 bringt ein Verzeichnis als „Übersicht und Plan der gesamten Jugend- und Volksschriften". Danach enthielt die erste Hauptabteilung 159 Kinder-, Jugend- und Volksbildungsschriften unter fünf Sammeltiteln: A. Illustrirtes goldenes Kinderbuch; B. Illustrirte Jugend- und Hausbibliothek; C. Welt der Jugend; D. Livre d'or; E. Malerische Feierstunden, mit der schon 1851 begonnenen Gruppe „Ehrentempel des neunzehnten Jahrhunderts". Die zweite Hauptabteilung bestand aus nur zwanzig allgemeinen Bildungsschriften und Mitgaben: F. Neues Buch der Reisen und Entdeckungen; G. Aus dem Reich des Lebens in Pflanzen-, Thier- und Menschenwelt; H. Biographische Denkmale, Historische Galerien; I. Für Haus und Leben. Die dritte Abteilung (K–N) enthielt 106 Fachschriften und die vierte (O–P) zwölf volkstümliche Prachtwerke, von denen als letztes „Otto Spamer's illustrirtes Konversationslexikon für das Volk, zugleich ein Orbis pictus für die studirende Jugend" genannt wird (Otto Spamer's Neue Volksbibliothek – 50 Bände bis 1896 – wurde in der Übersicht noch nicht aufgeführt). Den etwa 300 Bänden sollten 140 weitere folgen.

Werkcharakteristik, Wirkung. Das umfassende Verlagswerk SPAMERS kam dem großen Bildungsbedürfnis dieser in Aufbruch und Fortschritt begriffenen Zeit entgegen. Ausgehend von dem Lehrgebäude der Schulen, die mit der schnellen Entwicklung von Wissenschaft und Technik nicht schritthalten konnten, bot es einen gründlichen Überblick über Naturwissenschaft, Geographie und Geschichte. Besonders nahm sich SPAMER der Berichterstattung der bedeutenden militärischen und politischen Ereignisse von Vergangenheit und Gegenwart an. Die Aktualität verlangte es, daß die Bücher fortlaufend überarbeitet, vervollständigt und mit neuen Abbildungen versehen wurden. Die Jugend- und Hausbibliothek fesselte die jungen Leute durch ihre lebendige Darstellungsweise, während sie bei Eltern und Lehrern als Ergänzung des Schulwissens und Einführung in das Leben Anerkennung erntete. Von etwa 1860 bis 1880 hatte der Spamersche Verlag eine führende Stellung in der deutschen Jugendliteratur. Auf der Wiener Weltausstellung erhielt er 1873 die Fortschrittsmedaille und 1879 den ersten Preis der Jugendschriften-Ausstellung in Dresden.
Der Erfolg der Jugend- und Hausbibliothek ist nicht auf berühmte Autoren oder Illustratoren zurückzuführen, sondern auf die gezielte Auswahl der Themen und die reiche Ausstattung mit xylographischen Darstellungen. Außer dem Titel, auf dem fast immer die genaue Anzahl der Abbildungen vermerkt war, hatten die meisten Bücher einen Vortitel mit Angaben über die Zugehörigkeit zu Serien und Gruppen. Die systematische Gliederung gewährte nicht nur eine gute Übersicht, sondern sie nährte auch den Wunsch nach fortlaufender Komplettierung. Doch gerade die Vollständigkeit des Vorhandenen führte trotz zunehmender Auswahl zu einer Sättigung des Bedarfs. Auf der Suche nach neuen Wegen wurde das Angebot unabhängig von der Serieneinteilung auf den Verwendungszweck etwa für Schulpreise und Prämien etc. abgestellt. Nach und nach wurde die erfolgreiche Einteilung mit ihren klangvollen Namen unmodern. Wenige Jahre nach dem Tode OTTO SPAMERS (1886) wurde die straffe Gliederung aufgegeben. Erst etwa 25 Jahre später ist mit dem Verzicht auf die letzten bewährten Titel die Jugend- und Hausbibliothek erloschen.

Ludwig Hirschberg

Spang, Günter

*(Ps. Nikolaus Zinzendorf). Schriftsteller, Kinderbuchautor; * 10.5.1926 Mannheim.*

Bevor der als Junge in katholischen Jugendorganisationen engagierte Bäckermeisterssohn Sp. 1947 sein Abitur ablegen konnte, war er Luftwaffenhelfer, Angehöriger des Reichsarbeitsdienstes und, siebzehnjährig, Soldat. Mit 20 Jahren kehrte er aus russischer Kriegsgefangenschaft heim. An den Universitäten Heidelberg, Mainz und München studierte Sp. Germanistik und Theater-

*Günter Spang (*1926)*

wissenschaften (Schüler von ARTUR KUTSCHER) und wollte Dramaturg werden. Schon als Student schrieb er für Tageszeitungen. Seine Dissertation „Schillers Mannheimer Zeit" blieb unvollendet.
1953 veröffentlichte Sp. sein erstes Kinderbuch „Der Millionär in der Seifenblase". Der Verleger HEINRICH ELLERMANN förderte den jungen Autor, der seitdem als freier Schriftsteller in München lebt. Seine Satiren, Erzählungen und Kurzgeschichten für Erwachsene erschienen in zahlreichen Zeitungen und Zeitschriften („Die Zeit", „Frankfurter Allgemeine Zeitung", „Süddeutsche Zeitung", „Simplizissimus", „Pardon") und in mehreren Anthologien. Daneben entstanden zahlreiche Arbeiten für Film, Funk und Fernsehen. 1969 erhielt Sp. den Tukanpreis der Stadt München für Literatur.
Viele Erzählungen Sp.s wurden vom Fernsehen, zum Teil als Zeichengeschichten, übernommen. Mit dem 1977 verfilmten Roman „Mein Onkel Theodor" wurde Sp. einem breiten Publikum bekannt.

Werk, Tendenzen, Wirkung. Obwohl Sp. hauptsächlich für Kinder bis zehn oder elf Jahre schreibt, läßt er sich nur ungern als „Kinderbuchautor" festlegen. Er sieht sich in der Nachfolge ERICH KÄSTNERS. Sp. arbeitet im wesentlichen mit grotesk-satirischen und phantastischen Mitteln. Seinen jungen Lesern will er vor allem Spaß bereiten. Sp., zu dessen Lieblingsautoren unter anderem IWAN S. TURGENJEV, MICHAIL M. SOSCHTSCHENKO, ARKADI T. AWERTSCHENKO, NIKOLAI W. GOGOL und ERNST PENZOLDT zählen, bringt Geschichten, in denen es, wie Sp. einmal sagte, „Milch vom Himmel runterregnet in Seen hinein, wo die Milch sauer wird, und wenn man auf diesen Seen rudert, durchs Rudern die Milch verbuttert, und man nachher einen See von Quark hat, so daß alle Leute ringsum dann wochen- und monatelang Quark essen müssen. Das sind meine Einfälle, die wären nicht anders unterzubringen. Nicht in realen Geschichten ... Ich möchte Realität in meine Texte hineinbringen, nicht indem ich Realität darstelle, sondern indem ich Mechanismen der Realität in eine groteske Geschichte einbringe und damit zu einer Aussage komme". Im „Struwwelpeter" sieht Sp. exemplarisch verwirklicht, woran ihm als Erzähler für Kinder liegt: an Bildhaftigkeit, Anschaulichkeit, Überzeichnung der Figuren, Übertreibung in der Handlungsstruktur, am Außergewöhnlichen, das frappiert, am Phantastischen als der Möglichkeit schlechthin, Realität zu verändern. Was Kritiker an Sp.s Arbeiten hervorheben – Einfalls- und Abwechslungsreichtum, einfache, kindgemäße Sprache, Humor, Witz, Komik, Vergnüglichkeit – schlägt Sp. in den Wind. Psychologische, politische, emanzipatorische und gesellschaftskritische Grundtendenzen in Sp.s Werken – sie kommen z. B. in den Erzählungen „Kleiner König – ganz groß" (1959), „Der starke Jonathan" (1964), „Markus und Kathrinchen" (1969), „Kalinka" (1972), „Herr Groß geht in die Stadt" (1973) zum Ausdruck – werden von der Jugendbuchkritik zumeist übersehen. Schon die erste Umweltgeschichte mit leichtem Krimieinschlag „Der Millionär in der Seifenblase" (1953) wurde ein nachhaltiger Erfolg; sie ist auch in Übersetzungen in England, Amerika, Kanada, Holland (als Schulbuchausgabe) und Skandinavien (als fünfteilige Schulfernsehserie) erschienen. „Die wundersamen Abenteuer des kleinen Mädchens mit der Tante" (1965) und „Ein Teufel namens Fidibus" (1970) können den sog. antiautoritären Kinderbüchern zugerechnet werden. Das bei Sp. immer wieder anzutreffende Phänomen der Mischung von Phantasie und Wirklichkeit ist besonders in „Der gläserne Heinrich" (1972) nachweisbar.

Werke: Der Millionär in der Seifenblase (1953); Lohengrin schwant etwas (1954); Ich und Elisabeth (1955); Ein Pferd geht ins Hotel (1956); Kleiner König – ganz groß (1959); Theodolinde, das Känguruh (1960); Amadeus, der Floh (1961); Die kleine Straßenbahn (1961); Williwack – die Abenteuer eines höflichen Pinguins (1961); Das Haus in der Sonnenblumenstraße (1962); Gockelgockel (1962); Der gute Onkel Fabian (1962); Felicitas und ihr Gespenst (1962); Kapitän Bommel und die Seeschlange (1962); Clelia und die kleine Wassernixe (1962); Sabine und die Schmetterlinge (1963); Heut spielt Gottlieb Fabelhaft (1963); Das Mädchen von der Litfaßsäule (1963); Der starke Jonathan (1964); Herr Flupp und seine sieben Enten (1964); Die wundersamen Abenteuer des kleinen Mädchens mit der Tante (1965, auch u. d. T.: Das Krokodil in der Flasche, 1975); Hokus Pokus Pinguin (1967); Linda, das Känguruh (1967); Ferdi und Ferdinand (1968); Markus und Kathrinchen (1969); Blindekuh (1970); Ein Teufel namens Fidibus (1970); Der Hahn und sein Herr Theobald (1971); Der kleine Tatzelwurm (1971); Eins und Eins (1972); Ein Auto fährt nicht von allein (1972); Kalinka. Vom Huhn, das goldene Eier legt (1972); Der gläserne Heinrich (1972); Herr Groß geht in die Stadt (1973); Wer Wasser klaut, fällt selbst hinein (1973); Die wunderbare Ferienreise (1974); Mein Onkel Theodor oder: Der Sohn einer männlichen Hausfrau (1974; auch u. d. T.: Mein Onkel Theodor oder: Wie man im Schlaf viel Geld verdient, 1977); Kossik. Das Gemskitz (1973); Ochs und Esel (1975); Wolfskinder (1975); Herr Blau aus Blaubeuren macht blau (1976); Franziskus und der Wolf (1976); Das Pferd in der Schule (1978).

Sekundärliteratur: K. H. Klimmer: Phantasie und Wirklichkeit. Über Günter Spang (in: Das gute Jugendbuch. 22. 1972. 3. 1–8). – G. Spang: Ein Kinderbuchautor über sich selbst (in: Welt und Wort. 27. 1972. 3. 125–127).

Hans Gärtner

Spang Olsen, Ib

*(Ps.: Padre Detine). Dänischer Kinderbuchautor und -illustrator; * 11. 6. 1921 Kopenhagen.*

Sp., Sohn eines Gärtners, studierte nach der Lehrerausbildung (1939–1943) am Blaagaards Seminarium von 1945 bis 1951 in Kopenhagen an der Königlich-Dänischen Kunstakademie, besonders bei Prof. A. JØRGENSEN. Sp., von 1943 bis 1960 hauptberuflich als Lehrer arbeitend, begann seine künstlerische Tätigkeit bereits 1942 als Zeichner für Sonntagsbeilagen von Zeitungen und Magazinen – unter anderem „Socialdemokraten" – und hat seitdem zahlreiche Bücher, Umschläge, Poster und Plakate – zum Teil mit politischen Inhalten – für Kinder und Erwachsene gestaltet. Seit 1964 stellt Sp. für das dänische Fernsehen auch Kinderfilme her, unter anderem „Hvad bliver det naeste?“, „Taarnuret“, „Den store krage“, „Stregen der loeb henad“ oder „Stregen der loeb opad“. Für sein Bilderbuchschaffen wurde Sp. mehrfach ausgezeichnet. Er erhielt den Preis des Dänischen Kultusministeriums für das am besten illustrierte Buch des Jahres: 1962 für „Drengen i månen“ (1963; dt. Der Junge im Mond, 1971), 1963 für „Regnen“ (1963) sowie „Blaesten“ (1963), 1964 für „Børnerim“ (1964; Text von H. Rasmussen) und 1966 für „Mosekonsens bryg“ (1966). 1967 erhielt Sp. die Hendrixen-Medaille für die Illustration zu „Halfdans abc“ (1967, Text von H. Rasmussen; dt. Halfdans abc, 1970), 1971 den Storm Petersen Legatet sowie 1972 den Hans-Christian-Andersen-Preis für sein Gesamtwerk. Sp., der nach Aufgabe seiner Lehrertätigkeit seit 1960 als freischaffender Illustrator und Lithograph arbeitet, lebt in Blagsvaerd.

Werk, Tendenzen, Wirkung. Wie viele andere Autoren und Illustratoren arbeitet Sp. nicht ausschließlich für Kinder. So hat er unter anderem Werke von Mark Twain, D. Defoe, A. Daudet, D. Diderot, mittelalterliche Volkslieder oder humoristische Erzählungen wie „En Sydamerikaner i Nordsjaelland“ – dieses unter dem Pseudonym Padre Detine – illustriert. Daneben hat er immer wieder Kinder gemalt – einige dieser Porträts hat er 1962 zusammen mit T. Brodstrom unter dem Titel „Børn. Det første år i ørd og tegninger“ publiziert –, mit verschiedenen Techniken und Materialien wie z. B. Keramik und Holzschnitt experimentiert, Schmuck entworfen oder auch Wandgemälde für Schulen geschaffen. Seine ersten Illustrationen speziell für Kinder veröffentlichte Sp. 1946 noch während seines Studiums: „Danish folk tales“. Seitdem hat er sich immer wieder Stoffen wie Märchen, besonders dem Werk H. Chr. Andersens, Sagen und Mythen zugewandt und sie graphisch gestaltet (vgl. die zahlreichen Illustrationen zu Geschichten über „nisse“ (dänische Wichtelmänner) sowie die Thor-Bücher) oder sie in eigenen Geschichten phantasievoll verarbeitet (z. B. Mosekonens bryg). In „Nissen fra Timsgård“ von V. Bergsøe (1973) wird die Geschichte einer Freundschaft zwischen dem Knecht Sorn und dem gewöhnlich unsichtbaren, gutmütigen, mit magischen Kräften begabten Hausgeist Tim erzählt. Tim trägt solange zum Wohlstand des Gutsbesitzers bei, wie dieser und sein Hausgesinde ihn respektieren, ihm jeden Abend seinen Brei mit Butter hinstellen. Die Freundschaft, Anerkennung, Pflege und Hilfe, die der Knecht ihm zukommen läßt – z. B. bei der Auseinandersetzung mit dem „nisse“ eines anderen Gutes – vergilt Tim damit, daß er auch ihm zu persönlichem Reichtum und damit zur Selbständigkeit verhilft. Als der versprochene traditionelle Weihnachtsbrei ausbleibt, verläßt Tim den undankbaren Gutsbesitzer und wandert zu Sorn: Dieser gelangt nun zu Reichtum und Glück, während das Gut Timsgård verkommt und zerfällt. Sp. hat in seinen manchmal leicht humoristischen Bleistiftzeichnungen die Atmosphäre dadurch eingefangen, daß er Handwerkszeug, Kleidung, Landschaft, Interieurs und Gebrauchsgegenstände der ca. 400 Jahre zurückliegenden Zeit realistisch wiedergibt. Ähnlich – jetzt allerdings in Wachskreide – sind die stillen, durch dichte Schattierungen Räumlichkeiten und Stimmungen genau herausarbeitenden Zeichnungen zu „The nisse at the grocer's“ (1978) von H. Chr. Andersen.

Die Mischung aus Realität, Traum- und Märchenhaftem, Phantastischem und auch Groteskem, vermischt mit Fabulierfreude und Humor ist charakteristisch für eine Reihe von mehrfarbigen Illustrationen zu Texten moderner Autoren: Mit Hilfe von H. Rasmussens (* 1915) Nonsense-Versen und Sp.s manchmal skurrilen, manchmal geheimnisvollen und poetischen Feder- und Tuschezeichnungen lernen Kinder das Alphabet, daneben aber – und das gilt in noch stärkerem Maße für „Hokus Pokus“ (1969; dt. Hokus pokus, 1973) – ihre Umwelt, das Verhalten der Menschen zueinander, ihre eigenen Bedürfnisse, Wünsche und Ängste sowie die der Erwachsenen kennen. Die farbigen Zeichnungen sind voller Leben. Einige Menschen werden derb realistisch (schwangere Frauen, Soldaten, ausgelassen spielende Kinder, keifende Erwachsene), andere zart, komisch, verschroben und liebenswert dargestellt. Auch hier geistern Hexen und Trolle, Zwerge und Wichtel durch Text und Bild. Eine Liebe zum Detail und zum Zeitkolorit zeichnet diese großformatigen Bilderbücher ebenso aus wie die Farbzeichnungen zu L. Hellsings Version des alten englischen Kinderreims „Old mother Hubbard and her dog“ (dän. Gamle fru Glad og hendes hund, 1974) oder zu dem erzählenden Sachbuch von V. A. Jensen über die Typologie und Kulturgeschichte des Fahrrades (Lars Peters cykel, 1968; dt. Peters Fahrrad, 1970).

In Sp.s eigenen Bilderbüchern ist manchmal ein pädagogischer Zug nicht zu übersehen. Die Aufgabe der Erwachsenen, besonders des Künstlers als Erzieher wird von Sp. ausdrückich betont (vgl. seine Rede anläßlich der Verleihung des Hans-Christian-Andersen-Preises, 1972, in: Bookbird. 1972. 2. S. 13–17). So klärt er in „Regnen“ und „Blaesten“ – vornehmlich in didaktisch-dialogischer Form – allgemeinverständlich Vorschulkinder über den Wasserkreislauf, Entstehung und Funktion von Regen und Wind auf oder macht sie in „Røgen“ (1970) mit dem Problem der Umweltverschmutzung vertraut. In „Drengen i månen“ – es wurde ins Schwedische, Norwegische, Finnische, Deutsche, Englische und Afrikaans übersetzt – lernt das Kind im Mond – und somit der sich damit identifizierende Betrachter – auf seiner Reise zur Erde und zurück nebenher verschiedene Gegenstände von kreisrunder Form und das Phänomen der Reflexion, in „Mariehønen“ (1969) verschiedene runde Dinge mit Punkten kennen, die sich nachher als Teile von Pflanzen, Gegenständen, Tieren oder Menschen entpuppen. Am Ende fügen sich alle Einzelillustrationen zu einem phantastischen Gesamtbild zusammen. Sp. hat hier den Prozeß des Zeichenfilms auf ein Bilderbuch übertragen. Wenn sich Sp. auch der komplizierten, problemreichen Situation eines Kindes in der modernen anonymen

Gesellschaft bewußt ist, kindliche Bedürfnisse nach Kontakt und Spielmöglichkeiten, Wärme, Respekt, eigenen Erfahrungen und Formen der Wirklichkeitsbewältigung sehr ernst nimmt, so treten dennoch soziale Probleme in seinen Büchern nur am Rande auf. Oder sie werden zum Ausgangspunkt einer Handlung, in der gezeigt wird, wie man trotz der Anonymität von Hochhaussilos, der Langeweile der Vorstadtsiedlungen, des Zusammengepferchtseins in beengenden Wohnungen mit Hilfe der – manchmal kompensatorischen – Phantasie überleben kann (vgl. Kattehuset, 1968; dt. Katzenhaus, 1970; Hvordan vi fik vores naboer, 1969; Folkene på vejen, 1972). Der Übergang von der realen Welt in eine aufregende, faszinierende, Abenteuer anbietende Phantasiewelt ist fließend (vgl. auch „Bedstemors vaegtaeppe", 1958), führt jedoch immer wieder in die konkrete Gegenwart zurück. Zwar werden Mißstände und Konflikte angerissen, aber durch das Spiel mit der Phantasie und mit Humor und Verständnis für kindliche Bedürfnisse zugedeckt. Andere Möglichkeiten der Veränderbarkeit als die des Miteinanderkommunizierens werden kaum aufgezeigt.

Alle seit 1958 erschienenen Bilderbücher – mit der Ausnahme von „Halfdans abc" – wurden als Originallithographien gedruckt. Hierfür hat Sp. ein eigenes Verfahren entwickelt, für den Buchdruck die Methode der Zinkographie, für den Offsetdruck die Direktkopie (vgl. Om direkte kopi, 1971). Bei der Direktkopie überträgt der Künstler die Handzeichnung selbst auf die Filme, d.h. beim Vierfarbendruck zeichnet er für jedes Bild vier Filme, und die Farben werden erst beim Druckvorgang gemischt. Ein ähnliches Verfahren verwendet Sp. bei seinen Zeichenfilmen für Kinder. Um die Kosten niedrig zu halten, damit die Bücher für alle Käuferschichten erschwinglich zu machen, beschränkt sich Sp. oft auf Zweifarbendruck, wodurch für kleinere Kinder die Zeichnungen trotz aller Skurrilität etwas trocken wirken können. Die Rezeption der meisten Werke Sp.s blieb – vielleicht wegen der typisch dänischen Art von Humor und Vorstellungswelt – vornehmlich auf den skandinavischen und englischsprachigen Raum beschränkt.

Werke: Danish folk tales (1946); Danske folkeeventyr (1950); Fem smaa troldeborn (1952); Nissen flytter med (1955); I. Spang Olsen: Det lille lokomotiv (1956); I. Spang Olsen: Mosekonens bryg (1957); I. Spang Olsen: Bornene på vejen (1958, [4]1970); Abrikosia (1958); I. Spang Olsen: Bedstemors vaegtaeppe (1958); V. A. Jensen: Lars-Peter's birthday (1959); R. L. Stevenson: Skatteoen (1959, [5]1975); J. B. Nygaard: Tobias tryllemus (1961); I. Spang Olsen: Blaesten (1963); I. Spang Olsen: Drengen i månen (1963; dt. Der Junge im Mond, 1971); I. Spang Olsen: Regnen (1963); H. Rasmussen: Bornerim (1964, [10]1976); I. Spang Olsen: Kiosken på torvet (1964); H. Chr. Andersen: Digte (1966); H. Rasmussen: Halfdans abc (1967, [4]1975; dt. Halfdans ABC, 1970); Molbohistorier (1967); Morten Poulsens urtehave (1967); V. A. Jensen: Lars Peters cykel (1968; dt. Peters Fahrrad, 1970); L. Sorensen: Da lyset gik ud (1968); I. Spang Olsen: Kattehuset (1968; dt. Katzenhaus, 1970); H. Rasmussen: Hokus Pokus og andre bornerim (1969; dt. Hokus pokus, 1973); O. Restrup: Odin og Tor (1969); I. Spang Olsen: Hvordan vi fik vores naboer (1969); I. Spang Olsen: Marie-hønen (1969); K. Elfert (Bearb.): Aesop, 50 fabler (1970); I. Spang Olsen: Røgen (1970); I. Spang Olsen: Pjer Brumme. Historier om en lille bjorn (1971); H. Rasmussen: Den lille fraekke Frederik og andre bornerim (1971); H. Rasmussen: Noget om Nanette (1972); I. Spang Olsen: Folkene på vejen (1972); V. Bergsoe: Nissen fra Timsgård (1973); L. Hellsing: Gamle fru Glad og hendes hund (1974); H. Chr. Andersen: Elverhoj (1975); C. Bodker: Barnet iv sivkurven (1975); C. Bodker: Da jorden forsvandet (1975); I. Spang Olsen: Thors rejse til Udgård (1975); I. Spang Olsen: 24 breve fra nissen (1975); I. Spang Olsen: Min tjeneste hos hjergmanden (1975); I. Spang Olsen: Gaesterne og andre Godnathistorier (1976); C. Bodker: Den udvalgte (1977); I. Spang Olsen: Thors rejse til Hymer (1977); I. Spang Olsen: Thor og hammeren (1978).

Sekundärliteratur: V. A. Jensen: Ib Spang Olsen (in: Bookbird. 1972. 2. 5–10). – I. Spang Olsen: Om direkte kopi (1971).

Rosmarie Rauter

Spanien

(Estado Espanol). Südwesteuropäischer Staat auf der Pyrenäenhalbinsel, einschließlich der Balearen und Kanarischen Inseln. Staatsgebiet: 504750 km²; Einwohner: ca. 36000000. Sp. ist eine katholische, soziale, repräsentative Monarchie. Als Staatsoberhaupt wurde am 16.7.1971 Juan Carlos de Borbón eingesetzt. 73% der Bevölkerung sprechen spanisch, 24% katalanisch und 2,5% baskisch. Amtssprache ist Spanisch.

Entwicklung der Kinder- und Jugendliteratur und gegenwärtiger Stand. Vorläufer der Kinderliteratur. Zu Anfang gab es in Sp. viele Werke, die sowohl für Erwachsene als auch für Kinder geeignet waren. Im 11., 12. und 13. Jahrhundert boten die „Milagros de Nuestra Señora" des Benediktiners GONZALO DE BERCED, die „Cantigas" von ALFONSO dem Weisen, die Heldentaten des Cid, Bernardo del Carpios und „Los siete Infantes de Lara" der kindlichen Phantasie Abwechslung. Auch existierten viele Romanzen aus der Zeit der Karolinger und Mauren, die wie Erzählungen für Kinder anmuteten. Unter dem Einfluß der im Mittelalter übersetzten, orientalischen Bücher schrieb RAIMUNDO LULIO (1235–1315) das „Libre de les Besties", eine Reihe von lebensnahen Gleichnissen. Für Kinder verfaßte er „Ars puerilis" und „Libro de la Doctrina pueril".

Zusammen mit der Romanzensammlung „Los cantares de gesta" bildeten die Legenden „El Conde Lucanor" oder „Libro de Patronio" des berühmten Infanten DON MANUEL (1282–1349), Enkel von SAN FERNANDO, die bevorzugte Lektüre junger Leser im 14. Jahrhundert. In dieser aus 50 Erzählungen bestehenden Sammlung ist auch die Geschichte „El mancebo que se casó con una mujer muy fuerte y muy brava" enthalten, die als Vorbild für SHAKESPEARES Komödie „Der Widerspenstigen Zähmung" und „El Rey con los burladores que le hicieron el paño" diente, Werke, die ANDERSENS Märchen „Des Kaisers neue Kleider" vorangingen. DON JUAN MANUEL verfaßte das „Libro de los Estados o libro del Infante", ein didaktisches Werk, das als

Caledonio Perellón. Bildseite zu der historischen Erzählung „Cartas a mi Hijo" von Gaspar Gómez de la Serna. Der in Madrid lebende Künstler, der für sein Gesamtwerk 1963 den Lazarillo-Preis und auf der BIB 1967 in Bratislava eine Plakette erhielt, illustriert vorwiegend Werke mit historischer Thematik.

„Fabliau“ angesehen werden kann, eine literarische Gattung, die zu jener Zeit sehr aktuell war und der „Läuterung“ diente. Die Gattung fand im Mittelalter und in der Renaissance weite Verbreitung. Dem gleichen Zweck diente das Buch „Los castigos y documentos para bien vivir que Don Sancho IV., Rey de Castillia, dio a su hijo“ (1293).
In diesen Jahrhunderten war die intensive Beschäftigung mit der pädagogischen Materie sowie die moralische Absicht der Traktate über die Erziehung offensichtlich. Besonders die Könige beauftragten Schriftsteller und Dichter damit, Bücher für ihre Kinder zu verfassen. Dies trifft z.B. auf den Marqués de SANTILLANA (1398–1458), Don IÑIGO LÓPEZ DE MENDOZA zu, der im Auftrag König JUAN II. für dessen zwölfjährigen Sohn Don ENRIQUE das Buch „Proverbios de gloriosa doctrina y fructuosa enseñanza“ schrieb. Das Werk selbst ist eine Art Übersetzung der „Distich Catonis“. Ein sehr verbreitetes Buch waren „Isopete historiado“, das vom deutschen Drucker JUAN HURUS 1489 in Zaragoza gedruckt wurde; es sind die mit Holzschnitten illustrierten ÄSOPischen Fabeln. Ebenfalls in Zaragoza wurde 1493 „Exemplario contra los engaños y peligros del Mundo“ und „Calila e Dimna“, die spanische Fassung des arabischen Originals, von JUAN DE CAPUA verfaßt und auf Anordnung von ALFONSO X. im Jahre 1521 herausgegeben. Dieses Werk war sehr populär und fand als Fabelsammlung Verbreitung. Die Kinder, die von Hauslehrern und Lehrmeistern erzogen wurden, besaßen für den Schulgebrauch Lesebücher, Katechismen und Fibeln. Letztere wurden „Christus“ genannt, weil dies das erste, in ihnen abgedruckte Wort war. Die Lesebücher enthielten Gebete, Hymnen und Fabeln von ÄSOP. Unter den anschaulichen, für die Erziehung vorgesehenen Büchern, stößt man auch auf eines von PEDRO DEI, das den Titel „La crianza y virtuosa doctrina“ trägt und Doña ISABEL I., der Infantin von Kastilien, gewidmet war.
Es ist bekannt, daß die Kinder im 16. Jahrhundert Ritterromane lasen, z.B. „Amadis de Gaula“, „Oliveros de Castilla“, „Tirante el Blanco“, ebenso kleinere Erzählungen wie „Flores y Blancaflor“, „La historia de la bella Melusina“, „La espantosa vida de Roberto el Diablo“ und „La doncella Teodor“, alles Werke, die reich an abenteuerlichen Geschehnissen waren und in denen ritterliche Pflichten und sittliches Ehrgefühl eine wesentliche Rolle spielten. 1549 veröffentlichte HERNÁN LÓPEZ DE YANGUAS für Kinder „Los dichos y sentencias de los siete sabios de Grecia“. Im Prolog stellte er fest: „Mir beliebt es, diese Leckerbissen zu schreiben in Ternen, weil so die jüngsten Kinder sie im Chor lernen“.
Der Humanist LORENZO PALMIRENO empfahl sie seinen Schülern; er verfaßte „El estudioso de aldea“, ein Buch, das von der richtigen Erziehung eines Dorfkindes handelt. LUIS VIVES (1492–1540) dachte an Kinder beiderlei Geschlechts, als er das Buch „La Educación de la mujer christiana“ und seine „Diálogos“ schrieb, ein Band in dem „Diálogos escolares“ enthalten sind. Es ist überliefert, daß im 16. Jahrhundert Kinder an Theateraufführungen wie den „Hirtengesprächen“, „Krippenspielen“ und „Einaktern“ von LOPE DE RUEDA, wie z.B. „El paso de las aceitunas“ und „La tierra de Jauja“, teilnahmen. Kinder lasen auch den Schelmenroman „El Lazarillo de Tormes“, obgleich dieser Roman für Erwachsene geschrieben wurde.
Wer einen Eindruck davon bekommen will, was Kinder im 16. und 17. Jahrhundert gelesen haben, sollte einen Blick in Sammlungen wie „El Patrañuelo“ von JUAN DE TIMONEDA (1520–1583) oder „El Portacuentos“ werfen. Speziell für Kinder wurde im Jahre 1616 von SEBASTIÁN MEY der Band „Fabulario“ mit heiteren und reizvollen Fabeln geschrieben. Über Kinderspiele und -vergnügungen lieferte RODRIGO CARO in seinem Buch „Dias geniales y lúdricos“ ein interessantes Dokument, ebenso wie JUAN RUFO (1547–1620) in „Carta“ und ALONSO DE LEDESMA (1562–1623) in „Juegos de Nochebuena a lo divino“. Der große Schriftsteller LOPE DE VEGA verfaßte „Los pastores de Belén“ für seinen Sohn CARLITOS. Das Buch selbst ist eine Sammlung aus Prosa und religiösen Versen. Wenn hier von Lektüre für Kinder gesprochen wurde, so muß man sich vor Augen halten, daß bis weit in das 18. Jahrhundert hinein nur eine verschwindend kleine Oberschicht die Möglichkeit hatte, ihre Kinder das Lesen und Schreiben erlernen zu lassen. Der Hauptteil der Bevölkerung kannte weder Schreiben noch Hauslehrer. Kinder der Bauern, der Handwerker und der meisten Gewerbetreibenden kamen mit Literatur nur dort in Berührung, wo sie mündlich überlieferte Märchen, Sagen, Legenden, Romanzen und Heldenepen erzählen hörten. Auch noch im 18. Jahrhundert kamen viele Einwohner Sp.s nicht über die Kenntnis der Fibel hinaus und erlangten niemals die Lesefähigkeit, die notwendig gewesen wäre, um sich erzählender Literatur genußvoll hinzugeben.

Die Kinderliteratur im 18. Jahrhundert. Um die Wende zu begreifen, die sich in bezug auf die spanische Literatur im 18. Jahrhundert vollzog, darf man die Übersetzungen ausländischer Kinderbücher nicht außer acht lassen. Vor allem muß der bedeutende französische Einfluß hervorgehoben werden. LA FONTAINES „Fables choisies“ und FENÉLONS „Télémaque“ erlangten hohe Auflagen. Die Gedanken ROUSSEAUS im „Emile“ fanden Verbreitung. Man übersetzte Madame LE PRINCE DE BEAUMONTS Werke, die Romane von Madame DE GENLIS ebenso wie diejenigen von ARMAND DE BERQUIN. Minister und berühmte Adelige beauftragten Schriftsteller, speziell für Kinder zu schreiben. So verfaßte DON TOMÁS DE IRIARTE (1750–1791) auf Geheiß des Ministers FLORIDABLANCA seine „Fabulas literarias“, die eine große Verbreitung in den spanischen Schulen erlangten. Berühmt wurden daraus die Fabeln „La ardilla y el caballo“, „El burro flautista“ und andere, die alle eine moralische Lehre an den Schluß stellen. Für den Unterricht von Kindern schrieb IRIARTE die „Lecciones instructivas sobre la historia y la geografía“ und übersetzte „Robinson der Jüngere“ von JOACHIM HEINRICH CAMPE ins Spanische. Fast zur selben Zeit wie IRIARTE verfaßte FELIX MARIA DE

SAMANIEGO (1745–1807) die „Fabulas morales" für die Schüler des „Colegio o Real Seminario" in Vergara. Dem Prolog ist zu entnehmen, daß der Autor den festen Vorsatz hatte, ein vergnügliches Werk zu schreiben, das Kinder ansprechen sollte. In leicht verständlichen und einfachen Versen trug er Fabeln vor, die von ÄSOP, PHAEDRUS, LA FONTAINE und LOCKMAN inspiriert waren, sowie solche eigener Erfindung. Die beiden Fabelautoren dienten den Schriftstellern Hispanoamerikas als Vorbild und erlangten dort große Popularität. Im 18. Jahrhundert, zur selben Zeit, in der sich die anspruchsvolle Fabel entwickelte, war auch eine sehr populäre literarische Gattung verbreitet, die „aleluyas" und „aucas". Das Anspruchsvolle an diesen fabelähnlichen Geschichten war die pädagogische und literarische Konzeption, nach der diese Geschichten zur vernünftigen Erziehung der kleinen Leser dienen sollten. Daß die Geschichten auch populär wurden, war möglicherweise unbeabsichtigt – sie wurden jedenfalls von Kindern gern angenommen. „Aleluyas" waren ursprünglich mit religiösen Kupferstichen versehene Einblattdrucke, die als Bildunterschrift das Wort „aleluya", dazu eine Strophe oder einen kurzen Vers trugen. Am Ostersamstag wurden sie von dem Priester unter die Menschenmenge verteilt. Es existierten sowohl „aleluyas" von SAN ISIDORO als auch vom Leben der SANTA TERESA. Was anfangs nur den Zweck eines „Heiligenbildchens" erfüllte, wurde bald zu einer Unterhaltung für Kinder. Das „Repertoire" der „aleluyas" war sehr mannigfaltig; es reichte von „Pedrea de muchachos", „Vida del hombre obrando bien", „Vida del hombre obrando mal" bis zu „Vida del hombre flaco". Nachdem immer mehr neue, nun auch nichtreligiöse Themen in die „aleluyas" aufgenommen wurden, bildeten sie bald einen großen Anteil der kindlichen Lektüre und können heute als Vorläufer der illustrierten Kinderzeitschrift angesehen werden. Anfang des 19. Jahrhunderts war eine Zunahme an „aleluyas" festzustellen. Es gab nun „aleluyas" wie „Juan soldado", „Da baraja infantil", „Diabluras de Periquito", „Perico Ventolera en la luna", „La tierra de Jauja" und sogar Märchen wie „El gato con botas" und „La Cenicienta". Viele „aleluyas" waren humoristischer Art. Sie fanden eine Entsprechung in den deutschen „Bilderbogen" und den „Images d'Epinal". Die „aucas", deren Name valenzianischen Ursprungs ist, gingen in die „aleluyas" ein. Diese folkloristische Form hatte eine sehr alte Geschichte und reicht bis in römische Zeiten zurück. Das Wort „auca" entstammt dem Bereich des Spiels (in diesem Fall des Würfelspiels), also nicht demjenigen der Religion wie „aleluyas". Es gibt jedoch auch „aucas" mit religiöser Thematik. Im 18. Jahrhundert wurden eine Anzahl von Büchern verfaßt, die die biblische Geschichte in unterhaltender Form erzählten.

Die Kinderliteratur im 19. Jahrhundert. JOHN NEWBERY veröffentlichte die erste Kinderzeitung, „The Lilliputian Magazine" (1751–1752), in englischer Sprache. In Deutschland erschien 1772 das „Leipziger Wochenblatt für Kinder". Die erste Kinderzeitung in Sp. erschien 1798 und trug den Titel „Gaceta de los niños o principios generales de moral, ciencia y artes, acomodados a la inteligencia de la primera edad", herausgegeben von JOSEPH BERNABÉ CANGA ARGUELLES. Die Zeitschrift brachte neben unterhaltenden Erzählungen auch belehrende Beiträge aus der Naturgeschichte, der Geographie und der Geschichte. Auch kleine Theaterstücke sowie Hinweise auf spanische und ausländische Kinderbücher fanden sich darin. Von 1838 bis 1867 erschien „Museo de las familias". Ab 1841 folgten dann zahlreiche Kinderblätter („El amigo de la niñez", „El eco de la juventud", „El museo de los niños", „El mentor de la infancia", „El museo de la infancia", „La aurora", „El Amigo de la juventud", „Los niños", „La primera edad", „El camarada"). In Malaga wurde 1849 „El amigo de los niños" verlegt. Eine der besten Kinderzeitschriften jener Zeit war „La educación pintoresca", an der berühmte Schriftsteller mitarbeiteten. Sie war verschwenderisch mit Farbbildtafeln und Modebildern ausgestattet. In der Redaktion dieser Zeitschrift wirkte besonders FERNÁN CABALLERO (1796–1877), Pseudonym für CECILIA BÖHL DE FABER mit, die Wegbereiterin für den Realismus im spanischen Roman und Autorin von „La gaviota". Als Tochter des bekannten Hispanisten JUAN NICOLAS BÖHL DE FABER, der ein Schüler CAMPES war und FRANCISCA LARREAS aus Cádiz, einer literarisch sehr bewanderten Frau, entwikkelte sich die Tochter zur geschätzten Schriftstellerin. In einem Band hat FERNÁN CABALLERO ihre Artikel aus der Zeitschrift „Educación pintoresca" unter dem Titel „Cuentos, oraciones, adiucinanzas y refranes populares e infantiles" zusammengefaßt. In dem Band sind auch die reizenden „Cuentos de encantamiento" enthalten. Die Autorin gab auch „Cuentos y poesía populares" sowie „Mitología" heraus. Die Schriftstellerin unternahm Streifzüge in die Gegend um Cádiz um die Folklore dieses Landstrichs kennenzulernen. Man kann FERNÁN CABALLERO in ihren Bemühungen um das schriftliche Fixieren mündlich überlieferten Literaturgutes mit den Brüdern GRIMM in Deutschland vergleichen. Etwa zur gleichen Zeit schrieb der Theaterschriftsteller JUAN EUGENIO HARZENBUSCH (1806–1888) für Kinder die unterhaltsamen „Cuentos y fabulas", darunter die trocken-humorvolle vom Dromedar und dem Kamel: Das Kamel sagt zum Dromedar: „Wieviel mehr als du bin ich doch wert! Daran ist nicht zu rütteln! Ich habe zwei Höcker, du hingegen nur einen". HARZENBUSCH veröffentlichte auch das Auftragswerk „Teatro infantil", das vor der Königin ISABEL II. aufgeführt werden sollte. Eines der Stücke trägt den Titel „La independencia filial" und wurde von BERQUIN übernommen, ein anderes hat den Titel „El niño desobediente". HARZENBUSCH verhalf dem Kindertheater in Sp. zum Durchbruch.

Pater LUIS DE COLOMA (1851–1914), der Autor des bekannten, realistischen Romans „Pequeñeces", war Schüler von FERNÁN CABALLERO und schrieb die Serie „Cuentos para niños", aus der besonders die Geschichte „Pelusa" bekannt wurde, die Züge der spanischen

Folklore trug. Außerdem verfaßte er den historischen Roman „Jeromin".
Von der Mitte bis zum Ende des 19. Jahrhunderts wurden in Sp. zahlreiche ausländische Kinder- und Jugendbücher übersetzt wie GRIMMS Märchen, E. TH. A. HOFFMANNS Erzählungen, PERRAULTS und ANDERSENS Märchen oder die utopischen Erzählungen von JULES VERNE. Im Jahre 1876 wurde das Verlagshaus Saturnino Calleja gegründet, dessen Engagement für die Kinderliteratur bis 1936 eine große Rolle spielte. Dieses Verlagshaus brachte die weitverbreiteten „Cuentos de Calleja" in Farbdruck heraus, die vor allem in Amerika bekannt wurden; ebenso verlegte das Verlagshaus die Reihe der „Biblioteca perla". Bei den Erzählungen von Calleja stehen die Autoren nicht immer fest. Bei vielen Stücken handelt es sich um volkstümliche Erzählungen aus Sp. oder anderen Ländern. Ebenfalls sehr verdienstvoll waren die von dem Verlagshaus Sopena unternommenen Bemühungen für die Kinderliteratur. 1862 wurde in Barcelona die „Biblioteca moral recreativa" herausgegeben, eine Reihe, in der auch die Erzählungen von CHRISTOPH VON SCHMID erschienen und 1864 die „Biblioteca económica de la infancia". In Sevilla wurde die „Biblioteca infantil sevillana" herausgebracht.
Die zweite Hälfte des 19. Jahrhunderts war die Blütezeit vieler Romanschriftsteller, deren Werke von Erwachsenen, aber auch von Kindern und Jugendlichen teilweise auch in den Schulen gelesen werden. Dazu gehören JUAN VALERAS „El pájaro verde" und „El caballero del Azor"; PEDRO ANTONIO DE ALARCONS (1833–1891) „La buena ventura"; BENITO PÉREZ GALDÓS' (1852–1901) „Adios, Cordera!"; ARMANDO PALACIO VALDÉS' (1853–1936) „Polifemos"; CONDESA DE PARDO BAZÁNS (1852–1921) „Vida de Hernán Cortés"; JOSÉ ORTEGA MUNILLAS (1856–1923) „Los tres sorianitos", die Geschichte dreier nach Amerika ausgewanderter Kinder und „La voz de los niños". Ende des 19. Jahrhunderts und Anfang des 20. wurden die Bücher der COMTESSE DE SÉGUR, die Romane von MAYNE REID und EMILIO SALGARI sowie zahlreiche Klassiker der Weltliteratur ins Spanische übersetzt.

Volksdichtung und Kindergedicht. Im 19. Jahrhundert, mit dem Entstehen des Interesses für folkloristische Studien, begannen Autoren und Wissenschaftler mit dem Sammeln und Niederschreiben bis dahin nur mündlich überlieferter folkloristischer Stoffe für Kinder. Eine der bekanntesten Sammlungen stammt von RODRIGUEZ MARIN und trägt den Titel „Cuentos populares españoles". ANTONIO MACHADO ALVAREZ, in der „Biblioteca de tradiciones españolas" mit elf Bänden vertreten, sammelte ebenfalls folkloristisches Material für Kinder. Große Bedeutung erlangte die Sammlung „Cancionero infantil español", die von SIXTO CÓRDOVA zusammengestellt wurde. Kindergebete stellen ein besonders ansprechendes Kapitel dieser Folkloresammlung für Kinder dar, ebenso die Kettenreime, die die Spiele der Kinder begleiten und oft unübersetzbar bleiben, jedoch ihre Entsprechung in der kindlichen Folklore anderer Länder finden, so in England in Form der „Nursery Rhymes", in denen das absurde und rein lautmalerische Element vorherrscht. Spanische Kinder nutzen noch heute bei vielen Gelegenheiten die Vielfalt magischer Rituale oder Formeln. Von Kindesbeinen an bedienen sie sich solcher aus der Volksdichtung übernommener Texte beim Zählen, beim Gehen, Hinsetzen, Essen etc. Auch die Wiegenlieder stammen weitgehend aus der Volksdichtung. Die Tanz- und Seilhüpflieder gehören auch hierher. Neben Rätseln und Zungenbrechern finden sich auch Weihnachtslieder in dieser originellen Sammlung, die neuerdings für den Schulgebrauch zusammengestellt und bearbeitet wurde.
Neben der Volksdichtung, die für das Kind oft erste Berührung mit Dichtung überhaupt darstellt, muß auch die Reimdichtung für Kinder erwähnt werden. Bis zum 20. Jahrhundert haben – mit Ausnahme des Genres der Fabel – wenige Autoren qualitativ bedeutsame Reimdichtungen für Kinder geschrieben. JUAN RAMÓN JIMENEZ (1881–1958) verfaßte das Buch „Platero y Yo" in Reimform, das Kindern als Lektüre diente. Es sind lyrische Bilder und poetische Eindrücke über den Alltag eines Eselchens, mit einer andalusischen Landschaft als Hintergrund. Von JUAN RAMÓN JIMENEZ stammt ein Gedichtband mit dem Titel „Antología para niños y adolescentes". Der nicaraguanische Autor RUBÉN DARÍO (1867–1916), der lange Zeit in Sp. lebte, schrieb für Kinder Gedichte im Stil des Modernismus, ebenso FRANCISCO VILLAESPESA, der die gereimten Märchen Aschenputtel und Rotkäppchen verfaßte. FEDERICO GARCÍA LORCA (1893–1936) erfand speziell für Kinder in dem mit „Canciones para niños" betitelten Teil seines Buches „Canciones" viele Gedichte, die das Wesen der kindlichen Poesie verkörpern. Es sind reizvolle Liedchen, inhaltlich kurz und naiv mit einer an die traditionellen Volksdichtungen erinnernden Sprache. LORCA selbst sagte von seinem Buch, daß seine „Muse nur knapp geschürzt sei". In seinen Kinderliedern spiegelt sich die fast wehmütige Erinnerung des Dichters an die eigene, längst vergangene Kindheit. Der lyrische Ausdruck seiner Verse, das Kolorit der Bilder und des Kompositionsschemas sowie die Lebendigkeit der Kontraste machen GARCÍA LORCAS Dichtungen in vielerlei Hinsicht für Kinder geeignet. Interessante Aussagen finden sich in seinem Artikel „Las nanas infantiles". Auch RAFAEL ALBERTI (* 1903) hat viele Gedichte geschrieben, die für Kinder geeignet sind; so können die meisten Gedichte aus seinem Buch „Marinero en tierra" als Kindergedichte gelten. PURA VAZQUEZ (* 1918) hat für Kinder „Columpio de luna a sol" und „Rondas pra nenos da aldea" in Spanisch und Galizisch verfaßt. Auch CLEMENCIA LABORDA (* 1914) brachte in dem Band „Jardines bajo lluvia" Gedichte für Kinder, GLORIA FUERTES ist die humorvolle Autorin von „Canciones para niños", mit zahlreichen Kehrreimen, zu denen ihr die Volksdichtung als Inspirationsquelle diente. Sie hat „Piruli", „Don Pato y Don Pito", „El camello cojito" und „El hada acaramelada" geschrieben. Die Autorin ist mit ihren vergnüglichen Versen JAMES KRÜSS vergleichbar. Auch JAIME FERRÁN

(*1928) verfaßte mit „Tarde de circo" und „Mañana de parque" Kindergedichte, die zahlreiche Lautmalereien enthalten. MARIA ELVIRA LACACI (*1934) ist die Autorin von „Molinillo de papel"; FEDERICO MUELAS, der Autor der Weihnachtsgedichte „Angeles albriciadores", und MARINA ROMERO verfaßten „Alegrías, poemas para niños". Der Autor GABRIEL ROMERO hat in seinem Buch „La voz de los ninos" (1972) Volksdichtungen für Kinder zusammengetragen und kommentiert. CARMEN BRAVO-VILLASANTE hat zwei folkloristische Anthologien „Folklore infantil" und „Una, dola, télé catola" (1970) verfaßt. Der letztere Titel ist onomatopoetisch zu verstehen und entspricht etwa im Deutschen den Abzählreimen „Ene, mene, mu, aus bist Du". Die beiden Sammlungen vermitteln einen Eindruck von dem folkloristischen Reichtum Sp.s. Auch BONIFACIO GIL hat in seinem umfangreichen Werk „Cancionero infantil universal" (1961) und in „Cantan las niñas de España" viele Kinderlieder zusammengetragen, ebenso ANTONIO MARTINEZ in der Sammlung „Mil canciones infantiles" (1966).

Kinder- und Jugendzeitschriften im 19. und 20. Jahrhundert. Schon an der Zeitschrift „La educación pintoresca" hatten bedeutende Schriftsteller mitgearbeitet. Seitdem wurden immer wieder neue Kinderzeitschriften herausgegeben, wie „La aurora de la vida" (1860–1862), „El amigo de las familias" (1866), „El periódico de la infancia" (1867), „La infancia" (1968) und „Los niños" (1870–1877), eine der wertvollsten Zeitschriften, die von CARLOS FRONTAURA zusammen mit OSSORIO und BERNARD gegründet wurde, und an der TRUEBA, HARZENBUSCH, GERTRUDIS GÓMEZ DE AVELLANEDA, CAMPOAMOR und ZORRILLA mitarbeiteten. Für Mädchen gab FRONTAURA „La primera edad" (1873) heraus, die mit Modeillustrationen versehen war. Als „Los niños" eingestellt wurde, gründeten OSSORIO und BERNARD die Zeitschrift „La niñez" (1879–1884) und danach „El Mundo de los niños" (1886–1888), für die ECHEGARAY, LISTA, NUÑEZ DE ARCE, ORTEGA Y MUNILLA und andere bekannte Schriftsteller Beiträge lieferten. Die Kinderzeitung des 19. Jahrhunderts war hauptsächlich moralisch-lehrhaft ausgerichtet. Obwohl sie auch zur Unterhaltung gedacht war, folgte sie immer der klassischen Maxime „belehren und unterhalten". Meist enthielten diese Zeitschriften schwarz-weiße Kupferstiche und waren in kleiner Schrift gedruckt. Zu Beginn des 20. Jahrhunderts kamen die Zeitschriften „El heraldo de los niños" (1900) und „El album de los niños" (1900) heraus, in denen sich bereits drollige Geschichten mit farbigen Illustrationen fanden. 1905 erschienen „Los chicos" und „Gente Menuda" (1906–1936). Die letztere war ursprünglich als Beilage der Zeitung „ABC" konzipiert und wurde danach in die Wochenzeitung „Blanco y Negro" einbezogen. Erst 1910 „verselbständigte" sie sich. Nach der Art der „Il gionali dei piccoli" aufgemacht war auch „Gente menuda", dank hervorragender Mitarbeiter und Illustratoren typographisch wie literarisch von großer Qualität. Die bekannte Autorin ELENA FORTÚN mit ihren Beiträgen „Celia dice ...", JOSEFINA BOLINAGA, MATILDE RAS sowie die Illustratoren VIERA SPARZA, FRANCISCO LÓPEZ RUBIO, XANDARÓ, CILLA und SANCHA gehörten zu den Mitarbeitern. „Infancia" (1910–1911) mit Illustrationen von JOSÉ ROBLEDANO sowie „Los muchachos" (1914–1927) waren Wochenzeitschriften mit hohen Auflagen. 1924 wurde „Chiquilin" von qualifizierten Mitarbeitern gegründet, eine Zeitschrift, die später von dem Schriftsteller MANUEL ABRIL geleitet wurde. „Pinocho" (1925–1931) war eine sehr populäre Wochenzeitschrift, in der die Abenteuer von Pinocho und Chapete, von Don Currinche und Don Turulato, Bildgeschichten, die aus der Feder des Zeichners K. HITO stammen, abgedruckt wurden, ergänzt durch Beiträge und Zeichnungen von MAGDA DONATO, PENAGOS, TONO, BARRADAS und ROBLEDANO. In dieser Zeit waren auch die amerikanischen Comics in spanischer Übersetzung verbreitet. 1928 gründete K. HITO „Macaco" und ANTONIORROBLES „El perro, el ratón y el gato" (1930). In all diesen Zeitschriften waren hauptsächlich farbige, komische und zum Teil groteske Illustrationen zu finden, im Gegensatz zu den Zeitschriften des 19. Jahrhunderts, in denen der Text im Verhältnis zur Illustration im Vordergrund stand. Als sich in Nordamerika das große Geschäft der Comics entwickelte, wurde auch der spanische Kinderbuchmarkt davon beeinflußt. Ab 1940 drangen die nordamerikanischen Comics von WALT DISNEYS Zeichnungen in die spanischen Kinderzeitschriften ein. Zur Zeit gibt es eine Kommission für Verlagserzeugnisse für junge Leser, die sich auch der Kinderpresse annimmt. Es gibt zahlreiche Untersuchungen über Kinderzeitschriften. Jährlich werden auch Fachtagungen dazu abgehalten. Die Comics werden heute als ein soziologisches und historisches Phänomen angesehen, das bereits die Grenzen der Kinderliteratur überschritten hat und in die allgemeinen audiovisuellen Medien Einlaß gefunden hat.

Erzählende Literatur für junge Leser. Das Verlagshaus „Calleja" wurde zu einem wichtigen Förderer der spanischen Kinder- und Jugendbuchautoren. In diesem Verlag arbeitete als Zeichner, Autor und literarischer Berater SALVADOR BERTOLOZZI (1882–1940), väterlicherseits italienischer Abstammung. In Zusammenarbeit mit der Schriftstellerin MAGDA DONATO veröffentlichte BERTOLOZZI im Verlag „Calleja" die Erzählungen „La princesa timida", „El hada del brezal", „La venganza del Bulfstroll", und 1917 begann er die Serie über „Pinocho" zu illustrieren und gleichzeitig den Text dazu zu schreiben, wobei er weitgehend auf das italienische Original zurückgriff. Ganz wie Don Quijote ist der spanische Pinocho auf der Suche nach außergewöhnlichen Abenteuern; er will gute Taten vollbringen und denjenigen helfen, die sich in Gefahr befinden. Zu diesem ritterlichen Pinocho gesellt sich eine andere Figur, die nicht weniger gelungen ist und den guten Pinocho ergänzt: Chapete, realistisch und praktisch im Vergleich zum idealistischen und träumerischen Pinocho, fast so wie Don Quijote und Sancho

Panza. Auch äußerlich sind sie verschieden: Pinocho ist groß und dünn, Chapete klein und gedrungen. Die Serie um Pinocho und Chapete besteht aus 44 Bänden. Darunter sind Titel wie „Pinocho Emperador“, „Pinocho en la luna“, „Pinocho en la isla desierta“, „Pinocho detective“, „Pinocho contra Chapete“. Die Erzählungen werden von einem feinen Humor getragen. Pinocho erweist sich trotz seines italienischen Vorläufers als eigenständige Figur, zeigt originellen Lebensmut und eroberte sich einen festen Platz in den Herzen der kindlichen Leser. BERTOLOZZI ist auch der Schöpfer der Figuren Piop und Pipa, eines beherzten Kindes und seines Hündchens, die in den Bänden „Aventuras maravillosas de Pipo y Pipa y del mago Roña Roñica“, „Pipo y Pipa contra la mona vestida de seda“ und „Pipo y Pipa en el país de los fantoches“ die Hauptfiguren darstellen. ELENA FORTÚN (Pseudonym ENCARNACIÓN ARAGONESES URQUIJO, 1886–1952), begann in der Rubrik „Gente Menuda“ der Zeitschrift „Blanco y Negro“ für Kinder zu schreiben. Die Serie, von der sie Fortsetzungen für die Zeitschrift lieferte, hat ein Mädchen mit Namen Celia als Hauptfigur. Celia spricht und handelt wie ein Kind unserer Zeit, sie ist ungezwungen und anmutig. In den späteren Büchern der Autorin tritt die Persönlichkeit des Mädchens noch deutlicher hervor. Mit großem Realismus hat es ELENA FORTÚN verstanden, die kindliche Sprache sowie die sprunghaften Bewegungen der Kinder einzufangen. Der Stil ist einfach und lebhaft, der Dialog flüssig, die Beobachtungen genau und treffend. Sowohl Celia als auch ihr jüngerer Bruder Chuchifritin üben indirekt Kritik an der Gesellschaft der Erwachsenen, und oft ziehen sie deren Vorurteile und deren Mängel an Aufrichtigkeit ins Lächerliche. ELENA FORTÚN ist als Wegbereiterin für eine Literatur anzusehen, die sich von einer didaktisch und formalistisch konzipierten Kinderliteratur hin zu einer kritischen Literatur entwickelte, in der das Kind auf sein Recht pocht. Verglichen mit den „braven“ Kinderbuchkindern traditioneller Art sind ELENA FORTÚNs Kinder wirklichkeitsnah und lebensecht. In den „Celia“-Büchern wird auch ein Sittenportrait des Bürgertums von 1926 bis 1936 gezeichnet. Einige Buchtitel der sehr produktiven Schriftstellerin sind „Celia, lo que dice“, „Celia en el Colegio“, „Celia novelista“, „Celia madrecita“, „Cuchifritin, el hermano de Celia“, „Cuchifritin y sus hermanos“ und „Las travesuras de M.“. ELENA FORTÚN verfaßte außerdem einige Biographien wie „San Martín niño“, ein Bastelbuch mit dem Titel „El bazar de todas las cosas“ und einen Band über Kindertheater. Nach dem Vorbild der Celia entstand BORITA CASAS „Antoñita, la fantástica“, die Geschichte um ein reizendes, schlagfertiges Mädchen aus der Mittelschicht, das zusammen mit seinem Dienstmädchen Nicerata einen Eindruck der gehobenen Madrider Schichten vermittelt. Die Serie um Antonita hatte großen Erfolg. Einige Titel sind „Más historias de Antoñita la Fantástica“, „Cuando Antoñita la fantástica cumplió diez años“. Der bekannte Theaterschriftsteller ALEJANDRO CASONA (1903–1965) schrieb auch Kindergeschichten. Aus der Erfahrung als Lehrer war ihm bekannt, daß es nur wenige, für Kinder geeignete Nacherzählungen der großen Legenden und Mythen der Weltliteratur gibt. Er verfaßte „Flor de Leyendas“ und erhielt dafür den „Nationalen Literaturpreis“. Er ist auch der Autor eines Buches über das Leben FRANCISCO PIZARROS.

Die bekannte Autorin CONCHA ZARDOYA schrieb unter dem Pseudonym CONCHA DE SALAMANCA spanische Geschichten und Legenden, die der historischen Tradition entstammen, wie „Los siete infantes de Lara“ oder „Aben-Humeya“ und „Historias y leyendas de Ultramar“. MARIA LUZ MORALES legte als Autorin, Übersetzerin und Herausgeberin im Verlagshaus „Araluce“ in Barcelona ein umfangreiches Werk vor; ihre literarische Produktion erlangte in der ersten Hälfte des 20. Jahrhunderts große Popularität. Es war ihr Ziel, die Klassiker der Weltliteratur in für Kinder geeignete Fassungen zu bringen. MARIA LUZ MORALES schrieb den Roman „Maribel y los elefantes“. CARMEN CONDE (* 1907), eine in Sp. bekannte Schriftstellerin, verfaßte unter dem Pseudonym FLORENTINA DEL MAR Erzählungen für Kinder wie „Los enredos de Chismecita“ oder „Doña Centenita, gata salvaje“. Der Schriftsteller MANUEL ABRIL, einer der ersten Avantgardisten der Generation von 1927, schrieb für Kinder Erzählbändchen mit feinsinnigem Humor („Trampolin o la paja pinta“, „EL cuento del pio“). Auch der Zeichner und Autor ANTONIORROBLES hat ein sehr umfangreiches und unterhaltsames Werk hinterlassen. Er schrieb „El archipielago de la munequería“ und die Serie von „Botón Rompetacones“. In die Erzählungen hat der Autor zahlreiche Verse in der Form der „Aleluyas“ einfließen lassen. Seine Zeichnungen sind sehr witzig. Das Hauptanliegen der zuletzt genannten Autoren ist es, den Kindern mit ihren Schriften Vergnügen zu bereiten und sie zu unterhalten.

Das Verlagshaus „Juventud“ bemüht sich sehr aktiv um die Verbreitung der Klassiker der Weltliteratur. Dank der Arbeit dieses Verlages wurden die europäischen Erzähler von LEWIS CARROLL bis J. M. BARRIE übersetzt. Während des Bürgerkrieges von 1936–1939 erlag die Verlagstätigkeit fast völlig. Nach dem Bürgerkrieg begann der Verlag „Aguilar“ mit der Herausgabe der Reihe „El globo de colores“ eine Reihe von Autoren zu fördern, die Erzählungen über alle Teile der Welt verfaßten. Unter diesen Autoren befinden sich auch der Dichter RAFAEL MORALES, der Autor der „Leyendas del Caribe“, sowie der Herausgeber der Reihe, ANTONIO JIMENEZ LANDI, ein sehr produktiver Autor, der vor allem klassische Stoffe neu erzählte, lehrhafte Bücher verfaßte. Eines davon ist „Aventures de Pelucho“, das die Reise eines Eselchens und seines Herrn Ciruela durch Sp. erzählt. Nach der Art des PÈRE CASTOR brachte JIMENEZ LANDI eine Buchreihe über die Belange des täglichen Lebens heraus, die einem mehr praktischen Zweck dient. AGUILAR wurde zum Mäzen für berühmte Illustratoren und gab auch Bilderbücher für Kleinkinder heraus, ein Unternehmen, bei dem Autor und Illustrator beispielhaft Hand in Hand

arbeiteten. Diese Bücher gewannen nationale und internationale Preise.
Als einer der bekanntesten Autoren der fünfziger Jahre gilt José María Sánchez Silva (* 1911), der die Erzählung „Marcelino Pan y Vino" schrieb, die – wie der Autor selbst feststellt – als eine Erzählung „von Eltern für Kinder" gedacht ist. Es handelt sich um eine betont christliche Erzählung in einem behutsamen Erzählstil, die vom Gedanken an den Tod geprägt ist, einem Thema, das in der Kinderliteratur selten ist. Diese Erzählung erinnert an ein „Flos sanctorum" für Kinder von einst; sie handelt von einem Wunder, das sich dank des aufopfernden Mitleides eines Kindes zuträgt. Selbst wenn die Geschichte traurig stimmt, ist sie doch von einer stillen Heiterkeit getragen. Der Dialog zwischen dem Kind und dem gekreuzigten Christus versetzt den kleinen Leser in eine übernatürliche und tief religiöse Sphäre. Dank des nach der Erzählung gedrehten Films ist das Buch populär und in fast alle Sprachen übersetzt worden. Mit dieser Erzählung hat die spanische Kinderliteratur mit dazu beigetragen, die Kinderweltliteratur um eine Figur zu bereichern, die gleichbedeutend neben anderen Kinderfiguren wie Alice, Peter Pan oder Pinocchio steht. Sanchez Silva schrieb auch „Marcelino Pan y Vino, Historias del cielo", die die Fortsetzung des Lebens von Marcelino darstellen, außerdem „La burrita Non", „Adios, Josefina", „Adán y el Señor Dios" und die Serie um „Ladis", die Geschichte von den Erlebnissen eines Kindes in verschiedenen Ländern. Sánchez Silva erhielt 1968 zusammen mit James Krüss den Hans-Christian-Andersen-Preis.
Im Jahre 1959 wurde das Verlagshaus „Doncel" gegründet, das von ausschlaggebender Bedeutung für das Bekanntwerden neuer Kinderbuchautoren geworden ist. Unter den ersten Autoren dieses Verlages befindet sich Miguel Buñuel (* 1924), der Autor von „El niño, la golondrina y el gato", einem Buch, das voller Licht, Farbe und Lebensfreude ist. Die Erzählung berichtet von den Abenteuern eines Kindes auf dem Lande, zur See und in der Luft. Buñuel hat auch den sozial motivierten Jugendroman „Manuel y los hombres" und die Erzählung „Rocinante de la Mancha" veröffentlicht, eine Geschichte, in der die Erlebnisse von Don Quijote und Rosinante weiter erzählt werden. Concha Castroviejo (* 1914) ist die Autorin von „El Jardín de las siete puertas", einer Sammlung von Erzählungen und Legenden sowie eines Theaterstückes für Kinder. Sie veröffentlichte ihre Kindheitserinnerungen unter dem Titel „Los dias de Lina" in Romanform. Joaquin Aguirre Bellver ist der Autor der Erzählungen und historischen Romane wie „El juglar del Cid" und „El bordón y la estrella", einem Roman, der auf dem Weg nach Santiago de Compostela spielt. Ebenfalls im Genre des historischen Romans schreibt Maria Isabel Molina („Las ruinas de Numancia", „La balada de un castellano"). Die beiden letzten Romane sind von der mittelalterlichen und der romanischen Geschichte inspiriert. Tomás Salvador ist der Autor einiger Erzählungen mit Science-fiction-Charakter („Dentro de mucho tiempo", „Marsuf, el vagabundo del espacio").
Angela Ionescu ist eine vielfach ausgezeichnete und oft übersetzte Autorin, die für den Hans Christian Andersen-Preis vorgeschlagen wurde. Bekannt wurde sie durch ihr Erzählwerk „De un país lejano". Außerdem veröffentlicht sie „Detrás de las nubes", „Arriba en el monte", „El país de las cosas perdidas" und „Donde duerme el agua", alles poetische Erzählungen mit ausgeprägtem moralischen Inhalt. Der Schriftsteller Jaime Ferrán (* 1928) ist der Autor einer Serie von Büchern, deren Hauptperson ein kleiner Engel ist. Sein erstes Buch trägt den Titel „Angel en España". Der Engel sieht, was in Sp. täglich vor sich geht, und bietet seine Hilfe bei verschiedenen Gelegenheiten an. Seine Kommentare sind fröhlich und treuherzig, seine Absichten hilfreich, die Zwischenfälle, die er hervorruft, lustig und zum Teil rührend. Da Jaime Ferrán ein begeisterter Weltenbummler ist, geben die folgenden Bücher seine Reiseerlebnisse in verschiedenen Ländern wieder; während seines Aufenthaltes in Kolumbien schrieb er „Angel en Colombia", seine Beschreibung von Menschen und Sitten ist voller Charme. Er verfaßte auch „Angel en USA Norte" und „Angel en USA Sur". Die amerikanische Raumschiffahrtsexpedition zum Mond sowie dessen Erkundung inspirierten den Autor zu dem Band „Angel en la luna". Eine Schriftstellerin von Weltruf ist Ana Maria Matute (* 1925), die zahlreiche Werke sowohl für Jugendliche als auch für Kinder schrieb. Eines ihrer Werke für Kinder ist „El país de la pizarra", eine phantastische Erzählung, die von einer bedauernswerten, jedoch faulen Prinzessin handelt, die von den Ziffern in der schrecklichen Stadt der Multiplikationstafeln gefangen genommen wird. „El saltamonte" ist eine reizende Erzählung, in der die Pilgerfahrt eines tauben Kindes auf der Suche nach seiner Stimme erzählt wird. Zusammen mit dem Grashüpfer vernimmt es nach und nach die Stimmen der Menschen, die sich beim Aussprechen der Worte metaphorisch in Seifenblasen, Späne, Blumen oder Schlingpflanzen verwandeln. Die Erzählung „Carnavalito" liegt auf der gleichen Linie. Ana Maria Matute hat auch zwei große Jugendromane geschrieben, „Paulina" und „El polizón del Ulises". Paulina ist ein blindes Mädchen, das auf einem Bauernhof lebt und sich dank der Hilfe eines anderen Kindes nach und nach im normalen Leben zurechtfindet. Das Buch ist von einer behutsamen Sprache getragen. Die zweite Erzählung berichtet von den Abenteuern eines Kindes, das in einem Verschlag seines Hauses auf dem Lande davon träumt, auf einem Schiff mit Namen Ulises über die Meere zu fahren. Eines Nachts taucht am Fenster ein entflohener Krimineller auf, den die Polizei sucht. Das Kind gewährt ihm einige Tage Unterschlupf, ohne zu wissen, wer er ist. Das Zusammenleben der beiden ist psychologisch differenziert dargestellt.
Für die Erzählsammlung „La princesita que tenía los dedos págicos" erhielt Maria Luisa Gaefaell den Nationalen Literaturpreis (1951); in diesem Buch verbinden sich Realität und Phantasie. Die Autorin schrieb auch eine Reihe von Erzählungen über die Person des Antón Retaco. Den Hintergrund der Geschichte

bilden ein Dorf in Kastilien und die Lebensumstände der Einwohner. Außerdem erarbeitet sie neue Fassungen des Cids, des Rolandslieds und der Nibelungensage für junge Leser. Als humorvoller Autor profilierte sich JUAN ANTONIO DE LAIGLESIA (*1917), der die Bände „Cien nuevos cuentos" und „Cuentos de la radio" schrieb, Sammlungen origineller Geschichten, die der Schriftsteller zum Teil selbst im Rundfunk erzählte.

MONSERRAT DEL AMO und CARMEN KURTZ sind beide sehr produktive Schriftstellerinnen, deren Werke sich hauptsächlich an den jugendlichen Leser wenden. MONSERRAT DEL AMO veröffentlichte den in einfacher, aber eindringlicher Sprache geschriebenen Roman „Patio de corredor", in dem die Widrigkeiten, Kümmernisse und kleinen Freuden der einfachen Leute der heutigen Zeit geschildert werden. Außerdem verfaßte sie eine Serie von Jugendromanen, deren Hauptpersonen eine Gruppe von Kindern sind, die „die Bloks" genannt werden. Der erste Roman der Serie ist „Aparecen los Bloks", danach folgen „Alarma en el tren", „Los Bloks dan en el blanco", „Los Bloks decifran la clave". Die Clique der Bloks arbeitet gut organisiert zusammen, ohne daß dabei der Einzelne an Individualität einbüßt. CARMEN KURTZ, eine bekannte Romanschriftstellerin, deren zahlreiche Bücher für Kinder und Jugendliche auch übersetzt wurden, hat „Tres muchachos en la manigua" und eine Serie von Büchern mit dem Jungen Oscar als Hauptperson geschrieben. Titel dieser Serie sind „Oscar y el yeti", „Oscar, corazón de púrpura", „Oscar, espeßologo", „Oscar, espía atómico", „Oscar y los hombres-rana", „Oscar y los ovni", „Oscar, agente secreto", „Oscar en el polo Sur", „Oscar en los juegos Olímpicos". Ihre Erzählungen sind von einem bewegten Handlungsablauf und lebhaften Dialogen bestimmt. Für ihr Pferdebuch „Color de fuego" erhielt sie 1964 den „Premio Nacional Lazarillo".

PEDRO COLLADO ist Autor und Verleger zahlreicher Kinder- und Jugendbücher, unter denen „Aventuras de Marta y Tonin" und „Cuentos Españoles" am erwähnenswertesten sind. Seit Beginn dieses Jahrhunderts werden in Sp. auch Bücher in katalanischer Sprache herausgegeben. Ein sehr produktiver und populärer Autor ist JOSÉ MARIA FOLCH Y TORRES, der zahlreiche unterhaltende Erzählungen in der Serie „Patufet" veröffentlicht hat. Die bekanntesten tragen die katalanischen Titel „En lario i la carmina o el cavaller Nasroent", „Memorables aventures d'En Roc Gentil" (1922), „La vida i els fets de Justi tant-se-val" (1929) und „Elisabet o el perseguit de Valdorteu". Es sind qualitativ sehr unterschiedlich zu bewertende Erzählungen, die dem Geschmack der Zeit für das Abenteuerliche und Phantastische, der während des ganzen 19. Jahrhunderts hindurch vorherrschte, entgegenkommen. Zwischen 1960 und 1975 veröffentlichten LOLA ANGLADA MARTINET und MARIA AURELIA CAMPMANY „Ni Tuyo, ni mio", ANTONI CUADRENCH „La carta para un amigo", ANA MURIA „El maravilloso viaje de Nico huetuelt a través de México", ROBERTO SALADRIGAS „El viaje prodigioso de Ferrán Pinyol" sowie JOSÉ VALLVERDÚ „Un cabello contra Rom" und CHACALES „En la ciudad". Diese in der Originalfassung katalanischen Titel wurden auch gleichzeitig in Spanisch herausgegeben.

Das Kindertheater. Im 19. Jahrhundert begann man, dem Theater für Kinder größeres Interesse entgegenzubringen. Der Schriftsteller JUAN EUGENIO HARZENBUSCH erhielt vom Hof den Auftrag, einige Theaterstücke zu übersetzen und neu aufzuarbeiten, die vor Königin ISABEL II. in ihrem kleinen Schattenspieltheater mit Kindern als Darstellern aufgeführt werden sollten. In den Bänden „Cuentos y teatro infantil" veröffentlichte er diese Stücke (El niño desobediente, La dependencia filial). HARZENBUSCH ist auch der Autor einer Zauberkomödie, die bis ins 19. Jahrhundert hinein aufgeführt wurde: „Los polvos de la madre Celestina". D. JOSÉ ULANGA übersetzte die Theaterstücke des Franzosen BERQUIN unter dem Titel „Teatro de niños" und „Colección de composiciones dramáticas para uso de las escuelas o casas de educatión" sehr frei mit dem Zweck, durch die Aufführung die Schulfeiern zu Weihnachten oder zum Schuljahresende etwas abwechslungsreicher zu gestalten. Diese Theaterstücke enthalten stets eine Moral; besonders die Dramen sind ausgesprochen lehrhaft, wie einige Titel klar erkennen lassen („No hay peor mentira que la mitad de la verdad", „Los jugadores", „La educación a la moda"). Das Theater für Kinder verdankt seine Entstehung Zufälligkeiten und blieb immer eng mit der Schule verbunden. Man faßte Kindertheater nicht als Vergnügen auf und ging auch nicht von einem künstlerischen Anspruch aus. Kindertheater war von den jeweiligen Gegebenheiten abhängig und bildete oft den Ausklang eines Festes. Häufig war die Intention eines Theaterstückes auch eine patriotische. Diese Intention war auch für Aufführungen in anderen spanisch sprechenden Ländern Hauptanliegen. In der zweiten Hälfte des 19. Jahrhunderts besannen sich auch einige Verleger auf das Kindertheater und gaben Sammlungen wie „Teatro de la niñez" oder „Galeria dramática infantil" heraus. Einige religiöse Schulen veröffentlichten ihrerseits die „Biblioteca Dramatica Salesiana", eine Serie für den Schulgebrauch, deren Stücke jedoch nur von mittelmäßiger Qualität waren und von recht anfechtbaren moralischen und didaktischen Konzepten zeugen. 1898 veröffentlichte F. PI Y ARSUAGA, der Sohn des Politikers PI Y MARGALL, „Doce comedias en verso para ninos", bei „Garnier" in Paris und später bei „Calleja". Es sind historische Bilder, komische Spielszenen und für den Schulgebrauch bestimmte Stücke. Zu Beginn des 20. Jahrhunderts entschloß sich der bekannte Schriftsteller JACINTO BENAVENTE (1866–1954), zusammen mit MARTINEZ SIERRA, ein Theater für Kinder zu gründen. Am 20. Dezember 1902 wurde „El principe qu todo lo aprendío en los libros" uraufgeführt. Im Stil BENAVENTES ist der Dialog sehr symbolisch angelegt. Eine Pressekampagne der Schriftstellerin CARMEN DE BURGOS im Jahre 1919 wirkte sich entscheidend für die Schaffung eines modernen Kindertheaters aus. BENA-

VENTE führte zum ersten Mal „Y va de cuento" auf, ein Stück, das auf der Legende vom Rattenfänger von Hameln beruht, eine phantastische Komödie, die moralische und symbolische Tendenzen zeigte. Er verfaßte auch „La novia de nieve", „La princesa sin corazón", „La Cenicienta", „El nietecito" und „Ganarse la vida". Die letzteren Stücke waren mehr besinnlicher Art. Der Autor EDUARDO MARQUINA schrieb für Kinder „La muñeca irrompible", ein Stück in Versen, in dem zwei lebhaft plaudernde Kinder mit ihrem Spielzeug eine abenteuerliche Nacht verbringen. Zur gleichen Zeit verfaßte RAMÓN DEL VALLE INCLAN (1869–1936) eine Farce mit dem Titel „La cabeza del dragón", die in die Trilogie „Tablado de marionetas" gehört und ein teils modernistisches, teils burleskes Stück darstellt. Inhaltlich geht es um die heldenhafte Befreiung der Prinzessin aus den Klauen des Drachens. Eine feine Ironie charakterisiert das Stück und läßt den schwülen Kitsch, der manche Theaterstücke kennzeichnet, gar nicht erst aufkommen. Das Werk hat einen leicht expressionistischen Anklang. 1909 führten die Brüder ALVAREZ QUINTERO zum ersten Mal das komisch-phantastische Stück „Zarzuela" mit der Musik von VIVES auf. Der Titel war „La muela del Rey Farfán". Die drolligen Vorkommnisse um die königlichen Zahnschmerzen und die Liebesabenteuer seiner Tochter, der Prinzessin Suspiritos mit dem Prinzen Lindo, sind der Inhalt des Stückes. Auch die Kinderbuchautoren wandten ihre Aufmerksamkeit dem Kindertheater zu. SALVADOR BERTOLOZZI, der geistige Urheber von „Pinocho", entwarf Stücke für das Marionettentheater mit seinen Figuren Pipo und Pipa und anderen von ihm erfundenen Figuren. Außer solchen Stücken, die in öffentlichen Theatern aufgeführt wurden, entstanden auch andere, die auch zu Hause nachgespielt werden konnten. Dies war der Fall bei ELENA FORTÚNs Stücken (die natürlich auch in öffentlichen Theatern aufgeführt werden können). Ihr Band „Teatro para niños" enthält neun Komödien in Prosa und drei Einakter in paarweise gereimten einfachen Versen. Unter diesen kleinen Stücken sind besonders erwähnenswert „El milagro de San Nicolás", „El palacio de la felicidad", „La bruja Piñonete" und schließlich „Circo a domicilio". All diesen Komödien ist das Einfließen von Kinderliedern und -reimen gemeinsam. GLORIA FUERTES war ebenfalls Theaterautorin; ihre Stücke „El chinito Chin-Chate" und „La princesa que quería ser pobre" sind sehr lebhafte Spiele, durchsetzt von unverfälschten Dialogen im Madrider Jargon, vielen Liedern und paarweise gereimten Versen. Der schon erwähnte ALEJANDRO CASONA widmete den Kindern die Stücke „El lindo Don Gato", ein aus der spanischen Folklore stammender Stoff, und „A Belén, pastores!", ein Stück, das auf die Lieder der klassischen Autoren des Goldenen Zeitalters in Sp. zurückgeht. JUAN ANTONIO DE LAIGLESIA führte zum ersten Mal zwei Operetten für Kinder auf „El gato con notas" und „Glu-Glu", ferner die Komödien „Tintin" und „Pasitas en la Navidad". In der Zeitschrift „Consigna" veröffentlichte CAROLA SOLER viele Neufassungen spanischer Klassiker und internationaler Autoren, ebenso kleine Stücke aus ihrer eigenen Feder, von denen „El milagro de Nuestra Señora", eine Neufassung eines Werkes aus Toledo, „La buena madre" und „La leyenda de la ambición" besonders erwähnenswert sind. Ab 1960 entwickelte das Marionettentheater der Frauengruppe zugunsten des Kindertheaters eine kontinuierliche Aktivität. „La andanzas de Pinocho" von MIGUEL SUAREZ RADILLO und die Umarbeitung von „El mago de oz" von F. MARTIN INIESTA werden uraufgeführt. Dank des Marionettentheaters wurden auch südamerikanische Autoren wie CLARA MARIA MACHADO, Autorin von „Pluft, el fantasmita" bekannt. In einem Zyklus klassischer Theaterstücke für Heranwachsende wurden CERVANTES' „Los habladores", „La guarda cuidosa", „El retablo de las maravillas" von TIRSO DE MOLINA und von LOPE DE VEGA „Don Gil de las calzas verdes" und „El acero de Madrid" inszeniert. In Madrid wurde die Asociatión Española de Teatro para la Infancia y la Juventud" gegründet, die der „Asociación Internacional de Teatro" angegliedert wurde und eine rege Tätigkeit entfaltet.

1961 veröffentlichte der bekannte Autor des sozialen Theaters, CARLOS MUÑIZ, „El guiñol de Don Julito", ein Buch, das sieben Theaterstücke enthält. Auf der gleichen Linie zeitgenössischer und sozialer Unterhaltung befanden sich auch die Autoren LAURO OLMO und PILAR ENCISO, die 1919, nach einer ausgedehnten Kampagne für das Theater, die in Parks und populären Theatern durchgeführt wurde, ein Buch über das Kindertheater mit fünf kleinen Stücken veröffentlichten („El león engañado", „La maquinita", „El león enamorado", „El raterillo", „Asamblea general"). Auch ALFONSO SASTRE interessierte sich für das Kindertheater und schrieb „Historia de una muñeca abandonada", das auf den „Kaukasischen Kreidekreis" von BERTOLT BRECHT zurückgeht. In diesem Stück erzählt SASTRE in einfachen Versen die Geschichte einer schmuddeligen, halb zerbrochenen Puppe, die von ihrer Besitzerin, einem reichen Mädchen, weggeworfen wird. Als die Puppe daraufhin von einem armen Mädchen aufgehoben und wieder hergerichtet wird, kommt es zu einem Streit zwischen den beiden Mädchen. Am Ende des Stückes entscheidet, wie beim Urteil des SALOMON, der Chor des Volkes, daß die wahre Mutter diejenige sei, die für die Puppe gesorgt habe. SASTRE hat ein kleines Traktat über das Kindertheater geschrieben, das den Titel „Pequeño organon de teatro infantil" trägt. Anfangs interessierten sich die vorwiegend religiös und pädagogisch orientierten Verbände für das Kindertheater. In den letzten Jahren sind es mehr die sozial engagierten Autoren, die sich für das Kindertheater einsetzen. Für das Marionettentheater schrieb ANGELES GASSET, eine bekannte Bühnenautorin, mehrere Stücke („Títeres con cabezas", „Títeres con cachiporra", „La canción del marinero", „La princesa cautive"). Auch CONCHA FERNANDEZ LUNA hat für das Marionettentheater geschrieben („Christobicas y el payso Carablanca"). Ab 1970 wurde systematisch die Reihe „Bambalina", deren Verleger JUAN CERVERA ist, herausgegeben;

in dieser Reihe werden Neufassungen internationaler Werke und spanischer Autoren verlegt. Titel dieser Reihe sind „Tres farsas francesas", Texte unbekannter Autoren aus dem 15. Jahrhundert, „R.U.R." von KAREL CAPEK, „Las aventuras de Tom Sawyer" von MARK TWAIN, „El Infante Arnaldos" von JUAN ANTONIO CASTRO, „Don Quijote y Sancho" von CERVANTES, „El viaje de Pedro el afortunado". Von dem Theaterdirektor ANTONIO GUIRAU stammt die Sammlung „Dramatizaciones para le escuela", von JUAN CERVERA das „Teatro breve para Navidad" von ALFONSO CASTELLÓN. CARLOS ALADRO veröffentlichte „El ratón del alba" und „Antología de teatro infantil", ein Werk, das auf den Erfahrungen des Autors beim Theater mit Kindern beruht. Zur Zeit besteht auch großes Interesse in Sp. für ein Kindertheater, bei dem die Kinder selbst aktiv beteiligt sind, sowohl in bezug auf die Erstellung des Textes, wie im Hinblick auf die Mitwirkung als Darsteller. Die Teilnahme der Kinder fordert eine gewisse Zwanglosigkeit auf der Bühne, auf der die Stücke nicht wie in einem betrieblich organisierten Theater aufgeführt werden. Solche Stücke müssen an jedem beliebigen Ort und zu jedem beliebigen Zeitpunkt mit bescheidener Ausstattung sowie ohne große Bühnenmaschinerie zu inszenieren sein. Auch das Theater für Kinder, ganz wie dasjenige der Erwachsenen, spiegelt die Tendenz der jeweiligen Epoche wider und muß sich den ideologischen Umwälzungen und den zeitlich bedingten Notwendigkeiten anpassen. Einige Verlage veröffentlichen neuerdings Sammlungen von Stücken für das Kindertheater, wie z. B. der Verlag „Galera" in Barcelona die Reihe „Teatro, juego de equipo", die mehr als 20 Stücke enthält. Besonders interessant sind die Stücke „El país de las cien palabras" von MARTA MATA, „Zuecos y naranjas" von MONSERAT DEL AMO und „El jardín de huele-bien" von JOAQUÍN CARBÓ. Einige Zeitschriften wie „Bazar" und „Cavall fort" (beide in katalanischer Sprache) veröffentlichen wöchentlich kleine Theaterstücke. 1978 wurde in Madrid der VI. Internationale Kongreß für Kinder- und Jugendtheater unter dem Motto „Neue ästhetische Formen des Kinder- und Jugendtheaters" abgehalten.

Kinder- und Jugendbuchillustration. „El Isopete historiado", die 1489 erschienene, spanische Fassung der ÄSOPschen Fabeln, die in alle romanischen und angelsächsischen Sprachen übersetzt wurde und mit Holzschnitten ausgestattet war, gilt als eines der am besten illustrierten älteren Bücher. Mit der Erfindung des Buchdrucks gegen Ende des 15. Jahrhunderts entstand eine Reihe von Büchern für Kinder und Heranwachsende mit Illustrationen wie „La carcel de amor", „La Celestina", einige Rittergeschichten, Romanzen und Weihnachtslieder. Im 16. und 17. Jahrhundert galten einige Fabelsammlungen, wie diejenigen von SEBASTIAN MEY, in der die Tradition der frühen Kupferstiche fortgesetzt wurde und die der volkstümlichen Kunst näher stehen als einer verfeinerten Illustrationskunst, sowie die belehrenden und moralisierenden Darstellungen des Barocks in Bibelausgaben und in didaktischen Werken, als Beispiele für eine vorbildliche Illustrationskunst. Ende des 18. und Anfang des 19. Jahrhunderts, zu einer Zeit, in der die Illustration international große Fortschritte machte, gab es ein besonders reizvoll illustriertes Kinderbuch, die „Moralischen Fabeln" von FELIX MARIA DE SAMANIEGO, die 1782 veröffentlicht und von JOSEPH XIMENO mit einer Reihe ausdrucksvoller Kupferstiche ausgestattet wurden.
In dieser Epoche des Übergangs vom Zeitalter der Aufklärung zur Romantik wurde Sp. von einer Woge aus Frankreich kommender illustrierter Kinderbücher überschwemmt. Die Bände „Veladas de la quinta" von Madame de GENLIS, von XIMENO mit Bildern versehen, „Tardes en la granja" und „Teatro de los niños" von BERQUIN und „Almacén de los niños" von Madame LE PRINCE DE BEAUMONT ins Spanische übersetzt. XIMENO illustrierte auch „Robinson der Jüngere" von CAMPE, ein in Sp. sehr verbreitetes Buch; die Übersetzung von FÉNELONS „Télémaque" wurde populär und sogar GOYA illustrierte die Titelseite eines Buches von PESTALOZZI, das „ABC de la visión intuitiva". Das Erscheinen der ersten Kinderzeitschrift begünstigte die Verbreitung von Illustrationen. Obwohl die Zeitschrift noch das Format eines kleinen Taschenbuches hatte, nahmen Illustrationen darin einen wichtigen Platz ein. Die Zeitschrift „La Educación pintoresca" (1857) ist sehr ansprechend mit schwarz-weißen Kupferstichen, die zum Teil handkoloriert sind, bebildert. Eine andere Zeitschrift „La primera edad" enthielt Farbtafeln und Modezeichnungen. In dieser Zeit befand sich die Illustrationskunst in Europa auf dem Höhepunkt. GRANDVILLE, GAVARNI, TONI JOHANOT, DORÉ, CRUIKSHANK waren die in Europa am meisten geschätzten Künstler, die Tiermärchen, Märchen von PERRAULT, den Brüdern GRIMM, den Don Quijote sowie orientalische Erzählungen illustrierten. In Sp. bemühte sich der Verleger GASPAR Y ROIG sehr um das illustrierte Buch. Die bekanntesten spanischen Illustratoren der zweiten Hälfte des 19. Jahrhunderts waren MANUEL ANGEL, AZNAR, RICARDO BALACA, CANSECO, BERCULA, JULIÁN BASTINOS aus dem berühmten, gleichnamigen Verlag in Barcelona, E. BLANCO, A. BRAVO, PRIMITIVO CAICEDO, A. CARRETERO, CASADO, MANUEL DURÁN, GILBERT, KRAUSE, JIMENEZ ARANDA, LUIS LABARTA, CARLOS LABIELLE, LOZANO, LLANTA, MAGIN PUJADAS, MATEU, MÉNDEZ und APELES MESTRES, der mit den Zeichnungen zu dem Band „Episodios Nacionales" von GALDÓS sowie für die zu den „Cuentós vivos" berühmt wurde. Auch NICOLÁS MIRALLES, MANUEL MOLINÉ, MORENO, MUGICA, ORTEGA, ORTEGA Y VEREDA, ZARZA, PAHISSA, PALACIOS, PARCERISSA und ganz besonders DANIEL URRABIETA VIERGE, der viele Fabeln illustrierte und Randbildchen zeichnete, sind hier zu nennen. Gegen Ende des Jahrhunderts verstärkte sich das Interesse für illustrierte Buchausgaben. Die zeitgenössische Illustrationskunst fand einen ihrer besten Repräsentanten in JOSÉ ZAMORA, dem Illustrator der „Cuentos mágicos", der seine kindlichen Leser durch die originelle Vielfalt der Kostüme und die

verschwenderische Ausgestaltung seiner Bilder fesselte. JOSÉ ZAMORA war vor allem für seine Bühnendarstellungen berühmt. Er war aber auch ein Meister in der Abbildung von Elfen, Feen, mythischen Gestalten und sonstigen Geisterwesen, die er nicht frei von Ironie gestaltete. Zur gleichen Zeit, als die preiswerten Hefte der im Jahre 1873 erschienenen „Colección Calleja" herauskamen, wurden auch die elegant aufgemachten und hervorragend gedruckten Bände der „Colección Perla" herausgegeben. Ende des Jahrhunderts war der Höhepunkt des illustrierten Kinderbuches erreicht. 1906 wurde die Wochenzeitschrift „Gente Menuda" als Beilage der Zeitung „ABC" und später von „Blanco y Negro" gegründet; diese Zeitung gewann für die Illustration von Kindergeschichten XANDARÓ, der besonders auf Kurzgeschichten spezialisiert war. Eine Reihe von Karikaturisten wie SANCHA und CILLA trugen in den späteren Jahren zu der Gestaltung dieser Kinderzeitschrift mit humoristischen Karikaturen bei, die der Vorliebe der Zeit für übertriebene Alltagsszenen entgegenkommen. Der Verlag „Calleja" beschäftigte die besten Zeichner für seine neuen Klassikerserien. JOSÉ PENAGOS bebilderte die Erzählungen, die im Verlag „Calleja" erschienen, und schuf viele Titelbilder zu den Bänden SALGARIS. Der Valenzianer JOSÉ SEGRELLES, ein Schüler SOROLLAS, illustrierte bis 1924 verschwenderisch viele Bände des Verlages „Araluce" und auch eine berühmt gewordene Sammlung von Märchen aus 1001 Nacht. FEDERICO RIBAS illustrierte zusammen mit PENAGOS, MARCO und MÁXIMO RAMOS für den Verlag „Calleja", die „Cuentos de E. Nesbitt" und den Band „El unicorno y otros cuentos". BARTOLOZZI, der ebenfalls Titelbilder zu den Bänden von SALGARI in frischen Farben und klarer Strichführung illustrierte, ließ auf dem Papier die kindlichen Helden seiner Phantasie entstehen, Pipo und Pipa, sowie den spanischen Pinocho und seinen Gegenspieler Chapete. Die Illustrationen von BARTOLOZZI verhalfen mit ihren farbigen Flächen einem neuen Stil zum Durchbruch. Auch JUNCEDA gehört zu den bedeutenden Kinderbuchillustratoren. Eines der Meisterwerke der spanischen Kinderbuchillustration ist die Ausgabe von STEVENSONS „Schatzinsel" (1924), ebenfalls das Buch „Die Minen des König Salomon" von RIDER HAGGARD. Dere Illustrator SERRA MASANA illustrierte 1922 auch „El ojo de Guatemala" von Kapitän GILSON.

In den zwanziger Jahren begann das Verlagshaus „Juventud" mit der Herausgabe illustrierter Werke in der Reihe „Cuentos de Arte, Los mejores cuentos por los mejores artistas". In dieser Serie wurden „Peter Pan y Wendy" mit MABEL LUCIE ATWELLS Zeichnungen von rosigen und rundlichen Kindern und „Heidi" mit Illustrationen von MERCEDES LLIMONA, die dem englischen Zeichenstil nahestand, herausgegeben. LOLA ANGLADA illustrierte unter anderem „Alice im Wunderland". Auch weitere Verlage, wie „Hijos de Santiago Rodriguez" in Burgos, brachten, ohne ins Luxuriöse zu fallen, sehr schön gestaltete Ausgaben heraus, wie die von ANTEQUERA AZPIRI bebilderte „Robinson Crusoe"-Ausgabe.

Nach Kriegsende fanden teurere Ausgaben kaum Absatz, viele Verlage befanden sich auch in einer Wiederaufbauphase. Der Verlag „Aguilar" war einer der ersten, der eine Reihe von Kinderbüchern herausbrachte, bei denen das Hauptgewicht auf den Illustrationen lag. In Amerika galt „The golden book" als Vorbild für moderne Kinderbuchillustration, und aus Frankreich dienten die Serien von PÈRE CASTOR als Orientierungshilfe für die Reihe „El Globo de colores", die von den besten Zeichnern Sp.s illustriert wurde. Angesichts des allgemeinen Interesses für die Illustration stiftete das „Instituto Nacional del Libro Español" den „Premio Lazarillo" für Kinderbuchillustratoren, der seit 1958 jährlich verliehen wird. JOSÉ FRANCISCO AGUIRRE erhielt diesen Preis für „El libro del desierto". Außerdem illustrierte er „El libro del fuego", die „Leyendas del Caribe" und „Teatro de Lope de Vega". RAFAEL MUNOA arbeitete an der Wochenzeitschrift „Bazar" mit und illustrierte nebenbei noch rund zwanzig Kinderbücher. Sein Malstil ist der naiven Kunst verwandt. Besonders gut illustrierte Bücher von ihm sind „Los exploradores de Africa", „Narraciones italianas" und „Leyendas de la dulce Francia". Auch J. NARRO, der 1961 den „Premio Lazarillo" für seine Zeichnungen zu „Robinson Crusoe" erhielt und als Spezialist für Kinderbuchillustrationen beim Verlag „Juventud" beschäftigt ist, illustrierte mit feinem Strich eine Reihe von Kinderbuchklassikern. Sein Schüler war LORENZO GOÑI, ein Maler und Graveur, der auch an der Kinderzeitschrift „Bazar" mitarbeitet und die Figur des „Marcelino Pan y Vino" ins Zeichnerische umsetzte sowie Illustrationen für „La burrita Non" und „El niño, la golondrina y el gato" geschaffen hat. Im Verlag „Aguilar" ist auch FAUSTINO GOICO AGUIRRE, Skulpteur und Maler, beschäftigt, der folgende Kinderbücher illustriert hat: „El libro de los animales", „La ciudad", „Jugar y cantar" und „El Lazarillo de Tormes". 1962 gewann JOSÉ PICO den „Premio Lazarillo"; meist zeichnet er entzückende, hochstilisierte Kinderfiguren. Er bebilderte auch einige Geschichten von „Celia" und „Cuchifritin". PICO ist Mitarbeiter einiger Kinderzeitschriften und nähert sich dem Stil eines poetischen Realismus, der an die Zeichnungen von VIERA SPARZA und DELHY TEJERO erinnert. Sehr charakteristisch ist auch der Stil von FREIXAS, dessen phantasievolle Zeichnungen besonders zu phantastischen Erzählungen passen.

1959 wurde der Verlag „Doncel" gegründet, der ebenfalls sein spezielles Interesse auf das illustrierte Kinderbuch richtet. An der Serie „La ballena alegre" arbeiten zahlreiche Künstler wie MOLINA SANCHEZ, MÁXIMO, GONI, MARIA ANTONIA DANS, ASÚN BALZOLA, HUETE, MONTANÉS, PAREDDES JARDIEL mit, die der Kinderbuchillustration zur höchsten technischen Perfektion verhalfen. Besonders bekannt sind in diesem Zusammenhang die Namen ADÁN FERRER, Illustrator der „Antología de literatura infantil española", und CALEDONIO PERELLÓN, der die traditionelle spanische Volkskunst neu entdeckt hat. 1963 erhielt er den „Premio Lazarillo", heute illustriert er Bücher für

*Miguel Angel Pacheco (*1944). Illustration zu einer 1970 in Madrid von Carmen Bravo-Villasante herausgegebenen „Antología de la Literatura Infantil Universal I–II".*

verschiedene Verlage. Einen originellen Stil hat die Zeichnerin PEPI SÁNCHEZ aufzuweisen, die die zwei Bände der „Historia y antología de la literatura infantil iberoamericana" mit Zeichnungen, Randbildern und Kollagen versehen hat. 1964 erhielt DANIEL ZARZA den „Premio Lazarillo"; er illustrierte „Fiesta en Marilandia" mit lebhaften Farbtupfern, in einer Art, die Kinderzeichnungen nahekommt. Von Kindern selbst illustrierte Bücher sind in Sp. heute sehr in Mode. Die Neubewertung der kindlichen Zeichnungen fällt zusammen mit gewissen Trends der modernen Kunst hin zu naiven Formen.
1967 erhielt der Illustrator RIERA ROJAS für seine Illustrationen zum „Don Quijote" für Kinder den „Premio Lazarillo". Die Ausgabe wurde schon bald in andere Sprachen übersetzt. Moderne Kinderbuchillustratoren sind auch namhafte Künstler wie MORO, JIMENEZ ARNALOT, ORTIZ VALIENTE, OSCAR PIN, AZCONA, JOSÉ PORT, JOSÉ LUIS PRADERA, PABLO RAMIREZ, SANCHEZ PRIETO, ELENA SANTOJA, TAULER, CHUMY, JULIO CASTRO, LÓPEZ ROBERTS und ZAMORANO. Die Jüngsten unter diesen Zeichnern, die bereits Preise erhalten haben, sind MIGUEL ANGEL PACHECO, MIGUEL CALATAYUD, BOIX und JOSÉ RAMÓN SÁNCHEZ.

→ M. de Cervantes, → D. M. Matute, → J. M. Sanchez-Silva

Sekundärliteratur: J. Amades: Bibliotecas de tradiciones populares (Bd. 1–12. 1933). – C. Bravo-Villasante: Historia de la literatura infantil española (1969); Antología de la literatura infantil en lengua española (Bd. 1–2. 1965); Historia y antología de la literatura infantil iberoamericana (Bd. 1–2. 1966); Una, dola, tele, catola, Folklore infantil (1977). – S. Córdova: Cancionero infantil español, Santander (1947). – A. Espinosa: Cuentos populares españoles. Consejo Superior de Investigaciones Científicas (1946). – L. Gasca: Los comics en España (1969). – A. de Larrea: El folklore y la escuela. Consejo Superior de Investigaciones Científicas (1958). – A. Machado y Alvarez: Biblioteca de las tradiciones españoles populares (Bd. 1–11. 1883). – A. Martinez-Menchén: Narraciones infantiles y cambio social (1971). – J. A. Ramirez: La historia cómica de postguerra (1975). – T. Rovira: Bibliografia histórica del libro infantil y juvenil en catalán, Asociación Nacional de biblioteca rios, archiveros y arquelogos (zus. mit M. del Carmen und anderen. 1972). – C. Toral: Literatura infantil española (Bd. 1–2. 1957).

Carmen Bravo-Villasante

Speckter, Otto

*Maler und Illustrator; *9.11.1807 Hamburg, †29.4.1871 Hamburg.*

Sp. war zuerst in der lithographischen Anstalt seines Vaters JOH. MICHAEL Sp. tätig. 1834 übernahm er deren Leitung. Sp. zeichnet mehr als 1000 Bildnisse auf Stein, zahlreiche Gelegenheitsarbeiten und lithographische Folgen (z.B. die „Ansichten vom Hamburger Brand", 1842). Erst der Verkauf der lithographischen Anstalt 1852 gab ihm die Freiheit, sich der Ölmalerei zu widmen. Mit seinen Illustrationen erlangte er internationale Geltung. Sp. wurde der „norddeutsche Richter" genannt.

Werk, Tendenzen, Wirkung. Sp., im selben Jahrzehnt wie LUDWIG RICHTER (1803–1884), THEODOR HOSEMANN (1807–1875), FRANZ VON POCCI (1807–1876) und MORITZ VON SCHWIND (1804–1871) geboren, repräsentiert den norddeutschen Beitrag zur Blüte der deutschen Kinderbuchillustration in der ersten Hälfte des 19. Jahrhunderts. Die unverwechselbare Eigenart seines graphischen Werkes erwächst aus einer doppelten Beschränkung: Da er auf eine Ausbildung zum Maler zugunsten seines älteren Bruders ERWIN Sp. verzichten mußte und statt dessen die lithographische Werkstatt seines Vaters übernahm, kam er aus seiner Heimatstadt und deren holsteinischer Umgebung so gut wie nie heraus und mußte sich früh dem Zwang zur handwerklichen Schulung als Lithograph unterwerfen. So ist sein Lebenswerk geprägt von der geistigen Kultur einer hanseatischen Bürgerlichkeit, die von dem künstlerischen Freundeskreis in der Nachfolge PHILIPP OTTO RUNGES (1777–1810) bestimmt war. Die unpathetische Strenge des Autodidakten führte ihn schließlich zur Beherrschung der graphischen Mittel und zur Ausbildung seines zeichnerischen Stils, der mit unmittelbarem Zugriff ohne akademische Ambitionen die Gegenstände zur Anschauung zu bringen wußte.
Die „Energie der Anschauung", wie THEODOR STORM einmal sagte, zeigte sich schon früh. Nachdem der kaum Zwanzigjährige Frontispiz und Titel für die „Jugend-

unterhaltungen“ seines Gymnasiallehrers LEONHARD WÄCHTER lithographiert und dann PRÄTZELS „Hildrian, ein Sommermärchen“ mit damals modischen Umrißzeichnungen versehen hatte, bestellte 1832 der mit dem Hause Sp. befreundete Verleger FRIEDRICH PERTHES Illustrationen zu 50 „Fabeln“, die der Pastor WILHELM HEY für seine erkrankten Kinder gereimt hatte.

Otto Speckter (1807–1871). Illustration zu dem Gedicht „Murmeltier tanzt“ aus dem in Hamburg 1833 erschienenen Bändchen von Wilhelm Hey (Text) und Otto Speckter „Fünfzig Fabeln für Kinder“.

Die lustig gemeinten, harmlosen Verse, in denen sich hauptsächlich Tiere über ihre Freuden und Leiden unterhalten, waren keine Fabeln im gewohnten Sinn, aber sie hatten doch eine moralisierende Tendenz. Sp.s Zeichnungen wirkten durch die ruhige Sachlichkeit in der Beobachtung der Tiere und durch die Absichtslosigkeit in der Darstellung. Das Buch wurde gerade durch seine „Kunstlosigkeit“ zu einem Welterfolg. Sp.s „bürgerlich-solider Sinn für die Wichtigkeit im Kleinen“ gleitet nie ins Genrehafte ab, und seine „Naivität“ (im SCHILLERschen Sinn) bewahrt ihn vor allem lehrhaften Pathos.

Zur Beurteilung der künstlerischen Qualität muß zwischen der Erstausgabe, deren Bilder Sp. selbst auf den Stein zeichnete, und den zahlreichen verstümmelnden Neuauflagen in verschiedenen graphischen Techniken unterschieden werden. Erst für die Holzschnittausgabe von 1850 zeichnete Sp. seine Bilder neu. Auch für die zweite Sammlung „Noch 50 Fabeln“ (1837) wurden seine Zeichnungen von anderer Hand lithographiert.

Sp.s Tierliebe und die Genauigkeit im Erfassen der Kreatur zeigten sich vor allem in den Radierungen zur „Kynalopekomachia“ (Der Hunde Fuchsenstreit, 1835) des Freiherrn von RUMOHR, seines Gönners von Jugend auf, und zum „Gestiefelten Kater“ (1843). Die „Vermenschlichung“ des Katers wird nicht durch verzerrende Übersteigerung der Figur erreicht, sondern Sp. „schafft seine Persönlichkeit gleichsam von innen her um“, gemäß der Eigenart und den Verhaltensweisen des Tieres.

Die zwölf Lithographien, die Sp. 1845 für H. CHR. ANDERSENS „Neue Märchen“ schuf, fand der Verfasser selbst unter allen Illustrationen seiner Märchen als „die schönsten und genialsten“. Die Spannweite der Darstellung reicht, z.B. in den Bildern zur „Schneekönigin“, von dem poetisch betonten Realismus, mit dem die beiden Kinder zwischen den zusammenstoßenden Dächern der Kleinstadtwelt im Gespräch erfaßt sind, bis zur Phantastik des an RUNGES Liliensymbolik gemahnenden „Traumgartens“.

Dem romantischen Stimmungsgehalt, den wir bei RICHTER und SCHWIND finden, kommt Sp. in den Zeichnungen zu „Brüderchen und Schwesterchen“ am nächsten, nach denen die Illustrationen zur Londoner Ausgabe von 1847 („The charmed roe“) lithographiert wurden. Leider ging in den Lithographien die Ursprünglichkeit der zeichnerischen Erfindung verloren, mehr noch in den späteren Holzstichen zum Münchener Bilderbogen nach den gleichen Vorlagen.

Von den drei Münchener Bilderbogen, für die Sp. 1856/1857 die Zeichnungen lieferte, ist vor allem noch die große Komposition zum „Froschkönig“ (Nr. 193) zu erwähnen, deren formaler Aufbau ohne SCHWINDS Bogen zum „Gestiefelten Kater“ (1850) nicht zu denken ist, der uns aber wieder ein köstlich verzaubertes Tier vorführt.

Die Vergröberung oder gar Entstellung, die Sp.s Zeichenkunst durch die Umsetzung in den Holzstich durch die Hände des Xylographen erfuhr, ist besonders für das Spätwerk festzustellen, auch für die berühmten Illustrationen zu KLAUS GROTHS „Quickborn“ (1856), in denen sich der malerische Zeichenstil Sp.s vor allem bei der Schilderung der herben norddeutschen Landschaft entfalten konnte. Im gleichen Jahr erschien aber noch ein Kinderbuch, das leider wenig bekannt geworden ist, obwohl es fünf wohl eigenhändige Lithographien Sp.s enthält, für die seine Kinder als Modell gedient haben sollen, nämlich „Stephan und Lulu“ von J. HERBST, der Mutter des Malers THOMAS HERBST. Diese „Erzählung für Kinder von fünf bis acht Jahren“ ist eine anmutige und aufschlußreiche Schilderung des Hamburger Familienlebens um die Jahrhundertmitte.

Die „Fabeln“ eroberten in zahlreichen Übersetzungen die Welt (in Japan wurden sie sogar Schulbuch), wobei allerdings Sp.s Zeichnungen als Vorlagen für immer neue Illustratoren dienten, die seine Erfindungen vergröberten oder durch Anpassung an den Zeitgeist entstellten. Das begann bereits mit S. H. JARWARTS noch sehr hübschen Umrissen zu einer Auswahl von Vertonungen (Nürnberg, 1836) und endete mit den Wandbildern von WILHELM PFEIFFER und ALBERT KULL, die als „Anschauung“ für den Anfangsunterricht gedacht werden (CARL KEHR: Der Anschauungsunterricht für Haus und Schule auf Grundlage der Hey-Speckterschen Fabeln“, 1883). Durch die Didaktisierung, die die Verse HEYS zum „Stoff“ für eine methodische Erarbeitung degradierte, ging der ursprüngliche Reiz des Kinderbuchs verloren.

Dem verbalistischen Mißverständnis eines solchen „Anschauungsunterrichts“ setzte die Reformpädagogik der Jahrhundertwende, insbesondere die Kunsterziehungsbewegung, ein Ende. Das Werk Sp.s wurde nun in seiner künstlerischen Bedeutung neu entdeckt und veröffentlicht, vor allem durch ALFRED LICHTWARK (1852–1914), der die nachgelassenen Zeichnungen Sp.s als „Bilderbücher aus dem Leben der Haustiere", begleitet von Gedichten GUSTAV FALKES (1853–1916), herausgab. Die zwölf Zeichnungen zu „Brüderchen und Schwesterchen" erschienen erstmals 1920 als Festgabe der Zeitschrift „Deutsches Volkstum", und der Verlag Alfred Janssen druckte 1908 die „Fabeln" endlich wieder nach der Erstausgabe.

Schließlich haben die „Hey-Speckterschen Fabeln" als Buchtypus anhaltend weitergewirkt. Selbst LUDWIG RICHTER hat sich diesem Einfluß nicht entziehen können und für die zweite Lieferung der „Bilder und Reime, Reime und Bilder für Kinder" (1844) ähnlich aufgebaute Vorlagen für den Lithographen, ebenfalls zu Gedichten von W. HEY, gezeichnet. Die genialste Nachfolge fand Sp. in den sich eng an das Vorbild anschließenden Lithographien des jungen ADOLPH MENZEL zu Gedichten von EMILIE FEIGE: „Der kleine Gesellschafter für freundliche Knaben und Mädchen von 5 bis 10 Jahren" (1836). Diese Zeichnungen, in denen sich bereits der malerische Realismus der zweiten Hälfte des 19. Jahrhunderts ankündigt, sprengen allerdings den Rahmen der vignettenhaften Illustration, dessen Beachtung die besondere Leistung Sp. kennzeichnet.

Werke: G. Ph. L. Wächter: Jugendunterhaltungen (1827); K. G. Prätzel: Hildrian, ein Sommermärchen in sechs Gesängen, und die Bittschrift. Zwei poetische Erzählungen mit Bildern (1831); W. Hey: Fünfzig Fabeln für Kinder. In Bildern. Mit einem ernsthaften Anhange (1833); C. Fr. von Rumohr (Hrsg.): Kynalopekomachia. Der Hunde Fuchsenstreit (1835); W. Hey: Noch 50 Fabeln für Kinder. In Bildern. Nebst einem ernsthaften Anhange (1837); A. G. Eberhard: Hannchen und die Küchlein (1838); H. Kletke: Deutsche Fabeln des 18. und 19. Jahrhunderts (1841); Das Märchen vom gestiefelten Kater, in den Bearbeitungen von Straparola, Basile, Perrault und Ludwig Tieck (1843); H. Chr. Andersen: Neue Mährchen (Bd. 1–2. 1846–1848); The charmed roe; or the little brother and little sister. A fairy story (1847); W. Hey: 50 Fabeln für Kinder. Neue Ausgabe mit Holzschnitten nach neuen Zeichnungen (1850); Kl. Groth: Quickborn (1856); J. Herbst: Stephan und Lulu. Eine Erzählung für Kinder von fünf bis acht Jahren (1856); Münchener Bilderbogen Nr. 193: Der Froschkönig (1856); Nr. 216: Rapunzel (1857); Nr. 231: Brüderchen und Schwesterchen (1858); Fr. Reuter: Hanne Nüte un de lütte Pudel. 'ne Vagel- un Minschengeschicht. Illustrierte Ausgabe (1865); A. Harnisch: Vom Hausmäuschen und Feldmäuschen im Stadtschlösschen und Landhäuschen (1866); Otto Speckters Katzenbuch. Mit Gedichten von Gustav Falke (1900); Otto Speckters Vogelbuch. Mit Gedichten von Gustav Falke (1901); O. Speckter: Brüderchen und Schwesterchen. Zwölf Zeichnungen mit dem Text des gleichnamigen Märchens der Brüder Grimm (1920).

Sekundärliteratur: I. Bang: Die Entwicklung der deutschen Märchenillustration (1944). – Fr. H. Ehmcke: Otto Speckter. Mit einer Bibliographie von Karl Hobrecker, 2 Bildnissen des Künstlers und 104 Abbildungen nach dessen Werken auf 64 Tafeln (1920). – E. L. Hauswedell (Hrsg. zus. mit Chr. Voigt): Buchkunst und Literatur in Deutschland 1750–1850 (Bd. 1–2. 1977). – K. Hobrecker: Hey-Speckters Fünfzig Fabeln (in: Zeitschrift für Bücherfreunde. 37. 1933). – H. Kunze: Schatzbehalter. Vom Besten aus der älteren deutschen Kinderliteratur (1965). – O. Lang: Deutsche Romantik in der Buchillustration (1948). – A. Lichtwark: Hermann Kaufmann und die Kunst in Hamburg von 1800–1850 (1893). – G. Pauli: Die Hamburger Meister der guten alten Zeit (1925). – A. Rümann: Das illustrierte Buch des XIX. Jahrhunderts in England, Frankreich und Deutschland (1930); Alte deutsche Kinderbücher (1937); Hey-Speckters 50 Fabeln (in: Philobiblon. 1934. 7. 297–313). – W. Stubbe: Idee und Wirklichkeit. Die künstlerischen Konzepte von Erwin und Otto Speckter (in: Jahrbuch der Hamburger Kunstsammlungen. 1970. 14./15. 149–210). – E. Zimmermann: Geschichte der Lithographie in Hamburg. Festschrift zur Säkular-Feier der Erfindung der Lithographie in Hamburg (1896).

Horst Mischke

Spectrum Verlag

Fellbach. Kinder- und Jugendbucher, Bilderbücher, Sachbücher und Kalender.

Der Spectrum Verlag wurde 1963 von KARL SCHWEND und KARL OTTO TRITT in Stuttgart gegründet. Seit 1977 ist PETER SCHWEND, der Sohn des Gründers, Verlagsleiter.

Zunächst brachte der Verlag Bücher aus dem Bereich der Naturwissenschaften, der Kunst und Volksliteratur heraus und wandte sich zunehmend der Kinder- und Jugendliteratur zu. Den Anfang machte die Herausgabe der Geschichten und Bilder des Fernsehsandmännchens. Es folgten Jugendklassiker, Bilderbücher und Märchenausgaben, wie z.B. eine neue Ausgabe der GRIMMschen Märchen mit Illustrationen von HEINER ROTHFUCHS. Die Übernahme und Weiterführung der Zeitschrift „Natur" regte den Ausbau eines Sachbuchprogramms an.

1976 begann der Spectrum Verlag, der seine Leser nicht belehren, sondern vor allem unterhalten will, die Reihe „Drucksache". Sie enthält Texte für Kinder und Jugendliche, die ganz auf Packpapier gedruckt sind und sich dadurch optisch vom Programm anderer Verlage abheben. Im Rahmen dieser Reihe erschienen Titel von ADOLF BOLLMANN, WOLFGANG BURESCH, NICK SOMMER, DIETMAR SCHÖNHERR, ANDREAS PAUL SCHMIDT und HENNING VENSKE.

Zu den Autoren des Verlages gehören außerdem KARL-HEINZ GIES, JOSEF C. GRUND, ILSE VAN HEYST, IRINA KORSCHUNOW, JAMES KRÜSS, EVA RECHLIN, GINA RUCK-PAUQUÈT, FRIEDRICH SCHNACK, WOLFGANG VENOHR und JOZEF WILKON.

Hannelore Daubert

Sperr, Monika

*Schriftstellerin, Kinderbuchautorin; *27.8.1941 Berlin.*

Sp., deren Vater Verwaltungsinspektor und deren Mutter kaufmännische Angestellte waren, absolvierte von 1957 bis 1960 eine Buchhändlerlehre, war als Wirtschafterin tätig und danach bis 1965 als Mitarbeiterin eines Kabaretts. Von 1965 bis 1967 war sie Dramaturgin am Bremer Stadttheater. Sp. war mit dem Dramatiker MARTIN SPERR (* 1944) verheiratet.

Werk, Tendenzen, Wirkung. Sp. schreibt gleichermaßen für Kinder wie für Erwachsene. Ihr erstes Kinderbuch erschien 1970. Es war das Bändchen „Herr Bertolt Brecht sagt“, das sie gemeinsam mit MARTIN SPERR herausgab. Dieses Buch war von erheblichem Einfluß auf die westdeutsche antiautoritäre Kinder- und Jugendliteratur. Die inhaltliche Tendenz setzte sich in Sp.s Kinderbuch „Raus mit dem Köter“ (1975) fort. Sp. opponiert gegen kinderfeindliche Lebensbedingungen und versucht, sozialkritische Berichte aus der „unterschlagenen Wirklichkeit“ mit dem Ziel gesellschaftlicher Aufklärung zu schaffen. Ihre Absicht ist es, Politik „aus dem Alltag heraus aufzublättern“, die Intention in Aktion, die Handlung in Geschichten zu verpacken. Die Handlungsebene ihrer Geschichten wechselt zwischen dem realistischen und phantastischen Bereich. Ihr Vorbild ist B. TRAVEN (1890–1969), der einfach und spannend aus der Wirklichkeit der Unterdrückten heraus schrieb, „voller Gefühl und doch zum Widerstand reizend“.
Von Sp. stammen auch die vor allem an erwachsene Leser gerichteten Titel „Die dressierten Eltern“ (1972), „Therese Giehse – Ich hab nichts zum Sagen“ (1975) und „Deutscher Schlager 1800–1978. Kann denn Liebe Sünde sein?“ (1978).

Werke: Herr Bertolt Brecht sagt (1970, zus. mit M. Sperr); Was wir von unseren Eltern halten (1971); Raus mit dem Köter (1975).

Winfred Kaminski

Speyer, Wilhelm

*Jugendbuchautor, Unterhaltungsschriftsteller, Dramatiker; * 21. 2. 1887 Berlin, † 1. 12. 1952 Riehen/Basel.*

Sp. legte das Abitur in einem Landerziehungsheim ab und studierte Jura und Philosophie in Berlin, München und Straßburg. Er arbeitete danach als freier Schriftsteller. 1933 mußte Sp. aufgrund seiner jüdischen Abstammung nach Frankreich emigrieren. Nach Ausbruch des Zweiten Weltkriegs übersiedelte er nach Kalifornien und nahm die amerikanische Staatsbürgerschaft an. 1946 kehrte Sp. nach Europa zurück und lebte bis zu seinem Tod abwechselnd in Oberbayern, der Schweiz und Südfrankreich. Sp. war Mitglied des deutschen PEN-Zentrums und der Akademie der Wissenschaften und der Literatur.

Werk, Tendenzen, Wirkung. Sp. begann seine schriftstellerische Laufbahn mit Fortsetzungsromanen, die hauptsächlich in der „Berliner Illustrierten“ veröffentlicht wurden. Mit den Romanen „Mynheer van Heedens große Reise“ (1921), „Schwermut der Jahreszeiten“ (1922) und „Roman einer Nacht“ (1932) gewann er in Deutschland einen großen Leserkreis. Besondere Beachtung fand sein Berlin-Roman „Das Glück der Andernachs“ (1947). Diese erzählerischen Werke richteten sich ausschließlich an erwachsene Leser.
Daneben hat Sp. drei Erzählungen für Jugendliche geschrieben: „Der Kampf der Tertia“ (1927), „Die Goldene Horde“ (1927) und „Die Stunde des Tigers“ (1939). „Der Kampf der Tertia“ erzählt von den Anstrengungen einiger Schüler eines Landerziehungsheims, bedrohten Tieren zu helfen. Motiviert ist ihr Kampf einmal durch ihre eigene Tierliebe, zum anderen aber auch durch ihren Gegensatz zur ‚feindlichen‘ Stadt. Ihre Welt ist das Landerziehungsheim und die es umgebende Natur. Brisanz gewinnt ihr Eingreifen nicht zuletzt dadurch, daß sie mit einem Pelz- und Lederhändler in Konflikt geraten, der der Stadt die getöteten Tiere, Hunde und Katzen, die angeblich durch Tollwut gefährdet sind, abkaufen will. Die Tertia kommt ihm zuvor und kann, nachdem sie noch eine Schlacht mit den ‚Knötzingianern‘ – das sind die Stadtschulkinder – überstanden hat, zahlreiche Tiere retten und in ein selbsterbautes Tierasyl bringen. Charakteristisch für Sp.s Erzählung sind ein heroisch-pathetischer Ton und eine stark konservativ-traditionalistische, oft elitäre Haltung. Die Tertia ist streng gegliedert, ihr Anführer wird der ‚Große Kurfürst‘ genannt. Das einzige Mädchen der Klasse, Daniela, wird als eine bogenbewaffnete Amazone oder Jagdgöttin vorgestellt. Ihre Sonderstellung wird noch besonders durch ihre beiden Doggen, die ihr nicht von der Seite weichen, betont. Das Klima in der Tertia ist von einer merkwürdigen Doppelbödigkeit: einerseits sind die Schüler tierlieb und verkehren freundlich und liebevoll miteinander, auf der anderen Seite sind sie aber von Gewaltphantasien und „ungezügelter Herrschsucht“ beherrscht. So „büffeln“ sie gemeinschaftlich in eigener, straffer Organisation, um innerhalb der Schulgemeinschaft leistungsmäßig an der Spitze zu bleiben. Diese Eigenschaften haben die Tertia im Schulstaat eine privilegierte Stellung erringen lassen, so daß die „Leitung im Walde“, so der Name der Schulleitung, oftmals überaus nachsichtig gegen sie verfährt. Wie straff die Tertia organisiert ist, wird in dem Buch „Die Goldene Horde“ noch offensichtlicher. Hier ist auf der einen Seite die Rede von den Erfolgreichen und Ausgezeichneten, die sich schon einen Namen gemacht haben, und den Namenlosen, den ‚Heloten‘, auf der anderen Seite. S. nennt als sein Ideal die „antik-demokratische Haltung“ (S. 366). Von daher gewinnt dann auch der konservativ-aristokratische Zug seiner Erzählungen einen anderen Aspekt. Denn der ‚Adel‘ ist nichts Erbliches, sondern einer der Tat, der erst einmal errungen werden will. Er bedarf der Anerkennung durch die anderen. Der Anführer der Tertia muß gewählt werden, und er kann bei Versagen wieder abgewählt werden. „Die Goldene Horde“ erzählt denn auch, wie Borst, einer der Kleinsten und Schwächsten, darum kämpft, Häuptling zu werden. Schließlich gelingt es ihm. Parallel zu diesem Handlungsstrang verläuft der Kampf Danielas um ihre ehemalige Freundin Annemarie, die vor einiger Zeit mit einem Zirkus fortgezogen war. Daniela will sie zurück-

holen. Mehr noch als „Der Kampf der Tertia“ erinnert „Die Goldene Horde“ an die ‚Pädagogische Provinz‘ in JOHANN WOLFGANG VON GOETHES (1749–1832) „Wilhelm Meister“, an ROBERT MUSILS (1880–1942) „Die Verwirrungen des Zöglings Törleß“ und auch an die Welt des „Glasperlenspiels“ von HERMANN HESSE (1877–1962). Die dritte für junge Leser bestimmte Erzählung Sp.s ist „Die Stunde des Tigers“. Es geht darin um einen Diebstahlsverdacht gegen Yü, einen Chinesenjungen. Bei einem Verfolgungsspiel fand Yü zusammen mit einem Freund einen ohnmächtigen Mann, der einen Autounfall hatte und dem die Jungen halfen. Als Dank schenkt der Unbekannte – es ist der Vater von Yüs ehemaligem Freund Camillo, mit dem Yü jetzt verfeindet ist, – Yü eine äußerst wertvolle Uhr. Damit Camillo vor den Mitschülern sein Gesicht nicht verliert, will Yü nicht sagen, woher er die Uhr hat. Camillo, blond, blauäugig und äußerst schön, verdächtigt Yü des Diebstahls und aktiviert bei den Mitschülern alle Vorurteile gegen Fremde, um Yü zu kränken und zu überführen. Schließlich gibt Yü sein Geheimnis preis und kann zudem noch ein dunkles Waffengeschäft verhindern.
Von der Taschenbuchausgabe der Erzählung „Der Kampf der Tertia“ (1950) erschien 1968 die sechzehnte Auflage. Bis dahin wurden 250000 Exemplare gedruckt.

Werke: Mynheer van Heedens große Reise (1921); Schwermut der Jahreszeiten (1922); Der Kampf der Tertia (1927); Die Goldene Horde (1927); Roman einer Nacht (1932); Die Stunde des Tigers (1939); Das Glück der Andernachs (1947).

Sekundärliteratur: Kl. Doderer: Solidarität oder Untertanengeist (in: Kl. Doderer: Klassische Kinder- und Jugendbücher. 1969. 35–54).

Rüdiger Edelmann/Winfred Kaminski

Spiel- und Bastelbuch → Beschäftigungsbuch

Spillmann, Joseph

*Theologe, Jesuitenpater, Volks- und Jugendschriftsteller; * 22.4.1842 Zug (Schweiz), † 23.2.1905 Luxemburg.*

Sp. sollte zunächst den väterlichen Beruf des Müllers erlernen, besuchte aber nach dem Tod seines Vaters 1858 das jesuitische Gymnasium in Feldkirch (Österreich). 1862 trat er in das Noviziat der Societas Jesu ein und begann zwei Jahre später in Münster das Studium der Humanität und der Rhetorik, das er 1866 in Maria-Laach in philosophischen und naturwissenschaftlichen Fächern fortsetzte. Während dieser Zeit las er zahlreiche Autoren des klassischen Altertums und entwickelte eine Theorie der Neubelebung der Romantik, die sich später gelegentlich in seinen Erzählungen niederschlug. Nach dem deutsch-französischen Krieg 1870–1871, den Sp. als Krankenpfleger in Frankreich miterlebte, begann er 1871 das Studium der Theologie in Maria-Laach, das er nach dem Erlaß der Jesuiten-Gesetze 1872 in England fortsetzen mußte und zwei Jahre später mit der Priesterweihe im Jesuitenkolleg St. Beuno's in Wales abschloß. Die Obern bestimmten ihn zum Schriftsteller. Er wurde zunächst Mitarbeiter, 1874 Redakteur der Zeitschriften „Stimmen aus Maria-Laach“ und „Die katholischen Missionen“, wobei er sich bald auf die „Beilage für die Jugend“ konzentrierte. Sp. lebte in den folgenden Jahren in Belgien, England und Holland, bis er sich 1899 in Luxemburg niederließ.

Werk, Tendenzen, Wirkung. Neben einer ausführlichen Geschichte der englischen Märtyrer, einigen noch heute aufgelegten historischen Romanen und kleineren kirchengeschichtlichen Arbeiten verfaßte Sp. zahlreiche Jugendschriften, die zumeist in der von ihm seit 1891 herausgegebenen Reihe „Aus fernen Landen“ erschienen. In diesen Erzählungen verarbeitete er seine Beschäftigung mit Missionsgeschichte und -geographie, mit Naturgeschichte und Länder- wie Völkerkunde. Sein Ziel, in „unterhaltender Form Interesse an dem großartigen Werk der Glaubensverbreitung“ bei der Jugend zu wecken, stand nicht immer im Vordergrund, so daß seine Erzählungen nicht nur für die katholische Jugend anziehend waren. Diese Erzählungen erreichten bis zu Beginn des Dritten Reiches hohe Auflagen und wurden ins Französische, Italienische, Spanische, Englische, Holländische, Ungarische und in andere Sprachen übersetzt. Sp. bemühte sich nicht nur um einen ethisch wertvollen Kern der Erzählungen, sondern auch um einen korrekten geographischen Hintergrund, den er immer sorgfältig recherchierte.
Besonders deutlich wird die Zuverlässigkeit seiner Beschreibung fremder Länder in den umfangreichen, mit zahlreichen Stichen (später auch mit Fotos) und Landkarten ausgestatteten Reisebänden. In diesen schildert er, teils nach gründlichem Quellenstudium, teils auf Missionarsberichten aufbauend oder nach Reiseberichten von Wissenschaftlern (beispielsweise des Geographen und Amerikaforschers W. SIEVERS, 1860–1921) mehrere fiktive Reisen um den afrikanischen Kontinent, durch Asien, in die Südsee und nach Amerika. Er erzählt – nicht immer vorurteilsfrei – sowohl von fremden Menschen und Sitten, von Entdekkungen und Besiedlungen wie auch von der politischen Geschichte der Länder und ihrem Verkehrs- und Handelswesen. Auf Besonderheiten der Tier- und Pflanzenwelt geht er ebenso ein wie auf die Unterdrükkung der Eingeborenen durch skrupellose Weiße. Ungewöhnlich brutal werden seine Schilderungen, wenn er Foltern, denen verfolgte Christen in Afrika und Asien ausgesetzt waren, beschreibt. Wenn Sp. auch von einer „Pilgerfahrt um unsere Erde“ spricht, in der nicht nur über die Fremde, sondern auch über den christlichen Glauben berichtet werden soll, so liegen mit seinen Reisebüchern doch außerordentlich informative Bände vor, deren Detailgenauigkeit nicht von äußerlich aufgesetzten Abenteuern oder willkürlichen Handlungen verdeckt wird. Diese Bände wurden seinerzeit nicht nur von Jugendlichen, sondern auch von Kulturhistorikern und Ethnographen gelesen.

Mit einer anderen Gruppe von Erzählungen wollte Sp. die Jugend zu einem Leben fern von Sittenlosigkeit, Genußsucht und Gewinnstreben führen. Er war der Ansicht, auch auf dem Gebiet der Jugendliteratur müsse man gegen das moderne „haltlose Phrasentum" der „verhängnisvollen Irrlichter" ARTHUR SCHOPENHAUER, FRIEDRICH NIETZSCHE, HENRIK IBSEN, LEO TOLSTOI und HERMANN SUDERMANN kämpfen. Deshalb wählte Sp. eine bewußt altertümelnde, gemütvoll-belehrende Sprache, die jedoch weitgehend von sentimentalen Entgleisungen frei blieb. Den Stoff für seine moralischen Erzählungen (beispielsweise „Der schwarze Schuhmacher") nahm Sp. aus dem Volksleben der alten Schweiz, den Armenquartieren englischer Fabrikstädte und den Schrecknissen der Schlachtfelder.

Werke: Vom Cap zum Sambesi. Die Anfänge der Sambesi-Mission, aus den Tagebüchern des P. Teröde und aus den Berichten der anderen Missionäre dargestellt (1882); Rund um Afrika. Ein Buch mit vielen Bildern für die Jugend (1885, ^{3}1897); Wolken und Sonnenschein (1886, ^{7}1909); Die englischen Martyrer unter Elisabeth bis 1583 (1887); Die englischen Martyrer unter Heinrich VIII. (1887, ^{2}1900); Durch Asien. Ein Buch mit vielen Bildern für die Jugend (Bd. 1–2. 1889–1890); Liebet eure Feinde (1891, ^{21}1926); Die Marienkinder (1892, ^{22}1927); Über die Südsee. Ein Buch mit vielen Bildern für die Jugend (1892, ^{2}1902); Der Neffe der Königin (1893, ^{18}1926); Die Wunderblume von Woxidon (1893, ^{6}1908); In der neuen Welt. Ein Buch mit vielen Bildern für die Jugend (Bd. 1–2. 1894); Kämpfe und Kronen (1894, ^{14}1920); Die Sklaven des Sultans (1895, ^{16}1926); Die koreanischen Brüder (1896, ^{14}1926); Der Zug nach Nicaragua (1897, ^{15}1923); Tapfer und treu (1897, ^{3}1901); Die Schiffbrüchigen (1898, ^{15}1927); „Selig die Barmherzigen!" (1899, ^{15}1927); Lucius Flavus (Bd. 1–2. 1899–1901, ^{15}1920); Das Fronleichnamsfest der Chiquiten (1900, ^{13}1926); Um das Leben einer Königin (Bd. 1–2. 1900–1901); Ein Opfer des Beichtgeheimnisses (1900, ^{46}1957); Die beiden Schiffsjungen (1901, ^{13}1926); Die Brüder Yang und die Boxer (1902, ^{13}1923); Kreuz und Chrysanthemen (1902); Die Goldsucher (1903, ^{9}1919); Der schwarze Schuhmacher (1903); Gesammelte Romane und Erzählungen (Bd. 1–14. 1905–1910, ^{37}1928).

Sekundärliteratur: A. Baumgartner: Erinnerungen an P. Joseph Spillmann (in: Stimmen aus Maria-Laach. 1905. 69. 1–22).

Klaus-Ulrich Pech

Spohn, Jürgen

*Bilderbuchkünstler, Graphiker; * 10. 6. 1934 Leipzig.*

Sp. studierte an der Hochschule für Bildende Künste in Kassel. Seit 1961 war er als Lektor an der Technischen Universität in Berlin tätig, zudem hatte er eine Gastdozentur an der Fachklasse für Graphik an der Berliner Akademie für Graphik, Druck und Werbung inne. Anschließend wurde Sp. Professor an der Berliner Technischen Universität, danach an der dortigen Hochschule der Künste.

Sp. hat sich außer an Kinderbüchern in den verschiedensten graphischen Techniken und Arbeiten versucht. Er beschickte zahlreiche in- und ausländische Ausstellungen, unter anderem in den Niederlanden, den USA, Kanada, Bratislava, Brünn, Warschau, Leipzig und Sofia, wo er freie und angewandte Arbeiten, Plakate und Entwürfe zeigte. 1969 zeigte Sp. Federzeichnungen unter dem Titel „Einige Beispiele aus einer Grundlehre. Von metamorphen Landschaften". In den Zeitschriften „Gebrauchsgraphik", „Graphis", im Jahrbuch „Graphis annual", „Photographis", „ICTA report 65" und „Graphik Design" (1967/1968) hat er theoretische und praktische Beiträge geliefert. Auf der Biennale in Bratislava (BIB) erhielt Sp. als erster Deutscher einen „Goldenen Apfel", die nach dem „Grand Prix" höchste internationale Auszeichnung für Kinderbuchillustrato-

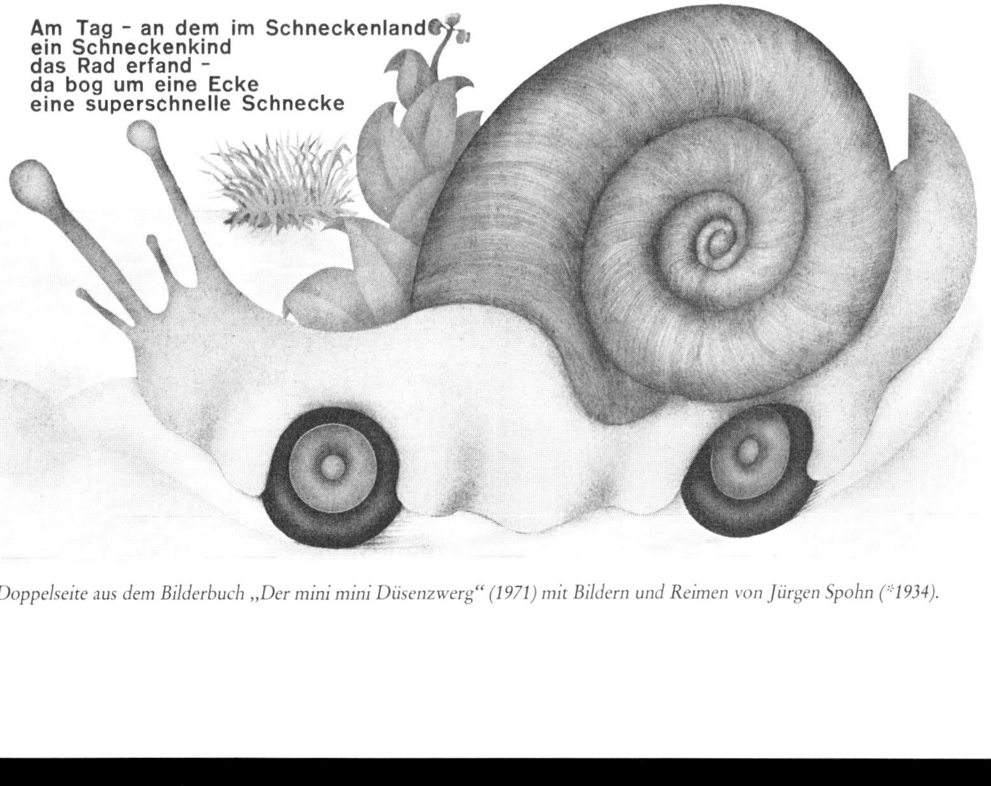

*Doppelseite aus dem Bilderbuch „Der mini mini Düsenzwerg" (1971) mit Bildern und Reimen von Jürgen Spohn (*1934).*

ren. Wiederholt wurden Sp.s Bilderbücher unter den „Schönsten Deutschen Büchern“ genannt. In Münster gestaltete er Wandbilder für Schulen. Außerdem versuchte er sich im Kurzfilm.

Werk, Tendenzen, Wirkung. In seinen bis 1976 veröffentlichten Bilderbüchern hat Sp. eine sehr eigenwillige, neuartige Gestaltungsweise gefunden. Sie verbindet eigene Kinderreime und dem Nonsense verwandte Verse von stark assoziativer, Kindern leicht eingehender Kraft mit realistisch stilisierenden, dem Surrealismus verwandten Bildtafeln von grotesker Komik. Das Moment der „verkehrten Welt“, des zweckfreien Spiels mit spaßigen und skurrilen Gestalten, Vorgängen und neu erfundenen Geschöpfen verrät Eigenständigkeit und den Mut zum Ungewohnten, auch zum „Häßlichen“.

In Sp.s Bilderbüchern wird auf Phantasieanregung, kindliche Eigentätigkeit und Kreativität hingewirkt. Im „Spielbaum“ (1966) wie im „Riesenroß“ (1968), im „Mini-mini-Düsenzwerg“ (1971) wie im „Raubtier, das ein Raubtier sah“ (1973) stehen alle Doppelseiten des jeweiligen Titels als in sich geschlossene Bild- und Texteinheit. Durch Sprachspielereien und eigenwilligen Umgang mit unterschiedlicher Typographie gewinnt das Moment der Unterhaltung, des Schockierens und der Provokation an Bedeutung. Das gilt für Sp.s Entwicklung seit der kritischen und antiautoritären Welle in der Bundesrepublik Deutschland. Sp.s Texte, Bilder und Poster verweisen kritisch auf eine Welt, die von Kinderfeindlichkeit, Hunger, Ungleichheit und Ungerechtigkeit beherrscht ist. Diese „message“ wird vor allem durch den neuartigen Typus des Wand- und Posterbilderbuchs verbreitet, den Sp. zusammen mit FRIEDRICH KARL WAECHTER und DIETER BREMBS entwickelte. Sp.s Herkunft von der Werbegraphik ist in seinen plakativen Bilderbuchseiten unübersehbar.

Werke: Der Spielbaum (1966); Eledil und Krokofant (1967); Das Riesenroß (1968); Der mini-mini-Düsenzwerg (1971); Ein Raubtier, das ein Raubtier sah ... (1973); „nanu?“ (1975); Spohns Sprüche, süß und sauer (1977); Der Papperlapapp-Apparat (1978).

Sekundärliteratur: H. Künnemann: Spohn on Spohn (in: Bookbird. 9. 1971. 3. 72–75); Jürgen Spohn (in: Bulletin Jugend + Literatur. 1969. 1. 18–19); Gegen den Tantengeschmack. Jürgen Spohn (in: H. Künnemann (Hrsg.): Profile zeitgenössischer Bilderbuchmacher Nr. 2. 1978. 167–177).

Horst Künnemann

Sprechblase → Blasentext

Spyri, Johanna

*Schweizer Jugend- und Volksschriftstellerin, Autorin der „Heidi“-Erzählungen; * 12. 6. 1827 Hirzel, † 7. 7. 1901 Zürich.*

Sp. war die Tochter des aus einer Bauernfamilie stammenden Arztes JOHANN JAKOB HEUSSER (1783–1855) und dessen Ehefrau MARGARETHE, geb. SCHWEIZER (1797–1876), die in einem Pfarrhaus aufwuchs. Aus der Ehe stammten sieben Kinder. Mit ihrer Mutter, von der Gedichte überliefert sind, verband Sp. das „religiöse Bedürfnis“. Die ersten Schuljahre erlebte Sp. in der Dorfschule ihres Heimatortes; bald kamen Unterrichtsstunden beim Dorfpfarrer hinzu, der sie und seine Töchter in Deutsch, Geschichte, Geographie und Zeichnen weiterbildete. Mit der späteren Malerin NETTY FRIES und dem Elternhaus CONRAD FERDINAND MEYERS war Sp. freundschaftlich verbunden. In Zürich, wohin sie zwei Jahre vor ihrer Konfirmation kam, wurde Sp. in die Musik und die modernen Sprachen eingeführt. Zu ihrer Lektüre zählten ANNETTE VON DROSTE-HÜLSHOFF, FERDINAND FREILIGGRATH, GOTTHOLD EPHRAIM LESSING und an erster Stelle JOHANN WOLFGANG VON GOETHE, an dessen „Wilhelm Meister“ noch der Titel ihres Buches „Heidis Lehr- und Wanderjahre“ erinnert. Am 9. 9. 1852 heiratete Sp. den Advokaten und Redakteur der Züricher „Eidgenössischen Zeitung“ JOHANN BERNHARD SPYRI (1821–1884), der 1868 das Amt des Stadtschreibers übernahm. Sp., die der beginnenden Frauenbewegung ablehnend gegenüberstand und gegen die Zulassung von Frauen zur Universität war, wurde zum Mitglied der Aufsichtskommission der höheren Töchterschule gewählt.

Johanna Spyri (1827–1901)

Überschattet wurde das Zusammenleben der Familie durch die sich früh ankündigende schwere Krankheit des 1855 geborenen Sohnes BERNHARD und seinen Tod 1884. Im gleichen Jahr starb auch Sp.s Ehemann. Ab 1879 entstanden die Erzählungen, die als „Geschichten für Kinder und auch für solche, welche die Kinder liebhaben“ (1879–1895) im Gothaer Verlagshaus Perthes herauskamen und Sp. als Kinderbuchautorin international bekannt werden ließen.

Werk, Tendenzen, Wirkung. Der erste Band von Sp.s Geschichten für Kinder mit dem Titel „Heimathlos" enthält die kurze Erzählung „Am Silser- und am Gardasee". In dieser Erzählung klingen bereits zahlreiche Motive und Elemente an, die in Sp.s „Heidi"-Geschichten handlungswirksam sind. Auch „Am Silser- und am Gardasee" ist eine Waisengeschichte. Sentimentale Frömmelei und ein versimpelter Rousseauismus bestimmen fast alle Erzählungen Sp.s und nicht nur „Heidis Lehr- und Wanderjahre" (1880) und „Heidi kann brauchen, was es gelernt hat" (1881). Ein künstlich erzeugter Gegensatz (hier die verderbte Stadt, dort gesundes Landleben und reine Natur) trägt zur Spannung der Geschichten bei. Die guten „Helden" tun in den Augen Sp.s alles als „Werkzeug Gottes"; anders formuliert, sie vollbringen die gute Tat „aus ihrer Natur heraus". Bei Sp. findet keine Entwicklung oder Veränderung der Hauptfigur statt. So ist es nicht Heidi, die belehrt werden muß, sondern sie selbst ist Lehrerin und Beispiel für andere. Sicher ist dies mit ein Grund für die Attraktivität der Heidi-Figur.

In dem Band „Aus Nah und Fern" finden sich verwandte Motive, z.B. in der Erzählung „Der Mutter Lied"; wiederum eine Waisengeschichte, die diesmal im Pfarrhausmilieu spielt. Von dem geheimnisvollen Jungen Erick stellt sich zuletzt heraus, daß er der Enkel eines wohlhabenden Oberst aus Dänemark ist. Die Moral lautet, man soll „Erdenreichthum" nicht schätzen, vielmehr auf das „große Gut" des Herrn warten. Zudem heißt es, daß der, der sich gegen seinen Vater wendet, Unrecht begeht und dafür von Gott gestraft werden wird. In einer anderen Geschichte desselben Bandes, „Peppino fast eine Räubergeschichte", wird offenbar, was implizit in anderen auch vorhanden ist, daß Sp. Verständnis für das eigenständige Bemühen um sozialen Aufstieg nur bei solchen Personen hat, die früher einmal reich waren und unverschuldet verarmten. Denen hingegen, die immer arm waren, rät sie, sich in diesen Zustand zu ergeben und ihn, als von Gott bestimmt, zu akzeptieren. In dieser „Räubergeschichte" kommt zum Ausdruck, wogegen Sp. anschreibt: Sie hat Furcht vor gesellschaftlichen Veränderungen.

Ein anderes Beispiel für die außerordentliche Ähnlichkeit der Requisiten und Themen in fast allen Sp.schen Erzählungen ist das Rosenresli aus der gleichnamigen Erzählung im siebenten Band der Sp.schen „Geschichten für Kinder". Die Hauptfigur ist nach Personenbeschreibung und Lebensumständen mit den anderen Personen der Sp. fast identisch. So ist das Rosenresli Waise und lebt bei einem heruntergekommenen Dorfweibel, der mehr dem Wirtshaus als der Landwirtschaft zugetan ist. Das Kind ist trotz aller Armut voller Anmut und gewinnt jedermann zum Freund, auch die ‚Frau Präsidentin'. Diese läßt sich zu dem armen Kind herab und schenkt ihm, das Rosen über alles liebt, einen Strauß; obwohl dem Kind, das Hunger leidet, etwas zu essen mehr geholfen hätte. Regelmäßig bekommt das Rosenresli nun Rosen geschenkt, die sie zu einer Frau bringt, die daraus Rosenwasser herstellt. Das Stück Brot, das das Kind dafür erhält, teilt sie mit der „Sorgenmutter". Die ganze Geschichte steht unter dem Motto: „Keiner darf gleich davonlaufen, wenn ihn ein Leid trifft; wir müssen auch stille halten und es tragen, weil der liebe Gott uns immer etwas dadurch lehren will, was wir sonst nicht lernen würden."

Zahlreiche Handlungselemente, die schon in den „Heidi"-Erzählungen eine entscheidende Rolle spielten, tauchen auch in Sp.s Geschichten um Gritlis Kinder „Wo Gritlis Kinder hingekommen sind" und „Gritlis Kinder kommen weiter" auf. Sp. berichtet darin von der reichen Frau Stanhope, die Ehemann und Sohn verloren hat, und ihrer schwerkranken Tochter Nora. Nora hat schon mit dem Leben abgeschlossen und sehnt sich nach dem Tod. Sie malt sich in ihrer Phantasie ihre „Heimkehr in ein schönes Land, wo kein Leid und keine Schmerzen mehr sind", aus. Der materielle Reichtum der Stanhopes versagt, wenn es darum geht, das Kind am Leben zu erhalten. Sentimental stellt Sp. körperliches Siechtum und materiellen Reichtum gegenüber: „Und wer so die hohen weißen Säulen durch die dunkeln Bäume schimmern sah, der dachte: ‚Dort drinnen muß es herrlich sein'; denn den Kummer, der drinnen wohnte, den konnte keiner sehen." So eingestimmt, erfährt der Leser im nächsten Kapitel vom Schicksal der Kinder Fani und Elsli, die früh ihre Mutter Gritli verloren haben und jetzt bei der Stiefmutter aufwachsen. Nachdem Nora zur Erholung in die Berge gebracht wird, ergibt sich eine Freundschaft zwischen Elsli, Gritlis Tochter, und der todkranken Nora Stanhope. Wie im Heidi-Roman entsteht eine natürliche Freundschaft zwischen dem reichen, kranken und dem armen, aber lebensfrohen Kind. Schließlich stirbt Nora „bei Sonnenuntergang" in den Armen des Dorfkindes. Nach kurzer Überlegung nimmt Frau Stanhope Elsli an Tochter Statt an und adoptiert zum Schluß noch ihren Bruder Fani, um beiden eine Ausbildung zukommen zu lassen. Sp. schließt die Geschichte des materiellen und gesellschaftlichen Aufstiegs zweier armer Bergkinder mit der Sentenz, daß das Leben sich ebenso rasch aus Freude in Leid verwandeln kann „und daß nur diejenigen sicher und fröhlich bleiben, die auf den lieben Gott vertrauen, der alles in seiner Hand hält und zum Guten führt."

Als eine Erzählung für junge Mädchen weist sich Sp.s „Was soll denn aus ihr werden?" aus. Die Antwort auf die im Titel gestellte Frage gibt dann der Fortsetzungsband „Was aus ihr geworden ist". Dori ist jetzt 20 Jahre alt und muß sich damit abfinden, daß ihr Pflegekind, der lahme Willi, gestorben ist. Dennoch ringt sie sich dazu durch, erneut ein Kind in Pflege zu nehmen. Es ist der jüngste Sohn Dr. Strahls. Mit ihm verbringt sie einen Erholungsurlaub an der italienischen Küste. Dort erholt sich der kränkelnde Junge unter Doris Obhut rasch und gesundet. Dori schlüpft ganz in die Rolle der Mutter, die nur der Pflege ihres anvertrauten Schützlings lebt. Ihre Opfer werden belohnt: Dr. Strahl hält um ihre Hand an.

Sp.s Kinderbücher unterscheiden sich nur dadurch von den fast gleichzeitig erschienenen Unterhaltungsromanen einer Eugenie Marlitt oder Hedwig Courths-

MAHLER und den Backfisch- und Jungmädchenbüchern ihrer Zeit, daß sie der Alpenwelt einen so hervorragenden Platz einräumen. Ansonsten teilen ihre Bücher alle Schwächen des spezifischen Mädchenbuchs: Verbreitung eines konservativen Frauenbildes, einfältige Religiosität, bis hin zur Frömmelei, Verleugnung der Sexualität, hohles Pathos, Ausblendung politischer und sozialer Probleme und eine unangemessene Vergöttlichung reiner Natur, die dem ‚verruchten' Stadtleben entgegengestellt wird.

Kritik an Sp.s Werk setzte schon zu ihren Lebzeiten ein. H. WOLGAST sagte ihr in seinem Buch „Das Elend unserer Jugendliteratur" (1896) „unrealistische Abkehr von der Gegenwart und der Wirklichkeit, die sicher aus der religiösen Tendenz der Verfasserin fließt", nach. Jedoch überwog in den Darstellungen zur Kinderliteratur, die zwischen den beiden Weltkriegen und nach 1945 geschrieben wurden, eine positive Würdigung (z. B. bei J. ANTZ, I. DYHRENFURTH, E. ROTHEMUND, B. HÜRLIMANN, R. BAMBERGER, H. CORNIOLEY). Dabei werden – im Gegensatz zu WOLGAST – gerade Sp.s Realismus („und weil Johanna Spyris kleine Heldinnen und Helden wirkliche Menschen sind, so kennen sie kaum ein Verblassen und Vergehen, sondern sind zeitlos an keinen Raum gebunden"; H. CORNIOLEY) und ihre „künstlerische Qualität" (R. BAMBERGER) herausgehoben. Erst KL. und I. DODERER haben 1969 in ihrem Essay über den Heidi-Roman die Tugendwelt als „fragwürdig" und die Wirklichkeit als „verklärt" bezeichnet und damit den WOLGASTschen Kritikansatz weitergeführt.

Sp.s Werke, allen voran „Heidi", sind erfolgreich in viele Sprachen übersetzt, auch in andere Medien übertragen worden (Film, Trickfilm, Blindenschrift). Ihre Biographie wird in Zürich im Schweizerischen Jugendbuch-Institut dokumentiert. Sp. gehört zu den international bekanntesten, wenn auch nicht zu den qualitätvollsten Kinderbuchautoren, deren Wirkung noch immer anhält und sich im Zuge nostalgischer Tendenzen noch steigert.

→ Heidi, → Schweiz, → Schweizerisches Jugendbuch-Institut

Werke: Ein Blatt auf Vronys Grab (1871); Nach dem Vaterhause (1872); Verirrt und gefunden (1873; auch u.d.T.: Verschollen, nicht vergessen, 1879, und: Aus dem Leben, 1901); Heimathlos (1878); Aus Nah und Fern (1879); Aus unserm Lande (1880); Heidis Lehr- und Wanderjahre (1880); Im Rhonetal (1880); Am Sonntag (1881); Ein Landaufenthalt von Onkel Titus (1881); Heidi kann brauchen, was es gelernt hat (1881); Kurze Geschichten für Kinder (Bd. 1–2. 1882–1886); Wo Gritlis Kinder hingekommen sind (1883); Gritlis Kinder kommen weiter (1884); Sina (1884); Volksschriften (Bd. 1–2. 1884–1891); Was soll denn aus ihr werden? (1886); Arthur und Squirrel (1888); Aus den Schweizer Bergen (1889); Was aus ihr geworden ist (1889); Cornelli wird erzogen (1890); Keines zu klein Helfer zu sein (1890); Schloß Wildenstein (1892); Einer vom Hause Lesa (1894); Die Stauffer-Mühle (1901); Geschichten für Kinder und auch für solche, welche die Kinder liebhaben (1879–1895).

Sekundärliteratur: H. Bleuler-Waser: Johanna Spyri (in: G. Villinger-Keller (Hrsg.): Die Schweizer Frau. 1910. 563–612). – Kl. Doderer: Johanna Spyris „Heidi". Fragwürdige Tugendwelt in verklärter Wirklichkeit (in: Klassische Kinder- und Jugendbücher. 1969. 121–134). – Fr. Hahn: Zwischen Verkündigung und Kitsch (1969). – H. Kiepe: Landschaft Gottes. Zur Rolle der Verbzusätze in Johanna Spyris „Heidi" (in: Wirkendes Wort. 17. 1969. 410–429). – R. König: Johanna Spyri (in: Daheim. 32. 1896. 50. 796–799). – M. Paur-Ulrich: Johanna Spyri. Ein Lebensbild (1927). – E. Rothemund: Johanna Spyri und das Mädchenbuch (in: Jugendbücher der Weltliteratur. Ensslin und Laiblin-Jahresgabe 1952. 5–44). – A. Zogg-Landolf: Das Liedergut in Johanna Spyris Werk (1977).

Winfred Kaminski

Sri Langka (Ceylon)

Insel im Indischen Ozean, der Halbinsel Vorderindien vorgelagert. Staatsgebiet: 65610 km²; Einwohner: 10625000. Die frühere britische Kolonie Ceylon ist seit dem 4.2.1948 unabhängiges Mitglied des Commonwealth. Die Legislative wird nach der Verfassung vom 17.5.1947 durch das Abgeordnetenhaus und den Senat ausgeübt. Die Regierung wird nach dem britischen Vorbild durch die Mehrheitspartei gestellt. Den Hauptanteil der Bevölkerung bilden die Singhalesen. Außerdem leben etwa 10 % Tamilen und 10 % als Wanderarbeiter nach Ceylon gekommene Inder auf der Insel. Kleinere Gruppen sind die Wedda (Ureinwohner), die Moors (Nachkommen von Mischlingen zwischen Arabern und Eingeborenen) und die Burgher (Nachkommen von Mischlingen zwischen Portugiesen oder Holländern und Einheimischen). Amtssprache ist Singhalesisch. Daneben wird Englisch und Tamil verbreitet.

Die literarischen Überlieferungen Sr.L.s gehen bis in die vorchristliche Zeit zurück. Im ersten Jahrhundert vor Chr. wurden die bis dahin mündlich weitergegebenen buddhistischen Lehren erstmals schriftlich aufgezeichnet. Die Handschriften, die von den Mönchen in ihren Zellen erstellt wurden, werden sorgfältig in den sogenannten „vihares" aufbewahrt, in den auch unter dem Namen „potgulas" bekannten Klosterbibliotheken, in denen die alten „ola"-Manuskripte noch heute lagern. Das erste gedruckte Buch in Sr.L. erschien 1737. In der ersten Phase des Druckereiwesens auf Sr.L. waren es vor allem christliche Missionsorganisationen, die religiöse Traktate und Schulbücher herstellten, die auf die Benutzung in den Missionsschulen zugeschnitten waren. Die Kinder- und Jugendliteratur spielt in Sr.L. bislang eine nur untergeordnete Rolle. Kinderbücher traten erstmals gegen Ende des 19. Jahrhunderts auf, besonders nach der Errichtung des Department of Education. Allerdings beschränkten sich die wenigen Bücher, die während dieser frühen Periode produziert wurden, auf Schulbücher und ergänzende lehrhafte Lesestoffe. Die Bücher sollten in erster Linie dazu dienen, den Kindern das Lesen beizubringen. Zu den frühen Kinderbuchautoren dieser Epoche gehören MUNIDASA KUMARATUNGA, VICTOR D. DE LANEROLLE, SIMON DE SILVA, M. L. SILVA und ALEXANDER WELIVITA. Diese Autoren benutzten vorwiegend religiöse und

historische Quellen als Grundlage ihrer Kinderbücher. Die buddhistischen Jakata-Geschichten, Überlieferungen in Sanskrit und Pali und die Hindu-Tradition wurden als Materiallieferanten herangezogen. Hinzu kam das reiche Erbe der ceylonesischen Volksdichtung. Daneben war der Einfluß westlicher und arabischer Autoren auf die Kinderbuchautoren Sr.L.s erheblich.
Der eigentliche Beginn einer eigenständigen Kinder- und Jugendliteratur fällt in das 20. Jahrhundert. Pioniere auf diesem Gebiet waren MUNIDASA KUMARATUNGA, VELIVITIYE SORATA THERA, YAKKADUWE PRAGNARAMA THERA und MARTIN WICKRAMASINGHE. M. KUMARATUNGA entwickelte ein ausführliches Konzept für den Aufbau einer ceylonesischen Kinderliteratur. Der Autor zog als Quellen für seine Kinderschriften vor allem die überlieferten Volksdichtungen heran. VELIVITIYE SORATA dagegen griff bei seinen Kinderbüchern auf die Sanskrit-Tradition und die englischsprachige Literatur zurück. Die Schriften von Y. PRAGNARAMA THERA und M. WICKRAMASINGHE wurden auch bei jungen Lesern populär, obwohl sie ursprünglich für erwachsene Leser bestimmt waren.
Inzwischen gibt es bereits eine Reihe von Autoren, die vorrangig für Kinder schreiben. Dazu gehören HUBERT DISSANAYAKE, SUNIL JAYAWEERA, SIBIL WETTASINGHE, SUMANA SAPARAMADU, K. JAYATILLAKE und MAHAGAMA SEKERA. Von Beginn an erschienen auch Gedichte für Kinder, so von MUNIDASSA KUMARATUNGA, ANANDA RAJAKARUNA, S. MAHINDA, G. H. PERERA und SAGARA PALANSURIYA. Inzwischen verfassen auch MAHAGAMA SEKERA, ARISEN AHUBUDU, KITSIRI KUMARASINGHE und SUNIL ARIYARATNE solche Gedichte.
Die überlieferten Märchen, Legenden und Mythen aus Sr.L., deren Mittelpunkt die Gamarala-Märchen sind, die in der dörflichen Umgebung spielen und die Andare-Geschichten, die im Milieu des Königshofes spielen, sind auch heute noch Stofflieferanten für die Kinderbuchautoren in Sr.L. Auch die didaktischen Anleitungen des MAHADANAMUTTA, alte Tierfabeln und Märchen mythischen Ursprungs wie die Suranganakatha gehören zu den Quellen heutiger Autoren. H. PARKER sammelte alle diese Überlieferungen und gab sie in englischer Übersetzung als „Village folk tales of Ceylon" (1910–1914) heraus.
Im Bereich der Kinder- und Jugendlektüre sind auch einige Autoren bekannt geworden, die in erster Linie für Erwachsene schreiben, sich aber auf Grund der ausgewählten Themen und der verwendeten Sprache auch bei jungen Leuten großer Beliebtheit erfreuen. Es sind dies KARUNASENA JAYALATH, GUNATILLEKE BANDARA SENANAYAKE, GUNADAS AMERASEKERA, TIKIRI BANDA ILLANGARATNE, KARUNA PERERA, SOMAWEERA SENANAYAKE und MONIKA RUWANPATHIRANA. Die populärwissenschaftlichen Schriften von MARTIN WICKRAMASINGHE und MAHINDA RANAWEERA sind auch bei Jugendlichen beliebt. Insgesamt fehlt es in Sr.L. jedoch an genügend Kinder- und Jugendbüchern. Daher sind die jungen Leser oft gezwungen, zu Texten zu greifen, die ihr Auffassungsvermögen überschreiten.
Als bedeutende Kinder- und Jugendbuchautoren in Sr.L. gelten MUNIDASA KUMARANATUNGA (1887–1944) (Aksara Shilsha, 1924; Kumara Gee, 1927; Hatpana, 1930; Magul Kema, 1935; Heenseraya, 1943; Sura Kumariya, 1956); TIBET S. MAHINDA THERA (1901–1951) (Lanka Mata, 1935; Lama Kav Kalamba, 1936; Daha Ata Vannam, 1937; Tatnamalee Kavya, 1939; Lama Kav Maldama, 1946; Kav Mina, 1947); ANANDA RAJAKARUNA (1885–1957) (Udanaya, 1935; Ladaru Gee, 1952); SAGARA PALANSURIYA (1910–1961) (Sudo Sudu, 1943; Kala Kanniya, 1945); VELIVITIYE SORATA THERA (1897–1963) (Kata Taranginee, 1933; Kata Murtaya, 1935; Kata Madhura, 1946); MAHAGAMA SEKERA (1929–1975) (Sakva Lhini, 1962; Geeta, 1943); MARTIN WICKRAMASHINGHE (1891–1976) (Rohini, 1927; Ape Gama, 1940; Madolduwa, 1947); VICTOR DUKIE DE LANEROLLE (1894–1977) (Sinhala Jana Kavi, 1937; Venisiye Velenda, 1947; Andare Hevath Rajavasala Kavataya, 1952; Kav Dahasa, 1960); YAKKADUWE PRAGNARAMA THERA (Mituran Ketaveema, 1947; Miturange Age, 1948); GUNATILAKE BANDARA SENANAYAKE (Mal Kumari, 1947; Mahalobaya, 1949; Halmessa, 1949; Heenaya, 1949); HUBERT DISSANAYAKE (Lama Katat Katandara, 1960; Amara Katandara, 1962; Kaputuhamy, 1963; Kurulu Kumariya, 1963; Kusum Kumariya, 1963; Laduru Katandara, 1964; Saman Malee, 1970); SRI CHARLES SILVA (Handaya, 1959; Lokka, 1963); KALUACHCHIGAMAGE JAYATILLEKA (Aiyai Nangi, 1960; Katandara, 1963; Vana Satana, 1970; Mihibata Sura Pura, 1974; Ruvan Kumari, 1978); SUNIL JAYAWEERA (Saman Malee, 1963; Valas Puncha, 1972; Ranbanduna, 1975; Nuwaneti Velenda, 1976; Ketakiribat, 1977); SUMANA SAPARAMADU (Panaberagat Heti, 1959; Nala Pana, 1960; Vikata Enduma, 1960); SIBIL WETTASINGHE (Kuda Hora, 1956); KIRSIRI KUMARASINGHE (Wadu Kavdu Habaya, 1961; Bilindu Gee, 1973); ORUVALA BANDU (Natana Ibba, 1975; Masuran, 1976); SUNIL ARICARATNA (La Hiru Dahasak, 1978); MADHURAM (Pulli, 1968); NAWASOTHI KANAPATHIPILLAI (Adippornawan, 1968); VINAYAGAMOORTHI VERRIVEL (Parlar Parmalai, 1964); CHO NADARASAN (Vinodani Sahasam, 1966).
Die ersten Bibliotheken im modernen Sinne entstanden im frühen 19. Jahrhundert mit den sogenannten „circulating libraries". Diese Büchereien arbeiteten auf einer Subskriptionsbasis ihrer Mitglieder. Mit der Druck- und Verlagsgesetzgebung von 1868 wurde die staatliche Aufsicht über das Buchwesen festgelegt. 1870 begann die erste staatliche Bibliothek ihre Arbeit, die Government Oriental Library. 1877 wurde die „Colombo Museum Library" gegründet, die der Öffentlichkeit zugänglich war und lange Zeit als erste Bibliothek des Landes galt. Das öffentliche Büchereisystem auf Sr.L. nahm Anfang des 20. Jahrhunderts mit der „Colombo-Municipal Library" seinen Anfang. Seit Mitte des 20. Jahrhunderts besitzt die „Colombo-Municipal Library" eine eigene Kinderbuchabteilung. 1869 wurde das „Department of Education" gegründet. Es bekam besonders seit der Ablösung der englischen durch die singhalesische Sprache (1944) als Unterrichtssprache

bedeutenden Einfluß auf das öffentliche Büchereiwesen. Zugleich nahm die Lesefähigkeit der Bevölkerung zu. 1969 trug die Neueröffnung von 100 Schulbibliotheken dazu bei, den jungen Lesern mehr Texte zu liefern.
Das Kultusministerium hat gemeinsam mit dem „National Book Development Council" und mit Unterstützung der UNESCO Maßnahmen entwickelt, die Herstellung von Kinderbüchern zu steigern. So wurden Tagungen und Seminare abgehalten. Außerdem gibt es Wettbewerbe für Kinder- und Jugendbuchautoren. Verschiedene Anläufe wurden unternommen, Kinder- und Jugendzeitschriften einzurichten. So entstanden „Lamyinta Pahana" (1863), „Pustakalaya" (1903), „Sisya-guru Sangarawa" (1903) und „Gehenulamaya" (1926).

T. G. Piyadasa

Stahl, Karoline

*Schriftstellerin; *4. 11. 1776 Gut Ohlenhof/Livland, † 1. 4. 1837 Dorpat/Estland.*

St., geborene Dumpf, wuchs innerhalb der deutschen Oberschicht in der russischen Ostseeprovinz Livland auf. Ihr Bruder Georg Friedrich Dumpf (*1777) beschäftigte sich mit Leben und Werk von Jakob Michael Reinhold Lenz (1751–1792) und gab 1819 aus dessen Nachlaß die Skizze „Pandämonium Germanikum" heraus. Möglicherweise wurde St. von ihrem Bruder zum Schreiben angeregt. Zwischen 1808 und 1820 lebte sie in Weimar, Nürnberg und Wien. 1820 kehrte sie nach Dorpat zurück und arbeitete zunächst dort, später auch in Pleskau und in Weißrußland als Erzieherin. Von 1828 bis 1832 hielt sie sich wieder in Deutschland auf, vor allem in Nürnberg.

Werk, Tendenzen, Wirkung. Erste kleine Erzählungen und Gedichte veröffentlichte St. 1816 während ihres Aufenthaltes in Nürnberg in Zeitungen und Zeitschriften (u. a. im „Deutschen Unterhaltungsblatt" und im „Morgenblatt"). 1819 und 1820 arbeitete sie an der von Friedrich Wilhelm Gubitz (1786–1870) herausgegebenen Zeitschrift „Der Gesellschafter" mit. Ihr Beitrag zur Kinder- und Jugendliteratur besteht aus einem knappen Dutzend Büchern, die zumeist in Nürnberg oder Riga – zum Teil in mehreren Auflagen – erschienen sind. Ihre Fabeln und die Bearbeitungen alter Märchen- und Sagenstoffe enthalten moralische Anweisungen für Kinder höherer Stände, die sich vor Neid, Tadelsucht, Eitelkeit, Plaudersucht und Naschhaftigkeit hüten sollen. In einigen Geschichten warnt sie vor den Gefahren der Natur und vor den schlimmen Folgen leichtsinnigen Verhaltens beim Spielen. Auch prangert sie Ungerechtigkeit und Hochmut gegenüber Untergebenen an, ohne jedoch die Notwendigkeit der bestehenden gesellschaftlichen Hierarchie anzuzweifeln. Vielmehr entwirft sie gelegentlich ein schreckensvolles Bild der Freiheit, die nur der aufsuchen sollte, der sich stark genug fühlt, sie dann auch ertragen zu können.

Werke: Romantische Dichtungen (1817, ²1834); Allwinens Abendstunden. Ein Lesebuch für die Jugend (1819); Erzählungen, Fabeln und Märchen für Kinder (1818, ²1821); Erzählungen (1820); Die Familie Müller. Ein Buch für die Jugend (1821); Moralische Erzählungen, Schauspiele und Reisebeschreibungen für die Jugend (1822); Kleines Erzählungsbuch für die Jugend (1822, ³1833); Scherz und Ernst, ein Lesebuch für die Jugend (1822); Märchen für Kinder (1823); Das kleine Geschenk für gute Kinder (1829, ³1834); Iris. Ein Lesebuch für Kinder (1829); Rosalinde, oder die Wege des Schicksals, den Töchtern gebildeter Stände gewidmet (1833); Das kleine Buch für gute Kinder (1834).

Sekundärliteratur: J. v. Sivers: Deutsche Dichter in Rußland (1855).

Klaus-Ulrich Pech

Stalling Verlag

Oldenburg/Hamburg. Bilder- und Kinderbücher, Vorlese- und Erstlesebücher, Bastel- und Beschäftigungsbücher, Kalender. Außerhalb des Kinderbuchprogramms erscheinen zeitgeschichtliche, maritime, kunst- und kulturgeschichtliche Veröffentlichungen, humoristische Bücher und Cartoons.

Gründer der heutigen Gerhard Stalling AG war der Oldenburger Stadtschulhalter Gerhard Stalling, der 1789 die damalige herzogliche Druckerei übernahm. Ab 1790 erschienen die ersten eigenen Verlagswerke: Gesangbücher, pädagogische und regionalbezogene Schriften. Zeitgeschichtliche, historische und kunstgeschichtliche Publikationen bestimmten in den folgenden Jahrzehnten das Verlagsprofil. Der Gründer starb 1818, und die Verlagsleitung wurde über mehrere Generationen weitergegeben. Derzeitiger Leiter ist Joachim Wisotzki (*1943).
Die Stalling Bilderbücher wurden 1920 unter dem damaligen Leiter Martin Venzky in das Verlagsprogramm aufgenommen. 1939 war die Reihe auf fast 100 Titel angewachsen. Bilderbuchklassiker der zwanziger und dreißiger Jahre mit hohen Auflagenzahlen wie die Bücher von Else Wenz-Viëtor erscheinen teilweise heute wieder als Reprintausgaben. Zur Zeit ist Eric Carle, dessen Bilderbuch „Die kleine Raupe Nimmersatt" (1970) zu einem internationalen Bestseller wurde, erfolgreichster Autor bei Stalling. Mit den meisten seiner Bücher vertritt Carle einen Bilderbuchtypus, der seit den sechziger Jahren zunehmend die konventionellen Bilderbücher im Verlagsprogramm verdrängte: Das Spielbilderbuch, das gleichzeitig auch Spiel- und Beschäftigungsmittel ist. Hierzu gehören Stanz- und Folienbücher, Rate-Bilderbücher (wie Eric Carles „Die kleine Maus sucht einen Freund", 1971), Leporellos und Kinder-Comics.
Neben den Bilder- und Kinderbüchern (unter anderem Vorlesebücher mit Kinderkurzgeschichten), die sich an ein Publikum von 3 bis 6 Jahren wenden und den Hauptanteil am Kinderbuchprogramm haben, erscheinen auch Bücher für 8- bis 10jährige, darunter die Reihe „Basteln mit Kniff und Pfiff" sowie Bücher über die „Abenteuer der Weltgeschichte". Die im Stalling Ver-

lag herausgebrachten Bilder- und Kinderbücher wurden mehrfach mit Preisen ausgezeichnet, unter anderem viermal mit dem Grafikpreis der internationalen Kinderbuchmesse in Bologna.
Zu den Autoren und Illustratoren des Verlages gehören HERMANN ALTENBURGER, WILFRIED BLECHER, ERIC CARLE, LIA DOERING, ELSA EISGRUBER, HILDE HOFFMANN, JAMES KRÜSS, KATHARINA MAILLARD, TILDE MICHELS, ANIE und MICHEL POLITZER, WALTRAUD und FRIEDEL SCHMIDT, ELISABETH STIEMERT, ANNETTE TISON und TALUS TAYLOR, ELSE WENZ-VIËTOR, JÜRGEN WULFF.

Hannelore Daubert

Stammel, Heinz-Josef

*(Ps.e: Christopher S. Hagen; T. C. Lockhart). Journalist, Schriftsteller und Jugendbuchautor; *1.1.1926 Köln.*

St., der längere Zeit in den USA als Werbefachmann und Vertreter arbeitete, schreibt heute als Journalist und Historiker für Tages- und Wochenzeitungen, für Funk und Fernsehen. Außerdem fungiert er als Fachberater der Polizei. Seine Jugendbücher, die vor allem den Wilden Westen zum Thema haben, erreichen einen hohen Verbreitungsgrad, da sie zum Teil bei mehreren Verlagen in wiederholten Auflagen publiziert, von Buchgemeinschaften vertrieben und als Taschenbuchausgaben veröffentlicht wurden. Einige seiner Titel standen auf den Auswahllisten zum Deutschen Jugendbuchpreis. St. ist für sein Werk mit dem Friedrich Gerstäcker-Preis ausgezeichnet worden. Er lebt heute in Alpirsbach im Schwarzwald.

Werk, Tendenzen, Wirkung. St. hat nach dem Zweiten Weltkrieg daran mitgewirkt, eine stark am Demokratischen orientierte, aufklärerische Darstellung des Wilden Westens und seiner Menschen zu schaffen. Zusammen mit den Autoren FREDERIK HETMANN, THOMAS JEIER und der Autorin LISELOTTE WELSKOPF-HENRICH hat er dem bislang eher dem Trivialgenre zugerechneten Abenteuerbuch eine kritische, an den Fakten überprüfbare Wendung gegeben. In der Erzählweise St.s kommen bei aller Neigung zu quellenkritischer Verarbeitung und Verbindung seiner Erzählungen mit tatsächlichen Ereignissen auch Momente der Spannung und der dramatischen Zuspitzung nicht zu kurz. Wenn St. Kolportageelemente und eine reißerische Dialog- und Handlungsführung benutzt, wird stets seine Absicht erkennbar, die Handelnden in ihrer Zeit, als Mitglieder bestimmter Ideen, Ideologien und umweltmäßigen Abhängigkeiten zu zeigen. St. hat damit der bisher eher klischeehaften, von Stereotypen geprägten Cowboy-, Indianer- und Western-Geschichte zu einem anspruchsvolleren Niveau der Sachinformations- und Unterhaltungslektüre verholfen. Bei seinen Arbeiten stützt sich St. auf ein Archiv mit mehr als 600000 Fotos, Zeitungen, Faksimeles, Mikrofilmen, Tagebüchern, Gerichtsprotokollen, Selbstaussagen, Augenzeugenberichten und einer umfangreichen Kollektion alter Waffen des Wilden Westens.
St. hat sich in den verschiedensten Genres versucht; er hat Reportagen und Tatsachenberichte verfaßt, Essays, Romane, Dokumentationen, Handbücher und Lexika, Fachbücher und Fiktionales geschrieben. In seinen für Jugendliche konzipierten Reihen „Authentic Western" und „Der Wilde Westen original" bevorzugt er eine Mischung von dokumentarischem Material, Originalzitaten und zupackender Erzählweise. St. zeigt politische und ökonomische Hintergründe, Machtverflechtungen, Interessenverfilzung, Korruption und Wiederherstellung des Rechts. Er hängt der Überzeugung an, daß die USA im vergangenen Jahrhundert auf dem besten Weg waren, als Pioniernation demokratische, sogar sozialistische Ideale zu verwirklichen, aber von diesem Wege durch Verschiebung der Machtgewichte, dem Übergewicht des Ökonomischen und einem Hang zur Gewalttätigkeit abgewichen wurde. St.s Position im Rahmen der Trivial- und Massenliteratur muß als kritische Alternative u.a. zum K.-May-Phänomen gesehen werden.

Werke: Feuerroß im Wilden Westen (1966; auch u.d.T.: Hölle auf Rädern, 1972); Die Kanitock-Sippe (1966); Über den Todespaß (1966); Faustrecht und Sternenbanner (1967; auch u.d.T.: Der Stern des Gesetzes, 1971); Haß der Verlorenen (1967); Ritt ohne Wiederkehr (1967); Stunde des Zorns (1967); Fünftausend Dollar Belohnung (1968); Das harte Gesetz (1968); Jim (1968); Der Mann aus Texas (1968); Texasrebellen (1968); Wenn du den Stern trägst (1968); Fehde der Mächtigen (1969); Geheimauftrag (1969); Im Schatten des Geiers (1969); Eines Mannes Ehre (1969); Mannschaft aus Texas (1969); Mr. Colt. Die Eroberung Amerikas (1969); Dem Regenbogen nach (1969); Die Tonto Basin-Fehde (1969); Der Unüberwindbare (1969); Die Unversöhnlichen (1969); Wer zum Colt greift (1969); Der wilde Ben (1969); Der Bastard (1970); Feuerrauch und Pulverdampf (1970; auch u.d.T.: Pulverrauch in Colorado, 1978); Happa Jack (1970); Der Henker liebt den Sonnenaufgang (1970); Jenseits der Hügel (1970); Kopfjäger (1970); Ledergesicht (1970); Lucky Jim (1970); Der Mann aus Tennessee (1970); Nacht über Texas (1970); Rebellion der Rebellen (1970); Sie nannten ihn Yank (1970); Das waren noch Männer (1970); Weg von Blut und Tränen (1970); Bezahlte Colts (1971); Gebrandmarkt (1971); Der Mann von Sunset (1971); Der Mustangjäger (1971); Texanerstolz (1971); Der Verlorene (1971); Aufstand der Cowboys (1972); Der Cowboy. Legende und Wirklichkeit (1972); Glücksritter im Goldrausch (1972); Heiße Tage in Santa Fé (1972); Kopfgeld 20000 (1972); Der Menschenjäger (1972); Des Teufels Acker (1972); Der Whiskey-Mord (1972); Zum Ende des Regenbogens (1972); Eine Chance für Ben (1973); Die Erben der Gewalt (1973); Gefährten des Grauens (1973); Mc Duff, der Unbeugsame (1973); Die Mordbrenner von Texas (1973); Roulette mit tödlichem Blei (1973); Der Spieler (1973); Tod den Verdammten (1973); Todeskommando (1973); Überall bleiben nur Gräber (1973); Viva Chesterfield (1973); Der Westen war ihr Schicksal (1973); Whisky für Goldfield (1973); Eiskalter Job für Chesterfield (1974); Ein Grab für Hawkins (1974); Grüße aus Blei (1974); Heiße Meilen (1974); In die Enge getrieben (1974); Der Kiowa-Killer (1974); Marshall Pitt (1974); Der Millionenritt (1974); Mit gebremster Gewalt (1974); Sterben für verfluchtes Gold (1974); Die Stunde des Cowboys (1974); Tecumseh Jones (1974); Der Teufel lacht, wenn Chesterfield schießt (1974); Die Todesfährte (1974); Washburn, der Rächer (1974);

Zur Hölle mit Chesterfield (1974); Bleigrüße von Chesterfield (1975); Chesterfield auf heißer Fährte (1975); Die Feuerwaffen der Pioniere (1975); Flucht zur Grenze (1975); Der Goldrausch (1975); Männer ohne Sattel (1975); Revolver für Canon City (1975); Sheriffs, Outlaws und Banditen (1975); Texaner-Haß (1975); Die Indianer-Kriege (1976); Der Sheriff-Killer (1976); Solange Gras wächst und Wasser fließt (1976); Indianer. Legende und Wirklichkeit (1977); Stampede (1978).

Horst Künnemann

Stanny, Janusz

*Polnischer Graphiker, Kinderbuchillustrator; *29.2.1932 Warschau.*

St. studierte von 1951 bis 1957 an der graphischen Abteilung der Akademie der bildenden Künste in Warschau. Von 1962 bis 1965 unterrichtete er dort. Seit dem Jahre 1963 arbeitet er als Leiter der Kunstabteilung im Kinder- und Jugendbuchverlag „Krajowa agencja wydawnicza". Er illustrierte mehr als 60 Kinderbücher und gestaltete auch Bücher im Bereich der Erwachsenenbelletristik. St. beteiligte sich an einer Reihe von Ausstellungen der Buchgraphik in Polen und im Ausland. Er ist Träger des Preises des Ministerpräsidenten für das Schaffen für Kinder (1974), 1971 erhielt er die Goldmedaille auf der Internationalen Buchausstellung in Leipzig für „Przygody Sindbada Żeglarza", 1965 den zweiten Preis in Buenos Aires für „Don Kichot", 1973 die Goldplakette auf der Biennale ilustrácií in Bratislava für das Buch „Lwy" von H. JANUSZEWSKA, 1975 eine Silbermedaille in Moskau für das Buch „Baśń o królu Dardanelu". St. lebt in Warschau.

Werk, Tendenzen, Wirkung. St. ist der Auffassung, daß der Illustrator nicht nur die Idee des Werkes wiedergeben soll, sondern imstande sein muß, auch die Persönlichkeit des Autors und dessen Zeit zu erfassen, um die Idee des Autors bis in die Gegenwart zu tragen. Der künstlerische Prozeß beginnt, wenn der Illustrator den Bereich des Textes verläßt und sich auf sich selbst, auf die Gestaltung des Inhalts und des Eindrucks des literarischen Kunstwerks konzentriert. Dabei geht es St. in erster Linie um die Ausbildung der kindlichen Phantasie. Denn nach seiner Ansicht ist die Übung der Phantasie zugleich ein Training der Intelligenz. Der Künstler „kann dem Kind zeigen, wie ein Frosch aussieht, aber er sollte ihn dem Kind gleichzeitig als Struktur, Mechanismus, Fleck, Metapher und als eine gewisse Perspektive im Blick auf die übrige Welt zeigen".

Werke: L. J. Kern: Bledny rycerz (1963); J. Stanny: Baśń o królu Dardanelu (1963); B. Leśmian: Przygody Sindbada Żeglarza (1965); H. Januszewska: Zaczarowany krawiec (1967); T. Jodelka-Burzecki: Baśnie polskie (1968); L. J. Kern: Karampuk (1968); J. Broszkiewicz: Kluska, Kefir i Tutejszy (1968); V. Lindsay: Ale smok nie będzie groźny (1969); J. Kulmowa: Deszczowa muzyka (1971); H. Januszewska: Lwy (1974); A. Kamieńska: Zlote litery (1974).

Sekundärliteratur: Janusz Stanny – Conversation with an illustrator (in: Projekt. 1973. 4. 24–28).

František Holešovský

Stark-Towlson, Helen

*Schweizer Jugendbuchautorin; *12.11.1932 Langenthal.*

St. besuchte von 1950 an das Lehrerseminar in Bern und legte dort ihr Examen ab. Nach einem einjährigen Englandaufenthalt trat sie in den Schuldienst ein. Schon nach zwei Jahren gab sie den Lehrberuf wieder auf, um Schauspielerin zu werden. Von 1955 bis 1957 erhielt sie eine Ausbildung bei GUSTAV GRÜNDGENS in Hamburg und wurde anschließend als Schauspielerin am Stadttheater von Bern engagiert. Nach ihrer Heirat arbeitete sie dann als Lektorin und Übersetzerin. Außerdem schreibt St. für Jugendzeitschriften und den Rundfunk. Die Bücherzeitschrift für Jugendliche „Der Buchfink" wurde von ihr vier Jahre lang geleitet.

Werk, Tendenzen, Wirkung. Nach St.s eigenen Worten sind „die inneren menschlichen Abenteuer, die Konflikte Halbwüchsiger, der Alltag mit seiner ganzen Problematik, alles auf den ersten Blick ‚Gewöhnliche', das sich beim näheren Betrachten als Abgrund erweisen kann, alles, was zwischen den Zeilen liegt ..." die Dinge, welche die erlebnisfähige und einfühlsame Autorin zum Schreiben von Jugendliteratur anregen.
In ihrem ersten Buch „Spiel nach innen – Theater-Tagebuch" (1971) gestaltet St. einen wohl entscheidenden Ausschnitt aus ihrem persönlichen Leben: Im Widerstand gegen die Eltern gibt ein junges Mädchen seinen sicheren bürgerlichen Beruf auf, wird mit nur geringen Mitteln Schauspielerin, hat zunächst Erfolg und scheitert dann doch in ihrer Karriere. St. zeigt in geglückter Darstellungsweise Arbeitswelt, Atmosphäre, Problematik und psychische Wirklichkeit des Schauspielerberufs. Die innere Entwicklung der jungen Schauspielerin Marie-Louise wird in den Worten „Ich habe an mir vorbeigelebt – und bin mir erst jetzt begegnet" deutlich. Auch in dem zweiten Buch von St. zeigen sich autobiographische Züge. Miriam, die „Tochter aus gutem Hause" (1975), muß sich gegen eine verlogene Umwelt behaupten. Ihre Sorgen kann sie weder ihrem Freund noch ihren Eltern anvertrauen, deren heuchlerisches Verhalten angeklagt wird. Verständnis findet sie allenfalls noch bei ihrem im Sterben liegenden Großvater. Ebenso wie in ihrer Kurzprosa hat die Autorin in diesem Problembuch in realistischer Weise eine Beschreibung der Schweizer Landschaft miteinbezogen.
„Der Dompfaff" (1977), Sohn eines Kirchendieners in einer streng christlichen Familie, in der sich Wertbegriffe wie Glaube, Vertrauen, aber auch Anforderung, Fleiß und Hingabe bewähren, erlebt bewußt den Tod seines Vaters und übernimmt dessen Aufgaben. Die Auseinandersetzung mit dem Todesproblem ist ein beliebtes Thema der sensiblen Autorin.

Werke: Spiel nach innen. Theater-Tagebuch (1971); Tochter aus gutem Hause (1975); Der Dompfaff (1977).

Karl-Heinz Klimmer

Stassen, Franz

*Maler, Graphiker, Illustrator und Entwurfzeichner für Bildteppiche; * 12.2.1869 Hanau, †1949 Berlin.*

St. hat zunächst die Zeichenschule in Hanau, später die Akademie der bildenden Künste in Berlin besucht. Von 1899 bis 1903 war er unter anderem Mitarbeiter am „Jungbrunnen". St. hat in der Reihe des Scholz Verlags „Das deutsche Bilderbuch" mitgearbeitet und in den zwanziger Jahren mehrere Gesamtausgaben der Märchen der Brüder GRIMM bebildert. Nach 1933 hat er sich begeistert der Ideologie des Nationalsozialismus angeschlossen. Ausstellungen in Berlin (1910), eine Sonderausstellung in Bayreuth (1936), 1940 im sächsischen Kunstverein Dresden begleiteten seinen künstlerischen Werdegang.

Werk, Tendenzen, Wirkung. Nach Abschluß seiner Berliner Ausbildung trat St. durch Buchillustrationen und Mappenwerke zu RICHARD WAGNERS „Tristan und Isolde" (1900), „Parsifal" (1901) und anderen und zu GOETHES Dichtungen hervor. In jener Zeit arbeitete er auch mit ERNST LIEBERMANN und ARPAD SCHMIDHAMMER an den „Jungbrunnen"-Heften zusammen und illustrierte unter anderem „Der Bärenhäuter" und „Die sieben Schwaben" (1899), „Fortunat und seine Söhne" (1901). In St.s Gesamtwerk kommt schon früh ein starkes nationalistisches Engagement mit religiöser (protestantischer) Prägung zum Ausdruck.
Das künstlerische Schaffen St.s für die Kinderliteratur beschränkt sich hauptsächlich auf Märchenillustrationen. Hier liegt sein bedeutendster Beitrag schon in seiner frühen Phase um 1900. Bis in die dreißiger Jahre hinein hat jedoch St. Märchenillustrationen vorgelegt, wobei er mehr und mehr aus schlichten Märchensujets heroisch-pathetische Ausdeutungen werden ließ. Beeinflußt von den präraffaelitischen Märchenillustrationen der englischen Reformbewegung (A. RACKHAM) dominierte zunächst um und kurz nach 1900 in seinen Bildern die Kurvlinearität. Die Schrifttypen waren der graphischen Gestaltung angepaßt. St. arbeitete mit Schwarz-Weiß-Kontrasten und verzichtete auf illusionistische Tiefenwirkung zugunsten einer flächenhaften Bildbehandlung. Ornamentale Arabesken, bildliche Darstellung bewegter Szenen – etwa in „Der Bärenhäuter" und „Die sieben Schwaben" (1899) –, Vignetten und Schriftsatz wurden zu einer formalen Einheit von Bild und Text zusammengefügt. Dagegen gerieten die späteren Illustrationen zu den „Kinder- und Hausmärchen" (1921) und „Von Glückskindern und Pechvögeln" (1934) stark historisierend. St. mengte diesen Darstellungen Ausdrucksmerkmale der germanischen Heldensagen, die er in Mappenwerken („Der Ring des Nibelungen", 1914) und Bildteppichen („Szenen aus der Edda", 1934) dargestellt hatte, unter. Diese Illustrationen sind steif, hölzern und pathetisch in Ausdruck und Gebärde.
An den Einzelausgaben deutscher Märchen in der nach 1900 erschienenen Reihe „Scholz' Künstler Bilderbücher", in welche St. als ein seinerzeit für anspruchsvoll gehaltener Kinderbuchillustrator Eingang fand, waren auch ARPAD SCHMIDHAMMER, EUGEN OSSWALD, ERNST LIEBERMANN, RICHARD SCHOLZ, FRANZ JÜTTNER, LENA BAUERNFEIND u. a. beteiligt.

Werke: V. Blüthgen: Hesperiden. Märchen (1890); Fr. Stassen: Der Bärenhäuter, und Die 7 Schwaben. 2 Märchen in Bildern (1899); Deutsche Lieder in Bildern (zus. mit anderen, 1900); Lieder und Schwänke aus der deutschen Vergangenheit (zus. mit anderen, 1900); Das Märchenbuch des Jungbrunnen. Märchen von den Gebrüdern Grimm, Ludwig Bechstein, H. Chr. Andersen und J. K. A. Musäus (zus. mit anderen, 1900); Fr. Stassen: Romanzen, Balladen, Legenden in Bildern (1900); Fortunat und seine Söhne (1901); Volksmärchen. Von G. Schwab und J. K. A. Musäus (zus. mit anderen, 1902); Das festliche Jahr (1903); Das Liederbuch des Jung-Brunnen (1903); Fr. Stassen: Die sieben Raben (1912); Fr. Stassen: Froschkönig. Brüderchen und Schwesterchen (1913); H. von Wolzogen: Unsere lieben Tiere. Wahre und wahrhaftige Geschichten für jung und alt (1913); Die Insel der Glücklichen (1919); Fr. Stassen: Hans im Glück und vom klugen Schneiderlein (1919); E. Mörike: Aus der Jugendzeit (1920); J. und W. Grimm: Kinder und Hausmärchen (1921); Hänsel und Gretel nebst einer Auswahl der schönsten Märchen der Gebrüder Grimm und Ludwig Bechstein (1922); Von allerlei Schelmen und Sonntagskindern (1934); J. und W. Grimm: Von Glückskindern und Pechvögeln. Ausgewählte Märchen (1934).

Sekundärliteratur: I. Bang: Deutsche Märchenillustration (1944). – U. Hann: Die Entwicklungsgeschichte des deutschsprachigen Bilderbuches im 20. Jahrhundert (Diss. 1977). – H. L. Köster: Geschichte der deutschen Jugendliteratur. In Monographien ([4]1927; ND. 1968). – H. Kunze: Schatzbehalter. Vom Besten der älteren deutschen Kinderliteratur (1965).

Ulrich Hann

Stebich, Max

*(Ps.: Max Rott). Österreichischer Kinderbuchautor; * 10.1.1897 Wien, † 17.5.1972 Wien.*

St., Sohn eines Schneidermeisterehepaars, studierte an der Wiener Lehrerakademie. Er nahm als Offizier am Ersten Weltkrieg teil. Von 1919 bis 1938 war er Lehrer für deutsche Sprache und Geschichte. Später arbeitete er als freier Schriftsteller und Leiter einiger Verlage. Im Jahre 1952 begann St. für die Jugend zu schreiben. Auf zahlreichen Reisen durch Österreich sammelte er altes Volksgut. Schriften aus aller Welt wurden von ihm und seiner Frau zusammengetragen und die schönsten Sagen und Märchen für die Jugend bearbeitet und neu erzählt. 1952 wurde ihm für sein literarisches Schaffen der Titel Professor zuerkannt. Sein Buch „Aus Moor und Heide" (1964) erhielt 1964 den Österreichischen Staatspreis. Mehrere seiner Bücher standen auf der Ehrenliste zum Österreichischen Staatspreis und auf der Ehrenliste zum Jugendbuchpreis der Stadt Wien.

Werk, Tendenzen, Wirkung. St. hat sich die Aufgabe gestellt, aus dem umfangreichen Angebot der Volksmärchen und -sagen, vor allem aus den deutschsprachigen Ländern, aber auch aus anderssprachigen Gebieten (Dänemark, Estland, Frankreich, Irland und dem Orient) eine Auswahl zu treffen und diese für Kinder neu zu bearbeiten. St., der pädagogische und schriftstellerische Fähigkeiten in sich vereinigte, vermittelt in

seinen Sagensammlungen dem jungen Leser umfassende geschichtliche und geographische Kenntnisse. Der Band „Alpensagen" (1958) erzählt z.B. ausgewähltes Sagengut aus allen Teilen Österreichs, aus Jugoslawien, Südtirol, Liechtenstein, der Schweiz und Frankreich neu. In dem Band „Donausagen" (1958) ist es St. gelungen, das Sagengut, das entlang der Donau verbreitet war, auswahlweise nachzuerzählen. In „Volkssagen aus aller Welt" (1959) überliefert St. Sagen aus Ägypten, Afrika, Indien, China, Polynesien und Südamerika. Das Märchenbuch „Aus Moor und Heide" (1964) erzählt von Elfen, Hexen, Kobolden und Zwergen. Es sind zumeist Märchen aus dem nordeuropäischen Raum. Der 1956 erschienene Band „Märchen aus deutschen Landen" bietet eine große Auswahl weniger bekannter Märchen aus dem deutschen Sprachgebiet. In den von St. vorgelegten Märchen- und Sagensammlungen verzichtet er auf sprachliche Ausschmückungen. Seine Bücher regen die Phantasie der Kinder an und fördern das Verständnis geschichtlicher Vorgänge.
Eine Ausnahme bildet St.s Jugendbuch „Siebzehn Männer im Taifun" (1970), in dem er das Schicksal einer im Taifun gestrandeten Schiffsbesatzung spannend erzählt.

Werke: Das weiße Kätzchen (1952); Die Färber des Mondes (1952); Im Märchen um die ganze Welt (1952); Märchen aus Österreich (1954, [7]1966); Ihr Kinderlein kommet (1954); Märchen aus deutschen Landen (1956); Es war einmal (1956); Märchen aus aller Welt (1957); Donausagen (1958, [9]1976); Alpensagen (1958, [8] 1976); Das große Wiener Sagenbuch (1958, [2]1970); Volkssagen aus aller Welt (1959); Von Schelmen und närrischen Leuten (1961); Aus Moor und Heide (1964. NA. 1972); Mein liebstes Märchenbuch (1967); Siebzehn Männer im Taifun (1970); Frohes Kinderland (1974); Sandmännchens Märchenschatz (1974).

Bearb.: H. Chr. Andersen: Das häßliche junge Entlein (1957).

Barbara Zinecker

Stein, Anna

*(d.i. Margaretha Wulff) Kinder- und Jugendschriftstellerin; *1792 Marutendorf bei Kiel, † Mitte Juni 1874 Schleswig.*

St. wurde als Tochter eines Gutsbesitzers geboren. Nach dem Tode ihrer Eltern lebte sie bei ihrer Schwester, die mit dem Kommandeur eines Dragonerregiments, das in Itzehoe stationiert war, verheiratet war. Auch über den Tod ihres Schwagers hinaus lebte St. mit ihrer Schwester zusammen. Ab 1851, nachdem auch ihre Schwester gestorben war, hielt sie sich längere Zeit bei befreundeten Familien auf in Deutsch Nienhof, Sierhagen und Krummendiek. Später zog sie nach Schleswig, wo sie im St. Johannis-Kloster lebte und von ihrer Pflegetochter versorgt wurde.

Werk, Tendenzen, Wirkung. St. verfaßte in der zweiten Hälfte des 19. Jahrhunderts eine Reihe von Kindergeschichten und „Lebensbüchern" für junge Mädchen. Ihre Erzählungen und fiktiven Tagebücher, die weite Verbreitung fanden, sind geprägt durch den Geist des Biedermeier und knüpfen an Joachim Heinrich Campe und Jacob Glatz sowie an die Tagebuchromane Samuel Richardsons an, deren bürgerliche Moralvorstellungen bei St. jedoch erstarrt und puritanisch radikalisiert erscheinen und durch vaterländisch-soldatische Tugenden ergänzt werden. St. benutzte die Form der Erzählung, um ihre Leserinnen im Sinne bürgerlicher Wertvorstellung zu erziehen.
Oft wiederaufgelegtes Hauptwerk St.s sind „52 Sonntage oder Tagebuch dreier Kinder" (1846), „Tagebuch dreier Kinder. Fortsetzung der 52 Sonntage" (1852) und „Mariens Tagebuch. Fortsetzung der 52 Sonntage und des Tagebuches dreier Kinder" (1852). In den ersten zwei Teilen müssen die drei im Anfang neun- bis zwölfjährigen Kinder Marie, Otto und Wilhelm ein Jahr lang jeden Sonntag über die Erlebnisse der jeweils vergangenen Woche Tagebuch führen. In diesem erscheinen außer den tagebuchschreibenden Kindern noch die Eltern, ein Hauslehrer und eine Tante als hauptsächliche Bezugs- und Erziehungspersonen, die den Kindern ihre Moral- und Erziehungsvorstellungen immer wieder in der Form von Beispielgeschichten vermitteln. Der Stil der in ländlichem Gutsmilieu spielenden Geschichten ist unsentimental, aber auch trocken und lehrhaft, die Figurenzeichnung typisierend. Für kindliche Spiele und Vernügungen bringt man ein gewisses schonendes Verständnis auf; im übrigen dienen jedoch die Kinder, ihre Erlebnisse und kleinen Vergehen als Anlaß, um moralische Reflexionen und theologische Belehrungen daran zu knüpfen. Das vermittelte Tugendsystem ist altbürgerlich-puritanisch. Die Kinder werden stets zu Arbeitsamkeit, Fleiß, Sparsamkeit und Gehorsam angehalten, um sie gegen alle Schicksalsschläge zu wappnen. Dienen, Demut und Ergebung in Gott werden großgeschrieben. In den Beispielgeschichten haben Verstöße gegen diese Lebensmaximen stets schlimme Folgen. Gepriesen werden Bescheidenheit, Zufriedenheit und Opferbereitschaft. Ständische Unterschiede sind von Gott geschaffen. Wer seine Wünsche erfüllt bekommt, gerät ins Unglück, Glück und Gott dagegen finden sich auch und gerade in „niederer Hütte". Erst durch Bescheidenheit wird man fröhlich, und höchste Lebenskunst ist es, in selbstgewählter Armut vergnügt zu sein. So wird „Reichtum" ganz ins Innere verlegt als Fähigkeit, auf äußere Güter zu verzichten. Darüber hinaus wird ständig zu tätiger Hilfsbereitschaft und Nächstenliebe gegenüber den Armen, Schwachen und durch Schicksalsschläge in Not Geratenen angehalten, wie über haupt „Wohltätigkeit" ein Hauptwert ist und immer wieder Situationen herbeigeführt werden, um sie praktizieren zu können. Die Geschlechtsrollen werden in traditioneller Manier streng differenziert: die Jungen sind draufgängerisch, tollen herum und bereiten sich auf Studium und Soldatenberuf vor; man sieht ihnen viel mehr nach als den Mädchen, die sich gesittet betragen lernen müssen und häusliche Tugenden zu übernehmen haben. Als negative Charaktereigenschaften werden vor allem Müßiggang, Übertreibung und

Zügellosigkeit, Ungehorsam und Grobheit angeprangert.
Aus heutiger Sicht erscheint das Leben in ländlicher Abgeschiedenheit bei Verstärkung all derjenigen psychischen Techniken, welche die Vorherrschaft des Bürgers sicherstellen sollen, ebenso als Widerspruch wie die Propagierung freiwilliger Armut bei tatsächlichem Reichtum. Das Tagebuch dient dabei, in Anlehnung an pietistische Traditionen, der Selbst- und Gewissenserforschung und der Selbstkontrolle als Verinnerlichung der Fremdkontrolle: die Kinder sollen lernen, das freiwillig und zudem noch fröhlich zu tun, was sie sollen. Die Arbeit dient nicht der Lebenserhaltung, sondern der Bekämpfung der Egoismen und der Ich-Ansprüche; sie ist auch nicht Selbstverwirklichung und Umweltgestaltung, sondern eher quietistisch orientiert als ein Mittel, um den Wechselfällen des Lebens nicht schutzlos ausgeliefert zu sein.
„Felicia" und „Liesbeth" sind Tagebuch- und Briefromane junger Mädchen, die eine gute Beobachtungsgabe verraten, ebenfalls im Landadelmilieu spielen und „Herzensangelegenheiten" mit Verhaltensregulierungen für Mädchen vor der Ehe verbinden. Sie haben wegen ihrer Langatmigkeit und einer gewissen Pedanterie, alles und jedes festzuhalten und hin- und herzuwenden, weniger Verbreitung gefunden.

Werke: Blüthen. Kleine Erzählungen für freundliche Kinder von 6–10 Jahren (1842); Perlen. Kleine Erzählungen für freundliche Kinder von 5–8 Jahren (1842); 50 Kinderbriefe für kleine Kinder (1845); 52 Sonntage oder Tagebuch dreier Kinder (1846); Bildersprache in Erzählungen für Kinder von 8–12 Jahren (1847); Bilder aus dem Kinderleben. Erzählungen für Mädchen von 7–10 Jahren (1849); Lebensbuch für Mädchen von 12–15 Jahren (1851); Zwölf kleine Mädchen. Erzählung für Mädchen von 5–8 Jahren (1851); Tagebuch dreier Kinder. Fortsetzung der 52 Sonntage (1852); Mariens Tagebuch. Fortsetzung der 52 Sonntage und des Tagebuchs dreier Kinder (1852); Die kleine Anna (1853); Lebensbuch für erwachsene Mädchen. 2. Thl. (1854); Ferien (1855); Die kleine Monica (1855); Alte Bekannte. Ein Nachtrag zu den Tage- und Lebensbüchern (1860); Felicia (Thl. 1-3. 1861–1865); Liesbeth (1864); Anne Marie. Ein Kleinkinder-Buch (1867); Saamenkörner. Erzählungen für Kinder von 8–12 Jahren (1867).

Malte Dahrendorf

Steinbeck, Christian Gottlieb

*Theologe, Pädagoge, Volksschriftsteller; * 26. 4. 1766 Tieschitz bei Gera, † 14. 11. 1831 Neustadt an der Orla.*

St., der sich 1798 als Kandidat um das Predigtamt zu Langenberg bei Gera bewarb, besaß engen Kontakt zu Chr. G. Salzmanns (1744–1811) Erziehungsanstalt, die dieser – in Anlehnung an Basedows (1724–1790) „Philanthropinum" – in Schnepfenthal gegründet hatte. So sind auch die meisten Schriften St.s an Salzmanns Gedanken über die Erziehung und die Behandlung von Kindern und Jugendlichen orientiert.

Werk, Tendenzen, Wirkung. St.s Schriften sind nur schwer zu trennen in Kinder- und Jugendbücher einerseits und in für Erwachsene bestimmte andererseits. So wenden sich schon manche Bücher im Titel sowohl an Kinder wie an Erwachsene, wenn auch nur an den „gemeinen Bürger und Bauersmann", da alle des gleichen – ungebildeten – Geistesstandes seien (vgl. „Der aufrichtige Kalendermann" und das „Frei- und Gleichheitsbüchlein"). Das „Frei- und Gleichheitsbüchlein" (1792) war deutliche Reaktion auf die französische Revolution, der St., darin Anhänger Salzmanns und der philanthropischen Bewegung, eine bürgerliche Reformbewegung auf dem Erziehungsgebiet entgegensetzen wollte. Die bestehende, ständische Ordnung wurde in den Liedern und Moritaten dieses Buches nicht angegriffen, sondern als eine gottgegebene erklärt und verteidigt.
St.s Aufklärungsbegriff wird besonders in seinen verschiedenen Kalenderschriften deutlich, in denen er die Notwendigkeit der von Friedrich dem Grossen 1779 eingeleiteten Kalenderreform erläuterte. Der Leser findet im „Kalendermann" Beschreibungen und Berichte über das Sonnensystem, über die Kugelform der Erde, die verschiedensten astronomischen Phänomene und über die Zeiteinteilung. Dabei vertrat St. die Maxime, daß man nur in Maßen und nur behutsam die Jugend wie den gemeinen Mann das Neue lehren solle; zu viel Aufklärung schade dem Kinde wie dem ungebildeten Erwachsenen, denn ihnen fehle das kritische Bewußtsein, alle Mitteilungen zu überprüfen. Vollständige Aufklärung müsse Sache der Gebildeten und Fachgelehrten bleiben. Für dringend erforderlich hielt St. die Verbreitung des berechenbaren Wissens (vgl. „Kalendermann", 1792, 1. Kapitel). Indem St. gegen Quacksalberei, gegen Bauernweisheiten und Aberglauben schrieb und diese Zustände mit der modernen Wissenschaft überwinden wollte, trug er zugleich zur Ausmerzung traditioneller Erfahrungen des alltäglichen Lebens, wie sie etwa in der Volksmedizin zu finden waren, bei. Es ist daher leicht zu verstehen, daß seine aufklärerischen Schriften zahlreiche Gegner fanden und sein „Kalendermann" als „Bibelverdreher, Neuling, Ketzer" beschimpft („Kalendermann", ³1800, S. 5) wurde. Dennoch zeigen die vielen Auflagen und Erweiterungen, daß ein großes Lesebedürfnis für St.s Schriften bestanden haben muß.
In einigen Werken wandte sich St. direkt an die Jugend, um sie vor den Gefahren des alltäglichen Lebens in der Stadt und auf dem Lande zu warnen. Dabei ist zu trennen zwischen den objektiv begründeten Hinweisen auf die Gefahr bei Feuermißbrauch etc. (vgl. das „Brandbüchlein", 1807; der „Feuerkatechismus für die liebe Jugend", 1802; der „Feuerkatechismus für die niedern Schulen", 1818) und den ideologisch bestimmten Warnungen vor sittlichen und sozialen Verfehlungen (vgl. „Henkersgeschichten", 1808). Die zweite Gruppe übertraf an schockierenden Elementen und drastischer Erzählweise die erste bei weitem. Beispielhaft bekam der junge Leser vorgeführt, zu welch bitterem Ende schon die kleinste Verfehlung führen kann. Einfacher Satzbau und geradliniges Erzählen erleichterten dem kindlichen Leser oder Zuhörer die gewünschte Identifikation. Diese Geschichten zielten

weniger auf eine vernünftige Aufklärung der Kinder, als auf ein durch Einschüchterungen und Drohungen erzwungenes „richtiges" Verhalten.
Nach dem Vorbild von CHRISTIAN FELIX WEISSES (1726–1804) moralischer Wochenschrift „Der Kinderfreund" (1776–1784) gab St. auch eine „Neue Jugendzeitung" (1806) heraus und versuchte mit Hilfe anderer Periodika seine Ideen zu verbreiten.

Werke: Der aufrichtige Kalendermann. Ein gar kurioses und nützliches Buch. Für die Jugend und den gemeinen Bürger und Bauersmann verfertigt (Teil 1–3. 1792–1809. ^{8}1829), Frei- und Gleichheitsbüchlein für die Jugend und den deutschen Bürger- und Bauersmann (1794); Chronologischer Handkalender für die Vorzeit, Gegenwart und Zukunft, dem ganzen deutschen Publikum, vorzüglich aber den Gerichtshöfen, Geschichtsforschern, Diplomatickern, Archivarien, Advokaten und Handlungscomtoiren nützlich und fast unentbehrlich (1795, ^{2}1813); Versuch eines Erziehungsbuchs für deutsche Bürger und Landleute (1796); Magazin für deutsche Bürger und Landleute (1799, ^{2}1809); Gespräche über die wichtigsten Fehler in der Erziehung der Kinder (1801); Feuerkatechismus für die liebe Jugend in ganz Deutschland (1802, ^{6}1808); Feuersnot- und Hilfsbuch für das deutsche Volk und seine Freunde nach Krügelsteins System bearbeitet (1802); Das Dörfchen Ruhbach, ein gemeinnütziges Volkslesebuch (1806, ^{2}1809, zus. mit E. Bornschein); Handbuch der Feuerpolizei für Marktflecken und Dorfschaften (1806); Brandbüchlein für Familien, Schulen und Volkslehrer, oder ausführliche Anweisung zur Verhütung aller Feuersgefahr in jedem Hause in der Stadt und auf dem Lande (1807, ^{2}1809); Henkersgeschichten zur Belehrung und Warnung für Jedermann (1808); Feuerkatechismus für die niedern Schulen unseres deutschen Vaterlandes überhaupt (1818); Neues Feuers-, Not- und Hilfsbuch (1818).

Hrsg.: Aufrichtige deutsche Volkszeitung (1795); Wohlfahrtszeitung der Deutschen für 1798 (1797); (zus. mit E. Bornschein): Der deutsche Patriot, eine Monatsschrift für die Gebildeten unter dem Volk, für Lehrer und Freunde (1802–1804); (zus. mit E. Bornschein): Magazin für Freunde des deutschen Vaterlands. Monatsschrift für den Bürger oder Landmann (1803); (zus. mit J. F. Schlez): Neue Jugendzeitung von einer auserlesenen Gesellschaft gelehrter Jugendfreunde (1806); Gemeinnütziges Justiz- und Polizeiblatt der Deutschen. Zur Beförderung wahrer Wohlfahrt unter denselben herausgegeben (1810).

Klaus-Ulrich Pech

Steiner, Alexis

*(d. i. Alois Franz Rottensteiner). Österreichischer Kinder- und Jugendbuchautor; * 30. 9. 1911 Wien.*

St., ältester Sohn eines Schmiedemeisters, erlernte von 1925 bis 1929 den Beruf des Schriftsetzers. 1932 ging er mit seinen Eltern in die UdSSR. Dort arbeitete er als Hersteller für Schulbücher und studierte nebenbei an einem Polygraphischen Technikum. Bereits während seines Aufenthalts in der UdSSR begann er, Bücher aus dem Russischen zu übersetzen. St. kehrte 1937 nach Österreich zurück. Ab 1947 studierte St. Slawistik, Zeitungswissenschaften, osteuropäische Geschichte und Philosophie und promovierte 1950. 1955 trat er als Produktionsleiter in den Verlag Jugend und Volk ein. Im gleichen Jahr erschien sein erstes Kinderbuch „Kriki, das tapfere Entlein" (1955), das 1956 auf der Ehrenliste zum Kinder- und Jugendbuchpreis der Stadt Wien und zum Österreichischen Staatspreis stand. Für sein Buch „Die stille, die heilige Nacht" (1962) erhielt St. 1962 den Österreichischen Staatspreis. Mehrere seiner Bücher wurden ins Africaans und Englische übersetzt.

Werk, Tendenzen, Wirkung. St., der erst nach seinem Eintritt in den Verlag Jugend und Volk Kinderbücher zu schreiben begann, verfaßte vor allem erzählende Sachbücher, die auch schon jüngeren Kindern sachlich fundierte Kenntnisse, vorwiegend aus dem Bereich des Tierlebens, vermitteln können. In „Kriki, das tapfere Entlein" (1955) erzählt St. von einer kleinen Wildente, die im Herbst nicht mit in den Süden fliegen kann, weil sie im Kampf mit dem Fuchs am Flügel verletzt wurde. Sie muß auf einem See überwintern und kann sich nur mit Hilfe der anderen Tiere, besonders eines Raben und einiger Hasen, vor den Angriffen des Fuchses retten. Im Frühjahr trifft sie wieder mit ihrer Familie zusammen. In der Fortsetzung „Kriki und ihre Kinder" (1959) wird berichtet, wie Kriki einen Lebensgefährten findet und mit ihm zusammen ihre Kinder aufzieht, wobei sie Kämpfe mit Fuchs und Luchs zu bestehen haben. Im Herbst fliegt die ganze Tierfamilie gemeinsam in den Süden. In beiden Büchern erfährt der junge Leser von den Lebensgewohnheiten der Wildenten und den täglichen Bedrohungen, denen sie ausgesetzt sind.
In „Alle meine Pferde" (1963) erzählt St. von dem letzten Eiswagenkutscher, der zusammen mit seiner Stute und deren Fohlen die Stadt verlassen will, um aufs Land zu ziehen. Ehe er aber die Stadt verläßt, erzählt die Stute ihrem Fohlen die Geschichte des Pferdes. In einfacher und sachlicher Sprache wird hier die Entwicklungsgeschichte des Pferdes beschrieben. In seinem Gedichtband „Kleiner Freund im Federkleid" (1964) wendet sich St. gegen Tierquälerei und die bei Kindern mitunter beliebte Vogelfängerei. In fast allen Erzählungen St.s schwingt ein moralischer Unterton mit, der den Zusammenhalt der Familie als Voraussetzung für gemeinsame Überwindung von Bedrohungen und Krisen herausstellt. In „Ich bin der Ferdi Obermüller" (1960) berichtet St. vom Schlüsselkind Ferdi und den Gefährdungen, denen es ausgesetzt ist. Die mehr historisch orientierte Erzählung „Die stille, die heilige Nacht" (1962) schildert die Entstehungsgeschichte des berühmten Weihnachtsliedes durch den Organisten FRANZ XAVER GRUBER (1787–1863) und den Vikar JOSEPH MOHR (1792–1848) im Jahre 1818.

Werke: Kriki, das tapfere Entlein (1955, ^{4}1970); Kriki und ihre Kinder (1959, ^{4}1972); Ich bin der Ferdi Obermüller (1960); Die stille, die heilige Nacht (1962); Alle meine Pferde (1963); Frohe Fahrt ins Kinderparadies (1963); Kleiner Freund im Federkleid (1964); Unser Freund im Pelz (1965); Das Märchen vom Rübenziehen (1968).

Bearb.: N. N. Nosov: Ich war ein schlechter Schüler (1953); M. de Cervantes: Leben und Tod des scharfsinnigen Ritters Don Quichotte von der Mancha (1959); L. Tolstoi: Wieviel Erde braucht der Mensch? (1960); L. Tolstoi: Kindheit (1960); L.

Tolstoi: Die beiden Wallfahrer (1960); N. Petscherski: Genka haut ab (1967).

Barbara Zinecker

Steinhöwel, Heinrich

*Schwäbischer Frühhumanist, Arzt und Übersetzer; *1412 Weil der Stadt (Württbg.), †1482 Ulm.*

St., der einem in Eßlingen ansässigen Geschlecht entstammte, bezog 1429 die Universität Wien und studierte Medizin. 1442 promovierte er an der Universität zu Padua. Noch während seines Studiums machte St. sich mit der italienischen Sprache und Literatur vertraut. Seit 1443 lebte er als Arzt in Eßlingen. 1450 wurde er als Stadtarzt nach Ulm berufen, von hier aus versah er zugleich das Amt eines Leibarztes des Grafen EBERHARD VON WÜRTTEMBERG. In Ulm arbeitete er mit der dort errichteten ersten Buchdruckerei Zainer zusammen, die einige seiner Werke herausbrachte. 1454 hielt er sich vorübergehend in Freiburg im Breisgau auf, wo er am Plan einer neu zu gründenden Universität mitwirkte.

Werk, Tendenzen, Wirkung. St.s Werke entstammten vorwiegend lateinischen Quellen. Es waren keine reinen Übersetzungen, sondern sehr freie Bearbeitungen. Die lateinischen Muster dienten ihm als Anleitung zu einer eigenständigen Prosa in deutscher Sprache. Nach dem Vorbild des ROBERTUS MONACHUS verfaßte er 1460 eine Geschichte des ersten Kreuzzuges, 1470 gab er „Johannis Boccaccii Büchlen Von den sinnrychen erluchten Wyben" heraus. 1472 veröffentlichte St. „Das buch genandt der spiegel menschlichs lebens von Roderico Zamorensi". 1473 erschien von ihm die erste deutsche Chronik überhaupt: „Hie hebt an ein tütsche Cronica von anfang der welt vncz vff keiser fridrich". Das „Regimen in schweren Läuften dieser krankheit der Pestilenz der Stadt Ulm gesammlet" folgte im selben Jahr.
Drei vor allem von jungen Lesern geschätzte Themen, deren sich St. annahm, waren die Griseldis, der Apollonius von Tyrus und die Fabeln des ÄSOP. Die auf volkstümlicher Tradition beruhende Sage von Griseldis findet sich im Decameron (1348) von GIOVANNI BOCCACCIO (1313–1375) als letzte Novelle. Sein Freund FRANCISCO PETRARCA (1304–1374) übertrug sie in das Lateinische „De oboedientia et fide uxoris mythologica". St.s sehr freie Übersetzung dieser Ausgabe „Diß ist ain francisci petrarche, Von grosser stätikeit ainer frawen Grysl gehaissen" betonte vor allem die unwandelbare Treue der Frau. Bis 1482 wurde die Bearbeitung St.s achtmal und ebensooft im 16. Jahrhundert gedruckt. Dramatiker des 16. Jahrhunderts, darunter HANS SACHS (1494–1576), benutzten St.s Ausgabe als Quelle für ihre Stücke. Auf St. ging auch das beliebte Volksbuch „Markgraf Walther und Griseldis" zurück, das später auch als Volksmärchen Verbreitung fand. Der in einem vielgelesenen lateinischen Roman aus dem dritten nachchristlichen Jahrhundert behandelte Sagenstoff „Apollonius von Tyrus" wurde von St. übersetzt und bearbeitet und erschien erstmals 1471 gedruckt. In seinem „Apollonius" wandte sich St. ausdrücklich an die Jugend und ermahnte sie, die Weisheiten und klugen Lebensregeln der alten Geschichten zu beachten. Von St.s „Apollonius" erschienen bis 1556 neun Drucke. Auch diese Bearbeitung St.s war der Ausgangspunkt eines gleichnamigen Volksbuches, das bis ins 18. Jahrhundert hinein weite Verbreitung fand. Das bedeutendste und für die Entwicklung der deutschsprachigen Fabelliteratur wichtige Werk St.s war sein mit 100 Holzschnitten 1477 erstmals gedrucktes Buch „Esopus, buch vnd leben des fabeltichters Esopi". Von einigen Stücken unbekannter Herkunft abgesehen, lassen sich als Quellen für St.s Anthologie folgende Werke nachweisen: die aus dem Griechischen des MAXIMUS PLAUDES VON RIMICIUS ins Lateinische übersetzte Lebensgeschichte ÄSOPS; 17 angeblich echte äsopische Fabeln, von RIMICIUS aus dem Griechischen übertragen; von ROMULUS in Prosa gefaßte Fabeln des PHÄDRUS; Fabeln von AVIAN und vom ANONYMUS NEVELETI; Schwänke aus PETRUS ALFONSI und POGGIUS. Durch den „Esopus" wurden vielen deutschsprachigen Lesern erstmals die Fabeln des ÄSOP in ihrer Muttersprache zugänglich. Nach St.s eigener Aussage hat er keine wörtlichen Übersetzungen vorgenommen, sondern eine eigenständige, volkstümliche und so für einen weiten Leserkreis zugängliche Fabelsammlung geschaffen. So flocht er bekannte deutsche Sprichwörter und volkstümliche Redensarten ein und sparte nicht mit kritischen Anspielungen auf Ereignisse seiner eigenen Zeit. Mit seinen Fabeln wollte St. den Menschen einen Spiegel vorhalten, in dem sie ihr eigenes Verhalten wiederfinden sollten. Nach St.s Meinung waren die Fabeln erdacht worden, um die Menschen in ihren guten und bösen Werken zu schildern, denn nur der Mensch habe die Fähigkeit, gut oder böse zu sein. MARTIN LUTHER (1483–1546), der für seine eigenen Fabeln auch Motive von St. übernahm, aber um der Jugend willen „das gemeine alberne Kinderbuch, so Esopum heißt", heftig tadelte und es ausgerottet wissen wollte, konnte den großen Erfolg von St.s Sammlung nicht verhindern. Im 16. Jahrhundert wurde St.s Sammlung um Fabeln von SEBASTIAN BRANT (1457–1561) bereichert. Es kam schon bald zu Übersetzungen ins Französische, Englische, Spanische, Holländische und Böhmische und bis 1730 bewiesen immer neue Nachdrucke die Bedeutung des Werkes.

Werke: Diß ist ain epistel francisci petrarche, Von grosser stätikeit ainer frawen Grysel gehaissen (1461); Johannis Boccaccii Büchlen Von den sinnrychen erluchten wyben, die von den alten Chronikschrybern vm ihre sünderliche Beginnen in öwige gedechtniß synd gesezt worden (1470); Historia des königs Apollonius von Tyrus (1471); Das Buch genandt der spiegel menschlichs lebens von Roderico Zamorensi (1472); Hie hebt an ein tütsche Cronica von anfang der welt vncz vff keiser fridrich (1473); Regimen in schweren Läuften dieser krankheit der Pestilenz der Stadt Ulm gesammlet (1473); Esopus, buch vnd leben des fabeltichters Esopi (1477).

Sekundärliteratur: W. Borvitz: Die Übersetzungstechnik H. Steinhöwels, dargestellt auf Grund seiner Verdeutschung des

Speculum vitae von Rodericus Zamorensis (Hermaea. 13. 1914). – P. Carnes: H. Steinhöwel's Esopus and the corpus of Aesopica in sixteenth-century Germany (1974). – U. Hess: H. Steinhöwels „Griseldis“ (1975). – K. Karg: Die Sprache H. Steinhöwels (1884). – K. Sudhoff: Der Ulmer Stadtarzt und Schriftsteller H. Steinhöwel (in: K. Sudhoff (zus. mit A. C. Klebs): Die ersten gedruckten Pestschriften. 1926. 171–222). – E. Klebs: Die Erzählung von Apollonius auf Tyrus (1899). – F. Kraft: H. Steinhöwels Verdeutschung der Historia Hierolymitana des Robertus Monachus (1905). – R. Krauss: Das Todesjahr Steinhöwels (in: Euphorion. 18. 1911. 24–27). – R. T. Lenaghan: Steinhöwel's „Esopus“ and early humanism (in: Monatshefte für deutschen Unterricht. 60. 1968. 1–8).

Hans Eich

Stejskal, Václav

*Tschechischer Literaturkritiker, Theoretiker und Jugendbuchhistoriker; * 14. 3. 1922 Písek/ČSSR.*

St. studierte von 1945 bis 1950 an der Philosophischen Fakultät der Prager Karls-Universität und arbeitete gleichzeitig als Verlagslektor im Europäischen literarischen Klub. Er redigierte vor allem die Reihe „Schatzkammer“, die ältere tschechische Literatur vorstellte. Außerdem war St. Herausgeber des wiederentdeckten Werkes von JAN A. KOMENSKÝ (d. i. JAN A. COMENIUS) „Apoštol míru“. Ende der vierziger Jahre wurde St. Lektor des Verlages „Čs. spisovatel“ (Tschechischer Schriftsteller). Hier redigierte er auch Kinderbücher. 1952 übernahm St. das Lektorat der literarischen Monatsschrift „Nový život“ (Neues Leben). Er leitete den Bereich Theorie und Kritik und referierte nun systematisch über Kinder- und Jugendliteratur, zugleich war er Sekretär der Kritikersektion des Schriftstellerverbandes. Im Rahmen seiner vielfältigen Tätigkeiten hielt St. Referate über Grundfragen der Kinder- und Jugendliteratur als Teil der sozialistischen Kultur. Seine Vorstellungen verwirklichte St. als Cheflektor des staatlichen Kinderbuchverlages der ČSSR, des SNDK in Prag (jetzt: Albatros-Verlag). Zusammen mit BOHUMIL ŘÍHA, dem ehemaligen Direktor des SNDK, orientierte St. den Verlag auf die Zusammenarbeit mit bedeutenden Wort- und Bildkünstlern. Er entwickelte das Programm des schönen und preiswerten Kinderbuches. St. war außerdem Mitbegründer der tschechoslowakischen IBBY-Sektion und ist seit 1973 Chefredakteur des Artia Verlages in Prag. St. bemühte sich theoretisch wie praktisch um das Verständnis zeitgenössischer Kinderkunst. Er tritt dafür ein, die Kinder zu einer Kunst hinzuführen, die deren Ideen und ästhetische Wahrnehmungen stimulierte, und ihnen Kunstgenuß zum steten Bedürfnis zu machen. Nach St.s Einsicht kann ein Kind auch anspruchsvolle Kunst verstehen. Er versucht, die kindlichen Emotionen in seiner Arbeit zu berücksichtigen und meint, Kinder sollten in ihrer Lektüre die Veränderbarkeit der Welt gezeigt bekommen. Dabei knüpft er an JAN A. COMENIUS an, nach dem die Verleger nicht „Papier vermehren sollen, sondern Weisheit, nicht Beutelgewinn, sondern Seelenlicht“. In seinem wichtigsten Werk „Moderní česká literatura pro děti“ (1962, Moderne Tschechische Kinderliteratur) zeigt St. die Verbindungslinien zwischen der Kinder- und Jugendliteratur und den Traditionszusammenhängen der übrigen Literatur auf. Er untersucht die Herkunft der zeitgenössischen Kinder- und Jugendliteratur, ihre Tendenz zur Vermittlung realistischer Lebensverhältnisse und ihre Bindungen an kommunistische Ideen. Häufig unterstreicht St. die Notwendigkeit einer besonderen Kinderkunst. In ausgezeichneter Weise verbinden sich bei St. die verlegerische Praxis mit der theoretischen Aufarbeitung der Kinder- und Jugendliteratur.

→ B. Říha, → Tschechoslowakei

Werke: Cesty současné literatury pro děti (1960); Moderní česká literatura pro děti (1962); Dítě mezi knihami a lidmi atomového věku (1965; dt. Erziehung und Kunst, in: Die Kunst, durch Kunst zu erziehen. 1965. 14–26); Jan Ámos Komenský a kniha pro děti (in: Zlatý máj. 1971. 4. 215–223); Pokus o socialistickou kulturní instituci (1969); Rozmluva o třech protagonistech – dítě, kniha, dospělý (in: Zlatý máj. 1969. 2. 69–74); Zápas o vlastní hlas (1972); Kunst und Kind (in: R. Bamberger (Hrsg. zus. mit L. Binder und B. Hürlimann): 20 Years of IBBY. 1973. 180–185).

Beiträge: O některých otázkách naší literarní kritiky (in: Nový Život. 1951); Dětská literatura školou básníků (in: Zlatý máj. 1962. 8/9); Jaroslav Foglar aneb výchova snadno a rychle (in: Zlatý máj. 1964. 6/7. 241–244).

Hrsg.: Apoštol míru Jan Ámos Komenský (1949); J. Bartoš: Loutkářské hry českého obrození (1952).

Jan Červenka

Stempel, Hans
Ripkens, Martin

*Filmberater, Kinder- und Jugendbuchautoren; Stempel, H. * 12. 12. 1924 Wuppertal; Ripkens, M. * 15. 4. 1934 Hinsbeck/Niederrhein.*

St. war zunächst als Redakteur, R. als Buchhändler tätig. Als freie Filmkritiker schrieben beide Beiträge, u. a. für die Zeitschriften „Konkret“ und „Deutsche Volkszeitung“. Zusammen produzierten sie Kurzfilme und Fernsehfeatures für Erwachsene und verfaßten Drehbücher für Kinderfernsehfilme und Sendungen für den Kinderfunk; parallel dazu entstanden ihre ersten Kinderbücher. Sie veröffentlichten ausschließlich als Autorenteam; alle ihre Texte sind Ergebnisse gemeinsamen Entwerfens, Fixierens und Überarbeitens, arbeitsmethodisch ein Novum in der Kinder- und Jugendliteratur. Beide sind außerdem als Berater für eine Filmfirma tätig. Seit 1965 leben sie in München.

Werk, Tendenzen, Wirkung. Von St. und R. erscheinen seit 1970 Bilderbücher, Kindergedichte, Kurzprosa, seit 1974 auch längere Erzählungen für Jugendliche. Ihr Ziel ist es, Entwicklungen im Menschen zu beschreiben, „den abenteuerlichen Kampf gegen Anpassung, Verzicht und Kleinmut, der in der Wiege beginnt und meist mehr Niederlagen als Siege kennt“. Literarische Vorbilder sind ihnen HEINRICH BÖLL, GIANNI RODARI, JEROME D. SALINGER, URSULA WÖLFEL.

Aus der Zusammenarbeit im Filmbereich mit HEINZ EDELMANN ergab sich eines der ersten Science-Fiction-Bilderbücher: „Andromedar SR 1" (1970); die Macht des irdischen Oktopus wird darin durch die Phantasie der Marsmäuse besiegt. In „ich will" (1971) ändert ein allein gelassener Schlumpf mit Willenskraft und Phantasie seine Situation; im „Luderbär" (1970) verschaffen Kinder einem Bären nach unerfreulichen Erfahrungen in der Zivilisation den Ausweg in ein natürliches Bärenleben; „Schnappsack" (1972) ist eine Parabel auf die vereinsamende Wirkung von Besitzgier. Alle Bilderbücher haben einen deutlich antiresignativen Zug und weisen die Lebensbedingungen als veränderbar aus.
Die jeweils von U. ENDERS illustrierten Bändchen „Purzelbaum. Verse für Kinder" (1972), „Bammel. Abenteuer eines Angsthasen" (1973) und „Auch Kinder haben Geheimnisse. Kalendergeschichten für nachdenkliche Eltern und neugierige Kinder" (1973) stellen Meisterwerke der Kleinkunst für Kinder dar. Mit dem Buch „Mit einem Fuß in der Luft" (1976) liegt eine Sammlung aus diesen drei Bänden vor. Die formreichen Gedichte und Prosaszenen, einige waren Entwürfe zu Kinderfilmen, spiegeln Erfahrungen wider, die Kinder mit sich, mit Erwachsenen und mit ihrer Umwelt machen. Sie plädieren für die Autonomie des Kindes. In einfacher Sprache und mit vertrauten Stilmitteln wird dabei an die Hör- und Lesegewohnheiten der Kinder angeknüpft; Realität wird auf schlichte Sätze reduziert, aber nicht verkürzt.
In „Willi und Wolke" (1976) wird das Thema, den richtigen Ausgleich zwischen Vernunft und Phantasie zu finden, variiert: Der verträumte Fensterputzer Willi begegnet in einer Wolke einem Gesprächspartner, der solange den Vernunftpart übernimmt, bis Willi entdeckt, daß die Wolke nur sein anderes, vernachlässigtes Ich ist. Am Ende der Geschichtenfolge gelingt Willi die Integration beider Lebensaspekte.
Die Helden der bisher von St. und R. erschienenen Jugendbücher sind Jungen, die mit sich verändernden Lebensumständen fertig werden müssen. „Justus" (1974) wird durch den plötzlichen Tod des Vaters aus dem nur scheinbar gesicherten Orientierungsrahmen seines geborgenen Milieus entlassen und sukzessiv zur Unabhängigkeit gezwungen. Timo in „Ich bin nicht Robinson" (1976) zeigt einen aus der gewohnten Umgebung Prags herausgerissenen Jungen, der mit den Anforderungen, die seine Mutter und die seine Umwelt an ihn stellen, nicht fertig wird. Hier wird die mögliche Vorgeschichte zu einem authentischen Raubüberfall rekonstruiert. In beiden Büchern spielen kulturelle Erfahrungen als Realitätsebene des inneren Abenteuers eine wichtige Rolle.
Generell schlagen sich die Filmerfahrungen der beiden Autoren in ihren Texten nicht nur stoffgebend nieder; der professionelle Umgang mit dem visuellen Medium beeinflußt auch Stil und Materialzuschnitt.

Werke: Andromedar SR 1 (1970); Luderbär (1970); ich will (1971); Purzelbaum (1972); Schnappsack (1972); Bammel. Abenteuer eines Angsthasen (1973); Auch Kinder haben Geheimnisse (1973); Justus (1974); Ich bin nicht Robinson (1976); Mit einem Fuß in der Luft (1976); Willi und Wolke (1976).

Gerlinde Rabenstein

Steponavičius, Algirdas

*Graphiker und Illustrator; * 12.1.1927 Kaunas (Litauen/UdSSR).*

St. wurde bis 1950 am Staatlichen Kunstinstitut der Litauischen SSR in Vilnius ausgebildet. Seit dem Ende der fünfziger Jahre illustriert er neben seinen sonstigen Arbeiten als Graphiker und Wandgestalter Kinderbücher. Er ist mit der bekannten Künstlerin und Kinderbuchillustratorin BIRUTE JANINA ŽILITE verheiratet, arbeitet mit ihr zusammen und lebt in Vilnius (Litauen/UdSSR). Für seine Kinderbuchillustrationen wurde St. in der Sowjetunion mehrmals ausgezeichnet. Für das Buch „Varle Karaliene" (Der königliche Frosch) wurden ihm 1965 die Goldmedaille auf der Internationalen Buchausstellung in Leipzig und in Bratislava (ČSSR) auf der Biennale illustrací Bratislava (BIB) 1967 der „Goldene Apfel" verliehen. St. trägt den Ehrentitel „Verdienter Künstler der Litauischen SSR".

Werk, Tendenzen, Wirkung. Seine ersten Illustrationen wurden 1958 in dem Kinderbuch „Misles" (Rätsel) veröffentlicht. Danach erschienen Druckgraphiken, zum Teil als Zyklen mit Themen wie „Boote", „Flugzeuge und die Sonne", „Der Morgen" usw. St.' individueller Stil als Illustrator zeigte sich erstmals 1962 bei der Arbeit an der Gedichtanthologie für Kinder „Varle Karaliene" (Der königliche Frosch) des zeitgenössischen litauischen Lyrikers KOSTAS KUBILINSKAS. Seit dieser Zeit beschäftigte er sich intensiv mit Radierung und Steindruck. Hiervon zeugen zum Teil farbige Lithographien wie „Kedainiu chemijos kombinatas I, II" (1963; Das chemische Kombinat in Kedainiai I, II), „Naujos Statybos I, II" (1968; Neubauten I, II), „Konstrukcijos" (1969; Konstruktionen I–III), „Litografija" (1970; Lithographien II, III), „Litografija vincui kisarauskui" (1974; Lithographien für Vincas Kisarauskas). Besonders bekannt in der Buchgraphik sind St.' Illustrationen zur klassischen litauischen Literatur und zu Werken der Folklore, so z.B. zu KAZYS BORUTA „Jurgio Paketurio keliones" (1963; Jurgis Paketurios Wanderungen), „Šepetís-repetys" (1965; Die knarrende Bürste) und VINCAS KREVES „Sagen aus Dainaver Zeit" (1973) in einer russischen Ausgabe.
Sein Schaffen kennzeichnet ein feines Stilgefühl und das Herausarbeiten vielschichtiger wechselseitiger Beziehungen zwischen den Gestalten. Der rationalistisch-strenge und präzise Aufbau seiner Kompositionen korrespondiert mit dem ornamentalen Reichtum und der feinen Ausarbeitung von Details. In seinen Illustrationen für Kinder bringt er eine von der primitiven Volkskunst ausgehende Festlichkeit, Farbreichtum und Spielmotive ein; seine Graphik für Erwachsene wird durch eine für den Beschauer reizvolle Vielschichtigkeit und eine ausgesprochen besinnliche Note gekennzeichnet.

Werke: K. Kubilinskas: Ljaguska koroleva (1962); A. Steponavičius: Šepetis-repetys (1965).

Sekundärliteratur: E. Gankina: Chudožnik v sovremennoj detskoj knige (1977); Algirdas Steponavičius (in: Bookbird. 1970. 2. 71–74). – I. Korsakaite: Živaja tradicija grafiki (1976). – N. Rosanova: Obrazy Algirdas Steponavičiusa (in: Tvorčestvo. 1969. 5.).

Ella Gankina

Stern, Siegfried

*(d.i. Fried Stern). Maler, Illustrator, Schriftsteller, Kinderbuchautor; * 13.11.1875 Frankfurt am Main, † um 1942 im Konzentrationslager Westerbork (Niederlande).*

St., Sohn eines Kaufmanns, trat nach dem Volksschulbesuch als Lehrling in eine lithographische Kunstanstalt ein, die er jedoch bald wieder verließ, um eine Küferlehre zu beginnen, da die verwitwete Mutter Wert darauf legte, daß ihr Sohn einen „vernünftigen Beruf" erlerne. St. beendete auch diese Lehre nicht. Er bewarb sich zur Aufnahme als Schüler im Frankfurter Städel, wo er bei Professor Hasselhorst Zeichenunterricht erhielt. Der Jugendbewegung nahestehend, unternahm St. zahlreiche Wanderfahrten durch England, Frankreich und Holland. Im Ersten Weltkrieg war er als Landschaftsmaler in Rumänien. Aus Anlaß seines 50. Geburtstags veranstaltete die Frankfurter Galerie Schneider auf dem Roßmarkt eine Ausstellung des Gesamtwerks des Malers. Jüdischer Herkunft, mußte St. im April 1937 nach Amsterdam emigrieren. Nach Angaben des holländischen Roten Kreuzes wurde St. lebend zuletzt 1942 im Konzentrationslager Westerbork gesehen. Wahrscheinlich ist er dort im gleichen Jahr umgekommen. Sehr ausführlich gibt der autobiographische Erzählband „Fried. Jugendjahre eines Frankfurter Malers" (1925) Auskunft über die Jugendzeit St.s.

Werk, Tendenzen, Wirkung. Als Landschaftsmaler ursprünglich Hans Thoma verwandt, fand St. schon bald einen eigenen Stil, der von einem schlichten Natur- und Heimatgefühl geprägt war. In zahlreichen kolorierten Lithographien zeichnete er vor allem Motive aus dem Taunus, dem Spessart, der Rhön, aus dem Main- und Niddatal. Wie seine malerischen und zeichnerischen Arbeiten waren auch seine Erzählungen und Essays der engeren Heimat verbunden.
Auch als Kinderbuchautor konnte St. seine Sympathie für die Jugendbewegung und den „Wandervogel" nicht verleugnen. Als erstes Kinderbuch veröffentlichte St. 1913 das Bilderbuch „Aus dem Tagebuch des Robinson Crusoe", zu dem er Verse und Bilder selbst lieferte. Im Sinne der Arbeitsschule und der Kunsterziehungsbewegung, aber auch unter dem Einfluß der zur freien Natur und Natürlichkeit strebenden Jugendbewegung wird die Geschichte von Robinson in Reimen vorgetragen, die mit einfachen, derb konturierten Schwarz-Weiß-Zeichnungen versehen sind. Reime wie Bilder sollen die Entwicklung zeigen, die Robinson vom Schiffbruch und der Rettung auf der Insel bis zu seiner häuslichen Einrichtung und seiner schließlichen Heimkehr genommen hat. Der Autor sieht in der Beschränkung auf wesentliche Elemente der Robinsongeschichte die kindgemäße Bearbeitung. So stellt er dem Buch als Motto einen Ausspruch Goethes voraus: „Es bleibt ewig wahr: Sich zu beschränken, einen Gegenstand, wenige Gegenstände recht bedürfen, so auch recht lieben, an ihnen hängen, sie auf alle Seiten wenden, mit ihnen vereinigt werden, das macht den Künstler, den Menschen". Dem Titelblatt folgt eine Widmung „An Daniel Defoe, Verfasser des Robinson Crusoe" mit dem Wortlaut: „Was Du geschrieben, bleibt stets neu; Dein Robinson ist wie der Mai so frisch, so klar und wird es bleiben, und sollts die Welt noch toller treiben. Was kann ich über Dich noch sagen. Die ganze Jugend müßt' ich fragen. Dies sei Dein allerschönster Lohn: In jedem Bub lebt Robinson". Auch aus dieser Widmung spricht die Hinwendung zur natürlichen, ungebundenen Lebensweise, fern von der entarteten Zivilisation.
Bereits 1914 kam eine zweite Auflage des Buches heraus, die nun um 22 Blatt und 19 Illustrationen erweitert war. Im Jahr 1916 erschien eine Umarbeitung im Großformat unter dem neuen Titel „Der Robinson in Reim und Bild". Diese Ausgabe enthielt 30 weitere Illustrationen, zahlreiche waren nun handkoloriert. Neuauflagen des Buches erschienen noch nach 1945.
Mit seinem Kinderbuch „Freitag, der schwarze Malersmann" griff St. 1929 noch einmal auf den Robinsonstoff zurück. Diesmal diente ihm die gereimte Geschichte von Freitag dazu, den Kindern zu zeigen, wie sich jeder autodidaktisch zum Zeichner ausbilden kann, wenn er nur Lust dazu hat und von früh an die Welt um sich her aufmerksam beobachtet. So werden in den Reimen des

Ein Mensch, ein Mensch! er glaubt' es kaum,
Erst schien's ihm Trugbild nur und Traum,
Schier wollten ihn die Sinne lassen,
Daß es ein Mensch – er konnt's nicht fassen.
Und doch war er's aus Fleisch und Bein!
Gottlob, man war nicht mehr allein!

Fried Stern. Ausschnitt aus einer Bild-Textseite zu dem Bilderbuch „Der Robinson in Reim und Bild", das 1916 in der Literarischen Anstalt Rütten & Loening in Frankfurt am Main erschien. Sowohl die teils farbig ausgemalten Umrißzeichnungen als auch der gereimte Text stammen von Stern.

Buches die Fortschritte des schwarzen Freitag als Zeichner geschildert, der, wie St. versichert, anfangs keine Ahnung vom Zeichnen besaß („Es gaben Mal- und Zeichenlehrer dem Schwarzen niemals Unterricht, doch früh schon war er ein Verehrer der Dinge unter'm Sonnenlicht"). Die ganzseitigen Illustrationen, farbige Umrißzeichnungen von Pflanzen und Lebewesen aus der Natur, aber auch abstrakte geometrische Figuren, dienen nicht nur zur Illustration des Buches, sondern gleichzeitig als Modelle für das lebende Kind, das diese Vorlagen zeichnerisch nachbilden soll und das durch sie Anregungen gewinnen soll, um eigene Zeichnungen zu entwerfen. So schließt das Buch auch mit einer Aufforderung an die kleinen Leser: „Nun mag, wer Lust hat, frisch beginnen! Seht euch sein Bilderbuch gut an. Und glaubt, was in dem Schwarzen drinnen, steckt auch im kleinsten weißen Mann".

Den ersten Anti-Struwwelpeter, den die Kinderliteratur kennt und der sich an die Erwachsenen richtete, brachte St. 1914 unter dem Titel „Der Struwwelpeter von heute. Ein Bilderbuch für die Großen" heraus. Es ist eine Kampfschrift gegen autoritäre Erziehungsmethoden und rationalistische Lebensauffassung. Auf dem Titelblatt – alle Illustrationen sind schwarz-weiße Umrißzeichnungen – ist das Symbol der gestutzten Welt, die Schere, zerbrochen. Aus der Apologie des Struwwelpeter, die neben dessen Abbildung steht, sprechen die Ideale der Jugendbewegung und Neuromantik. Darin heißt es unter anderem: „Gar viele müssen immer stutzen und glauben einem Ding zu nutzen; verkrotzen Busch und Strauch und Baum. Exakter wird's, doch schöner kaum. Ich hab 'nen Struwwelpeter gern, weil ihm ‚Verschönerung' liegt fern. Behalt' nur deine langen Nägel, hau' um dich, sei ein wackrer Flegel. Wenn's einer wagt und an dir stutzt und irgendwie zurecht dich putzt". Auch die Ausstattung des großformatigen Bilderbuches läßt neuromantische Tendenzen erkennen, so ist der Text des Buches in gotischen Lettern von Johann Friedrich Riese mit der Feder geschrieben. Ausgaben des Anti-Struwwelpeter von St. erschienen auch noch nach 1945.

Werke: Aus dem Tagebuch des Robinson Crusoe (1913, NA. u.d. Titel: Der Robinson in Reim und Bild, 1916); Der Struwwelpeter von heute. Ein Bilderbuch für die Großen (1914); Fried. Jugendjahre eines Frankfurter Malers (1925); Freitag, der schwarze Malersmann (1929).

Helmut Müller

Steuben, Fritz

*(d.i. Erhard Wittek). Schriftsteller, Kinder- und Jugendbuchautor; * 3. 12. 1898 Wongrowitz/Posen.*

St., Sohn eines Bauern, besuchte die Volksschule in Wongrowitz und das Gymnasium in Posen. 1917 wurde er Soldat und kam 1918 in französische Kriegsgefangenschaft. Nach buchhändlerischen Lehrjahren in verschiedenen Städten wurde er Abteilungsleiter im Verlag Franckh in Stuttgart. „Als Fachmann, der – ganz in der Praxis stehend – für die Praxis arbeitet", verfaßte er 1926, beauftragt vom Börsenverein der Deutschen Buchhändler zu Leipzig, das Werk „Das Buch als Werbemittel". Unter dem Pseudonym St. verfaßte der Autor in den dreißiger Jahren zahlreiche Indianergeschichten für junge Leser. Unter seinem wirklichen Namen schrieb er Romane und Novellen, vorwiegend zu Themen aus dem Ersten Weltkrieg. Seit 1937 war St. freischaffender Schriftsteller in Neustrelitz, später in Hameln, dann in Pinneberg (Holstein). Von 1937 bis 1941 gab er die „Bücherei der Jugend" heraus. Für seine Werke wurde er mehrfach ausgezeichnet, 1937 mit dem Jugendschriftenpreis, 1938 mit dem Preis der Reichshauptstadt, 1942 mit dem Clausewitzpreis.

Werk, Tendenzen, Wirkung. St.s schon „klassisch" gewordene Indianerbücher „Der fliegende Pfeil. Eine Erzählung aus dem Leben Tecumsehs" (1930), „Der rote Sturm. Eine Erzählung aus dem ersten Indianerkrieg um den Ohio" (1931), „Tecumseh und der Lederstrumpf. Eine Erzählung vom Kampf des roten Mannes um sein Recht" (1932), „Der strahlende Stern. Eine Erzählung vom Ruhme Tecumsehs" (1934), „Schneller Fuß und Pfeilmädchen. Eine Erzählung aus der Zeit, als Tecumseh 12 Jahre alt war" (1935), „Der Sohn des Manitu. Eine Erzählung vom Kampfe Tecumsehs" (1938), „Tecumsehs Tod. Eine Erzählung vom Kampf eines roten Mannes für sein Volk" (1939) und „Ruf der Wälder. Eine Erzählung vom Kampf des roten Mannes für sein Volk" (1951) entsprechen mit ihrer Erscheinungsfolge nicht ganz der historischen Reihenfolge des Inhalts: der fünfte Band „Schneller Fuß und Pfeilmädchen" (1935) gehört an den Anfang der Tecumseh-Serie. Tecumseh (1768–1813), Häuptling der Shawanos, erstrebte eine große Vereinigung der Indianer im Nordwesten Nordamerikas, scheiterte aber mit seinen hohen Plänen und fand als Brigadegeneral in britischen Diensten den Tod auf dem Schlachtfeld. Die Tecumseh-Bände St.s erschienen im Franckh-Verlag.

Vorbild für St.s Indianerbücher war J. F. Cooper (1789–1851) mit seinen „Lederstrumpfgeschichten". Bezeichnend, daß St. den „Lederstrumpf" Daniel Boone (1734–1820), den er für einen Deutschen hält, in Tecumseh-Büchern an wichtigen, entscheidenden Stellen auftreten läßt.

Im Vorwort seines ersten Tecumseh-Buches „Der fliegende Pfeil" (1930) schrieb St., beim Studium der Geschichte der indianischen Rasse habe er eine Fülle von großen, wilden und tragischen Schicksalen, ja von wahrhaft genialen und menschlich hinreißenden Führern gefunden, so daß er ganz von selbst zum Erzähler ihrer Geschicke geworden sei, und fährt zu den jungen Lesern gewandt fort: „... Ihr werdet bemerken, wie ihre Waffen, Kleider, Boote, Musikinstrumente aussahen, denn die Bilder, die wir bringen, sind nach genauen Vorlagen aus jener Zeit wiedergegeben und neu gezeichnet worden".

Mit seinen Indianerbüchern hatte St. großen Erfolg. Sie erlebten hohe Auflagen und wurden in mehrere Sprachen übersetzt.

Bis 1945 wurden St.s Indianerbücher einmütig gepriesen, danach gerieten sie in die Kritik. In ihren „Informationen für Jugendliche: Indianer heute. Bericht über eine Minderheit" (1977, S. 23) stellen die beiden Autoren FREDERIK HETMANN (d.i. HANS-CHRISTIAN KIRSCH, *1934) und ALFRED KEIL (*1941) fest, die wegen ihrer scheinbar realistischen Detailtreue faszinierend wirkenden, einen Zyklus bildenden Indianerbücher von St. hätten im Dienst nationalsozialistischer Wehrertüchtigung gestanden. In einer anderen Beurteilung (Lexikon deutschsprachiger Schriftsteller. Von den Anfängen bis zur Gegenwart. Bd. 4, 1974, S. 341) heißt es, St.s völkerkundliche Details sollten die rassistische Grundhaltung seiner Indianerbücher übertünchen. Zudem erwecke der Verfasser den Anschein, alten Quellen nachzuerzählen, womit er Authentizität suggeriere. Solche und ähnliche Beanstandungen gaben dem Verlag Anlaß, neuere Ausgaben der Tecumseh-Bände grundlegend zu ändern. Zwar blieb der Vermerk „Alten Quellen nacherzählt" (ohne entsprechende Nachweise) stehen, aber die erläuternden Untertitel und Bilder fielen weg, der Text wurde von CLAUS VELMEDEN gekürzt und neu bearbeitet. In dieser überarbeiteten Form erschienen ab 1975 jedes Jahr einzelne Tecumseh Erzählungen, bis „Tecumsehs letzter Kampf" (statt des früheren Titels „Tecumsehs Tod") 1978 die Serie in Neubearbeitung abschloß. Von St.s – unter dem Namen ERHARD WITTEK erschienen – Kriegserzählungen wurden seine Fronterlebnisse „Durchbruch anno achtzehn" (1933) und die Erzählungen „Ein Becher Wasser und andere Begebenheiten aus Polen" (1940) als „Jugend- und Volksbuch für weiteste Kreise vom 14. Lebensjahr aufwärts" empfohlen. Als jugendgeeignet erwiesen sich die vielgelesenen Bücher „Emir Dynamit" (1931), ein Buch, in dem Bilder aus dem Leben des englischen Obersten THOMAS EDWARD LAWRENCE (1888–1935) aufgezeigt werden, und die beiden Romane „Mississippi-Saga" (1956) und „Mississippi-Tragödie" (1957) um den französischen Seefahrer und Entdecker RENÉ ROBERT CAVELIER, SIEUR DE LA SALLE (1643–1687). Interessenten unter jungen Lesern fand auch der Band „Der ewige Hunger nach Gold. Interessantes, Amüsantes und Verwunderliches aus der Geschichte des Handels" (1965).

Ausdrücklich als Jugendbücher gekennzeichnet sind neben den Tecumseh-Bänden die Erzählungen „Die Karawane am Persergolf. Eine abenteuerliche Kriegsfahrt durch die arabische Wüste" (1934), „Wolfram fährt nach Südtirol. Die Geschichte einer Kinderfreundschaft" (1937), 1959 in „Wolfram fährt in die Dolomiten" umgetauft, „Zwei Mädel wie Hund und Katze. Ein fröhliches Buch aus glücklichen Tagen" (1949), die Umweltgeschichte „Müllers ziehen um" (1955), „Gunnar vom Eisland" (1957) um den Kampf der Isländer im 11. Jahrhundert gegen eingedrungene Europäer und „Abenteuer! Abenteuer!" (1957), eine bunte Auswahl spannender Abenteuergeschichten aus der Weltliteratur.

St. verfaßte auch drei vor allem als Vorlesebücher viel benutzte religiöse Kinderbücher: „Im Stall von Bethlehem" (1957), „Der Weg nach Bethlehem" (1958), „Und Gott schuf Himmel und Erde" (1958).

Werke: Der fliegende Pfeil. Eine Erzählung aus dem Leben Tecumsehs. Alten Quellen nacherzählt (1930; NA. 1976); Der rote Sturm. Eine Erzählung aus dem ersten Indianerkrieg um den Ohio. Alten Quellen nacherzählt (1931; NA. 1962); Emir Dynamit. Bilder aus dem Leben des Obersten Lawrence (1931, ^{5}1937); Tecumseh und der Lederstrumpf. Eine Erzählung vom Kampf des roten Mannes um sein Recht (1932, ^{11}1936; auch u.d.T.: Tecumseh der Berglöwe, 1965); Durchbruch anno achtzehn. Ein Fronterlebnis (1933, NA. 1944); Die Karawane am Persergolf. Eine abenteuerliche Kriegsfahrt durch die arabische Wüste (1934; NA. 1944); Der strahlende Stern. Eine Erzählung vom Ruhme Tecumsehs. Alten Quellen nacherzählt (1934; NA. 1977); Schneller Fuß und Pfeilmädchen. Eine Erzählung aus der Zeit als Tecumseh 12 Jahre alt war. Alten Quellen nacherzählt (1935; NA. 1977); Männer. Ein Buch des Stolzes. Anekdoten aus dem Weltkrieg (1936; NA. 1944); Wolfram fährt nach Südtirol. Die Geschichte einer Kinderfreundschaft (1937; auch u.d.T.: Wolfram fährt in die Dolomiten, 1959); Bewährung der Herzen. Novelle (1937; NA. 1949); Der Sohn des Manitu. Eine Erzählung vom Kampfe Tecumsehs. Alten Quellen nacherzählt (1938; NA. 1975); Tecumsehs Tod. Eine Erzählung vom Kampf eines roten Mannes für sein Volk (1939; NA. 1964); Traum im Februar. Erzählungen (1939); Ein Becher Wasser und andere Begebenheiten aus Polen. Erzählungen (1940); Der Marsch nach Lowitsch. Ein Bericht, nach den Erzählungen seines Bruders Reinhold Wittek u.a. niedergeschrieben (1940); Dem Vaterland zugute. Erzählungen (1943); Der ehrliche Zöllner. Geschichten (1949; auch u.d.T.: Der alte Witt, 1963); Zwei Mädel wie Hund und Katze. Ein fröhliches Buch aus glücklichen Tagen (1949; NA. 1968); Die Anna. Roman (1951); Dort hinter dem gläsernen Berge. Buch der Kindheit (1952); Ruf der Wälder. Eine Erzählung vom Kampfe des roten Mannes für sein Volk. Mit Karten und Skizzen (1951; NA. 1963); Müllers ziehen um (1955; NA. 1968); Die Schuld des Andreas Bernewaldt. Erzählungen (1956); Mississippi-Saga. Sieur de La Salle. Entdecker, Eroberer, Edelmann. Roman (1956; NA. 1975); Mississippi-Tragödie. Das ungeheure Wagnis des Robert de La Salle. Roman (1957; NA. 1975); Gunnar vom Eisland (1957); Im Stall von Bethlehem (1957); Der Weg nach Bethlehem (1958); Und Gott schuf Himmel und Erde. Die Schöpfungsgeschichte erzählt von Fr. Steuben, gemalt von J. Grüger (1958, ^{5}1964); Die Welt die mag zerbrechen. Christuszeugen des Ostens (1959); Der weite Ritt. Roman (1960; NA. 1971); Der ewige Hunger nach Gold. Interessantes, Amüsantes und Verwunderliches aus der Geschichte des Handels (1965); Auf großer Fahrt. Wanderungen zwischen Pregel und Beskiden (1966); Männer, mild vom Mond beschienen. Erzählungen (1975); Der Thronfolger. Erzählungen (1976).

Hrsg.: Bücherei der Jugend (1937–1941); Wir von der Weichsel und Warthe (zus. mit K. Gehrmann, 1950); Abenteuer! Abenteuer! (1957); Friede auf Erden. Weihnachtsgruß an die Vertriebenen und Flüchtlinge und an ihre Helfer (1963); Und das Licht scheinet in der Finsternis. Ein Weihnachtsgruß (1964).

Bearb.: Die soldatische Tat. Berichte von Mitkämpfern des Heeres im Westfeldzug 1940. Hrsg. vom Oberkommando des Heeres (1941); J. F. Cooper: Der Wildtöter (1964; NA. 1973); J. F. Cooper: Der Letzte der Mohikaner (1965; NA. 1973); J. F. Cooper: Der Pfadfinder (1965; NA. 1974); J. F. Cooper: Die Ansiedler (1967; NA. 1974); J. F. Cooper: Die Prärie (1967; NA. 1975).

Sekundärliteratur: P. Aley: Jugendliteratur im Dritten Reich. Dokumente und Kommentare (1967). – Fr. Hetmann: Indianer heute. Bericht über eine Minderheit (zus. mit A. Keil, 1977). – H. Lipinsky-Gottersdorf: Geschichten der Mannhaftigkeit. Zu Fritz Steubens Werk (in: Neue Sammlung. Göttinger Blätter für Kultur und Erziehung. 1961. 4. 322–325). – W. Schuhmacher: Erhard Wittek. Das Werk des ostdeutschen Dichters für Jugend und Volk (in: Die Neue Literatur. 42. 1941. 12. 288–295).

Hans Eich

Steve Canyon

Amerikanische Comicserie von Milton A. Caniff.

Der von MILTON A. CANIFF geschaffene Kriegscomic erschien erstmals am 19. Januar 1947, nachdem sein Verfasser von 1934 bis 1947 die sehr erfolgreiche Militärserie „Terry and the pirates“ gezeichnet hatte. CANIFF überwarf sich jedoch mit seinen Redakteuren und begann mit den Arbeiten zu der neuen, später erfolgreichen Comicserie St. C. „Terry and the pirates“ wurde von GEORGE WUNDER fortgeführt. Etwa 200 Zeitungen nahmen die neue Serie schon zu einem Zeitpunkt unter Vertrag, als CANIFF noch an ihrer Entstehung arbeitete.

Die St. C.-Serie wurde durch das Chicago Sun Times Syndicate und das King Feature Syndicate vertrieben. Nach einem Jahr verbesserte CANIFF das äußere Erscheinungsbild und die Handlungsführung. Mit Erlaubnis der US Air Force wurde St. C. in eine Fernsehserie umgesetzt.

Die Serie zeichnet sich durch ihren gemäßigten, detailfreudigen Realismus, die raffinierte Anwendung verschiedener filmkameraähnlicher Einstellungen, die grellen Beleuchtungseffekte, das optimale Einsetzen schwarzer Flächen und die maximale Ausnutzung des Bildraumes aus. Ihr Held, Stevenson Burton Canyon, ist während des Zweiten Weltkrieges Captain des Air Transport Command gewesen, nachdem er vor seiner Militärzeit einige Jahre das College besuchte. Er sieht gut aus und ist intelligent, aber auch oft ein unbesonnener Draufgänger mit persönlichen Schwächen. Nach Kriegsende geht er zur zivilen Luftfahrt und läßt sich während des Korea-Krieges reaktivieren. Danach – er ist der Manager einer fast bankrotten Fluggesellschaft – erlebt er Abenteuer in aller Welt und macht riskante Geschäfte. St. C. ist bei Frauen sehr beliebt. 1949 kämpfte St. C. in China gegen Eindringlinge aus dem Norden, und 1950 ließ er sich als Nachrichtenoffizier der Luftwaffe anwerben, um am Kalten Krieg in der ganzen Welt teilzunehmen. Am 26. April 1970 heiratete er Summer Smith Olsen, eine Witwe mit Kind.

Neben den Bildern besteht ein karger, jedoch aussagekräftiger Dialogtext. Der Inhalt der Serie wird zum einen durch das militärische Sujet geprägt, zum anderen durch patriotische Züge, die nach CANIFFS Ansicht für den Erfolg der Serie entscheidend sind. Die Serie hat viele unterschiedliche Frauentypen vorgestellt, was zum Teil kritisiert wurde. CANIFF glaubt, daß sein blonder, konservativer Held, den die Moskauer Zeitung „Prawda“ in den sechziger Jahren als imperialistischen Kriegstreiber kennzeichnete, typisch amerikanische Vorstellungen und Ideale verkörpere. Die Leserschaft wird auf 50 bis 60 Millionen geschätzt. 650 Zeitungen in den USA und in anderen Ländern druckten 1977 St. C. regelmäßig ab. Die zu starke Hervorhebung typisch amerikanischer Lebens- und Führungsideale mag ein Grund dafür sein, daß die Serie in Europa nicht heimisch werden konnte.

Sekundärliteratur: St. Becker: Comic art in America (1959). – G. Metken: Comics (1970). – G. Perry: The Penguin book of comics (zus. mit A. Aldridge, 1967). – R. C. Reitberger: Comics. Anatomie eines Massenmediums (zus. mit W. J. Fuchs, 1971).

Wolfgang Kempkes

Stevenson, Robert Louis

*Schottischer Verfasser von klassischen Abenteuerromanen und Kindergedichten; * 13. 11. 1850 Edinburgh, † 3. 12. 1894 Apia/Samoa.*

Als einziges Kind eines Leuchtturmingenieurs wuchs St. in Edinburgh auf. Da er den Beruf des Vaters und Großvaters ergreifen sollte, nahm er 1867 in seiner Heimatstadt das Ingenieurstudium auf. Schon bald wandte er sich, den Bohemien spielend, davon ebenso ab wie von dem streng presbyterianischen Glauben des Vaters – beides Anlaß für fortgesetzte Kontroversen zwischen den beiden, zumal der Sohn bis zu seinem 36. Lebensjahr finanziell von seinem Vater abhängig blieb. Dagegen folgte er dem Vater in der Neigung, sich abends vor dem Schlaf abenteuerliche Geschichten auszudenken, früh darin bestärkt durch blutrünstige Märtyrererzählungen seiner Kinderfrau. 1875 schloß er, dem Vater zuliebe, sein Jurastudium ab, machte aber nie Gebrauch davon. Vielmehr bereitete er sich durch

Robert Louis Stevenson (1850–1894)

Stil-Imitationen bedeutender Autoren auf den Beruf des Schriftstellers vor. Nach ersten Veröffentlichungen von Essays unternahm er Reisen in Belgien und Frankreich und beschrieb diese in Büchern, die weniger wegen ihres Inhalts als wegen ihres Stils Interesse fanden. 1880 heiratete er die zehn Jahre ältere, geschiedene Amerikanerin FANNY OSBOURNE. Er hatte sie in Frankreich kennengelernt und war ihr nach Kalifornien nachgefahren, wo die Strapazen der Reise eine latente Tuberkulose zum Ausbruch brachten. Mit Frau und Stiefsohn LLOYD wechselt er, auf der Suche nach einem erträglichen Klima, häufig den Wohnsitz (Schottland, Davos, Hyères, Bournemouth, USA), bis er sich schließlich nach einer Segelfahrt durch die Südsee 1890 auf Samoa niederließ. Als Patriarch verehrt, starb er hier 1894 an Gehirnbluten.

Werk, Tendenzen, Wirkung. Literarischer Ruhm stellte sich ein mit „Treasure Island" (1883; dt. Die Schatzinsel, 1897) und wurde noch gesteigert durch „The strange case of Dr. Jekyll and Mr. Hyde" (1886; dt. Der seltsame Fall des Dr. Jekyll und des Herrn Hyde, 1889). Auf seiner zweiten Reise nach Amerika (1887) wurden St. von Verlegern und Redakteuren lukrative Verträge angeboten. FANNY St., stets um die Gesundheit ihres Mannes besorgt, aber durch ihr unzulängliches Urteil manchen Kritikern zufolge von nachteiligem Einfluß auf sein Werk, trug dazu bei, daß nach seinem Tod längere Zeit ein idealisiertes Bild des Schriftstellers erhalten blieb (vgl. Biographie von BALFOUR und Briefausgabe von COLVIN). Noch zu seinen Lebzeiten hat sie sich den Zorn von St.s Freund, dem Lyriker WILLIAM ERNEST HENLEY (1849–1903, Vorbild für John Silver in „Treasure Island"), zugezogen. Ein kritischer Artikel HENLEYS (1901) eröffnete eine Reihe von Entmythologisierungsversuchen, besonders in den zwanziger Jahren (STEUART). Nach dem Zweiten Weltkrieg kam es zu einer ausgewogeneren Wertung von Leben und Werk St.s (DAICHES, ALDINGTON, KIELY). Kennzeichnend für Entstehung und Wirkung von St.s Erzählwerk ist sein Satz: „I believe, in a majority of cases, that the artist writes with more gusto and effect of those things he has only wished to do, than of those which he has done" (ALDINGTON, S. 176). Für die Neigung zu tagtraumabenteuerhaften Stoffen gibt es biographische Erklärungen (Fesselung ans Krankenbett, Abhängigkeit vom Vater oder, wie bei „Dr. Jekyll", Herkunft des Stoffes aus tatsächlichen Träumen). Wichtig bei der Stoffwahl sind aber auch Rücksichten auf Vorurteile des viktorianischen Publikums (wenige weibliche Charaktere und die wenigen konventionell dargestellt).

„Treasure Island" entstand, als St. an einem Regentag seinem zwölfjährigen Stiefsohn half, die Landkarte von einer imaginären Schatzinsel zu zeichnen. Sie wird für den rasch niedergeschriebenen Roman handlungsauslösend und -bestimmend. Die Mutter des jungen Helden und Ich-Erzählers Jim Hawkins betreibt im 18. Jahrhundert an der englischen Westküste ein Gasthaus, in dem der alte Seemann Billy Bones Quartier nimmt. In seiner Kiste hat er eine Landkarte, die Aufschluß gibt über die Lage des Schatzes von Kapitän Flint auf einer fernen Insel. Nach einem erfolglosen Überfall von Billys ehemaligen Kumpanen übergibt Jim die Karte Squire Trelawney, dem Gutsherrn in der Nachbarschaft. Der Squire und sein Freund Dr. Livesey brechen mit einem Schiff zur Schatzinsel auf und nehmen Jim als Kajütenjungen mit. Die meisten der angeheuerten Seeleute sind Piraten, die den Weisungen des Schiffskochs John Silver folgen. Silvers Plan, den Squire und seine Leute zu töten, wird von Jim aufgedeckt, und nach einer Reihe von Kämpfen auf dem Schiff und auf der Insel werden die Meuterer besiegt. Mit Hilfe eines vor Jahren ausgesetzten Seemanns gelangt der Squire schließlich zu dem Schatz.

„Treasure Island" ist ein prototypischer Abenteuerroman mit vier charakteristischen Komponenten. Eine dynamische Handlung (1) ergibt sich aus der starken Zielorientierung und aus der Rivalität der Gruppierungen um Trelawney und Silver. Ein Held (2) von mittlerem Maß, Jim zeigt asoziale Züge, indem er eigenmächtig zwischen den Parteien handelt und damit Wagnisse (3) auf sich nimmt, die aber stets gut enden. Ein fremdartiges Milieu (4) schließlich ist nicht nur durch die tropische Insel gegeben, sondern auch durch die Piraten. Was das Buch über gängige Abenteuergeschichten hinaushebt, ist das zwielichtige Wesen John Silvers, dessen allmähliche Aufdeckung eine Art innerer Handlung bildet, und ist darüber hinaus die Kette von Schreckensvisionen, die von Jims Alpträumen im Anfangsteil bis zu seinen quasi realen Erlebnissen im Inselurwald reicht. Insofern diese Bilder in literarischer Form erscheinen, können sie vielleicht zu einer Bewältigung entsprechender Angstgefühle bei Heranwachsenden beitragen. In Anbetracht dieser affektiv-literarischen Qualität des Buches sind die Spuren der Ideologie eines nationalgesinnten Besitzbürgertums von untergeordneter Bedeutung.

Die Wirkung der Erzählung, vom Autor während der Entstehung erprobt an Stiefsohn und Vater (dessen Inventarliste zu Billy Bones' Kiste er übernahm), war bei einem Abdruck in der Jugendzeitschrift „Young Folks" (1881–1882) als „The sea cook of Treasure Island" schwach, umso stärker jedoch bei Erscheinen als Buch in der jetzigen Fassung (1883). Premierminister GLADSTONE war von dem Buch begeistert, und der einflußreiche Kritiker ANDREW LANG stellte es „Tom Sawyer" und der Odyssee an die Seite. In weniger als 15 Jahren wurden 75000 Exemplare verkauft, sieht man von den Raubdrucken, vor allem in Amerika, ab. Den Übersetzungen in viele Sprachen folgten Dramatisierungen (mindestens 6) und Verfilmungen (6 amerikanische, 1908ff., und eine russische, 1938). Ende der sechziger Jahre brachte das Zweite Deutsche Fernsehen eine dreiteilige Fassung. Wie St. in einem Beitrag von 1894 zu der Zeitschriftenserie „My first book" ausführt, hat er in seinem populärsten Buch Anleihen bei früheren Autoren gemacht (DEFOE, MARRYAT, IRVING, KINGSLEY, POE). Zugleich aber hat er damit eine Gattungstradition neu belebt.

Zwei Abenteuerromane mit jugendlichen Bezugsfiguren vor historischem Hintergrund ließ St. wiederum zuerst in „Young Folks“ erscheinen: „The black arrow“ (1888; dt. Der schwarze Pfeil, 1922) mit einer Handlung vom Ivanhoe-Typ zur Zeit der Rosenkriege und „Kidnapped“ (1886; dt. Entführt, 1889), im schottischen Hochland nach der Rebellion von 1845 spielend. „Catriona“ (1893), das Geschehen von „Kidnapped“ mit einer Liebesromanze fortsetzend, wurde in der Mädchenzeitschrift „Atlanta“ vorabgedruckt. Die übrigen Erzählwerke sind für Erwachsene geschrieben, werden aber gelegentlich auch von Jugendlichen gelesen, darunter „Dr. Jekyll and Mr. Hyde“, die makabre Geschichte einer Persönlichkeitsspaltung, der Schottlandroman „The master of Ballantrae“ (1891; dt. Der Erbe von Ballantrae, 1895) und das als St.s bedeutendstes Prosastück geltende Romanfragment „The weir of Hermiston“ (1896; dt. Die Herren von Hermiston, 1927).
Unter den Gedichtveröffentlichungen ist „A child's garden of verses“ (1885; Im Versgarten. Gedichte für ein Kind, 1960; auch u.d.T.: dt. Mein Königreich, 1969) bemerkenswert, eine seiner Kinderfrau gewidmete Sammlung einfacher Verse, in denen St. sinnliche Erfahrungen und phantasievolle Vorstellungen seiner Kindheit festhält. Eine Anzahl der Gedichte zählt zum ‚klassischen‘ Repertoire englischer Kinderlyrik, und spätere Autoren sind davon beeinflußt worden. Nach eigener Aussage wurde Josef Guggenmos (* 1922) durch seine Nachdichtung der Sammlung zu seinen eigenen Gedichten für Kinder angeregt.

Werke: New Arabian nights (Bd. 1–2. 1882; dt. Neue arabische Nächte, 1918); Treasure Island (1883; dt. Die Schatzinsel, 1897); A child's garden of verses (1885; dt. Im Versgarten. Gedichte für ein Kind, 1960, auch u.d.T.: Mein Königreich, 1969); The strange case of Dr. Jekyll and Mr. Hyde (1886; dt. Der seltsame Fall des Dr. Jekyll und des Herrn Hyde, 1889); Kidnapped (1886; dt. Entführt, 1889); The black arrow (1888; dt. Der schwarze Pfeil, 1922); The wrong box (1889, zus. mit L. Osbourne); The master of Ballantrae (1891; dt. Der Erbe von Ballantrae, 1895); The bottle imp (1891; dt. Das Flaschenteufelchen, 1923); Island nights' entertainments (1893; dt. Inselnächte, 1945); Catriona (1893; dt. Catriona, 1925); In the South Seas (1896; dt. Südseegeschichten, 1948); The weir of Hermiston (1896; dt. Die Herren von Hermiston, 1927); M. Thesing (Hrsg. zus. mit C. Thesing): Gesammelte Werke (Bd. 1–12. 1924–1925).

Sekundärliteratur: R. Aldington: Portrait of a rebel (1957). – G. Balfour: The life of Robert Louis Stevenson (1901). – S. Colvin (Hrsg.): The letters of R. L. Stevenson (1911). – D. Daiches: Robert Louis Stevenson (1947); Robert Louis Stevenson and his world (1973). – H. Dölvers: Der Erzähler Robert Louis Stevenson (1969). – E. M. Eigner: Robert Louis Stevenson and romantic tradition (1966). – J. de L. Ferguson (Hrsg. zus. mit M. Waingrow): Stevenson's letters to Charles Baxter (1956). – J. C. Furnas: Voyage to windward: The life of Robert Louis Stevenson (1952). – R. Geissler: Der Roman im Unterricht (zus. mit P. Hasubek, 1968. 59–79). – H. James: Partial portraits (1888); Notes on novelists (1914). – R. Kiely: Robert Louis Stevenson and the fiction of adventure (1964). – H. Pleticha: Das Abenteuerbuch (in: G. Haas (Hrsg.): Kinder- und Jugendliteratur. 1974. 312–334). – W. W. Robson: The sea cook: a study in the art of Robert Louis Stevenson (in: B. S. Benedikz (Hrsg.): On the novel. 1971. 57–74). – J. A. Steuart: Robert Louis Stevenson: Man and writer (1924).

Reinbert Tabbert

Stickel, Aline

Bilderbuchkünstlerin der zwanziger Jahre; Lebensdaten unbekannt.

St.s Märchenbilderbuch „Der Wunder Wiegengaul“ (1924) ist eines der wenigen Bilderbücher des deutschen Expressionismus. Während die klar aufeinander bezogene Bilderfolge bei dem ein Jahr früher erschienenen „Hampelmanns Reise“ (1923) kaum einer textlichen Kommentierung für das Verständnis des kindlichen Rezipienten bedarf, ist eine solche bei der phantastischen Weltraumreise des jungen Flori auf seinem Schaukelpferd in der „Wunder Wiegengaul“ notwendig. In kindertümelndem, oft putzig verkleinerndem Stil werden die Reisesituationen aneinandergereiht und dabei sowohl physikalische als auch religiöse Himmelsvorstellungen süßlich trivialisiert. Dies gilt, ähnlich wie für die Illustrationen des „Ostereierbuches“ (1924), auch für einzelne Tafeln, wie z. B. jene, die die Sterne als kugelrunde, flaschensaugende Katzen-, Hunde- und Menschenbabys darstellen. Demgegenüber stehen andere ausdrucksstarke Tafeln in kräftigen, aber ausgewogenen expressiven Farbklängen. Zeichnung und Farbe bilden eine Einheit, die Konturen der Bildgegenstände verflüchtigen sich oft unter dynamisch breit ausgezogenen Pinselstrichen. Beispielhaft ist die Seite, wo regenbogenfarbene Himmelsgäule hintereinander gestaffelt Flori auf seinem Wiegenpferd zwischen Wolken entgegenzuwiehern scheinen. Gerade diese starkfarbigen Reihungen und Staffelungen verraten eine unmittelbare Verwandtschaft zu nachkubistischen, abstrakt expressionistischen Bildern des Beginns der zwanziger Jahre.

Werke: A. Stickel: Hampelmanns Reise (1923); A. Stickel: Der Wunder-Wiegengaul (1924); A. Stickel: Das Ostereierbuch (1924).

Klaus-Rüdiger Werner

Stiller, Günther

*Graphiker, Illustrator; * 11. 6. 1927 Hamburg.*

St. begann seine Ausbildung mit einer Lehre als graphischer Zeichner, studierte sechs Semester an der Kunsthochschule in Hamburg bei Erwin Krubeck. Danach arbeitete er als Graphiker und erhielt vielfach größere Aufträge von der Büchergilde Gutenberg (Frankfurt/Main), der Bauerschen Gießerei (Frankfurt/Main), dem Verlag Julius Beltz (Weinheim) und anderen Betrieben. Seit 1956 besitzt er eine eigene Handdruckerei, zwei Lithopressen, Photolabor und Photosatzgeräte und schuf sich damit die technischen Voraussetzungen für seine graphischen Experimente. St. gehörte zu den bedeutendsten Avantgardisten der Buchkunst in den sechziger Jahren, besonders auf dem

Gebiet der Bilderbuchillustration. Er veröffentlichte satirische, zeitkritische Montagen und literarisierende Bilderfolgen und Photopassagen. St. hat wiederholt ausgestellt, so in Baden-Baden, in Frankfurt und in Wiesbaden. Er lebt in Taunusstein.

Werk, Tendenzen, Wirkung. Mehrere Komponenten auf unterschiedlichen Ebenen zeichnen das graphische Werk St.s aus. Auf der einen Seite steht eine außerordentlich hohe künstlerische Wandlungsfähigkeit im Umgang mit unterschiedlichsten Werkstoffen und Techniken – Holzschnitt, Laubsägedruck, Kunststoffschnitt, direkte Übertragung von Lithokreide und Lithotusche auf die Offsetplatte, Photomontage und anderes –, auf der anderen Seite gibt St. in Zusammenarbeit mit zeitgenössischen Autoren wie HANS A. HALBEY (* 1922), JOSEF GUGGENMOS (* 1922), HANS MANZ (* 1931), ELISABETH BORCHERS (* 1926), FREDERIK HETMANN (d.i. HANS-CHRISTIAN KIRSCH, * 1934), IRMELA BRENDER (* 1935) und SUSANNE KILIAN (* 1940) entscheidende Impulse zu neuen Themenauffassungen im Bilderbuch. Das gilt für den Bereich des Nonsense in „Träume oder Verkehrte Welt, die man am besten richtig stellt" (1964) und in „Pampelmusensalat" (1965) mit Texten von HANS A. HALBEY. St. knüpft mit gegenwartsbezogenen Texten und Bildern an die englische Nonsense-Tradition von EDWARD LEAR (1812–1888) und LEWIS CARROLL (1832–1898), die vor ihm nur JOACHIM RINGELNATZ (1883–1934) und CHRISTIAN MORGENSTERN (1871–1914) und nach ihm in der deutschen Variante JÜRGEN SPOHN (* 1934), PETER BICHSEL (* 1935) und OTTO JÄGERSBERG (* 1942) adäquat darstellen konnten. Das gilt ferner für umweltbezogene, sozialkritische Themenstellungen im Bilderbuch, die er seit der antiautoritären Phase verstärkt gestaltet, so bereits in „Das rote Haus in einer kleinen Stadt" (1969), dem „Streitbuch für Kinder" (1973) von IRMELA BRENDER, dem „Nein-Buch für Kinder" (1972) von SUSANNE KILIAN und dem „Ja-Buch für Kinder" (1974) von IRMELA BRENDER.

St.s Verhältnis zum Kind ist „anti-pädagogisch"; er kümmert sich nicht um Altersgrenzen, Moral und kindliche Angemessenheit, versucht vielmehr dem (jugendlichen) Betrachter schlaglichtartig unvertraute Aspekte seiner Umwelt in den Blick zu holen, unsinnig-komisch, beabsichtigt grausam, aggressiv, anklagend und lehrstückartig im Sinne von B. BRECHT oder nur spielerisch – wie in „Worte kann man drehen" (1974) von HANS MANZ –, auch lyrisch – wie in „Was denkt die Maus am Donnerstag?" (1967) von JOSEF GUGGENMOS und in „Wohin mit der Katze?" (1970) von HEINRICH MARIA DENNEBORG (* 1909).

St. ist kein ausgesprochener Kinderbuchillustrator. Etwa sechzig Prozent seines Schaffens ist der Literatur der Erwachsenen gewidmet: Illustrationen zu GOGOL, RIMBAUD und anderen französischen Symbolisten wie BAUDELAIRE, VERLAINE, der Darstellung von Schwankgeschichten und Moritaten („Bauern, Gauner, lose Weiber", herausgegeben von ALFRED CLEMENS BAUMGÄRTNER, 1964) und zeitgenössischer amerikanischer Folklore in Zusammenarbeit mit FREDERIK HETMANN („Amerika-Saga", 1964; „Amerika singt", 1966; „Wer bekommt das Opossum", 1968; „Indianermärchen aus Nordamerika", 1970). Unter der Vielfalt seiner Darbietungsweisen sind insbesondere seine Holzschnitte zu den Erzählungen von GOGOL und der „Amerika-Saga" HETMANNS zu erwähnen. St. setzt damit die Tradition der Expressionisten fort, die in der unmittelbaren Nachkriegszeit FRANZ HAACKEN (* 1911, „Oh Freude über Freude", 1947) wiederbelebte. Ferner seien seine Laubsägedrucke in „Freudenfeuerwerk, Manieristische Lyrik des 17. Jahrhunderts" (1962) und die Arbeit mit Photomontagen in neueren Titeln, so in „Das rote Haus in einer kleinen Stadt" (1969), im „Nein-Buch" (1972) und in Photopassagen wie in KARIN BOLTES „Einweisung für drei Mädchen" (1975), erwähnt.

Werke: K. Capek: Seltsame Geschichten von Räubern und Polizei, Zauberern, Doktoren und vielen Tieren (1958); E. Kästner: Die verschwundene Miniatur (1959); H. von Gebhardt: Das Mädchen von irgendwoher (1960); P. Medina: Französisch wie es nicht im Wörterbuch steht (1960); H. M. Denneborg: Jan und das Wildpferd (1961); H. M. Denneborg: Das Eselchen Grisella (1962); H. Gersch (Hrsg.): Freudenfeuerwerk. Manieristische Lyrik des 17. Jahrhunderts (1962); N. Gogol: Abende auf dem Vorwerke bei Dikanjka und andere Erzählungen (1963); H. Chr. Andersen: Es ist ganz gewiß (1963); A. Cl. Baumgärtner: Bauern, Gauner, lose Weiber (1964); Der Butzemann. 35 Kinderlieder und Reime (1964); G. Ph. Harsdörffer: Jämmerliche Mordgeschichten (1964); Fr. Hetmann: Amerika-Saga (1964); J. A. Rimbaud: Das trunkene Schiff (1964); G. Stiller: Träume oder Verkehrte Welt, die man am besten richtig stellt (1964); H. A. Halbey: Pampelmusensalat (1965); C. A. Kortum: Die Jobsiade (1965); K. Mikszath: Sankt Peters Regenschirm (1965); J. Guggenmos: Gugummer geht über den See (1966); Fr. Hetmann (Hrsg.): Amerika singt (1966); R. Pacaut: Hühnerkrieg (1966); P. Weiss: Nacht mit Gästen (1966); Ch. Baudelaire: Le vileux saltimbanque (1967); H.-J. Gelberg (Hrsg.): Kinderland – Zauberland (1967); J. Guggenmos: Was denkt die Maus am Donnerstag? (1967); Fr. Hetmann: Rußland-Saga (1967); H. Ries (Hrsg.): Ebenholz. Afrikanische Sprichwörter (1967); P. Berger: Benjamin Habenichts (1968); Fr. Hetmann: Wer bekommt das Opossum? (1968); H. Melville: Moby Dick (1968); Th. Murner: Die Schelmenzunft (1968); G. Ruck-Pauquèt: Wenn der Mond auf dem Dach sitzt (1968); Ph. D. Khiêm (Hrsg.): Vietnamesische Märchen (1968); E. Borchers: Das rote Haus in einer kleinen Stadt (1969); J. Guggenmos: Wer nie ein Nilpferd gähnen sah ... (1969); M. Ingenmey (Hrsg.): Die Katze, die aus Rom kam (1969); Fr. Hetmann (Hrsg.): Indianermärchen aus Nordamerika (1970); P. Härtling: Und das ist die ganze Familie (1970); H. M. Denneborg: Wohin mit der Katze? (1970); W. Weyrauch: Ein Clown sagt: Ich bin ein Zweifler. Denktexte für junge Leser (1971); I. Brender: Happy – high – tot (1972); Fr. Hetmann: Sklaven, Nigger, Schwarze Panther (1972); Fr. Hetmann: Ich habe sieben Leben (1972); S. Kilian: Nein-Buch für Kinder (1972); I. Brender: Streitbuch für Kinder (1973); H.-R. Hoegen: Ich darf, ich kann, ich muß (1973); Fr. Hetmann: Hab Sonne im Herzen (1973); K. Koegel: Schlager, Pop und Showgeschäft (1973); J. Weisheit: Ersatzdienst statt Wehrdienst (1973); I. Brender: Ja-Buch für Kinder (1974); J. Lehmann: Religion ungenügend (1974); P. Scheiner: Wie du mir ... (1974); H. Manz: Worte kann man drehen (1974); K. Bolte: Einweisung für drei Mädchen (1975); J. Donovan: Die Schutzschicht ist behutsam zu entfernen (1975).

Sekundärliteratur: H.-J. Gelberg: Günther Stiller (in: Illustration 63. 2. 1965. 1. 14–17). – H. Künnemann: Günther Stiller. Ein deutscher Bilderbuchmacher (in: Profile zeitgenössischer Bilderbuchmacher. 1972. 184–189 und 247–248). – K. op der Strepen: Der experimentierfreudige Günther Stiller (in: Zeitschrift für Jugendliteratur. 1968. 2. 92–100). – H. Wendland: Besondere Bilderbücher (in: Der Druckspiegel. 21. 1966. 781–783); Das Betreten der Welt geschieht auf eigene Gefahr (in: Philobiblon. 12. 1968. 1. 32–56).

Ulrich Hann

Stöber, Karl

*Volks- und Jugendschriftsteller, Pfarrer, Schulinspektor; *30.11.1796 Pappenheim (Nürnberg), † 6.1.1865 Pappenheim.*

St. studierte in Erlangen Theologie. Im Jahr 1842 wurde er zum Stadtpfarrer, zum Dekan und Schulinspektor in seiner Geburtsstadt Pappenheim an der Altmühl ernannt.

Werk, Tendenzen, Wirkung. Der Autor, der sich selbst als Jugend- und Volksschriftsteller bezeichnete, wurde vor allem durch seine zahlreichen Beiträge erzählender Art für Jugendzeitschriften und Jahrbücher der Zeit bekannt. So lieferte er Erzählungen für die von Barth herausgegebenen „Jugend-Blätter", das „Jugend-Album", die von Plieninger herausgebrachten „Weihnachtsblüthen" und für „Des Knaben Lust und Lehre". Die Inhalte seiner Erzählungen, die von einem naivfrommen christlichen Glauben gekennzeichnet sind, entnahm er vorwiegend Lebenserfahrungen aus der eigenen heimatlichen Umgebung. Auch Legenden und Sagen des Altmühltals, die er sich gerne von alten Gewährsleuten erzählen ließ, flossen in seine Geschichten ein. Wie sehr seine Erzählungen in den Gesprächen mit einfachen Leuten seiner Umgebung ihren Ursprung hatten, sagt der Autor selbst recht deutlich im ersten Band der Gesamtausgabe seiner „Erzählungen": „Der Erzähler wurde schon von dem Einen und Andern gefragt, wo er die Geschichten aufklaube, die durch seine Feder liefen. Die Antwort zu dieser Gewissensfrage lautet: ‚Auf seinem Wege nach St. Gallen'. An der Altmühl ist nämlich ein Gottesacker, und mitten darin steht ein uraltes Kirchlein, das einen Thurm mit einem Satteldach und den Heil. Gallus zum Schutzpatron hat. Auf diesem Wege nach St. Gallen nun ... spricht der Erzähler von allen Dingen weit weniger, als er hört, und gesellt sich am liebsten zu alten Leuten, denen die gegenwärtige Zeit nicht gefallen will, und die daher zumeist von der zukünftigen oder der vergangenen reden. Läßt aber ein solcher Pilgersmann ein Wort fallen, so einer Geschichte gleicht, so steigt der Erzähler nicht darüber hinweg, wie Petrus über das Hufeisen, sondern hebt das Ding auf und betrachtet es von allen Seiten. ... Und merkt er, daß etwas Gutes unter der Schale stecke, so rastet er nicht eher, als bis er den innersten Kern herausgekehrt hat ...". So ist in seinen Erzählungen auch eine beschaulich-rückwärtsgewandte Tendenz nicht zu verkennen. Wie der Autor seine in den Erzählungen immer wiederkehrende christlich-mildtätige Gesinnung auch im Alltag zu verwirklichen suchte, zeigt das „Vorwort" zu dem 1837 von ihm veröffentlichten Bändchen „Lieder und Erzählungen für die reifere Jugend": „Zu Windsbach im Rezatkreise des Königreichs Bayern hat eine fromme Hand im Vertrauen auf Gottes Hilfe und mit des Königs gnädigster Erlaubnis angefangen, eine Erziehungsanstalt für Söhne verstorbener Seelsorger zu errichten. Für dieses christliche Werk würde ich persönlich sammeln, wenn ich es könnte. Da es mir aber mein Amt nicht erlaubt, so sende ich in Gottes Namen diese Lieder und Erzählungen aus, um es an meiner Statt zu thun. Jedes Schärflein, das sie etwa heim bringen, soll in den Gotteskasten jener Anstalt gelegt werden ...".

Daß die Erzählungen St.s geschätzt wurden, zeigen die mehrfachen, dickleibigen Gesamtausgaben seiner vorher in Zeitschriften und Jahrbüchern verstreuten Erzählungen, die 1841–1843 erstmals, mit Kupferstichen und Steindrucken von LUDWIG RICHTER, in drei Bänden herauskamen und die mehrere Auflagen erlebten. Ab 1870 kam sogar eine preiswerte Volksausgabe in sechs Bänden heraus.

Werke: Lieder und Erzählungen für die reifere Jugend (1837); Die Schild-Abnahme. Eine Erzählung nach einem Lebenslaufe bearbeitet (1840); Erzählungen. Gesammtausgabe mit Zeichnungen nach Richter (Bd. 1–3. 1841–1843); Das Elmthäli. Eine Erzählung für Jung und Alt zu Stadt und Land (1842); Das blaue Wasser oder das Branntweintrinken und seine Folgen. Eine Erzählung (1843); Der Schneider von Gastein (1844); Geschichten und Erzählungen (1846); Kalendergeschichten für alles Volk und alle Zeit (1847).

Rudolf Wessel

Stökl, Helene

*(Ps.e: Constanze von Franken, Joconde). Erzieherin, Kinderbuchautorin; *18.3.1845 Brandenburg an der Havel, †16.2.1929 Wien.*

St., geborene BOECKEL, Tochter eines Oberlehrers, lebte in Breslau und Görlitz, bis sie 1863 in Bunzlau (Niederschlesien) das Lehrerinnenexamen ablegte. 1864 trat sie dort eine Erzieherinnenstelle an. Im Jahr 1866 zog sie nach dem Tod ihres Vaters nach Wiener Neustadt, wo sie 1869 den Musiklehrer RUDOLF ST. heiratete. Nach dem Tod ihres Mannes begann sie 1873 aus Interesse an der Kinderliteratur, aber auch zum eigenen Broterwerb – sie hatte sich und drei Kinder zu versorgen – mit der äußerst produktiven Schriftstellerei. Sie veröffentlichte zunächst kleine Erzählungen in österreichischen Zeitungen und Zeitschriften, arbeitete bei der in Reichenberg erschienenen „Österreich-Deutschen Jugend" mit, bis sie schließlich selbständige Kinder- und Jugendbücher verfaßte, die unter anderem ins Englische, Holländische und Norwegische übersetzt wurden. 1890 erhielt sie für ihre Jugendschriften die Ehrengabe der „Schwestern Fröhlich-Stiftung" in Wien. Unter dem Pseudonym CONSTANZE VON FRANKE veröffentlichte sie mehrere Ratgeberbücher zu Fragen des Haushalts und des guten Tons; einige wurden bis in die fünfziger Jahre dieses Jahrhunderts aufgelegt.

Werk, Tendenzen, Wirkung. Die meisten Jugendbücher St.s wandten sich an Backfische („Das Lorl", „Aus der Mädchenzeit", „Fräulein Conni" und viele andere) oder an junge Mädchen, die kurz vor dem Erwachsenenleben standen („Auf der Schwelle des Lebens", „Verschlungene Lebenspfade" und andere). Die von ihr herausgegebene „Mädchenbibliothek Freia" mit Beiträgen von MARIE VON EBNER-ESCHENBACH (1830–1916), HEINRICH SEIDEL (1842–1906), ERNST VON WILDENBRUCH (1845–1909), dem Ägyptologen GEORG EBERS (1837–1898) und anderen Autoren sollte jungen Mädchen, „welche die Schulzeit hinter sich haben und nun zögernden Fußes und zaghaften Blickes in das Leben der Erwachsenen hinaustreten, reine gesunde Nahrung bieten für Geist und Gemüt". Aber nicht nur konventionelle Themen wie „Toilettenplaudereien" und „Skizzen vom Schönen der Erde" bot St. den Mädchen an, sondern auch Anleitungen zum Fotografieren, Berichte über Entdeckungen der Naturwissenschaften und leicht verständliche Essays zu geschichtlichen und literarischen Fragen. Wenn auch nur in geringem Ausmaß, so sind doch in vielen ihrer Mädchenbücher Versuche festzustellen, sich vom traditionellen Bild der Frau und deren Fixierung auf Ehe und Familie zu lösen. Zahlreiche ihrer Erzählungen, die einerseits ganz im konventionellen Schema von Unglück und Erlösung verfaßt sind, vertreten andererseits auch die These – wohl Ergebnis von St.s eigener Erfahrung –, daß ein Mädchen dem Knaben, eine Frau dem Mann durchaus gleichwertig sein könne, wenn sie nur genügend ihrem eigenen Verstand vertraue. So wollten ihre Backfischbücher, ihre zahlreichen Kindergeschichten und -gedichte, aber auch ihre Reiseschilderungen und Lebensbilder nicht nur vergnügen, sondern auch belehren und beraten.

Häufig wird in den Erzählungen der Autorin auch eine gewisse Trauer um den Verlust von Kindheit und Jugend, von Ungebundenheit und Sorglosigkeit deutlich, verbunden mit der Aufforderung, nicht erst das Leben als Erwachsener, sondern auch schon als Kind für vollwertig zu betrachten („Aus glücklichen Tagen", „Im Jugendland" u.a.). St. schrieb ihre Geschichten und Romane in einer einfachen und zurückhaltenden Sprache, bei der das sentimentale Moment – bei dieser Stoff- und Themenwahl nur schwer zu vermeiden – nicht aufdringlich im Vordergrund steht. Viele ihrer Kinder- und Jugendschriften, die auch in sogenannten Jugendbibliotheken erschienen („Bücherei für die Jugend", herausgegeben von J. AMBROS in Wien; „Jugendlaube", herausgegeben von HERMINE PROSCHKO in Graz; „Pichler's Jugendbibliothek" in Wien; „Universalbibliothek für die Jugend", Stuttgart) erreichten mehrere Auflagen.

Werke: Maja (1877, ²1879); Aus der Mädchenzeit. Geschichten für Backfische und solche, die es gewesen (1877, ³1887); Metas Geheimnis (1878); Aus glücklichen Tagen. Erzählungen und Erlebnisse aus der Frühlingszeit des Lebens (1880); Aug' in Auge (1881); Meinen Sie mich? (1881); Verschlungene Lebenspfade. Vier Erzählungen für junge Mädchen (1882, ²1885); Für's Kindernest. Alte und neue Märchen in Versen (1882); Daheim und draußen. Für die Kleinen gedichtet (1882, ²1887); Unterm Weihnachtsbaum (1883); Herzenskalender (1884); In Untreue treu (1884); Die Seeschwalbe (1885); Unsere Kleinen (1885); „Schneerosen". Erzählungen aus der Weihnachtszeit (1886, ²1887); Das Lorl und andere Erzählungen für junge Mädchen (1888); Hell und dunkel (1889); Märchenquell. Kleine Erzählungen für Kinder (Bd. 1–2. 1889); Zum Meer. Ferientage in Triest (1890); Aus eigener Kraft. Lebensbilder bedeutender Österreicher unserer Zeit (1891); Auf der Schwelle des Lebens. Herzensworte als Mitgabe für deutsche Töchter bei ihrer Aufnahme in den Kreis der Erwachsenen (1892, ⁶1909); Die Weltreisen Ida Pfeifers (1892; auch u.d.T.: Die Weltfahrten der österreichischen Reisenden Ida Pfeifer, 1920); Drei Wochen am Gardasee (1892); Fräulein Circibell (1892); Erzählungen (1893, ³1907); Was ihr wollt. Erzählungen für die junge Welt (1894); Freudvoll und leidvoll (1895); Verschiedene Lebensziele (1896); Feierstunden der Seele (1896, ³1905); Wehe dem, der nicht lügt. Sylvestermärchen (1897, ²1916); Die Christbescherung und andere Erzählungen (1897, ²1904); Novellen (1899); Im Dienste des Herrn. Lebensbilder christlicher Frauen, für Deutschlands Töchter dargestellt (1901); Kinderglück. Ernstes und Heiteres für die deutsche Kinderwelt erzählt (1902, ³1926); Achtzehn kleine Erzählungen für Knaben und Mädchen (1902); Zur Freude. 150 Geschichten und noch eine (zus. mit J. Meyer, 1903); Leben und lieben (1905); Im Jugendland (1905); Die Frau nach dem Herzen des Mannes (1906); 21 kleine Erzählungen für Kinder von 7 bis 10 Jahren (1906); Im schwarzen Erdteil. Erlebnisse des österreichischen Afrikaforschers Dr. Emil Holub (1906, ²1908); 73 kleine Erzählungen, Geschichten und Märchen für Knaben und Mädchen (zus. mit M. v. Loga, 1906); Von der schönen blauen Adria. Tagebuch eines Knaben über seine Reise an die österreichische Adriaküste von Grado bis Cattaro (1908); Nach der Schule (1908); Schicksale (1908, ²1917); „Ich will!" Lebensbilder hervorragender Männer unserer Tage (1909); Frohe Jugend. 101 schöne Kindergeschichten (zus. mit J. Meyer, 1909); Im Jugendland. Zwanzig Erzählungen und Märchen (1910, ²1912); 21 kleine Erzählungen (1911); Dickchens und Dummchens Lieblingsgeschichten (1911); Von überall. Allerlei Geschichten aus Heimat und Fremde der deutschen Kinderwelt erzählt (1912); Das bunte Buch. Geschichten für kleine Buben und Mädchen (1914, ²1920); Hundert Kinderreime zu Bildern (zus. mit C. Lauzil, 1914); Weiße Narzissen (1915); Drollige Geschichten (1916); Zwei Erzschelme (1917); Irgendwo und Nirgendwo. Ein Geschichtenbuch für die Jugend (1917); Von Kindern und Helden. Kriegsgeschichten (1917); Luginsland, ein fröhlicher Geschichtenkranz (1917); Wildfangs Geschichtenbuch (1917); Wie man's treibt, so geht's. Geschichten und Märchen in lustigen Versen (1920); Ein Buch von großen und guten Menschen (1921); Fräulein Conni. Eine Sommerfrischen-Erzählung aus dem Wiener Wald (1924).

Bearb.: H. Malot: Allein in der Welt, frei bearbeitet nach Hector Malot (1895); M. Twain: König und Betteljunge. Eine Mark-Twain-Bearbeitung (1901); A. Stifter: Bunte Steine. Nach Adalbert Stifters Erzählung bearbeitet für die Jugend (1901); Till Eulenspiegels lustige Streiche (1917); Freiherrn von Münchhausens Reisen und Abenteuer (1917); Reineke Fuchs (1919).

Hrsg.: Mädchenbibliothek Freia zur Bildung von Geist und Gemüt für Deutschlands Töchter (Bd. 1–4. 1894–1896); O Tannenbaum, o Tannenbaum! Weihnachtsgeschichten aus aller Herren Länder (1913).

Klaus-Ulrich Pech

Stolz, Mary

*Amerikanische Kinder- und Jugendbuchautorin; * 24. 3. 1920 Boston, Massachusetts (USA).*

St. wuchs in New York auf, besuchte dort die Schule und studierte an der Columbia University in New York und am New College in North Carolina. Sie arbeitete dann als Buchhändlerin und als Sekretärin am Columbia Teachers College. Noch während ihrer Ausbildung begann sie Gedichte, Geschichten, Biographien und Essays zu schreiben. Ihr erstes Jugendbuch „To tell you love" (dt. Liebe hat Zeit, 1958) erschien 1950 und wurde 1959 mit dem Deutschen Jugendbuchpreis ausgezeichnet. St. schrieb für alle Lesestufen, ins Deutsche übersetzt wurden aber fast nur ihre Mädchenbücher. In ihren Büchern verfolgt sie die Absicht, die jungen Leser mit ihren Problemen ernstzunehmen und ihnen bei ihrer Selbstfindung behilflich zu sein. Bisher sind von ihr ca. 40 Bücher veröffentlicht worden, die in 28 Sprachen übersetzt worden.

Werk, Tendenzen, Wirkung. St. hat durch die Übersetzung ihrer Bücher ins Deutsche in den sechziger Jahren auf die Entwicklung der Mädchenliteratur in der Bundesrepublik Deutschland nachhaltig Einfluß genommen. Bereits mit den ersten Büchern (u. a. „Liebe hat Zeit", 1958; „Die Außenseiterin", 1960) setzte sie vieldiskutierte neue Akzente durch die Verbindung von romanhafter Unterhaltung und der pädagogischen Absicht, den Leserinnen Hilfen zur Bewältigung ihrer psychologischen und entwicklungsbedingten Probleme zu geben. Dabei erreicht sie Genauigkeit in der Milieuwiedergabe und in der Darstellung eines durch Arbeitslosigkeit bestimmten kleinbürgerlichen Alltags („Rosemary", 1950; dt. Rosemarie, 1964). Ihr Thema ist immer wieder die Nachzeichnung von Reifungsprozessen durch Niederlagen und Verluste, die schrittweise Überwindung von Abkapselung und Passivität und auf diesem Hintergrund die Entdeckung der Identität. Sie bevorzugt sensibel-introvertierte, selbstreflektierte Mädchentypen. Allerdings werden tradierte weibliche Rollenmuster nicht durchbrochen. Die Ehe ist immer noch begehrtes Ziel ihrer Hauptfiguren, ohne daß jedoch von ihr eine totale Erfüllung erwartet wird. Der Familienbezug bleibt eine wesentliche Orientierung der Mädchen, aber er ist nicht frei von Spannungen und Konflikten. Die Eltern haben meist Verständnis für ihre Kinder, sind aber oft hilflos und in ihren Möglichkeiten durch eigene Probleme beschränkt. Das propagierte Wertsystem ist das der amerikanischen „middleclass" in kleinstädtischer Umwelt. – Immer wieder kommt die Verfasserin auf das Motiv des „Wartens", des Ausharrens auf der jugendlichen Übergangsstufe zurück, was für die Mädchen oft erotisch-sexuelle Zurückhaltung und Enthaltsamkeit bedeutet, eine Haltung, die durch typisierte selbstbeherrschte männliche Partner erleichtert wird. Dies verweist auf das Syndrom bürgerlicher Wertvorstellungen, gegen die es bei St. nirgends ein Aufbegehren gibt. Die Bücher halten einerseits an tradierten Werten fest (Familie, Rollenverteilung, middle-class-orientierte Ordnung), die sie andererseits mit einer gewissen skeptischen Gebrochenheit betrachten, ohne allerdings Alternativen zu eröffnen oder wenigstens anzudeuten. Sie beharren in psychologischer Problemstellung und laufen letztlich auf therapeutische Hilfen zur Konfliktlösung in einem nicht weiter thematisierten und in Frage gestellten gesellschaftlichen Rahmen hinaus. Trotz einer gewissen Schematik der Stoff- und Themenwahl erreicht St. gelegentlich – z. B. in der Verarbeitung von Todeserfahrungen – psychologische Tiefen (Abschied ohne Adieu, 1964; Jahreswechsel, 1976).

Werke: To tell your love (1950; dt. Liebe hat Zeit, 1958); The organdy cupcakes (1951; dt. Der Weg zu den anderen, 1963); The sea gulls woke me (1951); The leftover elf (1952); Ready or not (1953; dt. Jahre des Wartens, 1961); In a mirror (1953); Truth and consequence (1953); Pray love, remember (1954; dt. Abschied ohne Adieu, 1964); Two by two (1954; auch u. d. T.: A love or a season, 1964); Rosemary (1955; dt. Rosemarie, 1966); The day and the way we met (1956; dt. Zeit der Erfüllung, 1962); Hospital zone (1956; dt. Lernschwester auf Privatstation, 1970); Because of Madeline (1957; dt. Die Außenseiterin, 1960); Good-bye my shadow (1957; dt. Eine Tür geht auf, 1959; auch u. d. T.: Es ist nie zu spät, Barbara, 1974); And love replied (1958); Second nature (1958); Some merry-go-round music (1959; dt. Karussellmusik, 1968); Emmett's pig (1959; dt. Klaus und sein Schweinchen, 1967); A dog on Barkham Street (1960); The beautiful friend, and other stories (1960); The great rebellion (1961); Belling the tiger (1961); Wait for me, Michael (1961; dt. In zwei, drei Jahren, 1965; auch u. d. T.: Warte auf mich, Michael, 1970); Pigeon flight (1962); Who wants music on monday (1963; dt. Die andere Schwester, 1969); The bully of Barkham street (1963); Siri, the conquistador (1963); The mystery of the woods (1964); The noonday friends (1965; dt. Die beste Freundin, 1967; auch u. d. T.: Soll ich es Simone sagen?, 1970); Maximilian's world (1966); A wonderful, terrible time (1967); Say something (1968); The dragons of the queen (1969); The story of a singular hen and her peculiar children (1969); Juan (1970; dt. Juan und sein großer Traum, 1973); By the highway home (1971; dt. Der weite Weg nach Vermont, 1973); Leap before you look (1972); Lands end (1973); The edge of next year (1974; dt. Jahreswechsel, 1976); Cat in the mirror (1975); Ferris wheel (1977).

Malte Dahrendorf

Stoppe, Daniel

*Lehrer, Schriftsteller; * 17. 11. 1697 Hirschberg (Schlesien), † 12. 7. 1747 Hirschberg.*

St., Sohn eines Schleierwebers, besuchte das Gymnasium seiner Vaterstadt und studierte 1719–1722 an der Universität Leipzig Philosophie und Schöne Wissenschaften. Zwanzig Jahre lang schlug er sich mühselig als Lehrerkandidat durchs Leben, bis er bestallter Lehrer in Hirschberg und von 1742 bis zu seinem Tod Konrektor am dortigen Gymnasium wurde.

Werk, Tendenzen, Wirkung. Als Schriftsteller war St. anfangs begeisterungsfähig und schwungvoll, seinem Landmann J. Chr. Günther (1695–1723) fast ebenbürtig. Mit der Zeit wurden seine Dichtungen platt und hausbacken. St. bot in seinen Schriften, die teils in

Versen, teils in Prosa gehalten waren, häufig eine naive Moral stoizistischer Art. Mahnrufe wie „Gedenke des Todes und genieße den Tag", oft allegorisch verhüllt, kennzeichnen seine Gedichte. St.s früheste Verse erschienen in den beiden Bänden „Erste Sammlung von Daniel Stoppens Silesischen Teutschen Gedichten" (1728) und „Zweyte Sammlung von Daniel Stoppens Teutschen Gedichten" (1729). Zwei weitere Gedichtbände erschienen 1737 und 1742 und trugen die Titel „Sonntagsarbeit oder geistliche Gedichte auf alle Sonn- und Festtäge".

St. stiftete mit Gleichgesinnten, die rings um Hirschberg, am „Sättler", einem Berg im Bobertal, wohnten, die sogenannte „Hirschberger Dichterschule" und veröffentlichte 1735 den aufschlußreichen Band „Der Parnaß im Sättler", der im poetischen Wettstreit entstandene Gedichte des Schlesischen Dichterkreises enthält, darunter einige von St. wie „Vom Geist des Zackenflusses" oder das „Loblied des Hermsdorfer Bieres". St. bemühte sich selbst um die Verbreitung seiner Gedichte, die Stoff zur Abendunterhaltung befreundeter Familien und Nachbarn abgaben und so auch der Jugend bekannt wurden. St.s wichtigster Grundsatz als Lehrer war: Der regelmäßige Wechsel von Spiel und Arbeit fördere den gesunden Unterricht. Erziehungsfragen behandelte St. in den von ihm herausgegebenen Wochenschriften „Die vor sich und ihre Kinder sorgfältigen Mütter" (1731) und „Die vor sich und ihre Söhne sorgfältigen Väter" (1735).

In den Jahren 1738 und 1740 brachte St. zwei Bände heraus, von denen jeder vier „Bücher" und jeweils 25 Fabeln enthielt. Wie St. selbst schrieb, waren diese 200 Fabeln „der deutschen Jugend zu einem erbaulichen Zeitvertreib aufgesetzt", und sollten vor allem „äsopischen Witz" unter der Jugend verbreiten. Die zeitgenössischen Leser schätzten diese Fabelsammlung, die auch Eingang in die Schulen fand, sehr. Mit der Zeit der Aufklärung gerieten St.s Dichtungen in Vergessenheit. Kl. Doderer hat in seinem 1970 veröffentlichten Buch über „Fabeln" Sinn, Art und Gestaltung folgender Fabeln St.s untersucht: „Das Echo", „Die Gelegenheit", „Die Nullen", „Der Bär und der Fuchs" und „Die Rinne".

Werke: Erste Sammlung von Daniel Stoppens Silesischen Teutschen Gedichten (1728); Zweyte Sammlung von Daniel Stoppens Teutschen Gedichten (1729); Der Parnaß im Sättler oder Scherz- und ernsthafte Gedichte (1735); Sonntagsarbeit oder geistliche Gedichte auf alle Sonn- und Festtäge (Bd. 1-2. 1737-1742); Neue Fabeln oder moralische Gedichte, der deutschen Jugend zu einem erbaulichen Zeitvertreib aufgesetzt (Bd. 1-2. 1738-1740, [2]1745).

Hrsg.: Die vor sich und ihre Kinder sorgfältigen Mütter (1731); Die vor sich und ihre Söhne sorgfältigen Väter (1735).

Sekundärliteratur: Kl. Doderer: Fabeln. Formen, Figuren, Lehren (1970). – A. H. Hoffmann von Fallersleben: D. Stoppe (in: Schlesische Provinzialblätter. August 1831). – G. Schoppe: Beiträge zum schlesischen Wörterbuch, vornehmlich aus D. Stoppes Gedichten (in: Mitteilungen der Schlesischen Gesellschaft für Volkskunde. 24. 1923).

Hans Eich

Storm, Theodor

*Schriftsteller, Jurist; *14.9.1817 Husum, †4.7.1888 Hademarschen.*

St., Sohn einer Patriziertochter und eines Advokaten, trat neunjährig in die Quarta der Husumer „Gelehrtenschule" ein und schloß seine Gymnasialzeit auf dem „Katharineum" in Lübeck ab. In Kiel (1837–1838) und Berlin (1838–1839) studierte er Jura und eröffnete 1843 eine Anwaltspraxis in Husum, die er wegen seiner patriotisch-politischen Haltung nach der dänischen Besetzung (1852) jedoch aufgeben mußte. Als Assessor fand er 1853 eine Anstellung in Potsdam, 1856 wurde er Kreisrichter in Heiligenstadt. In dieser Zeit entwickelte er vielfältige Kontakte zu Dichter- und Künstlerkreisen, die er lange, teilweise bis zu seinem Lebensende, pflegte (unter anderem mit J. Eichendorff, Th. Fontane, P. Heyse, E. Mörike, später I. S. Turgenev, G. Keller). Bis 1864, als er nach Abzug der Dänen nach Husum zurückkehren konnte, lebte er mit seiner Familie in beengten materiellen Verhältnissen und war auf Unterstützung aus dem Elternhaus angewiesen. Nach der Etablierung der preußischen Herrschaft, die dem demokratisch gesinnten St. als „freche Junkerherrschaft" und „System der brutalen Machtherrschaft" galt, verlor er das Amt des Landvogts, setzte jedoch seine Justizlaufbahn bis 1880 als Amts- bzw. Oberamtsrichter fort. Ab 1881 lebte er in seiner „Altersvilla" in dem Dorf Hademarschen.

Werk, Tendenzen, Wirkung. St.s Werk umfaßt etwa 50 Novellen und eine große Anzahl nicht unmittelbar für die Jugend bestimmter Gedichte. In einer berühmt gewordenen Stelle aus dem Nachwort zur Buchausgabe von „Pole Poppenspäler" (1875) grenzt er sich scharf von den „spezifischen" Jugendschriftstellern ab, denen er künstlerischen Dilettantismus vorwirft: „Wenn du für die Jugend schreiben willst, so darfst du nicht für die Jugend schreiben". Er forderte für die Kinder- und Jugendliteratur die Auswahl eines Stoffes, der sowohl Kinder wie Erwachsene angeht und dessen Gestaltung nicht einem vorgestellten Publikum, sondern „seinen inneren Erfordernissen gemäß" erfolgt.

Schon als Schüler entfaltete St. literarische Aktivitäten. Für B. von Buchan, eine Jugendliebe, schrieb er Gedichte, Lieder, Rätsel und Märchen, wie z. B. „Hans Bär", eine dem Volksmärchen nachempfundene Erzählung (geschrieben Weihnachten 1837, erstmals veröffentlicht 1952). Zusammen mit den Brüdern Th. und T. Mommsen sammelte St. Sagen und Märchen aus der Heimat, die in der von K. Müllenhoff herausgegebenen Sammlung „Sagen, Märchen und Lieder der Herzogtümer Schleswig, Holstein und Lauenburg" (1845) abgedruckt wurden. Zu den frühesten literarischen Veröffentlichungen gehören das Märchenszenarium „Scheewittchen" (1845), das 1855 im Friedrich-Wilhemstädtischen Theater in Berlin uraufgeführt wurde und dessen zweiter Teil erst 1885 erschien – und das Märchen „Der kleine Häwelmann" (1849), das auf naiv-phantastische Weise Mäßigung lehren soll. Beide

Veröffentlichungen erschienen zuerst in dem von BIERNATZKI herausgegebenen „Volksbuch". Im Gegensatz zu dem von H. L. KÖSTER als „anspruchslose Märchenplauderei für die Kleinen" gewerteten „Häwelmann", gestaltete St. in dem Märchen „Stein und Rose" (1850, ab 1857 in veränderter Fassung unter dem Titel „Hinzelmeier") in allegorischer Weise Erkenntnisstreben und Sinnlichkeit als einander widerstrebende menschliche Wesenskräfte. In den folgenden, fast zur gleichen Zeit konzipierten und niedergeschriebenen Märchennovellen knüpfte St. an unterschiedliches tradiertes Material an: stützte er sich bei der „Regentrude" (1864) auf Stil und mythische Motive des Volksmärchens, so klingt in „Der Spiegel des Cyprianus" (1865) eher die Sage bzw. die adelige Familienchronik an, während „Bulemanns Haus" (1864) in grotesk-phantastischen Zügen an Spuk- und Gespenstergeschichten erinnert. Die Anregung zu diesem Werk, wie auch zu dem Gedicht „In Bulemanns Haus" (1852), erhielt St. durch das von H. ENGELMANN ausgestattete Bilderbuch „Schiefertafel-Bilder zu deutschen Kinder Liedern" (1851). Die Märchen, die 1873 in zweiter Auflage unter dem Titel „Geschichten aus der Tonne" erschienen, weil St. befürchtete, das Märchen sei allgemein in Mißkredit geraten (Vorrede zur Auflage von 1873), enthalten eine reale soziale Thematik: in „Die Regentrude" wird der Gegensatz von arm und reich auf dem Lande vorgetragen, der mit Hilfe magischer Kräfte versöhnlich ausgeglichen wird, in „Bulemanns Haus" ist die Zerstörung eines Menschen und seiner Bindungen durch Geld- und Besitzgier das Thema.

Über die Motivation für seine Märchen, zu denen er sich durch W. HAUFF (1802–1827) und F. W. HACKLÄNDER (1816–1877) angeregt sah, äußerte sich St. mehrfach. Aus seinen Briefen ist zu erkennen, daß St. „der fast dämonische Drang zur Märchendichtung" meistens dann einnahm, wenn die politisch-gesellschaftliche Realität in Deutschland bzw. Schleswig-Holstein ausweglos erschien.

Von den Novellen, die in erster Linie St.s literarischen Ruhm begründeten, ist „Pole Poppenspäler", in dem das Schicksal deklassierter, heimatloser Puppenspieler, „fahrender Leute" geschildert wird, die einzige, die St. für Kinder schrieb. Sie entstand im Auftrag von J. LOHMEYER (1835–1903), dem Herausgeber der Zeitschrift „Deutsche Jugend" und wurde dort 1874 veröffentlicht. Unter St.s verstreuter Kinderlyrik gelangte „Knecht Ruprecht", enthalten in der Novelle „Unter dem Tannenbaum" (1862), zu großer Bekanntheit. In kaum einem Lesebuch der Grundschule zwischen 1900 und 1950 fehlte dieses Weihnachtsgedicht, das Generationen von Schulkindern auswendig zu lernen hatten. Die Jugendschriftenbewegung, deren Programm St. in seinen Äußerungen zur „Jugendschriftstellerei" vorweggenommen hatte, feierte ihn als „Klassiker der erzählenden Jugendschrift". Es ist daher kein Zufall, daß H. WOLGAST 1897 exemplarisch und ausführlich an St.s „Pole Poppenspäler" seine Vorstellungen von der Jugendschrift als Kunstwerk ausbreitete und selbst als Herausgeber einer in den Schulen viel benutzten Ausgabe tätig wurde. Geschätzt wurde St. auch in ausgesprochen konservativen bürgerlichen Kreisen, da seine demokratisch-antifeudale Gesinnung in seinem Werk kaum unmittelbar hervortrat. St. gestaltete zwar gesellschaftliche Probleme, sah aber weder deren reale Wurzeln noch Lösungsmöglichkeiten. Da St. sich zudem auf eng-familiäre, dörflich-kleinstädtische Stoffe beschränkte, was ihm den Spott TH. FONTANES eintrug, wurde sein Werk über die darin zum Ausdruck kommende innige Heimatverbundenheit und die Neigung zur Idylle im Sinne sentimental-irrationaler Gemüts- und Gesinnungsbildung interpretiert. Die Literaturpädagogik in der Zeit des Dritten Reiches hatte ein zwiespältiges Verhältnis zu St.: Während G. BOYKE die Novelle „Der Schimmelreiter" (1888) als Ausdruck der Entfaltung des Prototyps des „nordischen Menschen" pries, setzte J. PRESTEL den „nationalen Erbgutcharakter der Volksdichtung" gegen die künstlerische Novelle überhaupt.

St.s Novellen wurden in zahlreichen Auswahllisten empfohlen und in Ausgaben insbesondere zur Schullektüre verbreitet. Dabei wurden neben den Märchen unter anderem „In St. Jürgen" (1867), „Unter dem Tannenbaum" (1962), „Bötjer Basch" (1886) als besonders geeignet angesehen. Bis in die Gegenwart konnten sich aus diesem Kanon vor allem „Pole Poppenspäler" (1874), „Die Söhne des Senators" (1880) und „Der Schimmelreiter" (1888) behaupten. Die Märchen St.s reizten immer wieder bekannte Buchkünstler zu Illustrationen, wie z. B. OTTO UBBELOHDE (1867–1922) zu „Geschichten aus der Tonne", E. WENZ-VIËTOR (1882–1973) und U. KIRCHBERG (* 1938) zu „Der kleine Häwelmann", J. KUDLÁCEK (* 1928) zu „Die Regentrude". Die fragmentarischen Schneewittchen-Szenen wurden mehrmals Objekt von Erzählungsversuchen, die teilweise auch vertont wurden, wie etwa die Fassung von H. CLAUDIUS, die 1957 mit der Musik von A. KNAB erschien. Darüber hinaus wurden die Märchen St.s vielfach dramatisiert und für Spielzwecke umgewandelt (so z. B. W. MOMMA: Die Regentrude. Märchenspiel, 1950; E. COLBERG: Vom Jungen, der immer mehr haben wollte. Ein Lesespiel, ²1965; U. V. MEYER: Der kleine Häwelmann. Ein Doppelkreisspiel, 1971).

Werke: Schneewittchen (1845; II. Teil 1885); Der kleine Häwelmann (1849); Stein und Rose (1850); In Bulemanns Haus (1852); Knecht Ruprecht (1862); Die Regentrude (1864); Bulemanns Haus (1864); Der Spiegel des Cyprianus (1865); Pole Poppenspäler (1875); Von Kindern und Katzen und wie sie die Nine begruben (1877); Der Schimmelreiter (1888); Hans Bär (1952); P. Goldammer: Theodor Storm. Sämtliche Werke (Bd. 1–4. 1956, ²1967).

Sekundärliteratur: H. Botzong: Wesen und Wert von Th. Storms Märchendichtung (1935). – G. Boyke: Erziehung durch das Schrifttum (1941). – P. Goldammer: Th. Storm. Eine Einführung in Leben und Werk (²1974). – F. Kobes: Kindheitserinnerungen und Heimatbeziehung bei Th. Storm in Dichtung und Leben (1917). – L. Langer: Tier- und Kindesseele bei Th. Storm (in: Zeitschrift für den deutschen Unterricht. 22. 1908. 545–561, 624–638, 706–714). – W. Lottig: Storm – Rosegger (in: Vereinigte Jugendschriften-Ausschüsse (Hrsg.): Zur Jugendschriftenfrage. 1906. 19–21). – G. Lukács: Bürgerlichkeit und l'art pour l'art. Th. Storm (in: Die Seele und die Formen. 1911. 119–169). – F. Schnass: Die Einzelschrift im Deutschunterricht ([5]1967; zus. mit Th. Rutt). – I. Schuster: Th. Storm. Die zeitkritische Dimension seiner Novellen (1971). – H. Wolgast: Pole Poppenspäler (in: Jugendschriften-Warte. 5. 1897. 4. 13–15). – E. O. Wooley: Studies in Th. Storm (1943).

Bernd Dolle

Stoy, Johann Siegmund

*Theologe, Pädagoge; *18.6.1745 Nürnberg, †19.12.1808 Nürnberg.*

St. bezog 1765 die Universität Leipzig, wo er Theologie, Kirchenrecht und -geschichte sowie Moralphilosophie studierte. 1766 kehrte er nach Nürnberg zurück und wurde ein Jahr später Prediger bei St. Walburg. 1774 trat St. eine Stelle als Pfarrer in Hensenfeld in der Nähe von Nürnberg an. 1782 gab er das Predigeramt auf und gründete in Nürnberg eine Erziehungsanstalt, deren Direktor er wurde. Gleichzeitig erhielt er den Titel eines Professors der Pädagogik. St. war Mitglied des Pegnesischen Blumenordens.

Werk, Tendenzen, Wirkung. In den Jahren von 1773 bis 1778 schrieb St. drei religiöse Werke. Bis 1791 entstanden nach Dorothea Rammensee neun Werke für Kinder, darunter zwei ABC-Bücher, zwei Rätselbücher und eine Kinderbibel. Als die beiden wichtigsten Werke gelten der „Goldene Spiegel für Kinder" (3 Lieferungen 1778–1781, 2. Auflage 4 Teile mit 100 Kupfern, 1782) und die „Bilder-Akademie für die Jugend" (1784).

St.s „Goldener Spiegel für Kinder" stellt ein umfassendes Erziehungsprogramm dar. Jede der drei Lieferungen enthält 25 voneinander unabhängige Erzählungen, die für Mädchen und Jungen verschiedenen Alters und vorrangig aus höheren Ständen konzipiert sind. Darin wird häufig von Bediensteten, Hofmeistern, Erziehern und Gesellschaften berichtet. Diese Beispielerzählungen sollen „ergötzen, belehren, ermuntern, warnen und beschämen" (Vorrede zur 1. Lieferung) und dazu beitragen, daß die Leser „... den hierin aufgestellten Bildnissen fleißiger und wohlerzogener Kinder ähnlich zu werden suchen ..." (Vorrede zur 2. Lieferung). In dieser Vorrede wird ebenfalls auf eine sinnvolle Vermittlungsweise von seiten der Eltern hingewiesen. Die im Werk enthaltenen Erziehungsvorstellungen konzentrieren sich auf drei Hauptpunkte: 1. Erziehung zum Gehorsam, 2. äußerlich gesittetes Verhalten, 3. innerlich gesittetes Verhalten.

Die Kinder sollen zunächst höfliches Benehmen lernen; verboten sind alle Arten von wilden Kinderspielen und Handlungen, die den Anschein von Gefahrlichkeit

Daniel Chodowiecki. Titelblatt zu Johann Siegmund Stoys „Bilder-Akademie für die Jugend" (1784).

besitzen. So wird jede Form der Spontaneität unterdrückt. Der in den Erzählungen enthaltene Tugendkatalog bezieht sich überwiegend auf Ideale wie Fleiß, Wohltätigkeit, Mäßigung, Dankbarkeit, Verschwiegenheit, Höflichkeit, Ehrlichkeit, Vermeidung von Eitelkeit, Verachtung des Aberglaubens, wobei stets vom Prinzip von Ursache und Wirkung ausgegangen wird: ein tugendhaftes Kind wird belohnt, während ein lasterhaftes Kind sehr bald die schlimmen Folgen seiner Fehler erfährt. – Auch die 1780 bis 1783 in Lieferungen erschienene, in neuer Titelausgabe 1784 datierte „Bilder-Akademie für die Jugend" hat vorrangig lehrhaften Charakter. Sie besteht in der Endfassung aus einer Sammlung von 54 Kupfertafeln und zwei Bänden mit Erläuterungen zu den Tafeln. St. merkt an: „Der erste Entwurf dieses Werkes war schon vor der Erscheinung des Basedow'schen gemacht". Er vertritt die Meinung, daß Gelerntes nur durch bildliche Anschauungen, durch „anschauende Erkenntnis" (S. 13) vertieft werde. Drei Gebrauchsmöglichkeiten der Bilderakademie werden näher ausgeführt: 1. als Handbuch bei jeder Erziehungsmethode, 2. zum Privatunterricht, 3. zum öffentlichen Unterricht an den Schulen. Die Bilderakademie fällt durch ihre die verschiedensten Bereiche des menschlichen Lebens integrierende Konzeption auf, die sich besonders bei den Kupfertafeln zeigt: Um eine Abbildung aus der biblischen Geschichte in der Mitte sind Bilder aus acht weiteren Themenbereichen stets in gleicher Reihenfolge gruppiert, wobei der Zusammenhang nur aus den Erläuterungen in den Textbänden zu entnehmen ist. Erschwert wird der Zugang dadurch, daß zum Teil für jedes „Fach" ein anderer Aspekt der biblischen Geschichte zum Anlaß genommen wird, also kein Oberthema besteht: Die biblische Geschichte steht auch inhaltlich an zentraler Stelle und bildet die Grundlage des Werkes. So gibt das Opferholz bei der Opferung Isaaks (Tafel 9) Gelegenheit, den Ursprung und Nutzen des Holzes zu erklären (Naturbereich), und weil ein Sohn Isaaks Jäger wurde, wird das Jagen behandelt (Berufsgeschäft). Isaaks Gehorsam läßt Vergleiche mit gehorsamen und wohltätigen Kindern zu (gemeines Leben); seine Opferung stellt eine Parallele her zur Darstellung des mexikanischen Menschenopfers (Profangeschichte) und zum Opfer der Iphigenie (Mythologie). Isaaks Alter und Tod führen zu einer Erzählung von Sterbebett (Basedows Elementarwerk) und vom guten Testament und Erbe (Fabel). Die Tatsache, daß Abraham Isaak nicht zu opfern brauchte, ist der Ausgangspunkt für die Geschichte vom verlorenen und wiedergefundenen Kind (moralische Erzählung).

Die Systematik in der Gestaltung macht neben der religiösen Fundierung die Vorrangstellung der sachlichen Belehrung deutlich. Dieser Pragmatismus entspringt dem Gedankengut der Aufklärung und den Prinzipien der philanthropistischen Pädagogik. Auch die moralisch-belehrende Tendenz und St.s Postulat für Toleranz, z.B. Andersgläubigen gegenüber, entsprechen den von fortschrittlichen Geistern seiner Zeit vertretenen Anschauungen. Ein Beispiel für diese Einstellung bietet die 34. Tafel, auf der u.a. „Der Abschied des Jean Calas von seiner Familie" (Chodowiecki) dargestellt wird. Es handelte sich hierbei um einen Justizmord, der 1762 in Toulouse an Calas begangen wurde. Besonders Voltaire prangerte diesen Vorfall an und rief damit die Empörung der aufgeklärten Welt hervor. Chr. F. Weisse verfaßte zu diesem Anlaß das Trauerspiel „Jean Calas". St. schildert im Textband zur Bilder-Akademie die Vorgänge um den Mord an Calas, seine Stellungnahme wendet sich, seiner Grundposition entsprechend, gegen Glaubensfanatismus und Intoleranz. Die auf Angsterzeugung beruhenden Erziehungsvorstellungen, wie sie im „Goldenen Spiegel für Kinder" dargelegt werden, korrespondieren mit Grundsätzen der pädagogischen Praxis des 18. Jahrhunderts. Allerdings steht St. mit seiner Tendenz, die teilweise auf Überbehütung des Kindes hinausläuft, im Gegensatz zu den auf viel Bewegung und Abhärtung ausgerichteten Bestrebungen der Philanthropen. Durchgehend zeigt sich die große Bedeutung, die der Erziehung zum Gehorsam beigemessen wird. Dahinter steht die Absicht, den Eigenwillen des Kindes zu brechen, um es so früh wie möglich auf seine Erwachsenenrolle vorzubereiten: „Führt, Eltern, schon in Zartheit eure Kinder / Zu Fleiß und Tugenden – Jetzt, weil ihr Herz noch minder / Bekannt mit Lastern ist! Beugt ihr den Sohn nicht bald / So hilft zuletzt nicht Güte, nicht Gewalt. – / Und ihr – wenn andern noch am Grab die Sonn' wird scheinen, / Müßt eures Lebens Rest aus bittern Gram verweinen" (Bilder-Akademie, S. 379).

Das im Rahmen seiner religiösen Schriften von St. herausgegebene „Gesangbuch für Kinder" (1781) enthält 52 Lieder für Kinder zwischen 4 und 6 Jahren. St.s Intention besteht darin, ihr Gedächtnis „... auf eine leichte und angenehme Art zu üben und ihr Gemüthe frühzeitig zur Andacht, Gottesliebe und Frömmigkeit zu stimmen".

Auf Melodien bekannter Kirchenlieder sind neue Texte geschrieben worden, in denen „die vornehmsten Feste, Zeiten, Tugenden und Gelegenheiten" besungen werden.

Die „Bibel für Kinder" (1781) wendet sich an die Altersgruppe von 6 bis 8 Jahren. Sie enthält 500 „ausgesuchte Sprüche", denen ein 12teiliges Register beigefügt ist. Durch letzteres „soll der Nutzen dieser Bibel einigermaßen vor Augen gelegt, das Aufgeben, Hersagen und Wiederholen der Sprüche erleichtert, das Eine sowohl als das Andere angenehm gemacht, und insbesondere manche Anleitung gegeben werden, wie man von den Aussprüchen der Offenbarung einen vernünftigen und der Jugend höchst leichten, angemessenen, und gleichsam spielenden Gebrauch machen kann". Neben der religiösen Unterweisung verfolgt St. ein didaktisches Ziel, indem er als Lehrmethode das Vorgehen nach dem Alphabet empfiehlt. So finden sich in den ersten 5 Registern folgende Kategorien – jeweils nach dem ABC gegliedert: „dogmatische" und „moralische Sprüche" (Reg. 1 u. 2), „Kurze Seufzer" (3) sowie „Sprüche von den vornehmsten Tugenden" und von den „vornehmsten Lastern" (4 u. 5). Die übrigen

Register sind funktional systematisiert: „Sprüche auf die Sonn- und Festtage“ (6), auf „die meisten Gegenstände im Reiche der Natur“ (7), auf „verschiedene Fälle“ (8) und „Sprüche, die den Menschen angehen“ (9). Die Register 10 und 11 weisen Sprüche zu den 6 Hauptstücken des Katechismus und zur Heilslehre nach. Das letzte Register bezieht sich auf St.s „Bilder-Akademie“. Zu jeder ihrer 52 Tafeln ist in der Kinderbibel ein passender Spruch vermerkt. So können Eltern und Lehrer die Gedächtnisleistungen ihrer Kinder schulen und gleichzeitig Teile der Bibel vermitteln, damit „... die Jugend bey Zeiten mit der Bibelordnung bekannt gemacht, und im Aufschlagen geübt werden kann“.

Von 1781–1787 erschien ein jährlicher Almanach, dessen erster Jahrgang „Taschenbuch für Kinder und Kinderfreunde auf das Jahr 1781“ St. als Herausgeber ausweist (die folgenden Jahrgänge unter dem Titel „Nürnberger Kinder-Almanach“). Die Jahrgänge 1784 zeigen FRIEDRICH EKKARD, 1785 und 1786 CHRISTIAN GOTTFRIED BÖCKH als Herausgeber an, während für 1782, 1783 und 1787 der Herausgeber nicht namentlich genannt wird. Allerdings spricht EKKARD in seinem Vorwort zum Jahrgang 1784 von der „Ausarbeitung seines ersten Taschenbuches 1782“. So kann man annehmen, daß neben der ersten Folge möglicherweise auch der dritte Jahrgang von St. herausgegeben wurde, zumal sich beide sowohl inhaltlich als auch formal sehr gleichen. (Das „Taschenbuch für Kinder und Kinderfreunde auf das Jahr 1781“ ist bei RAMMENSEE unter „Stoy“ nicht aufgeführt; bei KAYSER findet es sich unter der Rubrik „Taschenbuch“. Als Herausgeber dieser Ausgabe und der weiteren Folgen sind nur EKKARD und BÖCKH genannt.)

Aus dem Almanach des Jahrgangs 1781 sind besonders die 12 Biographien von Pädagogen des 18. Jahrhunderts hervorzuheben, deren Portraits jeweils beigefügt sind. Neben bekannten Namen wie SULZER, MILLER, WEISSE, LAVATER, BASEDOW und CAMPE finden sich unbekanntere wie HEINRICH BRAUN mit seinem Buch „Einleitung in die Götterlehre der alten Griechen und Römer. Zum Gebrauche der Schulen“ (1762) oder JOHANN GEORG HEINRICH FEDER, Verfasser einer Rousseau-Nachahmung: „Der neue Emil, oder von der Erziehung nach bewährten Grundsätzen“, 2 Teile (1768 u. 1775), sowie JOHANN PAUL SATTLER, der ein „Wochenblatt für rechtschaffene Eltern“ (1771 u. 1772) und „Briefe eines Lehrers an seine jungen Freunde“, 2 Bde. (1779 u. 1780) herausgab.

Bemerkenswert ist der Kinder-Kalender, der dem Subskribentenverzeichnis folgt, in dem hauptsächlich Kinder aufgeführt sind. Neben jedem Datum erscheint der Name eines Kindes aus dem Kreis der Subskribenten, das an diesem Tag Geburtstag hat. Am Schluß des Almanachs befindet sich ein „Verzeichnis derjenigen Kinderschriften und Spiele, welche die Christ. Weigelsche Kunsthandlung in Nürnberg verlegt“, aus dem ebenfalls hervorgeht, daß der „Goldene Spiegel für Kinder“ aus vier Lieferungen bestand (vgl. 3. Jahrgang 1783).

Der Almanach enthält eine Anthologie von Prosastükken und Lyrik, bei denen es sich laut Vorbericht um eingesandte Stücke handelt. Die behandelten Themenkreise sind religiös-moralisch und pädagogisch fundiert. Neben einer kosmographischen Abwandlung (Das Weltgebäude) finden sich Lieder (Gottes Güte, Gehorsam gegen die Aeltern, An die Tugend), Erzählungen (Das Bild des Gekreuzigten, Der kleine wohltätige Soldat), Fabeln, Briefe von Kindern, Gesundheitsregeln und Rätsel.

1790 und 1791 gab St. seine „Weitläufige Beschreibung des pädagogischen Kabinets, welches ich zur Erleichterung der Erziehung und zur lehrreichen Belustigung der Jugend angelegt habe“ heraus. Hier sind mit genauen Preisangaben die von ihm verfaßten Werke und Spiele aufgeführt, die man direkt bei ihm beziehen konnte. St. versieht seine Anzeigen mit Kommentaren und Erläuterungen, wobei auch die Werbewirksamkeit einer solchen Schrift mit in Betracht gezogen wird.

Zur Bilderakademie führt St. aus: „Das Wesentliche aber dieses Elementarwerkes, wodurch sich dasselbe von allen andern unterscheidet, ist die Verbindung und Verwandtschaft aller Vorstellungen jeder Tafel mit einer Hauptidee, welche gemeiniglich die bey jeder Tafel zum Grund gelegte biblische Geschichte darstellt“ (S. 6).

Der Katalog bietet Erziehungsschriften an, z. B. eine Biographie und eine Topographie, Kinderbibeln, Gesangbücher, ABC-Tafeln und Schriftkästen in verschiedenen Ausführungen sowie didaktische Spiele, Bildersammlungen und Baukästen. Laut St. können „mit diesen Baumaterialien unzählige Arten von Gebäuden, Häusern, Palästen, Festungen, Thoren, Mauern, Brükken, Seulen, Portalen und dergleichen mehrere Zusammensetzungen, zur nicht geringen Freude und Belehrung der Jugend, aufgerichtet werden“ (S. 17). Die „Kleine Topographie für die Jugend“ (ca. 1788) besteht aus 48 Papptafeln in einem Futteral. Sie enthalten kurzgefaßte topographische Angaben von vielen Städten, vornehmlich aus Europa, z. B. Hamburg, Basel, London, Lissabon, Venedig, Warschau, Stockholm.

Die letzte Abteilung des pädagogischen Kabinetts enthält Gipsabdrücke von Gelehrten, Staatsmännern und Philosophen. In dem Angebot über „eine Suite hiesiger Gelehrten, Künstler und anderer Personen, jeder Medaillon 6 Zoll groß, mit einer Einfassung“ befinden sich neben anderen auch die Portraits des Prof. St. und seiner Ehefrau.

Als Beispiel für seinen allgemein moralischen Anspruch, den er sowohl an Erwachsene als auch an Kinder und Jugendliche stellte, kann St.s Artikel „Kurzer Entwurf einer ganz unerhörten Geschichte ... zur Beherzigung und Warnung“ gelten, den er 1801 verfaßte, um seine Integrität zu beweisen. Er schildert hier einen Vorfall, der sich ereignete, als er zwei finanziell schlecht gestellten Schwestern aus Gründen der Wohltätigkeit Aufträge zukommen ließ. Es handelte sich dabei um das Kolorieren der Kupfer zu seinem pädagogischen Kabinett. St. gibt als festgelegten Preis 1 bzw. $1^1/_2$ Kreuzer an. Die eine Schwester verlangte

mehr Geld, als er bereit war zu geben, und verklagte ihn. St., um seine Rehabilitation bemüht, warnt den Leser: „... auf sein Almosen acht zu haben; da man sich sonst, fast tödtenden Kränkungen aussetzet." Im übrigen wirft dieser Artikel ein bezeichnendes Licht auf die Produktionsweise der Zeit.
Zur Wirkungsgeschichte der pädagogischen Werke St.s heißt es in der Vorrede der zweiten Lieferung des „Goldenen Spiegels", daß „die erste Lieferung ... vielen Beyfall bey Alteren und Kinderfreunden gefunden" habe. Auch die verschiedenen Auflagen, die das Werk im Laufe der Zeit erfahren hat, weisen darauf hin (fünf Auflagen von 1781 bis 1831). Allerdings findet das Werk in der Sekundärliteratur wenig Beachtung; es wird lediglich von LUDWIG GÖHRING, SOPHIE KÖBERLE und JOSEF PRESTEL erwähnt. Die Bilderakademie wird als eines der Nachfolgewerke des Orbis Pictus von JOHANN AMOS COMENIUS bei IRENE DYHRENFURTH, BETTINA HÜRLIMANN und ARTHUR RÜMANN ohne nähere Angaben aufgeführt. Bei BETTINA HÜRLIMANN wird auf die weite Verbreitung des Werkes im 18. Jahrhundert hingewiesen. KARL HOBRECKER hebt das Werk positiv von dem BASEDOWS ab: „Das in Nürnberg erschienene Werk ist im Ton ansprechender als das Basedowsche, das sich auch mit der höheren Philosophie befaßt und dem jungen Volk Weisheitslehren zumutet, vor denen es selbst Erwachsenen schaudert". Bei LANCKOROŃSKA/OEHLER wird die Bilderakademie zu den wichtigsten illustrierten Werken des Vorklassizismus gerechnet. Kritik wird laut bei SOPHIE KÖBERLE und HORST KUNZE, die meinen, daß die Vielfalt des Vorgestellten die Konzentration verhindere.

Werke: Betrachtung einer stillen Seele über die Hülfe von oben (1774); Unterhaltung am Sonntage, in Betrachtungen und Entwürfen. 2 Tle. (1778); Der goldene Spiegel. Ein Lesebuch für Kinder (Lieferung 1-3. 1778–1781); 150 Räthsel (1779); Hundert und funfzig auserlesene Räthsel aus dem Leipziger Wochenblatt und dem Kinderfreund (1779); Bibel für Kinder (1781); Gesangbuch für Kinder (1781); Taschenbuch für Kinder und Kinderfreunde auf das Jahr 1781 (1781); Bilder-Akademie für die Jugend (1784); Kleine Biographie für die Jugend (1788); Kleine Topographie für die Jugend, Nürnberg, aus dem pädagogischen Kabinete des Prof. Stoy (ca. 1788); Nouveau manuel élémentair ou explication d'une suite d'estampes pour l'instruction de la jeunesse trad. de l'Allemand par Perrault (1789); Manuel élémentaire en figures pour l'instruction de la jeunesse (1790); Beschreibung des pädagogischen Kabinets (1790; 1. Fortsetzung 1791); Kurzer Entwurf einer ganz unerhörten Geschichte zur Beherzigung und Warnung (1801); ABC Tafeln mit Bildern von Schellenberg (1815).

Sekundärliteratur: L. Göhring: Die Anfänge der deutschen Jugendliteratur im 18. Jahrhundert (1904). – S. Köberle: Jugendliteratur zur Zeit der Aufklärung (1972). – M. Lanckorónska: Die Buchillustration des XVIII. Jahrhunderts in Deutschland, Österreich und der Schweiz. Bd. 2 (zus. mit R. Oehler, 1933). – G. Chr. Hamberger (Hrsg. zus. mit J. G. Meusel): Das gelehrte Teutschland oder Lexikon der jetzt lebenden teutschen Schriftsteller. Bd. 7 (⁵1798). – J. Prestel: Geschichte des deutschen Jugendschrifttums (1933). – D. Rammensee: Bibliographie der Nürnberger Kinder- und Jugendbücher 1522–1914 (1961). – A. Rümann: Alte deutsche Kinderbücher (1937). – G. A. Will: Nürnbergisches Gelehrtenlexikon Thl. 8. Suppl. Bd. 4 (zus. mit Chr. K. Nopitzsch, 1808).

Theodor Brüggemann

Stoye, Rüdiger

*Illustrator, Kinderbuchautor; *3. 12. 1938 Templin (Brandenburg).*

St., dessen Eltern als Pädagogen tätig waren, studierte an der Werkkunstschule in Münster und an der Hamburger Hochschule für Bildende Künste. Von 1963 bis 1964 war er Kunsterzieher, seit 1964 ist er als freier Graphiker, Kinderbuchillustrator und auch als Autor von Kinder- und Bilderbüchern tätig. St. lebt in Hamburg.

Werk, Tendenzen, Wirkung. St., dessen Bücher in zahlreiche Sprachen übersetzt wurden, will unterhalten, Lebenshilfe geben und im weitesten Sinne weltanschauliche Aufklärung leisten. Seine bevorzugten Themen sind soziale und psychische Konflikte, die er oft in grotesk-abenteuerliche Rahmenhandlungen eingebunden darstellt.
In seiner Malergeschichte „Klicks der Klecks" (1967) erzählt St. die phantastische Odyssee eines schwarzen Farbkleckses von der Leinwand seines Malers um die Welt und dann wieder zum Maler zurück. Diese Erzählung lebt von den rasch aufeinanderfolgenden Ereignissen und den überraschenden Wendungen und Ortswechseln. Phantastische Motive bestimmten ebenso St.s Bilderbuch „Der Wal im Wasserturm" (1971), in dem ein Junge in der Elbe einen, wie sich später herausstellt, kleinen Wal angelt. St. schildert voller Humor im Text und in den Bildern die Verwicklungen, die sich daraus ergeben, daß der kleine Wal schnell heranwächst.
Die Bildgeschichte „Herr Mick, Herr Möck, Herr Moll" (1971) berichtet in eindringlichen Schwarz-Weiß-Zeichnungen von den Schwierigkeiten, denen Personen, die vom Durchschnittsbürger abweichen – z. B. durch auffällige körperliche Merkmale – ausgesetzt sind. Ein ähnliches Thema findet sich auch in St.s Detektivgeschichte „Der Dieb XY" (1972). Ein kleiner Junge, der einen lange gesuchten Dieb fangen will – er ist dazu durch Fahndungsmeldungen im Fernsehen animiert –, muß zu seiner Verblüffung erleben, daß ein Dieb eben nicht irgendein XY ist, den man wie ein Tier verfolgen darf, sondern ein Mensch mit seiner ganz persönlichen, oft bedrückenden Lebensgeschichte. Die reich bebilderte Erzählung hilft Kindern zu verstehen, wie und warum jemand zum Dieb werden kann.
Ein gesellschaftlicher Außenseiter steht wiederum in St.s Bilderbuch „In der Dachkammer brennt noch Licht" (1973) im Mittelpunkt. St. verdeutlicht, welche sozialen Prozesse ablaufen, wenn jemand stigmatisiert wird. Er beschreibt in Text und Bild, wie sich Einbildungen, Halbwissen und die Angst vor dem Kontakt zu fremden Menschen verselbständigen, zu Vorurteilen verfestigen und den Blick auf die Wirklichkeit verstel-

len. Die plakativ gestalteten Illustrationen visualisieren die Phantasie der handelnden Personen. Surreal-traumhafte Momente (geflügelte Kaffeekannen, Besen und Tassen, laufende Flaschen) tragen wesentlich zur Atmosphäre dieses Bilderbuchs bei. Zwei Kinder, die herausbringen wollen, was es mit dem Buckligen wirklich auf sich hat, erfahren, weshalb er so allein lebt und woher er sein Gebrechen hat. Sie stellen fest, sein Außenseiterdasein hat er sich nicht ausgesucht, es wurde ihm von seiner Umwelt aufgezwungen.

Eine Hundegeschichte erzählt St. in dem Bilderbuch „Wie der Hund Putzi seinem Herrchen in den Hintern biß" (1975). Dieses ebenfalls phantastische Motiv verarbeitende Bilderbuch berichtet davon, wie Menschen mit Tieren umgehen, wie sie die Tiere vermenschlichen und dabei gar nicht bemerken, daß sie die Tiere quälen. Der Hund Putzi rebelliert gegen diese Behandlung, die aus übertriebener Fürsorglichkeit heraus verkennt, daß ein Hund eine eigene Natur hat und seine Bedürfnisse nicht die eines Menschen sind.

Werke: Fr. Bevk: Die Hirtenjungen (1964); Fr. Bevk: Die kleinen Weisen (1964); H. Rodrian: Alles für Sindbad (1964); H. Schultz: Erbarmungslose See (1964); Fr. Bevk: Die Kinder auf der Hutweide (1965); H. Rodrian: Bunte Regentropfen (1965); H. Rodrian: Der große und kleine Riese (1965); H. Schultz: Entfesselter Atlantik. Verwegene Kapitäne (1965); G. Dannholz: Jesse, der Wanderer (1966); E. Klein: In der Wildnis Nr. 7 (1966); S. Lybeck: Als der Fuchs seine Ohren verlor (1966); G. Paehr: Die Waldleute (1966); L. Keller: Mein Tiermärchenbuch (1967); I. Southall: Buschfeuer (1967); R. Stoye: Klicks der Klecks (1967); E. Marder: Eine Wärmflasche für den Wassermann (1968); H. Heisinger: Tim und die Unsichtbaren (1969); T. Michels: Kleiner König Kalle Wirsch (1969); H. von Gottberg: Der Kampf um die Kistenburg (1970); K. Lütgen: Piblokto (1970); H. Bautze: Das Wassergespenst von Harrowby Hall (1971); E. Caldwell: Unser Gast, das kleine Reh (1971); B. Carpelan: Der Junge von der Insel (1971); W. Hauff: Das Gespensterschiff (1971); R. Stoye: Herr Mick, Herr Möck, Herr Moll (1971); R. Stoye: Der Wal im Wasserturm (1971); R. Stoye: Der Dieb XY (1972); R. Stoye: Die Kinderfähre (1972); R. Stoye: In der Dachkammer brennt noch Licht (1973); R. Stoye: Wie der Hund Putzi seinem Herrchen in den Hintern biß (1975).

Winfred Kaminski

Strähuber, Alexander

*Zeichner, Lithograph, Holzschneider und Illustrator; *28.2.1814 Mondsee (Salzkammergut), †31.12.1882 München.*

Str., Sohn eines fürstlichen Stallmeisters, kam siebenjährig nach München, besuchte dort seit 1829 die Akademie, wo er insbesondere Schüler JULIUS SCHNORR VON CAROLSFELDS (1794–1872), war, der ihn bald zur Mitarbeit heranzog. Sein weiteres Leben verlief ohne einschneidende Ereignisse. Nach dem Scheitern mehrerer Berufungen auf Kunstlehrerstellen erhielt er 1862 eine Korrektorstelle an der Münchener Akademie und wurde 1865 Professor.

Werk, Tendenzen, Wirkung. Str. übertrug die Zeichnungen SCHNORRS zu dem von diesem und EUGEN N. NEUREUTHER (1806–1882) illustrierten Buch „Der Nibelungen Noth" (1842) auf den Holzstock und lieferte eigene Zeichnungen für die Lithographie des von 1835 bis 1837 herausgegebenen „Festkalender" von FRANZ GRAF VON POCCI (1807–1876) und GUIDO GÖRRES (1805–1852). Seine Arbeiten fallen durch Feinheit der Linien und gemütvolle Art auf. Dies gilt ebenso für die Mitwirkung an der von SCHNORR, STEINLE und anderen illustrierten, im Verlag Cotta erschienenen „Bibel in Bildern" (1852–1860). An Str.s Blättern wird besonders die Schönheit des landschaftlichen Hintergrunds gerühmt. Für G. GÖRRES' „Jungfrau von Orleans" (1835) schuf er fünf Bilder und eine Umschlagszeichnung. Für C. VON WINTERFELDS Ausgabe von MARTIN LUTHERS „Deutschen Geistlichen Liedern" (1840) hat er außer der Titelblattumrahmung für jedes Lied eine Initiale, einmal auch eine Kopfleiste, mit Szenen aus dem Leben Jesu und religiösen Symbolen geschaffen. Er hat eine tschechisch 1843, später deutsch und 1852 lateinisch erschienene Ausgabe der „Nachfolge Christi" des Augustinerchorherrn THOMAS VON KEMPEN (um 1380–1471) illustriert. Meist übertrug Str. seine Zeichnungen selbst auf den Holzstock bzw. Stein.

Für die Kinder- und Jugendliteratur ist Str. als einer der Illustratoren von GEORG SCHERERS Anthologie „Alte und neue Kinderlieder, Fabeln, Sprüche und Räthsel" (1849, ab 4. Auflage unter dem Titel „Illustrirtes Deutsches Kinderbuch"), für die er fünf Holzschnitte schuf, von Bedeutung. Auch SCHERERS „Buch für fromme Kinder" (1844, 1855) enthält neben den Bildern KASPAR BRAUNS und REHLES vier von Str.; und der Band von JOHANN TRAUGOTT LÖSCHKE (1820–1880) „Himmelsblümchen für fromme Kinder" (1847) ist mit zwölf Illustrationen alleine von Str. ausgestattet.

Str. hat seine Kunst hauptsächlich religiösen Themen gewidmet. So entwarf er für die Jugendbücher vor allem Kinder, Engel und das Christkind; die Kinder oft beim Gebet, das Christkind in der Krippe oder auf einer Wolke, die Englein musizierend. Neben ALBRECHT DÜRER und HANS HOLBEIN sind seine unmittelbaren Vorbilder die Nazarener. Durch „Zartheit und Innigkeit" übertrifft Str. nach Meinung A. RÜMANNS, den seine Kunst an die LUDWIG RICHTERS erinnert, SCHNORR VON CAROLSFELD.

Werke: Fr. von Pocci: Fest-Kalender in Bildern und Liedern (zus. mit G. Görres, 1835–1837); G. Görres: Die Jungfrau von Orleans (1835); M. Luther: Deutsche Geistliche Lieder (1840); Th. v. Kempen: Die Nachfolge Christi (1843); G. Scherer (Hrsg.): Das Buch für fromme Kinder in Bildern und Liedern (1844); J. Tr. Löschke: Himmelsblümchen für fromme Kinder (1847); G. Scherer (Hrsg.): Alte und neue Kinderlieder, Fabeln, Sprüche und Räthsel (zus. mit anderen, 1849).

Sekundärliteratur: A. Rümann: Das illustrierte Buch des XIX. Jahrhunderts (1930). – C. v. Wurzbach: Biographisches Lexikon des Kaisertums Österreich, Bd. XXXIX (1879. 210–216).

Eberhard Semrau

Straparola, Giovan Francesco

*Italienischer Novellist; * um 1480 Caravaggio bei Cremona, † um 1557 Caravaggio.*

Str. war zu seiner Zeit, vor allem nach dem Erscheinen seiner „Piacevoli Notti", in Italien als Novellendichter weit bekannt und berühmt. Einzelheiten zu seinem Leben sind so gut wie unbekannt.

Werk, Tendenzen, Wirkung. Die Novellensammlung „Le Piacevoli Notti", in deutscher Übersetzung vor allem unter dem Titel „Die ergötzlichen Nächte" bekannt, erschien von 1550 bis 1553 in zwei Bänden in Venedig. Die Sammlung enthält 74 Novellen, die im 16. Jahrhundert in Europa beliebter und verbreiteter waren als die Geschichten aus dem „Decamerone" (1348–1353) von Giovanni Boccaccio (1313–1375). In der Erzählstruktur schließen sie an Boccaccio an. So sind die einzelnen Novellen ebenfalls in eine Rahmenhandlung einbezogen. Im Palast des Bischofs Ottaviano Maria Sforza auf der Laguneninsel Murano erzählen sich gegenseitig in den dreizehn Karnevalsnächten fünf Mägde und Besucher des Bischofs die Geschichten, die thematisch wie strukturell große Unterschiede aufweisen. Eine Reihe der Novellen ist obszön; bei anderen Geschichten handelt es sich um die Übernahme von Märchen aus der orientalischen Sammlung Tausendundeine Nacht, die Str. wahrscheinlich von venezianischen Seeleuten erzählt bekam. Im allgemeinen scheint der Autor die Geschichten so aufgeschrieben zu haben, wie er sie selbst gehört hat. Zwei davon sind sogar in Dialekt wiedergegeben (Bergamo und Padua). Str. übernahm auch bedenkenlos von früheren Autoren Stoffe und Formulierungen. So stammen die 23 derbsten Geschichten seiner Sammlung offensichtlich von dem Neapolitaner Morlini, dessen „Novellae" 1520 erschienen waren.
Während die Zeitgenossen Str.s vor allem zur Unterhaltung ihrer Leser beitragen wollten, war es Str.s Anliegen, den in der Renaissance herrschenden Wissensdurst zu stillen und „Neuigkeiten" zu berichten. Daher wohl auch seine Vorliebe für exotische Erzählungen. Auch von der Erzählhaltung her unterscheidet sich Str. von seinen Zeitgenossen. So versucht er immer, als Autor in den Hintergrund zu treten und seine Erzählungen mehr als Berichte wirken zu lassen. Ein realistischer Erzählton ist unüberhörbar. In Italien wurden seine Novellen im 16. Jahrhundert mindestens dreißigmal, in Frankreich etwa fünfzehnmal in verschiedenen Ausgaben gedruckt.
Was die Novellen Str.s für den Bereich der Kinder- und Jugendliteratur interessant macht, sind vor allem seine märchenhaften Geschichten, die für zahlreiche spätere Märchendichter und -sammler eine wichtige Quelle darstellten. Ganze Episoden wurden von Giambattista Basile (1575–1632) und Charles Perrault (1628–1703) übernommen. Auch in den Märchen der Brüder Grimm und bei Bechstein tauchen Motive und Requisiten auf, die Str. als erster in die europäische Literatur eingeführt hat.

Die erste deutschsprachige Ausgabe, eine Übersetzung des gesamten Originalwerkes, erschien unter dem Titel „Die Nächte des Straparola von Caravagozin" 1791 in zwei Teilen in Wien. Spätere Übersetzungen des Gesamtwerkes trugen den Titel „Die ergötzlichen Nächte". Als Quelle für andere Autoren wurde vor allem die erste in Deutschland gedruckte Ausgabe von Friedrich Wilhelm Valentin Schmidt wichtig. Der Übersetzer und Herausgeber brachte im Jahr 1817 den Band „Die Märchen des Straparola" heraus, in dem er insgesamt 18 Märchennovellen vorstellt. Wie er im Vorwort feststellt, hat er die Übersetzung der von ihm übernommenen Stücke nach der in Venedig 1608 edierten Ausgabe des Verlages Zanetto Zanetti vorgenommen. Absicht des Herausgebers war es, diejenigen Geschichten des italienischen Autors, die er der Gattung Märchen zurechnete, in dem Band zu vereinen, um so „die ältesten abendländischen Märchen, die gedruckt auf uns gekommen sind, mitzutheilen, da wir wünschten ein verjüngtes und veredeltes Cabinet des Fées mit sorgsamer Wahl aus den wahrhaft klassischen Erzeugnissen dieser Art zu veranstalten". Der Band enthält die Märchen: 1. Das Zauberpferd; 2. Die Schlange; 3. Die drei Königskinder; 4. Die drei Verbote des Vaters; 5. Der Waldmann; 6. Das Mädchen im Schrein; 7. List über List, ein Scherzmärchen; 8. Der Wahrhafte; 9. Das Geschenk der drei Thiere; 10. Die Katze; 11. Gefahr und Rettung; 12. Die beiden Aerzte; 13. Die Prinzessin als Ritter; 14. Die drei treuen Thiere; 15. Der Thunfisch; 16. Die guten Tage; 17. König Igel; 18. Von den drei Brüdern, die in die Welt gehen. In den umfangreichen Anmerkungen des Herausgebers zu den einzelnen Märchen (S. 269–358) weist er darauf hin, daß das Märchen „Die Katze" die Urform des „Gestiefelten Katers" sei.

Werke: Canzoniere (1508); Le Piacevoli Notti (Bd. 1–2. 1550–1553; dt. Die Nächte des Straparola von Caravagozin, 1791).

Sekundärliteratur: I. Liebe: Giovan Francesco Straparolas „Piacevoli notti" und seine französischen Prosabearbeitungen (Diss. 1948). – G. Rua: Le „Piacevoli Notti" die Messer Giovan Francesco Straparola (1898).

Helmut Müller

Strittmatter, Erwin

*Erzähler, Dramatiker, Lyriker; * 14.8.1912 Spremberg/Niederlausitz.*

St., Sohn eines Bäckers und Kleinbauern, besuchte bis zu seinem 16. Lebensjahr das Realgymnasium, machte dann eine Bäckerlehre, nach deren Abschluß er in zahlreichen Berufen – unter anderem als Pferdepfleger, Pelztierzüchter, Kellner – arbeitete. Daneben beschäftigte er sich mit Sprachen und Philosophie und unternahm erste schriftstellerische Versuche. 1934 wurde St. wegen Widersetzlichkeit gegen das nationalsozialistische Regime vorübergehend festgenommen. Zum Militärdienst einberufen, desertierte er gegen Ende des Krieges. Nach 1945 arbeitete St. zunächst wieder als

*Erwin Strittmatter (*1912)*

Bäcker und begann, als Journalist tätig zu werden. Er schloß sich der SED an und wurde 1947 Amtsvorsteher einiger Landgemeinden, dann Lokalredakteur im Senftenberger Braunkohlenrevier. Seit 1951 lebt er als freischaffender Schriftsteller zunächst in Berlin und seit 1957 in Dollgow (Kreis Gransee) als Mitglied einer Landwirtschaftlichen Produktionsgenossenschaft. 1959 wurde S. Mitglied der Akademie der Künste und Erster Sekretär des Schriftstellerverbandes der DDR, als dessen Vizepräsident er heute noch aktiv ist. Für sein literarisches Schaffen erhielt St. zahlreiche Auszeichnungen: zweimal den Nationalpreis der DDR: 1955 für sein Kinderbuch „Tinko" (1954) und 1976 für sein Gesamtwerk.

Werk, Tendenzen, Wirkung. Das Schaffen St.s ist eng mit dem Aufbau und der Ausgestaltung des Sozialismus in der DDR verbunden. Er gehört zu jener Generation von Schriftstellern, von denen BERTOLT BRECHT (1898–1956) sagte, daß sie „nicht aus, sondern mit dem Proletariat aufstiegen". St. gestaltet vorwiegend das Leben der Menschen auf dem Land, ihr Verhältnis zu dieser Umwelt und deren sozialistische Umgestaltung. Mit dem Roman „Tinko" (1954) gelang St. ein Werk, in dem die schematische Trennung von Kinder- und Erwachsenenliteratur aufgehoben ist. Er schildert darin aus der Perspektive eines jugendlichen Helden, des zehnjährigen Martin Kraske, genannt „Tinko", die Veränderung der Menschen und der Verhältnisse in einem Niederlausitzer Dorf in den Jahren der demokratischen Bodenreform und der beginnenden genossenschaftlichen Produktion. Anhand differenziert gezeichneter Charaktere zeigt er in humorvoll-naiver Weise den Kampf überholter Vorstellungen mit den menschenwürdigeren Neuerungen. St.s „Tinko" setzte Maßstäbe in der Verbindung von engagiert-sozialistischer Parteilichkeit und künstlerischer Durchdringung des Stoffes. Dieser Roman St.s löste teilweise leidenschaftlich ausgetragene Diskussionen aus, wobei es in diesem Fall um die Fortführung proletarisch-revolutionärer Traditionen, um die erzieherische Wirkung und allgemein um die Gestalt und Funktion einer sozialistischen Kinder- und Jugendliteratur ging. Mit „Pony Pedro" (1959) schuf St. eine Tiergeschichte für Kinder und Erwachsene, die in locker aneinandergereihten Episoden die Geschichte seines Verhältnisses zu dem Ponyhengst Pedro erzählt. Indem er aufklärerische Fadenscheinigkeit, seichten Anthropomorphismus und die Mystifikationen der herkömmlichen Tiergeschichte durch eine Verbindung von Poesie und wissenschaftlicher Beobachtung überwindet, wird St. in der DDR „zum Vater einer neuen Art Literatur über Tiere" (GERHARD HOLTZ-BAUMERT).

Seit Mitte der sechziger Jahre wandte sich St. verstärkt literarischen Kleinformen zu, die ihm Gelegenheit gaben, einzelne Aspekte des gesellschaftlichen Daseins der Menschen zu behandeln und novellistisch-kurz zu erzählen. In einer Ausgabe für Kinder erschien 1971 „3/4 Hundert Kleingeschichten", in denen er Stimmungen, Gedanken, Reflexionen, Begegnungen mit Tieren, Pflanzen und Naturerscheinungen, auch Kindheitserinnerungen und heitere Begebenheiten schildert. St. nahm stets zu aktuellen politischen und literarischen Auseinandersetzungen Stellung. Er gehört zu den profiliertesten Vertretern des „Bitterfelder Wegs". Seine Art zu schreiben und sein Literaturverständnis, das er in Beiträgen, Reden und Diskussionen auf den Bitterfelder Konferenzen und den Schriftstellerkongressen der DDR äußerte, beeinflußte eine Reihe anderer namhafter DDR-Autoren, wie z.B. ALFRED WELLM (*1927) und JOACHIM NOWOTNY (*1933). Während die Rezeption St.s in der Bundesrepublik Deutschland erst beginnt, gehört er in der DDR zu den meistgelesenen Schriftstellern. Die Gesamtauflagenzahl seiner Werke beträgt dort (1978) ca. zwei Millionen Exemplare. Übersetzungen in eine Reihe europäische Sprachen liegen vor. „Pony Pedro" sowie einige Novellen stehen auf dem Lehrplan der Allgemeinbildenden Polytechnischen Oberschulen, ebenso wie der Roman „Tinko", der darüber hinaus als DEFA-Spielfilm (1957) und als Schauspiel in der Bearbeitung von H. D. SCHMIDT (Uraufführung 1971) auch in anderen Medien Verbreitung fand.

Werke: Ochsenkutscher (1950); Der Wald der glücklichen Kinder (1951); Tinko (1954); Pony Pedro (1959); Schulzenhofer Kramkalender (1966); Das Windrad. Kindergedichte aus Zwei Jahrzehnten (zus. mit H. Preißler, 1967); 3/4 Hundert Kleingeschichten (1971).

Beiträge: Geburtstagswunsch (in: Almanach für die Freunde des Kinderbuchs. 1954. 7); 1. Bitterfelder Konferenz (in: Neue Deutsche Literatur. 7. 1959. 9. 19–28); Literatur heute. Diskussionsbeitrag auf dem V. Deutschen Schriftstellerkongreß (in: Neue Deutsche Literatur. 9. 1961. 8. 42–59); Rede auf der 2. Bitterfelder Konferenz (in: 2. Bitterfelder Konferenz. 1964. Protokoll. 1964); Schriftsteller an der Basis. Interview mit Erwin Strittmatter (in: Neue Deutsche Literatur. 13. 1965. 6.

65–78); Produktivkraft Poesie – Gespräch mit H. Plavius (in: Neue Deutsche Literatur. 21. 1973. 5. 5–12).

Sekundärliteratur: Autorenkollektiv: Sozialistische Kinder- und Jugendliteratur der DDR (1977). – H. Baltzer: Gedanken beim Illustrieren (in: Beiträge zur Kinder- und Jugendliteratur. 1962. 1. 51–53). – W. Diez: „Denkmal eigener Art" – Möglichkeiten der unterrichtlichen Behandlung von Strittmatters Erzählung „Der Stein" (in: Deutschunterricht. 26. 1973. 6. 344–350). – G. Ebert: Ansichten zur Entwicklung der epischen Kinder- und Jugendliteratur in der DDR von 1945 bis 1975 (1976). – K. Franke: Literatur der Deutschen Demokratischen Republik (1971). – H. Giesemann: Entwicklung des Kollektivbegriffs bei der Arbeit an Erwin Strittmatters Roman „Tinko" (in: Deutschunterricht. 21. 1968. 1. 47–50). – G. Holtz-Baumert: Erwin Strittmatter: $^{3}/_{3}$ Hundert Kleingeschichten (in: Beiträge zur Kinder- und Jugendliteratur. 1972. 22. 81–85); Pony Pedro und Pawlow (in: Beiträge zur Kinder- und Jugendliteratur. 1962. 1. 43–49). – K. Jarmatz: „Natur" in der Dichtung Erwin Strittmatters (in: (Hrsg.): Institut für Gesellschaftswissenschaften beim ZK der SED: Weggenossen. 15 Schriftsteller der DDR. 1975. 77–113). – A. Kleist: Gedanken zur unterrichtlichen Behandlung des Romans „Tinko" von Erwin Strittmatter (in: Deutschunterricht, zus. mit C. Peth. 20. 1967. 4. 216–227). – H. Müller: Hans Baltzers Illustration zu „Pony Pedro" von Erwin Strittmatter (in: Deutschunterricht. 22. 1969. 2. 111–114). – H. Plavius: Erwin Strittmatters Kleingeschichten (in: Sinn und Form. 23. 1971. 6. 1348–1352). – J. Schmidt: Strittmatters Roman „Tinko" (in: Deutschunterricht. 12. 1959. 4. 201–211). – R. Schmidt: Einige Ergebnisse des Ringens um die künstlerische Meisterschaft in der sozialistischen Nationalliteratur nach 1945 – Dargestellt an den Romanen „Tiefe Furchen" von O. Gotsche und „Tinko" von E. Strittmatter (1964); Erwin Strittmatter (1977). – W. Victor: Erwin Strittmatters „Tinko" und das Problem der künstlerischen Meisterschaft (in: Über unsere junge Literatur, Diskussionsmaterial zur Vorbereitung des IV. Deutschen Schriftstellerkongresses. 1955. 1. 19–41). – A. Wedding: Zu einigen Fragen der Kinder- und Jugendliteratur (in: Beiträge zur Gegenwartsliteratur. IV. Deutscher Schriftstellerkongreß. 1956. 83–119). – Chr. Wolf: Über ‚Tinko' (in: Der Schriftsteller. 1955. 14. 8–12); Menschliche Konflikte in unserer Zeit (in: Neue Deutsche Literatur. 1955. 7. 139–144).

Bernd Dolle

Strobl, Johann Baptist

*(gelegentlich auch: Strobel). Titularprofessor, Buchhändler, Schriftsteller und Verleger; *31. 10. 1743 Schrobenhausen (Oberbayern), † 17. 11. 1805 München.*

In Str.s Verlag in München erschienen zahlreiche Schriften zeitgenössischer Pädagogen und Kinderbuchautoren, z. B. die weitverbreiteten Kalendergeschichten von Christian Gottlieb Steinbeck.

Werk, Tendenzen, Wirkung. Wie allgemein im ausgehenden 18. Jahrhundert waren die Kinderschriften von Str. weniger von belletristischen als pädagogischen Momenten bestimmt. Str. griff einen Mangel der herkömmlichen Schulbildung und Erziehung auf: die Vernachlässigung der Körperbildung. Er vertrat die These, daß der vollkommene Körper „der wichtigste Gegenstand der Erziehung" sein müsse („Unglücksgeschichten zur Warnung", Kapitel „Vorerinnerung"). Ursprünge seiner These sah Str. in einigen Sprüchen des Alten Testaments und in den Methoden der Erziehungsanstalten der klassischen Griechen. Dringende Aufgabe sei es, gegen die physische Mißgestalt der Kinder vorzugehen; diese werde nur selten durch Geburt, häufig aber durch Unachtsamkeit hervorgerufen. „Die erste Sorgfalt für das Kinderalter der Menschen war in Gottes allgemeiner Weltregierung bloß physisch, und so nur kann sie auch bei unsern Kindern sein. Es wäre zu wünschen, daß man diese Epoche so weit hinausrückte, als Natur und Erfahrung es vorschreiben; dann würden wir nicht so viele traurige Beispiele erleben, daß Kinder, die schon philosophieren sollen, mit gebrechlichem oder siechem Körper sich und der Gesellschaft nichts als eine betrübliche Bürde versprechen" („Unglücksgeschichten", Kapitel „Vorerinnerung"). Die Überbetonung des Physischen führte bei Str. nicht etwa zu einer positiven Einschätzung des Sinnlichen, sondern zu deren totaler Ablehnung. Körperliche Betätigung des Kindes sollte nur unter äußerster Kontrolle erfolgen; diese Kontrollfunktion sollten zunächst die Eltern übernehmen, dann, so früh wie möglich, die Kinder selbst. Möglichst schnell sollte das Kind an eine Lebensweise gewöhnt werden, in der Selbstentfaltung, Phantasie und Lustempfinden kaum Platz hatten. Str. beschrieb die Gefahren beim Umgang mit Gewehren, beim Springen auf Kutschen, er warnte vor dem Trinken nach Erhitzungen, vor Pferden, er warnte aber auch vor dem Naschen von Süßigkeiten und vor allen gefährlichen Spielen, wobei kaum ein Spiel bei Str. für ungefährlich galt. Auch sollte man Schrecken und Furcht vor dem Kinde fernhalten, denn diese hätten „großen Einfluß auf die Gesundheit der Kinder" („Unglücksgeschichten", Kapitel „Vorerinnerung"). Gleichzeitig warnte Str. auch vor zu großer Einbildungskraft, denn die Erregung durch die Phantasie führe zu Zuckungen und zum Wahnsinn, der oft noch schrecklicher sei als der Tod. Str. widersprach sich hier jedoch selbst, da alle seine Unglücksgeschichten an die Einbildungskraft der Kinder appellieren und Furcht und Schrecken verbreiten wollten. Str. war der Meinung, man brauche „Kunstgriffe, um die wandelbaren Launen der Kinder auf einen Punkt zu heften. Sie schweben ganz im Kreise der Sinnlichkeit, und was sie von außen nicht berührt, ist für sie nicht da" („Unglücksgeschichten", Kapitel „Vorerinnerung"). Deshalb bevorzugte Str. den spannenden Bericht und den Dialog zwischen Kindern oder Kindern und Erwachsenen. Dabei sei zu berücksichtigen, daß mit einem gezielten Nachdenken der Kinder nicht zu rechnen sei. Eine solche Anstrengung blicke nur dann „merkbar hervor, wenn ein äußerlicher Eindruck die Sinne so erschüttert hat, daß die Bewegung geschwinder oder langsamer (je nachdem die Nerven sind)" zum Denkvermögen „hinüber schwebt". Nur wenn der Eindruck so beschaffen sei, „daß er vornehmlich in die Kinderwelt gehört", könne seine Wirkung von Dauer sein („Unglücksgeschichten", Kapitel „Vorerinnerung"). Daraus leitete Str. ab, daß ein wirkungsvolles Beispiel mehr erreiche „als die besten und wiederholten Lehren

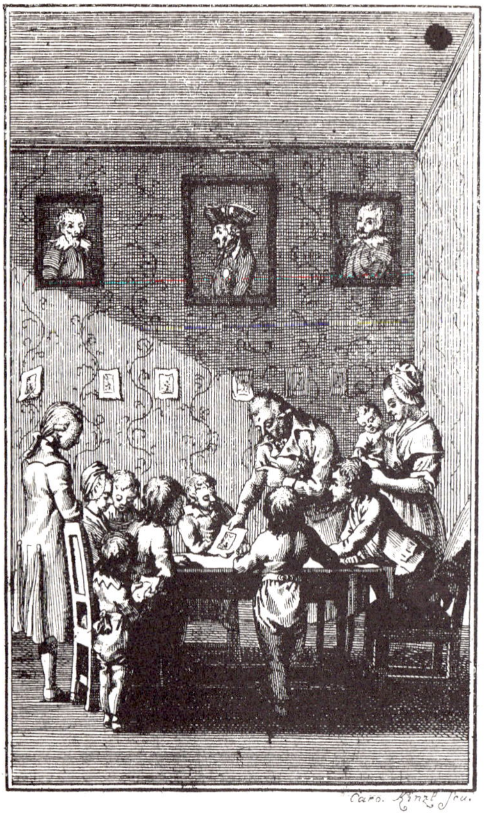

Unglücksgeschichten zur Warnung für die unerfahrene Jugend, in rührenden Beyspielen, erläuternden Kupfern und Vignetten.

1790.

Titelseite und Frontispiz zu Johann Baptist Strobls (1743–1805) „Unglücksgeschichten zur Warnung für die unerfahrene Jugend, in rührenden Beispielen, erläuternden Kupfern und Vignetten", die ohne Angabe des Verlags 1790 erschienen. Kupfer und Vignette stammen von dem Münchener Johann Michael Mettenleiter.

und Warnungen" (a.a.O.). Da der Erzieher jedoch nicht immer Beispiele aus dem alltäglichen Leben der Kinder finde, diene ihm dieses Buch dazu, gegen die „kindische Unbesonnenheit" vorzugehen (a.a.O.). In oft sehr konstruierten Beispielen, mit fast absurden Zusammenhängen und Zufällen begründete Str. seine Warnungen. Besser noch als Erzählungen wirkten, so Str., bildliche Darstellungen auf das kindliche Bewußtsein, so daß die den „Unglücksgeschichten" beigefügten Kupferstiche von Mettenleiter „wesentlich und hauptsächlich in den Plan dieses Werkes gehörten" (a.a.O.). Str. verfaßte dieses Buch nicht nur für kleinere Kinder, sondern auch für die schon Zwölf- oder Dreizehnjährigen; nicht nur für die niederen Stände, sondern auch für die Kinder der Vornehmen. Gerade diese „vornehmen Kinder" würden häufiger von Unfällen heimgesucht als die Kinder tieferstehender Stände; diese begleite, so Str. in einer polemischen Wendung, zumeist noch ein Schutzengel. Bei Büchern für Kinder sei es wichtig, diese überhaupt für ein Buch zu interessieren. Doch weil in den „Unglücksgeschichten" das Kind selbst Mittelpunkt sei, werde so auf geschickte Weise dessen Eigenliebe angesprochen. Als Folge der Lektüre erhoffte Str.: „Sie werden aus Furcht, ihr kleines Ich, das ihnen über alles lieb ist, möchte zu Schaden kommen, ihre Triebe und Begierden mäßigen lernen" (a.a.O.). Der Kampf um diese Mäßigung sei Bestandteil der „heroischen Kindertugenden", er gehöre zu den heroischsten Tugenden überhaupt. Mit dieser Überhöhung hat Str. die sinnliche Verkrüppelung des Kindes sanktioniert. Trotz aller Unterschiede können Str.s „Unglücksgeschichten" als ein früher Prosavorläufer von Heinrich Hoffmanns „Struwwelpeter" gesehen werden.

Str.s Buch „Briefe zum Gebrauch junger Leute" läßt sich auf zwei Ebenen lesen. Zum einen gibt die Sammlung von Briefen dem Leser Beispiele, wie verschiedenartig – in Stil und Wortwahl – Briefe zu schreiben seien, je nachdem, welcher Person welches Ereignis mitgeteilt werden soll. In den Briefen selbst wird häufig über das Briefschreiben räsoniert; dabei wird ein hoher Bildungsstand vorausgesetzt, denn Anspielungen auf DIDEROT, CICERO, PLINIUS, SÉVIGNÉ und GELLERT werden wie selbstverständlich in die Berichte und Unterhaltungen eingeflochten. Manche Briefe sind voll höchster Empfindsamkeit, andere debattieren sachlich das Erlernen des richtigen Ausdrucks und des wirkungsvollen Sprachgebrauchs. Da jedoch jeder Brief ohne Erläuterung an den nächsten anschließt, da weder Vor- noch Nachwort des Autors seine Intention erläutern, der Leser also aus den Briefen selbst die Funktion des Buches entnehmen muß, kann das ganze Buch – dies ist die zweite Ebene – auch als Briefroman gelesen werden. Dabei zeigen sich die „Briefe zum Gebrauch junger Leute" als ein kunstvoll aufgebautes Werk von höchster poetischer Kraft. Alle Briefe besitzen eine Anrede, aber niemals einen Absender. So weiß man nie, ob eine Person mehrmals an den gleichen Empfänger schreibt oder ob stets verschiedene Personen auftreten. Einzelne Erlebnisse werden öfters in verschiedenen Briefen erwähnt, aber sie erlauben, obwohl man sich häufig kurz davor zu befinden glaubt, keinen Rückschluß auf einen Gesamtzusammenhang. Alle Briefschreiber und -empfänger scheinen diesen Zusammenhang zu kennen, nur der Leser steht außerhalb. Da nicht zu entscheiden ist, auf welcher Ebene das Buch zu lesen ist – als Anweisung zum korrekten Briefschreiben oder als Briefroman – entfalten diese Briefe heute eine fast Beckettsche Welt; eine Welt, über die Str. schreibt: „Es ist keine Treue, kein Zusammenhang mehr. Wie Gott will" („Briefe", letzter Brief).

Werke: Briefe zum Gebrauch junger Leute (1771); Reden von den Pflichten und Absichten eines Realschullehrers (1778); Über Publicität und Pasquill, eine Denkschrift für unsere Zeit (1785); Unglücksgeschichten zur Warnung für die unerfahrene Jugend in rührenden Beispielen, erläuternden Kupfern und Vignetten (1790); Münchner Intelligenzblatt (1796); Bayrischer neuer Volkskalender (Jg. 1–3, 1803–1805).

Klaus-Ulrich Pech

Strøyer, Poul

*Schwedischer Bilderbuchkünstler, Cartoonist, Maler, Bildhauer; * 13. 7. 1923 Kopenhagen.*

Str., Sohn eines Tischlermeisters, erhielt seine Ausbildung in Kopenhagen an der „Akademie für freie und angewandte Künste", siedelte später nach Schweden über und erwarb die schwedische Staatsbürgerschaft. Er heiratete 1947 und hat drei Kinder.
Karikaturen und „cartoons" von Str. erschienen unter anderem im dänischen „Social-Demokraten", in „Stockholms Tidningen", den Magazinen und Zeitschriften „Söndagsnisse-Strix", „Utsikt", „All världens berättare", „Folket i bild" und „OBS?". Weitere Illustrationen Str.s brachten niederländische, französische, belgische und amerikanische Tages- und Wochenzeitungen. Jahrelang erschien täglich ein „cartoon" von Str. in der schwedischen Tageszeitung „Dagens Nyheter". Darin gab er kritische und witzige Kommentare zu alltäglichen und weltpolitischen Ereignissen ab. Später gab er diese Arbeiten unter dem Titel „Strøyers dagbok" gesammelt heraus.
Str. ist Mitglied der schwedischen Journalisten-Vereinigung, des Schwedischen Künstlerverbandes, des Schriftstellerverbandes und der Illustratoren-Vereinigung seines Landes. Er erhielt 1967 die Elsa Beskow-Medaille, 1961 den Deutschen Jugendbuchpreis für sein Bilderbuch „PP und sein großes Horn". Seine Arbeiten wurden wiederholt auf Ausstellungen in Stockholm, Oslo, in anderen europäischen Ländern, in Kanada und in Japan gezeigt. 1966 erhielt er ein Stipendium zum 100jährigen Bestehen des Verlags Bonniers. Weitere Arbeitsstipendien wurden ihm 1969 und 1972 zuerkannt, 1973 ein Reisestipendium des Schwedischen Schriftstellerverbandes. Str. ist in mehr als siebzig Ländern gewesen. Seine Bücher wurden ins Dänische, Deutsche und Japanische übersetzt.

Werk, Tendenzen, Wirkung. Str. hat sich in vielen graphischen Techniken versucht und sowohl für Erwachsene wie für Kinder gearbeitet. Zwischen 1950 und 1972 hat er etwa fünfzig Titel für Erwachsene illustriert. Gleichgewichtig und an Bedeutung oft noch die Illustration für Ältere übertreffend sind seine für Kinder geschaffenen Bücher. Zwischen 1952 und 1978 schuf er für Jüngere zwanzig Veröffentlichungen. Str. fungiert als selbständiger Texter und Bildautor, er hat aber auch die wichtigsten Gedicht- und Unsinnsbücher von LENNART HELLSING, einem der vielseitigsten schwedischen Kinderdichter, illustriert.
Str.s Haupttalent liegt im Bereich der Ironie, der Parodie, des „schwarzen Humors" und eines breit differenzierten Witzespektrums. Er sieht Bilderbücher und Kinderbuchillustration vornehmlich als Medium anspruchsvoller, kritischer Unterhaltung, des schieren Vergnügens am Wortklang und den begleitenden Bildinterpretationen. Stilistisch können seine Arbeiten in die internationale Tradition der „cartoonisten" gereiht werden, zu deren Senioren SAUL STEINBERG und JAMES THURBER zählen. Str. hat in seinen Werken für Kinder eine stark stilisierende Karikatur angewandt. Er ist nicht vor Travestien, Schockwirkungen und Tabudurchbrechungen zurückgeschreckt. Anregungen für sein malerisches und plastisches Schaffen hat er von ALEXANDER CALDER und MATTA bezogen. Vereinzelt sind auch kubistische und futuristische Anklänge zu erkennen. Dominierend jedoch ist bei ihm das Groteske und Burleske, der Spaß um des Spaßes willen.
Im Bilderbuch „Sagan om PP och hans stora horn" (1956) gelingt es einer witzigen Gestalt, ihre gesamte Umgebung mit der Kraft eines Musikinstrumentes über den Haufen zu blasen. Im Preisbuch „Bytt är bytt" (1960) werden die witzigsten Tauschgeschäfte vollzogen, angesiedelt in einem irrealen Handlungsraum. Zwölf Jahre später wird der Jux der vorangegangenen Bände in einer Fortsetzung noch weitergetrieben „PP fixer allt" (1972). Der Übersetzer wird übrigens vor

Doppelseite aus dem Bilderbuch „Getauscht ist getauscht" (Hamburg 1960) des skandinavischen Karikaturisten und Illustrators Paul Strøyer. Das schwedische Original trägt den Titel „Bytt är Bytt".

schier unlösbare Aufgaben gestellt, wenn er Namensungetüme wie die folgenden ins Deutsche zu transferieren hat: „Propiciunasgediovimzytiolius Paxfuplyxiomzavuieauoeghsson". Ähnlicher Unfug wird mit Anspielungen, Sinn- und Wortverdrehungen in heiteren Rhythmen angestiftet. Unübersetzbar bleibt wegen der nordischen Klänge und Bezüge auch das ABC-Buch „Poul Strøyers ABC" (1961). Sprunghaft und situationskomisch konfrontiert diese Bild-Text-Folge den kindlichen Rezipienten mit zähneputzenden Wikingern, mit phantastischen Mittagsgerichten, Variationen des Themas von der verkehrten Welt, die der Graphiker keineswegs richtigstellen möchte. Inhaltliche und motivbedingte Probleme gab es, als das 1965 veröffentlichte „Sjörövarbok" sieben Jahre später (1972) als „The pirate book" in den USA herauskommen sollte. Die amerikanische Ausgabe brachte zwar die Stellen mit überschäumender Komik und beließ die an frühe Stummfilm-„slapsticks" gemahnende Groteske, die Figur einer nackten Frau jedoch, mit der sich der Piratenhäuptling im Tanze dreht, mußte verschwinden. Ähnliches geschah in französischen Fassungen. Hatte Str. bereits mit diesen Themen und Darstellungen herrschende Tabus getroffen, so forderte er mit seinem Buch „Bokem om Bagar Bengtsson" (1966) auch die schwedische Kinderbuchkritik heraus. Ein solider Handwerker, der Backwerk für mehr als 600 Soldaten herstellt, wird von einer tödlichen Krankheit bei nächtlicher Himmelsbeobachtung gepackt und hingerafft. Der Tote wird in einem Sarg in Brotform zu Grabe getragen. Seine Lebensgefährtin entschwindet in einer Kalesche aus Marzipan. Auch liberal eingestellten Rezensenten schien die Grenze des Schicklichen und Zumutbaren überschritten, z.B. bei der Predigt des Geistlichen – von Str. in einer Comicblase wiedergegeben.

Trotz dieser heftigen Kontroversen und massiven Kritik an angeblich bei Str. vorhandenem moralischen Anarchismus hat er bisher nicht davon abgelassen, den betrachtenden Kindern ähnlich harte Themen wie seinen erwachsenen Konsumenten zuzutrauen.

Werke: L. Hellsing: Summa summarum (1950); Sv. Ingvar: Alla tiders Joje (1950); L. Hellsing: Den krångliga kråkan (1953); G. Brolund: Grabben på månen (1954); J. Hasselblad: Augusta åker ut (1954); L. Hellsing: Den flygande trumman (1954); M. Holmberg: Tre små sköldpaddor (1954); H. Stolpe: Böcker på öde ö (1956); P. Strøyer: Sagan om PP och hans stora horn (1956; dt. PP und sein großes Horn, 1958); L. Hellsing: Krakel Spektakel-boken (1959); L. Hellsing: Krakel Spektakel gör det själv (1960); P. Strøyer: Bytt är bytt (1960; dt. Getauscht ist getauscht, 1960); L. Hellsing: ABC (1961); P. Strøyer: Utan ord (1963); O. Holmberg: Sotarpojken och prinsessan och andra teaterpjäser för barn (1964); L. Hellsing: Sjörövarbok (1965); L. Hellsing: Boken om bagar Bengtsson (1966); P. Strøyer: Strøyers dagbok (1966); T. Ehrenmark: Mannen i sjomaskostymen (1970); T. Ehrenmark: En smörgsätares bekännelser (1970); T. Ehrenmark: ... men glad jag är ändå! (1971); L. Hellsing: Boken om Kasper (1971); T. Ehrenmark: Hamlet i fotbollsskor (1972); P. Strøyer: PP fixar allt (1972); T.

Ehrenmark: Roligare än så här (1973); T. Ehrenmark: Går det så går det (1974); T. Ehrenmark: Ingenting att skratta åt (1975); T. Ehrenmark: Nu är det klippt (1976); L. Hellsing: Här dansar herr Gurka (1977).

Sekundärliteratur: H. Künnemann: Ulf Löfgren und Poul Strøyer. Nonsense aus dem Norden (in: H. Künnemann: Profile zeitgenössischer Bilderbuchmacher. 1972. 119–125 und 238). – Poul Strøyer (in: A. Commire: Something about the author. Bd. 13. 1978. 221–222).

Horst Künnemann

Strumillo, Andrzej

*Polnischer Maler, Graphiker und Autor; * 23. 10. 1928 Vilnius/Litauen.*

Str. studierte bis 1950 in Krakau an der Akademie der bildenden Künste und war von 1950 bis 1953 Assistent in Krakau und an der Hochschule für bildende Künste in Lódz, wo er 1945 sein Studium der Malerei begonnen hatte. Sein Lehrer war unter anderem der polnische Konstruktivist Vladyslav Strzeminsky. Str.s Werke wurden in verschiedenen Einzelausstellungen vorgestellt: Warschau, Ulan Bator, Antwerpen, Hanoi, Manchester und Neu-Delhi. Darüber hinaus beteiligte Str. sich an der Ausstellung der Kunst sozialistischer Völker in Moskau (1958), an einer Ausstellung gegen „Krieg und Faschismus“ (1969) sowie an den Ausstellungen „Malerei in der Volksrepublik Polen“ (1970) und „Graphische Kunst in Polen“ (1971). Str., dessen Bücher 1965, 1969 und 1971 zu den „Schönsten Büchern des Jahres“ gewählt wurden, erhielt 1971 auf der Biennale ilustracíi Bratislava (BIB) den Grand Prix. Str. lebt in Warschau.

Werk, Tendenzen, Wirkung. Str. kann zu den Künstlern gerechnet werden, die sich darum bemühen, die Kluft zwischen Geschichte und Gegenwart zu überbrücken. Es ist ihm zudem darum zu tun, Verbindungen zwischen den Phänomenen der ältesten Kunst und exotischen Mythologien (Frucht seiner zahlreichen Reisen in den Nahen und Fernen Osten) zu entdecken. Bei Str. stehen die künstlerische Erforschung der physischen Welt und das „Gesicht des Menschen“ gleichwertig im Zentrum seines Interesses. Thema ist ihm immer wieder die Opposition von Harmonie und Dramatik im Individuum. Daneben finden sich in Str.s Arbeiten geometrische Elemente; Spuren des Konstruktivismus, mit seinen Ideen von Ordnung und Hierarchie.
Str.s Arbeit als Buchillustrator zeichnet sich dadurch aus, daß er sich ganz in den Dienst des Textes und seines Gehaltes stellt. So hat er beispielsweise bei den Vorbereitungen zur Illustration der Geschichten aus der Mongolei von Matej Kuczynski „Gwiadzy suchego stepi“ (^{2}1970) nicht nur formal auf die Motive und Traditionen Asiens zurückgegriffen und unter anderem lamaistische Zeichen verarbeitet. Er hat zudem seine Illustrationen auf Seide gezeichnet, weil es in einer der Geschichten darum geht, daß die Bildnisse auf einem Seidenschal lebendig werden.

Werke: A. Sommerfelt: Droga do Agry (1962); M. Nortonová: Požičjovci (1966); M. Buczkowna: Najwzsza góra (1967); W. Żukrowski: Ognisko w dżungli (1967; dt. Feuer im Dschungel, 1969); K. Debnicky: Co widać tam na brzegu (1969); M. Kral: Rozprávanie Klipa a Klapa (1970); M. Buczkowna: Bajki dla Ewy (1970); R. Stiller: Narzeczony z morza (1971); M. Kuczyński: Obiezyś wiat (1976).

Sekundärliteratur: D. Wróblewska: In the realm of Andrzej Strumillo (in: A. Urblikova (Hrsg.): Miscellany of the Slovak National Gallery 1971 (1976); Andrzej Strumillo (in Bookbird. 10. 1972. 3. 73–80).

Winfred Kaminski

Struwwelpeter, Struwwelpetriade

Der „Struwwelpeter“ ist die Titelfigur des gleichnamigen Kinderbilderbuches des Frankfurter Arztes Heinrich Hoffmann (1809–1894), das er zu Weihnachten 1844 für seinen vierjährigen Sohn anfertigte. Das Bilderbuch wurde 1845 von dem Frankfurter Verleger Loening herausgebracht und entwickelte sich zu einem der größten Bilderbucherfolge der internationalen Kinderliteraturgeschichte. Eine Struwwelpetriade ist ein Bilderbuch, das vom Thema, von der Bebilderung wie vom Sprachduktus her an den „Struwwelpeter“ anschließt. Zahlreiche Struwwelpetriaden benutzten den Bekanntheitsgrad des „Struwwelpeter“ und der darin versammelten Figuren, um sozialkritische oder politische Satiren im Struwwelpetergewand vorzutragen.

Entstehungsgeschichte des „Struwwelpeter“. Die Ursache für die Entstehung des Bilderbuches war die Verärgerung des fünfunddreißigjährigen Arztes darüber, daß er trotz eifrigen Suchens in den Buchhandlungen Frankfurts am Main kein geeignetes Bilderbuch für seinen Sohn auftreiben konnte. So brachte er anstelle eines Bilderbuches ein leeres Heft mit nach Hause und begann selbst ein Bilderbuch zu zeichnen. Die Einfälle, die Hoffmann aufs Papier brachte, brauchte er nicht erst zu erfinden, sie entstammten einem Arsenal von Figuren und kleinen Bildgeschichten, die er als begeisterter Amateurzeichner widerspenstigen und verängstigten kleinen Patienten zur Beruhigung zu malen pflegte. Das handschriftliche Struwwelpeterexemplar lag am Weihnachtsabend 1844 auf dem Gabentisch für den kleinen Carl.
Hoffmanns Absicht war es zunächst nicht, den Struwwelpeter drucken zu lassen. Sehr deutlich geht dies aus dem Bericht „Wie der Struwwelpeter entstand“ hervor, der im Jahr 1871 in der Familienzeitschrift „Die Gartenlaube“ erschien (1871 Nr. 46) und in dem Hoffmann selbst feststellt: „Von allen Seiten wurde ich aufgefordert, es drucken zu lassen und es zu veröffentlichen. Ich lehnte es anfangs ab, ich hatte nicht im Entferntesten daran gedacht, als Kinder- und Bilderbüchler aufzutreten.“ Kurz nach Weihnachten 1844 traf Hoffmann mit einigen Freunden zusammen, denen er sein dilettantisches Bilderbuch vorführte. Darunter befand sich auch der Frankfurter Buchhändler Loening, der kurz zuvor eine „Literarische Anstalt“ gegründet hatte und sich spontan entschloß, das

Bilderbuch zu veröffentlichen. So erschien im Jahr 1845 die erste, nach der Urhandschrift im Lithographieverfahren gedruckte Ausgabe des „Struwwelpeter", die sich allerdings im Inhalt, in der Anordnung der Geschichten und in Technik und Ausführung der Zeichnungen stark von den heute weltbekannten Ausgaben unterschied. Der Titel lautete „Lustige Geschichten und drollige Bilder mit 15 schön kolorierten Tafeln für Kinder von 3 bis 6 Jahren". Der Name des Verfassers war in der ersten Ausgabe noch nicht genannt. Auf dem Deckel stand eine Art Inhaltsverzeichnis in Reimen, an dessen Ende es heißt: „Das alles fein malte und beschrieb / Der lustige Reimerich Kinderlieb." In der zweiten Auflage wurde aus dem „Reimerich" ein „Heinrich Kinderlieb", und von der fünften an erschien der volle Name des Verfassers auf dem Titelblatt. Die zweite Auflage, die bereits 1846 erschien, zeigte schon 20 Blatt gegenüber den 15 Blatt der Erstausgabe. Neu dazugekommen waren nun die Geschichten vom Paulinchen mit dem Feuerzeug und vom Zappelphilipp. Erst die dritte, im gleichen Jahr herausgekommene Auflage brachte den Namen „Struwwelpeter" auch im Titel. Die fünfte, 1847 erschienene Auflage, wurde auf 24 Blatt erweitert. Neu kamen jetzt die Geschichten vom Hans-Guck-in-die-Luft und vom Fliegenden Robert dazu. Zum ersten Mal wurde aber in der fünften Auflage das Blatt mit der Struwwelpeterzeichnung, das bis dahin als letztes Blatt des Bilderbuches eingebunden war, als Titelseite genommen. Damit wurde, wie HOFFMANN in seinen Lebenserinnerungen schreibt, ein Wunsch der Kinder erfüllt. Mit der fünften Auflage lag der „Struwwelpeter" vollständig vor.

Die Erstauflage des „Struwwelpeter", die in 1500 Exemplaren gedruckt wurde, war nach vier Wochen bereits ausverkauft. Exemplare der Erstausgabe sind heute nur noch in wenigen Exemplaren vorhanden. So befindet sich ein Exemplar in der Frankfurter Stadt- und Universitätsbibliothek, ein zweites in der Sammlung HIRSCHBERG in Hamburg, ein drittes kam mit der Sammlung von WALTER SCHATZKI (*1899) nach den USA und steht dort in der „New York Public Library". Die Urhandschrift befand sich zunächst im Besitz von RUDOLF GEISSLER, der Lehrer an der Kunstgewerbeschule in Nürnberg war und das Manuskript im Jahr 1902 an das Germanische Nationalmuseum in Nürnberg verkaufte, wo es noch heute aufbewahrt wird.

In den Ausgaben des „Struwwelpeter", die nach 1858 herauskamen, zeigten sich große Veränderungen in den Illustrationen, teilweise auch im Text. Vor allem das Bild der Struwwelpeterfigur sah nun anders aus. Während in der ursprünglichen Fassung der Struwwelpeter mit vom Kopf abstehenden Haaren gezeigt wurde, die in wilden Strähnen über das Gesicht herunterhingen, stehen die Haare der in den neuen Fassungen vorgestellten Struwwelpeterfigur wie ein Strahlenkranz gleichmäßig um den Kopf der Figur. Auch zahlreiche andere Details, wie das Postament, auf dem der Struwwelpeter steht, verloren ihre ursprüngliche Form. Lange Zeit bestand die Vermutung, daß die Verleger die zum Teil erheblichen Veränderungen ohne Wissen HOFFMANNS von Graphikern vornehmen ließen, um die vermeintliche dilettantischen Zeichnungen des Autors zu „verbessern". Die These von der böswilligen Verfälschung des Struwwelpetermanuskriptes, die noch 1939 Struwwelpeterkenner GUSTAV ADOLF ERICH BOGENG vertrat, wurde Ende 1953 hinfällig, als der Frankfurter Antiquar WILHELM HENRICH das Manuskript der endgültigen Fassung des Struwwelpeter, so wie es bei den meisten Lesern in Erinnerung ist, aus den USA nach Deutschland mitbrachte. Wie sich herausstellte, hatte das von HOFFMANN im Auftrag der Verleger neu geschaffene Manuskript bis 1928 im Archiv des Verlages Rütten & Loening gelegen, ging dann in den Besitz des Frankfurter Bankiers ERNST WERTHEIMER über und kam nach dessen Emigration in den dreißiger Jahren in die USA. Heute befindet sich das Manuskript im Besitz der Stadt- und Universitätsbibliothek in Frankfurt am Main. Man nimmt an, daß der Grund für die Veränderung der Struwwelpeterzeichnungen die Umstellung von der Lithographie auf den Holzschnitt war. Verschiedene Versuche, den „Struwwelpeter" wieder in seiner ursprünglichen Form herauszubringen, hatten wenig Erfolg. Nach wie vor ist die zweite Fassung die bekannteste geblieben.

Wirkungsgeschichte. Der „Struwwelpeter" hatte von Anfang an großen Erfolg. Schon 1871, 31 Jahre nach Erscheinen der Erstauflage, kam die 100. Auflage heraus, 25 Jahre später, im Jahr 1896, die 200. Nur jeweils zwölf Jahre dauerte es bis zur 300. Auflage 1908 und zur 400. Auflage 1920. Im Jahr 1921 brachte es der „Struwwelpeter" sogar von der 400. bis zur 502. Auflage. Im Jahr 1939 wurden bereits 593 Auflagen gezählt. Dabei handelt es sich jedoch nur um die im Verlag Rütten & Loening herausgekommenen Auflagen und die von ihm vergebenen Lizenzausgaben. Nicht mitgezählt sind die nach der Aufhebung der Schutzfrist für das Urheberrecht im Jahr 1925 herausgekommenen Nachdrucke zahlloser anderer Verlage. Auch im Ausland hatte das Bilderbuch einen ähnlichen Erfolg zu verzeichnen. So spricht schon HOFFMANN selbst in seinem der 100. Auflage beigegebenen Bericht von den zahlreichen Übersetzungen, die er selbst noch erlebte: „... und so ging das bescheidene Hauskind hinaus in die weite offene Welt und machte nun seine Reise, ich kann wohl sagen, um die Welt. Von Übersetzungen ist mir bis jetzt eine englische, holländische, dänische, schwedische, russische, französische, spanische und eine portugiesische (Brasilien) zu Gesicht gekommen." Teilweise kehrten fremdsprachige Ausgaben wieder nach Deutschland zurück und wurden dort als Schullektüre verwandt. Auch in Latein und Esperanto wurde das Bilderbuch übertragen. Heute rechnet man mit mindestens 1000 Auflagen und einer Gesamtauflage von etwa 10 bis 15 Millionen Exemplaren. Damit dürfte der „Struwwelpeter" zu einem der größten Bucherfolge geworden sein.

Schon bald rief die Popularität des „Struwwelpeter" auch die Werbeindustrie auf den Plan. Bereits 1910 wurden die ersten Taschentücher mit Struwwelpetermotiven angeboten. Struwwelpeterdarstellungen in Kundenzeitschriften, auf Einwickelpapier für Apfelsinen, als Werbefiguren für Krankenkassen oder politische Parteien sind heute gebräuchlich. GUSTAV BOGENG sprach schon 1939 davon, daß mit all den Nachbildungen die Fächer eines Struwwelpetermuseums gefüllt werden könnten. Inzwischen ist ein „Struwwelpeter-Museum" Wirklichkeit geworden. Es wurde am 14. Juli 1977 in Frankfurt am Main eröffnet. Der „Struwwelpeter" hat auch in der Entwicklungspsychologie einer Phase der geistigen Entwicklung den Namen gegeben: das sogenannte „Struwwelpeteralter" (Kinder im Alter von etwa 3–6 Jahren).

Inhalte der Geschichten; Intention des Autors. Der „Struwwelpeter" enthält zehn Einheiten: neun sich entwickelnde Geschichten um das Blatt, das in Text und Bild die Struwwelpeterfigur beschreibend vorführt. Neun der Texte handeln von unfolgsamen Kindern und den bösen Folgen ihres Ungehorsams. Die Struwwelpeterfigur und der Text dazu zeigen den Jungen, der durch sein Äußeres von dem ordentlich gepflegten bürgerlichen Kind absticht und auf Grund seines langen Haares, seiner langen Fingernägel und seiner Abneigung gegen Kamm und Schere zum garstigen Kind erklärt wird, dem jedes (anständige) Kind spontan ein „Pfui!" nachruft. Die Idee des Struwwelpeter war keine Erfindung HOFFMANNS. Zu seiner Zeit war der Begriff vom „Struwwelkopf" (frankfurterisch: „Strubbelkopp") oder „Struwwelpeter" eine gängige Bezeichnung für einen äußerlich verwahrlosten Menschen. In der „Geschichte vom bösen Friedrich" wird der Junge angeprangert, der Tiere quält und seine Aggressionen schließlich auch auf Menschen überträgt („Und höre nur, wie bös er war, er peitschte seine Gretchen gar"). In dieser Geschichte wird Tierliebe gepredigt, um die Mitte des 19. Jahrhunderts ein häufiges Thema von Kinder- und Jugenderzählungen. In der „traurigen Geschichte mit dem Feuerzeug" steht die Warnung vor dem Umgang mit dem Feuer im Mittelpunkt. Hier steht weniger das rigorose Verbot im Vordergrund, als vielmehr die Sorge um das Wohl der Kinder, die vor Schaden durch das Feuer bewahrt werden sollten. Es gab schon seit Ende des 18. Jahrhunderts eine Fülle von sogenannten „Unglücksgeschichten", die sich zum Ziel setzten, die Kinder anschaulich vor schlimmen Folgen leichtsinnigen Tuns zu warnen. Ein Hauptthema solcher Geschichten war der Umgang mit dem Feuer, gehörten doch in einer Zeit, da man noch am Herd mit offenem Feuer hantierte und zur Beleuchtung Kerzen, Wachslichter und Steinöllampen benutzte, ausbrechende Feuersbrünste mit zu den häufigsten und gefürchtetsten Katastrophen. In der „Geschichte von den schwarzen Buben" nimmt der liberale Arzt Stellung für eine verspottete Minderheit, in diesem Fall für den Negerjungen. Die Strafe, die die bösen Buben, die den Mohren verspotten, hier ereilt, ist ebenso drastisch wie anschaulich. Sie werden vom Niklas, der als ausgleichende Gerechtigkeit, weniger als furchterregender Popanz auftritt, in Tinte getaucht und sind am Ende („Du siehst sie hier, wie schwarz sie sind, viel schwärzer als das Mohrenkind") noch dunkler geworden als der von ihnen verhöhnte Mohrenknabe. Die „Geschichte vom Daumenlutscher", wohl die drastischste von allen, zeigt, wie der Schneider dem Daumenlutscherjungen mit der Schere die Daumen abschneidet. In der Geschichte vom „Suppen-Kasper" wird im Zeitraffertempo die dramatische Entwicklung vom Stehenlassen des gefüllten Suppentellers bis hin zum Tode des Kasper gezeigt, der „am vierten Tage gar, wie ein Fädchen war" und dann stirbt. Die „Geschichte von dem Zappel-Philipp" führt die Familienkatastrophe vor, die eintritt, als der Philipp trotz mehrfacher Warnungen das Zappeln nicht läßt, mit dem Stuhl umkippt und von dem Tischtuch mitsamt dem feinen Geschirr und allen Speisen begraben wird. Die Geschichte vom „Hans-Guck-in-die-Luft" zeigt die Folgen der Zerstreutheit auf dem Weg zur Schule (die übrigens heutzutage bei den modernen Verkehrsverhältnissen weit schlimmere Folgen hat als das ungewollte Bad des Hans), die mit dem Sturz ins Wasser endet. In der „Geschichte vom fliegenden Robert" wird der Junge, der trotz aller Warnungen in den Windsturm hinaustritt, vom Wind mitsamt seinem Regenschirm davongetragen. Eine Ausnahme bildet die fünfte Geschichte, die „Geschichte vom wilden Jäger", in der der Hase dem eingeschlafenen Jäger das Gewehr wegnimmt und ihn in die Flucht jagt. Hier wird eine auf den Kopf gestellte Welt vorgestellt und wieder Partei für den Schwächeren, wie schon in der Geschichte von den Tintenbuben, ergriffen.

In den meisten Geschichten folgt dem Unfolgsamsein der Kinder die Strafe auf dem Fuß, immer in einer sehr drastisch geschilderten Weise, manchmal in ihrem Ergebnis in einer geradezu grotesk überspitzten Weise, so beim Suppen-Kasper, aber auch beim Daumenlutscher oder beim Paulinchen, wo der Tod der kleinen Unfolgsamen eintritt. Weniger schlimm sind die Folgen für den bösen Friederich, der mit einem Biß ins Bein davonkommt und dann bittere Arznei schlucken muß, oder bei Hans-Guck-in-die-Luft, der lediglich ein ungewolltes Bad nimmt. Der Ausgang der Geschichte mit dem fliegenden Robert bleibt offen. Es bleibt den kleinen Betrachtern oder Lesern überlassen, sich auszumalen, wo Robert schließlich landen wird.

Fragt man nach den Intentionen, die der Autor mit seinem „Struwwelpeter" verband, so findet man darüber Aufschluß in dem Vorbericht HOFFMANNS zur 100. Auflage seines Bilderbuches, in dem er Stellung zu der nach Erscheinen seines Buches laut gewordenen Kritik nimmt. Es heißt dort: „Trotzdem hat man den Struwwelpeter auch großer Sünden beschuldigt, denselben als gar zu märchenhaft, die Bilder als fratzenhaft oder derb getadelt. Da hieß es: ‚Das Buch verdirbt mit seinen Fratzen das ästhetische Gefühl des Kindes'. Nun gut, so erziehe man die Säuglinge in Gemäldegalerien oder in Cabinetten mit antiken Gispabdrücken! Aber man muß dann auch verhüten, daß das Kind in sich selbst nicht kleine menschliche Figuren aus zwei

Kreisen und vier geraden Linien in der bekannten Weise zeichne und glücklicher dabei ist, als wenn man ihm den Laokoon zeigt. – Das Buch soll ja märchenhafte, grausige, übertriebene Vorstellungen hervorrufen! Das germanische Kind ist aber nur das germanische Volk, und schwerlich werden die National-Erzieher die Geschichte vom Rothkäppchen, das der Wolf verschluckte, vom Schneewittchen, das die böse Stiefmutter vergiftete, aus dem Volksbewußtsein und aus der Kinderstube vertilgen. Mit der absoluten Wahrheit, mit algebraischen oder geometrischen Sätzen rührt man aber keine Kinderseele, sondern läßt sie elend verkümmern." HEINRICH HOFFMANN hat seine Struwwelpetergeschichten als realistische Märchen für kleine Kinder empfunden. Er hat auf den Buchdeckel seines „Struwwelpeter" schreiben lassen „Für Kinder von drei bis sechs Jahren". Damit hat er klar den Rezipientenkreis seines Bilderbuchs angegeben, im Gegensatz zu den zahlreichen Kinderbüchern seiner Zeit, die mit Zusätzen wie „Für Alt und Jung" versehen waren. Für die Käufer um die Mitte des 19. Jahrhunderts war das Struwwelpeterbuch insofern ein Novum, als zum ersten Mal ein Bilderbuch für das Kleinkind vorlag, das die aufgezeigten Erlebnisse ganz aus der Umwelt des Kleinkindes nahm, im Gegensatz zu den üblichen sentimentalen oder lehrhaften Kinderbüchern nun auch für Kinder einen herb-humoristischen Ton in den knappen Versen anschlug und die Illustrationen in einer naiv-kindgemäßen und von künstlerischen Ambitionen freien Zeichentechnik bot, die bisher nur in den beliebten und volkstümlichen Bilderbogen zu finden war. Die Struwwelpetergeschichten stehen als in sich abgeschlossene kleine Erzählgebilde da, die sich durch Bild und Text so deutlich interpretieren, daß keine moralischen Erklärungen dazu notwendig sind. Es kommt noch hinzu, daß die Eingängigkeit der Struwwelpeterverse viele Kleinkinder nach mehrmaligem Vorlesen die Verse im Gedächtnis behalten ließ, die sie dann beim alleinigen Durchblättern des Bilderbuches aus dem Gedächtnis reproduzieren konnten.

Betrachtet man die einzelnen Geschichten, so behandelt jede von ihnen einen besonderen Fall alltäglicher Vorkommnisse. Der geniale Trick des Autors ist jedoch, daß er jede der Geschichten gegen Ende durch eine verblüffende und witzige Wendung in die Sphäre des Unrealistischen hebt. Andererseits wird die biedermeierliche Auffassung von dem richtigen Verhalten des bürgerlichen Kindes voll bestätigt, und die biedermeierlichen Zeitmerkmale finden ihre Widerspiegelung in den Zeichnungen HOFFMANNS. Da wird in der „Geschichte vom Zappel-Philipp" die patriarchalische Familie vorgestellt, in der sich die Mutter darauf zu beschränken hat, stumm auf dem Tisch herumzublikken. Da wird das Leeressen des Tellers als selbstverständliche Tugend gepriesen, die bei Nichtbefolgen zum schnellen Tod führt. Da werden Kamm und Schere als Symbole bürgerlicher Tugenden auf das Postament erhoben und der langhaarige Junge mit den ungeschnittenen Nägeln zum Außenseiter gestempelt.

Die Kritik am „Struwwelpeter" hat schon bald nach seinem Ersterscheinen eingesetzt und ist bis heute nicht verstummt. Gerade in den letzten zehn Jahren wurde dieses Bilderbuch besonders heftig bekämpft, da es mit dem Tugendkanon, den es propagiere, und den Sanktionen, die es vorführe, jeder modernen Erziehung entgegenstehe. Sicher ist der „Struwwelpeter" aus seiner historischen Entstehung her zu verstehen und stellt kein modernes Bilderbuch dar, das heutigen Kindern empfohlen werden kann, wenn es auch noch heute vielen Kindern in die Hände kommt. Die Kritik an HOFFMANNS Bilderbuch muß sich letzten Endes immer darauf konzentrieren, welche Folgen der Umgang mit diesem Bilderbuch auf unsere heutigen Kinder haben kann. Empirische Untersuchungen zu der Wirkung der Struwwelpeterlektüre auf Kleinkinder liegen bis heute kaum vor, allenfalls punktuelle Erfahrungen Erwachsener, die sich an ihre erste Bekanntschaft mit dem „Struwwelpeter" erinnern. Die Urteile sind sehr unterschiedlich, reichen von der totalen Ablehnung bis zur enthusiastischen Anpreisung. Andere, mehr theoretische Aussagen zu den Folgen der Struwwelpeterlektüre für Kleinkinder sind weitgehend im Spekulativen angesiedelt. Zu bedenken ist: Während die Struwwelpeterzeichnungen für die Kinder des 19. Jahrhunderts Ausschnitte aus der ihnen vertrauten eigenen Umwelt darstellten, bedeutet die steif-naive Eigenart der Figuren des Struwwelpeterbilderbuches, die Altertümlichkeit der Kleidung und die vorgeführten Requisiten und Details einer vergangenen biedermeierlichen Welt für die kleinen Leser von heute einen Abstand zur realen Wirklichkeit, der die Struwwelpetergeschichten aus dem Alltag herausnimmt und in eine Welt des Märchenhaften, der phantasievollen und für die Kleinen unwirklichen Geschehnisse versetzt. Hinzu kommt noch, daß auch die meisten der im „Struwwelpeter" verlangten „Tugenden" wie das Leeressen des Tellers, der Verzicht auf das Daumenlutschen oder das Zappeln bei Tisch weithin nicht mehr Erziehungswirklichkeit sind.

Dem Struwwelpeterautor sind wiederholt auch politische Intentionen zugeschrieben worden. Solche Interpretationsversuche gehen auf einen Irrtum zurück. FRANZ DINGELSTEDT warnte 1848 in einer Satire, die er für die „Fliegenden Blätter" schrieb, vor der Gefährlichkeit des „Struwwelpeter", indem er ihm den Charakter des Aufrufs zu Aufruhr und Revolution ironisch unterstellte. Während sich DINGELSTEDT mit seiner Glosse gegen die politischen Schnüffler wandte, die in jedem harmlosen Vers und Lied gefährliche „freiheitliche" Gesinnung entdeckten, nahmen zahlreiche Leser die ironische Erwähnung des Struwwelpeter als politischen Traktat ernst. Seine Glosse führte sogar dazu, daß in Rußland, zum Gelächter des übrigen Europa, der „Struwwelpeter" als politisch verdächtig verboten wurde. In den letzten Jahren wurden dem Struwwelpeter erneut politische Absichten nachgesagt. MARIE-LUISE KÖNNEKER („Dr. Heinrich Hoffmanns ‚Struwwelpeter'", 1977) greift z.B. die DINGELSTEDT-Mißinterpretation wieder auf, obwohl sich weder durch Textstellen noch durch Aussagen des Autors oder von Gewährsleuten seiner Zeit eine präzise politische Absicht für den Struwwelpeter belegen läßt.

Struwwelpetriaden. Kaum ein anderes Buch der Literaturgeschichte, DEFOES „Robinson Crusoe" ausgenommen, hat zu so zahlreichen Nachahmungen geführt wie der „Struwwelpeter". Schon bald nach seinem Erscheinen tauchten auch die ersten Struwwelpetriaden auf, die bis heute immer wieder neu entstehen. Dabei kann man drei große Gruppen unterscheiden: 1. Die aus ökonomischen Gründen zustandegekommenen Nachahmungen, die versuchen, die Anpassung an Zeichentechnik, Sprachduktus und Thema der Struwwelpetergeschichten zu erreichen. Zum großen Teil waren es Verleger, die ihre Autoren und Zeichner für solche Unternehmungen zu interessieren suchten, um sich damit an den Verkaufserfolg des Struwwelpeter anzuhängen. 2. Struwwelpetertravestien, die den Bekanntheitsgrad des Struwwelpeterbilderbuches für politische oder zeitkritische Zwecke benutzen, indem sie satirische Schriften mit dem Figurenarsenal des „Struwwelpeter" herstellen und in Sprache und Geschichteneinteilung eng an dem Original haften. 3. Sogenannte Antistruwwelpeterausgaben, die mit ihren Struwwelpeterversionen den Erwachsenen einen Spiegel ihrer eigenen Unarten vor Augen halten wollen und die für mehr Freiheit in der Kindererziehung plädieren. Oft gingen die Nachahmer so weit, daß sie den Titel usurpierten, ganze Struwwelpeterverse wiederverwandten und die von HOFFMANN aufgegriffenen Themen immer wieder neu ausbeuteten.

Um 1870 erschien in Hamburg ein Gegenstück zum Struwwelpeter, „Die Struwwelliese", in der ungezogene und ungehorsame Mädchen an die Stelle der Struwwelpeterbuben treten. Die „Struwwelliese" erlebte schon 1896 die 40. Auflage und wurde noch nach dem Zweiten Weltkrieg neu aufgelegt. Fast alle Geschichten dieses Bilderbuches werden von einer penetranten Bestrafungspädagogik beherrscht. Die Belehrung, die sich in den Geschichten HOFFMANNS durch die Handlung selbst und durch das unausweichliche Schicksal der kleinen Helden ergibt, wird in der „Struwwelliese" den unartigen Mädchen mit der Rute eingebläut. Von allen Struwwelpeternachahmungen sind die Zeichnungen von THEODOR HOSEMANN (1807–1875) zu dem Bilderbuch „Lachende Kinder" (1850), zu dem der Berliner ADOLF GLASSBRENNER (1810–1876), der sich nach dem unglücklichen Ausgang der Bewegung von 1848 dem Kinderbilderbuch zuwandte, die Texte lieferte, die gekonntesten. Erfolgreich war auch das Bilderbuch „Die sprechenden Tiere" (1854), das GLASSBRENNER zusammen mit dem Illustrator CARL REINHARDT (1818–1877) schuf. Es ist ein Tierstruwwelpeter, in dem die unartigen Kinder durch unartige Tierfiguren ersetzt werden und der Geschichten bringt wie „Die Geschichte vom unvorsichtigen Hahn", die „Geschichte von der albernen Eule und vom albernen Frosch", „Vom Schnattergänschen". Im Jahr 1864 erschien das Bilderbuch „Das Schreiliesel, eine lustige und lehrreiche Geschichte für Kinder von -8 Jahren von Dr. Ernst", das von FRITZ STEUB gezeichnet wurde. Hier wird die Anpassung an den „Struwwelpeter" bis zur Aufnahme des Doktortitels auf dem Einband vollzogen. Die einzelnen Geschichten („Wie das Schreiliesel allein gehen will und fällt", „Wie das Schreiliesel seine Milch nicht trinken will" u. a.) berichten von Unarten kleiner Mädchen und tendieren in der Zeichnung stark zur Karikatur. Ein anderer bekannter Zeichner, LOTHAR MEGGENDORFER (1847–1925), zeichnete die Bilder zu dem Bilderbuch „Die brave Bertha und die böse Lina", das bereits 1886 in der fünften Auflage erschien. Themen und Verse sind eng an den „Struwwelpeter" angelehnt, wenn es da heißt: „Wie fleißig schreibet Bertha hier, / Mit Tint' und Feder aufs Papier. / Und nimmt gar sorglich sich in Acht, / Daß sie ja keinen Fehler macht." Im Schreiber Verlag in Eßlingen erschienen eine ganze Anzahl von Struwwelpetriaden. Die erfolgreichste war das 1860 herausgekommene Bilderbuch „Der böse Peter und das brave Fritzchen. Eine lehrreiche Geschichte in 16 Versen zur Warnung und Belehrung der lieben Jugend". Die Zeichnungen dazu erstellte CARL HÄBERLIN. Auch während des Dritten Reiches erschienen Struwwelpetriaden. Eine der bekanntesten war „Der Kleckerklaus" (1939), der von „Struwwelpeters kleinem Bruder" berichtet. Der kleine Kleckerklaus erscheint in Begleitung des Originalstruwwelpeter, ebenso struwwelig und dreckig. Als sich jedoch die anderen sauberen und blonden, „deutsch" gezeichneten Kinder entsetzt von den beiden abwenden, gehen Struwwelpeter und Kleckerklaus in sich, schneiden ihre Haare, waschen sich und erscheinen bald als blitzsaubere Burschen: „Und von nun an mag die beiden jedes Kind recht gerne leiden".

Auch in der Gegenwart tauchten neue Struwwelpeterversionen auf. Eine der letzten brachte der Kinderbuchverlag in Ost-Berlin im Jahr 1970 unter dem Titel „So ein Struwwelpeter. Lustige Geschichten und drollige Bilder von 3 bis 6 Jahren" heraus. Die Bilder stellen Szenen aus dem modernen Alltag vor, so die „Geschichte vom bockigen Martin", der andauernd nörgelt und quengelt und schließlich von einem Ziegenbock aus dem Bilderbuch gestoßen wird. Da erscheint der Tierquäler Matthias, der vom Elefanten im Zoo auf den Mist befördert wird. Es wird die faule Angela vorgestellt, die dick, faul und gefräßig ist. Offensichtlich liegt ein Versuch vor, mit dem Bilderbuch im Sinne einer Erziehung zum nützlichen Glied der sozialistischen Gesellschaft hinzuwirken. Der bürgerliche Tugendkanon, der schon zu Zeiten HOFFMANNS im „Struwwelpeter" zu finden war, ist jedoch im Grunde geblieben. Die Popularität, die der „Struwwelpeter" im In- und Ausland genoß, führte dazu, daß schon bald nach der Erstausgabe bis in unsere Gegenwart hinein der „Struwwelpeter" in den Dienst politischer Anschauungen oder zeitkritischer Auffassungen gestellt wurde. Bereits 1849 erschien in Düsseldorf „Der politische Struwwelpeter" von HENRY RITTER mit dem Untertitel „Ein Versuch zur Einigung Deutschlands". In England kam 1899 „The political Struwwelpeter" heraus, der die politischen Zustände im England der Jahrhundertwende geißelte. Das Titelblatt zeigt den englischen Löwen im Struwwelpetergewand und in Struwwelpeterpose. Zu Beginn des Ersten Weltkrieges wurde der Struwwelpeter, sicher nicht im Sinne seines Schöpfers, in den Dienst der englischen Kriegspropaganda gestellt. Im Jahr 1914 erschien das Bilderbuch „The swollen-headed William, painful stories and funny pictures after the German". Darin wird Kaiser WILHELM II. in Struwwelpeterpose gezeigt. Zwar hat er keine langen Nägel, doch tropft Blut von seinen Händen. Der Kopf ist dick angeschwollen, der Kaiserhelm sitzt schief. Das Postament zeigt anstelle von Kamm und Schere eine feuerspeiende Kanone und ein Panzerschiff, das eine Salve abfeuert. Der Text zu dem Titelbild lautet: „Look at William! There he stands, / With the blood upon his hands. / His Moustaches daunt the sky, / Pointing to his great ally. / What of heaven William thinks / Is no riddle of the Spinx, / But a matter much more dim / Is what Heaven thinks of him." Bereits 1915 erschien als Gegenstück in München bei Holbein „Der Kriegsstruwwelpeter – Lustige Bilder und Verse" von KARL EWALD OLSZEWSKI. In ihm wurden die Entente-Mächte zum Gegenstand der Spottverse gemacht. Noch 1969 erschien eine neue politische Struwwelpetriade im Verlag Rütten & Loening. Es war „Der Struwwelpeter neu frisiert oder lästige Geschichten und dolle Bilder für Bürger bis 100 Jahren nach Dr. Heinrich Hoffmann" von ECKART und RAINER HACHFELD. Auf dem Titelbild erscheint der Berliner Student RAINER LANGHANS, der im Zusammenhang mit der Kommune I in Berlin zur Zeit der Studentenbewegung um 1968 zusammen mit seinem Freund FRITZ TEUFEL durch die deutsche Presse ging. Auf der ersten Seite des Buches wird der deutsche Michel als braver Konsument vorgestellt, auf den ein Engel mit schwarz-rot-goldenen Flügeln die Symbole der Wohlstandsgesellschaft wie Waschmaschine, Fernseher, Auto und Pelzmantel herabregnen läßt. Im Anklang an die erste Seite des Originalstruwwelpeter lautet der Text dazu: „Wenn die Bürger artig sind / freut sich Bonn und das Christkind. / Wenn sie bei den Bundeswahlen / brav ihr schwarzes Kreuzchen malen, / wenn sie, ohne aufzumucken, / jeden Morgen Bild begucken, / wenn sie frohe Mienen zeigen, / weil die Aktien weiter steigen, / wirkt auf sie als rotes Tuch / dieses schöne Bilderbuch."

Die Gruppe der Antistruwwelpeter wurde durch „Der Struwwelpeter von heute. Ein Bilderbuch für die Großen" von FRIED STERN 1914 im Prestel Verlag in Frankfurt eingeführt. Auf dem Titelbild ist das Symbol der gestutzten Welt – die Schere – zerbrochen. Der „natürliche" Mensch, der ehemalige Struwwelpeter, jetzt Freund der Tiere, steht, von einem Strahlenkreuz umgeben, auf einem Sockel. Er verkörpert den, der sich an der Gottesnatur erfreut. Die Ideale der Jugendbewegung und Neuromantik sowie das Anliegen des Verfassers sprechen deutlich aus der Apologie des Struwwelpeter, die in gotischen Lettern neben der Bildseite steht und mit der Feststellung endet: „Ich hab' 'nen Struwwelpeter gern, / Weil ihm „Verschönerung" liegt fern. / Behalt' nur deine langen Nägel, / Hau um dich, sei ein wackerer Flegel. / Wenn's einer wagt und an dir stutzt / Und irgendwie zurecht dich putzt!" In dem 1947 in Heidelberg erschienen Bilderbuch „Und noch einmal Struwwelpeter. Moralische Geschichten für Kinder von 18–80 Jahren" von WALTRAUD NICOLAS und Zeichnungen von HORST LEMKE werden die im „Struwwelpeter" angeprangerten Unarten der Kleinen auf die mangelnde Aufsichtspflicht und das fehlende Verständnis der Eltern für ihre Kinder zurückgeführt und zu Beginn festgestellt: „Wenn die Eltern artig sind, ist es meist auch das Kind." Der bisher letzte Antistruwwelpeter kam 1970 im Melzer Verlag in Frankfurt heraus. Text und Illustration stammen von FRIEDRICH KARL WAECHTER. Direkter als dies in den vorhergehenden Versionen war, wird in diesem Buch das Kind zum Kampf gegen die Erwachsenen aufgerufen. Vorschriften der Erwachsenen werden verneint, zum Widerstand der Kinder gegen restriktive Regeln wird aufgerufen. Dieses Bilderbuch, zwar auch in Kinderläden verwandt und von progressiven Pädagogen empfohlen, richtet sich vor allem an Erwachsene und kann mit seinen zeitkritischen Anspielungen und antiautoritären Aufforderungen von Kindern im Alter von 3 bis 6 Jahren, für die der Originalstruwwelpeter gedacht war, kaum begriffen werden.

→ H. Hoffmann

Sekundärliteratur: W. Arntz: Der Struwwelpeter und andere Original-Manuskripte des Struwwelpeter-Hoffmann (1954). – G. A. Bogeng: Der Struwwelpeter und sein Vater. Geschichte eines Bilderbuchs (1939). – E. Hessenberg (Hrsg.): „Struwwelpeter-Hoffmann" erzählt aus seinem Leben. Lebenserinnerungen Dr. Heinrich Hoffmanns (1926). – Ch. Hunscha: Struwwelpeter und Antistruwwelpeter (in: Ch. Hunscha (Hrsg.): Struwwelpeter und Krümelmonster. Die Darstellung der Wirklichkeit in Kinderbüchern und Kinderfernsehen. 1974. 120–125). – M.-L. Könneker: Dr. Heinrich Hoffmanns „Struwwelpeter", Untersuchungen zur Entstehungs- und Funktionsgeschichte eines bürgerlichen Bilderbuchs (1977). – H. Müller: Der „Struwwelpeter". Der langanhaltende Erfolg und das wandlungsreiche Leben eines deutschen Bilderbuches (in: Kl. Doderer (Hrsg.): Klassische Kinder- und Jugendbücher. 1969, ³1975. 55–97); „Struwwelpeter" und Struwwelpetriaden (in: Kl. Doderer (Hrsg. zus. mit H. Müller): Das Bilderbuch. Geschichte und Entwicklung des Bilderbuchs in Deutschland von den Anfängen bis zur Gegenwart. 1973, ²1975. 141–182). – E. und J. Vogt: „Und höre nur wie bös er war". Randbemerkungen zu einem Klassiker für Kinder (in: D. Richter (Hrsg. zus. mit J. Vogt): Die heimlichen Erzieher. Kinderbücher und politisches Lernen. 1974. 11–30).

Helmut Müller

Stupica, Marlenka

*Jugoslawische Graphikerin, Kinderbuchillustratorin; * 17. 12. 1927 Maribor/Jugoslawien.*

St. verbrachte die Schuljahre in Lubljana, wo sie 1946 das Abitur bestand und anschließend bis 1950 die Kunstakademie besuchte. Schon während des Studiums erhielt sie Illustrationsaufträge für Märchenbücher und Zeitschriften. Durch zahlreiche Reisen, auch in Westeuropa, bildete sie sich vielseitig. Bis heute hat sie mehr als 60 Bilder- und Kinderbücher illustriert. Sie ist mit dem Maler GABRIJEL ST. verheiratet und hat eine Tochter MARIJA LUCIJA, die ebenfalls Bilderbücher illustriert hat. St. erhielt zahlreiche Auszeichnungen in ihrem eigenen Land sowie 1969 und 1971 Plaketten auf der Bienale ilustrácií Bratislava (BIB), außerdem 1966 eine Plakette und 1973 den ersten Preis „Die Goldene Feder" von Belgrad („Zlatno pero Beograda").

Werk, Tendenzen, Wirkung. St. ist eine ideale Illustratorin für Märchen und märchenähnliche Geschichten. Sie ist sich der orientalischen Herkunft zahlreicher Märchen bewußt. Manche ihrer Bilder, etwa zu Schneewittchen, gleichen persischen Teppichen, auf denen das Geschehen wie ein Muster eingewoben ist. Ihre präzise, aber ausdrucksvolle Zeichentechnik, die von nüchterner Genauigkeit ist, ohne naturalistisch zu sein, macht sie wohltuend für das Auge des Kindes. So haben Dornröschen, Schneewittchen und Rotkäppchen („Trnuljčica", 1954; „Sneguljčica", 1956; „Rdeča Kapica", 1953) durch sie auf unkonventionelle Weise ein neues Gesicht bekommen. In ihren Büchern für die Kleinsten bemüht sie sich um einen ausgesprochen poetischen Realismus. Ein Apfel, ein Knopf oder eine Mütze werden ebenso wie die Figuren eines kindlichen Zirkus zu einem Kunstwerk. In ihrem schönsten Märchenbuch „Pastir" (1958) breitet sie auf großen Blättern ländliche Folklore aus der Vergangenheit ihres eigenen Landes vor den Kindern aus. St. hat auch Bücher von Klassikern der Kinderliteratur illustriert, so den „Pinocchio" von C. COLLODI und „Pippi Langstrumpf" von A. LINDGREN. Erwähnt seien auch zahlreiche Gedichtbände und Kinderbücher. Stets wirken die Illustrationen von St. äußerst dekorativ. Sie komponiert ihre Seiten sehr kunstvoll, ohne dabei je zu vergessen, daß sie einem Kind eine Geschichte erzählt. Ihre schönsten Werke schuf sie in Zusammenarbeit mit ihrer Herausgeberin und Textautorin KRISTINA BRENKOVA.

Werke: O. Župančič: Uganke (1948); I. Gruden: Na Krasu (1949); V. Taufer: Mojca in živali (zus. mit L. Novy, 1950); Kr. Brenkova: Mačeha in pastorka (1950); V. Brest: Pravljica o mali Marjetici (1951); K. Hroch: O goskici, ki se je učila peti (1952); O. Župančič: Mehurčki (1952); J. und W. Grimm: Rdeča kapica (1953; dt. Rotkäppchen, 1966); Kr. Brenkova: Igra o Bogatinu in zdravilnem kamnu (1953); J. Kozak: Aleš (1953); J. und W. Grimm: Trnuljčica (1954); M. Stupica: Moji prija telji (1955); O. Župančič: Cicibanove pesmice (1956); J. und W. Grimm: Sneguljčica (1956; dt. Schneewittchen, 1965); A. Lindgren: Pika Nogavička (1958); M. Valjavec: Pastir (1958; dt. Der Hirt, 1967); C. Collodi: Ostržek (1960); A. Škerl: Voščila (1962); M. Stupica: Probar vanka (1962); E. Peroci: Moj dežnik je lahko balon (1962); Kr. Brenkova: Barčica po morju plava (1964; dt. Schifflein auf dem blauen Meer. Ammenreime, 1965); Kr. Brenkova: Kriz, kraž, kralj Matjaz (1964; dt. Schirtel schartel König Martel, 1965); Kr. Brenkova: Sonce sije, dižek gre (1964; dt. Die Sonne scheint, es regnet sehr, 1965); J. und W. Grimm: Šipková Růzenka (1964); J. Kuhar: O troške pesmice (1964); A. Lindgren: Kljukec s strehe (Bd. 1–2. 1966–1967); E. Peroci: Čebelice (1966); O. Župančič: Črep, na tleh je lonček (1966); S. Vinšek: Na ljubljanskem Gradu (1967); Cr. Zagorski: Kje je medo? (1967); P. Hazard: Knjige, otroci in odrasli ljudje (1967); Kr. Brenkova: Kruhek (1968); E. Peroci: Pravljice žive v velikem starem mestu (1969); T. Pavček: Kaj ja najlepše (1969); M. Stupica: Kape (1969); O. Zupapčič: Kanglica (1969); L. Suhodolčan: Krojaček Hlaček (1970); M. Stupica: Šolar (1970); M. Stupica: Številke (1970); Kr. Brenkova: Košček sira (1971); Kr. Brenkova: Deklica Delfina in lisica Zvitorepka (1972); Kr. Brenkova: Prva domovina (1973); D. Maksimović: Šumska ljuljaška (1974); L. Suhodolčan: Kam se je skril Krojaček Hlaček (1974); N. Grafenauer: Kadar boben ropota (1974); N. Grafenauer: Sredi polja redči mak (1974); M. Stupica: Velik-Majhen (1974); Kr. Brenkova: Srebrna račka, zlata račka (1975); H. Chr. Andersen: Palčica (1976).

Bettina Hürlimann

Sturm, Julius

*(Ps.: Stern). Pädagoge, Theologe, Schriftsteller; *21.7.1816 Köstritz (Fürstentum Reuß), †2.5.1896 Leipzig.*

Nach dem Studium der Theologie in Jena war St. zunächst Erzieher des Prinzen HEINRICH XIV. von Reuß; seit 1850 war er als Pfarrer tätig.

Werk, Tendenzen, Wirkung. St.s schriftstellerische Tätigkeit entfaltete sich im Banne spätromantischer Ästhetik: der lyrische Ton herrscht vor, Motivik und Form sind der Tradition der Märchen- und Volksdichtung verbunden. Seine Schriften werden von der Haltung tiefer Religiosität bestimmt. Die poetische Einheit von Kunst und Religion – wie etwa bei JOSEPH VON EICHENDORFF und später bei MATTHIAS CLAUDIUS – wurde von St. jedoch nicht erreicht, der Theologe blieb letzthin stärker als der Dichter. Die adäquate Form seines Ausdrucks ist das Kirchenlied, etwa: „Erhalt uns, Herr, bei Deinem Wort". Die ästhetisch-religiösen Gedichte und Erzählungen, die Wundergeschichten und märchenhaften Erzählungen epigonal zu nennen, wäre jedoch verfehlt; es eignet seinem Vers und seiner Prosa durchaus originale Kraft. Die aus älteren Stücken bestehende Sammlung von 1877 „Das Buch für meine Kinder" ist hier besonders hervorzuheben. Der Frömmigkeit steht ein distanzierter Humor zur Seite, der den religiösen Ton aus der kirchlich-dogmatischen Starre herauslöst und ihm für Kinder die väterlich-lächelnde Empfehlung gibt.
H. WOLGAST zählte St. zu den Dichtern, die zugleich mit der Sicht „vom Kinde aus" dem Kinde künstlerisch wertvolle Literatur böten; aber die ästhetischen Maßstäbe relativieren sich augenfällig, wenn man bedenkt, daß WOLGAST St. in einer Reihe mit ROBERT REINICK, VIKTOR BLÜTHGEN, JULIUS LOHMEYER und anderen empfiehlt. Obwohl die Empfehlung sich durch die Geschichte der Jugendliteratur zieht und im Lektürekanon ihren Niederschlag gefunden hat, ist sie doch einzuschränken mit dem Hinweis auf die historische Situation: St.s Schriften sind zeittypisch für die zweite Hälfte des vorigen Jahrhunderts, der durchschnittlichen Jugendliteratur der Zeit zwar qualitativ überlegen, doch heute nur noch von literaturhistorischem Wert.

Werke: Gedichte (1850); Fromme Lieder (1852); Neue Gedichte (1856); Neue fromme Lieder und Gedichte (1858); Für das

Haus (1862); Von der Pilgerfahrt (Bd. 1–2. 1868); Lieder und Bilder (Bd. 1–2. 1870); Kampf und Siegesgedichte (1870); Spiegel der Zeit in Fabeln (1872); Gott grüße dich (1876); Das Buch für meine Kinder (1877); Kinderleben in Bild und Wort (1877); Immergrün (1879); Märchen (1881); Aufwärts (1881); Neues Fabelbuch (1881); Ich bau auf Gott (1883); Natur, Liebe, Vaterland (1884); Dem Herrn mein Lied (1884); Bunte Blätter (1885); Palme und Krone. Lieder zur Erbauung (1888); Fromme Lieder (Thl. 3. 1892); Kinderlieder (1893); Neue lyrische Gedichte (1894); In Freud und Leid (1896).

Sekundärliteratur: A. Hepding: Julius Sturm. Ein Gedenkblatt nebst einem Liederstrauß aus den Werken des Dichters (1896). – F. Hoffmann: Julius Sturm (1898). – A. Sturm: Julius Sturm. Lebenslauf, Werke und Briefe (1916).

Dieter Arendt

Styria Verlag

Graz, Wien, Köln. Sachbücher, Belletristik, Jugendbücher.

Eigentümer des Styria Verlags ist der katholische Preßverein der Diözese Graz-Seckau, der 1869 gegründet wurde. Seit 1972 ist Dr. Gerhard Trenkler Verlagsdirektor, sein Vorgänger war Willy Schrekkenberg.
Zum Verlagsprogramm gehören hauptsächlich Sachbücher und wissenschaftliche Veröffentlichungen zu historischen, theologischen, zeitgeschichtlichen und politischen Themen und belletristische Literatur. Im Rahmen des Jugendbuchprogramms, das erst seit dem Zweiten Weltkrieg ausgebaut wurde, legt der Verlag Wert auf „historisch interessante" und „ethisch wertvolle" Themen. Bekanntester Jugendbuchautor ist Herbert Kaufmann, der 1958 für sein Buch „Roter Mond und heiße Zeit" den Deutschen Jugendbuchpreis und 1960 für „Des Königs Krokodil" den Friedrich-Gerstäcker-Preis der Stadt Braunschweig erhielt.
Zu den Jugendbuchautoren des Verlages gehören Gerta Hartl, Herbert Kaufmann, Paul Anton Keller, Michel Quoist, Herbert Radauer, Luigi Ugolini. Illustratoren: Gottfried Pils, Thomas Rothfuss, Frizzi Weidner.

Hannelore Daubert

Südafrika

(Republic of South Africa; Republiek van Suidafrika). Die Republik Südafrika umfaßt den südlichsten Teil Afrikas. Staatsgebiet: 1221042 km². Einwohner: 22,1 Millionen. Die Republik Südafrika wurde gemäß der Verfassung vom 25. 4. 1961 am 31. 5. 1961 gegründet. Sie besteht wie die ehemalige Südafrikanische Union aus den vier Provinzen Kapprovinz, Natal, Transvaal und Oranje-Freistaat. Oberhaupt der Regierung ist der Staatspräsident. In S. besteht strikte Rassentrennung (Apartheid). Die Bevölkerung setzt sich aus Schwarzen (71 %), Weißen (17 %), Mischlingen (9 %) und Asiaten (3 %) zusammen. Amtssprachen sind Englisch und Afrikaans. Die Weißen bestehen zu 60 % aus Afrikaans sprechenden Buren, 40 % haben Englisch als Muttersprache. Die Mischlinge bestehen vorwiegend aus mit Schwarzen und Weißen vermischten Nachkommen der Hottentotten. 90 % der Mischlinge sprechen Afrikaans. Die Asiaten sind vorwiegend Inder (Nachkommen der Arbeiter auf den Zuckerrohrplantagen von Natal).

Vorbemerkung zum Apartheidsystem. Apartheid bildet in S. jene Grunddeterminante, die nicht nur die politischen, ökonomischen und sozialen Strukturen in ihrer Gesamtheit bestimmt, sondern auch das kulturelle Leben und damit die Literatur im allgemeinen wie die Kinder- und Jugendliteratur im speziellen prägt.
In der zweiten Hälfte des 17. Jahrhunderts wurde von der Niederländisch-Ostindien-Kompanie am Kap eine Niederlassung gegründet, die sich bald zu einer Kolonie entwickelte. Bei deren Expansion stießen die Buren auf Hottentotten und Buschmänner und zu Beginn des 18. Jahrhunderts weit im Inneren auf bantusprechende Stämme. Nachdem die Briten 1759 das Kap besetzt hatten, entwickelten sich zwischen den holländisch sprechenden Siedlern und der britischen Kolonialverwaltung sich beständig verschärfende Widersprüche. Während dem britischen Kapital bereits zu dieser Zeit die Lohnarbeit profitabler als Sklavenarbeit erschien, war die Agrarwirtschaft der Buren noch von der Arbeit importierter Sklaven abhängig. Die Differenzen führten zum „großen Treck" und zur Gründung neuer Burenrepubliken. Diese Expansion vollzog sich unter blutigen Kämpfen gegen die sich den Eindringlingen widersetzenden bantusprechenden Stämme. Die Entdeckung von Diamanten und Gold in den Burenrepubliken verschärfte den Kampf Großbritanniens um die politische, ökonomische und militärische Vorherrschaft im südlichen Afrika, der im sogenannten „Burenkrieg" gipfelte. Nach dem Sieg der Briten und einer geschickten Rehabilitierung der Buren wurde die „Südafrikanische Union" (1910) gegründet, die das Ergebnis eines Kompromisses darstellte, in dem die Mehrheit der Burenbourgeoisie sich mit den Engländern verbündete, während die schwarze Bevölkerung weiterhin machtlos blieb. In der zweiten Hälfte des 19. Jahrhunderts wurden Inder als Kontraktarbeiter für die Zuckerrohrplantagen in die damalige britische Kolonie Natal geholt. Zum Zeitpunkt der Gründung der Union hatte sich somit bereits eine Gesellschaft mit verschiedenen Rassen, Sprachen, ökonomischen Interessen, Religionen und kulturellen Traditionen herauskristallisiert, in deren Genese sich sowohl das Verhältnis der Weißen untereinander als auch das spezifische Verhältnis zwischen Weißen und „Nichtweißen" herausgebildet hatte.
Die Bevölkerung S.s wird offiziell in vier rassische Gruppen gegliedert: in Schwarze (71 % der Gesamtbevölkerung), Weiße (17 %), Mischlinge (9 %) und Inder (3 %). Bei den Schwarzen kann man sozioökonomisch wiederum zwischen den städtischen, den auf den weißen Farmen und den in den „homelands" (Reservaten) lebenden Schwarzen unterscheiden. Die Gruppe der Mischlinge, die sich weitgehend der weißen Kultur angepaßt hat, und die Gruppe der Inder, die die kleinste

Minorität darstellt, bilden weitere Elemente der südafrikanischen Rassenstruktur. Diese rassische Gliederung deckt sich weitgehend mit ihrer Klassenstruktur. Markantestes Merkmal dieser Struktur ist die durch die Apartheidspolitik erwirkte Spaltung der Arbeiterklasse in eine weiße „Arbeiteraristokratie" mit zahlreichen Privilegien, Vergünstigungen und sozialen Rechten einerseits und die überwältigende Mehrheit der „nichtweißen" Arbeiter andererseits. Durch die Apartheidspolitik wurde in S. Rassentrennung weitgehend identisch mit Klassentrennung, Rassenkampf Teil des Klassenkampfes.

Die Apartheidspolitik wird durch eine Fülle von Apartheidsgesetzen ermöglicht, die rassisches Vorurteil und Diskriminierung legitimieren sollen, rassische Segregation und Separation ermöglichen, extreme ökonomische Ausbeutung der natürlichen und menschlichen Ressourcen absichern und rechtlichen, administrativen und politischen Terror installieren. Folgen dieser Apartheitsgesetzgebung sind eine wirtschaftliche, soziale, rechtliche, politische, kulturelle und persönliche Diskriminierung der „Nichtweißen". Die Benachteiligung der Schwarzen spiegelt sich auch im Bildungssystem wider. Es existieren vier nach Rassen getrennte Schulsysteme. Für weiße Kinder besteht eine allgemeine Schulpflicht, für schwarze nicht. Schwarze Kinder müssen ein Schulgeld bezahlen, weiße nicht. Die Regierung gibt für einen weißen Schüler achtzehnmal so viel aus wie für einen schwarzen.

So wird in allen Bereichen eine rassische Gliederung der Chancen deutlich, sei es nun im ökonomischen, sozialen, rechtlichen, politischen oder persönlichen Bereich. Durchgehend zeigt sich, daß die Weißen ihre Privilegien ausgebaut und die Rechte und Chancen der „Nichtweißen" beständig beschnitten haben und dadurch eine optimale Ausbeutung der „nichtweißen" Arbeitskraft verwirklichen konnten. Apartheid realisiert also eine mögliche Form kapitalistischer Produktion, die durch die spezifische Situation in S. bestimmt wird.

In einer solchen gesellschaftlichen Situation machte die Rassensegregation nicht vor dem Bereich der Kinder- und Jugendliteratur halt. Insgesamt umfaßt die südafrikanische Literatur Werke in Englisch, Afrikaans und in afrikanischen Sprachen wie Zulu, Sotho und Xhosa. Wie die Literatur in Südafrika allgemein, so ordnet sich auch die Kinder- und Jugendliteratur oft – bewußt oder unbewußt – entweder den Apartheidapologeten oder den Apartheidopponenten zu. Während die burische Literatur vorrangig der ersten und die afrikanische Literatur vorrangig der zweiten Kategorie zugeordnet werden kann, versucht die englischsprachige Literatur häufig einen „Liberalismus" zu realisieren. Weitgehend veröffentlichen aber auch schwarze Apartheidgegner in Englisch.

Kinder- und Jugendliteratur in Afrikaans. Afrikaans ist eine auf holländischen Dialekten des 17. Jahrhunderts basierende Sprache, die mit französischen, englischen und malayischen Sprachelementen angereichert ist. Sie wird vor allem von den burischen Südafrikanern gesprochen.

Nach den Burenkriegen (1899–1902) begann eine Bewegung für das Afrikaans als gesprochene und später auch geschriebene Sprache. Schon 1873 hatte C. P. Hoogenhout auf Afrikaans einen Text aus dem Alten Testament, nämlich die Geschichte des Joseph, geschrieben, weil er davon ausging, daß Kinder die Bibel besser in ihrer Muttersprache verstünden: „Die geskiedenis van Josef voor Afrikaanse Kinders en huisouwens, in hulle eige taal geskrijwe deur een vrind. 1 Cor. XIV: 6". 1878 folgte das erste Schulbuch: „Spel- en leesboek vir Afrikaanse Kinders", dessen calvinistischer Charakter deutlich zum Ausdruck kommt. Das erste Bilderbuch erschien 1879: „Die Eerste Afrikaanse printjies boeki ver soet Kinders" und enthielt Tierbilder mit Erklärungen, kleinen Strophen mit einem patriotisch-christlichen Ductus.

In den ersten zwei afrikaanssprachigen Zeitschriften (1882–1892) waren ebenfalls moralisch-sittliche Geschichten und Erzählungen, die auch von Kindern gelesen wurden, abgedruckt, ebenso ein historischer Roman von Johannes van Wyk über die frühen weißen Siedler am Kap, der noch heute bei den Südafrikanern burischer Abstammung beliebt ist. Diese ersten Veröffentlichungen in Afrikaans waren weder linguistisch noch literarisch von Bedeutung.

Aufgrund der Gesetze von 1923 und 1927 wurde Afrikaans als zweite Amtssprache eingeführt. Von dieser Zeit an stieg die Buchproduktion merklich, und es erschienen auch qualitätvollere Publikationen für junge Leser in dieser Sprache. Rothmann (der auch mit den Initialen M. E. R. zeichnet) schrieb den Roman „Die tweeling trek saam", der die Abenteuer zweier Kinder während des großen Trecks beschreibt. Grosskopf veröffentlichte einen Schülerroman „Patryshulle". P. J. Schoeman verfaßte das Buch „Fanie se veldskooldae", in dem die Abenteuer eines Mädchens erzählt werden. Diese drei Bücher gelten als die Klassiker der afrikaanssprachigen Kinder- und Jugendliteratur.

Beliebt waren vor allem Bücher mit historischem Hintergrund, die stark durch die burische Ideologie geprägt sind. „Kinders van die Voortrek" (1920) wurde 1960 in „Die tweeling trek saam" wieder verarbeitet. Werke aus den zwanziger Jahren werden heute noch gelesen, so z. B. Bücher von Jan Rabie, P. H. Nortje, C. J. Langenhoven, Rikie Postmas und J. F. Lochner.

Bald erschienen auch die ersten Übersetzungen klassischer Kinderbücher. Doch 1958 hatte der größte Teil der Bücher immer noch englische Autoren. Aufgrund der Bemühungen einer Bibliothekarin, Frau B. Lyndhurst, die sich für die Erstellung afrikaanssprachiger Kinder- und Jugendliteratur einsetzte, konnte die Produktion nach 1958 beträchtlich ansteigen. So wurde sowohl mit der Übersetzung ausländischer Autoren begonnen als auch afrikaanssprachige Schriftsteller zur Produktion ermuntert. W. O. Kühne schrieb „Huppelkind" in sechs Bänden, die Geschichte eines Kindes

von fünf Jahren, das in einer Phantasiewelt lebt, bis es sechs Jahre alt wird und in die Schule gehen muß. ALBA BOUWER veröffentlichte „Stories van Rivierplaas", die Geschichte eines Mädchens von zwölf Jahren und seiner schwarzen Köchin, die auf einer Farm im Oranje-Freistaat leben. Beide Autoren bedienen sich einer rhythmischen und plastischen Sprache. 1960 wurde zum ersten Mal der C. P. Hoogenhout-Preis für das beste Kinder- und Jugendbuch in afrikaanser Sprache verliehen. Die verbreitetsten modernen Autoren sind ALBA BOUWER, W. O. KÜHNE, FREDA LINDE, P. H. NORTJE, ANNA ROTHMANN und FLOOI DU PLESSIS. P. H. NORTJE behandelt in den Bänden „Pennie se vuur", „Die groen ghoen" und „Donkerwater" die Natur und Tierwelt S.s. FREDA LINDE zieht ebenfalls Tiergeschichten vor und macht in ihrem Buch „Dakkuiken" eine Taube zur Hauptfigur, in „Swiera van die waterkant" sind es ebenfalls Vögel. In jüngster Zeit wurden auch Sammlungen afrikanischer Erzählungen veröffentlicht. Fabeln der Hottentotten und Erzählungen der bantusprechenden Völker wurden in „Direstories" gesammelt.
Die Bibliographie „Basic children's books" registrierte für 1976 folgende afrikaanssprachige Bücher: 272 Bilderbücher und Erstlesebücher; 155 Bücher für jüngere Leser; 279 Bücher für ältere Jungen und Mädchen; 61 Fabeln, Sagen und Märchen für ältere Leser; 12 Gedichtbände für Jüngere; 3 Gedichtbände für Ältere; 30 Biographien und 142 Sachbücher.

Kinder- und Jugendliteratur in Englisch. Die Erzählung „Jock of the Bushveld" (1907) gilt als das erste südafrikanische Kinderbuch in englischer Sprache. In diesem südafrikanischen Kinderbuchklassiker, der später auch ins Holländische, Afrikaans und Xhosa übersetzt wurde, beschrieb Sir PERCY FITZPATRICK nicht nur die Freundschaft zwischen ihm und seinem Hund Jock, sondern auch das Pionierleben der Weißen im östlichen Transvaal und die Verbundenheit des Menschen mit der Natur. Seitdem haben verschiedene Schriftsteller diese Themen weiter verarbeitet. Eine besondere Rolle spielen auch Bücher mit historischem Hintergrund, wobei die geschichtlichen Darstellungen nicht frei von Verzerrungen und Vorurteilen sind. Zwei der bekanntesten Schriftsteller auf diesem Gebiet sind JULIET MARAIS LOUW und JENNY SEED. In neuerer Zeit beschäftigt sich die Kinder- und Jugendliteratur zunehmend auch mit dem Leben der urbanen Schwarzen. Solche Themen haben vor allem ältere Kinder als Zielgruppe, während JOAN SOLOMON eine Reihe für jüngere Leser geschrieben hat.
Noch gibt es wenig südafrikanische Sachbücher für Kinder. Zwei Werke verdienen jedoch Beachtung: die „Mac Donald Erfnisbiblioteek" – erhältlich in Englisch und Afrikaans – und die Reihe „Looking at South African history". ANNA ROTHMANN hat ihre zwei bekannten Bücher über das Tierleben ins Englische übersetzt, und CYTHNA LETTY, eine bekannte Pflanzenmalerin, hat eine Anzahl südafrikanischer Bäume gezeichnet und in „Trees of South Africa" beschrieben. Dieses Buch wurde für den „Percy Fitzpatrick-Preis" als bestes von einem südafrikanischen Schriftsteller in englischer Sprache geschriebenen Kinderbuch vorgeschlagen.
Die Bibliographie „Basic children's books" wies für 1976 folgende englischsprachigen Bücher auf: 271 Bilderbücher und Erstlesebücher; 174 Bücher für jüngere Leser; 350 Bücher für ältere Jungen und Mädchen; 97 Fabeln, Sagen und Märchen für jüngere Leser, 106 Fabeln, Sagen und Märchen für ältere Leser; 19 Gedichtbände für Jüngere; 8 Gedichtbande für Ältere; 24 Biographien und 200 Sachbücher. Zahlreiche Titel davon sind Lizenzausgaben englischer Verlage.

Kinder- und Jugendliteratur in den Bantu-Sprachen. Die Weißen unterscheiden acht Bantu-Sprachen: drei Nguni-Sprachen (Zulu, Xhosa und Swazi), drei Sotho-Sprachen (Tswana, Nord- und Süd-Sotho), Venda und Tsonga. Die afrikanischen Sprachen waren bis ins 19. Jahrhundert hinein reine orale Sprachen ohne Orthographie, standardisierte Rechtschreibung und Grammatik. Xhosa wurde 1824 als erste der afrikanischen Sprachen zu einer Schriftsprache; es folgten Southern Sotho (1833), Tswana (1837), Zulu (1849), Herero (1857), Pedi (1861), Ndonga und Tsonga (1883) und Kwanyama (1897). Venda, das zunächst 1876 eine Sotho-Orthographie erhielt und 1899 zum ersten Mal in Schulbüchern angewandt wurde, bekam 1901 durch CARL MEINHOFS Grammatikstudien eine dauerhafte Fassung. Katechismus, Auszüge der Bibel, Gesangbücher und religiöse Abhandlungen für die Missionsarbeit bildeten die erste geschriebene Literatur in den afrikanischen Sprachen.
Die Literatur in den afrikanischen Sprachen hat aber eine sehr viel ältere Tradition. Vor der Einführung der lateinischen Schriftsprache durch europäische Missionare und Kolonialbeamte gab es in S. eine Literatur der mündlichen Überlieferung (oral literature). Diese fand in der Form des Erzählens bzw. Singens von Stammesgeschichten und Heldenepen durch die Ältesten der Dorfgemeinschaft statt. Es gibt viele afrikanische Autoren, die an diese Tradition anknüpfen.
Da die Alten ihre Erfahrungen und Tradition durch diese „oral literature" an die Jungen weitergaben, bekam sie die Funktion der Kinder- und Jugendliteratur. Die edukative Funktion dieser gesprochenen Literatur lag vor allem in der Vermittlung der gesellschaftlichen Grundwerte von einer Generation an die folgende. Alle Kinder in der Xhosa-Gesellschaft erfinden neue „ntsomi"-Geschichten, die sie erzählen oder sogar schauspielerisch darstellen. Unter den Erwachsenen sind es vor allem die Frauen, die neue „ntsomi"-Darstellungen produzieren, während die Männer Heldenepen in rhythmischen und deklamatorischen Strukturen bilden. Die Produzenten dieser mündlichen Literatur moralisieren nicht offen. Ihre edukative Funktion realisiert sich vielmehr subtiler. Der Darsteller entwickelt seine Erzählung durch die Veranschaulichung seiner Aussagen, durch deren Struktur die sozialen Werte vermittelt werden. Er verfügt über ein Repertoire

verschiedener Klischees. Im aktuellen Prozeß der Neuschaffung eines „ntsomi“ skandiert er dieses Repertoire. Gleichzeitig werden durch bestimmte Stichwörter weitere Klischees assoziiert und dem ursprünglichen hinzugefügt, so daß durch weitere Kombinationen völlig neue Geschichtendarstellungen entstehen, die ihre eigene lebendige Struktur und Dramatik haben. Ein ästhetisches Grundelement der „ntsomi“-Tradition ist die Wiederholung. Die prozeßhafte Dynamik zwischen Konflikt und Lösung konkretisiert sich strukturell in der fortgeführten Wiederholung des Chorklischees. Diese Kombination von Klischee und hinzugefügten Details und Darstellungssegmenten, die insgesamt das „ntsomi“ bilden, können als eine expansive Geschichte charakterisiert werden, die durch Wiederholungen beliebig ausgedehnt werden kann. A. C. JORDAN, der selber Xhosa ist, versuchte in „Tales from Southern Africa“ solche „ntsomi“ schriftlich zu fixieren. Doch müssen solche Versuche als problematisch gelten, da sich gesprochene Dichtung aufgrund ihrer Symbiose von Sprache, Musik, Rhythmik und Bewegung nur schwer schriftlich fixieren und noch schwerer übersetzen läßt. Die Dichtung verliert bei dieser Fixierung ihre für sie charakteristische Dynamik und Flexibilität. Meist sind die Geschichten anonym, da Zuhörer und Erzähler gleichermaßen an ihrer Produktion beteiligt sind.

Im Gegensatz dazu stammt die neoafrikanische Literatur von namentlich bekannten Verfassern, deren Mehrzahl sich der englischen Sprache bedient. Sie stehen jedoch in einem lebendigen Verhältnis zur afrikanischen Erzähl- und Dichtungstradition, von der sie bestimmte Stilmittel übernommen haben. Eine Bibliographie über Sekundärliteratur zur „Southern Bantu Literature“ lieferte SCOTT.

Als erstes schriftlich fixiertes Werk gilt THOMAS MOFOLOS Novelle „Moeti o a Boachabela“ in Südsotho. Kurz darauf erschien das erste Buch in Xhosa, dem allmählich Erzählungen und Gedichte in anderen afrikanischen Sprachen folgten. Heute gibt es erst 200 Werke in Südsotho und in den anderen Sprachen noch weniger.

Aufgrund der literarischen Struktur und edukativen Funktion ist es äußerst problematisch, hier die für junge Leser geschaffene Literatur von der allgemeinen Literatur abzugrenzen. Der Mangel an spezifischer Kinder- und Jugendliteratur ist aber auch aufgrund der ökonomischen und politischen Möglichkeiten der Schwarzen ein großes Problem. Es gibt zwei bekannte Werke für die jüngeren Leser: „Tabanatswee ya bana“ von LEDWABA (1944) und das 1977 erschienene „Mmutlanyana o a iphetetsa“ von PHEPHENG MOKHANTSO. Einige Kinderbuchklassiker wie „Die Biene Maja“, „Robinson Crusoe“, „Jock of the Bushveld“, „The Prisoner of Zenda“ und „Pilgrim's progress“ sind bereits in Bantusprachen übersetzt worden.

Die Literaturproduktion der Schwarzen wird in einem starken Maße von der Apartheid betroffen. Aufgrund der Paßgesetze und der damit verbundenen fehlenden Freizügigkeit für Schwarze können Geschichtenerzähler nicht mehr von Ort zu Ort ziehen. Die Schwarzen werden durch die Wanderarbeit aus ihrem sozialen Kontext gerissen, ohne den die traditionelle Dichtung kaum denkbar ist. Versuche schwarzer Verlage, sich zu etablieren, scheiterten am Widerstand der Weißen. Zunehmend begreifen sich die schwarzen Schriftsteller als Teil der Black Consciousness-Bewegung, die ein durch die Apartheid verformtes Selbstbewußtsein der Schwarzen, durch ein eigenes, schwarzes Selbstbewußtsein ersetzen will. Sie verstehen ihre Literatur als eine „Black Literature“, die sie als Instrument des Widerstandes gegen die Apartheid für die Befreiung einsetzen.

Illustrationskunst in der Kinder- und Jugendliteratur. Die Illustrationskunst in S. ist noch verhältnismäßig jung. KATRINE HARRIES wird allgemein als die Gründerin dieser Kunstform in S. angesehen. Sie erhielt ihre Ausbildung an den „Vereinigten Staatsschulen für freie und angewandte Kunst“ in Berlin und ließ sich 1939 in S. nieder. Die „South African Library Association“ benannte ihren Preis für die Illustration von Kinderbüchern nach der 1978 verstorbenen Künstlerin. Weitere bekannte Illustratoren sind WILLEM JORDAAN, GUNTHER KOMNICK, ELEANOR ESMONDE-WHITE, ELLA LOU O'MEARA, CYTHNA LETTY, PHEPHENG MOKHANTSO, E. TOUSSAINT VAN HOVE, DANIE VAN NIEKERK und andere. Einige von ihnen sind deutscher Abstammung und von der deutschen Illustrationskunst beeinflußt.

Kinderbibliotheken, Schulbibliotheken, Schul- und Lehrbücher. Die Kinderbibliotheken sind in der Regel den städtischen Bibliotheken angegliedert. Die Provinzbibliotheken des Transvaal, der Kapprovinz, Natals und des Oranje-Freistaates sind für die Bibliotheken in den kleineren Städten und in den ländlichen Gebieten zuständig. Der „Transvaal Provincial Library Service“ unterhält z.B. 203 öffentliche Bibliotheken und 328 Bibliotheksdepots. Viele von diesen Bibliotheken sind sehr klein und oft für nicht mehr als 300 Weiße zuständig.

Zu Beginn dieses Jahrhunderts wurden die ersten Kinderbibliotheken in S. eingerichtet. Die Johannesburger Kinderbibliothek ist eine der ältesten und die am besten ausgestattetste. Sie wurde 1890 gegründet, aber erst 1898 wurde von Kinderbuchbeständen gesprochen. 1921 war es noch eine kleine Abteilung der Hauptbibliothek, in der Eltern Bücher für ihre Kinder entleihen konnten. 1922 wurde ein eigener Raum mit etwa 2000 Kinder- und Jugendbüchern eingerichtet. 1935 wurden im neuen Bibliotheksgebäude zwei solcher Räume eingerichtet und ein auf Kinder- und Jugendliteratur spezialisierter Bibliothekar angestellt. Heute bietet die zentrale Kinderbibliothek 34 Zweigstellen und eine mobile Krankenhausbibliothek. Im Jahr 1976 waren 73373 Kinder und Jugendliche Mitglieder der Bibliotheken und entliehen jährlich rund eineinhalb Millionen Bücher. Unter diesen Büchern finden sich Werke in Englisch, Afrikaans, aber auch in Zulu, Xhosa, Sotho, Deutsch, Französisch, Holländisch, Italienisch, Griechisch und Portugiesisch. Es gibt auch eine Reihe spezieller Kinderbuchsammlungen. Die Johannesburger Sammlung umfaßt 22000 Kinder- und Jugendbücher aus der Zeit ab 1920 und etwa 1100 Kinderbücher, die vor 1920 veröffentlicht wurden. In Pietermaritzburg befindet sich eine Sammlung früher illustrierter Kinderbücher, die zum großen Teil aus England stammen, sie enthält auch die Erstausgaben von KATE GREENAWAY. Schulbibliotheken entstanden zunächst in den dichter besiedelten weißen Gebieten. 1892 gab es in der Kapprovinz 22 Schulen mit einer Schulbibliothek, um 1914 gab es bereits 2235 davon. In Transvaal wurde 1894 in einem Bericht zum Bildungswesen der Ankauf von holländischen Schulbibliotheksbüchern erwähnt. Ab 1917 spielte die „Germiston Carnegie Library" eine wichtige Rolle in der Beschaffung von Bibliotheksbeständen in der Johannesburger Gegend. 1937 wurde ein Schulbibliotheksdienst eingerichtet, als das „Interdepartmental Committee on the Libraries of the Union of South Africa" empfahl, „that the school library and its use be developed along modern lines, and that it occupies a particular place in the syllabus of every school in the Union" und daß in allen Provinzen ein Superintendent für Schul- und College-Bibliotheken angestellt werden sollte. Die ersten speziell ausgebildeten Berater für Schulbibliotheken wurden 1956 für die Weißen in der Kapprovinz, 1959 für die Weißen in Transvaal, 1970 für die Weißen in Natal und 1975 für die Weißen im Oranje-Freistaat angestellt. In den Jahren 1965 und 1966 wurden die ersten Schulbibliotheksberater für Mischlinge bzw. für Inder und Schwarze angestellt.

Die Erziehungsinstanzen für die Weißen haben seit 1951 in Transvaal und seit 1964 in der Kapprovinz je einen Schulbibliotheksdienst, der sich um die Zusammenstellung von Bücherkatalogen, Bibliographien, Richtlinien und Modelle für Schulbibliotheken kümmert und außerdem eine Buchbinderei, eine Beratungsstelle, einen Fonds zur Anschaffung neuer Bücher und einen zentralen Ausleihdienst unterhält.

Die meisten Universitäten und Lehrerseminare bieten Graduierten- oder Diplomkurse im Bibliothekswesen an. Außerdem bildet dieses Fach einen festen Bestandteil des allgemeinen Curriculums für die Lehrerausbildung. Der erste umfassende Leitfaden für Schulbibliotheken war E. C. GROENEWALDS „Die skoolbiblioteek in opvoedkundige perspektief", der 1967 von dem Transvaal-Erziehungs-Department herausgegeben wurde. In Transvaal heißt das amtliche Organ des Schulbibliotheksvereins „Skoolbiblioteek/School Library".

Der Ausbau der Schulbibliotheken wurde vornehmlich auf die Schulen der Weißen beschränkt. Die Bibliotheken in den Schulen der Schwarzen sind heute um vieles schlechter ausgestattet als die der Weißen.

Die Bildung in Südafrika wird durch drei Grundprinzipien charakterisiert: a) rassische Segregation der Bildungseinrichtungen, b) rassische Ungleichheit in den Bildungsmöglichkeiten und c) Kontrolle der Bildungspolitik durch die Weißen. Das nach Apartheidskriterien organisierte Bildungssystem bildet eine feste Unterdrückungsstruktur, die sich mit der Zeit durch zunehmende Perfektion und verstärkten Pragmatismus auszeichnete, deren Funktion aber nach wie vor in der Perpetuierung der Apartheid und der ihr innewohnenden Überausbeutung „nichtweißer" Arbeitskraft liegt. In diesen Gesamtkontext ordnet sich die Funktion der Schulbücher ein.

Die alten Vorurteile von der geistigen Unterlegenheit, unberechenbaren Gewalttätigkeit und Grausamkeit der Schwarzen werden in S. zwar von offizieller Seite nicht mehr expressis verbis verkündet, doch weist HARWARDEN anhand einer Analyse von Schulbüchern für den Geschichtsunterricht auf, daß solche Vorurteile noch immer vorhanden sind. Während Weiße, Mischlinge und Inder die gleichen Schulbücher benutzen, sind für die Schwarzen oft eigene vorgesehen. Manchmal sind es gekürzte und revidierte Ausgaben. „Aber sie verewigen fast alle falsche Fakten und Interpretationen, die moderne Historiker korrigiert haben", erkennt HARWARDEN in seiner Analyse. Eine Untersuchung der UNO (1967) stellte fest, daß die meisten Geschichtsbücher die historisch falsche Behauptung aufstellen, die ersten weißen Siedler hätten unbewohntes Land betreten, oder aussagen, die Anfänge der Kolonisation seien durch Massaker der Schwarzen an unschuldigen weißen Siedlern charakterisiert.

Im Schulbuch verbreiten negative Selektion von Informationen falsche Akzentuierungen, unwahre Informationen und eine emotional geprägte Terminologie immer noch – wenn auch oft nur unterschwellig – die Vorurteile der geistigen Unterlegenheit und unberechenbaren Gewalttätigkeit der Schwarzen. Ganz offen und direkt wird dagegen das Vorurteil gepflegt, daß die Apartheid die einzig mögliche Form des gesellschaftlichen Lebens in S. sei. Es wird vor allem durch die bewußte Unterschlagung gesellschaftspolitischer Alternativen evident.

Kinder- und Jugendbuchpreise. Die „Suid Afrikaans Akademie vir Wetenskap en Kuns" schuf 1955 den „Scheepers Preis" für Jugendbücher in Afrikaans für 12- bis 16jährige. Dieser Preis wurde nach einer Schenkung von F. L. SCHEEPERS eingerichtet und wegen dessen Beitrages zur Förderung des Afrikaans nach ihm benannt. Die Bücher für den Preis werden nicht allein nach ihrem literarischen Wert ausgesucht, sondern auch nach ihrem Beitrag zur Förderung des burischen nationalen Patriotismus beurteilt. Der Preis wurde bis 1974 jährlich verliehen, seither dreimal jährlich, und beträgt 230 Rand.

Seit 1970 verleiht die Akademie die „Tienie Holloway Medaille" für Bücher in Afrikaans für Kinder unter acht Jahren. Der Preis wurde nach der bekannten Kinderbuchautorin TIENIE HOLLOWAY benannt und nach einer Schenkung von Dr. J. E. HOLLOWAY geschaffen. Die Medaille wird nur sporadisch verliehen.

Die „South African Library Association" (SALA) verleiht die „C. P. Hoogenhout Medaille" für die Schreiber und Illustratoren der besten Kinderbücher in Afrikaans in der Altersgruppe der 7- bis 12jährigen. Die Medaille wurde nach dem ersten afrikaanssprachigen Kinderbuchautor CASPER PIETER HOOGENHOUT be-

nannt und seit 1960 jährlich verliehen mit der Ausnahme von sechs Jahren, in denen kein Werk den Anforderungen entsprach.
Seit 1969 verleiht die Akademie auch den „Percy Fitzpatrick Preis" für Kinder- und Jugendbücher in englischer Sprache. Der Preis wurde nach dem Autoren des bekannten Buches „Jock of the Bushveld" benannt. Zunächst bestanden die Bedingungen, daß der Preisträger Südafrikaner sei, in S. wohne und das Buch in S. herausgegeben worden ist. Neuerdings zählen auch Südafrikaner, die im Ausland leben oder Einwohner S.s mit fremder Staatsbürgerschaft zu den Preisträgern.
Ein Preis für den besten Illustrator von Kinderbüchern in Englisch oder Afrikaans wurde 1973 zum ersten Mal von der SALA ausgeschrieben. Dieser „Katrine Harries Preis" ist nach der 1978 verstorbenen Illustratorin benannt, deren Werke den Illustrationsstil in südafrikanischen Kinderbüchern entscheidend mitprägten.
Der „Tafelberg Preis" wurde 1970 anläßlich des Bestehens der „Tafelberg Publishers" für die Sparten Erzählungen, Kurzgeschichten, Essays, Dramen und auch Kinderbücher eingerichtet. Berücksichtigt werden nur solche Manuskripte, die dem Tafelberg Verlag angeboten werden. Der Wert des Preises beträgt 5000 Rand.
Für Kinder- und Jugendbücher in den afrikanischen Sprachen existieren noch keine Preise.

Werbe- und Förderungsmaßnahmen. Ausstellungen, Bibliographien und Bücherlisten geben Auskunft über Kinder- und Jugendbücher und Sekundärliteratur dazu. Die Provinzbibliothek der Kapprovinz entwirft Plakate, auf denen verschiedene Literaturverzeichnisse bekanntgemacht werden. In Transvaal erscheint die vierteljährliche „Boekparade" mit einem Verzeichnis der neuesten Kinderbücher. Laufend ergänzt wird auch die Kapstädter Zeitschrift „Basiese Kinderboek: 'n lys vir 'n Suid-Afrikaanse biblioteek". Die Johannesburger Kinderbibliothek hat den größten Teil ihres Bestandes in Listen erfaßt. So gibt es einen Fachindex für Kinderbücher in Englisch oder Afrikaans, ein anderer erfaßt die vorhandenen Bilderbücher.

Sekundärliteratur: Department of Bantu Education (Hrsg.): Book list for primary schools (1975). – A. Gérard: Four African literatures: Xhosa, Sotho, Zulu, Amharic (1971). – N. Gordimer: The black interpreters. Notes of African writing (1973). – H.-M. Grosse-Oetringhaus: Bildung zwischen Apartheid und Widerstand – Das Bildungssystem der nichtweißen Bevölkerungsgruppen in Südafrika (1978). – El. Harwarden: Prejudice in the classroom. South African Institute of Race Relations (o. J.). – J. Hean: Kinderlektuur in afrikaans vor Kinders op die ouderdom van 12 jaar (in: South African Libraries. 6. 1938. 2. 51–66; 6. 1939. 3. 99–114 und 4. 147–161). – J. Jahn: Bibliography of creative African writing (zus. mit Cl. P. Dressler. 1971). – A. C. Jordan: Tales from Southern Africa (1973); Towards an African literature. The emergence of literary form in Xhosa (1973). – Organisation des Nations Unies: Les effects de l'information en Afrique du Sud (Sonderdruck aus: ONU-Chronique mensuelle. 4. 1967. 3). – L. Piennar: Aspekte der Jugendliteratur in der Südafrikanischen Republik (in: Zeitschrift für Jugendliteratur. 1. 1967. 7. 419–426); Basic children's books. A list for a South African library-basiese kinderboeke (in: N'lys vir 'n Suid-Afrikaanse biblioteek (1966, [5]1975). – E. Scott: Southern Bantu literature – A preliminary bibliography of secondary source material (1976). – Swart (Hrsg.): Catalogue for the exhibition of South African children's and youth books (1978).

Hans-Martin Grosse-Oetringhaus

Südwest Verlag

München. Sachbücher und Lexika für das erste Lesealter, Märchen und Sagen, Jahrbücher für Jugendliche sowie Sachbücher und populärwissenschaftliche Veröffentlichungen.

Die Südwest GmbH & Co KG wurde 1947 von Matthias Lackas (1906–1968) in Marbach gegründet. Zur Zeit liegt die Geschäftsführung bei Robert Schäfer (* 1926).
Zu den Zielen des Verlages gehört, „Bücher für die ganze Familie zu verhältnismäßig günstigen Preisen auf den Markt zu bringen". 1978 umfaßte das Verlagsprogramm 245 Titel, davon 53 ausschließlich für Kinder und Jugendliche. Die Jugendbuchproduktion begann 1959 mit Bildergeschichten von Wilhelm Busch. Zu den Schwerpunkten des Kinder- und Jugendbuchprogramms gehören reich illustrierte Sachbücher für das erste Lesealter, so zum Beispiel Ulla Leippe, Hannes Limmer und Inge Dreecken, Walter Schneider „Was Kinder wissen wollen – Ein modernes Bildungsbuch für die Jugend" (1964), Michael W. Dempsey „Die ganze Welt in einem Buch" (1973), ein Bilderlexikon für Kunst, Wissenschaft, Naturwissenschaft, Geschichte, Technik und Geographie und der von Theodor Müller-Alfeld herausgegebene „Atlas für Kinder" (1974).
Eine Märchen- und Sagenreihe mit Illustrationen tschechoslowakischer Künstler gehört ebenfalls zum Verlagsprogramm für junge Leser. Seit 1974 erscheint das vorher vom Stuttgarter Union Verlag verlegte Jahrbuch „Das neue Universum", eine Sammlung von Reportagen, Berichten, Reiseschilderungen zu den Bereichen Naturwissenschaft und Technik, Kultur, Sport und Gesellschaft. Das von Barbara Lüdecke herausgegebene Jahrbuch „Meine Welt – Das große Jahrbuch für junge Mädchen" wendet sich an 12- bis 16jährige Leserinnen und enthält Erzählungen, Informationen und praktische Tips zu Themen, die zum Interessenbereich der jungen Leserinnen gehören. Für Jungen ab zehn Jahren ist das Jahrbuch „Wir Jungen – Wissen – Hobby – Abenteuer" herausgegeben von Rüdiger Stolze, konzipiert.
Zu den Autoren und Illustratoren des Verlages gehören Inge Dreecken, Walter Schneider, Ellis Kaut, Ulla Leippe, Axel Rex, Rüdiger Stolze.

Hannelore Daubert

Süs, Gustav

*Schriftsteller, Maler und Illustrator; * 10. 6. 1823 Rumbeck/Weser, † 24. 12. 1882 Düsseldorf.*

S. besuchte die Kasseler Akademie, die Städelschule in Frankfurt am Main und die Düsseldorfer Kunstakademie, wo er Schüler des Historien- und Genremalers KARL SOHN war. Nach Beendigung seiner Ausbildung bis zu seinem Tode lebte er in Düsseldorf.

Werk, Tendenzen, Wirkung. S. war Tier- und Genremaler. Von seinen Bildern wurde „Das aus dem Ei gekrochene Küchlein" sehr populär. Andere tragen Titel wie „Kükenpredigt", „Entenhetze", „Hühnerlaube", „Zwei glückliche Mütter". Auch seine Zeichnungen und Illustrationen galten mit Vorliebe Tieren, besonders häufig Hühnern und anderen Vögeln. S. arbeitete am „Düsseldorfer Jugendalbum" und am „Düsseldorfer Neuen Künstler-Album" mit. Als sehr fruchtbarer Illustrator von mehr als vierzig Büchern hat er neben den von ihm selbst verfaßten Kinderbüchern auch solche von LUDWIG FERNOW, GEORG MENSCH, FRANZ WIEDEMANN, OTTILIE WILDERMUTH und anderen mit Bildern versehen und das früher schon von OTTO SPECKTER illustrierte kleine Genre-Epos „Hannchen und die Küchlein" von GOTTLIEB AUGUST EBERHARD neu bebildert. In seinen Illustrationen zu Werken anderer Autoren ist „die besondere Eigenart von Süs nicht so ausgeprägt" (I. DYHRENFURTH) wie in den Illustrationen zu seinen eigenen Texten. Das trifft insbesondere dann zu, wenn sie die bürgerliche und ländliche Welt seiner Zeit darstellen wie in den entsprechenden Bildern zu „Hannchen und die Küchlein"

Einband zu Gustav Süs: „Die Mähr von einer Nachtigall, mit ihrem Frühlingszauberschall in dunklen, grünen Zweigen". Das großformatige, bekannte Bilderbuch, das 1857 bei Vieweg und Sohn in Braunschweig erschien, bringt auf jeder Seite einen Vers und dazu einen ganzseitigen Kupferstich.

(1860) oder FERNOWS „Tante Fabula" (1852) und gilt in noch höherem Maße für seine Beiträge zu TRÄGERS „Lieder, Balladen und Romanzen" (1871), in denen er bis zum Kitschigen hin völlig im Genrestil seiner Zeit bleibt, bestenfalls an LUDWIG RICHTER erinnert.
Als Schriftsteller und Illustrator war S. am originellsten und echt kindertümlich in seinen kleinen Tiererzählungen, die HORST KUNZE „gefühlvoll-spätromantisch" nennt und die teils in Prosa wie „Hähnchen und Hühnchen" (1847) oder in Versen wie „Hähnchen Kikeriki!" (1853), „Die Mähr von einer Nachtigall" (1857) oder „Swinegels Reiseabenteuer" (1857) abgefaßt sind. Sie bringen stets „Zum Nutzen und Frommen der lieben Jugend" eine deutliche Schlußbelehrung, so in „Swinegels Reiseabenteuer": „... Verkennt nie euer Elternhaus, verlegt euch nie aufs Wandern, und helfet eins dem andern. Und tragt nach Kräften dazu bei, daß unsere Art unsterblich sei!" Bei dem weitausholenden, viel zu umfangreichen Tierepos „Froschküster Quak" (1862), dessen Verse KLAUS DODERER „bieder" nennt (was auch für die der anderen Versgeschichten gelten kann), wirkt der Schluß unfreiwillig komisch, wenn es nach der zeittypischen Lobpreisung von Gottes Herrlichkeit, dem König und dem Vaterlande heißt: „Dann blüht hinfort das Froschrevier noch lang in reichem Segen".
Unter den ausschließlich der Tierwelt – neben Hühnern, Enten, Störchen, der Nachtigall sowie Hase und Igel auch Maulwurf, Katzen und Mäusen – geltenden Illustrationen gebührt den bis etwa zu Anfang der sechziger Jahre des 19. Jahrhunderts meist als Holzschnitte oder Lithographien erschienenen der Vorzug. S. beherrschte meisterlich das Gefühlsbetonte bis Sentimentale, so etwa in „Hähnchen und Hühnchen" und der traurigen „Mähr von einer Nachtigall". Ihm lag ebenso auch das Humoristische, mit dem er das charakteristische und typische Verhalten der einzelnen Tiere hervorhebt, wobei er an die alte Fabeltradition der Vermenschlichung von Tieren anknüpft. Gut gelungene Beispiele dafür sind: „Hähnchen Kikeriki!", die beiden Swinegelbände und „Froschküster Quak", dessen Illustrationen „sehr viel hübscher sind als der Text" (H. KUNZE). In manchen Illustrationen tangierte S. den Bereich des Parodistischen, wenn er etwa Zitate aus Klassikern durch Tierbilder interpretierte. Zusammen mit SPECKTER und dem etwas späteren FLINZER gehört S. zu den bedeutendsten Tierillustratoren im deutschen Jugendbuch des 19. Jahrhunderts.

Werke: G. Süs: Hähnchen und Hühnchen (1847); L. Fernow: Die Tante Fabula (1852); G. Süs: Hähnchen Kikeriki! (1853); O. Wildermuth: Aus der Kinderwelt (zus. mit F. Rotbarth, 1853); G. Süs: Kinderhimmel (zus. mit G. Herchenbach, 1853); G. Süs: Freundschaftsgabe für junge Mädchen (1853); G. Süs: Das Kind und seine liebsten Thiere (1854); Het Wettloopen tüschen den Haasen un den Swinegel (1855); G. Süs: Thier-Büchlein! (1855); G. Süs: Goldbronnen (zus. mit Fr. Wiedemann, 1857); G. Süs: Swinegels Reiseabenteuer (1857); G. Süs: Die Maehr von einer Nachtigall (1857); G. Süs: Collection d'Animaux (zus. mit T. Hartung, 1857); G. Süs: Frühlingsbilder. Kindergrüsse (1858); G. Süs: Paradiesgarten für fromme, liebe Kinder (1858); G. Süs: Der Wandertag (1859); Fr.

Wiedemann: Im Wald, im Hof und Feld (1859); G. Süs: Poesien in Bildern für die Jugend und ihre Freunde (1860); G. Süs: Was Nussbäumchen den Kindern erzählt (1860); G. Süs: Der Kinderengel (1860); Fr. Wiedemann: Geschichten, wie sie die Kinder gern haben (1860); G. A. Eberhard: Hannchen und die Küchlein (1860); W. Umlauff: Freud und Schmerz in Haus und Herz (1861); Fr. Wiedemann: Fünfundzwanzig Lieblingskapitel für brave Kinder (1862); G. Süs: Froschküster Quak (1862); Fr. Wiedemann: Honigblumen (1862); A. W. von Zuccalmaglio: Kinder-Schaubühne (1864); G. Süs: Nouvelle Collection d'Animaux (zus. mit T. Hartung, 1866); W. von Waldbrühl: Kinderkomödie (1870); H. Chr. Andersen: Vom hässlichen Entlein (1871); G. Mensch: Der Froschmausekrieg (1871); G. Süs: Neue Kinderlust (1871); Th. Buddeus: Drollige Geschichten in Bildern und Gedichten (1873); J. J. Kummerer: Der kluge Quöckelhahn (1881).

Sekundärliteratur: Kl. Doderer: Das bürgerliche Bilderbuch im 19. Jahrhundert (in: Kl. Doderer (Hrsg. zus. mit H. Müller): Das Bilderbuch. 1973. 183–224). – I. Dyhrenfurth: Geschichte des deutschen Jugendbuches (³1967). – P. Horn: Düsseldorfer Graphik in alter und neuer Zeit (1928). – H. Kunze: Schatzbehalter Vom Besten aus der älteren deutschen Kinderliteratur (1964). – A. Rümann: Das illustrierte Buch des XIX. Jahrhunderts in England, Frankreich und Deutschland 1790–1860 (1930; ND. 1975). – E. Semrau: Der Jugendbuchillustrator und Tierschriftsteller Gustav Süs (in: Philobiblon. 22. 1978).

Eberhard Semrau

Superman

Amerikanischer Comicstreifen des Texters Jerry Siegel und des Zeichners Joe Shuster.

Schon 1933 hatten die Schulkameraden aus Cleveland (Ohio) Jerry Siegel als Texter und Joe Shuster als Zeichner die Idee zu einem neuartigen Comicstreifen, der von einer männlichen, mit übernatürlichen Fähigkeiten ausgestatteten Titelfigur „Superman" und deren Abenteuern auf der Erde und im interplanetaren Raum handeln sollte. Sie zeichneten die ersten Streifen ihrer Serie und versuchten vergeblich, sie an Zeitungen oder Comicsyndikate zu verkaufen. Anfangs wurde S. wegen der zu phantastischen Figuren und ihrer Beziehungslosigkeit zur normalen Welt abgelehnt. Erst 1938 gelang es den Autoren, S. im „Action Comics Magazine" unterzubringen. Als sich daraufhin der Heftumsatz wesentlich erhöhte, brachte der Comicverleger M. C. Gaines im Januar 1939 die Serie, die inzwischen vom Warner Verlag mit allen Rechten von Siegel und Shuster für 130 Dollar aufgekauft worden war und durch das McClure-Newspaper-Syndicate vertrieben wurde, in einigen Episoden in der „National Comics Publication" heraus und startete schon ab Mai desselben Jahres das erste „Superman Quarterly Magazine". Siegel und Shuster erhielten bis 1975 nichts aus dem Milliardengeschäft mit S. Erst nach langer Intervention durch Comiczeichner und Vereinigungen zahlt ihnen der Verlag seit 1976 eine jährliche Rente.

S. wurde auf dem Planeten Krypton geboren und bei dessen Zerstörung auf die Erde geschossen. Dort zieht ihn das Ehepaar Kent auf. Die Kents halten ihn an, Gutes zu tun. Als er heranwächst, wachsen seine Kräfte ins Ungeheure, und er entwickelt außergewöhnliche Fähigkeiten. S. kann fliegen, hat einen Hitze-, Röntgen- und Mikroskopblick, ist unverwundbar, bewegt sich schneller als das Licht und kann daher auch in der Zeit reisen. Seine ständigen Feinde sind Luthor, der Joker, Amerikas Weltfeinde, Naturkatastrophen, Roboter und Wesen von anderen Sternen. Seine übernatürlichen Kräfte können nur durch Kryptonit geschwächt werden, ein radioaktives Gestein seines Heimatplaneten.

S., der als Protagonist einer großen Anzahl weiterer Superhelden zu gelten hat, ist das Symbol für den patriotischen Amerikanismus puritanischer Ausprägung. Er steht für das „Gute" in der Welt und betätigt sich als jederzeit verfügbarer Weltpolizist zur Abwendung allen Übels. Im Zweiten Weltkrieg wurde er zu einem Symbol der Hoffnung auf den Sieg der Alliierten und dient später zur Unterhaltung des Lesers, der der Monotonie des Alltags zu entfliehen sucht. Seine Fälle löst er ohne große Emotion. Privat vermeidet er es, sich an seine langjährige Bewunderin Lois Lane zu binden. Seine Tarnexistenz als Reporter Clark Kent erlaubt es ihm, aus seiner Superheldenrolle auszusteigen und sich wie ein ängstlicher, nervöser und verliebter Mensch zu benehmen. Seit Januar 1971 treten in den Episoden zunehmend Selbstzweifel an seiner Gottähnlichkeit zutage. Er bemerkt stärker die Schizophrenie seiner Doppelexistenz sowie seine Außenseiterstellung in der Gesellschaft. Er wird jetzt menschenähnlicher und läßt es zu, daß auch ihm einmal geholfen wird. Sein Wirkungsfeld dehnt sich nun auch auf die früher niemals erwähnten Slums aus, und sogar Lois Lane versucht, sich zu emanzipieren. Diese Entwicklung – wie auch diejenige ähnlicher Superfiguren – beweist die Krise, in der sich die Superhelden seit einiger Zeit befinden. Sie wirken zum Teil wie gefallene Engel: nicht mehr in der Nähe der Allmacht, nicht mehr Verkörperung der Wahrheit und nicht mehr so selbstsicher.

Zur Wirkungsgeschichte. Der Erfolg beim Publikum ist groß. 1940 wurde S. Titelheld einer amerikanischen Radioserie und 1941 erschienen Zeichentrickfilme bei der Paramount. In den fünfziger Jahren wurde S. Fernsehheld. 1966 wurde ein S.-Musical produziert und am Broadway aufgeführt, 1967 erschienen Zeichentrickfilme im Fernsehen und 1975 wurde ein abendfüllender Film aufgeführt. Die sogenannten „Nebenprodukte" wie Kleidung, Kaugummi, Spielzeug usw. mit S.s Namen und Bild wurden erfolgreich vertrieben. Die Heftauflage betrug in den USA zeitweilig 1,5 Millionen Exemplare pro Ausgabe.

Ende der vierziger Jahre wurden die S.-Abenteuer mit denen „Batman's", eines anderen Superhelden, in einem Heft vereinigt, 1950 verselbständigten sich einige Nebenfiguren wie Lois Lane und Jimmy Olsen und erhielten eigene Heftreihen, während S. und Batman in den „World Finest Comics" weiter gemeinsam gegen das Böse in der Welt kämpften. Ein S.-Workbook wird in mehr als 2500 Schulklassen der USA als Leselernbuch verwandt. Auf Postern empfiehlt S. Bücher und gibt Ratschläge für richtiges Verhalten im Straßenverkehr.

1950 erschien die Serie erstmals auf dem deutschen Markt als Comicheft mit der ersten Episode von 1938, erreichte aber nur drei Heftnummern; 1953–1954 wurde ein neuer Vorstoß unternommen, doch auch hier konnten wegen des mangelnden Erfolges nur zwanzig Hefte produziert werden. Erst seit dem September 1966 hat sich S. fest etabliert und wird heute in einer Auflage von 95 000 Exemplaren vertrieben.

→ Batman

Sekundärliteratur: St. Becker: Comic art in America (1959). – G. Metken: Comics (1970). – G. Perry: The Penguin Book of Comics (zus. mit A. Aldridge, 1967). – R. C. Reitberger: Comics. Anatomie eines Massenmediums (zus. mit W. J. Fuchs, 1971).

Wolfgang Kempkes

Surrealismus

Der S. ist eine nach dem Ersten Weltkrieg von Frankreich ausgehende Bewegung von Literaten und Malern, die für eine Erneuerung von Kunst und Leben eintraten. Mitbestimmt von einem Idealbild des Kindes, hat der S. in der Kinderliteratur eine Tendenz zu spielerisch-phantastischen Sprach- und Bildschöpfungen verstärkt.

Geschichte, Ideen, Techniken. 1919 schlossen sich junge französische Literaten um André Breton (1896–1966), Louis Aragon (* 1897) und Philippe Soupault (* 1896) in der Überzeugung zusammen, daß sich im Weltkrieg der abendländische Rationalismus ad absurdum geführt habe. Gemeinsam mit Tristan Tzara (1896–1963), der aus Zürich, und Max Ernst (1891–1976), der aus Köln zu ihnen stieß, setzten sie zunächst die anarchistischen Happenings der Dadaisten fort; doch forderten sie bald unter Bezug auf Sigmund Freud (1856–1939) eine produktive Erneuerung der Gesellschaft durch die Kräfte des Unbewußten. Politische Ereignisse hatten mehrfach ideologische und personale Veränderungen der Gruppe zur Folge. So veranlaßte der Marokkokrieg eine Politisierung, der aufkommende Faschismus eine Annäherung an die Kommunisten, die Stalinisierung die Wiederabkehr und der Zweite Weltkrieg schließlich die Auflösung der Gruppe. Der zivilisationskritische Impuls scheint bis in die Subkultur amerikanischer Jugendlicher nachzuwirken (J. Peper). In Literatur und darstellender Kunst ist die weltweite Ausstrahlung des S. kaum überschaubar.
Hauptdokumente der Bewegung sind die von ihrem Wortführer Breton verfaßten Manifeste. In deren erstem von 1924 verhieß Breton – unter Anknüpfung an G. Apollinaires Begriff des Surrealen – „die künftige Auflösung dieser scheinbar so gegensätzlichen Zustände von Traum und Wirklichkeit in einer Art absoluter Realität, wenn man so sagen kann: Surrealität". Und in schroffer Opposition gegen die „Herrschaft der Logik" versicherte er: „Der Geist, der in den Surrealismus eintaucht, erlebt mit höchster Begeisterung den besten Teil seiner Kindheit wieder ... Die Kindheit nähert uns vielleicht am meisten dem ‚wahren Leben'" (Breton, S. 18 und 37).
Die Ästhetik der Surrealisten erschließt sich in dem oft zitierten Satz ihres Vorläufers Lautréamont (1847–1870), Schönheit sei „die zufällige Begegnung eines Regenschirms mit einer Nähmaschine auf einem Seziertisch". Zufälligkeit, Kombination des Heterogenen, intensive Bildlichkeit, Motivbereich Technik, Wirkanstelle von Werkästhetik, dies sind Gesichtspunkte, die für die Texte der literarischen Gründer ebenso gelten wie für die Bilder der ihnen verbundenen Maler, vorab Max Ernst (1891–1976), René Magritte (1896–1967) und Salvador Dali (* 1904), aber auch für Filme von Luis Buñuel (* 1900) und Jean Cocteau (1889–1963). Zur Freisetzung kreativer Möglichkeiten bedienen sich Autoren und Maler der „écriture automatique", die „nicht in Analogie zum Traum, sondern zur Freudschen Technik der freien Assoziation" zu sehen ist (P. Bürger, S. 152). In bewußter Abkehr vom Mythos des autonomen Genies lassen sich darstellende Künstler von vorgegebenen Formelementen zur Weitergestaltung anregen: von Materialstrukturen, die mit Bleistift auf Papier durchgerieben werden (Frottage), von zerfließender Farbe (Dekalkomanie) oder auch von fertigen Stahlstichen und Photographien (Übermalung, Collage).

Kinderliteratur. Die Auswirkung des S. auf die Kinderliteratur scheint groß zu sein; erforscht ist sie noch nicht. Bei einzelnen Autoren, z.B. bei Peter Hacks (* 1928), ist schwer auszumachen, ob S., englischer Nonsense oder die alte Tradition phantastischer Kindergeschichten den maßgebenden Einfluß haben. Hinzu kommt, daß der Klassiker des Nonsense Lewis Carroll von den Surrealisten als Vorläufer beansprucht wird. Aragon hat ihn übersetzt, Max Ernst illustriert und Breton in seiner Anthologie des schwarzen Humors nachgedruckt. Dennoch ist es wohl nicht sinnvoll, unter Absehung von geschichtlichen Gegebenheiten eine Gattung der „surreal-komischen Erzählung" anzunehmen und mit der Nonsenseliteratur gleichzusetzen (vgl. G. Klingberg, S. 222).
Surrealistische Kinderliteratur stammt zunächst von den Surrealisten selber. In französischen Gedichtsammlungen für Kinder findet man außer den Namen Aragon und Breton auch Paul Eluard (1895–1952), Max Jacob (1876–1944), Jacques Prévert (1900–1977), Raymond Queneau (1903–1976) und Pierre Reverdy (1889–1960). Als bedeutendster Kinderlyriker der Gruppe gilt Robert Desnos (1900–1945), laut Bretons erstem Manifest derjenige „unter uns, der der surrealistischen Wahrheit vielleicht am nächsten gekommen ist" (S. 29). Seine „Chantefables et Chantefleurs" (abgeschlossen 1944, erschienen 1952) sind kurze gereimte Assoziationsreihen über Tiere und Blumen, die surrealistische Phantastik im natürlichen Fluß alter Kinderreime darbieten.
In biographisch nachweisbarer Beziehung zum S. stehen Autoren wie Vitezslav Nezval (1900–1958) und Michael Ende (* 1929). In seinen kurzen Prosa-

texten „Dinge, Blumen, Tiere und Leute für Kinder" (geschrieben 1938, gedruckt 1953) stellt der Tscheche NEZVAL Kindheitseindrücke durch das surrealistische Sprachspiel „l'un dans l'autre" (vgl. R. OVERBECK) dar: Ein Gegenstand wird durch einen anderen erklärt („Der Krug ist ein großer Glasvogel ..."). ENDE, dessen Vater surrealistischer Maler war, läßt in den technisch-naturwissenschaftlichen Merkwürdigkeiten und den ungewöhnlichen Landschaften seines „Jim Knopf" (1960), aber auch eines Gedichtes wie „Die Schattennähmaschine" an die Bilder eines DALI oder TANGUY denken. Eine derartige Fortführung visueller Kompositionen des S. tritt noch deutlicher in neueren Illustrationen hervor: in CARELMANS Bildern zu MARCEL AYMÉ (1902–1967) und ETIENNE DELESSERTS (* 1941) zu EUGÈNE IONESCO (* 1912) oder in den Bilderbüchern von ANITA ALBUS (* 1942) und BINETTE SCHRÖDER (* 1939). Andere Bilderbuchmacher, etwa LEO LIONNI (* 1910) gestalten wie MAX ERNST unwillkürliche Farb- und Formgebungen zu überraschenden Figuren aus. Auch die Photocollage gibt es seit längerem in der Kinderliteratur.
M. ENDE hat den S. mit dem „magischen Weltbild" gleichgesetzt, das gewöhnlich der frühen Kindheit zugeschrieben wird, und der Psychologe J. PIAGET (* 1896) hat festgestellt: „Kinder werden durch Imaginäres oder Phantastisches nicht aus der Fassung gebracht, wenn die Elemente einer surrealistischen Szene deutlich, klar und durchsichtig gestaltet sind" (Vorwort zu E. DELESSERT: Dann fiel der Maus ein Stein auf den Kopf, so fing sie an, die Welt zu entdecken, 1972). Hervorzuheben bleibt, daß in Texten und Bildern für Kinder die ursprüngliche surrealistische Absicht des Schocks und der Irritation oft gedämpft wird, indem die befremdlichen Elemente thematisiert und in einen verständlichen Sinnzusammenhang integriert werden. Anorganisches wird so in Herkömmlich-Organischem aufgehoben, Wirk- wird wieder zu Werkästhetik.

Sekundärliteratur: R. Balibar: Les français fictifs (1974). – P. Bürger: Der französische Surrealismus (1971). – A. Breton: Die Manifeste des Surrealismus (1968). – F. Caradec: Histoire de la littérature enfantine en France (1977). – J. Charpentreau: Poèmes d'aujourd'hui pour les enfants de maintenant (²1972). – M. Jean: Geschichte des Surrealismus (1961). – G. Klingberg: Die phantastische Kinder- und Jugenderzählung (in: G. Haas (Hrsg.): Kinder- und Jugendliteratur. 1974. 220–241). – G. Metken (Hrsg.): Als die Surrealisten noch recht hatten. Texte und Dokumente (1976). – M. Nadeau: Geschichte des Surrealismus (1965). – R. Overbeck: Spielerischer Umgang mit Kindergedichten im Französischunterricht am Beispiel von Robert Desnos' „Chantefables et Chantefleurs" (in: Th. Karst (Hrsg.): Kinder- und Jugendlektüre im Unterricht. Bd. 2. 1979). – J. Peper: Der heruntergekommene Surrealismus oder Regression als Fortschritt: Amerikas Youth Counter Culture in zwei Manifesten (in: Amerikastudien. 1974. 19. 9–29). – Recherches sur le surréalisme (1976). – W. S. Rubin: Dada und Surrealismus (1972). – Th. M. Scheerer: Textanalytische Studien zur ‚écriture automatique' (1974). – U. M. Schneede: Malerei des Surrealismus (1973). – H. T. Siepe: Der Leser des Surrealismus (1977). – P. Thody: Lewis Carroll and the surrealists (in: Twentieth Century. 1958. 163. 427–434).

Reinbert Tabbert

Sutcliff, Rosemary

*Englische Schriftstellerin, Verfasserin historischer Erzählungen und Romane für Kinder, Jugendliche und Erwachsene; * 14.12.1920 West Clandon/Surrey.*

In ihren ersten Lebensjahren folgte S. mit ihrer Mutter den verschiedenen Stationen (unter anderem Malta) des Vaters, einem Marineoffizier. Nach seinem Eintritt in den Ruhestand wurde die Familie in Devonshire (England) ansässig.
S., die seit ihrer frühen Kindheit an einer körperlichen Lähmung (Arthritis) litt, wurde vor allem zu Hause und in Privatschulen erzogen. Nach der Schulzeit bildete sie sich an der Bideford School of Arts als Miniaturmalerin aus und war Mitglied der Royal Society of Miniature Painters. Im Alter von 25 Jahren gab sie die Malerei auf und begann zu schreiben. Neben Büchern von CHARLES DICKENS (1811–1870), BEATRIX POTTER (1866–1943), KENNETH GRAHAME (1859–1932) und von LORD LYTTON (d.i. EDWARD GEORGE BULWER, 1803–1873) „Last days of Pompeii" (1834) wurde S. vor allem durch das Werk von RUDYARD KIPLING (1865–1936) beeindruckt. KIPLINGS „Puck of Pook's Hill" (1906) weckte nachhaltig ihr Interesse an der römischen Zeit Britanniens. S. ist in erster Linie als Autorin historischer, die Geschichte Englands illustrierender Jugendromane hervorgetreten. Ihre in traditioneller Erzählweise geschriebenen Bücher wurden vielfach übersetzt, und einige davon sind auf die Auswahllisten zum Deutschen Jugendbuchpreis gekommen. Für „The lantern bearers" (1959; dt. Drachenschiffe drohen am Horizont, 1962) erhielt S. die Carnegie Medal und 1975 wurde sie mit dem Orden O. B. E. (Officer of the British Empire) geehrt. S. lebt in Walterton/Sussex.

Rosemary Sutcliff (1920)*

Werk, Tendenzen, Wirkung. In der Nachfolge RUDYARD KIPLINGS kennzeichnet das Werk von S. ein gemeinsames Grundinteresse: das Entstehen der britischen Nation nachzuzeichnen und zu würdigen. Mit ihm verbindet S. auch ihre Liebe zum geschichtsträchtigen englischen Süden, insbesondere zu Sussex; das Bekenntnis zu den in der Vergangenheit klar ausgeprägten heroischen Tugenden; die Faszination von Widerstreit und Verschmelzung der einzelnen das Land in Abfolge und Überlagerung prägenden Völkerschaften und Kulturen, vor allem die römisch-britische und britisch-sächsische Auseinandersetzung; die daraus erwachsenden Loyalitätskonflikte, die sich in Individuen personalisieren.
Der erste Titel des Frühwerks von S. ist ein Robin-Hood-Buch. Mit ihm eröffnete die Autorin zugleich die Reihe ihrer Nacherzählungen tradierter Sagenstoffe. Diese Nachschöpfungen können als eine eigene Werkgruppe betrachtet werden. Sie reichen von „The Chronicles of Robin Hood“ (1950) über „Beowulf“ (1961), „The Hound of Ulster“ (1963), „The high deeds of Finn Mac Cool“ (1967) bis zu „Tristan and Iseult“ (1971). – Eine zweite Gruppe bildet das essayistische Werk. „Rudyard Kipling“ (1960) ist eine Würdigung des Jugendbuchautors, „Houses and history“ (1960) berichtet von historisch denkwürdigen Häusern, „Heroes and history“ (1965) von legendären Helden wie Hereward the Wake, King Arthur und Robin Hood.
Die bedeutendsten Arbeiten S.s sind jedoch ihre historischen Romane für jugendliche Leser. Die Erzählungen aus der Zeit der Römerherrschaft und der unmittelbaren nachrömischen Zeit zeigen die lebensgestaltende Macht und Nachwirkung des römischen Ordnungsgedankens in Britannien. Der erste römisch-britische Roman „The eagle of the ninth“ (1954; dt. Der Adler der Neunten Legion, 1964) ist eine durch die Hauptfigur des invaliden Centurion Marcus und seine Queste sehr geschlossen komponierte geschichtliche Abenteuererzählung. Das Buch ist nach eigener Aussage das Lieblingswerk der Autorin. Die britische Fernsehgesellschaft BBC machte eine erfolgreiche Fernsehfilmserie daraus. Weitere römisch-nachrömische Romane folgten: „The silver branch“ (1957; dt. Der silberne Zweig, 1965), „The lantern bearers“ (1959; dt. Drachenschiffe drohen am Horizont, 1962), „Dawn wind“ (1961; dt. Frühwind, 1963), „The mark of the Horse Lord“ (1965; dt. Das Stirnmal des Königs, 1969) und „The Capricorn bracelet“ (1973). Das gelungenste Werk außerhalb der römischen Romane ist „Warrior scarlet“ (1958; dt. Scharlachrot, 1961), eine Geschichte aus der Bronzezeit, angesiedelt in den South Downs. Erzählt wird die körperliche und seelische Reifung des Jungen Drem, der sich trotz körperlicher Behinderung schließlich zum Krieger seines Stammes qualifiziert: ein Erziehungs- und Initiationsroman in einer vorgeschichtlichen Welt. In ihren Büchern geht S. davon aus, daß sich die Menschen im Grunde nicht ändern, „daß vielmehr unter den wechselnden, oberflächlichen Verhaltensweisen die grundlegenden Eigenschaften, Gefühle und Beziehungen unverändert bleiben“ (R. SUTCLIFF in: „History is people“, 1973). Damit hat sie sich die Aufgabe gestellt, universal menschliche Themen in sorgfältig beschriebenen, genau definierten historischen Umständen sichtbar zu machen. Ihr Grundthema ist die Selbstfindung und Sozialisation des jungen Menschen. Ihre männlichen Helden finden zu einem Verhaltenskodex, zu starken emotionalen Bindungen und zu einer persönlichen Integrität. Da sie von Hause aus oft nicht jene körperliche oder charakterliche Tüchtigkeit mitbringen, die sie zur Erfüllung ihrer Aufgaben brauchen, müssen sie ungewöhnliche Widerstände in der eigenen Natur überwinden. Väterliche Führungsfiguren helfen ihnen, Selbstfindung und Einfügung in ein geschichtliches Kontinuum miteinander in Einklang zu bringen.
Die Romane stellen beträchtliche Anforderungen an junge Leser. Handlung und Dinge nehmen oft eine symbolische Bedeutung an, besonders beliebt ist die Lichtmetapher. Die Motive sind sorgfältig verflochten, allerdings wird der glückliche Zufall mitunter zu sehr strapaziert. Die leicht archaisierende Sprache direkter Rede hält die prekäre Balance zwischen Abstand und Nähe, die genaue Sprache der Beschreibung entgleitet jedoch manchmal in Lyrismen.
CHARLES KEEPING (* 1924) hat einige der Bücher S.s (u.a. „Warrior scarlet“, 1958, „The lantern bearers“, 1959 und „Knight's fee“, 1960) eindrucksvoll mit kräftigen Schwarz-Weiß-Zeichnungen illustriert.

Werke: The chronicles of Robin Hood (1950); The Queen Elizabeth story (1950); The armourer's house (1951); Brother Dusty Feet (1952; dt. Bruder Staubfuß, 1959); Simon (1953; dt. Simon, der Kornett, 1963); The eagle of the ninth (1954; dt. Der Adler der Neunten Legion, 1964); Outcast (1955; dt. Beric, der Ausgestoßene, 1958); The shield ring (1956; dt. Der Schildwall, 1966); The silver branch (1957; dt. Der silberne Zweig, 1965); Warrior scarlet (1958; dt. Scharlachrot, 1961); The lantern bearers (1959; dt. Drachenschiffe drohen am Horizont, 1962); The rider of the white horse (1959); Houses and history (1960); Knight's fee (1960; dt. Randal, der Ritter, 1967); Rudyard Kipling (1960); Beowulf (1961; auch u. d. T.: The dragon slayer, 1966); Dawn wind (1961; dt. Frühwind, 1963); The Hound of Ulster (1963); Sword at sunset (1963); Heroes and history (1965); The mark of the Horse Lord (1965; dt. Das Stirnmal des Königs, 1969); A Saxon settler (1965); The chief's daughter (1967; dt. Die Tochter des Häuptlings, 1971); The high deeds of Finn Mac Cool (1967); A circlet to oak leaves (1968); The witch's brat (1970; dt. Das Hexenkind, 1972); Tristan and Iseult (1971); The truce of the games (1971; dt. Wettkampf in Olympia, 1972); The Capricorn bracelet (1973); The changeling (1974); We lived in Drumfyvie (1975; zus. mit M. Lyford-Pike); Blood feud (1977); Shifting sands (1977); Sun horse, moon horse (1977).

Sekundärliteratur: Anon: The search for selfhood: The historical novels of Rosemary Sutcliff (in: Sh. Egoff (Hrsg. zus. mit G. T. Stubbs, L. F. Ashley): Only connect: Readings on children's literature. 1969. 249–255). – E. H. Colwell: Rosemary Sutcliff – Lantern bearer (in: The Horn Book Magazine. 1960. 36. 200–205). – E. Fisher: Rosemary Sutcliff (in: J. Wintle und E. Fisher: The pied pipers. Interviews with the influential creators of children's literature. 1975. 182–191). – J. V. Marder: The historical novels of Rosemary Sutcliff (in: The use of English. 1968. 20. 10–13). – M. Meek: Rosemary Sutcliff (1962). – R. Sutcliff: Combined ops (in: The Junior Bookshelf. 1960. 24. 121–128); History is people (in: V. Haviland (Hrsg.): Children and literature: Views and reviews. 1973. 305–312); Lost summer (in: E. Blishen (Hrsg.): The thorny paradise: Writers on writing for children. 1975. 93–96). – J. R. Townsend: Rosemary Sutcliff (in: J. R. Townsend: A sense of story: Essays on contemporary writers for children. 1971. 193–203).

Wolfgang Schlegelmilch

Svenska Barnboksinstitutet → Schwedisches Institut für Kinderliteratur

Svensson, Jón

*(d. i. J. Stefán Sveinsson). Pädagoge, Schriftsteller; * 16. 11. 1857 Möruvellir (Island), † 16. 10. 1944 Köln.*

Sv. wuchs auf einem Herrengut in der Nähe des Polarkreises auf. Er wurde vom autodidaktischen Vater, einem Nachkommen normannischer Edelinge, zur Härte erzogen, von der Mutter, die ihm den bleibenden Namen Nonni gab, religiös beeinflußt und durch die Erzählungen in der Großfamilie in die Sagas seines Landes eingeführt. Sv. verließ Island und begann mit dem Studium der Philosophie und Theologie in Frankreich und England. Ein einschneidender Schritt war die frühe Konversion und der Eintritt in den Jesuitenorden. Sv. war als Lehrer in Dänemark tätig. Er schrieb mehrsprachige Artikel über Island und übersetzte die „Gunnlaugs saga" ins Deutsche. Seine Erzählungen sind zumeist autobiographische Lebensberichte aus Island und den dänischen Inseln.

Werk, Tendenzen, Wirkung. Sv. begann spät mit der Schriftstellerei. Seine erfolgreichsten Erzählungen sind von seinen Kindheits- und Jugenderlebnissen in Island und Dänemark bestimmt. In Deutschland erschien 1913 sein erstes „Nonni"-Buch. Es machte ihn nicht nur bekannt, sondern erwarb ihm ein breites Publikum unter den jugendlichen Lesern. Eindrucksvoll ist vor allem das Kapitel „Nonni im Schneesturm". Es folgten sehr bald weitere „Nonni"-Bände. Auch die übrigen Bücher erschienen durchweg zuerst in deutscher Sprache in deutschen Verlagen. Nonnis Geschichten haben eine grandiose Kulisse: Island. Die Freiheit wird symbolisiert durch das Meer, auf dem sich der Junge seefahrend seiner Kraft bewußt wird. Freilich entfaltet sich das Selbstbewußtsein in hierarchischer Ordnung; trotz christlicher Tugenden dominiert ein Herrengeist. Die Spannung zwischen jugendlicher Wildheit und selbstbewußter Bändigung zeichnet die Geschichten aus, der manifeste Widerspruch bleibt nahe der sozialen und historischen Wirklichkeit. Die Erzählungen Sv.s sprechen besonders deshalb an, weil sie glaubhaft wirken; trotz des altväterlich-sentimentalen Erzählstils reizt der nordländisch-herbe Inhalt der Nonni-Geschichten. Nonnis Abenteuer sind nicht das gleißende Produkt einer leichtfertigen Phantasie; sie gewinnen vielmehr als autobiographische Anamnese Glaubhaftigkeit. Die Wahrhaftigkeit macht seine Bücher trotz des frommen Tons bis heute für die Jugend anziehend. Auf die weite Verbreitung seiner Nonni-Bände geht Sv. im Vorwort zur 40. Auflage seines ersten Nonni-Bandes (1931) ein. Über 70000 Exemplare seien bis dahin gedruckt worden. Nicht nur in Deutschland, sondern auch in der übrigen Welt hätten die Nonnibücher begeisterte Aufnahme gefunden. Sie seien ganz oder teilweise in rund 20 fremde Sprachen übersetzt worden. Auch Haltung und Absicht des Autors werden in dem Vorwort zur 40. Auflage sichtbar: „Eine noch größere Freude aber bereiten mir die Zuschriften zahlreicher gedrückter, unglücklicher Leser, die mir versichern, daß sie aus diesen Büchern eine tiefe, echte und anhaltende Lebensfreude schöpfen. Gerade dies war der Hauptzweck, den ich vor Augen hatte, als ich meine Bücher zu schreiben begann. Jugend und Volk damit Freude und Frohsinn zu bereiten."

Werke: Nonni. Erlebnisse eines jungen Isländers, von ihm selbst erzählt (1913, [40]1931; NA. 1949, [7]1968); Nonni und Manni. Zwei isländische Knaben (1914); Sonnentage. Nonnis Jugenderlebnisse auf Island (1915); Aus Island. Erlebnisse und Erinnerungen (1918); Die Stadt am Meer. Nonnis neue Erlebnisse (1922); Abenteuer auf den Inseln. Nonnis Erlebnisse auf Seeland und Fünen (1927); Auf Skipalón. Neue Islandgeschichten Nonnis (1928); Die Feuerinsel im Nordmeer. Nonnis Fahrt zum Althing (1933); Guido, der kleine Bote Gottes (1934); Wie Nonni das Glück fand (1934); Nonni erzählt. Erlebnisse und Geschichten vom frohen Öresund (1936); Nonnis Reise um die Welt (Bd. 1–2. 1949. Bd. 1 auch u. d. T.: Nonni in Amerika, 1953; Bd. 2 auch u. d. T.: Nonni in Japan, 1951).

Sekundärliteratur: A. Baumeister: Ein Sack voll Geschichten. Jón Svensson und seine Nonni-Bücher (in: Jugendliteratur. 7. 1961. 10. 446–450). – H. A. Krose: Jón Svensson. Ein Lebensbild „Nonnis", dargestellt nach seinen Tagebüchern (1949).

Dieter Arendt

Swift, Jonathan

*Anglo-irischer Dichter und politischer Journalist, Dekan der St. Patricks Kathedrale in Dublin, Verfasser von „Gullivers Reisen"; * 30. 11. 1667 Dublin, † 19. 10. 1745 Dublin.*

Nach dem Studium am Trinity College in Dublin ging Sw. 1689 nach England, wo er Sekretär des Whig-Politikers und Diplomaten Sir William Temple (1628–1699) in Moor Park, Surrey, wurde. Hier lernte er Esther Johnson (1681–1728) kennen, die „Stella" späterer Gedichte und des „Journal to Stella", die lebenslange Freundin, die ihm 1708 nach Dublin folgte. 1695 wurde Sw. als anglikanischer Priester ordiniert und erhielt Landpfarren. Heiratspläne mit Jane Waring, die Sw. „Varina" nannte, scheiterten. 1702 verlieh ihm das Trinity College den theologischen Doktorgrad. – Bereits in seiner ersten politischen Streitschrift (1701) hatte Sw. die Partei der Whigs ergriffen. Als sie 1707 die Regierung stellten, schien er der geeignete Mann, im Namen der irischen Bischöfe die Interessen der irischen Staatskirche am Hofe der Königin Anna zu vertreten. Wirksame Unterstützung erhielt er aber erst 1710 durch die zur Macht drängenden Tories. Fortan trat Sw. bis zum Sturz der Tories (1714) als politischer Journalist für deren Politik ein und blieb auch später ihr Gesinnungsfreund. In den Jahren von Sw.s politischer Aktivität wurden die bedeutendsten literarischen Köpfe der Zeit seine Freunde, unter ihnen JOSEPH ADDISON (1672–1719) und RICHARD STEELE (1672–1729), später WILLIAM CONGREVE (1670–1729) sowie JOHN GAY (1685–1732), ALEXANDER POPE (1688–1744) und JOHN ARBUTHNOT (1667–1735). Die drei letztgenannten gehörten wie Sw. zum „Scriblerus-Klub", aus dem die ersten Anregungen zu „Gullivers Reisen" kamen. Aus der gleichen Zeit stammt auch die Freundschaft mit ESTHER VANHOMRIGH (1687?–1723), Sw.s „Vanessa". 1713 wurde Sw. statt einer erhofften Position in England das Amt des Dekans der Dubliner St. Patricks Kathedrale übertragen. Nach dem Sturz der Tories und dem Tod Königin ANNAS (1714) ging er enttäuscht nach Irland zurück, das er als Exil empfand. Ab 1720 kämpfte er in satirischen Flugschriften für die Sache Irlands und gegen die englische Politik der Ausbeutung des Landes. In Irland entstand Sw.s berühmtestes Werk, das unter dem Kurztitel „Gullivers travels" die Welt eroberte. 1742 wurde Sw., der an dem Ménièreschen Syndrom litt, für geisteskrank erklärt. Er lebte noch bis 1745 und wurde in seiner Kathedrale begraben.

Werk, Tendenzen, Wirkung. Sw.s Tätigkeit als Satiriker muß auf dem Hintergrund der Zeit verstanden werden, deren Leitideen Aufklärung, Toleranz, Mäßigung hießen. Kritik und Satire galten als notwendige und konstruktive Aufgabe in einer Gesellschaft, die an die Macht des Intellekts zur Steuerung des Lebens glaubte. In der Rolle des Arztes kam dem Satiriker die Aufgabe zu, die Laster und Torheiten der Zeitgenossen bloßzulegen und damit zur Gesundung beizutragen. Dazu bedurfte es keines Menschenfeindes, als der Sw. verschiedentlich interpretiert wurde. Es genügte ein christlicher Pessimismus, den Sw. in der Bibel grundgelegt sah. Danach ist der Mensch schwach, stolz und eitel; von Leidenschaften und trügerischen Hoffnungen irregeleitet, von Sorgen und Ängsten bedrückt. Er ist zur Vernunft fähig („animal rationis capax"), nicht einfachhin vernünftig, und damit zur moralischen Verantwortung aufgerufen, letztlich aber der Erlösung bedürftig. Nimmt man hinzu, daß die Rhetorik der Anklage menschlicher Verderbtheit aus der Tradition der christlichen Bußpredigt kommt und daß Sw. zudem die antike Satire (Juvenal) und ihre Stilmittel sehr gut kannte, so wird man manche Überzeichnung in Sw.s Satiren besser einschätzen. „A tale of a tub. Written for the universal improvement of mankind" (1704; dt. Mährgen von der Tonne, zum allgemeinen Nutzen des menschlichen Geschlechts abgefasset, 1729) geißelt unter anderem die Entwicklung der römischen Kirche und der Dissidenten mittels der Parabel von den drei Brüdern mit dem gleichen Erbe – Peter (römische Katholiken), Martin (Lutheraner) und Jack (Calvinisten). „A full and true account of the battel fought last friday, between the antient and the modern books in St. James's Library" (1704; dt. Anderer Theil des Mährgens von der Tonne, 1729) ist Sw.s Beitrag zur zeitgenössischen Auseinandersetzung um die Vorbildlichkeit der Antike. In der Form des burlesken Epos wird der Streit zwischen den „Modernen" und den „Alten" – von Sw. auch als Fabel von der Spinne und der Biene veranschaulicht – traditionalistisch entschieden. Einblick in Sw.s Alltag sowie in das politische Intrigenspiel der Jahre 1710–1713 gibt das „Journal to Stella" (1784; dt. Tagebuch in Briefen an Stella, 1866–1867). Darüber hinaus zeigt sich Sw. in diesen Aufzeichnungen für ESTHER JOHNSON und ihre mütterliche Gefährtin REBECCA DINGLEY (1666?–1743) in Dublin von einer ganz persönlichen, liebenswürdigen, ja verspielten Seite. Von Sw.s irischen Flugschriften, die ihn zum gefeierten Anwalt Irlands machten, sind vor allem zwei berühmt geworden. „Fraud detected: or the hibernian patriot. Containing all the drapier's letters to the people of Ireland on Wood's coinage" (1724; dt. Sendschreiben an die Handelsleuter, Krämer und Pächter, und das gemeine Volk in Irland, Betreffend die verfälschte küpferne Halbpfennige, welcher ein gewisser William Wood, Eisenkrämer gern in das Königreich würfe, 1756) ruft zum Widerstand gegen die Ausbeutung Irlands durch das englische Münzmonopol auf. „A modest proposal for preventing the children of poor people in Ireland from being a burden to their parents or country, and for making them beneficial to the publick" (1729) ist eine makabre Satire, in der Sw. vorschlägt, das Elend der Armen durch das Schlachten ihrer einjährigen Kinder und den Verkauf ihres Fleisches zu lindern. „Travels into several remote nations of the world. By Lemuel Gulliver, first a Surgeon, then a captain of several ships" (1726; dt. Des Capitains Lemuel Gulliver Reisen in unterschiedliche, entfernte und unbekandte Laender, 1727–1728) ist S.s Summa satirischer Welterfahrung. Im Kleide des beliebten märchenhaft-phantastischen Reiseabenteuers wird dem Zeitalter der Zerrspiegel der Satire vorgehalten. Torheit und Verderbtheit im politischen, wissenschaftlichen, religiösen und philosophischen Bereich werden verlacht. Wenn später die beiden ersten Teile von „Gullivers Reisen" zum Kinderbuch werden konnten, so nur wegen der äußeren Einkleidung der Satire, die allein überlebte.
Satirische oder parodistische Waffe sind auch Sw.s Gedichte. Zu den bekannteren zählen die Naturschilderungen „A description of the morning" (1709) und „A description of a city shower" (1710). Hier ist Sw. derber Realist, der die romantisch-klischeehafte Naturdarstellung parodiert. „A satirical elegy" (1722) ist ein beißender Nachruf auf S.s alten Gegner JOHN CHURCHILL, Duke of Marlborough, und zugleich eine Erinnerung an die Vergänglichkeit von Ruhm, Eitelkeit und Macht. Die „Verses on the death of Dr. Swift" von 1731 schildern ironisch die Reaktionen der Freunde bei der Nachricht vom Tode Sw.s und geben in den Worten eines Unbeteiligten ein Sw.sches Selbstporträt. Nur in den alljährlichen Geburtstagsgedichten für Stella ist die Satire zurückgedrängt. – Der Übersetzung einzelner Werke folgte in Deutschland die erste deutsche SWIFT-Ausgabe 1756–1766 in acht Bänden unter dem Titel „Satyrische und ernsthafte Schriften". Es folgten bis in unsere Zeit viele weitere Werkausgaben. Die jüngste, von S. SCHLÖSSER besorgte dreibändige Werkauswahl (DDR 1967, BRD 1972) verwertet die Übersetzungs-

tradition und führt sie fort. MARTIN WALSERS Essay „Die notwendigen Schritte" (in: J. Swift: Satiren. 1965. 7–35; übernommen in Bd. 3 der „Ausgewählten Werke". 1972. 439–466) ist ein Beispiel für die über die Literaturwissenschaft hinausgehende zeitgenössische Sw.-Rezeption in Deutschland.

→ Großbritannien und Nordirland, → Gullivers Reisen

Werke: A tale of a tub. Written for the universal improvement of man kind (1704; dt. Mährgen von der Tonne, zum allgemeinen Nutzen des menschlichen Geschlechts abgefasset, 1729); A full and true account of the battel fought last friday, between the antient and the modern books in St. James's Library (1704; dt. Anderer Theil des Mährgens von der Tonne, 1729); A description of the morning (1709); A satirical elegy (1722); Fraud detected, or the hibernian patriot. Containing all the drapier's letters to the people of Ireland an Wood's coinage (1724; dt. Sendschreiben an die Handelsleute, Krämer und Pächter, und das gemeine Volk in Irland, betreffend die verfälschte Küpferne Halbpfennige, welcher ein gewisser William Wood, Eisenkrämer gern in das Königreich würfe, 1756); Travels into several remote nations of the world. By Lemuel Gulliver, first a surgeon, then a captain of several ships (1726; dt. Des Capitains Lemuel Gulliver Reisen in unterschiedliche, entfernte und unbekannte Länder, 1727–1728); A modest proposal for preventing the children of poor people in Ireland from being a burden to their parents or country, and for making them beneficial to the publick (1729); Verses on the death of Dr. Swift (1731); Journal to Stella (1784; dt. Tagebuch in Briefen an Stella, 1866–1867); H. Davis (Hrsg.): The prose work of Jonathan Swift (Bd. 1-14. 1939–1968); H. Williams (Hrsg.): The poems of Jonathan Swift (Bd. 1-3. 1937, ²1958); The correspondence of Jonathan Swift (Bd. 1-5. 1963–1965).

Sekundärliteratur: I. Ehrenpreis: Swift: The man, his works, and the age (Bd. 1-2. 1962–1967). – A. N. Jeffares (Hrsg.): Fair liberty was all his cry. A tercentenary tribute to Jonathan Swift 1667–1745 (1967); Swift: Modern judgements (1968). – R. McHugh (Hrsg. zus. mit Ph. Edwards): Jonathan Swift 1667–1967: A Dublin tercentenary tribute (1967). – R. Quintana: Swift. An introduction (1955). – A. L. Rowse: Jonathan Swift (1975). – E. Tuveson (Hrsg.): Swift. A collection of critical essays (1964). – Br. Vickers (Hrsg.): The world of Jonathan Swift. Essays for the tercentenary (1968). – M. Voigt: Swift and the twentieth century (1964). – D. Ward: Jonathan Swift. An introductory essay (1973). – K. Williams: Jonathan Swift and the age of compromise (1958); (Hrsg.): Swift, the critical heritage (1970).

Wolfgang Schlegelmilch

Szabó, Magda

*Ungarische Schriftstellerin, Übersetzerin, Kinder- und Jugendbuchautorin; * 5. 10. 1917 Debrecen.*

Nach dem Studium an der Universität von Debrecen erwarb Sz. ihr Lehrerdiplom für Latein und Literatur; 1940 promovierte sie. Für einige Jahre war sie im Schuldienst tätig. Seit 1959 lebt sie als freie Schriftstellerin in Budapest. Sz.s Werke wurden in mehr als 25 Sprachen übersetzt. 1959 erhielt sie für ihren Roman „Freskó" (1958; dt. Das Fresko, 1960) den Attila-József-Preis und 1978 den Kossuth-Preis.

Werk, Tendenzen, Wirkung. Sz. begann ihre schriftstellerische Tätigkeit mit dem Schreiben von Gedichten, die zunächst in den Zeitschriften „Magyarok" und „Ujhold" erschienen. In den ersten Versbänden „Bárány" (1947) und „Vissza az emberhez" (1949) versuchte die Autorin, ihre Kriegserlebnisse literarisch aufzuzeichnen. Nach längerem Schweigen veröffentlichte Sz. seit 1958 in rascher Folge Romane, Theaterstücke und Filmdrehbücher. Ihr Hörspiel „A hallei kirurgus" (1963) wurde im In- und Ausland gesendet. Sz. schreibt für erwachsene und junge Leser. Ihre Kinder- und Jugendbücher zeichnen sich durch eine zeitgemäße Darstellungsweise sowie ein sicheres Einfühlungsvermögen in Situationen und Gedankenwelt der jungen Leser aus. In ihrem Kinderroman „Sziget-kék" (1959; dt. Inselblau, 1965) erlernt ein Junge auf der Insel der Tiere die „Sprache" der Tiere und findet so das Heilmittel zur Rettung der schwerkranken Mutter. In dem Märchen „Tündér-Lala" (1965; dt. Lala, der Elfenprinz, 1974) mischt sich ein Feenknabe, dem es in seinem Reich zu langweilig ist, unter die Menschen und sammelt interessante und nützliche Erfahrungen. Weite Verbreitung fand Sz.s Mädchenroman „Mondják meg Zsófikának" (1958; dt. Erika, 1961), der in zahlreiche Sprachen übersetzt wurde. Ein Mädchen, dem die Phase der Pubertät Schwierigkeiten bereitet, steht im Mittelpunkt der Handlung. Jugendliche, aber auch erwachsene Leserinnen finden in den lebensnahen Schilderungen ihre eigenen Probleme wieder. Ein charakteristisches Beispiel für den ungarischen Mädchenroman ist das Buch „Álarcosbál" (1961; dt. Maskenball, 1963), in dem der Alltag von Schulmädchen mit seinen kleinen und großen Problemen lebendig geschildert wird. Mit großem psychologischem Einfühlungsvermögen läßt die Autorin in den Gesprächen der 14–15jährigen Mädchen deren Gedankenwelt und Verhaltensweisen erkennen.
Eine protestantische Erziehungsanstalt ist Schauplatz des Buches „Abigél" (1973). Ohne belehrend und moralisierend zu wirken, versteht es Sz., mit ihren Jugendbüchern insbesondere die jungen Mädchen im Alter zwischen 13 und 16 Jahren anzusprechen und ihnen Lebenshilfen anzubieten. Psychologisches Gespür und pädagogische Intention der Autorin stehen dabei in einem angemessenen Verhältnis.

Werke: Bárány (1947); Vissza az emberhez (1949); Freskó (1958; dt. Das Fresko, 1960); Bárány Boldizsár (1958); Mondják meg Zsófikának (1958; dt. Erika, 1961); Ki hol lakik? (1958); Az őz (1959; dt. Die andere Esther, 1961); Sziget-kék (1959; dt. Inselblau, 1965); Marikáék háza (1959); Disznótor (1960; dt. Das Schlachtfest, 1963); Álarcosbál (1961; dt. Maskenball, 1963); Születésnap (1962; dt. Geburtstag, 1966); Pilátus (1963; dt. ... und wusch seine Hände in Unschuld, 1966; auch u. d. T.: Pilatus, 1976); Danaida (1964; dt. Die Danaide, 1965); Tündér-Lala (1965; dt. Lala, der Elfenprinz, 1974); Mózes 1-22 (1967; dt. 1. Moses 22, 1973); Katalin-utca (1969; dt. Katharinenstraße, 1971); Ókút (1970); A szemlélők (1973); Abigél (1973).

Sekundärliteratur: A. Bor: A kortárs szemével (in: A könyv. 1964). – M. Csulák: Abigél mosolya. Könyv és Nevelés (1973).

– B. Czére: Szabó Magda „Fényes nap" (in: Szinház. 1976. 6. 1–6). – V. Faragó: Egy büntudat története. Élet és Irodalmo (1964). – B. Pomogáts: Szabó Magda három alkotó évtizede (in: Alföld. 1976. 4. 52–61). – C. Sik: A költő Szabó Magda (in: Kortárs. 1975. 11.). – D. Tóth: Életünk – regényeink (1963).

Béla Tóth

Szentiványi, Jenö

*Ungarischer Jugendbuchautor; * 18. 7. 1909 Ercsi.*

Sz., dessen Vater Schiffskapitän war, absolvierte seine Schulzeit in Budapest. Seefahrtserlebnisse bilden denn auch die wiederkehrende Thematik einiger seiner Bücher. Sz. selbst widmete bald sein Interesse mehr dem Flugsport. Er ließ sich zum Segel- und Motorsportflieger ausbilden. Zu schreiben begann Sz. schon früh. Seit seinem achtzehnten Lebensjahr erschienen von ihm Essays und Novellen in verschiedenen Zeitschriften.

Werk, Tendenzen, Wirkung. Die Jugendromane von Sz. handeln von Abenteuern aus der Menschheitsgeschichte, der Luft- und der Seefahrt. Die Helden seiner Bücher sind vielfältigen Gefahren ausgesetzt und müssen sich im Kampf um ihr Dasein bewähren. Mit Mut, Ausdauer und einem starken Willen gehen sie dann als Sieger aus den Abenteuern hervor. In „A kőbaltás ember" (1937; dt. Der Wettlauf mit dem Mammut, 1970) folgt Sz. den Spuren einer Menschenhorde, die vor Jahrtausenden lebte, auf dem Weg von den russischen Steppen bis zum Karpatenbecken. Dieses Buch schildert, wie die Steinzeitmenschen mit den ständigen Lebensgefährdungen fertig wurden. Die Fähigkeit des Menschen, den Kampf ums Überleben aufzunehmen und zu bestehen, zeigt Sz. auch in seinen Romanen, die auf dem Meer spielen („A görög gálya titka", 1961; „Az óceán világa", 1967; „Fegyverdörgés a tengeren", 1970). Seine Erlebnisse als Sportpilot hat Sz. mit abwechslungsreicher Thematik in dem Novellenband „Párbaj a levegőben" (1955) verarbeitet. Von der Fliegerei handelt auch der Roman „Tizenkét kalandos perc" (1969), in dem auf einem gefahrvollen Abenteuerflug mit einem schon ausgemusterten Flugzeug die Entstehung und die Beschaffenheit eines Taifuns untersucht werden. Die abenteuerlichen Handlungen in dem Werk von Sz. bilden stets den Rahmen für seine Überzeugung von der Tat- und Willenskraft der Menschen. Um diese unter Beweis zu stellen, werden die Helden seiner Bücher jeweils in extreme Situationen gestellt.

Werke: A fekete bocskor (1937); A kőbaltás ember (1937; dt. Der Wettlauf mit dem Mammut, 1970); A nagy kaland (1943); Párbaj a levegőben (1955); A görög gálya titka (1961); Az óceán világa (1967; dt. Die Welt des Ozeans, 1970); Tizenkét kalandos perc (1969); Fegyverdörgés a tengeren (1970).

József Seres

T

Tagebuch als Jugendliteratur

Unter T. verstehen wir eine literarische Gattung, die durch die Ichform gekennzeichnet ist. Der Schreibende berichtet entweder täglich oder in größeren Abständen über Inhalte seines äußeren oder auch seines inneren Lebens und Erlebens. Die Autobiographie, die ebenfalls die Ichaussage verwendet, unterscheidet sich vom T., indem sie das diaristische Prinzip nicht benutzt. Die literarische Form des T.s ist wahrscheinlich so alt wie schriftlich übermittelte Literatur überhaupt. Die Notiz, in der verschiedenste Inhalte für sich oder für andere festgehalten werden, kann als Grundlage der T.-Form gelten. In der Jugendliteratur findet sich das T. ebenso wie in der Erwachsenenliteratur. Es kann ein authentisches, ein überarbeitetes oder ein literarisches T. sein.

Gekennzeichnet ist das T. innerhalb der Jugendliteratur durch die Altersstufe (meist von 12 bis 18 Jahre), in der oder für die es geschrieben wird, und durch seinen Inhalt, der sich auf die Auseinandersetzungen des Jugendlichen mit sich selbst und mit seiner Umwelt bezieht. Die Eintragungen sind meist nicht kontinuierlich, sondern erfolgen in unregelmäßigen Abständen. Auch die Inhalte können stark wechseln und ohne Bezug zueinander sein. Eine Sonderstellung nimmt das Reise-T. ein, das unter den authentischen T.ern für die Jugend selten ist.

Das authentische Jugend-T. Das authentische Jugend-T. ist im allgemeinen nicht für ein Publikum geschrieben. Es bedeutet häufig dem Verfasser einen Du-Ersatz. Der durch die seelische Entwicklung in Vereinsamung geratene Jugendliche, dessen häusliche Konflikte ebenso zunehmen wie die im Freundeskreis, in Schule und Lehre, sucht durch Aussprache mit sich selbst zu einer Klärung zu gelangen. Die Ablösung vom Elternhaus, von erzieherischer Aufsicht und die Sehnsucht nach Freundschaft und Liebe, das Suchen eines Lebenssinnes und der Entwurf eines Lebens- und Berufsplanes sind die Themen, die fast alle Jugend-T.er durchziehen. Die Auseinandersetzung mit politischen, gesellschaftlichen, aber auch religiösen Fragen tritt dahinter etwas zurück. An den Anfang des Jugend-T.s setzt der Jugendliche häufig ein Motto, das den Beweggrund des Schreibens nennt. Auch dies deutet auf die mit der Pubertät beginnende Reflexion hin.

Seit den zwanziger Jahren hat die Jugendpsychologie Jugend-T.er analysiert und interpretiert und damit unser Wissen über die seelische Welt des Jugendlichen erweitert. So veröffentlichte Charlotte Bühler (1893–1974) „Zwei Knabentagebücher" (1925), „Zwei Mädchentagebücher (1927) und „Drei Generationen im Jugendtagebuch" (1934). Auch in der Zeit nach dem Zweiten Weltkrieg sind Jugend-T.er gesammelt und veröffentlicht worden. Es erschienen W. Abegg „Aus Tagebüchern und Briefen junger Menschen" (1954); W. Fischer „Neue Tagebücher von Jugendlichen" (1955) und W. Küppers „Mädchentagebücher der Nachkriegszeit" (1964). Denn auch heute führen noch etwa 20 bis 30 Prozent der Jugendlichen eines Jahrgangs T.er. Schüler weiterführender Schulen schreiben häufiger als Berufsschüler, Mädchen häufiger als Knaben. Bei einem Vergleich zwischen Jugend-T.ern verschiedener Generationen zeigt sich, daß die in Jugend-T.ern behandelten Inhalte im großen und ganzen die gleichen sind. Der Stil des Schreibens hat sich allerdings gewandelt.

Das authentische Jugend-T. findet nur schwer Eingang in die Jugendliteratur, da es als geheimes und oft unter Verschluß stehendes T. von Jugendlichen geführt wird. Wenn solche T.er Jugendpsychologen zu Forschungszwecken überlassen werden, können sie meist nicht vollständig gedruckt werden, sondern sind entweder gekürzt oder werden unter bestimmten Gesichtspunkten klassifiziert dargeboten.

Das überarbeitete T. Dem überarbeiteten T. liegt der Originaltext eines Jugend-T.es zugrunde. Er ist für die Veröffentlichung entweder gekürzt oder an unleserlichen Stellen ergänzt. Wiederholungen und unpassende Ausdrücke können gestrichen sein.

Zwei wohl nur wenig veränderte T.er von Jugendlichen haben große Verbreitung gefunden: das „Tagebuch der Anne Frank" (1929–1945), die im Versteck eines Amsterdamer Hinterhauses während der Okkupation der Niederlande durch die Deutschen vom 14. bis zum 16. Lebensjahr T. schrieb, und das des Seemanns „Kim" (1949) von V. Malthe-Bruuns, dessen T.-Notizen und Briefe vom 17. bis zum 21. Lebensjahr erhalten sind und veröffentlicht wurden. Diese beiden T.er haben besonderes Gewicht, weil beide Jugendliche im Dritten Reich der Gestapo zum Opfer fielen und diese schriftlichen Aussagen die letzten Mitteilungen ihres Lebens sind. Ähnliche Bedeutung hat auch D. Rubinowicz „Das Tagebuch des David Rubinowicz" (1960).

Die T.-Notizen, die der französische Priester Abbé Quoist unter dem Titel „Zwischen 15 und der Liebe" (1958) herausgab, sind in ihrem Ursprung und in ihrer Überarbeitung undurchsichtig. Quoist versucht Jugendlichen durch die Besprechung ihrer Probleme, die ihnen in der Selbstdarstellung ihrer Alterskameraden gezeigt werden, zu helfen. Das Gleiche gilt für eine Gruppe von Veröffentlichungen, die inhaftierte Jugendliche teils als T., teils als mündliche Berichte ihren Betreuern anvertraut haben. Korrekturen sind meist nicht mitgeteilt, aber ebenso wie Gefangenen-T.er von Erwachsenen sind diese überarbeiteten Berichte von Jugendlichen auch für Jugendliche von großer Faszination. Das gilt z.B. für H. Bembés „Lebensbericht des 17jährigen Wilfried Helm" (1950) oder A. Rebels „Lebensbeichte eines 15jährigen" (1960).

Das literarische Jugend-T. Das literarische Jugend-T. ist für Jugendliche erfunden und geschrieben. Es entlehnt dem authentischen Jugend-T. den Erzählstil in der Ichaussage und ahmt die Form der täglichen oder in größeren Abständen vorgenommenen Eintragungen nach. Es entnimmt auch die in den Original-T.ern am häufigsten auftretenden Inhalte. Über tägliche Erlebnisse, die notiert werden, hinaus, stehen auch hier Reflexionen über Erzieher und Freunde, treten Selbstbeobachtungen und formulierte Sinn- und Lebensziele. Das literarische Jugend-T. ist auf den Leser bezogen. Die äußeren Ereignisse nehmen meist einen breiteren Raum ein als die Selbstgespräche, die aber nicht fehlen. Häufig wird diese Art T. auch als Reise-T. deklariert, so daß neben den jugendgemäßen Auseinandersetzungen zwischen Schreiber und Umwelt zugleich Sachinformationen übermittelt werden. Z.B. schildert Rusia Lampel (*1901) in „Der Sommer mit Ora" (1964) das Leben einer israelitischen Pfadfinderin in Jerusalem. Die Stadt, das Land, das Leben in der Familie, das gesamte Kolorit wird ebenso lebendig wie die Reflexion der 16jährigen über sich selbst. Ähnliches gilt für J. Richters Buch „Popcorn und Sternenbanner" (1975), in dem eine Austauschschülerin ihre Erlebnisse in den USA erzählt.

In anderen T.ern dominieren bestimmte Probleme, z.B. Scheidung der Eltern bei I. Krog „... und was wird aus mir?" (1973), Rauschgift bei Anita Skoglund „Glaube, Liebe, Hoffnung der Marie L." (1975), Straffälligkeit bei Hans Stempel und Martin Ripkens „Ich bin nicht Robinson" (1976) oder auch Resozialisierung bei Ingeborg Bayer „Die vier Freiheiten der Hanna B." (1974).

Ab und an verwischen sich die Grenzen zwischen Diaristik und Autobiographie. Wie in Erwachsenen-T.ern finden wir auch in Jugend-T.ern die Mischgattung Brief-T. bzw. T.-Brief, so z.B. in Gunnel Beckmanns „Ich, Annika" (1971).

Während im echten, intimen T. Zeiten der Verwirrung auftreten, der Schreiber sich ab und an gehen läßt, während es zu Entladungen und Wiederholungen kommt, sind die Inhalte und ihre Zusammenhänge beim literarischen T. geglättet und überschaubar gemacht. „Das echte Tagebuch ist diffus, das literarische Tagebuch ist kohärent" meint Max Frisch.

Das literarische Jugend-T. als Kunstform hat kein sehr großes Leserpublikum. Das ist verständlich, da die Handlung im Jugend-T. zugunsten der Reflexion zurücktritt und eine vielleicht erhoffte Identifikation des Lesers mit dem Schreiber vorwiegend auf der Basis rationaler Auseinandersetzung stattfinden muß.

Sekundärliteratur: G. R. Hocke: Das europäische Tagebuch (1963).

Waltraut Küppers

Tanera, Karl

*Reise- und Militärschriftsteller, Jugendbuchautor, preußischer Ordonnanzoffizier; * 9.6.1849 Landshut, † 5.10.1904 Lindau.*

In Regensburg und Speyer besuchte T. das Gymnasium bis zum Kriegsbeginn des Jahres 1866, in dem er freiwillig in das königlich bayrische Heer eintrat. Aber erst im Krieg gegen Frankreich erreichte er 1870 den langersehnten Fronteinsatz. Seine Erlebnisse während des von ihm verherrlichten Krieges beschrieb er in dem 1887 erschienenen Buch „Ernste und heitere Erinnerungen eines Ordonnanzoffiziers", wodurch er so bekannt und wohlhabend wurde, daß er seine – inzwischen hohe – Stellung in der preußischen Armee aufgab und sich ganz der Schriftstellerei und dem Reisen widmete. Er besuchte die europäischen Länder, bereiste Nordafrika, dann Indien, Japan und China, bis ihn eine Reise um die Welt auch nach Nordamerika führte.

Werk, Tendenzen, Wirkung. T.s Werk umfaßt zahlreiche militärwissenschaftliche, dokumentarische und erzählende Kriegsbücher, eine stattliche Zahl von Reisebüchern und viele Erzählungen für junge Leser. T.s erstes und überaus erfolgreiches Jugendbuch „Hans von Dornen" (1891) ist die – gelegentlich autobiographische – Geschichte eines 1854 geborenen Jungen, der in einer Kadettenanstalt erzogen wird und mit 16 Jahren begeistert am deutsch-französischen Krieg teilnimmt. Dieser Erzählung zur „Belehrung der Jugend" ließ T. noch weitere Kriegsgeschichten für die Jugend folgen. Seine Reisebücher, mit Bildern und Karten ausgestattet, erschienen teilweise in Form eines Berichts, überwiegend jedoch in erzählender Form. Die meisten Erzählungen für die Jugend befassen sich mit diesem Themenbereich. In groß angelegten Werken, deren Weitschweifigkeit oft jegliches interessante Moment überdeckt, schildert T. beispielsweise das Leben eines deutschen Jungen in Brasilien oder bei den Arabern oder die Erlebnisse eines jungen Luftschiffers. Sowohl in den Kriegserzählungen als auch in den Reiseromanen dominieren die Verherrlichung von Krieg, Manneszucht und Draufgängertum und die Ausbreitung rassistischer Vorurteile. Auftauchende Probleme, seien es private Konflikte, gefährliche Liebeleien oder schwierige Handelsbeziehungen, werden bei T. letztlich immer mit Gewalt und ohne Rücksicht auf den Schwächeren gelöst. Charakteristisch für seine Jugendschriften ist die imperialistische Anschauung, Kriegführen und Reisen seien sich ähnlich. So stellt er dem jugendlichen Leser das Reisen weniger als Möglichkeit dar, Unbekanntes kennenzulernen, als vielmehr im fernsten Land sich ständig selbst zu bestätigen und für die Ausbreitung des Deutschtums sorgen zu können. Es wird nicht berichtet, wie man während der Reise Erfahrungen sammeln kann. Das Reisen wirkt eher wie eine Anstrengung, die Langeweile mit der Jagd nach Neuem zu überwinden. Häufig stilisiert sich T. auch zum erfahrenen Reisenden, der auf der ganzen Welt zu Hause ist und den man mit nichts mehr beeindrucken kann. So sind seine Reiseromane, die gelegentlich Werken Karl Mays nicht unähnlich sind, trotz der eigenen Reiseerfahrung nur dilettierende Darstellungen des jeweiligen Landes. Beim Publikum fanden T.s Bücher großen Anklang, so daß sie noch in den ersten Jahrzehnten des 20. Jahrhunderts aufgelegt werden konnten.

Werke: Ernste und heitere Erinnerungen eines Ordonnanzoffiziers im Feldzug 1870/71 (1887, ^{9}1902); König Karl von Württemberg. Ein Fürstenbild (1889); Der Roman eines Lieutenants (1889); Offiziersleben in Krieg und Frieden (1889); Die Kunstschützin (1890); Lieutenant von Werndorf's Liebe (1890); Hans von Dornen, der Kronprinzenkadett (1891, ^{5}1912); Aus dem friedlichen Krieg (1891); Deutschlands Kriege von Fehrbellin bis Königgrätz (Bd. 1–9. 1891–1894); Durch ein Jahrhundert. Drei kriegsgeschichtliche Romane in drei Bänden (1892, ^{8}1911–1912); Zu Hause und zu Felde (1892); Aus dem Soldatenleben (1892); In der Bocchetta (1893, ^{2}1907); Nser-ben Abdallah, der Araberfritz. Erlebnisse eines deutschen Knaben unter den Arabern (1895, ^{2}1902); Das Kismet Kurt Röders. Erlebnisse eines jungen deutschen Malers in Ägypten, Palästina und Syrien (1895); Von der Tann, ein deutscher Held (1896); Schwere Kämpfe (1898, ^{2}1907); Aus drei Weltteilen (1898); Gettatura. Sizilianische Erzählung (1898); Der Talismann (1898); Aus zwei Lagern. Kriegsroman aus den russisch-türkischen Kämpfen (1899); Mansura (1899); Die Eurasierin (1900); Der Freiwillige des „Iltis". Erzählung aus unseren Tagen, der reiferen deutschen Jugend gewidmet (1900, ^{14}1911); Indische Fahrten oder der Auftrag eines sterbenden Vaters. Erzählung für die reifere Jugend (1901); Deutschlands Kämpfe in Ostasien (1902); Der Rauhreiter. Erzählung für die reifere Jugend aus dem amerikanischen Leben der Gegenwart (1902, ^{2}1924); Aus der Prima nach Tientsin (1902, ^{8}1912); Eine Weltreise (1903); Kaiser Wilhelm II. (1903); Heinz der Brasilianer (1903, ^{3}1910); Wolf, der Junker (1903, ^{2}1907); Rastlos vorwärts! Erlebnisse eines jungen Luftschiffers in Europa und Amerika (1904); Das Erbe der Abeucerragen (1904); Zur Kriegszeit auf der sibirischen Bahn und durch Rußland (1905); Senhora Anninha (1905); Vom Nordkap zur Sahara (1905, ^{17}1923); Raupenhelm und Pickelhaube. Kriegserzählungen aus den Jahren 1866 und 1870/71 für die reifere Jugend (1905, ^{6}1912); Frau Izuna (1906); Ein ehrenvolles Duell (1909).

Klaus-Ulrich Pech

Taniuchi, Kota

*Japanischer Bilderbuchkünstler und Autor; * 1.10.1947 Tokio.*

Nachdem T. bis 1968 eine Kunstschule in Tokio besucht hatte, half er seinem Vater, einem bekannten Kimono-Maler, bei der Arbeit im Atelier. Während dieser Zeit malte er auf Anregung eines Onkels, der selbst Illustrator ist, sein erstes Kinderbilderbuch. Es erschien 1969 unter dem Titel „Boku dake no densha", 1969 (dt. Die alte Bahn, 1970). 1970 verbrachte T. längere Zeit bei einer Familie in der Bundesrepublik Deutschland in Eberbach am Neckar und ließ sich von deutschen Landschaften und deutschem Leben beeindrucken. T. wurde schon mehrfach auf der Kinderbuchmesse in Bologna ausgezeichnet; in Tokio erhielt er 1973 einen Preis des Art Directors Club für sein Bilderbuch „Norainu" (1973; dt. Der kleine Hund, 1973). Er lebt vorwiegend in Frankreich (Limoges).

Kota Taniuchi. Illustration des japanischen Illustrators aus seinem 1973 auch in der Bundesrepublik erschienenen Bilderbuch „Der kleine Hund".

Werk, Tendenzen, Wirkung. T. gehört sowohl auf internationaler Ebene als auch in Japan zu den originellsten und außergewöhnlichsten zeitgenössischen Bilderbuchkünstlern. Dies trifft sowohl für seinen klaren Malstil sowie für die kurzen und vielsagenden Texte zu, die er für jedes seiner Bilderbücher selbst geschrieben hat. T. stellt immer Träume dar und fängt Stimmungen ein, die für kleine Kinder nacherlebbar sind. In jedem der Bücher herrscht eine Grundfarbe vor, die jeweils von Seite zu Seite regenbogenartig und gleichzeitig mit dem Text in enger Beziehung stehend variiert wird. Das Zusammenspiel von Farben, Formen und Gedanken ist eine ästhetische Animation für Kinder. Eine Problematisierung des Stoffes oder eine Suche nach Erklärungen für didaktische Elemente sind von T. nicht beabsichtigt und nicht ausgeführt.
Die Texte der Originalausgaben sind – bei japanischen Bilderbüchern üblicherweise – in Hiragana geschrieben. Dieses, die Kanji-Zeichen vereinfachende Silbenalphabet, ist Leseanfängern in Japan geläufig. Da es sich bei den Übersetzungen von T.s Werken – mangels Übersetzern für japanische Kinderliteratur um Neuerzählungen handelt, sind diese um ein Vielfaches ausführlicher als die nur andeutenden Originaltexte. Übersetzungen gibt es bisher in den USA, in England, Holland, Schweden und in der Bundesrepublik Deutschland.

Werke: Boku dake no densha (1969; dt. Die alte Bahn, 1970); Oji-san no vaiolin (1969); Natsu no asa (1970; dt. Tom sieht den Nachtzug, 1970); Ano oto nanda (1971; dt. Tom träumt, 1971); Boku no hikoki (1972); Norainu (1973; dt. Der kleine Hund, 1973); Boku dake no ningyo (1974; dt. Nachtmusik für Manuel, 1976); Kaze no fuku hi wa (1976); Niwakaame (1977; dt. Ein Sommerregen, 1978).

Lioba Betten

Tanninen, Oili

*Finnische Illustratorin und Erzählerin; * 22.7.1933 Sortavala.*

T. erhielt ihre Ausbildung in der Keramikabteilung des „Konstindustriella Läroverket", ehe sie zu schreiben und Kinderbücher zu illustrieren begann. Für ihre Werke wurde sie vielfach ausgezeichnet: 1966 erhielt sie für „Nunnu" (1965) den Topelius-Preis, den die finnische Kinderbuchautorenvereinigung (Suomen Nuorisokirjalijat ry) vergibt. Für „Nunnu lentää" (1966) wurde T. 1967 mit dem Rudolf-Koivu-Preis geehrt. Die Anni-Swan-Medaille erhielt sie 1970 für „Hippu" (1967), „Robotti Romulus" (1968) und „Nunnu putoaa" (1969). Im gleichen Jahr wurde ihr außerdem für „Nunnu putoaa" (1969) der Staatliche Literaturpreis „Statens Litteraturpris" zuerkannt. Auf der Ehrenliste des Hans-Christian-Andersen-Preises wurde 1964 „Miiru menee kalaan" (1961), 1966 „Nappi ja Nappari" (1964) und 1968 „Nunnu lentää" (1966) aufgeführt. T. lebt als freie Schriftstellerin in Helsingfors.

Werk, Tendenzen, Wirkung. T. konnte sich von der historischen Belastung, die für viele finnische Kinderbuchautoren Zach(a)ri(a)s Topelius (1818–1898) darstellt, und dessen kinder- und jugendliterarisches Werk immer noch gegenwärtig ist, befreien. Sie vermochte, aus dem herkömmlichen Bilderbuchthemenkreis, in dem insbesondere das Bauernleben zur Darstellung gelangt, auszubrechen und neue Themenkreise und Motive, die den modernen Kindern näher sind, aufzunehmen. Die Ausdruckskraft ihrer Bilder beruht auf ihrer umfangreichen Farbenskala, die T. gezielt und sparsam einsetzt, und auf den stilisierten Formen. Der Text aller Bilderbücher ist kurz gehalten und vom Humor der Illustration getragen. Besonderes Interesse erregten zwei Titel „Nunnu" (1965) und „Nunnu lentää" (1966). Nunnu wurde zu einer bereits klassischen Figur der neueren finnischen Kinderliteratur und Kinderkultur. Charakteristisch für die Nunnu-Bücher ist die Scherenschnitt-Technik, die nahelegte, die Geschichten in Zeichentrickfilme umzusetzen. T. versteht es, in ihren Geschichten aktuelle Geschehnisse und Begriffe auf ungewöhnliche Weise mit märchenhaft-mythischen Personen und Figuren zu verbinden, so wenn z.B. archaische Gestalten eine Demonstration durchführen.

Werke: Miiru menee kalaan (1961); Samovaari (1963); Nappi ja Nappari (1964); Nunnu (1965, [3]1969); Nunnu lentää (1966, [2]1969); Hippu (1967); Robott Romulus (1968); Nunnu putoaa (1969, [2]1969); Papu ja Polla (1970); Hissu yksin kotona (1975); Hissu ja kaverit (1975).

Sekundärliteratur: S. Marttila: Oili Tanninen (in: V. Blinnika (Hrsg. zus. mit K. Salonen und K. Vaijärvi): Barn- och ungdomsforfattere i Finland. 1976. 129–131).

Lioba Betten

Tansania

(Vereinigte Republik von Tansania – Jamhuri ya Tanzania). Republik in Ostafrika. Staatsgebiet: 939701 km²; Einwohner: 13630000. Nach der provisorischen Verfassung vom 10.7.1965 ist T. ein Einparteienstaat. Die gesetzgebende Gewalt liegt beim Parlament, das aus dem Präsidenten und der Nationalversammlung besteht. Der Präsident ist Staatsoberhaupt, Regierungschef und Oberbefehlshaber der Streitkräfte. Von der afrikanischen Bevölkerung (mehr als 120 Stämme) gehören rund 50% zu den Bantu. Größte der hamitonilotischen Gruppen sind die Massai. Von den etwa 240000 Nichtafrikanern sind rund 100000 Asiaten (Inder und Pakistani), 75000 Araber und 20000 Europäer. Die ungeheure Vielfalt der einzelnen Stammessprachen machte schon früh die Schaffung einer allgemein verständlichen Umgangssprache notwendig. Diese Umgangssprache, das Suaheli, ist seit 1968 auch Amtssprache (bis 1968 englisch).

Entwicklung der Kinder- und Jugendliteratur und gegenwärtiger Stand. Von den rund 13 Millionen Einwohnern T.s sind sechs Millionen unter 15 Jahre alt. Von den sieben Millionen Erwachsenen können 80% weder lesen noch schreiben. Nach Schätzungen sind von den sechs Millionen Kindern und Jugendlichen etwa drei Millionen im schulpflichtigen Alter, aber nur die Hälfte davon, etwa 1,5 Millionen, geht tatsächlich zur Schule, weil es entweder keine Schule in der Nähe des Wohnortes gibt oder weil die Erwachsenen den Schulbesuch ihrer Kinder für unnütz halten. Neben den schon vorhandenen erwachsenen Analphabeten laufen so weitere 1,5 Millionen Jugendliche Gefahr, weder lesen noch schreiben zu lernen. Es kommt noch hinzu, daß der Analphabetismus auf dem Lande, wo immerhin 90% der Bevölkerung T.s leben, noch größer ist als in den Städten. Auch verlieren etwa 60% der Erwachsenen, die in ihrer Jugend lesen und schreiben lernten ihre mühsam erworbenen Fähigkeiten wieder, vor allem wegen Mangel an Lesestoff. Heute werden Anstrengungen unternommen, die aus der mündlichen Überlieferung stammenden Erzählungen, Lieder, Epen und Märchen zu sammeln und in preiswerten Broschüren zusammenzustellen, um so der Bevölkerung Lesestoff aus ihrer vertrauten Umgebung und Tradition verfügbar zu machen, bevor die traditionellen Stoffe durch die elektronischen Medien vermarktet und verfremdet werden.

Das Verlagswesen steht in T. noch am Beginn seiner Entwicklung. Bisher ist kaum eigenständig produzierte nationale Literatur vorhanden. In der zweiten Hälfte des 20. Jahrhunderts wurde mit dem „East African Literature Bureau" eine Institution gegründet, die von den drei ostafrikanischen Staaten T., Kenia und Uganda getragen wird und die sich die Schaffung eigenständiger Literaturen zum Ziel setzte. Nicht zuletzt der Mangel an geeigneten Lehrbüchern in den Schulen hatte zur Entstehung der Institution geführt, so war von Anfang an die Arbeit des „East African Literature Bureau" darauf gerichtet, erste Lektürestoffe für die Schule („primers") und Lesebücher für fortgeschrittene Schüler zu schaffen. Zur Zeit kann man bei den Bemühungen des Büros drei Literaturgruppen unterscheiden, für deren Entwicklung sich das Büro einsetzt: Schulbücher, Literatur für das breite Publikum (immer noch vorwiegend in englischer Sprache) und Veröffentlichungen in den Stammessprachen. Die Bemühungen um die Schulbücher nehmen dabei den größten Raum ein. Das „East African Literature Bureau" fördert auch Übersetzungen von Weltliteratur in die Eingeborenensprachen. So wurden etwa „Tausendundeine Nacht", „Robinson Crusoe" und „Die Schatzinsel" in Suaheli übersetzt.

Um Afrikaner zum Schreiben zu ermutigen, führt das „East African Literature Bureau" gemeinsam mit anderen Institutionen Autorenwettbewerbe durch. Die besten Ergebnisse werden ausgezeichnet. Einige Zeitschriften, die in Englisch und Suaheli erscheinen, sollen helfen, das Sprachverständnis zu festigen und den Schulunterricht ergänzen. Am verbreitetsten sind die Zeitschriften „Arrow" und „Tazama". Ab 1950 zeigten sich erste Erfolge der Arbeit des Büros. Seitdem gibt es eine, wenn auch bescheidene, literarische Produktion in T. Der bekannteste tansanische Autor war D. E. Diva (1916–1969), der neben zahlreichen eigenen Werken auch Übersetzungen erarbeitete. Bekannt wurde Divas durch seine Werke „Jizoeze elimu ya Kiswahili" (1953), „Masomo katika mwenendo mwema" (1953), „Hadithi na vitendo" (1951), „Mamba na kima na hadithi nyingine" (1966), „Mambo yaliyompata Saidi Beneza Sherdon" (1952), „Mtoto mvivi na hadithi nyingine" (1948) und „Mvulana na nguruwe na hadithi nyingine" (1951).

Die ersten literarischen Unternehmungen in T. waren nicht auf Kinder zugeschnitten. Die Bemühungen gingen vielmehr dahin, Lesestoffe zu schaffen, die Erwachsenen wie Jugendlichen gleichermaßen zur Verfügung stehen sollten. Soweit Texte für Kinder gedruckt wurden, handelte es sich ausschließlich um Fibeln und Lesebücher für den Schulunterricht. Es gibt viele Gründe dafür, daß auch noch heute von keiner eigenständigen Kinderbuchproduktion gesprochen werden kann. So wurde im Rahmen der staatlichen Literaturpolitik die Bedeutung des Kinderbuches noch nicht erkannt. Die Kinder beginnen erst sehr spät mit dem Leseunterricht und kommen dann über die Erarbeitung der Titel und erster Lesebücher kaum hinaus. Bis heute hat sich kein Verlag in T. um das Kinderbuch besonders gekümmert. Neben einer Reihe von Missionsverlagen ist das „Tanzania Publishing House" der einzige große Verlag, der jedoch vor allem für erwachsene Leser produziert. Die begrenzten Marktchancen im Hinblick auf das Kinderbuch lassen den Verlag am Kinderbuch vorbeigehen. Die geringen Absatzchancen erlauben auch keinem Autor, sich auf Kinderbücher zu spezialisieren. Das „Tanzania Publishing House" produziert vorwiegend Schulbücher für Lehrer und Schüler, Bücher in Suaheli für erwachsene Leser, darunter solche, die in Zusammenarbeit mit dem „Institute of Adult Education" geschaffen wurden und englisch-

sprachige Bücher für den interessierten Leser, Mittelschulen und Universitätsstudenten.
Trotz der geschilderten Situation scheint sich gegenwärtig ein wachsendes Interesse an Texten für junge Leser abzuzeichnen. Zu den Autoren neuerer Jugendbücher in Suaheli gehören E. GANZEL mit „Ndoto ya mwenda wazimu" (1971), ein Buch, in dem es um Gewalt, Liebe, Schmuggel und Aufdeckung von Verbrechen geht; CHR. Y. HOKORORO mit „Furaha na huzuni katika Vumba" (1972), eine Erzählung, die das traditionelle Leben der Eingeborenen schildert; ELI KEZILAHABI mit „Dunia uwanja wa fujo", ein Buch, in dem von ehelicher Untreue, aber auch von Gewalt und Verbrechen erzählt wird; H. C. M. MBELWA mit „Mfu aliyefufuka" (1974), eine Erzählung, die traditionelle Mythen verarbeitet. Alle genannten Bücher richten sich an schon ältere Jugendliche und werden auch von Erwachsenen gelesen. Die Vorliebe der Autoren für die Schilderung von Gewalt und Verbrechen kennzeichnen einen Trend, der oft zu reißerischen Abenteuergeschichten führt, die den aus dem Ausland eingeführten Comic-Heften nahestehen. Gewalt ist auch das Zentralthema der beiden Autoren J. H. CHASE und N. CARTER, deren Schriften in T. viel gelesen werden.
Soweit Kinder Lesestoffe suchen oder solche von den Eltern angeboten bekommen, muß weitgehend auf die aus dem Ausland importierten englischsprachigen Kinderbücher zurückgegriffen werden. Auch die meisten Titel in den Kinderbibliotheken stammen aus dem Ausland. Soweit Kinder in T. überhaupt lesen, sind sie schon früh mit einer Kinderliteratur konfrontiert, die auf dem Hintergrund fremder Kulturen und einer fremden Umwelt entstanden ist. Dies macht das Textverständnis für die jungen Tansanier nicht leicht.

Förderungsmaßnahmen, Institutionen. Der „Tanzania Library Service" versucht, die Kinderliteratur zu fördern. So gibt er die Kinderzeitschrift „Mapinduzi katika Uandishi" mit dem Untertitel „A magazine for young writers" dreimal jährlich heraus. Sie enthält Artikel in Englisch und Suaheli, die von tansanischen Kindern selbst verfaßt wurden. Es sind kurze Theaterstücke, Kurzgeschichten, Gedichte, Rätsel und manchmal sogar Buchbesprechungen. Die Artikel werden bei Wettbewerben, die der „Tanzania Library Service" veranstaltet, gesammelt und dann der „National Central Library" in Dar Es Salaam übersandt, die Beiträge für die Zeitschrift auswählt.
Mit der „Library Board Act" von 1975 wurden die Kompetenzen des „Tanzania Library Service Board" erheblich erweitert. Sie erstrecken sich jetzt auf die Förderung, Werbung, Hilfe bei der Buchherstellung und Forschungsprojekte zur Förderung der Kinder- und Jugendliteratur. Die Anfänge des öffentlichen Büchereiwesens gehen auf 1963 zurück, als das tansanische Parlament ein entsprechendes Gesetz verabschiedete. Von dem „East African Literature Bureau" konnte der „Tanzania Library Service" etwa 60 „book box centres" und „postal library services" übernehmen. Am 9.12.1967 wurde vom tansanischen Präsidenten die „National Central Library" eröffnet, 1968 gab es bereits sieben Zweigstellen: Kilimanjaro Native Cooperative Union Library, Moshi und die King Georg VI Memorial Trust Library Tanga, National Central Library und die Mwanza, Bukoba und Iringa Zweigbüchereien. Derzeit gibt es in 13 der 20 Regionen Büchereizweigstellen. Mit Unterstützung der UNESCO entstanden auch einige Schulbüchereien. Seit 1971 arbeitet eine mobile Schulbücherei, die drei Regionen versorgt. Diese besucht jede Schule mindestens zweimal im Jahr, um die Buchbestände aufzustocken und zu katalogisieren.

Sekundärliteratur: A. Clark: Books in East Africa (1964). – S. Malya: Von der mündlichen Überlieferung zum Schriftstück (in: UNESCO-Kurier. 18. 1977. 2. 23–27). – J. P. Mbonde: Publishing in East Africa (in: Someni. 8. 6–17). – E. E. Kaungamno: School libraries as a basic tool for teaching (1973).

O. F. Makafu

Tarzan

T. ist die Hauptfigur der gleichnamigen Romane Edgar Rice Borroughs, die seit 1929 auch als Comics Verbreitung fanden.

Publikationsgeschichte. Ihr Autor, EDGAR RICE BORROUGHS (1875–1950), schrieb die erste Folge vom Dezember 1911 bis Mai 1912. Sie wurde in dem Unterhaltungsmagazin „The Allstory" ab Oktober 1912 mit dem Titel „Tarzan of the apes" gedruckt, 1914 erstmals in Buchform. Der Erfolg war groß. BORROUGHS schrieb fast jedes Jahr einen neuen Band, den 23. und letzten 1944 mit dem Titel „Tarzan and the foreign legion". 1918 wurde der erste Roman, „Tarzan von den Affen", zum ersten Mal verfilmt. Allein in der Stummfilmzeit wurden acht, bis heute mehr als 40 T.-Filme hergestellt. Der bisher letzte T.-Film allerdings, 1966, ist aus zwei Fernsehfilmen zusammengeschnitten. Der T. der Stummfilme lehnte sich genau an die literarischen Vorlagen an. Mit Genehmigung des Autors wichen aber die seit Beginn der dreißiger Jahre von der Metro-Goldwyn-Mayer produzierten T.-Filme stark von der Vorlage ab. Sie wurden zum Familienfilm. T. wurde in diesen Filmen von JONNY WEISSMÜLLER dargestellt. Inzwischen wechselte der Hauptdarsteller mehrmals, wobei häufig auf Schwimmsportler, die durch Rekorde internationale Berühmtheit erlangt hatten, zurückgegriffen wurde. – Am 7. Januar 1929 erschien die T.-Geschichte zum ersten Mal als Comicstrip. Zeichner war der Werbegrafiker HAL FOSTER. Er lehnt sich in seiner durch ihre Sterilität wirkenden Zeichnung eng an die Romane an. Formale Einflüsse von Film und Buchillustrationen sind deutlich. FOSTER folgen verschiedene andere Zeichner. Der berühmteste war BURNE HOGARTH. Er verlebendigte FOSTERS Stil zu Orgien der Kraftentfaltung, am deutlichsten in „Tarzan of the apes" (1972). – Seit 1966 wurden 58 Fernsehfolgen mit RON ELY als T. produziert. Diese Serie wurde in der Bundesrepublik durch das Zweite Deutsche Fernsehen gesendet. Auch in anderen Medien wurde T. verbreitet: seit 1922 stellte man aus den Filmen Photoromane her; außerdem sind viele Hörspiele, teils von BORROUGHS selbst, teils von anderen nachgewiesen. Die erste Folge von 286 Episoden, je fünfzehn Minuten lang, wurde 1932 in den USA gesendet. Es hat Zirkusvorstellungen und Theaterstükke zum T.-Thema gegeben. In der Bundesrepublik werden vielfach Schallplatten angeboten. Mit Plastikfiguren kann man T.s Welt bauen. Außerdem gibt es T.-Malbücher.

Inhalt. T.s Eltern, englische Adlige, die im Auftrag des Kolonialamtes in geheimer Mission nach Afrika fahren, werden von meuternden Seeleuten an einsamer Küste ausgesetzt. Einige Tage nach der Geburt des Sohnes stirbt die Mutter und auch der Vater stirbt früh. Ein Affenweibchen, das seine Kinder verloren hat, zieht den Jungen auf. Erst im Laufe der Jahre erkennt er Unterschiede zwischen sich und den Affen. Durch eigenartige Fügung gelangt er in die Hütte, in der einst seine Eltern gelebt haben. Er fühlt sich hier, ohne daß er weiß warum, zu Hause, lernt mit Hilfe eines alten Buches selbständig lesen und den Gebrauch des Messers. Er wird Häuptling der Affenhorde. Die folgenden Abschnitte führen ihn mit der zivilisierten Welt zusammen. In vielfach geschachtelter Erzählung lernt er seinen Vetter kennen. Es gelingt, lückenlos nachzuweisen, daß T. der Lord of Greystocke ist. Nun ist er reich und genießt hohes Ansehen in der zivilisierten Welt. Er ist sogar Mitglied des englischen Oberhauses. Zugleich mit seinem Vetter lernt er im Dschungel Jane, eine Amerikanerin, seine spätere Frau, kennen. Damit ist im ersten Band das Koordinatensystem geschaffen, in das die Handlung aller folgenden Bände eingepaßt werden kann. Zu Beginn des zweiten Bandes wohnt T. in London. Er hat einen Sohn, den die Affen „Korak" nennen, weil sie den Namen Jack schlecht aussprechen können. Immer wieder neue Aufträge und Verwicklungen bringen T., zuweilen auch seinen Sohn, nach Afrika. In einigen Bänden bewohnt T. eine Farm in Zentralafrika. Dort führt er ein patriarchalisches Regiment über einen Negerstamm, dessen Häuptling er wurde. Im damals noch teilweise unerforschten Afrika finden sich immer neue, geheimnisvolle Orte, wo Abenteuer zu bestehen sind. Eine wichtige Rolle spielt Opar, die goldene Stadt, die von Abkömmlingen des sagenhaften Atlantis bewohnt wird. Andere Abenteuer finden im Land Pal-ul-Don statt, in dem die gesamte Urzeit versammelt ist. Wie vor ihm mythische Heldenfiguren, dringt T. an die Grenzen der Erde vor. Teilweise dringen auch märchenhaft-phantastische Elemente in die T.-Erzählungen ein, so gelangt der Dschungelheld in das Reich der Ameisenmenschen, deren Insektengröße er durch ein Wundermittel annimmt und besteht dort Kämpfe in einer mittelalterlichen Welt. Sein materieller Reichtum – er bringt Gold und Diamanten von seinen Erkundungszügen mit – beruht auf seiner Fähigkeit als Kämpfer.

Das in den Romanen immer neu variierte Thema ist der Gegensatz von Natur und Zivilisation. Dabei werden alle positiven Eigenschaften als natürliches Verhalten definiert, die negativen als Folgen der Zivilisation. Der sozialdarwinistischen Ordnungsvorstellung entspricht ein nicht zu übersehender Kulturpessimismus. Man kann Vorläufer der T.-Figur in allen sich zurück zur Natur wendenden Bewegungen aufspüren: in den „wilden Männern" der Zeit um 1400, bei JEAN JACQUES ROUSSEAU. Als unmittelbare Vorbilder sind zwei Bücher zu nennen: RUDYARD KIPLINGS „The jungle book" (1894; dt. Das Dschungelbuch, 1898) und HENRY RYDER HAGGARDS „She" (1887; dt. Die Herrin des Todes, 1926). Beide Bücher stellen in gleicher Weise imperialistische Aneignung und Mystifizierung ferner Länder dar. Im ersten Band der T.-Geschichte wird die unterstellte Entwicklung der menschlichen Gattung vom Affen zum Menschen als Biographie eines Einzelwesens vorgeführt. Durch den ungebrochenen Heldenkult spricht BORROUGHS die Allmachtsphantasie seiner Leser an. Die komplexe gesellschaftliche Realität vereinfacht er auf den Kampf ums Dasein, in dem der Stärkste überlebt.

Unterschiedliche Auslegung und Rezeption. Die Filme der dreißiger Jahre stellen gegenüber dem Motiv des starken, heldenhaften Naturmenschen als Einzelwesen eine andere Komponente in den Vordergrund: Nicht der Einzelkämpfer sondern die Familie, die glücklich und zufrieden im Baumhaus lebt, ist Mittelpunkt der Geschichte. Die Rollenverteilung der amerikanischen Kleinfamilie wird hier auf den Dschungel projiziert: Statt zur Arbeit zu gehen, muß der Vater Abenteuer bestehen, der Sohn darf dabei helfen. Während der T. der Romane von hoher Intelligenz ist und viele Sprachen spricht, artikuliert sich der Film-T. nur mittels einer primitiven Sprache. Die ihm fehlende Lebensgewandtheit besitzt seine Frau Jane. – Die Comics wiederum konzentrieren sich auf T., hier kommt seine Familie nur selten vor. Das Handlungsschema ist einfach. Zu Beginn der Geschichte bewegt T. sich, von Liane zu Liane schwingend, durch den Urwald, um bald etwas Auffälliges, das seinen Verdacht erregt, zu erkennen. Er handelt sofort. Am Ende der Geschichte ist die – faktisch nie gefährdete – Ordnung im Dschungel wieder hergestellt.

Daß T.-Geschichten so weit verbreitet sind, hat Gründe. Der in ihnen vorhandene Kulturpessimismus sagt viel über die Widersprüche aus, die von dem Rezipienten empfunden werden. Das regressive Element – Rückkehr zur Natur – kann auch als utopisches Element beschrieben werden. Produktionen wie die T.-Geschichte kann man dann nicht mehr mit dem Begriff „trivial" abtun, wenn man über die in ihnen artikulierten, oft unbewußten Wünsche reflektiert und ihre Funktion für den Rezipienten ernsthaft bedenkt. Während in den USA eine große Anhängerschaft erwachsener Leser die T.-Bände konsumiert, waren sie in Deutschland fast ausschließlich Domäne jugendlicher Leser. Auch Filme und Fernsehsendungen – die T.-Bücher spielen heute in der Bundesrepublik kaum mehr eine Rolle – haben ein vorwiegend jugendliches

Publikum. In die sozialistischen Länder, auch in die DDR, haben die T.-Bücher und -Filme kaum Eingang gefunden.

→ H. Foster

Sekundärliteratur: H. Chr. Buch: Tarzan oder der Anteil des Imperialismus an der Menschwerdung der Affen (in: H. Chr. Buch: Kritische Wälder. 1972. 50–66). – G. Essoe: Tarzan of the movies, a pictorial history of more than fifty years of Edgar Rice Borroughs legendary hero (1968). – R. W. Fenton: The big swingers (1967). – Fr. Lacassin: Tarzan ou le Chevalier crispé (1971); Tarzan (in: Bizarre. 29/30. 1963). – I. Porges: Edgar Rice Borroughs: the man who created Tarzan (1975).

Detlef Hoffmann

Taschenbuch

Das T. geht auf die Form des Almanachs des 18. und 19. Jahrhunderts zurück. Vorläufer des T.s waren außerdem preiswerte Reihen wie „Reclams Universal-Bibliothek" (seit 1867), „Meyers Groschenbibliothek der deutschen Klassiker" und die „Sammlung Göschen". Das moderne T. teilt mit ihnen die typischen Merkmale einer die jeweilige Reihe kennzeichnenden Aufmachung (einheitliches Format, einheitliche Gestaltungselemente im Layout und Titel), des niedrigen Preises, der – meist broschierten – hohen Auflagen und der charakteristischen Erscheinungsweise. Weite Verbreitung fand das T. in den USA seit dem Ende der dreißiger Jahre und in der Bundesrepublik Deutschland nach anfänglichen Schwierigkeiten seit etwa 1950.

Entwicklungsgeschichte des Jugend-T.s. Auf dem T.-Markt im Bereich der Kinder- und Jugendliteratur sind drei deutlich unterschiedene Phasen auszumachen. Anfang der fünfziger Jahre versuchten sich die Verlage Oetinger, Herder (seit 1953) sowie auch Benziger und Arena auf dem T.-Markt. Dann setzte nach kurzer Stagnation ein neuer Boom ein, als seit Mitte der sechziger Jahre Verlage wie Sauerländer, Jugend und Volk, Gebr. Weiß, Otto Maier, Ueberreuter und Delphin sich auf den T.-Markt wagten. Voll durchgesetzt haben sich T.er für junge Leser allerdings erst seit den siebziger Jahren, als so profilierte T.-Verlage wie dtv, Goldmann, Heyne, Rowohlt und Fischer (Frankfurt a. M.) sich mit eigenen Reihen auch an Kinder und Jugendliche wandten: dtv junior, Goldmann Jugend T., Heyne-Jugend-T., rororo rotfuchs und Fischer Flick Flack. Der Münchener Franz Schneider Verlag und der W. Fischer Verlag Göttingen produzieren ebenfalls seit 1975 und 1976 Jugend-T.er.

Die „Vorreiter" konnten anfangs mit der neuen Buchform nicht durchdringen. Besonders Pädagogen wandten sich gegen T.er für Kinder und Jugendliche. Sie fürchteten einen Verlust an Lesekultur und empfanden das Buch zum Gebrauchs- und Verbrauchsgegenstand degradiert. Dabei übersah man die Absicht der Verlage, die damals ohne Unterschied verpönte Heftchenliteratur durch gute und auch für jeden erschwingliche Lektüre zu ersetzen. Spätere Reihen sahen diese Vorurteile schon überwunden. Sie konnten mit einem breit gefächerten Programm auf einem aufnahmebereiten Buchmarkt erscheinen.

Eine weitere Hürde, die das T. zu überwinden hatte, waren die Öffentlichen Bibliotheken, die in früheren Jahren kaum T.er kauften und dies mit deren kleinem Format, der schlechten Bindung und dem oft zu kleinen Druck begründeten.

Ab 1971 entdeckten dann auch die T.-Verlage den Jugendbuchmarkt; erst jetzt entwickelte sich rasch ein breites Interesse an Kinder- und Jugend-T.ern. Der Deutsche Taschenbuchverlag (dtv) vereinigte als zwölften Gesellschafter zunächst zehn Jugendbuchverlage (Bitter, Boje, Dressler, Franckh, Hoch, Klopp, Oetinger, Schaffstein, Thienemann, Union), ab 1976 nach Aufnahme von Benziger elf, und gründete die Reihe „dtv junior". Er schuf sich dadurch ein großes Lizenzreservoir, denn je mehr T.-Reihen auftraten, desto größer wurde die Suche nach guten, breit verkäuflichen Titeln.

Anteile der Taschenbücher an der Titelproduktion 1961 bis 1977

Jahr	Titel	v. H. der Gesamttitelproduktion
1961	1070	4,6
1962	1181	5,2
1963	1708	6,7
1964	1545	5,9
1965	1340	4,9
1966	1283	5,4
1967	2007	6,5
1968	1548	4,8
1969	2060	5,8
1970	3957	8,4
1971	3550	8,3
1972/1973	6921	7,4
1974	4736	9,5
1975	4961	11,4
1976	5935	12,7
1977	6348	13,0

(Quelle: Buch und Buchhandel in Zahlen, 1978)

In welchem Umfang sich das T. auch auf dem Kinder- und Jugendbuchmarkt durchsetzen konnte, erhellen folgende Zahlen (nach: Buch und Buchhandel in Zahlen 1978): Der Anteil der T.er an der Jahrestitelproduktion belief sich im Jahre 1966 auf nur 6 %, zehn Jahre später (1976) betrug er bereits 21 %. Die Jugendliteratur hatte 1966 einen Anteil an der Jahrestitelproduktion von 4,7 %, 1976 bereits von 6 %. Davon waren 1966 nur 6 % T.er, dagegen beanspruchten 1976 die T.er für Kinder und Jugendliche bereits 21 %, so daß gut $^1/_5$ der gesamten Kinder- und Jugendbuchproduktion als T. erschien. Der Zurückhaltung vieler Verlage, besonders gutgehende Titel als T.-Lizenz zu vergeben, verdankt der Kinder- und Jugendtaschenbuchmarkt eine Bereicherung durch interessante Erstausgaben ausländischer Jugendliteratur und zahlreiche Originalausgaben deutscher Autoren.

Taschenbuchproduktion 1977 nach Sachgebieten und Erscheinungsart

	Insgesamt	v.H.	Erstauflage	Neuauflage	Verhältnis Erstauflage zu Neuauflage
Schöne Literatur	2791	44,0	1811	980	65:35
Jugendschriften	748	11,8	442	306	59:41

(Quelle: Buch und Buchhandel in Zahlen, 1978)

Taschenbücher im Rahmen der Titelproduktion 1966 bis 1977 in v.H. der Gesamttitelproduktion pro Sachgebiet

	1966	1967	1968	1969	1970	1971	1972/ 1973	1974	1975	1976	1977
Schöne Literatur	15,5	20,2	18,4	16,7	25,8	24,7	21,4	28,8	29,3	29,1	29,5
Jugendschriften	6,0	8,2	7,4	6,0	7,6	8,0	12,6	15,0	23,1	21,1	26,0

(Quelle: Buch und Buchhandel in Zahlen, 1978)

Soziale und literaturdidaktische Funktionen des T.s. Eine wichtige Funktion der Kinder- und Jugend-T.er ist zweifellos die soziale. Eigenbesitz von Büchern ist durch die niedrigen Preise mehr Menschen als zuvor möglich. Aber auch noch immer werden die Kinder aus buchungewohnten Schichten kaum an Bücher herankommen; denn noch immer geben fast alle T.-Reihen als Vertriebsschwerpunkt den Buchhandel an. Die sogenannte Schwellenangst vor der Buchhandlung hält viele Käufer fern. Inzwischen sind bei einigen Verlagen zwar Spiel- und Schreibwarengeschäfte und zum Teil auch Warenhäuser als Vertriebskanäle hinzugekommen, aber noch immer fehlen Supermärkte und Kioske. Der Umgang und selbständige Kauf von T.ern ist weithin noch immer schichtenspezifisch bestimmt.
Eine wichtige Aufgabe erfüllt das T. für den literaturhistorischen Bereich. Zu Unrecht vergessene und vom Markt verschwundene Bücher können wieder herausgebracht, unbekannte Schätze aus früherer Zeit gehoben und, oft aus Preisgründen, erfolglos gebliebenen Titeln zum Erfolg verholfen werden.
Bei der Hinführung zum Buch leistet das T. gute Dienste. Es kann in preiswerten Klassensätzen angeschafft werden. Schon Erstlesern und Leseschwachen kann durch die Bewältigung eines reich bebilderten „Taschenbuches für Leseanfänger" ein nachhaltiges Erfolgserlebnis vermittelt werden.

→ Almanach, → Jahrbuch, → Reihe, → Serie, → Verlagswesen

Sekundärliteratur: Taschenbuch-Reihen in Stichworten. Auf Wachstum eingestellt (in: Börsenblatt für den Deutschen Buchhandel. Sondernummer: Kinder- und Jugendbuch. 32. 1976. T 85. 79–82). – L. Baustian: Der Markt der „jungen" Taschenbücher (in: Westermanns Monatshefte. 11. 1973. 170–173). – H. Bödecker (Hrsg. zus. mit G. Rademacher): Das Taschenbuch im Unterricht 2. (1977). – M. Dahrendorf (Hrsg. zus. mit H. Bödecker): Das Taschenbuch im Unterricht (1972). – H. Künnemann: Aus der Hand in die Tasche. Die Rolle der Taschenbücher in der Jugendliteratur (in: Jugendliteratur. 7. 1961. 2. 54–69). – W. Lorch: Taschenbücher für die Jugend (in: Der Deutschunterricht. 9. 1957. 4. 114–120). – H. Platte: Soziologie des Taschenbuches (in: Bertelsmann Briefe. 15. 1962. 1–28). – J. Radel: Zwischen Idealismus und Kommerz (in: Buchmarkt. 9. 1974. 3. 84–97). – I. Ramseger: Rotfuchs spielt mit Junior Flick Flack (in: Börsenblatt für den Deutschen Buchhandel. Sondernummer: Taschenbuch und Reihen. 33. 1977. 25–27).

Hanna Bautze

Taschner, Ignatius

*Bildhauer, Kunsthandwerker, Zeichner und Illustrator; * 9.4.1871 Lohr/Main, † 25.11.1913 Mitterndorf/ Dachau.*

Die erste Ausbildung erhielt T. bei seinem Vater, dem Steinmetzmeister Bartholomäus T. Von 1889 bis 1895 war T. Schüler von Syrius Eberle (1844–1903) und Jakob Bradl (1864–1919) an der Münchener Akademie. 1903 wurde er als Professor an die Kunstakademie in Breslau berufen, 1905 nach Berlin (Mitglied der Berliner Sezession). Bis zu seinem Tode lebte er vorwiegend in Berlin und Mitterndorf.

Werk, Tendenzen, Wirkung. T. war in erster Linie Bildhauer. Er schuf freistehende Plastik und Architekturplastik, Denkmal- und Brunnenentwürfe, Kleinplastiken und Medaillen sowie Entwürfe zu Gebrauchsgegenständen aller Art. Dabei spielten für ihn – wie für alle Jugendstilkünstler – die genaue Materialkenntnis und starke Einbeziehung handwerklicher Leistung eine bedeutsame Rolle. Als Illustrator arbeitete er seit 1897 für die Zeitschriften „Jugend" und „Simplicissimus". Für die Reihe „Gerlach's Jugendbücherei", die der Verlag Gerlach und Wiedling (Wien und Leipzig) zwischen 1900 und 1920 herausgab und die sich durch qualitätsvolle Ausstattung auszeichnete, illustrierte T. die Bändchen „Nymphe des Brunnens" von Musäus und eines der vier in der Reihe erscheinenden Bändchen mit Märchen der Brüder Grimm. Die Anleihe T.s an die in der Jugendstilillustration durchaus beliebte Symbolik wird hier nur in einigen Vignetten sichtbar; ansonsten hat er den sinnlichen und übersinnlichen Märchen-

helden recht reale Konturen verliehen. Seine oft im bäuerlichen Milieu angesiedelten humorvollen Illustrationen sind der Karikatur nahe. In ähnlicher Weise illustrierte er den „Heiligen Hies" und andere Werke von LUDWIG THOMA (1867–1921), mit dem er eng befreundet war. Seiner Freude am Derb-Komischen verlieh T. ebenfalls in den Figurinenentwürfen zum BRANNschen Marionettentheater in München Gestalt (1906).
In seinen ersten Berliner Jahren stattete er vor allem die Bauten ADOLF MESSELS (1853–1909) und LUDWIG HOFFMANNS (1852–1932) mit Bauplastik aus. Die plastische Gestaltung des Berliner Märchenbrunnens im Friedrichshain (1907–1913) ist T.s reifstes bildhauerisches Werk. Die Brunnenanlage – vier stufenförmig ansteigende Becken mit abschließender Bogengalerie – wurde von LUDWIG HOFFMANN entworfen. In zehn Muschelkalkplastiken, welche die Brunneneinfassung akzentuieren, betont T. durch geschlossenen, ruhigen Umriß das Schlichte bei den bekannten Märchenfiguren wie Hänsel und Gretel, Rotkäppchen, Aschenbrödel, Schneewittchen.

Werke: J. und W. Grimm: Kinder- und Hausmärchen nach der Sammlung der Brüder Grimm (1900); K. A. Musäus: Die Nymphe des Brunnens (1903); L. Thoma: Der heilige Hies (1904).

Sekundärliteratur: A. Heilmeyer: Ignatius Taschner (zus. mit L. Thoma, 1921). – H. H. Hofstätter: Jugendstil/Druckkunst (1968). – R. Lemp: Ludwig Thoma und Ignatius Taschner (1971).

Karin Schmidt

Tauschinski, Oskar Jan

*Österreichischer Jugendschriftsteller und Übersetzer; * 8. 6. 1914 Zabokruki (Polen).*

T. verbrachte seine ersten Kinderjahre in Wien. In der Zeit von 1917 bis 1922 lebte er teils auf dem galizischen Gut seines Vaters, teils in Lemberg und von 1923 bis 1933 in Danzig, wo er seine Matura ablegen konnte. In Wien, seinem späteren Wohnsitz, lernte er die Dichterin ALMA JOHANNA KOENIG (1887–1942) kennen. Durch sie kam er mit den literarischen Kreisen Wiens in Berührung. Er studierte an der Hochschule für Welthandel und verließ sie 1936 als Diplom-Kaufmann. Den Beginn des Zweiten Weltkriegs erlebte T. als polnischer Fähnrich und geriet dabei in deutsche Kriegsgefangenschaft. 1940 wurde er nach Wien entlassen und arbeitete bis Kriegsende als Kontorist in einer Textilfirma. 1944 war er wegen antifaschistischer und projüdischer Äußerungen mehrere Monate lang Häftling der Gestapo. Nach dem Krieg arbeitete T. als Keramiker, Übersetzer und freier Schriftsteller. Seit 1946 ist er österreichischer Staatsbürger und seit 1952 Angestellter des Österreichischen Buchklubs der Jugend und Hersteller der Buchklub-Jahrbücher. T. ist Vorstandsmitglied des Österreichischen Schriftstellerverbandes und des Österreichischen PEN-Clubs, Herausgeber der literarischen Nachlässe der Dichterinnen ALMA JOHANNA KOENIG, HELENE LAHR (1894–1958) und MARLEN HAUSHOFER (1920–1970) sowie Stifter des „Alma-Johanna-Koenig-Preises", der alle fünf Jahre verliehen wird.
Er wurde viermal mit dem Österreichischen Staatspreis für Kinder- und Jugendliteratur ausgezeichnet: 1957 für „Wer ist diese Frau?" (1955), 1962 für „Die Liebenden sind stärker" (1962), 1969 für „Der Jüngling im Baumstamm" (1969) und 1975 für „Der Spiegel im Brunnen" (1974). Ferner erhielt er 1971 den Österreichischen Übersetzerpreis für JANUSZ DOMAGALIKS „Ich habe mich entschieden" (1971) sowie dreimal den Kinderbuchpreis der Stadt Wien. 1970 verlieh ihm der österreichische Bundespräsident den Ehrentitel „Professor".

Werk, Tendenzen, Wirkung. T. hat als Autor, Übersetzer, Herausgeber und Kritiker während eines Vierteljahrhunderts die österreichische Jugendliteraturszene maßgeblich mitbestimmt. Sein gesamtes Werk ist getragen von starker christlich-humanitärer Überzeugung, vom Glauben an Frieden und Völkerversöhnung und – deutlich spürbar – von wehmütiger Verbundenheit mit dem altösterreichischen Vielvölkerstaat. Seine beiden biographischen Romane über MARIE CURIE und BERTHA VON SUTTNER spiegeln T.s besondere Fähigkeit, sich tief in die Psyche einer Frau – besonders einer ihre Umwelt überragenden Persönlichkeit – einzufühlen. Aus diesem Grund gelang es ihm auch, das Werk seiner Jugendfreundin, der im Konzentrationslager gestorbenen Dichterin ALMA JOHANNA KOENIG, wieder in Erinnerung zu rufen.
Auch die neuere polnische Jugendliteratur ist durch ihn in Österreich bekannt geworden. Mit der kongenialen Übersetzung von JANUSZ DOMAGALIKS „Koniec wahacji" (1966; dt. Ich habe mich entschieden, 1971) hat er eine neue Form des realistischen Jugendromans vorgestellt, die im deutschen Sprachraum selten anzutreffen ist. Seine Sagenbearbeitungen weichen meist weit von den Vorlagen ab, und er gestaltet sie zu kleinen, psychologisch und ethisch fundierten Erzählungen. T.s Stil zeichnet sich durch fast lyrische Verinnerlichung aus; seinem Werk fehlen dramatische Momente und vorwärtsdrängende äußere Spannung.

Werke: Wer ist diese Frau? (1955); Zwielichtige Geschichten (1957); Die Liebenden sind stärker (1962); Talmi (1963); Frieden ist meine Botschaft. Bertha Suttners Leben und Werk (1964); Der Jüngling im Baumstamm. Märchen und Volkssagen aus Polen (1969); Die Variation (1973); Der Spiegel im Brunnen (1974).

Bearb.: Fr. Hubmann: Zwischen Wienfluß und Alserbach (1968).

Hrsg.: Der Eisstoß. Erzählungen aus den sieben verlorenen Jahren Österreichs (1972).

Otwald Kropatsch

Tausendundeine Nacht

T. N. (arabisch: Alf laila wa-laila) ist eine schon im achten Jahrhundert aus Indien nach Persien gewanderte, dann bereicherte und veränderte Sammlung von

Erzählungen und Gedichten, welche auf ihrer Wanderung von Asien über Arabien bis nach Europa im Mittelalter und während der langen Überlieferungszeit durch die Rahmenhandlung der 1001 Nächte währende, erzwungene Erzählsituation zusammengehalten wurde. Die Märchen aus T.N., ursprünglich nicht an Kinder gerichtet, haben in Deutschland im 19. und 20. Jahrhundert auch ein jugendliches Leserpublikum erreicht. Besonders populär wurden die Geschichten von Aladin und der Wunderlampe, Sindbad dem Seefahrer und Ali Baba und den vierzig Räubern.

Geschichte und literarische Gestalt. Die Erzählungen aus T.N. gehören neben der Bibel, der Bhagavadgita und dem Gilgamesch-Epos zu den Werken morgenländischer Dichtung, die das europäische Kulturbewußtsein nachhaltig beeinflußten. Den Grundstock der Erzählungen bildete die im 8. Jahrhundert aus dem Indischen ins Persische übersetzte Märchensammlung Hazár afsána (Tausend Nächte). Zweihundert Jahre später ins Arabische übertragen, wuchs das Werk durch Assimilation und Tradierung zu einem Kompendium von über dreihundert Erzählungen und mehr als tausend Gedichten und Versen an. Dem Inhalt nach handelt es sich um Märchen, Novellen, Zauber-, Abenteuer- und Liebesgeschichten, Sagen, Legenden, Anekdoten und Lehrsprüche. Trotz der Vielzahl der Einzelhandlungen entstand keine Addition, sondern ein literarisches Ganzes, das eingebettet ist in die Liebesgeschichte Scheherbans und Scheherazades. In den tausend Nächten gelingt es Scheherazade, durch List und Liebe den verzweifelt und grausam gewordenen Tyrannen zu sich selbst und der Liebe zurückzuführen. Wunderbare Glücksfälle und grauenvolle Mißgeschicke, von Menschen und Geistern heraufbeschworen, reihen sich aneinander und schmelzen zu einem Epos zusammen. Es entsteht das bunte Bild höfischen und alltäglichen Lebens im Orient. Die Aufteilung des Stoffes in tausendundeinen Abschnitte erfolgt durch den stereotypen Schluß der erzählenden Scheherazade, die auf den anbrechenden Tag in der Hoffnung verweist, einen neuen Tag und eine weitere Nacht zu leben. Bis ins 16. Jahrhundert hinein arbeiteten unter kultur- und zeitbedingtem Wandel Generationen vieler Völker an diesem literarischen Dokument.

Im 14. Jahrhundert gelangten durch reisende Kaufleute zum erstenmal einzelne Erzählungen nach Italien. Zu Beginn des 18. Jahrhunderts erschien das Werk in französischer Sprache. Der Orientalist JEAN-ANTOINE GALLAND (1646–1725) erwarb in Ägypten ein um 1400 verfaßtes Manuskript, das er mit Kürzungen und Ergänzungen versah und dem literarischen Geschmack der Zeit anpaßte „Les Milles et une Nuits. Contes Arabes". Die zwölf zwischen 1704 und 1717 veröffentlichten Bände stellen jedoch nur einen Teil der Vorlage dar, deren nicht übersetzte Teile in der Pariser Nationalbibliothek aufbewahrt sind. Die auf GALLAND fußenden Bearbeitungen wurden durch die Herausgeber teilweise durch jüngere aus Ägypten und Tunesien stammende Handschriften weiter ergänzt. Auch die erste deutsche Ausgabe „Tausend und eine Nacht, arabische Erzählungen" (15 Bände, Breslau 1824/25), von M. HABICHT, F. H. v. D. HAGEN und K. SCHALL bearbeitet, basiert auf diesen Grundlagen. Zwischen 1837 und 1842 erschien eine weitere, von G. WEIL bearbeitete vierbändige Ausgabe, die GALLANDs Vorlage nicht benutzte und mit dem Anspruch auftrat, nach „dem Urtext übertragen" worden zu sein. Wie die vorherigen war sie jedoch dem europäischen Lesergeschmack angepaßt und keineswegs nur eine Wiedergabe orientalischer Originale. Erst die seit dem 17. Jahrhundert in Indien gedruckten und zum Vorlesen in Kaffeehäusern genutzten Ausgaben, die über England nach Deutschland gelangten, besaßen gegenüber den GALLANDschen Nachbildungen den Vorzug stilistischer Gleichmäßigkeit und ursprünglicher orientalischer Erzählkunst. Auf R. BURTONs englische Ausgabe (1885/88) sich stützend, erschien zwischen 1905 und 1907 im Insel-Verlag eine Ausgabe von F. P. GREVE „Die Erzählungen aus den Tausend und Ein Nächten, erste vollständige deutsche Ausgabe" (12 Bände). K. DYROFF schrieb zu dieser Ausgabe ein instruktives Nachwort und P. ERNST benutzte sie zu einer verkürzten, die schönsten Märchen enthaltenden Bearbeitung (4 Bände, Leipzig 1913). Neben den „Calcuttaer Ausgaben" blieb auch WEILs Breslauer Vorlage, auf der Bulaker Handschrift beruhend, im Druck.

Ausgaben für die Jugend. War es schon schwierig gewesen, eine getreue Originalausgabe zu edieren, so gelang es nur selten, eine geeignete Auswahl für die Jugend zu schaffen. Aus kommerziellen und ethischen Gründen wurden die für junge Leser ausgewählten Erzählungen stark gekürzt und oft ihres inhaltlichen und sprachlichen Reizes beraubt. Dennoch wurden einige Einzelhandlungen, besonders die um Aladin und die Wunderlampe, Ali Baba und die vierzig Räuber und Sindbad den Seefahrer, in den Märchensammlungen tradiert. Auch selbständige Ausgaben erschienen. 1819 kam in Gotha ein vierbändiges Werk „Neu bearbeitet zur Unterhaltung von Alt und Jung" heraus. 1823 erschien in Zürich „Das Buch des Kabus" und in Stuttgart „Das Buch des Weisen". 1842 wählte FRANZ HOFFMANN „Die schönsten Mährchen der Tausend und Einen Nacht" aus, die J. L. LEIDHECKER mit zwanzig kolorierten Stahlstichen illustrierte. Zu Recht meint B. HÜRLIMANN: „Alle großen Illustratoren der letzten 200 Jahre bis in unsere jüngste Zeit haben sich an diesen Geschichten versucht und unsere Vorstellungen vom Orient mehr als die Reiseberichte geprägt." Obgleich als Jugendlektüre zugänglich, fiel das Urteil der Literaturpädagogen negativ aus. Man schätzte zwar die fabelähnlichen Märchen mit ihren überraschenden Schicksalswendungen und spannenden Handlungen, befürchtete aber die gesteigerte orientalische Sinnlichkeit. In den Jugendschriftenausschüssen war man unsicher. So meinte SEVERIN RÜTTGERS über T.N., daß die erotischen Situationen zwar nie „leichtfertig und selten lüstern" seien, „weil sie die Liebe stets als eine Leidenschaft und nicht als ein frivoles Spiel behandeln", aber eben doch „aus den Ausgaben für die Jugend herausgelöst werden“ müßten. Dennoch empfahl RÜTTGERS ausgewählte Stücke zur Klassenlektüre und gab ihnen sogar den Vorzug vor den HAUFFschen Märchen. Insgesamt konnte bisher die orientalische Fassung in geeigneter Kürzung in der Jugendliteratur nur selten einen Platz finden, und auch die mehr theoretische Literatur zum Kinder- und Jugendbuch fand nur selten eine angemessene Einstellung zu dieser Dichtung. Anders dagegen verhielten sich einige bedeutende abendländische Märchenerzähler, welche „den Glanz aus 1001 Nacht in die deutsche Jugendliteratur“ hineintrugen. Nach J. PRESTEL gab es solche „Lichtkegel“, aus denen der Einfluß von T.N. hervorleuchtet: „Der erste war das Volksbuch vom Schloß in der Höhle Xaxa, der zweite waren Herders ‚Palmblätter‘. Hauffs Märchen sind der dritte Lichtkegel“. Auch B. HÜRLIMANN meint: „Von unseren Märchendichtern scheint mir Hauff am wenigsten ohne dieses literarische Erbe denkbar. Man denke nur an ‚Die Geschichte von dem kleinen Muck‘ oder an ‚Kalif Storch‘, aber auch Andersen bekam in der Schusterwerkstatt seines Vaters als ganz kleiner Junge dieses zum Volksbuch gewordene Werk vorgelesen. Später ist er der Lockung der kindlichen Lektüre gefolgt und in den Vorderen Orient gereist. Wer seine Reisetagebücher, seine Märchen und sein ‚Bilderbuch ohne Bilder‘ liest, wird im Werk dieses nordischsten Märchendichters erstaunliche Anklänge an orientalische Motive finden, die ihm in ‚Tausendundeiner Nacht‘ zuerst entgegentraten.“ Als unter dem Einfluß von T.N. stehend werden auch die Märchennovellen Hirlanda und Magelona genannt, die schon früh ins Deutsche übersetzt und als Volksliteratur bekannt wurden.

→ Märchen

Sekundärliteratur: P. Barth: Tausendundeine Nacht als Lesestoff für die Jugend (in: Neuere Jahrbücher für das klassische Altertum. 1901. 2. Abt. 51ff.). – A. Gelber: 1000 und eine Nacht. Der Sinn der Erzählung der Scheherazade (1917). – B. Hürlimann: Europäische Kinderbücher in drei Jahrhunderten (^{2}1963). – Fr. von der Leyen: Das Märchen (1911). – E. Littmann: Alf Layla wa-Layla (in: H. A. R. Gibb (Hrsg. zus. mit anderen): The Encyclopedia of Islam (Bd. 1. NA. 1960. 358–364). – O. Rescher: Studien über den Inhalt von Tausendundeine Nacht (in: Der Islam. 1918. 9. 1–94). – S. Rüttgers: Die Dichtung in der Volksschule (1914).

Reinhard Stach

Telemach

Von François Fénelon verfaßter Erziehungsroman, der unter dem Titel „Les aventures de Télémaque“, an die Odyssee anknüpfend, Elemente der antiken Mythologie und einer sich der Aufklärung annähernden christlich orientierten Staatsphilosophie in einer abenteuerlichen Handlung vereinigt. Ursprünglich als Schrift zur Fürstenerziehung konzipiert, wurde das Werk in zahlreichen Übersetzungen und Bearbeitungen auch als Staatsroman und vom aufgeklärten Bürgertum als moralisch bedeutende Erziehungs- und Jugendschrift rezipiert.

Entstehung. FRANÇOIS DE SALIGNAC DE LA MOTHE-FÉNELON (1651–1715), zeitweilig Prinzenerzieher am Hof LUDWIG XIV., schrieb für seinen Schüler, den Herzog von BOURBON, Enkel LUDWIGS XIV., das Werk „Les aventures de Télémaque“, um ihm auf diese Weise seine Aufgaben als künftigem Souverän vor Augen zu führen. Etwa um 1695 entstanden, erschien es in einer nicht autorisierten unvollständigen Fassung 1699 in Den Haag „Suite du Quatrième livre de l'odyssée, ou les Avantures de Telemaque, fils d'Ulysse; à Paris, chez la veuve de Claude Barbin, au palais“, nachdem der Druck der Pariser Originalausgabe auf Anordnung LUDWIGS XIV. aus politischen Gründen im fünften Buch abgebrochen worden war. FÉNELON fiel daraufhin in Ungnade und mußte Paris verlassen. Erst 1717, nach dem Tode LUDWIGS XIV., gab der Marquis von FÉNELON, ein Großneffe des Verfassers, eine vollständig korrekte Ausgabe heraus, die als authentische Fassung gilt („Les Aventures de Télémaque, fils d'Ulysse. Première édition conforme au manuscript original, Paris 1717). Auf sie gehen unzählige spätere Drucke zurück. In dieser Ausgabe wird das Werk erstmalig in 24 Bücher eingeteilt. Eine kritische Textausgabe erschien 1920 in Paris („Les Aventures de Télémaque. Edition critique par A. Cahen“).

Inhalt, Gehalt, Wirkung. Dieser Bildungsroman, der thematisch an das vierte Buch der Odyssee anknüpft, zeigt T. auf der Suche nach seinem Vater Ulysses, wobei er von Mentor begleitet wird, in dessen Gestalt sich Minerva, die Göttin der Weisheit verbirgt. T. erzählt Kalypso, die um Ulysses trauert, seine Erlebnisse. Die verschiedenen Situationen, in die er gerät, reichen von Liebes- und Eifersuchtsszenen bis zu kriegerischen und politischen Ereignissen. T.s Suche führt ihn nach Ägypten, Phönizien, Zypern und Kreta. Als er sich in eine der Nymphen verliebt, dringt Mentor auf sofortige Abreise. Sie gelangen nach Salente, wo Idomeneus regiert. Hier werden sie in politische Ereignisse verwikkelt, und T. zieht gegen die Daunier in den Krieg. T. nimmt die Tochter des Idomeneus zur Frau, kehrt nach Ithaka zurück, wo er seinen Vater wiederfindet, und Mentor gibt sich als Minerva zu erkennen.

In Mentor hat T. einen Lehrer von höchster Kompetenz, der ihn dazu anhält, Tyrannei, Eroberung, Verschwendung und Ausschweifung zu verachten. Die zeitgenössischen Leser verstanden diese pädagogische Erzählung primär als oppositionelle Satire gegen den absolutistischen Staat, repräsentiert durch den König. So sah LUDWIG XIV. sich in der Gestalt des Tyrannen Pygmalion von Tyros und des prunkliebenden Idomeneus angegriffen.

Der wesentliche Gehalt des Werkes liegt in der Auffassung FÉNELONS über die Staatsordnung und die Pflichten des Herrschers im Hinblick auf sittlich begründetes politisches Handeln. Sein ethischer Anspruch gründet sich auf die Vorstellung von Brüderlichkeit unter den

Menschen, wodurch Kriege verhindert werden können: „Das ganze menschliche Geschlecht ist nichts anderes, als ein einziger Stamm ... Alle Völker sind untereinander Brüder, und sollen sich als Brüder lieben. Wehe denenjenigen Gottlosen, welche einen grausamen Ruhm in dem Blute ihrer Brüder suchen, das doch ihr eigen Blut ist" (Buch XI, S. 385, Ausg.: Faramond: Die seltsamen Begebenheiten des Telemach, Frankfurt u. Leipzig, 1741). Die Bedeutung dieser Grundsätze weist bis in die Gegenwart, wenn FÉNELON – zeitgemäß ausgedrückt – T. eine „internationale Hilfsorganisation" (Le Grenet), „eine Union (einen Bund) freier Völker zum Abwehrkampf gegen einen Tyrannen" (HOLZAMER) begründen läßt.

Der erzieherische Aspekt des Werkes zeigt sich formal in der Erzieher-Zögling-Konstellation, einer Grundsituation pädagogischer Literatur. Die moralische Formung T.s durch Mentor geschieht auf der Basis eines Tugendeudämonismus, der davon ausgeht, daß sich Tugend selbst belohnt oder durch äußeren Erfolg belohnt wird. In den politischen und moralischen Konfliktsituationen erfolgt häufig von seiten Mentors noch rechtzeitig eine Warnung an T., jedoch wird dieser auch oftmals auf die Probe gestellt, um so die Erfahrung zu machen, daß Tugend zur Glückseligkeit, Untugend ins Unglück führt. Der politische Charakter des Werkes trug mit dazu bei, daß es eine Bedeutung erlangte, die weit über die der zeitgenössischen Jugendliteratur hinausgeht. So lobte MONTESQUIEU das Werk als die Utopie einer freiheitlichen Welt. Abgesehen davon verschaffte der Rahmen der antiken Sagenwelt dem Werk große Verbreitung und Wirkung, denn die Vermittlung der Mythologie gehörte im 18. und auch noch im 19. Jahrhundert zu den elementaren Bildungsgütern.

Rezeption des T. in Deutschland. In Deutschland besorgte A. BOHSE 1700 unter dem Pseudonym TALANDER die erste Übersetzung des T., die er als „Staatsroman" betitelte: „Staats-Roman, welcher ... vorstellet, Wie die Königl. und Fürstlichen Printzen ... anzuführen durch Franciscum de Salignac de la Mothe Fenelon Ertz-Bischoffen zu Cambray. In Frantzösischer Sprache beschrieben und aus derselben ins Deutsche übersetzet" (Breslau: Bauch 1700). Weit verbreitet war im 18. Jahrhundert die Bearbeitung von BENJAMIN NEUKIRCH (1665–1729) „Die Begebenheiten des Printzen von Ithaca, oder: Der seinen Vater Ulysses suchende Telemach. Aus d. Franz. d. Herrn Fénelon. In dt. Verse gebracht u. mit Mythologisch-Historisch-Politisch auch Moralischen Anmerckungen erl. von Benjamin Neukirch" (T. 1–3. – Onolzbach: Lüders; 2. 3. Anspach: Rönnagel; 1727 1739), die von 1727 bis 1739 in zwei Foliobänden mit prächtigen Kupfern zu jedem der 24 Bücher erschien. LANCKOROŃSKA/OEHLER (I, S. 76f.) führen dazu aus: „Das Werk wurde – gewissermaßen als Privatdruck – von Neukirch selbst in Auftrag gegeben und wunschgemäß auf feinem starkem Papier in Folio gedruckt ... Es entstand denn auch wirklich ein prachtvolles Buch ... Das Titelkupfer des ersten Bandes, „eine Fürstin zeiget ihrem Prinzen das Bild des Telemach", wurde in Paris bestellt und von SEBASTIAN LECLERC und COCHIN dem Älteren ausgeführt. – Dieses Ansbacher Werk bedeutet im Gegensatz zu der Mehrzahl der deutschen illustrierten Bücher des 18. Jahrhunderts in Anlehnung an französische Vorbilder die bewußte Gestaltung des Buches zum „nicht nur für den Geist, sondern auch für das Auge gestimmten Kunstwerk." NEUKIRCH verfaßte die Prosa FÉNELONS in Verse (Alexandriner), was von der Kritik zum Teil abgelehnt wurde. Trotzdem hatte diese Ausgabe eine große Wirkung; sie wurde mehrfach aufgelegt. GOETHE erwähnt in „Dichtung und Wahrheit" (I/1, I/2), daß er in seiner Jugend den T. gelesen habe, den er „erst nur in der Neukirchischen Übersetzung kennen lernte, und der, auch so unvollkommen überliefert, eine gar süße und wohltätige Wirkung ... äußerte".

Eine weitere Übersetzung von 1733 „Die seltsamen Begebenheiten des Telemach in einem auf die wahre Sitten- und Staats-Lehre gegründeten angenehmen u. sinnreichen Helden-Gedichte, durch F. de Salignac de La Motte Fénelon abgefaßt, mit nöthigen Anm. erl. u. ins Teutsche übers." (Frankfurt, Leipzig: Monath 1733) von LUDWIG ERNST VON FARAMOND (d.i. PHILIPP BALTHASAR SINOLD gen. SCHÜTZ) erfreute sich ebensolcher Beliebtheit wie die Versübersetzung NEUKIRCHS. Es handelt sich hierbei um eine Prosaübersetzung, die mit umfangreichen Kommentaren versehen ist. Erwähnenswert erscheinen noch zwei Ausgaben von 1769 und 1822 („Les aventures de Télémaque, fils d'Ulysse, oder deutliche und zum Nutzen d. Jugend eingerichtete wunderbare Begebenheiten Telemachs, worinnen durch deutsche Anm. die einzelnen Wörter, Redensarten, Gallicismi etc. erklärt werden von J. A. v. Ehrenreich", Ulm: Wohler 1769; „Les aventures de Télémaque, fils d'Ulysse. Mit dt. Anm. vers. durch A. Schulze", Wien: Tendler u. v. Manstein 1822), die die französische Originalfassung enthalten und mit Erklärungen und Übersetzungen schwieriger Begriffe versehen sind. Eine besondere Form der T.-Rezeption in Deutschland stellt der 1739/1740 erschienene Band einer Sammlung von Totengesprächen von DAVID FASSMANN dar. Der Verfasser führt hier T. und Robinson Crusoe zu einem Gespräch zusammen, in dem sie sich gegenseitig ihre Erlebnisse erzählen und kommentieren: „Wundersame Erzehlungen aus dem Reiche derer Todten, als Télémaque, des Ulyssis Sohn, und der berühmte Engländer, Robinson Crusoe, einander daselbst angetroffen, Worinnen das meiste, beste und merckwürdigste, was von diesen beyden Personen geschrieben, enthalten ist", Tl. 1. 2. (Frankfurt u. Leipzig: Felßecker 1739/40).

Bezeichnend für die große Beliebtheit des Werkes in Deutschland im Rahmen der Kinder- und Jugendliteratur ist eine Äußerung CHRISTIAN FELIX WEISSES in seinem „Kinderfreund" (hier zitiert nach der 3. verb. Aufl. 1781, T. 6, S. 220f.), wo Karl dieses Buch von Herrn Spirit als Geschenk erhält. Aus dem Munde des Herrn Spirit wird einerseits die allgemeine Anerkennung deutlich, die das Buch noch im letzten Drittel des

18. Jahrhunderts genießt, wenn es heißt, daß darin „die wichtigsten Lehren der Weisheit und Tugend in einer reizenden Erzählung und in einem blühenden poetischen Styl vorgetragen werden." Andererseits zeigt sich eine gewisse Distanz gegenüber der antiken Einkleidung der Erzählung und ein Geschmackswandel im Hinblick auf die als gekünstelt empfundene Sprache des noch vom Barock geprägten Werkes: „Ich muß freylich gestehen, fuhr er fort, daß es nach dem Geschmacke der itzigen Zeit nicht ist, indem das Wunderbare der Erzählung, das aus der alten Dichter- und Fabelwelt genommen ist, außer unsern Sitten liegt, und sich mehr in ein Heldenalter schickt. Auch bin ich eben kein Freund von der poetischen Prose und ziehe zumal für eure Jahre eine leichte, ungeschmückte, ungekünstelte Erzählung allem Pomp der Sprache vor". Dennoch betont WEISSE (in der Rolle des Herrn Spirit) den großen Wert des Buches: „... ein junger Mensch, wie mein Karl, kann es mit Vortheil und Vergnügen lesen". Für die Beliebtheit des T. als Jugendlektüre, besonders im 18. Jahrhundert, gibt es zahlreiche weitere Zeugnisse. Seine Bedeutung reicht jedoch über seine Zeit hinaus. Wenn IRENE DYHRENFURTH-GRAEBSCH feststellt: „Während des ganzen 18. Jahrhunderts und noch im 19. Jahrhundert war der „Telemach" von Fénelon ein weit verbreitetes Buch für die gebildete Jugend ...", so weist dies auf den überzeitlichen, nicht an die Verhältnisse im Frankreich des 17. Jahrhunderts gebundenen politischen und moralischen Gehalt des Werkes hin. Insofern kann K. HOLZAMER mit Recht das Anliegen des Buches mit „staatsbürgerlicher Erziehung" umschreiben und in dieser Sicht den „König" der absolutistischen Ära durch den „Politisch verantwortlichen Menschen" innerhalb einer demokratischen Staatsordnung ersetzen. Er schlägt vor, den T. in sprachlich zeitgerechter Übersetzung und mit Erläuterungen der Jugend wieder zugänglich zu machen. Gewisse Chancen für eine neue Aufnahme des Buches liegen in einer Neuorientierung des Verständnisses von Jugendliteratur als Literatur und im gesellschaftlichen Bewußtsein der Gegenwart. FÉNELONS T. hätte Anspruch darauf – so R. SPAEMANN –, von der Jugend als „Herold einer toleranten Humanität" gehört zu werden.

→ Fr. Fénelon, → Frankreich

Sekundärliteratur: I. Dyhrenfurth: Geschichte des deutschen Jugendbuches (³1967). – H. Fromm: Bibliographie deutscher Übersetzungen aus dem Französischen 1700–1948. Bd. 1–6 (1950–1953). – Fr. Gallouédec-Genuys: Le prince selon Fénelon (1963). – J. Kraus (Hrsg. zus. mit J. Calvet): Fénelon. Persönlichkeit und Werk (1953). – M. Lanckorońska: Die Buchillustration des 18. Jahrhunderts in Deutschland, Österreich und der Schweiz. Tl. 1–3 (zus. mit R. Oehler. 1932–1934). – W. Münch: Gedanken über Fürstenerziehung aus alter und neuer Zeit (1909). – E. von Sallwürk: Fénelon und die Litteratur der weiblichen Bildung in Frankreich von Claude Fleury bis Frau Necker de Saussure (1886). – R. Spaemann: Reflexion und Spontaneität. Studien über Fénelon (1963). – J. de Trigon: Histoire de la littérature enfantine (1950).

Theodor Brüggemann

Tenčik, František

*Jugendliteraturtheoretiker, Dozent für Literatur an der Purkyně-Universität in Brno (Brünn), Kinderbuchautor und -herausgeber; *24.10.1912 Wien, †12.6.1974 Brno (ČSSR).*

Nach dem Studium in Brünn arbeitete T. zunächst als Lehrer, dann als Mitarbeiter der Abteilung für ästhetische Erziehung an der Pädagogischen Forschungsanstalt in Brünn. In den sechziger Jahren war er als Universitätsdozent für Literatur ebenfalls in Brünn tätig und außerdem Mitarbeiter und zeitweise leitender Redakteur der Fachzeitschriften für Jugendliteratur „Zlatý máj", „Štěpnice" sowie Redaktionsleiter des tschechischen Jugendbuchlexikons und Jurymitglied der Kinderfestivals für Film und Puppentheater.

Als Lehrer und Theoretiker der ästhetischen Erziehung wandte sich T. gegen die Auffassung, Kinder- und Jugendliteratur ausschließlich als moralische Lehrdichtung zu begreifen. So bekämpfte er auch seit den vierziger Jahren die These von der „doppelten Kritik", das heißt der Trennung von pädagogischer und literarischer Kritik. Er gehörte mit FRANTIŠEK HOLEŠOVSKÝ (*1904) der sogenannten „Brünner Gruppe" an, die durch den Sammelband „Literatura pro mládež" 1940 eine neue Konzeption für die Arbeit auf dem Gebiet der Kinder- und Jugendliteratur durchsetzen wollte. T. rezensierte, kommentierte und glossierte die Kinder- und Jugendliteratur in Zeitschriften und im Funk. Dabei bezog er in seinen Begriff von Kinder- und Jugendliteratur die Medien Theater, Puppentheater, Rundfunk und Film mit ein. Von besonderer fachlicher Bedeutung sind seine Veröffentlichungen in den Zeitschriften „Štěpnice" und „Zlatý máj". In mehreren Studien und Rezensionen vertrat T. die Prinzipien einer künstlerisch bestimmten sozialistischen Kinder- und Jugendliteratur. T. betonte in seiner Arbeit die Integration der Kinder- und Jugendliteratur in die gesamte Literatur.

Seine Forschungsarbeiten befaßten sich mit der Entstehung und Entwicklung literarischer Werke, ihrer ästhetischen Konkretisierung und ihrer Wirkung auf die Leser. Dabei lehnte er einen schematischen und didaktisierenden Zugang zum Kinderbuch ab, da er jedes Kinderbuch als eine individuelle künstlerische Aussage betrachtete, die nicht abstrakten Normen unterworfen sein sollte. T. widmete sein Interesse besonders den Klassikern der sozialistischen Kinder- und Jugendliteratur, darunter MARIE MAJEROVÁ (1882–1967) und JOSEF VĚROMÍR PLEVA (*1899). Auch die folkloristische Literatur ist für T. als Ausgangspunkt für die Kinder- und Jugendliteraturforschung von großer Bedeutung.

Als Kritiker der Kinder- und Jugendliteratur betonte der Hochschullehrer T. auch diejenigen künstlerischen Momente, die sich nicht aus der Intention, sondern von der Leserpraxis her ergeben. Er macht auf das „poetische Sehen" der heutigen Kinder aufmerksam und wies vor allem Pädagogen auf das Problem des sogenannten „Anspruchsaberglaubens" hin. Von der Kritik verlangte er Fachkompetenz, Analysen und nachvollziehbare Argumentation. T. wandte sich auch dagegen, eine Zuordnung bestimmter Gattungen oder Themen zu bestimmten Lesealtern als verbindlich anzusehen. Auch als Herausgeber klassischer Werke, die er für neue Generationen beleben wollte, machte sich T. einen Namen. Als Autor war er besonders mit Büchern für Kleinkinder erfolgreich.

Werke: Literatura pro mládež (1940; zus. mit Fr. Holešovský); Vybíráme knihy pro mládež (1949); Sovětská literatura pro mládež ve výchově socialistickeho člověka (1953); Práce s knihou se žaky osmileté školy (1954); Ivánek (1954); Kam se poděly děti (1961); Četba mládeže v počátcích obrození (1962); Hermína Týrlová (1964); Úvod do studia literatury (1970; zus. mit J. Hrabák); Chlapec v bílém svetru (1971); Uměni dětem (1972); Slovníček literárních pojmů (1976).

Hrsg.: M. Majerová: O dětské literatuře (1956); J. V. Pleva: Svět dítěte a kniha (1962); Uměni, předsudky, kritika (1967, zus. mit J. Tichý).

Jan Červenka

Tenniel, John

*Englischer Illustrator, Karikaturist; *28.2.1820 London, †25.2.1914 London.*

T. wuchs in Kensington auf. Er war Autodidakt, sieht man von dem kurzen Besuch der Royal Academy Schools ab. Er begann mit Ölmalerei in akademischem Stil. Ab 1836 waren seine Bilder in den Ausstellungen der Society of British Artists zu sehen. 1845 lieferte er einen großen Entwurf für eine Wanddekoration im neuen Westminster Palace im Zusammenhang mit einem Wettbewerb und erhielt daraufhin einen Auftrag für ein Fresko in der Upper Waiting Hall im House of Lords. Weithin bekannt und angesehen wurde T. indes durch seine Illustrationen. T. verließ nur zweimal England. Er reiste in den vierziger Jahren nach München, wo er von dem Nazarener Peter von Cornelius (1783–1867) und seiner Schule angezogen wurde. Mehr als dreißig Jahre später lernte er Venedig kennen. Erst im Alter von achtzig Jahren legte er seine Mitarbeit an der satirischen Zeitschrift „Punch“ nieder, für die er fünfzig Jahre tätig war. 1893 erhielt er den englischen Adelstitel Sir. Er starb, zuletzt ganz erblindet, drei Tage vor seinem 94. Geburtstag.

Werk, Tendenzen, Wirkung: T.s erste Illustrationen erschienen 1842 in einer Ausgabe britischer Balladen. Es folgten bald Bücher, die nur von ihm illustriert wurden, darunter „Undine“ von Fouqué (1845) als erster großer Illustrationsauftrag, „Aesop's fables“ (1848) und im gleichen Jahr das letzte der Dickens' Christmas Books „The haunted man“, zu dem auch andere Zeichner Illustrationen beisteuerten.
Noch deutlicher in den Bereich der Kinder- und Jugendliteratur als die Aesopschen Fabeln weisen seine Illustrationen in dem Buch „A juvenile verse and picture book“ (1848). T.s Hauptwerk jedoch wurden die Ausgaben von Lewis Carrolls „Alice's adventures in wonderland“ von 1865 und „Through the looking glass“ von 1871, beide im Verlag Macmillan. Es gibt zahlreiche Zeugnisse dafür, daß die Zusammenarbeit des Zeichners mit dem Autor nicht leicht war; von den zuerst abgelieferten 92 Illustrationen zu „Alice's adventures in wonderland“ gefiel Carroll zunächst nur eine einzige. So kam es infolge der Auseinandersetzungen dazu, daß T. die erste Ausgabe von 1865 zurückziehen ließ. Ein Satz von 1000 Bogen wurde daraufhin an den Verlag Appleton & Co. in New York verkauft, wo dann 1866 eine Ausgabe mit eigenem Titelblatt erschien. Es dauerte allerdings nicht lange, und T.s Illustrationen zur „Alice“ galten allgemein als die zu Carrolls eigenwilligem Stil am besten passenden.
T. wurde aber auch als Karikaturist international bekannt. Auf Grund seiner Illustrationen zu Aesop wurde er von Douglas Jerrold aufgefordert, einige Zeichnungen für die satirische Zeitschrift „Punch“ zu liefern, da der Cartoonist Dickie Doyle den „Punch“ abrupt verlassen hatte. T.s erste Karikaturen im „Punch“ erschienen 1850. Von da an arbeitete er bis 1901 für dieses Magazin, ab 1864 als Nachfolger des Hauptkarikaturisten Leech. Mehr als 2000 Karikaturen hat T. für den „Punch“ geschaffen, darunter auch die bis heute immer wieder abgebildete „Dropping the pilot“ (1890), auf der der deutsche Kaiser als Kapitän eines großen Schiffes, über die Reeling gebeugt, dem von ihm entlassenen Lotsen – Bismarck – nachschaut.
T. war ein hervorragender Naturbeobachter und genauer Zeichner. Sein publiziertes Werk litt allerdings darunter, daß er wenig Verständnis für das Reproduk-

THE LOBSTER

John Tenniel. Illustration zu „Alice's adventures in wonderland“ von Lewis Carroll. Die Textstelle lautet: „So they began solemnly dancing round and round Alice...“.

tionsverfahren hatte und den handwerklichen Umgang mit dem Holzschnitt nur langsam erlernte, sich aber grundsätzlich auf die beruflichen Holzschneider verließ, die seine Zeichnungen umsetzten. Seine besondere Sympathie galt den Tieren, die er stundenlang im Zoo zeichnete und denen er in seinen Illustrationen und Karikaturen in humorvoller Weise menschliche Züge verlieh. Dieser Neigung kam besonders der literarische Vorwurf von LEWIS CARROLL entgegen. Durch geschickten Umgang mit verfremdenden Proportionen und mittels der Genauigkeit seiner Tierbeobachtung illustrierte und interpretierte er die Abenteuer der „Alice" meisterhaft und tiefgehend. So wie CARROLL nahe an der Grenze des literarischen Surrealismus angesiedelt ist, kann man auch T. als einen Vorläufer des Surrealismus in der bildenden Kunst bezeichnen, der sich in diesen Bezügen mit dem bedeutenden französischen Zeichner GRANDVILLE vergleichen läßt.

Werke: B. H. Barham (Hrsg.): Ingoldsby legends, or, Mirth and marvels (zus. mit anderen. Bd. 1–3. 1840–1847); S. C. Hall (Hrsg.): The book of British ballads (zus. mit anderen, 1842); F. H. C. de la Motte Fouqué: Undine (1845); Aesop's fables (1848); The juvenile verse and picture book (zus. mit anderen, 1848); A. A. Procter: Dramatic scenes (zus. mit anderen 1856); E. A. Poe: The poetical works (zus. mit anderen, 1858); Ch. W. Brooks: The gordian knot. A story of good and evil (1860); Th. Moore: Lalla Rookh. An oriental romance (zus. mit T. Sulman 1861); H. Cholmondeley-Pennell: Puck on Pegasus (1861); L. Carroll: Alice's adventures in wonderland (1865; dt. Alices Abenteuer im Wunderland, 1869); Dalziel's Arabian nights' entertainments (zus. mit anderen, 1865); A. A. Procter: Legends and lyrics (zus. mit anderen, 1866); H. W. Longfellow: Tales of a wayside inn (zus. mit anderen, 1867); W. H. Miller: The mirage of life (1867); Ch. Dickens: Christmas books (zus. mit anderen, 1869); L. Carroll: Through the looking glass, and what Alice found there (1871); Ch. Mackay (Hrsg.): A thousand and one gems of English poetry (zus. mit anderen, 1872); Mother Goose's nursery rhymes (zus. mit anderen, 1876); G. W. Thornby: Historical and legendary ballads and songs (1876); Mother Goose's melodies (zus. mit anderen, 1877); M. Gatty: Parables from nature (zus. mit anderen, 1880); R. Herrick (Hrsg. zus. mit H. Holiday): The Lewis Carroll book (1931).

Sekundärliteratur: W. C. Monkhouse: The life and works of Sir John Tenniel (1901). – Fr. Sarzano: Sir John Tenniel (1948).

Hans A. Halbey

ter Haar, Jaap

*Niederländischer Kinder- und Jugendbuchautor; *25. 3. 1922 Hilversum.*

t. H. legte während des Kriegsjahres 1940 sein Abitur ab und arbeitete zunächst als Büroangestellter. Nachdem sein Versuch, vor den deutschen Besatzern nach England zu fliehen, gescheitert war, schloß er sich in Frankreich, später in Holland, der Widerstandsbewegung an. Nach Kriegsende verpflichtete sich t. H. freiwillig zum Militärdienst bei der Königlichen Marine und wurde als Kriegsberichterstatter in Schottland, den USA und Malaysia eingesetzt. Danach fand er eine Anstellung beim Holländischen Rundfunk, wo er für die Programmproduktion für überseeische Radiostationen verantwortlich war. Sein erstes Hörspiel „Saskia en Jereon", das auf Erlebnissen seiner eigenen Zwillinge basiert und später auch als Buch erschien, verfaßte er 1953. Neben seiner beruflichen Tätigkeit schrieb t. H. in seiner Freizeit Kurzgeschichten, Hörspiele und Fernsehstücke – sowohl für Kinder als auch für Erwachsene – und einige Drehbücher. Seit 1954 lebt er als freier Schriftsteller in Holland. Ausgedehnte Reisen führten den Autor nach den USA, Rußland sowie nach Südafrika und in andere afrikanische Länder. Für sein Schaffen als Kinderbuchautor erhielt t. H. verschiedene Auszeichnungen. So wählte man in den Niederlanden sein Buch „Boris" (1966) zum besten Kinderbuch des Jahres 1966 und verlieh ihm dafür den Kritikerpreis. Für seine Erzählung „Het wereldje van Beer Ligthart" (1973; dt. Behalt das Leben lieb, 1976) wurde der Autor mit dem „Goldenen Griffel" ausgezeichnet. Darüber hinaus erhielt t. H. den Bijenkorf-Buchpreis, dreimal den Kinderbuchpreis von Rotterdam, den Nienke van Hichtum-Preis. Seine Geschichte Amerikas „Vom Wigwam zum Wolkenkratzer" (1960) kam auf die Auswahlliste zum Deutschen Jugendbuchpreis. t. H. illustriert seine Kinderbücher zum Teil selbst. Außerdem tat t. H. sich als Autor historischer Werke über die Vereinigten Staaten, Rußland, die Niederlande, die französische Revolution und das Römische Weltreich hervor.

Werk, Tendenzen, Wirkung. t. H.s Schnabbelchen-Bücher, in denen er phantasievoll von den Abenteuern des kleinen Erni mit seiner Ente Schnabbelchen erzählt, und auch die Conny-Geschichten, die lustige Episoden aus dem Zoo beinhalten, sind für Kinder des ersten Lesealters gedacht. Die komplexeren Zusammenhänge der nachfolgenden Werke setzen beim Rezipienten ein differenzierteres Bewußtsein und ein größeres Einfühlungsvermögen voraus. „Boris" (1966; dt. 1968) zum Beispiel handelt von den Erlebnissen zweier Kinder im Zweiten Weltkrieg. Die Intention des Autors ist es, am Beispiel dieser Kinder humanes Verhalten im Sinne der Bereitschaft zur Versöhnung mit dem Feind aufzuzeigen. In seinem Werk „Het wereldje van Beer Ligthart" (1973; dt. Behalt das Leben lieb, 1976) schildert t. H. das Schicksal des 13jährigen Beer, der infolge eines Unfalls sein Augenlicht verliert. Mit viel Mut und Willensstärke nimmt der Junge den Kampf gegen sein Schicksal auf, und mit Hilfe seiner Mitmenschen gelingt es ihm schließlich, mit seiner Behinderung zu leben. In einem langen Prozeß, der jedoch auch durch viele Rückschläge unterbrochen wird, reift seine Persönlichkeit. Der Autor hat in diese Geschichte autobiographische Erlebnisse einfließen lassen: ihn selbst veranlaßte eine schwere Krankheit, sich bereits im Alter von 15 Jahren in Gedanken mit dem Tod auseinanderzusetzen. Dieses Buch t. H.s erschien 1977 auch im Kinderbuchverlag in der DDR unter dem Titel „Ich spür die Sonne auf meinem Gesicht". – Einen besonderen Platz innerhalb t. H.s Schaffen als Kinder- und Jugendbuchautor nimmt sein Buch „De geschiedenis van Noord-Ameri-

ka" (1959; dt. Vom Wigwam zum Wolkenkratzer – Amerika wird eine Weltmacht, 1960) insofern ein, als es sich hierbei um ein Sachbuch für Jugendliche handelt. Die sachliche Darstellung der amerikanischen Geschichte wird aufgelockert und belebt durch eingeflochtene Anekdoten und persönliche Berichte aus den einzelnen Epochen, die die menschliche Seite des Aufstiegs Amerikas zur Weltmacht in den Vordergrund rücken sollen.
Die Kinder- und Jugendbücher t.H.s wurden in viele Sprachen übersetzt und erschienen unter anderem in Australien, der Bundesrepublik Deutschland, der DDR, England, Finnland, Norwegen, Schweden, der Sowjetunion, Südafrika und den USA.

Werke: Saskia en Jeroen. De tweeling (1955; dt. Saskia und Jeron, die Zwillinge, 1958); Saskia en Jeroen. Op stap (1955); Saskia en Jeroen. Uit lageren (1955); Saskia en Jeroen. Aan zee (1956; dt. Saskia und Jeron an der See, 1961); Noodweer op de Weiszhorn (1957; dt. Unwetter am Weißhorn, 1961); Ernstjan en Snabbeltje (1958; dt. Schnabbelchen, 1959); Ernstjan en Snabbeltje. Op avontuur (1958; dt. Abenteuer mit Schnabbelchen, 1959); Ernstjan en Snabbeltje in het bos (1958; dt. Mit Schnabbelchen unterwegs, 1960); De geschiedenis van Noord-Amerika (1959; dt. Vom Wigwam zum Wolkenkratzer – Amerika wird eine Weltmacht, 1960); Eelke gaat verhuizen (1963; dt. Uli und die 13 Buchen, 1965); Eelke bij de dertien beuken (1963; dt. Das Häuschen bei den 13 Buchen, 1965); Eelke bij het bosmeer (1963; dt. Uli, Vaters kleiner Helfer, 1966); Boris (1966; dt. Boris, 1968); Lotje in de dierentuin (1966; dt. Conny im Zoo, 1969); Lotje met Roegan op stap (1966; dt. Conny und der kleine Elefant, 1969); Jacob Simonsz De Rijk, Watergeus (1972); Het wereldje van Beer Ligthart (1973; dt. Behalt das Leben lieb, 1976, auch u.d.T. Ich spür die Sonne auf meinem Gesicht, 1977).

Karin Schwarz

Terlouw, Jan Cornelis

*Niederländischer Naturwissenschaftler, Politiker und Jugendbuchautor; * 15.11.1931 Utrecht.*

Als Sohn eines Pfarrers wuchs T. im dörflichen Milieu in Holland auf. Nach dem Studium der Mathematik und Physik an der Universität Utrecht spezialisierte er sich auf dem Gebiet der friedlichen Anwendung von Atomkraft; einige Jahre verbrachte er in Amerika und Schweden. Um Mitglied im holländischen Parlament zu werden, verließ er 1971 seine Stellung in der Atomforschung. Als Politiker ist T. vorwiegend mit Energieproblemen, Umweltschutz und Koordination von Industrie, Forschung und Wissenschaft befaßt. Einige seiner politischen Ideen stellt er im Buch „Koning van Katoren" (1971; dt. Kampf um Katoren, 1973) vor. Nach den ersten Veröffentlichungen auf dem Gebiete der Kinder- und Jugendliteratur wurde er international bekannt und mit einer Reihe von Preisen ausgezeichnet. Für „Kampf um Katoren" wurde er 1973 mit dem Niederländischen, dem Europäischen und dem Österreichischen Jugendbuchpreis ausgezeichnet.

Werk, Tendenzen, Wirkung. T. schreibt phantastische Kinder- und Jugendbücher, in denen er aktuelle und gleichermaßen unkonventionelle Themen aus dem Bereich menschlichen Zusammenlebens und gesellschaftlicher Abhängigkeiten mit spielerischem Geschick vorstellt. In „Kampf um Katoren" hat er das Märchenmotiv von dem Jungen, der nach bestandenen Mutproben zum Herrscher wird, zu einer Erzählung verarbeitet, in der gesellschaftspolitische und soziokulturelle Konflikte unserer Zeit gezeigt und Möglichkeiten zur Lösung angeboten werden. Obwohl diese Erzählung eine Fiktion darstellt, fordert jede Zeile durch realitätsbezogene Aussagen zum Nachdenken und zur Diskussion heraus. In „De avonturen van Oom Willibrord" (1971; dt. Unser Onkel steht im Löwenkäfig kopf, 1972) werden dem Leser neben der Schilderung von Bewunderungs- und Abschreckungsfiguren (z.B. der überdimensionale Titelheld), Identifikationsmöglichkeiten und realistische Situationen vorgeführt.

Werke: Pjotr (1970); Bij ons in Caddum (1971); De avonturen van Oom Willibrord (1971; dt. Unser Onkel steht im Löwenkäfig kopf, 1972); Koning van Katoren (1971; dt. Kampf um Katoren, 1973); Oorlogswinter (1972); Briefgeheim (1973); Oosterschelde windkracht 10 (1976; dt. Windstärke 10, 1978).

Lioba Betten

Tetzner, Lisa

*(d.i. Lisa Tetzner-Kläber). Märchenerzählerin, Kinderfunkleiterin, Dozentin für Sprecherziehung, Kinder- und Jugendbuchautorin, Herausgeberin von Märchensammlungen und anderen Anthologien, Übersetzerin; * 10.11.1894 Zittau, † 2.7.1963 Carona (Schweiz).*

Die aus einer rechtskonservativen Arztfamilie stammende T. war seit ihrem elften Lebensjahr durch Krankheit behindert. Gegen den Willen des Vaters besuchte sie die Soziale Frauenschule in Berlin. Anschließend belegte sie Kurse in Sprecherziehung und Stimmbildung. Im Mai 1918 begann sie – mit Unterstützung des anfangs eher skeptischen Mentors der Jugendbewegung EUGEN DIEDERICHS – märchenerzählend durch die Dörfer Mittel- und Süddeutschlands zu wandern. Anfangs fast nur auf sich gestellt, wurde diese Tätigkeit bald von der Kultusbürokratie finanziell unterstützt, so vor allem ihr Einsatz im Raum Rhein-Ruhr im Laufe des Jahres 1920.
Diese Wanderungen bildeten auch die Grundlage ihrer ersten Veröffentlichungen. Durch die Bekanntschaft mit KURT KLÄBER (Ps. KURT HELD), den sie 1924 heiratete, wandte sie sich stärker sozialen Fragen zu und begann für Kinder und Jugendliche zu schreiben. 1927 wurde sie Leiterin der Kinderstunde des Berliner Rundfunks. – Obwohl persönlich nicht gefährdet – anscheinend versuchte man, sie in Deutschland zu halten – folgte sie 1933 KLÄBER ins Exil nach Carona (Schweiz), wo beide schon seit 1924 die Sommer verbracht hatten. Die anfangs noch engen Verbindungen zu Deutschland brachen nach einem scharfen Angriff des „Schwarzen Korps" gegen ihr noch in Deutschland 1935 veröffentlichtes Buch „Was am See geschah" ab. Es folgten schwere Exiljahre, die auch von

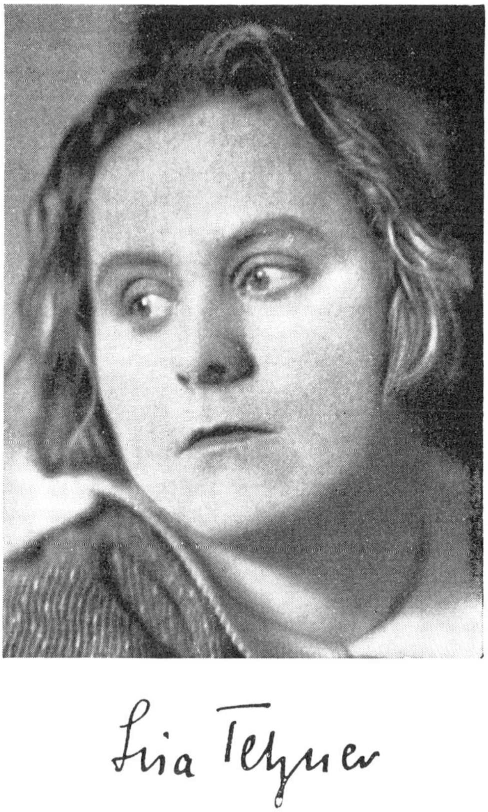

Lisa Tetzner (1894–1963)

materieller Not gekennzeichnet waren. Die Jahre nach 1945 waren angefüllt mit Arbeit an neuen Büchern, an Neuauflagen und Bearbeitungen alter Stoffe (Film, Hörspiel, Theater) und mit häufigen Vortragsreisen durch ganz Europa. Sie übersetzte aus dem Englischen und Italienischen und plante eine Neufassung antiker Sagen. Daneben begann sie – ähnlich wie Kläber – autobiographisch gefärbte Romane für Erwachsene zu schreiben, in deren Mittelpunkt das Erlebnis der Jugendbewegung stand. Auch nach ihrer Verheiratung veröffentlichte T. ihre Werke unter ihrem Mädchennamen.

Werk, Tendenzen, Wirkung. T.s Werk, ihre Vortragstätigkeit eingeschlossen, war von Anfang an durchzogen vom tiefen Bedürfnis zu helfen, aufzuklären, zu ändern. Sicherlich spielte dabei die Erfahrung der eigenen Krankheit eine wichtige Rolle. Dazu kam der Einfluß der Zeitströmungen: Jugendbewegung, Expressionismus, ein – wenn auch diffuser – sozialer Gedanke, schließlich die Erfahrung des Krieges. Hier traf sie sich mit Schriftstellern wie Heinrich Lersch (1889–1936), Arnim T. Wegner (1886–1975), Max Barthel (1893–1976), Jakob Kneip (1881–1958) und schließlich Kurt Kläber. Durch ihn gewann sie, die eingestandenermaßen kein politischer Mensch war, Einblicke in politische und wirtschaftliche Zusammenhänge. Die Lebensgemeinschaft mit ihm bewirkte auch eine immer enger werdende literarische Zusammenarbeit. Oft ist nicht mit letzter Sicherheit festzustellen, wer von beiden eigentlich der Autor der in enger Lebensgemeinschaft entstandenen Werke ist (z. B. „Die Schwarzen Brüder", 1940–1941). Das Märchen war der Ausgangspunkt ihres Schaffens, zu dem sie immer wieder zurückkehrte. Hermann Hesse (1877–1962), der Tessiner Nachbar, nannte sie „die wohl beste Märchenerzählerin Deutschlands" (Das Märchen und Lisa Tetzner, 1966, S. 46). Thomas Mann (1875–1955) war beeindruckt von ihrer Vortragskunst ebenso wie von ihren Kinderbüchern. Ende der zwanziger Jahre entwickelte sich die „Märlibas" zu einer Schriftstellerin für die Jugend. Mischten sich anfangs noch Elemente des Märchens mit der Schilderung der sozialen Wirklichkeit, z. B. in „Hans Urian" (1929), so gab sie diese Versuche bald auf. Unter Verzicht auf phantastische Elemente ging sie politische und soziale Probleme direkter an als zum Beispiel Erich Kästner (1899–1974). Das gilt in erster Linie für ihr vorwiegend in der Emigration entstandenes Zentralwerk, die neunbändige Kinderodyssee, in der die zwölf Jahre Faschismus und Krieg an den Erlebnissen einer Gruppe von Kindern in all ihrer Brutalität geschildert werden. Die erschütternde Realistik war wohl mit der Grund dafür, daß dieses vielbändige Erzählwerk in der Bundesrepublik kaum Eingang fand.

Die Erzählerin T. gibt kaum Rezepte, der erhobene Zeigefinger fehlt. Die Moral liegt in der Handlung selbst. Sie beeindruckt durch ihre Erzählweise, durch ihren Realismus: „... jedes Wort ist präzis, treffend in der Wiedergabe einmaliger Wirklichkeit" urteilt Anneliese Bodensohn, die einen Vergleich mit der Erzählweise Thomas Manns nicht scheut (A. Bodensohn: „Abenteuer; Meer – Insel – Schiff, ²1965, S. 31 f.).

Als Emigrantin war T., ebenso wie Kläber, teilweise heftigen Angriffen der sich im Zuge des Kalten Krieges formierenden politischen Reaktion ausgesetzt, auch innerhalb der Schweiz, deren Bürger das Ehepaar Kläber 1948 geworden war (vgl. Neue Zürcher Zeitung vom 1. 7. 1951: Ostdeutsche Kulturpropheten). Vielleicht gerade deshalb gehört T. zu den wichtigsten Persönlichkeiten im Bereich des Kinder- und Jugendbuchs der Nachkriegszeit – und das weit über den deutschen Sprachraum hinaus.

Werke: Vom Märchenerzählen im Volk (1919); Auf Spielmannsfährten und Wandertagen (1923); Im Land der Industrie, zwischen Rhein und Ruhr (1923); Deutsches Rätselbuch (1924); Im blauen Wagen durch Deutschland (1926); Der Gang ins Leben (1926); Hans Urian (1929); Der Fußball (1932); Siebenschön (1933); Erwin und Paul. Die Kinder aus Nr. 67. Kindere-Odyssee Bd. 1 (1933); Was am See geschah (1935); Die Reise nach Ostende (1936); Die Schwarzen Brüder (1940–1941); Erwin kommt nach Schweden. Die Kinder aus Nr. 67. Kinder-Odyssee Bd. 3 (1941); Das Schiff ohne Hafen. Die Kinder aus Nr. 67. Kinder-Odyssee Bd. 4 (1943); Die Kinder auf der Insel. Die Kinder aus Nr. 67. Kinder-Odyssee Bd. 5 (1944); Mirjam in Amerika. Die Kinder aus Nr. 67. Kinder-

Odyssee Bd. 6 (1945); War Paul schuldig? Die Kinder aus Nr. 67. Kinder-Odyssee Bd. 7 (1945); Als ich wiederkam. Die Kinder aus Nr. 67. Kinder-Odyssee Bd. 8 (1946); Das Mädchen aus dem Vorderhaus. Die Kinder aus Nr. 67. Kinder-Odyssee Bd. 2 (1948); Der neue Bund. Die Kinder aus Nr. 67. Kinder-Odyssee Bd. 9 (1949); Sagen Märchenbuch (1950); Der kleine Su aus Afrika (1952); Die schwarze Nuß (1952); Das Töpflein mit dem Hulle-Hulle-Bäuchlein (1953); Wenn ich schön wäre (1956); Das Füchslein und der zornige Löwe (1958); Das Mädchen in der Glaskutsche (1958).

Bearb.: J. und W. Grimm: Das Märchen vom dicken, fetten Pfannkuchen (1925); Guckheraus heißt mein Haus (1925); Die schönsten Märchen der Welt (Bd. 1–2. 1926–1927); J. und W. Grimm: Die sieben Raben (1928); H. Chr. Andersen: Der große und der kleine Klaus. Bühnenstück (1929); Vom Märchenbaum der Welt (1929); Hans Urian geht nach Brot. Bühnenstück (1929); C. S. Lewis: Das Abenteuer im Wandschrank (1957); Europäische Märchen (1958); R. di Majo: Picoletto (1958).

Sekundärliteratur: H. Bertlein: Geschichte oder Politik? (in: Jugendliteratur. 4. 1958. 514–516). – A. Loos: Vier neue Kinderbücher (in: D. Richter (Hrsg.): Das politische Kinderbuch, 1973. 266–271); Das Märchen und Lisa Tetzner – Ein Lebensbild (1966). – V. Mönckeberg: Das Märchen und unsere Welt (1972). – H. H. Wagner: Lisa Tetzner – Erzieherin zum Menschtum (in: Deutsche Post. 13. 1961. 385). – H. J. Wehnert: Humor und Satire in der proletarischen deutschen Kinderliteratur der zwanziger Jahre (in: Beiträge zur Kinder- und Jugendliteratur. 1974. 30. 43–50).

Erich Eberts

Teufel

Der T. spielt im heutigen Volksglauben noch immer eine wichtige Rolle und erscheint in allen Gattungen der Volksüberlieferung, ebenso in der Kinderliteratur als eine der häufigsten Gestalten, die mit den unterschiedlichsten Motiven verbunden werden kann.

Charakterisierung der T.s-Figur. Die Bezeichnung T. geht auf das griechische Wort „diábolos" (einer, der sich dazwischen wirft = Verleumder) zurück und verweist auf eine seiner ursprünglichen Funktionen als Ankläger vor Gottes Richterstuhl. Dagegen erinnert seine Bezeichnung als „Luzifer" (= Lichtträger) an seine glanzvolle Zeit in der Nähe Gottes vor dem Engelssturz. Im Alten Testament ist nur vom „Satan" (= Widersacher) die Rede, während es im Neuen Testament schon eine ganze Reihe von T.n gibt. Trotzdem fehlt eine eigentliche Teufelslehre in der Bibel, sie wurde erst im späten Mittelalter ausgebildet. Besonders durch Ketzer- und Hexenprozesse wurde die Furcht vor dem T. gesteigert, obwohl die eigentliche Macht des Versuchers durch den Opfertod Christi längst für gebrochen galt. Nach christlicher Lehre ist der T. ein körperloses Wesen. Um das Böse erkennen, bekämpfen und besiegen zu können, mußte es konkretisiert werden. Man stellte daher den T. in Tiersymbolen, in Menschengestalt und als phantastisches Mischwesen dar und zeigte ihn in seiner verderblichen Machtfülle, aber auch als Überwundenen. Bei den T.s-Erzählungen, T.s-Sagen, Kasperlestücken usw. der Vergangenheit und Gegenwart haben sich christliche und vorchristlich-mythische Vorstellungen der T.s-Charakteristik mehr oder weniger stark vermischt. Der T. hat teilweise Wesenszüge anderer Dämonen wie Kobold, Riese, Wassermann, die diabolisiert wurden, übernommen und sich zu einer überaus komplexen und vielleicht gerade deshalb ungemein faszinierenden Gestalt entwickelt, die auch heute noch zur wissenschaftlichen und künstlerischen Auseinandersetzung anregt.

Der T. in der volkstümlichen Literatur. Besonders wirkungsvoll war sein persönliches Auftreten im geistlichen Volksschauspiel, das sich an entsprechende biblische Szenen anschloß. Im Volksglauben ist das dualistische Denken sehr ausgeprägt, der T. erscheint als Fürst der Hölle und als Gegenspieler Gottes, dessen Heilsplan er vergeblich zu stören sucht. T.s-Sagen sind daher oft Warnerzählungen vor sündigem Tun, das der T. fördert, um danach mit seinen Opfern grausam verfahren zu können. Besonders die T.s-Bündner sind ihm verfallen, wenn der Vertrag abgelaufen ist, den der T. gewissenhaft und oft unter großen Anstrengungen erfüllt. Nur in der Legende ist die Rettung eines solchen Sünders möglich, der seinen Pakt bereut und die Jungfrau Maria oder andere Heilige als Fürbitter gewinnt. In den Baumeistersagen ist der T. an die Stelle des Riesen getreten und läßt sich, wie schon dieser, um seinen Lohn prellen. Er erbaut einen Dom oder eine große Brücke bis zur festgesetzten Frist und verlangt das erste Lebewesen, das die Kirche oder einen anderen von ihm errichteten Bau betritt. Wütend sieht er sich um die erhoffte menschliche Seele betrogen, da ihm zuerst ein Tier entgegengetrieben wird. Im Märchen und Schwank ist ein T.s-Pakt oder eine Wette mit ihm noch ungefährlicher, denn der Mensch gebraucht List gegen den „dummen" T.; selbst der Höllendienst (KHM 100) schlägt dem Märchenhelden zum Glück aus. Als beliebte Schwankfigur wird der T. immer mehr zum Betroffenen und Geprügelten. Der einst gefürchtete Höllenfürst, dessen Namen man nicht einmal auszusprechen wagte, läßt sich täuschen und mißhandeln und wird zum „armen", beinahe mitleiderregenden T., der vor allem im Fastnachtsspiel wie auch im Kasperletheater dem Spott anheimfällt. Er ist nicht nur Gott gegenüber in der Rolle des ewigen Verlierers, seine Ohnmacht wird verlacht. Diese erweist sich auch bei den dualistischen Schöpfungserzählungen. Dem T. mißglückt alles, wenn er wie Gott Pflanzen, Tiere und Menschen schaffen und ihn nachahmen will.

Der T. in der Kinder- und Jugendliteratur. In der modernen Literatur und in der Kinder- und Jugendliteratur wird der T. vermenschlicht, psychologisiert und entmythologisiert, obwohl wichtige und bekannte Motive aus Religion und Volksglauben unverändert übernommen oder verfremdet werden. Bei Doris Jannauschs „Meffi, der feuerrote Teufel" (1971), „Meffi lebt sich ein" (1972) und „Meffi spielt verrückt" (1973) und in den von F. J. Tripp illustrierten Bilderbüchern „Meffi im Zirkus" (1975) und „Meffi und der Papagei" (1975) erscheint der kleine T. z.B. koboldhaft, lustig und trotz seiner Streiche höchst liebenswert in der realen Welt. Er ist wie ein richtiger T. mit Hörnern, Schwanz und Pferdefuß ausgestattet und bringt seine auffallende feuerrote Farbe in das alltägliche Leben mit. CHRISTINE NÖSTLINGER versucht in ihrem humorvollen und spannenden Buch „Der liebe Herr Teufel" (1975) aufklärerisch zu wirken und die Schreckensbilder der Hölle, wie die Angstmacherei vor dem T. der Lächerlichkeit preiszugeben. „Belze" erhält darin den Auftrag, ein gutes, zufriedenes Ehepaar böse und unglücklich zu machen, damit die „Höllendurchlauchtigste" ihre teuflische Wette gewinnt. Belze verbirgt seine Hörner geschickt unter den Locken, mietet ein Haus neben den Leuten und führt sich als freundlicher Nachbar bei ihnen mit der Absicht ein, sie zu verderben. Trotz Zauberspruch, Tarnkappe und Verwandlungstropfen scheitert er an seiner unfreundlichen, kalten Umwelt und der unkomplizierten, warmherzigen Gastfreundschaft seiner netten Nachbarn, denen er zu größerem Wohlstand verhilft, ohne ihrem Charakter dadurch, wie erhofft, zu schaden. Abwechselnd besucht er sie in Menschengestalt und als Kater, um auch nachts ein warmes Plätzchen bei ihnen zu finden. Als ihm die Möglichkeit der Rückverwandlung genommen ist, bleibt er gern als Kater bei ihnen und vergißt die Hölle, nachdem er deren böse Geister mit seinen Krallen vertrieben hat. In zwei Kinderromanen werden Kinder sogar mit einem T.s-Pakt konfrontiert, der ernste Konsequenzen hat. Der besondere Reiz dieser phantastischen Erzählungen ist der fast unmerkliche Übergang von der Realität des normalen Alltags in eine andersartige Zauberwelt. OTFRIED PREUSSLER berichtet in seinem „Krabat" (1971) von einem richtigen Satanspakt, den der Müller in der „Schwarzen Schule" geschlossen hat, von der erfolgten Verwandlung der Schüler in Raben, von der Tatsache, daß Krabat in einem Jahr drei Jahre älter wird, von seiner tatsächlichen Luftfahrt mit dem Müller und der Wassermühle als Zauber- und Spukort. JAMES KRÜSS läßt ein Kind selbst einen T.s-Pakt schließen. In seinem Buch „Timm Thaler oder Das verkaufte Lachen" (1962) handelt sich Timm für sein nettes Jungenlachen, das ihm überall Sympathien erweckt, von dem Baron „Lefuet" (von rechts nach links gelesen: Teufel) die Fähigkeit ein, jede Wette zu gewinnen. Nach dem Vertragsabschluß verliert der Junge wirklich die Fähigkeit zu lachen, die den Menschen vom Tier unterscheidet und ahnt erst im weiteren Verlauf der spannenden Erzählung, mit wem er es eigentlich zu tun hat. In der Realität ist dieser T. besonders schwer zu erkennen, denn er ist ganz vermenschlicht. Als reichstem Mann der Welt stehen ihm alle Türen offen, und mit Timms Lachen geht sogar eine Veränderung mit ihm vor. Die Bedingung der Geheimhaltung des Paktes hindert Timm lange, sein Lachen wiederzubekommen. Er reist mit dem Baron in verschiedene Länder und versucht ihn zu überlisten, indem er eine Wette abschließt, die der T. einmal nicht erfüllen kann. Die Lösung ist zwar einfach, doch überraschend. Dieser Pakt nimmt wie im Märchen ein gutes Ende, obwohl sich die ganze Geschichte fast nur auf der Ebene der Realität abspielt. In seiner phantastischen Erzählung „The bottle imp" (1893; dt. Das Flaschenteufelchen", 1925) verlegte bereits der Engländer ROBERT LOUIS STEVENSON romantisches Geschehen in die ebenfalls ganz realistisch gezeichnete Wirklichkeit. Es geht wirklich um die Seele dessen, der als letzter den Flaschen-T. besitzt, wenn seine verzweifelten Anstrengungen, ihn loszuwerden, mißlingen. Gegenüber dieser bis heute beliebten, spannenden Erzählung erscheinen die modernen Romane über T.s-Bündner reichlich verharmlost. Selbst ein Kind kann über einen noch so klugen T. mit seiner Arglosigkeit und naiven Unschuld letztlich triumphieren. Völlig entmythologisiert erscheinen T.s-Figuren in Fibeln und anderen Lehrbüchern für kleine Kinder, so z. B. in „Uli, der Fehlerteufel", mit dem Kinder im Rechtschreibeunterricht konfrontiert werden. Seine Störungen stellen keine Bedrohung dar und können verhindert werden.

Sekundärliteratur: H. M. Barth (zus. mit H. Flügel und R. Riess): Der emanzipierte Teufel. Literarisches, Psychologisches, Theologisches zur Deutung des Bösen (1974). – I. M. Boberg: Baumeistersagen (1955). – A. Daur: Faust und der Teufel (1950). – O. A. Erich: Die Darstellung des Teufels in der christlichen Kunst (1931). – F.-W. Haack: Satan – Teufel – Lucifer (1975). – H. Haag (Hrsg.): Teufelsglaube (1974). – V. Höttges: Typenverzeichnis der deutschen Riesen- und riesischen Teufelssagen (1937). – Th. H. Horn: Der Teufel in Theologie und Volksmärchen. Vergleichende Studien (Diss. 1962). – I. Kleine: Der Überzählige (Diss. 1954). – L. Kretzenbacher: Teufelsbünder und Faustgestalten im Abendlande (1968). – M. Landau: Hölle und Fegfeuer in Volksglaube, Dichtung und Kirchenlehre (1909). – H. Lixfeld: Gott und Teufel als Weltschöpfer (1971). – M. A. Murray: The Gold of the witches (1960). – R. Petsch: Faustsage und Faustdichtung (1966). – L. Röhrich: Teufelsmärchen und Teufelssagen (in: (ders.): Sage und Märchen, Erzählforschung heute. 1976. 252–272); Teufel (in: (ders.): Lexikon der sprichwörtlichen Redensarten, Bd. 2. [4]1976. 1062–1074). – G. Roskoff: Geschichte des Teufels (Bd. 1–2. 1869. ND. 1967). – W. K. Tantsch: Deutsche Teufels- und Hexennamen (Diss. 1958). – H. Wagner: Teufel und Gott in der deutschen Volkssage (Diss. 1930). – R. Wildhaber: Das Sündenregister auf der Kuhhaut (1955). – B. A. Woods: The devil in dog form (1959). – A. Wünsche: Der Sagenkreis vom geprellten Teufel (1905).

Gertraud Meinel

Textverständnis

T. setzt die Fähigkeit des Lesens (qua Decodierens linguistischer Information vom Buchstaben- bis zum Satzsinn) voraus (J. B. Carroll 1972; N. Groeben 1972, 69) und thematisiert zentral die kognitive Verarbeitung von (sprachlicher) Information sowohl in bezug auf den Text-Kontext als auch auf das Kognitionssystem des Lesers (J. B. Carroll 1972, 13ff.). T. ist bedingt durch die persönlichkeitsspezifische, interindividuell unterschiedliche Fähigkeit der Textrezeption und Informationsverarbeitung, die Textverständlichkeit hängt ab von den Textmerkmalen.

Empirische Begriffsvalidierung. Die empirische Erforschung der Dimensionen (Teilfähigkeiten) des T.ses hat eine lange Tradition (F. B. DAVIS 1944; L. L. THURSTO-

NE 1946; F. B. DAVIS 1972) und hat zur Unterscheidung folgender vier Faktoren der Fähigkeit geführt (D. SPEARRITT 1972): 1. Schußfolgerndes Denken während des Lesens (reasoning in reading); 2. Kenntnis von Wortbedeutungen; 3. Identifizierung von Intention, Einstellung, Stimmung des Textes/Autors; 4. Fähigkeit, der Textstruktur/-gliederung zu folgen. Diese Struktur des T.ses ist für alle Textsorten anzusetzen, hinsichtlich der Verbesserung des Verstehens und besonders der Verständlichkeit ist allerdings zwischen fiktionalen Texten (Literatur, ‚Dichtung') und Informationstexten (Fachbuch, Sachbuch) als strukturverschiedenen zu trennen. Dabei liegen für Informationstexte wegen der nicht ganz so großen methodischen Probleme und besonders der unmittelbaren pädagogisch-psychologischen (instruktionspsychologischen) Bedeutung ungleich mehr empirische Ergebnisse als für fiktionale Texte vor.

Die Messung des T.ses (bei Fach-/Sachbüchern) hat sich bisher vor allem auf die Methode der Mehrfachwahlantworten (‚multiple choice') konzentriert: ein Text wird in seine wichtigsten Inhalte zerlegt, zu denen jeweils eine Frage mit mehreren (möglichst gleich wahrscheinlichen/sinnvollen) Antwortalternativen vorgelegt wird, von denen die richtige anzukreuzen ist. Dieses Verfahren ist plausibel, aber leider, wie methodenkritische Untersuchungen gezeigt haben, nicht genügend verläßlich und valide (R. C. ANDERSON 1972): man kann durch allgemeines Kombinieren und Inbeziehungsetzen der Fragen einen in sich kohärenten Textsinn konstruieren und so die Fragen zum Teil ohne Kenntnis des Textes richtig beantworten (vgl. N. GROEBEN 1976). Daher sind heute eher Fortentwicklungen von Rate- bzw. Satzergänzungsverfahren vorzuschlagen, wie z.B. der ‚chunked comprehension test' von R. P. CARVER (1970) oder die subjektive Informationsmessung nach K. WELTNER (1970), bei der Textteile Wort für Wort erraten werden, woraus über eine (Regressions-)Formel die subjektive Information als Verständlichkeitsmaß (in ‚bit') errechenbar ist. Unter dem Aspekt des T.ses werden die so erhaltenen Werte in Richtung auf die individuelle Fähigkeit der Informationsaufnahme und -verarbeitung (aufgrund von Texten: ‚knowledge from written material') hin interpretiert; Schwächen in dieser Fähigkeit können dann durch ein Lesetraining angegangen werden, das besonders die Lesegeschwindigkeit und (in geringerem Ausmaß) auch die kognitive Verarbeitungsstruktur/-qualität übt (vgl. E. C. POULTON 1961). Diese über den normalen Leseunterricht hinausgehende Perspektive der Anpassung des Menschen an die Umwelt (den Text) ist allerdings erst vom Jugendalter an sinnvoll und auch hier nur eingeschränkt brauchbar – entsprechende Lesetrainings werden auch vornehmlich für Berufstätige (mit hohem Leseaufwand) angeboten. Gerade für Informationstexte im Kindes- und Jugendalter ist, da diese meistens schon vom Inhalt her eine kognitive Anforderung darstellen, hinsichtlich der (didaktischen) Textgestaltung die Frage nach der Anpassung des Textes an den Rezipienten, und d.h. die Erforschung der Textverständlichkeit ungleich relevanter. Unter dieser Perspektive wird über die durchschnittlichen Verständniswerte einer möglichst großen Anzahl von Rezipienten – das Subjekt fungiert hier als Medium – auf die Verständlichkeit des Textes zurückgeschlossen. Der Aspekt der Verständlichkeit stellt dabei das Verbindungsglied zwischen Textmerkmalen und dem angestrebten Lernerfolg dar.

Die Dimensionen der Textstruktur, die für das T. relevant sind, sind auf mehr induktivem Weg durch Schätzurteile von Experten (vgl. I. LANGER et al. 1974) bzw. auf mehr deduktiv theoriegeleitetem Weg (N. GROEBEN 1972) feststellbar; dabei haben sich übereinstimmend vier Dimensionen mit folgenden Merkmalen ergeben: 1. Sprachliche Einfachheit: kurze, einfache Sätze; aktive Verben; aktiv-positive Formulierung; geläufige Wörter; keine Nominalisierung; Fachwörter erklärt; persönliche Worte; konkret, anschaulich; keine Satzschachtelung. 2. Kognitive Ordnung/Gliederung: vorangestellte Zusammenfassung (‚advanced organizer' nach D. P. AUSUBEL); lineare, folgerichtige Gedankenführung; übersichtliche Gegliedertheit; Hervorhebung wichtiger Konzepte; Zusammenfassungen; Beispielgebung; Herausarbeiten von Ähnlichkeiten/Unterschieden von Begriffen, Konzepten etc. 3. Kürze-Prägnanz: Beschränkung aufs Wesentliche; keine Weitschweifigkeit; aufs Lehrziel konzentriert; knapp, jedes Wort notwendig; keine wörtliche oder synonyme Wiederholung von Satzgliedern mit gewichtiger Bedeutung. 4. Motivierender konzeptueller Konflikt: Neuheit; Überraschung; Probleme mit alternativen Lösungsmöglichkeiten; Gleichwahrscheinlichkeit von Alternativen; Einfügung von Fragen etc. Die größte Bedeutung für die Textverständlichkeit hat die kognitive Ordnung/Gliederung, dann folgen sprachliche Einfachheit und Kürze-Prägnanz. Die Dimension des motivierenden Konflikts ist dazu gegenläufig: je größer solcher konzeptueller Konflikt, umso schwieriger ist ein Text zu verstehen (N. GROEBEN 1976). In bezug auf den Lernerfolg zeigt sich in allen bisherigen empirischen Untersuchungen übereinstimmend, daß der wichtigste Faktor für den kognitiven Lerneffekt (Wissen, Behalten) die kognitive Gegliedertheit/Ordnung eines Textes ist, die durch die sprachliche Einfachheit wirksam unterstützt wird. Hinsichtlich der Kürze-Prägnanz des Textes sollte man variabel sein und z.B. bei Lernschwierigkeiten wiederholende Textpassagen (Redundanz) zur schülerspezifischen Hilfe zur Verfügung haben (N. GROEBEN 1972, 146). In bezug auf die Relation von kognitivem Lernkriterium und Motivierungsziel ergibt sich als eindeutiger Befund: das Behaltenskriterium ist dem Motivierungsaspekt vorzuordnen; d.h. stimulierende Textmerkmale führen bei unbegrenzter Maximierung zu so großer Komplexität des Lernmaterials, daß ohne übergeordnete kognitive Strukturierung nur eine Verwirrung des Lesers droht. Motivierender kognitiver Konflikt sollte daher nur zusätzlich zur kognitiven Ordnung eingeführt werden (I. LANGER et al. 1974, 24) und nur so stark, wie er die konzeptuelle Strukturierung des Lernenden nicht schädigt (N. GROEBEN 1972, 136). Diese Dimensionen der Textverständlichkeit und ihre Wirksamkeit für den kognitiven und motivationalen Lernerfolg gelten für Kinder, Jugendliche und Erwachsene gleichermaßen (innerhalb der je altersspezifischen sprachlichen und kognitiven Kompetenz); zur Verbesserung von Texten unter den dargestellten Kriterien haben I. LANGER et al. (1974) ein Trainingsprogramm entwickelt. Dabei ist allerdings eine Ausfüllung der Kriterien, die spezifisch für das Kindes- und Jugendalter gelten, nicht berücksichtigt. Hier gibt es bislang kaum im engeren Sinne empirische Ansätze, sondern vor allem aus der pädagogischen Praxis herauskristallisierte Vorschläge der Literaturdidaktik. Der Grund dafür liegt hauptsächlich darin, daß Informationstexte in der Schule immer noch viel weniger eingesetzt, gelesen und bearbeitet werden als es nützlich und sinnvoll wäre (vgl. N. GROEBEN, 1975, zusammen mit B. SCHEELE). Die Literaturdidaktik unterscheidet in Abhebung vom im engeren Sinne wissenschaftlichen Fachbuch das auf die Bedürfnisse und Kenntnisse des Kindes und/oder Jugendlichen ausgerichtete ‚Sachbuch', das als Verbindung von oft popularisierter Wissenschaft und altersspezifischer Erlebnishaftigkeit definiert wird (W. FRONEMANN, R. BAMBERGER 1965, 222ff.). Das Sachbuch vereint auf diese Weise in seiner Gestaltung („gestaltetes Sachbuch": E. ROTHEMUND) wissenschaftliche mit literarischen Elementen (I. AUBÖCK 1963). Die literarischen Dimensionen der erlebnishaften und anschaulichen Gestaltung werden dabei vor allem durch epische Erzählungen (Tiergeschichten, historischer Roman etc.) sowie die Reportage (Reiseerzählung, Entdeckungsberichte etc.) verwirklicht (vgl. besonders KL. DODERER 1961). Die Zuordnung zu bestimmten Altersstufen (H. BOEDEKKER 1966) kann praktisch erst für das Alter von neun bis elf Jahren von einem genügend großen intentionalen Bogen ausgehen, der erlebnishaft gestaltete Sachbücher als Monographien sinnvoll macht; vom 9./10. Schuljahr an erscheint dann der Übergang vom Sachbuch zum Fachbuch möglich (A. BEINLICH 1973, 498f.). Für eine sichere Entscheidung hinsichtlich des stärkeren Einsatzes von Sach- und Fachbüchern innerhalb des Schulsystems wie auch der individuellen Förderung fehlt allerdings noch eine beträchtliche Menge empirischer Forschung.

Fiktionale Texte. Wenn auch die Dimensionen des T.ses bei fiktionalen Texten denen bei Informationstexten vergleichbar sind, so ist doch die empirische Erfassung dieses T.ses (‚Messung') ungleich schwerer; im Prinzip sind hier die Methoden der literarischen Rezeptionsforschung (empirische Konkretisations-Erhebung) zu nennen (vgl. N. GROEBEN 1972a, 183ff.), die aber erst ansatzweise erprobt sind (vgl. W. BAUER et al. 1972; W. DEHN 1974; H. EGGERT et al. 1975; W. FAULSTICH 1976; N. GROEBEN 1977).
Die Verbesserung des Verständnisses fiktionaler Texte ist das umfassende Lehr-/Lernziel des Literaturunterrichts und damit weitgehend identisch mit dem gesamten Gebiet der Literaturdidaktik.

Im Vordergrund der Diskussion steht daher auch bei fiktionalen Texten deren Verständlichkeit für Kinder und Jugendliche. Wie immer bei Aufeinandertreffen von Entwicklungs- und pädagogischer Perspektive gibt es dabei die Gefahr des naturalistischen Fehlschlusses, der aus deskriptiven Feststellungen z.B. von Entwicklungsstufen präskriptive Vorstellungen z.B. über die Altersadäquatheit (von Texten) ableitet. Als ein solcher naturalistischer Fehlschluß ist heute die uneingeschränkte Forderung der alten Reformpädagogik nach ‚Kindgemäßheit' (Kindertümlichkeit) des Lesestoffes zu kritisieren. Sie ist verständlich aus dem Bemühen heraus, das Kind und seine Welt als etwas Eigenständiges zu sehen, schließt aber in der völligen Anpassung an die Faktizität der Entwicklungsstufe über das Ziel hinaus (K. E. MAIER [7]1973, 249f.; R. GEISSLER 1969). Entwicklungsanreiz und Förderung sind nur durch eine Aufgabenstellung erreichbar, die über das jeweilige Lesevermögen (qua Textverstehen) hinausgeht. Dieser Aspekt der Antizipation durch bislang nicht vollständig verständliche (fiktionale) Texte wird vom Konzept der ‚Verfrühung' akzentuiert (vgl. R. GEISSLER 1962; K. E. MAIER [7]1973, 252). Dabei ist natürlich die polare Gefahr zum naturalistischen Fehlschluß zu vermeiden: die Verletzung des Brückenprinzips (zwischen Präskription und Deskription) ‚Sollen impliziert Können'. Das heißt, das Kind bzw. der Jugendliche müssen die ‚vorausgreifende' Aufgabenstellung erfolgreich bewältigen können; das ist ein Kriterium, das aus der Motivationsforschung seit langem bekannt ist und das auch im Spannungsbereich der Pole ‚Kindgemäßheit – literarische Verfrühung' unbedingt erfüllt werden sollte: das Prinzip der motivationalen Passung (H. HECKHAUSEN 1965); d.h. die Aufgabe sollte zwar Anforderungen an den Lernenden stellen, diese aber müssen für ihn zu bewältigen sein. Innerhalb dieses Prinzips ist dann auch durchaus eine Adaption fiktionaler Texte an das Verstehensvermögen der kindlichen/jugendlichen Leser (TH. BRÜGGEMANN 1966; M. DAHRENDORF 1967) sinnvoll, die die Kenntnisse und Erfahrungen, Interessen und Bedürfnisse sowie Erlebnisweisen der Rezipientengruppe berücksichtigt (G. KLINGBERG 1973, 94). KLINGBERG unterscheidet dabei die stoffwählende, formwählende und stilwählende Adaption (1973, 94ff.). Welche Adaptionsschritte im einzelnen dem Prinzip der motivationalen Passung am besten entsprechen, harrt allerdings noch der empirischen Erforschung; das gilt insbesondere auch für das Problem der interindividuell unterschiedlichen Lese- und Textverstehensfähigkeiten, d.h. die Frage, welche unterschiedlich schwierigen (fiktionalen) Texte man verschiedenen Schülern pädagogisch sinnvoll zumuten kann. Diese Perspektive der Wechselwirkung zwischen Leserfähigkeit und Textschwierigkeit ist eines der am dringendsten empirisch zu erforschenden Probleme in der heutigen Literaturdidaktik (vgl. N. GROEBEN 1976a).

→ Kindertümlichkeit, → Literaturdidaktik, → Veranschaulichung, → Verfrühung

Sekundärliteratur: R. C. Anderson: How to construct achievement tests to assess comprehension (in: Review of educational research. 42. 1972. 145–170). – I. Auböck: Die literarischen Elemente des Sachbuchs (Diss. 1963). – R. Bamberger: Jugendlektüre (1965). – W. Bauer: Text und Rezeption. Wirkungsanalyse zeitgenössischer Lyrik am Beispiel des Gedichtes ‚Fadensonnen' von Paul Celan (1972, zus. m.a.). – A. Beinlich: Textgrundlagen der Leseerziehung (in: A. Cl. Baumgärtner (Hrsg.): Lesen. Ein Handbuch. 1973. 472–505). – H. Bödecker: Sachbuch, Kind, Altersstufe (in: R. Bamberger (Hrsg.): Probleme des Sachbuches für die Jugend. Schriften zur Jugendlektüre 1966. 33–46). – Th. Brüggemann: Literaturtheoretische Grundlagen des Kinder- und Jugendschrifttums (in: Bericht der Jubiläumstagung des Deutschen Jugendschriftenwerkes e.V. 1966. 39 57). – J. B. Carroll: Defining language comprehension: some speculations (in: R. O. Freedle (Hrsg. zus. mit J. B. Carroll): Language comprehension and the acquisition of knowledge. 1972. 1–29). – R. P. Carver: Analysis of ‚chunked' test items as measures of reading and listening comprehension (in: Journal of educational measurement. 7. 1970. 141–150). – M. Dahrendorf: Dichtung und Jugendliteratur (in: Zeitschrift für Jugendliteratur. 1. 1967. 385–400). – F. B. Davis: Fundamental factors of comprehension in reading (in: Psychometrika. 9. 1944. 185–197); Psychometric research on comprehension in Reading (in: Reading research quarterly. 7. 1972. 628–678). – W. Dehn (Hrsg.): Ästhetische Erfahrung und literarisches Lernen (1974). – Kl. Doderer: Das Sachbuch als literarpädagogisches Problem (1961). – H. Eggert: Schüler im Literaturunterricht (1975). – W. Faulstich: Die Relevanz der cloze-procedure als Methode wissenschaftlicher Textuntersuchung (in: Zeitschrift Linguistik und Literaturwissenschaft. 21. 1976. 81–95). – R. Geissler: Für eine literarische Verfrühung (in: Kl. Doderer (Hrsg.): Studien zur Jugendliteratur und literarischen Bildung 1962. 793–800); Kritische Bemerkungen zu einer verbreiteten Ansicht über die ‚Kind- und Jugendgemäßheit' von Lesestoffen (in: H. Helmers (Hrsg.): Die Diskussion um das Deutsche Lesebuch. 1969. 206–218). – N. Groeben: Die Verständlichkeit von Unterrichtstexten (1972); Literaturpsychologie (1972a); Verstehen, Behalten, Interesse, Übereinstimmende Antworten und kontroverse Fragen zur Beziehung von Textstruktur, Textverständnis und Lerneffekt (in: Unterrichtswissenschaft 2. 1976. 128–142); Mythos contra Erklärung: Dimensionen eines psychologischen Konflikts. Semantische und pragmatische Aspekte der Analyse von Comics (in: J. Wermke (Hrsg.): Comics und Religion. 1976b. 137–167); Rezeptionsforschung als empirische Literaturwissenschaft (1977); Zur Psychologie des Nicht-Lesens. Richtungen und Grenzen der Lesemotivation (in: H. G. Göpfert (Hrsg. zus. m.a.): Lesen und Leben. 1975. 82–114, zus. mit B. Scheele). – H. Heckhausen: Leistungsmotivation (in: H. Thomae (Hrsg.): Handbuch der Psychologie, Bd. 2.: Allgemeine Psychologie II: Motivation. 1965. 602–702). – G. Klingberg: Kinder- und Jugendliteraturforschung (1973). – I. Langer: Verständlichkeit in Schule, Verwaltung, Politik und Wissenschaft (1974). – K. E. Maier: Jugendschrifttum (⁷1973). – E. C. Poulton: British courses for adults on effective reading (in: British journal of educational psychology. 31. 1961. 128–137). – D. Spearritt: Identification of subskills of reading comprehension by maximum likelihood factor analysis (in: Reading research quarterly VIII. 1972. 92–111). – L. L. Thurstone: Note on a reanalysis of Davis' reading tests (in: Psychometrika. 11. 1946. 185–188). – K. Weltner: Informationstheorie und Erziehungswissenschaft (1970).

Norbert Groeben

Thalheim, Louise

*Schriftstellerin und Kinderbuchillustratorin; *1.5.1817 Oels (Schlesien), †1896 Oels (Schlesien).*

Th., Tochter eines Justizrats, lebte zunächst in Trebnitz in der Familie ihres Bruders, für dessen Kinder sie schrieb und illustrierte. Zwischen 1856 und 1870 war sie zur zeichnerischen Ausbildung in Berlin und Düsseldorf, wo WILHELM SOHN sie angeleitet hat. Danach lebte sie bis zu ihrem Tod unverheiratet in den Familien ihrer Verwandten in Hirschberg und Oels.

Werk, Tendenzen, Wirkung. Th. verfaßte Gedichte für Kinder nach dem Vorbild alter volkstümlicher Kinderreime, außerdem stammen von ihr auch selbstillustrierte Erzählungen für junge Mädchen wie „Maientage des Lebens" (1871), „Tageszeiten" (1874), „Aus der Jugendzeit" (1874) sowie eine patriotische Erzählung „Deutschland, Deutschland über alles" (1875). Th. ist auch Autorin eines einaktigen Schwankes für das Jugendtheater. Ihre schriftstellerische Produktion unterscheidet sich „in nichts" von der „ihrer zeitgenössischen Mitschwestern" (DYHRENFURTH) wie etwa der Schlesierinnen ROSALIE KOCH (1811–1880) und HEDWIG PROHL (1823–1866). Als Illustratorin ist Th. origineller und in ihrem Stil unverkennbar, obwohl sie immer im Rahmen der Stilformen des späten Biedermeier bleibt. Ihre ersten Kinderversillustrationen sind noch anonym in dem seinerzeit bekannten Berliner Verlag Winckelmann & Söhne erschienen (Büchlein Sing-Sang, 1853; Büchlein Tausendschön, 1855; Büchlein Glockenblume, 1856; Büchlein Veilchenblau, 1858), dessen Hauptillustrator THEODOR HOSEMANN (1807–1875) war. Erst ab 1859, als ihr „Wischewasche Plaudertasche" bei Trewendt in Breslau erschien, wird Th. als Illustratorin genannt. Sie arbeitete dann außer für diesen Verlag hauptsächlich für Plahn in Berlin und Flemming in Glogau.

Unterscheiden lassen sich vier Werkgruppen: Die erste ist die der illustrierten Kinderverse, zu der außer den genannten Bänden „Kindermund" (1863), „Das Büchlein Kunterbunt" (1866), „Das Büchlein Dideldumdei" (1869) und später „Das Büchlein Stillvergnügt" (1874) und „Büchlein Bimbam" (1885) gehören. Die zweite Gruppe ist die der beiden Wunderholdbände („Schicksale der Puppe Wunderhold", 1865; „Puppe Wunderholds Freundinnen", 1867); zu ihr sind auch die drei Märchenbände von HERMANN KLETKE (1813–1886) (Ein Märchenbuch, 1867; Ein neues Märchenbuch, 1869; Märchen am Kamin, 1874) zu rechnen sowie AMALIA SCHOPPES (1791–1858) „Heinrich und Marie" (1868). Eine dritte Gruppe umfaßt die zahlreichen Bände mit Erzählungen für Mädchen, deren Verfasserinnen unter anderem LINA MORGENSTERN, ROSALIE KOCH, MARIE OSTEN (d.i. EMILIE EYLER), HEDWIG PROHL, BERTHA FILHÈS und Th. selbst sind. Eine letzte Gruppe kann man in den drei Folgen „Kinderscherz für's Kinderherz" (1867/1868) sehen, in denen die Zeichnungen der Th. von dem Dresdener BÜRKNER in Holz geschnitten sind. In diesen unkolorierten Bildern,

die an ähnliche der bekannten Dresdener Künstler erinnern, und die oft steif sind, kommt Th.s Eigenart nicht recht zum Ausdruck.
Charakteristisch für Th.s Stil ist, ganz besonders bei den frühen Kinderversillustrationen, die Verbindung eines größeren Hauptbildes mit mehreren kleinen, oft vignettenartigen Bildchen, gelegentlich auch, wie in der „Wunderhold-Serie", nur mit einem solcher Art. Blumenranken, Zweige, Bäume rahmen das Ganze oder halten es in vielfältigen Variationen von Kinder- und Tiermotiven zusammen. Das Graziöse und Anmutige dieser Kompositionen und deren zarte, geschmackvolle Kolorierung, was beides später durch Farbendruckverfahren vergröbert wird, heben sie aus ähnlichen Illustrationen der Zeit heraus, mag auch I. BANG die „graphische Höhe" HOSEMANNS vermissen, der sie neben Düsseldorfer Künstlern wie SONDERLAND und SCHRÖDTER beeinflußt hat.

Werke: Das Büchlein Sing-Sang (1853); Das Büchlein Tausendschön (1855); Das Büchlein Glockenblume (1856); Das Büchlein Veilchenblau (1858); L. Thalheim: Wische-wasche-Plaudertasche (1859); L. Thalheim: Liederborn (1860); L. Morgenstern: Die Storchstraße (1861); H. Prohl: Samenkörner für junge Herzen (1862); H. Prohl: Ernster Sinn in bunten Bildern (1863); L. Thalheim: Der Kindermund (1863); H. Prohl: Erfreue und nütze (1864); A. Cosmar: Schicksale der Puppe Wunderhold (1865); A. Cosmar: Puppe Wunderholds Freundinnen (1867); L. Thalheim: Das Büchlein Kunterbunt (1866); H. Kletke: Ein Märchenbuch (1867); L. Thalheim: Kinderscherz für's Kinderherz (Bd. 1–3. 1867–1868); A. Schoppe: Heinrich und Marie (1868); L. Thalheim: Das Büchlein Dideldumdei (1869); H. Kletke: Ein neues Märchenbuch (1869); L. Thalheim: Marientag des Lebens (1871); H. Kletke: Märchen am Kamin (1874); L. Thalheim: Aus der Jugendzeit. Zwei Erzählungen für heranwachsende Mädchen (1874); L. Thalheim: Das Büchlein Stillvergnügt (1874); L. Thalheim: Tageszeiten. Drei Novellen für erwachsene junge Mädchen (1874); L. Thalheim: Büchlein Bimbam (1885).

Sekundärliteratur: I. Bang: Die Entwicklung der deutschen Märchenillustration (1944). – I. Dyhrenfurth: Geschichte des deutschen Jugendbuches (³1967). – E. Semrau: Die Kinderbuchillustratorin Louise Thalheim (in: Philobiblon. 1974. 18. 39–50 und 284–285).

Eberhard Semrau

Thalhofer, Franz Xaver

*Katholischer Theologe und Lehrerbildner; Mitarbeiter am Cassianeum in Donauwörth; * 13. 9. 1867 Dillingen (Donau), † 30. 1. 1925 Pasing bei München.*

Th.s Jugendbuchtheorie, dargestellt in seinem Werk „Die Jugendlektüre" (1924), muß in ihrer zeitgeschichtlichen und weltanschaulichen Verwurzelung verstanden werden. Th. äußerte sich 1901 zum ersten Mal zur Jugendschriftenfrage. Er nimmt in dem Streit zwischen HEINRICH WOLGAST (Vorrang der literarischen Bewertung eines Jugendbuches) und seinen Gegnern (Vorrang der religiös-sittlichen und erzieherischen Bewertung) eine Mittelstellung ein, die auch von LAURENZ KIESGEN, STEPHAN REINKE, ELISABETH NIELAND und JOSEPH ANTZ vertreten wurde. Die späteren Bestrebungen des Borromäusvereins fußen auf Th.s Theorie.
Th. stellte sich zunächst hinter WOLGAST, wenn er sagt: „Das Leben in seiner Vielseitigkeit wahr und plastisch hinzustellen, vermag nur der echte Dichter; er ist deshalb auch der wahre Jugendschriftsteller". Den Primat des ästhetischen Genusses in der Erziehung durch das Jugendbuch läßt Th. jedoch nicht gelten. Eine Erziehung zum Buch als literarischem Gegenstand eigener Art zieht Th. überhaupt nicht in Betracht. Unter ausdrücklicher Berufung auf den weltanschaulichen (das ist hier: katholischen) Standort des Erziehers vertritt Th. eine bewahrend-direktive Erziehung, deren oberstes Ziel die Vermittlung religiös-sittlicher Werte ist. Diesem Ziel habe auch das Jugendbuch zu dienen: „Die Darstellung des ‚sittlich Schönen' soll eine Hauptabsicht der Jugenderzählung sein." Th.s Position gipfelt in der These: „Das Jugendbuch soll geistige und sittliche Lebenswerte vermitteln, und es sei darum dichterisch eindrucksvoll." Kindertümlichkeit stellt Th. vor die „Kunstfertigkeit" Er vertritt jedoch den Standpunkt, daß das Kind zum Verständnis dichterischer Werte erzogen werden könne und müsse; denn eben nur das dichterisch wertvolle Jugendbuch stifte bleibende, wenn auch nicht leicht zu erringende Werte. Das seichte, minderwertige Jugendbuch werde zwar bequemer verstanden, sein Inhalt und „Gehalt" aber schneller vergessen. Damit gebe es nur Nahrung zu einer unverbindlichen Vielleserei.

→ Kritik der Kinder- und Jugendliteratur

Werke: Die Sexualpädagogik bei den Philanthropen (1907); Sind Jugendschriften von literarischen oder erzieherischen Gesichtspunkten aus zu beurteilen? (²1916); Die Jugendlektüre. Geschichtliches und Grundsätzliches (1924, ²1925); Unterricht und Bildung im Mittelalter (1928).

Hrsg.: Fr. v. Pocci: Geschichten und Lieder (1906, ²1913).

Hermann Bertlein

Theden, Dietrich

*Lehrer, Schriftsteller, Redakteur der „Gartenlaube" in Leipzig; * 15. 6. 1857 Bansrade (Holstein), † Nov. 1909 Funchal (Madeira).*

Th., Sohn eines Hufners, war Lehrer an einem Hamburger Waisenhaus. 1884 ging er als Redakteur der „Gartenlaube" nach Leipzig.

Werk, Tendenzen, Wirkung. Th. verfaßte zahlreiche Romane und Jugenderzählungen. Bekannt wurde er jedoch besonders durch seine 1882 veröffentlichte theoretische Schrift „Die Deutsche Jugendliteratur". Das Werk gliedert sich in zwei Teile: 1. „Grundsätze zur Beurtheilung der Deutschen Jugendliteratur, Winke für Gründung, Einrichtung und Fortführung einschlägiger Bibliotheken"; 2. „Verzeichnis empfehlenswerther Schriften". Jugendliteratur versteht Th. als „einflussreichen, aber leider vielfach noch immer ver-

borgenen Miterzieher". Eindringlich warnt er vor einer Unterschätzung insbesondere des „flachen, werthlosen, seichten, direct schädlichen" Jugendschrifttums: Erzieher brauchten sich nicht wundern, woher sonst das Kind „phantastische und verkehrte" Gesinnungen erhalten würde. Th. sieht also durchaus, wenngleich stark monokausal, die Bedeutung von Jugendliteratur als Sozialisationsinstanz. Als Wesensgrundsätze werden deklariert: Jugendliteratur muß „rein und gesund" sein, sie darf ferner „mit den Erziehungszwecken nicht in Widerspruch treten!". Th. plädiert für „werthvolle Jugendschriften", bekämpft die „grell-bunten und schon auf dem Umschlage brand und bluthrothen Indianergeschichten" und betont insgesamt stark ästhetisch-pädagogische Momente: „Eine gute Jugendschrift ist als anmuthende Umschreibung ethischer Kernsätze, als Verstand und Gemüth anregende Detailmalerei pädagogischen Lehr- und Übungsstoffes ein Förderungsmittel für Gesinnung und Wissen". Seine Beurteilung von Jugendschrifttum bezieht sich auf Inhalt, Form und Ausstattung. Vom Inhalt erwartet er, daß er „sittlich rein" ist, den „Stempel der Wahrhaftigkeit und Natürlichkeit" trägt, „ohne Erotik", „unterhält", „veredelt und belehrt". Ausschließlich unterhaltende Schriften lehnt er ab. Handlung und Inhalt müssen „bewegt", „altersgemäß" und „spannend" sein; Sachbücher sollten mit „der Höhe der Wissenschaft" übereinstimmen; „kirchliche Streitigkeiten wie soziale und politische Mißstände gehören in keine Jugendschrift!". Die Form soll zur Bildung des Sprachgefühls, Verfeinerung des Geschmacks und Belebung der Phantasie beitragen. An die Ausstattung wird der Anspruch nach „treuen" und „lebensnahen" Illustrationen gestellt.
Im „Verzeichnis empfehlenswerther Schriften" geht Th. von drei Lesealtergruppen aus: Für die 6- bis 9jährigen werden „Bilderwerke, Märchen und Sagen, Fabeln, Jugend-Dichtungen, Erzählungen und Schilderungen" vorgeschlagen. Der zweiten Alterskategorie (10–14 Jahre) empfiehlt Th. besonders Sagen, Robinsonaden, Biographien, „Erzählungen und Schilderungen aus dem täglichen Leben", Sachbücher, Sammelwerke und Zeitschriften. Dichtung und enzyklopädische Werke schließlich werden für die 15- bis 18-jährigen genannt. „Schriften für die der Schule entwachsene weibliche Jugend" (empfohlen werden Bücher wie „An deutschem Herd", „Knospen und Blüthen", „Mädchenjahre in Lust und Leid", „Geprüft und bewährt" und vieles andere mehr) schließen das Verzeichnis ab, wobei auch die Erzählungen Johanna Spyris (1827–1901), die Th. schätzt, genannt werden. Th. trat auch als erzählender Autor hervor. Von ihm stammen unter anderem „Fürs Kind" (1884) und „Jugendgrüße" (1891).

Werke: Die Deutsche Jugendliteratur. Kritisch und systematisch dargestellt. Grundsätze zur Beurtheilung der Deutschen Jugendliteratur, Winke für Gründung, Einrichtung und Fortführung einschlägiger Bibliotheken und Verzeichniss empfehlenswerter Schriften (1882).

Bernhard Meier

Theuermeister, Käthe

*(Ps. Helga Henning). Kinderbuchautorin; *21.1.1912 Leipzig.*

Th., deren Eltern als Hotelangestellte arbeiteten, war lange Jahre hindurch als Kontoristin tätig. 1940 kam sie nach Gießen, heiratete dort und hat 5 Kinder. Th. begann 1959, Kinderbücher zu schreiben. Ihr erstes erschien 1960. Seither sind rund 50 Titel mit einer ungefähren Auflage von 3 Millionen Bänden herausgekommen. Th. lebt in Pohlheim bei Gießen.

Werk, Tendenzen, Wirkung. Th. betrachtet ihre Bücher als Unterhaltungsmedium und Erziehungshilfe. Sie setzt in ihren Kinder- und Jugendbüchern der Unrast und den Wirren der Zeit eine heile Welt entgegen, in der glückliche, stark von vorbildlichen Müttern geprägte Familien in Land- und Kleinstädten im Mittelpunkt stehen, die vom Lärm der Großstädte noch nicht berührt sind. Im Widerspruch dazu verwendet sie gerne Spannung erzeugende bis reißerische Motive wie unvorhergesehene Erbschaften, weite Reisen oder Kriminalfälle. Auftauchende Konflikte und Schwierigkeiten werden durch schicksalhafte Fügungen (Erbschaft, Unfälle) spielend gelöst. Lob einer vorindustriellen, patriarchalisch geprägten Familienidylle, ein Kult der „Natürlichkeit" und entsprechend auf „gut" (d.i. „natürlich", Vorliebe für Familie und Kleinstädte) und „böse" (d.i. egoistisch, unzufrieden, eitel) hin typisierte Figurenzeichnung zeigen eine kulturpessimistisch-konservative Grundhaltung, für die das Kind noch in einem Paradies lebt, das man ihm solange wie möglich erhalten sollte. Die Mädchenfiguren in Th.s Büchern sind entweder vorwitzig, fröhlich und unbeschwert oder still, in sich gekehrt und bescheiden (Ulrike und Simone). Anknüpfend an die Zeitgeschichte, dabei aber auch auf alte Kinderbuchschemata zurückgreifend, erzählt Th. auch gerne von Waisenkindern („Angelika im Sonnenland", „Hummelchen"). „Unsere Babuz" ist das Hohelied einer Familie, in der nachkriegs- und umweltgeschädigte Kinder wieder geheilt werden; „Angelika im Sonnenland" schildert ein Jahr Mallorca einer Familie, deren Vater als Professor und Höhlenforscher den Kindern herrliche Abenteuer verspricht; Angelika ist ein bei allen beliebtes, unternehmendes, fröhliches, problemloses „Sonnenkind", das zusammen mit dem Bruder die eitle und verwöhnte Freundin Margot, Tochter deutscher Hotelbesitzer, zu einem liebenswürdigen und natürlichen Wesen formt; außerdem befreien sie eine arme Waise von ihrer bösen Pflegemutter und bringen in einer handfesten Kriminalstory zwei Gangster zur Strecke; vom sicheren Hort einer wirtschaftlich saturierten Familie aus wird dann gegen eine Überschätzung des Reichtums Stellung genommen.
Eine noch stärkere Ansammlung von Klischees und traditionellen Kinderbuchmotiven ist in der „Hummelchen"-Serie (8 Bde. 1963–1967) zu finden. Sie übernimmt das „Wildfang"-Stereotyp und schildert den

Lebensweg eines Mädchens von seinem sechsten Lebensjahr bis zum Abitur.
Unter dem Vorwand, die Werte des „Gemüts" und des „Herzens" hochzuhalten und der Unruhe und den Äußerlichkeiten der Gegenwart „zeitlose Wahrheiten" entgegenzusetzen, verdrängt Th. in ihren Erzählungen die Probleme unserer Welt und der sozialen Wirklichkeit und trägt zur Verfestigung ihrer Strukturen bei; ein großer Industriebetrieb wird zum Abbild patriarchalischer Familienstruktur, wie überhaupt eine eng gefügte Familie und in ihrer Mitte eine idealisierte Mutter zum Allheilmittel gegen die Krankheiten der Zeit aufgeboten werden. Der Beschwörung einer romantisierten Vergangenheit entspricht es, wenn die Personen auf ihre Alters- und Geschlechtsrollen festgelegt werden und wenn eine märchenhafte Gerechtigkeit waltet: die Guten bekommen ihren Lohn und die Bösen ihre Strafe („Ulrike und Simone", S. 42: „es zahlt sich immer aus, wenn man sich anständig benimmt").
Die Erzählungen Th.s montieren fast alle überlieferten Mädchenbuchmotive und -topoi, die auch von JOHANNA SPYRI, AGNES SAPPER, E. VON RHODEN, E. URY, E. GÜNDEL, M. TROTT gebraucht wurden, und reichern sie mit denen der Märchen und der Kulturindustrie geschickt an, so daß die jungen Leserinnen hier wie bei kaum einer anderen Autorin auf ihre Kosten kommen. M. DAHRENDORF hat sich besonders mit den Mädchenbüchern auseinandergesetzt und dabei auch Bücher der Th. kritisch kommentiert und rollentheoretisch untersucht.

→ Mädchenbuch

Werke: Das Mädchen mit den bunten Augen (1960); Tini und der rote Luftballon (1960); Die Jungen von Hollberg (1961; auch u.d.T.: Auf Hollberg ist was los, 1968); Struppi, komm! (1961); Tini findet eine neue Heimat (1961); Viel Wind um Kathi (1962); Hummelchen (1963); Hummelchen geht in die Schule (1963); Reni im Schwalbennest (1963); Tini vom Sonnenhof (1963); Hummelchen macht eine Entdeckung (1964); Hummelchen auf Reisen (1964); Hummelchen im Internat (1965); Hummelchen und die Mücke (1965); Unsere Babuz (1965); Hummelchen reist nach Amerika (1966); Tini und Evchen (1966); Ulrike und Simone (1966; auch u.d.T.: Zwei ungleiche Schwestern, 1977); Angelika im Sonnenland (1967; auch u.d.T.: Angelika, 1977); Glückliche Zeit für Cornelia (1967); Hummelchen weiß, was sie will (1967); Uli kann alles (1968); Die Kinder vom Kinzingtal (1969); Ferienzeit auf Gut Wellin (1970); Die tolle Klasse von Birkenried (1970); Die vertauschten Töchter (1971); Molli und Melli, die Zwillingsschwestern (1972); Molli und Melli im neuen Haus (1972); Berni und sein rotes Auto (1972); In Randheim geht's rund (1973); Uli ist pfiffig (1973); Unser lieber Augustin (1973); Anett, die kleine Gärtnerin (1974); Es tut sich was um Heiner (1974); Jockel baut ein Haus (1974); Manuelas sieben Träume (1974); Tobi, der kleine Racker (1974); Ferienzeit mit Nicole (1975); Hänschen geht auf Wanderschaft (1976); Eine fröhliche Woche mit Stefanie (1977); Greif, der Wolfshund (1977); Reni im Ferienheim (1977); Sommerfest in der Waldschule (1977); Thomas und Inge spielen Kaufmann (1977); Maxi, das freche Fohlen (1978).

Sekundärliteratur: M. Dahrendorf: Das Mädchenbuch (in: M. Dahrendorf (Hrsg. zus. mit W. von Schack: Das Buch in der Schule. 1969. 107–127).

Malte Dahrendorf

Thieme, Karl Traugott

*Magister der Philosophie, Rektor, Schriftsteller; *28.1.1745 Canitz bei Oschatz (Sachsen), †30.5.1802 Löbau (Oberlausitz).*

Th. wurde 1772 Katechet an der Peterskirche in Leipzig, kam 1776 als Rektor nach Lübben im Spreewald, wechselte 1784 als Rektor an die Stiftsschule in Merseburg und kam schließlich 1787 als Rektor an das Gymnasium in Löbau (Oberlausitz). Er war Mitglied der Kurfürstlich-Sächsisch-Oberlausitzschen Gesellschaft der Wissenschaft.
Über Th.s Person ist nur wenig bekannt; wie sein erster Biograph IMMANUEL GOTTLIEB KNEBEL schreibt, lebte Th. „eingezogen, still, einsam, seinen Studien"; Th. „selbst hinterließ nichts, was ausdrücklich dazu geeignet wäre, seine Individualität in allen ihren Beziehungen darzustellen" (I. G. KNEBEL „Vorarbeiten zu einer vollständigern Biographie und Charakteristik des M. Karl Traugott Thieme", S. 4). Durch seine „Absonderung" sei er „für das gemeine Geschäftsleben und den gewöhnlichen Umgang mit Menschen etwas unbrauchbar" geworden (a.a.O. S. 13). Eine ihm anvertraute Schule – in Merseburg oder in Löbau – ging unter seiner Leitung fast völlig zugrunde. Th. besaß, so KNEBEL, nur geringe Fremdsprachenkenntnisse, auch seine „antiquarischen, geographischen, historischen Kenntnisse" seien nicht bedeutend gewesen, er sei „nicht Vielwisser, aber origineller Denker" (a.a.O. S. 22f.) gewesen.

Werk, Tendenzen, Wirkung. Alle Schriften Th.s stehen im Zusammenhang mit der 1785 durch JOACHIM HEINRICH CAMPE (1746–1818) eingeleiteten Schulreform. Danach war Literatur weniger Unterhaltung oder Bestandteil des Vergnügens, vielmehr vor allem Vorbereitung auf das spätere Erwachsenenleben; das Spielerische verfolgte einen ganz bestimmten Zweck, war bestimmt von didaktischen Interessen. Es wäre jedoch zu einseitig, Th.s Schriften als „Lehrstücke über den entstehenden Kapitalismus" zu charakterisieren (MARIE-LUISE KÖNNEKER, „Kinderschaukel", Bd. 1, „Einleitung", S. 17). Übersehen wird bei diesem Verdikt Th.s Bemühung um Aufklärung, übersehen wird vor allem deren Dialektik. In seinem ersten wichtigen Werk „Erste Nahrung für den gesunden Menschenverstand" (1776) schrieb Th., daß beim Kind „die Sinne geschärft und die Denkkraft entwickelt" werden müsse. „Wenn der Verstand bei vielen Menschen gleichsam im Keime verdirbt, so ist gewiß nichts Anderes daran schuld, als daß man ihm zur Zeit des ersten Wachstums kraftlose und unverdauliche Nahrung gibt" („Erste Nahrung", S. VI). Th. betonte einerseits die Bedeutung des Denkens und des abstrakten Begriffs; andererseits wies er, wenn er „von den Gesellschaften und Lebensarten der Menschen" sprach, vorurteilsfrei auch auf solche Berufe hin, die ausschließlich dem Vergnügen der Menschen dienen. Deutlicher wird Th.s Aufklärungsbegriff in seinem „Gutmann" (die Figur des Gutmanns gibt es auch in den Schriften KNIGGES – 1752–1796 – und in DASSELS „Weltreise"). In der Widmungsadresse

„an die Kinder meines geliebten Vaterlandes Sachsen" heißt es dort: „Ja! der Gott, der das Bild der Unschuld in *Eure* Augen drückte, segne den Gebrauch dieses und anderer Hilfsmittel, damit *Ihr* die Würde erlangt, die *Ihr* alle, in welchem Stande *Ihr* auch geboren seid und einst leben möget, alle ohne Unterschied erlangen könnet und sollet: *die Würde vernünftiger Menschen!*" (Hervorhebung durch Th.). Wenn Th. schreibt: „Um brauchbare Glieder der Gesellschaft zu erlangen, ist eines am wichtigsten: Vernunft!", so bleibt noch offen, welche Gesellschaft er damit meinte; ein utopisches Moment ist in dieser Aussage noch enthalten. Es wäre vorschnell, ihn als einen Ideologen der Anpassung abstempeln zu wollen. In den „Aufmunterungen zum vernünftigen Denken und Handeln" widmete sich Th. besonders dem selbständigen Denken. Diesem Komplex war er schon in der Preisschrift, die ihn bekannt machte, nachgegangen: „Über die Hindernisse des Selbstdenkens". In den „Aufmunterungen", einer Bearbeitung der Preisschrift-Gedanken für Jugendliche, wollte Th. „das junge Gemüt zum eigenen Denken über sittliche Gegenstände, und zum eigenen Fleiße in der sittlichen Bildung" ermuntern („Aufmunterungen", S. 4). Auch wenn jedem Jüngling diese Betrachtungen trocken erscheinen, so dürfe doch nicht „im Charakter des Jünglings die Sinnlichkeit ... als herrschend vorausgesetzt werden" (a.a.O. S. 4). Aber das vernünftige Denken könne sich erst dann durchsetzen, wenn die Herrschaft der Sinnlichkeit gemäßigt worden sei. Denn schließlich trage erst die Vernunft zur „Veredelung des Menschen" bei, sei sie die „höchste Beherrscherin unserer Natur" (a.a.O. S. 103). In kleinen Abschnitten erläutert Th. die Themen, die auf dem Weg zur Vernunft bedacht werden müssen, sei es das Sprachvermögen, die Sorge für den Körper, der Kunstfleiß, die „Verträglichkeit der Natur mit der Kultur" oder die Meinungsfreiheit.

Um Th.s Aufklärungsbegriff verstehen zu können, muß man auch seine Stellung zu Religion und Kirche berücksichtigen. Im „Gutmann" vermied Th. bewußt Probleme der „Kirchentoleranz" und andere religiöse Fragen, denn diese lagen „ganz außer dem Gesichts- und Wirkungskreise der Kinder" („Gutmann", S. VIIIf.). So führte Th. seine Erklärungsversuche naturhafter und gesellschaftlicher Vorgänge letztlich auch nicht auf einen göttlichen Schöpfer zurück, sondern er beschränkte sich auf Erläuterungen, wie sie „vorerst" einmal gültig seien. Die eigentliche, religiöse Erklärung werde erst später wichtig. Mit diesem Schachzug hat Th. wichtige Widerstände der Kirche gegen die Aufklärung geschickt umgangen. So ließ Th. auch in der vierten Auflage der „Ersten Nahrung" die Gespräche über religiöse Fragen – z.B. über die Seele, über religiöse Glückseligkeit – fort. Er habe die „häufigen Beziehungen auf Gegenstände der Religion weggelassen", weil er davon überzeugt worden sei, „daß es schwer oder vielmehr ganz unmöglich ist, Kinder von diesen Gegenständen etwas mehr als Worte nachbeten zu lehren" („Erste Nahrung", [4]1799, S. VII). Zu beachten ist, daß Th.s Schüler JOHANN CHRISTIAN DOLZ (seit 1793 Lehrer an der Rathsfreischule in Leipzig), der nach Th.s Tod dessen Werke herausgab, entscheidende Stellen verändert hat. So schwächt er im „Gutmann" Th.s Zurückhaltung bei den religiösen Erklärungsversuchen ab und führte in der siebenten Auflage der „Ersten Nahrung" neue Abschnitte im Kapitel „von Gott" ein, weil ihm Th.s Beispiele „nicht edel genug" gewesen seien (DOLZ, Vorrede in Th.s „Erste Nahrung", [7]1812, S. X). Vollständig neu ist das Kapitel über „Gottes Heiligkeit". Diese Bearbeitungen und Veränderungen in den späteren Auflagen gilt es bei der heutigen Rezeption zu beachten.

Aufklärung betrieb Th. weniger im politischen als im pädagogischen Sinne. Wie KNEBEL berichtet, war Th. die französische Revolution „nie gleichgültig, er konnte ihr aber seinen Beifall nicht schenken und versprach sich von ihr keinen recht bedeutenden und mittelbaren Einfluß auf menschliche Bildung" (KNEBEL: „Vorarbeiten", S. 32). Th. habe die Auffassung vertreten, „daß das ganze Aufklärungsgeschäft einzig von einem verbesserten Erziehungswesen ausgehen müsse" (a.a.O. S. 32). Th. habe zwar erkannt, daß das „selbstsüchtig getriebene Manufaktur- und Fabrikwesen ... auf nichts als die Füllung des Beutels" ausgehe (a.a.O. S. 32), doch sei sein politisches Engagement unbedeutend gewesen; um so mehr seien seine Schriften für die Kinder und die Jugend zu loben. So kommt KNEBEL zu dem überraschenden Urteil: Th.s „Erste Nahrung" und der „Gutmann" verdienten „vielleicht noch mehr als KANTs unsterbliche Kritik, nicht bloß klassische Werke für die Nation und die lebende Menschheit, sondern als Meisterstücke für alle Zeiten und alle Völker angesehen zu werden ..., denn es enthält die Weisheit für den Menschen in allen Verhältnissen als Mensch" (a.a.O. S. 25). In der „Wolfischen Schule" sei Th. erzogen worden, den „Kantischen Kritizismus" habe er „in männlichen Jahren" kennengelernt, aber „an keiner von beiden Philosophien hing er fest, mit keiner machte er sich ganz vertraut". Th. „philosophierte auf seine freie Hand" (a.a.O. S. 27f.).

Großen Wert bei der Aufklärungsarbeit legte Th. auf Sach- und Sprachkenntnisse. Im „Gutmann" schrieb er dazu, die Kinder sollten nicht nur „lesen, d.i. Silben und Worte aussprechen" lernen, sondern sie müßten auch „ihre Vorstellungen von den darin enthaltenen Sachen" erweitern. Deshalb sei es notwendig, die Inhalte der Kinderwelt zu entnehmen. „Ich mußte also nicht König und Kriegshelden, nicht Gelehrte und Weltweise, nicht Ketzerverfolger und Märtyrer, sondern hauptsächlich Kinder redend und handelnd einführen, mußte auch diese Kinder immer so empfinden, urteilen und handeln lassen, wie es der Kindernatur angemessen ist" („Gutmann", S. VIIf.). Wenn ein Autor für Kinder schreibe, so dürfe er einerseits nicht die „Grenze der Sprachkenntnisse" überschreiten; andererseits sei der Wortschatz gerade bei „der niedrigern Volksklasse" so gering, daß man dieser schon durch das allmähliche Einführen neuer Wörter helfe (worunter Th. vor allem abstrakte Begriffe verstand). Die Vermehrung der Sachkenntnis und die Vermehrung der Sprachkenntnis seien miteinander eng verbunden (a.a.O. S. XII). So widmete sich Th. einerseits der naturwissenschaftlich orientierten Aufklärung, in der er sowohl alltägliche Vorgänge als auch seltene Himmelserscheinungen erklärte. In diesen Kapiteln herrscht noch ganz eine unbefangene Naturbeobachtung vor, der Blick auf sie ist noch nicht durch die Wissenschaft verstellt. Andererseits diskutiert Th. in Gesprächen zwischen Kind und Vater neue Wörter und Begriffe (Teil und Ganzes, Freiheit und Zwang, Urteilsschluß, Schuld und Entschuldigung etc.). In Inhalt und Stil ähneln Th.s „Gutmann" und „Erste Nahrung" dem 1811 erschienenen „Schatzkästlein des rheinischen Hausfreundes" von JOHANN PETER HEBEL (1760–1826).

„Der alte Erdmann" weicht von den übrigen Schriften Th.s ab. Die Person des Erdmann berichtet ihre Lebensgeschichte; im Vordergrund steht nun weniger die Wissensansammlung als die sittlich-moralische Charakterformung. Diese Änderung ist zu sehen als Reaktion auf das immer schneller anwachsende Sachwissen, dessen Darstellung in einem Realienbuch oder einem Elementarwerk nicht mehr möglich war. Dieser pseudo-autobiographische Roman erinnert stellenweise an den „Anton Reiser" von KARL PHILIPP MORITZ (1756–1793), der ja 1778 versucht hatte, am Philanthropinum BASEDOWS eine längerfristige Anstellung zu finden und der die dortigen Erlebnisse in seinem Roman „Andreas Hartkopf" verarbeitet hat. MORITZ' wie Th.s Thema war ein „aufwachsendes Menschenkind" (Th., „Der alte Erdmann", S. XIII). Lebensbeschreibung ist für Th. immer Bildungsgeschichte. Nach Auseinandersetzungen mit den strengen Eltern, nach mancherlei Schulschwierigkeiten und nach verschiedenen Versuchen in bildender Kunst und in der Chemie, findet Erdmann als Geschäftslehrling endlich sein befriedigendes Betätigungsfeld. Mit der Heirat schließt das dreibändige Werk; die Versöhnung mit der bestehenden Ordnung ist auf allen Ebenen vollzogen.

Die Werke Th.s dienten zahlreichen Autoren als Vorbild für eigene Schriften; KNEBEL spricht von einem „Heer von Nachahmern und Kommentatoren" (KNEBEL, „Vorarbeiten", S. 24). Diese Schriften sind entweder nur Fortsetzungen von Th.s Arbeiten – wie etwa JOHANN GOTTFRIED GRUBERS „Zwote Nahrung des gesunden Menschenverstandes" – oder zugleich auch Erläuterungen der Ideen Th.s. So erschien 1803 von H. GARDTHAUSEN „Unterhaltungen und Erläuterungen über Gutmann oder den Sächsischen Kinderfreund des Herrn M. K. T. Thieme", in denen GARDTHAUSEN „Zweckmäßige Materialien zur Erläuterung der Lesestücke des Gutmanns" zusammentrug und somit „dem Lehrer die Unterhaltung über dieses Buch" erleichtern wollte (GARDTHAUSEN, „Unterhaltungen", S. III). Die Unterhaltungen seien als „Musterkatechisation" zu verstehen (a.a.O. S. V).

Werke: Erste Nahrung für den gesunden Menschenverstand (1776, [8]1819); Rede über das vergnügliche und angenehme Leben auf Schulen (1779); Reden vor der Gemeinde (1782); Über die Schädlichkeit ungeordneter Lektüre für junge Leute (1785); Programm über den herrschenden Ton der Schule (1786); Über die Hindernisse des Selbstdenkens, eine gekrönte Preisschrift (1788); Über den sittlichen Ton in öffentlichen Schulen (1789); Ideal eines Lesebuchs für Bürger- und Landschulen (1793); Über die Kennzeichen einer blühenden Schule (1790); Gutmann, oder der sächsische Kinderfreund. Ein Lesebuch für Bürger- und Landschulen (Bd. 1–2. 1794, [11]1836); Ob die Kinder klüger, als die Eltern werden dürfen? (1795); Über das ABC (1795); Aufmunterungen zum vernünftigen Denken und Handeln, ein Buch für bildungsbeflissene Jünglinge (1798, [2]1801); Elémens de la première instruction (1800); Der alte Erdmann, ein Hausspiegel für Eltern, Erzieher und Lehrer und die es zu werden gedenken (Bd. 1–3. 1801, [2]1812); Elémens de la langue allemande (1813).

Sekundärliteratur: I. G. Knebel: Vorarbeiten zu einer vollständigeren Biographie und Charakteristik des M. Karl Traugott Thieme (in: Neue Lausizische Monatsschrift. 1804. 7. und 8. Stück). – M.-L. Könneker: Kinderschaukel. 1. Bd. Ein Lesebuch zur Geschichte der Kindheit in Deutschland 1745–1860 (1976).

Klaus-Ulrich Pech

Thienemanns Verlag

Stuttgart. Bilderbücher, Kinder- und Jugendbücher, Texte zum Kindertheater.

Die K. Thienemanns GmbH & Co wurde 1849 von KARL THIENEMANN (1786–1863) in Stuttgart gegründet und war damals der erste Verlag, der ausschließlich Kinderbücher herausbrachte. Den von PESTALOZZI beeinflußten Erziehungsgedanken der Zeit entsprechend, wurden zunächst vorwiegend Bilderbücher nach Art der ABC-Büchlein verlegt. Die Nachfolger KARL THIENEMANNS, die Verleger Dr. JULIUS HOFFMANN (1833–1904), ANTON HOFFMANN (1856–1915), KARL OTTO WEITBRECHT (1880–1936) und LOTTE WEITBRECHT (* 1907) erweiterten das Verlagsprogramm bei unterschiedlicher Akzentuierung auf den gesamten Bereich der erzählenden Kinder- und Jugendliteratur. Seit 1950 ist RICHARD WEITBRECHT (* 1915), seit 1975 mit ihm auch HANSJÖRG WEITBRECHT (* 1943) Verlagsleiter.

Das Verlagsprogramm wendet sich an ein Lesepublikum von 3 bis 14 Jahren und möchte mit „Phantasie, Spaß, Spannung und Information Interesse am Lesen, den Menschen und ihren Problemen und an ihrer Umwelt wecken." Es umfaßt erzählende Kinderliteratur (besonders für das erste Lesealter), Jugendromane, erzählende Geschichte, Kindertheaterstücke und seit 1972 wieder Bilderbücher. Märchen und bekannte Jugendbuchklassiker wie „Robinson" und „Lederstrumpf" wurden neu aufgelegt. Den Hauptanteil an der Verlagsproduktion nimmt das erzählende Kinderbuch ein. Hier haben vor allem zwei Autoren das Verlagsprofil mitgeprägt: MICHAEL ENDE („Jim Knopf und Lukas der Lokomotivführer", 1960; „Momo", 1973) und OTFRIED PREUSSLER („Die kleine Hexe", 1961; „Der kleine Wassermann", 1957; „Der Räuber Hotzenplotz", 1962, und andere).

Neben den phantastischen Erzählungen gehören Umweltgeschichten (wie „Bei uns zu Haus und anderswo",

1976 herausgegeben von IRMELA BRENDER und MICHAEL ENDE) und Jugendromane, die Konflikte der jungen Generation behandeln (z.B. ACHIM BRÖGER: „Kurzschluß", 1976), in den belletristischen Bereich. Besonderes Gewicht legt der Verlag auf das Gebiet „Erzählte Geschichte". Historische Gestalten und Epochen werden in erzählender Form dargestellt (z.B. HANS BAUMANN: „Ich zog mit Hannibal", 1975), um „aus dem Dunstkreis bloßer Bewunderung in das Licht kritischer Betrachtung gerückt zu werden."

Der Verlag legt Wert auf „sprachliche Qualität" und „künstlerische Ausstattung". Mehrfach erhielten Bücher aus dem Thienemanns Verlag Preisauszeichnungen.

Zu den wichtigsten Autoren gehören HANS BAUMANN, BARBARA BARTOS-HÖPPNER, MICHAEL ENDE, BOY LORNSEN, OTFRIED PREUSSLER, CILI WETHEKAM, W. J. M. WIPPERSBERG. Als Graphiker sind unter anderem tätig: ANNEGRET FUCHSHUBER, ROLF und MARGRET RETTICH, FRANZ JOSEF TRIPP.

Hannelore Daubert

Thoma, Hans

*Maler und Graphiker; * 2.10.1839 Bernau/Schwarzwald, † 7.11.1924 Karlsruhe.*

Th., Sohn eines Müllers und späteren Holzschnitzers und einer künstlerisch interessierten Mutter, war von 1859–1866 Schüler von JOHANN WILHELM SCHIRMER (1807–1863) in Karlsruhe, ging danach nach Düsseldorf und 1868 mit OTTO SCHOLDERER (1834–1902) nach Paris, wo ihn GUSTAVE COURBET (1819–1877) beeinflußte. Seit 1870 lebte er in München, gehörte dort zum Kreis um WILHELM LEIBL (1844–1900), WILHELM STEINHAUSEN (1846–1924) und ARNOLD BÖCKLIN (1827–1901). 1876 siedelte Th. nach Frankfurt/Main über, wo er über zwanzig Jahre lebte und u.a. die Bekanntschaft des Städeldirektors HENRY THODE (1857–1920) machte. 1890 hatte er seine erste erfolgreiche Ausstellung in München. Von 1899 bis 1916 war er als Direktor der Kunsthalle und Akademieprofessor in Karlsruhe tätig. Zwei Jahre vor seinem Tod kam (1922) eine repräsentative Sonderausstellung seines Gesamtwerkes in der Berliner National-Galerie zustande. Th. gehörte in den ersten vier Jahrzehnten des 20. Jahrhunderts zu den volkstümlichsten deutschen Malern. Beziehungen zur Kinderbuchillustration waren nur zeitweilig vorhanden.

Werk, Tendenzen, Wirkung. Bekannt geworden sind unter seinen Werken der bildenden Kunst Th.s Porträts von bäuerlichen und volkstümlichen, in ihrem Milieu gezeigten Gestalten (Am Sonntagmorgen, 1866; Großmutter und Enkel, 1878; Alter Bauer, 1879; Bildnis der Mutter des Künstlers, 1886; u.a.) und seine lieblichen zumeist mit Personen belebten Landschaften (Taunuslandschaft; Einsamer Ritt, 1889; Sommer, 1894; u.a.), wobei er seine Motive zum großen Teil aus seiner Schwarzwaldheimat oder der Mittelgebirgslandschaft (Taunus) nahm. Ähnlich wie bei ARNOLD BÖCKLIN dringen biblische und mythologische Themen bei Th. durch (Charon, 1878; Paradies, 1876; Amor und Tod, um 1877; Gefilde der Seligen, 1878; Faunfamilie, 1880; Apoll, o.J.). In seinem Werk werden Züge später Romantik, des poetischen Realismus, des mythologischen Symbolismus klassizistischer Stilrichtung und des verspielt ornamentalen Jugendstils sichtbar. Er, der von sich selbst behauptete: „Kunstreformer zu sein, fiel mir nie ein" und dem sein früher Biograph FRITZ VON OSTINI schon 1900 „goldechtes Deutschtum" (a.a.O. S. 98) nachsagte, ist ein konservativer Künstler und Verehrer RICHARD WAGNERS gewesen, der beabsichtigte, das Bewußtsein von der Schönheit deutscher Landschaft, der Redlichkeit und Frömmigkeit deutscher Menschen, dem Wert und Glanz deutscher Geschichte und Mythologie ins Volk zu tragen.

Sein Sinn für Volkstümliches, Naives und seine Nähe zur landschaftlichen und personalen Umwelt legten ihm eine Beschäftigung mit der Kunst für Kinder nahe. So hat er schon 1892 mit Versen von HENRY THODE in Frankfurt/Main das Jugendstil-Bilderbuch „Federspiele" herausgegeben. Offensichtlich als eine Gelegenheitsarbeit zweier befreundeter Kunstsachverständiger – „Hans" und „Heinz" = Hans Thoma und Henry Thode sprechen sich im Text an – werden Motive aus dem Alltagsleben in einer Mischung von Märchenhaftem und Symbolischem gebracht, ohne daß gewollte Kindertümlichkeit ausgeübt wurde. Wie in den „Federspielen" so ist auch Th.s in altdeutscher Manier aufgemachtes „ABC-Bilderbuch" (1. Auflage, 1905, mit Texten von W. HEY und M. COESTER, die später von 1925 mit Versen des Künstlers) offensichtlich mehr eine zufällige Zusammenstellung von Bildmaterial, das zum Teil auf vorhandene Unterlagen und ursprünglich anderen Verwendungszweck zurückgehen dürfte (z.B. der Christophorus im ABC-Bilderbuch entspricht weitgehend der Lithographie „Sankt Christoph"; die drei Jünglinge auf Seite 14 der „Federspiele" scheinen eine nachträglich angefertigte Skizze zu den „Bogenschützen" auf dem Bild von 1887 zu sein).

Von Th. sind unter den sogenannten Künstlerbilderbüchern, die in dem im ersten Jahrzehnt nach der Jahrhundertwende kunsterzieherisch äußerst ambitionierten Verlag Jos. Scholz in Mainz in dessen Reihe „Das deutsche Malbuch" erschienen, zwei Bände zu finden: „Der Landschaftsmaler" (1904) und „Malbuch mit Landschaften" (1906). Außerdem hat er noch RICHARD DEHMELS „Das liebe Nest" (1919) illustriert. Th. wird eine Vorliebe für Lithographie nachgesagt. Ihm fehlte die Fähigkeit, sich auf das Illustrieren als eine Kunst auch des Arrangierens mit Text, Format und Layout einzulassen. Seine Abbildungen stehen oft zu unverbindlich neben dem Text. In einem Brief des achtzigjährigen Th. an die Jugendschriftenwarte (JSW, 1925. 13) gibt er zu erkennen, daß er nicht viel von intellektueller Bildung halte („Volkshochmutsschulen"), vielmehr es lieber sähe, wenn dem Volk seine „Kindlichkeit" und „der Kindheit ihre Naivität" erhalten bliebe. Für ihn ist das Kunstwerk ein, wie er sagt, „Seelengebilde".

Werke: H. Thode: Federspiele (1892); H. Thoma: Immerwährender Bildkalender (Bd. 1–2. 1901–1902); H. Thoma: Der Landschaftsmaler. Ein Malbuch für Kinder (1904); W. Hey (zus. mit M. Coester): ABC-Bilderbuch (1905, NA. mit Text von H. Thoma, 1925); H. Thoma: Postkartenmaler (1905); H. Thoma: Postkartenmalbuch (1906); H. Thoma: Malbuch mit Landschaften (1906); H. Thoma: Im Herbste des Lebens (1909); Fr. Grem: Zauberwald (1917); P. Dehmel: Das liebe Nest (1919); H. Thoma: Im Winter des Lebens (1919); W. F. Stork (Hrsg.): Zeichnungen (1921); H. Thoma: Die Tageszeiten. Landschaften in Worten (1922); H. Thoma: Volkstümliches (1922); L. Justi (Hrsg.): Zeichnungen (1922); J. A. Beringer: H. Thoma. Skizzen aus den Jahren 1856–1868 (1924); H. Thoma: Phantasie- und Märchenwelt (1924); O. Fischer (Hrsg.): Bilder und Bekenntnisse (1925); H. Thoma: Die Anfänge der Kunst (1925).

Sekundärliteratur: K. J. Friedrich (Hrsg.): Das Hans-Thoma-Buch. Freundesausgabe zu des Meisters 80 Geburtstag (1919). – H. Meierheuser: Heiteres und Ernstes um Hans Thoma (1962). – Fr. v. Ostini: Thoma (1900). – M. Spanier: Hans Thoma und seine Kunst für das Volk (1903). – H. Thode: Hans Thoma. Betrachtungen über die Gesetzmäßigkeit seines Stiles (1905). – W. Ulbricht: Hans Thoma (1954).

Klaus Doderer

Thoma, Ludwig

*(Ps.: Peter Schlemihl). Rechtsanwalt, Redakteur, Erzähler, Dramatiker und Lyriker; * 21. 1. 1867 Oberammergau, † 26. 8. 1921 Rottach/Tegernsee.*

Th., Sohn eines Oberförsters, wuchs in Oberbayern auf, besuchte das Gymnasium in Landshut und München und studierte zunächst Forstwissenschaft in Aschaffenburg, dann Jura in München und Erlangen, wo er promovierte. Th. war von 1894 bis 1897 Rechtsanwalt in Dachau, von 1897 bis 1899 in München. Dort begann er zu schreiben. Von 1899 an war er Redakteur der satirischen Zeitschrift „Simplizissimus", für die er viele Beiträge verfaßte. Von 1907 an gab er mit Hermann Hesse (1877–1962) die Zeitschrift „März" heraus, die als Publikationsorgan süddeutscher Autoren gedacht war, mit einer deutlichen Frontstellung gegen Berlin und die modern-großstädtische Lebensform überhaupt. Seine satirischen Veröffentlichungen brachten Th. 1906 eine Gefängnishaft ein. Er lebte zuletzt als freier Schriftsteller in München und auf seinem Hof bei Rottach. Im Ersten Weltkrieg war Th. freiwilliger Krankenpfleger an der russischen Front.

Werk, Tendenzen, Wirkung. In seinen Werken verbindet Th. große Schilderungs- und Charakterisierungskunst, namentlich bei der Darstellung von Menschen seiner oberbayerischen Heimat, mit Satire und Kritik, die sich auch auf die Schwächen der von ihm eigentlich geliebten bayrischen Bauern und Leute aus dem Volk richtet, antiklerikale Züge aufweist, vor allem freilich dem Spießbürgertum, der Heuchelei und dem Dünkel der wilhelminischen Epoche galt; nach der Revolution von 1918, die er ebenso strikt ablehnte wie die Münchener Räterepublik, vertrat er eine betont rechtsgerichtete Position. Charakteristisch für Th. sind Bauernromane wie „Andreas Vöst" (1905), „Der Wittiber" (1911) und „Der Ruepp" (1922), Geschichten wie „Die Hochzeit" (1902), „Altaich" (1918) und „Der Jagerloisl" (1921), Sammlungen kürzerer Texte wie „Agricola" (1897), „Assessor Karlchen" (1901) und „Die Dachserin" (1923) und die sehr erfolgreichen, zum Teil schwankhaften Schauspiele wie vor allem „Die Lokalbahn" (1902) und „Moral" (1909). Weite Verbreitung fand auch der satirische „Briefwechsel des bayrischen Landtagsabgeordneten Josef Filser" (Bd. 1–2. 1909 und 1912). Von Jugendlichen wurden und werden zwei Bücher Th.s, zweifellos ihres Stoffes wegen, viel gelesen: „Lausbubengeschichten" (1905) und „Tante Frieda. Neue Lausbubengeschichten" (1907), die Olaf

Federzeichnung zu dem Kapitel „Hauptmann Semmelmaier" aus Ludwig Thomas Buch „Tante Frieda. Neue Lausbubengeschichten". Das Bild von Olaf Gulbransson (1873–1958) interpretiert die Textstelle „... und dann hat er wieder die Hand auf meinen Kopf gelegt, und er hat gesagt, daß der Tag kommt, wo der junge Mann dem alten Semmelmaier die Hand drückt ...".

Gulbransson (1873–1958) kongenial illustriert hat. Wenn diese Geschichten auch aus der Sicht eines Jungen erzählt werden, der von seinen Streichen und Flegeleien und seinen ständigen Zusammenstößen mit den Erwachsenen und von ihnen vertretenen Verhaltensnormen berichtet, sind sie von Th. doch nicht als spezifische Jugendlektüre konzipiert worden. Auch in diesen Texten geht es ihm letztlich um sein kritisch-satirisches Anliegen, die Beschränktheit, Überheblichkeit und Selbstsucht der (erwachsenen) Menschen aufzuzeigen, die hier durch ihre Reaktionen auf einen natürlichen, urwüchsigen, jedoch von Bosheit nicht ganz freien Jungen entlarvt werden.

Werke: Lausbubengeschichten (1905); Tante Frieda. Neue Lausbubengeschichten (1907); Briefwechsel des bayrischen Landtagsabgeordneten Josef Filser (Bd. 1–2. 1909–1912).

Sekundärliteratur: F. Heinle: Ludwig Thoma in Selbstzeugnissen und Bilddokumenten (1963). – K. Holm: Ludwig Thoma und Olaf Gulbransson (1953). – R. Lehner: Das epische Werk Ludwig Thomas (Diss. 1953). – G. Thumser: Ludwig Thoma und seine Welt (1966). – R. Ziersch: Ludwig Thoma (1964).

Alfred Clemens Baumgärtner

Thomas, M. Z.

*(d.i. Thomas Michael Zottmann) Jugendbuchautor; * 19.6.1915 Frauenburg.*

Th., der als Psychotherapeut für Kinder und Jugendliche arbeitete, lebt als freier Schriftsteller in Grünwald bei München. 1974 wurde ihm der Journalistenpreis der Deutschen Zahnärzteschaft verliehen.

Werk, Tendenzen, Wirkung. Neben lebenskundlichen Büchern, wie z.B. „Unser Kind" (1955), unterhaltsam-amüsanten Ferien- und Abenteuergeschichten sowie Jungen- und Mädchenbüchern hat Th. Erzählungen verfaßt, die Leben und Taten bedeutender historischer Persönlichkeiten zum Gegenstand haben. So stammen von ihm Bücher über die Reisen Marco Polos, Alexander von Humboldts und über das Leben des Urwalddoktors Albert Schweitzer. Mit der Problematik und Geschichte der Frauenemanzipation setzte Th. sich in „Aufbruch aus dem Schatten. Vorläuferinnen für die Gleichberechtigung der Frau von heute" (1972) auseinander. Th. ist auch Autor der Bücher aus der sogenannten Rekorde-Reihe des Franz Schneider Verlags über Ägypten, China, das alte Rom und Griechenland. In dem Buch über Griechenland geht es z.B. darum, die geläufigen Vorstellungen über das „klassische" Griechenland zu revidieren, indem auf sehr alltägliche Dinge und Kuriosa aufmerksam gemacht wird. Das althergebrachte Bild des klassischen Altertums gewinnt auf diese Weise neue Aspekte. So finden sich bei Th. Hinweise, daß es damals in Athen unter anderem bereits zwanzig verschiedene Brotsorten gab, ein eigenes Buchhändlerviertel sowie auch eine Art Mietwagensystem. Der Weg, den Th. dabei einschlägt, ist der „vom Verwandten zum Verwunderlichen, vom leicht Faßlichen zum Unfaßbaren." Die bekanntesten Bücher Th.' sind „Schwestern schenkt der liebe Gott" (1956) und „Brüder sind nicht mit Geld zu bezahlen" (1955). Weiterhin stammen medizinische Fachbücher von Th., wie „Herz und Kreislauf" (1975), „Gute Nerven behalten" (1976) und „Gesund aus eigener Kraft" (1977).

Werke: Hasel weiß sich zu helfen (1952); Hasels Heidesommer (1953); Ich und die großen Tiere vom Film (1954; TB. 1966); Ich und das Fernsehen (1955); Ihr gab Natur ein kühnes Herz (1955); Brüder sind nicht mit Geld zu bezahlen (1955; TB. 1963, 91974); Schwestern schenkt der liebe Gott (1956; TB. 1964, 71972); Draußen wartet das Abenteuer. Alexander von Humboldt und sein Freund Aimé auf kühner Fahrt ins Unbekannte (1957); Stefan und sein bester Freund (1959); Die Leute mit den grünen Kindern (1960); Unser großer Freund, Albert Schweitzer (1960); Nein, diese Mädchen (1960; NA. u.d.T.: Drei Mädchen reiten auf einem Pferd, 1976); Guten Tag, Stäubchen (1961; NA. u.d.T.: Geh nicht mit dem fremden Onkel, 1970); Marco Polo und die Söhne des Himmels (1963); Drei pfiffige Brüder (1965); Sonni aus dem Wilden Westen (1966); D-Zug nach München (1968); Geburtstag mit Überraschungen (1969); Meine Puppe fliegt nach Tirol (1970); Lancer. Eine Chance für Johnny (1971); Durch die Hölle gejagt: aus dem Geheimtagebuch Marco Polos (1971; NA. u.d.T.: Bis an den Rand der Welt. Mit Marco Polo auf der abenteuerlichsten Reiseroute der Erde, 1975); Achtung Aufnahme! Fernsehquiz mit Tilli (1972); Aufbruch aus dem Schatten: Vorläuferinnen für die Gleichberechtigung der Frau von heute (1972); Der Engel, der alles mitnahm (1973); Ausgerechnet immer ich: Stoßseufzer eines Lausejungen (1976); Die unglaublichen Abenteuer des jungen Alexander (1976); Verblüffende Rekorde der Ägypter (1977); Verblüffende Rekorde der Chinesen (1977); Wölfe heulen am Indianerpaß (1977); Verblüffende Rekorde der Griechen (1978); Verblüffende Rekorde der Römer (1978).

Sekundärliteratur: H. Bachmann: M. Z. Thomas „Schwestern schenkt der liebe Gott" (in: A. Cl. Baumgärtner (Hrsg.): Jugendliteratur im Unterricht. 1972. 27–38).

Winfred Kaminski

Thorvall, Kerstin

*Schwedische Modezeichnerin, Illustratorin, Kinder- und Jugendbuchautorin, Journalistin; * 12.8.1925 Eskilstuna.*

Th., Tochter eines Lehrers, verbrachte ihre Schulzeit in Uppsala und wußte bereits mit acht Jahren, daß sie Modezeichnerin werden wollte. In diesem Beruf arbeitete sie nach ihrer Ausbildung in Stockholm zehn Jahre lang, bevor sie zu schreiben begann, zuerst kleine Geschichten über ihre Söhne, dann eine Art Ratgeber für junge Mädchen, „Boken till dig" (1959), der sie bekannt machte. Neben den bekannten Jugendromanen schrieb Th. auch ein Fernsehspiel („Den nya kvinnan", 1965) und ist Verfasserin mehrerer Gedichtbände („Fula ord är så sköna", 1967; „Följetong i skärt och svart", 1971; „Men akta dig, så att du inte blir klär", 1973; „Den lyckliga kärleken", 1977). Sie arbeitet weiter für die Presse, macht Interviews, schreibt Essays und illustriert, u.a. auch Kinderbücher.
1971 erhielt sie für „I stället för en pappa" (1971; dt. Anstelle eines Vaters, 1973) einen internationalen Verlegerpreis, 1977 den Astrid-Lindgren-Preis für die Personendarstellung in ihrem Gesamtwerk.

Werk, Tendenzen, Wirkung. In ihren auch in der Bundesrepublik Deutschland sehr bekannt gewordenen und in mehreren Sprachen übersetzten Romanen für Jugendliche greift Th. Probleme und Konflikte aus dem Alltag auf, auch soziale Probleme. Erste Liebe und Ablösung Jugendlicher von den Eltern sind häufig wiederkehrende Themen. Meist haben sich im Leben der handelnden Personen Brüche vollzogen, vor allem durch Scheidung, mit denen dann die Kinder zurechtkommen müssen. In „Thomas – eine Woche im Mai"

(1976; schwed. Thomas – en vecka i maj, 1967) sind mehrere dieser Motive vereinigt und zu einer komplexen Handlung verknüpft: Durch die Liebe zu einem zwanzigjährigen Mädchen, das bereits ein vierjähriges Kind hat, verschärfen sich die Probleme für Thomas zu Hause, wo der geschiedene Vater mit neuer Frau und gemeinsamem Kind lebt. Die Mutter, von Thomas in gewisser Weise verachtet, hilft ihm in seinem schwierigen Reifungsprozeß. Während in diesem Buch die sozialen und politischen Konflikte der Zeit, wie Vietnam-Krieg und Politisierung der Jugend eher Hintergrund sind, ist in dem späteren Roman „Att älska Sussy" (1976; dt. Ein Mädchen wie Sussy, 1978) das soziale Milieu der Hauptpersonen direkt Movens für die Handlung. Am bekanntesten geworden ist die zweiteilige Geschichte um einen ehemaligen Bankräuber und Trinker, dessen Resozialisierung schließlich mißlingt („I stället för en pappa", 1971; dt. Anstelle eines Vaters, 1973; „Hur blir det sen då?", 1972; dt. Und danach, 1974). Der Schluß – das Buch endet mit dem Tod Leffes – ist deprimierend und relativ ausweglos. In ihren jüngsten, für 6- bis 8jährige geschriebenen und von MONICA SCHULTZ illustrierten Texten hingegen („Sara", 1975; dt. Sonja, 1976; „Mer om Sara, 1977; dt. Mehr von Sonja, 1978) werden Sonjas Konflikte, die mit ihrer Mutter allein lebt, meist mit Hilfe verständnisvoller Erwachsener überwunden.

Th. gelingt in ihren Büchern, was sie selbst als ihre Intention nennt: Der Leser kann sich wiedererkennen, die Verhältnisse des Alltags werden für ihn durchschaubarer, so daß sich auch neue Handlungsmöglichkeiten ergeben. Nicht zuletzt gelingt dies durch eine teilweise sehr einfühlsame, teilweise sehr direkte Sprache. In den Dialogen wird häufig deutlich, welches tatsächliche Gefühl hinter der äußeren Maske steckt.

Werke: Boken till dig (1959); Förstå mej, så förstår jag er (1959); För henne (1960); Kvinnoglädje (1960); Flicka i april (1961); Någon att tycka om (1962); Flicka i Paris (1963); Flickan i verkligheten (1964); Andra boken till dig (1965); Dubbelroll (1965); Den nya kvinnan (1965); Porträtt av ett mycket litet barn (1965); Anders och hans stora bror (1966); Gunnar gör mål (1966; dt. Gunnar schießt ein Tor, 1968); Jag vill dansa (1966); Det var inte meningen (1967); Fula ord är så sköna (1967); När Gunnar ville spela ishockey (1967); Thomas – en vecka i maj (1967; dt. Thomas – eine Woche im Mai, 1976); Gunnar vill inte klippa håret (1968); Kvinnor och barn (1968); Vart ska du gå? (1969; dt. Kjelle geht raus, 1974); Anders leker kurragömma (1970); Nämen Gunnar! (1970; dt. Aber Gunnar!, 1972); Peter möter Cecilia (1970; dt. Du bist mein Freund, Cecilia, 1978); Följetong i skärt och svart (1971); I min trotsålder (1971); I stället för en pappa (1971; dt. Anstelle eines Vaters, 1973); Hur blir det sen då? (1972; dt. Und danach?, 1974); Jag vet hur det känns ... (1972); Mamma, var är du? (1972); Jag vill också vara med (1973); Men akta dig, så att du inte blir kär (1973); Segio i Chile (1973); Tala mera om det (1973); Godnattsagor om Anders, nästan 4 (1974); Min pappa säger att din pappa sitter i fängelse (1974); Vart ska du gå? Vet inte (1975); Sara (1975; dt. Sonja, 1976); Det mest förbjudna (1976; dt. Alles was verboten ist, 1978); Att älska Sussy (1976; dt. Ein Mädchen wie Sussy, 1978); Den lyckliga kärleken (1977); Oskuldens död (1977); Mer om Sara (1977; dt. Mehr von Sonja, 1978).

Hans Kerst

Thumann, Paul

*Maler, Lithograph und Illustrator; * 5. 10. 1834 Groß-Tzschacksdorf (Niederlausitz), † 20. 2. 1908 Berlin.*

Th. erhielt ab 1849 eine Ausbildung als Lithograph und Karthograph am Kunstinstitut von KARL FLEMMING in Glogau. Um Maler zu werden, ging er 1853 an die Berliner Akademie, 1855 zu JULIUS HÜBNER (1806–1882) nach Dresden und wurde 1863 Schüler des belgischen Historienmalers FERDINAND PAUWEL (1830–1904) in Weimar. Sein Studium verdiente er sich mit lithographischen Arbeiten für den Verlag Flemming und – nach seiner Heirat mit einer Engländerin 1860 – in Leipzig als Zeichner für den Holzschnitt bei dem Verleger der „Gartenlaube", ERNST KEIL, bis 1863. 1866 bis 1870 war Th. selbst Lehrer an der Weimarer Kunstschule unter PAUWEL und, nach einigen Jahren in Dresden, seit 1875 Lehrer an der Berliner Akademie. Nach einem Aufenthalt in Italien (1887–1891) wirkte er wieder in Berlin, seit 1892 als Lehrer des Meisterateliers für Geschichtsmalerei.

Werk, Tendenzen, Wirkung. Th. ist ein aufschlußreiches Beispiel für die Stellung eines mittelmäßigen Künstlers zwischen Historienmalerei und „idealem Genre" im letzten Drittel des 19. Jahrhunderts. Als Maler ohne die Kraft, geschichtliche Ereignisse großen Stils in ihrer Einmaligkeit vorzuführen, entwickelte er als Illustrator eine imponierende Geschicklichkeit, novellistische Handlungsabläufe mit bewegten Umrissen so in Szene zu setzen, daß eine bildhafte Geschlossenheit entsteht, die auch mit dem Text harmoniert. Am besten ist ihm dies wohl in TENNYSONS „Enoch Arden" (1876) gelungen.

Die Kehrseite dieser Fertigkeit ist freilich die immer stärker werdende Tendenz, den großzügig gedachten Aufriß der Personen zur empfindsamen Attitüde zu stilisieren. Der Illustrator der Klassiker in „Prachtausgaben", aber auch der zuerst in der „Gartenlaube" erschienenen „Goldelse" (illustrierte Buchausgabe 1871) von EUGENIE MARLITT (1825–1887), begnügte sich nicht mit einem Genre, das die erzählte Wirklichkeit um ihrer selbst willen ins Bild setzt, sondern er suchte seine Rechtfertigung in einer vorgefaßten Idealität, die dem Bedürfnis des Bürgertums der „Gründerzeit" entgegenkam. Th. verließ mehr und mehr die historisierenden Themen seiner Anfänge und wandte sich vornehmlich der Gestaltung lyrischer Empfindungen (z.B. A. CHAMISSOS „Frauen-Liebe und Leben", „Lebens-Lieder und Bilder"; H. HEINES „Buch der Lieder"), antikisierender (HAMERLINGS „Amor und Psyche") und biblischer Stoffe („Vater Unser") zu. In diesen Bänden, die nicht mehr mit Holzschnittillustrationen, sondern mit anspruchsvollen Lichtdrucken nach seinen Gouachen ausgestattet wurden, geriet ihm oft die Grazie zur Geziertheit, das Naiv-Liebliche zur schwer erträglichen Süßlichkeit.

Die Wirkung der Th.schen Illustrationskunst auf die Geschmacksbildung vor allem der weiblichen Jugend seiner Zeit war sicherlich beträchtlich. Bereits 1856 begann der gelernte Lithograph, für das erste Bändchen der „Herzblättchen“ von Thekla von Gumpert (1810–1897) neue Lithographien zu gestalten, die 1870 – in der fünften Auflage des Bändchens – die naiveren, wohl auch kindertümlicheren der Erstauflage (1855) ersetzten. Als Zeichner für den Holzschnitt beteiligte er sich an vielen für die Jugendbildung wichtigen Unternehmungen: an B. Auerbachs „Deutschen Volkskalender“ (ab 1861), an W. O. von Horns „Spinnstube“ (1866ff.) und an der für die Zeit repräsentativen Zeitschrift „Deutsche Jugend“ von Julius Lohmeyer (Bd. 1–13, 1873–1879); ferner an zahlreichen Anthologien für verschiedene Altersstufen, z.B. am zweiten Band von „Georg Scherers Illustriertes Deutsches Kinderbuch. Alte und neue Lieder, Märchen, Fabeln, Sprüche und Räthsel“ (1869); am „Album für Deutschlands Töchter. Lieder und Romanzen“ (^{5}1863 und weitere Auflagen); an Albert Trägers (Hrsg.) „Deutsche Lieder in Volkes Herz und Mund“ (1864); Georg Scherers (Hrsg.) „Die schönsten Deutschen Volkslieder“ (^{2}1868 und Prachtausgabe 1875); Albert Trägers (Hrsg.) „Lieder, Balladen und Romanzen“ (1871); Gottlob Dittmars (Hrsg.) „Der Kinder Lust“ (^{2}1874 und weitere Auflagen); Friedrich Bodenstedts (Hrsg.) „Album deutscher Kunst und Dichtung“ (1867 und weitere Auflagen). Th. zeichnete ferner die acht Illustrationen für „Unsere Pilgerfahrt von der Kinderstube bis zum eigenen Heerd“ (^{2}1865 und ^{3}1868) von Elise Polko (1823–1899) und lieferte Beiträge für die Märchensammlungen „Der Kinder Wundergarten“ von Friedrich Hofmann (1874 und öfter), Viktor Blüthgens „Hesperiden. Märchen für Jung und Alt“ (1878) und Julius Sturms „Buch für meine Kinder. Märchen und Lieder“ (1877 und öfter). Das eigenständigste Kinderbuch, das Th. geschaffen hat, ist „Für Mutter und Kind. Alte Reime mit neuen Bildern von P.T.“, in Stroefers Kunstverlag München 1881 erschienen. Es ist ein Buch aus einem Guß, jede Seite ist individuell gestaltet unter Einbeziehung der Versanordnung und in Chromo-Zinko-Graphie gedruckt. Die Kinderszenen entfalten sich großzügig in der Fläche und bilden ein ornamentales Ensemble, wie es zu dieser Zeit nur in englischen Bilderbüchern anzutreffen war; ja man kann dieses Buch Th.s als einen Vorläufer des erst in den neunziger Jahren einsetzenden Jugendstils ansprechen. Doch bei aller formalen Ausgewogenheit wird man des Anblicks nicht ganz froh: Die Gesichter der Kinder sind von einere Leere, als hätte der Anspruch auf Schönheit alle kindliche Spontaneität eliminiert. Die „Lieben Kleinen“ sind gleichsam zum Schmuck einer ihnen fremden Erwachsenenwelt erstarrt. Vielleicht charakterisiert auch diese Feststellung einen Zug der „Gründerzeit“, dem Th. seine Popularität verdankte.

Werke: Album für Deutschlands Töchter (zus. mit anderen, 1863); A. Träger (Hrsg.): Deutsche Lieder in Volkes Herz und Mund (zus. mit anderen, 1864); H. Chr. Andersen: Sämtliche Märchen (zus. mit anderen, 1865); E. Polko: Unsere Pilgerfahrt von der Kinderstube bis zum eigenen Heerd (1865); O. Wildermuth (zus. mit E. Polko und L. Esche): Erzählungen für Kinder von 8–12 Jahren (1865); W. O. von Horn: Die Spinnstube (1866–1867, 1870–1871); Fr. Bodenstedt (Hrsg.): Album deutscher Kunst und Dichtung (zus. mit anderen, 1867); G. Scherer: Die schönsten Deutschen Volkslieder (1868; Prachtausg. 1875); G. Scherer: Illustriertes Deutsches Kinderbuch (Bd. 2, zus. mit anderen, 1869); Th. von Gumpert: Herzblättchen (Bd. 1. 1970); Große Freud für kleine Leut (zus. mit anderen, 1870); E. Marlitt: Goldelse (1871); A. Träger (Hrsg.): Lieder, Balladen, Romanzen (zus. mit anderen, 1871); J. Lohmeyer (Hrsg.): Deutsche Jugend (Bd. 1–13. 1872–1879); G. Dittmar: Der Kinder Lust (zus. mit anderen, 1873); Fr. Hofmann: Der Kinder Wundergarten (zus. mit anderen, 1874); A. Tennyson: Enoch Arden (1876); J. Sturm: Das Buch für meine Kinder (zus. mit anderen, 1877); V. Blüthgen: Hesperiden. Märchen für Jung und Alt (zus. mit anderen, 1878); W. Hauff: Werke (Bd. 1–4, zus. mit anderen, 1878); M. Bern: Anthologie für die Kinderstube (zus. mit anderen, 1880); P. Thumann: Für Mutter und Kind (1881); J. Lohmeyer: Lachende Kinder (zus. mit anderen, 1882); J. Wolff: Der Rattenfänger von Hameln (1883); H. Heine: Buch der Lieder (1886).

Sekundärliteratur: I. Bang: Die Entwicklung der deutschen Märchenillustration (1944). – V. Blüthgen: Paul Thumann (in: Fr. Schanz (Hrsg.): Deutsches Mädchenbuch. Bd. 2. 1897. 281–300). – Th. Kutschmann: Geschichte der deutschen Illustration (1899). – A. Rosenberg: Internationale Kunstausstellung in München (in: Zeitschrift für bildende Kunst. 19. 1884. 19). – A. Rümann: Das illustrierte Buch des XIX. Jahrhunderts in England, Frankreich und Deutschland (1930; ND. 1975).

Horst Mischke

Thurber, James

*Amerikanischer Schriftsteller und Zeichner; * 8.12.1894 Columbus/Ohio, † 2.11.1961 New York.*

Th. wuchs in einer spannungsvollen Familiensituation auf. Nach unabgeschlossenem Studium an der Ohio State University arbeitete er in Columbus, Paris und New York als Journalist und wurde 1927 Redakteur und Mitarbeiter der einflußreichen Zeitschrift „The New Yorker“. Von seinen verschiedenartigen, häufig selbstillustrierten Büchern sind für junge Leser zwei zeitkritische Fabelbände von Interesse, vor allem aber die Märchenerzählungen, die nach zunehmendem Verlust des Augenlichts entstanden. „Many Moons“ (1943; dt. Die Prinzessin und der Mond, 1949) mit den Illustrationen Louis Slobodkins wurde mit der Caldecott Medal ausgezeichnet. Für sein Gesamtwerk erhielt der Autor Ehrentitel von mehreren amerikanischen Universitäten.

Werk, Tendenzen, Wirkung. In Th.s Büchern haben sich kleine Männer gegen bedrohliche Mächte zu behaupten, die oft in Gestalt von Frauen erscheinen – dieser eher privat als gesellschaftlich verstandenen Grundsituation entspringt der manchmal recht bittere Humor seiner realitätsbezogenen Texte und Zeichnungen. Charakteristischer Ausweg aus dieser Situation ist, wie Th.s berühmteste Figur Walter Mitty exemplifiziert, der Tagtraum. Für den Leser ist dies durchaus vereinbar mit der Aussage des Autors: „Humor is the only solvent of terror and tension“ (Black, S. 22).

Wenn in jenen Texten die Realwelt von Phantasie durchsetzt wird, so in den Fabeln und Märchen die Phantasiewelt tradierter literarischer Stoffe von Realität – auch dies eine Quelle des Humors. In den Fabeln geht es dabei, oft satirisch zugespitzt, um den Aufweis stereotyper Vorstellungen und Verhaltensmuster, so etwa, wenn Th. Rotkäppchen sich des Wolfes mit einem Browning erwehren läßt und daran die Moral knüpft: „Es ist heute nicht mehr so leicht wie ehedem, kleinen Mädchen etwas vorzumachen". In den Märchen äußert sich der Realitätsbezug in Anspielungen, die auf die Unterhaltung und manchmal auch ironische Belehrung eines Erwachsenenpublikums abzielen. Die Handlungen, Varianten des Triumphes „kleiner" Männer, bieten sich dagegen eher dem Spannungs- und Identifikationsbedürfnis jüngerer Leser an. Jedes der Märchen beginnt mit einer Problemsituation: eine kranke Prinzessin wünscht sich den Mond („Many moons", 1943), ein Riese droht, ein Dorf zu zerstören („The great Quillow", 1944), eine von drei Königssöhnen umworbene Schöne könnte ein verzaubertes Reh sein („The white deer", 1945), ein Herzog hat Liebe und Wärme aus seinem Palast verbannt („The 13 clocks", 1950), ein Pirat verbietet auf einer eroberten Insel alle Dinge, die ein O enthalten („The wonderful O", 1957). Nachdem beamtete Fachleute oder geborene Helden sich als unfähig erwiesen haben, ist es jeweils ein unterschätzter Mann mit Phantasie, der die Situation meistert: Der Hofnarr beschafft den Mond, der Spielzeugmacher besiegt den Riesen, der dichtende jüngste Königssohn bewahrt die Prinzessin davor, erneut ein Reh zu werden, der prinzliche Troubadour gewinnt dem kalten Herzog seine schöne Gefangene ab und der Dichter bringt die unverzichtbaren Wörter mit O auf die Insel zurück. Wie dem Leser der Reiz schöpferischer Phantasie in diesen Figuren entgegentritt, so auch im Spiel mit der Sprache – in Alliterationen und Binnenreimen, Nonsensewörtern und Lautsymbolik –, das alle Märchen durchzieht, das letzte bis in die Thematik hinein. In der Literaturkritik gilt Th. als größter amerikanischer Humorist seit MARK TWAIN und einer der bedeutendsten Märchenautoren der Gegenwart. Seine kurzen Texte sind weltweit verbreitet durch Anthologien, Dramatisierungen (A Thurber carnival, 1960), Verfilmungen (Many moons, The unicorn in the garden), Bilderbuch- und Schulausgaben.

In der Bundesrepublik Deutschland hat sich KL. DODERER in seinem Buch „Fabeln" (1970) auch des Werkes von Th. angenommen und es kritisch gesichtet.

Werke: Fables for our time (1940; dt. Achtung, Selbstschüsse!, 1950); Many moons (1943; dt. Die Prinzessin und der Mond, 1949; auch u.d.T.: Einen Mond für Leonore, 1973); The great quillow (1944; dt. Der große kleine Spielzeugmacher, 1974); The Thurber carnival (1945; dt. Rette sich, wer kann!, 1948); The white deer (1945; dt. Das weiße Reh, 1968); The 13 clocks (1950; dt. Die 13 Uhren, 1967); Further fables for our time (1956; dt. Das kleine Fabelbuch, 1959); The wonderful O (1957; dt. Das geheimnisvolle O, 1966); Gesammelte Erzählungen (1971).

Sekundärliteratur: B. Bernstein: Thurber. A biography (1975). – St. A. Black: James Thurber: His masquerades (1970). – E. T. Bowden: James Thurber: a bibliography (1969). – Kl. Doderer: Fabeln. Formen, Figuren, Lehren (1970). – Ch. Sh. Holmes: The clocks of Columbus. The literary career of James Thurber (1972); (Hrsg.): Thurber. A collection of critical essays (1974). – Ch. S. Huck: Children's literature in the elementary school ([3]1976). – R. E. Morsberger: James Thurber (1964). – R. C. Tobias: The art of James Thurber (1970).

Reinbert Tabbert

Thúry, Zsuzsa

*Ungarische Schriftstellerin und Journalistin; *22. 4. 1901 Budapest.*

Th., Tochter des Novellisten ZOLTAN THÚRY, arbeitete nach Absolvierung ihrer Schulzeit zunächst als Journalistin in Paris, Kolozsvár und in Budapest. Später widmete sie sich ausschließlich dem literarischen Schaffen. Für ihren Jugendroman „A francia kislány" (1953) erhielt sie den József-Attila-Preis.

Werk, Tendenzen, Wirkung. Th. schildert in ihren Büchern meist das Leben des städtischen Bürgertums. Seit dem Erfolg ihres Romans „Egy fedél alatt" (1952), dessen Handlung im Arbeitermilieu spielt, schreibt sie zunehmend über das Leben der werktätigen Bevölkerung. In Th.s Werk sind vielfach autobiographische Erlebnisse eingearbeitet, und sie selbst scheint bei der Charakterisierung ihrer Heldinnen Pate gestanden zu haben. So liefert der Jugendroman „Ördögtánc" (1958), in dem die Autorin die Gestalt ihres Vaters neben anderen Familienmitgliedern vorstellt, ein eindrucksvolles Bild ihrer eigenen Persönlichkeit. Auch in der ungestümen, oft unbedachten, aber immer aufrichtigen Ildikó in „A tűzpiros üveggömb" (1962; dt. Die feuerrote Glaskugel, 1967) ist die Schriftstellerin selbst wiederzuerkennen. In diesem Roman Th.s wird ihre Fähigkeit, Romanfiguren mit psychologisch genauer Beobachtungsgabe zu charakterisieren, besonders deutlich.

Im Laufe ihres Schaffens entdeckte Th. für den Bereich der Kinder- und Jugendliteratur die phantastische Erzählung, die es ihr ermöglicht, eigene Erfahrungen zu verfremden, um so ihre humanistischen Intentionen besser zum Tragen kommen zu lassen.

Werke: Bányai Julia (1951); A francia kislány (1953; dt. Das französische Mädchen, 1955); A zalai nyár (1955; dt. Angela, 1964); Mostohatestvérek (1956; dt. Die Stiefschwestern, 1959); Ördögtánc (1958); A tűzpiros üveggömb (1962; dt. Die feuerrote Glaskugel, 1967); Appolonia kisasszony vendégei (1968); Az amerikai nagynéni (1973); Buksi (1975).

Sekundärliteratur: P. Galsai: A francia kislány (in: Dunántuli Napló. 1953. 274). – A. Gelléri: Thúry Zsuzsa (in: Irodalmi Ujság. 1955. 11). – K. Imre: Mostohatestvérek (in: Élet és Irodalom. 1957. 2.). – L. Kiss: Ördögtánc (in: Kortárs. 1958. 10. 627–628). – K. Szalay: A zalai nyár (in: Csillag. 1955. 8. 1715–1716).

József Seres

Tichy, Herbert

*Österreichischer Forschungsreisender, Bildberichterstatter, Schriftsteller und Jugendbuchautor; * 1.6.1912 Wien.*

T. studierte in Wien, Lahore und Benares Geologie und promovierte 1937 über geologische Probleme des Kaschmir-Himalaya. 1938 arbeitete er als Geologe und Journalist in Alaska, später als Ölgeologe in Österreich und Deutschland. Neben mehreren Reisen nach Afrika zog es T. immer wieder nach Asien, vor allem in den Himalaya. Als erster durchquerte er Westnepal und bestieg 1954 mit einer kleinen Mannschaft den 8189 m hohen Cho-oyu. 1968/1969 führten ihn Reisen in den Fernen Osten, nach Taiwan und den Philippinen, wo er anthropologische Studien betrieb. Seine Erlebnisse und Erfahrungen auf diesen Fahrten bilden den Ausgangspunkt für seine Jugendbücher und Reiseberichte. Sein erstes Buch „Zum heiligsten Berg der Welt" erschien 1937. Unterdessen sind seine Werke in 15 Sprachen übersetzt. 1966 erhielt er den Österreichischen Staatspreis für das Buch „Der weiße Sahib" und 1971 für „Honig vom Binungabaum – ein Jahr bei primitiven Stämmen". Für die Bücher „Unterwegs" (1962) und „Keine Zeit für Götter (1967) erhielt T. 1962 und 1968 den Jugendbuchpreis der Stadt Wien. Auch seine wissenschaftlichen und sportlichen Leistungen wurden mehrfach ausgezeichnet, so 1954 mit dem „Großen Ehrenzeichen für Verdienste um die Republik Österreich". T. ist Ehrenmitglied der „Österreichischen geographischen Gesellschaft".

Werk, Tendenzen, Wirkung. T.s Jugendbücher unterscheiden sich oft nur wenig von seinen Reiseberichten für Erwachsene. Aneinandergereihte Episoden bilden die Grundstruktur. Hauptthema der Reiseberichte ist die Begegnung mit Menschen und ihren Verhaltensweisen. So spielt in „Land der namenlosen Berge" (1954) das Verhältnis des Verfassers zu den Sherpas, den tibetanischen Trägern bei seinen Himalaya-Expeditionen, eine besondere Rolle. Die meisten Jugendbücher T.s haben einen fiktionalen Helden. Die Handlung ist nur locker geknüpft, dient als roter Faden, als Medium der Vermittlung historischer, geographischer, anthropologischer und politischer Informationen. Mitunter hat die Rahmengeschichte kolportagehafte Züge. In „Flucht durch Hindustan" (1953) flieht der dreizehnjährige Elefantenkuli Gopal mit Git, der Tochter eines deutschen Teeplantagenleiters, vor der drohenden Internierung zu Beginn des Zweiten Weltkriegs. Mit immer wieder neuen Tricks gelingt es den Kindern, die Verfolger zu täuschen. Schließlich verhindert Gopal sogar ein Attentat radikaler Inder auf den englischen Gouverneur. Im Zusammenhang mit der Geschichte erfährt der Leser Informatives über Religion und Mentalität der Hindustani. In späteren Jugendbüchern tritt die Kolportage mehr und mehr zurück; das Episodische nimmt zu. Das gilt etwa für „Keine Zeit für Götter" (1967). Hintergrund dieser Erzählung ist der Kampf der Engländer gegen die Japaner in Burma während des Zweiten Weltkriegs. Zunächst geht es eher um exotisches Kolorit: Elefanten, Eingeborene, Sonderlinge. Im Mittelpunkt steht aber dann der Krieg, weniger in seiner politischen Dimension als ein die Leistungsfähigkeit des Einzelnen zwar herausforderndes, letztlich aber widersinniges Geschehen: „,Wir waren die Schachfiguren', sagte Hamilton zornig, ‚... die von einem blinden Spieler bewegt wurden', ergänzt Shipton die ärgerliche Überlegung." Politische Probleme der Länder, die T. bereist hat, werden zwar erwähnt, ihre Hintergründe jedoch wenig beleuchtet; nur vorsichtig abwägend nimmt der Verfasser Stellung. In seinem Buch „Heiße Erde, schwarze Hoffnung. Afrika – vom Kap zum Äquator" (1964) bejaht er zwar die Frage, ob Südafrika ein Polizeistaat sei, relativiert diese Behauptung aber wieder, indem er unter anderem auf die andere Mentalität der Afrikaner verweist. Ein zentrales Motiv für T.s Reisen und Bücher wird im „Honig vom Binungabaum" (1971) deutlich: Es geht ihm um die Bewahrung ursprünglicher Kulturen als Gegenpol zu unserer gleichmacherischen modernen Zivilisation, die auch den Untergang primitiver Völker herbeiführt. Im Vorwort heißt es: „Das zwanzigste Jahrhundert mit seiner einheitlichen Zivilisation des Motors und des Radios erreicht mit Riesenschritten die letzten Inseln der Vergangenheit. Wenn ich sie nicht sofort aufsuchte, wären sie gleichgeschaltet und verschwunden."

Werke: Zum heiligsten Berg der Welt (1937, [4]1949); Alaska, ein Paradies des Nordens (1939, [3]1951); China ohne Mauer (1948); Weiße Wolken über gelber Erde (1948); Auf einem Hügel der ewigen Stadt. Erlebter Vatikan (1949); Die Wandlung des Lotos (1951); Flucht durch Hindustan (1953, NA. 1976); Drei Buben im Himalaya (1954); Land der namenlosen Berge (1954); Cho Oyu (1955); Die Flut der tausend Ernten (1956); Safari am Kamanga (1958); Menschenwege (1960); Hongkong, Laune des Drachen (1961, TB. 1965); Unterwegs (1962); Heiße Erde – schwarze Hoffnung (1964); Der weiße Sahib (1966, NA. 1977); Keine Zeit für Götter (1967); Honig vom Binungabaum (1971); Tau Tau: bei Göttern und Nomaden der Sulu-See (1973); Auf fernen Gipfeln (1976); Großalarm: den Kidnappern auf der Spur (1977).

Martin Hussong

Tierbuch

Das T. stellt noch weniger als die anderen Genres der Kinder- und Jugendliteratur eine einheitliche Größe dar. Der Begriff T. umfaßt in einem weitesten Definitionsrahmen alle wissenschaftlichen, erzählerischen oder bildlichen Darstellungen von Tieren, Tierwelt und den Beziehungen zwischen Mensch und Tier, also: Fabeln, Tiermärchen, Tiermythen, ätiologische Erzählungen, wissenschaftliche bzw. populärwissenschaftliche Beschreibungen, Bilderbücher, Tiererzählungen und Erzählungen von Menschen und Tieren.

Begriffsmerkmale. Innerhalb des Definitionsrahmens T. stehen Brehms Tierleben, Rudyard Kiplings „Dschungelbuch", die Äsopschen Fabeln, das Märchen von den Bremer Stadtmusikanten (KHM 27) oder vom

Alten Sultan (KHM 48), JOSEF LADAS „Kater Mikesch" oder ERICH KÄSTNERS „Konferenz der Tiere", die ätiologische Erzählung „Warum der Bär einen kurzen Schwanz hat" von DAN LINDHOLM und ein Sachbuch mit dem Titel „So verhalten sich Tiere" ungeschieden nebeneinander. Im vorwissenschaftlichen Bereich ist dieser Sprachgebrauch für „Tierbuch" tatsächlich vielfach herrschend; er dient dabei der Vororientierung im thematisch und genremäßig weiten Feld der Literatur. Die Übergänge zu einer gattungspoetologisch reflektierten, engeren Fassung des Begriffs sind fließend. Im Bereich der Kinder- und Jugendbuchtheorie ist ein Genreverständnis zu beobachten, das Fabel, Tiermärchen, Bilderbücher und weithin auch das wissenschaftliche T. ausklammert, und primär der erzählerischen Darstellung von Tieren, Tierwelt und dem Verhältnis von Mensch und Tier den Begriff T. vorbehält. Das scheint durch die Zuweisungsmöglichkeit der ausgesonderten Texte zu den Genres Fabel, Märchen, Bilderbuch, Sachbuch gerechtfertigt zu sein; da aber diese Genres ihrerseits keineswegs kohärent sachlogische Kategorien darstellen (die Fabel ist definiert durch ihre „uneigentliche" Aussageform, das Bilderbuch durch das dominante Darstellungsmittel der Illustration, das Sachbuch durch die Aussageintention „Wissensvermittlung" und die davon abhängige Darstellungsform), bleibt das Bedürfnis nach einer einheitlicheren Kategorisierung unabweisbar. Als Lösung bietet sich ein typologisches Raster an, das den Gebrauchswert des Sammelbegriffs T. mit einer differenzierenden Themasystematik verbindet. Danach lassen sich – je nach Art des Bezugs von Mensch/Tier bzw. der Abwesenheit dieses Bezugs – sechs Typen des T.s fixieren: 1. Das Tier steht unter kognitiven und affektiven Aspekten stellvertretend für menschliches Sein und Handeln; 2. das Tier fungiert – auf das menschliche Sein und Verhalten bezogen – als Gegenbild und Herausforderung; 3. das Tier ist vom Menschen aus gesehen das Fremde und Andersartige, Nichtvergleichbare; 4. Tier und Mensch bilden eine kreatürliche, in der Regel positiv gesehene Gemeinschaft; 5. die Welt des Tieres wird ohne Bezug zum Menschen als eigener Seinsbereich dargestellt; 6. der Mensch berichtet oder reflektiert sachlich/wissenschaftlich über das Tier.
Die thematischen Typen 1–5 realisieren sich in aller Regel als fiktionale Erzählung oder als erzählerisch akzentuierter Bericht; Typ 6 steht dagegen grundsätzlich für nichtfiktionale Aussage. Typmischungen sind aber möglich, so etwa beim Tiersachbuch, das in die berichtend-reflektierende Darstellung erzählerische Elemente einbringen kann oder bei der erzählerischen Darstellung, die z.B. Gemeinsamkeit (Typ 4) und die radikale Verschiedenartigkeit von Mensch und Tier (Typ 3) von bestimmten Aussageintentionen her kombiniert.
Unter dem Blickwinkel des Verhältnisses von Genre und thematischem Typus ordnet sich die Fabel Typ 1 zu, ohne ihn allerdings – vor allem im affektiven Bereich – völlig zu erschöpfen; Tiermärchen sind weithin durch die Typen 1 und 2 bestimmt; bei Tiermythen erweitert sich die Gestaltungs- und Aussagemöglichkeit durch Typus 3, gelegentlich auch durch Typus 4; die übrigen, nicht mittels spezifischer historischer Genres mitdefinierten Tiererzählungen moderner Ausprägung realisieren sich in den Typen 1–5; im Tiersachbuch dominieren die Typen 6 und 5; und das Tierbilderbuch schließlich kann thematisch-darstellungsmäßig durch jeden der 6 Typen geprägt sein.

Geschichte. Das T. zeitgenössischen Typs spielt bei der Entwicklung der Jugendliteratur im 18. Jahrhundert eine geringe Rolle und auch noch unter den von H. L. KÖSTER für das 19. Jahrhundert aufgeführten ca. 700 Jugendbuchtiteln befinden sich nur drei Titel, die das Tier bzw. das Verhältnis von Mensch und Tier zum Gegenstand haben. Zwischen 1900 und 1920 sind es immerhin schon acht, und auch wenn KÖSTER keine absoluten Zahlen nennen kann, so spiegeln die genannten Werte doch eine Tendenz. 1906 betrug der Anteil der T.er an dem Gesamtbestand des von den Jugendschriftenausschüssen empfohlenen Schrifttums 2,6%, 1953 waren es 13,8%, und 1969 standen Bücher mit der Thematik „Tier" mit deutlichem Abstand an erster Stelle der Jugendbuchproduktion.
Für die Herausbildung des zeitgenössischen T.s zwischen 1700 und 1900 lassen sich drei Wurzeln nachweisen: die Fabel mit ihrer jahrtausendealten Tradition vor allem im Orient, das Tiermärchen und die Tiermythen mit ihren Ursprüngen in den religiösen und brauchtümlichen Vorstellungen für Kulturen, und schließlich das Bilder- und Sachbuch der Aufklärung im 18. Jahrhundert.
Der Fabeldichter benutzt das Tier als Chiffre für soziale Strukturen, für Eigenschaften und Verhaltensweisen des Menschen; das Tier als spezifische Seinsform steht dabei nicht zur Diskussion. Es scheint allerdings, daß sich schon früh eine Verschiebung zwischen Zweck und Mittel der Aussage angebahnt habe, d.h. daß auch das Mittel, die Tierchiffre, einen gewissen erzählerischen und gehaltlichen Eigenwert bekam. Dieser bewußtseinsmäßig lange Zeit unterschwellig bleibende Veränderungsprozeß könnte erklären, daß im 19. Jahrhundert unter bestimmten geistesgeschichtlichen Bedingungen (romantisches Naturverständnis, Irrationalismus, Sensibilisierung des Gefühls, biedermeierlicher Rückzug aus der verwirrenden politisch-gesellschaftlichen und wirtschaftlichen „großen" Welt) relativ unvermittelt gerade über die Form der Fabel die Herausbildung der „eigentlichen" Tiererzählung erfolgte. Eine Schlüsselstellung nehmen hier die 1833 erschienenen „Fünfzig Fabeln" WILHELM HEYS ein: aus der gedanklich-aufklärerischen Fabel werden gemüthaft getönte Genrebildchen, die das Tier als Freund, Nachbarn und Genossen des Menschen zeigen und in einen moralisch-psychologischen Bezug zu ihm setzen.
Die sich hier vollziehende Verinnerlichung des Bildes vom Tier zeigt einerseits eine neue Sensibilität für das Kreatürliche und zugleich ein differenzierteres, affektiveres Selbstverständnis des Menschen an. Ohne diesen Vorgang wären die „großen" Tiererzählungen des

beginnenden 20. Jahrhunderts von R. Kipling (1865–1936), Ernest Thompson-Seton (1860–1946), Hermann Löns (1866–1914), Svend Fleuron (1874–1966), Bengt Berg (1885–1967), Jack London (1876–1916) und anderen nicht denkbar; auf der anderen Seite beginnt nun nach der unbeteiligt-kühlen Einschätzung des Tieres im Altertum und Mittelalter die Verniedlichung und anthropomorphisierende Vereinnahmung. Das Tier bekommt in zunehmendem Maße Ersatzfunktionen zugesprochen, die den bewußt werdenden Widerspruch zwischen Möglichkeit und Realität menschlich-menschenwürdiger Daseinsverwirklichung überdecken sollen.

Tiermärchen mit vielfach tiermythischen Wurzeln leisteten den Tendenzen zur Sentimentalisierung und Irrationalisierung des Bildes vom Tier in dem Maße Vorschub, wie Wilhelm Grimm die Kinder- und Hausmärchen dem bürgerlichen Welt- und Lebensverständnis einpaßte. Die ursprünglich rein „flächenhaft" (Max Lüthi) strukturierten Texte erhielten auf diese Weise vor allem im Rezeptionsprozeß „Tiefe", und diese affektive Aufladung des Kontextes prägte auch die jeweiligen Tierfiguren stark mit.

Der dritte Traditionsstrang des T.s, die belehrenden ABC-Bücher und die enzyklopädischen Sachbücher vom „Orbis pictus" (1657) des J. A. Comenius bis zu Fr. J. J. Bertuchs „Bilderbuch für Kinder" (1790) oder G. Chr. Raffs „Naturgeschichte für Kinder"

Tiere in der Fibel. Die Darstellungen des Affen und der Ente sind Ernst Lauschs Bilder-ABC „Erstes ABC-, Lese- und Denkbuch für brave Kinder, die leicht lesen lernen wollen" (1866) entnommen. Der anonyme Zeichner greift auf die Gewohnheiten der frühen Fibelautoren zurück, Buchstaben durch Tierdarstellungen zu versinnbildlichen. So ist vor allem der Affe als Sinnbild für den Buchstaben „A" schon von den frühesten ABC-Büchern her bekannt.

(1778) verbindet sich tendenziell zu Beginn des 20. Jahrhunderts mit der beschriebenen Entwicklung der Tiererzählung. Das Ergebnis sind Bücher, die zwar auf die emotionale Inbezugsetzung von Tier und Leser nicht verzichten, aber in diesen Bezug zugleich auch eine distanzschaffende sachinformative Komponente einbauen. Man vergleiche dazu etwa im deutschsprachigen Bereich: W. Lakowitz „Buch der Tierwelt" (1893), Julius Lerche „Die Gründorfer" (1913), Arno Marx „Neue Geschichten aus dem Tierleben" (1911), Hermann Löns „Mein braunes Buch" (1906), „Mümmelmann" (1909), „Was da kreucht und fleucht" (1909), „Aus Forst und Flur" (1916). Diese Verbindung wird vor allem für die Herausbildung des zeitgenössischen Sachbuchs mit dem Thema „Tier", aber auch für neuere Formen des erzählenden T.s, in denen die Anthropomorphisierung und die damit vielfach verbundene Verfälschung und Verniedlichung des Tiers vermieden wird, wichtig. Als Beispiel dafür kann etwa Swerows „Der Wolf in der Wüste" (1975) gelten, ein Buch, in dem sich biologisch exakte Beobachtung und wissenschaftliche Distanz mit erzählerischer Spannung verbinden. Es hat insgesamt den Anschein, als entwickele sich in der jüngsten Gegenwart von solchen verhaltenswissenschaftlich-biologischen und von ideologiekritischen Ansätzen aus zwischen der primär auf Identifikation und Befriedigung affektiver Bedürfnisse ausgehenden, vielfach das Tier verfälschenden und sentimentalisierenden Tiererzählung einerseits und dem informierenden, distanzierten (und deshalb reflektierbaren) Tiersachbuch bzw. den vielfältigen Zwischenformen andererseits eine didaktisch bejahbare Balance.

Funktion. Gegen das T. gibt es heftige Einwände. Tierliebhaber und Biologen befürchten auf Grund der vielfach verfälschenden Darstellung von Wesen und Eigenart des Tieres eine Erziehung zu Tierquälerei oder aber zu einer mitunter lebensgefährlich-unrealistischen Sicht des Tieres. Von sozialwissenschaftlichen Überlegungen aus wird das T. als Möglichkeit verstanden, den jungen Leser aus der realen Welt in die „literarischen Gettos von Tierwelten" (O. F. Gmelin) abzudrängen oder aber die Triebsehnsüchte der Kinder im Bild der domestizierten Tiere sowohl ersatzweise zu stillen wie zugleich abzudressieren (Chr. Hunscha).

Dem stehen psychologische und anthropologische Argumente gegenüber, die dem Tier bzw. Tierbild in der kindlichen Entwicklung eine wichtige Funktion zuschreiben. Alexander Mitscherlich beschreibt den jungen Menschen als „triebbestimmtes Spielwesen", das seinesgleichen braucht, „nämlich Tiere, überhaupt Elementares, Wasser, Dreck, Gebüsch, Spielraum". Sigmund Freud bekräftigte das zuvor in „Die infantile Wiederkehr des Totemismus": Das Kind gestehe „dem Tier ohne Bedenken die volle Ebenbürtigkeit zu; im ungehemmten Bekennen zu seinen Bedürfnissen fühlt es sich wohl dem Tier verwandter als dem ihm wahrscheinlich rätselhaften Erwachsenen". Walter Benjamin betont die auch erschreckende kreatürliche

Verwandtschaft von Mensch und Tier, das Anderssein des Tieres, und die Notwendigkeit, sich damit auseinanderzusetzen.

Dem T. kommt eine doppelte Funktion zu: Es dient der Ausbildung eines in die Gesellschaft eingebundenen Lebensentwurfs, aber ebenso der individuellen Selbstklärung und Selbstfindung des Menschen. Es wirken vermutlich die positiven und die negativen Faktoren vielfach ununterscheidbar zusammen, wenn das zeitgenössische T. eine so zentrale Stellung einnimmt, wie sie auch BERNHARD NAUCK konstatiert. NAUCKS Analyse der Kommunikationsinhalte von Jugendbüchern, die in den Jahren 1967–1969 erschienen sind, zeigt, daß das T. zu den Jugendbüchern mit dem höchsten und zugleich einem ganz spezifischen Kommunikationsinteresse gehört und daß entsprechend dieser spezifischen Interessenlage kaum Kontingenzen/Assoziationen mit anderen Themen zu beobachten sind, wohl aber Dissoziationen mit den Themen „Militär/Krieg" und „Geschichtliche Ereignisse". Das Thema „Tier" ordnet sich damit primär der „privaten" Interessensphäre zu, wobei es sich im Zusammenhang des Mädchenbuches zusätzlich dissoziativ zu den Themen „Sexualität" und „Erziehung und Schule" verhält, während das gleiche Thema im vor allem sich an Jungen richtende Buch offensichtlich stärker kognitiv besetzt ist und sich assoziativ mit dem Themenbereich „Wissenschaft" verbindet.

Die „Überfunktion" (NAUCK) des Themenbereichs „Tier/Natur" läßt sich demnach unter folgenden psychologisch-pädagogischen und sozialisationstheoretischen Aspekten erklären: 1. Das Tier wird für das Kind zum Spiegel eigenen Seins, nach JOACHIM ILLIES die einzige Begegnung, „in die kein weiterer Mensch eingeschaltet ist, die also zugleich ganz objektiv und ganz subjektiv ist" (358). 2. Es gibt, tiefenpsychologisch erklärt, ein gerade beim Kind noch stark ausgeprägtes kreatürlich-affektives Verwandtschaftsgefühl zum Tier, dem das T. entgegenkommt und das nicht restlos in den Kind-Erwachsenen-Beziehungen aufgeht. 3. Das Kind wie das Tier gehen ganz in der Gegenwart, im Augenblick auf: die erfahrene oder erzählte Tierexistenz ist in diesem Sinne Element eines entwicklungsbedingten genuinen Lebensvollzugs. 4. Nach ILLIES leistet der reale (im Buch fiktional aufgebaute) Tier-Kind-Kontakt auch eine Vorstrukturierung der sozialen Bezüge durch die Sensibilisierung des sozialen Sinnes. 5. In der Tiergeschichte probiert das Kind Rollen aus, weist Rollen zurück, identifiziert oder distanziert sich – und das alles mit besonderer Intensität auf der Grundlage der vorausgenannten Funktionen. 6. Mit Hilfe von Tier und T. reagiert das Kind Triebbedürfnisse ab (Nähe, Geborgenheit, Wärme, körperliche Zuwendung), die seine Umwelt entweder nur unzureichend oder gar nicht stillen kann bzw. will. 7. Das T. hilft auf diese Weise auch, immer wieder Modelle der Domestizierung und Dressur zu verinnerlichen, die der bestimmten Gesellschaft bzw. den Erwachsenen als wünschbar und nützlich erscheinen.

Ohne Zweifel sind auch die positiven Funktionen des T.s deformier- und korrumpierbar. Aber nur eine genauere Klärung der sozialen und psychischen Prozesse, die mit der fiktionalen Tierbegegnung im Buch und mit der Anthropomorphisierung des Tieres verbunden sind, und nur eine systematische Strukturanalyse des jeweiligen Textes – auch unter Einbezug der historischen und gesellschaftspolitischen Dimension – wird seine didaktische bzw. sozialisationstheoretische Funktion präzisieren und differenzieren können.

→ Anthropomorphismus, → Fabel, → S. Fleuron, → G. Grotkop, → E. Kloß, → K. Knaak, → H. Kocher, → H. Löns, → Naturgeschichte im Kinder- und Jugendbuch

Sekundärliteratur: Mensch und Tier, Partner und Feind (Börsenblatt für den deutschen Buchhandel, Sondernummer vom 24.2.1977). – R. Aibauer: Das Tierbuch (in: Pädagogische Welt. 1961. 12. 655–657). – R. Bamberger: Naturgeschichtsunterricht und Jugendlektüre (zus. mit H. Mayer. 1962). – W. Benjamin: Gesammelte Schriften Bd. IV/1 (1972). – H. Bertlein: Zur Problematik des jugendlichen Tierbuches der Gegenwart (in: Jugendschriften-Warte. 1950. 11. 42–43). – R. Drews: Tiere im Kinder- und Jugendbuch. Pädagogische Faktoren (in: Jugendliteratur. 2. 1956. 8. 355–361). – E. Engel: Was bleibt? (1928). – S. Freud: Totem und Tabu (1956). – H. Friedrich (Hrsg.): Mensch und Tier. Ausdrucksformen des Lebendigen (1968). – O. F. Gmelin: Böses kommt aus Kinderbüchern. Die verpaßten Möglichkeiten kindlicher Bewußtseinsbildung (1972). – A. Gutter: Bekleidete oder unbekleidete Tiere? (in: Jugendliteratur. 7. 1961. 8. 337–339). – G. Haas: Das Tierbuch (in: G. Haas (Hrsg.): Kinder- und Jugendliteratur. Zur Typologie und Funktion einer literarischen Gattung. [2]1976. 335–367). – W. Heinen: Das Tier im Jugendbuch (in: Pädagogische Rundschau, 1954/1955. 6. 248–256). – Chr. Hunscha: Struwwelpeter und Krümelmonster. Die Darstellung der Wirklichkeit in Kinderbüchern und Kinderfernsehen (1974). – J. Illies: Affenfelsen und Kindergarten (in: Welt des Kindes. 54. 1976. 1. 17–34); Anthropologie des Tieres. Entwurf einer anderen Zoologie (1973). – C. G. Jung: Bewußtes und Unbewußtes (1957). – H. Klingler: Der böse Wolf – oder: Alle Löwen geben Pfötchen (in: Jugendliteratur. 4. 1958. 3. 97–98); Die Vermenschlichung der Tiere und ihre Folgen (in: Jugenschriften-Warte. 1958. 4. 29). – K. Knaak: Wesen und Bedeutung der Tiergeschichte (in: Jugendschriften-Warte. 1954. 6. 41–42). – J. Krüss: Naivität und Kunstverstand (1969). – J. Langfeldt: Eine Erwiderung (in: Jugendliteratur. 4. 1958. 9. 393–397). – K. Lorenz: Er redete mit dem Vieh, den Vögeln und den Fischen (1949). – W. Lussnigg: Laßt das Tier ein Tier sein! (in: Jugendliteratur. 2. 1956. 8. 362–364). – O. Metzker: Die Gestalt des Tieres in der Literatur, besonders im Jugendschrifttum (in: Das gestaltete Sachbuch und seine Probleme. Ensslin Jahresgabe. 1955. 57–80); Die wertvolle und die minderwertige Tiergeschichte (in: Der Deutschunterricht. 9. 1957. 4. 33–50). – A. Mitscherlich: Die Unwirklichkeit unserer Städte. Anstiftung zum Unfrieden (1965). – B. Nauck: Kommunikationsinhalte von Jugendbüchern. Eine literatursoziologische Inhaltsanalyse der Themenstruktur westdeutscher Jugendbücher der Erscheinungsjahrgänge 1967–1969 (1974). – G. Reble: Tierbücher (in: Jugendschriften-Warte. 1959. 7./8. 45–46). – W. Zeiske: Das Tier in der Literatur und Kinderliteratur (in: Beiträge zur Kinder- und Jugendliteratur. 1965. 7. 87–97).

Gerhard Haas

Tim und Struppi → Tintin

Timmermans, Felix

*(Ps.: Polleken van Mher). Flämischer Heimatdichter, Illustrator und Maler; * 5. 7. 1886 Lier bei Antwerpen, † 25. 1. 1947 Lier.*

T., dreizehntes von vierzehn Kindern eines Spitzen- und Korallenkettenhändlers, besuchte die Volksschule, die Realschule und die Malerakademie seines Geburtsortes. In den Theaterspielgesellschaften der Kleinstadt Lier trat der junge T. als Schauspieler auf und nahm an den Preisausschreiben für Dramen teil. So schrieb der Sechzehnjährige ein Bühnenstück „Gelot", das unter dem Einfluß von HENRIK IBSEN (1828–1906) stand. T. verfaßte zahlreiche Theaterstücke und formte darüber hinaus einige seiner Erzählungen und Romane zu Bühnenwerken um. T.s frühe Gedichte „Door de dagen" (1907) und die mit A. THIRY 1905 angefangene, aber erst 1911 veröffentlichte Erzählung „Begijnhofsproken" waren von Schwermut erfüllt, die sich in den Gespenstergeschichten „Schemeringen van den Dood" (1910) zur Lebensangst verdichtete.
Mit dem vor dem Ersten Weltkrieg in der Zeitschrift „Nieuwe Gids" erschienenen, als Buch aber erst 1916 veröffentlichten „Pallieter", wurde T. international bekannt. Nach dem Ersten Weltkrieg wurde gegen T. ein Verfahren eröffnet, weil er beim Einzug der deutschen Truppen ein flämisches Manifest unterzeichnet hatte. Er wurde gezwungen, Lier zu verlassen und ging nach Scheveningen. 1920 kehrte er wieder nach Lier zurück. In der Folge unternahm T. Vortragsreisen, besonders nach Deutschland, der Heimat seiner Entdecker und Förderer R. A. SCHRÖDER (1878–1962) und A. KIPPENBERG (1874–1950). Die Universität Hamburg verlieh ihm den Rembrandt-Preis für das Jahr 1942, wobei betont wurde, daß der Autor „sich in seinen volkstümlichen und bodenständigen Erzählungen aus dem flämischen Bauern- und Kleinstadtleben einen Namen in Europa gemacht hat". T. starb, 60 Jahre alt, an Herzversagen.

Werk, Tendenzen, Wirkung. T.s Werke sind von einer eigentümlichen Mischung aus realistischen und romantischen Zügen und einer teils schlicht-einfachen, teils derben Sprache gekennzeichnet. Die bewunderten Vorbilder des Autors waren seine Landsleute ANTON BERGMAN (1835–1874) und STIJN STREUVELS (1871–1969). T. wollte mit seinen Büchern von allen Lesern verstanden werden. So benutzte er die Sprache, „nicht um angenehm und gefällig, sondern um klar zu sein".
T.s Hauptwerk ist „Pallieter", zu dessen Verständnis er einmal sagte: „Pallieter ist geboren unter Tränen und aus bedrängter Seele. Aber die Tränen habe ich ihm später abgetrocknet, und darum scheint der Mann so dazustehen, wie auf einmal aus dem Boden gewachsen, stark und voller Lebenslust". Der Autor bemerkt weiter, Pallieter sei nichts anderes als der Erlösungsschrei einer Seele. Die Erlösung bestehe darin, „einfach und unbefangen wie ein Kind zurückzukehren zur Natur". Die Wirkung des „Pallieter" war groß und nachhaltig. 1977 erschien im Suhrkamp Verlag eine Taschenbuchausgabe und 1975 entstand der belgisch-holländische Spielfilm „Pallieter". Die Handlung des „Pallieter" spielt sich in T.s Heimatstadt Lier und im Netetal ab. Ebenso haben die Romane „Anne-Marie" (1922; dt. 1930), „De pastoor uit den bloeyenden wijngaerd" (1923; dt. Der Pfarrer vom blühenden Weinberg, 1927) und zahlreiche Erzählungen die Kleinstadt Lier mit ihren verschiedenen Volkstypen zum Schauplatz. „Minneke Pus" nannte T. sein Landhaus im Kempenland. Den gleichen Namen trägt ein Buch, das 1950 erschien und in dem T. von seinem Aufenthalt dort erzählt.
Neben „Pallieter" hat „Het kindeken Jezus in Vlaanderen" (1917; dt. Das Jesuskind in Flandern, 1919) den Ruhm T.s begründet. T. hat die biblische Weihnachtsgeschichte in die flandrische Landschaft versetzt. Der Autor griff dabei auf die Erzählungen seines Vaters und auf die Malerschule der flandrischen „Primitiven" zurück. Unter diesen Eindrücken wollte T. „nicht wieder schreiben, was ich wußte, sondern was ich träumte". Zu seinem „Jesuskind in Flandern" schrieb T. den Hinweis: „In dem Rahmen und in den Landschaften unseres schönen und guten Flanderns habe ich mir die göttliche Erzählung vom Jesuskinde, seiner süßen Mutter und seinem guten Pflegevater vor Augen gestellt und durch etwas Schreibekunst mit großem Behagen ausgeschmückt."
Bevor T. 1932 sein „De harp van Sint Franciscus" schrieb, wollte er die Heimat des großen Mystikers kennenlernen. So fuhr er mit seiner Frau und seinen beiden Schwestern nach Italien. Die Eindrücke der vier Reisenden gab T. in dem Bericht „Naar waar de appelsienen groeien" (1926; dt. Ins Land der Apfelsinen. Italienisches Reisebuch, 1949) wieder. Viele Bücher T.s wurden von Jugendlichen gelesen. „Pallieter" war eines der Lieblingsbücher jugendbewegter Kreise, so des Wandervogels; und der „Bauernpsalm" wurde von Schulbehörden zur Lektüre empfohlen. 1927 erschienen drei Erzählungen von T. in Deutschland als Bilderbuch unter dem Titel „Das Schweinchen und andere Tiergeschichten". Die Illustrationen stammen von ELSE WENZ-VIETOR. T. versah die meisten seiner Werke mit eigenen Zeichnungen. Er war auch als Illustrator von Büchern anderer Autoren, so der „Märchen" des deutschen Malers PHILIPP OTTO RUNGE (1777–1810), der „Frohen Legenden" des deutschen Schriftstellers JOSEF WINCKLER (1881–1966) und Romanen seines Landsmannes ERNEST CLAES (1885–1968) beliebt. T.s Werke wurden in 26 Sprachen übersetzt.

Werke: Door de dagen (1907); Schemeringen van de dod (1910); Pallieter (1916; dt. Pallieter, 1921); Het kindeken Jezus in Vlaanderen (1917; dt. Das Jesuskind in Flandern, 1919); De zeer schoone uren von juffrouw Symforosa, begijntjen (1918); Boudewijn (1919; dt. Der Esel Baudewein, 1935); Anne-Marie (1922, [6]1925; dt. Die Delphine, 1930; auch u. d.T.: Anne-Marie, 1952); De vier Heemkinderen (1922); Uit mijn rommelkas (1922); De pastoor uit den bloeyenden wijngaerdt (1923; dt. Der Pfarrer vom blühenden Weinberg, 1927; NA. 1955); Het hovenierken Gods (1926); Das Schweinchen und andere Tiergeschichten (1927); De hemelsche Salome (1930); Boerenpsalm (1935; dt. Bauernpsalm, 1936; NA. 1958, [3]1977); Timmermanns erzählt (1935); Bij de krabbekoker (1934; dt. Beim Krabbenkocher, 1937; NA. 1948); Pijpen toebak (1937); Ik zag Cecilia komen (1938; dt. Ich sah Cäcilie kommen, 1938; NA. 1948); De familie Hernat (1941; dt. Die Familie Hernat, 1943); Adagio (1947; dt. Adagio, 1949); Adriaan Brouwr (1948; dt. 1951).

Sekundärliteratur: F. Castelle: Felix Timmermans, der Maler und Dichter (in: Der Türmer. 35. 1932. 3. 241–244). – J. de Ceulaer: De mons in het werk van F. Timmermans (1957, NA. 1972). – E. Dupon: De Vlaamse Timmermans (1957). – M. Gilliams: In memoriam F. Timmermans (1947). – K. Goossens: F. Timmermans en de mystiske blijdschap (1950). – R. de Graeve: Felix Timmermans (1935). – E. van der Hallen: Felix Timmermans (1948). – A. von Hatzfeld: F. Timmermans, Dichter und Zeichner seines Volkes. Mit fünfundsiebzig Bildern von F. Timmermans (1935). – K. Jacobs: F. Timmermans. Lebenstage und Wesenszüge eines Dichters (1949). – J. van Remoortere: F. Timmermans (1972). – M. Ruttens: Felix Timmermans (1928). – S. Streicher: Timmermans, der ewige Poet (1948). – J. Theele: F. Timmermans als Buchkünstler (in: Sankt Wiborada. 1936. 3. 100–109). – L. Timmermans: Mijn vader (1951; dt. Mein Vater. Ein Buch der Erinnerung an F. Timmermans, 1952). – M. E. Tralbaut: Zo was „de Fee" (1947). – B. Verbist: Felix Timmermans (1953). – L. Vercammen: 50 jaar Pallieter (1966); Felix Timmermans (1971). – R. Vermans: Herinneringen aan F. Timmermans (1950). – A. Westerlinck: De innerlijke Timmermans (1957).

Hans Eich

Tintin

Titelfigur der Comicserie „Tintin et Milou" des belgischen Zeichners Georges Rémi (Ps. Hergé). Deutsche Ausgabe „Tim und Struppi".

Publikationsgeschichte. T. wurde 1929 von dem damals 22jährigen belgischen Zeichner GEORGES RÉMI (Ps. HERGÉ ist aus den umgedrehten Initialen R. G. gebildet) geschaffen und wird bis heute weiterproduziert. Die Serie erschien am 10. Januar 1929 erstmalig mit dem Abenteuer „Tintin au pays des Soviets" in der von HERGÉ herausgegebenen Kinderbeilage „Petit Vingtième Siècle" der Brüsseler Tageszeitung „Le Vingtieme Siècle". Seit 26. September 1946 erscheint die Kinderzeitschrift „Tintin" (Verlag Editions du Lombard), die neben T. auch andere Comicserien abdruckt und erreichte mit ihren ausländischen Ausgaben in den siebziger Jahren eine wöchentliche Auflage von 650 Tausend Exemplaren. Ihre erste Nummer brachte den Beginn eines neuen T.-Abenteuers „Der Sonnentempel", das 1969 von der Verlags-Filmabteilung „Belvision" auch als Zeichentrickfilm produziert wurde.
Zwei Jahre nach Erscheinen der Zeitschrift „Tintin" begann HERGÉ damit, seine Comicabenteuer als selbständige Alben zu veröffentlichen. Er hat inzwischen mehr als 20 farbige Großbände herausgebracht. Sie wurden in über ein Dutzend Fremdsprachen übersetzt und erschienen in 29 Ländern mit einer Gesamtauflage von über 20 Millionen. 1940 schrieb HERGÉ zwei Theaterstücke mit seinem Helden „Tintin aux Indes, ou le mystère du diamant bleu" und „Monsieur Boullock a disparu". In der Nachkriegszeit produzierte er Schallplatten, einen Puppenfilm, zwei Spielfilme mit realen Akteuren, eine halbanimatisierte Fernsehserie und eine auch in die USA verkaufte Fernseh-Zeichentrickserie der „Belvision". T. erscheint auch als Comicstreifen in Tages- und Wochenzeitungen. Die Werbung hat sich die Popularität der Figur zunutze gemacht.
In der Bundesrepublik Deutschland publizierte der Carlsen Verlag 1967 sechs T.-Bücher und ließ in jedem nachfolgenden Jahr weitere Titel folgen. Die bislang veröffentlichten 23 Bücher haben pro Titel und Jahr eine Auflage von 20000 Stück (Tim im Kongo; Tim in Amerika; Die Zigarren des Pharos; Der Blaue Lotos, Der Arumbaya-Fetisch; Die schwarze Insel; König Ottokars Zepter; Die Krabbe mit den goldenen Scheren; Der geheimnisvolle Stern; Das Geheimnis der „Einhorn"; Der Schatz Rackhams des Roten; Die sieben Kristallkugeln; Der Sonnentempel; Im Reiche des schwarzen Goldes; Reiseziel Mond; Schritte auf dem Mond; Der Fall Bienlein; Kohle an Bord; Tim in Tibet; Die Juwelen der Sängerin; Flug 714 nach Sydney; Tim und die Picaros; Tim und der Haifischsee). „Tim im Lande der Sowjets" wurde 1977 in einem Sonderalbum „Aus Hergés Archiv" zusammen mit Hergés erster Comicserie „Totors Abenteuer" veröffentlicht.

Inhalt, Personen und Geschichte. Vorgänger von T. war der Pfadfinder Totor, 1926 bis 1929 in der Pfadfinderzeitschrift „Le Boy-Scout belge" erschienen. HERGÉ war seinerzeit selber Pfadfinder. T. ist der Reporter des „Petit XXe". Sein erstes Abenteuer „Tintin au pays des Soviets" (1929) ist eine Hetzschrift gegen die junge Sowjetunion. Die Comicgeschichte unterscheidet sich in ihrer Tendenz nicht von dem der rechtskatholischen Zeitung, in der sie erschien. Stark rassistische Züge bestimmen dann die nächste Geschichte „Tintin au Congo" (1930), sie wurde 1946 weitgehend überarbeitet. Freundlicher geht HERGÉ mit dem Reiseziel in T.s drittem Abenteuer „Tintin en Amérique" (1931) um. HERGÉS karikierender Zeichenstil benutzt das Stereotyp: Russen sind verlaust und trinken Wodka, Afrikaner sind beschränkt und haben dicke Lippen usw. Während HERGÉ in den ersten Geschichten Länder als Reiseziel auswählt, die tatsächlich existieren, zeichnet er in den späteren Geschichten Phantasiestaaten – sie sind allerdings leicht erkennbare Anspielungen auf bestehende Staaten. Im 8. Band „Le sceptre d'Ottokar" (1939; dt. König Ottokars Zepter) heißt eine Figur Musstler, zusammengesetzt aus MUSSOLINI und HITLER. Die neueren Geschichten greifen ausführlich auf eingeführte Abenteuerstoffe zurück: Suche nach einem Piratenschatz, Abenteuer in den Pyramiden und eine Reise zum Mond. Ihren Witz bezieht die Serie seit den vierziger Jahren weniger aus dem Spott über Staaten oder Rassen, als vielmehr aus den Eigenschaften und Handlungsweisen des ständig erweiterten Personals.
T. selbst ist ein pfiffiger Junge, schlau, ohne Fehler, moralisch sauber, humorlos – im ganzen etwas farblos. Sein Hund Milou (Struppi), der ihn schon in die Sowjetunion begleitet hat, ist hingegen ein kauziges

Original. Ist T. in selbstlosem Einsatz, klagt Struppi über Hunger, macht T. gelehrte Ausführungen, schaut Struppi sich nach Abwechslung um. Im 9. Band „La crabe aux princes d'or" (1941; dt. „Die Krabbe mit den goldenen Scheren") wird Kapitän Haddock in die Geschichte eingeführt; er erfreut durch einen unerschöpflichen Vorrat an Schimpfwörtern, eine Schwäche für Alkohol und ein aufbrausendes Temperament. Zwei unfähige Detektive, Dupont und Dupond (Schulze und Schultze), der schwerhörige Forscher Tournesol (Bienlein), die Sängerin Bianca Castafiore, die sich keine Namen merken kann, sowie der immer witzelnde Kleinbürger Séraphin Lampion (Kiesewetter) vervollständigen das Personal. Dem Miteinander dieser Charaktere verdankt die Serie ihre witzigsten Passagen. HERGÉ perfektioniert seinen Stil. Sowohl auf die Sprache – das Französische durchsetzt er genüßlich mit belgischen Idiomen – als auch die Stimmigkeit der erzählten Ereignisse legt er großen Wert. Alle Realien sind genau recherchiert. Eine bemüht humane, jedoch konservative Grundtendenz bestimmt den Charakter der Bände. Besonders kraß trat sie während des Kalten Krieges in der „L'aiffaire Tournesol" (dt. Der Fall Bienlein) hervor, wo T. einen Staat des Ostblocks – mit einem Phantasienamen – bereist. HERGÉ folgt in diesem Band der Totalitarismustheorie und vermischt bewußt Nazisymbole mit kommunistischen Emblemen. In den anderen Bänden verursachen gewöhnlich mächtige Bandenchefs alles Unheil. Sie beschäftigen allerdings im Zweifelsfall sowjetische Piloten oder rauchen Zigaretten mit kyrillischen Buchstaben. – Da T. den Charakter eines Musterschülers hat, wird die Serie auch von Comicgegnern empfohlen. Die Verbindung von spannender Story und außergewöhnlich komischen Episoden mag eine Ursache für die Beliebtheit sein. In der französisch sprechenden Welt kann es T. an Bekanntheit mit jedem Politiker aufnehmen. CHARLES DE GAULLE soll scherzhaft gesagt haben, eigentlich sei allein T. eine internationale Konkurrenz für ihn.

Sekundärliteratur: Cl. Le Gallo: Tintin, héros du XXe siècle (in: Phénix. 4. 1967. 3. 3–17). – G. Metken: Comics (1970). – H. Ostertag: Tim und Struppi – eine erfreuliche Comicserie (in: Schweizerische Lehrerzeitung. 43. 1976. 1659–1665). – R. C. Reitberger: Comics. Anatomie eines Massenmediums (zus. mit W. J. Fuchs. 1971). – N. Segré: Tim, Struppi, Haddock & Co. (in: Das Beste aus Reader's Digest. 1974. 12. 152–154 und 156–157).

Detlef Hoffmann/Wolfgang Kempkes

Titania-Verlag

Stuttgart. Bilderbücher, Bücher für Leseanfänger, Jugendschriften.

Im Juli 1949 gründete FERDINAND SCHROLL, der selbst aus einem Leipziger Verlagshaus kam, in Stuttgart den Titania-Verlag Ferdinand Schroll. Die jetzigen Verlagsleiter sind seine Kinder GERTI und WOLFGANG SCHROLL, die den Verlag 1970 nach dem Tod von FERDINAND SCHROLL übernommen haben.

Zum Verlagsprogramm gehört hauptsächlich preiswerte Unterhaltungsliteratur für Kinder und Jugendliche. Dabei verhalf die Neuherausgabe der bekannten, ab 1934 zuerst erschienenen Mädchenbuchserie „Pucki" von MAGDA TROTT (1880–1945) mit hohen Verkaufsquoten zu einem erfolgreichen Start. Neben Mädchen-, Abenteuer- und Jugendsachbüchern liegen weitere Schwerpunkte des Verlagsprogramms bei Bilderbüchern junger in- und ausländischer Illustratoren und der preiswerten Reihe „Bunte Bücher" für das erste Lesealter, die kurze und spannende Geschichten aus dem Erlebnisbereich der Leseanfänger zum Inhalt haben.
Zu den Autoren des Verlages gehören unter anderem MAGDA TROTT, HELGE DARNSTÄDT und als Illustrator FRITZ BAUMGARTEN.

Hannelore Daubert

Titeltest → Buchtiteltest

Töchter-Album

T. ist die Bezeichnung für ein Jahrbuch der Mädchenliteratur im 19. Jahrhundert. Der erste Band erschien 1855 unter dem Titel „Töchter-Album. Unterhaltung im häuslichen Kreise zur Bildung des Verstandes und Gemüths der heranwachsenden weiblichen Jugend" und wurde von Th. von Gumpert (1810–1898) mit jährlich einem weiteren Band bis 1897 herausgegeben. Im Verlag C. Flemming in Glogau erschienen, umfaßte es von 1853 bis 1897 43 Bände. Am T. arbeiteten unter anderem Tante Amanda (d.i. A. Hoppe-Seyler), W. Buchner, M. Claudius, R. Koch, M. Nathusius, M. Osten (d.i. E. Eyler), Chr. von Schmid und H. Wagner mit. Es erschien mit wechselnden Herausgeberinnen, unter anderem Bertha Wegner-Zell und Josephine Siebe, noch bis in die dreißiger Jahre des 20. Jahrhunderts. Das T. gilt als Wegbereiter für die gleichzeitigen und nachfolgenden sogenannten Backfischbücher.

Zum Inhalt. Das T., das für sich beanspruchte, ein Bildungswerk zu sein, beinhaltete neben Sacherzählungen mit biologischen, geographischen und mineralogischen Inhalten, Reisebeschreibungen, Personenbeschreibungen und Geschichten, die vom Edelmut und der Gottesfurcht der sogenannten höheren Töchter berichten. Es nimmt für sich in Anspruch, das Leben wiederzugeben, wie es wirklich sei, doch die Geschichten sind realitätsfremd. Das T. will den Leserinnen aus den höheren Ständen Selbstsicherheit und Selbstvertrauen vermitteln.
Bis auf wenige wissenschaftliche Mitarbeiter haben sich alle Autoren dem süßlichen Stil TH. VON GUMPERTS angepaßt. Die meisten lehrhaften Erzählungen haben Familienschicksale, den Tod des Vaters oder der Mutter, wodurch die zentrale Figur unverschuldet in Armut gerät, und die schwesterliche/brüderliche Liebe, mit deren Hilfe alle anfallenden Schwierigkeiten überwunden werden, zum Gegenstand. In diesem Rahmen spielt sich die belehrende Handlung ab, wobei Gottesfurcht und christliche Nächstenliebe alle Unterneh-

mungen leiten. Arme und Kranke, die in vielen Fällen selbst an ihrem Unglück schuld sind, geben „anständigen, frommen" Mädchen Gelegenheit, durch christliche Ansprache und milde Gaben zu helfen und aus solcher Hilfe die Gewißheit eigenen gottgefälligen Handelns zu gewinnen. Deutlich wird in den Geschichten, daß es ein Makel ist, arm zu sein. Wenn es dem Armen in diesen Geschichten einmal gelingt, sich aus der Not zu lösen, dann wird der Hinweis mitgeliefert, daß dies weniger seinen eigenen Aktivitäten, vielmehr dem Mitleid und der Großmut seiner Gönner zu verdanken ist. Im festen Glauben an die eigene Gottgefälligkeit belohnen die Tugendhaften die, welche sich in ihr Schicksal ergeben.

Die „pädagogischen" Absichten der Autoren ließen es nicht zu, daß die Geschichten tragisch enden, vielmehr mußten Heldin oder Held jeweils den gewünschten und begehrten „edlen" Partner bekommen, mit dem sie dann „restlos" glücklich werden sollten. Die realen sozialen und ökonomischen Spannungen der Zeit bleiben gänzlich ausgeklammert. Das Leben ist in diesen Geschichten eine Idylle, und der Wink des „Schicksals" sorgt dafür, daß sich selbst in der „größten" Not die Hilfe unausweichlich einstellt.

Positiver beurteilen kann man dagegen die Reisebeschreibungen, die aber auch zumeist in einem süßlichen Ton gehalten sind und stets mit einfachen, „menschlich-unmenschlichen" Erlebnissen verknüpft werden, sowie die informativen, naturkundlichen Belehrungen. Ausgesprochen patriotische Züge zeigt der kurz nach Beendigung des deutsch-französischen Krieges von 1870 bis 1871 erschienene siebzehnte Band des T.s, in dem z. B. die Geschichte „Ein Dank an deutsche Frauen und Mädchen" mit dem Hinweis beginnt, daß man eine „ernste" und „heilige" Zeit mit dem deutschen Heer vor Paris durchlebt habe, und mit dem Satz endet: „Aus den deutschen Familien sind die Helden dieser Tage hervorgegangen". So wurde nach der Reichsgründung von 1871 Nationalbewußtsein geweckt und bestärkt.

Kritik am T. Die restaurative Erziehungsabsicht und der Mangel an literarischer Qualität haben schon frühzeitig dem T. scharfe Kritik eingebracht. Als erster hat es ADALBERT MERGET (Geschichte der deutschen Jugendliteratur, 1866. S. 133–134) kritisch analysiert. Allerdings nahm er nur gewisse Schwächen des Mädchenbuches wahr, ohne grundsätzlich Stellung zu nehmen, und erkannte an, daß Mädchen ein Recht auf eine eigenständige Literatur hätten. Seine Kritik bleibt milde. Ernsthafte Kritik setzte erst viel später ein; so bei HEINRICH WOLGAST, der jegliche Trivialliteratur dieser Art ablehnt (Das Elend unserer Jugendliteratur, 1896. S. 188–223). Bei WOLGAST heißt es, ein Schriftsteller könne aus jedem Stoff ein „Kunstwerk" machen, aber was aus der Feder der Jugendschriftstellerinnen komme, sei bedenklich und „spotte jeder Beschreibung". WOLGAST kann nicht verstehen, daß Eltern ihren Kindern diese, wie er es nannte, „Pandorabüchse" unbesehen in die Hand geben konnten. Noch schärfer ist die Kritik bei HERMANN LEOPOLD KÖSTER (Geschichte der deutschen Jugendliteratur, 1927. S. 298–299), der schreibt, der „geschmacksverwüstende Einfluß auf die Mädchen und Frauen der besseren Stände sei gar nicht zu ermessen", ja der Einfluß der Gumpertschen Erzählungen sei „nicht nur in ästhetischer, sondern auch in moralischer Beziehung" verderblich. Auch KARL ERNST MAIER geht in neuerer Zeit in seinem Buch „Jugendschrifttum" (1965, S. 114–115) mit dem T. hart ins Gericht, wenn er sagt, daß THEKLA VON GUMPERT mit dem T. den „Prototyp der seichten Mädchenliteratur" schuf. Er bemängelt, daß diese Literatur der Lebensproblematik ausweicht: der Kitsch bleibe an der Oberfläche und ergehe sich in Banalitäten. Kritisch analysiert auch MALTE DAHRENDORF in „Das Mädchenbuch und seine Leserin" (1970, S. 36–39) das T. Er verweist auf WOLGAST, stellt aber zugleich fest, daß WOLGAST psychologische und soziale Argumente noch fremd waren und seine Kritik des T.s daher unzulänglich blieb. ANDREA KUHN und JOHANNES MERKEL, die sich ebenfalls mit dem T. auseinandergesetzt haben (Sentimentalität und Geschäft, 1977. S. 199–203), beziehen sich in ihrer Abhandlung auf IRENE DYHRENFURTH-GRAEBSCHS „Geschichte des deutschen Jugendbuchs" (1967, S. 152–153) und zitieren vor allem noch KÖSTER sowie Anmerkungen von MERGET.

→ Album, → Almanach, → Backfischbuch, → Th. von Gumpert, → Mädchenbuch, → Moralische Geschichte

Sekundärliteratur: M. Dahrendorf: Das Mädchenbuch und seine Leserin, 1970. 36–39). – I. Dyhrenfurth-Graebsch: Geschichte des deutschen Jugendbuchs (1967. 152–155). – H. L. Köster: Geschichte der deutschen Jugendliteratur ([4]1927, ND. 1968. 298–299). – A. Kuhn: Sentimentalität und Geschäft. Zur Sozialisation durch Kinder- und Jugendliteratur im 19. Jahrhundert (1977. 199–203, zus. mit J. Merkel). – W. Lottig: Thekla von Gumpert und ihre Schule (in: Jugendschriften-Warte. 1896. 5. 17–19 und 29–31). – K. E. Maier: Jugendschrifttum (1965, [7]1973. 114–115). – A. Merget: Geschichte der deutschen Jugendliteratur (1866. 133–134). – H. Wolgast: Das Elend unserer Jugendliteratur (1896, [7]1950. 188–223).

Barbara Zinecker

Toepffer, Rodolphe

*Schweizer Zeichner und Schriftsteller; * 31. 1. 1799 Genf, † 8. 6. 1846 Genf.*

T., Sohn des Kupferstechers, Genre- und Landschaftsmalers WOLFGANG ADEM T., wollte, wie sein Vater, Maler werden, bekam aber ein chronisches Augenleiden, das ihn zwang, sich zu schonen und helles Licht zu meiden. So studierte er alte Sprachen und wurde Lehrer. Als späterer Mitinhaber und Leiter eines Jungengymnasiums schrieb er Kunstkritiken und Erzählungen, so das 1832 veröffentlichte Buch „Die Bibliothek meines Onkels", später „Die Reisen im Zick-Zack" und die „Genfer Novellen". Daneben begann er aus Spaß, kleine Bildergeschichten zu zeichnen, die er anfangs Freunden und Schülern zur Unterhaltung anbot. Als J. W. VON GOETHE am 27. 12. 1830 eine seiner Bildergeschichten, den „Docteur Festus", in die Hand bekam

Rodolphe Toepffer (1799–1846)

und begeistert war, ließ er T. über einen Bekannten dazu bewegen, seine Alben mit den Bilderromanen zu veröffentlichen. In den Jahren von 1830 bis 1845 brachte er „Monsieur Vieux-Bois", „Docteur Festus", „Monsieur Crépin", „Monsieur Jabot", „Monsieur Pencil" und „Albert" heraus, 1845 erschien im Pariser „L'Illustration" in elf Folgen vom 25. Januar bis 19. April die Bildergeschichte „Monsieur Cryptogame". Im selben Jahr schrieb T. einen noch heute bemerkenswerten Essay über die Physiognomie eines Menschen (Essai de physiognomie) und legte darin die zwei nach seiner Meinung grundsätzlich verschiedenen Wege der bildlichen Erzählung dar. Er forderte Bildgeschichten mit Text, wobei eine solche Art von Bildzeichensprache entwickelt werden müßte, die von möglichst vielen Menschen verstanden werden kann.
Nach einem mit Arbeit ausgefüllten kurzen Leben, das niemals von Existenzsorgen bedrängt war, starb T., siebenundvierzigjährig, in seiner Heimatstadt Genf an einem Leberleiden. Er hinterließ außer seinem alten Vater seine Frau mit vier Kindern.

Werk, Tendenzen, Wirkung. Noch im Todesjahr T.s erschienen seine sechs Alben gleichzeitig in Genf und Leipzig. 1860 erfolgte dann auch ihre Herausgabe in Paris. 1847 kam „Mr. Cryptogame" in Dänemark und Schweden heraus, und ein Jahrzehnt später wurde er nach einer Umarbeitung in Holland ein sehr beliebtes Kinderbuch. In Deutschland wurde „Mr. Cryptogame" 1847 in Leipzig unter dem Titel „Fahrten und Abenteuer des Herrn Steckelbein" herausgegeben und erreichte bis 1919 schon elf Auflagen. 1967 bis 1969 wurden vom Leipziger Insel Verlag noch einmal alle Bildergeschichten in zwei Bänden herausgegeben, 1969 folgte eine Parallelproduktion in München, und 1976 gab sie der Frankfurter Insel-Verlag in zwei Taschenbüchern neu heraus.
T., der als einer der Vorläufer des Comic-Strips zu gelten hat, erkannte als erster die Aussagemöglichkeiten der Bildererzählung. Seine durch englische Karikaturisten beeinflußten Bildgeschichten zeigen Strichzeichnungsbilder wechselnden Formats, begleitet durch ergänzende oder kommentierende Schreibtexte von ein bis zwei Zeilen Länge unter oder neben den Bildern. Esprit und Komik liegen ausschließlich in den Bildern; die Texte besitzen mehr eine Erklärungsfunktion, tragen aber durch ihren nüchternen Stil und damit im Kontrast zu den Bildern zur Pointenbildung bei. T.s Helden werden durch immer neue Zufälle an der Erreichung ihres Zieles gehindert. Die dabei verwendeten Gags laufen stoßweise ab und evozieren eine Art von mechanischem Witzrhythmus, der – einmal angestoßen – manchmal bis zum katastrophalen Ende führt. Die Handlungsgeschwindigkeit wird ständig verändert, die psychologisch durchgeformten Akteure werden durch sie hin- und hergerissen. T. versuchte erfolgreich, konsequentes Handeln seiner Figuren sowohl im Bild als auch im Text darzustellen und – mit einem didaktischen Hintergrund – eine Moral oder Unmoral in grotesker Verzerrung ad absurdum zu führen. Seine Bildergeschichten sind Ausdruck einer Kritik am Stil und Genre des satten Großbürgertums seiner Zeit, an dessen Selbstgefälligkeit und Bildungsarroganz. T.s humorige Grotesken halten verbissen am Konzept rationalen, antisentimentalen Analysierens und des Bildens von Beweisketten zum Zwecke des Aufdeckens von menschlichem Fehlverhalten fest. Nicht ganz grundlos wurde T. „Enfant terrible des Schweizer Biedermeier", „literarischer Urahn der Comic strips" und „Vater der modernen Karikatur" genannt.

Werke: La bibliothèque de mon oncle (1832; dt. Die Bibliothek meines Oheims, 1846); Histoire de M. Jabot (1833); La peur (1833); Elisa et Widmer (1834); Les amours de M. Vieux Bois (1837); Histoire de M. Crépin (1837); Histoire de M. Pencil (1838); Histoire de Jules (1838); Genfer Novellen (Bd. 1–2. 1839–1845); Le presbytère (Bd. 1–2. 1839); Voyages et aventures du Docteur Festus (1840); Nouvelles genevoises (1841); Voyages en zigzag, ou exursions d'un pensionnat en vacances dans les cantons suisses et sur le revers italien des Alpes (1843); Essay de physiognomie (1845); Histoire d'Albert (1845); Collection des histoires en estampes (Bd. 1–6. frz. und dt. 1846–1847); M. Cryptogame (1846; dt. J. Kell: Fahrten und Abenteuer des Herrn Steckelbein, 1847); Rosa et Gertrude (1846; dt. Rosa und Gertrud, 1846); Voyages en zig zag à la Grande Chartreuse (1853).

Sekundärliteratur: Kl. Doderer (Hrsg. zus. mit H. Müller): Das Bilderbuch (1973). – E. Gallati: Rodolphe Toepffer und die deutschsprachige Kultur (1976). – K. Kusenberg (Hrsg.): Der kühle Bräutigam. Die Abenteuer des Herrn Cryptogam zu Wasser und zu Lande (1968). – G. Metken: Comics (1970). – G. Perry: The Penguin book of comics (zus. mit A. Aldridge. 1967). – Th. Rex: Komische Bilderromane (in: Comixene. 3. 1976. 7./8. 32).

Wolfgang Kempkes

Tolkien, John Ronald Reuel

*Englischer Philologe, Verfasser phantastischer Erzählungen und Gedichte; * 3. 1. 1892 Bloemfontein/Südafrika, †2. 9. 1973 Bournemouth/England.*

T. kam 1896 nach England; dort besuchte er die King Edward VI School in Birmingham. Die Teilnahme am Ersten Weltkrieg wurde für T. zum entscheidenden Erlebnis, das seine spätere künstlerische Entwicklung beeinflußte. 1918 bis 1920 war er Mitarbeiter am Oxford English Dictionary. Von 1920 bis 1959 lehrte er als Professor für englische Sprache an verschiedenen Universitäten. Zu seinen bekanntesten wissenschaftlichen Publikationen zählen Arbeiten über GEOFFREY' CHAUCER und den Beowulf („Chaucer as philologist", 1934; „Beowulf: The monster and the critics", 1937).

John Ronald Reuel Tolkien (1892–1973)

Werk, Tendenzen, Wirkung. 1937 wurde das Kinderbuch „The Hobbit; or there and back again", das T.s Ruhm begründete, veröffentlicht. 1954 bis 1955 erschien die Trilogie „The Lord of the rings", sein literarisches Hauptwerk. Obwohl hauptsächlich für Erwachsene konzipiert, hatten diese Bücher auch bei jugendlichen Lesern durchschlagenden Erfolg. Weitere kleinere Erzählungen und Gedichte sind oft thematisch mit „The Hobbit" und „The Lord of the rings" verbunden. In diesen beiden Hauptwerken baut T. eine geschlossene mythische Welt auf. Schauplatz der Ereignisse ist das imaginäre Land „Middle Earth", über dessen Geographie der Leser mit Hilfe beiliegender Landkarten genau informiert wird. Die Geschichte von Middle Earth ist in drei Zeitalter eingeteilt. Das Ende des dritten Zeitalters und der Beginn des darauffolgenden Zeitalters der Herrschaft der Menschen bilden den Rahmen der beiden Erzählungen. Um den Eindruck kontinuierlicher geschichtlicher Authentizität zu erzielen, verwendet T. vielfach Anspielungen auf vergangene, „historische" Ereignisse. Aus dem gleichen Grund hat er dem „Lord of the rings" einen Anhang mit Zeittafeln, Kalendern und Sprachbeschreibungen beigegeben. Die handelnden Personen sind Phantasiegeschöpfe verschiedenster Gattungen wie Hobbits, Elben, Zwerge, Trolle, Orks, Ents, aber auch Menschen. Die Fabelwesen weisen alle mehr oder weniger menschenähnliche Züge und Eigenschaften auf, wenn sie sich auch äußerlich stark voneinander unterscheiden. Die Hobbits, Haupthelden der Erzählungen, werden am differenziertesten dargestellt. Die Elben dagegen besitzen nur positive Eigenschaften, die Orks treten als verabscheuungswürdige Unholde auf. Diese nicht vorurteilsfreie Schwarz-Weiß-Malerei der T.schen Erzählungen greift auf eine Grundstruktur der Literaturgattung Märchen zurück, die Polarisation, wie ja das T.sche Werk insgesamt eine ganze Reihe von Gattungsmerkmalen des europäischen Volksmärchens aufgenommen hat. Das Handlungsgerüst beider Werke bildet eine Reise, auf der die Hauptakteure (in „The Hobbit" der Hobbit Bilbo Baggins und im „Lord of the rings" dessen Neffe Frodo Baggins) eine Reihe von Abenteuern zu bestehen haben. Auf der Reise im ersten Buch findet Bilbo Baggins einen unheilstiftenden Zauberring, der von Sauron, einer dunklen Macht aus dem Lande Mordor, hergestellt worden ist. Dieser Ring macht den Träger unsichtbar und verleiht große Macht auch über die anderen Zauberringe, die sich noch in Middle Earth befinden. Im „Lord of the rings" bekommt Frodo Baggins den Ring und macht sich mit dem Zauberer Gandalf und einer Reihe von Gefährten auf den Weg ins Land Mordor, dem Ursprungsort des Ringes, da dieser nur dort zerstört werden kann. Nach vielen Gefahren und Rückschlägen kann der Ring vernichtet und Sauron, der alte machtgierige Besitzer, der des Ringes wieder habhaft werden wollte, besiegt werden. Das untergegangene Königreich von Gondor wird wieder errichtet, und eine friedvolle Entwicklung beginnt. Das Buch endet damit, daß die Elben und Frodo mit einem Schiff nach Westen in ein sagenhaftes Land segeln. Die Reisen führen jeweils auch zu einer charakterlichen Reifung der Helden Frodo und Bilbo. T.s „Lord of the rings" übertrifft nicht nur im Umfang (ca. 1000 Seiten), sondern insbesondere durch die Diskussion moralischer Probleme und die Schilderung einer allgegenwärtigen Bedrohung künstlerisch „The Hobbit". Man hat versucht, den „Lord of the rings" als Allegorie zu deuten (Anspielungen auf ADOLF HITLER o.ä.). Diese Auffassungen sind wohl zu weitgehend, zumal T. selbst jede Absicht in diese Richtung abgestritten hat.

Der außerordentliche Erfolg der Ring-Trilogie, insbesondere in England und in den USA (hier bildeten sich Vereinigungen wie die „Tolkien Society of America", die unter anderem das „Tolkien Journal" herausgibt), liegt wohl darin begründet, daß hier eine Welt geschildert wird, in der Einzelpersonen durch ihr Handeln große Veränderungen bewirken können. Dies muß dem Leser, der sich in seinem Leben als vereinzelt erfährt und sich von weitgehender persönlicher Einflußmöglichkeit auf die gesellschaftliche Entwicklung abgeschnitten sieht, als reizvolle Perspektive erscheinen. T. schildert das Reich der Elben als eine ideale Gesellschaft, die sich ganz im Spiel, im Feiern und Vergnügtsein zu erschöpfen scheint und dabei in voller Harmonie mit der Natur lebt. Bezeichnenderweise kann bei T. dieser Zustand nur durch einen Zauberring aufrechterhalten werden, er verschwindet mit dem Heraufziehen des Zeitalters der Herrschaft der Menschen. In „Lord of the rings" drückt sich eine Abneigung gegen die moderne Gesellschaft und eine Sehnsucht nach vorindustriellen Zuständen aus. So wird T. auch von seiner derzeit größten Anhängerschar, den Jugendlichen, begriffen, die ihren Überdruß am Bestehenden und ihre Sehnsucht nach Neuem von H. HESSE und T. am besten dargestellt sehen. Posthum erschienen T.s „The Father Christmas letters" (1976) und „The Silmarillion" (1977; dt. Silmarillion, 1978), das von T.s Sohn CHRISTOPHER bearbeitet wurde.

Werke: The Hobbit or there and back again (1937; dt. Der kleine Hobbit und der große Zauberer, auch u. d. T. Der kleine Hobbit, 1967, ^{2}1971. TB. 1974, ^{3}1976); Farmer Giles of Ham (1949, ^{3}1965; dt. Die Geschichte vom Bauern Giles und dem Drachen Chrysophylax, 1970, TB. 1976); The homecoming of Beorhtnoth Beorhthelm's son (1953, ^{2}1975); The fellowship of the ring; being the first part of the Lord of the rings (1954; dt. Die Gefährten, 1969); The two towers; being the second part of the Lord of the rings (1954; dt. Die zwei Türme, 1970); The return of the King; being the third part of the Lord of the rings (1954; dt. Die Rückkehr des Königs, 1970); The adventures of Tom Bombadil (1962); Tree and Leaf (1964); The Tolkien reader (1966); The road goes ever on. A song cycle (1967); Smith of Wootton Mayor (1967, ^{2}1975); Bilbo's last song (1974); Fabelhafte Geschichten (1975); The Father Christmas letters (1976; dt. Briefe vom Weihnachtsmann, 1977); The Silmarillion (1977; dt. Das Silmarillion, 1978).

Sekundärliteratur: L. Carter: Tolkien: a look behind „The Lord of the rings" (1969). – C. S. Kilby: Tolkien and the Silmarillion (1976). – P. Kocher: Master of Middle-earth; the fiction of J. R. R. Tolkien (1972). – W. B. Ready: The Tolkien relation. A personal inquiry (1968). – R. Sale: Modern heroism (1973). – G. Urang: Shadows of heaven (1971). – R. C. West: Tolkien criticism; an annotated checklist (1970). – E. Wilson: Oo, those Awful Orcs! (in: E. Wilson: The bit between my teeth: a literary chronicle of 1950–1965. 1965. 326–332).

Wolfgang Neumann

Tolstoj, Lev Nikolaevič

*Russischer Schriftsteller; * 9. 9. 1828 Jasnaja Poljana bei Tula, † 20. 11. 1910 Astapovo.*

Im Jahr 1847 zog T. auf sein Gut Jasnaja Poljana, wo er pädagogisch und schriftstellerisch tätig wurde. Als erstes Werk erschien 1852 die Erzählung „Detstvo", die den ersten Teil der autobiographischen Trilogie „Detstvo, otročestvo, junost'" bildet. 1851 trat er in die Kaukasusarmee ein und nahm 1854/1855 am Krimkrieg teil. Auf den Erlebnissen dieser Zeit beruhen seine Kaukasus- und Sewastopol-Erzählungen. Nach einer Westeuropareise 1857 wandte er sich mit der Einrichtung einer Dorfschule in Jasnaja Poljana pädagogischer Tätigkeit zu. Auf einer zweiten Auslandsreise 1860 studierte er die Volksbildung in Westeuropa. Als Forum für seine pädagogischen Ansichten gründete er die Zeitschrift „Jasnaja Poljana", in der er auch Fragen der Kinderliteratur behandelte. Nach der Arbeit an dem historischen Roman „Vojna i mir" nahm er Ende der sechziger Jahre die Beschäftigung mit Pädagogik und Kinderliteratur wieder auf, was zur Herausgabe eines vierbändigen Lehr- und Lesebuchs führte. Nach Vollendung des Gesellschaftsromans „Anna Karenina" vollzog er in den achtziger Jahren eine Wende in seinem Schaffen und Denken zum Religiösen hin. Bedeutendstes Werk dieser Zeit ist der Roman „Voskresenie". Am 10. November 1910 verließ er Jasnaja Poljana. Unterwegs erkrankte er und starb am 20. November in der Bahnstation Astapovo.

Werk, Tendenzen, Wirkung. Weltruhm erlangte T. durch seine Romane. Daneben hat er einen wesentlichen Beitrag zur russischen Kinderliteratur geleistet: Außer der Herausgabe einer Reihe seiner Werke für Kinder (ganz oder in Auszügen) war er einer der ersten namhaften russischen Schriftsteller, der eigens für Kinder schrieb. In seinem gesamten Werk spielen Kindergestalten eine Rolle, z. B. gleich in seiner ersten Erzählung „Detstvo", die zudem den Anfang der russischen realistischen Erzählung von der Kindheit begründete. Sie wurde mit „Otročestvo" bald nach ihrem Erscheinen als Einzelausgabe für Kinder herausgegeben. In Kinderausgaben erschienen unter anderem Auszüge aus der Kaukasuserzählung „Rubka lesa", den Sewastopolerzählungen, den Erzählungen über das russische Dorf „Metel'", „Tri smerti", „Polikuška" und aus „Vojna i mir". Zur Kinderliteratur kam er durch seine schulische Tätigkeit. Er fügte der Zeitschrift „Jasnaja Poljana" eine Kinderliteraturbeilage mit eigenen Werken, freien Bearbeitungen von Werken der Weltliteratur (z. B. Robinson), Märchen, Rätseln, Schüleraufsätzen und Werken anderer Schriftsteller an. Die Bearbeitungen paßte er in Sprache und Milieu den russischen Bauernkindern an.

Sein Hauptbeitrag zur Kinderliteratur, das vierbändige Werk „Azbuka" (Alphabet), enthält eine Fibel und russisches und kirchenslawisches Lesematerial sowie Rechenübungen. Nach anfänglichem Mißerfolg überarbeitete er die Fibel grundlegend und veröffentlichte sie 1875 gesondert unter dem Titel „Novaja Azbuka". Das russische Lesematerial ordnete er neu – nicht mehr nach Genres wie zuvor, sondern in strenger Progression der sprachlichen und inhaltlichen Schwierigkeiten – und gab es in vier Lesebüchern heraus („Russkie knigi dlja ctenija"). Fibel und Lesebücher wurden den Schulen vom Volksbildungsministerium empfohlen und erlebten zu T.s Lebzeiten 28 Auflagen. Sie enthalten 373 Titel verschiedener Genres und unterschiedlicher Länge von nur wenigen Zeilen umfassenden bis zu mehrteiligen

Erzählungen oder Zyklen. Etwa die Hälfte basiert auf fremden Vorlagen. Den jüngsten Lesern gab T. kleine Erzählungen aus dem dörflichen Leben, Miniaturerzählungen zu Sprichwörtern und Rätsel. Viel Raum widmete er den Fabeln, die er größtenteils nach ÄSOPschen Vorlagen kindgerecht und in Prosa verfaßte, wobei er auf jegliche Schlußmoral verzichtete und nur die Handlung selbst sprechen ließ. Außerdem nahm er viele russische, ausländische und eigene Märchen auf, darunter ein Zaubermärchen. Für etwas ältere Leser schrieb er populärwissenschaftliche Erzählungen und Abhandlungen über historische, physikalische, geographische und botanische Themen, wobei er am Lebensbereich der Bauernkinder anknüpfte, und eine Reihe von Tier- und Jagderzählungen, die auf eigenen Erlebnissen beruhen. Als besonderes Meisterwerk gilt die Abenteuererzählung „Kavkazskij plennik", in der es einem russischen Offizier, der in tatarische Gefangenschaft geraten ist, dank seines Mutes und der Hilfe eines tatarischen Mädchens zu fliehen gelingt. Diese Erzählung hat eine Reihe literarischer Vorbilder, unter anderem das gleichnamige romantische Poem PUŠKINS (1799–1837), die T. zu einer realistischen Erzählung für Kinder inhaltlich und sprachlich umgestaltete. Gleichzeitig erschien die Erzählung auch als Einzelausgabe für Erwachsene. Bis auf die vier Versmärchen (Bylinenbearbeitungen) am Ende jedes Lesebuchs ist alles in einer volksnahen Prosasprache geschrieben, die sich durch äußerste Sparsamkeit und Einfachheit bei gleichzeitiger Anschaulichkeit und Dynamik auszeichnet und auf Handlung und Bewegung ausgerichtet ist. T., dem ein wichtiger Stellenwert für die Entwicklung der russischen Kinderliteratur beizumessen ist, gilt noch der heutigen Schriftstellergeneration als Lehrer auf diesem Gebiet, wie es z.B. S. J. MARŠAK (1887–1964) ausspricht. In den Bänden 21 und 22 der neunzigbändigen Gesamtausgabe seiner Werke liegen die Texte der „Azbuka" und „Novaja Azbuka" mit den vier Lesebüchern vollständig vor, außerdem die über 250 fertig geschriebenen, aber nicht veröffentlichten Titel. Viele seiner Kindererzählungen – mit Ausnahme der religiös gefärbten – werden in der Sowjetunion immer wieder aufgelegt und gehören heute zum Grundbestand der sowjetischen Schullesebücher.

Werke: Detstvo (1852; dt. Geschichte meiner Kindheit, 1882); Nabeg (1853; dt. Im Kaukasus, der Überfall, 1887); Otročestvo (1854; dt. Knabenalter; in: Lebensstufen: Kindheit, Knabenalter, Jünglingsjahre, 1891); Rubka lesa (1855; dt. Beim Waldausroden (in: Russische Soldatengeschichten und kleine Erzählungen, 1887); Sevastopol v dekabre mesjace, Sevastopol' v mae, Sevastopol' v avguste 1855 goda (1855–1856; dt. Kriegsbilder: Sebastopol im Dezember, Sebastopol im Mai, Sebastopol im August (in: Kleine Erzählungen und Kriegsbilder, 1886); Detstvo i otročestvo (1856); Metel (1856; dt. Der Schneesturm, 1888); Junost (1857; dt. Jünglingsjahre (in: Lebensstufen: Kindheit, Knabenalter, Jünglingsjahre, 1891); Tri smerti (1859; dt. Die drei Tode (in: Der Schneesturm, Die drei Tode. 1913); O narodnom obrazovanii (1862); Jasnopoljanskaja škola za nojabr' i dekabr' mesjacy (1862); Vospitanie i obrazovanie (1862; dt. Über Erziehung und Bildung, 1902); Ob obščestvennoj dejatel'nosti na poprišče narodnogo obrazovanija (1862); Komu u kogo učit'sja pisat', krest'janskim rebjatam u nas, ili nam u krest'janskich rebjat? (1862); Kazaki (1863; dt. Die Kosaken, 1885); Polikuška (1863; dt. Polikuschka (in: Zwei Erzählungen: Polikuschka, Luzern 1888); Vojna i mir (1868–1869; dt. Krieg und Frieden, 1885–1886); Azbuka (Bd. 1–4. 1872); Kavkazskij plennik (1872; dt. Der Gefangene im Kaukasus (in: Der Gefangene im Kaukasus und andere russische Soldatengeschichten, 1888); Novaja Azbuka (1875); Pervaja russkaja kniga dlja čtenija, Vtoraja russkaja kniga dlja čtenija, Tret'ja russkaja kniga dla čtenija, Četvertaja russkaja kniga dlja čtenija (1875); Anna Karenina (1875–1877; dt. Anna Karenina, 1885); Voskresenie (1899; dt. Auferstehung, 1899); Čto takoe iskusstvo (1897–1898; dt. Was ist Kunst?, 1898); Polnoe sobranie sočinenij. Jubilejnoe izdanie (Bd. 1–90; 1928–1958).

Sekundärliteratur: N. N. Ardens: Tvorčeskij put' L. N. Tolstogo. Bibliografija (1962). – A. P. Babuškina: Lev Nikolaevič Tolstoj (in: A. P. Babuškina: Istorija russkoj detskoj literatury. 1948. 344–397). – A. I. Barsuk: Proizvedenija L. N. Tolstogo dlja detej doskol'nogo vozrasta (zus. mit N. I. Bubnova, in: Doškol'noe vospitanie. 1953. 6. 34–40). – B. Begak: Malen'kie rasskazy L. Tolstogo (in: Detskaja literatura. 1937. 5. 10–17). – A. Borščevskaja: Lev Tolstoj dlja detej (in: Voprosy detskoj literatury. 1954. 38–74). – S. Byčkov: L. N. Tolstoj, očerk tvorčestva (1954). – N. V. Čechov: „Azbuka" i „Knigi dlja čtenija" L. N. Tolstogo (in: Narodnyj učitel'. 1928. 9. 40–43). – B. Ėjchenbaum: Lev Tolstoj (Bd. 1–3. 1928–1960). – I. Kaštanova: Detskie rasskazy L. N. Tolstogo. K 135-letiju so dnja roždenija (in: Narodnoe obrazovanie. 1963. 9. 93–95); Masterstvo L. N. Tolstogo kak pisatelja dlja detej (1964); L. N. Tolstoj o detjach i dla detej (1971). – T. Kornejčik: Lev Tolstoj avtor detskich knig (in: Narodnoe obrazovanie. 1960. 11. 75–77). – V. A. Lebedeva: Rabota. L. N. Tolstogo nad „Azbukoj" i. „Knigam dlja čtenija" (in: Jasnopoljanskij sbornik. 1960. 3–18); Tolstoj i deti (1966). – N. Ludwig: L. N. Tolstoj (in: Wolf Düwel (Hrsg.): Geschichte der klassischen russischen Literatur. 1973. 818–852). – S. J. Maršak: Literaturaskole (in: Novyj mir. 1952. 6. 197–208). – V. Nikolaeva: O jazyke detskich rasskazov L. N. Tolstogo (in: O literature dlja detej. 1961. 6. 146–165). – A. Petrov: „Azbuka" in „Novaja azbuka" L. N. Tolstogo. K vychod v svet 21 i 22 tomov jubilejnogo izdanija polnogo sobranija sočinenij (in: Harodnoe obrazovanie. 1958. 2. 112–113); Kak L. N. Tolstoj sostavljal „Azbuka". K 130-letiju so dnja roždenija (in: Načal'naja škola. 1958. 9. 55–59); Neizdanny rasskazy L. N. Tolstogo (in: Narodnoe abrazovanie. 1958. 9. 85–88). – A. Popovkin: L. N. Tolstoj (1963). – M. A. Rybnikova: Rasskazy L. N. Tolstogo dlja detej (in: Načal'naja škola. 1937. 2. 26–39). – I. M. Solov'ev: Jazyk i stil' L. N. Tolstogo v ego proizvedenijach dlja detej (in: Russkij jazyk v sovetskoj škole. 1930. 2. 100–108). – V. A. Vejkšan: L. N. Tolstoj o vospitanii i obučenii (1953).

Susanne Schmidt

Tom Sawyer

Hauptfigur in Mark Twains Roman „The adventures of Tom Sawyer" (1876; dt. „Die Abenteuer Tom Sawyers", 1876) und zwei weniger bekannten Fortsetzungsbänden, Nebenfigur in „The adventures of Huckleberry Finn" (1884).

„Die Abenteuer Tom Sawyers". Entsprechend der Arbeitsweise des Verfassers setzt sich der Roman aus Episoden zusammen. T. wächst mit seinem Halbbruder Sid bei seiner Tante Polly in St. Petersburg auf. Immer

zu Streichen aufgelegt, weiß er sich der Bestrafung gewitzt zu entziehen. So läßt er sich das Zaunstreichen, zu dem ihn seine Tante verurteilt, von seinen Freunden abnehmen, indem er es als Vergünstigung ausgibt. Als ihm seine neue Freundin Becky grollt, beschließt er, Pirat zu werden. Mit Huck Finn, dem Naturburschen, beobachtet er nachts auf dem Friedhof, wie Indianer-Joe den Arzt des Ortes ersticht und das Messer dem betrunkenen Muff Potter in die Hand gibt. Ebenso heimlich verbringt er mit Huck und seinem Freund Joe ein paar Tage auf einer Insel im Mississippi. Die für ertrunken Gehaltenen sind, von T. genau berechnet, während ihrer eigenen Leichenfeier wieder zur Stelle. T. versöhnt sich mit Tante Polly und Becky, die er davor bewahrt, für die Beschädigung eines verbotenen Buches vom Lehrer bestraft zu werden, und wird zum Helden, als er in dem Prozeß gegen Muff Potter die Schuld Indianer-Joes enthüllt. Auf einem Ausflug verirren sich T. und Becky in einer Höhle, T. findet aber einen Ausweg. Anschließend holt er mit Huck den Schatz, auf den sie schon lange aus sind und den Indianer-Joe in der Höhle versteckt hat, in der er später umkommt. Huck wird am Schluß von der Witwe Douglas, der er das Leben gerettet hat, adoptiert, und T. soll von Beckys Vater, dem Richter Thatcher, auf der Juristenschule und der Militärakademie angemeldet werden.

Vier Handlungsstränge sind erkennbar: die Liebesgeschichte von T. und Becky, die sich durch das ganze Buch hindurchzieht, die Mordgeschichte in der ersten Hälfte, das Inselabenteuer in der Mitte, die Schatzsuche in der zweiten Hälfte. T. hat Tagträume („Ein Pirat wollte er werden!"), übt sich in Kampfspielen (Robin Hood), vollführt Streiche (Predigtstörung) und besteht Abenteuer (Schatzsuche). Stets hat er eine kindliche ichbezogen-spielerische Einstellung gegenüber der Umwelt. Im Falle der Abenteuer jedoch, betrachtet man sie als aufgereiht zu den genannten Handlungssträngen, läßt sich jeweils eine Wandlung hin zu einem Gefühl für den Mitmenschen (Becky, Muff Potter, Tante Polly, Indianer-Joe) erkennen, unterstrichen durch einen Schauplatzwechsel von der einsamen Natur- zur öffentlichen Zivilisationskulisse (z.B. nächtlicher Friedhof/Gericht).

Bemerkenswert ist, daß die Gesellschaft von St. Petersburg, bedingt wohl durch die Langeweile einer Kleinstadt, T.s Streiche und Abenteuer als Unterhaltung begrüßt. Wenn der Erzähler zunächst durch T.s Verhalten fragwürdige gesellschaftliche Normen aufdeckt – Ursprung eines Humors mit gelegentlich satirischen Zügen –, so läßt er T. am Ende doch mit ihnen derart konform gehen, daß er sogar zur ‚Zivilisierung' Hucks beiträgt, dessen Freiheit vorher sein Ideal war. Die Interpretationen dieses Wandels schwanken zwischen dem Hinweis auf eine Unsicherheit MARK TWAINS und der Betonung des ironischen Moments einer unglaubhaften Wandlung.

T. ist stilisiertes Jugendbildnis des Autors und dabei mitgeprägt von der ROUSSEAUschen Vorstellung vom Gutsein und von der Naturnähe des Kindes. Entstanden ist er aber zugleich aus Opposition zu der Figur des Musterknaben amerikanischer Sonntagsschulgeschichten, so wie sie durch T.s Halbbruder Sid im Roman vertreten sind. Nach vereinzelten Vorläufern (THOMAS ALDRICH: Story of a bad boy, 1870) ist er damit früher Höhepunkt der amerikanischen Literaturtradition des ‚good bad boy', der als Amerikas Bild von sich selbst gerühmt oder verspottet wird: „Sexuell so rein wie ein Milchmädchen, ist er dennoch ein Rauhbauz, zugleich potent und unterwürfig" (FIEDLER, S. 263). Mit Verhaltensweisen, die für Jungen zwischen acht und vierzehn charakteristisch sind, bietet sich T. verschiedenartigen Identifikationsbedürfnissen an. Dabei ist er jungen Lesern ähnlich, insofern er selbst Wünsche hat, und ihnen doch weit voraus, insofern er diese in der Welt des Romans verwirklichen kann.

Das ursprüngliche Manuskript, in Erinnerung an die eigene Kindheit am Mississippi für Erwachsene verfaßt, änderte MARK TWAIN auf Rat von WILLIAM DEAN HOWELL (1837–1920). Er entfernte anstößige Stellen (z.B. die Anatomiebuchepisode) und nannte dann im Vorwort des Buches als Leser an erster Stelle Jungen und Mädchen.

Fortsetzungsbände und Bearbeitungen. In „Huckleberry Finn", geschildert aus der Perspektive Hucks, von einem Standpunkt außerhalb der Gesellschaft, tritt T. als Nebencharakter auf, der seine Spiele tyrannisch bis zur Grausamkeit gegenüber Mitmenschen, z.B. dem Neger Jim, vorantreibt. Anfangs läßt der Autor Huck sich von T. abwenden, aber im Schlußteil läßt er ihn uneingeschränkt T.s Autorität anerkennen. Zwei weitere Bände, ebenfalls mit Huck als Erzähler, sind ein schwaches Echo der beiden ersten. In „Tom Sawyer abroad" (1894; dt. „Tom Sawyer im Luftballon", 1903) unternehmen die beiden Jungen zusammen mit Jim eine Ballonreise in den Nahen Osten, und in „Tom Sawyer, detective" (1896; dt. „Tom, der kleine Detektiv", 1901) klärt Tom einen Diamantenraub und eine Mordanschuldigung auf.

Spezifisch für „Die Abenteuer Tom Sawyers" sind verschiedene Bearbeitungen für die Bühne, beginnend mit einer unabgeschlossenen Fassung des Autors selbst. Die von RAINER HAGEN für Deutschland behauptete Bevorzugung T.s gegenüber Huckleberry Finn trifft vermutlich auch für andere Länder zu. Weltweit ist er in Lesebüchern und Unterrichtsprojekten vertreten.

→ Huckleberry Finn, → Klassiker der Kinder- und Jugendliteratur, → Twain, M., → USA

Sekundärliteratur: W. Blair: On the structure of ‚Tom Sawyer' (in: Modern philology. 37. 1939/1940. 75–88). – P. Coveney: The image of childhood (1967). – B. De Voto: The phantasy of boyhood: Tom Sawyer (in: A. L. Scott: Mark Twain. Selected criticism. 1955. 259–271). – J. Fetterley: The sanctioned rebel (in: Studies in the novel. 3. 1971. 293–304); Disenchantment: Tom Sawyer in ‚Huckleberry Finn' (in: Publications of the modern language association. 87. 1972. 69–74). – L. A. Fiedler: No! in thunder. Essays on myth and literature (1960). – R. Hagen: Kinder, wie sie im Buche stehen (1967). – J. P. Hinz: Restless heir: The boy in American fiction (1959). – Th. Karst (Hrsg.): Kindheit in der modernen Literatur (zus. mit R. Overbeck, R. Tabbert. 1976). – L. Leary: Tom and Huck:

Innocence on trial (in: The Virginia quarterly review. 30. 1954. 417–430). – A. E. Stone: The innocent eye. Childhood in Mark Twain's imagination (1961). – G. Wilkending (Hrsg.): Literaturunterricht (1972).

Reinbert Tabbert

Tonkassette für Kinder und Jugendliche

Nächst der Schallplatte, mit der sie viel gemeinsam hat, stellt seit Beginn der siebziger Jahre die T. ein neues Medium dar, Texte der Kinder- und Jugendliteratur sowie musikalische Werke akustisch dazubieten, umzusetzen und zu bearbeiten.

Situation, Vertrieb, Themen und Kritik der T.n-Produktion. T.n wurden in zunehmendem Maße ein Bestandteil der kinder- und jugendbezogenen Freizeit- und Bewußtseinsindustrie. Verglichen mit einigen englischsprachigen Ländern, vor allem den Vereinigten Staaten und Großbritannien, sowie Skandinavien, stekken die Entwicklung der T. und ihr bewußter Einsatz in der Bundesrepublik Deutschland noch in den Anfängen. T.n dienen bislang vor allem dazu, die textlichen und bildlichen Vorlagen von Bilderbüchern, Comics oder Kinder- und Jugendbüchern sowie Sendungen des Kinderfernsehens akustisch wiederzugeben und wiederholbar zu machen. Als Tonträger sind sie ein Transportmittel des Kinderhörspiels. Dieses besteht zur Zeit vorwiegend aus Dramatisierungen von Märchen und Klassikern der Kinder- und Jugendliteratur. Der Versuch von „Tönenden Bilderbüchern" – das sind akustisch strukturierte Textwiedergaben auf T. und dazugehörige Bilderbücher (seit 1975 im Thienemann Verlag) – ist zu erwähnen.

Charakteristisch für die T.n ist, daß sie kaum über den Buchhandel vertrieben werden, vielmehr über den Rundfunk- und Fernsehhandel, in Plattengeschäften und Warenhäusern. Zunehmenden Einfluß bei der Distribution der T.n haben Buchgemeinschaften, Leseringe, Kinder- und Jugendbuchklubs und vor allem die Selbstbedienungs- und Supermärkte sowie die großen Kauf- und Versandhäuser.

Die Programme der T.n-Hersteller ähneln denen der Kinderschallplatte. Proportional überwiegen die Märchenkassetten, danach rangieren szenische Umsetzungen der Klassiker des Kinder- und Jugendbuches, wobei diese wegen des Fortfalls des Copyrights jeder nur erdenklichen Bearbeitung ausgesetzt sind. An dritter Stelle folgen T.n, die internationale „Longseller" des Kinder- und Jugendbuchmarktes, wie z.B. die Bücher der A. Lindgren, verwerten. Auf T.n sind ferner fast alle weitverbreiteten Werke der Kinder- und Jugendliteratur vertreten, so z.B. die Autoren Karl May und Enid Blyton mit ihren Erfolgsserien. Akustisch umgesetzt wurden auch, proportional dem Erfolg ihrer Bücher, Werke von O. Preussler, M. Ende, M. Kruse, P. Maar und Janosch.

Nicht übersehen werden darf, daß trotz des hohen Verbreitungsgrades die Herstellung und die Arbeit sowie der Umgang mit den T.n weitgehend ohne öffentliche Resonanz und Beachtung abläuft. Es gibt vor allem keine Fachkritik. Die breitere Öffentlichkeit erfährt nur wenig oder zufällig über Programmgestaltung, Zielvorstellungen und erzieherische Konzepte der Hersteller. Diese Abgeschlossenheit gegenüber einer kritisch-interessierten Öffentlichkeit drückt sich nicht zuletzt darin aus, daß die zum Teil erheblichen Auflagenhöhen der T.n kaum zu ermitteln sind. Besonders zwiespältig wird die Rolle der T.n, wenn man in Betracht zieht, daß sie nur ein Glied in einer großen Kette von Waren sind, die alle aufeinander bezogen sind. Hat ein Kind erst einmal einen Teil des Angebots in der Hand, stellt sich wie von selbst das Bedürfnis nach den Zusatzeinrichtungen ein. Dazu gehören T.n-Taschen, T.n-Magazine, T.n-Bars und auch T.n-Koffer. Der Verdacht erhebt sich – und die oft mangelhafte Qualität der Produkte, die in diesem Bereich vertrieben werden, bestärken ihn –, daß die Tonaufnahmen von Märchen, Geschichten, Kasperlespielen usw. vor allem als Konsumschlepper und „Anreißer" der Unterhaltungsindustrie und der Herstellerfirmen von „hardware", wie Kassettengeräten und Zubehör, dienen. Nicht zufällig ist daher die im Hinblick auf die Auswahl der Buch- und Textvorlagen starke Rückwärtsorientierung der meisten T.n-Produzenten, weil ihnen die sogenannte „soft-ware" nur als Mittel zum Zweck dient. Sie ziehen es vor, Etabliertes und „Bewährtes" noch einmal zu vermarkten. Die Scheu vor selbständig zu entwickelnden Formen, Themen und Provokationen, eine mangelnde Orientierung an der Gegenwart der Kinder und ihrer Probleme springen ins Auge.

Wie bei der Schallplatte ist festzustellen, daß der derzeitige Markt für Kinder sich sehr ausgeprägt an literarischen Werken orientiert, also Sprech-T.n bietet, während der Markt für Jugendliche fast ausschließlich musikalische Wiedergaben (Rock-, Pop-Musik etc.) enthält.

→ Kinderschallplatte, → Massenmedien

Sekundärliteratur: H. Bemnan: Die Cassette. Eine Konkurrenz für das Buch? (in: Das neue Buch. 20. 1975. 6). – E. Bücken: Discothek – Mediathek (1977). – H. Hengst: Nur Filme ohne Bilder. Ein paar Bemerkungen zu den Hörspielkassetten für Kinder (in: Ästhetik und Kommunikation. H. 27. 1977); Babysitter aus der Konserve. Über Tonkassetten und Schallplatten für Kinder (zus. mit H. J. König, E. Niemann, in: Päd. extra, H. 11. 1977). – Infratest-Studie: Kommunikationsverhalten und Buch (1978). – K. Kallbach: Die Schallplatte für Kinder (in: Jugendschriften-Warte. 22. Jg. 1970. H. 1 und H. 3, zus. mit H. Pickert). – A. Kreis (Hrsg. zus. mit G. Krankenhagen): Audiovisuelle Medien im Unterricht mit Behinderten (1976). – R. Krenzer: Wir empfehlen Kinderschallplatten (in: Spielen und Lernen, H. 11. 1971). – H. Künnemann: Kinder und Kulturkonsum (1972. 88–103); (Hrsg.): Bulletin Jugend und Literatur. Beiheft: Kinder- und Jugendschallplatten (1977); (Hrsg.): Tonkonserven. Schallplatten und Kassetten für Kinder und Jugendliche (1979). – M. Marquardt: Pädagogische Arbeit mit Schallplatten und Tonkassetten im Kindergarten (1979). – W. Schneider: Literatur auf Rillen. Schallplatten für Kinder und Jugendliche (in: M. Gorschenek/A. Rucktäschel (Hrsg.): Kinder- und Jugendliteratur. 1979. 259–280).

Horst Künnemann

Tóth, Béla

*Ungarischer Psychologe, Theoretiker der Kinder- und Jugendliteratur und der Lesepädagogik; * 16. 10. 1913 Szolyva.*

1939 erwarb T. sein Diplom und seine Promotion für Pädagogik und Philosophie an der Universität Szeged. Noch im gleichen Jahr begann er seine Unterrichtstätigkeit in der staatlichen Lehrerbildungsanstalt Jászberény. Zur Vertiefung seiner psychologischen Fachkenntnisse konnte er als ungarischer Staatsstipendiat seine Studien zwei Jahre lang (1940–1941, 1942–1943) im Psychologischen Institut der Universität Wien unter der Leitung von Prof. HUBERT ROHRACHER und Prof. FRIEDRICH KAINZ fortsetzen. Bis zum Jahr 1959 unterrichtete T. in verschiedenen Lehrerbildungsanstalten Ungarns. 1959 wurde er an die Budapester Fortbildungsanstalt für Pädagogen versetzt und ist seit 1967 am Zentralinstitut für Pädagogik tätig. 1975 wurde T. zum Hochschulprofessor ernannt.
Seit 1950 beschäftigt sich T. mit den Fragen des Lesens und der literarischen Erziehung. Mit kurzen Unterbrechungen war er von 1958 bis 1976 Lehrbeauftragter für Kinder- und Jugendliteratur bzw. Lesekunde an der Universität in Budapest. 1965 habilitierte er sich mit einer Arbeit über das literarische Interesse von Grundschulkindern und Fragen der Leseerziehung. Zu den gleichen Themen veröffentlichte T. zahlreiche Monographien und Aufsätze, die zum Teil auch übersetzt wurden und im Ausland Interesse fanden. T. vertritt sein Land zu Fragen der Kinder- und Jugendliteratur auf internationalen Tagungen und Symposien. In Södertälje (Schweden) wurde er 1976 zum Vorstandsmitglied der Internationalen Forschungsgesellschaft für Kinder- und Jugendliteratur gewählt. T. ist Redaktionsmitglied der Zeitschrift „Phaedrus" (USA).

Werke: A gyermek és az irodalom (1955); Gyermekés ifjusági könyvtárak (zus. mit anderen. 1955); Irodalmi érdeklődés az olvasástanulás kezdetén (1967); Az általános iskolai tanulók irodalmi érdeklődésének pszichológiai vizsgálata (1969); Kép és szöveg az olvasókönyvekben (1974); A háziolvasmányok példakepalakító szerepe (1978).

Beiträge: Psychological study of the literary interests of Hungarian children between the ages of 6 and 14 (in: Bookbird. 6. 1968. 2. 18–24); Freizeitgestaltung und Leseinteresse (in: Bertelsmann Briefe. 61. 1969. 2–5); Psychologische Untersuchung des literarischen Interesses ungarischer Schulkinder (in: Bertelsmann Briefe. 69. 1970. 17–21); Die wissenschaftlich-phantastische Jugendliteratur in Ungarn (in: J. Tymister (Hrsg.): Beiträge zur Didaktik und Erziehungswissenschaft. 1971. 133–140); New trends in Hungarian literature for children and young people (in: Bookbird. 10. 1972. 1. 15–18); Experimente mit Lesebüchern über die Beziehung von Text und Illustration (in: Bertelsmann Briefe. 79. 1973. 19–25); Das Kind im Banne des Lesens und Fernsehens (in: Bertelsmann Briefe. 82. 1974. 10–12); Recent articles on children's literature and reading research appearing in Hungaria (in: Phaedrus. 1975. 2. 34–35); Die Rolle der Illustration beim Lesen von geschichtlicher Lektüre (in: Geschichte im Jugendbuch. 1977. 64–70); The history of Hungarian children's and youth periodicals (in: Phaedrus. 1977. 4. 2. 26–30).

Sekundärliteratur: J. Kolozsiová: Dr. Tóth Béla o literatúre a čitaní detí a mládeže (in: Bulletin absolventov ... Matica slovenský. 1972. 23. 13–33). – Fr. Holešovský: Ke vztahu ilustrace a textu v čitankách (in: Estetická výchova. 1975–1976. 4. 108–109). – J. Bihari: A vers a sereghajtók között (in: Köznevelés. 1971. 10. 24–25).

József Seres

Townsend, John Rowe

*Englischer Journalist, Kritiker, Kinderbuchautor und Theoretiker; * 10. 5. 1922 Leeds.*

T. besuchte eine Grammar School in Leeds und studierte anschließend englische Sprache und Literatur am Emmanuel College in Cambridge. Er arbeitete als Journalist für verschiedene englische Zeitungen und war von 1949 bis 1954 Mitherausgeber des „Manchester Guardian". Von 1955 bis 1969 besprach T. Kinderbücher im „Guardian". Außerdem hielt er Vorträge über Forschungsfragen der Kinderliteratur, unter anderem auch als Gastprofessor an amerikanischen Universitäten. Seit 1969 ist T. Berufsschriftsteller. Seine Werke für Kinder umfassen Titel wie „Hell's edge" (1963), der 1963 anläßlich der Verleihung der „Carnegie Medal" den zweiten Preis erhielt, und „The intruder" (1969), wofür der Autor 1970 mit dem „Silver Pen"-Preis des „English Centre of International P. E. N.", dem „Boston Globe-Horn Book"-Preis für hervorragenden Text sowie mit dem „Edgar Allen Poe Award" ausgezeichnet wurde. Auf der Auswahlliste zum Deutschen Jugendbuchpreis standen seine Bücher „Der Piratenschatz" (1971) und „Ein letzter Sommer" (1974).

Werk, Tendenzen, Wirkung. T.s Buch „The intruder" handelt von den Problemen des sechzehnjährigen Arnold Haithwaite, den das plötzliche Auftauchen eines Fremden, der seinerseits behauptet, Arnold Haithwaite zu sein, in eine tiefe Identitätskrise stürzt. Am Ende der Geschichte ist der Junge jedoch zu der Einsicht gelangt, daß seine wahre Identität allein in seiner eigenen Persönlichkeit und seinem Handeln besteht. Breiten Raum nimmt in der Erzählung die Beschreibung der Szenerie ein, der der Autor eine sehr große Bedeutung beimißt: vor dem Hintergrund gewaltiger Naturkulissen wie dem Meer, der Flut oder mächtigen Felsen erscheint der Mensch bedeutungslos und vergänglich. – Das besondere Interesse T.s für die sozialen Bedingungen, unter denen Kinder aufwachsen, lieferte den Stoff zu seiner Trilogie „Gumble's yard" (1961), „Widdershins crescent" (1965) und „Pirate's island" (1968). Die Helden der beiden ersten Erzählungen, Sandra und Kevin, die zusammen mit mehreren Geschwistern und den gleichgültigen, lieblosen Eltern in ärmlichen Verhältnissen leben, kämpfen gemeinsam um den Zusammenhalt der Familie. Die Solidarität der Kinder untereinander und ihre zähe Beharrlichkeit im Kampf gegen die sie vernachlässigenden Erwachsenen bilden die zentralen Themen. Durch die ungeschminkte Darstellung sozialer Wirklichkeit repräsentierten diese Bücher zum Zeitpunkt ihres Erscheinens eine neue, realistische Strömung in der englischen Kinderliteratur. Um die speziellen, alterstypischen Probleme heranwachsender Jugendlicher geht es in dem Buch „Goodnight, Prof. Love" (1970), in dem der Autor die etwas seltsame Liebesgeschichte zwischen einem verwöhnten Gymnasiasten und einem lebenstüchtigen Serviermädchen, das nie ein sorgenfreies Elternhaus gekannt hat, schildert.

Außer seinen Kinderbüchern hat T. Fachbücher, u.a. eine historische Studie über die englische Kinderliteratur mit dem Titel „Written for children" (1965), verfaßt. Darin gibt er in chronologischer Reihenfolge einen Überblick über das Schaffen englischsprachiger Kinderbuchautoren. Die zweite, überarbeitete und erweiterte Ausgabe der Studie (^{2}1976) beinhaltet neben Angaben über Prosaerzählungen, Kindergedichte und Bilderbücher auch detaillierte Bibliographien und geht darüber hinaus ebenso auf gegenwärtige Trends und Tendenzen im Bereich der Kinder- und Jugendliteratur ein. T.s zweites theoretisches Werk „A sense of story" (1971) führt in die Werke von neunzehn führenden englischsprachigen Verfassern von Kinderbüchern ein, worin auch kurze biographische Informationen sowie persönliche Bemerkungen der Autoren über sich selbst zu finden sind.

Werke: Gumble's yard (1961; auch u.d.T.: Trouble in the jungle, 1969; dt. Verschwörung im Dschungel, 1963); Hell's edge (1963; dt. Ideen hat das Mädchen, 1974); Widdershins crescent (1965; auch u.d.T.: Good-bye to the jungle, 1967); Written for children. An outline of English children's literature (1965); The Hallersage sound (1966); Pirate's island (1968; dt. Der Piratenschatz, 1971); The intruder (1969; dt. Wenig Chancen für Mr. Haith, 1974); Good-night, Prof. Love (1970; dt. Begegnung mit Liz, 1972); A sense of story. Essays on contemporary writers for children (1971); Modern poetry (1971); The summer people (1972; dt. Ein letzter Sommer, 1974); Forest of the night (1974); Noah's castle (1975; dt. Das Versteck, 1977).

Beiträge: Didacticism in modern dress (in: The Horn Book Magazine. 1967. 43. 159–164); The present state of English children's literature (in: Wilson Library Bulletin. 43. 1968. 10. 126–133).

Karin Schwarz

Trapp, Ernst Christian

*Philanthropistischer Pädagoge und Publizist, Mitarbeiter am Philanthropin in Dessau, Schulreformer, Jugendschriftsteller und Jugendbuchkritiker; * 8.11.1745 Drage bei Itzehoe, † 18.4.1818 Wolfenbüttel.*

Unter den philanthropistischen Pädagogen ist Tr. der bedeutendste Theoretiker und Systematiker. 1777 ging er nach Dessau an das Philanthropin J. B. Basedows (1724–1790), für dessen Ideen er bereits vorher publizistisch Partei ergriffen hatte. 1779 berief ihn der für den Philanthropinismus aufgeschlossene Minister von Zedlitz an die Universität Halle, wo ihm die neuerrichtete Professur für Pädagogik – die erste in Deutschland – und die Inspektion über das pädagogische Seminar mit angeschlossenem Erziehungsinstitut, einer Art Übungsschule, übertragen wurden. Hier verstrickte er sich in persönliche Zwistigkeiten, deren Ursache nicht zuletzt der Versuch war, die Pädagogik als moderne, praxisbezogene Disziplin zwischen den traditionellen Wissenschaften zu etablieren. 1783 legte Tr. seine Professur nieder; 1786 folgte er Joachim H. Campe (1746–1818) als Mitglied ins Braunschweigische Schuldirektorium. Schon 1790 aber sah sich der Herzog von Braunschweig gezwungen, die neugeschaffene Behörde und ihren schulpolitischen Reformauftrag zurückzunehmen, so daß Tr. auch in diesem Tätigkeitsfeld praktische Wirksamkeit versagt blieb.

Werk, Tendenzen, Wirkung. In seinem Hauptwerk „Versuch einer Pädagogik" (1780) schrieb Tr. dem Philanthropinismus die Theorie. In der Geschichte der Erziehungswissenschaft stellte es den ersten Ansatz zu einer Systematik pädagogisch-didaktischer und methodischer Einsichten dar. In der menschlichen Natur und Gesellschaft sieht Tr. die Erkenntnisquellen für eine auch empirisch orientierte Erziehungswissenschaft. Hier finden sich bereits Überlegungen zum Sprachunterricht, die Tr. in weiteren Veröffentlichungen ausbaute und die ihn zum Angriffspunkt des in der Entwicklung der Pädagogik schließlich obsiegenden Neuhumanismus machten. Tr.s Veröffentlichungen sind größtenteils im „Revisionswerk" zu finden, das er zusammen mit Campe und anderen in seiner Braunschweiger Zeit herausgab (Bd. 1–16, 1785–1792). Demnach ist das Studium der klassischen Sprachen nur als Vorbereitung auf eine Universitätsausbildung notwendig, dem sachkundlichen Unterricht in der Muttersprache kommt dagegen für alle Kinder die entscheidende Bedeutung zu. Die Fortsetzung des Revisionswerkes bildete das in den letzten Jahrgängen von Tr. allein herausgegebene „Braunschweigische Journal" (1788–1792), das wegen seines kritischen politischen Engagements schließlich das Erscheinen einstellen mußte.

Tr.s jugendschriftstellerische Arbeiten erwuchsen aus seiner Tätigkeit als Erzieher. Das „Gesangbuch für die Jugend" (1782) wurde für die sonntäglichen Erbauungsstunden im Hallischen Erziehungsinstitut konzipiert; das „Wochenblatt für die Schulen" (1781–1782) sammelte Artikel aus den politischen Blättern für einen aktualisierten Geschichtsunterricht; das „Tägliche Handbuch für die Jugend" (1784) ist ein Kalender mit Notizen über verdiente Männer und moralische Sentenzen zum Auswendiglernen. Die größte Distanz zum Schulbuch hält die „Neue Sammlung von Reisebeschreibungen, zur Fortsetzung der Campischen" (Teil 1–6. 1794–1801); auch diese dient jedoch wie alle philanthropistische Kinder- und Jugendliteratur moralischer und sachkundlicher Belehrung. Tr. war es schließlich, der als Jugendbuchkritiker der „Allgemeinen Deutschen Bibliothek" für die noch junge spezifische Kinder- und Jugendliteratur der Aufklärungszeit die Forderung nach „angenehmer und nützlicher" Unterhaltung sowie sprachlich-stilistischer Reinheit als erste Wertungsmaßstäbe formulierte.

→ Aktualisierung, → Philanthropinismus

Werke: Rede von der Pflicht der Schullehrer, den Unterricht der Jugend nach den Bedürfnissen und Forderungen der Zeit einzurichten (1773); Unterredungen mit der Jugend (1775); Von der Beförderung der wirksamen Erkenntniß (1778); Von der Nothwendigkeit, Erziehen und Unterrichten als eine eigne Kunst zu studiren (1779); Versuch einer Pädagogik (1780); Der Erzieher. Eine Wochenschrift für Lehrer und Eltern (1781); Wochenblatt für die Schulen, in Form einer Schulzeitung (1781–1782); Gesangbuch für die Jugend (1782); Ueber das Hallische Erziehungsinstitut (1782); Ueber eine Erziehungsanstalt auf dem Hammerdeiche unweit Hamburg, in einem Briefe an einen Freund (1784); Tägliches Handbuch für die Jugend (1784); Ueber die Gewalt protestantischer Regenten in Glaubenssachen (1788); J. H. Campe (Hrsg.): Abhandlung über den Unterricht in Sprachen (1789); Debatten, Beobachtungen und Versuche (1789); Auszüge aus den französischen Klassikern, zur allgemeinen Schulencyklopädie gehörig (Teil 1–7. 1790–1798); Neue Sammlung von Reisebeschreibungen, zur Fortsetzung der Campischen (Teil 1–6. 1794–1801); (Hrsg. zus. mit anderen): Braunschweigisches Journal philosophischen, philologischen und pädagogischen Inhalts (1788–1792).

Sekundärliteratur: Th. Fritzsch: Ernst Christian Trapp. Sein Leben und seine Lehre (1900). – F. Klein: Die Idee der Erziehung in der Pädagogik des Philanthropinismus mit besonderer Berücksichtigung E. Chr. Trapps (Diss. 1925). – Fr. Paulsen: Geschichte des gelehrten Unterrichts auf den deutschen Schulen und Universitäten vom Ausgang des Mittelalters bis zur Gegenwart (Bd. 2. [3]1921; ND. 1960).

Bettina Hurrelmann

Travers, Pamela Lyndon

*Journalistin, Lyrikerin, Kinderbuchautorin; *1906 Queensland/Australien.*

Tr. wurde zur Tänzerin und Schauspielerin ausgebildet, betätigte sich aber schon früh schriftstellerisch. Sie ging 1923 nach England, wo sie vor allem SHAKESPEARE-Rollen spielte. GEORGE RUSSELL (1867–1935) veröffentlichte in „The Irish Statesman" ihre ersten Arbeiten. Mit dem irischen Dichter WILLIAM BUTLER YEATS (1865–1939) war sie befreundet. Ab 1936 widmete sie sich ausschließlich dem Schreiben. 1940 zog sie nach New York. Nach dem Kriege lebte sie dort und in London.

Werk, Tendenzen, Wirkung. Die Mary Poppins-Bücher, deren erster Band 1934 in England unter dem Titel „Mary Poppins", in Deutschland ein Jahr später unter dem Titel „Jungfer Putzig" und dann erst wieder ab 1952 mit dem Titel „Mary Poppins" erschien, wurzeln nach den Worten ihrer Verfasserin in der Welt der irischen Märchen und Mythen, in die sie ihr Vater, ein Ire, eingeführt hatte. Tr. selbst vermerkte, daß sie sich als Autorin mehr im Märchen als in den Mythen zu Hause fühle. Tr.' zentrale Figur Mary Poppins ist ein Kindermädchen von gewöhnlichem Aussehen und dennoch eine Figur aus der Märchenwelt. Sie ist schlank, jung, schwarzhaarig, mit kleinen spähenden blauen Augen, großen Händen und Füßen und einer Stupsnase. Ein Regenschirm mit Papageienknauf und eine Reisetasche sind ihr unverwechselbares Gepäck. Von ihren Vorzügen zutiefst überzeugt, eitel, hochnäsig und schnippisch, duldet sie keinen Widerspruch. Aber zugleich wissen sich die Kinder der Familie Banks bei ihr am besten aufgehoben und verstanden. Zu diesen Kindern kommt Mary Poppins dreimal auf magische Weise durch die Luft – vom Ostwind hergeweht, am Ende einer Drachenschnur, anstelle des Sternenregens einer Rakete – und durch die Luft entschwindet sie wieder, wenn ihre Zeit abgelaufen ist.

Mary Poppins kommt ins Haus der Familie Banks, Cherry Tree Lane 17, in einem Londoner Vorort und gleich neben dem Park gelegen. Die Banks haben vier, später fünf Kinder. Ein unberechenbar launischer Vater, eine hilflose Mutter, die Köchin Mrs. Brill, das Hausmädchen Ellen und der Hausbursche Robertson Ay vervollständigen den eher spätviktorianischen als zeitgenössischen Haushalt, dessen Mittelpunkt bei ihrem Erscheinen Mary Poppins wird. Von ihr gehen alle wunderbaren Ereignisse aus. Beim Spaziergang im Park, beim Einkaufen oder in nächtlichen traumhaften Entrückungen treffen die Kinder mit Mary Poppins auf deren wundersame Bekannte und Verwandte und haben teil an einer skurrilen, komischen oder mythischen Welt. Nach der Rückkehr in die Kinderstube und Alltagswelt aber leugnet Mary Poppins entrüstet jedes Abenteuer. Doch gelangt zum Trost der Kinder stets ein Beweisstück aus der irrealen Welt in die reale herüber, ein Zeichen, daß das Wunderbare nicht nur eine Traumtäuschung war. Dieses Motiv stellt die Mary Poppins-Bücher zusammen mit einigen anderen deutlich in die Tradition des phantastischen Kinderbuchs in England. Eine „gute Fee" tritt in die realistisch gezeichnete Umwelt von Kindern und läßt sie teilnehmen an ihrer magischen Welt. Der Topos der verkehrten Welt, das Wörtlichnehmen von Redensarten, das Umsetzen von Sprichwörtern und Kinderreimen in lustige Geschichten oder besinnliche Märchen sind weitere Merkmale und verweisen zurück auf LEWIS CARROLLS Alice-Bücher. Gleiches gilt für die durch einen Rahmen nur lose zusammengehaltene Episodenreihe.

Besonderer Erwähnung bedürfen die Kapitel, in denen Tr. vom Märchenhaften ins Mythische vorstößt. In mythischen Szenen soll die Allverbundenheit des Seienden sinnfällig dargestellt werden. So sind zu besonderen Zeiten die Tiere des Zoos ihrer Gefangenschaft ledig und unter sich ausgesöhnt („Full Moon"), schwirren die Sternbilder mit Sonne und Mond als Artisten durch die Zirkusmanege und verdeutlichen auf diese Weise Ordnung, Bewegung und Harmonie des Kosmos („The evening out"), treffen sich die dem Ursprung allen Lebens nahen Meeresbewohner zum Tiefsee-Gartenfest („High tide"), sind die streitenden Figuren aus Märchen und Kinderreim ausgesöhnt („Happy ever after"); und immer krönt Tanz das Fest und immer ist Mary Poppins Ehrengast dieser Allversöhnung. – Weniger gelungen sind jene Episoden, in denen ein Mythus der frühen Kindheit erzählt werden soll („John and Barbara's story", „The new one"). Hier dominieren die sonst seltenen nostalgischen und sentimentalen Töne.

MARY SHEPARDS (* 1909) Illustrationen für die englische Ausgabe geben das Skurrile und Vergnügliche von Charakteren und Situationen mit viel Atmosphäre meisterhaft wieder. HORST LEMKES Zeichnungen für die deutsche Ausgabe wirken dagegen witziger und kühler.
Wegen einiger Stereotypen, vor allem im Kapitel „Bad Tuesday" des ersten Bandes, ist Tr. der Vorwurf des Rassismus gemacht worden. Dies, oblgleich die Autorin bereits zwei Jahre zuvor, nämlich für eine 1972 neu aufgelegte Taschenbuchausgabe, dieses Kapitel zur Vermeidung von Ärgernissen überarbeitet hatte. – Mary Poppins ist eine „klassische" Figur nicht nur der englischen Kinderliteratur. Der 1952 neu übersetzte erste Band der Reihe erreichte z. B. 1969 die 10. Auflage. Der große Erfolg der Mary Poppins-Bücher erhielt 1964 durch WALT DISNEYS Film-Musical (mit JULIE ANDREWS als Mary Poppins) neuen Auftrieb. Zusätzlich hat sich die Walt-Disney-Industrie auch der Bücher unmittelbar bemächtigt und sie zu „Walt-Disney-Produkten" umgearbeitet. – 1968 erschien sogar eine lateinische Übersetzung des letzten Mary Poppins-Buches „Maria Poppina ab A ad Z".

Werke: Mary Poppins (1934; dt. Jungfer Putzig, 1935; auch u. d. T.: Mary Poppins, 1952); Mary Poppins comes back (1935; dt. Mary Poppins kommt wieder, 1953); I go by sea I go by land (1941); Mary Poppins opens the door (1944; dt. Mary Poppins öffnet die Tür, 1954); Mary Poppins in the park (1952; dt. Mary Poppins im Park, 1955); Mary Poppins from A to Z (1963; dt. Mary Poppins von A bis Z, 1964); The fox at the manger (1963; dt. Der Fuchs an der Krippe, 1965); Friend monkey (1971); Mary Poppins in the kitchen (1975).

Sekundärliteratur: P. Bart: As told and sold by Disney (zus. mit D. Bart in: The New York Times Book Review. 9. 5. 1965). – St. Bergsten: Mary Poppins and myth (1978). – E. R. Montgomery: The story behind modern books (1949. 55–58). – A. V. Schwartz: „Mary Poppins" revised: an interview with P. L. Travers (in: Interracial Books for Children. 5. 1974. 3). – N. Smaridge: Famous modern story-tellers for young people (1969. 92–97). – P. L. Travers: Only connect (in: Sh. Egoff (Hrsg. zus. mit G. T. Stubbs, L. F. Ashley): Only connect: readings on children's literature. 1969. 183–206); Who is Mary Poppins? (in: The junior bookshelf. 18. 1954. 45–50); About the Sleeping Beauty (1975).

Wolfgang Schlegelmilch

Treller, Franz

*Schauspieler, Dramaturg, Redakteur, Schriftsteller, Jugendbuchautor; * 5. 10. 1839 Kassel, † 28. 6. 1908 Kassel.*

Tr. wuchs im Hause seines Großvaters, des Schuhmachermeisters ANDREAS HEINRICH Tr., auf. Zunächst als Banklehrling tätig, nahm er in Kassel Unterricht bei dem Hofschauspieler BIRNBAUM. Nach Engagements in Oldenburg, Bremen und Königsberg ging er 1868 als erster Charakterdarsteller an das Deutsche Theater in Riga, wo er auch als Dramaturg, Regisseur und zeitweilig stellvertretender Direktor tätig war. Nach dem Brand des Rigaer Theaters wurde er nach Moskau und anschließend an das Karlstheater in Wien verpflichtet. Im Jahr 1884 kehrte er in seine Heimatstadt Kassel zurück, wo er noch einige Zeit am Königlichen Theater auftrat. Von ihrer Gründung bis zum Jahr 1890 war Tr. als Hauptschriftleiter der „Kasseler Allgemeinen Zeitung" tätig. Ab 1890 lebte er als freier Schriftsteller in Kassel.

Werk, Tendenzen, Wirkung. Neben einigen Bühnenstücken und zahlreichen Artikeln in Kasseler Zeitungen, in denen er unermüdlich für die Erhaltung althessischen Brauchtums eintrat, wurde Tr. über die engeren Grenzen seiner Heimat hinaus vor allem als Autor von Illustriertenromanen und abenteuerlichen Jugendbüchern bekannt. Der Inhalt seiner Jugendbücher ist zumeist im „Wilden Westen" oder in Südamerika, aber auch in der Südsee oder im Indischen Ozean angesiedelt. Seine bekanntesten Jugenderzählungen sind „Der letzte vom Admiral", eine Abenteuererzählung, in der die Erlebnisse eines deutschen Jungen im Indischen Ozean geschildert werden. „Der Sohn des Gaucho", eine Geschichte, die von erbitterten Kämpfen mit den Ureinwohnern Südamerikas berichtet, und

Einband zu Franz Trellers Abenteuererzählung „Der Letzte vom Admiral", die 1908 bereits in der zwölften Auflage vorlag. Der Band erschien in der damals vielbeachteten „Kamerad-Bibliothek", die von der „Union Deutsche Verlagsgesellschaft" herausgegeben wurde.

„Eine versunkene Welt", ein Band, in dem der junge Leser zu den Ruinen der alten Majakulturen geführt wird. Im Grunde genommen unterscheiden sich die Illustriertenromane Tr.s in der Handlungsführung, dem inneren Aufbau und den Themen nicht sehr von den abenteuerlichen Jugendbüchern. Hier wie dort werden die Schicksale vertauschter oder in ihrer frühen Jugend geraubten Kinder vorgeführt, die Zusammenführung durch widrige Ereignisse getrennter Familienangehöriger geschildert oder das heldenhafte Draufgängertum deutscher oder deutschstämmiger Hauptfiguren herausgestellt. Bei der Schilderung historischer Vorgänge nimmt Tr. fast immer Partei für die Kolonialherren oder die weißen Einwanderer. Eingeborene werden entweder als gutmütige und treue, jedoch geistig unterlegene Diener der Weißen geschildert oder als blutrünstige Unmenschen verteufelt. Die Beschreibungen von Landschaft, Sitten und historischen Ereignissen wirken oft aufgesetzt und lehrbuchhaft. Vor allem seine historischen Erzählungen wie „Unter dem Römerhelm" oder „Theuda. Ein Sang aus grauer Vorzeit" zeichnen sich durch einen überhöhten Nationalismus aus, wobei der Autor germanisch mit deutsch gleichsetzt. Dieser nationalistische Ton wurde seinerzeit aber sehr geschätzt. Noch 1950 rühmt PAUL HEIDELBACH in einem Aufsatz über Tr. (in: „Lebensbilder aus Kurhessen und Waldeck 1830–1930): „Diese von deutscher Gesinnung getragenen und nach dem Herzen jedes deutschen Jungen geschriebenen Erzählungen werden seinen Namen noch lange lebendig erhalten". Auch in einer Ankündigung des Stuttgarter Union-Verlages zu dem Buch „Unter dem Römerhelm" wird um 1900 die nationalistische Tendenz hervorgehoben: „Diese Erzählung behandelt das Schicksal zweier kattischer Fürstensöhne, die vom wilden Grenzkampf an der Lahn durchs weite Römerreich bis nach der Kaiserstadt am Tiber verschlagen werden, wo sie in den Reihen der Prätorianer einen Rückhalt finden und nun selbst als Schützer treuer christlicher Freunde bis zu ihrer Rückkehr in die kattische Heimat deutsches Heldentum bewahren".
Tr. hatte mit seinen Abenteuerbänden großen Erfolg und gehörte vor dem Ersten Weltkrieg zu den beliebtesten Jugendbuchautoren Deutschlands. Die meisten seiner Abenteuerbücher erschienen in der vom Union-Verlag herausgegebenen „Kamerad-Bibliothek", die von 1900 bis 1930 die beliebteste Abenteuerbuchserie für junge deutsche Leser darstellte.

Werke: Denis Papin (1894); Der Kriegsbaumeister (1895); Die Söhne Arimunts (1895); Das Kind der Prärie (1896); Verwehte Spuren (1896); Eine wilde Fahrt (1896); Theuda. Ein Sang aus grauer Vorzeit (1897); Im Polarkreise (1897); Der Sohn des Gaucho (1898); Auf dem Reichspostdampfer (1898); Der Letzte vom Admiral (1899); Durch die Luft (1899); An der Usambarabahn (1900); Der Enkel der Könige (1902); König der Miamis (1902); Der Held von Trenton (1903); Der Kunstschütze (1904); Hung-Li (1905); Der Gefangene der Aimaras (1906); Unter dem Römerhelm (1909); Die Helden von Kreta (1910); Eine versunkene Welt (1911); Verschlagen in unbekannte Meere (1912).

Sekundärliteratur: P. Heidelbach: Franz Treller. Schriftsteller und Schauspieler (in: I. Schnack (Hrsg.): Lebensbilder aus Kurhessen und Waldeck 1830–1930. Bd. 4. 1950. 384–387).

Helmut Müller

Trémadeure, Sophie Ulliac de

*(d. i. Sophie Illiac; weitere Pseudonyme: Dudrezène, H. de Châteaulin). Schriftstellerin, Übersetzerin; * 19. 4. 1794 Lorient, † April 1862 Paris.*

Zu den wenigen Quellen über die Person der Autorin gehören vor allem ihre Autobiographie „Souvenirs d'une vieille femme" (1862) und die Bemerkungen von J. M. QUERARD, Mitarbeiter des Nachschlagewerkes „La France littéraire" (1827–1864, in Paris erschienen; NA. 1964; Bd. 9. S. 541 ff.). Besonders zahlreich sind die Beiträge, die in der von ihr herausgegebenen praktisch-literarischen Zeitschrift „Journal des jeunes personnes" erschienen (in den vierziger und fünfziger Jahren).
Die Eltern von Tr. stammten aus der Bretagne. Der Vater ging 1792 freiwillig zur Armee. Er war eine Zeitlang im Armeeministerium des Königreiches von Westfalen in Kassel tätig, nahm am Rußlandfeldzug teil, geriet in Gefangenschaft und kehrte erst 1815 nach Frankreich zurück. Im Range eines Oberst wurde er 1816 beurlaubt. Auf Halbsold gesetzt (demisolde), mußte er durch das Restaurieren von Gemälden seine Einkünfte verbessern, außerdem half er, wie Tr. selbst mitteilt, seiner Tochter beim Bücherschreiben. Gegen Ende seines Lebens wurde er in eine Heilanstalt eingewiesen.
Tr. wohnte zeitweilig in Kassel. Dies war die einzige Zeit, in der die Familie ohne Geldsorgen leben konnte. Während ihres Aufenthaltes in Hessen verkehrte Tr. viel mit Deutschen, erlernte die deutsche Sprache und entwickelte Sympathien für deutsche Literatur. Im Jahr 1813 mußte Tr. mit ihrer Mutter nach Frankreich fliehen. In Versailles versuchten die beiden Frauen ihren Lebensunterhalt durch die Anfertigung von Stickarbeiten zu verdienen. Hilfe erfuhren sie in dieser Zeit u. a. von Mme. de MONTALIVET, die den katholisch-liberalen Kreisen zuzurechnen war. Als der Vater aus Gefangenschaft zurückkehrte, ging es der Familie besser. Den Hauptanteil der Familieneinnahmen mußte jedoch Tr. künftig durch ihre schriftstellerische Tätigkeit verdienen. Tr., die das einzige Kind der Familie war (drei Brüder starben schon bald nach der Geburt), blieb unverheiratet. Wie sie selbst schreibt, galt sie von früher Kindheit an als häßlich („Depuis mon enfance les mots: Qu'elle est laide! avaient souvent frappé mes oreilles"). Wie die Autorin eingesteht, wollte sie lieber ihren Unterhalt durch die Feder verdienen, als irgend einen Mann zu heiraten, nur um der Not zu entgehen. Sie entwickelte so ein für das damalige Frankreich recht ungewöhnliches weibliches Selbstbewußtsein.

Werk, Tendenzen, Wirkung. Tr. schrieb im Laufe ihres Lebens über 50 eigene Erzählungen, dazu kommen zahlreiche Übersetzungen. Die meisten ihrer inzwischen kaum noch bekannten Bücher finden sich in der Bibliothèque Nationale in Paris (siehe: „Catalogue général des livres imprimés", 1967; Bd. 197. S. 25–43). Zahlreiche ihrer Erzählungen erschienen auch in Übersetzungen, vor allem in Deutschland und England.

Ihre ersten Arbeiten waren Übersetzungen, die sie mit Hilfe ihres Vaters anfertigte, der ihr vor allem die französischen Prosadichter des 18. Jahrhunderts als Vorbilder empfahl. Als erstes Buch übersetzte sie die Erzählung „Die Harfenistin" des heute vergessenen August Lafontaine (1758–1831), die unter dem Titel „La petite harpiste" 1816 erschien. Ein zweiter Titel von Lafontaine „Ida von Kyburg" wurde von Tr. 1818 übersetzt und von der Kritik gelobt, so von dem Grafen Philippe de Ségur, dem Großvater des Ehegatten der späteren Autorin Comtesse de Ségur. Der Erfolg der Übersetzungen und der Zuspruch ihres Verlegers ermunterten die Autorin zu weiteren Übersetzungen, darunter die Erzählung „The history of little Jack" des englischen Advokaten Thomas Day (1748–1789), die 1818 unter dem Titel „Histoire de petit Jacques" herauskam, und Erzählungen von Campe, von dem sie schreibt: „... semble couler des coeurs pour être sanctifiée par la religion ...".

Im Jahr 1821 veröffentlichte die Autorin ihre erste eigene Schrift, die Erzählung „La fôret de Woronetz", die von den napoleonischen Feldzügen handelt. Auch die Erzählungen „Eliska ou les Français en pays conquis" (1832) und die Novellensammlung „Les Amoricaines" (1833), in der historische Themen aus der Bretagne bearbeitet wurden, brachten der Autorin Erfolg. Tr. zugeschrieben wird das Werk „La Virago" (1833). Es erzählt Geschichten aus dem Leben junger Mädchen, die noch gleichsam unentschlossen sind, halb Junge, halb Mädchen (Virago bedeutet übersetzt: Mannweib). Nach bewährtem Muster versuchte die Autorin in ihren zahlreichen Erzählungen moralische, weltanschauliche und auch praktische Lehren und Informationen zu vermitteln. Meistens sind solche Belehrungen und Anleitungen in ein erzählerisches Gewand gekleidet. In wenigen Werken, wie der Geschichte „Adolphe ou le petit laboureur" (1834), wirkt die Erzählung selbständiger, doch zumeist handelt es sich um kunstlos gestaltete Dialoge. Lediglich die späteren Arbeiten, wie der Band „Nouvelles – Scènes du monde réel" (1860) betonen das Literarische mehr und lassen die pädagogischen Intentionen zurücktreten. Stilistisch und thematisch entsprechen die Erzählungen der Tr. dem Zeitgeist. Das Frankreich jener Zeit war zunehmend positivistisch und gab sich, von England inspiriert, philanthropisch. So erhielt z.B. Tr. den offiziellen Auftrag, in den französischen Gefängnissen, in denen jugendliche Strafgefangene saßen, nach dem Rechten zu sehen.

Tr. kann als Autorin als Zeugin eines bestimmten Zeitabschnitts und einer spezifischen gesellschaftlichen Entwicklung im Leben der französischen Nation gelten, einem Zeitabschnitt, dessen literarische Erzeugnisse von den Literaturwissenschaftlern vielfach als „trivial" abgetan werden. In der mehrfach aufgelegten und preisgekrönten Erzählung „Le petit bossu et la famille du sabotier" (1833) faßt die Autorin ihre Auffassung zur zeitgenössischen Jugendliteratur wie folgt zusammen: „... prouver aussi que l'examen des choses les plus communes conduit, par une route peu pénible, à comprendre les conceptions les plus hautes de l'esprit humain ...". Um das Werk und die Auffassung der Autorin richtig zu verstehen, muß man sich daran erinnern, daß zu der Zeit, als Tr. ihre Bücher schrieb, in ganz Europa eine pädagogische Bewegung verbreitet war, die, in der Tradition der von der französischen Revolution geprägten Aufklärung, die Glückseligkeit und Zufriedenheit des Einzelnen von seinem Wissen und seinem vernünftigen Handeln abhängig machte. Vor allem die „Kleinen", die Kinder, sah man als besonders geeignet dafür an, sich in diesem Sinne zu entwickeln. Tr. behauptete immer wieder, wie wichtig es sei, auch den Mädchen eine umfassende Bildung angedeihen zu lassen, um aus ihnen nicht nur brave Hausfrauen zu machen, sondern sie auf das Leben vorzubereiten und um den geistigen Ansprüchen der heranwachsenden Mädchen zu genügen (vgl. das Vorwort zu „La maîtresse de maison", 1859). Tr. behauptete auch energisch, die französische Provinz, von der Bretagne bis zum Elsaß, stehe Paris keineswegs nach; die Eisenbahnen müßten dazu beitragen, die Hauptstadt und die Provinzen einander näherzubringen. Allerdings blieb Tr. bei allem Verständnis für die einzelnen Landschaften immer zentralistisch gesinnt.

Werke: La foret de Woronetz (Bd. 1–4. 1821); L'oiseleur (Bd. 1–3. 1825); Histoire de petit Jacques (Bd. 1–3. 1828); Beauté morale des jeunes femmes (1829); Les Alsaciens ou six Semaines de vacances (Bd. 1–2. 1830); Le petit conteur d'anecdotes (1830); Eliska ou les Français en pays conquis (Bd. 1–5. 1832); Les Amoricaines (Bd. 1–2. 1833); Une artiste (1833); Histoire de Jean Marie (1833); Le petit bossu et la famille du sabotier (1833); La virago (Bd. 1–4. 1833); Adolphe ou le petit laboureur (1834; dt. Adolph der kleine Ökonom, 1845); Les dimanches du vieux Daniel (1834); Gustave ou le petit jardinier fleuriste (1834; dt. Gustav, der kleine Baumgärtner, 1846); Laideur et beauté. Morale pratique (1834); La petite fermière (1834; dt. Adelheid, die junge Pächterin, 1839); Les vendanges (1834); Contes aux jeunes agronomes (Bd. 1–4. 1834; [6]1839); Une histoire (1835); L'institutrice (1835); La pierre de touche (1835); Les souvenirs du grand-papa (1835); Emmeline ou la jeune musicienne (1836; dt. Emmeline oder die junge Clavierspielerin, 1839); Leon ou le jeune graveur (1836); Prosper ou le jeune sculpteur (1836); Valerie ou la jeune artiste (1836; dt. Valerie oder die junge Künstlerin, 1839); Contes aux jeunes artistes (1836); Contes jeunes naturalistes (1837); Emilie ou la jeune fille auteur (1837); Jacquot ou la lasse-cour de ma grand'tante (1837); Manette ou la vache noire (1837); Pyramide ou le cheval du lancier (1837; dt. Pyramide, oder das Uhlanenpferd, 1844); Les jeunes naturalistes (Bd. 1–2. 1838); Les animaux-plantes (1838); Les coquillages (1838); Les insectes (1838); Les minéraux (1838); Les oiseaux (1838); Les quadrupèdes (1838); Les reptiles et les poissons (1838); Les végétaux (1838); Claude Bernard ou le gagne-petit (1840); Julien Desjardins (1840); Etienne et Valentin ou mensonge et probité (1841; dt. Stephan und Valentin oder Lüge und Redlichkeit, 1843); Les trois pélerins, ou la foi (1841); Astronomie et météorologie (Bd. 1–4. 1842–1843); Les contes de ma mère l'oie (1842); Quelques leçons d'histoire naturelle (1842); Phénomènes et métamorphoses-causeries sur les papillons, les insectes et les polypes (1854); La maîtresse de maison (1859); Nouvelles scènes du monde réel (1860); Secrets du foyer domestique (1861); Souvenirs d'une vieille femme (Bd. 1–2. 1861).

Geneviève Humbert

Trickfilm

Der Tr. entsteht aufgrund technischer Verfahren, mit denen es möglich ist, die mit den gewöhnlichen Aufnahmeverfahren bei Film und Fernsehen nicht zu bewerkstelligenden Aufgaben und gestalterischen Absichten zu realisieren. Man wendet sie an, um Zeit, Material und Geld zu sparen, um besondere Effekte und Wirkungen zu erzielen oder um das Leben von Darstellern und Aufnahmeteams zu schützen. Die Anwendungsbereiche sind weitaus vielfältiger, als dem Zuschauer (Laien) gemeinhin bekannt ist bzw. bewußt wird. Es geht dabei um die Erweiterung der Ausdrucks- und Aussagemöglichkeiten der filmischen Sprache, um die besonders realistische Darstellung gefährlicher, abenteuerlicher oder auch phantastischer Geschehnisse und damit auch um die Ausdehnung des Erlebnis- und Erfahrungsbereichs der Zuschauer. Der Kinderfilm ist besonders häufig Tr.

Geschichte. Die ersten Zeichentrickfilme entstanden 1906 in den USA. Hersteller war JOHN STUART BLACKTON. 1908 begann mit EMILE COHL in Frankreich die Geschichte des Zeichenfilms in Europa. COHL vereinfachte die Zeichnungen konsequent und schuf damit eine eigene Welt der Flächigkeit und Stilisierung. Der kommerzielle Durchbruch gelang allerdings erst 1909 dem Amerikaner WINSOR MCCAY mit „Gertie, a trained dinosaur", der zur Sensation am Broadway wurde. Schon während des Krieges entdeckten die Produzenten das Rezept, um sich anhaltende Erfolge zu sichern: die Zeichentrickserie mit einer oder mehreren Hauptfiguren (meist Tieren), geistig inspiriert von den Comic Strips.

Internationale Anerkennung und künstlerische Eigenständigkeit fand in Deutschland nur LOTTE REINIGER, die seit 1918 („Ornament des verliebten Herzens") Silhouettenfilme herstellte. Ihr bedeutendster Film war „Die Abenteuer des Prinzen Achmed" (1923–1926), der seinen besonderen Reiz aus dem Gegensatz von strengem, flächigen Schwarzweiß und verschwenderischer Ornamentik bezieht. Konventioneller hingegen waren die Puppenfilme der Gebrüder DIEHL (meist Märchenverfilmungen), die von 1927 bis in die sechziger Jahre produzierten und deren Filme vielfach in Schulen aufgeführt wurden.

Von einigen experimentellen Versuchen abgesehen (in Deutschland VIKING EGGELING, HANS RICHTER und WALTER RUTTMANN, in Frankreich BARTOSCH), geschah im Europa der dreißiger Jahre in bezug auf den Tr. nur wenig. Dies lag nicht zuletzt an den begrenzten nationalen Märkten, die keine ausreichende Basis für die Amortisation der vergleichsweise teuren Tr.e boten. Dies begünstigte die Vormachtstellung der USA, die schon in den zwanziger Jahren durch BUD FISHER, PAT SULLIVAN oder MAX FLEISCHER begründet worden war. Ihre Serien wurden weltweit vertrieben. Auch WALT DISNEY begann bereits 1920 mit Zeichentrickserien, seine eigentliche spektakuläre Karriere begann erst mit dem Tonfilm und der Erfindung seines Helden Mickey Mouse („Steamboat Willie", 1928 – erster Zeichentricktonfilm). In den folgenden Jahren entwickelte DISNEY seine spezielle Technik der Animation und dynamischen Linienführung, die seinen legendären Figuren zu schwungvollen und extrem fließenden Bewegungen verhalfen. DISNEYS Stil und Handlungsmuster wurden weltweit kopiert und vermarktet. Seine späteren Filme mit Figuren wie Cinderella oder Bambi zeichneten sich durch einen süßlich-verkitschten Naturalismus aus. Der Endpunkt war dann die Vermenschlichung von Tieren in seinen sogenannten Dokumentarfilmen.

Nach dem Zweiten Weltkrieg belebte sich die Tr.-Szenerie. NORMAN MCLAREN baute unter Leitung seines englischen Landsmannes und bedeutenden Dokumentaristen, JOHN GRIERSON, eine Tr.-Abteilung für das National Film Board of Canada auf und beeinflußte mit seinem Stil viele jüngere Regisseure, die den glatten Perfektionismus DISNEYS zu überwinden versuchten. MCLAREN zeichnete seine weitgehend abstrahierten Figuren zum Teil direkt auf Zelluloid und experimentierte mit neuen technischen und künstlerischen Möglichkeiten, um die Ausdrucksmittel des Films zu erweitern. 1945 gründete der ehemalige DISNEY-Mitarbeiter STEPHEN BOSUSTOW die United Productions of America (UPA). Mit seinen populären Figuren „Mr. Magoo" und „General McBoingBoing" löste sich BOSUSTOW völlig vom Stil DISNEYS und wurde zu dessen ernsthaftestem Konkurrenten. Mit seinem satirisch-hintergründigen Stil war BOSUSTOW der Lehrmeister des Engländers JOHN HALAS, der „zweiten kanadischen Generation", aber auch des jugoslawischen und polnischen Tr.s.

In den staatlichen Filmstudios in Prag und Gottwaldov nahmen 1945/1946 HERMÍNE TÝRLOVÁ, KAREL ZEMAN und JIŘI TRNKA ihre Arbeit als Puppen- und Zeichentrickfilmschöpfer auf und verhalfen dem tschechoslowakischen Tr. bald zu internationaler Anerkennung. HERMÍNE TÝRLOVÁ hat in den dreißig Jahren ihres Schaffens fast ausschließlich Kurzfilme für Kinder hergestellt, wobei sie die unterschiedlichsten Materialien (Holz, Glas, Kunststoff, Metall, Wolle u.a.) animierte und mit gemalten Hintergründen kombinierte. Während die technisch perfekt gemachten Tr.e der TÝRLOVÁ eine kindliche Vorstellungswelt widerspiegeln, tendieren die Puppenfilme von KAREL ZEMAN zur heiter-liebenswerten Karikatur, so z.B. der Held seiner ersten Serie (ab 1947), Prokop, der Schlaumeier. Weltruhm erlangte ZEMAN durch seine JULES VERNE-Verfilmung („Erfindung des Verderbens", 1959, u.a.), in denen er es auf höchst künstlerische Art verstand, Elemente des Tr.s in den Spielfilm zu integrieren. – JIŘI TRNKA begann als Puppenspieler und Illustrator von Kinderbüchern und übernahm 1945 die Leitung des

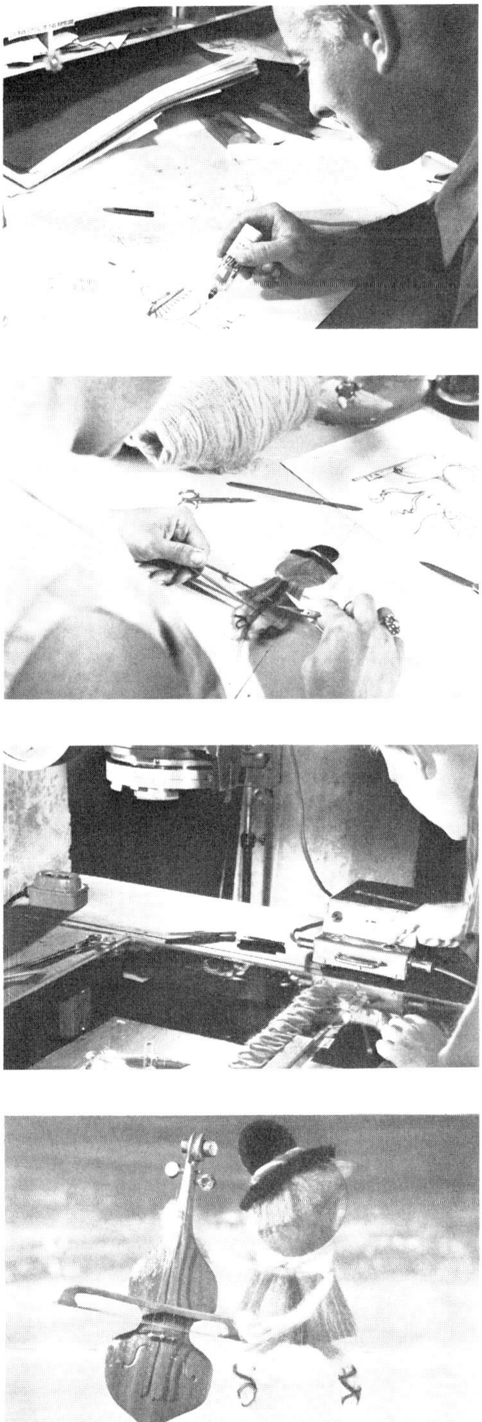

Stadien bei der Entstehung eines Trickfilms. Von oben nach unten: Zeichnerischer Entwurf der Figur, Herstellung der Puppe, Inszenierung der Aufnahme, fertiges Filmbild.

Prager Tr.-Studios. Später erhielt er ein eigenes Studio, wo auch sein Nachfolger Břetislav Pojar arbeitete. Trnka begann zunächst mit Zeichen-Tr.en, den unverwechselbaren, individuellen Ausdruck der Figuren, die Poesie der Stimmung und die eigene Handschrift erreichte er allerdings erst in seinen Puppenfilmen, zumal die Puppen (mehr noch als Zeichnungen) den Stempel der Persönlichkeit ihres Schöpfers tragen („Der Kaiser und die Nachtigall", 1948; „Prinz Bajaja", 1950; „Alte tschechische Sagen", 1952; „Ein Sommernachtstraum", 1959 u.a.). Mit Einfühlungsvermögen, Geschmack und Geduld hat Trnka die Technik des Puppen-Tr.s vervollkommnet. Begünstigt durch das System einer staatlichen Filmproduktion, das ihren Mitarbeitern weitgehend kommerzielle Unabhängigkeit garantiert.

Die besonderen ökonomischen Bedingungen waren neben der besonderen politischen Entwicklung unter anderem auch ein Grund dafür, daß seit 1950 in Jugoslawien eine eigenwillige und besonders erfolgreiche nationale (Kurz-)Tr.-Produktion (Zeichentrick) entstehen konnte, deren Begründer Dusan Unkotić war. Diese formal eigenwillig gestalteten, sich häufig durch hintergründige Ironie und gesellschaftspolitisches Engagement auszeichnenden Kurzfilme leben nicht von vordergründigen Aktionen wie kämpfen, schlagen, schreien, rasen und verfolgen à la Walt Disney, sondern von Zustandsschilderungen, die oftmals parabelhaften Charakter tragen.

Verfahrensweisen, Techniken, Kosten. Bei den angewendeten Verfahren unterscheidet man zwischen verschiedenen Trickverfahren: 1. Einfache Tricks: z.B. Bildfrequenzveränderungen (Zeitraffer/Zeitlupe), Filmablaufumkehrung, einfache Einblendungen bzw. Überblendungen, Kashtricks mit feststehender Maske im Kompendium (zur Filmkamera gehörender, ausziehbarer Vorsatz aus Leder); 2. komplizierte Tricks: Glasvorsatzverfahren („Glasmalerei"), Einzelbild-(Dia-)Projektion auf der Rückprojektionswand (für Hintergründe, Stadtansichten, Landschaften), Modellvorsatzbau, Perspektivbau, Miniatur- oder Riesenbau u.a.; 3. Kombinationstricks: Laufbild-(Film-)Projektion auf Rückprojektionswand (meist verwendet bei Verfolgungsjagden, bei Fahr- und Flugaufnahmen und als Bildhintergründe bei Handlungen, die in fernen Ländern oder an markanten, weitverstreuten Orten spielen u.a.); Schufftan-Verfahren (Spieltrickverfahren, mit dessen Hilfe man Modell- und Realbauten in ein Bild kombinieren kann); Wandermaskenverfahren; Kombination zwischen Trickmöglichkeiten der Aufnahme- und der Trickkamera; Kombination verschiedener Linsensysteme u.a.; 4. besondere Trickverfahren: Puppen-, Zeichen-, Legetrick und Scherenschnitt bzw. Kombinationen aus diesen (hingegen nicht Marionetten- oder Handpuppenfilme, zumal hier die Kamera eine laufende Bewegung einfach abfilmt). Nur die unter „besondere Trickverfahren" genannten Filmarten sind Tr.e in engerem Sinne. Filme, bei denen nur einige oder auch viele der genannten Trickverfahren angewendet

wurden, sind ‚Realfilme', selbst wenn es sich um phantastische oder utopische Filme handelt, in denen Darsteller und nicht Puppen agieren. Im englischen und französischen Sprachgebrauch ist der Begriff eindeutig: Tr. = animation film bzw. cinéma d'animation.
Aufgabe des Tr.s ist die Bewegung (animation) toter Gegenstände, d.h. die Bewegung von Aufnahmeobjekten (z.B. Puppe, Zeichnungen), die sich selbst nicht bewegen können.
Für die filmische Aufnahme wird ein „Tricktisch" mit einer von unten sowie auch seitlich beleuchtbaren Opal-Glasscheibe als waagerechte Tischplatte benötigt. Über dem Tisch befindet sich die Aufnahmekamera, die so angebracht ist, daß sie sich – von einem Elektromotor oder per Hand betrieben – ruck- und erschütterungsfrei horizontal zum Tricktisch bewegen kann. Die Kamera muß mit Einzelbildschaltung ausgerüstet sein. Alle Bewegungen von Figuren, Gegenständen, Puppen oder ähnlichem – gleich, ob gegenständlicher oder gezeichneter Art – müssen vorab in Phasen zerlegt (Zeichentrick) bzw. bei der Aufnahme phasengerecht durchgeführt werden (Puppentrick). Da der fertige Film mit 24 Bildern pro Sekunde durch den Projektor läuft, müssen dementsprechend bei der Filmaufnahme auch 24 Einzelbilder pro Sekunde aufgenommen werden. Beim Normalfilm (35 mm) sind das 52 Aufnahmen pro Meter, beim Schmalfilm (16 mm) sind es 132 Einzelaufnahmen pro Meter. Als Faustregel gilt: je mehr einzelne Phasen eines Bewegungsablaufes gezeichnet, dargestellt und aufgenommen werden, desto fließender und „natürlicher" wirkt der Bewegungsablauf später bei der Vorführung. Reduziert man hingegen Bewegungsabläufe auf nur wenige Hauptphasen, so wirken sie später entsprechend unharmonisch, ruckartig bzw. nur angedeutet.
Für einen Zeichen-T. von 90 Minuten Spieldauer werden durchschnittlich 100000 Einzelzeichnungen benötigt (je nach Handlung und Aufwand verschieden). Aus zeitlichen und wirtschaftlichen Gründen ist es unmöglich, daß der eigentliche Filmschöpfer dieses Pensum allein bewältigt. Nachdem er die handelnden Figuren oder Gegenstände entworfen und die Bewegungen und Hintergründe skizziert hat, befassen sich mehrere Mitarbeiter mit der Ausführung der detaillierten Phasenzeichnungen (Phasenzeichner) und dem Colorieren u.a.
Die Zeichnungen der einzelnen Bewegungsphasen werden auf mit Paßlöchern versehene, durchsichtige Folien übertragen, wobei sich durch das Aufeinanderlegen der Folien, teilweise durch Durchzeichnen, die nächste Bewegungsphase aus der vorausgehenden ableiten läßt. Auf dem von unten beleuchteten Tricktisch werden später die Folien einzeln oder miteinander kombiniert mit Einzelbildschaltung nacheinander aufgenommen. Beim Puppentrick und verwandten Formen muß das verwendete Material so verformbar oder flexibel sein, daß z.B. bei Puppen die Bewegung der Glieder in einzelnen Phasen durchführbar ist. Die eigentliche Bewegung der Gegenstände oder Figuren erfolgt erst auf dem Tricktisch und wird dann – phasengerecht – von der Kamera festgehalten. Erschwerend kommt hinzu, daß jeder Fehler des Animators erst im nachhinein, d.h. nach Entwicklung der Filme durch das Kopierwerk (Muster), ersichtlich ist, was häufig aufwendige Wiederholungen erforderlich macht.
Ein vollanimierter Tr. kostet – je nach Aufwand (bei Technik und Gestaltung) und Zahl der beschäftigten Mitarbeiter zwischen 8000 und 12000 DM pro Minute, d.h. bei programmfüllender Länge zwischen 750000 und 1,1 Millionen DM. Die Kosten von Spielfilmen belaufen sich daneben in der Bundesrepublik Deutschland auf durchschnittlich 1–1,5 Millionen DM.

Themen und Stilformen. Dem Tr., insbesondere dem gezeichneten, sind thematisch und stilistisch kaum Grenzen gesetzt. Bei wissenschaftlichen Filmen und Lehrfilmen, in denen es um eine vereinfachte, schematisierte Darstellung mehr oder weniger komplizierter Vorgänge geht, wie z.B. Funktion der menschlichen Niere, Arbeitsweise einer Kläranlage (Sachtrick), ist der Gestalter an vorgegebene Abläufe und Modellvorstellungen gebunden und muß sich bestimmten didaktischen Konzeptionen unterwerfen, die nicht zuletzt auch die Darstellungsmethode und den Darstellungsstil stark beeinflussen. Demgegenüber sind die Gestalter von Tr.en, deren Ziel nicht nur die reine Sachinformation und die Veranschaulichung von Lehr- und Lerninhalten ist, frei in der Wahl ihrer Themen und Darstellungsmittel. Sie können sich ganz auf ihren Einfallsreichtum, ihre Phantasie und ihre Fabulierkunst verlassen und aus einer ungeahnten Fülle tricktechnischer Variations- und Kombinationsmöglichkeiten schöpfen. Immer wieder hat es im Verlauf der Filmgeschichte (in ihrer Zeit meist wenig beachtet) Versuche gegeben, die Aussage- und Ausdrucksmöglichkeiten des Tr.s experimentell weiterzuentwickeln – nicht zuletzt unter Einfluß der bildenden Kunst, insbesondere der Malerei und zuletzt der Pop-art in allen Spielarten, die von Provokation bis zur möglichen Bewußtseinserweiterung, von Agitation bis zur Erlebensbereicherung führen können. Entscheidender Einfluß auf die inhaltliche und gestalterische Entwicklung des Tr.s ging hingegen nicht von den Avangardisten und den Experimentalfilmern aus, die stets nur ein begrenztes Publikum erreichen, sondern von den Schöpfern populär gewordener Serienfiguren wie z.B. Walt Disney. Insbesondere in den kommerziell ausgerichteten Tr.en wimmelt es von volkstümlichen Figuren – Tiere wie Hunde, Enten, Mäuse, Bären, Bienen und Maulwürfe, die mit menschlichen Eigenschaften ausgestattet sind und sich – losgelöst von Raum und Zeit – in einer Phantasiewelt bewegen, in der die Naturgesetze aufgehoben sind. Da der Tr. zur Vereinfachung und Vergröberung gezwungen ist, bedient er sich gern einfacher Geschichten, die ohne viel Worte auskommen und bilderbuchartig erzählt werden können. Hier bieten sich besonders Märchen, Legenden, Fabeln und vergleichbare Stoffe an, die bereits einen gewissen Bekanntheitsgrad besitzen. Der teilweise naiven Darstellungsweise entspricht die simple Moral vieler Tr.e, die im Sieg des Guten über

das Böse und im happy-end ihren sichtbaren Ausdruck findet.
Wesentlich origineller und anspruchsvoller sind die überwiegend kurzen Tr.e aus einigen sozialistischen Ländern (ČSSR, Jugoslawien, Ungarn), deren abstrakte und surrealistische Fabeln allgemein menschliche, soziale oder politische Hintergründe haben. Nicht selten ist die entfesselte Handlung, die vordergründige Aktivität nur ein Vorwand, um verschlüsselt an bestehenden Verhältnissen Kritik zu üben.

Tr.e als spezifische Kinderfilme. Da Tr.e in erster Linie unterhalten wollen und vorwiegend und überwiegend von Gags und überraschenden Pointen leben, werden sie gern als Kinderfilme par excellence bezeichnet. Dies ist aber nur begrenzt richtig, denn nur relativ wenige Tr.e werden gezielt für Kinder hergestellt und nehmen entsprechend Rücksicht auf die Bedürfnisse, das Aufnahmevermögen und das Verständnis von Kindern. Ungeachtet dessen, erfreuen sich Tr.e (vor allem Serien) bei Kindern größter Beliebtheit – ähnlich wie Comics. Das Geheimnis dieses Erfolges beruht im wesentlichen darauf, daß es in Tr.en stets turbulent zugeht. Übertreibungen, Vergröberungen und Simplifizierungen gehören genauso zu den Mitteln des Tr.s wie die zum Teil naive Darstellungsform, die Einfachheit und Geradlinigkeit der kurzen Story und die Phantasiewelt, die der des Märchens und des Bilderbuches entspricht. Besonders wichtig für Kinder allerdings ist, daß ständig etwas Neues passiert, was abenteuerlich und aufregend zugleich ist. Da sie nicht in der Lage sind, Scherz, Satire, Ironie und tiefere Bedeutung bewußt wahrzunehmen und zu unterscheiden, lassen sie sich einfach von der Dynamik des Tr.s mitreißen. Sie begeistern sich an den reichlich vorhandenen Gags und am vordergründigen Geschehen, das überwiegend aus laufen, jagen, schlagen und kämpfen besteht. Sicherlich lachen Kinder und Erwachsene gemeinsam über Tr.e, aber jeweils über andere Details. Auch das sollte man berücksichtigen, ehe man versucht, Tr.- und Kinderfilm gleichzusetzen. Auch die Werbung im Fernsehen wird von Kindern bevorzugt gesehen, aber dennoch sind die mit Trickeinblendungen garnierten TV-spots noch längst kein Kinderprogramm.

→ W. Disney, → Jugendfernsehen, → Kinderfernsehen, → Kinderfilm, → Mainzelmännchen, → W. McCay, → Mickey Mouse, → J. Trnka, → K. Zeman

Sekundärliteratur: U. Gregor: Geschichte des Films (1962; zus. mit E. Patalas). – R. Waldekranz: Knaurs Buch vom Film (1956; zus. mit V. Arpe). – St. Wolf: Kinderfilm in Europa (1969).

Steffen Wolf

Trier, Walter

*Zeichner, Karikaturist, Kinderbuchillustrator; *25.6.1890 Prag, † 8.7.1951 Collingwood/Kanada.*

Tr., Sohn eines Handschuhmachers, wuchs in Prag auf und begann sein Studium an der dortigen Kunstgewerbeschule. Wegen angeblicher Unfähigkeit mußte er jedoch gehen und setzte seine Ausbildung in München fort, wo Franz von Stuck (1863–1928) einer seiner Lehrer wurde. Tr. entdeckte früh seine zeichnerische Begabung und bildete speziell diese aus. 1909 erschienen erste Arbeiten im „Simplicissimus". Seit 1910 lebte Tr. in Berlin und wurde bald zu einem der populärsten Pressezeichner. Er war bis 1935 Mitarbeiter der „Lustigen Blätter", deren Titelblätter er entwarf. Auch in der „Berliner Illustrierten" erschienen seine Zeichnungen. Weiterhin arbeitete er seit 1923 für die Zeitschrift „Die Dame" und ebenso für das Monatsmagazin „Der Uhu" des Berliner Ullstein Verlages. Seine unerschöpfliche Phantasie und sein nie verletzender Witz erheiterten breite Leserschichten dieser Zeitschriften. 1923 erschienen die ersten Kinderbücher mit Zeichnungen Tr.s. Es waren vier Kasper-Bücher mit Texten von Sling (d.i. Paul Schlesinger). Von dieser Zeit an illustrierte er viele Kinderbücher, darunter die von Erich Kästner, z.B. „Emil und die Detektive" (1928). Bis 1936 konnte Tr. in Deutschland arbeiten. Dann mußte er, der viel mit inzwischen verbotenen oder jüdischen Künstlern und Verlegern zusammengearbeitet hatte, nach London emigrieren. 1947 folgte Tr. seiner Tochter nach Kanada, wo er als Designer und Werbezeichner tätig wurde und nicht weit von Toronto lebte.

Werk, Tendenzen, Wirkung. Schon zur Kaiserzeit illustrierte Tr. Bücher, z.B. Witzsammlungen (F. Schloemp: Der lachende Erdball, 1912) und ein Buch von Roda Roda (Die verfolgte Unschuld, 1914). 1922 gab er mit Oskar Seyffert ein großes Spielzeugbuch heraus, das die Quelle seiner Phantasie offenbarte: viele Figuren und Farben seiner Zeichnungen kommen aus der Welt des Spielzeugs, das Tr. sammelte und bei seiner späteren Auswanderung nach Kanada mitnahm. 1926 illustrierte Tr. mehrere „Fridolin"-Bücher mit Versen von My (d.i. Wilhelm Meyer). Im gleichen Jahr wurde Tr. Mitglied der Berliner Sezession, an deren Ausstellungen er sich beteiligte. 1927 kam es zu einer entscheidenden Begegnung: Die Berliner Verlegerin Edith Jacobsohn (Verlag Williams & Co.), die Erich Kästner angeregt hatte, einen Roman für Kinder zu schreiben, vermittelte auch die Bekanntschaft Tr.s mit dem Schriftsteller. 1929 erschien dann Kästners erstes Kinderbuch, und zwar mit den Zeichnungen von Tr.: „Emil und die Detektive". Auch die anderen Bücher für jugendliche Leser, die vor der Verfemung Erich Kästners in der Zeit des Nationalsozialismus herauskamen, illustrierte Tr.: „Pünktchen und Anton" (1931), „Arthur mit dem langen Arm" (1931), „Das verhexte Telefon" (1931), „Der 35. Mai oder Konrad reitet in die Südsee" (1932), „Das fliegende Klassenzimmer" (1933) und „Emil und die drei Zwillinge" (1934). Erst nach einer langen Pause von fünfzehn Jahren erschien 1949 dann wieder ein von Tr. künstlerisch ausgestattetes Kästner-Buch: „Das doppelte Lottchen".
In seiner Zeit in London zeichnete Tr. die Titelblätter der Monatsschrift „Lilliput". Sein Humor verließ ihn auch in der Emigration nicht. Tr. war aber keineswegs in eine idyllische Scheinwelt geflohen. Dies belegen die

mehr als 100 politischen Zeichnungen, antifaschistische Karikaturen, die in der Zeit von 1942 bis 1945 in englischen Zeitungen erschienen.
1951 wurden Tr.s Buchillustrationen in der Internationalen Jugendbibliothek in München ausgestellt.
Insgesamt dreizehn Bücher von KÄSTNER hat Tr. mit Bildern ausgestattet. Charme und Witz beseelen seine Zeichnungen. ERICH KÄSTNER erinnert sich an Tr.: „Es war ein stiller, ernster Mann mit Kinderaugen. Alles, was er zeichnete und malte, lächelte und lachte, sogar der Schrank und der Apfel, die Wanduhr und der Damenhut. Alles war und machte heiter. Er sah die Bosheit und wurde nicht böse. Er sah die Dummheit und blieb gelassen ... Trier hatte den ‚guten Blick' ..."
Eine beglückende Heiterkeit strahlt aus dem Werk Tr.s. Die Bibliographie der von Tr. illustrierten Bücher zählt insgesamt 64 Titel auf. Darunter sind Ausgaben von „Till Eulenspiegel" (1920), RUDYARD KIPLINGS „Das kommt davon" (1929) sowie eine Kriegsgeschichte in Cartoons in Englisch (The pen is mightier, London, 1946). ERNST JANDL (*1925) schrieb 28 Gedichte zu Bildern Tr.s, die 1943 bis 1945 in der Emigration entstanden und zu Lebzeiten Tr.s nicht veröffentlicht wurden. Sie sollten ursprünglich unter dem Titel „Die Spielzeugstadt" erscheinen, nun trägt der Band den Titel „Alle freut was alle freut" (1975).

Werke: A. Lokesch: Alte Kasperlstücke (1920); P. Benndorf (Bearb.): Till Eulenspiegel. Ein kurzweilig Lesen, wie er sein Leben vollbracht hat (1920); O. Seyffert: Spielzeug (1922); W. Trier: Triers Panoptikum (1922); Sling (d.i. P. Schlesinger): Kasper im Zoo (1923); Sling: Kasper bei den Menschenfressern (1923); Sling: Kasper beim Teufel (1923); Sling: Kasper am Nordpol (1923); My (d.i. W. Meyer): Fridolins Harlekinder (1927); My: Fridolins Siebenmeilenpferd (1926); My: Fridolins Zauberland (1926); R. Kipling: Das kommt davon! Geschichten und Märchen (1929); E. Kästner: Emil und die Detektive (1929); E. Kästner: Pünktchen und Anton (1931); E. Kästner: Das verhexte Telefon (1931); E. Kästner: Arthur mit dem langen Arm (1931); E. Kästner: Der 35. Mai oder Konrad reitet in die Südsee (1932); E. Kästner: Das fliegende Klassenzimmer (1933); E. Kästner: Emil und die drei Zwillinge (1934); M. Twain: Die Abenteuer des Tom Sawyer und Huckleberry Finn (1936); E. Kästner: Till Eulenspiegel (1938); W. Trier: Das Eselein Dandy (1948); E. Kästner: Das doppelte Lottchen (1949); E. Kästner: Der kleine Grenzverkehr (1949); E. Kästner: Die Konferenz der Tiere (1949); E. Kästner: Der gestiefelte Kater (1950); W. Trier: Dandy in the circus (1950; dt. Muli, das Zirkuseselchen, 1954); E. Kästner: Münchhausen (1951); E. Jandl: Alle freut was alle freut. Ein Märchen in 28 Geschichten. Frei nach Zeichnungen von W. Trier (1975).

Sekundärliteratur: L. Lang (Hrsg.): Das große Trier-Buch (1972, ²1974).

Christian Scheffler

Tripp, Franz Joseph

*Graphiker, Illustrator; *7.12.1915 Essen, †19.2.1978 Tiefenbach/Allgäu.*

Tr. bildete seine künstlerischen Fähigkeiten als Autodidakt aus. Erste Illustrationen zu eigenen Kurzgeschichten erschienen 1938. Nach dem Krieg war er zunächst als Werbegraphiker tätig. Schon als junger Mann war der Rheinländer ins Allgäu gekommen und hat dort in disziplinierter Arbeit sein Werk als Illustrator entworfen. Sein erstes Buch – Text und Illustrationen – war „Marco und der Hai" (1956). Tr. hat bis zu seinem Tod über 300 Kinder-, Jugend-, Schul-, Sach- und Bilderbücher des In- und Auslandes illustriert, zu einigen auch selbst den Text verfaßt.

Werk, Tendenzen, Wirkung. Tr. zeigt eine deutliche Vorliebe für skurrile und humorige Stoffe. Seine wohl bekannteste zeichnerische Erfindung ist die karikaturistisch aufgefaßte Titelfigur zu OTFRIED PREUSSLERS „Der Räuber Hotzenplotz" (1962). Der große Erfolg dieser mehrbändigen Folge beruht sicherlich zum Teil auch auf den einprägsamen Tr.schen Illustrationen. Ähnliches ließe sich zu OTFRIED PREUSSLERS „Das kleine Gespenst" (1966) und zu MICHAEL ENDES „Jim Knopf und Lukas, der Lokomotivführer" (1960) sagen, um die auflagenstärksten, von Tr. illustrierten Titel zu nennen. Viele seiner harmlos frechen Figuren können ihre Verwandtschaft mit dem Räuber Hotzenplotz nicht verleugnen. Die typisch Tr.sche Physiognomie – furchterregende, schrägblickenden Augen, mächtige dreieckige Nasen, wirre Haare, halb Holzfigur, halb Charakterkopf, mit überdimensionierten Proportionen – ist trotz aller Variationen unverkennbar. Das mehr oder weniger Karikaturistische seines Stils kam auch in dem traditionell gemalten Bilderbuch „Als Papas Wurstbude in die Luft ging" (1973) deutlich zum Ausdruck, einer verrückten Geschichte voller Gags, zu der Tr. auch den Text schrieb.

Werke: Fr. J. Tripp: Marco und der Hai. Eine Geschichte aus Sizilien (1956); E. Lillegg: Feuerfreund (1957); A. Buckeridge: Fredys Hütte am Teich (1960); M. Ende: Jim Knopf und Lukas, der Lokomotivführer (1960); A. Buckeridge: Immer dieser Fredy (1961); G. Spang: Williwack (1961); M. Ende: Jim Knopf und die Wilde 13 (1962); O. Preußler: Der Räuber Hotzenplotz (1962); G. Spang: Das Haus in der Sonnenblumenstraße (1962); A. Buckeridge: Fredys Tagebuch (1963); E. Rechlin: Hafengasse Nr. 8 (1963); G. Spang: Heut spielt Gottlieb Fabelhaft (1963); K. Johanssen: Spielhäuschen Spatzennest (1964); E. Lillegg: Peps (1964); I. Pabel: Das Fest vom großen Ü (1964); I. Reif: Bibi findet eine Mutter (1964); G. Spang: Der starke Jonathan (1964); A. Buckeridge: Drei Tips für Fredy (1965); K. H. Gies: Leuchtturm Josefine (1965); I. Reif: Drei erleben Sommerferien (1965); I. Reif: Drei reisen in den Winter (1965); J. ter Haar: Das Häuschen bei den 13 Buchen (1965); J. ter Haar: Uli und die 13 Buchen (1965); W. Grözinger: Als ich im Traum der Kaiser war (1966); O. Preußler: Das kleine Gespenst (1966); I. Reif: Drei halten zusammen (1966); J. ter Haar: Uli, Vaters kleiner Helfer (1966); L. Trenker: Luis Trenker erzählt (1966); R. Ulrici: Der Elefant im Porzellanladen (1966); A. Buckeridge: Fredy und der Astronautenklub (1967); Fr. H. Burnett: Der kleine Lord (1967); A. Himmel: Frederico Oktopod (1967); H. G. Kernmayr: Der Pepperl und ich (1967); M. Kruse: Zwilling Luftballon (1967); Fl. Laughlin: Das Rätsel von Querida (1967); B. Lornson: Robbi, Tobbi und das Fliewatüüt (1967); G. Spang: Linda, das Känguruh (1967); K. H. Gies: Seemaus Josefine (1968); H. G. Kernmayr: Ihr verflixten Lausbuben. Neue Geschichten von Pepperl und Gustl (1968); E. Rechlin: Der liederliche Ferdinand (1968); W. Schrader: Pico-Piki und das Zauberrohr (1968); Z. K. Slabý (zus. mit anderen: Das Geheimnis der orangenfarbenen Katze (1968); Chr. Suessmann: Wir Hohbergkinder (1968); B. Bradbury: Geheimbund drei Schlüssel (1969); I. Byers: Silka, der Seehund (1969); H. G. Kernmayr: Ich und mein Mops (1969); H. G. Kernmayr: Pepperl und Gustl, die Unverbesserlichen (1969); M. Lundgren: Der Junge mit den Goldhosen (1969); O. Preußler: Neues vom Räuber Hotzenplotz (1969); G. Ruck-Pauquèt: Wa-ta-wah (1969); R. Stalmann: Gille und der Gammler (1969); Sukalapa. Märchen aus fernen Ländern (1969); G. Boshell: Käptn Cobwebb (1970); H. G. Kernmayr: Felix, der Meisterdetektiv (1970); H. G. Kernmayr: Pepperl und Gustl suchen den lieben Herrgott (1970); E. Rechlin: Das Ungeheuer von Klippeneiland (1970); K. Robertson: Die Lausbuben-AG (1970); M. Twain: Tom Sawyer auf Weltreise (1970); S. Heuck: Emilio Feuerohr (1971); D. Jannausch: Meffi, der kleine feuerrote Teufel (1971); H. G. Lenzen: Ich bin der Tankwart August Klatt (1971); Chr. Nöstlinger: Mr. Bats Meisterstück oder die total verrückte Oma (1971); G. Prugel: Der blaue Julius (1971); E. Roos: Dreimal M und immer Wirbel (1971); G. Ruck-Pauquèt: Die große Schau (1971); W. Schrader: Käpten Snieders große Fahrt (1971); W. Schrader: Knasterbax und Siebenschütz (1971); M. Twain: Der gestohlene weiße Elefant (1971); Tr. Volk: Unser Pony Karlchen (1971); K. Robertson: Die Babysitter-AG (1972); W. Schrader: Jan Tabak geht aufs Ganze (1972); W. Schrader: Karl der Dicke und Genossen (1972); S. A. Wakefield: Wie Tinkigambel seinen Tink verlor (1972); H. Weymar: Die Qualze und die sieben Brüder (1972); G. Boshell: Ein neuer Fall für Käptn Cobwebb (1973); W. Schrader: In Schinkenbüttel ist der Affe los (1973); W. Schrader: Knasterbax als Burggespenst (1973); W. Schrader: Pico-Pikis große Reise (1973); Fr. J. Tripp: Als Papas Wurstbude in die Luft ging (1973); W. Schrader: Die Kinder vom Teufelsmoor (1974); Fr. J. Tripp: Borba und der Bär (1974); D. Jannausch: Meffi im Zirkus (1975); D. Jannausch: Meffi und der Papagei (1975); W. Schrader: Karl der Dicke beißt sich durch (1975); W. Schrader: Schabernackel (1976).

Sekundärliteratur: A. Baumeister: Nachruf auf Fr. J. Tripp (in: Börsenblatt für den deutschen Buchhandel. 1978. 23. S. 505).

Werner A. Kleye

Trivialliteratur

Mit ‚trivial' bezeichnet der allgemeine Sprachgebrauch wertend Alltägliches, Gewöhnliches, Anspruchsloses oder Abgeschmacktes. An solchem Verständnis orientiert umfaßt der Begriff Tr. zunächst pauschal den Komplex von Texten innerhalb aller Gattungsformen, der unterhalb des Niveaus von als künstlerisch eingestufter und bewerteter Literatur liegt. Dies gilt gleichermaßen für den Bereich der Erwachsenen- und Jugendliteratur. Die Disqualifikation von Texten als Tr. beruht – ganz allgemein gesehen – auf historisch-geschmackssoziologischen Wertentscheidungen. Die Gesichtspunkte von Wertentscheidungen sind vielfältig. Eigentliche literaturkritische und literaturwissenschaftliche Ansätze und Kriterien der Bewertung von nichtanerkannter oder nichtanzuerkennender Literatur und daraus gefolgerte literaturpädagogische Entscheidungen wurden und werden teilweise noch von Gesichtspunkten ästhetisierender, moralischer, religiöser, pädagogischer oder politischer Wertung überlagert. Die Fülle von meist pejorativen Bezeichnungen für diese Literatur (Schund, Schmutz, Kitsch, Pseudoliteratur, ungeistiges Schrifttum, Kioskliteratur, Hintertreppenliteratur, Backfischliteratur u. a.) verweist auf unterschiedliche Ansätze der Abwertung und eine weitgehend undifferenzierte Einschätzung der gesellschaftlichen Funktion, Wirkung und Bedeutung des Abgewerteten. Gegenüber dem umfangreichen Repertoire abwertender Bezeichnungen hat sich in der jüngeren Literaturwissenschaft – in Anlehnung an den 1923 von M. Thalmann geprägten Begriff „Trivialroman", der sich auf die Moderomane des ausgehenden 18. Jahrhunderts bezog – der Terminus Tr. durchgesetzt.

Aspekte des Phänomens Tr. Während die traditionelle Literaturwissenschaft als Wissenschaft von der Dichtung ästhetisch geringwertige oder geringgewertete Literatur bestenfalls am Rande erwähnte, sieht die jüngere Literaturwissenschaft Tr. als einen nicht aus dem Gesamtbereich der Literatur herauslösbaren Komplex. Mit der Frage nach der spezifischen Funktion dieser Literatur verbindet sich notwendig die Frage nach der gesellschaftlichen Bedeutung für die von ihr angesprochenen Leser. Voraussetzung für die Beschreibung und Wertung von Tr. ist das Zugrundelegen eines erweiterten Literaturbegriffs und damit verbunden die Revision bzw. Aufhebung einer normativen Dichotomie von Kunst – Unkunst, Dichtung – Tr. zugunsten von graduellen Differenzierungen. Literaturwissenschaftliche Beschreibung und Bewertung von Tr., die didaktische Interessen implizieren, beinhalten drei wesentlich miteinander verbundene Aspekte: 1. Der Nachweis der Negativqualität des trivialen Textes, der Art und des Grades trivialer Wirklichkeitsdarstellung. 2. Das Aufzeigen der spezifischen Funktion der Lektüre von Tr. im Hinblick auf die Bedürfnisse ihrer Leser. 3. Einsicht in den Zusammenhang von Tr., Bedürfnisstruktur ihrer Leser und die diese mitprägenden sozialen, ökonomischen und ideologischen Bedingungen.

1. Trivialität bedeutet negative Qualität. Besitzt Literatur als Kunst die Eigenschaft, gesellschaftliche Wirklichkeit vermittels sprachlicher Gestaltung kritisch darzustellen, Wirklichkeit durchsichtig zu machen und neue Wirklichkeit zu antizipieren, so erweist sich das Triviale daran, wie diese als auch sprachliches Gebilde gesellschaftliche Wirklichkeit verfehlt, beschönigt, verfälscht und Widersprüche auszumerzen sucht. Die Bezeichnung ‚trivial' im Bereich der Literaturkritik ist letztlich nur gerechtfertigt, wenn sie die Negativqualität von Tr. als einem auch sprachlich geformten Gebilde gegenüber dem Anspruch der Kunst, gestaltete Wahrheit zu sein, zum Ausdruck bringt. Die Feststellung von Trivialität kann nicht von außen oder formal nach stofflichen, inhaltlichen, sprachlichen oder stilistischen Kriterien getroffen werden, sondern die für Tr. typischen Techniken (wie u. a. Klischeehaftigkeit, Schablonisierung, Vergröberung, Typisierung, Schwarz-Weiß-Zeichnung, Reizeffekte) sind im Hinblick auf die Vermittlung von trivialer Wirklichkeitsdarstellung zu sehen. Die Analyse trivialer Gestaltungstechniken orientiert sich an der Frage, wie und in welcher Richtung Wirklichkeit verfehlt wird. Dies gilt für

Banales ebenso wie für subtilere Trivialität im Kitsch. Ursachen für das Verfehlen von Wirklichkeit sind zunächst in künstlerischem Unvermögen oder in Naivität zu suchen. Weitaus gewichtiger wird Tr. dann, wenn sie Ergebnis von tendenziellen Interessen ist, wenn eine tendenzielle Haltung – in welcher Richtung auch immer – die Gestaltung von Wirklichkeit überlagert (Tendenzliteratur). Insbesondere im Bereich der Jugendliteratur haben die mit ihr verbundenen Absichten und Zwecke – Ansatzpunkt der Kritik von H. Wolgast – die Entwicklung einer breiten künstlerischen Literatur verhindert. Während Tendenzliteratur, je nach Art der Tendenz und ihrer Vermittlung, vor allem durch eine intensive Emotionalisierung ihrer Leserschaft eine kritische Einstellung zu vorhandener Wirklichkeit bewirken kann (z. B. in H. Beecher Stowes „Onkel Toms Hütte") und folglich mit außerästhetischen Kriterien zwischen „guter" und „schlechter" Tr. zu scheiden ist, wird Tr. dann ‚perfekt', wenn ihre meist versteckte Tendenz gezielter Anpassung an vorhandene Realität entspringt. So bemüht sich die massenhaft produzierte Tr. – vornehmlich aus ökonomischen Interessen, mit denen sich notwendigerweise ideologische verbinden – um ein unkritisches, am Bestehenden fixiertes Bewußtsein. Triviale Darstellung und trivialer Stil zielen auf eine unkritische, identifikatorische Rezeptionshaltung, deren Grundlage vor allem die emotionale Reaktion darstellt. Die moderne Produktion von trivialer Massenliteratur, die keinesfalls auf die Literatur der Unterschicht reduzierbar ist, hat die Anpassung von Literatur an die Gesetze und Interessen des Marktes perfektioniert. Jedoch sind – gerade auch im Bereich der Kinder- und Jugendliteratur – seit dem ausgehenden 18. Jahrhundert – die Prinzipien der vom Markt her trivialisierten Literatur ablesbar: „Die Gesetze des literarischen Marktes sorgten und sorgen in einer mehr und mehr lesend kommunizierenden Gesellschaft für die nachhaltige Durchsetzung solcher Jugendschriften, die sich mit dem Interesse der gesellschaftlich führenden Schichten an der Erhaltung der herrschenden Werte und Normen in einer weitgehenden Kongruenz befinden" (Bettina Hurrelmann: Jugendliteratur und Bürgerlichkeit. S. IX). Pädagogische, religiöse, nationale Tendenzliteratur einerseits und konfektionierte Massenliteratur andererseits bestimmen von Anfang an das dominierende Erscheinungsbild der Kinder- und Jugendliteratur.

2. Die Bestimmung und Wertung von Tr. ist dann unzureichend, wenn sie nicht den von ihr betroffenen und ihrer bedürftigen Leser berücksichtigen würde. Im Blick auf den „bedürftigen Leser" (nach J. Bark) werden Funktionen von Literatur erkennbar, die selbst nicht trivial sind, sondern denen trivial entsprochen wird. Die ebenso häufige wie simple Gleichsetzung von Unterhaltungs- und Tr. verwechselt Funktions- mit Wertkriterien und diffamiert pauschal eine zentrale Aufgabe von Literatur, eine Aufgabe, der gerade die ‚bessere' deutsche Literatur selten entsprochen hat. Nicht Unterhaltung ist trivial, sondern die Art, wie Unterhaltung dem Gewöhnlichen oder Gewohnten angepaßt wird. Die Lektüre von Tr. – wie auch nichttrivialer Unterhaltungsliteratur – entspricht zunächst wesentlichen Funktionen der Freizeit: Regeneration, Kompensation und, was selten gesehen wird, der Edukation. Die auslösenden Momente des Bedürfnisses nach reizvollen, dem eigenen Leben fremden Erfahrungen und Erlebnissen, nach sympathischer Identifikation, die Ablenkung, Entspannung und Wissen versprechen, sind sozial- und entwicklungspsychologischer Natur. Sie gründen auf der bewußt oder unbewußt als unbefriedigend empfundenen Lage und Situation des Freizeitlers, der aus der Realität fliehen will. Die Bedürfnisse, die Tr. anspricht, sind nicht willkürlich oder konstant vorgegeben. Sie sind durch den Leser präformierende gesellschaftliche Prozesse geprägt und werden durch die immanente Tendenz der Tr. zur Anpassung an diese Prozesse zur Bestätigung von schon vorhandenen Vorstellungen, Meinungen, Vorurteilen und Stereotypen mitgesteuert. Nicht Kompensation oder Regeneration, Träume oder Flucht stehen zur Kritik, sondern die Trivialisierung von Vorstellungen einer ‚besseren' Realität, die Art von trivialer Illusionierung, die rechtfertigt, beschwichtigt und verschweigt, was sie eigentlich befördert: Fatalismus und Resignation.

3. Aus ideologiekritischer Sicht verliert Tr. ihre selbst gerne behauptete Harmlosigkeit. Die moderne massenhaft produzierte Tr. impliziert die Tendenz zu einer konservativen, am Bestehenden fixierten Grundhaltung als Ergebnis ihrer leserbezogenen Marktkonformität und ist insofern von politischer Relevanz. Die ideologischen Tendenzen sind nicht zufällig, sondern impliziter an Form und Sprache gebundener Inhalt der Tr.

In nicht von kulturindustrieller Literaturproduktion erfaßten Bereichen läßt sich das Verfehlen von Wirklichkeit vielfach als Ergebnis von individueller Naivität, künstlerischem Unvermögen, Mißlingen oder Verschleiß identifizieren. In Produkten der Kulturindustrie, die heute den literarischen Trivialmarkt beherrschen, ist solches Verfehlen Ergebnis von Berechnung. Die moderne massenhaft produzierte und verbreitete Tr. (fabrikmäßige Herstellung von Kinder- und Jugendliteratur läßt sich schon vielfach zu Anfang des 19. Jahrhunderts nachweisen) vollzieht die Angleichung an ideologische Interessen ihrer Hersteller mittelbar über ihre Verwertung als Ware. Indem Literatur in die Konsumkultur einrückt und ein Teil von ihr wird, übt sie ideologische Funktion aus. Sie wird system- und herrschaftsstabilisierend. Sie ist trivial, d.h. alltäglich oder gewöhnlich, da sie bezogen auf Lebenspraxis nicht die Qualität besitzt, noch solche intendiert, besseres Leben außerhalb von Konsumwirklichkeit zu antizipieren. Nicht nur die massenhaft produzierte Literatur ist trivial, gleichermaßen trivial ist auch im Kreislauf von Produktion und Rezeption die Erwartungshaltung der sie rezipierenden Leser. Im Schein von durch Trivialität gerechtfertigter, verschönter oder propagierter Lebenspraxis schwindet das Bewußtsein ihrer möglichen Falschheit und Revidierbarkeit; das Gewöhnliche wird selbstverständlich.

Tr. ist ein Vermittler – neben anderen – der affirmativen

Kultur. In ihrer kulturindustriellen Endform sind letzte Ansätze von Widerspruch gegen schlechte Realität, wie sie teilweise in der Tr. der vorkulturindustriellen Phase noch erkennbar waren, getilgt. Abenteuerliches, Fremdes, Ungewöhnliches, Phantastisches ist zur Dekoration geworden, vor der sich immer Gleiches perpetuiert. Dies gilt ebenso für standardisierte Massenware wie für ‚gehobene', besser gemachte Tr.

Zum Verhältnis von Tr. und Kinder- und Jugendliteratur. Etwas überspitzt kann man sagen, daß die Kinder- und Jugendliteratur seit dem 18. Jahrhundert, also seit ihren Anfängen, überwiegend als Teilbereich der Tr. anzusehen ist. Die Kinder- und Jugendliteratur entsteht als Tr., wobei im Verlauf ihrer Entwicklung zwei ihrer entscheidenden Bedingungen jeweils unterschiedliche Verbindungen miteinander eingegangen sind: die bürgerliche Pädagogik und das Warenprinzip. Zwar beeinflussen von Anfang an Prinzipien des literarischen Marktes die Herstellung von Kinder- und Jugendliteratur, die die Kritik des ausgehenden 18. Jahrhunderts schon als „Tand" der „literarischen Manufaktur" (nach FR. GEDIKE, 1754–1803) tadelt, so hat doch bis weit ins 19. Jahrhundert hinein innerhalb der wichtigsten Erscheinungen das pädagogische Motiv durchaus Vorrang (von den ersten Jugendschriften J. H. CAMPES, CHR. F. WEISSES oder J. CHR. ADELUNGS im 18. bis zu CHR. V. SCHMID, ROSALIE KOCH, A. STEIN, H. HOFFMANN u. a. im 19. Jahrhundert). Es zeichnet sich durch die Absicht aus, bürgerliche Tugenden wie Ordnung, Fleiß, Gehorsam und soziale Rücksicht zu verbreiten, die Trieb- und Spielbedürfnisse zu kanalisieren („Aufschub von Befriedigung") und ein von den Interessen des „Bürgers" geprägtes Weltbild zu vermitteln. Im Laufe des Jahrhunderts kamen nationalistische und militaristische Tendenzen hinzu.

Die pädagogische Tendenz geht im Laufe des 19. Jahrhunderts zunehmend eine enge Verbindung mit dem kommerziellen Motiv ein. Vielschreiber wie G. NIERITZ und FR. HOFFMANN werden möglich, die Mädchenjahrbuchliteratur („Herzblättchens Zeitvertreib" und „Töchter-Album", beide seit 1855, hrsg. von TH. V. GUMPERT) und trivialen Mädchenbuchklassiker wie „Backfischchens Leiden und Freuden" (1863) von CL. HELM und „Der Trotzkopf" (1886) von E. V. RHODEN entstehen und bereiten (vor allem „Der Trotzkopf" mit seinen Fortsetzungen) die triviale Serienliteratur für Kinder und Jugendliche vor, deren „Blüte" nach der Jahrhundertwende (E. URY, M. TROTT, E. GÜNDEL u. a.) einsetzt. Generelles Kennzeichen dieser trivialen Kinder- und Jugendliteratur ist: Affirmation des Wilhelminischen Ständestaates und später der „guten alten Zeit", der überkommenen Familienstruktur, Beschränkung der Frau auf Haus und Kinder, Propagierung der Kindheit als heil und paradiesisch, unbeschadet der Ignorierung kindlicher Bedürfnisse, insgesamt eine verborgene Politisierung der Kinder- und Jugendliteratur durch Privatisierung ihrer Inhalte und totale Anpassung an die bestehende herrschaftskonforme Sozialisation. Diese latent politische Tendenz wurde zuerst von H. WOLGAST (1860–1920) umfassend in „Das Elend unserer Jugendliteratur" (1896) kritisiert, allerdings unter Rückgriff auf ein unpolitisches Verständnis von ästhetischer Literatur, wie es bürgerlicher Realismus und apolitisches Bürgertum in der zweiten Hälfte des 19. Jahrhunderts geschaffen hatten. WOLGAST schuf damit jedoch eine erste, bis heute nachwirkende Position zur Kinder- und Jugendliteratur, die diese insgesamt – als eine tendenziöse und spezielle – dem Trivialvorwurf aussetzte. Indirekt kommen bei WOLGAST auch entwicklungspsychologische Argumente zum Vorschein, indem er Kindern bis etwa 12/14 Jahren eine literarästhetische Urteilsfähigkeit nicht zutraut; da diese jedoch sein literaturpädagogisches Ziel ist, empfiehlt er eine entsprechende Hinauszögerung der Privatlektüre.

Sieht man von der zeitbedingten Argumentationsweise und dem dabei verwendeten Vokabular ab, so ist WOLGAST der „reinste" Vertreter jener kritischen Position gegenüber der Kinder- und Jugendliteratur, die diese insgesamt der Tr. zurechnet, ohne daß er diesen Begriff bereits kannte und unbeschadet der Tatsache, daß er in späteren Auflagen seines Hauptwerks eine Kinder- und Jugendliteratur als „Dichtung von Kinde aus" – ein Ausdruck, der auf W. LOTTIG zurückgeht – für möglich hielt. Vorläufer dieser Position waren J. FR. HERBART (Allgemeine Pädagogik, 1806), K. E. WACKERNAGEL (Vorrede zu „Handbuch deutscher Prosa", 1837: „Die Jugend bedarf keiner besonderen Schriften!") sowie FR. GEDIKE 1787 und W. MENZEL 1828. Später argumentierten ähnlich E. SCHMÜCKER 1956, W. SCHNURRE 1967, U. HAIN 1974 und in gewisser Weise auch G. OESTREICH 1973, wenn auch einmal mehr auf das Argument, aus „Rücksichten" könne keine Literatur entstehen (SCHMÜCKER, SCHNURRE), das andere Mal mehr auf das Argument, durch politisch-sozialisatorische Absichten werde eine Emanzipation der Leser verhindert (HAIN, OESTREICH und mit ihnen weitere, politisch links stehende Kritiker), zurückgegriffen wird (schon bei WOLGAST stand die Literaturkritik im Kontext einer Strategie zur sozialen Befreiung des Menschen und der Aufhebung von „Entfremdung").

Insgesamt wurde jedoch die Position WOLGASTS im Verlauf der weiteren Diskussion um die Kinder- und Jugendliteratur mit der Begründung wieder verlassen, diese Literatur könne nun doch mehr und mehr auch strengeren literarischen Maßstäben genügen. Der Terminus „gutes Jugendbuch" entsteht als Kampfbegriff gegen den sogenannten „Schmutz und Schund" (Heftroman, Comic). Hier zeichnet sich (obwohl man sich immer noch gern auf WOLGAST beruft) eine Gegenposition zu jener der Fundamentalkritiker der Kinder- und Jugendliteratur ab: das Buch als „Kulturgut" ist aufgerufen, die triviale Massenliteratur zurückzudrängen; seine Förderung gilt als „positiver Jugendschutz" (Gründung des „Arbeitskreises für Jugendschrifttum" in der Bundesrepublik 1955; „negativer Jugendschutz" institutionalisiert sich 1956 im „Gesetz über die Verbreitung jugendgefährdender Schriften", novelliert

1961, und in der Einrichtung einer „Bundesprüfstelle", die Schriften auf einen Index setzen kann).
Die schon bei Wolgast indirekt angesprochene Hauptproblematik der „trivialen" Kinder- und Jugendliteratur ist jedoch die entwicklungspsychologische. Aus dieser Perspektive entwickelt sich eine Position der relativen Rechtfertigung trivialer Jugendlektüre. So erklärt K. Friedländer 1941 aus psychoanalytischer Sicht kindliche Lesebedürfnisse aus der jeweiligen Triebentwicklungsphase. Das Kind suche nach Lektüre, die ihm helfe, seine Triebkonflikte zu bewältigen, und diesem Bedürfnis entspreche nun einmal eine auf bestimmte Weise stereotype Literatur. Erwachsene, die diese kritisierten, übertrügen damit unzulässig ihre eigene, vollentwickelte, ihrem psychischen Erwachsenenstatus entsprechende Wahrnehmungsweise auf die Kinder. Daher sei eine Literaturpädagogik auch erst mit Beginn der Pubertät sinnvoll. Ähnlich, wenn auch mit Hilfe der zeitgenössischen Entwicklungspsychologie, erklärt E. Lippert 1931 und 1950 die trivialen Lesebedürfnisse der Kinder in ihrer „apsychologisch-sensationsgesteuerten Lesephase" mit entwicklungsbedingten Schwierigkeiten. Nach Friedländer und Lippert erledigt sich dann das Interesse an trivialer Lektüre durch Reifeprozesse von selber.
Weniger mit Entwicklungsbedingungen als mit allgemein menschlichen Bedürfnissen, d.h. anthropologisch begründen Kl. Ziegler 1947 und K. G. Chesterton das triviale Lesebedürfnis. Womöglich erlaubt die neuere Entwicklungsforschung (L. S. Wygotski, J. Piaget, L. Kohlberg) einen neuen Zugang zur Erklärung kindlicher, als „trivial" abgewerteter Leseinteressen, so wenn festgestellt wird, daß das Kind in seiner „konkret operationalen" Phase eine Stufe starker Anpassungsbereitschaft und „konventioneller Moral" durchlaufe.
Die dargestellten Positionen sind in der Reichweite dessen, was sie erklären, jeweils begrenzt und decken nur Teilwahrheiten auf: 1. Literarästhetische (Erwachsenen-)Position mit Pauschalvorwurf der Minderwertigkeit der Kinder- und Jugendliteratur, die aus dieser Sicht in der Tat „trivial" ist (Wolgast u.a.); 2. Abwertung auf Grund der vermuteten latenten politischen Sozialisation des Vorwurfs politisch-ideologischer Indoktrination (Ästhetik der „Neuen Linken"); 3. Aufwertung der Kinder- und Jugendliteratur als „gutes Jugendbuch" im Gegensatz zur trivialen Heftchen- und Comicliteratur (R. Bamberger, K. E. Maier u.a.); 4. zumindest relative Aufwertung der „trivialen" Kinder- und Jugendliteratur (genauer: der Kinderliteratur), insofern sie entwicklungsbedingten Bedürfnissen entspricht (Friedländer, Lippert u.a.).

Zur Kritik an den Positionen. Position 1 vernachlässigt weitgehend die Bedürfnisgrundlage trivialer Kinder- und Jugendliteratur und damit nicht nur entwicklungspsychologische, sondern auch mögliche soziale, aus der Lebenspraxis hervorgehende Ursachen von Leseinteressen. – Position 2 argumentiert zwar stärker vom sozialen und gesellschaftlichen Kontext der literarischen Produktion und Rezeption her, vernachlässigt jedoch entwicklungspsychologische Bedingungen. – Position 3 tendiert zur unkritischen Sonderstellung des „Buches" und verdrängt die anderen Publikationsformen kaum nachstehende Trivialanfälligkeit des Buches selber. – Position 4 übersieht eindeutig soziale Ursachen von Lesebedürfnissen und die Tatsache, daß trotz „Reifung" in der Breite die Fixierung auf Tr. nicht überwunden wird. Dies gilt selbst dann, wenn man das traditionelle Lesestufenkonzept durch neuere Entwicklungstheorien ersetzt.
Jedoch bieten sich auch Ansätze zu plausibleren Lösungen. Dazu ist, wie erwähnt, zwischen Bedürfnissen auf der Leserseite und deren trivialliterarischer Entsprechung zu scheiden. Das heißt: es gibt auch Möglichkeiten nichttrivialer Entsprechung. Was könnte das heißen? Kinder und Jugendliche „entwickeln" sich im Austausch mit ihrer Umwelt und in Interaktionen und durchlaufen einen Sozialisationsprozeß. Dem jeweiligen Entwicklungsstand entsprechen bestimmte Formen des Wahrnehmens und Verstehens und kognitiver und affektiver Verarbeitungsmöglichkeiten. „Trivial" könnte man nun diejenigen Lektüren nennen, die a) voll die Möglichkeiten der jeweiligen Stufe ansprechen und eher Regressionen auf frühere, kindlichere Stufen als Entwicklungsherausforderungen beinhalten, z.B. wenn noch infantile Omnipotenzwünsche befriedigt werden oder eine Wirklichkeit, an der man sowohl seine Grenzen als auch seine Möglichkeiten erfahren könnte, ausgespart wird; hinzu kommen b) die vermittelten Werte und die Schicht der Normen und Konventionen. Bereitschaft zu konventionellem Verhalten kann im Sinne ganz unterschiedlicher Normen genutzt werden.
Das Problem trivialer Kinder- und Jugendliteratur hat daher einen strukturellen/entwicklungspsychologischen und einen inhaltlichen Aspekt. Kinder- und Jugendlektüre ist dann trivial, wenn sie „Kindheit" als etwas in sich Abgeschlossenes und auf sich selber zurückbezogene Stufe darstellt. Sie tut das, indem sie kindliche Weltbilder und kindliche Wahrnehmungsmuster stereotypisiert und Kindheit auf sich selber beruhen läßt. Das erzeugt zwar einen hohen Grad müheloser und angenehmer Rezipierbarkeit, weil es das Kind in seinen Wünschen und unbearbeiteten Erwartungen bestätigt; es behindert dadurch aber zugleich Entwicklung. Die dadurch erzeugte oder fixierte Infantilität fungiert zugleich als Fluchtraum vor den Zumutungen der Realität. Das bedeutet, daß Triviallektüre durchaus kein bloß psychologisch-individuelles Problem ist, denn die gesellschaftliche Realität wird überwiegend als eine entfremdende, d.h. die Befriedigung der Grundbedürfnisse erschwerende oder verhindernde erfahren. Indem der Trivialautor aber den (verständlichen und begründeten) Fluchtreflex mit seinen Schemata bedient, in denen sich die Flucht „materialisiert", mildert er Entfremdung nicht, sondern verdoppelt sie. Daß eine solche Reaktion auf spezifische Entfremdungserscheinungen in der Kindheit, die erst mit der Entstehung von „Kindheit" im modernen Sinne aufgetreten sind, nicht zwangsläufig ist, zeigen verschiedene

literarische Beispiele. Nur muß man sehen, daß deren Chance in einer umsatz- und profitorientierten Wirtschaftsordnung, in der auch die Kunst „Kulturware" wird, sehr gering ist. So erzeugt das System in einer Art geschlossenem Regelkreis einmal ein Syndrom bestimmter, auf Entfremdung beruhender Bedürfnisse, die es zugleich auf eine das System stabilisierende Weise (schein-)befriedigt.
Deshalb greift auch das bloß ästhetische, literarisch-sprachliche Klischees aufspürende kritische Verfahren zu kurz (Position 1). Klischees haben einen psychologischen Hintergrund, psychoanalytisch gesprochen: sie sind der literarisch-sprachliche Niederschlag von Verdrängung und Wirklichkeitsentzug (HOPPE in: NUSSER 1976). Daher sind sie – als gesellschaftlich notwendige, aus der zunehmenden Rationalisierung des öffentlichen Lebens resultierende Erscheinung – auch moralisch nicht zu verurteilen (SCHULTE-SASSE 1976, 113). Sie sind deshalb auch nicht nur auf literarischer Ebene (das „gute Jugendbuch" vs. Schmutz und Schund) und auf lesepädagogischer Ebene bekämpfbar, da sie Ausdruck einer eingeschränkten Handlungspraxis sind. Aus dieser Sicht erledigt sich kindliches Trivialbedürfnis gerade nicht durch „Reifung" (FRIEDLÄNDER, LIPPERT), sondern triviale Kinderliteratur ist ein Beitrag zur Verhinderung von Entwicklung und dadurch Einführung in das Reaktionsmuster „Flucht" über das Vehikel der Lektüre. Das Kind wird somit für den Verbrauch der Produkte der Kulturindustrie konditioniert. Wieweit Literaturunterricht in der Lage ist, diesen Zirkel aufzubrechen und Ichidentität entgegen den gesellschaftlichen Mechanismen, die sich auch der trivialen Kinder- und Jugendliteratur bedienen, zu fördern, ist schwer zu beantworten; die Vorschläge HOPPES dazu bleiben reichlich abstrakt, diejenigen KREFTS (1977) gehen von einer (noch) nicht existierenden Schulwirklichkeit als einer Stätte nichtentfremdeten Lernens aus.
Zusammenfassend kann gesagt werden: Kinder- und Jugendliteratur hat dieselbe historische und gesellschaftsstrukturelle Wurzel wie die Tr. und geriet daher von vornherein in den Sog des Trivialen. Bezieht man zur Erklärung die neuere Kindheits- und Entwicklungsforschung mit heran, so wird klar, daß man die Geschichte der Kinder- und Jugendliteratur einschließlich der von ihr nicht abtrennbaren Trivialitätsdiskussion nur im Zusammenhang mit gesellschaftlichen Zusammenhängen der neueren Sozialgeschichte, den Industrialisierungsprozessen, Stadtentwicklungen und Veränderungen in der Familien- und Erziehungsstruktur angemessen beschreiben und analysieren kann. Innerhalb dieses Rahmens sind zwar immer einzelne nichttriviale Erscheinungen der Kinder- und Jugendliteratur möglich gewesen, ohne daß sie jedoch das Gesamtbild wesentlich beeinflussen konnten. Das erübrigt jedoch nicht die kritische Auseinandersetzung mit Einzelerscheinungen und das Bemühen um Förderung nichttrivialer, einer nicht von den Interessen des Marktes diktierten Produktion.
→ Backfischbuch, → Jugendschriftenbewegung, → Jungleserpsychologie, → Junglesersoziologie, → Kinder- und Jugendliteratur, → Kitsch, → Konsumliteratur, → Kritik der Kinder- und Jugendliteratur, → Mädchenbuch, → Schund und Schmutz, → Serien, → Unterhaltungsliteratur, → H. Wolgast

Sekundärliteratur: J. Bark: Der Kreistanz ums Triviale. Probleme der Forschung und des Unterrichts (in: A. Rucktäschel (Hrsg. zus. mit H. D. Zimmermann): Trivialliteratur. 1976. 10–29). – M. Dahrendorf: Triviale Kinder- und Jugendliteratur in der Bundesrepublik Deutschland und ihre Bedingungen (in: Diskussion Deutsch. 43. 1978. 393–406). – K. Friedländer: Über Kinderbücher und ihre Funktion in Latenz und Vorpubertät (in: Imago. Internat. Zeitschrift für Psychoanalyse. 26. 1941. 232–252). – U. Hain: Die Übung der Distanz zum Text an „ungeeigneter" Jugendliteratur (in: (ders. zus. mit J. Schilling): Zur Theorie und Praxis des Literaturunterrichts in der Sekundarstufe I. 1974. 26–47). – B. Hurrelmann: Jugendliteratur und Bürgerlichkeit. Soziale Erziehung in der Jugendliteratur der Aufklärung am Beispiel von Christian Felix Weisses ‚Kinderfreund' 1776–1782 (1974). – A. Klein (zus. mit H. Hecker): Trivialliteratur (1977). – J. Kreft: Grundprobleme der Literaturdidaktik (1977). – H. Kreuzer: Trivialliteratur als Forschungsproblem (in: Deutsche Vierteljahresschrift. 41. 1967. 2. 173–191). – E. Lippert: Der Lesestoff der Mädchen in der Vorpubertät (1931); Der Mensch als Leser (in: Begegnung mit dem Buch. 1950. 47–59). – P. Nusser (Hrsg.): Didaktik der Trivialliteratur (1976). – G. Oestreich: Erziehung zum kritischen Lesen. Kinder- und Jugendliteratur zwischen Leitbild und Klischee (1973). – W. Schemme: Trivialliteratur und literarische Wertung. Einführung in Methoden und Ergebnisse der Forschung aus didaktischer Sicht (1975). – R. Schenda: Volk ohne Buch. Studien zur Sozialgeschichte der populären Lesestoffe 1770–1910 (1970). – W. Schnurre: Zur Problematik der Jugendliteratur (in: Zeitschrift für Jugendliteratur. 1. 1967. 8. 449–462). – L. L. Schücking: Zur Soziologie der literarischen Geschmacksbildung (1931, ³1961). – J. Schulte-Sasse: Literarische Wertung (²1976). – M. Thalmann: Der Trivialroman des 18. Jahrhunderts und der romantische Roman (1923). – G. Waldmann: Theorie und Didaktik der Trivialliteratur (1973). – H. Wolgast: Das Elend unserer Jugendliteratur (1896, ⁷1950).

Malte Dahrendorf/Albert Klein

Trnka, Jiří

*Tschechischer Maler und Kinderbuchillustrator, Schöpfer von Zeichen- und Puppenfilmen; * 24. 2. 1912 Pilsen, † 30. 12. 1969 Prag.*

Tr. wuchs in ärmlichen Verhältnissen als Sohn eines Klempners in einem Arbeiterviertel am Stadtrand von Pilsen auf. Einige Jahre besuchte er die Realschule, an der sein Zeichenlehrer JOSEF SKUPA (1892–1957), der Schöpfer der Marionetten Spejbl und Hurvínek, war. SKUPA gewann Interesse an Tr.s künstlerischen Neigungen und unterstützte ihn, insbesondere bei seinem Übergang an die Kunstgewerbeschule und während der ersten Jahre seines Studiums. Schon als Kind zeichnete und malte Tr. und befaßte sich auch mit Holzschnitten, eine Arbeit, die in der Umgebung von Přeštice, wo er sich oft bei Verwandten aufhielt, zur Herstellung von Holzspielsachen ortsüblich war. Mit 16 Jahren nahm er das Studium an der Kunstgewerbeschule auf und studierte in Prag bei Prof. J. BENDA (1882–1970). Er kam nach Prag und entdeckte dort die vielseitige Welt

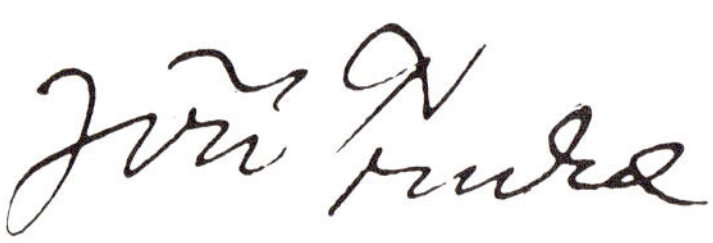

Jiří Trnka (1912–1969).

des Theaters und des Films, er begann Kinderbücher zu illustrieren, eine kurze Zeit (1936–1937) versuchte er auch, selbst ein Marionettentheater zu betreiben („Das hölzerne Theater"). Tr. schuf Bühnenbilder für eine Reihe von Inszenierungen (SHAKESPEARE, GOLDONI, TYL, KLICPERA) und widmete sich bald weniger dem Illustrieren von Büchern als der Produktion von Zeichen- und Puppenfilmen. Im Jahr 1945 übernahm er die Leitung des neu gegründeten Studios des Zeichen- und Trickfilms, bald darauf auch des Studios des Marionettenfilms in Prag. Seine ersten Zeichenfilme waren nur wenig von WALT DISNEY beeinflußt. – Die amerikanische Kritik hat ihn als „ersten Rebellen gegen Disneys Weltherrschaft" bezeichnet. Schon 1947 begann er mit seinen Puppenfilmen und fand da eigenen phantastischen Stil. Seine Tätigkeiten waren außerordentlich vielseitig: Illustration, Graphik, Malerei, Holzschnitzerei, Zeichen- und Marionettenfilm, Marionettentheater. Für seine Filme gewann Tr. mehr als 50 nationale und internationale Preise (Venedig, Cannes, Paris, London, Karlsbad, Brüssel, Edinburg, Locarno, Warschau usw.). 1954 erhielt er für sein Werk den tschechischen Staatspreis, 1955 wurde ihm der Titel „Verdienter Künstler" erteilt und 1963 wurde er zum Nationalkünstler ernannt. 1968 war er Gewinner der Hans-Christian-Andersen-Medaille des Internationalen Kuratoriums für das Jugendbuch (IBBY). Im Jahr 1966 wurde er zum Professor an der Kunstgewerbeschule in Prag ernannt. Seiner schöpferischen Tätigkeit und seines lauteren Charakters wegen stand er lange Zeit als Vorbild im Brennpunkt der tschechischen Kultur.

Werk, Tendenzen, Wirkung. Über seine Schaffensweise sagte Tr. selbst, er habe neue Sujets und Arbeitspläne monate-, ja jahrelang im Kopf herumgetragen und lange Zeit reifen lassen. Er schöpfte aus der Tradition der tschechischen Puppenspielkunst und war davon überzeugt, daß der Marionettenfilm und das Puppentheater dem Zuschauer mehr zu sagen haben als lebende Schauspieler. Beim Vergleich der Puppenspielkunst und der Malerei (Illustration) kommt Tr. zum Ergebnis: „Jedes bildende Kunstwerk ist eine künstlerische Stilisierung der Wirklichkeit ... Jeder Künstler hat seine besondere Art, die Dinge zu sehen, seine Ansichten und Stilisierungsweise. Wenn meine Gestalten Marionetten ähneln, ist dies ein Bestandteil des Stils, der für meine Arbeit charakteristisch ist" (KOVAŘÍK, S. 161).

Es ist schwer zu entscheiden, ob man Tr. eine größere Bedeutung als Kinderbuchillustrator oder als Filmschöpfer zusprechen sollte. Beide Bereiche seines Schaffens stehen in engstem Zusammenhang: In seinen Illustrationen leben sehr oft Gestalten aus seinen Filmen oder umgekehrt. Tr.s Kinderbuchillustrationen finden sich vor allem in Gedichtbänden, Büchern für die Kleinsten und in Märchenausgaben. Er illustrierte die Märchen des tschechischen Märchensammlers K. J. ERBEN und des Märchenerzählers J. Š. KUBÍN, die Märchen der Gebrüder GRIMM, WILHELM HAUFFS Karawane, die Märchen von CHARLES PERRAULT und HANS CHRISTIAN ANDERSEN. Für die Kleinsten illustrierte er die Gedichtbände FR. HRUBÍNS (1910–1971) „Říkejte si se mnou" und „Říkejte si pohádky", außerdem versah er mit ausdrucksvollen Kompositionen die musikalische Erzählung S. PROKOFJEWS „Peter und der Wolf". Er selbst ist der Autor und Illustrator des reizvollen Märchens „Zahrada". Im Laufe seines Schaffens hat sich seine Ausdrucksweise in der Illustration entwickelt und verändert. Dies betrifft den Anteil des Schwarzweißstrichs, die Zeichnung und das Aquarell in der Illustration, die Aufnahme neuer technischer Effekte, die Wechselbeziehung verschiedener thematischer Bereiche und Kunstgebiete, die Entfaltung spezifischer Vorhaben und Ziele. Tr. gab dem Kinderbuch eine eigentümlich gestaltete Phantasiewelt, die den Kindern nahe ist und zugleich von Erwachsenen angenommen wird.

Tr. machte keinerlei Unterschied zwischen Kunst für das Kind und Kunst für den Erwachsenen. Für ihn gab es nur eine Kunst, und diese muß auch dem Kind verständlich und zugänglich sein. Er wollte dem Kinderbuch „alles, was er kann" geben. Illustrationen für Kinder sind für ihn ein entscheidender Teil seiner Arbeit. Tr. betonte die starke Verbundenheit seiner Kunst mit seiner nationalen Herkunft: „Ich lebe unter

Menschen, die die gleiche Sprache sprechen wie ich, und alles, was sie erlebt haben und erleben, erlebe ich gemeinsam mit ihnen. Und das muß zwangsmäßig auch im Kunstwerk zum Ausdruck kommen, ob ich nun will oder nicht. Und nicht nur das – auch die Landschaft, Tradition, Zukunft" (KOVAŘÍK, S. 161). Jedoch war Tr. nichtsdestoweniger davon überzeugt, daß die Kunst nicht durch nationale Begrenzung eingeengt sein dürfe, daß sie jedem etwas zu sagen habe. Es gehe um die Inhalte, um Ideen – und diese seien nicht nur tschechisch, sie seien gültig für alle Menschen.

Die Anfänge von Tr.s Tätigkeit als Kinderbuchillustrator fallen in die Zeit der deutschen Besetzung der Tschechoslowakei. Seine freudvollen, farbenprächtigen Illustrationen waren ein Gegengewicht zur dunklen Atmosphäre der Besatzungszeit. Tr. liebte an Märchen, daß sie in poetischer Form die Sehnsucht des Menschen nach einem guten Abschluß seiner Arbeit, seines Werkes ausdrücken. Nach Auffassung der tschechischen Kunsttheorie sind die Anfänge von Tr.s Werk charakterisiert als eine Synthese heimischer Traditionen und europäischer Einflüsse. Die Höhepunkte seines Schaffens wiederum seien Ausdruck eines optimistischen Humanismus und des Glaubens an die Möglichkeit freier kultureller Entfaltung der Nationen nach dem Zweiten Weltkrieg. Tr. maß der Kunst eine hohe Bedeutung zu. Er war davon überzeugt, daß der Film ein in die Zukunft weisendes Gesamtkunstwerk sei, das bildende Künstler, Schriftsteller, Schauspieler und Musiker zutage fördern werde (vgl. HOFFMEISTER, S. 115). Tr. ist gelegentlich als „Poet des Films" mit CHARLY CHAPLIN, als vielseitiger Künstler und schöpferischer Träumer mit PABLO PICASSO verglichen worden.

Werke: J. Menzel: Míša Kulička v rodném lese (1939; dt. Mischa Kugelrund im Walde, 1951, [5]1958); J. Menzel: Míša Kulička v cirkuse (1940; dt. Mischa Kugelrund im Zirkus, 1951, [3]1956); J. Karafiát: Broučci (1940, [8]1968; dt. Leuchtkäferchen. Erzählt von Max Bolliger, 1969); Kuzma: Vilém Tell (1940); K. J. Erben: Erbenovy pohádky (1940); J. Menzel: Míša Kulička v pražské zoo (1941; dt. Mischa Kugelrund im Zoo, 1952, [2]1954); W. Hauff: Karavana (1941, 1957; dt. Die Karawane, 1959); J. Glazarová: Advent (1941); V. Šmejc: Tygr jede k moři (1941); J. V. Rais: Zvířátka a lidé (1941, [3]1953); J. Š. Kubín: V čarodějném kole (1941); H. Chvojková: Zuzanka objevuje svět (1942; dt. Monika entdeckt die Welt, 1959); J. und W. Grimm: Děti Pána Boha (1942); J. und W. Grimm: Pohádky a legendy (1942; dt. Kinder- und Hausmärchen der Brüder Grimm, 1959); Fr. Marryat: Kormidelník Vlnovský aneb Záhuba lodi „Pokojný" (1942); H. Rudlová: Strýc Jakub a Petříček (1942; dt. Der geheimnisvolle Onkel Jakob, 1960, [2]1962); V. Renč: Marnotratný syn (1942); R. Slawitschek: Anastazius Kočkorád, velký kouzelník (1942); K. Hlávka: Kormorán (1943); V. K. Klicpera: Zlý jelen (1943); H. Horák: České pohádky (1944); J. Drda: Hrátky s čertem (1946); Fr. Hrubín: Říkejte si pohádky (1946, [4]1953; dt. Bitte, bitte noch ein Märchen, 1955); Fr. Hrubín: Říkejte si se mnou (1946, [8]1963; dt. Sag auf!, 1955); Fr. Křelina: Zmijí dědek a jiné povídky pro mládež (1946); Fr. Hrubín: Zasadil dedko repku (1947); Fr. Hrubín: Zvířátka a petrovšti (1948; dt. Abenteuer im Walde, 1955, [2]1957); J. K. Tyl: Strakonický dudák (1956); V. Nezval: Věci, květiny, zvířátka a lidé pro děti (1953, [3]1960; dt. Dinge, Blumen, Tiere und Leute für Kinder, 1963); Fr. Hrubín: Zimní pohádka o Smolíčkovi (1954, [2]1955); J. Seifert: Maminka (1954, [3]1965); Fr. Hrubín: Pohádka o Květušce a její zahrádce (1955, [2]1956; dt. Röschen und die Winterhexe, 1964, [2]1966); V. Holan: Bajaja (1955, [2]1962); O. Syrovátka: Bajky dětem (1955, [3]1961; dt. Die schönsten Fabeln von La Fontaine, 1962, [3]1965); J. Alda: Jak stařeček měnil, až vyměnil (1955); Fr. Hrubín: Pohádky z Tisíce a jedné noci (1956, [3]1967; dt. Märchen aus Tausendundeiner Nacht, 1960, [5]1965); J. Menzel: Mischa Kugelrund im Puppentheater (1956); J. Menzel: Mischa Kugelrund im Spielzeugparadies (1956); J. Trnka: Červená Karkulka (1956, [2]1957; dt. Rotkäppchen, 1956); J. Trnka: O perníkové chaloupce (1956, [2]1957; dt. J. Körber: Das Knusperhäuschen, 1956); Fr. Hrubín: Špalíček pohádek (1957, [2]1962; dt. Die schönsten Märchen, 1959, [2]1968); V. Nezval: Zlatý věk (1957; dt. Goldene Jugendzeit, 1958); Fr. Hrubín: Dvě veselé pohádky (1957); H. Chr. Andersen: Pohádky (1957, [3]1967; dt. Märchen, 1959, [7]1967); J. Horák: Čarodějná mošna (1958, [5]1966); Fr. Hrubín: Dvakrát sedm pohádek (1958, [2]1965); H. Chr. Andersen: Princezna na hrášku. Pasáček vepřů (1958, [2]1968); V. Nezval: Dobrodružstvi Aničky skřítka a Slaměného Huberta (1959, [2]1963); Z. Kriebel: Ptám se, ptám se, pampeliško (1959); Fr. Hrubín: Špalíček veršů a pohádek (1960, [2]1964); Fr. Branislav: Přijd'te k nám, muzikanti (1960; dt. Musikanten, eilt herbei…, 1963); J. Werich: Fimfárum (1960; dt. Fimfarum, 1961); A. Jirásek: Staré pověsti české (1960, [2]1964; dt. Böhmens alte Sagen, 1963); E. Petiška: Sedmikráska (1960); W. Shakespeare: Ein Sommernachtstraum (1960); Z. Kriebel: Koulej se, sluníčko, kutálej (1961, [2]1966); B. Říha: Náš Vítek (1961); S. S. Prokofiev: Pet'o a vlk (1962, [2]1964); J. Trnka: Zahrada (1962; dt. 5 Buben und 5 Elefanten, 1962); G. Hauptmann: Parsival. Lohengrin (1963); V. Stanovsky: A. Mikulka: Die Traumzwerge – Die Eierkuchensophie (1964); O. Syrovátka: Duhový svět (1964); V. Nezval: Z říkadel (1965); J. Neruda: Vším jsem byl rád (1965); J. Procházka: Ať' žije republika! (1965, [3]1968).

Sekundärliteratur: J. Boček: Jiří Trnka (1963; dt. Jiří Trnka, 1964). – J. Brdečka: Trnkas Traum (in: W. Shakespeare: Ein Sommernachtstraum. 1960. 125–149). – B. Hodek: Der Dichter und Maler (1960); Shakespeare und der Puppenfilm (in: W. Shakespeare: Ein Sommernachtstraum. 1960. 150–159). – A. Hoffmeister: Jiří Trnka (in: Čas se nevrací. 1965. 110–161). – Vl. Kovařík: Jiří Trnka (in: Hlasy a tváře. 1965. 148–161). – H. Künnemann: Jiří Trnka – Ein Nachruf auf einen Zauberer (in: Bulletin Jugend + Literatur. 1970. 6. 36–38). – Z. Novak: Jiří Trnka (in: Jugend und Buch. 1968. 4. 13–18).

František Holešovský

Trojan, Johannes

*Reise- und Jugendschriftsteller, Versdichter, Journalist; * 14. 8. 1837 Danzig, † 23. 11. 1915 Rostock.*

Tr. stammte aus einer Kaufmannsfamilie. Nach dem Abitur 1856 studierte er Medizin in Göttingen sowie Germanistik in Bonn und Berlin. Durch den Tod seines Vaters, der zeitweilig Abgeordneter der zweiten Reichskammer in Berlin war, wurde Tr. gezwungen, sein Studium aufzugeben. Er versuchte sich, zunächst mit mäßigem Erfolg, als Schriftsteller. 1862 trat er eine Stelle als Hilfsredakteur bei der „Berliner Montagszeitung" an, veröffentlichte Gedichte und Aufsätze in Zeitungen und arbeitete als Hauslehrer. Seit 1862 war Tr. Mitarbeiter der „Deutschen Jugend", ab 1878 auch der „Nationalzeitung". Von 1866 bis 1886 war er Redakteur, von 1886 bis 1909 Chefredakteur der satirischen Zeitschrift „Kladderadatsch". Einen zweimonatigen Aufenthalt in der Festung Weichselmünde, zu dem er wegen eines Pressevergehens 1898 verurteilt wurde, schildert er in seiner Schrift „Zwei Monate Festung" (1899). Danach zog er nach Warnemünde, später nach Rostock. Zu seinem 70. Geburtstag (1907) wurde Tr. vom König der Professorentitel verliehen. Die Universität in Rostock verlieh ihm zu seinem 75. Geburtstag (1912) die Ehrendoktorwürde.

Werk, Tendenzen, Wirkung. Tr. berichtet, er sei durch seine eigenen Kinder „in die Kinderdichtung hineingekommen". „Ich habe" fährt er in einem Essay „Wie ich für Kinder dichten lernte" (in: J. Trojan: Aus Natur und Haus. Wiesbadener Volksbücher, Nr. 136, 1910. S. 52–57) fort – „alsdann in einer Reihe von Jahren eine große Anzahl von Kinderbüchern – es sind ihrer über zwanzig – geschrieben, die, wie ich glaube, in der kleinen Welt – die ich, ehrlich gesagt, für beinahe noch besser als die große halte – gefallen haben ...". Seine Kindergedichte und kleinen Erzählungen sind teilweise auch als Bilderbücher erschienen. Als Schwager des früh verstorbenen Silhouettenmalers PAUL KONEWKA (1840–1871), dessen Nachlaß er verwaltete, besorgte er die Herausgabe von zahlreichen Silhouettenbilderbüchern (die meisten erschienen erst nach dem Tode KONEWKAS), zu denen er eigene Texte verfaßte (unter

Junge und Esel.

Zum Eselchen sprichts Jüngelchen:
„Wie dumm doch siehst du aus!"
Das Langohr denkt: „Du Schlingelchen,
Ich mach' mir nichts daraus!
Ich bin ja so bescheiden
Und muß so vieles leiden;
Es fragt sich noch dazu,
Wer klüger von uns Beiden
Aussieht, ich oder du.

Zu Johannes Trojans „Allerlei Tiergeschichten" (Straßburg 1872) schuf Paul Konewka die Silhouetten.

anderem „Schattenbilder", 1871; „Der schwarze Peter und andere Schattenbilder", 1869; „Allerlei Thiergeschichten", 1872). Diese und auch die späteren Bilderbuchtexte wie „Goldene Jahre" (1887), „Die Welt vom Fenster aus" (1891), „Lustige Gesellschaft" (1893) oder „Aus Wald und Heide" (1909) zeichnen sich durch eine beschauliche Harmlosigkeit aus, die durch die Illustrationen noch unterstrichen wird. Schon zu seinen Lebzeiten übte HERMANN L. KÖSTER in der „Geschichte der deutschen Jugendliteratur" (1906, [4]1927. S. 131–132) Kritik an Tr.s thematischer Einfallslosigkeit und stellte fest, „daß viel Belangloses darunter" sei. Auch stilistisch zeigten sich an vielen Stellen seines Werks Schwächen. Tr.s Gedichte und Erzählungen für Kinder basieren auf einer biedermeierlichen Weltsicht – „Achtung vor Kleinem" heißt bezeichnenderweise ein Gedicht, „Geschichte einer Tannennadel" eine Erzählung –, in der die pädagogischen Appelle, die Tugenden der Bescheidenheit, der Arbeitsamkeit, des Gehorsams und der Ehrfurcht zu üben, unüberhörbar eingebracht werden. Die Verharmlosung von Konflikten und sozialen Problemen bei einem Autor, der in der wilhelminischen Ära viele seiner politischen Ideale eingelöst sah und dem BISMARCK aufgrund seiner preußisch-deutschen Gesinnung und schriftstellerischen Aussagen freundschaftlich zugeneigt gewesen sein soll, tritt in dem Bilderbuch „Aus dem Kinderleben" (1870) mit Illustrationen von RUDOLF GEISSLER (1834–1906) erschreckend hervor. Deutlichstes Beispiel ist darin das Gedicht „Beim alten Stelzfuß", das die Lebensumgebung eines alten Soldaten schildert, der nach einer Kriegsverletzung ein Holzbein trägt. „Im Gesicht so manche Falte / Sitzt der Stelzfuß da, der Alte / Warm und friedlich voll Behagen / Der sich tapfer hat herumgeschlagen." Von der Not und der Problematik dieses Schicksals bleibt keine Spur übrig. Tr. hat daraus eine Idylle gemacht.

Tr. hat seine Kindergedichte und Lieder gesammelt und in einer Anthologie mit dem Titel „Hundert Kinderlieder" (1899) veröffentlicht. In Zusammenarbeit mit JULIUS LOHMEYER (1835–1903) und HUGO EGON STRASBURGER entstanden die Gedichtsammlungen „Kinderhumor" (1885), „Guck in die Welt" (1903) und „Unser Schatzkästlein" (1906).

Tr.s Naturverbundenheit kommt in mehreren Aufsätzen und Büchern, wie „Aus dem Reich der Flora" (1910), sowie in seinen Gedichten und Bilderbuchtiteln zum Ausdruck. Zu seinem Werk gehören ferner Berichte von seinen Reisen in die Schweiz, nach Oberitalien und nach Kanada, wo sein Buch „Auf der anderen Seite. Streifzüge am Ontario-See" (1902) entstand. Gedichte Tr.s sind nur noch vereinzelt in Lesebüchern und Sammlungen zu finden.

Werke: Durch Feld und Wald, durch Haus und Hof (1863); Onkel Schwalbe's lustige Fahrten mit dem Luftballon (1865); Der schwarze Peter und andere Schattenbilder (1869); Beschauliches in Bild und Spruch (1870); Beim Onkel auf dem Lande (1870); Aus dem Kinderleben (1870); Schattenbilder (1871); Allerlei Thiergeschichten (1872); Kinderlust. Ein Jugend-Album mit Reimen (1873); Kinderlust (1874); Eroberungen des

Augenblicks (1877); Was in diesem Jahr gut zu thun ist (1878); Gedichte (1883, [6]1910); Scherzgedichte (1883, [4]1900); Das artige Kind (1883); Kinderhumor (1885); Prinzessin Wunderhold (1885); Das Kind und seine kleine Welt (1885); Kleine Bilder. Ernstes und Heiteres (1886); Goldene Jahre (1887); Das artige Kind in Haus und Schule. Ein Jugend-Album mit Reimen (1887); Von drinnen und draußen (1888); Von Strand und Heide und andere Skizzen (1888); Kinderreime (1889); Gesellige Freuden (1890); Ein Kriegstagebuch aus dem Kladderadatsch in Ernst und Humor aus den Jahren 1870–1871 (1891); Struwwelpeter der Jüngere (1891); Die Welt vom Fenster aus (1891); Das Buch der Stände. Bilderbuch mit Versen (1892); Von Einem zum Andern. Gesammelte Erzählungen (1893); Lustige Gesellschaft. Bilderbuch für unssere Kleinen (1893); Für gewöhnliche Leute. Hunderterlei in Versen und Prosa (1893); Das Wustrower Königsschießen und andere Humoresken (1894); Hundert Kinderlieder (1899); Zwei Monate Festung (1899); Der Sängerkrieg zu Trarbach (1899); Almanach des Kladderadatsch 1900. Eine lustige Gabe zur Jahrhundertwende (1900); Auf der anderen Seite. Streifzüge zum Ontaio-See (1902); Austern, Hummer, Krebse, Kaviar (1903); Berliner Bilder. Hundert Momentaufnahmen (1903); Guck in die Welt. Gedichte und Erzählungen für die Kleinen (1903); Neue Scherzgedichte (1903); Ungezogenes. Ein lustiges Versbuch (1904); Aus dem Leben. Gedichte (1905); Das Puppenhaus (1905); Unser Schatzkästlein. Kinderlieder (1906); Auswahl der Schriften (1907); Konewka-Mappe (1908); Aus Wald und Heide (1909); Die zwölf Handwerker (1910); Aus Natur und Haus (1910); Aus dem Reich der Flora (1910); Unsere deutschen Wälder (1911); Erinnerungen (1912); Fahrten und Wanderungen (1913); ABC-Verse (1916); Das Abenteuer im Wald und andere Dichtungen für unsere Kleinen (1923); Zwergwanderschaft (1925).

Sekundärliteratur: Kl. Doderer: Das bürgerliche Bilderbuch im 19. Jahrhundert (in: Kl. Doderer (Hrsg. zus. mit H. Müller): Das Bilderbuch, 1973. 183–224). – H. L. Köster: Geschichte der deutschen Jugendliteratur ([4]1927; ND. 1968).

Klaus Doderer/Rüdiger Edelmann

Trott, Magda

*Romanschriftstellerin, Kinderbuchautorin; * 20. 3. 1880 Freystadt (Niederschlesien), † 12. 5. 1945 Misdroy (Pommern).*

Tr. wurde in Berlin zur Kindergärtnerin ausgebildet und hatte dort auch Berührung mit literarischen Kreisen. Zwischen 1915 und 1945 hat Tr. mehr als 200 Bücher und Heft- und Illustriertenromane veröffentlicht, darunter zahlreiche Kinder- und Jugendbücher, zehn Theaterstücke und vierzehn Ratgeberbücher. Die Hauptthemen ihres umfangreichen, heute vergessenen Romanschaffens waren: Heimat, Krieg, Liebe und Schicksal, Geschichte; sie war eine der fruchtbarsten Trivialschriftstellerinnen Deutschlands in der ersten Jahrhunderthälfte; ihre Romane hatten eine sozial-reaktionäre, nationalistisch-chauvinistische Tendenz. Tr.s heute noch relativ verbreitete und bekannte Werke sind die Mädchenbuchserien „Goldköpfchen“ und vor allem „Pucki“. Allein von 1950 bis heute wurden etwa sechs Millionen ihrer Mädchenbücher umgesetzt.

Werk, Tendenzen, Wirkung. Mit ihren Mädchenbüchern steht Tr. in der Tradition einerseits von Johanna Spyris „Heidi“, andererseits der „klassischen“ Backfischbuchserien wie „Der Trotzkopf“ von Emmy von Rhoden (1832–1885) und „Nesthäkchen“ von Else Ury (1877–1943); sie sind in Erzählabsicht und Figurenzeichnung vergleichbar mit den „Elke“-Büchern von E. Gündel (1889–1968). Ihre wichtigsten Serien – „Pucki“ und „Goldköpfchen“ – spielen im kleinstädtischen Arzt- und Apothekermilieu. Pucki und Bärbel sind überstilisierte Wunschfiguren, die einerseits unkompliziert, stets munter und gut aufgelegt sind, immer „sorglose Backfische“ bleiben und „Heil“ und Glück um sich verbreiten, andererseits Trägerinnen „vorbildlicher“ weiblicher Eigenschaften wie Häuslichkeit („mein Heim – mein Paradies“), Mütterlichkeit, Selbstlosigkeit, Entsagungsbereitschaft, hingebende Güte, weiche Anschmiegsamkeit usw. Diese Eigenschaften haben sie „von Natur“ aus, fühlen sich aber auch berufen, sie in ihrer Umwelt verbreiten zu helfen; so bringt Pucki eine Reihe von Freundinnen auf den Weg ihrer „Pflicht“ zurück. Ihr Hauptberuf ist Ehefrau und Mutter, Gärtnerin und Kindergärtnerin sind die beste Vorbereitung darauf. Die Männer studieren und ergreifen akademische Berufe wie Arzt, Apotheker oder Ingenieur. Als Goldköpfchens erster Mann stirbt (bei dem Versuch, jemandem das Leben zu retten), überbrückt sie die Witwenzeit durch Eröffnung eines Photo-Ateliers, das sie nach der Wiederverheiratung schließt. Die Heldinnen der Geschichten Tr.s sind Idealbilder der „Natürlichkeit“ und wenden sich gegen anspruchsvolles Verhalten, Vergnügungssucht, Putz und Mode. Das Glück der Frau ist an Entsagung und Sichabfinden mit dem „Schicksal“ gebunden. Tr. kennt, wie eine Reihe von Szenen z. B. aus „Goldköpfchen“ zeigen, die Bedürfnisse der Kinder, treibt sie ihnen aber streng und unnachsichtig aus.

Die Mädchengeschichten Tr.s sind extreme Beispiele eines apolitischen Innerlichkeitskults und einer Beschränkung von Frau und Familie auf den Privatbereich. Die weiblichen Hauptfiguren bleiben sich trotz aller Erfahrungen und Schicksalsschläge immer „treu“. Um dies eindrücklich zu demonstrieren, bevorzugt Tr. die Form der Serie, in der sie fiktive Frauenbiographien vom Kind bis zur Mutter und Großmutter vorstellen kann, wobei die Frauen in jeder Phase ihres Lebens auf ihre Familien bezogen bleiben. Tr.s schwärmerisch-sentimentale Schreibweise prägt den Stil der Bücher, die nicht nur Wunscherfüllungsliteratur darstellen, sondern sicher ebenso stark bestimmte Wünsche und Zielvorstellungen in den Leserinnen wecken und zu ihrer Sozialisation beitragen. Nicht unwesentlich war auch Tr.s Beitrag zur Verbreitung und Verankerung des nationalsozialistischen Mädchen- und Frauenbildes und zur Erziehung des Mädchens zur freudigen Bereitschaft, dem „Vaterland“ in Selbstverleugnung viele Kinder zu schenken.

Werke: Am Staffin (1919); Steffys Backfischzeit (1920); Jungmädchens Schritt ins Leben (1922); Zwitschervögelchen (1922; auch u. d. T.: Stürmende Jugend findet den Weg, [6]1940, sowie: Wildfang Doris, 1953); Kinderspiele und Selbstbeschäftigung. Ein Spielbuch für Kinder von 3 bis 7 Jahren (1923); Allgemeines

Spielbuch fürs Haus (1924); Das pfiffige Geigerlein und andere Märchen (1925); Pommerle (1926); Goldköpfchen (1928); Angela (1929); Goldköpfchens Backfischzeit (1929); Goldköpfchens Schulzeit (1929); Goldköpfchens Brautzeit (1930); Goldköpfchens Lehrzeit (1930); Mit Pommerle durchs Kinderland (1930); Goldköpfchen als Mutter (1931); Ursels Backfischzeit (1931; auch u.d.T.: Ursel, die freche Sekundanerin, 1954); Goldköpfchens Glück und Leid (1932); Pommerles Jugendzeit (1932); Goldköpfchen im Beruf (1933); Pommerle, ein deutsches Mädel (1934); Försters Pucki (1935); Puckis erstes Schuljahr (1935); Brigitte schafft Arbeit (1936); Goldköpfchens großer Entschluß (1936); Pommerle auf Reisen (1936); Pucki kommt in die höhere Schule (1936); Pucki und ihre Freunde (1936); Goldköpfchen im Kreise froher Jugend (1937); Nicht so stürmisch, Friedel (1937; auch u.d.T.: Susanne ist an allem Schuld, 1954); Die Patenkinder der Sekunda (1937); auch u.d.T.: Die Patenkinder der Tertia, 1954); Pucki wird eine glückliche Braut (1937); Puckis erster Schritt ins Leben (1937); Puckis junge Ehe (1937); Puckis neue Streiche (1937); Jungmädelstreiche (1938); Pommerle im Frühling des Lebens (1938); Pucki und ihre drei Jungen (1938); Puckis Familienglück (1938); Goldköpfchens Kinder. Die beiden Fipse (1939); Goldköpfchens Kinder. Ernas lustige Reise (1939); Pommerles letztes Schuljahr (1939); Pucki, unser Mütterchen (1939); Wo die Alpenrosen blühn (1939); Barbara, der Unglücksrabe (1940); Puckis Lebenssommer (1941); Gustels Gespensterschloß (1950); Rosemarie das Heidekind (1951); Rosemarie und ihre Mutti (1951); Rosemarie, unser Sonnenschein (1951); Goldköpfchens Kinder. Marion (1953).

Sekundärliteratur: M. Dahrendorf: Das Mädchenbuch und seine Leserin (1970, [3]1978). – Ch. Oberfeld: „Familienglück" im Mädchenbuch (zus. mit I. Weber-Kellermann in: H. Schaller (Hrsg.): Umstrittene Jugendliteratur. 1976. 47–60). – H. Roos: Das moderne Backfischbuch (in: K. Langosch (Hrsg.): Studien zur Jugendliteratur. 1955. 1. 83–103). – G. Sichelschmidt: Liebe, Mord und Abenteuer (1969).

Malte Dahrendorf

Trotzkopf

Titelfigur des Mädchenbuches „Der Trotzkopf" (1885) von Emmy von Rhoden (1832–1885).

Der Name Tr. kennzeichnet die literarische Umsetzung der später von der Entwicklungspsychologie (E. LIPPERT, M. ZILLIG) beschriebenen weiblichen Vorreifezeit bzw. Vorpubertät, vielfach auch „zweites Trotzalter" genannt. Die Phase wurde charakterisiert durch gleichgeschlechtliche Gesellungsformen, jungenhaftes Gebaren (Kleidung, Streunen), allgemein „unangepaßtes Verhalten" und „negative Züge". Die Kennzeichnung „Trotzalter" drückt ein Interesse an Überwindung dieses Verhaltens, das heißt auch des nichtangepaßten Verhaltens der Mädchen aus. Die gegenwärtige Sozialisationstheorie sieht im Trotzalter jedoch eher eine sozial verursachte Protesthaltung gegen Rollenerwartungen, die das Mädchen dieser Stufe zum erstenmal wahrnimmt. Als Ersatzausdrücke für Tr. waren „Wilde Hummel" – so in K. THEUERMEISTERS (* 1912) Hummelchen-Serie –, „Wildfang" u. ä. geläufig.
Als literarische Figur E. VON RHODENS hat der Tr. – d.i. Ilse Macket, die Tochter des Oberamtmanns und Gutsbesitzers Macket – bis heute stark auf das Mädchenbuch eingewirkt, und zwar über den ersten Band der Serie nicht nur auf das „Backfischbuch", das vor allem auf das vorpubertierende Mädchen als Leserin zielt, sondern über die von ELSE VON WILDHAGEN, der Tochter E. VON RHODENS, und SUSE LA CHAPELLE ROBOOL, einer Holländerin, die den vierten Band verfaßte, geschriebenen Fortsetzungen auf das Mädchenbuch allgemein. „Der Trotzkopf" gehört zu den wenigen älteren Mädchenbüchern, die bis heute immer wieder aufgelegt wurden; aus der Zeit vor 1900 ist es, sicher nicht zufällig, das einzige. Die bisherige Gesamtauflage der Tr.-Bände, vor allem des erfolgreichsten ersten Bandes, geht in die Millionen, ist aber exakt nicht feststellbar, da das Buch seit Jahrzehnten in verschiedenen Bearbeitungen und Verlagen herauskommt und auch mehrfach übersetzt wurde. Das Original soll auch den Vornamen der Hauptfigur „Ilse" populär gemacht haben.
Die Rezeptionsgeschichte des „Trotzkopf" bezieht sich jedoch nicht nur auf das Original und seine Bearbeitungen, sondern sogar in noch stärkerem Maße auf die Nachahmungen und Adaptionen bis heute. Der Tr. Ilse war das Vorbild für ganze Mädchenbuchlesegenerationen, wobei verschiedene Aspekte des Typs hervorgehoben wurden: die Phase der „Unbeschwertheit", bevor der Ernst des Lebens beginnt, die Schulung und Umwandlung zur gesitteten Dame danach, schließlich die biographische Methode vom Kind bis zur Großmutter und damit auch die Fortentwicklung des vierbändigen Grundmusters bis zur vielbändigen Serie, etwa bei MAGDA TROTTS (1880–1945) „Pucki" und „Goldköpfchen", ELSE URYS (1877–1943) „Nesthäkchen", EMMA GÜNDELS (1889–1968) „Elke" bis zu MARTHA SCHLINKERTS (* 1913) Serie „Bummi" und KÄTHE THEUERMEISTERS „Hummelchen". Es ist dabei bezeichnend, daß alle Serien – wie bereits das Original – durch alle Bände hindurch den Typ der „Unbeschwert-Sorglosen", trotz repressiver Behandlung und trotz Fortschreibung der Lebensgeschichte teilweise bis ins hohe Alter, vom ersten bis zum letzten Band aufrechterhalten. Neben dieser „rückwärtsgewandten Projektion" des sich in seiner Lebensgeschichte entfremdet fühlenden Erwachsenen, der sich in seiner „Glückskind"-Phantasie selber zu therapieren sucht, betrifft die Rezeptionsgeschichte des Originals die äußere Kulisse, besonders das „Internat" – von AGNES SAPPERS (1852–1929) „Gretchen Reinwald" (1895) bis KÄTHE THEUERMEISTER – als Erziehungsstätte, die distanzlose Erzählhaltung mit ihrer Funktionalisierung der Lebenstatsachen sowie Einzelmotive wie z.B. die Auffassung des weiblichen Berufes als Übergangs- und Notlösung bis zur Heirat bzw. anstelle der an sich anzustrebenden Ehe. Immer wieder wird die Zwangsverwandlung des glücklichen Kindes in eine „junge Dame", eine „höhere Tochter" beschrieben, die sich dem Mann unterordnet, sich ganz dem Haus und der Familie zuwendet, sich beherrschen und auf Ansprüche verzichten lernt („Versagung"), und diese Haltung nicht nur selber übernimmt, sondern sie auch noch bei ihren Freundinnen und Klassenkameradinnen verbreiten hilft. Oft geht es

dabei auch darum, pflichtvergessene Geschlechtsgenossinnen auf den Pfad der Tugend zurückzuführen; auffällig häufig geben deshalb alternde Künstlerinnen und Schriftstellerinnen ihren Beruf wieder auf, um sich nur noch ihrer Familie zu widmen. Die „Brechung des Eigenwillens" wird jedoch immer heiter ertragen und später sogar mehr und mehr freiwillig auf sich genommen.
Sozial- und bildungsgeschichtlich spiegeln die Tr.-Geschichten das unterentwickelte „weibliche Schulwesen" bis ins 20. Jahrhundert hinein, die eingeschränkten Bildungsziele für Mädchen (musisch-sprachlich-handarbeitliche Fächertriade) sowie die Verdrängung der Bereiche Sexualität und Berufstätigkeit als genuine Möglichkeit auch weiblicher Selbstverwirklichung.
Zur Darstellung der Rezeptionsgeschichte der Tr.-Figur fehlt es an Dokumenten, doch kann angenommen werden, daß das Original und seine Adaptionen vor allem Bürgertöchter angesprochen hat und deren Identitätsfindung diente, während sie bei den Leserinnen der unteren Schichten durch Vermittlung gesellschaftlicher Normen eine Unterdrückungsfunktion ausübten, eine Funktion, die sie jedoch deshalb auch für die weibliche Leserschaft insgesamt hatte, weil die Frau in allen Trotzkopfiaden nur eine untergeordnete gesellschaftliche Rolle spielte.

→ Backfischbuch, → E. Gündel, → Klassiker der Kinder- und Jugendliteratur, → Mädchenbuch, → E. v. Rhoden, → M. Schlinkert, → K. Theuermeister, → M. Trott, → E. Ury, → E. v. Wildhagen

Malte Dahrendorf

Tscharuschin, Evgenij Ivanovič (Čarušin)

*Sowjetrussischer Kinderbuchautor, Maler, Graphiker und Bildhauer; * 11. 11. 1901 Vjatka (heute Kirov), † 18. 11. 1965 Leningrad.*

Tsch., Sohn eines Architekten, besuchte von 1911 bis 1919 das Gymnasium in Vjatka. Von 1920 bis 1922 arbeitete er als Bühnenbildner, anschließend studierte er bis 1926 an der Kunstakademie von Petrograd (ab 1924: Leningrad). Tsch. war von 1926 an Mitarbeiter des staatlichen sowjetischen Kinderbuchverlages (Detizdat). Er illustrierte mehr als 120 Kinderbücher, ab 1927 veröffentlichte er auch Bilderbücher mit eigenen Texten und selbstillustrierte Tiergeschichten. In den vierziger Jahren arbeitete er an Lithographien, Skulpturen und Wandmalereien für den Pionierpalast und für Kindergärten seiner Heimatstadt Kirov. Nebenbei übte er eine pädagogische Tätigkeit aus. 1945 wurde Tsch. als Verdienter Künstler der Russischen Föderativen Sowjetrepublik geehrt. Seine letzte Schaffensperiode ist von verstärkten literarischen Interessen geprägt. Er bearbeitete Motive aus Tiersagen und -märchen und verfaßte über 50 Kinderbücher, zumeist Tiergeschichten. 1965 wurde Tsch. posthum die Goldmedaille der Internationalen Buchausstellung in Leipzig verliehen.

Werk, Tendenzen, Wirkung. Schon als Kind entwickelte Tsch. – von seinen Eltern angeregt und gefördert – lebhaftes Interesse für die Tier- und Pflanzenwelt seiner Heimat. Brehms Tierleben war seine Lieblingslektüre. Die Liebe zur Natur bestimmte auch sein zeichnerisches Talent, so daß ihm die Einladung Vitalij Biankis (1894–1949) nach Absolvierung der Petrograder Kunstakademie, Tiergeschichten im Kinderbuchverlag zu illustrieren, die Weiterentwicklung seiner Begabung bot. Der Erfolg seiner Tierbilder war so groß, daß die Moskauer Tret'jakov-Galerie (1927) eine seiner Zeichnungen erwarb.
Entgegen ideologisch und didaktisch bestimmter Abstrahierung und Stilisierung von Bild und Text im Kinderbuch, wie sie von der sowjetischen Pädagogik in den zwanziger Jahren gefordert wurde, schuf Tsch. auf exakter Beobachtung beruhende, einfache, scharf konturierte Zeichnungen, die der kindlichen Wahrnehmung entsprechen.
Seine eindimensionalen Bilder zeigen Tiere in konkreten Situationen und charakteristischen Haltungen. Diese Zeichentechnik hat Tsch.s Tiergeschichten stark beeinflußt. Sie sind aus Bildunterschriften und knappen Kommentaren hervorgegangen, der Gattung nach lose komponierte Skizzen, die undramatische, aber typische Begebenheiten aus dem Leben eines Tieres erzählen. Zusammen mit der zugehörigen Abbildung gliedern sich diese Tiergeschichten in konzentrierte Text-Bild-Einheiten, die sich zu einem Tageslauf oder einer Lebensgeschichte reihen. Auf diese ganz unaufdringliche Weise erschließt Tsch. seinen jungen Lesern Charakter und Stimmung der geschilderten Tiere in jeweils spezifischen Verhaltensweisen.
Tsch.s Tiergeschichten sind vornehmlich für Kinder im Vorschul- und frühen Schulalter bestimmt. Deshalb bedient er sich einer sehr einfachen, kindgemäßen Sprache. Seine knappen Sätze bestehen meist aus nur wenigen Wörtern, sind parallel strukturiert und oft rhythmisch gegliedert. Er macht sparsam, aber wirkungsvoll von kindersprachlichen Wendungen Gebrauch und schreibt im sogenannten Skaz, d.h. aus der Perspektive des staunenden und neugierigen Kindes.
Tsch.s typisches Thema ist die Schilderung von Jungtieren, von Tierkindern, die im Bilde vertrauten Spielsachen gleichen und im zugehörigen Erzähltext in ihrer Hilfsbedürftigkeit, im fröhlichen Spiel und abenteuerlichen Entdecken der Umwelt die Sympathie des kindlichen Lesers wecken, der sich schnell mit ihrer Lage identifizieren kann. Diffizile Kenntnisse des Tierverhaltens erlauben es Tsch., die Veranlagung und allmähliche Entwicklung typischer Eigenarten der einzelnen Arten darzustellen. Auf die in der traditionellen Tiergeschichte häufige Verwendung menschlicher Eigenschaften als Charakterisierungsmittel (etwa die Sprache) verzichtet er völlig. Darüber hinaus erweitert Tsch. die Tiergeschichte im engeren Sinne durch Einführung eines kindlichen „Helden" (Nikita i ego druz'ja, 1938). Als feinsinniger Kinderpsychologe läßt er Nikita – das ist das Porträt seines Sohnes gleichen Namens (* 1934), der heute als Kinderbuchillustrator in

Leningrad lebt, das Erbe seines Vaters fortführt und auf der Bienale ilustrácií Bratislava (BIB) 1973 mit einer Plakette ausgezeichnet wurde – die schrittweise Wahrnehmung seiner Welt, der Menschen, Sachen und vor allem Tiere, die sich aus ihm unbekannten Wesen in Kätzchen, Spatzen, Hasen und ähnliches verwandeln, erzählen. Dieses Motiv erweitert er für wachsende Altersstufen im Thema des Zoobesuchs, der Wanderung und vor allem der Jagd.

Tsch.s Tiergeschichten bilden zusammen mit ihren Illustrationen typische Muster dieser Gattung der realistischen Kinderprosa. Sie haben der sowjetischen Kinderliteratur Impulse verliehen und durch zahlreiche Übersetzungen (unter anderem englisch, deutsch, polnisch, tschechisch, chinesisch) internationale Anerkennung gefunden.

Werke: Volčiško i drugie (1931); Sem'rasskazov ([2]1937); Nikita i ego druz'ja (1938; dt. Nikita und seine Freunde, 1956); Ochotnič'i rasskazy (1940); Moja pervaja zoologija (Bd. 1–3. 1942–1944); Izbrannoe (1950); Čto et za zver' (1948; dt. Was ist das für ein Tier?, 1952); Pro bol'šich i malen'kich ([2]1960; dt. Petja in der Krähenschule, 1969); Rasskazy (1971; dt. Wie Nikita den Spatzen das Fliegen beibrachte und andere Geschichten von Kindern und Tieren, 1974).

Sekundärliteratur: Ja. Ja. Čarneckij: Evgenij Ivanovič Čarušin (zus. mit E. D. Kuznecov, 1960). – T. Gabbe: Evgenij Čarušin (in: Literaturnaja gazeta. 1940. 5). – G. P. Grodenskij: E. Čarušin. Kritiko-biografičeskij očerk (1962). – N. Ludwig (Hrsg. zus. mit W. Bussewitz): Sowjetische Kinderliteratur (1974). – E. Popova: Čarušinskie zverjata (in: Sem'ja i škola. 1973. 7. 56–57). – S. Šillegodskij: E. I. Čarušin (1960).

Rolf-Dieter Kluge

Tschechoslowakei

(Československá socialistická republika – ČSSR). Föderative Sozialistische Republik in Mitteleuropa, bestehend aus der Tschechischen Sozialistischen Republik (ČSR) und der Slowakischen Sozialistischen Republik (SSR). Staatsgebiet: 127877 km^2; Einwohner: 15000000. Laut Verfassungsgesetz vom 27. 10. 1968 ist die Tsch. eine sozialistische Republik, die als Bundesstaat streng nach dem Prinzip der Parität von Tschechen und Slowaken organisiert ist. Die Bundesversammlung besteht aus der Volkskammer und der Nationalitätenkammer. Die Bundesversammlung wählt auf fünf Jahre einen Bundespräsidenten. 64,5 % der Bevölkerung sind Tschechen, 30 % Slowaken, der Rest Minderheiten (Deutsche, Polen, Ungarn, Russen). Amtssprachen sind Tschechisch und Slowakisch.

Das Interesse für das Kinderbuch, sowohl vom organisatorischen als auch vom erzieherischen Gesichtspunkt aus gesehen, nahm nach dem Jahr 1918 eine institutionelle Gestalt an: im Jahr 1919 entstand die Gesellschaft der Freunde der Jugendliteratur, es stieg die Bedeutung der Zeitschrift „Úhor“, es entstanden Schulbüchereien und Kinderbuchabteilungen der öffentlichen Bibliotheken, deren Netz in der Tsch. traditionell sehr dicht ist. Kinderliteratur wurde in steigenden Auflagen und von einer wachsenden Anzahl von Verlegern herausgegeben, sie wurde von Zeitschriften im Auge behalten, und später wurden ihr auch größere theoretische Arbeiten gewidmet, deren erste „Dětská literatura česká“ von O. Pospíšil und V. F. Suk bereits im Jahr 1924 erschien. Die neue Kulturpolitik des sozialistischen Staates kam nach dem Jahr 1945 auch in diesem Bereich zum Ausdruck. Im Jahr 1949 entstand in Prag der Staatliche Kinderbuchverlag „Státní nakladatelství dětské knihy“ und 1950 in der Slowakei der Staatliche Verlag für Kinderliteratur „Štátné nakladatelstvo detskej literatury“. Seit dem Jahr 1969 trägt der tschechische Verlag den Namen „Albatros“, und der slowakische heißt seit 1957 „Mladé Letá“. Beide Verlage wurden zu Garanten einer neuen, auf die Schaffung künstlerischer Werte abzielenden Editionspolitik, die eine breite Basis für das gesellschaftliche Wirken des Kinderbuches schuf und zur völligen Unterdrückung jedweder Schundliteratur führte. Im Jahr 1964 entstand in Böhmen der Kreis der Freunde des Kinderbuches, „Kruh přátel dětské knihy“, und eine gleiche Organisation auch in der Slowakei, die eine weitreichende Fach- und Popularisierungsarbeit auf diesem Gebiet verfolgen. Seit 1970 heißt die tschechische Organisation „Společnost přátel knihy pro mládež“ (Gesellschaft der Freunde des Jugendbuchs); sie und der slowakische Kreis sind Sektion der IBBY. Große Aufmerksamkeit widmen der Verband der tschechoslowakischen Schriftsteller und der Verband der tschechoslowakischen bildenden Künstler dem Kinderbuch.

Die Kinderbibliotheken und die Kinderbuchabteilungen der öffentlichen Bibliotheken haben in den letzten Jahrzehnten einen beträchtlichen Aufschwung genommen. Es existieren außerdem viele Schulbibliotheken an den Grund- und höheren Schulen, Kinderbuchabteilungen der Betriebsbibliotheken und andere. Die Pionierorganisation, deren Mitglieder Kinder bis zum 15. Lebensjahr sind, organisiert Leserzirkel und Buchbesprechungen. Für Kinder wird eine Reihe von Zeitschriften herausgegeben, wie z. B. „Sluníčko“, „Mateřídouška“, „Ohníček“, „Pionýr“, „Sedmička pionýrů“, „ABC mladých techniků a přírodovědců“, „Pionýrská stezka“ im tschechischen Sprachbereich. In der Slowakei erscheinen „Slniečko“, „Včielka“, „Zornička“, „Ohník“, „Pionier“, „Pionýrská štafeta“, „Elektrón“ und „Kamarát“.

Schon im Jahr 1948 und dann später im Jahr 1960 legten die Lehrpläne für literarische Erziehung großen Nachdruck darauf, Kinder- und Jugendliteratur in die Arbeit der Schule, insbesondere der Grundschulklassen einzubeziehen.

Einen wichtigen Anteil an der Entwicklung der Kinderliteratur hat der Klub der jungen Leser, „Klub mladých čtenářů“, der in den tschechischsprachigen Gebieten und in der Slowakei 600000 Mitglieder aufweist. Der Klub gibt wichtige Bücher und solche, die sich zur literarischen Erziehung in der Schule eignen, zu ermäßigten Preisen heraus. Er organisiert Buchbesprechungen, Besuche von Kinderbuchautoren bei Kindern und fördert eine intensive Kulturarbeit unter Kindern und Erwachsenen, Lehrern, Bibliothekaren, Eltern.

Eine von der Tschechoslowakischen Akademie der Wissenschaften durchgeführte Untersuchung stellte fest, daß in der Tsch. die Kinder im Alter von etwa 14 Jahren vier bis sechs Bücher monatlich lesen, und daß sie im Durchschnitt 60 bis 65 Bücher selbst besitzen. Die Buchlektüre nimmt bei den Freizeittätigkeiten der Kinder den ersten oder einen der ersten Plätze ein.
Die theoretische Arbeit auf dem Gebiet der Kinderliteratur ist in der Tsch. bisher an keinem speziellen Ort konzentriert; es besteht aber ein diesbezügliches Projekt. Fragen der Kinder- und Jugendliteratur widmen sich einerseits die Philosophischen und Pädagogischen Fakultäten der Hochschulen, andererseits verschiedene Arbeitsstätten der Tschechoslowakischen Akademie der Wissenschaften; der theoretischen Arbeit widmen ihre Aufmerksamkeit auch die Verlage „Albatros" und „Mladé Letá", die Gesellschaft der Freunde des Jugendbuchs und der Kreis der Freunde des Kinderbuches in der Slowakei. Für die theoretische Arbeit in diesem Bereich hat die Suk-Bibliothek in Prag mit ihren großen Beständen in- und ausländischer Kinder- und Jugendliteratur eine außerordentliche Bedeutung.

Die Entwicklung der Kinder- und Jugendliteratur im tschechischen Sprachgebiet. Die Geschichte der Lektüre für Kinder und Jugendliche reicht in Böhmen sehr weit zurück; sie ist der Ausdruck einer althergebrachten Fürsorge der kulturellen Schichten der Nation um die Erhaltung der nationalen Existenz. Die ersten schriftlichen Belege dieser Art datieren bereits vom Vorabend der Hussitenkriege. Die einflußreichste Kraft der Nachhussitenzeit, die Böhmischen Brüder, die Erben der hussitischen Bemühungen um eine Gesellschaftsordnung der Gleichberechtigung und Gerechtigkeit, begannen, den Fragen der bedrohten Zukunft der Nation, Fragen der Kultur und des Schulwesens, eine systematische Aufmerksamkeit zu widmen. Diesen Kreisen entstammte auch der berühmte Pädagoge JAN AMOS KOMENSKÝ (COMENIUS, 1592–1670). Hier ist die Quelle seiner Fürsorge um die Jugend seines Volkes, sein tiefes Verständnis für die sozialen Aufgaben der Schule, deren Vorteile nicht nur den Kindern der Mächtigen und Reichen, sondern auch denen der Armen zugute kommen sollten, zu suchen. Er hatte ein großes Verständnis für das Leben des Kindes, für die Entfaltung seines Geistes, für seine Fähigkeiten. KOMENSKÝS „Orbis pictus" (1658) wird als eines der ersten, für Kinder bestimmten Bücher angesehen, das sich künstlerischer Mittel bediente. Es „war zu seiner Zeit unglaublich stark verbreitet: es wurde in viele Sprachen übersetzt, es erschien in unzähligen Auflagen", schreibt in einem seiner berühmten Briefe J. G. HERDER, der aus diesem Buch – ebenso wie PETER DER GROSSE, LEIBNIZ, GOETHE und andere – lernte. Im 18. Jahrhundert war es – nach der Bibel – das meistverlegte Buch der zivilisierten Welt. In die Hände der Kinder in Böhmen, Mähren und der Slowakei, für die es in erster Reihe geschrieben worden war, gelangte es leider lange nicht: erst nach dem Jahr 1775 gestatteten die Habsburger seine Einführung in die Schulen. Dreihundert Jahre dauerte die Unterdrückung der böhmischen Länder durch die Habsburger: Hunderttausende Menschen emigrierten oder kamen um, so daß die Einwohnerzahl auf die Hälfte zurückging. Die Bevölkerung verarmte, drei Viertel allen Grund und Bodens ging durch Konfiszierung in fremde Hände über und wurde systematisch germanisiert.
Erst Ende des 18. Jahrhunderts, an der Schwelle des Zeitalters der Revolution, geriet die soziale Struktur Europas in Bewegung; damals entstanden auch in den Ländern der Habsburger Voraussetzungen für die Wiederbelebung des nationalen Elements. Die tschechischen Erwecker der Nation konnten zwar damals – wegen des harten Polizeiregimes – ihre Bemühungen lediglich auf die Rettung der Muttersprache konzentrieren. Sie waren von einem festen Glauben an die Wiedergeburt der Nation durchdrungen und sie widmeten ihre Aufmerksamkeit auch der jungen Generation, deren Angehörige nur in den durch die Leibeigenschaft niedergehaltenen Volksschichten an der tschechischen Sprache festhielten. Die damals in den böhmischen Ländern verbreiteten Kinderbücher hatten ein sehr niedriges Niveau: moralisierende Geschichten, die von scheinheiliger Frömmelei und von Unterwürfigkeit gegenüber den damaligen „Stützen der Gesellschaft" trieften.
Die tschechische Literatur des 19. Jahrhunderts fand nur schwer Kontakt mit der Entwicklung der europäischen Kultur, aus der sie gewaltsam herausgerissen worden war. Es ist ein trauriges Unterfangen, KOMENSKÝS „Orbis pictus" mit den Kinderbüchern vergleichen zu wollen, die in seiner Heimat zweihundert Jahre später „produziert" wurden. Sie blieben weit unter seinem Niveau, vor allem im Verständnis für die kindliche Psyche, in ihrer Gesamtauffassung und dem Aufbau des Werks, – unerreichbar blieben die gesetzmäßigen, natürlichen Zusammenhänge und das einheitliche Weltbild jener ersten Kinderenzyklopädie. Die Erwecker der Nation brachten es nicht zuwege, so geschickt ästhetische Elemente zu nutzen, wie es KOMENSKÝ gekonnt hatte, ganz abgesehen vom gedanklichen Inhalt, der bei KOMENSKÝ weltanschaulich, pädagogisch und politisch viel fortschrittlicher gewesen war als bei allen sich im Verlauf des 19. Jahrhunderts durchsetzenden Bemühungen um ein ursprüngliches tschechisches Schrifttum für das Kind.
Als Vorbild dienten damals eher die zeitgenössischen deutschen moralisierenden Autoren (SCHMID, NIERITZ, FRANZ HOFFMANN), deren Bücher übersetzt und bearbeitet wurden. Auch die Illustrationen wurden aus diesen deutschen Büchern übernommen. Zu einem Umschwung kam es – später als bei der Literatur für Erwachsene – erst in der Mitte des vorigen Jahrhunderts. Die großen tschechischen Schriftsteller BOŽENA NĚMCOVÁ (1820–1862) und KAREL J. ERBEN (1811–1870) suchten Belehrung keineswegs in der Fremde, sondern wandten sich – denn sie hatten neben ihrem Schaffen für die Erwachsenen auch die Kinder im Sinn – den reichen Quellen des heimischen Volksschrifttums, der Märchen und Sinnsprüche zu, in denen

nach dem Dreißigjährigen Krieg, zur Zeit der Liquidierung der hohen nationalen Kultur, beim einfachen Volk die Muttersprache überlebt hatte. Ihre Bearbeitung folkloristischer Motive trägt das Siegel ihres außerordentlichen Talents und Spuren des Einflusses jener realistischen Tendenzen, deren Wegbereiter in der tschechischen Literatur diese beiden Persönlichkeiten gewesen waren. Trotz dieser vereinzelten erfolgreichen Versuche bleibt das Schaffen für das Kind auch weiterhin nur an der Peripherie der nationalen literarischen Tätigkeit und im Bann eher streng erzieherischer und belehrender Interessen als künstlerischer Ziele und Leistungen.

So mußte die tschechische Kunst vorerst eine Periode der schöpferischen Konsolidierung durchmachen, ihr komplizierter Organismus mußte zuerst einen Prozeß des allseitigen Reifens der schöpferischen Methoden und bildnerischen Mittel und vor allem – Hand in Hand mit der Festigung der nationalen Gesellschaft – des Reifens in Fragen der Ideologie und der Weltanschauung absolvieren, bevor im nationalen Organismus und seiner Kultur Voraussetzungen für das Entstehen einer für das Kind bestimmten Kunst heranreifen konnten. Eine gute künstlerische Kinderliteratur ist immer und überall die Frucht einer gewissen Reife, die Frucht der Teilung der Funktionen und Formen des nationalen Schrifttums. Zu diesem Umschwung von einer dilettantischen Tätigkeit zur ernsten künstlerischen Arbeit kam es in den achtziger und neunziger Jahren des vorigen Jahrhunderts. Unter dem Einfluß der in- und ausländischen ästhetischen Bewegung (Wolgast, Lichtwark) wandte sich die Aufmerksamkeit der Schul- und Kulturöffentlichkeit vor allem dem Buch für die kleineren Kinder zu. Pionierarbeit leistete auf diesem Gebiet der Ästhetiker Otakar Hostinský (1847–1910). Die Lektüre für ältere Kinder schöpfte in der zweiten Hälfte des 19. Jahrhunderts vor allem aus den für Erwachsene geschriebenen Werken der Klassiker (Erben, Němcová, Havlíček, Neruda, Vrchlický und andere).

An der Wiege des tschechischen künstlerischen Kinderbuchs der neuen Zeit steht J. V. Sládek (1845–1912), der Poet der ländlichen Kindheit, der heimischen Natur und sonniger Familienbeziehungen. Er schöpfte aus tiefem persönlichen Erleben, er identifizierte sich mit dem Sehen und Fühlen des Kindes. Eben darin liegt die epochale Bedeutung seines Schaffens in der tschechischen Kinderliteratur, eben dadurch übertrifft er seine Vorgänger, die sich zum Kind vom hohen Piedestal ihrer mentorenhaften Erwachsenheit hinabgeneigt hatten.

Aus den Fesseln der moralisierenden, unterwürfigen Geschichten lösten drei Künstler, deren Werk bis zum heutigen Tag lebensfrisch geblieben ist, die Kinder- und Jugendliteratur. Das entscheidende Wort sprach der evangelische Dorfpfarrer Jan Karafiát (1846–1929) mit seinen „Broučci" (1876), einem idealisierten und dennoch zutiefst menschlichen Bild harmonischer Familienbeziehungen und edler Prinzipien des menschlichen Zusammenlebens. Dieses Buch riß alle künstlerischen Schranken nieder, die bis dahin der kühle Mentorenverstand zwischen Schriftsteller und Kind errichtet hatte, und es behielt seinen unbeeinträchtigten Liebreiz – trotz gewisser bigotter Ansichten – bis zum heutigen Tag.

Der große Schriftsteller und nationale Erwecker Alois Jirásek (1851–1930), der Klassiker der tschechischen historischen Prosa, schrieb für die Jugend seine bekannten „Staré pověsti české" (1894), eine pathetische Verherrlichung der nationalen Vergangenheit. Der Prosaiker des Dorflebens Karel V. Rais (1859–1926) widmete sich – er war Lehrer – sein ganzes Leben hindurch dem Kinderbuch. Sein Schaffen für Erwachsene und Kinder bildet ein organisches, ausgeglichenes Ganzes.

Im Hinblick auf die Kinderbuchillustration brachte das 19. Jahrhundert in den böhmischen Ländern nichts Nennenswertes. Eine Ausnahme bilden die von dem typisch tschechischen Zeichner Mikoláš Aleš (1852–1913) illustrierten Bücher. Eine bei allen tschechischen Kindern beliebte Publikation war seine Fibel „Slabikář" (1899). Aleš, einer der bekanntesten tschechischen bildenden Künstler, war bei kleineren Kindern besonders beliebt, ob er mit lyrischen Zeichnungen der böhmischen Landschaft und des werktätigen Menschen oder mit Illustrationen zu Märchen und historischen Erzählungen hervortrat. Mit den genannten Künstlern beginnt der Stammbaum der tschechischen Kinderbuchillustratoren.

Eine systematische und bewußte Fürsorge ist in diesem Bereich erst bei den Bemühungen fortschrittlicher Ästhetiker und Lehrer um eine Sozialisierung der Kunst und um ein hohes künstlerisches Niveau des Kinderbuchs zurückzuführen. Nach O. Hostinský waren es vor allem F. V. Krejčí und J. Petr. Wenn es auch der alltäglichen Editionspraxis darum ging, die Illustrationen anziehend, farbenprächtig, emotional ansprechend zu gestalten, begann sich jetzt im Einklang mit den von Morris beeinflußten Bestrebungen auf dem Gebiet der angewandten Kunst, die künstlerisch anspruchsvolle Illustration durchzusetzen. Die bekanntesten Persönlichkeiten dieser Bewegung waren Hanuš Schwaiger (1854–1912), der Maler des romantischen Märchenhalbdunkels, der sich an der Malerei der heimischen Primitiven und der altdeutschen Meister orientierte, Artuš Scheiner (1863–1938), ein Märchenbuchillustrator, der auch im Ausland sehr beliebt war, und schließlich der bedeutendste tschechische Jugendstilmaler Vojtěch Preissig (1873–1944), ein Buchgraphiker, der lange in Paris und den USA gearbeitet hatte. Seine Bücher bilden ein graphisch perfektes Ganzes.

Einen unerwartet starken Einfluß auf die weitere Entwicklung der Kinderliteratur in den tschechischsprachigen Ländern hatte die gesellschaftliche Vorkriegskrise Österreich-Ungarns. Sie hatte zwar nicht den erbitterten Charakter des Jahres 1905 im zaristischen Rußland, sie trieb jedoch nichtsdestoweniger die gesellschaftlichen Konflikte auf die Spitze, unterstützte das Wachstum der Arbeiterbewegung, den Kampf um das allgemeine Wahlrecht und enthüllte die Kompromißbereitschaft der damaligen tschechischen Bourgeoisie im Kampf um die nationalen Belange mit der Germanisierungspolitik der Habsburger. All das führte zu einer schrittweisen Unterminierung der Unantastbarkeit geistiger Werte. Es trug dazu bei, daß ein Teil der Künstler zu einer individualistischen Revolte für eine freie Entfaltung der Persönlichkeit griff, während andere für die kollektiven Forderungen der menschlichen Gesellschaft, ob nun nationaler oder sozialer Art, in den Kampf zogen.

Die starke Subjektivierung der Kunst trug im Bereich der Kunst für das Kind überraschende Früchte: die Autoren stellten fest, daß es nötig war, den Abgrund zwischen dem schöpferischen Subjekt und dem Subjekt Kind zuzuschütten, sie erkannten, daß der Künstler die Welt und das Leben mit den Augen und dem Herzen des Kindes erfassen muß. Und es waren vor allem die Frauen, die Autorinnen der Generation an der Wende des Jahrhunderts, die die innere Welt der Kinder, ihre Phantasie, ihren uneingeschränkten Gefühlsreichtum und ihre Empfindlichkeit gegenüber jeder Grausamkeit und Niedertracht der Welt der Erwachsenen begriffen, nämlich Růžena Svobodová (1868–1920), Marie Gebauerová (1869–1928) und Božena Benešová (1873–1936). Eine andere Autorengruppe, deren hervorragendste Persönlichkeiten Pavel Sula (* 1882) und Karl Pŭlpán (1885–1914) waren, fühlte hingegen die tiefen Umschichtungen in der sozialen Realität ihrer dem Krieg entgegengehenden Zeit, die am stärksten die moralische und geistige Entwicklung der Kleinsten im negativen Sinne beeinflußte. Der Weltkrieg brachte einen radikalen Umschwung im Leben des nunmehr wiederum selbständigen Staates mit sich. Die nationale Befreiung eröffnete voll und ganz die Möglichkeiten der kulturellen und künstlerischen schöpferischen Tätigkeit. Weder das tschechische noch das slowakische Volk verfolgten im Krieg wie immer geartete Machtziele, und deshalb wurden die Schriftsteller dieser Völker Sprecher für die gerechte, bessere Beziehungen zwischen den Menschen. Der Aufbau des Staates brachte zusammen mit dem revolutionären Aufruhr der ersten Nachkriegsjahre eine komplizierte Situation im Bereich der Kultur mit sich, auf die die verschiedensten politischen und kulturellen Strömungen einwirkten – und dies natürlich auch auf dem für das Kind bestimmte Tätigkeitsgebiet. Das literarische Schaffen für Kinder und Jugendliche und auch die Verlagstätigkeit für sie wurden Gegenstand der öffentlichen Fürsorge. Es entstanden die Zeitschriften „Úhor“, die „Gesellschaft der Freunde der Jugendliteratur“, eine besondere Kinderbibliothek, Ausstellungen, Vorträge. Manche Verlage befaßten sich systematisch mit dem Kinderbuch und spezialisierten sich auf diesem Gebiet. Zeitschriften und Zeitungen richteten besondere Teile für Kinderbuchrezensionen ein. Die Kinderbücher wurden jedoch auch Objekt geschäftlicher Spekulationen. Billige, dilettantisch bearbeitete Märchen, Schundliteratur des Abenteuergenres bis zu sentimentalen Versschmiedereien mit „künstlerischen“ Farbdrucken wurden in Massen an den Käufer gebracht. Einen starken Einfluß in dem Kampf um das Leseinteresse des Kindes hatten die linksgerichteten Kulturpolitiker, die – beeinflußt durch ihre Kontakte mit sowjetischen Künstlern und Theoretikern – in der Zeit zwischen den beiden Weltkriegen die Träger einer Reihe von Ideen und Themen und einer komplexen sozialistischen, antifaschistischen Auffassung waren.

Marie Majerová (1882–1967) war eine der bedeutendsten tschechischen Schriftstellerinnen ihrer Zeit. Der Kinderliteratur widmete sie als Autorin, Kritikerin und Organisatorin systematische Aufmerksamkeit. Sie war eine Vorkämpferin der sozialistischen Literatur, wovon ihre „Zázračná hodinka“ (1923) zeugt, mit der sie auf die bewegte soziale Realität der jungen Republik in den zwanziger Jahren reagierte. Ihre „Robinsonka“ (1940) stellt den ersten künstlerischen Mädchenroman der tschechischen Literatur dar. Josef V. Pleva (* 1899) beeinflußte die Entwicklung der modernen tschechischen Prosa für das Kind stärker als jeder andere. Sein „Malý Bobeš“ (1931–1934) ist bis heute eines der beliebtesten Kinderbücher. Es ließ zum ersten Mal den Realismus erkennen, der die tschechischen Erzähler von Kindergeschichten noch heute kennzeichnet, eines Realismus, der die geborgene Welt des Kindes, aber auch die erbarmungslose Realität der sozialen Konflikte der Welt der Erwachsenen erfaßt. Pleva kann man Václav Řezáč (1901–1965), ein Autor der Krisenzeit, des Zweiten Weltkriegs und der Nachkriegsjahrzehnte, zur Seite stellen. Seine Knabenromane „Kluci, hurá za ním“ (1933) und „Poplach v Kovářské ulici“ (1934) sind Erich Kästner verwandt und zeigen, unter Einbeziehung abenteuerlicher Elemente, wie die gesellschaftliche Wirklichkeit der Krisenjahre auch in das Leben der Kinder eingriff, die sich nicht nur mit den materiellen Folgeerscheinungen der Krise, sondern auch mit Deformationen der menschlichen Beziehungen und Charaktere auseinandersetzen müssen. Mit einer ganz eigenen Handschrift hat sich der hervorragende Humorist Karel Poláček (1892–1944) in die Geschichte der tschechischen Kinderliteratur eingeschrieben. In seinen Büchern „Edudant a Francimor“ (1933) und „Bylo nás pět“ (1946) bezaubert er durch seine brillanten Wortspiele und eine überquellende Phantasie. Die bizarre Konfrontierung des Schülerslangs mit der gepflegten Umgangssprache der Erwachsenen wirkt manchmal umwerfend und hat die sprachliche Seite der modernen tschechischen Kinderliteratur stark beeinflußt. Eine weitere wichtige Persönlichkeit war Jaromír John (1882–1952), Universitätsprofessor für Ästhetik. Als Erzähler verband er seine Vorliebe für altväterliche, menschliche Dokumente der kleinbürgerlichen Welt mit der nachsichtigen Ironie eines einfachen Herzens und eines weltbewanderten Intellekts. Seine für Kinder geschriebenen Bücher „Listy z vojny“ (1917), „Rajský ostrov“ (1938) und andere bahnten einem künstlerischen Realismus den Weg in die tschechische Kinderliteratur, dessen betont humane Einstellung durch die grausamen Kriegserlebnisse potenziert wurde.

Große Aufmerksamkeit wurde in der Zeit zwischen den beiden Weltkriegen der Wiederentdeckung des Märchens gewidmet. Einen modernen wissenschaftlichen Standpunkt zur Volksliteratur vertrat der Universitätsprofessor VACLAV TILLE (1867–1937), der bereits zu Beginn des Jahrhunderts eine breit angelegte Tätigkeit in Form theoretischer Schriften wie auch auf dem Gebiet der Verlagstätigkeit zugunsten des guten Kinderbuchs entfaltete. Unter dem Namen VÁCLAV ŘÍHA publizierte er seit dem Jahr 1900 eine Reihe klassischer Märchenbücher, in denen er den volkstümlichen Märchenstoffen eigene künstlerische Bearbeitung angedeihen ließ und ihnen eine zeitgemäße Sprachform verlieh. In seine Fußstapfen trat während des Zweiten Weltkriegs JIŘÍ HORÁK (1884–1975) mit seinen Büchern „Český Honza" (1940), ein Gegenstück zum deutschen Michel, und „České pohádky" (1944). Auf eine ihm eigene Weise trat der Folklorist J. Š. KUBÍN (1864–1965) an die Volksliteratur heran. Seine Kinderbücher „Pohádek jako kvítí" (1955), „Princezna Pohádka" (1949) und andere besitzen überquellenden Humor und bezaubern vor allem durch den Reichtum ihrer kernigen, sehr poetischen Sprache. Auch JIŘÍ MAHEN (1882–1939), VLADISLAV VANČURA (1891–1942) und KAREL ČAPEK (1890–1938) gehören hierher. MAHEN gab bereits während des Ersten Weltkriegs zwei Bände mit Kunstmärchen heraus, die von einem tiefen Humanismus, dem herzgewinnenden Zauber der mährischen Landschaft und von einer geheimnisvollen Harmonie zwischen der Natur und den einfachen Leuten durchdrungen sind. VANČURA, der wohl bekannteste tschechische Erzähler, ist der Autor eines einzigen Kinderbuchs, der phantastischen Erzählung „Kubula a Kuba Kubikula" (1931). Sie trägt alle Merkmale einer großen Vorstellungskraft und einer wunderbaren, rauhen, aber zärtlichen, einer einfachen, aber kunstvollen Sprache. Die Geschichte wendet sich an die kleinen Leser mit einer Botschaft der Menschlichkeit, die die Menschen lehrt: Fürchtet Euch nicht, Angst kann man überwinden! Auf eine persönliche Art fand auch KAREL ČAPEK, der bekannte Dramatiker, Erzähler und Journalist, eine Antwort auf die gesellschaftliche und ethische Problematik der Volksmärchen. Sein Buch „Devatero pohádek" (1932) demokratisiert die traditionelle Welt der Volksmärchen und überträgt sie in eine humorvolle Ebene. Als spontaner Erzähler auf der Folklore basierender phantastischer Geschichten erwies sich auch der bekannte tschechische Zeichner und Illustrator JOSEF LADA (1887–1957). Die Bücher „Kocour Mikeš" (1934–1936), „O chytré kmotře lišce" (1937) und „Bubáci a hastrmani" (1946) sind LADAS beliebteste Titel, voll eines gesunden Humors und einer realistischen Lebensphilosophie.

Der Zeitabschnitt zwischen den beiden Weltkriegen brachte eine Blüte der tschechischen Kinderliteratur. In den naturbeseelten Geschichten RUDOLF TĚSNOHLÍDEKS (1882–1928), wie „Liška Bystrouška" (1920) und „Čimčirínek a chlapci" (1922), tritt eine humane und nachsichtige Lebensphilosophie zutage. Eine Verherrlichung der böhmischen Natur stellt die Erzählung des Schriftstellers KAREL NOVÝ (*1890) „Rybařící na Modré zátoce" (1936) dar. Zum Klassiker der Sportgeschichte wurde EDUARD BASS (1888–1946) mit seinem Band „Klapzubova jedenáctka" (1922). Die besten Arbeiten auf dem Gebiet der historischen Erzählung für die Jugend stammen von EDUARD ŠTORCH (1878–1957). Seine Romane und Erzählungen aus Böhmens Ur- und Vorzeit verbinden geschickt eine allseitige historische Unterweisung und eine lebendige Charakterschilderung mit einem ausgeprägten Sinn für Spannung und einen dramatischen Ablauf der Handlung; „Lovci mamutů" (1918), „Hrdina Nik" (1934), „Minehava" (1950) sind seine bekanntesten Titel. Der Wissenschaftler FRANTIŠEK BĚHOUNEK (1898–1974) gehört in der tschechischen Literatur zu den ersten, die auf dem Gebiet der abenteuerlichen und populärwissenschaftlichen Literatur für Kinder neuen Richtungen Bahn brachen. Er stützte sich nicht nur auf seine wissenschaftlichen Kenntnisse, sondern auch auf eigene Erlebnisse und Erfahrungen. Sein Buch „Trosečníci na kře ledové" (1928) ist die Geschichte der tragischen Luftschiffexpedition NOBILES zum Nordpol, an der er selbst teilnahm, und deren Scheitern. Eine außergewöhnliche Beliebtheit erwarb sich bei den kleinen Bücherfreunden der geschickte Zeichner und Erzähler ONDŘEJ SEKORA (1899–1967), der Schöpfer der von den Kindern geliebten Figur des „Ameisen-Ferdls", des Helden einer Reihe spannender, grotesker und lustiger Geschichten, in denen Ferdl als Verkörperung einer unermüdlichen Arbeitslust, guter Laune und eines hilfreichen Herzens lebt.

Fast fünfzig Jahre nach SLÁDEK erschien im Vorabend des Zweiten Weltkriegs in dem Buch eines der bedeutendsten Dichter der modernen tschechischen Literatur, in dem Band „Anička Skřítek a Slaměný Hubert" (1936) von VÍTĚZSLAV NEZVAL (1900–1958) eine traumhafte, von surrealistischen Methoden beeinflußte Prosa, die eine großartige Synthese aus Kindheitserinnerungen, dichterischen Evokationen des geheimnisvollen alten Prag und zahlreicher eingeschobener Verse darstellt.

Der kulturelle Aufschwung im befreiten Staat brachte auch ein tieferes theoretisches und kritisches Studium der Kinderliteratur mit sich. Eine verdienstvolle organisatorische und konzeptgestaltende Initiative ging vor allem von V. F. SUK (1883–1934) und OTAKAR POSPÍŠIL (1871–1949), den Autoren des ersten literaturhistorischen Versuchs einer Aufarbeitung tschechischer Kinderliteratur, aus. Von umwälzender Bedeutung war in den dreißiger Jahren das Auftreten der jungen maryistischen Literaturtheoretiker und Journalisten JULIUS FUČÍK (1903–1943) und BEDŘICH VÁCLAVEK (1897–1943), die die Kritik und die Theorie der Kinder- und Jugendliteratur um sozialistische Gesichtspunkte bereicherten.

In der Zeit zwischen den beiden Weltkriegen zeigte sich auch eine qualitative Verbesserung der Kinderbuchillustration. Wenn auch die großen Verlagshäuser dieser Frage nur selten ihre Aufmerksamkeit widmeten, begannen sich spezielle Unternehmen durchzusetzen. In einem heißen Kampf mit den billigen Heftchen kristallisierte sich eine neue Generation junger Illustratoren

Illustration aus Ondřej Sekovas Ameisengeschichte „Die großen Abenteuer des kleinen Ferdinand“ (1966; tschechische Ausgabe „Knížka Ferdy Mravence“, 1965).

heraus. Neben den älteren wie JOSEF LADA, einem der bekanntesten Künstler der tschechischen Kinderbuchillustration, neben ONDŘEJ SEKORA und JOSEF ČAPEK (1887–1945), dem Meister der poetischen sparsamen Darstellung, muß CYRIL BOUDA (* 1901) erwähnt werden, dessen Fähigkeiten vor allem in lebensnahen fröhlichen Erzählungen, aber auch in Altprager Idyllen zur Geltung kommt. Einen feinen Strich und einen abgewogenen Farbenreichtum charakterisieren die Illustrationen KAREL SVOLINSKÝS (* 1896), während ADOLF ZÁBRANSKÝ (* 1909) durch dynamische Strichführung und satte Buntheit seiner Illustrationen zu Märchen und Gedichtbänden für die Kleinsten hervorgetreten ist. Ein eigenwüchsiger Märchenbuchillustrator ist der eng mit der mährischen Volkskunst verbundene ANTONÍN STRNADEL (1910–1975), dessen Schaffen gleichzeitig von Einfachheit und künstlerischer Raffinesse gekennzeichnet ist.

FRANTIŠEK TICHÝ drückt seinen nicht sehr zahlreichen Illustrationen für Kinder den Stempel einer virtuosen Hand auf. Interessant sind die Illustrationen des Malers ZDENĚK BURIAN (* 1905), der sich auf abenteuerliche Geschichten und populärwissenschaftliche Bücher spezialisierte, hier vor allem Rekonstruktionen der Urzeit. Er verstand, dokumentarisch genaue Zeichnungen mit einer reichen Phantasie zu verbinden. Der sowohl in seinem Heimatland als auch weit über dessen Grenzen bekannte Künstler JIŘÍ TRNKA (1912–1969) ragt auch als Schöpfer poetischer und durch ihren gedanklichen Inhalt außergewöhnlicher Marionettenfilme hervor. Seine Kunst, deren Quellen im weit zurückliegenden naiven Realismus eines BREUGHEL zu suchen sind, durchlief viele Stufen einer langen Entwicklung; sein Schaffen war aber immer von einer gefühlvollen Anmut und dem Reiz der Theaterbühne getragen, ob es sich nun um tschechische Volksmärchen oder um Märchen der Weltliteratur handelte.

Seit diesen bedeutenden bildenden Künstlern ist es zur Tradition geworden, daß fast alle bedeutenden Illustratoren einen Teil ihres Schaffens der Kinderliteratur widmen und daß sie bei dieser Arbeit die gleichen künstlerischen Maßstäbe anlegen wie bei ihrem übrigen Schaffen.

Die Weiterentwicklung der Kinderbücher war im Zweiten Weltkrieg einer schweren Prüfung ausgesetzt. Das Bangen um die Zukunft der Nation führte auch zur Sorge um die künftige Generation. Zwei der bedeutendsten Persönlichkeiten jener Zeit, FRANTIŠEK HALAS (1901–1949) und IVAN OLBRACHT (1882–1952), wandten sich dem Kind zu. Die Verse der Gedichtsammlung „Ladění“ von HALAS, die er „über Kinder und mit Kindern“ schrieb, sind ein dauernder Beitrag zur zeitgenössischen Kinderdichtung. Einen anderen Weg in die Welt des Kindes beschritt FRANTIŠEK HRUBÍN (1910–1970). Seine Arbeitsmethode ist streng objektivistisch. Dieser bedeutendste tschechische Autor von Kindergedichten hat seine Freude an all den Neuentdeckungen, die ihm das Eindringen in die kindliche Psyche eröffnet. IVAN OLBRACHT wandte sich zur Zeit der Münchener Verträge – anscheinend ohne jeden offenkundigen Zusammenhang – der Bearbeitung alter literarischer Stoffe, indischer Sagen, biblischer Begebenheiten, alter tschechischer Überlieferungen zu. Seinen Neubearbeitungen verlieh er nicht nur einen meisterhaften sprachlichen Ausdruck, er vertrat in ihnen vor allem hohe ethische Werte: den heldenhaften Widerstand eines kleinen Volkes gegen eine gewaltige Übermacht, die Verachtung des Verräters, die Verdammung aller, die die Macht mißbrauchen.

Die sozialistische Gesellschaftsordnung brachte eine prinzipielle Veränderung des Stellenwertes der Kinder- und Jugendliteratur mit sich. Sie ermöglichte es, auf staatlicher Grundlage eine konsequent fortschrittliche, moralisch und künstlerisch verantwortungsbewußte Konzeption auf diesem wichtigen Gebiet auszuarbeiten und schrittweise zu verwirklichen, beginnend mit einem Verlagswesen, das einen Mißbrauch dieses entscheidenden ideologisch-erzieherischen Apparates für rein ökonomische Ziele unmöglich macht. Sie ermöglichte aber auch freiwillige Interessengemeinschaften, wie Künstlerverbände oder die Gesellschaften der Freunde des Kinderbuchs, die für das Wachstum des kinderliterarischen Schaffens Sorge tragen und sich auch um die Aufklärung der Eltern und der Bibliothekare kümmern. Das Ziel all dieser Bestrebungen und Organisationen ist ein wertvolles Kinderbuch, das die jungen sozialistischen Staatsbürger in geeigneter Weise auf das Leben in einer komplizierten Welt vorbereitet und sie zu gebildeten, aufgeklärten und fachlich tüchtigen Menschen mit großer Sensibilität erziehen soll. Soweit die Autoren aus ihrer eigenen Erlebnissphäre schöpften, hatten sie festen Boden unter den Füßen. Wenn es jedoch darum ging, ihr Schaffen den neuen sozialistischen Grundvorstellungen anzupassen, hatten sie keine Vorbilder: Ihre eigene Kindheit, die sie unter anderen gesellschaftlichen Bedingungen verlebt hatten, hatten sie nicht selten mit anderen Augen gesehen, die Welt anders erlebt, eine andere Sprache gesprochen als es jetzt notwendig wurde.

Eine wichtige Rolle in diesem komplizierten gesellschaftlichen Prozeß auf dem Gebiet der Literatur spielte das Kindergedicht der Nachkriegszeit. Seine hervorragenden Vertreter, die gleichzeitig auch für die Erwachsenendichtung bedeutend waren, und eine Reihe junger Autoren schrieben nicht nur gewandte, scherzhafte Kinderverse, wie sie vor dem Krieg gang und gäbe waren. Sie wollten ihre Stimme gegen die Nachkriegskrise, gegen die Gefühlsleere der Welt erheben, eine Welt, die sich noch nicht von den grausamen Schlägen des Krieges erholt hatte und dabei schon wieder in Angst vor neuen Kriegsdrohungen erzittern mußte. Kinderverse waren daher die besten Werte, die die tschechische Literatur der fünfziger und sechziger Jahre den Kindern schenken konnte. Das Nachkriegsschaffen der Dichter František Hrubín, Jan Čarek (1898–1966), František Branislav (1900–1968) und František Nechvátal (*1905) haben als Leitmotive die Geborgenheit der Mutterliebe, die Schönheit der Heimat, eine von Herzlichkeit bestimmte Kinderwelt. Die jüngere Generation der Kinderbuchautoren befaßte sich weniger mit dem gefühlsbetonten Gedicht. Sie stand unter dem Einfluß der Verse von Zdeněk Kriebel (*1911) und Josef Kainar (1917–1971), die mit der älteren Generation zwar Frohsinn und Lebensoptimismus teilten, die jedoch die Jugend eher durch die Leistungen ihres dichterischen Intellekts, durch ihren Sinn für Wortspiel und Phantasie fesseln wollten. Die talentiertesten jungen Autoren sind Josef Hanzlík (*1938), Miroslav Florian (*1931), Jiří Žáček (*1945) und Michal Černík (*1943). Neben ihnen gibt es aber auch junge Vertreter einer entgegengesetzten dichterischen Wesensart, die mehr an der Melodik, dem gefühlsbetonten Schaffen festhalten wie Ladislav Dvořák (*1920), Milena Lukešová (*1922) und Jindřich Hilčr (*1921).

Die Kinderbücher der Nachkriegszeit machten verschiedene Enwicklungen durch. Im Laufe der Zeit stellte sich heraus, daß harte Lebenserfahrung, weise Besonnenheit und ein hartnäckiges Festhalten an einer eigenständigen Erzählweise wichtig sind. Literarische Modeströmungen fanden rasch ihr Ende. Eine der bedeutendsten Persönlichkeiten dieser Zeit ist Bohumil Říha (*1907), der nach dem Krieg eine Reihe von Erzählungen für junge Leser schrieb wie „Honzíkova cesta (Hänschens Reise, 1954), „Divoký koník Ryn" (1966), „Pět bohů táhne přes moře" (1968), „O rezavém rváči a huňatém pánovi" (1971), „Nový Gulliver" (1973). Alle diese Werke deuten auf einen Autor hin, der eng mit den tschechischen Traditionen der nationalen Kultur und dem Alltagsleben des einfachen tschechischen Menschen verbunden ist. Im Brennpunkt seiner Aufmerksamkeit stehen die grundlegenden moralischen Werte der sozialistischen Gesellschaft wie Menschlichkeit, Ehrlichkeit und Treue zur Heimat. Unter den Angehörigen der älteren Generation kamen neben ihm vor allem František Kožík (*1909), Kamila Sojková (*1901), Adolf Branald (*1910) und Jan Ryska (*1916) zur Geltung. Unter den Werken der jüngeren Schriftsteller sind neben den Büchern von Alexej Pludek (*1923) und Josef Bouček (*1932) die Arbeiten von Ota Hofman (*1928) zu erwähnen, der mit seinen Geschichten aus dem Leben der heutigen Kinder und auch in seinen phantastischen Erzählungen ethische Schlüsselfragen stellt, wie die nach der Verantwortung für das eigene Handeln, die das Kind ebenso bedrängt wie die Erwachsenen, den Widerhall, den die Konflikte der Erwachsenen in der Seele des Kindes finden, die Frage nach echten Werten bei der Jagd nach einem bestmöglichen Lebensstandard. Auf dem Gebiet der anspruchsvollen Mädchenlektüre ist Helena Šmahelová (*1910) bekannt geworden. Sie wählt zwar traditionelle Mittel der Gestaltung, doch ihre besten Bücher („Mládí na křídlech", 1956; „Velké trápení", 1958; oder „Magda", 1959) sind außerordentlich beliebt. Die jüngeren Autorinnen Věra Adlová (*1919), Valja Stýblová (*1922), Iva Hercíková (*1935) und auch Stanislav Rudolf (*1932) fesseln vor allem durch die provozierende, protestierende Haltung moderner Mädchenfiguren, ihre Gefühlsentfremdung, die manchmal an Zynismus grenzt. Durch ihre spontane Erzählkunst zogen in den letzten Jahren auch Eva Bernardinová (*1931) und Eliška Horelová (*1925) die Aufmerksamkeit auf sich.

Gegenstand eines gleichbleibend großen Interesses ist die phantastische Erzählung, bei der sich zwei ausgeprägte Strömungen abzeichnen: die erste stützt sich auf das Wortspiel und den absurden Humor, so bei Alois Mikulka (*1933), Miloš Macourek (*1926) und anderen, die zweite knüpft an folkloristische Traditionen an, zieht einen naiven Optimismus und Eindeutigkeit in Fragen der Moral vor. Hierher gehören Jan Drda (1915–1970) oder Daisy Mrázková (*1923). Der populärste unter diesen Autoren ist Václav Čtvrtek (1911–1976), der Autor einer Reihe von Erzählungen mit der Figur des Räubers Rumzeis.

Die Breite der Themen der tschechischen Kinderliteratur der Nachkriegszeit ist ungewöhnlich reich. Auf dem Gebiet der naturbezogenen Prosa, die bei uns traditionell ein hohes Niveau aufweist, ist Jaromír Tomeček (*1906) ein fesselnder Erzähler. Von lyrischen Tagebüchern kam er neuerdings zu einer fast philosophierenden Prosa, die die dramatischen Wechselbeziehungen zwischen dem modernen Menschen und der Natur erfaßt. Bedeutende Arbeiten auf diesem Gebiet publizierten auch Jan Kozák (*1921), Donát Šajner (*1914) und Vladimír Pazourek (*1907). Große

Aufmerksamkeit wird in den letzten Jahren auch Sachbüchern für kleinere Kinder gewidmet. Auf dem Gebiet der Science-Fiction zeigt LUDVIK SOUČEK (1926–1978) außerordentlichen Einfallsreichtum. Das Abenteuerbuch und die Reisebeschreibung wurden am erfolgreichsten durch die Schriftsteller L. M. PAŘÍZEK (*1907) und MIRKO PAŠEK (*1910) repräsentiert. Der Autor EDUARD PETIŠKA (*1924) bewies seine hohe Sprachkultur und seine stilistische Disziplin bei seinen Bearbeitungen von Sagen der Antike, tschechischen Volkssagen und jüdischen Sagen aus dem alten Prag. Zu den bedeutendsten Autoren auf dem Gebiet der historischen Erzählung für die Jugend gehören MILOŠ V. KRATOCHVÍL (*1904), der Verfasser des Buchs „Podivuhodné příběhy a dobrodružství Jana Kornela“ (1954) und VÁCLAV KAPLICKÝ (*1895).

In den sechziger Jahren war eine große Belebung auf dem Gebiet der Kinder- und Jugendbuchtheorie zu verzeichnen, die heute einen ausgesprochen wissenschaftlichen Charakter annimmt und systematisch eine klare Konzeption zu erarbeiten versucht. Das Zentrum bildet die sogenannte Brünner Gruppe, die nach Kriegsende vor allem durch den Theoretiker FRANTIŠEK TENČÍK (1912–1974) und FRANTIŠEK HOLEŠOVSKÝ (*1904) repräsentiert wurde. HOLEŠOVSKÝ widmet sich vor allem der Theorie der ästhetischen Erziehung und der Geschichte der Kinderbuchillustration („Ciele estetickej výchovy a ich konkretizácia“, 1967; „Tvár a reč ilustrácie pre deti“, 1971; „Ilustrace pro děti“, 1977). Mit der Entwicklung der modernen tschechischen Kinderliteratur beschäftigen sich VÁCLAV STEJSKAL (*1922), VLADIMÍR KOVAŘÍK (1913), JOSEF ŠLAJER (1913–1974), VLADIMÍRA GEBHARTOVÁ (*1931), OTAKAR CHALOUPKA (*1935) und JAROSLAV VORÁČEK (*1927).

Große Aufmerksamkeit widmeten der bildnerischen Gestaltung des Kinderbuchs nach dem Krieg sowohl die Mitarbeiter der Verlage als auch die bildenden

*Eva Bednářová (*1937), tschechische Grafikerin, ausgezeichnet mit dem Grand Prix der BIB 1969, schuf diese Illustration für Olga Hejnás Buch „Knoflíková pohádka“ (Prag 1974).*

Künstler selbst. Im Vergleich zur Vergangenheit kann man eine Verwischung der starken Unterscheidung zwischen dem luxuriös ausgestatteten sogenannten Geschenkbuch und der normalen Gebrauchslektüre, dem früher auch von der gestalterischen Seite her billigen Schund, konstatieren. Heute wird jedem Kinderbuch große fachliche Sorgfalt gewidmet. Die Kapazität der Buchgestalter ist außerordentlich vielseitig. Die besten Kräfte, die die tschechische Graphik kennt, sind an der Kinderbuchgestaltung beteiligt. Einen gemeinsamen Nenner aller zeitgenössischen bildnerischen Strömungen im tschechischen Kinderbuch zu finden, ist nicht einfach, aber die ins Lyrische spielende, das Gefühl stark ansprechende Seite überwiegt die epische. Illustrationen mit einem anspruchsvollen künstlerischen Ausdruck herrschen gegenüber der Zweckillustration vor. Das Bemühen um die künstlerische Gestaltung ist oft stärker als das Bestreben, den Weg zum kindlichen Leser zu finden. Für die Nachkriegsentwicklung bot das Schaffen älterer Illustratoren, die in vielen Fällen erst jetzt ihre Fähigkeiten voll entfalten konnten, eine verläßliche Grundlage. Es waren dies Karel Svolinský (* 1896), Cyril Bouda (* 1901), Adolf Zábranský (* 1909) und Jiří Trnka (1912–1969), der melancholische Liebhaber des alten Prag Karel Müller (1899–1977) und andere. Zu den Individualisten der nächsten Generation gehört Ludmila Jiřincová (* 1912) mit ihren verträumten und

Seite aus dem Bilderbuch „Janko Gondášik a zlata pani" von Viera Bombová, das 1969 in Bratislava erschien. Die slowakische Illustratorin erhielt 1969 auf der BIB in Bratislava einen „Goldenen Apfel".

zarten Zeichnungen, die Illustrationen von Kamil Lhoták (* 1912) sind von einer poetischen Nüchternheit, die am reizvollsten in seinen Bildern, die den Beginn des Zeitalters der Technik an der Jahrhundertwende wiedergeben, zum Ausdruck kommt, gekennzeichnet. Ota Janeček (* 1919) beherrscht die lyrische Zeichnung der geheimnisvollen Welt der Kinder und Vögel, in der er seine Fähigkeit zur zarten Farbe und Linienführung voll zur Geltung bringen kann. Eine besondere Stellung nimmt Mirko Hanák (1921–1971) mit seinen Tierzeichnungen ein, der die emotionale Funktion und die der richtigen Sachdarstellung zu vereinen wußte. Zdeněk Sklenář (* 1910) kann in seinen graphisch sauberen, anspruchsvollen Illustrationen seine surrealistische Vorliebe nicht verleugnen. Unter den jüngsten Künstlern macht der Karikaturist Adolf Born (* 1931) durch seinen einfallsreichen intellektuellen Humor auf sich aufmerksam. Erwähnenswert sind auch die zarten Zeichnungen von Eva Bednářová (* 1937) und die Illustrationen von Jan Kudláček (* 1928), der mit dem Kind dessen Hang zum Geheimnisvollen und zum zarten märchenhaften Halbdunkel gemeinsam hat.

Von den weiteren Illustratoren, von denen viele auch im Ausland bekannt geworden sind, sollen hier noch erwähnt werden: Miloslav Troup (* 1916), Dagmar Berková (* 1923), Olga Čechová (* 1925), Květa Pacovská (* 1928), Jaroslav Šerých (* 1928), Miloš Jágr (* 1927), Jiří Běhounek (* 1929), Josef Paleček (* 1932) und Daisy Mrázková (* 1923), die meist ihre eigenen Texte illustriert.

Die Entwicklung der Kinder- und Jugendliteratur im slowakischen Sprachgebiet. Die Anfänge des literarischen Schaffens für Kinder und Jugendliche in der Slowakei sind in den achtziger Jahren des 18. Jahrhunderts zu verzeichnen. Sie erwuchsen aus den damaligen Bedürfnissen in bezug auf die Entfaltung der Volksbildungs- und Lehrbuchliteratur in der Nationalsprache. Der Rationalismus der Aufklärungsepoche rückte in der Jugendliteratur das wissenschaftliche Bildungsanliegen in den Vordergrund. Das Lesebuch „Čítanka" von Ján Kollár aus dem Jahre 1825 bildete den Höhepunkt dieser Etappe. Schöngeistige Literatur, durch Kalender- und Lesebuchausgaben vertreten, entwickelte sich erst zu Beginn der vierziger Jahre des 19. Jahrhunderts, als sie sich von den Lehrbuchausgaben löste. Damals wurde von August Horislav Škultéty (1819–1892) und Jonatan Dobroslav Čipka (1819–1861) die zweibändige Sammlung von Erzählungen für Kinder und Jugendliche mit dem Titel „Zornička" herausgegeben (1846–1947), und Škultéty begann selbst mit der organisatorischen Vorbereitung eines zweibändigen Sammelbandes von Gedichten unter dem Titel „Rečňovanky", der 1850 und 1855 erschien.

Die beiden grundlegenden Werke der slowakischen Kinderbelletristik sind dem damaligen utilitarisch-erzieherischen Konzept verhaftet, dessen Wesen im Moralisieren, im schulmeisterhaften Belehren mit

Merkmalen konfessionalen Engagements besteht. Neben dieser Literatur kam aber in den Familien, besonders im national und sprachlich traditionstreu gebliebenen ländlichen Milieu, auch lebendige, ästhetisch wirksame Tradition der kindlichen Folklore in einer breiten Skala von Liedern, Kinderreimen, Rätseln, Märchen, Legenden und Sagen zur Geltung. In Buchform herausgegebene Sammlungen volkstümlichen Schrifttums von JÁN KOLLÁR, JÁN FRANCISCI, PAVOL DOBŠINSKÝ, BOŽENA NĚMCOVÁ und anderen traten seit 1834 in den literarischen Kontext ein, bildeten den Beginn eines den Kindern zugänglichen Lektürefonds und wurden später auch zu Inspirationsquellen einer neuen, künstlerisch anspruchsvollen intentionalen Kinderliteratur. Für Kinder verständlich ist auch ein Teil der nationalen Literatur, die aus der Poetik des Volkskunstschaffens ausging. Für die zweite Hälfte des 19. Jahrhunderts gilt das auch für die Werke der realistischen Literatur von MARTIN KUKUČÍN, TERÉZIA VANSOVÁ und JOZEF GREGOR TAJOVSKÝ, in der die Kindheit in ihrer unverfälschten, poetischen Erscheinungsform dargestellt wird.

Die erste Autorin, die über den eng begrenzten Rahmen der erzieherisch ausgerichteten Kinderliteratur hinausging, war die Schriftstellerin ĽUDMILA PODJAVORINSKÁ (1872–1952), die ihren ersten Gedichtband für Kinder 1920 herausgab. Sie ging in ihrem Schaffen von der Anerkennung des Kindes als eines psychisch autonomen Wesens aus, was im Bereich der Thematik und der Genres in der Nutzung des kindlichen Spiels und vor allem in der Schaffung von anthropomorphisierten Tiergedichten und -erzählungen zum Ausdruck kam. Ihr Bestreben gipfelte im humorvollen Porträt eines Spatzenjungen, mit dessen Hilfe die Autorin in ihrer poetischen Erzählung „Čin-čin" (1943, 5. Auflage 1977) einen lebendigen kindlichen Helden vorstellte. Dieses Werk gehört, indem es dem Kind die elementaren Lebenswerte vermittelt, mit seinem künstlerischen Niveau und seiner ideellen Aussage zu den besten der slowakischen Kinderliteratur.

Parallel zur Entstehung von wertvollen Kindergedichten erschienen Anfang der dreißiger Jahre die ersten qualitativ hochstehenden Erzählungen für Kinder und Jugendliche. JOZEF CÍGER HRONSKÝ (1896–1960), der genremäßig vielseitige Begründer der künstlerischen Erzählung für Kinder, schuf mit seinen der Volksdichtung nahestehenden Geschichten „Brondove rozprávky" (1932) und „Zlatovlasá setra" (1937) spezifisch verarbeitete Volksmärchen, mit „Zakopaný meč" (1931) eine sagenhafte Erzählung für Jugendliche. Mit seiner Novelle „Sokoliar Tomáš" (1923) begründete er den historischen Roman für Jugendliche. Mit seinen phantastischen Erzählungen „Smelý Zajko" (1930, 5. Auflage 1978) und „Smelý Zajko v Afrike" (1931, 3. Auflage 1978) wurde er auch zum Begründer dieser der Unterhaltung dienenden Kinderbuchgattung. In allen diesen Genres geht der Autor von der harmonisierend-optimistischen Beziehung des Kindes zur Wirklichkeit aus und entwirft programmatische Texte, in denen Lebensfreude, gute Stimmung und Lustigkeit vorherrschen. MARTIN RÁZUS (1888–1937) hat mit seiner Reminiszenz an die eigene Kindheit ebenfalls zur Entwicklung der wertvollen Erzählung für Kinder beigetragen. Sein Buch „Maroško" – eine Koseform des Namens Martin – (1932, 3. Auflage 1972), Erlebnisse eines Dorfjungen, stellt ein psychologisch tiefgründiges Porträt einer in der Entwicklung begriffenen Persönlichkeit dar und zeichnet zugleich ein aufschlußreiches Bild des slowakischen sozialen und nationalen Lebens vor dem Ersten Weltkrieg. Das Buch „Zbojnícka mladosť" (1937, 7. Auflage 1979) von ĽUDO ONDREJOV (1901–1962) gehört zu den gelungensten Werken der slowakischen Literatur schlechthin. Es ist eine lyrische Apotheose der Kindheit in der Berglandschaft, der kindlichen Naturverbundenheit und der Sehnsucht nach Freiheit und Ungebundenheit. Bedeutungsvoll ist auch seine Sammlung von Erzählungen unter dem Titel „Rozprávky z hôr" (1932, 4. Auflage 1972), die die Konfrontation von Natur und Mensch als Thema hat und mit seiner Bevorzugung der ländlichen Welt vor der städtischen Zivilisation einen Vorläufer des Werkes „Zbojnícka mladosť" darstellt.

Eine Sonderstellung nimmt der marxistisch orientierte Schriftsteller FRAŇO KRÁĽ (1903–1955) mit seinem Schaffen ein. Seine Bücher „Jano" (1931, 9. Auflage 1976) und „Čenkovej deti" (1932, 7. Auflage 1976) sind leidenschaftliche Proteste gegen die damalige soziale Ungleichheit, die sich vernichtend auf die Entwicklung der Proletarierkinder auswirkte. In seinen Werken, der Stimmung nach oft traurig, düster, klingt perspektivisch die Mobilisation zur revolutionären Veränderung der Gesellschaft an. Diese Werke wurden zum ideellen Ausgangspunkt für die slowakische sozialistische Kinderliteratur. Auf die konfliktgeladene soziale Wirklichkeit der Zwischenkriegszeit reagierte im psychologischen Bereich JÁN BODENEK (* 1911). In seinem Buch „Ivkova biela mat" (1938, 4. Auflage 1973) hält er das Drama eines Jungen fest, der nach erschütternden Erlebnissen, die sich aus unmenschlichen Familienverhältnissen ergeben, schließlich den Wert echter Mutterliebe entdeckt.

Neben den angeführten Schriftstellern gab es eine Menge von Autoren, die auch weiterhin den Leser schulmeisterhaft belehrten, wobei – nach der Zerschlagung der tschechoslowakischen Republik 1939 und der Entstehung des sogenannten slowakischen Staates – eben diese didaktische Tendenz die Oberhand gewann und die literarischen Kunstwerke für Kinder in ihre vorkünstlerische Phase zurückdrängte. Eine Ausnahme bildeten die sagenähnlichen Geschichten von JOZEF HORÁK (1907–1974), der den zeitgenössischen Nationalismus und Konfessionalismus ignorierte und konsequent die Bedeutung des einfachen Mannes in der nationalen Geschichte hervorhob, so etwa in dem Band „Hudcov vrch" (1945, 3. Auflage 1968).

In der Zeit von 1945 bis 1948 befand sich die slowakische Kinderliteratur in bezug auf ihr Konzept und ihre Qualität in einem chaotischen Zustand. Einige Autoren versuchten – künstlerisch meist ohne Erfolg –, auf die Nachkriegsrealität zu reagieren, vor allem auf den

Aufbauenthusiasmus, der überwiegende Teil setzte jedoch die konventionelle Produktion personifizierter Tiermärchen fort. Künstlerischen Anspruch konnte lediglich Mária Rázusová-Martáková (1905–1965) erheben, die ein lyrisches Pendant zur gereimten Epik von Ľudmila Podjavorinská lieferte, so mit ihrem „Plamienočka" (1948). Für die weitere Entwicklung des Kindergedichtes versuchte sie, den traditionellen Abstand zwischen dem Autor und dem kindlichen Leser zu überbrücken. Auf dem Gebiet des Kindergedichtes war Krista Bendová (* 1923) mit „Čačky-hračky" (1949, 5. Auflage 1978) erfolgreich. Mit Hilfe ihres humorvollen Einfallsreichtums und ihrer klangvollen Verse gelang es dieser Autorin, unmittelbaren Kontakt zu den kleinsten Lesern zu gewinnen.

Der Übergang der Tsch. zum Sozialismus nach dem Februarsieg im Jahre 1948 brachte eine programmierte Entfaltung der Kultur mit sich, an der auch die Kinder- und Jugendliteratur beteiligt war. Die Kinderliteratur hörte auf, ein Randgebiet des Kunstschaffens und Gegenstand lediglich kommerziellen Unternehmertums zu sein. Sie entwickelte sich zu einem wichtigen Erziehungsmittel, das die junge sozialistische Generation mit Hilfe kunstvoller literarischer Werke sensibilisieren wollte. Dieses Anliegen machte sich vor allem die junge Autorengeneration zu eigen (Krista Bendová, Elena Čepčeková, Rudo Moric, Mária Haštová, Helena Križanová-Brindzová, Pavol Štefánik). Die durch das neue Gesellschaftssystem in diesem Bereich geschaffenen Bedingungen wie etwa die Gründung eines zentralen Verlags für Kinderliteratur, heute „Mladé letá", regten jedoch auch ältere Autoren zu neuen Arbeiten an. So Ferdinand Gabaj (1908–1974), der 1958 sein erfolgreichstes Buch „Maturantka Eva" (3. Auflage 1978) herausgab. Auf dem Gebiet der erzählenden Prosa war Jozef Horák mit „Pionierske srdce" (1952, 4. Auflage 1971), im Bereich des Kindergedichts Mária Rázusová-Martáková mit „Farebná záhradka" (1953, 3. Auflage 1963) und „Pieseň o Váhu" (1953) besonders produktiv, ebenso Krista Bendová mit „Bola raz jedna trieda" (1956, 6. Auflage 1975). Gegenstand der künstlerischen Bestrebungen all dieser Autoren war die Darstellung der neuen gesellschaftlichen Wirklichkeit und die Beziehung der Kinder zu ihr. Auch Mária Jančová (* 1908) erzielte mit ihrem Erzählband „Rozprávky starej matere" (1953, 8. Auflage 1977) ein künstlerisch optimales Ergebnis. Vermittels ihres tief empfundenen persönlichen Erlebens hat sie die Zeit ihrer Kindheit auf dem Lande dargestellt. Ein erfolgsärmeres Gegenwartsbild, bedingt durch einen noch zu geringen zeitlichen Abstand sowie durch darstellerische Vereinfachung, führte mehrere Autoren zur Nachahmung von Mária Jančová. Um die Mitte der fünfziger Jahre entstand eine breite Welle sogenannter „Zo starej horárne", 1955, 5. Auflage 1970; Dominik Štubňa-Zámostský: „Príhody od Hrona", 1955, 5. Auflage 1975). Die Kulmination dieser Welle bildete die Erzählung von Mária Rázusová-Martáková „Chlapčekovo leto" (1956, 2. Auflage 1968), die einerseits die geheimnisvolle Welt der Kindheit und andererseits die zeitgenössische soziale und gesellschaftliche Wirklichkeit in gelungener Verschränkung festhielt. In diesen Jahren gab auch Rudo Moric (* 1921) sein populärstes Buch heraus, eine Reihe von Erzählungen unter dem Titel „Z polovníckej kapsy" (1955, 7. Auflage 1977). Rudo Moric ist der produktivste slowakische Erzähler der fünfziger, sechziger und siebziger Jahre. Mit seinen Kinderbüchern führt er den kleinen Leser in die geheimnisvolle Welt der Tiere und des Gebirges ein, wobei er auch das charakteristische Verhalten der von dieser Landschaft geprägten Menschen festhält. Auf anthropomorphisierender Ebene knüpft er mit dem erfolgreichen Zyklus „Rozprávky z lesa" (1971) an dieses Grundthema an. Auch in den Erzählungen vom Widerstand gegen den Faschismus, so mit „Explózia" (1951, ^{4}1974) und „Sen o chlebe" (1969) erweist er sich als schöpferischer Autor. Das Schaffen von Elena Čepčeková (* 1922) überzeugt vor allem durch Erzählungen mit Mädchen als Heldinnen wie in dem Buch „Serenáda pre Martinu" (1972, ^{2}1978), in denen die Autorin auf die Probleme des Heranreifens und auf Familienkonflikte eingeht. Helena Križanová-Brindzová (* 1922) gelang in ihren Erzählungen eine künstlerisch überzeugende Darstellung der kindlichen Entwicklung („Dušan", 1962), Hana Zelinová (* 1914) trat mit einer balladesken Erzählung über den Widerstandskampf (Jakubko-Kobi, 1959, ^{6}1978) in die Kinderliteratur ein, während sie in ihren kleinen Geschichten für die Jüngsten („Do videnia Zusanka", 1967, ^{2}1967) an neuere Erzählformen anknüpfte.

Im Bereich des Kindergedichts zählen auch Versbände bedeutender Autoren der älteren Generation zu den erwähnenswerten Leistungen dieser Gattung, wie die von Ján Smrek (* 1898), Andrej Plávka (* 1907), Ján Kostra (1910–1975), Štefan Žáry (* 1918) und Vladimír Reisel (* 1919).

Gegen Ende der fünfziger Jahre trat eine Generation in die Kinderliteratur ein, die alle bisherigen Klischees und Konventionen vehement ablehnte und für ihr Schaffen die kindliche Sicht der Welt als Grundprinzip durchzusetzen wünschte. Im Bereich der Kindergedichte wird diese Generation durch Ľubomír Feldek und Miroslav Válek, im Bereich der erzählenden Prosa durch Klára Jarunková, Mária Ďuríčková, Elena Čaplovičová, Vincent Šikula und andere repräsentiert.

Ľubomír Feldek (* 1936) hat schon mit seinem ersten Buch „Hra pre tvoje modré oči" (1959) für Aufsehen gesorgt, da er hier im Vergleich zum herkömmlichen Kindergedicht in wahrhaft provokativer Weise die überschäumende Phantasie, die Verspieltheit und Vorstellungskraft des Kindes zur Geltung brachte. Diese Tendenz, noch erweitert durch Nonsenseelemente, wurde zum entscheidenden Faktor seines gesamten späteren Schaffens („Hlava, ktorú som mal vtedy", 1967; „Jantárový svet", 1977). Ähnliche Tendenzen zeigen sich auch in seinen Puppenstücken (Gesamtausgabe 1978) und Prosawerken („Zlatúšik", 1965; „Rozprávky na niti", 1970; „Modrá kniha rozprávok", 1974), mit denen die moderne phantastische Erzählung mit

ethischer Aussage im slowakischen Sprachbereich begann. Auf dem Gebiet des Kindergedichts hat das Werk von MIROSLAV VÁLEK (* 1927) eine ähnliche Bedeutung. Den bisherigen Höhepunkt seines Schaffens stellte die Sammlung „Do Tramtárie" (1970, ²1974) dar, in der VÁLEK, auch ein bekannter Autor im Bereich der Erwachsenenliteratur, den Schritt von der Vorbereitung des poetischen Spiels für das Kind („Kúlza pod stolom", 1959) zur Teilnahme daran vollzog und damit dem ästhetischen Programm der modernen Kinderliteratur eine neue Richtung gab. Im Bereich der erzählenden Prosa wurde dieser neue Trend von KLÁRA JARUNKOVÁ (* 1922) am überzeugendsten zum Ausdruck gebracht. Ihre heute auch international bekannten Kinderbücher („Hrdinský zápisník", 1960, ⁴1974; „Jediná", 1963, ⁵1976; „Brat mlcanlivého Vlka", 1967, ²1975; „Tiché búrky", 1978) beinhalten künstlerisch gelungene Aussagen über psychische und sittliche Reifeprozesse des heutigen Kindes und seine komplizierten Beziehungen zur Welt der Erwachsenen.
Durch hohe Qualität ist auch das Werk von MÁRIA ĎURIČKOVÁ (* 1919) gekennzeichnet, das dank seiner gattungsmäßigen Vielfalt alle Altersstufen einbezieht. Den Höhepunkt ihres Schaffens bildet die psychologische Novelle „Majka Tarajka" (1965), in der die Heldin ihr gestörtes Selbstbewußtsein nach schmerzlichen Erfahrungen überwindet. Großen Widerhall fand sowohl in der Heimat als auch im Ausland die Sammlung „Zlatá brána" (1975, ²1978), mit der die Autorin das Ziel verfolgte, das künstlerische Vermächtnis früherer Generationen heutigen Kindern wieder nahezubringen. Ein ähnliches Buch veröffentlichte MILAN RÚFUS (* 1928). In seinem gereimten Märchenbuch („Kniha rozprávok", 1975) greift er auf die Sammlung „Prostonárodné slovenské povesti" (1880–1883) von PAVOL DOBŠINSKÝ (1828–1885) zurück. Seine Ausgabe ist jedoch eine sehr eigenständige Interpretation der alten Volksmärchen.
ELEONÓRA GAŠPAROVÁ (* 1925) nahm den Alltag der zeitgenössischen Kinder als Thema. Von ihren realistischen Büchern erweckten vor allem ihre Mädchenschicksale Aufmerksamkeit, da sie es verstand, den gängigen Klischees des herkömmlichen Mädchenbuches aus dem Wege zu gehen. Sie vermochte den Reifeprozeß wirklichkeitstreu festzuhalten. Am gelungensten ist wohl ihr Roman „Koncert bez ruží" (1974), in dem sie junge Menschen im Milieu einer Musikschule darstellt. Das Leben der jungen Generation wurde auch zum Thema der besten Erzählungen von JÁN NAVRÁTIL (* 1939) und NATAŠA TANSKÁ (* 1929). JOZEF PAVLOVIČ (* 1934) begeistert sich bei seinen Kindergeschichten am Wortspiel, im Bereich der erzählenden Prosa an der spielerischen Tiergeschichte (Bračekovia mravčekovia", 1972). Besondere Erwähnung verdient das Kinderbuch „Prázdniny so strýcom Rafaelom" (1965, ³1976) von VINCENT ŠIKULA. Der Held, ein Dorfjunge, flieht instinktiv vor der menschlichen Teilnahmslosigkeit in die Gesellschaft älterer Menschen, bei denen er Lebensweisheit und Gefühlswärme findet. Ein ähnliches Thema im städtischen Bereich greift VLADO BEDNÁR (* 1941) auf, der in dem Buch „Nebrnkaj mi na city" (1967) die Mentalität und Sprache junger Menschen im Pubertätsalter wahrheitsgetreu zum Ausdruck bringt.
Das Bestreben der neuen Autorengeneration, das Kind von heute glaubwürdiger darzustellen, wird auch bei MILAN FERKO (* 1929) in seinem Gedichtband „Na Mars a späť" (1960) sichtbar. Sein künstlerisch wertvollstes Werk ist eine Erzählung aus der Zeit des Widerstands gegen die nationalsozialistische Unterdrückung „Keby som mal pusku" (1968). Ähnliche Themen und Erzählhaltung finden sich bei JÁN BEŇO (* 1933), PETER ŠEVČOVIČ (* 1935), PETER KOVÁČIK (* 1936) und VIERA HANDZOVÁ (* 1931).
Trotz eines erhöhten Interesses für die antifaschistische Thematik ist in den siebziger Jahren der Alltag des modernen Kindes das beherrschende Thema. Neben älteren Autoren fühlt sich auch die junge Autorengeneration von diesem Themenkreis angezogen. Ihre künstlerische Aussage zeigt sich einerseits als lyrisierendes Porträt des heutigen Kindes (DUŠAN DUŠEK: „Najstarší zo všetkých vrabcov", 1976; DUŠAN KOVÁČ: „Tahomstvá", 1978), andererseits als Parteinahme für das Kind bei seinem Kampf gegen die Teilnahmslosigkeit der Erwachsenen (JANA ŠRÁMKOVÁ: „Biela stužka v tvojich vlasoch", 1973, ²1975; ONDREJ SLIACKY: „Krásna modrá mušla", 1976). Die Kindergedichte werden in den siebziger Jahren besonders durch das Werk von TOMÁŠ JANOVIC (* 1937) repräsentiert, der einen humorvollen Blick ins private Familienleben wirft und sich dabei Nonsenseelemente zunutze macht („Rozprávkové varechy", 1975).
Auch das Sachbuch ist ein fester Bestandteil der slowakischen Kinderliteratur geworden. Seit den sechziger Jahren erfuhr diese Gattung nicht nur ein quantitatives Wachstum, sondern entwickelte sich von der anspruchslosen populärwissenschaftlichen Plauderei hin zur fundierten wissenschaftlichen Aussage. Produktive Autoren auf diesem Gebiet sind ĽUDO ZÚBEK (1907–1969), Autor eines breit angelegten Bildes vom ersten slawischen Staatsgebildes in Mitteleuropa („Ríša Svätoplukova", 1969), VLADIMÍR FERKO (* 1925), unter anderem Verfasser des heimatkundlichen Bandes „Kniha o Slovensku" (1978), JÁN JURIČEK (* 1922), MARGITA VALEHRACHOVÁ (* 1909), JOZEF PONEC (* 1918) und JOZEF FRAŇO (* 1916). Der bedeutendste slowakische Sachbuchautor ist VOJTECH ZAMAROVSKÝ (* 1919), ein in Prag lebender Slowake, der sowohl tschechisch als auch slowakisch schreibt. Im Mittelpunkt seines Interesses steht die Welt der Antike, die er nicht nur auf souveräne Art und Weise faktographisch vergegenwärtigt, sondern auch auf wissenschaftlicher Basis rekonstruiert, wobei er vor allem dem Einfluß der Antike auf die weitere Entwicklung der menschlichen Zivilisation großen Wert beimißt („Objavenie Tróje", 1962, ³1976; „Dejiny písané Rímon", 1971; „Grécky zázrak", 1974).
Ein großes Verdienst auf der qualitativen Ebene der slowakischen Kinderliteratur kommt der Literaturwissenschaft, die nicht nur Registrator, sondern auch in

ihren besten Arbeiten Stimulator der Entwicklung ist, zu. Zu den Repräsentanten gehören STANISLAV ŠMATLÁK (* 1925), JÁN POLIAK (1929–1977), ZLATKO KLÁTIK (* 1922), FRANTIŠEK MIKO (* 1920), JÁN SEDLÁK (* 1914), LÝDIA KYSELOVÁ (* 1919), JÁN KOPAL (* 1925), JÚLIUS NOGE (* 1931), von den jüngeren ONDREJ SLIACKY (* 1941), Initiator des Lexikons der slowakischen Schriftsteller für Kinder und Jugend (1970, 2. Auflage 1978).

Die Bilder- und Kinderbuchillustration in der Slowakei. Bis zur Mitte des 20. Jahrhunderts wurde in der Slowakei die Buchillustration mehr oder weniger sporadisch gepflegt, obwohl andere Zweige der bildenden Künste, wie die freie Malerei, die Graphik und Plastik schon weit entwickelt waren.
Nach 1918 wurden die Grundlagen moderner Bilderbuchillustration auf Grund individueller Bestrebungen von Malern entwickelt, die selbst ein gutes Verhältnis zur Buchkultur besaßen. In den Prozeß der Entwicklung einer slowakischen Illustrationskunst griffen bildende Künstler auch mit der gelegentlichen Gestaltung von Büchern für Kinder und Jugendliche ein, wobei die Buchillustration für sie Bestandteil ihres bildkünstlerischen Programms wurde. Zu nennen sind MARTIN BENKA, KAROL ONDREIČKA, EMIL MAKOVICKÝ und ĽUDOVÍT FULLA. Sie und weitere Künstler pflegten die Kontinuität der Entwicklung der Illustrationskunst bis 1945–1948, als sich bessere objektive Voraussetzungen entfalteten. Anspruchsvollere Verlagskonzeptionen, die Entwicklung der bildenden Künste schlechthin, die Praxis einer organisierten Verlagstätigkeit, der gesellschaftliche Stellenwert der Illustrationsarbeit, die systematische Heranbildung des Nachwuchses förderten die Illustrationskunst. Diese Voraussetzungen wurden schrittweise geschaffen und hoben die Buchillustration aus dem Bereich der Improvisation auf eine Ebene zielbewußter schöpferischer Tätigkeit.
Grundlegend für die Bedeutung der Illustrationskunst als spezifische Kunstdisziplin war das Wirken MARTIN BENKAS (1888–1971). Obwohl er sich neben der Illustration auch anderen Zweigen der darstellenden Kunst widmete, kannte er keinen grundlegenden Unterschied zwischen monumentaler Malerei und Buchgraphik und gestaltete mit dem gleichen inneren Verhältnis figurale Motive monumentaler Sgraffiti, Glasdruckplatten oder Kammergemälde wie zeichnerische Transpositionen von Volksmärchen. Die Illustrationen von MARTIN BENKA repräsentieren jenen Typ der kunstgraphischen Zusammenarbeit an der Herstellung eines Buches, dessen Sinn darin besteht, ein Pendant der literarischen Aussage zu schaffen, das vom Gesichtspunkt des Inhalts am geeignetsten und vom Gesichtspunkt der Kunstgraphik am wertvollsten ist. Ein Grundzug des kunstgraphischen Ausdrucks seiner Illustrationen ist – ebenso wie bei seinen freien Gemäldekompositionen – die Hervorhebung der Gestalten durch ganz besondere Typologie sowie die Akzentuierung der Gattungsmerkmale. Darum auch steht die graphische Konzeption MARTIN BENKAS, die programmatisch nach einem eigenständigen slowakischen Charakter des zeichnerischen Ausdrucks strebt, so sehr im Einklang mit der Eigenart der Wiegenlieder, der Märchen und Volkslieder und mit dem nationalen Vermächtnis der slowakischen Dichter. Ähnliche Züge wie bei BENKA sind auch bei den Illustratoren zu verzeichnen, die sich seiner Richtung anschlossen. Die zu ihrer Zeit bedeutendsten slowakischen Kinderbuchillustratoren KAROL ONDREIČKA (1898–1961) und EMIL MAKOVICKÝ (* 1908) fanden ihren illustrativen Ausdruck auf dem Hintergrund einer charakteristischen eigenständigen Motivation, die durch Verwandtschaft zum ländlichen Gemäldegenre gekennzeichnet war. Darin wurden sie durch tschechische Künstler wie JÁN HÁLA (1890–1950) und JAROSLAV VODRÁŽKA (* 1894) bestärkt.
HÁLAS Buchillustrationen, meist mit Tusche ausgeführte Federzeichnungen, die mit Aquarellfarben koloriert sind, bilden einen festen Bestandteil seines Gesamtwerkes. In seinen Buchillustrationen steigerte HÁLA den märchenhaft-idyllischen Charakter seiner Volkstypen, die auf dem Hintergrund der landschaftlichen Besonderheit der Važec-Region unterhalb der Tatra zu sehen sind. Die Stilisierung und Idealisierung von Gestalten und Gegenständen, die bei Gemälden zuweilen präexponiert erscheinen, kam bei den Buchillustrationen im Kontext mit geeigneten literarischen Vorlagen angemessen zur Geltung. Bestimmend für das Illustrationswerk von JÁN HÁLA ist sein Hang zur slowakischen Folklore. Diese Vorliebe wurde durch die von ihm illustrierten Bücher auf die Leserschichten übertragen, so daß gerade durch HÁLAS Illustrationen beim Betrachter die Vorstellung von der unverfälschten slowakischen Umwelt und ihren Volkstypen geprägt wurde.
Eine Sonderstellung unter den Begründern der slowakischen Illustrationskunst nimmt JAROSLAV VODRÁŽKA ein. Dieser Künstler war einer der ersten, der sich im Sinne fortschrittlicher Bestrebungen um eine komplexe Buchgestaltung bemühte. Er widmete seine Aufmerksamkeit nicht nur der Illustration selbst, sondern auch dem Umschlag, dem Bindevorgang, der gesamten Buchausstattung. Die von VODRÁŽKA illustrierten und gestalteten Bücher zeichnen sich dadurch aus, daß der Charakter der einzelnen Illustrationen vorzüglich mit der Gestaltung der einzelnen Buchseiten korrespondiert. VODRÁŽKAS kunstgraphische Interpretation literarischer Werke ging als angemessene illustrative Bewältigung ins Bewußtsein seiner Zeitgenossen ein. Das beweisen auch viele Neuauflagen, die noch Jahrzehnte später keineswegs als Anachronismus empfunden werden. VODRÁŽKAS Illustrationen zu den Büchern von MÁRIA RÁZUSOVÁ-MARTÁKOVÁ, ĽUDMILA PODJAVORINSKÁ, MÁRIA ĎURIČKOVÁ und insbesondere PAVOL DOBŠINSKÝ und JOZEF CÍGER HRONSKÝ bilden Meilensteine der slowakischen Illustrationskunst.
Die Ähnlichkeit der Konzepte zu Beginn der modernen Illustrationskunst erwuchs einerseits aus dem künstlerischen Konzept und andererseits aus der damaligen Ausrichtung der Verlage. Vorherrschend war die von der Gattung bestimmte begleitende illustrative Darstellung des literarischen Inhalts, also ein auf die Funktion

der Buchillustration ausgerichtetes künstlerisches Konzept. Die Vertreter dieser Grundströmung bildeten lange die Hauptstützen der modernen slowakischen Illustrationskunst. Mit der Zeit kamen jedoch Tendenzen hinzu, die sich anspruchsvollere Ziele setzten, sowohl in bezug auf den künstlerischen Ausdruck als auch auf die besonderen Aufgaben, die der graphischen Gestaltung bei der Buchherstellung zufallen.

*L'udovít Fulla (*1902), slowakischer Maler und Illustrator, schuf diese Illustration für das Buch „Slovenské rozprávky 2" von Pavel Dobšinsky (Bratislava 1970).*

Einen wesentlichen Beitrag zu diesem Entwicklungsprozeß leistete der Illustrator LUDOVIT FULLA (* 1902). FULLA enthüllt und gestaltet in seinen Illustrationen die im literarischen Werk enthaltenen Tendenzen und Aussagen und schafft neue, kunstgraphische Qualitäten. Dank seines Einfallsreichtums entsprechen seine Werke sowohl den Kriterien für Ausstellungsexponate als auch jenen für Buchillustrationen, die funktional an einen konkreten Text gebunden sind (z. B. Sammlungen von Volksdichtungen, Buchumschläge, Illustrationen zu Werken der Hviezdoslav-Reihe, in der die Klassiker der slowakischen Literatur herausgebracht werden, Ausgaben der slowakischen Märchen von PAVEL DOBSINSKÝ und anderer). In FULLAS Illustrationen ist die Monumentalität des Ausdrucks mit der Einfachheit der künstlerischen Sprache, die ideale Aussage mit dem zeichnerischen Einfallsreichtum, der malerische Farbenreichtum mit der Tiefe seiner Beziehungen zur nationalen Volkskunst vereint. Trotzdem ist FULLAS Illustrationskunst immer aktuell und entwicklungsfähig.

Im Rahmen der Weiterentwicklung einer künstlerisch hochstehenden Illustrationskunst kamen immer neue Illustratoren hinzu, die die Fortentwicklung bereicherten. Hier ist VINCENT HLOŽNÍK (* 1919) an erster Stelle zu erwähnen. HLOŽNÍK spielte eine wichtige Rolle bei der Herausbildung neuer Akzente. Auch HLOŽNÍK strebte nach einer kunstgraphischen Gesamtausstattung des Buches und brachte dies in seinen Arbeiten zum Ausdruck. In dieser Hinsicht waren seine Kontakte mit dem Buchgestalter DUŠAN ŠULC sehr fruchtbar. HLOŽNÍK repräsentiert die Illustrationskunst vor allem im Bereich der Übersetzungen klassischer Werke der Weltliteratur für Kinder und Jugendliche (CERVANTES, DICKENS, DE COSTER, ANDERSEN, SWIFT, DEFOE und HAUFF). In der graphischen Interpretation der literarischen Inhalte dominiert einmal das zeichnerische, ein andermal das kunstgraphische oder malkünstlerische Element, je nach Charakter der literarischen Vorlage. Als Lehrer für Buchgraphik hat HLOŽNÍK eine große Anzahl von jungen Graphikern herangebildet.

Entsprechend der Entwicklung der gesamten Buchkultur zeigt auch die Illustrationskunst eine große künstlerische Vielfalt und entwickelt ständig neue Konzepte. Noch bevor die Schüler von HLOŽNÍK selbständig tätig wurden, ist das Schaffen mehrerer Künstler zu verzeichnen, die sich Anregungen aus der slowakischen Volkstradition holten wie ALOJZ KLIMO (* 1922) mit seinem der Malerei nahe verwandten Illustrationsstil, RÓBERT DÚBRAVEC (1924–1976) und ERNEST ZMETÁK (* 1919), die eine Renaissance des Holzschnitts einleiteten. ALOJZ KLIMO trifft mit seinen Illustrationen das Charakteristische von Zaubermärchen, Volkserzählungen oder Wiegenliedern, obwohl er einen sehr modernen Zeichenstil pflegt. Dadurch sorgt er aber auch dafür, daß die traditionellen Volksüberlieferungen auch für den modernen Menschen interessant bleiben. In diesem Sinne ist die unkonventionelle Art der Illustration der Erlebnisse des Rebellenhelden Jánošík und anderer Themen aus der Volkstradition durch RÓBERT DÚBRAVEC zu verstehen, wobei der klassische Holzschnitt wie auch der farbige Holzschnitt auf originelle Weise zur Geltung kommen.

In der breiten Palette der modernen Kinder- und Jugendbuchillustratoren nimmt auch die Arbeit von JOZEF BALÁŽ (* 1923) eine führende Stellung ein. Er begann zu einer Zeit, als epische Ausdrucksformen vorgezogen wurden, da diese dem Bestreben nach einem breiten Verständnis literarischer Werke entsprachen. Mehrere Arbeiten von BALÁŽ gehen von einer Auffassung der literarischen Vorlage als einem erzählend darstellenden Text aus. Dieser sehr verbreitete Illustrationsstil, der eine einfache, funktionale, an den Text gebundene Graphik zum Ziel hat, wird noch immer von vielen Illustratoren gepflegt. Mit der Zeit wandelte sich jedoch der Illustrationsstil von JOZEF

BALÁŽ. Es zeigt sich ein Weggehen von der epischen Nachzeichnung und eine Tendenz zur mehr lyrischen Ausdeutung bis hin zu einer freieren, vom Text unabhängigen Darstellungsweise (z.B. bei der Illustration von HOMERS „Ilias").

Auf einer anderen Ebene liegt das Schaffen von ŠTEFAN CPIN (1919–1971), das einerseits dem Charakter der literarischen Vorlagen entspricht, andererseits aber auch die Sehgewohnheiten des kindlichen Leserkreises im Auge hat. CPIN war ein Kinder- und Jugendbuchillustrator, der ganz in seiner Arbeit für das Buch aufging. Diese enge Beziehung zeigt sich mit großer Deutlichkeit bei seinen Illustrationen zu Werken von PAVOL DOBŠINSKÝ, BOŽENA NĚMCOVÁ, ĽUDMILA PODJAVORINSKÁ, MÁRIA RÁZUSOVÁ-MARTÁKOVÁ, FRANTIŠEK KRÁĽ oder PETER JILMENICKÝ.

Spezifische Probleme brachte das ansteigende Interesse für Abenteuerliteratur und Sachbücher und schließlich auch die immer eindeutigere Ausrichtung der slowakischen Belletristik auf eine Gegenwartsthematik. Jeder dieser neuen Bereiche fand genuine illustrative Repräsentanten wie ĽUBOMÍR KELLENBERGER (1921–1971), TEODOR SCHNITZER (* 1933), VLADIMÍR MACHAJ (* 1929) oder DUŠAN KÁLLAY (* 1948).

Die breite Skala der Illustrationskonzepte wird durch das Schaffen jener bildenden Künstler noch erweitert, die in der Illustrationskunst nach Originalität des künstlerischen Ausdrucks streben und sich von einem autonomen künstlerischen Ausdruck leiten lassen. Diese Akzentuierung der künstlerischen Form führt zu einer Vertiefung der künstlerischen Transposition des Inhaltes, die sich nun nicht mehr auf einzelne Szenen der Handlung stützt, sondern graphische Deutungen versucht, die sich aus der Gesamtaussage des literarischen Werkes herleiten lassen. Diese Richtung arbeitet mit zeichnerischen Verdichtungen, symbolischen Andeutungen und Kürzeln und fordert eine größere Abstraktionsfähigkeit beim Erfassen der graphischen Aussagen. Diese Stilart kann freilich nur dann sinnvoll eingesetzt werden, wenn der autonome Charakter der Illustrationen ihre funktionale Wirkung nicht stört.

Dieser Zeichenstil wird von ALBÍN BRUNOVSKÝ (* 1935) repräsentiert. Er illustrierte Werke von ANDERSEN, CERVANTES, indonesische, englische, norwegische Märchen. Auch VIERA BOMBOVÁ (* 1932), die slowakische, indonesische, indianische und philippinische Märchen graphisch gestaltet, und die den lyrischen Ausdruck vorzeichnende MÁRIA ŽELIBSKÁ (* 1913) gehören hierher, ebenso JÁN LEBIŠ (* 1931) mit Illustrationen zu PUŠKIN oder LAFONTAINE. Durch spielerische Leichtigkeit, Erfindungsreichtum und künstlerische Originalität zeichnen sich die Illustrationen von MIROSLAV CIPÁR (* 1935) aus. Weitere bedeutende Illustratoren sind VIERA GERGELOVÁ (* 1930), JARMILA PAVLÍČKOVÁ (* 1929), VIERA KRAICOVÁ (* 1920), IRENA TARASOVÁ (* 1931), BLANKA VOTAVOVÁ (* 1933), LADISLAV NESSELMAN (* 1936), FERDINAND HLOŽNÍK (* 1921), NAĎA RAPPENSBERGEROVÁ (* 1936), ONDREJ ZIMKA (* 1937), EUGÉNIA LEHOTSKÁ (* 1943) und ĽUBA KONČEKOVÁ-VESELÁ (* 1942).

→ V. Bombova, → A. Brunovsky, → J. Čapek, → K. Čapek, → J. A. Comenius, → Vl. Fuka, → L. Fulla, → O. Hofman, → Fr. Holešovský, → O. Janecek, → Kl. Jarunkova, → D. Kallay, → J. Kudlaček, → J. Lada, → R. Moric, → Orbis Pictus, → J. Paleček, → Pan Tau, → H. Smahelova, → V. Stejskal, → Fr. Tencik, → J. Trnka, → A. Zabransky, → O. Zimka

Sekundärliteratur: F. Bulánek: Úvod do literatury pro mládež (1937); Novost v písemnictví pro deti a mladez (1941). – O. Chaloupka: Horizonty čtenářství (1971); Vybrané kapitoly z dětské literatury (Bd. 1–3. 1973–1979; zus. mit V. Nezkusil). – O. Chlup: O estetické výchově (1956; zus. mit A. Sychra). – Z. Herman: Dobrodružné poznávání (1962). – Fr. Holešovský: Naše ilustrace pro děti (1960); Ilustrace pro děti (1978); Z. Klátik: Slovo kľúč k detstvu. Dielo, druh, kontext v tvorbě pre mládež (1975); Svetová literatura premladež (1978). J. Kopal: Literatura a detsky aspekt (1970). – M. Majerová: O dětské literatuře (1956). – V. Nezkusil: Spor o specifičnost dětské literatury (1971). – V. Pazourek: Přítomnost české literatury pro mládež (1946). – J. Petrus: Přehled československé literatury pro mládež (1937). – S. Polach-Topol: Česká literatura pro mládež (1937). – J. Poliak: Literatura – mládež a súčasnost (1963); Podoby a premeny literatury pre mládež (1970). – O. Pospíšil: Dětská literatura česka (1924; zus. mit V. F. Suk). – F. Pražák: Dětská četba (1934). – B. Říha: Zatvrzelý sen (1973). – O. Sliacky: Literatura pre deti a mládež v národním obrodení (1973); Slovník slovenských spisovateľov pre deti a mládež (1978). – S. Šmatlák: Básník a dietá (1976). – V. Stejskal: Moderní česká literatura pro děti (1962); Zápas o vlastní hlas (1972). – F. Tenčík: Četba mládeže v počátcích obrození (1962); Umění dětem (1972). – J. Voráček: Česká literatura pro mládež (1971); Vývoj teorie a kritiky české literatury pro mládež (1972).

Otakar Chaloupka, Ondrej Sliacky,
Václav Stejskal, Marian Veselý

Türkei

(Türkiye Cumhuriyeti). Republik in Vorderasien und Südosteuropa. Staatsgebiet: 774 810 km²; Einwohner 35 666 500. Nach der Verfassung ist die T., die am 29. 10. 1923 zur Republik ausgerufen wurde, eine nationale, demokratische, laizistische und soziale Republik. Die Bevölkerung besteht zu 90 % aus Türken, daneben gibt es außer 2,2 Millionen islamischen Kurden noch die Minderheiten der islamischen Araber, Griechen und Armenier. 98 % der Bevölkerung gehören dem Islam an. Amtssprache ist türkisch.

Entwicklung der Kinder- und Jugendliteratur und gegenwärtiger Stand. Während der Ursprung der türkischen Literatur bis in das 18. Jahrhundert zurückreicht, existiert eine spezifische türkische Kinder- und Jugendliteratur erst seit ungefähr hundert Jahren. Ihrer Entstehung begegnet man in der Tanzimat-Periode (1839–1876), die eine soziale und politische Neuorientierung der türkischen Gesellschaft brachte. Einerseits bemühten sich die Autoren der Tanzimat-Periode, in den europäischen Literaturen – am Anfang vor allem in der französischen – neue Themen und Gattungen zu entdecken, um diese dann in das türkische Geistesleben zu übernehmen; andererseits versuchten sie sich auf das nationale Kulturschaffen zu konzentrieren mit der Absicht, eine eigenständige moderne Literatur zu entwickeln. Das Studium des einheimischen Literaturgutes führte die Autoren zur Wiederentdeckung der eigenen Volksdichtung. Neben Spruchgut, Märchen, Rätsel, Sagen und Heldenepen wurde der beim türkischen Volk sehr beliebte NASRETTIN HODSCHA zu einer Quelle für neue Veröffentlichungen, die auch bei Kindern gut ankamen. Der Überlieferung nach hat NASRETTIN HODSCHA im 13. Jahrhundert gelebt. Man vermutet, daß er in Sivrihisar geboren wurde und in Aksehir gestorben ist. Seine Schwänke spiegeln in den kurzen, aber inhaltsreichen Texten die Weltanschauung und das Verhalten des einfachen lebensklugen Mannes aus dem türkischen Volk in den verschiedenen Lebenslagen wider. ÇAYLAK TEVFIK (1843–1892), einer der Dichter der Tanzimat-Periode, hat die Schwänke NASRETTINS unter dem Titel „Letaif-i Nasrettin" zum ersten Mal 1883 veröffentlicht. Seitdem wurden sie von verschiedenen Schriftstellern neu bearbeitet.

Das berühmte Schattenspiel „Karagöz" (Schwarzauge) hat Jahrhunderte hindurch an die Vorstellungskraft der Kinder und der Erwachsenen appelliert und sie ermuntert, diese Spiele nicht nur auf der Bühne zu genießen, sondern sie auch selbst zu spielen. Die „Karagöz"-Spiele gelten als eine wichtige Quelle der Kinder- und Jugendliteratur.

Die sowohl den Erwachsenen als auch den Kindern und Jugendlichen bekannten und beliebten Volksepen wie „Dede Korkut", „Ferhat und Şirin", „Köroğlu", „Battalgazi" sind die wichtigsten Beiträge zur alttürkischen Literatur, die – nach der Übernahme der islamischen Religion durch die Türken im 10. Jahrhundert – in Mittelasien und auch in Anatolien entstanden sind.

Als frühestes Kinderbuch in türkischer Sprache gilt „Hayriye" Es stammt von dem Dichter NABI (1642–1712), ist in Reimen geschrieben und enthält Ratschläge des Vaters an seinen Sohn. Allerdings stellt diese didaktische Handschrift hohe sprachliche Anforderungen, so daß sie Kindern ohne die Vermittlung durch Erwachsene kaum zugänglich ist.

Die erste türkische Fibel „Nuhbet-ül etfal" wurde erst 1859 von dem Arzt RÜŞTÜ aus Kayseri veröffentlicht. Sie enthält unter anderem Übersetzungen bekannter europäischer Geschichten und Fabeln wie „Die Ameise und die Grille" sowie die Fabel von dem Fisch, der ins offene Meer schwimmt.

Der populärste Dichter der Tanzimat-Periode AHMET MITHAT (1844–1912) hat über 200 Werke aus allen Gattungen und Stoffgebieten veröffentlicht. Da er seine Werke vor allem der Volksbildung dienstbar machen wollte, wandte er sich auch an Kinder und Jugendliche. Seine Bücher „Hace-i Evvel" (1871) und „Kissaden Hisse" (1871) gehören zu den Anfängen einer eigenständigen türkischen Kinder- und Jugendliteratur.

In dem ersten Buch belehrte MITHAT die Schüler über Mathematik, Raumlehre, Erdkunde und andere Fachgebiete; im zweiten stellte er kurze, einfache fabelähnliche Geschichten zusammen. „Sabirsizlik", „Eşek Şakasi", „Iki Tilki" sind Beispiele dieser Geschichten.

Die Schriftsteller der Tanzimat-Periode und ihre Nachfolger erkannten die Notwendigkeit und das Bedürfnis, für Kinder zu schreiben; so entstanden in dieser Periode auch die ersten türkischen Kinderzeitungen und Zeitschriften. Die Zeitschrift „Mümeyyiz" (1869), von der jede Nummer in verschiedener Farbe und auf verschiedenem Papier gedruckt wurde, leistete mit ihrer leichtverständlichen Sprache, den Rätseln und Fortsetzungsgeschichten Pionierarbeit auf diesem Gebiet. Die Zeitschriften „Etfal" (1875) und „Aile" (1880) waren ähnlich angelegt. Wer weiß, daß ŞEMSETTIN SAMI (1850–1904), der Chefredakteur der Zeitschrift „Aile" und gleichzeitig Herausgeber und Verfasser zahlreicher Beiträge war, Sprachwissenschaft studiert hatte, Französisch, Italienisch, Griechisch, Arabisch und Persisch sprach, als Vorläufer der Reformbewegung für die Vereinfachung der türkischen Sprache zählt, wird verstehen, daß sich die Autoren dieser Epoche an einen breiten Leserkreis wenden wollten.

Den Verfassern AHMET RASIM (1864–1932), ZIYA GÖKALP (1876–1924) und ÖMER SEYFETTIN (1884–1920), die die kritische Phase der neueren türkischen Geschichte erlebten und Zeuge der Konstitution der neuen Staatsform von 1908 waren, wird ein besonderer Platz in der klassischen türkischen Kinder- und Jugendliteratur zugewiesen. Da sie für eine eigenständige Nationalliteratur kämpften, übernahmen sie ihre Stoffe weitgehend aus der Geschichte des türkischen Volkes, aus den Volkserzählungen, Heldenepen und Legenden; gleichzeitig schrieben sie aber auch gesellschaftskritische humorvolle Geschichten, in denen sie die Unwissenheit und den Aberglauben unter dem Volk kritisierten. In „Perili Köşk", erzählt ÖMER SEYFETTIN in einer lebhaften und anschaulichen Sprache die spannende Geschichte um das Geheimnis einer Mietvilla, in der kein Mieter lange wohnen wollte. Der Hausbesitzer Haci Niyazi Bey läßt sich jeweils im voraus die Dreijahresmiete bezahlen und übergibt dann dem neuen Mieter den Hausschlüssel. Als Sermed Bey mit seiner großen und modern erzogenen Familie in die Villa eingezogen ist, taucht eines Abends ein Gespenst im Garten zwischen den Bäumen auf. Einige Abende später wird das Haus durch einen Steinwurf erschüttert. Anstatt wegzulaufen und gegen den Rat der ängstlich gewordenen Familie lauert er im Gebüsch hinter dem Haus auf das Gespenst und ertappt es schließlich auf frischer Tat. Am Ende der Geschichte muß der fromme Hausbesitzer dafür büßen, daß er die Rolle des Gespenstes gespielt hatte, um die jeweiligen Mieter vorzeitig zu vergraulen.

Kindergedichte gewannen nach der Revolution von 1908 große Bedeutung, vor allem, nachdem zu diesem Zeitpunkt zum ersten Mal in den Lehrerbildungsanstalten Kinderliteratur als eigenes Fach eingeführt wurde und die Lehrkräfte noch keine Texte für den Unterricht besaßen. IBRAHIM ALAEDDIN GÖVSA (1889–1946) gilt als Schrittmacher auf diesem Gebiet. Nach Abschluß des Jurastudiums in Istanbul studierte er in der Schweiz Pädagogik und Psychologie und arbeitete dann als Lehrer, Schuldirektor und Schulinspektor in der T. Im

Jahre 1927 wurde er Abgeordneter. Er hat mehr als dreißig Veröffentlichungen, darunter auch Übersetzungen, herausgebracht. Seine Gedichte sind in folgenden Bänden zusammengefaßt: „Çocuk Siirleri" (1910), „Güft ü Gû" (1912), „Çanakkale Izleri" (1926), „Acilar" (1941) und „Söz Oyunlari" (1942). Andere Kindergedichte dieser Periode finden sich in dem Band „Nesideler" (1912) von ALI ULVI und „Sermin" von TEVFIK FIKRET (1867–1915). Auch ALI EKREM BOLAYIR (1867–1937), AKA GÜNDÜZ (1886–1958) und FUAT KÖPRÜLÜ (1890–1966) veröffentlichten Kindergedichte.

Der Märchendichter EFLATUN CEM GÜNEY (*1896) überarbeitete die überlieferten Märchen und Legenden und gab ihnen eine neue sprachliche Fassung. Der populäre Kinderbuchautor hat viel dazu beigetragen, daß türkische Kinderbücher auch im Ausland bekannt geworden sind. Er arbeitete in zahlreichen Städten Anatoliens als Lehrer. Schon über fünfzig, widmete er sich ganz den Studien der türkischen Folklore. Unter weitgehender Beibehaltung der originalen Strukturen und des Zeitkolorits, aber in einer künstlerisch erhöhten Sprache schrieb er die mündlich überlieferten Epen, Sagen und Legenden auf. Im Jahre 1956 wurde er für sein Buch „Açil Susam Açil", eine Bearbeitung des „Tischlein-deck-dich"-Märchens, auf die Ehrenliste des Hans-Christian-Andersen-Preises gesetzt. Die gleiche ehrenvolle Erwähnung erhielt er im Jahre 1960 für seine Märchen um Dede Korkut. Die wichtigsten Werke GÜNEYS sind: „Dertli Kaval" (1941), „Halk Şiiri Antolojisi" (1947), „En Güzel Türk Masallari" (1948), „Halt Türküleri" (1953, in 2 Bänden), „Bir Varmiş Bir Yokmus" (1956), „Nasrettin Hodscha" (1957), „Evvel Zaman Içinde" (1957), „Aşik Garip" (1958), „Kerem Ile Asli" (1959), „Tahir Ile Zühre" (1960), „Gökten Üç Elma Düştü" (1960) und „Az Gitim Uz Gittim" (1961).

Mit der Gründung der türkischen Republik am 29.10.1923 begann für die Türken unter der Führung KEMAL ATATÜRKS eine Zeit der sozialen und kulturellen Reformen. Im Jahre 1928 wurde das neue Alphabet mit lateinischen Buchstaben eingeführt und das alte mit arabischen Buchstaben aufgegeben. Diese radikale Veränderung hatte zum Ziel, die Masse des türkischen Volkes mit dem Lesen und Schreiben vertraut zu machen, ein Ziel, das nur erreicht werden konnte, wenn die türkische Sprache eine Schrift erhielt, die bedeutend leichter als die komplizierte arabische Schrift zu lernen war. In den Jahren 1939–1940 wurden alle Kräfte für eine Bildungsreform mobilisiert. Während einerseits viele früher in arabischer Schrift gedruckte Texte nun in der neuen türkisch-lateinischen Schrift gedruckt wurden, erschienen andererseits zahlreiche Veröffentlichungen moderner türkischer Autoren. Einen großen Anteil der Veröffentlichungen machten auch Übersetzungen aus den europäischen Sprachen aus.

Von den Schriftstellern dieser Periode, die zur Festigung und Erweiterung einer türkischen Nationalliteratur wesentlich beitrugen, gehören unter anderem: MAHMUT YESARI (1895–1945) mit seinen Gesellschaftsromanen wie „Çulluk" (1925), „Bağri Yanik Ömer" (1930) und „Kirlangiçlar" (1930); der Zeitungsredakteur und Autor PEYAMI SAFA (1899–1961), der auch unter dem Pseudonym SERVER BEDI bekannt wurde, mit seinen Erzählungen wie „Oduncunun Kizi" (1925), „Cesur Çocuklar" (1927); APTULLAH ZIYA KOZANOĞLU (*1901) mit seinen historischen Romanen wie „Kizil Tuğ" (1923), „Türk Korsanlari" (1926), und RAKIM ÇALAPALA (*1909), der neben Lehrbüchern für den Schulunterricht Kindergedichte und Erzählungen wie „87 Oğuz" (1933) oder „Yavrukurt Şiirleri" (1968) verfaßte. Auch diese Autoren wurden 1950 neben den schon bisher genannten in die Studienprogramme zur Kinder- und Jugendliteratur an den Lehrerbildungsanstalten aufgenommen.

Im Jahre 1950 wurde in der Türkei das Mehrparteiensystem eingeführt. Ungefähr zu diesem Zeitpunkt begann das Erscheinen einer Reihe sozialreformerischer türkischer Kinderbücher, die von Angehörigen einer fortschrittlichen Autorengruppe verfaßt wurden. Der türkische Freiheitskrieg, die Probleme der Bauern, der Unterschied zwischen Arm und Reich und verwandte Themen sind Gegenstand dieser neuen jugendliterarischen Strömung. Zu den Vertretern dieser Richtung gehört VALA NURETTIN (1901–1967), der mehr unter dem Kurznamen VA-NÜ bekannt wurde und der nach einem Studium an der Handelsakademie in Wien auch in Moskau studierte. NURETTIN war als Journalist tätig. Für seinen Roman „Korkusuz Murat", den er mit seiner Frau NIHAL KARAMAĞRALI gemeinsam verfaßte, erhielt er 1964 den zweiten Preis in einem Wettbewerb. Sein Freund NAZIM HIKMET (1902–1963), der wegen der revolutionären Tendenz seiner Bücher verhaftet und verbannt wurde und in Moskau starb, stellte in seinem Buch „Sevdali Bulut" 1968 die Auseinandersetzung zwischen einem Großgrundbesitzer und einem Bauernmädchen in märchenhafter Einkleidung dar. Wie er war auch der Autor FAZIL HÜSNÜ DAĞLARCA (*1914) Berufsoffizier. Beruflich war DAĞLARCA in verschiedenen Städten in Ost- und Mittelanatolien und auch in Thrazien tätig. Im Jahre 1950 gab er den Offiziersberuf auf, widmete sich ganz der Schriftstellerei und eröffnete einen Buchladen in Istanbul. Beim internationalen Forum für Dichtkunst 1967 in Pittsburg (USA) wurde er als der bedeutendste Autor der heutigen T. ausgezeichnet. Sein Gedichtbuch „Açil Susam Açil" (1967) wurde in Jugoslawien gedruckt und erhielt 1974 den goldenen Kranz des 13. Literaturfestivals von Struga. Im Poetry International-Festival in Rotterdam 1976 fand er große Beachtung. Seine gesammelten Werke werden seit 1964 von dem Verlag Cem in Istanbul unter dem Serientitel „Dağlarca Dizisi" veröffentlicht. Ein anderer Autor, ORHAN VELI KANIK (1914–1950), schenkte der türkischen Kinder- und Jugendliteratur 1948 die gereimte Übersetzung der Fabeln von LA FONTAINE und bearbeitete die Schwänke von NASRETTIN HODSCHA für junge Leser neu. Bis 1970 erlebte diese Bearbeitung fünf Auflagen. Der international anerkannte Humorist AZIZ NESIN (*1915) zeichnete sich besonders auf dem Gebiet der Satire aus. Nachdem er 1944 sein Studium in der

Kriegsakademie in Istanbul aufgeben mußte, begann er zu schreiben. Unter dem Pseudonym OYA ATEŞ (den Vornamen seiner beiden Kinder) erschien 1948 sein erstes Kinderbuch „Monologlar". In dem Roman „Şimdiki Çocuklar Harika" (1967) stellt er das oft lächerliche Gehabe der modernen Gesellschaft, besonders die Dummheit und Eitelkeit von Eltern in Form eines Briefwechsels von zwei Kindern, von denen eines in Istanbul und das andere in Ankara wohnt, dar. NESINS fünfzigstes Buch ist „Vatan Sağolsun" (1968). Sein Band mit Kinderstücken „Üç Karagöz Oyunu" erhielt 1968 den sechsten Karacan-Preis der Zeitung Milliyet. Der zweite Preis der „Arkin"-Kinderliteratur wurde ihm 1974 für sein Spiel „Pirtlatan Bal" verliehen. An internationalen Ehrungen bekam NESIN zwei Jahre hintereinander die „goldene Palme" (Italien 1956, 1957), den „goldenen Igel" (Bulgarien 1966), das „Krokodil" (Sowjetunion 1969) und den „Lotuspreis" (Philippinen 1975). Seine neuesten Kinderbücher sind „Hayvan Deyip de Geçme" (1973), „Köylerin En Iyisi Bizim Köy" (1973), „Kar Baba" (1974), „Doğ Güneşim Doğ" (1974), „Bu Yurdu Bize Verenler" (1975), „Borçlu Olduklarimiz" (1975). Er verfaßte auch eine Anthologie des türkischen Humors (1973) und überschrieb die Einnahmen seiner im In- und Ausland erschienenen Werke der NESIN-Stiftung, die jährlich vier arme und volksschulpflichtige Waisenkinder auswählt, die dann bis zum Ende ihrer Ausbildung mit Mitteln der Stiftung versorgt werden. Zu den fortschrittlichen Kinderbuchautoren gehören auch der Autor und Journalist RIFAT ILGAZ (* 1911) mit seiner lustigen Erzählung „Hababam Sinifi" (1966), die mit großem Erfolg auf die Bühne gebracht und auch verfilmt wurde; der mit mehreren Preisen ausgezeichnete MEHMET SEYDA (* 1919) mit seinem Jugendroman „Bir Gün Büyüyeceksin" (1956) und TALIP APAYDIN (* 1926), der 1966 den dritten Preis der Dogan Kardes-Kinderromane für seinen Roman „Toprağa Basinca" (1966) erhielt. In diesem Buch erzählt APAYDIN die Geschichte einer jungen Lehrerin, die mit ihrem Bruder zum ersten Mal aus der Stadt in ein Dorf kommt. Auf Grund unrichtiger Informationen über das Dorfleben haben beide anfangs große Angst vor den Bauern. Mit der Zeit werden jedoch die anfänglichen Vorurteile durch eigene Erlebnisse beseitigt. Die Verfasserin GÜLTEN DAYIOĞLU (* 1935), von Beruf Volksschullehrerin, kann auch zu dieser Gruppe gezählt werden. Ihre Helden sind Kinder und Tiere des türkischen Alltags. Nach 30 Bilderbüchern, zu denen sie zwischen 1961 und 1966 den Text geschrieben hatte, veröffentlichte sie 1970 den ersten Erzählband „Döl" und den Roman „Fadiş". In diesem Kinderroman wird die Kinderzeit einer Bauerntochter dargestellt, deren Mutter sich nach dem Umzug in die Stadt als Putzfrau mühsam und unter schweren Opfern durchschlagen muß. Das Kind Fatma findet schließlich die Hilfe guter Menschen und damit die Hoffnung auf eine bessere Zukunft. Nach den Büchern „Dört Kardeştiler" (1971) und „Suna'nin Serçeleri" (1974) verließ die Autorin ihre naiv optimistische Grundhaltung und wandte sich einer mehr realistischen Schreibweise zu. Neuerdings greift sie die Probleme der Gastarbeiter aus der Sicht einer Frau auf. YÜKSEL PAZARKAYA (* 1940), der in Deutschland als Chemieingenieur ausgebildet wurde, schrieb als erster Autor mit seinem Lesebuch „Agača Takilan Uçurtma" (1974) eine Erzählung für Kinder türkischer Gastarbeiter in Deutschland.

Organisation, Förderungsmaßnahmen, Literatur zur Kinder- und Jugendliteratur. Die Neuorganisation der türkischen Gesellschaft zwischen 1920 und 1940 ließ neue Institutionen entstehen. Im Jahre 1925 gründete TÜRK OCAGI VON AKHISAR eine Zweigstelle der Organisation zur Hebung der türkischen Volksbildung, die erste öffentliche Kinderbibliothek. Der türkische Kinderschutzverein und die Organisatoren der neuen Gesellschaft unterstützten die Gründung von Kinderbibliotheken in verschiedenen Städten der Türkei. Die Einführung der Schreibreform im Jahr 1928 half ihnen dabei. Erst nach 1952 übernahm mit der Verordnung über die Kinderbibliotheken das Erziehungsministerium der türkischen Republik Einrichtung und Betrieb von Kinderbibliotheken. Heute gibt es in der T. mehr als 600 Volksbibliotheken, von denen etwa 300 reine Kinderbibliotheken sind. Das Volksbibliothekssystem hat eine zentrale Generaldirektion in Ankara, die heute dem Kultusministerium untersteht. Von den rund 1600 Bibliotheksbeamten besitzen nur etwa 150 eine Hochschulbildung. Die Schulbibliotheksverordnung wurde vom Erziehungsministerium erst 1959 veröffentlicht. Darin wird für alle Schulen eine Zentralbibliothek verlangt. Von den rund 45 000 Schulen besitzen bis jetzt ca. 1800 zentrale Schulbibliotheken. Organisation und Personalausstattung dieser Schulbibliotheken machen erhebliche Schwierigkeiten, da es kaum ausgebildete Bibliothekare gibt.

In den Jahren 1960–1970 erschienen in der Türkei jährlich etwa 265 Kinderbücher türkischer Autoren. Das waren 5,3 % der gesamten Buchproduktion in der T. Eine große Anzahl der hier mitgezählten Publikationen waren allerdings Comics und ähnliche qualitativ minderwertige Schriften. An erster Stelle der eigentlichen Kinderliteratur standen Erzählungen, längere Kinder- und Jugendromane, gefolgt von Sammelwerken und Gedichtbänden. Der Mangel an Bilderbüchern und an Sachbüchern fällt auf. Trotzdem zeigt die türkische Kinder- und Jugendliteratur eine zügige Entwicklung. Das Verlangen einer jungen Elterngeneration, die schon selbst in republikanischen Schulen unterrichtet wurden, nach mehr wertvollen Büchern für ihre Kinder und die wachsende Zahl kritischer Jugendlicher veranlassen die Verleger zu größeren Anstrengungen bei der Publikation von Schriften für junge Leser. Diese positive Entwicklung steht auch in engem Zusammenhang mit der neuen Verfassung von 1960 und den dadurch gewährten größeren Freiheitsrechten. Die Aufwertung des Kinderbuches zeigt sich auch darin, daß in Zeitungen und Zeitschriften häufiger über Kinderliteratur diskutiert wird. Neben den schon traditionellen Kinderbuchverlagen wie dem Varlik-

Verlag und Serien wie der von Doğan Kardeş versuchen immer mehr neue Verlage moderne Kinderbücher zu produzieren. So gibt es inzwischen die „Goldenen Kinderbücher“ vom Verlag Altin Kitaplar, die Serie der „Kamerad-Bücher“ vom Verlag Cem, die Kinderbücher vom Verlag Arkin, die „Sonnigen Bücher“ vom Verlag E, die Sachbuchserie des Verlages Esi, die vorwiegend aus Übersetzungen bestehenden Kinder- und Jugendbücher des Verlages Gözlem und die Kinderbücher vom Verlag Milliyet. Ausstellungen, Vorträge und Podiumsgespräche, die in den Jahren 1974 und 1975 zur türkischen Kinder- und Jugendliteratur stattfanden und die unter anderem vom Türkisch-Deutschen Kulturzentrum, dem türkischen Bibliotheksverein und der Akademie für angewandte Künste in Istanbul organisiert wurden, zeugen von dem wachsenden Interesse für Kinder- und Jugendliteratur in der T.

Im Januar 1975 veranstaltete das Kultusministerium den zweiten Yagin Kongresi (Publikationskongreß), auf dem sich eine besondere Kommission mit Maßnahmen zur Förderung der Kinder- und Jugendliteratur beschäftigte, während der erste Kongreß 1939 noch kein Interesse für dieses Gebiet zeigte.

Im Seminar „zur Erweiterung des Publikationsprogrammes von Kinderbüchern“ im April 1975, das vom türkischen Kultusministerium organisiert wurde, beschäftigten sich die Teilnehmer ausschließlich mit Problemen der türkischen Kinder- und Jugendliteratur. Die Ergebnisse der Beratungen wurden anschließend veröffentlicht.

Der 1949 gegründete türkische Bibliothekarsverein veröffentlicht seit 1953 die Zeitschrift „Türk Kütüphaneciler Derneği Bülteni“, die jährlich in vier Ausgaben erscheint. In ihr werden neben anderen bibliothekarischen Problemen auch die der Kinder- und Schulbibliotheken behandelt. Bibliothekare werden seit 1954 an der bibliothekswissenschaftlichen Abteilung der Fakultät für Sprachen und Geographie der Universität Ankara, seit 1964 auch an der philosophischen Fakultät der Istanbuler Universität und seit 1973 in der Fakultät für Verwaltungs- und Sozialwissenschaften der Universität Hacettepe in Ankara ausgebildet. In diesen Abteilungen werden auch Veranstaltungen über Kinderbibliotheken und Schulbibliotheken zu Spezialfragen der Kinder- und Jugendliteratur angeboten. OSMAM ERSOY gibt in seinem Buch „Halk Kütüphanelerimiz Üzerine bir Araştirma“ (1966) einen Überblick der türkischen Volks- und Kinderbibliotheken, worin die Probleme der Vermittlung der türkischen Kinder- und Jugendliteratur zum Ausdruck kommen. Die Bedeutung von Schulbibliotheken für die moderne Erziehung wird in dem Buch „Çağdas Egitim ve Türkiyede Okul Kütüphanesi“ (1969) mit dem Thema Erziehung und Schulbibliothek in der T. von ÖZER SOYSAL methodisch erforscht. Eine der wichtigsten Arbeiten zur türkischen Kinderliteratur ist die nur in Maschinenschrift vorliegende Examensarbeit der jungen Bibliothekarin IMRE GENÇER, die zahlreiche Statistiken und eine umfassende Bibliographie im Anhang enthält. Das Bilderbuch in der T. ist das Thema der Dissertation von NILÜFER TUNCER (1972). Darin werden die in der T. herausgekommenen Bilderbücher von verschiedenen Aspekten her beurteilt. Dabei kommt die Autorin zu dem Schluß, daß der Druck qualitativ minderwertiger Bildhefte fortdauert und die Entwicklung qualitätvoller Bilderbücher erst seit 1960 zu beobachten ist.

Sekundärliteratur: T. Alangu: Çocuk kitaplari üstüne (1965). – M. Alpay: Çoçuk edebiyati, çocuk kitaplari (zus. mit R. Anhegger, 1975); Harf devriminin kütüphaneleride yansimasi (1976). – A. O. Atak: Çocuk kitaplari hakkinda (1956). – Ç. E. Kurumu: Okul ve Öğrenci kitaplari kilavuzu (1946). – I. Gençer: 1960–70 yillari arasinda Türkiyede yayinlanmiş yerli çocuk yayinlari bibliyografyasi (1972). – E. N. Gökşen: Örnekleriyle Çocuk Edebiyatimiz (1966). – B. Necatigil: Edebiyatimizda isimler sözlüğü ([8]1975). – W. Scherf: Türkei. Literatur für Kinder ausländischer Arbeitnehmer in türkischer Sprache (1974). – Ö. Soysal: Çağdas Eğitim ve Türkiyede Okul kütüphanesi (1969). – N. Tuncer: Türkiyede yayinlanmiş resimli çocuk kitaplari 1970–72 (1972).

Meral Alpay

Tugendbüchlein → Sittenlehrbuch

Tuwim, Julian

*Polnischer Schriftsteller; *13.9.1894 Lodz, †27.12.1953 Zakopane.*

T., Sohn eines jüdischen Bankbeamten, besuchte das russische Gymnasium und erwarb sich dort die für seine spätere Übersetzertätigkeit wichtigen Russischkenntnisse. Nach dem Abitur studierte er ab 1919 Jura und Philosophie in Warschau. 1918 wurde er Mitbegründer des Literaten-Restaurants „Beim Pikador“ und 1920 des Vorlesezirkels „Skarmander“. Nach seinem Studium entschloß sich T., als freier Schriftsteller zu leben. Seine Gedichte, Satiren und provokanten Pamphlete, in denen er zu aktuellen Themen Stellung nahm, soziale Ungerechtigkeiten anprangerte und einen volksnahen Tonfall zu treffen suchte, wurden unter dem diktatorischen PILSUDSKI-Regime 1926 der Zensur unterworfen und konnten nur als Untergrundliteratur zirkulieren.

1939, nach Kriegsausbruch und der Ermordung seiner Mutter durch die Nationalsozialisten, emigrierte T. über Rumänien, Frankreich, Portugal und Brasilien in die USA. In dieser Zeit entstand sein von autobiographischen Zügen geprägtes Hauptwerk „Kwiaty Polskie“ (1949). 1946 kehrte T. nach Polen zurück und nahm am kulturellen Wiederaufbau seines Landes lebhaften Anteil. Er schrieb in Zeitschriften, wurde Direktor des musikalischen Theaters in Warschau und nahm unter den modernen polnischen Autoren eine wichtige Stellung ein. Ab 1955 erschienen seine gesammelten lyrischen Werke „Dziela“ in sechs Bänden. Neben seinen oft ironisch und satirisch zugespitzten eigenen Schriften trat T. als Übersetzer und Herausgeber von Werken von ARISTOPHANES, ALEXANDER S. PUŠKIN, WLADIMIR MAJAKOWSKI, NIKOLAI GOGOL und JOHANN N. NESTROY hervor.

Werk, Tendenzen, Wirkung. In T.s frühen Gedichten und Zyklen drückt sich ein erstarktes polnisches Nationalbewußtsein aus (Cyhanie na boga, 1918; Sokrátes Tánczacy, 1920; Siodma jesie, 1922). Seine späteren Gedichtsammlungen nehmen gesellschaftskritisch Stellung zu allgemein menschlichen Themen (Slowa we krwi, 1926; Biblia cygańska, 1933; Tresc gorejaca, 1936). T.s Schaffen stellt eine vielseitige experimentierfreudige Mischung von volkstümlichen Elementen und modernen Versuchen dar.

Während T. für Erwachsene kritische, sozialistisch orientierte Lyrik voll ätzender Kritik verfaßte, bevorzugte er für Kinder die mehr humorige, heiter-optimistische Seite des Lebens. T. appelliert dabei an den naiven Spieltrieb des Kindes: Klang- und Wortspiele, eine heitere und flexible Sprache werden bevorzugt. In dem Gedicht „Herr Trallalinski" werden Familie, Umwelt und Tiere ironisierend in heitere Klangbilder gehüllt. Oft sind gesangliche Elemente in die Gedichte einbezogen. Couplet und Musical finden hier Anknüpfungspunkte. Das „Vogel-Radio" (dt. 1957) gibt sprachlich den Gesang verschiedener Vögel wieder. Der Erfolg solidarischen Verhaltens führt T. in seinem Gedicht von der „Rübe" vor, in dem durch die Hilfe aller eine riesige Rübe aus dem Ackerboden gezogen werden kann.

Wesentliche Teile von T.s Lyrik für Kinder wenden sich dem Alltag von Jungen und Mädchen zu. In seinen Tiergedichten dominiert die humorvolle Note: Z. B. ist ein Elefant so zerstreut, daß er sich nicht mehr erinnern kann, weshalb er sich – zur Erinnerung – einen Knoten in den Rüssel drehte. Mensch und Tier in kontrastreicher Begegnung thematisiert „Herr Mallinek und der Walfisch". Der Held des Gedichtes möchte den großen Meeressäuger kennenlernen. Er fährt an die See, mietet ein Ruderboot und landet auf einer Insel. Diese erweist sich jedoch – ein beliebtes Motiv von cartoons, Karikaturen und Bilderbüchern – als der Rücken des Wals.

Tänzerisch gelöst sind T.s Naturgedichte. Märchenhaftes, Animistisches durchzieht auch die Gedichte, in denen Technik und Zivilisation Einzug halten: „Lokomotive" (dt. 1957), eine alte Dampflok als Lebewesen, deren Fortbewegung in den pochenden Rhythmus eines Klanggedichtes überführt wurde.

T.s Gedichte dienten wiederholt als Vorlage für Bilderbücher, unter anderem auch dem Graphiker und Trickfilmkünstler Jan Lenica. Ein frühes Beispiel poetischer Popularisierung stellte „Jarmark rymow" (1934) dar.

T.s poetisches Schaffen steht in Parallele zu dem Wirken anderer polnischer Autoren wie Jan Brzechwa, Wanda Chotomska, Czeslaw Janczarski oder Jozef Ratajczak, die Werke von hohem Gefühlswert, scherzhaftem Ton und oft neuen Formen schufen.

Werke: Lokomotywa. Rzepka. Ptasie radio (1938; dt. Die Lokomotive. Das Rübchen. Vogelradio, 1957; Teilausgabe u. d. T.: Die Lokomotive, 1957 und 1969; u. d. T.: Das Rübchen, 1970); Wirsze dla dzieci (1954; dt. Die verbummelte Nachtigall. Wunderbares und Erstaunliches, 1966).

Horst Künnemann

Twain, Mark

*(d. i. Samuel Langhorne Clemens). Amerikanischer Verfasser humorvoller Prosa und Erzählungen, von denen „Tom Sawyer" und „Huckleberry Finn", seine bedeutendsten Werke, weltweit als ‚Klassiker' der Jugendliteratur gelten; * 30. 11. 1835 Florida/Missouri, † 21. 4. 1910 Redding/Connecticut.*

Mark Twain (1835-1910)

Tw. verlebte seine Kindheit – literarisch verarbeitet in „Tom Sawyer" – in dem 500-Einwohner-Städtchen Hannibal am Mississippi, zwischen Dampferanlegestelle und Friedhof, Flußinsel und Strandhöhle, Ortstrunkenbolden und Sklavenhändlern, Elementarunterricht in einer kleinen Schule und Begegnungen mit Gewalttätigkeit und Tod. Er wuchs als das sechste Kind eines Mannes auf, der Jura studiert hatte, und als Farmer, Händler und Friedensrichter tätig war. Der freidenkerische Einfluß des Vaters auf den Sohn, der später einer Philosophie des rationalen Individualismus anhing, scheint sich gegen den presbyterianischen Einfluß der Mutter durchgesetzt zu haben. Als der Junge zwölf Jahre alt war, starb der Vater. Im Alter von dreizehn Jahren nahm Tw. eine Setzerlehre auf, trat bald in den Betrieb seines Bruders ein, der eine Lokalzeitung herausgab, und schrieb für diese seine ersten Satiren. Mit 18 Jahren begann er ein unruhiges Wanderleben: als Setzer an der Ostküste und im mittleren Westen, als Lotse auf dem Mississippi (1857–1860), als Silbergräber und Reporter in Nevada (1861–1864), als unterhaltsamer und sozialkritischer Journalist in San Francisco (1864). Die Kenntnisse und Erfahrungen, die er im Westen sammeln konnte, ließen den Zeitungsschreiber an die populäre Tradition der ‚tall tales', der übertreibenden Grenzergeschichten, anknüpfen, gleichermaßen ermutigt durch ein wenig gebildetes Publikum wie durch den ‚literarischen Komödianten' Artemus Ward (d. i. Charles Farrar Brown, 1834–1867) und

den Schriftsteller BRET HARTE (1836–1902). In Nevada nahm er auch das Pseudonym ‚MARK TWAIN' an – ein Lotsenruf mit der Bedeutung „zwei Faden tief".
1870 heiratete er die schöne, gebildete und kränkliche OLIVIA LANGDON aus reichem Bürgerhaus. 1871 siedelte er sich mit ihr in einem Künstler- und Gelehrtenkreis (auch HARRIET BEECHER-STOWE gehörte dazu) in Hartford/Connecticut an. Hier verbrachte er die 20 fruchtbarsten Jahre seines Lebens.
Reisen, vor allem nach Europa, und finanzielle Spekulationen (1894 verlor er durch Bankrott seines Verlags und fehlgeschlagene Investitionen 190000 Dollar) hielten Tw.s Leben in Bewegung. In den letzten Jahren wurde er durch persönliche Schicksalsschläge – Tod der Frau und zweier Töchter – und die politischen Verhältnisse in den USA – es machte sich immer deutlicher ein ungezügelter Imperialismus breit – zunehmend verbittert und verfaßte politische Kampfschriften und pessimistische Traktate.

Werk, Tendenzen, Wirkung. Seine ‚tall tale' „The celebrated jumping frog of Calaveras Country" (Der berühmte Springfrosch von Calaveras), zuerst veröffentlicht in der New Yorker „Saturday Press" (1865) und dann als Titelgeschichte seines ersten Buches (1867), machte ihn schlagartig in ganz Amerika bekannt. Mit Briefen und Vorträgen über eine Reise nach Hawaii mehrte er seinen Ruhm, vor allem aber mit „The innocents abroad" (1869; dt. Die Arglosen auf Reisen, 1875), einem Buch über seine Fahrten durch Europa und ins Heilige Land aus der Sicht eines selbstbewußt-naiven und damit zugleich sozialkritischen Amerikaners.
Seine Erzählungen, die die eigenen frühen Lebensjahre verarbeiten, entstanden 1876 (The adventures of Tom Sawyer; dt. Die Abenteuer Tom Sawyers, 1876), 1883 (Life on the Mississippi; dt. Leben auf dem Mississippi, 1888) und 1884 (The adventures of Huckleberry Finn; dt. Abenteuer und Fahrten des Huckleberry Finn, 1890). In diese Zeit fällt auch ein von vornherein für Kinder, voran die eigenen drei Töchter, bestimmtes Buch, „The prince and the pauper" (1881; dt. Der Prinz und der Bettelknabe, 1890).
Die Grundbestandteile seiner Kunst hatte Tw. schon im Westen Nordamerikas erprobt, als er im zivilisierteren Osten die drei großen Erzählungen schrieb, die noch heute von Jugendlichen gelesen werden. A. E. STONE kennzeichnet die drei Werke so: „Children as characters; adult society as locus; innocence as theme; burlesque, farce, and satire as modes; all bound together and given the necessary illusion of life by authentic speech." (The innocent eye. S. 45.) Aus der Spannung zwischen drastischer Lebenserfahrung und den tatsächlichen oder angenommenen Erwartungen seines verfeinerten Publikums in Hartford, in der sich der als Autor wenig selbstkritische Tw. befand, entstanden aber sehr unterschiedliche Werke.
„Tom Sawyer", die idealisierte und heitere Geschichte der eigenen Kindheit, hält die Mitte, indem sie den Helden spielerische Erfahrungen mit dem Bösen machen und gegen fragwürdige Normen rebellieren läßt, am Schluß aber in die Gesellschaft integriert. „Huckleberry Finn", in Idiom und Denkweise eines gesellschaftlichen Außenseiters abgefaßt, wirkt in seinem Hauptteil wie unverfeinert wiedergegebene Lebenserfahrungen. „The prince and the pauper" schließlich ist weitgehend auf die Interessen eines Publikums bezogen, das auch später dem von Tw.s Buch beeinflußten „Little Lord Fauntleroy" (1885) FRANCES HODGSON BURNETTS (1849–1924) applaudierte. Es ist die im mittelalterlichen England spielende Geschichte von dem vorübergehenden Rollentausch zwischen Betteljungen und Kronprinzen mit unterhaltsamen Komplikationen und gesellschaftskritischen Implikationen.
‚Zivilisierende' Einflüsse auf Tw.s Werke, besonders durch seine Frau und seinen Freund WILLIAM DEAN HOWELLS (1837–1920), sind nachweisbar. Die Literaturkritik hat sie unterschiedlich bewertet. VAN WYCK BROOKS sah darin einen Zwang zur Konformität, wie ihn das ‚Originalgenie' zuvor schon unter der frommen Mutter und im Grenzerdasein erlitten habe. BERNARD DE VOTO aber glaubte, daß sie ihm dank seiner Identifizierung mit dem ungestümen Westen nicht geschadet hätten. Solche allgemeinen Erwägungen setzen die schon von Tw.s erstem Biographen, PAINE, aufgestellte Behauptung voraus, er sei „the man most characteristically American in every thought and word and deed" (SMITH. 1963. S. 2).
Tw.s Wertung des Humors tritt in einer Äußerung des Satans in „The mysterious stranger" (1916; dt. Der geheimnisvolle Fremde, 1921) hervor: „Power, money, persuasion, supplication, these can lift at a colossal humbug – push it a little – weaken it a little, century by century; but only laughter can blow it to rags and atoms at a blast" (SCHMIDT-HIDDING, S. 154). Als Besonderheit Tw.s gegenüber den großen englischen Humoristen wurde genannt: „Während sich die Ironie der englischen Meister gegen unsere liebe Gepflogenheit richtet, hohe Worte für eine schlichte Sache zu verwenden, wählt Mark Twain die schlichte Sprache des Dialekts, auch wenn es um hohe Dinge geht" (SCHMIDT-HIDDING, S. 164).

→ Huckleberry Finn, → Tom Sawyer

Werke: The innocents abroad (1869; dt. Die Arglosen auf Reisen, 1875); The gilded age (1873, zus. mit C. D. Warner; dt. Das vergoldete Zeitalter, 1875); The adventures of Tom Sawyer (1876; dt. Die Abenteuer Tom Sawyers, 1876); The prince and the pauper (1881; dt. Der Prinz und der Bettelknabe, 1890); Life on the Mississippi (1883; dt. Leben auf dem Mississippi, 1888); The adventures of Huckleberry Finn (1884; dt. Die Abenteuer und Fahrten des Huckleberry Finn, 1890); The tragedy of Pudd'nhead Wilson (1894; dt. Querkopf Wilson, 1898); The mysterious stranger (1916; dt. Der geheimnisvolle Fremde, 1921); K. J. Popp (Hrsg.): Gesammelte Werke (Bd. 1–5. 1965–1967).

Sekundärliteratur: R. Asselineau: The literary reputation of Mark Twain (1954). – Th. Ayck: Mark Twain in Selbstzeugnissen und Bilddokumenten (1974). – W. Blair: Mark Twain and Huck Finn (1960). – V. W. Brooks: The ordeal of Mark Twain (1920). – J. M. Cox: Mark Twain. The fate of humor (1966). – B.

de Voto: Mark Twain's America (1932); Mark Twain at work (1942). – E. H. Hemminghaus: Mark Twain in Germany (1939). – W. D. Howells: My Mark Twain (1910). – M. Johnson: A bibliography of the works of Mark Twain (1935). – J. Kaplan: Mr. Clemens and Mark Twain (1966). – L. GL. Leary (Hrsg.): A casebook on Mark Twain's wound (1962). – E. H. Long: Mark Twain handbook (1958). – A. B. Paine: Mark Twain. A biography (1912). – W. Schmidt-Hidding: Sieben Meister des literarischen Humors in England und Amerika (1959). – A. L. Scott: Mark Twain. Selected criticism (1955). – H. N. Smith: Mark Twain. The development of a writer (1962); (Hrsg.): Mark Twain. A collection of critical essays (1963). – A. E. Stone: The innocent eye. Childhood in Mark Twain's imagination (1961). – A. L. Vogelback: ‚The prince and the pauper'. A study in critical standards (in: American literature. 14. 1942/43. 1. 48–54). – D. Wecter: Sam Clemens of Hannibal (1952).

Reinbert Tabbert

Typographie des Kinder- und Jugendbuchs

Der Ausdruck T. beinhaltet ursprünglich ganz allgemein Buchdruckerkunst. Im engeren Sinn versteht man unter T. Entwurf, Herstellung und Anwendung der Typen, das heißt des beim Druck verwendeten Schrift- und Satzmaterials. In einem weiteren Sinn aber meint T. die Gestaltung von Druckwerken überhaupt und befaßt sich insofern nicht nur mit der Wahl der Schriftart und ihrer Größe, also dem Grad der Type, sondern auch mit der Bestimmung des Buchformats, der Gestaltung des Textsatzes sowie der Anordnung des Titels und der Illustrationen. Auch die Wahl des richtigen Papiers ist letztlich eine typographische Aufgabe, weil davon die Wirkung des Druckbildes entscheidend abhängt. Zwischen all diesen Komponenten besteht eine enge, oft wechselseitige Beziehung, wobei sich die Qualität der typographischen Gestaltung besonders darin zeigt, daß sämtliche Bestandteile des Buches nicht isoliert betrachtet, sondern aufeinander abgestimmt und zueinander ins rechte Verhältnis gesetzt werden. Die T. des Kinder- und Jugendbuchs als gesonderte Aufgabenstellung hat sich zu keiner Zeit von der allgemeinen buchkünstlerischen Entwicklung gelöst und ist darum stets auf deren Hintergrund zu sehen. Dennoch bedurfte sie immer besonderer Überlegungen und hat so in den letzten Jahren die unterschiedlichsten Ausprägungen erfahren.

Grundsätzliches. T. ist unmittelbar mit der handwerklich-technischen Durchführung verbunden, deren unterschiedliche Faktoren das typographische Erscheinungsbild und seine Ästhetik fördernd oder hemmend, positiv oder negativ bestimmen. Rücksicht auf Kalkulation, Gesicht und Programm des jeweiligen Verlags und seiner Praktiken engen heutzutage die Gestaltung zusätzlich ein.

Optimale T. wirkt, ohne aufzufallen. Dennoch bestimmt T. entscheidend das Behagen des Lesers am Buch. Daß allerdings auch mangelhafte T. und schlampiger Druck bei genügend fesselndem Inhalt vom jugendlichen Leser schlicht akzeptiert werden und das Leseerlebnis offenbar nicht nachhaltig zu trüben vermögen, belegt z. B. der riesige Erfolg der typographisch

traurig?" Und während die Maus erzählte, grübelte sie darüber nach, warum ein Mauseschwanz traurig sein sollte, und schließlich erschien ihr die ganze Geschichte etwa so:

Kater sah einst
eine Maus, Maus
lief ums Haus, Kater
hinterdrein, holte sie
nicht ein. Sprach: Ich
krieg dich doch.
Maus flitzt in ihr
Loch. Kater setzt
sich auf die
Lauer, Maus war
aber noch viel
schlauer. Grub
sich eins, zwei,
dreie, einen an-
dern Gang ins
Freie. Kater
hat sie doch
gesehn da
war es
um die
Maus ge-
schehn.
Er fraß
sie auf
mit Haut
und Haar
bis nichts
mehr von
ihr üb-
rig
war

Typographisch versinnbildlichter Mauseschwanz aus Lewis Carrolls Geschichte von der Maus, die vom Kater aufgefressen wird, in „Alice's adventures in wonderland".

wie illustratorisch gleichermaßen vernachlässigten Ausgabe der Gesammelten Werke von Karl May im Karl-May-Verlag. Andererseits erschöpft sich gute T. nicht in der Erfüllung ästhetischer Forderungen, sie hat vielmehr unmittelbar mit praktischen Bedürfnissen zu tun, etwa leichter Lesbarkeit, logischer Abfolge und Gliederung, Geschlossenheit des Aufbaus. Da die typographischen Gestaltungsgrundsätze allgemeiner Natur sind, wirkt der Buchinhalt im einzelnen nur noch begrenzt auf die T. ein. Eines der wenigen Gegenbeispiele und zugleich einer der seltenen Fälle scherzhaften Satzes findet sich im dritten Kapitel von Lewis Carrolls „Alices Adventures in Wonderland" (1865) – analog zum Manuskript; entsprechend auch in den späteren Ausgaben und Übersetzungen –, wo in einem geistreichen begrifflich-typographischen Spiel die weitschweifige Erzählung (tale) der Maus in der weitschweifigen S-Form eines Mäuseschwanzes (tail) aus sich verjüngenden Schriftgraden gesetzt ist.

Urheberschaft. Vor 1900 traf die typographischen Entscheidungen gewöhnlich der Verleger selbst, zuweilen in Abstimmung mit dem Autor. Seit Walter Crane (1845–1915) und Eugène Grasset (1841–1917) nahmen auch illustrierende Künstler Einfluß auf die typographische Gestalt. Viele Bilderbücher des Jugendstils, vor allem die Ernst Kreidolfs (1863–1956), verdanken ihre vorbildliche Geschlossenheit der Tatsache, daß sich der Illustrator für die gesamte T. mitverantwortlich fühlte. Einen eigenen typographisch-künstlerischen Leiter für die durchgängige Betreuung eines Buches beauftragten Verleger erst in unserem Jahrhundert. Heute vermittelt zwischen Verlag, Buchkünstlern und Druckindustrie der Verlagshersteller, der sich oft auch mit weiteren Fachleuten in die

Durchführung der einzelnen Aufgaben (spezielle T., Umbruch, Layout, Einbandentwurf) teilt, so daß das Buchganze meist durch verschiedene Hände bestimmt wird. Während der Illustrator eines Buches gewöhnlich auf der Titelseite genannt ist, versäumt man es leider nach wie vor häufig, im Druckvermerk neben der Nennung der verwendeten Schriften und Papiere auch die Namen des Typographen, des Herstellers etc. anzuführen.

Schrift, Einzelbuchstabe und Leselernbücher. Das Kind, dessen Sehen mehr als das des abstraktionsfähigen Erwachsenen gestaltbezogen ist, bringt eine ganz andere Aufgeschlossenheit für die Einzelform mit, dagegen hat es nur wenig Übung, optisch und inhaltlich zusammenzufassen, – eine Rezeptionsstufe, die die Ganzwort-Leselernmethode abzukürzen trachtet. Lesen ist für das Kind also vorab keine Begegnung mit Inhalten, sondern eine mit Formen. Fast alle Leselernbücher beginnen mit der Vorstellung der Einzelbuchstaben, die erst alphabetisch für sich und sogleich oder aber in einem zweiten Schritt in mehreren charakteristischen Verbindungen demonstriert werden. Die Buchstaben können entweder als isolierte Großformen konstruiert bzw. geschrieben erscheinen oder aber – was häufiger ist – mit Lettern gesetzt sein (z.B. in besonders reiner Typographie ABCDaire morale, Paris, Le Prieur, 1813, 13e édition). Je isolierter und größer der einzelne Buchstabe ist, um so klarer prägt sich die abstrakt-tektonische Qualität seiner Form ein, um so mehr gewinnt aber auch seine Gestalt eigenen bildhaften Rang. So kann er mitunter sogar, der Eigenart des kindlichen Sehens folgend, verkörperlicht und zu regelrechten Bildinhalten ausgeweitet werden (u.a. K. W. Peukert: Sprachspiele für Kinder, 1975; bei K. Greenaways „Alphabet", 1885, spielen und klettern die Kinder in den Buchstaben). Allerdings haben solche Illustrationen ähnlich wie die redenden Initialen den

Buchstabenbild. Der anonyme Zeichner hat in dem „Originellen ABC", das 1835 in Nürnberg bei Renner und Schuster erschien, jeden Buchstaben des Alphabets durch eine Verbindung von Figuren dargestellt. Das „D" wird durch einen Inder, der zwei ineinander verschlungene Riesenschlangen hält, interpretiert.

Folkhart Neidigh: Die „Sechser" und die „Neuner" (Stuttgart 1968).

Hang, die Buchstabenfigur zu überwuchern und zu verunklären. Auch in Bilderbüchern können die Buchstaben einen Illustrationsgegenstand abgeben (konstruktivistische Bilderbücher, z.B. K. Steinitz und Th. v. Doesburg: „Die Scheuche", Typographie von K. Schwitters, 1925) oder aber auch den Handlungsgegenstand (J. Moransee/U. Maiorana: „Der Buchstabenfresser", 1972; G. Rühm: „DA", 1970). Von Anfang an steht der einzelne Buchstabe in Beziehung zur Sprache und Aussprache. Ähnlich wie die textlosen Bilderbücher des Vor-Lesealters keineswegs wortfern sind, sondern konstruktiv Sprache enthalten, indem sie das gesprochene Wort provozieren (z.B. D. Brunas Bücher den Einzelbegriff, S. Firgau, A. Mitgutsch, I. und E. Mari räumliche, funktionelle und erzählerische Zusammenhänge), ähnlich provozieren auch die isoliert gestellten Buchstaben als Antwort den gesprochenen Laut oder die Lautkombinationen. Viele, vor allem ältere Fibeln führen, ehe sie zum geschlossenen Wort-Satz übergehen, als Lesehilfe silbenweises Schreiben der Wörter (mit Trennungsstrichen) ein, was das Schriftbild durchlöchert (z.B. ABCDaire illustré par Daumier, Doré, Grandville et autres artists du Musée Philipon; Paris ca. 1850/60).

Schriftgröße. Eine Grundregel für das Kinderbuch ist, die Schrift aus einem größeren Grad (gewöhnlich 12 Punkt und darüber) zu setzen, einmal weil dem Leseanfänger kein zu dichtes Schriftbild zuzumuten ist, dann aber, weil im allgemeinen auch nicht von einer großen Textfülle ausgegangen werden kann. Diese Gegebenheiten sind günstige Voraussetzungen für eine intensive formale Wirkung der Schrift als solcher wie für eine ausgewogene Anordnung von Text und Bildern. Bei Fibeln war es üblich, den Schriftgrad entsprechend dem Lernfortschritt in zwei bis drei Schritten zu verringern. Die älteren Kinderbücher und Fibeln (etwa bis zum ersten Drittel des 19. Jahrhunderts) kennen allerdings die Verwendung größerer Schriftgrade nur selten. 9- und 10-Punkt-Schriften herrschen vor. Antiquaschriften wurden im Unterschied zur Fraktur häufiger aus einem größeren Grad gewählt. Eine gewisse

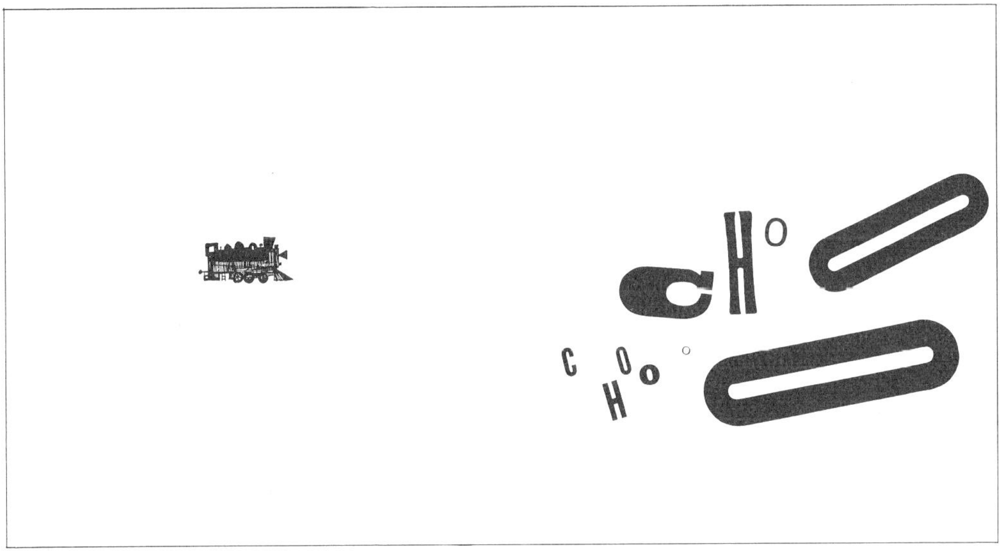

William Wondriska: The sound of things. A book for children of all ages (New York 1955).

Tendenz zu großen Schriftgraden verraten vor allem die englischen und amerikanischen Jugendbücher unseres Jahrhunderts, was besonders bei kleinen Buchformaten auffällt.

Schriftart. Frankreich schenkt im 19. und auch noch im beginnenden 20. Jahrhundert der Drucktype nur wenig Aufmerksamkeit; man hält lange an der klassizistischen Antiqua fest, die jedoch mehr und mehr spannungslos, mager und schmallaufend erscheint. Dagegen überwiegt im Kinder- und Jugendbuch in England und Amerika seit etwa 1860/70 die Old Face, die als Renaissance-Antiqua zu klassifizieren ist; auch sie aber in mageren Formen. Das Ungenügen an den damals gelieferten Drucktypen veranlaßte W. Morris, zum ersten Mal 1888 die Schriften für seine Bücher nach alten italienischen und deutschen Vorbildern selbst herzustellen. Damit gab er den Anstoß zu einer Erneuerung der Buch- und Schriftkunst, die in der Folge besonders auch in Deutschland zu ungeahnter Blüte kam. Dort ist bis zur Jahrhundertwende und darüber hinaus die Fraktur der Regelfall. Allerdings weichen die kräftigeren Bilder des 17. und 18. Jahrhunderts im Verlauf des 19. Jahrhunderts dünnen Schnitten von blassen, schwächlichen Formen, mit denen das Satzbild nicht mehr zu satter, geschlossener Wirkung kommen konnte. Die Lesebücher der ersten Hälfte des 19. Jahrhunderts brachten meist neben der Fraktur als Grundschrift zur Einübung auch Lesestücke in geradstehender und kursiver Antiqua, lateinischer Kurrent- und deutscher Langschrift sowie der Schwabacher, die auch als Auszeichnungsschrift im Fraktursatz Verwendung fand (etwa in Stoys Bilderakademie, 1784). Sie wurde auf Betreiben des Verlegers O. Bassermann (1839–1916) Anfang der siebziger Jahre des vorigen Jahrhunderts für die Ausgabe der Bildgeschichten von W. Busch (1832–1908) ausgegraben, bald auch neu gegossen und bis ins 20. Jahrhundert wegen ihres kernigen Charakters gerne verwendet (z. B. in den Reihen „Der deutsche Spielmann", „Mainzer Volks- und Jugendbücher", z. T. auch im „Jungbrunnen"). In namhaften Bilderbüchern des Neubeginns um 1900 wurde noch die alte Schumachersche Fraktur von ca. 1860 gewählt (z. B. R. Dehmel: „Der Buntscheck", 1903; P. Dehmel/K. Hofer: „Rumpumpel", 1905; auch in der Scholz-Reihe „Das deutsche Bilderbuch" 1904ff., später Scholz' Künstler-Bilderbücher genannt). Zur selben Zeit entstanden aber bereits neue, typographisch hervorragende Schriften, die auch im Kinder- und Jugendbuch zur Anwendung kamen, z. B. in der Reihe von Gerlachs Jugendbüchern die Eckmann-Type von 1900 (Band „Die Nibelungen", 1909), die Behrens-Schrift von 1901 („Die Schildbürger", 1911), während fast alle anderen Bände der Reihe aus der 1900 entstandenen Offenbacher Schwabacher gesetzt sind. Die 1901 herausgekommene Mainzer Fraktur begegnet u. a. in der von O. Ubbelohde illustrierten dreibändigen Ausgabe der Grimmschen Märchen von R. Riemann 1907 und in J. Ringelnatz'/F. Petersens „Kleine Wesen" 1910. E. Kreidolf bedient sich 1903 für seine „Wiesenzwerge" der von G. Schiller geschaffenen „Neudeutsch". B. Löffler schließlich wählt für sein geistreich stilisiertes Buch „Die sieben Zwerge Sneewittchens" ca. 1912 die 1910 entstandene Ingeborg-Type von F. W. Kleukens. Zugleich aber greift man auf längst vergessene, charaktervolle alte Schriften zurück. Nach 1919 werden sie bei Stempel in Frankfurt wieder gegossen oder neu geschnitten; die Garamond und die Baskerville (beide seit 1924) sind auch noch in der heutigen T. von Belang. Die

k k K K

Gute Kinder folgen gern

Gute Kinder folgen gern.

I. Käfer Karte Kirche Kirsche
Kopf Knopf Knabe Knochen
Kreide Kröte Kranz Kreuz

Reife Kirschen munden gut.
Fleißige Knaben schreiben schön.
Irdene Krüge zerbrechen leicht.
Kleine Vögel singen laut.

II. Kätzchen, wenn du vom Speck naschest und keine Maus fängst, bekommst du nie wieder Milch von mir. Mausen sollst du, aber nicht stehlen. Ein Jäger sollst du sein, aber kein Dieb.

Möpschen, sei du nur immer wachsam! Kommt nachts ein Dieb, dann bellst du recht laut und weckst den Vater. Gehst du auf die Straße, so darfst du kein Kind beißen, und dich selber mußt du von dem großen Karo nicht beißen lassen. Spielst du mit der Katze, so laß dich nicht kratzen, sondern paß auf, wenn sie aus dem Pfötchen eine Tatze macht.

Die Seite dieser Fibel von 1917 bietet verschiedene typographische Varianten in sogenannter Hamburger Schrift an.

Luthersche Fraktur des 17./18. Jahrhunderts, die formenreichste Fraktur überhaupt, benannt nach der alten Lutherschen Schriftgießerei in Frankfurt, erscheint 1900 in dem DEHMEL-/KREIDOLFschen „Fitzebutze" wie auch in der Reihe „Schaffsteins Volksbücher". Die Unger-Fraktur des ausgehenden 18. Jahrhunderts ist in den späteren Ausgaben von OSTINI/PELLAR: „Der kleine König" 1909 zu finden. Seit den zwanziger Jahren setzt schrittweise und unter oft heftig vorgetragenem Für und Wider der Gebrauch der Antiqua auch im Kinder- und Jugendbuch ein. Den Übergang signalisieren die späteren Bände der Scholz-Bilderbuchreihe, von denen einige zugleich in einer Fraktur- und einer Antiqua-Ausgabe erschienen sind. Als M. BORMANN am 3.1.1941 den berüchtigten, mit höchster Willkür argumentierenden Ukas erließ, in dem die Antiqua zur deutschen Normalschrift erklärt wurde, war damit auch über die Fraktur im Kinderbuch endgültig entschieden. Für kunstvoll von Hand geschriebene Schrift ist das Bilderbuch bis heute immer wieder Schauplatz, weil sich dabei in der Verbindung von Text und Illustration eine andere Geschlossenheit erreichen läßt als beim Typensatz. Zudem bot der Flachdruck am frühesten auch technisch die Möglichkeit, Schrift und Farbillustration im selben Vorgang zu drucken. Bereits in seinem ersten Bilderbuch „Sing a Song of Sixpence" 1866 bringt W. CRANE den Text handgeschrieben; dieses Verfahren kulminiert bei ihm in „Queen Summer or the Tourney of the Lily and the Rose" 1891 und „Flora's Feast" 1892. Auch aus dem Wiener Jugendstil gibt es geglückte Beispiele, etwa von H. LEFLER oder auch in Gerlachs Jugendbücherei „Deutsche Wiegenlieder" von R. DAENERT, 1909. Neben den Comics, deren „lettering" auch heute noch häufig nicht gesetzt sondern geschrieben wird, seien aus neuerer Zeit genannt M. DITTRICH in „Tani Wani, ein fröhliches Fischbuch" von F. K. GINZKEY, 1947, A. MITGUTSCH: „Rund ums Rad", 1975, mit dem die Handschrift sogar ins Sachbuch Eingang gefunden hat, vor allem aber K. ENSIKAT (am besten in A. KÖNNER: „Kieselchen", 1975), der imstande ist, Präzision und Adel klassischen Typensatzes in seine phantasievoll den Text reflektierende Schriftzeichnung einzubringen und damit gewissermaßen das Ideal einer beseelten Type zu erreichen. Wie unorganisch sich dagegen künstlerische Illustration und Buchdruck-Typensatz zueinander verhalten können, ist am Beispiel von TH. VAN HOYTEMAS lithographiertem Buch „Uilengeluk", 1895, zu sehen.

Gegenwart. In den letzten zwanzig Jahren bürgerte sich auch im Kinderbuch, besonders aber im Schul- und Sachbuch die Groteskschrift ein, nachdem sie schon von der funktionellen Neuen Typographie der zwanziger Jahre favorisiert worden war. Diese skeletthaft konstruierte Antiqua, ohne Wechsel der Strichstärke und ohne Serifen (Abschlußstriche), ist bereits 1816 in England entstanden, hat sich aber über ein Jahrhundert nur im Akzidenzsatz behauptet. Mit ihrem neutralen, meist lichten Schriftbild eignet sie sich für knappe Passagen, vor allem, wenn der Textsatz in Verbindung mit Illustration einen lockeren Eindruck machen soll. Andererseits wird im Bilderbuch auf Grund der dort üblichen größeren Schriftgrade gerne halbfetten Schriften der Vorzug gegeben. Als internationale Erfolgsschrift der siebziger Jahre kristallisiert sich die Times New Roman heraus. 1931 für die neugestaltete „Times" von S. MORISON entworfen, paßt ihr entschiedener Charakter eher zu Sachbüchern, ins Bilderbuch jedoch nur in besonderen Fällen (etwa A. BRÖGER/G. KALOW: „Das wunderbare Bettmobil", 1975, wo die in den Vertikalen betonte Schrift zu den kräftig konturierten Illustrationen ein Gegengewicht bildet).

Schriftfarbe. Meist gebrauchte Druckfarbe für die Schrift ist auch im Kinder- und Jugendbuch ein mehr oder weniger tiefes Schwarz, das freilich auf den heute üblichen hartweißen Papieren sehr scharf kontrastiert, je fetter das Schriftbild, desto mehr. Um dies zu mildern, wird gelegentlich auch dunkles Braun oder sattes Grau verwendet. Ähnlich verfuhr man auch früher bei den für Farbhochdruck erforderlichen gestrichenen und daher glänzenden Kunstdruckpapieren (z.B. in den Büchern der H. WILLEBEEK LE MAIR, London, vor 1914). Braunen Textdruck zeigen die älteren Ausgaben der Scholz-Bilderbuchreihe. Vor allem in England und Frankreich begegnet farbiger Textsatz in Verbindung mit Farbillustrationen (z.B. bei den Büchern von W. CRANE, R. CALDECOTT, M.

Künstlerische Typographie als Teil der Illustration bei Klaus Ensikat in Alfred Könners „Kieselchen" (Berlin 1975).

Boutet de Monvel). Der Farbton entspricht dann einem Farbgang der Illustration, auf den man sich bei den Widerdruckseiten beschränkt. Diese technische Vereinfachung bringt zugleich eine größere Harmonie von Text (samt oft üblicher einfarbiger Textzeichnung) und Farbillustration mit sich. Die Verwendung von roten Auszeichnungen im schwarzen Text, wie sie bei ABC-Büchern des 16. und 17. Jahrhunderts erscheint, geht zurück auf die Rubrizierung und Miniierung (von minium, rote Mennige) der mittelalterlichen Handschriften, die der frühe Buchdruck aus ihnen übernommen hat und die auch auf die Buchgestaltung um 1900 wieder einwirkten (z. B. E. Lange: „Lilla Båtsman och skön Jungfrun", Stockholm 1917). Die Einfärbung hat sich nach der Saugfähigkeit des verwendeten Papiers zu richten, die bei Schön- und Widerdruckseite differiert. Nicht nur in der zweiten Hälfte des 19. Jahrhunderts, wo sich – besonders in England – Verleger und Drucker aus Kalkulationsgründen mit sparsamer Einfärbung zufriedengaben, auch heute wird, vor allem im Jugendbuch bei Massenauflagen und Kaufhausware, hinsichtlich der Farbstärke gesündigt; so ist die Einfärbung innerhalb eines Buches nur selten von durchgehender Gleichmäßigkeit.

Satz. Wie für die Schriftgröße gilt auch für den Satz im Kinder- und Jugendbuch die erhöhte Forderung nach leichter Lesbarkeit. Sie wird erreicht durch ein lockeres, nicht zu gedrängtes Satzbild mit genügendem Durchschuß (Zeilenabstand) – mindestens 2 Punkt –, der jedoch im Verhältnis zur Schriftgröße bemessen werden muß und den optischen Zusammenhalt des Satzfeldes nicht sprengen darf. Der Ausschluß (Wortabstand innerhalb der Zeile) soll hingegen möglichst nicht vergrößert werden, um ein zusammenfassendes Lesen der Wörter nicht zu erschweren. Breite Stege (Ränder), die man im 19. Jahrhundert, ausgenommen in Frankreich, beim Kinder- und Jugendbuch aus Ersparnisgründen vermied, bürgerten sich um die Jahrhundertwende in Deutschland wieder ein und kennzeichnen auch heute noch alle besseren Publikationen. Sie haben neben der ästhetischen Wirkung, eine Seite nicht überfüllt erscheinen zu lassen, auch die psychologische Funktion, im jungen, leicht ermüdbaren Leser keine Furcht vor einem Zuviel an zu bewältigender Textmasse aufkommen zu lassen. Als ausgesprochen mustergültig darf in dieser Hinsicht die Reihe der Bibliothèque Rose der Librairie Hachette Paris aus den letzten beiden Dezennien des vorigen Jahrhunderts angesprochen werden. Bei den deutschen Büchern des 19. Jahrhunderts ist, bedingt durch die Fraktur, die auch gedrängt leichter lesbar ist als die Antiqua, der Durchschuß gewöhnlich etwas geringer als bei den französischen und englischen Büchern. Unruhiger Satz, wie er bei Experimenten mit verschiedenen Schriftarten und -größen entsteht, wird zwar besonders seit den zwanziger Jahren immer wieder einmal versucht, doch ließ sich mit ihm bislang keine nachhaltige typographische Neuerung erzielen. Seine momentane Wirkung beruht vor allem auf der Diskrepanz zum gewohnten, vom Leser unbewußt akzeptierten Satzbild.

Anordnung von Satz und Illustrationen. Der Satzspiegel ist eng an das Buchformat gebunden. Nur manchmal kontrastiert sein Format zu diesem (etwa Oktavformat auf Quartseiten, Quadratformat auf längs- oder querrechteckigen Seiten). Die größte Variationsbreite ist beim Bilderbuch anzutreffen, wo besonders bei größeren Formaten die Textfläche nur einen Bruchteil der Bildfläche ausmacht. Ist der Text in die Illustration mit einzubeziehen, so erhält der Illustrator einen Abzug des Textes, den er seinen Bildern einkomponiert, wobei er auch selbst den Umbruch entsprechend der Abfolge von Text und Bild vornehmen kann. Die typographische Grundregel, bei der Buchgestaltung stets von der aufgeschlagenen Doppelseite auszugehen, ist beim Bilderbuch oft nicht berücksichtigt worden. Aus drucktechnischen Gründen folgte meist einer – einfarbigen – Textseite eine mehrfarbige Bildseite. Dennoch begegnet die Verschmelzung von Text und Illustration gerade bei vielen künstlerischen Bilderbüchern, so schon im „Struwwelpeter" oder bei W. Crane und Boutet de Monvel; im modernen Bilderbuch hat sie sich fast ganz durchgesetzt. Bei den ältesten Kinderbüchern sind die Illustrationen wie bei den Büchern für Erwachsene angeordnet: es gibt Initialschmuck, Vignetten und

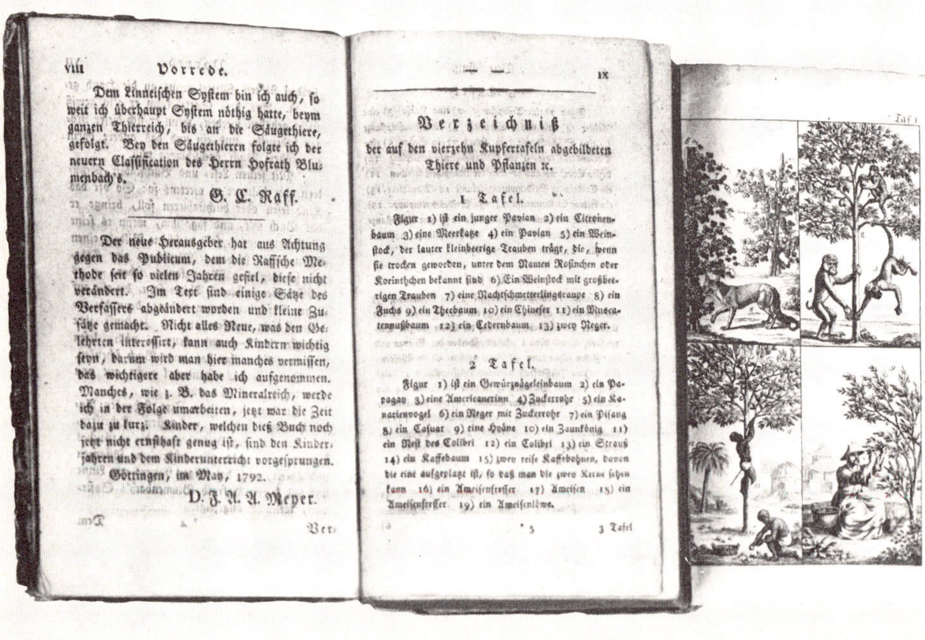

viii Vorrede.

Dem Linneischen System bin ich auch, so weit ich überhaupt System nöthig hatte, beym ganzen Thierreich, bis an die Säugethiere, gefolgt. Bey den Säugethieren folgte ich der neuern Classification des Herrn Hofrath Blumenbach's.

G. C. Raff.

Der neue Herausgeber hat aus Achtung gegen das Publicum, dem die Raffsche Methode seit so vielen Jahren gefiel, diese nicht verändert. Im Text sind einige Sätze des Verfassers abgeändert worden und kleine Zusätze gemacht. Nicht alles Neue, was den Gelehrten interessirt, kann auch Kindern wichtig seyn, darum wird man hier manches vermissen, das wichtigere aber habe ich aufgenommen. Manches, wie z. B. das Mineralreich, werde ich in der Folge umarbeiten, jetzt war die Zeit dazu zu kurz. Kinder, welchen dieß Buch noch jetzt nicht ernsthaft genug ist, sind den Kinderjahren und dem Kinderunterricht vorgesprungen.

Göttingen, im May, 1792.

D. J. A. A. Meyer.

Ver-

ix

Verzeichniß
der auf den vierzehn Kupfertafeln abgebildeten Thiere und Pflanzen ꝛc.

1 Tafel.

Figur 1) ist ein junger Pavian 2) ein Citronenbaum 3) eine Meerkatze 4) ein Pavian 5) ein Weinstock, der lauter kleinbeerige Trauben trägt, die, wenn sie trocken geworden, unter dem Namen Rosinchen oder Korinthchen bekannt sind 6) Ein Weinstock mit großbeerigen Trauben 7) eine Nachtschmetterlingsraupe 8) ein Fuchs 9) ein Theebaum 10) ein Chineser 11) ein Muscatennußbaum 12) ein Cedernbaum 13) zwey Neger.

2 Tafel.

Figur 1) ist ein Gewürznägeleinbaum 2) ein Papagay 3) eine Americanerinn 4) Zuckerrohr 5) ein Kanarienvogel 6) ein Neger mit Zuckerrohr 7) ein Pisang 8) ein Casuar 9) eine Hyäne 10) ein Zaunkönig 11) ein Nest des Colibri 12) ein Colibri 13) ein Strauß 14) ein Kaffebaum 15) zwey reife Kaffebohnen, davon die eine aufgeplatzt ist, so daß man die zwey Kerne sehen kann 16) ein Ameisenfresser 17) Ameisen 18) ein Ameisenfresser 19) ein Ameisenlöwe.

*5 3 Tafel

Auf ausklappbaren, am Ende des Bandes eingefügten Tafeln befinden sich die bildlichen Erklärungen zum Sachtext in dieser Ausgabe von Georg Christian Raffs „Naturgeschichte für Kinder" (Tübingen 1788).

Die lange Tante.

I.

„Wer von euch will den Kuchen?" — „Ich, ich, ich,

II.

ich, liebe Tante!"

Die Bildergeschichte „Die lange Tante" von Karl Pomerhanz, aus nur zwei Illustrationen mit kurzem traditionell gesetztem Zwischentext bestehend, ist dem Buch „O diese Kinder! Lustige Bubenstreiche" entnommen, dessen 17. Auflage um 1910 bei Braun & Schneider in München erschien.

Cul-de-lampes (Schlußstücke). Anders als Holzschnitte verboten Kupfer wegen des Tiefdruckverfahrens, die Rückseite des Bogens zu bedrucken. Sie wurden daher auf Tafeln beigegeben. Auch andere Drucktechniken (Flachdruck, Mehrfarbenhochdruck), die jeweils besondere Papiere erfordern, führten zu gesonderten Tafeln, die bei Sachbüchern meist im Anhang gesammelt, sonst aber als Einschaltbilder zwischen die Textseiten geklebt wurden. Weil dabei die Zuordnung zur betreffenden Textstelle erschwert war, wurde diese gerne auf der Tafel als Bildlegende wiederholt. In jedem Fall unterbrachen die rückseitig leeren, oft sperrigen Einschalttafeln den Fluß des Textes und damit den Lesevorgang, zugleich zerstörten sie als Fremdkörper die Einheit des Buches. Wenn sie gar bei hochformatigen Büchern querliegend bedruckt waren, konnte man sicher sein, daß die Bilder nur flüchtig betrachtet wurden. Der moderne Offsetdruck erlaubt sowohl beidseitige Farbdrucke wie auch die Auskleidung von Textseiten mit Farbbildern. Allerdings verzichtet man in erzählenden Jugendbüchern heute auf farbige Illustrationen fast ganz. Die statt dessen üblichen Federzeichnungen mögen zwar rein typographisch befriedigen, sie sind aber oftmals ohne künstlerischen Belang. Von daher muß das erzählende Jugendbuch und der Jugendroman als der künstlerisch am wenigsten betreute Zweig der Gattung angesehen werden. Die grundlegende Schwierigkeit im modernen Schul- oder Sachbuch, nämlich reichhaltigen Stoff samt Bildmaterial zu differenzieren und dennoch typographische Geschlossenheit zu erreichen, wird heute besser beherrscht als früher. Eine nahtlose Verquickung von Bild und Text wiesen von jeher die Bildgeschichten auf. Bei den Bilderbögen waren die locker gereihten Bilder entweder gar nicht oder mit einigen Zeilen untertitelt. Die Comics dagegen ersetzen die fortlaufende Zeilenanordnung des Textes durch die geschlossene, dynamisierte Folge von Bildzeilen, die den Text in sich aufsaugen und in ebenso dynamisierter Typographie die wörtliche Rede wie die gesamte Geräuschkulisse optisch abwikkeln. Indem sie sich nicht mehr am Medium des Buches, sondern mehr und mehr an dem des Tonfilms orientierten, entwickelten die Comics auf genial-konsequente Weise eine ganz und gar eigenständige, grundlegend neue T., in der sich freilich auch der Verlust durchformulierter Texte, das heißt die Reduzierung der Sprache überhaupt ausdrückt. Ihr Erfolg beginnt mittlerweile auf das Bilderbuch zurückzuwirken, wo künstlerische Kräfte, die das Comicgewerbe selbst nicht finanziert, sich ihrer Methode bedienen (z.B. M. SENDAK, A. GOETZINGER).

Typographische Probleme der Gegenwart. Als solche erweisen sich die zahlreichen Reprints alter Kinderbücher, die je nach den Veranstaltern von unterschiedlicher Qualität sind, die aber zumeist im Format, in der Schriftwahl, im Papierton oder im Charakter der Farben, zumeist jedoch in allen dreien, erheblich vom Original abweichen und es somit typographisch verzerren. Auch die Übernahme von Bilderbuchtiteln ins

Typische Comic-Typographie bei Maurice Sendak in dem Bilderbuch „In der Nachtküche" (Zürich 1971).

Taschenbuchprogramm hat meistens zu buchästhetisch unbefriedigenden Ergebnissen geführt, vor allem hinsichtlich des Buchformats, aber auch weil sich Taschenbücher, abgesehen von ihrer sehr begrenzten Haltbarkeit, im Bund nicht flach aufschlagen lassen. Das typographische Hauptproblem aber stellt der Licht- oder Photosatz dar, der strengeren typographischen Ansprüchen nur selten genügt. Neben dem häufig unausgeglichenen Satz stört vor allem die Ausdünnung der Typenbilder auf Grund verfeinerter Präzision und extremer Scharfrandigkeit – besonders bei den Serifen und Haarstrichen –, was durch die geringe Druckspannung und den gespaltenen Farbauftrag beim Offsetdruck verstärkt wird, besonders wenn auch nicht optimale Papiere verwendet werden. Am besten eignen sich für den Lichtsatz Groteskschriften, nicht aber die klassischen Antiquaentwürfe. Allerdings prägen sich die Schwächen des Lichtsatzes am wenigsten bei den größeren Schriftgraden aus, wie sie im Kinderbuch vor allem zur Anwendung kommen.

Sekundärliteratur: O. F. Bassermann: Mittheilungen über Persönliches von W. Busch, in: Wilhelm-Busch-Jahrbuch, 1978. – F. H. Ehmcke: Drei Jahrzehnte deutscher Buchkunst, 1890–1920 (1921). – G. K. Schauer (Hrsg.): Internationale Buchkunst im 19. und 20. Jahrhundert (1969). – Stiftung Buchkunst (Hrsg.): Die schönsten deutschen Bücher (1951–1967), Die fünfzig Bücher (1968 ff.).

Hans Ries

U

Uderzo, Albert

*Zeichner des „Asterix"; * 25. 4. 1927.*

Schon mit 14 Jahren wurde U. als Hilfszeichner bei einem Pariser Verlag angestellt. 1945 arbeitete er zum ersten Mal an einem kurzen Trickfilm mit und begann ein Jahr später, Comicstrips zu zeichnen. Eine seiner ersten Serien war „Belloy, chevalier sans amure", die im ersten illustrierten Nachkriegsjournal „O. K." erschien. 1947 produzierte er die Serie „Arys Buck", in der Asterix schon als Nebenfigur auftaucht.

Werk, Tendenzen, Wirkung. Nach seiner Militärzeit arbeitete U. bei der Zeitung „France-Dimanche" und zeichnete zusammen mit BELLUS und anderen Comiczeichnern die Serie „Crime ne paie pas". Er wechselte dann zu einer belgischen Presseagentur über, deren Büro sich in Paris befindet. Dort begegnete er 1951 JEAN-MICHEL CHARLIER und RENÉ GOSCINNY (1926–1977). Mit CHARLIER begann er die „Belloy"-Serie neu und kreierte mit ihm zusammen die Fliegercomicserie „Les aventures de Michel Tanguy". Er vereinbarte mit RENÉ GOSCINNY eine Zusammenarbeit für weitere Serien, bei denen RENÉ GOSCINNY für den Text und U. für die Zeichnungen verantwortlich sein sollten. Es entstanden so „Jehan Pistolet-Corsair du Roi" (in: „La Libre Belgique"), „Luc Junior" (in: „La Libre Belgique"), „Benjamin et Benjamine" (in: „Top Magasine") und „Oumpah-pah-le peau rouge" (in: „Tintin").
Ab 1959 gaben RENÉ GOSCINNY und U. ein eigenes Comicmagazin „Pilote" heraus; in ihm erschienen seit 1961 in unregelmäßiger Folge die Abenteuer des „Astérix, le Gaulois". Ihrem Erscheinen ging ein Jahr intensiven Quellenstudiums und der Versuche voraus, Figuren und Serienkonzeption in den Griff zu bekommen. Bis zu GOSCINNYS Tod (1977) reisten beide in fremde Länder, um das Lokalkolorit für neue Asterix-Bände kennenzulernen. Die Gesamtauflage aller Asterix-Bände belief sich 1977 auf über 25 Millionen Exemplare. Einige Abenteuer der Serie wurden verfilmt. Neben der Hauptarbeit am „Asterix" zeichnete U. die frühe Serie „Tanguy" weiter.

→ Asterix, → R. Goscinny

Sekundärliteratur: E. Maletzke: Der spinnt, der Goscinny (in: Pardon. 1974. 4. 28–30 und 33–34). – R. C. Reitberger: Comics. Anatomie eines Massenmediums (zus. mit W. J. Fuchs, 1971).

Wolfgang Kempkes

UdSSR → Union der Sozialistischen Sowjetrepubliken

Übergangsliteratur → Schwellenliteratur

Ueberreuter Verlag

Wien, Heidelberg. Bilderbücher, Kinder- und Jugendbücher, Taschenbücher und Sachbücher für Jugendliche, Schulbücher.

Die Carl Ueberreuter Druck und Verlag M. Salzer AG ging aus einem bereits 1548 in Wien gegründeten Unternehmen hervor. 1866 verkaufte der damalige Besitzer CARL UEBERREUTER seine Buchdruckerei und Verlagsbuchhandlung an MATTHÄUS KASPAR SALZER, der beides der von Familie SALZER seit 1798 betriebenen Papierfabrik Stattersdorf anschloß, um einen festen Absatz zu sichern. Das Unternehmen erweiterte sich kontinuierlich und wurde 1946 zum Kinder- und Jugendbuchverlag.
Nach Dr. ALFRED AICHINGER (Verlagsleiter von 1945 bis 1971) und GEORG LENTZ (1971–1974) liegt die Verlagsleitung seit 1974 bei Dr. MARION PONGRACZ und Dr. OTTO MANG. Seit 1971 gehört auch der Annette Betz Verlag (Verlagsprogramm: Bilderbücher, Anthologien, Lektüre für das erste Lesealter) zur Ueberreuter Verlagsgruppe. Die Vertriebsgebiete sind Österreich, die Bundesrepublik Deutschland und die Schweiz.
Das Verlagsprogramm umfaßt – neben belletristischen Anthologien und der Austriaca-Reihe für Erwachsene – ein breitgefächertes Kinder- und Jugendbuchangebot für 3- bis etwa 18jährige Leser. Neben den international bekannt gewordenen Märchen- und Tierbüchern des Graphikers JANUSZ GRABIANSKI (1929–1976) werden Bilderbücher, Sagenbände, klassische und moderne Jugendbücher, Mädchenbücher, Sachbücher, Schulbücher und kulturgeschichtliche Werke für Jugendliche verlegt. Als Buchreihen erscheinen die Ueberreuter-Taschenbücher, Karl-May-Taschenbücher, die Reihe „Little Krimi" und die neue Sachbuchreihe „Zeit Bild" mit Bänden zu Themen historischen Geschehens. Jedes Jahr wird ein Kinderkalender mit Motiven aus Kinderbüchern herausgegeben.
Zu den Autoren des Verlages gehören: HESBA F. BRINDSMEAD, THEODOR DOLEZOL, JANE FLORY, JOSEF GUGGENMOS, DORIS JANNAUSCH, ERICH KÄSTNER, GUDRUN KUTSCHA (d. i. GUDRUN KAISER), EMIL NACK, JOHANNES PAUL, RENATE ROSS-RAHTE, VERA RUOFF, MARILYN SACHS, MARTHA SANDWALL-BERGSTROEM, GUSTAV SCHALK, ALOIS SCHÖPF, SYBIL GRÄFIN SCHÖNFELDT, GEORG SCHREIBER, HERMANN SCHREIBER, ELFIE STEJSKAL, WALTER WEISS, KURT WÖLFFLIN (d. i. KURT WÖLFLINGSEDER). Illustratoren: JANUSZ GRABIANSKI, ERICH HÖLLE, GEORG JANUSZEWSKI, HORST LEMKE, ROLF RETTICH, JOSEF TREIBER, WALTER TRIER, FRANZ JOSEF TRIPP, SUSI WEIGEL.

Hannelore Daubert

Übersetzungen in der Kinder- und Jugendliteratur

Die Kinder- und Jugendliteratur in der Bundesrepublik Deutschland zeichnet sich durch einen hohen Anteil an Übersetzungen (ca. ein Drittel der jährlich erscheinenden Kinder- und Jugendbücher) aus, wovon der aus dem angelsächsischen oder skandinavischen Bereich besonders hoch ist. „Klassiker" wie D. Defoes „Robinson Crusoe", J. Swifts „Gullivers Reisen", Ch. Dik-

kens' „Oliver Twist", Mark Twains „Tom Sawyer", R. Kiplings „Dschungelbuch", A. A. Milnes „Pu der Bär", P. Travers „Mary Poppins" sowie S. Lagerlöfs „Nils Holgersson", A. Lindgrens „Pippi Langstrumpf" und T. Janssons Mumin-Bücher gehören traditionell zum Angebot für westdeutsche junge Leser, ohne daß diese Werke als Übersetzungen wahrgenommen werden. Die Selbstverständlichkeit, mit der diese Einebnung von nationalsprachlicher Literatur und Übersetzungsliteratur geschieht, ist kennzeichnend für den Kinder- und Jugendbuchmarkt und das scheinbar internationalistisch orientierte literarische Bewußtsein der Öffentlichkeit im Hinblick auf Kinder- und Jugendliteratur.

Problembereich der Ü. von Kinder- und Jugendliteratur. Aus dem hohen Anteil an Ü.en innerhalb der Kinder- und Jugendliteratur kann einerseits auf eine starke Beeinflussung der nationalsprachlichen literarischen Produktion für jugendliche Leser und andererseits auf ein hohes Maß an Internationalität ihrer Lektüre geschlossen werden. Schon ein Vergleich der Anteile der Ü.en aus dem Englischen oder Amerikanischen in der Bundesrepublik Deutschland mit dem Russischen in der DDR zeigt im übrigen, daß die Rolle der Ü.s-Literatur maßgeblich von politischen und gesellschaftlichen Faktoren bestimmt wird.
Ebenso wenig wie die Literaturwissenschaft bisher weiterreichende Reflektionen über Jugendliteratur vorgelegt hat, hat die Ü.s-Wissenschaft dem Bereich der Ü.en für jugendliche Leser Beachtung geschenkt. E. CARY oder G. MOUNIN verweisen jeweils pauschal auf den besonderen Charakter der Jugendliteratur und rechtfertigen damit deren Ausklammerung aus der Ü.s-Wissenschaft. Die übersetzerische und verlegerische Praxis verdeutlicht, wie weit die Auffassung verbreitet ist, Ü.en von Jugendliteratur brauche man nicht mit den Beurteilungskriterien der Ü.s-Wissenschaft zu messen. Es wird ein Unterschied in der Konzeption des Literarischen zwischen Erwachsenen- und Jugendliteratur deutlich, der sich in doppelter Weise auf die Handhabung von Ü.en auswirkt. Zum einen wird Literarizität nur der Erwachsenenliteratur zugestanden mit der Konsequenz, daß sich Übersetzer und Verleger häufig einen freieren Umgang mit dem Original erlauben, der in der Erwachsenenliteratur undenkbar wäre. Zum anderen wird bei diesem großzügigen Umgang mit dem Original der Ü.s-Charakter weitgehend kaschiert, kulturelle Divergenzen zwischen Ausgangssprachgemeinschaft und Zielsprachgemeinschaft werden nivelliert. Im Ü.s- und Publikationsprozeß werden Autor und Werk unreflektiert in ein Corpus der Jugendliteratur vereinnahmt, das nur scheinbar internationalen Charakter hat, in Wirklichkeit aber auf einer diffusen, im Grund jedoch national gedachten Literaturkonzeption fußt, die primär an der Verkäuflichkeit der durch den nationalkulturellen Kontext bestimmten gängigen Themen und Stoffe orientiert ist. Der Auswahlprozeß übersetzungswürdiger Bücher durch die Verlage kann dies verdeutlichen. Für U.en kommen vorwiegend solche Bücher in Frage, die in ihrer Heimat erfolgreich sind, die aber in Thematik und formaler Gestaltung die nationalkulturellen Eigenheiten nicht in so markanter Weise darstellen, daß sie auf dem Buchmarkt des Ü.s-Landes als fremd und unverständlich auf Ablehnung stoßen könnten. Außerdem fallen diese Spezifika am häufigsten der Bearbeitung des Textes durch den Übersetzer zum Opfer, sei es durch Auslassung oder erläuternde Eindeutschung. Anders als bei den Teilen der Erwachsenenliteratur, wo von einem Bewußtsein der Trennung zwischen Nationalliteratur und Ü.s-Literatur ausgegangen wird, werden in der Jugendliteratur zumeist Ü.en nicht deutlich als solche gekennzeichnet und sicher nicht als Produkt eines andersgearteten kulturellen Kontexts rezipiert, unter anderem, weil der jugendliche Leser stoff- und themenorientiert, nicht aber autorenorientiert liest. Die gängige These, die Internationalität und der hohe Anteil der Ü.en an der Jugendliteratur trage wesentlich zur internationalen Verständigung bei, muß deshalb relativiert werden. Verlegerische und übersetzerische Praxis setzen dem Fremdartigen in der Ü.s-Literatur ebenso enge Grenzen wie die eingeschränkte Rezeptionsfähig-

Der Anteil der Übersetzungen an der Buchproduktion der Bundesrepublik Deutschland:

	Gesamtzahl der produz. Titel (%)	Schöne Literatur		Jugendschriften		Vergleich DDR (%)
		Gesamtproduktion (%)	Taschenbücher (%)	Gesamtproduktion (%)	Taschenbücher (%)	
Anteil der Übersetzungen	10,4	25,9	59,1	30,5	41,9	—
Herkunftsländer:						
USA	32	42	47	30	34	5
England	30	31	32	31,5	38	10
Frankreich	14	13	10,5	9,5	9	7
UdSSR	4	3,5	andere Sprachen 10	1	andere Sprachen 23	35
Schweden	3	1		11		Polen, Ungarn je 8

(Quelle: Buch und Buchhandel in Zahlen, 1975)

keit des jugendlichen Lesers. Der jugendliche Leser ist erst im Begriff, sich ein Bild seiner eigenen sozialen und kulturellen Umwelt aufzubauen. Ein Koordinatensystem für die Bewertung und Einordnung von nationalkulturellen wie fremden Eindrücken ist noch wenig ausgebildet. Ü.s-Literatur wird so in die Umwelterfahrung eingeordnet. Andererseits orientiert sich der junge Leser in seiner Beurteilung an Vorbildern, wobei er eher zu extremen Urteilen neigt, da ihm abgestufte oder relativierende Feinabstimmungen der Bewertung entgehen. Bei einer sich an selbsterzeugten Konsumgewohnheiten orientierenden Verlagspolitik mit nur geringem Interesse an Büchern mit innovatorischen, die Wirklichkeitskonzeption des Jugendlichen erweiternden Inhalten und einer eindeutigen Bevorzugung von Büchern mit überwiegend vertrauten Inhalten, die die Wirklichkeitserfahrung eher bestätigen als erweitern, muß zumindest mit einer nicht unerheblichen tendenziell fremdenfeindlichen Gegenströmung im Rezeptionsvorgang von Kinderliteratur gerechnet werden. Beispielhaft sind hier die aus verkaufsstrategischen Gesichtspunkten in einem unbestimmten, soziokulturell nicht lokalisierbaren Niemandsland handelnden Bücher von ENID BLYTON. Gerade weil die „Hanni und Nanni"- oder die Abenteuer-Reihe an keinem konkret erkennbaren Handlungsraum festgemacht sind und auch die Handlungsstruktur nie nationale oder soziokulturelle Spezifika, sondern nur ganz allgemeine Klischees verarbeitet, lassen sich diese Bücher ohne die Notwendigkeit zur Überwindung nationalsprachlicher Widerstände in nahezu jeden Sprachraum verpflanzen. Universelle Übersetzbarkeit und damit auch Verkäuflichkeit ist hier schon bei der Abfassung des Originals miteingeplant.

Die begrenzte Rezeptivität für fremdartige Inhalte wird auch daran deutlich, daß annähernd 90% der Ü.s-Literatur aus den unmittelbar benachbarten westlichen Sprachräumen mit weitgehend ähnlichen soziokulturellen Strukturen stammen. Da die in der Statistik genannten Zahlen nur den Anteil der Ü.en an der Gesamttitelproduktion umfassen, nicht jedoch den Anteil an Auflagen oder verkauften Titeln, läßt sich der Gesamtumfang der Ü.en im Literaturkonsum von Erwachsenen wie Jugendlichen nicht genau erfassen. Man kann jedoch bei Taschenbüchern von höheren Auflagen- und Verkaufszahlen ausgehen; durch Interpolation käme man dann auf einen Gesamtanteil der Ü.en am Lesegut Jugendlicher von 35–38%.

Altersspezifik des Rezeptionsvorgangs und die Ü.s-Praxis. Der bezeichnende Unterschied zur Erwachsenenliteratur und deren Ü.s-Praxis liegt für die Kinder- und Jugendliteratur beim altersspezifischen Rezeptionsvorgang. Bedingt durch einen wenig differenzierten sprachlichen Code, der in Lexik und Syntax nur begrenzt Raum für Bedeutungsvielfalt und Nuancierung gewährt und durch ein reduziertes referentielles Wissen, sind der Realisierung der Texte im Lese-/Rezeptionsvorgang dadurch Grenzen gesetzt, daß die Herstellung konnotativer, affektiver oder situativer Bezüge begrenzt ist. Die Bedeutungsbreite eines Textes kann im Entschlüsselungsvorgang des Rezeptionsaktes nur im Rahmen des dem Leser verfügbaren Referenzsystems realisiert werden. Natürlich ist eine sinnvolle Kommunikation Autor/Übersetzer und Leser dann nicht mehr gegeben, wenn das referentielle Wissen des Lesers nur noch einen schmalen Sektor der Bedeutungsbreite des Textes abdeckt, wenn die Differenz von Autorenintention/Text und der Dekodierungsfähigkeit des Lesers zu groß wird.

Hier setzen insbesondere die Ü.en der „Klassiker" der Jugendliteratur an. Wo die Literarizität und das Klassikertum des Originals gerade in der Mehrdeutigkeit und Interpretierbarkeit bestand, wird in der Ü. für Jugendliche der Code zur Eindimensionalität reduziert. SWIFTS Gulliver wird aus der Gesellschaftssatire zur phantastischen Reisegeschichte, DEFOES Robinson Crusoe aus einem ideologischen Werk zur Robinsonade, COOPERS Lederstrumpf zum Vorläufer des Western und MELVILLES Moby Dick zum reinen Abenteuerbuch, in dem die Ü. einen von vielen möglichen zum einzig möglichen Rezeptionsmodus macht. Zum großen Teil sind solche Ü.en eigentlich mehr oder weniger freie Bearbeitungen, die den Originaltext nicht selten entstellen, verfälschen und mit fremden Tendenzen versehen. Die Übersetzbarkeit bzw. Angemessenheit einer Ü. wird demnach entschieden bestimmt von der Rezeptionsfähigkeit des jugendlichen Lesers und der Einschätzung dieser Rezeptionsfähigkeit durch den Übersetzer. Der Grad der Übersetzbarkeit wird mit zunehmender räumlich/zeitlicher, geographisch/historischer Entfernung zwischen Original und Leser größer werden. Historische Dimensionen sind im Bewußtsein des jugendlichen Lesers ebenfalls noch in der Entwicklung begriffen; historische Stoffe und Texte sind demnach ebenso schwer in das Erfahrungssystem einzuordnen wie soziokulturell fremdartige Texte. Zur synchronischen Ü.s-Problema-

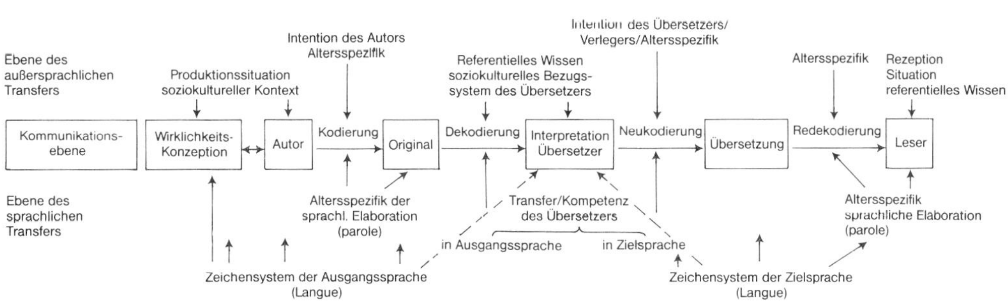

tik von zeitgenössischen Texten tritt eine diachronische Problematik mit historischen Texten.
Der Kommunikationsvorgang beim Übersetzen läßt sich im Diagramm veranschaulichen (S. 605).

Texttyp und Ü.s-Form. Da die Rezeptionshaltung und damit die Realisierung von Texten nicht nur von der Altersspezifik des Lesers bestimmt wird, sondern auch von seiner Erwartungshaltung, die er einem Text entgegenbringt, ist in der Ü.s-Wissenschaft entsprechend den drei sprachlichen Grundfunktionen der Darstellung, des Ausdrucks und des Appells die Vielzahl denkbarer Textsorten zu drei Texttypen zusammengefaßt worden; dem sachorientiert-informativen Text, dem senderorientiert-expressiven Text und dem verhaltensorientiert-operativen Text. Entsprechend der dem Text entgegengebrachten Rezeptionshaltung sollte eine Ü. also entweder dem Wortsinn, der Wirkung oder dem Zweck des Originals getreu sein, d.h. bei Ü. eines inhaltsbetonten Textes wird Invarianz der Information verlangt, beim formbetonten Text Äquivalenz der ästhetischen Wirkung, beim verhaltensorientierten Text Korrespondenz der Leserreaktion. Im Bereich der Kinderliteratur kommt eine mit diesen Kategorien nicht faßbare Textsorte hinzu, der bildabhängige Text, der überwiegend (Bilderbuch) oder teilweise (Illustration) auf außersprachlich-visueller Kommunikation basiert. Auch bei diesem Texttyp läßt sich die alters- und kulturspezifische Rezeption feststellen, obwohl zunächst für visuelle Kommunikation ein leichter Transfer in einen anderen Kulturraum angenommen werden könnte. Auch hier dominieren die wenig spezifizierten routinemäßig rezipierbaren „Texte" wie die universell verbreiteten pseudoorientalischen Interieurs zu Tausendundeine Nacht oder den pseudomittelalterlichen, stereotypen Nirgendwolandschaften zahlreicher Märchenbücher. Dagegen sprechen z.B. LEO LIONNIS Bücher in individualisierter Form universell gültige soziale Verhaltensweisen an, die unabhängig vom soziokulturellen Kontext des Lesers rezipiert, also auch universell übersetzt werden können. Anders wiederum bei MAURICE SENDAK. In seiner „Night kitchen" etwa werden spezifisch amerikanische Stadtlandschaften mit einer kulturell unspezifierten Handlung kombiniert und bleiben so universell übersetzbar. EZRA KEATS' Bücher wiederum, in denen Text und Bild ganz fest in der amerikanischen Wirklichkeit verankert sind, waren als Ü.en nur begrenzt erfolgreich.
Bei inhaltsbetonten Texten, also Sachbüchern wie DAVID MACCAULEYS „Cathedral" hat die Sprache überwiegend die Funktion des reinen Transportmittels von Sachinformationen. Dementsprechend muß die Ü. die Sachinformation konkret wiedergeben; hier sind Ü.s-Fehler im Bereich der Lexik, d.h. Irrtümer bezüglich der Bedeutung von Wörtern in der Ausgangssprache und daraus resultierende falsche Äquivalente in der Zielsprache gravierend. Die Ü. des sachorientierten Textes richtet sich überwiegend nach den Strukturen der Zielsprache. Lexik, Syntax und Stil entsprechen dem üblichen Sprachgebrauch der Zielsprache. Ausgangssprachliche strukturelle Kennzeichen oder stilistische Originalität brauchen in der Ü. nicht gekennzeichnet zu werden.
Der überwiegende Teil fiktiver Prosa für Jugendliche ist dem formbetonten Texttyp zuzurechnen. Jugendbücher sind jedoch allgemein sehr stark inhaltsorientiert, informativ und zum anderen, entsprechend der geringeren literarischen Erfahrungen der Leser, auf einige einfache, häufig wiederkehrende Formen beschränkt. Neben dem korrekten Transfer der Information sollte jedoch auch die soziale, kulturelle oder historische Bedingtheit der sprachlichen Gestaltung des Originals (als Teil der Information) erkennbar bleiben.
Texte der Folkloreliteratur mit ihrer stark formelhaften Gestaltung oder phantastische Texte, die wegen der außergewöhnlichen inhaltlichen Information einer stärkeren formalen Strukturierung bedürfen, sind dagegen überwiegend auf eine nur über ästhetische Wirkung erzielbare affektive Wirkung ausgerichtet. Hauptziel der Ü. ist hier, eine dem Original entsprechende Wirkung zu erzielen. Nahezu ausschließlich formbestimmt sind die Kinderverse, Sprachspiele, Nonsenseverse, in denen kaum noch Sachinformationen mitgeteilt werden, wo vielmehr das Regel- und Zeichensystem der Ausgangssprache Gegenstand der Mitteilung wird, die sprachliche Form als wesentliche Textkonstituante semantische Funktion hat. Hier muß sich die Ü. als solche zu erkennen geben, indem sie ausgangssprachliche Strukturen oder deren zielsprachliche Substitute kenntlich macht. Gleichheit der künstlerischen Effekte ist dabei nicht notwendigerweise durch gleiche Kunstmittel zu erzielen. Vielmehr muß das Original nicht als Summe von Einzelelementen, sondern als ein System einander bedingender Elemente verstanden werden und daher ein entsprechendes funktionales System vergleichbarer Wirksamkeit innerhalb des Regelsystems der Zielsprache gefunden werden.
Bei Ü.en von Sprachspielen kommt erschwerend hinzu, daß der Übersetzer in der zielsprachlichen Gestaltung eher zur Regelkonformität, zur griffigen, aber unoriginellen Formulierung tendiert und die sprachschöpferische, gegen die Sprachnorm verstoßende Formulierung des Originals normalisiert.

Tendenzen übersetzerischer Praxis. Der Vergleich von ausgangssprachlichen und zielsprachlichen Versionen zeigt zwei gegenläufige Tendenzen übersetzerischer Praxis. Im lexikalischen Bereich wählt der Übersetzer aus einer Reihe annähernd gleichwertiger Entsprechungen meist den in der Zielsprache gängigsten Ausdruck, der im Vergleich mit der Formulierung im Original häufiger, also in der Bedeutungsvielfalt breiter, weniger spezifisch, weniger präzise ist, mit dem Ergebnis, daß die Ü. allgemeiner, weniger exakt ausfällt. Andererseits tendiert der Übersetzer bei Unterschieden in der Syntax oder beim Fehlen offenkundiger lexikalischer Äquivalente zur Explikation des Originals, d.h. er wählt aus, schränkt die Bedeutungsvielfalt ein, an die Stelle von Insinuation kann Redundanz treten.
Der gravierendste Eingriff ist immer die Kürzung oder

Ergänzung des Originals. Dabei werden Teile des Originals entsprechend der Konzeption des Übersetzers/Verlegers und der angeblichen Bedürfnisse des Lesers arrangiert; von Ü. kann man eigentlich nicht mehr sprechen. Nicht minder gravierend ist das Ignorieren der Originalversion: Aus urheberrechtlichen Gründen oder wegen preisgünstiger Ü.s-Rechte werden häufig Ü.en von Ü.en angefertigt. Bei sehr seltenen Sprachen ist dieses Verfahren durchaus zu rechtfertigen, aber eine deutsche Ü. englischer Märchen aus dem Tschechischen z.B. muß als Einschaltung einer weiteren, durchaus entbehrlichen Zwischenstation zwischen Autor und Leser abgelehnt werden.

Ein besonderes übersetzerisches Problem stellt die Übertragung von den in der Jugendliteratur häufigen Sprachvarianten, Dialekten, Soziolekten, altersspezifischem Jargon oder auch Sonder- und Fachsprachen dar. Gleiche Wirkung kann natürlich nur erzielt werden, wenn die Sprachvarianten in derselben Funktion übertragen werden. Dialekt als regionale Sondersprache ist nahezu unübersetzbar – ein berlinernder Stahlarbeiter aus Pittsburgh ist genau so lächerlich wie ein schwäbelnder Bauer aus Australien –, andererseits ist die Verwendung von Dialekten etwa als Soziolekt so stark konventionsbedingt, so stark durch Klischees belastet, daß dergleichen übersetzerische Gewaltakte häufig toleriert werden. Die Abweichung der Sprachvarianten von den Regeln der Schriftsprache ist kultur-, schicht- und altersspezifisch; sie wird jedoch gleichermaßen von den Mustern der Kodierung und Sanktionierung durch die den speziellen Sprachgebrauch pflegende Gruppe wie auch von syntaktischen oder lexikalischen Strukturen der Sprachnorm bestimmt. Hier muß der Übersetzer den Umfang des Verstoßes gegen die Sprachnorm, den Grad der Abweichung von der Hochsprache der Ausgangssprache analog in die Zielsprache übertragen. Eine erläuterte hochsprachliche Wiedergabe ist jedenfalls dann vorzuziehen, wenn die Zielsprache keine entsprechende Sprachvariante ausgebildet hat, oder der Übersetzer den in Frage kommenden Dialekt nicht beherrscht. Als negatives Beispiel sei die völlig inadäquate Wiedergabe der „negro speech" des Nigger Jim in zahlreichen „Huckleberry Finn"-Ü.en erwähnt.

Ü.s-Literatur hat immer wieder die nationalsprachliche literarische Produktion nachhaltig beeinflußt, etwa die Klassiker-Ü.en zur Zeit des Humanismus, die SHAKESPEARE-Ü.en der Romantik und die Ü.en aus dem Arabischen im frühen 19. Jahrhundert. Im Bereich der Kinder- und Jugendliteratur gingen vergleichbare Initiativen von den Ü.en der Märchensammlungen des CHARLES PERRAULT und der Brüder GRIMM aus. In jüngster Vergangenheit haben die Bilderbücher amerikanischer Herkunft stilprägend gewirkt. Zweifelsohne hat der Erfolg von ASTRID LINDGRENS „Pippi Langstrumpf" eine Welle phantastischer Kinderbücher ausgelöst, was früheren englischen Werken desselben Genres nicht gelungen war. Schließlich ist die, wenn auch bescheidene Renaissance der Kinderreime und Sprachspiele ohne die englischen Vorbilder seit LEWIS CARROLL und EDWARD LEAR nicht denkbar, wobei das Englische mit seinen zahlreichen einsilbigen und homophonen Wörtern die besten strukturellen Voraussetzungen mitbringt.

→ Bearbeitung von Texten für Kinder und Jugendliche, → Kinder- und Jugendliteratur, → Klassiker der Kinder- und Jugendliteratur, → Textverständnis

Sekundärliteratur: R. Bamberger: Europa im Spiegel der Jugendbuchübersetzungen im deutschen Sprachraum (in: Jugend und Buch. 10. 1961. 1. 28–43). – J. C. Catford: A linguistic theory of translation (1965). – H. W. Drescher (Hrsg. zus. mit S. Scheffzek): Theorie und Praxis des Übersetzens und Dolmetschens (1976). – Fr. Güttinger: Zielsprache (1963). – A. Herr: Ausländische Jugendbücher in deutschen Übersetzungen (in: Jugendschriften-Warte. 5. 1953. 4. 26–27). – R. Italiaander (Hrsg.): Übersetzen (1965). – K. Judt: Fremdsprachen sind Glückssache (in: Jugendliteratur. 5. 1959. 12. 536–539). – G. Klingberg (Hrsg. zus. mit M. Ørvig und St. Amor): Children's books in translation. The situation and the problems (1978). – J. Levý: Die literarische Übersetzung (1969). – G. Mounin: Die Übersetzung (1967). – E. A. Nida: Towards a science of translating (1964). – H. Ostertag: Probleme der Übersetzung von Jugendbüchern (in: R. Bamberger (Hrsg.): Jugendbuch und Jugendbuchtheorie heute. 1976. 143–156). – L. Chr. Persson (Hrsg.): Translation of children's books (1962). – K. Reiß: Möglichkeiten und Grenzen der Übersetzungskritik (1971); Texttyp und Übersetzungsmethode (1976). – G. Steiner: After Babel, aspects of language and translation (1975). – H. J. Störig (Hrsg.): Das Problem des Übersetzens (1963). – M. Wandruszka: Sprachen: vergleichbar und unvergleichlich (1969). – F. Westphal: Probleme der Übersetzung (in: Jugendliteratur. 1. 1955. 7. 309–315). – R.-R. Wuthenow: Das fremde Kunstwerk. Aspekte der literarischen Übersetzung (1969).

Eckhard Breitinger

Uganda

(Republic of Uganda). Republik in Ostafrika, Mitglied des Commonwealth. Staatsgebiet: 235886 km^2; Einwohner: 10460000. U. ist seit dem 9. 10. 1963 Republik. Nach der Verfassung vom 8. 9. 1967 ist der Präsident zugleich Staatsoberhaupt, Regierungschef und Oberbefehlshaber. Rund 62 % der Bevölkerung sind Bantu. Die größeren Stämme sind die Ganda (17,4 %), die Nkole (7,2 %) und die Soga (7,1 %). Im mittleren Norden leben Niloten (13,2 %), im Nordosten Hamito-Niloten (7,4 %). Von der nichtafrikanischen Bevölkerung U.s waren 1968 86,8 % Asiaten, zumeist Inder, die aber nach der Machtübernahme durch Idi Amin Dada am 25. 1. 1971 größtenteils das Land verlassen mußten, sowie Europäer (9,5 %) und Araber (2 %). Amtssprache ist Englisch.

Entwicklung der Kinder- und Jugendliteratur und gegenwärtiger Stand. Wie in den meisten anderen afrikanischen Staaten, war für lange Zeit die Oralliteratur, mündlich überlieferte Märchen, Sagen, Legenden, Erzählungen, Lieder und Chorgespräche, einzige literarische Quelle für die Bevölkerung U.s, wobei Kinder und Erwachsene gleichermaßen an den alten Stammesüberlieferungen teilnahmen. Auch noch heute sind diese Überlieferungen für einen Großteil der ugandi-

schen Bevölkerung einzige literarische Berührungspunkte.
Da das Englisch der ehemaligen Kolonialherren zur Amtssprache auch in der unabhängigen Republik U. erhoben wurde, kann nur ein kleiner Teil der Bevölkerung, der auf Grund von Schulbildung und sozialer Position der englischen Sprache mächtig ist, an der zumeist in Englisch gedruckten Literatur des Landes teilhaben. Die Tatsache, daß von früh an Englisch gelernt werden muß und der weitgehende Mangel an eigenen Verlagseinrichtungen sind dafür verantwortlich, daß geschriebene Literatur weitgehend in englischer Sprache zugänglich ist. Die einzelnen Stammessprachen hatten bisher keinen großen Einfluß auf das Entstehen eines eigenständigen Verlagswesens. So wird noch immer der Großteil der in U. erhältlichen Bücher in England gedruckt oder kommt aus englischsprachigen Ländern.
Mit dem Beginn der Missionstätigkeit der verschiedenen Konfessionen in U. um die Mitte des 19. Jahrhunderts bemühten sich die Missionare darum, auch einige der alten Überlieferungen in den Eingeborenensprachen aufzuschreiben und zu drucken, um so die Eingeborenen eher für die Bibeltexte und religiösen Lehrbücher zu interessieren, die von den Missionaren in verschiedenen Eingeborenensprachen veröffentlicht wurden. Gleichzeitig erschienen einige der aus den Stammesüberlieferungen übernommenen Erzählungen, Lieder, Spiele und Epen in englischer Sprache. Obwohl solche Texte nicht speziell für junge Leser gedacht waren, wurden sie vielfach in den Schulen benutzt. Mit der Entstehung von Grundschulen und weiterführenden Schulen wurde vor allem die Nachfrage nach Lehrbüchern größer. Meistens schrieben die Missionare die Lehrbücher selbst, bearbeiteten englische Texte im Hinblick auf den Lebens- und Erfahrungshorizont der jungen Eingeborenen und übernahmen oft, vor allem in den weiterführenden Schulen, die englischen Texte unverändert. Einige Leselerntafeln, sogenannte „Kisumuluzo", und Lehrbücher wurden in ugandischen Missionsdruckereien, vor allem in der „Marianum Press Kusubi" in Entebbe, hergestellt.
In den beiden letzten Jahrzehnten kann ein deutliches Interesse an dem Entstehen einer eigenständigen ugandischen Kinder- und Jugendliteratur festgestellt werden. So schreiben immer mehr ugandische Autoren speziell für Kinder. Als Themen werden vorwiegend Ereignisse aus der engeren Alltagswelt der jungen Ugander gewählt. Die Autoren versuchen auch, in der Schilderung der Lebensgewohnheiten an die überlieferten Stammesbräuche anzuknüpfen, um so mitzuhelfen, das kulturelle Erbe U.s für die gegenwärtigen und kommenden Generationen festzuhalten.
Zu den bekannteren ugandischen Kinder- und Jugendbuchautoren zählen heute E. K. N. KAWERE (* 1920) mit den Erzählungen „Zinunula Omunaku" (1954) und „Nketta mu bizinga" (1971) sowie M. B. NSIMBI mit „Muddu Awulira" und L. OKECH mit „Tekwaro ki lerlobo" (1953). Die drei Autoren schreiben vorwiegend in den Bantusprachen. Als englischschreibende Autoren sind heute bekannt T. RUSHEDGE mit „The bull's horn" (1972), B. LUBEGA (* 1930) mit „The great animal land" (1971), B. KIMENYE mit den „Moses Series" (1968), O. P' BITEK mit „Song of Lawino" und „Song of Ocol" (1972) und M. NAGENDA mit „Dogs of fear" (1973). Die in den einheimischen Stammessprachen geschaffenen Kinder- und Jugendbücher stoßen bei den jungen Ugandern auf besonderes Interesse. Leider sind solche Bücher noch selten.
Vier Verlage haben sich in U. um die Kinder- und Jugendliteratur verdient gemacht. Der Longmans Verlag, das East African Literature Bureau, das Uganda Publishing House und das East African Publishing House. Das East African Literature Bureau, das 1947 gegründet wurde, ist das Verlagshaus der Ostafrikanischen Gemeinschaft (East African Community), der neben U. noch Tansania und Kenia angehören. Hauptfunktion des Büros sind die Durchführung von Alphabetisierungskampagnen, Bemühungen um die Erwachsenenbildung und die Unterstützung afrikanischer Autoren. Das Büro hat seit seiner Gründung rund eine Million Bücher für Erwachsene und Kinder produziert, darunter auch zahlreiche in afrikanischen Sprachen.

Unter den Übersetzungen finden sich auch C. TURNBULLS „The lonely African" und E. KÄSTNERS „Emil und die Detektive". 1971 veröffentlichte das Uganda Publishing House ein Liederbuch für Schulanfänger. Die Herausgeber waren E. A. MOON und J. BYANGWA. Das Buch hat den Titel „Children's folk songs of Uganda". Diese Sammlung enthält ins Englische übersetzte Lieder, Rätsel und Spiele aus dem Buganda-Dialekt. J. SHABANALI und L. LELAND veröffentlichten „Pearls of Uganda" (1967). Die aus der ugandischen Tradition stammenden Erzählungen sind in einer Sprache gehalten, die dem Sprachverständnis der Schulanfänger entgegenkommt.
Die Verlage haben mit Absatzsorgen zu kämpfen, da der Markt noch recht begrenzt und Werbung für Titel, die nicht zugleich Schulbücher sind, kaum vorhanden ist. Dies hat auch Folgen für die Ausstattung der Bücher, die zumeist broschiert erscheinen und lediglich Schwarz-Weiß-Illustrationen aufweisen. Farbdrucke sind äußerst selten, vor allem wegen der mangelnden Reproduktionsmöglichkeiten. Wirtschaftliche Überlegungen machen es einem Verlag fast unmöglich, andere als für die Schule bestimmte Lehrbücher herzustellen.
Großes Echo fanden die im Longmans-Verlag erschienenen „Science series" (1967), die sich an Schulanfänger richten und diese in die Welt der Technik und Wissenschaft einfuhren wollen. Die Serie umfaßt Bücher, die nach Lesestufen gegliedert sind, und versucht, die Kinder von der ihnen vertrauten Umwelt her in die neue Welt der Technik zu führen. Großer Wert wird dabei auf anschauliche Zeichnungen gelegt.
Sehr bekannt ist auch LUBEGAS Buch „The great animal Land" (1971). Der Autor führt die jungen Leser durch die ostafrikanischen Naturparks, um sie mit den Tieren ihres Landes vertraut zu machen und sie für die Idee des Tierschutzes zu gewinnen.

Organisationen, Förderungsmaßnahmen. Grundschulen und weiterführende Schulen haben ihre eigenen Büchereien. Sie entstanden als einmalige Buchgeschenke oder wurden durch die Gründergesellschaft der Schulen ausgerüstet. Der „British Council" bemühte sich anfangs um die Einrichtung von Schulbüchereien und Lehrerbildungsbüchereien. Dadurch sollten die Lesegewohnheiten beeinflußt und das regelmäßige Lesen gefördert werden. Jährlich flossen den weiterführenden Schulen und ausgewählten Lehrerbildungsstätten Gelder zur Buchanschaffung zu.
1964 begann das „Public Libraries Board" mit der Versorgung des öffentlichen Büchereiwesens. Eine wichtige Rolle spielen dabei Kinderbuchabteilungen. Es gibt etwa 20 Zweigstellen der Zentralbibliothek, von denen jede eine besondere Abteilung für Kinderbücher besitzt. In Kampala wurde eine Modellkinderbücherei eingerichtet. Die Kinder können sowohl in der Bücherei lesen als auch je zwei Bücher für zwei Wochen ausleihen. Zugleich wird ein Büchereidienst für solche Schulen, die weit draußen im Lande liegen, unterhalten. Eine bedeutsame Rolle auf dem Gebiet der Kinder- und Jugendliteratur spielt die „Inspectorate Section of the Ministry of Education". Unter ihrer Leitung entstanden zahlreiche Lehrbücher. Ein gutes Beispiel dafür ist Dr. L. L. Fox' „A crested crane book series for children's". Die Titel dieser Reihe wurden von ugandischen Lehrern mit Hilfe und Anleitung des „Uganda/Unesco/Unicef-Project in lower primary education and child development", das von 1968 bis 1971 lief, geschrieben.
Eine Zeitlang erschien die Zeitschrift „Uganda school library association newsletter". Jede Ausgabe brachte Information über die Arbeit dieser Vereinigung, daneben Aufsätze zur Kinderliteratur, zur Kinderlektüre, zu Kinderbuchautoren und Rezensionen von Neuerscheinungen.

Sekundärliteratur: A. Gurr (Hrsg. zus. mit A. Calder): Writers in East Africa (1974). – I. M. N. Kigongo-Bukenya: Library services in Uganda. A survey and appraisal (1975). – M. Macmillan: African writing and literature syllabus (in: West African Journal of Education. 7. 1973. 3. 157). – G. C. Mutiso: Sociopolitical thought in African literature (1974). – C. M. Nyamijunga: Description of secondary school libraries in Kampala area (1970). – N. J. Schmidt: Children's books about African art and music (in: African Library Journal. 3. 1972. 2. 20–21); Children's books about African by African authors (in: African Library Journal. 3. 1971. 3. 5–7); Children's books about Africa in series, picture books (in: African Library Journal. 3. 1972. 3–5). – H. M. Zell: A reader's guide to African literature (1972; zus. mit H. Silver).

P. Birungi

Uhland, Ludwig

*Rechtsanwalt, Abgeordneter, Professor, Lyriker und Dramatiker; * 26.4.1787 Tübingen, † 13.11.1862 Tübingen.*

U., Sohn eines Universitätssekretärs, besuchte das Gymnasium in Tübingen, wo er später Jura studierte. Er begann schon frühzeitig Gedichte zu schreiben. Bei einem längeren Aufenthalt in Paris (1810) zum Studium dortiger juristischer Einrichtungen beschäftigte er sich intensiv mit altfranzösischer und altdeutscher Literatur. Nach seiner Rückkehr wurde er Rechtsanwalt in Stuttgart; eine kurzfristige Beschäftigung im Justizministerium führte nicht zu einer festen Anstellung. Als Abgeordneter war er in die württembergischen Verfassungskämpfe verwickelt, bei denen er auf seiten des Volkes und seiner Rechte stand. Seine „Gedichte" (1815, danach viele weitere Auflagen) wurden hoch geschätzt und waren von erheblichem Einfluß auf die deutsche Lyrik des 19. Jahrhunderts. Von seinen zahlreichen dramatischen Plänen hat er nur wenige verwirklicht, so „Ernst, Herzog von Schwaben" (1817) und „Ludwig der Baier" (1819). U. gilt als Haupt der spätromantischen „schwäbischen Schule", zu der auch Justinus Kerner (1786–1862), Karl Mayer (1786–1870), Gustav Schwab (1792–1850), Wilhelm Hauff (1802–1827) und Wilhelm Waiblinger (1804–1830) gezählt werden. Neben seiner – freilich wenig umfangreichen – Tätigkeit als Rechtsanwalt trieb U. Studien zur alten deutschen Literatur, in diesem Zusammenhang veröffentlichte er die Schriften „Walther von der Vogelweide" (1822), „Sagenforschungen" (1836) und gab einen Band „Alte hoch- und niederdeutsche Volkslieder" (1844/1845) heraus. Er erhielt 1829 eine Professur für deutsche Sprache und Literatur in Tübingen, die er jedoch 1832 wieder aufgab, als er erneut zum Abgeordneten gewählt wurde und die Regierung ihm die Ausübung seines Mandats verwehren wollte. Seit 1839 lebte er als Privatgelehrter in Tübingen. 1848 gehörte er dem Frankfurter Parlament an.

Werk, Tendenzen, Wirkung. U.s Beiträge zur Jugendlektüre sind indirekter Art. Eine ganze Reihe seiner lyrischen Gedichte (so „Einkehr", „Die Kapelle", „Des Knaben Berglied", „Frühlingsglaube" und „Schäfers Sonntagslied") und vor allem seiner Balladen (u.a. „Siegfrieds Schwert", „Die Rache", „Der blinde König", „Des Sängers Fluch" und „Das Glück von Edenhall") sind schon bald in Lesebücher aufgenommen worden, gehörten lange Zeit zum gewissermaßen „klassischen" Bestand der Schullektüre und haben sich zum Teil bis heute halten können. Die Einschätzung von U.s Gedichten in dem um 1900 weit verbreiteten Buch „Präparationen zu deutschen Gedichten" von August Lomberg (6. Auflage 1905) dürfte allgemeine Bedeutung besessen haben: „Mit ihrer Hülfe vermag der Lehrer in das Innerste der kindlichen Vorstellungen und Gefühle einzudringen und Geist und Herz emporzuziehen. Das kindliche Interesse springt ihnen von selbst entgegen; der Lehrer hat nicht nötig, es von außen anzuregen, sondern weiß sich desselben im voraus versichert. Er darf sich um so glücklicher schätzen, als er es hier mit einem Stoffe zu tun hat, dem auch sein Interesse voll entgegenkommt". Außerdem hat U. durch seine Forschertätigkeit auf dem Gebiet der altdeutschen Literatur, namentlich der Sagen, dazu beigetragen, daß diese stärker ins Bewußtsein der

Zeitgenossen wie der folgenden Generationen gerückt und auch – wie etwa durch seinen Freund GUSTAV SCHWAB – für die Jugend bearbeitet wurden.

Werke: Gedichte (1815, [45]1863); Ernst, Herzog von Schwaben (1817); Vaterländische Gedichte (1817); Ludwig der Baier (1819); Walther von der Vogelweide, ein altdeutscher Dichter (1822); Sagenforschungen. Bd. 1: Der Mythos vom Thôr nach nordischen Quellen (1836); Dramatische Dichtungen (1846); Gedichte und Dramen (Bd. 1–3. 1863); Die Todten von Lustnau (1863); H. Fischer (Hrsg.): Gesammelte Werke (Bd. 1–6. 1892; ND. Bd. 1–3. 1977); W. Reinöhl (Hrsg.): Gesammelte Werke (Bd. 1–8. 1914).

Hrsg.: Alte hoch und niederdeutsche Volkslieder (Bd. 1. (Thl. 1–2.) 1844–1845).

Sekundärliteratur: O. Burger: Schwäbische Romantik. Studie zur Charakteristik des Uhlandkreises (1928). – H. Froeschle: L. Uhland und die Romantik (1973). – W. Heiske: L. Uhlands Volksliedersammlung (1929). – H. Moser: Uhlands schwäbische Sagenkunde und die germanistisch-volkskundliche Forschung der Romantik (1950). – G. Schwarz: L. Uhland (1964). – A. Thoma: Uhlands Volksliedsammlung (1929). – H. Thomke: Zeitbewußtsein und Geschichtsauffassung im Werke Uhlands (Diss. 1962).

Alfred Clemens Baumgärtner

Ulrici, Rolf

*(d. i. Rolf Stitz-Ulrici. Ps.e: Hans Korda, Hans Rodos). Kinder- und Jugendbuchautor; * 7. 3. 1922 Berlin.*

U., Sohn eines Bankdirektors, besuchte von 1932 bis 1941 das Fichte-Gymnasium in Berlin und hatte seit 1938 nebenbei dramaturgischen Unterricht. Im Zweiten Weltkrieg nahm er am Afrika-Feldzug teil. In den ersten Jahren nach Kriegsende arbeitete er als Regisseur in Düsseldorf, Berlin, Guben, Halberstadt und Neuruppin. Seit 1949 – wieder in Berlin – war U. auch journalistisch für verschiedene Berliner Zeitungen tätig. In dieser Zeit erschienen seine ersten Unterhaltungsromane als Fortsetzungsgeschichten in zumeist kleineren Zeitungen: „Der Abgrund schweigt" (1950), „Steh' auf und stirb" (1950), „In der Bucht von Kaiokai" (1950), „Die Zöglinge von Abbot Castle" (1951), „Mr. Lanes schwerster Fall" (1951) und „Seine Frau ist meine Frau" (1951). Zur selben Zeit fing U. an, für den RIAS-Kinderfunk zu schreiben. Neben zahlreichen Einzeltiteln schrieb U. als Jugendbuchautor in erster Linie Seriengeschichten, so die Tom-Reihe, die Gina-Reihe, die Diane-Reihe, die Sheriff-Bill-Reihe, die Wimpy-Reihe, die Sheriff-Cox-Reihe, die Detektiv-P.-Reihe sowie neuerdings die beiden Science-Fiction-Serien um das Raumschiff ‚Monitor' und das Erderkundungsschiff ‚Giganto'. Seinen Erfolg begründete jedoch die seit den fünfziger Jahren erscheinende Käpt'n-Konny-Reihe.
Schriftstellerisch ist U. vor allem mit dem Göttinger W. Fischer-Verlag und dem Münchener Franz Schneider Verlag (bis 1978) verbunden. Seine Bücher sind allein im deutschsprachigen Bereich in über 4,2 Millionen (1978) Exemplaren verbreitet.
U., der 1946 heiratete, hat einen Sohn und lebt in Bernau am Chiemsee.

Werk, Tendenzen, Wirkung. Zum Repertoire U.s gehören die Detektivgeschichte, die Wildwestgeschichte, das Mädchenbuch, die Science-Fiction-Story und die Ferien- und Abenteuergeschichte. Erste Aufmerksamkeit erregten seine Geschichten über den ins Segeln vernarrten Jungen Käpt'n Konny. Diese Serie startete mit „Käpt'n Konny schnuppert Seeluft" (1954), einer abenteuerlichen Segelgeschichte von vier Jungen, die nachts heimlich ohne Segelerfahrung mit einem Segelboot losfahren. Sie geraten prompt in einen Sturm, der den Mast des Schiffes zerstört. Aber dennoch können sie – gleichsam als Legitimation ihres unerlaubten Tuns – einem Fischer, dessen Boot gekentert war, das Leben retten. Die vier Jungen, mit Käpt'n Konny – einem Doktorssohn – an der Spitze, halten stets fest zusammen, und Konny ist als ihr Boß uneingeschränkt anerkannt. Er hat seine Leute, wie es bei U. heißt, gut gedrillt. In die Erzählung sind informative Hinweise zum Segeln und allem, was damit zu tun hat, eingestreut. In bezug auf das unerlaubte und gefährliche Tun der Jungen fehlt es nicht an eindringlichen moralisierend-kommentierenden Appellen des Erzählers. Nachdem sie ein Rettungsboot der Küstenwacht geborgen haben, müssen sie sich eine Strafpredigt des Hafenkapitäns anhören. Zum Schluß jedoch endet alles harmonisch, und Käpt'n Konny und der Hafenkapitän werden enge Freunde. Die nachfolgende Erzählung „Käpt'n Konny in der Klemme" (1954) berichtet von einem Wochenende, dessen Langeweile erst endet, als die Jungen sich entschließen, Pirat zu spielen. Auf einem alten Schiff wird aus dem Spiel Ernst, als sie zu ihrem Schrecken erkennen, daß eine Schmugglerbande dieses Schiff für ihre Fahrten flottmachen will. Im Laderaum des Schiffes eingesperrt, müssen die Jungen mitfahren. Drei von ihnen werden entdeckt, nur Konny nicht. Er kann durch Ritzen in der Bordwand Lichtsignale geben und auf das Schiff aufmerksam machen. Ein Polizeiboot erreicht das Schiff und nimmt die Schmuggler fest. Die Findigkeit und der Mut der Jungen werden hochgelobt. In „Käpt'n Konny und der Seeteufel" (1954) geht es um eine Segelwettfahrt zwischen der Mannschaft Käpt'n Konnys und einem erfahrenen Kapitän. Konny gewinnt; sein Gegner, der ihn und seine Leute zuerst verlacht hat, muß ihr Können anerkennen: „Er zeigt, daß er ein großer Sportler ist, auch in der Niederlage". Auch in den siebziger Jahren erschienen weitere Bände von Käpt'n Konny. Die Veränderungen gegenüber den älteren Geschichten sind jedoch nur gering. In „Käpt'n Konny und seine Freunde tauchen nach Öl" (1974) wurden einige Requisiten modernisiert und ein Mädchen neu in die Gruppe aufgenommen. Diese Erzählung handelt zuerst von Seenot, Sturm, Deichbruch und einem Gespensterschiff. Nebenbei unterrichtet U. den Leser über richtiges Verhalten am Meer bei Unglücksfällen. Im Hauptteil geht es um ein gesunkenes Schiff, dessen Wrack trotz langen Suchens nicht gefunden wird. Gemeinsam mit Katja – einem ‚Supermädchen', denn sonst wäre sie nicht in Käpt'n Konnys Mannschaft aufgenommen worden, – machen sich Käpt'n Konny und seine

Mannschaft allein auf die Suche. Dabei kommen sie einer grobfahrlässigen Umweltverschmutzung auf die Spur. Sie entdecken, daß große Mengen Altöl durch ein Rohr ins Meer gepumpt werden. Verantwortlich für dieses Vergehen ist allerdings nicht das neue Chemiewerk, sondern eine in der Nähe des Ortes gelegene Großtankstelle. Mit Hilfe der Polizei können der Tankwart und seine Familie festgenommen und überführt werden.

Bei U. gibt es auf der einen Seite die Guten und auf der anderen die Bösen. Die Bösen sind leicht zu erkennen: Narben, auffällig karierte Hemden, sie trinken und sind gewalttätig. So wird in „Käpt'n Konny in der Klemme" schon sehr früh der Verdacht auf einen Mann gelenkt, der in einem Geschäft Tabak gestohlen hat. Es heißt: „... wer Tabak klaut, macht auch noch Schlimmeres". Die eigentliche Hauptfigur in diesen Erzählungen ist dennoch nicht etwa Käpt'n Konny, sondern der Erzähler, U. selbst, der sich immer wieder in die Handlung kommentierend oder retardierend einbringt. Er ist es auch, durch den der Wechsel des Handlungsortes, der oft vom Verlauf der Geschichte her nicht notwendig wäre, motiviert wird. Nicht die Handlungen und Reaktionen der Personen lassen die Moral zum Ausdruck kommen, sondern U. selbst trägt sie mit erhobenem Zeigefinger vor.

Die Figur des Käpt'n Konny ist durch eine charakteristische Ambivalenz ausgezeichnet. Einerseits ist er der uneingeschränkt anerkannte Anführer seiner Bande und findet dadurch auch das ungeteilt positive Interesse seiner Leser, andererseits ist er es, der seine Freunde zu Abenteuern ‚anstiftet' oder durch den eine Abfolge von Zufälligkeiten in Bewegung gesetzt wird, die ein bloßes Spiel der Jungen zum gewagten Unternehmen machen. Diese Abenteuer spielen sich jedoch vor einem recht idealisierten Hintergrund ab. Sich andeutende Konflikte zwischen Eltern und Kindern werden schnell geschlichtet. Harmlosigkeit strahlt auch das Ferienklima aus, in dem die Geschichten angesiedelt sind: Die See, die Sonne und das Segeln vor dem Panorama einer idyllischen Kleinstadt am Meer.

Seit den siebziger Jahren versucht sich U. mit den Reihen um das Raumschiff ‚Monitor' und das sogenannte Erderkundungsschiff ‚Giganto' im Science-Fiction-Genre. Die Geschichte „Geheimer Start" (1971) beginnt als gewöhnliche Ferien- und Abenteuerstory. Eine Gruppe Freunde stößt in einer Ruine auf einen verrückt wirkenden, jedoch außergewöhnlich intelligenten Jungen, den sie später ‚Superhirn' nennen. Sein Wissen und Können überrascht sie so sehr, daß sie nicht mehr zwischen Wahn und Wirklichkeit unterscheiden können. Von merkwürdigen, übernatürlichen Geschehnissen gefesselt, fallen die Kinder in einen tiefen ohnmachtähnlichen Schlaf. Wieder erwacht, entdecken sie in einem künstlich angelegten Wasserbassin ein sonderbares Tier: einen ‚Kiemenhamster'. Weiteres Suchen läßt sie auf ein Raumschiff aufmerksam werden, und schließlich gelangen sie in eine unterirdische Schaltzentrale, in der sie Professor Charivari, mit dem sie sich schon zuvor angefreundet hatten, verletzt und ohnmächtig auffinden. Durch ihn erfahren sie, daß seine Mannschaft gemeutert hat und nun die Weltherrschaft an sich reißen will. Die Kinder nehmen die Verfolgung der Meuterer auf. Zwar agiert in diesem Buch auch wieder eine Gruppe, aber der aktive Anführer und Held ist zweifelsohne ‚Superhirn', dessen Vorschläge die anderen Kinder nur nachvollziehen.

Eine sogenannte ‚Geheimnistabelle' am Schluß von U.s Science-Fiction-Geschichten soll die Leser zum einen informieren, zum anderen aber auch wieder auf den Boden der Tatsachen zurückholen. Die Phantasie wird so wieder in ihre angestammten, nicht-utopischen Bahnen gelenkt. Damit wird einer ‚realitätsgerechten' Pädagogik zu ihrem Recht verholfen. Auffällig sind die Klischees, mit denen U. arbeitet: Superhirn ist, wie es sich für einen angehenden Intellektuellen gehört, Brillenträger, liest gern und viel und ist, was betont wird, ein Schnelleser. Ebenso wird Professor Charivari als ein ‚typischer' Wissenschaftler mit kahlköpfigem ‚egghead' und langem Bart vorgestellt, ein Bild, das durch die Illustration noch besonders verstärkt wird. Er lebt nur seiner Forschung und zeichnet sich zudem durch eine geheimnisvoll wirkende asiatische Physiognomie aus, die den Schein fernöstlicher Weisheit hervorruft.

Besonders attraktiv sind U.s Bücher unter anderem dadurch, daß sie ihre kindlichen und jugendlichen Adressaten hoch einschätzen. Deutlich wird das, als Charivari sich entschließt, mit den Kindern gemeinsame Sache zu machen: „Ich traue euch, wie ich keinem Erwachsenen trauen und vertrauen dürfte: Denn bei jedem (sc. Erwachsenen) müßte ich einen Mißbrauch meiner Erfindungen befürchten". Dadurch wirken seine Figuren anziehend auf seine jugendlichen Rezipienten. Es ist denn auch kein Zufall, daß die positiven erwachsenen Hauptfiguren die kindlichen Hauptdarsteller immer ernstnehmen, beispielsweise die Freundschaft zwischen Käpt'n Konny und dem Hafenkapitän oder die Freundschaft zwischen Professor Charivari und Marcel, genannt ‚Superhirn'; die negativen Charaktere dagegen verspotten die Kinder.

Werke: Käpt'n Konny in der Klemme (1954); Käpt'n Konny schnuppert Seeluft (1954); Käpt'n Konny und der Seeteufel (1954); Käpt'n Konny als Pirat (1955); Ein Mädel mit Herz (1955); Gerd funkt auf eigener Welle (1955; NA. 1965); Die ganze Klasse gegen Dieter (1955, [2]1972; auch u.d.T.: Dieter kämpft für seine Klasse, 1965); Die große Jagd am See (1956); Tom reitet über die Prärie (1957); Tom und der Sohn des Häuptlings (1957; NA. 1966); Tom und das Geheimnis der Indianer (1958); Gina aus dem Doktorhaus (1958; NA. 1976); Wir erben ein Geheimnis (1959); Sechzehn Mädchen auf großer Fahrt (1959); Kai erobert Brixholm (1960); Die Oder gluckste vor Vergnügen (1960; NA. u.d.T.: Sommer, Sonne und etwas Liebe, 1972, [2]1977); Steffis Wunschfahrt (1961; NA. 1971); Ali Baba und die vierzig Räuber. Neu erzählt nach dem Märchen aus ‚1001 Nacht' (1961); Gespenstergeschichten (1962); Die Räuberschule (1962); Spuk auf Schloß Siebenbrück (1963); Die Jungen von der Wasserwacht (1963); Felix und der Geisterhügel (1964; NA. 1976); Felix und das Schiff der Freunde (1964); Glücklich und in Freuden leben (1964); Die unheimlichen Leuchtkugeln (1964); Die Geisterbahn im Moor (1965); Das grüne Gespenst (1965); Die Mädchen mit dem Ponywagen (1965); Der Elefant im Porzellanladen (1966); Käpt'n Konny auf hoher See (1966, ²1968); Wir sind alle Sonntagskinder (1967); Harrys lustige Jagd (1967); Ulla, das schaffen wir schon (1967); Diane aus dem Försterhaus (1968; NA. 1976); Diane und ihre Freundin Sabine (1968); Diane wird Schützenkönigin (1968); Die Schöne und ihre sechs Rebellen (1968); Kein Mädchen ist wie Tutti (1968); Sheriff Bill gibt niemals auf (1968); Sheriff Bill rettet die Stadt (1968, ²1976); Sheriff Bill im Tal der vielen Stimmen (1968); Sheriff Bill bleibt unbesiegt (1969); Das Mädchen und der Millionär (1969); Diane und ihr Waldschulheim (1969); Sheriff Bill. Der Held von Devil's Point (1969); Lollo führt ein Tagebuch (1969); Mit fünfzehn fängt das Leben an (1969); Dagmar und Lilly (1969); Diane gibt eine Klassenparty (1969); Lollo plaudert aus der Schule (1970); Captain Blitz, der rote Reiter (1970); Ferien im Heidehof (1970); Gerd funkt das große Spiel (1970); Im Tal der vielen Stimmen (1970); Neue Gespenstergeschichten (1970); Lollo, ein Mädchen von heute (1970); Die Mädchen aus dem Zwillingshaus (1970); Mein erstes Tagebuch (1970); Tagebuch eines Sommers (1970); Tom und der lachende Fuchs (1970; NA. 1975); Cox, der junge Sheriff (1971); Sheriff Cox auf dem Pulverfaß (1971); Geheimer Start (1971); Das Mädchen auf der Goldponyranch (1971, ²1976); Sheriff Cox und die Blauen Reiter (1971); Sheriff Cox und der schwarze Cowboy (1971); Sheriff Cox und die Banditen (1971); Zwei Mädchen, ein Geheimnis (1971); Abenteuerliche Begegnung (1972); Eilbrief für Doris (1972); Der geheimnisvolle Koffer (1972); Hansi, der Schlauberger (1972); Drei Mädchen vom Heidehof (1972); Klaus verfolgt das weiße Auto (1972); Landung in der Wüste (1972); Die neue Lehrerin (1972); Raumschiff ‚Monitor' verschollen (1972); Verfolgungsjagd im Weltall: Geheimer Start von Basis 2 (1972); Alles wegen George (1973); Frischer Wind für eine Freundschaft (1973); Bleib sitzen, George (1973); Gib Pfötchen, George (1973); ‚Monitor' startet zur Unterwasserstadt (1973); Neuer Kurs für ‚Monitor' (1973); Renate im Tierparadies (1973); Alle lieben George (1974); Bruchlandung mit George (1974); Wer ist eigentlich George (1974); Käpt'n Konny und seine Freunde auf geheimer Spur (1974); Käpt'n Konny und seine Freunde tauchen nach Öl (1974); Käpt'n Konny und seine Freunde suchen das Geisterschiff (1974); Landung auf Raumstation ‚Monitor' (1974); Ferien mit dem Ponywagen (1975); Giganto meldet: Vorstoß in die Erde (1975); Giganto meldet: Über uns ein Vulkan (1975); Kai entdeckt die Freundschaftsinsel (1975); Nina und Rosi begraben das Kriegsbeil (1975); Ira kann schweigen (1976); Ausgerechnet Liebesbriefe (1976); Giganto meldet: Schiffbruch in der Erde (1976); Giganto meldet: Alarm im Erdball (1976); Vom Hai verfolgt (1976); Wimpy. Der Schrecken der Schule (1976); Wimpy. Der Retter der Meere (1977); Giganto meldet: Erdschiff verloren (1977); Wimpy. Der Retter wider Willen (1977); Giganto meldet: Ziel erreicht (1977); Ruhe vor dem Sturm (1978).

Winfred Kaminski

Umtauschaktion

Bei den im Rahmen des „Schmutz- und Schund-Kampfes" stattfindenden öffentlichen U.en konnten Kinder und Jugendliche für minderwertig erachtete Schriften abliefern und hierfür empfohlene Jugendhefte und -bücher erhalten.

Organisation, Ziele. Zwar gibt es Beispiele für U.en bereits vor dem Ersten Weltkrieg, deren eigentliche Zeit waren aber die fünfziger und frühen sechziger Jahre. Von Jugend- und Jugendwohlfahrtsämtern, Lehrern, Buchhändlern, Bibliothekaren organisiert, fanden in Bibliotheken, Buchläden, Schulen oder auf öffentlichen Plätzen in vielen Kommunen solche Aktionen statt, bei denen jeweils Tausende von Comic- und Romanheften gegen empfohlene Schriften eingetauscht wurden. Propagiertes Ziel war – in Ergänzung oder als Alternative zum Verbot des Schlechten –, wertvolles Schrifttum bekanntzumachen und an die Stelle verbreiteter „minderwertiger" Lektüre zu setzen. Insbesondere ging es darum, zum Buchlesen hinzuführen, ebenfalls ausgeteilte Lesehefte galten als Zwischenstufe auf diesem Weg. – Zu unterscheiden sind einmalige U.en, oft verbunden mit demonstrativen Verbrennungen der abgelieferten Hefte (unter dem Schlagwort „Schmökergrab"), und U.en, die sich als Teil komplexerer Vorhaben darstellten. Im letzteren Fall waren sie eingebunden in Versuche, einen Jugendheft-Lesering aufzubauen, Jugendliche als Bibliotheksbenutzer zu gewinnen, ihnen die Scheu vor dem Betreten einer Buchhandlung zu nehmen usw. Verschiedentlich wurden eingesammelte Hefte ausgewertet, um einen Einblick in ihre Inhalte und in die Präferenzen ihrer Leser zu gewinnen; immer wieder auch stellten die Organisatoren aus dem Material Ausstellungen zur Abschreckung und Aufklärung von Eltern und Lehrern zusammen. Die Gründung des „Deutschen Jugendschriftenwerks" im Jahre 1956 ist in diesem Zusammenhang zu sehen, eine Institution, die von 1956 bis 1971 „Die Weiße Liste" herausgab, in der alle von Beurteilungsgremien gut geheißenen Kleinschriften empfehlend aufgeführt waren.

Die U.en waren begleitet von vielfältiger Kritik. Diese betraf zum einen Veranstaltungen, die an die nationalsozialistischen Bücherverbrennungen erinnerten. Zum anderen aber wurden grundsätzliche Zweifel am Sinn eines Unternehmens laut, bei dem derjenige, der viel „Schund" las, gegenüber dem, der wenig oder nichts davon las, bevorzugt und belohnt wurde. Es wurde beobachtet, daß U.en geradezu zum Lesen alter „Schund"-Hefte (vor dem Tausch) und zum Neukauf (nach dem Tausch) anregten. Fragwürdig bleiben – für damalige Kritiker wie für heute – oft auch die Wertungskriterien, wonach Schriften als „Schund" eingezogen oder als empfehlenswert ausgeteilt wurden; offensichtlich wird dies in Fällen, wo z.B. Comics (durchweg verdammt) gegen Kriegsromanhefte (erlaubt) getauscht wurden oder wo das Druckmedium Heft als grundsätzlich dem Buch gegenüber minderwertig eingestuft wurde. Die aufgeführten kritischen Einwände, vor allem das Ausbleiben der erhofften literaturpädagogischen Erfolge, aber auch die Tendenz zur Anpassung an die Gegebenheiten des Lesestoff-Marktes haben dazu geführt, daß U.en heute kaum mehr veranstaltet werden.

→ Deutsches Jugendschriftenwerk, → Kitsch, → Konsumliteratur, → Schund und Schmutz

Sekundärliteratur: W. Breidenstein: Austausch guter Volks- und Jugendschriften gegen Schmutz- und Schundliteratur (in: E. Liesegang (Hrsg.): Blätter für Volksbibliothekare und Lesehallen. 1912. 13. 43–47). – K. W. Hesse (Hrsg.): Schmutz und Schund unter der Lupe (1955); Wege zum Buch (²1956). –

R. Schilling: Literarischer Jugendschutz (1959). – M. Wewel: Anregungen und Vorschläge zur Jugendbuchwoche und zu anderen Veranstaltungen (1959). – Fr. Weyer: Groschenromane – wie sie wirklich sind (1965).

Klaus F. Geiger

Umweltgeschichte

Unter U. versteht man im allgemeinen eine Kindergeschichte für Kinder etwa zwischen sechs bis zwölf Jahren, in der in altersangemessenen Darstellungsformen realitätsorientierte Themen in den Vordergrund treten. Diese beschränken sich jedoch nicht auf die tatsächliche Umwelt des Kindes, sondern kommen dem Streben nach altersgemäßer Wirklichkeitserfassung entgegen. Der Begriff U. ist daher eine einschränkende Bezeichnung für eine entwicklungspsychologisch, thematisch, pädagogisch und ästhetisch umfassender zu definierende Erzählform der Kinder- und Jugendliteratur, für die sich auch die Bezeichnung „realistische Umwelterzählung", „Kinderumweltgeschichte" und „realistische Kindergeschichte" finden.

Die U. erscheint als kurze Erzählung in Kinderzeitschriften, in Geschichten-, Jahr- und Lesebüchern oder als umfangreicheres Umweltbuch. Der Begriff U. wurde besonders in der Literaturdidaktik der fünfziger und sechziger Jahre bei Joseph Antz, Josef Prestel, Richard Bamberger und Bernhard Schulz im Zusammenhang mit Lesetexten für die Grundstufe gebraucht, ist jedoch älter (wahrscheinlich um 1900 aufgekommen) und erinnert an die Experimente mit „kindertümlichen" Texten der „Jugendschriftler" wie Ernst Linde, Karl Vaupel, Heinrich Scharrelmann und Fritz Gansberg innerhalb der Kunsterziehungsbewegung um die Jahrhundertwende. Damals entstanden die U.n – stilistisch beeinflußt vom Impressionismus in der Literatur – zum Teil als deutliche Absagen an die herrschenden, die Wirklichkeit beschönigenden Kinderbücher. Heinrich Scharrelmanns locker aneinandergereihte Episoden in „Berni. Ein kleiner Junge. Was er sah und hörte, als er noch nicht zur Schule ging" (1908) haben einen deutlich sozialaufklärerischen Zug (Berni, Sohn einer Waschfrau, im Großstadtgeschehen, Arm und Reich beobachtend), wie heute vielfach die realistischen Kindergeschichten. Eine Vorstufe der erzählenden U. ist das Umwelt-Bilderbuch. Eines der bedeutendsten der letzten Jahre ist die ohne Text auskommende Bildmappe von Jörg Müller „Alle Jahre wieder saust der Preßlufthammer nieder oder Die Veränderung der Landschaft" (1973), wo die Zerstörung der natürlichen Umwelt durch Technik und Verkehr etappenweise vor Augen geführt wird. Liegt das Schwergewicht auf der Vermittlung von Sachverhalten, so läßt sich vom Umwelt-Sachbuch sprechen; es ist meist reich bebildert.

→ Realismus in der Kinder- und Jugendliteratur, → Realistische Kindergeschichte

Theodor Karst

Unbehaun, Jochen

*Pädagoge, Kinderbuchautor; * 4.5.1941 Fulda.*

U., dessen Vater kaufmännischer Angestellter und dessen Mutter Kindergärtnerin ist, durchlief von 1960 bis 1963 eine kaufmännische Lehre und wurde Industriekaufmann. Später studierte U. an einer Pädagogischen Hochschule. Er war anschließend von 1967 bis 1978 als Lehrer tätig. Seit 1978 ist er Wissenschaftlicher Assistent für das Fach Deutsch. U. lebt in Bardowick. Er hat zwei Kinder.

Werk, Tendenzen, Wirkung. Seit 1973 schreibt U. Kinderbücher. Seine beiden bislang erschienenen Titel sind „Die Krügelsteiner und die Räuber" (1973) und „Die Nacht im Mittelalter" (1975). U.s Räubergeschichte will – in einem oft belehrenden Ton – kapitalistische Ausbeutung und deren Überwindung demonstrieren. Eine Räuberbande bringt die in Krügelstein lebenden und arbeitenden Töpfer und ihre Familien in ihre Gewalt und zwingt sie, nur noch für sie zu arbeiten. Die Krügelsteiner, die zuvor in Familienbetrieben auf eigene Rechnung töpferten – so viel oder so wenig, wie sie es wollten –, müssen sich nun mit dem zufrieden geben, was ihnen die Räuber zugestehen. Zugleich sind die Krügelsteiner unter dem Profitstreben der Räuber immer intensiverer Unterdrückung ausgesetzt. Vor allem werden sie gezwungen, mehr und mehr ihre gewohnte Arbeitsweise aufzugeben und sich dem bestimmenden Rhythmus der Maschinen, die die Räuber in die Produktion einführen, zu unterwerfen. Erst als die Kinder der Krügelsteiner sich zusammenschließen und auch ihre Eltern überzeugen können, daß etwas geschehen muß, gelingt es durch eine List, die Räuber zu entmachten. Von jetzt an sind die Krügelsteiner wieder ihre eigenen Herren. Historische Momente enthält U.s Gespenstergeschichte „Die Nacht im Mittelalter", in der zwei Kinder, traumhaft verfremdet, von einem Bauernjungen aus dem Mittelalter erfahren, wie es damals zuging und wie Macht und Einfluß verteilt waren.

Beiträge U.s finden sich in verschiedenen Anthologien und Sammelbänden; z.B. in den „Tag- und Nachtgeschichten 1" (1973), dem Bändchen „Baggerführer Willibald" (1973), dem „Weckbuch 3" (1976) und „Sing Sang Song" (1976) des Rowohlt Verlages. Texte lieferte U. auch zu den beiden Liederbänden der Organisation „Student für Europa" „SfE-Liederbuch" (1977) und „SfE-Liederkiste" (1977). Außerdem war U. Mitarbeiter eines Musikwerks „Sequenzen" (1976) des Klett Verlages und der „Wege zur Musik" (1977) des Metzler Verlages. Für die Zeitschrift „Päd-extra" verfaßte U. zahlreiche Essays. Über den Umgang mit Liedern in der Gruppen- und Unterrichtsarbeit informierte U. in dem Vortrag „Singen statt denken?" anläßlich einer Tagung des Arbeitskreises „Roter Elefant" 1979 in Hamburg.

Werke: Die Krügelsteiner und die Räuber (1973); Die Nacht im Mittelalter (1975).

Winfred Kaminski

Ungarn

(Magyar Népköztársaság). Volksrepublik in Mitteleuropa. Staatsgebiet: 93030 km²; Einwohner: 10625000 (1977). Nach der Verfassung vom 18. 8. 1949 ist U. eine Volksrepublik. Die Bevölkerung U.s besteht zu 97% aus Magyaren. An Nationalitäten sind Deutschstämmige, Kroaten, Rumänen, Serben, Slowaken und Zigeuner vorhanden. Amtssprache ist Ungarisch.

Vorläufer und Beginn der Entstehung der ungarischen Kinder- und Jugendliteratur. Die Entstehung der ungarischen Kinder- und Jugendliteratur fällt in die zweite Hälfte des 18. Jahrhunderts. Davor beschränkte sich die Lektüre junger Leser auf Volksdichtungen, Fabeln und Lehrbücher, die jedoch selten speziell für junge Leser verfaßt worden waren. Vor allem durch die Fibeln kamen die Kinder mit Literatur in Kontakt. Die zeitgenössischen protestantischen Schulen hatten das vorrangige Ziel, ihre Schüler auf das Lernen der Bibel vorzubereiten. Dieses Ziel blieb jahrhundertelang unverändert. Die ersten ungarischen Fibeln schrieben JÁNOS ERDŐSI SYLVESTER (Sárvár, 1539), MÁTYÁS DÉVAI BIRÓ (Krakau, 1549) und PÉTER BORNEMISSZA (1577). JAN AMOS COMENIUS, der auch vier Jahre lang in U. tätig war (1650–1654), ließ in Lőcse das erste bebilderte Lehrbuch, seinen „Orbis pictus", mit ungarischem Text erscheinen (1685). Ihm folgte ISTVÁN SZŐNYI NAGY mit seinem für die Schule bestimmten Band „Magyar oskola" (1695). Eine Reihe wertvoller religiöser und profaner Texte, die eigentlich für Erwachsene bestimmt waren, gehörten auch zur bevorzugten Lektüre junger Leser. Hierher gehören die Werke: „Pannonia megvételéről szólóenek", „Szilágyi és Hajmási históriája", die aus den deutschen Volksbüchern übernommene Mär von „Fortunatus"; ALBERT GERGEIS Versnovelle „Argirus históriája", PÉTER ILOSVAI SELYMES' „Toldi Miklós históriája" (1574); das heitere Werk „Poncius históriája". Beliebt waren die Tierfabeln von ÄSOP in der Übersetzung von GÁBOR PESTI (Wien, 1536) sowie die Fabeln von GÁSPÁR HELTAI, der neben Texten von ÄSOP auch andere Autoren in seine Sammlung übernahm (1566). Besonders populär waren die Werke von JÓZSEF GVADÁNYI (1725–1801), vor allem seine Erzählung „Egy falusi nótárius budai utazása" (1790). Für ältere Jugendliche standen Gedichte von BÁLINT BALASSA (1554–1594), das Epos „Szigeti veszedelem" von MIKLÓS ZRÍNYI (1620–1664) und Arbeiten von ISTVÁN GYÖNGYÖSI (1629–1704) zur Verfügung. Übersetzungen und Bearbeitungen von Büchern ausländischer Autoren machten einen großen Teil der frühen Kinderliteratur U.s aus. In der zweiten Hälfte des 18. Jahrhunderts war die ungarische Kinder- und Jugendliteratur sehr eng mit der europäischen verflochten. FÉNELONS „Telemach" erschien 1757 in der Übersetzung von LÁSZLÓ HALLER (1717–1751). DEFOES „Robinson" erlebte in der Übersetzung des CAMPEschen „Robinson der Jüngere" durch JÓZSEF GELE (1754–1838) seinen Einzug in die ungarische Kinderliteratur (1787). Weitere Übersetzungen und Bearbeitungen des Robinson folgten 1797. Eine erste ungarische Robinsonade für junge Leser stammte von ALAJOS JOÁKIM SZEKÉR (1752–1810). Das lehrhaft angelegte Buch erschien bei Hartleben in Pest (1808–1809).

In dieser frühen Epoche gab es in der ungarischen Kinderliteratur noch keine Werke mit ästhetischem Anspruch. Sittenlehren und moralische Anweisungen, oft in Verse gefaßt, standen im Vordergrund. So in dem Buch von JÁNOS LITERÁTI MÁDI „Gyermeki elméhez intézett erkölcsi ritmusok" (1761). Der bekannteste Autor dieser Richtung war ISTVÁN LOSONTZI (1709–1780). Sein Lehrbuch „Hármas kis-tükör" (1771) blieb ein Jahrhundert lang populär und wurde mehr als siebzigmal aufgelegt. Der Autor JÓZSEF PÉCZELI (1750–1792) setzte die Tradition des 16. Jahrhunderts fort und brachte ÄSOP neu heraus, ergänzt um selbsterfundene Märchen (1788). Im letzten Jahrzehnt des 18. Jahrhunderts veröffentlichte ISTVÁN SÁNDOR (1750–1815) das Buch „Jelki András ... történetei" (1791). Ein Jahrhundert später regte dieses Werk LAJOS HEVESI an, über dieses Thema einen Jugendroman zu schreiben.

Kinder- und Jugendliteratur in der ersten Hälfte des 19. Jahrhunderts. Die ersten Jahrzehnte des 19. Jahrhunderts standen im Zeichen der gesellschaftlichen Umwandlung des Landes. Das geistige Leben in U. kam in starke Bewegung. Die Schriftsteller bezogen die Volksliteratur nun bewußt in ihre Arbeit ein. Die didaktische und moralisierende Absicht war zwar überall noch zu bemerken, doch kamen immer mehr literaturästhetische Kriterien zur Geltung. Der erste Literaturkritiker, der die Autoren dazu anregte, gute und originelle Bücher für Kinder zu schreiben, war GÁBOR DÖBRENTEI (1785–1851). Er verfaßte selbst einige kurze Erzählungen und belehrende Schriften („A kis Gyula könyve", 1829; „Pali és Minka olvasni tanul", 1839). Die Bücher von JAKOB GLATZ (1776–1831) erschienen hauptsächlich in deutscher Sprache und vor allem im Ausland. Seine in ungarischer Sprache verfaßten Werke („Gyermekvilág", 1840; „Vidor gyermekek, 1842; „Piros könyv", 1842) zeigten erzieherische Tendenzen. MIHÁLY FAZEKAS (1766–1828) war ein hervorragender Vertreter der ungarischen Aufklärung. Sein Hauptwerk ist „Ludas Matyi" (1815, ²1817). Es ist die Geschichte eines tapferen Bauerngesellen, der an einem Gutsherrn Rache wegen einer ungerechtfertigten Beleidigung übt. Das in Verse verfaßte und für Erwachsene bestimmte Werk wurde auch als Jugendlektüre populär. Das Buch erlebte mehr als vierzig Auflagen. ANDRÁS FÁY (1786–1864) war sowohl in der ungarischen Literatur als auch im öffentlichen Leben eine bedeutende Persönlichkeit. Mit dem Märchenbuch „Eredeti mesék és aforizmák" (1820) erzielte dieser Autor in Wien, später auch in U. selbst (1825) einen großen Erfolg. Der moralischen Erziehung dienten seine Schriften „A Halmai osalád" (1858) und „Oskola és házi növendékélet" (1860). Die Tätigkeit von MIKLÓS JÓSIKA (1794–1865) war grundlegend für die Entstehung des modernen ungarischen Geschichtsromans. Seine Romane „Abafi" (1836) und „A csehek Magyarországon" (1839) wurden auch von

Jugendlichen gern gelesen. Die Erzählung „Hunyadi Mátyás király" schrieb JÓSIKA speziell für junge Leser. JÁNOS GARAY (1812–1853) war Autor, Redakteur und Universitätsprofessor. Sein populärstes Werk ist „Az obsitos" (1843). Diese erzählende Dichtung handelt von einem großsprecherischen, ausgedienten Soldaten. Thema und Sprachduktus erinnern an das Volksmärchen. Von hohem Niveau sind die Kinder- und Jugendbücher der ungarischen Klassiker, vor allem die von PETŐFI, ARANY und VÖRÖSMARTY. SÁNDOR PETŐFI (1823–1849) wurde international bekannt als Lyriker. Mit seinem Buch „János Vitéz" (1845) trug er zur Entwicklung des ungarischen Nationalepos bei. Auch seine Gedichte „Arany Lacinak", „Anyám tyukja", „Füstbe ment terv" und viele andere sind noch heute wesentlicher Bestandteil der ungarischen Kinderliteratur. JÁNOS ARANY (1817–1882) war der bedeutendste Vertreter der ungarischen Literatur des 19. Jahrhunderts. Aus seinem reichen Lebenswerk sind hier erwähnenswert das Feenmärchen „Rózsa és Ibolya", „Rege a csodaszarvasról" und die großartige Erzählung über den Volkshelden Toldi (1846). Von den Dichtungen MIHÁLY VÖRÖSMARTYS (1800–1855) stehen den Kindern das humoristische Gedicht „Petike" und die Ballade „Buvár Kund" am nächsten.

1836 kann man als das Geburtsjahr einer eigenständigen ungarischen Kinderliteratur bezeichnen. In diesem Jahr wurde AMÁLIA BEZERÉDJS (1804–1837) Buch „Flóri könyve" (1836) verlegt. Der reich illustrierte Versband erreichte fast hundert Auflagen. Die Gründe für seine Beliebtheit waren die kindernahen Themen, die Nähe zur traditionellen Volksdichtung und die einfachen und doch eindringlichen Reime und Lieder. BEZERÉDJS zweites erfolgreiches Buch „Földesi estvék" (1840) war ein Lesebuch für Jugendliche, das von dem berühmtesten Graphiker der Epoche, MIKLÓS BARABÁS (1810–1898) illustriert wurde. Die Schriftsteller PÁL LUKÁCS,

László Rébers Illustration zu dem aus dem Ungarischen übersetzten Kinderbuch „Der goldene Pfennig" (Hanau 1973) von László Arany.

ISTVÁN KÁROLYI und ISTVÁN DIENES drücken in ihren Werken die Ideen der gesellschaftlichen Wandlungen aus. Ein besonders begabter Kinderbuchautor war JÁNOS GÁSPÁR (1816–1892). Er führte als erster die Volksliteratur in das Volksschullesebuch ein. Sein Buch „Csemegék" (1848) enthielt Tier- und Lehrfabeln für Kleinkinder. In späteren Auflagen (1855, 1863) wurde der Band um Volksmärchen, Kinderverse und Sprichwörter erweitert. Der Grundsatz des Autors war: „Für das Kind ist nur das Beste gut genug." Seiner Ansicht nach sollte die Kinderliteratur ihre Erneuerung über die Volksdichtung finden.

Vom Jahre 1840 an wurde der Einfluß der Volksdichtung auf die Kinderliteratur immer stärker bemerkbar. Die ersten ungarischen Märchensammler und Folkloristen JÁNOS ERDÉLYI (1841–1868), JÁNOS KRIZA (1811–1875), LÁSZLÓ ARANY (1844–1898), LAJOS KÁLMÁN (1852–1919) und andere eröffneten den Kindern eine neue Welt, die Welt der Volksmärchen. Für die zweite Hälfte des 19. Jahrhunderts war das Eindringen der Volksdichtung in die Kinderliteratur von ausschlaggebender Bedeutung.

Kinder- und Jugendliteratur in der zweiten Hälfte des 19. Jahrhunderts. Wegen der ungünstigen politischen Lage entwickelte sich die Kinder- und Jugendliteratur in dieser Zeit langsamer. Ein Fortschritt war jedoch auf dem Gebiet des Kindergedichts und des Jugendromans zu verzeichnen. Am Anfang der Epoche stand MÁRIA CSAPÓ (1832–1896), die nicht nur Übersetzungen klassischer internationaler Kinderbücher (COOPER, ANDERSEN) anfertigte, sondern auch eigene Bücher verfaßte („Sziráky Ilona és más elbeszélések", 1861; „Chrestomathia", 1862; „Regék és beszélyek", 1868; „Szünórák", 1864). Literarisch bescheidene, aber sehr populäre Schriften verlegte ADOLF ÁGAI (1836–1919) unter dem Pseudonym ONKEL FORGÓ. Die von ihm gegründete Zeitung „Kis Lap" erfreute sich jahrzehntelanger Beliebtheit bei den Kindern. LAJOS HEVESI (1843–1919) war der Autor eines der meistgelesenen Jugendromane „Jelky András kalandjai ötödfél világrészben" (1872). Die Idee zu diesem Buch stammte aus einer Schrift des 18. Jahrhunderts (ISTVÁN SÁNDOR, 1791). Bedeutende Autoren der Epoche waren PÁL GYULAI und JÓZSEF KISS. PÁL GYULAI (1826–1909) war Literaturhistoriker und Kritiker. Mit seinen künstlerisch anspruchsvollen Dichtungen wurde er der Erneuerer des ungarischen Kindergedichtes. Es gelang ihm, die didaktischen Tendenzen mit den Anforderungen der Literaturästhetik in Einklang zu bringen. Den Stoff zu seinen in Verse gebrachten Volksmärchen und Kinderdichtungen nahm GYULAI aus den verschiedenen Sammlungen („Krisztus és a madarak", „A gonosz mostoha", „A farkas és a szunyogok"). Die bekanntesten Versdichtungen von GYULAI sind „Éji látogatás" und „Hadnagy uram". Der Band „Dalok és versek" (1854–1864) enthält zahlreiche unvergängliche Dichtungen. JÓZSEF KISS (1843–1921) ließ seine Verse unter dem Titel „Mese a hó alól" (1885) erscheinen.

Einer der erfolgreichsten und populärsten Schriftsteller

in ungarischer Sprache ist MÓR JÓKAI (1825–1904). JÓKAIS Romane und Novellen sind auch noch heute bei jungen Lesern sehr beliebt, so daß man von einem „Jókai-Zeitalter" sprechen kann. Für junge Leser sind besonders zu nennen „Mesék és regék", „Kis dekameron", „A nagyenyedi két füzfa", „Mátyás király és a szegény varga", „A cinkotai kántor", „A magyar nemzet története regényes rajzokban", 1854; „A legvitézebb huszár", 1856). Ursprünglich für Erwachsene geschriebene Romane erfreuten sich später großer Beliebtheit bei der Jugend wie „Egy magyar nábob" (1854), „Kárpáti Zoltán" (1854), „Az uj földesur" (1863), „A kőszivü ember fiai" (1869), „A fekete gyémántok" (1870), „Az aranyember" (1872). Um die Forderung von Jugendschriften machte sich GYÖRGY FESÜS (1841–1914) verdient. Er redigierte in Pozsony die Buchserie „Ifjusági Könyvesház", die zahlreiche Jugendbücher umfaßte. Außerdem übersetzte er CAMPE, BEECHER-STOWE, CHRISTOPH VON SCHMID und andere Autoren. An seiner Jugendbuchserie arbeiteten JÓZSEF ACZÉL, JÓZSEF BOTKA, KÁROLY KINGTON und SÁNDOR SZ. NAGY mit.

Die Wende zum 20. Jahrhundert. Mit der Wende zum 20. Jahrhundert trat im Einklang mit der wirtschaftlichen und gesellschaftlichen Entwicklung ein bedeutender Aufschwung in der Kinder- und Jugendliteratur U.s ein. Die Zahl der Schriftsteller vermehrte sich sprunghaft. Ein deutliches Zeichen für den Aufschwung waren die vielen Zeitschriften, die nun für junge Leser entstanden. Ein Großteil davon stand im Dienst der religiösen Erziehung („Zászlónk", „Magyasszonyunk", „Szív", „Erő", „Ifjú Évek", „Remény"). Der bedeutendste Kritiker, der sich für die Kinderliteratur einsetzte, war ELEK BENEDEK (1859–1929). In der Zeitschrift „Magyar Kritika" wies er auf die Ursache des Mangels an guten Kinderbüchern hin. 1888 forderte BENEDEK im ungarischen Parlament die moralische und finanzielle Unterstützung für das gute Kinderbuch. Auch als Schriftsteller und Redakteur setzte er sich für eine anspruchsvolle Kinderliteratur ein. Seine wichtigsten Werke sind „Magyar mese-és mondavilág" (1894–1986), „Többsincs királyfi" (1900) und die Erzählungen für junge Mädchen „Katalin" (1897), „Uzoni Margit" (1901) und „Zsuzsika könyve" (1910). Außerdem verfaßte er historische Schriften wie „A magyar nép multja és jelene" (1902), „Nagy magyarok élete" (1905–1910) und „Szigeti veszedelem" (1914). Mit LAJOS PÓSA zusammen gründete BENEDEK 1889 die damals populärste Kinderzeitschrift „Az Én Ujságom". Später gab er noch weitere Kinderzeitungen heraus („Kis Világ", „Jó Pajkás", „Cimbora"). Die vielseitige Tätigkeit BENEDEKS eröffnete in der Geschichte der ungarischen Kinderliteratur eine neue Epoche. In konservativer Gesinnung, aber im Geist der Humanität schrieb MÓZSES GAÁL (1863–1936) zahlreiche Biographien und Zeitromane. Die meistgelesenen Bücher dieses Autors sind „Kujak Andris keleti utazása" (1888), „A legkisebb leány" (1897), „Egy magyar testőrifjú" (1898), „Hun és magyar mondák" (1900), „Magyar hősök és királyok" (1900–1901). GAAL gab die Zeitschriften „Tanulók Lapja" und „Az Én Ujságom" von 1914 bis zu seinem Tod heraus. LAJOS PÓSAS (1850–1914) Schriften haben die vielen, literarisch meist sehr mittelmäßigen Übersetzungen fremdsprachiger Autoren aus den Kinderzimmern verdrängt. Mit ELEK BENEDEK begründete er die Kinderzeitschrift „Az Én Ujságom" und war lange Zeit deren Redakteur. Seine besondere Vorliebe galt Kindergedichten. Sie sind in mehr als 50 Gedichtbänden für junge Leser zusammengefaßt. Zu seinen bedeutenden Büchern zählen „Szál az ének" (1899) und „Gyermekversek" (1914). Mit seinen „Bärengeschichten" führte ZSIGMOND SEBÖK (1861 1916) die phantastische Erzählung in die ungarische Kinderliteratur ein. Die komische Gestalt dieses Tieres steht im Mittelpunkt seiner Erzählungen („Mackó úr utazása", 1902; „Dörmögő Dömötör utazása", 1912). SEBÖK war zusammen mit ELEK BENEDEK bis zu seinem Tod Redakteur des Kinderblattes „Jó Pajtás". Bedeutend war auch die schriftstellerische Tätigkeit von KÁLMÁN MIKSZÁTH (1847–1910). In seinen Büchern hat er die Auflösung der feudalistischen ungarischen Gesellschaft realistisch dargestellt. Viele seiner Schriften werden auch heute noch von Jugendlichen gern gelesen („A beszélő köntös", 1889; „Szent Péter esernyője", 1895). MIKSZÁTHS bedeutendster Jugendroman ist „A két koldusdiák" (1885). In ihm hat der Autor märchenhaftes Geschehen mit Historie meisterhaft vereint. Für Kleinkinder schrieb er „Tündérvilág" (1897), „Otthon és a zöld mezőn" (1888) und „A keresztmama meséi" (1897).

In den ersten Jahrzehnten des 20. Jahrhunderts entwickelte sich vor allem der Jugendroman. Die Verlage Athenaeum, Franklin-Gesellschaft, Singer und Wolfner sowie die Szent-István-Gesellschaft erkannten die finanziellen Möglichkeiten und gaben zahlreiche Jugendschriften heraus, deren Autoren namhafte Schriftsteller waren. FERENC MOLNÁR (1878–1954) hat mit seinem einzigen Jugendroman „A Pál utcai fiúk" (1907) Weltruf erlangt. Die schriftstellerische Tätigkeit von FERENC MÓRA (1879–1934) ist besonders eng mit der Kinder- und Jugendliteratur verbunden. Seine erfolgreichsten Werke sind „Aranyszőrü bárány" (1902), „Rab ember fiai" (1909), „Csilicsali Csalavári Csalavér" (1913), „Kincskereső kisködöm" (1918) und „Dióbélkirálykisasszony" (1922). Der größte Realist der ungarischen Literatur war ZSIGMOND MÓRICZ (1879–1942). Für Jugendliche schrieb er unvergängliche Werke wie „Erdő, mező világa" (1908), „Bolog világ" (1912), „Pipacsok a tengeren" (1938) und „Légy jó mindhalálig" (1937). GÉZA GÁRDONYI (1863–1922) gewann vor allem durch seine Geschichtsromane Bedeutung. Sein Buch „Ergi csillagok" (1901) zählt bis heute zu den populärsten Jugendromanen. Der klar und eindringlich gegliederte Aufbau, der anschauliche Stil und die spannende Handlung verhelfen den Geschichtsromanen GÁRDONYIS zu ihrer Beliebtheit („A láthatatlan ember", 1902; „Isten rabjai", 1908). GYULA KRÚDY (1878–1933) war ein Meister der modernen ungarischen Prosa. Unter seinen Jugendbüchern finden

Karoly Reichs Einband-Illustration zu einer neueren Ausgabe von Franz Molnars 1906 zuerst erschienenem klassischen Jugendroman „Die Jungens von der Paulstraße".

sich phantastische, geschichtliche und geographische Erzählungen. Die phantastischen Erzählungen von KRÚDY übertreffen ähnliche Werke seiner Zeit („Gyémántmesék", 1909; „A tizenhat város tizenhat lánya", „A komáromi fiú", „Utazás a Szepességben", „Utazás a Tiszán"). Bekannte Märchenbücher von ihm sind „Diákkisasszony", „Annuska könyve", „A vadkerti hősnők". MIHÁLY BABITS (1883–1941), der bekannte ungarische Dichter und Übersetzer, hat mit seinem Märchenbuch „Aranygaras" (1923) einen bleibenden Beitrag zur ungarischen Kinderliteratur geleistet.
Auch zahlreiche Schriftstellerinnen verfaßten zu dieser Zeit Kinder- und Jugendbücher. JANKA NOGALL (1861–1924) schrieb als erste in U. spezielle Mädchenbücher. Ihre Geschichten waren noch ziemlich naiv und besaßen pädagogische Intentionen („Tizenkét hónap", 1888; „Zsófika naplója", 1904; „A nagyobbik leány", 1907). Auch ANNA TUTSEK (1865–1944) gehörte zu den seinerzeit beliebten Autorinnen. Sie schrieb moralisch-tendenziöse Romane mit konservativer Geisteshaltung. Der erste Band ihrer berühmt gewordenen Mädchenbuchserie um Cilike erschien 1905 („Cilike viszontagságai"). TUTSEK gab die Mädchenzeitschrift „Magyar Lányok" (1894) heraus. Das Seelenleben der modernen emanzipierten Frau stellte ANNA SZEDERKÉNYI (1882–1948) in zahlreichen Schriften nach dem Geschmack des Kleinbürgertums vor. Ihr bekanntester Mädchenroman war „Marika".
Trotz des kurzen Zeitraums der ungarischen Räterepublik versuchte man 1919, die Kinderliteratur den neuen kulturpolitischen Zielsetzungen entsprechend ideologisch, ästhetisch und inhaltlich zu erneuern. Diese Bestrebungen machten sich vor allem bei Kinderzeitschriften bemerkbar wie „Bukfenc", „Az èn Ujságom", „Gyermek Hirlap", „Uj Világ", „Lányok Ujsága", „Ifjúság", „Jó Pajtás", „Jövő". Die in diesen Kinderzeitschriften erschienenen Beiträge verfolgten die neuen pädagogischen Ziele. Angesehene Autoren konnten als Mitarbeiter gewonnen werden (MIHÁLY BABITS, ELEK BENEDEK, MÓZES GAÁL, GÁBOR OLÁH, ERNŐ SZÉP u.a.). Auch für die Verbreitung naturwissenschaftlicher Kenntnisse spielten diese Zeitschriften eine wichtige Rolle. „Ifjú Proletar" oder „Természet" stellten sich in den Dienst solcher Aufgaben. Die kulturpolitischen Ideen der Räterepublik konnten jedoch erst ein Vierteljahrhundert später durchgehend verwirklicht werden.

Die Kinderliteratur von 1919 bis 1945. In dieser Zeit wurde das Land mit Schriften überschwemmt, die den jungen Lesern nationalistische Ideen und Haß gegenüber anderen Nationen predigten. Gegen solche Tendenzen kämpfte eine Gruppe prominenter Schriftsteller wie BENEDEK, BALÁZS, KARINTHY, KRÚDY, MÓRICZ und TERSÁNSZKY. Sie versuchten die lesehungrigen Jugendlichen mit anspruchsvoller Literatur zu versorgen. Vielen dieser Autoren setzten ihre schon früher begonnene literarische Tätigkeit unbeirrt fort. Nach dem Krieg gelang es ELEK BENEDEK, als Mitarbeiter für die von ihm gegründete Kinderzeitschrift „Cimbora" zahlreiche fortschrittlich denkende Schriftsteller wie ÁRON TUMÁSI, JENŐ DSIDA, JENŐ SZENTIMREI und BÉLA BALÁZS zu gewinnen. Durch eine universale Bildung und eine besondere schriftstellerische Begabung zeichnete sich in dieser Epoche FRIGYES KARINTHY (1887–1938) aus. Sein berühmtes Buch „Tanár úr kérem" (1916) enthält zahlreiche humoristische Novellen. Auch als Übersetzer von SWIFT und MILNE hatte KARINTHY Bedeutung. BÉLA BALÁZS' (1884–1949) Schriften – er emigrierte nach Deutschland – erschienen erst nach 1945 in ungarischer Sprache („Amikor Karcsiból Károly lett", 1945; „Az igazi égszinkék", 1946; „Álmodó ifjúság", 1946). Ein hervorragender Vertreter der ungarischen Prosa war JENŐ TERSÁNSZKY JÓZSI (1888–1969), der zahlreiche Märchenbücher und Theaterstücke für Kinder schrieb (Okos és Oktondi", 1941). Ein auch noch heute vielgelesener Jugendbuchautor ist GYULA FÁBIÁN (1884–1955). Er schrieb hauptsächlich geschichtliche Erzählungen („Hej Rákóczi, Bercsényi, Bezerédy!", 1937; „A vörossapkás diákok", 1948) und populärwissenschaftliche Bücher („Az ősemberek völgye", 1939; „A kis Mozart", 1930). Von den Werken von JÓZSEF BABAY (1898–1956) ist der Jugendroman „Mi huszonketten" (1932) hervorzuheben. Sein Schauspiel „Három szegény szabólegény" wurde in den Theatern mit großem Erfolg aufgeführt. ERNŐ SZÉP (1884–1953) hat seine Jugendjahre auf dem Lande und

in Debrezen in zwei stimmungsvollen Werken („Hetedikbe jártam“, 1922; „Dali, dali dal“, 1934) beschrieben. Weitere Schriften von ihm sind „Mártyás király tréfái“ (1937) und „Édes“ (1937).
Mit ihren sozialen und politischen Gedanken ragt ZSENI VÁRNAY (* 1890) aus der Zahl der Kinder- und Jugendbuchautoren der Zeit hervor. Ihr Leben und ihre literarische Tätigkeit waren sehr eng mit der Arbeiterbewegung verbunden. Sie zeichnete Elend, Schuld und gesellschaftliche Ungerechtigkeit in ihren Versen. Für Kinder schrieb sie „Örömök kertje“ (1919), „A mesélő erdő“ (1921), „Furulyaszó“ (1923). ATTILA JÓZSEF (1905–1937) gehört zu den modernen ungarischen Lyrikern. Von den Kindern gern gelesene Verse von ihm sind: „De szeretnék gazdag lenni“ (1916), „Hangya“ (1926), „Nyár“ (1930), „Medvetánc“ (1932), „A kanász“ (1932), „Altató“ (1936). In der Erzählung „Csoszogi az öreg suszter“ schildert der Autor realistisch die Not der kleinen Leute.
Zu den bedeutendsten Autoren zwischen 1919 und 1945 gehören JÓZSEF ERDÉLYI, PÁL GULYÁS und MIKLÓS RADNÓTI. In ihren Werken findet man zahlreiche Kinderverse mit bleibendem Wert. JÓZSEF ERDÉLYIS (* 1896) Kinderdichtungen erschienen in der Kinderzeitung „Gyermek Hirlap“ und in den Bänden „Emlék“ (1940) sowie „Zenélő kecske“ (1942). ERDÉLYIS Verse sind durch eine volksnahe Sprache und die klare, bildgestaltende Phantasie gekennzeichnet. PÁL GULYÁS (1899–1944) schrieb für Kinder beeindruckende Naturschilderungen („Edesanyák“, „Bodzafa“, „Az erdő postája“, „Az országuton“). MIKLÓS RADNÓTI (1909–1944), Autor und Übersetzer, ist der herausragende Vertreter der ungarischen antifaschistischen Lyrik. Seine naturverbundenen Gedichte sind künstlerisch anspruchsvoll und helfen den Kindern, die Natur besser und tiefer kennen und lieben zu lernen („Éjszaka“, „Nyugtalan éj“, „Tél“, „Mese“, „Erdő“, „Esti mosolygás“, „Éjféli vihar“).
Die Verlage Athenaeum, Dante, Singer und Wolfner, Szent-István-Gesellschaft versorgten die Mädchen in diesen Jahren mit zahlreichen konservativen Erzählungen in der Tradition der Backfischliteratur. Die bekanntesten Autorinnen dieser Richtung waren MARGIT ALTAY, LOLA KOSÁRINÉ RÉZ, MÁRIA BLASKÓ und ANNA TUTSEK. Sie erzählten in ihren Büchern zumeist von Kindern der gutsituierten Klassen und verschleierten die schweren sozialen Probleme der Zeit. Es gab aber auch Ausnahmen, z.B. die Autorin JUDIT BECZÁSSY (1888–1961), die in ihrem Buch „Tóth Eszter élete és halála“ (1921) ein erschütterndes Bild vom Elend des damaligen ungarischen Dorflebens zeichnete. BECZÁSSY schrieb auch zahlreiche Mädchenbücher wie „A Miklósyház titka“ (1926), „Mártha mint detektiv“ (1932) und „Egyszer vagyok fiatal“ (1958), die sich von der Massenliteratur der Zeit abhoben.

Kinder- und Jugendliteratur von 1945 bis zur Gegenwart. Die Jahre von 1945 bis 1948 waren eine Periode des Überganges. Auch die Jugendliteratur nahm einen neuen Anlauf. Von den früher bekannten Jugendschriftstellern gab es nur wenige, die fähig und bereit waren, Kinder- und Jugendbücher im neuen Geist zu schaffen. Von 1946 bis 1949 erschienen lediglich etwa zwanzig neue Kinder- und Jugendbücher in U. Als bedeutend können davon ein Jugendroman von LÁSZLÓ HÁRS („Igazán gyerekjáték“) und ein Buch von J. JENŐ TERSÁNSZKY („Egy szarvasgim története“) gelten. Auch ein Band mit Kinderversen von SÁNDOR WEÖRES („Gyümölcskosár“, 1946) erschien in dieser Zeit, dem man aber damals nur wenig Beachtung schenkte.
Von 1949 an wurde die Bedeutung der Jugendliteratur immer mehr erkannt. Die Parteiführer wiesen häufig darauf hin, welche Bedeutung die Entstehung einer Jugendliteratur neuen Typs für die Entwicklung des jungen Menschen habe, und es wurden konkrete Maßnahmen zur Förderung getroffen. Eine besondere Prämie wurde vom Ministerium des Bildungswesens für die besten Jugendbücher geschaffen, und nach der Verstaatlichung der Verlagshäuser wurde 1950 der staatliche „Jugendbuchverlag“ gegründet. Die Diskussion der im Verband der Schriftsteller zusammengeschlossenen Autoren vom 30.5.1952 zeigt aber auch, wie unausgegoren die Diskussion zu Fragen der Jugendliteratur noch war. Die meisten Teilnehmer waren noch der Meinung, daß es vordringlich Aufgabe der Jugendliteratur sei, erzieherisch und unterrichtsunterstützend zu wirken. Diese Betrachtungsweise wirkte sich hemmend auf die Weiterentwicklung der Jugendliteratur aus. Die Forderung nach ausschließlich positiven Helden und die übermäßige Politisierung der Themen führten zur Entstellung der gesellschaftlichen Wirklichkeit.
Erste positive Entwicklungen zeigten sich in der Themenwahl von Autoren wie KLÁRA FEHÉR („Az előre őrs pályát választ“) oder von LÁSZLÓ HÁRS („Ezek a pesti gyerekek“). Das letztere Werk erschien in mehreren Auflagen und wurde später zu einer Tetralogie erweitert.
Die historischen Jugendromane dieser Jahre erwiesen sich als dauerhaft, sie werden noch heute gelesen. Herausragende Werke sind die von GÉZA HEGEDÜS (* 1912) wie „Az erdőntúli veszedelem“ (1962), eine geschichtliche Darstellung der Bauernrevolution und ihres Helden Antal Budai Nagy, „Hajnal a tárnák felett“ (1952) und „A fekete ember históriája“. GÉZA HEGEDÜS ist ein vielseitiger Autor. Er schreibt Gedichte, Erzählungen, Essays und veröffentlichte eine volkstümliche Lehre von der Dichtkunst („A költői mesterség“, 1959). Er schreibt für Erwachsene und für junge Leser. Seine bekanntesten Romane für Erwachsene sind „Megkondulnak a harangok“ (1950) und ein Zyklus mit dem Sammeltitel „Európa közepén“. Diese Romane werden auch von Jugendlichen gerne gelesen. Zu den Jugendbüchern, die noch heute beliebt sind, gehören auch der Band „Az alapiak kincse“ von GYÖRGY SZÁNTÓ (1893–1961) und von LÁSZLÓ GERÉB „Kiált Patak vára“. Der Jugendbuchverlag gab auch eine Serie preiswerter historischer Erzählungen mit dem Sammeltitel „Für das Vaterland und die Freiheit“ heraus. Zu

den erfolgreichsten Titeln der Serien gehören von SÁNDOR LESTYÁN (1897–1956) „Teleky Blanka", von ZSUZSA THÚRY „Bányai Julia", von LÁSZLÓ GERÉB (1905–1963) „Búyár Kund" und von BALÁZS LENGYEL (* 1918) „A szebeni fiúk". Einen wichtigen biographischen Roman schrieb JOLÁN JÓZSEF (1899–1950) mit dem Titel „A város peremén", in dem die Autorin versuchte, das Leben und das Lebenswerk großer Dichter der Jugend U.s näher zu bringen.

Auf dem Gebiet der Kinderlyrik hatte es die Neuentwicklung noch schwerer. So wurden zunächst Volksmärchen in Versform veröffentlicht, z.B. von ERNŐ URBÁN „Ezüstkard", später auch epische Dichtungen, wie GYÖRGY SZÜDIS (1909–1964) „A forradalom katonája". SZÜDI gab auch den Gedichtband „Megy a traktor" heraus, der zeigt, daß auch in der Kinderlyrik die neue Entwicklung voranschritt. Zur positiven Entwicklung trug auch bei, daß die Kinderzeitschrift „Kisdobos" von ZOLTÁN ZELK herausgegeben wurde. Diese Zeitschrift war mit ihrem Niveau auf dem Gebiet der Kunstprosa wie auf dem des Kindergedichtes richtunggebend. Die Zeitschrift gab den besten Schriftstellern der Zeit die Möglichkeit, ihre Arbeiten fortlaufend zu publizieren.

In den Jahren zwischen 1953 und 1956 lösten sich die Anschauungen zu Fragen der Kinderliteratur von den Fesseln des Schematismus und des Dogmatismus. Das Ministerium für Bildungswesen erließ einen Aufruf an Kinderbuchautoren, an einem Wettbewerb teilzunehmen. 21 bekannte Schriftsteller beteiligten sich daran. Die besten Werke waren wieder solche mit geschichtlichen Themen wie die Erzählung von ÁRON TAMÁSI (1897–1970) „Hazai tükör", die dem Schriftsteller den Kossuth-Preis einbrachte, wie LAJOS KORVINS HOLLÓS' (* 1905) Buch „A vöröstorony kincse" und SÁNDOR TATAYS (* 1910) „Kinizsi Pál". Auch Mädchenbücher wurden nun im neuen Geist geschrieben wie die Erzählung von ZSUZSA THÚRY mit dem Titel „A francia kislány" (1953).

Der größte Fortschritt auf dem Gebiet der Kinderliteratur war in diesen Jahren bei den Büchern für die Jüngsten zu verzeichnen. Für die kleinsten Leser wurde die ausgezeichnete phantastische Erzählung von J. JENŐ TERSÁNSZKY „Misi mókus kalandjai" (1961) herausgebracht und das phantastische in Versen geschriebene Buch „Makk Marci hőstette". Es wurden Volksmärchen mit Erfolg aufgearbeitet, so von GYULA ILLYÉS (* 1902) „Hetvenhét magyar népmese", von MARGIT PETROLAY „Csinosomdrága" und von GUYLA ILLYÉS „A csodafurulyás juhász". Weitere Versbearbeitungen ungarischer Volksdichtungen lieferten FERENC JUHÁSZ (* 1928), u.a. „A nap és a hold elrablása". Mit der von ISTVÁN KORMOS geschaffenen phantastischen Geschichte in Versform „A tréfás mackók" errang der Verfasser einen großen Erfolg. Der bedeutendste Gedichtband dieser Jahre stammt von SÁNDOR WEÖRES (* 1913): „Bóbita" (1955). Die Gedichte dieses Bandes waren wegweisend für die weitere Entwicklung des Kindergedichtes in U.

Nach 1956 wurde die Entwicklung der Jugendliteratur für kurze Zeit von den Ereignissen des Jahres 1956 gehemmt, bald zeigte sich aber ein neuer Aufschwung. Die Möglichkeit dazu bot die günstige Atmosphäre des gesellschaftlichen und des politischen Lebens und der damit verbundenen weiteren Zurückdrängung von Dogmatismus und Schematismus. Davon zeugen vor allem die Kinderverse der älteren Autoren wie LAJOS KASSÁK, IMRE CSANÁDI, ZOLTÁN ZELK, ÁGNES NEMES NAGY und KÁROLY TAMKÓ SIRATÓ, die inhaltlich und formal neue Wege aufzeigen, aber auch die Versbände von FERENC JANKOVICH (1907–1971), GYULA TAKÁCS (* 1911), ISTVÁN VASVÁRI (1916–1973), ANNA HAJNAL (* 1907), AMY KÁROLYI (* 1909) und STEFÁNIA MÁNDY (* 1918). Es finden sich aber nun immer mehr jüngere Autoren, die für Kinder schreiben. Dazu gehören SÁNDOR CSOÓRI (* 1930), DÉNES KISS (* 1936) und BÉLA HORGAS (* 1937).

Die vielsträngige Entwicklung, die steigende Anzahl von Autoren und die Fülle der für junge Leser geschaffenen Werke machen es schwer, alles in eine Systematik zu bringen. So sollen in der Folge in chronologischer Reihenfolge die Autoren der jüngsten Vergangenheit und Gegenwart vorgestellt werden.

LAJOS KASSÁK (1887–1967) ist der vielseitigste ungarische Autor des 20. Jahrhunderts. Er ist Lyriker und Prosaiker, Maler und Graphiker, Politiker und Literaturkritiker. Er arbeitete auch als Schriftleiter mehrerer Zeitschriften. Als Autor ist er der Verfechter der sogenannten literarischen Avantgarde und ihrer Zielsetzungen. In seinem einzigen Band mit Kindergedichten, „Csillagok csillogjatok, virágok virágozzatok" (1957) findet man echte Kinderverse. Der Rhythmus und die Stimmung der Gedichte lassen erkennen, daß die Erinnerungen KASSÁKS an die eigene Kinderzeit klar und frisch in ihm geblieben sind. Seine Gedichte spiegeln aber auch die klassenkämpferische Haltung des überzeugten Sozialisten. IMRE CSANÁDI (* 1920) veröffentlichte bisher lediglich zwei Bände mit Kinderversen, doch können diese zu den besten gezählt werden, die jemals für Kinder geschrieben wurden. Für seine Werke erhielt der Autor zunächst den Attila József-Preis, später auch den Kossuth-Preis. Die Gedichte des Bandes „Négy testvér" (1956) sind ein Symbol der Jahreszeiten. Man spürt, daß die inspirierende Kraft der Volksdichtung aus seinen Kinderreimen spricht. Zwar stellt er vom Thema her seine Gedichte in den Alltag unserer Gegenwart, doch haben sie den Zauber der überlieferten Kinderreime bewahrt. In dem Band „Kiss verses állatvilág" (1958) schildert der Autor fünfzig Tiere auf eine Art, die den jungen Leser sie in einer ganz neuen Atmosphäre sehen läßt. ZOLTÁN ZELK (* 1906) begann 1952 in der Kinderzeitschrift „Kisdobos" mit ersten Gedichten. Wie gut seine Gedichte bei Kindern ankamen, zeigt die Tatsache, daß die Schriftleitung immer häufiger Gedichte dieses Autors in der Zeitschrift erscheinen ließ. Der für ZELKS Kindergedichte repräsentative Band trägt den Titel „Erdőbenkerdőben" (1964). Die Verse des Autors gehören schon jetzt zum klassischen Kinderliteraturbestand. ISTVÁN KORMOS (* 1913) trat schon 1946 mit einem ersten Band von

Kindergedichten hervor, sein Name wurde aber erst durch die Bände „A tréfás mackók" (1955) und „Vackor" (1956) bekannt. KÁROLY TAMKÓ SIRATÓ (* 1905) ist einer der bedeutendsten Vertreter der avantgardistischen Lyrik U.s. Er schenkte den kindlichen Lesern die Gedichttrilogie „Tengerecki visszatér" (1976). Viele dieser Gedichte sprechen Kinder wie Erwachsene an, da die Erlebnisse des Helden der Versgeschichten, Pál Tengerecki, auch auf die Erwachsenen einen tiefen Eindruck macht. Die Gedichte sind reich an grotesken Wortspielereien und dem englischen Nonsense verwandt. ÁGNES NEMES NAGY (* 1922) ist eine Autorin, die nur ein schmales Werk vorgelegt hat, das aber allen ästhetischen und thematischen Ansprüchen gerecht wird. Sie erhielt den Attila József-Preis und ist heute eine anerkannte Vertreterin der modernen ungarischen Lyrik. Sie schreibt für Kinder erst seit den sechziger Jahren. Es ist ihre Überzeugung, daß Gedichte für Kinder den gleichen künstlerischen Anforderungen standhalten müssen wie solche für Erwachsene. Daß es ihr mit dieser Überzeugung ernst ist, beweisen die Kindergedichtbände, die von ihr schon erschienen sind, wie „Lila fecske" (1950) und „Mennyi minden" (1975).

Es ist von wesentlicher Bedeutung für die Entwicklung des Kindergedichtes in U., daß viele Kinderverse von dem bedeutenden Komponisten und Musikpädagogen ZOLTÁN KODÁLY vertont wurden. Vor allem hat er sich der Verse von SÁNDOR WEÖRES angenommen.

Auch auf dem Gebiet der Prosa für junge Leser erschienen schon zu Beginn der fünfziger Jahre einige wichtige Werke. Die weitere Entwicklung vollzog sich stufenweise. Schon um die Mitte der fünfziger Jahre trat ZSUZSA THÚRY (* 1901) hervor. Nach dem Erfolg ihres Mädchenbuches „A francia kislány" schrieb sie rasch hintereinander Mädchenromane wie „Zalai nyár" (1955), „Ördögránc" (1958) und „A tűzpiros üveggömb" (1962). ISTVÁN FEKETE (1900–1970) wurde besonders durch seine Jugendromane bekannt. Der Titel „Tüskevár" (1957) brachte dem Verfasser 1960 den Attila-József-Preis. Die Erzählungen aus der Tierwelt finden besonderen Anklang. LÁSZLÓ HÁRS (* 1911) ist Schriftsteller und Journalist. Sein erstes Buch „Tóbiás, a gyáva óriás" erschien 1946. Die Themen seiner Jugendromane und phantastischen Erzählungen spiegeln die Problematik der sozialistischen Umwandlung ebenso wie die kindliche Seelenwelt und die Vorstellungen kindlicher Phantasie. Besonders zu nennen sind die Titel „Igazán gyerekjáték" (1948), „Híre sincs szélmalom" (1954) und „Fordított esztendő" (1958). Seine bedeutendsten phantastischen Geschichten sind „Égből pottyant nagyapa" (1968) und „10 × 10 = 100 mese". Die Variationsbreite seiner phantastischen Geschichten reicht von volksmärchennahen Erzählungen bis zu grotesken Darstellungen einer „verkehrten Welt". PÉTER FÖLDES (* 1916) gestaltet in einigen seiner Werke die wichtigen Ereignisse der ungarischen Arbeiterbewegung und bringt ihre großen Persönlichkeiten dem jungen Leser nahe, wie in „Felejthetetlen május" (1954), „Mennyei páncélvonat" (1958) oder „Drámai küldetés" (1956). Auch seine für jüngere Leser geschaffenen Werke beinhalten häufig historische Themen, wie „Találkozás a föld alatt" (1956) oder „Mókuli" (1961). Er schrieb auch den phantastischen Roman „Ibolyaszínű fény" (1956). Der Schriftsteller wurde 1953 und 1963 mit dem Attila-József-Preis belohnt. SÁNDOR TATAY (* 1910) ist Autor und Leiter der Fachsektion der Jugendliteratur im Verband der Schriftsteller. Er arbeitete zunächst als Fabrikarbeiter und stieg dann zum Angestellten auf. Sein bedeutendstes Werk ist der Romanzyklus „Simeon-ház" (1955–1964). SÁNDOR TATAY schreibt in einem anschaulichen, bildreichen Stil. Von seinen für die Jugend geschaffenen Werken sind zwei hervorzuheben. Das erste, „Kinizsi Pál", ist die Geschichte der berühmten Schwarzen Heerschar mit ihrem Führer, dem von Legenden umwobenen Helden der Türkenzeit, König Matthias Hunyady; die Handlung des zweiten Buches „Puskák és galambok" (1960) spielt in den Zeiten nach dem Sturz der Räterepublik. Die Erzählung schlägt einen romantischen Ton an und vermag junge Leser zu fesseln. Die Ereignisse werden in der ersten Person erzählt, wodurch die Authentizität der Ereignisse gesteigert wird. MAGDA SZABÓS (* 1917) bedeutende Werke erschienen erst nach 1945 wie „Freskó" (1958), „Az őz" (1959), „Disznótor" (1960). Für Kinder verfaßte die Autorin „Mondják meg Zsófikának" (Erika, 1958), „Szigetkék" (1959), „Álarcosbál" (1961), „Születésnap" (1962), „Tündér-Lala" (1965) und „Abigel" (1970). Die Schriftstellerin versteht es gut, das Kinderleben mit suggestiver Kraft zu schildern. Das erste Kinderbuch von IVÁN MÁNDY (* 1918) wurde bereits 1944 veröffentlicht. 1955 trat er mit „Csutak színre" hervor. Breiteren Erfolg erzielte der Autor aber erst mit der Fortsetzung „Csutak és a szürke ló" (1959).

Ein Zeichen fortschrittlicher Entwicklung der Kinder- und Jugendliteratur U.s ist die Tatsache, daß immer mehr Autoren mit Kinder- und Jugendbüchern hervortreten. MÁRTA GERGELY (1913–1973) wurde mit Mädchenbüchern bekannt wie „Szöszi" (1954) und „A mi lányunk" (1965), die großen Beifall bei den jungen Leserinnen fanden. Die Autorin war Trägerin des Attila-József-Preises. Hier zu erwähnen sind auch die Schriftstellerinnen LENKE SZALAY (* 1913), ZSUZSA KÁNTOR (* 1916), KATALIN NAGY (* 1928), ERZSÉBET KERTÉSZ (* 1909) und RÓZSA IGNÁCZ (* 1910). Von den zahlreichen Autoren, die auf dem Gebiet der sogenannten Pionier-Romane tätig waren, seien DÉNES KISS (* 1936), IMRE KÖSZEGI (* 1903) und TIBOR SZÁNTÓ (1928–1970) genannt. Auch im Bereich der phantastischen Erzählung ging die Entwicklung weiter. Hier muß SÁNDOR TÖRÖK hervorgehoben werden, der neben Romanen für Erwachsene auch Kinderbücher schrieb wie „Kökölyszi és Bobolysza" (1940), „Csilicsala csodái" (1968), „Csilicsala újabb csodái" (1958), „Csilicsala legújabb csodái" (1961). Phantastische Erzählungen neuen Typs schrieben auch ERVIN LÁZÁR (* 1936), MIKLÓS MÉSZÖLY (* 1921) und ILONA BARÓCZ. Eine Sonderstellung in der ungarischen Kinderliteratur nehmen die Kindergeschichten von ÉVA

JANIKOVSZKY ein, die durch Humor, Groteske und ungewöhnliche Einfälle gekennzeichnet sind.
Zwei große Serien des Verlages „Ferenc Móra" sind hier noch zu erwähnen: die Serie „Kosmos" für die reifere Jugend im Alter von 16–20 Jahren und die Serie der „Delphin"-Bücher, preiswerte Auflagen von abenteuerlichen, fesselnd geschriebenen Erzählungen, Reisebeschreibungen und historische Romane. In der letzteren Serie werden die abenteuerlichen Werke volkstümlicher Schriftsteller neu herausgegeben, wie die von ANDRÁS DÉKÁNY (1903–1967), dem Träger des Attila-József-Preises, der seine Romane im Seefahrermilieu spielen läßt. In der gleichen Serie sind auch die erfolgreichen Bücher von JENŐ SZENTIVÁNYI in Neuauflagen erschienen.

Verlagswesen, Förderungsmaßnahmen, Institutionen. Die ersten Verlage, die Kinder- und Jugendbücher in U. herausbrachten, gab es schon zu Beginn des 19. Jahrhunderts, doch einen speziellen Kinder- und Jugendbuchverlag gibt es erst seit 1950. Erst in diesem Jahr kam im Rahmen des staatlichen Verlagswesens der ungarische Jugendbuchverlag zustande, der seit 1957 unter der Bezeichnung „Móra Ferenc Könyvkiadó" in Budapest seinen Sitz hat. Die Zusammenarbeit mit tschechoslowakischen, polnischen, rumänischen, jugoslawischen und deutschen Verlagen trägt dazu bei, das ungarische Jugendbuch weit über die Grenzen U.s hinaus bekannt zu machen. Alle Neuerscheinungen in U., darunter auch die Kinder- und Jugendbücher, werden in einer in drei Sprachen erscheinenden Zeitschrift regelmäßig besprochen, deren deutschsprachige Ausgabe den Titel „Bücher aus Ungarn" trägt.

Die jährliche Buchproduktion. Im Jahr 1975 erschienen in U. 307 Kinder- und Jugendbücher in 11427000 Exemplaren. Etwa ein Drittel der Titel (116) waren Übersetzungen aus dem Ausland (9 amerikanische, 19 deutsche, 11 englische, 6 französische, 5 rumänische, 23 sowjetrussische, 11 tschechische, 32 andere). Ein Kinder- und Jugendbuch hat eine durchschnittliche Auflage von 25000–30000 Exemplaren.
Bekannte ungarische Kinder- und Jugendbuchtheoretiker sind: ISTVÁN CS. NAGY, PÁL DRESCHER, PÉTER FÖLDES (* 1916), GABRIELLA B. BARLA, ANDRÁS HEGEDŰS (* 1923), FERENC KOLTA (1915–1972), LÁSZLÓ NÓGRÁDY (1871–1939), JÓZSEF SERES (* 1910), GYÖRGY SZONDY (1889–1961) und BÉLA TÓTH (* 1913).
Zu den erfolgreichsten Illustratoren von Kinder- und Jugendbüchern gehören: ENDRE BÁLINT, PÁL CSERGEZÁN, JÁNOS KASS, EMMA HEINZELMANN, KATÓ LUKTS, KÁROLY RÉBER, KÁROLY REICH, EMY RÓNA, PIROSKA SZÁNTÓ, TAMÁS SZECSKÓ, GYULA SZÖNYI, ÁDÁM WÜRTZ und VERA ZSOLDOS.
An verschiedenen Lehrstühlen der ungarischen Universitäten werden spezielle Vorlesungen gehalten, die sich mit Fragen zur Kinder- und Jugendliteratur befassen, so in Budapest, in Szeged und in Debrecen. In den Lehrplänen der Pädagogischen Hochschulen (Eger, Nyiregyháza, Szeged, Pécs, Budapest) und an den Hochschulen für die Ausbildung von Kindergärtnerinnen nimmt das Kinder- und Jugendbuch eine wichtige Stelle ein.
Im Jahr 1975 gab es in U. insgesamt 28 (in Budapest 18) selbständige öffentliche Kinderbibliotheken und 199 Kinderbuchabteilungen in öffentlichen Bibliotheken (in Budapest 21). Alle Bibliotheken unterstehen der „Országos Széchenyi Könyvtár Könyvtártudományi és Módszertani Központ" (Zentralstelle für Bibliothekwissenschaften und Methodik der Nationalbibliothek Széchenyi) in Budapest. Der Gesamtbestand an Kinder- und Jugendbüchern beträgt ca. 2 Millionen Bände. Es gibt in Grund- und Mittelschulen insgesamt 4813 Schulbibliotheken mit ca. 12 Millionen Bänden. Auf einen Schüler in den Mittelschulen kommen 21, in den Grundschulen 7 Bände (1974–1975).
In U. beschäftigen sich folgende Institutionen mit Fragen zur Jugendliteratur oder Leseerziehung: „Országos Széchenyi Könyvtár Könyvtártudományi és Módszertani Központ" (Zentralstelle für Bibliothekswissenschaft und Methodik der Nationalbibliothek Széchenyi); „Országos Pedagógiai Könyvtár és Muzem" (Pädagogische Landesbücherei und Museum: Hier sind in einer geschlossenen Sammlung alle ungarischen Kinder- und Jugendbücher und die wichtigsten Werke der internationalen Kinder- und Jugendliteratur sowie die entsprechende Fachliteratur vereint); „Fővárosi Szabó Ervin Könyvtár Módszertani Osztálya" (Methodische Abteilung der Erwin Szabó-Bibliothek) und „Magyar Irók Szövetsége Gyermek- és Ifjúsági Irodalmi Szakosztálya" (Das Komitee für Kinder- und Jugendliteratur des ungarischen Schriftstellerverbandes). Alle genannten Institutionen haben ihren Sitz in Budapest.
Mit Fragen der Kinder- und Jugendliteratur befaßt sich systematisch die Zeitschrift für Buch und Erziehung „Könyv és Nevelés", die von der Pädagogischen Landesbücherei fünfmal im Jahr herausgegeben wird. Darüber hinaus befassen sich folgende Zeitschriften gelegentlich mit Fragen zur Kinder- und Jugendliteratur und Leseerziehung: „Életünk" (Unser Leben. Zeitschrift für Literatur, Kunst und Kritik); „Óvodai Nevelés" (Erziehung im Kindergarten); „A tanító" (Der Lehrer); „A könyvtáros" (Der Bibliothekar); „Pedagógiai Szemle" (Pädagogische Rundschau); „Magyar Pedagógia" (Ungarische Pädagogik) sowie die Kinderzeitschriften „Kisdobos", „Pajtás" und „Kincskereső".

› É. Janikovszky, → Zs. Kántor, → J. Kass, → I. Kormos, → I. Mándy, → K. Mikszáth, → F. Molnár, → F. Móra, → Zs. Moricz, → K. Nagy, → S. Petőfi, → M. Petrolay, → K. Réber, → K. Reich, → M. Szabó, → Zs. Thúry, → B. Tóth, → S. Weöres, → A. Würtz, → Z. Zelk

Sekundärliteratur: P. Drescher: Régi magyar gyermekkönyvek. 1538–1875 (1934). – P. Gulyás: Magyar írók élete és munkái. Új sorozat (Bd. 1–4. 1939–1944). – A. Hegedűs: Legkedvesebb íróim (1971). – A. Kepes: Új beszélő könyvtár (zus. mit E. Szász, 1969). – F. Kolta: Húsz év ifjúsági irodalma (1946–1965). – T. Lajos: Kalauz a magyar ifjúsági irodalomban (1957). – I.

Cs. Nagy: A magyar gyermekvers története (1945). – J. Seres: Thury Zsuzsa ifjusági irásai (1976). – I. Szemák: A magyar ifjúsági irodalom története (1924). – G. Szondy: A magyar ifjúsági irodalom gyermekkora 1669–1848 (1932). – J. Szinnyei: Magyar írók élete és munkái (Bd. 1–14. 1891–1914). – B. Tóth: Die wissenschaftlich-phantastische Jugendliteratur in Ungarn (in: J. Tymister (Hrsg.): Beiträge zur Didaktik und Erziehungswissenschaft. 1971. 133–140); New trends in Hungarian literature for children and young people (in: Bookbird. 10. 1972. 1. 15–18).

József Seres/Béla Tóth

Unger, Friederike Helene

*Journalistin, Schriftstellerin; *1751 (oder 1741) Berlin, †21. 9. 1813 Berlin.*

U., geborene VON ROTHENBURG, war mit dem Buchdrucker und Buchhändler JOHANN FRIEDRICH UNGER verheiratet, dessen verlegerisches Geschäftsinteresse wohl auch ihre literarische Produktion mitbestimmte. In U.s Verlag erschienen auch Kinder- und Jugendbücher anderer Autoren. U. veröffentlichte seit 1782 in verschiedenen Berliner Zeitungen Aufsätze zu Fragen der Geschichte und Ökonomie, die zum Teil heute noch von historischem Interesse sind. Häufig nahm sie Stellung zu aktuellen Fragen der Erziehung und der Politik z. B. „Vaterländisches Lesebuch für Land- und Soldatenschulen“ (1799) und „Die Damen dürften doch ein Wort mitreden oder etwas über das neue Gesangbuch“ (1782). Mit der Übersetzung zahlreicher Lustspiele von PIERRE AUGUSTIN BEAUMARCHAIS, PIERRE DE MARIVAUX, LOUIS-SÉBASTIEN MERCIER und JEAN BAPTISTE MOLIÈRE befriedigte sie die rege Nachfrage nach den damals sehr beliebten französischen Stücken. Einen wichtigen Beitrag zur Diskussion der Ideen der Aufklärung lieferten ihre Übersetzungen von Werken JEAN JACQUES ROUSSEAUS („Bekenntnisse“, 1782 und „Selbstgespräche“, 1782). Nach dem Bekanntwerden der französischen Revolution in Berlin übertrug sie HENRI LINGUETS (1736–1794) „Geschichte der Bastille“ ins Deutsche und stellte nach französischen Journalberichten eine „Beschreibung der Bastille“ zusammen. 1795 lenkte sie die Aufmerksamkeit GOETHES auf FRIEDRICH ZELTER und half, deren Beziehung zu begründen.

Werk, Tendenzen, Wirkung. „Julchen Grünthal“ (1784) ist U.s bekanntestes Buch; fast alle ihrer darauf folgenden Schriften erschienen nicht mehr unter dem Autorennamen, sondern mit der Kennzeichnung „von der Verfasserin der Julchen Grünthal“. U. wandte sich in dieser Pensionatsgeschichte gegen die übermäßige Bildung der Mädchen und Frauen: „der systematische Unterricht in Wissenschaften bei dem andern und schwächern Geschlecht hat mir nie zu Sinne gewollt; der anmaßende Ton der von ihrer Überlegenheit träumenden Weiber ekelt jeden, der Gefühl für prunklose weibliche Würde hat“ (S. 20). Sie versuchte in diesem Buch, aber auch in anderen (so z. B. in „Melanie, das Findelkind“), nachzuweisen, daß es „unter tausend Weiberköpfen ... kaum einen gibt, der fest genug orientiert ist, um die Schätze tieferen Wissens aufzufassen“ (S. 20). Gründe dafür suchte sie nur in der Natur des Weibes. Julchen Grünthal, Tochter eines Amtsmannes, die in einer romantisch verklärten Idylle auf dem Lande aufwächst, soll nach ihrem und ihrer Mutter Wunsch, aber gegen den Willen des Vaters, zu einer galanten Stadtjungfer ausgebildet werden, weswegen sie in eine Berliner Erziehungsanstalt geschickt wird. In zahlreichen Episoden entwickelte U. Gegensatzpaare zu dem Thema: schlichtes glückliches Landleben – aufreizendes verderbendes Stadtleben. Ging Julchen auf dem Lande noch im leinenen Röckchen durch den Birkengrund, so muß sie sich in der Stadt übertrieben herausputzen. Auf dem Land genoß sie die einfachen, unverfälschten Freuden der schönen Natur, in der Stadt dagegen gibt es nur noch raffinierte Plaisirs. Auch darf sie keine fröhlichen Liedchen mehr auf dem Klavier spielen, sondern muß „Bachsche Sachen“ üben. Die Spiele auf dem Lande waren stets nützlich und Teil des Arbeitstages, in der Stadt muß Julchen sich die Zeit mit Pfänderspielen und „Sächelchen besticken“ vertreiben. Dieser erste Roman entstand noch ganz unter dem Eindruck von U.s ROUSSEAU-Rezeption; in ihren späteren Schriften findet sich eine derartige Zivilisationskritik nicht mehr. Scharf kritisierte sie auch die Halbbildung, die in den zumeist von dilettierenden Frauen geleiteten Pensionaten vermittelt werden. Jungen Mädchen nützen Vorlesungen aus LESSINGS Fragmenten gar nichts, und das gemeinsame Lesen von GOETHES „Stella“ schade durch den „verführerischen Reiz des Ausdruckes“ (S. 400). U. selbst jedoch unterstützt in ihrem „Naturkalender zur Unterhaltung der heranwachsenden Jugend“ diese Halbbildung, da ihre Berichte über naturkundliche und wirtschaftliche Vorgänge mehr einem modischen Bedürfnis entsprachen als dem Anspruch nach wirklicher Aufklärung. Wesentliche Momente der Kritik wurden in „Julchen Grünthal“ durch die oft gekünstelte Handlung, die übertriebenen Gefühlsausbrüche der Protagonisten und die gelegentlich affektierte Sprache wirkungslos gemacht. Auch wird das Traditionelle, vertreten durch den Vater, allzu lächerlich dargestellt, als daß aus diesem noch eine Alternative zum modernen Stadtleben abzuleiten wäre. So schafft es der Vater auch nicht, seine Tochter zu retten, und Julchen sinkt nach unglücklicher Ehe tief ins Elend. In einem zweiten Teil, der nicht U., sondern JOHANN ERNST STUTZ (1733–1795) zugeschrieben wird, findet Julchen nach langer Irrfahrt noch zu einem stillen Glück. Nach Meinung von Jugendliteraturtheoretikern besitzt U.s „Julchen Grünthal“ einen besonderen Stellenwert innerhalb der Geschichte der deutschsprachigen Kinder- und Jugendliteratur. Die Erzählung wird als genereller Ausgangspunkt des spezifischen Mädchenbuches angesehen.

Wandte sich U. anfangs noch gegen jede Franzosentümelei, so kehrte sich ihre Kritik angesichts französischer Truppen und der allgemeinen, kommerziell auszunutzenden Begeisterung der „Berliner Frauenwelt“ schnell ins Gegenteil. Die beiden Romane „Der junge Franzose und das deutsche Mädchen" und „Die Franzosen in Berlin" feiern den „Triumph des französischen Sinnes", die Eleganz und den Charme französischer Offiziere und machen sich über die plumpe Biederkeit, die kalte Natur und Bedachtsamkeit der deutschen Männer lustig. U.s fehlende patriotische Entrüstung trug ihr teilweise heftige Kritik ein. Wenn sie auch die Heirat eines deutschen – wohlhabenden – Mädchens mit einem französischen – adeligen – Offizier schilderte, so riet sie dennoch den jungen Leserinnen von einer Wiederholung dieses geglückten Versuchs ab. Bei ihrem Räsonnieren über Gemeinsamkeiten und Unterschiede deutscher und französischer Frauen kam sie zu dem Schluß und zu der Empfehlung für junge Mädchen, daß aus beiden Frauentypen das ideale Eheweib zu entwickeln wäre, das allen Anforderungen des Mannes genügen könne: deutsche Häuslichkeit und Tugend verbunden mit französischer Lebenslust und Frivolität.

Ein Großteil von U.s Werk – auch die Jugendbücher – sind Liebes- und Ehegeschichten, die am Hof oder im Großbürgertum spielen und in denen junge Frauen durch Eifersucht und Intrigen ins Elend stürzen oder für einen Mann den Opfertod suchen. Den Mädchen wird in vielen Erzählungen vorgeführt, daß sie sich einerseits tugendhaft und bescheiden verhalten sollen, andererseits aber auch nicht zu langweilig, damit sie einem Mann reizvoll erscheinen und ihn als Ehegatten bekommen und auch halten können. Charakteristisch für U.s Romane ist, daß mit Abschluß der körperlichen Reife die Entwicklung der Frau beendet ist, so daß sich ihre Erzählungen gleichermaßen an sechzehn- wie dreißigjährige wenden. Hier werden schon typische Elemente des späteren Backfischbuchs sichtbar. Die Nachfrage nach Unterhaltungsliteratur war derart rege, daß U. seit 1795 „Vermischte Erzählungen und Einfälle zur allgemeinen Unterhaltung" (insgesamt vier Bände) und seit 1800 das „Journal der Romane" (insgesamt 11 Bände) herausgab, das sogar von SCHILLER gelesen wurde (vgl. SCHILLER, Geschäftsbriefe, 1895, S. 225). Einige der darin veröffentlichten Romane sind vermutlich freie Übertragungen aus dem Französischen, ohne daß dies kenntlich gemacht ist. U.s „Bekenntnis einer schönen Seele" ist eine teilweise recht modische Nachahmung des vierten Bandes von JOHANN WOLFGANG GOETHES Roman „Wilhelm Meisters Lehrjahre", der kurz zuvor bei JOHANN FRIEDRICH UNGER erschienen war.

Werke: Die Damen dürften doch auch ein Wort mitreden oder etwas über das neue Gesangbuch (1782); Julchen Grünthal. Eine Pensionsgeschichte (1784, [3]1798); Neuestes Berlinisches Kochbuch (T. 1–2. 1785–1789, [2]1798); Karoline von Lichtfeld (1787, [2]1798); Der adelsüchtige Bürger (1788); Naturkalender zur Unterhaltung der heranwachsenden Jugend (1789); Der Mondkaiser (1790); Vaterländisches Lesebuch für Land- und Soldatenschulen (1799); Prinz Bimbam. Ein Märchen für Jung und Alt (1802); Melanie, das Findelkind (1804); Rosalie und Nettchen (1805); Bekenntnisse einer schönen Seele, von ihr selbst geschrieben (1806); Die Franzosen in Berlin (1809); Der junge Franzose und das deutsche Mädchen (1810).

Hrsg.: Berliner Damenkalender (Jg. 1–2. 1791–1792); Vermischte Erzählungen und Einfälle zur allgemeinen Unterhaltung (Bd. 1–4. 1795ff.); Journal der Romane (Bd. 1–11. 1800–1802).

Klaus-Ulrich Pech

Ungerer, Tomi

*Zeichner, Maler, Cartoonist, Kinderbuchautor; *28.11.1931 Straßburg.*

Mit 17 Jahren verließ U., Sohn eines Uhrmachers, vorzeitig das Gymnasium. Seine Studien an der Straßburger Schule für angewandte Kunst brach er ab und trampte durch Europa. U. ging freiwillig zur französischen Kolonialtruppe und befuhr als Matrose die Weltmeere. Im Alter von 26 Jahren begann er in den USA eine Karriere als Graphiker für die Magazine „Life", „Fortune", „Harper's Bazaar" und „Esquire", für die „New York Times" und bei großen amerikanischen Werbeagenturen.

U. selbst bezeichnete die Jahre in New York als seine „Schuljahre". Während er als Werbegraphiker und Kinderbuchautor in Amerika Erfolg hatte, nahm die amerikanische Kunstkritik seine Gesellschaftskritik nicht wahr. Seine schockierende Kritik am Amerika der fünfziger und sechziger Jahre, die er in „The Party" (1969), „Fornicon" (1970), „Danse Macabre", „America" (1975) und „Underground sketchbook" genial und

*Tomi Ungerer (*1931)*

satirisch formuliert, wurde totgeschwiegen. Man nannte ihn dennoch den „Chronisten der vollautomatisierten Unmenschlichkeit".

U. verließ 1970 New York, lebte einige Jahre auf einer Farm in Nova Scotia (Kanada) und hat sich 1977 in Irland niedergelassen. Sein künstlerisches Werk wurde vor allem in Europa und auch in Amerika mehrfach ausgestellt (Aarau, Berlin, Bremen, Hamburg, Hannover, Kassel, Köln, Lausanne, München, New York, Offenbach, Paris, Straßburg, Stuttgart, Wien, Zürich). Er erhielt zahlreiche Auszeichnungen: „The Society of Illustrators Gold Medal", „The Art Directors Club Award" sowie Preise für das beste Bilderbuch des Jahres der „New York Times" und der „New Herald Tribune".

Werk, Tendenzen, Wirkung. Eine Würdigung seines satirischen Werkes hat U. vor allem in Europa erfahren. Kritiker wie MANUEL GASSER, WALTER KILLY und ROBERT NEUMANN zählen ihn zu den großen Zeichnern unserer Epoche und vergleichen ihn mit GEORGE GROSZ und HOGARTH. U., der sich ganz in der Tradition europäischer Kunst versteht, dessen erklärte Vorbilder MATTHIAS GRÜNEWALD, INGRES, JACQUES LOUIS DAVID, GRANDVILLE und GUSTAVE DORÉ sind, hat sich nie einer Manier verschrieben, obgleich sein Stil unverwechselbar ist.

Als Autor für Kinder polemisiert er gegen keimfrei und sauber abgesicherte „kastrierte" Kinderbücher, die sich pädagogischen Rezepten und Theorien fügen. Er läßt Aggressionen in seinen Büchern keineswegs aus, versteckt in Zeichnungen und Texten Boshaftigkeiten, sogar gewisse Grausamkeiten. Einwände dagegen hält er für sentimental, töricht und unbegründet, ebenso wie den Vorwurf der Grausamkeit gegenüber den GRIMMschen Märchen.

Seine ersten, zunächst in den USA erschienenen Kinderbücher „Crictor" (1958; dt. Crictor. Die gute Schlange„ 1959), „Warwick's three bottles" (1966; dt. Warwick und die drei Flaschen, 1967), „Die drei Räuber" (1961) und „Moon man" (1966; dt. Der Mondmann, 1966) sind geprägt von einem plakativen, kontrastreichen Stil, dessen Herkunft aus der Werbung deutlich ablesbar ist. Der einfache, fast vergröbernde Strich wird zunehmend differenzierter. Seine Illustrationen stecken mehr und mehr voll erzählender Details „The hat" (1970; dt. Der Hut, 1972) und „The beast of Mr. Racine" (1971; dt. Das Biest des Monsieur Racine, 1972). Während der Kinderbuchillustrator MAURICE SENDAK zeichnerische Feinheiten in altmeisterlicher Akribie auflöst, stecken U.s Entwürfe voller Drastik, Vitalität, Lust an Übertreibung, komischer Ironie und Anspielungen und neigen zur Karikatur. Seine Bilder bersten vor Aktion, sind gelegentlich derb, nie idyllisch. Selbst die Illustrationen zu „Das große Liederbuch" (1975), das durchaus romantische Züge zeigt, kommen ohne kleine Teufeleien nicht aus.

Seine innere Nähe zu WILHELM BUSCH ist vor allem in den Skizzen zum Liederbuch deutlich. Einen bei ihm sonst unbekannten weichen Bleistiftstrich verwendet er in „No kiss for mother" (1973; dt. Kein Kuß für Mutter, 1974) – eines seiner liebenswürdigsten Kinderbücher. Es ist die humorvolle Attacke gegen das Bändchen „Ein Kuß für den kleinen Bären" seines Freundes MAURICE SENDAK. „I am Papa Snap and these are my favorite no such stories" (1971; dt. Papa Schnapp und seine noch nie dagewesenen Geschichten, 1973) heißt eine Sammlung von Kurzgeschichten. Es sind Satiren für Kinder voll Hintersinn, ein Konzentrat jahrelangen Schaffens.

U. ist nicht bereit, seine Stoffe unter die seiner Meinung nach von Erwachsenen konstruierten, vermeintlichen Bedürfnisse der Kinder zu beugen – weder Texte noch Bilder. Sein Engagement als „Misanthrop aus Humanität", als mitleidender Sadist, als politischer Karikaturist hat den brillianten Zeichner nie in die Idylle harmonisierender Kinderlektüre getrieben. Er versucht die Kategorien Kinder- oder Erwachsenenbuch aufzuheben und Texte und Illustrationen zu schaffen, die für beide Gruppen auf verschiedenen Ebenen begreiflich sind. Man kann sie „mit der Lupe auf ihre Tauglichkeit für Kinder untersuchen, es sind keine Einwände zu finden", meint dazu HANS MANZ. Allerdings bestreiten andere Pädagogen und Kinder- und Jugendbuchtheoretiker, daß alle Bilderbücher U.s dem Verständnis von Kindern (z.B. „Papa Schnapp und seine noch nie dagewesenen Geschichten", 1973) zugänglich seien, vor allem wenn es sich um Kinder im Bilderbuchalter handelt.

Werke: T. Ungerer: The Mellops go diving for treasure (1957); T. Ungerer: The Mellops go flying (1957); T. Ungerer: Crictor (1958; dt. Crictor, die gute Schlange, 1959); T. Ungerer: The Mellops strike oil (1958); T. Ungerer: Adelaide (1959); T. Ungerer: Christmas Eve at the Mellops' (1960); T. Ungerer: Emile (1960); T. Ungerer: Die drei Räuber (1961; engl. The three robbers, 1962); T. Ungerer: Rufus (1961); T. Ungerer: Snail, where are you? (1962); W. Cole: Frances Facemaker. A going-to-bed-book (1963); J. Hollander: A book of various owls (1963); T. Ungerer: The Mellops go spelunking (1963); W. Cole (Hrsg.): Beastly boys and ghastly girls (1964); T. Ungerer: One, two, where's my shoe? (1964); B. Brenner: Mr. Tall and Mr. Small (1966); W. Cole: Oh, what nonsense (1966); T. Ungerer: Moon man (1966; dt. Der Mondmann, 1966); T. Ungerer: Warwick's three bottles (zus. mit A. Hodeir. 1966; dt. Warwick und die drei Flaschen, 1967); W. Cole: A case of the giggles. Bd. 1–2 (1967; Bd. 1 auch u. d. T.: Limrick giggles, joke giggles, 1969); W. Cole: What's good for a four-year-old? (1967; dt. Vieles gibt's, das jederzeit vier Jahre alte Kinder freut, 1969); J. B. Showalter: The donkey ride (1967; dt. Der Bauer und der Esel. Eine Fabel von Johann Peter Hebel, 1971); T. Ungerer: Zeralda's ogre (1967; dt. Zeraldas Riese, 1970); T. Ungerer: Ask me a question (1968); B. Sh. Hazen: The sorcerer's apprentice (1969; dt. Der Zauberlehrling, 1971); W. Cole: The book of giggles (1970); W. Cole: Oh, how silly (1970); W. Cole: That pest Jonathan (1970); T. Ungerer: The hat (1970; dt. Der Hut, 1972); T. Ungerer: The beast of Monsieur Racine (1971; dt. Das Biest des Monsieur Racine, 1972); T. Ungerer: I am Papa Snapp and these are my favorite no such stories (1971; dt. Papa Schnapp und seine noch-nie-dagewesenen Geschichten, 1973); W. Cole: Oh, that's ridiculous (1972); T. Ungerer: No kiss for mother (1973; dt. Kein Kuß für Mutter, 1974); T. Ungerer: Allumette. A fable (1974; dt. Allumette, 1974); T. Ungerer: A storybook from Tomi

Ungerer (1974; dt. Tomi Ungerers Märchenbuch, 1975); A. Diekmann (Hrsg. zus. mit W. Gohl): Das große Liederbuch (1975); T. Ungerer: Freut euch des Lebens (1975); J. Spyri: Heidi (2 Bde. 1978).

Sekundärliteratur: H. Günnewig: Bilderbücher – ornamentale Zugabe oder elementare Literatur? (in: D. Haarmann (Hrsg.): Lernen und Lehren im ersten Schuljahr. 1973. 175–202). – R. Karrer-Kharberg: Wer zeichnet wie? Ein ‚Who's who' einer Anzahl recht komischer Künstler von Addams bis Zimnik (1963). – H. Künnemann: Profile zeitgenössischer Bilderbuchmacher (1972).

Ute Blaich

Union der Sozialistischen Sowjetrepubliken (UdSSR)

(Sojus Sowjetskich Sozialistitscheskich Respublik). Staatsgebiet: 22402200 km²; Einwohner: 260000000. Die äußere Form des Sowjetstaates hat sich seit der ersten Verfassung der Russischen SFSR vom 10.7.1918 nur unwesentlich gewandelt. Nach der letzten Verfassungsänderung vom 7. November 1977 ist die U. ein sozialistischer Volksstaat. Der Staat gliedert sich in 15 gleichberechtigte Unionsrepubliken (SSR), 20 autonome Republiken (ASSR), 8 autonome Gebiete und 10 nationale Bezirke. Die 15 Unionsrepubliken sind die Russische, die Ukrainische, die Weißrussische, die Moldauische, die Litauische, die Lettische, die Estnische, die Armenische, die Grusinische, die Aserbeidschanische, die Kasachische, die Usbekische, die Kirgisische, die Tadschikische und die Turkmenische Union. Amtssprache in der ganzen U. ist russisch, daneben sind in den verschiedenen Teilstaaten die entsprechenden Volkssprachen offizielle Amtssprachen.

Entstehung und Entwicklung der Kinderliteratur in Rußland (bis zum 19. Jahrhundert). Das erste gedruckte russische Kinderbuch war Ivan Fëdorovs Fibel (1576). Im 18. Jahrhundert waren die „frjašer" oder „deutschen" Blätter weit verbreitet, Einblattdrucke mit Kupferstichen westeuropäischer Herkunft mit ausländischen oder ins Russische übersetzten Texten. Bald erschienen auch die russischen „potesnyje listy" – die als Vorläufer der heutigen Bilderbücher gelten können. Für die reiche Oberschicht wurden im 18. Jahrhundert große illustrierte Elementarwerke und Enzyklopädien herausgegeben. Ende des 18. Jahrhunderts trat als erster russischer Schriftsteller, der seine Werke an junge Leser richtete, Karion Istomin (* unbekannt, † 1717) hervor. Seine Hauptwerke sind die Enzyklopädie „Polis", das Sittenlehrbuch „Domostroj" und eine Fibel (1692). Für die Entwicklung der Kinderliteratur in Rußland waren die Aufklärungsreformen des Zaren Peter I. (1672–1725) von großer Bedeutung. 1717 erschien auf Grund eines Zarenerlasses das Buch „Junosti čestnoe zerkalo, ili Pokazazanie k žitejskomu obchoždeniju", eine Sammlung von Sittenlehren und moralischen Beispielgeschichten. Das Buch bestand aus drei Teilen, dem Fibelteil, der Morallehre für junge Männer und der Morallehre für junge Mädchen. Die Texte setzten sich aus Auszügen aus den Werken russischer und ausländi-

Junge Leser aus der Stadt Kishinow während der jährlich stattfindenden Kinderbuchwoche.

scher Schriftsteller zusammen. Im Laufe des 18. Jahrhunderts wurde dieses frühe Kinderbuch mehrmals aufgelegt. Schon während der Epoche unter PETER I. bildete sich eine eigenständige Kinderliteratur heraus, die sich neben der allgemeinen Literatur entwickelte und bald einen eigenen Charakter annahm. Ein schnelles Anwachsen der spezifischen Kinderliteratur war in den letzten drei Jahrzehnten des 18. Jahrhunderts festzustellen. Von 296 bekannt gewordenen Kinderbüchern, die im Laufe des 18. Jahrhunderts veröffentlicht wurden, kamen 260 in den letzten dreißig Jahren des Jahrhunderts heraus.

Darunter finden sich Werke religiösen Inhalts, allegorische Märchen, moralische Gedichte und Erzählungen, didaktische Werke, die in der Form von Gesprächen von Erwachsenen mit Kindern geschrieben sind und Elementarwerke. Auch populärwissenschaftliche Schriften zur Geographie, Geschichte und Naturkunde, die für Jung und Alt gedacht waren, fanden sich darunter. In den besten davon wurden die pädagogischen Ideen von JOHANN AMOS COMENIUS, JOHN LOCKE und JEAN JACQUES ROUSSEAU vertreten. Dazu gehörte ANDREJ BOLOTOVS (1738–1833) Buch „Detskaja filosofija, ili Nravoučitelnyje razgovory meždu odnoju gospožoju i ee det'mi" (1779). BOLOTOV befaßte sich mit Philosophie und Geschichte, Pädagogik und Ökonomie, Medizin und Mathematik, Chemie und Physik. Seine Hauptinteressengebiete waren Literatur und Theater. Die Grundlage seiner „Kinderphilosophie" bildete die Vorstellung von Gott als dem Schöpfer des Universums, der den Menschen zum vernünftigen Handeln bestimmt habe. Das Buch spiegelt treffend Sitten und Gebräuche aus dem adeligen Milieu wider. Das größte Verdienst BOLOTOVS auf dem Gebiet der Kinderliteratur war jedoch die Schaffung von Theaterstücken für das Kindertheater. Besonders bekannt wurde das Spiel „Nesčastnyje siroty" (1780). Es ist nach den Regeln der Bualodichtung geschrieben und berichtet über das Schicksal verwaister Geschwister, deren Vermögen der Gutsbesitzer Sloserdov in die Hand bekommen wollte.

In der Entwicklung der russischen Kinderliteratur spielt der Schriftsteller und Herausgeber NIKOLAJ NOVIKOV (1744–1818) eine wichtige Rolle. In dem Aufsatz „O vospitanij i nastavlenij detej dlja rasprostranenija obšepoleznych znanij i vseobšego blagopolučija" (1783) schrieb er: „Kein Künstler oder Handwerker kann etwas ohne das dazu notwendige Werkzeug tun; es gibt ein Sprichwort: Ein Schüler ohne Buch ist wie ein Soldat ohne Gewehr. Doch haben manche Hofmeister auch in ihren Häusern einen Mangel an Büchern. Grammatikbücher und Lexika werden von allen ohne Widerspruch anerkannt. Es ist aber schwer, einige Eltern dazu zu überzeugen, daß man auch solche Bücher braucht, die die Wissenschaften beleuchten, und außer diesen noch allerlei Bücher zum Lesen". NOVIKOV selbst gab in seinem Verlag zahlreiche Lehrbücher und erzählende Kinderbücher heraus. Im Jahre 1785 begann er mit der Herausgabe der ersten Kinderzeitschrift in Rußland „Detskoe čtenie dlja serdza i razuma". Die Zeitschrift erschien fünf Jahre lang. Er wandte sich mit seiner Zeitschrift nicht an die aristokratische Jugend, die Fremdsprachen beherrschte und die Bücher europäischer Verfasser lesen konnte, sondern an die jungen Leser einfacher Bevölkerungsschichten, „die wegen des Geldmangels oder wegen anderer Bedingungen diese Sprachen nicht beherrschten". Das Hauptziel der Zeitschrift bestand nach den Worten des Herausgebers darin, „allen, die gern lesen, eine Lektüre zur Einübung der eigenen Muttersprache zur Verfügung zu stellen und in den jungen Herzen die Gefühle zu entwickeln, ohne die der Mensch im Leben weder glücklich noch zufrieden sein kann".

An der Zeitschrift arbeitete auch einer der bekanntesten russischen Schriftsteller der Epoche, NIKOLAJ KARAMZIN (1766–1826), mit. Für die Zeitschrift schrieb er unter anderem die Erzählungen „Progulka", „Evgenij i Julija", die Gedichte „Vesennjaja pesnja melancholika", „Anakreontičeskie stichi" und übersetzte dafür die Erzählung „Les veillées du Château" (1724; dt. Die Abendstunden auf dem Lande, Bd. 1–4, 1724–1786) der französischen Schriftstellerin FÉLICITÉ GENLIS.

Für die Haupttugend des Menschen hielt NOVIKOV die Arbeitsamkeit. In jedem Heft der Zeitschrift wurden Faulheit, Schmarotzertum, Hochmut, Unwissenheit und Lasterhaftigkeit angeprangert und Vertreter der aristokratischen Kreise lächerlich gemacht und getadelt. Behutsam tauchten in der Zeitschrift auch antiabsolutistische Ansichten auf. Als positive Gestalten wurden am häufigsten ehrliche Kaufleute und arbeitsame Bauern vorgestellt. Zahlreiche Artikel zur Wissensvermehrung wurden veröffentlicht wie „O sisteme mira", „O solnce", „O zemletrjasenijach", „O vode", „O polze rastenij". Die Zeitschrift trat auch dem Aberglauben entgegen und verurteilte Traumdeuten und Wahrsagerei. Große Aufmerksamkeit schenkten Herausgeber und Verfasser einer lebendigen Ausdrucksweise und dem unterhaltenden Erzählstil. Obwohl die Zeitschrift schon Ende 1789 eingestellt wurde, dienten ihre Hefte ganzen Lesergenerationen. Die Zeitschrift war so populär, daß schon 1799 bis 1804 eine zweite, ebenfalls periodisch erscheinende Ausgabe und 1819 bereits die dritte herausgebracht wurden. Aus den Erinnerungen russischer Kulturschaffender, deren Kindheit in das ausklingende 18. und den Beginn des 19. Jahrhunderts fiel, geht hervor, daß die Lektüre von NOVIKOVS Zeitschrift einen großen Einfluß auf ihre Erziehung ausübte. Mit Dankbarkeit erinnerten sich der Chirurg PIROGOV, der Schriftsteller SERGEJ AKSAKOV und der Kritiker BELINSKIJ an diese frühe Kinderzeitschrift.

Demokratische Tendenzen der Zeitschrift wurden Ende des 18. Jahrhunderts durch das Erscheinen von Werken wie SANDUNOVS Theaterstück „Soldatskaja škola" (1794) gefördert. N. SANDUNOV, der ein Moskauer Theater leitete, arbeitete ebenfalls an der Zeitschrift NOVIKOVS mit. In seinem für das Schultheater geschriebenen Stück hat SANDUNOV ein anschauliches Bild der Rechtlosigkeit der leibeigenen Bauern und der Allmacht der despotischen Gutsbesitzer und ihrer Verwalter aufgezeigt. Obwohl der Autor Monarchist war, erregte das Stück bei den jungen Zuschauern Zorn und Haß gegen die Leibeigenschaft.

Im 19. Jahrhundert bereits begannen anerkannte russische Autoren neben ihren Werken für Erwachsene auch solche für junge Leser zu schreiben, eine Tradition, die sich bis heute gehalten hat. Einige Kinderbücher hat der Klassiker der russischen Literatur, ALEKSANDR SUMAROKOV (1717–1771), verfaßt.

Zur Kinderliteratur gehörten auch viele Werke von MICHAIL LOMONOSOV, GAVRIIL DERŽAVIN, IVAN HEMNITZER und VASILIJ KAPNIST. Die Folklore beeinflußte in dieser Periode die Kinderliteratur nicht wesentlich. Mit Volksmärchen und altrussischen Sagen wurden die Kinder durch die Erzählungen der Kindermädchen und Großmütter bekannt. Um so größere Bedeutung erlangte das 1769 veröffentlichte Buch „Pisjmovnik" von NIKOLAJ KURGANOV (1725–1796). Dieses „Schreibbuch" bestand aus einer Grammatik und einer umfangreichen literarischen Beilage, die neben Gedichten und Erzählungen auch historische Volkslieder und etwa 1000 Sprichwörter mit radikalem Inhalt enthielt („Nah beim Zaren – Nah beim Tod"; „Das Gesetz ist wie ein Spinngewebe – die Hummel fliegt vorbei und die Fliege wird eingefangen" usw.). Im Grunde stellte KURGANOVS Buch die erste Kinderschrift in Rußland dar, die folkloristische Elemente aufnahm. „Das Schreibbuch" war eines der populärsten älteren Kinderbücher. Bis 1837 erschienen achtzehn Ausgaben davon. Es war das Lieblingsbuch von PUŠKIN, GOGOL', BELINSKIJ und HERZEN.

Die Kinderliteratur der Völker, aus denen das russische Reich bestand, entwickelte sich bis Anfang des 19. Jahrhunderts unregelmäßig und voneinander isoliert. Bei den Armeniern fanden sich die ersten Legenden und Sagen für Kinder in einer Handschrift „Istorija Armenij" von MOVSES HORENATZI (5. Jahrhundert) aufgeschrieben. Einige dieser Legenden finden sich noch heute in Schullesebüchern. NERSES ŠNORHALI, der im 11. Jahrhundert lebte, hinterließ etwa 300 Rätsel, von denen viele für Kinder geeignet erscheinen. Im 13. Jahrhundert schrieb VARDAN EIGEKCIE seine Fabeln. Sie werden bis heute von Kindern gelesen. Alle diese Schriften können natürlich nur als Vorläufer einer späteren spezifischen Kinderliteratur, die sich erst im 19. Jahrhundert zu entwickeln begann, angesehen werden.

Die ersten georgischen Schriftdenkmäler gehören in das fünfte Jahrhundert. Schon damals besaßen die Georgier Schulen und handschriftlich fixierte Lehrtexte. Das erste gedruckte Kinderbuch, eine von dem Mönch GERMANE verfaßte Fibel, erschien erst 1711. Zum Grundbestand der georgischen Kinderliteratur gehören die im 18. Jahrhundert erschienenen Sammlungen („Zikara", „Nazartekija" und andere), die Fabeln von SULCHAN-SABA ORBELIANI (1658–1725) und didaktische Gedichte und Prosatexte von DAVID GURAMIŠVILI (1705–1792) enthalten. Die Kinderliteratur Aserbaidschans, Usbekistans, Tatariens und anderer türkischsprachiger Völker geht mit ihren Wurzeln auf die mittelalterliche Dichtung des Orients zurück. Schon Ende des 11. Jahrhunderts schrieb ABU ALI IBN SINA (AVICENNA): „Für die Festigung des Kindercharakters sind ... Musik und Wiegenlieder erforderlich. Beide tragen zur physischen und geistigen Vervollkommnung des Kindes, zur Entwicklung seiner musikalischen Begabung bei". Beispiele der orientalischen Wiegenlieder kann man im „Wörterbuch der türkischen Mundarten" von MACHMUD KAŠGARI (1074), in den Dichtungen von ALIŠER NAVOI (1441–1507) und in den Heldenepen (Destanen) finden. Die Folklore der Kirgisen ist reich und uralt.

Seit dem 16. Jahrhundert finden sich Kinderbücher in Litauen, wie der „Katechismus" von MAŽVYDAS (1547), der „Katechism dlja detej malych" (1653) von MINVYDAS und BOŽYMOVSKIS „Roždestvenskij podarok malen'kim", eine 1781 erschienene Fibel, die gereimte Belehrungen enthält. Bis zum Ende des 18. Jahrhunderts waren es vor allem trockene Beschreibungen mit ausgesprochen didaktischem Charakter. In Lettland verfaßten die deutschen Pastoren STÄNDER der ältere („Kniga vysokoj mudrosti", 1789) und CHRISTOF GIRGENSOHN die ersten Kinderbücher mit didaktischer Tendenz und zahlreichen Übernahmen aus der deutschen Sprache. In der Ukraine und Weißrußland fallen die ersten Schriftdenkmäler mit den russischen zusammen, da die altrussische Sprache für alle Ostslawen die gleiche war. Die Absonderung der ukrainischen und belorussischen Sprachen geschah erst im 17. Jahrhundert. Damals entstand in der Ukraine als besonderes Genre das Schuldrama. Viele Märchen und Fabeln für Kinder hinterließ der große ukrainische Philosoph und Aufklärer GEORGIJ SKOVORODA (1722–1794).

Bei den meisten Völkern des russischen Reiches zeigte sich das Entstehen einer spezifischen Kinderliteratur erst im 18. Jahrhundert. Dazu trugen nun häufigere Übersetzungen bei, die die jungen russischen Leser mit den Werken anderer Epochen und Völker bekannt machten. Schon Anfang des 18. Jahrhunderts wurden die Fabeln von ÄSOP und der Orbis pictus des COMENIUS übersetzt. In der Zeitschrift NOVIKOVS wurden die Werke von VOLTAIRE, ALEXANDER POPE, LESSING, dem Schweizer SALOMON GESSNER und der französischen Autorin MADAME DE GENLIS vorgestellt. Ende des Jahrhunderts konnten die russischen Kinder die Märchen von PERRAULT, den Robinson von DEFOE, Gullivers Reisen von SWIFT und die Kinderbibliothek von CAMPE in ihrer Muttersprache lesen. Die aus anderen Sprachen übersetzten Bücher machten noch Ende des 18. Jahrhunderts den größten Teil der russischen Kinderbücher aus. Dabei veränderten die russischen Übersetzer nicht selten den Originaltext, indem sie die Handlung nach Rußland verlegten, den Gestalten russische Namen gaben und die Handlung nach Gutdünken erweiterten oder veränderten.

Die Entwicklung der Kinderliteratur in Rußland von 1800 bis 1917. Im 19. Jahrhundert wuchs die Zahl der Kinder- und Jugendbücher stürmisch an. Von 1801 bis 1825 wurden 320 Titel neu herausgegeben. Ende des Jahrhunderts erschienen bereits rund 1000 Neuerscheinungen jährlich. Während im ersten Viertel des 19. Jahrhunderts die Übersetzungen vor allem aus dem Französischen überwogen, erschienen nun immer mehr russische Originalausgaben, die schon bald den Hauptanteil an der russischen Kinder- und Jugendliteratur ausmachten. Zwei unterschiedliche Richtungen traten nun hervor: eine offizielle didaktisch-moralische und eine oppositonelle mehr künstlerisch-realistische. Im Laufe des Jahrhunderts standen sich diese beiden Richtungen gegenüber. Die didaktisch-moralischen Jugendschriften waren ihrem Geiste nach konservativ und monarchistisch. Sie standen im Einklang mit den Bildungs- und Erziehungszielen der Regierungspolitik. In dem Ministerium für Volksbildung gab es im zaristischen Rußland eine Zensurstelle, die alle für die Schule und für die Kindererziehung bestimmten Werke auswählte. Diese Schriften sollten das absolute, die Leibeigenschaft befürwortende und nach der Beseitigung der Leibeigenschaft im Jahre 1861 das sich auf die Gutsherren und das Großbürgertum stützende Staatswesen unterstützen; deshalb sollten die Tugenden wie Gehorsam, Bescheidenheit und Enthaltsamkeit gepflegt werden; die Kinderbücher sollten schon früh den Geist der jungen Leser für den großrussischen Chauvinismus empfänglich machen. Diese Tendenzen standen allerdings in unversöhnlichem Widerspruch zur russischen Wirklichkeit und erlaubten den talentierten Schriftstellern nicht, die Wirklichkeit des russischen Alltags zu schildern. So kam es zu didaktisch-trockenen Unterweisungen, zur moralischen Heuchelei und zu dem Streben, die Welt für das Kind auf die vier Wände seiner Wohnung zu beschränken. Allerdings florierte gerade diese anpasserische Literatur, die den Segen der Regierung besaß, besonders gut. Sie brachte den Herausgebern einen festen Gewinn und kam nicht in Gefahr, Schwierigkeiten mit der Regierung zu bekommen. So ist es nicht verwunderlich, daß diese Art der Kinderliteratur vorherrschte. In der zweiten Hälfte des Jahrhunderts ergoß sich zudem ein zunehmender Strom sogenannter Massen- und Trivialliteratur in billigen Ausgaben über die literarisch anspruchslosen jungen Leser.

In dieser Epoche traten im Bereich der offiziell anerkannten Kinderliteratur vor allem PETR FURMAN, BORIS FĚDOROV, VIKTOR BURJANOV (auch BURNAŠOV) und ALEKSANDRA ISIMOVA in den Vordergrund.

FĚDOROV (1794–1875), der nicht nur Schriftsteller, sondern auch ein guter Geschäftsmann war, war ein gewandter und fruchtbarer Schreiber. Er verfaßte Gedichte und Erzählungen, wie sie der Markt verlangte und pflegte besonders die Genres Spielbuch, Kindergebete, Glückwunschgedichte, Silbenrätsel, Stücke für das Haustheater und ähnliche Gebrauchsliteratur. Er gab die Zeitschrift „Novaja detskaja biblioteka" und den Almanach „Detskij svetnik" heraus. Er übersetzte und bearbeitete zahlreiche ausländische Jugendschriften. Als Vielschreiber produzierte er mehr als tausend Gedichte und Hunderte von Erzählungen. Alle seine Texte zeigen eine durchgehende Einfallslosigkeit. Die Welt, die FĚDOROV schildert, ist von idyllischer Harmonie. Die Bauern, die in seinen Büchern vorkommen, arbeiten mit Freude und Hingabe für ihre Gutsherren. Die geschilderten Kinder bedanken sich unaufhörlich bei ihren Eltern und Wohltätern. Der Verfasser prangert Faulheit, Eigenwilligkeit, Leichtsinn, Unsauberkeit, Ungehorsam und andere „Laster" an, fordert von den Kindern, sich enthaltsam, vernünftig, sparsam, sauber, artig und unterwürfig zu verhalten und erklärt ihnen immer wieder, daß nur ein solches Benehmen Gewinn verspreche. Das Streben nach eigenem Gewinn und die Angst vor der Strafe sind nach FĚDOROV die einzigen Antriebe, die den Menschen von dem Laster abhalten und den Weg der Tugend beschreiten lassen.

Die gleiche Nützlichkeitsmoral findet sich auch bei BURJANOV (1809–1888). Neben Erzählungen, Übersetzungen, Theaterstücken und Gedichten für Kinder verfaßte BURJANOV auch erzählende Sachbücher zu geographischen Themen wie „Progulka s det'mi po zemnomu šaru", „Progulka s det'mi po Rossii", „Progulka po Sankt-Peterburgu i ego okrestnostjam". Einen kommerziellen Erfolg brachten auch die bis zum Beginn des 20. Jahrhunderts aufgelegten historischen Kindererzählungen FURMANS (1816–1856) wie „Knjaz' Suvorov-Rymnikskij", „Syn rybaka – Lomonosov", „Saardamskij plotnik" (über PETER I.) und weitere Titel. Insgesamt schrieb dieser Autor etwa zwanzig Erzählungen. Sie sind gekennzeichnet durch eine spannende Handlung, die von geheimnisvollen Geschehnissen und effekthaschenden Lösungen getragen wird. Zaren und Aristokraten werden in diesen Erzählungen grundsätzlich als edle, gutmütige und tugendreiche Menschen geschildert. Die Laster finden sich dagegen bei den Menschen der unteren Schicht, bei den Bauern, Handwerkern und Bediensteten.

Den Wert der Religion, der Monarchie und der Leibeigenschaft als Grundlage eines ordentlichen Staatswesens besang auch die berühmteste historische Schriftstellerin des 19. Jahrhunderts, ALEKSANDRA ISIMOVA (1806–1881). Sie verstand es, unterhaltend und lebendig für junge Leser zu schreiben, was selbst PUŠKIN anerkannte. Die Lobesgesänge auf den Zaren und Monarchen, die Verteidigung der mittelalterlichen Leibeigenschaft, die Bemühung geheimnisvoller Kräfte als Ursachen geschichtlicher Ereignisse geben dem Hauptwerk der Autorin, ihrer „Istorija Rossii v rasskazach dlja detej" jedoch einen reaktionären und konservativen Charakter.

Eine den moralischen Kindergeschichten entgegengesetzte Strömung der Kinderliteratur war eng mit der Folklore und der realistischen Schule der „Erwachsenenliteratur" verbunden, die ihre Hauptvertreter in PUŠKIN, GOGOL', später TURGENEV, NEKRASOV, DOSTOEVSKIJ und TOLSTOJ fand. Die Werke dieser literarischen Strömung waren realistisch, lebendig, künstlerischen Ansprüchen verpflichtet. Sie verbreiteten humanistische und demokratische Gedanken und Ansichten. Auf Grund dieser Qualitäten standen sie in Opposition zu der bestehenden Gesellschaftsordnung. Die Zensoren des Zaren hielten diese Bücher für gefährlich für die Moral der jungen Leser und verhinderten ihre Verbreitung in den Schulen. Es war ein ungleicher Kampf. Auf

der einen Seite standen die wenigen talentierten Schriftsteller und die fortschrittlich denkenden Pädagogen und Kritiker, auf der anderen Seite die gewaltige Verwaltungsbürokratie des riesigen absolutistischen Staates. Es ist nicht verwunderlich, daß die Übersetzungen ausländischer Kinderbücher in Tausenden von Ausgaben verbreitet waren, während die originellen Werke russischer Autoren eine seltene Erscheinung bildeten. Aber gerade letztere, wenn sie von Jahr zu Jahr gesammelt wurden und die Verfolgungen und Verbote überlebten, stellten den wertvollsten Fundus für die Entwicklung einer eigenständischen russischen Kinderliteratur dar.
Im ersten Viertel des 19. Jahrhunderts traten die Kindergedichte und -lieder ALEKSEJ MERSLJAKOVS (1778–1830) in den Vordergrund. MERSLJAKOV war ein bekannter Dichter und Kritiker und Professor an der Moskauer Universität. In seinen Dichtungen war der Einfluß der Volkslieder und der russischen Volkspoesie besonders spürbar.
Der Sieg der Russen über NAPOLEON war Anlaß zu dem Werk „Ein Geschenk für die Kinder zum Andenken an das Jahr" (1812). Es war ein aus 34 Einzelblättern bestehendes Album. Jedes Blatt entsprach einem Buchstaben des Alphabets und brachte dazu einen karikaturistischen Kupferstich mit einem darüberstehenden Vers. Abbildungen und Verse erzählten den Kindern von den Heldentaten der russischen Heerführer, Soldaten und einfachen Bauern während des Vaterländischen Krieges gegen die Franzosen. Der berühmte Arzt und Pädagoge NIKOLAJ PIROGOV schrieb, er habe mit Hilfe dieses Albums mit sechs Jahren das Lesen und Schreiben erlernt und daraus die ersten Anstöße zur Heimatliebe erhalten.
In den zwanziger Jahren drangen die historischen und patriotischen Gedichte von KONDRATIJ RYLEEV (1795–1826) in die Kinderliteratur ein. Der Autor wurde auf Grund eines Zarenerlasses als einer der Führer des Dezemberaufstandes von 1825 in Petersburg erhängt.
1809 wurde die erste Fabelsammlung von IVAN KRYLOV (1769–1844), dem großen russischen Fabeldichter, veröffentlicht. In den zwanziger Jahren erreichte KRYLOVS Ruhm seinen Höhepunkt. Seine gesammelten Fabeln erschienen in Kinderzeitschriften, Almanachen und Sammelbänden. Die zum Teil nach ÄSOP und LA FONTAINE, aber auch nach Motiven russischer Märchen oder auf dem Hintergrund historischer Ereignisse von KRYLOV verfaßten Fabeln zeichnet sich durch Lebendigkeit, Realismus, psychologisch einfühlsame Gestaltung der dargestellten Charaktere sowie eine demokratische Haltung aus. Besonders geschätzt wurde die volksnahe und doch poetische Sprache des Dichters. KRYLOVS Fabeln sind auch noch heutzutage beliebter Teil der Kinderlektüre und finden sich in allen Lesebüchern und für die Schule bestimmten Anthologien.
Einen bedeutenden Beitrag zur Kinderpoesie leistete PUŠKINS älterer Freund und Lehrer VASILIJ ŽUKOVSKIJ (1783–1852), obwohl er überzeugter Monarchist war. Von ihm stammen die großen Märchendichtungen, nach Themen russischer und ausländischer Volksmärchen neu geformt wie „Skazka ob Ivane-zareviče i Serom volke", „Kot v sapogach", „Spjašjaja zarevna" und viele andere. Für die Jüngsten schuf ŽUKOVSKIJ eine Reihe von Kinderliedern („Ptička", „Žavoronok", „Kotik i kozlik"), die auch noch heute bei den Vorschulkindern populär sind. Zu den Klassikern der Jugendliteratur gehören auch die Balladen von ŽUKOVSKIJ, von denen viele nach Motiven von Gedichten von GOETHE und SCHILLER („Der Taucher", „Der Handschuh", „Erlkönig"), aber auch nach russischen Volkssagen („Svetlana") geschaffen wurden.
Das zweite Viertel des 19. Jahrhunderts brachte für die russische Kinderliteratur einige literarische Kostbarkeiten wie die phantastische Erzählung „Čërnaja kuriza" von ANTONIJ POGORELSKIJ (1787–1836), die Märchen und einige lyrische Gedichte von ALEKSANDR PUŠKIN (1799–1837), die poetischen Märchen von VLADIMIR ODOEVSKIJ (1803–1862), die Märchen von PËTR ERŠOV (1815–1869) und die von VLADIMIR DAL' (1801–1872). Diese Werke sind noch heute lebendig und gehören zur Pflichtlektüre sowjetischer Kinder. Sie wurden in die zahlreichen Sprachen der Völker der UdSSR übersetzt. Ihr hoher literarischer Wert wird durch die unmittelbare Verbundenheit mit dem Volksschaffen und die demokratische, humanistische Haltung verstärkt. Wie alle großen Werke, wenn auch von phantastischen Elementen geprägt, spiegeln sie Aspekte unserer Wirklichkeit. Sie regen den jungen Leser zum selbständigen Denken an und lassen ihn zwischen Gut und Böse die Wahl treffen. Ihre Tugend sucht nicht nach Gewinn, sie ist von zeitloser Selbstlosigkeit. Diese Bücher lehren den jungen Leser, daß der Kampf für das Gute, für Wahrheit und Gerechtigkeit notwendig ist.
„Čërnaja kuriza" war in TOLSTOJS Kindheit sein Lieblingsbuch, später las er es seinen Kindern vor. Die Märchen „Konek-Gorbunok" von ERŠOV und PUŠKINS Märchen („O rybake i rybke", „O care Saltane", „O solotom petuške", „O pope i rabotnike ego Balde", „O mërtvoj carevne i semi bogatyrjach") kennzeichnen eine satirische, antimonarchistische und antiklerikale Richtung. In ihnen werden Klugheit und Edelsinn, Selbstlosigkeit und Güte der einfachen Bauern gepriesen. ODOEVSKIJ, der seine Bücher unter dem Namen „Opa Irinej" herausgab, schuf die ersten Kunstmärchen mit belehrendem Inhalt. Populär bis heute blieb sein Märchen „Gorodok v tabakerke", das in unterhaltender Form über Bau und Funktion von Tabakdosen mit Spieluhren berichtet und die jungen Leser in die Grundgesetze der Mechanik einführt. Der große russische Kritiker BELINSKIJ hielt ODOEVSKIJ für einen der besten Schriftsteller seiner Zeit. Er schrieb: „Die russischen Kinder haben in Opa Irinej einen Schriftsteller, um den sie die Kinder aller Nationen beneiden könnten ... Welche Wärme und welches Leben weht aus seinen Erzählungen und welch wunderbare Begabung besitzt er, um die Einbildungskraft anzuregen und Aufmerksamkeit auch durch einfachste Erzählungen zu fesseln."
Die Bedeutung von VISSARION BELINSKIJ (1811–1848) für die Entwicklung der russischen Literatur ist außer-

ordentlich groß. Er schuf die Grundlagen für eine wissenschaftliche Kinderbuchtheorie und -kritik in Rußland. Er führte einen konsequenten Kampf für eine künstlerisch wertvolle Kinderliteratur. BELINSKIJ war der erste russische hauptberufliche Literaturkritiker der Literatur auch von ästhetischen und soziologischen Aspekten her betrachtet. Für ihn war Literatur nicht nur künstlerisches Schaffen, sondern vor allem eine Form des Dienstes an der Gesellschaft. Als unversöhnlicher Gegner der absolutistischen Herrschaft und Feind der Leibeigenschaft sah BELINSKIJ in der Literatur eine mächtige Möglichkeit für die bürgerliche Erziehung und die Demokratisierung der Gesellschaft. Im Laufe von weniger als fünfzehn Jahren verfaßte der Kritiker über 1000 Artikel und Rezensionen. Mehr als 200 Arbeiten davon sind der Kinderliteratur gewidmet. „Die Bücher, die speziell für Kinder geschrieben werden, sollen einen wichtigen Platz im Rahmen der Lehrpläne einnehmen" – behauptete BELINSKIJ. Er vertrat als erster in Rußland die These von der Einheit der pädagogischen und ästhetischen Anforderungen an das Kinderbuch. Sie sollen die Wirklichkeit weder durch Verleumdung noch durch Verschönerungen entstellen, schrieb er, sondern sie zeigen, wie sie wirklich ist, mit all ihren Reizen, aber auch mit all ihren Härten, damit sich das Kind daran gewöhnt, das Leben zu schätzen, aber auch im Kampf mit den Zufällen des Daseins in sich selbst eine Stütze zu finden. In der Wahrheit allein liege das Leben und das Heil: die Wahrheit brauche keine Lüge als Hilfe.

BELINSKIJ war der Meinung, daß Kinder- und Erwachsenenliteratur in moralischer wie in künstlerischer Hinsicht gleichrangig sein müssen: „Gut und nützlich ist nur ein Kinderbuch, das auch den Erwachsenen lesenswert erscheint und ihnen gefällt, nicht als Kinderwerk, sondern als ein literarisches Werk, das sich an alle wendet". BELINSKIJ stellte eine ganze Reihe für seine Zeit neue und wichtige Forderungen an die Kinderliteratur. Der Unterschied zur allgemeinen Literatur bestehe nicht in der kindlichen Begrenztheit des Inhaltes. „Für die Kinder sollen die gleichen Themen wie für die Erwachsenen angesprochen werden, sie müssen jedoch dem kindlichen Verständnis entsprechend dargestellt werden, und gerade dies scheint eine der wichtigsten Forderungen an die Kinderliteratur zu sein!" Um ein guter Kinderschriftsteller zu werden, ist, nach BELINSKIJ, ein literarisches Talent von besonderer Art notwendig. Der Kinderbuchautor muß Künstler, Pädagoge und Psychologe in einem sein. Er muß sich in die Seele des Kindes hineinversetzen können. Nach BELINSKIJ sollte jedes Kinderbuch für das Kind wie ein Fest sein, nicht nur inhaltlich interessant, sondern auch von der Ausstattung her anziehend. In seinen Artikeln entlarvte BELINSKIJ schonungslos das leere Gerede, das Fehlen ästhetischer Elemente und die reaktionären Tendenzen der Werke von B. FĖDOROV, P. FURMAN, V. BURJANOV und ähnliche Autoren. Er setzte sich engagiert für die Bereicherung der Kinderliteratur durch die Werke der russischen Klassiker ein und schlug vor, in die Kinderlektüre die Werke von COOPER, DUMAS, SCOTT oder den „Don Quijote" des CERVANTES aufzunehmen. Er forderte auch eine hohe Qualität der Übersetzungen und wies auf die Unzulässigkeit unbegrenzter Bearbeitung von Klassikern hin, da solche Bearbeitungen die Originalität der Werke verfälschten.

Die Forderungen BELINSKIJS zur Kinderliteratur und Kinderlektüre wurden von den fortschrittlichen Kritikern Rußlands in der zweiten Hälfte des 19. Jahrhunderts aufgegriffen und weitergetragen (NIKOLAJ ČERNYŠEVSKIJ, 1825–1889; NIKOLAJ DOBROLJUBOV, 1836–1861; KONSTANTIN UŠINSKIJ, 1824–1870).

Die literarisch-kritische Tätigkeit von BELINSKIJ, DOBROLJUBOV und ČERNYŠEVSKIJ trug dazu bei, die Kinderliteratur in Rußland als einen wichtigen und wertvollen Erziehungsbeitrag zu erkennen. Sie entlarvten schonungslos die Machwerke der literarischen Dilettanten und Geschäftemacher, die ihr Schaffen den Anforderungen der offiziellen Pädagogik anpaßten.

Obwohl das demokratisch und humanistisch ausgerichtete Kinderbuch mit ästhetischen Ansprüchen nach wie vor stark hinter dem moralisierenden und altväterlich belehrenden zurücktrat, bemühten sich immer mehr gebildete und aufgeschlossene Bürger, ihre Kinder mit Hilfe der wertvollen Kinderliteratur zu erziehen. Die Bibliotheken mit solchen Büchern wurden reichhaltiger. In den fünfziger Jahren wurden die autobiographischen Bücher von SERGEJ AKSAKOV (1791–1859) „Semejnaja chronika" und „Detskie gody Bagrova-vnuka" sowie sein wundervolles Märchen „Alen'kij cvetoče" veröffentlicht. Es erschienen die Sachbücher für Kinder von ALEKSANDR HERZEN (1812–1870), N. ČERNYŠEVSKIJ und N. DOBROLJUBOV. IVAN TURGENEV (1818–1883) ließ seine berühmten „Mumu"-Erzählungen veröffentlichen.

In den sechziger Jahren schuf NIKOLAJ NEKRASOV (1821–1878) seine literarischen, von Gram durchdrungenen und gleichzeitig optimistischen Kindergedichte. Die Gedichte „Železnaja doroga", „Krestjanskie", „General Toptygin deti", „Moroz, Krasnyj nos" gehören heute noch zur klassischen Kinderlektüre. LEV TOLSTOJ (1828–1910) schrieb die Erzählung „Detstvo" und „Otročestvo", verfaßte sein „Azbuka" und Erzählungen und Märchen für Bauernkinder. UŠINSKIJ veröffentlichte Erzählungen und Märchen.

In den siebziger und achtziger Jahren begannen berühmte russische Schriftsteller wie DMITRIJ MAMIN-SIBIRJAK (1852–1912), DMITRIJ GRIGOROVIČ (1822–1900), KONSTANTIN STANJUKOVIČ (1843–1903), VSEVOLOD SARŠIN (1855–1888) und VLADIMIR KOROLENKO (1853–1921) für Kinder zu schreiben. N. NEKRASOV und L. TOLSTOJ setzten ihre Kinderbucharbeit fort. In dieser Zeit erschienen auch die Kindergeschichten von ANTON ČECHOV (1860–1904) und seine Erzählung „Katanka". Der berühmte russische Dichter ALEKSEJ PLEŠČEEV (1825–1893) schrieb Kindergedichte, der bekannte Folklorist A. N. AFANAS'EV gab seine „Russkie detskie skazki" heraus.

Die Bücher dieser Autoren werden auch heute noch gelesen. Von großer Bedeutung für die Kinderliteratur waren auch die Schriften von PAVEL SASODIMSKIJ

(1843–1912), FILIPH NEFËDOV (1832–1902), ALEKSANDRA ANNENSKAJA (1840–1915), ALEKSANDR KRUGLOV (1853–1915) und MARIA ZEBRIKOVA (1835–1917), die der demokratischen Gruppe „Narodniki" angehörten. Obwohl die 1869 geschaffene Sonderabteilung des Komitées der Wissenschaft im Ministerium für Volksbildung als Hauptziel den Kampf gegen „die verderbliche Einwirkung der modernen Literatur auf den Geist der heranwachsenden Generation" führte, konnten solche Zensurmaßnahmen das Anwachsen des demokratischen Kinderbuches nicht verhindern. Je komplizierter die politische Situation Ende des 19. Jahrhunderts in Rußland wurde, um so mehr entzog sich das geistige Leben der Kontrolle der Regierung.

Die Revolutionsereignisse im Jahr 1905 zwangen die Zarenregierung, eine Reihe von Zugeständnissen auf dem Gebiet der Volksbildung zu machen.

Die Lehrer schlossen sich in Gewerkschaften zusammen. Auf den Lehrerkongressen wurden Probleme der Kinderliteratur und der Kinderlektüre besprochen. Die Zahl der öffentlichen Bibliotheken stieg. Neben Verlagen wie M. O. Wolf, A. Devrien, I. Knebel und anderen, die teure Bücher für die Kinder wohlhabender Familien herausbrachten, vergrößerte sich jetzt der Einfluß und die Tätigkeit der „Genossenschaft I. D. Sjetin". Sie hatte als Ziel, preisgünstige und wertvolle Kinderbücher für die Kinder der Bauern und Arbeiter herauszubringen. Nach wie vor gehörten die Autoren von Kinderbüchern der demokratischen Richtung zur Gruppe der großen realistischen Schriftsteller. So erschienen um die Jahrhundertwende die Erzählungen von NIKOLAJ GARIN-MICHAJLOVSKIJ (1852–1906) „Detstvo Tëmy" und „Gimnazisty", ALEKSEJ SVIRSKIJS (1865–1942) Erzählung „Ryÿk", die Märchen und Kindergeschichten von ALEKSANDR SERAFIMOVIČ (1863–1949), LEONID ANDREEV (1871–1919), IVAN BUNIN (1870–1953), ALEKSANDR KUPRIN (1870–1938), NIKOLAJ TELEŠOV (1867–1957), die Erzählung „Malyš i žučka" von VALENTINA DMITRIEVA (1859–1948), die Romane und Erzählungen von AL. ALTAEV (d.i. MARGARITA JAMŠIKOVA, 1872–1959), einige Erzählungen und Märchen von M. GORKIJ und die Kindergedichte von ALEKSANDR BLOK (1880–1921).

Zu jener Zeit, besonders nach der Unterdrückung des Aufstandes von 1905, verstärkten sich in der Kinderliteratur wieder antidemokratische Tendenzen. Idyllische Schilderungen von Beziehungen zwischen armen Bauern und wohlhabenden Gutsbesitzern fanden sich in den Erzählungen von KLAVDIA LUKAŠEVIČ (1859–1937). Die Lieblingsschriftstellerin der jungen Leserinnen aus den bürgerlichen Kreisen war LIDIA ČARSKAJA (1875–1937). Ihre Backfischgeschichten sind zwar recht spannend, aber sentimental und triefen von monarchistischer Begeisterung. Mehr als 125 Kinderbücher schrieb A. FËDOROV-DAVYDOV (1875–1936). Sie sind durchweg von niedrigem Niveau und von einer philisterhaften Moral durchdrungen. Als typische Verfälschung der russischen Folklore und Geschichte kann man die Werke von VASILIJ AVENARIUS (1839–1923) bezeichnen; unter dem Titel „Detskie skazki" bringen sie biographische Erzählungen über PUŠKIN, GOGOL', PIROGOV und den Komponisten GLINKA. Die Schriften von V. AVENARIUS brachten einen kommerziellen Erfolg. Die weite Verbreitung der Kenntnis des Lesens und Schreibens zu Beginn des 20. Jahrhunderts bei gleichzeitigem niedrigen Bildungsstand der unteren Volksschichten führte zum Aufblühen des unterwertigen Schrifttums.

Anfang des 20. Jahrhunderts nahm die Entwicklung der Kinderzeitschriften einen Aufschwung. Schon im ersten Viertel des 19. Jahrhunderts erschienen elf Kinderzeitschriften: „Drug junošestva i vsjakich let" (1807–1815), „Novoe detskoe čtenie" (1821–1824), „Detskij muzeum" (1815–1829), „Detskij sobesednik" (1823–1828) und andere. Besonders wertvoll war das „Kindermuseum". Die 154 Hefte dieser Zeitschrift ergeben eine Enzyklopädie der Naturlehre und waren mit handkolorierten Kupferstichen ausgestattet.

Im zweiten Viertel des 19. Jahrhunderts und in den fünfziger Jahren waren die Zeitschrift „Detskaja biblioteka" (1827–1838), „Zvëzdočka" (1842–1863), „Luči" (1850–1860), „Novaja biblioteka dlja vospitanija" (1847–1849), „Žurnal dlja detej" (1851–1865) und „Žurnal dlja vospitannikov voenno" (1836–1851) von besonderer Bedeutung.

Besonders erwähnenswert ist die vom Lieblingslehrer des jungen K. UŠINSKIJ, dem Universitätsprofessor PËTR REDKIN (1803–1891) herausgegebene Zeitschrift „Die neue Erziehungsbibliothek", obwohl sie nur kurze Zeit existierte. Für die Arbeit an der Zeitschrift wurden die bekannten Gelehrten der Zeit herangezogen. Es war eine populärwissenschaftliche Zeitschrift, die den Kindern reichhaltige und interessant dargebotene Kenntnisse vermittelte. BELINSKIJ gab dieser Zeitschrift eine gute Kritik. Die Zeitschriften „Das Sternchen" und „Strahlen" wurden von der Schriftstellerin A. IŠIMOVA verlegt und waren für Mädchen bestimmt, – die erstere für die Kleinen, die zweite für schon ältere Mädchen. Beide Zeitschriften hatten eine moralisch-religiöse Tendenz und enthielten vor allem pädagogisierende und moralisierende Gedichte und Erzählungen.

Eine echte Bereicherung für die Kinderliteratur um die Mitte des Jahrhunderts bildeten die Zeitschriften „Podsnežnik" und „Rassvet" (1859–1862), die demokratische Tendenzen zeigten. In diesen Zeitschriften wurden die Werke der russischen Klassiker TURGENEV und GRIGOROVIČ, der ukrainischen Schriftstellerin MARKO VOVČOK und Übersetzungen der Werke von CHARLES DICKENS und WALTER SCOTT sowie die Märchen von A. AFANAS'EV abgedruckt. Die beiden Zeitschriften wurden von den progressiven Kritikern (unter anderem von N. DOBROLJUBOV) sehr positiv beurteilt.

Im letzten Drittel des 19. Jahrhunderts erfreuten sich fortschrittliche Zeitschriften „Detskoe čtenie" (1869–1918) und „Rodnik" (1882–1917) besonderer Popularität. Die Herausgeber der Zeitschrift „Kinderlektüre" waren bestrebt, die Forderungen von BELINSKIJ, DOBROLJUBOV und ČERNYŠEVSKIJ zur Kinderliteratur zu erfüllen. Die Verleger sahen eine erzieherische Aufgabe darin, die Kinder auf das praktische Leben vorzubereiten. Das bedeutete, wie einer der Herausgeber der Zeitschrift, der bekannte Pädagoge A. Ostrogorskij schrieb: „Es ist zu wünschen, daß das Kind nicht zum Philosophen erzogen wird. Das Leben fordert den Kampf, und jeder Kampf ist nicht mit Abgeklärtheit, sondern nur mit Abscheu und Erbitterung gegen alles Schlechte zu führen". An der Zeitschrift arbeiteten von Anfang an die Autoren der realistischen Schule wie A. Levitov, P. Sassodimskij, A. Plesceev, D. Mamin-Sibirjak, N. Telesov, I. Bunin und andere mit. Ähnliche Tendenzen besaß auch die Zeitschrift „Quelle". In ihr wurden unter anderem Werke von K. Stanjukovič, D. Grigorovič, V. Garšin, D. Mamin-Sibirjak, V. Korolenko, A. Kuprin, I. Šmelev, A. Svirskij und M. Prišvin veröffentlicht. Auch Übersetzungen von Jules Verne, Mark Twain und Alphonse Daudet fanden sich darin. Interessant waren die belehrenden Beiträge, an denen bekannte Sachbuchautoren wie D. Kaigorovdov oder N. Rubakin beteiligt waren. Beide bis zur Revolution im Jahr 1917 herausgegebenen Zeitschriften übten einen großen Einfluß auf die Entwicklung der schöngeistigen Kinderliteratur aus, vor allem auf die künstlerische Ausprägung von Gattungen wie das Märchen, das Kindergedicht, die Reportage, das Sachbuch. Ein Briefkasten für junge Leser suchte den direkten Kontakt mit den Kindern.

Die Entwicklung der revolutionären Situation in Rußland führte zum Erscheinen weiterer Kinderzeitschriften. Von 35 Zeitschriften, die in Rußland in den ersten zehn Jahren des 20. Jahrhunderts existierten, wurden 22 in der Zeit von 1901 bis 1909 gegründet. Die gehaltvollsten Zeitschriften der Zeit waren neben „Kinderlektüre" und „Quelle", „Junyj čitatel" (1898–1906), „Vskody" (1896–1917) und „Majak" (1909–1918).

Den wertvollen Zeitschriften standen solche wie „Zaduševnoe slovo" (1877–1917) gegenüber. Diese in dem Trivialverlag von M. O. Wolf erscheinende Zeitschrift veröffentlichte Beiträge von Schriftstellern wie L. Čarskaja, die sich für Militarismus, Strebertum und borniertes Nützlichkeitsstreben einsetzte. Nicht zufällig erhielt „Ein herzliches Wort" vom Ministerium für Militärangelegenheiten 1910 Subventionen.

Die russischen Symbolisten hatten ihre eigene Kinderzeitschrift „Tropinka" (1906–1915). Die Autoren Konstantin Bal'mont, Vjačeslav Ivanov und Solov'eva (Allegro) veröffentlichten darin Märchen und Gedichte mit mystischen Inhalten. Die Zeitschrift war weit entfernt vom wirklichen Leben, obwohl sie manchmal Beiträge realistischer Autoren aufnahm, wie die Märchen von Aleksej Tolstoj und Ol'ga Fors.

In Rußland erschienen in dieser Epoche fast alle Kinderbücher und -zeitschriften in russischer Sprache. Den Belorussen und Ukrainern gegenüber betrieb die zaristische Regierung eine Assimilationspolitik. Was die anderen Völker des russischen Reiches anbetraf, war die Politik der Zarenregierung ausgesprochen kolonialistisch. Erst auf Grund der revolutionären Ereignisse im Jahr 1905 wurde es den nichtrussischen Völkern des Reiches erlaubt, in den zweijährigen Elementarschulen den Unterricht in der Muttersprache einzuführen. An allen Fach- und Hochschulen wurde nach wie vor nur russisch gelehrt. Etwa vierzig kleinere Volksgruppen besaßen keine eigene Schrift. Die Bevölkerung der abgelegeneren Landesteile waren fast durchweg Analphabeten. In Mittelasien existierten für islamische Kinder geistliche Schulen (Medresse, Mekteben), dort wurde aber der Unterricht nicht in der Muttersprache, sondern in arabisch gehalten. Diese Gegebenheiten standen der Entwicklung nationaler Kinderliteraturen im Wege.

Trotzdem gab es schon im 19. Jahrhundert bei den nichtrussischen Völkern Ansätze einer eigenständigen Kinderliteratur. Obwohl ein Erlaß Peter des I. den Druck von Büchern in ukrainischer Sprache verbot, wurden die ersten ukrainischen Kinderbücher herausgebracht. 1847 wurde von A. Duchnovič in Sakarpatje eine Fibel in ukrainischer Sprache verlegt. 1850 erschien die Sammlung „Gazeta dlja detoček v narodnych školach" von M. Šaškevič (1811–1843), die auch Kindermärchen, Balladen und Erzählungen enthielt. An dieser Fibel arbeitete der angesehene ukrainische Dichter Taras Ševčenko (1814–1861) mit. Viele seiner Gedichte waren bei den Kindern sehr beliebt. Im 19. Jahrhundert wurde der größte Teil der in ukrainischer Sprache erschienenen Bücher in Petersburg verlegt. Werke ukrainischer Autoren, die sich der Aufklärung verpflichtet fühlten, erschienen zum Teil auch in Ungarn. Nachdem im Jahre 1863 vom russischen Ministerium für innere Angelegenheiten das Zirkular über das Verbot des Drucks ukrainischer Bücher verabschiedet worden war – im Jahr 1876 wurde dieses Verbot noch strenger gefaßt –, wurden ukrainische Bücher in Sakarpatje (Galizien, Bukowina) gedruckt.

Die bedeutendste Vertreterin der ukrainischen Kinderliteratur des 19. Jahrhunderts war die ihrer Herkunft nach russische Schriftstellerin Marija Vilins'ka (1833–1907), die unter dem Pseudonym Marco Vovčok bekannt wurde. Sie lebte zeitweilig in der Ukraine, in Petersburg, in Deutschland, der Schweiz, Italien und Frankreich. Vilins'ka beherrschte zehn Sprachen. Sie war mit Jules Verne und Gustave Flaubert befreundet. Sie übersetzte 15 Romane von J. Verne, Brehms „Tierleben" und zahlreiche Märchen von Hans Christian Andersen ins Russische. Von 1866 bis 1871 veröffentlichte die Autorin in der Pariser Jugendzeitschrift „Magasin d'éducation et de récréation" neun Erzählungen und Märchen für Kinder in französischer Sprache. Zu dem Grundbestand der ukrainischen Kinderliteratur gehören noch heute ihre „Märchen von den neun Räuberbrüdern und ihrem Schwesterchen Galja" und eine Reihe von Erzählungen. In ihren Schriften vertrat M. Vovčok die Interessen der einfachen Leute und stellte die Heuchelei der Gutsbesitzer und Geistlichkeit bloß. Auf ihre schriftstellerische Entwicklung haben die Freundschaften mit Herzen, Dobroljubov, Turgenev, Nekrasov, Saltykov-Ščedrin und anderen bekannten russischen und europäischen Schriftstellern des 19. Jahrhunderts großen Einfluß.

Auch Klassiker der ukrainischen Literatur wie Ivan

Franko (1856–1916), Lesja Ukrajinka (1871–1913) und Michajl Kocjubyns'kyj (1864–1913) wandten sich der Kinderliteratur zu. Diese Autoren wurden vor allem durch ihre Enzyklopädien bekannt. Einen bedeutenden Beitrag zur ukrainischen Kinderliteratur leistete der Prosaautor und Philologe B. Grinčenko (1863–1910), von dem die „Ukrainskaja grammatika", die Anthologie „Rodnoe slovo" und zahlreiche Erzählungen und Märchen für Kinder stammen.

Das ganze 19. Jahrhundert hindurch existierte die belorussische Literatur lediglich in Form von handgeschriebenen Manuskripten. Die ersten Bücher in belorussischer Sprache wurden zu Beginn des 20. Jahrhunderts gedruckt. Als Gründer der belorussischen Kinderliteratur gelten Janka Kupala (1882–1942), Jakub Kolas (1882–1956), Čėtka (d.i. A. Paškevič, 1876–1916) und Z'mitrok Bjadulja-Jasakar (1886–1941), deren Schaffen eng mit dem Kampf für eine gleichberechtigte Sprache und Kultur im Rahmen des russischen Staates verbunden war. Die Themen und Motive ihrer Märchen, Lieder und Legenden entnahmen sie weitgehend der belorussischen Überlieferung. Die von diesen Schriftstellern bis 1917 verfaßten Gedichte und Märchen finden sich auch noch heute in den Fibeln, Lesebüchern und Anthologien, und zwar nicht nur in belorussischer Sprache, sondern auch in Übersetzungen in den anderen Sprachen der Sowjetunion. In Litauen entwickelte sich in der ersten Hälfte des 19. Jahrhunderts eine didaktische Kinderliteratur. Zwei Richtungen davon sind von besonderem Interesse: die religiöse und die weltlich-belehrende. Die weltlich-belehrende Richtung bevorzugte trocken moralisierende bis sentimentale Texte. S. Daukantas (1793–1864) und L. Ivinskas (1811–1881) erarbeiteten eine neue Theorie und Methodik, nach der sie Fabeln, Märchen und Abenteuerbücher für Kinder schrieben. Vieles übersetzten sie auch aus anderen Sprachen. Von A. Strazdelis (1763–1833) stammten zahlreiche Kinderlieder, die der Folklore nahestanden, die noch heute aufgelegt werden. In Kindergedichten von K. Aljaknavičius (1804–1874) war eine Wendung von einem primitiven Moralisieren zu einem neuen Verständnis für das Kind und seine Welt zu verspüren.

In der zweiten Hälfte des 19. Jahrhunderts fanden sich vermehrt realistische Ansätze in der litauischen Kinderliteratur. So ist ein Übergang zum Realismus im Schaffen von M. Valančius (1801–1875) zu beobachten. Viele Kritiker und Pädagogen und Schriftsteller in Litauen griffen die ästhetischen Forderungen von Belinskij und Dobroljubov auf. „Zu jener Zeit", betont der zeitgenössische Forscher V. Aurila, „begann sich die litauische Kinderliteratur der russischen zu nähern und deren gute Traditionen aufzugreifen: Der Kampf gegen die soziale Ungerechtigkeit, die Liebe zu den Armen, das Propagieren humanistischer Ideale." In Litauen begann man nun Erzählungen von L. Tolstoj und K. Ušinskij, oft mit „Litauismen" vermischt, für Kinder zu übersetzen.

Zu Beginn des 20. Jahrhunderts wurden in Litauen die ersten Kinderzeitschriften herausgegeben („Šaltinelis" und andere). Im Schaffen von K. Sakalauskas-Vanagelis (1863–1938), P. Masoetas (1863–1940) und besonders des Klassikers der litauischen Literatur Žemaitė (1845–1921) war die realistische Richtung besonders stark vertreten. Ihr Werk für junge Leser war durch Themen- und Gattungsvielfalt ebenso charakterisiert wie durch die demokratischen und antiklerikalen Tendenzen. Mehr psychologischer Natur waren die Texte von I. Biljunas (1879–1907). Das Leben armer Kinder nahm vor allem Lasdinu Pjaleda zum Thema ihrer Erzählungen (Pseudonym für die gemeinsam schreibenden Schwestern Pšbiljauskene und Lastauskene). Einen wichtigen Beitrag zur litauischen Kinderliteratur leisteten auch J. Janonis (1896–1917), J. Tumas-Vaižgantas (1869–1933), I. Šepetis (*1886) und A. Didjulite (*1892).

Zu Beginn des 19. Jahrhunderts waren in Lettland im Bereich der Pädagogik zahlreiche deutsche Pastoren tätig. Ihre Aufsätze und Übersetzungen, ursprünglich langweilig-belehrend, bekamen allmählich einen moderneren Charakter. 1824 wurde in lettischer Sprache der „Robinson Crusoe" herausgegeben. Als erste lettische Kinderbuchautoren betätigten sich Ansis Liventāl (1803–1878), Krišjanis Valdemār (1825–1891) und andere. In den fünfziger und sechziger Jahren begann die Bewegung der „Mladolatyši" (Jungletten), die auf die nationale Selbständigkeit und Befreiung von der geistigen Unterdrückung durch die deutschen Pastoren in den lettischen Schulen und im Bereich des kulturellen Lebens gerichtet war. Der Lehrer und Schriftsteller Jekab Svaignitse (1833–1867) erzählte für die lettischen Kinder die Märchen der Brüder Grimm und von Hans Christian Andersen nach, bearbeitete lettische Volkslieder und schrieb humorvolle und satirische Erzählungen. Der Lehrer und Schriftsteller Ernest Dinsbergis (1816–1902) gab Fibeln, Lesebücher, didaktische Erzählungen für Kinder, Gedichte und Stücke für das Schultheater heraus, daneben übersetzte er H. Beecher-Stowes „Uncle Tom's cabin" und den „Reineke Fuchs" von Goethe ins Lettische. Von 1866 bis 1869 erschien die erste lettische Kinderzeitschrift „Bernu Pastynieks".

Am Ende des Jahrhunderts erschienen die ersten realistischen Erzählungen für Kinder „Utro moego detstva" von Doky Atis (1861–1903), „Deti Staburaga" von Valdis; Erzählungen und Gedichte von Sudrabu Edžus (1860–1941), Vilis Pluduonis (1874–1940), Rudolfs Blaumanis (1863–1908), ein Märchenspiel von Anna Brigadere (1861–1933) und anderen. Auch bekannte Autoren der Erwachsenenliteratur wie August Saulitis (1869–1933), Aspažija (1868–1943), Ernest Birsniek-Upitis (1871–1960) und Andrej Upit (1877–1970) schrieben Kinderbücher. Im Jahr 1887 wurde der erste Kinderbuchverlag in Lettland gegründet, im gleichen Jahr kam die Zeitschrift „Jaunibas Draugs" heraus. Einen großen Einfluß auf die Entwicklung der nationalen lettischen Kinderliteratur hatten Übersetzungen aus der russischen Kinderliteratur und der Weltliteratur für Kinder (A. Puškin, D. Mamin-Sibirjak, Wilhelm Hauff, Mark Twain,

JULES VERNE). In den sechziger Jahren erschienen die ersten aus dem Deutschen übersetzten Bilderbücher. Zur Jahrhundertwende gab es bereits mehr als 200 Titel. Gleichzeitig entwickelte sich jedoch auch eine geschmacklose und niveaulose Massenliteratur, sentimentale Erzählungen, weißrussische Indianergeschichten und Kriminalerzählungen, die für die Verleger ein einträgliches Geschäft darstellten.

Der Herausgeber ANDREJ ESEN (1873–1958) errang Bedeutung als Herausgeber deutschsprachiger Kinderliteratur. Er gab die Zeitschriften „Jaunibas Tekas" (1910–1931) und „Masas Jaunibas Tekas" (1924–1934) heraus und veröffentlichte die Buchserien „Die allgemeine Bibliothek", „Bücher für Schule und Haus" und „Für kleine Leser". An seinen Zeitschriften und Serien waren die bedeutendsten Schriftsteller und Übersetzer beteiligt.

Für die Entstehung einer estnischen Kinderliteratur war die Aufklärungstätigkeit von FRIEDRICH REINHOLD KREUTZWALD (1803–1882) von großer Bedeutung, der das Nationalepos „Kalevipoeg", eine Sammlung alter estnischer Märchen und Volkslieder herausgab.

Intensiv entwickelte sich im 19. Jahrhundert die Kinderliteratur in Georgien, besonders in der zweiten Hälfte des Jahrhunderts. Gedichte und Erzählungen für Kinder verfaßte unter anderem ILJA ČAVČAVADZE (1837–1907). JAKOB GOGEBAŠVILI (1840–1912) schrieb etwa 150 Kindererzählungen und verfaßte ein Lehrbuch „Rodnaja reč". In Aufsätzen über Kinderliteratur und Erziehung entwickelte er ähnliche Gedanken wie BELINSKIJ und andere demokratisch gesinnte Autoren. In den achtziger Jahren schrieben für Kinder VAŽA PŠAVELA (1861–1915) und RAFAEL ERISTHAVI (1824–1901). Hauptsächlich Kindergeschichten verfaßten TEDO RASIKAŠVILI und EKATERINA GABACHVILI (1851–1938). 1883 erschien die erste georgische Kinderzeitschrift „Nobati". Bald darauf entstanden die Kinderzeitschriften „Džedžili" und im Jahr 1904 „Nakaduli". Neben geographischen Beiträgen wurden in diesen Zeitschriften auch viele Übersetzungen aus dem Russischen und anderen Sprachen gebracht, so von KRYLOV, PUŠKIN, TOLSTOJ, SWIFT, DEFOE und anderen.

Bis zum 19. Jahrhundert wurden die armenischen Bücher in altarmenischer Sprache, dem Grabar, geschrieben und waren für das einfache Volk wenig zugänglich. Begründer der neuen armenischen Literatur war CHAČATUR ABOVIAN (1805–1848). Er schuf auch das erste armenische Lehrbuch „Nachašavich" und übersetzte KRYLOVS Fabeln in die armenische Umgangssprache. Außerdem verfaßte er Fabeln und Gedichte, die er in dem Sammelband „Igry dlja dosuga" zusammenfaßte. In der Tradition ABOVIANS standen auch RAFAEL PATKANIAN (1830–1892), GASAROS AGAYAN (1840–1911) und OVANES T'UMANIAN (1869–1923). PATKANIAN war wie T'UMANIAN Lehrer. Seine Themen griff er aus dem Alltag. Er organisierte auch den ersten Kindergarten in Armenien. AGAYAN wurde der armenische UŠINSKIJ genannt. Seine Märchen, Gedichte, Fabeln und Spiele waren von hohem ästhetischen und erzieherischen Rang. Den wichtigsten Beitrag zur armenischen Kinderliteratur leistete T'UMANIAN. Seine Märchen, Gedichte und Erzählungen, die heute jeder armenische Schüler kennt, sind von genialer Einfachheit und großer Nähe zur Volkspoesie geprägt. T'URMANIANS Werke wurden schon zu seinen Lebzeiten ins Russische und andere Sprachen übersetzt. Der russische Leser kennt T'UMANIAN aus Übersetzungen von V. BRJUSOV, K. BALMONT, S. MARŠAK und anderen bedeutenden russischen Autoren.

Obwohl die Literatur in Aserbeidschan auf eine hundertjährige Geschichte zurückblicken kann, kannte sie bis in die zwanziger Jahre hinein keine spezifische Kinderliteratur. Zur Kinderliteratur zählten die Epen von NEZĀMI GIADŽEMI (1141–1209) wie „Hosrou o Širin", die Volksmärchen, die Dichtungen „Dsde-Korkud" (13. Jahrhundert) und „Gër-ogly" (16. Jahrhundert) sowie einige Werke aserbaidschanischer Klassiker des 19. und des Beginns des 20. Jahrhunderts wie SAID ASIM ŠIRVANI (1835–1888), MIRSA FATALI ACHUNDOV (1812–1878), ABBAS SICHAT (1874–1918), ALEKPER SABIR (1862–1911) und ABDULA ŠAIK (1881–1959). Die Werke dieser Autoren übten einen großen Einfluß auf die Entstehung der aserbeidschanischen Kinderliteratur in den zwanziger Jahren des 20. Jahrhunderts aus.

Ähnlich war die Lage in der türkischsprachigen Literatur Usbekistans. Hier gab es im 19. Jahrhundert auch noch keine speziellen Kinderschriftsteller, doch blickte die Literatur auf eine fast tausendjährige Geschichte zurück. Im 19. Jahrhundert wurden die klassischen Dichtungen von MACHMUD KAŠGARI, ALIŠER NAVOI und anderen und die Volksdichtung (die Destanen „Alpamisch" und „Gorogly") durch Übersetzungen europäischer und russischer Werke bereichert (DEFOE, PUŠKIN, L. TOLSTOJ, die Märchen der Brüder GRIMM). Der Beginn des 20. Jahrhunderts war in Usbekistan durch die Erscheinung der aufklärerischen Schriftsteller HAMSA HAKIMSADE NIJASI (1889–1929) und ABDULA AVLONI (1878–1934) gekennzeichnet, die den Problemen der Erziehung und Ausbildung der Kinder sowie dem Erlernen des Lesens und Schreibens in der Muttersprache große Aufmerksamkeit schenkten. Sie schufen unter anderem die ersten usbekischen Kindergedichte und Erzählungen. In den benachbarten Landesteilen Kasachstan, Turkmenien, Tadschikistan und Kirgisien dagegen existierte zu dieser Zeit Kinderliteratur höchstens in mündlicher Form. Im Jahr 1913 wurden in Kasachstan lediglich zwei Bücher in Kasachisch für Erwachsene gedruckt, für Kinder gab es noch keine. Auch die Jakuten und Burjaten, die Völker des Nordkaukasus wie die Tschuwaschen und Udmurten kannten keine geschriebene oder gedruckte Literatur.

Die Kinderbuchillustration in Rußland hat eine genau so lange Geschichte wie die Kinderliteratur. Das ABC-Buch von IVAN FËDOROV (1574), die Fibel von VASILIJ BURCOV (1634), aber auch zahlreiche Handschriften waren reich mit Vignetten geschmückt und mit zahlreichen Abbildungen versehen. Ein besonders schönes Beispiel eines frühen Kinderbuchs ist die Fibel von KARION ISTOMIN (1693), die mit Kupferstichen von LEONTIJ BUNIN ausgestattet ist. An der Illustration der

Kinderbücher beteiligten sich die bedeutendsten Künstler der Zeit. So finden wir in dem Album „Podarok detjam v pamjatj 1812 goda" Kupferstiche des berühmtesten russischen Malers zu Beginn des 19. Jahrhunderts, ALEKSEJ VENECIANOV (1780–1847). Aber erst Ende des 19., Anfang des 20. Jahrhunderts, wurde die Buchgraphik zu einem Kunstzweig, der gleichberechtigt neben der Malerei bestehen konnte. Die Buchillustration sollte zusammen mit dem Inhalt und der Ausstattung eines Buches ein organisches Ganzes bilden. „In diesem kleinen Gebäude, das jedes Buch darstellt", schrieb 1910 ALEKSANDR BENUA, „darf man vor den ‚Wänden' nicht den Hauptzweck des Buches vergessen. Buchgraphik kann zweierlei sein: Illustration oder Schmuck. Das eine und das andere sollten jedoch immer dem Buch als Ganzes dienen und sich nie verselbständigen." Im Zuge der Drucktechnik änderte die Buchillustration um die Jahrhundertwende ihre Funktion. Früher sah der Leser in jeder Illustration nur eine Kopie. Ende des 19. Jahrhunderts jedoch bedeutete der Abdruck im Buch gleichzeitig einziger Zweck und Endstation des Originals. Damals bildete sich auch ein neues Verhältnis zum illustrierten Kinderbuch heraus, als einer Sonderform des illustrierten Buchs mit eigenen Gesetzlichkeiten. Im größten damals in Rußland existierenden Verlagskonzern „Sjetins Genossenschaft" wurde 1900 unter der Leitung von NIKOLAJ KASATKIN (1859–1930), einem Mitglied der Kunstakademie, eine Spezialschule für die Kinderbuchillustratoren geschaffen. Diese Schule bildete Illustratoren, die sich weitgehend als Handwerker verstanden, für die Massenproduktion von Kinderschriften aus. Bei Sjetin arbeiteten aber auch die bedeutenden Maler S. MALJUTIN (1859–1937), N. BARTRAM (1873–1934) und S. JAGUŽINSKIJ mit. „Sie haben in die Kinderbuchillustration die Anlehnung an buntfarbige Kinderzeichnungen eingebracht, aber doch realistische Wiedergabe und klare Farbkontraste beibehalten" – schrieb SJETIN –, „diese Illustrationsweise hatte einen großen Erfolg." Natürlich meinte SJETIN, als Verleger, den kommerziellen Erfolg. Mit wenigen Ausnahmen befanden sich sowohl die prachtvollen und teuren Geschenkausgaben von M. O. WOLF und A. F. DEVRIEN wie auch die verhältnismäßig billigen Ausgaben von SJETIN hinsichtlich der Illustrationen auf einem niedrigen Niveau, das man als „vorkünstlerisch" bezeichnen darf. Aus dieser wenig bedeutenden Masse von Kinderbuchillustratoren ragen jedoch die Arbeiten der Künstler hervor, die sich Anfang des 19. Jahrhunderts um die Zeitschrift „Mir iskusstwa" gruppierten und die sich „Miroiskusniki" nannten. Dazu gehören ALEKSANDR BENUA (1870–1960) mit seinen Illustrationen zu PUŠKINS „Mednyj vsadnik" und zu „Azbuka v kartinkach" (1904), die immer wieder herausgegebenen russischen Märchenbilderbücher von IVAN BILIBIN (1876–1942), MSTISLAV DOBUŽINSKIJ (1875–1957), VALENTIN SEROV (1865–1911), MICHAIL VRUBEL (1856–1910), EVGENIJ LANZERE (1878–1927) und KONSTANTIN SOMOV (1869–1939). Einige Kinderbücher, die im Verlag I. KNEBEL herauskamen, statteten so berühmte Künstler wie LEONID PASTERNAK (1862–1945), der Vater von BORIS PASTERNAK, BORIS KUSTODIEV (1878–1927) oder GEORGI NARBUT (1886–1920) mit Illustrationen aus. Noch heute wird die Erzählung „Kaštanka" (1903) von ČECHOV mit den Illustrationen von DMITRIJ KARDOVSKIJ (1866–1943) immer wieder aufgelegt. Zu Beginn des 20. Jahrhunderts begannen dann die bekannten Künstler der sowjetischen Kinderbuchgraphik V. VATAGIN (1884–1969), W. FAVORSKIJ (1886–1964) und D. MITROCHIN mit ihren Arbeiten.

Die Kinderliteratur in der UdSSR. Die sozialistische Oktoberrevolution von 1917 wurde zum Wendepunkt in der Geschichte der Kinderliteraturen der Völker der Sowjetunion. Die Statistik der im Laufe des ersten Jahrzehnts der Sowjetregierung herausgegebenen Kinderbücher zeigt die Krise auf, die die Kinderliteratur in diesen Jahren des Aufbaus zu überstehen hatte. Es wurden herausgegeben:

Jahr	*Titel*	*Jahr*	*Titel*
1913	1396	1918	474
1919	164	1920	77
1921	33	1922	200
1923	440	1924	558
1925	993	1926	936
1927	1289	1928	1316
1929	1533		

Wie die Zahlen ausweisen, wurde bereits Ende der zwanziger Jahre die höchste Anzahl von Neuerscheinungen von Kinderbüchern vor der Revolution erreicht und übertroffen. Die niedrigste Kinderbuchproduktion gab es im Jahr 1921, das zum Wendepunkt in der Geschichte der sowjetischen Kinderliteratur wurde. Der Niedergang 1918–1921 ist nicht nur auf die Wirren des Bürgerkrieges zurückzuführen, sondern auch auf den Mangel an Geld und Papier. Ende der zwanziger Jahre wurde die Tätigkeit der Privatverlage mehr und mehr eingestellt, die auch nach der Revolution noch billige Konsumliteratur niedriger Qualität für Kinder herausbrachten. Da sie die Inhalte und Themen ihrer Bücher den veränderten Zeitumständen anpassen wollten, verlegten diese Verlage nun anstelle der primitiven Indianer- und Detektivgeschichten ebenso seichte Erzählungen und Gedichte über die Revolution. Für solche Privatverlage setzten A. FËDOROV, DAVYDOV, SOLOVËVA (Pseud. ALLEGRO) und andere Verfasser der vorrevolutionären Kinderbuchszene auch nach der Revolution ihre Tätigkeit noch eine Zeitlang fort. Man mag sich fragen, was die sozialistische Revolution und die Gründung der Sowjetunion für die Kinderliteratur gebracht hat. Einmal hat sich die Kinderliteratur von der Marktdiktatur, von dem Profitstreben privater Verleger, von der Anbiederung an den unterentwickelten Verbrauchergeschmack befreit; zum anderen hat der Staat die Kontrolle über den Gehalt und die Qualität des Kinderbuches übernommen, wobei er den Kampf gegen das künstlerisch unterwertige Schrifttum förderte und die Herausgabe von Kinder- und Jugendschriften, die sich auf das Verhalten und die Denkweise junger Leser nachteilig auswirken könnte, wie die Darstellung von Verbrechen und Gewalt, das Propagieren von Rassen- und Standesvorurteilen, unterbunden. Um talentierte Autoren zu gewinnen, wurden die Kinderbuchautoren den Autoren von Literatur für Erwachsene gleichgestellt und so ihr Prestige gehoben. Um genügend Leser zu erreichen, wurde ein niedriger Preis für Kinderbücher festgesetzt. Die Entwicklung der Öffentlichen- und Schulbibliotheken sicherte eine gleichmäßige Buchversorgung aller Kinder und die regelmäßige Abnahme der Produktion durch den Staat sorgte für den befriedigenden Buchabsatz.

Da mehr als neun Zehntel der Kinderbücher vor der Revolution ohne jeden künstlerischen Wert waren, rief der Verzicht auf diese Pseudoliteratur automatisch einen Rückgang der Tätigkeit der Kinderbuchverlage hervor. „In den Jahren vor der Revolution gab es Kinderschriften, so viel man wollte", – schrieb Samuil Maršak (1887–1964). „Es gab aber im wesentlichen keine echte Kinderliteratur – man kann doch die weitverbreitete Damenkonfektion nicht als Kunst bezeichnen!" Diesen Standpunkt unterstützte Viktor Šklovskij (* 1898). Er erinnerte sich: „Während meiner Kindheit hat man zwar viele Kinderschriften verkauft, es gab aber keine echte Kinderliteratur. Die Werke von Avenarius, Furman oder Kruglow waren sehr schlecht geschrieben".

Man begann nun, eine neue Kinderliteratur zu schaffen. An die Spitze dieser Bemühungen stellte sich Gorkij. Noch während des Ersten Weltkrieges träumte er davon, eine Kinderbibliothek mit 300 bis 400 Bänden zu entwickeln, die alle Bereiche des Lebens und der menschlichen Kenntnisse umfassen und dem unterwertigen chauvinistischen Schrifttum jener Jahre entgegentreten sollte.

Einen Teil der angestrebten Kinderbuchreihe sollten die Biographien berühmter Persönlichkeiten ausmachen. Gorkij bat R. Rolland über Beethoven, H. G. Wells über Th. A. Edison, Fr. Nansen über Chr. Kolumbus und den russischen Gelehrten Timirjasev über Ch. Darwin zu schreiben. Er selbst wollte über Garibaldi schreiben. „Man muß die Kinderherzen von der blutigen Sinnlosigkeit dieses wahnsinnigen und schrecklichen Krieges überzeugen, man muß in ihnen den Glauben an die Menschheit und die Achtung vor dem menschlichen Leben wieder herstellen", schrieb Gorkij in einem Brief an H. G. Wells. Im Jahr 1916 lud Gorkij bekannte und bewährte Autoren dazu ein, sich an seinem Plan einer Kinderbuchreihe zu beteiligen. Dieses Vorhaben konnte jedoch erst nach der Revolution mit Unterstützung des Staates verwirklicht werden, als der Staat die Sorge für die Kinder für sein wichtigstes Anliegen erklärte. Schon 1918 trafen die Regierung und die Kommunistische Partei eine Reihe wichtiger Beschlüsse für die Verlagsarbeit und die Herausgabe von Kinderbüchern. An der Vorbereitung dieser Grundbeschlüsse nahm auch Gorkij teil. Besondere Aufmerksamkeit schenkten die Beschlüsse der künstlerischen Qualität von Kinderbüchern und der Notwendigkeit, sowohl die spezifischen Ausdrücke der jungen Leser, wie die ästhetischen Ansprüche an das Kinderbuch zu befriedigen. So wurden im Beschluß des Zentralkomitees der Partei von 1928 die für viele Bücher jener Zeit charakteristische „Trockenheit der Darstellung, Fehlen interessanter Themen und tendenziöse Agitation" kritisiert. Die Kinderbücher, die unter Mitwirkung von Gorkij veröffentlicht wurden, zeigten diesen Mangel nicht mehr. 1918 gab Gorkij den Sammelband „Elka" heraus. Als Autoren beteiligten sich daran Aleksej Tolstoj, Valerij Brjusov und Gorkij selbst, der Maler Ilja Repin übernahm die

Aus Samuil Maršaks (1887–1964) Kinderbuch „Zirkus" mit Bildern von Vladimir Vasilevič Lebedev (1891–1967), das zuerst 1928 in Leningrad erschien.

Illustration des Bandes. Ein Jahr später begann GORKIJ mit der Herausgabe der ersten sowjetischen Kinderzeitschrift „Severnoe sijanie". Nach dem Plan GORKIJS sollte die Schaffung einer neuen Kinderliteratur in zwei Etappen vor sich gehen: 1. Auswahl und Herausgabe der besten für die Kinder geeigneten Werke der Weltliteratur und der russischen Klassiker. 2. Schaffung des neuen sozialistischen Kinderbuchs.

Nach GORKIJS Meinung sollten die Schriftsteller beim Schreiben von Kinderbüchern die Erfahrungen aus der Weltliteratur berücksichtigen und weiterentwickeln. Er rief die bekanntesten Schriftsteller von Erwachsenenliteratur auf, auch Kinderbücher zu schaffen. Auf seine Anregung hin wandten sich S. MARŠAK, K. ČUKOVSKIJ und L. PANTELEEV dem Kinderbuch zu. GORKIJ studierte die Leseinteressen der Kinder und stellte einen umfangreichen Fragenkatalog zusammen, den die Kinderliteratur berücksichtigen sollte. Für die Verwirklichung seines Planes riet er alle „erfahrenen Leute" – ob Wissenschaftler, Pilot, Seemann, Wanderer oder Sportler, kurz alle Menschen –, die vieles gesehen, erfahren und erlebt hätten, mit heranzuziehen. Einige dieser ‚erfahrenen Leute" wie der Schiffsbauer und Pilot BORIS ŽITKOV oder der Biologe VITALI BIANKI gehören schon bald zu den anerkannten Kinderbuchautoren. Auf GORKIJS Initiative hin wurde 1933 der größte Kinderbuchverlag „Detgis" (jetzt „Detskaja Literatura") gegründet. In seinen Aufsätzen, Reden und Briefen an Autoren entwickelte GORKIJ ausführlich seine Konzeption einer neuen Kinderliteratur. Danach sollte die Kinderliteratur einen organischen Teil der Nationalliteratur bilden. Zwar sollte das Kinderbuch den an die Literatur allgemein zu stellenden Anforderungen wie Realitätstreue, Themenvielfalt und ästhetische Ausgewogenheit entsprechen, doch seien auch, nach den Worten GORKIJS, spezielle Anforderungen an das Kinderbuch zu stellen. Es muß die entwicklungspsychologischen Erkenntnisse beachten. Für Kinder bis zu zehn Jahren sei das Spiel bzw. die „spielerische Wirklichkeitsauffassung", die „spielerische Darstellungsform" von entscheidender Bedeutung. GORKIJ forderte vom Kinderbuch Unterhaltung, Humor, Phantasie.

Einen bedeutenden Beitrag zur Theorie der Kinderliteratur leisteten auch ANTON MAKARENKO und NADEZDA KRUPSKAJA. Kern ihrer Aussagen zur Kinderliteratur ist die Auffassung, daß der Realitätsbezug zum wirklichen Leben Vorrang vor der reinen Fiktion haben müsse. Das Kind habe Anrecht auf Bücher, die den Reichtum und die Mannigfaltigkeit unserer Welt und die Beziehungen der Menschen zueinander erschließen. Wie GORKIJ, sind sie der Meinung, daß man mit Kindern über alle Themen reden kann, nur eben immer interessant, unterhaltend und dem kindlichen Verständnis angemessen. Dank der Tätigkeit von GORKIJ, KRUPSKAJA und MAKARENKO und den Bemühungen von Autoren wie MARŠAK, ČUKOVSKIJ, MAJAKOVSKI, PRIŠVIN, GRIGOR'EV, NEVEROV, ŽITKOV oder BIANKI wurde die sowjetische Kinderliteratur schon in den zwanziger Jahren in ihren grundsätzlichen Zügen geprägt. Sie ist zwar eine Nationalitätenliteratur, aber gleichzeitig auch immer Nationalliteratur. Das Wort Nationalitäten bedeutet hier mehr als die Herausgabe von Kinderbüchern in mehr als sechzig Sprachen der U. Die Kinderliteratur in den verschiedenen Sprachen der U. bedeutet keine Vielfalt unterschiedlicher auseinanderfallender literarischer Tendenzen, wie es vor 1917 war, sondern das Literaturschaffen der verschiedenen Nationalitäten in der U. ist immer Teil einer einheitlichen sozialistischen Kinderliteratur, die lediglich in verschiedenen Sprachen auftritt. Die Einheit der Kinderliteratur der verschiedenen Nationalitäten ist durch die einheitliche Grundauffassung zu den Aufgaben der Erziehung, zu dem Wert und den Zielen der Kinderliteratur, zu den inhaltlichen und ästhetischen Anforderungen an die Kinderliteratur, aber auch durch die rege Übersetzertätigkeit und die zahlreichen engen Verbindungen der Autoren, Verlagsschaffenden und Kritiker der verschiedenen Völker der U. miteinander gegeben.

Die russischsprachige Kinderliteratur nimmt einen führenden Platz sowohl in qualitativer als auch in quantitativer Hinsicht ein. Sie hat die längste Tradition und ist am engsten mit der russischen und westeuropäischen Kultur des 19. Jahrhunderts verbunden. In russischer Sprache schreibt die überwiegende Mehrzahl der sowjetischen Schriftsteller. Allein in Moskau leben mehr als 200 Kinderbuchautoren. Von 479 Millionen Buchexemplaren, die in der U. im Jahre 1976 herausgegeben wurden, waren 315 Millionen in russischer Sprache abgefaßt. Das Niveau der russischsprachigen Kinderliteratur ist ein qualitativer Standard für alle sowjetischen Kinderbuchautoren. Allerdings verlief die Entwicklung der russischsprachigen Kinderliteratur in den letzten sechzig Jahren nicht immer gleichmäßig. Die Suche nach neuen Wegen für eine sozialistische Kinderliteratur in den zwanziger Jahren führte nicht selten zu zwei Extremen. Ein Teil der Theoretiker und Verfasser verteidigte die Ansicht, das Kinderbuch habe ausschließlich „Lebenshilfe" zu leisten. Die nach diesem Standpunkt geschriebenen Bücher waren zu trokken und langweilig, um auf Kinder anziehend zu wirken. Ein anderer Teil der Autoren kleidete die neuen Themen in die alte Form der „unterhaltenden" trivialen Kinderschrift, um so hergebrachten Lesegewohnheiten zu entsprechen. Nach diesem Rezept schrieben z.B. SERGEJ AUSLÄNDER und LEV OSTROUNOV. Beide Extreme verschwanden schon Mitte der dreißiger Jahre als Ergebnis einer strengen und konsequenten Kritik, die hohe Qualitätsforderungen an die Kinderliteratur stellte und auch auf Kindgemäßheit der Texte achtete. Ende der zwanziger, Anfang der dreißiger Jahre entstand in der Kinderliteratur eine Strömung, die als „Kinderavantgarde" bezeichnet wurde. In Erzählungen wurden Kindern Aufgaben und Rollen von Erwachsenen zugemutet. Als Vorwegnahme der Ende der sechziger Jahre in Westeuropa und den USA, vor allem aber in der Bundesrepublik Deutschland auftretenden antiautoritären Welle wurde den Kindern nun die entscheidende Initiative in den Schulen, in der Familie, sogar in den Betrieben zugestanden. Ende der dreißiger

Jahre war diese „linke Krankheit" als Irrweg erkannt und überwunden. Ende der vierziger, Anfang der fünfziger Jahre litt die sowjetische Kinderliteratur an den Folgen der „Theorie der Konfliktlosigkeit".
Nach dieser Theorie kann es in einer klassenlosen Gesellschaft, zu der sich die sowjetische Gesellschaft in den vierziger Jahren entwickelte, keine sozialen, höchstens psychologische Konflikte geben. Unter dem Einfluß dieser Theorie trat an die Stelle wirklichkeitsgerichteter Probleme im Kinderbuch der fiktive Konflikt, wie etwa der zwischen solchen Kindern, die lernwillig, und anderen, die lernunwillig sind. So wurde die in der Schule erteilte Zensur zum Hauptkriterium für die moralische Einschätzung des jungen Helden im Kinderbuch. In solchen Büchern war vieles gekünstelt und schon vom Ansatz her falsch, die Zeichnung der Charaktere von Kindern, ebenso wie die Darstellung der Erwachsenen und die oft willkürlichen Handlungssituationen.
Auf dem zweiten Kongreß der Schriftsteller (1964) wurden die „Theorie der Konfliktlosigkeit" und die daraus resultierenden Folgen für die Kinderliteratur einer heftigen Kritik unterzogen. Schon in den zwanziger Jahren bildete sich ein Kern von Schriftstellern heraus, die mit Recht heute als Schöpfer und Klassiker der sozialistischen Kinderliteratur betrachtet werden können. Vor allem Gedichte schrieben MARŠAK, MAJAKOVSKIJ, ČUKOVSKIJ, CHARMS und BARTO, mehr erzählende Kinderliteratur G. GRIGOR'EV, A. GAJDAR, FREIERMAN, PANTELEEV, J. OLEŠA, L. KASSIL' und A. TOLSTOJ. Im Bereich des Kinder- und Jugendsachbuchs traten BIANKI, M. IL'IN, M. PRIŠVIN und ŽITKOV hervor. Als Kritiker und Theoretiker der Kinderliteratur äußerten sich MARŠAK, GORKIJ, KRUPSKAJA und V. ŠKLOVSKIJ.
In den dreißiger Jahren begann das Schaffen von Kinderbuchautoren wie S. MICHALKOV, N. NOSOV, K. PAUSTOVSKIJ, V. OSEEVA, L. VORONKOVA und V. KATAEV. Nach dem Zweiten Weltkrieg kam eine neue Generation russischer Kinderbuchautoren auf, die die Grenzen der Möglichkeiten auf dem Gebiet der Kinderliteratur bedeutend erweiterten, nicht nur im Hinblick auf eine psychologische Vertiefung, was die Probleme und Charaktere der Kinder anging, sondern auch bezüglich der inneren und äußeren Form. Hier sind vor allem J. KORINEC, A. ALEKSIN, N. DUBOV, A. RYBAKOV, R. POGODIN, L. DAVYDYČEV, J. AKIM, I. TOKMAKOVA, A. LICHANOV, S. ALEKSEEV, V. ŠELESNIKOV, A. MOŠKOVSKIJ, J. TOMIN und A. SOBOLEV zu nennen. Im letzten Jahrzehnt kamen weitere hinzu (J. KOVAL, S. IVANOV, T. POLIKARPOWA, I. PIVOVAROVA und andere).
Seit den zwanziger Jahren schrieben in ukrainischer Sprache die Autoren NATALJA SABILA (* 1903), ALEKSANDR KOPYLENKO (1900–1959), OLES DONČENKO (1902–1954), MIKOLA TRUBLAINI (1907–1941). In den dreißiger Jahren kamen IVAN MIKITENKO (1897–1937), PETRO PANČ (* 1891), JURI SMOLIČ (* 1900), IVAN SENČENKO (* 1901), O. IVANENKO (* 1906) und MARIJA PRIGARA (* 1908) hinzu. Während des Zweiten Weltkrieges erschienen Kinderbücher von JURI JANOVSKIJ (1902–1954), IVAN NECHODA (1910–1963) und VALENTIN BYČKO (* 1912). Die Nachkriegsgeneration der ukrainischen Kinderbuchautoren ist vertreten durch JURIJ SBANACKIJ (* 1914), PLATON VORONKO (* 1913), MARIJA POSNANSKAJA (* 1917), PAOLA UTEVSKAJA (* 1911), BOGDAN ČALY (* 1924), GRIZKO BOJKO (* 1923), DMITRO TKAČ (* 1912), MICHAIL STELMACH (* 1912), ALEKSANDR PARCHOMENKO (* 1932) und EFIM ČEPOVECKI (* 1919). Von den begabtesten jüngeren Autoren sind besonders JURI JARMYŠ (* 1935), MIKOLA SYNGAEVSKIJ (* 1936), VADIM SKOMAROVSKIJ (* 1937), VSEVOLOD NESTAIKO (* 1930) und VIKTOR KAVA (* 1937) zu nennen. Zu den nationalen Besonderheiten der ukrainischen Kinderliteratur gehören das Vorherrschen von Kinderlied und Märchen, eine lyrisch-romantische Einstellung zur Wirklichkeit, die Neigung zur Parodie und eine humoristische Schreibweise. Für seine Märchendichtung über Barwinka wurde BOGDAN ČALY in die Hans-Christian-Andersen-Ehrenliste eingetragen.
Kinderbücher in ukrainischer Sprache werden in zwei Spezialverlagen in Kiew verlegt („Vessëlka" und „Molod"). Jährlich gibt der Verlag „Vessëlka" rund 200 Titel in einer Gesamtauflage von über 25 Millionen Exemplaren heraus. Die Kinderbücher in ukrainischer Sprache werden in 50 Länder ausgeführt, in denen Ukrainer leben.
JANKA MAVR (d.i. IVAN FËDOROV, 1883–1969) wird mit Recht als Begründer der heutigen belorussischen Kinderliteratur angesehen. Der Beginn seiner literarischen Tätigkeit fällt in das Jahr 1926. Er schuf die ersten Erzählungen und Romane für Kinder in belorussischer Sprache. Bekannt wurden vor allem seine Bücher „Polesskie robinzony" (1930) und „TVT" (1934). In den dreißiger Jahren begann das Schaffen eines anderen berühmt gewordenen Kinderbuchautors, das von MICHAS LYNKOV (1899–1975). Besondere Anerkennung fand seine Erzählung „Mikolka-Parovos" (1937). Überall in der Sowjetunion sind die Namen der belorussischen Kinderbuchautoren EDI OGNECVET (* 1916), VASIL VITKA (* 1911), STANISLAV ŠUSKEVIČ (* 1908), ALES JAKOMOVIČ (* 1904), ALJONA VASILEVIČ (* 1922), PETRUS BROVKA (* 1905) und JANKA BRYL (* 1917) bekannt.
Die belorussische Kinderliteratur zeigt deutlicher als die russische die Nähe zur Folklore. Der überwiegende Anteil der belorussischen Kinderbücher gehört ähnlich wie im ukrainischen Landesteil in den Bereich des lyrischen Gedichtes und des Märchens. Viele Werke der letzten Jahre sind dem großen Vaterländischen Krieg gewidmet, den Leiden des belorussischen Volkes während der deutschen Besatzung. Die Idee des Friedens hat in der belorussischen Kinderliteratur ihren besonderen Stellenwert.
Die sowjetische Periode in der Geschichte der Kinderliteratur der baltischen Republiken – Litauen, Lettland und Estland – ist kurz. Sie beginnt im Jahre 1940, kam aber erst nach dem Ende des Krieges zum Tragen.
Die sozialistische Kinderliteratur Litauens entstand auf

dem Hintergrund der litauischen Folklore. Begründer der modernen Kinderliteratur Litauens ist Kostas Kubilinskas (1923–1962), Sohn eines armen Bauern. In seinem kurzen Leben schuf er Hunderte von Kindergedichten und zahlreiche Märchen, Motive der litauischen Volksüberlieferung aufgreifend. Er schrieb daneben für Kinder Kinderlieder, Lehr- und Spielbücher und übersetzte viel aus der klassischen russischen Kinderliteratur, aber auch zahlreiche Werke der russischen sozialistischen Kinderbuchautoren. Er war Redakteur der Kinderzeitschrift „Genis". „Kubilinskas gelang es", schrieb A. Joninas, „das zu erreichen, was einen Kinderbuchautor von anderen Autoren unterscheidet – sich die kindliche Seele unverletzt zu bewahren, die noch an das größte Wunder der Welt, an das menschliche Leben glaubt, die es versteht, unmittelbar, ohne Heuchelei zu lieben und zu hassen, und die kompromißlos die Wahrheit von der Lüge, das Gute vom Bösen zu unterscheiden weiß."

Die moderne litauische Kinderliteratur zeichnet sich durch ihre große Reife aus, die sich in den schönen Märchenerzählungen von Vitautas Petkjavičius (* 1930) und von Kasis Saja (* 1932), in Erzählungen aus dem Schulleben („Arberohas") von Vitautas Bubnis (* 1932), in Erzählungen von Mikolas Sluzkis (* 1928), in Gedichten von Violette Palčinskaite (* 1943), Justinas Marzinkjavičius (* 1930), Eduardas Mieželaitis (* 1919), Janina Degutite (* 1928) und Martinas Vainilaitis (* 1933) offenbart.

Zu den ersten Werken der sozialistischen lettischen Kinderliteratur gehören Erzählungen von Vilis Lazis (1904–1966) „Kuznezy budušego" (1943) und Anna Sachse (* 1905) „Tri sarajčika" (1944) über das Leben lettischer Kinder während der Besatzungszeit; aber auch die Erzählung „Poezdka Vilnitisa na Vostok" (1945) von Andrej Upitis (1877–1970) über die Evakuierung und Freundschaft verschiedener Völker der Sowjetunion zueinander. Eine realistische Beschreibung des Lebens und seine Widerspiegelung in den Kinderbüchern sind charakteristisch für die heutige lettische Kinderliteratur.

Zu den bekanntesten jüngeren Kinderbuchautoren Lettlands zählen Waldis Luks (* 1905), Imant Siedonis (* 1933), Jasep Osmanis (* 1932), Ojar Vazietis (* 1933), Juli Vanag (* 1903), Žan Griva (* 1910), Viktor Lagsdinš (* 1926), Sigmund Skuin (* 1926), Cecilija Dinere (* 1919) und die Märchenerzählerin Dsidra Rinkule-Semsare (* 1920).

In der estnischen Kinderliteratur der Nachkriegsperiode zeichneten sich zwei Autoren aus, Elen Nijt und Eno Raud. Beide wurden 1928 geboren. Ihre ersten Kindergedichte veröffentlichte Nijt zu Beginn der fünfziger Jahre. Das erste Buch von Raud erschien im Jahr 1954. Raud schreibt Erzählungen für alle Altersstufen, Nijt vorwiegend Erzählungen und Gedichte für Vorschulkinder. Heute sind diese beiden die populärsten Kinderbuchautoren Estlands. Die Helden ihrer Bücher (Pille, Rijn und Sipsik) sind schon fast zu Gattungsbegriffen geworden. Rauds Buch über den Anteil estnischer Kinder an der Widerstandsbewegung des estnischen Volkes während der Besatzung („Ogonj v satemnënnom gorode") wurde 1974 in die Hans-Christian-Andersen-Ehrenliste aufgenommen.

In den sechziger und siebziger Jahren erreichte die estnische Kinderliteratur große Erfolge. Populär sind heute die Abenteuererzählungen von Henjo Vjali (* 1929), die lyrischen Erzählungen aus dem Leben Halbwüchisger von Heljo Mjand (* 1926), die phantastischen Erzählungen von Iko Maran (* 1915), die romantischen Erzählungen von Jaan Rannan (* 1931) und die Werke von Holger Puukk (* 1920), Vladimir Beekman (* 1929), Eme Beekman (* 1933), Ralf Parve (* 1919), Silvija Rannamaa (* 1918) und Aino Pervik (* 1932). In den letzten Jahren erschienen Kinderbücher von Ene Ermakov (* 1957), Asta Pyldnijal (* 1944) und Andres Jaaksoo (* 1945). Die gegenwärtige estnische Kinderliteratur ist gekennzeichnet durch genaue Herausarbeitung der aufgegriffenen Probleme, durch Themenvielfalt und durch das besondere Interesse, das sie jungen Lesern im mittleren Alter und deren Problemen entgegenbringt.

Die Entwicklung der armenischen Kinderliteratur seit der Oktoberrevolution können zwei Zahlen belegen: 1921 erschienen lediglich zwei Bücher in armenischer Sprache, 1971 waren es bereits 150 Bücher. Der letzte Vertreter der vorrevolutionären armenischen Kinderliteratur und gleichzeitig der Begründer des sozialistischen armenischen Kinderbuches ist Atabek Chukoian (1870–1935), Schüler und jüngerer Zeitgenosse von O. T'umanian. Atabek Chukoian war Lehrer, schrieb Lehrbücher, Gedichte, Fabeln und Erzählungen. Daneben verfaßte er ein großes theoretisches Werk über die Kinderliteratur, das leider unvollendet geblieben ist. Sein Schaffen ist gekennzeichnet durch sein lebhaftes Interesse und seine Aufgeschlossenheit für die im Zuge der sozialistischen Erneuerung notwendigen Veränderungen im Leben des armenischen Volkes. Berühmtheit erlangten auch folgende neuere armenische Kinderbuchautoren: Vachtang Ananian (* 1921), Autor von Abenteuerbüchern, Sagatel Arutunian (* 1921), Suren Muradian (* 1930), ein Autor, der vor allem phantastische Erzählungen und historische wie biographische Bücher verfaßte; Karen Simonian (* 1936), der für das Vorschulalter schrieb; der Historiker und Kinderbuchtheoretiker Chažak Gulnasanian (* 1918).

Nach Schaffung der UdSSR wurde in Grusinien der Kinderbuchverlag „Nakaduli" gegründet, der heute über 200 Titel mit einer Gesamtauflage von rund drei Millionen Exemplaren jährlich herausbringt. Die Grundlagen zu der heutigen grusinischen Kinderliteratur schufen die Autoren Šio Mguimeli (1866–1933), Nino Nakašidse (1872–1965), Dutu Megreli (1867–1938), Lidija Megrelidse (1888–1972) und Georgi Kučišvili (1886–1947), die noch der älteren Generation angehörten.

In den dreißiger Jahren erweiterten sich Umfang und Themenbereiche der grusinischen Kinderliteratur beträchtlich. Es erschienen Gedichte von Manka Baratašvili (* 1908), Irakli Abašidse (* 1909), Gedichte und Erzählungen von MARIDŽAN (* 1890), Theaterstücke von GEORGI NACHUTZRIŠVILI (* 1902), lyrische Gedichte von ARNO ONELI (* 1901) und MAKVALA MREVULIŠVILI (* 1909) und Erzählungen von RODION KORKIA (* 1894).

In den vierziger und fünfziger Jahren tauchten in der grusinischen Kinderliteratur viele neue Namen talentierter Autoren auf, unter ihnen NINO BASARAŠVILI (* 1922), CHUTA BERULAVA (* 1924), DODO VADAČDORIA (* 1923), REVAZ DŽAPARIDZE (* 1923), NODAR DUMBADSE (* 1928), OTIA JOSELIANI (* 1930), MICHA KVLIVIDSE (* 1925), MUCHRAN MAČAVARIANI (* 1929), LADO MRELAŠVILI (* 1926), IOSEB NONEŠVILI (* 1921), MORIS POZCHIŠVILI (* 1930), KETEVAN ČILAŠVILI (* 1921) und GIWI TČIČINADSE (* 1934). Es war diese Generation grusinischer Kinderbuchautoren, die der grusinischen Kinderliteratur den Weg zum russischsprachigen Leser und den Leser anderer Völker der UdSSR öffneten. Die Werke dieser Schriftsteller zeigen ein besseres Verständnis für die Welt der Kinder als dies bei ihren Vorgängern der Fall war. Ihre Bücher sind charakterisiert durch eine metaphorische Denkweise, die intime Ansprache des Kindes und eine farbige und plastische Sprache.

Die aserbaidschanische sozialistische Kinderliteratur entwickelte sich unter dem Einfluß der aufklärerischen Autoren, die Ende des 19. und Anfang des 20. Jahrhunderts für Kinder schrieben wie S. ACHUNDOV, A. ŠAIK, M. SABIR und A. SICHCHAT. In den zwanziger Jahren war für sie die Idee der Emanzipation der Frau besonders aktuell. Die Überwindung hundertjähriger Vorurteile des Islams gegen Mädchen und Frauen behandelte vor allem MIRWARID DILBASI (* 1912) in ihren Gedichten und Erzählungen für jugendliche Leser. Leitmotive ihrer Werke sind die Liebe zu den Eltern, die Treue für Volk und Heimat, aber auch die Erziehung zur Ehrlichkeit, Tapferkeit, Arbeitsamkeit und Kameradschaftlichkeit. Die Kinder sollten in ihren Büchern schon früh das Prinzip der Gleichberechtigung von beiden Geschlechtern, aber auch von Rassen und Nationen kennenlernen. Die Hauptfiguren ihrer Bücher sind Mädchen und Frauen, die mutig ihre Würde und Selbständigkeit verteidigen. Ein anderer Autor aserbaidschanischer Kinderbücher ist der Schriftsteller und Dramatiker MECHTI SEIDSADE (* 1907). In den dreißiger Jahren begann er die Prosaerzählung zu entwickeln, eine Gattung, die in der traditionellen Literatur des Orients fast unbekannt war. Während in der traditionellen Literatur Genres wie das Märchen, das phantastisch-heroische Gedicht, die Fabel eine überragende Stellung einnahmen, so kamen nun immer mehr Werke heraus, in denen sich die Wirklichkeit des Alltags spiegelte. Auf die Entwicklung dieser realistischen Tendenz übten die Übersetzungen aus der russischen Sprache und anderen Sprachen der Völker der UdSSR, aber auch aus der europäischen Literatur einen großen Einfluß aus. Heute sind die jüngeren aserbaidschanischen Autoren wie CHIKMET SIJA (* 1930), ILJAS TAPDYG (* 1934), TOFIK MACHMUD (* 1931), DCHACHANGIR MAMEDOV (* 1935), TELMAN KARABAGLY (* 1931), SABIR MAMEDSADE (* 1933) und GABIR ASERI (* 1938) in der ganzen Sowjetunion bekannt. Große Bedeutung für die Entwicklung der aserbaidschanischen Kinderliteratur hat der Verlag „Gjandžilik“, der in Baku seinen Sitz hat.

Die Turkmenische Sozialistische Sowjetrepublik wurde 1924 gegründet. Fast die gesamte Bevölkerung der Republik war damals noch ohne Schulbildung. Es gab keine Literatur in turkmenischer Sprache. Lediglich die sogenannten „Bachschi“, Märchenerzähler, Liedersänger und improvisierende Laiendarsteller, galten als die „Bewahrer der Weisheit“.

„Bachschi“, schreibt der Schriftsteller und Gelehrte KAJUM TANGRYKULIEV, „waren Literatur und Theater des alten Turkmeniens und seine Journalistik zugleich“. Die „Bachschi“ sangen den Kindern „Huvdi“ und Spiellieder mit lustigen und spannenden Inhalten vor. Aus diesen Liedern entwickelte sich die turkmenische Kinderdichtung. Im Jahr 1926 begann die Herausgabe einer Kinderzeitschrift in turkmenischer Sprache. Es gab aber noch keine Kinderbücher und keine Kinderbuchautoren. Die ersten Autoren, die in turkmenischer Sprache schrieben, BERDY KERBABAEV (1894–1974), JAKUB NASSYRLI (1899–1958) und KARADZA BURUNOV (1898–1967) veröffentlichten zunächst Sammlungen der bis dahin weitergetragenen Volksdichtungen sowie Übersetzungen aus der klassischen russischen Literatur, aus der Weltliteratur und aus der damals sehr jungen russischen sozialistischen Kinderliteratur. Bald erschienen ihre eigenen Kindergedichte. „An diesen Übersetzungen hat man folgendes auszusetzen: Unkenntnis der Welt des Kindes, fehlende Kindertümlichkeit, große Längen, schwierige Satzkonstruktionen und Trockenheit der Texte“, schreibt ein moderner Kinderbuchtheoretiker. Um die Mitte der fünfziger Jahre begann sich die turkmenische Kinderliteratur der europäischen Kinderliteratur zu nähern.

Heute gibt es neben den genannten Autoren der älteren Generation auch jüngere Kinderbuchautoren wie JUSSUP CHAIDOV (* 1933), ATA ATAEV (* 1936), NURA BAIRAMOV (* 1933), KAJUM TAUGRYKULIEV (* 1930), KERIM KURBANNEPESOV (* 1929), JAGMUR PIRKULIEV (* 1929) und BEKA SEITAKOV (* 1914). Die Werke dieser Autoren werden heute auch in die russische Sprache und in die anderen Sprachen der UdSSR übersetzt. Es erscheinen Untersuchungen, die der Geschichte der turkmenischen Kinderliteratur und der modernen Kinderbuchproduktion gewidmet sind.

„An der Wiege der kasachischen Literatur“, sagt UTEBAI TURMANDŽANOV (* 1904), „stehen zwei große Dichter: Abai und Džambul. Die beiden haben auf uns Kinderschriftsteller einen großen Einfluß ausgeübt. Allerdings hat Abai keine Kindergedichte hinterlassen, aber Dshambul hat solche verfaßt.“ Seine volkstümlichen Gedichte „Kolybelnaja pesnja“, „Obrašenie k detjam“, „Učiš’, malyš’ ...“ zählen heute zum Grundstock der Kinderliteratur Kasachstans. Wir lernten von ihm die Schönheit der bildlichen Ausdrucksweise, die Fähigkeit, auch von den kompliziertesten und tiefloten-

den Dingen einfach und klar zu sprechen und humanistische und patriotische Akzente zu setzen.
ABAI KUNANBAEV (1845–1904) war der Begründer der kasachischen Literatur. Zu Lebzeiten des Autors wurde jedoch keine Zeile seiner Dichtung veröffentlicht. DŽAMBUL DŽABAEV (1846–1945) konnte bis an das Ende seines Lebens weder lesen noch schreiben. Er blieb immer Improvisator. Aber alles, was er geschaffen hatte, wurde in den zwanziger Jahren und noch danach aufgeschrieben. So entstanden seine Bücher. Seine Werke sind in alle Sprachen der Völker der UdSSR übersetzt. Sie werden in 26 Ländern herausgegeben. IL'JA ERENBURG hat DŽAMBUL den „Homer unserer Epoche" genannt. Die klassische Kinderliteratur entwickelte sich von den Gedichten mit didaktischem und rhetorischem Charakter hin zum modernen Kinderbuch in seinen verschiedenen Ausprägungen. An der Entstehung der kasachischen Kinderliteratur hatten auch die Autoren U. TURMANŠANOV und SAPARGALI BEGALIN (* 1895) wesentlichen Anteil. Die neuere Kinderliteratur vertreten Autoren wie MUSAFAR ALIMBAEV (* 1923), KADYR MURSLAIEV (* 1935), ANAURBEK DUISENBIEV, ANUAR ALIMŽANOV (* 1930), ALTYNŠAS DŽAGANOVA (* 1944) und SEITŽAN OMAROV (* 1907). Im Staatsverlag „Žasuši" in Alma-Ata gibt es eine Abteilung für Kinderliteratur, die jährlich etwa 120 Kinderbuchneuerscheinungen herausgibt.
Das tadschikische Volk – ein Volk mit uralter Kultur – kannte zu Beginn der zwanziger Jahre keine eigene Schrift. Schriftkundige Tadschiken lernten das Lesen und Schreiben in der arabischen Sprache. Anfang des 20. Jahrhunderts veröffentlichte SADRIDDIN AINI (1878–1954) in Samarkand sein Buch „Tachsib-ussibën", in dem er ausführte, daß in der Schule der Unterricht in der Muttersprache durchgesetzt werden müsse. Dieses Buch ist gleichzeitig eine pädagogische Abhandlung und ein Erstlesebuch mit Leseübungen. In seinem Buch „Devočka Cholida" verteidigte AINI das Prinzip der Gleichberechtigung der Geschlechter im Hinblick auf die Ausbildung von Mädchen. Diese beiden Werke AINIS waren die ersten Kinderbücher in der tadschikischen Sprache. Allerdings kamen diese Bücher nur in einer kleinen Auflage heraus. Nur wenige tadschikische Kinder gelangten in den Besitz dieser Lehrbücher. Anfang der zwanziger Jahre öffneten sich die Schulen für alle tadschikischen Kinder. 1923 erschien das erste tadschikische ABC-Buch, 1927 ein erster Band („Detskie pesenki").
Von diesem Zeitpunkt an entwickelte sich die tadschikische Kinderliteratur weiter, zuerst im Bereich des Kindergedichtes, später, in den dreißiger Jahren, auch auf dem Gebiet der Erzählung und des Kindertheaters. Unter dem Einfluß der Bücher AINIS und anderer Autoren, vor allem auch der bekannten russischen Schriftsteller, begann der Klassiker der tadschikischen Kinderliteratur MIRSAID MIRŠAKAR (* 1912), seine Werke zu verfassen. Seine besten Kinderbücher sind die Gedichtbände „Solotoj kišlak" und „My priechali s Pamira". Besonders intensiv verläuft die Weiterentwicklung der Kinderliteratur Tadschikistans vom Ende der fünfziger Jahre an. Von da an vergrößerte sich rapide die Zahl der in der Muttersprache verfaßten Kinderbücher und ihrer Übersetzungen ins Russische und in die anderen Sprachen der U. Die bekanntesten heutigen Kinderbuchautoren sind GULČECHRA SULEIMANOVA (* 1928), UBAID RABŽAB (* 1932), ABDUMALIK BACHORI (* 1927), GAFAR MIRSOEV (* 1929) und AKOBIR ŠARIFI (* 1928).
Das erste gedruckte Buch in kirgisischer Schrift erschien im Jahre 1924. Ein Jahr später wurde das erste in der kirgisischen Sprache gedruckte Kinderbuch herausgegeben (eine Übersetzung aus dem Russischen). Gleichzeitig wurde begonnen, die mündlich überlieferte Volksdichtung in Kinderbuchausgaben herauszubringen. An den Anfängen der kirgisischen Literatur stand das Schaffen des Akyn-Improvisators TOKTOGUL (1871–1933) und des Dichters TOGOLOK MOLDO (1860–1942). Von ihnen hat nicht nur die ältere, sondern auch die mittlere Generation der kirgisischen Schriftsteller gelernt. Die Schriftsteller der älteren Generation wie AALY TOKOMBAEV (* 1904), KASYMALY BAJALINOV (* 1904) oder DŽAKI BOKONBAEV (1910–1944) schrieben nur ab und zu auch einmal für Kinder. In den fünfziger Jahren traten dann die ersten spezifischen Kinderbuchautoren auf, darunter AIYM AITBAEVA (* 1917), MUSSA DŽANGASIEV (* 1921) und ŠUKURBEK BEIŠENALIEV (* 1928).
BEIŠENALIEVS Buch „Rogatyj jagnënok" wurde im Jahre 1976 in die Hans-Christian-Andersen-Ehrenliste aufgenommen. Die Erzählung „Belyj parochod" des kirgisischen Prosaikers ČINGIS AITMATOV (* 1928) ist das Drama eines Kindes, das auf Grausamkeit und Unverständnis der Erwachsenen trifft. Die Erzählung ist mit bemerkenswerter künstlerischer Kraft gestaltet. Heute wirken an der Kinderliteratur Kirgisiens viele Schriftsteller mit, deren Bücher von dem Verlag „Mektep" in der Hauptstadt der Republik herausgegeben werden.
Zu der nach der Oktoberrevolution entwickelten Kinderliteratur gehört auch die usbekische. Fragen der Kindererziehung interessierten schon immer die bedeutendsten usbekischen Autoren. Fast jeder von ihnen hat einige Werke über Kinder und für Kinder verfaßt. Im Usbekistan der dreißiger Jahre entstand und festigte sich eine Gruppe von Schriftstellern, die ihr Talent und ihr Schaffen den Kindern widmeten. Beiträge zur Entwicklung der usbekischen Kinderliteratur leisteten vor allem SAFAR DIJAN (1912–1946) und SULTAN DŽUNRY (1910–1943) und der Klassiker der sozialistischen usbekischen Literatur KUDDUS MUCHAMMADI (* 1907) und sein Schüler PULAT MUMIN (* 1922). Das Anwachsen der usbekischen Kinderliteratur ist mit dem Namen der Autoren GAFUR GULJAM (1903–1966), CHAKIM NASIR (* 1915), GAIRATI (1902–1972), SCHUKUR SAGDULLY (* 1912) und RACHMAT FAISI (* 1918) aufs engste verbunden. In allen Teilen der Sowjetunion wurden in den letzten Jahren Autoren wie LATIF MACHMUDOV (* 1934), MIRMUCHSIN (* 1921), der Verfasser lustiger Kindergeschichten FARCHAD MUSSADŽANOV (* 1933) und CHUBAIBERDY TUCHTABAEV (* 1933)

bekannt. Besonders populär ist TUCHTABAEVS Märchenerzählung „Volšebnaja šapka". Die Kinderliteratur Usbekistans hat im Laufe von fünfzig Jahren den Weg von der mündlich weitererzählten Volksliteratur über die ersten Lehrbücher bis hin zu dem modernen Kinderbuch gefunden, das das Leben der Kinder in Usbekistan und in der Sowjetunion realistisch widerspiegelt.
Die moldauische Literatur ist die jüngste unter den nationalen Literaturen der UdSSR. Die Quellen der moldauischen Kinderliteratur sind die reiche bessarabische Folklore, die Klassiker des 19. Jahrhundert, aber auch das heutige Leben in der Republik und in der ganzen Welt. Zur Zeit verfassen etwa vierzig Autoren Kinderbücher in der moldauischen Sprache. Jährlich erscheinen im Verlag „Lumina" bis zu 100 neue Kinderbücher in Moldauisch. Zu den bekanntesten moldauischen Kinderschriftstellern gehören heute EMILIAN BUKOV (* 1909), SPIRIDON VANGELI (* 1932), GRIGORE VIERU (* 1935), ELENA DAMIAN (* 1928), RAISSA LUNGU (* 1928), LIVIU DAMIAN (* 1935), LIVIU DELJANU (1911–1967) und VITALIE FILIP (* 1930).
Um eine echte Vorstellung von der Kinderliteratur der Völker der U. zu bekommen, müßte man noch weitere Nationalliteraturen aufführen. Viele davon – die tatarische, jakutische, burjatische, karelische, tschuwaschische, mordowische – können als echte Literaturen mit einer langen Tradition, mit vielen Autoren und ganzen Bibliotheken in der Nationalsprache geschriebener Bücher gelten. Es gibt allerdings auch einige kleinere Völker, die nur einzelne Schriftsteller kennen. Der Volksstamm der Niwchi, die im Fernen Osten leben, zählt nur rund 4000 Menschen. Der einzige Schriftsteller dieses Volkes – VLADIMIR SANGI (* 1935) –, schreibt Gedichte, Märchen, Erzählungen und Romane für Kinder und Erwachsene. Zuerst schrieb er nur Niwchisch, später in der Muttersprache und in der russischen Sprache. In letzter Zeit schreibt er vorwiegend russisch. Inhalte und Stil seiner Werke bleiben jedoch dem niwchisischen Volkscharakter verhaftet.
Das ugro-finnische Volk der Mansi, das im Norden des Urals lebt, zählt nur 6000 Menschen, trotzdem erscheinen Bücher in der Mansi-Sprache. Mansijisch schreibt für Kinder und Erwachsene JUVAN ŠESTALOV (* 1937). Er übersetzt seine Bücher auch selbst ins Russische. Viele Erzählungen für Kinder schrieb der Tschuktscha JUIR RYTCHEU (* 1930). In seinen Büchern beschreibt er das Eismeer, den Eisbären, die ärmliche Tundra in Tschukotka, das Leben mutiger junger Fischer, Jäger und Rentierzüchter. Man liest seine Bücher nicht nur in den tschukotischen Schulen, sondern in der ganzen Sowjetunion und weit über ihre Grenzen hinaus.
Anerkannt und manchmal über die U. hinaus bekannt sind eine Reihe von Kinderbuchautoren kleinerer Völker. Dazu gehören der Mordwine JAKOV PINJASOV (* 1914), die tatarischen Autoren MUSA DŽALIL (1906–1944) und ŠAUKAT GOLIEV (* 1928), die jüdischen Schriftsteller LEV KVITKO (1890–1952) und OVSEJ DRIS (1908–1971), der Jakute SEMJON DANILOV (* 1917), der Lake NURATDIN JUSSUPOV (* 1931), der Osete KUDSAG DSESSOV (* 1905), der Balkare MAKSIM GETTUEV (* 1917), die Kalmücken ALEKSEJ BALAKAEV (* 1928) und DAVID KUGULTINOV (* 1922), der nanaische Schriftsteller GRIGORI CHODŽER (* 1929), der Mordwine NIKUL ERKAI (* 1906), der Karelier JAAKKO RUGOEV (* 1918), die baschirischen Schriftsteller ANVER BIKČENTAEV (* 1913) und MUSTAI KARIM (* 1919), die Tschetschenin RAISSA ACHMATOVA (* 1930), der kabardinische Schriftsteller ALMIN KEŠOKOV (* 1914), der Tschuwasche JAKOV USSAI (* 1911), der darginische Autor RAŠID RAŠIDOV (* 1928), der adygeische Schriftsteller KIRIMISE ŽANE (* 1919) und der Burjate DAMBA ŽALSARAEV (* 1925).

Gattungen und Arten der Kinderliteratur. STANISLAVSKIJ sagte einmal, daß alle Theaterstücke gut seien, mit Ausnahme der langweiligen. Diese Worte treffen auch auf die Kinderliteratur zu. Ein Kinderbuch muß interessant und spannend sein – das ist die erste Forderung, die Kritiker und Leser an das sozialistische Kinderbuch stellen. Das Buch muß den Leser, für dessen Alter es geschrieben ist, hinreißen. Ein unverständliches oder langweiliges Buch ist ein totes Buch. Die zweite Forderung an das Buch ist die der Wahrheit. Das Kinderbuch ist ein Fenster in die Welt. Die Gläser in diesem Fenster dürfen weder rosa gefärbt noch dunkel oder krumm sein. Die Kinder müssen die Welt im Buch so sehen, wie sie wirklich ist. Die dritte Forderung an den sowjetischen Schriftsteller ist eine progressive, humanistische Haltung. Der Schriftsteller beschreibt das Leben, wie es in Wirklichkeit ist. Er darf aber kein passiver Zuschauer sein, er muß eindeutig Stellung beziehen. Er hat dem Kind zu erklären, was gut und was schlecht ist, er muß zur Liebe zum Guten und zum Haß auf das Böse erziehen. Die letzte, aber mit die wichtigste Forderung ist die künstlerische Einheit als Ergebnis der Fähigkeiten, lebhaft und spannend schreiben zu können und Verständnis für das Denken und Fühlen des Kindes zu besitzen.
Da die Comics den genannten Forderungen nicht entsprechen, fehlen sie praktisch in der sowjetischen Kinderliteratur. Auch die vorrevolutionäre russische Kinderliteratur kannte keine Comics. Es gibt in der U. keine Comic-Books, wohl aber in Kinderzeitschriften kurze lustige Bildergeschichten. Die ablehnende Haltung zu den Comics hat allerdings die Wertschätzung des Bilderbuches in der UdSSR nicht beeinträchtigt.
Das Bilderbuch wird in der UdSSR als echte Kunstform angesehen. Prinzipien des sowjetischen Bilderbuches sind ein kurzer aber in künstlerischer Hinsicht ausdrucksvoller und aussagekräftiger Text sowie Illustrationen, die den hohen ästhetischen Ansprüchen genügen und die geeignet sind, den Geschmack und die Phantasie des Kindes zu fördern. Auf die Entwicklung des modernen Bilderbuches haben die Überlegungen und Aussagen von MARŠAK und ČUKOVSKIJ über die spezifischen Erfordernisse der Literatur für die Kleinsten einen großen Einfluß ausgeübt. „Das erste Gebot für ein Kindergedicht", meinte ČUKOVSKIJ, „besteht darin, daß unsere Gedichte graphisch orientiert sein

müssen, das heißt in jeder Strophe muß der Maler Material für die bildliche Darstellung finden, weil für die Denkweise der Kinder die Anschaulichkeit vorherrschend ist. Gedichte, mit denen der Illustrator nichts anfangen kann, sind für Kinder unbrauchbar. Der für das Kleinkind Schreibende muß sozusagen in Bildern denken." Das zweite von ČUKOVSKIJ aufgestellte Gebot hängt mit dem ersten eng zusammen: Die Figuren müssen im Gedicht häufig wechseln. Eine solche Textbehandlung, die jetzt allgemein gehandhabt wird, erleichtert die Arbeit des Verlegers und Illustrators von Bilderbüchern. Fast jedes Gedicht, jede Erzählung oder jedes Märchen, die für Vorschulkinder geschrieben sind, können als Bilderbuch herausgegeben werden. In der U. lassen sich drei Arten von Bilderbüchern voneinander unterscheiden: das gewöhnliche Bilderbuch, das Prachtbilderbuch und das dem Spielzeug verwandte Spielbuch. Die gewöhnlichen Bilderbücher sind dünn, sie enthalten etwa 20 bis 30 Seiten; oft besitzen sie großes Format und sind broschiert mit einem Papierumschlag mit vielfach ganzseitigen Bildern und mit gemaltem oder gedrucktem Text in großer Schrift. Obwohl die Illustrationen von den besten Künstlern erstellt werden, sind die Bücher sehr billig. Prachtausgaben, meistens als Geschenke für besondere Anlässe gedacht, können 150 bis 200 Seiten dick werden, gehen gewöhnlich aber nicht über 50 Seiten Umfang hinaus. Sie haben einen steifen mit Stoff oder Cellophan bezogenen Umschlag. Die Qualität des Papiers dieser Bücher ist etwas besser als in gewöhnlichen Bilderbüchern. Bilderbücher sind für Kinder vom ersten bis zum fünften Lebensjahr bestimmt. Der Text kann in solchen Bilderbüchern gänzlich fehlen. Die Spielbücher können als Leporello, als zu öffnender Bilderbuchschirm, als solche mit Reliefdarstellung oder als Kulissenbilderbuch angelegt sein. Es gibt Bücher, die in der Form von Puppen oder Tieren ausgestanzt sind. Es gibt keine genaue Grenze zwischen einem Bilderbuch und einem illustrierten Buch. Schon bei den Büchern für ältere Vorschulkinder und denen für Kinder, die die ersten Jahrgänge der Grundschule ausmachen, gibt es viele Übergangsformen, bei denen das Verhältnis vom Text zur Illustration etwa 1:1 ist.

Die populärste Gattung ist auch noch heute das Märchen. Um die Mitte der zwanziger Jahre unternahmen einige Pädagogen und Kinderbuchtheoretiker einen echten „Kreuzzug" gegen das Märchen. Märchengegner sahen in dieser Gattung eine Gefahr für die Entwicklung des Kindes, da Märchen sein Verhältnis zu dem realen Leben erschwere. Letzten Endes siegten aber die Anhänger des Märchens, zu denen auch GORKIJ, MAKARENKO und ČUKOVSKIJ gehörten. Die Hauptargumente für die Verteidigung des Märchens waren sein Einfluß auf die Entwicklung der kreativen Phantasie des Kindes und seine moralisch-erzieherische Bedeutung.

In der Sowjetliteratur entwickelten sich zwei Typen von Märchen: solche, die auf der Volksüberlieferung beruhen, wie z.B. die „Russkie skazki" von ALEKSEJ TOLSTOJ oder die „Nivchskie skazki" von V. SANGI und daneben die Kunstmärchen, die meistens eigenständige Erfindungen der Autoren darstellen, manchmal aber auch auf literarische Vorlagen zurückgreifen. Eine Weiterentwicklung des Märchens stellt das phantastische Kinderbuch dar. Zahlreiche Kindermärchen erscheinen auch dramatisiert, Theaterstücke von EVGENIJ ŠVARC (1896–1958) „Golyj korol" und „Snežnaja koroleva" nach H. CHR. ANDERSEN. Märchenhafte Erzählungen sind auch die Geschichten „Zolotoj ključik ili Priključenija Buratino", nach den Motiven „Pinocchios Abenteuer" von COLLODI, das Märchen „Doktor Aibolit" von ČUKOVSKIJ, in dem einige Motive aus LOFTINGS „Doktor Dolittle" auftauchen und andere. Mit wenigen Ausnahmen – „Tri tolstjaka" von JURIJ OLEŠA (1899–1960) – entfernen sich die sowjetischen Märchen von den Grundsituationen der früheren Märchen, deren Handlung sich in Märchenreichen abspielt, deren Helden Könige, Prinzessinnen, Hirten und arme Mädchen waren. Heute treten in den Märchen anstelle der schönen Prinzessinnen und Zarensöhne einfache Mädchen und Jungen auf, sind beseelte Maschinen und vermenschlichte Tiere Handlungsträger und spielt die Handlung in unserer Zeit in einer Alltagssituation, wie sie die jungen Leser in ihrem Dorf oder ihrer Stadt, dem Sommerlager oder zu Hause kennen. Für die kleinsten Kinder schreibt man kurze Märchen in Gedichtform oder in Prosa, die eine dynamische Handlung besitzen, eine einfache Sprache wählen und eine klare moralische Schlußfolgerung besitzen. Beispiele dafür sind die Märchengedichte von MARŠAK und ČUKOVSKIJ, die Märchen von GORKIJ „Vorob'iško", „Samovar" und die Märchen von A. GAJDAR („Gorjačij kamen'", „Skazka o Malčiše Kibalčiše") und KATAEVS „Cvetik-semicvetik".

Eine besondere Art belehrender Erkenntnismärchen bilden die Märchen von EVGENIJ PERMJAK (* 1902). Auf Märchenmotive aus der Volksdichtung der verschiedenen Völker der U. greift VIKTOR VAŽDAEV (1908–1978) zurück. Für größere Kinder gibt es längere Märchenerzählungen und phantastische Romane, in denen verschiedenartige Helden und Abenteurer auftreten und die mit einer reichen Fabel ausgestattet sind. Als klassisches Beispiel eines solchen phantastischen Buches kann „Starik Chottabyč" von LASAR LAGIN (* 1903) genannt werden. In dieser Geschichte werden die spannenden und unwahrscheinlichen Abenteuer von zwei sowjetischen Schülern und einem Dschinn aus den arabischen Märchen, der aus Zufall in unsere Tage geraten ist, berichtet. Sehr populär sind die phantastischen Romane von ALEKSANDR VOLKOV (1897–1977). Sein erster Roman „Volšebnik Izumrudnogo goroda" (1939) war eine Umarbeitung einer Erzählung des amerikanischen Schriftstellers F. L. BAUM „The wonderful wizard of Oz" (1900). In weiteren Folgen ließ VOLKOV die Helden des ersten Romans wieder aufleben und fügte neue Gestalten hinzu („Urfin Džus i ego derevjannye soldaty", „Sem' podsemnych korolej", „Ognennyj bog marranov"). Das Kunstmärchen oder die phantastische Erzählung gestatten eine breite Themenvielfalt und großen Formenreichtum. Manchmal

erinnern solche Erzählungen an ironische Parodien auf utopische Romane („Priključenija Neznajki", „Neznajka v Solnečnom gorode", „Neznajka na Lune" von N. Nosov; „Prodavec priključenij", „Vlastitel' okeana" von G. Sadovnikov). Nicht selten besitzen solche märchenhaften Erzählungen Ähnlichkeit mit dem Abenteuerroman („Moj deduška – pamjatnik" von V. Aksënov). Weit verbreitet sind auch Sacherzählungen in märchenhaftem Gewand, so erscheint die durch das Mikroskop gesehene Insektenwelt in der phantastischen Erzählung von Jan Larri („Neobyknovennye prikljućenija Karika i Vali"), die schon seit 40 Jahren populär ist.
Tief poetisch und eng mit der Natur verbunden ist das Märchen „Kladovaja solnca" von Michail Prišvin (1883–1954). Die märchenhaften Erzählungen der letzten Jahre zeichnen sich besonders durch die Vermischung von ganz gewöhnlichen Geschehnissen mit außerordentlichen Begebenheiten aus: „Skazka o vetre v bezvetrennyj", „Neisvestnyj s chvostom" und „Na starom čerdake" von Sofja Prokofeva (* 1928); „V strane večnych kanikul" von A. Aleksin; „Učitel' Tak-Tak i ego raznocvetnaja škola" von J. Akim; „Krokodil Gena i ego drus'ja", „Garantijnye čelovečki" von Eduard Uspenskij (* 1938); die Kunstmärchen von G. Ball, G. Demykina, B. Gubarev, K. Saja, B. Petkjavičius, B. Čally und M. Pljackovskij.
Die großen Erfolge der sowjetischen Kinderpoesie sind vor allem mit den Namen K. Čukovskij, S. Maršak und W. Majakovskij verbunden. Jeder von ihnen hat auf seine Weise von den russischen Klassikern (Puškin, Nekrasov) und vom Volkslied gelernt. Ihre prinzipielle Neuerung bestand darin, daß sie auch von den Kindern selbst, von der neuen Realität dazugelernt haben. Ohne Zweifel hat die sowjetische Kinderpoesie den Themenkreis für Kindergedichte sehr erweitert. Sie hat die Teilung in Themen „für Kinder" und solche „nicht für Kinder" aufgegeben. Alles, was Kinder im wirklichen Leben sehen und hören, alles, was sich so ihre Phantasie ausmalen kann, kann in einem Kindergedicht seinen Ausdruck finden. Die neuen sozialistischen Kindergedichte begannen in einer hochpoetischen Sprache über wichtige moralische, gesellschaftliche und politische Begriffe, über die Kompliziertheit des menschlichen Charakters und der menschlichen Verhältnisse zu reden. Aber damit sie für das Kind interessant bleiben und den kleinen Leser auch emotional ansprechen, müssen sie an die Seele des Kindes appellieren und ihnen innerlich verwandt sein. Gerade auf der Suche nach solchen Verbindungen zwischen dem Gedicht und dem jungen Leser/Hörer zielen die Gebote hin, die Čukovskij in seinem Buch „Ot dvuch do pjati" formuliert hat. In den zwanziger Jahren erschienen erste Gedichte von Daniil Charms (Juvačov, 1905–1937) und Agnija Barto (* 1906). Mit Charms ist in der sowjetischen Poesie ein grotesker, exzentrischer Stil verbunden. Von ihm stammt auch die klassische Nachdichtung von Wilhelm Buschs „Plisch und Plum" (russischer Titel „Plich i Pluch"). Agnija Barto, die der Kinderpoesie ein halbes Jahrhundert ihres Schaffens gewidmet hat, ist zu einer unübertroffenen Chronistin der Kinderwelt geworden. In ihren Gedichten kommt ein satirischer Zug vor. Obwohl Barto nicht moralisiert und predigt, haben ihre Gedichte immer eine pädagogische Intention. Die erzieherische Wirkung wird nicht durch trockene Belehrung erreicht, sie spricht vielmehr aus der Haltung und dem Handeln ihrer Helden bei gegebenen Lebenssituationen. Barto hat die sprachlichen und rhythmischen Möglichkeiten des klassischen Kindergedichts bedeutend erweitert. Der Einfluß ihrer Kindergedichte auf alle sowjetischen nach 1918 geborenen Kinder spiegelt sich auch im Schaffen vieler bekannter Autoren wider (E. Evtušenko, B. Achmadulina, J. Moric und andere).
In der zweiten Hälfte der dreißiger Jahre begann die literarische Tätigkeit von Sergej Michalkov (* 1913). Seine damals geschriebenen Gedichte überraschen uns noch heute durch ihre Neuartigkeit, ihre Aufrichtigkeit und das Eingehen auf die kindliche Sprache. Im Laufe von vierzig Jahren hat Michalkov eine ganze Bibliothek poetischer Kinderbücher geschaffen. Darunter finden sich viele lustige, aber auch lyrisch-besinnliche Gedichtbände. Michalkov steht in der Nachfolge der bürgerlichen und sozialistischen Poesie von Nekrasov und Majakovskij. In den zwanziger Jahren und auch in den dreißiger Jahren verfaßten folgende Autoren Kindergedichte: Vera Inber (1890–1972), Nikolaij Tichonov (* 1896), Sinaida Aleksandrova (* 1907), Elena Blaginina (* 1903) und Jurij Vladimirov (1909–1930). Jedes vierte in der UdSSR herausgegebene Kinderbuch ist ein Gedichtband. Jede Völkerschaft in der U. hat ihre bewährten Kinderbuchautoren. Es gibt jedoch nur wenige Autoren, die mit ihren Dichtungen eine eigene, nicht wiederholbare Welt schaffen, in die sich Kinder voller Freude und Hoffnung hineinbegeben. In den Nachkriegsjahren gehören dazu vor allem J. Korinec (* 1927), Irina Tokmakova (* 1931), Georgij Ladonščikov (* 1916), Emma Moškovskaja (* 1929), Valentin Berestov (* 1928), Mark Sergeev (* 1926), Igor Masnin (* 1936) in Rußland; Bogdan Čly und Mikolas Syngaevskij in der Ukraine; Grigore Vieru in der Moldau; Martinal Vainilaitis in Litauen und viele andere. Es ist kennzeichnend für die Verbundenheit der sowjetischen Kinderbuchautoren untereinander, daß sie sich, auch wenn sie ganz verschiedenen Nationalitäten angehören, gut kennen und gegenseitig übersetzen. Auf diese Weise findet eine gegenseitige Befruchtung statt. Die Mehrheit der Kindergedichte wird für die jüngeren Kinder geschrieben. Die Vorstellung, daß sich ältere Kinder Gedichten gegenüber gleichgültig verhielten, hat sich in der UdSSR allerdings nicht bestätigt. Viele Gedichte für Jugendliche wurden von A. Barto und J. Korinec und anderen Autoren verfaßt und finden großen Anklang.
Abenteuerbücher gehören auch heute zu der beliebtesten Lektüre von Kindern jeden Alters. Die einmaligen Ausgaben der populären Serie „Biblioteka priključenij i naučnoj fantastiki" schwanken zwischen 100000 und

400000 Exemplaren pro Auflage. Trotz der hohen Auflagen sind diese Titel in den Buchhandlungen fast nie zu haben, da sie nach der Auslieferung sofort abgesetzt werden und in kurzer Zeit vergriffen sind. Neben dieser Serie gibt es weitere Abenteuerbücher.

In den Nachkriegsjahren brachte der Verlag „Detskaja Literatura" zwei zwanzigbändige Reihen von Abenteuerbüchern in russischer Sprache heraus. Die erste Reihe erschien in den fünfziger, die zweite in den sechziger Jahren. Jede Reihe brachte es auf 300000 Exemplare. Diese Reihen enthielten sowohl Werke russischer als auch ausländischer Autoren, darunter auch zahlreiche Jugendbuchklassiker. Die Titel geben auch Aufschluß über Traditionen, denen sich die sowjetischen Jugendbuchautoren verpflichtet fühlten. Da sind die Abenteuererzählungen von J. F. COOPER, MAYNE REID, JACK LONDON, R. L. STEVENSON, R. KIPLING, G. R. HAGGARD und R. SABATINI zu finden. Die frühen sowjetischen Abenteuerbücher entstanden noch nach dem Schema der Abenteuerliteratur des 19. Jahrhunderts. Die bekanntesten davon waren „Krasnye djavoljata" (1923) von PAVEL BLJACHIN (1887–1961), „Makar-Sledopyt" (1925) von L. OSTROUMOV, „Dni boevye", „Prikljunija Li-Sjao" und „Čjornyj voždij" von SERGEJ AUSLÄNDER (1888–1943). Auch der junge GAJDAR erlag zunächst der Versuchung, die gängigen Abenteuerschemata aufzugreifen. Dies trifft auf seine frühen Erzählungen „Žisnj ni vo čto" (1925) und „Vsadniki nepristupnychgor" (1927) zu. Später verhinderte er die Neuherausgabe dieser Bände. Inhaltlich waren diese Bücher zwar neu, ging es doch um die Teilnahme Halbwüchsiger an der Revolution, an Kriegen und an den Befreiungskämpfen unter Kolonialherrschaft stehender Völker. Die noch recht primitive Form der Texte, die Unmotiviertheit der Gefühle und des Handelns der Helden, viele künstlich geschaffene Situationen verhindern eine positive Beurteilung dieser abenteuerlichen Erzählungen.

Etwa zur gleichen Zeit, als die Erzählungen erschienen, lieferte die Epoche der Revolution und des Bürgerkrieges, die Zeit des „Kriegskommunismus" ein breites, authentisches Material für realistische Abenteuerbücher. Solche Bücher erschienen nun auch. Da war die Erzählung von A. GAJDAR „RWS" (1926), die Erählungen von SERGEJ GRIGOR'EV (1875–1953) „S meškom za smertju" (1924) und „Tajna Ani Gaj" (1925), die Erzählung „Zelënyj furgon" (1938) von ALEKSANDR KOSAČINSKIJ (1903–1943) und viele andere. Ein klassisches Werk der sowjetischen Abenteuerliteratur ist bis heute der zweibändige Roman „Dva kapitana" von VENIAMIN KAVERIN (* 1902) geblieben. Der erste Band erschien 1938, der zweite 1944. Der Hauptheld dieses Romans, Sanja Grigor'ev, wurde für Millionen junger Leser zum Symbol der Menschenliebe, der Treue und der Kameradschaft. Vor allem die romantische Liebe des Helden zu Katja Tatarinova, eine Liebe, die schon in der Kindheit aufkeimte und alle Schwierigkeiten überwindet, zog immer wieder junge Leser an. Der Roman lebt zwar weiterhin von gefährlichen Situationen, von geheimnisvollen und unerwarteten Verwicklungen, von glücklichen oder verhängnisvollen Zufällen. Trotzdem besitzt er die Überzeugungskraft eines Dokuments, aus dem der junge Leser eine realistische Vorstellung über wichtige Entwicklungen des russischen Lebens vom Beginn des 20. Jahrhunderts bis in die vierziger Jahre hinein gewinnen kann.

Der wohl populärste Autor von Abenteuerbüchern war ALEKSANDR GRIN (1880–1932). Die Handlung seiner Romane spielt in einer phantastischen exotischen Welt, die geographisch an die Gegenden um das Mittelmeer erinnert. Die Helden der Erzählungen sind psychologisch überzeugend, die humanistische Haltung des Autors auch noch heute ansprechend. In den Abenteuerromanen „Alyje parusa" (1923), „Begušjaja po wilnam" (1928), „Doroga nikuda" (1930), „Solotaja zepj" (1925), „Blistajüšij mir" (1923) und insbesondere in seinen zahlreichen Erzählungen, die bei Jugendlichen besonders gut ankommen, verstand es GRIN, den Lesern seine Überzeugung, daß alles Schöne und Gute in der Welt ausschließlich vom Willen der aufrichtigen, ehrlichen und tapferen Leute abhänge, zu vermitteln.

Mehr als sechzig Auflagen in dreißig Sprachen erlebt die Erzählung „Kortik" (1948) von ANATOLI RYBAKOV (* 1911), die von den Abenteuern des zwölfjährigen Miška Poljakov und seiner Freunde Anfang der zwanziger Jahre berichtet. Der Erfolg dieser Erzählung hatte zwei genau so interessante Fortsetzungen zur Folge „Bronzovaja ptiza" (1956) und „Vystrel" (1975). Die Trilogie RYBAKOVS gehört nach allgemeiner Auffassung der Kritik zu den besten Leistungen auf dem Gebiet der Abenteuererzählung. Über die Bedeutung solcher Werke schreibt EKATERINA STARIKOVA, die Verfasserin einer Rybakov-Biographie: „Das Lesen guter Abenteuerbücher in der Kindheit kann vor dem philisterhaften Hang zur Langeweile bewahren ... Ein Abenteuerbuch fördert das Interesse für das Außergewöhnliche." Seit dem Ende der fünfziger Jahre erscheinen in der sowjetischen Kinderliteratur neben traditionellen Abenteuerbüchern, die zumeist von dem ungewöhnlichen Schicksal des mutigen Helden handeln, auch Kriminalgeschichten. Bei Abenteuerbüchern ist es immer schwierig, die Grenze zwischen Erwachsenen- und Kinderliteratur zu bestimmen. Die bedeutendsten Autoren von Abenteuerbüchern sind sowohl bei den jungen Leser wie auch bei den Erwachsenen populär. Dazu gehören unter anderem JULIAN SEMËNOV (* 1931), LEONID PLATOV (* 1904), NIKOLAJ TOMAN (1911–1973), VIKTOR DELL (* 1930), ALEKSANDR KULESOV (* 1922), GRIGORIJ FEDOSEEV (1899–1968) und VLADIMIR BELJAEV (* 1907).

Die Ereignisse des großen Vaterländischen Krieges (1941–1945) lieferten Stoff für viele Abenteuererzählungen von Schriftstellern wie G. BRJANCEV, G. MEDVEDEV, V. VOËVODIN und B. VASILEV. Ehrlichkeit und humane Gesinnung kennzeichnen auch die Sphäre des sowjetischen Abenteuerbuches. Indem es eine einseitige Gewaltideologie ablehnt, lobt das sowjetische Abenteuerbuch eine Heldentat, wenn diese aus Edelmut und Menschlichkeit vollbracht wurde.

Der Abenteuerliteratur verwandt ist die Gattung Science Fiction. Ein Vorbild für die sowjetischen Verfasser von Science Fiction-Erzählungen war schon immer Jules Verne. Auch bei dieser Gattung läßt sich, wie beim Abenteuerbuch, nur schwer eine Altersgrenze ziehen. Doch lassen sich deutlich zwei Strömungen unterscheiden. Die erste neigt mehr den Konzeptionen von J. Verne, die zweite der Grundhaltung von H. G. Wells zu. Für die erste Strömung steht das technisch-wissenschaftliche Moment im Vordergrund, die zweite ist mehr gesellschaftspolitisch ausgerichtet. Sicher ist es kein Zufall, daß am Beginn des technisch-utopischen Romans in der U. der Begründer der Kosmonautik Konstantin Ciolkovskij (1857–1935), der in einer Reihe von Erzählungen das Thema der Weltraumflüge aufgriff, und der Akademiker Vladimir Obručev (1863–1956), der in den Romanen „Plutonija" und „Zemlja Sannikowa" die Entstehungsgeschichte der Erde rekonstruierte, standen. Für die Vertreter der Richtung von Wells war die Gattung Science Fiction nicht so sehr der Versuch, wissenschaftliche Entwicklungen in die Vergangenheit oder die Zukunft zu projizieren, als vielmehr der Anlaß, die gegenwärtigen Verhältnisse kritisch zu analysieren. In diese Richtung gehen auch die Romane „Aelite" (1923) und „Giperboloid inženera Garina" (1927) von Aleksej Tolstoj (1882–1945), die seit einem halben Jahrhundert populär geblieben sind, oder die zahlreichen Romane des schon zum Klassiker gewordenen Autors Aleksandr Beljaev (1884–1942). A. Beljaev erhielt eine juristische und musikalische Ausbildung. Bevor er Schriftsteller wurde, betätigte er sich als Schauspieler, Erzieher in einem Kinderheim, Bibliothekar und in anderen Berufen. Seinen ersten Roman „Golova professora Douelja" veröffentlichte Beljaev 1925. Weitere Romane von diesem Autor sind „Ostrov pogibšich korablej", „Čelovek-amfibija", „Nad bezdnoj", „Bor'ba v efire", „Pryžok v ničto", „Zvezda KEZ", „Čudesnoe oko", „Ariel" und andere. Beljaev wurde auch als Theoretiker der Science Fiction-Literatur bekannt. Die besten Bücher von Beljaev sind durch ihre wissenschaftliche Fundierung, eine unterhaltende Story, reiche Phantasie, viel Humor, die sozialistische Grundeinstellung und die psychologisch differenzierte Darstellung der gezeichneten Handlungsträger charakterisiert. Einen wichtigen Beitrag zur Gattung Science Fiction leisteten auch Georgi Adamov (1886–1945), Aleksandr Kazancev (* 1906), Vladimir Nemcov (* 1907) und besonders Ivan Efremov (1907–1972). I. Efremov, ein berühmter Geologe, Biologe und Paläontologe, trat als Verfasser von Science Fiction-Erzählungen Mitte der vierziger Jahre auf, als er schon über fünfzig wissenschaftliche Abhandlungen geschrieben hatte. Die erzählerische Meisterschaft dieses Autors beeindruckte schon Tolstoj, der an Efremovs Erzählungen die „Ehrlichkeit zum Ungewohnten" lobte. Zu den besten Werken des Autors gehören der zweiteilige Roman „Na kraju Ojkumeny" und „Putešestvie Baurdžeda", der die naiven Wertvorstellungen der alten Griechen und Ägypter rekonstruiert, der in mehr als dreißig Sprachen übersetzte utopische Roman „Tumannost' Andromedy" und der Roman „Čas byka".

Von den Science-Fiction-Autoren der Nachkriegsgeneration sind vor allem die Gebrüder Arkadi (* 1925) und Boris (* 1933) Strugatzki besonders populär. Interessante Arbeiten stammen auch von Eremej Parnov (* 1935), Sergej Abramov (* 1944), Karen Simonjan (* 1938) und Jurij Typicyn.

Eine eigenartige Entwicklung hat im Laufe der letzten fünfzig Jahre die historische Erzählung genommen. Bis 1917 gehörten historische Kinderbücher mehr zu den Sachbüchern als zur Belletristik. Die historische Erzählung für Kinder, die sich nach der sozialistischen Revolution entwickelte, hatte eine neue und schwere Aufgabe, nämlich geschichtliche Wahrheit mit künstlerischem Anspruch in erzählende Prosa umzusetzen. Gleichzeitig ergab sich eine Neuorientierung im Hinblick auf die Helden der neuen geschichtlichen Erzählung. Während in den alten historischen Werken der Zar Alexander I., der Feldherr Kutusov, Offiziere und Adelige als Helden des Krieges von 1817 geschildert wurden, während dem Zaren und dem Adel treu ergebene Bauernmassen nur als Statisten auftraten, so ging es jetzt darum, die Fehler des Zaren und das fehlende Feldherrentalent Kutusovs aufzuzeigen, das adelige Milieu wirklichkeitsgerecht nachzuzeichnen und den Befreiungskrieg Rußlands gegen Napoleon als das vorzustellen, was es wirklich war, ein Volkskrieg. Wenn in älteren historischen Darstellungen die Führer der Bauernwiderstände Razin (17. Jahrhundert) oder Pugačov (18. Jahrhundert) als blutrünstige Räuber und verbrecherische Rebellen dargestellt wurden, so zeigten nun die sozialistischen Kinderbuchautoren diese Männer als Volkshelden, als Kämpfer für soziale Gerechtigkeit, für die Freiheit der Arbeiter und Bauern. Dabei verschweigt das historische Kinderbuch in der U. keineswegs die positiven Leistungen geschichtlicher Persönlichkeiten wie die des Zaren Peter I., des Generals Suvorov, des Fürsten Menschikow, des Fürsten Alexandr Nevskij, von Dmitrij Donskoj und anderen. Diese Ehrlichkeit der historischen Berichterstattung zeigt sich nicht nur im Rahmen der nationalen Geschichte, sondern auch bei der Schilderung von Entwicklungen innerhalb der Weltgeschichte. Zu den bedeutenden historischen Kinderbuchautoren gehört Sergej Grigor'ev, Autor der historischen Erzählungen und Romane „Malčij bunt" (1925), „Aleksandr Suvorov" (1939), „Malachov kurgan" (1941) und „Pobeda morja" (1945).

Dank der Arbeit vieler talentierter Verfasser entstand im Laufe eines halben Jahrhunderts ein umfangreicher Vorrat an historischen Erzählungen und Romanen, die gemeinsam ein beeindruckendes und anschauliches Bild der wichtigsten historischen Ereignisse der Welt bieten. Die Geschichte Rußlands ist besonders eingehend behandelt, während die Geschichte anderer Länder vielfach aus Übersetzungen übernommen wurde, wobei oft der Standpunkt des Autors des Originalwerkes noch sichtbar ist. Zu dem Grundbestand der historischen Erzählung für Kinder gehören folgende Romane und Erzählungen: „Pod znamenem bašmaka", ein Roman über THOMAS MÜNTZER von AL. ALTAEV (1872–1959); „Gornyj zavod Petra Tretego", eine Erzählung über PUGAČOV von TATJANA BOGDANOVIČ (1873–1942); „Kitajskij sekret" über die Erfindung des Porzellans von ELENA DANJKO (1898–1942); „Salavat Julaev" über den Führer des baschkirischen Widerstandes im 18. Jahrhundert von STEPAN SLOBIN (1903–1967); „Ov Ochota na zarja" über russische Revolutionäre von LEONID SAVELEV (1904–1941); „Naša drevnjaja stoliza" über die Geschichte Moskaus von NATALIA KONČALOVSKAJA (* 1903); „Listy kamennoj knigi", die Geschichte Kareliens; diese Erzählung von ALEKSANDR LINEVSKIJ (* 1902) wurde in den USA ausgezeichnet; „Pëtr Pervyj" von ALEKSEJ TOLSTOJ; „Kjuchlja" über den Dekabristen KÜCHELBECKER und „Puškin" von JURIJ TYNJANOV (1894–1943); „Finikijskij korabl'", „Batyi", „Čingis-Chan" und andere Erzählungen von VASILIJ JAN (1875–1954); „Džek Solominka" über den Widerstand von WALT TYLER und „Velikoje plavanie", ein Roman über KOLUMBUS von SINAIDA ŠISOVA (* 1898). Eine ganze Bibliothek historischer Erzählungen für kleinere Kinder schuf SERGEJ ALEKSEEV (* 1922). In seinen Erzählungen „Istorija krepostnogo malčika", „Groznyj vsadnik", „Nebyvaloe byvaet", „Rasskasy o Suvorove i russkich soldatach", „Pticaslava", „Dekabristy", „Žiznj i smert' Grišatki Sokolova", „Bratiška", „Sto rasskasov is russkoj istorii" und viele andere wurden die Ereignisse und Persönlichkeiten aus der Geschichte Rußlands, von den sechziger Jahren des 17. Jahrhunderts an, dargestellt. Das Besondere an ALEKSEEVs Büchern sind auf der einen Seite ihre Quellentreue und ihre historische Sachlichkeit, auf der anderen Seite die einfache und für Kinder verständliche Sprache sowie die unterhaltende und spannende Erzählweise. Von der Eroberung des Urals und der Erschließung seiner reichen Bodenschätze berichten die einzigartigen Sagen von PAVEL BAŽOV (1879–1950). Hier vermischen sich geschichtliche Realität und legendenhafte Überlieferungen zu einem phantastischen Ganzen. Eine eigene Sparte der sozialistischen Kinderliteratur zu historischen Themen bilden die Kinderbücher über LENIN und seine Weggefährten, die darüber berichten, wie die große Oktoberrevolution 1917 vorbereitet und durchgeführt wurde. Aus der Menge dieser Erzählungen ragen wegen ihrer künstlerisch-ausdrucksvollen Gestaltung die Bücher von ALEKSANDR KONONOV (1895–1957), MICHAIL SOSČENKO (1895–1958), MARJA PRILEŽAEVA (* 1903), SOJA VOSKRESENSKAJA (* 1907), LENINs Schwester ANNA ULJANOVA-ELISAROVA (1864–1935) und GLEB KRŽIŽANOVSKIJ (1872–1959) hervor.

Den Hauptteil der erzählenden Kinderliteratur in der UdSSR machen die realistischen Erzählungen und Romane aus, die über den Alltag von Kindern berichten. Hier lassen sich drei Gruppen unterscheiden: Werke, die das Leben von Kindern vor der Revolution beschreiben; solche, die von Kindern berichten, die zu Augenzeugen und Teilnehmern der Oktoberrevolution und der Bürgerkriegsperiode geworden waren; Erzählungen von Kindern, die in der U. groß geworden sind. Fast alle Autoren der älteren Generation, deren Kindheit noch vor der Revolution lag, hielten es für ihre Pflicht, der neuen Generation davon zu berichten, wie das damalige Leben war, wie ungerecht die Kinder der Arbeiter- und Bauernschichten behandelt wurden, wie diese Kinder von kleinauf gezwungen waren, den Kampf für ihre Lebensexistenz zu führen und wie sie selbst, durch die Verhältnisse gezwungen, in die Reihen der Revolutionäre eintraten. Zwar erschienen ähnliche Bücher schon Anfang des 20. Jahrhunderts, wie „Deti podzemelja" von V. KOROLENKO, „Detstvo" (1913) und „V ludjach" (1916) von M. GORKIJ. Damals waren solche Bücher noch seltene Ausnahmen auf dem Hintergrund der weitverbreiteten pseudoromantischen, sentimentalen und die Wirklichkeit verfälschenden Kinderbücher. Nach der Revolution wurde die realistische Erzählung zu der vorherrschenden Gruppe innerhalb der sowjetischen Kinderliteratur. Ein wahrheitsgetreues und allseitiges Bild von Kindheitserlebnissen vor der Revlution findet sich in den Erzählungen „Detstvo Nikity" (1923) von A. TOLSTOJ, „Konduit" (1929) und „Švambranie" (1931) von L. KASSIL', „Doroga uchodit v dal'" von ALEKSANDRA BRUSTEIN (1884–1968), „Žisnj i priključenija zamoryša" von IVAN VASILENKO (1895–1968), „Detstvo Romaški" von VIKTOR PETROV (1902–1973), „Škola" von S. EINI, „Detstvo" von EIBEK (1905–1968), „Ozornik" von G. GULJAM, „Belejet parus odinokij" von V. KATAEV, „Serebrjanyj gerb" von K. ČUKOVSKIJ und vielen anderen.

Kinder und ihre Erlebnisse in der Übergangsperiode zur Revolution, der Zeit des Bürgerkrieges, der Periode der neuen Wirtschaftspolitik (NEP) mit allen die Zeit begleitenden dramatischen Ereignissen finden sich in den Erzählungen „Škola" (1930) von GAJDAR; „Taskent – gorod chlebnyj" (1923) von A. NEVEROV; „Respublika Škid" (1927) von G. BELYCH und L. PANTELEEV, in der Autobiographie L. PANTELEEVs „Lënka Panteleev" (1954); in ELENA VEREISKAJAS (1886–1966) „Tanja-revolucionerka"; „Nachalënok" (1925) und „Alëškino serdce" (1925) von M. ŠOLOCHOV, in den Erzählungen von S. GRIGOREV und in vielen anderen Erzählungen.

Eine besondere Charakteristik der dem Stoff gemäßen tragischen Werke über Kinder dieser Epoche ist das optimistische Weltempfinden der kleinen Helden. Wie düster auch die Wirklichkeit ist, die Freude am Leben, an der Sonne, am Wind, an den Farben und Düften der Erde gewinnen die Oberhand. Die menschliche Daseinsfreude, die in jedem Kind stark vorhanden und durch nichts zu vernichten ist, wird in diesen Erzählungen noch durch das Auftreten guter Menschen, durch den Sieg über die Ungerechtigkeit verstärkt. Derartige Erzählungen, die dem jungen Leser eine Abneigung gegen alles Böse einflößen, geben ihm auch den Glauben daran, daß das Böse nicht unbesiegbar ist.

Innerhalb der Jugendliteratur der dreißiger Jahre nimmt der Roman „Kak zakaljalas' stal'" (1935) von NIKOLAJ OSTROVSKIJ (1904–1936) einen besonderen Platz ein. Das Buch ist die Biographie eines jungen

Menschen aus der Generation, der OSTROVSKIJ selbst angehörte, die Geschichte eines Arbeiterkindes, das in seiner Kindheit Not und soziale Ungerechtigkeit erfährt, schon in der Jugend am Bürgerkrieg teilnimmt und sein Leben ganz dem Kampf für die neue sozialistische Gesellschaft gewidmet hat. Der Hauptheld des Romans, Pawel Kortschagin, wurde für Millionen junger Sowjetbürger zum Vorbild für persönlichen Mut, politische Überzeugung, moralische Sauberkeit und unbeugsamen Willen. OSTROVSKIJS Roman übte auch einen großen Einfluß auf die Gestaltung des Helden im sowjetischen Kinderbuch aus. Der Roman gehört noch heute zu den Lieblingsbüchern der Jugendlichen in der U. In den zwanziger und dreißiger Jahren wurden auch Versuche angestellt, in der sowjetischen Kinderliteratur den Werdegang eines jungen Menschen unter den neuen sozialistischen Bedingungen aufzuzeigen. Die Entdeckung und Erkenntnis dieser neuen großen Welt durch ein kleines Kind wird auch ähnlich und detailliert in der von SERGEJ ROZANOVS (1894–1957) verfaßten Erzählung „Priključenija Travki" (1928) und in dem Buch von BORIS ŽITKOV (1882–1938) „Čto ja videl" (1939) dargestellt. Die komplizierten Probleme halbwüchsiger Jugendlicher spiegeln sich in „Dnevnik Kosti Rjabzeva" (1927) von N. OGNEV (1888–1938) und in dem Buch „Dikaja sobaka dingo, ili povest' o pervoj ljubvi" (1939) von RUVIM FREIERMAN (1891–1972) wider. Besonders fruchtbar waren in diesen Jahren A. GAJDAR und LEV KASSIL' (1905–1970). In den Romanen „Vratar' respubliki" (1937) und „Velikoe protiwostojanie" (1947), in der Erzählung „Čeremyšbrat geroja" (1938) und in zahlreichen weiteren Erzählungen behandelt KASSIL' das Problem der Individualität innerhalb der sozialistischen Kollektivgesellschaft. Er kommt zu der Schlußfolgerung, daß das Eingebundensein in das Kollektiv die Entwicklung der Individualität des Einzelnen nicht behindert, wenn dieser von Kindheit an daran gewöhnt ist, die Freiheit der anderen zu achten und seine Wünsche zum Wohle der Allgemeinheit vernünftig zu beschränken.

Zu den Bestsellern der Vorkriegszeit gehört das Buch „Priključenija kapitana Vrungelja" (1937) von ANDREJ NEKRASOV (* 1907). Diese Erzählung um einen modernen Münchhausen bezeichnet den Anfang der sowjetischen humoristischen bis grotesken Prosa für Kinder. Der ausbrechende Krieg verhinderte die Weiterentwicklung dieser Literaturrichtung. Die Kinderliteratur konnte an den erschütternden Leiden des Zweiten Weltkriegs und dem erzwungenen Heldentum der Kinder dieser Epoche nicht vorbeigehen. Bis zur Gegenwart ist das Thema des heldenhaften Einsatzes von Kindern im Krieg in der sowjetischen Literatur aktuell geblieben. Kinder und Jugendliche in den besetzten Gebieten, Kinder und Jugendliche, die, durch die Verhältnisse gezwungen, unter die kämpfenden Truppen geworfen wurden, Kinder und Jugendliche, die im Hinterland, in Fabriken und auf dem Lande die zum Kriegsdienst eingezogenen Erwachsenen ersetzten: dies waren die Hauptthemen der Kinderbücher der Kriegszeit. Herausragende Erzählungen dieser Art sind „Syn polka" (1945) von V. KATAEV, „Dorogie moji malčiški" (1944) von L. KASSIL', „Uliza mladšego syna" (1949) von L. KASSIL' und M. POLJANOVSKIJ, „Četvërtaja vysota" (1945) von E. ILINA, „Molodaja gvardija" (1946) von ALEKSANDR FADEEV (1901–1956), „Stožary" (1948) von ALEKSEJ MUSATOV (1911–1976), „Vasëk Trubačëv i ego tovarišči" (1952) von W. OSEEVA, „Malyšok" (1947) von JOSIF LIKSTANOV (1900–1955), „Zvëzdočka" (1948) von I. VASILENKO und „Povestj o nastojašem čeloveke" (1946) von BORIS POLEVOI (* 1908). Über ihre eigenen Kinder, die ihr Leben für die Befreiung der Heimat vom Faschismus verloren, schrieben deren Mütter, L. KOSMODEMJANSKAJA („Povest' o Soe i Šure", 1950) und E. KOŠEVAJA („Povest' o syne", 1947). In den sechziger und siebziger Jahren griffen das Kriegsthema diejenigen jungen Schriftsteller wieder auf, die in den vierziger Jahren selbst Kinder gewesen waren.

ALBERT LICHANOV (* 1935) berichtet in den Erzählungen „Čistye kamuški" (1967), „Krutye gory" (1970), „Derevjannye koni" (1969), „Zvëzdy v sentjabre" (1966), „Tëplyj dožd'" (1967) und „Musyka" (1969) von der schweren Kindheit seiner Generation. VLADISLAV KAPRIVIN (* 1938) schrieb nach seinen Kindheitserinnerungen die Erzählung „Ten' karavelly" (1968). Bücher vom Krieg zogen schon immer die jungen Leser, besonders die Jungen, an. Die sowjetische Kinderliteratur ignorierte dieses spontane Interesse nicht. Sie war jedoch bestrebt, das Thema zu humanisieren. So werden Bücher abgelehnt, die Krieg und Gewalt romantisch verklären, die Stärke und bedenkenlose Kühnheit als die besten Tugenden loben. Kriegs- und Klassenhetze ist in der U. grundsätzlich verboten. Alle sowjetischen Bücher über den Krieg sind letzten Endes gegen den Krieg und gegen alle gerichtet, die Kriege vorbereiten. Heldentum im Krieg wird nur dort vorgeführt, wo es dem Frieden, der Befreiung des Menschen von der Geißel des Krieges dient. Das Thema Krieg wird heute in Erzählungen fortgesetzt, wie „Ivan" von V. BOGOMOLOV, „A zori zdes' tichie" (1969), „Idët vojna narodnaja" (1975) von S. ALEKSEEV, „V tylu kak v tylu" (1978) von A. ALEKSIN. Alle diese Bücher erinnern die heutigen Kinder an die grauenvolle Zeit der Besatzung und des Krieges, an den großen Preis, mit dem der Frieden von heute bezahlt werden mußte und versuchen, die jungen Leser zu einer humanistischen Haltung und zum Kampf gegen Militarismus und Krieg zu erziehen.

Grundlegende Veränderungen hat in der sowjetischen Kinderliteratur die Gattung Mädchenbuch erfahren. Erzählungen und Romane, deren Heldinnen junge Mädchen sind, werden jährlich in bedeutendem Umfang veröffentlicht. Die besten davon werden über Jahrzehnte hinweg gelesen. Hierher gehören die Bücher LUBOV VORONKOVAS (1906–1976) „Devočka is goroda", „Solnečnyj denëk", Gusi-lebedi" und von SERGEJ BARUZDINS (* 1926) Trilogie „Bolšaja Svetlana", V. DZUVAS Roman „Dinka", „Velikoe protivostojanie" von L. KASSIL', die Erzählung von SUSANNA GEORGIEVSKAJA (1916–1971), „Babuškino more" und

„Lgunja“, die Erzählungen von RADIJ POGODIN (* 1925) („Dubravka“ und „Tren-Bren“), die Werke von MARIJA PRILEŽAEVAS (* 1903; „Junost’ Maši Strogovoj“, „Tanja Slesareva“, „Puškinskij vals“ und „Selënaja vetka moja“) und weitere Mädchenbücher von SERGEJ IVANOV (* 1939), JURIJ JAKOVLEV (* 1922) und IRINA PIVOVAROVA (* 1940). In diesen Erzählungen ist die geistige Welt der jungen Heldin nicht von der wirklichen Welt, in der sie lebt, abgegrenzt. Es gibt keine rührseligen Passagen, keine pseudoromantische Gefühlsduselei. Die modernen Mädchenbücher der sowjetischen Jugendliteratur sind durch psychologische Stimmigkeit und durch das Aufgreifen echter, wirklichkeitsnaher Probleme der in der Entwicklung stehenden Mädchen gekennzeichnet.

Besonders stark entwickelte sich in den Nachkriegsjahren die sozialistische Umwelterzählung für Kinder des mittleren Alters, mit einem Jungen oder Mädchen von zehn bis dreizehn Jahren als Handlungsträger, die über die Gegenwart und die jüngste Vergangenheit berichten. Unter Beachtung der individuellen Schreibweise der verschiedenen Autoren, der Themenvielfalt und der unterschiedlichen zur Darstellung gelangenden Probleme können vier Grundströmungen unterschieden werden, deren Hauptvertreter NIKOLAJ NOSOV, ANATOLI ALEKSIN, JURIJ KORINEC sowie VLADISLAV KAPRIVIN und ALBER LICHANEV sind. Im Schaffen von NOSOV ist wohl am stärksten der Zug der Kindlichkeit zu finden. Seine Erzählungen sind von Lebensfreude, von funkelndem Humor, von der unendlichen Wißbegierde der Kleinen, die noch über eine sehr begrenzte Erfahrung verfügen, erfüllt. Die Erzählung „Vitja Maleev v škole i doma“ (1951) wurde für lange Zeit zum Vorbild eines gelungenen Kinderbuches. NOSOV hat ohne Zweifel einen starken Einfluß auf das Schaffen A. ALEKSINS ausgeübt. Noch stärker jedoch war sein Einfluß auf die Kinderbücher, in denen Humor und Satire tragende Elemente darstellen. Die NOSOV-Richtung vertreten JURIJ SOTNIK (* 1914), ALEKSANDR RASKIN (1914–1971), VIKTOR GOLJAVKIN (* 1929), der Verfasser des in vielen Sprachen übersetzten Buches „Barankin, budj čelovekom!“, VALERIJ MEDVEDEV (* 1925), der in vielen Ländern populäre VIKTOR DRAGUNSKIJ (1913–1972), der Ukrainer VSEVOLOD NESTAIKO, der Este JAN PANNAP, der Moldauer SPIRIDON VANGELI und zahlreiche andere. Voll köstlichen Humors sind die satirischen Erzählungen des im Ural lebenden DAVIDIČEV (* 1926; „Mnogotrudnaja, polnaja nevsgod i opasnostej zisni“, „Ivana Semënova, vtoroklassnika i vtorogodnika“, „Ljolišna is tretego podezda“, „Ruki vverch! ili Vrag N. 1“).

A. ALEKSIN (* 1924) trat Anfang der fünfziger Jahre in die sowjetische Kinderliteratur ein. Seine Erzählungen „Tridzat’ odin den’“ (1950), „Saša i Šura“ (1963), „Neobyčajnye pochoždenija Sevy Kotlova“ (1963), „Govorit sedmoj etaž“ (1959), „Kolja pišet Ole, Olja pišet Kole“ (1965), „V strane večnych kanikul“ (1966) und „Očen’ strašnaja istorija“ (1969) werden allgemein als lustig bezeichnet. Das Lustige ist jedoch nicht das wichtigste Element im Schaffen von ALEKSIN. Nach seinen Worten ist Humor im Kinderbuch notwendig, weil er hilft, dramatische Situationen besser zu bewältigen. In fast allen aufgeführten Erzählungen ALEKSINS übernimmt das kindliche Spiel eine wichtige Funktion. Indem die Helden spielen, lernen sie spielerisch schwierige Lebenssituationen zu meistern. Sie erfahren die Notwendigkeit, Verantwortung für andere zu übernehmen, für Eltern, für Freunde. Schauplatz fast aller Erzählungen ALEKSINS ist die Familie. Ende der sechziger Jahre begann in ALEKSINS Schaffen eine neue Periode. In seinen Erzählungen „Moj brat igraet na klarnete“ (1967), „Pozdnij rebenok“ (1968), „Zvonite i prieszajte“ (1972), „A tem vremenem gde-to …“ (1966), „Tretij v pjatom rjadu“ (1975), „Pozavčera i poslezavtra“ (1974) fehlt jedoch das Element des Spiels, obwohl das Alter der Buchhelden gleich geblieben ist. Der Humor wird subtiler, nähert sich der Ironie. ALEKSINS Stil gewinnt an Prägnanz und Treffsicherheit. Der Seitenzahl nach gehören diese neueren Erzählungen ALEKSINS zu den literarischen Kurzformen, der Aussagekraft der künstlerisch anspruchsvollen Texte nach erinnern sie an Romane. ALEKSIN analysiert aufmerksam und umfassend die verschiedenen Situationen und Beziehungen in den heutigen Familien, zeigt den Einfluß der Erwachsenen und der Alltagsprobleme auf die Kinder und unterstreicht die aktive Rolle, die Kinder im Familienverband spielen. ALEKSINS Hauptanliegen ist die Erziehung der jungen Leser zur Toleranz, zu Takt und Feinfühligkeit. Innerlich verwandt mit ALEKSIN sind die Kinderbuchautoren JURIJ TOMIN (* 1929), JURIJ JAKOVLEV (* 1922), HELJO MJAND und VLADIMIR ŽELEZNIKOV (* 1925).

Im Schaffen von JURIJ KORINEC, der erst in den sechziger Jahren mit dem Schreiben von Erzählungen begonnen hat, vereinigen sich ein romantischer Einblick in die Geschichte des Sowjetstaates und die Darstellung der heutigen Lebenswirklichkeit aus der Sicht des Kindes. Obwohl seine Erzählungen realistisch angelegt sind, verleihen ihnen die zahlreich verwandten Metaphern und symbolischen Anspielungen eine poetische Tiefe und einen modernen Charakter. Zu den Schriftstellern, die KORINEC nahestehen, gehören RADIJ POGODIN (* 1925), JURIJ KOVAL, SERGEJ IVANOV, AGNJA KUZNECOVA (* 1912) und ANATOLI SOBOLEV (* 1926). In der Erzählweise von V. KRAPIVIN spürt man vielleicht mehr als bei den anderen Autoren eine Verwandtschaft zu MAYNE REID, STEVENSON und GAJDAR. KRAPIVINS Lieblingshelden, fast immer Schüler von heute, tragen die edlen Züge der Buchhelden der sozialistischen Schriftsteller. Allerdings ist der Held auch immer ein Junge unserer Tage. KRAPIVIN arbeitet ständig mit Jungen zusammen, da er den Kinderklub „Karavella“ leitet. Die Beobachtung seiner Zöglinge liefern ihm Themen und Stoffe für seine Bücher. In den Erzählungen „Oruženosec Kaška“, „Malčik so špagoj“ und vielen anderen spricht KRAPIVIN über Freundschaft und Verrat, über Ehre und Freiheit, über Edelmut und Niedertracht und läßt die jungen Leser erfahren, daß sich ein Mensch, auch schon ein kleiner, jeden Tag und jede Stunde für das Gute und Wahre einsetzen muß. In der sowjetischen Kinderliteratur nimmt KRAPIVIN eine Art Sonderstellung ein. Eine Verwandtschaft mit einigen Schriftstellern, insbesondere mit VLADIMIR RAZUMNEVIČ (*1928), HOLGER PUUKK, JURIJ CHASANOV (*1919) und SERGEJ GOLICYN (*1909) ist trotzdem festzustellen.

Die Erzählungen LICHANOVS zeichnen sich durch soziale Schärfe aus. Ihnen ist Humor fremd. Trotzdem ziehen sie viele jugendliche Leser an, vor allem wegen des Verständnisses des Autors für die oft komplizierten seelischen Vorgänge in den Heranwachsenden. Das wichtigste Merkmal seiner Erzählungen ist die bedingungslose Parteinahme LICHANOVS für das Kind und den Jugendlichen in deren Konflikten mit den Erwachsenen. Die oft schwierigen Probleme halbwüchsiger Jungen, die Erkenntnis, daß Lösungen nur durch Selbstkritik und persönliche Disziplin zu erreichen sind, bilden die Hauptthemen bei A. LICHANOV, aber auch in A. RYBAKOVS Erzählungen „Priklūčenija Kroša" und „Neizvestnyj soldat" und den Büchern anderer Verfasser, die die Richtung LICHANOVS befolgen wie SERGEJ BARUZDIN (*1926), MAX BREMENER (*1926), MICHAIL KORŠUNOV (*1924), GENNADI MICHASENKO (*1936), GENNADI MAŠKIN (*1937), RIČI DOSTJAN (*1915), VALERIJ VOSKOBOINIKOV (*1938), VITAUTAS BUBNIS, ANATOLI MOŠKOVSKIJ (*1925), ŠUKURBEK BEJŠENALIEV, NIKOLAJ DUBOV (*1906), VLADIMIR AMLINSKIJ (*1935), LUDMILA UVAROVA (*1918) und VLADIMIR EREMENKO (*1928).

Wenn WALTER SCHERF über den Erfolg moderner sowjetischer Kinderbuchautoren in der Bundesrepublik Deutschland und in anderen Ländern Westeuropas in dem Aufsatz „Trends in der Jugendliteratur der westlichen Industrieländer" spricht, merkt er an: „Der theoretisch-kommunistische Gehalt tritt gar nicht oder nur am Rande in Erscheinung. Was unsere jungen Leser hier und nirgendwo anders offensichtlich finden und weshalb ihnen Juri Korinetz, Nikolai Dubow, Juri Kowal, Wadim Nedschaew, Gennadi Snegiröw, Albert Lichanow, der ältere, aber jetzt erst entdeckte Pantelejew so wichtig werden, sind die Forderung, die diese Autoren an sich, ihre Helden und damit an ihre Leser stellen: an sich zu arbeiten, unermüdlich, aus sich einen Menschen zu machen."

Bildseite aus dem Buch „Varlé Karaliené" von Kostas Kubilinskas, das 1967 in Vilnius erschien. Der Illustrator Algirdas Steponavičius wurde auf der Leipziger Internationalen Buchmesse 1965 mit der Goldmedaille und auf der BIB 1967 mit dem „Goldenen Apfel" ausgezeichnet.

Die erzieherische Funktion der sowjetischen Kinderliteratur wurde nie von der Funktion der Information und Belehrung getrennt. Vielleicht ist dies der Grund dafür, daß im Sprachgebrauch der sowjetischen Kinderbuchtheoretiker der Begriff „Sachbuch" kein echtes Äquivalent besitzt. Dafür hat sich der Fachausdruck „wissenschaftlich-künstlerische" Literatur eingebürgert. Damit ist ein „Sachbuch" gemeint, das neben der sachlich informierenden auch eine erzählerische Funktion hat und das sich nicht nur an den Verstand, sondern auch an das Gemüt des jungen Lesers richtet. In den westlichen Ländern spricht man bei solchen Werken auch von dem „erzählenden Sachbuch". Die Begründer des neuen sowjetischen wissenschaftlich-künstlerischen Buches waren S. MARŠAKS Bruder IL'JA MARŠAK (1895–1953), der „Rasskazy o veščach" und 1930 ein in der ganzen Welt bekannt gewordenes Buch über die wirtschaftlichen Grundlagen der sozialistischen Gesellschaft schrieb („Rasskaz o velikom plane", 1930) sowie die Verfasser von geographischen und naturkundlichen Erzählungen wie VITALI BIANKI (1894–1959) mit seiner „Lesnaja gazeta", MICHAIL PRIŠVIN (1873–1954) mit dem Sammelband „Zolotoj lug" und den Bänden „Lisičkin chleb", „Vesna sveta", „Kalendar' prirody". BORIS ŽITKOV (1882–1938), der über Technik und Tiere schrieb und der Maler und Kenner des Waldlebens EVGENIJ ČARUŠIN (1901–1965), der seine Bücher selbst illustrierte. Am Schaffen der wissenschaftlich-künstlerischen Kinderliteratur nahmen auch bedeutende sowjetische Gelehrte teil. Der Akademiker A. E. FERSMAN schrieb ein Kinderbuch über Mineralogie, der Akademiker J. PERELMANN über Mathematik. Zu den Kinderbuchautoren dieser Sparte zählten auch Mitglieder der berühmten Artistenfamilie DUROV, die vor allem durch Tierdressuren bekannt wurden. VLADIMIR DUROV schrieb noch in den zwanziger Jahren das Buch „Zveri deduški Durova". Seine Enkelin, die Dompteuse NATALIA DUROVA (*1932), setzte die Familientradition mit zahlreichen Tiergeschichten fort („Gibel starogo Jambo", „Pro Nikitu i belku", „Vaš nomer!", „Arena").

Unter den wissenschaftlich-künstlerischen Kinder- und Jugendbüchern stehen die Naturgeschichten an erster Stelle. Es gibt eine Reihe älterer Schriftsteller, die als Naturkenner bekannt wurden. Ihre Bücher wurden Jahrzehnte hindurch immer wieder herausgegeben (IVAN SOKOLOV-MIKITOV, 1892–1975; ILI VANAG; MAKSIM SVEREV, *1896; VERA ČAPLINA, *1908). Von dem Buch des Ethnologen und leidenschaftlichen

Wanderers VLADIMIR ARSENEV (1872–1930) „Dersu Usala" (1923) sagt GORKIJ, es sei dem Autor gelungen, „in sich Brehm und Cooper zu vereinen". In den dreißiger Jahren entdeckte KONSTANTIN PAUSTOVSKIJ (1892–1968) mit seinen Werken eine neue Seite der Beziehungen zwischen Mensch und Natur („Kara-Bugas", 1932; „Kolchide", 1934; „Černoe more", 1936). Heute setzen GEORGIJ SKREBICKIJ (1903–1964), NIKOLAJ SLADKOV (* 1920), FELIKS LEKS (1929–1976), SVIATOSLAV SACHAROV (* 1928), VITALI KORŽIKOV (* 1930), JURIJ DMITRIEV (* 1925), I. KOVAL, VASILIJ PESKOV (* 1928) und BORIS NOSIK (* 1934) und viele andere Autoren dieser Sparte das Gespräch über die Natur fort. Von der einfachen Beschreibung kommt diese Literaturform immer öfter zu einer analytischen Betrachtung der Verantwortung des Menschen der Natur gegenüber. „Schon seit langem betrachten wir aufmerksam die Natur", beendet N. SLADKOV eines seiner Bücher, „ist es nicht an der Zeit, daß wir uns einmal selbst aufmerksam beobachten? Wir richten unsere Augen unverwandt auf Vögel und Tiere, auf Wiesen und Wälder. Wer sind denn wir, die Herrscher der Erde? Was wollen wir? Und was leisten wir? ..."
Die Entwicklung von Wissenschaft und Gesellschaft bringt immer neue Bücher hervor, die diese Entwicklung widerspiegeln. So erschienen in den fünfziger und sechziger Jahren Bücher über Kybernetik, über die Eroberung des Weltraums, über avantgardistische Musik, über neue Tendenzen der Malerei in der U. und den westlichen Ländern. In den letzten zwanzig Jahren wurden drei Ausgaben der „Detskaja enziklopedija" (jede mit 12 Bänden und einer Auflage von jeweils 500000 Exemplaren) veröffentlicht. Für Vorschulkinder und Kinder der Grundschule gibt es eine dreibändige Enzyklopädie „Čto takoe. Kto takoj" (bisher zwei Auflagen, jede zu 500000 Exemplaren). Es gibt Beschäftigungsbücher („Znaj i umej", „Zdelaj sam", „V mire prekrasnogo"), Bände zur Ästhetik, Malerei, Musik und anderen Kunstzweigen, Bücher zur Geographie und Geschichte. In russischer Sprache wurde in den sechziger und siebziger Jahren die Serie „Ty po strane igëš'" herausgegeben. Jedes Buch dieser Serie ist einem anderen Volk der U. gewidmet. Ähnliche Serien gibt es auch in den anderen Republiken in den betreffenden Sprachen. Auch Biographien sind zahlreich. Die von GORKIJ gegründete Serie über das Leben hervorragender Persönlichkeiten zählt inzwischen einige hundert Titel. In den letzten Jahren kam die Serie „Pioner – značit pervyj", eine Art „LHP" für Jüngere, heraus. In beiden Serien wird das Leben und Wirken hervorragender Wissenschaftler, Künstler und Politiker der ganzen Welt aus Gegenwart und Vergangenheit vorgestellt.
Dem wissenschaftlich-künstlerischen Buch eng verwandt sind Dokumentationen und Reportagen zu den verschiedenen Aspekten der sozialistischen Gesellschaft. Da gibt es Bücher über die sowjetischen Fünfjahrespläne, über die Parteitage, über die Arbeiter und Bauern, die für hervorragende Leistungen ausgezeichnet wurden.
Eine große Bedeutung besitzen in der U. Theateraufführungen und Filme für Kinder. Dramaturgen und Regisseure liefern einen wichtigen Beitrag zur Kinderliteratur. Die Basis für die breite Entwicklung dieser beiden Kunstrichtungen ist das Vorhandensein eines oder mehrerer staatlicher Kinder- und Puppentheater in allen Landkreisen und den Hauptstädten der Republiken. So gibt es die Gorkij-Filmstudios für Kinder- und Jugendfilme in Moskau. Jedem Filmstudio ist vom Staat auferlegt, jährlich eine Anzahl von Kinder- und Jugendfilmen zu drehen. Jedes für Erwachsene bestimmte Theater hat die Pflicht, an Wochenenden und an Feiertagen vormittags Veranstaltungen für Kinder durchzuführen. Fast alle bekannten Werke der Weltliteratur und der neuen sowjetischen Kinderliteratur werden verfilmt, für das Fernsehen eingerichtet oder im Theater inszeniert. Das Kindertheater entwickelte sich mit der Zeit als eine selbständige und wichtige Gattung der Kinderliteratur. Einige ausgezeichnete Theaterstücke für Kinder schrieb S. MARŠAK. Jahrzehnte hindurch wurden die Kinderstücke von S. MICHALKOV wie „Tom Canty" (1938), „Vesëloe snovidenie", „Sombrero" (1957), „Krasnyj galstuk" (1947), „Ja choču domoj" (1949), „Sabytyj blindaž" (1963) oder „Dorogoj malčik" (1972) aufgeführt. Eine eigenartige Märchenwelt zeigt sich in den Stücken von EVGENIJ ŠVARC (1896–1958), TAMARA GABBE (1903–1960) und VADIM KOROSTYLEV (* 1923). Mehr gegenwartsorientiert sind die Theaterstücke von VIKTOR ROZOV (* 1913), MICHAIL ROŠČIN (* 1931), ALEKSANDR CHMELIK (* 1925), GENNADI MAMLIN (* 1925), A. ALEKSIN, A. LICHANOV, R. POGODIN, A. BARTO und anderen.
Übersetzungen nehmen in der Lektüre der Sowjetbürger einen großen Raum ein. Aus 3200 Titeln jährlich neuerscheinender Kinderbücher ist die Hälfte Übersetzungen. Jede zweite Übersetzung stammt aus den Sprachen der Völker der Sowjetunion. Etwa genau so viele, rund 800 Bücher jährlich, sind Übersetzungen aus Sprachen der übrigen Völker der Welt. Vier- bis fünfhundert davon sind Übersetzungen klassischer Werke. Bei den anderen handelt es sich um Werke moderner Autoren aus den sozialistischen, kapitalistischen oder Entwicklungsländern. Von den Klassikern der ausländischen Kinderliteratur sind in der U. vor allem die Märchen von PERRAULT, ANDERSEN, den Brüdern GRIMM, HAUFF, die Werke von MARK TWAIN, H. G. WELLS, J. LONDON, J. VERNE, Jugendbuchklassiker wie „Robinson Crusoe", „Don Quijote", „Münchhausens Abenteuer", „Onkel Toms Hütte", „Peter Pan", „The Gadfly" von E. L. VOYNICH, „Spartakus" von R. GIOVAGNOLI, E. KÄSTNERS Erzählungen, „Alice" von L. CARROLL, die Dschungelbücher von R. KIPLING vertreten. Von modernen Kinderbuchautoren gibt es überwiegend Werke von J. KRÜSS, A. LINDGREN, O. PREUSSLER, G. RODARI und P. TRAVERS. Diese Übersetzungen sind in Millionen von Exemplaren verbreitet.
Bei der Entwicklung und Verbreitung von Kinderliteratur war und ist die Rolle der Kinder- und Jugendzeitschriften von großer Bedeutung. An den ersten sowjeti-

schen Kinderzeitschriften wie „Severnoe sijanie" (1919–1920), „Baraban" (1923–1926), „Ež" (1928–1935), „Čiž" (1930–1941), „Vorobei" (1923–1924), „Nowyi Robinson" (1924–1925) beteiligten sich nicht nur die Begründer der sowjetischen Kinderliteratur (Gorkij, Maršak, Čukovskij, Barto, Žitkov, Harms, Bianki und andere), sondern auch die bekannten Schriftsteller der Erwachsenenliteratur wie V. Imber, N. Tichonov, B. Pasternak, O. Mandelstam, K. Paustovskij und andere. Es gibt kaum ein bedeutendes Werk der schöngeistigen Kinderliteratur, das nicht, bevor es als Buch herauskam, in einer Zeitschrift erschienen wäre.

Heute werden in der Sowjetunion etwa 50 Kinder- und Jugendzeitschriften und mehr als 20 Zeitungen in allen Sprachen der verschiedenen Republiken herausgegeben. Die älteste Jugendzeitschrift „Vokrug Sveta" erscheint seit 1860. Die neueste Zeitschrift „Junyi Chudožnik" wird seit 1978 herausgegeben. Die größte Auflage hat die russischsprachige Zeitschrift für die Grundschüler „Mursilka" (5 800 000 Exemplare pro Heft). In „Mursilka" sind „Die kleine Hexe" und „Der kleine Wassermann" von O. Preussler ebenso erschienen wie zahlreiche Erzählungen von J. Korinec, J. Koval, L. Pantelev, Gedichte von A. Barto, S. Michajlov, I. Tokmakova und zahlreiche Werke der Schriftsteller verschiedener U.-Völker, Bulgariens, der DDR und anderer Länder. Für die Vorschulkinder gibt es die Zeitschrift „Vesëlye Kartinki" (5 363 000 Exemplare). Für Kinder von 10–13 Jahren erscheinen „Pioner", „Koster" und „Uralski Sledopty". Für die Jugendlichen gibt es „Junost'" (Auflage 2 650 000) und „Smena" (Auflage 1 200 000). Außerdem kommen in russischer Sprache die mehr wissenschaftlich orientierten Zeitschriften „Junyi Naturalist", „Technika-Molodeži" und „Junyi Technik" heraus.

Jede Unionsrepblik und einige der autonomen Republiken haben ihre eigenen Kinder- und Jugendzeitschriften. In der Ukraine erscheinen „Maljatko" (für Vorschulkinder), „Barvinok" (für Grundschüler) und „Pioner" (für die älteren Schüler). In Belorußland gibt es „Vjaselka", „Berëska" und „Iljitschs Funken". In Georgien kennt man „Dila", „Pioneri" und „Ziskari". In Aserbaidschan erscheinen „Pionier" und „Gejarčin", in Armenien „Pionier" und „Zizernak". In Lettland finden sich „Berniba" und „Silite". In Litauen werden „Pionier" und „Genis", in Usbekistan „Gunča" und „Gulchan" gedruckt, in Kasachstan „Bald'rgan". Im kleinen Abchasien gibt es die Zeitschrift „Amzabe".

Jede Republik hat außerdem ihre Zeitschriften für die staatlichen Jugendorganisationen „Pionier" (für Kinder) und die Komsomolzeitung (für Jugendliche ab 14 Jahren). Die Auflagen der in Russisch erscheinenden „Pionerskaja Pravda" und „Komsomolskaja Pravda" haben jede eine Auflage von mehr als 10 000 000 Exemplaren.

Die Illustration des sowjetischen Kinderbuches ist variationsreich und mannigfaltig und spiegelt die nationalen Traditionen in der bildenden Kunst wider. Die

Jurij A. Vasnecovs Illustration zu dem Märchen „Das Walfischungeheuer" von P. P. Jeršov.

moderne russische Kinderbuchillustration entwickelte sich unter dem Einfluß so unterschiedlicher russischer Künstler wie Vladimir Lebedev, Vladimir Konaševič (1888–1963), Boris Kustodiev (1878–1927), Nikolaj Tyrsa (1887–1942), Konstantin Kuznecov, Vasilij Vatagin (* 1884), Nikolaj Lapšin (* 1888), Nikolaj Kočergin (* 1897). Lev Bruni (1899–1948), Jurij Vaznecov (* 1900), und Evgenij Črušin (1901–1965). Der Malstil dieser Künstler variiert zwischen strenger Sachlichkeit und dekorativer Wirkung. Aber für alle ist gekünstelte Ziererei fremd. Sie alle betrachten Text und Illustration eines Buches als künstlerische Einheit, die daher organisch aufeinander abzustimmen sind. Es herrscht das Streben vor, mit bildlichen Mitteln die Aussage des Textes zu unterstützen. Daher werden Klarheit und Lebendigkeit in der Bildführung erwartet. Die Illustrationen sollen Optimismus und eine humane Grundtendenz ausstrahlen. Im Rahmen dieser allgemeinen Prinzipien kann die Individualität des Illustrators auf jede originelle Weise zum Ausdruck kommen. Der Bereich der künstlerischen Möglichkeiten ist daher unbegrenzt. Von den älteren Kinderbuchillustratoren erlangten vor allem Valentin Kurdov (* 1905), Tatjana Mavrina (* 1902), Vitali Gorjaev (* 1906), Aleksej Pachomov (* 1900), Ivan Semënov (* 1900), Fëdor Lemkul (* 1914), Orest Vereiskij (* 1915), Valeri Alfuvski (* 1908), Georgij Nikolskij (* 1906) und Viktor Tauber (* 1901) Berühmtheit. Ihren Stil könnte man als „kindgemäß" bezeichnen. Er steht Kinderzeichnungen nahe und zeigt eine gewisse Geschlossenheit.

Bei den Arbeiten der jungen Illustratoren kann man eine größere Stilvielfalt und das experimentelle Suchen nach neuen Ausdrucksformen feststellen. Eigenartig und doch immer wieder neu spiegeln sich in den Kinderbuchillustrationen dieser jüngeren Künstler die traditionellen Elemente der russischen Malerei der alten russischen Buchdekoration, der Folklore und der Ikonenmalerei. Es finden sich aber auch modernistische Formen mit Anklängen an den Kubismus, den Surrealismus, den Abstraktionismus und den Suprematismus. Bei allen verschiedenen Techniken und Kunststufen wird die Illustration aber nie zum Selbstzweck, sondern dient der Einheit des Buches. Besonders hervorzuheben sind als Kinderbuchillustratoren Nikita Čarušin (* 1934), der Sohn Evgenij Čarušins, Maj Miturič, Lev Tokmakov (* 1928), Jurij Molokanov (1928–1978), Boris Žutovskij (* 1932), Viktor Pivovarov (* 1931), Veniamin Lozin (* 1930), Herman Mazurin (* 1933), Igor Iljinskij (* 1923), Vladimir Panov (* 1932), Nikolaj Ustinov (* 1935), Dmitrij Bisti, Evgenij Monin (* 1931), Viktor Čižikov, Galina Makaveeva (* 1936), Gennadi Pavlišin, die Brüder Aleksandr (* 1931) und Valerij (* 1936) Traugott, Nikolaj Popov (* 1931), Gennadi Kalinovskij (* 1929) und Boris Kyštymov.

Durch einen besonderen Stil zeichnet sich die littauische Schule der Buchillustration aus, die auf die Feinheit der alten Kupferstiche und die Naivität der Volkskunst zurückgreift und beide Kunstrichtungen organisch vereint. In diesem Sinne arbeiten Algirdas Steponavičius (* 1927), Albina Makunaitė (* 1926), Birutė Žilitė (* 1930), Sigute Valjuvene (* 1931) und Aspasija Surgailienė (* 1928).

Volodimir Golozubovs Illustration zu dem Bilderbuch „Dva pivniki" (Verlag Veselka, Kiew 1970). Golozubov (1925) lebt in Kiew. Er erhielt auf der BIB 1971 einen „Goldenen Apfel".*

Humor, Groteske, Parodie und Volkstümlichkeit sind die charakteristischen Züge der ukrainischen Kinderbuchillustration. Hier sind die Namen von Vladimir Golosubow (* 1925), Anatoli Basilevič (* 1926), Larissa Garmjsa (* 1934), Nina Denisova (* 1942), Elena Jablonskaja (* 1918), Georgij Jakutovič (* 1930), Valentin Litvinenko (* 1908), Vjačesla Legkobjt (* 1914) und Olga Senečenko (* 1942) zu nennen.

Jede Republik hat ihre begabten Graphiker, die ein hohes Kunstniveau erreichen und dabei die nationalen Traditionen und Eigentümlichkeiten zum Ausdruck bringen. In *Belorußland* Elena Los (* 1933), Anatoli Volkov (* 1908), Valentin Boronko (* 1940), Valentin Tidonovič (* 1909), Natalia Ponlavskaja (* 1931), Evgenij Žilin (* 1939) und Jurij Sejcev (* 1937); in *Estland* Vive Tolli (* 1928), Ljudija Vallimjae-Mark (* 1925), Edgar Valter (* 1929), Asta Vender (* 1924) und Helder Laretei (* 1933); in *Lettland* Ilona Leipe (* 1937), Aivid Egers (* 1922), Gunar Krolis (* 1932), Jasep Pigoznis (* 1934), Edgar Osolis (* 1930), Dagmar Staprena (* 1935), Margarite Staraste (* 1914), Paul Schönhoff (* 1920) und Albert Kronenberg (1882–1974); in *Georgien* Iosif Gabašvili (* 1908), Levon Zuzkeridse (* 1934), Surab Poptšidse (* 1934), Giorgij Mešisvili (* 1941), Mamija Lolua (* 1932), Tengis Mirsašvili (* 1934), Dmitrij Eristavi (* 1931) und Viktor Čumbaridze (* 1932); in *Armenien* Ašot Bajander (* 1943), Aida Bojadžan (* 1932), Anušavan Gasparjan (* 1914), Karen Smbatjan (* 1932), Grigor Chandžjan (* 1926) und Aleksandr Grigorjan (* 1927); in *Aserbeidschan* Nasim Babjew, Rasim Babaev und Altej Gadžiev; in der *Moldau* Ilja Bogdesko (* 1923), Igor Vieru (* 1923), George Vrabie (* 1939), Filimon Hemuraru (* 1932), Petr Mudrak (* 1933) und Isai Ijrmu (* 1940); in *Kasachstan* Salichetdin Ajtbaev (* 1938), Ebna Bejsembinova (* 1941), Arsen Bejsembiniv (* 1940), Dželen Džumabekov (* 1936), Adil Rachmanov (* 1943) und Balatabai Tabjldiev (* 1940); in *Tadschikistan* Turdj Samandarov (* 1943); in *Turkmenien* Oraskulj Kasjmov (* 1933), Issat Iljčev (* 1923) und Dzuma Orasberdev (* 1940); in *Kirgisien* Asanbek Turumbekov (* 1936).

Die ersten zusammenfassenden Arbeiten zur Theorie und Geschichte der Kinderliteratur erschienen in Rußland Anfang des 20. Jahrhunderts N. V. Čechov: „Detskaja Literatura" (1909), V. Rodnikov: „Detskaja Literatura" (1915). Eine breite systematische Forschung auf dem Gebiet der Kinderliteratur, der Kinderlektüre und der Entwicklung der Kinderliteraturkritik wurde erst nach 1917 eingeleitet. Zur Theorie der Kinderliteratur und der Kinderlektüre lieferten vor allem M. Gorkij, A. Lunačarskij und N. Krupskaja wesentliche Beiträge. In den zwanziger Jahren wurde das Studium der Kinderliteratur und der Kinderlektüre von der Abteilung Kinderlektüre des Instituts für die Methoden außerschulischer Arbeit betrieben. Seit Schaffung der Akademie der Pädagogischen Wissenschaften der U. liegt diese Funktion bei der Abteilung für Kinderliteratur des Instituts zur künstlerischen Erziehung. Außerdem sind Kinderliteratur und Kinderlektüre Studienfächer der Forschungsabteilung der staatlichen Lenin-Bibliothek der U., der Spezialabteilungen der Kinder- und Jugendbibliotheken der verschiedenen Republiken und der Lehrstühle für Kinderliteratur an den Kultur- und Pädagogischen Hochschulen. Wissenschaftliche und propagandistische Arbeit auf dem Gebiet der Kinderliteratur leisten auch die Häuser des Kinderbuches, die bei den großen Spezialverlagen angesiedelt sind, in Moskau im Verlag „Detskaja Literatura", in Leningrad in dessen Filiale, in Kiew bei dem Verlag „Vessëlka", in Tiflis bei dem Verlag „Nakaduli". Die Koordination der verschiedenen Arbeiten und die ständige Verbindung zur schöpferischen Arbeit der Autoren und Kinderbuchkritiker nehmen die gesellschaftlichen Räte der Kinder- und Jugendliteratur wahr. Räte gibt es in der Union der Schriftsteller der UdSSR, in der Union der Schriftsteller der RSFSR und in den staatlichen Komitees für Verlagsangelegenheiten.

Seit 1932 erscheint monatlich die kritisch-biographische Fachzeitschrift „Detskaja literatura". 1941 war ihre Herausgabe durch den Krieg unterbrochen, 1966

Umschlag der in Moskau monatlich erscheinenden Zeitschrift für Kinderliteratur „Detskaja Literatura".

begann die Neuherausgabe. Die Zeitschrift „Detskaja literatura" ist eines der wichtigsten, aber keineswegs das einzige Organ für die Veröffentlichung von Forschungsergebnissen und kritischen Artikeln zur Kinderliteratur. Es gibt eine Reihe jährlich erscheinender theoretischer, teils historisch, teils kritisch-bibliographisch orientierter Arbeiten („Detskaja literatura", Kinderliteratur; und „Knigi – detjam" (Moskau); „O literatura dlja detej" (Leningrad); „Literatura. Ditj. Čas" (Kiew); „Voprosy detskoj literatury" (Tiflis). Im Verlag „Detskaja Literatura" gibt es eine Sonderredaktion für Kritik und Bibliographie, die die Abhandlungen zur Geschichte und Theorie der Kinderliteratur sowie Monographien über das Schaffen von Kinderbuchautoren veröffentlicht. Im Verlag „Prosveščjenie" erscheinen Bücher aus der Geschichte der Kinderliteratur. Im Verlag „Pedagogika" solche zur Methodik und Theorie des Lesens durch Kinder. Theoretische Beiträge veröffentlichen auch gelegentlich andere Verlage „Kniga", „Molodaja gvardija", „Sovremennik", „Moskovskij rabotšij" in Moskau und die Verlage in den republikanischen Hauptstädten und Gebietszentren. Alle pädagogischen, literarischen und Unterhaltungszeitschriften und Zeitungen, die „Pravda" eingeschlossen, bringen ständig Rezensionen von Kinderbüchern und Kindertheateraufführungen, gelegentlich auch Artikel zur Kinderliteratur und helfen so mit, die Diskussion um die aktuellen Fragen der Kinderliteratur und der Kinderlektüre in Gang zu halten.

Sowjetische Fachleute auf dem Gebiet der Kinderliteratur und Kinderlektüre beteiligen sich aktiv an der Arbeit der IBBY, der Internationalen Forschungsgesellschaft für Kinder- und Jugendliteratur, der Internationalen Jury des Hans-Christian-Andersen-Preises, der Internationalen Jugendbibliothek in München und anderen internationalen Organisationen.

→ K. Čukovskij, → A. Gajdar, → M. Gorkij, → V. Kataev, → J. Korinec, → J. Koval, → N. Krupskaja, → J. Krylow, → Vl. Lebedev, → Vl. Majakovski, → A. Makarenko, → S. Maršak, → T. Mavrina, → S. Michalkov, → M. Miturič, → N. Nosov, → N. Ostrovskij, → L. Panteleev, → A. Puškin, → E. Švarc, → A. Steponavičius, → L. Tolstoj, → E. Tscharuschin, → J. Vasnečov, → B. Zilité

Sekundärliteratur: A. P. Babuškina: Istorija russkoj detskoj literatury (1948). – A. Barto: Poesie und Moral (in: Beiträge zur Kinder- und Jugendliteratur. 31. 1974. 33–37). – S. Baruzdin: Zametki o detskoj literature (1975). – W. Bussewitz (Hrsg.): Begegnungen mit Literatur (1975); Realismus und Humanismus in der zeitgenössischen sowjetischen Prosa für Kinder (in: Beiträge zur Kinder- und Jugendliteratur. 31. 1974. 25–32); Hrsg. (zus. mit N. Ludwig): Sowjetische Kinderliteratur in Überblicken und Einzeldarstellungen (1974). – Detskaja literatura. Literaturno-kritičeskij i bibliografičeskij ešemesjačnik (1932–1941; 1966 ff.). – Entdeckungen und Wiederentdeckungen. Belinski, Dobroliubow, Tschernyschewski (in: Beiträge zur Kinder- und Jugendliteratur. 35. 1975. 45–48). – A. Ivič: Vospitanie pokolenij. O sovetskoj literature dlja detej (1960). – A. Jaaksoo (Hrsg.): Posle knigi. O sovremennoj estonskoj detskoj literature (1977). – L. Kon: Sovetskaja detskaja literatura. 1917–1929. Očerk istorii russkoj detskoj literatury (1960). –

N. Ludwig (Hrsg.): Handbuch der Sowjetliteratur 1917–1972 (1975). – I. Lupanova: Polreka. Očerki. Sovetskaja detskaja literatura 1917–1967 (1969). – I. Motjašov: Avtoritet dobrogo slova. Zametki o meždunarodnom sotrudničestve v detskoj literature (1975); Er gehört den Kindern (in: Beiträge zur Kinder- und Jugendliteratur. 21. 1971. 40–42); Es geht um die Literatur für die Jüngsten (in: Beiträge zur Kinder- und Jugendliteratur. 18. 1971. 14–22); Masterskaja dobroty. Očerki sovremennoj detskoj literatury (1969, 1974); Schöpfung des Menschen (in: Beiträge zur Kinder- und Jugendliteratur. 28. 1973. 46–52); Ščastlivyj trud duši. Besedy s vožatymi o detskoj literature (1974); Über Kritik und Forschung in der Sowjetunion (in: Beiträge zur Kinder- und Jugendliteratur. 23. 1972. 73–77). – S. Obraszow: Vorsicht, Kunst! Vorsicht, Kinder! (in: Beiträge zur Kinder- und Jugendliteratur. 38. 1976. 49–53). – J. Osmanis: Detskaja literatura Latvii (1975). – E. O. Putilova: Istorija kritiki sovetskoj detskoj literatury, 1929–1936 (1975). – P. Šermuchamedov: Detskaja literatura Usbekistana (1974). – B. J. Šiperovič: Detskaja literatura. Bibliografija 1967–1969 (1973). – V. Šklovskij: Staroe i novoe. Kniga statej o detskoj literature (1966). – L. Špet: Sovetskij teatr dlja detej. Stranizy istorii 1918–1945 (1971). – F. I. Setin (Hrsg.): Russkaja detskaja literatura (1972). – V. Smirnova: O detjach i dlja detej (1963). – Soviet survey (in: Phaedrus. 4. 1977. 1. 5–33). – Sowjetische Kinderliteratur (Beiträge zur Kinder- und Jugendliteratur. 10. 1967). – I. I. Starzev: Detskaja literatura. Bibliografija 1918–1931 (1933); Dasselbe. 1932–1939 (1941); Voprosy detskoj literatury i detskogo čtenija. 1918–1961. Bibliografičeskij ukasatel knig i statej po istorii, teorii i kritike (1962); Dasselbe. 1962–1965 (1967). – K. Tangrykuliev: Detskaja literatura Turkmenii (1972). – V. J. Vakulenko: Detskaja literatura Kirgisii (1976). – H. Wegehaupt: Theoretische Literatur zum Kinder- und Jugendbuch. Bibliographischer Nachweis von den Anfängen im 18. Jahrhundert bis zur Gegenwart (1972). – Z. S. Živova: Voprosy detskoj literatury i detskogo čtenija. 1966–1970. Bibliografičeskij ukasatel knig i statej po istorii, teorii i kritike (zus. mit N. B. Medvedeva. 1977).

Igor Motjašov

Union Verlag

Stuttgart. Sachbücher und erzählende Literatur für 8- bis 14jährige.

Der Union Verlag entstand am 1.1.1890 durch den Zusammenschluß der Verlagshandlungen und Buchdruckereien von Gebrüder KRÖNER und HERMANN SCHÖNLEINS Nachfolger sowie des Verlages von W. SPEMANN zu einer Aktiengesellschaft mit der Firmenbezeichnung Union Deutsche Verlagsgesellschaft Stuttgart, Berlin und Leipzig. Im Jahre 1944 wurde die Firma durch einen Bombenangriff total zerstört; unmittelbar nach Kriegsende wurde jedoch mit der Wiederaufnahme der Verlagsarbeit begonnen. 1957 wurde die Firma in Union Verlag Stuttgart umbenannt. Nach der 1978 erfolgten Auflösung des Verlages gingen die Rechte und Bestände an den Otto Maier Verlag, Ravensburg, über. Am 1.1.1979 kam es zur Neugründung des Verlages, der an die Traditionen seines Vorgängers anknüpfen will. Der Verlag ist Mitbegründer der dtv-junior-Taschenbücher und Mitgesellschafter im Deutschen Taschenbuch Verlag.

Das Verlagsprogramm umfaßte ursprünglich Romane, Bilderwerke und Landschaftsalben sowie Bücher über Länder- und Völkerkunde, Okkultismus, Sport und Photographie. Daneben wurde etwa ein Dutzend Fachzeitschriften der Industrie und des Gewerbes verlegt. Ein Hauptarbeitsgebiet des Verlages war von Anfang an die Jugendliteratur. Eine wichtige Rolle spielten dabei die drei schon von WILHELM SPEMANN begründeten und aus seiner Produktion übernommenen Zeitschriften „Der Gute Kamerad“, „Das Kränzchen“ und „Das Neue Universum“. Der „Gute Kamerad“ wandte sich an Jungen und bot eine Mischung aus Unterhaltung, informierenden Artikeln und Anregungen für Freizeitbeschäftigung. Er erschien von 1887 bis 1943/1944. In jedem Heft wurde eine Folge eines Abenteuerromans abgedruckt. Diese wurden dann in Buchform in der „Kamerad-Bibliothek“ veröffentlicht. Neben KARL MAY erschienen hier Bücher von FRANZ TRELLER (1843–1908), MAX FELDE (d.i. JOHANNES KALTENBOECK), MAXIMILIAN KERN (1887–1945) und anderen. Die illustrierten Bände dieser Reihe waren außerordentlich erfolgreich. In der „Kamerad-Bibliothek“ erschienen 45 Bände; sie wurde 1935 eingestellt. Das Gegenstück für Mädchen stellte die Zeitschrift „Das Kränzchen“ dar (seit 1887), ab Jahrgang 1934/1935 unter dem Titel „Wir Mädel“, die lange Zeit von denselben Redakteuren wie der „Gute Kamerad“ geleitet wurde. Die abgedruckten Jungmädchenerzählungen kamen in der „Kränzchen-Bibliothek“, von der bis 1934 39 Bände erschienen, heraus. Die wichtigsten, dort publizierenden Autorinnen waren BERTHA CLÉMENT (1852–1930), LUISE GLASS (1857–1932), MINNI GROSCH (1879–1963) und ELSE URY (1877–1943). Ergänzend erschienen ein „Kränzchen-Bilderbuch“ und die Reihe „Kränzchen-Theater. Heiteres und Ernstes zum Aufführen für die Jugend“. Die dritte Zeitschrift war das „Neue Universum“ mit dem programmatischen Untertitel „Die interessantesten Erfindungen und Entdeckungen auf allen Gebieten“ (seit 1880). Wenn auch die jugendnahe Darstellung technischer Probleme im Vordergrund stand, wurden daneben Abenteuererzählungen abgedruckt, z.B. von ERNST FRIEDRICH WILHELM MADER, die dann ebenfalls als Bücher auf den Markt kamen.

Nach 1945 versuchte der Verlag mit der Fortführung des „Guten Kameraden“ (bis 1970) und mit „Wir Mädchen“ (bis 1973) sowie des „Neuen Universums“ (ab 1974 im Südwest-Verlag) und einer neuen „Kamerad-Bibliothek“ an bewährte Traditionen anzuknüpfen, gleichzeitig mit Jugendsachbüchern den neuen Entwicklungen auf dem Jugendbuchmarkt nachzukommen. 1977 waren im Bereich des Kinder- und Jugendbuches rund 90 Titel lieferbar. Der Schwerpunkt liegt im Lesealterbereich von 8–14 Jahren. Neben erzählenden Jugendschriften wurden die Gruppen des Sach- und des geschichtlichen Jugendbuches besonders gepflegt.

Zu den Autoren des Verlages gehören unter anderem: BARBARA BARTOS-HÖPPNER, JOHAN FABRICIUS, BARBARA GEHRTS, SID FLEISCHMANN, INGEBORG HEIDRICH, ANGELIKA KUTSCH, GUNNEL LINDE, KEITH ROBERTSON, ALBERTA ROMMEL, ANNIKA SKOGLUND,

LISELOTTE WELSKOPF-HENRICH. Illustratoren: KLAUS ENSIKAT, NIKOLAUS PLUMP, JOACHIM SCHUSTER, RÜDIGER STOYE, FRANZ-JOSEF TRIPP, KURT WENDLANDT.

Sekundärliteratur: E. Diesel: 75 Bände Das Neue Universum (1958). – H. Pleticha: Das Abenteuerbuch in der Vergangenheit (1978). – A. Spemann: Wilhelm Spemann (1943). – Union Verlag, Stuttgart (in: Arbeitsgemeinschaft von Jugendbuchverlagen (Hrsg.): Jugendbuch heute. Verlage, Bücher, Personen, Informationen. 1977. 94–95). – C. Vinz (Hrsg. zus. mit G. Olzog): Dokumentation deutschsprachiger Verlage ([6]1977).

Harro Kieser

Unnerstad, Edith

*Schwedische Kinder- und Jugendbuchautorin; * 28. 7. 1900 Helsinki.*

Nach Übersiedlung der Familie nach Schweden arbeitete U. im Anschluß an ihre Schulausbildung mit Unterbrechungen als Beamtin des schwedischen Staates. Sie studierte außerdem einige Jahre Kunst. 1932 erschien ihr erstes Jugendbuch „Uffe reser jorden runt". In den Jahren zwischen 1956 und 1965 erhielt sie eine große Zahl Preise und Ehrungen zugesprochen, so 1956 den schwedischen Verfasserpreis, 1957 die Nils-Holgersson-Plakette, 1958 Erwähnung auf der IBBY-Ehrenliste und 1959 den Großen Schwedischen Staatspreis für besondere Leistungen auf dem Gebiet des Jugendschrifttums. Einige von U.s Büchern erschienen auf der Bestenliste zum Deutschen Jugendbuchpreis. Sie erhielt mehrfach Stipendien des schwedischen Staates und anderer nationaler Institutionen.

Werk, Tendenzen, Wirkung. Nur ein Teil der Bücher U.s sind ins Deutsche übersetzt worden. Dabei handelt es sich weitgehend um die Texte, die für Kinder und Jugendliche verfaßt wurden. Darüber hinaus hat sie auch einige Romane für Erwachsene geschrieben.
U. will den Leser vor allem unterhalten. Ihre Geschichten sind handlungsreich angelegt, der Erzählstrang ist jedoch nicht immer geradlinig. Sprache und Erzählhaltung sind vergnüglich, hin und wieder auch witzig-verschmitzt, manchmal mit ironischen Anklängen. Klare, einfache Bilder überwiegen und treffen die Verständnisebene der jungen Leser. Dabei läßt sich eine große Bandbreite in Anlage und Aufbau ihrer Texte erkennen. Sie reichen von stark bebilderten Büchern (Illustratoren sind unter anderem YLVA KÄLLSTRÖM und ILON WIKLAND) für Leseanfänger bis zum Buch für jugendliche Leser. Phantastische Elemente werden in den Handlungsablauf kaum eingebracht. Vergnügen und Spannung werden mit der Realität entnommenen Versatzstücken erzeugt. Nur selten verlassen die Hauptakteure ihren engeren heimatlichen Bereich. Im bekannten und vertrauten Umfeld entwickelt sich Abenteuerliches, Neuland wird nur in kleinen, überschaubaren Schritten betreten. Die handelnden Personen werden zumeist recht differenziert mit kleinen Fehlern und Schwächen gezeichnet. Derartige Eigenschaften werden allerdings nicht stark gewichtet, sondern am Rande des Geschehens abgehandelt; so etwa die Vorurteile gegenüber einem jungen Mann auf der Flucht, die die Handelnden als solche erkennen und zu überwinden versuchen. Konflikte werden insgesamt nur in beschränktem Umfang aufgebaut, eher geht es darum, konkrete Schwierigkeiten zu überwinden, allein auf sich gestellt oder mit Hilfe anderer Menschen. Der Leser wird nicht entlassen, ohne daß eine Lösung der Probleme dargestellt wird.
Allgemein ist festzuhalten, daß U.s Bücher, die in den fünfziger und sechziger Jahren in der Bundesrepublik Deutschland weit verbreitet waren, eine positive Aufnahme fanden, daß freilich der Schritt zur Herausforderung des Lesers nicht getan wurde. Die Idylle, die ein heiles Bild unserer Welt entwirft, wird zuweilen übermächtig.

Werke: Uffe reser jorden runt (1932); Gården vid Rödbergsgatan (1935); Boken om Alarik Barck (1936); Hoppentott i vänliga skogen (1938); Muck (1939; dt. Das Mädchen Muck, 1965); Susann (1943; dt. Susann, 1947); Bricken (1945); Sara och Lejonkringla (1946); Tummelunsarna i vänliga skogen (1947); Kastrullresan (1949; dt. Die fidele Pfeiftopfreise, 1956); Snäckhuset (1949; dt. Das Muschelhaus, 1952); Nu seglar Pip-Larsson (1950; dt. Pfeif-Larssons Segelfahrt, 1959); Ensam hemma med Johnny (1951; dt. Ein Tag mit Johnny, 1972); Pip Larssons Lilla O. (1955; dt. So ist Klein O., 1958); Farmorsresan (1956; dt. Pelle Göran, 1960); Ariel och Moriel (1957); Kattorna från sommarön (1957; dt. Die Katzengitta, 1959); Bollarulla (1958); Lasseman spelar (1958; dt. Lassemanns Irrtum, 1966); Mormorsresan (1959; dt. Die Reise nach Petersburg, 1961); Englandsresan (1960; dt. Das Geheimnis von Malvern, 1962); Toppen och jag på torpet (1962; dt. Toppen und ich in der Kuckuckskate, 1963); Två små fnissor (zus. mit Y. Källström. 1966); Kasperssons far till landet (1969; dt. Kaspersons fahren aufs Land, 1970); Klarbärskalaset (zus. mit I. Wikland, 1970; dt. Das Kirschenfest, 1971); Pysen rider (zus. mit I. Wikland, 1974; dt. Pitje reitet, 1975).

Sekundärliteratur: G. Chambert: Vi intervjuar Edith Unnerstad (in: Skolbiblioteket. 1956. 3. 68–70). – St. Hagliden: Edith Unnerstad (in: Skolbiblioteket. 1957. 2. 44–50). – G. Klingberg: Barn- och ungdomslitteraturen (1970).

Peter Zimmermann

Unterhaltungsliteratur

Der Begriff U. umfaßt die Texte, die gegen Langeweile, zur Entspannung, Ablenkung, Abwechslung oder Zerstreuung in der Freizeit gelesen oder medial rezipiert werden. Er ist in der Kinder- und Jugendliteratur ebenso relevant wie in der Erwachsenenliteratur.

Der Terminus U. – häufig aber zu Unrecht mit Trivialliteratur gleichgesetzt – ist zunächst als wertfreier, eine Funktion von Literatur zum Ausdruck bringender Begriff zu sehen, unter dem sowohl literarisch hochwertige Texte als auch ästhetisch geringwertige Literatur je nach ihrer spezifischen Unterhaltungsqualität gefaßt werden können. Kann man das ästhetisch sensibilisierte Verhalten gegenüber dem Kunstwerk in einer dem Werk adäquaten Rezeption, das Ergötzen an sprachlichen Kunstformen, als sublimsten Ausdruck von literarischer Unterhaltung verstehen, so ist im allgemeinen der Charakter der Lektüre zur Unterhaltung weniger von der Wahrnehmung der Darstellungsformen selbst als von dem unmittelbaren Interesse an der unterhaltsamen Schilderung bestimmt. Kennzeichnend für die Unterhaltungsqualität von Texten sind die die regulative Phantasie anregenden stofflichen und inhaltlichen Elemente in einer die Sympathie ansprechenden oder identifikationsfördernden, spannenden Handlungsführung. Gefühl und Gemüt anregende (Schicksals-, Heimat- und Liebesromane), abenteuerliche und sensationsreiche (Abenteuerliteratur, Kriminal- und Detektivgeschichten, Science-fiction- und Horrorliteratur) und heitere und humorvolle Schilderungen stehen im Zentrum der U. ebenso im künstlerischen wie auch im trivialen Bereich. Der Unterhaltungsreiz für den Leser beruht einerseits auf dem allgemeinen Bedürfnis nach imaginativen, die eigene Realität erweiternden, übersteigenden oder ihr entgegengesetzten Handlungsmöglichkeiten und Erfahrungen, andererseits entspricht er konkreten Bedürfnissen, die durch die persönliche Lage, Situation und Interessen – im Bereich der Kinder- und Jugendliteratur durch entwicklungspsychologische Gegebenheiten – des Lesers oder von Lesergruppen bedingt sind. Hierauf gründen die kompensatorischen und regenerativen Funktionen der Unterhaltungslektüre. Beinhaltet die künstlerische U. wesentlich die Qualität, vorhandene – als schlecht oder unbefriedigend empfundene – Realität in der Vorstellung einer besseren zu durchbrechen, so verliert sich diese Qualität im Prozeß der Trivialisierung von U. In dem sich der Unterhaltungswert in aufgesetzten, aneinander addierten Spannungs- und Reizeffekten erschöpft, wird Unterhaltungslektüre zum folgelosen, nur noch regenerativ und kompensatorisch wirkenden Amusement, das Wirklichkeit unbefragt bestätigt. Im Gegensatz etwa zur angelsächsischen Literatur, die insbesondere im Genre der Abenteuer- und Gesellschaftsliteratur vielschichtigen Leserbedürfnissen entsprechend, U. von bestem Niveau hervorgebracht hat (COOPER, DEFOE, DICKENS, STEVENSON, MELVILLE, COLLINS, BRONTË, POE, HAMMETT, CHANDLER, HIGHSMITH und andere), haben die „besseren" deutschen Schriftsteller seit Ausgang des 18. Jahrhunderts mit dem Entstehen des bürgerlichen und kleinbürgerlichen Literaturbetriebs und eines Literaturmarktes mit einer „fabrikmäßigen" Literaturproduktion die Befriedigung der stetig wachsenden Unterhaltungsbedürfnisse an eine eigenständige professionelle Unterhaltungsschriftstellerei delegiert. Die deutschsprachige populäre U. oberhalb des Niveaus der Kolportage ist bestenfalls fast ausnahmslos drittklassig (MARLITT, HEIMBURG, MAY, MÖLLHAUSEN, GANGHOFER, COURTHS-MAHLER, SIMMEL und andere).

Noch weit ausgeprägter als im Feld der Erwachsenenliteratur zeigt sich in der Geschichte der Kinder- und Jugendliteratur die Degeneration der Unterhaltungslektüre zur Trivialliteratur. In altersgemäßer, meist geschlechtsspezifischer Zurechtmachung erschöpft sich Unterhaltsames in vordergründigen Spannungseffekten und emotionalisierenden Darstellungen und wird zumeist tendenziös mit Gesinnung durchsetzt (G. NIERITZ, FR. HOFFMANN, S. WÖRISHÖFFER, E. VON RHODEN, TH. VON GUMPERT, M. TROTT und andere).

→ Kitsch, → Konsumliteratur, → Serien, → Trivialliteratur

Sekundärliteratur: A. Andersch: Wie trivial ist der Trivialroman? (in: (ders.): Norden, Süden, rechts und links. Von Reisen und Büchern 1951–1971. 1972. 216–226). – J. Hienger (Hrsg.): Unterhaltungsliteratur. Zu ihrer Theorie und Verteidigung (1976). – A. Klein: Die Krise des Unterhaltungsromans im 19. Jahrhundert (Diss. 1969). – W. R. Langenbucher: Der aktuelle Unterhaltungsroman (Diss. 1964); Schwierigkeiten mit der Unterhaltungsliteratur (in: Bertelsmann-Briefe. 43. 1966. 23–29). – G. Sichelschmidt: Liebe, Mord und Abenteuer. Eine Geschichte der deutschen Unterhaltungsliteratur (1969).

Albert Klein

Urban, Joseph → H. Lefler

Uruguay

(República Oriental del Uruguay). Republik in Südamerika. Staatsgebiet: 186 926 km²; Einwohner: 2 956 000. Nach dem Referendum vom 27. 11. 1966 galt vom 1. 3. 1967 das Präsidialsystem bis zum Staatsstreich am 27. 6. 1973. Seitdem regiert der Präsident autoritär. U. zählt heute zu den „weißen" Ländern Südamerikas. Rund 90% der Bevölkerung sind europäischer Herkunft (vor allem spanische und italienische Einwanderer). Den Rest der Bevölkerung bilden Mestizen und Mulatten. Amtssprache ist spanisch.

Entwicklung der Kinder- und Jugendliteratur und gegenwärtiger Stand. Eine eigenständige Kinder- und Jugendliteratur in U. begann sich in den ersten Jahrzehnten des 19. Jahrhunderts zu entwickeln. 1826 schrieb DAMASO ANTONIO LARRAÑAGA (1771–1841) die „Fabulas Americanas", die ab 1891 in Zeitungen veröffentlicht und im Jahre 1919 als Buch herausgegeben wurden. Das Werk, das in insgesamt 49 Themenkreise unterteilt ist, verfolgte didaktische und moralische Zwecke und gewinnt seine besondere Bedeutung durch die Tatsache, daß es zur Zeit der Kämpfe um die Unabhängigkeit von Spanien entstand. Durch die Wirren der Zeit bestimmt, dauerte es allerdings noch lange, bis die Kinder- und Jugendliteratur Formen annahm. Mit dem Eid auf eine neue Verfassung im Jahre 1830 wurde das Land von zahlreichen Bürgerkriegen heimgesucht, die bis in die ersten Jahrzehnte dieses Jahrhunderts andauerten. Trotzdem entstanden einige wertvolle Beiträge zur Kinder- und Jugendliteratur. Die einst verfolgten didaktischen und moralischen Absichten erhielten dank europäischer und nationaler Einflüsse eine fortschrittliche Wende.

JOSÉ HENRIQUES FIGUEIRA (1860–1946) gab „El ahorro escolar", „Quieres leer?", „Adelante", „Pensamientos sueltos", „Un buen amigo", „Trabajo" (1900) und „Vida" (1902) heraus. ORESTES ARAÚJO (1853–1916) veröffentlichte 1889 die „Lecturas Ejemplares", eine Auswahl von Lesestücken für Kinder und Jugendliche und die „Perfiles Biográficos" (1892), ein Werk, das kurze Biographien von Persönlichkeiten der Rio Plata-Länder enthält. SERAFIN LEDESMA (*1867) veröffentlichte ebenfalls eine Auswahl von Lesestücken, die 1898 den Titel „Lecturas Manuscritas“ erhielt.

FIGUEIRAS Werk, das von großer pädagogischer Einfühlung ist, behielt bis zur Mitte dieses Jahrhunderts seinen Wert; es umfaßt eine Einführung zum Lesenlernen, eine Auswahl für Kinder und Jugendliche geeigneter Lesestücke sowie Texte, die in engem Zusammenhang mit seiner eigenen literarischen Produktion zu sehen sind. Weil sie im Hinblick auf ihre Zeit fortschrittliche pädagogische Richtungen vertraten, wurden seine Werke auch in anderen Ländern Lateinamerikas gelesen. Die didaktische Linie FIGUEIRAS wurde in modernen pädagogischen Beiträgen von HUMBERTO ZARRILLI (1898–1964) und ROBERTO ABADIE SORIANO (*1902) mit einer Serie von Arbeiten wie „Alegría“, „Tierra Nuestra“, „Uruguay“, „Optimismo“ fortgesetzt und seit 1928 zu „offiziellen“ Texten erklärt. Augenblicklich schreibt in dieser Richtung OTILIA FONTANALS (*1922), die „A la rueda rueda“ (1956), „Ana y Bolita“ (1962), „Calesitas“ (1966), „Paraná Guazú“ (1970), „Trencito“ (1973) und zusammen mit ELENA D'ANGELO DE SANZ (*1928) „Globos de colores“ (1975), „El lápiz mágico“ (1975) und „Agua que canta“ (1976) veröffentlichte. ELSA LIRA GAIERO (*1932) gab „Conoces a Polita“ (1968), „Mi tercer libro“ (1968) und „Caracol col“ (1969) heraus. Als Nation begann U. praktisch erst um die Mitte des vorigen Jahrhunderts zu existieren, so daß es als Land zu dieser Zeit noch arm an Traditionen, Mythen und Legenden war, die das Entstehen einer Kinderliteratur hätten begünstigen können. Jahrzehntelang orientierte sich die Kinderliteratur, die hauptsächlich auf mündlicher Überlieferung beruht, am europäischen Kulturgut. Anfangs waren die Texte zur Kinderliteratur noch beeinflußt von europäischer Tradition, später jedoch wurden mehr und mehr autochthone Elemente miteinbezogen, was zu einer ständig fortschreitenden Bereicherung der eigenständigen Kinder- und Jugendliteratur führte. Erst seit relativ kurzer Zeit, nämlich seit Beginn dieses Jahrhunderts, treten die speziellen Erzählformen der Kinder- und Jugendliteratur auf und werden spezielle Themenbereiche aufgegriffen. Einige Autoren wie JOSÉ ENRIQUE RODÓ (1871–1917), der 1900 „Ariel“ veröffentlichte, ein an die Jugend Hispanoamerikas gerichtetes Essay über die Demokratie, orientierten sich an ausländischen Vorläufern. Dieses Werk und andere wie „Motivos de Proteo“ (1913) bedienten sich der klassischen Parabel als pädagogisches Hilfsmittel. FRANCISCO ESPINOLA (1901–1973) veröffentlichte 1930 das Buch „Saltoncito“, das Elemente der klassischen europäischen Kindererzählung aufweist; es berichtet von den Abenteuern einer kleinen Kröte, die nach tausend Mißgeschicken den verlorenen Vater und das Glück wiederfindet. Mehrere Jahre später schrieb ESPINOLA „Aventura de Juan el Zorro“, ein 1968 veröffentlichtes Werk, das eine völlig andersartige Erzählform aufweist und kreolische Elemente enthält. Auch CONSTANCIO C. VIGIL (1876–1954), der von Buenos Aires aus als Schriftsteller und Publizist tätig war, schrieb seit Beginn dieses Jahrhunderts für Kinder und brachte es zu einer großen Anzahl phantastischer Erzählungen, die sich zunächst am europäischen Volksmärchen orientierten, dann aber bald eigenständige Formen und Figuren- und Requisitenarsenale entwikkelten. Die bemerkenswertesten Werke VIGILS sind wiederholt aufgelegt worden, das Erscheinungsjahr steht jedoch nicht genau fest („Botón Tolón“, ‚La Hormiguita viajera“, „La familia conejola“). Auf der anderen Seite profilierten sich Autoren, die sich die traditionelle europäische Kinder- und Jugendliteratur zunutze machten, jedoch eigene Elemente nationaler und/oder südamerikanischer Thematik sowie Lokalkolorit einbrachten. HORACIO QUIROGA (1878–1937) schrieb „Cuentos de la selva“ (1921), „Cuentos de mis hijos“ und andere Geschichten, die ab 1911 in Zeitungen und Zeitschriften des Rio Plata-Gebietes und 1967/1968 als Buch erschienen. QUIROGA ist ein weltbekannter Schriftsteller, dessen Werke in die gängigsten Sprachen übersetzt wurden. In seinen Erzählungen, die als beispielhaft für eine sowohl formal als auch inhaltlich ausgewogene Erzählweise gelten können, leben seine Hauptfiguren, im allgemeinen Tiere, in einer einzigartigen Fabelwelt inmitten des amerikanischen Urwalds. Die realistisch dargestellten Menschen zeigen Liebe, Großmut und Solidarität ebenso wie Groll und Aggression. Die Hauptpersonen in den Büchern von JOSÉ PEDRO BELLÁN (1889–1930) entstammen unzweifelhaft der Hauptstadt Montevideo der Jahrhundertwende. BELLÁN bettet die auftretenden Personen in eine gefühlvolle Atmosphäre ein, die der in der Erzählung von EDMUNDO DE AMICIS entspricht. ADOLFO MONTIEL BALLESTEROS (1888–1971), dessen weitgespanntes, literarisches Schaffen die klassischen Gattungen Fabel, Legende, Kunstmärchen und Roman umfaßt, schrieb zahlreiche Werke, in denen die Welt der Kreolen vorgestellt wird. Einige seiner bedeutendsten Werke sind „Fabulas“ (1923), „Queguay el niño indio“ (1940), „Cuentos para los ninos de América“ (1949), „Gaucho Tierra“, „Teatro Menudo“ (1958), „Don Quijote Grillo“ (1961). Im Augenblick wird der Trend, die klassischen Kinder- und Jugendliteraturgattungen mit autochthonen Darstellungsweisen zu verbinden, von JUANA DE IBARBOUROU (1895–1979) und SERAFIN J. GARCÍA vertreten. Erstere schrieb „El cantaro fresco“ (1920) und „Chico Carlo“ (1945). Neben Kinder- und Jugendliteratur verfaßte die Autorin auch Werke für Erwachsene, durch die sie weit über die Grenzen ihres Kontinents hinaus bekannt geworden ist. „El cantaro fresco“ bringt Illustrationen einfacher Motive, die durch die dichterische Sprache künstlerischen Wert erlangen. „Chico Carlo“ erzählt von der Kindheit der Autorin auf dem Dorf, die sie in einer sehr reizvollen Umgebung verbrachte. In ihren Kindheitserinnerungen finden sich Legenden aus längst entschwundenen Zeiten, die sich um ihren Wohnort ranken. Die Werke von SERAFIN J. GARCÍA gehören ebenfalls dem oben beschriebenen Trend an; sein Buch „Piquin e Chispita“ wurde beim Hans-Christian-An-

dersen-Wettbewerb 1967/1968 in Bologna als eines der zehn besten in den letzten zwei Jahren geschriebenen Kinder- und Jugendbücher der Welt gewürdigt. Das Buch erzählt die abenteuerliche Reise einer Eidechse und eines Tucu-Tucus, beides kleine und niedliche Tiere der uruguayanischen Fauna. Die übrige, literarisch bedeutende Produktion GARCÍAS für Kinder und Jugendliche kann mehr dem augenblicklich vorherrschenden Trend innerhalb der uruguayanischen Erzählkunst zugerechnet werden. GARCÍA schildert in „Aventuras de Juan el zorro", einem Roman, der kapitelweise ab 1949 in der Zeitschrift „El Grillo", danach 1950 als Buch erschien – ebenso wie in „El totoral" (1968) – Begebenheiten des täglichen Lebens auf dem Lande, die meisterhaft getroffen sind, vor allem durch die Schilderung der Abenteuer des Fuchses, deren Ursprung sich in der uruguayanischen Folklore verliert. Es zeigt sich, daß mehr und mehr eine eigenständige uruguayanische Kinder- und Jugendliteratur entsteht, die sich von den traditionellen, von den europäischen Klassikern beeinflußten Kinder- und Jugendbüchern deutlich abhebt.
ANTONIO SOTO (BOY) (* 1884) schrieb 1938 „La casa de los pájaros", „Ronda de ninos" (1942) und „Cachito y Rigoleto" (1947), Werke, in denen einfache Begebenheiten, Personen, Tiere und Gegenstände, die zum Alltag von fünf kleinen Geschwistern gehören, das Material für die Erzählung liefern. SOTO widmet sich der als Umwelterzählung benannten Gattung, die auf alltägliche Geschehnisse zurückgreift, die man früher als bedeutungslos und der literarischen Verarbeitung nicht wert hielt. Die Umwelterzählung findet einen nachdrücklichen Befürworter in JUAN JOSÉ MOROSOLI (1899–1957), der in „La Soledad y la Creación Literaria" (1971) das Konzept darlegt, auf dem seine Beiträge zur uruguayanischen Kinder- und Jugendliteratur beruhen; von seinen Kinderbüchern sind von besonderem Interesse „Perico" (1947) und „Tres nino, dos hombres y un perro" (1967). Beide Erzählungen wurden in der Zeitschrift „El Grillo" schon ab 1949 veröffentlicht. MOROSOLI stellt fest: „Die Kinderliteratur muß einfach und klar sein und den jugendlichen Leser ermuntern, aus der Lektüre Schlußfolgerungen zu ziehen. Er soll in der Lektüre etwas anderes als bloßen Zeitvertreib sehen, so wie dies in Märchen von Zwergen, Feen und Zauberteppichen der Fall ist. Das Kind will das, was es täglich sieht und erlebt und was eng mit dem Geschehen in seinem Land verknüpft ist, in den Erzählungen wiederfinden". „Perico, Estampas par ninos" erzählt in poetischer Sprache das Leben eines Kindes auf dem Dorf. „Tres ninos, dos hombres y un perro" ist eine längere Geschichte, in der mehrere Hauptpersonen auftreten; die Gesamtkomposition, die differenzierte Charakterisierung der handelnden Personen, und die Bedeutsamkeit, mit der diese Erzählung kindliche Probleme angeht, machen das Buch zu einem der gelungensten Werke der uruguayanischen Kinder- und Jugendliteratur. Beide Bücher stellen zusammen mit „Muchachos" (1950), einem Roman über eine Kindheit auf dem Dorf, den wertvollsten Beitrag MOROSOLIS zur Kinder- und Jugendliteratur dar. Die Gedanken von ihm werden von JULIO CÉSAR DA ROSA (* 1920) auf das ländliche Milieu übertragen; DA ROSA verfaßte „Buscabichos" (1970) und „Gurises y Pájaros" (1973). Er schildert das Leben zweier Kinder auf dem Lande, die sich in mannigfaltige Abenteuer stürzen, die Landschaft, die Flora und Fauna U.s werden darin wirklichkeitsgetreu und reizvoll geschildert.
Die Schulen in U. zeigten sich für Kindergedichte sehr zugänglich. Dabei finden nicht nur Gedichte, die speziell für Kinder geschrieben wurden, den Weg in die Schulen, sondern auch solche, die für Erwachsene gedacht waren, aber auf Grund ihrer Einfachheit und sprachlichen Zugänglichkeit schon bald von Kindern adaptiert wurden.
Auch bei den uruguayanischen Autoren von Kindergedichten gibt es solche, die sich an Themen und Formen des traditionellen Gedichtes orientieren und andere, die neue, national akzentuierte Wege suchen.
Zu dieser Gruppe gehören FERNÁN SILVA VALDÉS (1887–1975) mit „Poemas Nativos" (1925) und „Poesía y Leyendas para ninos" (1930) und „Leyendas" (1936), ebenso JUAN CUNHA (* 1910) mit „Sueno y retorno de un campesino" (1937), „Cancionero de pena y luna" (1953) und „A eso de la tarde" (1961). Der Band „Poemas nativos y leyendas" von SILVA VALDÉS enthält Verse und Geschichten, die den sogenannten poetischen „Nativismus" U.s mitbegründen; eigentlich nicht für Kinder konzipiert, kann die Sammlung jedoch von ihnen dank der Thematik, des folkloristischen Kolorits sowie der einfachen Darstellungsweise schnell erfaßt werden. Das Gleiche kann man von den Gedichten CUNHAS sagen, die einen beschwörenden Charakter besitzen. Der Titel sagt schon etwas über das Anliegen des Autors aus, der einmal den städtischen Bereich und da hauptsächlich die Spiele der Kinder darstellt, ein anderes Mal das ländliche Milieu an Hand der Gebräuche und Landschaften schildert. Die Verse werden von Kindern spontan aufgenommen.
Von denjenigen Autoren U.s, die nicht der Richtung des „Nativismus" angehören, wendet sich ein Teil mit seinen Gedichten gezielt an junge Leser, ein anderer Teil richtet seine Dichtungen nicht auf Kinder aus, wird aber im Ergebnis doch zum Lieferanten von Versen für junge Leser. Zur ersten Gruppe gehören JULIO J. CASAL (1889–1954) mit „Allá lejos" (1912), „Cielos y llanuras" (1914), „Arbol" (1925) und „Distante alamo" (1956), ALFREDO MARIO FERREIRO (1889–1959) mit „El hombre que se comió un autobus" (1927) und „Se ruega no dar la mano" (1930), CARLOS RODRIGUEZ PINTOS (* 1895) mit „Canción de la distancia" (1931), „Canciones del nino de cristal" (1933), „Canto al cielo de América" (1936) und LIBER FALCO (1906–1963) mit „Cometas sobre los muros" (1940) und „Tiempo y tiempo" (1956). Hierher gehören auch JUANA DE IBARBOUROU mit „Raiz salvaje" (1922) und anderen Titeln. Die bekanntesten Schriftsteller, die für Kinder schreiben, sind ALVARO FIGUEREDO (1908–1966) mit „Desvio de la Estrella" (1936) und „Poemas". ERNESTO PINTO (1908–1973) mit „Jacaranda" (1936), „Canción del nino viajero" (1935) und „Quinque Quincón"

(1950) und ELSA LIRA GAIERO (* 1932) mit „Romancero mínimo" (1950) und „Cancionero del duende verde" (1957).
Alle diese Autoren benutzen die klassischen Elemente der phantastischen Kinder- und Jugendliteratur wie Gespenster, Tiere, Spielzeug inmitten einer phantastischen Umgebung.
HUMBERTO ZARRILLI (1889–1964) ist vielleicht derjenige Autor, der mit „Libro de imágenes" (1928) einer ganz neuen poetischen Form zum Durchbruch verhilft, in der sich Begebenheiten aus dem kindlichen Erfahrungsbereich in einer realen, aber trotzdem poetisch gesehenen Welt bewegen. Diese Eigenart tritt noch deutlicher in den Werken von JULIO FERNANDEZ (1926–1973) hervor, vor allem in „La isla alegre" (1953), „Caballitos de madera" (1962), „Por las ventanas del Este" (1970), „Torre del duende No. 2" und „Girasol de la manana" (1973). Die poetische Qualität der Werke von JULIO FERNANDEZ hat die chilenische Dichterin und Nobelpreisträgerin für Literatur, GABRIELA MISTRAL ausrufen lassen: „Ich glaube, nie ein Buch in der Hand gehabt zu haben, das von Anfang bis Ende ein richtiges Wiegenlied ist. Zweimal habe ich seine Verse gelesen, um ein Stück Vergessenes wieder aufleben zu lassen".

Kinder- und Jugendzeitschriften. Seit Beginn dieses Jahrhunderts erscheinen in den uruguayanischen Zeitungen Spalten oder ganze Seiten für Kinder, die anfangs noch einfache Bilderwitze, bald jedoch Märchen und Fabeln brachten. Später gaben die größten Tageszeitungen auch spezielle Beilagen heraus; augenblicklich gibt es nur noch „El día de los ninos", eine Beilage, die seit zehn Jahren von der Tageszeitung „El Día" aus Montevideo herausgegeben wird. Ab 1907 erschien wöchentlich die Kinderzeitschrift „A. B. C., Semanario exclusivamente para ninos", die es jedoch nur auf vier Ausgaben brachte. Zwischen 1915 und 1916 kam vierzehntätig „El botija" heraus. Bald gewannen die in Buenos Aires herausgegebenen argentinischen Zeitschriften die Überhand, die den Markt überschwemmten und eine uruguayanische Produktion verhinderten oder den uruguayanischen Zeitschriften – falls sie doch noch erschienen – nur ein kurzlebiges Dasein gestatteten. Heute wird die Kinderzeitschrift „Charoná" regelmäßig vierzehntägig herausgegeben. Wegen der Qualität des lehrreichen und unterhaltsamen Stoffes darf „El Grillo" in diesem Zusammenhang nicht unerwähnt bleiben. Von 1949 bis 1966 war es die offizielle Kinderzeitschrift des „Consejo Nacional de Ensenanza Primaria y Normal". Sie erlebte 57 Ausgaben. An der Redaktion dieser Zeitschrift wirkten die bekanntesten Lehrer, Schriftsteller, Dichter und Künstler ihrer Zeit mit und schufen eine Publikation von hohem kulturellen Wert, die eine Auflagenzahl von 100 000 erreichte und unentgeltlich an alle Schüler der öffentlichen Schulen im Land verteilt wurde.

Förderung der Kinder- und Jugendliteratur. Das Ministerium für Kultur veranstaltet jährlich einen Wettbewerb und verleiht den Autoren der zu diesem Zeitpunkt veröffentlichten Bücher Preise; für diesen Wettbewerb wurde eine Sektion für Kinder- und Jugendliteratur gegründet. Die Stadtverwaltung von Montevideo unterhält in verschiedenen Stadtvierteln öffentliche Bibliotheken mit speziellen Abteilungen für Kinder- und Jugendliteratur. An den schulfreien Samstagen öffnet die „Behörde für den Hauptschulunterricht" für das junge Leserpublikum einige ihrer Räume, der sogenannten „Parques Escolares", in denen Lehrerinnen Dienst versehen. Die Schule für Bibliothekswesen der „Universidad de la República" übernimmt oft die Schirmherrschaft über Buchausstellungen, Verhandlungen, Konferenzen und Kurse, die die Kinder- und Jugendliteratur und ihre Probleme im Blickfeld haben. Im privaten Bereich hat der Verlag „Ediciones de la banda oriental" 1966 einen Wettbewerb für Kindererzählungen durchgeführt. Die besten Erzählungen wurden durch den Verlag herausgegeben.

Sekundärliteratur: C. Bravo-Villasante: Historia y antologia de la literatura infantil iberoamericana (Bd. 2. 1966); Weltgeschichte der Kinder- und Jugendliteratur (1977). – A. A. Clulow: Literatura infantil (in: Anales de instrucción primaria. 7. 1944. 3./4. 10–98). – A. Pellowski: The world of children's literature (1968).

Luis Neira/Jose Maria Obaldia

Ury, Else

*Mädchenbuchautorin; * 1. 11. 1877 Berlin, † 12. 1. 1943.*

U. war Tochter eines Tabakfabrikanten. Als junges Mädchen schrieb sie Gelegenheitsgedichte und wandte sich um 1900 der Kindererzählung zu. Während der Hitlerzeit durfte U., die Jüdin war, nicht mehr veröffentlichen.

Werk, Tendenzen, Wirkung. U. steht mit ihrem Werk noch ganz im Banne der Wilhelminischen Epoche und knüpft namentlich in ihren Mädchenbüchern an CLEMENTINE HELM (1825–1896) und EMMY VON RHODEN (1832–1885) an, wobei sie sich gern der Serie (Nesthäkchen, Professors Zwillinge) bedient. In stärkerer Weise als ihre Vorgängerinnen reagierte sie jedoch auf Zeitereignisse. U. ist vor allem als Autorin der Nesthäkchen-Serie bekannt geworden, die bis heute immer wieder, teilweise in Neubearbeitungen, aufgelegt wird. Die Gesamtauflage der Serie beträgt rund fünf Millionen Exemplare. Die ursprünglich zehn Bände umfassende Serie wurde seit 1950 um den fünften Band „Nesthäkchen und der Weltkrieg", der sich durch nationalistische Töne auszeichnet, gekürzt. – Die Serie schildert das Leben der Berliner Arzttochter Annemarie von der „Puppen- zur Großmutter". Während dieser Zeit bleibt Nesthäkchen im Gegensatz zu der am Ende aller Bände suggerierten Reife unverändert das mutwillig-sorglose, übermütige, lebenslustige Kind. Annemarie lebt nicht nur in ihrer Familie, sondern auch auf ihren Unternehmungen (u. a. Studium in Tübingen) ständig wohlbehütet und in ausgelassener Sorglosigkeit in einem Schonraum, in den nur von fern die Geräusche der unruhigen Zeit eindringen. Wie im Kriege eine Hamsterfahrt zu einer unterhaltsamen Landpartie wird, so werden alle Probleme in unbeschwert-forcierter Fröhlichkeit verdrängt. Der Charakter der Hauptfigur, ihre „glückliche Natur" läßt sich durch keinerlei Mißgeschick beeindrucken, bestimmt weitgehend die Erzählstruktur. Familie und Milieu bleiben trotz Darstellung von vier Generationen (von Annemaries Eltern bis zu deren Urenkeln) unverändert. Die Familie ist patriarchalisch strukturiert, die Kinder erfahren eine streng geschlechtsspezifische Erziehung; Mütter haben sich ausschließlich ihren Familien zu widmen, anderenfalls werden sie vom Schicksal hart bestraft. Die Hauptfigur ist im Sinne des überkommenen Wildfang- und Trotzkopf-Modells extrem typisiert. Erotik wird nur sehr dosiert und verschlüsselt als neckisches Tändeln in die Geschichten hereingelassen. Die Frau ordnet sich dem Mann bereitwillig unter oder hat das gefälligst zu lernen. Die soziale Frage wird durch Wohltätigkeitsappelle entschärft.

Das Motiv des Frauenstudiums greift der Band „Studierte Mädel" auf, immerhin eine Reaktion auf neue Ansprüche der bürgerlichen Frau auf Selbstentwicklung. Wie schon in der Nesthäkchen-Serie („Nesthäkchen fliegt aus dem Nest") erscheint der weibliche Beruf als Ersatz für die wahre Bestimmung der Frau, nämlich sanft und weich und ihrem Mann untertan zu sein. Als Kompromißlösung steht der Beruf der Krankenschwester, die ihrem Mann als Arzt helfen kann (eine ähnliche Lösung findet sich in „Kommerzienrats Olly": Olly darf Sekretärin ihres Vaters werden). Immerhin stellt der Band „Studierte Mädel" insofern einen Fortschritt dar, als überhaupt über Emanzipationsprobleme diskutiert wird und dabei die unterschiedlichsten Positionen zu Wort kommen. Im übrigen ist die Hauptfigur Hilde dem „Trotzkopf" Ilse Macket der Emmy von Rhoden nachempfunden.

Die fünf Bände der Serie „Professors Zwillinge", ebenfalls heute noch aufgelegt, weichen in ihrem Wertsystem und in ihrer Erzählstruktur von den bisher erwähnten Werken der Verfasserin kaum ab. Das Leben der beiden Kinder Suse und Herbert besteht fast nur aus Ferien und Reisen. Herbert ist mutig, draufgängerisch und technisch interessiert, der Vater ist Astronom, Suse ängstlich, brav, fleißig, musisch begabt – und wird von ihrem Bruder dominiert.

Das Weltbild U.s ist traditionell und eingeschränkt. Ihre Werke spielen alle im gehobenen mittelständischen Milieu des gebildeten Neubürgertums; die Zeitereignisse sind aus ihnen weitgehend verdrängt, der Frau werden nur ein paar zaghafte Schritte aus dem durch Herkommen und Herrschaftsinteressen festgelegten Rahmen heraus gestattet. Penetrant und peinlich wirken Deutschtümelei und Heimatschwärmerei. Obwohl die Verfasserin 1933 mit ihrer Erzählung „Jugend voraus", in der sie die Machtübernahme durch die Nationalsozialisten als „Vorfrühling in Deutschlands Staatsregierung" begrüßte, den Anschluß an die neuen Machthaber suchte, erhielt sie als Jüdin ab 1934 Schreibverbot.

Werke: Studierte Mädel (1906); Was das Sonntagskind erlauscht (1906); Goldblondchen (1908); Babys erstes Geschichtenbuch für die Kleinen von 2–5 Jahren (1910); Baumeisters Rangen (1910); Kommerzienrats Olly (1913); Huschelchen und andere Schulmädelgeschichten (1914); Lotte Naseweis und andere Schulmädelgeschichten (1918); Nesthäkchen und ihre Puppen (1918); Das Ratstöchterlein von Rothenburg (1919); Lilli Lilliput (1920); Nesthäkchens Backfischzeit (1920); Nesthäkchen fliegt aus dem Nest (1921); Nesthäkchen im Kinderheim (1922); Nesthäkchen und der Weltkrieg (1922); Bubi und Mädi (1923); Nesthäkchen und ihre Küken (1923); Frühlingskinder (1924); Nesthäkchen und ihre Enkel (1924); Nesthäkchens Jüngste (1924); Lillis Weg (1925); Nesthäkchen im weißen Haus (1925); Professors Zwillinge in Italien (1927); Professors Zwillinge im Sternenhaus (1928); Professors Zwillinge in der Waldschule (1928); Professors Zwillinge. Von der Schulbank ins Leben (1930); Das Rosenhäusel (1930); Wie einst im Mai (1930); Für meine Nesthäkchenkinder (1932); Wir Mädels aus Nord und Süd (1932); Jugend voraus! (1933); Kläuschen und Mäuschen (1933).

Sekundärliteratur: M. Dahrendorf: Das Mädchenbuch und seine Leserin (1970, [3]1978). – Ch. Oberfeld: „Familienglück" im Mädchenbuch (zus. mit I. Weber-Kellermann. In: H. Schaller (Hrsg.): Umstrittene Jugendliteratur. 1976. 47–60).

Malte Dahrendorf

USA (Vereinigte Staaten von Amerika)

(United States of America – U.S.A.). Bundesstaat in Nordamerika. Staatsgebiet: 9363125 km²; Einwohner: 203185000. Seit der Verfassung vom 17.9.1787 teilen sich Bund und Einzelstaaten (insgesamt 50, Alaska und Hawaii seit 1959) in die Ausübung der Staatsgewalt. Die Gesetzgebung des Bundes liegt beim Kongreß, der aus Repräsentantenhaus und Senat besteht. Die Exekutivgewalt des Bundes liegt beim Präsidenten, der für jeweils vier Jahre zusammen mit dem Vizepräsidenten von Wahlmännern gewählt wird. Die Bevölkerung besteht zu 87,5 % aus Weißen, zu 11,5 % aus Schwarzen und zu etwa 1,4 % aus Japanern und Chinesen. Starke Minderheiten der verschiedenen Einwanderergruppen pflegen auch noch heute ihre nationale Kultur und ihre Gebräuche (unter anderem Iren, Italiener, Deutsche, Russen und vor allem die Chicanos, Einwanderer aus Mittelamerika mit spanischer Muttersprache). Amtssprache ist Englisch.

Entwicklung der Kinder- und Jugendliteratur bis zum Zweiten Weltkrieg. Eine eigenständige Kinder- und Jugendliteratur war in den USA bis 1850 so gut wie unbekannt. Dafür gibt es verschiedene Gründe. Einmal ist die gesamte amerikanische Literatur relativ jung; der erste amerikanische Roman „The power of sympathy" von William Hill Brown (1766–1837) erschien erst 1789 und nicht vor 1837, als der Philosoph Ralph Waldo Emerson (1803–1881) den „American scholar" herausgab, entstand in größerem Umfang eine charakteristische amerikanische Literatur. Zum anderen ist die damals vorherrschende Haltung gegenüber dem Kind in Amerika zu nennen. Bis weit ins 19. Jahrhundert hinein galt das Kind als „kleiner" Erwachsener, der auch so behandelt wurde. Die spezifischen Bedürfnisse der Kinder wurden weitgehend ignoriert und man verlangte von den Kindern, sich wie Erwachsene in einer Erwachsenenwelt zu benehmen. Es kommt noch hinzu, daß bis zur Jahrhundertmitte das erzieherische Denken Amerikas von puritanischen Lehren beherrscht wurde, die dem Leben einen strengen theologischen Anstrich gaben. In Übereinstimmung mit diesen Lehren war der Sinn des Lebens das Streben nach moralischer Perfektion, die sich in weltlichem Erfolg und im christlichen Verhalten offenbarte. Deshalb hatte die damalige Literatur auch nicht die Funktion der Unterhaltung; die vorhandenen Schriften für junge Leser verfolgten ausschließlich den Zweck, die Kinder zum ordentlichen Leben anzuhalten. Eine eigenständige Literatur bekam erst mit dem Nachlassen der puritanischen Traditionen eine Wachstumschance in den USA.

Seit 1824 gab es Anzeichen für eine Veränderung auf dem literarischen Gebiet. In diesem Jahr wurde die „American Sunday School Union" geschaffen. Diese Organisation beabsichtigte, die Moral in den USA zu heben, indem sie in Schulen mit persönlichen Unterweisungen dazu beitrug und ein umfangreiches Publikationsprogramm entwickelte, mit dessen Hilfe informative und didaktische Bücher und Zeitschriften an junge Leser herangetragen werden sollten. Von diesen Werken verlangte man, daß sie den Fähigkeiten des heranwachsenden Kindes angemessen waren, daß sie literarisches Niveau besaßen und vor allem „amerikanisch" ausgerichtet waren. Der Versuch war erfolgreich, vor allem entstand eine umfangreiche Buchproduktion. Die „Union" soll bis 1830 sechs Millionen Bücher gedruckt haben. Die von ihr vertriebene Zeitschrift „The teacher's offering" (später unter den Titeln „Youth's friend" and „Scholar's magazine") erreichte bereits 1827 eine Auflage von 10000 Exemplaren.

Ein weiteres Anzeichen der sich anbahnenden Entwicklung war die Gründung der „American tract society". Wie die „Union" wollte auch diese Institution religiöse Haltung durch das gedruckte Wort vermehren helfen. Sie gab vorwiegend kurze Pamphlete und Traktate heraus, die entweder von dem Leben einer berühmten Person erzählten oder eine Geschichte vortrugen, aus der sich eine religiöse Nutzanwendung ziehen ließ. 1828 waren 65 verschiedene Titel im Verkehr. 1850 waren es bereits mehr als 200. Viele davon besaßen kaum literarischen Wert, andere jedoch, wie z. B. „The young christian" (1832) von JACOB ABBOTT, verbanden ein höheres literarisches Niveau mit einer orthodoxen Religiosität. Die Heftchen waren überaus populär, und die Traktatgesellschaft soll bis 1850 bereits mehr als zwei Millionen Bücher und über sieben Millionen Traktate in Umlauf gebracht haben.

Ein weiteres, überaus wichtiges Ereignis in der Geschichte der amerikanischen Kinderliteratur war das Erscheinen der Kinderzeitschrift „The youth's companion" (1827), die zu den besten Kinderzeitschriften des 19. Jahrhunderts gehörte und die ohne Unterbrechung bis 1929 erschien. Ursprünglich war sie von NATHANIEL WILLIS (1780–1870) herausgegeben worden. Die Zeitschrift brachte zahlreiche Artikel, die religiös gefärbt waren, und während der Jahre ihres Erscheinens wurden systematisch alle Anspielungen auf Genußmittel wie Alkohol oder Tabak aus den Geschichten verbannt. Diese Zeitschrift war jedoch mit keiner der großen Religionsgemeinschaften direkt verbunden und veröffentlichte auch Geschichten, die schon größeren Unterhaltungswert besaßen. Die größte Verbreitung hatte die Zeitschrift in der Zeit kurz nach dem amerikanischen Bürgerkrieg.

Titelseite des Buches „Goody two-shoes", das um 1855 bei Hewet in New York erschien. Die Erzählung „Goody two-shoes", die ihren Namen nach der Titelheldin, einem armen Mädchen, erhielt, das zum ersten Mal in seinem Leben ein Paar Schuhe geschenkt bekommt und diese jedermann stolz mit den Worten „Two shoes!" vorführt, erschien in England und den USA in zahlreichen Ausgaben. Die Autorschaft ist bis heute umstritten. Sie wurde verschiedenen Schriftstellern (Oliver Goldsmith, Giles Jones, Griffith Jones, John Newbery) zugeschrieben. Die Illustration stammt wahrscheinlich von dem Verleger und Illustrator H. W. Hewet.

Für die weitere Entwicklung der amerikanischen Kinder- und Jugendliteratur noch wichtiger waren die 1827 erschienenen „Tales of Peter Parley about America", die von SAMUEL GRISWOLD GOODRICH (1793–1860), der unter dem Pseudonym „PETER PARLEY" bekannt wurde, verfaßt wurden. Es war das erste amerikanische Kinderbuch, das versuchte, Unterhaltung mit weltlicher Erziehung zu verbinden. GOODRICH lehnte märchenhafte und phantastische Kindergeschichten ab. Sie sollten seiner Meinung nach durch aufklärende und unterhaltende, belehrende Schriften ersetzt werden. In seinen Amerikaerzählungen, in denen er als „Parley", ein genialer, redegewandter und weitgereister alter Mann, auftritt, berichtet er den jungen Lesern von seinen Reisen und belehrt sie über Menschen und Landschaften der Vereinigten Staaten. Seinen Erzählungen über Amerika folgten ähnliche über Europa, Afrika, die Südsee und andere Teile der Welt. Neben Reisebeschreibungen enthalten GOODRICHS Schriften auch naturwissenschaftliche Informationen und Biographien berühmter Persönlichkeiten. Um die Jahrhundertmitte hatte der Autor annähernd 120 Bücher geschrieben, die ihn zum ersten überaus fruchtbaren amerikanischen Kinderbuchautor machten.

Ähnlich bedeutsam waren die Schriften JACOB ABBOTTS (1803–1879), der mit GOODRICH um die größere Popularität konkurrierte. Auch ABBOTT bemühte sich, Unterhaltung mit Belehrung zu vereinigen. Seine Bücher wie „Rollo, learning to talk" (1834), „Rollo's travels" (1840), „Rollo's tour in Europe" (1853) und „Rollo on the Rhine" (1855) sind ebenfalls Reise- und Erziehungsschriften, die den amerikanischen Kindern angemessenes Benehmen beibringen wollten und ihnen Informationen über andere Völker und Länder vermittelten. ABBOTTS Bücher waren getragen von den Prinzipien des gesunden Menschenverstandes und sollten die jungen Leser schon möglichst früh auf ein vernünftiges Verhalten als Erwachsene vorbereiten.

ABBOTTS Bücher bringen auch die ersten jugendlichen Helden in die amerikanische Kinderliteratur ein. Dies sind vor allem Rollo, seine Schwester Lucy und der Junge Jonas, der in einer eigenen Serie auftritt. Rollo ist ein „braver" Junge, der sich manchmal unrealistisch verhält und ab und zu das Bravsein übertreibt. Trotzdem ist er schon eine kleine Persönlichkeit. Er ist für sein Alter ernst, neugierig und immer begierig zu lernen. Wenn S. G. GOODRICH mit „Peter Parley" einen liebenswürdigen Erwachsenen schuf, so erfand ABBOTT mit Rollo die erste richtige Kinderfigur in der amerikanischen Literatur.

Die Veränderungen der amerikanischen Kinderliteratur, die sich in den ersten Jahren des 19. Jahrhunderts zeigten, setzten sich um die Mitte des Jahrhunderts fort. Hauptanliegen der Kinderbücher war auch weiterhin die Erziehung zu moralischem Verhalten. Die Kindergeschichten predigten unentwegt Gehorsam und Frömmigkeit. Trotzdem waren schon deutliche Anzeichen dafür zu erkennen, daß die Autoren und Verleger sich nun mehr und mehr für abenteuerliche und phantastische Elemente interessierten.

Einer der bemerkenswertesten Autoren der Zeit war WILLIAM TAYLOR ADAMS (1822–1897), der unter dem Pseudonym OLIVER OPTIC ein fruchtbarer und beliebter Autor von Abenteuergeschichten wurde. ADAMS, ein in Massachusetts geborener Schulmeister, erregte zum erstenmal die Aufmerksamkeit mit einer Sammlung von Umweltgeschichten („Indoors and out", 1855). Zahlreiche andere Bücher folgten wie „Square and compass" (1855), „The boat club" (1855), „Poor and proud or the fortunes of Katy Redburn" (1859). In diesen und ähnlichen Büchern erzählt OPTIC von amerikanischen Jugendlichen, die durch harte Arbeit reich wurden und in verantwortliche Positionen in die Erwachsenenwelt aufrückten. Seine Bücher wurden stark angegriffen, besonders von L. M. ALCOTT. Man warf ihm die Häufung von Unwahrscheinlichkeiten vor und bemängelte die von ihm benutzte Umgangssprache. Allerdings sahen die jungen Leser über solche Mängel hinweg und halfen OPTIC, die Abenteuergeschichte als eine der wichtigsten Gattungen der amerikanischen Kinderliteratur populär zu machen.

Ein neues Moment in der amerikanischen Kinderliteratur war das Erscheinen phantastischer Kinderbücher, die vor allem von NATHANIEL HAWTHORNE (1804–1864) und CHRISTOPHER P. CRANCH (1813–1892) vorbereitet wurden. HAWTHORNE, ein eigenwilliger amerikanischer Erzähler, hatte auch historische Bücher für die Jüngeren geschrieben. 1837 verfaßte er für S. G. GOODRICH „Peter Parley's universal history" und 1841 veröffentlichte er „Grandfather's chair", ein erzählender Beitrag zur Geschichte Neuenglands von den ersten Ansiedlungen bis zur amerikanischen Revolution. Seine interessantesten Werke für Kinder waren aber „A wonder book for girls and boys" (1851) und „Tangled wood tales" (1853), Bücher, in denen er einige antike griechische Sagen nacherzählte. Diese Bearbeitungen wurden vor allem durch HAWTHORNES einfühlsame Sprache überaus erfolgreich und trugen dazu bei, junge Leser mit phantasievollen Texten bekannt zu machen. CRANCH, eine weniger bedeutende Person im literarischen Neuengland, und ein Freund von R. W. EMERSON, verfaßte ebenfalls zwei Kinderbücher, „The last of the Huggermuggers" (1855) und „Kobboltozo" (1857). Waren es bei HAWTHORNE noch Nacherzählungen, so waren CRANCHS Geschichten seine eigene Erfindung. Sie präsentierten, nicht immer frei von Sentimentalitäten, Schiffswracks, Riesen und Zwerge. Wenn diese Bücher auch gegenwärtig kaum noch Leser finden, müssen sie doch zu den ersten gezählt werden, die rein fiktionaler Natur sind. Sicherlich reflektieren auch sie die moralische Auffassung ihrer Zeit, aber sie gehörten bereits in den Bereich der phantasievollen Belletristik.

Eine weitere Form des Kinderbuchs, die damals entstand, war der sentimentale Haus- und Familienroman, in dem sich traditionelle Formen des Kinderbuchs mit neuen Tendenzen verbanden. Zwar sind diese Romane den Traktaten und „Sunday school"-Büchern, die Anfang des 19. Jahrhunderts erschienen waren, verwandt, andererseits deuten sie bereits vorwärts zu den späteren überaus realistischen Familiengeschichten der LOUISA MAY ALCOTT. Zu den ersten Büchern dieser Art gehören außerdem „The wide, wide world" (1850) und „Queechy" (1852) von S. B. WARNER (1819–1885), die auch unter dem Pseudonym ELIZABETH WETHERELL schrieb. Die Bände erzählten von jungen Mädchen, die mit einem Vormund – einer Tante oder den Großeltern – zusammen leben müssen. Sie berichten von persönlichen, religiösen und wirtschaftlichen Schwierigkeiten, denen die Mädchen begegnen. Sie machen aber auch deutlich, wie die christliche Haltung und das geduldige Ausharren der Mädchen ihnen hilft, ihre Mühen zu ertragen und letztlich ihr Glück zu machen. Ein vergleichbares Buch ist „The lamplighter" (1854) von MARIA SUSANNA CUMMINS (1827–1866). Es handelt von einem bedauernswerten Waisenkind, das in den Slums von Boston aufwächst und erst Hoffnung gewinnt, als es sich mit dem Laternenanzünder befreundet, der seine Nachtgänge durch die Straßen der Stadt macht. Aus dieser Freundschaft wird Liebe und bald erfolgt die Heirat. Das ehemalige Waisenkind findet endlich ein schönes Zuhause und ein gutes Auskommen. Viele Bücher dieser Art unterhielten eine Kombination aus Sentimentalität, geheimen Wünschen und unausgesprochenen Träumen. Zu ihrer Popularität trug viel bei, daß sie, obwohl sentimental angelegt, doch auch von alltäglichen Begebenheiten erzählten und immer die Hoffnung auf ein gutes Ende erfüllten. Der moralisierende Klang, der auf einer orthodoxen Frömmigkeit basierte, war immer vorhanden, doch zielte ein neuer Akzent auf die persönliche Integrität des Einzelnen und eine alle Konfessionen überspringende allgemeine Humanität. Dieser Aspekt wurde in den Büchern, die gegen Ende des 19. Jahrhunderts erschienen, immer deutlicher.

Illustration aus dem Jahr 1893 von Howard Pyle zu dem volkstümlichen Lied „Yankee Doodle".

Die moralische Geschichte aus dem Leben der einfachen Leute blieb noch lange beliebt. Allerdings gingen neuere Autoren jetzt dazu über, die „sentimentale Grundstimmung" nur noch als Hintergrund für eine realistischere Erzählung zu benutzen. Typisch für diesen neuen Erzähltyp ist „Faith Gartney's girlhood" (1863) von MERS. A. D. T. WHITNEY (d.i. ADELINE DUTTON TRAIN WHITNEY, 1824–1906). Immer noch moralisch ausgerichtet, besitzen ihre Erzählungen aus dem Leben in Neuengland Sinn für Humor und aktives Handeln. Ihre Kinderfiguren verbringen die Zeit nicht nur damit, zu beten und moralischen Sprüchen nachzuhängen. Sie spielen, zeigen eine weltoffene Lernbereitschaft und sehen das Leben als etwas Schönes an, das man genießen sollte.

Ähnliche Bücher schrieben REBECCA SOPHIA CLARKE (Pseudonym: SOPHIE MAY, 1833–1906) und MARTHA FARQUHARSON FINLEY (1828–1909). Beide verfaßten umfangreiche Serien über ihre Hauptfiguren, die allerdings sehr verschieden charakterisiert wurden. R. CLARKE wurde am bekanntesten mit einer Reihe, die mit dem Band „Little Prudy" (1864) einsetzte, und mit einer späteren Serie, die von „Dottie Dimple" (1865) handelt. Beide Reihen sind Familienchroniken. Die Autorin beginnt jeweils damit, die Kindheit ihrer Hauptfiguren, zwei Mädchen, zu beschreiben und in den folgenden Bänden deren Entwicklung zum Backfisch, schließlich zur jungen Ehefrau und zur Mutter vorzuführen. Die Tendenz ist die gleiche, wie man sie in den europäischen Backfischromanen findet, doch reden und handeln die Akteure aus einer humorvollen Lebendigkeit heraus, die der Handlung mehr Lebenswirklichkeit verleiht.

Weniger realistisch, aber ebenso beliebt war die Erzählung „Elsie Dinsmore" (1867), die erste von M. F. FINLEYS insgesamt 27 Bänden über Elsie, deren Vater und Familie. In vieler Hinsicht wird in diesen Büchern die Erfahrung der Älteren gerühmt. Elsie, ein tugendhaftes Mädchen, gerät immer wieder mit älteren Personen in Konflikt. Sie unterwirft sich am Ende immer der Autorität der älteren Autoritätspersonen, und durch diese Einsicht wird sie charakterlich gestärkt. Selbst noch als Großmutter in dem Band „Grandmother Elsie" (1882) bleibt sie die gleiche stets gehorsame und liebevolle Person, als die sie schon im ersten Band der Serie beschrieben wurde.

Ein verwandter Ton klingt in „The gates ajar" (1868) von ELIZABETH STUART PHELPS WARD (1844–1911) an, die unter dem Pseudonym ELIZABETH STUART PHELPS veröffentlichte. Die Erzählung über den amerikanischen Bürgerkrieg berichtet von dem Kummer eines jungen Mädchens über den Tod ihres Bruders und die sich im Laufe der Erzählung einstellende Gewißheit, ihn nach ihrem Tod im Himmel wieder zu treffen. Typischer für die Autorin sind die vier Bände „Gypsy Breynton" (1866). Wie die „Elsie"- und „Dottie Dimple"-Geschichten verfolgen auch diese vier Bände die frühen Erlebnisse eines lebendigen, aktiven Mädchens von ihrer Kindheit an bis zum Besuch des Internats. Gypsy war wohl die attraktivste der verschiedenen Mädchenbuchheldinnen jener Zeit, weil sie am natürlichsten gezeichnet ist. Sie weint nicht so häufig, sie gibt sich selten moralischen Reflexionen hin. Sie ist dem Leben zugewandt, nimmt es, wie es kommt, sucht Kontakte zu anderen Menschen, geht gern schwimmen, rollschuhlaufen und läßt gern Drachen steigen. Der Kontrast dieser Serie zu dem Buch „The gates ajar" illustriert deutlich den Wandel in der Kinderliteratur. Das erste Buch ist rückwärts gewandt und führt die

Tradition der sentimentalen, frömmlerischen Bücher der vorangehenden Jahre fort, während die neue Serie schon in Richtung auf L. M. ALCOTT deutet.
So wie die amerikanischen Mädchen die Geschichten von M. FINLEY und E. PHELPS verschlangen, lasen die Jungen Bücher von HORATIO ALGER jr. und CHARLES AUSTIN FOSDICK (Pseudonym HARRY CASTLEMON). ALGER (1832–1899) war der Bekanntere. Seine Geschichten über das Stadtleben und seine Erzählungen von Zeitungsjungen und kleinen Schuhputzern, die sich aus ärmlichen Verhältnissen zu Reichtum und Ansehen emporarbeiteten, sind Teil der amerikanischen Folklore geworden. Angefangen mit „Ragged Dick; or, Street life in New York with the Boot-Blacks" (1868), verfaßte ALGER über 100 Bücher, die jeweils in Serien von 8 bis 10 Bänden erschienen, die fast durchweg das „rags-to-riches"-Thema zum Inhalt haben. So berichtet er von einem jungen Dienstboten, der unterwegs eine Brieftasche findet, dann einer jungen Frau das Leben rettet und durch harte Arbeit, große Lernbereitschaft und immerwährende Hilfsbereitschaft zu Reichtum und Ansehen gelangt. Mit seinen Büchern provoziert ALGER den Glauben daran, daß ein jeder, wofür ein Jahrhundert zuvor BENJAMIN FRANKLIN ein Beispiel war, durch Sparsamkeit, Ehrbarkeit und harte Arbeit geradewegs zum Erfolg gelangen kann. Obwohl diese

Bildseite aus „Simple addition by a little Nigger". Das Buch erschien in der zweiten Hälfte des 19. Jahrhunderts in New York und ist eines der ersten Kinderbücher, in dem ausschließlich Farbige vorkommen. Es erschien anonym als „Uncle John's drolleries". Autor sowie Illustrator sind nicht bekannt.

Bücher wegen ihres gleichbleibenden unrealistischen Grundthemas große Kritik hervorriefen, gehören sie zu den wenigen Erzählungen, die ein einigermaßen zutreffendes Bild der Großstadt lieferten.
FOSDICKS Bücher dagegen handeln von jungen Menschen, die Abenteuer und Gewinne in den Weiten des amerikanischen Westens suchen. FOSDICK (1842 1915) erzählt in Büchern wie „Frank the young naturalist" (1864), „Frank in the woods" (1865) und „Frank on the prairie" (1868) von jungen Männern, die aufregende Abenteuer mit Indianern, Outlaws und wilden Tieren erleben. Seine Helden schließen sich dem „Pony Express" an und bereisen alle Winkel des Wilden Westens. Damit machen sie die jungen Leser mit den verschiedenen Landschaften der USA bekannt und stellen ihnen Identifikationsfiguren vor, die Ehrbarkeit und Männlichkeit ausstrahlen. Trotz erkennbarer erzieherischer Intentionen sind FOSDICKS Erzählungen frei von Moralpredigten und Sentimentalitäten und liefern eine Fülle kraftvoller Aktionen.
Parallel zu dem Erscheinen dieser Bücher traten vier Kinder- und Jugendzeitschriften hervor. Die Zeitschrift „The youth's companion", die allgemeine Interessen ansprach, fand als Mitarbeiter HARRIET BEECHER-STOWE und HEZEKIAH BUTTERWORTH. Als Konkurrenz erschien „Oliver Optic's Magazine" (1867–1875), eine von WILLIAM TAYLOR ADAMS herausgegebene Kinderzeitschrift. Außerdem gab es „The riverside magazine" (1867–1970); und „Our young folks" (1865–1870). Jede dieser Zeitschriften fand ihre Abnehmer. „Oliver Optic's Magazine" veröffentlichte vor allem Abenteuergeschichten. „Riverside magazine", das HORACE ELISHA SCUDDER herausgab – SCUDDER war Erzieher und bemühte sich engagiert um Kinderliteratur –, versuchte qualitätvolle Texte für junge Leser zu veröffentlichen. In dieser Zeitschrift erschienen Arbeiten von JACOB ABBOTT, SARAH ORNE JEWETT und MARY MAPES DODGE, außerdem die erste amerikanische Übersetzung von HANS CHRISTIAN ANDERSEN. „The riverside magazine" stellte 1870 sein Erscheinen ein. Seine Nachfolge trat das „St. Nicholas magazine" an. Die Kinderzeitschrift „Our young folks", die von JOHN TOWNSEND TROWBRIDGE und LUCY LARCOM herausgegeben wurde, brachte Beiträge von JOHN GREENLEAF WHITTIER, HENRY WADSWORTH LONGFELLOW und JAMES RUSSEL LOWELL, außerdem Abenteuergeschichten von ALGER, „OPTIC" und TROWBRIDGE sowie einige Erzählungen von H. BEECHER-STOWE und L. M. ALCOTT. Es besaß eine feste Lesergemeinde, bis es 1874 im „St. Nicholas Magazine" aufging.
So bedeutsam die Entwicklung von Kinderzeitschriften und Kinderbuchserien auch war, die wichtigsten jugendliterarischen Werke der Jahre 1860 bis 1870 waren drei Romane. Der erste war „Hans Brinker or the silver skates" (1865) von MARY MAPES DODGE (1831–1905), die später als Herausgeberin von „St. Nicholas Magazine" Ansehen erlangte. Die Autorin wollte weder predigen noch moralisieren. Es war ihre Absicht, gute Unterhaltung und interessante Information zu liefern. Ihre Geschichte von Hans, seiner Schwester, der Mutter

und dem invaliden Vater, die alle in Holland leben, bedeutete einen Fortschritt hin zur realistischen Umwelterzählung für Kinder. Die Autorin beschreibt holländisches Leben und Sitten sehr genau. So erzählt sie ausführlich und anschaulich von einem großen Schlittschuhrennen. Auf dem Hintergrund holländischer Lebensgewohnheiten stellt sie die Geschichte der Familie Brinker dar, ihre Kämpfe gegen Krankheit und Armut, aber auch den Mut und den Einfallsreichtum, mit denen die Familie den Schwierigkeiten entgegentritt. Eine solche Geschichte wäre zehn Jahre davor noch sentimental ausgefallen. Bei DODGE entsteht jedoch eine vernünftige, realistische Erzählung, die von Problemen handelt, mit denen junge Leser selbst konfrontiert wurden.

Bedeutung erlangte auch die „Story of a bad boy" (1869) von THOMAS BAILEY ALDRICH (1836–1907), die schon 1868 in Fortsetzungen in „Our young folks" erschienen war. Die Erzählung basiert auf eigenen Erlebnissen ALDRICHS in seiner Kindheit in dem Fischerort Porthmouth in Neuengland. Sie beeindruckt durch die genaue Schilderung der Bewohner Neuenglands und ihres Verhältnisses zum Meer. Wie schon „Hans Brinker" berichtet auch ALDRICH sehr realistisch von Liebe, Tod und harter Arbeit. Gelungen ist das Porträt des jungen Tom Bailey. Er ist die erste durchgängig realistisch gezeichnete männliche Figur in der amerikanischen Kinder- und Jugendliteratur. Tom Bailey ist nicht im eigentlichen Sinne „böse"; er ist gehorsam, ehrenhaft und verantwortungsbewußt. Allerdings verübt er gemeinsam mit Freunden zahlreiche Streiche, die die Erwachsenen immer wieder in Aufregung versetzen. Tom und seine Freunde segeln und schwimmen gern im Rivermouth-Harbor. Bei einem ihrer Streiche entgeht Tom nur knapp einer Explosion. Sie mühen sich einigermaßen durch die Schule zu kommen, toben in den Ferien herum und wirken die ganze Geschichte hindurch glaubwürdig und echt. Mit dem Erscheinen der „Story of a bad boy" und dem „Plumfield"-Büchern von L. M. ALCOTT begann die Ära der realistischen Erzählung in der amerikanischen Kinderliteratur.

Die bedeutendsten Bücher, die zwischen 1860 und 1870 erschienen, waren ohne Frage die beiden Bände der Erzählung „Little women; or Meg, Jo, Beth und Amy" (1868/1869), die von der Autorin LOUISA MAY ALCOTT (1832–1888) auf Vorschlag ihres Verlegers geschrieben wurden. „Little women" mit den späteren Erzählungen „Little men; Life at Plumfield with Jo's boys" (1871) und „Jo's boys and how they turned out" (1886) wurden zu den ersten „Bestsellern" der amerikanischen Kinderliteratur. ALCOTT, wie zuvor ALDRICH, benutzte Erfahrungen aus dem eigenen Leben als Arbeitshintergrund. Die Figur des Vaters March spiegelt den philosophischen Bronson Alcott wider; Marmee ist ein deutliches Porträt der praktisch veranlagten Abba May Alcott; und Jo, das ehrliche, junge Mädchen, das die Geschichte beherrscht, hat viele Züge von L. M. ALCOTT selbst.

Indem sie von Personen und Ereignissen schrieb, die sie sehr gut kannte, schuf L. M. ALCOTT mit der March-Familie die erste angemessen dargestellte amerikanische Familie in der amerikanischen Kinderliteratur. Zweifellos stellt sie nur gute Charaktere vor, die ihre Zeit, ihre Kraft und auch ihren Besitz einsetzten, um anderen damit zu helfen. Dennoch ist die Familie nicht vollkommen. Vater March ist ein unpraktischer Philosoph, der seine Familie kaum ernähren kann, Meg ist überaus naiv, Amy eitel und ehrgeizig und Jo scharfzüngig und ungeduldig. Ihre Fehler sind die Fehler lebensechter Personen, und sie stehen in einem positiven Gegensatz zu den unfehlbaren, immer guten Klischeefiguren der früheren sentimentalen Geschichten. Die Erzählung „Little woman" wurde von dem ersten Erscheinen an immer wieder nachgedruckt und in zwölf Sprachen übersetzt. Es ist ein durch und durch amerikanisches Buch, denn die March-Familie zeigt ein typisch amerikanisches Verhalten und gebraucht eine typisch amerikanische Sprache. Die Umgebung und die geschilderten Menschen sind amerikanisch, die Probleme und Reaktionen darauf sind jedoch allgemein gültig.

Um 1870 hatte die eigenständige amerikanische Kinderliteratur Tritt gefaßt. Wenn auch noch immer Bücher erschienen, die den sentimentalen und moralisierenden Schriften der vergangenen Epochen ähnelten, so markieren die wirklich bedeutsamen Bücher, die zwischen 1870 und 1880 erschienen, einen entscheidenden Schritt zu einer qualitativ hochstehenden Kinderliteratur. Ein gutes Beispiel dafür sind auch die Bücher von SARAH CHAUNCEY WOOLSEY (1835–1905), die unter dem Pseudonym SUSAN COOLIDGE schrieb. In ihren drei Bänden der Katy-Carr-Serie („What Katy did", 1872; „What Katy did at school", 1873; „What Katy did next", 1886) benutzt COOLIDGE ein bekanntes Modell: es wird die Geschichte eines heranwachsenden Mädchens in seiner häuslichen Umwelt erzählt. Die Autorin kehrt jedoch nicht zu den tränenvergießenden Heldinnen vergangener Jahre zurück, sondern stellt, wie L. M. ALCOTT, ein gewitztes und phantasievolles junges Mädchen vor, dem das Leben auf dem Lande in Neuengland Spaß macht.

Eine andere Gattung, die nun auch in einem neuen Erzählstil erscheint, ist die Reiseerzählung. „Peter Parley" und JACOB ABBOTT bedienten sich noch der Reiseerzählung, um moralische Lektionen damit zu erteilen. Die Reisen der Bodley-Familie, die HORACE ELISHA SCUDDER (1838–1902) schildert, geben zwar auch geographisch Informationen, doch steht jetzt eine lebensfrohe Familie im Mittelpunkt. Die Reihe „Doings of the Bodley family in town and country" (1875) enthält die Bände „The Bodleys on wheels" (1879), „The Bodleys afoot" (1880) und fünf weitere Bände über die Reisen der Familie.

Auch die Abenteuergeschichten für Jungen werden nun realistischer. Wichtig war in diesem Zusammenhang eine Buchserie von JOHN TOWNSEND TROWBRIDGE (1827–1916), deren erster Band den Titel „Jack Hazard and his fortunes" (1871) trägt. In Erinnerung an die eigene Kindheit am Erie-Kanal im Staate New York schrieb TROWBRIDGE eine glaubhafte Reihe von Geschichten über den jungen Hazard und sein Leben zu

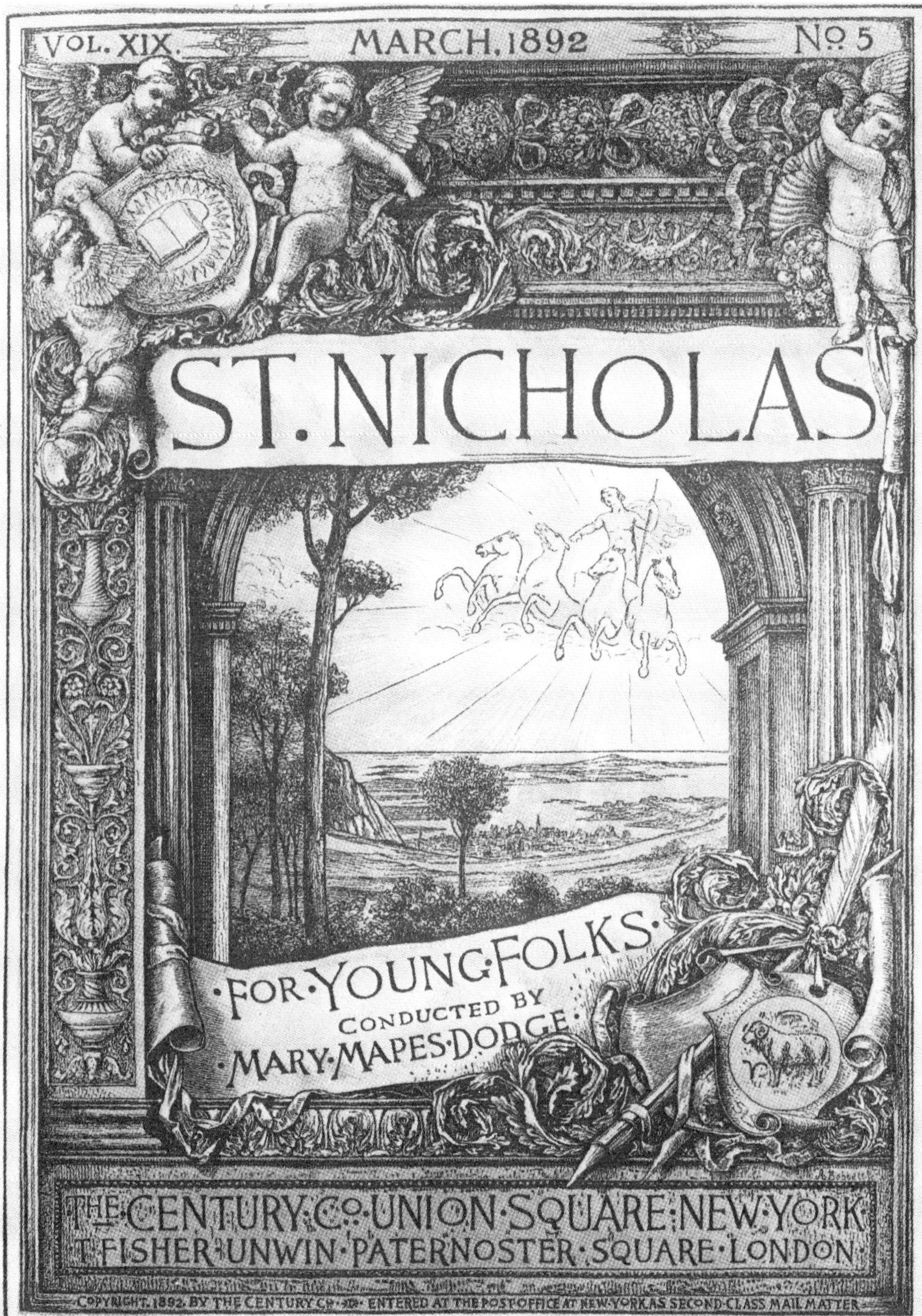

Titelblatt der Kinderzeitschrift „St. Nicholas", die 70 Jahrgänge umfaßte und vom November 1873 bis zum Juni 1943 in New York erschien. Sie war die verbreitetste und einflußreichste Kinderzeitschrift der USA, die sich sowohl an Jungen wie an Mädchen wandte. Das vorgestellte Titelblatt gehört zu der Ausgabe vom März 1892.

Beginn des Jahrhunderts. Ähnlich angelegt ist die Geschichte „The boy emigrants“ (1876) von Noah Brooks (1830–1903), in der der junge Held auf einem Güterzug durch den amerikanischen Westen reist. Die bemerkenswertesten Geschichten dieser Periode sind „The aventures of Tom Sawyer“ (1876) von Mark Twain (d.i. Samuel Langhorne Clemens, 1835–1910). Auch er benutzte seine Erinnerungen an das Leben in Hannibal/Missouri und erfand eine Reihe ergötzlicher Abenteuer entlang des Missouriflusses. Das Interesse des Autors gilt vor allem seinen Helden Tom Sawyer, Huck Finn, Becky Thatcher und ihrem Verhältnis zueinander. Wie Aldrich schenkte Mark Twain der amerikanischen Jugend Geschichten, deren Figuren aus dem wirklichen Leben genommen sind und deren Wünsche und Ängste die jungen Leser mitfühlend teilen.

Bedeutung erlangten auch drei Kinderzeitschriften, die in jenem Jahrzehnt gegründet wurden. Die Zeitschrift „Wide awake“ (1875–1893) erschien nur kurze Zeit. Dennoch wurde sie durch die Beiträge wichtiger Autoren sehr bekannt. In „Wide awake“ schrieben E. S. T. Phelps, A. D. T. Whitney, Sophie May, Edward Everett Hale und Kirk Munroe. Die beliebteste Mitarbeiterin war Margaret Sidney, die 1880 die Serie über die „Five little peppers“ in der Zeitschrift veröffentlichte. Auch diese Zeitschrift ging in dem besser produzierten „St. Nicholas Magazine“ 1893 auf.

Die Zeitschrift „Harper's Young People“ (1879–1899) wechselte 1895 den Namen und hieß fortan „Harper's Round Table“. Die reich illustrierte Zeitschrift bemühte sich, ein größeres Publikum anzusprechen als „Wide awake“. „Harper's“ enthielt als Ergänzung der erzählenden Beiträge geschichtliche Artikel und praktische Aufsätze. Der Herausgeber war K. Munroe. Mitarbeiter waren J. T. Trowbridge und Dan Beard, der sowohl Texte als auch Illustrationen lieferte. Eine attraktive Neuerung war die Schaffung eines Preises, der die Leser dazu ermuntern sollte, eigene Beiträge zu liefern. Die dritte Zeitschrift des Jahrzehnts war zugleich die einflußreichste, nämlich „St. Nicholas Magazine“ (1873–1932), das die ersten dreißig Jahre von Mary Mapes Dodge herausgegeben wurde. Die Herausgeberin hatte ganz präzise Vorstellungen davon, wie eine Kinderzeitschrift beschaffen sein sollte. Sie hatte keine Einwände gegen belehrende Elemente, doch sollte ihrer Meinung nach eine Kinderzeitschrift zuallererst der Unterhaltung dienen. Die erste Ausgabe enthielt Beiträge von Noah Brooks und Lucretia P. Hale. Spätere Ausgaben brachten Brooks' „The boy emigrants“, L. M. Alcotts „Eight cousins“ und Frances Hodgson Burnetts „Little Lord Fauntleroy“ in Fortsetzungen heraus, noch spätere Ausgaben brachten als Erstdrucke L. Frank Baums „Queen Zixi of Ix“ und Rudyard Kiplings „Jungle books“.

Unter Dodges Schriftleitung entwickelte sich „St. Nicholas“ zu einer ausgeglichenen Mischung aus praktischer Information und unterhaltenden Erzählungen. Die Zeitschrift brachte abenteuerliche, romantische und phantastische Erzählungen. Auch Thomas Nelson Pages „Two little confederates“ und Howard Pyles See- und Piratenroman „Jack Ballister's fortune“ erlebten in der Zeitschrift ihren Erstabdruck. Daneben veröffentlichte die Zeitschrift Aufsätze über Technologie, Medizin und Naturwissenschaften. Auch Reiseberichte fanden sich darin. Mit verschiedenen Aufsätzen gewährte die Zeitschrift den Lesern Einblicke in das militärische Leben, in das Farmleben und das Leben in den Städten, in abgelegene Weltgegenden wie die Arktis und die großen Wüsten. Biographische Artikel berichteten von bedeutenden Männern und Frauen, andere Artikel informierten über Schule, Sport und Spiele. Die „St. Nicholas League“ verteilte Medaillen an Leser, deren Geschichten oder Gedichte in die Zeitschrift aufgenommen wurden. Da es der Zeitschrift gelang, den hohen Anspruch einzulösen, wurde „St. Nicholas“ zu dem einflußreichsten Organ der Kinderliteratur jener Jahre und demonstrierte anschaulich, daß qualitätvolle Texte informativ und unterhaltsam zugleich sein können.

Wenige Neuerungen erlebte die amerikanische Kinderliteratur zwischen 1880 und 1890. Die etablierten Erzählformen entwickelten sich fort zu einer genuinen Unterhaltungsliteratur. Einige der Bücher, die in jenen Jahren erschienen, zählen noch heute zu den Besten der amerikanischen Kinder- und Jugendliteratur. Die Autoren erkannten immer mehr, daß der junge Leser einen eigenen Geschmack, eigene Interessen und Bedürfnisse hat. Das Ergebnis war eine große Zahl qualitätvoller Bücher, die dazu beitrugen, die Kinder- und Jugendliteratur aus der Mittelmäßigkeit zu lösen. Das Jahrzehnt nach 1880 war besonders reich an Reiseliteratur, möglicherweise wegen der größeren Reisebeweglichkeit, die der einzelne nun besaß, sicher aber auch als Folge der wachsenden Bedeutung, die der USA in der Weltpolitik nun zukam. Die Geschichten hatten oft einen ähnlichen Verlauf: junge Leute gehen in einer Gruppe auf die Reise, berichten von zahlreichen Gegenden, die sie duchqueren, und erleben dabei zahlreiche Abenteuer. Frank Richard Stockton (1834–1902), ein Mitherausgeber des „St. Nicholas Magazine“, bediente sich dieser Thematik mit gutem Erfolg in „A jolly fellowship“ (1880), eine Erzählung, in der die Reise zweier Jungen und eines Mädchens durch Florida beschrieben wird. Elizabeth Williams Champney (1850–1922) verfaßte elf Bände der Serie „Three Vassar girls“. Frederick Albion Ober (1849–1913) schrieb die sechsbändige Reihe über den „Knockabout club“, die mit „The knockabout club in the vergladcs“ (1887) begann.

Die umfangreichsten Reiseserien schrieben Hezekiah Butterworth (1839–1905) und Edward Everett Hale (1822–1909) zusammen mit seiner Schwester Susan Hale (1833–1910). Butterworth, Mitherausgeber von „The Youth's Companion“, verfaßte 17 Bände der Reihe „Zig-Zag journey“. Flott geschrieben und viele Informationen enthaltend, wurde die Serie in einer Viertelmillion Exemplaren verkauft. Butterworths Bücher waren das Resultat systematischer Bücherstudien. Hales „Family Flight“ dagegen basierte auf eigenen Erlebnissen. Angefangen mit „A family flight through France, Germany, Norway and Switzerland" (1881), spiegeln die fünf Bände der Serie die Reiseleidenschaft von HALE, aber auch die gründliche Kenntnis der Länder und Völker, die er besuchte.

Eine Variante der Reiseerzählung waren solche Geschichten, in denen das Abenteuer im Vordergrund stand, die geographische Information mehr den Hintergrund abgab. Ein Beispiel dafür ist JAMES OTIS' (d.i. JAMES OTIS KALER, 1848–1912) „Toby Tyler, or, Ten weeks with a circus" (1881). Das Buch erzählt von einem Jungen, der von zu Hause wegläuft und sich einem Zirkus anschließt. Das Buch verdient Aufmerksamkeit wegen seiner anschaulichen Schilderung des Zirkuslebens. Ein anderes Beispiel ist MARK TWAINS Erzählung „Adventure's of Huckleberry Finn" (1885), die von Hucks Fahrten mit einem entkommenen Sklaven entlang des Mississippi erzählt. Der amerikanische Südwesten ist der Hintergrund für ein drittes Beispiel der Gruppe. Es ist das Buch „Juan and Juanita" (1888) von FRANCES COURTENAY BAYLOR BARNUM (1848–1920). Es erschien zuerst in Fortsetzungen in „St. Nicholas Magazine" und berichtet von zwei mexikanischen Kindern, die den Indianern, die sie gefangengenommen hatten, entfliehen können und durch die Wüste nach Hause finden.

Phantastische Geschichten und Volkssagen bekamen um 1880 ebenfalls neue Bedeutung. Zu den besten gehören „The merry adventures of Robin Hood" (1883) und „The wonder clock" (1888) von HOWARD PYLE (1853–1911). Als Illustrator schon bekannt, erwies sich PYLE mit diesen Büchern auch als Geschichtenerzähler mit besonderem Sinn für die englische Geschichte und phantasievolle Geschehnisse. Weit bekannt, auch in Europa, wurden die volkstümlichen Geschichten, die JOEL CHANDLER HARRIS (1848–1908) sammelte, vor allem HARRIS' Geschichten über den Negersklaven Uncle Remus. „Uncle Remus, his songs and his sayings" (1880) und „Nights with uncle Remus" (1883) machten ihn zu einem angesehenen Autor.

Humorvolle, dem Nonsense verwandte Bücher schrieb LUCRETIA PEABODY HALE (1820–1900), eine weitere Schwester von E. E. HALE. Ihre „Peterkin-Geschichten" bewegen sich auf der Grenze zwischen Wirklichkeit und Unsinn. Ursprünglich als kurze Geschichten in „Our Young Folks" und „St. Nicholas" veröffentlicht, persiflieren sie die oft grotesken Anstrengungen der Peterkin-Familie, sich durchs Leben zu schlagen. Ein mehr handgreiflicher Humor kennzeichnet die Abenteuer von „Peck's bad boy and his pa" (1883) von GEORGE WILBUR PECK (1840–1916). Wie zuvor Tom Bailey und Tom Sawyer folgt PECKS „Bad boy" der „Böse-Buben"-Tradition. Allerdings ist er dümmer, gewalttätiger und zerstörerischer als seine Vorgänger.

Auch die Familiengeschichte entwickelte sich weiter. L. M. ALCOTT brachte „Jack and Jill" (1880) und „Jo's Boys" (1886) neu heraus. Zwei Autoren, HARRIET MULFORD STONE LOTHROP (1844–1924), die unter dem Pseudonym MARGARET SIDNEY schrieb, und FRANCES HODGSON BURNETT (1849–1924) traten neu hervor. MARGARET SIDNEYS Beitrag war die Serie „Five little Peppers", deren erster Band mit dem Titel „Five little Peppers and how they grew" 1881 erschien. Zuvor schon in der Zeitschrift „Wide awake" abgedruckt, waren die „Peppers" auch als Buch erfolgreich.

Die Bücher von FR. H. BURNETT, obwohl von einem Amerikaner verfaßt, spielen fast ausschließlich in England und berichten von englischer Lebensart. Das bedeutendste Buch der Autorin ist „Little Lord Fauntleroy" (1886; dt. Der kleine Lord, 1889). In Fortsetzungen zunächst in der Zeitschrift „St. Nicholas" erschienen, erzählt es von einem amerikanischen Kind, das einen englischen Adelstitel erbt. Das Buch zählt heute zu den internationalen Kinderbuchklassikern und schildert eindringlich den Gegensatz zwischen englischer und amerikanischer Lebensweise. Die später erschienene Erzählung „Sara Crewe" (1888), ebenfalls zuerst in „St. Nicholas" abgedruckt und dann in „A little princess" umbenannt, spielt auch in England.

Am Ende des 19. Jahrhunderts wuchs die amerikanische Kinder- und Jugendliteratur stark an. Reise-, Abenteuer-, Familien- und phantastische Geschichten erschienen in vielen Variationen. Allerdings handelte es sich dabei vorwiegend um niedere Unterhaltungslitera-

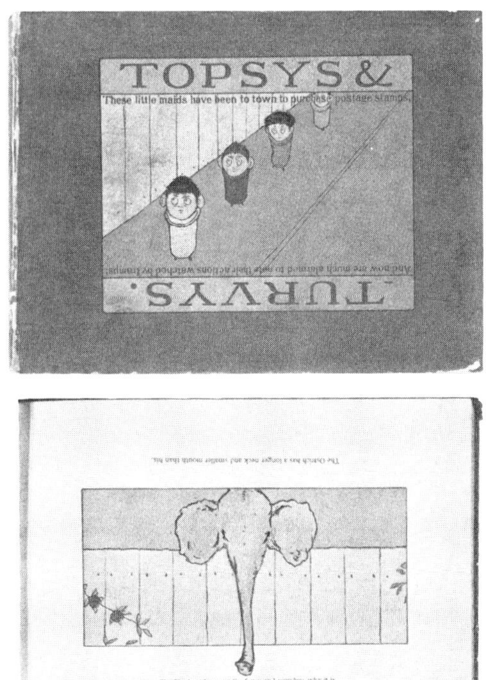

Einband und Seite 2 von „Topsys & Turvys" (New York 1893). Das originelle Bilderbuch kann auch auf den Kopf gestellt gelesen werden. Texte und Bilder stammen von P. Newell (1862–1924).

tur, nur wenige Bücher ragten aus der Masse heraus. Zwei prominente Autoren dieser Zeit verfaßten Kindergedichte. Der eine, EUGENE FIELD (1850–1895), war als Journalist und Satiriker bekannt. Viele seiner Gedichte waren für Kinder bestimmt und gewannen, als sie in dem Sammelband „Poems of childhood" (1896) erschienen, Popularität. FIELDS Gedichte sind von unterschiedlicher Qualität. Zwar zeigt er große Sprachbeherrschung und Einbildungskraft, aber manchmal wirkt er ausgesprochen sentimental. „Little boy blue" und „Wynken, Blynken and Nod" sind bekannte Gedichte von ihm. Er zeigte Begabung für Nonsense, und seine Verse von „Gingham dog" und „Calico cat" sind noch heute vergnüglich zu lesen. Größere Bedeutung als Autor von Kindergedichten gewann JAMES WHITCOMB RILEY (1849–1916), der aus Indiana stammte und, wie FIELD, einen großen Teil seines Lebens als Journalist arbeitete. RILEY verfügte über zwei Fähigkeiten, die FIELD abgingen. Er besaß Sinn für die Umgangssprache des Farmers aus dem Mittleren Westen, das zeigte sich besonders im Gebrauch des Dialektes der „Hoosiers" aus Indiana in den Bänden „Rhymes of childhood" (1891) und den „Riley child-rhymes" (1899). Außerdem hatte er ein Gespür für die Beziehung zwischen Landschaft und Menschen. FIELD war ein Städter, der sich bestens auf den Straßen mit den Gewohnheiten des amerikanischen Großstädters auskannte. RILEY war besser über die Farmer und das ländliche Amerika unterrichtet und schildert in seinen Gedichten das bäuerliche Leben in den USA um die Mitte des 19. Jahrhunderts. Auch andere Autoren zeigten regionale Vorlieben. CECILIA VIETS JAMISON (1837–1909) wandte sich wie schon J. CH. HARRIS dem Süden des Landes zu. In zwei Jugendromanen „Lady Jane" (1891) und „Toinette Philip" (1894), die beide in Fortsetzungen in der Zeitschrift „St. Nicholas" veröffentlicht wurden, nimmt sie die weltoffene Stadt New Orleans als Handlungshintergrund. Obwohl ihre Bücher den herkömmlichen Handlungsverlauf von Familien- und Abenteuergeschichten wiederholen – sie schreibt zumeist über verwaiste und geraubte Kinder –, vermitteln sie dennoch ein lebendiges Bild des Lebens in New Orleans mit seinen Creolen und amerikanischen Negern.

Ein anderer Autor, der sich bemühte, ungewöhnliche Handlungsorte auszusuchen, war ELIJAH KELLOGG (1813–1901). In den sechs Bänden der „Elm Island" erzählt KELLOGG vom Leben an der Küste von Maine kurz nach der amerikanischen Revolution. Die Geschichten handeln von aufregenden Seeabenteuern. Zusätzlich zeichnen sie ein klares Bild der Landschaft von Maine und schildern den Alltag der Menschen, die es besiedelten und bearbeiteten.

Eine dritte wichtige Autorin, die verschiedene amerikanische Staaten als Schauplatz wählte, war KATE DOUGLAS WIGGIN (1856–1923), die bei EMMA MARWEDEL und FRIEDRICH FRÖBEL studierte. WIGGIN war die erste, die sich bei der Kindergartenerziehung in den USA an FRÖBEL orientierte. Zugleich war sie Anhängerin der Ideen BRONSON ALCOTTS. Ihre Arbeit wurde durch die Ideen der beiden Männer beeinflußt. Nachdem sie in San Francisco einen Kindergarten eingerichtet hatte, begann sie die dort gesammelten Erfahrungen und Erinnerungen aus ihrem Heimatstaat Maine in ihren Geschichten zu verarbeiten. Eine davon ist „Timothy's" quest" (1890), die davon berichtet, wie Timothy, ein Junge aus den Slums, die häßliche Stadt flieht und in den ländlichen Gegenden Maines Ruhe und Frieden findet. „Polly Oliver's problem" (1903) spielt in Kalifornien und erzählt von den Anstrengungen Polly's, nach dem Tod ihrer Mutter das Leben zu bewältigen.

Exotische Kulissen anderer Art finden sich in den Abentergeschichten der Zeit. Amerikanische Kinder konnten mit Hilfe der Zeitschrift „St. Nicholas" und aus den aus dem Ausland kommenden Jugendbüchern wie ROBERT LOUIS STEVENSONS „Treasure island" (1883) und HENRY RIDER HAGGARDS „Kind Solomon's mines" (1886) ihr wachsendes Interesse an Geschichten aus fernen Ländern befriedigen. Zwei Bücher von THOMAS ALLIBONE JANVIER (1849–1913) kamen diesem Bedürfnis entgegen. Das eine war „The Aztec treasure-house" (1890), eine Geschichte um eine verlassene Stadt in Mittelamerika. Das andere Buch „In the Sargasso Sea" (1898) war die unheimliche Geschichte von Seeleuten, die in dem sagenumwobenen Schiffsfriedhof, dem Tang-Dschungel der Sargasso-See, beerdigt werden. Auch EDWARD STRATEMEYERS (1862–1930) Serien spekulierten auf das zunehmende Interesse an Abenteuergeschichten. Aufregende, in Massen billig produzierte Abenteuerbücher für junge Amerikaner häuften sich nun. STRATEMEYER führt seine Helden in alle Weltgegenden. Er schrieb unter dem Pseudonym ARTHUR M. WINFIELD. Eine seiner Serien handelt von den „Rover boys", der erste Band trug den Titel „The Rover boys at school" (1899), der nächste hieß „The Rover boys in the jungle" (1899). STRATEMEYERS Konzept war einfach; jede Geschichte beginnt mit einer Reise der Brüder Rover. Sie geraten in gefährliche Situationen und bestehen sie mit Geistesgegenwart und kämpferischem Einsatz. STRATEMEYERS Bücher waren sehr beliebt. Er wurde zu einer wichtigen Figur für die Kinderbuchproduktion der Vereinigten Staaten. Seine Bedeutung galt weniger der Qualität als der Unerschöpflichkeit seiner Serien. Der Autor erkannte, daß es einen großen Markt für spannende, preiswerte Kinderbücher gab. Deshalb schuf er das STRATEMEYER-Syndikat, das Bücher von verschiedenen Autoren unter Pseudonymen für bestimmte Serien generalstabsmäßig produzieren ließ. Auf diese Weise entstanden die verbreiteten Serien „Motor Boys", „Tom Swift" und „Bobbsey twins". Diese Serien wurden unter fiktiven Namen wie „Victor Appleton", „Laura Lee Hope", „May Hollis Burton" und anderen, hinter denen sich Dutzende von Autoren verbargen, herausgebracht.

Mit dem Beginn des 20. Jahrhunderts entstanden neue Tendenzen. Obwohl viele Kinderbücher traditionelle Themen und Stilmerkmale aufwiesen, kamen nun neue Talente und neue Ideen zum Vorschein. Auch auf dem Gebiet der Kinderbuchillustration zeigten sich Verän-

derungen. Neue Drucktechniken machten preiswerte farbige Abbildungen möglich. Die steigende Qualität der literarischen Produkte wurde von einer Hebung der illustrativen Qualität begleitet.
Die Geschichte der Eroberung des Wilden Westens fand zu Anfang des 20. Jahrhunderts neues Interesse bei den Lesern. Aufbauend auf einen Patriotismus, der durch die Jahrhundertfeier der Staatsgründung 1876 gestärkt worden war, und im Zuge der Ereignisse um den Spanisch-Amerikanischen Krieg von 1898 wandten sich die amerikanischen Autoren wieder mehr der Geschichte ihres Landes zu. Hierher gehört JOSEPH ALEXANDER ALTSHELER (1862–1919), der in Erzählungen wie „The young trailers" (1907) und „The last of the chiefs: A story of the great Sioux war" (1909) als Thema die Kämpfe zwischen Siedlern und Indianern aufgreift. Die Geschichten waren spannend und vermittelten außerdem dem jungen Leser erstmals ein verständnisvolles Bild der amerikanischen Indianer. Die Familiengeschichten entwickelten sich jetzt zur beliebtesten Gattung der Kinderliteratur. Im Jahr 1903 veröffentlichte KATE DOUGLAS WIGGIN ihr bekanntestes Buch „Rebecca of Sunnybrook-Farm". Das Handlungsgeschehen war traditionell: Es wird vom Alltag einer Witwe, von zwei verbitterten tantenhaften Fräuleins, einigen skurrilen Dorfbewohnern und einem naseweisen, kleinen Mädchen erzählt. Der Gebrauch, den die Autorin von dieser Figurenkonstellation machte, brachte ihre Leistung in die Nähe der Erzählungen von L. M. ALCOTT. Wie Rebecca Rowena Randall die Liebe ihrer Tanten gewinnt und ihr hilfsbereites aufgeschlossenes Wesen, das ließ sie zu einer der beliebtesten amerikanischen Kinderbuchheldinnen werden. Besondere Bedeutung gewinnt das Buch, weil die Autorin darin FRÖBELS und EMERSONS Theorien in Erzählhandlungen umsetzt.
JACK LONDON (1876–1916) zog mit seinem Roman „The call of the wild" (1903; dt. Der Ruf der Wildnis, 1923) die Aufmerksamkeit auf sich. Mit seiner Geschichte von Buck, einem Schlittenhund aus dem Norden, lieferte er einen wichtigen Beitrag zur realistischen Tiererzählung. Die Erzählung von Buck ist mehr als nur eine Hundegeschichte, denn der Bericht über den Kampf des Hundes gegen die Naturgewalten und die Grausamkeit der Menschen wird zur Parabel auch für den Kampf des Menschen um seine Existenz. Der bekannteste Autor von Tiergeschichten um die Jahrhundertwende war der in Kanada geborene ERNEST THOMPSON SETON (1860–1946), der 1910 an der Gründung der amerikanischen Pfadfinderorganisation beteiligt war. SETON war bereits als Illustrator bekannt, als er zu schreiben anfing. Seine ersten Bücher waren Schilderungen des Tierlebens im amerikanischen Norden, das er genau und systematisch beobachtete, wie „Wild animals I have known" (1898) und „Biography of a grizzly" (1900). SETON wollte wie LONDON mit seinen Tiergeschichten Parallelen zum menschlichen Verhalten zeigen. SETONS bekanntestes jugendliterarisches Werk ist die Erzählung „Two little savages" (1903). Zwei Jungen berichten von einem Sommer, den sie in einem Lager im südlichen Kanada verbringen. Die Geschichte spiegelt zum Teil SETONS eigene Kindheitserlebnisse. Das Buch betont SETONS Vertrauen in das natürliche Landleben. Der Held Yan ist ein Junge aus der Stadt, der aufs Land geschickt wird. Dort wächst er heran und erlernt von einem alten Fallensteller die indianischen Lebensgewohnheiten. So entwickelt er sich zum kraftstrotzenden jungen Mann, der in Frieden mit sich selbst und der Welt lebt. Das Buch trug viel zum Entstehen der „Woodcraft Indians" bei, einer Organisation von Naturfreunden.
Eine thematische Neuheit in der amerikanischen Kinderliteratur waren die nun erscheinenden Schul- und Sportgeschichten. Sie entwickelten sich im Anschluß an THOMAS HUGHES in England erschienenes Buch „Tom Brown's school days" (1857), das zum Modell für thematisch ähnliche Bücher wurde. Der Erfolg der Schulgeschichten in Amerika war eng verknüpft mit den „Frank Merriwell"-Geschichten von BURT L. STANDISH (d.i. GILBERT PATTEN, 1866–1945), die als Fortsetzungen ab 1896 erschienen. Ab 1901 wurden sie in Buchform veröffentlicht. Der erste Band hatte den Titel „Frank Merriwell's school days" (1901), ihm folgten „Frank Merriwell's chums" (1902) und über 200 weitere Titel. PATTENS Erzählungen aus dem Schulmilieu waren ebenso stereotypisiert wie die Abenteuergeschichten STRATEMEYERS und gewannen eine große Anhängerschar. Held der Geschichten ist ein Junge, den die jungen Leser gern als Identifikationsfigur annahmen. Nett, aufrecht und intelligent, ist Frank außerdem ein Könner in allen Sportarten, in denen er sich versucht.
Weniger stereotyp sind die rund 80 Schul- und Sportgeschichten von RALPH HENRY BARBOUR (1870–1944). Eingeleitet von den Bänden „The half back" (1899), „For the honor of the school" (1900), „On your mark!" (1904) und „The crimsom sweater" (1906), berichten BARBOURS Bücher vom Studentenleben in Neuenglands Privatschulen, mit den Augen eines Schülers gesehen. BARBOUR war der Ansicht, daß in einem gesunden Körper auch ein gesunder Geist wohnen müsse. Die Zeit war für solche sportlich ausgerichteten Jugendschriften günstig. Als SETONS „Woodcraft Indians" und später die Pfadfinder ihre Organisationen gründeten, rief auch Präsident THEODORE ROOSEVELT die Amerikaner zum „strenuous life" auf.
Phantastische Erzählungen, seit 1850 in der amerikanischen Kinderliteratur eingeführt, erhielten neuen Aufschwung durch die Bücher von LYMAN FRANK BAUM (1856–1919). BAUM war ursprünglich Journalist in Chicago und im Mittleren Westen. Mit der Geschichte „The wonderful wizard of Oz" (1900) und einem weiteren Dutzend „Oz"-Geschichten, z.B. „The land of Oz" (1904) und „The Emerald City of Oz" (1910), entwarf der Autor ein utopisches Märchenland, das in vieler Hinsicht ein satirisches Abbild der US-Gesellschaft darstellte. Niemand in Oz sorgt sich um Geld, wer etwas braucht, erhält es von seinen Freunden. Der Tod ist unbekannt, und das Leben bringt gerade so viel Abenteuer mit sich, damit es nicht langweilig wird. Die

Einwohner des Landes sind teils Amerikaner wie Borothy Gale, ihr Onkel Henry und die Tante Em oder phantastische Wesen wie der „Tin Woodman“ oder die „Scarecrow“. BAUM schrieb noch andere phantastische Erzählungen wie „Queen Zixi of Ix“ (1905), außerdem veröffentlichte er unter dem Pseudonym EDITH VAN DYNE eine Reihe Familiengeschichten über „Aunt Jane's Nieces“ (1905).

Die Jahre vor und nach dem Ersten Weltkrieg waren äußerst turbulent. Man kann hinsichtlich der Weiterentwicklung der Kinderliteratur keine klare Linie erkennen. Ältere, bekannte Autoren setzten ihre Arbeit erfolgreich fort. So fügte J. ALTSHELER neue Titel zu der langen Reihe seiner historischen Abenteuergeschichten, FR. H. BURNETT verfaßte ihr Buch „The secret garden“ (1911). Obwohl auch einige junge Autoren neu hervortraten, fehlten in den Jahren bis 1930 der Elan der vorhergehenden Jahre. Geschichtliche Themen waren nun sehr populär, sicherlich auch bedingt durch den Ausbruch des Ersten Weltkrieges. Einige Autoren berichteten aus der amerikanischen Geschichte wie CORNELIA LYNDE MEIGS (1884–1973) mit ihrem Buch „Master Simon's garden“ (1916), das die Geschichte einer amerikanischen Familie von den ersten Tagen der Kolonisation bis zur amerikanischen Revolution erzählt. Andere Autoren wiederum wandten sich der europäischen Geschichte zu, wie in der Erzählung „The Trumpeter of Krakow“ (1928). Der Autor wurde dafür mit der Newbery Medal ausgezeichnet. Es war ERIC PHILBROOK KELLY (1884–1960). Das Buch berichtet von Zuständen und Ereignissen im Polen des 15. Jahrhunderts.

Wieder andere Autoren suchten ihre Themen im amerikanischen Westen. Einer von ihnen, ANDY ADAMS (1859–1935), selbst Cowboy und Rancher, ließ seine eigenen Erfahrungen in seine Erzählungen einfließen. Am bekanntesten wurde er mit dem Band „The log of a cowboy“ (1902), typischer für sein Werk sind jedoch die Erzählungen „Wells Brothers: the young cattle kings“ (1911) und „The ranch on the Beaver“ (1927). Diese Bücher berichten von den Versuchen zweier Jungen, ihre eigene Viehranch aufzubauen, und ihrem schließlichen Erfolg. Sie haben viele Schwierigkeiten zu überwinden, müssen mit dem rauhen Klima und den anderen Ranchern zurechtkommen, schaffen es aber schließlich, Rancher zu werden, so wie sie es sich immer erträumt hatten. Ähnliche Erzählungen schrieb WILL RODERICK JAMES (1892–1942). JAMES wurde in Kanada geboren, sein richtiger Name lautete JOSEPH ERNEST HEPHTALI DUFAULT. Er lief von zu Hause fort, diente kurz in der amerikanischen Armee und arbeitete mehrere Jahre im amerikanischen Westen als Cowboy. Diese Jahre bilden den Hintergrund seiner besten Bücher, dem Band „Smoky, the cowhorse“ (1926), der 1927 die Newbery Medal bekam, und „Lone cowboy“ (1930). Die Illustrationen des Autors trugen dazu bei, seine anschaulichen Beschreibungen noch zu vertiefen.

Familiengeschichten erschienen auch weiterhin. Zu den besten für Mädchen geschriebenen Erzählungen gehört „Understood Betsy“ (1917) von DOROTHEA CANFIELD FISHER (1879–1958), die unter dem Pseudonym DOROTHY CANFIELD schrieb. Das typische amerikanische Mädchen, das in dieser Geschichte vorgestellt wird, gehört zu den bemerkenswertesten Mädchenbuchfiguren der amerikanischen Jugendliteratur. Ein Gegenstück für Jungen lieferten die „Penrod“-Bücher von NEWTON BOOTH TARKINGTON (1869–1946). Sie berichten von dem zwölfjährigen Penrod Schofield und seinem Leben in einer Stadt im Mittelwesten. Die Geschichten erzählen von den zahlreichen Streichen und Abenteuern, die Penrod mit seinem Freund Sam Williams gemeinsam ausheckt. TARKINGTONS Erzählung „Seventeen“ (1916) erzählt von einem etwas älteren Jungen und dessen ersten Liebeserlebnissen.

Auch die phantastische Erzählung bleibt beliebt. Obgleich es keine der nachfolgenden mit BAUMS „Oz“-Geschichten aufnehmen konnte, sind doch einige erwähnenswert. Dazu gehören HOWARD ROGER GARIS' (1873–1962) „Uncle Wiggily“-Geschichten. GARIS, der unter dem Pseudonym VICTOR APPLETON für das STRATEMEYER-Syndikat „Tom Swift“-Bücher schrieb, veröffentlichte „Uncle Wiggily's Adventures“ (1912) unter seinem Taufnamen. „Uncle Wiggily“ ist die komische Geschichte eines Gentleman-Kaninchen und seiner Begleiterin „Nurse Jane Fuzzy-Wuzzy“ und ihren Auseinandersetzungen mit der verschlagenen „Pipsissewa“. Nach dem Ersten Weltkrieg fanden diese Figuren eine zahlreiche Anhängerschaft unter den jungen Lesern. Inhaltsreich sind die zehn Bände der „Dr. Dolittle“-Serie, die HUGH LOFTING (1886–1947) verfaßte. Die phantastischen Geschichten LOFTINGS berichten von „John Dolittle M.D.“, der die Sprache der Tiere verstehen lernt und seine Arztpraxis aufgibt, um Tierdoktor zu werden. Die Geschichten erzählen von Dolittles Abenteuern während seiner Weltreise, die er mit seinen Freunden Matthew Mugg und Tommy Stugbins unternimmt. Obwohl auch Dolittle selbst eine liebenswerte Figur darstellt, erhält das Buch seine Anziehungskraft vor allem durch die zahlreichen Tierfiguren, die LOFTING vorstellt. Von Dab-Dab, der Ente, die Dolittles Haushalt führt, und Gub-Gub, dem Schwein, das davon träumt, ein Lexikon der Lebensmittel zu schreiben, bis zum phantastischen „Pushmi-Pullyu“, einem lamaähnlichen Tier mit einem Kopf an beiden Körperenden, symbolisieren die Tiere eine Reihe menschlicher Charaktereigenschaften.

Brachten die beiden Jahrzehnte 1920–1930 für die amerikanische Kinderliteratur wenig Neues, so zeigte sich in den dreißiger Jahren eine große jugendliterarische Aktivität. Jetzt traten neue Autoren hervor, bereits bekannte Autoren warteten mit neuen Einfällen auf, und es erschienen in diesem Jahrzehnt eine Reihe moderner Kinder- und Jugendbücher, die von herausragender Qualität waren. Unter den ersten waren die komischen Geschichten von THEODORE SEUSS GEISEL (*1904), der unter dem Namen Dr. SEUSS veröffentlicht. In einer langen Reihe von Büchern wie „And to think that I saw it on Mulberry Street“ (1937) oder „Horton hatches the egg“ (1940) vereinte SEUSS phantastische Illustrationen mit gekonnten Nonsenseversen.

Die phantastischen Tierwesen des Autors harmonisieren mit den einfallsreichen Wortspielen. Weniger phantastisch, aber ebenso einfallsreich ist das Bilderbuch „Ben and me" (1939) von Robert Lawson (1892–1957), das Tagebuch der Maus Amos, die behauptet, der eigentliche Erfinder der technischen Errungenschaften zu sein, die man gewöhnlich Benjamin Franklin zuschreibt. Auch hier tragen die wunderlichen, detaillierten Zeichnungen viel zur Beliebtheit des Bilderbuches bei. Die Autorin und Illustratorin, die den wichtigsten Beitrag zum künstlerischen Bilderbuch vor dem Zweiten Weltkrieg leistete, war Virginia Lee Burton (1909–1968). Sie war fasziniert von schweren Maschinen, besonders Lokomotiven und Raupenschlepper hatten es ihr angetan. Ihr technisches Interesse spiegelt sich in dem Bilderbuch „Choo Choo" (1937), der Geschichte einer Rangierlok, die groß werden wollte, und in „Mike Mulligan and his team shovel" (1939), der Geschichte eines dampfgetriebenen Löffelbaggers, der vom Fortschritt überrollt wird. Das Bilderbuch „The little house" (1942), in dem das Wachsen einer Stadt gezeigt wird, gewann 1943 den Caldecott-Preis.

Zwei Gattungen zeigten in den dreißiger Jahren eine besonders auffällige Entwicklung: die Familiengeschichte und die historische Erzählung. Die Gründe dafür sind in der großen Depression von 1929 zu sehen. Bücher, die von intakten Familien erzählten, die erfolgreich alle Hindernisse gemeinsam überwinden, dienten als literarische Kompensation für die harte Wirklichkeit. Hinzu kam, daß die zunehmenden Spannungen in einer Welt, die auf einen Krieg hintrieb, die Leser nach Geschichten greifen ließ, in der die Welt noch in Ordnung war. Besonders zwei Autorinnen traten mit solchen Geschichten hervor. Ruth Sawyer (1880–1970) verfaßte das Buch „Roller Skates" (1936), für das sie die Newbery-Medaille erhielt. „Roller Skates" erzählt von der jungen Lucinda, die in New York um 1890 lebt. Als sie auf ihren Rollschuhen die Straßen entlang zur Schule läuft, lernt sie die italienischen Obstverkäufer, die irischen Polizisten, die Taxifahrer und Gaststättenbesitzer kennen. In „Roller Skates" wird von Amerikanern erzählt, die die Arme aufkrempeln und voller Hoffnung auf eine bessere Zukunft sind. Die zweite Autorin ist Elizabeth Enright (1909–1968). In dem Buch „Thimble summer" (1938), das mit der Newbery-Medaille ausgezeichnet wurde, berichtet Engight von Kindheitserinnerungen auf einer dürregeplagten Farm. In der Erzählung „The Saturdays" (1940) kehrt sie nach New York City zurück und berichtet von den erstaunlichen Entdeckungen, die eine so große Stadt einem einfallsreichen Kind zu bieten hat. Die beiden Bücher liefern die besten Schilderungen des ländlichen und großstädtischen amerikanischen Lebens.

Ebenso beliebt waren die Buchserien von Carolyn Haywood (*1898) und Maud Hart Lovelace (*1892). Mit „‚B' is for Betsy" (1939) beginnt Haywood eine Reihe von Büchern, die sich mit dem Leben eines kleinen Mädchens in einer kleinen Stadt in Neuengland befassen. Haywoods Bücher sind zwar konventionell, berichten jedoch genau beobachtend von dem amerikanischen Leben in den vierziger Jahren. Lovelace schrieb die Bände „Betsy-Tacy" (1940) und „Betsy-Tacy and Tib" (1941). Obwohl auch diese Erzählungen in der Handlungsführung und in der Zeichnung der Charaktere auf traditionelle Erzählformen zurückgehen, ergeben sie ein anschauliches Bild von dem Kleinstadtleben im Mittleren Westen.

Bedeutungsvoller waren die historischen Erzählungen des Jahrzehnts. Der drohende Krieg warf seine Schatten voraus. Daher betonen diese Geschichten das amerikanische Erbe, berichten von der Revolution und dem harten Leben der Pioniere, die in Planwagen den Westen eroberten. Eines der ersten Bücher dieser Art war „Away goes Sally" (1934) von Elizabeth Coatsworth (*1893), dem „Five Bushel Farm" (1939) und „The fair American" (1940) folgten. Die Erzählungen berichten von dem jungen Amerika in den ersten Jahren des 19. Jahrhunderts. Wir erhalten ein Bild des Lebens der Siedler, Seeleute und ersten freien Bürger des amerikanischen Staates. Der Band „The fair American", der von einem Jungen berichtet, der der Französischen Revolution entflieht, stellte die Bedeutung des freien Amerikas in einer vom Krieg bedrohten Welt heraus. Auch Carol Ryrie Brink (*1895) benutzte den amerikanischen Bürgerkrieg 1861–1865 als Hintergrund für seine Erzählung „Caddie Woodlawn" (1935), die mit der Newbery-Medaille ausgezeichnet wurde.

Eine andere Form der historischen Erzählung finden wir in Marjorie Kinnan Rawlings (1896–1953) Buch „The yearling" (1938). Der Handlungsort ist die Buschwaldregion in Florida. Die Hauptfiguren, der junge Jody Baxter, seine Eltern und ihre Nachbarn, die Forrester-Familie, finden kaum ihr Auskommen. Mit der Zeit lernt Jody auch das Leben außerhalb seines gewohnten Gesichtskreises kennen. Diese neue Welt ist voller Aufregungen und Glanz, zugleich aber auch voller Sorgen.

Die interessantesten historischen Jugendbücher, die in den dreißiger Jahren erschienen, stammten von Laura Ingalls Wilder (1867–1957). Wilder, zweite Tochter einer Pionierfamilie, brachte Erlebnisse aus ihrer eigenen Kindheit in ihre Erzählungen ein. Der Band „The little house in the big woods" (1932) berichtet von dem Alltag der Menschen in den Wäldern Wisconsins. „Farmer boy" (1933) stellt dem Leben eines reichen Farmers im Staate New York das harte Grenzerleben gegenüber. Spätere Erzählungen wie „The little house on the prairie" (1935), „By the shores of Silver lake" (1939) oder „The long winter" (1940) berichten von der Ingalis-Familie, die immer weiter nach Westen zieht und schließlich ihre neue Heimat in Desmet in Süd-Dakota findete. Wilders Bücher berichten detailliert von dem Leben der Grenzer, von Überschwemmungen, Stürmen, Krankheiten und feindlichen Indianern. Gleichzeitig sind sie Ausdruck des amerikanischen Fortschrittsglaubens, wie er sich in der Geschichte der Nation ausdrückt. Wenn die Autorin von der Wilder-Familie in ihrer Blockhütte in Wisconsin berichtet,

wenn sie von der Wilder-Familie auf der großen Farm im Staate New York erzählt, immer stellt sie klar heraus, daß diese Familien nur auf Grund der Chancen so erfolgreich sein konnten, die ihnen das große und freie Amerika gewährte. Die Bedeutung der Erzählungen L. I. WILDERS schlug sich in der Stiftung eines Preises nieder, den die American Library Association unter dem Namen Laura Ingalls Wilder Award 1954 für herausragende Jugendbücher einrichtete. Die erste Auszeichnung erhielt L. I. WILDER selbst.
In vieler Hinsicht spiegelt sich in der Geschichte der amerikanischen Kinder- und Jugendliteratur die Geschichte der amerikanischen Nation. Die Kinderliteratur begann als Anhängsel der Erwachsenenliteratur, und die Autoren waren ursprünglich mehr an Moral und didaktischen Problemen interessiert als an einer eigenständigen Kinderliteratur. In dem Maße, wie die USA an Reife und Bedeutung zunahmen, änderte sich auch die Kinder- und Jugendliteratur. Die sechziger Jahre des 19. Jahrhunderts, in denen das Land seine endgültigen Konturen fand, brachten der Kinder- und Jugendliteratur die Familiengeschichte und die phantastische Erzählung. Später traten Abenteuergeschichten, Erzählungen über den amerikanischen Alltag und Schulgeschichten hinzu. Mit Beginn des 20. Jahrhunderts hatten die USA die Anerkennung vieler Staaten gewonnen. Von nun an nahm die Kinder- und Jugendliteratur der USA stetig an Gehalt und Bedeutung zu und lieferte hinfort einen wichtigen Beitrag zur internationalen Kinder- und Jugendliteratur. Die ernsthafte Auseinandersetzung mit der amerikanischen Kinder- und Jugendliteratur mußte immer hinter der Diskussion um die allgemeine amerikanische Literatur zurückstehen. Teilweise ist dies auf die Haltung dem Kind gegenüber zurückzuführen, das erst im späten 19. Jahrhundert als ein individuelles Wesen mit eigenen Wünschen und Bedürfnissen anerkannt wurde. So wird auch erst seit kurzem die Kinder- und Jugendliteratur als ein eigener und wesentlicher Bereich der Nationalliteratur anerkannt. Erst Mitte des 20. Jahrhunderts mehrten sich die Wissenschaftler, die die Kinder- und Jugendliteratur in das Feld wissenschaftlicher Betrachtung einbezogen.
Einen besonderen Beitrag zu dieser neuen Einstellung leisteten die Kinderbibliotheken. Im 19. Jahrhundert waren Kindern nur kleine Schulbibliotheken sowie Lehrlings- und Pfarrbüchereien, die von der „American Sunday School Union" errichtet worden waren, zugänglich. 1876 wuchs das Interesse an Bibliotheken so sehr an, daß man die Berufsorganisation der Bibliothekare der USA ins Leben rief, die „American Library Association". Diese Organisation machte sich von Anfang an um die Entwicklung der Kinderliteratur verdient. Bereits 1882 forderte CAROLINE H. HEWINS (1846–1926) die Organisation auf, sich der Bedürfnisse der jungen Leser anzunehmen. Bereits 1897 veranstaltete die „American Library Association" eine Tagung, die als einzigen Tagesordnungspunkt die Kinderliteratur nannte. Im Jahr darauf begann FRANCES JENKINS OLCOTT mit der Ausbildung von Kinderbibliothekaren. Als 1900 ALICE MABEL JORDAN (1870–1960) Leiterin der Kinderbuchabteilung der „Public Library of Boston" wurde, bedeutete dies einen großen Schritt hin zur Erkenntnis der großen Bedeutung von Kinder- und Jugendliteratur.
Die ersten Jahre unseres Jahrhunderts brachten die volle Realisierung der Pläne der „American Library Association". 1904 wurden in jeder der Carnegie-Büchereien in den USA Leseräume für Kinder eingerichtet. Im Jahr 1906 wurde ANNE CARROLL MOORE (1871–1961) beauftragt, die Kinderbuchabteilung in der „New York Public Library" einzurichten. Im selben Jahr organisierten die Bibliothekare in Neuengland eine Gesprächsrunde, in der Möglichkeiten beraten wurden, wie die Produktion von qualitatvollen Kinderbüchern gefördert werden könnte. Das wichtigste Ereignis war die Bildung der „Children's Librarian Section" innerhalb der „American Library Association". Vorsitzende wurde A. C. MOORE. Diese Abteilung wuchs stetig an Einfluß und Mitgliedern und konnte sich 1941 als unabhängige Organisation etablieren.
Ein weiterer Schritt war es, als 1921 die „American Library Association" mit Unterstützung des Verlegers FREDERIC GERSHOM MELCHER (1879–1963) die „Newbery Medal" stiftete. Dieser Preis, benannt nach dem englischen Kinderbuchverleger JOHN NEWBERY, wird alljährlich an das beste im Jahr zuvor erschienene Buch vergeben. Als erster Preisträger wurde 1922 HENDRIK WILLEM VAN LOON (1882–1944) für sein Sachbuch „The story of mankind" ausgezeichnet. Der Einfluß dieses Preises veranlaßte MELCHER, einen weiteren Preis zu stiften, nämlich die „Caldecott Medal", benannt nach dem englischen Illustrator R. CALDECOTT, die jeweils für das beste Bilderbuch vergeben werden sollte. Als erste wurde 1938 DOROTHY P. LATHROP (* 1891) für ihre Illustration zu „Animals of the Bible" ausgezeichnet.
Auch Verleger waren an der Entwicklung der amerikanischen Kinder- und Jugendliteratur entscheidend beteiligt. Dazu zählten die Bostoner Verlage Lee und Shepard, die Werke von SOPHIE MAY, E. KELLOG und OLIVER OPTIC herausbrachten. Andere Verlage wie Little, Brown und Co. und ihre Vorgänger Roberts Brothers, die L. M. ALCOTT herausbrachten, sowie Houghton, Mifflin und Co. und vor ihnen Ticknor und Fields, die Werke von T. B. ALDRICH, L. P. HALE, N. HAWTHORNE, A. D. T. WHITNEY und K. D. WIGGIN publizierten. Ebenso angesehen war das New Yorker Verlagshaus D. Appleton (später: Appleton-Century-Crofts), das Bücher von R. H. BARBOURS herausgab und unter dem Namen „The Century Co" das „St. Nicholas Magazine" herausbrachten. Doch besaß noch keiner dieser Verlage ein spezielles Lektorat für Kinder- und Jugendbücher. Erst 1919 schuf die Macmillan Co. ein eigenes Kinderbuchlektorat. Bald folgten andere Verlagshäuser nach und heute gehören Kinderbuchlektoren zum Stab eines jeden Verlags. Vor 1918 wurden Kinderbücher, wenn man sie überhaupt beachtete, nur sporadisch innerhalb der Erwachsenenliteratur rezensiert. Die erste regelmäßige Kinderbuchkritik führte A.

C. Moore ein, die für „The bookman" von 1918–1927 Rezensionen schrieb. Später forderte man sie auf, Rezensionen auch für die „New Herald Tribune" zu verfassen. Die entsprechenden Kolumnen hießen „The three owls", die von 1924 bis 1930 existierten. Anne Thaxton Eaton schrieb eine ähnliche Kolumne für „New York Times Book Review". Moore und Eaton sorgten dafür, daß das Niveau der Kinder- und Jugendbuchkritik anstieg. Den größten Einfluß in den Jahren vor 1940 hatte „The Horn Book Magazine", das seit 1924 erscheint. Ursprünglich wurde „The Horn Book" in Boston vom „Bookshop for Boys and Girls" herausgegeben. Anfangs erschien es vier-, später sechsmal im Jahr. Die ersten Herausgeber waren Bertha Mahony und Elinor Whitney. Sie wollten ein kritisches Organ schaffen, das der Diskussion und Bewertung von Kinderbüchern dienen sollte. Das „Horn Book Magazine" brachte von Beginn an historische Studien, Aufsätze zu einzelnen Autoren oder Büchern, Rezensionen neu erschienener Bücher sowie die Reden, die anläßlich der Verleihung der Newbery- und Caldecott Medals gehalten wurden.

Entwicklung der Kinder- und Jugendliteratur vom Zweiten Weltkrieg bis zur Gegenwart. Bis zum Ende der dreißiger Jahre hatte die Kinder- und Jugendbuchproduktion in den USA beachtliche Fortschritte gemacht. Verlage erweiterten ihr Programm. Fachzeitschriften und Tageszeitungen brachten häufiger Rezensionen zu Kinder- und Jugendbüchern. Pädagogen und Wissenschaftler erkannten mehr und mehr die Bedeutung von Kinderliteratur für die Erziehung der Heranwachsenden. Schulbibliotheken entstanden in großer Zahl, und man schenkte den Stimmen der Bibliothekare mehr Gehör. Es erschienen mehr Bilderbücher als bisher, außerdem erfuhr die Qualität der Kinder- und Jugendbuchillustration eine merkliche Verbesserung. Auch international war zu erkennen, daß sich immer mehr berühmte Illustratoren auch in den Dienst des Kinder- und Jugendbuches stellten. Künstler wie Boris Artzybasheff, Ingri und Edgar Parin D'Aulaire, Virginia Lee Burton, James Daugherty, William Pène du Bois, Roger Duvoisin, Charles Falls, Wanda Gag, Dorothy Lathrop, Robert Lawson, Feodor Rojankovsky und Lynd Ward engagierten sich für das Kinderbuch. Diese Künstler setzten Standards für die moderne Kinderbuchillustration und trugen zur Schaffung neuer, mehr auf die optische Wirkung hinzielender Kinderbücher bei. Technische Neuerungen im Bereich des Buch- und Farbendrucks unterstützten solche Bemühungen.

Realistische Kindergeschichten wurden auch weiterhin in den traditionellen Bahnen geschrieben und trugen wenig dazu bei, die wirkliche Realität der gesellschaftlichen Zustände abzubilden. Es erschienen auch mehr Darstellungen von anderen Ländern und Völkern. Die Biographien im Bereich der Kinderliteratur beruhten nicht immer auf den wirklichen Begebenheiten und zeichneten die Lebenswege berühmter Persönlichkeiten oft fiktiv entstellt. Es gab allerdings auch Ausnahmen, wie Cornelia Meigs „Invincible Louisa" (1933), ein lebendiges Bild des Lebens von Louisa Mary Alcott. Andere Ausnahmen bildeten Constance Rourkes „David Crockett" (1934), Elizabeth Janet Greys „Penn" (1938), eine Biographie von William Penn, Jeanette Eatons „Leader of Destiny: George Washington, man and Patriot" (1939) oder James Daughertys „Daniel Boone" (1939). Die Autoren wandten sich jetzt auch dem Jugendbuch zu, das sich an schon ältere Heranwachsende richtete. Nachdem die allgemeine Schulpflicht in vielen Staaten der USA bis zum sechzehnten Lebensjahr vorgeschrieben war, die Gesetze zum Schutze jugendlicher Arbeitnehmer verbessert worden waren, wurden die Bibliothekare auf diese Gruppe älterer Jugendlicher aufmerksam und versuchten, spezielle Programme für sie zu entwickeln. Eine große Anzahl Jugendlicher war noch nicht bereit, zur Literatur für Erwachsene überzuwechseln. Die Jugendlichen erkannten, daß sie eigene Probleme und Bedürfnisse hatten, die sich von denen der Erwachsenen unterschieden. Das neue Jugendbuch schien ihren Bedürfnissen entgegenzukommen. Erzählungen vom beruflichen Aufstieg junger Leute, ironische Umweltgeschichten, Abenteuerromane aus der weiten Welt begannen zu erscheinen. Florence Crannell Means, Marjorie Hill Allee, Stephen Meader, John Tunis schrieben für diese Lesergruppe. So populär diese Schriften auch waren, sie hatten noch nicht jene gesellschaftspolitische Tendenz, die die in den sechziger Jahren erscheinenden Jugendbücher auszeichnete.

Die USA standen vor dem Ausbruch des Zweiten Weltkrieges. Die Rationierung von Papier und Blei und die steigenden Kosten für die Buchherstellung schlugen sich in einer Verminderung der Kinder- und Jugendbuchproduktion nieder. Die Veröffentlichung einer Reihe von Werken wurde wegen ihres großen Umfangs zurückgestellt. Alt eingeführte, gängige Titel wurden nicht wieder neu aufgelegt. Neuerscheinungen wurden in kleinen Auflagen gedruckt und hatten so kaum die Möglichkeit, bei einem großen Kreis junger Leser bekannt zu werden. Trotz aller Einschränkungen traten in diesen Jahren eine Reihe von Autoren und Illustratoren hervor, die wichtige Beiträge zur modernen Kinder- und Jugendliteratur lieferten.

Eleanor Estes Erzählungen von den „Moffats" („The Moffats", 1941; „The Middle Moffat", 1942; „Rufus Moffat", 1943) zeichneten sich durch einen flotten Erzählstil, kindgemäßen Humor und eindrucksvolle Charakterisierung der handelnden Personen aus. Elizabeth Enright, die den „Newbery-Award" für ihr Buch „Thimble Summer" (1938) erhalten hatte, begann mit der Chronik der Melendy-Familie („The Saturdays", 1941; „The four-story mistake", 1942; „Then there were five", 1944; „Spiderweb for two", 1951). Diese Erzählungen spielen vor, während und kurz nach dem Zweiten Weltkrieg und kennzeichnen das Gespür der Autorin für kindliches Fühlen und Denken. Die vier Melendy-Kinder sind lebensecht gezeichnet, voller Phantasie und spontaner Einfälle. Ihre Erfahrungen

und Abenteuer spiegeln den Alltag und die Lebensweise einer mittelständischen amerikanischen Familie. Doris Gates „Blue Willow" (1940) ist die Geschichte von der Suche der kleinen Janey nach einem dauerhaften Zuhause. Janeys Vater ist Wanderarbeiter in der Depression der dreißiger Jahre. Die Autorin zeichnet die damalige Situation mit viel Sympathie für die Betroffenen. Das Mädchen Janey wird als ein sehr sensibles, aber auch energisches Kind vorgestellt. In der Erzählung „Homer Price" (1943) erzählt Robert McCloskey die lustigen Abenteuer eines typisch amerikanischen Lausbuben.
Esther Forbes Geschichte „Johnny Tremaine" (1943), die ebenfalls die „Newbery Medal" erhielt, erzählt von einem Jugendlichen, der eine Lehre als Silberschmied beginnt und sie wegen einer Handverletzung abbrechen muß. Der Ausbruch des amerikanischen Befreiungskrieges wird von dem jungen Mann miterlebt. Ohne Sentimentalität und unter Heranziehung der Quellen gibt der Autor dem jungen Leser ein eindringliches Bild der damaligen geschichtlichen Ereignisse.
Andere Autoren begannen moderne Sachbücher zu schreiben. In dem Band „George Washington's world" (1941) und dem Sachbuch „Abraham Lincolns world" (1944) zeigt die Autorin Genevieve Foster auf Grund authentischen Quellenmaterials die wichtigsten Ereignisse im Leben dieser Männer auf und hilft dem jungen Leser zu verstehen, was sich damals in anderen Teilen der Welt abgespielt hat. In ihrer Einleitung zu dem Band „George Washington's world" sagt die Autorin: „Dieses Buch erzählt die Lebensgeschichte von George Washington. Es informiert aber auch über andere Leute, die zu gleicher Zeit in Amerika oder sonst in der Welt gelebt haben, was sie als Kinder taten und welche Rolle jeder von ihnen in dem großen Abenteuer der Weltgeschichte gespielt hat." Ihre späteren Bücher „Augustus Caesar's world" (1947), „The world of William Penn" (1973) und „The world of Columbus and sons" (1965) sind ähnlich aufgebaut.
Virginia Lee Burton verband auf gelungene Weise Illustrationen und Texte in ihren Büchern „Mike Mulligan and his steam shovel" (1939) und „The little house" (1942). Das letztere Buch bekam ebenfalls die Caldecott-Medaille. Die Harmonie zwischen Text und Bild brachte eine neue Note in das Bilderbuch. Robert McCloskeys „Make way for ducklings" (1941), ebenfalls ein Buch, das die Caldecott-Medaille erhielt, ist eine bezaubernde Geschichte von den Mallards, einer Entenfamilie, die einfach erzählt wird und deren Illustrationen einen natürlichen, spontanen Humor ausstrahlen. Louis Slobodkin, ein bekannter Bildhauer, gewann die Caldecott-Medaille für seine Illustrationen zu James Thurbers „Many Moons" (1943). Seine eigenen Bilderbücher „Magic Micheal" (1944) und „Clear the track for Michael's Magic Train" (1945) sind Ausflüge in die Phantasiewelt eines kleinen Jungen und zeugen von Slobodkins Fähigkeit, durch seine Zeichnungen die Einbildungskraft der kleinen Betrachter anzuregen.
Bald nach dem Zweiten Weltkrieg waren wichtige Entwicklungen nicht nur im Hinblick auf die Quantität der neu herauskommenden Kinderbücher festzustellen, sondern auch im Hinblick auf neue Kinder- und Jugendbuchthemen und -trends. Die Anfänge einer internationalen Zusammenarbeit von Verlagen, eine nun einsetzende Übersetzungswelle und die allgemeine Ausweitung der Verlagstätigkeit in den USA boten den Kindern eine wachsende Palette geeigneter Lektüre. Sicher hatten auch schon vor dem Zweiten Weltkrieg Verlage damit begonnen, eigene Kinderbuchlektorate einzurichten, aber jetzt entstanden solche Einrichtungen auf breiter Basis. Die amerikanische Gesellschaft zeigte jetzt auch große Veränderungen auf, ohne daß sich allerdings solche Veränderungen bereits in der Kinder- und Jugendliteratur niedergeschlagen hätten, dies war erst zögernd in den fünfziger Jahren der Fall. Bilderbücher und illustrierte Kinderbücher, die während des Krieges auf Grund der allgemeinen Verknappungen selten geworden waren, zeigten jetzt deutliche Merkmale einer neuen experimentellen Phase, vor allem im Hinblick auf die Anwendung der Farbe. Illustratoren beschritten neue Wege und spiegelten die neuen Stilrichtungen der internationalen Malerei. Im Jahr 1946 richtete das „American Institute of Graphic Arts" die erste, dann zur Dauereinrichtung werdenden Ausstellungen zur Buchgraphik ein. Die erste Internationale Buchausstellung repräsentierte rund dreißig Nationen mit illustrierten Büchern aus der Zeit von 1935–1945. Neben Büchern für Erwachsene wurden auch Kinder- und Jugendbücher ausgestellt. Karl Kup von der „New York Public Library" betonte im „Horn-Book Magazine" im März 1947 die Wichtigkeit dieser Ausstellung, vor allem im Hinblick auf die Hebung der Qualität von Buchillustrationen; zu den amerikanischen Büchern bemerkte Kup: „... Wenn wir vor allem die Qualität und immer wieder die Qualität im Auge haben, werden wir eines Tages dahin kommen, die besten Illustrationen zu schaffen, die es bisher gegeben hat. Aber dies kann nur dadurch geschehen, daß wir immer wieder unsere Werke kritisch begutachten und durch unsere Bereitschaft, jedes mißlungene Werke zu zerreißen. Wir haben zu lernen, daß wir nicht die Sklaven der Maschinen werden dürfen, sondern daß die Maschinen unserer Kunst zu dienen haben. Vor allem aber müssen wir die notwendige Neugier aufbringen, um immer wieder neue Wege anzunehmen und müssen unaufhörlich weiterlernen ...". Das „American Institute of Graphic Arts" veranstaltete 1953 seine zweite Ausstellung, die den Jahren 1920 bis 1953 gewidmet war. Die Tatsache, daß von 500 eingereichten Objekten lediglich 90 als von genügender Qualität für die Ausstellung ausgewählt wurden, läßt erkennen, daß man seit Kriegsende im Hinblick auf illustrierte Bücher und Bilderbücher Kriterien erarbeitet hatte, die als ausreichende Basis für eine gerechtfertigte Beurteilung dienen konnten. Hinweise darauf, bei der Kinderbuchillustration Ansprüche zu stellen, kamen von allen Seiten. Man hatte das Beispiel der rasch anwachsenden Massenproduktion im Auge, durch die eine Fülle kaum

noch voneinander zu unterscheidender illustrierter Kinderbücher auf den Markt kam, die jede Individualität vermissen ließ. Nach der Überschwemmung des Buchmarktes mit farbig illustrierten Kinderbüchern setzte die Diskussion darüber ein, wie Farbe angemessen und künstlerisch motiviert bei der Kinder- und Bilderbuchproduktion eingesetzt werden sollte. Verleger und Illustratoren stritten sich über die richtige Definition von „Bilderbuch". Heute hat man dazu gefunden, daß ein gutes Bilderbuch die größten Anstrengungen aller an der Entstehung Beteiligter fordert, ob Illustrator, Zeichner, Herausgeber, Verleger oder Drucker.

Leo Politi, vom südkalifornischen Milieu angeregt und von der mexikanischen Kultur fasziniert, schrieb und illustrierte die Bände „Pedro, the angel of Olvera Street" (1946), „Juanita" (1949) und „Song of the swallows" (1949). Marcia Browns Bilderbücher „Little carousel" (1946) und „Henry-Fischerman" (1949) bewiesen ihr Talent für das Bilderbuch. Sie verstand es meisterhaft, die richtigen illustrativen Mittel und die richtige Technik für das jeweilige Thema zu finden. Die populäre Familiengeschichte folgte im großen und ganzen noch der Vorkriegsmode und erzählte von dem fröhlichen und harmonischen Leben der durchschnittlichen Mittelklassenfamilie. Die wirklichen Probleme und Nöte der verschiedenen Gesellschaftsschichten wurden nicht aufgegriffen. Lois Lenski begann ihre landschaftlich gebundenen Familienerzählungen zu schreiben. „Strawberry Girl" (1945), wofür die Autorin die Newbery-Medaille erhielt, berichtet von der Familie von Birdie Boyer, der mit seiner Familie nach Florida zieht, um sich dort selbständig zu machen. Lenski lebte in jeder der Regionen, von denen sie erzählt, und war dadurch in der Lage, ihren Geschichten einen realistischen und authentischen Hintergrund zu geben. Allerdings ließ die Qualität ihrer Erzählungen mit dem Fortschreiten ihrer Produktion nach. Die Erzählungen der Autorin und deren Erfolg zeigten jedoch die Notwendigkeit, in regional angesiedelten Geschichten die verschiedenen Seiten des amerikanischen Lebens auch im Kinderbuch vorzuführen.

Märchen, Legenden und andere der Volksdichtung verwandte Geschichten wurden in den zwanziger und dreißiger Jahren den jungen Lesern in großer Auswahl angeboten. Darunter fanden sich nicht nur Nacherzählungen der Volksmärchen der ganzen Welt, sondern auch die Wiederentdeckung der traditionellen Überlieferungen der Indianer. Viele von ihnen hatten während des Krieges aufgehört zu erscheinen. Nun tauchten sie langsam wieder in neuen Bearbeitungen und mit neuen Illustrationen versehen in den Buchläden auf. Die neuen Bearbeiter versuchten, auf den authentischen Quellen aufzubauen und den Ton zu treffen, der für die betreffende Kultur, aus der der Stoff stammte, charakteristisch war. Auch aus Afrika stammende traditionelle Erzählungen werden jetzt vermehrt ediert. Die Sammlung „The cow-tail and other West African stories" (1947) von Harold Courlander und George Herzog bewahrt den Zauber des eingeborenen Geschichtenerzählers. Richard Chase veröffentlichte die Sammlungen „The Jack tales" (1943) und „Grandfather tales" (1948). Diese Sammlungen enthalten Varianten europäischer Volksmärchen, so wie sie in Cumberland und in den „Smoky Mountains" im Südosten der Vereinigten Staaten erzählt wurden. Dorothy Hosfords Buch „By his own might; the battles of Beowulf" (1947) enthält die in einfacher, aber eindringlicher Sprache nacherzählte englische Beowulf-Sage. Der Band „My mother is the most beautiful woman in the world" (1945) von Becky Reymer basiert auf russischen Volksmärchen und der Tradition der alten Märchenerzähler. Diese Bücher zeigen einen Trend auf, der nun weit verbreitet war, nämlich die Neuherausgabe volkstümlicher Erzählstoffe in speziell für Kinder bearbeiteten Ausgaben. Thematisch war die ganze Welt in diesen Ausgaben vertreten. Nachdem die Welt durch die neuen und schnellen Verkehrsverbindungen immer kleiner wurde, gelangten auch seltene Erzählstoffe, die in früheren Jahren noch praktisch unbekannt waren, in die neuen Kinderbücher hinein.

Obwohl auch zahlreiche Amerikaner an der Bearbeitung volkstümlicher Stoffe Anteil hatten, fand die neue Gattung der modernen phantastischen Erzählung ihren Ursprung in England. Nur langsam näherten sich auch amerikanische Kinderbuchautoren dieser neuen Gattung und schufen einfallsreiche Geschichten, die den Anfang einer großen Gruppe für die Entwicklung der amerikanischen Kinder- und Jugendliteratur wichtig gewordener Werke darstellten.

William Pène du Bois, der schon seit Jahren jährlich neue originelle und humorvolle Kinderbücher herausgebracht hatte, erhielt für die Erzählung „Twenty one balloons" (1947) die Newbery-Medaille. Professor Sherman, ein Mathematiklehrer, benutzt einundzwanzig Luftballons als Transportmittel, um damit um die Welt zu reisen. Nach einem Zwischenfall findet sich der Professor auf der abgelegenen Insel Krakatos, deren Einwohner eine einfallsreiche und differenzierte Gesellschaftsform geschaffen haben. Der Humor und die vielfältigen Einfälle des Autors bestimmen das Buch, das dazu noch durch die originellen Illustrationen des Autors an Wert gewinnt. Schon sein erstes Buch „The three policemen" (1938) bescheinigte ihm große schriftstellerische Fähigkeiten und Einfühlungsvermögen.

Ruth Stiles Gannett ist eine andere bedeutende Autorin phantastischer Geschichten. Ihre Erzählungen „My father's dragon" (1948) und „Elmer and the dragon" (1950) sind typisch amerikanisch. Elmer Elevator's Abenteuer bei der Rettung eines Drachenbabys und sein Einsatz für weitere Drachen schaffen eine vom Kind geliebte phantastische Welt. Ihr drittes Buch, „The dragons of blueland", erschien 1951.

Parallel wuchs das Interesse am Sachbuch. Holling C. Holling vereint Geschichte, Anthropologie, Geographie und vor allem Gründlichkeit hinsichtlich der Fakten in seinen Büchern „Paddle-to-the sea" (1941), „Tree in the trail" (1942) und „Seabird" (1948).

Die thematische Einbeziehung ethnischer Minderheiten in das Kinderbuch machte nur langsame Fortschritte. Im Jahr 1947 erschien das Buch „North star shining" von Hildegard Hoyt Swift, von Lynd Ward einfühlsam illustriert, das in Versform eine kurze Geschichte der Schwarzen gibt. Arna Bontemps, Schriftstellerin und Bibliothekarin, verfaßte „The story of the negro" (1948). Beide Bücher hoben sich erfreulich von thematisch ähnlichen Neuerscheinungen durch dem Thema angemessenen Ernst ab.

John Tunis und Florence Crannell Means, die für ältere Jugendliche schrieben, brachten eine neue Definition in das Jugendbuch. Sie versuchten die sozialen Spannungen im amerikanischen Leben darzustellen. Die Sportgeschichten von Tunis gingen weit über das übliche Konkurrenzdenken hinaus. Sie enthielten kulturelle und ethische Begründungen und betrachteten das Phänomen des Sportes unter demokratischen Spielregeln. F. C. Means wandte sich den rassischen Minderheiten zu. Ihre Erzählung „The move-outers" (1945) ist die leidenschaftliche Erzählung von der tragischen Umsiedlung der Japaner von der pazifischen Küste nach dem Angriff von Pearl Harbour. Die Autorin zeigt die Fragwürdigkeit und die Schwierigkeit der von dem Gouverneur angeordneten Aktion, ohne dabei zu moralisieren.

Mit den fünfziger Jahren begann die Phase der Wohlstandsgesellschaft, in der die Kinder- und Jugendbuchproduktion einen ungeahnten Aufschwung nahm, der seinen Höhepunkt in den sechziger Jahren hatte.

Taro Yashimas Bücher, unter ihnen „The village tree" (1953), „Plenty to watch" (1954) und „Crow boy" (1955), können seine japanische Erziehung nicht verleugnen. Er selbst bringt seine persönliche Phantasie und seine Vorstellungen ein. Feodor Rojankovsky begann seine Ausbildung als bildender Künstler in Rußland und setzte sie dann in Paris fort. Seine ersten Bilderbücher entwarf er für die französische Serie „Père Castor", gleichzeitig begann er aber auch schon für amerikanische Verlage zu arbeiten. Als er 1941 in die USA emigrierte, fand ein Wandel in seinem Illustrationsstil statt. Als er 1955 John Langstaffs „Frog went a-courting" illustrierte, ein Buch, für das er die Caldecott-Medaille erhielt, zeigte sich eine neue Leidenschaft für die detaillierte und aussagekräftige Zeichnung menschlicher und tierischer Charaktere.

Antonio Frasconi, der den Holzschnitt bevorzugt, brillierte durch künstlerische Einfälle und großes fachliches Können. In einer italienischen Familie in Uruguay aufgewachsen, setzte er seine dort begonnene künstlerische Ausbildung in den USA fort. Sein erstes Bilderbuch „See and say" (1955) ist ein Bilderbuch für Vorschulkinder und Leseanfänger mit Bildunterschriften in vier Sprachen, das gleichzeitig als Wörterbuch benutzt werden kann. Sein zweites Buch, „The house that Jack built" (1958) und sein drittes Buch „The snow and the sun" (1961) zeigen ansteigende Qualität.

Fritz Eichenberg, in Deutschland geboren und ausgebildet, emigrierte in den dreißiger Jahren in die Vereinigten Staaten, wo seine Werke schon bekannt waren. Seine Bilderbücher „Ape in a cape" (1952) und „Dancing in the moon" (1955) zeigen sein Können in

So Petunia began the easy way—she thought.

*Seite aus dem Bilderbuch „Petunia's Christmas", das 1952 in den USA bei Knopf erschien. Das Bild zeigt die Gans Petunia in der Verkleidung als Weihnachtsmann. Mit seinen Petunia-Bilderbüchern wurde Roger Duvoisin (*1904) bekannt.*

der einfallsreichen Benutzung des traditionellen ABC für das Bilderbuch und bei der Einbeziehung von Zahlen in die sogenannten Zählbilderbücher. Roger Duvoisin, in der Schweiz geboren und in Frankreich ausgebildet, kam als künstlerischer Mitarbeiter einer Textilfirma nach den Vereinigten Staaten. Er wandte sich dort Kinderbüchern, vor allem Bilderbüchern zu. Seine Illustrationen für Alvin Tresselts „White snow, bright snow" (1947) brachten ihm die Caldecott-Medaille ein. Seine Bilder zu den Büchern über den „Glücklichen Löwen", zu denen seine Frau Louise Fatio den Text schrieb, sowie zu den Petunia-Bänden sind Meisterstücke einer gekonnten Umrißtechnik.

Diese Künstler, deren Werke in den fünfziger Jahren berühmt wurden, sind nur einige von den zahlreichen ausländischen Illustratoren, die ihre in den Heimatländern erworbenen Fähigkeiten nach den USA brachten. Aber auch die in den USA selbst geborenen Illustratoren machten mehr und mehr von sich reden. Robert McCloskeys „One morning in Maine" (1952) folgte seinem erfolgreichen Buch „Blueberries for sale" (1948). Beide Bücher spiegeln die Liebe des Autors zu seiner Insel in der Penobscot-Bay in Maine. William Pène Du Bois' „Lion" (1956) ist ein anderes Beispiel für seine Gabe, köstlichen Humor ins Bild umzusetzen. Mit dem Buch „In the forest" (1944) hat Marie Hall Ets besonderes Einfühlungsvermögen für das Leben des Kleinkindes gezeigt. Mit dem Erscheinen ihres nächsten Bandes „Another day" (1953) bewies Ets ihre

Begabung für Schwarz-Weiß-Zeichnungen. DON FREEMAN entwarf die Illustrationen für das Buch „Pet of the met" (1953), das von seiner Ehefrau LYDIA geschrieben wurde. Er illustrierte danach noch zahlreiche eigene Bilderbücher und Werke anderer Autoren. Sein recht freier Stil interpretiert die illustrierten Texte mit viel Freiheit, aber immer noch mit der notwendigen Zuwendung zum Inhalt. In den Bänden „Five little monkeys" (1952) und „Beasts from a brush" zeigt JULIET KEPES ihre Vorliebe für den feinen Pinselstrich, der Verwandtschaft zur japanischen Malerei erkennen läßt.

Zahlreiche andere Illustratoren begannen mit ihren Kinder- und Jugendbuchillustrationen in den sechziger Jahren. Das Anwachsen der Kinderbuchabteilungen in den großen Verlagen, die Einsicht, daß Kinderbuchillustration und Bilderbuchgestaltung echte Kunst darstellen können und sollen, der Fortschritt in der technischen Herstellung und die Andauer des Wohlstandes im Lande führten dazu, daß sich immer mehr bildende Künstler auch der Kinder- und Jugendbuchillustration zuwandten.

Die mehr erzählende Kinderliteratur brauchte länger, um neue Trends sichtbar werden zu lassen. Die Erzählung „... And now Miguel" (1953), für das der Autor JOSEPH KRUMGOLD die Newbery-Medaille erhielt, berichtet mit großer Anteilnahme von dem ungewöhnlichen Wunsch eines Jungen, wie ein Erwachsener in der Familie von Schafhirten in Neumexiko angesehen zu werden. KRUMGOLDS genau getroffenes Bild vom Leben eines spanisch sprechenden Jungen und der Welt, in der er aufwächst, war ein Signal für weitere Bücher zum Thema „ethnische Minderheiten". Was dem Buch besondere Bedeutung verleiht, ist die logische Entwicklung der Geschichte, die durch die Handlung selbst spricht und keiner langen Beschreibungen und Erläuterungen des Autors bedarf. MEINDERT DE JONGS „The wheel on the school" (1954), für das der Autor die Newbery-Medaille erhielt, führt den Leser in ein holländisches Fischerdorf, an das sich der Autor aus seiner Kindheit erinnerte. Die leise, aber tief bewegende Geschichte von DE JONG beschreibt genau die Gedanken und Gefühle von sechs Schulkindern, die alles tun wollen, damit die Störche wieder in ihr Dorf einziehen. Zwei frühere Bücher des Autors, „Shadrach" (1953) und „Hurry home, Candy" (1953) deuteten DE JONGS Stil bereits an.

BEVERLY CLEARLYS „Henry Huggins" (1950) war das erste ihrer Bücher, das besonders populär wurde. Von einem kindgemäßen Humor durchzogen, bietet die Autorin den lesenden Kindern die schnelle Identifikation mit den handelnden Personen und ihren Unternehmungen. Im Jahr 1975 erhielt CLEARLY den Laura-Ingalls-Wilder-Preis für ihr Gesamtwerk.

Die Herausgabe der Volksdichtung nahestehender Geschichten verstärkte sich noch. Immer neue Bearbeitungen erschienen und eröffneten neue Quellen für das lesende Kind. HAROLD COURLANDER brachte, meist zusammen mit anderen, Bände mit afrikanischen Märchen und Legenden heraus („Fire on the mountain, and other Ethiopian stories", 1950; „The hat-shaking dance and other tales from the Gold-Coast", 1957). PHILIP SHERLOCK gab einen Band mit westindischen Märchen heraus („Anansi, the spider man", 1955). In dem Band „Which was witch?" (1953) legte ELEANOR JEWETT zum ersten Mal einen Band mit koreanischen Märchen für Kinder vor. Wenig bekannte Erzählungen aus dem französischen Teil Kanadas lieferte NATALIE SAVAGE CARLSON in ihrem Buch „The talking cat" (1952). Das immer noch ansteigende Interesse für Volksdichtungen aus aller Welt ließ die Flut der folkloristisch orientierten Kinderbücher noch weiter anschwellen.

Gleichzeitig begann auch die Herausgabe von kurzen Märchen oder Legenden in Bilderbuchform. Heute noch gut bekannt sind auf diesem Feld die Bändchen „Dick Whittington and his cat" (1950), „Puss in boots" (1952), „Cinderella" (1954) und „The three billy goats gruff" (1957) von MARCIA BROWN. Für das Bilderbuch „Cinderella" erhielt die Künstlerin die Caldecott-Medaille. BROWN wählte für jeden Band den Stil und die künstlerischen Mittel, die sie dem betreffenden Text individuell angemessen hielt. So lieferte sie dem Kind wohlbekannte Geschichten zusammen mit neuen optischen Eindrücken. Die Anzahl solcher illustrierter Einzelgeschichten war am Anfang nur gering, wuchs aber bald zu einem Ausmaß an, das heute gar nicht mehr übersehen werden kann.

Die Phantastische Erzählung machte nur zögernd Fortschritte. E. B. WHITES „Charlotte's Web" hatte mit seinem Thema „Freundschaft zueinander" Anregungen für weitere Bücher dieser Art gegeben. Die Erzählung „The gammage cup" (1959) von CAROL KENDALL handelt von den wunderlichen Minnipins, einem Volk kleiner Wesen. Die Geschichte gewinnt an Spannung, wenn die kleinen Kerle von ihren Feinden, den „Hairless Ones" angegriffen werden. Humorvolle Verse am Beginn eines jeden Kapitels der Erzählung bringen Abwechslung in das Buch. In AGNES SMITHS Geschichte „An edge of the forest" (1959) wird von einem Schäferhund erzählt, der in den Wald spaziert und dort ein schwarzes Lamm, eine Leopardin, eine Maus und eine kluge Eule trifft. Die neuen Bücher von WILLIAM PÈNE DU BOIS („Peter Graves", 1950; „The giant", 1954) leitete eine Blüte des amerikanischen phantastischen Kinderbuches ein.

EDGAR EAGER veröffentlichte seine Kinderbücher „Half magic" (1954), „Knight's castle" (1956), „Magic by the lake" (1957) und „Magic or not" (1959). Sie zeigen noch Einflüsse von E. NESBIT. Was den Büchern ihre eigene Note gibt, ist die amerikanische Färbung. EAGERS Zauber beruht ganz auf amerikanischem Denken, amerikanischem Leben und der Welt der amerikanischen Kinder. Obwohl amerikanische Kinder auch gern die Bücher von NESBIT lasen, so fanden sie in denjenigen von EAGER eine Identifikationsmöglichkeit, wie sie in anderen Büchern kaum vorhanden war.

Bücher für ältere Heranwachsende zeigten keine ähnliche Entwicklung. Die immer wieder herangezogenen Themen waren beruflicher Aufstieg, Liebesgeschichten, Abenteuergeschichten. Wenige dieser Geschichten jedoch blieben über die Erscheinungsjahre hinaus

interessant. In dieser Zeit erschienen auch die Mädchenbücher von MARY STOLZ („Seagulls woke me", 1951; „Pray love, remember", 1954; „And love replied", 1958).
Das Kindergedicht, das lange Zeit vernachlässigt worden war, erhielt durch die Werke von HARRY BEHN und DAVID MCCORD neuen Auftrieb. BEHNS erstes Buch „The little hill" (1949) beschwört seine eigenen Kindheitserinnerungen und bezaubert das lesende Kind durch reizend formulierte Lebensweisheiten. Die Bände „All kinds of time" (1950), „Windy morning" (1953) und „The wizard in the well" (1955) begründeten den Ruf BEHNS als Kindergedichtautor. MCCORD zeigt in dem Band „Far and few, rhymes of the never was and always is" (1952) seine Begabung für eine kindgemäße Sprache. Seine spontane Art, sein Humor und sein Einfühlungsvermögen finden leicht den Weg zum kindlichen Herzen. Die ersten Gedichte über schwarze Kinder veröffentlichte 1956 GWENDOLYN BROOK in ihrem Bändchen „Bronzeville boys and girls".
Gedichtsammlungen für Kinder mit bisher nicht veröffentlichten Kindergedichten und Geschichten, die bis dahin Kindern noch nicht angeboten worden waren, erschienen nun in zahlreichen Ausgaben. Die erste Anthologie, die von der allgemein üblichen Angewohnheit, nur solche Kindergedichte zu veröffentlichen, die seit Jahrzehnten bekannt waren, abging, war der Band „Inheritance of poetry" (1948) von GLADYS L. ADSHEAD und ANNIS DUFF. Einen ganz neuen Gesichtspunkt führte HELEN PLOTZ mit ihrer Sammlung „Imagination's other place; poems of science and mathematics" (1955) in das Kindergedicht ein. OGDEN NASHS Sammlung „The moon is shining bright as day" (1953) ist eine sorgfältige Auswahl humorvoller Kinderverse. WILLIAM COLE, der in den sechziger und siebziger Jahren als Herausgeber bekannt wurde, bevorzugte für seine Sammlung „Humorous poetry for children" (1955) Verse, die zum lauten Lachen zwingen. Die hier genannten Anthologien führten bald dazu, daß unzählige Sammlungen herausgegeben wurden, die allerdings oft eine sorgfältige Auswahl vermissen ließen.
Zwei Ereignisse in den fünfziger Jahren beeinflußten die Kinder- und Jugendliteratur in Amerika wesentlich. Im Jahr 1954 traf der „United States Supreme Court" die Entscheidung, daß die Rassentrennung in Schulen ungesetzlich sei. Alle Schüler sollten die gleiche Erziehung erhalten. Dadurch wurde die Aufmerksamkeit auf die ethnischen Minoritäten gerichtet. Was bisher zwar stillschweigend bekannt war, trat mit einem Schlag voll in die Öffentlichkeit. Bisher gab es nur wenige Kinder- und Jugendbücher für Minoritäten und deren Probleme. Wenn die neue Entscheidung aber in die Wirklichkeit umgesetzt werden sollte, brauchte man nun Bücher dieser Art. Die meisten der Kinder- und Jugendbücher, die bald nach der Gerichtsentscheidung herauskamen, waren nützlich und der Sache angemessen. Eine künstlerische Bewältigung des Themas gelang jedoch noch nicht.
Im Jahr 1957 starteten die UdSSR den ersten künstlichen Erdsatelliten, den Sputnik I. Dieses Ereignis brachte Unruhe in die Vereinigten Staaten und hatte eine gründliche Überprüfung der amerikanischen Schul- und Ausbildungsverhältnisse zur Folge. Dabei ergaben sich zwei Erkenntnisse, die auch Einfluß auf die Kinder- und Jugendbuchproduktion besaßen. Zunächst fand man heraus, daß die Lesefähigkeit vieler Schüler und Studenten bedeutend niedriger war, als man angenommen hatte. „Why Johnny can't read" wurde bald ein geflügeltes Wort. Die Schaffung von „easy-to-read-books", Bücher, die von der Sprachgestaltung wie dem Wortschatz und der Wortwahl her leicht zu lesen waren, setzte ein. Sie erhöhten zwar nicht die Qualität der Kinderliteratur, aber sie verstanden es, mehr Kinder zum Lesen zu verlocken. ELSE MINARIKS erstes Buch dieser Art, „Little Bear" (1957), ragt aus der Menge dieser Bände hervor, nicht nur weil sie eine einfache Geschichte anziehend zu erzählen verstand, sondern auch wegen der ausgezeichneten Illustrationen von MAURICE SENDAK. Bald gab es „easy-to-read-books" mit den verschiedensten Themenbereichen wie Geschichte, Wissenschaft und Biographien. Die Flut dieser Neuerscheinungen hat bis heute nicht abgenommen, allerdings besteht heute hinsichtlich ihrer Funktion oft ein fatales Mißverständnis. Man erwartet mehr von ihnen, als sie leisten können. Heute ist man in eine gewisse Abhängigkeit von ihnen geraten. Es hat sich die Meinung verbreitet, daß Kinder gar nicht mehr zu qualitätvoller Literatur finden können, ohne vorher solche „easy-to-read-books" gelesen zu haben.
Die zweite Entdeckung war die Tatsache, daß es im Bereich der Schulbücher nur wenige Bände gab, die ausreichend auf die wissenschaftliche Entwicklung eingingen. Daher begann nun eine Fülle von Werken zu erscheinen, die sich alle zum Ziel setzten, bei den jungen Lesern wissenschaftliche Kenntnisse zu verbreiten. Man kann die Autoren der neuen Kinder- und Jugendsachbücher in drei Gruppen einteilen. Die erste Gruppe, die die Notwendigkeit der Information zwar anerkannte, lieferte die Information ohne eigenes Engagement für das entsprechende Thema. Diese Bücher wirkten langweilig und unmotiviert und verloren bald ihre Leser. Die zweite Gruppe zeigte zwar selbst großes Interesse für das gewählte Thema, blieb aber in der Darstellung zu trocken, zu sachlich und faktenreich, um junge Leser anzuziehen. Die dritte Gruppe schließlich vereinte Sachwissen, persönliches Engagement und anregende Aufbereitung des Stoffes in ihren Werken und brachte es zu Ergebnissen, die ein langdauerndes Leseinteresse der jungen Leser auslösten.
Auch die biographische Erzählung zeigte jetzt eine Tendenz zur stärkeren Berücksichtigung authentischer Quellen. JEANETTE EATON, die als Verfasserin von Biographien für junge Leser bekannt geworden ist, schrieb „Gandhi, fighter without a sword" (1950), ein genauer und engagierter Bericht über den indischen Politiker und Philosophen. CLARA INGRAM JUDSONS Biographie „Abraham Lincoln, friend of the people" (1950) gewährt wichtige Einblicke in das Leben des Präsidenten und verweist manche Legenden um Lin-

coln in den Bereich der Fabel. Ihre späteren Biographien „Theodore Roosevelt, fighting patriot" (1953) und „Mr. Justice Holmes" (1956) sind von gleicher Qualität. LEO GURKOS Band „Tom Paine, freedom's apostle" (1958) ist ein leidenschaftlicher und verständnisvoller Bericht über den politischen Führer und Theoretiker des amerikanischen Befreiungskrieges.
KATHERINE B. SHIPPENS Sachbuch „Men, Microscopes, and Living Things" (1955) ist das Beispiel einer fundierten Studie für junge Leser. Sie gebraucht selten den unterhaltenden Erzählton, gebraucht vielmehr immer wieder Auszüge aus den Texten berühmter Biologen und weist damit den Weg für das wissenschaftlich fundierte Jugendsachbuch. ELIZABETH CH. BAITYS Band „Americans before Columbus" (1951) bietet ein anschauliches Bild von der ersten Besiedelung Amerikas durch Indianer bis zur Ankunft Kolumbus'.
Um die Kinder- und Jugendbuchproduktion der sechziger Jahre in Amerika verstehen zu können, muß man sich daran erinnern, was in diesen Jahren in den USA geschah. Die Verschmelzung von Verlagen war damals an der Tagesordnung. Die Aktien der großen Verlage wurden auf dem freien Markt gehandelt, die Buchproduktion wurde zum großen Geschäft. Anleger verlangten entsprechende Dividenden, die ihre Anlagen gebührend verzinsen sollten, Bücher wurden zu Gebrauchsartikeln. Ein positives Ergebnis war das Erscheinen zahlreicher gut ausgestatteter Lehrbücher, die von den großen Verlagsgesellschaften herausgebracht wurden. Obwohl der Markt mit Büchern überflutet war, die gar nicht alle verkauft werden konnten, erhöhte sich immer noch die Zahl neuer Autoren und Illustratoren.
Kinderbücher wurden nun am Fließband produziert. Zusätzlich zu der großen Anzahl von Kinderbüchern, die jährlich neu erschienen, – in manchen Jahren waren es mehr als 3000 Neuerscheinungen –, leistete der Staat jetzt auch noch großzügig Druckzuschüsse für Kinder- und Jugendbücher. Die Ausführungen in der „Education Act" von 1965 führten dazu, daß der Staat eine Milliarde Dollar für den Ankauf von Lehrbüchern, Bibliotheksausstattungen und anderen Unterrichtsmaterialien bereitstellte. Im gleichen Jahr wurde ein Programm begonnen, das den Schulanfängern helfen sollte, die von zu Hause nicht die Mittel besaßen, um die notwendigen Lehr- und Lernmaterialen selbst zu kaufen. Über Nacht wurde so die Bedeutung der Kinder- und Jugendbibliotheken beträchtlich angehoben. Im Zuge der raschen Weiterentwicklung von Schulbibliotheken und mit Hilfe der vom Staat zur Verfügung gestellten Mittel wurden jetzt hastig Buchankäufe getätigt, da die erhaltenen Mittel bis zum Jahresende verbraucht werden mußten. Viel Zeit für eine literarpädagogische Auswahl und Beratung blieb nicht. So wurde oft Unwesentliches angekauft und Wesentliches vergessen.
Nachdem großzügig Mittel in den Ankauf von Kinder- und Jugendbüchern gesteckt wurden, begann sich das gesamte Verlagswesen zu verändern. Große Industriefirmen und Handelsbücher kauften Verlage auf, die bis dahin in Familienbesitz gewesen waren. Immer mehr wurde das Kinder- und Jugendbuch zum Gewinnobjekt, das wenig Aufmerksamkeit für literarische Qualität verlangte. Neue Verlage entstanden über Nacht, um an den in Aussicht gestellten Gewinnen Anteil zu nehmen. Aber auch die Frage, wohin sich das künftige Kinder- und Jugendbuch entwickeln würde, gewann an Bedeutung.
Die Autoren und Illustratoren, die Wert auf die Schaffung wertvoller Kinder- und Jugendbücher legten, kannten zwar die neuen Entwicklungen genau, wollten aber nicht von den Ansprüchen abgehen, die sie an ein gutes Kinder- und Jugendbuch zu stellen gewohnt waren. Bilderbücher und illustrierte Kinderbücher florierten nicht nur, weil immer neue Künstler und Autoren sich dem Kinderbuch aus Interesse daran zuwandten. Mit den fließenden Geldmitteln begannen die Verlagsgesellschaften junge Illustratoren zu ermuntern, solche Bücher herzustellen. Die Folge war eine große Anzahl reich ausgestatteter Bände. Neben der Illustration von Sachbüchern wandten sich die Illustratoren nun vor allem vier Buchgruppen zu: dem Bilderbuch, das von derselben Person illustriert und getextet wurde; dem Bilderbuch, das von einem Autor geschrieben, von einem bekannten Illustrator illustriert wurde; Sammlungen von Kinderreimen, Märchen oder anderen Volkserzählungen, die reich bebildert wurden; reich illustrierte Kinderbücher für Leseanfänger und jüngere Kinder.
Jede nur erdenkliche Illustrationsart wurde nun auch in das Kinderbuch übernommen, die Federzeichnung, Plakatmalerei, Holzschnitt, Stahlstich, Aquarell- und Ölmalerei, Collagen der verschiedensten Form.
MAURICE SENDAK, einer der befähigtsten Künstler in den Vereinigten Staaten, begann in den fünfziger Jahren mit der Illustration von Kinderbüchern. Von Anfang an studierte er eindringlich den Text, bevor er sich anschickte, eine bildliche Interpretation dazu zu schaffen. Für sein Bilderbuch „Where the wild things are" (1963) erhielt er die Caldecott-Medaille. Erwachsene waren zunächst zurückhaltend diesem Bilderbuch gegenüber, da sie erwarteten, die Darstellung der „Wilden Kerle" würde Kindern Angst einflößen. Kinder fanden jedoch von Anfang an Zugang zu diesem Bilderbuch und identifizierten sich sofort mit dem kleinen Jungen, der die wilden Kerle zähmt und beherrscht. SENDAK erinnert sich bei seinem Schaffen immer wieder der Probleme und Gefühle, die er selbst als Kind hatte. So ist es seine Stärke, in Bildern, und falls er selbst Textautor ist, auch in Worten, das Wesen der Kindheit einzufangen. Seine eigenen Bilderbücher und auch solche, die er zu Texten anderer Autoren illustriert hat, weisen eine unerschöpfliche Fülle von Formen und Stilarten auf. SENDAK versteht es, das dem Text adäquate Bild zu formen. Für sein Gesamtwerk erhielt er 1970 den Hans-Christian-Andersen-Preis.
MARCIA BROWN hat eine ähnliche Vorstellung von dem gut illustrierten Kinderbuch. Auch sie wählt bedachtsam die Technik und den Zeichenstil, die dem jeweiligen Thema angemessen erscheinen. Für das Bilderbuch „Once a mouse" (1961) erhielt sie zum zweiten Mal die

Caldecott-Medaille. Das Bilderbuch erzählt eine indianische Legende, die die Künstlerin mit Holzschnitten ausstattete. Ezra Jack Keats, der ebenfalls in den fünfziger Jahren mit der Illustration von Kinderbüchern begonnen hatte, erhielt die Caldecott-Medaille für sein Bilderbuch „The snow day" (1962). Unter Benutzung von Collagen stellt er vor, was ein Kind an einem Wintertag, an dem es heftig schneit, alles tut. Auch Leo Lionni benutzte neben anderen Techniken Collagen. Das Bilderbuch „Inch by inch" (1961) ist angefüllt mit verwirrenden Details und lebendigen Farbbildern. In dem Bilderbuch „Swimmy" (1963) benutzt er ebenfalls Collagen und führt dem kleinen Betrachter das geheimnisvolle, aber aufregende Reich der Tiefsee vor. Beni Montressor brachte in seine Bilderbuchillustrationen die Erfahrung als Bühnenmaler ein und erhielt für das von der Autorin Beatrice de Regniers verfaßte Kinderbuch „May I bring a friend" (1964) die Caldecott-Medaille. Adrienne Adams arbeitet vorwiegend mit Wasserfarben oder Tempera, läßt ihre Farben illustrativen Eigenwert gewinnen und hat ein besonderes Gespür für Märchen. Nicolas Sidjakov benutzt seine Erfahrungen als Reklamezeichner bei seinen Kinderbuchillustrationen. Für die Illustrationen zu der von Ruth Robbins verfaßten Erzählung „Baboushka and the three kings" (1960) erhielt er die Caldecott-Medaille. Er illustrierte diese russische Legende sehr ansprechend mit einer Mischung aus traditioneller Malerei und modernem Illustrationsstil. Evaline Ness illustrierte ursprünglich die Texte anderer Autoren und vor allem Buchumschläge. Als sie anfing, Bilderbücher mit eigenen Texten zu schaffen, verwandte sie neue Techniken, so benutzte sie Collagen und Holzschnitte für das Buch „Tim Tit Tot" (1965) und Zeichenstift und Tusche für den Band „Sam, bangs & moonshine" (1967). Für das letztere Bilderbuch erhielt die Künstlerin die Caldecott-Medaille. Nonny Hogrogian entwickelte ihre Bilderbücher von der Vorrangigkeit des Textes aus. Auch sie gebraucht eine große Anzahl verschiedener Techniken. Für das Bilderbuch „Always room for one more" (1965), eine schottische volkstümliche Erzählung, die von Sorche Nic Leodhas neu aufgeschrieben wurde, wählte sie die Federzeichnung, verbunden mit Tusche- und Kreidezeichnungen.

Uri Shulevitz benutzt vorwiegend die Federzeichnung, manchmal greift er auch zur Tusche und für seine farbigen Illustrationen wählt er vorrangig Temperafarben. Das Bilderbuch „On one monday morning" (1967), eine einfach erzählte Geschichte, besticht durch die einfallsreiche Darstellung einer phantastischen Kinderwelt. Für die Illustration der von Arthur Ransome nacherzählten russischen Märchenfabel „The fool of the world and the flying ship" (1968) erhielt der Illustrator die Caldecott-Medaille. Paul Galdone schuf die Bilder zu den „Anatole"-Büchern von Eve Titus und illustrierte Märchenbücher und Kinderreimsammlungen. Ellen Raskin, die zunächst Buchumschläge und Kinderbücher anderer Autoren illustrierte, schuf als ihr erstes Bilderbuch den Band „Nothing ever happens on my block" (1966), in dem sie die Geschäftigkeit einer Straßenecke aufzeigt, an der ein in seine Gedanken versunkener kleiner Junge von ganz anderen Erlebnissen und Abenteuern träumt. „Spectacles" (1968) ist ein Bilderbuch, das von einem kleinen Mädchen erzählt, das seine erste Brille erhält.

Auch William Steig, der für die Zeitschrift „The New Yorker" zeichnende Cartoonist, wandte sich dem Bilderbuch zu. Das Kinderbuch „Sylvester and the magic pebble" (1969) bringt einen sehr poetischen Text, den Steig mit großem Einfallsreichtum auch bildlich interpretiert. Für dieses Buch erhielt der Illustrator die Caldecott-Medaille.

Margot Zemach zeichnet sich durch eine Zuneigung zu komischen und absurden Darstellungen aus, die sie allerdings originell und mit viel menschlicher Wärme erarbeitet. Als Texte wählt sie neu nacherzählte Märchen von Harve Zemach wie „Nail soup" (1964), „Salt" (1965), „Mommy, buy me a china doll" (1966), „The speckled hen" (1966) oder „The judge" (1969). Zu den Bilderbüchern „The three sillies" (1963) und „The little tiny woman" (1965) schrieb sie selbst den Text. Für die Illustrationen zu der Nacherzählung „Duffy and the devil" (1973) von Harve Zemach erhielt sie die Caldecott-Medaille.

Aus der Reihe der Illustratoren, die längere Erzählungen und Sachbücher illustrierten, sind besonders Edwin Tunis und Anthony Ravielli zu erwähnen. Tunis illustrierte vor allem seine eigenen Texte. Die Bände „Colonial living" (1957), „Indians" (1959), „Frontier living" (1961), „Colonial craftsmen" (1965) oder „Shaw's fortune" (1966) geben sorgfältig gezeichnete Bilder aus dem amerikanischen Leben. Die Illustrationen sind historisch richtig und zeugen von großer künstlerischer Befähigung. Auch die Illustrationen von Anthony Ravielli zu dem von Carl Hirsch verfaßten Band „This is automation" (1964) und zu seinen eigenen Sachbüchern „The world is round" (1963) und „Form fins to hands: an adventure in evolution" (1968) zeigen die Fähigkeit, Sachtexte detailliert und sachgerecht, aber gleichzeitig anschaulich zu illustrieren.

Die Verlagstätigkeit auf dem Gebiet des Kinder- und Jugendbuchs in den USA in den sechziger Jahren war gekennzeichnet durch farbenfrohe und vielfältige Illustrationen, die fast allen Neuerscheinungen beigegeben waren. Dieser Trend hielt auch in die siebziger Jahre hinein an, wurde allerdings gebremst durch die ansteigenden Kosten und die Einstellung der staatlichen Zuschüsse. Es kam dann zu neuen Überlegungen darüber, ob diese kostspielige Verlagspolitik auch weiterhin durchgeführt werden konnte.

Die erzählende Literatur zeigte in den sechziger Jahren, von der Gattung der phantastischen Erzählung abgesehen, eine Reihe von Veränderungen. Es wurde allgemein eingesehen, daß man mehr Kinder- und Jugendbücher brauchte, die realistisch und engagiert das wirkliche Leben in Amerika abbilden sollten, mehr Bücher, die die Probleme ethnischer Minderheiten behandelten, mehr Geschichten, die die historischen Ereignisse den Quellen entsprechend genau und detailliert schilderten, schließlich mehr Kinderbücher, die auf die spezifischen Probleme und Bedürfnisse der kindlichen Leser eingingen.

Es war die Zeit der Studentenunruhen und der Demonstrationen. Die Rauschgiftsucht in den USA griff um sich. Die Bewegungen für eine jugendliche Selbstbestimmung und die Feministengruppen entstanden. Diese Entwicklungen beeinflußten auch die Kinder- und Jugendbuchszene.

Ein Kinderbuch, das versuchte, den Kindern auch die Fehler der Erwachsenen vorzustellen und das die kommenden Themen von Jugendbüchern voraussehen ließ, war die Erzählung „Harriet the spy" (1964) von LOUISE FITZHUGH. Harriet, die entschlossen ist, Schriftstellerin zu werden, hat ein geheimes Notizbuch, in das sie alle Erfahrungen und Eindrücke einträgt, die sie im Umgang mit Freunden und Fremden bekommt. In ihren Notizen ist sie unerbittlich und unbestechlich. Ihre Schulkameraden entdecken das Notizbuch und Harriet fällt bei ihnen in Ungnade. Was wichtiger ist als die Tatsache, daß sie hinter den Leuten herspioniert, etwas, was von zahlreichen Jugendbuchkritikern mit Unbehagen zur Kenntnis genommen wurde, ist die Tatsache, daß mit Harriet die Figur eines lebensechten modernen Mädchens vorgestellt wird, das ihren ganz persönlichen sozialen Hintergrund hat und das in einer sehr natürlichen und realistischen Weise fühlt, denkt und spricht. Ein anderes Buch der Autorin, „The long secret" (1965), greift ein anderes Tabu der herkömmlichen Kinder- und Jugendliteratur auf, das der sexuellen Reifung.

JULIA CUNNINGHAMS Buch „Dorp dead" (1965) war ein anderes Buch, das bei den Kritikern auf Skepsis stieß. Der Junge Gilly erzählt seine Lebensgeschichte aus seiner persönlichen Sicht. Er berichtet von seiner glücklichen Kindheit mit seiner Großmutter, von deren Tod, seinem Aufenthalt in einem Waisenhaus und seiner Aufnahme bei dem Zimmermann Kobalt. Der Kampf zwischen Gut und Böse wird aus der Sicht des Jungen geschildert. Der Schrecken und die Angst des Jungen, der sich in der Gewalt eines jähzornigen, bösen Erwachsenen, der sein Erzieher sein soll, befindet, wurde kontrovers diskutiert.

Andere wichtige Kinder- und Jugendbücher der sechziger Jahre stammten von VIRGINIA HAMILTON. „Zeely" (1967) und „The house of Dies Drear" (1968) waren die ersten Erzählungen für Kinder, die von einer Schwarzen über Schwarze geschrieben wurden und die als literarisch wertvoll eingestuft werden konnten. Ihre späteren Bücher „The planet of Junior Brown" (1971) „M. C. Higgins the great" (1974) bestärkten die positive Einschätzung der Autorin.

Die ersten beiden Bücher von ELAINE KONIGSBURG erschienen 1967 unter den Titeln „The mixed up files of Mrs. Basis E. Frankweiler", ein Band, der der Autorin die Newbery-Medaille einbrachte, und „Jennifer, Hecate, Macbeth, William McKinley, And Me, Elizabeth". Es sind Geschichten von Kindern, die in den Vorstädten der Großstädte wohnen. Die Autorin erzählt ihre Geschichten mit Humor und großem Einfühlungsvermögen in die Gedankenwelt der Kinder. MARY HAYS WEIK erzählt in dem Buch „The jazz man" (1966) von einem Negerjungen. Es ist eine kurze, eindringlich erzählte Geschichte über schwarze Amerikaner. Obwohl WEIK selbst kein Neger ist, gelang es ihm, mit seiner Geschichte die Charaktere und die Verhaltensweisen von Negern glaubwürdig zu schildern.

Neue Autoren tauchten auf und veröffentlichten regelmäßig neue Kinder- und Jugendbücher. MARYLIN SACHS, die zunächst auf eigene Kindheitserinnerungen zurückgriff, verfaßte die Bände „Amy moves in" (1964), „Laura's luck" (1965), „Amy & Laura" (1966), „Veronica Ganz" (1968) und „Peter & Veronica". ZILPHA SNYDER, die neben realistischen Erzählungen auch phantastische schrieb, brachte das Buch „The velvet room" (1965) heraus, die Geschichte eines Mädchens aus einer Einwandererfamilie, dessen Träume sich schließlich erfüllen, und die Erzählung „Egypt game" (1967), in der das Thema guter Nachbarschaft aufgegriffen wird. SNYDERS Geschichten handeln vor allem von Freundschaft. YOSHIKO UCHIDA verfaßte Erzählungen, die seine japanische Herkunft erkennen lassen und die auf japanische Kultur zurückgreifen. VERA und BILL CLEAVER begannen mit Geschichten hervorzutreten, in denen sie verschiedene Typen Jugendlicher vorstellen und vor allem auf die persönlichen Probleme Heranwachsender eingehen. BETSY BYARS „Midnight fox" (1968) schildert die Gefühle und Erlebnisse eines kleinen Jungen, der zu Verwandten kommt, die er vorher nicht gekannt hat. Seine Einsamkeit führt ihn zu der Bekanntschaft mit einem Fuchs, aus der sich eine schüchterne aber menschlich rührende Freundschaft entwickelt. Die Geschichte wird dramatisch, wenn die erwachsenen Verwandten den Fuchs töten wollen, der ihrer Meinung nach den Hühnern nachstellt. Die Geschichte zeigt das Bedürfnis der Kinder für Freundschaft und Zuneigung. BYARS erhielt für das Buch „The summer of the swans" (1970) die Newbery-Medaille.

JEAN MERRILLS Erzählung „The pushcart war" (1964) ist eine Satire über den Kampf eines kleinen Straßenhändlers gegen einen mächtigen Lastwagentrust.

PAULA FOX verfaßte von Anfang an eine große Anzahl von Kinder- und Jugendbüchern wie „A likely place" (1967), „Maurice's room" (1967), „How many miles to Babylon?" (1967), „The stone-faced boy" (1968) oder „Portrait of Ivan" (1969). Sie entwickelt die Probleme ihrer Hauptfiguren mit großem Verständnis und Einfühlungsvermögen. Ihre Lösungen erfolgen nicht schematisch und geraten glaubwürdig. Für das Buch „Slave dancer" (1973) erhielt die Autorin die Newbery-Medaille und 1978 bekam sie für ihr Gesamtwerk den Hans-Christian-Andersen-Preis.

CLYDE BULLA, die sich schon in den vierziger Jahren als Autorin ausgezeichnet hatte, schrieb auch in den sechziger Jahren ihre einfachen aber eindringlichen Geschichten. Ihr Kinderbuch „The white bird" (1966) ist ein Beispiel für die gelungene Darstellung der Gefühle eines kleinen Jungen, der sich nach menschlicher Wärme und Zuneigung sehnt. Der Junge, der von einem anscheinend wenig an ihm interessierten Mann adoptiert wird, findet einen weißen Vogel, den er als sein Lieblingstier behält. Als der Vogel davonfliegt, gerät der Junge in Verzweiflung. BULLA versteht es aufzuzeigen, wie sich zwischen dem Adoptivvater und dem verzweifelten Jungen ein neues, menschliches Verhältnis entwickelt.

Andere Autoren wählten die Vergangenheit als Thema ihrer Kinder- und Jugendbücher. SCOTT O'DELL verfaßte seine Robinsonade „Island of the blue dolphins" (1961), für die er die Newbery-Medaille erhielt, auf Grund einer Zeitungsnotiz, in der er von einer jungen Indianerin gelesen hatte, die ganz allein achtzehn Jahre lang auf einer einsamen Insel an der Südküste Kaliforniens gelebt haben soll. Er zeigt das mutige und ausdauernde Verhalten des indianischen Mädchens mit viel Engagement für die geschilderte Problemsituation. Die Entwicklung des Mädchens zu einer Persönlichkeit, die in der Einsamkeit der sie umgebenden Naturlandschaft besteht, zeigt O'DELLS Vertrautheit mit der Gedankenwelt Heranwachsender. Weitere erfolgreiche Bücher des Autors sind „The black pearl" (1967) und „The king's fifth" (1966). O'DELL erhielt 1976 für sein Gesamtwerk den Hans-Christian-Andersen-Preis.

Die geschichtlichen Erzählungen von ERIK HAUGAARD sind anders angelegt. Bücher wie „Hakon of Rogen's Saga" (1963), „Slave's tale" (1965), „Orphans of the wind" (1966), „Little fishes" (1967), „Rider & his horse" (1968) berichten von verschiedenen Kulturen und Völkern. Die anschauliche Sprache, die genaue historische Schilderung und seine Fähigkeit, spannend zu schreiben, trugen viel zur Beliebtheit seiner Bücher bei. HAUGAARDS Engagement für die Freiheit, die allen Völkern gemein sein soll, und seine Abscheu vor den Schrecken der Kriege treten in seinen Büchern deutlich zutage. Er predigt nicht, sondern läßt durch die Handlung selbst die Hilflosigkeit und die Hoffnungslosigkeit der durch Sklaverei und Krieg betroffenen Menschen sichtbar werden.

SID FLEISCHMANN besitzt eine profunde historische Kenntnis, ein Gespür für humorvolle Aktionen und eine natürliche Begabung zum Geschichtenerzählen. Die Erzählungen „Mr. Mysterious and company" (1961), „By the great horn spoon" (1963), „The ghost in the noonday sun" (1965) und „Chancy and the grand rascal" (1966) zeugen von einem guten Geschichtsverständnis auf dem Hintergrund amerikanischen Denkens und Fühlens.

Andere Autoren wählen ethnische Minoritäten als Thema für ihre historischen Erzahlungen. ANN PETRY erzählt in der Geschichte „Tituba of Salem village" (1964) von einem Sklavenmädchen von den Barbados, das in die Hexenprozesse in Salem in Massachusetts während der frühen Ansiedlungen gerät. THEODORA KROEBERS Buch „Ishi, the last of his tribe" (1864) erzählt von dem letzten Überlebenden der Yashis, einem kalifornischen Indianerstamm. BETTY BAKER, die das Leben der Indianer in Vergangenheit und Gegenwart zum Thema ihrer Bücher nimmt, beschreibt die Erfahrungen eines Indianerjungen mit einem Negersklaven, als sie gemeinsam Cabeza de Vaca auf seinen Erkundungsfahrten durch Amerika begleiten in „Walk the world's rim" (1965). WILLIAM ARMSTRONG gewann die Newbery-Medaille mit seinem Buch „Sounder" (1969), das von den erschütternden Erlebnissen einer schwarzen Taglöhnerfamilie aus der Zeit nach dem amerikanischen Bürgerkrieg erzählt.

Erzählungen für Jugendliche näherten sich nun immer mehr dem realistischen Gegenwartsroman. NAT HENTOFF schreibt in seinem Buch „Jazz country" von einem weißen Musiker, der in die Jazzszene aufgenommen werden will, der aber durch die abweisende Haltung der schwarzen Jazzmusiker daran gehindert wird. In dem Jugendroman „The outsiders" (1967) von S. E. Hinton geht es um die Auseinandersetzung zwischen zwei Jugendgruppen, den Reichen und den Habenichtsen. Liebe, Freundschaft, aber auch Brutalität und Tod spielen wichtige Rollen in diesem Band. BARBARA WERSBA greift in ihrem Roman „The dream watcher" (1968) das Thema einer engen Freundschaft zwischen der jungen und der alten Generation auf. PAUL ZINDELS Buch „The pigman" (1968) ist die aufwühlende Geschichte von der Beziehung eines Schuljungen und eines Schulmädchens zu einem alten Mann. VERA und BILL CLEAVER verfaßten die Erzählung „Where the lilies bloom" (1969), eine überzeugende Darstellung des Lebens eines jungen Mädchens, das in einer vaterlosen Familie das Familienoberhaupt ersetzen muß. Die Geschichte bringt im Dialekt gehaltene Dialoge.

Auch die phantastische Erzählung blühte weiter. Die amerikanische Gesellschaft befand sich im Umbruch. Einige Autoren benutzten die phantastische Erzählung weniger um des Phantastischen willen, sie gebrauchten diese Gattung vielmehr als Möglichkeit, in symbolischen Parabeln allgemeinere Wahrheiten auszudrükken. Andere Autoren sahen in der phantastischen Erzählung die Erweiterung der alten Volksdichtungen. Wieder andere versuchten Science Fiction und Phantastische Erzählung zu vereinen, um so eine neue Form zu finden. Zwei zu Beginn der sechziger Jahre erschienene phantastische Erzählungen zeigen deutlich die Mannigfaltigkeit dieser Themengruppe auf. Es sind GEORGE SELDENS Buch „The cricket in Times Square" (1960) und NORTON JUSTERS Geschichte „The phantom tollbooth" (1961). Das erste Buch ist die fröhliche Geschichte einer liebenswürdigen Grille, die in einem Korb zum Times Square in New York gebracht wird. Die zweite Erzählung ist ganz im Irrealen angesiedelt und beschreibt voller Humor und mit Hilfe zahlreicher Wortspiele die schnell wechselnden Abenteuer eines Jungen, der mit sich und der Welt unzufrieden ist. MADELEINE L'ENGLE erhielt die Newbery-Medaille für ihr Buch „Wrinkle in time" (1962), eine sehr beliebte Geschichte, in der sich Phantastisches, Science-Fiction, Religiöses und Liebe finden.

Die erste von LLOYD ALEXANDERS Erzählungen über das Königreich Prydain erschien 1964 unter dem Titel „The book of three". Die Abenteuer Tarans wurden fortgesetzt in den Bänden „The black cauldron" (1965),

„The castle of Llyr" (1966), „Taran wanderer" (1967) und „The high king" (1968). Für den letzten Band der Reihe erhielt der Autor die Newbery-Medaille. Anhand walisischer Legenden erzählt ALEXANDER mit Humor und einfallsreich die Abenteuer von Taran, der auf der Suche nach sich selbst ist. In den Bänden „The bat-poet" (1967) und „The animal family" (1965), – das letztgenannte Buch ist von MAURICE SENDAK illustriert, – beweist der Autor RANDALL JARRELL ein großes Maß an dichterischer Phantasie. Das Bändchen „The animal family" erzählt von einem Jäger, einer Nixe, einem Bärenjungen, einem jungen Luchs und einem kleinen Jungen und zeigt den Unterschied auf zwischen Alleinsein und innerer Einsamkeit.

JANE LOUISE CURRY, die als erstes ihrer phantastischen Bücher den Band „Beneath the hill" (1967) herausbrachte, wählte als Hintergrund ihrer Erzählungen zumeist das heimatliche Pennsylvania. Auch ZILPHA SNYDERS erste phantastische Erzählung erschien 1964 („Season of Ponies"), ihre anderen Geschichten erschienen in den siebziger Jahren. SHEILA MOON benutzte eine Sage der Navajos als Ausgangsbasis für ihre Erzählung „Knee-deep in thunder" (1967), JULIA CUNNINGHAM schrieb ihre phantastischen Erzählungen über Tiere mit einem Gespür für das Wunderbare und in einer zärtlichen Sprache. Bekannt wurden vor allem ihre Bücher „Macaroon" (1962) und „Violet" (1966).

ISAAC BASHEVIS SINGER knüpft in seinen Erzählungen „The fearsome inn" (1967) und „Mazel and Shlimazel: or the milk of a lioness" (1967) an die Tradition der jiddischen Volksdichtung an. MAURICE SENDAKS Büchlein „Higglety Pigglety Pop! Or there must be more to life" (1967) erzählt die Odyssee von Jennie, einem Sealyham-Terrier. In MARY Q. STEELES Erzählung „Journey Outside" (1968) entflieht ein Junge seiner unterirdischen Behausung mit Hilfe eines Floßes, das seinen Weg durch die Dunkelheit findet. Beladen mit Symbolismen wurden die Fluchtversuche des Jungen sowohl als phantastisches Element wie auch als verschlüsselte Wirklichkeit interpretiert. URSULA LE GUIN schrieb die Trilogie „The wizard of earthsea" (1969), „The tombs of Atuan" (1970) und „The farthest shore" (1972). In origineller Weise und mit einem großen Wissen um die Beschaffenheit des Menschen vereint die Autorin phantastische Elemente und Verständnis für die jugendliche Vorstellungswelt. SUSAN COOPER, die in England geboren und erzogen wurde, verfaßte ihre Bücher in den Vereinigten Staaten. Sie wurde bekannt mit den Bänden „Over sea, under stone" (1966), „The dark is rising" (1973), „Greenwitch" (1974) und „The green king" (1975), „Silver on the tree" (1977). Für „The green king" erhielt die Autorin die Newbery-Medaille. Der Kampf zwischen Licht und Dunkel, zwischen Gut und Böse bildet den Kernpunkt ihrer Erzählungen.

Das Kindergedicht, das von den fünfziger Jahren her durch DAVID MCCORD, HARRY BEHN und GWENDOLYN BROOKS Anregungen erhielt, trat in den sechziger Jahren noch mehr hervor. Es gab nicht nur neue Autoren von Kindergedichten, auch die Herausgabe von Anthologien nahm noch zu. EVE MERRIAM veröffentlichte regelmäßig Gedichtbände wie „There is no rhyme for silver" (1962), „It doesn't always have to rhyme" (1964) oder „Catch a little rhyme" (1966). Ihre Gedichte sind durch Sprachwitz und knappe Formulierungen gekennzeichnet. MAY SVENSON, die bis dahin nur für Erwachsene veröffentlicht hatte, brachte 1966 ihren Gedichtband „Poems to solve" heraus. Es sind Gedichte, die den Leser dazu anregen wollen, den Sinn hinter den Worten zu suchen. CONRAD AIKEN, ein anderer Autor, der bis dahin nur für Erwachsene geschrieben hatte, veröffentlichte seinen Gedichtband „Cats and bats and things with wings" (1965), eine Sammlung fröhlicher Tiergedichte. ELIZABETH COATSWORTH, eine angesehene Schriftstellerin, die Erzählungen und Gedichte verfaßte und für ihr Buch „The cat who went to heaven" (1930) die Newbery-Medaille erhalten hatte, schrieb den Gedichtband „The sparrow bush" (1966), der von der Naturliebe der Autorin zeugt. JUNE JORDAN benutzte die Sprache der Schwarzen in ihrem Band „Look at me" (1969). MYRA COHN LIVINGSTON verfaßte neue Gedichte und wandte sich der Herausgabe von Anthologien zu.

Anthologien spiegelten nun zumeist das persönliche Interesse des Bearbeiters wider und zeigten einen Trend zur Aufnahme von Gedichten von Angehörigen ethnischer Minderheiten..

WILLIAM COLE war einer der bekanntesten Herausgeber von Anthologien. Zu seinen Sammlungen gehören „The birds and the beasts were there: animal poems" (1963), „Poems of magic and spells" (1960) und „Poems for seasons and celebrations" (1961). PADRAIC COLUM, der bekannte Erzähler und Poet, gab seine Lieblingsgedichte in dem Band „Roofs of gold: poems to read aloud" (1964) heraus. HORACE GREGORY und MARYA ZATURENSKA, beide bekannte Kindergedichtautoren, brachten eine Auswahl ihrer Gedichte in den beiden Bänden „The crystal cabinett" (1962) und „The silver swan: poems of romance and mystery" (1966) heraus. Der Band „My kind of verse" (1968) bringt eine Auswahl des Herausgebers JOHN SMITH, der auch selbst Kindergedichte verfaßte. Die beiden Autoren LOUISE BOGAN und WILLIAM JAY SMITH stellten die Anthologie „The golden journey; poems for young people" (1965) zusammen. MYRA COHN LIVINGSTON leistete einen interessanten Beitrag mit ihrem Band „A tune beyond us; A collection of poems" (1968). Der Band enthält Gedichte aus den verschiedenen Jahrhunderten und aus ganz verschiedenen Ländern. LIVINGSTON veröffentlichte auch Gedichte in der Orginalsprache und setzte die Übersetzung daneben. LILLIAN MORRISON, Bibliothekarin und Autorin, die sich vor allen Dingen für Sport interessiert, stellte die Sammlung „Sprints and distances" (1965) zusammen. Von ROBERT HAYDEN stammt die Antologie „Kaleidoscope; poems by american negro poets" (1967). ARNOLD ADOFF, der zahlreiche Anthologien von Gedichten schwarzer Autoren zusammengestellt hat, gab die Sammlung „I am the darker brother" (1968) heraus und versuchte, junge

Leser mit wenig bekannten Autoren vertraut zu machen.
Wie das Kindergedicht nahmen auch auf der Volksliteratur basierende Geschichten, Legenden und Märchen einen neuen Aufschwung. Es wurde versucht, Kinder mit immer neuen Volksdichtungen aus allen Teilen der Welt vertraut zu machen. Mangelnde Kritik und nichtssagende Rezensionen führten zu Herausgaben zahlloser, oft recht wahllos zusammengestellter Erzählbände. Unter diesen zahlreichen Bänden erschienen auch eine Reihe wertvoller Sammlungen. So brachte HAROLD COURLANDER Erzählbände afrikanischer Herkunft heraus, wie das Buch „The king's drum, and other African stories" (1962) und, in Zusammenarbeit mit EZEKIEL ESHUGBAYI, die Sammlung „Olode the hunter, and other tales from nigeria" (1968). Der Geschichtenband „Tales told near a crocodile; stories from Nyanza" wurde von HUMPHREY HARMAN herausgebracht und enthält alte Legenden, die er selbst von afrikanischen Erzählern hörte und dann aufschrieb. RONALD MELZACK erzählte Eskimolegenden nach („The day tuk became a hunter and other Eskimo stories" (1967). Mit Legenden des Eskimovolkes befaßte sich auch CHARLES GILLIAM in seiner Sammlung „Beyond the clapping mountains; Eskimo stories from Alaska" (1964). LE CLAIR ALGER, die unter dem Pseudonym SORCHE NIC LEODHAS schrieb, schrieb Geschichten auf, die ihre Großmutter erzählt hatte. Sie schuf zwei Bände mit schottischen Märchen, Legenden und Erzählungen, die jungen Lesern zum ersten Mal zugänglich gemacht wurden („Heather and broom; tales from the Scottish highlands", 1960; „Thistle and thyme; tales and legends from Scotland", 1962).
MARIANNE MOORE, eine talentierte Autorin, übersetzte neu aus dem Französischen die Märchen „Puss in boots, the sleeping beauty, and Cinderella" (1963). PATRICIA HITCHCOCK erzählte in angemessener Sprache nepalesische Legenden für Kinder („The king who rides a tiger, and other folk tales", 1966). In dem Band „The stone of victory and other tales of Padraic Coloum" (1966) versammelte der Autor PADRAIC COLOUM Erzählungen aus seinen Kinderbüchern, die auf irische Volkserzählungen zurückgehen. In dem Band „Hibernian nights" (1963) erschienen irische Geschichten von SEUMAS MACMANUS.
ISAAC BASHEVIS SINGER erzählte humoristische und weise aus Mitteleuropa stammende jiddische Geschichten in dem Band „Zlateh the goat and other stories" (1966). In der Sammlung „When Shlemiel went to Warsaw and other stories" (1968) veröffentlichte der Autor Geschichten, die er als Kind von seiner Mutter gehört hatte, vermischt mit solchen, die er selbst erfand. In dem Band „Ukranian folk tales" (1964) gab MARIE BLOCH volkstümliche Erzählungen aus der Ukraine, die sie von ihrer Großmutter erzählt bekam, heraus. MAE DURHAM versammelte in dem Buch „Tit for Tat" (1967) lettische Geschichten, von denen einige allgemein bekannten Märchen ähneln, andere bis dahin nur in Lettland bekannt waren. Mit westindischen Volkserzählungen befaßten sich HAROLD COURLANDER in dem Band „The piece of fire and other Haitian tales" (1964), PURA BELPRÉ mit der Sammlung „The tiger and the rabbit" (1965), die Geschichten aus Puerto Rico enthält, und PHILIP SHERLOCK mit seinem Buch „The Iguana's tail; crick crack stories from the Caribbean" (1969).
Auch Nacherzählungen alter Sagen tauchten jetzt in neuen Ausgaben auf. BERNARDA BRYSON erzählte in altertümlicher Sprache das älteste bekannte Epos „Gilgamesh; man's first story" (1967) für junge Leser nach, eine mythische Dichtung, die um 3000 vor Christus entstanden sein soll. Die Bände „Greek gods and heroes" (1960) und „The siege and the fall of Troy" (1962) von ROBERT GRAVE sind Beispiele eindringlich erzählter Sagen aus der Antike. Für die Nacherzählung des Kampfes um Troja verwandte der Autor andere Quellen als die bekannte Dichtung von HOMER. RUSSELL DAVIS erzählt in dem Band „Ten thousand desert swords; the epic story of a great bedouin tribe" (1960) ein arabisches Heldenepos nach. ELIZABETH SEEGER brachte den Band „The five sons of king Pandu; the story of the Mahabharata" (1967) heraus.
Die Herausgabe von Sachbüchern war in den sechziger Jahren besonders häufig. Mit der Nachfrage nach mehr informierenden Büchern, dem Vorhandensein genügender Geldmittel und zur Abfassung von Sachbüchern bereiter Autoren, schwoll die Masse der neuerscheinenden Sachbücher in den sechziger Jahren zu einer Flut an, die schon bald an Quantität alle anderen Buchgruppen der Kinder- und Jugendliteratur übertraf. Die Frage bleibt offen, ob Kinder solche Bücher freiwillig lasen oder mehr infolge schulischer Notwendigkeit. Trotz der Flut von Sachbüchern zeigte sich in der Sprache, dem Stil, der Ausstattung und der jugendgemäßen Aufbereitung eine nicht zu übersehende Verbesserung, die Hoffnungen für die qualitätvolle Weiterentwicklung dieser Gattung aufkommen ließ. Es kann hier nur ein kleiner Teil der wichtigsten Werke dieser Gruppe, die in den sechziger Jahren neu herauskamen, vorgestellt werden.
Das Sachbuch übertraf alle anderen Kinder- und Jugendbuchgattungen an Zahl, weil ein großes Bedürfnis an Information bestand. Auch die Schulen betonten unaufhörlich den Wert von Sachwissen. Einige der bekanntesten Sachbuchautoren für junge Leser, die eine große Themenbreite in ihren Werken zeigen, waren in den sechziger Jahren IRVING ADLER, ISAAC ASIMOV, NELSON BEELER, JEANNE BENDICK, FRANKLYN M. BRANLEY, GLADYS CONKLIN, LOIS und LOUIS DARLING, IRMENGARDE EBERLE, MAE und IRA FREEMAN, HERMAN und NINA SCHNEIDER, MILLICENT SELSAM, ROBERT SILVERBERG, ALVIN und VIRGINIA SILVERSTEIN und HERBERT S. ZIM. Sie lieferten klar formulierte und korrekte wissenschaftliche Information und wußten vor allem, wieviel sie den jungen Lesern zumuten durften, ohne diese zu überfordern.
E. G. VALENS geht seine Themen vom humanistischen Standpunkt aus an. „Magnet" (1964) ist mehr eine Auseinandersetzung mit dem Thema, als eine Anhäufung wissenschaftlicher Fakten. In dem Band „The attractive universe; gravitation and the shape of space"

(1969) nähert sich der Autor seinem Thema mit philosophischen Betrachtungen. VALENS betont immer wieder, daß die menschliche Verantwortung eine wichtige Rolle bei der Erreichung wissenschaftlicher Ziele spielen muß. Die Bände „Human beginnings" (1966) und „African beginnings" (1969) von OLIVIA VLAHOS erlauben faszinierende Einblicke in die Anthropologie und in die Entstehung der verschiedenen Kulturen. S. CARL HIRSCH, selbst Laie, stützt sich auf ausgedehntes Quellenmaterial. Von seinen Büchern wurden die Bände „Globe for the space age" (1963), „This is automation" (1964), „Living community; A venture into ecology" (1966) und „On course: Navigating in sea, air und space" (1967) am bekanntesten.

In den meisten Sachbüchern lag die Betonung auf der sachlichen Information. Gegen Ende der sechziger Jahre, als man Wissenschaft mehr vom humanistischen Standpunkt aus betrachtete, begannen die Autoren mehr darauf zu achten, welche Bedeutung wissenschaftliche Errungenschaften für die Zukunft und das Wohl der Menschheit haben.

Das historische Sachbuch suchte neue Wege. Die Originalquellen zu historischen Begebenheiten wurden zugänglicher und Kinder- und Jugendbuchautoren bemühten sich um ihre Auswertung. Dadurch wurde das historische Sachbuch für junge Leser interessanter und zog neue Leserschichten an.

Die Geschichtsschreibung wurde von FON W. BOARDMAN zum Thema seines Buches „History and historians" (1965) gemacht. Er versucht, dem jungen Leser deutlich zu machen, daß man die jeweilige Interpretation historischer Vorgänge und Persönlichkeiten kritisch sehen sollte.

Drei Bücher über alte Geschichte sind repräsentativ für diese Themengruppe. LEONARD COTTRELL gibt in seinem Buch „Land of the pharaohs" (1966) einen Bericht vom Alltag zur Zeit des Pharao Tut-ench-amun. CHARLES BUCKES FALLS verfolgt in seinem Werk „The first 3000 years; ancient civilizations of the Tigris, Eupharates, and Nile river valleys, and the Mediterranean sea" (1967) den Weg wechselnder Kulturen. VICTOR W. VON HAGEN schrieb mit großem Sachwissen den Band „The Incas, people of the sun" (1961).

Immer neue Bücher über Völker, Kulturen und Staaten erschienen. Auch die Vereinigten Staaten selbst waren häufig Thema solcher Sachbücher. Interessante Erkenntnisse bringen die drei Bände, die MILTON MELTZER herausgab („In their own words; A history of the American negro" (Band I: 1619 1865, 1965; Band II: 1865–1916, 1965; Band III: 1916–1966, 1967). Die Bände sind eine erschütternde Dokumentation über die Geschichte der Neger in den USA und beruhen zumeist auf Auszügen aus schriftlich abgefaßten Lebensläufen. Der Band „Brother, can you spare a dime? The great depression, 1929–1933" (1969) zeichnet die menschliche Seite einer schwierigen Periode in der amerikanischen Geschichte. „Bread and Roses; The struggle of American labor, 1865–1915" (1967) ist eines der wenigen Bücher, die das Thema der Geschichte der Arbeiter in Amerika aufgreifen. JULIUS LESTER läßt in seinem

Seite aus dem Bilderbuch „Madeline" von Ludwig Bemelmans (1898–1962), das 1939 in den USA bei Simon & Schuster erschien.

Buch „To be a slave" (1968) ehemalige Negersklaven selbst zu Wort kommen. Seine Einführungen zu jedem Kapitel helfen dem jungen Leser zu einem besseren Verständnis. BETTY SCHECHTER erzählt in ihrem Buch „The peaceable revolution; A challenging inheritance from Thoreau and Gandhi" (1963) vom gewaltlosen Widerstand. Das Buch erschien zu einem Zeitpunkt, als Studenten zu Demonstrationen aufriefen und konnte junge Leser in ihrem Verhalten beeinflussen. RHODA HOFFS Darstellung „America's immigrants; adventures in eyewitness history" (1967) enthält eine Sammlung schriftlicher Erinnerungen von Einwanderern aus dem achtzehnten bis zum zwanzigsten Jahrhundert. Hier wird eine Vergangenheit lebendig, die amerikanischen Kindern weitgehend unbekannt ist. In gleicher Art gestaltete die Autorin ihre Sachbücher „Adventures in eyewitness history" (1962), „America: adventures in eyewitness history" (1963), „China" (1965) und „Russia" (1964).

OLIVIA COOLIDGE untersucht den Beginn der Frauenrechtsbewegung in dem Band „Women's rights; The suffrage movement in America, 1848–1920" (1966). Die Schriftstellerin entwickelt ihre Darstellungen mit menschlicher Wärme und Verständnis. Bekannt wurden auch ihre weiteren Bücher „Caesar's Gallic war" (1961), „Men of Athens" (1962), „Lives of famous Romans" (1965) und „Golden days of Greece" (1968). Auch Biographien versuchten nun alle Bereiche menschlicher Betätigung abzudecken. Es kamen Biographien von Politikern, von nationalen und internationalen Führerfiguren, von Sozialreformern, von berühmten Frauen, von Schriftstellern, von Künstlern, von sportlichen Größen, von Ärzten, von Wissenschaftlern, von Archäologen, von Kriegshelden und anderen Persönlichkeiten heraus. Erwachsene waren der Meinung, daß junge Leser für Persönlichkeiten, die von sich reden machten, immer Interesse zeigten. Verschiedene Arten des biographischen Berichts waren zu erkennen. So wurden teilweise Ereignisse im Leben berühmter Persönlichkeiten fiktional verbrämt, mit sensationellen Ereignissen ausgeschmückt, anekdotische Begebenheiten aufgenommen, Gespräche mit den ausgewählten Persönlichkeiten erfunden. So kam es bei vielen Autoren zu falschen Deutungen, zu sachlichen Unrichtigkeiten im Bemühen, das Interesse der jungen Leser zu gewinnen. Sie übersahen oft die authentischen Quellen und nützten selten die vorhandenen fundierten Veröffentlichungen. Manche Biographien waren zwar sachlich richtig, verstanden es aber nicht, durch entsprechende Aufbereitung des Textes die jungen Leser zu interessieren. Es gab aber auch eine Reihe gelungener Biographien für junge Leser, die sich durch interessante Details, fundiertes Quellenstudium und angemessene Aufbereitung auszeichneten. Dazu gehören die Biographien von MILTON MELTZER. In dem Band „A light in the dark; The life of Samuel Gridley Howe" (1964) berichtet der Autor von einem Arzt und Menschenfreund des 19. Jahrhunderts, der sich besonders für die Blinden einsetzte. In seinem Buch „Langston Hughes" (1968) zeichnet MELTZER ein eindringliches Portrait des schwarzen Dichters Langston Hughes. OLIVIA COOLIDGES Werk „Winston Churchill, and the story of two World Wars" (1960) ist die anspruchsvolle Biographie eines komplizierten Charakters. In dem Band „George Bernard Shaw" (1968) gelingt es COOLIDGE, den englischen Dichter als Mensch und als genialen Dichter vorzustellen. JAMES DAUGHERTY, Schriftsteller und Illustrator, zeigt seine Wertschätzung eines großen Künstlers und seine persönliche Zuneigung zur Zeichenkunst in dem Buch „William Blake" (1960). POLLY LONGWORTHS Buch „Emily Dickinson: Her letters to the world" (1965) ist eine leidenschaftliche und sympathische Studie über die berühmte Dichterin. MIRIAM GURKE zeichnet in dem Band „Clarence Darrow" (1965) ein eindrucksvolles Bild des Rechtsanwaltes, der sich im Rahmen der Arbeiterbewegung, aber auch im Zusammenhang mit sozialen Reformen und Mordprozessen einen Namen gemacht hat. In dem Buch „The walls of windy Troy; A biography of Heinrich Schliemann" (1960) erzählt MARJORIE BRAYMER nicht nur von den archäologischen Erfolgen des deutschen Kaufmanns, sie liefert auch eine bewegende Studie von der Persönlichkeit Schliemanns. HILDEGARDE HOYT SWIFT beleuchtet die Bedeutung und das Werk des amerikanischen Naturforschers John Muir in ihrem Buch „From the eagle's wing" (1962). ESTHER HAUTZIG schildert ihre persönlichen Jugenderlebnisse in einem sibirischen Arbeitslager während des Zweiten Weltkrieges nach der Evakuierung aus ihrem Heimatland Polen („The endless steppe; Growing up in Siberia", 1968).

Die Herausgabe von Taschenbüchern für junge Leser wurde nun immer häufiger. Anfangs waren sie noch wenig attraktiv und nachlässig hergestellt. Als dann die Verlage bekannter Originalausgaben in dieses Feld eintraten, wurden die Taschenbücher schnell attraktiver. Kinder und Eltern wandten ihr Interesse den Taschenbüchern schon bald zu. Bibliothekare konnten jedoch nur langsam dafür interessiert werden. Dafür gab es verschiedene Gründe. Das Interesse der Bibliothekare für Taschenbücher wuchs in dem Maß, wie die staatlichen und kommunalen Mittel für Buchankäufe abnahmen, außerdem mußten auch die Bibliothekare das Interesse vieler Kinder für das handliche Taschenbuch zur Kenntnis nehmen. So wurden manche Kinder von Taschenbüchern angezogen, die sonst wenig Interesse für gebundene Bücher gezeigt hatten.

Auch die Übersetzungen von Kinderbüchern aus anderen Sprachen, vor allem solchen, die aus Europa kamen, wurden zahlreicher. Sie waren ein Resultat der internationalen Zusammenarbeit von Verlegern und der Anregungen, die von den Buchmessen in Frankfurt und Bologna sowie von den Bemühungen des Internationalen Kuratoriums für das Jugendbuch ausgingen. Amerikanische Kinder konnten nun Bücher lesen, die auch von Kindern in anderen Teilen der Welt gelesen wurden. Die Qualität der Übersetzungen war nicht immer gleich, aber durch sie öffnete sich der Weg zum internationalen Austausch von Büchern, ein wichtiger Schritt auf dem Weg zur internationalen Koproduktion.

Grundlage aller Anstrengungen der sechziger Jahre war die wachsende Erkenntnis der Notwendigkeit, alle Kinder mit genügend Büchern zu versorgen, um ihnen die Möglichkeit zu geben, die Vergangenheit, aber auch die Probleme der Gegenwart und Zukunft verstehen und kennen zu lernen. Ein anderer Grund war die Einsicht, daß dem Kind als Individuum seine spezielle Lektüre zur Befriedigung seiner Wünsche und Bedürfnisse zustand. Schließlich war es notwendig, Kinder mit Büchern zu versorgen, die sie zu kritischen und wählerischen Lesern und damit auch zu demokratischen Bürgern erziehen halfen.

Die siebziger Jahre erbten die Errungenschaften, aber auch die Schwächen der sechziger. Es war abzusehen, daß der weiter anhaltende Ankauf von Verlagen durch große Industrieunternehmen wichtige Auswirkungen auf die Kinder- und Jugendbuchproduktion haben würde. Gegen Ende der sechziger Jahre wurden Befürchtungen laut. Viele hatten Angst, daß sich das Verlagswesen zu einem Monopol ausweiten könnte. Es wurde sogar versucht, den Kongreß einzuschalten. Das Gefährliche an der Situation war die Möglichkeit, daß große Industrieunternehmen Kinder- und Jugendbücher immer mehr als Konsumartikel verstehen könnten und daß Massenproduktion und Qualitätseinbuße einträten. Die Verleger suchten die Verhältnisse zu beschönigen. Diejenigen Verlage, die Wert auf Qualität legten, wurden wählerischer bei der Herausgabe von Kinder-

und Jugendbüchern und versuchten gleichzeitig, sich dem Geschmack der Leser anzupassen. Nun traten auch andere Medien in den Vordergrund und wurden von vielen Pädagogen und Bibliothekaren dem Buch gleichgestellt. Die Zuschüsse auf Staatsebene und von den einzelnen Staaten für Schulen und Bibliotheken gingen immer mehr zurück, manche Zuschüsse wurden ganz eingestellt. Die Auswirkungen auf den Kinder- und Jugendbuchmarkt waren gewaltig. Kinderbuchabteilungen in einigen Verlagen wurden aufgelöst, die Anzahl der nun jährlich produzierten Kinder- und Jugendbücher nahm rapide ab. Die Kosten zur Herstellung von Büchern stiegen immer noch und führten im Endeffekt dazu, daß weniger Bücher gekauft wurden. Die Verleger wurden immer vorsichtiger und brachten möglichst nur noch solche Bücher heraus, von denen sie sich einen guten Absatz versprachen. So druckten sie vorwiegend „Easy-to-read-books" und Schulbücher. Taschenbüchern, nun gesuchter als je, retteten auch die Bibliothekare vor einer schwierigen Situation.

Die sozialen und politischen Unruhen in Amerika beeinflußten auch das Kinder- und Jugendbuch. Auf der politischen Szene spielte sich der Vietnam-Krieg ab, danach kam die Watergate-Affäre, in die Präsident Nixon verwickelt wurde, und am Ende der siebziger Jahre standen die Anerkennung der Volksrepublik China und die Krisen im Vorderen Orient. Die amerikanische Gesellschaft veränderte sich zunehmend. Rauschgift war nun nicht mehr das Hauptproblem der jungen Generation, es wurde durch Alkoholismus ersetzt. Die Feministenbewegung erstarkte und beeinflußte die Einstellung zur Ehe, die nun nicht mehr als die geheiligte Institution angesehen wurde. Es wurden weniger Kinder geboren, die Zahl der Schüler sank erheblich, dadurch wurden die Mittel für das Schulwesen stark beeinträchtigt. Homosexuelle Gemeinschaften, sowohl von Männern wie Frauen, bildeten sich. Auch Kinder wurden hellhörig für die Vorgänge in der Gesellschaft. Die Kinder- und Jugendbuchverleger reagierten darauf und versuchten, ihre Bücher auf die veränderte Situation abzustimmen.

Die Kinderbuchillustration und das Kinder- und Jugendbuch überhaupt erhielten neue Anstöße. Viele Autoren und Illustratoren, die sich schon in früheren Jahren dem Kinder- und Jugendbuch zugewandt hatten, zeigten nun auch eine neue, zeitgebundene Entwicklung. Die Experimente im Bilderbuch und im illustrierten Kinderbuch schlossen an die Versuche der sechziger Jahre an. Der technische Fortschritt verschleierte oft die von den Künstlern angewandten Techniken und Mittel. Manche Verleger brachten in ihre Bücher Erläuterungen ein, die dem Betrachter helfen sollten, die neuen Kunstformen zu verstehen. Obwohl die Kosten für die Farbreproduktion stark gestiegen waren, wurde dem Farbdruck weiterhin der Vorzug gegeben.

Künstler wählten als Themen für ihre Bilderbücher vorwiegend volkstümliche Geschichten. Damit verstärkte sich ein Trend, der in den sechziger Jahren eingesetzt hatte. Adrienne Adams, Marcia Brown, Tomie de Paola, Paul Galdone, Nonny Hogrogian, Blair Lent, Evaline Ness, Maurice Sendak, Peter Spier und Margot Zemach gehörten zu den schon bekannten Künstlern, die nun einzelne folkloristisch orientierte Erzählungen illustrierten. Leo und Diane Dillon, die eine sehr stilisierte und dramatisierte Darstellungsart pflegten, bekamen für die Illustrationen zu dem Bilderbuch „Why mosquitoes buzz in people's ears" (1975) von Verna Aardema und zu dem Band „Ashanti to Zulu: African traditions" (1976) die Caldecott-Medaille. Maurice Sendak lieferte einen neuen Aspekt seiner künstlerischen Vielseitigkeit in dem Bilderbuch „In the night kitchen" (1970). Die Bilder sind eindeutig und erregten das Unbehagen mancher Erwachsener, obwohl sie Kinder von Anfang an begeisterten. Sendak wurde 1970 mit dem Hans-Christian-Andersen-Preis ausgezeichnet.

Ellen Raskin bewies auch weiterhin ihre Originalität, ihren Humor und ihre Beherrschung verschiedener Techniken in ihren neuen Bilderbüchern, von denen „Franklin Stein" (1972) und „Who, said Sue, said who?" (1973) am bekanntesten wurden. Leonard Baskin schuf ansprechende Illustrationen zu dem Bilderbuch „Hosie's Alphabet" (1972), das Hosea Baskin nach Ideen seiner Kinder entwarf. Harriet Pincus' Bilder zu dem Bilderbuch „Tell me a Mitzi" (1970) von Lore Segal fügen sich harmonisch dem humoristischen Text der Autorin ein. John Steptoe, dessen erstes Bilderbuch „Stevie" (1969) einfühlsam die Gedankenwelt eines kleinen Jungen auszudrücken vermochte, brachte als neues Werk „Train ride" (1971) heraus. Tom Feeling, ein neuer Name im Bereich des Bilderbuchs der beginnenden siebziger Jahre, schuf die Illustrationen zu den Büchern „Moja means one; Swahili counting book" (1971) und „Jamba means hello; Swahili alphabet book" (1974) von Muriel Feeling. Feeling bringt seine Erfahrungen aus Ghana in seine Illustrationen ein.

Während in den sechziger Jahren die Kinderbuchillustration vor allem im Bereich des erzählenden Kinderbuches lag, verlagerte sich der Schwerpunkt der Illustrationstätigkeit in den siebziger Jahren zum Sachbuch hin. Joseph Low, Peter Parnall, Opelia Dowden, Hilda Simon, Bernarda Bryson und zahlreiche andere Illustratoren wandten sich vorwiegend dem Sachbuch zu.

Die erzählende Literatur in Amerika in den siebziger Jahren zeigt ihre bemerkenswertesten Veränderungen im Bereich der Kinderliteratur. Neue Themenbereiche und Trends, die in der Erwachsenenliteratur bereits sichtbar geworden waren, tauchen nun im Kinderbuch auf, mit einer zeitlichen Verzögerung von etwa zehn Jahren. Autoren und Verleger beschworen die Notwendigkeit von Kinderbüchern, die das amerikanische Leben realistisch spiegeln sollten. Ihre Überlegungen gingen dahin, daß Kinder stillschweigend wissen, wie das wirkliche Leben aussieht, und daß sie daher das Recht auf Bücher hätten, die ihre persönlichen Interessen, Bedürfnisse, Ängste und Probleme ausdrückten. So kam es schon bald zu zahlreichen Kinderbüchern, die alle Probleme der modernen Gesellschaft realistisch aufzeigen wollten. Das Kinderbuch in Form der Ich-Erzählung trat häufig in Erscheinung. Diese Methode erwies sich als wertvoll bei befähigten Autoren, wirkte aber gekünstelt und ohne innere Überzeugung in der Mehrzahl der vorgelegten Kinderbücher. Viele der neuen Werke boten zu schnelle Lösungen, andere ließen kaum einen Hoffnungsschimmer zu. Die Argumente für oder gegen diese neuen realistischen Kinderbücher gehen weiter. Frühere Bücher dieser Art hatten sich noch an junge Erwachsene gewandt. Nun aber wurden Bücher für Kinder geschrieben.

Betsy Byars berichtet in den Bänden „The house of wings" (1972), „The lighteenth emergency" (1973) und „The TV kid" (1976) von dem modernen Alltag. Julia Cunningham zeigt in den beiden Erzählungen „Burnish me bright" (1970) und „Far in the day" (1972) großes Einfühlungsvermögen für die Probleme eines stummen Jungen. Don Freemans Illustrationen unterstreichen die Aussagen der Autorin. Mit seinem Buch „Julie of the wolves" (1972) erzählt Jean Craighead George die glaubwürdige Geschichte eines Eskimomädchens. Für das Buch erhielt er die Newbery-Medaille. M. E. Kerr liefert in dem Buch „Dinky Hocker shoots smack" (1972) eine Studie über das Verhalten eines Mädchens gegenüber seiner kleinbürgerlichen Mutter, die für die Probleme ihrer Tochter kein Verständnis zeigt. Mary Rodgers Erzählung „Freaky Friday" (1972) ist die Geschichte eines merkwürdigen Tages, an dem ein Mädchen für die Dauer eines Tages in den Körper ihrer Mutter versetzt wird. Die neuen Erkenntnisse, die das Mädchen dadurch gewinnt, führen zu einer Veränderung seines Verhaltens der Mutter gegenüber.

Zilpha Snyder zeichnet in den Bänden „The changeling" (1970) und „The headless cupid" (1971) ein Bild des allmählichen Heranreifens Jugendlicher. Ellen Raskin zeigt in ihrem Buch „Figgs & phantoms" (1974) leisen Humor und hintergründige Weisheit. Die Freundschaft zwischen einem Kind und einer alten Frau ist Thema der Erzählung „The hundred penny box" (1974) von Sharon Bell Mathis. In der Erzählung wird überzeugend aufgezeigt, daß Altersunterschiede kein Hindernis für ein gutes gegenseitiges Verständnis sein müssen. Mildred D. Taylor erhielt für das Buch „Roll of thunder, hear my cry" (1976) die Newbery-Medaille. Sie erzählt darin aus ihrer eigenen Kindheit im schwarzen Süden. Yoshiko Uchida berichtet in dem Buch „Journey to Topaz; a story of the Japanese-American evacuation" (1971) mit viel Zurückhaltung. Laurence Yep, ein noch junger Autor, erzählt in dem Buch „Dragonwings" (1975) vom Chinesenviertel im früheren San Francisco. Seine Erzählung „Child of the owl" (1977) handelt von dem gleichen Thema.

Katherine Paterson erzählt in dem Buch „The master puppeteer" (1976) von den Erlebnissen des Jungen Jiro, der als Lehrling bei einem Puppenspieler lebt. Obwohl in der Historie angesiedelt, könnte das Buch „My brother Sam is dead" (1974) auch als realistische Gegenwartserzählung aufgefaßt werden. James Lincoln Collier und Christopher Collier gestalten darin die Gefühle einer Familie, als ein Sohn in den Krieg zieht.

Bücher für junge Erwachsene schließen heute sehr eng an die Erwachsenenliteratur an. Obwohl solche Bücher ihre Leser auch unter schon jüngeren Jugendlichen finden, tendiert die Mehrheit der älteren Jugendlichen heute zum Erwachsenenbuch. S. E. Hinton schreibt

Farbige Illustration zu dem Limerick „In a Pumpkin Shell" aus dem Band „From King Boggen's Hall to Nothing-at all", der 1967 in New York erschien. Bilder und Limerick-Verse stammen von Blair Lent, der auch als Reklamegraphiker arbeitete und für seine Kinderbuchillustrationen zahlreiche Auszeichnungen erhielt.

aufrichtig und verständnisvoll von den Problemen Heranwachsender in ihrer Erzählung „That was then, this is now" (1971). June Jordans Buch „His own where" (1971) erzählt von zwei Jugendlichen, die auf der Suche nach Liebe sind und sich Gedanken um das Wesen der Liebe machen. In der Umgangssprache der Schwarzen geschrieben, ist es Jordan gelungen, mit ihrer poetischen Sprache ein banales Thema in eine künstlerische Form von bleibendem Wert zu bringen. Robert Cormier schrieb zwei ungewöhnliche und herausfordernde Bücher. In „The chocolate war" (1974) und „I am the cheese" (1978) zeichnet er die amerikanische Gesellschaft, so wie er sie sieht, glaubwürdig, aber auch erschreckend. Seine Erzählungen zeigen Ähnlichkeit mit J. D. Salingers „The catcher in the rye" (1951), ein Buch, das von dem Autor keineswegs für junge Leser geschrieben wurde, aber schon bald von diesen als ihre Lektüre akzeptiert wurde. Die Masse dieser gegenwartsbezogenen Kinder- und Jugendbücher ist ein Spiegel der Ungewißheiten, der Unruhe und der dramatischen Ereignisse unserer Zeit. Die besten Werke versuchen, unsere Zeit zu interpretieren und die Probleme unserer Gegenwart sichtbar zu machen.

Aber auch das Phantastische hat einen hohen Stellenwert in der Kinderliteratur der siebziger Jahre. Oft verbergen sich hinter phantastischen Darstellungen Lebensweisheiten, die auf unser gegenwärtiges Leben, unser Denken und Hoffen zielen.

Hans Christian Andersen, der schon von vielen englischen Autoren übersetzt wurde, hat in den siebziger Jahren einen neuen Übersetzer gefunden; Erik Christian Haugaard („The complete fairy tales and stories", 1974). Der Übersetzer trifft den Tonfall, den Sprachstil und die satirische Diktion des dänischen Märchendichters.

Lloyd Alexander schrieb mit Humor, Phantasie und Verständnis für alles Menschliche die Erzählung „The cat who wanted to be a man" (1973). Als weitere Bücher des Autors folgten „The wizard in the tree" (1975), „The town cats" (1977) und „The first two lives of Lukas-Kasha" (1978). Ellen Raskins Gesichte „The mysterious disappearance of Leon; I mean Noel" (1971) ist voller ausgelassener Späße. Sylvia Louise Engdahl kombiniert in ihren Geschichten „Enchantress from the stars" (1970) und „Journey between worlds" (1970) Phantastisches mit Science-Fiction. Die späteren Titel „This star shall abide" (1972) und „Beyond the tomorrow mountains" (1973) unterstreichen ihre Vorliebe für diese Gattung.

Jane Louise Curry brachte die Bände „The sleepers" (1970), „The ice ghosts mystery" (1972), „Mindy's mysterious miniature" (1970), „The lost farm" (1974), „The watchers" (1975) und „The birdstones" (1977) heraus. Nach wie vor sind die Schauplätze ihrer Bücher das heimatliche Pennsylvania und England.

Elizabeth Marie Pope, deren historisch-phantastische Erzählung „The sherwood ring" (1958) bereits ihr Gespür für historische Stoffe und ihre Fähigkeit für die Verbindung von realistischem Geschehen mit phantastischen Elementen bewiesen hatte, brachte 1974 das Buch „perilous gard" heraus. Eine erfindungsreiche junge Frau bleibt Siegerin im Kampf gegen das Böse. Richard O'Briens Erzählung „Mrs. Frisby and the rats of Nimh" (1971), für die der Autor die Newbery-Medaille erhielt, berichtet davon, was geschehen könnte, wenn die Ratten in dem „National Institute of Mental Health" sich zu den superintelligenten Wesen entwickelten, zu denen sie herangezüchtet werden sollen.

Die siebziger Jahre scheinen zu beweisen, daß die modernen Kinderbuchautoren, die phantastische Geschichten schreiben, immer unabhängiger von den traditionellen englischen Vorbildern werden. Sie demonstrieren, daß sich die phantastische Erzählung nicht unbedingt auf die Tradition beziehen muß, sondern durchaus moderne und zeitangemessene Themen und Aussagen aufgreifen kann.

Die in den siebziger Jahren neu erscheinenden Kindergedichte zeigen eine erfreuliche Entwicklung. Repräsentativ für die verschiedenen modernen Richtungen sind Nikki Giovanni, Myra Cohn Livingston, Theodore Roethke, David McCord und Lillian Moore. Der erste von Nikki Giovanni herausgegebene Band mit Kindergedichten trägt den Titel „Spin a soft black song; poems for children" (1971). In poetischen Bildern läßt die schwarze Autorin Gefühle und Gedanken ihrer Kindheit auferstehen. Myra Cohn Livingston, die bis dahin für kleinere Kinder Gedichte geschrieben hatte, zeigt eine neue Seite ihres Könnens in dem Band „The Malibu and other poems" (1972). Aufgebaut auf persönlichen Erfahrungen, sind die Gedichte kurz und treffend gehalten. Eine wichtige Neuauflage war der Gedichtband „Dirty Dinky and other creatures; poems for children" (1973). Schon in den fünfziger Jahren aufgelegt, hatte dieses Buch damals wenig Interesse gefunden. Jetzt wurden diese Gedichte in ihrem poetischen Wert erkannt und fanden den Weg zu den Kindern. David McCord brachte neue und erfrischende Töne in das Kindergedicht mit seinen Bänden „Away and ago; rhymes of the never was and always is" (1974) und „The star in the pail" (1975). Lillian Moore verfaßte „See my lovely poison ivy, and other verses about witches, ghosts and things" (1975).

Anthologien kommen nun aus sehr verschiedenen Themenbereichen. William Cole setzte seine Herausgebertätigkeit fort. Die 1971 erschienene Sammlung „The poet's tales: A new book of story poems" (1971) gehört zu seinen besten Anthologien. Myra Cohn Livingstons Gedichtband „Listen, children, listen; An anthology of poems for the very young" (1972) wies sie als eine Autorin aus, die weiß, welche Gedichte Kindern Spaß machen. June Jordan benutzt ihre weitgefächerte Literaturkenntnis, um zielsicher eine Anthologie von Gedichten schwarzer Autoren zusammenstellen, die die Gefühle der schwarzen Amerikaner wiedergibt („Soulscript; Afro-American poetry", 1970). Arnold Adoff gab zwei bedeutende Anthologien heraus, „My black me; A beginning of black poetry" (1971) und „The poetry of Black America; An anthology of the 20th century" (1973) mit einem Vorwort der Dichterin GWENDOLYN BROOKS. TERRY ALLEN stellte die Sammlung „The whispering wind; poetry by young American indians" (1972) zusammen, die eine Einleitung von MAE DURHAM enthält. Eine ungewöhnliche Sammlung hat WILLIAM CROFUT unter dem Titel „The moon on the one hand: poetry in song" (1975) herausgebracht. CROFUT versteht es, Zusammenhänge zwischen Lied und Gedicht aufzuzeigen.

Die Tendenz, Kindern Gedichte vorzustellen, erreicht immer mehr junge Leser. In Anthologien lernen die Kinder die vielfältigen Formen des modernen Kindergedichtes kennen, solche, die Nonsenseelemente in sich vereinen, humorvolle, weise, aber auch pragmatische, die Kenntnis davon geben, wie man im Alltag seine fünf Sinne beisammenhalten muß.

Auch in den siebziger Jahren blühte die Volksdichtung weiter, wie dies schon in den sechziger Jahren der Fall gewesen war. Traditionelle Geschichten aus verschiedenen afrikanischen Landschaften waren besonders häufig. Auch die Folklore der Völker der UdSSR gehörte zu dem bevorzugten Themenkreis. Einige Sammlungen dieser Art waren einheitlich ausgerichtet und brachten am Ende eine Auflistung der Quellen, die man dazu benutzt hatte. Andere dagegen stellten lediglich Geschichten hintereinander und überließen es dem Leser herauszufinden, woher sie stammten.

ROSEMARY MINARD, die der Feministenbewegung nahesteht, stellte den Band „Womenfolk and fairy tales" (1975) zusammen. Die Hauptfigur in jeder dieser Geschichten ist eine Frau, die letzten Endes als Siegerin aus der Geschichte hervorgeht. Das Buch repräsentiert einen Trend zur Änderung der traditionell meist passiven Rolle von Frauen in der internationalen Volksdichtung. In diesem Zusammenhang gab es sogar Versuche, die alten Märchen neu zu erzählen und sie dabei so abzuwandeln, daß die weiblichen Figuren besser als in den Originalfassungen wegkamen; ein Eingriff in die Struktur der traditionellen Volksdichtung, der Kenner der Volksdichtung zur Kritik herausforderte.

ASHLEY BRYAN, Illustrator und Bearbeiter, hält sich in seinem Band „The ox of the wonderful horns and other African folktales" (1971) an die ursprüngliche Diktion der afrikanischen Erzähler. VERA AARDEMA, die schon wiederholt mit ähnlichen Sammlungen hervorgetreten war, stellte 1973 den Band „Behind the back of the mountain; Black folktales from Southern Africa" zusammen. FREDERIC GUIRMA erzählte „Tales of Mogho, African stories from upper Volta" (1971) neu. GUIRMA ist selbst ein Nachkomme des Mossi-Volkes, aus dessen Tradition die Geschichten stammen. Er versteht es, den ursprünglichen Charakter der Volkslegenden zu wahren.

Die beiden neuesten Sammlungen von SORCHE NIC LEODHAS sind „Ghosts go haunting" (1971) und „Twelve great black cats and other Eerie Scottish tales" (1971). Sie tragen noch den authentischen Klang des schottischen Volkes in sich. Eine neue Sammlung portugiesischer Geschichten wurde von ANNE MARIE JAUSS übersetzt und von PATRICIA LOWE nacherzählt („The little horse of seven colors and other Portugese Folktales", 1970).

MIRRA GINSBURG übersetzte eine Reihe Volksmärchen aus dem Russischen und brachte sie in Bänden wie „The Kaha bird, tales from the steppes of Central Asia" (1971) und „Three rolls and one doughnut; fables from Russia" (1970) heraus. Ihre Sammlungen zeichnen sich dadurch aus, daß sie direkt aus den Quellen übersetzt, ohne den Umweg über andere Übersetzungen nehmen zu müssen. JULIUS LESTER, der sich besonders für afrikanische Legenden interessiert, bringt in dem Band „The knee-high man and other tales" (1972) Geschichten, die er als Kind gehört hat. Diese Legenden gehen zurück bis in die Zeit der Sklaverei in Amerika. Das herausragende Werk in diesem Bereich ist unzweifelhaft der Band „The juniper tree and other tales from Grimm" (1973). In zwei Bänden sind siebenundzwanzig Märchen der Brüder GRIMM zusammengetragen. Dreiundzwanzig wurden von LORE SEGAL übersetzt, vier von RANDALL JARRELL. Die Übersetzungen sind von außerordentlicher Qualität und werden in ihrem Wert durch die lebendigen und einfühlsamen Illustrationen von MAURICE SENDAK noch gesteigert.

Der Strom der Sachbücher riß auch in den siebziger Jahren nicht ab. Jeder nur mögliche Sachbereich wurde bearbeitet. Autoren, die bereits früher mit Sachbüchern hervorgetreten waren, suchten nun neue Gebiete. Es ging ihnen aber jetzt mehr darum, Kindern klarzumachen, daß die Wissenschaften nicht isoliert, sondern immer nur als Teil des menschlichen Daseins zu betrachten sind. ELIZABETH COOPERS Buch „Science in your own backyard" (1970) will das Auge des jungen Lesers für Beobachtungen schulen, die zeigen, wie eng die Wissenschaften mit unserem täglichen Leben verbunden sind. ALVIN und VIRGINIA SILVERSTEIN diskutieren in ihrem Werk „Metamorphosis" (1971) das gleiche Thema und geben weitere detaillierte Informationen zum besseren Verständnis.

In den Bändchen „Is this a baby dinosaur? And other science picture puzzles" (1971) versucht die Autorin MILLICENT E. SELSAM schon jüngere Kinder für wissenschaftliche Fragen zu interessieren. GEORGE O. SMITH vertieft sich mit klarer Gedankenführung in Randprobleme der wissenschaftlichen Forschung mit seinem Band „Scientists' nightmares" (1972). THOMAS MOORMAN erklärt den Zweck wissenschaftlicher Forschungsarbeit und zeigt Arbeitsmethoden in einem Buch „How to make your scientific project scientific" (1974). Diese Sachbücher, zusammen mit zahlreichen anderen, ermöglichen den jungen Lesern interessante Einblicke in die Materie und regen Heranwachsende zu eigenem Nachdenken, zur genauen Beobachtung und zum Experiment an. Gleichzeitig zeigen sie Respekt vor der wissenschaftlichen Leistung.

Unter den Sachbüchern zu speziellen Gebieten gab es auch eine Reihe von rein dokumentarisch abgefaßten Werken, die Handbüchern ähnelten. JOSE ARUEGO Buch „Symbiosis, a book of unusual friendships"

Bild-Textseite aus der phantastischen Erzählung „Sylvester and the magic pebble", die 1969 bei Simon & Schuster in New York erschien. Das Bild zeigt den in einen Felsbrocken verwandelten Sylvester. Auf ihm lassen sich seine Eltern zum Picknick nieder. Für die phantastische Erzählung erhielt William Steig (1907), der Bilder und Texte schuf, die Caldecott-Medaille.*

(1970) gehört hierher. JOY ADAMSON, die Autorin des bekannten Werkes „Born free; A lioness of two worlds" (1960), das für Erwachsene geschrieben, aber inzwischen auch von jungen Lesern entdeckt wurde, schrieb den Band „Pippa; The cheetah and her cubs" (1970), der sich an jüngere Kinder wendet. RUSSELL FREEDMAN und JAMES MORRIS setzten ihre Darstellungen zu verschiedenen Aspekten tierischen Verhaltens fort und verfaßten das interessante Buch „Animal instincts" (1970). Eine neue Ausgabe des Buches „The great heritage" (1974) von KATHERINE SHIPPEN wurde veröffentlicht. Der Bereich des Umweltschutzes wurde zusehends wichtiger und rief eine Reihe von Sachbüchern hervor. S. CARL HIRSCH erlaubt faszinierende Einblicke in seinem Sachbuch „Guardians of tomorrow; pioneers in ecology" (1971). In dem Band „The riddle of racism" (1972) geht der gleiche Autor den Wurzeln des Rassismus nach und bricht eine Lanze für das Verständnis zwischen den Rassen. In den siebziger Jahren erschienen immer mehr Sachbücher, die Wissenschaft von humanen Gesichtspunkten aus beurteilten, ein Resultat der allgemeinen Entwicklung, die den Zusammenhang zwischen Wissenschaft und lebenswertem Dasein immer deutlicher erkennen ließ. Sachbücher zu geschichtlichen Themen, zu den verschiedenen Kulturen und Zivilisationen wurden häufiger und zeigten sowohl frappierende Gemeinsamkeiten wie gravierende Unterschiede auf. Die Intention der Sachbuchautoren ging offensichtlich immer mehr dahin, den jungen Lesern unsere Vergangenheit und Gegenwart verstehen zu helfen und sie zu lehren, sich als ein Glied der großen menschlichen Gesellschaft zu sehen. MARCHETTE CHUTES „The green tree of democracy" (1971) gibt eine Geschichte des Wahlrechts. Obwohl der Schwerpunkt ihrer Arbeit auf den politischen Entwicklungen in England liegt, die als Voraussetzungen für die weitere Entwicklung in den USA gesehen werden, geht die Darstellung auch auf die weitere Entwicklung bis hin zur Gegenwart ein. ALAN PATON verfolgt in ihrem Band „The land and people of South Africa" (1972) die Geschichte des Landes und zeigt die Entstehung der Apartheid in einer sehr objektiven Weise, die dem jungen Leser erlaubt, mit größerem Verständnis an diese Erscheinung heranzugehen. Verschiedene Autoren wählen einen kleinen Ausschnitt der Welt, um daran allgemeine Gesetzlichkeiten nachzuweisen. BYRD BAYLOR, die über den Südwesten der Vereinigten Staaten schreibt, zeigte ihre Liebe für diese Landschaft in dem Buch „The desert is theirs" (1975), in dem sie auch die Flora und Fauna der Landschaft eingehend beschreibt. PETER PARNALLS Illustrationen fügen sich dem lebendigen Erzählstil der Autorin harmonisch ein. AYLETTE JENNESS und LISA W. KROEBER zeigen an einer kleinen Gruppe allgemeine Entwicklungen auf („A life of their own: An indian family in Latin America", 1975). Anhand der Familie Hernandez in Guatemala geben die Autorinnen Einblick in das Leben der mittelamerikanischen Indianer. Wie schon in den sechziger Jahren erschienen auch in den siebziger zahlreiche Biographien. Das Anwachsen der Feministenbewegung ermutigte Autoren zur Herausgabe von Biographien bedeutender Frauen. Das Hervortreten der ethnischen Minoritäten förderte das Erscheinen von Biographien zu Persönlichkeiten, die bis dahin Kindern so gut wie unbekannt waren.

MARION MARSH BROWN und RUTH CRONE verfaßten den Band „Willa Cather; the woman and her works" (1970), in dem sie diese Amerikanerin als Mensch und als engagierte Schriftstellerin vorstellen. Die Sympathie der Sachbuchautorinnen mit der Persönlichkeit, von der sie berichten, zieht sich durch das ganze Werk. PHILIP STERLING verfaßte das Buch „Sea and earth; The life of Rachel Carson" (1970), in dem er Carsons Beitrag zur Literatur und Ökologie hervorhebt. In dem Buch „Jane Addams; Pioneer for Social Justice" (1970) berichtet CORNELIA MEIGS von dem Leben und Werk der Sozialarbeiterin in den frühen Jahren des zwanzigsten Jahrhunderts. ELLEN WILSONS Band „American painter in Paris; A life of Mary Cassat" (1971) erzählt das Leben und die künstlerische Tätigkeit der Malerin. MINA C. KLEIN und H. ARTHUR KLEIN bringen in dem Werk „Käthe Kollwitz" (1972) Reproduktionen der wichtigsten Zeichnungen der deutschen Künstlerin und zeigen die humanen Intentionen, die sie mit ihren Darstellungen verband, auf. HOWARD GREENFELD beschreibt in dem Buch „Gertrude Stein; A Biography" (1971) vor allem das soziale Milieu, in dem G. Stein lebte. VIRGINIA HAMILTON stellt in dem Buch „W. E. B. du Bois; A biography" (1972) einen hochintelligenten Charakter vor und versucht, die Gründe für sein selbst gewähltes Leben im Exil vorzustellen. SARA NEWTON CARROLL verfaßte das Buch „The search; A biography of Leo Tolstoy" (1973), in dem eine Charakterstudie des russischen Dichters entwickelt wird und die ihn auf dem Hintergrund der damaligen russischen Zeitverhältnisse interpretiert.

Ein Überblick der Kinder- und Jugendliteratur, der rund vierzig Jahre umfaßt, muß neben den Büchern und den Autoren auch noch andere Erscheinungen und Einrichtungen zur Kenntnis nehmen wie Zeitschriften, Übersetzungen, Preise, Sekundärliteratur. Nicht zuletzt darf auch die Arbeit des „Children's Book Council" nicht vergessen werden.

Die Zeitschrift „St. Nicholas Magazine", wahrscheinlich die größte Kinderzeitschrift, die es jemals in den Vereinigten Staaten gegeben hat, stellte 1941 ihr Erscheinen ein. Der Versuch, sie wieder ins Leben zu rufen, scheiterte. Neue Kinder- und Jugendzeitschriften erschienen und verschwanden in schneller Folge. Die Zeitschrift „Story Parade", die 1938 zu erscheinen begann, schien eine geeignete Nachfolgerin zu werden. Der häufige Wechsel der Herausgeber führte zur Einstellung der Zeitschrift, die nur bis 1953 erschien. Eine andere Zeitschrift, die sich vor allem an junge Schwarze wendet, erschien ab 1973 unter dem Titel „Ebony jr" und wird noch heute herausgegeben. Die Zeitschrift, an der die bedeutendsten Kinder- und Jugendbuchautoren und -illustratoren mitarbeiten, vereint Beiträge der verschiedensten Stilrichtungen und zu den unterschiedlichsten Themen.

Die Anzahl der Übersetzungen ausländischer Kinder- und Jugendbücher steigt von Jahr zu Jahr an.

Die „John-Newbery-Medal" und die „R.-Randolph-Caldecott-Medal" bedeuteten einen deutlichen Schritt nach vorne auf dem Weg zur Ermunterung der Abfassung von Kinder- und Jugendbüchern. Seitdem haben sich weitere Preise etabliert. Regionale Auszeichnungen, die von Kinderjuries zuerkannt werden, stellen solche Kritiker zufrieden, die der Meinung sind, daß die Preisvergabe für Kinder- und Jugendbücher vorweg eine Sache der jungen Leser selbst sein müsse. Eine große Anzahl regionaler, zu bestimmten Anlässen ausgeschriebener Preise zeichnet Leistungen spezifischer Art aus. So gibt es Preise für das Buch, das am besten für Friede, Gerechtigkeit und Gleichheit eintritt; für Bücher, die am deutlichsten und realistischsten die Probleme Heranwachsender aufzeigen; Bücher, die das Thema des Judentums aufgreifen; Bücher „that promote better understanding and appreciation of the culture and contribution of all peoples to the american dream"; Bücher, „that arouse awareness of the beauty and complexity of their expanding universe".

Auch regional übergreifende Preise gibt es zahlreiche. Der „Mildred L. Batchelder Award" wird für das beste im Original in einer anderen Sprache veröffentlichte Buch an den amerikanischen Verleger, der es in den USA herausgebracht hat, vergeben. Der Preis wurde 1966 gestiftet. An der Stiftung waren die „Association of Library Service to Children" und die „American Library Association" beteiligt. Diese Institutionen wählen auch die Mitglieder der Jury. Das „American Institute of Graphic Arts" vergibt zwei Preise. Sie bestehen in der Aufnahme bestimmter Werke in die „Aiga Children's Book Exhibit", eine Auswahl der 100–150 besten illustrierten Kinder- und Jugendbücher des Jahres und in die Ausstellung „Aiga Fifty Books of the Year", in die Bücher aufgenommen werden, die durch ihre Gesamtausstattung herausragen.

Auch Zeitungen haben Preise gestiftet. Sie betrauen meistens bekannte Kinder- und Jugendbuchfachleute mit der Juryarbeit. Die „Catholic Library Association" vergibt die „Regina Medal" für „continued distinguished contribution to children's literature". Im Jahr 1969 wurde der „National Book Award, Children's Book Category" eingerichtet. Eine Jury wählt das Kinder- oder Jugendbuch aus, das ihrer Meinung nach das herausragendste Werk des jeweils vorhergehenden Jahres darstellt. Der Geldpreis wird von dem „Children's Book Council" gestiftet und von dem „National Book Committee" verwaltet.

Diese Preise haben das Interesse am Kinder- und Jugendbuch in der Öffentlichkeit ansteigen lassen und bringen auch Personen, die nicht direkt etwas mit dem Kinder- oder Jugendbuch zu tun haben, dazu, über Kinder- und Jugendbücher nachzudenken.

Der „Children's Book Council" ist eine Institution, die viel zur positiven Entwicklung des Kinder- und Jugendbuchs in den USA beigetragen hat. Vertreter der Kinder- und Jugendbuchverlage stellen die Mitglieder. Die Institution ist für die Ausrichtung der jährlichen Kinder- und Jugendbuchwoche, die jeweils im November stattfindet, verantwortlich.

→ L. F. Baum, → H. Beecher-Stowe, → Fr. H. Burnett, → J. F. Cooper, → M. de Jong, → W. Disney, → Donald Duck, → R. Duvoisin, → L. Fatio, → Huckleberry Finn, → M. Lee, → Lederstrumpf, → M. L'Engle, → L. Lionni, → H. Lofting, → J. London, → H. Melville, → Mickey Mouse, → Sc. O'Dell, → Onkel Toms Hütte, → J. D. Salinger, → M. Sendak, → Dr. Seuss, → I. B. Singer, → M. Stolz, → J. Thurber, → Tom Sawyer, → M. Twain, → B. Wersba

Sekundärliteratur: S. Andrews (Hrsg.): The Hewins lectures (1963). – B. Bader: American picturebooks from Noah's ark to the beast within (1976). – J. Blanck (Hrsg.): Harry Castlemon: Boy's own author (1941). – A. E. Bostwick: The American Public Library (^{3}1923). – D. M. Broderick: Image of the black in children's fiction (1973). – J. E. Brown: The saga of Elsie Dinsmore (1945). – E. Cameron: The green and burning tree (1969). – J. L. Cutler: Gilbert Patten and his Frank Merriwell saga (1968). – L. Darling: The rise of children's book reviewing in America, 1865–1881 (1968). – Fr. Erisman: The children's books of Kate Douglas Wiggin (in: New England Quarterly. 41. 1968. 238–247); The regional vision of Laura Ingalls Wilder (in: B. Colquitt (Hrsg.): Studies in Literature. 1973. 165–171); The school and sport stories of Ralph Henry Barbour (in: Rocky Mountain Social Science Journal. 7. 1970. 29–37). – E. W. Field: The Horn Book Magazine. A Horn Book sampler on children's books and reading; selected from twenty-five years of the Horn Book Magazine, 1924–1948 (1959). – V. Haviland: Children's literature: A guide to reference sources (1966); Children's literature: A guide to reference sources. First supplement (1972, zus. mit M. N. Coughlan). – H. L. Jones: The part played by Boston publishers of 1860–1900 in the field of children's books (in: Horn Book Magazine. 45. 1969. 329–336). – A. M. Jordan: From Rollo to Tom Sawyer (1948). – D. Kaser (Hrsg.): Books in America's past (1966). – R. G. Kelly: Mother was a lady (1974). – M. Kiefer: American children through their books, 1700–1835 (1948). – L. Kingman (Hrsg.): Newbery and Caldecott medal books 1956–1965 (1965). – C. L. Meigs: A critical history of children's literature (1969, zus. mit anderen). – B. E. Miller (Hrsg. zus. mit E. W. Field): Newbery medal books 1922–1955 (1955); Caldecott medal books 1938–1957 (1957). – A. C. Moore: My roads to childhood; views and reviews of children's books (1961). – Fr. L. Mott: A history of American magazines (Bd. 1–5. 1938–1968). – Pr. L. Moulton: A romance of the round table (in: Horn Book Magazine. 44. 1968. 289–296, 454–460, 579–586). – R. B. Nye: The unembarrassed muse (1970). – D. Roselle: Samual Griswold Goodrich (1968). – F. C. Sayers: Anne Carroll Moore; A biography (1972); Summoned by books; Essays and speeches (1965). – G. Schiller: Magazine for young America (in: Columbia Library Columns. 23. 1974. 24–39). – D. V. Smith: Fifty years of children's books, 1910–1960 (1963). – H. L. Smith: The unreluctant years; A critical approach to children's literature (1953). – W. Targ (Hrsg.): Bibliophile in the nursery (1957). – J. R. Townsend: Written for children (1965). – A. Trensky: The bad boy in nineteenth-century American fiction (in: Georgia Review. 27. 1973. 503–517). – B. Wishy: The child and the republic (1968).

Fred Erisman/Mae Durham Roger

Utopie

Das Wort U. (griechisch = Utopia) leitet sich aus der griechischen Verneinungssilbe „u" und dem Substantiv „topos" für Ort her und bedeutet „Nirgendland". Das Wort U. kommt in der klassischen griechischen Sprache nicht vor, ist vielmehr eine humanistische Neubildung, die mit dem Titel des Werks „Utopia" (1516) des Thomas Morus (1478–1535) erstmalig faßbar wird. Unter U. als literarischem Genre versteht man die Fiktion eines meist als ideal gesehenen Gesellschaftssystems. In der Kinder- und Jugendliteratur sind in vielen Gattungen (Märchen bis Science Fiction) und in fast allen Perioden ihrer Geschichte Elemente der U. zu finden.

Erscheinungsformen der literarischen U. Der literarischen U. eignet eine relativ starre Typologie, da es ihr stets mehr um die Beschreibung einer Gesellschaftsform als um den Bericht von Ereignissen geht. Deshalb tritt das fiktionale Element oftmals zurück, hat auch in den Rahmenerzählungen nicht viel Spielraum. Die Konstituenten, auf welche in der U.-Beschreibung durch den jeweiligen Autor wert gelegt wird, sind: 1. Die geographische Lage und die natürlichen Voraussetzungen (z.B. Isoliertheit, im 19. und 20. Jahrhundert manchmal Weltstaat); 2. die Kontakte zur Außenwelt (z.B. wirtschaftliche Autarkie, selten Handel, Aufnahmeprüfungen für neue Mitglieder des Staates); 3. die politische Organisation (z.B. demokratisch, oligarchisch-aristokratisch, diktatorisch, vom 18. Jahrhundert an manchmal anarchistisch); 4. die Form des Familienlebens und die Moralauffassungen (z.B. Tendenz zur Großfamilie, zuweilen Eugenik, meist Benachteiligung der Frau im modernen Sinne); 5. die Arbeitsverhältnisse (z.B. Pflicht zur Arbeit für alle, daher Arbeitszeitverkürzung); 6. die Erziehungskonzepte (z.B. nach Geschlechtern getrennt, Bevorzugung der Naturwissenschaften, Erziehung zum Staat); 7. die Bewertung der Wissenschaften (z.B. Dominanz der Naturwissenschaften, Stolz auf Erfindungen); 8. das Alltagsleben und die Kommunikationsbedingungen (z.B. maßvolles Leben, Hygiene, regelmäßige Versammlungen, in negativen U.n Manipulation oder Verhinderung der Kommunikation); 9. die Bedeutung von Sprache, Kunst, Religion (z.B. Mehrsprachigkeit, Weltsprache, Idealsprache, direkte oder indirekte Zensur, affirmative Kunst. Deismus oder Pantheismus, ganz selten konfessionell geprägtes Christentum). Nach Raymond Ruyer (L'Utopie et les utopistes. 1950, S. 41ff.) charakterisieren sich die U.n durch Symmetrie, Uniformität, Glauben an die Erziehung, Naturfeindschaft, Dirigismus, Kollektivismus, verkehrte Welt, Autarkie und Isolation, Asketismus, kollektives Glücksstreben, Humanismus, Proselytismus, prophetischen Anspruch.

Beispiele aus der Geschichte der literarischen U. Die Geschichte der U. ist älter als ihr Begriff. Am Anfang stehen Paradiesmythen, die Vorstellung vom Goldenen Zeitalter und Märchen, die teils weiterleben, teils dem planenden Verstand späterer Utopisten zeitlose Requisiten liefern; Städtebau und Architektur stimulieren seit je utopische Fiktionen oder korrespondieren mit ihnen. Die klassische Antike bringt Platons (427–347 v. Chr.) Politeia („Staat") als formbestimmendes Muster für alle Gesellschaftsfiktionen der Folgezeit hervor. Danach sollen die Philosophen, die mit den Wächtern und den Vollbürgern die drei Stände bilden, zu deren Erhaltung die Sklaverei wie selbstverständlich beibehalten wird, Könige sein. Jeder Beruf tut „das Seine", das Eigentum ist auf das Notwendigste beschränkt, Geld als Zahlungsmittel ist verpönt. Die Ehe steht unter dem Zeichen strenger Eugenik, Junggesellen werden mit hohen Steuern belegt, die Kinder werden getrennt von den Eltern erzogen. Der gesamte Bereich des Ästhetischen unterliegt der Zensur. Als mildernde Revision der Politeia sind die späteren Nomoi („Gesetze") zu verstehen, im „Kritias" greift Platon noch einmal mit der Schilderung des sagenhaften Atlantis das U.-Thema auf. Platon beeinflußt auch seine mehr pragmatisch orientierten Nachfolger: Aristoteles mit seiner „Politik", die Staatsphilosophie der Stoa und Ciceros „De republica".

Die Zeit von der ausgehenden Antike bis zum Neueinsatz im Humanismus bringt zugunsten des nunmehr dominanten Chiliasmus keine eigentliche U., allenfalls utopieverwandte Schriften hervor. Was Platons Politeia für Antike und Mittelalter bedeutet, ist Thomas

MORUS' begriffsstiftende „Utopia" für die Neuzeit, ein Text, der sich in bewußtem Gegensatz zu den realen politischen Mißständen seiner Zeit sieht, die nach seiner Meinung durch Königtum und Feudalismus hervorgerufen werden und als letzte Ursache das Privateigentum haben. MORUS folgen unter anderem die großen U.n von TOMMASO CAMPANELLA (1568–1639) „Civitas Solis" (1602, 1612, 1923), JOHANN VALENTIN ANDREAE (1568–1654) „Christianopolis" (1619), FRANCIS BACON (1561–1626) „Nova Atlantis" (1624, 1638).

Im 18. Jahrhundert steht dann auch durch DANIEL DEFOES (1660–1731) „Robinson Crusoe" (1719) und seine zahlreichen Epigonen die klassische Schiffbruchsfabel der U. als Rahmenerzählung zur Verfügung, die vor allem von JONATHAN SWIFTS (1667–1745) „Gullivers Reisen" (1726), der eine Reihe von Gesellschaftsfiktionen enthält, parodierend genutzt wird. JOHANN GOTTFRIED SCHNABELS „Wunderliche Fata einiger Seefahrer ..." (1731–1743), als „Insel Felsenburg" bekannt geworden, gestaltet ebenfalls eine U. im Gewand der Robinsonade.

Das 19. Jahrhundert, bezeichnenderweise mit J. G. FICHTES „Geschlossenem Handelsstaat" (1800) beginnend, wendet sich immer stärker Problemen sozialer und wirtschaftlicher Art zu. So entstehen unter anderem die Gesellschaftsentwürfe von ROBERT OWEN (1771–1858), CHARLES FOURIER (1772–1737) und CLAUDE-HENRI DE SAINT-SIMON (1760–1825); aus der klassischen U. wird nun häufig das nüchtern berechnete ökonomische Konzept oder das zum politischen Handeln auffordernde Programm. Dasselbe Jahrhundert bringt jedoch auch fiktionale utopische Texte hervor, die sich dem Fortschrittsglauben entziehen und das Bild einer negativen Zukunft malen. So stehen neben vielen anderen englischen Werken EDWARD BULWER-LYTTONS „The coming race: or the New Utopia" (1871; dt. „Das Geschlecht der Zukunft", 1874) und „The time machine" (1895; dt. „Die Zeitmaschine", 1904) von HERBERT GEORGE WELLS (1866–1946), ein Buch, das der Menschheit keine befriedigenden Aussichten schenkt. Die deutsche U. des frühen 19. Jahrhunderts bleibt beschaulicher als die englische, typisch für sie sind die pädagogische Provinz in J. W. GOETHES „Wilhelm Meister" (1821, 1829) und EDUARD MÖRIKES „Orplid" im „Maler Nolten" (1832, 1877); erst THEODOR HERTZKAS „Freiland" (1890) und BERTHA VON SUTTNERS (1843–1914) „Das Maschinenzeitalter" (1890) finden den Anschluß an die Zeit. Ähnliches ergibt sich im 20. Jahrhundert: während in England WELLS weiter schreibt und die skeptischen bzw. Anti-U.n von ALDOUS HUXLEY (1894–1963) „Brave New World" (1932; dt. „Welt, wohin?", 1932; auch u. d.T.: „Schöne neue Welt", 1953) und GEORGE ORWELL (d. i. ERIC BLAIR, 1903–1950) „Nineteen Eighty-Four" (1949; dt. „1984", 1950) entstehen, kümmern sich ALFRED KUBIN (1877–1959) „Die andere Seite" (1909), HANS HENNY JAHNN (1894–1959) „Ugrino und Ingrabanien" (1916), GERHART HAUPTMANN (1862–1946) „Die Insel der großen Mutter" (1924), ALFRED DÖBLIN (1878–1957) „Berge, Meere und Giganten" (1924, zweite Fassung 1932), HERMANN HESSE (1877–1962) „Das Glasperlenspiel" (1943), FRANZ WERFEL (1890–1945) „Stern der Ungeborenen" (1946), HERMANN KASACK (1896–1966) „Die Stadt hinter dem Strom" (1948), ERNST JÜNGER (* 1895) „Heliopolis" (1949) nur verschlüsselt um jeweils aktuelle Probleme. Die Tradition des utopischen Romans reißt nach dem Zweiten Weltkrieg nicht ab. In England sind WILLIAM GOLDING „Lord of the flies" (1954; dt. „Herr der Fliegen", 1956), ALDOUS HUXLEY „Island" (1962; dt. „Eiland, 1973) und ALAN SILLITOE („Travels in Nihilon", 1971; dt. „Nihilon", 1973) Beispiele dafür, in der Bundesrepublik Deutschland WALTER JENS' „Nein – Die Welt der Angeklagten" (1950), ARNO SCHMIDTS „Die Gelehrtenrepublik" (1957), JENS REHNS „Die Kinder des Saturn" (1959), IRMTRAUD MORGNERS „Die wunderbaren Reisen Gustavs des Weltfahrers" (1973), GUDRUN PAUSEWANGS „Aufstieg und Untergang der Insel Delfina" (1973), CARL AMERYS „Das „Königsprojekt" (1974), wobei letzterer Text wie schon der FRANZ WERFELS in Bereiche der Science Fiction hinüberspielt.

Literarische U. als Kinder- und Jugendliteratur. Zur Kinder- und Jugendliteratur hat die U. einen indirekten Bezug. Die einschlägige Forschung versteht darunter fast ausschließlich die Science Fiction-Literatur, oder sie typologisiert von der Abenteuer- oder Unterhaltungsliteratur her. So entstehen Prägungen wie „utopische Geschichten" (KARL ERNST MAIER), „technisch-utopische Abenteuer" (ANNELIESE HÖLDER) oder „technisch-utopischer Roman" (GUSTAV SICHELSCHMIDT). Wenn aber das Verständnis von U. als einer Gesellschaftsfiktion beibehalten wird, müssen Texte auf angedeutete oder ausgestaltete Gesellschaftsfiktionen befragt werden, um als „utopisch" klassifiziert werden zu können. U.n bzw. utopisches Gedankengut sind in mehreren Bereichen der Kinder- und Jugendliteratur aufzufinden: 1. dort, wo die mythischen Wurzeln des Utopischen in ungebrochener Tradition rezipiert werden: in Kinderreim, Kindergedicht und in Märchen, die verkehrte Welten und Wunschländer darstellen, so im Märchen vom Schlaraffenland; 2. dort, wo in Texten der phantastischen Kinder- und Jugendliteratur wie in LEWIS CARROLLS (d. i. CHARLES LUTWIDGE DODGSON, 1832–1898) „Alice in Wonderland" (1865; dt. Alicens Abenteuer im Wunderland", 1869) mit ihren Epigonen bis zu HELGA GEBERTS „Irma sucht Eugen. Eine Bildergeschichte" (1975) und CLIVE STAPLES LEWIS' „The lion, the witch and the wardrobe" (1950; dt. Die Abenteuer im Wandschrank oder: Der Löwe und die Hexe, 1957) die reale Welt zugunsten einer ausgedachten verlassen wird; 3. dort, wo U.n oder utopisierende Texte von für Erwachsene intendierter Literatur – zum Teil durch Bearbeitungen – zur Kinder- und Jugendliteratur geworden sind, am deutlichsten im Falle des „Robinson", des „Gulliver" sowie der Münchhausen- und Schildbürgergeschichten; 4. dort, wo U.n im Rahmen des Literaturunterrichts zur Jugendlektüre werden, wie es bei den von der Literaturdidaktik bereits apperzipierten Texten von E. JÜNGER, H. HESSE, A. DÖBLIN, A. HUXLEY und G. ORWELL der Fall ist und 5. dort, wo tatsächlich die Fragen der Gesellschaftsform und des Zusammenlebens eine Rolle spielen oder im Kinderbuch direkt zum Thema erhoben werden. Dies geschieht in Texten für jüngere Leser noch in märchenhaftem Gewand, häufig in Nachfolge RABELAIS' und SWIFTS als Reise durch verschiedene Wunderländer, so in HUGH LOFTINGS (1886–1947) „Doctor Dolittle"-Büchern, bei WOLF-DIETER TIPPELSKIRCH in „Jeremias Schrumpelhut erzählt. Die Reise zum Stern Traumatia" (1971), GÜNTER SPANG in „Der gläserne Heinrich" (1972), ANNE BOUS in „Phantastische Reise" (1973). Bereits bei dem jungen ERICH KÄSTNER „Der 35. Mai oder Konrad reitet in die Südsee" (1932), noch mehr jedoch bei dem KÄSTNER der Zeit nach dem Zweiten Weltkrieg taucht das Thema der politischen U. im weitesten Sinne im Kinderbuch auf, nämlich in „Die Konferenz der Tiere" (1949). Die Gesellschaft der Tiere repräsentiert hier die humanere Welt gegenüber der zerstrittenen, kriegerischen Menschenwelt. Mit phantastischer Distanz die reale Gesellschaft darstellen wollen auch FRIEDRICH BÖER in „Die Reise in die Wirklichkeit oder: Jeder weiß mehr, als er weiß" (1973) und NICOLAS BORN in „Oton und Iton. Abenteuer in der vierten Dimension" (1973).

Von der utopischen Gründung einer neuen Gesellschaft handeln nicht erst Kinderbücher aus der Zeit nach dem Zweiten Weltkrieg wie die erwähnten und HANS GEORG LENZENS „Die Republik der Taschendiebe" (1960), vielmehr hatte der polnische Arzt, Pädagoge und Schriftsteller JANUSZ KORCZAK (1878–1942) dies schon in seinen „König Hänschen"-Büchern (1923, dt. 1970ff.) getan.

Die U. im Kinderbuch hat in jüngster Zeit weitere Ausformungen erfahren. Folgende Züge sind dabei mehr oder minder ausgeprägt feststellbar, zieht man thematisch so unterschiedliche Bücher wie etwa von GORMANDER, NÖSTLINGER, WELSH, ENDE und LINDGREN heran (Doktor GORMANDER, d.i. GUNNAR OHRLANDER: „När barnen tog makten", 1969; dt. Als die Kinder die Macht ergriffen, 1970; CHR. NÖSTLINGER: „Die feuerrote Friederike", 1970; RENATE WELSH: „Alle Kinder nach Kinderstadt", 1974; MICHAEL ENDE: „Momo", 1973; A. LINDGREN: „Bröderna Lejonhjärta", 1973; dt. „Die Brüder Löwenherz", 1974): 1. Modelle einer repressionsfreien (antiautoritären) Gesellschaft werden – vor allem seit 1968 – vorgestellt; 2. die politische Vorstellung einer urdemokratischen, kommunistischen Gesellschaftsordnung greift in einigen Beispielen Platz; 3. Kinderbücher mit utopischem Inhalt setzen fast ausnahmslos Kinder als Heldenfiguren ein, welche das geschilderte Utopia schaffen oder erreichen; 4. in einigen Kinderbüchern mit utopischem Gedankengut ist nicht nur eine Kritik an autoritären Strukturen und scheindemokratischen Verhältnissen erkennbar, vielmehr auch an den inhumanen Folgen der industrialisierten Leistungsgesellschaft („Momo") oder der Bedrohung der individuellen Freiheit und persönlichen gegenseitigen Zuwendung durch anonyme Massengesellschaft und Machtanhäufung in den Händen weniger („Die Brüder Löwenherz").

Einen strengeren Bezug zum Problem der möglichen und veränderbaren Gesellschaft haben auch die in der DDR erscheinenden Bücher von WERA KÜCHENMEISTER „Die Stadt aus Spaß" (1966), ANATOLI WARSCHAWSKI „Ein Lordkanzler tritt zurück" (1972, über THOMAS MORUS, Auszüge aus der „Utopia"), HEINZ KRUSCHEL „Rebell mit Kreuz und Schwert" (1972, über THOMAS MÜNZER), PAUL KLEMM „Träumer, Ketzer und Rebellen" (1974), HANS BENTZIEN „Wie Robinson kann man nicht leben" (1974) und KLAUS BENDER „Abenteuer Futuria" (1974).

→ Abenteuerbuch, → St. Lem, → Phantastische Erzählung, → Schlaraffenland, → Science Fiction

Sekundärliteratur: W. Biesterfeld: Die literarische Utopie (1974). – H. Bingenheimer: Katalog der deutschsprachigen utopisch-phantastischen Literatur. 1460–1960 (1960). – J. Bleymehl: Beiträge zur Geschichte und Bibliographie der utopischen und phantastischen Literatur (1965). – E. Bloch: Freiheit und Ordnung. Abriß der Sozialutopien (1946). – K.-H. Bohrer: Der Lauf des Freitag. Die lädierte Utopie und die Dichter. Eine Analyse (1973). – L. Dietz: Der Zukunftsroman als Jugendlektüre (in: Der Deutschunterricht. 13. 1961. 6. 79–98). – W. Enninger: Zur Didaktik der literarischen Utopie. Eine erste Orientierung an englischsprachigen Beispielen (in: J. Vogt (Hrsg.): Literaturdidaktik. Ansichten und Aufgaben. 1972. 175–191). – D. Fischer: Utopie und Science Fiction (in: R. Bamberger (Hrsg.): Das Irrationale im Jugendbuch. 1969. 113–119). – W. Frommlet: Science Fiction und soziale Utopie im Kinder- und Jugendbuch (in: Kürbiskern. 1975. 1. 101–111). – A. Könner: Wirklichkeit und Utopie. Zum Problem der Zukunftsromane für Kinder (in: Deutschunterricht. 1958. 11. 190–201). – H.-J. Krysmanski: Die utopische Methode. Eine literatur- und wissenssoziologische Untersuchung deutscher utopischer Romane des 20. Jahrhunderts (1963). – K. Reichert: Utopie und Staatsroman. Ein Forschungsbericht (in: Deutsche Vierteljahresschrift. 1965. 39. 259–287). – G.-K. Sauer: Kindliche Utopien (1954). – R. Schilling: Utopia – ein neues Gebiet für Schundautoren? (in: Jugendliteratur. 5. 1959. 8–12). – M. Winter: Compendium Utopiarum. 1. Von der Antike bis zur Frühaufklärung (1978). – Literarische Utopien, Sowjetische Science Fiction. Themenheft (in: Kunst und Kultur. 1973. 18./19.).

Wolfgang Biesterfeld

V

Vasnečov, Jurij Alekseevič

*Maler, Graphiker und Kinderbuchillustrator; * 10. (23.) 3. 1900 Vjatka, † 3. 5. 1973 Leningrad.*

V. studierte von 1921 bis 1926 an der Akademie der Künste in Leningrad bei den Malern A. E. KAREV, MICHAEL W. MATJUŠIN, KASIMIR S. MALEVIČ und dem Graphiker NIKOLAI S. TYRSA. Ab 1927 wurde er Schüler und Mitarbeiter des bedeutenden Malers und Graphikers VLADIMIR VASILEVIČ LEBEDEV. Seine ersten Kinderbuchillustrationen entstanden schon in den zwanziger Jahren. Seitdem ist V. dieser Aufgabe treu geblieben, wurde aber auch als Schöpfer farbiger Wandbilder und Ölbilder (vor allem Stilleben) bekannt. Von 1941 bis 1945 lebte er in Perm (Ural), war zugleich von 1943 bis 1945 am Spielzeuginstitut der altrussischen, in der Nähe von Moskau gelegenen Stadt Sagorsk als künstlerischer Leiter tätig. Seit 1946 bis zu seinem Tod lebte und wirkte V. in Leningrad. Er erhielt viele Auszeichnungen, darunter 1965 die Goldmedaille auf der Internationalen Buchausstellung in Leipzig für die Ausstattung von „Laduški", 1966 den Ehrentitel „Künstler des Volkes der Sowjetunion", 1973 den Staatspreis für Bildende Kunst für seine Kinderbuchillustrationen.

Jurij A. Vasnečov (1900–1973)

Werk, Tendenzen, Wirkung. Eigenes Talent und akademische Schulung vereinigen sich bei V. mit der Fähigkeit, die lebendigen Traditionen der russischen Volkskunst schöpferisch zu verarbeiten. V. ist ein glänzender Illustrator der für Jungen und Mädchen geeigneten folkloristischen Literatur, von Kinderreimen, Liedern und Märchen für die Kleinen. Er gehört zu den „Naiven", die eine besondere Beziehung zur Welt des Kindes haben, die aber auch mit sensibler künstlerischer Intuition und wirklichem handwerklichen Können arbeiten. V. wird von seinen Kritikern als romantischer Individualist bezeichnet, ein Lyriker und Geschichtenerzähler, der ein rechtmäßiger Nachfolger jahrhundertealter gegenständlicher Malerei sei und seinen Stil, den er vor allem in den dreißiger Jahren entwickelte, auf überzeugende und organische Weise bis zuletzt ausgeformt habe.

Werke: V. Bianki: Boloto (1931); P. Jeršov: Konjokgorbunok (1935); L. Tolstoj: Tri medvedja (1935); K. Čukovskij: Kradnoje solnce (1936); K. Čukovskij (Hrsg.): Pjatdesjat porossjat (1937); J. A. Vasnečov: Kolobok (1944); S. Maršak: Anglijskie narodnye pessni (1945); S. Maršak: Koškin dom (1947); S. Maršak: Teremok (1947); I. Sokolov-Mikitov: Lissji uvertki (1957); I. Sokolov-Mikitov: Družba zverej (1959); J. A. Vasnečov: Laduški russkie narodnye igrovye pessenki (1964); J. A. Vasnečov: Radugaduga (1967); J. A. Vasnečov: Čiki-čiki-čikaločki (1971).

Sekundärliteratur: E. Gankina: Russkie chudožniki detskoj knigi (1963); J. Vasnečov (in: Sovetskaja Grafika '73. 1974); Chudožnik v sovremennoj detskoj knigi (1977). – M. Miturič: W masterskoj J. Vasnečova (in: Detskaja Literatura. 1967. 3. 36–37). – V. Petrov: J. A. Vasnečov (1961). – W. Schmidt: Russische Grafik des XIX. und XX. Jahrhunderts (1967).

Ella Gankina

Vater und Sohn → E. O. Plauen

Veken, Karl

*Kinder- und Jugendbuchautor, Verfasser von Erzählungen, Romanen und Hörspielen; * 22. 7. 1904 Essen, † 21. 7. 1971 Augustusburg (Erzgebirge/DDR).*

Als Sohn einer rheinischen Bürgerfamilie wurde V. nach dem Besuch eines katholischen Lehrerseminars Lehrer und trat 1927 in die SPD ein, bereits 1929 jedoch zur KPD über. V. nahm an den Schulkämpfen der KPD in Berlin teil und wurde deshalb gemaßregelt. Von 1934 bis 1936 verbüßte er wegen „Hochverrats" eine Zuchthausstrafe für seine Teilnahme am antifaschistischen Widerstand. Er emigrierte 1937 in die Tschechoslowakei, später nach Paris. Von Paris aus kehrte er nach Deutschland zurück und arbeitete in der Illegalität gegen den Faschismus. Die Zeit von 1941 bis 1945 war er im Konzentrationslager in Sachsenhausen. Ab 1945 lebte er in Berlin und war zunächst Schulleiter, zog aber schon bald als freischaffender Schriftsteller nach Augustusburg im Erzgebirge. 1946 verfaßte er das in der Freien Deutschen Jugend der DDR bekannte Lied „Wir gehen voran über Trümmer und Scherben". Ab 1955 erschienen seine Kinder- und Jugendbücher, die rasch in der DDR Verbreitung fanden. Die letzten Bücher schrieb er zusammen mit seiner Frau KATHARI-

NA KAMMER. Einige seiner Erzählungen arbeitete V. auch zu Hörspielfassungen um. Bereits 1954 wurden im siebenten Preisausschreiben für Kinder- und Jugendliteratur des Ministeriums für Kultur V.s drei erste Kinderbücher mit einem Preis ausgezeichnet; 1955 erhielt er den Literaturpreis Erster Klasse der Weltjugendfestspiele in Warschau, 1958 die Medaille der Pionierorganisation „Ernst Thälmann" in Silber, 1964 die „Johannes R. Becher-Medaille" in Silber, 1969 den Vaterländischen Verdienstorden in Bronze.

Werk, Tendenzen, Wirkung. V. gilt als einer der Pioniere der Kinder- und Jugendliteratur der DDR, der den „Anschluß" (H. MEYER, S. 43) an die proletarisch-revolutionäre Literaturtradition der Weimarer Republik fand, sich „einer ‚ganz einfachen' Erzählweise" bediente und seine erzieherischen Absichten „humorvoll und der kindlichen oder jugendlichen Psyche angemessen" vortrug (Schriftsteller der DDR, S. 571). V.s Kinder- und Jugendbücher, die der zweiten Phase der Gesellschafts- und Literaturentwicklung der DDR zuzurechnen sind, der Zeit des Übergangs zum Sozialismus, wurden nach anfänglicher Prämiierung auch in der DDR wegen ihrer didaktischen Vordergründigkeit kritisiert, die zwar die Verhältnisse von einem strikt parteilichen Standpunkt beschreibt, jedoch oft zu einer vergröbernden Darstellung kommt. V. beschreibt neben den historischen Stationen der Entwicklung zum Sozialismus („Der Kellerschlüssel", 1955) und den Kämpfen des kommunistischen Jugendverbandes gegen und im Faschismus („Auf Tod und Leben", 1961; „Jagd ohne Gnade", 1969) vor allem die erste Phase des sozialistischen Aufbaus in der DDR. Seine Helden – drei Jungen und ein Mädchen – bestehen in fünf aufeinanderfolgenden Büchern („Vier Berliner Rangen", 1955; „Lustige Streiche", 1955; „Peng und 'ne Kiste", 1956; „Abenteuer mit Viktor", 1956; „Die Rei-Nopis", 1958) Abenteuer im sozialistischen Alltag. Vornehmlich geht es in den Erzählungen mit stets positiver Wendung des Geschehens um die Ausbildung der sozialistischen Moral und des sozialistischen Charakters, demonstriert an der produktiven Arbeit der Kinder in der Schule mit hoher Leistungsbereitschaft und Disziplin, dem Einbinden des Einzelnen in die Geborgenheit des Kollektivs und der Gesellschaft und der vorbehaltlosen, aber freiwilligen und nicht durch individuell-kurzsichtige Bedürfnisse geprägten Einordnung in die Pionierorganisation. Diese strikte Positivität setzt sich auch in den mit seiner Frau geschriebenen Büchern fort („Micki Mager", 1966; „Die unromantische Annerose", 1964). Innerhalb des sehr einfachen Schemas gelingt es V., die Situationen als spannende Abenteuer zu erzählen. Dabei handeln die Helden (die Kinder) eigenständig, doch ihr Handeln ist stets bezogen auf das vorgegebene moralische und gesellschaftliche Muster. Sie agieren nur im Kollektiv und können dabei ihre individuellen Schwächen leicht überwinden; dabei übernehmen gerade auch Mädchen eine aktive Rolle. In seinen letzten Büchern gelingt es V., differenziertere Charaktere zu zeichnen. „Die unromantische Annerose" (1964) endet beispielsweise mit einem offenen Schluß. V. wird so Bindeglied zwischen der proletarisch-revolutionären Literatur der Weimarer Zeit und der zeitgenössischen Kinder- und Jugendliteratur der DDR mit ihren zwar parteilich, aber individueller, widersprüchlicher und damit glaubwürdiger gezeichneten Helden.

Werke: Der Kellerschlüssel. Geschichten aus stürmischen Tagen (1955); Vier Berliner Rangen (1955); Peng und 'ne Kiste (1956); Abenteuer mit Viktor (1956); Die Rei-Nopis oder Das sind ja schöne Geschichten (1958); Teddy ist hier! (in: I. Holtz-Baumert (Hrsg.): Thälmann ist niemals gefallen. 1960. 104–106); Auf Tod und Leben (1961); Die unromantische Annerose. Tagebuch einer Achtzehnjährigen (1964; zus. mit K. Kammer); Micki Mager. Die Abenteuer eines deutschen Jungen (zus. mit K. Kammer, 1966); Jagd ohne Gnade (1969); Gruß durch das Gitter (in: Fröhlich sein und singen. 1970. 8. 11); Ein strahlender Tag im August (in: Fröhlich sein und singen. 1971. 3. 11–12).

Sekundärliteratur: G. Albrecht: Schriftsteller der DDR (zus. mit anderen. ²1975). – H. Meyer: Veken, die Tradition und was bleibt (in: Beiträge zur Kinder- und Jugendliteratur. 1973. 29. 42–48). – Fr. Wallesch: Sozialistische Kinder- und Jugendliteratur der DDR (zus. mit anderen. 1977).

Manfred Geiss

Velthuijs, Max

*Niederländischer Graphiker, Bilderbuchkünstler und Cartoonist; *22.5.1923 Den Haag.*

V. studierte an der Akademie der schönen Künste in Arnheim und war anschließend in unterschiedlichen graphischen Berufen tätig. Als Reprographiker für die Zeichenfilmherstellung, als Plakatmaler, Werbegraphiker und zeitweise auch als Karikaturist für die kommunistische Zeitung „De Uilenspiegel", sammelte er Erfahrungen, die auch seinem buchkünstlerischen Wirken zugute kamen. Als Bilderbuchkünstler gewann er internationale Anerkennung. V. ist neben DICK BRUNA gegenwärtig der bekannteste holländische Kinderbuchillustrator. Wiederholt gelangten seine Bücher auf die Auswahlliste des Deutschen Jugendbuchpreises. 1971 erhielt er auf der Bienale illustracií Bratislava (BIB) eine Auszeichnung.

Werk, Tendenzen, Wirkung. V. hat sich in seinen Bilderbüchern vornehmlich gängigen Themen der Kinderlektüre zugewandt und Illustrationen zu ABC-Büchern, Umwelt-, Tier- und Phantasiegeschichten gemalt. Er hat sowohl für Vorschul- wie auch für Grundschulkinder in vornehmlich optimistischer Farbgebung einprägsame Themen gestaltet. Kinderverse und Alltagsszenen gewinnen jedoch bei ihm eine erhebliche Dramatisierung und expressive Steigerung durch kraftvolle Konturierung und Freistellung der monumental wirkenden Motive vor weißem Untergrund. Die Erfahrung mit Wirkungen großflächiger Kompositionen auf Anschlags- und Plakatwänden, Litfaßsäulen und Werbetafeln hat er auch beim Gestalten von Bilderbüchern für Kinder nicht vergessen. Ob

*Max Velthuijs (*1923). Illustration aus dem Kinderbuch „Der Junge und der Fisch“ (1969).*

er von Kindern oder feuerspeienden Drachen, von den vielfältigen Erlebnissen kleiner Geschöpfe mit einem großen Fisch, dem Zusammenstoß mit den Elementen oder dem abenteuerlichen Flug eines kleinen Burschen mit einem Flugdrachen um die Welt erzählt, immer sind Mimik und Gestik seiner Gestalten leicht karikiert, jedoch ohne ironisierende Wirkung. Die exotische Farbgebung verfremdet gegenüber der Wirklichkeit und enthebt zudem die einzelnen Geschichten der exakten zeitlichen und lokalen Zuordnung. Diese Faktoren haben dazu beigetragen, daß alle Bücher von V. in verschiedene Sprachen übernommen werden konnten, unter anderem ins Deutsche, Englische, Schwedische.

Bemerkenswert ist, daß V. oft seine Bilderbücher zuerst mit deutschem Text versieht, ehe er den holländischen eingibt. Nach eigener Aussage nötigt ihm das begrenzt zugängliche Vokabular der Fremdsprache größere Ökonomie und sparsameren verbalen Gebrauch ab als dies bei der Betextung in der Muttersprache der Fall ist. Die heiteren Kindern Spaß und Mut zugleich machenden Bildmotive von V. finden sich nicht allein in seinen Bilderbüchern, vielmehr z.B. auch auf seinen großformatigen Wandbildern und Kinderpostern.

Werke: M. Velthuijs: A is een aapje (1964; dt. A ist der Affe. Das bunte Bilder-ABC, 1966); M. Damjan: Der Wolf und das Zicklein (1968); M. Velthuijs: Der Junge und der Fisch (1969, [6]1977); M. Velthuijs: Der arme Holzhacker und die Taube (1970); M. Velthuijs: Tobias und das Schloß der Taube (1970); M. Velthuijs: Der Maler und der Vogel (1971); M. Velthuijs: Das gutherzige Ungeheuer (1973); M. Velthuijs: Es regnet, es regnet (1973, [5]1977); M. Velthuijs: Das gutherzige Ungeheuer und die Räuber (1976); Der Wind, der Wind (1978).

Horst Künnemann

Venezuela

(República de Venezuela). Republik im Norden Südamerikas. Staatsgebiet: 910050 km²; Einwohner: 10600000. Nach der Verfassung vom 23.1.1969 ist V. eine föderative Republik. Staatsoberhaupt ist der unmittelbar vom Volk für fünf Jahre gewählte Präsident. Die gesetzgebende Gewalt liegt bei dem Nationalkongreß, der aus dem Senat sowie dem Abgeordnetenhaus besteht. Die meisten Bewohner V.s sind Mischlinge, vor allem Mestizen, daneben Mulatten und Zambos. Der Anteil der Neger beträgt etwa 5 %, der der Weißen, vor allem eingewanderte Spanier und Italiener, rund 20 %. Indianer (etwa 2 %) leben nur noch im äußersten Nordwesten, im Orinoco-Delta und im Bergland von Guayana. Amtssprache ist Spanisch.

Entwicklung der Kinder- und Jugendliteratur und gegenwärtiger Stand. Eine spezifische Kinder- und Jugendliteratur ist in V. noch wenig entwickelt. Wie in den anderen südamerikanischen Ländern auch, spielt der Einfluß der mündlich überlieferten Märchen, Sagen, Legenden und anderer Arten von Oralliteratur eine wichtige Rolle. Während die Legenden, Lieder, Reime und Epen vor allem auf die spanische Tradition zurückgehen, sind vor allem die Märchen durch verschiedene Einflüsse geprägt. Zum Teil wurden sie von den Spaniern mit in die neue Welt gebracht und lassen orientalische Einflüsse erkennen. Die weitgehend auf mythische Ursprünge zurückgreifenden Märchen der indianischen Eingeborenen erzählen von der Entstehung der Welt, von den Elementen, von dem Leben der Menschen und Tiere in der vorgeschichtlichen Zeit. Andere Märchen, vermischt mit Liedern, rhythmischen Gesängen und listenreichen Sklavengeschichten, wurden von den als Sklaven eingeführten Negern übernommen. In zahlreichen dieser Geschichten sind Tiere die Hauptfiguren. In den oft kurzen, exemplarischen, anekdotenhaften Stücken triumphiert vielfach der Schwächere durch List und Witz über den Starken. Hase und Jaguar sind die beliebtesten Figuren der venezolanischen Fabeln. Der Hase, schlau, aber auch voller Hochmut, kann fast immer den starken und mächtigen Jaguar überlisten. Erst recht spät wurde in V. damit begonnen, die mündlich überlieferten Volksdichtungen zu sammeln und aufzuschreiben. Systematisch wird das Material erst seit der Gründung des „Instituto Nacional del Folklore“ im Jahr 1946 gesammelt und ausgewertet. TUILO FEBRES CORDERO (1860–1938) war einer der ersten, der begann, das traditionelle Erzählgut wie Schlaflieder, Zungenbrecher, Rätsel, Legenden und Märchen zu sammeln. Er beschäftigte sich vor allem mit den mündlichen Überlieferungen der Andenregion und solchen, die er in seiner Heimatstadt Merida selbst antraf. Bekannt wurden seine Sammlungen „Las cinco águilas blancas" und „La leyenda del dictamo". Verschiedene Autoren beschäftigten sich vor allem mit den traditionellen Fabeln um Hase und Jaguar, wie RAFAEL RIVERO ORAMAS (*1904), der die Sammlung „El mundode Tío Conejo" (1973) herausgab, und ANTONIO ARRAIZ (1903–1963), der den Band „Tío Tigre y tío Conejo" (1945) veröffentlichte. In den Fabeln der letzteren Sammlung werden vor allem die sozialkritischen Aspekte in den Vordergrund gestellt. Weitere Sammlungen wie „Cuentos para ninos" (1971) stammen von LUIS EDUARDO EGUI (1921–1974) und PILAR ALMOINA DE CARRERA (El camino de Tío Conejo, 1970). MIGUEL ACOSTA SAIGNES, MIGUEL CARDONA, LUIS FELIPE RAMÓN Y RIVERY, ISABEL ARETZ und GUSTAVO LUIS CARRERA zählen zu den wichtigsten Folkloristen. Der Schriftsteller RAFAEL OLIVARES FIGUEROA (1893–1973) legte mit den Bänden „Antología infantil de la nuevo poesia venezolana" (1939) und „Folklore venezolano" (1949) den wichtigsten Beitrag zur venezolanischen Folkloreforschung vor.

Die ersten Beiträge einer spezifischen Kinder- und Jugendliteratur in V. finden sich schon zu Beginn des 19. Jahrhunderts. Allerdings lasen die Kinder der Oberschicht – denn nur diesen war der Besuch einer Schule und das Erlernen von Schreiben und Lesen damals möglich –, in der ersten Hälfte des 19. Jahrhunderts noch vorwiegend Texte, die aus Spanien importiert wurden oder auch solche, die aus Frankreich und England bzw. den USA kamen. Soweit sich schon eigenständige Texte fanden, handelte es sich – darin nicht sehr von den Texten des Mutterlandes unterschieden – um didaktisch-moralische Geschichten mit klar erzieherischen Tendenzen, die gleichzeitig als Schullektüre wie als häusliche private Lektüre zur Verfügung standen. Auch Sitten- oder Anstandsbüchlein waren verbreitet. Die „Lecciones de buena crianza, moral y mundi" (1841) von FELICIANO MONTENEGRO COLÓN (1783–1853) waren das erste in V. hergestellte Kinderbuch. Weit verbreitet war auch „El libro de la infancia" (1865), ein in der Tradition der europäischen „Kinderfreunde" stehendes Buch von AMENDORO URDANETA (1829–1905). URDANETA war Lehrer. Sein Buch bestand aus vier Kapiteln und einem Anhang, der 41 Fabeln brachte, die 1874 gesondert unter dem Titel „Fábulas para los ninos" herausgebracht wurden. Die erste Kinderzeitschrift gründete JOSÉ EUSTAQUIO MACHADO (1868–1933) unter dem Titel „El Cojo Ilustrado", in der er seit 1896 reich illustrierte speziell für Kinder verfaßte Erzählungen aufnahm. Auch einige Texte von TULIO FEBRES CORDERO (1860–1938) fanden Eingang in die Schulen, obwohl sie vom Verfasser nicht speziell für Kinder geschrieben worden waren.

Um die Jahrhundertwende mehrten sich spezielle Ausgaben für junge Leser. Zu den Autoren aus dieser Zeit gehören LUIS URBANEJA ACHELPOHL (1872–1937) und SANTIAGO KEY AYALA (1874–1959). AYALA wurde vor allem durch seine Biographie über SIMON BOLIVAR bekannt, die er „den Jüngsten unter den Jungen des Landes" widmete und die noch heute aufgelegt wird. JOSÉ RAFAEL POCATERRA (1888–1955) verfaßte die noch heute viel gelesenen Geschichten „De cómo Panchito Mandefuá cenó con el Jesús" und „La i latina". Auch ROMULO GALLEGOS (1884–1969) gehörte zu den bekannteren Kinderbuchautoren. 1932 veröffentlichte JACINTO FOMBONA PACHANO (1901–1951) seinen Gedichtband „Virajes", der auch zahlreiche Kindergedichte enthält. MANIEL FELIPE RUGALES (1904–1959) wurde durch sein Kinderbuch „Canta Pirulero" (1950) bekannt. Den ersten Band mit Gedichten für Kinder verfaßte FERNANDO PAZ CASTILLO unter dem Titel „La huerta de Donana" bereits 1920; das Buch wurde jedoch erst 1970 veröffentlicht. Aus den Erzählungen der neueren venezolanischen Kinder- und Jugendbuchautoren hebt sich die Geschichte „Manzanita" ab, die JULIO GARMENDIA (1898–1977) 1951 in seinem Geschichtenbuch „La tuna de oro" veröffentlichte und in der in recht satirischer Weise die Unart der Venezolaner, nämlich die kulturellen Errungenschaften anderer Länder als wertvoll zu betrachten, die kulturellen Produktionen des eigenen Landes aber geringzuschätzen, angeprangert wird. Auch das Kinderbuch „El diento roto" von PEDRO EMILIO COLL (1872–1974) gehört zu den herausragenden Veröffentlichungen.

Wichtige venezolanische Kinder- und Jugendbuchautoren der letzten Jahrzehnte und der Gegenwart sind: AQUILES NAZOA (1920–1976); JÉSUS ROSAS MARCANO (*1931) mit „Proclama de la espiga" (1958), „Amedia Mar" (1965), „Cotelidon, cotelidon, la vida ..." (1965) und „Manso vidrio del aire" (1968); RAFAEL RIVERO ORAMAS (*1904), der auch die Kinderzeitschriften „Onza, Tigre y léon" (1938) und „Tricolor" (1949) gründete und die venezolanische Sektion der IBBY ins Leben rief, mit „Los cuentos de Tío Nicolás"; ORLANDO ARAUJA (*1928) mit „Miguel Vicente, pata caliente" (1971); TERESA HERNANDEZ (*1929) mit „Aldea de la infancia" (1975), „Cartilla Ecologica" (1975) und „Cómo es el petróleo" (1976), eine Autorin, die sich vor allem dem Sachbuch für junge Leser gewidmet hat; MORITA CARRILLO (*1921), die vor allem durch ihre Kindergedichte und Theaterstücke für Kinder bekannt geworden ist; BLANCA GRACIELA CABALLERO (*1921) mit „Chicharras en el bambú" (1974) und „Los versos de Blanca Graciela" (1975), einem weit verbreiteten Gedichtband. Auch LUIS TEJADA (*1938), VICTOR SALAZAR (*1940) seien erwähnt. Von DAVID ALIZO (*1941) und RAMÓN PALOMARES (*1935) stammt die Eingeborenenlegende „La rana, et tigre los muchachos y el fuego" (1969). KURUSA URIBE (*1942) und VERONICA URIBE (*1942) brachten 1978 drei Erzählungen heraus, die von den Pemonindianern handeln („El rabipelado burlado", „El cocuyo y la mora", „El tigre y el rayo"). Hier wird die Tendenz sichtbar, in der neueren Kinder- und Jugendliteratur wieder auf die Überlieferungen und das Leben der eingeborenen Indianerstämme zurückzugreifen.

Organisationen, Förderungsmaßnahmen, Literatur. Wegen der noch immer geringen Zahl jährlich erscheinender venezolanischer Kinderbücher (etwa 10 Titel pro Jahr) gelangen die meisten für Kinder angebotenen Texte, die in den Buchhandlungen oder in Bibliotheken stehen, aus anderen spanisch sprechenden Ländern, wie Spanien selbst, aber auch aus Mexico oder Argentinien, nach V. Lehrer wie Bibliothekare sind der Meinung, daß die Bücher aus diesen Ländern für die Kinder in V. besondere Probleme schaffen: es gibt einen unterschiedlichen Sprachgebrauch, auch erschweren die verschiedenen Sprachidiome das Verständnis. Außerdem trifft die in solchen Büchern gezeichnete Umwelt weder gesellschaftlich noch äußerlich auf V. zu. Diese Verständnisschwierigkeiten zeigen sich auch in den Illustrationen.

Es gibt einige Untersuchungen über Comics. Solche Bildhefte werden zumeist aus Mexiko eingeführt, die allerdings weitgehend Lizenzausgaben aus den USA darstellen. Die in Mexiko selbst hergestellten Comics sind von besonders schlechter Qualität. Die Untersuchungen stellen einen Zusammenhang zwischen mangelhaftem Sprachgebrauch und der Vermittlung fremder Werte durch die Heftchen fest.

In V. wurden bisher zahlreiche Kinderzeitschriften produziert, die allerdings zumeist nur eine kurze Lebensdauer hatten. Die schon erwähnte „Tricolor" ist die einzige Kinderzeitschrift,, die mit einer gewissen Regelmäßigkeit erscheinen konnte. Sie wird vom Erziehungsministerium herausgegeben und hat zur Zeit eine Auflage von 250000 Exemplaren. Die Hefte werden in den Schulen kostenlos verteilt. Von der „Corporación Venezolana de Guayana" wird das Magazin „Uyapar" kostenlos in der Provinz Guayana verteilt.

1976 begann die Tageszeitung „La voz de Catia" damit, in ihrer Beilage „Martes Infantil" Verse, Geschichten und Beobachtungen von Kindern der öffentlichen Schulen abzudrucken. Andere Tageszeitungen folgten diesem Beispiel. Bis 1965 gab es in V. noch keine spezifischen Kinderbibliotheken. Die erste Bücherei für Kinder und der erste Bücherbus wurden von der „Banco del Libro", einer privaten Institution, die sich der Leseförderung annimmt, eingerichtet. Sie richtet ihr Interesse vor allem auf die sozial benachteiligten Gegenden V.s und auf die Slums von Caracas. Seitdem das Bibliothekswesen durch die „National Library" zentral organisiert wird, trat ein deutlicher Wandel ein. Bibliotheken für Kinder und Jugendliche sind heute besonders wichtig, da immerhin 50% der Bevölkerung V.s unter 15 Jahre alt ist. Auf Initiative der „Banco del Libro" geht auch die Einrichtung von Schulbüchereien zurück. Bis 1978 konnten 33 Schulbüchereien aufgebaut werden, die etwa 30000 Schulkinder mit Lesestoff versorgen.

Die Bibliothekarschule der „Universidad Central de Venezuela" bietet Kurse zur Kinder- und Jugendliteratur an, ebenso die „Universidad de Carabobo" und die „Universidad del Zulia".

Bedeutenden Anteil an der Kinder- und Jugendliteratur hat Efraín Subero (* 1931), der 1977 das Werk „La literatura infantil venezolana" herausgab. Subero ist auch als Herausgeber von Anthologien hervorgetreten („Bibliografía de la poesía infantil venezolana", 1966; „Poesía infantil venezolana", 1967; „Teatro escolar", 1970). Die wichtigste Bibliographie zur Kinder- und Jugendliteratur stammt von Carmen Mannrino de Mazzei („Bibliografía de la literatura infantil venezolana", 1972). Eine Sammlung von Texten, die Kinder selbst produzieren, stammt von Javier Villafane („Los cuentos que me contaron", 1970). Eine Analyse der gesprochenen und geschriebenen Sprache des Kindes legte Josefina Urdaneta (* 1925) unter dem Titel „El nino y la palabra" vor.

Die erwähnte, 1960 gegründete „Banco del Libro" versucht, das Lesen und das Interesse von Kindern an Büchern systematisch zu fördern. Die Institution richtete zwischen 1965 und 1971 verschiedene Wettbewerbe für Kinderbuchautoren und Illustratoren aus. Aktivitäten zur Förderung der Lektüre für junge Leser gehen auch von dem „Centro de Capacitacíon Docente el Mácaro" aus, einer Abteilung des venezolanischen Erziehungsministeriums. Seit 1978 hat hier auch das Projekt „Interamerican Children's Literature", das von der Organisation amerikanischer Staaten gefördert wird, seinen Sitz. Seit 1978 gibt es die „Asociación Venezolana de Literatura Infantil y Juvenil", die sich die Unterstützung von Herausgebern, Autoren, Illustratoren, Lehrern und Bibliothekaren zum Ziel gesetzt hat.

Der erste spezielle Kinderbuchverlag in V. wurde 1977 gegründet. Die zehn ersten Kinderbücher brachte der Verlag 1978 heraus.

Sekundärliteratur: I. Aretz: Manual de Folklore Venezolano (1972). – C. Bravo-Villasante: Historia y antología de la literatura infantil iberoamericana (Bd. 1–2. 1966). – M. Cardona: Panorama del Folklore Venezolano (1959). – P. Diaz Seijas: La antigua y la moderna literatura venezolana (1966). – E. Subero: La literatura infantil venezolana (1977). – A. Uslar Pietri: Letras y hombres de Venezuela (1974).

Veronica Uribe

Veranschaulichung

Unter V. ist eine literarische Darstellungsweise zu verstehen, bei der mit sprachlichen Mitteln, nämlich durch Anreicherung des Textes mit eidetischer Information, die Vorstellungskraft des Lesers aktiviert wird, um sein Verständnis des Vorgetragenen zu erhöhen. V. dient der Verdeutlichung und erweitert den Umfang der Erkenntnis in die Dimension des sinnlichen Erfassens.

Die V. und ihre Funktion im Verstehensprozeß. Textrezeption kann, je nach Eigenart der Lektüre und der intellektuellen Reife des Lesers, auf verschiedenen Abstraktionsstufen vollzogen werden. So z.B. setzt das Verständnis wissenschaftlicher Literatur die Fähigkeit zu abstrakter Symbolorganisation voraus, während ein sprachkünstlerisch gestalteter fiktionaler Text sich oft mehr an das Vermögen des Lesers wendet, sich die in den Schriftzeichengruppen enthaltene Information bildhaft zu vergegenwärtigen, sie mit Hilfe seiner Vorstellungskraft eidetisch zu rekonstruieren. Dem im Umgang mit Texten geübten Leser sind beide Rezeptionsweisen verfügbar, das Kind muß sie erst erlernen. Zunächst ist das kindliche Denken noch sehr an konkretes Anschauen gebunden. Dieser Entwicklungsstufe entspricht das Bilderbuch, in dem Schriftsprache nur „kommentierende“ Funktion hat. Auf der nächsten Stufe folgt das Bildergeschichtenbuch mit einem die einzelne Bildszene übergreifenden Kontext, zu dessen Verständnis es erforderlich ist, Bild und Text aufeinander zu beziehen. Im Grundschulalter, wenn das Kind lesen gelernt hat, kehrt sich das Verhältnis auf Grund schulischer Enkulturationsprozesse um. Das Bild dient nur noch zur Illustration und kann schließlich ganz wegfallen; die Schrift allein ist das Medium der V. Als Ideal kann hier der „abstrakte Stil“ des Märchens gelten, der es dem Leser/Hörer selbst überläßt, die durch formelhafte, oft stereotype Wendungen evozierten Vorstellungen bildhaft zu konkretisieren (LÜTHI, 1975, 31 ff.). Dadurch wird die Phantasie nicht auf ein Erscheinungsbild festgelegt, sondern zur Selbsttätigkeit angeregt. Ein anderes Mittel, dies zu erreichen, ist die Typisierung. Die Reduktion auf das Typische erleichtert dem jungen Leser die Vergegenwärtigung von Personen und Objekten, indem sie das Bild vereinfacht, so daß das Vorstellungsvermögen nicht durch zu viele Details überfordert wird, und damit zugleich der Phantasie einen weiten Spielraum läßt. Der Typisierung verwandt ist die Übertreibung, die bestimmte anschauliche Züge bis ins Monströse oder Groteske verstärkt (wie ASTRID LINDGREN in: „Pippi Langstrumpf“). Das Kind erkennt die Ironie dieser Darstellungsweise, die den Wirklichkeitsgehalt der Vorstellungen relativiert. Durch Übertreibung wird der Gegenstand anschaulich und unwirklich zugleich; dies wirkt auf die Phantasie als Anreiz zu spielerisch-freier Betätigung. Realistisch gemeinte Beschreibungen affizieren die Phantasie besonders dann, wenn sie sich auf absonderliche, exotische, abenteuerliche, aus dem Rahmen fallende Gestalten und Erscheinungen beziehen (z.B. „Robinson Crusoe“ und „Huckleberry Finn“).

Die sprachliche V. innerer Zustände und Vorgänge, wie Freude, Trauer, Angst usw., gelingt am besten durch Umsetzung in sichtbares Ausdrucksverhalten, z.B. Lachen, Weinen, Davonlaufen. Ein bewährtes Mittel, um statistische Gebilde anschaulich darzustellen, ist die Vergegenwärtigung ihres Entstehungsprozesses; schon im 8. vorchristlichen Jahrhundert bediente sich HOMER dieses Kunstgriffs, um den Schild des Achill zu beschreiben (Ilias; 18. Gesang, V. 478 ff.).

Die sprachliche V. soll aktivierend auf die Phantasie des Lesers wirken. Auch für die Kinder- und Jugendliteratur gilt, was bereits GOTTHOLD EPHRAIM LESSING (1729–1781) erkannte: „Dasjenige aber nur allein ist fruchtbar, was der Einbildungskraft freies Spiel läßt. Je mehr wir sehen, desto mehr müssen wir hinzudenken können. Je mehr wir dazudenken, desto mehr müssen wir zu sehen glauben“ (LAOKOON 1; 3). Der junge Leser soll fähig werden, das im Text anschaulich Gegebene durch eigene Vorstellungen zu „interpretieren“. Dies setzt voraus, daß die eidetische Information sich mit Erfahrungen, die er selbst gemacht hat, verknüpfen läßt. Gut geeignet ist hier der Vergleich, der Neues auf Bekanntes, Fremdes auf Vertrautes bezieht. Das anschauliche Erzählen und Schildern ist in der Kinder- und Jugendliteratur jedoch nicht nur aus psychologischen Gründen geboten, sondern es hat auch, im Hinblick auf die Erwachsenenlektüre, eine propädeutische Funktion. Besonders moderne mehrschichtige und deutungsoffene Texte erfordern beim Rezipienten die Fähigkeit zur eidetischen Rekonstruktion, weil der symbolische Sinn der sprachlich veranschaulichten Gehalte oft nur durch deren vorstellungsmäßige Vergegenwärtigung erschließbar ist.

Sekundärliteratur: J. Flügge: Die Entfaltung der Anschauungskraft (1963). – H. Lassen: Beiträge zur Phänomenologie und Psychologie der Anschauung (1939). – M. Lüthi: Das Volksmärchen als Dichtung. Ästhetik und Anthropologie (1975). – A. Petzelt: Der Begriff der Anschauung C (1933). – J. Piaget: Psychologie der Intelligenz (1948).

Heinz Tischer

Vereinigte Jugendschriftenausschüsse (VJA)

Die VJA – heute „Arbeitsgemeinschaft Jugendliteratur und Medien (VJA)“ – sind eine schon im 19. Jahrhundert entstandene, literaturerzieherisch aktive überregionale Lehrerorganisation in der Gewerkschaft Erziehung und Wissenschaft.

Geschichtlicher Überblick. Bereits um die Mitte des 19. Jahrhunderts bildeten sich vereinzelt Jugendschriftenausschüsse, die Literatur, vor allem die „spezifische“ Jugendliteratur, daraufhin sichteten, was als Lesestoff für junge Leser und für den Gebrauch in der Schule geeignet sei. Diese Ausschüsse schlossen sich, im wesentlichen durch die Ideen der Kunsterziehungsbewegung bestimmt, 1893 zu „Vereinigten Prüfungsausschüssen“ zusammen. Organisatorisch selbständig, arbeiteten sie eng mit dem damaligen „Deutschen Lehrerverein“ zusammen. 1933 wurden die Ausschüsse aufgelöst und ihre Aufgaben von der nationalsozialistischen Lehrerorganisation (NSLB) übernommen. Nach dem Zweiten Weltkrieg gliederten sich die neu entstehenden Ausschüsse unter der Bezeichnung „Vereinigte Jugendschriftenausschüsse“ (VJA)“ in die Gewerkschaft Erziehung und Wissenschaft ein und änderten 1971 den Namen in „Arbeitsgemeinschaft Jugendliteratur und Medien (VJA)“ um. Das Presseorgan, die „Jugendschriften-Warte“, besteht seit 1893 und ist eines der ältesten Fachorgane. Nach der Namensänderung in „Informationen Jugendliteratur und Medien (Jugendschriften-Warte)“ erscheint die Zeitschrift heute als Beilage der Zeitschrift „Deutsche Schule“, kann aber auch selbständig bezogen werden.

Die entscheidenden ideellen Impulse erhielten die VJA durch den Hamburger Lehrer HEINRICH WOLGAST (1860–1920). In zahlreichen Veröffentlichungen und als Schriftleiter der „Jugendschriften-Warte“ von 1896 bis 1912 kämpfte er gegen die „spezifische“ Jugendliteratur der chauvinistischen konfessionellen Traktate ebenso wie gegen die bürgerliche Tendenzlektüre für Kinder. Trotz der Gegnerschaft des Buchhandels, der Kirchen, der konservativen Parteien und der betroffenen Jugendschriftsteller setzten die VJA vor allem in der Volksschullehrerschaft ihr literaturpädagogisches Programm weitgehend durch. Die VJA beharrten auch lange auf WOLGASTS Vorstellung, daß durch die Beschränkung auf die „Jugendschrift in dichterischer Form", also auf eine Auswahl von Kunstwerken der allgemeinen Literatur, Lektüre zum Bildungsmittel werden und der Menschenformung, insbesondere in der Arbeiterklasse, dienen könne. Hierauf sind der jahrzehntelange Kampf gegen „Schmutz und Schund" wie auch die Mitwirkung der VJA in der „Bundesprüfstelle für jugendgefährdende Schriften" zurückzuführen. Auch die Überlegungen um die „Schülerbücherei" und die periodisch herausgegebenen Auswahllisten (seit 1950: „Bücher für unsere Jugend"; seit 1960 gemeinsam mit der „Arbeitsgemeinschaft von Jugendbuchverlegern": „Das Buch der Jugend") standen lange Zeit vor allem im Dienste dieser puristischen Vorstellungen. Allerdings wurde durch die „Pädagogik vom Kinde aus" der enge Literaturkanon wesentlich erweitert. Später spielte SEVERIN RÜTTGERS (1876–1937) mit seiner Befürwortung des „alten nationalen Volksgutes" eine aus heutiger Sicht fragwürdige Rolle. Die Sachliteratur fand durch WILHELM FRONEMANN (1880–1954) einen Förderer. Während 1956 der „Material- und Nachrichten-Dienst (MUND)" der Arbeitsgemeinschaft deutscher Lehrerverbände mit der Darstellung der Arbeit der VJA noch ganz auf überkommenen literarästhetischen Normen basierte, begannen in den VJA die Einflüsse neuer politischer, soziologischer, linguistischer und anderer Theorien die festgefahrenen Ansichten über den Vorrang des „guten Jugendbuches" aufzubrechen. Nicht mehr das Buch allein, sondern mit ihm die inzwischen weitverbreiteten audiovisuellen Medien, nicht nur die künstlerische Form, sondern ein auf alle Texte erweiterter Literaturbegriff, nicht ideale Bildungsvorstellungen, sondern Untersuchungen zur Wirkung von Literatur und ihrer ökonomischen und soziologischen Bedingungen haben die Beurteilungsarbeit der VJA unter neue Aspekte gestellt. An die Stelle der alten „Schülerbücherei" ist das Modell der „Schulmediothek" getreten. Insbesondere durch MALTE DAHRENDORFS (* 1928) Ausführungen zur „Situation der Jugendbuchkritik heute" ist die Diskussion um den Prozeß der Beurteilung und Vermittlung von Jugendliteratur in eine neue Phase getreten.

Die Vorsitzenden der VJA sind seit 1949 gewesen: 1949–1960 JOHN BARFAUT (Hamburg), 1960–1965 DIETER GERBER (Hamburg), 1965–1977 HANS BÖDEKKER (Hannover) und von 1977 an HEINZ DÖRR (Überlingen/Bodensee).

→ Beurteilung von Kinder- und Jugendbüchern, → Bundesprüfstelle, → W. Fronemann, → Jugendmedienschutz → Jugendschriften-Warte, → Jugendschriftenbewegung, → Kritik der Kinder- und Jugendliteratur, → Kunsterziehungsbewegung, → H. Wolgast

Konrad Kallbach

Vereinigte Staaten von Amerika → USA

Verfrühung

Unter V. ist in der Kinder- und Jugendliteratur bzw. in der Literaturpädagogik die vorwegnehmende Lektüre von Texten (besonders fiktionalen) zu verstehen, die eigentlich für ein höheres Lesealter bestimmt sind.

V. als literaturdidaktisches Problem. Literarische V. ist ein mehrschichtiges, sehr differenziert zu betrachtendes Problem. Im Nachwort zu „Pole Poppenspäler" (1873–1874) formulierte THEODOR STORM (1817–1888) das Paradoxon: „Wenn du für die Jugend schreiben willst, so darfst du nicht für die Jugend schreiben". Damit ist das Prinzip einer Werkästhetik angesprochen, bei der auf den Rezipienten keine Rücksicht genommen und in praxi V. gerechtfertigt wird. Demgegenüber steht im Zusammenhang mit der Diskussion um die sogenannte „Kindertümlichkeit" die Auffassung von der „Kind-" oder „Jugendgemäßheit" der Jugendlektüre, bei der letztendlich V. als eine schädliche, die natürliche Entwicklung koupierende, autoritäre Maßnahme der Literaturerziehung kritisiert wird, die ein Mehr an Verständnis fordert als der (jugendliche) Rezipient von sich aus zu geben vermag. Gerade die einem bestimmten Lesealter „auf den Leib geschriebenen" Kinder- und Jugendbücher haben sich jedoch vielfach als inhaltlich und sprachlich fragwürdig erwiesen, während andererseits Bücher, die ursprünglich als Erwachsenenlektüre gedacht waren, in den Bestand der klassischen Jugendliteratur – allerdings zum Teil nach starker Bearbeitung – eingegangen sind, wie z.B. „Robinson Crusoe", „Lederstrumpf", „Onkel Toms Hütte", „Tom Sawyer" und „Huckleberry Finn". V. kann aber auch als eine vom Leser selbstverursachte Entscheidung verstanden werden, indem er bei dem Anspruch an seine Lektüre über den Rand seiner eigenen Lesekompetenz hinausgeht.

Problematisch sind zunächst die Kriterien, nach denen Texte bestimmten Stufen der Lesereife zugeordnet werden. Bezeichnungen wie „Struwwelpeter"-, „Märchen-", „Robinson-", „Balladenalter" sind einseitig am herkömmlichen Lektürekanon orientiert und geben oft mehr die Sollensvorstellungen der Erwachsenen wieder als die tatsächlichen Leseneigungen der Kinder. Die Möglichkeit, junge Menschen in ein Verhältnis zu gedanklich und sprachlich anspruchsvoller Literatur zu bringen, ist nicht nur reifungs-, sondern auch sozialisationsbedingt. Untersuchungen zeigten eine deutliche Abhängigkeit des Leseverhaltens vom Grad der Schulbildung, besonders der Hinwendung zu anspruchsvoller fiktionaler und kritischer Literatur (z.B. ERICH WEBER, Die Bedeutung des Lesens für die Freizeit junger Menschen, in: A. CL. BAUMGÄRTNER/M. DAHRENDORF, 1970, 120). Der Begriff „V." ist daher nur sinnvoll zu gebrauchen, wenn man ihn schichtenspezifisch relativiert.

Beachtung verdient der Hinweis ROLF GEISSLERS, daß im Grunde „jede Lektüre von Dichtung verfrüht" sei:

„Verstehen von literarischen Texten ist immer nur ein Partialverständnis". Aber gerade das nur partiell Verstandene trage in sich den Keim zu künftiger, tiefer eindringender geistiger Auseinandersetzung. „Dichtung erschließt sich in immer weiteren Dimensionen, ohne ausschöpfbar zu sein" (GEISSLER, 1970, 94). Oft wird den jungen Menschen an einem literarischen Text zunächst nur das rein Stoffliche interessieren, und vielleicht wird er gerade die Passagen überschlagen, die der erwachsene Leser am meisten zu schätzen weiß. Doch wird er sich, wenn der Text ihn wirklich zu fesseln vermag, bei wiederholter Lektüre immer tiefer „einlesen" und so allmählich zu einem Verständnis gelangen, das auch die zuerst als schwierig oder langweilig empfundenen Stellen umfaßt. Demgegenüber enthält die zu raschem Konsum bestimmte Jugendlektüre kaum weiterführende Leseimpulse.
Dem V.s-Prinzip sind Grenzen gesetzt. Schon ADOLF DIESTERWEG (1790–1866) wandte sich gegen ein „tolles, verstandloses Antizipieren" literarischer Meisterwerke. MAX ZOLLINGER betont, daß die Fähigkeit zu erlebnismäßig-intuitivem Erfassen von Texten beim jungen Menschen früher ausgebildet sei als die des reflektierenden Verstehens; literarische V. sei aber allein da berechtigt, wo sich die Lektüre „zu einer schon vorhandenen, nur der Auslösung harrenden Erlebnisdisposition" in Beziehung setzen lasse (ZOLLINGER, 1926, 63). Dies gilt für epische, dramatische und lyrische Texte gleichermaßen. Bei der Lektüre von Gedichten, aber auch anderer literarischer Formen können zweifellos bestehende Affinitäten zwischen den aus naiver Freude an Klang und freier Assoziation hervorgegangenen Sprach- und Denkspielereien des Kindes und manchen Aussageformen der Literatur nicht über die Vordergründigkeit, ja Unangemessenheit vieler kindlicher Deutungsversuche hinwegtäuschen (vgl. VENUS, 1961).
Brauchbare literaturpädagogische Eignungsgesichtspunkte liefert die Schichtung des Textes. Die Struktur nichttrivialer lyrischer oder episch-fiktionaler Texte ist die eines symbolhierarchischen Deutungszusammenhangs (Handlungs- und Reflexions-, Bild- und Sinnebene, verschiedene Stufen symbolischer Verdichtung und Verweisung). Verfrühte Lektüre ist nur dann sinnvoll, wenn der junge Leser den Text zumindest in einer dieser Schichten mit Verständnis und Interesse nachzuvollziehen vermag. Ernste Bedenken sind geltend zu machen, wo zu befürchten ist, daß die Darstellungsweise (z.B. kraß-realistische Schilderung gewalttätiger oder sexueller Handlungen) die psychische Belastbarkeit und Verarbeitungsfähigkeit des Jugendlichen noch überfordert.

→ Jungleserpsychologie, → Junglesersoziologie, → Kindertümlichkeit, → Rezeption der Kinder- und Jugendliteratur, → Textverständnis

Sekundärliteratur: A. Cl. Baumgärtner (Hrsg. zus. mit M. Dahrendorf): Wozu Literatur in der Schule? Beiträge zum literarischen Unterricht (1970). – A. Beinlich: Über die literarische Entwicklung in Kindheit und Jugend (in: A. Beinlich (Hrsg.): Handbuch des Deutschunterrichts. Bd. 2. [5]1970. 885–958); Die Entwicklung des Lesers (in: A. Cl. Baumgärtner (Hrsg.): Lesen. Ein Handbuch (1970. 172–210). – A. Beiss: Einführung in das große Bühnenstück (in: A. Beinlich (Hrsg.): Handbuch des Deutschunterrichts. Bd. 2. [5]1970, 1265–1323). – Ch. Bühler: Das Märchen und die Phantasie des Kindes (1918); Kunst und Jugend (in: Zeitschrift für Ästhetik und allgemeine Kunstwissenschaft. 1926. 20. 288–306). – R. Geissler: Für eine literarische Verfrühung (in: Pädagogische Rundschau. 16. 1962. 11. 793–800); Kritische Bemerkungen zu einer verbreiteten Ansicht über die „Kind- und Jugendgemäßheit" von Lesestoffen (in: H. Helmers (Hrsg.): Die Diskussion um das deutsche Lesebuch. 1969. 206–218); Prolegomena zu einer Theorie der Literaturdidaktik (1970). – E. Schliebe-Lippert: Der Mensch als Leser. Entwicklungsverlauf der literarästhetischen Erlebnisfähigkeit (in: Begegnung mit dem Buch. 1950. 47–59). – U. Wölfel: Der junge Leser im Blickfeld der Forschung (in: Pädagogische Rundschau. 15. 1961. 11. 683–695). – D. Venus: Celan im vierten Schuljahr? (in: Westermanns Pädagogische Beiträge. 13. 1961. 10. 446–450). – M. Zollinger: Das literarische Verständnis des Jugendlichen und der Bildungswert der Poesie (1926).

Heinz Tischer

Verlag Jungbrunnen

Wien, München. Kinderbücher, Jugendromane, Mädchenbücher und Umwelterzählungen.

Aus der ehemaligen „Reichsbüchereistelle der Kinderfreunde" zur Beschaffung und Verteilung ausgewählter Literatur an Proletarierkinder ging 1923 der Verlag Jungbrunnen hervor. Unter der Leitung von ALOIS JALKOTZKY (* 1892) wurden zunächst hauptsächlich pädagogische Schriften und Arbeitshilfen herausgegeben. Von 1934 bis 1945 mußte der Verlag seine Tätigkeit einstellen, der Rechtsträger „Kinderfreunde" wurde aufgelöst. Nach dem Zweiten Weltkrieg spezialisierte sich der Verlag fast ausschließlich auf Kinder- und Jugendbücher. Nach JACOB BINDEL (Verlagsleiter von 1945 bis 1960) und KURT BIAK (1960–1967) liegt die Verlagsleitung seit 1967 bei HANS MATZENAUER (* 1933).
Ziel der Verlagsarbeit ist es, „außergewöhnliches Engagement ohne dogmatische Bevormundung bei Anspruch auf literarische, graphische und herstellerische Qualität mit größter Breitenwirkung und niedrigen Ladenpreisen zu verbinden". Daher erscheint meistens neben der Buchhandelsausgabe eines Buches eine zweite Paperback Edition, die ausschließlich aus Spendenmitteln und ohne Gewinnanteil für den Verlag finanziert und in jährlich 200000 bis 300000 Exemplaren kostenlos an Kinder sozialer Randgruppen, in ländlichen Gemeinden und an sozialen Kontaktpunkten, in Krankenhäusern und ähnlichen Institutionen verteilt wird.
Zum Verlagsprogramm gehören Kinderbücher mit aktueller Thematik wie Umweltschutz, Rollenfindung, Konsumterror, Jugendromane (zu Themenbereichen wie Entwicklungshilfe, Krieg, Entfremdung in der Familie und Arbeitswelt, Mädchenbücher „gegen das Klischee") und Umwelterzählungen auch für wenig geübte Leser.

Zu den Autoren des Verlages gehören WINFRIED BRUCKNER, MIRA LOBE, VERA FERRA-MIKURA, JOSEF PALEČEK, BARBARA RESCH, RENATE WELSH. Als Übersetzer sind tätig: GERDA NEUMANN, WOLF HARRANTH.

Hannelore Daubert

Verlag Urachhaus

Stuttgart. Theologisch-anthroposophische Literatur, Kunstbücher, Kinder- und Jugendbücher.

1925 ging aus der 1922 gegründeten Christengemeinschaft der „Verlag der Christengemeinschaft" hervor, der 1936 in „Verlag Urachhaus" umbenannt wurde. Nach zwangsweiser Schließung 1941 wurde die Arbeit 1945 wieder aufgenommen. Verlagsleiter ist JOHANNES MAYER (*1933).

Das Verlagsprogramm, das zur Zeit etwa 130 lieferbare Titel umfaßt, wurde in den letzten Jahren wesentlich erweitert. Zur theologischen Literatur kamen Kunstbücher und seit 1975 Kinder- und Jugendbücher hinzu. Darüber hinaus betreut der Verlag das Christian Morgenstern-Archiv mit dem literarischen Nachlaß zur Herausgabe der Gesamtausgabe seiner Werke.

Im Bereich der Kinder- und Jugendbücher orientiert sich der Verlag an der Waldorf-Pädagogik. Besondere Ansprüche werden an die graphische Ausgestaltung – speziell der Bilderbücher – gestellt. Durch Betonung des malerisch-farbigen Elements wird ein „kindgemäßer Realismus" angestrebt, während „abstrakte Phantastik" und „destruktive Elemente" bewußt vermieden werden. Das bisher erfolgreichste Bilderbuch ist „Das kleine Lumpenkasperle" von MICHAEL ENDE mit Illustrationen von ROSWITHA QUADFLIEG.

Inhaltlich sollen die Kinder- und Jugendbücher einen positiven Grundzug enthalten, der „keineswegs eine heile Welt vortäuschen, sondern das Kind innerlich aufbauen und kräftigen (will), damit es später den sozialen und Umweltbereich bewußter wahrnehmen und ihm mit konstruktiver und nicht nur resignativer Kritik begegnen kann."

An den jungen Leser wendet sich die Reihe ‚Die große Biographie', in der bisher zwei Bücher des Italieners BRUNO NARDINI erschienen sind: „Michelangelo. Leben und Werk" und „Leonardo da Vinci. Leben und Werk".

Hannelore Daubert

Verlagswesen der Kinder- und Jugendliteratur

Das V. für Kinder- und Jugendliteratur ist in Europa im 18. Jahrhundert entstanden und im 19. und 20. Jahrhundert ausgebaut worden. Unter V. wird jede Art verlegerischer Tätigkeit verstanden. Das Vorhandensein und die Entwicklung eines spezifischen Kinder- und Jugendliteratur-V.s ist eine wesentliche materielle und organisatorische Grundlage für die Entstehung, Vervielfältigung und Verbreitung von Kinder- und Jugendliteratur, vornehmlich in Buchform.

Zur Geschichte. Wegbereiter einer ausdrücklich auf Kinder bezogenen deutschsprachigen Buchproduktion sind der Pädagoge, Autor und Buchhändler JOACHIM HEINRICH CAMPE (1746–1818), vornehmlich bekannt durch seine Bearbeitung „Robinson der Jüngere", sowie der Schriftsteller und Herausgeber einer der ersten Kinderzeitschriften in Deutschland („Der Kinderfreund", 1775–1781) CHRISTIAN FELIX WEISSE (1726–1804). Im Zuge volksbildnerischer, religiöser oder politischer Bestrebungen bildeten sich im 19. Jahrhundert eigene Kinderbuchverlage heraus, wobei Ausweitung, Popularisierung und weite Streuung der Programme mit dem Fortschritt der technischen Möglichkeiten in der Buchherstellung (1811 Schnellpresse, 1870 Rotationsmaschine, 1881 abgestufte Bildwiedergabe als Autotypie, 1886 Zeilengußsetzmaschine) unmittelbar zusammenhingen. Aus der Kinder- und Jugendliteratur als einem besonderen Kulturgut der bemittelten Oberschichten wurde zunehmend ein allgemeines Mittel der Unterrichtung und Unterhaltung des Bürgertums auch der Arbeiterjugend.

Innerhalb der Geschichte des Kinder- und Jugendliteratur-V.s gab es ausgesprochene Gründerzeiten, zu verdeutlichen an der Gründung sowie den Programmen bestimmter Verlage. Bis ins 18. Jahrhundert geht die Geschichte der heutigen Verlage Benziger (1792), Österreichischer Bundesverlag (1772) und Scholz (1793) zurück. Damals erschienen allerdings viele Kinderbücher bei Bertuch, Breitkopf, Cotta oder – wie JOACHIM HEINRICH CAMPES Werke – in der Braunschweigischen Schulbuchhandlung. Dem 19. Jahrhundert entstammen Herder (1801), Sauerländer (1807), Ensslin und Laiblin (1818), Schreiber (1831), Thienemann (1849), Loewe (1863), O. Maier (1883), der Zeit der Jugendbewegung, Langewiesche-Brandt (1906), Schaffstein (1894) und Schneider (1913), der Zeit nach dem Zweiten Weltkrieg Arena (1949), W. Fischer, (1948), Middelhauve (1947), Oetinger (1946) und der Zeit nach 1968 Anrich (1970), Basis (1970), Beltz & Gelberg (1971) und Weismann (1970). Heute findet man einerseits auf Kinderliteratur ganz oder vordringlich spezialisierte Verlage vor wie Middelhauve, Oetinger, Klopp, Schneider, Thienemann u.a., andererseits Kinderbuchprogramme, die in großen Verlagshäusern an belletristische, wissenschaftliche oder anders orientierte Programme angegliedert sind. Dies trifft z.B. für Herder, Atlantis, Diogenes, Bertelsmann, Franckh, Insel oder dtv zu. In jüngster Zeit – wohl im Zusammenhang mit einer Höherbewertung der Kinder- und Jugendliteratur in der Öffentlichkeit – haben Verlage mit belletristischer, Fach- oder Sachbuchorientierung eine Kinderbuchabteilung eingerichtet (Rowohlt: rororo Rotfuchs; Beltz: Beltz-Gelberg; dtv: dtv-junior; Piper-Jugendsachbücher u. a.).

Die Verlagsarbeit. Für die Entstehung von Kinderbüchern wird der Verlag durch sein vorhandenes Buchangebot oder sein veröffentlichtes Programm als Anreger von Autoren und Illustratoren, Texte zu schreiben beziehungsweise Bilder zu gestalten, wirksam. Er ist auch Auftraggeber bei konkreten Buchplänen. Anlaufstelle für die Auswahl eingehender Manuskripte, aus denen etwa 0,5% publikationsfähig sind, sowie Organ zur Beauftragung und Realisierung von Verlagsobjekten ist in der Regel das Lektorat. Der Lektor nimmt die Autorenkontakte wahr und schlägt dem Verleger die ausgewählte Produktion zur Veröffentlichung vor. Die Entscheidung bezieht oft, wenn auch im Einzelfall überschätzt, Ergebnisse von Marktforschung und -beobachtung ein. In fachlicher und sprachlicher Hinsicht (Übersetzungen) durch Gutachter beraten, muß der Lektor über Form, Inhalt und Zielsetzung hinaus die Interessen und Verständnismöglichkeiten der Zielgruppe beachten. Jugendlektorate – das sind Gremien von Jugendlichen zur Beurteilung von Texten, die zur Veröffentlichung anstehen – sind die jüngsten Mittel zu lesernaher Programmgestaltung.

Der Autor. Der für sich allein und nach eigenen Vorstellungen gestaltende Urheber überwiegt beim erzählenden Kinderbuch. Gelegentlich tritt auch hier wie beim Sachbuch häufig an die Stelle des Einzelautors das Team, gebildet aus verschiedenen Autoren und oft auch in Verbindung mit Fotografen und darstellenden Künstlern, unter Nachweis der einzelnen Beiträger oder als gemeinschaftliches Werk ohne namentliche Zuordnung. Für die altersgemäße Darstellung nach Inhalt und Form beruft sich der Autor sowohl auf prägende Kindheitserlebnisse, Spontanerfahrungen aus eigener Umwelt, auf wissenschaftliche Erkenntnisse und, seltener, auf empirische Daten. Die Manuskripte entstehen entweder durch freien Entschluß und damit auf alleiniges Risiko des Autors oder in Fühlungnahme mit bzw. nach Beauftragung durch den Verlag. Inhaltliche Weisungen des Verlages gegenüber den Autoren sind beim Sachbuch üblich, beim erzählenden Buch verpönt, aber bei marktorientierten Serien (Kriminalromane, Wildwestgeschichten, Weltraumabenteuer) nicht nur als Handlungsgerüst, sondern in Zielrichtungen und Abgrenzungen nachweisbar. Der freiberufliche, ausschließlich für Kinder schreibende Autor ist in den westlichen Ländern selten; in der Regel arbeitet er gleichzeitig für verschiedene Medien, widmet dem Kinderbuch nur einen Teil seiner Arbeit oder ist nur nebenberuflich Schriftsteller. Der Anteil von Frauen als Autoren und Illustratoren bei Werken der Kinderliteratur ist deutlich höher als bei allgemeiner Literatur, das gleiche gilt auch für ihre Beteiligung im Verlagswesen.

Honorare, Preise, Kosten. Die geschäftlichen Beziehungen zwischen Autor und Verlag werden auf der Grundlage des nationalen und internationalen Urheberrechts durch den Verlagsvertrag geordnet, der bei Vergabe des Auftrags, spätestens aber nach Annahme des Manuskripts durch den Verlag und vor Produktionsbeginn abgeschlossen sein sollte. Terminbezogene Veröffentlichungs- und Abrechnungspflicht sowie klare Honorarfestlegung sind wichtige Elemente des Vertrages. Unter Berufung auf höhere Durchschnittsauflagen und geringere Ladenpreise sind die Honorare für Kinderbücher oft niedriger als bei vergleichbarer Belletristik für erwachsene Leser. Üblich sind einmalige Abfindungen (Pauschalzahlungen), ferner Stücktantiemen sowie am häufigsten – bei unterschiedlicher Bemessungsgrundlage – Prozenthonorare nach Maßgabe des Absatzes. Der von Autorenverbänden angestrebte Richtsatz von 10% vom Ladenpreis wird selten erreicht. Das Honorar wird durch den Buchkäufer innerhalb des Ladenpreises erlegt. Dieser Ladenpreis wird vom Verlag mittels der Kalkulation errechnet und in Ländern mit gebundenem Ladenpreis festgesetzt. Dabei werden alle Kosten erfaßt, die im Zusammenhang mit der Veröffentlichung entstehen. Die wichtigsten Positionen sind: die Herstellungskosten, die Kosten für Ankündigung, Vertrieb und Werbung, die erst nach Erscheinen fällig werdenden Honorare; nicht zuletzt die Kosten für den Unterhalt der Produktionsstätte, des Verlages, von den Personalkosten über Sachkosten bis zu den Steuern (Gemeinkosten und Verlagsanteil). Sämtliche Kosten werden auf alle zum Verkauf gelangenden Bücher anteilig umgelegt, wonach sich unter Berücksichtigung der Handelsspanne für den Vertriebspartner – z.B. Laden-(Sortiments-)Buchhandel – der Verkaufspreis errechnet. Je größer die von einem Buch gedruckte Auflage ist, um so geringer wird die Kostenbelastung je Exemplar, daher können Bücher mit hohen Auflagen billiger verkauft werden, doch ist das Verlagsrisiko entsprechend höher.

Das Kinder- und Jugendbuch als Verlagsprodukt. Der Verlag bestimmt die Buchgestalt, also Details wie Format, Größe und Charakter der Schrift, Beschaffenheit von Papier und Einbandmaterial, Umfang des Buches, Zahl, Art und Farbigkeit der Illustrationen, Druckverfahren und allgemeine Präsentation, wobei lesedidaktische Gegebenheiten, ästhetische Vorstellungen, Verkaufserwartungen und kostenmäßige Einschränkungen zu berücksichtigen sind, oft aber nicht zur Deckung gelangen. Neben dem seit Jahrhunderten bekannten Typ des gebundenen Buches hat sich auch in der Kinder- und Jugendliteratur im letzten Jahrzehnt das kartonierte Taschenbuch international durchgesetzt. Neu ist auch die Tatsache, daß neben die traditionelle Planung in der jeweiligen Muttersprache zunehmend Projekte, insbesondere beim farbig illustrierten Bilder- und Sachbuch, treten, die gleichzeitig und gemeinsam von Verlagen verschiedener Länder in verschiedenen Sprachen entwickelt und produziert werden, um so bei kostenintensiven Werken die Belastung pro Buch und Verlagspartner durch eine hohe Gesamtauflage zu senken (Koproduktion). Es gibt die internationale Zusammenarbeit der gleichen Partner durch regelmäßige Konsultationen, häufiger aber mit wechselnden Teilnehmern auf einzelne Objekte bezogen, unbeschadet nationaler Grenzen oder politischer Unterschiede im System der Ursprungsländer. Aufgrund des verbreiteten Wunsches nach farbiger Illustration, oft auch bedingt durch die Notwendigkeit, die sachliche Aussage eines Werkes im Bild angemessen wiederzugeben, ist die internationale Verlagskooperation hier ausgedehnt und vielseitig.

Produktionszahlen, Distributionsweisen. Die Produktion von Kinderbüchern wird im deutschen Sprachraum (Stand 1979) von rund 130 Verlagen vorgenommen. Sie veröffentlichen jährlich rund 3300 Neuerscheinungen und Neuauflagen. Die Stückzahl aller von ihnen verbreiteten Kinderbücher wird pro Jahr auf 10 Millionen Exemplare geschätzt. Die Verbreitung erfolgt auf verschiedenen Wegen; insgesamt existieren rund 10000 Vertriebsstellen ganz unterschiedlicher Art. Der hauptsächliche Vertriebsweg ist der Sortimentsbuchhandel, etwa 3000 Firmen führen Kinderbücher, davon verfügen etwa 600 über spezielle Kinderbuchabteilungen. Sie werden regelmäßig durch die Verlage über das Programm orientiert und meist zweimal im Jahr durch Vorlage der Neuheiten persönlich informiert. Der ausreichende Verkauf des Normalprogramms durch den Buchhandel bildet die Existenzgrundlage der Verlage und begründet die Vielfalt des Angebotes. Alle anderen Verbreitungswege richten sich an ein bestimmtes Publikum: Buchgemeinschaften wenden sich ausschließlich an Abonnenten und verbreiten von Quartal zu Quartal wechselnd eine begrenzte Auswahl Kinderbücher in hohen Auflagen zu relativ niedrigem Preis; spezielle Buchklubs für die Jugend konnten sich – außer in Österreich – nicht weitreichend durchsetzen. Eng umschriebene Programme populärer Bücher werden für Schreibwarenhandel, Kaufhäuser, Supermärkte und Versandfirmen hergestellt.
Das Verlagswesen folgt im Bereich der Kinderliteratur allgemeinen buchhändlerischen Gepflogenheiten mit einer Ausnahme: Kinderbücher werden fast durchweg über Mittler wie Eltern, Verwandte oder Erzieher an die Zielgruppe herangebracht und nicht unmittelbar von Kindern selbst gekauft. Nur die populären Heftserien und Kinderzeitschriften sind davon ausgenommen.

V. in internationaler Sicht. Produktionsbedingungen sind ebenso wie die Distributionsbedingungen in den einzelnen Staaten verschieden, vor allem zwischen den Staaten mit kapitalistischer und denen sozialistischer Wirtschaftsordnung. In den Ländern der westlichen Welt, wie z.B. in der Bundesrepublik Deutschland, in England, Frankreich, Italien, Japan und den USA, gibt es viele konkurrierende, nach Niveau, ideeller und thematischer Ausrichtung der Kinder- und Jugendbücher verschiedene Verlage. In den sozialistischen Ländern ist in der Regel in jedem Land ein großer zentraler staatlicher Kinderbuchverlag vorhanden, wie z.B. in der DDR Der Kinderbuchverlag (Berlin) und in der UdSSR Detska Literatura (Moskau). Kleinere, zum Teil private Verlage, die zumeist ein spezielles, auf ethnische Gruppen oder Teilgebiete des literarischen Marktes zugeschnittenes Programm entwickeln, können daneben bestehen.
In Ländern der Dritten Welt ist das V. der Kinder- und Jugendliteratur teilweise noch im Aufbau begriffen. Je nach der kulturellen und sprachlichen Situation sind die Länder Afrikas, Asiens und auch Lateinamerikas auf den Import von meist englisch-, französisch-, spanisch- oder portugiesischsprachigem Schrifttum angewiesen, das wiederum in vielen Fällen nur von den Kindern einer kleinen Oberschicht aufgenommen werden kann. Die UNICEF unterhält in New York in Verbindung mit der UNESCO ein „Information Center on Children's Cultures", das Material über die Produktions- und Distributionsverhältnisse der Kinder- und Jugendliteratur in den Entwicklungsländern besitzt und Auskünfte und Rat erteilt.
Während in der Bundesrepublik Deutschland der allgemeine Verkauf von Kinder- und Jugendbüchern über das Sortiment überwiegt, reguliert z.B. schon in Österreich der „Österreichische Buchklub der Jugend", dem etwa drei Viertel der Schuljugend angehört und der mit Hilfe von Lehrern unter Einschaltung der Sortimenter (Rabattsystem) organisiert ist, den Absatz aufgrund von Empfehlungslisten und Preisnachlaß. In den USA gelangen mehr als vier Fünftel der Kinder- und Jugendbuchproduktion über das weitausgedehnte Netz von school libraries und public libraries, die von der „American Library Association" beraten und unterstützt werden, zur Verteilung. In den sozialistischen Ländern wird Planung, Produktion und Verteilung von Kinder- und Jugendliteratur zentral geführt; der Verkauf erfolgt durch den Buchhandel und über Buchklubs, die Verbreitung wird allgemein in den Jugendorganisationen, Schulen und Bibliotheken gezielt unterstützt.

Sekundärliteratur: H. Adler (Hrsg.): Rund um die Jugendliteratur (1968). – Die Jugend liest. Jugendschriften aus dem Verlag Julius Beltz (um 1930). – Berühmte Autoren des Verlags F. A. Brockhaus Leipzig (1914). – Buch und Buchhandel in Zahlen (1978). – H. Dürr: Der Verlag auf dem Weg zum Großunternehmen? (in: G. Ramseger (Hrsg. zus. mit W. Schoenicke): Das Buch zwischen gestern und morgen. 1969. 181–197). – H. Eisenreich: 75 Jahre Hermann Schaffstein Verlag (1894–1969 (1969). – R. Escarpit: Die Revolution des Buches (1967). – Franckh'sche Verlagsbuchhandlung: Ein altes Verlagshaus mit jungem Geist (1957). – J. U. Hebsaker (Hrsg.): Rückblick für die Zukunft. Berichte über Bücher, Buchhändler und Verleger zum 150. Geburtstag des Ensslin-Verlags (1968). – 175 Jahre Herder. Kleines Alphabet einer Verlagsarbeit (1976). – W. Herzfelde: Der Malik-Verlag. 1916–1947. Ausstellungskatalog (1967). – V. Hohenberg: Westermann. Profil eines Verlages 1838–1963. Ein Jubiläumsbericht (1963). – M. Hürlimann (Hrsg.): 37 Jahre Atlantis Verlag. Gesamtverzeichnis der Veröffentlichungen 1930–1966 (1967). – Profile und Blickpunkte. Sonderausgabe aus Anlaß des fünfzigjährigen Bestehens 1921–1971 der Jugend-und-Volk-Verlagsgesellschaft (1971). – W. R. Langenbucher: Buchmarkt der neuen Leser. Studien zum Programmangebot der Buchgemeinschaften 1962–1971 (1974). – Sechzig Jahre Langewiesche-Brandt (1966). – St. Langewiesche (Hrsg.): Karl Robert Langewiesche. 50 Jahre Verlagsarbeit (1952). – Hundert Jahre Loewes Verlag Ferdinand Carl Stuttgart. 1863–1963 (1963). – K. E. Maier (Hrsg.): Historische Aspekte zur Jugendliteratur (1974). – Chr. v.d. Marwitz: 175 Jahre Joseph Scholz-Mainz Verlag (1968). – 50 Jahre Verlagsarbeit für Karl May und sein Werk. 1913–1963 (1963). – H. L. Mikoletzky: Der Österreichische Bundesverlag 1772–1972 (in: 200 Jahre Österreichischer Bundesverlag 1772–1972 (1972. 11–90). – L. Muth: Der Buchhandel und die jungen Leser (in: Börsenblatt für den deutschen Buchhandel. 1967. 32.

853–863). – Fünfzig Jahre Georg Müller Verlag (1928). – G. Ramseger: 150 Jahre Ensslin und Laiblin (in: Buchmarkt. 3. 1968. 2. 63). – D. Rossa-Fischer: 110 Jahre Dienst am Jugendbuch. Eine Chronik des K. Thienemanns Verlag (1958). – E. Rothemund: Autor, Verleger, Leser (in: Jugendliteratur. 1. 1955. 6. 247–250 und 7. 303–308). – H. Sauerländer: Hundertfünfzig Jahre Haus Sauerländer in Aarau (1957). – P. J. Schindler. 25 Jahre Verlag Friedrich Oetinger (in: Gebt uns Bücher, gebt uns Flügel. Almanach 9. 1971. 7–11). – 10 Jahre Signal Verlag (1969). – W. Tölg: Bibliographie. 25 Jahre Verlag Neues Leben 1946–1971 (1971). – H. Wegehaupt: Verlagsverzeichnis. 1949–1973. Herausgegeben zum 25. Jahrestag des Kinderbuchverlages (1974). A. M. Weiss: Im Dienst am Buch. Bartholomäus Herder – Benjamin Herder – Hermann Herder (1951, zus. mit E. Krebs).

Anton Baumeister

Verne, Jules

*Autor exotisch-utopischer Reiseerzählungen, Vorläufer der modernen Science-Fiction; * 8.2.1828 Nantes, † 24.3.1905 Amiens.*

V.s Leben gilt in Frankreich als Prototyp einer erfolgreichen bürgerlichen Schriftstellerlaufbahn. Nach einem mißglückten Ausreißversuch beschloß der elfjährige Sohn eines wohlhabenden Notars, von nun an „nur noch im Traum zu reisen". Schon während seines Jurastudiums, das er 1848 in Paris aufnahm, bewegte er sich in literarischen Zirkeln (besonders bei ALEXANDRE DUMAS) und schrieb für kleinere Bühnen und Zeitschriften. An der Revolution von 1842 beteiligte er sich nicht. Von 1850 bis 1855 lebte er von seinen schriftstellerischen Arbeiten. 1856 heiratete er eine Witwe mit zwei Kindern und verdiente den Lebensunterhalt für seine Familie mit Hilfe des väterlichen Kapitals an der Börse – bis er 1862 den gerade aus dem politischen Exil zurückgekehrten Verleger HETZEL traf. V. bot ihm sein Manuskript „Fünf Wochen im Ballon" an, das schon 15 Verleger abgelehnt hatten. HETZEL verlangte Änderungen und nahm das Buch in sein Programm. Nach dem außerordentlichen Erfolg der Erzählung schloß er 1864 einen Zwanzig-Jahres-Vertrag mit V. ab, der vorsah, das V. mit 20000 ffs. jährlich zunächst zwei, später drei Romane „neuen Typs" zu liefern habe, die vorzugsweise in der Jugendzeitschrift „Magazin d'Education et de Recréation" veröffentlicht werden sollten. V. hielt sich streng an den Vertrag. Er stand um fünf Uhr auf und arbeitete bis acht Uhr abends. Durch umfangreiche Lektüre hielt er sich auf dem aktuellen wissenschaftlichen Stand seiner Zeit. Zeitgenossen und auch heutige Kritiker bewunderten und bewundern immer wieder sowohl das umfangreiche naturwissenschaftliche wie technische Wissen V.s, wie auch seine Fähigkeit, in seinen utopischen Erzählungen Erfindungen detailliert zu beschreiben und vorauszusagen, die erst viel später Wirklichkeit wurden. Heute weiß man, daß V. eine umfangreiche Zettelkartei mit etwa 25000 Stichworten besaß. Darin waren die jeweils letzten wissenschaftlichen Erkenntnisse und Versuche versammelt. Damit war V. seinen Zeitgenossen immer um ein gutes Stück voraus, im Hinblick auf die Kenntnis neuer technischer Möglichkeiten. Auf Kreuzfahrten mit der eigenen Yacht lernte V. Europa kennen und unternahm auch 1867 eine Reise nach Amerika. Ab 1872 ließ er sich in Amiens nieder, wo er – Mitglied der Akademie – 1889 auch über eine radikaldemokratische Liste in den Stadtrat gewählt wurde; in der DREYFUS-Affäre gehörte er zu den Gegnern von DREYFUS. Das Ende seines Lebens verbrachte V., ab 1902 erblindet, sehr zurückgezogen.

Jules Verne (1828–1905). Das von Bertrand gezeichnete Portrait findet sich auf der Rückseite des Titelblatts zur Erstausgabe des Bandes „L'Ile mystérieuse", der in der von Hetzel herausgegebenen Reihe „Les Voyages extraordinaires" im Jahr 1874 in Paris erschien. Die für junge Leser bestimmte Buchreihe trug den Vermerk „Couronnés par l'Académie".

Werk, Tendenzen, Wirkung. V. steht in der enzyklopädischen Tradition der französischen Aufklärung und wurde in seiner Jugend stark von den Lehren SAINT-SIMONS beeinflußt, deren Funktionsbestimmung der Literatur er sich zu eigen machte: Er war der erste, der systematisch die literarischen Möglichkeiten von Wissenschaft und Technik für ein großes Publikum ausschöpfte. Seine Anfangserfolge fielen in die liberale Phase des Second Empire, aber den Höhepunkt von Ruhm und Reichtum erklomm V. in der Dritten Republik, der er auch zumeist zugerechnet wird. In seinem Werk paart sich die saint-simonistische Wissenschaftsgläubigkeit mit dem laizistisch-positivistischen Erziehungsideal eines gemäßigten Liberalismus, wie ihn das Magazin HETZELS zu verbreiten suchte. Der historisch-geographische Raum, den sein Werk entfaltet, läßt kaum einen wichtigen Schauplatz aus; fast alle politischen Spannungen, die die damalige Welt bewegten, sind berücksichtigt. Der damalige Stand des Wissens ist ebenso getreu aufgezeichnet wie die ideologischen Widersprüche und Beschränkungen, unter denen die technischen, sozialen und ökonomischen Probleme seiner Zeit von einem aufgeklärten und gebildeten französischen Republikaner wahrgenommen werden konnten. Aber V. war mehr als ein „national-republikanisches Ideenarsenal" (NEUSCHÄFER): Eingekleidet in politische und wissenschaftliche Problemstellungen bietet er eine Fülle mythologisch-archetypischer Grundmuster; seine „Initiation" (s. VIERNE) erschöpft sich nicht in bloßer Belehrung, und die Folgerichtigkeit seiner Schlüsse kann heute noch ebenso überraschen wie die abenteuerlichen Formen, in denen sie dargeboten werden. In der steten Wiederkehr identischer Orte, Inseln, Labyrinthe, Höhlen, Meere, Vulkane, im Auftauchen immer neuer abgeschiedener (technologischer) Paradiese, in denen die Möglichkeiten der Technologie ohne die Beschränkung der Realität durchgespielt werden, glaubt denn auch die literaturwissenschaftliche Forschung eine Privatmythologie entdeckt zu haben, in der zugleich das Lebensgefühl einer Epoche zu signifikanten Strukturen geronnen ist. Dies um so mehr, als die phantastischen Bildwelten, deren Wirkung durch die Originalillustrationen noch sehr gesteigert wird, oft in einem exotisch klingenden Vokabular beschworen werden und mit Namen versehen sind, die geheimnisvolle Botschaften zu enthalten scheinen. In der Rezeption des V.schen Werkes ist so ein entscheidender Wandel vorgegangen. Denn die kühnen Experimente und Forschungsreisen, die V. oft haarklein, pseudowissenschaftlich, langatmig kommentiert, ehe er die Handlung seiner „Science-Fiction" durch eine neues Ereignis weitertreibt, boten dem damaligen Leser einen wissenschaftliche Neugierde und abenteuerliche Phantasie versöhnenden Griff in die Zukunft. Heute indes, da z.B. das Unterseeboot, die Schallplatte, das Fernsehen oder die H-Bombe längst banale oder schreckliche Wirklichkeit geworden sind, geht selbst in Frankreich V.s jugendliche Leserschaft deutlich zurück.

Der spezifische „Reiz einer Mischung von hochbürgerlichem Plüsch und technologischem Kräftepotential" (NEUSCHÄFER) eröffnet sich mehr und mehr einem primär literarisch interessierten Publikum, das – mit dem Autor – die Augen vor der zerstörerischen Dynamik des angepriesenen Fortschritts nicht verschließt. Denn unübersehbar ist der zunehmende, dem steigenden Ruhm gegenläufige Pessimismus, der sich in V.s Werk manifestiert.

Dieses wird zumeist in drei Perioden eingeteilt: 1. eine optimistische (1863–1875), die Zeit der großen Erfolgsromane. „Fünf Wochen im Ballon" (1863), „Abenteuer des Kapitän Hatteras" (1864), „Reise nach dem Mittelpunkt der Erde" (1864), „Von der Erde zum Mond" (1865), „Die Kinder des Kapitän Grant" (1868), „20000 Meilen unter dem Meer" (1869), „Reise um die Welt in 80 Tagen" (1873) und „Die geheimnisvolle Insel" (1874), um nur die bekanntesten zu nennen. Die Figuren dieser Romane erfahren sich über alle Unterschiede in Temperament oder Herkunft hinweg als solidarisch. Die 2. mittlere Periode bringt ab 1878 eine stärkere Berücksichtigung der Kolonialfrage und der Befreiungsbewegungen, mit denen sich V. meistens identifiziert. In Übereinstimmung mit dem bürgerlichen Milieu seiner Zeit verstärken sich die englandfeindlichen Töne, die er in dieser Zeit anschlägt, da auch die Rivalitäten Englands und Frankreichs in den Kolonien zunehmen. England wird zum Symbol der Ausbeutung der Arbeitermassen und eines hemmungslosen Kolonialismus. Gleichzeitig tauchen immer mehr Themen des utopischen Sozialismus auf. Stilistisch ist diese Periode vom verstärkten Gebrauch von Wortspielen und Farcenmotiven gekennzeichnet. Die Rassenproblematik wird ausgiebig diskutiert. In diese Periode fallen z.B. „Der Kurier des Zaren" (1876), „Die Leiden eines Chinesen in China" (1879), „Die 500 Millionen der Begum" (1879), „Keraban, der Starrkopf" (1883), „Der Archipel in Flammen" (1884), „Reise durch die Sonnenwelt" (1877), in dem die antisemitischen Tendenzen besonders hervortreten, „Mathias Sandorf" (1885), das einen Patrioten im Kampf gegen die Monarchie schildert oder „Ein Kapitän von 15 Jahren" (1878), das eine scharfe Kritik der Sklaverei enthält. Ab 1886 rechnet man die dritte Periode, in der der Pessimismus jedes angeschlagene Thema überschattet, was oft zu schematischen Verkürzungen führt – aber auch zu eindrucksvollen Satiren, deren Akzente auf den grotesken Zügen der Moderne liegen. „Das Karpatenschloß" (1892), „Zwei Jahre Frieden" (1888), „Die Eissphinx" (1897) gehören zu den bekannteren. „Die Propellerinsel" (1895) schildert eine Milliardärsidylle, die an ihren eigenen Widersprüchen zugrundegeht, und „Von der Flagge des Vaterlands" (1896) thematisiert den verrückten Wissenschaftler, der aus gekränkter Eitelkeit Sprengstoff von unabschätzbarer Wirkkraft für eine skrupellose Räuberbande mit imperialistischen Ansprüchen fabriziert. Die posthume Publikation der „Schiffbrüchigen des ‚Jonathan'" (1909) im Feuilleton des Journal des Debats mußte 1909 unterbrochen werden, weil der Roman in ein „anarchistisches Kredo" (M. SORIANO) ausartet. Seine Authentizität ist ebenso umstritten wie die des einzigen ausgearbeiteten politischen Romans „L'Aventure de la mission Barsac" (1920). Aber die Kritik an V. beschränkte sich von jeher nicht nur auf seine anarchistischen Neigungen oder seine unleugbare Misogynie. Man wies vielmehr schon früh auf diejenigen Elemente hin, die, als Innovationen, V.s Erfolg mitbedingt haben: nämlich die Konzeption seiner Figuren und seine Handlungsführung. Der Schematismus seiner Personen, die von V. praktizierte Schwarz-Weiß-Malerei, basieren nämlich auf einer pseudowissenschaftlichen Völkerpsychologie (GALL, LAVATER), die es V. ermöglicht, die Romanhandlung durch Charaktere im Sinne dieser Stereotypen vorzustrukturieren. Nur selten weicht der Autor später von der einmal in zwei, drei Sätzen gegebenen Beschreibung ab. Dem heutigen Leser wird daher die Distanz abverlangt, um zu erkennen, daß V.s Romane in der Hochblüte der Nationalismen des imperialistischen Zeitalters in die Legitimationsstrategien der mächtigen Staaten wie der unterdrückten Völker einführen. V. stützt sich stets auf die damals kursierenden Stereotypen der nationalen Selbstdarstellung, wobei er gelegentlich, um sie zu ironisieren, die innen- und außenpolitischen Phraseologien vertauscht. Dies gilt insbesondere für die Darstellung der Deutschen. V. referiert exakt die rassisch und militärisch begründeten Überlegenheitsansprüche, die im Deutschen Kaiserreich (und später) kursierten. Frankreich und die Franzosen gehören indes, insbesondere in seinem Frühwerk, nicht zu seinen bevorzugten literarischen Gegenständen. Die ganz andere Struktur des französischen Nationalismus erleichtert es im übrigen, sich auf den französischen Republikanismus als die Perspektive einer Art humanistischer Universalreligion positiv zu beziehen: sie wird unkritisiert übernommen, zumal die machtlosen Kelten, ihr rassisches Substrat, keine kritisierbaren Herrscherfiguren abgeben. Das wird z.B. deutlich in den „500 Millionen der Begum", einer fast visionär anmutenden Satire: da geht das germanische Stahlstadt, ein riesiges Fabrikzentrum, das in Rivalität zu Franceville, dem idyllischen Produkt der französischen Bemühung um mehr Menschlichkeit, erbaut wird, am Macht- und Zerstörungsdünkel und der französischen Wachsamkeit zugrunde. Die Hiebe auf die Pariser Schickeria in demselben Roman zeigen, daß V. Kritik im eigenen Haus nicht immer scheute. Innerhalb des Gesamtwerks spielen die Deutschen im Vergleich mit Engländern und Amerikanern eine geringe Rolle. Die englischen Reisenden, deren Entschiedenheit und Energie lobend hervorgehoben werden, verkörpern zugleich den verhaßten Krämer- und Abenteuergeist, der die Reduktion aller menschlichen Beziehung auf Geldwert notwendig nach sich zieht. In Amerika hingegen liegt, zumindest im Frühwerk, das „Gelobte Land", in dem sich unter neuen politischen und ökonomischen Bedingungen der ersehnte Fortschritt verwirklichen läßt, speziell allerdings im historischen Umkreis der Sezessionskriege. Die amerikanischen Ingenieure und Mechaniker stellen den von V. bevorzugten Menschentyp dar („Von der Erde zum Mond"), der für ihn die „neue Rasse" der Zukunft verkörpert (CYRUS SMITH, in: Die Geheimnisvolle Insel). Erst nach und nach entdeckt V. auch hier die zerstörerische Herrschaft des Geldes (Die Propellerinsel).

In Frankreich gehörte V. bisher nicht zu den kanonisierten Autoren. Selbst renommierte Literaturgeschichten konnten es sich leisten, auf ihn gänzlich zu verzichten. Erst in den fünfziger Jahren begannen Literaten (M. BUTOR, R. BARTHES), nach und nach auch die akademische Forschung, sich für ihn im Zuge des Strukturalismus zu interessieren. 1977 erhielt er die offiziellen Weihen: zusammen mit den Reden WILHELMS II. steht V. auf dem Programm der Agrégation (Concours für das höhere Staatsexamen). In Deutschland scheint das Interesse an V. nie besonders groß gewesen zu sein. Für diese Annahme spricht sowohl die geringe Zahl der Ausgaben (eine einzige geplante Gesamtherausgabe, deren Erscheinen vorzeitig abgebrochen wurde 1901–1909, wenige Einzelausgaben). Erst nach 1945 ist eine gewisse Zunahme zu verzeichnen, wobei es sich jedoch fast immer um Bearbeitungen handelt.

Werke: Cinq semaines en ballon (1863; dt. Fünf Wochen im Ballon, 1874); Voyage au centre de la terre (1864; dt. Reise nach dem Mittelpunkt der Erde, 1874); De la terre à la lune (1865; dt. Von der Erde zum Mond, 1873); Les aventures du Capitaine Hatteras (Bd. 1–2, 1866; dt. Reisen und Abenteuer des Kapitän Hatteras, Bd. 1–2. 1874); Les enfants du capitaine Grant (Bd. 1–3. 1867–1868; dt. Die Kinder des Kapitän Grant, Bd. 1–3. 1874); Autour de la lune (1870; dt. Reise nach dem Mond, 1873); Vingt mille lieues sous les mers (Bd. 1–2. 1870; dt. 20000 Meilen unter dem Meer, Bd. 1–2. 1873); Une ville flottante (1871; dt. Eine schwimmende Stadt, 1875); Aventures de trois Russes et trois Anglais dans l'Afrique australe (1872; dt. Abenteuer von drei Russen und drei Engländern in Südafrika, 1874); Le tour de monde en quatrevingt jours (1873; dt. Reise um die Erde in 80 Tagen, 1874); Le pays de fourrures (1873; dt. Das Land der Pelze, Bd. 1–2. 1875); Le Docteur Ox (1874; dt. Eine Idee des Doktor Ox, 1875); L' ile mystérieuse (Bd. 1–3. 1874; dt. Die geheimnisvolle Insel, Bd. 1–3. 1875); Le chancellor (1875; dt. Der Chancellor, 1875); Michel Strogoff (Bd. 1–2. 1876; dt. Michael Strogoff, der Kurier des Czar, Bd. 1–2. 1876); Hector Servadac (Bd. 1–2. 1877; dt. Hektor Servadacs Reise durch die Sonnenwelt, Bd. 1–2. 1877); Les Indes-noires (1877; dt. Schwarz-Indien, 1878); Un capoitaine des quinze ans (Bd. 1–2. 1878; dt. Ein Kapitän von 15 Jahren, Bd. 1–2. 1879); Les cinq cents millions de la Begum (1879; dt. Die 500 Millionen der Begum, 1879); Les tribulations d'un Chinois en Chine (1879; dt. Die Leiden eines Chinesen in China, 1879); La maison à vapeur (Bd. 1–2, 1880; dt. Das Dampfhaus, Bd. 1–2. 1880); La Jangade (Bd. 1–2. 1881; dt. Die Jangada. Achthundert Meilen auf dem Amazonenstrom. Bd. 1–2. 1882); L'école des Robinsons (1882; dt. Die Schule der Robinsons, 1884); Le rayon vert (1882; dt. Der grüne Strahl, 1884); Kéraban- le-Têtu (Bd. 1–2. 1883; dt. Keraban der Starrkopf, 1885); L'étoile du sud (1884; dt. Der Südstern oder Das Land der Diamanten, 1885); L'archipel en feu (1884; dt. Der Archipel in Flammen, 1885); Mathias Sandorf (Bd. 1–3. 1885; dt. Mathias Sandorf, Bd. 1–3. 1887); L'épave du Cynthia (1885, zus. mit A. Laurie); Robur-le-Conquérant (1886; dt. Robur der Sieger, 1887); Un billet de loterie (1886, dt. Ein Lotterie-Loos, 1887); Nord contre Sud (Bd. 1–2. 1887; dt. Nord gegen Süd, Bd. 1–2. 1888); Le chemin de France (1887); Deux ans de vacances (Bd. 1–2. 1888; dt. Zwei Jahre Ferien, Bd. 1–2. 1889); Sans dessus dessous (1889; dt. Kein Durcheinander, 1891); Famille sans nom (1889; dt. Die Familie ohne Namen, Bd. 1–2. 1891); César Cascabel (1890; dt. Cäsar Cascabel. Seltsame Reisen, 1891); Mistress Branican (Bd. 1–2. 1891; dt. Mistreß Branican, Bd. 1–2. 1891); Le château des Carpathes (1892; dt. Das Karpatenschloß, 1893); Claudius Bombarnac (1893; dt. Claudius Bombarnac, 1893); Petit bonhomme (Bd. 1–2. 1893; dt. Der Findling, Bd. 1–2. 1894); Mirifiques aventures de Maître Antifer (Bd. 1–2. 1894; dt. Meister Antifers wunderbare Abenteuer, Bd. 1–2. 1894); L'île à hélice (Bd. 1–2. 1895; dt. Die Propellerinsel, Bd. 1–2. 1895); Face au drapeau (1896; dt. Vor der Flagge des Vaterlandes, 1896); Clovis Dardentor (1896; dt. Clovis Dardentor, 1896); Les sphinx des glacés (Bd. 1–2. 1897; dt. Die Eissphinx, Bd. 1–2. 1897); Le superbe Orénoque (Bd. 1–2. 1898; dt. Der stolze Orinoco, Bd. 1–2. 1898); Le testament d'un excentrique (Bd. 1–2. 1899; dt. Das Testament eines Excentrischen, Bd. 1–2. 1899); Second patrie (1900; dt. Das zweite Vaterland, Bd. 1–2. 1900); Le village aérien (1901; dt. Das Dorf in den Lüften,

1901); Les frères Kip (1902; dt. Die Gebrüder Kip, Bd. 1–2. 1902); Bourses de voyage (Bd. 1–2. 1903; dt. Reisestipendien, Bd. 1–2. 1903); Maître du monde (1904; dt. Der Herr der Welt, 1904); Un drame en Livonie (1904; dt. Ein Drama in Livland, 1904); L'invasion de la mer (1905; dt. Der Einbruch des Meeres, 1905); Le phare du bout du monde (1905; dt. Der Leuchtturm am Ende der Welt, 1906); Le volcan d'or (1906; dt. Der Goldvulkan, Bd. 1–2. 1906); La chasse au météore (1908; dt. Die Jagd nach dem Meteor, 1908); Les naufragés du Jonathan (1909; dt. Die Schiffbrüchigen des „Jonathan", Bd. 1–3. 1909).

Sekundärliteratur: A. Adler: Hatteras: Verzweiflung im Namen der Wissenschaft (in: ders.: Möblierte Erziehung. Studien zur pädagogischen Trivialliteratur des 19. Jahrhunderts. 1970. 82–113). – M. Butor: Le Point suprême et l'Age d'or à travers quelques œuvres des Jules Verne (in: Arts et lettres. 15. 1949. 3–31). – J. Chesneaux: Une lecture politique de Jules Verne (1971). – M.-H. Huet: L'histoire des ‚Voyages extraordinaires' (1974). – M. Moré: Le très curieux Jules Verne. Le problème du père dans les Voyages extraordinaires (1960). – H.-J. Neuschäfer: Faszination durch die Technik: Die ‚Voyages extraordinaires' von Jules Verne (in: ders.: Populärromane im 19. Jahrhundert. 1976. 103–162). – Th. Ostwald: Jules Verne. Leben und Werk (1978). – F. Raymond: Le développement des études sur Jules Verne (zus. mit D. Compère. 1976). – M. Serres: Jouvences sur Jules Verne (1974). – M. Soriano: Guide de littérature pour la jeunesse (1975). – S. Vierne: Jules Verne et le roman initiatique (1973). – U. Widmer: Jules Verne: die Sehnsucht des bürgerlichen Schriftstellers (in: ders.: Das Normale und die Sehnsucht. 1972. 44–53). – F. Wolfzettel: Die Sehnsucht nach dem Geheimnis. Die Abenteuerromane Jules Vernes (in: Gießener Universitätsblätter. 7. 1974. 1. 113–129).

Monika Bosse

Vesper, Will

*Schriftsteller, Romanautor, Lyriker; * 11. 10. 1882 Wuppertal-Barmen, † 11. 3. 1962 Gut Triangel/Gifhorn.*

V. entstammt einer alten Bauernfamilie. Nach dem Studium der Germanistik und der Geschichte war er als Berater verschiedener Verlage tätig. Später lebte er als freier Autor in München. V. nahm am Ersten Weltkrieg teil, danach leitete er das Feuilleton der „Wirtschaftlichen Allgemeinen Zeitung". 1923 begann V. mit der Herausgabe der Monatsschrift „Die schöne Literatur", die später in „Die neue Literatur" umbenannt wurde und eine stark völkisch-nationale Tendenz verfolgte.

Werk, Tendenzen, Wirkung. Kinder- und jugendliterarisch relevant ist V.s Werk durch ausdrücklich für junge Leser bestimmte Werke und durch seine umfangreiche Herausgebertätigkeit. So erschienen von ihm die Bilderbücher „Des Wiesenmännchens Brautfahrt" (1920, ^{2}1932) mit Illustrationen von K. Grossmann und später von Else Wenz-Viëtor und „Das Buch vom lieben Weihnachtsmann" (1920), worin V. einen Weihnachtsmann vorstellt, der ‚lieb' nur zu denen ist, die ohnehin brav sind: „Die Teller voll den guten, den bösen Kindern Ruten", heißt es in dem farbig illustrierten Buch. Weiter brachte V. „Gute Geister. Märchen, Gleichnisse und Legenden" (1921), „Fröhliche Märchen. Fabeln und Ränke, Märchen und Schwänke aus aller Welt" (1921) und „Tiermärchen aus aller Welt" (1928) heraus. Außerdem stammen von ihm Nach- und Wiedererzählungen einiger Volksbücher, unter anderem „Dyl Ulenspiegel" (1923) und nach dem niederdeutschen Epos „Die Historie von Reineke dem Fuchs" (1928). Weite Verbreitung und zahlreiche junge Leser fanden V.s ausdrücklich für die Jugend bestimmten Wiedergaben einiger Epen und Sagen. Sein „Parzival. Ein Abenteuerroman" (1926) führt das Motto „Jeder Mensch ist Parzival!". Gegen Ende heißt es dort: „Aber auch heute kann ein Mann zeigen, was er wert ist, und wir wissen wohl, wer den Gral verdient", daß dies nicht die demokratisch gewählten politischen Führer der Weimarer Republik sein konnten, war für V. eindeutig. Er, der immer schon eine volkhaft-deutsche, protestantisch-preußische Kulturidee propagierte, trat bald auf die Seite der Nationalsozialisten. Seine Nacherzählungen von „Tristan und Isolde" (1917) und der „Gudrunsage" (1922), die seiner Ansicht nach verdeutlicht, daß es ‚heute' das Vaterland sei, daß als Magd gefangen sitzt und Dienste leisten muß, widmete er – wie er in „Die Nibelungensage" (1921) vermerkt – „vor allen Dingen der deutschen Jugend": „Mit einem Wort, dies ist kein Buch für die Wissenschaft und die Philologie, sondern für das lebendige Leben unseres Volkes, das heute mehr denn je aus den großen Schöpfungen seiner eigenen Vergangenheit Kraft und Trost, neuen Mut, Hoffnung und Glauben an sich selber finden soll. Haben die Alten dies verloren, so laßt uns in der Jugend aufbauen, langsam und von innen." Hohe Auflagen erzielten V.s Gedichtsammlungen „Die Ernte aus acht Jahrhunderten deutscher Lyrik" (1906), die 1940 bereits in vierzigster Auflage erschien, und „Die Ernte der Gegenwart" (1940). Bot die erste Sammlung einen Querschnitt durch die gesamte deutsche Lyrik, in der sogar Heinrich Heine noch Platz fand, so war „Die Ernte der Gegenwart" nurmehr für eindeutig nationalistische, der nationalsozialistischen Ideologie genehme Autoren wie Heinrich Anacker (* 1901), Hans Baumann (* 1914), Rudolf G. Binding (1867–1938), Hans Fr. Blunck (1888–1961), Hermann Burte (1879–1960), Walter Flex (1887–1917), Erwin G. Kolbenheyer (1878–1962), Wilhelm Pleyer (* 1901) sowie Baldur von Schirach (* 1907) vorgesehen. V. brachte 1927 „Die Jugendbibel. Nach der Heiligen Schrift neuerzählt für die deutsche Jugend und das deutsche Volk" heraus. In der Aufsatzsammlung „Deutsche Jugend. 30 Jahre Geschichte einer Bewegung" (1934) äußert V. im Geleitwort, daß die nationalsozialistische Bewegung wesentlich eine „Bewegung der Jugend" sei, deren Ursprünge bis in die Zeit der Jugend- und Wandervogelbewegung zurückreichen. Dieses Buch half den „inneren Kriegsschauplatz" vorbereiten. Der Band enthält Aufsätze, unter anderem des Pädagogen Wilhelm Flitner, des Laienspielautors Martin Luserke und des Jugendmusikers Fritz Jöde sowie einen Aufsatz von Hans Friedrich Blunck „Vom Wandervogel zur SA". 1931 erschien V.s Islandroman „Das harte Geschlecht", der sogar 1952 wieder aufgelegt wurde. Noch in den sechziger und siebziger

Jahren erschienen Neuauflagen von Werken V.s, so gab es 1967 eine Buchklubausgabe seiner Novellen „Geschichten von Liebe, Traum und Tod".

Werke: Tristan und Isolde (1911); Das Buch vom lieben Weihnachtsmann (1920); Des Wiesenmännchens Brautfahrt (1920, ²1932); Gute Geister. Märchen, Gleichnisse und Legenden (1921); Fröhliche Märchen. Fabeln und Ränke, Märchen und Schwänke aus aller Welt neuerzählt (1921); Die Nibelungensage (1921); Die Gudrunsage (1922); Parzival. Ein Abenteuerroman (1926); Die Jugendbibel. Nach der heiligen Schrift neuerzählt für die deutsche Jugend und das deutsche Volk (1927); Tiermärchen aus aller Welt (1928); Das harte Geschlecht (1931, NA. 1952); Kranz des Lebens. Gesamtausgabe meiner Gedichte (1934); Geschichten von Liebe, Traum und Tod. Gesamtausgabe meiner Novellen (1937, NA. 1967); Kämpfer Gottes. Gesamtausgabe der historischen Erzählungen (1938).

Hrsg.: Die Ernte aus acht Jahrhunderten deutscher Lyrik (1906, NA. u.d.T.: Die Ernte der deutschen Lyrik, 1932, ⁴⁰1940); Deutsche Jugend. 30 Jahre Geschichte einer Bewegung (1934); Die Ernte der Gegenwart. Deutsche Lyrik von heute gesammelt, Teil 1: Ernte der Gegenwart; Teil 2: Ernte der Zeit (1940, ⁴1943).

Bearb.: H. J. Chr. von Grimmelshausen: Simplicius Simplicissimus (1921); D. Defoe: Leben und Abenteuer des Robinson Crusoe (1922); Ein kurzweilig Lesen von Dyl Ulenspiegel. Nach der Ausgabe von 1519 und 1532 (1923); R. E. Raspe: Des Freiherrn Baron von Münchhausen wunderbare Reisen und Abenteuer zu Wasser und zu Lande (1923); J. Swift: Lemuel Gullivers vier Reisen in fremde Länder (1927); Die Historie von Reineke dem Fuchs. Nach dem niederdeutschen Epos von 1498 (1928).

Winfred Kaminski

Vethake, Kurt

*(Ps.e: Patrick Hampton, Teddy Parker, Axel Busch, Peter Ott). Roman- und Jugendschriftsteller, Hörspiel- und Fernsehspielautor; * 5.8.1919 Münsingen bei Bückeburg.*

Nach seiner Schulzeit in Sommerfeld (Niederlausitz) begann V. ein Medizinstudium in Greifswald und Berlin. Nach Kriegsende wandte er sich der Schriftstellerei zu, der schon als Schüler seine Neigung galt. Seine vielfältigen Arbeiten führen etwa zu gleichen Teilen zu Buch-, Hör- und Fernsehspiel- sowie Schallplattenproduktionen.

Werk, Tendenzen, Wirkung. Neben frühen Bühnenwerken und erzählender Literatur legte V. ein reichhaltiges Angebot an Jugendbüchern vor, das die Bereiche der biographischen Erzählung (Mahatma Gandhi. Indiens Weg zur Freiheit, 1951), der technischen Erzählung mit zeitnahen Großprojektinhalten (Geheime Tauchfahrt mit Nautilus, 1959; Weltraumschiff gestartet, 1960), des Reiseberichtes (Das Geheimnis der verbotenen Stadt, 1960) und der als Übersetzungen bzw. Bearbeitungen vorliegenden Fernseherzählungen (Fury, ab 1964; Bonanza und Flipper, ab 1969) sowie der Abenteuererzählung (Mit geheimer Order, 1965; Das einsame Wagnis, 1966) einbezieht. Die mehr „realistischen" Publikationen sind gekennzeichnet

*Kurt Vethake (*1919)*

durch eine flotte, effektsichere Darstellungsweise, die technische Wagnisse und kühne Unternehmungen in spannungsträchtiger Unterhaltungsform präsentiert. Der Informationsertrag wird dabei aktualisiert und ist auf eine affirmative Wirkung hin angelegt. Die nach spezifischen Schemata konstruierten seriellen Fernseherzählungen, zumeist amerikanischer Western-Provenienz (als Begleit- oder Folgeliteratur zu gleichnamigen TV-Sendungen gedacht), verzichten weitgehend auf eine sprachformende Durchstrukturierung. Sie wollen die durch die Sendung geweckten Sensationsbedürfnisse gleichsam festschreiben. Den sterilen Ernst der meisten TV-Abenteuersendungen versucht V. in manchen Szenen seiner literarischen Fassungen durch komische Aufhellungen zu mildern. Kriminalistischen Spürsinn zeigt er in den Büchern zur deutschen Fernsehserie „Funkstreife Isar 12" (1963 und 1964). Zum Genre der Schulgeschichten lieferte V. mit seinem Fernsehbuch „Humboldtschule macht Geschichte(n)" (1964) einen Beitrag mit heiter-turbulenter Note. Charakteristisch für die meisten der von V. geschaffenen Buchpersonen ist ihr Zweckoptimismus, der sich durch den erregenden Reiz des Abenteuerlichen bestätigt fühlt.

Auf dem Kinderschallplattenmarkt gilt V. in der zumeist dreifachen Funktion eines Texters, Regisseurs und Produzenten quantitativ gesehen als „absoluter Spitzenreiter" (Ute Kirchner). Sein Interesse richtet sich in erster Linie auf gängige Titel der Kinderliteratur (u.a. Märchen, klassische Kinderbücher, neuere Erfolgsliteratur), die er als Vorlagen für eine Umsetzung in Hörspiele nach gängigem Muster heranzieht. In ihnen erscheint das ursprüngliche Werk notgedrungen verkürzt; Märchen erfahren dagegen oftmals vor allem in den Dialogen eine Dehnung, die gegenüber der festen Form der Originalfassung mitunter befremdend wirkt. Vordergründig wirksame Gesichtspunkte bestimmen den Zu- und Eingriff. Die auf eingängige Effekte angelegten Hörspielbearbeitungen verändern dabei oft die Intention der literarischen Vorlagen. Eine rein sprechkünstlerische Interpretation des Originalwerks ist – entsprechend einer weit verbreiteten Konzeption im Kinderschallplattenbereich – nicht beabsichtigt, wenngleich sie stellenweise bei einzelnen Produktionen zu erkennen ist. Die gestalterisch geschickteste Hand hat V. noch bei Titeln neuerer Kinderliteratur (unter anderen von JANOSCH, J. KRÜSS, A. LINDGREN, CHR. NÖSTLINGER, W. SCHNURRE), bei deren Umsetzung der immer wieder geforderte weitgehende Deckungsanspruch von Textvorlage und Hörspielgestaltung eher erfüllbar ist als bei den episch dichteren Werken von JAMES FENIMORE COOPER, HERMAN MELVILLE oder MARK TWAIN, die auch von V., jedoch mit weniger Erfolg, bearbeitet wurden. Dementsprechend erfuhren die szenischen Fassungen eine recht unterschiedliche Bewertung, je nach der literarpädagogischen Einschätzung des Mediums Kinderschallplatte durch die Rezensenten. Von ihm liegen zur Zeit mehr als 300 Kinderschallplatten vor.

Sowohl die Inhalte seiner Bücher als auch die der Schallplatten hat V. häufig noch in Rundfunkhörspiele überführt und damit nebenbei einen praktischen Beitrag zur Diskussion über die durch verschiedene Medien ermöglichte Nutzung literarischer Vorlagen geliefert. Zusätzlich liegen auch zahlreiche Hörspiele in Erst- und Alleinfassung vor.

Zu seinem ersten Buch, einer Biographie über den Gründer des Roten Kreuzes HENRI DUNANT, wurde V. durch seine Arbeit als Sanitätssoldat angeregt. V. verstand dieses Buch als Anklage gegen den Krieg.

Als Drehbuchautor für Fernsehfilme ist V. ebenfalls hervorgetreten.

Werke: Der Mann von Solferino (1948); Mahatma Gandhi. Indiens Weg zur Freiheit (1951); Edison. Der Zauberer von Mento Park (1952); Henri Dunant, ein Leben für die Barmherzigkeit (1953); Das geheimnisvolle Licht (1954; auch u. d. T.: Tom Edison, 1967); Glühender Bambus (1954); Das weiße Haus im Dschungel (1954); Brücke über den East-River (1956); Chinchon, der Wunderbaum (1956); Kabel an alle Welt (1956); Es geht um ihren Kopf, Senor (1958); Geheime Tauchfahrt mit Nautilus (1959); Das Geheimnis der verbotenen Stadt (1960); Weltraumschiff gestartet (1960); Wilderer (1960); Abenteuer, die das Leben schrieb (1961); Zwei junge Detektive (1963); Funkstreife Isar 12 (Bd. 1–2. 1963–1964); Alarm für Hafenpolizei (1964); Humboldtschule macht Geschichte(n) (1964; auch u. d. T.: Frischer Wind in alter Schule, 1976); Dschungelboy (1965; auch u. d. T.: Bwan und die Tiere des Dschungels, 1971); Mit geheimer Order (1965); Der Nachtkurier meldet (1965; auch u. d. T.: Reporter Wieland lebt gefährlich, 1977); Das einsame Wagnis (1966); In geheimem Auftrag (1966); Die Stunde X für „Freundschaft sieben" (1966); Axel stürmt für die 9a (1967); Abenteuer zwischen Pol und Äquator (1968); Der Hurrikan kommt (1973); Kalkutta ruft London (1973).

Sekundärliteratur: Th. van Alst (Hrsg.): Millionen-Spiele. Fernsehbetrieb in Deutschland. – U. Kirchner: … doof wird man gemacht. Anmerkungen zum Kinderschallplattenmarkt (in: Buch und Bibliothek. 30. 1978. 9. 647–665 (Teil I) und 30. 1978. 10. 743–758 (Teil II).

Hermann Bertlein

Villaume, Peter

*Prediger, Erzieher, popularphilosophischer und pädagogischer Schriftsteller, Jugendbuchautor; * 18.7.1746 Berlin, † 10. (od. 11.) 6.1825 Fuirendal (Dänemark).*

V. entstammte einer Berliner Hugenottenfamilie; der Vater war Strumpfwirker. Ersten Unterricht erhielt V. nach dem Tode des Vaters am Waisenhaus der französisch-reformierten Gemeinde. Nach dem Theologiestudium bekam V. eine Anstellung als Geistlicher der französisch-reformierten Gemeinde zu Schwedt (Oder). Fünf Jahre später ging er als Prediger nach Halberstadt, wo er zusammen mit seiner Frau 1777 eine „Erziehungsanstalt für Frauenzimmer aus gesitteten Ständen und vom Adel" eröffnete. Eine öffentliche Darstellung dieser Erziehungsanstalt erschien in den „Pädagogischen Unterhandlungen", der Zeitschrift des Dessauer Philanthropins (2. Jg. 1779, 4. Quart. und 3. Jg. 1780, 3. Quart.). 1783 stattete ihm CHR. G. SALZMANN einen Besuch ab, der im ersten Band der „Reisen der Salzmannischen Zöglinge" (1784) beschrieben wird. V. geriet in engen Kontakt zu der 1785 in Halberstadt gegründeten aufklärerischen „Litterarischen Gesellschaft", zu der unter anderem GLEIM und G. N. FISCHER, Herausgeber des „Berlinischen Journals für Aufklärung", gehörten. 1787 wurde V. Nachfolger von J. J. ENGEL als Professor der Moral und der schönen Wissenschaften am Joachimsthaler Gymnasium zu Berlin. Hier wurde er zum Gegner der seit 1788 von dem preußischen Minister WOELLNER betriebenen antiaufklärerischen Kulturpolitik. Er verfaßte Pamphlete gegen das Religionsedikt (Freymüthige Betrachtungen über das Edikt vom 9. Juli 1788, die Religionsverfassung in den Preußischen Staaten betreffend, 1788; Über das Verhältnis der Religion zur Moral und zum Staate, 1791), denen zum Teil die Druckerlaubnis verweigert wurde. Zu Beginn der neunziger Jahre traten verstärkt antimonarchische, republikanische Tendenzen in V.s politischem Denken auf. Mit den revolutionären Ereignissen in Frankreich zeigte er Sympathie und beteiligte sich an Preisausschreiben französischer Akademien. 1796 wurde er zum Mitglied des Nationalinstitutes in Paris ernannt. Die Zusammenstöße mit dem WOELLNERschen Ministerium und „Gesundheitsrücksichten" ließen V. 1793 die Professur aufgeben und nach Dänemark auswandern. Er zog mit seiner Familie auf das Gut Brahe-Trolleborg auf der Insel Fünen, um den Grafen L. VON REVENTLOW (1751–1801) bei der Realisierung seiner aufklärerischen Schulpläne zu unterstützen. 1795 wurde auf dem Gut ein Volksschullehrerseminar gegründet, für das V. den Studienplan entwarf und an dem er selbst unterrichtete. Wenig später richtete der Graf ein Philanthropin für Kinder aus dem gehobenen Bürgertum und dem Adel ein, an dem V. Geschichte und Astronomie unterrichtete. Auch hierüber verfaßte er einen öffentlichen Bericht (Grundsätze und Einrichtungen zu gemeinsamer Erziehung gebildeter Stände nebst einem Bericht von der Erziehungsanstalt zu Bernstorfminde ..., 1804). 1807 siedelte V. auf das Gut Holsteinborg über, wo er sich der Erziehung der unteren Bevölkerungsschichten widmete und an der Gründung von Industrieschulen beteiligt war. 1819 erhielt er eine Predigerstelle an der deutsch-reformierten Kirche in Kopenhagen. In deutschen Nachschlagewerken wird häufig 1806 als Todesjahr V.s angegeben; nach dänischen Quellen jedoch, die R. Wothge ausgewertet hat, ist V. erst 1825 mit 79 Jahren verstorben.

Werk, Tendenzen, Wirkung. V.s theoretisches Werk ist durch eine große thematische Vielfalt geprägt: Neben pädagogischen und philosophischen Schriften finden sich solche zu psychologischen, ökonomischen, staatswissenschaftlichen und kriminalrechtlichen Fragen. Er war Mitarbeiter nicht nur der „Pädagogischen Unterhandlungen", sondern auch der „Berlinischen Monatsschrift", der „Halberstädter gemeinnützigen Blätter" und des „Braunschweigischen Journals". Zu der von Campe herausgegebenen „Allgemeinen Revision des gesamten Schul- und Erziehungswesens" (16 Bde. 1785–1792) steuerte V. insgesamt acht Abhandlungen bei, zu deren bekanntester wohl die im dritten Band (1785) abgedruckte Schrift „Ob und in wie fern bei der Erziehung die Volkommenheit des einzelnen Menschen seiner Brauchbarkeit aufzuopfern sey?" gehört. Die Abhandlung gilt gemeinhin als Programmschrift aufklärerisch-utilitaristischen Erziehungsdenkens, das der Erziehung zur gesellschaftlichen Nützlichkeit den Vorzug vor der Veredelung und Vervollkommnung des einzelnen Menschen gibt. Die Schrift ist zugleich eine Stellungnahme zu der in den achtziger Jahren geführten Diskussion über Wesen und Grenzen der Aufklärung: V. macht sich hier zum Fürsprecher einer nur relativen, begrenzten Aufklärung des Volkes, die besagt, daß „man ihm soviel Kenntnisse und Menschengefühle beibringen soll, als zu seinem Wohl in seinem Stande gehören". V. begründete diese Limitierung von Aufklärung mit dem Prinzip der „Glückseligkeit", die für ihn in der Übereinstimmung der subjektiven Kräfte des Menschen mit seinen objektiven Wirkungsmöglichkeiten besteht. Eine zu weit gehende Aufklärung gerade des Volkes, die nicht auch seine objektive Lage verändere, schaffe nur unglückliche Individuen. Doch ebenso wie das Nützlichkeitsgebot bei V. durch solche Maximen wie „Veredelt die Menschen soviel als es ihre Verhältnisse erlauben!" eingeschränkt wird, ist auch das Plädoyer für eine nur begrenzte Aufklärung des Volkes nicht prinzipiell gemeint, sondern eher auf eine besondere historische Situation des Absolutismus bezogen. Daß eine Veränderung der politischen Verhältnisse für V. eine umfassende Volksaufklärung nicht nur möglich, sondern auch nötig macht, zeigen seine Abhandlungen zu Beginn der neunziger Jahre. V. tritt hier dezidiert für eine republikanische Staatsform ein, in der „das Volk ... sich versammeln, seine Stellvertreter, seine Obrigkeiten selbst ernennen (wird)". V. sieht durchaus die Schwächen eines solchen „Volksregiments", die wesentlich von der „Unwissenheit des großen Haufens" herrühren. Aufklärung und Bildung des Volkes aber seien in einer Republik leichter als in einer Monarchie zu bewerkstelligen. Die Erziehung ist denn auch für V. die „erste, unverletzliche Pflicht" des Staates. In den Preisschriften (Vermischte Abhandlungen aus dem Gebiet der Politik, der Finanzwissenschaft, Pädagogik und Redekunst, 1793) entwirft V. Pläne für eine „Nationalerziehung", wie sie ein republikanischer Staat in Gang zu setzen hätte: V. sieht staatliche Kinderspielplätze und einheitliche Schulen, „Nationalanstalten zur Erziehung der Jugend", vor, in denen die Kinder ohne Rücksicht auf Stand und Herkunft eine allgemein-nützliche Bildung erhalten sollten. Die Erziehungsbemühungen des Staates sollen durch Volksfeste und -versammlungen fortgesetzt werden, deren Ziel es sei, Patriotismus zu erwecken und die Bürger miteinander zu verbinden. Auf die weitgehend in Vergessenheit geratenen Nationalerziehungspläne V.s hat H. König (1960) wieder aufmerksam gemacht, während zuvor schon R. Wothge (1957) V.s pädagogische und philosophische Theorien gewürdigt hat. Eine größere Wirkung hat V.s im achten Band (1787) des Revisionswerkes abgedruckte Schrift „Von der Bildung des Körpers in Rücksicht auf die Vollkommenheit und Glückseligkeit der Menschen, oder über die physische Erziehung insonderheit" entfaltet; durch sie gilt V. neben Gutsmuths als einer der Begründer der bürgerlichen Leibeserziehung im 18. Jahrhundert.

V.s Jugendschriften bestehen im wesentlichen aus nichtfiktionalen belehrenden Schriften, die zum Teil auch als Schullehrbücher konzipiert sind. Mehrere Auflagen erlebte die 1783 zugleich in Französisch und Deutsch erschienene „Geschichte des Menschen". Sie stellt ein elementarisches Lehrbuch dar, das die physischen, gesellschaftlichen und moralischen Verhältnisse des Menschen umfassend behandelt. In der „Vergleichung der Regierungen" sieht V. hier noch die aufgeklärte Monarchie als im Vergleich zur Republik vorteilhafter an. Wie aus Salzmanns Reisebericht hervorgeht, hat V. dieses Lehrbuch dem Unterricht in seiner weiblichen Erziehungsanstalt zugrunde gelegt. 1787 erschien die „Practische Logik für junge Leute die nicht studiren wollen", die ebenfalls mehrere Auflagen erlebte. Es handelt sich um ein in Paragraphen abgefaßtes philosophisch-kritisches Lehrbuch, das den jugendlichen Leser in die Kunst, „die Wahrheit zu finden, und den Irrthum zu meiden", einführen und mit Berufung auf Descartes die „Kunst zu zweifeln" lehren will. Bemerkenswert sind die Ausführungen zur Geschichtsschreibung, in denen V. zu ersten Ansätzen einer Ideologiekritik gelangt. Im Vorwort muß V. sich gegen den Vorwurf des „Sceptizismus" verteidigen. Für „Nichtgelehrte" und besonders für das „Jünglingsalter" ist das fünfteilige Werk „Philothee oder die ersten Lehren der Religion" (1788) verfaßt. Es handelt im ersten Teil von der Natur und der Schöpfung, sodann von Gott (2. Teil) und der Vorsehung (3. Teil); die beiden letzten Teile befassen sich mit der Unsterblichkeit der Seele. V. verwendet hier zum erstenmal die Gesprächsform, die ihm „interessanter und angenehmer" erscheint und die ihm „zu mehrerer Simplicität und Herablassung Gelegenheit" gibt. Die Einkleidung des Unterrichts in eine Rahmenhandlung macht das Werk zu einem „wirklichen Lesebuch": Der wohlhabende Bürger Philothee gibt seinen Kindern in Gesprächen religiösen Unterricht, wobei der Erziehungsgehilfe Frommann zum Träger aller Vorurteile und Irrtümer wird, die der Vater stets zu widerlegen vermag. Aus V.s Unterrichtstätigkeit am Joachimsthaler Gymnasium in Berlin gehen zwei kompendiöse Lehrbücher hervor: „Anfangsgründe zur Erkenntniß der Erde, des Menschen und der Natur" (Bd. 1–5; 1789–1791) und „Geographie und Geschichte für die Jugend der Bürger und für Bürgerschulen" (Bd. 1–2, 1792). Bei dem ersten handelt es sich um ein geographisches Lehrbuch, wobei allerdings die „Erdbeschreibung" nicht nur die im engeren Sinne geographischen, sondern auch die ökonomischen, gesellschaftlich-politischen und religiösen Verhältnisse eines Landes umfaßt. Didaktisch schließt V. sich an ROUSSEAU an: Dem Prinzip der Anschaulichkeit gemäß geht das Lehrbuch von der unmittelbaren Umwelt des Schülers (Berlin) aus. Das zweite Werk ist zugleich auch ein Geschichtsbuch: Im ersten Teil ist „der Beschreibung eines jeden etwas wichtigen Staates ... das Merkwürdigste aus der Geschichte desselben angehängt", während der zweite Teil einen zusammengedrängten Abriß der Universalgeschichte gibt. Das Werk ist an die Jugend der Bürger adressiert und sucht ein spezifisch bürgerliches Erkenntnisinteresse an Geschichte zu formulieren: „Menschen und deren Schicksale kennen, beurtheilen lernen, nachdenken über die Angelegenheiten des menschlichen Geschlechts" – darum, nicht aber um „Thronfolgen, Kriege, Schlachten", könne es dem Bürger nur gehen. Beide Werke sind ganz und gar von einer republikanischen Gesinnung durchdrungen. 1801 verfaßte V. ein „Lesebuch für Bürgerschulen". Es stellt ein Lesebuch vom Typ des ROCHOWschen „Kinderfreund" dar und enthält in fünf Abteilungen durchnumerierte kurze Erzählungen und moralische Beispielgeschichten; bemerkenswert ist hier die realistische Darstellung von Armut, Elend und Kinderarbeit.

Werke: Praktisches Handbuch für Lehrer in Bürger- und Landschulen (1781); Methode, junge Leute zum schriftlichen Ausdruck ihrer Gedanken zu bringen; eine Preisschrift (1781); Geschichte des Menschen (1783); Über die Erziehung zur Menschenliebe (1784); Practische Logik für junge Leute die nicht studiren wollen (1787); Freymüthige Betrachtungen über das Edikt vom 9. Juli 1788, die Religionsverfassung in den Preußischen Staaten betreffend (1788); Philothee oder die ersten Lehren der Religion (Bd. 1–5. 1788); Lecture amusante pour la jeunesse des deux sexes (1788); Anfangsgründe zur Erkenntniß der Erde, des Menschen und der Natur (Bd. 1–5. 1789–1791); Prüfung der Rönnbergischen Schrift über Symbolische Bücher in bezug auf das Staatsrecht (1791); Über das Verhältnis der Religion zur Moral und zum Staate (1791); Geographie und Geschichte für die Jugend der Bürger und für Bürgerschulen (Bd. 1–2. 1792); Vermischte Abhandlungen aus dem Gebiet der Politik, der Finanzwissenschaft, Pädagogik und Redekunst (1793); Abhandlungen, das Interesse der Menschheit und der Staaten betreffend (1794); Lesebuch für Bürgerschulen (1801); Grundsätze und Einrichtungen zu gemeinsamer Erziehung gebildeter Stände nebst einem Bericht von der Erziehungsanstalt zu Bernstorfminde auf der Baronie Brahe-Trolleborg in Fünen (1804); Populäre Logik zur Einleitung in die Schulwissenschaften, ein Handbuch für Bürgerschulen sowie für alle Freunde der Wissenschaften, die zu Schulstudien keine Gelegenheit haben (1805).

Beiträge: Abhandlung über das Verhalten bei den ersten Unarten der Kinder (in: J. H. Campe (Hrsg.): Allgemeine Revision des gesamten Schul- und Erziehungswesens. Bd. 2. 1785. 297–616); Ob und in wie fern bei der Erziehung die Vollkommenheit des einzelnen Menschen seiner Brauchbarkeit aufzuopfern sey? (in: J. H. Campe (Hrsg.): Allgemeine Revision des gesamten Schul- und Erziehungswesens. Bd. 3. 1785. 435–616); Allgemeine Théorie, wie gute Triebe und Fertigkeiten durch die Erziehung geweckt, gestärkt und gelenkt werden müssen (in: J. H. Campe (Hrsg.): Allgemeine Revision des gesamten Schul- und Erziehungswesens. Bd. 4. 1785. 3–604); Abhandlung über die Frage: Wie kann mans erhalten, daß Kinder gehorsam und Männer dereinst nachgebend werden, ohne willenlos zu seyn, oder: Wie kann man sie zur Fertigkeit des Willens ohne Eigensinn bilden (in: J. H. Campe (Hrsg.): Allgemeine Revision des gesamten Schul- und Erziehungswesens. Bd. 5. 1786. 161–274); Von den Trieben, welche man ersticken oder doch wenigstens schwächen muß (in: J. H. Campe (Hrsg.): Allgemeine Revision des gesamten Schul- und Erziehungswesens Bd. 5. 1786. 275–730); Über die Unzuchtsünden der Jugend. Eine gekrönte Preisschrift (in: J. H. Campe (Hrsg.): Allgemeine Revision des gesamten Schul- und Erziehungswesens. Bd. 7. 1787. 1ff.); Von der Bildung des Körpers in Rücksicht auf die Vollkommenheit und Glückseligkeit der Menschen, oder über die physische Erziehung insonderheit (in: J. H. Campe (Hrsg.): Allgemeine Revision des gesamten Schul- und Erziehungswesens. Bd. 8. 1787. 211–410); Über die äußerliche Sittlichkeit der Kinder (in: J. H. Campe (Hrsg.): Allgemeine Revision des gesamten Schul- und Erziehungswesens. Bd. 10. 1788. 569–640).

Sekundärliteratur: S. Baur: Charakteristik der Erziehungsschriftsteller Deutschlands (1790). – Dansk Biografisk Leksikon (Bd. 25. 1943). – G. Funk: Die Pädagogik Peter Villaumes. Ein Beitrag zur Geschichte des Philanthropinismus (Diss. 1894). – J. Justi: Vollkommenheit oder Brauchbarkeit? Eine pädagogische Studie (Diss. 1937). – H. König: Zur Geschichte der Nationalerziehung in Deutschland im letzten Drittel des 18. Jahrhunderts (1960. 350–405). – Chr. G. Salzmann: Reisen der Salzmannschen Zöglinge (Bd. 1. 1784). – R. Wothge: Ein vergessener Pädagoge der Aufklärung: Peter Villaume (in: Wissenschaftliche Zeitschrift der Martin-Luther-Universität Halle-Wittenberg, geschichtlich-sprachwissenschaftliche Reihe. 1957. VI/3. 429–454).

Hans-Heino Ewers

Villinger, Hermine

*Schriftstellerin; *6.2.1849 Freiburg, †4.3.1917 Karlsruhe.*

V. stammte aus einer badischen Beamtenfamilie; ihr Vater war Geheimer Kriegsrat. 1850 zog die Familie nach Karlsruhe; V. besuchte dort die höhere Töchterschule, danach war sie drei Jahre im ‚Kloster', einem katholischen Mädchenpensionat in Offenburg. Nach der Rückkehr nach Karlsruhe fand sie Kontakt zum Theater und zu dem literarischen Kreis um ANNA ETTLINGER, durch den sie in die deutsche Gegenwartsliteratur eingeführt wurde. Diese Begegnung weckte ihre literarische Begabung. Nach vorübergehender Theaterleidenschaft wurde sie freie Schriftstellerin. Bedeutsam für ihre weitere literarische Entwicklung war die Freundschaft mit MARIE VON EBNER-ESCHENBACH (1830 1916). Bis zu ihrem Tod lebte sie, von einigen Reisen abgesehen, in Karlsruhe.

Werk, Tendenzen, Wirkung. V.s erste literarische Versuche standen in der Tradition der Dorfgeschichte, wie sie vor allem von BERTHOLD AUERBACH (1817–1882) entwickelt worden war; auch die Klischees und Sentimentalitäten dieses Genres finden sich in ihren ersten Erzählungen. Vornehmlich der Einfluß von MARIE VON EBNER-ESCHENBACH führte sie zu einer natürlicheren, in höherem Grad realistischen und zugleich humorvollen Schreibweise. Zentrales Thema ihrer zahlreichen, von der zeitgenössischen Kritik beachteten Romane und Erzählungen, von denen einige in der „Deutschen Rundschau" zuerst veröffentlicht wurden, ist die Rolle der Frau in der bürgerlichen Gesellschaft des ausgehenden 19. Jahrhunderts. Immer wieder werden die verschiedenen Rollenangebote für die Frau in dieser Zeit vorgeführt und in den Hauptgestalten die Möglichkeiten der Emanzipation aus den fixierten Rollenvorstellungen durch selbständige Tätigkeit dargestellt. Wesentliche Züge des Bildes der Frau, das V. zeichnete, sind die Tugenden der Pflichterfüllung und der Sorge für andere Menschen, vor allem auch für Kinder und deren Erziehung. Diese Tugenden werden jedoch nicht mehr oder wenigstens nicht allein in der Figur der Gattin und Mutter verkörpert und damit in der Institution der Ehe verwirklicht, sondern in einer selbständigen Tätigkeit der Frau – als Verwandte einer bei ihrer Aufgabe versagenden Mutter, in beruflicher Tätigkeit wie der einer Lehrerin oder auch in künstlerischer Tätigkeit. Es gelang V., dieses Bild der selbständigen Frau in ihren verschiedenen Werken facettenreich und unprätentiös darzustellen.

Natürlichkeit und Humor kennzeichnen auch V.s Erzählungen für Kinder und Jugendliche, die häufig autobiographisch geprägt sind und sich vornehmlich an Mädchen wenden. Beobachtungsgabe und Einfühlungsvermögen in Verhalten und Phantasie des Kindes ermöglichten ihr, vor allem in kleinen Genreszenen kindliches Verhalten adäquat und unsentimental wiederzugeben. Beispiele, die aus den gängigen Kinderdarstellungen der Zeit herausragen, finden sich etwa in den Erzählungen des Bandes „Kleine Leute" (1906). Wie in ihrer Literatur für Erwachsene ist auch in V.s Erzählungen für Mädchen die Emanzipation der Frau das zentrale Thema. In ihrer weitgehend autobiographisch bestimmten Jugendgeschichte „Simplicitas" (1907) erzählt sie den Emanzipationsprozeß eines jungen Mädchens. Die Titelfigur löst sich durch die Begegnung mit der Gesellschaft aus den engen Vorstellungen ihrer klösterlichen Erziehung, in denen es für die Frau nur die Wahl zwischen Haube und Schleier gibt. Nach einer dezent erzählten, scheiternden Liebesgeschichte wird die Entscheidung für die Tätigkeit als Schriftstellerin dargestellt, die gegen den Widerstand der Umgebung, für die die weibliche Rolle sich in der Ehe erfüllt, allerdings mit Hilfe des verständnisvollen Vaters durchgesetzt wird. Gegenfigur des in Briefform gestalteten Romans ist die Freundin, an die die Briefe gerichtet sind und die in der Rolle der Gattin und Mutter fixiert bleibt. Die differenzierte Einschätzung der Rolle der Frau führte V. zur Kritik der in der Zeit gängigen Erziehungsvorstellungen, die sich insbesondere in der Gestaltung der Elternfiguren äußerte. Die Eltern ihrer Erzählungen sind keine unbefragbaren Autoritätsfiguren; es werden einmal Eltern mit Schwächen und Fehlern dargestellt, was auch zur kindlichen Überlegenheit über die Eltern führen kann; zum anderen werden verständnisbereite und liebevolle Eltern gezeichnet, die ihre Erziehung von der Zuwendung zu ihren Kindern leiten lassen. Beispiele finden sich in den zwölf Erzählungen der „Schulmädchengeschichten" (1893), von denen einige allerdings zeigen, daß V. in manchem auch den Klischees der zeitgenössischen Jugendliteratur verhaftet blieb, etwa in der Darstellung der ärmeren Schichten der Bevölkerung. In diesem Band läßt V. zwölf Mädchen ihren Lebenslauf bis zum Eintritt in ein Pensionat erzählen. Die literarische Qualität zeigt sich unter anderem darin, daß es ihr durch stilistische Variationen gelang, die erzählenden Mädchen auch durch ihre Erzählweise zu charakterisieren und voneinander zu unterscheiden, wobei sie unter anderem (wie auch in anderen Erzählungen) geschickt den Dialekt als stilistisches Mittel verwandte. Bemerkenswert ist auch die Hereinnahme politischer Themen; in der letzten Erzählung wird dargestellt, wie in einer elsässischen Familie der deutsch-französische Krieg von 1870/1871 zum innerfamiliären Konflikt wird, beachtenswert ist die eindeutige Darstellung der profranzösischen Haltung der Bevölkerung.

V.s Jugenderzählungen ragen ohne Zweifel aus der zeitgenössischen Jugendliteratur heraus (ihre Erwachsenenliteratur ist weitaus mehr der Zeit verhaftet), sowohl in ihrer literarischen Qualität wie durch die Differenziertheit der intendierten Normen und Wertvorstellungen, insbesondere bei der Darstellung der Rolle der Frau. Es ist bemerkenswert, daß ihre Erzählungen für Mädchen anders als die traditionellen Mädchenbücher der Zeit heute vergessen sind und nicht mehr aufgelegt werden.

Werke: Auch ein Roman und andere Geschichten (1890); Schulmädelgeschichten (1893); Aus der Jugendzeit, aus der Jugendzeit klingt ein Lied mir immerdar. Mein Klostertagebuch (1905); Kleine Leute. Kurze Geschichten für Groß und Klein (1906); Simplicitas. Eine Jugendgeschichte (1907); Das Blumenkränzchen und andere Erzählungen für junge Mädchen (1920).

Sekundärliteratur: L. Barck-Herzog: Hermine Villinger und Marie von Ebner-Eschenbach. Eine Dichterfreundschaft. Nach

Briefen der Hermine Villinger dargestellt (in: Deutsche Rundschau. 1961. 87. 845–849).

Reiner Wild

Voegeli, Max

*(d.i. Michael West). Schweizer Schriftsteller und Jugendbuchautor; *2.5.1921 Oberentfelden (Aargau).*

Nach dem Besuch der Bezirksschule und einem Studium an der Kunstgewerbeschule in Zürich übte V. sehr verschiedenartige Berufstätigkeiten aus. Heute lebt er als Schriftsteller in Wettingen (Schweiz). Für „Die wunderbare Lampe" (1952) erhielt V. 1953 den Schweizer Jugendbuchpreis und die Ehrengabe der Schweizer Schillerstiftung.

Werk, Tendenzen, Wirkung. Im Rahmen seiner vielseitigen schriftstellerischen Produktion hat V. einige Werke für junge Leser geschaffen, die ihn als Autor mit deutlich literarästhetischen Intentionen erscheinen lassen. Kennzeichnend für seine Arbeit ist jeweils die Darstellung einer schicksalhaft gegebenen oder umständebedingten außergewöhnlichen Ausgangssituation im Leben junger Menschen, die diese zu gewagten, abenteuerlich motivierten, zumindest aber provozierenden Handlungsweisen veranlaßt: der junge „outcast" lehnt sich gegen Unterdrückung und Willkür der politischen Machthaber auf (Robin Hood, 1947); der vermeintliche Betteljunge kämpft um sein vorenthaltenes Recht als indischer Prinz (Die wunderbare Lampe, 1952; Prinz von Hindustan, 1958); der aus einer fernen Welt durch Kriegsumstände in die Heimat zurückbeorderte Heranwachsende muß sich gegen Vorurteile und Mißverständnisse behaupten (Borneo-Tim, 1950). Mehr oder weniger gemeinsam ist allen, daß sie Herausforderungen annehmen und auf Wagnisse eingehen, die ihr Verhalten schließlich rechtfertigen. V.s Gestalten sind Sehnsüchtige und Träumer, zugleich aber Streiter für ihr Recht und doch Friedliebende. Sie beschwören das Abenteuer nicht leichtfertig herauf, bestehen es jedoch mit großem sittlichen Ernst, wenn auch oft in atemberaubenden Unternehmungen. Dabei werden lebensfremde oder irritierende Illusionen auf den Boden der Realität zurückgeführt, wo das Wunder gleichwohl noch seinen Platz hat. V.s Menschen sind lebensfroh, kennen auch Ängste, aber nicht die Furcht und sind auf der Suche nach einer „lichten Welt", in der das Gute besteht. Es sind nach eigener Aussage „wunderbare Geschöpfe in einer wunderbaren Welt", so auch die verhinderte hölzerne Marionettenpuppe Kurt (Der hölzerne Kurt, 1954), die doch noch das Ziel ihrer Sehnsucht erreicht. Der Weg zu jener Welt führt über geistig sublimierte Abenteuer von suggestiver Eindringlichkeit. Als besonders wirksame darstellerische Mittel sind bei V. hervorzuheben: die Bevorzugung der „inneren Spannung" als geistig begründende Verarbeitung der Handlungseinheiten; die charakterliche Differenzierung und Handlungsfähigkeit der Haupthandlungsträger; die teilweise dialektisch verschlüsselten und antithetischen Aussagen; die Verwendung von Dingsymbolen und ein offener Schluß. Dabei vermeidet er jede klischeehafte Einheitssageweise.
V.s fabulierende Erzählweise verrät einen orientalisch inspirierten Impetus und die Nähe zu balladesken, sagen- und märchenhaften Vorgaben. Der Leser wird durch eine direkte Ansprache als ein Freund in die zumeist handlungsreichen Geschichten miteinbezogen.

Werke: Die abenteuerlichen Geschichten des Robin Hood (1947); Amanali und der Erhabene (1948); Borneo-Tim (1950); Die wunderbare Lampe (1952); Der hölzerne Kurt (1954); Nawadaha erzählt (1955); Prinz von Hindustan (1958).

Hermann Bertlein

Vogel, Traugott

*Schweizer Autor von Romanen und Erzählungen, Jugendschriftsteller, pädagogischer Publizist und Herausgeber; *27.2.1894 Zürich, †31.1.1975 Zürich.*

V., Sohn eines Gärtnermeisters, wuchs in einem kinderreichen Elternhaus auf. Er studierte in Zürich und Genf Germanistik, besuchte die Lehramtsschule und wirkte später als Primarlehrer in seiner Vaterstadt. 1948 erhielt V. den Literaturpreis der Stadt Zürich und 1949 den Jugendbuchpreis der Schweizer Lehrerschaft.

Werk, Tendenzen, Wirkung. Als volkstümlicher Schweizer Autor vertritt V. einen bürgerlichen Konservatismus mit einem offenen Blick für die Realitäten der Zeitverhältnisse. Er erkennt die innere Gefährdung des Menschen seiner Umwelt, und als Pädagoge will er erzieherischen Einfluß nehmen. „Beim Dichten (wird er) zum Erzieher" (W. Klausner), zum Moralisten bewahrender Prägung. Seine literarischen Gestalten, die in autobiographischer Anlehnung zum Teil gärtnerische Tätigkeiten ausüben, führt er zur Selbstverwirklichung, indem er ihnen den Weg zur Integration in relativ festgefügte gesellschaftliche Ordnungen zeigt. In dem Roman „Ich liebe, du liebst" (1926) erfährt ein Gärtnerehepaar nach überwundenen persönlichen Schwierigkeiten sein Glück in einer „wunderbarlich geordneten Welt". Im Roman „Anna Flor" (1944) ist jene Welt religiös geprägt. Sie strahlt heimliche Feierlichkeit und irdische Nüchternheit aus und läßt auch hier zwei Menschen gegenüber den humanen Grundkräften gehorsam werden.
Stärker tritt V.s pädagogischer Impetus in seinen Jugendschriften zutage. Seine verschiedenen Beiträge für die Reihe „Schweizer Schulbühne" (ab 1941) verfolgen ausschließlich erzieherische Absichten, ebenso seine kleineren Erzählungen für das „Schweizerische Jugendschriftenwerk" (ab 1932). Unter den größeren erzählenden Veröffentlichungen fand die zweiteilige Geschichte eines Jugendklubs, „Spiegelknöpfler" (I, 1932, II, 1934), in der Schweiz weite Verbreitung. Die jungen Angehörigen des Klubs tragen auf ihre Weise durch „Wohltun und Mitteilen" zur sittlichen Befestigung der gegebenen Verhältnisse bei. Das Geschichtenbuch „Augentrost und Ehrenpreis" (1944) ist als eine Sammlung kurzer moralischer Bei-

spielerzählungen in der Art affirmativer Kalendergeschichten anzusehen, die durch eine schlichte und menschliche Milde der Gedankenführung imponieren. Im Dienst des Natur- und Heimatschutzes steht die manchmal etwas gewaltsam motiviert anmutende Erzählung „Der rote Findling" (1955): drei junge Menschen setzen gegen die Unvernunft und Geldgier der Erwachsenen ihren naiv-ideellen Plan zur Erhaltung eines Naturdenkmals durch. Eindringlicher und differenzierter als in den genannten Werken stellt V. den Kampf des Bösen gegen das Gute am Beispiel eines Züricher Geschwisterpaares in der zwischen „Realismus und romantischer Fabulierkunst" (ALBIN ZOLLINGER) angelegten und auf höhere Ansprüche bedachten Geschichte für die ältere Jugend „Der Engelkrieg" (1940) dar. Zahlreiche mundartliche Beiträge und weitere editorische Bemühungen, aus denen V.s literarische und volkserzieherische Mittlerrolle deutlich wird, runden sein vielfältiges Werk ab.

Werke: Doktor Schlimmfürguet (1922); Unsereiner (1924); Ich liebe, Du liebst (1926); Die Tore auf! (1926); Zirkus Juhn oder Tiermensch und Menschentier (1928); Der blinde Seher (1930); Die Schlacht im Ried (1932); Spiegelknöpfler (Bd. 1–2. 1932–1934); Elastikum, der Schlangenmensch (1933); Kindertheater in der Schule (1935); Kuhhandel (1935); Samstag 11 Uhr. Vorlesebuch (1936); Leben im Grund oder Wehtage der Herzen (1938); Schwizer Schnabelweid (1938); De Schnydertraum (1939); De Tiltitolegg (1939); Wachsendes Glück (1939); Der Engelkrieg (1940); Nachtschatten (1940); De Baschti bin Soldate (1941); Regine im Garten oder Das Gemüsejahr (1941); Hans und Anna auf dem Lande (1942); Kasper in der Schule (1943); Anna Floor (1944); Augentrost und Ehrenpreis (1944); Eins zu sieben (1945); Vaterland und Muttersprache (1945); Ein Segenstag (1946); Das Alpinum (1949); Schuld am Glück (1951); Die erste Sprosse (1952); De Läbesbaum (1952); Der rote Findling (1955); S Glöggli vo Bethlehem (1956); Flucht ins Leben (1961); Die verlorene Einfalt (1964).

Sekundärliteratur: P. Schuler (Hrsg.): Freundesgabe für Olga Meyer zum 75. Geburtstag, Traugott Vogel zum 70. Geburtstag, Fritz Brunner zum 65. Geburtstag (1964). – Traugott Vogel. Freundesgabe zu seinem 60. Geburtstag (1954).

Hermann Bertlein

Vogeler, Heinrich

*Radierer, Zeichner, Maler, Illustrator, Architekt, Designer, Schriftsteller; * 12. 12. 1872 Bremen, † 14. 6. 1942 bei Woroschilowsk/Kasachstan.*

V. studierte zwischen 1890 und 1893 an der Kunstakademie Düsseldorf bei PETER JANSSEN (1844–1908), EDUARD VON GEBHARDT (1838–1925) und ARTHUR KAMPF (1864–1950). 1894 übersiedelte er nach Worpswede. Bis 1899 entstanden die meisten seiner Radierungen. 1898 begann die Freundschaft mit RAINER MARIA RILKE (1875–1926). 1901 heiratete er MARTHA SCHRÖDER (1879–1961), die ihm immer wieder Modell stand und künstlerisches Motiv war. Zwischen 1900 und 1911 schuf er die meisten seiner Buchillustrationen. In die Zeit zwischen 1892 und 1913 fallen Reisen nach Holland, Belgien, Italien, Frankreich, Ceylon, Polen,

Illustration von Heinrich Vogeler (1872–1942) zu dem Märchen „Der glückliche Prinz" von Oscar Wilde. Die Illustration stammt aus dem 1910 im Insel-Verlag erschienenen Band „Oscar Wilde. Die Erzählungen und Märchen".

Schweiz, Österreich sowie längere Aufenthalte in Dresden (1897) und Berlin (1912/13). 1914 wurde er Kriegsfreiwilliger und war 1915–1917 an der Ostfront. Am 20. 1. 1918 schrieb V. einen offenen Brief an den Kaiser (Friedensappell „Märchen vom lieben Gott"), wurde deshalb mehrere Wochen in einer Bremer Nervenheilanstalt interniert und aus dem Heer entlassen. Im November 1918 wurde er Mitglied des Osterholzer Arbeiter- und Soldatenrates. Sein Worpsweder Haus („Barkenhoff") wurde zwischen 1919 und 1923 Arbeitsschule und -kommune. 1918–1923 verfaßte V. zahlreiche Agitationsschriften und Vorträge für die kommunistische Idee. Zwischen 1920 und 1926 arbeitete er an Fresken auf dem Barkenhoff („Komplexbilder"), den er 1923 als Erholungsheim für Kinder der „Rote Hilfe Deutschlands" übereignete (bis 1932). Er gehörte deren Vorstand an. V. war der KPD beigetreten, die ihn 1929 wegen seiner Sympathien mit der Gruppe um HEINRICH BRANDLER (1881–1967) ausschloß. 1923 reiste er mit seiner zweiten Frau SONJA MARCHLEWSKA (* 1898), Tochter des polnischen Sozialisten, Münchener Verlegers und Freundes von

Lenin, Marchlewski-Karski, nach Moskau und unternahm 1923/24 eine längere Reise durch Karelien. 1925 erfolgte seine Übersiedelung nach Berlin, von wo er seine zweite Rußland-Reise im Auftrag der „Roten Hilfe" machte, aber vorzeitig wegen der Angriffe gegen die Barkenhoff-Fresken zurückkehrte. 1928 war V. Mitbegründer der „Assoziation revolutionärer bildender Künstler Deutschlands", 1928–1931 Zeichner in einem Berliner Architekturbüro. 1928/29 hielt er sich mehrmals in der von Fritz Jordi (1885–1938) gegründeten sozialistischen Landkommune Fontana Martina im Tessin (Schweiz) auf. 1931 übersiedelte er in die Sowjetunion und arbeitete an einem Standardisierungsprogramm des ländlichen Bauwesens mit, außerdem für die „Internationale Rote Hilfe" (MOPR) und für das ethnographische Museum Petrosawodsk. 1934–1940 reiste er durch Karelien, Taschkent, Aserbaidschan, Kurdistan, 1937/38 lebte er in Odessa. V. war Mitarbeiter der deutschsprachigen Exilzeitschriften „Internationale Literatur" und „Das Wort". Im Herbst 1941, bei Annäherung der deutschen Truppen, wurde V. aus Moskau nach Kasachstan evakuiert, wo er ohne ärztliche Versorgung und völlig vereinsamt starb.

Werk, Tendenzen, Wirkung. V. ist vor allem mit seinem vor 1914 entstandenen graphischen Werk und mit seinen Entwürfen für Möbel, Eßbestecke, Trinkgläser und Schmuck einer der erfolgreichsten Jugendstilkünstler gewesen. Seine Hinwendung zum Kommunismus und seine sozialistischen Siedlungsprojekte in Worpswede und in Fontana Martina, schließlich sein Versuch, in seiner Kunst – nach einer von Expressionismus und Futurismus beeinflußten Phase zwischen 1918 und 1926 – zu einem monumentalen Realismus zu kommen, haben ihn Kenner seines Frühwerks so stark entfremdet, daß für sie der „späte V." weitgehend unbekannt geblieben ist. Daran hat auch die nach V.s 100. Geburtstag einsetzende Diskussion letztlich nichts geändert. Der Bruch in der Rezeption des künstlerischen und politischen Werks wird vielfach als Bruch in der künstlerischen Entwicklung V.s gedeutet, obgleich diese Entwicklung spätestens um 1910 zu einem Stillstand gekommen ist und nicht erst 1918 mit seinem Engagement für den Kommunismus.

Für die Kinder- und Jugendliteratur bedeutsam ist sein frühes Werk mit den „Märchen"-Radierungen und Illustrationen: vor allem zu Grimms Märchen (1907) und zu Kunstmärchen seiner Zeit. Bezeichnend für V.s Illustrationen ist die weitgehende Unabhängigkeit vom Text und die Herausarbeitung des Stimmungshaften eines Märchens, eines Gedichts, einer Dramenszene. Neben ornamentalen und vegetabilen Formen, die in zarter Linienführung die Bildfläche überwuchern, benutzte V. gern biedermeierhafte Bildmotive, die seinen Illustrationen oft eine altväterliche Note geben. Mit überproportional groß ins Bild gesetzten Gestalten erinnert seine Bildtechnik gelegentlich an die des frühen Mittelalters. Von V. betreute Bücher zeichnen sich – in der Nachfolge von Walter Crane (1845–1915) und William Morris (1834–1896) – durch die einheitliche Gestaltung von Typographie, Textillustration, Zierleiste und Einband aus. V.s Buchschmuck findet sich aber auch in vielen Publikationen, die nicht von ihm selbst künstlerisch betreut worden sind. Denn auf Grund der außerordentlichen Beliebtheit seines Buchschmucks erschien 1904 ein Musterbuch mit V.s Schriften, Vignetten und Zierleisten, aus dem sich Verlage und Druckereien ihren „Vogeler-Zierrat" selbst zusammenstellen konnten. Die dadurch ermöglichte Mehrfachverwertung von V.s Buchschmuck korrespondierte mit der Beliebtheit gerade auch der „Märchen"-Radierungen, die als Einzelblätter erschienen und vielfach reproduziert worden sind. Dyhrenfurth-Graebsch irrt, wenn sie den „Radierungen zu ‚Hänsel und Gretel', zu den ‚sieben Raben' und zum ‚Froschkönig' wenig Verbreitung" nachsagt (Geschichte des deutschen Jugendbuches, 1951. S. 101). Die im Gefolge der neuen Sachlichkeit einsetzende Ablehnung des Jugendstils, die ideologisierende Aburteilung des Jugendstils durch Vertreter des sozialistischen Realismus und seine Kennzeichnung als Verfallskunst durch faschistische Kunstbetrachter haben in den dreißiger und vierziger Jahren den Zugang auch zu V.s Illustrationen zur Märchenliteratur verstellt. So erstaunt nicht, daß Bang in ihrer durchaus differenzierenden Beschreibung von V.s Kinderbuchillustrationen Begriffe wie „Dekadenz", „krankhafte Empfindsamkeit", „Keime des Verfalls" zur Kennzeichnung benutzt hat (Die Entwicklung der deutschen Märchenillustration. 1944. 98–99). Inzwischen – im Zuge der Jugendstilrenaissance der siebziger Jahre – werden vereinzelt bibliophile Reprints der von V. ausgeschmückten Bücher wieder aufgelegt (z.B. „Acht Märchen der Brüder Grimm". 1976).

Werke (Auswahl): Dir. Gedichte (1899); Aus dem Osten. 60 Kriegs-Zeichnungen (1917); Reise durch Rußland (1925, NA. 1974). – E. Weinert (Hrsg.): Erinnerungen (1952). – D. Pforte (Hrsg.): Das neue Leben. Schriften zur proletarischen Revolution und Kunst (1972); F. Jordi und H. Vogeler (Hrsg. zus. mit anderen): Fontana Martina. Halbmonatsschrift. 1931–1932 (NA. 1976). – H. W. Petzet (Hrsg.): Zeichnungen (1976). – H.-H. Rief (Hrsg.): Das graphische Werk (1974).

Illustrationen (Auswahl): H. von Hofmannsthal: Der Kaiser und die Hexe (1900); H. von Hofmannsthal: Der Thor und der Tod (1900); J. u. W. Grimm: Märchen (Auszüge) (1900); Cl. Brentano/L. Tieck: Romantische Märchen (1902); Gartenlaube-Bilderbuch (1902); G. Hauptmann: Der arme Heinrich (1902); K. Laßwitz: Nie und Immer. Neue Märchen (1902); J. H. Fehrs: Ut Ilenbeck. Veer Geschichten. Hrsg. v. Jugendschriften-Ausschuß des Kieler Lehrervereins (1903); D. Schoenflies: Frühlingsmärchen (1903); Vogeler-Zierrat (1904); O. Wilde: Das Granatapfelhaus (1904); G. Falke (Hrsg.): Das Büchlein Immergrün. Eine Auswahl deutscher Lyrik für junge Mädchen (1905); O. Wilde: Das Gespenst von Canterville und fünf andere Erzählungen (1905); A. Goetze: Schneeweiß und Rosenrot. Ein Märchenspiel in 5 Bildern (ca. 1907); J. u. W. Grimm: Kinder- und Hausmärchen. Vollständige Ausgabe (1907); Niederdeutsche Fibel, verfaßt und bearbeitet v. Schulmännern des Reg.-Bez. Stade unter Mitwirkung v. H. am Ende, F. Mackensen, H. Vogeler u. B. Winter. 2. Schuljahr (1909); O. Wilde: Die Erzählungen und Märchen (1910); H. zur Mühlen: Es war einmal ... und es wird sein. Märchen (1930); H. zur Mühlen: Schmiede der Zukunft. Märchen (1933).

Sekundärliteratur: I. Bang: Die Entwicklung der deutschen Märchenillustration (1944). – H. Bethge: Worpswede (1904). – I. Dyhrenfurth-Graebsch: Geschichte des deutschen Jugendbuches (1951). – D. Erlay: Worpswede–Bremen–Moskau. Der Weg des Heinrich Vogeler (1972); Verwunschene Gärten, Roter Stern. Heinrich Vogeler und seine Zeit (1977). – S. D. Gallwitz: Dreißig Jahre Worpswede. Künstler, Geist, Werden (1922). – D. Kerbs (Hrsg.): ... gegen Kind und Kunst. Eine Dokumentation aus dem Jahr 1927, mit Kinderzeichnungen und Fotos der zerstörten Barkenhoff-Fresken von Heinrich Vogeler (1976). – Z. Marchlewska: Eine Welle im Meer. Erinnerungen an Heinrich Vogeler und Zeitgenossen (1968). – H. W. Petzet: Von Worpswede nach Moskau. Heinrich Vogeler. Ein Künstler zwischen den Zeiten (1972). – R. M. Rilke: Worpswede (1903). – H. Wefels: Heinrich Vogeler und der Jugendstil (1960).

Dietger Pforte

Voit, Johann Peter

*Pädagoge, Geistlicher, Philosoph; *27. 4. 1747 Schweinfurt, † 30. 5. 1811 Schweinfurt.*

V. studierte von 1768 bis 1771 an der Universität Jena Theologie, Philologie und Naturwissenschaften. 1771 wurde er Hauslehrer beim Reichshofrat Freiherrn VON GÄRTNER in Wien, wo er zahlreiche Gelehrte und Künstler kennenlernte. 1774 ging er nach Deutschland zurück und arbeitete mehrere Jahre als Hauslehrer beim Grafen VON CASTELL-REMMLINGEN in Castell am Steigerwald. 1779 wurde er Zweiter Nachmittagsprediger an der Salvatorkirche und Lehrer der zweiten Klasse an der lateinischen Schule in Schweinfurt. 1781 erhielt er seine Ernennung zum Subdiakon an der Hauptpfarrkirche, 1782 die zum Diakon und zum Professor der Metaphysik am Gustavianischen Gymnasium. 1787 wurde V. Professor der praktischen Philosophie. 1797 wurde er zum Inspektor des Gymnasiums und aller übrigen Schulen in Schweinfurt, zum Oberpfarrer und zum Professor der Theologie ernannt. Ab 1807 war V. Dekan des Schweinfurter Diözesen-Distrikts. Seine literarische Bildung erwarb sich V. durch die Lektüre klassischer Werke des Altertums; seine Werke verfaßte er sowohl auf deutsch als auch gelegentlich auf lateinisch oder griechisch. Das Schulwesen versuchte er durch Schriften und praktische Arbeit zu verbessern. V. erhielt schon zu Lebzeiten einen „reichen Vorrat von Beifalls-Dokumenten" sowohl von seinen „höchsten Landesbehörden" als auch von „auswärtigen erlauchten Fürsten, Regierungen und Instituten". (Kurze Biographie, S. 4.)

Werk, Tendenzen, Wirkung. Die Auseinandersetzung mit Problemen der Bildung ist bei V. sehr weit gefaßt. Neben seinen Einführungen ins Alphabet durch zahlreiche ABC- und Buchstabierbüchlein und seine ABC-Spiele stehen Schriften über das Studium „An deutsche Väter und Mütter bei Gelegenheit der diesjährigen Studentenunruhen" und „Rat eines Vaters an seine studierenden Söhne" und die Ratgeber für Bürger und Landleute „Complimentier- und Sittenbuch" und „Anweisung für Bürger und Landleute" sowie seine Jugendschriften. Seine „Schule des Vergnügens" sollte den Kindern auf lustvolle Weise das Lesen beibringen. Im ersten Teil wird jeweils ein Buchstabe in verschiedenen Drucktypen präsentiert, ein Kupferstich lenkt die Aufmerksamkeit auf diesen Buchstaben, und ein Spruch schließt diese Einführung ab. Diese Sprüche sind so verfaßt, daß dem Kind mit dem Erlernen des Alphabets zugleich auch soziale Verhaltensweisen eingeübt werden: „Der Degen ziemt Studenten nicht / Soldaten brauchen ihn aus Pflicht" oder „Feldhühner und Fasanen sind / für reiche Leute nur, mein Kind!". Im zweiten Teil reiht V. Sprichwörter, Sinngedichte, Wortspiele, Fabeln und Briefe aneinander, schlägt aber auch makabre Geschichten und besonders schöne Grabinschriften zur ersten Lektüre vor. Da er beobachtet hatte, daß nach den Schularbeiten „viele junge Leute sich zum Müßiggang, zum Spielen und Schwelgen verwöhnen, wodurch der Privatfleiß erstickt, der Geist abgestumpft und dem Herzen die schiefste und gefährlichste Richtung gegeben wird", gab er den „Zeitvertreib für junge Leute zur Beschäftigung in arbeitsfreien Stunden" heraus. Damit wollte er seine „Erfahrung der neuesten Zeiten, welchen Verführungen Kinder und junge Leute heutigen Tages ausgesetzt sind", weitergeben; er verstand sein Buch als Gegenentwurf zu all jenen Werken, die versuchten, die „lüsternen Gaumen junger Leute zu kitzeln" (Vorrede). V. nennt Freizeit nur „die Nebenstunden", die ebenfalls sinnvoll genutzt werden müßten, damit es der deutschen Nation nicht wie der englischen und französischen ergehe, die in Klubs oder im Bierhaus endeten. Sein Erziehungsziel: ein „frugales und arbeitsames Leben". V. entwarf einen ausführlichen Katalog von Restriktionen und Repressionen, denen sich Kinder und Jugendliche freiwillig unterwerfen sollten, um dieses erstrebenswerte Leben führen zu können. Er warnte vor allen Genußmitteln wie Kaffee, Tee und Kuchen, verbot den Mädchen jede Tändelei und den verruchten Pariser Putz und behauptete, „eine fette Küche macht einen mageren Beutel". Die harten Erziehungsmaßnahmen begründete er so: „Eltern müssen ihren Kindern den Eigenwillen in der Jugend brechen, wenn sie weder Jammer noch Schande in der Zukunft an ihnen erleben wollen". Charakteristisch sind V.s Versuche, die Menschen voneinander zu isolieren und eine Stimmung allgemeinen Mißtrauens zu erzeugen. Seine Aufforderungen, die darauf zielten, alle traditionell von der Familie bestimmten Beziehungen zu zerstören, ziehen sich durch das ganze Buch und machen seine Intention deutlich, ichschwache Landeskinder heranzuziehen, die besser in die Rationalität eines sich gerade entwickelnden modernen Sozialsystems eingefügt werden können. So durften Kinder niemals „zu Augen- oder Ohrenzeugen der Alten" werden, auch lasse man sie nicht zu den Großeltern, denn diese „verderben gemeiniglich ihre Enkel an Leib und Seele", und auch das Schenken wollte V. abgeschafft wissen, da es nur Böses in der Welt anrichte. Ausdrücklich warnte er vor den Städten, in denen die Menschen in unguter Zusammenballung miteinander lebten. Falls es trotz vortrefflicher Erziehungsmaßnah-

Schule
des Vergnügens
für
kleine Kinder
in drey Klassen abgetheilt
von
Johann Peter Voit,
Oberpfarrer zu Schweinfurt, wie auch Professor der Theologie an dem Gymnasium daselbst, desselben und aller Schulen Inspector, und des Königl. Preussischen Instituts der Moral und schönen Wissenschaften auf der Universität zu Erlangen ordentlichem Mitgliede.

Neue verbesserte Auflage.

Mit Kupfern.

Nürnberg,
in der Kaiserl. privil. Kunst- und Buchhandlung
A. G. Schneider und Weigels.
1803.

Titelseite und Frontispiz zu der „Schule des Vergnügens für kleine Kinder in drey Klassen abgetheilt" von Johann Peter Voit (1747–1811), die in der neuen verbesserten Auflage, mit Kupfern versehen, in Nürnberg 1803 bei Schneider und Weigel erschien. Der Kupferstich zeigt Kinder mit ihren Eltern bei einer frühen Form des Bilderlottos.

men zu Aufruhr und Empörung kommen sollte, empfahl V. dem Landesherren, Almosen in ausreichender Zahl zu verteilen. Vermittelt wurden diese Vorschriften zum „Zeitvertreib" in – angeblich wahren – Erzählungen, an die sich jeweils eine Zusammenfassung der Lehren anschloß sowie eine fiktive Disputation von Kindern über die gerade gehörte Erzählung.

In „Der höfliche Schüler" wird der Übergang von einer bewußt autoritären, quasi „authentisch strengen" Erziehung zu der bürgerlichen deutlich, in der direkte Härte abgelehnt wird (V. schaffte die harten Zuchtmethoden in Schweinfurter Schulen ab), die sich nun aber auch des Psychischen bedient, repressive Toleranz walten läßt, mit Liebesentzug drohen kann und so Kinder wie Untergebene enger, da bewußtlos, an eine Autorität bindet: „Es gehört ohnstreitig mit zu den Vorzügen unseres Zeitalters, daß man die Jugend mehr durch Vorstellungen, Gelindigkeit und lebhafte Beschreibung der allezeit nützlichen und ehrwürdigen Tugend, als durch rohe Härte und verächtliche Behandlung zu bilden sucht". Lehrstoff und Bildungsinhalte blieben die gleichen, die Erziehungsmethoden jedoch verfeinerten sich. Die Lehrenden „wissen nur allzuwohl, daß Furcht allein keinen Menschen lange in den Schranken seiner Pflichten erhalten könne, und arbeitet unermüdet dahin, lieber *geliebt*, als bloß *gefürchtet* zu sein" (Vorrede). In diesem spezifischen Zusammenhang sind auch all jene Bücher V.s zu sehen, die ein „lustvolles" Lernen versprechen. Daß bei V. dieser Übergang zur Triebunterdrückung und -manipulation so deutlich markiert ist, verleiht seinem Werk historisches Interesse. Eindringlich verdammte V. alle Sinnesfreuden: „Bebe vor einem angebotenen oder geraubten Kusse eines Mädchens, wie vor einem verpesteten Hause, zurück" (S. 61). Verboten sind alle Spiele, die das Blut in Wallung bringen könnten: Stelzengehen,

Schlittenfahrt, Kartenspiel, Schaukeln, Tanzen. Der Kompromiß, der von V. bei der Behandlung des Dienstpersonals vorgeschlagen wurde, machte das neue, nur noch vermittelt sich zeigende Sozialverhalten deutlich: „Bezeige dich ... gegen das Gesinde überhaupt so, daß es das Lästige seines Zustandes so wenig als möglich fühlen möge: Denn dienen müssen ist einem Menschen, der von Natur aus gleiche Rechte mit den vornehmsten hat, allezeit empfindlich." Erfahre man als Kind oder als Erwachsener Unrecht durch die herrschenden Personen, so müsse man dennoch die Obrigkeit weiterhin ehren, denn „es ist besser, Unrecht zu erleiden als Unrecht zu tun". Den Landeskindern wollte V. jeden Gedanken an Möglichkeiten einer Änderung der Herrschaftsverhältnisse nehmen; Aufruhr und anschließende Flucht würden niemals helfen, denn „großer Herren Hand reicht in fernes Land" (S. 57). Am sinnvollsten nutze der Schüler seine Freizeit, wenn er nicht abschweifenden Gedanken nachhänge, sondern Künstler und Handwerker besuche, um die nötige Ehrfurcht vor diesen Tätigkeiten zu erlernen.
Auf die Bedeutung des Handwerks weist V. ausführlich in seinen dreibändigen „Unterhaltungen für junge Leute" hin, in denen er von rund hundert verschiedenen Handwerken berichtet. Gegenstand der Arbeit, Befähigungen, Lehrzeit, Kosten, Prüfungen und Wanderzeit werden ausführlich dargestellt und mit Kupferstichen erläutert. Im Vorbericht zum zweiten Band verteidigte V. seine „Unterhaltungen" gegen den Vorwurf, Sprache und Religion kämen darin nicht vor und wies auf die große Bedeutung des Sachwissens und der Mechanik in dieser neuen Zeit hin. So handelte er auch die künstlerischen Berufe nur kurz ab, wobei er beispielsweise anmerkte, daß die Malerei „auch dem Adel keine Schande" sei und daß es Musikinstrumente gebe, die „der Gesundheit nervenkranker Menschen nachteilig" sein könnten. V. forderte seine jungen Leser auf, sich zu bilden, damit sie zum „Weltbürger" würden und um nicht „sich selbst und anderen zur Last, sondern zur Lust und zum Nutzen leben" zu können. Weniger dem Handwerklichen als dem Gefühl für das Schöne und Edle wandte er sich mit der „Auswahl deutscher Fabeldichter" zu, wenn er auch den Hauptzweck der Dichtungen darin sieht, die Jugend im Deklamieren zu üben und ihr Gedächtnis zu schulen. Hinzugefügt sind Erklärungen für „Unstudierte" aus dem sprachlichen und mythologischen Bereich. Damit die Jugend eine „in moralischer Hinsicht" wertvolle Lektüre in die Hand bekomme, hat V. alles, was ihm anstößig oder den Sitten nachteilig erschien, fortgelassen; erst in einer solchen Bearbeitung dürfe man Dichtung jungen Menschen zu lesen geben.

Werke: Der höfliche Schüler oder Regeln zu einem höflichen und artigen Betragen für junge Leute (1780, [5]1803); ABC- und Buchstabierbüchlein (1784, [5]1810); ABC und Buchstabierspiel in Kästchen, welches alle großen und kleinen Buchstaben, Zahlen und Unterscheidungszeichen in Kartenformat enthält, um damit innerhalb sechs Tagen den Kindern die Buchstaben durch Zusammensetzung der Kärtchen spielend zu lehren (1786); Die gemalte Welt oder der gemeinnützige Lateiner. Ein lateinisches Lesebuch für Kinder (1787); Complimentier- und Sittenbuch für Bürger, mit Beispielen und Formulierungen bei Vorfällen des bürgerlichen Lebens (1787, [2]1793); Unterhaltungen für junge Leute aus der Naturgeschichte, dem gemeinen Leben und der Kunst (Bd. 1–3. 1786–1790, [3]1804); Schule des Vergnügens für kleine Kinder (1788, [4]1811); Kurze Beschreibung der Künste und Handwerke (1791); Gebete und Lieder für junge Christen (1792); An deutsche Väter und Mütter bei Gelegenheit der diesjährigen Studentenunruhen auf der Universität zu Jena (1792); Zeitvertreib für junge Leute zur Beschäftigung in arbeitsfreien Stunden (1793); Rat eines Vaters an seine studierenden Söhne (1793, [2]1813); Eusebius zur Förderung christlicher Gesinnung und Rechtschaffenheit (1793); Naturgeschichte für junge Leute zum Gebrauche für Schulen (1794, [2]1804); Beicht- und Communionbuch für Freunde und Verehrer Jesu (1794, [2]1797); Faßliche Beschreibung der gemeinnützigen Künste und Handwerke für junge Leute als technologischer Unterricht (Bd. 1–2. 1795, [2]1804); Das Tierreich in Reimen. Ein naturhistorisches Bilderbuch (1797); Auswahl deutscher Fabeldichter (1802, [3]1820); Anweisung für Bürger und Landleute zu anständiger Abfassung und Beantwortung sogenannter Freiers- und Gevattersbriefe, Hochzeit-Einladungen und Traueranzeigen, mit einem Anhange über Schuldverschreibungen und Quittungen (1812); Versuch einer physiologisch-psychologischen Darstellung des Menschen (1818).

Mitarbeit: Schauplatz der Natur und der Künste (T. 1–10. 1774–1779).

Sekundärliteratur: P. Chr. Voit: Kurze Biographie des Herrn Joh. Peter Voits (1812).

Klaus-Ulrich Pech

Volkmann, Hans Richard von

*Landschaftsmaler, Illustrator; * 19. 5. 1860 Halle an der Saale, † 29. 4. 1927 Halle an der Saale.*

V. studierte von 1880 bis 1888 an der Düsseldorfer Kunstakademie, zuletzt bei Eduard von Gebhardt. Anschließend war er von 1888 bis 1892 Meisterschüler Schönlebens in Karlsruhe. Dort lebte er als freischaffender Künstler bis zu seinem Tod.

Werk, Tendenzen, Wirkung. V. ist hauptsächlich als Landschaftsmaler bekannt geworden, hat sich aber auch als Graphiker einen Namen gemacht. Seine farbigen Steindrucke fanden weite Verbreitung in Haus und Schule.
Außerdem schuf er Radierungen, Illustrationen und Entwürfe gebrauchsgraphischer Natur. Kollektivausstellungen hatte er in Breslau (1910) und in Berlin (1917). Während seine gemütvoll-schlichte Landschaftsmalerei mitunter an Hans Thoma erinnert, sind seine Lithographien und Radierungen mehr stilisiert, besonders in der Jugendzeit unter dem Einfluß des Jugendstils. In der Geschichte der Kinderliteratur fand er seinen Platz durch das im Verlag Schaffstein erschienene Bilderbuch „Strabantzerchen" (1906) und das Buch „Aus der schönen weiten Welt" (1902 bei Voigtländer). Auch an dem Jahrbuch „Knecht Ruprecht", das seit 1899 im Verlag Schaffstein erschien, arbeitete er mit. Zudem war V. als Landschaftsmaler tätig. Von ihm stammen „Bilder vom Rhein und aus der

Eifel" (zus. mit THEODOR MAYER, 1904) und bereits 1901 „Eifelbilder". V. schuf auch die Nr. 28 der „Bildermappen fürs deutsche Haus" mit dem Titel „Sonnenschein und Wolkenschatten" (1920).

→ C. Ferdinands

Werke: E. Brausewetter: Knecht Ruprecht. Kinder-Weihnachtsblatt (Bd. 1–6, zus. mit anderen. 1899–1907, ab 1900 auch u.d.T.: Knecht Ruprecht. Illustriertes Jahrbuch für Knaben und Mädchen); H. R. von Volkmann: Deutsche Wanderlieder in Bildern (1900); W. Eigenbrodt: Aus der schönen weiten Welt. Liedchen und Verse für unsere Kleinen (1902); C. Ferdinands: Ri-Ra-Rutsch. Kinderlieder (1904); H. R. von Volkmann: Strabantzerchen. Bilder und Reime (1906); C. Ferdinands: Bruder Lustig. Kinderlieder (1907); C. Ferdinands: Mit Sang und Klang das Jahr entlang! Neue Kinderlieder (ill. zus. mit E. Rehm-Vietor und R. Hansche, 1909); A. Sergel: Dideldumdei. Verse für die Kleinen (1910); A. Sergel: Bunte Welt! Gedichte für Buben und Mädel (1911); J. Metz: Im goldenen Garten. Märchenbuch (ill. zus. mit Fr. Juttner und R. Hansche, 1913); H. R. von Volkmann: Sonnenschein und Wolkenschatten (1920); C. Ferdinands: Die Schelmenkappe. Gute Schwänke, lustige Geschichten und herzhafte Worte aus den Schriften des ehrenfesten Johann Peter Hebel und vieler anderer deutscher Erzähler gesammelt (1922).

Hans A. Halbey

Volkmann, Richard von

*(Ps.: Richard Leander). Chirurg, Schriftsteller; * 17. 8. 1830 Leipzig, † 28. 11. 1889 Jena.*

V., Sohn eines Arztes, wurde 1867, nach dem Studium der Medizin und kurzer Tätigkeit als praktischer Arzt, Professor und Direktor der chirurgischen Klinik in Halle; seine praktische und wissenschaftliche Tätigkeit war wie seine Lehrtätigkeit von wesentlicher Bedeutung für den Fortschritt der Chirurgie in Deutschland, unter anderem war er Mitbegründer der Deutschen Gesellschaft für Chirurgie. Er schrieb Gedichte und kleine Erzählungen, die großen Anklang fanden und 1899 in seinen „Sämtlichen Werken" zusammengefaßt wurden. Während V.s Gedichte und Erzählungen heute so gut wie vergessen sind, konnten sich seine Märchen bis zur Gegenwart behaupten.

Werk, Tendenzen, Wirkung. Wie manches andere Jugendbuch ist V.s Märchensammlung „Träumereien an französischen Kaminen" aus privatem Anlaß entstanden, allerdings in eher ungewöhnlichen Umständen. Während des deutsch-französischen Krieges von 1870–1871 war V. Generalarzt in den Lazaretten bei der Belagerung von Paris; er schrieb seine Märchen, wie es im Vorwort heißt, „wenn des Tages Arbeit gethan und der Abend von den anmutigen, die Seinestadt umkränzenden Höhen herabstieg, einsam an den Kaminen der verlassenen französischen Villen und Schlösser", und er schickte sie seinen Kindern. Unter dem Pseudonym RICHARD LEANDER erschienen sie bereits 1871 als Buch.
Die in Thematik und Motivwahl eher heterogenen Märchen nehmen verschiedene Themen und Motive des romantischen Kunstmärchens und des Volksmärchens auf und erzählen sie in gefälliger Weise neu, manche von ihnen sind mehr noch an den moralischen Erzählungen für Kinder beeinflußt. Kennzeichnend ist die Herabstimmung der romantischen Tradition ins Bürgerliche; die Idylle bürgerlicher Häuslichkeit ist ein durchgängiges und bestimmendes Moment der Sammlung; auch die Sprache nähert sich gelegentlich der Betulichkeit. Die äußeren Umstände bürgerlichen Lebens fehlen gänzlich; die politischen und militärischen Umstände ihrer Entstehung bleiben den Texten fern, allerdings fehlen ihnen auch, trotz des patriotisch gestimmten Vorworts, jegliche nationalistischen Töne. Die Sammlung war ein Erfolg, bis 1913 erschienen 48 Auflagen; bereits 1878 erschien eine von OLGA VON FIALKA aufwendig, wenngleich in traditioneller Manier illustrierte Prachtausgabe, die gleichfalls mehrmals aufgelegt wurde; einzelne Märchen wurden rasch in andere Sammlungen übernommen. Die Besonderheit der Entstehung mag in den nationalistisch erregten Jahren nach 1870 zu diesem Erfolg beigetragen haben, der allerdings mit immer neuen Ausgaben bis in die Gegenwart reicht.

→ Märchen

Werke: Träumereien an französischen Kaminen. Märchen von Richard Leander (1871, [48]1913; NA. 1976); Sämtliche Werke (1899).

Reiner Wild

Volksbuch

V. ist die im Anschluß an Joseph Görres' Schrift „Die teutschen Volksbücher" (1807) gebräuchlich gewordene Bezeichnung für Nachdrucke von deutschsprachigen Prosaerzählungen des 15. und 16. Jahrhunderts. V.er bzw. die in ihnen transportierten Stoffe wurden im 19. und 20. Jahrhundert zum Teil zur Jugendlektüre.

Mit dem von JOSEPH GÖRRES (1776–1848) geprägten Wort V. werden vor allem in frühneuhochdeutscher Zeit entstandene Unterhaltungsprosa und Prosanacherzählungen epischer Dichtung in Buchform, zum Teil aus dem Französischen übersetzt, verstanden, unter anderem „Buch von Troia" (1392), „Hug Schapler" (1437), „Alexander" (1444), „Melusine" (1456), „Tristan" (1484), „Herzog Ernst" (1493), „Flor und Blancheflor" (1500), „Fortunat" (1508), „Der gehörnte Siegfried" (1528), „Kaiser Octavianus" (1535), „Die schöne Magelone" (1572), „Die Haimonskinder" (1604) oder „Genoveva" (1640). Dazu kommen Tierdichtungen („Reineke Fuchs", 1498) und Sammlungen von zuvor mündlich verbreiteten volkstümlichen Geschichten um Gestalten wie Till Eulenspiegel (1515), Dr. Faust (1587) und die Schildbürger („Lalebuch", 1597). Auch Traum-, Arznei- und Kräuterbücher, Sammlungen von Rätseln, Wetterregeln und ähnliches gehören in den Umkreis der V.er. Den Vorstellungen, die die Romantiker von Volksdichtung hatten, entsprachen allenfalls Bücher nach der Art des „Till Eulenspiegel" oder des „Dr. Faust". Bei den meisten V.ern handelte es sich ursprünglich um Lesestoffe adliger und gehobener bürgerlicher Kreise; auch waren die Namen vieler Autoren oder Übersetzer bekannt. Volksliteratur wurden sie erst später, namentlich nach der Ausbreitung des Buchdrucks, durch Anpassung an den Geschmack eines größeren Publikums. Bis ins 19. Jahrhundert hinein wurden V.er in oft schlechtem Druck auf minderwertigem Papier („Löschpapierbüchlein") verbreitet. Als Jugendlektüre sind sie bezeugt in den Lebenserinnerungen unter anderem von Johann Heinrich Jung-Stilling (1740–1817), Johann Wolfgang von Goethe (1749–1832), Christoph von Schmid (1768–1854), Justinus Kerner (1786–1862), Ludwig Richter (1803–1884), Friedrich Karl von Gerok (1815–1890), Carl Schurz (1829–1906) oder Heinrich Hansjakob (1837–1916).

V.er wurden zum Gegenstand sowohl wissenschaftlichen Interesses als auch dichterischer Nachgestaltung zunächst im Zusammenhang des deutschen Irrationalismus und seiner Neigung zur Volksdichtung überhaupt, die sich zum erstenmal in Johann Gottfried Herders (1744–1803) Abhandlung „Auszug aus einem Briefwechsel über Ossian und die Lieder alter Völker" (1773) und in seiner Sammlung „Volkslieder" (1778/1779), später „Stimmen der Völker in Liedern", abzeichnete. Der Stoff des Faust-Buches wurde nicht nur von Goethe, sondern in epischer Form auch von Friedrich Maximilian Klinger (1752–1831) bearbeitet („Fausts Leben, Thaten und Höllenfahrt", 1791); Friedrich Müller (1749–1825) bearbeitete ebenfalls den Faust-Stoff („Fausts Leben dramatisiert", 1778) und dramatisierte die Geschichte der Genoveva („Golo und Genoveva"). Zur Zeit der Romantik wurde die Neigung zu den V.ern noch wesentlich verstärkt. Nachgestaltungen finden sich vor allem bei Ludwig Tieck (1773–1853), so Nacherzählungen der „Heymonskinder", der „Magelone" und der „Schildbürger" in den „Volksmärchen" (1797); ebenso gehen die beiden Dramen „Leben und Tod der heiligen Genoveva" (1800) und „Kaiser Octavianus" (1804) auf V.-Stoffe zurück. Wichtig als Anregung zur Beschäftigung mit den V.ern selbst war die Abhandlung „Die teutschen Volksbücher" (1807) von J. Görres; sie enthält Charakteristiken und Nacherzählungen von über 40 V.ern, dazu eine Darstellung der Volksdichtung und der mittelalterlichen Kultur aus romantischem Geiste.

Um dieselbe Zeit setzten dann auch Neuausgaben von V.ern ein. So enthält das von Friedrich Heinrich von der Hagen (1780–1856) herausgegebene „Buch der Liebe" (1809) „Tristan und Isolde", „Fierabras" und „Pontus und Sidonia", sein „Narrenbuch" (1811) die „Schildbürger", „Salomon und Marholf", „Der Pfarrer von Kalenberg" und „Peter Sen". Bearbeitungen für die Jugend sind jüngeren Datums. In Ludwig Aurbachers (1784–1847) „Volksbüchlein" (2 Bde., 1827 und 1829) finden sich im ersten Band die Geschichte vom Ewigen Juden und die Abenteuer der sieben Schwaben, im zweiten Band deren Fortsetzung und neben anderem die Faust-Geschichte. Am bedeutsamsten für die Aufnahme der V.er in die Jugendlektüre dürfte Gustav Schwabs (1792–1850) Sammlung „Buch der schönsten Geschichten und Sagen" (2 Bde., 1836/1837) gewesen sein. Schwab hat vierzehn (in der zweiten Auflage fünfzehn) V.er im Hinblick auf jugendliche Leser ausgewählt und bearbeitet. Oswald Marbach (1810–1890) folgte ihm mit einer Ausgabe in 53 Bändchen (1838 bis 1850), die mit Holzschnitten, zum Teil von Ludwig Richter, illustriert waren. Karl Simrock (1802–1876) brachte seine V.-Ausgaben von 1839 an heraus. Seitdem ist die Reihe der V.-Bearbeitungen für die Jugend nicht mehr abgerissen, wenn ihre Zahl in den einzelnen Epochen auch unterschiedlich groß war.

Die Jugendschriftenbewegung am Anfang unseres Jahrhunderts hat neben anderen Formen der sogenannten „Volksdichtung" auch die V.er als Jugendlektüre gefördert. In diesem Zusammenhang stehen die Ausgaben einzelner V.er, die Severin Rüttgers (1876–1937) bei Schaffstein herausbrachte, unter anderem „Herzog Ernst" und „Fortunatus" (beide 1907), „Robert der Teufel" und „Dr. Faustus" (beide 1908), zum Teil in Anlehnung an Simrock; eine umfassende Sammlung hat er 1944 vorgelegt. Von neueren Ausgaben hat die von Herbert Kranz (1891–1973), erschienen 1935, weitere Verbreitung gefunden. Eine interessante V.-Bearbeitung der jüngsten Vergangenheit ist Fritz Habecks (* 1916) Buch „Taten und Abenteuer des Doktor Faustus" (1970). V.er sind heute fast ausschließlich ein Gegenstand der Freizeitlektüre; in Lesebüchern finden sich zur Zeit meist nur Auszüge aus schwankhaften V.ern wie „Eulenspiegel" oder „Schildbürger".

Sekundärliteratur: H. Bausinger: Formen der „Volkspoesie" (1968). – W. Heise: Die deutschen Volksromane (Diss. 1953). – H. J. Kreutzer: Der Mythos vom Volksbuch (1977). – L. Mackensen: Die deutschen Volksbücher (1927). – R. Schenda: Volk ohne Buch (1970). – W. Scherf: Volksbuch und Jugendliteratur (1976). – F. Stroh: Volksbuchprobleme (1935). – F. Weber: Weltbild und Geisteshaltung der deutschen Volksbücher (Diss. 1948).

Alfred Clemens Baumgärtner

Volkslied

V. ist seit Johann Gottfried Herder (1744–1803) die deutschsprachige Bezeichnung für die anonyme Schöpfung von Text und Melodie im populären Gesang (folk song, chanson populaire, tschechisch: národní píseň) bzw. für die variantenreiche, volksläufige Form des populär gewordenen Kunstliedes (Kunstlied im Volksmund). Es ist in vielfältigen Gattungen (z.B. Seemannslied, Kinderlied, Liebeslied, historisch-politisches Lied usw.) und Funktionen (entsprechend z.B. Arbeitslied, Wiegenlied, Marschlied von Soldaten, sozialkritisches Lied usw.) von den Zeiten des hochmittelalterlichen Minnesang bis zum gegenwärtigen Schlager belegbar. Mit bestimmten traditionellen Schwerpunkten – unter anderem auf dem erzählenden Lied (die Volksballade, die neben der Kunstballade im Schulunterricht bisher ihren Platz behauptet) und auf der Liedflugschriftenüberlieferung besonders des 16. und 17. Jahrhunderts – ist das V. Forschungsgegenstand von Volkskunde,

Germanistik und Musikwissenschaft. Zentrales Institut und Dokumentationszentrum ist seit 1914 das Deutsche Volksliedarchiv in Freiburg im Breisgau.

V. als soziales Phänomen. Bestrebungen zeitgenössischer V.-Forschung zielen mehr als auf die herkömmliche Sammlung, Erfassung und Dokumentation von isolierten Text- und Melodievarianten auf die Erhellung der „Einbettung" des V.s im alltäglichen Leben, von Liedfunktion und sozialem Kontext. In dieser Hinsicht sucht man regionale und generalisierbare Erkenntnisse über tatsächliches gegenwärtiges Singen, über mögliche Äquivalente im kommerzialisierten Kulturbetrieb (Schallplatten-Hitparade) und über erkennbare Innovationen des Gruppenliedes im „Folk song" sozialkritischer und jugendbewegter Herkunft. International bekommen Fragen nach der Indikatorfunktion des V.s für soziokulturelle Phänomene, nach Entstehungs- und Tradierungsbedingungen in Vergangenheit und Gegenwart stärkeres Gewicht. Methodisch wird die V.-Forschung dabei erheblichen Gewinn aus sozialwissenschaftlichen und naturwissenschaftlich-analysierenden, strukturalistischen Methoden ziehen, wenn auch die Adaptation und manche vorschnellen Ergebnisse unterschiedlich zu bewerten sind.

V. als didaktisches Problem. Generationen von Kindern und Jugendlichen wuchsen seit GOETHES Aufzeichnungen von Volksballaden im Elsaß (1770/1771), seit HERDERS Popularisierung deutschsprachiger Lieder als Entsprechung zu romantischen Vorstellungen („Stimmen der Völker in Liedern", 1778/1779, vgl. Ossian und skandinavische Überlieferung) und als nationales Gut ähnlich den Sagen- und Märchensammlungen der Brüder GRIMM, und seit ACHIM VON ARNIMS und CLEMENS BRENTANOS „Des Knaben Wunderhorn" (1806–1808) im Zwiespalt mit dem und „gegen" das V. auf. Die deutsche Dichtung des 19. und 20. Jahrhunderts, besonders die lyrischen Gattungen, ist zum Teil nur im Vergleich mit dem herkömmlichen V. zu interpretieren. Etwa im Kinderlied ist Traditionelles und mündlich Überliefertes kaum von jüngeren Dichtungen (HOFFMANN VON FALLERSLEBEN) zu unterscheiden. Auch eine moderne Pädagogik wird nicht auf die kindgemäßen Denk- und Darstellungsformen populärer Dichtung verzichten wollen. Jugendbewegte Idealisierung und verführerische Verfügungsgewalt mit dem politischen Lied schufen jedoch Erfahrungen, die sich in der Spannweite zwischen geborgener Hausmusik („Wo man singt, da laß dich ruhig nieder; böse Menschen haben keine Lieder") und kritischer Stellungnahme („sei wachsam, sing nicht", H. M. ENZENSBERGER) niederschlagen und die sich einerseits gegenwärtig in der fast gelungenen „Vertreibung" der bisher im Kanon von LUDWIG ERK bis FRITZ JÖDE so gesichert scheinenden V.er aus dem Musikunterricht, in einer zum bloßen Konsum durch moderne Medien gestärkten Haltung, andererseits in der dazu fast in paradoxer Spannung stehenden, das deutsche V. einbeziehenden Folksong-Bewegung spiegeln.

Folgende Sammlungen sind von Bedeutung: Deutsches Volksliedarchiv (Hrsg.): Deutsche Volkslieder mit ihren Melodien. Balladen (Bd. 1–6. 1935–1976; wird fortgesetzt); L. ERK und FR. M. BÖHME: „Deutscher Liederhorst" (3 Bände, 1893–1894, ND. 1963); L. RÖHRICH und R. W. BREDNICH: „Deutsche Volkslieder" (Bd. 1–2. 1965–1967); D. SAUERMANN: „Historische Volkslieder des 18. und 19. Jahrhunderts" (1968); E. SEEMANN und D. STRÖMBÄCK und B. R. JONSSON: „European folk ballads" (1967); W. STEINITZ: „Deutsche Volkslieder demokratischen Charakters aus sechs Jahrhunderten" (2 Bände, 1954–1962); H. STROBACH: Bauernklagen (1964).

→ Ballade, → J. G. Herder, → Kinderlied, → Des Knaben Wunderhorn, → Wiegenlied

Sekundärliteratur: R. W. Brednich (Hrsg. zus. mit L. Röhrich und W. Suppan): Handbuch des Volksliedes (Bd. 1–2. 1973–1975). – D. Buchan: The ballad and the folk (1972). – W. Gundlach: Die Schulliederbücher von Ludwig Erk (Diss. 1969). – Vl. Karbusicky: Ideologie im Lied, Lied in der Ideologie (1973). – D. Kayser: Schlager – Das Lied als Ware (1975). – E. Klusen: Volkslied. Fund und Erfindung (1969); Gefahr und Elend einer neuen Musikdidaktik (1973); Zur Situation des Singens in der Bundesrepublik Deutschland (Bd. 1–2. 1974–1975). – G. Köpf: Die Ballade: Probleme in Forschung und Didaktik (1976). – O. Kröher (Hrsg. zus. mit H. Kröher): Rotgraue Raben. Vom Volkslied zum Folksong (1969). – I. Lammel: Das Arbeiterlied (1970). – A. Lomax: Folk song style and culture (1968). – P. Rühmkorf: Über das Volksvermögen (1967). – L. Schmidt: Volksgesang und Volkslied (1970). – W. Suppan: Volkslied (1966).

Otto Holzapfel

Volksliteratur und Jugendliteratur

V. ist die weit verbreitete, viele Gattungen und Erscheinungsformen aufweisende, von Konsumentengruppen jenseits der herrschenden Kulturelite rezipierte Literatur vom Erfolgsroman bis zur Illustrierten, vom Märchen bis zum Comicheft, vom Einblattdruck bis zum „Volksbuch". V. hat ihre bis zur Reformationszeit zurückreichende Geschichte. Zur Kinder- und Jugendliteratur sind keine klaren Grenzen zu ziehen, vielmehr teilweise Übereinstimmungen zu erkennen.

Zur Terminologie und Abgrenzung. V. ist von Kinder- und Jugendliteratur nicht nur begrifflich schwer zu scheiden (vor allem ist V. kommunikationshistorisch nicht einheitlich definierbar). V. umfaßte lange Zeit und berührt auch heute noch die Kinder- und Jugendliteratur – und umgekehrt. Gemeinsames Kennzeichen der Konsumentengruppen „Volk" und „Jugend" ist, daß sie nicht der herrschenden Kulturelite angehören. Unter V. seien hier die Lesestoffe der jeweils wenig lesenden oder gerade lesen könnenden Unterschichten verstanden, insbesondere die (illustrierte) Einblatt- und Heftchenliteratur, aber auch weitverbreitete, erfolgreiche Bücher, „populäre Lesestoffe" also, die nicht zuletzt durch Kolporteure vertrieben wurden oder im Handel des „circuit populaire" (R. ESCARPIT), am Kiosk und im Kaufhaus feilgeboten werden. Zu beachten ist dabei, daß die Lesestoffe der „beherrschten" Klasse zumeist Produkte der „herrschenden Klasse" sind (P. MASSART, 1976); erst seit dem späten 19. Jahrhundert produzieren vereinzelte Angehörige der Arbeiterschaft Lesestoffe für ihre eigene Klasse und deren Jugend (vgl. D. RICHTER, 1973; gegenwärtig: Werkkreis Literatur der Arbeitswelt). Kinder- und Jugendliteratur ist also je historisch produktions- und rezeptionssoziologisch zu differenzieren; insbesondere ist die Kinder- und Jugendliteratur der (ober-)schulgebildeten intellektuellen bürgerlichen Schicht als solche zu erkennen und von jener der weniger lesegebildeten Unterschichten (Bauern, Handwerker, Arbeiter) zu trennen. Insbesondere sollte man beachten, daß der Begriff V. nicht nur in romanischen Sprachen (italienisch: „letteratura popolare") auch das Corpus der mündlich überlieferten Erzählformen bedeuten kann.

Historische Entwicklung und Differenzierung. Populäre Lektüre war zunächst Familienlektüre: gemeinsames (Vor-)Lesen (nicht zuletzt aus der Bibel) durch einen Lesenkönnenden für die übrigen Mitglieder der Großfamilie, gemeinsames Betrachten und Erläutern von Bildern. HANS HOLBEINS Bilder zum Alten Testament (lateinisch-französisch, Lyon, 1539; englisch-französisch, Lyon, 1549), der „Orbis sensualium pictus" (1658) des JAN AMOS COMENIUS und seine Nachfahren (Orbis pictus) waren (bürgerliche) Volks- und Jugendliteratur zugleich, Familienbücher im Sinne der „Kinder- und Hausmärchen" der Brüder GRIMM bis zu IGNAZ und JOSEPH ZINGERLE (1852, 1854) und OTTO SUTERMEISTER (1869), „Hausbücher", Schriften mit der immer wiederkehrenden Bestimmung „für Jung und Alt" oder „für Jugend und Volk". Die gutbürgerlichen illustrierten „Kinderfreunde" von CHRISTIAN FELIX WEISSE und JOACHIM HEINRICH CAMPE bis zu FRIEDRICH WILHELM WILMSEN (1770–1831) waren also, ebenso wie die in den Unterschichten stark verbreiteten Bilderbogen (vgl. W. BRÜCKNER, 1969) und Hauskalender Volks- und Jugendliteratur zugleich; die Illustrierten sind es noch heute. Zahlreiche Lebenserinnerungen dokumentieren den bis ins 19. Jahrhundert üblichen Akt des Vorlesens im Familienkreise, wobei oftmals das lesen könnende Kind (Jung-Stilling) den älteren Analphabeten vorliest.
Seit der Aufklärung wird zwar mit den Erkenntnissen über die Eigenentwicklung des Kindes die Notwendigkeit von kinderspezifischen (Vor-)Lesestoffen deutlich. Der Weimarer Waisenhausdirektor WILHELM CHRISTOPH GÜNTHER (1755–1826) fordert in seinen „Kindermährchen" (1787) „Milchspeise" für Kinder, „härtere Speisen" für Erwachsene; der Pädagoge JOHANN GOTTLIEB SCHUMMEL (1748–1813) empfiehlt seine „Kinderspiele" (1776–1778) für verschiedene Altersstufen. Sinn dieser Bemühungen um eine eigene Kinder- und Jugendliteratur ist, die anwachsende Masse lesehungriger Kinder und Jugendlicher von der selbst für Erwachsene „gefährlichen" Romanlektüre (vgl. JEAN JACQUES ROUSSEAUS Erfahrungen mit der Genfer Bücherverleiherin Tribu, um 1725) fernzuhalten; Ziel ist aber auch, neben der Vermittlung von Wissen (vor allem durch „enzyklopädische" Sammelwerke), die frühzeitige direkte Indoktrination des jeweils gültigen oder angestrebten Wertekanons (Gehorsam, Fleiß, Ordnung, Wohltätigkeit, Zufriedenheit – bis zum Chauvinismus der späteren Kriegsperioden; vgl. A. ADLER, 1970). Spezifische Kinder- und Jugendliteratur (insbesondere Schulbücher und andere „Lesebücher") wirkt somit als Sozialisationsagent in Verbindung mit der Erziehung durch Familie, Kirche und Schule.
Doch die Produktion dieser Kinder- und Jugendliteratur wurde oftmals von denselben Personen (vor allem Geistlichen, später Lehrern, oft auch Offizieren) oder Institutionen (Volksschriftenvereine, Traktatgesellschaften, spezialisierten Verlagen, „Kultur"vereinigungen) übernommen, die auch „gute" V. propagierten; sie konnten dabei mit ganz ähnlichen Wertsetzungen und Ideologemen arbeiten. Die erbaulichen Jugendschriften von CHRISTOPH VON SCHMID (1768–1854) oder seinem protestantischen Gegenstück CHRISTIAN GOTTLOB BARTH (1799–1862) waren gleichermaßen Kinder- und Jugendliteratur wie V.; bis zu den Wiesbadener Volksbüchern (Volksbildungsverein Wiesbaden) und anderen Heftchenreihen dieses Jahrhunderts (Schaffsteins Blaue Bändchen, Velhagen und Klasings Jugendbücherei) ist folglich die Trennung zwischen beiden Gattungen schwierig geblieben. Erzeugnisse des „circuit lettré" wie die Märchen CHARLES PERRAULTS (1628–1703) oder der MADAME D'AULNOY (1650–1705) wurden durch einen bemerkenswerten Diffusionsprozeß (Bibliothèque bleue, Kolportagehandel) Volk und Jugend gleichermaßen zugänglich gemacht; ein vergleichbarer Rezeptionsprozeß zeigt sich für die popularisierenden Bearbeitungen von Werken der „Weltliteratur" (Biblische Geschichte, MIGUEL DE CERVANTES SAAVEDRA, DANIEL DEFOE, JONATHAN SWIFT; vgl. P. HAZARD, 1932). Erst im 20. Jahrhundert vollzieht sich – nicht zuletzt mit der Entwicklung spezieller Jugendbuchverlage (um 1910 in Deutschland bereits rund 200 Firmen) und Jugendbibliotheken bzw. Bibliotheksabteilungen – eine schärfere Trennung zwischen V. und Kinder- und Jugendliteratur; sie ist insbesondere in differenzierte Heftchenliteratur (Comics als Kinder- und Jugendliteratur, Romane als V.) beobachtbar. Die Trennung altersspezifischer, generationsspezifischer Literaturen wird durch den sich verhärtenden Kulturkonflikt zwischen Jugendlichen und Erwachsenen seit den sechziger Jahren dieses Jahrhunderts noch deutlicher sichtbar.

Mündlich überlieferte Volkserzählungen. Die Geschichte der Kinder- und Jugendliteratur ist, besonders seit der romantischen Epoche, durchwoben von der Idee, die mündlich tradierten Erzählungen und Lieder des „Volkes" seien als Lesestoffe für Kinder und Jugendliche besonders geeignet. Obwohl die Theorie von der angeblich jahrhundertelangen mündlichen Tradierung von Erzählstoffen durch die Entdeckung zahlloser schriftlicher Quellen und der Kenntnisse von ihrer internationalen Diffusion ins Wanken geraten ist und obwohl die romantische Idee vom poetisch schaffenden „Volk" (der bäuerlichen Unterschicht) längst durch eine nüchterne Sozialhistorie der Produktion und Diffusion von Erzählstoffen abgelöst wurde, ist die Vorstellung vom „echten", „uralten", „naiven" „Volksgut" nach wie vor lebendig. Auf der Basis romantischer Märchen-, Sagen- und Liedsuche und auch der Erfindung solcher Gattungen (vgl. H. BAUSINGER, 1968; E. KLUSEN, 1969) produzierte vor allem die Epoche des Biedermeier und des Vormärz Kinder- und Jugendliteratur mit „Liedchen, Scherzreimen und Mährchen", „Volksdichtung ... welche durch ihren offenen Sinn für ungekünstelte Natur, so wie durch ihre Lebendigkeit im Auffassen und Ausdruck dem wahren Kinderleben und Kindertreiben am nächsten steht" (A. DETMER, ^{2}1844, S. 4). HERMANN LEOPOLD KÖSTER (^{4}1927) referiert neben begeisterten Urteilen über die kindertümlichen Volksmärchen doch auch schon eine Reihe von Märchenkritiken (S. 165–168), weist aber ihre Argumente entschieden zurück. Bis dahin hatten sich nicht nur die Kinder- und Hausmärchen der Brüder GRIMM als Bestseller erwiesen; ungeheuren Erfolg hatten auch „Die schönsten Sagen des klassischen Altertums" (1838–1840) von GUSTAV SCHWAB (1792–1850), die Märchen und Sagen LUDWIG BECHSTEINS (1801–1860), in Frankreich die Märchen von CHARLES PERRAULT (1628–1703), jeweils vor allem in Bearbeitungen und gekürzten Ausgaben. Die Masse der übrigen Editionen von nur selten authentischen Volkserzählungen hat bisher keine Darstellung gefunden; die Zeittafel bei KÖSTER (1927, S. 195–197) gibt nur erste Hinweise. Die nationalen Bücherverzeichnisse liefern Jahr für Jahr reiches Material. Gegenwärtig sind allein in der Bundesrepublik Deutschland mehr als 200 Märchensammlungen im Buchhandel (Fabula 17, 1976. S. 160). Nach wie vor zählen AFANAS'EV, ASBJØRNSEN, AULNOY, GRIMM, PERRAULT neben neueren Sammlern und Bearbeitern zu den „Besten der Besten" (W. SCHERF, 1976); die Jugendbuchhandlungen bieten eine breite Auswahl von Volkserzählungen (Children's Books), in Heidelberg gibt es eine Buchhandlung, die sich ausschließlich auf Märchen spezialisiert hat. Schwank und Witz sind dagegen von der Kinder- und Jugendliteratur weitgehend ferngehalten worden, obwohl sie seit eh und je zu den populärsten Erzählformen gehört haben.

„Volksbücher" und „Kinderlieder". Besondere Beachtung verdient auch die unter der Gattungsbezeichnung „Volksbücher" zusammengefaßte Gruppe von populären Lesestoffen (in England, Frankreich und Italien „chapbooks", „bibliothèque bleue", „libretti popolari"; vgl. V. E. NEUBURG, 1964; R. SCHENDA, 1970; G. BOLLÈME, 1975; H. J. KREUTZER, 1977); auch dieses Genre wurde in der Romantik und im Biedermeier selektiv veredelt (JOSEPH VON GÖRRES, LUDWIG TIECK, KARL SIMROCK, GOTTHART OSWALD MARBACH) und auf ein paar Dutzend Titel limitiert (HEITZ/RITTER, 1924), obwohl seit dem 18. Jahrhundert ein sehr viel breiteres Angebot von Heftchenliteratur auf den Jahrmärkten Westeuropas zu finden war. Die Pädagogen griffen begierig nach diesem schon expurgierten Material und bearbeiteten es neuerdings für die Jugend, wobei die Gestalten geduldig leidender und liebender Frauen – Genovefa, Griseldis, Hirlanda, Magelone, Melusine – besonders viele Leser fanden (SCHENDA, 1971). Als Bearbeiter ist der für Reutlinger Druckereien arbeitende protestantische Geistliche OTTMAR F. H. SCHÖNHUTH (1806–1864) besonders eifrig gewesen. Doch ganz abgesehen von der Frage, ob die alten deutschen Volksbücher (zumeist Bearbeitungen mittelalterlicher romanischer Romanstoffe) wirklich so deutsch und wirklich Lesestoffe des Volkes waren, ist dieser Gattung als Jugendlektüre zu viel Bedeutung beigemessen worden; sie wurde ohne Zweifel jeweils von den Produkten der Tagesschriftsteller überflügelt. Schließlich sind Sammlungen von Kinderversen und Kinderliedern („nursery rhymes") bis zum „Allerleihrauh" von HANS MAGNUS ENZENSBERGER (vgl. G. KLINGBERG, 1973. S. 45–46) oftmals der Jugend als Lesestoffe angeboten worden; auch bei diesem Material liegt ein kunterbuntes Gemisch von autochthoner Alltagslyrik (Abzählreime, Kinderspielverse, Schlaflieder, Spottreime), von abgesunkenem „Kultur"-Gut, das heißt Fetzen aus dem Spruchgut der Oberschichten, und neuer kindertümelnder Poesie (FRIEDRICH WILHELM GÜLL) vor. Daß dieses „Volksgut" längst nicht mehr das Spruchrepertoire der heutigen Kinder ausmacht, haben die Arbeiten von PETER RÜHMKORF „Über das Volksvermögen" (1967) und ERNEST BORNEMAN „Die Welt der Erwachsenen in den ‚verbotenen' Reimen deutschsprachiger Stadtkinder" (1976) gezeigt.

V. und aktuelle Pädagogik. Die Weiterverwendung von sogenannter V., insbesondere von Märchen und Sagen, als Kinder- und Jugendliteratur ist in den letzten Jahren durch CHRISTA BÜRGER, IRING FETSCHER, OTTO F. GMELIN, CHRISTA HUNSCHA, JANOSCH, UWE WANDREY, BERND WOLLENWEBER und andere in Frage gestellt worden (vgl. H. IDE, 1971; RICHTER/MERKEL, 1974; SCHENDA, 1976a), die Entstehung und Verbreitung der deutschen Volksbücher hat HANS JOACHIM KREUTZER kritisch hinterfragt. Doch während das Volkslied bereits durch eine neue kommerzialisierte Liedproduktion stark verdrängt war und erst in den letzten Jahren wieder von der Folk-Szene entdeckt wird, bleibt der Kinder- und Jugendliteraturmarkt von oftmals fragwürdigen Märchen- und Sageneditionen (vor allem auch: Schallplatten und Kassetten) überschwemmt, nicht zuletzt, weil das historische Material für die Produzenten billig greifbar ist. Die Diskussion der Pädagogen gegen die Tradierung überholter Wertvorstellungen in alter V. und für die Suche nach anderen Phantasievorbildern und aktuellen problembezogenen Lerninhalten in einer neuen Kinder- und Jugendliteratur wird weitergeführt.

→ L. Bechstein, → Comics, → Brüder Grimm, → Märchen, → Märchenfiguren, → Massenliteratur für Kinder und Jugendliche, → Mythologie in der Kinder- und Jugendliteratur, → Ch. Perrault, → Sage, → Chr.

von Schmid, → G. Schwab, → K. Simrock, → Volksbuch

Sekundärliteratur: A. Adler: Möblierte Erziehung. Studien zur pädagogischen Trivialliteratur des 19. Jahrhunderts (1970). – H. Bausinger: Formen der „Volkspoesie" (1968). – G. Bollème (Hrsg.): La Bibliotheque bleue. Anthologie d'une littérature „populaire" (1975). – W. Brückner: Populäre Druckgraphik Europas. Deutschland (1969). – Children's Books from the Children's Bookshop (1962). – A. Detmer: Musterung unserer deutschen Jugend-Literatur (^{2}1844). – Kl. Doderer: Klassische Kinder- und Jugendbücher. Kritische Betrachtungen (1969). – J. Drews (Hrsg.): Zum Kinderbuch. Betrachtungen, Kritisches, Praktisches (1975). – O. Götz: Die Erziehung der Jugendlichen zu unserm deutschen Volksschrifttum (1920). – P. Hazard: Les livres, les enfants et les hommes (1932; dt. Kinder, Bücher und große Leute. 1952). – P. Heitz (Hrsg.): Versuch einer Zusammenstellung der Deutschen Volksbücher des 15. und 16. Jahrhunderts nebst deren späteren Ausgaben und Literatur (zus. mit Fr. Ritter. 1924). – Chr. Hunscha: Struwwelpeter und Krümelmonster. Die Darstellung der Wirklichkeit in Kinderbüchern und Kinderfernsehen (1974). – H. Ide (Hrsg.): Projekt Deutschunterricht 1. Kritisches Lesen – Märchen, Sage, Fabel, Volksbuch (1971). – G. Klingberg: Kinder- und Jugendliteraturforschung. Eine Einführung (1973). – E. Klusen: Volkslied. Fund und Erfindung (1969). – S. Köberle: Jugendliteratur zur Zeit der Aufklärung. Ein Beitrag zur Geschichte der Jugendschriftenkritik (1972). – H. L. Köster: Geschichte der deutschen Jugendliteratur in Monographien (1906–1908, ^{4}1927; ND. 1968). – H. J. Kreutzer: Der Mythos vom Volksbuch. Studien zur Wirkungsgeschichte des frühen deutschen Romans seite der Romantik (1977). – P. Massart: Literature and paraliterature: writings for children and young people (in: International social science journal. 28. 1976. 161–183). – V. E. Neuburg: Chapbooks. A bibliography of references to English and American chapbook literature of the 18th and 19th century (1964). – G. Paaske (Hrsg.): Børnenes hvem screv-hvad? (1969). – K. Ranke (Hrsg.): Enzyklopädie des Märchens. Handwörterbuch zur historischen und vergleichenden Erzählforschung. Bd. 1, 2 (zus. mit H. Bausinger u. a., 1977, 1978). – D. Richter (Hrsg.): Das politische Kinderbuch. Eine aktuelle historische Dokumentation (1973); Die heimlichen Erzieher. Kinderbücher und politisches Lernen (zus. mit J. Vogt. 1974); Märchen, Phantasie und soziales Lernen (Hrsg. zus. mit J. Merkel, 1974). – R. Schenda: Volk ohne Buch. Studien zur Sozialgeschichte der populären Lesestoffe 1770–1910 (1970, ^{2}1977); Tausend deutsche populäre Drucke aus dem 19. Jahrhundert (in: Archiv für Geschichte des Buchwesens. 11. 1971. 1465–1652); Die Lesestoffe der Kleinen Leute. Studien zur populären Literatur im 19. und 20. Jahrhundert (1976); Prinzipien einer sozialgeschichtlichen Einordnung von Volkserzählungsinhalten (in: Folk narrative research. Studia Fennica. Bd. 10. 1976a. 185–191). – W. Scherf (Hrsg.): Die Besten der Besten. Bilder-, Kinder- und Jugendbücher aus 110 Ländern oder Sprachen (^{2}1976); Volksbuch und Jugendliteratur. Oder: Welche Volksbücher spielen im 19. Jahrhundert und auch heutzutage noch eine Rolle als Jugendlektüre in deutscher Sprache? (1976). – H. Wegehaupt: Theoretische Literatur zum Kinder- und Jugendbuch (1972. 182–194).

Rudolf Schenda

Vorlese-Wettbewerb

Aktion des Börsenvereins des Deutschen Buchhandels in Zusammenarbeit mit Schulen und anderen öffentlichen Einrichtungen (z. B. Bibliotheken) zur Förderung der Leseerziehung und Lesekultur. Der V. wird in der gesamten Bundesrepublik und West-Berlin seit 1959 jährlich einmal veranstaltet.

Teilnahmebedingungen. Teilnahmeberechtigt sind alle Schüler des 6. Schuljahres, gleich, welcher Schulart (Altersgruppe der 11- bis 13jährigen). Der V. wird seit 1968 in drei Gruppen durchgeführt: Gruppe a: Sonder- und Hauptschulen; Gruppe b: Realschulen, Gymnasien, Gesamtschulen, Orientierungsstufen; Gruppe c: Fremdsprachige Schüler, die nicht länger als vier Jahre in der Bundesrepublik leben und deren Eltern keine deutsche Staatsangehörigkeit haben oder hatten. Vorzulesen ist ein frei gewählter Prosatext (keine Lyrik, keine Dialektdichtung) von drei bis fünf Minuten Vorlesedauer, bei den weiterführenden Wettbewerbsstufen zusätzlich ein kurzer Pflichttext. Bewertet werden a) Technik des Vorlesens (verfügbare Punktzahl 1–10, b) Sinnerfassung des vorgelesenen Textes (verfügbare Punktzahl 1–10).

Durchführung. Zunächst werden Schulsieger ermittelt, aus diesen in einer späteren Runde die Stadt- respektive Kreissieger. Aus den weiterführenden Entscheidungen gehen die Bezirks- und Landessieger hervor. Bei der Endausscheidung, die alljährlich in Frankfurt am Main im Goethehaus stattfindet, wird aus den Landessiegern der Bundessieger ermittelt.
Vom Stadt- und Kreissieger aufwärts erhalten alle Sieger Urkunden und Buchgutscheine, die Landessieger zusätzlich eine viertägige Reise nach Frankfurt am Main zur Teilnahme am Bundesentscheid. Zum Preis des Bundessiegers gehören: Eine Urkunde, ein Bildband über die Stadt Frankfurt, ein mehrtägiger Besuch bei einem Schriftsteller, ein Wanderpreis für die Schule und „Das Goldene Buch des Vorlese-Wettbewerbs", ebenfalls ein Wanderpreis.

Wirkung. Die Beteiligung am V. ist stetig angewachsen. 1976/1977 beim 18. V. nahmen ca. 300000 Jungen und Mädchen teil; von 341 in der Bundesrepublik bestehenden Stadt- und Landkreisen beteiligten sich 326, das sind 95,6 %. In den Jahren 1964–1973 nahm das Institut für Jugendbuchforschung der Frankfurter Universität eine statistische Auswertung der Schulsiegermeldungen vor und untersuchte sie nach Geschlechtsverteilung, Schulart, Ortsgrößenklassen sowie nach literarischen Tendenzen. Dabei stellte sich unter anderem heraus, daß wesentlich mehr Schülerinnen als Schüler jährlich ausgezeichnet wurden. Der Anteil der Mädchen schwankt im observierten Zeitraum zwischen zwei Drittel – im Bereich der höheren Schulen – bis drei Viertel – im Bereich der Volks- bzw. Haupt- und Realschulen. Während die Zahl der Schulsieger aus Hauptschulen (ca. 60 % am Ende der sechziger Jahre und zu Beginn der siebziger Jahre) eine leicht abnehmende Tendenz hatte, nahm die aus Realschulen (mehr als 15 %) und Höheren Schulen (ca. 25 %) leicht zu. Dies dürfte mit dem Ausbau des weiterführenden Schulsystems in der Bundesrepublik zusammenhängen. Vor allem in Klein- und Mittelstädten und auf dem

Bei einer der jährlich stattfindenden Endausscheidungen des Vorlesewettbewerbs im Frankfurter Goethehaus.

Lande hat der V. Resonanz gefunden: Über drei Viertel der beteiligten Schulsieger kommt aus Orten unter 100000 Einwohnern. Über 80% der Schülerinnen und Schüler, die Schulsieger wurden, gaben an, den vorgetragenen Text selbständig gewählt zu haben. Nur etwa 10% folgten dem Rat von Lehrern, nicht ganz 5% dem von Freunden. Texte von ENID BLYTON, ERICH KÄSTNER, ASTRID LINDGREN, MARIE LOUISE FISCHER, OTFRIED PREUSSLER, JOHANNA SPYRI und MARK TWAIN tauchten am häufigsten unter den Vorlesestoffen auf.

In Zusammenarbeit mit dem Börsenverein des Deutschen Buchhandels führen auch deutsche Schulen im Ausland ähnliche Wettbewerbe durch. Darüber hinaus fand der V. als Maßnahme zur Leseförderung auch bei ausländischen Leseerziehern Beachtung. Jährlich erschien, vom Börsenverein herausgegeben, die Broschüre „Lesen macht Spaß", seit 1974 mit dem Titel „Mitmachen und gewinnen beim Vorlesewettbewerb".

→ Arbeitsgemeinschaft von Jugendbuchverlegern e.V.,
→ Börsenverein

Sekundärliteratur: A. Meyer: Zum 10. Male (in: Börsenblatt für den Deutschen Buchhandel. 24. 1968. 83. 2664–2666). – L. Sauer: Gruselgeschichten in der Vorlesepraxis (in: Börsenblatt für den Deutschen Buchhandel. 26. 1970. 89. 2479–2482). – L. Siegling: Schüler-Vorlesewettbewerb 1964. Ergebnisse und Einblicke (in: Kl. Doderer (Hrsg.): Jugendliteratur heute. Eine Querschnittsanalyse des Jahrgangs 1964. 1965. 41–46 und 57–62); Vorlese-Wettbewerb 1964. Auswertung der Ergebnisse (in: Börsenblatt für den Deutschen Buchhandel. 21. 1965. 73. 1813–1816); Vorlese-Wettbewerb 1965 (in: Börsenblatt für den Deutschen Buchhandel. 22. 1966. 51. 1329–1332); Auswertung des Vorlese-Wettbewerbs 1967/68 (in: Börsenblatt für den Deutschen Buchhandel. 24. 1968. 83. 2674–2676); Wie sie lasen – was sie lasen. Auswertung des 10. Vorlese-Wettbewerbs 1968/69 des Deutschen Buchhandels (in: Börsenblatt für den Deutschen Buchhandel. 25. 1969. 85. 2637–2639); Auswertung des 11. Vorlese-Wettbewerbs 1969/70 (in: Börsenblatt für den Deutschen Buchhandel. 26. 1970. 89. 2476–2479); Auswertung des 12. Vorlese-Wettbewerbs (1970/71) des Deutschen Buchhandels (in: Börsenblatt für den Deutschen Buchhandel. 27. 1971. 79. 2372–2374); Vorlesen, eine zeitgemäße Wettkampfdisziplin? Auswertung des 13. Vorlese-Wettbewerbs 1971/72 in der Bundesrepublik und West-Berlin (in: Börsenblatt für den Deutschen Buchhandel. 28. 1972. 83. 2378–2382); Die jungen Konservativen. Auswertung des 14. Vorlese-Wettbewerbs 1972/73 in der Bundesrepublik und West-Berlin (in: Börsenblatt für den Deutschen Buchhandel. 29. 1973. 84. 1818–1822). – O. Stoll: Der Vorlese-Wettbewerb, eine wertvolle pädagogische Hilfe (in: Börsenblatt für den Deutschen Buchhandel. 24. 1968. 83. 2666–2668).

Luise Siegling

Vorschulische literarische Erziehung

Im vorschulischen Bereich ist der Umgang mit „Literatur" vor allem mündlich und direkt. Das erste Buch in der Hand des Kindes ist zumeist ein Bilderbuch. Der Erzieher benützt Vorlesewerke, Materialsammlungen, Geschichtenbücher für die mündliche Vermittlung durch Vorlesen, Erzählen und als Anregung zum Umgang mit sprachlichem Material. Der Umgang mit Texten hat in der vorschulischen Erziehung funktionale Bedeutung. Deshalb ist der Literaturbegriff entspre-

chend weit zu fassen. Verse und Lieder dienen zur Strukturierung des Tageslaufes, des Jahreszeitenrhythmus, von Feier und Kinderbrauch. Der Kinderreim ist meist in Spiel und Bewegung eingebettet, erscheint als Singetanz, als Liedtext. Im Bilderbuch wird geprägte Sprache erfahren; die Bilder werden gleichsam „gelesen". Fingerspiele und Bewegungsspiele werden von gesprochenen oder gesungenen Texten begleitet. Freie Rollenspiele oder textlich fixiertes darstellendes Spiel sind Vorformen dramatischer Gattungen. Das Erlernen und Aufsagen von Versen sowie das Nacherzählen von Geschichten ist ein viel geübter Brauch. Elemente literarischer Erlebnisse vermitteln die Märchen. Der moralischen Erziehung dienten und dienen Zuchtreime, Merkverse, Sittensprüche, moralische Erzählungen. Auch die religiöse, weltanschauliche und sachliche Belehrung, wie auch Begriffsbildung und Wortschatzerweiterung bedienen sich erzählender oder spielerischer Formen.

Einübung in „literarische Genußfähigkeit" oder kritische Urteilsbildung im formalen Bereich spielen noch eine geringe Rolle. Eine emotionale und ästhetische Reaktion bei den Kindern auf literarisches Material und die kritisch-reflektierende Aufnahme von Inhalten ist dennoch vorauszusetzen. Die Bereitschaft jüngerer Kinder, sich von Klang und Rhythmus der Sprache ansprechen zu lassen, sich den Inhalten von Bilderbuch und Erzählung zuzuwenden, ist überaus groß. Dementsprechend ist die Wirkung literarischer Elemente nicht nur im Sinne von Kommunikation und als literarische Propädeutik, sondern ebenso als Mittel zur Identitätsfindung und Welterfassung von größter Wichtigkeit.

Fröbels Mutter- und Koselieder und die Bedeutung von Texten in der Fröbelpädagogik. Die vorwiegend didaktisch-pädagogische Rolle, die die Sprache erklärtermaßen vor allem in den frühen Zeiten des Kindergartens hatte, zeigt sich schon in den „Mutter- und Koseliedern" (1844), die FRIEDRICH FRÖBEL seiner Gründung mitgab. Die Fröbelforscherin ERIKA HOFFMANN setzt dieses Buch an die erste Stelle von FRÖBELS entwickelnd erziehenden Spielgaben, noch vor „Gegenständliches Spielzeug" und „Bewegungsspiele". „Das Mutter- und Koseliederbuch ist eines der ersten deutschen Bilderbücher und eine Sammlung von volkstümlichen Reimen, die FRÖBEL, um sie in ihrem pädagogischen Gehalt zu erschließen, zum Teil erweitert und durch eigene Reime und Gedichte ergänzt hat". „Es enthält Anregungen zur ersten Übung der Sinne und zur Beobachtung der Umwelt und hebt die Bedeutung der darstellenden Nachahmung im volkstümlichen Fingerspiel hervor" (HOFFMANN, 1971, S. 134). Die einleitenden gereimten Gebrauchsanweisungen für die Finger- und Handspiele zu den Versen, die ausführlichen Bedeutungserklärungen im Anhang wirken verwirrend und für den Nichteingeweihten oft lächerlich. Sie sind beladen mit den pädagogisch-philosophischen Ideen FRÖBELS und halten formal diesem Inhalt nicht stand. Die Verse haben den naiven Reiz volkstümlicher Reime verloren und können sich nicht mit den zeitgenössischen Versen von FRIEDRICH GÜLL (1812–1879) und WILHELM HEY (1789–1854) messen. Die „Mutter- und Koselieder", die für den Umgang mit sehr kleinen Kindern gedacht waren, erlebten vier Auflagen (1844, 1883, 1915, 1927). FRÖBELS Bedeutung für den Kindergarten lag in den von ihm entwickelten Spielgaben, die seinen eigenen schöpferischen Beitrag zur Kleinkindpädagogik darstellen. In ihnen spiegelt sich seine Auffassung vom Spiel als dem wichtigsten Tun des Kindes, als Vorform seiner Bestimmung zur Lebenseinigung mit Gott, der Menschheit und dem Kosmos. So war der von ihm geschaffene Kindergarten mehr als eine Einrichtung zum bloßen Behüten und Beschäftigen von Kindern oder eine Institution möglichst frühen Lernens und zeitiger intellektueller Förderung – was die bereits vorhandenen Kinderinstitutionen schon leisteten –, sondern eine Stätte der Förderung des Kindes. Die „Mutter- und Koselieder" hatten ihren Sinn ganz pragmatisch in der „Anleitung für die Mutter ... in den ersten zwei Lebensjahren mit ihrem Kind geistig und leiblich zu verkehren, mit ihm zu spielen, damit seine Glieder sich entwickeln, seine Sinnesthätigkeit früh geübt werde, sein ganzes Wesen sich befriedigt und im Einklang mit seiner Umgebung fühlen könne" (in: LINA MORGENSTERN „Paradies der Kindheit durch Spiel, Gesang und Beschäftigung", 1861). Neue Spielbeschäftigungen waren damals Gesang und Bewegungsspiele, die aus Liedern FRÖBELS entwickelt wurden; diese stellen wohl in der FRÖBEL-Pädagogik den eigentlichen Umgang mit sprachlichen Inhalten dar. Eine Weiterentwicklung der Bewegungsspiele findet sich bei AUGUST KÖHLER. Diese sind für den Kindergarten lange Zeit hindurch typisch. Eine Sammlung von F. A. L. JACOB „Deutschlands spielende Jugend", 1883) bezieht auch jüngere Kinder mit ein und beruft sich auf Autoren der Kleinkinderschule wie THEODOR FLIEDNER und JULIUS FÖLSING.

AUGUST KÖHLER, Direktor eines Lehrerinnenseminars in Gotha, hatte sich als junger Lehrer für FRÖBELS Ideen begeistert und einen Kindergarten sowie eine Ausbildungsstätte für Kindergärtnerinnen eröffnet. Er versuchte in einer sorgsam durchdachten Darstellung, die auch den Zeitgenossen vielfach wirr und verwirrend scheinenden Ideen FRÖBELS pädagogisch praktikabel zu machen. KÖHLER schuf eine sorgfältige dreibändige Methodik der FRÖBEL-Pädagogik („Die Praxis des Kindergartens", 3 Bände 1871–1875) sowie eine eigene Sammlung erzählender Stoffe (1874). Als erstes hatte er einen umfangreichen Band „Die Bewegungsspiele des Kindergartens" (1862) herausgegeben. Dies sind „jene geselligen Spiele ..., bei denen die Kinder selbst Spieler und Spielzeug zugleich sind". Dabei war auch der Text von großer Bedeutung, durch den „Lebensbilder entstehen", Nachahmungen verschiedener Tätigkeitsweisen ermöglicht werden und die im Kind angelegten „Anschauungen" zum Ausdruck kommen. Die Sammlung der Bewegungsspiele, die von 1862 bis 1875 fünf Auflagen erlebte, enthält 276 Stücke, eingeteilt in Morgenlieder, Eingangslieder, „Marschirspiele", Ballspiele, Kugellieder, Geh-, Hüpf-, Lauf- und Springspiele, Kreisspiele, Spiele zur Übung des Anschauungsvermögens, Arm-, Hand- und Fingerspiele, Ballspiele (Kugelspiele), Baulieder, Schlußlieder. Die Spielanleitungen sowie die vorausgeschickten methodischen Beispiele zeigen den vom Text hergeleiteten lehrhaften Charakter, aber auch die Umsetzung in das darstellende Spiel.

KÖHLER hat die Herkunft von Texten und Melodien belegt, so daß der Zusammenhang mit der zeitgenössischen kulturellen Szene erkannt werden kann. Aus „Fliedners Liederbuch" hat er sieben Stücke übernommen, ebenso von JULIUS FÖLSING. Der größte Teil (ca. 60) stammt von FRÖBEL, zumeist vertont von dem ehemaligen Mitarbeiter FRÖBELS, R. KOHL (30 Melodien), der auch in der zweiten Auflage der „Mutter- und Koselieder" FRÖBELS zwei Vertonungen lieferte. Als musikalischer Mitarbeiter KÖHLERS tritt vor allem FR. SEIDEL mit neun Melodien nebst einem Text hervor, ferner mit Textbearbeitungen und Spielanleitungen.

Auch KÖHLER hat FRÖBELS „Mutter- und Koselieder" vor allem als Sinnesübung gedeutet, das begleitende Sprechen der Mutter als wichtigen Faktor der „Sozialisation" erkannt und dies durch konkrete Beobachtungen aus der Entwicklung des Kindes ergänzt (KÖHLER, 1871, S. 51–62).

Erst der zweite Band der „Praxis des Kindergartens" (1873) behandelt Geschichtenerzählen, Lernen von Sprüchen, Versen und Gebeten und bringt einige Texte. KÖHLER kämpft für die Berechtigung gerade dieses Bildungsmittels innerhalb der Pädagogik FRÖBELS. Dabei sind für KÖHLER Erklärungen und Erzählungen „wertvoller Stoff zu eigener Verarbeitung" der großen „Bildungsreize", die in Raum und Zeit gefaßt sind. Erzählstoffe teilt er in „wahre" und „erfundene" ein, heute würde man die „wahren" nach den genannten Beispielen als Umwelt- und Sachgeschichten bezeichnen. Ausführlich setzt KÖHLER sich gegen die zeitgenössische pädagogische Kritik für das Märchen ein, macht Einschränkungen bezüglich der Herabziehung des Heiligen, unwürdiger Begriffe von Gott, spricht sich gegen Hexen-, Geister- und Gespenstergeschichten aus, lobt die Fabel und die Sage, nennt als Stoffe „Grimm's Hausmärchen, Hey's und Fröhlich's Fabeln, sowie Begebenheiten aus der Natur und dem Menschenleben, wie sie in allen guten Schulbüchern verzeichnet sind." Er empfiehlt eine zeitgenössische Sammlung speziell für Kinder, „welche noch nicht lesen" (W. CURTMANN, Geschichten für Kinder welche noch nicht lesen, 1867), und gibt eine Methodik mündlichen Erzählens, in der er auch das Abfragen und nachherige Zergliedern der Einzelheiten ablehnt. Deutliche Kritik an den konfessionellen Kindereinrichtungen ist in dem Abschnitt über „Erlernen von Gebeten, religiösen Sprüchen und Versen" zu spüren. KÖHLER hat sich auch zum Bilderbuch geäußert und seinen Wert als Informationsquelle bejaht, „sofern es nicht in die Classe der ‚Strubbelpeter-Bilderbücher' gehört".

In einem eigenen Werk, das der dreibändigen Methodik nachfolgt (1874, ^{2}1885), widmet sich KÖHLER erneut dem sprachlichen Gut. Interessant sind die pädagogische Zielsetzung und die psychologische Begründung für den Gebrauch von Texten, überhaupt das Eintreten KÖHLERS für das Erzählen im Kindergarten, wobei er sich auf FRÖBEL beruft, obwohl in der offiziellen FRÖBEL-Pädagogik davon nur selten die Rede ist. Durchaus polemisch weist er das Erzählen als eine wichtige Möglichkeit nach, die Kinder zur Aufmerksamkeit zu führen, und will damit einen Einwand gegen die Kindergartenerziehung entkräften, die wohl manchmal in der Tat die „Augen und Hände des Zöglings ungebührlich übt, während dessen die Hauptübung des Ohres und der Sprache verabsäumt" wurde. Die Pädagogik A. KÖHLERS hatte keinen maßgeblichen Einfluß. KÖHLER widmet in seinen Beschäftigungsplänen (1875, S. 221–222) den Bewegungsspielen und dem Erzählen je zwei Stunden täglich, weit mehr z. B. als in der Berliner Einrichtung von H. PÖSCHE vorgesehen war. Das Schwergewicht liegt dort fast ausschließlich auf dem Zeichnen, Flechten, Falten, Ausstechen, Ausnähen, Bauen, Stäbchenlegen, den typischen Betätigungen des FRÖBELschen Kindergartens.

BERTHA VON MAHRENHOLTZ, die sich der Verbreitung der Kindergartenidee widmete, nachdem die Aufhebung des Kindergartenverbotes von 1851 erwirkt war, hat ihre Interpretation von FRÖBELS Pädagogik weitaus wirkungsvoller vertreten. „Geleitet von der Idee, eine Arbeitserziehung gerade für das ‚arme Volk' zu entwikkeln, die Hand geschickt zu machen und frühzeitig Arbeitsdisziplinen anzulegen, hat B. v. Mahrenholtz das Spielgabensystem mechanisiert.... Die unfruchtbare Erstarrung seiner (i. e. FRÖBELS) Spielweise, die bis ins 20. Jahrhundert mit dem Gebrauch der Spielgaben verbunden war, wo man noch daran festhielt, ist auf B. v. Mahrenholtz' missionarischen Eifer zurückzuführen" (HOFFMANN, 1971, S. 38–39).

FRÖBELS Großnichte, HENRIETTE SCHRADER-BREYMANN, die sich in heftigem Ideenstreit gegen BERTHA VON MAHRENHOLTZ behauptete, hatte eine Konzeption von FRÖBELS Grundanliegen entwickelt, die der Einbeziehung der Kinderlyrik und der Erzählung mehr entgegenkam (HOFFMANN, 1971, S. 40), ja sie hält es für ein „großes Verdienst, wirklich gute, dem Kindersinn entsprechende Sachen von wahren Dichtern aufzusuchen" (zit. nach HOFFMANN, 1971, S. 102), soweit sie sich ihrer Grundidee vom „Monatsgegenstand" einfügen.

Die vorschulischen Einrichtungen humanitärer und christlicher Art. Einrichtungen zur Betreuung und Belehrung von jüngeren Kindern sind im 19. Jahrhundert nichts völlig Neues, doch treten sie auf Grund der industriellen Entwicklung in ein neues Stadium. Das Vorbild der in England entstandenen Kleinkinderschulen für die Kinder der Fabrikarbeiter und die Übersetzung der dort entstandenen einschlägigen Literatur beeinflussen die Entwicklung in Deutschland.

Vorweg seien die Bewahranstalten des Pfarrers OBERLIN im elsässischen Steintal (1770) genannt, denen die evangelische Kinderpflege des 19. Jahrhunderts einen vorbildlichen Charakter zuerkennt (GEHRING, 1929, S.

16–34). Hier ging es nicht um die Kinder des Industrieproletariats, sondern der Bauern und Landarbeiter in einem extrem rückständigen und ökonomisch unterentwickelten Randgebiet Frankreichs. Die sprachliche Förderung der unbeaufsichtigten und von Verwahrlosung bedrohten Kinder war dabei ein Hauptproblem, weil nur durch die Überwindung des örtlichen Patois und die Kenntnis der französischen Landessprache das Fortkommen der Kinder gesichert schien. Die Erziehung der Kinder war Teil des Programms zur wirtschaftlichen Verbesserung der Lebensbedingungen in den armen Walddörfern. In den Bewahranstalten der Dörfer- angemieteten größeren Stuben – sollten die Kinder unter anderem das Stricken erlernen – ein in solchen Einrichtungen übliches Programm. Darüber hinaus aber erstrebte OBERLIN Unterricht und fröhliche Betätigung der Kinder. Ein Landmädchen, LUISE SCHEPPLER, das OBERLIN zuvor in seinem Haushalt unterrichtete, erwies sich bei der Betreuung jüngerer Kinder als pädagogisch besonders talentiert (HÜBENER, 1888, S. 18–19). Es gibt anschauliche Schilderungen von dem Geschick LUISE SCHEPPLERS, Geschichten zu erzählen, vornehmlich auch biblische Stoffe zu verlebendigen, Bilder mit den Kindern zu betrachten, die OBERLIN gezeichnet hatte, zu spielen, zu singen und Spaziergänge im Sinne der Sachkunde und Umwelterfahrung zu nützen. Ein Beschäftigungsplan zeigt folgendes Programm: Religiöses, Unterricht, Spiele und körperliche Beschäftigungen. Sprachliches erscheint dabei besonders in der religiösen Unterweisung und als Sprachunterricht.

Auch für die 1802 von der Fürstin PAULINE VON LIPPE-DETMOLD gegründete Kinderbewahranstalt wird auf Sprachförderung im Hochdeutschen, auf Kinderlieder und Spiele (BAROW-BERNSTORFF, KRECKER, S. 135), in ähnlichen Einrichtungen in Schleswig-Holstein auf die Bedeutung „faßlicher Erzählungen und Sprüche für die Unterscheidung zwischen Gut und Böse" hingewiesen (BAROW-BERNSTORFF, KRECKER, S. 137). Neben dieser vorwiegend moralischen Erziehung geht eine frühe intellektuelle Bildung, Kenntnis der Zahlen und Buchstaben einher. Dies ist ein Nachhall der Bestrebungen der Aufklärung, von denen sich in jenen frühen Einrichtungen vieles findet – OBERLIN besaß die Werke FRIEDRICH EBERHARD VON ROCHOWS und JOACHIM HEINRICH CAMPES (BAROW-BERNSTORFF, S. 118) –, und die Nachahmung der englischen Kleinkinderschulen. Für die Rezeption des englischen Einflusses ist die Übersetzung des grundlegenden theoretischen Buches von SAMUEL WILDERSPIN durch den Wiener Fabrikanten JOSEF WERTHEIMER von maßgeblicher Bedeutung (1826, 1828). Bemerkenswert ist vor allem die Beschreibung eines Unterrichts vor großen Bildertafeln, die sich teils auf den Sachunterricht, teils auf religiöse und geschichtliche Inhalte beziehen. Jedenfalls wird der Aufforderungscharakter der Bilder für das unterrichtliche Gespräch dargestellt. Bei den umfangreichen, pädagogisch relevanten Zusätzen des Übersetzers WERTHEIMER finden sich ausführliche Darlegungen über die Wichtigkeit der Sprache für die Kommunikationsfähigkeit, aber auch für die kognitive Entwicklung (WILDERSPIN/WERTHEIMER, S. 261–266 und S. 71–72).

Das didaktische Grundwerk dieser Epoche ist der „Theoretisch-praktische Leitfaden für Lehrer von Kinderbewahranstalten" (1832) von LEOPOLD CHIMANI. Die Stundentafeln zeigen deutlich das Schwergewicht von Gebet oder Gesang. Biblische oder moralische Erzählungen, Unterhaltungen über Gott, Gedächtnisübungen, Übungen des Erkenntnisvermögens, Verstandesübungen, täglich $1^1/_2$ Stunden körperliche Übungen, Essen und Handarbeiten, Spiele wechseln einander ab. Im Wechsel wird die Woche hindurch je eine halbe Stunde für Buchstabieren, Rechnen und Gesang verwendet. Dieses Programm ist mehr auf die Bedürfnisse der Kinder zugeschnitten als die Pläne der englischen Kleinkinderschulen. Bei Übungen des Gedächtnisses und der Erinnerungskraft wird von sprachlichen Materialien auch in gebundener Form, bei „Anregung und Entwicklung des sittlichen Gefühls" vom „lebhaften und anschaulichen Erzählen" ausgegangen. Der Zusammenhang zwischen Sinnesübungen und sprachlichem Ausdruck wird aufgewiesen und der Wert der Sprache für die kognitive Entwicklung erkannt. Als Hinweis auf geeignete Literatur finden sich die Erzählungen CHRISTOPH VON SCHMIDS, ferner „Fürchtegotts Lehren der Weisheit und Tugend" (Wien bei Carl Gerold) sowie die vom Verfasser herausgegebenen „Kinderpflichten in Erzählungen eingekleidet". Die als Beispiele beigegebenen Verse, Lieder, Erzählungen sind so lehrhaft und moralisch, daß sie rein funktional aufzufassen sind. Die leidenschaftliche Bemühung, die Kinder in ihrer kognitiven und emotionalen Entwicklung zu fördern, sie in die Gesellschaftsordnung und ihre Ziele einzuführen, ist von den Konzepten mancher gegenwärtiger vorschulischer Programme weniger weit entfernt als man glauben sollte. WILDERSPIN, WERTHEIMER und CHIMANI stehen der Methode FLIEDNERS nahe.

Durch die zeitgenössischen Überlegungen über die vorschulischen Erziehungseinrichtungen zieht sich immer wieder das Bestreben nach Abgrenzung vom eigentlich schulischen Lernen. Für die in Augsburg eingerichteten Bewahranstalten (1834–1835), deren Kuratorium aus den Mitgliedern eines eigens gegründeten Frauenvereins von angesehenen Damen der Gesellschaft gebildet wurde, zeigte ihr Gründer JOHANN GEORG WIRTH in seiner Erziehungskonzeption („Über Kleinkinderbewahranstalten", 1838) eine auffallende Unabhängigkeit von dem Vorbild der englischen Kleinkinderschule. Zwar stehen auch bei seinen Zielen die kognitive Förderung der Kinder und die moralisch-religiöse Erziehung im Vordergrund. Doch bezieht er in ganz anderem Maße und mit anderen Begründungen das freie Spiel der Kinder und handwerkliche Tätigkeiten mit ein, ja, er beschäftigt sich ausführlich mit dem Spielzeug und seinen Funktionen. Vor allem aber ist aus ausführlichen Beispielen zu ersehen, wie er Geschichten, Lieder und Verse dafür einsetzt und sie behandelt. Zwar sind sie generell den Lerngegenständen zugeordnet: Gebet, Gesang, Vorbereitungen zum künftigen Religionsunterricht, Erzählungen (Biblische Geschichte, Erzählungen belehrenden, moralischen, unterhaltenden und naturgeschichtlichen Inhalts), Sinnenübungen, Sprechübungen, Gedächtnisübungen, Anstandsübungen, selbst Farbenübungen und Bilderübungen. Für „Besorgungen kleiner Aufträge" wird ein regelrechtes Planspiel entworfen, die Farbübungen haben ebenfalls Züge eines Spieles. Für den zweifellos funktionalen Einsatz von Vers, Lied und Erzählung ist aber durch die Wahl der im Zusammenhang der einzelnen Lernziele aufgeführten Beispiele zu ersehen, daß WIRTH anspruchsvollere Qualitätsmaßstäbe, besonders bei Gedichten und Liedern, anlegt. Auch ist die Art des Erzählens auf die Bedürfnisse des Kindes, auf seine kognitiven Fähigkeiten eingestellt. Dennoch geht es immer und immer wieder um Verhaltensbelehrung, um religiöse Inhalte und um Anpassung an die geltenden Normen der damaligen Gesellschaft.

JULIUS FÖLSING schuf etwa gleichzeitig mit FLIEDNER und FRÖBEL in Darmstadt eine Kleinkinderschule für Kinder der höheren Stände. FRÖBEL hospitierte 1844 ein halbes Jahr in FÖLSINGS Einrichtung. FÖLSINGS Konzeption läßt sich ablesen an der Bedeutung, die er dem Erzählen zuspricht. Es solle „bei der geistigen Beschäftigungsweise in Kleinkinderschulen den Mittelpunkt bilden" (JULIUS FÖLSING und C. F. LAUCKHARD: „Die Kleinkinderschulen, wie sie sind und was sie sein sollen", 1848, S. 94). Die Erzählung solle vor allem das Gemüt des Kindes bilden, deshalb bedenkt FÖLSING die überkommenen Moralerzählungen mit Spott und will das Märchen an ihre Stelle gesetzt wissen. Er gibt eine didaktisch begründete Auswahl. Das zweite wichtige Mittel sind „vertiefte Bilder" der realen Umwelt. – Für die Schulung des Gedächtnisses der Kinder müsse man durch entsprechende Wahl des Stoffes das Wohlgefallen der Kinder erregen: durch einen recht lebendigen Inhalt, durch eine gewisse Tiefe, durch das Bekannte, Naheliegende, „durch eine gewisse regsame Heiterkeit, die sogar den Unsinn in den Reimchen zuläßt" (a. a. O. S. 86). Als Material nennt er hier eine Anzahl schöner Volkskinderreime. – Was FÖLSING zur „Übung der Sprachfertigkeit" sagt, deckt sich inhaltlich mit manchen modernen soziolinguistischen Erkenntnissen.

Bei ihm löst sich der literarische Bereich erstmals aus der funktionalen Vernutzung und aufklärerischen Intellektualisierung. So ist es kein Wunder, daß er sowohl FRÖBELS als auch FLIEDNERS Umgang mit der Sprache innerhalb ihres erzieherischen Konzepts kritisiert. Von FRÖBEL sagt er: „Die Idee seines Lehrgebäudes ist sinnig, aber der Aufbau ist unpraktisch" (S. 117). Dies bezieht er vor allem auf die Verse, mit denen FRÖBEL den Umgang mit seinen Spielgaben begleitet wissen will. „Wie er denn überhaupt alles besingen läßt, was die Kinder treiben, jede Bewegung. Das geht unmöglich ... Es ist ganz unkindlich" (a.a.O. S. 119). – An FLIEDNER kritisiert er gerade auf Grund seines Liederbuches, daß „nach seiner Methode zu viel Äußeres und Schweres in die Kinder hineingebildet wird" (a.a.O. S. 121). Damit meint er ganz eindeutig die Überfrachtung mit religiösen Gehalten. „Das Beten und Singen frommer Lieder, die biblische Geschichte, fromme Erzählungen und die Bibelsprüche bilden denn doch, das ist leicht zu sehen, die Hauptsache bei Herrn Fliedner. Das Spielen und Muntersein ist nur ein geduldetes Nebending, wird den Kindern mehr befohlen als erlaubt" (FÖLSING, 1848, S. 121).

Sprachliche und literarische Inhalte in den evangelischen Kleinkinderschulen Theodor Fliedners. Der Kaiserswerther Pfarrer THEODOR FLIEDNER hat die vorschulische Erziehung im eigentlich christlich-konfessionellen Sinn begründet und ihr durch die Verbindung mit der von ihm gegründeten Diakonissenanstalt Folgerichtigkeit und Dauer verliehen. Durch die konsequente Ausbildung von Diakonissen und Kleinkinderlehrerinnen als Leiterinnen der Kleinkinderschulen hat sich die evangelische „Kinderpflege" als ein geschlossenes Erziehungssystem herausgebildet. Mutterhäuser und andere Gründer haben FLIEDNERS Ideen und Institutionen aufgegriffen und ebenfalls die Kinderpflege neben Kranken-, Altenpflege und Gemeindearbeit zu den Aufgaben der Diakonissen gemacht. FLIEDNER hat in der Kleinkinderpflege übrigens – wie FRÖBEL – vor allem eine Aufgabe für Frauen gesehen und damit einen eigenen neuen Berufsstand für Frauen geschaffen. Ähnliches vollzog sich zum gleichen Zeitpunkt – nur nicht so markant nachweisbar – in den weiblichen Kongregationen und Orden der katholischen Kirche. Bei der Gründung seiner ersten Kleinkinderschule 1835 in Kaiserswerth bei Düsseldorf ging FLIEDNER bereits von der Notlage der örtlichen Industriearbeiter aus. Seine Anregungen holte er sich durch eigene Anschauung in den englischen infant schools. Von dort übernahm er den schulmäßigen Zuschnitt mit Lautieren, Zählen, Anschauungsübungen an Gegenständen und Bildern. Am stärksten aber treten Gesang, Gebet, Erzählen und Lernen von Biblischen Geschichten, Lernen von Liedversen und Sprüchen in Erscheinung. Jeder Morgen beginnt mit Gebet, Gesang und religiöser Unterweisung. Während Lieder, Erzählung, Sprachpflege zu Beginn des 19. Jahrhunderts noch vom Erbe der Aufklärung zehrten, richtet sich der Inhalt nun immer stärker an den biblischen Inhalten aus. FLIEDNER hat gefordert, die Kinder nicht durch die Fülle des Stoffes und hohe Anforderungen an ihre Gedächtnisleistungen zu überfordern, andererseits aber vertritt er die Meinung, daß die religiösen Inhalte den Kindern nicht vorenthalten werden sollten, auch wenn sie diese noch nicht „völlig begreifen und sinnlich fassen können" (Methode der Erziehung und des Unterrichts in der Kleinkinderschule, 5. Auflage, 1872, Vorrede zur 2. Auflage, S. IV, S. 258–263). FLIEDNER verkannte keineswegs das Bedürfnis der Kinder nach Spiel, Bewegung und Unterhaltung. Er hat seine pädagogische Auffassung im Anhang seines „Liederbuches für Kleinkinderschulen" (1841) niedergelegt, das bis ins 20. Jahrhundert immer wieder neuaufgelegt und bearbeitet worden ist. Rascher Wechsel der Beschäftigungen – im viertelstündlichen Rhythmus – immer wieder aufgelokkert durch Gesang, Singetänze, Bewegungsspiele, aber auch durch exerziermäßige Bewegungen, sollten die Aufmerksamkeit der Kinder erhalten. Spielen im Freien, auch mit Spielsachen, war vorgesehen. Die Ausgabe der Sammlung von 1872 enthält 336 Lieder, teils für den Tageslauf der Kleinkinderschule bestimmt, als Morgen-, Tisch-, Schulschluß- und Abendlieder, als „Marschir- und Spiel-Lieder", „andere Schullieder", Arbeitslieder, ferner Naturlieder sowie nach den Festzeiten gegliederte christliche Lieder und andere Festlieder, einschließlich der Vaterlandslieder, ferner geschichtliche Lieder, gemischte Lieder. Die Lieder bilden den Kern seiner Spiele, die er in einem eigenen Kapitel beschreibt, „Nachahmungsspiele mit Gesang", „Bewegungsspiele im Kreis mit Gesang" und „andere Bewegungsspiele", das heißt Gesellschaftsspiele. Viele Spiele und Spiellieder sind anscheinend Volksgut. Der Anhang enthält Gebete, Bibelsprüche zum Auswendiglernen, wobei die für die jüngeren Kinder geeigneten eigens gekennzeichnet sind, was auch bei den Liedern der Fall ist. Die „Denk-Verse, Sprüchwörter u. dergl. zum Auswendiglernen" betreffen theologische und biblische Inhalte, weiterhin Aufforderungen zur Nächstenliebe, Gehorsam, Wahrhaftigkeit und Ehrlichkeit, Fleiß, Ordnungsliebe und Reinlichkeit. Darunter findet sich kein einziges „weltliches" Thema. Auch bei den Gedichten fehlen Autorenangaben. Die bekannten Autoren der zeitgenössischen Kinderlyrik kommen nicht zu Wort.

Über Fliedners Pädagogik sagen die „Selbstprüfungs-Fragen für Kleinkinderlehrerinnen" etwas aus, die er am Schluß (S. 269–272) als eine Art Gewissenserforschung zusammenstellt: „Hab' ich die biblische Geschichte ihnen (den Kindern d. Verf.) faßlich und herzlich erzählt, daß die Kinder einen Eindruck davon in ihr Herz bekommen konnten?" (S. 269). Aber auch: „Hab' ich bei diesen und anderen Unterrichtsgegenständen die Aufmerksamkeit der Kinder nicht zu lange in Anspruch genommen, und sie oft genug mit Singen, fröhlichen Bewegungen und Spielen abwechseln lassen?" (S. 276/70). Für die pädagogische Leitung seiner Kleinkinderschulen gewann Fliedner 1841 den jungen Lehrer J. Fr. Ranke. Dieser hat in einer ganzen Reihe von Schriften die pädagogische Methode der evangelischen Kleinkinderschulen dargestellt und zu ihrer Entwicklung und Formung entscheidend beigetragen. Ranke wirkte später als Direktor des Oberlinhauses in Nowawes bei Potsdam, wohin ihn der Freiherr von Bissing-Beerberg berufen hatte (Gehring, S. 112 und S. 138). Rankes Schriften wurden wie Fliedners Liederbuch für Kleinkinderschulen immer wieder neu aufgelegt und überarbeitet. „Die Erziehung und Beschäftigung kleiner Kinder in Kleinkinderschulen und Familien", 1845 erstmals erschienen, enthält in der sechsten vermehrten und verbesserten Auflage (1879) eine umfassendere Darstellung der Pädagogik Rankes. Vom Erzählen ist dabei vor allem im Zusammenhang mit dem Religionsunterricht die Rede. Die „Anleitung zum Erzählen biblischer Geschichten im Anschluß an die Bilderbibel", ein Lehrmittel, das Fliedner angeregt hatte, war die allererste Publikation Rankes gewesen. Als Stoffe für Unterhaltungen mit den Kindern wird die Vermittlung von Sachthemen bezeichnet: „Thierwelt, Pflanzenwelt, Menschen, Orte, Zeiten, Farben, Form" und ausführliche Beispiele des Vorgehens werden angeführt. Es folgt das Rechnen (Zählen, Zusammenzählen und Abziehen, Multiplizieren und Dividieren im Zahlenraum von eins bis zehn). „Auswendiglernen" und „Singen" betreffen wiederum sprachliche Inhalte. Auch zu diesem Zeitpunkt wird von den Kindern noch das „Lautiren", „Zeichnen und Schreiben" verlangt: „Von den Unterrichts-Gegenständen müssen die Unterhaltungen die meiste Zeit bekommen; demnächst folgt das Erzählen, dann Auswendiglernen. Für das Singen wird keine Zeit festgelegt, weil es immer mit anderen Gegenständen abwechselt ... Den Beschäftigungen kann täglich etwa eine Stunde gewidmet werden."

Selbstverständlich sind in den Stundenplänen Rankes die biblischen Erzählungen der maßgebliche Erzählstoff. Der Pädagoge gibt geeignete biblische Erzählungen an und weist auf die Einführung zu den kirchlichen Festzeiten und die Verbindung mit dem Auswendiglernen von Liedern und Versen hin. Er bringt wie Köhler und Wirth eine ausführliche Didaktik des mündlichen Erzählens und stellt den Wert des Erzählens für Sprachbildung und Förderung der Phantasie für die Erweiterung der Umweltkenntnisse heraus. Er kennt das Bedürfnis der Kinder nach Inhalten, die ganz nahe bei ihren eigenen Erfahrungen liegen: „Aus Büchern kann man für diese Kinder keine Geschichten brauchen." Ranke wendet sich gegen die eigentlich „moralischen Erzählungen". In diesem Zusammenhang empfiehlt er ein von ihm zusammengestelltes Verzeichnis „guter christlicher Jugendschriften". Er warnt vor Räuber-, Diebs- und Mordgeschichten. „Was wir den Kindern erzählen, müsse wahr, wenn auch nicht wirklich geschehen sein." „Die Dichtungen dienen zunächst zur Belehrung, doch erzähle man sie nicht in der Absicht, die Kinder zu belehren, sondern um sie zu erfreuen, wenigstens trete die Absicht zu belehren nicht hervor ..." (Ranke, 1879, S. 119). Dringlich fordert er das Erzählen statt des Vorlesens. Es ist vielleicht der Schlüssel zum auffallenden Mangel an zeitgenössischen Texten für ganz kleine Kinder – daß die Lehrer und Kleinkinderlehrerinnen eben zu erzählen wußten.

In dem kürzeren Büchlein „Aus der Praxis für die Praxis" (1878) findet sich das Grundsätzliche in ähnlicher Weise ausgeführt. Interessant ist aber, daß Ranke unter den Stoffen für das Erzählen eine Auswahl der Grimmschen Märchen trifft, Fabeln nennt, wobei die Gellertschen „Lehrerzählungen" für kleinere Kinder als ungeeignet angesehen werden. Empfehlenswert seien Geschichten von Tieren. Legenden seien wegen der Verwechslung mit biblischen Erzählungen weniger geeignet. Für das Auswendiglernen empfiehlt er die Heyschen Fabeln. Eigene Beispiele zeigen, wie er Kinder in das Erzählen einbezieht und zu spielender Verarbeitung anregt.

Zu den letzten Veröffentlichungen Rankes gehört eine

Darstellung über die HEY-SPECKTERschen Fabeln, an denen er im einzelnen seine Methode darlegt, solche Texte als „Stoffe zu Unterhaltungen mit kleinen Kindern" (1883) zu nützen. Eine zufällig im gleichen Jahr erstmals verlegte didaktische Anweisung aus dem Bereich der Schule von C. KEHR („Der Anschauungs-Unterricht für Haus und Schule auf der Grundlage der Hey-Speckterschen Fabeln", 1883, [4]1894) bietet interessante Vergleichsmöglichkeiten, obgleich KEHR die vorschulpflichtigen Kinder einbezieht, für die Schule aber große Wandbilder von PFEIFFER benützt. Bei KEHR bieten die einzelnen Fabeln in der Tat einen umfassenden „Gesamtunterricht". Bei RANKE ist die sachliche Ausbeute, die Vermittlung von Kenntnissen über Tier und Mensch, Leben, Lebens- und Wirtschaftsformen in großer Breite eingebracht. Doch schwingt das Moralisch-Belehrende stärker mit, wird ausschweifender erzählt und ausgedeutet.

Wenn auch Literatur hier deutlich im Dienste der religiösen und sittlichen Erziehung erscheint, Erzählen, Auswendiglernen und Singen im Sinne des Funktionstrainings von Sprachfähigkeit, Anschauungskraft, Phantasieförderung und Gedächtnis behandelt werden und zudem auf Vermittlung von Sachwissen abzielen, so gibt doch gerade die detaillierte Darstellung von RANKES Methode ein Bild davon, daß die Fähigkeit zum interessanten Erzählen, zur angemessenen Kommunikation mit dem Kind und eine liebevolle Pädagogik den Umgang mit Literatur bestimmte.

Sammlungen für Familie und Kindergarten. So bezeichnen sich z.B. F. P. WILMSENS „Kleine Geschichten für die Kinderstube" als „Hülfsbuch für Mütter und Erzieherinnen" (1818). Es ist eine in Fortsetzungen erzählte Umweltgeschichte über Kinder, die auf dem Lande leben. Trotz des zeitbedingten moralischen Untertons merkt man der Erzählweise an, daß der Autor, wie er versichert, sie erst niederschrieb, nachdem er sie zuvor seinen eigenen Kindern erzählt und sich „dadurch von ihrer Wirksamkeit überzeugt hatte". Er rät, zu erzählen, statt vorzulesen: „Es ist nicht möglich, schreibend den Ton so ganz zu treffen, in welchem Erzählungen dieser Art vorgetragen sein wollen." Auch der Pfarrer und nachmalige Dekan in Nagold J. G. FREIHOFER schreibt 1846 erstmals ein Büchlein im Auftrage des württembergischen Volksschulvereins in der Absicht, den „älteren Schwesterlein und Kindsmädchen" eine Hilfe bei der Beschäftigung ihrer kleinen Schützlinge zu geben, um diese vor Langeweile und Unleidigkeit zu bewahren („Kinderbuch"). Die Auswahl der Texte ist stark von religiösem Gut bestimmt: Gebete und biblische Geschichten machen den Anfang, aber der Dekan schlägt den Wert der Wiegenlieder, Kinderspiele, der Gedichte, die den Naturrhythmus begleiten, Denksprüche, Rätsel, Spiele als Zählreime mit und ohne Bewegungen hoch an.

Ein interessantes Beispiel für die Rückwirkung der „Spielschule" auf die Kinderliteratur sind CAROLINE VON REICHS „Erzählungen aus der Spiel-Schule" (1856). Die Autorin, die 14 Jahre mit großer Beteiligung eine solche Spielschule – zuerst aus Gründen des Broterwerbs – unterhielt, erzählt später die Geschichten wieder, die sie für die Kinder erfand. Es sind sehr einfache, kurze Erzählungen mit alltäglichen Begebnissen, Erinnerungen aus eigener Jugend, auch eine kleine Parabel, eine märchenartige Geschichte. Die Verfasserin gibt sich genau Rechenschaft über die Herkunft und die Art ihres Vorgehens. MAXIMILIAN BERNS „Anthologie für die Kinderstube" (1880) bringt eine große Fülle von Ammenscherzen, Spielversen, Puppengedichten, Rätseln, Fabeln, Neckmärchen, Kindergebeten, altherkömmlichen Reimen und Kinderlieder. Der Verfasser besteht darauf, die Fassungskraft der Kinder zu beachten und plädiert für den volkstümlichen Kinderreim, auch gegen die „moderne Weltdame", die vielleicht an irgendeinem „kauderwelschendem" Volksreim Anstoß nehmen wolle.

Die Beiträge in J. D. GEORGENS „Mutter-Büchlein" (1881) sind an kindlichen Bedürfnissen orientiert, viel Spielgut, Sprüchlein, Tanzspiele, auffallend viel Sammelgut aus dem Volksbereich, teils mit Herkunftsbezeichnungen. Das erste Kapitel enthält Gedichte über Mutter und Kind.

Kleinkinderbewahranstalten. Seit 1890 liegt eine geschlossene methodische Anleitung zur Führung einer katholischen Kleinkinderbewahranstalt vor, von zwei Ordensfrauen zusammengestellt (ATHANASIA und EUSEBIA: Nützliche Beschäftigungen für die Kleinen. Vademecum für Kleinkinderschulen und die Familie, 1890), herausgegeben von dem katholischen Geistlichen HERMANN ROLFUS, der bereits 1886 ein Verzeichnis von empfohlenen Jugendschriften vorgestellt hatte. In der Tat scheint es so gewesen zu sein, wie das Vorwort von 1890 anmerkt, daß ein solches Buch bis dato gefehlt hatte. Es wurde mehrfach, zuletzt 1949 neu aufgelegt und stand lange in hohem Ansehen (Martha, d.i. M. v. BRUNHUBER: „Winke für Leiterinnen von Bewahranstalten", 1902, S. 59; Gordon, S. 43). Die katholischen Einrichtungen hatten es schwer gehabt, sich zu formieren. Ihnen fehlten zu Beginn führende Persönlichkeiten wie FLIEDNER und der Freiherr VON BISSING-BEERBERG, auch profilierte Ausbildungsanstalten, wie sie die Genannten eingerichtet hatten, sowie ein Zusammenschluß entsprechend der Gründung des „Centralausschusses für die Innere Mission" der deutschen evangelischen Kirche, der 1848 zustandegekommen war (HERMANUTZ, S. 137–138). Doch hatten die katholischen Schwesternkongregationen sich dieser Aufgabe seit dem Zweiten Deutschen Katholikentag von Breslau 1849 verstärkt zugewandt (HERMANUTZ, S. 12–13 und 80–91). Träger der Einrichtungen waren vielfach Vereine oder die Pfarrgemeinden, und meistens schloß sich die Kindereinrichtung der Gemeindestation an, die die ambulante Krankenpflege, Nähschulen für Mädchen und Frauen umfaßten, oft auch ein kleines Krankenhaus betrieben. Die Kleinkinderbewahranstalten – wie sie meist genannt wurden – waren auch oft mit Waisenhäusern verbunden. Sie hatten vor allem einen fürsorgerischen Charakter, sollten den Nöten der

Ärmsten dienen und wurden als Ersatz, kaum als Ergänzung der Familienerziehung betrachtet. Ihr Geist wurde durch die klösterliche Formung der Ordensfrauen geprägt, die dort zunächst ausschließlich die Aufgaben der Erzieherinnen erfüllten (HERMANUTZ, S. 115). Das „Vademecum" läßt sich in seinen Intentionen am ehesten mit den von FLIEDNER und RANKE veröffentlichten Materialien vergleichen, kaum mit den Plänen und Inhalten des PESTALOZZI-FRÖBEL-Hauses, Berlin, in dem sich die Pädagogik von HENRIETTE SCHRADER-BREYMANN inzwischen durchgesetzt hatte.

Sprachliches Material macht 60% des Buches aus: Der Stundenplan erweist die überragende Rolle von „Religiöser Unterhaltung", „Erzählen aus der biblischen Geschichte", „Gebiete oder Verschen lernen", „Gesang mit Körperbewegung", „Sprechübungen im Zusammenhang mit der Bildertafel", „Kreisspiele im Freien", „Nennen und Zählen der Dinge", „Anleitung zur Höflichkeit", „Erheiternde sittliche Erzählungen", im Verhältnis zu „Malen, Flechten, Stricken". Spielen im Freien, überhaupt freies Spielen wird zwar hoch bewertet, aber die einlinige Ausrichtung auf religiöse Inhalte, Gehorsam, Sittsamkeit, Ordnung und Pünktlichkeit ist unverkennbar. Die Forderungen an das Erlernen von Erzählungen, Versen und Geschichten sollen sorgfältig auf ihre Erfüllbarkeit geprüft werden, aber für den größten Teil des Tages saßen die Kinder in Gruppen bis zu 50 auf Bänken, hörten zu, sprachen nach, sangen gemeinsam. Bilderbücher sind als Spielzeug genannt.

Ein besonderes Element dieser Sammlung sind neben den „Zwiegesprächen", die Spielszenen, Texte zu Weihnachten und die Vorschläge zur Ausgestaltung der Christbescherung mit Texten, Liedern und lebenden Bildern. Die 27 Erzählungen entsprechen dem üblichen moralisierenden Erzählgut. Geringwertiger als in den um jene Zeit schon vorliegenden Anthologien sind jedoch die „Gedichte verschiedenen Inhalts" sowie die 59 Zwiegespräche – letztere eine Besonderheit des „Vademecum". Bei 55 Gedichten sind nur 21 Autorenangaben gemacht: HEY (5), COESTER (4), S. FISCHER (3), REINICK, ENSLIN, KINKEL, STEIN, SCHULTS, G. GÖRRES. Der Rest ist nun keineswegs Volksgut – es fällt im Gegenteil auf, wie schwach dieses vertreten ist –, sondern bei entsprechender Kenntnis würde man wohl einen guten Teil den zeitgenössischen Autoren zuweisen können. Das Verschweigen der Verfasser ist sicher nicht als böswillig anzusehen; es scheint aber auch darauf hinzudeuten, daß solches Gebrauchsgut sich über die Hefte und Kladden der Sammlerinnen weitervererbte, daß Selbstgedichtetes, Gelegenheitsdichtung, eigene Versuche sich zusammenfanden.

Das frei gewählte Ghetto mancher kirchlichen Institutionen wird deutlich in den holprigen Versen und sentimentalen religiösen Vorstellungen einer von einer Ordensfrau verfaßten Sammlung „Für die lieben Kleinen. Gedichte, Plaudereien und dramatische Scenen für Kindergärten" (1897) von Schwester M. PAULA aus Nonnenwerth. – Drei Handbücher für katholische Kindergärtnerinnen (GORDON, 1902; MARTHA, d.i. MARIA VON BRUNHUBER, 1902; STROBEL, Lehrbuch für katholische Kindergärtnerinnen, 1908) unterscheiden sich in der Art des vorgestellten Sprachmaterials kaum vom „Vademecum". Auffallend ist, daß sowohl STROBEL wie GORDON sich bemühen, zur Pädagogik von FRÖBEL und zur Methodik des PESTALOZZI-FRÖBEL-Hauses zu vermitteln. STROBEL widmet den größten Teil ihres Werkchens der Darstellung der FRÖBELschen Spielgaben und ihres Gebrauchs. Ihr Stundenplan weist ein größeres Maß an Beschäftigung dieser Art aus, auch eine etwas stärkere Berücksichtigung des Freispiels. GORDON wagt es, auf die Wochenpläne des PESTALOZZI-FRÖBEL-Hauses, die Lied, Spiel, Gedicht in einen thematischen Zusammenhang stellen, als Beispiele hinzuweisen. Es ist ihr erklärtes Anliegen, die Vorbehalte, die ja von beiden Kirchen der Pädagogik FRÖBELS entgegengebracht wurden, abbauen zu helfen, indem sie auf die Zweckmäßigkeit von FRÖBELS System für die Förderung der Kinder hinweist. Interessant ist, daß sie vor allem den Vorwurf, PESTALOZZI habe nichts am Erzählen gelegen, zu entkräften sucht. GORDON entwickelt eine vorbildliche Methodik des mündlichen Erzählens. Was sich hier an Öffnung eines geschlossenen kirchlichen Reservates der Ordensschwestern andeutet, findet in den Bestrebungen des Referates für „Kinderfürsorge" (1917) beim 1897 gegründeten „Caritasverband für das katholische Deutschland" Unterstützung, dessen erste Referentin, ALEXE HEGEMANN, eine Schülerin des PESTALOZZI-FRÖBEL-Hauses ist (HERMANUTZ, S. 138–141).

Die Einflüsse der Kunsterziehungsbewegung und der Reformpädagogik. Nach den mißglückten Bemühungen DIESTERWEGS unterblieb der Anschluß des Kindergartens an die Grundschule. Der Kindergarten war zu einer reinen Frauensache geworden. HEINRICH WOLGASTS und HERMANN KÖSTERS Rezensionen von Bilderbüchern der Kunsterziehungsbewegung richten sich so an Eltern und Lehrer, aber nicht ausgesprochen an Kindergärtnerinnen. Alles in allem wird wenig von den Bilderbüchern ERNST KREIDOLFS und von den revolutionär wirkenden Versen RICHARD DEHMELS in die Institution der Kindergärten und der entsprechenden Ausbildungsinstitutionen eingedrungen sein. Der Jahresbericht 1902/1903 des Münchener privaten Kindergärtnerinnenseminars, das von 1900 bis 1916 von ALBERT HERMANN geleitet wurde, wirft ein Schlaglicht auf die Wandlungen, die sich jedoch auch im Kindergarten anbahnten. Die Fächertafel: Religion, Kinderpsychologie, Literatur im Kindergarten, Modellieren, Zeichnen und mathematische Formenlehre, Sachkunde (anstelle von Rechnen, Geschichte, Geographie und Naturkunde, Körperlehre und Körperpflege, FRÖBELschem Netz- und geometrischem Zeichnen) zeigt die Wirkung der Jugendschriftenbewegung. Es ist symptomatisch, daß hier das FRÖBELsche Netz- und geometrische Zeichnen fehlt, dafür erstmals – soweit bekannt – „Literatur im Kindergarten", erteilt von einer Frau Dr. HAMACHER, als Fach auftritt. Der Stoff des Faches (Jugendschriften-Warte, August 1903, H. WOLGAST S.

30) umfaßt die Ernte eines ganzen Jahrhunderts. Beginnend bei CHRISTOPH VON SCHMIDS „Hundert Erzählungen“, GRIMMS „Kinder- und Hausmärchen“, den Versen FRIEDRICH WILHELM GÜLLS, JOHANN WILHELM HEYS und ROBERT REINICKS, HEINRICH HOFFMANNS „Struwwelpeter“; es folgen OSCAR PLETSCHS „Wie's im Hause geht“, J. D. GEORGENS „Illustriertes Mütterbüchlein“ (1883), ein nicht genau auszumachendes Bilderbuch von REINICKE – einem Beiträger der Münchener Bilderbogen –, ein Religionsbuch (KAEMPFER, „Lasset die Kleinen zu mir kommen“) und schließlich ERNST KREIDOLFS „Blumenmärchen“ (1898) sowie KREIDOLFS und RICHARD DEHMELS „Fitzebutze“ (1900) und das Bilderbuch von PAUL THUMANN „Für Mutter und Kind“ (1881). Bezeichnenderweise schlägt HEINRICH WOLGAST die Ersetzung der „Hundert Erzählungen“ von CHRISTOPH VON SCHMID durch JOHANN PETER HEBELS „Schatzkästlein des rheinischen Hausfreundes“ vor. – Interessant ist, daß seitens des Seminars die Beschäftigung mit den Bilderbüchern wegen der Verknüpfung mit dem „häuslichen Familienleben“ erfolgt, man also methodisch den Einsatz in der Kindergruppe nicht für geboten hielt.

HEINRICH WOLGASTS Hinweise auf Kinderreime, Märchen und Sagen als angemessene künstlerische Literatur für das jüngere Kind wirken bis in die Gegenwart nach. Seine vorbildliche Auswahl von Volkskinderreimen „Schöne alte Kinderreime“ (1902 und 1904, illustriert von JOSEF MAUDER) ging bald durch die Ausbildungsstätten in die Hand der Kindergärtnerinnen. Sie haben sich dort mehr als dreißig Jahre gehalten.

In den zwanziger Jahren war WILHELM FRONEMANN (1880–1954) am Frankfurter Seminar in der Ausbildung von Jugendleiterinnen tätig, die „Jugend- und Volksschrifttum“ als reguläres Unterrichtsfach hatten. In den Händen der Schülerinnen befand sich die von HERMANN L. KÖSTER durch lange Jahre redigierte 105. Flugschrift zur Ausdruckskultur des Dürerbundes „Wertvolle Bücher für die Jugend“, die eine Didaktik des Jugendbuches in nuce darstellt.

Die literaturpädagogische Diskussion ging immer noch um die Eignung des Märchens für das Kindesalter, wozu die beginnende psychologische Forschung positive Beiträge leistete (O. HÜBNER in: Jugendschriften-Warte. 7. 1902. 25–27). Oft ist es noch die Unterstützung der moralischen Erziehung, die man vom Märchen erwartet. Aber die Forschungen CHARLOTTE BÜHLERS und HILDEGARD HETZERS bringen an der Entwicklungspsychologie orientierte pädagogische Maßstäbe ins Gespräch. Auch sind die Bemühungen um eine in der „Altersmundart“ und umgangssprachlich geschriebene Literatur, die als Gegenposition zu WOLGASTS Forderungen nach „künstlerischer“, das heißt „literarischer“ Machart entstand (H. SCHARRELMANN, B. OTTO, J. FRAPAN etc.), sicherlich als Ansatzpunkt für Umwelterzählungen in einer dem Kleinkind verständlichen Sprache wirksam geworden. WILHELM MATTHIESENS „Altes Haus“ (1923) – von HERMANN L. KÖSTER merkwürdigerweise in seiner „Geschichte der Jugendliteratur“ übersehen – ist in seiner Sprachform, in der Benutzung und Umsetzung von Märchenmotiven, in der Struktur der Rahmenerzählung ein Beispiel für ein dem jüngeren Kind angemessenes Vorlesebuch, das lange Jahre hindurch sehr wirkungsvoll war. Sprache für jüngere und jüngste Kinder haben IRMGARD FABER DU FAUR, ALMA DE L'AIGLE, JOHANNA HUBER späterhin erfunden. LISA TETZNER hat in ihrer Sammlung „Das Töpflein mit dem Hullebullebäuchlein“ Märchen für die Allerkleinsten ausgesucht. Diesen methodischen Ansatz hat später RICHARD BAMBERGER in seiner Sammlung „Mein erstes großes Märchenbuch“ weiterverfolgt.

Es ist gewiß, daß das Abrücken von den frömmelnden, unkindlichen, moralisch und emotional überladenen Erzählungen der Jugendschriftenbewegung zu verdanken ist. In den Sammlungen von Singtänzen etwa herrschte zwar noch der Nachklang der Bewegungsspiele, z.B. in HANNA MECKES und HELENE HILDEBRANDTS „Sang und Klang im Kinderland“ ([5]1926), aber in der Zwischenzeit hatte FRITZ JÖDE Singtänze von Kindern auf der Straße gesammelt („Ringel, Rangel, Rosen“, 1913). Und nach den strengen Maßstäben der Singbewegung und der Volksliedforschung stellte JOSEF WENZ eine vorbildliche, bis nach dem Zweiten Weltkrieg wiederaufgelegte Sammlung von Volkskinderliedern für Haus und Kindergarten zusammen („Die goldene Brücke“, 1929).

Es ist nicht erstaunlich, daß die Darstellung der maßgeblichen evangelischen Kindergartenpädagogik 1929 (EMMA RENDTORFF, zit. GEHRING, 1929, S. 224ff.) als neue Elemente die moderne Musikpädagogik, Singspiel und Singetanz nennt. EMMA RENDTORFFS Polemik jedoch gegen „Selbsterlösung durch Rhythmus und Körperkultur“ (GEHRING, S. 232) berührt sich mit den Äußerungen einer programmatischen Darstellung der katholischen Kleinkindererziehung im Rahmen der pädagogischen Strömungen der damaligen Zeit (JOHANNA HUBER in: BEEKING 1928, S. 96–111).

Auch im Artikel „Der Kindergarten“ des Handbuches der Pädagogik (E. BLOCHMANN in: HERMANN NOHL, LUDWIG PALLAT, 1928, S. 75–90) werden Gymnastik und Musikerziehung übereinstimmend als neue Inhalte der Kindergartenpädagogik geschildert. E. BLOCHMANN erwähnt neben dem Freispiel das Bewegungs- und Turnspiel, Spaziergang, Gartenarbeit, Kneten, Malen und Singen, Märchenerzählen, Bilderbuch und Puppenspiel. Dem Lied kommt als Morgenlied eine strukturierende Bedeutung zu. Der Vergleich mit der Darstellung von RENDTORFF zeigt viel Übereinstimmung. Lied, Verse und biblische Geschichten sowie Bilderbetrachten werden erwähnt. „Längst ist auch im Kindergarten aus dem trockenen, belehrenden Bildbetrachten ein fröhliches Bildererleben geworden“ (GEHRING, S. 231). Daß inzwischen auch in den konfessionellen Einrichtungen FRÖBELsche Elemente eingedrungen sind, ebenso wie im FRÖBEL-Kindergarten Erzählen, Verse und Bilderbücher ihren Platz gefunden haben, daß also ein gegenseitiger Ausgleich, eine Vereinheitlichung der Methoden Platz gegriffen hat, bestätigt ausdrücklich E. BLOCHMANN. Hier findet sich auch der Hinweis, daß die anfänglich die Einbeziehung von Erzählung, Märchen und Spiel so ablehnende Pädagogik von MARIA MONTESSORI, die 1913 in Deutschland bekannt geworden war, sich in dieser Beziehung gewandelt hat (E. BLOCHMANN, S. 89; HOFFMANN, 1971, S. 54).

In den „Richtlinien für die Ausgestaltung von Tagesstätten des Landesjugendamtes" der Stadt Berlin ist die Einbeziehung von Erzählungen und Bilderbüchern zur Anregung der Phantasie selbstverständlich, und LILI DROESCHER, die führende Pädagogin des PESTALOZZI-FRÖBEL-Hauses, spricht bei Ratschlägen für die Elternabende auch dem Hinweis auf Kinderliteratur und dem Vorlesen für die Eltern Bedeutung zu („Taschenbuch für Kindergärtnerinnen, Hortnerinnen und Jugendleiterinnen", 1927, S. 40–43).

Auch die katholischen Kindergärten nehmen die aktuelle FRÖBEL-Pädagogik nun als selbstverständlichen Besitz in Anspruch. Daß „Ausbildung des Sprachvermögens, Spiel und Lied, Erzählung und manuelle Betätigung" als Förderung der geistigen Fähigkeiten des Kleinkindes – keineswegs mehr als bloße Beschäftigung – anzusehen seien, ist eine Selbstverständlichkeit, bei der die Berufung auf FRÖBEL ganz geläufig geworden ist. Polemisch dagegen wird die Erziehung zur Kultur als „letztes Erziehungsziel" angesehen und expressionistische Experimente mit Bilderbuch und Spielzeug werden dem Bedürfnis des Kindes gegenübergestellt (HUBER, in: BEEKING. 1928. 96–111). Unüberhörbar ist seitens der katholischen Kinderfürsorge unter der Führung des Caritasverbandes auch die Bemühung um gründliche Ausbildung und Fortbildung der tätigen Kräfte, wobei der Nachholbedarf in der Auseinandersetzung mit Märchen und Bilderbuch sich deutlich in dem Angebot der Zeitschrift „Kinderheim" niederschlägt (E. MEYER „Das gute Bilderbuch", in der Zeitschrift „Kinderheim". 2. 1925; M. DORNSEIFER: „Das Märchen", ebenso in: „Kinderheim", 5. 1925. 146–155).

Beispiele für das damals führende didaktisch-methodische Konzept des „Einheitsstoffes", eine Weiterentwicklung von HENRIETTE SCHRADER-BREYMANNS „Monatsgegenstand", zeigen die Verschränkung von Sinnesübungen, Naturbeobachtung, Sachkunde der Biologie, Zeichnen und literarisch-sprachlichen Elementen. Etwa unter dem Leitgedanken „Am Waldrande" werden „Erzählende Plaudereien" empfohlen und als Texte ELSA BESKOWS „Hänschen im Blaubeerwald", CHRISTOPH VON SCHMIDS „Erdbeeren", SOPHIE REINHEIMERS „Aus des Tannenwalds Kinderstube", WIEDEMANNS Lesebuchstoff „Ameisenhaufen", JOHANN W. L. GLEIMS „Die Grille und die Ameise", JOHANNES TROJANS „Wo bin ich gewesen", KRITZINGERS „Ein Kätzchen hab' ich heut' gesehen" (M. GRISAR in der Zeitschrift „Kinderheim", 4. 1926. 99–102). Ausdrücklich bemerkt MARIA GRISAR: „Die religiöse Anweisung stelle ich außerhalb des Einheitsstoffes. Biblische Geschichten und Märchen sollen für das Kind nicht ein- und dasselbe sein".

Vorschulische literarische Erziehung im Dienste des Nationalsozialismus. Der Zugriff des Nationalsozialismus auf den Kindergarten gelang nicht so vollständig wie auf die Schule. Waren doch 1933 mehr als 80% der Kindergärten in konfessioneller Trägerschaft. Direkte Übernahme durch die nationalsozialistische Volkswohlfahrt (NSV) gelang nur in den restlichen Einrichtungen, wenn auch auf Veranlassung des Systems eine Vermehrung nationalsozialistischer Kindergärten, besonders als Erntekindergärten, und – mit Beginn der Aufrüstung – der Tagesstätten erfolgte. 1941 erfolgte nominell die Unterstellung aller vorschulischen Einrichtungen in die Zuständigkeit der NSV. Der Eingriff in die konfessionellen Ausbildungsstätten mußte 1940 auf Grund des starken Widerstandes in der Bevölkerung gestoppt werden. Die Funktion sprachlicher Bildungsmittel, besonders auch von Lied, Spiel und Feiergestaltung wurde wegen ihrer emotionalen Qualität als Mittel ideologischer Indoktrination hoch eingeschätzt.

Die genuin nationalsozialistische Konzeption des Kindergartens, z.B. RICHARD BENZINGS (1941), war vor allem auf die Erzielung charakterlicher Härte und Leistungsfähigkeit, im übrigen auf eine differenziert dargestellte körperliche Ertüchtigung im Sinn des rassischen Ideals des Nationalsozialismus abgestellt. Fotos und ein Anhang mit einem Tagebuch über die Betätigung der Kinder weisen diesen Schwerpunkt aus. – In diesem Tagebuch, das vor allem die körperliche Ertüchtigung protokolliert, rangiert unter „sonstige Beschäftigung" die „Einübung von Liedern und Spielen für ein Frühlingsfest". Die Beschäftigung mit dem Kinderreim, Singetanz und Märchen wird im Kapitel „Das musische Entspannungsspiel" (BENZING, S. 34–36) auf wenigen Seiten abgehandelt, vor allem als Entspannung gegenüber harter Arbeit an Willensbildung und Charakterformung verstanden als ein sehr deutscher Zug: „der Träumer neben dem Kämpfer". „Aber wir müssen versuchen, daß Gleichgewichtsstörungen vermieden werden, daß man also – sagen wir – eine Weile nur träumen darf, wenn man vorher etwas geleistet hat. Jetzt werden die Hände der kleinen Mädchen zum Ringelreihen sich finden, und ein altes Kinderlied geht mit ihnen im Kreise um. Jetzt soll in der Dämmerstunde die Welt des Märchens sich auftun, die das Kind unmittelbar gefangennimmt. Es taucht darin unter wie in einem Volkslied, von dem man noch nicht weiß, wo die Weise hinführt. Sie schwingt zwischen Werden und Vergehen, so wie das Märchen zwischen Geburt und Tod den Faden spannt" (BENZING, S. 35–36). Mit hohem Lob wird das Kasperspiel in einem eigenen Kapitel bedacht: Kaspar, der Kämpfer gegen den Teufel, löst mit heiterem Gleichmut die schwierigsten Lebenslagen. Das Kaspertheater wird hier als „moralische Anstalt" angesehen. Ein weiteres Kapitel mit beigegebenen Sprüchen und Gedichten schildert, wie den Kindern die Liebe zum „Führer" vermittelt werden kann. BENZINGS Beurteilung von Märchen zeigt aber auch die Richtung, wie die traditionelle Kindergartenerziehung den Weg zur Übereinstimmung

– oft gewiß einer mehr scheinbaren, dem Gewissen der Erzieher noch zumutbaren Möglichkeit – sucht. In der Tat wurde das überkommene literarische Material akzeptiert: Kinderreim, Märchen, Lied und Singetanz, und auch die traditionelle Interpretation war nicht einmal so sehr von der nationalsozialistischen unterschieden. So erschien die deutsche Kinderdichtung – bei Kurt Böhme – als ein bedeutender Teil der „Einheit von ‚Blut und Boden' ... Das Wesentliche der Kinderverse beruht in folgendem: Die starke Verwurzelung des Kindes in Blut und Boden: in Mutter- und Vaterherz, in trautes Heim und liebe Heimat; die Pflege tiefen Gemütslebens als die Grundlage deutschen Wesens, Charakters und Willens; die Entwicklung der geistigen Kräfte des Kindes bis zu Höhepunkt und schöpferischer Gestaltung als Wesenszug deutschen Geisteslebens" (Die deutschen Kinderdichtungen als Spiegel der deutschen Kinder- und Volksseele; in Jugendschriften-Warte. 45. 1940. 10. 70–72). Eine sorgfältige und umfassende Didaktik der Literatur im Bereich der außerschulischen Institutionen lieferte Harriet Schneider (in: Jugendschriften-Warte. 45. 1940. 11/12. 81–84). Nüchtern erklärt sie, daß durch das Kinderspiel altes Kulturgut lebendig bleibe. Sie nennt an Autoren älterer Kinderlyrik Friedrich Rückert, Friedrich Wilhelm Güll, August Kopisch und an Kunstmärchen die Richard von Volkmann-Leanders und Theodor Storms. Sie beklagt, daß die volkstümlichen Reime – etwa in Heinrich Wolgasts Sammlung – sich nicht genügend gegen gekünstelte Produkte durchsetzen konnten. – Für das Märchen beruft sie sich auf Ausführungen von Charlotte Henkel („Kind und Märchen", in: Jugendschriften-Warte. 45. 1940. 7/8), obwohl diese sich auf das Schulkind bezögen. – Das Märchen gilt in der nationalsozialistischen Deutschdidaktik vor allem als Lesegut des Grundschulkindes, und die hervorragende Rolle, die es mit der Sage und den Volksbüchern als Mittel einer „völkischen Erziehung" einnimmt, ist in den bei Peter Aley zitierten Empfehlungsverzeichnissen für Schulbüchereien und Jugendschriftenverzeichnissen dargestellt. Charlotte Henkel stützt sich in ihrer Analyse im wesentlichen auf die Forschungsarbeit von Charlotte Bühler. Charlotte Henkels Methode ist die des Darbietens – möglichst genau dem Grimmschen Text entsprechend – und das Nachklingenlassen des Erlebnisses in Gestaltung und Spiel. Ausdrücklich wendet sie sich gegen ein zergliederndes und zerredendes „Behandeln" in der Schule. Es gibt jedoch auch Konzeptionen, die sagen, daß Märchen so auszusuchen seien, daß sie – gleichsam als Vorkurs der Geschichtserzählung – die kämpferischen und heldischen Tugenden unterstreichen. Es fanden sich Forscher, die das Märchen rein der „arischen Überlieferungswelt" zuordnen wollten, und sie erwarteten sich eine dementsprechende Rückwirkung auf den Leser. Märchen eigneten sich als Ersatz für die christliche Sinngebung des Weihnachtsfestes und mußten als didaktische Brücke für die altnordische Dichtung dienen (P. Aley, 1967).

Interessante und neuartige Gesichtspunkte tauchen in der Debatte um den erzieherischen Wert des Bilderbuches auf. Dieses nennt Georg Usadel in seinem programmatischen Artikel „Nationalsozialistische Forderungen an das Jugendschrifttum" (in: Jugendschriften-Warte. 41. 1936. 1. 1–3) als wichtigste Literatur für das noch nicht schulpflichtige Kind, denn die Welt des Kindes besitze von allen Jugendstufen die größte Eigenwilligkeit, und die hineinwirkende Welt der Erwachsenen erscheine durch die Kraft der kindlichen Phantasie nur gebrochen und „in zauberhaftem Licht". Bilderbücher müßten verstehen, die neuen nationalsozialistischen Formen und Symbole zu berücksichtigen, sie kindlich umzuformen, ohne sie dabei zu verkitschen. Musterbeispiele solcher Umformung, ohne die Grenze zwischen Kitsch und Echtem zu verfehlen, sind nach seiner Ansicht der „Struwwelpeter" und „Max und Moritz". Rein propagandistische, antisemitische Bilderbücher wie Elvira Bauers „Trau' keinem Fuchs auf grüner Heid' und keinem Jud' bei seinem Eid" (Nürnberg, Stürmer Verlag, 1936) haben diesem Programm entsprochen. Es gab Bilderbücher über den „Führer" und Erzähl- und Vorlesebücher für die Kleinen (Karl Springschmidt, Illustration Poldi Mühlmann, „Eine wahre Geschichte, Worte und Bilder von zwei Deutschen aus dem Auslande", 1936; Johanna Haarer: „Mutter, erzähl' von Adolf Hitler. Ein Buch zum Vorlesen, Nacherzählen und Selbstlesen für kleinere und größere Kinder", [3]1940). Bilderbücher galten übrigens auch als Lesestoff für Schulkinder. Hugo Wippler allerdings beklagt die mangelnde Beachtung des Bilderbuches (Jugendschriften-Warte. 1936. 4 und 5; 1939. 8). Immerhin hatten die inzwischen entstandene Kinderpsychologie und die Bilderbuchdebatte der Kunsterziehungsbewegung den Einfluß des Bilderbuches auf die Entstehung eines kindlichen Weltbildes deutlich gemacht. Wipplers Kritik am vorgefundenen Bilderbuch richtet sich auf den „wertlosen und fraglichen, ja verwerflichen Kram", die vielen „scheußlichen Puppen mit verdrehten Augen ..., Gummitiere ..., Bonzos und Mickimäuse" (1936, S. 25). Tollste Ausgelassenheit erfülle die Bilderbücher, und „was Eltern ihren Kindern sonst verwehren, wird hier im Bilde von Schnuckis und Muckis, von Häschen und Mäuschen ihnen vorgeführt" (1936, S. 27). „Willenlose Wesen aus Holzwolle oder Zelluloid, die dem Kind, das alles für sich fordert, keine Härte, keine Widerstandskraft, keinen Willen entgegensetzen, machen sein Reich aus" (1939, S. 117). Von jüdischen Witzblättern beeinflußt sei die Darstellung der Tiere im Menschenkostüm; man habe „menschliche Untugenden hinter Tiergestalten verhüllt und so Tier und Mensch in gleicher Weise herabgewürdigt" (1939, S. 118–119).

Hier wird die Forderung nach Bevorzugung der Natur, vor allem der ländlichen Umwelt – als Grundlage eines „organischen Weltbildes" – gestellt, das dem Kind zur Verwirklichung seiner eigenen angeborenen Art helfe. „Rassische Zucht" zeige sich im rechten Verhältnis zum Tier und zur Natur. Das Kind soll sich als Gemeinschaftswesen begreifen lernen; es müsse in seiner Selbständigkeit gefördert, statt als verzärteltes Einzelkind dargestellt zu werden. Das Bilderbuch müsse es zu einer verantwortlichen Weltsicht führen, „zu schaffendem Schauen, zum schauenden Erfassen“. Die Bilder dieser Welt sind dann die gesunde Familie, Arbeit in Stadt und Land, sinnvolles Erfahren der Technik, aber vor allem „Zielbilder des heutigen deutschen Menschen“ – Arbeitsdienstmann, Soldat, Jungarbeiter, BDM-Führerin und die „schlichte Siedlerfrau mit ihrem Kinde“ (1939, S. 119). Die Einschätzung der starken Wirkung des Bilderbuches, die Kritik an minderwertigen Bilderbüchern, Sinn für die Bedürfnisse des Kindes waren positive Bestandteile solcher Bestrebungen, die sie um so gefährlicher werden ließen. Manche Bilderbücher der Zeit haben aus den Zielen eine Auswahl vorgenommen, in der ein geheimes Unterlaufen deutlich wurde – etwa die in einer Folge von sechs Bilderbüchern geplante „Kleine Naturkunde“, deren Texte PAULA WALENDY aus volkskundlichem Material zusammenstellte, und die sich dem bäuerlichen Leben, den Pflanzen und Tieren, Handwerkern, Spielen der Kinder widmete.

Für die volle Summe der Indoktrinierung des Kindergartens mit sprachlichen Mitteln sind vor allem noch die Loseblatt-Materialien, Schulungsblätter etc. mit Liedern, Sprüchen, Versen, Feiervorschlägen heranzuziehen, die freigiebig verteilt und schnell und eifrig erstellt, auch die Kindergärten erreichten, selbst wenn sie – wie sich aus den Berichten der Zeitgenossen ergibt – für „Jungmädel“, „Pimpfe“ oder die Volksschule gemeint waren.

Formen der literarischen Erziehung im Kindergarten von 1945 bis zum Ende der sechziger Jahre. Nach dem Ende des Zweiten Weltkriegs wurde der Auf- und Ausbau des Kindergartens intensiv betrieben, wozu anfangs die allgemeine materielle Not hinsichtlich Wohnung und Ernährung, die vielen unvollständigen Familien und die wachsende Berufsarbeit der Mütter dringliche Veranlassung war. Die Einrichtungen waren wieder zu etwa 80% in der Trägerschaft der Kirchen bzw. der freien Wohlfahrtsverbände. Das Leben in den Kindergärten und die Unterweisung in den Fachschulen für Sozialpädagogik pendelte sich in die unvergessenen oder gar heimlich weitergeführten Traditionen ein. Feste Tagespläne und detaillierte Richtlinien wurden durch die Ausbildungserlasse oder die Träger der Einrichtungen nicht vorgegeben. Was später als Konzeptionslosigkeit gerügt wurde und dem Kindergarten den Vorwurf der kulturellen Vernachlässigung des Kleinkindes eintrug, war zwar ein Mangel an expliziter Theoriebildung auf der Basis wissenschaftlicher Vorarbeit, nicht jedoch ein Defizit erzieherischer Potenz oder Tradition. Alles in allem machte es sich hier und später verhängnisvoll bemerkbar, daß die Pädagogik des Kindergartens den institutionellen und wissenschaftlichen Zusammenhang mit der Schule und ihrer Theorie verloren hatte. – Für die sprachliche Förderung der Kinder war es z.B. nicht ausschlaggebend, ob man, wie ERIKA HOFFMANN dies artikulierte (E. HOFFMANN, 1971, S. 6), im Sinne der FRÖBEL-Pädagogik das „Erzählen von Märchen, auch das Variieren und Neuformen von Erlebnissen oder phantastischen Scherzen zu Geschichten und Märchen“ als weiterführende Form des gemeinsamen spielenden Umgangs des Erwachsenen mit dem Kinde deutete oder als literarische Erziehung ansah. ERIKA HOFFMANN zeigte sich jedenfalls beeindruckt davon, daß ein Aufruf an die Eltern zum Sammeln und Einschicken von Erzählungen kurz nach Ende des Krieges ein erhebliches Echo brachte.

Zwei Gesamtdarstellungen der Kindergartenpädagogik, eine österreichische, herausgegeben von AGNES NIEGL, und eine deutsche von Experten des Caritasverbandes, herausgegeben von MARIA KIENE, dürften Ausgangssituation und Zukunftsrichtung recht gut darstellen. Beide zeigen hohe Aufmerksamkeit für die musikalische und bewegungsbildende Erziehungsaufgabe. Eine sorgfältige, den wissenschaftlichen und pädagogischen Belangen Rechnung tragende Darstellung von Märchen und Bilderbuch findet sich jedoch nur in dem österreichischen Werk.

Der „alte Einheitsplan“ der zwanziger Jahre ist in dem von MARIA KIENE herausgegebenen Buch einem größeren Gefüge von Erziehungszielen untergeordnet. ALMA MOLIN hat ihn einem weitgespannten, gut durchdachten didaktischen Gesamtplan eingefügt (in: KIENE, S. 58–98), der den Titel trägt: „Leben mit dem Kind“. Im einzelnen heißen die Ziele: Das Kind begegnet den Dingen dieser Welt – Das Kind begegnet der Schöpfung – Das Kind begegnet den Gütern der Kultur – Das Kind begegnet dem Erwachsenen – Das Kind begegnet dem Glauben – Feste mit Kindern – Religiöse Feste mit Kindern. Eine explizite Darstellung finden das Märchen und das Bilderbuch unter dem Ziel: Das Kind begegnet den Gütern der Kultur. Bilder und Bilderbuch dienen aber auch der Begegnung mit der Welt, und in „Märchen, Erzählung, Kinderreim und -lied, ebenso in den verschiedenen Formen des Spieles, erlebt das Kind einen beglückenden Umgang mit der Schöpfung“ (MOLIN, S. 73). Ein reiches Feld finden Lied, Gedicht und vor allem das Spiel in der Gestaltung von Festen religiöser und weltlicher Art.

Für das Märchen wird unter dem Ziel der Begegnung mit den Gütern der Kultur unterschieden zwischen Spielgeschichten (z.B. Läuschen und Flöhchen), Tiergeschichten (z.B. Vom Tode des Hühnchens) und den eigentlichen Kindermärchen. Für die Bildbetrachtung und das Bilderbuch wird vor allem auf vertiefendes Schauen und Erleben gegenüber der Bildüberflutung in der Öffentlichkeit hingewiesen. – Alles in allem gegenüber der Fülle der Erziehungsziele und ihrer Beschreibung ein eher karger Hinweis (ALMA MOLIN, a.a.O. S. 73).

Für die Kindergartenpädagogik wurde vor allem die positive Entwicklung des Bilderbuches, das am Ende der fünfziger Jahre in Deutschland den Anschluß an das europäische Bilderbuchschaffen erreichte, von Bedeutung. Zwar hatte man längst im Bilderbuch mehr als ein bloßes Spielzeug zu erkennen gelernt, doch bedeutet der Einsatz des Bilderbuches im Kindergarten – in einer

größeren Gruppe, ohne schulmäßige Sitzordnung und Disziplin – ein nicht zu unterschätzendes methodisches Problem, das eigentlich erst durch eine weitgehende innere Differenzierung in der Führung der Kindergruppe befriedigend gelöst werden kann. Doch weisen Sozialpädagogen vermehrt auf den Bildungswert des Bilderbuches hin, erstellen eine Didaktik im Zusammenhang mit der kindlichen Entwicklung (CONRADINE LÜCK, 1955, S. 391–399), wobei zunehmend auch auf den Kindergarten als Institution und seine methodischen Möglichkeiten Bezug genommen wird (L. KÜNEMUND, 1956, S. 55–57; E. FRANZ, 1967, S. 15–20). Das Kinderbuch wird als „Entwicklungshilfe" angesprochen, Anleitung zum sorgfältigen Umgang gegeben und vorgeschlagen, die Bücher den Kindern frei zur Verfügung zu stellen. Für den Winter wird einmal wöchentlich eine Bilderbuchbetrachtung als Beschäftigungsmöglichkeit angeregt und den Kindern erlaubt, später die gemeinsam angeschauten Bilderbücher selbst in die Hand zu nehmen; den Älteren wird durch eine Buchausleihe die Verfügung über gewünschte Bücher ermöglicht. Dabei sind Bilderbücher immer auch Träger der Kinderreime, bieten Geschichten und Märchen.
Auch von der Neuentdeckung der Kinderlyrik profitierte der Kindergarten. Nach der Auswahl „So viele Tage wie das Jahr hat" (1958) von JAMES KRÜSS, die sich nicht nur an die lesenden „klugen Kinder" wandte, sondern auch kritische Bestandsaufnahme, Neuentdekkung und literarische Reflexion darstellte, waren Maßstäbe gesetzt, die einer gewissen Verunsicherung gegenüber dem oft veralteten Gut, das in den Kindergärten noch im Gebrauch war, entgegenwirken konnte. Entscheidend war dabei die Ermutigung, Klang und Rhythmus, Nonsense und Komik in ihrer Bedeutung für das jüngere Kind zu akzeptieren. Auch unter den Bilderbuchtextern fanden sich Autoren, die Experimentierfreude mit Sinn für die Belange der Kinder verbanden. In Parallele zur Revision der Kinderlyrik des 19. und 20. Jahrhunderts, die JAMES KRÜSS bewerkstelligte, steht die Ausgabe der Volkskinderreime „Allerleirauh" (HANS M. ENZENSBERGER, 1961), der ebenfalls in seinem ausführlichen Nachwort die Berechtigung und die Lebenskraft dieser Gattung darstellte. Der Umgang mit Kinderreimen volkstümlicher Art – mit Fingerspielen und Singetänzen – ging nach dem Zweiten Weltkrieg in den Kindergärten weiter; neuere didaktische Ansätze und Reflexionen über das Material bringen kaum andersartige Gesichtspunkte.
Als pädagogische Aufgaben, die zu beachten und auch systematisch und gezielt durchzuführen seien, rangiert bei ANNELIESE BUSS (1969), einer führenden Vertreterin des PESTALOZZI-FRÖBEL-Verbandes, als erste die Sprachpflege neben der Pflege des Gestaltens, dem Differenzieren der sozialen Umgangsformen und der Einstellung zu den großen Fragen des Lebens. Die Rolle, die ANNELIESE BUSS der Sprachpflege zuweist und ausführlich darlegt, resultiert aus der inzwischen entstandenen Debatte um die Auswirkung schichtspezifischer Unterschiede auf die sprachliche Sozialisation und die Benachteiligung von Kindern der Unterschicht in ihrer schulischen Laufbahn auf Grund sprachlicher Defizite. A. BUSS erinnert daran, den Kindergärtnerinnen und Jugendleiterinnen stehe „auf Grund ihrer Ausbildung ein reicher Schatz an Material und an methodischen Möglichkeiten zur Verfügung, der gemäß dem Sinn des vorliegenden Themas (das heißt der Sprachförderung, Anmerkung des Verfassers) in seinem Stellenwert für die frühkindliche Erziehung erkannt und neu durchdacht werden muß. Erinnert sei nur an Kinderlied und Kinderreim, Abzähl-, Neck- und Lügenverse, Rätsel, Sprichwörter und volkstümliche Redensarten, ganz zu schweigen von Märchen, Schwankerzählungen und Eulenspiegeleien, von denen unzählige auch den jüngeren Kindern – oft gerade diesen – großen Spaß machen und sie ohne den berüchtigten „pädagogischen Zeigefinger" zum Nachsprechen, zum Wetteifern und zu Übungssituationen führen. All das ist unser Besitz; aber wir müssen uns neu auf den rechten Gebrauch dieser kleinen und großen Kostbarkeiten besinnen. Und mehr: Wir müssen lernen, im lebendigen täglichen Umgang mit den Kindern diese bewußt und gezielt anzuregen, die Sprache als Kommunikationsmittel zu benutzen und zu nutzen" (S. 15).

Curriculare Ansätze zur vorschulischen Sprachförderung nach 1968. Die soziolinguistischen Thesen des englischen Forschers BASIL BERNSTEIN hatten in Deutschland durch die Arbeiten von PETER MARTIN ROEDER (1965) und ULRICH OEVERMANN (1970) den Zusammenhang zwischen Schulleistung und Sprachförderung in den Blick gerückt. Sie wiesen nach, daß die Sprachkompetenz des Kindes vom Anfang des Sprachlernprozesses an nicht nur individuell, sondern auch schichtspezifisch geprägt wird. Dabei wurde vor allem deutlich, daß die schulische Sprachförderung für Unterschichtkinder zu spät und oft unwirksam eingreift. Die Notwendigkeit einer möglichst frühzeitigen „kompensatorischen" Sprachförderung wertete den Kindergarten erheblich auf und führte zu verstärkten bildungspolitischen Aktivitäten im vorschulischen Bereich.
Im gegenseitigen Wettbewerb bemühten sich der traditionelle und der verbessert ausgestattete und reformierte Kindergarten (Modellkindergärten, besondere Kindergartenversuche) mit den Vorklassen schulischer Prägung und neuartigen „Eingangsstufen" (Vorklasse mit erster Grundschulklasse) um gezielte Sprachförderung. Da Vorklassen und Eingangsstufenversuche zumeist den Schulaufsichtsbehörden unterstellt waren, bemühte man sich um eine möglichst planmäßige Erfassung des Lernprozesses. Der Plan für die „Spracherziehung" der Vorklasse in Nordrhein-Westfalen (1972) will, wie bei GARLICHS-MESSNER (1973) für den „Lernbereich Sprache und Kommunikation" vorgesehen, im Gegensatz zur Einübung „isolierter normierter sprachlicher Grundfertigkeiten" die „Erweiterung der sprachlich-kommunikativen Kompetenz" (GARLICHS-MESSNER, S. 103) erreichen, eine Position, die für die Neuorientierung des schulischen Unterrichts in Rechtschreiben und Sprachunterricht entwickelt worden war.

Das Arbeitsprinzip einer durchgehenden „Gesprächsförderung“ bestimmte das viel beachtete Hamburger Eingangsstufenprojekt (Belser und andere, 1975). „Leben in sozialen Bezügen“, „Spielen“ und „Gesprächsförderung“ als Entsprechungen innerhalb der „Allgemeinen Lern- und Aktivitätsfelder“ deuten auf den stärker kommunikationstheoretisch akzentuierten Ansatz dieses Projektes. Daneben finden sich als „spezielle Lern- und Aktivitätsbereiche“ Natur- und Sachwelt, Mathematik, Musik und Sport. – Die Gesprächsförderung wird in Relation gesetzt zu einem vorangestellten Lernzielkatalog der „Persönlichkeitsentwicklung unter individuellem und sozialem Aspekt“. Sie stellt sich als stark formalisierter Gesprächsablauf dar, der zwar, inhaltlich unterschiedlich gefüllt, nicht als losgelöstes Sprachtraining erfahren werden soll, dessen Vollzug an die Kinder aber sehr hohe Forderungen stellt.

Als ausdauernder und differenzierter Ansatz im Bereich der Kindergartenerziehung hat sich das funktionsbezogene Curriculum unter der Aegide des Bayerischen Staatsministeriums für Unterricht und Kultus herausgestellt: „Der Übergang vom Kindergarten zur Grundschule“ (1973, [9]1977, Spracherziehung, S. 127–158, Dieter Marenbach). Sprache ist sowohl als Gegenstand formaler Übung wie in Berücksichtigung kognitiver und kommunikativer Funktionen dargestellt. Unter den Rubriken „allgemeine Lernziele“, „konkrete Lernziele“, „Beispiele und methodisch-didaktische Hinweise“ werden nacheinander der pragmatische, semantische, syntaktische, phonetische und literarische Aspekt der Sprachförderung behandelt und konkrete Handlungsanweisungen gegeben. Das traditionelle Material der Sprachförderung und viele neuartige Möglichkeiten, Bilderbücher, Erzählungen, Gespräche und Gesprächsanleitungen, Spiele, Gesellschaftsspiele, Puppenspiele, Rollenspiele, Hörübungen, Sprachspiele, Kinderreime, freies Fabulieren und anderes sind in die methodisch-didaktischen Hinweise eingebracht. Literarische Materialien sind als Anhang aufgeführt.

Verwandt in Ansatz und Aufbau ist ein österreichischer Plan für die Kindergartenerziehung (Niederle, Michelic, Lenzeder, Bildung und Erziehung im Kindergarten, 1975, S. 86–95). Darin ist auf die Aufführung literarischer Materialien unter Bezug auf die vorhandenen Informationsmöglichkeiten verzichtet.

Einen durchaus andersartigen Ansatz – aber ebenfalls ohne spezielle Betonung der Kinderliteratur – stellt das durch die Forschungsarbeit und die Veröffentlichungen des Deutschen Jugendinstitutes entwickelte sozialintegrative oder situative Curriculum dar, das am stärksten von den Bedürfnissen des Kindes und der Organisationsform des Kindergartens mit seinen variablen Angeboten und freien Lernmöglichkeiten ausgeht (Arbeitsgruppe Vorschulerziehung: Anregungen I, 1973, Kommunikation, S. 50–80; Anregungen III, 1976, S. 77–84, S. 87–91, S. 186–196). Durch langjährige Versuche in Modellkindergärten von Hessen und Rheinland-Pfalz getragen, orientiert sich die Arbeit an Projekten der Kindergärten mit den Eltern, die Bedürfnisse des Kindes und der Gesellschaft aufgreifen und allen Beteiligten einen Handlungsspielraum einräumen, der Kooperation und Kommunikation zwingend erfordert. Das Curriculum setzt sich aus „Projekten“ und „didaktischen Einheiten“ zusammen. Für die sprachliche Förderung sind die aus den Projekten sich ergebenden „Diskurse“ zur Planung und Erreichung der Ziele maßgeblich. Diese Gesprächsanlässe muß der Erzieher durch den Impulscharakter seiner Gesprächsbeteiligung zum Gesprächsfeld der Kindergruppe auszuweiten trachten und die Gesprächsleitung weitgehend abgeben. Für die sprachliche Kompetenz sind gesprächsfordernde Spiele, sachbezogene Sprache und das Rollenspiel genannt. Diesem letzteren kommt bei dem sozial-situativen Ansatz natürlich eine tragende Bedeutung zu. Bei Collagen, die die Kinder anfertigen, um ihre Erlebnisse zu verarbeiten, wird auf die gleichzeitige Versprachlichung hingewiesen. Eigene Geschichten zu Inhalten didaktischer Einheiten wurden von Erziehern oder beteiligten Autoren erfunden, zum Weitererzählen von Geschichten wird angeregt, Bildtafeln als Anregung zum Sprechen und großzügige Fotoposter werden angeboten.

Die erarbeiteten didaktischen Einheiten sind als Materialsätze erschienen (1975), und eine Erprobung des Curriculums wurde von 1975 bis 1978 in einigen Bundesländern auf Initiative der Bund-Länder-Kommission erreicht. Die den didaktischen Einheiten beigegebenen Materialien bestätigen den relativ geringen Stellenwert literarischer Medien gegenüber visuellen. Ersichtlich ist der Wert literarischer Materialien von ihrer Funktion innerhalb der Projekte und didaktischen Einheiten abhängig gemacht; eine eigene Bedeutung, auch im Sinne direkter sprachlicher Förderung und Vorbereitung auf den Umgang mit Büchern, wird ihnen nicht zugebilligt. Lediglich den Bildern und Bilderbüchern als optischen Medien scheint mehr Bedeutung gegeben zu werden, vor allem da, wo sie Information und sachliche Belehrung vermitteln, die nicht unmittelbar zu erlangen sind.

Traditionelle und neue Materialien der Sprachförderung und des Umgangs mit Literatur. Als Antwort auf die Kritik der Kindergartenpädagogik sind die vielfältigen „didaktischen Spiele“, besser Spielmittel, anzusehen, die mehr einer richtig erkannten Marktlücke und einem Interesse der verunsicherten Eltern Rechnung trugen, als daß sie sich auf eine entsprechende Effektivität, sorgfältige Erprobung oder sachgemäße Gestaltung berufen durften. Sprache und Sprechen als Förderungsziel erschienen auf den Titeln und Untertiteln von Steck-, Lotto-, Domino-, Puzzle-, Memory- und Quizspielen, ein förmliches „Industrie-Curriculum“ (Retter, 1975, S. 16, S. 80–82), oft in direkter Entsprechung zum Inhalt der bekannten Intelligenztests konzipiert.

Wesentlich fundierter und von erheblicher Breitenwirkung waren die Trainingsmappen von Klaus Schüttler-Janikulla zur Sprach- und Intelligenzförderung, die anstelle der lockeren pädagogischen Arbeit des traditionellen Kindergartens eine planmäßige Förderung versprachen. Gegenüber einer „naturalistischen Reifungstheorie", die von der modernen Entwicklungspsychologie ebenso wie von der Lerntheorie angegriffen wurde, schienen sie eine planmäßige fördernde Instruktion zu garantieren. Diese Mappen waren nach dem Vorbild von Materialien zur Schulreifeförderung (E. BAAR, 1958) entwickelt, die gezielt auf ein Funktionstraining der Wahrnehmung, des Gedächtnisses, des Denkens in Sachgebieten, Zahlbegriffen und der allgemeinen Begriffsbildung gerichtet waren. Demgegenüber sah SCHÜTTLER-JANIKULLA sein Ziel in einer Sprach- und Intelligenzförderung als übergeordnetes Prinzip eines mehr „ganzheitlichen und sachorientierten Vorgehens" (SCHÜTTLER-JANIKULLA, 1972, S. 254) im Kindergarten an.

Die Kritik an den von SCHÜTTLER-JANIKULLA entwikkelten Arbeitsblättern kam nicht nur von den Sprachdidaktikern wegen der allzu starken Beschränkung auf die bloße lexikalische Förderung, sondern auch von seiten der marxistischen Pädagogik. Allgemein wurden die mittelschichtorientierten Bilder der ersten Ausgabe als ungeeignet für unterprivilegierte Kinder bezeichnet. Ohnedies wurde die Ausrichtung auf eine mittelschichtorientierte Sprachnorm grundsätzlich in Frage gestellt. SCHÜTTLER-JANIKULLA versuchte in einer zweiten Auflage der Mappen, dieser Kritik entsprechend, ein mehr konfliktorientiertes Lernen und ein weniger mittelschichtorientiertes Milieu auf den Abbildungen zu bieten.

Alternativen boten die Methoden und Aktivitäten, die in dem Projekt der BERNSTEIN-Schüler D. und G. GAHAGAN (1971) in den „infant schools" eines Londoner Slumviertels zur Förderung unterprivilegierter, vielfach farbiger Schüler entwickelt worden war. Der Kerngedanke des Teams von Forschern und Praktikern war, durch Herstellung attraktiver Situationen den Kindern die Möglichkeit nahezubringen„ die angemessenen Sprachstrategien eines differenzierten („elaborierten") Sprachcodes zu benutzen. Die GAHAGANS veröffentlichten mit der Beschreibung ihrer Untersuchung eine ausführlich belegte Effektivitätskontrolle, die Möglichkeiten und Grenzen ihrer Sprachförderungsmaßnahmen differenziert aufwies.

Wirkungsvoller als die Trainingsmappen und geschlossenen systematischen Anleitungen wurde allmählich die Neuorientierung an den Materialien und Methoden des traditionellen Umgangs mit Literatur. Diese konnten, nachdem erst einmal die Ziele der Bildungsreform innerhalb der Elementarerziehung den Erziehern bekannt geworden waren, auf ihre Möglichkeiten neu befragt, verbessert, erweitert und vielfach verändert werden.

In besonderem Maße wurde dabei das Bilderbuchbetrachten aufgewertet. Der Aufforderungscharakter des Bilderbuches als Sprechanlaß (L. KÜNEMUND, 1969–1970; KL.-B. GÜNTHER, 1975), die kommunikationsfördernde, die Phantasie anregende Wirkung waren leicht zu belegen (BEITL, 1972; H. KÜNNEMANN, 1972). Bilderbücher wurden als hervorragende Propädeutik für schulisches Lernen im Sinne einer allgemeinen Förderung und zur speziellen Lesemotivation erkannt (GRÖMMINGER, 1977; HELLMICH, 1975; M. und N. HUPPERTZ, 1977). Bilder als Ausgangspunkt wirksamer und gut faßlicher Belehrung über Sachverhalte der Umwelt und sozialer Gegebenheiten ließen einen neuen Typ des „Sachbilderbuches" und „Bildersachbuches" (OSSOWSKI, „Gedanken zu einer Didaktik des Bilderbuchs", in: Jugend und Literatur, 3–4. 1973) für kleine Kinder entstehen. Die spontane Freude des Kindes beim Bildbetrachten gegenüber der Mißmut und Ungeduld erzeugenden Beschäftigung mit „didaktischen Mappen" war ein eindrucksvoller und ermutigender Faktor zugunsten des Bilderbuches.

Über das Bilderbuch ging am stärksten die Verknüpfung mit der Didaktik der Grundschule und Eingangsstufe vor sich. Wahrnehmungsschulung und Konzentrationsförderung ergeben sich als Nebeneffekte besonders beim Betrachten kleinteiliger, differenzierter, aber inhaltlich anregender, humorvoller Bildtafeln und Friese (A. MITGUTSCH, A. FUCHSHUBER), textlose Bildfolgen fordern zur Verbalisierung ihrer „Geschichten" heraus (L. FROMM, R. und M. RETTICH, J. MÜLLER), Verwandlungsbilderbücher mit überraschenden Kombinationsmöglichkeiten provozieren kreative sprachliche Äußerungen. Die Illustration von Texten fördert das Zuhörenkönnen, Selberlesen und Betrachten. Die bildliche Gestaltung von Nonsensetexten und Kinderreimen bildet die Brücke zu einer Neuentdeckung der Kinderlyrik (H. A. HALBEY, 1974). Der prälogische Sprachgebrauch der Kinderlyrik mit ihrem Potential an rhythmischen und klanglichen Reizen bietet sich als phonetisches Übungsmaterial, als Anreiz zur Sprachfreude, als Vorbereitung auf spezielle Formen der modernen Dichtung (konkrete Poesie) an.

Die Sexualerziehung bedient sich der entlastenden Wirkung der „Verse aus dem Untergrund" (P. RÜHMKORF, 1967; E. BORNEMAN, 1973). Aus den sinnlich beeindruckenden Reizen der Kinderlyrik erwächst die Anregung zu eigenem sprachlichen Produzieren der Kinder, oft gerade der auch sprachlich benachteiligten Unterschichtkinder.

Ein System semantischer Reizfolgen sind die eigenwillig konzipierten „Sprachspiele für Kinder" von KURT-WERNER PEUKERT (1973). Aber auch die traditionellen Sprachspiele aus Nonsenseversen, Zungenbrechern, Verkehrte-Welt-Reimen, inzwischen auch in der Grundschule geschätzt, erweisen sich im vorschulischen Bereich erneut als Quelle des Vergnügens und als unaufdringliche sprachliche Stimulierung.

Die Geschichten für jüngere Kinder, die HEINZ-ROLF LÜCKERT in einer nach didaktischen Prinzipien gemachten Sammlung herausgebracht hat („Ich sammle Wörter", 1969), zeigten den Versuch, das vorwiegend traditionelle Material früher als bislang üblich anzubieten. ANNA KRÜGER warnte vor der Vorverlegung der Grundschullesestoffe und versuchte, die überfällige Didaktik der literarischen Lesestoffe für den vorschulischen Bereich nachzuliefern, ebenso wie eine Systematisierung der Bilderbuchtexte nach elementaren Sprach- und Erzählformen (A. KRÜGER, 1972 und 1974).

Aus dem gesellschaftlichen und politischen Engagement vieler Autoren und Pädagogen entstanden „Beispielgeschichten" in großer Zahl, deren deutlich didaktisch und ideologisch akzentuierte Machart an die für Kinder konzipierte Literatur der Aufklärung, aber auch an die bürgerlichen Indoktrinationsgeschichten und religiösen Exempelerzählungen erinnerten. Inhaltlich ging es um emanzipatorische, gesellschaftskritische und klassenkämpferische Themen. Die Spannung zwischen den kognitiven Fähigkeiten und emotionalen Bedürfnissen der Vorschulkinder auf der einen Seite, den subjektiven Ansprüchen der Autoren und objektiven Forderungen der Gesellschaft auf der anderen, ist ein pädagogisches Konfliktpotential, dessen Grenzziehung erst allmählich zu einem Konsens geführt hat.
Unabhängig von der Beurteilung der Inhalte war zu lernen, daß die Fassungskraft, der Interessenhorizont und die Bedürfnislage der Kinder Ausschlag für die Rezeption ergeben (HELLMICH u.a., 1974; D. RICHTER, J. MERKEL, 1974; P. L. SAUER, 1976; O. DINGES, 1976; B. VON WULFEN, 1976).
Die Frage, ob jüngeren Kindern vor allem realistische, ihre Lebenssituation widerspiegelnde Geschichten erzählt werden sollen anstelle von Geschichten phantastischen Gehalts, ist immer noch vieldiskutiert. Vorbildlich in der Berücksichtigung der Bedürfnisse der jüngeren Kinder, in ihren Freude, aber auch emanzipatorische Verhaltensweisen anregenden Inhalten sind z.B. die Sammlungen kurzer Erzählungen von URSULA WÖLFEL.
Die heftige Debatte um die didaktischen Konsequenzen aus der Bewertung des Märchens durch die materialistische Literaturtheorie hat im Bereich der vorschulischen Erziehung anscheinend nicht zu dem gleichen Ergebnis geführt wie für die Grundschule, wo inzwischen eine gründliche Verarbeitung der Diskussion erfolgt ist (PSAAR, KLEIN, 1976). Unter dem Einfluß psychoanalytischer Kriterien und Erfahrungen wird im Märchen ein wichtiges Potential zur Konfliktverarbeitung innerhalb der psychischen Reifungsprozesse, der Identitätsfindung, aber auch der Kultivierung emotionaler Fähigkeiten und der Phantasie gesehen (BR. BETTELHEIM, 1977; W. SCHERF, 1976; F. BETZ (Hrsg.), 1977; FRAIBERG, 1969; P. L. SAUER, 1976; O. DINGES, 1976b; ELLWANGER, GRÖMMINGER, 1977; MÖNCKEBERG, 1972). Im Rahmen des situativen Ansatzes (didaktische Einheit: Über den Umgang mit Märchen, 1975) sind interessante und erfolgreiche Versuche mit dem Spielen von Märchen begonnen worden.
Der Ausbau des Rollenspiels für den kommunikativen Umgang mit der Sprache gehört zu den methodischen Neuheiten. Anders als die „Theaterstückchen" oder Spielszenen – meist für die Darbietung zu Festen –, anders aber auch als beim entwicklungsgemäßen Rollenspiel der Kinder, werden von den Erziehern Spielsituationen geplant und angeleitet, die sowohl die Verarbeitung von Erlebnissen und sozialen Situationen enthalten wie auch Sprechanlässe und kommunikatives Verhalten ermöglichen. Die methodischen Hinweise für den vorschulischen Bereich, die bislang vorliegen, zeigen, daß eine besonders sorgfältige Planung und stufenweises Vorgehen für die jüngeren Kinder erforderlich sind (LAUNER, 1970; KOSSOLAPOW, 1972; B. KOCHAN, 1976; R. SCHMITT, 1972; S. SMILANSKI, 1973; KL.-B. GÜNTHER, 1975; M. und N. HUPPERTZ, 1975). Auch die überlieferten Gesellschaftsspiele in der Gruppe (G. PAUSEWANG, [4]1974; M. und N. HUPPERTZ, 1977) bieten, auf ihre didaktischen Möglichkeiten befragt, Chancen der Sprachförderung. Die Sammlung von MARGA ARNDT (1964) wurde – wie auch andere der sorgfältigen didaktischen Darstellungen vorschulischer Sprachförderung in der DDR – trotz ihres straffen Erziehungsstils gern benutzt.
Das eigene sprachliche Produzieren der Kinder, Erzieher und Eltern erfuhr Ermutigung in Ansätzen zu einer Didaktik des Erzählens (HEINRICH HANNOVER) zum Singen und Spielen (FRIEDRICH KARL WAECHTER, 1973), bei der bewußt oder unbewußt traditionelle, aber in Vergessenheit oder Diskriminierung geratene Übungen auflebten. Die von SYLVIA BAYR-KLIMPFINGER und AGNES NIEGL 1966 publizierte Didaktik des Erzählens „Erzähl mir was" (1966) war auf Grund der beigegebenen ungünstigen Beispiele nicht sehr wirksam geworden.
Der Einsatz von Schallplatten und Tonbandgeräten, die sich für den Umgang in der Gruppe als technisch sehr geeignet anbieten, ist völlig auf die Experimentierfreude der Erzieher angewiesen. Wie weit die fachliche Vorbildung in den Fachschulen für Sozialpädagogik hier bereits greift, ist kaum abzusehen.
In den vorliegenden methodischen Handbüchern ist der Sprachförderung eine recht unterschiedlich breite Behandlung gewidmet (KOCHANSKY, 1975; HEDERER, 1975; W. VOGT, 1972). Eine neue, ganz der Sprachförderung gewidmete Arbeit, die von Ergebnissen eines Modellversuchs in Bremen ausgeht, bringt eine umfassende und vielseitige Methodik der einzelnen Möglichkeiten sprachlicher Förderung als offenes Konzept (E. DUHM, K. HUSS, 1977). Bilderbuch und Kinderbücher als Medien der Sprachförderung nehmen darin einen vergleichsweise bescheidenen Raum ein.
Ein funktionsbezogenes Curriculum mit übersichtlich geordneten, leicht zu handhabenden didaktischen Einheiten, die Sprache und Spiel als tragende Faktoren der Kindergartenpraxis einbringen, liegt von ROSE GÖTTE vor (1977). Federzeichnungen als Sprachanstöße im Zusammenhang mit bestimmten sprachlichen kognitiven und sozialen Aufgabenstellungen sind als curriculares Handbuch mit einer psycholinguistischen Orientierung von HEINZ-ROLF LÜCKERT und FRIEDRICH SCHEIDT veröffentlicht worden (H.-R. LÜCKERT/FR. SCHEIDT, Mit Kindern sprechen, 1977).
Erstaunlich ist das Interesse der vorschulischen Religionspädogogik an sprachlichen Materialien. Besonders der „Trierer Plan" (Katechetisches Institut des Bistums Trier, 1976) wie auch die „Medien für den Kindergarten" (Comenius-Institut, 1978) enthalten zu den einzelnen Themenbereichen ausführliche Materialnachweise aus der Kinderliteratur. Religiöse Unterweisung wird auch in anderen Konzepten, vielfach in Form von

Geschichten, Bildgeschichten, Bilderbüchern, angeboten. Literarische Medien, Bilderbücher, Erzählungen, Verse als Unterrichtsmaterial werden aber auch in anderen Bereichen der Elementar- und Primarerziehung, besonders in allen Eingangsstufenkonzepten, gebraucht. So ist ersichtlich, daß Kinderliteratur derzeit vornehmlich wieder eine funktionale Rolle einnimmt.

Literarische und sprachliche Ausbildung der Erzieher für vorschulische Einrichtungen. Die Gründer vorschulischer Einrichtungen (Kleinkinderschulen, Bewahranstalten und Kindergarten) – FLIEDNER, WIRTH, FÖLSING, FRÖBEL – haben von Anfang an auch die Ausbildung der Erzieher in ihr Werk einbezogen. Allen war – obgleich zunächst auch Lehrer herangezogen wurden – bewußt, daß die vorschulische Erziehung eigene Ausbildungsinhalte hat. Die Ausbildung wurde, was Zeitdauer, Voraussetzungen und Inhalte betrifft, sehr unterschiedlich gehandhabt, zumal sie ja – wie die Einrichtungen – in der Hand privater Träger blieb. Erst 1911 hat die preußische Regierung die erste offizielle Ausbildungsordnung für Kindergärtnerinnen erlassen, doch betraf diese nur Preußen und war für die Seminare in privater Trägerschaft nicht verbindlich.

Die Berücksichtigung von Kinderliteratur als Fach tritt erst sehr spät in Erscheinung. Bei den Ausbildungsstätten im Sinne der FRÖBEL-Pädagogik ist es zwar nicht verwunderlich, daß das Erlernen des Umgangs mit den FRÖBELschen Spielgaben im Mittelpunkt steht. Wie der Vergleich der FRÖBEL-Kindergärten mit den konfessionellen Einrichtungen zeigt, spielte der sprachliche Bereich dort ja ohnehin eine geringe Rolle.

FLIEDNER erteilte den Erzieherinnen Unterricht „über Sprech- und Denkübungen ..., über das Erzählen biblischer und anderer moralischer Geschichten unter Vorzeigung von Bildern ...". FÖLSING verlangte als Voraussetzung für die Erzieherinnen u.a. „eine Singstimme und ein gutes Gedächtnis" (a.a.O. S. 125/126). In der Schweizer Kleinkinderschule Steig-Mühle in Herisau (gegründet 1865) findet sich unter den Lehrfächern „Anleitung zum Erzählen", gesondert vom Unterricht in „Bibelkunde", „Unterricht über den religiösen Einfluß und die Verwertung der biblischen Geschichte in der Kleinkinderschule". RANKE (1879) hat eine eindrückliche Didaktik des Erzählens entwikkelt, wie wir sie auch bei dem Fröbelianer KÖHLER finden. In einem Lehrplan zur „Heranbildung von Kindergärtnerinnen", an welchen „man sich in mustergültigen Anstalten hält", werden für die „Kindergärtnerinnen I. Klasse" unter anderem „Deutsche Sprache", „Gesang", „Turnen, Ball- und Bewegungsspiele" genannt, für die „Kindergärtnerinnen II. Klasse" neben deutscher Sprache, Singen, Turnen und Bewegungsspiel auch „Geschichtenerzählen und Liederhersagen" (GORDON, S. 24–25).

In dem privaten Münchener Seminar, das 1868 durch den Münchener Kindergartenverein gegründet wurde und im Sinn der Pädagogik FRÖBELS tätig war, findet sich unter den „Allgemeinen Fächern": „Deutsch mit Bemerkungen aus der Literatur", „Aufsatz in Verbindung mit Schönschrift" und „Übungen im guten Erzählen"; unter den „Speziellen Fächern": „Gesang in Verbindung mit Fröbelschen Bewegungsspielen". Es handelt sich um das gleiche Seminar, das nach der Übernahme durch ALBERT HERMANN in seinem Jahresbericht für 1902/1903 eine völlig neuartige Stundentafel vorlegte, darunter erstmals das Fach „Literatur im Kindergarten" (NEHER, S. 13/14).

Kinderliteratur findet sich auch 1917 weiterhin im Stundenplan (NEHER, S. 20), und nach der Gründung eines Hortleiterinnenseminars 1919 gehört „Jugend- und Volksliteratur" zu den theoretischen Fächern. Von 1925 bis 1936 wird die zweijährige Kindergärtnerinnen- und Hortnerinnenausbildung im ersten Jahr gemeinsam geführt und enthält „Deutsche Literatur: a) Schöngeistige Literatur im Vortrag und Aufsatz, b) Fachliteratur, c) Jugendliteratur"; im zweiten Ausbildungsseminar weiterhin „Deutsche Literatur" für beide Kurse. Diese Entwicklung ist durchaus fortschrittlich zu nennen gegenüber der preußischen Regelung von 1911, in der bei einjähriger Ausbildung zur Kindergärtnerin als „Theoretische Fächer": Erziehungslehre, Kindergartenlehre, Natur- und Kulturkunde rangieren; als „Technische Fächer": Bewegungsspiele und Turnen, Beschäftigungsunterricht, Nadelarbeit, Modellieren, Ausschneiden und Zeichnen, Gesang und Musik; als „Praktische Arbeit": Arbeit im Kindergarten, Haus- und Gartenarbeit (in: „Kindergarten", 4/1911, S. 98). Für ausreichende Kenntnisse im Deutschen sorgten die Vorbildung in einer neunklassigen Mittelschule oder zehnklassigen Höheren Mädchenschule sowie der einklassige Besuch einer staatlich anerkannten Frauenschule. Aufgabe der Kindergartenlehre ist unter anderem die „Auswahl und Besprechung der für die Behandlung im Kindergarten passenden Stoffe. Besprechung religiöser Stoffe, wie kleiner Gebete, Verse, Lieder usw., die für das Alter des vorschulpflichtigen Kindes geeignet sind, nach Maßgabe des Bekenntnisses. Besprechung von Märchen, Sagen, Sprüchen und Gedichten als Bildungsmittel. Mündliches und schriftliches Erzählen in schlichter, den Kindern verständlicher, aber richtiger und gewandter Ausdrucksweise" (S. 96 in: „Kindergarten", 4/1911, S. 95–98).

Ein Ostern 1923 gegründetes Kindergärtnerinnenseminar der Dominikanerinnen zu Arenberg bei Ehrenbreitstein nennt für die inzwischen eineinhalbjährige Ausbildung im Kindergärtnerinnenseminar „Kindergartenlehre, Jugendliteratur" als ein Fach; dort stehen auch Deutsch und Bürgerkunde auf dem Stundenplan und wahlfreier Unterricht in deutscher Literatur (in: „Kinderheim", 2/1925, S. 52).

Dieses Fach wurde vornehmlich von Jugendleiterinnen erteilt. Das Schwergewicht lag auf den Methoden der Umsetzung jugendliterarischer Stoffe in die allgemeine Methodik des Kindergartens. Eigene Fachbücher gab es dafür nicht. Aus den Sammlungen der Unterrichtenden wurde geeignetes Material an Kinderreimen, Märchen, Erzählungen mitgeteilt und die Vermittlung praktisch erprobt.

Die Ausbildung der Jugendleiterin hatte sich als eine Art Aufstockung und Fortbildung der Kindergärtne-

rinnenausbildung für leitende Aufgaben in den Kindereinrichtungen sowie für die unterrichtlichen Aufgaben entwickelt. Hier waren der Deutsche FRÖBEL-Verein und seine Ausbildungsstätte, das PESTALOZZI-FRÖBEL-Haus, führend gewesen.
Der gleiche preußische Erlaß, der 1911 die Ausbildung der Kindergärtnerinnen regelte, enthielt auch die Bestimmungen für einen einjährigen Kursus zur Ausbildung von Jugendleiterinnen mit dem Fach „Jugend- und Volksliteratur" (in: Zeitschrift „Kindergarten", 4/1911, S. 98–100). Maßgeblich war dabei die Vorbereitung auf das Unterrichten in den Kindergärtnerinnenseminaren, obwohl diese noch nicht überall ein Fach Jugendliteratur hatten. Eine Vereinbarung der Länder über die Vorbildung und Ausbildung der Kindergärtnerinnen und Hortnerinnen vom 19. Januar 1931 weist in der Weimarer Republik die Zusammenlegung dieser ursprünglich getrennt geführten Ausbildungswege als nunmehr zweijährige Ausbildung nach und datiert sie ab dem 16. 12. 1930 (Zentralblatt für die gesamte Unterrichtsverwaltung in Preußen, 73/1931, S. 41). 1928 wurde aber bereits eine „Stundentafel für die vereinigten Lehrgänge zur Ausbildung von Kindergärtnerinnen und Hortnerinnen ..." erlassen, die „Deutsch und Jugendliteratur" als Fach mit je zwei Stunden im ersten und zweiten Jahr der Ausbildung nennt.
Eine „reichseinheitliche Neufassung" der unterschiedlichen Ausbildungsordnungen in einem Erlaß von 1942 nennt das Fach „Jugendschrifttumskunde" im Rahmen der zweijährigen Ausbildung an der Fachschule für Kindergärtnerinnen unter den Fächern der sozialpädagogischen Erziehung (hinter der „nationalpolitischen" Erziehung und vor der Fächergruppe Gesundheitserziehung und Gesundheitspflege und den Fächern der werklichen und musischen Erziehung). Im erwähnten Erlaß wird ausgeführt: „Die Jugendschrifttumskunde dient dazu, den Sinn für das gute Jugendbuch zu wecken. Sie macht bekannt mit Bilderbüchern und Jugendschriften, mit Märchen, Sagen, Reimen und Kinderliedern und befähigt die künftigen Kindergärtnerinnen, Jugendbücher richtig zu beurteilen und auszuwählen. In Verbindung mit dem Deutschunterricht sollen die Schülerinnen durch Übungen im Vorlesen, im Erzählen, in Laien-, Kasperle- und Stegreifspielen mit dem vorhandenen Volksgut so vertraut werden, daß sie das Leben der Kindergemeinschaft nach dieser Richtung hin beeinflussen können."
Nach dem Zweiten Weltkrieg ist die Unterweisung in Jugendliteratur, teilweise in Anbindung an das Fach Deutsch, in den verschiedenen Bundesländern wieder aufgenommen worden. Ebenso blieb sie ein Teil der Ausbildung zur Jugendleiterin.
In München wurde das Fach „Deutsche Sprache und Jugendschrifttumskunde" (laut Bekanntmachung des Bayerischen Staatsministeriums für Unterricht und Kultus vom 23. August 1950) – 1946 waren Deutsch und Jugendliteratur zunächst als getrennte Fächer erteilt worden – 1966 von zwei Lehrkräften erteilt. Inhalte des ersten Jahres waren Volks- und Kunstmärchen, Sagen, Kinderreime und Kindergedichte sowie Kindergeschichten und die Biographien ihrer Autoren. Im zweiten Unterrichtsjahr ging es um die Kenntnis der literarischen, pädagogischen und sachlichen Kriterien zur Beurteilung von Kinder- und Jugendbüchern, Übungen mit Kindern in Zusammenarbeit mit einer öffentlichen Bücherei, Dichterlesungen, Kenntnis des Jugendbuchpreises, Besuche von Ausstellungen und Hinweise auf Informationsmöglichkeiten, lesepädagogische Fragen in Zusammenhang mit „Heftln" (Comics) und Jugendschriften. Das Bilderbuch wurde von seinem Textbezug her an verschiedenen Stellen berücksichtigt und vor allem durch die Behandlung in der Praxis den Schülerinnen bekanntgemacht („Fünfzig Jahre Kindergärtnerinnenseminar der Landeshauptstadt München 1916–1966", München 1966).
Die Entwicklungsgeschichte verschiedener Buchtypen – Mädchen-, Abenteuer- und Sachbuch sowie des Bilderbuches – gibt die Möglichkeit zu geschichtlichen Rückblicken und zur Vorstellung historischer Kinder- und Jugendbücher und älterer buchpädagogischer Ziele. Aus dem Bereich der Medien wird die Märchenschallplatte erwähnt. In einigen Seminaren fand das Buch von JULIANE METZGER „Gute Bücher – Frohe Kinder" (1957) Verwendung im Unterricht, ebenso ANNA KRÜGERS „Das Buch – Gefährte eurer Kinder" (1952).
In der Ausbildung für Jugendleiterinnen, die 1956 auf zwei Jahre verlängert wurde, hat das Fach unterschiedliche Bezeichnungen in den einzelnen Bundesländern, z.B. in Bayern (NEHER) seit 1958 „Sprache und Dichtung". Eine Darstellung des Unterrichtsfaches „Jugendschriftenkunde an den Fröbelseminaren" (Höhere Fachschule für Jugendleiterinnen) von A. HÖLDER (1966) zeigt im Mittelpunkt die exemplarische Beurteilung eines Jugendbuches von der literaturpäagogischen Seite her. Dazu dienen die literarästhetische Beurteilung und die Beurteilung nach dem ethischen Wert, ebenso die Einschätzung des vermittelten Wissens. Informationen über Zeitschriften, über Verlagswesen, Institutionen der Jugendliteratur, Preise und Auswahllisten, Erstellung eines eigenen Ergänzungsbuchkatalogs sind als praktische Hilfen gedacht. In der Verbindung von Theorie und Praxis, d.h. in der Berufserfahrung der Absolventen und ihrer weiteren praktischen Ausbildung, ergeben sich Beobachtungsfelder für die psychologischen Faktoren der Lektüre, Maßstäbe für die wirkungsvolle Vermittlung von Lektüreangeboten und Bilderbüchern. Auf die Problematik der Massenmedien als Konkurrenz zum Lesen sowie der Comics wird hingewiesen. Der Praxis dienen auch Übungen im freien Erzählen und Vortragen, im Zusammenstellen von Literatur für Heimabende und Hortnachmittage sowie für Elternabende und zur Buchberatung.
Inzwischen hat die Ausbildung jenen Veränderungen Rechnung getragen, die inhaltlich durch die Bildungsreform und ihre Folgen für die institutionelle Kleinkindererziehung erfolgt sind. die Auseinandersetzung mit dem für Kinder und Jugendliche so wichtig gewordenen Einfluß der Massenmedien sowie eine positivere Beurteilung dieses Einflusses haben vielfach

zur Bildung eines eigenen Faches geführt: Medienpädagogik, Technische Mittler, Medienerziehung. Dies tritt teils in Konkurrenz – zumal in zeitliche – zur Unterweisung in der Jugendliteratur. Die Inhalte der Jugendliteratur haben sich in Richtung auf die vordringliche Bedeutung der Sprachförderung, aber auch die Akzentuierung im Sinn anderer Sozialisationsziele gewandelt.

Das Fach Jugendliteratur in Fachschulen für Sozialpädagogik (Fachakademien für Sozialpädagogik). Die inhaltliche Diskussion der Jugendleiter in der Bundesrepublik Deutschland sowie die gewandelten Bedürfnisse im vorschulischen Bereich, aber auch eine neue Einstellung der Schule zur Jugendliteratur im Unterricht und die Beachtung der Freizeitlektüre haben auf das Fach zurückgewirkt. Die einzige Schulform, in der Jugendliteratur als Fach gelehrt wird, sind die Fachschulen für Sozialpädagogik, die Nachfolger der Kindergärtnerinnenseminare, sowie die Nachfolgeinstitutionen der Höheren Fachschulen für Sozialpädagogik, die Fachhochschulen für Sozialarbeit und Sozialpädagogik.

Seit 1970 hat sich das veränderte Verständnis in neuen Stundentafeln niedergeschlagen; die Lehrpläne sind dagegen weitgehend noch in der internen Erprobung trotz jahrelanger intensiver Vorarbeit in einzelnen Bundesländern. Bayern, Baden-Württemberg, Hessen, Niedersachsen, Rheinland-Pfalz und Saarland haben neue Richtlinien definitiv veröffentlicht. Jedoch ergibt schon der Vergleich der Stundentafeln einige Einsichten über Trends. Im Saarland ist das Fach Jugendliteratur weiterhin an das Fach Deutsch gebunden, was sicher dem Gewicht der jugendliterarischen Inhalte abträglich ist, aber auch wiederum Vorteile für eine praxisbezogene Erteilung des Deutschunterrichts insgesamt hat.

Im Gegensatz dazu ist aber eine Ausweitung des Faches zu den Massenmedien durchgehend erkennbar. Sie

Unterricht in Literatur und Medien an den Fachschulen für Sozialpädagogik (Fachakademien für Sozialpädagogik)

Land	Bezeichnung der Pflichtfächer	Anzahl der Stunden 1.	2.	3.	4.	5.	6. Semester
Baden-Württemberg 10.7.1977	Deutsch	2	2	2	2	–	–
	Kinder- und Jugendliteratur/ Medienpädagogik	2	2	1	1	–	–
Bayern 27.8.1975	Deutsch	160	Jahreswochenstunden				
	Jugendliteratur	80					
Berlin 10.11.1972	Deutsch	4	4	–	–		
	Jugendliteratur	2	2	2	2		
Bremen 1.8.1976	Deutsch	–	2	2	–	4	4 Ausb. I
				2	–	4	4 Ausb. II
	Jugendliteratur			6	–	–	2 Ausb. I
				4	–	–	– Ausb. II
Hamburg 26.9.1973 und 25.8.1976	Deutsch	2	2	–	–	2	–
	Jugendliteratur	–	2	2	–	Wahlpflicht	Wahlpflicht
	Massenmedien	–	2	–	–		
Hessen 7.3.1975 und 1.2.1977	Deutsch	2	2	2	2	–	–
	Jugendliteratur	2	2	3 Stunden Wahlpflichtfach		–	–
Niedersachsen 22.7.1977 und 1.8.1977	Deutsch	2	2	2	2	–	–
	Kinder- und Jugendliteratur			160		–	–
	Technische Mittler			80		–	–
				Jahreswochenstunden			
Nordrhein-Westfalen 1.8.1969	Literatur und Sprachpflege	2	2	2	2	–	–
	Jugendliteratur	2	2	1	1	–	–
	Medienerziehung	–	–	1	1	–	–
Rheinland-Pfalz 14.3.1978 und 19.4.1978	Deutsch	2	2	2	2	–	–
	Jugendliteratur	2	2				
Saarland 1.8.1970	Deutsch (Jugendliteratur)	4	4	4	4	–	–
Schleswig-Holstein 29.12.1976	Deutsch	2	2	2	2	–	–
	Jugendliteratur	2	2	1	1	–	–

schlägt sich in der erweiterten Bezeichnung „Kinder- und Jugendliteratur/Medienpädagogik" nieder (Baden-Württemberg) oder in der Abtrennung eines eigenen Faches – stundenmäßig zuungunsten des Faches Jugendliteratur – als „Massenmedien" (Hamburg), „Technische Mittler" (Niedersachsen), „Medienerziehung" (Nordrhein-Westfalen) oder als Angebot von Arbeitsgemeinschaften. „Technische Mittler" kann dabei jedoch auch einfachhin Einführung in den Umgang mit den audiovisuellen Geräten sein. Doch zeigt sich auch in den Lehrplänen für Jugendliteratur in den übrigen Ländern die Einbeziehung von Schallplatte, Comics, Fernsehen, Film, Kinder- und Jugendzeitschriften in den Lehrstoff. Die Öffnung für die neuen „Textsorten", die stoffliche Verklammerung der Medien mit Jugendbüchern und die harte Konkurrenz des Fernsehens, der Schallplatte und der Comics gegenüber der traditionellen Jugendlektüre sind den Erziehern bewußt und als pädagogisches Problem präsent.
Die Stundentafeln zeigen aber auch, daß Jugendliteratur gegenüber den anderen „pädagogischen Medien" anscheinend nicht mehr als unumgänglich notwendig angesehen wird. Die Ausbildungsformen besonders fortschrittlicher Art, wie sie in Hamburg und Hessen praktiziert werden, sehen z.Z. eine Schwerpunktbildung nach Wahl der Schüler vor, wodurch eine besondere Qualifizierung auf Kosten anderer „pädagogischer Medien" ermöglicht wird. Ähnliche Schwerpunkte setzt in der Verteilung des Lehrangebotes auch die Stundentafel von Bremen.
Soweit in die teils unveröffentlichten, teils bereits publizierten neuen Lehrpläne Einblick zu nehmen war, ist die Forderung nach Kenntnis der verschiedenen Buchformen, des Märchens, des Bilderbuchs und der Kinderlyrik vorhanden. Die Forderung nach exemplarischer Behandlung ergibt sich besonders da, wo die

Eingeklammerte Zahlen bezeichnen den Zeitpunkt der Auskunft der Ministerien.

Lehrpläne	Bemerkungen
Lehrplan (curriculare Form) Erprobung ab 1.8.1977	Wahlfach: Technische Mittler Medienpädagogik
Lehrplan in curricularer Form August 1974	Stundenverteilung auf zwei Ausbildungsjahre flexibel. Wahlfach: Medienkunde und Technische Mittler.
Interne, unveröffentlichte Stoffpläne (10.6.1977)	Fachschule besteht aus Vorklasse und 1. und 2. Semester; in der Berufsfachschule (10.–12. Klasse werden in der 11. und 12. Klasse je zwei Stunden Jugendliteratur erteilt, in der 11. Klasse das Fach Technische Mittler.
Neuer Lehrplan in Vorbereitung (9.8.1977 und 16.8.1978)	Ausbildung beginnt nach der 10. Klasse; Ausbildung I (3.–6. Semester) führt zur staatlichen Prüfung zum Erzieher; Ausbildung II zur Fachhochschulreife an der Fachoberschule; 1. und 4. Semester ist theoriebegleitetes Praktikum.
Vorläufig genehmigte Stoffpläne (14.7.1978)	Ausbildung beginnt nach der 10. Klasse; 1. Semester ist theoriebegleitetes Praktikum – Jugendliteratur und Massenmedien im 5. und 6. Semester als Wahlpflichtfach (Kurs- oder Leistungsgebiet).
Unveröffentlichter Entwurf vom Oktober 1977	Im 3. und 4. Semester wahlweise 3 Stunden Jugendliteratur alternativ zu je 3 Stunden Kunst- und Werkerziehung, Musikerziehung/Bewegungserziehung/Spielerziehung. Diese Fächer der Kinder- und Jugendbildung sind an fächerübergreifenden Gemeinschaftsprojekten beteiligt.
Vorläufige Richtlinien (1.1.1978)	Obliegt der zuständigen Konferenz; Stundenverteilung flexibel.
Richtlinien 1.9.1970	
Richtlinien in Vorbereitung	
Rahmenrichtlinien (17.4.1978)	Jugendliteratur wird innerhalb des Faches Deutsch erteilt.
Lehrplan 1.9.1968	Arbeitsgemeinschaft Medienpädagogik

starke Verkürzung für den allgemeinverbindlichen Teil des Unterrichts vorgesehen ist (Hamburg). Überhaupt ist die Einsicht in die pädagogische und gesellschaftliche Funktion der Jugendliteratur ein durchgehend neuer Zug der Lehrpläne. Er ist die Frucht einer soziologisch akzentuierten Literaturtheorie und eine Folge der starken Inpflichtnahme der Literatur. Es wird weniger von der Hinführung zum guten Jugendbuch – einem früher völlig unumstrittenen Ziel – gesprochen als von der Befähigung zum kritischen Durchschauen der Absicht und Funktion von Büchern – und der Medien. Für die jüngeren Kinder wird die Einbeziehung von Bilderbuch, Kinderlyrik und Geschichten für den gesamten Erziehungsbereich deutlicher als früher akzentuiert.

In den Fachhochschulen für Sozialarbeit und Sozialpädagogik sowie in den integrierten Gesamthochschulen ist das Fach Jugendliteratur unter verschiedenen Bezeichnungen, z.B. Medienpädagogik, integriert. Hier bedeutet „Medien" nicht allein „Massenmedien", sondern die ehemals „musischen Fächer" als Medien, als Mittel pädagogischen Handelns: Musik, Kunst und Werken, Bewegungserziehung, darstellendes Spiel etc. Den Studenten ist hier eine Schwerpunktbildung als Wahlpflichtfach ermöglicht, die dazu führen kann, daß sie von den Inhalten der Jugendliteratur überhaupt nichts mehr erfahren. Auch ist das Angebot von jugendliterarischen Inhalten je nach der personellen Lage der Fachhochschulen ganz unterschiedlich. Unklar ist weiterhin, wer den Unterricht im Fach Jugendliteratur etc. an den Fachschulen erteilen wird. Dies geschah bislang vorwiegend durch die Jugendleiterinnen oder graduierten Sozialpädagoginnen.

Für diese Fachlehrerinnen und Dozenten an Fachschulen und Fachhochschulen bietet der Arbeitskreis für Jugendliteratur seit 1969 alljährlich ein Fortbildungsseminar an.

In den Studienplänen für das Lehramt an Grund- und Hauptschulen, aber auch für die Sekundarstufe I und II ist häufig die Beschäftigung mit Kinder- und Jugendliteratur prüfungsrelevant. Dasselbe gilt auch für das Lehramt für berufsbildende Schulen.

Sekundärliteratur: P. Aley: Jugendliteratur im Dritten Reich (1967). – M. Arndt: Didaktische Spiele für Kindergarten, Lern- und Spielnachmittage (1964). – E. Baar: Arbeitsblätter für die Schulreife, Entwicklungshilfe (zus. mit H. Jelinek, 1958). – E. Barow-Bernstorff (Hrsg.): Beiträge zur Geschichte der Vorschulerziehung (zus. mit anderen, [4]1974). – J. Beeking: Erster Gesamtkongreß der katholischen Kinder- und Jugendfürsorge Deutschlands (1928). – M. D. Beitl: Das Bilderleben im frühen Kindesalter (in: Jugendliteratur. 1962. 8. 339–363); Die Bedeutung des Bilderbuches in der vorschulischen Erziehung (in: K. E. Maier (Hrsg.): Jugendliteratur in einer veränderten Welt. 1972. 105–120). – H. Belser: Curriculum Materialien für die Vorschule und Eingangsstufe. Bd. I–III (zus. mit anderen. 1975). – R. Benzing: Grundlagen der körperlichen und geistigen Erziehung des Kleinkindes im nationalsozialistischen Kindergarten (1941). – B. Bettelheim: Kinder brauchen Märchen (1977). – F. Betz (Hrsg.): Erfahrung vorbereiten (1976); (Hrsg.): Märchen als Schlüssel zur Welt (1977). – U. Blaich: Schreiben mit Kindern (in: J. Drews (Hrsg.): Zum Kinderbuch. 1975. 171–174). – E. Blochmann: Der Kindergarten (in: H. Nohl (Hrsg. zus. mit L. Pallat): Handbuch der Pädagogik. Bd. 4. ND. 1966. 75–90). – R. Brenig: Arbeit im Kindergarten (1975). – A. Buß: Didaktische Grundfragen der sozialpädagogischen Praxis (in: Evangelische Kinderpflege. 1969. 1. 6–16 und 1969. 2. 58–68). – L. Chimani: Theoretisch-praktischer Leitfaden für Lehrer in Kinderbewahranstalten (1832). – O. Dinges: Nutzen und Vergnügen. Das pädagogische Interesse am Kinderbuch (in: H. Schaller (Hrsg.): Umstrittene Jugendliteratur. 1976. 11–27); Die Sterntaler oder Brauchen Kinder noch Märchen? (in: K. E. Maier (Hrsg.): Phantasie und Realität in der Jugendliteratur. 1976. 62–75). – E. Duhn: Förderung sprachlicher Kommunikation 4–6jähriger Kinder (zus. mit K. Huss. 1977). – W. Ellwanger: Märchen. Erziehungshilfe oder Gefahr (zus. mit A. Grömminger, 1977). – H. Eppel: Förderung von Intelligenz und sprachlichem Ausdruck bei Vorschulkindern (in: Zeitschrift für Entwicklungspsychologie und pädagogische Psychologie. 6. 1974. 2. 109–123). – S. H. Fraiberg: Das verstandene Kind. Die ersten fünf Jahre (1969). – E. Franz: Das Bilderbuch im Kindergarten (in: Evangelische Kinderpflege. 1967. 1. 15–20). – D. Gahagan: Kompensatorische Spracherziehung in der Vor- und Grundschule (zus. mit G. Gahagan. 1971, [4]1976). – A. Garlichs: Curriculare Entwicklungstendenzen im Elementarunterricht der Bundesrepublik Deutschland (in: H. Bennwitz (Hrsg. zus. mit F. E. Weinert): CIEL. Ein Förderungsprogramm zur Elementarerziehung und seine wissenschaftlichen Voraussetzungen. 1973. 75–276, zus. mit R. Messner). – J. Gehring (Hrsg.): Die evangelische Kinderpflege (1929). – R. Götte: Sprache und Spiel im Kindergarten (1977). – E. Gordon: Die katholische Kindergärtnerin in Schule und Haus (1902). – A. Grömminger: Bilderbücher im Kindergarten und Grundschule (1977); Umgang mit Texten in Freizeit, Kindergarten und Schule (zus. mit G. Ritz-Fröhlich. 1974). – Kl.-B. Günther: Aspekte der Sprachförderung. Zur Arbeit mit Bilderbüchern in der Vorklasse (in: A. Hellmich (Hrsg.): Projekte in der Vorschule. 1975. 229–267); Rollenspiel in der Eingangsstufe (in: A. Baumgartner (Hrsg. zus. mit D. Geulen): Vorschulische Erziehung. Bd. 2. 1975. 125–158). – H. A. Halbey: Das deutsche Bilderbuch der Gegenwart (in: A. Cl. Baumgärtner (Hrsg.): Deutsches Jugendbuch heute. 1974. 37–60). – J. Hederer: Praxis und Methodenlehre (zus. mit M. Köth Tl. 1. [6]1976 u. 2., 1975). – A. Hellmich: Ein Kinderbuchprojekt in der Gemeinwesenarbeit (zus. mit H. Meißner und G. Puthz. 1974); Kriterien und Ergebnisse einer kritischen Analyse von Bilderbüchern für das Vorschulalter (in: A. Baumgartner (Hrsg. zus. mit D. Geulen): Vorschulische Erziehung. Bd. 2. 1975. 190–243). – L. Hermanutz: Vorschulische Erziehung in katholischer Trägerschaft (Diss. 1977). – G. E. Heuss: Sehen, erkennen, benennen (1977); Sehen, hören, sprechen ([10]1977). – E. Hoffmann: Fröbels Beitrag zur Vorschulerziehung (1968); Vorschulerziehung in Deutschland (1971). – J. Hübener: Die christliche Kleinkinderschule, ihre Geschichte und ihr gegenwärtiger Stand (1888). – M. Huppertz (zus. mit N. Huppertz): Bilderbuch und didaktische Spiele (1977); Rollenspiel und Vorschulmappe (1975). – K. Huss: Förderung sprachlicher Kommunikation 4–6jähriger Kinder (zus. mit E. Duhm (Hrsg.), 1977). – G. Iben: Überblick über Stand und Problematik der kompensatorischen Erziehung (in: H. Bennwitz (Hrsg. zus. mit F. E. Weinert): CIEL. Ein Förderungsprogramm zur Elementarerziehung und seine wissenschaftlichen Voraussetzungen. 1973. 277–299). – C. John: Die Kleinkinderschule, für Kinder von 2–6 Jahren (1830). – J. Kamratowski: Begabungsförderung. Arbeitsbogen für Vorschulkinder und Schulanfänger (zus. mit H. Meißner und A. Robeck. 1970). – C. Kehr (Hrsg.): Der Anschauungsunterricht für Haus und Schule ([4]1894). – B. Kochan: Rollenspiel als Methode sprachlichen und sozialen Lernens (1976). – G. Kochansky: Eingangsstufe. Konzeption, Modell, Theorie, Praxis (1975). – A. Köhler: Die

Bewegungsspiele des Kindes (1862); Die Praxis des Kindergartens. Bd. 1–3 (1871–1875); Buch der Erzählungen für Mütter, Kindergärtnerinnen und Lehrer (1874). – L. Kossolapow: Die Bedeutung des Rollenspiels in der vorschulischen Erziehung (in: Welt des Kindes. 50. 1972. 2. 57–67 und 50. 1972. 3. 98–110). – M. Krecker (Hrsg.): Aus der Geschichte der Kleinkindererziehung (1955). – A. Krüger: Didaktische Kriterien zur Auswahl der literarischen Lesestoffe für die Vorschulerziehung (in: K. E. Maier (Hrsg.): Jugendliteratur in einer veränderten Welt. 1972. 85–104); Zur Sprache des Bilderbuches (in: K. E. Maier (Hrsg. zus. mit Kl. Dietze): Jugendliteratur und gesellschaftliche Wirklichkeit. 1974. 98–116). – L. Künemund: Kind und Buch im Kindergarten (in: Jugendliteratur. 2. 1956. 2. 55–57); Zum Bilderbuch als Bildungsmittel im Vorschulalter (in: Archiv für angewandte Sozialpädagogik. 1. 1969/1970. 5. 233–245). – H. Künnemann: Kinder und Kulturkonsum (1972). – I. Launer: Persönlichkeitsentwicklung im Vorschulalter bei Spiel und Arbeit ([2]1970). – E. Löhr: Kinder leben ihre Welt (1952). – C. Lück: Kind und Bilderbuch (in: Jugendliteratur. 1. 1955. 9. 391–399). – H. R. Lückert: Mit Kindern sprechen (zus. mit F. Scheidt. 1977). – M. Meier: Das Elend mit der kompensatorischen Erziehung (zus. mit Fr. Menze und A. Torff. 1973). – Fr. Minke: Kleinkind und Bilderbuch (Diss. 1958). – A. Molin: Leben mit dem Kind (in: M. Kiene (Hrsg.): Das Kind im Kindergarten, 1958). – V. Mönckeberg: Das Märchen und unsere Welt (1972). – I. Neher: Das Münchener Kindergärtnerinnenseminar von der Gründung bis heute (in: Fünfzig Jahre Kindergärtnerinnenseminar, 1960. 13–44). – A. Niegl (Hrsg.): Gegenwartsfragen der Kindergartenerziehung (1950). – U. Oevermann: Sprache und soziale Herkunft (1970). – E. Pausewang: 130 didaktische Gruppenspiele für Kinder von 3–8 ([4]1974). – E. Pscolla: Louise Scheppler (1963); Johann Friedrich Oberlin (1979). – W. Psaar: Wer hat Angst vor der bösen Geiß? Zur Märchendidaktik und Märchenrezeption (zus. mit M. Klein. 1976). – K. Read: Handbuch des Kindergartens (1974). – H. Retter: Reform der Schuleingangsstufe. Motive, Curriculumansätze, Entwicklungstendenzen (1975). – D. Richter: Märchen, Phantasie und soziales Lernen (zus. mit J. Merkel. 1974). – P. M. Roeder: Sozialstatus und Schulerfolg. Bericht über empirische Untersuchungen (zus. mit A. Pasdzierny und W. Wolf. 1965). – P. L. Sauer: Die neue Welt der klugen Kinder (in: K. E. Maier (Hrsg.): Phantasie und Realität in der Jugendliteratur. 1976. 139–160); Zur Didaktik des Märchens in der Vorschulerziehung (in: H. Schaller (Hrsg.): Umstrittene Jugendliteratur. 1976. 61–94). – R. Schmitt: Das problembezogene Rollenspiel in der Vorschule (in: Westermanns Pädagogische Beiträge. 25. 1973. 8. 452–461). – Kl. Schüttler-Janikulla (Hrsg.): Begabung, Sprache, Emanzipation. Tl. 1–2 (1972); Persönlichkeitsförderung im Elternhaus. Bd. 1–2 (1972); Sprachbildungsarbeit in vorschulischen Instituten der DDR und der Bundesrepublik Deutschland (in: E. Schmalohr (Hrsg. zus. mit Kl. Schüttler-Janikulla): Bildungsförderung im Vorschulalter. Bd. 1. 1972. 238–260). – D. Schwerdt: Vorschulerziehung. Grundlagen, Ziele, Förderungsbereiche (1975). – S. Smilanski: Wirkungen des sozialen Rollenspiels auf benachteiligte Vorschulkinder (in: A. Flitner (Hrsg.): Das Kinderspiel, 1973. 151–187). – R. Valtin: Sprachförderung für Vorschulkinder und Schulanfänger (in: Redaktion betrifft: erziehung (Hrsg.): Wider die falsche Vorschulerziehung. 1973. 122–144). – W. Vogt: Die Welt des Kindergartens, eine Chance für das Kind (1972). – D. Wiehle: Spracherziehung und Sprachförderung im Vorschulalter (1973). – S. Wilderspin: Über die frühzeitige Erziehung der Kinder und die englischen Kleinkinderschulen (1826). – B. von Wulffen: Umkämpftes Kinderbuch (in: H. Schaller (Hrsg.): Umstrittene Jugendliteratur. 1976. 28–46).

Ottilie Dinges

de Vries, Anne

*(Ps.e: A. Nassau, A. v. d. Heide, H. Mast, Daan Deken). Niederländischer Schriftsteller und Jugendbuchautor. * 22. 5. 1904 Assen, † 29. 11. 1964 Zeist.*

Vr. verbrachte seine Kindheit mit sieben Schwestern auf einem Bauernhof. Mit zwölf Jahren begann er als Gärtner zu arbeiten. Später nahm er eine Stelle als Buchdruckergehilfe an, die er wegen einer Bleivergiftung aufgeben mußte. Seine ehemaligen Lehrer verhalfen ihm zu einer Ausbildung als Pädagoge. Vr. unterrichtete an einer Blindenanstalt und an einer Schule für behinderte Kinder. In den letzten Jahren seines Lebens war er Vorsitzender der Fachgenossenschaft für Literatur des Christlichen Künstlerbundes in Holland.

1930 begann Vr. pädagogische Artikel und Geschichten für Kinder zu veröffentlichen. Um seine Stellung im staatlich-christlichen Schuldienst nicht zu gefährden, verwandte er in den ersten Jahren seiner Autorentätigkeit verschiedene Pseudonyme. Obwohl Vr. auch Erwachsenenromane, die ihn über die Landesgrenzen hinaus bekannt machten, geschrieben hat, sah er seine eigentliche Aufgabe im Verfassen von Kinder- und Jugendbüchern. Zu seinem 25jährigen Jubiläum als Schriftsteller wurde Vr. 1958 vielfach geehrt.

Werk, Tendenzen, Wirkung. Die Kinderbücher von V. sind durch eine einfache, kindgemäße Sprache, die zumeist religiösen Themen sowie durch einen belehrenden pädagogischen Unterton gekennzeichnet. Die Sprache Vr.' wurde von Kritikern oft als beschränkt abqualifiziert. Nach der Auffassung des Autors, sollte die von ihm gebrauchte Sprache dem jeweiligen sprachlichen Entwicklungsstand der jungen Leser entsprechen und wurde dazu von ihm stark vereinfacht. Als Kinderbuchautor wollte er den jungen Lesern Belehrung und moralische Wegweisung geben. Vr. vertrat eine orthodoxe protestantische Haltung, die sich besonders ausgeprägt in „Jaap en Gerdientje" (1939) und in „Het boek van Jan Willem" (1950; dt. Das Buch von Hans Frieder, 1965) zeigt. Gemeinsam mit WILLEM GERRIT VAN DE HULST gehört Vr. zu den bedeutenden protestantisch-reformierten Autoren Hollands. Heute muten seine Bücher recht altmodisch und sentimental an, werden aber immer noch neuaufgelegt. In der Zeit ihres Ersterscheinens jedoch gab es für die reformierten Kreise keine andere Lektüre: Von den Eltern bis zu den Kindern wurden nur die Bücher von Glaubensbrüdern gelesen.

1951 erhielt Vr. von der Regierung Surinams (d.i. Niederländisch Guayana/Südamerika) den Auftrag, den dortigen Sprach- und Leseunterricht neu zu gestalten. In dieser Zeit entstanden neben Schulbüchern auch einige Jugendbücher, die über Surinam erzählen; unter anderem „Panokko" (1955–1957; dt. Söhne des Urwalds. Bd. 1–3. 1956–1959; auch unter dem Titel: Panokko, 1965).

Am bekanntesten wurde V. durch seine Geschichten und Erzählungen aus der Bibel, wie „Honderd vertellingen uit de Bijbel" (1949) und „Groot vertelboek voor de Bijbelse geschiedenis" (1939–1940; dt. Großes Erzählbuch der biblischen Geschichte, Bd. 1–2. 1957). Die höchste Auflage seiner Bücher erlebte die Kinderbibel „Kleutervertelboek voor de Bijbelse geschiedenis" (1948; dt. Die Kinderbibel, 1955; auch unter dem Titel: Die Bibel unserer Kinder, 1961) mit über einer Million Exemplaren. Dieses Buch wurde in 23 Sprachen übersetzt und als reformierte wie auch als katholische Ausgabe verlegt. An Vr.' „Kinderbibel", die bis zur Gegenwart die verbreitetste Kinderbibel in Holland ist, wird heute vor allem kritisiert, daß sie mit ihren moralischen Belehrungen über das Verhältnis von Gott zu den Menschen die Kinder zu sehr belaste. Deshalb sucht man in Holland neuerdings sowohl auf protestantischer wie auch auf katholischer Seite nach neuen Wegen, den Kindern die Bibel zu vermitteln.

Erfolgreich waren auch Vr.' Geschichten über den Zweiten Weltkrieg, die unter dem Titel „Reis door nacht" (1951–1958; dt. Im Schatten der Gewalt, 1960) erschienen. In diesen Erzählungen beschreibt Vr. die Grauen des Krieges und berichtet über die Widerstandsbewegung in Holland.

Werke: Jongens van de straat (1934; auch u.d.T.: Ratje, een jongen van de straat, 1938; dt. Straßenjungen, 1955); Bartje (1935; dt. Bartje und die Welt der Großen, 1936; auch u.d.T.: Bartje sieht die Welt der Großen, 1952); Bertus en Bruno (1935); De stroper (1935); Met z'n vieren (1936); Verhalen uit het land van Bartje (1936); Mientje, ons moedertje (1937); Overal veilig (1937); De goede herder (1938; dt. Der gute Hirte, 1960); De verloren zoon (1938; dt. Der verlorene Sohn, 1960); Het kindje in de kribbe (1938; dt. Das Kind in der Krippe, 1959); Het verhaal van Mozes (1938); Jaap en Gerdientje (1939); Groot vertelboek voor de Bijbelse geschiedenis (Bd. 1–2. 1939–1940; dt. Großes Erzählbuch der biblischen Geschichte. Bd. 1–2. 1957); Als Jezus wederkomt (1940); Bartje zoekt het geluck (1940; dt. Bartje sucht das Glück, 1948); David (1940); Jozef (1940); Toen Jezus geboren werd (1940); Abraham, de vriend van God (1941); Johannes de Doper (1941); Mozes (1941; dt. Die Geschichte des Moses, 1962); Licht der wereld (1941); En nergens op de wereld (1942); Kleutervertelboek voor de Bijbelse geschiedenis (1948; dt. Die Kinderbibel, 1955; auch u.d.T.: Die Bibel unserer Kinder, 1961); Verhalen voor de kersttijd (1948; dt. Ihnen ist erschienen, 1955); Honderd vertellingen iut de Bijbel (Bd. 1–2. 1949); Vader en Jaap (1949); De wijzen uit het Oosten (1950; dt. Die Weisen aus dem Morgenland, 1959); Het boek van Jan Willem (1950; dt. Das Buch von Hans Frieder, 1965); Met Jezus in een scheepje (1950; dt. Mit Jesus im Boot, 1963); David, de herdersjongen (1951; dt. David der Hirtenknabe, 1962); Die domme Jona (1951; dt. Der ungehorsame Jona, 1963); Reis door nacht (Bd. 1–4. 1951–1958; dt. Im Schatten der Gewalt, 1960); Wij leven maar eens (1951; dt. Wir leben nur einmal, 1972); Dagoe, de kleine bosneger (1954; dt. Dagen, der kleine Buschneger, 1956); Jopie wil het winnen (1954); Het kleine negermeisje (1955); Panokko (Bd. 1–3. 1955–1957; dt. Söhne des Urwalds, Bd. 1–3. 1956–1959; auch u.d.T.: Panokko, 1965); Anne de Vries vertelt. 25 verhalen voor de kleintjes (1957; dt. Hör mal zu – lies auch du, 1958; auch u.d.T.: Pinping und andere Geschichten, 1971); Het boek van Gerrie (1957); Het boek van Jaapje (1957); Kinderkleuterbijbel (Bd. 1–2. 1959–1961; dt. Kindermalbibel, 1963); De man in de jachthut (1960; dt. Der Mann in der Jagdhütte, 1962); Kinderen in de Bijbel (1964; dt. Kinder in der Bibel, 1964); Twee meisjes in de tropen (1964; dt. Zwei Mädchen in den Tropen, 1967); Aventuren van een boerenjongen (1965; dt. Jaaps Abenteuer, 1969); Het boek van Dietje Jansen (Bd. 1–3. 1965; dt. Das Buch von Martina, 1971); Jijdaar. De belevenissen van een indianenmeisje (1969; dt. Hedu, die Geschichte eines Indianermädchens, 1969).

Annie J. Moerkercken van der Meulen

W

Wacik, Franz

*Maler, Graphiker, Illustrator und Bühnenbildner; * 9.9.1883 Wien, † 15.9.1938 Wien.*

W. erfuhr nach zwei Jahren Studium an der Handelsschule seine künstlerische Ausbildung zuerst an der Malschule Strehblow, dann an der Kunstgewerbeschule und ab Oktober 1902 an der Akademie, zuletzt in der Klasse Heinrich Leflers (1907/1908). Ab 1906 war er als Zeichner für die Wiener humoristische Wochenschrift „Die Muskete" tätig, gleichfalls ab 1906 als Illustrator, zunächst für Gerlachs Jugendbücherei (Bd. 19: Fahrten und Abenteuer des Freiherrn von Münchhausen). Im Frühjahr 1910 stellte er in der Wiener Sezession aus, deren Mitglied er wurde; 1918 und 1919 hatte er dort große Kollektivausstellungen, in letzterer waren die Aquarelle zum „Tapferen Schneiderlein" zu sehen. Neben Bühnenbildern, Gemälden und Illustrationen schuf er auch zahlreiche Plakate, später mehrfach auch Fresken. Seit 1929 befaßte er sich mit Trickfilmen („Das Bohnenwunder", „Das tapfere Schneiderlein"). W. war seit 1912 mit Marianne Nagy von Konoly, einer Wiener Malerin und Kunsthandwerkerin, verheiratet.

Werk, Tendenzen, Wirkung. W. hat sich bei der Wahl seiner Motive besonders von der poetischen Welt der Romantik und der Tradition der volkstümlichen Dichtung beeinflussen lassen. Besonders talentiert zum Märchenerzählen hat er in den Märchenillustrationen zu Grimm, Andersen, Brentano und E. Th. A. Hoffmann sein Bestes gegeben. Der leicht stilisierende, anschauliche und humorvolle Charakter seiner Kunst eignete sich vorzüglich für die Illustration von Kinderbüchern, die unter anderem bei den Verlagen Gerlach & Wiedling (Wien) und Josef Scholz (Mainz) erschienen. W. hat sich in späteren Jahren auch an der Illustration von Schulbüchern beteiligt. So stammt der Bildschmuck des Erstlesebuchs für Volksschulen „Was kleine Leut' in Wien erfreut" (1. Teil: Winterbuch,

Wien 1935) von ihm und E. KUTZER. 1928 hatte W. ein Rechenbuch (KONRAD FALK: Eins, zwei, drei, lustig ist die Rechnerei) für Schulanfänger illustriert.

Werke: G. A. Bürger: Fahrten und Abenteuer des Freiherrn von Münchhausen (1907); Kl. Brentano: Gockel, Hinkel und Gackeleia (1908); H. Chr. Andersen: Märchen (Teil 2. 1909); Fr. Wacik: Eulenspiegel (1914); J. und W. Grimm: Das tapfere Schneiderlein (1915); H. Chr. Andersen: Gedichte (1917); E. Kläger (Hrsg.): Legenden und Märchen unserer Zeit (zus. mit anderen, 1917); H. Chr. Andersen: Kindermährchen (Bd. 1–2. 1921); J. und W. Grimm: Von sonderbaren und spaßhaften Käuzen (1921); H. Chr. Andersen: Jugenderzählungen (1922); E. Kläger: Pippa's Tanz (1923); K. Falk: Eins, zwei, drei, lustig ist die Rechnerei (1924); V. Fadrus (Hrsg.): Puppen- und Kasperlspiele (1925); W. Hauff: Die Geschichte vom kleinen Muck (1925); M. Jungnickel: Mein Bilderbuch (1925); Fr. Wacik: Das Buch vom Osterhasen (1925); K. Fahringer: Für's Kind (1926); H. Probst: Alles für die Kleinen (1926); H. Sachs: Das Schlaraffenland! (1926); Fr. Wacik: Ein liebes Bilderbüchlein für kleine Buben und Mädchen (1926); K. Linke: Lust und Leid im Kinderleben (1930); M. L. Becker: Vom kleinen Mädchen (1931); Was kleine Leut' in Wien erfreut. Erstes Lesebuch für Volksschulen (zus. mit E. Kutzer, 1935).

Hans A. Halbey

Wackernagel, Philipp Karl Eduard

*Hymnologe, Mineraloge, Pädagoge und Lesebuchherausgeber; * 28. 6. 1800 Berlin, † 20. 6. 1877 Dresden.*

W., der in wirtschaftlich schwierigen Verhältnissen aufwuchs, war zunächst Schüler des „Grauen Klosters" in Berlin und Mitglied der Kurrende. Als er nach dem Tod des Vaters das Gymnasium verlassen mußte, wurde er auf Empfehlung des „Turnvaters" JAHN Lehrer an einer Privatschule. KARL VON RAUMER (1783–1865) holte ihn zu sich nach Breslau, wo er deutsche Sprache und Literatur, aber auch Naturwissenschaften, vor allem Mineralogie, studierte. Bald begann er zudem das Studium des Kirchenlieds und seiner Geschichte, was sein Hauptarbeitsgebiet wurde. Infolge seiner Verbindung mit JAHN war er zeitweilig politischer Verfolgung ausgesetzt. Weitere Stationen seines Lebens waren Halle, Nürnberg und Erlangen, wo er mit Mineralogie promovierte, danach Berlin, Stetten bei Stuttgart, Wiesbaden und Elberfeld. Beruflich war W. als Lehrer an privaten und öffentlichen Schulen tätig. Nach seiner Pensionierung 1861 ließ er sich in Dresden nieder.

Werk, Tendenzen, Wirkung. Bedeutsam für die Geschichte der Jugendlektüre wurde W. durch seine Tätigkeit als Herausgeber von Textsammlungen für den Deutschunterricht. Seine wichtigste Veröffentlichung in diesem Zusammenhang war das „Deutsche Lesebuch" (unter Mitarbeit des Eßlinger Rektors KARL ADOLF SCHMIDT), das in drei Teilen 1843 herauskam und oft nachgedruckt wurde; es war für etwa 8- bis 14jährige gedacht. Ein vierter Teil – aus einer ursprünglich geplanten Vorrede hervorgegangen – erschien unter dem Titel „Der Unterricht in der Muttersprache" als didaktisch-methodische Handreichung für den Lehrer. Im Vorwort des ersten Teils hat W. darauf hingewiesen, daß sein Lesebuch „in poetischer, nationaler und religiöser Richtung einen sehr entschiedenen Charakter ausspricht". Es wird zumeist als „literarisches Lesebuch" bezeichnet, was freilich nur in Relation zu den meisten anderen Lesebüchern der Zeit gilt; auch W. hat eine größere Zahl von Texten aufgenommen, die als „Sachlesestoffe" beziehungsweise als Texte zur Moralerziehung anzusprechen sind, wenn auch sein Bemühen um literarische und sprachliche Qualität unübersehbar ist. Sein Ziel als Lesebuchherausgeber hat er mit dem oft zitierten Satz charakterisiert, daß ihm bei seiner Arbeit „das Bild eines schönen Gartens" vorgeschwebt habe, in dem das lesende Kind sich ergehen könne. W. sah vier Aufgaben des Lesebuchs: Es solle vom Lernbetrieb der übrigen Schularbeit entlasten, den Geschmack der Schüler entwickeln, sie in die Literatur einführen und ihre sprachliche Entwicklung fördern. W.s Nachwirkung geht vor allem auf seine verstärkte Hinwendung zur schönen Literatur als Lesestoff des Deutschunterrichts und auf die Betonung des Intuitiven bei der Aufnahme von Texten durch die Schüler zurück.

Werke: Auswahl deutscher Gedichte für höhere Schulen (1832); Handbuch deutscher Prosa (1837); Deutsches Lesebuch (Bd. 1–4. 1843; Bd. 4 auch u.d.T.: Der Unterricht in der Muttersprache, 1843); Die goldene Fibel (1863).

Alfred Clemens Baumgärtner

Waechter, Friedrich Karl

*Cartoonist, Graphiker, Kinderschriftsteller; * 3. 11. 1937 Danzig.*

W., Sohn eines Lehrers, kam 1945 infolge des Krieges mit seiner Familie nach Schleswig-Holstein. Er besuchte die Lauenburgische Gelehrtenschule Ratzeburg bis zur Unterprima, erhielt anschließend in der Kunstschule Alsterdamm in Hamburg eine Ausbildung zum Gebrauchsgraphiker und arbeitete dann zwei Jahre in einer Werbeagentur in Freiburg/Breisgau. Der Verlag Bärmeier und Nikel engagierte ihn 1962 als Chefgraphiker ab der ersten Nummer der satirischen Zeitschrift „pardon". Seither wohnt W. in Frankfurt am Main. 1975 wurde ihm der Deutsche Jugendbuchpreis für sein Bilderbuch „Wir können noch viel zusammen machen" (1973) zugesprochen. 1976 ist er auf der Ehrenliste zum Hans-Christian-Andersen-Preis aufgeführt, ebenfalls 1976 erhielt er den Preis von Bologna.

Werk, Tendenzen, Wirkung. Dem breiten Publikum wurde W. als Zeichner für die Zeitschriften „Konkret" und „Twen" bekannt. Einfallsreiche satirische und parodistische Büchlein für Erwachsene erschienen von ihm zwischen 1963 und 1969 (so einige der kleinformatigen „Schmunzelbücher" im Verlag Bärmeier und Nikel). 1970 brachte W. den „Anti-Struwwelpeter" heraus, der ursprünglich nicht für Kinder geplant war, aber im Zuge der antiautoritären Erziehung von den Anhängern dieser Bewegung als progressives Gegenstück zum „Struwwelpeter" begrüßt wurde. Ebenfalls 1970 illustrierte W. das Kinderbuch „Die grüne Wolke"

Unter der Brücke saß mein Vater

Mai

Montag	Dienstag	Mittwoch	Donnerstag	Freitag	Samstag	Sonntag
						1
2	3	4	5	6	7	8
9	10	11	12	13	14	15
16	17	18	19	20	21	22
23	24	25	26	27	28	29
30	31					

„Unter der Brücke saß mein Vater". Monatsblatt aus „Friedrich Karl Waechters Kinder-Kalender 1977 mit allen 365 Tagen. Und zusätzlich: Der 32. August" (München 1976).

(1971; engl. The last man alive, 1938) des schottischen Pädagogen und Begründers der Internatsschule Summerhill ALEXANDER SUTHERLAND NEILL (1883–1973). Seither arbeitet W. hauptsächlich für Kinder. Eine Ausnahme: „So dumm waren die Hebräer", eine mit Texten versehene Bilderfolge in Comic-Art, in der die zehn Gebote als Herrschaftsinstrument für Moses interpretiert werden. Neben Filmen für Kinder veröffentlichte W. seit 1974 Theaterstücke für Kinder, zuerst 1974 „Die Beinemacher", eine moderne, auf politische Zusammenhänge in karikierender Weise eingehende Tischlein-deck-dich-Bearbeitung, die er bereits 1972 in Buchform unter dem Titel „Tischlein deck dich" vorgelegt hatte. Den Durchbruch als Kinderstückeschreiber hatte W. 1975 mit der Frankfurter Inszenierung der „Schule mit Clowns".

Die Stärke W.s, die seine Besonderheit ausmacht und seinen Erfolg mitbestimmt, ist sein Ideenreichtum, der sich schon in der Verschiedenartigkeit seines Schaffens ausdrückt: Bücher, Filme, Theaterstücke, Mitmachgeschichten und Spielvorschläge, Poster (so die „3 Wandgeschichten", 1974). Einfälle – und nicht konsequenter dramaturgischer Aufbau oder traditionelle Erzählstruktur – bestimmen seine Werke. Dabei scheut W. keine Art von Phantasie, unterdrückt weder Skurrilität noch Makabres, Groteskes oder Komisches, schreckt auch vor dem banal wirkenden Kalauer nicht zurück, erreicht aber gerade durch diesen ungesteuerten Assoziationsfluß eine Nähe zur noch unstrukturierten Gedankenwelt der Kinder, ohne je sich verstellen zu müssen, also ohne „Kindertümelei".

Von den frühen satirischen Arbeiten bis zu den neueren Blättern ist eine stilistische Entwicklung ablesbar. Die ersten Zeichnungen stehen im Genre guter illustrierter Zeitschriftenwitze nicht abseits, stellen einen einzelnen, schnell, oft nur im Umriß skizzierten Einfall dar. Schon vor dem „Anti-Struwwelpeter" (1970), deutlich etwa in „Zweckermann macht's möglich" (1969), zeigt er seine Begabung zum parodistischen Umgang mit Vorbildern („Der unentbehrliche Einkaufsratgeber Zweckermann" ist eine Parodie auf einen Versandhaus-Katalog). Inzwischen sind W.s Zeichnungen handwerklich sorgfältig gearbeitet, mit Aufwand und Spaß gemacht, enthalten auch den schnell hineingezeichneten Einfall, sind aber nicht mehr nur die Darstellung eines Witzes, sondern angefüllt mit Anekdoten, Zitaten, Spielen. W. ist als Graphiker das Gegenteil eines Puristen, er nutzt jeden Stil, der sich ihm anbietet. Ähnlich ist seine literarische Entwicklung verlaufen: Er hat immer mehr an Flexibilität gewonnen, mit der Umgangssprache zu spielen, was ihm ermöglicht, jeden Einfall ohne Stilbruch aufzunehmen.

Deutlich ist bei W. auch eine Entwicklung vom Cartoon und dem Ausdrucksmittel ‚Strich' zu dem des Wortes und seit den frühen siebziger Jahren zur Unterzeile festzustellen. Diese beginnt sich seit etwa 1973 zur Sprechblase auszuweiten. Der enge Cartoonrahmen wird gesprengt, wenn W. zur Bildgeschichte vorstößt wie in dem Bändchen „Brülle ich zum Fenster raus" (1973), das in Zusammenhang mit seiner Kinderladenarbeit entstand, oder in seinen „3 Wandgeschichten" (1974). Beide Bücher – wobei die „3 Wandgeschichten" eine Mappe mit drei Postern sind („Unbuch", „Nonbuch") – fordern den jungen Leser auf, mitzumachen und die Spielangebote in eigene kreative Tätigkeit umzusetzen. Diese Tendenz, das Buch als Spielobjekt zu sehen, fand sich bereits in W.s zusammen mit BERND EILERT entworfenem Buch „Die Kronenklauer" (1972). Im „Ungeheuer-Spiel" (1975) tauchen dann die „Kronenklauer" nochmals auf und wehren sich gegen die Abrichtungsversuche der Erziehungsberechtigten. Von 1972 stammen W.s Umarbeitungen des GRIMMschen Märchens vom „Tischlein deck dich" und seine Illustrationen zu der Sammlung bisher weniger beachteter GRIMM-Märchen „Der kluge Knecht". Ergänzte W. das Märchen „Tischlein deck dich" durch den Erfinder Philipp, der innerhalb der Requisiten heutiger Industriegesellschaft einen Wundertisch für jedermann erfindet und zudem den „Knüppel aus dem Sack" für immer verbannt, so stellt die von UWE WANDREY herausgegebene Sammlung „Der kluge Knecht" solche Märchen vor, in denen Abhängige, Unterdrückte, Ausgebeutete und Beherrschte Möglichkeiten und Auswege der Abwehr und des Schutzes gegen Angriffe der Herrschenden erproben. Der „satirische Dreh" seines „Tischlein deck dich" kann nach W.s eigenen Worten für Kinder „nicht das A und O sein". Er meint im Hinblick auf das Märchen: „Wichtiger scheint mir die Verhaltensweise der Helden, die ihr Geschick selbst zu bestimmen trachten und weniger bestimmt werden durch Zauber und Schicksal" (Bulletin Jugend und Literatur. 1973. 2. 25–26).

Solidarität und Freundschaft sind die Themen seiner Fabel „Wir können noch viel zusammen machen" (1973), in der drei Tierkinder, der Vogel Philipp, das Ferkel Inge und der Fisch Harald, lernen, gemeinsam zu handeln und zu spielen. Sie erfahren in der Solidarität des Handelns neue Chancen, die ihnen einzeln verschlossen bleiben. Die Kreativität und Spielfreude der Kinder spricht W. in „Opa Hucke's Mitmach-Kabinett" (1976) an.

Gegen den Schrecken und Verwüstungen von Kriegen schreibt W. in seinem Märchen „Die Bauern im Brunnen" (1978). Er erzählt darin von dem Unglück, das der Krieg für die einfachen Leute bedeutet und von dem Gewinn, den die Herren und Könige daraus ziehen; jedoch nur solange, wie die Völker ihre Interessen nicht selbst wahrnehmen und die Herrscher entmachten. 1978 erschien auch „Wahrscheinlich guckt wieder kein Schwein", eine Sammlung von Karikaturen und Zeichnungen, die zugleich der Katalog einer Ausstellung von W.s Graphiken im Hannoverschen „Wilhelm Busch Museum" ist.

Werke: Alle Deine Küsse (1963); Guten Appetit (1964); Vorhang auf (1965); Ich bin der Größte (1966); Die Wahrheit über Arnold Hau (zus. mit F. W. Bernstein und L. Jeman, 1966); Dein sei mein Herz (zus. mit A. Karch und L. Jeman, 1967); Toi, toi, toi (1968); Zweckermann macht's möglich. Der unentbehrliche Einkaufsratgeber (1969); Der Anti-Struwwelpeter (1970); Führerschein ohne Pein (zus. mit L. Jeman, 1971);

Die Kronenklauer (1972); Tischlein deck dich und Knüppel aus dem Sack (1972); Brülle ich zum Fenster raus (1973); So dumm waren die Hebräer (1973); Wir können noch viel zusammen machen (1973); 3 Wandgeschichten (1974); Das Ungeheuer-Spiel (1975); Opa Hucke's Mitmach-Kabinett (1976); Die Bauern im Brunnen (1978); Wahrscheinlich guckt wieder kein Schwein (1978); Spiele (1979).

Theaterstücke: Die Beinemacher (1974); Pustekuchen (1974); Schule mit Clowns (1975); Der Teufel mit den drei goldenen Haaren (1975); Kiebich und Dutz (1977).

Illustr.: A. S. Neill: Die grüne Wolke (1971); Brüder Grimm: Der kluge Knecht (1972); H. Lange: Rätselgeschichten (1973).

Bearb.: K. Campbell: Der fantastische Fazz und sein einfältiger Assistent Zwoo in Die Schlündelgründler (1976).

Sekundärliteratur: o. Verf.: F. K. Waechters Gegen-Fantasien (in: Bulletin Jugend und Literatur. 1973. 2. 25–26). – o. Verf.: Einige unkritische Äußerungen über F. K. Waechter (in: Bulletin Jugend und Literatur. 1975. 9. 19).

Karlhans Frank

Wägner, Wilhelm

*Pädagoge, Theologe, Jugendschriftsteller; * 16. 9. 1800 Darmstadt, †4. 12. 1886 Kettenheim bei Alzey.*

Als Sohn eines Hofjägers besuchte W. eine Privatschule und das Gymnasium seiner Vaterstadt. Seine Mitschüler waren unter anderem der Geschichtsschreiber und Literarhistoriker Georg Gottfried Gervinius (1803–1871), der Zoologe und Paläontologe Johann Jakob Kaup (1803–1873) und Justus Liebig (1803–1873). Nachdem W. 1820 bis 1822 in Gießen Theologie studiert hatte, wurde er Hauslehrer bei dem französischen Gesandten zu Darmstadt, dem Grafen von Fénelon, und übernahm auf einige Jahre die Leitung einer Privatschule. 1828 wurde W. als Lehrer an der Realschule und später auch an der höheren Gewerbeschule in Darmstadt angestellt. Er erwarb 1832 den Titel eines Doktors der Philosophie. Erst 1842 ging W. als Pfarrer nach Ginsheim am Rhein und 1858 nach sechzehnjähriger Tätigkeit nach Kettenheim bei Alzey, wo er, 1877 zum Kirchenrat ernannt, bis in die letzten Tage seines Lebens in seinem Amt wirkte.

Werk, Tendenzen, Wirkung. Das schriftstellerische Interesse W.s galt historischen Ereignissen und Persönlichkeiten, der Geschichte fremder Völker und besonders der Vorzeit des eigenen Volkes. Seine Bücher sollten das im Unterricht Vorgetragene vertiefen. Das 1839 veröffentlichte und häufig gespielte Drama „Die Belagerung von Kolberg" fand auch bei der Jugend Widerhall. Zusammen mit seiner Tochter Johanna schrieb W. 1885 die historische Erzählung „Prinz Eugen, der edle Ritter, und sein allzeit bereiter Wachtmeister", die im Untertitel die Bemerkung „für Jugend und Volk" enthält. Der Stoff behandelt die Zeit der Türkenkriege sowie des spanischen Erbfolgekrieges.
Größte Resonanz fand das dreibändige Werk „Unsere Vorzeit. In Schilderungen für Jugend und Volk" (1. Band: Nordisch-germanische Götter und Helden, 1874; 2. Band: Deutsche Heldensagen, 1878; 3. Band: Deutsche Volkssagen, 1880). Nach W. ist Sage nicht Geschichte, aber in der Sage sind geschichtliche Wahrheiten enthalten. Die Sage schildere oft Sitten und Gebräuche vergangener Zeiten sorgfältiger als die Historie.
Zu den deutschen Heldensagen rechnet W. auch Stoffe, die aus den deutschen Volksbüchern stammen wie „Herzog Ernst" oder die „Haimonskinder". So teilt er die Heldensagen in fünf Kreise ein: 1. Der Sagenkreis der Amelungen, 2. Der Sagenkreis der Nibelungen, darunter auch Gudrun, Herzog Ernst und Beowulf, 3. Der Karolingische Sagenkreis (Die Haimonskinder, Roland, Wilhelm von Orange), 4. Der Sagenkreis von König Artus und den heiligen Gral (Titurel, Parzival, Lohengrin, Tristan und Isolde), 5. Tannhäuser. Die Stoffe für den dritten Band „Deutsche Volkssagen" entnimmt W. weitgehend den Deutschen Volksbüchern (1. Reineke Fuchs; 2. Der gehörnte Siegfried; 3. Karl der Große; 4. Kaiser Otto mit dem Barte; 5. Der gute Gerhard; 6. Friedrich Rothbart; 7. Heinrich der Löwe; 8. Die schöne Magelone; 9. Der arme Heinrich; 10. Griseldis; 11. Die Schildbürger; 12. Hirlanda und Bretagne; 13. Dr. Faust; 14. Genoveva; 15. Till Eulenspiegel; 16. Der Graf im Pflug; 17. Fortunatus und seine Söhne). Die Nibelungensage wurde von W. noch einmal gesondert 1882, „nach nordischer und deutscher Dichtung erzählt", herausgegeben. Die Schwierigkeiten, die W. bei der Übertragung der alten Sagendichtungen und Skaldenlieder, seiner Meinung nach jugendgeeignete Texte, hatte, werden aus seinen Einführungen in dem Vorwort zu dem Werk „Unsere Vorzeit" ersichtlich. Danach galt es, „eine richtige Auswahl zu treffen, Bedeutendes hervorzuheben, den oft fehlenden Zusammenhang herzustellen und das Ganze in gefällige Form zu bringen." W.s Werk sollte helfen, „zur Belebung des deutschen Nationalgefühls beizutragen", erkenne „man doch auch in dem Grauen einer wilden gesetzlosen Zeit deutsche Liebe und Treue, deutsche Redlichkeit, überhaupt das deutsche Gemüt". Als angebracht erschien es W. „die Anschauungen, die Tugenden, nicht minder die Fehler der Ahnen dem deutschen Volke vor Augen zu stellen." Das Werk „Unsere Vorzeit" ist demnach keine bloße Sagensammlung, sondern in seiner ganzen Art – es enthält z. B. eine Reihe von wissenschaftlichen Erörterungen mitten im Text, und neben der eigentlichen Darstellung stehen erklärende Bemerkungen – auch ein Sachbuch über Götter-, Helden- und Volkssagen. Das wird in den Überschriften zum Schlußabschnitt deutlich (Die nordische Vorzeit und die Gegenwart; Die germanischen Mythen und Sagen; Die Monatsnamen und Wochentage; Althochdeutsche Feste und Gebräuche; Unglückstage; Heilige Pflanzen; Pflanzensagen usw.).
W.s Begabung für die populäre Geschichtsschreibung des klassischen Altertums zeigen seine vorzugsweise für jugendliche Leser bestimmten Werke „Hellas. Das Land und Volk der alten Griechen" (1859) und „Rom. Anfang, Fortgang, Ausbreitung und Verfall des Weltreiches der Römer" (1862). Er wollte „ein lebensvolles Bild von dem Dichten und Denken, dem Tun und

Schaffen, Kämpfen, Dulden, Siegen und Untergehen der zwei berühmtesten Nationen des Altertums" bieten und war bemüht, „zur Erfüllung der Bürgerpflicht, zur Opferwilligkeit für das Vaterland, zur Strebsamkeit in jedem Beruf zu ermahnen".
Nach des Verfassers Tod erschienen „Hellas" und „Rom" weiter in Bearbeitungen verschiedener Autoren. Der Wiener Verlag Carl Ueberreuter brachte „Hellas" noch 1955 und „Rom" (mit dem geänderten Untertitel „Land und Volk der alten Römer") 1956 heraus. Aufgrund moderner Forschungsergebnisse wurden von EMIL NACK (1892–1976) beide Bände völlig neugestaltet und sprachlich gewandelt. Als Verfasser der Neuausgabe von 1976 sind EMIL NACK und W. genannt.

Werke: Die Belagerung von Kolberg. Drama (1839); Das Buch vom Feldmarschall Radetzky. Für Heer und Volk. Mit Benutzung eines hinterlassenen Manuscriptes des Hofraths, Professor Dr. F. J. A. Schneidawind (1859); Hellas. Das Land und Volk der alten Griechen. Bearbeitet für Freunde des klassischen Alterthums, besonders für die deutsche Jugend (1859, [10]1911); Rom. Anfang, Fortgang, Ausbreitung und Verfall des Weltreiches der Römer. Für Freunde des klassischen Alterthums, besonders für die deutsche Jugend bearbeitet (1862, [10]1923); Nordische-germanische Götter- und Heldensagen. Unsere Vorzeit. I. Bd. (1874, [7]1905); Deutsche Heldensagen. Unsere Vorzeit. II. Bd. (1878, [8]1908); Deutsche Volkssagen. Unsere Vorzeit. III. Bd. (1880, [2]1907); Die Nibelungen. Nach nordischer und deutscher Dichtung erzählt (1882); Prinz Eugen, der edle Ritter, und sein allezeit bereiter Wachtmeister. Historische Erzählung für Jugend und Volk, vornehmlich aus der Zeit der französischen und der Türkenkriege, sowie des spanischen Erbfolgekrieges (1885).

Hans Eich

Wäscher, Hansrudi

*Comiczeichner; * 5. 4. 1928 St. Gallen/Schweiz.*

In Lugano kam W., Sohn deutscher Eltern, schon früh mit Comics in Berührung und lernte sie schätzen. Als seine Familie 1940 nach Deutschland zurückkehrte, konnte er dieses Interesse jedoch nicht weiter befriedigen, da Comics hier verboten waren. Er schloß seine Schulzeit mit der Mittleren Reife ab, begann anschließend eine Lehre als Plakatmaler, wechselte jedoch bald auf die Werkkunstschule in Hannover über und schloß dort 1950 sein Studium als Graphiker ab. W. arbeitete anschließend als Reklamezeichner und zeichnete nebenbei Comicabenteuer, ohne sie jedoch veröffentlichen zu können.
Ab 1953 kreierte er als freier Mitarbeiter im Walter-Lehning-Verlag Comics, ohne daß sein Name in der Regel in den Produktionen erwähnt wurde. Eine Ausnahme machten nur die ersten Nummern des „Sigurd". Seine Serien „Sigurd", „Tibor", „Falk", „Bob und Ben", „Gert und Jörg", „Roy Stark" und „Akim" wurden sehr bekannt. Sie erschienen im Kleinformat als „Piccolo"- oder „Kolibri"-Hefte, wurden jedoch auch in großformatigen Heften produziert oder nachgedruckt.
W. arbeitete seit Beginn seiner Tätigkeit als Comiczeichner mit nur sehr wenigen Mitarbeitern und hat in den vergangenen 23 Jahren fast allein über 1200 Piccolo- und Kolibri-Hefte sowie über 450 Großbände geschaffen. Zahlreiche Abenteuerepisoden seiner Serien wurden nachgedruckt, nachdem er sie überarbeitet hatte, oder wurden übersetzt. Daneben zeichnete er auch für andere Serien die Titelbilder.
Seit einigen Jahren beteiligt er sich entscheidend an der Produktion der „Buffalo Bill"-Serie im Bastei Verlag. Seine Serien „Sigurd" und „Nick" sind 1976 im Melzer Verlag (Darmstadt) in kolorierten Heften wieder aufgelegt worden.

Werk, Tendenzen, Wirkung. W. ist einer der wenigen und unter diesen der produktivste westdeutsche Comiczeichner. Seine durchweg abenteuerlichen Serien aus dem Ritter-, Piraten-, Dschungel- und Science-Fiction-Milieu beweisen eine gekonnte graphische Gestaltungstechnik und einen im Vergleich zu anderen Serien annehmbaren Sprachstil.
W. entging dennoch nicht dem Vorwurf mangelnder zeichnerischer und dramaturgischer Qualität. Die Parallelproduktion vieler Serien – er zeichnete zeitweilig bis zu sieben Serien parallel – war in der Tat nur auf Kosten des künstlerischen Anspruchs möglich. Vergleicht man seine Serien mit anderen, so fällt jedoch auf, daß sie neben graphischem Detailreichtum differenzierte Landschaftsschilderungen als Spezifikum aufweisen. Außerdem pflegen W.s Helden zu denken, bevor sie reagieren: schwierige Situationen werden weniger durch überschnelles und reflexhaftes Handeln, als vielmehr mit dem Verstand gemeistert. Allerdings weisen die Serien bei den Personencharakteristika und in den Handlungsabläufen auch klischeehafte Formen auf.

Sekundärliteratur: N. Aping: Nick-SF-Special (in: Comixene. 7/8. 1976. 19–25); H. R. Wäscher Check-List (in: Comixene. 5. 1975. 14–15 und 7/8. 1976. 31). – H. J. Ehring: H.-R. Wäscher – Schriftsteller und Illustrator (in: Comixene. 5. 1975. 6–13). – A. C. Knigge: Buffalo Bill (in: Comixene. 4. 1975. 19).

Wolfgang Kempkes

Waggerl, Heinrich

*Lehrer, Schriftsteller; * 10. 12. 1897 Bad Gastein, † 4. 11. 1973 Schwarzach bei Salzburg.*

W., Sohn eines Zimmermanns, wuchs im Dorf Wagrain bei Salzburg auf, wo er später, nach entbehrungsreichem Leben, Lehrer war; seit der Kriegsgefangenschaft nach dem Ersten Weltkrieg erkrankt, mußte er diesen Beruf bald aufgeben und lebte unter anderem als Plakatzeichner, Buchbinder, Metallarbeiter und Möbelarchitekt, bis sich die ersten Romanerfolge einstellten.

Werk, Tendenzen, Wirkung. Im Roman „Brot" (1930) ist mit der Abhängigkeit von KNUT HAMSUN (1859–1952; Vorbild: „Markens Grode"; dt. Segen der Erde) sogleich der Motivkomplex der weiteren drei Romane

„Schweres Blut“ (1931), „Das Jahr des Herrn“ (1933), „Mütter“ (1935) gegeben: Bauerntum zwischen volkreichen Dörfern und Einödhöfen, Bauernschicksale zwischen Dorfleben mit den Versuchungen der Zivilisation und Naturwildheit, die gezähmt und kultiviert werden muß. Die vier großen Romane wurden begleitet und fortgesetzt von etwa vierzig Erzählungen, Novellen, Kalendergeschichten, Hörspielen, Legenden und mehr oder weniger autobiographischen Essays; auch zwei Gedichtsammlungen liegen vor.

W.s Romane stehen in der Tradition der heimatgebundenen Bauern- und Dorfromane („Der Bauer ist ewig wie die Erde selbst“; Sämtliche Werke Bd. 1, S. 239). Die Tradition reicht zurück bis ins vorige Jahrhundert und erfährt um die Jahrhundertwende eine nationale Tendenz, die formal als Typisierung der Figuren sichtbar wird. W. ist jedoch weder der ohnehin nach dem Ersten Weltkrieg versiegenden Heimatkunstbewegung zuzurechnen noch der sogenannten Blut- und Bodendichtung. Die Typik des Bauerntums wird bei W. ergänzt durch die Typik des Landstreichertums, Hausierertums; hinzu kommt der christlich-katholische und leicht humorvoll getönte Hintergrund des Erzählers: Alle Werke werden zwar bestimmt von wechselvollen Zufällen und harten Schicksalen, aber die treibende Unruhe wird schließlich gezähmt durch einen einfältigen christlich-naturnahen Glauben. Beispielsweise bilden in den Kalendergeschichten die zum Teil aus früheren Romanen stammenden Legenden nicht nur formal das Mittelstück; bezeichnend ist nicht nur, daß hier das Vagabundentum zum Räubertum extremisiert ist, sondern daß die Bande mitsamt ihrem edlen Hauptmann durch das Wunder der Jungfrau Maria erlöst wird.

W. hat vor allem in Österreich eine große Lesergemeinde; dort auch ist er – wie PETER ROSEGGER – beliebt bei der Jugend. Besonders die Kalendergeschichten, aber auch die Legenden, fanden in speziellen Sonder- und Teilausgaben Zugang zu jungen Lesern. Die Erzählung „Die Traumschachtel“ wurde mehrfach als Kinderbilderbuch herausgebracht, zuletzt 1968 mit Illustrationen von ROSI BEDNARIK. Die Kalendergeschichten von W. haben inzwischen als Insel-Taschenbuch das 250. Tausend erreicht.

Werke: Brot (1930); Schweres Blut (1931); Das Wiesenbuch (1932); Du und Angela (1933); Das Jahr des Herrn (1933); Mütter (1935); Wagrainer Tagebuch (1936); Kalendergeschichten (1937); Pfingstidyll an der Reichsautobahn (1941); Feierabend (1944); Die Pfingstreise (1946); Fröhliche Armut (1948); Wagrainer Geschichtenbuch (1950); Kleines Erdenrund. Bildnis und Selbstbildnis (1951, hrsg. von H. Arens; NA. u. d. T.: Vagabund an der Leine. Ein Streifzug durch Leben und Werk des Dichters Karl Heinrich Waggerl, 1962); Und es begab sich … (1953); Das Lebenshaus (1955); Das ist die stillste Zeit im Jahr (1956); Die Traumschachtel (1962); Kraut und Unkraut (1968); Gesammelte Werke (Bd. 1–5. 1948–1952); Sämtliche Werke (Bd. 1–2. 1970).

Sekundärliteratur: H. Arens: Karl Heinrich Waggerl. Der Mensch und der Dichter (1934). – R. Bayr: Karl Heinrich Waggerl. Der Dichter und sein Werk (1947). – L. Biermer: Karl Heinrich Waggerl (in: Die Neue Literatur. 36. 1935. 316–324). – E. Hartl: Der Erzähler Karl Heinrich Waggerl (in: Wort in der Zeit. 3. 1957. 12. 1–7). – N. Langer: Karl Heinrich Waggerl (in: Dichter aus Österreich. Erste Folge. [2]1963. 110–115). – J. J. Mulligan: The foundations of humor in Karl Heinrich Waggerl (in: The German quarterly. 1961. 34. 449–454). – O. Reithoffer: K. H. Waggerls ‚Brot‘ und K. Hamsuns ‚Segen der Erde‘. Eine vergleichende Studie (in: 13. Jahresbericht des BRG Fürstenfeld 1936/1937. 1937. 3–11). – I. Schüler: Der Einfluß Knut Hamsuns auf Karl Heinrich Waggerl (Diss. 1951). – H. P. Treiber: Die Romankunst Karl Heinrich Waggerls (Diss. 1973). – H. Vogelsang: Karl Heinrich Waggerl – Aphoristiker der idyllischen Welt (in: Österreich in Geschichte und Literatur 1964. 8./9. 443–454). – Kleine Bibliographie der Werke K. H. Waggerls (1967).

Dieter Arendt

Wagner, Hermann

*Lehrer, Verlagsredakteur, Kinder- und Jugendbuchautor; * 10. 11. 1824 Weißenfels (Saale), † 30. 6. 1879 Leipzig.*

W. wurde 1842 bis 1844 im Seminar seiner Vaterstadt zum Pädagogen ausgebildet und war Lehrer in Weißenfels, Halle (Saale) und Bielefeld. 1857 trat er in die Redaktion der Verlagsbuchhandlung von OTTO SPAMER in Leipzig ein. Neben seinen Büchern für Kinder und Jugendliche verfaßte er für Zeitungen und Jugendblätter naturgeschichtliche Beiträge. Er war ständiger Mitarbeiter bei den anfangs als Zeitschriften, später als gebundene Jahrbücher erscheinenden Periodica „Herzblättchens Zeitvertreib“ und „Töchteralbum“ die von THEKLA VON GUMPERT (1810–1897) herausgegeben wurden. In ihnen trat er auch als Zeichner von Blumensträußen und Naturstilleben hervor. W. gab den „Hausschatz für die deutsche Jugend“ heraus (1866–1873, zwölf Hefte pro Jahr), der als Fortsetzung der Zeitschrift „Des Knaben Lust und Lehre“ (1857–1865) erschien und der Beiträge von bedeutenden Jugend- und Volksschriftstellern der Zeit brachte.

Werk, Tendenzen, Wirkung. W.s Ansicht, die Kinderwelt mit ihren Spielen sei eine eigene Welt, die ebenso ihre Berechtigung habe wie die Welt der Erwachsenen, schlug sich vor allem in zwei Büchern über Knabenspiele nieder. „Bei Abfassung meines Illustrirten Spielbuchs für Knaben“ schrieb W. 1864, „versuchte ich den gewöhnlichen Belustigungen des Knaben auch alle jene Beschäftigungen anzureihen, durch welche er neben dem Vergnügen sich auch belehrende Erheiterung verschaffen könnte“. Der Verlag, der diesen Band „in jeder Familie, in jeder Schulbibliothek“ als „nützlich“ anpries, wies darauf hin, daß der Knabe „hier die Wahl unter Laufspielen, Sach- und Ratespielen, Hüpf- und Sprungspielen, Turn-, Ball-, Kugel- und Wurfspielen für Belustigungen im Freien, und unter Brett-, Pfänder- und Kniespielen, Sand-, Erbsen- und Stäbchenspielen, Flecht-, Papp- und Holzarbeiten usw.“ habe. Der zweite Band „Der gelehrte Spielkamerad oder der kleine Naturforscher, Thierfreund und Sammler“ (1865), war „für solche Spiellustige, denen bereits ein größerer Schatz von Kenntnissen zur Seite steht“

bestimmt. Hier wird Anweisung erteilt „im Sammeln von Mineralien, Pflanzen, Insekten usw., in der Behandlung und Pflege von Raupen, Vögeln, Kaninchen, Meerschweinchen, Eichhörnchen u. dgl., im Warten der Zimmer- und Gartenblumen, Anlegen von Aquarien, im Vogel- und Fischfang, im Ausführen von mancherlei unterhaltenden und gefahrlosen chemischen und physikalischen Experimenten etc.“. Beide Bände boten nach Urteil des Verlages „eine kleine und sicherlich Freude wie Nutzen bringende Enzyklopädie der Knabenlust“.

W.s Lieblingsthema war die Naturgeschichte (Botanik und Zoologie). Für Lehrer und Schüler gab er zur „belehrenden Anschauung“ verschiedene Herbarien heraus. Für die Schule verfaßte W. eine „Pflanzenkunde für Schulen“ (1854), eine zweibändige „Malerische Botanik. Schilderung aus dem Leben der Gewächse“ (1861), eine „Gartenbotanik für Schulen, insbesondere solche größerer Städte, angeknüpft an die am leichtesten zugänglichen Gartengewächse“ (1868) und die „Illustrierte deutsche Flora. Eine Beschreibung der in Deutschland und der Schweiz einheimischen Blüthenpflanzen und Gefäßcryptogamen“ (1871). Der Band „Im Grünen oder die kleinen Pflanzenfreunde“ (1863) enthielt „Kleine Erzählungen aus dem Pflanzenreich“. Von Tieren handelten Bände, deren Bilder von Heinrich Leutemann und deren Texte von W. stammten („Wilde Thiere“, 1876; „Thierbilderbuch und Thiergeschichten, mit zusätzlichen Bildern von Specht“, 1877; „Unzerreißbares Thierbuch“, 1878; „Charakterbilder aus der Thierwelt“, 1. Serie 1878, 2. und 3. Serie 1879; „Biographien aus dem Naturleben für die Jugend und ihre Freunde“ bot W. unter dem Titel „In die Natur“ (1. und 2. Sammlung 1853, 3. Sammlung 1856). In der ersten Sammlung dieses Werkes wurden 20, in der zweiten 16, in der dritten 24 Gegenstände aus den verschiedenen Reichen und Gebieten der Natur anschaulich und eingehend behandelt. In seiner „Vorrede“ sagte der Verfasser: „Nachstehende Bilder sind Versuche, Szenen aus dem Leben der Natur für die erste Stufe des Unterrichts zu zeichnen“. Er sah seinen Zweck dann erreicht, wenn den Kindern „die Dinge der Natur lieb und wert geworden und sie sich inmitten der Blümchen, Käfer, Schmetterlinge und Vögeln wohl und heiter fühlen und wünschen, immer mehr und mehr von ihnen zu erfahren“. Auch „das Buch der Natur“ (1. Band 1857, 2. Band 1859), die „Bilder zum Anschauungs-Unterricht für die Jugend“ (1864), die „Naturgeschichte“ (1864), die „Naturschilderungen“ (1866) und die „Zonen-Bilder“ (1867) waren der „Jugend gewidmet“ und sollten den jungen Lesern als Freizeitlektüre dienen.

1872 kam die „Illustrierte Naturgeschichte für die Jugend“ heraus mit 258 Holzschnitten und 306 Abbildungen auf 17 Farbtafeln nach Aquarellen von W. Hoffmann. Nach Angaben des Verlags erschienen davon vier Auflagen mit insgesamt 40000 Exemplaren. Der reich illustrierte Band kostete nur sechs Mark.

Typischen Erzählstoff der damaligen Zeit bot „Herzblättchens Naturgeschichte“, drei Bändchen mit zahlreichen Farbbildern (1876–1878). Das erste Bändchen enthielt 63, das zweite 58 und das dritte 44 „kleine reizende naturgeschichtliche Schilderungen, auf die wir“, wie der Verlag anpries, „neben den Eltern auch die Lehrer kleinerer Kinder aufmerksam machen“.

Am bekanntesten wurden W.s siebenbändige „Entdekkungsreisen“ in der Wohnstube, in Haus und Hof, in Feld und Flur, im Wald und auf der Heide, in Berg und Tal, in der Heimat, in Stadt und Land (1862–1866). Nach dem didaktischen Grundsatz „Geh vom Nahen zum Entfernten“ bot W. darin die Darstellung der unbelebten und belebten Natur. Zum ersten Band bemerkte der Verfasser: „Die Entdeckungsreisen in der Wohnstube“ machten das Kind aufmerksam auf Wind und Wetter im häuslichen Raum, „auf die Bestandteile der Wände, sowohl der Steine, aus denen sie gebaut, als die Farben und Muster, mit denen sie geschmückt“ seien. Dabei werde „naturgeschichtlich betrachtet, was an Tieren und Pflanzen in der Wohnstube sich vorfinden“ könne, und es würden „die Fliegen und andere Ungeziefer ebenso, wie der Kanarienvogel und die Zierpflanze im Topfe, berücksichtigt“. W. wies darauf hin, daß er eine große Anzahl der erzählten „Entdekkungsreisen“ jahrelang mit kleinen Kindern wirklich durchgeführt habe. So heißt es auch meistens in den

Einband zu „Entdeckungsreisen in Haus und Hof“ von Hermann Wagner, die 1862 in Leipzig bei Spamer erschienen. Wagner berichtet von naturkundlichen Entdeckungsreisen in der nächsten Umgebung, die er „mit seinen lieben jungen Freunden und Freundinnen unternommen“ hat.

Untertiteln der Bände: „mit seinen lieben jungen Freunden und Freundinnen unternommen". Zu den „Entdeckungsreisen in der Heimat" schrieb W., daß er diesem Bändchen eine im Juli 1863 mit einem dreizehnjährigen Knaben unternommene Alpenfahrt zugrundegelegt habe. Einige Schilderungen faßte W. in Briefform. Nach W. handelte es sich dabei um (wahrscheinlich fiktive) Briefe, die sein junger Begleiter an Angehörige geschrieben habe. Das Bändchen „Entdeckungsreisen in Stadt und Land" enthält unter anderem auch zwei Märchen, das „Märchen vom Prinzen Waldmeister" und das „Märchen vom alten Weidenbaum. Eine Geschichte für solche, die keine Rechenmeister sind". Andere illustrierte Bände W.s, die mehr einen Überblick ergaben, nannten sich „Wanderungen" und waren zum Teil wieder mit dem Vermerk versehen „mit seinen jungen Freunden ausgeführt" („Wanderungen am Meeresstrande", 1869; „Wanderungen durch die Werkstätten der Neuzeit", 1862; „Wanderungen durch die Werkstätte der Handwerker und ihrer Berufsverwandten. Eine Rundschau über mehr als 150 Handwerke, Künste und Industriezweige der Gegenwart", 1864). Beim Verlag Spamer in Leipzig oblag W. auch die Betreuung der illustrierten Bibliothek „Malerische Feierstunden", die „zur Verbreitung nützlicher und unentbehrlicher Kenntnisse für's Leben" gedacht war. W. gab hiervon „unter Mitwirkung mehrerer Geographen und Schulmänner" die Reihe „Das Buch der Reisen und Entdeckungen" heraus. Wie W. ausführte, sollten diese Bände „zur Erweiterung der Kenntniß der Fremde" dienen.

An W.s zu seiner Zeit weithin anerkannten Werken wurde besonders seine genaue Kenntnis der Natur, seine scharfe Beobachtungsgabe, seine leichtverständliche Sprache und die anziehende Form seiner Schriften gelobt. Bezeichnend für W.s Wertschätzung ist eine Bemerkung über den Band „Naturstudien im Hause. Plaudereien in der Dämmerstunde. Ein Buch für die Jugend" (1896) von Karl Kraepelin (1878–1915), der für die Vereinigten Lehrer-Prüfungs-Ausschüsse feststellte, die Darstellung sei vom pädagogisch-methodischen Standpunkt aus „meisterhaft", man könnte nicht umhin, dieses Buch „mit den Sachen von Hermann Wagner auf gleiche Stufe zu stellen" (Jugendschriften-Warte, 1897, Nr. 11, S. 42).

Werke: In die Natur! Biographien aus dem Naturleben für die Jugend und ihre Freunde. Drei Sammlungen (1. u. 2. Sammlung 1853, ^{6}1886; 3. Sammlung 1856, ^{2}1862); Das Buch der Natur. Naturwissenschaftliche Lebensbilder für Jung und Alt (1. Bd. 1857; 2. Bd. 1859; bde. Bde. ^{2}1879); Malerische Botanik. Schilderungen aus dem Leben der Gewächse. Populäre Vorträge über physiologische und angewandte Pflanzenkunde. Mit 590 Text-Illustrationen und 8 Tonbildern (Bd. 1–2. 1861, ^{2}1871); Entdeckungsreisen in der Wohnstube. Mit seinen jungen Freunden unternommen. Mit 100 in den Text gedruckten Abbildungen, 1 Farbendruck und einem Tonbilde (1862, ^{10}1911); Entdeckungsreisen in Haus und Hof. Mit seinen lieben jungen Freunden und Freundinnen unternommen. Mit vielen Abbildungen, sowie mehreren Tonbildern (1862, ^{12}1908); Wanderungen durch die Werkstätten der Neuzeit. Mit seinen jungen Freunden ausgeführt (1862); Entdeckungsreisen in Feld und Flur. Mit seinen jungen Freunden und Freundinnen unternommen. Mit 100 Text-Abbildungen und 2 Farbdruckbildern (1863, ^{13}1908); Entdeckungsreisen im Wald und auf der Heide. Mit seinen jungen Freunden und Freundinnen unternommen. Mit 135 Text-Abbildungen, 2 Tafeln und 2 Farbendruckbildern (1863, ^{13}1909); Entdeckungsreisen in Berg und Tal. Mit seinen jungen Freunden und Freundinnen unternommen. Mit 80 Text-Abbildungen und einem Titelbilde in Farbendruck (1863, ^{8}1906); Im Grünen oder: Die kleinen Pflanzenfreunde. Kleine Erzählungen aus dem Pflanzenreich. Für die Jugend bearbeitet. Mit 68 Textabbildungen und einem Titelbilde (1863, ^{6}1892); Naturgemälde der ganzen Welt. Abbildungen aus dem Thier- und Pflanzenreich aller Zonen für die Jugend (1864, ^{2}1867); Illustrirtes Spielbuch für Knaben. 1001 unterhaltende und anregende Belustigungen, Spiele und Beschäftigungen für Körper und Geist, im Freien sowie im Zimmer. Mit über 500 Text-Abbildungen, sowie einem Titelbilde (1864, ^{19}1901); Der gelehrte Spielkamerad oder der kleine Naturforscher, Thierfreund und Sammler. Anleitung für kleine Physiker, Chemiker, Botaniker und Naturfreunde zum Experimentieren, zur Anlage von Pflanzen-, Stein-, Muschel-, Insekten-, Schmetterling-, Vogel-, Briefmarken-Sammlungen etc. sowie zur Pflege der Hausthiere und des Hausgartens (1865, ^{3}1877); Wanderungen durch die Werkstätte der Handwerker und ihrer Berufsverwandten. Eine Rundschau über mehr als 150 Handwerke, Künste und Industriezweige der Gegenwart auf 20 Folioblättern in lithographischem Buchdruck. Mit erklärendem Texte (1864, ^{7}1871); Naturgeschichte. Der Jugend gewidmet. Mit zahlreichen Abbildungen auf 15 lithographirten und colorirten Tafeln und 32 eingedruckte Holzschnitte (1864, ^{3}1876); Entdeckungsreisen in der Heimat. Im Süden. Eine Alpenreise, mit seinen jungen Freunden und Freundinnen unternommen. Mit 110 Abbildungen, 2 Tondrucken und 1 bunten Titelbild (1865, ^{3}1882); Entdeckungsreisen in Stadt und Land. Streifzüge in Mitteldeutschland, mit seinen jungen Freunden unternommen (1866, ^{8}1911); Naturschilderungen. Der Jugend gewidmet. Mit Bildern in Farbendruck nach Aquarellen von H. Leutemann und Fr. Specht (1866, ^{3}1874); Zonenbilder. Mit farbigen Bildern nach Aquarellen von H. Leutemann. Mit erklärenden Schilderungen für die Jugend (1867, ^{2}1876); Gartenbotanik für Schulen insbesondere solche größerer Städte, angeknüpft an die am leichtesten zugänglichen Gartengewächse. Mit 246 in den Text gedruckten Abbildungen in Holzschnitten und 1 lithographirten Übersichtstafel (1868); Wanderungen am Meeresstrande. Mit seinen jungen Freunden ausgeführt. Mit 101 eingedruckten Holzschnitten und 4 lithographirten Buntbildern (1869); Illustrierte deutsche Flora. Eine Beschreibung der in Deutschland und der Schweiz einheimischen Blüthenpflanzen und Gefäßcryptogamen mit 1250 Holzschnitt-Illustrationen (1871); Illustrierte Naturgeschichte für die Jugend. Mit 258 Holzschnitten und 306 Abbildungen auf 17 Farbentafeln nach Aquarellen von Wilhelm Hoffmann (1872, ^{4}1892); Lehrbuch der ebenen Geometrie. Nach Grundsätzen Bolyais für Gymnasien und Realschulen bearbeitet (1874); Herzblättchens Naturgeschichte. 3 Bändchen mit 18 Bildern in Farbendruck (1876–1878, ^{2}1889); Thierbilderbuch und Thiergeschichten (1877); Charakterbilder aus der Thierwelt. In Verkleinerung von „Leutemanns Zoologischem Atlas für den Schulgebrauch" (1. Serie 1878, 2. u. 3. Serie 1879).

Bearb.: Ed. Vogel, der Afrika-Reisende. Schilderung der Reisen und Entdeckungen des Dr. Eduard Vogel in Central-Afrika, in der großen Wüste, in den Ländern des Sudan (am Tsad-See, in Mußgo, Tubori, Mandara, Sinder, Bantschi usw.). Nebst einem Lebensabriß des Reisenden. Nach den Originalquellen bearbeitet von H. Wagner. Mit 100 in den Text gedruckten Abbildungen, acht Tondruckbildern sowie einer Übersichtskarte der Reiseroute Dr. Ed. Vogel's (Malerische Feierstunde, Bd. 3.

1859, [2]1860); Die Nipponfahrer oder das wiedererschlossene Japan. In Schilderungen der bekanntesten älteren und neueren Reisen, insbesondere der amerikanischen Expedition unter Führung des Commodore M. C. Perry in den Jahren 1852 bis 1854. Mit Benutzung des großen amerikanischen Prachtwerkes „Narrative of the Expedition of an american squadron to the China Seas and Japan, performed in the years 1852; 1853 and 1854 under the Command of Commodore M. C. Perry, U. St. N. By order of the Government of the United States". Bearbeitet von Friedrich Steger und Hermann Wagner. Mit 140 in den Text gedruckten Abbildungen, sieben Tondrucktafeln sowie einer Karte von Japan. (Malerische Feierstunde, Bd. 4. 1861; ND. 1967); Hermann Wagner: Die Franklin-Expedition und ihr Ausgang. Entdeckung der nordwestlichen Durchfahrt durch MacClure sowie Auffindung der Überreste von Franklin's Expedition durch Kapit. Sir Millinstock, R. U. L. (Malerische Feierstunden, Bd. 5. 1861, [2]1867); Du Cahillu – Magyar – Andersson: Die neuesten Entdeckungsreisen an der Westküste Afrikas. Mit besonderer Berücksichtigung der Reisen und Abenteuer, Handels- und Jagdzüge von Paul Belloni du Chaillu im äquatorischen Afrika sowie von Ladislaus Magyar in Benguela und Bihe und C. Joh. Andersson am Okavango-Flusse. Bearbeitet von Hermann Wagner. Mit über 100 in den Text gedruckten Abbildungen, 5 Tonbildern, 2 Karten etc. (Malerische Feierstunden, Bd. 5. 1863); Anton von Etzel und Hermann Wagner: Reisen in den Steppen und Hochgebirgen Sibiriens und der angrenzenden Länder Central-Asiens. Nach Aufzeichnungen von T. W. Atkinson, A. Th. von Middendorf, G. Padde u. a. (Malerische Feierstunden, Bd. 7, 1864).

Hrsg.: Hausschatz für die deutsche Jugend (Jg. 1–8. 1866–1873).

Hans Eich

Walbert, Helmut

*Kinderbuch- und Jugendtheaterautor; * 19. 9. 1937 Aachen.*

W. verlor 1944 seinen Vater, einen Werkzeugmacher. Seitdem waren er und seine Schwester auf das Einkommen der Mutter, die als Wäscherin arbeitete, angewiesen. W. selbst wurde Wollstoffmacher. Später erwarb er die Hochschulreife und studierte Philosophie, Psychologie, Theaterwissenschaft und Germanistik. Drei Jahre war er als Volksschullehrer tätig. Mehrere seiner Theaterstücke und Bücher wurden mit Preisen ausgezeichnet. Er produzierte Hörspiele und Fernsehfilme. Heute lebt W. in München.

Werk, Tendenzen, Wirkung. Erstes Echo erzeugte W. mit seinem vieldiskutierten Theaterstück „Oder auf etwas schießen, bis es kaputt ist" (1971), ein Stück über den systematischen Abbau einer Herrscherfigur, die mit ihren eigenen Mitteln besiegt wird. W. legt darin den Mechanismus von Macht und Ohnmacht, von Aggression und Repression bloß. Dieses Schauspiel ist eine bedrückende Studie jener Gruppe Jugendlicher, die ihre Haltungen aus knallharten Western, ihre Reden aus Comic-Sprechblasen und ihre Spiele einzig aus aggressiven Phantasien beziehen. W.s Verfahren ist dabei nüchtern und neutral. Er moralisiert nicht, er analysiert. In „Um den Turm herum. Ein Kinderspiel" (1972) behandelt W. die Regeln kindlichen Spiels, das er als „Kinderkampfsituation" vorstellt: Spielen wird zum Kämpfen. Auch in „Besser keine Schule als ..." (1972) geht es um den Mechanismus von Unterdrücken und Unterdrückung. Die These des Stückes ist, daß der Erziehungsterror der Erwachsenen zum Terror der Erzogenen führt. Die einzelnen Szenen sind keine bloßen Fiktionen, es sind Vergrößerungen realer Defekte. W. führt ein Monstrum von Lehrer – mit Gott und Wandern im Sinn und Kommißtönen auf den Lippen – vor. „Besser keine Schule als ..." endet mit dem anarchischen Ausbruch der Schüler: „Macht kaputt, was euch kaputt macht." Dieses Lehrstück kritisiert die Schule in ihrer Funktion als Untertanenfabrik. 1977 erlebte W.s ‚Liebesgeschichte' „Geschäft am Nachmittag" ihre Uraufführung. W. versteht es, darin aufscheinen zu lassen, wie Gesellschaftliches privat Wirkung zeitigt. Es ist die Geschichte des Kennenlernens zweier junger Leute aus unterschiedlichem sozialem Milieu. Sie stammt aus einer Kaufmannsfamilie, er ist Arbeiter; sie möchte Liebe mit Geschäft verbunden wissen, er traut der Liebe nicht. In W.s Stücken geht es um Machtkämpfe. „Erziehung ist in allen diesen Stücken ein ziemlich hoffnungsloses Unternehmen – Fortsetzung des Machtkampfes mit pädagogischen Mitteln. Erziehen heißt zeigen, daß man der Stärkere ist" (B. HENRICHS in: „Die Zeit" vom 20. 8. 1976). 1977 wurde ein weiteres Theaterstück W.s mit dem Titel „1983", ein Stück, das sich mit der Problematik der Berufsverbote auseinandersetzt, uraufgeführt.

W. versteht seine Theaterstücke in der Tradition der BRECHTschen Lehrstücke. Er möchte nützliches Theater machen im Sinne einer Verbesserung des Lebens durch Kunst. In seiner Sicht sind Lehrstücke „Theaterarbeit für mündige Leute und damit man es langsam wird." 1973 formulierte er: „Der erste Schritt, seine eigene Entwicklung zu betreiben, ist, die Realität wahrzunehmen. Das Theater hat sich den normalen Lebenssituationen zu stellen, indem es hilft, diese Situation zu durchschauen und nicht in eine irgendwie modernistisch aufgemotzte Märchenidylle oder trügerischen Schnickschnack auszuweichen." Es geht W. nicht darum, naturalistisch etwas nachzuspielen, sondern Einwirkung zu nehmen und Bewußtsein herzustellen. W.s Stücke gehen daher nicht, wie er 1973 selbst formulierte, gegen die Erwachsenen, sondern gegen die Verhärtungen an, die bei Erwachsenen und deshalb auch oft schon bei Kindern vorkommen.

Einen etwas anderen Tenor als seine Theaterstücke haben W.s Kinderbücher. Das Kinderbuch „Kami, der faule Zauber aus dem Stoffkopf" (1972) zeigt den vergeblichen Versuch eines Kindes, durch Zauberei für sich und seine Freunde Spielraum zu schaffen. Erst als die Kinder sich zusammentun und gemeinsam mit ihrem Freund, einem Geiger, an die Öffentlichkeit treten, deutet sich ein Erfolg an. Eine „wilde Lügengeschichte" enthält „Mani, das lügst du wieder" (1974). Dieses Buch erzählt von einem kleinen Jungen, der sich ein Tier ausgedacht hat, das sich in seinen Erzählungen ständig verwandelt und alles das kann, was der Junge selbst unternehmen möchte. In „Anja oder das Märchen von den Sterntalern" (1975) erzählt W. das Sterntalermärchen neu und läßt es an der gar nicht märchenhaften Realität scheitern. Dieses ‚Mitmach-Buch' leistet einen Beitrag zur Destruktion idyllisierter Märchenwelten. In dem Kinderroman „Berni" (1975) stellt W. einen konfliktbeladenen fünfjährigen Jungen vor, der immer wieder mit unverhältnismäßigen Mitteln um Freundschaft „kämpft" und durch seine unbewußt gewalttätige Art jeglichen Annäherungsversuch anderer Kinder verhindert. Berni verstrickt sich immer mehr in den Zirkel von Aggression und Entfremdung. Der Roman beginnt mit der eindringlichen Schilderung eines Angsttraumes, der durch das Gefühl der Verlassenheit – Bernis Eltern sind kurz fortgegangen – motiviert ist. Voll bedrückender Bedrohlichkeit schildert W. Bernis fortschreitende Isolierung und deutet dann aber eine mögliche positive Lösung der Konflikte Bernis an. Eine deutliche Änderung des Tones ist in „Der Riesenvogel" (1976) feststellbar. Hier ist oft vom Liebhaben die Rede und häufig, wie selten vorher bei W., werden positive, gefühlsbeladene Vokabeln gebraucht. Im „Riesenvogel" schreibt W. von dem alten Trinker Anatol und einer Kindergruppe, der dieser nach einigen Umwegen die mythische Geschichte von dem Vogel Abel, der ein Menschenmädchen liebt, erzählt. Die Kinder überreden Anatol, immer weiter zu erzählen und bringen ihn sogar dahin, die Geschichte nicht traurig enden zu lassen, sondern sich einen neuen Schluß auszudenken. Die Veränderung von Anatols Geschichte korrespondiert mit der gemeinsamen Änderung des Lebens Anatols und der Kindergruppe. „Der Riesenvogel" endet zwar mit Anatols Tod, dennoch ist es kein düsterer, bedrohlicher Roman. Die Überschrift seines letzten Kapitels deutet W.s Denken an: „... daß etwas, was zu Ende zu sein scheint, und vielleicht traurig ist, nicht so sein muß und schon gar nicht so bleiben muß." An dem Roman „Der Riesenvogel" wird besonders deutlich, wie sehr W.s Ansatz sich geändert hat. Waren seine Werke anfangs stark pädagogisch bestimmt, so haben die letzten Texte und Stücke immer mehr eine eigene Substanz und sind nicht nur Vehikel zur Vermittlung pädagogisch-politischer Ansichten.

Werke: Oder auf etwas schießen, bis es kaputt ist (1970); Wenn die Kinder nicht wären (1970); Wir haben keine Spielplätze, na und, dann machen wir uns welche (1971); Besser keine Schule als (1971); Um den Turm herum (1972); Kami, der faule Zauber aus dem Stoffkopf (1972); Mani, das lügst du wieder (1974); Berni (1975); Anja oder das Märchen von den Sterntalern (1975; Der Riesenvogel (1976); Das Kuckucksei (1976); Geschäft am Nachmittag (1977); „1983" (1977).

Winfred Kaminski

Waldis, Burkard

*Protestantischer Pfarrer, polemischer Schriftsteller, Fabeldichter; *1490 Allendorf an der Werra, †1557 Abterode (Hessen).*

W., Bürgersohn aus angesehener und wohlhabender Familie und gläubiger Katholik, pilgerte nach Rom und wurde nach seiner Rückkehr Mönch in einem Franziskanerkloster zu Riga. Weil hier das Luthertum immer weiter um sich griff, schickte Erzbischof Kaspar von Linde W. und zwei andere Mönche zu Kaiser Karl V. (1500–1558), um Hilfe gegen die neue Lehre zu erbitten. Die drei Abgesandten erwirkten zwar vom Kaiser die Verhängung der Acht über die Stadt Riga, wurden aber – zurückgekehrt – vom Rat der Stadt ins Gefängnis geworfen. Als W. den Glauben wechselte, wurde er freigelassen. Er verließ den geistlichen Stand, heiratete und betrieb die Zinngießerei. In dieser Tätigkeit kam er weit herum, bereiste Preußen, die Städte Lübeck, Breslau, Hildesheim, Halberstadt, Naumburg, die ganze Rheingegend, Süddeutschland und kam bis nach Amsterdam und Lissabon. Politisch verdächtig wurde W. vom Deutschen Orden gefangen, der ihn dreieinhalb Jahre lang einkerkerte und erst 1540 auf Grund der tatkräftigen Verwendung seiner beiden in seinem Geburtsort ansässigen Brüder Hans W. und Bernhard W. freiließ. 1541 studierte W. in Wittenberg Theologie und kehrte ein Jahr später nach Hessen zurück, wo er den Landgrafen Philipp in dessen Fehde mit Herzog Heinrich von Braunschweig mit beißenden satirischen Schriften unterstützte. Am 13. September 1544 wurde W. vom dankbaren Landgrafen zum Pfarrer des zwei Stunden von Allendorf entfernten Abterode berufen. Seit 1555 ließ sich W. im Pfarramt von seinem Schwiegersohn unterstützen, übergab es ihm 1557 völlig und starb noch im selben Jahr.

Werk, Tendenzen, Wirkung. Am 17. Februar 1527 wurde von Schülern und Bürgern der Stadt Riga auf offenem Markt das Fastnachtsspiel „Vam vorlorn Szohn" aufgeführt. Es war vom Drama der Humanisten beeinflußt, in niederdeutscher Sprache „zu Nutz und Lehr der Jugend" von W. verfaßt, der hier gegenüber der katholischen Werkgerechtigkeit Luthers Lehre von der Rechtfertigung allein durch den Glauben verfocht. Mit seinem „Verlorenen Sohn" bot W. keine zeitfreie biblische Gestalt, sondern einen lebendigen, widerspruchsvollen Menschen des 16. Jahrhunderts, der voller Lebenslust aus seinem engen Bürgerdasein ausbricht. Das Spiel ist auf eine ernst mahnende, sich ins Religiöse steigernde Aussage gestimmt. Das 1540 erschienene „Spiel von dem verloren Sohn" Jörg Wickrams (1500–1561) war ebenso durch W. beeinflußt, wie die zahlreichen Gleichnisspiele, die für Schulaufführungen der Zeit verfaßt wurden. Etwa 1533, schon in Riga, hatte W. mit einer Fabelsammlung begonnen, an der er viele Jahre weiterarbeitete und die erst 1548 als „Esopus / Gantz new gemacht / vnd in Reimen gefaßt. Mit samt Hundert Newer Fabeln / vormals im Druck nicht gesehen / noch außgangen" erschien. Dieses Werk war Johann Butte, dem Bürgermeister von Riga, zugeeignet. In seiner Widmung erklärt W., er sei durch „vielerley vnfelle, widerstand vnd leibsgebrechen, die fehrlichen Kriegshändel ..." von der schnelleren Fertigstellung abgehalten worden. Der Vorliebe der Zeit für Äsop folgend, war W. von diesem Autor ausgegangen, dessen Fabeln er „auß dem Latein inn unser deutsche

Sprachen zu bringen" sich bemühte und sie in drei Bänden von je hundert Fabeln sammelte. ÄSOPS Fabeln hängte W. ein viertes Buch mit hundert neuen Fabeln nebst deren „kurtzen Deutung" an. Quelle für W. war die Fabelsammlung des MARTINUS DORPIUS in einem Exemplar von 1520, das 373 Fabeln enthielt, darunter auch Fabeln des ABSTERNIUS, des LAURENTIUS VALLA und des RIMICIUS. Anfänglich hielt sich W. genau an seine Vorlage, später aber verfuhr er freier mit dem Stoff. Schließlich brachte er auch eigene Verserzählungen, Schwänke und lustige Erlebnisse in die Sammlungen ein. W., der Gelehrsamkeit mit volkstümlichen Neigungen zu vereinen wußte, führte Stellen aus HORAZ (65–8 vor Chr.), PLAUTUS (244–184 vor Chr.) und OVID (43 vor Chr. 18 nach Chr.) an, erwähnte aber auch Beispiele der deutschen Volksliteratur, so das Volksbuch von „Salomo und Markolf" und gebrauchte manche Sprichwörter und sprichwörtliche Redensarten. Seine Sammlung verriet den offenen Blick für die Wirklichkeit seiner Zeit. Die Nutzanwendung seiner Fabeln offenbaren treffendes Urteil und lautere Gesinnung. W.s Fabeln sollten vor allem die Jugend erzieherisch beeinflussen. In seinem Vorspruch erklärte W., er habe es nicht den „Gelerten", sondern „der lieben jugent / knaben und jungfrawen zu dienste und fürderung lassen außgehen – dz ich jnen hiermit zu besserung dienen möcht / und die zarten keuschen oren der lieben jugent / sich an meinem schreiben nicht zu ergern hetten". W.s „Esopus" erlebte zahlreiche Auflagen und Neudrucke und beeinflußte nachhaltig Fabeldichter des 18. Jahrhunderts, wie HAGEDORN (1708–1754), GELLERT (1715–1769) und ZACHARIÄ (1726–1777). Im 19. Jahrhundert geriet W. in Vergessenheit. KARL HOBRECKER (1876–1945), der in seinem Buch „Alte vergessene Kinderbücher" (1924) den „Esopus" das erste gedruckte „Unterhaltungsbuch für Kinder" nannte, stellte gleichzeitig fest: „Heute (1924) ist Burkard Waldis vergessen, und nur dem Freunde alter Poeterei öffnen sich die Schatzkammern des biederen Fabulisten".

Die Tatsache, daß in neuerer Zeit W. in Spezialwerken eingehend behandelt wird, z.B. von KLAUS DODERER (* 1925) in „Fabeln. Formen, Figuren, Lehren" (1970), und daß Herausgeber von Fabelsammlungen W. mit mehreren Stücken aufnehmen, z.B. PAUL ALVERDES (1897–1979) in „Rabe, Fuchs und Löwe. Fabeln der Welt" (1962), kann nicht darüber hinwegtäuschen, daß W. nur noch literaturgeschichtliche Bedeutung hat. Bezeichnend hierfür mag sein, daß JAMES KRÜSS (* 1926) in seinem Buch „So viele Tage, wie das Jahr hat" (1959) von W. als einzige Fabel „Der tyrannische Hecht" bringt.

Werke: De parabell vam vorlorn Szohn (1527); Der Wilde Man von Wolfenbuttel, Hertzog Heinrichs vonn Braunschweig Klage Lied. Wie der Lycaon von Wolfenbuttel jez newlich in einen Münch vorwandelt ist (1542); Ein warhafftige Historien von Zweyen Mewsen. So die Pfaffen im Hüttenberge bey Watzfalar haben verbrennen lassen. Darumb das sie ein Monstrantzen Sacrament gefressen hatten. Item. Drey schonen newer Fabeln (1543); Ursprung vnd Herkumen der zwölff ersten alten König vnd Fürsten Deutscher Nation wie vnd zuo welchen zeytten jr yeder Regiert hat (1543); Esopus. Gantz New gemacht, vnd in Reimen gefaßt. Mit sampt Hundert Newer Fabeln, vormals im Druck nicht gesehen, noch außgangen (1548); Der Psalter, in Newe Gesangs-Weise vnd künstliche Reimen gebracht (1553); Die ehr vnd mannliche Thaten, Geschichten vnnd Gefehrlichkeiten des streitbaren Ritters, vnnd Edlen Helden Tewerdeanck New zugericht (1553).

Sekundärliteratur: J. Gassner: Der Einfluß des B. Waldis auf die Fabeldichtung Hagedorns (1905). – H. Holstein: Die Reformation im Spiegelbilde der dramatischen Literatur des 16. Jahrhunderts (1886). – M. Horn: Der Psalter des B. Waldis (Diss. 1911). – H. Kleinstück: Die Rhythmik der kurzen Reimpaare des B. Waldes (Diss. 1910). – F. Kunz: Hagedorns Verhältnis zu B. Waldis (1892). – H. Lindemann: Studien zu der Persönlichkeit von B. Waldis (Diss. 1922). – L. Mackensen: Gedanken über die Rigaer Zeit des B. Waldis und die deutsche Literatur Alt-Livlands im 16. Jahrhundert (in: Zeitschrift für Volkskunde. 1936/1937. 46. 91–100). – E. Martens: Entstehungsgeschichte von B. Waldis' Esop (Diss. 1907). – G. Milchsack: B. Waldis (1881). – J. L. Riordan: The status of the Burkhard Waldis studies (in: The modern language quarterly 2. 1941. 279–292).

Hans Eich

Walendy, Paula

*Kinderbuchautorin; * 4. 10. 1902 München-Gladbach (d.i. Mönchengladbach).*

W., geborene BRANDTS, Tochter eines wohlhabenden Textilfabrikanten, wuchs zusammen mit sechs Geschwistern in einem Elternhaus auf, in dem Musik und deutsches Volkstum gepflegt wurden. In München begann sie mit dem Studium der Musik, das sie nach ihrer Heirat 1924 mit dem Besuch der Rundfunkversuchsstelle in der Berliner Musikhochschule fortsetzte. Ab 1932 produzierte sie zahlreiche für Kinder bestimmte Sing- und Märchenspiele für den Rundfunk. Zugleich publizierte sie kleinere Arbeiten in Zeitungen und Zeitschriften. Ende der vierziger Jahre übernahm sie für fünf Jahre die Gestaltung der Kinderzeitung der Düsseldorfer Nachrichten und der Westdeutschen Zeitung. Nach Einführung des Fernsehens arbeitete W. an den ersten 24 Sendungen des Kinderfernsehens beim Westdeutschen Rundfunk in Köln mit. W. ist Mitglied der „Kogge" und des „Freien Deutschen Autoren-Verbandes" und war fünfzehn Jahre im Vorstand des „Westdeutschen Autoren-Verbandes". 1956 erhielt sie den Kogge-Literaturpreis der Stadt Minden.

Werk, Tendenzen, Wirkung. Alle Bücher W.s beschäftigen sich mit Themen der „Kindervolkspoesie". In Sammlungen von Überliefertem oder eigenen Nachdichtungen stellt sie Abzählverse, Kinderreime und -lieder, Zaubersprüche, Rätsel, alte Spiele und Gedichte vor. Sie betont häufig die Ungebrochenheit volks- und kindertümlicher Tradition: unabhängig von allen sozialen und politischen Änderungen würde die der kindlichen Vorstellungswelt entnommene „Lebenspoesie" sich von „Geschlecht zu Geschlecht" weitervererben. Ohne die Veränderung von Kindheit und kindlichem Freizeitverhalten zu beachten, ist W. der Meinung, daß

für Kinder auch heute noch Anziehungskraft besitzt, was „unseren Vorfahren Freude gemacht hat" (Herold-Spielkiste, S. 16). Wandlungen im geschlechtsspezifischen Rollenverhalten und in der Arbeitswelt werden von der Autorin nicht berücksichtigt. W.s Vers- und Liedersammlungen dienen nicht zuletzt der Pflege deutscher Tradition und der Heimatverbundenheit.
W. begann schon in den dreißiger Jahren mit dem Sammeln kindertümlichen Volksgutes und mit der Publikation erster Bücher, die nahezu unverändert nach dem Ende des Dritten Reiches wieder aufgelegt wurden. Im Anhang von „Pitsche patsche Peter" (1951) ist eine ausführliche Liste volkskundlicher Bücher zusammengestellt, die W. als Quelle dienten. Mit der Publikation ihrer Bücher will W. für die Kinder „aus allen deutschen Gauen" das „uralte Brauchtum" bewahren.

Werke: Ins Märchenland mit Moritz von Schwind (1935); Der Sonne Lauf. Kinder feiern Jahresfeste (1936); Die Spatzenfamilie (1937); Lirum larum Löffelstiel (1938, [4]1950); Die Herold-Spielkiste (1940, [11]1952); Die Rätselstiege. Lustiges Rätsel-Bilderbuch fürs Kind (1940, [4]1952); Ich bin der Herr von Tippentappen. Die kleine Naturkunde, Bd. 1 (1943); Rosmarin und Thymian. Die kleine Naturkunde, Bd. 2 (1943); Zwille wille wick. Ein fröhliches Buch der Arbeit für unser Kind (1949); Dreimal schwarzer Kater. Ein Hokuspokus Zauberbuch für pfiffige Kinder (1951); Pitsche patsche Peter. Alte bekannte Reime für unser Kind (1951); Babette und Herr Wichtigmann (1951); Schnurrpfeifereien, Schelmereien, Nekkereien, Späße, Scherze, Ulk, Streiche, Witze, Schnurren, heitere Erzählungen (1952, [2]1953); Was ist in Dummershausen los? (1953); Kleine Zauberschule (1953, [2]1954); Der Liederbaum (1960, [5]1962).

Hrsg.: Auerbachs Kinderkalender (Jg. 63–64; 1953–1954).

Klaus-Ulrich Pech

Wallraff, Günter

*Schriftsteller und Journalist, Verfasser literarischer Reportagen, die unter Jugendlichen starke Verbreitung finden; * 1.10.1942 Burscheid.*

W., Sohn eines Angestellten, absolvierte nach dem Besuch des Gymnasiums eine Buchhändlerlehre. 1963 trotz Antrag auf Anerkennung als Kriegsdienstverweigerer zur Bundeswehr eingezogen, wurde er bald wieder wegen seiner konsequenten Verweigerungs- und Protesthaltung entlassen. Nach einem halben Jahr Tramptour durch Skandinavien arbeitete er in mehreren westdeutschen Großbetrieben und begann, seine Erfahrungen und Beobachtungen als Reportagen zu veröffentlichen. Er schrieb für Gewerkschaftszeitungen, für „pardon", später für „konkret" und „das da", schloß sich der Dortmunder „Gruppe 61" an und wurde 1970 Mitbegründer des Kölner „Werkkreis Literatur der Arbeitswelt". W. versteht sich als politisch operativer Schriftsteller und wendet sich insbesondere gegen antidemokratische und rechtsradikale Strömungen und Tendenzen in Staat und Gesellschaft. Bei einer antifaschistischen Aktion auf dem Athener Syntagma-Platz am 10.5.1974 wurde er brutal mißhandelt und verhaftet, kam jedoch nach dem Sturz der griechischen Militärjunta im Juli 1974 wieder frei. Später hielt sich W. eine Zeitlang in Portugal auf und wurde initiativ bei der Entlarvung der Putschpläne des General SPINOLA.

Werk, Tendenzen, Wirkung. Gegenstand von W.s Reportagen sind Ausbeutungs- und Unterdrückungsverhältnisse in der kapitalistischen Gesellschaft, vor allem im Produktionsbereich, sowie Aktionen, Pläne, Manipulationsversuche der Herrschenden, die hinter dem Rücken der Öffentlichkeit ablaufen. W. ist bestrebt, das Wesen dieser Vorgänge zu enthüllen und ihren ideologischen Schein zu destruieren. W. verarbeitet dabei eigene Erfahrungen in Betrieben bzw. gezielte, exakt durchgeführte Recherchen. Durch kommentierende historische Exkurse sowie mit Hilfe der Montagetechnik versucht er, die jeweils erfaßten Realitätspartikel in einen gesamtgesellschaftlichen Zusammenhang zu bringen. W. sucht sich mit seinen Reportagen von einer „Literatenliteratur" abzusetzen, deren fiktionaler Charakter von der gesellschaftlichen Realität ablenke bzw. sie unkenntlich mache. Es komme ihm auf „maximale Verständlichkeit" an; er glaube, „daß durch Nennung von Name, Ort, Zeit, also durch Heraustreten aus dem Fiktiven, die Fakten für den Leser erst glaubwürdig werden, zum anderen die aus ihrer Anonymität hervorgeholten zur öffentlichen Stellungnahme gezwungen werden, im Idealfall unter öffentliche Kontrolle geraten" (R. MATTHAEI (Hrsg.): Grenzverschiebung, a.a.O. S. 295). Nach dem Urteil von U. REINHOLD hat „kaum ein schöngeistiges Buch so viel Staub aufgewirbelt wie W.s Reportagen; es gab Beschimpfungen, Skandale und Prozesse gegen den Autor" (a.a.O. S. 79). W.s 1970 unter dem Titel „Industriereportagen" in Taschenbuchausgabe erschienenes erstes Buch erreichte 1976, 10 Jahre nach der Erstausgabe, die 14. Auflage.
Obwohl nur eines von W.s Büchern als Jugendausgabe herauskam („Von einem der auszog und das Fürchten lernte", 1970), erreichte er in dieser Leserschicht überdurchschnittliche Verbreitung und Resonanz. Dies dürfte unter anderem daran liegen, daß W. oft den konkreten Erfahrungsbereich Jugendlicher auf spektakuläre Weise thematisiert, gelegentlich eigene Sozialisationserfahrungen einbringt. So schildert er in seinem „Tagebuch aus der Bundeswehr 1963/64" Situationen, denen sich viele der jugendlichen Wehrpflichtigen ständig gegenübersehen, wie Schikane durch Vorgesetzte, Konfrontation mit einer ungebrochenen antidemokratischen Tradition, Versuche, sich gegen die persönlich-destruierenden Verhältnisse zu behaupten. Seine Erfahrungen in Betrieben schildert er so, daß die präzise Dokumentation zur spannenden Abenteuererzählung wird, in der sich der junge Leser leicht in die Person des Autors hineinversetzen kann, das Gewöhnlich-Alltägliche neu sehen lernt und ein Bewußtwerden ermöglicht.

Werke: Wir brauchen dich. Als Arbeiter in deutschen Industriebetrieben (1966); Vorläufiger Lebenslauf nach Akten und Selbstaussagen des Stefan B (1967); Nachspiele – Eine szenische Dokumentation (1968); 13 unerwünschte Reportagen (1969);

Von einem der auszog und das Fürchten lernte (1970); Wirkungen in der Praxis – Eine Gebrauchsanweisung (in: Th. Rother (Hrsg.): Schrauben haben Rechtsgewinde. 1971. 10–15); Flucht vor den Heimen (1971); Neue Reportagen. Untersuchungen und Lehrbeispiele (1972); Ihr da oben – Wir da unten (zus. mit B. Engelmann, 1972); Was wollt ihr denn, ihr lebt ja noch (zus. mit J. Hagen, 1973); Wir hätten wir's denn gerne – Unternehmerstrategen proben den Klassenkampf (zus. mit B. Kuhlmann, 1975); Unser Faschismus nebenan – Griechenland gestern – Ein Lehrstück für morgen (zus. mit E. Spoo, 1975); Aufdeckung einer Verschwörung: Die Spinola-Aktion (1976); Der Aufmacher (1977).

Sekundärliteratur: H. Hoffacker: Reportagen im Deutschunterricht (in: H. Ide (Hrsg.): Projekt Deutschunterricht. 3. 1972. 28–48). – Ch. Linder (Hrsg.): In Sachen Wallraff – Berichte, Analysen, Meinungen und Dokumente (1975); Materialien zur Uraufführung: Von einem der auszog und das Fürchten lernte. In der Theaterfassung des Landestheaters Tübingen. Nach einem Drehbuch von G. Wallraff und R. Gall (1974). – R. Matthaei: Grenzverschiebung – Neue Tendenzen in der deutschen Literatur der sechziger Jahre (1970). – U. Reinhold: Literatur und Klassenkampf (1976).

Bernd Dolle

Wandrey, Uwe

*Schriftsteller, Kinderbuchautor, Herausgeber der Kindertaschenbuchreihe ‚rororo rotfuchs'; * 10. 5. 1939 Hamburg.*

Parallel zur Schiffbauerlehre und Tätigkeit als Maschinenbauer besuchte W. das Abendgymnasium in Hamburg. Nach dem Abitur studierte er Biologie, Geschichte, Germanistik und Philosophie. 1971 promovierte er über das Motiv des Kriegs in der expressionistischen Lyrik. Im eigenen ‚Quer-Verlag' gab W. von 1966 bis 1970 politische Belletristik und einzelne Jugendbroschüren heraus. Seit 1971 leitet er das Kinder- und Jugendbuchprogramm ‚rororo rotfuchs' des Rowohlt-Taschenbuchverlags.

Werk, Tendenzen, Wirkung. Die von W. herausgegebene ‚rotfuchs'-Reihe wird häufig als die interessanteste und lebendigste Kinder- und Jugendtaschenbuchreihe der Bundesrepublik Deutschland bezeichnet. Sie richtet sich an Drei- bis Sechzehnjährige und enthält Bilderbücher, Comics, Abenteuer-, Umwelt- und Vorlesegeschichten, Reportagen und Jugendromane. Seit 1972 erscheinen monatlich zwei bis drei Titel, bis 1977 waren es insgesamt 160 Titel. Die durchschnittliche Auflage liegt bei 35 000 Exemplaren pro Titel, die Gesamtauflage Ende 1977 bei ca. 4 Millionen. Das Verhältnis Original- zu Lizenzausgaben ist 60:40. 70 % der Bücher werden über den Buchhandel verkauft, der Rest über Kaufhäuser. W. hat unter anderem folgende wichtige Kinder- und Jugendbuchautoren in der ‚rotfuchs'-Reihe verlegt: ELISABETH BORCHERS, HEINRICH HANNOVER, MAX VON DER GRÜN, GÜNTER HERBURGER, FREDERIK HETMANN, JANOSCH, PAUL MAAR, MARIE MARCKS, ALI MITGUTSCH, CHRISTINE NÖSTLINGER, MAURICE SENDAK, RÜDIGER STOYE, TOMI UNGERER und FRIEDRICH KARL WAECHTER. Auf die Auswahlliste zum Deutschen Jugendbuchpreis gelangten 1974 „Da kommt ein Mann mit großen Füßen" (1973), „Quatsch" (beide herausgegeben von W., zus. mit R. BOLDT), 1977 JOCHEN FUHRMANNS „Tagtäglich" sowie MARIE MARCKS' „Immer Ich!". Ein Bestseller mit 93 000 Exemplaren (Ende 1976) wurde HEINRICH HANNOVERS „Das Pferd Huppdiwupp" (1972).
W. vertritt einen undogmatischen Realismus im Kinderbuch. Er hat aus den Fehlern der antiautoritären und linken Kinderliteratur gelernt, die seiner Meinung nach „an den konkreten Bedürfnissen der Kinder vorbeigeht und statt des rechten den linken Zeigefinger hebt". Statt dessen verlegt W. Kinder- und Jugendbücher, die lustig, spannend und phantasievoll, aber vor allem, ohne zu langweilen, realistisch und kritisch sind.

Werke: Reizreime (1966); Kampfreime (1968); Klein-Erna auf Linkskurs (1970); Versteckt und doch entdeckt (1972); Lehrzeitgeschichten (1973); Den Fluß entlang (1973); Alles gelogen! (1975); Der Räuber Ratzeputz (1977); Rekrutentagebuch (1978).

Hrsg.: Agitprop. Lyrik, Thesen, Berichte (zus. mit J. Fuhrmann u. a., 1969); Soll ich gehn in die Armee ...? Kasernentexte (1969); J. und W. Grimm: Der kluge Knecht. 22 Märchen von armen und reichen Leuten (1972); Stille Nacht allerseits (1973); Da kommt ein Mann mit großen Füßen. Weckbuch 1 (zus. mit R. Boldt, 1973); Quatsch. Bilder, Reime und Geschichten. Weckbuch 2 (zus. mit R. Boldt, 1974); Kein schöner Land? Weckbuch 4 (1978).

Beiträge: Politisches Kunstgewerbe. Prop-art (in: Tendenzen. 54. 1968. 224–227); Acht Fragen zum Kinderbuch. Realistisch schreiben für Kinder (in: betrifft: erziehung. 8. 1975. 4. 52–56).

Hartmut Euler

Wartenweiler, Fritz G.

*Schweizer Graphiker und Autor; * 14. 1. 1919 Frauenfeld (Schweiz).*

W., jüngster von drei Söhnen eines Erziehers, verlebte seine Jugend in Frauenfeld und besuchte dort das Gymnasium. Seine Ausbildung zum Zeichenlehrer erhielt er an der Kunstgewerbeschule in Basel. Ein Studienaufenthalt in Paris befreite ihn von einer ihm zu engen Ateliermalerei und brachte ihm zugleich eine Hinwendung zu religiösen Fragen. W. lebt als Kunsterzieher in Basel, er ist verheiratet und hat zwei Kinder.

Werk, Tendenzen, Wirkung. W. malte neben seinen Illustrationen für Kinder und Jugendliche Landschaften und religiöse Sinnbilder. Auffallend an seinen Arbeiten ist die Aussparung von Themen aus Technik, Zivilisation, urbanem Leben zugunsten einer symbolreichen und harmonischen Naturszene. Inhaltlich und formal, auch im Hinblick auf die Farbgebung, sind seine Bilder denen der anthroposophischen Künstler im Gefolge von RUDOLF STEINER verwandt. Mitbeteiligt dabei ist auch die Beschäftigung mit Texten und der Kosmologie von MANFRED KYBER.
Eine zugleich heitere wie auch ernste und besinnliche Note ist in den Illustrationen zu dem Märchen der Brüder GRIMM „Vom Mäuschen, Vögelchen und der

Bratwurst" zu finden. W. hat hier die Geschichte vom gemeinsamen Haushalt so unterschiedlicher Wesen, seiner Auflösung und Errettung und Erweiterung durch die Magie eines Zauberers höchst originell und eigenwillig interpretiert. Er zeichnet realistisch, mit Bleistift, holzgeschnitzte Puppen, läßt jedoch fünf sanft getönte Farbtafeln dazu kontrastieren. W. ist genau im Detail, handwerklich solide, sorgt für ein klar erfaßbares Layout, gute Typographie und hervorragende Reproduktion. In dem Bilderbuch mit dem lang ausgesponnenen Kunstmärchen von MANFRED KYBER „Das gläserne Krönlein" geht es um den sorgsam gehüteten Kopfschmuck einer Prinzessin, der bei unachtsamem Umgang zerbricht und eine Katastrophe über ihr Land und seine Bewohner bringt. Bis zur Erlösung durch den Kuß eines Prinzen muß die Betroffene eine lange Wanderung hinter sich bringen, verschiedene Aufgaben lösen, bis es schließlich zur Erweckung ihres Volkes aus totenähnlichem Schlaf kommt. Motivisch und vom Personal her hat W. das Geschehen in der realen Gegenwart angesiedelt. Dagegen ist kontrapunktisch das Mythisch-Märchenhafte mit sinnbildlichen und symbolhaft vertieften farbigen Linolschnitten abgesetzt. Sprechende Tiere und wundersame Pflanzen umgrenzen die Welt der Märchen.
Zu seinen drei bisher publizierten Konfirmationsbildern hat W. eigene Interpretationen auf einem beigelegten Textblatt und Selbstaussagen junger Leute gestellt. Auch hier wie in seinen Puppenspielen variiert W. seine persönliche religiöse Auffassung, seinen Glauben an eine höhere göttliche Ordnung und seine Suche nach einem „Ausweg aus materialistisch-intellektueller Weltanschauung".

Werke: Fr. G. Wartenweiler: Vom Mäuschen, Vögelchen und der Bratwurst. Nach einem Märchen der Brüder Grimm (1964); Fr. Wartenweiler: Zum neuen Tag (1966); Fr. G. Wartenweiler: Das gläserne Krönlein. Nach einem Märchen von Manfred Kyber (1967).

Horst Künnemann

Watzlik, Hans

*Romanschriftsteller, Lyriker, Dramatiker, Jugendbuchautor; * 16.12.1879 Markt Unterhaid (Südböhmen), † 24.11.1948 Tremmelhausen bei Regensburg.*

W. besuchte Gymnasium und Lehrerbildungsanstalt in Budweis und Prag. 1899 erhielt er seine erste Lehrerstelle in Andreasberg (Böhmerwald). Ab 1906 war er als Fachlehrer an der Knabenbürgerschule in Neuern (heute ČSSR) unweit der damaligen deutsch-tschechischen Grenze tätig. Dort wohnte er, seit 1925 als freier Schriftsteller, bis 1945. Nach dem Krieg lebte er bis zu seinem Tod in der Nähe von Regensburg. W.s Schaffen wurde mehrfach mit Preisen ausgezeichnet, unter anderem auch vom tschechoslowakischen Staat.

Werk, Tendenzen, Wirkung. W.s vielseitiges und umfangreiches Werk lebt aus dem „Wurzelboden" seiner böhmischen, ländlichen Heimat. Die „stammhafte" regionale Bindung, aus der er schon vor 1933 einen stark völkischen Anspruch ableitete, äußert sich in seinem urtümlich, fast heidnischen Treueverhältnis zu den elementaren Kräften der Natur. „Das ewig Dunkelgeistige im Menschen" (K. F. LEPPA) bringt bei W. aber nicht nur Ängste und Bedrohungen hervor, sondern schlägt auch in respektable Kraftgebärden, in Possenhaftigkeit und übermütigen Humor um. Neben dem gequälten und entsetzten Menschen steht bei W. auch der „starke Hans"; oft findet man beide Gefühlslagen in einer Person verkörpert. Sind bei W. vornehmlich die Bauern die so Gezeichneten, so erspart er auch seinen bürgerlichen Gestalten nicht die Auseinandersetzung mit dem Düsteren und Bedrohenden: hier jedoch sind die Gefühlsausbrüche oft so extensiv, daß sie auf den heutigen Leser einen irritierenden Eindruck machen. Als Gegenbilder entworfene heitere, romantisierende Passagen lassen die originale Kraft W.s vermissen; sie wirken aufgesetzt. Ursprünglich am geistigen Erscheinungsbild W.s ist sein barockes Lebensgefühl, das in einer oft verwirrenden, bis zum Grotesken reichenden Phantastik zum Ausdruck kommt. Seine einst so gelobte metaphernreiche Sprache mutet uns heute manchmal manieriert und befremdend an. Ausgenommen davon sind die „in waldschlichter Sprache" niedergeschriebenen Sagensammlungen aus dem Böhmerwald. Auch der Sagenzyklus vom „Stilzel", einem närrischen und spukenden Kobold und Schreckgeist, entspricht in der Ausformung der Überlieferung des Volkes. Ebenso gehen die legendären Mären, die W. mit schwankartigen Motiven anreicherte, auf alte Überlieferungen zurück. Auf der Höhe seiner einfallsreichen Fabulierkunst zeigt sich W. neben seinem derb-drastischen Schelmenroman „Fuxloh" in seinen ausgesprochenen Jugendbüchern, deren Eigenart in der zyklischen Aufbereitung und Summierung von literarischen Volksgutbestandteilen liegt. Dazu gehören das Kinderreimbuch „Firleifanz" (1922), die Beschwörung einer magisch-mythischen Traumwelt von überschäumender Einfallskraft; die Lügenmär „Ridibunz", ein Kranz saftiger, staunenerregender Aufschneidereien, mit denen der Held seine phantastische Reise auf Seifenblasen und anderen merkwürdigen Fahrzeugen in die Welt meistert. An die Sagen erinnern auch die „Mären" im „Riesen Burlebauz", für die W.s Bezeichnung Märchenbuch sicher poetologisch unzutreffend ist. Dasselbe gilt auch für die „Märchen"-Sammlung „Der blaue Falter" (1954; 1. Auflage unter dem Titel „Girliz und Mixel", 1949). Die als erinnernde Icherzählung dargebotene „wunderbare Kindheit" in „Erdmut" zeigt ein hochempfindsames, in starker Vergeistigung sich entfaltendes Wesen, dessen Ergebenheit in die bescheidenen sozialen Verhältnisse zu edel stilisiert wirkt, als daß sie heute noch jenseits ihrer relativen historischen Bedingtheit Zustimmung finden könnte. Die spätere Erzählung „Roswitha oder die Flucht aus Böhmen" weist durch eine undifferenzierte Mischung ethnischen und nationalsozialistischen Gedankenguts eine einfältig-affirmierende Tendenz (mystifizierende Einschätzung der Person „des Führers" als Nothelfer aus völkischer Bedrängung) auf. Für „Roswitha" erhielt W. bezeichnenderweise den Hans-Schemm-Preis. Bis 1945 wurden vielfältige Proben von W.s erzählerischem Werk in Ausgaben für die Schulen bereitgestellt (Kranzbücherei, Wiesbadener Volksbücher, Reclam UB, Münchener Jugendbücher).

Werke: Im Ring des Ossers (1913); Der Alp (1914); Von deutschböhmischer Erde (1915); Phönix (1916); O Böhmen (1917); Die Abenteuer des Florian Regenbogner (1919); Zu neuen Sternen (1919); Aus wilder Wurzel (1920); Böhmerwald-Sagen (1921); Der flammende Garten (1921); Schloß Weltfern (1921); Wermuter (1921); Einöder (1922); Fuxloh (1922); Firleifanz (1922); Die Reise nach Ringoley (1923); Im Berggärtlein (1924); An Gottes Brunnen (1924); Das Sankt-Martini-Haus (1925); Ungebeugtes Volk (1925); Mein Wuldaland (1925); Nordlicht (1926); Rodflat (1926); St. Gunther in der Wildnis (1926); Stilzel, der Kobold des Böhmerwaldes (1926); Ums Herrgottswort (1926); Der wilde Eisengrein (1927); Das Glück von Dürrnstauden (1927); Ridibunz (1927); Der Riese Gottes (1927); Adlereinsam (1928); Dämmervolk (1928); Puck, der Ausreißer (1928); Böhmerwaldsagen (1929); Komm, spiel mit (1929); Die Fräulein von Rauchenegg (1929); König Oswald und sein Rabe (1929); Deutschböhmische Heimat (1930); Faust im Böhmerwald (1930); Der Pfarrer von Dornloh (1930); Der Riese Burlebauz (1931); Eginhard von Böhmen (1931); Die romantische Reise des Herrn Carl Maria von Weber (1932); Die Leturner Hütte (1932); Kranwir (1933); Der Teufel wildert (1933); Die schöne Maria (1934); Erdmut (1935); Die Krönungsoper (1935); Der Rückzug der Dreihundert (1936); Aus Dorn und Dickicht (1937); Die Buben von der Geyerflur (1937); Die Kinder der Eva (1938); Balladen (1938); Grüner deutscher Böhmerwald (1940); Bärentobler (1941); Hinterwäldler (1941); Roswitha (1942); Hillebiegel (1942); ... ackert tiefer ins umstrittene Land (1943); Das hölzerne Haus (1943); Ein Stegreifsommer (1944); Bayrische Erzählungen (1944); Nebelburg (1944); Girliz und Amixel (1949; NA. auch u. d.T.: Der blaue Falter, 1954); Heimweh nach Prag (1955); Der Verwunschene (1957).

Sekundärliteratur: C. Cajka: Hans Watzlik (1969). – E. Fiedler: Der Böhmerwalddichter Hans Watzlik (Diss. 1950). – V. Karell: Hans Watzlik. Leben und Werk (1959). – K. F. Leppa: Hans Watzlik. Sein Leben und Schaffen (1929). – A. Schmidt: Die sudetendeutsche Dichtung der Gegenwart (1938).

Hermann Bertlein

Weber, Ernst

*Pädagoge, Jugendbuchtheoretiker, Schriftsteller und Herausgeber; * 5. 7. 1873 Königshof im Grabfeld, † 3. 9. 1948 München.*

W., Sohn eines Landwirts, studierte Pädagogik, Kunstwissenschaft und Literaturgeschichte in Jena und Leipzig, dort unter anderem bei JOHANNES VOLKELT (1848–1930), dessen ästhetische Positionen er zum Teil übernahm. Nach Abschluß des Studiums arbeitete er zunächst als Volksschullehrer und setzte sich für die Verbesserung der Jugendschriften und die Erneuerung der Kunsterziehung ein, worin er vor allem ALFRED LICHTWARK (1852–1914) folgte. 1906 promovierte er in München über die pädagogischen Gedanken beim jungen NIETZSCHE, dessen Kulturkritik er für seine deutschnationale Ideologie in Anspruch nahm. 1912 wurde W. zum Leiter der Dom Pedro-Schule in München berufen. Am Ersten Weltkrieg nahm er vier Jahre an der Front teil, was zu einer unverhüllten Verherrlichung soldatischer Tugenden in seinen Schriften führte. 1919 wurde W. Oberstudiendirektor der Lehrerbildungsanstalt Bamberg und der Deutschen Aufbauschule. Er war Mitarbeiter bei zahlreichen Zeitschriften (u. a. Kunstwart, Allgemeine deutsche Lehrerzeitung, Freie deutsche Schule) und bis zu seiner Pensionierung Ende der dreißiger Jahre Mitglied zahlreicher regionaler und überregionaler Bildungsausschüsse. Sein Einfluß auf die Gestaltung der Lehrpläne während der Weimarer Republik und zu Beginn des Dritten Reichs ist nicht zu übersehen. W. erhielt den Augsburger Schillerpreis.

Werk, Tendenzen, Wirkung. W. wurde einerseits durch die Herausgabe der vierzigbändigen Anthologie „Der deutsche Spielmann", die Mitherausgabe des umfangreichen Lesewerkes „Beltz' Bogenlesebuch" und kleinere literarische Schriften bekannt, andererseits durch seine pädagogischen Arbeiten, in denen er sich hauptsächlich mit der Erziehung der Kinder durch ausgewählte Dichtungen beschäftigte. Da für W. das kindliche Denken nicht wissenschaftlich, sondern ästhetisch geprägt ist, kommt seiner Meinung nach eine Erziehung, die nicht den Verstand, sondern das Gefühl anspricht, dem kindlichen Vorstellungsvermögen entgegen. Bei der Lektüre in der Schule und zu Hause dürfe man jedoch nicht einer augenblicklichen Mode huldigen, sondern müsse auf die literarischen Schätze der Vergangenheit zurückgreifen. W. behauptete, daß die Dichter vergangener Epochen auch profane Stoffe mit ihren Dichtungen geadelt hätten, so daß vorzugsweise die alten Epen und Balladen dazu geeignet seien, auf „edle Weise" die ständige Sensationsgier der Kinder zu stillen. Die „alte Poesie" – für die W. häufig die Metapher der „nahrhaften Speise" verwendet – sei das einzige Gegengift wider moderne, lüsterne Schundromane. Nur in der massenhaften Verbreitung alter Gedichte und Gesänge, die auch wegen ihres Märchencharakters und ihrer romantischen Stimmung für Kinder anziehend seien, sah W. die Möglichkeit, die Masse der Kinder und Jugendlichen zu einem konformen und „leistungsfähigen Geschlecht" heranzuziehen (Ästhetik als pädagogische Grundwissenschaft, S. 211). Da der Fortschritt der Menschen nicht in der „unnatürlichen Aufzüchtung der Schwäche" liege (S. 281), müsse die Dichtung – tradierte wie zeitgenössische – Beispiele für Stärke, Mut und Aufopferung für das Vaterland bieten. In seinen Anthologien wie in seinen eigenen literarischen, in altertümelnder Weise abgefaßten und zumeist autobiographisch gefärbten Werken (beispielsweise „Lebendiges Papier") wandte sich W. entschieden gegen die „parfümierte Unkunst des Modernen" und das Hintertreppenschrifttum, womit er vor allem expressionistische und realistische, also sozialkritische Literatur meinte. Er verteidigte das nationalbewußte deutsche Schrifttum, in dem das deutsche Wesen zwar derb, aber gerecht dargestellt würde, gegen kosmopolitische Kritiker und „Schriftgelehrte". Unablässig arbeitete W. für ein starkes deutsches Nationalbewußtsein, das seine Kraft aus germanisch-nordischen Tugenden, wie dies die Dichtung überlieferte, und aus dem von NIETZSCHE geschaffenen Bild des Übermenschen beziehen sollte. Erste Zeichen einer Erneuerung der deutschen Nation sah W. in der Wiederbelebung der alten Heldenepen: auch im 20. Jahrhundert könne jeder junge deutsche Mann noch sein Hildebrandslied erleben.

W. forderte schon in seinen ersten Schriften zu Beginn des Jahrhunderts eine starke Führerfigur, die Ordnung in das Chaos der modernen Welt bringen und der sich die Jugend, wenn nicht gar das ganze Volk unterwerfen müsse. Hoffte er zunächst, daß diese Persönlichkeit aus dem Kreis deutscher Dichter kommen würde, so erwartete er nach dem Ersten Weltkrieg eine politische Persönlichkeit, die er dann in ADOLF HITLER (1889–1945) begeistert begrüßte. Das nach dem Vorbild des „Deutschen Spielmanns" seit 1925 herausgegebene Bogenlesebuch verstand W. als eine nationalistisch orientierte Anthologie zur deutschen Geschichte und Landeskunde; zahlreiche dieser hauptsächlich für den Schulgebrauch gedachten Bogenlesebücher erschienen auch als selbständige Schriften. Schon bald stellte W. in diesen Heften kaum noch verdeckt nationalsozialistisches Gedankengut dar, so daß der Schritt zu den nach 1933 erschienenen Hetz- und Propagandaschriften („Wie Adolf Hitler das deutsche Haus neu aufbaut", „Deutsche Grenzlandwunden" u. a.) klein war. Ebenso war auch die Verherrlichung des Irrationalen, das sich für W. unter faschistischer Herrschaft zu imponierender Größe erhob, schon in seinen ersten Schriften zur kinder- und volkstümlichen Poesie angelegt. Der Einfluß W.s auf den Literaturunterricht vor allem der Volksschulen wird klar ersichtlich, wenn man sich die Fülle der von ihm bearbeiteten Hefte des Bogenlesebuchs und die darin aufgegriffenen Themen vor Augen hält. Im einzelnen handelte es sich dabei um folgende Hefte:

1931: Wenn das Christkind kommt; Was uns die warmen und die hellen Tage bringen; Welche Feste wir am liebsten feiern; Was wir daheim und draußen erleben; Die Siegfriedsage; Tierkämpfe; Weihnacht. – 1932: Armut und Kampf; Wie uns der Tag vergeht; Treue Geschwister; Was wir am liebsten spielen; Im Spiel der Wellen; Was wir in der kühlen und kalten Jahreszeit erleben; Was uns Herbst und Winter bescheren; Wie wir spielen und arbeiten; Was die Großmutter zu erzählen weiß; Von zwei-, vier- und sechsbeinigem Getier; Das deutsche Jahr; Aus Märchenquell; Im Morgenland; Von Zwergen und Kobolden; O du mein Deutschland; Unser Vaterland; Unsere Muttersprache; Im Herzen Deutschlands; Aus dem deutschen Norden; Aus dem deutschen Süden; Aus dem deutschen Westen; Dorfheimat; Ackerland und Wiesengrund; Am Strande des Meeres; Im Reich der Luft; Rittersagen; Deutsche Ortssagen; Daheim im Vaterhaus; Mutterliebe; Geschwistertreue; Der Arbeit Lust und Last; Das ehrliche Handwerk; Der Siegeslauf der Technik; Die Fabrik; Im Schoß der Erde; Von Schuld und Sühne; Sorge für deine Gesundheit; Soldatenart; Von Himmel und Hölle; Im Norden Europas; Im Westen Europas; Deutsche im Ausland; Ein Tag des jungen Goethe; Ein Tag mit Gerhart Hauptmann; Die Anfänge unserer Kultur; Die Kreuzfahrer; Fürst und Volk am Ausgang des Mittelalters; Aus dem dreißigjährigen Kriege; Die Helden des Befreiungskrieges. – 1933: Von Abenteurern; Vom Weltkrieg bis heute; Wie Adolf Hitler das deutsche Haus neu aufbaut; Bei den Hellenen; Griechen und Römer in deutscher Dichtung; Jagdgeschichten; Tierfabeln; Sprüche und Rätsel; Mensch und Maschine; Auf eisernen Schienen durch die Welt; Treue und Untreue; Tage des Unglücks; Das Glück; Not bricht Eisen!; Stunden der Angst; Selbstbezwinger; Heiligenlegenden; Wandernde Völker; Martin Luthers Leben; Der ‚Alte Fritz' und seine Getreuen; Kriegsende und Revolution; Der ‚Friede' von Versailles; Der Notbau des Reiches; Der Leidensweg des deutschen Volkes; Deutscher Aufbau und deutsche Zukunft; Deutschland erwache!; Die nationalsozialistische Erneuerung und das Dritte Reich; Deutsche Grenzlandwunden; Ab- oder Aufrüstung; Hindenburg – der große Feldherr des Weltkrieges. – 1934: Dank und Undank; Johann Wolfgang Goethe; Ein Tag des alten Goethe; Richard Wagner – sein Leben; Richard Wagners Schöpfungen; Heinrich der Löwe; Volk und Rasse; Führer brauchen wir!; Freiheit – unser täglich Brot; Im Römerreich; Die Erwerbung des deutschen Ostens; Feind im Land; Auf dem Weg zur deutschen Einheit. – 1935: Aus dem deutschen Osten. – 1936: Altgermanische Vorzeit. – 1937: Unsere neue Wehrmacht; Der deutsche Arbeitsdienst; Deutsch-Österreichs Land und Volk; Die Macht der Töne. – 1941: Die deutsche Frau in der Geschichte.

Werke: Hans Stock, der Schmied von Ochsenfurt (1900); Jugendträume I. Der Barde (1902); Karl May (1903); Die Kunst in der Schule und die künstlerische Bildung des bayrischen Volksschullehrers (1903); Johann Baptist Schubert (1904); Jugendträume II. Der Troubadour (1904); Die pädagogische Gedanken des jungen Nietzsche im Zusammenhang mit seiner Welt- und Lebensauffassung (1906); Ästhetik als pädagogische Grundwissenschaft (1907, ^{2}1926); Die Tafelzeichnung im Unterricht (1907, ^{5}1929); Die Muttersprache in der Volksschule (1907); Die Technik des Tafelzeichnens (1909, ^{7}1926); Die epische Dichtung (1909, ^{4}1931); Von eignen Spielmannsweisen (1909); Auf der Streife (1910); Angewandtes Zeichnen (1911, ^{2}1926); Die Himmelsleiter. Münchner Künstler-Bilderbuch Nr. 18 (1912); Die Lehrerpersönlichkeit (1912, ^{3}1922); Zeichnerische Gestaltung und Bildungsarbeit (1913, ^{3}1927); Der Weg zur Zeichenkunst (1913, ^{4}1926); Lebendiges Papier. Erfindungen und Entdeckungen eines Knaben (1913, ^{3}1925); Kunsterziehung und Erziehungskunst (Pädagogium Bd. 4. 1914. ^{2}1922); Der deutsche Lehrer in Fesseln (1921); Deutsche Dichterpädagogik (Bd. 1–3. 1921); Auf dem Land und in der Stadt (1921); Sei gegrüßt, du mein lieb Heimatland (1924); Die Lesebuchfrage (1924); Geschichte der epischen und idyllischen Dichtung von der Reformation bis zur Gegenwart (1924); Deutsches Volkstum und nationale Erziehung (1924); Der Zeichenunterricht und seine methodischen Probleme (1924); Selbstgefertigtes Kinderspielzeug (1924); Unterrichtsgestaltung. Eine Beleuchtung ihrer wissenschaftlichen und künstlerischen Seite

(1925); Didaktik als Theorie des Unterrichts (1925); Des deutschen Spielmanns Werden und Wirken (1926); Am Liederbronnen (1926); Von den Grundbedingungen des Unterrichtserfolges (1930); Walther von der Vogelweide. Des großen mittelalterlichen Dichters Leben und Schaffen der deutschen Jugend dargestellt (1930, [2]1931); Frohe Botschaft. Ein neudeutsch Weihnachtsspiel (1931); Die neue Pädagogik und ihre Bildungsziele (1931); Aus meinen Ochsenfurter Tagen (1937).

Hrsg.: Der deutsche Spielmann. Eine Auswahl aus dem Schatz deutscher Dichtung für Jugend und Volk (Bd. 1–40. 1903–1910); Beltz' Bogenlesebuch (zus. mit W. Dozler, J. Fischbach, E. Jaedicke, A. Schmidt und Fr. Schirl, 1925–1941).

Klaus-Ulrich Pech

Weber, Hans

*Kinder- und Jugendbuchautor, Verfasser von Hör- und Fernsehspielen; * 14. 7. 1937 Crossen a. d. Oder.*

W. verlor durch den Krieg schon früh seinen Vater, einen Maler. Seine Kindheit verlebte er in Spremberg. Nach einem Studium am Lehrerbildungsinstitut Neuzelle war W. als Lehrer in Haidemühl und Finkenheerd tätig. Von 1963 bis 1965 studierte er am Johannes R. Becher-Institut für Literatur in Leipzig. Er schrieb für die Studentenzeitung „Forum" und war zwei Jahre pädagogischer Mitarbeiter im „Haus des Lehrers" in Frankfurt a. d. Oder. Seit 1968 lebt er als freischaffender Schriftsteller in Eisenhüttenstadt (DDR). 1969 erhielt W. die Erich-Weinert-Medaille.

Werk, Tendenzen, Wirkung. Die Probleme Jugendlicher in der heutigen Gesellschaft der DDR sind Hauptthema in W.s Werk, so auch in dem Jugendbuch „Meine Schwester Tilli" (1972), das für das Fernsehen verfilmt wurde. Der 21jährige Taxifahrer Hannes Lerche und seine jüngere Schwester Tilli, Schülerin einer 9. Klasse, erzählen darin wechselweise die Geschichte ihrer ersten Liebe.

In dem Entwicklungsroman eines jungen Menschen „Sprung ins Riesenrad" (1968) versucht W. der Frage nachzugehen, was einen „guten" Lehrer in der sozialistischen Gesellschaft auszeichnet. Aus der Sicht eines jüngeren Bruders werden einzelne Etappen aus dem Leben des Rio Krause geschildert. Seine Wünsche und Tagträume, von anderen und besonders vom Vater für Spinnereien gehalten, werden nachgezeichnet. Autoritätskonflikte mit dem überstarken, tatkräftigen Vater, als Lehrerstudent mit seinen Dozenten am Kolleg kennzeichnen den Weg Rios, der auf seiner letzten Etappe, als Praktikant an einer kleinen Landschule, die Illusion über seinen Beruf zu überwinden lernt. Die Probleme eines Pädagogen sind auch Thema von W.s Fernsehfilm „Folge einem Stern" (1970).

In „Bin ich Moses?" (1976) wird in einer Icherzählung von dem Bemühen des sechzehnjährigen Frank Mosmann, den Sinn seines Lebens zu finden, berichtet. Auf der Suche nach seiner Identität durchspielt er in seiner Phantasie viele Rollen. Der Konflikt mit dem Vater, das Scheitern der Ehe seiner Eltern, das Verhältnis zu seinem Bruder sowie die Beziehung zu seiner Freundin wirken auf seine Entwicklung ein. Frauengestalten und ältere Menschen treten dabei als aktiv und veränderungswillig hervor. W. gelingt es, die inneren Probleme von Frank mit Humor, Witz und Verständnis für menschliche Schwächen darzustellen. Auch in diesem Buch wie in seinen anderen Werken übt W. vielfach Kritik an den Menschen, die mit kleinbürgerlichen Verhaltensweisen im Sozialismus leben.

Werke: Mit Gabi in Bomsdorf (1963); Rio sieht Gespenster (1967); Treffpunkt Raststätte (1967); Ferien in Steinbach (1968); Sprung ins Riesenrad (1968); Folge einem Stern (1970); Reise nach Oxana (1970); Meine Schwester Tilli (1972); Bin ich Moses? (1976).

Sekundärliteratur: Begegnungen mit Literatur (1975. 227–230). – H. Haase: Literatur der Deutschen Demokratischen Republik (1976). – G. Albrecht (zus. mit anderen): Schriftsteller der DDR (1974). – Fr. Wallesch: Sozialistische Kinder- und Jugendliteratur DDR. Ein Abriß zur Entwicklung von 1945 bis 1975 (1977).

Magdalena Nima-Rolf

Weber, Leopold

*Literatur- und Kunstkritiker, Schriftsteller, Bearbeiter von Sagenstoffen; * 28. 1. 1866 Petersburg, † 1944 (vermißt).*

W. wuchs in Petersburg als Kind deutscher Einwanderer auf. Die Geschichte seiner Vorfahren, die als arme Handwerker aus Thüringen und dem Waldecker Land im 18. und 19. Jahrhundert nach Petersburg gekommen und dort als Bäcker und Zuckersieder rasch zu Ansehen und beträchtlichem Wohlstand gelangt waren, erzählte er 1937 in dem Bändchen „Auswanderer-Schicksale". Ein Studium der Germanistik in München brach er, „von überreifer Zivilisation angekelt", ab. 1888 bis 1894 lebte er, die meiste Zeit zusammen mit Ernst Kreidolf (1863–1956), in Partenkirchen. Diese Jahre hat er 1933 in seinem Buch „Mit Ernst Kreidolf in den Bayerischen Bergen" geschildert. Nach einem weiteren Versuch eines naturnahen, ländlichen Lebens auf der Farm seiner Brüder in Oregon (1894/1895) kehrte er nach Deutschland zurück, heiratete und zog nach München, wo er als Mitarbeiter beim „Kunstwart" bis 1905 vor allem als Literatur-, Theater- und Kunstkritiker tätig war. Als Vierzigjähriger nahm er sein Studium wieder auf und promovierte 1912 mit einer Arbeit über die mittelalterliche Reimpredigt „Die Warnung". Als Freiwilliger nahm er am Ersten Weltkrieg teil, wo er nach einer Verwundung bei Verdun als Dolmetscher an der Ostfront eingesetzt wurde. Nach dem Verlust des W.schen Familienvermögens in der Russischen Oktoberrevolution mittelos geworden, arbeitete er von 1918 bis 1923 als Hilfsbibliothekar an der Staatsbibliothek München. Der Erfolg der in diesen Jahren erschienenen Bücher „Götter der Edda" (1919), „Asgard" (1920) und „Midgard" (1922) ermöglichte ihm ab 1923 eine Existenz als freier Schriftsteller.

Werk, Tendenzen, Wirkung. In seinen Jugenderinnerungen „Bubenferien am Baltischen Meer" (1938) beschreibt W. seine Selbstvergessenheit und Begeisterung bei der Lektüre von GUSTAV SCHWABS „Sagen des klassischen Altertums" und einer Sammlung germanischer Götter- und Heldensagen. Damals, so meint er im Rückblick, habe er den Entschluß zu „Neugestaltungen der germanischen Sagenwelt und der Odyssee" (S. 63) gefaßt. Jedoch begann er erst nach dem Ersten Weltkrieg mit der Verwirklichung dieses Vorhabens. Vorher versuchte er sich mit wenig Erfolg als Lyriker und Novellist („Gedichte", 1894, „Traumgestalten", 1900, „Vinzenz Haller", 1902). Im Auftrage des „Kunstwart" schrieb er 1912 eine Monographie über ALFRED WELTI (1862–1912) und edierte zwei WELTI-Mappen (1905 und 1925) sowie eine KREIDOLF-Mappe (1919). Ab 1919 erschienen in rascher Folge seine Nacherzählungen nordischer Sagenstoffe, wobei er als Quelle die verschiedenen Edda-Dichtungen benutzte. Während er in „Götter der Edda" (1919) noch eine Nachdichtung in gebundener Rede und mit Stabreimen versuchte, ging er schon 1920 in „Asgard" zur leichter verständlichen Prosa über, wobei er sich manchmal durch eine Rahmenerzählung um eine Verknüpfung mit der Neuzeit bemühte. Um einen „archaisierenden" Tonfall zu erreichen, verwendete er relativ kurze Sätze und bediente sich häufig der Inversion der einzelnen Satzglieder, die ihm eine Annäherung an den metrischen Rhythmus gebundener Strophen ermöglichte. Weitere Titel mit Stoffen aus den isländischen Sagas sind „Gisli, der Waldgänger" (1927), „Grettir, der Wolfsgenoß" (1929), „Njal, der Seher" (1930), „Nordlandmänner" (1936) und „Die Isländergeschichten und die Edda" (1937). Gemeinsam ist allen diesen Büchern die Verherrlichung körperlicher Stärke und brutaler Gewalt, die in den zahlreichen, nach dem Motto „Auge um Auge, Zahn um Zahn" ausgetragenen Fehden ihren Ausdruck findet. W. sieht darin „das in seiner Mannhaftigkeit großartige Bild ursprünglichen germanischen Wesens" (Nordlandmänner, 1936, S. 7), auf das sich die deutsche Jugend rückbesinnen müsse. Neben Stoffen der isländischen Sagas bearbeitete W. auch solche aus der mittelalterlichen Helden- und Spielmannsdichtung, wobei er bevorzugt auf Erzählungen aus den Sagenkreisen um Dietrich von Bern, Gudrun und natürlich des Nibelungenliedes zurückgriff. W. hat seine Stoffe mehrfach bearbeitet und sie in variierenden Zusammenstellungen veröffentlicht. Nicht so recht passen in diese Ansammlung blonder, blauäugiger und kräftig dreinschlagender Recken will zunächst der listenreiche Odysseus (Odyssee Deutsch, 1936). Seine Aufnahme in diesen Kreis begründet W. im Nachwort dann allerdings recht erhellend mit dem „im tiefsten Grunde wesensverwandte(n) Schicksalsempfinden der altgriechischen Seele mit der deutschen" (S. 367), und zeitgenössische Rezensenten lobten denn auch, daß hier endlich „homerische Dichtung ... aus antikem Gefäß in die arteigene deutsche Form gegossen" und „nordischer Geist aus der Umklammerung des Südens erlöst und für unsere Tage fruchtbar gemacht" worden sei (KARL PLENZAT, 1937, im Vorwort zu „Auswanderer-Schicksale").

Einband zu „Unsere Heldensagen" von Leopold Weber. Das Buch, das 1936 bereits im 50.–54. Tausend vorlag, verdeutlicht Webers Hang zur Verherrlichung germanisch-arischen Heldentums. Seine Bücher, die schon vor 1933 erschienen waren, wurden während der Hitler-Zeit immer wieder neu aufgelegt. Der vorliegende Band wurde 1936 vom Bayerischen Staatsministerium für Unterricht und Kultus für den Einsatz in den Schulen genehmigt.

W. muß zu den Wegbereitern der nationalsozialistischen Ideologie gezählt werden. In allen seinen Jugendbearbeitungen finden sich Verherrlichung von Gewalt und Abqualifizierung von Toleranz als feige Schwäche, verquickt mit permanenter Herausstellung der nordischen, d.h. germanischen Rasse als der, der allen anderen Völkern gegenüber ein natürlicher Führungsanspruch zukomme. So ist es nur allzu verständlich, daß seine in der Mehrzahl in den zwanziger Jahren entstandenen Bücher nach 1933 fast alle neu aufgelegt wurden und sich von Anfang an auf den Grundlisten empfohlener Bücher befanden. Der Band „Unsere Heldensagen" wurde sogar vom Bayerischen Staatsministerium für Unterricht und Kultur mit Verfügung vom 5.9.1936 als Schulbuch für den Deutsch- bzw. den Geschichtsunterricht eingeführt. 1936/1937 wurde W. für seine „Neugestaltung deutscher und nordischer Sagenstoffe" der erste Preis des Hans-Schemm-Preises verliehen.

Werke: Die Götter der Edda (1919); Asgard (1920); Midgard (1922); Dietrich von Bern (1924); Gudrun (1925); Die Hegelingen (1925); Gisli, der Waldgänger aus Islands Heldenzeit (1927); Parzival und der Gral (1927); Walthari und Hildegund (1928); Grettir, der Wolfsgenoß (1929; NA. 1938 u.d.T.: Grettir, der Isländerheld); Njal, der Seher (1930, NA. 1933 u.d.T.: Wikingertreue); Unsere Heldensagen (1934); Nordlandmänner (1936); Die Isländergeschichten und die Edda (1936); Die Nachbarskinder (1938).

Bearb.: Odyssee (1936).

Brigitte Raitz

Wedding, Alex

*(d.i. Grete Weiskopf). Kinder- und Jugendbuchautorin, Übersetzerin und Herausgeberin; * 11.5.1905 Salzburg, † 15.3.1966 Berlin.*

W. wuchs in einem kleinbürgerlichen Elternhaus auf; mit siebzehn Jahren verließ sie es jedoch und arbeitete als Warenhausangestellte in Innsbruck, wo sie in einer Mietskaserne bei einer Eisenbahnerfamilie wohnte. Seit 1925 lebte sie in Berlin und war in verschiedenen Berufen tätig, unter anderem als Stenotypistin, Bankangestellte, Buchhändlerin und freie Journalistin. 1928 heiratete sie den Schriftsteller FRANZ CARL WEISKOPF (1900–1955) und trat dem „Bund proletarisch-revolutionärer Schriftsteller Deutschlands" (BPRS) bei. 1931 erschien im Malik-Verlag in Berlin unter dem Pseudonym ALEX WEDDING ihr erstes Kinderbuch „Ede und Unku". Ihr Pseudonym setzte die Autorin aus Berliner „Alexanderplatz" und dem wichtigen Arbeiterviertel Berlins, dem „Roten Wedding", zusammen. Mit F. C. WEISKOPF emigrierte W. 1933 nach Prag, wo sie an der „Arbeiter-Illustrierte Zeitung" (AIZ) tätig war. Nach ihrem ersten Besuch der Sowjetunion (1935) und ihrem zweiten Kinderbuch „Das Eismeer ruft" (1936) mußte sie 1939 über Paris in die USA flüchten. 1949 kehrte sie mit ihrem Mann nach Prag zurück und begleitete ihn als Gesandter der ČSSR nach Washington, Stockholm und Peking. Hier war sie als Korrespondentin der Prager Jugendzeitung „Mlade Fronta" tätig. Seit 1953 lebte sie als freie Schriftstellerin in Berlin; ab 1948 erschienen in der DDR ihre Kinderbücher und fanden dort rasch Verbreitung. 1951 erhielt sie den ersten Preis im Kinder- und Jugendliteraturpreisausschreiben des Ministeriums für Kultur, 1956 den Goethe-Preis der Stadt Berlin, 1961 die Arthur-Becker-Medaille in Gold, 1965 den Vaterländischen Verdienstorden in Silber und den Nationalpreis zweiter Klasse sowie die Medaille der „Pioniersorganisation Ernst Thälmann" in Gold. Seit 1968 wird der „Alex-Wedding-Preis" der Deutschen Akademie der Künste und die „Alex-Wedding-Medaille" der „Arbeitsgemeinschaft Kinder- und Jugendbuch der DDR" verliehen.

Werk, Tendenz, Wirkung. W. gilt als Wegbereiterin der sozialistischen Kinder- und Jugendliteratur der DDR und als „ein Vorbild für die neue Generation von Kinder- und Jugendbuchautoren, die sich nach 1945 zu bilden begann" (EBERT, S. 32); sie habe mit ihren „realistischen, poetischen Jugendbüchern maßgeblich zur Entwicklung der sozialistischen deutschen Jugendliteratur beigetragen" (Schriftsteller der DDR, S. 586). Neben AUGUSTE LAZAR und MAX ZIMMERING schlägt W. die Brücke von der proletarisch-revolutionären Kinder- und Jugendliteratur der Weimarer Republik zur sozialistischen Literatur der DDR. In „Ede und Unku" (1931) wendet W. dabei erstmals in einem größeren Jugendroman die Prinzipien an, die von der KDP bzw. dem „Bund proletarisch-revolutionärer Schriftsteller" Ende der Weimarer Republik für eine politisch wirksame proletarisch-revolutionäre *Massenliteratur* gefordert wurden. Neben der strikten Parteilichkeit sollten die zentralen Widersprüche der Epoche in den Charakteren lebendig werden, wobei proletarische Figuren als tragende Kräfte dargestellt und zumindest perspektivisch als (historisch notwendige) Sieger ausgewiesen werden sollten. Dabei sollten Kinder und Erwachsene prinzipiell eine Einheit bilden und die individuellen menschlichen Probleme in ihrer klassenmäßigen Verhaftung und Determiniertheit interpretieren, die Charaktere jedoch lebendig und widerspruchsvoll zeigen. „Ede und Unku" gilt als eine solche gelungene Synthese, als ein „repräsentatives Werk dieser Phase" (DREHER, S. 44), und bezeichnet den „ideologisch-ästhetischen Höchststand der proletarisch-revolutionären Kinder- und Jugendliteratur ... Ende der zwanziger Jahre" (Sozialistische Kinder- und Jugendliteratur der DDR, S. 53). In dem Buch werden der Sozialdemokrat Sperling und der kämpferische Kommunist Klabunde gegenübergestellt. Sperling unterdrückt seinen Sohn Ede, verbietet ihm den Umgang mit Klabundes Sohn Max, glaubt an Reformen und den guten Willen der Unternehmer, ist gefesselt in kleinbürgerlichen Wunschvorstellungen. Obwohl er der Firma Verbesserungsvorschläge macht, wird er entlassen, ohne dies zu verstehen und klassenmäßig in Handlung umzusetzen; er ist sogar bereit, sich als Streikbrecher anwerben zu lassen. Hier setzt die Aktivität Edes ein, der für den Unterhalt der Familie mit sorgt und durch den (sehr idealisiert und strikt vorbildhaft gezeichneten!) Klabunde aufgeklärt wird über die wahren Ursachen der Arbeitslosigkeit und den richtigen Kampf. Ede verhindert die Tat seines Vaters, versteckt Klabunde vor der Polizei und bekehrt auch nach dieser spannenden Handlung schließlich seinen Vater dazu, Klabunde die Hand zu reichen. Zweite aktive Figur der Erzählung ist das kleine Zigeunermädchen Unku, das Ede tatkräftig hilft und neben dem proletarischen Internationalismus so deutlich die Notwendigkeit eines umfassenden Zusammenhaltes aller unterdrückten Klassen und deklassierten Schichten symbolisiert. Bleibt für W. Literatur „Parteiergreifen" und „Propaganda" (Der Schrei nach dem Mädchenbuch; in: Aus vier Jahrzehnten, S. 244), so soll dennoch das gute Buch „durch das Erlebnis und nicht durch Belehrung erziehen" (Zu einigen Fragen unserer Kinder- und Jugendliteratur; in: Aus vier Jahrzehnten, S. 254–255). W. orientiert sich dabei bewußt an ERICH KÄSTNER und dessen schriftstellerischen Mitteln; sie stellt immer Kinder in den Mittelpunkt des Geschehens, dies jedoch in strikter Wendung zu KÄSTNER, der die sozialen Konflikte individuell löst und sie zu einer Frage des Charakters und des guten Willens werden läßt. Ihr im Exil geschriebenes zweites Buch „Das Eismeer ruft" (1936) soll bewußt gegenüber dem „romantischen Heroismus" des Nationalsozialismus eine neue Art des Heldenhaften zeigen: „das kollektive Heldentum" (Kinderliteratur; in: Aus vier Jahrzehnten, S. 224). Fünf Kinder aus der Harrantgasse in Prag hören von dem Unglück des russischen Expeditionsschiffes „Tscheljuskin", das auf einen Eisberg gelaufen und gesunken ist und dessen Überlebende sich auf eine Eisscholle gerettet haben und auf Entsatz warten. Die fünf Kinder brechen auf, um der Mannschaft zu helfen. Zwar scheitern sie, aber sie demonstrieren die internationale Solidarität des „Einer für alle. Alle für einen", setzen so *richtige* Helden und Abenteuer an Stelle des gängigen „Detektivunsinns". Bewußt geschrieben als ein Buch, „das für den Frieden und gegen den Krieg, für die Sowjetunion und für die Solidarität wirbt" (Kinderliteratur, a.a.O. S. 225), erreicht es die Differenziertheit von „Ede und Unku" nicht mehr, bleibt an der Oberfläche von verklärenden Beschreibungen der Tapferkeit sowjetischer Menschen, die auf dem Eise ausharren. Wie viele sozialistische Schriftsteller im Exil gestaltet W. in ihren beiden nächsten Büchern historische Stoffe. Sie erschienen beide erst nach 1945 in der DDR. „Söldner ohne Sold" (1948; seit der zweiten Auflage „Das große Abenteuer des Kaspar Schmeck") schildert das Leben des vierzehnjährigen Kaspar aus Kassel, der in die Hände hessischer Soldatenwerber fällt und als englischer Söldner im amerikanischen Befreiungskampf kämpfen muß. Kaspar gelingt es, sich zu den Truppen General Washingtons durchzuschlagen. Ihm gelingt so der Übergang zum historischen Neuen und Siegreichen. Dieser Übergang geschieht in „Die Fahne des Pfeiferhänsleins" (1948) nicht mehr tatsächlich, nur noch perspektivisch. Zwar scheitert der frühe Bauernaufstand im 15. Jahrhundert unter der Führung des „Pfeiferhänsleins" Hans Böheim, doch der Bauernsohn Seppl kann der allgemeinen Vernichtung entkommen und geht in die Verbannung: ungebrochen, kämpferisch und mit historischer Notwendigkeit siegend. Schildern diese Bücher noch die Problematik des gerechten und ungerechten Krieges, so zeigt „Das eiserne Büffelchen" (1953) bereits die neue sozialistische Zeit, demonstriert an der Volksrepublik China und den ersten Jahren ihres Bestehens. „Das eiserne Büffelchen" gilt als W.s „reifstes Werk" (Lexikon sozialistischer deutscher Literatur, S. 525). Der chinesische Bauernjunge und Waise Tie-niu wird von seinem Dorf in die Stadt zum Studieren geschickt, gerät aber einer von Kuomintang-Agenten geführten jugendlichen Verbrecherbande in die Hände, bettelt, stiehlt und wagt sich nicht mehr zurück in sein Dorf, steht außerhalb der neuen Gesellschaft. Er wird aufgegriffen und in die Ertung-Schule eingeliefert. Ähnlich dem sowjetischen Roman von G. Belych/L. Panteleev: „Schkid, die Republik der Strolche" (Berlin, 1929) entwickelt sich nach heftigen Widerständen Tie-niu vom Vagabunden zu einem bewußten und tatkräftigen Kämpfer für das neue China. Der Weg Tie-nius wird widerspruchsvoll gezeichnet und kann so anschaulich Konflikte dieser ersten Zeit des kommunistischen China deutlich machen. Bewußt Entdecker- und Abenteuerlust aufgreifend, zeichnet sich das Buch durch seine „spannungsvolle, geschickt motivierte Handlung und durch viele profilierte Charaktere aus" (Lexikon sozialistischer deutscher Literatur, S. 525). Der Aufenthalt W.s in China vermittelt Anregung zu weiteren Büchern, unter anderem „Die Drachenbraut" (1953) und „Schatz der Erde und weißer Schnee" (1961). In märchenhaften Erzählungen bzw. im Übersetzen und Bearbeiten afrikanischer Märchen („Im Schatten des Baobab") gestaltet W. in ihren letzten Büchern verschlüsselt den Befreiungskampf der afrikanischen Völker. Unvollendet blieb das der farbigen Bevölkerung Amerikas gewidmete Buch mit dem Arbeitstitel „Onkel Toms Erben" und der Entwurf zu einem Kinderfilm, der für den Gedanken der Jugendweihe werben sollte. Die meisten Kinder- und Jugendbücher W.s erreichten – da als beispielhaft angesehen – in der DDR eine sehr hohe Auflage („Das Eismeer ruft" erreichte 20 Auflagen) und wurden in viele Sprachen (vornehmlich der sozialistischen Länder) übersetzt. Trotz einer vereinzelten Neuauflage von „Ede und Unku" (1973) und „Kaspar Schmeck" (1973) in der Bundesrepublik Deutschland blieb die Wirkung W.s auf die DDR und die sozialistischen Länder beschränkt.

Werke: Ede und Unku. Ein Roman für Jungen und Mädchen (1931; NA. 1954, [14]1970); Das Eismeer ruft. Die Abenteuer einer großen und einer kleinen Mannschaft (1936, NA. 1947, [20]1965); Söldner ohne Sold. Ein Roman für die Jugend (1948; ab [2]1951 u.d.T.: Das große Abenteuer des Kaspar Schmeck, [14]1971); Die Fahne des Pfeiferhänsleins (1948, [13]1973); Das eiserne Büffelchen. Ein Jugendroman aus dem heutigen China (1952, [11]1963); Die Drachenbraut. Chinesische Volksmärchen (1953); Schatz der Erde und weißer Schnee (1961); Die Geschichte von der kleinen Schildkröte und den Goldfinken. Nach einer Fabel aus Ghana (1963); Hubert, das Flußpferd (1963); Im Schatten des Baobab (1965, [3]1971).

Hrsg.: E. Siao: Kindheit und Jugend des Mao Tse-Tungs (1953); Leuchtende Schätze. Aus der Werkstatt Jung Paodsai (1957, [6]1966); F. C. Weiskopf: Gesammelte Werke (zus. mit St. Hermlin; Bd. 1–8. 1960); Erinnerungen an einen Freund. Ein Gedenkbuch für F. C. Weiskopf (1963); A. Pankey: Der Feuervogel (1964); F. C. Weiskopf: Das Mädchen von Krasnodar (1970).

Sekundärliteratur: G. Ebert: Ansichten zur Entwicklung der epischen Kinder- und Jugendliteratur in der DDR von 1945 bis 1975 (1976); (Hrsg.): Alex Wedding. Aus vier Jahrzehnten. Erinnerungen, Aufsätze und Fragmente. Zu ihrem 70. Geburtstag herausgegeben (1975). – M. Lange: Alex Wedding (in: Beiträge zur Kinder- und Jugendliteratur. 1975. 34. 16–24). – I. Dreher: Die deutsche proletarisch-revolutionäre Kinder- und Jugendliteratur zwischen 1918 und 1933 (1975). – H. Meyer: Die deutsche Kinder- und Jugendliteratur 1933 bis 1945. Ein Versuch über die Entwicklungslinien (1975). – G. Albrecht u.a.: Schriftsteller der DDR ([2]1975. 586–587). – Sozialistische Kinder- und Jugendliteratur der DDR. Ein Abriß zur Entwicklung von 1945 bis 1975) (1977).

Manfred Geiss

Wegehaupt, Heinz

*Bibliotheksdirektor, Leiter der Kinder- und Jugendbuchabteilung an der Deutschen Staatsbibliothek in Ost-Berlin, Verfasser bibliographischer Schriften und Studien zur Kinder- und Jugendliteratur; * 14. 6. 1928 Berlin.*

W. studierte von 1954 bis 1959 an der Humboldt-Universität in Berlin Germanistik und Bibliothekswissenschaft. Danach begann er seine Tätigkeit an der Deutschen Staatsbibliothek in Ost-Berlin, von 1959 bis 1961 als Assistent, anschließend (ab 1961) als Leiter der dort 1951 neu eingerichteten Kinder- und Jugendbuchabteilung.

Neben der Zusammenstellung von Materialien für seine Ausstellungstätigkeit verfaßte W. mehrere bibliographische Arbeiten zu unterschiedlichen thematischen und gattungsspezifischen Schwerpunkten der Kinder- und Jugendliteratur, z. B. zu den Märchen der Brüder Grimm (1964), zu preisgekrönten (1966) und alten (1967) Kinderbüchern. Er gab bibliographische Nachweise über theoretische Literatur zum Kinder- und Jugendbuch (1972) heraus. Besonders wertvoll ist seine Bibliographie „Deutschsprachige Kinder- und Jugendliteratur der Arbeiterklasse von den Anfängen bis 1945" (1972).

W.s Interesse gilt der Erforschung der Frühgeschichte der Kinder- und Jugendliteratur. Beachtung erzielte die 1977 erschienene Studie „Vorstufen und Vorläufer der deutschen Kinder- und Jugendliteratur bis in die Mitte des 18. Jahrhunderts". Dabei versuchte W. als erster ein recht diffuses Material systematisch zu erfassen und abzugrenzen, um jugendliterarische Vorläufer der bisher wenig beachteten Zeitspanne vom 15. bis zur Mitte des 18. Jahrhunderts zu beschreiben und zu analysieren. W. betreut außerdem seit 1962 die laufende Bibliographie zur Kinder- und Jugendliteratur in der DDR-Fachzeitschrift „Beiträge zur Kinder- und Jugendliteratur".

Werke: 150 Jahre Kinder- und Hausmärchen der Brüder Grimm. Bibliographie und Materialien zu einer Ausstellung der Deutschen Staatsbibliothek (1964); Ausgezeichnete Kinder- und Jugendbücher der DDR. Verzeichnis der von 1950–1965 preisgekrönten und zu schönsten Büchern des Jahres erklärten Kinder- und Jugendbücher (1966); 15 Jahre Kinderbuchverlag. Gesamtverzeichnis 1949–1964 (1966); Alte Kinderbücher. Katalog der Dauerleihgabe des Stadtmuseums Bautzen an die Deutsche Staatsbibliothek, Berlin (1967); Bibliographie der in der DDR von 1949–1971 erschienenen theoretischen Arbeiten zur Kinder- und Jugendliteratur (1972); Deutschsprachige Kinder- und Jugendliteratur der Arbeiterklasse von den Anfängen bis 1945 (1972); Theoretische Literatur zum Kinder- und Jugendbuch. Bibliographischer Nachweis von den Anfängen im 18. Jahrhundert bis zur Gegenwart nach den Beständen der Deutschen Staatsbibliothek, Berlin (1972); Der Kinderbuchverlag, Berlin. Verlagsverzeichnis 1949–1973 (1974); Schätze der Kinder- und Jugendbuchabteilung. Alte Bilderbogen und kostbare Kinderbücher vom 16. Jahrhundert bis zur Gegenwart (Prospekt zur) Ausstellung vom 3. Juli bis 18. September 1976 im Aufenthaltsraum der Deutschen Staatsbibliothek. Berlin: Deutsche Staatsbibliothek (1976); Vorstufen und Vorläufer der deutschen Kinder- und Jugendliteratur bis in die Mitte des 18. Jahrhunderts (1977).

Beiträge: Der Kinderbuchillustrator Oscar Pletsch. Mit Bibliographie (in: Marginalien. 1966. 22. 26–35); Kinderliteratur und wissenschaftliche Bibliothek. Wandlungen ihrer Wertschätzung dargestellt am Beispiel der Deutschen Staatsbibliothek (in: Buch – Bibliothek – Leser. Festschrift für Horst Kunze zum 60. Geburtstag. 1969. 331–344); Bibliographie der in der DDR erschienenen Schriften von Hans Christian Andersen (in: Bulletin. DDR-Zentrum für Kinderliteratur. 1975. 10. 31–35); Research on children's and youth literature in the German Democratic Republic (in: Phaedrus. A journal of children's literature research. 2. 1975. 2. 8–11); Schätze der Kinder- und Jugendbuchabteilung. Alte Bilderbogen und kostbare Kinderbücher vom 16. Jahrhundert bis zur Gegenwart (in: Bulletin Jugend und Literatur. 1977. 6. 25–29).

Hannelore Daubert

Weichert Verlag › Neuer Jugendschriften Verlag

Weidenmann, Alfred

*Filmregisseur, Jugendbuchautor; * 10. 5. 1918 Stuttgart.*

W., der vor allem als Filmregisseur hervorgetreten ist und dem 1955 der Bundesfilmpreis verliehen wurde, schreibt seit Mitte der dreißiger Jahre Jugendbücher. Für die Trilogie „50 Jungen im Dienst" wurde er 1937/38 mit dem dritten Hans-Schemm-Preis ausgezeichnet.

Werk, Tendenzen, Wirkung. 1936 erschien W.s erstes Jugendbuch „Jungzug 2". Seitdem trat er mit verschiedenen Jugendbüchern an die Öffentlichkeit. Durch die Schilderung von Heimabenden, Fahrten und Kampfspielen versuchte er, die jungen Leser für das Leben in den nationalsozialistischen Jugendorganisationen zu begeistern. Im „Jungzug 2" (1936) wirbt er für den Eintritt in das Jungvolk, in „Trupp Plassen" (1937) ist das Erleben im Reichsarbeitsdienst (RAD), im dritten Band „Kanonier Brakke Nr. 2" (1938) der Dienst bei der Wehrmacht Thema seiner Erzählungen. Verbrämt mit allgemeinen Forderungen nach Kameradschaft und Gemeinschaft und der Forderung für die „7 Schwertworte des Jungvolkjungen: Härte, Tapferkeit, Treue, Haltung, Wahrheit, Kameradschaft, Ehre" einzustehen, wird unter dem Motto „Dienen im Schweigen" die psychische Bereitschaft aufgebaut, bedingungslos und ohne eigenes Nachdenken die Gefolgschaft des Führers anzutreten. Geschickt versteht es W., auf das jugendliche Interesse an Unternehmungen abenteuerlicher Art und dem Wunsch nach Solidarität einzugehen, um die jungen Leser fest in die vorgeblich klassenlose „Volksgemeinschaft" einzubinden und ihnen blinden Gehorsam abzuverlangen. In „Jakko. Der Roman eines Jungen" (1939) wird der Versuch geschildert, ein Zirkuskind in die Hitlerjugend zu integrieren. Jakko steht vor der Entscheidung, sich entweder dem Wahlspruch seines während des Ersten Weltkriegs gefallenen Vaters „Ich will mich nicht beugen" oder der Lebensweisheit des Zirkusdirektors „Schmiegsam sein und sich beugen" zu unterwerfen. Das Buch endet mit dem emphatischen Ausspruch: „Er will sich nie beugen". Das Buch gibt dem jungen Leser die Vorstellung, daß die Hitlerjugend jedem eine Chance zur Bewährung gebe, falls er sich vorbehaltlos der nationalsozialistischen Sache verschreibt. Für jugendliche Leser bestimmt waren auch W.s Reiseberichte „Junges Europa" (1940), „Junges Griechenland" (1940), „Junges Spanien" (1940), „Junges Italien" (1940) und „Junges Portugal" (1940). Es ist sicherlich kein Zufall, daß W. in erster Linie über solche Länder informierte, die faschistischer Herrschaft unterworfen waren.

Unter dem Pseudonym W. Derfla (das ist die Umkehrung von Alfred W.) veröffentlichte W. in der „Kriegsbücherei der deutschen Jugend" Bände wie „Unternehmen Jaguar. Taten der Panzerwaffe in Polen" (1940) und „Ich stürmte Fort III. Der Angriff auf Modlin. Den Erlebnissen eines Gefreiten nacherzählt" (1940). In diesen Büchern wird sein Anliegen, Kriegs- und Kampfeswillen zu erzeugen und zu stärken, offensichtlich. Herausgegeben wurden diese Bände im Auftrag des „Jugendführers des Deutschen Reiches". Darin wird der Überfall auf Polen von 1939 als ein Feldzug dargestellt, der angeblich den Schutz in Polen ansässiger Deutscher zum alleinigen Ziele hatte. Es ist erstaunlich, wie der Autor, der vor 1945 eindeutig die Ziele des Nationalsozialismus in seinen Jugendschriften verherrlichte, schon recht bald nach 1945 wieder als Jugendbuchautor und Filmregisseur reüssieren konnte. Zwar haben die Jugendbücher W.s, die seit den fünfziger Jahren erschienen sind, einen etwas anderen Tenor, doch sind autoritäre und konservative Momente darin unübersehbar. In „Gepäckschein 666" (1953) erzählt er von einer Gruppe Hamburger Schuhputzerjungen, die zusammen mit dem Sohn eines reichen Amerikaners einen Kriminalfall lösen. Dabei spielt ein verwechselter Gepäckschein eine große Rolle. Gab es in seinen ersten Jugendbüchern nach dem Krieg allenfalls das faschistische Ausland, so versucht W. später, die ‚neue Welt' einzufangen. Er bedient sich dabei der jetzt opportunen Klischees und Stereotypen. Wurde z.B. früher die ‚Stadt' gegenüber dem freien Landleben herabgesetzt, so steht jetzt die städtische, weltoffene Atmosphäre von Film und Hotel im Mittelpunkt.

Eine streng hierarchisch organisierte Jugendgruppe agiert ebenfalls in „Die Fünfzig vom Abendblatt" (1960). Die Zeitungsjungen des „Abendblatts" stehen in erbittertem Kampf gegen die vom „Nachtexpress". Sie sind diesen jedoch nicht nur als Sportler überlegen, sondern entlarven sogar deren Anführer als Mitglied einer Falschmünzerbande. In diesem Buch wird sehr augenfällig für das deutsche Wirtschaftswunder geworben. Prototyp dafür ist der Besitzer des „Abendblatts", der sich vom Schaubudenkämpfer zum Millionär nach oben „geboxt" haben soll. Sein Leitspruch ist denn auch in Anlehnung an faschistische Ausleseideologie: „Wer liegenbleibt, wird ausgezählt".

Weltbürgerhaft gibt sich W. in „Der blinde Passagier" (1968), wo ein Untertertianer durch Zufall die weite Welt kennenlernt. In Mexiko wirbt er für Limonade, in Tokio für ein Warenhaus, und nebenbei berichtet er exklusiv für eine Hamburger Zeitung von seinen Abenteuern. Er begreift bald: „Das ganze ist ein Geschäft". Düsenjets, Hotels, Zeitungsmilieu, Weltstädte, weltgewandte Hotelboys und reiche Ausländer verbreiten internationales Flair. Um eine Gruppe von Gymnasiasten geht es in „Die glorreichen Sieben" (1972), die als Detektive tätig werden und einen angeblichen Kunstraub aufklären helfen. Auch in „Der Junge aus dem Meer" (1976) werden die „Glorreichen Sieben" wieder aktiv. Sie können die Machenschaften eines verbrecherischen Hypnotiseurs aufdecken und tragen zugleich dazu bei, daß Alexander, der Junge aus dem Meer, der sein Gedächtnis verloren hat, wieder zu Bewußtsein kommt. Hier besteht die Handlung, wie so oft bei W., aus einer Mischung von Schul-, Ferien- und Abenteuergeschichte mit den bewährten Requisiten aus dem Zirkus- und Zeitungsmilieu. Auch in „Das Geheimnis der grünen Maske" (1976) muß die Zirkuswelt herhalten, spannungsreichen Stoff zu liefern. Die „Glorreichen Sieben" können dem Zirkuskind Ronny, dessen Zirkus in finanziellen Schwierigkeiten ist, mit einer von ihnen initiierten Werbeaktion helfen, so daß eine Tournee des Zirkus zum Erfolg wird. Nebenbei lösen sie sogar noch einen Kriminalfall.

Werke: Jungzug 2. 50 Jungen im Dienst (1936); Trupp Plassen. Kameradschaft der Gräben und der Spaten (1937); Kanonier Bracke Nr. 2 (1938, [6]1940); Ganz Pollau steht Kopf (1938, NA. 1961); Jakko. Der Roman eines Jungen (1939, [2]1940); Junges Europa (1940); Junges Griechenland (1940); Junges Italien (1940); Junges Portugal (1940); Junges Spanien (1940); Unternehmen Jaguar. Taten der Panzerwaffe in Polen (1940); Ich stürmte das Fort III. Der Angriff auf Modlin. Den Erlebnissen eines Gefreiten nacherzählt (1940); Kaulquappe, der Boss der Zeitungsjungen (1951); Winnetou junior fliegt nach Berlin (1952); Die großen Drei fliegen zu den Apachen (1952); Kaulquappe und die Falschmünzer (1953); Gepäckschein 666 (1953, [4]1954, NA. 1966, TB. 1967, [4]1970); Die Fünfzig vom Abendblatt (NA. von Kaulquappe I und II, 1960, 1973); Der blinde Passagier (1968, [4]1972, NA. 1977); Die glorreichen Sieben (1972, [2]1974); Der gelbe Handschuh (1974); Das Geheimnis der grünen Maske (1976); Der Junge aus dem Meer (1976).

Winfred Kaminski

Weigel, Christoph

*Kupferstecher, Verleger, Kunst- und Buchhändler; *9.11.1654 Redwitz (Marktredwitz), †5.2.1725 Nürnberg.*

Der Vater, Johann W., war Apotheker in Wunsiedel, später in Redwitz. W. trat mit zwölf Jahren eine Goldschmiedelehre in Hof an; anschließend half er seinem Vetter Erhard W. (1625–1699) in Jena bei der Herstellung mathematischer Instrumente. Auf dessen Rat hin wandte er sich der Kupferstecherei zu. So begab er sich nach Augsburg, wo er von 1673 bis 1678 bei Georg Andreas Wolfgang und dann bis 1681 bei Matthias Küsel diese Kunst erlernte. Von nun an war er an verschiedenen Orten tätig. Nach einem kurzen Aufenthalt in Wien (1683/1684), das er wegen der

ORBIS TERRARVM
IN NUCE,
five
Compendium Hiſtoriæ Civilis
Chronologicum
in ſculptura memoriali.

Die
Welt in einer Nuß/
oder
Kurtzer Begriff der merckwürdigſten
Welt-Geſchichte
in einer Gedächtnüs-hülfflichen Bilder-Luſt/

ausgefertiget
Durch Chriſtoph Weigeln/Kupfferſtechern und Kunſthänd-
lern in Nürnberg / der Kaiſ. Reichs-Poſt über wohnhafft.
Anno 1722.

Titelblatt zu dem Ende des 17., Anfang des 18. Jahrhunderts verbreiteten Jugendbuch „Die Welt in einer Nuß", das in dem Verlag des Nürnberger Verlegers und Kupferstechers Christoph Weigel, der auch die rund 500 briefmarkengroßen Kupferstiche zu dem Werk schuf, zahlreiche Auflagen erlebte. Das Werk versucht, auf Tafeln mit jeweils 12 kleinen Bildchen in chronologischer Reihenfolge eine gedrängte Darstellung der Weltgeschichte („Welt in einer Nuß!") zu geben. Das hier gezeigte Titelblatt ist einer Ausgabe von 1722 entnommen.

Türkenbelagerung verließ, und Augsburg blieb er bis 1688 in Frankfurt am Main, um anschließend wieder nach Wien zurückzukehren. Ab 1691 ließ er sich nochmals für einige Jahre in Augsburg nieder, arbeitete inzwischen in Regensburg und übersiedelte 1698 nach Nürnberg, wo er MAGDALENA HOLZMANN heiratete und im selben Jahr das Bürgerrecht erhielt. 1716 wurde er in den größeren Rat gewählt. Seine von ihm gegründete Kunst- und Buchhandlung, mit einem Zweiggeschäft in Wien, nahm schnell einen großen Aufschwung. Nach seinem Tod (1725) führte sie zunächst seine Frau weiter, dann ging sie in den Besitz MARTIN TYROFFS über, der eine Enkelin W.s geheiratet hatte. In der Überlieferung wird W. häufig mit seinem Bruder JOHANN CHRISTOPH (1661–1726) verwechselt oder gleichgesetzt. Dieser hatte als Kupferstecher (Hauptwerk: Musicalisches Theatrum), Verleger und Kunsthändler eine ganz ähnliche Entwicklung, vor allem in seiner Nürnberger Zeit, so daß sich nach dem Tod der Brüder zur genaueren Unterscheidung Bezeichnungen wie „die ältere Weiglische Kunsthandlung" und „Christoph Weigel und Junior" durchsetzten.

Werk, Tendenzen, Wirkung. W. war vielseitig tätig; er entwickelte nicht nur arbeitserleichternde Geräte zum Kupferstechen, sondern war gerade in dieser Kunst (Schab- und Linientechnik) selbst sehr produktiv, verlegte und vertrieb auch seine Werke. Allerdings tragen viele Blätter allein seinen Namen, obwohl sie von Schülern oder anderen bei ihm beschäftigten Meistern (z. B. CASPAR LUYKEN, 1672–1708) geschaffen wurden. Von W. sind neben den Verlagswerken zahlreiche Einzelstiche überliefert; hier hat er als Vorlagen Stadtpläne (z. B. DANIEL SUTTINGERS Plan der Stadt Wien), Bildnisse einzelner Persönlichkeiten und religiöse Motive (z. B. Erzengel Michael; Allegorie auf die Einfalt und Beharrlichkeit) gewählt. Besonders bekannt wurde er durch die Erstdrucke mehrerer Werke des volkstümlichen Predigers in Wien ABRAHAM A SANCTA CLARA (d. i. ULRICH MEGERLE, 1644–1709). Durch die Illustration und Verbreitung belehrender und moralisch-erbaulicher Werke hat W. für die Erziehung und Bildung der Jugend seiner und der folgenden Zeit Bedeutung erlangt. So hat er nicht nur Gebetbücher und Bilderbibeln herausgebracht (zu einer hat unter anderem JOHANN JACOB SANDRART Zeichnungen geliefert), sondern auch naturwissenschaftliche und geschichtliche Werke, Schul- und Reiseatlanten, Geschlechts- und Wappenkalender, Trachtenbücher sowie Anleitungen zur Schreibkunst; dabei sind viele Werke ausdrücklich „der Jugend zur nützlichen Erbauung" zugedacht. Eines seiner bekanntesten Werke, das 1977 eine Neuauflage erlebte, ist der umfangreiche, 1698 in Regensburg herausgekommene Band „Abbildung Der Gemein-Nützlichen Haupt-Stände", dessen Stiche auch in Einzelblättern auftreten. In liebevoller Weise sind 212 Berufsstände vom Advokaten bis zum Zuckerbäcker, vom Künstler bis zum Totengräber bildlich dargestellt (fast die Hälfte allerdings von JAN und CASPAR LUYKEN) und mit sinnreichen Lehrgedichten versehen (wahrscheinlich von ABRAHAM A SANCTA CLARA); weitere Kommentare zu den Bildern stammen von W. selbst. Das Werk steht in der Nachfolge der traditionellen Ständebücher; mit seinen anschaulichen und detaillierten Darstellungen handwerklicher Tätigkeit ist es ein wertvoller Bilderbogen barocken Lebens.

Das im Bereich der Jugendlektüre bekannteste Buch W.s ist „Sculptura Historiarum et temporum memoratrix. Das ist Gedächtniß-hüfliche Bilderlust" (1697), das W. während seiner Regensburger Zeit herausgab und das den Untertitel führt „Der Merckwürdigsten Welt-Geschichten aller Zeit. Von Erschaffung der Welt Bis auf das gegenwärtige 1697. Jahr. Zu sonderen Behuf und Belustigung So wol der studirenden Jugend als auch anderer Liebhaber der Geschichten. Solche desto leichter zu begreiffen mit nutzlich-richtig und warhafften Erzehlungen in einer sehr angenehmen Erfindung und neu-eingerichteten bequemen Ordnung im Kupfer gebracht". Der 34,5 × 25 cm große, in Schweinsleder (Prägedruck) gebundene und mit Holzdeckeln und Metallschließen versehene Band wurde im Laufe des 18. Jahrhunderts mehrmals in verschiedenen Formaten und Auszügen nachgedruckt, meistens unter den Titeln

„Orbis terrarum in nuce" oder „Die Welt in einer Nuß". Wie der Autor in der „Voransprach an den geneigten Leser" herausstreicht, sei der Band vor allem durch seine Kupferstiche geeignet, junge Leser in die Geschichte einzuführen. W. sagt: „Auf diese Art nun werden einem Knaben erstlich 385. Haupt-Eventus aus blossem Ansehen der Kupfer bekanndt, massen nicht allein der Author darauf gesehen, daß solche expressiv seyn und gleichsam kein einziger Strich darinn befunden werde, der nicht seine eigene nachdrückliche Bedeutung habe ..." dafür, daß er das Werk in deutscher Schrift abgefaßt habe: „Die Teutsche Sprach aber hat man aus zweyerley Ursachen erwehlet. Erstlich, damit gleich bey zarter Jugend, ehe man noch des Lateins mächtig, ein Anfang gemacht werden könne und weilen die Teutsche Jugend an eine gute Teutsche Erzehlung und gebräuchliche Redensart zu gewehnen ein hochnützliche Sach ist, dazu man aber in den Schulen und denen darinn gebräuchlichen Büchern selten Anlaß findet". Die 385 sechs auf sechs Zentimeter großen Kupferstiche, die von einem allegorischen Rahmen umgeben und jeweils zu zwölf auf einer Seite zusammengefaßt sind, ergeben in ihrer Gesamtheit eine Kulturgeschichte der bekannten Welt bis in die Gegenwart des Verlegers und Kupferstechers W. hinein, der dem Vorwort des Autors einen „Vorbericht des Verlegers an den geneigten Leser" anfügte. In diesem Vorbericht stellt W. den in der Titelei nicht genannten Textautor des Buches vor, den „Herrn Gregorius Andreas Schmidt, beeder Rechten Doctor, und der löblichen des Heil. Römischen Reichs Stadt Nürnberg Consulent". W. berichtet, daß der Autor ein Jahr vor Erscheinen des Werkes durch einen Unfall ums Leben gekommen sei, als „die Pferde an dem Wagen, worinnen er saß, Berg-ab lauffend wurden und den Wagen endlich dahin wurfen, so daß der seel. Herr D. im Fallen den einen Schenkel sehr übel zerbrochen".

Werke: Passio Domini nostri Jesu Christi ... Oder Abbildung des bittern Leidens etc. (1693); Historien aus dem I. und II. Buch Samuels, I. und II. Buch der Chronica etc. (1695); Sculptura Historiarum et temporum memoratrix: Das ist Gedächtniß-hülfliche Bilderlust (1697); Abbildung der Gemein-Nützlichen Haupt-Stände von denen Regenten und ihren ... zugeordneten Bedienten an, bisz auf alle Künstler und Handwerker (1698; NA. 1977); Gründliche Handleitung zur Schreib-Kunst etc. (1703); Neu-Eröffnete Welt-Galleria, worinnen sehr curios und begnügt unter die Augen kommen allerley Aufzüg und Kleidungen unterschiedlicher Stände und Nationen etc. (zusammen mit Abraham a Sancta Clara und Caspar Luyken, 1703); A. a Sancta Clara: Heilsames Gemisch-Gemasch (1704); A. a Sancta Clara: Huy und Pfuy der Welt (1707); Centifolium stultorum in quarto. Oder 100 ausbündige Narren (1709); A. a Sancta Clara: Etwas für Alle (1711); Mala Gallina, malum Ovum, das ist: Wie die Alten sungen, so zwitzern auch die Jungen (1713); Columnae Malitantis Ecclesiae etc. (1725).

Sekundärliteratur: J. G. Dopplmayr: Historische Nachricht von den Nürnbergischen Mathematicis und Künstlern (1730). – J. H. Eckardt: Deutsche Kartenstecher und Kartenverleger des 18. Jahrhunderts (in: Börsenblatt für den deutschen Buchhandel. 1903. 283). – O. Grosswald: Der Kupferstich des 18. Jahrhunderts in Augsburg und Nürnberg (Diss. 1912). – C. von Wurzbach (Hrsg.): Biographisches Lexikon des Kaiserthums Österreich (1886).

Kurt Franz

Weigel, Susi

*Österreichische Illustratorin und Bilderbuchkünstlerin; * 29. 1. 1919 Wien.*

Ihre Ausbildung erhielt W. an der Akademie für angewandte Kunst und an der Akademie für bildende Kunst in Wien. Die Kriegs- und Nachkriegsjahre verlebte sie in Berlin. Neben den Würdigungen und Preisen, die ihr als Illustratorin der Bilderbücher der Autorin Mira Lobe (* 1913) zuerkannt wurden, konnte sie 1970 den Illustrationspreis der Stadt Wien und 1971 den Illustrationspreis zum Österreichischen Staatspreis für „Das Städtchen Drumherum" (1970) in Empfang nehmen. W. ist vorwiegend für in Österreich beheimatete Verlage tätig. Seit 1952 ist sie in Bludenz/Vorarlberg ansässig.

Werk, Tendenzen, Wirkung. Mit über 50 Titeln hat W. seit Mitte der fünfziger Jahre ein umfangreiches Bilderbuch- und Illustrationsschaffen vorgelegt. Bis auf wenige Ausnahmen entstanden die meisten ihrer Arbeiten in enger Zusammenarbeit mit Mira Lobe. Themen und Motive der Illustrationen von W. beziehen sich auf Kinder-, Tier-, Umwelt- und Phantasiegeschichten, oft mit gesellschaftskritischem und pädagogisch engagiertem Ziel. Besonders bei Tierdarstellungen wendet die Graphikerin eine heitere, humorvolle, oft karikierende, mitunter auch ironische Note an. Mit der Aufwertung der Comics im deutschsprachigen Bereich dringen auch gemäßigte Elemente dieses Bildmediums, etwa in Form von Sprechblasen und Blasentexten, in ihre Zeichnungen ein.
An den vielen Preisen, die Mira Lobe zugesprochen wurden, war die Ausstattung von W. maßgeblich beteiligt. An Techniken verwendet sie unter anderem Federzeichnungen, Aquarelle, Pastellfarben, farbige Kollagen und Montageverfahren, die jedoch so schlicht gehalten sind, daß sie bereits Kindern im Vorschulbereich zugänglich sind. Ausstellungen von W.s Arbeiten gab es auf der Biennale der Bilderbuchkunst in Bratislava und auf der Buchmesse in Bologna.

Werke: M. Lobe: Der Bärenbund (1954); M. Lobe: Der Tiergarten reißt aus (1954); M. Lobe: Hänschen klein (1954); A. Geiger-Hof: Fiete, Paul & Co (1955); M. Lobe (zus. mit T. Tesarek): Ich frag dich was, Herr Doktor (1955); M. Lobe: Flitz, der rote Blitz (1956); M. Lobe: Bärli Hupf (1957); M. Lobe: Titi im Urwald (1957); M. Lobe: Ich wünsch mir einen Bruder (1958); M. Lobe: Ich und du in Stadt und Land (1959); M. Lobe: Wohin mit Susu (1960); M. Lobe: Das 5. Entlein (1961); M. Lobe: Hannes und sein Bumpam (1961); M. Lobe: König Tunix (1962); M. Lobe: Tapps (1962); M. Lobe: Das große Rennen in Murmelbach (1963); M. Lobe: Bimbulli (1964); M. Lobe: Die Omama im Apfelbaum (1965); M. Lobe: Laßt Euch drei Geschichten erzählen (1965); M. Lobe: Das große Rentier. Gumbas erste Ratte. Madeleine und der Angler (1966); M. Lobe: Pepi und Pipa (1966); M. Lobe: Eli-Elefant

(1967); H. Weilen: Amalia mit dem langen Hals (1967); M. Lobe: Bärli hupft weiter (1968); M. Lobe: Das blaue Känguruh (1968); A. A. Milne: Prinz Karnickel und die Prinzessin, die nicht lachen konnte (1968); M. Lobe: Der kleine Drache Fridolin (1969); M. Lobe: Maxi will nicht schlafen gehen (1969); M. Lobe: Das Städtchen Drumherum (1970); M. Lobe: Denkmal-Blümlein (1971); M. Lobe: Das kleine Ich bin Ich (1972); M. Lobe: Kein Sterntaler für Monika (1973); M. Lobe: Willi Millimandl und der Riese Bumbum (1973); M. Lobe: Das Zauberzimmer (1974); M. Lobe: Ingo und Drago (1975); M. Lobe: Das Schloßgespenst (1976); M. Lobe: Der ist ganz anders als ihr glaubt (1976); M. Lobe: Die Zaubermasche (1976); M. Lobe: Die Maus will raus (1977).

Horst Künnemann

Weinert, Erich

*Autor, Rezitator und Publizist; * 4. 8. 1890 Magdeburg, † 20. 4. 1953 Berlin.*

W., Sohn eines Ingenieurs, begann nach dem Besuch der Mittel- und Handwerksschule eine Lehre als Lokomotivbauer und beschäftigte sich mit Naturwissenschaften, Sprachen und Geschichte. Später besuchte er die Magdeburger Kunstgewerbeschule und von 1910 bis 1912 die Königliche Kunstschule Berlin, wo er zum Zeichenlehrer ausgebildet wurde. Nach einem Jahr Tätigkeit als freier Grafiker und Buchillustrator wurde er zum Militär einberufen und nahm am Ersten Weltkrieg teil. Nach Kriegsende arbeitete er als Lehrer, als Schauspieler, war zeitweise arbeitslos, spielte 1921–1923 bei dem Leipziger Kabarett „Retorte", später im Berliner „Künstlercafé" und bei der Gruppe „Die Wespen".

Erich Weinert (1890–1953)

W., der sich seit der Zusammenarbeit mit Klaus Neukrantz (1895– nach 1941) und Erwin Piscator (1893–1966) an der Revue „Roter Rummel" (1924) immer mehr linken politischen und literarischen Vorstellungen näherte, wurde 1928 Vorstandsmitglied des „Bundes proletarisch-revolutionärer Schriftsteller" (BPRS) und Redaktionsmitglied der „Linkskurve". Ein Jahr darauf trat W. der KPD bei. Eine Tournee in die Schweiz bewahrte ihn 1933 vor dem Zugriff der Nationalsozialisten. Danach agitierte er bis 1935 vom Saarland aus gegen die Naziherrschaft, begab sich dann nach Moskau und nahm als Mitglied der Internationalen Brigade am spanischen Bürgerkrieg teil. Nach der Niederlage der spanischen Republik und der Internierung in Frankreich kehrte W. in die Sowjetunion zurück, wo er nach Beginn von Hitlers Rußlandfeldzug als Frontagitator und als Präsident des „Nationalkomitees Freies Deutschland" tätig war. Nach der Heimkehr 1946 in die Sowjetische Besatzungszone arbeitete W. als Vizepräsident der Zentralverwaltung für Volksbildung und wurde 1950 Gründungsmitglied der Akademie der Künste. Die Regierung der DDR verlieh ihm 1949 und 1952 den Nationalpreis für Kunst und Literatur.

Werk, Tendenzen, Wirkung. Erste Gedichtveröffentlichungen W.s erschienen 1919 in der Zeitschrift „Die Kugel". Später versuchte W., das Gedicht und das Lied als operatives Genre mit unmittelbar tagespolitischem Bezug unter Verwendung sowohl satirischer wie auch pathetischer Ausdrucksmittel zu entwickeln. Für ihn als „Sprechdichter" war der direkte Kontakt zum Publikum unabdingbar. Zwischen 1924 und 1933 rezitierte W. seine Gedichte auf mehr als 2000 Veranstaltungen der KPD und anderer Arbeiterorganisationen. 1931 erhielt er wegen „Gotteslästerung, Aufreizung zum Klassenhaß, Aufforderung zum bewaffneten Aufstand" sieben Monate Redeverbot in Preußen („Lex Weinert"). Auch später im Exil, in Spanien, in der Sowjetunion und dann in der DDR suchte W. mit seinen Gedichten und Erzählungen, in Auftritten sowie durch Beiträge in der Presse und im Rundfunk, in das politische Tagesgeschehen einzugreifen.
Sporadisch und meist zu bestimmten Anlässen verfaßte W. schon während der Weimarer Republik kinder- und jugendliterarische Arbeiten, wie z. B. das Gedicht „Der kleine Sowjetbürger spricht" zum internationalen Kindertag 1932. Verbreitung auch im nationalsozialistischen Deutschland fand auf illegalen Wegen die Ballade „An einen deutschen Arbeiterjungen" (1933). Als Texter bzw. Übersetzer von Liedern für die Jugend, wie das „Lied der Thälmann-Pioniere" (1952) – vertont von Hanns Eisler (1898–1962) – und das „Lied des Internationalen Studentenbundes" (1951) trat W. in der DDR hervor.
Während des Exils in der Sowjetunion schrieb W. für deutsche Lesebücher eine Reihe von Kindergedichten, die später aus dem Nachlaß als Bilderbücher mit

Illustrationen von HERBERT THIELE („Kinder schaut mal wie wir fliegen", 1959) und KONRAD GOLZ („Die Miezi sagt zur Maus ...", 1968) veröffentlicht wurden. In ihnen führt W. eingängige Abzählverse, ABC-Reime und Scherzgedichte vor. Politische Inhalte werden auf unterschiedliche Art und Weise eingebracht, sei es, daß W. versucht, einfach und anschaulich Solidarität zu zeigen, wie in dem Text „Die Freunde am Tisch", sei es, daß er mit heiteren Versen für den „1. Mai" wirbt. Das einzige von W. selbst herausgegebene Kinderbuch war eine 1947 erschienene Nachdichtung von Versen SAMUIL MARŠAKS (1887–1964) unter dem Titel „Kinderchen im Käfig". W.s Gesamtwerk gilt in der DDR als Bestandteil der antifaschistischen und demokratischen Erziehung der Jugend. Eine mit Illustrationen von GERHARD RAPPUS ausgestattete Auswahl für Kinder und Jugendliche „Helles Lied aus dunklem Hof" erschien 1968. Sie enthält unter anderem Gedichte, Notizen, Szenen, Erzählungen sowie Stücke aus W.s Spanienbuch „Camaradas" (1951) und aus dem Frontnotizbuch „Memento Stalingrad" (1951).

Werke: R. Engel (Hrsg.): Erich Weinert erzählt (1955); L. Weinert (Hrsg.): Gesammelte Werke (in Einzelbänden, 1955–1960); Kinder schaut mal, wie wir fliegen (1959); Nachdichtungen (1959); Nachgelassene Lyrik aus 3 Jahrzehnten (1960); Die Miezi sagt zur Maus ... (1968); Helles Lied aus dunklem Hof (1968).

Bearb.: S. Maršak: Kinderchen im Käfig (1947).

Sekundärliteratur: G. Deicke: Erich Weinert. Helles Lied aus dunklem Hof (in: Beiträge zur Kinder- und Jugendliteratur. 16. 1970. 73–75). – W. Preuß: Erich Weinert – Bildbiographie (1970); Erich Weinert – Sein Leben und Werk (1971). – H. Schuring: Vorläufiges Findbuch des Nachlasses von Erich Weinert (1959).

Bernd Dolle

Weinland, Christoph David Friedrich

*Zoologe, Schriftsteller; *30.8.1829 Grabenstein b. Urach/Württemberg, †19.9.1915 Hohen-Wittlingen/Württemberg.*

Als Pfarrerssohn war W. die Ausbildung zum Theologen bestimmt. Nach dem Besuch der Lateinschule in Nürtingen folgten die Jahre im Internat-Seminar Maulbronn, danach das Studium im Tübinger Stift. Wie HERMANN LÖNS (1866–1914) zeigte W. bereits in der Kindheit großes Interesse für Fauna, Flora und die erdgeschichtliche Vergangenheit seiner Heimat. Nach dem theologischen Examen trat er den Kirchendienst nicht an, sondern setzte das schon während des theologischen Studiums begonnene naturwissenschaftliche Studium fort und schloß es mit einer Dissertation über „die Urzeugung" 1852 in Tübingen ab. Als Assistent am Zoologischen Museum in Berlin veröffentlichte er verschiedene wissenschaftliche Arbeiten und wurde daraufhin 1855 an die Havard-Universität in Cambridge bei Boston (USA) berufen. Als Leiter des Mikroskopischen Laboratoriums war er dort auch Mitarbeiter des berühmten Geologen LOUIS AGASSIZ (1807–1873). W. wurde 1857 nach Haiti zum Studium des Wachstums der Korallen entsandt. Schwere Erkrankungen zwangen ihn zur Rückkehr nach Deutschland. Nach seiner Genesung wurde W. 1859 als wissenschaftlicher Direktor an den neu eröffneten Zoologischen Garten in Frankfurt am Main berufen. In dieser Zeit hielt er als Lektor für Zoologie am Senckenbergischen Museum Vorlesungen. 1859 gründete er die Monatszeitschrift „Der zoologische Garten" (die erste Nummer erschien am 1. Oktober 1859), für die er zahlreiche Fachbeiträge schrieb. 1863 kehrte er in seine engere Heimat zurück und lebte, mit kurzen Unterbrechungen, bis zu seinem Tode auf dem ererbten Gut Hohen-Wittlingen. W. war wissenschaftlicher Sekretär, einige Jahre auch zweiter Direktor der Zoologischen Gesellschaft und Mitglied und Ehrenmitglied mehrerer inländischer und internationaler naturwissenschaftlicher Gesellschaften und Akademien.

Werk, Tendenzen, Wirkung. Während W.s wissenschaftliche Publikationen nur einem kleinen Kreis von Fachleuten zugänglich waren, gewann er als Jugendschriftsteller, der als Stoff der Erzählung die Frühgeschichte der Menschheit in die Jugendliteratur einbrachte, weite Leserkreise in mehreren Generationen. Neben den natur- und erdgeschichtlichen Kenntnissen hatte sich W., dem Kenntnisstand seiner Zeit entsprechend, gründlich mit den Ergebnissen frühgeschichtlicher Forschung speziell im Bereich der Schwäbischen Alb beschäftigt. Er wünschte, diese Kenntnisse als lebensvolle Heimatkunde den eigenen Söhnen und einem weiten Kreis von jungen Lesern zu vermitteln. So entstand aus mündlichem Erzählen – vergleichbar der Entstehung von JOACHIM H. CAMPES (1746–1818) „Robinson der Jüngere" (1779) – das in der Jugendliteratur berühmt gewordene Buch „Rulaman, Erzählung aus der Zeit des Höhlenmenschen und des Höhlenbären" (1878). Es ist die in Anschauung und abenteuerliche Aktion umgesetzte Belehrung über die früheste Besiedlung des Albgebietes am Ausgang der letzten Eiszeit und zu Beginn der keltischen Einwanderung. Der Titelheld „Rulaman", der zum Anführer einer Höhlenwohngemeinschaft aufsteigt, sollte den jungen Lesern als Identifikationsfigur dienen. In der Einleitung faßte W. die davor liegende Entwicklung der Flora und Fauna zusammen und bot dazu Sachillustrationen (Waffen und Geräte aus prähistorischen Funden). Die ganzseitigen Szenen aus der Handlung vorführenden Zeichnungen stammen von HEINRICH LEUTEMANN. Im Vorwort zur ersten Auflage, das mit Mai 1876 datiert ist, spricht W. von seinen Bemühungen, die Erzählung im Einklang mit den Forschungsergebnissen zum Leben der europäischen Urmenschen zu bringen. In den Beurteilungen der Vereinigten Jugendschriften-Ausschüsse schrieb der Rezensent 1898: „Die socialen Verhältnisse der Höhlenmenschen, ihre Jagden, ihr Kampf mit den sie bedrängenden, besser bewaffneten Kalats (Kelten) und ihr Untergang sind mit einer Meisterschaft geschildert, die einen Vergleich mit Defoe und Cooper aushält" (Jugendschriften-Warte Nr. 6.

1898. S. 24). Eine Empfehlung des „Rulaman" für Jugendliche im 7./8. Schuljahr bringt noch 1921 die Jugendschriften-Rundschau (16. Jg. H. 5. Dezember 1921). Das Buch wurde in mehrere Sprachen übersetzt (schwedisch 1878, lettisch 1902, holländisch 1905, spanisch 1907) und erschien bereits 1917 in zehnter Auflage. Noch 1972 brachte der Rainer Wunderlich Verlag in Tübingen eine Neuausgabe mit Nachwort und Anmerkungen von KURT KLOEPPEL heraus. Eine von B. LAMEY stark gekürzte und bearbeitete Ausgabe des „Rulaman" erschien 1974 mit dem Titel „Aus grauer Vorzeit". – W.s zweite Erzählung für die Jugend blieb an Bedeutung und sprachlicher Gestaltung stark hinter der ersten zurück. Mit dem Titel „Kuning Hartfest. Ein Lebensbild aus der Geschichte unserer deutschen Ahnen, als sie noch Wuodan und Duonar opferten", erschien sie 1879, „der deutschen Familie, vornehmlich unserer Jugend" gewidmet. Wieder ist die Schwäbische Alb und dort der Nufaberg/Nifaburg Mittelpunkt des Geschehens. Ton und Darstellungsweise haben in dieser Geschichte aus germanischer Frühzeit vieles mit den germanophilen Zügen der „Professorenromane" frühgeschichtlicher Stoffe gemeinsam, erreichen jedoch den Rang der historischen Lebensbilder von GUSTAV FREYTAG (1816–1895) nicht. In einem sehr umfangreichen „Anhang" bot W. viel geschichtliches und sprachgeschichtliches Wissen, das heute großenteils überholt ist. Eine vierte Auflage des mit 38 Textabbildungen von HEINRICH LEUTEMANN versehenen Buches erschien 1911.

Werke: Rulaman. Naturgeschichtliche Erzählung aus der Zeit des Höhlenmenschen und des Höhlenbären (1878; NA. 1972); Kuning Hartfest. Ein Lebensbild aus der Geschichte unserer deutschen Ahnen, als sie noch Wuodan und Duonar opferten (1879).

Sekundärliteratur: W. Bacmeister: Dr. David Friedrich Weinland zum Gedächtnis (in: Ornithologische Monatsschrift. 1916. 41. 87–92).

Margarete Dierks

Weise, Christian

*Verfasser zahlreicher Schuldramen, Romanschriftsteller, Lyriker; * 29. 4. 1642 Zittau, † 21. 10. 1708 Zittau.*

W. war Sohn eines Gymnasiallehrers, der wegen seines protestantischen Glaubens aus Böhmen ausgewandert war. Ab 1659 studierte W. in Leipzig. Die theologische Laufbahn gab er auf, eine umfassende, allseitige Bildung war sein Ziel. Ab 1663 hielt er Vorlesungen über Rhetorik, Geschichte, Poetik in Leipzig. 1668 wurde er Sekretär des Grafen SIMON VON LEININGEN in Halle, 1670 für kurze Zeit Erzieher in der Familie des Grafen VON ASSEBURG im Magdeburgischen, dann Professor für Politik, Beredsamkeit und Poesie am Gymnasium in Weißenfels. 1678 ging er als Rektor des Gymnasiums in seine Heimatstadt Zittau, wo er seine unermüdliche schriftstellerische Tätigkeit fortsetzte. Als Lehrer und Dramatiker gleichermaßen anerkannt, starb er 1708 kurz nach seinem Abschied vom Gymnasium.

Werk, Tendenzen, Wirkung. W. war Vorläufer der literarischen Aufklärung in Deutschland. Dichtung war für ihn Mittel des Unterrichts in Weltklugheit, Weltoffenheit und Beredsamkeit, der Qualifikation des Gymnasiasten zum fürstlichen Hofbeamten. Diesem Ziel galten vor allem seine Schuldramen und pädagogischen Schriften, aber auch sein Romanwerk ist am Ideal des „Politicus" orientiert. Als Gegner des barocken Schwulstes betonte er Natürlichkeit der Sprache, einen „mittleren" Stil, wobei ihm seine ursprüngliche literarische Begabung und ein zuweilen drastischer Humor zu Hilfe kamen.

W. begann als Lyriker mit der Sammlung „Der grünenden Jugend überflüssige Gedancken" (Bd. 1–2. 1668–1674) in der Tradition des Gesellschafts- und Studentenliedes, 1682 folgte eine zweite Gedichtsammlung „Reiffe Gedancken", 1699 „Zeitvertreib", ein Band Epigramme.

Die Romane W.s sind vom höfischen Heldenroman des Jahrhunderts abgerückt. Lehren bürgerlicher Lebensklugheit, des gesunden Menschenverstandes kleidete W. in die Form der satirischen Erzählung. Dem Roman „Die drey Hauptverderber in Deutschland" (1671) folgte „Die drey ärgsten Ertz-Narren in der gantzen Welt" (1672), W.s wohl gelungenster Roman, auf dessen Anfang noch LUDWIG TIECK und ACHIM VON ARNIM zurückgreifen, 1675 erschien als Fortsetzung und Gegenstück „Die drey Klügsten Leute in der gantzen Welt", später „Der politische Näscher" (1678) und „Der politische Redner" (1679).

Für die Kinder- und Jugendliteratur bedeutsam ist W.s schuldramatisches Werk. Das traditionelle Schuldrama wurde bei W. didaktisches Mittel der Erziehung zu „politischem" Verhalten. Der Schüler sollte ungezwungenes Auftreten, Selbstdarstellung, elegante Sprache und historisch-politische Kenntnisse erwerben. Sicheres Benehmen und Beredsamkeit waren für W. wichtige Bedingungen der Qualifikation zum Hofbeamten im absolutistischen Staat. Stücke, in deren Vorreden auch pädagogische Intentionen erläutert werden, sind: „Isaac's Opfferung" (1682), „Neue Proben von der vertrauten Redekunst, das ist: drey theatralische Stükke" (1700), „Der curieuse Körbelmacher" (1705), „Ungleich und gleich gepaarte Liebes-Alliance" (1708). Schulische Bedingungen bestimmten W.s Dramenkonzeption sehr stark: Das Zittauer Gymnasium veranstaltete jedes Jahr eine dreitägige Theaterspielzeit, W. produzierte also unter Zeitdruck. Für den ersten Tag war ein Bibeldrama, für den zweiten ein historisches und für den dritten ein freies Thema mit lustigem Nachspiel vorgesehen, Thematik und Gattungsrahmen lagen also fest. Hinzu kam, daß W. eine große Zahl von Personen vorsehen mußte (zum Teil mehr als 100), um möglichst viele Schüler zu beteiligen. So entstanden mindestens 50 Stücke, die nicht alle gedruckt wurden. W. unterscheidet sich stark vom hochbarocken Kunstdrama: in einigen Stücken ist der Übergang zum bürgerlichen Drama bereits vorgezeichnet. Nur in den biblischen und historischen Dramen benutzte er noch den Alexandrinervers, höfische Sprache kennzeichnet

fürstliche Personen, für die übrigen zog er natürliche Sprache vor. Barocke Pathetik widerstrebte ihm, er setzte auf natürliche Handlungseffekte, häufte freilich auch Episoden und Abschweifungen. Negative Figuren, vor allem grobianische, werden kräftig akzentuiert. Eines seiner besten historischen Stücke, schon von G. E. LESSING gelobt und ein Vorgriff auf das bürgerliche Trauerspiel, ist das „Trauerspiel von dem Neapolitanischen Haupt-Rebellen Masaniello" (1683). W. behandelt hier einen zeitgeschichtlichen Vorgang, den niedergeschlagenen Volksaufstand in Neapel von 1647, mit einem einfachen Fischer als tragischer Heldenfigur. Vor Herrschsucht und Wandelbarkeit fürstlicher Gunst warnen „Der gestürzte Marggraff von Ancre" und „Von dem Falle des spanischen Favoriten des Grafen von Olivarez" (1685). Zu den gelungensten Lustspielen W.s zählt sein „Bäurischer Macchiavellus" (1681).
W.s pädagogische Schriften und literarischen Arbeiten zeigen ihn als einen wichtigen Vertreter der pädagogischen Strömung im Übergang zum 18. Jahrhundert, die für eine weltoffene, realistisch erweiterte Bildung eintrat in Annäherung an das Erziehungsprogramm der Ritterakademien, die den Adeligen vorbehalten waren. Er wirkte damit sowohl in Richtung auf eine Aristokratisierung der Intelligenz als auch auf eine Verbürgerlichung der Kunst und Kultur hin; letzteres ist dann im 18. Jahrhundert die dominierende soziale und kulturelle Entwicklungsrichtung. In der Entwicklung der Kinder- und Jugendliteratur wurde das Schuldrama durch das Kinderschauspiel in den Hintergrund gedrängt, das nicht mehr an eine traditionelle Bildungsinstitution wie die Lateinschule, sondern an die bürgerliche Kleinfamilie als neue Rezipientengruppe gebunden war.

Werke: Der grünenden Jugend überflüssige Gedancken (Bd. 1–2. 1668–1674); Die drey Hauptverderber in Deutschland von Siegmund Gleichviel (1671); Die drey ärgsten Ertz-Narren in der gantzen Welt, hervorgesucht durch Chatarinum Civilem (1672); Die drey Klügsten Leute in der ganzten Welt, vorgestellt durch Chatarinum Civilem (1675); Der politische Näscher (1678); Der politische Redner (1679); Der Tochter-Mord (1679); Bäurischer Macchiavellus (1681); Isaac's Opfferung (1682); Reiffe Gedancken (1682); Trauerspiel von dem Neapolitanischen Haupt-Rebellen Masaniello (1683); Zittauisches Theatrum (1683); Neue Parodie eines neuen Peter Sequenz (1683); Von Einer zweyfachen Poeten-Zunfft (1683); Neue Jugend Lust (1684); Politischer Akademicus (1685); Die unvergnügte Seele (1688); Der grünenden Jugend nothwendige Gedancken (1690); Lust und Nutz der spielenden Jugend (1690); Curieuse Gedancken von deutschen Versen (Bd. 1–2. 1691–1693); Gelehrter Redner (1692); Von Esau und Jakob (1695); Der verfolgte Lateiner (1696); Comödien-Probe (1696); Zeitvertreib (1699); Gottergebene Gedancken mit Gedichten (1703); Oratorische Fragen (1706); Ungleich und gleich gepaarte Liebes-Alliance (1708).

Sekundärliteratur: H. O. Burger: Das Barock im Spiegel von Jacob Biedermanns „Philemon Martyr" und Christian Weises „Masaniello" (in: H. O. Burger: Dasein heißt eine Rolle spielen. 1963. 75–93); Die Geschichte der unvergnügten Seele. Ein Entwurf (in: H. O. Burger: Dasein heißt eine Rolle spielen. 1963. 120–143). – G. Frühsorge: Der politische Körper. Zum Begriff der Politik im 17. Jahrhundert und in den Romanen Christian Weises (1974). – K. S. Gutke: C. Weises „Masaniello" und die dramatische Tradition (in: Revue des langues vivantes. 1959. 25. 402–410). – P. Hankammer: Deutsche Gegenreformation und deutsches Barock. Die deutsche Literatur im Zeitraum des 17. Jahrhunderts (⁴1976). – A. H. Horn: Christian Weise als Erneuerer des deutschen Gymnasiums im Zeitalter des Barock. Der Politicus als Bildungsideal (1966). – A. Marino: Barockpoesie, Publikum und Verbürgerlichung der literarischen Intelligenz (in: Internationales Archiv für Sozialgeschichte der deutschen Literatur. 1976. 1. 107–145). – E. Plett: Studien zur Lehrhaftigkeit in den Dramen Chr. Weises (Diss. 1969). – K. Schäfer: Das Gesellschaftsbild in den dichterischen Werken Chr. Weises (Diss. 1960). – A. Schöne (Hrsg.): Stadt, Schule, Universität, Buchwesen und die deutsche Literatur im 17. Jahrhundert. Vorlagen und Diskussion des Barock-Symposiums der Deutschen Forschungsgemeinschaft 1974 in Wolfenbüttel (1976). – J. Wich: Studien zu den Dramen Chr. Weises (Diss. 1962).

Bettina Hurrelmann

Weismann Verlag

München. Zum Arbeitsbereich des Weismann Verlages gehören gesellschaftspolitische Sachbücher und Gegenwartsliteratur für Jugendliche, historische Romane, Theaterstücke für Kinder und Jugendliche sowie pädagogische Literatur zu Kinder- und Jugendmedien.

Der Weismann Verlag wurde am 1.1.1970 mit der Absicht gegründet, neue Akzente zu setzen und dabei Bücher für Jugendliche herauszugeben, die aufklärend und emanzipatorisch Informationen „gegen den Strom" liefern.
Zum Gründungskollektiv gehörten NADINE LANGE (Publizistin), MARGOT LEUBE, MANFRED NABER (Buchhändler), MONIKA SPERR (Dramaturgin), PIT SANDER (Student), PETER und WILLI WEISMANN (Buchhändler). Verlagsleiter war PETER WEISMANN. Ende 1973 wurde der Weismann Verlag an den Raith Verlag, Starnberg, verkauft. Neuer Verlagsleiter wurde Dr. WERNER RAITH. Seit 1.3.1976 ist der Weismann Verlag wieder selbständig und produziert zusammen mit dem aus der Raith-Reihe „Materialien zur Frauenemanzipation" hervorgegangenen Frauenbuchverlag. Die Verlagsleitung liegt seit 1.4.1976 wieder bei PETER WEISMANN.
In den Büchern des Weismann Verlags werden aktuelle Probleme der Jugendlichen, z.B. im Elternhaus, in der Ausbildung, am Arbeitsplatz oder im Sexualverhalten aufgegriffen und im Zusammenhang mit gesellschaftlichen, politischen und sozialen Konflikten mit der Zielsetzung, Hilfen zur Emanzipation und zum selbständigen politischen Handeln zu geben, dargestellt.
Die beabsichtigte Information und Aufklärung erfolgt zum Teil durch gesellschaftspolitische Sachbücher wie z.B. in ERNST ALEXANDER RAUTERS „Wie eine Meinung in einem Kopf entsteht. Über das Herstellen von Untertanen" (1971) und „Vom Faustkeil zur Fabrik. Warum die Menschen die Werkzeuge und die Werkzeuge die Menschen verändern" (1977) oder ANTJE KUNSTMANNS „Mädchen – Sexualaufklärung emanzipatorisch" (1976), aber auch durch Erzählungen und

Bildgeschichten wie in GÜNTHER FEUSTELS „Kinderstreik in Santa Nicola“ (1974), MARIE MARCKS’ „Alle dürfen, bloß ich nicht. Familiengeschichten“ (1976), GERD GUSTL MÜLLERS „Der Job“ (19777, FRANK GÖHRES „So läuft das nicht – warum und wie die Leute politisch werden“ (1976) und in Theaterstücken progressiver Bühnen wie in denen der Rote Grütze (Berlin) „Darüber spricht man nicht“ (1973) und „Was heißt hier Liebe?“ (1977) und des GRIPS Theaters (Berlin) „Das hältste ja im Kopf nicht aus“ (1977) und anderen. Zu den im genannten Sinn politischen Büchern gehören auch Neuauflagen früher sozialistischer Romane, deren Inhalte und Konfliktstoffe sich aktualisieren lassen (ARKADIJ GAIDAR „Russische Kindheit“, 1972; JACK LONDON „Die eiserne Ferse“, 1976). Seit 1977 erscheint im Weismann Verlag die von JOHANNES MERKEL und DIETER RICHTER herausgegebene Reihe „Sammlung alter Kinderbücher“, deren Bände reprographisch wiedergegebene Originaltexte und einen mit Erklärungen, Kommentaren und bibliographischen Angaben versehenen Anhang enthalten. 1978 lagen drei Bände vor (JOACHIM HEINRICH CAMPE „Robinson der Jüngere“, 1779, mit Bildern von Ludwig Richter, 1848; JOHANN FRIEDRICH OEST „Belehrung und Warnung für Jünglinge und Knaben“, 1787; CARL DANTZ „Peter Stoll. Ein Kinderleben. Von ihm selbst erzählt“, 1925). Zu den Autoren des Verlages gehören außerdem BERTOLT BRECHT, LUDWIG RENN, MARTIN SPERR, JOCHEN STEFFEN, LEV PANTEL’EV, WERNER GEIFRIG, VOLKER LUDWIG.

Hannelore Daubert

Weismantel, Leo

*Schriftsteller, Kulturpolitiker, Pädagoge; * 10. 6. 1888 Obersinn/Unterfranken, † 16. 9. 1964 Rodalben/Pfalz.*

W. begegnete den Problemen, die sein späteres pädagogisches Wirken bestimmten, erstmals als Lehrer einer Handels- und Realschule zwischen 1915 und 1918. Nach Erscheinen seines ersten Romanes ließ er sich 1918 als freier Schriftsteller nieder. Soziales Engagement führte ihn 1924 als parteilosen Abgeordneten in den Bayerischen Landtag, wo er sich besonders der Bildungs- und Kulturpolitik zuwandte. 1928 gründete er in Marktbreit/M. die „Schule der Volkschaft“, ein privates Lehr- und Forschungsinstitut für „Volkskunde und Erziehungswesen“. Von 1933–1945 war W. politisch verfolgt. Sein Institut wurde geschlossen, er selbst auf schriftstellerische Tätigkeit eingeschränkt. 1939 und 1944 war er inhaftiert, 1942 erhielt er Veröffentlichungsverbot. 1945 wurde W. von der Besatzungsmacht als Schulrat eingesetzt, 1947–1951 wirkte er als Professor und Direktor an den Pädagogischen Lehrgängen in Fulda. 1963 zeichnete ihn die Humboldt-Universität Berlin (DDR) mit dem Dr. paed. h. c. aus.

Werk, Tendenzen, Wirkung. Innerhalb des weit gespannten Werkes W.s finden sich im dichterischen, vornehmlich aber im pädagogischen Sektor, zahlreiche Bezüge zur Kinder- und Jugendliteratur. Dabei ist zu beachten, daß im pädagogischen Gedankengut W.s der gesellschaftliche Lebensraum stets mitgedacht wurde. Die Verbindung wird über die „Gestaltende Erwachsenenbildung“ der frühen zwanziger Jahre erkennbar, zu deren Hauptträgern W. gehörte. W.s pädagogisches Ziel war die Weckung und Pflege der organischen, schöpferischen Kräfte im Einzelnen im Hinblick auf seine aktive Beteiligung bei der Bildung einer allen Volksschichten und -gruppen gemeinsamen Volkskultur. Den sich verhängnisvoll abzeichnenden Spaltungstendenzen der Zeit stellte W. ein Menschenbild entgegen, das die Gegensätze aus einer auf das Ganze gerichteten geistigen Verantwortung heraus bewältigen sollte. Bei W. selbst wurzelte diese Verantwortung in einer engen Bindung an seine bäuerliche Heimat und einer zutiefst humanistisch-christlichen Weltanschauung.

Das Streben, zersplitterte Kräfte zusammenzubringen, führte zu verschiedenen Gründungen, deren wichtigste die „Schule der Volkschaft“ war. Hier sollten die wissenschaftlichen Grundlagen eines neuen Bildungswesens erarbeitet werden, das auf den Gesetzmäßigkeiten aufbaute, nach denen sich die körperlichen, seelischen und geistigen Kräfte des Menschen entwickeln. Dabei sollten alle Schulformen vom Kindergarten bis zur Hochschule erfaßt werden (Schule der Lebensalter). Im Gegensatz zu der verwandten „Pädagogik vom Kinde aus“ beschränkte sich W. nicht auf die Untersuchung und Berücksichtigung endogener Prozesse. In seiner „Raum-Zeit-Theorie“ (Iros) stellte er diese in Bezug zu exogenen Erziehungsfaktoren und entwickelte so einen Führungsstil, durch den die biologisch-wachstumsbedingten Entwicklungsvorgänge mit den von außen wirkenden Einflüssen zur Synthese gebracht wurden. Der Schwerpunkt der Arbeit lag im Bereich von Sprache und Bild.

Die „Schule der Volkschaft“ begann ihre Arbeit 1928 mit einer Tagung zur Jugendliteratur. Es nahmen Vertreter der Lehrerprüfungsausschüsse aller politischen und weltanschaulichen Richtungen teil, dazu Kindergärtnerinnen, Pressevertreter, Bibliothekare aus den Volksbüchereien und Verleger. Auf der Tagung wurden neue Aspekte der Jugendbuchkritik in Angriff genommen, da W. in der geistigen Orientierung von der Frage der Angleichung der Wortgestaltung an die seelische Struktur der Altersstufe ausging. Er stellte diese Frage gleichberechtigt neben die der ästhetischen Kriterien und gewann damit neue Maßstäbe für die Jugendschriftenkritik. Ende Sommer 1928 erging an die „Schule der Volkschaft“ der Auftrag des Völkerbundes zur Durchführung einer Erhebung über den Stand des Jugendschrifttums in Deutschland. Damit verband sich die Erarbeitung von Richtlinien für das Jugendschrifttum aus der Sicht einer biologisch unterbauten pädagogischen Wissenschaft, die Aufstellung von Bücherlisten und die Zusammenstellung einer Musterbücherei.

Durch Gründung einer Herausgebergemeinschaft sollte der Plan einer „Bücherei der Lebensalter“ realisiert werden, an der JOSEF ANTZ und GUSTAV KECKEIS

mitwirkten. Der Plan sah vor: 1. eine Kinderbücherei für das 4. bis 6. Lebensjahr; 2. eine Jugendbücherei für die Unterstufe – a) das spielende Kind – b) das lernende Kind – c) das lesende Kind; 3. eine Bücherei für 15- bis 20jährige; 4. eine Volksbücherei für erwachsene Leser. Durch die Ereignisse von 1933 blieb das Projekt in den Anfängen stecken. Es konnten noch zwei von Kindern in Wort und Bild selbst gestaltete Bücher erscheinen (KARL VAUPEL (Hrsg.): Die Kinder sagen es, 1929; Die Kinder und ihre Tiere, 1930) sowie die ersten Bände der Reihe „Länder, Abenteuer, Helden" (1932). Auch einige Veröffentlichungen zur Gestaltung des Adventkreises und auf dem Gebiet des Puppenspiels wurden herausgebracht.
Nach 1945 führte W. die in der „Schule der Volkschaft" begonnene Arbeit im Rahmen seiner Tätigkeit an den pädagogischen Lehrgängen in Fulda fort. Dabei vollzog sich eine Wendung von der theoretischen Grundlegung zur Realisierung seiner Vorstellungen für die Schulpraxis, die vornehmlich in dem breit angelegten Lesebuchwerk „Der Rosengarten" sichtbar wurde. Auf der Linie der „Schule der Volkschaft" lag der 1949 nach Fulda von W. einberufene Kunstpädagogische Kongreß. Hier wurden auch Fragen der Jugendliteratur aufgegriffen. Aufsehen erregte dabei die Auseinandersetzung zwischen SEIDENFADEN und STEIN zur Frage der Behandlung des Mythos im Deutschunterricht.

Werke: Die Blumenlegende (1922); Die Jugendspielscharen (1924); Das Werkbuch der Puppenspiele (1924); Die Schule der Volkschaft (1925); Der Geist als Sprache (1927); Die Schule im neuen Volksstaat. I. Die Schule der Lebensalter (1928); Schattenspielbuch (1929); Über die geistesbiologischen Grundlagen des Lesegutes der Kinder und Jugendlichen (1931); Nepomuk, die Räuberbande und das Fähnlein der Käuze (1932); Die Anbetung des Lammes (1937); Die goldene Legende für die Jugend von heute (Bd. 1–3. 1947–1948); Der junge Dürer (1947); Von der Panflöte zur Sphärenorgel (1947); Der Rosengarten (Bd. 1–6. 1950–1953); Kommentar über das Lesebuchwerk „Der Rosengarten" (Bd. 1–4. 1950–1953).

Hrsg.: Fr. Graf von Pocci: Die sechs schönsten Puppen-Komödien. Mit Spiel-Anmerkungen (1924); Vaterländische Spiele. Mit Spiel-Anmerkungen (1924).

Sekundärliteratur: E. Iros: Leo Weismantel, der Dichter und Kulturpolitiker (1929). – H. Hermes: Die Idee des Schöpferischen in der Pädagogik des 20. Jahrhunderts (1936). – W. Fronemann: Leo Weismantel und seine Schule der Volkschaft in Marktbreit (in: Leo Weismantel. Leben und Werk. Ein Buch des Dankes zu des Dichters 60. Geburtstag; 1948. 180–195). – R. Reuter: Leo Weismantel der Erzieher, Volksbildner und Kulturpolitiker (in: Leo Weismantel. Leben und Werk. 1948. 159–179).

Gertrud Weismantel

Weiss Verlag

Berlin. Sachbücher, Erzählungen, Science Fiction für Kinder und Jugendliche.

Der Gebrüder Weiss Verlag wurde im Dezember 1945 gegründet. Verlagsleiter ist Richard Weiss (* 1907). Zu den Schwerpunkten des Verlagsprogramms zählen Sachbücher, Erzählungen und Science Fiction-Literatur für Jugendliche.
Zu den Autoren und Illustratoren gehören: RUDOLF DAUMANN, REX DIXON, HANS DOMINIK, FRIEDRICH HERZFELD, EGON LARSEN, ANDRÉ MAUROIS, WILHELM SPEYER, LISA TETZNER, MARGARETE THIELE, JULES VERNE.

Hannelore Daubert

Weiße, Christian Felix

*Steuerbeamter, Schriftsteller, Redakteur, Übersetzer; * 8. 1. 1726 Annaberg (Erzgebirge), † 16. 12. 1804 Leipzig.*

W. stammte aus einer Gelehrtenfamilie, sein Vater war Rektor, später Direktor eines Gymnasiums und bereits Verfasser von Schulkomödien. Der Junge verlor schon früh seinen Vater, besuchte das Gymnasium und studierte ab 1745 Theologie und alte Sprachen in Leipzig, dem Mittelpunkt der literarischen Kultur der Zeit. Besonders eng schloß er sich an den jungen G. E. LESSING (1729–1781) an; die beiden Freunde wollten wetteifernd für das deutsche Theater arbeiten. Die freundschaftliche Beziehung zu LESSING war jedoch nur von kurzer Dauer. In der „Hamburgischen Dramaturgie" (1767–1769) hat LESSING seinen alten Freund später gehörig kritisiert. 1750 wurde W. Hofmeister bei einem jungen Grafen, begleitete diesen 1759 auf die „Cavalierstour" nach Paris und bekam 1762 in Leipzig die Stelle eines Kreis-Steuereinnehmers durch Vermittlung des Vormundes des Grafen. Dadurch war ihm für den Rest seines Lebens ein geregeltes Einkommen ohne persönliche Abhängigkeit und genug freie Zeit für literarische Betätigungen gesichert. W. beherrschte als Dramatiker bis Mitte der siebziger Jahre etwa ein Jahrzehnt lang faktisch das deutsche Theater. Er war mit den meisten Vertretern der Aufklärungsliteratur in Deutschland persönlich bekannt und hatte durch seine langjährige Leitung einer großen ästhetisch-allgemeinwissenschaftlichen Rezensionszeitschrift auch publizistisch eine einflußreiche Position. Nachdem er sich mit literarischen Arbeiten auf das Gebiet der Kinder- und Jugendliteratur und Übersetzertätigkeit zurückgezogen hatte (etwa ab 1775), blieb er eine wichtige Figur des kulturellen Lebens, ja erwarb sich eine noch ungeteiltere Anerkennung in der Rolle des um die Bildung der Jugend erfolgreich bemühten Aufklärers. Die überwältigende öffentliche Anteilnahme bei seinem Tode galt in erster Linie dem literarischen „Kinderfreund" W.

Werk, Tendenzen, Wirkung. W. ist in seinem ganzen schriftstellerischen Werk Vertreter der literarischen Aufklärung. Für die neuen Literaturströmungen des letzten Drittels des 18. Jahrhunderts, Sturm und Drang und Klassik, fehlte ihm das Verständnis. Zu dieser Zeit waren seine literarischen Arbeiten für das erwachsene Publikum bereits überlebt, die ihn auch in den Jahren des Erfolgs eher als anpassungsfähigen denn als originellen Schriftsteller gezeigt hatten. Seine dramatischen

Werke waren Tragödien meist nach französischem Muster, jedoch auch bürgerliche Trauerspiele; im Lustspiel hielt er sich an die sächsische Typenkomödie, lieferte aber in Anlehnung an GELLERT und französische Vorbilder auch rührende Komödien (Beytrag zum deutschen Theater. 5 Teile. Leipzig 1759–1768). Den Lyriker W. zeigen die „Scherzhaften Lieder" (Leipzig, 1758) und die „Amazonenlieder" (Leipzig, 1760) auf den Spuren der Anakreontik und der „Kriegslieder" JOHANN WILHELM LUDWIG GLEIMS (1719–1803). In seinen „Komischen Opern" (3 Teile, Leipzig 1767–1771) mit der populären Vertonung von JOHANN ADAM HILLER (1728–1804) lehnte er sich an englische und französische Vorbilder an. Als Herausgeber der „Bibliothek der schönen Wissenschaften und der freyen Künste" (1759–1765) sowie ihrer Fortsetzung, der „Neuen Bibliothek ..." (1765 – etwa 1788), hütete er sich, in die literarischen Fehden der Zeit verwickelt zu werden – im Gegensatz etwa zu den gleichzeitig beginnenden „Briefen, die neueste Literatur betreffend" (1759–1765), die LESSING zusammen mit MOSES MENDELSSOHN (1729–1786) und FRIEDRICH NICOLAI (1733–1811) herausbrachte.

Als Jugendschriftsteller aber gelang es W., innovativ zu sein. Seine Werke für Kinder markieren die Anfänge der spezifischen Kinder- und Jugendliteratur in Deutschland. Seine formale literarische Wendigkeit, sprachliche Leichtigkeit, breite Bildung, sein unbeirrt aufklärerisch-pädagogisches Verständnis von Literatur machten ihn fähig, Kinder- und Jugendliteratur als eine eigene Literatursorte für ein breites Käuferpublikum gehaltlich überzeugend und in der Form attraktiv einzuführen. Den Anfang machte W. bereits 1766/1767 mit dem Bändchen „Kleine Lieder für Kinder". Es erhielt begeisterte Rezensionen, die Lieder wurden mehrfach vertont und erlebten eine Reihe von Neuauflagen; sie lösten eine Welle von Nachahmungen aus. Dem erwachsenen Käuferpublikum gefielen sie wegen ihrer Verwandtschaft mit dem literarischen Rokoko: die Zierlichkeit und Anmut der Verse schien Kindern angemessen und machte auch die meist moralische Schlußwendung gefällig. Einige dieser Kindergedichte sind bis heute bekannt (z.B. „Morgen, morgen nur nicht heute! / Sprechen immer träge Leute"). Die Beschäftigung mit den eigenen Kindern brachte W. zur Kinderschriftstellerei. Bei dem folgenden „ABC-Buch" (1772) kam eine Anregung BASEDOWS hinzu. Es enthielt ABC-Verse (z.B. „Der Aff ahmt blindlings nach, und er wird lächerlich: / Bist du dem Affen gleich, so lacht man über dich."), gefolgt von in Silben aufgeteilten Sittensprüchen, kurzen moralischen Erzählungen, Kinderliedern und gereimten Fabeln, die die traditionellen Katechismusauszüge im Anhang von Fibeln ersetzen und „das Mechanische, Langweilige, die kindlichen Kräfte Niederdrückende aus dem ersten Unterricht ... verbannen" sollten (WEISSE: Selbstbiographie, S. 173). W. berichtet von mindestens sechs rechtmäßigen Auflagen, Nachdrucken und einer französischen Übersetzung.

Seinen größten Erfolg als Kinderschriftsteller erreichte W. mit seiner periodischen Schrift „Der Kinderfreund" (24 Teile. 1776–1782). Das Projekt war von dem Leipziger Verleger CRUSIUS als Fortsetzung von ADELUNGS „Leipziger Wochenblatt für Kinder" (9 Teile. 1772–1774) angeregt worden. W. wurde der erste Autor in Deutschland, der der Kinderzeitschrift als Gattung ein überzeugendes Profil gab. Er griff auf die in der Erwachsenenlektüre bis Mitte des Jahrhunderts verbreitete Darbietungsform der „Moralischen Wochenschriften" zurück: Alle Einzelbeiträge der Zeitschrift sind an den roten Faden einer Familiengeschichte geknüpft; an den Erlebnissen, Erzählungen, Unterhaltungen, dem Unterricht in der fiktiven Familie nimmt der Leser teil. Durch diesen Kunstgriff fand W. den Ausgleich zwischen den lesepädagogisch vorteilhaften Kleinformen (Kinderlied, Fabel, moralische Erzählung, Dialog, Kinderschauspiel) und einer erzählerischen Langform, die kontinuierliches Interesse der neuen Leserschaft sicherte. Inhaltlich betont die narrative Verklammerung die konstante erzieherische Intention des Werks. Im literarischen Medium wird die Einführung in den sozialen Tugendkatalog des sich emanzipierenden Bürgers gegeben: Selbstbewußtsein dem Adel gegenüber, soziales Engagement, Fleiß, wirtschaftliche Tüchtigkeit, nützliche Bildung und gesittete Lebensart, Wohltätigkeit dem „Volk" gegenüber – das sind die gesellschaftlich orientierten, insgesamt aber eher sozialkonservativen Erziehungsziele. W.s „Kinderfreund" erreichte eine für das 18. Jahrhundert ungeheure Verbreitung: drei rechtmäßige Auflagen und vier Nachdrucke konnten allein für die Entstehung des Werks (1776–1782) nachgewiesen werden, es folgten weitere Übersetzungen und eine Welle von Nachahmungen. Mit dem „Briefwechsel der Familie des Kinderfreundes" (12 Teile 1784–1792) hat W. seine Familiengeschichte in Anlehnung an den modernen Briefroman noch über neun Jahre fortgesetzt, wenn auch nicht mit gleichem Erfolg.

W.s Jugendschriften trafen auf ein waches pädagogisches Interesse; der Philanthropinismus ist eine etwa gleichzeitige pädagogische Bewegung, die die Aufnahme und Entwicklung der Jugendliteratur wesentlich gefördert hat. Sozialhistorisch gesehen war die Grundlage der neuen Kinder- und Jugendliteratur die fortgeschrittene ökonomische und kulturelle Entwicklung des Bürgertums im 18. Jahrhundert, die es notwendig machte, der Jugend Bildungsmedien anzubieten, die komplexe soziale Wissensbestände und normative Orientierungen vermitteln konnten. An den erhaltenen Subskribentenlisten von W.s „Kinderfreund" läßt sich zeigen, daß das hauptsächliche Publikum der neuen Kinder- und Jugendliteratur die Kinder der gebildeten bürgerlichen Schichten wurden. W.s Kinderschriften haben ihr Publikum jedoch nicht nur vorgefunden, sie haben es auch gebildet. W.s „Familie des Kinderfreundes" ist literarisches Ideal der sich am Ende des Jahrhunderts zunächst im Bürgertum entwickelnden Kleinfamilie. Zu ihren Sozialisationsfunktionen gehört die Einführung der Kinder in die bürgerliche Lesekultur durch gemeinsame Familienlektüre. Adressaten der

Kinder- und Jugendliteratur der Aufklärung sind Erwachsene und Kinder zugleich; die vorgezeichnete Rezeptionsform ist das vernünftige und belehrende, aber doch familiär-intime Gespräch zwischen den Generationen.

Werke: Scherzhafte Lieder (1758); Beytrag zum deutschen Theater (Bd. 1-5. 1759-1768); Amazonenlieder (1760); Kleine Lieder für Kinder, zur Beförderung der Tugend mit Melodien zum Singen beim Clavier (Bd. 1-2. 1766-1767); Komische Opern (Bd. 1-3. 1767-1771); Kleine lyrische Gedichte (Bd. 1-3. 1772); Neues ABC-Buch nebst einigen kleinen Uebungen und Unterhaltungen für Kinder (1772); Der Kinderfreund. Ein Wochenblatt (Bd. 1-24. 1776-1782); Trauerspiele (Bd. 1-5. 1776-1780); Sammlung von Liedern aus dem Kinderfreunde, in Musik gesetzt von Johann Adam Hiller (1782); Lustspiele (Bd. 1-3. 1783); Briefwechsel der Familie des Kinderfreundes (Bd. 1-12. 1784-1792); Schauspiele für Kinder. Aus dem Kinderfreunde besonders abgedruckt (Bd. 1-3. 1792).

Hrsg.: Bibliothek der schönen Wissenschaften und der freyen Künste (1759-1765); Neue Bibliothek der schönen Wissenschaften und der freyen Künste (1765 bis etwa 1788).

Sekundärliteratur: H. Göbels: Das ‚Leipziger Wochenblatt für Kinder' 1772-1774 (1973). - L. Göhring: Die Anfänge der deutschen Jugendliteratur im 18. Jahrhundert (1904. ND. 1967). B. Hurrelmann: Jugendliteratur und Bürgerlichkeit (1974). - W. Martens: Die Botschaft der Tugend (1968). - J. Minor: Christian Felix Weiße und seine Beziehungen zur deutschen Literatur des 18. Jahrhunderts (1880). - Chr. F. Weiße (Hrsg. zus. mit S. G. Frisch): Christian Felix Weißens Selbstbiographie (1806).

Bettina Hurrelmann

Wellm, Alfred

*Schriftsteller, Kinder- und Jugendbuchautor der DDR; * 22.8.1927 Neukrug bei Elbing.*

W. wurde nach dem Besuch einer Lehrerbildungsanstalt 1944 zum Kriegsdienst einberufen; 1945 war er zunächst Landarbeiter, wurde dann 1946 Neulehrer. Bis 1963 blieb er im Schuldienst. W. lebt jetzt als Schriftsteller in Hinzenhagen bei Güstrow. 1959 erhielt W. den Fritz-Reuter-Preis des Bezirks Schwerin, 1969 den Heinrich-Mann-Preis der Deutschen Akademie der Künste zu Berlin und 1976 den Nationalpreis II. Klasse für Kunst und Literatur der DDR.

Werk, Tendenzen, Wirkung. Die ersten Bücher W.s („Igel, Rainer und die anderen", 1958; „Die Kinder von Plieversdorf", 1959; „Die Partisanen und der Schäfer Piel", 1960) behandeln den in der Kinder- und Jugendliteratur der DDR in den fünfziger und frühen sechziger Jahren dominierenden Themenbereich: das Leben auf dem Dorf, die Veränderungen, die sich durch die Einführung der Kollektivierung ergeben. Die Umwandlungen in der dörflichen Organisation wirken sich auf die Beziehungen der Kinder untereinander aus, sie fordern von den Jugendlichen Einsicht in die Arbeit der Erwachsenen und ein Bewußtsein von der Bedeutung dieser Arbeit. In dem Buch „Die Kinder von Plieversdorf" steht der Aufbau einer LPG im Mittelpunkt: Kinder gründen eine Schulbrigade, helfen am „Produktionstag" bei der Landarbeit; sie müssen sich gegen den Widerstand einiger Eltern und Klassenkameraden durchsetzen. Am Ende erweist sich die Arbeit im Kollektiv als erfolgreich, und selbst die hartnäckigsten Widersacher sind von der Nützlichkeit einer LPG überzeugt. „Kaule" (1962) gehört thematisch in diesen Zusammenhang: der Held, Kaule, ist ein Außenseiter, der wegen seiner Aktivitäten in der Freizeit die Pflicht im Kollektiv der Schulklasse und der Pionierorganisation vernachlässigt. Die Figur Kaule macht es dem Leser leicht, sich mit ihr zu identifizieren. Er ist voller Widersprüche, er heckt Streiche aus, er hilft anderen Menschen, er ist ein Träumer. Aber er hat auch sinnvolle Ideen. Konflikte entstehen dadurch, daß die Pläne, die Kaule umsetzen möchte, sich nicht verwirklichen lassen. Absicht und Erfolg klaffen auseinander. Seine Umwelt mißversteht ihn.

Die Bedeutung dieses Buches liegt in der Darstellung der „schöpferischen Initiative" des Jungen, in der Selbstverwirklichung, die nur möglich wird durch die „Dialektik von Aufsicht und Selbsttätigkeit, von Behütetsein und erwachendem Selbstbewußtsein, von Belehren und selbständigem Denken, von festen sozialen Normen und der Originalität des eigenen Erlebens" (G. Ebert: Ansichten zur Entwicklung der epischen Kinder- und Jugendliteratur in der DDR von 1945 bis 1975, S. 94). An dieser Dialektik wird gleichzeitig ein allgemeines pädagogisches Prinzip erkennbar: durch wechselseitiges Lernen und Bemühen um Verständnis – auch zwischen Kindern und Erwachsenen – werden Einsichten und ein Angleichen der gegensätzlichen Positionen erreicht.

Die Dorf- und Schulgeschichten W.s mit ihren wiederkehrenden Konfliktsituationen – die Auseinandersetzung um die Bodenreform und das Verhältnis des einzelnen zum Kollektiv – erscheinen wie variierte Abhandlungen einer Thematik und eines Handlungsschemas.

Nachdem W. mit dem Roman für Erwachsene „Pause für Wanzka oder die Reise nach Descansar" (1968) eine weitaus differenziertere Gestaltung gelungen war – Hauptfigur ist ein Lehrer, der sich für einen Schüler einsetzt –, erweitert der Autor seinen bisherigen Themenbereich auch in den Jugendbüchern. Die 1974 veröffentlichte Erzählung „Das Pferdemädchen" handelt von der Tierliebe eines Mädchens zu einer fast blinden Stute. In „Karlchen Duckdich" (1977) beschreibt W. die Situation von zwei Geschwistern, die aus dem Dorf in die Stadt gezogen sind und Schwierigkeiten haben, sich an die neue Umgebung zu gewöhnen. An beiden Büchern zeigt sich das Einfühlungsvermögen des Autors für Träume, Phantasien und Ängste der Kinder und Jugendlichen.

Die Fähigkeit W.s, subtile Sachverhalte und Konflikte ästhetisch differenziert darzustellen und dabei Klischees zu vermeiden, wird sichtbar an dem Buch „Pugowitza oder Die silberne Schlüsseluhr" (1975), das die Zeit unmittelbar vor dem Ende des Zweiten Weltkrieges und das erste Jahr danach schildert. Kinder werden mit Krieg, Elend, Krankheit und Tod konfron-

tiert; sie verlieren ihre Eltern, ihre Freunde, sie erleben, wie Menschen durch Verrat ihre Mitmenschen an andere ausliefern; sie spüren aber auch Hilfsbereitschaft, Verständnis, Zuneigung und Freundschaft. Hauptfiguren sind das Waisenkind Heinrich Habermann, auch „Pugowitza", Hosenknopf, genannt, und der alte Fischer Komarek. Beide treffen in einem Treck auf der Flucht aus Masuren zusammen; Heinrich gewinnt die Freundschaft des Fischers, der Verantwortung für ihn empfindet und ihn beschützt.
Das Buch beschreibt die Veränderung eines Menschen durch Erziehung. Es ist zunächst der Fischer, der Heinrich begreiflich macht, daß nichts von dem mehr gilt, woran er früher geglaubt hatte. Es gelingt Komarek, Heinrichs Feindbilder zu zerstören. Heinrich ist auf der Suche nach „Wahrheit" und „Gerechtigkeit"; der russische Soldat Nikolai ist der nächste, dem eine wichtige Erziehungsfunktion zugeordnet wird. Er erzählt Heinrich von veränderten Herrschaftsverhältnissen, von einer neuen Gesellschaftsordnung. Die zunächst phantasievollen Vorstellungen des Jungen vom Kommunismus wandeln sich, für ihn werden Gerechtigkeit und Kommunismus identisch: „Es ist dasselbe, Herr Komarek, man kann sagen, Gerechtigkeit, man kann auch sagen Kommunismus." Seinem Freund Otwin entwirft er ein utopisches Bild der neuen Zeit: es wird niemand hungern, niemand frieren, die Menschen werden freundlich sein: „Es gibt kein Geld, Otwin, es herrscht der Kommunismus."
Heinrich ist als Identifikationsfigur vielschichtig angelegt: einerseits sehr naiv und unwissend, andererseits klug, verständnisvoll und sensibel; er kann mutig sein, aber auch ängstlich und unsicher.
Die Ereignisse am Ende des Krieges und am Beginn einer neuen Zeit werden für den jugendlichen Leser nachvollziehbar, sie werden nahezu ausschließlich aus der Perspektive des Jungen und des Fischers gesehen; wenn beide über das Geschehen reflektieren, bleiben sie auf der Ebene des von ihnen Erlebten. Distanzierende Kommentare des Autors fehlen weitgehend, das Erzählte wirkt unmittelbar. Das Einfache der Erzählstruktur wird ergänzt durch eine unkomplizierte Sprache von großer Intensität. Dieser Erzählung W.s wird von der Kritik der DDR ein besonderer Stellenwert in der Kinder- und Jugendliteratur, aber auch in der „Nationalliteratur" zugemessen.

Werke: Igel, Rainer und die anderen (1958, [10]1969); Die Kinder von Plieversdorf (1959); Die Partisanen und der Schäfer Piel (1960, [8]1973); Kaule (1962, [14]1977); Das Mädchen Heika (1966, [12]1977; auch u.d.T.: Heika hat den Wunderkäfer, 1974); Das Pferdemädchen (1974, [5]1977); Pugowitza oder Die silberne Schlüsseluhr (1975, [3]1977); Karlchen Duckdich (1977).

Sekundärliteratur: Chr. Bergmann: Sprachliche Schichten in Alfred Wellms Erzählung „Kaule" (in: Beiträge zur Kinder- und Jugendliteratur. 1968. 11. 87–112). – G. Ebert: Alfred Wellm: „Pugowitza oder Die silberne Schlüsseluhr" (in: Beiträge zur Kinder- und Jugendliteratur. 1975. 36. 91–95); Alfred Wellm: Das Pferdemädchen (in: Beiträge zur Kinder- und Jugendliteratur. 1975. 37. 61–64); Ansichten zur epischen Entwicklung der Kinder- und Jugendliteratur in der DDR von 1945 bis 1975 (1976). – K. Pieper: Die Arbeit im Kinderbuch (in: Beiträge zur Kinder- und Jugendliteratur. 1962. 1. 54–62). – Fr. Rodrian: Über A. Wellm. Fängt Fische und Fabeln (in: A. Voigtländer (Hrsg.): Liebes- und andere Erklärungen. Schriftsteller über Schriftsteller. 1972. 387–393). – I. Steckmann: Besuch bei Alfred Wellm (in: Bibliothekar. 16. 1962. 2. 149–152).

Gisela Goldbach

Welsh, Renate

*Österreichische Kinder- und Jugendbuchautorin; *22.12.1937 Wien.*

W. verlebte ihre Kindheit in einem Vorort Wiens, wo ihr Vater Arzt war. Nach dem Abitur studierte sie Englisch, Spanisch und Staatswissenschaften, brach ihr Studium aber nach zwei Jahren ab und arbeitete am British Council in Wien. Nebenberuflich, später freiberuflich, war sie als Übersetzerin tätig. Seit 1970 schreibt W. Kinder- und Jugendbücher. 1977 erhielt W. den Österreichischen Staatspreis und den Kinderbuchpreis der Stadt Wien (zuvor mehrfach auf der Ehrenliste zu beiden Preisen). W. lebt in Wien.

*Renate Welsh (*1937)*

Werk, Tendenzen, Wirkung. W. bevorzugt in ihren Umwelterzählungen Geschichten mit sozialer Thematik. In „Alle Kinder nach Kinderstadt" (1974) greift sie den Generationskonflikt auf, und in „Corinna kann hellsehen" (1976) thematisiert sie die Spannung zwischen Aberglaube und Selbstvertrauen. W.s Bücher beruhen auf einer präzisen, mit photographischer Akribie vorgenommenen Beobachtung der Wirklichkeit. In der Beschreibung scheinbarer Nebensächlichkeiten und alltäglicher Gewohnheiten dokumentiert sie menschliches Verhalten in Konfliktsituationen sowie Reaktionen auf Repressionen und Zwänge. Sorgfältige und umfassende Recherchen vor Ort bilden die Grundlage ihrer Werke. Monatelange Fallstudien im Jugendgericht führten zu „Der Staatsanwalt klagt an“ (1975), und „Drittes Bett links“ (1976) basiert auf einer durchgeführten Spieltherapie mit Kindern eines Krankenhauses. Ihren ersten schriftstellerischen Erfolg konnte W. mit „Ülkü, das fremde Mädchen“ (1973), das die Probleme im Leben eines Gastarbeiterkindes aufzeigt, erzielen. Hier und in den folgenden Werken wird ihr zentrales Anliegen deutlich: Das Finden und Bewahren der individuellen Identität, die Selbstbehauptung im Konflikt mit der Umwelt. In „Einmal sechzehn und nie wieder“ (1975) führt das Vorspiel unechter Rollen zum Bruch einer Freundschaft, in „Empfänger unbekannt – zurück!“ (1976) weiß Sebastian, was die Erwachsenen ihm verheimlichen wollen: sein Vater ist im Gefängnis; in „Hoffnung mit Hindernissen“ (1977) steht der wohlerzogene Michael hilflos der Familie seiner Freundin gegenüber, dem Gegensatz zwischen völliger Zerrüttung und zur Schau getragener Solidität.

Werke: Der Enkel des Löwenjägers (1970); Ülkü, das fremde Mädchen (1973); Das Seifenkistenrennen (1973); Alle Kinder nach Kinderstadt (1974); Der Staatsanwalt klagt an – Jugend vor Gericht (1975); Thomas und Billy oder: Katzen springen anders (1975); Einmal sechzehn und nie wieder (1975); Corinna kann hellsehen (1976); Empfänger unbekannt, zurück! (1976); Drittes Bett links (1976); Hoffnung mit Hindernissen (1977); ... und Terpsi geht zum Zirkus (1977); Zwischenwände (1978).

Wolf Harranth

Welskopf-Henrich, Liselotte

*Schriftstellerin, Historikerin; * 15. 9. 1901 München, † 16. 6. 1979 Berlin.*

W., Tochter eines Rechtsanwalts, lebte als Kind in München, später in Stuttgart; als Elfjährige setzte sie sich, von den Indianerdarstellungen in Coopers „Lederstrumpf“ beeindruckt, in einem Brief an den mexikanischen Präsidenten für eine gerechte Behandlung der Yaqui-Indianer ein. Das Interesse für Indianer vertiefte sich parallel zu dem für Geschichte; bereits als Vierzehnjährige beschloß W., einmal Schriftstellerin und Professor für Geschichte zu werden; als Siebzehnjährige faßte sie den Plan, eine Indianergeschichte zu schreiben. Das Miterleben des Ersten Weltkrieges förderte ihr Engagement: „Die Fragen der deutschen Nation bewegten mich, und ich gewann neues Verständnis für jedes Volk, das in einer Niederlage stand und einen neuen Weg für sein Leben suchen mußte“. Nach eingehenden Studien suchte W. die Nachkommen der aus der Reservation entflohenen West-Dakota in Kanada auf sowie mehrere Reservationsindianer. – Ihre geschichtswissenschaftliche Laufbahn schloß sie nach einem Studium der Ökonomie, Geschichte und Philosophie vorläufig 1925 mit der Promotion ab. Seit 1921 war sie schriftstellerisch tätig geworden. Vor Kriegsende beteiligte sie sich am antifaschistischen Widerstand in Berlin. Nach 1945 arbeitete sie zunächst in Wirtschaft und Verwaltung. Ab 1949 war sie wissenschaftliche Mitarbeiterin an der Humboldt-Universität in Ost-Berlin, wo sie sich 1959 habilitierte und 1960 zum Professor für Alte Geschichte ernannt wurde. Als Historikerin veröffentlichte sie unter anderem „Die Produktionsverhältnisse im Alten Orient und in der griechisch-römischen Antike“ (1957) und „Probleme der Muße im Alten Hellas“ (1962). Unter ihrer Leitung und Mitarbeit entstand das vierbändige Werk „Hellenische Poleis“ (1973), in dem 60 Wissenschaftler des In- und Auslandes Krise, Wandlung und Weiterentwicklung der hellenischen Stadtstaaten unter weltgeschichtlichem Aspekt analysierten.
Für ihr schriftstellerisches Werk wurde W. 1972 mit dem Nationalpreis der DDR ausgezeichnet.

Werk, Tendenzen, Wirkung. W.s Geschichtsverständnis ist ihrem schriftstellerischen Denken verwandt. In „Die wissenschaftliche Aufgabe des Althistorikers“ (in: Sitzungsberichte der Deutschen Akademie der Wissenschaften zu Berlin, Jahrgang 1965, Nr. 2, S. 16) äußert sie: „Es würde vergeblich sein, das Reich der Notwendigkeit immer zweckmäßiger zu organisieren, ..., wenn wir bei dem Übergang zum Reiche der Freiheit vergessen wollten, daß es zu einem Reich der Leere, zu einem gefährlichen Vakuum wird, wenn die Menschen nicht zu wahrhaft freien, nach schöpferischer Tätigkeit drängenden, zur Humanität gebildeten Menschen geworden sind“. Immer wieder versucht sie in ihren Arbeiten Menschen zu zeigen, die unter schwersten Bedingungen, die ihnen der geschichtliche Rahmen setzt – sei es die nationalsozialistische Diktatur in Deutschland oder die lange Phase der gegen die Indianer gerichteten Menschenrechtsverletzungen in den USA –, das Ziel verfolgen, humane Existenz zu verwirklichen. Immer steht am Ende ihrer Bücher die Hoffnung auf einen Neuanfang, auf Fortsetzung humaner Versuche, auch in ihren Romanen für Erwachsene.
In der Erzählung „Der Bergführer“ (1954), die 1950 spielt, wird die Arbeitertochter Lotte von ihrer Aufsteigermentalität geheilt, indem ihr der Blick für Menschlichkeit geöffnet wird. Auch hier geht es um die Entwicklung von Humanität, um das Bewußtwerden von Moralität. – Das zweibändige Romanwerk „Zwei Freunde“ (1956) entfaltet seine Handlung in der Spanne zwischen der zu Ende gehenden Weimarer Republik und dem Ende des Zweiten Weltkrieges (1928–1945). Anhand des sich verzweigenden Schicksals zweier Intellektueller zeigt W. an unterschiedlichen Verhaltensmustern, wie subjektiv gesichertes Denken und Wollen mit den geschichtlichen Ereignissen kollidiert, wie Werke ausgehöhlt werden und Erfahrungen zu notwendig neuem Bewußtsein führen. Der Roman „Jan und Jutta“ (1954) entwickelt das Sichfinden und -verwirklichen zweier Menschen unter schwierigen Bedingungen: Lageraufenthalte, Flucht und Leben in der Illegalität reduzieren und produzieren Menschlichkeit.
Nur wenige Texte W.s wenden sich an jüngere Kinder, so die nach einem alten Dakota-Märchen erzählte Geschichte „Der Steinknabe“ (1952). Im Vorwort weist die Autorin auf Mentalitätsunterschiede von Indianern

und skrupellosen Weißen hin. Es folgt eine gleichnishafte Erzählung gegen den Mißbrauch von Macht, gegen die frevelhafte Verschwendung, die nicht von der Notwendigkeit gesteuert ist. – „Frau Lustigkeit und ihre fünf Schelme" (1958) stellt beispielhaft die positive Allianz von Arbeit und Lustigsein vor, durch die Mühsal, Langeweile und die hohle Bürokratie vertrieben werden, ein Märchen mit sozialistischem Arbeitsethos.

Großen Bekanntheitsgrad und ihre Bedeutung erlangte W. durch ihre Indianerromane. Die umfangreiche Romantrilogie „Die Söhne der Großen Bärin" (1951), „Harka" (1962) und „Top und Harry" (1963) folgt den geschichtlichen Ereignissen von 1876 bis 1877. Als Ziel ihrer Erzählung gibt W. an, den ehemaligen Prärieindianer, der das Bewußtsein der Zukunft gewonnen hat, „für uns zu entdecken, ihn zu verstehen und ihn bei seinem harten äußeren und inneren Kampf zu begleiten" (Die Söhne der Großen Bärin, 1951, S. 514). In der genauen Kenntnis historischer und ethnologischer Hintergründe liefert W. nicht nur ein Stück realistischer Abenteuerliteratur, sondern gleichzeitig erzählte amerikanische Geschichte aus der Perspektive der Indianer. Durchgängiger Held der Erzählung ist Harka (Häuptlingsname: Tokei-ihto), der seinem Vater, dem Häuptling der Dakota, Mattotaupa, in die Verbannung folgt, die ihm unfreiwillig Gelegenheit gibt, die Weißen genau kennenzulernen. Der Vater geht an dem Zusammenprall beider Welten zugrunde. Der Sohn kehrt nach dem Tod des Vaters zur „Bärenbande" zurück und befreit sie als neuer Häuptling aus der bedrückenden Enge der dem Indianerstamm von der Regierung in Washington zugewiesenen Reservation. Tokei-ihto führt sein Volk auf dramatischen Wegen nach Kanada in die Freiheit, anstelle des alten Jägerlebens tritt als Existenzsicherung eine Rinderherde. Die reduzierten Möglichkeiten zwingen zum Kompromiß zwischen den „Geheimnissen" der Weißen und den Tugenden der Väter. Mit dieser Erzählung werden Lebens- und Kampfgewohnheiten, Sitten und Moral der Dakota vermittelt. Der Autorin gelingt es beispielhaft, Informatives in Erzählerisches einzuschmelzen, so daß Wissen in einer Atmosphäre des spannenden Abenteuers unmerklich weitergetragen wird.

Die in einem erzählerischen Zusammenhang stehenden Romane „Nacht über der Prärie" (1966), „Licht über weißen Felsen" (1967), „Stein mit Hörnern" (1968) und „Der siebenstufige Berg" (1972) beschreiben das Leben der heute in Reservationen lebenden Prärieindianer. Die Autorin schildert das Ringen um die nackte Existenz und den Fortbestand indianischer Lebensweise und Kultur, verkörpert in den tragenden Figuren Joe Inya-heyu und seiner Gefährtin, der indianischen Künstlerin Queenie Tashina. Es werden Konflikte innerhalb einer Generation von Indianern aufgezeigt, die sich nicht einfach den Vorstellungen der Weißen anpassen wollen, sondern die versuchen, neue Lebensformen zu finden, die an eigene Traditionen anknüpfen und dennoch ein Überleben möglich machen. Das Durchsetzen eigener Ziele vollzieht sich gegen einen engstirnigen Reservationsbürokratismus und gegen den Willen korrumpierter Indianer, aber zusammen mit human eingestellten Weißen. Der Autorin gelingt bei dem Versuch, die kulturelle Eigenart der Indianer abzubilden, den Leser ihren Mythen anzunähern, eine besonders intensive, sich dem indianischen Denken und Fühlen assimilierende Sprache, so daß die Erzählung neben den kognitiven Zielen der Indianer auch eindringlich emotionale Werte weitergibt.

Werke: Die Söhne der großen Bärin (1951; veränderte NA. 1966, Bd. 1–2, 1967, auch u.d.T.: Der Häuptling, 1969); Der Steinknabe (1952); Drei Wassertropfen (1953); Hans und Anna (1954); Kath in der Prärie (1956); Frau Lustigkeit und ihre fünf Schelme (1958); Harka (1962; NA. Bd. 1–2. 1964–1965); Top und Harry (1963; NA. Bd. 1–2. 1966); Nacht über der Prärie (1966); Licht über weißen Felsen (1967); Stein mit Hörnern (1968); Der siebenstufige Berg (1972).

Gerlinde Rabenstein

Weltkreis Verlag

Dortmund. Kinder- und Jugendbücher, politische Jugendsachbücher, Liederbücher.

Die Weltkreis Verlags GmbH wurde 1958 als Verlag des Jugendmagazins „Elan" (einer monatlich erscheinenden Zeitschrift für Lehrlinge, Schüler und junge Arbeiter) in Dortmund gegründet. Seit 1976 ist Hans-Walter von Oppenkowski Verlagsleiter, sein Vorgänger war Werner Maletz. Seit 1972 bringt der Verlag Kinder- und Jugendbücher in Lizenzausgaben, vor allem aus der DDR, heraus. Hierzu gehören auch Publikationen der Sozialistischen Deutschen Arbeiterjugend und der sozialistischen Kinder- und Jugendorganisation „Junge Pioniere".

Das Verlagsprogramm umfaßt politische Jugendsachbücher, Erzählungen und Romane für Jugendliche, Kinderbücher, Liederbücher und die Bildromanserie „Die Digedags". Der Verlag hat es sich zum Ziel gesetzt, „mit lesbaren Büchern die Jugend bei der Wahrnehmung ihrer Interessen zu unterstützen". Die Romane und Erzählungen berichten „vom Leben der arbeitenden Menschen" und haben häufig den Kampf gegen Faschismus und Imperialismus zum Thema. Erziehung zum demokratischen und solidarischen Verhalten wird auch mit den Kinderbüchern angestrebt. Die Liedersammlungen sind für die Arbeit in Jugendgruppen konzipiert. Die seit 1974 erscheinende Bildromanserie „Die Digedags" für Kinder ab sechs Jahren erzählt das Leben der drei kleinen Journalisten Dig, Dag und Digedag, die um 1860 in den USA leben und auf der Seite der Unterdrückten ihre Abenteuer nicht „durch ihre Kraft, nicht durch Gewalt, sondern mit Köpfchen" bestehen. Bisher sind zehn Bände erschienen.

Zu den Autoren und Illustratoren des Verlages gehören Reinhold Andert, Manfred Bofinger, E. R. Greulich, Hannes Hegen, Egbert Herfurth, Gerhard Holtz-Baumert, Reinhard Junge, Heinz Kahlau, Rainer Kirsch, Sarah Kirsch, Karl Mundstock,

ERDMUTH OELSCHLÄGER, NIKOLAJ OSTROVSKIJ, JÜRGEN POMORIN, ULI SANDER, PETER SCHÜTT, WILLI SCHWETTMANN, DIETER SÜVERKRÜP.

Hannelore Daubert

Wenz-Viëtor, Else

*Kunstgewerblerin, Entwurfzeichnerin, Bilderbuchillustratorin; * 30.4.1882 Sorau (Niederlausitz), † 29.5.1973 Schondorf am Ammersee.*

W.-V. studierte an der Kunstgewerbeschule in München bei A. JANK. Ihre zeichnerischen Fähigkeiten erwarb sie weitgehend als Autodidaktin. Als Entwurfzeichnerin für Glas, Porzellan und Möbel arbeitete sie von 1907 bis 1932 bei den „Deutschen Werkstätten" mit. Nach 1932 war W.-V. als freischaffende Künstlerin in Icking bei München, später bis zu ihrem Tode in Schondorf am Ammersee tätig.

Werk, Tendenzen, Wirkung. W.-V. war in den zwanziger und dreißiger Jahren die produktivste und bekannteste Bilderbuchillustratorin in Deutschland. Sie illustrierte rund 100 Bilder- und Kinderbücher, die zum Teil noch heute auf dem Markt sind und die sehr hohe Auflagen erlebten. Mehr als 100000 Exemplare erreichten die Bilderbücher „Schweinchen schlachten" (1921), „Der kleine Häwelmann" (1926), „Im Blumenhimmel" (1929) und „Die Schule im Walde" (1931). Reim- und Textlieferanten für die Illustratorin waren häufig ADOLF HOLST, SOPHIE REINHEIMER und MAX DINGLER. Zu zahlreichen Bilderbüchern schrieb die Illustratorin selbst die Texte. Die Illustrationstätigkeit von W.-V. begann im Ersten Weltkrieg und hielt bis in die sechziger Jahre an.

Einbandbild zu dem großformatigen Bilderbuch „Die Schule im Walde", das 1931 im Stalling-Verlag in Oldenburg erschien. Das Bilderbuch gehört zu den erfolgreichsten Arbeiten Else Wenz-Viëtors. Der Text stammt von Adolf Holst, mit dem die Illustratorin häufig zusammenarbeitete.

W.-V. zeichnete ursprünglich für den Hahn Verlag Kleinkinderbilderbücher, wobei ihre Kindergestalten in Gesichtsausdruck und Kleidung und ihre Zeichentechnik – Umrißzeichnung mit stark ausgeprägten Konturen unter weitgehendem Verzicht auf Hintergrund und Details – sehr den Bilderbüchern von GERTRUD CASPARI ähnelten. Bald fand die Autorin aber zu einem eigenständigen Zeichenstil, der sich schon in den humorvoll und mit großer Originalität gezeichneten Figuren der rübenkochenden alten Frau oder des Schneiders im Fingerhut in dem von ihr illustrierten Gedichtband „Hopp, hopp, ho!" (1924) andeutete. Im Gegensatz zu G. CASPARI legte sie nun auch mehr Wert auf Details, wie der farbenfrohe und bis in Einzelheiten ausgearbeitete Blumenstrauß auf dem Einband des Bilderbuches zeigt. Mit dem Überwechseln zum Gerhard Stalling-Verlag in Oldenburg, bei dem alle weiteren Bilderbücher von W.-V. erschienen und zum Teil noch heute im Programm geführt werden, vollzog sich eine völlige Wandlung in ihrem Zeichenstil. Nun entwarf sie ihre Bilderbuchillustrationen, bis in alle Einzelheiten ausgestaltet, mit feinem Strich und großer Naturtreue. Sicher waren an ihrer Wandlung auch die Möglichkeiten des neuen Offsetdruckverfahrens mitbeteiligt. Deutlich ist jetzt auch eine Verwandtschaft zu KREIDOLF zu erkennen, wenn sie, so im „Heuschreck und die Blumen" (1924), Blumen und Insekten, vor allem Hummeln, Käfer, Grillen, Heuschrecken und Schmetterlinge, anthropomorph darstellt. Im Gegensatz zu der symbolischen Erhöhung bei KREIDOLF bleibt die Illustratorin doch immer der realitätsnahen Abbildung verhaftet, die dem Kind die rasche Identifikation der vorgeführten Pflanzen und Tiere erleichtert. Personifizierungen sind bei Blumen selten, bei den Insekten erschöpfen sie sich in der lustigen Ausgestaltung von Köpfen und Beinen. Inhaltlich allerdings bleibt die Illustratorin immer in einer realitätsfremden anthropomorphisierten Welt stecken. Mit wenigen Ausnahmen beschränkt sich die Ausdeutung der Welt von W.-V. auf die vermenschlichte Insektenwelt im Wiesenmilieu, wobei ihre Darstellungen ein fröhliches, humorvolles, von keinem Konflikt getrübtes Dasein vorführen. Zu dem großen Bekanntheitsgrad der Autorin trug auch bei, daß sie zahlreiche Illustrationen für die in den zwanziger und dreißiger Jahren auflagenstärkste Kinderzeitschrift „Jugendlust" lieferte, die in vielen deutschen Schulen als Lektüre benutzt wurde.

→ A. Holst

Werke: A. Holst: Tschingtsching Bumbum (1916); P. Dehmel: Gig-gag! Schnick-Schnack! (1916); A. Holst: Fritzchen im Völkerkrieg (1916); E. Wenz-Viëtor: Alte Reime mit neuen Bildern (1917, ^{31}1951); E. Wenz-Viëtor: Nürnberger Puppen-

Stuben-Spiel-Buch (1920, [42]1925); Chr. Dieck: Schweinchen schlachten, Würstchen machen, quiek, quiek, quiek (1921, [5]1925; NA. 1950); A. Holst: Hochzeit im Walde (1921, [41]1931; NA. 1951); C. Ferdinands: Kinderreich, was kommt dir gleich (1921); Ch. Dieck: Sonnenschein und Blumenduft, das ist ein Vergnügen (1922, [6]1925); M. Dingler: Prinzessin Tulpe (1923); Ch. Dieck: Bärentanz und Affensprung, ha, da läuft schon Alt und Jung (1923, [8]1928); E. Wenz-Viëtor: Das Schlaraffenland nach Hans Sachs (1923, [13]1931); E. Wenz-Viëtor: Hopp, hopp, ho! Alte Reime mit neuen Bildern (1924, [22]1951; NA. 1956); M. Dingler: Der Heuschreck und die Blumen (1924, [4]1925); M. Dingler: Sonnenkinderstuben (1924, [4]1925); E. Wenz-Viëtor: Das große Ding (1925); E. Wenz-Viëtor: Die Reise nach England (1925); Th. Storm: Der kleine Häwelmann (1926); F. Timmermans: St. Nikolaus in Not (1926, NA. 1954); F. Timmermans: Das Schweinchen und andere Tiergeschichten (1927); M. Dingler: Märchen-Ostern, ein frühlingsfrohes Ostermärchen (1927); E. Wenz-Viëtor: Guten Abend! Gute Nacht! Guten Morgen! Aufgewacht? (1927); E. Wenz-Viëtor: Schau hier hinein, alles ist dein! (1927); E. Wenz-Viëtor: Die kleine Welt, die Dir gefällt (1927); E. Wenz-Viëtor: Liebe kleine Sachen zum Schauen und Lachen (1927); A. Sixtus: Grünbart, das Moosmännchen (1928); H. Chr. Andersen: Däumelinchen (1928, [5]1949); A. Holst: Die glücklichen Mausleut (1929); S. Reinheimer: Im Blumenhimmel (1929); A. Winkler: Fahrt ins Blumenland (1929); H. von Knesebeck: Das arme Mariechen (1930); S. Reinheimer: Vom Himmel der Tiere (1930); A. Holst: Die Schule im Walde (1931, [6]1949; NA. 1957); H. von Knesebeck: Weihnachten (1932); W. Vesper: Wiesenmännchens Brautfahrt (1932); H. Probst: Die Weihnachtsenglein (1933); A. Holst: Hochzeit im Winkel (1934); E. Wenz-Viëtor: Backe, backe, Kuchen (1934, [7]1949); H. Kranz: Bei den Oster-Hasen (1934; NA. 1950); E. Wenz-Viëtor: Weihnachts-Postkarten. Malbuch (1934); A. Holst: Grete kocht! (1935); E. Wenz-Viëtor: Blumenmalbuch (1935); K. R. Schmidt: Steig ein, mein Kind. Wir reisen durchs Jahr (1935); E. Wenz-Viëtor: Miau miau (1936); K. F. Meyer: Fingerhütchen und andere Elfengeschichten (1936); E. Jung-Lindemann: Minchen und Jaromir (1936); E. Wenz-Viëtor: Auf dem Bauernhof (1937); E. Wenz-Viëtor: Blumen-Postkarten-Malbuch (1937); M. Müller: Die Wiesenstadt (1937); Fr. Rückert: Vier Märlein (1937); M. Seemann: Schule gehen (1937); E. Wenz-Viëtor: Komm mit auf's Land (1938); E. Wenz-Viëtor: Lustiges Getier aus Holz und Stoff (1938); O. Nebeltau: Die guten Räuber (1939); O. Nebeltau: Wie strahlend bunt ist diese Schar! (1938); E. Fay: Kleinkinderbuch (1939); H. Hollriede: Gesinchens Fahrt ins Blumenland (1940, [10]1956); I. A. Mosig: Die Spielzeugkiste (1940); E. Wenz-Viëtor: Wulle Gänschen (1946); A. Keller: Jahrein, jahraus mit Wichtel und Maus (1950); W. Andreas: Bienelinchens Abenteuer (1951); M. Koch: Sonnenfibel (1951, [7]1956); M. Müller: Vom blühenden Fensterbrett (1951); M. Müller: Die Wiesenzeitung (1952); A. Keller: Zirkus (1952); A. Keller: Von den sieben Osterhäschen (1952); E. Wenz-Viëtor: Das große Märchenbuch (1952); E. Wenz-Viëtor: Im Schlaraffenland der Tiere (1953); E. Wenz-Viëtor: Zambi, der Elefant (1954); E. Wenz-Viëtor: Kleine Leute im Moos (1954); E. Wenz-Viëtor: Eine Sammlung schöner Märchen von Grimm, Bechstein, Hauff und Andersen (1955); E. Wenz-Viëtor: Heinzelvolk (1955); M. Müller: Die vom Wegrain (1955); D. Stepperger: Haustierkinder (1956); M. Dingler: Buschi (1956); E. Wenz-Viëtor: Sausewind (1957); A. de l'Aigle: Häsi und anderes geliebtes Getier (1957); M. Dingler: Unser Weihnachten (1960); E. Wenz-Viëtor: Lise Wackelschwanz (1961).

Sekundärliteratur: Kinderbücher (in: Gebrauchsgraphik. 12. 1935. 2. 10–17).

Helmut Müller

Weöres, Sándor

*Ungarischer Dichter und Übersetzer; *22.6.1913 Szombathely.*

W. absolvierte die Schulen in Pécs, studierte Rechtswissenschaft, Geschichte, Philosophie und Ästhetik und promovierte zum Doktor der Philosophie. Mehrere Jahre arbeitete W. als Bibliothekar; seit 1951 lebt er als freier Schriftsteller. Für seine literarische Tätigkeit wurde er 1935 und 1936 mit dem Baumgarten-Preis und 1970 mit dem Kossuth-Preis ausgezeichnet. Im Jahre 1975 wurde ihm in Wien für sein Lebenswerk der Österreichische Staatspreis überreicht.

Werk, Tendenzen, Wirkung. W. begann mit vierzig Jahren zu schreiben. Schon seine frühen Gedichte zeigen Bilderreichtum und formale Virtuosität. Obwohl W. prinzipiell keinen Unterschied zwischen Gedichten für die Erwachsenen und für die Kinder machte, wurde er in erster Linie als Autor von Kindergedichten bekannt. Die Verse des Bandes „Bóbita" (1955) – eine Gedichtauswahl aus den beiden Zyklen „Rongyszőnyeg" und „Magyar etüdök" sind erst nachträglich zu Kindergedichten geworden und errangen mit ihrem neuen Rhythmensystem Geltung in der zeitgenössischen ungarischen Kinderliteratur. Stimmung und Musikalität seiner Verse wirken auf Kinder auch dann, wenn die Inhalte verstandesmäßig noch nicht erfaßt werden können. W. erlebt sich selbst innerhalb der Kinderwelt. Er braucht deshalb nie zum Kind herabzusteigen. W. meint, daß im Künstler das Kind noch intensiver weiterlebt als in jedem anderen Erwachsenen.

Werke: Gyümölcskosár (1946); Bóbita (1955); Tarka forgó (1958; zus. mit A. K. Weöres); Zimzimzim (1969); Ha a világ rigó lenne (1973).

Sekundärliteratur: J. Seres: Egysèg ès differenciáltság (in: Könyv és Nevelés. 1974. 4/5. 151–156). – I. Cs. Nagy: Mai magyar verstechnikák (in: Könyv és Nevelés. 1975. 2. 47–51).

József Seres

Werbe-Comics

W. sind Comic-Folgen oder comicartig gestaltete Bildzeilen, deren Hauptziel in der unterhaltsamen Werbung für ein Produkt, ein Verhalten (z. B. im Straßenverkehr) oder eine menschliche Grundeinstellung (z. B. „wir helfen einander") liegt.

Comics und Werbung. Comics wurden zuerst ausschließlich zum Zwecke der Werbung geschaffen und eingesetzt, um die Auflagenzahlen amerikanischer Boulevardzeitungen zu erhöhen. Ihre ansteigende Popularität ließ schon bald einzelne Comic-Figuren (z. B. Buster Brown) als Werber für tägliche Bedarfsartikel (z. B. Zigarren, Hüte, Schuhe, Getränke usw.) erscheinen.
1932 wurden erstmalig Comic-books herausgegeben, die als Geschenk beim Kauf von Seife oder Benzin verteilt wurden. Der Erfolg dieser Aktion führte schnell

zur Einführung von Comic-Heftserien, deren Hefte jetzt verkauft wurden, und seit über vierzig Jahren synonym für „die Comics" stehen. Die Comic-Hefte stellen nunmehr ein eigenständiges, von den Zeitungen losgelöstes Werbemedium dar, das sich verselbständigt hat und nicht mehr für ein anderes Produkt, sondern für sich selbst wirbt und sogar als Werbeträger für fremde Produkte fungiert. In den folgenden Jahrzehnten steigerte sich in Amerika der Einsatz von Comics zu Werbezwecken. Es wurden nicht nur ganze Serien oder auch Teilepisoden werbewirksam eingesetzt, sondern man griff im einzelnen auf die Comic-Helden oder die Gestaltungstechnik der Comics (z.B. Handlungsverlauf, Sprechblase usw.) zu Reklamezwecken zurück. In Europa hat die Ächtung der Comics für lange Zeit ihrer Verwendung als Werbemedium im Wege gestanden.

Das heutige Gebiet der W. läßt sich grundsätzlich zweifach unterteilen: 1. Es findet Produktwerbung mit bekannten Comicfiguren statt. Dies geschieht z.B. dadurch, daß eine Comicfigur und ihre Serie nur für ein Produkt selbst geschaffen wird (z.B. Popeye, der für seine Kraftakte jeweils eine Dose Spinat zu sich nehmen muß und damit nachgewiesenermaßen sehr für Spinat geworben hat). In anderen Fällen werben schon bekannte und beliebte Comicfiguren (z.B. Micky Maus, Fix und Foxi) in Kurzepisoden für ein Produkt. Solche Comics werden als Sonderhefte beim Kauf des jeweiligen Produkts dazugegeben oder in Strip-Form in der Verpackung beigegeben. Weiterhin werben Comicfiguren einzeln ohne Szenenabfolge durch ihren Beliebtheitsgrad. Sie finden sich als Aufkleber, auf Postern oder als Packungsaufdruck. Das Produkt wirbt vielfach für sich und auch für die Comicfigur, indem es sie in Übergröße zeigt (z.B. auf T-Shirts oder Schreibblocks mit aufgedruckter Comicfigur) oder sogar in ihrer Form in den Handel gelangt (z.B. Plastikfiguren wie Asterix oder die Schlümpfe, Eis als Biene Maja, Radiergummi als Barbapappa). 2. Die Produktwerbung bedient sich der Gestaltungstechnik der Comics. Typische Comicelemente wie die Sprechblase, die Onomatopoëia oder der ausrufartige Dialog werden verarbeitet. Kurze Bildgeschichten mit allen charakteristischen Comic-Stilelementen, aber neuen Handlungspersonen werden geschaffen, um in der Presse (und in starkem Maße auch in Comic-Heften selbst) an die Popularität der Bildgeschichten anzuknüpfen und sie für Werbezwecke zu nutzen (z.B. der nur für die Werbung geschaffene „Hustinettenbär", der seine lustigen Abenteuer dank der Einnahme von Lutschtabletten, die vor Erkältungskrankheiten bewahren sollen, bewältigt, oder in ähnlicher Weise der Salamander „Lurchi", der seit Jahrzehnten für einen Schuhhersteller wirbt).

Allen W. ist gemeinsam, daß sie bewußt die große Beliebtheit und Einprägsamkeit des Genre „Comicstrip" ausnutzen und für ihre Zwecke usurpieren. Daneben hoffen ihre Schöpfer auf einen Gewöhnungseffekt, der die Comicleser über lange Zeit an seine gewohnte Lektüre bindet. Damit unterwirft er sich zugleich dem Ziel des Marketing, den Konsumenten lange für das Produkt zu gewinnen.

Sekundärliteratur: E. Büttner: Mickey Mouse macht Mode (in: Twen. 12. 1970. 9. 54–63). – H.-J. Kagelmann: Comics und Werbung (zus. mit R. Zimmermann in: Medien- und Sexualpädagogik. 3. 1975. 2. 33–36). – W. Kempkes: Werbungs-Comics (in: Bulletin Jugend + Literatur. 1970. 7. 12–13). – K. Riha: Comics und Werbung (in: Sprache im technischen Zeitalter. 1972. 42. 153–165). – W. Schmidmaier: Kinderheld und Schuhverkäufer-Schwanzlurch schreitet rüstig ins 50. Abenteuer (in: werben & verkaufen. 1971. 2. 12); Werber als Comicstrip-Akteure (in: Graphik. 23. 1970. 7. 37); Comication Art (in: Graphik. 24. 1971. 9. 51–54); Verkehrserziehung für Alfonso (in: Graphik. 24. 1971. 12. 29–30). – Chr. von Stillfried: Comics in der Werbung (in: Graphik. 27. 1974. 7. 20–26). – Fr. H. Wills: Immer gesellschaftsfähig: der Comic-Strip in der Werbung (in: Absatzwirtschaft. 13. 1970. 18. 51–52).

Wolfgang Kempkes

Werner, Ruth

*Journalistin, Schriftstellerin; * 15. 5. 1907 Berlin.*

W., Tochter eines Wissenschaftlers, absolvierte eine Buchhändlerlehre. Schon früh fand sie Kontakt zur Arbeiterbewegung. Mit 17 Jahren trat sie in den Kommunistischen Jugendverband Deutschlands ein und wurde 1926 Mitglied der KPD. Von 1930 bis 1935 nahm sie in China an den politischen und militärischen Aktionen der chinesischen Arbeiter, Bauern und Soldaten teil. Die dort gewonnenen Erfahrungen sind in den beiden autobiographisch gefärbten Büchern „Ein ungewöhnliches Mädchen" (1958) und „Der Gong des Porzellanhändlers" (1976) verarbeitet worden. Während ihres Aufenthaltes in China schrieb W. unter verschiedenen Pseudonymen für die „Rote Fahne" sowie Artikel über die deutsche Arbeiterbewegung für eine von dem chinesischen Dichter Lu Hsün (1881–1936) geleitete Zeitschrift. Nachdem sie 1945 nach Jahren der Emigration wieder nach Deutschland zurückgekehrt war, arbeitete sie aktiv am Aufbau der DDR mit. Zwischen 1953 und 1956 war W. vorwiegend journalistisch tätig und schrieb Reportagen und Erzählungen. W. wurde 1961 mit der Erich-Weinert-Medaille geehrt.

Werk, Tendenzen, Wirkung. Viele der Romane und Erzählungen W.s, die sich zumeist an den jugendlichen und den erwachsenen Leser zugleich wenden, schildern das Leben von ungewöhnlichen Frauen, die sich ganz der kommunistischen Bewegung verschrieben haben. Sie enthalten vielerorts autobiographische Bezüge. In dem Roman „Ein ungewöhnliches Mädchen" (1958), der den Weg einer jungen Frau aus gutbürgerlicher Familie erzählt, die mit ihrer Klasse bricht und in die KPD eintritt, ist der Lebensweg von W. selbst wiederzuerkennen. Wenn die Romanheldin ihren Mann, einen humanistisch gesinnten Intellektuellen, nach China begleitete, wo sie an der revolutionären Befreiungsbewegung des chinesischen Volkes teilnimmt, weiß W. aus eigener Erfahrung das Leben in China und besonders die dortige politische Situation in den vierziger Jahren kenntnisreich und eindringlich zu schildern.

„Der Gong des Porzellanhändlers" (1976) befaßt sich ebenfalls mit den Auseinandersetzungen in China.
Das Leben der Kommunistin und Widerstandskämpferin OLGA BENARIO, die mit dem brasilianischen Revolutionär LUIZ CARLOS PRESTES verheiratet und mit diesem gemeinsam für die Befreiung des brasilianischen Volkes tätig war, schildert W. in dem 1961 erschienenen Roman „Olga Benario. Die Geschichte eines tapferen Lebens". W. hatte OLGA BENARIO aufgrund ihrer gemeinsamen Arbeit im Kommunistischen Jugendverband von Berlin persönlich gekannt. In ihren späteren Werken versucht W. das alltägliche Leben in der DDR mit seinen vielfältigen, neuen gesellschaftlichen Anforderungen an die Menschen aufzuzeigen. In „Über hundert Berge" (1965) steht wieder eine Frauengestalt im Mittelpunkt. Um in diesem Roman das Leben der werktätigen Frauen in der DDR wirklichkeitsgetreu darstellen zu können, arbeitete W. für einige Zeit selbst in der Frauenbrigade eines volkseigenen Betriebes.
In ihrem 1972 erschienenen Roman „Kleine Fische – große Fische" hat sie sich ebenfalls dem sozialistischen Alltag in der DDR zugewandt. Sie berichtet von den Spannungen zwischen Arbeitswelt und Privatsphäre, die beide als nicht getrennt verstanden werden. Die vielfältigen Probleme zwischen Mann und Frau, zwischen Eltern und Kindern haben ihre Ursache in der übermäßigen Inanspruchnahme des Vaters, der Werkleiter einer großen Fabrik ist und sich gänzlich seiner Arbeitsaufgabe stellt. Manchmal wird auch Kritik an der „Verplanung" des Menschen in der DDR, an den hohen Anforderungen, für die Belange der sozialistischen Gesellschaft einen totalen Einsatz zu liefern, hörbar. Es wird jedoch zugleich gezeigt, daß alle noch so schwierigen Probleme aufgrund der Solidarität der Menschen untereinander und aufgrund des Bewußtseins, für eine gemeinsame Sache zu ringen, gelöst werden können.
In dem Kinderbuch „Ein sommerwarmer Februar" (1973) erzählt W. von der dreizehnjährigen Claudia. Claudia besucht in den Ferien ihren Vater in Kuba, der dort als Meeresbiologe tätig ist. In anschaulicher Weise informiert das Buch über die Arbeit eines Unterwasserforschers, über Fragen der Ökologie, der Natur, Politik und Wirtschaft in Kuba sowie über den Staatsmann FIDEL CASTRO.

Werke: Ein ungewöhnliches Mädchen (1958); Olga Benario. Die Geschichte eines tapferen Lebens (1961); Über hundert Berge (1965); Ein Sommertag (1966); In der Klinik (1968); Kleine Fische – große Fische (1972); Die gepanzerte Doris (1973); Ein sommerwarmer Februar (1973); Meine Schildkröte heißt Doris (1974); Der Gong des Porzellanhändlers (1976).

Sekundärliteratur: H. Limprecht: Ein ungewöhnliches Mädchen. Porträt der Schriftstellerin Ruth Werner (in: Der Bibliothekar. 21. 1967. 9. 970–972); Ein ungewöhnliches Mädchen (in: Der Bibliothekar. 12. 1958. 9. 938–940); Olga Benario (in: Der Bibliothekar. 15. 1961. 11. 1181–1182); Über hundert Berge (in: Der Bibliothekar. 19. 1965. 11./12. 1273–1275). – M. Schmidt: Vier Bücher – ein Anliegen. Wege und Möglichkeiten der Erzählerin Ruth Werner (in: Neue Deutsche Literatur. 15. 1967. 4. 184–188).

Magdalena Nima-Rolf

Wernström, Sven

*(Ps.e: zus. mit Stig Malmberg: Stig Ahl, Sonja Berg, Siv Malmström). Schwedischer Kinder- und Jugendbuchautor; * 3. 4. 1925.*

W. ist der Sohn des Typographen und Schriftstellers GUNNAR W. und MAJA BJÖRKMANS. Er besuchte 1944 bis 1945 Marieborgs Folkhögskola, arbeitete als Maschinensetzer bei „Stockholms Tidningen" und wurde schließlich Autor. Zahlreiche seiner Titel, die er pseudonym veröffentlichte, schrieb er gemeinsam mit STIG MALMBERG.

Werk, Tendenzen, Wirkung. Zu Beginn seiner Tätigkeit als Kinder- und Jugendbuchautor weist sich W. als traditioneller, den konventionellen Genres verbundener Schriftsteller aus. Er schrieb zunächst typische Jungen- und Mädchenbücher, Tierbücher für junge Leser sowie Detektivgeschichten. Erst seit Mitte der sechziger Jahre wandte er sich gesellschaftskritischen und politischen Themen zu, zugleich wurde eine sozialistische Orientierung bei ihm erkennbar.
W. gehört zu den Autoren, die dazu beigetragen haben, das traditionelle Bild der Dritten Welt im Kinder- und Jugendbuch zu verändern. Dieses Bild war vor allem durch Exotik und Abenteuerlichkeit bestimmt und stark europazentriert. In „Der Schatz im Dorf der Armen" (1972; schwed. Skatten i de fattigas by, 1970) gelingt es W., darüber aufzuklären, welche Herrschaftsverhältnisse Guatemala bestimmen und welche gesellschaftlichen Gruppen ein Interesse an der Aufrechterhaltung der bestehenden gesellschaftlichen und politischen Ordnung haben. Micke Svensson, die Hauptfigur, erlebt, wie sich sein naives, vorurteilvolles Lateinamerikabild langsam ändert. In der Auseinandersetzung mit dem Regisseur, in dessen Film er mitspielen soll, gewinnt er neue Einsichten, z. B. daß die sogenannte Entwicklungshilfe wiederum nur den Europäern zugute kommt.
Ebenso, wie es W. in „Schatz im Dorf der Armen" gelungen war, Aufklärung und Abenteuer zu verknüpfen, gelingt es ihm in „Sie kamen aus den Bergen" (1974; schwed. Upproret, 1968), Aufklärung zum Abenteuer werden zu lassen. W. macht sich die Perspektive der Unterdrückten zu eigen und schildert die Ereignisse aus ihrer Sicht. Er erzählt Episoden aus dem kubanischen Bürgerkrieg. Hauptfigur ist das achtjährige Mädchen Beatrice, ein Landarbeiterkind, das gemeinsam mit seiner Mutter und seinem Bruder am Befreiungskampf an der Seite FIDEL CASTROs gegen das Batista-Regime teilnimmt.
Eine Entwicklung in W.s schriftstellerischer Arbeit wird besonders deutlich in dem Buch „Flieh vor Sonnenaufgang" (1974; schwed. „Mexikanen", 1963), das noch stark kolportagehafte Züge hat. Zwar wird auch hier der Kampf gegen die Plantagenbesitzer in Mexiko beschrieben, aber nur als äußere spannungserzeugende Kulisse. Anders als bei den schon genannten Titeln, in denen allein der Kampf gegen die Unterdrükkung eine Änderung der Lebenssituation der ärmeren

Bevölkerung bringt, lösen sich in diesem Buch die Probleme dadurch, daß die verantwortlichen Weißen sterben.

Nach seinen Kinder- und Jugendbüchern, die in der Dritten Welt spielen, wendet sich W. neuerdings einem anderen Gebiet zu: der schwedischen Geschichte. Auch hier bewährt sich, daß er sich die Sichtweise der Beherrschten, der „Knechte", zu eigen macht. „Trällene" (dt. Knechte, 1978) – der erste Band erschien 1974 – erzählt von den Wikingern, aber nicht in der Art, wie es die Kinder aus den Schulgeschichtsbüchern kennen. W. berichtet weder von wagemutigen Grönlandfahrern, Eroberungszügen in Frankreich oder England, noch von dem Wikingerzug durch Rußland bis ans Schwarze Meer. Thematisch stehen jetzt bei W. die Menschen im Mittelpunkt, die im 11. Jahrhundert in Schweden selbst lebten. Er berichtet von ihren Kulten, ihrer Arbeit, ihrem Leid, ihren Festen, den Lebensverhältnissen, ihrem Zusammenleben, von ihrer Gerichtsbarkeit und den Herrschafts- und Knechtschaftsverhältnissen. Angesprochen wird auch der sich andeutende Wandel durch den Einbruch des Christentums ins heidnische Schweden. Deutlich arbeitet W. heraus, daß die Knechtschaft im Laufe der Geschichte verschiedene Formen angenommen hat, aber immer noch nicht abgeschafft ist. W.s Geschichte der Knechte ist ein Stück erzählender materialistischer Geschichtsschreibung.

Werke: Falkar på jakt (1945); Läs „Kometen" (1945); Flyget lockar (1947); Flygkamraterna (1947); Flygkamraterna gör en insats (1948); Flygkamraterna korsar rymden (1949); Arrestera Tryckfelnisse! (1950); Flickan och filmen (1950); Hobbyklubben (1950); Den forsvunne flygaren (1952); Teaterflickan (1952); Flicka i rampljus (1953); Flygkamraterna tar revansch (1953); Blixtgänget (1954); Flickan från landet (1954); En flygkamrat försvinner (1954); Den böda byn (1955); Mästerdykaren (1955); Anita (1956); Flygkamraterna och hoppikoptern (1956); Mazir, den vita kamelen (1956); Ricke Bengtssons hemlighet (1956); Rymdgänget (1956); Flicka försvunnen (1957); Flygkamraterna flyger farligt (1957); Njaga, strutsen (1957); Rymdgänget och mannen i trädet (1957); Ulla blir reporter (1957); Anita filmar (1958); Gården (1958); Kär i Elvis (1958); Mannen i lådan (1958); Stein, den obesegrade (1958); Tarpa, vildhästen (1958); Ulla griper in (1958); Ulla gör sensation (1958); Fall för madonnan (1959); Spökhuset (1959); Vi fixar allt (1959); Zita, geparden (1959); Det spökar (1960); Hauk, jaktfalken (1960); Vi fixar „hajarna" (1960); Ulla och juvelkuppen (1960); Sombar, jaguaren (1961); Tjuvgömman (1961); Tifón, stormens son (1962); Vägen til Costa Rica (1962); Mexikanen (1963; dt. Flieh vor Sonnenaufgang, 1974); Vuxentro och tonårsmoral (1963); Rebellerna (1964); Vi fixar TV-hunden (1964); Befriaren (1965); De hemligas ö (1966); Mannen i det låstra rummet (1966); Operation Z (1966); Resa på en okänd planet (1967); Rymdskeppens gåta (1968); Upproret (1968; dt. Sie kamen aus den Bergen, 1974); Destination Mars (1969); Mannen på gallret (1969); Spelet om plugget (1969); Olle och fabriken (1970; dt. Die Fabrik gehört uns, 1971; auch u. d.T.: Ole und die Fabrik, 1975); Skatten i de fattigas by (1970; dt. Der Schatz im Dorf der Armen, 1972); Trällene (1974; dt. Knechte, 1978); Trällenes sønner (1975); Trällenes døtre (1975); Trällenes kamp (1976).

Sekundärliteratur: H. Hengst: Aufklärung als Abenteuer – Abenteuer als Aufklärung. Überlegungen zu Sven Wernströms Jugendbuch „Der Schatz im Dorf der Armen" (in: J. Becker (Hrsg. zus. mit Ch. Oberfeld): Die Menschen sind arm, weil sie arm sind. Die Dritte Welt im Spiegel von Kinder- und Jugendbüchern. 1977. 281–301). – H. Kauffmann (zus. mit B. Stelzner): Kritischer Bericht über eine Unterrichtseinheit ‚Dritte Welt' mit dem Jugendbuch von Sven Wernström „Der Schatz im Dorf der Armen" in der Sekundarstufe I an der Gesamtschule Richtsberg in Marburg/Lahn (in: J. Becker (Hrsg. zus. mit Ch. Oberfeld): Die Menschen sind arm, weil sie arm sind. Die Dritte Welt im Spiegel von Kinder- und Jugendbüchern. 1977. 303–347).

Winfred Kaminski

Wersba, Barbara

*Amerikanische Kinder- und Jugendbuchautorin; * 19. 8. 1932 Chicago.*

Vom zwölften bis zum 27. Lebensjahr stand W. auf der Bühne und war in Fernsehen und Hörfunk tätig. Sie studierte an den Schauspielschulen „Neighbourhood playhouse" und „Paul Mann actors workshop". Mit der Veröffentlichung ihres ersten Kinderbuches gab sie den Beruf als Schauspielerin auf und arbeitet seither als freie Autorin und Rezensentin der „New York Times" für Kinder- und Jugendbücher. 1973 erhielt sie für „Run softly, go fast" (1970; dt. Ein nützliches Mitglied der Gesellschaft, 1972) den Deutschen Jugendbuchpreis.

Werk, Tendenzen, Wirkung. W. begann sehr früh zu schreiben. Aber erst ein Zufall führte dazu, daß diese eher heimliche Tätigkeit öffentlich und bestimmend für die weitere Entwicklung der Autorin wurde. Während einer Krankheit schrieb sie eine Erzählung für Kinder, „The boy who loved the sea" (1961), die mit Erfolg veröffentlicht wurde. Weil „meine eigene Kindheit noch in mir ist", schreibt W. Kinderbücher voller phantastischer Erlebnisse, wie Kinder sie sich erträumen. So fliegt ein kleiner Junge mit seiner Katze in seinem „Brave Balloon" Abenteuern entgegen („The brave balloon of Benjamin Buckley", 1963). Die Reimform unterstützt das Poetisch-Märchenhafte der turbulenten Geschichte des furchtsam-schüchternen Königs, der sich mit einem freundlichen Tiger verbündet, um gemeinsam eine herrschsüchtige Königin zu überlisten („Do tigers ever bite kings?", 1966). Mit ihrem Buch „The dream watcher" (1968) wechselte W. ihre Zielgruppe und ihr Thema. Die Geschichte des vierzehnjährigen Anti-Helden Albert Scully schildert die Schwierigkeiten der Jugendlichen aus der „flower generation", ihren Weg in der mit Mißtrauen bedachten Welt der Zwangskonformität zu finden. Wesentlich komplexer stellt W. dieses Thema – Teenager-Erfahrung, Drogenproblem, Generationenkonflikt – in „Run softly, go fast" (1970) dar. Der Ich-Erzähler David Marks, Sohn eines in den Slums aufgewachsenen jüdischen New Yorker Mittelstandsunternehmers, der sich „hinaufgearbeitet" hat, berichtet in seinem Tagebuch – durchbrochen von reflektierenden Einschüben unter dem Eindruck des Todes seines Vaters – den Entwicklungsprozeß, der zur feindlichen durch Haßliebe gekennzeichneten Beziehung zwischen Vater und Sohn führte. Beide Seiten werden deutlich und kompromißlos gezeigt: Der Vater, der seinem Sohn alles bieten will und ihm dabei unbewußt jede selbständige Entscheidung nimmt; der Sohn, der sich gegen den vorgezeichneten Lebensweg wendet und in eine Drogenkommune und das Bohemien-Leben eines Künstlers flüchtet. W. stellt durch komplizierte Rückblendetechniken, einen sachlich knappen Stil und literarische Anspielungen Anforderungen an ihre Leser. Sie zwingt zum Mitdenken und Urteilen und bietet kein Patentrezept zur Lösung des Generationskonflikts. Trotz vorgebrachter Kritik, die der Autorin eine Rettung in den Individualismus und die Vernachlässigung der gesellschaftlichen Entwicklung vorwirft, spricht dieses Buch Jugendliche und Erwachsene gleichermaßen an.

Werke: The boy who loved the sea (1961); The brave balloon of Benjamin Buckley (1963); The land of forgotten beasts (1964); A song for clowns (1965); Do tigers ever bite kings? (1966); The dream watcher (1968); Let me fall before I fly (1971); Run softly, go fast (1970; dt. Ein nützliches Mitglied der Gesellschaft, 1972); Tunes for a small harmonica (1976).

Dietrich Grünewald

Wesendonk, Mathilde

*Schriftstellerin; *23.12.1828 Elberfeld, †31.8.1902 Traunblick (Salzkammergut).*

W., geborene LUCKERMEYER, erhielt ihre Erziehung in Düsseldorf und in einem Pensionat in Dünkirchen. 1848 heiratete sie OTTO W., den vermögenden Teilhaber eines New Yorker Seidenhauses; die Eheleute hatten fünf Kinder. Im Jahr 1850 weilte W. in den Vereinigten Staaten, seit 1851 hatte sie ihren Wohnsitz in Zürich. 1856 verbrachte sie ein Jahr in Paris. Im Februar 1852 begann ihre enge, zeitweise skandalumwitterte Freundschaft mit RICHARD WAGNER, der 1857 mit seiner ersten Frau in ein von den W.s zur Verfügung gestelltes Haus, das „Asyl", zog. Im Winter 1857/1858 entstanden WAGNERS „Lieder nach fünf Gedichten von Mathilde Wesendonk"; W.s Dichtversuche wurden von WAGNER unterstützt. Nachdem dieser 1858 Zürich verlassen hatte, wechselte sie noch bis 1863 Briefe mit ihm; in einem bedankte sie sich bei WAGNER für die Welt, die er ihrem „Kindergeist erschlossen" habe (Tagebuchblätter und Briefe, S. 347). 1872 zog W. nach Dresden, hielt sich 1881/1882 längere Zeit in Kairo auf und lebte ab 1882 in Berlin. In Traunblick, ihrem Todesort, hatten die W.s seit 1878 ihren Landsitz.

Werk, Tendenzen, Wirkung. W. bearbeitete vor allem Märchen und Sagen als Theater- und Puppenspiele für Kinder. Ihr „Rotkäppchen in drei Akten" und „Aschenputtel in drei Aufzügen" sind übertrieben idyllische und bedeutungsschwere Dramatisierungen, die sich wohl in WAGNER-Nachahmungen versuchen. Derbes oder Aufregendes der Märchen-Vorlagen ist zugunsten einer rührseligen Feinheit getilgt. Selbst in „Siegfried in drei Akten" ist nichts mehr von der Schwere der Auseinandersetzungen zu spüren, sondern alles auf das Edle und Wahrhaftige im Menschen hin ausgerichtet, um durch keine Erschütterung eine wohlbehütete und konfliktfreie Kindheit zu stören. Ihre in betulicher Sprache abgefaßten Märchen erreichen nicht den Rang der Kunstmärchen des 19. Jahrhunderts, auch wenn sie sich an BRENTANO oder TIECK anzulehnen suchen. W.s Vorliebe für Volksweisen und Naturmythen ist wohl auf den Einfluß WAGNERS zurückzuführen; ihre Versuche, diese für Kinder zu bearbeiten, enden zumeist in einer mystifizierenden Verklärung. Ihre Kinderbücher erschienen in prächtigen Ausgaben, die großzügig mit Holzschnitten und Zeichnungen (etwa von ERNST SCHWEINFURTH) oder mit Bildern und Initialen (beispielsweise von A. GUDE-SCHOLZ) ausgestattet waren, so daß sich diese Bücher inhaltlich wie formal an ein großbürgerliches, wohlhabendes Publikum wandten.

Werke: Märchen und Märchenspiele (1864, ^{2}1900); Naturmythen (1865); Gudrun (1868); Deutsches Kinderbuch in Wort und Bild (1869, ^{2}1890 u.d.T.: Alte und neue Kinderlieder, gesammelt und gedichtet von Mathilde Wesendonk); Friedrich der Große (1871); Edith oder die Schlacht bei Hastings (1872); Gedichte, Volksweisen, Legenden und Sagen (1874); Gedichte (1874); Der Baldurmythos (1875); Odysseus, ein dramatisches Gedicht (1878); Alkestis (1881).

Sekundärliteratur: Richard Wagner an Mathilde Wesendonk. Tagebuchblätter und Briefe 1853–1871 (1908).

Klaus-Ulrich Pech

Wethekam, Cili

*Kinder- und Jugendbuchautorin; *21.9.1921 Buvrinnes/Belgien, † 8.4.1975 Bremen.*

W. verlebte Kindheit und Jugend in Holland, Deutschland und Frankreich. Von 1946 bis zu ihrem Tode lebte sie in Bremen. W. schrieb zahlreiche Kinder- und Jugendbücher in Deutsch, der Sprache ihrer Mutter. Für ihr Jugendbuch „Tignasse. Kind der Revolution" (1972) erhielt sie den „Buxtehuder Bullen". Das Buch wurde in die „Auswahlliste zum Deutschen Jugendbuchpreis 1973" aufgenommen.

Werk, Tendenzen, Wirkung. Die Erfahrung, ohne ein eigenes bergendes Zuhause aufzuwachsen, war nach W.s Aussage Anstoß für ihre Arbeit als Schriftstellerin und prägte auch durchgehend ihr Werk. Thema ihrer Bücher ist das einsame, vernachlässigte Kind, oft Halb- oder Vollwaise, das um seinen Anteil Glück und Liebe im Leben kämpft. Ideal aller Erzählungen ist das harmonische, verstehende Zusammenleben, das auf Toleranz, Liebe und Güte gegründet ist. Das beispielhafte Verhalten anderer, Erwachsener und Kinder, wird zum Anstoß eines Erkenntnisprozesses, der egoistisches, oft menschenfeindliches Verhalten zum Guten hin verändert: Ein Millionär erkennt, daß er sich um seinen vernachlässigten Sohn kümmern muß („Es geht um Larry", 1951); ein verwöhntes Kind lernt, andere zu verstehen („Ein Loch im Dach", 1953); Kinder kümmern sich um alte Menschen und Hilfsbedürftige in

einem SOS-Kinderdorf („Unternehmen Ferienhöhle", 1967).
Nicht selten stellt W. ihre pädagogische Idee missionarisch heraus. Dann wirken die Geschichten und Personen zum Teil unwirklich und überzogen idealisiert. In „Dudu" (1956) erscheint das Happy-End, das Oliver auf der Suche nach der Herkunft seiner Spielzeugente den totgeglaubten Vater zurückbringt, recht sentimental und unglaubwürdig. Das Ferienkinderparadies in „Vollpension für 17 Wilde" (1969) wird so idealistisch gezeichnet, daß es auch Kindern als erdacht und unwirklich erscheinen muß. Oft streifen die Lebensweisheiten und Ermahnungen die Traktat-Literatur. Als „deus ex machina" treten gütige und edle Erwachsene auf, die Elend und Not lindern. Menschliches Leben wird so auf das Individuelle beschränkt, Probleme werden nur im Verhalten des Einzelnen gesehen. Gesellschaftliche Hintergründe und Entwicklungen, politische und ökonomische Abhängigkeiten bleiben ausgeklammert. Diese Tendenz spiegelt sich auch in ihrem Buch „Tignasse. Kind der Revolution" (1972), das die französische Revolution aus der Sicht eines Pariser Gassenjungen darstellt, der Grausamkeiten wie Hilfsbereitschaft auf beiden Seiten der Front erfährt. In dem thematisch angeschlossenen Buch „Mamie" (1975), in dem die Geschichte eines Mädchens erzählt wird, das sich in den Wirren der Revolution verwaisten Kindern aller Stände annimmt, werden eine Vielzahl von historischen Fakten beim jugendlichen Leser vorausgesetzt. Ohne sekundäres Wissen können die Bedeutung der Revolution und ihre Ursachen kaum erkannt werden. Die Darstellung beschränkt sich auf die ausgewogene, aber im Individuellen verharrende Erfahrung des menschlichen Leids und einer daraus erwachsenden menschlichen Größe durch barmherziges Handeln. Da W. in ansprechender, verständlicher und realistischer Weise zu schreiben vermag, entgeht sie in „Tignasse" und „Mamie" der Gefahr, zu sentimental zu werden. Mit einigen ihrer Kinderbücher versucht W., den Bereich der Science Fiction (z.B. „Fröhlicher Spuk vom anderen Stern", 1964) schon für jüngere Kinder zu erschließen.

Werke: Es geht um Larry (1951); Parole Kraxelmax (1952; TB. 1972); Ein Loch im Dach (1953); Bald beginnt das Leben (1955); Blümchen und die beiden Rüben (1956); Dudu (1956); Donnerkiel und Igelpony (1957); Junge Wege kreuzen sich (1959); Alles ist Anfang (1960); Rosen und ein Küchentuch (1961); Badehose für Klein-Eskimo (1962); Der blau-weiß-rote Sommer (1962); Ein Tag, der anders war (1963); Fröhlicher Spuk vom anderen Stern (1964); Ille mit der Flunkerbrille (1965); Gebt acht auf Fräulein Wurzelwein (1965, [7]1973); Unternehmen Ferienhöhle (1967); Drei Tage und kein Ende (1967, [5]1975; TB. 1971); Vollpension für 17 Wilde (1969, [4]1974); Schneegon und Schneetruschka (1970, [2]1971); Tignasse. Kind der Revolution (1972, [3]1976); Mamie: 1780–1794 (1975, [2]1976).

Sekundärliteratur: H. Jänisch: Bald beginnt das Leben. Die Jugendbücher Cili Wethekams (in: Jugendliteratur. 2. 1956. 9. 417–420). – C. Wethekam: So kam ich zum Jugendbuch (in: Jugendliteratur. 2. 1956. 9. 413–414).

Dietrich Grünewald

Weyrauch, Wolfgang

*(Ps.: Joseph Scherer). Schriftsteller, Lyriker; * 15. 10. 1907 Königsberg.*

W., Sohn eines Landmessers, verlebte seine Kindheit und Jugend in Frankfurt am Main, wo er das Gymnasium bis zum Abitur und danach die Schauspielschule besuchte. Zwei Spielzeiten lang war er Schauspieler in Münster, Bochum und Thale. Anschließend studierte er Germanistik, Romanistik und Geschichte in Berlin. Seine erste Erzählung schrieb er für die von Hermann Kesten herausgegebene Anthologie „24 neue deutsche Erzähler" (1929). Seit 1933 arbeitete er hauptsächlich als Verlagslektor und Journalist in Berlin. 1940 bis 1945 war W. Soldat und geriet kurzfristig in sowjetische Kriegsgefangenschaft. 1946 übernahm er die Redaktion der satirischen Zeitschrift „Ulenspiegel" in Berlin. Von 1950 bis 1958 war er Lektor beim Rowohlt Verlag und ab 1960 Hörspieldramaturg beim Norddeutschen Rundfunk Hamburg. Seit 1959 lebt W. als freier Schriftsteller, zunächst in Gauting bei München, jetzt in Darmstadt.
W. gehörte der Gruppe 47 an; er ist Mitglied des Deutschen PEN-Zentrums (Bundesrepublik Deutschland) und der Deutschen Akademie für Sprache und Dichtung in Darmstadt. Für sein Hörspiel „Totentanz" erhielt er den Hörspielpreis der Kriegsblinden für das Jahr 1961. Seit 1968 fördert er junge Lyriker durch die Vergabe des Darmstädter Leonce-und-Lena-Preises.

Werk, Tendenzen, Wirkung. W.s literarisches Werk umfaßt, neben zahlreichen Anthologien, Gedichte (unter anderem „Ende und Anfang", 1949; „An die Wand geschrieben", 1950; „Die Spur", 1963), erzählende und essayistische Prosa (unter anderem „Auf der bewegten Erde", 1946; „bericht an die regierung", 1953; „Etwas geschieht", 1966) und Hörspiele (unter anderem „Indianische Ballade", 1956; „Totentanz", 1961; „Wie geht es Ihnen?", 1970).
Seine kritische Auseinandersetzung mit Problemen der Vergangenheit, Gegenwart und Zukunft ist geprägt durch eigene bittere Erfahrungen während der Nazizeit und des Krieges. Nach seiner Meinung besteht die Aufgabe des Schriftstellers darin, „die Summe des Bösen zu vermindern und die Summe des Guten zu vermehren". Die Progressivität des oppositionellen Moralisten, der sich ausdrücklich an fragende, zweifelnde und denkende Leser wendet, bezieht sich nicht nur auf Inhalte, sondern auch auf Formen. W.s Neigung zu Stilexperimenten findet sich durchgängig. Rhetorische Figuren verstärken die provokante Wirkung, die von den sehr prägnanten, zuweilen etwas plakativen Formulierungen ausgeht. Das gilt auch für sein Jugendbuch „Ein Clown sagt: Ich bin ein Zweifler. Denktexte für junge Leser" (1971). In einer Reihe pointierter Szenen stellt der Autor darin beispielsweise den Vietnamkrieg und das kapitalistische System, die hierarchisch-autoritären Strukturen der Schule und die geltenden Rechtschreibnormen des „Herrn Duden" in Frage. Allerdings sind Stil, Sprachkultus und Refle-

xionen des „Clowns" wohl nur einem kleinen Kreis junger Leser zugänglich. W.s Engagement für die Jugend hat sich auch in der Beteiligung an verschiedenen Freizeit-Anthologien für Kinder und Jugendliche niedergeschlagen (unter anderem in den Jahrbüchern der Kinderliteratur, hrsg. von H.-J. Gelberg; 1971, 1973, 1975), zu denen er Gedichte und Geschichten beigesteuert hat. In „Vom Fischer und seiner Frau" (in: Am Montag fängt die Woche an; hrsg. von H.-J. Gelberg, 1973) spielt W. 21 „Möglichkeiten, das Märchen anders zu erzählen" durch und regt dadurch zum kreativen Umgang mit Texten an.
In seinem Sachbuch „Das erste Haus hieß Frieden. Die SOS-Kinderdörfer Hermann Gmeiners" (1966), das auch aus Interviews, Briefen, Zeitungsausschnitten, Bekenntnissen und freien Rhythmen besteht, hat W. eine literarische Reportage geschrieben, in der er verschiedene Kinderschicksale unserer Zeit darstellt – kein Kinderbuch, aber ein Buch über und für Kinder.

Werke: Das erste Haus hieß Frieden. Die SOS-Kinderdörfer Hermann Gmeiners (1966); Ein Clown sagt: Ich bin ein Zweifler (1971); Vom Fischer und seiner Frau (in: H.-J. Gelberg (Hrsg.): Am Montag fängt die Woche an. 1973. 252–254).

Beiträge: Mein Gedicht ist mein Messer (in: H. Bender (Hrsg.): Mein Gedicht ist mein Messer. 1961. 25–36).

Jutta Grützmacher

Wezel, Johann Karl

*Schriftsteller; * 31. 10. 1747 Sondershausen, † 28. 1. 1819 Sondershausen.*

W.s Eltern waren Bedienstete in der fürstlichen Residenz zu Sondershausen. Dennoch besuchte W. die dortige gymnasiale Stadt- und Landschule. Der Konrektor Gottfried Konrad Böttger förderte den lernwilligen Schüler und vermittelte ihm die Werke klassischer und zeitgenössischer Literatur. 1765 immatrikulierte sich W. an der Universität zu Leipzig und studierte Theologie und Jura, besonders Philosophie und neuere Philologie. Auf Empfehlung Christian Fürchtegott Gellerts (1715–1795) erhielt er 1769 beim Grafen von Schönburg in der Oberlausitz die Stelle eines Hauslehrers, die er bis 1774 innehatte. In dieser Zeit entstand das vierbändige Romanwerk „Tobias Knauts", in dessen dritten Band W. die in Leipzig gewonnenen Eindrücke über das deutsche Gelehrtenwesen satirisch schildert. Zwischen 1774 und 1776 war W. Reisebegleiter eines jungen Adeligen und später Hofmeister beim Minister von Münchhausen in Berlin. 1776 begab er sich als Schriftsteller nach Leipzig, hielt sich 1782 für kurze Zeit als Theaterdichter in Wien auf und kehrte schließlich nach Leipzig zurück, wo er literarisch tätig war. Nach 1782 lebte W. zurückgezogen und geisteskrank in Sondershausen.

Werk, Tendenzen, Wirkung. Der erfolgreiche Autor des „Tobias Knauts" hatte als Romancier die Aufmerksamkeit Christoph Martin Wielands (1733–1813) erregt und als Pädagoge auf Empfehlung von Christian Felix Weisse (1726–1804) und Georg Joachim Zollikhofer die Freundschaft Johann Bernhard Basedows (1724–1790) gewonnen. W.s philosophische Romane wurden in Motiv und Aussage durch den Engländer Laurence Sterne (1713–1768) und durch den Franzosen Francois-Marie Voltaire (1694–1778) beeinflußt. Wie in Voltaires „Candide ou l'optimisme" (1759) so ist auch in W.s „Belphegor" (1776) die Verzweiflung an der Menschheit die Grundstimmung des Romans. Dabei versteht es W., die Charaktere seiner Romanfiguren karikaturhaft in wenigen Strichen zu entwerfen und zu typisieren. Als Dramatiker war W. wenig erfolgreich, ebenso stießen seine Kritiken auf erheblichen Widerspruch. W.s pädagogisches Schrifttum erschien hauptsächlich in den „Pädagogischen Unterhandlungen" des Dessauer Philanthropins. In seiner Aussage blieb er dem rationalistischen Zeitgeist verpflichtet und war wenig originell. Auch sein Entwurf einer Erziehungsanstalt war nur von hypothetischem Wert, weil das philanthropistische Erziehungsideal, „gebildete, tätige Köpfe für das praktische Leben zu liefern" (W.: Deutsches Museum. März 1780), in kaum zu realisierender Weise dargestellt wurde. Die geplante Eröffnung scheiterte am Interesse der Öffentlichkeit.
Bedeutsam wurde jedoch W.s Auftrag, für die „Pädagogischen Unterhandlungen" auch jugendliterarisches Lesegut beizutragen. Zur Verwirklichung dieser Absicht griff W. auf Daniel Defoes (1660–1731) „Robinson Crusoe" (1719) zurück. Im zweiten Jahrgang der Zeitschrift (1778/1779) begann er eine gekürzte Bearbeitung des Robinsons für das Alter von zwölf bis achtzehn Jahren. Nach den ersten drei Folgen veranlaßte die Ankündigung Joachim Heinrich Campes (1746–1818), eine Robinsonbearbeitung für die Jugend vorzulegen (Deutsches Museum, Februar 1779), W. zum Abbruch seiner Tätigkeit, um möglichst schnell seine Arbeit vollenden und publizieren zu können. Beide Autoren brachten jeweils den ersten Teil ihrer Bearbeitung 1779 auf den Buchmarkt. Zwischen W. und Campe entstand ein unfruchtbarer Streit um die Priorität des Gedankens. Das Ereignis veranlaßte Andreas Riem zur der Spottschrift „Geschichte einiger Esel oder Fortsetzung des Lebens und der Meinung John Bunkels" (1782). Obgleich beide Autoren die Bearbeitung aus pädagogischen und literaturdidaktischen Gründen unternahmen, unterschieden sich die Ausgaben wesentlich in der Intention und Konzeption. W. hat sicher das Verdienst, als erster deutscher Autor eine Robinsonbearbeitung für die Jugend in romanhaftem Stil vorgelegt zu haben. Dieser Sachverhalt brachte ihm in der Robinsonliteratur gegenüber Campe stets eine vorteilhaftere Bewertung ein.

Werke: Lebensgeschichte Tobias Knauts des Weisen, sonst der Stammler genannt, aus Familiennachrichten gesammelt (Bd. 1–4. 1773–1776); Der Graf von Wickham (1774); Belphegor oder die wahrscheinlichste Geschichte unter der Sonne (Bd. 1–2. 1776); Satirische Erzählungen (Bd. 1–2. 1777–1778); Peter Marks, eine Ehestandsgeschichte (1779); Die wilde Betty

(1779); Robinson Krusoe. Neu bearbeitet (Bd. 1–2. 1779–1780. Bd. 2 auch u.d.T.: Robinsons Kolonie oder Schilderung der Entstehung der verschiedenen Staatsformen und Religionen, 1795); Lustspiele (Theil 1–4. 1778–1787); Herrmann und Ulrike, ein komischer Roman (Bd. 1–4. 1780); Ankündigung einer Privatanstalt für den Unterricht und die Erziehung junger Leute zwischen 12 und 18 Jahren (1780); Über Sprache, Wissenschaften und Geschmack der Teutschen (1781); Anekdote aus der alten Familie des Kinkvervänkotsdärspräkengotschderns. Ein Weihnachtsmärchen (1781).

Sekundärliteratur: S. Krampe: Johann Karl Wezels Leben und Schriften. Ein Beitrag zur Geschichte des Romans (Diss. 1911). – G. Kreymborg: Johann Karl Wezel. Sein Leben und seine Schriften (Diss. 1913). – K. Adel: Johann Karl Wezel (1968).

Reinhard Stach

Wickram, Jörg

*Stadtschreiber, Romanautor; * um 1500 Colmar, † vor 1562 Burkheim (Rhein).*

W. wurde um 1500 als unehelicher Sohn des angesehenen Patriziers Conrad W. in Colmar geboren. Wahrscheinlich ist er 1561/1562 gestorben, denn im Vorwort der Neuauflage eines seiner Werke, des „Tobias“, von 1562 wird er als verstorben bezeichnet. Die vornehme Herkunft väterlicherseits hat W. in seiner Jugend wenig genutzt, erst nach der testamentarischen Festlegung seines Vaters 1545, in der er ihm ein Haus in Colmar zuspricht, wurde er 1546 Bürger dieser Stadt, 1554 wird er dann in einer Zunftmitgliederliste aufgeführt. Beides ist für einen unehelich Geborenen wohl nur erreichbar gewesen aufgrund des Hausbesitzes und der verwandtschaftlichen Beziehung zu einer Patrizierfamilie, denn in der Regel war uneheliche Geburt für das Erlangen des Bürgerrechts und die Zugehörigkeit zu einer Zunft ein Hindernis.
Über die Lebensumstände W.s läßt sich urkundlich kaum etwas ausmachen. 1542 reiste er, von der Stadt Colmar beauftragt, zu Buchmessen nach Speyer und Frankfurt. 1546 wurde er Weibel, das heißt Ratsdiener der Stadt. Er gründete die Colmarer Meistersängerschule, für die er 1547 die berühmte „Colmarer Liederhandschrift“ (heute Staatsbibliothek München cgm 4997) erwarb. Ende 1554, Anfang 1555 siedelte er aus dem katholischen Colmar nach Burkheim/Rhein über, wo in religiösen Fragen größere Liberalität waltete und er das Amt des Stadtschreibers annahm.

Werk, Tendenzen, Wirkung. W. war einer der vielseitigsten Erzähler und Dramatiker des 16. Jahrhunderts. Er bearbeitete ältere Schweizer Fastnachtsspiele und verfaßte selbst moralisch-satirische Spieltexte und biblische Dramen. Sein wohl berühmtestes Werk, die Schwank- und Anekdotensammlung „Das Rollwagenbüchlein“ (1555), war Anregung für eine große Anzahl weiterer deutscher Schwanksammlungen. Mit seinen fünf Romanen „Ritter Galmy“, „Gabriotto und Reinhart“, „Der Goldtfaden“, „Knaben Spiegel“ und „Von guten und bösen Nachbaurn“, die in der Tradition der sogenannten „Volksbücher“ und der Romane von Elisabeth von Nassau-Saarbrücken gesehen werden müssen, gehört er zu den Begründern einer deutschsprachigen Romantradition. Während er in den Romanen anfänglich aus der Wirklichkeitssicht handelsbürgerlicher Kreise, die an humanistisches Adels- und Standesbewußtsein anknüpfen, schreibt, greift er besonders im letzten Roman „Von guten und bösen Nachbaurn“ und in den Werken, die während der Burkheimer Zeit entstanden sind, Erklärungsmuster handwerklicher Kreise, die in das neu entstehende Manufakturbürgertum aufsteigen wollen, auf. Waren die angestrebten Ideale in den frühen Romanen beispielsweise Adel der Persönlichkeit, der auf Gesinnung und Leistung basiert, und Erziehung zu Autorität, so geht es W. später um Askese und Sparsamkeit, um die rigide Verteidigung von Arbeit und die generöse Haltung gegenüber Armut, mit der die aufsteigende Manufakturbourgeoisie ihre soziale Position nach unten abzusichern suchte.
Der Jugend seiner Zeit speziell widmete W. den „Knaben Spiegel“. Er stellt jedoch in allen seinen Romanen vorwiegend die Problematik junger Menschen dar. – Während das „Rollwagenbüchlein“ bereits zur Zeit W.s und unmittelbar danach große Verbreitung erlangte (bis zum Ausbruch des Dreißigjährigen Krieges insgesamt vierzehn Auflagen), kamen seine Romane „Ritter Galmy“ und „Der Goldtfaden“ besonders in der Romantik durch die Neuausgaben von Friedrich de la Motte Fouqué und Clemens von Brentano zu Ansehen. In den zwanziger Jahren unseres Jahrhunderts, aber auch noch nach 1945 wurden einige seiner Romane in besonderen Bearbeitungen jungen Lesern angeboten.

→ Knabenspiegel

Werke: Die zehen alter (1531); Das Narren giessen (1538); Der trew Eckart (1538); Ritter Galmy (1539); Spil von dem verlornen Sun (1540); Ein new Faßnacht Spil (1543); Gabriotto und Reinhart (1551); Tobias (1551); Knaben Spiegel (1554); History von einem ungerathnen Son (1554); Das Rollwagenbüchlein (1555); Der Irr Reitend Bilger (1556); Die Siben Hauptlaster (1556); Von guten und bösen Nachbaurn (1556); Die Narren beschwerung (1556); Der Goldtfaden (1557); J. Bolte (Hrsg. zus. mit W. Scheel): Georg Wickrams Werke (Bd. 1–8. 1901–1906); H.-G. Roloff (Hrsg.): Georg Wickram. Sämtliche Werke (Bd. 1–14. 1967ff.).

Sekundärliteratur: H. Christ: Literarischer Text und historische Realität (1974). – R. Jacobi: Jörg Wickrams Romane (Diss. 1970). – Cl. Lugowski: Die Form der Individualität im Roman (1932).

Hannelore Christ

Wiechert, Ernst

*(Ps.e: Ernst Barany Bjell). Schriftsteller, Lehrer; * 18.5.1887 Kleinort (Ostpreußen), † 24.8.1950 Verikon (Zürichsee).*

Nach dem Studium in Königsberg ging W. als Studienrat in den Schuldienst. Bei Ausbruch des Ersten Weltkrieges wurde er Soldat, später Offizier. Die

Kriegszeit und die Jahre danach führten zu einer inneren Lebenskrise W.s, die sich auch auf seinen Beruf auswirkte. Seit 1930 in Berlin tätig, gewann er als Schriftsteller eine wachsende Lesergemeinde. 1933 schied er aus dem Lehramt aus und siedelte sich in Oberbayern an. In seinen beiden Universitätsreden in München (1933 und 1935) rief er die Jugend zum Widerstand gegen Machtwahn und Rassenhaß auf. Unerschrocken trat er für EDUARD SPRANGER und MARTIN NIEMÖLLER ein. Wegen seiner offenen Kritik am nationalsozialistischen System wurde er 1938 in das Konzentrationslager Buchenwald gebracht und nach der Entlassung unter Publikationsverbot und unter Aufsicht der Geheimen Staatspolizei gestellt. Unmittelbar nach Ende des Zweiten Weltkrieges trat W. erneut mit Mahnungen zur inneren Umkehr hervor. Von der Entwicklung der deutschen Verhältnisse enttäuscht, emigrierte er 1948 in die Schweiz.

Werk, Tendenzen, Wirkung. In den zwanziger und frühen dreißiger Jahren erreichte W.s kulturkritischer Erzählton, in dem er, poetisch gestaltend, zur Einfachheit, Demut, idealen Liebe und dem „reif werden und rein bleiben" mahnte, weite Kreise der Jugend. Seine Romane (unter anderem „Der Wald", 1922; „Der Totenwolf", 1924; „Die Magd des Jürgen Doscocil", 1932; „Die Majorin", 1934) und die Novellen (Sammelbände: „Der silberne Wagen", 1928; „Der Todeskandidat", 1934) erreichten hohe Auflagen. Aus dem Verlangen der Leser nach einem anderen Menschenbild als dem offiziell nationalsozialistisch propagierten erklärt sich auch die weite Verbreitung von W.s späteren Werken, z.B. seine autobiographische Kindheitsdarstellung „Wälder und Menschen" (1936) und die Romane „Das einfache Leben" (1939) und „Die Jerominkinder" (Bd. 1–2. 1945–1947); 1950 fand sein Romanwerk „Missa sine nomine", das von der Zeit der Gewalt und dem Vertrauen in die große Gerechtigkeit berichtet, starke Beachtung, vor allem bei jungen Lesern. Ausdrücklich für Kinder schrieb W. 1944–1945 insgesamt vierzig Märchen, die in zwei Bänden 1946 erschienen. 1957 wurden sie zusammen im Band acht der „Sämtlichen Werke" W.s herausgegeben. In dem mit Juni 1945 datierten Vorwort sagt W., daß er die Märchen „für alle armen Kinder aller armen Völker" geschrieben habe, um ihnen Freude zu geben und vor allem Vertrauen, da im Märchen „nicht die Welt der Wunder und der Zauberer, sondern die der großen und letzten Gerechtigkeit" aufgerichtet sei. Gemäß dieser auch auf das Gesamtwerk W.s zutreffenden theodizeehaft religiös begründeten Konzeption von einer letzten, ausgleichenden Gerechtigkeit hat W. seine Märchen komponiert. Er verknüpft darin Symbole, Allegorien, Sinngestalten und Motive eigener Phantasie mit solchen der mündlich überlieferten europäischen Volksmärchen in bildreicher Sprache. Es sind zeitgeschichtlich gebundene Kunstmärchen, die für Kinder nicht leicht zugänglich sind.

Werke: Die Flucht (1916); Der Wald (1922); Der Totenwolf (1924); Die blauen Schwingen (1925); Die Legende vom letzten Wald (1925); Der Knecht Gottes Andreas Nyland (1926); Der silberne Wagen (1928); Die kleine Passion (1929); Die Flöte des Pan (1930); Jedermann. Geschichte eines Namenlosen (1932); Die Magd des Jürgen Doscocil (1932); Das Spiel vom deutschen Bettelmann (1933); Die Majorin (1934); Der Todeskandidat. La Ferme morte. Der Vater (1934; auch u.d.T.: Der Vater, 1951); Hirtennovelle (1935); Das heilige Jahr (1936); Wälder und Menschen. Eine Jugend (1936); Atli, der Bestmann (1938); Das einfache Leben (1939); Demetrius und andere Erzählungen (1945); Die Jerominkinder (Bd. 1–2. 1945–1947); Rede an die deutsche Jugend 1945 (1945); An die deutsche Jugend (1946); Der brennende Dornbusch (1946); Märchen (Bd. 1–2. 1946); Der weiße Büffel, oder Von der großen Gerechtigkeit (1946); Die Gebärde (1947); Der Richter (1948); Die Mutter (1949); Missa sine nomine (1950); Der Exote (1951); Sämtliche Werke in 10 Bänden (1957).

Sekundärliteratur: A. Goeritz: Die Märchen Ernst Wiecherts – eine Motiv- und Stilanalyse (in: K. Langosch (Hrsg.): Studien zur Jugendliteratur. 1959. S. 36–54). – G. Kamin: Ernst Wiechert. Der Mensch und sein Werk (1951). – G. Reiner: Ernst-Wiechert-Bibliographie (Bd. 1–3. 1972–1976). – H. W. Sommer: Das Verhältnis zwischen Gott und Mensch im Romanwerk Ernst Wiecherts (Diss. 1963). – R.-P. Venzin: Ernst Wiecherts Märchen (Diss. 1954).

Margarete Dierks

Wiegenlied

Das W. ist eine funktionsorientierte Gattung des Kinderliedes, charakterisiert durch einfache Textform unterschiedlichsten Inhalts, oft mit lautmalenden und an die Kindersprache angelehnter Wortwahl und meist charakteristischer Melodienführung (Kinderliedterno). Das W. ist eine rhythmisch wirksame Einschlafhilfe für das Kleinkind.

Die Überlieferungsträger des W.s waren und sind zum Teil noch heute Ammen, Großeltern und Geschwister. Ähnliche mündlich tradierte Formen sind bei allen europäischen Völkern bekannt. In Parodieform tritt uns das W. auch bei älteren Kindern entgegen und vermag hier zuweilen bisher weitgehend unbekannte tiefenpsychologische Aspekte für die Volksliedforschung aufzudecken (E. BORNEMAN). Poetische, literarisch tradierte W.er neigen manchmal stärker zur süßlichen Verniedlichung (J. G. HERMES: Wiegenlieder, 1801). Das traditionelle W. hat aber auch bedeutende Dichter wie MATHIAS CLAUDIUS (1740–1815) und HOFFMANN VON FALLERSLEBEN (1798–1874) inspiriert, vergleiche auch HANS MAGNUS ENZENSBERGERS (* 1929) Anthologie „Allerleirauh" (1961), und in seiner Musikalität unverwechselbare Impulse gegeben und erhalten (W. A. MOZART: „Schlaf, mein Prinzchen ...").
Geistliche W.er (an der Weihnachtskrippe) sind uns bereits aus dem 14. Jahrhundert überliefert und brauchgebunden bis in die Gegenwart bekannt. Ältere Sammlungen wie z.B. im Anhang zu A. VON ARNIMS (1781–1831) und CL. VON BRENTANOS (1778–1842) „Des Knaben Wunderhorn" (1808) vermischen das W. mit dem allgemeinen Kinderlied. In dessen Nachbarschaft wird es bis heute in den wissenschaftlichen,

volkskundlichen Ausgaben dokumentiert. In bezeichnenden und oft unzähligen Varianten („Schlaf, Kindchen, schlaf ...) spiegelt der W.-Text manches über die alltägliche Not von Kindern und Erwachsenen („... und blök nicht wie ein Schaf"). Über die mögliche kinderpsychologische Wirkung der im traditionellen W. relativ oft enthaltenen Drohgebärden („... sonst kommt des Schäfers Hündelein und beißt mein böses Kindelein") liegen aus der Volksliedforschung kaum Arbeiten vor. Bedeutende Sammlungen, die auch W.er enthalten, sind: F. M. Böhme: Deutsches Kinderlied und Kinderspiel (1897; ND. 1967). – E. Borneman: Die Umwelt des Kindes im Spiegel seiner „verbotenen" Lieder, Reime, Verse und Rätsel (1974). – I. und P. Opie: The Oxford dictionary of nursery rhymes (1951). – O. Stückrath: Nassauisches Kinderleben in Sitte und Brauch, Kinderlied und Kinderspiel (1931). – K. Wehrhan: Frankfurter Kinderleben in Sitte und Brauch, Kinderlied und Kinderspiel (1929). – G. Züricher: Kinderlieder der deutschen Schweiz (1926).

→ Kinderlied, → Kinderlyrik, → Kinderreim, → Des Knaben Wunderhorn, → Volkslied

Sekundärliteratur: L. Eckenstein: Comparative studies in nursery rhymes (1906; ND. 1968). – Chr. Freitag: Erwartung und Sanktion im Kinderreim. Unter besonderer Berücksichtigung der Verhaltenssteuerung durch Strafe und Strafandrohung (Diss. 1974). – E. Gerstner-Hirzel: Das Kinderlied (in: R. W. Brednich (Hrsg. zus. mit L. Röhrich und W. Suppan): Handbuch des Volksliedes. Bd. 1. 1973. 923–967). – K. Wehrhan: Kinderlied und Kinderspiel (1909).

Otto Holzapfel

Wiemer, Rudolf Otto

*(Ps.: Frank Hauser). Lehrer, Schriftsteller, Puppenspieler; *24.3.1905 Friedrichroda (Thüringen).*

W., Sohn eines im Ersten Weltkrieg in Frankreich als Soldat gefallenen Lehrers, besuchte die Volksschule in Friedrichroda, das Internat Schnepfenthal, das Gymnasium „Himmelspforte" in Erfurt und das Gymnasium Ernestinum in Gotha, wo er 1923 das Abitur bestand; anschließend bis 1924 besuchte er das Seminar in Gotha. „Als Wandervogel zog der junge Gymnasiast und Studierende kreuz und quer durch Deutschland, probte nebenbei Laienspiele ..., las die ‚Jungen Menschen' von Walter Hammer, später die ‚Literarische Welt' von Willy Haas, begeisterte sich für ... Brecht, Kafka, ... das Bauhaus, russische Literatur, natürlich Freud, die Expressionisten" (Carl Heinz Kurz: Ein reiches Leben, in: Rudolf Otto Wiemer. Freundesgabe zum 70. Geburtstag des Dichters am 24. März 1975, S. 5f.). Er schrieb Lyrik und erste Spiele, sie wurden 1922 in Gotha aufgeführt. Seinem eigenen Bericht nach arbeitete W. als Lehrer kurz in Böhmen und länger in Thüringen. Dort veröffentlichte er seine ersten Erzählungen und Theaterrezensionen. 1932 heiratete er die Musiklehrerin Elisabeth Peinemann; aus ihrer Ehe gingen drei Kinder hervor. Für die aus deren Ehen stammenden sieben Enkel schrieb W. seine Kinderbücher. Nach dem Zweiten Weltkrieg aus amerikanischer Gefangenschaft entlassen, „zog er als Puppenspieler über die Landstraße". W. war als Lehrer in Niedersachsen tätig (Othfresen und Salzgitter), von 1954 bis 1967 lehrte er an einer Realschule in Göttingen. W. war zudem auch als Bibliothekar und Volkshochschulleiter tätig. Er erhielt 1948 einen Lyrikpreis. Einige seiner Arbeiten wurden ins Englische, Französische, Holländische, Dänische, Schwedische, Finnische, Spanische, Afrikaans und Japanische übersetzt.

Werk, Tendenzen, Wirkung: Aufmerksamkeit zog W. während der fünfziger und sechziger Jahre durch seine Laienspiele, chorischen Spiele sowie seine Lese- und Hörszenen auf sich. 1951 wurde das Zeitstück „So leben wir alle oder Kleinschmidt wird ein reicher Mann" in Braunschweig uraufgeführt, hernach in mehr als 200 Aufführungen als Tourneestück gespielt.

Als Kinderbuchautor lieferte W. unter anderem Beiträge zum Thema „Weihnachtsgeschichte", wobei er frei fabulierend über die Erzählungen der biblischen Geschichte hinausging. Beispiele dafür sind die auf der Bestliste zum Deutschen Jugendbuchpreis erscheinende Erzählung „Pit und die Krippenmänner" (1960) und „Nele geht nach Bethlehem" (1963). „Der gute Räuber Willibald und seine sieben Abenteuer" (1965) ist die Geschichte von einem Räuber, dem es nicht gelingt, Böses zu tun. Das Buch kam auf die Bestliste zum Deutschen Jugendbuchpreis. In der Erzählung „Wir Tiere in dem Stalle" (1966) ziehen in bunter Reihe wilde und zahme Tiere zur Krippe. „Das Pferd, das in die Schule kam und andere heitere Geschichten" (1970) erzählt von dem Pferd Senta, das rechnen lernen will, von einem alten Auto, das nicht verschrottet werden mag und für Karin und Sabine zum blumengeschmückten Gartenhaus wird, und schließlich von Großvater Heinrich und seinem fünfjährigen Enkel Michel, die beide zusammen in einer Spielzeugeisenbahn in die Vergangenheit reisen. Herrschaftsverhältnisse thematisiert W. in „Der Kaiser und der Kleine Mann" (1972), einer Parabel von Macht und Ohnmacht, in der der „kleine Mann" versucht, einen Krieg zu verhindern, den die „Großen" anzetteln wollen. W. hat die Texte der beiden Bilderbücher „Jesus ist gekommen" (1973) und „Jesus ist mit uns" (1974) aus dem Französischen übersetzt. In beiden Bilderbüchern wurde – wie die Mitautorin Françoise Destang schreibt – „versucht, insbesondere Kinder dazu einzuladen, tiefer in das Jesus-Geheimnis, das Geheimnis der Treue und Liebeskraft, einzudringen".

Von dem Gedanken ausgehend, in alten Lesebüchern sei das Kindliche nicht Selbstzweck, sondern stelle das zu Bildende, das Fortzuentwickelnde dar, hat W. kurzweilige und nützliche Geschichten, Gedichte und Fabeln aus dem Zeitraum von etwa 1860 bis 1910 für Alte und Junge gesammelt und 1966 unter dem Titel „Liebes altes Lesebuch" herausgegeben. W. fragt in diesem Band „Nur alte Leser?" und antwortet, den jungen Lesern stehe womöglich das größere Vergnügen bevor: zu begreifen, wie es „damals" gewesen sei, einen

Blick zu tun in jenes versunkene Zeitalter, „das wohl begrenzter, naiver und stiller gewesen, dem jedoch ... die innere Gespaltenheit der Welt und die Gefährdung des Menschen nicht fremd" geblieben sei.

„Aktualität ist heute aktuell" beginnt W.s Aufsatz „Anmerkungen zur Aktualität des Kinderbuches", der in das von Karl Ernst Maier herausgegebene dritte Jahrbuch des Arbeitskreises für Jugendliteratur („Phantasie und Realität in der Jugendliteratur", 1976, S. 128–138) aufgenommen wurde. W. nennt die wichtigsten aktuellen Komponenten des Kinderbuchs und kommt zu dem Schluß: „Das Kinderbuch hat dem rationalen Impuls der Erwachsenenwelt nicht hemmungslos zu folgen, sondern es hat demgegenüber die Kräfte der sozialen Phantasie, der utopischen Imagination (einer Welt, wie sie sein könnte) und des zweckfreien grotesken Spieltriebs zu fördern und zu stärken ... Nur die Kräftigung der Phantasie kann imstande sein, den Menschen in einer Zeit des absoluten technischen und rationalistischen Primats vor der seelischen Verkümmerung zu bewahren."

W. hat sich auch als verdienstvoller Herausgeber von Anthologien erwiesen („Straße, die du wandern mußt", 1955; „Machet die Tore weit", 1960; „Geschichten aus dem Räuberhut, vom Räuberleben in finsteren Wäldern", 1972; „bundes deutsch. lyrik zur sache grammatik", 1974; „Wo wir Menschen sind. Neue Weihnachtserzählungen", 1974).

Werke: Das kleine Erntespiel vom Bär und dem wunderbaren Nußzweiglein. Spiel für Kinder (1936, NA. 1949); Das Kind im Schnee. Ein Weihnachtsspiel für Kinder (1937); Der Mantel des Königs. Spiel (1938); König Meck im Spiegel. Ein Volksspiel (1938); Die Verdunkelung von Schilda. Ein Hauptspaß mit drei Akten und einer Keilerei (1938); Das Spiel vom treuen Eckart. Ein Weihespiel zur Schulentlassung (1938); Herr Griesgram und Frau Musika. Ein Spiel zum Lobe der Musik (1939); Der gute Kamerad. Totengedenkspiel (1939); Die Jahrmarktsflöte. Ein fröhliches Gemeinschaftsspiel (1939); Die Zauberziehharmonika. Ein fröhliches Märchenspiel für Mädchen (1939); Gold und Brot. Ein Mahnspiel in zwei Handlungen (1940); Nis Randers. Ein chorisches Spiel von den Müttern, von Tat und Opfer. Nach dem gleichnamigen Gedicht von Otto Ernst (1940); Die Räuber von Ukkelow. Erzählung (1940); Hans Dampf und Peter Ofenhock. Eine abenteuerliche Märchengeschichte (1940); Der Honighandel. Ein sauersüßes Rüpelspiel (1940); Die Trommel der Soldaten. Spiel für Jungen (1940); Der Kornett. Volksspiel (1941); Das Lichtsucherspiel. Ein weihnachtliches Spiel für die Feier der Gemeinschaft (1941); Der Stern der Weisen (1941); Der Windengel. Erzählungen (1948, NA. 1952); Das Alt-Wallmodener Krippenspiel. Ein Gemeindespiel (1950); Das Brot, von dem wir essen. Ein Zeitstück (1950); Das Glückskind. Kasperlspiel (1950); Der Liebenburger Kasper. Puppenspiel (1950); Die Brote von Stein. Spiel (1951); Das Spiel vom Kalendermann (1951); Die Gitter singen. Zehn Geschichten (1952); Das Liebenburger Krippenspiel mit den vier Boten (1952); Vom Mann, der Feuer holen ging. Spiel (1952); Prinzessin Zimbelin. Spiel (1952); Räuber und Musikanten. Spiel (1952); Das Stundenspiel (1952); Aus stillen Steinen wird ein Haus. Spiel (1952); Der Mann am Feuer. Erzählungen (1953); Der Prozeß geht weiter (1953); Die Epistel an den Sohn. Gedicht (1954); Jany und Sohn. Erzählungen (1954); Heut spielen wir mal Schule. Spiel (1954); Die Hirtin, die den Wolf überwand. Spiel (1955); Im Namen des Kaisers. Komödie (1956); Lazarus kommt wieder. Biblisches Spiel (1957); Die Mauer. Lehrstück (1957); Die Nacht der Tiere. Legenden (1957); Prüfe den Kurs der Welt. Spiel (1958); Der Ort zu unseren Füßen. Erzählungen des Landmessers (1958); Fangt mit dem Sandkorn an. Spiel (1958); Hundert Schritte bis Bethlehem. Spiel von den Hirten (1958); Das Ende der Nacht. Spiel (1959); Die Geschichte von Gott und den Menschen (1959); Irgendeiner sucht den Stern. Spiel (1959); Mynheer und Meister. Ein heiteres Spiel um Hans Sachs (1959); Das kleine Rasenstück. Gedichte nach Dürers Bildern (1959); Seht den Stern. Gedichte und Geschichten von Advent bis Dreikönig (1959); Pit und die Krippenmänner. Eine Weihnachtsgeschichte zum Lesen und Vorlesen (1960); Interview um Jona. Spiel (1960); Jona und der große Fisch (1960); Der Baum des Zachäus. Spiel (1960); Die Freude. Spiel (1960); Einer von zehn. Spiel (1960); Der Mann, der vor Gott floh. Spiel (1960); Der verlorene Sohn (1960); Wir Leute von Bethlehem. Spiel (1961); Protokoll B. Spiel (1961); Nicht Stunde noch Tag oder: Die Austrocknung des Stroms (1961); Kommet her zu mir alle (1962); Fremde Zimmer oder: Die Aussicht zu leben. Roman (1962); Die Freude. Spiel (1962); Nele geht nach Bethlehem. Eine Geschichte zu Weihnachten und sonst auch (1963, [2]1972); Ernstfall. Gedichte (1963, [2]1973); Joseph in Ägypten (1963); Joseph und seine Brüder (1964); Stier und Taube. (1964); Kalle Schneemann (1964); Die Weisen aus dem Abendland. Erzählungen (1965); Der gute Räuber Willibald und seine sieben Abenteuer (1965); Wir Tiere in dem Stalle (1966); Helldunkel. Weihnachtserzählungen aus unserer Zeit (1967); Zweimal dreizehn Zinken. Gedichte (1968); Der gute Räuber Willibald. Leseszenen und Lesespiele (1968); Der Heiligabendfisch. Leseszenen und Lesespiele (1968); Zum Beispiel Tante Daniela oder Die versäumte Christvesper. Leseszenen und Lesespiele (1968); Legende von Sankt Nikolaus. Leseszenen und Lesespiele (1968); Ermittlung gegen Unbekannt oder Wer ist der Nächste? (1968); Suchanzeige oder Wer sah den verlorenen Sohn? (1968); Aufregende Nachricht (1968); Der Hahn (1968); Was ist das für ein Mensch? (1968); Mehl im Kad, Öl im Krug (1969); Station Weihnachten. Durchsage für eine Reisegesellschaft (1970); Der Rabe des Herodes. Weihnachtslegende. Leseszenen und Lesespiele (1970); Das Pferd, das in die Schule kam und andere heitere Geschichten (1970, NA. 1973); Der Bericht geht weiter. Ein Spiel von der Veränderung (1971); Unsereiner. Erzählungen (1971); Beispiele zur deutschen Grammatik. Gedichte (1971); Nummer 28. Ein gegenwartsnahes Lesespiel (1972); Der Kaiser und der kleine Mann (1972); Vom Wolf, der die Krippe sehen wollte. Weihnachtslegende (1973); Wortwechsel. Gedichte (1973); Moritat von der großen Veränderung. Utopische Legende um Bethlehem (1974); Ein Weihnachtsbaum für Ludmilla. Von einer listigen Waldmaus, die sich nicht entmutigen läßt (1974); Selten wie Sommerschnee oder Die Schule der großen Leute (1974); Fragen an Herrn K. Die Geschichte vom reichen Jüngling (1974); Zwischenfälle. Ausgewählte Erzählungen für Gespräch und Diskussion (1975); Die Angst vor dem Ofensetzer oder: Glorreiche Zeiten. Fünfzehn Geschichten (1975); Micha möchte gern. Dreizehn Geschichten von Micha und seinem Großvater (1975); Sage, wo ist Bethlehem? Kleine Weihnachtslitanei für 3 Frager und 3 Sprechgruppen (1975); Die Kinder der Hirten. Ein weihnachtliches Fragespiel für 10 Sprecher (1975); Der Engel bei Bolt an der Ecke. Erzählungen und Erzählgedichte (1976); Aktion Weihnachten (1976); Die Schlagzeile (1977); Er schrieb auf die Erde. Begegnungen mit dem Mann aus Nazareth (1979).

Beiträge: Anmerkungen zur Aktualität des Kinderbuches (in: Phantasie und Realität in der Jugendliteratur. 3. Jahrbuch des Arbeitskreises für Jugendliteratur. 1976. 128–138).

Hrsg.: Straße, die du wandern mußt. Anthologie (1955); Machet die Tore weit. Anthologie (1960); Liebes altes Lesebuch. Kurzweilige und nützliche Geschichten, Gedichte, Fabeln für Alte und Junge gesammelt und herausgegeben (1966, NA. 1972, [6]1976); Geschichten aus dem Räuberhut: vom Räuberleben in finsteren Wäldern; Geschichte, Gedichte, Balladen (1972); bundes deutsch. lyrik zur sache grammatik. Anthologie (1974); Wo wir Menschen sind. Neue Weihnachtserzählungen (1974, [2]1977).

Sekundärliteratur: E. Heinold: Autorenporträt Rudolf Otto Wiemer (in: Die neue Barke. 1975. 33–35). – K. Helbig: Besinnung auf ROW (1965); Gruß und Information zum 60. Geburtstag von ROW (1965). – C. H. Kurz: R. O. Wiemer. Über Leben und Werk (1966); Rudolf Otto Wiemer (in: Dichterporträts. 1974). – G. Neumann: Rudolf Otto Wiemer 70 Jahre alt (in: Der evangelische Buchberater. 29. 1975. 1. 6–9). – H. Schaller: Rudolf Otto Wiemer und seine Kinderbücher (in: Jugendbuchmagazin. 1. 1979. 11–15).

Hans Eich

Wiens, Paul

*Lyriker, Erzähler, Film- und Kinderbuchautor, Übersetzer; * 17. 8. 1922 Königsberg.*

W. wuchs in Berlin auf. Er konnte den Schulbesuch nicht beenden, weil seine Familie 1933 aufgrund der jüdischen Abstammung seiner Mutter emigrieren mußte (Schweiz, Italien, Frankreich, England). In der Schweiz setzte W. seine Ausbildung fort. Von 1939 bis 1942 studierte er in Lausanne und Genf Philosophie und Nationalökonomie. Nach seiner Verhaftung in Wien wegen „Zersetzung der Wehrkraft" wurde er in das Konzentrationslager Oberlanzendorf eingeliefert (1943–1945). Die Erlebnisse hier und insbesondere die Begegnung mit deutschen und ausländischen Antifaschisten prägten W. entscheidend. Nach 1945 war W. zunächst Hilfslehrer in Wien. Von 1947 an lebte er in Ost-Berlin, wo er bis 1950 als Lektor und Übersetzer im Aufbau-Verlag arbeitete und seitdem als freischaffender Schriftsteller tätig ist.
W.' literarisches Werk fand hohe Anerkennung. So wurde er unter anderem mit dem Goethe-Preis der Stadt Berlin (1952), dem Literaturpreis des Freien Deutschen Gewerkschaftsbundes (1956), dem Nationalpreis der DDR (1959), dem Kunstpreis der Gesellschaft für Deutsch-Sowjetische Freundschaft (1960) und dem Heinrich-Heine-Preis (1962) ausgezeichnet.

Werk, Tendenzen, Wirkung. W.' literarische Tätigkeit, die 1943 begann, lag am Anfang schwerpunktmäßig auf der Lyrik. Die Agitprop-Verse und optimistischen Liebesgedichte, zunächst in Zeitungen und Zeitschriften, später in Anthologien und eigenen Sammelbänden veröffentlicht, ließen ihn zum Sprachrohr der sozialistischen Bewegung werden. W., dessen Vorbilder von Oswald von Wolkenstein (vgl. „Neue Harfenlieder", 1966) bis Bertolt Brecht und Pablo Neruda reichen, ist auch als Herausgeber von Lyriksammlungen und Förderer junger Talente und vor allem als Übersetzer und Nachdichter unter anderem von Eugène Guillevic, Vladimir Vl. Majakovski, Samuil J. Maršak, Ljubomir Levčev, L. Martynow, Nâzim Hikmet, Paul Eluard, Louis Aragon und Sergej Vl. Michalkov hervorgetreten. Das Ziel einer Veränderung der Welt im sozialistischen Sinn ist auch in seinem erzählerischen Werk, dem szenischen Oratorium „Ein Denkmal für Dascha" (1960), und in den zum Teil sehr erfolgreichen Filmen und Fernsehfilmen (Das kleine und das große Glück, 1954; Einmal ist keinmal, 1955; Genesung, 1956; Das Lied der Matrosen, 1958; Leute mit Flügeln, 1960; Der Mann mit dem Objektiv, 1961; ... und deine Liebe auch, 1962) spürbar. Die gleiche Tendenz zeigt sich in seinen Kinderbüchern. Hier hat er nicht nur Verse zu einfachen Szenenbilderbüchern für das Vor- und Grundschulalter beigesteuert (z. B. „Kasper packt aus", 1968), sondern auch Nachdichtungen und eigene Texte für verschiedene Altersstufen geschaffen, die schon bei den kleinen Lesern gezielt für die Vorzüge der sozialistischen Gesellschaft werben. Das Fotobilderbuch „Die Straße der Kinder" (zus. mit Lothar Reher, 1960) zeichnet aus der Sicht von Kindern das Porträt einer Straße der Stadt B., die im zweiten „Gemeinkrieg" des 20. Jahrhunderts zerstört wurde und im Wiedererstehen begriffen ist. In ungebundenen Versen wird auf der Grundlage des Sozialismus eine heitere Zukunft für die Kinder in Aussicht gestellt.

Werke: Begeistert von Berlin (zus. mit U. Berger und M. H. Kieseler, 1952); Min und Go. Ein Brief aus China (1952); Beredte Welt (1953); Die Geschichte vom Meister Zacharias und den acht goldenen Zeigern (1955); Zunftgenossen – Kunstgefährten (1956); Nachrichten aus der Dritten Welt (1957); Die Straße der Kinder (zus. mit L. Reher, 1960); Die Haut von Paris (1960); Ein Denkmal für Dascha (1960); Lucia Temi oder Der aufgeschobene Weltuntergang (1961); Das Märchen von Lilüla, Liluli und Pill-Pill, dem Wundervogel (1962); Nachrichten aus drei Welten (1964); Dienstgeheimnis. Ein Nächtebuch (1968); Kaspar packt aus (1968); Lisels große Reise (1972); Vier Linien aus meiner Hand (1974).

Bearb.: M. Axiote: Konterbande (1961); L. Martynow: Der siebente Sinn (zus. mit A. Endler, 1968); E. Guillevic: Geheimnis der Dinge (zus. mit L. Richard, 1969); L. Levčev: Gedichte (zus. mit W. Köppe, 1970); Der Rabe bläst Trompete (1969).

Hrsg.: Antwortet uns! (Bd. 1–24. 1956–1960; zus. mit M. Dreifuss); Blaue Feuer. Moderne bulgarische Lyrik (1966).

Kurt Franz

Wikland, Ilon

*Schwedische Graphikerin, Illustratorin; * 5. 2. 1930 Estland.*

W. verbrachte ihre Jugend in einer estländischen Kleinstadt an der Ostseeküste bei den Großeltern, ehe sie 1944 als Flüchtling nach Schweden kam. Sie erwarb sich ihre graphischen Kenntnisse durch den Besuch der „Skolen för Bok- och Reklamkonst" und der „Signe Barth's Malschule" in Stockholm. 1948 studierte W. ein halbes Jahr in London. Während ihrer Ausbildung und kurz danach war sie als Werbegraphikerin und Buchherstellerin (lay out), nach ihrer Heirat 1951 als freischaffende Illustratorin tätig. Ihr erstes Buch illustrierte sie bereits im Alter von 15 Jahren. In der

Bundesrepublik Deutschland ist sie ab 1954 durch ihre Illustrationen zu den Büchern ASTRID LINDGRENS besonders bekannt geworden. 1966 erhielt sie ein Stipendium der schwedischen Regierung. W. hat drei Töchter, reiste durch Europa; sie hat ihren ständigen Wohnsitz in Sundleyberg (Schweden).

Werk, Tendenzen, Wirkung. Für W. war 1954 ein entscheidendes Jahr, als sie ASTRID LINDGREN kennenlernte und den Auftrag erhielt, deren Buch „Mio, min Mio" (1954; dt. Mio, mein Mio, 1955) zu illustrieren. Von da an sah sie ihre Hauptaufgabe in der Illustrierung von Kinderbüchern. W. arbeitet in der Regel in einem im weitesten Sinne realistischen Stil, ob sie nun schwarz-weiß oder farbig illustriert. Sie behauptet von sich, sie versuche, der Art von Bewegung und Ausdruck, wie sie Kinder vollzögen, speziell Rechnung zu tragen. Im übrigen zeigt sich ein, der jeweiligen Stimmung und Atmosphäre des Inhalts angepaßtes stilistisches Einfühlungsvermögen. Die Bilder können nicht nur Übermut, Lustigkeit und Idylle ausdrücken, sondern auch Schwermut und Rätselhaftes. Die heitere Art W.s zeigt sich in ASTRID LINDGRENS „Bullerbü"- und „Lotta"-Bilderbüchern. In diesen mit ganzseitigen Bildern ausgestatteten Bänden treten die Figuren der als kleine Persönlichkeiten dargestellten Kinder in ihren scharf umrissenen Konturen und leuchtenden Farben aus der sie umgebenden Umwelt deutlich hervor, die Gestalten wirken wie auf den Hintergrund projiziert, die Grundstimmung ist heiter, die Auffassung liebevoll. Anders dagegen präsentiert sich W. in ASTRID LINDGRENS „Bröderna Lejonhjärta" (1973; dt. Die Bücher Löwenherz, 1974), wo sie sich auch in der Illustration dem schwerblütigen Grundton dieses Buches anpaßt.

Werke: A. Lindgren: Wir Kinder aus Bullerbü (1954); A. Lindgren: Mio min Mio (1954; dt. Mio, mein Mio, 1955); A. Lindgren: Lillebror och Karlsson på taket (1955; dt. Lillebror und Karlsson vom Dach, 1958); A. Lindgren: Mehr von uns Kindern aus Bullerbü (1955); A. Lindgren: Immer lustig in Bullerbü (1956); A. Lindgren: Nils Karlsson-Pyssling flytta in (1956; dt. Nils Karlsson-Däumling, 1957); H. Peterson: Magnus och ekorrungen (1956; dt. Matthias und das Eichhörnchen, 1958); A. Lindgren: Bullerbybarnen (1957); A. Lindgren: Die Kinder aus der Krachmacherstraße (1957); H. Peterson: Ett lejon i huset (1957; dt. Ein Löwe im Haus, 1961); H. Peterson: Magnus, Mattias och Mari (1957; dt. Matthias, Martin und Mari, 1958); A. Lindgren: Kajsa Kavat hjälper mormor (1958; dt. Polly hilft der Großmutter, 1959); A. Löfgren: Kom hem och hälsa på (1958); H. Peterson: Magnus i hamn (1958; dt. Matthias hat seinen großen Tag, 1959); B. Carpelan: Anders på ön (1959; dt. Andreas, 1962); A. Lindgren: Sunnanäng (1959; dt. Klingt meine Linde, 1960); H. Peterson: Magnus i fara (1959; dt. Matthias in Gefahr, 1960); H. Peterson: När vi snöade inne (1959; dt. Als wir eingeschneit waren, 1960); A. Lindgren: Madicken (1960; dt. Madita, 1961); H. Peterson: När vi regnade inne (1960; dt. Unser Schweinchen im Regen, 1961); A. M. Falk: Mats bläser såpbubblor (1961); A. Lindgren: Bullerbyboken (1961; dt. Die Kinder aus Bullerbü, 1970); A. Lindgren: Lotta på Bråkmakargatan (1961; dt. Lotta zieht um, 1962); H. Peterson: Magnus och skeppshunden Jack (1961); B. Carpelan: Anders i stan (1962); A. M. Falk: Mats och Eva-Karin firar midsommar (1962); E.-K. Höjeberg: Vill du leka med mej? (1962; dt. Willst du mit mir spielen?, 1963); A. Lindgren: Karlsson på taket flyger igen (1962; dt. Karlsson fliegt wieder, 1963); E. Unnerstad: Boken om Pip-Larssons (1962); A. Lindgren: Jul i Bullerbyn (1963; dt. Weihnachten in Bullerbü, 1963); V. Wahlstedt: En tårta till mormor (1963; dt. Eine Torte für Großmutter, 1964); A. M. Falk: Mats kommer till stan (1964; dt. Klaus kommt in die Stadt, 1964); A. M. Falk: Mats och Eva-Karin i leksakslandet (1964; dt. Klaus und Karin im Spielzeugladen, 1964); A. Lindgren: Tjorven & Co på Barnens dag 1964 (1964); A. Lindgren: Vi på Saltkråkan (1964; dt. Ferien auf Saltkrokan, 1965); H. Peterson: När hönsen blåste bort (1964; dt. Als die Hühner weggeweht wurden, 1964); E. Unnerstad: Pip-Larssons minsta (1964); V. Wahlstedt: Anna och Susanna står i butik (1964; dt. Anna und Susanna hinterm Ladentisch, 1965); A. Lindgren: Vår i Bullerbyn (1965; dt. Lustiges Bullerbü, 1965); A. Lindgren: Barnens dag i Bullerbyn (1966; dt. Kindertag in Bullerbü, 1967); H. Peterson: Magnus hade en ekorre (1967; dt. Ein Eichhörnchen für Matthias, 1968); V. Wahlstedt: Anna och Susanna på mormors hemliga vind (1967; dt. Anna und Susanna in der Rumpelkammer, 1968); A. Lindgren: Karlsson på taket smyger igen (1968; dt. Der beste Karlsson der Welt, 1968); H. Peterson: Magnus, Lindberg och hästen Mari (1968); V. Wahlstedt: Anna och Susanna plockar hjortron (1968); A. M. Falk: Skyll inte på Ruffa (1969); I. Wikland: Vad jag kan (1969); E. Unnerstad: Klarbärskalaset (1970; dt. Das Kirschenfest, 1971); V. Wahlstedt: Hej då, Anna och Susanna (1970); A. Lindgren: Visst kan Lotta cykla (1971; dt. Na klar, Lotta kann radfahren, 1972); H. Peterson: Jan Jansson, ein Junge mit Glück (1971); A. M. Falk: Kom och lek, Ruffa! (1972); M. Lindquist: Kottens bakvända d. (1972); D. Orgel: Nina und die Schildkröte (1972); U. Schenkmanis: Kjell och hans hamster (1972; dt. Jens und sein Hamster, 1974); A. Lindgren: Bröderna Lejonhjärta (1973; dt. Die Brüder Löwenherz, 1974); M. Lindquist: Du klarer det, Kotten! (1973); I. Wikland: Djur (1973; dt. Tiere rundherum, 1974); M. Lindquist: Kotten vågar inte gå hem (1974); K. Thorvall: Godnattsager om Anders, nästan 4 (1974); E. Unnerstad: Pysen rider (1974; dt. Pitje reitet, 1975); I. Wikland: Jag kan' hjälpa till (1974; dt. Ich kann helfen, 1974); A. Baker: Millan i Magiska bergen (1975); I. Wikland: Hej, titta här! (1975); A. Lindgren: Madicken och Junibackens Pims (1976; dt. Madita und Pims, 1976); A. Lindgren: Visst kan Lotta nästan allting (1977; dt. Lotta kann fast alles, 1977); K. Nilehn: Ruckelbasta (1977).

Werner A. Kleye

Wilde, Oscar

*Angloirischer Schriftsteller des Ästhetizismus, Verfasser von Kunstmärchen; * 16. 10. 1854 Dublin, † 30. 11. 1900 Paris.*

W., Sohn eines angesehenen irischen Mediziners und einer revolutionären Schriftstellerin, studierte klassische Philologie in Dublin und Oxford und bestand 1878 sein Examen mit Auszeichnung. Geleitet von der Forderung seines Hochschullehrers WALTER PATER (1839–1894), das Leben mit ästhetischer Intensität zu leben, und als geistreicher Causeur in der Londoner Gesellschaft überall zu Gast, wurde er bald zum Inbegriff des Dandys. Er machte eine Vortragsreise durch Nordamerika (1882), heiratete (1887) und erlebte schließlich den größten Erfolg als Verfasser witziger Gesellschaftskomödien. Zum Höhepunkt seiner künstlerischen Laufbahn wurde „The importance of being earnest" (1895; dt. Bunbury, 1907). Angeklagt wegen sexueller Perversität, hatte er unmittelbar danach eine zweijährige Gefängnisstrafe zu verbüßen. Die letzten drei Jahre seines Lebens verbrachte er, unterstützt von Freunden, in Frankreich.

Werk, Tendenzen, Wirkung. Für den Bereich der Kinder- und Jugendliteratur sind vor allem zwei schmale Bände mit Kunstmärchen bedeutsam. In dem ersten, „The happy prince and other tales" (1888; dt. Der glückliche Prinz und andere Erzählungen, 1903), geht es vor allem um die Antithese von Mitgefühl und Selbstsucht, eine bevorzugte Thematik sowohl traditioneller Märchen als auch der viktorianischen Literaturepoche. So läßt der glückliche Prinz der Titelgeschichte, eine Denkmalfigur, seine kostbaren Verzierungen durch eine Schwalbe unter die Armen verteilen, und während er dann durch das Standbild des eitlen Bürgermeisters ersetzt wird, holt ein Engel sein bleiernes Herz und den treuergebenen toten Vogel in den Paradiesgarten. In „The rose and the nightingale" (Die Rose und die Nachtigall) vermag ein buchgelehrter Student nicht die Schönheit einer Rose zu sehen, für die eine Nachtigall ihr Herzblut gegeben hat. „The selfish giant" (Der selbstsüchtige Riese) dagegen ist wandlungsfähig: Er öffnet seinen winterlichen Garten spielenden Kindern und damit zugleich dem Frühling und wird schließlich vom Jesuskind ins Paradies geführt. „The devoted friend" (Der ergebene Freund) wiederum ist ein Müller, der einen hilfsbereiten Gärtner solange für sich ausnutzt, bis er umkommt. „The remarkable rocket" (Die bemerkenswerte Rakete) veranschaulicht Selbstsucht als den Hochmut, der vor dem Fall kommt.
In dem zweiten Märchenband, „A house of pomegranates" (1891; dt. Ein Haus aus Äpfeln der Granate, 1906), gibt es ebenfalls Figuren mit starken Gefühlen für andere. Doch ist diesen Gefühlen ein Selbstmitleid beigemischt, das in den Figuren Projektionen des Autors vermuten läßt. Die überlieferte Neigung W.s, sich selbst gelegentlich als christusgleich zu empfinden, scheint besonders in der Geschichte „The young king" (Der junge König) wirksam zu sein. Ein schönheitsliebender Prinz wird durch drei Träume vom Elend derer ergriffen, die sich für seine schönen Gegenstände abmühen, verzichtet bei der Krönung auf allen Prunk und brächte damit beinahe das Volk gegen sich auf, wenn er nicht plötzlich wie ein Engel in himmlischen Glanz getaucht wäre. In „The birthday of the infanta" (Der Geburtstag der Infantin) bricht einem Zwerg, der sich in die hochmütige Königstochter verliebt hat, ob der eigenen Mißgestalt das Herz; in „The fisherman and his soul" (Der Fischer und seine Seele) liebt ein Fischer eine Meerjungfrau stärker als Seele und Leben; und in „The star-child" (Das Sternenkind) wird ein hartherziges Kind durch Leid und Reue gewandelt.
Der zweite Märchenband unterscheidet sich vom ersten außer in der Thematik auch im Stil. In Übereinstimmung mit einer zunehmenden Symbolik des Kostbaren ist die Sprachform preziöser geworden. Der Ablauf der Handlung wird unterbrochen durch Ausschmückungen und Abschweifungen, und man hat daher statt von Märchen auch von Märchennovellen gesprochen. Ist im einen Band der Einfluß HANS CHRISTIAN ANDERSENS (1805–1875) vorherrschend, so im anderen der GUSTAVE FLAUBERTS (1821–1880). WILLIAM BUTLER YEATS (1865–1939) meinte, daß die ersten Geschichten erzählt, die nachfolgenden „nur" geschrieben wurden.
Offensichtlich ist der zweite Band weniger für ein Kinderpublikum bestimmt als der erste. Zu den vorgestellten Adressaten des ersten schrieb W. in einem Brief: „meant partly for children, and partly for those who have kept the childlike faculties of wonder and joy" (Letters, S. 219). Den eigenen Kindern erzählte er seine Märchen, nach Aussage des jüngsten Sohnes, „angemessen vereinfacht für unseren jungen Verstand" (nach HYDE, S. 76). Es gibt berechtigte Zweifel, ob selbst Jugendlichen die Originalversionen verständlich sind – mit ihrer satirischen Sozialkritik, ihrem abstrahierenden Tugenddenken und ihrer Wertschätzung von Schönheit um ihrer selbst willen. Kritisch zu fragen wäre, ob in Anbetracht der sentimentalen Grundstimmung die Lektüre überhaupt empfehlenswert ist. Tatsache ist jedoch, daß die Märchen weltweit für ein junges Publikum angeboten werden – in Kinderbuchausgaben, Lesebüchern und Bearbeitungen für den Fremdsprachenunterricht. Als Schullesestoff verbreitet ist auch „The Canterville ghost" (1887, dt. Der Geist von Canterville, 1955), eine burleske Gespenstergeschichte mit moralisierendem Ausgang.

Werke: The Canterville ghost (1887; dt. Der Geist von Canterville, 1955); The happy prince and other tales (1888; dt. Der glückliche Prinz und andere Erzählungen, 1903); A house of pomegranates (1891; dt. Ein Haus aus Äpfeln der Granate, 1906); Complete works (1908); Sämtliche Werke in deutscher Sprache (1906–1908).

Sekundärliteratur: H. Arndt: Oscar Wildes Fairy Tales und Stories in der Schule (in: Praxis des neusprachlichen Unterrichts. 1963. 4. 206–213). – P. Funke: Oscar Wilde (1969). – R. Hart-Daivs (Hrsg.): The letters of Oscar Wilde (1962). – A. Herzog: Die Märchen Oscar Wildes (Diss. 1930). – H. M. Hyde: Oscar Wilde (1976). – G. Wilson Knight: Christ and Wilde (in: R. Ellmann (Hrsg.): Oscar Wilde. A collection of critical essays. 1969. 138–149). – A. Ojala: Aestheticism and Oscar Wilde (Bd. 1–2. 1954–1955). – W. B. Yeats: The happy prince and other tales (in: K. Beckson (Hrsg.): Oscar Wilde: The critical heritage. 1970. 296–399).

Reinbert Tabbert

Wildenbruch, Ernst von

*Schriftsteller, Legationsrat; * 3. 2. 1845 Beirut, † 15. 1. 1909 Berlin.*

Als zweiter Sohn des preußischen Generalkonsuls LOUIS VON W. verbrachte W. nach den ersten Lebensjahren in Beirut und Berlin die Kindheit in Athen und Konstantinopel. Als Zwölfjähriger kehrte er 1857 mit den Eltern nach Deutschland zurück, wo bald darauf seine Mutter starb. Vom Vater zum Offiziersberuf bestimmt, mußte W. nach dem Besuch des Pädagogiums in Halle und der Französischen Schule in Berlin in die Kadettenschule in Potsdam eintreten. Aus eigenem Entschluß brach W. 1865 die Offizierslaufbahn ab, holte das Abitur nach (Burg b. Magdeburg) und studierte Jura. Als Gerichtsreferendar war er 1871–1875 in Frankfurt an der Oder tätig, anschließend ein Jahr als Richter in Eberswalde. 1877 trat er in das Auswärtige Amt in Berlin ein und nahm nach längerer Dienstzeit, zuletzt als Geheimer Legationsrat, im Jahre 1900 seinen Abschied. Seit 1885 war er mit Marie von Weber, einer Enkelin des Komponisten Karl Maria von Weber, verheiratet. Die letzten Lebensjahre verbrachte W. vorwiegend in Weimar. In den Jahren 1869 und 1870 gelangen W. erste Werke, durch die sein Selbstbewußtsein als Schriftsteller sich festigte. Als Bühnenautor weniger erfolgreich, wurde er als Erzähler und Lyriker einer der meistgelesenen deutschen Schriftsteller seiner Zeit. 1883 erhielt er den Grillparzer-Preis, 1884 den Schiller-Preis.

Werk, Tendenzen, Wirkung. W.s schriftstellerisches Werk wurde in der deutschen Nationalliteratur jahrzehntelang sehr hoch eingeschätzt. Mit der Gestaltung historischer und patriotischer Stoffe, besonders aus der Geschichte des Hauses Hohenzollern und dem Kriege 1870/1871, trug er zur Vertiefung des deutschen Nationalgefühls im Bismarck-Reich bei. Exemplarisch dafür stehen die Epen „Vionville“ (1874) und „Sedan“ (1875), aber auch die Heldenlieder und nationale Bekenntnislyrik, etwa in „Dichtungen und Balladen“ (1884) und „Letzte Gedichte“ (1909). Für seine Erzählungen und Romane verwandte W. häufig eigene Erlebnisse und ihm berichtete Schicksale. In farbiger, oft auch pathetisch gesteigerter Sprache bot W. als Erzähler eine psychologisch vertiefte Realistik, mit der er verschiedentlich sozialproblematische Zustände und die Folgen quälender Abhängigkeitsverhältnisse demonstrierte. So wurde er auch Anwalt des unverstandenen sensiblen Kindes, das den Leistungsnormen und Forderungen in einer gesellschaftlich reglementierten Pädagogik nicht zu entsprechen vermag. Aus diesem Themenkreis W.s, zu dem unter anderem auch die Erzählung „Das Orakel“, „Neid“ und „Vice-Mama“ gehören, wurden von Pädagogen der Jugendschriftenbewegung die Titel „Kinderthränen“ (1884) und „Das edle Blut“ (1893) als für die Jugend geeignete Dichtungen ausgewählt und mehrmals in Empfehlungslisten der Vereinigten Jugendschriften-Ausschüsse aufgenommen (vgl. Jugendschriften-Warte, Dezember 1898, Verzeichnis von Geschenkbüchern zur Schulentlassung, Jugendschriften-Warte 4. 1922). W. publizierte unter dem Titel „Kinderthränen“ zwei Erzählungen, von denen „Die Landpartie oder wie Hänschen und Fränzchen die Vorsehung kennenlernten“, ihn als humorvollen Schilderer kindlichen Verhaltens und der ihm zugrundeliegenden psychischen Vorgänge zeigt; diese Erzählung wurde niemals als Jugendlektüre herangezogen. In der anderen, „Der Letzte“ benannten Erzählung, die in vielen Einzelausgaben erschien und in der Literatur fast immer mit dem Sammeltitel „Kinderthränen“ zitiert wird, ließ W. den Rektor einer Vorschule aus seiner Erinnerung das tragische Schicksal eines von vier mutterlosen Geschwistern am Leben gebliebenen Jungen berichten, dem der Tod Ausweg aus einem Schattendasein wird. G. Rademacher, der seine Arbeit über „Die Darstellung des Kindes“ in dieser Erzählung W.s als „Versuch eines Zugriffs in literaturwissenschaftlicher und didaktischer Sicht“ bezeichnet (vgl. G. Rademacher, a.a.O. 1976, S. 33ff.), weist den literaturhistorischen Zusammenhang in der Thematik nach und gibt mittels Bericht und Fragebogenauswertung die unterschiedlichen Eindrücke an, die die Erzählung bei der Lektüre auf Schulkinder Mitte der siebziger Jahre des 20. Jahrhunderts machte. In der Erzählung „Das edle Blut“ läßt W. das Geschehen angesichts einer Kinderszene auf der Straße erzählen: von zwei Brüdern in der Kadettenanstalt verliert der jüngere sein Leben in der Verteidigung der Ehre des schuldig gewordenen älteren. Obwohl W. die Erzählung nicht eigens für junge Leser geschrieben hatte, hielt sie der Rezensent in der Jugendschriften-Warte (1898. 2. S. 8) für eine der „besten Jugendschriften“. Er hob die ethischen Momente hervor, die psychologische Wahrheit in der Motivierung, den „Hauch wahrer Poesie“, und betonte, daß W. hier wie Theodor Storm mit „Pole Poppenspäler“ den Stoff aus dem Leben des Kindes genommen habe. G. Heydner zieht W.s Erzählung „Das edle Blut“ neben Storms „Pole Poppenspäler“ heran, um jugendgeeignete dichterische Werke der Zeit gegenüber literarischen Bemühungen eines Christoph von Schmid abzuheben (vgl. Jugendschriften-Warte. 1899. 3. 10). Im Rückblick auf ein Jahrhundert Entwicklung der Kinderpsychologie und Wandlungen in der Kinder- und Jugendliteratur wird deutlich, daß W. zu den Autoren zu zählen ist, die in der literarischen Gestaltung einzelner Kinderschicksale mit der Aufzeichnung der Wirkung aus der Erziehungsumwelt auf die feinfühlige Kindesnatur dem psychologischen Verständnis des kindlichen Bezugs- und Lebensbedürfnisses vorgearbeitet haben und an die Verantwortung der Erwachsenen gegenüber dem Kinde appellierten. Gerhard Rademacher sagt über W.: „Einhellig sind die Urteile darin, daß sie den Kindergeschichten W.s eine besondere Stellung zuerkennen ..., ohne daß aber letzteres eingehender beschrieben würde: das psychologische Einfühlungsvermögen, das starke Mitgefühl des Autors mit den mißhandelten oder unterdrückten ‚Kinderfiguren‘ und die Realitätsnähe der Erzählungen werden hervorgehoben.“

Werke: Vionville. Ein Heldenlied (1874); Sedan. Ein Heldenlied (1875); Dichtungen und Balladen (1884); Kinderthränen (1884, [10]1895); Das edle Blut (1893, [18]1896); Vice-Mama (1902); B. Litzmann (Hrsg.): Gesammelte Werke (Bd. 1–16. 1911–1924).

Sekundärliteratur: D. Duncker: Ernst von Wildenbruch, Ernstes und Heiteres aus seinem Leben (1909). – G. Heydner: Entgegnung (in: Jugendschriften-Warte. 7. 1899. 3. 9–11). – B. Litzmann: Ernst von Wildenbruch (Bd. 1–2. 1913–1916). – G. Rademacher: Die Darstellung des Kindes in der Erzählung ‚Kinderthränen‘ von Ernst von Wildenbruch (in: G. Rademacher (Hrsg.): Ansätze. 3. 1976. 33–55). – S. F. Schlosser: Ernst v. Wildenbruch als Kinderpsychologe (1919).

Margarete Dierks

Wildermuth, Ottilie

*Schriftstellerin, Übersetzerin, Verfasserin von Kinder- und Jugendschriften und Herausgeberin des Jahrbuchs „Der Jugendgarten“; * 22.2.1817 Rottenburg am Neckar, † 12.7.1877 Tübingen.*

W. war die Tochter des Kriminalrats und schwäbischen Heimaterzählers GOTTLOB ROOSCHÜZ. 1819 wurde der Vater als Oberamtsrichter nach Marbach am Neckar versetzt, wo W. mit den jüngeren Brüdern HERMANN (1818–1876), EDUARD (1821–1841, er beging Selbstmord aus Furcht vor geistiger Umnachtung) und RUDOLF (1827–1890) ihre Kindheit und Jugend verlebte. Bis zum sechsten Lebensjahr erhielt W. Privatunterricht, danach besuchte sie bis zu ihrem 14. Lebensjahr die Volksschule. 1833 ging W. für ein halbes Jahr nach Stuttgart, wo sie in einer privaten Haushaltungsschule Kochen und Nähen lernte. Obwohl in Marbach seinerzeit keine Höhere Töchterschule bestand und W. gegenüber ihren Brüdern die geringeren Möglichkeiten erhielt, sich fortzubilden, eignete sie sich vielfältige sprachliche (Englisch, Französisch) und literarische Kenntnisse an. Unter der Lektüre ihrer Kindheit stehen JOACHIM HEINRICH CAMPE (1746–1818) mit „Robinson der Jüngere. Ein Lesebuch für Kinder“ (1779) und „Die Entdeckung von Amerika, ein angenehmes und nützliches Lesebuch für Kinder und junge Leute“ (1781–1782) sowie das „Magazin von moralischen Erzählungen für alle Fälle der Sittenlehre, alphabetisch geordnet“ (1808) von JAKOB GLATZ (1776–1831) und „Der Jugendgarten“ von AUGUST GEBAUER (1792–1852) obenan, übertroffen nur von „Tausendundeine Nacht“, die W. den „Haus- und Kindermärchen“ der Brüder GRIMM vorzog. Als Jugendliche las W. jene Schriftsteller, die für das bürgerliche Lesepublikum in der ersten Hälfte des 19. Jahrhunderts den Inbegriff der klassischen und romantischen deutschen Literatur verkörperten: allen voran SCHILLER, GOETHE nur als Lyriker, THEODOR KÖRNER, JOSEF VON EICHENDORFF, GUSTAV SCHWAB, LUDWIG UHLAND, FRIEDRICH RÜCKERT, JUSTINUS KERNER und LENAU. Aber auch von WALTER SCOTT und HEINRICH HEINE sagte W., daß sie „mir Freunde der Jugendzeit geworden“ sind (AGNES WILLMS und ADELHEID WILDERMUTH: Ottilie Wildermuths Leben. 1888, S. 89). Am 5.9.1843 heiratete sie den Gymnasiallehrer Dr. JOHANN DAVID W. (1807–1885), der am Lyzeum in Tübingen Neuere Sprachen und Mathematik unterrichtete. Aus dieser Ehe gingen drei Kinder hervor: AGNES (1844–1931; sie heiratete 1866 den Kirchenrat EDUARD WILLMS aus Ostfriesland und schrieb selbst Volks- und Jugendgeschichten); ADELHEID (* 3.2.1848; auch sie, Vorsteherin der von HERMANN W. gegründeten Klinik für Nervenheilkunde in Stuttgart, war als Jugendschriftstellerin tätig) und HERMANN (1852–1907; Dr. med. und Sanitätsrat). Zwei Kinder von W. starben 1846 und 1856 kurz nach der Geburt. Abgesehen von kleinen Reisen in die Schweiz, ins Elsaß, nach Karlsbad (1963) und Bayern, Schleswig, Baden-Baden und in den Schwarzwald war der Gesichtskreis von W. zeitlebens auf Schwaben und Tübingen eingeschränkt. 1860 wurde W. erstmals von Gelenkrheumatismus befallen, der Krankheit, die wohl den Grund zu späteren schweren Leiden legte. Seit 1866 trat ein ständiges Nervenleiden auf, von dem sich W. bis zu ihrem Tode nicht mehr erholte. Ein Schlaganfall setzte ihrem Leben ein Ende. Schon 1871 hatte der württembergische König W. die große goldene Verdienstmedaille für Kunst und Wissenschaft verliehen. Die Frauen Tübingens ehrten ihr Andenken durch ein Denkmal, zu dem „die deutsche Frauenwelt von nah und fern Beiträge“ spendete und das am 10.8.1887 mit einem Preisgedicht von KARL GEROK (1815–1890) eingeweiht wurde (AGNES WILLMS und ADELHEID WILDERMUTH: Ottilie Wildermuths Leben. 1888, S. 413). Das Denkmal trägt die Aufschrift: „Ottilie Wildermuth gewidmet von deutschen Frauen. 1887“.

Werk, Tendenzen, Wirkung. W., von der ohne ihre Zustimmung bereits ein Gedicht veröffentlicht worden war, als sie erst achtzehn Jahre alt war, trat mit der Skizze „Eine alte Jungfer“ 1847 erstmals literarisch an die Öffentlichkeit. Sie erschien mit anderen „Genrebildern aus einer kleinen Stadt“ in dem renommierten „Morgenblatt für gebildete Leser“. Diese Genrebilder, die 1852 unter dem Titel „Bilder und Geschichten aus dem schwäbischen Leben“ im Druck erschienen und 1865 bereits in der 5. Auflage vorlagen, begründeten ihren literarischen Ruf nicht nur bei dem bürgerlichen Publikum ihrer Zeit, sondern auch bei namhaften Schriftstellern und Literarhistorikern wie ROBERT EDUARD PRUTZ (1816–1872) und AUGUST FRIEDRICH CHRISTIAN VILMAR (1800–1868). W. begann ihre erfolgreiche literarische Laufbahn zu einem Zeitpunkt, als die deutsche Literatur nach dem Scheitern der Revolution von 1848 in eine Periode der Provinzialisierung eintrat und der „Poetische Realismus“ im Schwange war, dem ADOLF STERN auch W. zurechnete (A. F. C. VILMAR: Geschichte der Deutschen National-Literatur. ^{25}1901, S. 614). Mit anheimelndem Lokalkolorit und auch Humor malte W. den schwäbischen Gesichtskreis aus, in dem sie ganz zu Hause war. Zu ihrem Erfolg trug weiter bei, daß sie das tatkräftige Beispiel einer sozial engagierten Frau aus christlicher Überzeugung gab und mit verschiedenen Schriften „aus dem Frauenleben“, mit einer Bearbeitung der „Olympia Morata“ von JULES BONNET und der Übersetzung von „La Femme“ („Die Aufgabe und das Leben des Weibes im Lichte des Evangeliums“) von ADOLPHE MONOD ein Frauenbild vervielfältigte, das der nach 1848 herrschenden politischen und religiösen Restauration frommte. Schließlich hielt W. selbst engen Kontakt zu den Zirkeln praktizierender evangelischer Christen, den Zentren der Inneren Mission und der zeitgenössischen Erweckungsbewegung und korrespondierte mit diversen Frauenvereinigungen. Aus diesen Gründen erscheint es glaubhaft, daß W. vom „Herrn Generalsuperintendenten an bis zu einem alten Zeitungsweib hinab“, von den „Armen, Verkümmerten, im Leben Verkürzten, denen meine Bücher haben Trost und Frieden mit erwerben helfen“

(A. Willms und A. Wildermuth: Ottilie Wildermuths Leben. 1888, S. 367, 391) und in den höchsten Gesellschaftskreisen gelesen wurde. Die Kaiserin von Österreich, die Königin Marie von Bayern, die holländische Königin, der König von Württemberg gehörten ebenso zu ihren Lesern wie die Schriftsteller Ludwig Uhland, Justinus Kerner, Karl Gerok, Adalbert Stifter, Jeremias Gotthelf, Gustav Schwab, Friedrich Bodenstedt, Josef Viktor Scheffel, Gotthilf Heinrich Schubert, Friedrich Wilhelm Joseph Schelling, Isabella Braun, Luise Pichler, Emma von Niendorf. W. war Mitarbeiterin an rund 16 Zeitschriften, darunter das „Morgenblatt für gebildete Leser“ und die von Höfer und Hackländer herausgegebenen „Hausblätter“. Ihre Werke wurden in fast sämtliche lebende Sprachen übersetzt.

Aufgefordert durch den Stuttgarter Buchhändler und Verleger Adolf Krabbe, versuchte sich W., die schon als Kind gern anderen Kindern Geschichten erzählte – ein in ihren Jugenderzählungen wiederkehrendes Motiv –, seit 1850 auf dem Gebiet der Jugendliteratur, obwohl ihr davor graute, „gar zu weit auf eine Bahn gezogen zu werden, auf die meine Neigung und meine ganze Lebensstellung mich nicht weist“ (A. Willms und A. Wildermuth: Ottilie Wildermuths Leben. 1888, S. 228). Ihre erste Geschichte war offenbar das 1850 in dem von Emma von Niendorf herausgegebenen „Jugendalbum“ erschienene Märchen „Die drei Waldschwestern“. W. urteilte selbst über ihre Absichten mit der jugendliterarischen Arbeit (A. Willms und A. Wildermuth: Ottilie Wildermuths Leben. 1888, S. 230): „Es ist freilich nichts Originelles weder im Grundgedanken noch in der Erfindung, doch denke ich, bei der Jugend soll es seinen Zweck nicht ganz verfehlen, ihr die Gefahr, die im Besitz ungewöhnlicher Glücksgüter oder vielmehr in der Begier danach liegt, klar zu machen und ihr den Reiz zu zeigen, den das Leben in seiner alltäglichen Gestalt bietet, wenn es im rechten Sinn gelebt wird.“ Auch wenn sich W. zu ihren Erzählungen für Kinder und Jugendliche so gut wie nie theoretisch geäußert hat, kann man ihren Inhalten entnehmen, daß für sie, Christoph von Schmid nachfolgend, die Erziehung zu christlichem Leben das letzte Ziel der Jugendschrift gewesen ist. In den Mittelpunkt ihrer Erzählungen stellte W. mit Vorliebe das im Stich gelassene, elternlose, arme, einsame Kind. Gern wählte sie zu Helden ihrer Jugendgeschichten Jungen oder Mädchen, die in irgendeiner Hinsicht Außenseiter sind. So schildert sie das körperlich behinderte Kind („Vom armen Unstern“), das geistig behinderte, angeblich blöde Kind („Emmas Pilgerfahrt“), das Judenkind („Das Osterlied“), das Komödiantenkind („Spätes Glück“), Kinder, deren Vater einen bürgerlich geächteten Beruf ausübt (Abdecker und Scharfrichter in „Die Kinder der Heide“), die Negerin („Der Schwarzen Treue“). Der häufig verwickelte Handlungsverlauf setzt die jugendliche Heldin, den jugendlichen Helden mannigfaltigen Prüfungen aus, die ihnen die Gesellschaft oder die Herkunft, der Stand, das Leben auferlegen. Am Ende ernten sie jedoch den Lohn für Demut, Ausdauer im Leiden und ihr stetes Vertrauen auf Gott, der alles recht macht. Die Geschichten von W., eine Art Predigermärchen, folgen dem Märchentypus der Brüder Grimm, wie er in „Hänsel und Gretel“, „Aschenputtel“ und „Brüderlein und Schwesterlein“ überliefert und geläufig ist. Aber die Helden in den Jugendschriften von W. machen ihr Glück nicht aus eigener Kraft, sondern mit Gott. Er zieht sich als Leitmotiv in Form von Bibelsprüchen, Liederversen und Gebetszeilen durch ihre Erzählungen. Dennoch unterscheidet sich W. von den zeitgenössischen Jugendschriftstellern und den „spezifischen Geschichten unserer spezifischen Frauen“ (Otto Hild: Die Jugendzeitschrift in ihrer geschichtlichen Entwicklung, erziehlichen Schädlichkeit und künstlerischen Unmöglichkeit. Mit einer Kritik der gangbarsten gegenwärtigen Jugendzeitschriften. 1905, S. 13) durch ihre realistische Beobachtungsgabe. Immer wieder schildert W. die in der zweiten Hälfte des 19. Jahrhunderts unter Handwerkern, Taglöhnern und Kleinbürgern in Deutschland herrschende große Armut, macht sie anschaulich, wie häufig auch Kreise des Bürgertums von Verarmung und Verelendung bedroht waren. Nicht von ungefähr verwendet W. das Motiv der Auswanderung nach Amerika so oft. Wie Berthold Auerbach beschrieb sie ferner in genauer Kenntnis ländlicher Bräuche den Lebensraum dörflicher Gemeinschaften. Vor Johanna Spyri schildert sie die Schweizer Alpenlandschaft und deren Bewohner, wie sie übrigens auch Meer und Marsch zur Darstellung brachte. Dagegen blieb die Schilderung städtischen Lebens oder gar großstädtischen Milieus unanschaulich und formelhaft. W. versuchte in ihren Jugendgeschichten durchaus, in der bürgerlichen Gesellschaft bestehende Vorurteile gegenüber Menschen anderer Rasse, anderen Glaubens, Gleichgültigkeit gegenüber Kranken und Verachtung vor Menschen geringerer sozialer Herkunft abzubauen. Die bestehende Ordnung zog W. dabei jedoch niemals in Zweifel. Die Moral ihrer Geschichte „Vom armen Unstern“ ist die Moral aller ihrer Geschichten: „Wenn alle, denen ein freundlicheres Los gefallen ist, sich dankbar freuen lernen an dem, was ihnen geworden; wenn solche, die auch ein verkümmertes Los haben, lernen, kleine Freudenblümchen zu pflücken, getreu sein im Kleinen und ihre Hoffnung setzen auf den reichen Vater im Himmel, dann ist sie doch gut ausgegangen und nicht umsonst geschrieben – die wahrhaftige Geschichte vom armen Unstern.“

Auch auf dem Gebiet der Jugendliteratur war W. außerordentlich produktiv. Die Sammlung der „Jugendschriften“ umfaßte 22 Bändchen. Daß der Zwang zu geschwinder Produktion für die diversen Zeitschriften ihrer Phantasie Grenzen setzte und sie deshalb routinierte Erzählmuster und Handlungsschablonen zu Hilfe nehmen mußte, erkannte W. selbst: „Bin ich seit etlicher Zeit so ausgemostet und dürr, daß mir eigentlich gar nichts zu schreiben einfällt, nicht einmal etwas ‚Verlogenes‘ …“ schrieb sie am 24.4.1856 (A. Willms und A. Wildermuth: Ottilie Wildermuths Leben. 1888, S. 103). Seit 1876 gab W., die an den von Isabella

Braun herausgegebenen „Jugendblättern“, dem „Jugendalbum“ von Emma von Niendorf und der „Deutschen Jugend“ von Julius Lohmeyer mitarbeitete, auf Wunsch ihres Verlegers Adolf Krabbe in Stuttgart das Jahrbuch „Der Jugendgarten. Eine Festgabe für die deutsche Jugend“ heraus. Im zweiten Band der noch von W. redigierten Zeitschrift erschien 1877 ihre letzte, schon auf dem Krankenlager geschriebene Jugenderzählung „Die Kinder der Heiden“. Nach dem Tode von W. wurde das Jahrbuch bis 1885 von den Töchtern Adelheid W. und Agnes Willms fortgeführt. W.s Werke und Jugendschriften wurden zuerst von Adolf Krabbe in Stuttgart verlegt, der sein Verlagsrecht nach 20 Jahren an die Brüder Kröner verkaufte. Nach ihrem Tode erschienen ihre Jugendschriften in zum Teil hohen Auflagen, in häufig geänderter Zusammenstellung, bisweilen stark bearbeitet und in Heftchenformat bis nach dem Zweiten Weltkrieg in verschiedenen Verlagen wie Union Deutsche Verlagsanstalt, Enßlin und Laiblin, Bardtenschläger, Schreitersche Verlagsbuchhandlung, A. Weichert und Verlag der St. Johannes-Druckerei C. Schweickhardt, Lahr-Dinglingen.

Während man an den vielen Neuauflagen ihrer Jugendschriften das Interesse der Verlage ermessen kann, läßt sich nur in geringem Umfang belegen, wie populär W. bei jugendlichen Lesern gewesen ist. Sie selbst schilderte (A. Willms und A. Wildermuth: Ottilie Wildermuths Leben. 1888, S. 301): „In naiven Briefchen mit ungefügen, von Kinderhänden gemalten Buchstaben bittet kleines Volk aus aller Herren Länder um neue Geschichten auf den Weihnachtstisch. Was soll man sich denn Lieberes vom Christkind wünschen als ein Buch der Frau Wildermuth?“ Und von C. G. Jungs berühmtem Medium Helly Preiswerk (1881–1911) wird berichtet, daß sie „sämtliche Backfischgeschichten der Ottilie Wildermuth“ verschlungen habe, mit der sie übrigens verwandt war (Stefanie Zumstein-Preiswerk: C. G. Jungs Medium. Die Geschichten der Helly Preiswerk. 1975. S. 72–73). Noch 1921 erzählt Erna Sax in dem „Deutschen Mädchenbuch“ (Bd. 25, 1921, S. 131–185) unter der Überschrift „Vierblätterklee“ nach Schriften von W. aus „Ottilie Wildermuths Jugendtagen“; der Darstellung schloß sich eine Blütenlese „Gute Worte aus Ottilie Wildermuths Schriften“ an. Es ist bemerkenswert, daß W. – sofern und solange sie überhaupt Beachtung fand – von Literarhistorikern wie Jugendbuchkritikern stets lobend erwähnt wurde. A. Merget, der in seiner Beurteilung von Jugendschriftstellern die Stellung des Autors zur Religion oft ausschlaggebend sein ließ, betonte 1866 in seiner „Geschichte der deutschen Jugendliteratur“ (^{3}1882, S. 139), daß W. von „sehr strengen Kritikern“ unter den Jugendschriftstellerinnen „besonders hochgestellt“ wurde, und widmet ihren Arbeiten vier Seiten (a. a. O. S. 139–142). Dietrich Theden führte 1883 in seinem „Verzeichnis empfehlenswerther Schriften“ für die Jugend W. mehrfach an und bemerkte dazu: „Es giebt wenige Schriftsteller, männliche wie weibliche, welche so für die Jugend zu erzählen wissen, wie Ottilie Wildermuth. Ihre Schriften behalten allesammt einen dauernden Werth und gehören zu denjenigen, welche bei Gründung von Bibliotheken den Grundstock bilden sollten“ (D. Theden: Führer durch die Jugendliteratur. 1883, S. 37). Heinrich Wolgast dagegen überging sie mit Schweigen, während Hermann Leopold Köster W. kurz, aber positiv erwähnte (H. L. Köster: Geschichte der deutschen Jugendliteratur. ^{4}1927, S. 300). Ein sehr differenziertes und pointiertes Urteil gab schließlich Otto Hild ab, der im übrigen Wolgast und der Jugendschriftenbewegung verpflichtet war. In „Die Jugendzeitschrift in ihrer geschichtlichen Entwicklung, erziehlichen Schädlichkeit und künstlerischen Unmöglichkeit“ (1905, S. 13) mokierte er sich zwar über das „wunderschön ausstaffierte Moralpredigerpüppchen Ottilie Wildermuths“ und die von ihr herausgegebene Jugendzeitschrift, räumte aber gleichwohl ein, daß sie „nicht zu den schlechtesten unter den spezifischen Frauen“ gehöre. Alfred Biese (1856–1930) faßte schließlich in seiner „Deutschen Literaturgeschichte“ (Band 3, 1921, 18. Auflage, S. 438) zusammen, was mehrere Generationen hindurch Gültigkeit hatte: „Frisch und lebenskräftig bleiben aber noch lange die zahlreichen Frauen-, Jugend- und Kindergeschichten der Schwäbin Ottilie Wildermuth (1817–1877). Sie sind beste Volksliteratur, beste Jugendliteratur.“

Werke: Bilder und Geschichten aus dem schwäbischen Leben (1852, ^{5}1865); Aus der Kinderwelt. Ein Buch für jüngere Kinder von 6 bis 10 Jahren (1854); Neue Bilder und Geschichten aus Schwaben (1854); Olympia Morata (1854); Aus dem Frauenleben (Bd. 1–2. 1855–1857); Erzählungen und Mährchen für die Jugend (1855; auch u. d.T.: Von Berg und Thal, 1862); Auguste. Lebensbild von A. Eisenlohr, geb. Feuerlein (1858, ^{5}1865); Die Heimath der Frau (1859); Kindergruß. Erzählungen für Kinder von 8 bis 12 Jahren (1859); Im Tageslicht. Bilder aus der Wirklichkeit (1861); Aus Schloß und Hütte. Erzählungen für die Jugend von 10 bis 15 Jahren (1862); Werke. Erste Gesammt-Ausgabe (Bd. 1–8. 1862); Dichtungen (1863); Lebensräthsel, gelöste und ungelöste. Erzählungen (1863); Jugendgabe (1864); Erzählungen (1866); Der Einsiedler vom Walde. Eine Weihnachtsgeschichte aus Amerika (1867); Perlen aus dem Sande (1867); Für Freistunden. Erzählungen für die Jugend von 10 bis 15 Jahren (1868); Jugendschriften. Volksausgabe (Bd. 1–14. 1871–1873; 16.–22. Bd. 1877–1900); Zur Dämmerstunde (1871); Aus Nord und Süd. Erzählungen der deutschen Jugend geboten (1874); Mein Liederbuch. Gedichte (Hrsg. A. Willms, 1877); Beim Lampenlicht. Erzählungen (Hrsg. A. Willms, 1877); Kleine Geschichten (1880); Kinder-Glückwünsche. Eine Sammlung ausgewählter Festgedichtchen mit Originalbeiträgen von Ottilie Wildermuth (Bd. 1–3. 1882); Die alte Freundin. Erzählungen (1885); Gesammelte Werke (Hrsg. A. Wildermuth, Bd. 1–10. 1892–1894); Ausgewählte Erzählungen für die Jugend (Bd. 1–22. 1910); Briefe an einen Freund (Hrsg. B. Schulze-Schmidt. 1910); Schwäbische Pfarrhäuser. Erzählungen (1910); Briefwechsel zwischen Justinus Kerner und Ottilie Wildermuth 1853–1862 (Hrsg. A. Wildermuth, 1927, ^{2}1960).

Bearb.: A. Monod: Die Aufgabe und das Leben des Weibes im Lichte des Evangeliums (1849, ^{3}1857); Sonntag-Nachmittage Daheim. Nach dem Englischen (1860); A. von Wächter: Der weibliche Beruf. Gedanken einer Frau. Frei nach dem Englischen. Mit einem Vorwort von Ottilie Wildermuth (1861).

Hrsg.: Der Jugendgarten. Eine Festgabe für die deutsche Jugend von 9–15 Jahren (Bd. 1–2. 1876–1877).

Sekundärliteratur: A. Merget: Geschichte der deutschen Jugendliteratur ([3]1882; ND. 1967). – A. Willms: Ottilie Wildermuths Leben. Nach ihren eigenen Aufzeichnungen zusammengestellt und ergänzt (zus. mit A. Wildermuth. 1888, [4]1911). – Fr. Weller: Die schwäbische Dichterin Ottilie Wildermuth (in: Württemberg. 1937. 333–338). – V. Vollmer: Ottilie Wildermuth (in: Schwäbische Lebensbilder Bd. 5. 1950. 354–378).

Wolfgang Promies

Wildhagen, Else von

*Mädchenbuchautorin; * 10. 1. 1863 Leipzig, † 9. 8. 1944 Dresden.*

W., Tochter Emmy von Rhodens (1832–1885), setzte die Schriftstellerei ihrer Mutter mit den beiden Bänden „Trotzkopfs Brautzeit" (1892) und „Trotzkopfs Ehe" (1894) fort. Der vierte Band „Trotzkopf als Großmutter" (holländisch: „Stifkopje als grootmoeder", 1904) wurde von der Holländerin Suze la Chapelle Roobol verfaßt und 1905 ins Deutsche übertragen.

Werk, Tendenzen, Wirkung. W. führte die Erzählung „Der Trotzkopf" im Sinne und im Stil ihrer Mutter fort und ergänzte sie durch Übertreibungen und romanhafte Verwicklungen, die Gelegenheit gaben, auf Ilse, die durch „kindischen Übermut" ihren Bräutigam abschreckt, weiterhin im Sinne des Erziehungskonzeptes „gesittete Dame" einzuwirken. Das Heraustreten aus dem durch Sitte und Herkommen festgelegten Rahmen hat regelmäßig schlimme Folgen, während Fügsamkeit und Nachgiebigkeit zum „Reiz echter Weiblichkeit" führen. Daneben wird als weibliche Gegenstrategie empfohlen, sich nur scheinbar dem Manne zu fügen, um ihn um so leichter „um den Finger wickeln" zu können. In dem Band „Trotzkopfs Ehe" versucht Ilse ihren Kindern „manches bittere Leid" dadurch zu ersparen, daß sie ihnen ihre eigenen Erfahrungen vermittelt. Im übrigen variieren die breit dargestellten Schicksale der Freundinnen Nellie, Orla und Flora das Hauptmotiv. Dargestellt sind auch Wohltätigkeit und Fürsorge für Arme und Bedienstete oder durch Unglück Verarmte. Am Ende beschließt Ilse, ihre Memoiren zu schreiben, anderen zur Belehrung und Warnung und aus Dankbarkeit für alle die „Lieben", durch die sie von ihrem „Trotz" geheilt wurde.

→ E. von Rhoden, → Trotzkopf

Werke: Trotzkopfs Brautzeit (1892); Trotzkopfs Ehe (1894).

Malte Dahrendorf

Wildsmith, Brian

*Englischer Illustrator, Bilderbuchkünstler; * 22. 1. 1930 Penistone/Yorkshire.*

Brian Lawrence W. verbrachte als Sohn eines Bergarbeiters seine Kindheit und Schulzeit in Sheffield, dem Zentrum des englischen Minengebietes. Er studierte ab 1946 an der Barnsley School of Art und dann drei Jahre lang als Stipendiat der Slade School of Fine Art University College in London. Seinen Militärdienst absolvierte er als Musiker und Mathematiklehrer an der Royal Military School. Zunächst als hauptberuflicher Kunsterzieher tätig (1954–1957), versuchte er sich danach freiberuflich als Maler und Graphiker zu entfalten. Er malte großformatige Bilder im Stil des abstrakten Expressionismus, bewarb sich zur selben Zeit erfolgreich um Mitarbeit im Kinder- und Jugendliteraturlektorat der Oxford University Press. 1975 entwarf er Bühnenbilder und Kostüme für einen Kindermusicalfilm. W. erhielt zahlreiche Auszeichnungen, so 1962 die Kate-Greenaway-Medaille; 1964 stand „Der Löwe und die Ratte" und 1965 „Der Nordwind und die Sonne", beides Fabelbilderbücher nach La Fontaine, auf der Auswahlliste des Deutschen Jugendbuchpreises. W. ist Linkshänder, ein guter Pianist, hat vier eigene Kinder, lebt in London und Frankreich und hat weite Reisen unternommen.

Werk, Tendenzen, Wirkung. W.s Erfolg ist auf traditionelle Bilderbuchinhalte und Motive zurückzuführen, denen er aber – bar jeder verniedlichenden Idyllik – zu unkonventionellem Ausdruck verhilft. Am Anfang seines Schaffens stand die Aufforderung Mabel E. Georges, verantwortliche Lektorin für Kinderbücher bei Oxford University Press (London) seit 1956 und intensive Förderin W.s bis heute, einige Farbtafeln für eine Neuausgabe der Märchen aus Tausendundeine Nacht vorzulegen (Tales from the Arabian Nights, 1961). Es folgten Illustrationen zu elementaren Bilderbuchtexten wie „Brian Wildsmith's A. B. C." (1962), für das er noch im selben Jahr die Kate-Greenaway-Medaille bekam, ebenso „Mother goose" (1964) oder auch Fabeln von La Fontaine (wie „The northwind and the sun", 1964; dt. Der Nordwind und die Sonne, 1964) oder „The hare and the tortoise" (1966; dt. Der Hase und die Schildkröte, 1967). Im „ABC" ordnete er kindliche Umweltelemente ebenso wie exotische Tiere jeweils einem Buchstaben zu. Während er hier seine kräftige, expressive Farbigkeit in der bei ihm bevorzugten Gouachetechnik erreicht, dominieren in „Mother goose" wolkige Lavierungen. Einprägsam isoliert er oft seine Figuren vor einfarbigen, leeren oder strukturierten Hintergründen, nur selten arbeitet er mit festgefügten zeichnerischen Konturen. Er nutzt in einer Reihe seiner Bücher den Gegensatz von lockerer, fleckenhafter Farbsetzung zu auskalkuliertem Balancieren von ungegenständlichen Elementen, die aber noch dinglich erschließbar sind. Ein gutes Beispiel für diese abstrahierende, teilweise jedoch in anderen Büchern auch ins Dekorative umschlagende Tendenz ist das Zahlenbilderbuch (Brian Wildsmith's 1,2,3's, 1965). Primärfarben ordnet er den Grundformen Kreis, Rechteck und Dreieck zu und konstruiert geometrisierende Figurationen als Kombinationen dieser Basisformen bei wachsend kaleidoskopartiger Farbaufsplitterung. Am Schluß stehen Puzzlebilder, mit denen er die Form- und Zahlenerfassung der Vorschulkinder testen möchte,

Doppelseite aus dem Bilderbuch von Brian Wildsmith „Eins Zwei Drei" (Zürich 1965).

eine didaktische Tendenz, der auch das 1971 in der Übersetzung von BETTINA HÜRLIMANN erschienene Bilderfragebuch „Warum brüllt der Tiger" mit seinen Beobachtungsaufgaben zum Sensibilisierungstraining verpflichtet ist.
Durch eine szenisch anspruchsvolle Visualisierung überhöht er in dem von PHILIP TURNER textlich bearbeiteten Werk (deutsche Übersetzung von MARTIN HÜRLIMANN) „Bible stories" (1968; dt. Atlantis Kinderbibel, 1969) und in ROBERT LOUIS STEVENSONS Kindergedichtsammlung „A child's garden of verses" (1966; dt. Mein Königreich, 1969) den Textteil. Seine einprägsamen optischen Bildeinheiten überwuchern den ohnehin verknappten Text bei den LA FONTAINEschen Fabel-Bilderbüchern, und in der ab 1967 erscheinenden Serie von Tierbilderbüchern wird dieser teilweise, wie in „Birds" (1967; dt. Vögel, 1967) und „Fische" (1968), auf Bildunterschriften reduziert oder überflüssig gemacht. In dem Band „Der Zirkus" (1970) sind die beiden einfachen Hauptsätze „Der Zirkus kommt in unsere Stadt" und „Der Zirkus bricht auf zur nächsten Stadt" der ganze Text. Dazwischen entfaltet W. mit Hilfe seiner graphischen Gestaltungsmittel all das, was traditionellerweise zu einem Zirkus gehört. Situativ setzt er Strukturen, Gespritztes, Gekratztes, Naß- in Naß-Gemaltes, sorgfältig ausgeführte Farbflächen und mit bröseliger Kreide überarbeitete Teile zu großen Schautafeln zusammen. Bisweilen scheint die ästhetische Wirklichkeit zum Selbstzweck zu werden, dennoch bleibt er auch bei dem Einsatz abstrahierender Elemente weitgehend realistisch. Er läßt seine Bilder in der für Kinder verständlichen Zweidimensionalität, begnügt sich mit Überschneidungen und klappt – wie Kinder und Kubisten – Gegenstände in der Fläche auf. Vielleicht sind seine farbstrotzenden Bilderbücher zu unproblematisch heil. W. sucht vielleicht auch, wie HORST KÜNNEMANN vermutet, in seiner gemalten Welt einen Ausgleich zu seiner tristen Kindheit im Industrierevier.
Ob W. nur der Illustrator fremder Texte ist oder aber selbst schreibt, immer folgt er dem Grundsatz: „It is necessary to get to the roots of the text – its essence – and then create a pictorial form that is at one with the text and yet is a thing unto itself – a true marriage between written word and pictorial form, each complementing the other yet able to exist without the other".
W.s sensible Zeichnungen im lockeren freien Federduktus als Illustrationen von Erzählungen und Anthologien für Jugendliche sind in Deutschland meist unbekannt, seine farbenprächtigen, sorgfältig ausgestatteten Bilderbücher erscheinen in der Regel als Simultan-Editionen.

Werke: R. Guillot: Prince of the jungle (1958); E. O'Faolain: High sang the sword (1959); N. Channey: Tangara (1960); Fr. Grice: The bonny pit laddie (1960; auch u.d.T.: Out of the mines, 1960; dt. Eine Laterne für Bunny, 1967); Tales from the Arabian nights (1961); Br. Wildsmith: ABC (1962); E. Blishen (Hrsg.): Oxford book of poetry for children (1963); J. de La Fontaine: The lion and the rat (1963; dt. Der Löwe und die Ratte, 1963); K. Crossley-Holland: Havelock the Dane (1964); J. de La Fontaine: The north wind and the sun (1964; dt. Der Nordwind und die Sonne, 1964); Mother Goose. A collection of nursery rhymes (1964); J. de La Fontaine: The richman and the shoe-maker (1965; dt. Der reiche Mann und der Schuster, 1966); Brian Wildsmith's 1,2,3's (1965; dt. Eins, zwei, drei, 1965); J. de La Fontaine: The hare and the tortoise (1966; dt. Der Hase und die Schildkröte, 1967); R. L. Stevenson: A child's garden of verses (1966; dt. Mein Königreich, 1969); Br. Wildsmith: Birds (1967; dt. Vögel, 1967); Br. Wildsmith: Wild animals (1967; dt. Wilde Tiere, 1968); Ph. Turner: Illustrated bible stories (1968; dt. Atlantis Kinderbibel, 1969); Br. Wildsmith: Fishes (1968; dt. Fische, 1968); J. de La Fontaine: The miller, the boy and the donkey (1969; dt. Der Müller und sein Esel, 1969); Br. Wildsmith: Circus (1970; dt. Der Zirkus, 1970); Br. Wildsmith: Puzzles (1970; dt. Warum brüllt der Tiger?, 1971); Br. Wildsmith: The owl and the woodpecker (1971; dt. Die Eule und der Specht, 1972); Br. Wildsmith: The little wood duck (1972; dt. Die kleine Wildente, 1973); Br. Wildsmith: The lazy bear (1973; dt. Der Faulpelz, 1974); Br. Wildsmith: Python's party (1974; dt. Das Fest der Tiere, 1976); Br. Wildsmith: Squirrels (1974; dt. Eichhörnchen, 1975); Br. Wildsmith: Maurice Maeterlincks Blue bird (1976; dt. Maurice Maeterlincks Der blaue Vogel, 1976).

Sekundärliteratur: H. Künnemann: Brian Wildsmith (in: ders.: Profile zeitgenössischer Bilderbuchmacher. 1972. 197–203).

Klaus-Rüdiger Werner

Wildwest in der Kinder- und Jugendliteratur

Der im deutschsprachigen Raum entstandene Begriff W. als Verkürzung von „Wilder Westen" tauchte um 1890 erstmals auf und wird bis in die Gegenwart hinein häufig zur Kennzeichnung einer speziellen Literatur- bzw. Filmsparte gebraucht. Die vor allem in Form trivialer Heftserien, Comics und speziell hergestellter Leihbüchereibände vertriebene W.-Literatur zählt junge Leser zu ihren Hauptkonsumenten. Während der ursprüngliche Begriff „Wilder Westen" zumeist die Frühzeit der Eroberung Nordamerikas durch die Weißen zum Inhalt hatte, daher vorwiegend von Pfadfindern, Fallenstellern, Jägern, Händlern und Siedlern der Pionierzeit und deren Kämpfe mit den indianischen Ureinwohnern berichtete, meint die Kurzform W. fast ausschließlich die Zustände in Nordamerika von der Mitte des 19. Jahrhunderts bis etwa 1910, deckt damit den Zeitraum vom Bau der ersten Eisenbahn quer durch Nordamerika bis zu den letzten Kämpfen der Indianer mit den Weißen und der Entstehung neuer Siedlungen und Städte ab. Cowboy- und Sheriffgeschichten, Kämpfe der Rinderbarone gegen die kleinen Siedler, Legenden um berüchtigte „outlaws" und berühmte Sheriffs bilden die Themen solcher W.-Schriften. Fast noch mehr als durch die entsprechenden literarischen Erzeugnisse wurde der Begriff W. durch die zahlreichen W.-Filme amerikanischer Herkunft geprägt. Heute wird der Begriff W. häufig durch den Ausdruck „Western", der sich allerdings seriöser versteht, ersetzt.

Vorläufer der W.-Literatur. Frühe Mythen- und Legendenbildung um die Eroberung des Wilden Westens setzte schon im 16. und 17. Jahrhundert mit ersten Vorstößen in Indianergebiete ein. In Europa verbreitet waren vor allem die Abenteuerbücher Gabriel Ferrys (1809–1853), wie „Der Waldläufer" (1851), oder Gustave Aimards (1808–1883) „Der Fährtensucher" (1860), „Die Trapper in Arkansas" (1859) und „Die Prärie-Piraten" (1860), die Abenteuerliches mit Sachlichem verknüpften. Von entscheidender Prägung wurden die Lederstrumpferzählungen James Fenimore Coopers (1789–1851). Unter dem Einfluß Jean Jacques Rousseaus war von René François Chateaubriand (1768–1848) die Geschichte eines christlichen Indianermädchens „Atala" (1801) geschrieben worden. Realistisch und durch eigene Kenntnis von Land und Leuten bestimmt waren auch die Erzählungen und Berichte von Charles Sealsfield (d.i. Karl Postl, 1793–1864). Mit Reisebeschreibungen und Abenteuerbüchern, vor allem „Die Regulatoren in Arkansas" (1845) und „Die Flußpiraten des Mississippi" (1848), schrieb Friedrich Gerstäcker (1816–1872) einen wesentlichen Beitrag zur Frühgeschichte Nordamerikas. Hier sind erste Ansätze zu finden, neben trivialen und kolportagehaften Strukturen die konkreten Lebensbedingungen des damaligen Wilden Westens zu vermitteln. Nachhaltigen Einfluß gewannen die rein fiktiven Darstellungen Karl Mays (1842–1912), der in seinen Helden Old Shatterhand und Old Firehand sowie ihren Anhängern die Gestalt des edlen Weißen mit stark weltverbessernden, christlich missionarischen Zügen ausstattete.

Funktion der W.-Literatur. Für die junge USA war die W.-Erzählung zunächst eine Form, die eigene Geschichte aufzuarbeiten. Dieser „heimatkundliche" Aspekt hat jedoch Geschichtsklitterungen nicht verhindert. Ähnlich wie in der romantisierenden Form des Indianerbuchs der „edle Wilde" als Kontrastfigur zur blutrünstigen „Rothaut" am wahren Charakter und der ethnisch-sprachlichen Vielfalt der nordamerikanischen Ureinwohner vorbeiging, dienten nun Westmänner und Cowboys, Revolverhelden und stilisierte Gesetzesbrecher dazu, den nur sich selbst verantwortlichen Naturburschen dem verweichlichten und degenerierten Stadtmenschen gegenüberzustellen. Der einsame Reiter, selten der von Freunden und Gleichgesinnten gestützte Individualist, wurde zusammen mit dem Pionier der Frühzeit eine der bis heute gültigen Leitbild- und Identifikationsgestalten Nordamerikas. Der Sheriff als Vertreter von „Recht und Gesetz", aber auch der erfolgreiche Desperado und Revolverheld gehörten und gehören zu den immer noch bewunderten Gestalten. Waffenkult, Missionseifer, Neigung zur Gewalttätigkeit und brutalen Regelung von Konflikten wurden in den W.-Geschichten jeder Spielart – von der anspruchsvollen „short story" des 19. Jahrhunderts bis zu trivialen Massenprodukten – festgeschrieben. Erst spät entwickelte sich die W.-Literatur zu einer besonderen Form der Auseinandersetzung mit der nun erst mit kritischen Augen gesehenen nordamerikanischen Geschichte.

Für jüngere und ältere europäische Leser wurde der traditionelle W.-Roman zu einer der zahlreichen Spielarten des Unterhaltungsgenres. Maßgeblichen Anteil daran hatte weniger die Buchproduktion als die in

Heftchenform und in Zeitschriften erscheinenden Fortsetzungsserien. Einer der ersten Autoren von W.-Literatur im eigentlichen Sinne war ZANE GREY (1873–1939), der heute zu den Klassikern der W.-Literatur zählt. Die Texte ermöglichten die imaginäre Flucht aus eigener Beengung. Cowboy und Westmann in ihrer selbstherrlichen Form des Vigilantentums, der Selbstjustiz, der ritualisierten Weise des Männlichkeitskultes und des Waffenfetischismus boten sich als Leitbild an. Die idealistisch verbrämte Stilisierung eines Lebens unter verschärften Existenzbedingungen, der körperlichen Härte, Ausdauer, der Bildungslosigkeit und der physischen Belastbarkeit wird bis in die Gegenwart durch Westernfilme, Schallplattenproduktionen, durch audiovisuelle Werbung, durch Spielzeug, Karnevalskostüme und Serien im Kinderfernsehen klischeehaft verfestigt. Revolverduelle, Schlägereien im Saloon und Verfolgungsjagden nähren bei den Lesern und Zuschauern die Illusion, daß ein Leben im W.-Stil heute noch möglich und erstrebenswert sei. Neben neuerdings anzutreffenden Versuchen, die W.-Literatur auf ein höheres Niveau zu heben, bilden triviale Heftserien, Comicserien und Taschenbuchreihen bis heute den Hauptanteil der W.-Literatur auf dem Markt.

Neue Aspekte der W.-Literatur in der Gegenwart. Schon in der ersten Hälfte des 20. Jahrhunderts zeigten sich Versuche einer Versachlichung der herkömmlichen W.-Literatur. Beispiele für solche Tendenzen sind FRIEDRICH VON GAGERNS „Das Grenzerbuch" (1920) und WÄSCHA-KWONNESINS Jugendbücher „Kleiner Bruder" (1935), „Männer der letzten Grenze" (1937), „Sajo und ihre Biber" (1937) und „Das einsame Blockhaus" (1952). Bis in die Gegenwart wirken Neuauflagen der „Tecumseh"-Bände von FRITZ STEUBEN (d.i. EHRHARD WITTEK), die ab 1930 erschienen und bis zur Gegenwart im Buchhandel angeboten werden.

Nach dem Zweiten Weltkrieg setzte sich im englischsprachigen Bereich, aber auch im deutschsprachigen Raum eine historisch-kritische Auseinandersetzung mit der wahren Geschichte des Wilden Westens durch. In der DDR ist es unter anderem LISELOTTE WELSKOPF-HENRICH, die ab 1951 ihre „Harka"-Reihe, „Die Söhne der Großen Bärin" und weitere Anschlußbände veröffentlichte, die in beiden deutschen Staaten sowie in zahlreichen Übersetzungen erschienen und nach dem historischen Bericht über das Schicksal eines Dakota-Stammes im 19. Jahrhundert das Leben in heutigen Reservaten im Widerstreit mit der weißen Oberherrschaft zeigen. Auch EARNIE HEARTINGS zehn Bände über „Berühmte Häuptlinge, weiße Kundschafter", seit 1954 publiziert, werden noch heute aufgelegt. Hierher gehört auch der DDR-Autor RUDOLF DAUMANN (1896–1957), der in einem weitgespannten Epos „Tatanka-Yotanka" (1955), „Der Todesritt der Dakota" (1955), „Der Untergang der Dakotas" (1957) und „Die vier Pfeile der Cheyenne" (1957) von Sitting Bulls verzweifeltem Kampf gegen die Weißen erzählt.

Herrschte in der Vergangenheit in der W.-Geschichte eine oft idealistisch verbrämte Darstellungsweise, so gewinnt zunehmend eine ideologiekritische und politisch orientierte Haltung vieler Autoren die Überhand. Neben der Erzählung über den Wilden Westen sind es Sachbücher, Photobände, Dokumentationen, Nachschlagewerke und Enzyklopädien sowie Mischformen aus den genannten Textsorten, die durchweg aufklärerische Absichten verfolgen. Nachdem jahrzehntelang nur weiße Helden in W.-Romanen denkbar waren, stehen jetzt mehr und mehr die Indianer im Zentrum, und die Geschichte der weißen Herrschaft wird als die Geschichte der Unterdrückung und Ausrottung der Indianer begriffen und beschrieben. Bemerkenswert erscheint auch, daß sich das Lesealter dieser Form der W.-Literatur dabei unmerklich aus der Altersspanne der Zehn- bis Dreizehnjährigen höher schiebt in die Adoleszenz und die Leserschichten der Dreizehn- bis Vierzehnjährigen. Kennzeichnende Beispiele für diese neue Entwicklung finden sich bei HANS-CHRISTIAN KIRSCH (Ps. FREDERIK HETMANN), THOMAS JEIER am stärksten bei HEINZ J. STAMMEL (Ps.e: CHRISTOPHER S. HAGEN; LOCKHART). Diese Verfasser operieren stark mit Quellentexten, verwenden Originalaussagen, Zeitungsreportagen des vorigen Jahrhunderts, Tagebuchaufzeichnungen, Augenzeugenberichte, Briefe und Autobiographien, Bilddokumente, die mit frei erzählten Texten verknüpft werden. Eine Serie CHRISTOPHER S. HAGENS läuft unter dem bezeichnenden Titel „Authentic Western". Wichtige Publikationen wie PETER FARBS „Die Indianer" (1968, 1971), DEE BROWNS „Bury my heart at Wounded Knee" (1970; dt. Begrabt mein Herz an der Biegung des Flusses, 1972) und „The gentle tamers. Woman of the Wild West" (1958, 1968; dt. Pulverdampf war ihr Parfum. Die sanften Helden des Wilden Westens, 1974), Bild-Text-Dokumentation „Im Westen ging die Sonne auf", können als Wendepunkte in der Geschichte der W.-Literatur angesehen werden.

Das internationale Wechselverhältnis zwischen einander stimulierenden Massenmedien ist außer im W. nur noch im Science-Fiction-Genre anzutreffen. Im ähnlichen Ausmaß wie W. die Dimensionen des „klassischen" W.-Films, des Unterhaltungs- und „B"-Western durchlaufen hat, spiegeln sich in themen- und gestaltungsähnlichen Erzählungen, Comics und Kinder- und Jugendschallplatten diese Varianten wieder. Das gilt auch für die zunehmende Härte und Brutalisierung, die angebliche Detailtreue im „Italo-Western", im kritischen und im Anti-Western (SAM PACKINPAH „Sacramento"; „The wild Bunch", dt. „Sie kannten kein Gesetz") und für die Arbeiten von SERGIO LEONE und SERGIO CORBUCCI.

Parallel zu diesen Gestaltungen ist ein Niveauanstieg im Comic zu konstatieren: Italienische, spanische und französische Zeichner leisten unter anderem in den Serien „Leutnant Blueberry" sowie den Parodien „Lucky Luke", „Umpah-pah" (von RENÉ GOSCINNY und MORRIS) Beachtliches. Puppen- und Zeichenfilm parodieren mit den Möglichkeiten des Tricks die W.-Gattung: „Das Lied der Prärie" von JIRI TRNKA

und der abendfüllende Streifen von DINO BOZZETTI „Der wilde Wilde Westen" sowie der tschechische Spielfilm „Limonaden-Joey".
Mehr als 500 Western-Clubs in der Bundesrepublik Deutschland sowie in anderen westlichen Ländern bekunden eine Mischung von Aufarbeitung vergangener Epochen und offenbar nicht ausgelebter Pubertät bei den vornehmlich erwachsenen, männlichen Mitgliedern.
Die Lesersoziologie und Motivationsforschung zur Gattung W. ist über Anfänge nicht hinausgelangt. Skizzenhaft gilt festzuhalten, bis gesicherte Ergebnisse vorliegen, warum Kinder, Jugendliche und zahlreiche Erwachsene dieser Textsorte anhängen: Sie vermittelt zur eigenen Umwelt von Reglementierung, Bürokratie und Zivilisation das totale Gegenbild eines Lebensbereichs von Freiheit, Ungebundenheit, Selbstbestimmung in wilder, ungebändigter, oft bizarrer und strapaziöser Natur. Der „Held" gibt sich selbst das Gesetz; er findet allgemeine Beachtung, Anerkennung. Immer weiß er sich Respekt zu verschaffen. Die Unüberschaubarkeit des Historischen schrumpft auf die übersehbare Dimension des Privaten und Individuellen. Der Held bestimmt über Leben und Tod der Übrigen und Anderen. Die tradierten Rollenklischees von Mann und Frau scheinen unerschüttert zu stehen. Der Männlichkeitswahn eines anti-emanzipatorischen „machismo" beherrscht auch den „Familien-Western" in der Serie „Bonanza", der in mehr als 50 Ländern der Welt über eine halbe Milliarde Rezipienten erreichte.

→ Abenteuerbuch, → Buffalo Bill, → J. F. Cooper, → Fr. Gerstäcker, → Fr. Hetmann, → Indianerbuch, → Th. Jeier, → Lederstrumpf, → K. May, → Ch. Sealsfield, → H. J. Stammel, → Fr. Steuben, → L. Welskopf-Henrich

Sekundärliteratur: P. Aley: J. F. Cooper's ‚Lederstrumpf' in Jugendausgaben (in: Kl. Doderer (Hrsg.): Klassische Kinder- und Jugendbücher. 1969. ³1975. 99–118). – A. Cl. Baumgärtner (Hrsg.): Deutsches Jugendbuch heute (1974). – A. Bodensohn: Im Zeichen des Manitu (1963); Abenteuer, Rothaut und Bleichgesicht (1967). – J. U. Davids: Das Wildwest-Romanheft in der Bundesrepublik (1969). – M. Delling: Bonanza & Co (1976). – J. Hembus: Western-Lexikon (1977). – K. E. Maier: Jugendschrifttum (1965, ⁷1973). – H. Plischke: Von Cooper bis Karl May (1951). – H. J. Stammel: Der Cowboy von A–Z (1974).

Horst Künnemann

Wilkeshuis, Cornelis

*Niederländischer Lehrer, Autor und Journalist; * 9. 12. 1896 Harlingen/Holland.*

W. verbrachte seine Kindheit in der friesischen Hafenstadt Harlingen. Nach seiner Schul- und Studienzeit unterrichtete er in Amsterdam und Deventer. Daneben widmete er sich nach dem Zweiten Weltkrieg schriftstellerischer Arbeit. Für Erwachsene schrieb W. Gedichte, Kurzgeschichten und Essays über Pädagogik, Philosophie (über DENIS DIDEROT, 1713–1784), Religion (über RUUSBROEC, 1293–1381) und Sprachforschung. Er arbeitete für Zeitungen und Zeitschriften und verfaßte eine Reihe von Hörspielen. W. schrieb über 30 Kinder- und Jugendbücher. 1963 wurde er für sein Gesamtwerk mit dem kulturellen Preis der Stadt Deventer „De gouden Adelaar" ausgezeichnet.

Werk, Tendenzen, Wirkung. In seinen Kinder- und Jugendbüchern, die in Holland und in anderen Ländern (Bundesrepublik Deutschland, Schweiz, Österreich, Südafrika u. a.) in hohen Auflagen erschienen sind, lassen sich verschiedene Themenbereiche finden: Geschichte, Religion, Abenteuer, Science-Fiction sowie Märchenhaftes und Phantastisches.
Hervorragende Begebenheiten aus dem alten Ägypten (De boog van de Farao, 1957), aus dem Inkareich (Ti Pa, het Inca-meisje, 1958; dt. Tipa, das Inkamädchen, 1961) und aus der holländischen Kulturgeschichte (Hoe het vroeger was, 1961) zeichnet W. ruhig und zugleich spannend, meist jedoch ohne eigene Wertung nach.
Seine phantastischen und märchenhaften Erzählungen aus dem Kinderalltag einerseits und aus der „großen weiten Welt" andererseits (Zwart op wit, 1964; dt. Die goldene Schatztruhe, 1966; De Avonturen van Ollebolle, 1956–1958) schrieb er sehr einfallsreich, witzig und in leicht verständlichem Stil für Kleinere. Viele der kurzen Texte eignen sich in ihrer Zeitlosigkeit auch gegenwärtig noch zum Vorlesen und zum Selbstlesen für Leseanfänger. In Holland fanden diese Bücher während der sechziger Jahre große Verbreitung.

Werke: Mikkeltje van de molen (1941); Wat is heemkunde (1941); De detective-roman (1946); Kindertekeningen in de oorlog (1946); Spelen en speelgoed (1946); Zijn dromen bedrog? (1946); Mensen en problemen (1947); Het plaatjesverhaal (1948); Homo sapiens (1948); Patava de holenjongen (1948; dt. Patava, der Höhlenmensch, 1954); Weest paraat (1948); Carolijntje (1949); Geheugen en herinnering (1949); De gekroonde stokvis (1950); Psychologie voor de nijverheidsakten (1950); Wat holentekeningen ons vertellen (1950); Aanpakken maarl Jongensboek (1951, ²1951); Avonturen in Lutjeputje (1951); Draken (1951); Een heldendicht van handelaren (1951); Familienamen en wat ze ons te zeggen hebben (1951); Was William Shakespeare werkelijk Engelands grootste dichter? (1951); Met Kapitein Brown op een onbewoond eiland (1951; dt. 40 + 1 werden ausgesetzt, 1952); Bont palet (1952, ³1960); De Azteken, het volk van Aztland (1952); De Kruisdraging (1952); De nieuwsgierige prinses (1952, ²1960); Een jongen van de zee (1952); Jantje Jokkebrok (1952); Oeleke (1952); Het stormkamp (1953); Jan Klaassen en de ster voor Esmeralda (1953); Raketvlucht naar Mars (1953, ³1960); Vertelsels uit Nieuw-Lutjeputje (1953); De fiets van de meester (1954); De gouden keten van de Compagnie (1954); Onder een dak (1954); Het schip „Noordpool" (1955); Kleuteronderwijs (1955); Vuur over Soemerie (1955; dt. Es brennt in Sumerien, 1957); Zeven man in de poolnacht (1955); Avonturen van Ollebolle (1956); Symbolen (1956); De boog van de Farao (1957); Lofdicht op Deventer (1957); Ollebolle in de woestijn (1957); Ollebolle naar de Noordpool (1957); Verhalen van vroeger (1957); Zij kwamen van verre (1957); Ollebolle naar de zeebodem (1958); Ti Pa, het Inca-meisje (1958; dt. Tipa, das Inkamädchen, 1961); Avontur in de Zuidzee (1959); Doodles ... klakkeloze krabbels (1959); Het strandfeest (1959); Oeleke (1959); Levende woordkunst (1960); Fluitekruid (1961); Hoe het vroeger was (1961);

Jahoela de woud-indiaan (1961); Kleine Sneeuwveer (1961; dt. Kleine Schneefeder, 1970); Babo de krijgsolifant (1962); Nederlands plakboek (1963); Rook en as over Tristan (1963); Diderot (1964); Jan van Russbroec (1964); Zwart op wit (1964; dt. Die goldene Schatztruhe, 1966); Daantje zou naar school toe gaan (1965); De gouden slang (1965); De grote overstroming (1965; dt. Die wunderbare Rettung, 1967); Van huis uit (1965); Hondred seuwen (1966); Pennewippers (1967); Groot verhalenboek voor de jeugd (1968); Hollanders op Korea (1968); Meester, welbedankt! (1968); De verdwenen koopman (1969); De zoon van de zeerover (1969); De spion van Deventer (1972); Waarover spraken zij? (1973); Grote Pier van Kimswerd (1975); Wilkeshuis omnibus (1976); Das schönste Geschenk (1977).

Lioba Betten

Wilkoń, Józef

*Polnischer Maler, Graphiker und Illustrator, Bilderbuchkünstler; * 12.2.1930 Bogucice bei Kraków.*

W., Sohn eines Künstlers, studierte in Krakau von 1949 bis 1955 an der Akademie der Bildenden Künste Malerei sowie Kunstgeschichte an der Jagielloński-Universität. Der Schwerpunkt seines Schaffens liegt auf der Malerei, der Gebrauchsgraphik und der Buchillustration für Kinder und Erwachsene. Seit 1955 stellt W. seine Werke in nationalen und internationalen Gemeinschaftsausstellungen (unter anderem London, Leipzig, Moskau, Riga, Berlin, Bologna, Tokio, Brüssel, Bagdad, Hannover), Einzelausstellungen (z.B. Warschau 1960 und 1970; Krakau, 1961; Wien, 1963; Lublin, Chelmno/Kulm, Torun/Thorn, 1967/1968; Manchester, 1969; Berlin, 1971; Köln, 1973; Slupsk/Stolp, 1975; Koszalin/Köslin und Chicago, 1976) oder in Spezialausstellungen für Kinderbuchillustration vor. Seit 1967 ist er regelmäßig auf der Bienále ilustrácií Bratislava (BIB) sowie der Fiera di Bologna (ab 1966) vertreten. W., einer der international bekanntesten polnischen Kinderbuchillustratoren, wurde im In- und Ausland vielfach ausgezeichnet. Er erhielt unter anderem 1959 die Goldmedaille der Internationalen Buchkunstausstellung Leipzig (IBA), 1967 den Staatspreis für Kinderbuchillustration der VR Polen und 1974 den Preis des Premierministers für sein Schaffen für Kinder. Das Bilderbuch „Herr Minkepatt und seine Freunde" (1965, Text von U. Valentin) wurde 1966 im Rahmen des Deutschen Jugendbuchpreises für die „bildkünstlerische Gestaltung" ausgezeichnet, in die Liste der 50 „Schönsten Bücher des Jahres" aufgenommen und erhielt überdies eine Prämie für hervorragende Illustration (Premio Europeo „Città di Caorle"). W. gewann für die Illustrationen zu A. Kamieńskas „W Nieparyżu i gdzie indziej" (1967) auf der Bienále ilustrácií Bratislava (BIB) eine Plakette, für „List do Warszawy" (1973, Text von T. Kubiak) den Premio Grafico „Fiera di Bologna" und 1975 eine Goldmedaille in Moskau für „Pan Tadeusz" (1973; Text von A. Mickiewicz). W. lebt in Warschau.

Werk, Tendenzen, Wirkung. W., der für Erwachsene neben Werken der polnischen Gegenwartsliteratur unter anderem auch Calderon, Petrarca, Cervantes, Rabelais, Rilke und Garcia Lorca illustriert hat, arbeitet in Schwarzweiß und in Farbe. Er interpretiert für Kinder, hier genau dem Text folgend, dort sehr frei, hier gegenständlich, dort stärker abstrahierend so unterschiedliche Stoffe wie Gedichte, polnische, italienische oder asiatische Fabeln, Märchen, Legenden, poetische Kinder- und Tiergeschichten oder abenteuerliche und historische Erzählungen. Technisch und typographisch sind die Bücher W.s variationsreich gestaltet: Er setzt verschiedene Bildformate und Materialien wie schwarze und farbige Zeichentusche, Wachskreide, Blei- und Buntstift, Gouache, Aquarell-, Acryl- oder Wasserfarben ein. Häufig verwendet er Mischtechniken.

Die mit weichem Pinsel in verhaltenen Tönen oder erdigem Grau, Braun oder Ocker (vgl. Herr Minkepatt und seine Freunde; R. W. Schnell, Bonko, 1969; G. Spang, Kossik. Das Gemskitz, 1973) oder aber in bunten, doch nie grellen Farben (vgl. Janosch, Die Löwenkinder, 1968; St. Szydlowski, Prżygoda pewnego pawia, 1965; dt. Der eitle Pfau, 1970) ausgeführten Bilder erstrecken sich meist über den gesamten Raum der Doppelseite. Sowohl der Text als auch die weiße oder sanft getönte Fläche des Hintergrundes werden in die Gesamtkomposition einbezogen. Das Ineinanderlaufen der Farben bei der Aquarelltechnik wird gestalterisch bewußt eingesetzt (vgl. Der eitle Pfau; Kossik). In seinen mit Farben, Formen und Techniken spielenden Tierbilderbüchern – diese sind auf dem deutschsprachigen Markt am stärksten vertreten – gelingt es W., in einer Mischung aus Realismus und Stilisierung die charakteristischen Merkmale der Tiergattungen, ihre Bewegungen, die Atmosphäre ihres Lebensraumes herauszuarbeiten. Die oftmals an Felsmalereien erinnernden Illustrationen W.s bieten im allgemeinen mehr Sachinformationen über Lebensbedingungen und Verhaltensweisen der dargestellten Tiere als die von W. zur Grundlage genommenen Texte, die oftmals Anthropomorphisierungen nicht ganz vermeiden.

Einen strengeren, stärker stilisierenden, mehr ornamentalen Stil zeigt W. in den meisten anderen, vornehmlich nur in Polen publizierten Kinderbüchern. Die verschieden großen, zum Teil den Text einschließenden Bildfelder sind oft variationsreich gerahmt, der Untergrund ist farbig – häufig in warmen Braun-, Blau- oder Goldtönen (vgl. T. Kubiak, List do Warszawy, 1973; J. Sztaudynger, Zwrotki dla Dorotki, 1968; L. J. Kern, Nasze podwórko, 1975). W. greift auch – dem vorgegebenen Text entsprechend – auf Formen der mittelalterlichen Malerei zurück (Pieśń o Cydzie, 1970), verwendet Stilelemente von persischen Miniaturen, der fernöstlichen und der naiven Malerei. Dem Menschen wird in diesen Bildern, in denen Darstellungen von Landschaften, Städten, Architektur oder Technik dominieren, meist nur die Rolle eines Statisten zugewiesen. Im Gegensatz zu den Aquarell- und Tuschebildern ist hier die Farbe glatt und deckend aufgetragen, Konturen und Binnenstrukturen werden mit kontrastierender Tinte oder Tusche – häufig in Gold – oft minutiös hervorgehoben. Witzige und manchmal ironische Komponenten entstehen z. B. durch den Einsatz von Sprech- und Traumblasen (Nasze podwórko) oder die Darstellung von Ungleichzeitigem auf einer Tafel, z. B. Hubschrauber und kämpfende Ritter in Strichmännchenmanier in „W Nieparyżu i gdzie indziej". Viele Illustrationen des Malers, der einen ausgeprägten Sinn für Farbharmonien, Formen und Raumaufteilung besitzt, entfalten auch völlig unabhängig vom Text eine eigene poetische, manchmal leicht melancholische Schönheit.

W. ist hauptsächlich für die polnischen Verlagshäuser Nasza Księgarnia Warszawa, Ruch, Czytelnik sowie Wydawnictwo Literackie tätig. Seit 1963 veröffentlicht er – vornehmlich Bilderbücher – auch in ausländischen Verlagen wie Middelhauve, Parabel, Loewes, Atlantis, Flammarion, Editions des Deux Coqs d'Or oder Shiko-Sha. Die Gesamtauflage der von W. illustrierten Bücher beträgt mehr als 2 Millionen.

Werke: H. Bechlerowa: O kotku który szukat czornego mleka (1959); M. Buczkówna: Skowronki (1960); T. Kubiak: Pawie wiersze (1961); J. Kulmova: Co piszczy w trawie (1961); M. Buczkówna: Zaczarowana jagoda (1962); N. Galczyńska: Iv i Finetta (1962); P. Schaaf: Der Kranich mit dem einen Bein (1963); M. Milska: O Ibrahimie i Pięknej Sinedhur (1965); St. Szydlowski: Przygoda pewnego pawia (1965; dt. Der eitle Pfau, 1970); U. Valentin: Herr Minkepatt und seine Freunde (1965; NA. 1976); J. Ficowski: Lustro i promyk (1966); E. Zarembina: Pożegnanie ogrodu (1966); P. Buxil: La panthère et le chimpanzé (1967; dt. Der Panther und der Schimpanse, 1969); P. Buxil: Les trois lionseaux (1967; dt. Janosch: Die Löwenkinder, 1968, NA. 1972); A. Kamieńska: W Nieparyżu i gdzie indziej (1967); J. Ficowski: Maciupinka (1968); B. Hlebowicz: O slowiczku wędrowniczku (1968); J. Sztaudynger: Zwrotki dla Dorotki (1968); R. W. Schnell: Bonko (1969; NA. 1973); U. Friesel: Der kleine Herr Timm und die Zauberflöte (1970); W. Chotomska: Siedem Księżycow (1970); H. Januszewska: Grajmy (1970); Pieśń o Cydzie (1970); H. Bobińska: O królu slońcu i jego 4 córkach (1971); R. L. Stevenson: Die Schatzinsel (1971); Z. Jerzyna: Wśród drzew (1972); D. Defoe: Robinson Crusoe (1973); E. Hasler: Ein Baum für Filippo (1973); T. Kubiak: List do Warszawy (1973); A. Mickiewicz: Pan Tadeusz (1973); H. Przemyska: Zagrajmy z zielone (1973); G. Spang: Kossik. Das Gemskitz (1973); Z. Żakiewicz: Kraina sto piątej tajemnicy (1973); J. Kierst: Od gór do morza (1974); M. Tomaszewska: Wyprawa Tapatikowa (1974); J. Kern: Nasze padwórko (1975); W. Majakowski: Der Löwe ist kein Elefant (1975); G. Spang: Die Wolfskinder (1975); Z. Żakiewicz: Ostatni rejs „Grubego Jana" (1975); M. Tomaszewska: Tapatiki na Ziemi (1976); J. Wilkoń: Minka und die Wildpferde (1976); I. Korschunow: Jussuf will ein Tiger sein (1978).

Sekundärliteratur: Józef Wilkoń (in: Bookbird. 1970. 2. 78–80). – Grafika, ilustracja, książkowa Józefa Wilkonia. Muzeum Pomorza (1975). – Józef Wilkoń. Wystawa grafiki i ilustracji książkowa. Koszalin (1976).

Rosmarie Rauter

Wilmsen, Friedrich Philipp

*Theologe, Pädagoge, Jugendschriftsteller; * 23. 2. 1770 Magdeburg, † 4. 5. 1831 Berlin.*

W. wurde als drittes von sechzehn Kindern eines Predigers der deutsch-reformierten Kirche in Magdeburg geboren, wuchs jedoch, durch eine Versetzung des Vaters bedingt, in Berlin auf. Leicht kränklich, war er das Sorgenkind der Familie. 1778 besuchte er zunächst das Gymnasium zum Grauen Kloster, übersiedelte dann mit seinem Lehrer Karl Philipp Moritz (1756–1793) zum berühmten Joachimstalschen Gymnasium, wo er dem Ästhetiker und Philosophen Johann Jakob Engel (1741–1802) begegnete, der ihn nachhaltig beeinflußte. 1778 studierte W. in Frankfurt an der Oder, dann in Halle an der Saale Theologie und beschäftigte sich besonders mit den Schriften von Christian Fürchtegott Gellert (1715–1769), Johann Kaspar Lavater (1741–1801), Friedrich Gottlieb Klopstock (1724–1803) und Johann Gottfried Herder (1744–1803). Nach der Kandidatenprüfung unterrichtete W. von 1790 bis 1796 an der Hartungschen Privatschule in Berlin, predigte vertretungsweise und erwarb sich so das Stipendium für eine Bildungsreise (1796–1797) durch Deutschland und die Schweiz. In Zürich lernte er Lavater persönlich kennen. Durch den Tod seines Vaters erhielt W. 1797 eine Pfarrstelle in Berlin. 1810 begründete er eine höhere Mädchenschule, die Luisenstiftung, zum Gedenken an die Königin Luise von Preussen. Ab 1811 lehrte er hier selbst. W. erwarb sich als Geistlicher, Lehrer und Jugendschriftsteller bedeutende Anerkennung.

Werk, Tendenzen, Wirkung. W. wurde mit schriftstellerischer Arbeit groß. Sein Vater fungierte mit Erfolg als Herausgeber theologischer Werke, und seine Mutter verfaßte selbst erbauliche Traktate unter dem Titel „Predigten eines Frauenzimmers". W.s eigene schriftstellerische Tätigkeit war wesentlich pädagogischer Art; denn sowohl die theologischen Werke (Katechesen) wie die Kinder- und Lehrbücher verfolgen informativ-belehrende und bildend-erzählende Absichten. Es ging ihm darum, „Lust und Liebe zu wissenschaftlichen Studien" zu wecken, durch ein vielfältiges Lesegut, „welches eben so sehr auf die Gesinnung als auf den Verstand und die Phantasie des Schülers wirkt" (Vorwort zum „Prämien-Buch", 1872). Dieser Intention entsprechend, verfaßte W. moralische Erzählungen, Verstandesübungen und Realienbücher für Geographie und Geschichte sowie zwei Lesebücher, den Brandenburgischen, der eine unvergleichlich hohe Auflagenziffer (224. Auflage 1879) erreichte, und den Deutschen Kinderfreund und W. „zum ersten Lehrmeister fast des ganzen nördlichen Deutschlands" (W. Grote) machte. Im Jahre 1800 gab W. zunächst den Brandenburgischen Kinderfreund heraus. Ihm folgte 1801 „Der Deutsche Kinderfreund. Ein Lesebuch für Volksschulen". Bei beiden Werken handelt es sich um systematisch aufgebaute Lese- und Lehrbücher, die in Schulen eingesetzt wurden, aber auch als häusliche Privatlektüre für junge Leser dienten. Einigen Anregungen „zur Erweckung der Aufmerksamkeit und des Nachdenkens" folgen darin „Erzählungen zur Beförderung guter Gesinnungen und zur Schärfe des Verstandes". Diesem allgemeinen Teil (Abschnitt I und II) schließen sich Abrisse aus allen Wissensgebieten und Lebensbereichen (Abschnitt

III bis XV) an, so daß „eine Encyklopädie der gemeinnützigen Kenntnisse" entstand, die „mit der erforderlichen Reichhaltigkeit auch die möglichste Faßlichkeit" (Vorwort) verband. W. besaß für beide Sachbereiche Vorbilder; denn neben dem auf verstandesmäßige und moralische Bildung ausgerichteten Kinderfreund von FRIEDRICH EBERHARD VON ROCHOW (1734–1805) und seinen unmittelbaren Nachahmern hatte sich auch eine Gruppe von „Kinderfreunden" herausgebildet, die sich als Realienbücher verstanden mit der Intention, umfassende Sachinformation zu liefern. Es ist das Verdienst W.s, beide Tendenzen in seinem Kinderfreund vereinigt und somit eine neue Lesebuchkonzeption entwickelt zu haben. Nur dadurch erklärt sich auch die außerordentliche Wirkung dieses Buches.

Detailliert gibt W. im Vorwort Auskunft über die benutzten Textvorlagen für die einzelnen Abschnitte. Die spätere Beurteilung des Werkes ist kontrovers. Während CARL KEHR in der Geschichte der Methodik des deutschen Volksschulunterrichts (Bd. I, 1889, S. 153ff.) das Buch durchgängig inhaltlich und formal kritisiert, sieht JOSEF PRESTEL hier erstmals die Überwindung des Nützlichkeitsprinzips, weil W. „zaghaft einen neuen Ton" anschlage, „indem er auch Fabeln von Gellert, Lessing, Pfeffel" anbiete, „an welchen und durch welche sich der Sinn für das Schöne und Erhabene bilden könne" (Geschichte des deutschen Jugendschrifttums, 1933, S. 17).

Auch auf anderen Gebieten der Jugendliteratur betätigte sich W. mit Fleiß und Erfolg. Eine Anzahl seiner Schriften sind Mädchenbücher, die sich allerdings mit ihren moralischen Belehrungen „nur durch den dünnen Faden einer Handlung von den Erbauungsschriften" (DYHRENFURTH, Geschichte des deutschen Jugendbuches, 1967. S. 70) unterscheiden. Durch das aufkommende Nationalbewußtsein beeinflußt, verfaßte W. nicht nur Belehrungen zur Staatsbürgerkunde, sondern auch eine Vielzahl von vaterländisch-historisch orientierten Jugendbüchern, ein wirklicher „Pantheon deutscher Helden", wie er einen dieser Bände nannte (1829). Wie die meisten seiner Zeitgenossen, besonders aber JOACHIM HEINRICH CAMPE (1746–1818), benutzte W. literarische Quellen und aktuelle Berichte und Episoden als Vorlagen für seine zahlreichen Werke.

Werke: Materialien für den Unterricht in der Geographie (1796); Erzählungen von einer Reise durch Deutschland und die Schweiz (1798); Sammlung auserlesener poetischer Fabeln und Erzählungen (1799); Taschenbuch für die sorgfältig gebildete Jugend weiblichen Geschlechtes (Jg. 1–2. 1799–1800); Der Brandenburgische Kinderfreund, ein Lesebuch für Volksschulen (1800, [224]1879); Anleitung zu zweckmäßigen deutschen Sprachübungen in Beispielen und Aufgaben (1800); Buchstabir- und Lesebuch für Volksschulen (1800); Der Deutsche Kinderfreund, ein Lesebuch für Volksschulen (1801); Gallerie merkwürdiger Thiere, ein unterhaltendes und belehrendes Bilderbuch für Kinder (1804); Ausgewählte Lesestücke aus prosaischen Mutterschriften, oder der Deutsche Kinderfreund (1810); Klio, ein historisches Taschenbuch für die Jugend (1811); Die Erde und ihre Bewohner, ein geographisches Bilderbuch (1811); Die ersten Verstandes- und Gedächtnißübungen, ein Handbuch für Lehrer in Elementarschulen (1813); Heldengemälde aus Roms, Schwedens und Deutschlands Vorzeit (1814); Gustav's und Malvina's Bilderschule (1814); Der Mensch im Krieg oder Heldenmuth und Geistesgröße (1815); Die glücklichen Familien in Friedheim. Ein Lesebuch mit Kupfern (1816); Hersiliens Lebensmorgen, oder Jugendgeschichte eines geprüften und frommen Mädchens (1817); Der Leselustige. Ein Bilderbuch für Knaben und Mädchen von 8–10 Jahren (1816); Kleine Geschichten für die Kinderstube. Ein Hilfsbuch für Mütter und Erzieherinnen (1818); Die Schönheit der Natur, geschildert von deutschen Musterdichtern. Eine Blumenlese für die Jugend (1818); Regeln des Umgangs mit Kindern, practisch dargestellt für Erzieher und Kinderfreunde (1818); Der Wald und das Meer. Ein naturgeschichtliches Lesebuch mit Kupfern nach Ramberg (1818); Euphrosine. Ein deutsches Lesebuch zur Bildung des Geistes und des Herzens (Bd. 1–2. 1819); Eugenie oder das Leben des Glaubens und der Liebe. Ein Seelengemälde für die Gefühlvollen des weiblichen Geschlechts (1819); Handbuch der Naturgeschichte für die Jugend und deren Lehrer (Bd. 1–3, 1819); Merkwürdige Bergreisen, Seefahrten und Abenteuer unserer Zeit (1822); Vorübungen der Aufmerksamkeit und des Nachdenkens. Ein methodisches Lesebuch (1823); Menschengröße auf dem Thron und im Volk. Ein historisches Lesebuch für die Jugend (1824); Theodoras moralische Erzählung für die weibliche Jugend (1824); Welten und Weltsitte, ein Rathgeber für junge Männer und Jünglinge bei ihrem Eintritte in die große Welt (1824); Miranda. Eine auserlesene Sammlung bewundernswerter und seltener Ereignisse und Erscheinungen der Kunst, der Natur und des Menschenlebens (1825); Benigna, oder das Leben der Natur. Eine Vorschule der Naturgeschichte (1827); Jukunde, 40 neue Erzählungen für Kinder von 6–10 Jahren (1827); Prämienbuch für die Schuljugend zur Belebung des Fleißes (1827); Apollenia. Eine Sammlung auserleneser Schilderungen und Erzählungen (1828); Constantia. Moralische Erzählungen für die weibliche Jugend (1828); Historische Darstellungen, ausgewählt aus deutschen Musterschriften, für höhere Bürgerschulen und die untern Classen der Gymnasien, oder: Der Deutsche Kinderfreund (Bd. 1–4. 1828); Pantheon deutscher Helden. Ein historisches Lesebuch für die Jugend, zur Belebung der Vaterlandsliebe und des Eifers für die Wissenschaft (1829); Hilarius, unterhaltende und lehrreiche Erzählungen nach Sprichwörtern, für die reifere Jugend (1830); Herzenserhebungen für stille Abendstunden, in Unterhaltungen mit Gott auf alle Tage des Jahres (Bd. 1–2. 1830).

Sekundärliteratur: Fr. Hesekiel: Erinnerungen an Friedrich Wilmsen (1833). – K. Gl. Hergang: Pädagogische Real-Enzyklopädie. Bd. 2 (1847). – E. Roloff (Hrsg.): Lexikon der Pädagogik. Bd. 5 (1917). – R. Stach: Über die Anfänge einer planmäßigen und naturgemäßen Denkerziehung in der Pädagogik der Aufklärung (in: Pädagogica Historica. 1973. 13. 486–514).

Reinhard Stach

Winnetou

W. ist eine idealisierte, erfundene Indianergestalt und gemeinsam mit Old Shatterhand Hauptfigur der im Wilden Westen spielenden „Winnetou"-Romane Karl Mays.

Charakteristik W.s. W., dem an menschlicher Qualität nur Old Shatterhand gleicht, ist in der Sicht KARL MAYS (1842–1912) das „Urbild eines Indianers". W.s Charakterstruktur ist jedoch nicht immer dieselbe. Der W., wie er erstmals in der katholischen Hauszeitschrift „Der

Deutsche Hausfreund" auftauchte, ist ein anderer als der der Erzählung „Weihnacht" (1897), wo er zum Rächer alles Unrechts und Schützer der Bedrängten emporstilisiert ist.
Daß W., wohl mehr noch als Old Shatterhand, zur überragenden Romanfigur K. MAYS wurde, hängt damit zusammen, daß MAY es verstand, in dieser Gestalt christlich-europäische Züge mit den exotischen Verhaltensmustern nordamerikanischer Indianer zu verknüpfen. Während W. in zahlreichen im „Wilden Westen" spielenden Reiseromanen auftritt, wird die Geschichte seiner Freundschaft mit Old Shatterhand von der ersten, noch feindlichen Begegnung bis hin zum „Heldentod" in den Armen seines weißen Blutsbruders in den drei Bänden „Winnetou" zusammenhängend geschildert. Hier wird deutlich die Entwicklung vom „edlen Wilden", der die in sein Land eindringenden Weißen bekämpft, bis zu der völligen Bekehrung zum Christentum gezeigt. Seine Bildung und Ausbildung erfuhr W. durch einen deutschen Gelehrten, Klekih-petra, der nach aktiver Teilnahme an der gescheiterten 1848er Revolution nach Nordamerika auswanderte und bei den Apachen Aufnahme gefunden hatte, wo er später sogar zum Lehrmeister der Indianer aufstieg. In W. verkörpert sich noch einmal die alte, aufklärerische Idee des „edlen Wilden", die den verkrusteten sozialen und politischen Zuständen, die die Ausbildung von Persönlichkeit und Charakter nicht mehr zulassen, als kritischer Maßstab entgegengehalten wird. Der Erfolg W.s beim Lesepublikum, insbesondere bei der Jugend – bis heute wurden immerhin mehr als 2,5 Millionen Winnetou-Bände verkauft – muß auf dem Hintergrund und als Kontrast zu Biedermeier und Polizeistaat nach der mißglückten bürgerlichen Revolution von 1848 gesehen werden. In Denken und Handeln W.s scheint sich die Möglichkeit eines Anderen, daß nämlich die Dinge, so wie sie sind, nicht bleiben müssen, anzudeuten.

Winnetou. Einband des ersten Bandes der Reiseerzählung „Winnetou" von Karl May. Das Bild zeigt den Apatschenhäuptling und Blutsbruder Old Shatterhands in seinem von seiner Schwester genähten Wildlederanzug mit der berühmten Silberbüchse. Der Karl-May-Verlag wählte für alle Werke Karl Mays eine einheitliche Ausstattung: In grünes Leinen gebundene Bände mit Goldprägedruck und farbigem Einbandbild.

W. wurde im Kampf niemals besiegt, nur Old Shatterhand hat ihn einmal bezwungen. Je länger er mit Old Shatterhand, seinem Blutsbruder, zusammen ist, desto mehr prägt sich W.s pazifistische Haltung aus. W. entwickelte sich vom Kriegshelden zum „Friedensfürsten" und legt nach und nach das Blutdürstig-Heidnische ab, um derart seine exotische Wildheit christlich zu überhöhen. Allerdings leistet er weißen Eindringlingen deutlichen Widerstand und bietet gegen die Mörder seines Vaters und seiner Schwester alle Kräfte auf, die ihm zur Verfügung stehen. Dennoch versucht W., jegliches Blutvergießen zu vermeiden und strengt alles an, auch die sich noch bekämpfenden Indianerstämme zu einen, um sie zu retten. MAY charakterisiert W. so: „Er war der hervorragendste unter allen Indianer. Sein Name lebte in jedem Palaste, in jeder Blockhütte, an jedem Lagerfeuer. Gerecht, klug, ehrlich, treu, stolz, tapfer bis zur Verwegenheit, Meister im Gebrauche aller Waffen, ohne Falsch, ein Freund und Beschützer aller Hilfsbedürftigen, gleichviel, ob sie rot oder weiß von Farbe waren". Damit war W. schon zu Lebzeiten zur mythischen Figur gewandelt. Das versöhnende Moment ist ein Grund für die Anziehungskraft dieser MAYschen Gestalt. W. und Old Shatterhand erlauben dem Leser, weil sie als Blutsbrüder eines sind, sich mit ihnen beiden zugleich zu identifizieren. Gemeinsam deuten sie darauf hin, daß „Natur" und „Zivilisation" in Freundschaft zusammengehen können. Die äußerste Überhöhung erfährt W. in dem IV. Band der W.-Romane („Winnetous Erbe"), der nach dem Tode W.s spielt. MAY hat hier einen Symbolroman geschaffen, der zwar wiederum im Wilden Westen spielt, dem aber das Abenteuerklima nur Hintergrund ist. W. und sein Clan werden jetzt zum „Clan der Schutzengel", dessen Ziel die Propagierung der „Menschlichkeit der Menschen" sein soll, gesteigert. J. MERKEL betont zu Recht, daß die edlen Eigenschaften W.s Projektion bürgerlicher Wertvorstellungen auf den Indianer sind.

Die ambivalente Struktur des Mayschen Helden. Die Gestalt des W. macht klar, daß die Ansicht der Nationalsozialisten, MAY sei einer der ihren gewesen, der die germanische Rasse verherrlichte, unhaltbar ist. ERNST BLOCH stellte heraus, daß er alle Empörung, Trauer und Liebe den Indianern und Verfolgten, auch in den Orientromanen, zuwendet. Die Gestalten K. MAYS, auch die des Indianers W., sind – nach GERT UEDING – der genaue Ausdruck jenes abstrakten Verhältnisses, unter welchem Individuum und Gesellschaft unter den Bedingungen der fortschreitenden Atomisierung der bürgerlich-kapitalistischen Gesellschaft von deren Apologeten begriffen werden. Der bürgerliche Held als Abenteurer – und nicht anderes sind Old Shatterhand und W. – verhält sich unhistorisch zur Gesellschaft. Er weicht dem für ihn unlösbaren Widerspruch zwischen dem Einzelnen und der bürgerlich-kapitalistischen Gesellschaftsordnung aus und versucht, unabhängig von ihr seine Persönlichkeit auszubilden und zu verwirklichen. MAY verspricht sich von der kämpferischen Leistung des Einzelnen den gesellschaftlichen Aufstieg.

→ Indianerbuch, → Klassiker der Kinder- und Jugendliteratur, → K. May, → Old Shatterhand

Sekundärliteratur: E. Bloch: Die Silberbüchse Winnetous (in: ders.: Erbschaft dieser Zeit. 1973. 169–173). – V. Böhm: Karl May und das Geheimnis seines Erfolgs (1955). – E. Heinemann: Karl May in Lesebüchern (1969–1975 (in: G. Rademacher (Hrsg.): Ansätze. 1976. 3. 24–32). – P. U. Hohendahl: Von der Rothaut zum Edelmenschen. Karl Mays Amerika-Romane (in: S. Bauschinger (Hrsg. zus. mit anderen): Amerika in der deutschen Literatur. 1975. 229–245). – E. Koch: Winnetou IV. Versuch einer Dichtung und Wertung (in: Jahrbuch der Karl-May-Gesellschaft. 1970. 134–138 und 1971. 269–289). – Kl. Lindemann: Verdrängte Revolution? (in: Aurora. 1974. 34. 24–38). – J. Merkel: Die heimischen Gefilde des Abenteurers. Zur Funktion von Indianerbüchern am Beispiel von Karl May's „Winnetou" (in: J. Becker (Hrsg. zus. mit Ch. Oberfeld): Die Dritte Welt im Spiegel von Kinder- und Jugendbüchern. 1977. 27–59). – H. Müller: Helden zum Rapport (1970). – G. Oel-Willenborg: Von deutschen Helden (1973). – W. Poppe: „Winnetou". Ein Name und seine Quellen (in: Jahrbuch der Karl-May-Gesellschaft. 1972/1973. 248–254). – H. Schmiedt: Karl May. Studien zu Leben, Werk und Wirkung (1979). – A. Schmidt: Sitara und der Weg dorthin (1963). – E. A. Schmid: Henrystutzen und Silberbüchse (in: Karl-May-Jahrbuch. 1923. 6. 216–227). – E. Schütz/J. Vogt: Karl May (in: dies. (Hrsg.): Einführung in die deutsche Literatur des 20. Jahrhunderts Bd. I Kaiserreich (1977. 200–213). – H. Stolte: Ein Literaturpädagoge. Untersuchungen zur didaktischen Struktur in Karl Mays Jugendbuch „Die Sklavenkarawane" (in: G. Rademacher (Hrsg.): Ansätze. 3. 1976. 7–23). – G. Ueding: Glanzvolles Elend. Versuch über Kitsch und Kolportage (1973). – B. Wandollek: Die Feuerwaffen des Romans „Winnetou" (in: Karl-May-Jahrbuch. 1923. 6. 228–237). – H. Wollenschlaeger: Karl May. Grundriß eines gebrochenen Lebens (1976).

Winfred Kaminski

Winter, Amalie

*(d.i. Amalie Freifrau von Groß, geborene von Seebach). Schriftstellerin; * 10.10.1802 (oder 1803) Weimar, † 13.6.1879 Weimar.*

W. kam in Weimar schon früh mit dem GOETHEschen Haus in Kontakt. Sie heiratete neunzehnjährig LUDWIG FREIHERR VON GROSS, der Geheimer Finanzrat am sächsischen Hof war. Sie hatten zusammen vier Kinder. W. wurde seit 1838 durch Erzählungen, vor allem durch ihre Kinder- und Jugendschriften bekannt; gerade in sozial niedrigen Schichten waren ihre Bücher sehr verbreitet. Ihre Werke fanden häufig Aufnahme in Roman-Sammelbänden, z.B. in der von GUSTAV NIERITZ herausgegebenen „Jugendbibliothek". W. war auch als Übersetzerin – unter anderem von Werken von CHARLES DICKENS – tätig.

Werk, Tendenzen, Wirkung. In mehreren Büchern entwarf W. sogenannte Lebensbilder; Romane, in denen Kindern und Jugendlichen (und auch dem erwachsenen Publikum) Schicksale aus verschiedenen Gesellschaftsschichten vorgestellt wurden. Stoff fand die Autorin in den aus Standesunterschieden erwachsenden Problemen, wobei sie sich besonders den Leiden der Armen und Unterdrückten, verlassenen Frauen und unwissenden Mädchen zuwandte. Die Ursachen des unkritisch und verklärt dargestellten Elends werden nicht erkannt, schon gar nicht die Möglichkeiten, diese angeblich widrige Sozialordnung zu ändern; die reaktionären Ziele des Biedermeier werden von ihr unterstützt, soziales Elend ist nur willkommener Anlaß, in Rührung zu verfallen. In fast all ihren Erzählungen werden Standesschranken durch ein Wunder überwunden, denn W. setzt viel auf die Kraft des Wunders und des Märchenhaften, das sich auch noch in dieser nur materialistisch denkenden Zeit ereignen könnte. An diesen Wendepunkten der Geschichten wird W.s Vertröstungsideologie deutlich: Wahres Empfinden geht vor Reichtum, das Wunder macht Reich und Arm gleich. Häufig betont sie, daß trotz allen Leidens Frauen keinen Grund hätten, den von der Natur zugewiesenen Platz zu verlassen. So sollten sich auch junge Mädchen bei ihrer Ausbildung stets von Logik und Wissenschaft fernhalten, um nicht im späteren Leben unglücklich zu werden.

Inhalt und Sprache der Erzählungen sind schlicht und sanft; stets wird vor allem Leidenschaftlichen, vor jedem Sich-Gehen-Lassen gewarnt. Traumhaftes und Phantasievolles verteufelt sie häufig, weil dies das Denkvermögen verweichliche; Träume sind für das junge Gemüt grundsätzlich schädlich. Selbst das Lesen könne gefährlich sein, so daß W. empfiehlt, dies nur unter Aufsicht zu gestatten. Sie selbst gibt zumeist bei ihren Kinderbüchern eine genaue Altersangabe, um einen Mißbrauch der Lektüre zu verhindern. Um Kinder grundsätzlich vor Schaden durch Lesen zu bewahren, sollten ihrer Meinung nach nur Mütter die Kinderbücher schreiben, wie überhaupt das Weibliche in W.s Erzählungen das demütige, aber wahre Leben vertritt, das Männliche dagegen das derb Materialistische, vor dem man Kinder solange wie möglich bewahren müsse.

Ihrer Verdammung des Phantastischen und der Einbildungskraft widerspricht W. jedoch durch ihre Puppen- und Zinnsoldatengeschichten, vor allem aber in ihren Erzählungen über Tiere oder Naturvorgänge. Natur erscheint bei ihr nur stark verfremdet, sie ist nur als Märchen oder Zauber erfahrbar. Wunderliche Dinge ereignen sich in Wald und Feld, in den Tiererzählungen werden Rebhühner militärisch gedrillt und führen Manöver aus, kostümierte Hasen treten als Komödianten auf und machen sich so als Schauspieler ihrem Besitzer nützlich. Nur in diesen Vermenschlichungen führt W. den Kindern die Tiere vor, verschweigt aber jede direkte Nutzung der Tiere, jede spezifisch animalische Eigenart: alles Natürliche wird als derb und unsittlich verdrängt. Erst an der verzauberten Natur könne ein Kind Gefallen finden, vor der wirklichen empfinde es Furcht.

Besonders deutlich wird W.s weltabgewandte, anti-materialistische Einstellung in ihren religiösen Erzählungen. Dem Kind könne nicht früh genug der christliche Glaube gelehrt werden, um so das wichtigste Gegengewicht zum Materialismus der Welt zu schaffen. In ihren Beispielgeschichten führt sie vor, daß die Religion wichtiger sei als das wissenschaftliche, das sophistische Denken und die übermäßige weltliche Freude.

Werke: Deutsche Lebensbilder (1838); Frauenbilder (1840); Frauenbilder. Zweite Sammlung (1840); Memoiren einer Berliner Puppe, für Kinder von 5–10 Jahren und für deren Mütter (1840, ³1852); Memoiren eines bleiernen Soldaten, für Knaben von 8–10 Jahren (1840, ²1844); Diadem und Zepter, eine Gallerie großer Herrscherinnen (Bd. 1–2. 1841); Märchen der Natur (1841); Frauenbilder. Dritte Sammlung (1842); Almas Wäldchen. Lebensbild für Kinder von 6–10 Jahren (1843, ²1846); Stunden der Andacht, für Kinder von 10–14 Jahren (1843); Nur ein armes Dienstmädchen (1843); Memoiren einer Unvermählten (1843); Novellenkranz (Teil 1–3. 1844–1846); Die Kinder und die Engel. Ein nutzbares Lese- und Bilderbuch für Knaben und Mädchen von 5–10 Jahren (1845, ²1850); Klein-Kinder-Schule, für Kinder von 2–7 Jahren (1846); Neue Erzählungen für Kinder von 8–12 Jahren (auch u.d.T.: Der arme Heinrich; 1846); Freundschaft zwischen Kindern und Tieren, oder Kinder, liebet die Tiere, denn sie gewähren euch Freude und Nutzen (1846, ²1850); Die kleinen Lazzaroni von Neapel (1846, ³1879); Seifenblasen für Kinder von 5–10 Jahren (1846, ²1852); Die Deportierten in Australien (1848, ²1880); Die Lilienkönigin oder Kinder und Blumen für Fünf- bis Zehnjährige (1848, ²1855); Der achtzehnte Oktober, ein Lese-Bilderbuch für Knaben von 5–12 Jahren (1849); Leben und Schicksal des Katers Nosaurus, oder die kleine Prinzessin und ihre Katze. Ein unterhaltendes Lese- und Bilderbuch (1851); Das Buch von der Schwalbe (1852); Zwei Erzählungen für Kinder von 10–12 Jahren (1852); Illustriertes ABC-Buch (1853); Die Kinderseele in ihrer tiefinnersten Ergründung, in ihrer zartesten Entwicklung und in ihrer vorbereitenden Erziehung durch die Bewahr- und Kleinkinderschulen und Kindergärten (1855); Wunder und Märchen des neunzehnten Jahrhunderts. Lebensbilder aus der Gesellschaft (1856).

Klaus-Ulrich Pech

Winter, Klaus

*Graphiker, Illustrator; * 15. 8. 1928 Frankfurt/Main.*

W. studierte von 1947 bis 1950 in Weimar; 1951 war er Schüler von OTTO DIX in Hemmenhofen am Bodensee. Während seines weiteren Studiums in Karlsruhe (1951–1953) kam es zur Freundschaft mit seinem Studienkollegen HELMUT BISCHOFF (* 1926). Diese Begegnung führte zu einer Arbeits- und Ateliergemeinschaft, die noch heute besteht. Sie verdienten ihr Geld zunächst im Bereich der Gebrauchsgraphik. Die täglichen Dinge des Lebens wollten sie in eine neue, gefällige Form bringen. Von 1953 bis 1962 arbeiteten beide in Offenbach, seit 1962 in Götzenhain. Ihre Zusammenarbeit ist so eng, daß vielfach keine individuelle Autorschaft besteht. 1965 war W. an der Gründung und Gestaltung des Beltz-Bilderbuchprogramms beteiligt. Für das von W. zusammen mit H. BISCHOFF und dem Komponisten CARL ORFF herausgegebene Kinderbuch „Trari-Trara, der Sommer ist da" (1967) erhielt der Beltz Verlag ein Anerkennungsdiplom auf der Bienale illustracií Bratislava (BIB) 1967.

Werk, Tendenzen, Wirkung. 1958 erschien das erste von W. und BISCHOFF gestaltete Buch für Kinder („Die Sonne", Text von HELGA MAUERSBERGER). Gleich dieses erste Bilderbuch wurde im Wettbewerb „Die 50 Schönsten Bücher" von der Frankfurter Jury ausgezeichnet. Das Buch zählt heute zu den Wegbereitern der neuen Bilderbuchliteratur nach dem Zweiten Weltkrieg. Auf 40 Seiten mit Material- und Papierschablonendrucken ist der Text bei freiem Satzspiegel ins Bild gesetzt.

In der graphischen Gestaltung ihrer Bilderbücher beschritten W. und BISCHOFF Neuland. Souverän beherrschen sie die Fläche in ihren großformatigen Büchern. Die kühne Formgebung wird noch betont von einer expressiven Farbigkeit. Die Farben halten das Bild zusammen, dessen einzelne Elemente nicht nach den Gesetzen der klassischen Perspektive gezeichnet sind. Die Größe der Figuren wird oft symbolhaft bestimmt vom Gehalt der Erzählung. In ihre Bilder muß der Betrachter sich erst langsam hineinsehen. Insofern zwingen W. und BISCHOFF in den von ihnen gestalteten Bilderbüchern zu einem bewußteren, intensiveren Sehen.

Seit 1964 gestalten W. und BISCHOFF auch Schulbücher. Sie erarbeiteten visuelle Modelle für didaktische Prozesse im Schulbereich (Musik, Sozialkunde, Erstleseunterricht). 1976/1977 statteten sie das vierbändige Grundschullesewerk „Der Lesespiegel" des Ernst Klett Verlages (Stuttgart) aus.

→ H. Bischoff

Werke: H. Mauersberger: Die Sonne (zus. mit H. Bischoff, 1958); H. D. Hüsch: Förster Pribam (zus. mit H. Bischoff, 1959); Kl. Winter: Die glücklichen Eulen (zus. mit H. Bischoff, 1962, ³1966); Kl. Winter: Mool (zus. mit H. Bischoff, 1962); Kl. Winter: Hoppla-hoppla, Bauersmann (zus. mit H. Bischoff, 1964, ²1966); Kl. Winter: Kuckuck, kuckuck, ruft's aus dem Wald (zus. mit H. Bischoff, 1964); C. Orff: Ei, das soll tun Frau Nachtigall (zus. mit H. Bischoff, 1965); C. Orff: Das Huhn gagackt, die Ente quakt (zus. mit H. Bischoff, 1965); C. Orff: Weihnachtsgeschichte (zus. mit H. Bischoff, 1965); Kl. Winter (Hrsg.): Fabeln aus aller Welt (zus. mit H. Bischoff, 1965); Kl. Winter: Kennst du Silberland (zus. mit H. Bischoff, 1966); C. Orff: Trari-trara, der Sommer ist da (zus. mit H. Bischoff, 1967); H. Grothe (Hrsg.): Das neue Narrenschiff (zus. mit H. Bischoff, 1968); J. Metzger: Träumen und Feiern (zus. mit H.

Bischoff, 1970); J. Metzger: Tummeln und Toben (zus. mit H. Bischoff, 1970); J. Metzger: Tun und Treiben (zus. mit H. Bischoff, 1970); U. Diekmeyer (zus. mit anderen): Farbino (1970); U. Diekmeyer (zus. mit anderen): Formino (1970); H.-R. Lückert: Lesen. Ein Spiel mit Bildern und Wörtern (zus. mit H. Bischoff, 1972).

Sekundärliteratur: H. A. Halbey: Winter und Bischoff (in: Graphis. 18. 1962. 412–417). – H. Künnemann: Klaus Winter, Helmut Bischoff (in: ders.: Profile zeitgenössischer Bilderbuchmacher. 1972. 204–210). – W. Scherf: Zu den Zeichnungen (in: Zeitschrift für Jugendliteratur. 1. 1967. 3. 165–167).

Christian Scheffler

Winterfeld, Henry

*Jugendschriftsteller und Filmautor; * 9. 4. 1901 Hamburg.*

Der Sohn des Operettenkomponisten MAX WINTERFELD (Pseudonym: JEAN GILBERT) besuchte eine Privatschule und studierte anschließend Musik am Stern'schen Konservatorium in Berlin. W. lebt heute als Schriftsteller in Maine, USA. Er verfaßte hauptsächlich Kinderbücher in deutscher Sprache. Seine Werke wurden in den USA und in der Bundesrepublik Deutschland in Ehrenlisten aufgenommen („Kommt ein Mädchen geflogen", Bestenliste zum Deutschen Jugendbuchpreis 1958; „Telegramm aus Liliput", Bestenliste zum Deutschen Jugendbuchpreis 1959). Mehrere seiner Bücher wurden ins Französische, Englische, Italienische, Japanische und in skandinavische Sprachen übersetzt.

Werk, Tendenzen, Wirkung. Die phantastische Geschichte „Kommt ein Mädchen geflogen" (1956) hält W. für sein bedeutendstes Buch. Das Mädchen Mo vom Planeten Asra muß einen Tag auf der Erde verbringen. Hier findet es nur bei den Kindern Hilfe, die Erwachsenen bringen wenig Verständnis für seine Andersartigkeit auf. „Telegramm aus Liliput" (1958) läßt in Variation des Gulliver-Themas drei australische Kinder ein zeitgenössisches Liliput erleben. Die Kinder von „Timpetill" (1948) müssen die Versorgung ihrer Stadt selbst in die Hand nehmen, nachdem ihre Eltern eines Morgens verschwunden sind. Die Kriminalgeschichten aus dem Alten Rom („Caius ist ein Dummkopf", 1953; „Caius geht ein Licht auf", 1969; „Caius in der Klemme", 1976) zeigen die Abenteuer eines sympathischen Antihelden und seiner Freunde.
W.s unterhaltsame Bücher sind nicht frei von lehrhaftmoralisierendem Ton (Kinder haben brav zu sein) und vermitteln stellenweise stark das traditionelle Geschlechtsrollenstereotyp.

Werke: Timpetill (1948, [5]1972); Caius ist ein Dummkopf (1953, [9]1972); Kommt ein Mädchen geflogen (1956, [3]1960); Telegramm aus Liliput (1958); Pimmi Pferdeschwanz (1967, [5]1972); Caius geht ein Licht auf (1969); Der Letzte der Sekundaner (1971); Caius in der Klemme (1976).

Peter Schneck

Wippersberg, Walter Johannes Maria

*Jugendschriftsteller, Regisseur, Film- und Hörspielautor; * 4. 7. 1945 Steyr (Österreich).*

W. studierte in Wien Theaterwissenschaften, Kunstgeschichte und Psychologie, daneben betätigte er sich als Bühnenbildner und Regisseur an verschiedenen Kleinbühnen. Seit 1969 lebt er als freier Schriftsteller, Filmemacher und Regisseur in Losenstein (Ennstal) und Wien. Bereits für sein erstes Jugendbuch „Schlafen auf dem Wind" (1971) erhielt er 1971 den Österreichischen Staatspreis für Kinderliteratur. Als weitere Auszeichnungen wurden ihm der Filmförderungspreis 1969, der Theodor-Körner-Preis für Literatur sowie 1972 und 1976 der Kinder- und Jugendbuchpreis der Stadt Wien zuerkannt.

Werk, Tendenzen, Wirkung. W.s Jugendbücher sind durch zwei scheinbar entgegengesetzte Tendenzen bestimmt: das freie Spiel der Phantasie und das engagierte Aufdecken gesellschaftlicher Probleme. Die Verbindung beider Elemente gelingt ihm in der phantastischen Erzählung „Schlafen auf dem Wind" (1971), in der Vater und Sohn fliegen lernen und so dem trüben Alltag entfliehen, und in dem spannenden Krimi „Augenzeugen" (1976), in dem es letztlich nicht auf Tat und Täter, sondern auf die gesellschaftlichen Ursachen des Fehlverhaltens der Erwachsenen ankommt. Die Kinder sind bei W. immer die schuldlosen Opfer und wissen im Grunde stets, wie man es besser machen könnte. Das wird am deutlichsten in der Gastarbeitergeschichte „Fluchtversuch" (1973). In „Opa" (1976) verbünden sich die Kinder sogar mit einem phantasiebegabten alten Mann gegen die Gleichgültigkeit, Nüchternheit und Selbstsucht der bürgerlichen Gesellschaft. In erfolgreichen Hörspielfassungen einiger Bücher und in der gleichnamigen Verfilmung seines Buchs „Fluchtversuch" (1976) sowie in Dialog und Szenenführung seiner Theaterstücke (u.a. „Die Moritat von der Kindesmörderin", 1976) und seiner erzählenden Werke kommt W.s Begabung zum Ausdruck, Stoffe gekonnt zu dramatisieren.

Werke: Maghreb oder die Erinnerung an das Leben nach dem Tod (1970); Schlafen auf dem Wind (1971); Anna gegen Anna (1971); Wer hilft Andreas (1971); Der Kater Konstantin (1973, [5]1975); Fluchtversuch (1973, [3]1975); Konstantin wird berühmt (1974, [3]1976); Konstantin auf Reisen (1975); Augenzeugen (1976); Opa (1976).

Otwald Kropatsch

Wölfel, Ursula

*Kinder- und Jugendbuchautorin; * 16. 9. 1922 Duisburg-Hamborn.*

W., Tochter eines Musikers, verbrachte ihre Jugend im Ruhrgebiet. Schon früh schrieb sie kleine Geschichten. 1943 heiratete sie den Architekten W., der im Zweiten Weltkrieg fiel. Ihre Tochter, BETTINA ANRICH-WÖLFEL, illustrierte viele der Bücher W.s. W. hat Germani-

Ursula Wolfel (*1922)

stik an der Universität in Frankfurt am Main und Pädagogik am Pädagogischen Institut Darmstadt studiert. Sie arbeitete dort später als Assistentin und war als Sonderschullehrerin tätig. Seit 1959 lebt sie als freie Schriftstellerin in Neunkirchen/Odenwald. W. ist Mitglied des PEN-Zentrums der Bundesrepublik Deutschland. 1962 erhielt W. den Deutschen Jugendbuchpreis für ihr Kinderbuch „Feuerschuh und Windsandale" (1961). Wiederholt standen Bücher von ihr auf der Auswahlliste zum Deutschen Jugendbuchpreis. „Feuerschuh und Windsandale" erschien 1964 auch auf der Ehrenliste des Hans-Christian-Andersen-Preises. Diese Anerkennung wurde 1972 auch ihrem Buch „Die grauen und die grünen Felder" (1970) und 1978 dem Spielideen-Buch „Du wärst der Pienek" (1973) zuteil.

Werk, Tendenzen, Wirkung. W. ist nicht nur eine der erfolgreichsten deutschen Kinderschriftstellerinnen der Nachkriegszeit, sie hat auch auf die Entwicklung der Kinder- und Jugendliteratur dieses Zeitraums stark anregend gewirkt. Bis etwa 1970 beschäftigte sich W. in ihren Kinderbüchern vorzugsweise mit Entwicklungskrisen von Kindern, die durch eine Diskrepanz zwischen Ich und Umwelt bedingt sind. Die Kinder geraten, oft durch die Schuld einer lieblosen Umwelt, aber auch infolge eigener Schwächen und körperlicher Mängel, in Isolation und Einsamkeit, die sie durch eigene Anstrengungen („Der Rote Rächer", 1959), durch Selbstveränderung („Feuerschuh und Windsandale", 1961) oder durch psychologische Reifungsprozesse („Sinchen hinter der Mauer", 1960), aber auch mit Hilfe von Bezugspersonen („Joschis Garten", 1965) überwinden. Der Anschluß an andere, die Anerkennung innerhalb einer Gruppe oder Integration in eine funktionsfähige Familie sind für die Kinder W.s lebenswichtig und für ihr geistiges Wachstum und ihre Glückserfahrung notwendig. Entsprechend den angedeuteten Lösungsmöglichkeiten finden sie dann in den Erzählungen W.s entweder Geborgenheit im Äußeren oder durch Selbstannahme und Selbstverwirklichung im eigenen Innern. Bejahung durch die Umwelt führt zu Selbstvertrauen und Selbstsicherheit und befähigt die Kinder, Umweltbeziehungen aufzunehmen. Jedoch sind die Kinder auf diesem Wege auf äußere Hilfe und pädagogische Zuwendung angewiesen. Mit „Mond Mond Mond" (1962), einem – auch fürs Fernsehen verfilmten – lyrischen Roman mit zeitgeschichtlichem Hintergrund, in dem das Schicksal der Zigeuner im Dritten Reich thematisiert wird, hat W. auch einen Jugendroman verlegt.

„Die grauen und die grünen Felder" (1970) leiten dann eine neue Werkphase ein und setzen zugleich ein Signal für eine neue, problembezogene und sozialkritische Art von Kinderliteratur. Die Geschichten dieses schmalen Bändchens, mit denen W. stark in die Schulen hineingewirkt hat, übersetzen die Form der Kurzgeschichte in die Kinderliteratur und führen die Leser in größtenteils gesellschaftlich verursachte Konfliktsituationen ein; auch Probleme der Dritten Welt, des Kolonialismus und der Ausbeutung werden angesprochen. Darüber hinaus bieten sie in prägnanter Zuspitzung soziale Lernsituationen mit den Themen Außenseiter, Randgruppen und Vorurteil. Die Komplexität der dargestellten Sachverhalte wird durch einen bewußt einfach gehaltenen Erzählstil ausbalanciert. Auch in ihren „16 Warum-Geschichten" (1971), einem Kindersachbuch mit Erzählmomenten, versucht W. den kindlichen Lesern in aller Offenheit die Probleme ihrer Welt zu vermitteln und zu erklären. Mit diesen beiden Büchern hat W. einen erfolgreichen und folgenreichen Vorstoß unternommen, die Kinderliteratur für bisher tabuierte Realitätsräume zu öffnen. W. begann darüber hinaus 1968 mit einer neuen Kurzform von Kindergeschichten zum Vorlesen zu experimentieren. Die Bücher „Siebenundzwanzig Suppengeschichten" (1968), „Achtundzwanzig Lachgeschichten" (1969) und „Neunundzwanzig verrückte Geschichten" (1974) enthalten problem- und konflikthaltige Merkwürdigkeiten menschlichen Verhaltens, geschrieben in einer unterhaltendleichten, humoristischen und manchmal auch satirischzugespitzten, immer aber der mündlichen Erzählsprache nahestehenden Prosa. Die Geschichten sind jeweils höchstens eine Seite lang und mit Illustrationen von Bettina Anrich-Wölfel versehen. In den „Dreißig Geschichten von Tante Mila" (1977) liegt ein Versuch vor, bereits kleineren Kindern die Normbestimmtheit von Verhalten erzählerisch nahezubringen. Ein Kompendium für Rollen- und Theaterspielanregungen ist „Du wärst der Pienek" (1973), in dem neue Wege der Praxis des darstellenden Spiels beschritten werden.

W. hat die „realistische Kindergeschichte" in der Bundesrepublik Deutschland nachhaltig beeinflußt und ihr zu einem neuen Ansehen verholfen. Die Autorin verleugnet nie ihr sozialpädagogisches Engagement, das sich jedoch nicht zu einem bloßen Moralisieren verselbständigt. Während ihr Weltbild in den ersten Büchern im Kern heil erschien, die Konflikte der Kinder im Nahbereich der Familie und der sozialen Kleingruppe angesiedelt waren und in diesem Rahmen als lösbar dargestellt wurden, erleidet die Welt in W.s späterem Werk einen Bruch, der auch das pädagogische Konzept der Verfasserin verändert hat. Es geht nun darum, trotz einer klaren Einsicht in die mitunter „miesen" Verhältnisse, darin leben und glücklich werden zu lernen. In dem Zusammenhang werden auch die Normen des Zusammenlebens kritisiert, und die Notwendigkeit alternativer Lebensmöglichkeiten wird deutlich vor Augen geführt. Deren Realisierung bleibt allerdings meist den Lesern überlassen. Eine besondere Rolle haben W.s Geschichten in der Schulreformphase der siebziger Jahre gespielt; sie haben in viele Lesebücher Eingang gefunden, werden auf der Primar- und Orientierungsstufe gelesen und sind in Unterrichtseinheiten zum „sozialen Lernen" integriert.

Werke: Der rote Rächer (1959); Fliegender Stern (1959); Hans im Glück (1959); Sinchen hinter der Mauer (1960); Feuerschuh und Windsandale (1961); Mond Mond Mond (1962); Der Herr Wendelin (1963); Julius (1964); Joschis Garten (1965); Wunderbare Sachen (1966); Das goldene ABC (1966); Siebenundzwanzig Suppengeschichten (1968); Das Wundertor (1969); Achtundzwanzig Lachgeschichten (1969); Das blaue Wagilö (1969); Die grauen und die grünen Felder (1970); Sechzehn Warum-Geschichten von den Menschen (1971); Nebenan wohnt Manuel (1972); Du wärst der Pienek. Spielgeschichten, Spielentwürfe, Spielideen (1973); Ein Tapir im Dorf (1973); Neunundzwanzig verrückte Geschichten (1974); Dreißig Geschichten von Tante Mila (1977).

Beiträge: Der junge Leser im Blickfeld der Forschung (in: Studien zur Jugendliteratur und literarischen Bildung. 1961. 7. 13–25).

Sekundärliteratur: H. Bachmann: Unterrichtsversuche mit „Sinchen hinter der Mauer" (zus. mit S. Kluge: in: M. Dahrendorf, zus. mit H. Bödecker (Hrsg.): Das Taschenbuch im Unterricht. 1972. 52–67). – M. Dahrendorf: Ursula Wölfel (in: A. Cl. Baumgärtner (Hrsg.): Deutsches Jugendbuch heute. 1974. 84–85); Ursula Wölfel „Der rote Rächer" (in: A. Cl. Baumgärtner: Jugendliteratur im Unterricht. 1972. 52–64). – Th. Karst: Realistische Kindergeschichten als thematische Textfolgen im Unterricht der Primarstufe ab 2. Schuljahr (in: Kinder- und Jugendlektüre im Unterricht. Band 1. Primarstufe. 1978. 51–65).

Malte Dahrendorf

Wörishöffer, S.

*(d.i. Sophie Andresen). Jugendbuchautorin; *6.10.1838 Pinneberg bei Hamburg, †8.11.1890 Altona bei Hamburg.*

Die Holsteiner Advokatentochter, eine Kusine Detlev von Liliencrons, heiratete nach der üblichen Ausbildung zur höheren Tochter den Architekten A. F. Wörishöffer, der schon nach fünfjähriger Ehe starb. Die mittellose Witwe zog nach Hamburg-Altona und wandte sich der Schriftstellerei zu. Der Verlag Velhagen & Klasing, für den die Autorin die meisten ihrer Jugendbücher schrieb, legte großen Wert darauf, daß der Vorname der Autorin in den Abenteuererzählungen nur mit dem Anfangsbuchstaben S. erschien. So wurde lange Zeit bei den Käufern und Lesern der Eindruck erweckt, als stammten die Bücher von einem männlichen Autor, was man bei Erzählungen „für die reifere Knabenwelt" von vornherein als selbstverständlich voraussetzte.

Werk, Tendenzen, Wirkung. Obwohl die Autorin auch Beiträge für die Zeitschrift „Hamburger Reform" und unter verschiedenen Pseudonymen einige Unterhaltungsromane für Erwachsene verfaßte, war ihre Hauptdomäne das abenteuerliche Jugendbuch mit naturwissenschaftlichen und geographischen Belehrungen. Ausschlaggebend für ihre Themenwahl war der große Erfolg, den sie mit ihrem ersten Jugendbuch unter dem Titel „Robert des Schiffsjungen Fahrten und Abenteuer auf der deutschen Handels- und Kriegsflotte", das kurz vor Weihnachten 1877 erschien, erzielte. Von diesem Band lag bereits 1901 die siebente, 1942 die siebzehnte Auflage vor. Ab 1880 erschien fast jedes Jahr ein neues Abenteuerbuch der Autorin im Verlag Velhagen & Klasing zu dem gleichbleibenden Preis von neun Mark, ein Preis, der für damalige Verhältnisse sehr hoch lag. Jeder Band hatte einen Umfang zwischen 500 und 600 Seiten und war reich mit Illustrationen ausgestattet. Die Bände waren in Leinen gebunden, mit Goldprägung versehen und bildeten Glanzstücke der bürgerlichen Bücherschränke.

W. brachte es im Laufe ihres Lebens auf siebzehn Bände, von denen „Das Naturforscherschiff" (1880), „Auf dem Kriegspfade" (1881), „Kreuz und quer durch Indien" (1886), „Onnen Visser, der Schmugglersohn von Norderney" (1885), „Durch Urwald und Wüstensand" (1886), „Die Diamanten des Peruaners" (1888) und „Unter Korsaren" (1890) die bekanntesten waren. Nach dem Tode der Autorin fand der Verlag noch genügend Manuskripte im Nachlaß, um noch Jahre danach neue Abenteuerbücher von W. herausbringen zu können. In ihrem Erfolg wurde die Autorin nur noch von Karl May übertroffen. Während des Dritten Reiches (1941) wurden fast alle Bände der Autorin neu aufgelegt, viele erschienen bis weit in die sechziger Jahre hinein, einzelne sind noch heute im Buchhandel zu haben.

Die Autorin hat nie die Weltgegenden gesehen, von denen sie schrieb. Sie lebte zurückgezogen in Altona und hat ihren Wohnsitz nur selten zu kurzen Reisen in die engere Umgebung verlassen. Wie Gustav Sichelschmidt in seinem Buch „Liebe, Mord und Abenteuer" (1969) angibt, wurde die Autorin von ihrem Verlag mit Fachliteratur versorgt, aus der sie die notwendigen Fakten für ihre Abenteuerbücher heraussuchte. Wohl

→

Für die Abenteuerbücher der Vielschreiberin Sophie Wörishöffer warb um die Jahrhundertwende der Verlag Velhagen & Klasing auf diese Weise und hoffte, dem Stuttgarter Union-Verlag junge Leser abzujagen.

In demselben Jugendschriftenverlag sind noch erschienen
und durch alle Buchhandlungen zu beziehen:
Die Diamanten des Peruaners.
Fahrten durch Brasilien und Peru.
Von S. Wörishöffer.
2. Auflage.
Mit 16 Vollbildern und Aquarell-Titelbild von Joh. Gehrts.
Elegant gebunden 9 M.
Lionel Forster.
Eine Geschichte aus dem amerikanischen Bürgerkriege.
Von S. Wörishöffer.
2. Auflage.
Mit 16 Vollbildern und Aquarell-Titelbild von Joh. Gehrts.
Elegant gebunden 9 M.
Im Goldlande Kalifornien.
Fahrten und Schicksale goldsuchender Auswanderer.
Von S. Wörishöffer.
Mit 16 Vollbildern und Aquarell-Titelbild von Joh. Gehrts.
Elegant gebunden 9 M.
Ein Wiedersehen in Australien.
Von S. Wörishöffer.
2. Auflage.
Mit 16 Vollbildern und Aquarell-Titelbild von Joh. Gehrts.
Elegant gebunden 9 M.
Das Naturforscherschiff.
Fahrt der jungen Hamburger nach den Besitzungen ihres Vaters in der Südsee.
Von S. Wörishöffer.
5. Auflage.
Mit 25 Vollbildern.
Elegant gebunden 7 M.
Stürmische Zeiten.
Abenteuer und Kriegserlebnisse eines jungen Seemanns unter Admiral Drake.
Mit Benutzung von Charles Kingley's Westward Ho!
Von E. Joh. Groth.
Mit 15 Vollbildern von G. Koch und 2 Karten.
Elegant gebunden 9 M.
Joh. Gehrts. 98

kaum ein anderer Autor von Abenteuerbüchern kam bei der Jugendbuchkritik so schlecht weg wie W. Schon Heinrich Wolgast ließ sich in seiner Schrift „Das Elend unserer Jugendliteratur" (1896) des längeren über die Autorin aus und urteilte über sie unter anderem: „Wenn man Kolportageromane und Indianergeschichten liest, hat man an vielen Stellen das Gefühl, als wenn der Autor mit einem gewissen vergnügten Hohnlächeln ob der gläubigen Dummheit des Leserpublikums seine Unglaublichkeiten niedergeschrieben habe. Dasselbe Gefühl drängt sich bei der W. immer wieder auf ... Sollten an dem Buch verschiedene Federn geschrieben haben, von denen die eine nichts wußte, was die andere tat? Umständlich geschilderte Ereignisse sind wenige Seiten weiter völlig vergessen, oder die Verfasserin kommt darauf als auf ganz anders gesehene Tatsachen zurück." H. L. Köster stellt in seiner „Geschichte der deutschen Jugendliteratur" (^{3}1920) fest: „Eine starke Dosis Chauvisnismus ist eine neue unerfreuliche Zugabe ... Was sie dem Leser an Unglaublichkeiten und Unmöglichkeiten zumutet, übersteigt die Grenzen des Erlaubten." So wird der „Erbfeind" verteufelt, „die verfluchte Franzosenbande, unter deren Krallen das arme Deutschland aus tausend Wunden blutet" und die Deutschen hochgejubelt („Hurra für Deutschland!", „Gott verläßt doch keinen Deutschen"). Das Hochspielen des deutsch-französischen Zwistes entsprach dem Geist der Entstehungszeit von W.s Abenteuerbüchern. Im Rahmen dessen, was deutsche Autoren in der Hurra-Periode nach dem Krieg von 1870/71 schrieben, gehörte W. allerdings noch zu den gemäßigten. Abgestoßen sah sich die Autorin von allem, was mit „Anarchie" und „dem Pöbel" zu tun hatte („Langsam erhob ein grinsendes Gespenst aus den Nebeln der Zukunft sein Medusenantlitz – die Anarchie, das Aufhören aller Ordnung"). Sicher trugen der chauvinistische Ton und die Abscheu vor den „revolutionären Umstürzlern" dazu bei, daß die Bücher der Autorin vor allem bei gutsituierten Bürgern so großen Anklang fanden. Ungeachtet der harten Kritik von Jugendbuchfachleuten und Pädagogen, fand die Autorin in den Söhnen des gehobenen Bürgertums begeisterte Leser, die ihre sicher spannend und unterhaltend geschriebenen Bücher verschlangen und, wie Sichelschmidt hervorhebt, auch dazu benutzten, sich Informationen über fremde Länder und Völker daraus zu holen. So war Eduard Spranger der Meinung, daß es W. besonders gut verstand, lesbare Jugendbücher für die Altersstufen zwischen Märchenalter und Pubertät zu verfassen.

Werke: Robert des Schiffsjungen Fahrten und Abenteuer auf der deutschen Handels- und Kriegsflotte (1877, ^{18}1952); Das Naturforscherschiff oder Fahrt der jungen Hamburger mit der ‚Hammonia' nach den Besitzungen ihres Vaters in der Südsee (1880, ^{15}1942); Auf dem Kriegspfade (1881, ^{11}1954); Das Buch vom braven Mann (1883, ^{11}1954); Onnen Visser, der Schmugglersohn von Norderney (1885, ^{13}1942); Gerettet aus Sibirien (1885, ^{8}1911); Kreuz und quer durch Indien (1886, ^{13}1952); Durch Urwald und Wüstensand (1886, ^{10}1942); Lionel Forster, der Quarterone (1887, ^{7}1932); Ein Wiedersehen in Australien (1888, ^{6}1930); Die Diamanten des Peruaners (1888, ^{9}1942); Unter Korsaren (1890, ^{3}1927); Im Goldlande Kalifornien (1891); Der letzte Arnsteiner (1891); Sensitive (1891); Der Väter Schuld (1892); Dämon Geld (1893); Geheimnis des Hauses Wolfram (1897); Der Fluch der Schönheit (1901); Vom Tode erstanden (1905).

Sekundärliteratur: G. Sichelschmidt: Liebe, Mord und Abenteuer. Eine Geschichte der deutschen Unterhaltungsliteratur (1969).

Helmut Müller

Wörterbuch für Kinder und Jugendliche

Der Begriff W. unterscheidet sich im allgemeinen Sprachgebrauch nicht vom „Lexikon" oder vom „Nachschlagewerk". In alphabetischer Anordnung werden zu einem Stichwort zusammengefaßt Informationen gegeben. Die große Menge der zu erfassenden und zu erklärenden Stichwörter zwingt zu systematischer Beschränkung. In der Geschichte der Kinder- und Jugendliteratur spielte das W. im und vor dem 18. Jahrhundert eine Rolle (J. A. Comenius' „Orbis pictus", 1658, und andere), dann wieder in verstärktem Maße nach dem Zweiten Weltkrieg. Vom allgemeinen mit Lexikon und Nachschlagewerk synonymen Begriff des W.s läßt sich eine spezielle Form des W.s im engeren Sinn abgrenzen. Hier werden alphabetisch geordnete Stichwörter in einer Sprache zu einem Wörterverzeichnis zusammengefaßt.

Auswahl und Aufbau eines W.s. Bei W.ern für Kinder und Jugendliche wird die Auswahl der nachzuschlagenden Stichwörter auch im Hinblick auf den Wissens-, Erfahrungs- und Interessenhorizont des Adressaten getroffen, so daß erhebliche Restriktionen notwendig werden. Bei der Analyse von W.ern zeigt sich, daß neben der Anwendung wissenschaftlich begründeter Prinzipien bei der Gestaltung eines W.es oft auch sprachlich intuitiv vorgegangen wird; diese Tatsache kann besonders am Umfang und an der Auswahl des Wortschatzes bei W.ern für Kinder und Jugendliche auf verschiedenen Altersstufen aufgezeigt werden. Neben dem Problem der Auswahl des Wortschatzes beim W. im engeren Sinn müssen grammatische Kenntnisse des Adressaten vorausgesetzt werden, Artikel eines Substantivs, Genus, Deklinations- und Konjugationsmerkmale usw. müssen in einer für den Adressaten adäquaten Form in das W. aufgenommen werden. Eine Reihe von W.ern geben neben dem Wörterverzeichnis durch umfangreiche Wortfelder und Wortfamilien zusätzliche sprachliche Hilfen. Das Ziel des W.es für Kinder und Jugendliche ist es, den systematischen und selbständigen Zugriff zu alphabetisch geordneten sprachlichen Informationen schnell und sicher zu ermöglichen und damit bei der Bewältigung von konkreten schriftlichen und mündlichen Sprachsituationen zu helfen.
Während in der Regel der Gebrauch von W.ern innerhalb des Schulunterrichts in der Bundesrepublik Deutschland bis in die sechziger Jahre erst im fünften

Schuljahr – also bei den Zehn- und Elfjährigen – einsetzte, wird heute die Verwendung von W.ern verbunden mit dem Sachunterricht bis in das zweite Schuljahr vorgezogen. Damit rücken Fragen nach den notwendigen Voraussetzungen beim Adressaten für den Gebrauch eines W.es in den Vordergrund. Die Technik des Lesens, vor allem die Wortanalyse, muß vom Kind beherrscht werden, bevor der Einsatz eines W.es sinnvoll wird. Besondere Programme führen in die Technik des Nachschlagens ein.

→ Enzyklopädie, → Lehrdichtung, → Nachschlagewerke als Kinder- und Jugendliteratur, → Orbis pictus, → Realienbuch, → Sachbuch

Sekundärliteratur: Chr. Baltes: Der ABC-Duden. Seine Ziele, seine Entstehungsgeschichte, seine Verwendungsmöglichkeiten (zus. mit Kl. Doderer in: Die Wissenschaftliche Redaktion. 1971. 6. 59–76). – H. Plock: Schulpädagogische Überlegungen zu Form und Gebrauch von Lexikon und Wörterbuch (in: Bertelsmann Briefe. 1964. 34. 1–5). – D. Pregel: Zum Sprachstil des Grundschulkindes (1970).

Christian Baltes

Wolf, Friedrich

*(Ps.e: Dr. Isegrimm, Hans Rüedi, Christian Baetz). Arzt, Schriftsteller, Publizist; *23. 12. 1888 Neuwied/ Rhein, †5. 10. 1953 Lehnitz bei Berlin.*

Das wohlhabende kleinbürgerliche Elternhaus, der Vater Max W. war ein angesehener jüdischer Geschäftsmann, ermöglichte W. den Besuch des Gymnasiums, sodann der Münchener Kunstakademie und schließlich ab 1908 ein Medizinstudium in Tübingen, Berlin und Bonn, wo er 1913 promovierte. Wie zahlreiche bürgerliche Jugendliche dieser Generation, begehrte er in romantischer Abenteuerlust und durch die Flucht in ein „einfaches Volksleben" gegen die enge, saturierte Welt des Bürgertums auf. Während seiner Studienzeit schloß er sich dem „Wandervogel" an. In diese Zeit fallen auch erste Veröffentlichungen von Gedichten und Prosaarbeiten im „Simplizissimus" und in der „Jugend". Während des Weltkriegs als Truppenarzt an der Westfront eingesetzt, entwickelte er sich zum leidenschaftlichen Kriegsgegner. W. organisierte sich in der USPD und in der „Sozialistischen Gruppe der Geistesarbeiter". In der Revolution 1918 wurde er in mehrere Arbeiter- und Soldatenräte gewählt. 1920 Stadtarzt in Remscheid, war er als militärischer Führer an der Niederschlagung des Kapp-Putschs beteiligt. Nach einem vorübergehenden Aufenthalt (1921) in der Worpsweder Landkommune um den Maler Heinrich Vogeler arbeitete W. als Arzt auf der rauhen Alb, am Bodensee und schließlich in Stuttgart. In diesen Jahren begann W. sich politisch von moralisch-idealistischen und künstlerisch von bürgerlich-expressionistischen Positionen zu lösen. Er trat 1928 der KPD bei, entfaltete eine rege Tätigkeit in verschiedenen proletarisch-revolutionären Kulturorganisationen und unternahm Vortragsreisen. 1931 wurde W. unter dem Vorwand, gegen den § 218 verstoßen zu haben, verhaftet. Seine Freilassung wurde durch eine breite öffentliche Protestbewegung erzwungen. 1933 emigrierte W. zunächst in die UdSSR, begab sich zeitweise nach Polen, den USA und Skandinavien, um dann auf dem Weg zu den Internationalen Brigaden nach Spanien in Frankreich festgehalten und bei Kriegsausbruch 1939 in Le Vernet interniert zu werden. Nach seiner Freilassung 1941 ging W. in die UdSSR, wo er gegen die deutsche Invasion kämpfte. 1945 nach Deutschland zurückgekehrt, war er in Berlin beim kulturellen Wiederaufbau tätig. Nach seiner Tätigkeit als erster Botschafter der DDR in der Volksrepublik Polen (1950–1951) lebte W. in Lehnitz als freier Schriftsteller. Für seine künstlerischen Leistungen und seine politischen Verdienste wurde W. mehrfach in der DDR, der UdSSR und Polen ausgezeichnet.

Werk, Tendenzen, Wirkung. W.s breit gestreutes Werk – er schrieb Schauspiele, Romane, Novellen, Essays, Gedichte, Hörspiele und Filmszenarien – hat seinen Schwerpunkt in der Dramatik. In der marxistischen Literaturgeschichtsschreibung gilt er neben Bert Brecht (1898–1956) als der bedeutendste sozialistische deutsche Theaterautor der ersten Hälfte des 20. Jahrhunderts. Einige seiner Dramen erschienen in besonderen Jugendausgaben, so „Der arme Konrad" (1924; 1929 erschien davon eine Jugendausgabe), ein Stück, in dem W. den Aufstand der Bauern des Remstals im Jahr 1514 gegen feudale Ausbeutung und Unterdrückung darstellt. 1947 erschien „Der arme Konrad" mit einer Startauflage von 80000 als Jugendschrift in der DDR zum Schulgebrauch. Fester Bestandteil des Lehrangebots in den Abschlußklassen der allgemeinbildenden polytechnischen Oberschule der DDR ist W.s antifaschistisches Stück „Professor Mamlock" (1934).
Unmittelbar an Kinder bzw. Jugendliche wandte sich W. mit vielen Tiergeschichten, die nach 1945 erschienen. Die Sammlung „Märchen für große und kleine Kinder" (1946) enthält phantastische Erzählungen vom Schicksal und den Abenteuern des Spechts Pit Pikus, der Möwe Leila, des Osterhasen Purzel und anderen Tierfiguren. In die Tiergeschichte verpackt, suchte W. menschliche Verhaltensweisen und gesellschaftliche Verhältnisse darzustellen, so z. B. in „Das Osterhasenfell" die listige Übertölpelung des Handlangers der brutalen Macht in Gestalt des Kettenhundes Lux durch den mutigen Schwachen, der eine nützliche gesellschaftliche Aufgabe erfüllt. Weniger märchenhaft und direkt auf erzieherische Wirkung abgestellt sind die Stücke, die 1948 in der Anthologie „Tiergeschichten für große und kleine Kinder" (auch unter dem Titel „Bummi und andere Tiergeschichten", 1951) erschienen. Groteske und parodistische Züge, zuweilen auch tragische kennzeichnen diese Erzählungen, in denen es W. um das humanistische Anliegen ging, nicht das Motiv „des Kampfs der Klauen und Zähne … sondern … der Freundschaft und gegenseitigen Hilfe zwischen Tier und Tier, der Freundschaft zwischen Tier und Mensch" darzustellen. Der realistische Ansatz bewahrte den Autor davor, in die Klischees der herkömmlichen sentimental-kitschigen Tiergeschichte zu verfallen. Die

biographische Novelle „Kiki" (1941), in der W. von der Beziehung der in Le Vernet gefangengehaltenen Interbrigadisten zu einem zugelaufenen Hund erzählt, wird an den Schulen der DDR als Schullektüre genutzt.
Erst aus dem Nachlaß W.s wurde 1957 eine Anzahl Fabeln veröffentlicht, in denen er sich mit Erscheinungen der kapitalistischen Gesellschaft auseinandersetzt, die Notwendigkeit der Solidarität und Kollektivität der Werktätigen propagiert, aber auch kritisch Schwächen und Fehler in der sozialistischen Gesellschaft aufs Korn nimmt.
Sowohl in den Fabeln als auch in seinen Tiergeschichten entwickelt W. Auffassungen, die an das „betriegen zur Wahrheit" MARTIN LUTHERS (1483–1576) erinnern. Er wehrte sich dagegen, daß man Tiere nicht wie Menschen sprechen lassen dürfe und verwies darauf, daß durch die Tiermaske Wahrheiten vermittelt werden könnten, die ohne „Verkleidung" nicht angenommen würden. Es komme lediglich darauf an, „daß die Maske eine gutgelungene Maske ist, die auch dem Tier sitzt ‚wie Haut'" (Das Reich der Märchen und Fabeln, 1950).

Werke: Der arme Konrad (1924); Professor Mamlock (1935); Lucie und der Angler von Paris. Novellen (1946); Märchen für große und kleine Kinder (1946, [23]1974); Bummi. Tiergeschichten für große und kleine Kinder (1951, [21]1973); Fabeln (1957).

Sekundärliteratur: W. Brauer: Die unterrichtliche Behandlung von F. Wolfs Schauspiel „Professor Mamlock" in Klasse 9 (in: Deutschunterricht. 21. 1968. 2. 79–90). – Kl. Doderer: Fabeln. Formen, Figuren, Lehren (1970). – G. Ebert: Ansichten zur Entwicklung der epischen Kinder- und Jugendliteratur in der DDR von 1945 bis 1975 (1976). – Kl. Hammer: Fr. Wolf und die Aneignung des sozialistischen Literaturerbes (in: Deutschunterricht. 26. 1973. 12. 684–686). – W. Jehser: Friedrich Wolf. Sein Leben und Werk (1968). – R. Stangenberger: Gestaltung von Literaturarbeiten in den Klassen 5 und 6 – „Kiki" von F. Wolf (in: Deutschunterricht. 25. 1972. 5. 276–278).

Bernd Dolle

Wolf, Johann Wilhelm

*(Ps.: Johannes Laicus). Germanist und Schriftsteller; *23.4.1817 Köln, †28. (29.) 6.1855 Hofheim/Hessen.*

W., Sohn eines wohlhabenden Gewerbetreibenden, wuchs in Köln in einer stark religiös geprägten Umwelt auf und ließ schon früh Neigungen zur volkstümlichen Überlieferung, vor allem in Form von Geschichten und Liedern, erkennen. Über W.s frühe Jahre geben seine Erinnerungen „Aus meiner Kindheit" (1852) Aufschluß; dagegen finden sich kaum Angaben über seine Gymnasialzeit, ebenfalls in Köln, oder ein Universitätsstudium (seit 1848 führte W. den Doktortitel). Der ihm anscheinend aufgenötigten ungeliebten Berufsarbeit als Kaufmann entzog er sich durch die Flucht nach Brüssel, was zeitlich mit einer freilich vorübergehenden Entfremdung vom katholischen Glauben verbunden war. In Belgien geriet W. in die Auseinandersetzungen der Flamen mit den Wallonen, in denen jene ihre sprachliche und kulturelle Selbständigkeit innerhalb des belgischen Staatsverbandes zu sichern suchten. In diesem Zusammenhang ist W.s Tätigkeit als Publizist und als Herausgeber niederländischer Literaturdenkmäler zu sehen. Er wurde zu einer der führenden Gestalten der flämischen Bewegung, hielt an den Universitäten Brüssel und Löwen Vorlesungen in Flämisch, das er vorzüglich beherrschte, und wurde Mitglied mehrerer wissenschaftlicher Gesellschaften. Seit 1843 lebte er in Gent, wo ihn 1844 LUDWIG UHLAND besuchte. Nach einem vorübergehenden Aufenthalt in Köln im Jahre 1845, der zu einer Versöhnung mit der Familie geführt zu haben scheint, kehrte W. 1847 endgültig nach Deutschland zurück und ließ sich 1848 mit seiner Frau, einer Tochter der Dichterin LUISE VON PLOENNIES, in Jugenheim an der Bergstraße nieder. Seine Tätigkeit als Sammler und Interpret, vor allem von Märchen und Sagen, die seit der Brüsseler Zeit nicht unterbrochen worden war, wurde in Jugenheim weitergeführt. Dazu kam nun noch seine Arbeit als volkstümlicher Schriftsteller, die sich – W. war inzwischen zum Katholizismus zurückgekehrt und vertrat dessen Sache als entschiedener Parteigänger „für Kirche und katholische Wissenschaft" – an katholische Leser wandte, wie namentlich die von ihm inaugurierte Schriftenreihe „Katholische Trösteinsamkeit" (ab 1852, von F. J. HOLZWARTH bis 1872 fortgeführt) sowie eine preiswerte Heftreihe mit Heiligenlegenden (ab 1854) erkennen lassen. W. starb nach längerer, schwerer Krankheit in einer Heilanstalt.

Werk, Tendenzen, Wirkung. In der Vorrede seines ersten Buches, „Niederländische Sagen" (1843), weist W. auf die Vorbilder hin, die seine wissenschaftliche Arbeit angeregt haben: die „Kinder- und Hausmärchen" (1812–1815) und die „Deutschen Sagen" (1816–1918) der Brüder GRIMM sowie JACOB GRIMMS „Deutsche Mythologie" (1838), die W. genauestens studiert hat. GRIMMS Einfluß zeigt sich auch in den folgenden ähnlich angelegten Veröffentlichungen: „Deutsche Märchen und Sagen" (1845), „Deutsche Hausmärchen" (1851) und „Hessische Sagen" (1853). W. trug die von ihm herausgegebenen Texte sowohl aus Urkunden als auch aus der mündlichen Überlieferung zusammen; überdies hatte er Helfer, die ihn, zum Teil durch Korrespondenz, unterstützten. In den Anmerkungen, die er den Sagen und Märchen beigegeben hat, wird immer wieder der Versuch unternommen, bestimmte Motive als Nachwirkung der germanischen Mythologie zu erklären, was – wie Kritiker angemerkt haben – gelegentlich zu unfundierten Interpretationen führte. Die Bindung an JACOB GRIMM, der zu einer der von W. herausgegebenen Zeitschriften, „Wodana" (seit 1843), auch einen Beitrag verfaßte, kommt ebenso darin zum Ausdruck, daß W. ihm den ersten Band seiner „Beiträge zur deutschen Mythologie" (Bd. 1–2, 1852 und 1857) gewidmet und unter dem Titel seines Buches „Die deutsche Götterlehre. Ein Hand- und Lesebuch für Schule und Haus" (1852) vermerkt hat: „Nach Jacob Grimm u.a.". Wie aus der wissenschaftlichen Aufbereitung, aber auch schon aus der Aufmachung von W.s Sammlungen unmittelbar deutlich wird, hat ihr Herausgeber sich mit ihnen an die Erwachsenen gewandt. Anscheinend hat er Jugendliche als Leser jedoch nicht ausgeschlossen. So findet sich im Vorwort der „Hessischen Sagen" bezeichnenderweise ein Lob der volkstümlichen Erzähltradition nicht nur, weil sie, nach W.s Auffassung, einen Gegensatz zu den „raffinirten Romanen der neufranzösischen Schule und ihrer deutschen Nachbeter" darstellt, sondern auch zu den „modischen verschrobenen Fabrikaten eines ganzen Heeres sogenannter ‚Jugendschriftsteller'". In diesen Formulierungen zeichnet sich zugleich etwas von W.s Einstellung zu den geistigen und literarischen Entwicklungen seiner Zeit ab, in der er, nach seiner Rückwendung zum Katholizismus, ein „wachsendes Wegwerfen des flitternden Modernen, Rückkehr zum Studium des solideren Alten, neue Freude an dessen edler Kraft und tiefem innerem Gehalt" zu erkennen glaubte.

Werke: Niederländische Sagen (1843); Deutsche Märchen und Sagen (1845); Deutsche Hausmärchen (1851); Aus meiner Kindheit (1852); Beiträge zur deutschen Mythologie (Bd. 1–2. 1852–1857); Die deutsche Götterlehre. Ein Hand- und Lesebuch für Schule und Haus (1852); Hessische Sagen (1853).

Alfred Clemens Baumgärtner

Wolgast, Heinrich Joachim

*Volksschullehrer, Literaturpädagoge und Schulreformer; *26.10.1860 Jersbeck (Holstein), †24.8.1920 Hamburg.*

Nach Volksschul- und Präparandenzeit in seinem Geburtsort besuchte W. von 1878 bis 1881 das Lehrerseminar in Bad Segeberg, aus dem er aufgrund seiner politischen Überzeugung relegiert wurde. In Hamburg legte er seine Lehrerprüfung ab, unterrichtete lange Zeit am Hamburger Waisenhaus (1882–1895) und wurde später Hauptlehrer bzw. Rektor an einer Hamburger Volksschule. W. arbeitete in führenden Positionen der Lehrervertretung mit, von 1886 bis 1893 im Vorstand des „Vereins Hamburger Volksschullehrer" (VHV) und, nach dessen Selbstauflösung, in verschiedenen Kommissionen der „Gesellschaft der Freunde des vaterländischen Schul- und Erziehungswesens" in Hamburg. Von 1903 bis 1909 vertrat er als gewählter Vertreter der Schulsynode die Hamburger Volksschullehrer in der Oberschulbehörde. In den Hamburger Lehrervertretungen und im „Deutschen Lehrerverein" (DLV) setzte sich W. für die Forderungen der linksgerichteten Hamburger Volksschullehrer, für Einheitsschule, Selbstverwaltung, Religions- und Gesinnungsfreiheit ein. W.s Haupttätigkeit seit den neunziger Jahren lag auf dem Gebiet der Literaturpädagogik, speziell im Zusammenhang der Kinder- und Jugendliteratur. W. war seit der Gründung (1888/1889) Mitglied der Hamburger Jugendschriftenkommission im VHV und später der „Gesellschaft", von 1896 bis 1912 verantwortlicher Redakteur der Jugendschriften-Warte (JSW), langjähriges Vorstandsmitglied der Hamburger „Literarischen Gesellschaft" (gegr. 1891) und Vorsitzender der „literarischen Kommission" des „Lehrervereins zur Pflege der künstlerischen Bildung" (gegr. 1896). Als solcher organisierte er Theatervorstellungen für Volksschüler (1897/1898ff.). W. war Mitarbeiter am Hamburger „Lesebuch" und Herausgeber von Billigausgaben, vor allem aus dem Bereich der „Volksliteratur" (1898 ff.). Im Jahre 1909 wurde seine sozialpädagogische Schrift „Ganze Menschen" preisgekrönt. Seit dieser Zeit gab W. infolge eines schweren Herzleidens nach und nach seine Funktionen auf. Zu Beginn der Novemberrevolution des Jahres 1918 wurde er in Anerkennung seiner Lehrerarbeit zum Vorsitzenden des Hamburger Lehrerrats gewählt. Diese Funktion nahm er in der kurzen Zeit bis zu seinem vollständigen gesundheitlichen Zusammenbruch wahr.

W.s vor allem im Zusammenhang der Hamburger Lehrerarbeit entstandene Konzeption einer Erziehung zur „Consumfähigkeit" (1892) oder literarischen „Genußfähigkeit" der Massen (seit 1894) hat sich in den neunziger Jahren bis zu seiner ersten großen Schrift über „Das Elend unserer Jugendliteratur" (1896) ausgebildet. Während die ersten Aufsätze schwerpunktmäßig die literaturkritische Perspektive entwickelten, gewann die Konzeption fortschreitend bis zur Mitte der neunziger Jahre grundlegende Momente für die literarästhetische Erziehung hinzu. Bereits 1890 formulierte W. angesichts der Marktlage (vorwiegend patriotische, Indianer- und Mädchenbücher: „Gegenwärtig sind es, ..., mehr der Patriotismus und die Religion, die das Gewand der dichterischen Form für ihre Zwecke mißbrauchen.") seine Kritik an den herrschenden Tendenzen der Jugendliteratur, die seit 1891/1892 mit der Autorität des bekannt gewordenen Stormschen Paradoxons „Wenn du für die Jugend schreiben willst, so darfst du nicht für die Jugend schreiben" in die generelle Ablehnung spezifischer Jugendliteratur und W.s Forderung „Die Jugendschrift in dichterischer Form muß ein Kunstwerk sein" überführt wurde. Im ausdrücklichen Zusammenhang der Volksbühnenbewegung und der Gothaer Tendenzdebatte der Sozialdemokratischen Partei (1896), aber auch im Kontext der seit dem Sozialistengesetz andauernden Angriffe gegen die sozialistische Tendenz der Hamburger Volksschullehrer stellte W. den Grundsatz der Tendenzfreiheit jeder Literatur für Kinder und Jugendliche auf. Erstmals 1892 charakterisierte er das Verhältnis des Lesers zur marktgängigen Literatur als „Ausbeutung", und wiederholt wies er in den nächsten Jahren auf den Zusammenhang zwischen literarischer Erziehung und der Veränderung der „literarischen Produktions- und Distributionsverhältnisse" (1896) hin. In Anlehnung an Karl Marx begann er in diesen Jahren die Zukunftsperspektive einer Durchdringung von „produktiver Arbeit" und „Genuß" zur „Produktion vollseitig entwickelter Menschen" (1894) aufzubauen, ein Plan, den er bis zu seiner letzten großen Schrift „Ganze Menschen" (1910) nie aufgab. Aus W.s Erklärungsversuch der literarischen Verhältnisse resultierte für ihn die strikte Trennung von Unterhaltungslektüre und Dichtkunst, die Negation der Möglichkeit des „Hinauflesens von Pseudodichtung zu echter Dichtung" (Jugendschriften-Warte, 1902). Hieraus erklärt sich auch die

generelle, sich gegen die Philanthropisten auf JEAN JACQUES ROUSSEAU berufende bücherskeptische Haltung W.s in diesen Jahren.
Während W. in den ersten Jahren seiner literaturpädagogischen Tätigkeit das Verhältnis des Kindes zur Literatur im Sinne einer verhindernden Erziehung ROUSSEAUs bestimmen und die literarästhetische Erziehung nur im Hinblick auf den (künftigen) Erwachsenen gelten lassen wollte, trat im Zuge der großen gesellschaftlichen Umwälzung der letzten Jahre des Jahrhunderts, im Diskussionszusammenhang von gewerblicher Kinderarbeit und Kinderpsychologie auch bei W. die Möglichkeit einer positiven Bestimmung des Verhältnisses von Kind und Kunst in den Mittelpunkt. Die gegen patriotische, moralische und religiöse Tendenz gerichteten literaturkritischen Arbeiten traten weiter zurück. Statt dessen bildete W. die These von der klassenversöhnenden Funktion der Kunst und der Erziehung aus. Seit 1900 begann er Grundzüge eines literarischen Kanons („Leseplan") für die Jugend aufzustellen, der vom Beginn des Lesenlernens ausging und konsequent Kinderreim und Kinderlied zum Ausgangspunkt literarästhetischer Erziehung machte, die stufenweise bis in die Gegenwartsliteratur (Realismus, Naturalismus, „Moderne") fortgeführt und damit in das große Ziel der „Erkenntnis" und der „Teilnahme an der uns umgebenden Welt" (1900) eingebunden sein sollte. In diesem Argumentationszusammenhang stand das W.sche Leitkriterium der Literaturkritik und der positiven Auswahl, die Potenz der Literatur zur Entwicklung des „Wirklichkeitssinns" sowie die Bedeutung des „heimatkundlichen Prinzips". Die vollzogene Wende zur Perspektive „vom Kinde aus" ist am besten dokumentiert in W.s Vortrag über „Die Bedeutung der Kunst für die Erziehung" auf dem Chemnitzer Lehrertag (1902).
Als mit fortschreitender Reaktion in Preußen und – nach den stetigen Wahlerfolgen der Sozialdemokratie – auch in Hamburg die Realisierung der umfassenden schulpolitischen Forderungen der Hamburger Volksschullehrer in weite Ferne gerückt schien, wandte sich W. und mit ihm ein Teil der Reformer der „Gesellschaft" der Projektion von Reformschulen als „Zukunftsschulen" zu, die aus den Leitgedanken einer Pädagogik „vom Kinde aus" entwickelt werden sollten. Anknüpfend an RUDOLF HILDEBRAND (1824–1894) begründete W. die Struktur des muttersprachlichen Unterrichts aus der Einheit von Sprache und Kunst (1906/1920). Während er in diesen Jahren zum Ausdruck brachte, daß er die Hoffnung auf schnelle, umfassende wirtschaftliche und politische Umwälzungen aufgegeben hatte, nahm sein Erziehungskonzept fortschreitend utopische, aber auch illusionäre, rückwärtsgewandte Züge an. Die Schule als pädagogischer Raum erhielt als eigener Entwicklungsfaktor bedeutenderes Gewicht. Und obwohl W. die historische und klassenmäßige Differenz der Klassiker zu den zeitgenössischen Stoffen literarästhetischer Erziehung betonte (1892, 1908/1910), entfaltete er deren besondere Potenz für die Persönlichkeitsentwicklung und für die Humanisierung des „Klassenkampfs". Das Kind als „harrender Frühling der Menschheit" wurde zum Kernpunkt der Erziehung" (1908/1910). Indem sich W.s Erziehungskonzept integriert hatte in gleichzeitig entstandene, aber in andere politische Motivationen eingebettete Reformströmungen seiner Zeit, brach die Reflexion über den Zusammenhang von Politik, Pädagogik und Kunst, um dessen Aufklärung sich W. in den frühen Jahren bemühte, auseinander. Die Postulate der Tendenzfreiheit und der Erziehung zum Wirklichkeitssinn veränderten in diesem Prozeß ihre Bedeutung.
Von Beginn seiner literaturpädagogischen Tätigkeit an bis zum Ersten Weltkrieg sah sich W. als Hauptvertreter der von Zeitgenossen als „Hamburger Bewegung" spezifizierten Jugenschriftenbewegung heftigen Angriffen von deutschnationaler, konfessioneller und buchhändlerischer Seite ausgesetzt. Die Angriffe hatten als Zielrichtung häufig die von den Jugendschriften-Ausschüssen zusammengestellten und an Schulen verteilten Verzeichnisse empfehlenswerter Jugendschriften. Sie kulminierten sämtlich in dem gegen W. gerichteten Vorwurf „vaterlandsfeindlicher", „religionsfeindlicher", „sozialistischer" Tendenz. Die Angriffe begannen 1893, als in den Jahresberichten der „Gesellschaft" eine von ALFRED LICHTWARK (1852–1914) angeregte Kritik W.s an der schlechten Qualität deutscher Bilderbücher der Gegenwart erschien. Sie wurde weitergeführt in Angriffen des „Hamburg-Altonaer Buchhändlervereins" und der „Patriotischen Gesellschaft". Nach dem Erscheinen des von W. und WILLIAM LOTTIG (1867–1955) lebhaft begrüßten DEHMEL-KREIDOLFschen „Fitzebutze" (1900) bot die frühere politische und religiöse Gesinnung des mit W. persönlich bekannten RICHARD DEHMEL (1863–1920) einen Anlaß zur Erneuerung der Vorwürfe. Zu heftigen Auseinandersetzungen, auch mit der Oberschulbehörde kam es in den Jahren 1904–1906 nach einer gemeinsamen Weihnachtsausstellung des Hamburger Jugendschriften-Ausschusses mit der sozialdemokratischen Buchhandlung Auer und Co. In einem Gerichtsverfahren wurde über einen Satz verhandelt, den W. 1898 in der Lesebuchkommission geäußert haben sollte: „Ich kann kein Gedicht empfehlen, das einen Mann verherrlicht, der das Sozialistengesetz unterschrieben hat". Dieser Satz wurde noch 1913 Gegenstand einer Debatte im preußischen Abgeordnetenhaus, anläßlich der Klage der Hamburger Jugendschriften-Ausschüsse gegen die Verleumdung der Verleger KOTZDE und SCHOLZ. In der Kriegshetze der letzten Jahre vor dem Weltkrieg gewann W. in Auseinandersetzungen mit der „Zentralstelle zur Bekämpfung der Schundliteratur" und KARL BRUNNERS „Hochwacht" noch einmal seine kritischen Potenzen zurück.
Blieben die Gegensätze zwischen den offen gegnerischen Positionen in 20 Jahren intensiven Kampfes unverändert scharf, so waren die „internen" Auseinandersetzungen im DLV und den lose angegliederten Jugendschriften-Ausschüssen durch einen Prozeß fortschreitender Konsensbildung gekennzeichnet. In ihm spiegelt sich die Integration der liberalen Volksschul-

lehrerschaft in das preußisch-deutsche Reich. Immer ging es um W.s unbedingten Primat des „Kunstwerts" in der literarästhetischen Erziehung: Nachdem W. durch Differenzen mit dem Bayrischen Lehrerverein in seinem Münchner Vortrag über das „Religiöse und Patriotische" in der Jugendschrift (1899) zum Versuch einer positiven Bestimmung religiöser und patriotischer Wirkung der Literatur herausgefordert war, führten die vom Gothaer Jugendschriften-Ausschuß (ERNST LINDE, 1864–1943) provozierten Auseinandersetzungen über die Priorität von „Kunstwert" und „Kindertümlichkeit" (Jugendschriften-Warte, 1901–1903) zu einer genaueren Beschäftigung mit der Kindgemäßheit der Literatur. Die von LINDE als Möglichkeit angenommene Umkehrung der Priorität hatte W. allerdings nie akzeptiert. Die Entscheidung der Vereinigten Jugendschriften-Ausschüsse während des Münchner Lehrertags (1906) für die positive Bewertung der „bei voller Wahrung der Gesetze künstlerischen Gestaltens" religiösen, moralischen und patriotischen Wirkung der Literatur (These Berlin) schloß den Prozeß der Konsensbildung ab. – Für einen Anhänger der „Hamburger Bewegung", den Vertreter der sozialdemokratischen Partei in Bildungsfragen, HEINRICH SCHULZ (1872–1932), der in den Jahren vorher die Bestrebung der Jugendschriften-Ausschüsse uneingeschränkt in die Bildungsarbeit der Partei übernehmen wollte, waren die Münchner Beschlüsse vorläufiger Anlaß zur Distanzierung (1907). Auf dem Mannheimer Parteitag der Sozialdemokratischen Partei (1906) hatte KLARA ZETKIN (1857–1933) die Alternative einer bewußten sozialistischen Erziehung formuliert.

OSKAR HÜBNER – seit der Kontroverse um die Priorität von „Kunstwert" und „Kindertümlichkeit" und in der Forderung der Tendenzfreiheit der Literatur vor dem Ersten Weltkrieg ein entschiedener Parteigänger W.s – kommentierte 1920 im „Sozialistischen Erzieher" die Neukonstitution der Vereinigten Jugendschriften-Ausschüsse: „Die gesamte Jugendschriftenkritik, auch die der Sozialisten, beruht auf der Vorarbeit, die deutsche Volksschullehrer unter der Führung des kürzlich verstorbenen Heinrich Wolgast durch Jahrzehnte geleistet haben". Während er selbst im „Lesebuch der Republik" (1922) nach den Erfahrungen des Krieges und der „Versumpfung der Revolution" (1920) ein Beispiel für parteiliche Weiterarbeit geben wollte, war die W.-Rezeption in den Vereinigten Jugendschriften-Ausschüssen unter der Führung WILHELM FRONEMANNS (1880–1954) beispielhaft für die Enthistorisierung seines Konzepts. In diesem Prozeß wurden konsequent W.s dominierende Bemühung um die „literarische Versorgung der untersten Volksschichten", die Orientierung an der „heutigen Kunstdichtung", die im Gegensatz zu SEVERIN RÜTTGERS (1876–1938) die „Volksdichtung erst in zweiter Linie" berücksichtigte, und die Orientierung am „Wirklichkeitsgehalt" der Dichtung, der uns „heute gleichgültig geworden ist" (FRONEMANN, 1927), ausgeschaltet.

Auch nach dem Zweiten Weltkrieg setzte sich die enthistorisierende Tendenz in der W.-Rezeption fort, sowohl in der auf die Spätschrift „Ganze Menschen" rekurrierenden Integration seiner Arbeit in den Zusammenhang humanistischer Bildungstradition wie in der isolierten Berücksichtigung seiner Tätigkeit auf dem Gebiet der Jugendschriftenkritik. Nachdem MARIANNE LANGE und JOACHIM SCHMIDT den „fortschrittlich-bürgerlichen" Standpunkt W.s herauszuarbeiten versuchten, hat GERHARD HOLTZ-BAUMERT erstmals die Nähe W.s zur organisierten Arbeiterbewegung dokumentiert. Eine historisch fundierte Beurteilung des Konzepts der literarästhetischen Erziehung gelingt allerdings nicht. Sie müßte ihre Orientierungslinie nicht nur in der Geschichte der Kinderliteratur, sondern auch in der Geschichte der Kunst, der Erziehung und der Lehrerbewegung haben.

→ R. Dehmel, → Dürerbund, → Ganzschrift, → Jugendschriftenbewegung, → Jugendschriftenverzeichnis, → Jugendschriften-Warte, → Kindertümlichkeit, → W. Kotzde, → Kritik der Kinder- und Jugendliteratur, → Kunsterziehungsbewegung, → E. Linde, → Nationalerziehung in der Kinder- und Jugendliteratur

Werke: Die literarische Bildung der Volksmassen (in: Die Gegenwart. 1892. 117–119 und 137–140); Das Elend unserer Jugendliteratur (1896); Zur Pflege der künstlerischen Bildung (in: Die deutsche Schule. 1896. 223–234); Privatlektüre (in: W. Rein (Hrsg.): Encyklopädisches Handbuch der Pädagogik. 5. 1898. 508–519); Schülerbibliotheken (in: W. Rein (Hrsg.): Encyklopädisches Handbuch der Pädagogik. Bd. 6. 1898. 342–355; Wie die Vorstellungen entstanden sind und wie sie eingerichtet waren (in: Unsere Volksschüler im Stadttheater. 1899. 12–20); Die Bedeutung der Kunst für die Erziehung (1903); Jugendschrift, Schülerbibliothek, das billige Buch (in: Kunsterziehung. Ergebnisse und Anregungen des zweiten Kunsterziehungstages. 1904. 182–193); Vom Kinderbuch. Gesammelte Aufsätze (1906); Über die Probleme im muttersprachlichen Unterricht (1906, in: J. Gläser (Hrsg.): Vom Kinde aus. 1920. 31–36); Lektüre, Persönlichkeit, Stil (in: Der Säemann. 4. 1908. 197–205); Ganze Menschen. Ein sozialpädagogischer Versuch (1910).

Hrsg.: Th. Storm: Pole Poppenspäler (1899); Schöne alte Kinderreime (1903); Alte Fabeln. Zur Lust und Lehr (1906); J. u. W. Grimm: Kinder- und Hausmärchen (1907); Quellen. Bücher zur Freude und Förderung (Bd. 1–46. 1909–1914).

Sekundärliteratur: O. Flacke: Unser Verpflichtung zum Leben (Nachwort zu H. Wolgast: Das Elend unserer Jugendliteratur. [7]1951. 299-326). – W. Fronemann: Das Erbe Wolgasts (1927). – W. Hofmann: Wolgasts Verdienste um die Jugendliteratur (Diss. 1922). – G. Holtz-Baumert: „Überhaupt brauchen wir eine sozialistische Literatur ..." (1972). – M. Lange: Die fortschrittliche bürgerliche Jugendschriftenkritik am Jugendbuch des 19. Jahrhunderts und ihre Auswirkungen auf die Bildungsarbeit der Arbeiterklasse (Diss. 1957). – H. Mörchen: Notizen zu Wolgast (in: M. Lypp (Hrsg.): Literatur für Kinder. 1977. 13–20). – J. Schmidt: Zur Geschichte der bürgerlichen Jugendschriftenbewegung in Deutschland: Heinrich Wolgasts reformpädagogischer Standort als Grundlage für seine Jugendschriftentheorie und -kritik (in: Beiträge zur Kinder- und Jugendliteratur. 1965. 7. 117–130).

Gisela Wilkending

Wolke, Christian Heinrich

*Schriftsteller, Pädagoge; *21.8.1741 Jever (damals zu Anhalt-Zerbst), †8.1.1825 Berlin.*

W., Sohn eines Landwirts und Viehhändlers, besuchte erst mit zwanzig das Gymnasium in Jever, begann jedoch schon zwei Jahre später, 1763, mit dem Studium an der Universität Göttingen. Zunächst studierte er Jura, nach dem Tode seines Vaters 1765 Mathematik und Physik. Am 1. Oktober 1766 trat W. eine Stelle als Mathematiklehrer im Kloster Gerode (Eichsfeld) an, mußte diese aber wegen Unstimmigkeiten mit dem Abt wenige Wochen später wieder aufgeben. Im Dezember 1766 setzte er sein Studium in Leipzig fort und hörte vor allem Vorlesungen über Moral und Beredsamkeit bei CHRISTIAN FÜRCHTEGOTT GELLERT (1715–1769) und über Kunst bei dem Maler und Bildhauer ADAM FR. ÖSER (1717–1799), bei dem er auch Zeichenstunden nahm. 1770 begann W. an JOHANN BERNHARD BASEDOWS Elementarwerk mitzuarbeiten. Er übernahm die Bereiche Naturgeschichte, Experimentalphysik und Kunst und zeichnete dazu die Vorlagen für DANIEL CHODOWIECKIS Kupferstiche. Zudem besorgte er die notwendige Korrespondenz mit anderen Mitarbeitern und übernahm die gesamte Korrektur dieses Werkes (vgl. FRITZSCH, 1909, S. XXVI). Nachdem W. schon in Göttingen zwei Russen und einen Engländer in Deutsch, in Leipzig erfolgreich einen Grafen in Mathematik unterrichtet und einen niedersächsischen Hofmeister in kürzester Zeit auf das Jurastudium vorbereitet hatte, übernahm er auch die Erziehung von BASEDOWS Kindern, vor allem dessen kleiner Tochter EMILIE. Mit drei Jahren konnte das Mädchen lesen, lernte anschließend in drei Monaten Französisch und begann mit fünf Jahren, unter W.s intensiver Anleitung Lateinisch zu lernen. Gemeinsam mit BASEDOW errichtete W. 1773 in Dessau das Philanthropin. Nach W.s Meinung wurde jedoch BASEDOWS Plan niemals richtig verwirklicht, so daß es sich um kein Philanthropin, sondern nur um eine verbesserte Schulanstalt gehandelt habe. In zahlreichen, oft heftigen Auseinandersetzungen stritt er sich mit BASEDOW über den richtigen Aufbau und die zweckmäßigste Führung des Philanthropins, bis sich beide 1783 öffentlich versöhnten („Basedows und Wolkes gemeinschaftliche Erklärung"). Nachdem bis 1778 die Erziehungsanstalt gemeinsam von BASEDOW und W., zeitweise auch unter Mitarbeit von JOACHIM HEINRICH CAMPE, geleitet worden war, übernahm W. die Führung des Instituts schließlich allein und stand ihm bis 1784 vor. Aus organisatorischer Sicht hatte W. den wohl größten Anteil an Gründung und Fortbestand des Dessauer Instituts, das er häufig „mein Institut" nannte. Sein unermüdliches Arbeiten im Dienste des Philanthropins wurde von zeitgenössischen Pädagogen und Aufklärern gerühmt. 1776 wurde W. zum Professor ernannt. 1777 erfand er eine Lesemaschine, um den Unterricht zu erleichtern. 1784, nachdem er das Philanthropin verlassen hatte, begleitete er einen seiner Schüler, den Grafen E. VON MANTEUFFEL, über Dänemark und Schweden nach St. Petersburg. KATHARINA II. (1729–1796), Tochter des Fürsten von ANHALT-ZERBST, begrüßte W. als Landsmann und bekannten Denker der Aufklärung und führte ihn in die St. Petersburger Gesellschaft ein. Wegen W.s beeindruckender Unterrichtserfolge (er brachte zwölf Russen in kürzester Zeit Deutsch bei) überredete man ihn, seinen Aufenthalt zu verlängern, so daß er schließlich siebzehn Jahre in St. Petersburg blieb. Mit dem Einkommen aus Privatunterricht, als fürstlich-dessauischer Rat und als Leiter einer Erziehungsanstalt, in der er bis zu siebzig Kinder erzog, konnte er ein gesellschaftlich großzügiges Leben führen. Erst im Dezember 1801 kehrte er nach Jever zurück, lebte dort einige Jahre als kaiserlich-russischer Hofrat und arbeitete über die Heilung Taubstummer, was ihm heftige, mehrjährige Auseinandersetzungen mit Taubstummenlehrern, Ärzten und Juristen eintrug. Während dieser Zeit setzte er sich auch mit den Schriften PESTALOZZIS auseinander, deren philanthropische Elemente er zwar anerkannte, die er insgesamt aber wegen der übermäßigen Betonung des Guten und der Liebe im Menschen als pathetisch ablehnte. Als Jever französisch wurde, mußte er es verlassen und erst nach Zerbst, 1809 dann nach Dresden ziehen. Dort und in Tharandt (bei Dresden) verdiente er mühsam mit Privatunterricht seinen Lebensunterhalt. 1813, nach dem Tod seiner Frau, verschaffte ihm eine frühere, wohlhabende Schülerin einen Ruhesitz in Berlin, wo er 1814 mit Gelehrten und interessierten Bürgern die Berliner Deutsche Gesellschaft gründete und ihr bis zu seinem Tod angehörte.

Werk, Tendenzen, Wirkung. W. schrieb nahezu hundert Bücher und Aufsätze, in denen er seine pädagogischen Ansichten verbreitete, Lern- und Lebensanweisungen für Kinder gab, eine eigene phonetische Orthographie entwickelte, nach dem Vorbild des Dessauer Dichters PHILIPP VON ZESEN (1619–1689) gegen den Gebrauch von Fremdwörtern vorging, sich zu Pasigraphie und Telephrasie (Fern-Sprechkunst) äußerte und über seine Taubstummenarbeit (Hörgebekunst) berichtete. Außerdem setzte er sich mit Fragen niederdeutscher Dialekte, vor allem des Düdsgen und des Sassigen auseinander, sammelte und verfaßte „Philanthropistenlieder" und schrieb über die Bienenzucht.

In seiner Beschreibung der Kupfertafeln von BASEDOWS Elementarwerk, die zunächst in Verbindung mit diesem Werk, später als eigenständige Schrift erschien und die er „allen Freunden der schulnotleidenden Jugend" widmete, erläutert W. – in Anlehnung an BASEDOW – die Bedeutung des Zusammenhangs von Bild und Sprache im Unterricht: „Durch das Bild lernt der Schüler fast gar nichts, aber durch die Geschicklichkeit des Lehrers, es zu erklären, und als einen Anlaß zur Mitteilung anderer Kenntnisse zu gebrauchen, lernt er unbeschreiblich Vieles" (S. XXX). Der Bildinhalt wird zunächst verbalisiert, dann erzählt W. dazu Geschichten und erfindet mögliche Dialoge, die über das Bild geführt werden können. Er warnt vor dem Zauber des Bildes und vor der Leichtgläubigkeit, die bei Kindern

schnell entstehen könne, denn aus einem Bild allein sei niemals etwas Kritisches zu entnehmen. Seine Kritik der reinen Anschaulichkeit und seine intensive Beschäftigung mit Sprache in allen möglichen Aspekten zieht sich deshalb durch W.s gesamtes Werk und ließ ihn immer neue Möglichkeiten ausprobieren, den Kindern einfaches, klares Deutsch beizubringen. So versuchte er, die Sprache zu vereinfachen und führte neue Wörter ein – für den pädagogischen Bereich beispielsweise Lernling, Sprechling und Leseling. Außerdem schlug er eine durchgreifende Reform der Rechtschreibung vor, um die Bildung des Kindes nicht unnötig zu erschweren („Miǵ fragte neuliǵ ein Landsǵullerer" schrieb W. beispielsweise für „Mich fragte neulich ein Landschullehrer"). Höhepunkt in W.s Bemühen, die Sprache zu perfektionieren, war sein Pariphrasiebuch, in dem er vorschlug, Wörter durch Zahlen zu ersetzen, Sprache damit zu objektivieren und so Übersetzungen in der Schule wie in der Diplomatie zu erleichtern.
Schon bei der Erziehung von BASEDOWS Tochter EMILIE vertrat W. die Auffassung, daß Kindern spätestens im dritten Lebensjahr die sexuellen Vorgänge erklärt werden müssen. Niemals dürfe man sie täuschen, sonst blieben sie für immer mißtrauisch und widerspenstig gegen jeden Erziehungsversuch. Geschichten vom Storch oder andere „Märchen" lehnte W. als „dumme Fabeln" ab. Diese anscheinend fortschrittliche Einstellung ist jedoch im Zusammenhang zu sehen mit W.s strenger Nüchternheit und radikaler Ablehnung alles Phantasievollen und Spielerischen. Hier wird auch der Sprachbegriff W.s deutlich, der alles Bildliche, jede Metaphorik ablehnte und für eine „reine" Sprache plädierte. So diente die Erklärung sexueller Vorgänge weniger einer bewußten Aufklärung als der Vorbereitung zu einem ernsten und wissenschaftlicher Strenge unterworfenen Lernverhalten. Nur jenseits aller Phantasie, fern jeder störenden Ablenkung, erziele man bei Kindern frühe Lernerfolge. Dieser rigide Standpunkt trug W. zuweilen den Vorwurf der Übergelehrtheit und des Schrulligen ein. Großen Wert legte W. auf die Bildung während der ersten sechs Lebensjahre, denn alle Fertigkeiten und Gewöhnungen des Menschen „haben fast ohne Ausnahme ihren Grund in erstjährigen Umgebungen" (Kurze Erziehungslehre. S. 3). Dies würde jedoch von den Müttern nicht beachtet, so daß sie „den Kopf ihrer Kinder als eine Plunderkammer" behandelten, in die man wahllos alles hineinstopfen dürfe (Anweisung für Mütter und Kinderlehrer. S. IV). So seien die Mütter immer selbst schuld, wenn das Kind ungehorsam und halsstarrig werde. W. selbst nahm in seinen Schriften für Kinder große Rücksicht auf das junge Alter der „Leselinge" und ihr Aufnahmevermögen; sehr behutsam vermittelte er Sprach- und Sachkenntnisse. Nicht zufällig auch erschienen ihm Kinder und Stumme (oder gar Taubstumme) auf gleiche Weise unbeholfen und der Unterstützung bedürftig (vgl. Anweisung wie Kinder und Stumme ...). Im Gegensatz zur betont frühen sexuellen Aufklärung wollte W. bezeichnenderweise die religiöse erst spät, frühestens im sechsten Lebensjahr, vollzogen wissen, damit sie um so eindringlicher wirke. Ein gut vorbereiteter – heute schwer erfaßbarer – Akt voller zeremoniöser Feierlichkeit müsse dem Kind schlagartig die ganze Macht Gottes offenbaren. Trotz W.s Ablehnung der Phantasie sind seine Kinderlesebücher mit sehr viel Einfallsreichtum verfaßt und heute noch mit Gewinn zu lesen und zu betrachten.

Werke: Philanthropistenlieder (1779); 210 Lieder fröhlicher Gesellschaften und einsamer Fröhlichkeit (1782); Beschreibung der zum Elementarwerk gehörigen und von Daniel Chodowiecki bis auf 18 gezeichneten hundert Kupfertafeln, enthaltend die Methoden, durch welche die Jugend auf eine leichte und angenehme Weise Kenntnisse der Sachen und Sprachen zugleich können mitgeteilt werden (1.–2. Lieferung. 1782–1787); Erste Kenntnisse für Kinder, von der Buchstabenkenntnis an bis zur Weltkunde (1783); Basedows und Wolkes gemeinschaftliche Erklärung ihrer durch Entdeckung vieler Umstände gänzlich und auf immer geendigten Streitigkeiten (1783); An die von ihm geliebten Kinder, welche gern Rat und Warnung annehmen, um gesund und glücklich zu bleiben (1785); Livre pour apprendre à lire et à penser. Ouvrage conscrié à la jeunesse (1785); Avis sur une Maison d'education et d'instruction, etablié à St. Petersburg (1785); Hundertsechzig in Kupfer gestochene Bilder, mit Beschreibung derselben, zu leichter Erlernung der russischen Sprache (1786); Petit livre élémentaire pour apprendre à lire et à penser (1787, ²1803); Welt- und Menschheitsgeschichte mit 60 Kupfern (1791); Erklärung, wie die wechselseitige Gedanken-Mitteilung aller cultivierten Völker des Erdkreises, oder die Pasiphrasie möglich und ausüblich sei, ohne Erlernung einer neuen besonderen oder allgemeinen Wort-, Schrift- oder Zeichen-Sprache (1797); Premières connaissances pour la jeunesse, ou description de 160 figures gravées en taille-douce à l'usage des jeunes gens qui veulent apprendre l'Allemand, le Russe et le Français (1787); Nachricht von den zu Jever durch die Galvani-Voltaische Gehör-Gebe-Kunst beglückten Taubstummen und von Sprengels Methode, sie auszuüben (1802); Kleine Enzyklopädie der nützlichen Kenntnisse für Anfänger im Lesen (1803); Anweisung wie Kinder und Stumme ohne Zeitverlust und auf naturgemäße Weise zum Verstehen und Sprechen, zum Lesen und Schreiben, oder zu Sprachkenntnissen und Begriffen zu bringen sind (1804); Lesetabelle (1804); Dudsge or Sässische Sinngedigte, Gravsgriften, Leder un Vertelsels (Romansen und Balladen noemt) mit einer Anwising dat Hochdudsge un Düdsge in häl korter tid rigtig attospreken, to lesen un to sgriven (1804, ²1816); Anweisung für Mütter und Kinderlehrer, die es sind oder werden können, zur Mitteilung der allerersten Sprachkenntnisse und Begriffe, von der Geburt des Kindes an bis zur Zeit des Lesenlernens (1805); Kurze Erziehungslehre oder Anweisung zur körperlichen, anständlichen und sittlichen Erziehung (1805); Anzeige von mehr als 1800 deutschen Sprachfehlern (1810); Lehrbuch der deutschen Sprache (1810); Anleit zur deutschen Gesamtsprache, oder zur Erkennung und Berichtigung einiger (zu wenigst zwanzigtausend) Sprachfehler in der hochdeutschen Mundart, nebst dem Mittel, die zahllosen – in jedem Jahr den Deutschschreibenden 10000 Jahre Arbeit oder die Unkosten von 500000 verursachenden – Schreibfehler zu vermeiden und zu ersparen (1812, ²1816); Über den Verwechsel des v = w mit f (in Heinsius: Sprach- und Sittenanzeiger der Deutschen. 1817, S. 229ff.); Auffalliges Beispiel, wie das one Regellere wortende Sprachvolk die Sprache oder ihre Stammwörter verbildet, verundeutlicht und verderbt (in: Heinsius: Sprach- und Sittenanzeiger der Deutschen. 1817. S. 270f.); Antwort auf die Frage: wie alt mus ein Wort werden, um aus dem Knaben-Alter zu kommen? (in: Heinsius: Sprach- und Sittenanzeiger der Deutschen. 1817. S.

306f.); Noch ein Vorslag zur Beilegung des Streites: ob man Mädchen- oder Töchter-, oder nach Luther, Jungfernschule sagen müsse (in: Heinsius: Sprach- und Sittenanzeiger der Deutschen. 1817. S. 406f.); Kleine Fibel oder Vorbereit zum Lesenlernen für lernbegierige Kinder vom Anfang bis zum Ende ihres sechsten Jahres, mit des Kinderfreundes Christian Heinrich Wolke Sitte-, Tugend- und Gotlehre (1820); Erstes Lesebuch für sechs- bis zwelfjarige Kinder und für ire si belerenden und erzihenden Freunde (1820; auch u.d.T.: Erstes Lesebuch für sechs- bis zwelfjarige Kinder; seid mir willkommen, ihr kentnissuchenden Kinder!); Zweites Lesebuch für sechs- bis zwelfjarige Kinder (1820); Drittes Lesebuch für sechs- bis virzehnjarige Kinder (1820); Schriften in sechs Bänden (1820); Viertes Lesebuch für sechs- bis virzehnjarige Kinder (1822).

Mitarbeit: J. B. Basedow: Elementarwerk (1774); R. Z. Becker (Hrsg.): Zeitung für die Jugend und ihre Freunde (1782–1795); J. Chr. Dolz: Bildungsblätter für die Jugend (1806–1808); J. H. Campe: Wörterbuch zur Erklärung und Verdeutschung der unserer Sprache aufgedrungenen fremden Wörter (1801, [2]1813); J. H. Campe: Wörterbuch der deutschen Sprache (1807–1812).

Sekundärliteratur: S. Baur: Charakteristik der Erziehungsschriftsteller Deutschlands (1790). – Th. Fritzsch (Hrsg.): J. B. Basedows Elementarwerk mit den Kupfertafeln Chodowiechis u.a. Kritische Bearbeitung (Bd. 1–3. 1909). – K. Ch. Krause: Tageblatt des Menschheitslebens (1811). – Fr. F. Nietzold: Wolke am Philanthropin zu Dessau (1890). – A. Pinloche: Geschichte des Philanthropinismus (1896).

Klaus-Ulrich Pech

Würtz, Ádám

*Ungarischer Graphiker, Kinderbuchillustrator; *2.6.1927 Tamási.*

W.' Eltern waren Bauern. Nach dem Schulbesuch studierte er an der Akademie für bildende Kunst in Budapest. 1953 erwarb er sein graphisches Diplom bei KÁROLY KOFFÁN. W. war noch Student, als ihn der bekannte Buchkünstler ANDOR TEVAN mit der Illustration eines Jugendbuchs beauftragte. Dies war der Beginn einer erfolgreichen künstlerischen Laufbahn. Die Buchillustration wurde das Hauptgebiet seines Schaffens. W. gehört zu den bedeutendsten zeitgenössischen ungarischen Kinderbuchillustratoren. Sein künstlerisches Werk ist nicht nur in Ungarn, sondern auch im Ausland anerkannt. Dreimal erhielt er den Munkácsy-Preis (1957, 1966, 1970), 1966 wurden seine Graphiken bei der Biennale in Lugano und im gleichen Jahr in Miskolc preisgekrönt. 1968 gewann er in Belgrad die Goldene Feder, 1969 verlieh ihm die Tommaso Campanella-Kunstakademie die Silber- und die Goldmedaille. Selbständige Ausstellungen mit Werken von W. fanden u.a. in Budapest (1958, 1963), Wien (1965), Debrecen (1967), Warschau, Krakau, Montreal, Frankfurt am Main und Berlin (1976) statt.

Werk, Tendenzen, Wirkung. W. zeichnet seine Bilder mit spielerischer Leichtigkeit. Sein Phantasiereichtum ermöglicht ihm, sich in verschiedene historische Epochen und in vielfältige Lebenssituationen einzufühlen. Es gelingt ihm auch, die phantastische Welt der Märchen durch Linien und Farben visuell auszudrükken. W. hat viele volkstümliche dörfliche Motive aus Teppichmustern, Geschirr, Figuren usw. übernommen. Die Elemente der Volkskunst verwendet er besonders bei der Illustration der Märchen, wie z.B. die Buchge-

*Ádám Würtz (*1927)*

staltung des Märchenbandes von ISTVÁN KORMOS „Zöldbajusz Marci királysága" (1972; dt. Martin Grünbarts Abenteuer, 1974) und das auf die gleiche Vorlage zurückgehende bekannte Plakat für das Offenbacher Klingspor-Museum beweisen. Ein weiterer Beleg für den Einfluß der Folklore auf W.' Schaffen sind die Illustrationen in dem Buch „A tollas kigyó fiai". Auf diesen Bildern verschmilzt Exotisches mit der Wunderwelt des Märchens zu einem Ganzen. W. illustriert gern Werke der Weltliteratur und ungarische Klassiker wie SÁNDOR PETŐFI (János Vitéz, Arany Lacinak), GÉZA GÁRDONYI (Egri csillagok), BÉLA BALÁZS (A hét királyfi), CHARLES DICKENS, MARK TWAIN und WILLIAM SHAKESPEARE. Seine Bilder strahlen Harmonie und Optimismus aus.

Werke: G. Gárdony: A Lathatatlan Ember (1957; dt. Ich war den Hunnen untertan, 1959); M. Szederjei: Spuren und Fährten (1966); S. Petőfi: János Vitéz (1967); Arany Lacinak (1969; dt. An Laci Arany, 1973); W. Kreye: Der Riese von der kleinen Insel (1970); W. Kreye: Der Lumpenkönig (1971); I. Kormos: Zöldbajusz Marci királysága (1972; dt. Martin Grünbarts Abenteuer, 1974); Die Märchen der Mutter Gans (1973); J. Krüss: ABC, ABC, Arche Noah sticht in See (1974); R. Ignácz: Tiergericht im Urwald (1976).

Sekundärliteratur: Mai magyar rajzmüvészet. Képzőmüvészeti Alap Kiadóvállalata (1972).

Béla Tóth

Wurst, Raimund Jakob

*Schriftsteller, Pädagoge; *31.8.1800 Bühlertann bei Ellwangen, †1.6.1845 Ellwangen.*

W. stammte aus einer alten, katholischen Lehrerfamilie. Bis zu seinem vierzehnten Lebensjahr besuchte er die Dorfschule und erhielt daneben und während der folgenden Jahre Privatunterricht bei einem Vikar in Religions- und Sittenlehre, außerdem in Sprachlehre, Geschichte, Naturkunde und Latein. Mit neunzehn bestand W. die Provisoratsprüfung in Ellwangen und wurde Hilfslehrer zunächst in Oberkessach (bei Künzelsau), dann in Ellwangen. 1826 unternahm er eine dreimonatige Studienreise; an der böhmischen Grenze verdächtigte man ihn wegen seiner wissenschaftlich-pädagogischen Ausbildung politischer Umsturzgedanken. W. besuchte mehrere bekannte Pädagogen, so JOHANN BAPTIST GRASER in Bayreuth, CHRISTIAN WILHELM HARNISCH in Weißenfels und CHRISTIAN GOTTLIEB SALZMANN im Erziehungsinstitut Schnepfenthal. In methodischer Hinsicht schloß er sich GRASER an. 1828 heiratete W. und wurde kurz darauf Oberlehrer am königlichen Waisenhaus in Altdorf (dem heutigen Weingarten). In den folgenden Jahren begann er seine außerordentlich erfolgreiche Schriftstellerei mit dem preisgekrönten „Ersten Schulbuch für die Unterklasse der Elementarschule". 1835 wurde er als Leiter des neu zu errichtenden Lehrerseminars nach St. Georgen in der Schweiz gerufen. Wegen ständig heftiger werdender Angriffe gegen seine pädagogische Arbeit und wegen politischer Auseinandersetzungen, bei denen man ihn als Ausländer beschimpfte, verließ er schon 1838 wieder die Schweiz und kehrte nach Ellwangen zurück. 1843 eröffnete er zwar noch mit Hilfe der Landesregierung ein privates Lehrerseminar, doch hinderten ihn Krankheit und Siechtum zunehmend mehr an seiner Arbeit.

W. verfaßte den größten Teil seiner Schriften nicht nur für den Schulgebrauch, sondern auch für die Lektüre zu Hause, so daß viele seiner Bücher eine Mischform aus Schul- und Jugendbuch darstellen. Seine Werke erreichten erstaunlich hohe Auflagen. So wurden vom „Ersten Schulbuch" innerhalb von zwanzig Jahren fast 700000, von den beiden Sprachdenklehren innerhalb fünfzehn Jahren fast 450000 Exemplare verkauft. Auch seine „Stilübungen" erreichten schon nach wenigen Jahren eine Auflage von fast hunderttausend Exemplaren. Vermutlich ist die Gesamtauflage aller Schriften W.s der Zwei-Millionen-Grenze nahegekommen. Wenn auch seine Bücher in nur geringem Maß zur eigentlichen Kinder- und Jugendliteratur zu rechnen sind, so hatten sie doch einen nicht zu unterschätzenden Einfluß auf das Sprachempfinden und den Wortschatz der jungen Leser und wirkten entscheidend mit an der Prägung ihres Leseverhaltens.

Werk, Tendenzen, Wirkung. Probleme der Bildung waren für W. nicht Gegenstand einer Wissenschaft, sondern der „Lehrkunst". Mit diesem Anspruch des Künstlerischen wählte er Beispielsätze, Gedichte und Geschichten aus, die er entweder selbst verfaßt hatte oder aus Werken von JOHANN PETER HEBEL, ADALBERT VON CHAMISSO, LUDWIG UHLAND und anderen entnahm. Da für W. der Sprachunterricht einen Anschauungsunterricht voraussetzt, verfaßte er „Das elterliche Haus" und „Der Wohnort", in denen er – sowohl für die schulische wie die häusliche Lektüre – detailliert alle Haushaltsgegenstände, Werkzeuge, Pflanzen und Tiere der näheren Umgebung beschrieb, die sozialen Beziehungen darstellte, wichtige Erkenntnisse aus der Naturgeschichte einführte und von möglichen Glücks- und Unglücksfällen im Leben erzählte. Häufig sind auch die sachlichen Berichte mit einer Geschichte verbunden (beispielsweise die „Erzählung von der Erfindung des Glases"). Die Welt, die W. den Kindern vorstellte, ist streng hierarchisch aufgebaut und so wohlgeordnet, daß nichts, weder Ding noch Mensch, jemals seine Bestimmung oder seinen Platz ändern muß. Um nicht eine mögliche Veränderung der Welt auch nur anzudeuten, blieb W. bei der Beschreibung des noch nach feudalistischen Prinzipien geordneten Dorfes stehen und verschwieg sowohl alle Formen städtischen Lebens wie die Probleme der sich ausweitenden Industrialisierung. Dennoch handelte er sich mit diesen beiden Büchern harte Kritik und den Vorwurf ein, er sei für die Kinder genauso verderbend wie JEAN JACQUES ROUSSEAU, da er die Welt nicht von Gott, sondern vom menschlichen Alltag aus erkläre.

Werke: Das erste Schulbuch für die Unterklasse der Elementarschule (1834, [78]1864; auch u.d.T.: Das elterliche Haus, erste Abteilung); Die zwei ersten Schuljahre (1835, [4]1849; auch u.d.T.: Das elterliche Haus, zweite Abteilung); Das erste Schulbuch für die unterste Klasse der Elementarschulen (1835, [77]1865; auch u.d.T.: Der Wohnort, ein Lehr- und Lesebuch für die erste Klasse der Elementarschulen auf dem Lande und in kleineren Städten); Praktische Sprachdenklehre (1836, [72]1881); Theoretisch-praktische Anleitung zum Gebrauche der Sprachdenklehre (1836, [3]1841); Der erste Unterricht in der französischen Sprache (1836); Ausführliche Anleitung zum Schreibleseunterricht (1837, [3]1846); Sechzehn Wandtafeln für den ersten Schreibleseunterricht in Elementarschulen mit Rücksicht auf ‚das elterliche Haus' (1838); Theoretisch-praktische Anleitung zum Gebrauche der Sprachdenklehre, zweiter Teil (1838, [2]1839); Übungsbuch zum Kopf- und Zifferrechnen (1839, [2]1841); Theoretisch-praktisches Handbuch zu elementarischen Denk- und Stilübungen (1840, [2]1843); Fünfzig zweistimmige Lieder. Eine Auswahl (1840); Elementarbuch zu praktischen Denk- und Stilübungen (1840, [18]1865); Kleine praktische Sprachdenklehre (1841, [23]1883); Zweiundsiebzig Vorlegeblätter zum Schönschreiben als Grundlage zur Rechtschreibung und Wortbildung (1842); Anleitung zu den Vorlegeblättern (1842); Sämmtliche Schulschriften für die Hand des Lehrers. Gesammt-Ausgabe in vier Bänden (Bd. 1–4. 1863, [5]1877).

Sekundärliteratur: J. D. Steinmetz: Praktischer Unterricht in der französischen Sprache; nach R. J. Wurst's Ideen und mit beständiger Rücksicht auf dessen praktischer Sprachdenklehre abgefaßt. Eine Begleitschrift zu R. J. Wurst's theoretisch-praktischem Handbuche der Sprachdenklehre (1842). – R. J. Wurst: Eine biographische Skizze (1846).

Klaus-Ulrich Pech

Wustmann, Erich

*Reiseschriftsteller und Jugendbuchautor; * 9.11.1907 Niedersedlitz bei Dresden.*

W. führte ein abenteuerliches Leben: Noch 1977 besuchte er Indianer in Ekuador. Seine Jugendzeit fiel in die Jahre der Inflation, so daß ihm ein Studium nicht möglich war. W. zog, wie er sagt, „mit Singsang und Klampfe durch Lokale", hörte an Universitäten und arbeitete unter anderem als Journalist. 1926 fuhr er im Faltboot an der norwegischen und schwedischen Küste hinauf und gelangte bis nach Lappland, wo er später zusammen mit seiner Frau mehrere Jahre lebte. Ebenso war er auf Island, den Färöern und verdiente seinen Lebensunterhalt mitunter als Goldwäscher und Pelztierjäger. In verschiedenen ethnologischen Arbeiten hat er über die Völker des Nordens berichtet. Sein besonderes Interesse galt den Lappen, den letzten Nomaden Europas, deren Lieder er sammelte. Nach dem Kriege wandte sich W. neben Afrika und Indien hauptsächlich Südamerika zu. Bei einigen Indianerstämmen in den Gebieten des Rio Xingú und des Amazonas hielt er sich monatelang auf, um Leben und Kultur dieser Stämme zu erforschen. Insgesamt besuchte W. 36 Stämme. W. besitzt die Ehrenbürgerschaft seiner Heimatstadt Bad Schandau. 1958 erhielt er den Friedrich-Gerstäcker-Preis, 1976 die Verdienstmedaille der DDR und 1977 den Vaterländischen Verdienstorden in Silber.

Werk, Tendenzen, Wirkung. Die Erfahrungen und Erlebnisse seiner Expeditionen hat W. in Form von Reisebeschreibungen und erzählenden Jugendbüchern verarbeitet. Seine Bücher, die zum Teil in mehrere Sprachen übersetzt wurden, fanden ein großes Lesepublikum.

W. verbindet Erzählung und Fiktion mit sachlicher Dokumentation, gegründet auf eigenen Erlebnissen, wodurch ein hohes Maß an Authentizität erreicht wird. Einzelne, meist jugendliche Personen, in seinen späteren Büchern über die Indianer oft eindrucksvolle Mädchengestalten, stehen als Identifikationsfiguren im Mittelpunkt. Anhand der Abenteuer, der Erzählungen oder der Lebensgeschichten dieser Personen vermittelt er eine Fülle von Informationen über die Geographie und politischen Zusammenhänge des jeweiligen Landes und über Sitten, Gebräuche und Mentalität der Völker. Von seinen früheren Texten über Island, Norwegen und Lappland zählen „Die Pelztierjäger von Petsamo" (1938), „Klingende Wildnis, lappländische Lieder" (1954) und „Wo das Eis die Grenze schuf" (1954) zu den bedeutendsten Erzählungen.

In seinen Büchern über die Indianer Südamerikas steht ebenfalls die Information über Riten, Lebensweise und deren Bedrohung durch die Zivilisation im Vordergrund: „Die gebildeten Menschen sind zwar sehr klug, aber sie kennen sich in der Natur nicht aus" (Orchidee vom Rio Teia, S. 122). In der Tat stellt W. eine sehr intime Beziehung zu Tieren und zur Natur her. Vollkommenes Durchleben von Einsamkeit, Fertigwerden mit Widrigkeiten wie der Regenzeit, mit Gefahren wie dem schwarzen Jaguar sind Lebenssituationen, die durch Technik und Zivilisation verloren gingen. Andererseits wird die sinnvolle Nutzbarmachung der Natur gepriesen. W. spart Grausamkeiten im Lebens- und Existenzkampf nicht aus: z.B. den Verlust der Eltern bei einem jungen Mädchen (Katakó, 1963) oder die aufreibenden Kämpfe zwischen Weißen und Indianern und der Stämme untereinander. Er schildert auch, wie vor den Augen eines Mädchens ihr Freund von Krokodilen zerrissen wird (Hrenki und das große Lied, 1968) oder wie ein Mensch von Vogelspinnen angegriffen und getötet wird (Toawaki, 1957). Die Beziehung zum Tod bei W. ist eine den beschriebenen Lebensschicksalen immanente Frage. Neben der Vermittlung von Information über die Indianer will W. Vorurteile über sie abbauen. Zugleich nimmt er Partei gegen die Eroberermentalität der Weißen und setzt sich für den Versöhnungsgedanken und den Frieden ein.

Werke: Wie Peter der Große das Schilaufen erlernte (1934); Kinder der Wildmark (1936); Die heiligen Berge (1936; auch u.d.T.: Inga und Rija, 1950); In Lappzelt und Rentierpulk (1936); Ole Gynt, der Lofotenfischer (1937); Jagdabenteuer im Eismeer (1937); Die Pelztierjäger von Petsamo (1938); Wunder ewigen Eises (1938); Gunhild, die Reiterin (1939); Tollkühne Färinger (1939); Licht uber den Bergen (1940); Faltbootfahrt von Fjord zu Fjord (1940); Unter der Mitternachtssonne (1941); Niels der Nordländer (1948; auch u.d.T.: Niels und seine Abenteuer, 1951); Ein Mädel zwischen Land und Meer (1948); Kitzi (1949); Paradies der Vögel (1949); 1000 Meilen im Rentierschlitten (1952); Kinder auf Island (1952); Marbu (1952); In die Welt mit Palette und Zelt (1953); Klingende Wildnis, Lappländische Lieder (1954); Ingrid und der Bär (1954); Kristine auf Lundholmen (1954); Wo das Eis die Grenze schuf (1954); Isbjörn (1955); Die Verwegenen (1955); Taowaki (1957); Weiter Weg in Tropenglut (1957); Crao, Indianer der roten Berge (1958); Orchidee vom Rio Teia (1958); Arapú (1959); Karajá, Indianer vom Rio Araguaja (1959); Xingú. Paradies ohne Frieden (1959); Yahuá, die Blasrohrindianer (1960); Unter Palmen und braunen Menschen in Bahia (1961); Wilde Reiter im Sertão (1962); Indios im Hochland der Kordilleren (1962); Las Canarias (1963); Katakó (1963); Ich bin Mary-Sol (1964); Hrenki und das Große Lied (1968); Vitotschi (1972); Unterwegs zu Zwergindianern in Kolumbien (1973); Candida (1973); Indianer, wo bist du? (1974); Gloria (1977).

Hans Kerst

Wyss, Hedi

*Schweizer Jornalistin und Jugendbuchautorin; * 17.10.1940 Bern.*

W. arbeitete zuerst als Lehrerin, später, nach verschiedenen Tätigkeiten, Reisen und dem Volontariat bei einer Zeitung, als Redakteurin einer Schweizer Frauenzeitschrift. Seit 1969 lebt sie als freie Schriftstellerin und Journalistin. Ihre Artikel werden in einer Erziehungszeitschrift sowie gelegentlich in Frauenzeitschriften veröffentlicht. 1973 erschien ihr erstes Jugendbuch „Das rosarote Mädchenbuch. Ermutigung zu einem neuen Bewußtsein", das in der Schweiz und der Bundesrepublik als erstes Mädchenbuch gelten kann, das im Unterschied zu den traditionellen Mädchenbüchern das Thema der Emanzipation der Frau behandelt.

1975 und 1977 hat W. zusammen mit ISOLDE SCHAAD zwei Bände des Mädchenjahrbuchs „Rotstrumpf" herausgegeben.

Werk, Tendenzen, Wirkung. W. gehört zu den gesellschaftskritischen Jugendbuchautoren. Nach ihrem eigenen Verständnis will sie emanzipatorische Information und gesellschaftskritische Denkanstöße geben, um zu einer Erziehung zur Autonomie und zu einem kritischen Weltverständnis beizutragen. Die Bücher möchten Impulse geben, das herkömmliche bürgerliche Rollenverständnis der Frau in Frage zu stellen und wollen zu einer selbstbewußten Veränderung der Geschlechterrollen ermutigen. Unter der traditionellen Bezeichnung „Mädchenbuch" will W. den Leserinnen Informationen und Wissen vermitteln, die sich in der üblichen Mädchenliteratur nicht finden. Im „Rosaroten Mädchenbuch" analysiert W. die historische und gegenwärtige Situation der Frau in Familie, Ausbildung und Beruf. Nach W.' Darstellung dient die Frau in der patriarchalischen Gesellschaft als billige Arbeitskraft und sexuelles Ausbeutungsobjekt. Das faktenreiche Buch ist mit zahlreichen Fotos illustriert, die auch historische und zeitgenössische Emanzipationsbewegungen dokumentieren.
Die Mädchenjahrbücher „Rotstrumpf" sind Anthologien, deren Texte nicht allein auf die Emanzipationsfrage beschränkt sind. Mit Prosa und Lyrik zeitgenössischer Autoren (unter anderem GABRIELE WOHMANN, ERNESTO CARDENAL, THE BEATLES, INGEBORG BACHMANN) werden jugendliche Leser zur Auseinandersetzung mit der Welt, in der sie leben, angeregt. „Das rosarote Mädchenbuch" und „Rotstrumpf" durchbrechen inhaltlich wie stilistisch die Grenze zwischen Jugendbüchern und Erwachsenenliteratur.

Werke: Das rosarote Mädchenbuch: Ermutigung zu einem neuen Bewußtsein (1973, ^{3}1977).

Hrsg.: Rotstrumpf 1 (1975, zus. mit I. Schaad); Rotstrumpf 2 (1977, zus. mit I. Schaad).

Traute Richter

Wyß, Johann David

*Schweizer Theologe, Schriftsteller; *28.5.1743 Bern, † 11.1.1818 Könitz.*

W. studierte, nachdem er Privatunterricht im Elternhaus erhalten hatte, an den Akademien in Bern und Lausanne Theologie. 1766 wurde er Feldprediger im Berner Regiment Tscharner, das im Dienst des Herzogs von Sardinien stand. Ein häufiger Garnisonswechsel ermöglichte ihm, geographische, historische und kulturelle Eindrücke zu sammeln. 1775 erhielt er die Ernennung zum Pfarrer in Seedorf. 1777 kam er als dritter Prediger an die Münsterkirche zu Bern. Nach dem Tode seiner ersten Frau heiratete W. hier zum zweiten Male. Dieser Ehe entstammten sieben Kinder, von denen drei früh verstarben. Der Biograph Dr. ENGEL vermerkt, daß der „Schweizerische Robinson" ein getreues Abbild dieses Familienlebens ist, weil W. im Roman nicht nur „seine vier Söhne, sondern ebenso auch deren Mutter geradezu porträtiert hat" (Vorwort, VI). 1781 wurde W. Archediakon und 1807 zweiter Pfarrer. Nach dem Tode der zweiten Frau heiratete er 1792 zum dritten Mal, kaufte 1803 ein Landgut in Könitz, wo er die letzten Jahre seines Lebens verbrachte.

Werk, Tendenzen, Wirkung. W.' schriftstellerische Tätigkeit erwuchs aus dem erzieherischen Umgang mit seinen Kindern und einer persönlichen Naturverbundenheit. HEINRICH KURZ berichtet, W. habe für seine Kinder „einen Leitfaden zur Naturgeschichte" und ein „Lehrbuch für die Geschichte" verfaßt, „Jägerlieder" gedichtet und mit den Kindern ausgedehnte Wanderungen in die Berge unternommen. Auch für KURZ ist „der Schweizerische Robinson das vollkommenste Abbild" (Vorwort, XIII) dieses gemeinsamen Lebens und Erlebens. Die Robinsonade entstand um das Jahr 1800. Sie wurde vom Verfasser seinen Kindern erzählt und niedergeschrieben, jedoch nicht publiziert. Noch zu Lebzeiten des Vaters übernahm der Sohn JOHANN RUDOLF W. (1782–1830) eine erste Überarbeitung des Manuskripts und zwischen 1812 und 1827 die Herausgabe des vierbändigen Werkes. Daß die Robinsonade im 18. und zu Beginn des 19. Jahrhunderts eine vielgelesene Romangattung war, hat sicher auch W. angeregt und beeinflußt. Eine direkte Vorlage läßt sich jedoch nicht nennen. F. REULEAUX konstatiert im Vorwort zu seiner Bearbeitung 1894 nachdrücklich einen Zusammenhang mit dem CAMPEschen Robinson. Er hebt hervor, W. habe auf die kulturgenetische Darstellung verzichtet und gegenüber dem Vorbild den erzieherisch-gesellschaftlichen Aspekt pointiert. „Die ‚Gesellschaft' ist von Anfang an da, aber, gemäß dem Robinson-Wesen, entrückt von der großen Welt, nur an die Stelle der Person-Einheit die Familien-Einheit gesetzt. Eines ist auf das Andere darin angewiesen. Dieser Gedanke, der notwendig bei CAMPE anfangs ganz fehlt, später aber nicht mit voller Kraft durchdringt, ist hier im Familienleben voll entwickelt" (IX). Da CAMPES Robinson damals „von Kadix bis Moskau und Kontantinopel" gelesen wurde, ist dieser Einfluß nicht auszuschließen, zumal beiden „wirkliches Leben zu Grunde" liegt. In Auseinandersetzungen mit KURZ lehnt REULEAUX deshalb einen Rückgriff auf die DEFOEsche Vorlage ab. IRENE DYHRENFURTH hingegen macht auf den möglichen Einfluß durch J. G. SCHNABELS „Insel Felsenburg" aufmerksam.

→ Inselmotiv, → Robinsonaden, → J. R. Wyß

Werke: J. R. Wyß (Hrsg.): Der Schweizerische Robinson oder der schiffbrüchige Schweizer-Prediger und seine Familie. Ein lehrreiches Buch für Kinder und Kinder-Freunde zu Stadt und Land (Bd. 1–4. 1812 1827).

Sekundärliteratur: D. Engel: Vorwort (in: J. D. und J. R. Wyß: Robinson. 1897. V–X). – H. Kurz: Vorwort (in: Schweizerischer Robinson oder der schiffbrüchige Schweizerprediger und seine Familie. Ein lehrreiches Buch für Kinder und Kinderfreunde. 1841. V–XVI). – F. Reuleaux: Vorrede zur sechsten Auflage (in: Der Schweizerische Robinson. 1895. V–XI).

Reinhard Stach

Wyß, Johann Rudolf

*Schweizer Schriftsteller, Philosophieprofessor; * 4.3.1782 Bern, † 21.3.1830 Bern.*

W. der Jüngere war Sohn des JOHANN DAVID W. (1734–1818). Schon als Knabe beschäftigte sich W. mit Literatur. Er studierte Theologie und interessierte sich für Philosophie und Geschichte. Nach ersten Studien in Bern begab er sich 1801 nach Tübingen und 1802 nach Göttingen. Hier wurde er durch JOHANN FRIEDRICH HERBART (1776–1841) pädagogisch und philosophisch angeregt. 1803 kehrte er nach Bern zurück. Nach dem Theologiestudium lebte W. für einige Zeit in Halle. 1805 wurde er an der Berner Akademie Professor für Philosophie.

Werk, Tendenzen, Wirkung. W. war mehr Dichter, Historiker und Kunstfreund als Philosoph. Von 1811 an gab er in Zusammenarbeit mit MARTIN USTERI (1763–1827), ULRICH HEGNER (1759–1843), DAVID HESS (1770–1843), GOTTLIEB JAKOB KUHN (1775–1845) und JOHANN RUDOLF WYSS dem Älteren (1763–1845) den Schweizer Almanach „Die Alpenrose" heraus, der in zwanzig Bänden bis zu seinem Tode erschien und viel gelesen wurde. 1811 verfaßte W. das Gedicht „Rufst Du, mein Vaterland". Dieses Gedicht wurde bald zur Nationalhymne. W. bemühte sich um die Erhaltung des Legenden- und Sagengutes und gab eine Berner Chronik über das 15. und 16. Jahrhundert heraus. Selbst ein kenntnisreicher Sammler von Gemälden und Stichen, wurde er Mitbegründer der Berner Künstlergesellschaft.
W.' Verdienst für die Jugendliteratur liegt in der Herausgabe des „Schweizer Robinson", einem vierbändigen Werk, das zwischen 1812 und 1827 erschien und viele Bearbeitungen und Übersetzungen erlebte.

→ Robinsonaden, → J. D. Wyß

Th. I. Pag. 56.

Der

Schweizerische Robinson

oder der

schiffbrüchige Schweizer-Prediger

und seine Familie.

Ein lehrreiches Buch für Kinder und Kinder-Freunde zu Stadt und Land.

Herausgegeben

von

Johann Rudolf Wyss.

Erstes Bändchen.

Mit Kupfern.

Zürich,

bei Orell, Füßli und Compagnie.

Frontispiz und Titelseite zum ersten Band des „Schweizerischen Robinson" von Johann David Wyss, der 1812 von seinem Sohn Johann Rudolf Wyss herausgegeben wurde. Neben Defoes „Robinson Crusoe" ist der „Schweizerische Robinson" die bekannteste Robinsonade. Die Illustration ist der zweiten Auflage (Zürich 1820) entnommen und zeigt den schiffbrüchigen Schweizer Prediger mit seinem Sohn bei der Nahrungssuche auf der Insel, auf der die Familie gestrandet ist.

Werke: Vorlesungen über das höchste Gut (Bd. 1–2. 1811); Idyllen, Volkssagen, Legenden und Erzählungen aus der Schweiz (Bd. 1–2. 1815–1822).

Hrsg.: Die Alpenrose. Musenalmanach (zus. mit U. Hegner, D. Heß, G. J. Kuhn, M. Usteri und J. R. Wyß dem Älteren. Jg. 1–20. 1811–1830); J. D. Wyß: Der Schweizerische Robinson oder der schiffbrüchige Schweizer-Prediger und seine Familie. Ein lehrreiches Buch für Kinder und Kinder-Freunde zu Stadt und Land (Bd. 1–4. 1812–1827).

Sekundärliteratur: R. Ischer: Johann Rudolf Wyß der Jüngere (1911).

Reinhard Stach

Y

Young, Chic

*(d.i. Murat Bernard Young). Amerikanischer Comiczeichner; *9.1.1901 Chicago, †14.3.1973 Clearwater Beach/Florida.*

Y. besuchte nach Absolvierung der McKinley High School in St. Louis Kunstschulen in Chicago, New York und Cleveland/Ohio. Sein Studium verdiente er sich als Entlader bei der Eisenbahn in Chicago und später als Stenograph. Y. war seit 1927 verheiratet und hatte drei Kinder. Er lebte bis zu seinem Tode in Clearwater Beach/Florida.

Werk, Tendenzen, Wirkung. Durch Vermittlung seines Freundes Edgar Martin („Boots and her Buddies") erhielt Y. 1920 einen Posten als Comiczeichner bei der Newspaper Enterprise Association und schuf die allerdings erfolglose Serie „The affairs with Jane". 1921 wechselte er zum Bell Syndicate in New York über und arbeitete dort bis 1923. Dann trat er in das King Feature Syndicate ein und zeichnete zuerst für vier Monate den im „The American" erscheinenden Strip „Beautiful Babs", ging daraufhin für ein Jahr als Lehrling in die Kunstabteilung des Betriebs und produzierte seit 1924 den erfolgreichen Comicstrip „Dumb Dora". Er zeichnete ihn sechs Jahre lang, um ihn dann zugunsten seines späteren Welterfolges „Blondie und Dagwood Bumstead" an Paul Fung abzugeben. Die Comicserie „Blondie" erschien zum ersten Mal am 8.9.1930. Seit jenem Jahr zeichnete Y. diesen Streifen täglich für ca. 1600 amerikanische und ausländische Zeitungen in 17 Sprachen mit einer Leserschaft von über 80 Millionen in 60 Ländern. Er mußte ihn wegen Erkrankung ein Jahr vor seinem Tod an seinen Sohn Dean und den Zeichner Jim Raymond abgeben. Während des Krieges schuf Y. den Comicstrip „Colonel Potterby and the duchess" und zeichnete diesen Sonntagsstreifen neben „Blondie" bis zum Kriegsende. 1948 gewann er den „Reuben-Preis" der National Cartoonists Society.
„Blondie" zählt zu den erfolgreichsten Comicstrips. Seine Schilderung der alltäglichen Freuden, Sorgen, Nöte und Ängste des Durchschnittsehepaares Blondie und Dagwood mit Verkäufern, Nachbarn, dem Haushalt oder den Haushaltsgeräten, dem Chef sowie die mühsamen Versuche Dagwoods, Geld zu verdienen, und die erfolgreichen Versuche Blondies, dieses Geld wieder auszugeben, fanden große Resonanz. Abweichend von den üblichen Comicregeln läßt Y. seine Figuren langsam älter und reifer werden. Ist Blondie 1930 noch ein launisches und extravagantes Mädchen und Dagwood der verwöhnte Sohn reicher Eltern, so wandelt sie sich nach ihrer Heirat mit Dagwood am 13.2.1933, der nun zum spezifischen Vertreter der amerikanischen Mittelklasse geworden ist, zu einer perfekten, diplomatischen und ihrem Ehemann überlegenen Hausfrau, später zu einer resoluten Mutter zweier Kinder (Alexander, genannt Baby Dumpling, wird am 15.4.1934 geboren und ein Mädchen Cookie erscheint ab 1941) und Beherrscherin einer Vielzahl von Hunden.
Die Comicgeschichten um „Blondie und Dagwood" wurden zu Radio- und Fernsehsendungen verarbeitet und bildeten den Inhalt von achtundzwanzig Filmen. Die Comicfiguren wurden zu Werbezwecken und als Spielzeug benutzt, aber auch in der öffentlichen Aufklärung über Atomenergie und Mentalhygiene eingesetzt.

Sekundärliteratur: St. Becker: Comic art in America (1959). – L. van Gelder: Chic Young, creator of ‚Blondie', dead (in: The New York Times. 16.3.1973). – G. Perry: The penguin book of comics (zus. mit A. Aldridge. 1967). – W. K. Zinsser: 40 years of Blondie (in: Life. 13.10.1970).

Wolfgang Kempkes

Z

Zábranský, Adolf

*Tschechischer Maler und Kinderbuchillustrator; * 29.11.1909 Rybí (Mähren).*

Z. studierte an der Kunstgewerbeschule und der Akademie der bildenden Künste in Prag. Zu Beginn der vierziger Jahre legte er mit JIŘÍ TRNKA (1912–1969) und ANTONÍN STRNADEL (1910–1975) die Grundlagen zur modernen tschechischen Illustrationskunst. Nach 1945 wurde Z. mit einer Reihe von Aufgaben im Bereich der monumentalen Malerei betraut: die Sgrafitti „Eintreffen der Roten Armee" und „Zur Erinnerung an die Befreiung" erhielten Staatspreise. Diese Tätigkeit hatte ihren Einfluß auf den Charakter seiner Illustrationen, vor allem bei der Gestaltung alter Sagen in der Nacherzählung von IVAN OLBRACHT (1882–1952). Im Jahr 1951 erhielt Z. den Preis der Hauptstadt Prag, 1959 den Titel „Verdienter Künstler"; 1970 wurde er zum Nationalkünstler ernannt. Die Jury des Internationalen Hans-Christian-Andersen-Preises sprach im Jahr 1972 eine besondere Empfehlung seines Illustrationswerks für das Kind aus, und 1975 wurde ihm der Preis des tschechischen Staatsverlags Albatros zugesprochen. Z. lebt in Prag.

Werk, Tendenzen, Wirkung. Große öffentliche Aufgaben boten Z. Gelegenheit, sein gesellschaftliches Engagement im Bild zum Ausdruck zu bringen. Z.s Illustrationen bezeugen einerseits seine Verbundenheit mit der Tradition des schönen tschechischen Buchs und andererseits sein Verständnis für die Erfordernisse des modernen Kinderbuchs. In den Illustrationen zu Märchenthemen benutzt er mit Vorliebe hyperbolische Formen, die auf volkstümlichen Auslegungen des Sujets beruhen. Das Hauptinteresse Z.s galt jedoch stets der Poesie und dem Buch für die Kleinsten. Große Buchseiten und -doppelseiten boten ihm weiträumige Möglichkeiten. Er stilisiert die Gestalten, deutet mit sparsamen Mitteln ihr natürliches und gesellschaftliches Milieu an, ist um einen emotionalen Akzent seiner Flächenkompositionen bemüht. Seine Aquarelle und farbigen Kreidezeichnungen tragen stets das gleiche ruhige Pathos, das mit der schwungvollen Dynamik der Spiele und Bewegungen der Kinder kontrastiert. Sie erfassen zum Teil auch auf humorvolle Weise die Konfrontierung kindlicher Vorstellungen mit der Wirklichkeit. Z. legt Wert auf die Intimität und Poesie des Details, betont die Gefühle der Freude und Zuversicht und bringt den Kampf mit dem Bösen zum Ausdruck.

Werke: J. V. Sládek: Sládek dětem (1943, [7]1960); J. Št. Kubín: Když se čerti rojili (1946, NA. 1970); B. M. Kulda: Moravské národní pohádky (1947); J. Čarek: Ráj domova (1948, [4]1967; dt. Kinderfreuden, 1958); J. Št. Kubín: Princezna Pohádka (1949, [3]1964); Fr. Hrubín: Je nám dobře na světě (1951, [4]1971); I. Olbracht: Ze starých letopisů (1952, [4]1974); P. Denk: Ringelreihen (1956); J. Čarek: Srdce potěšení (1958, [2]1963); A. Zábranský (Hrsg.): Zlatá brána otevřená (1963; dt. Das goldene Tor, 1964); J. V. Sládek: Zlaté slunce, bílý den (1966, [2]1972); A. Zábranský (Hrsg.): Das Blumenkränzchen (1966); J. Brukner: Das fröhliche Jahr (1968); J. Čarek: Čarokruh (1971).

Sekundärliteratur: J. Burian: Adolf Zábranský (in: Bookbird. 1973. 4. 77–80). – Z. Hlaváček: A. Zábranský, katalog výstavy (1943). – Fr. Holešovský: Adolf Zábranský nově v knihách pro nejmenší (in: Zlatý máj. 1972. 4. 275–276); Čeští ilustrátoři pohádek pro děti (in: O pohádkách. 1960. 159–203).

František Holešovský

Zachariä, Justus Friedrich Wilhelm

*Verfasser von Heldengedichten, Bearbeiter deutscher Volksmärchen, Fabeldichter; * 1.5.1726 Frankenhausen am Kyffhäuser, † 30.1.1777 Braunschweig.*

Als dritter Sohn eines schwarzburgischen Regierungsadvokaten besuchte Z. die fürstliche Landschule seiner Vaterstadt und studierte in Leipzig und Göttingen zunächst Jura, später seinen Neigungen entsprechend Schöne Wissenschaften. Schon als Leipziger Student war Z. mit jungen Dichtern befreundet, wie unter anderem J. A. CRAMER (1723–1788), K. CHR. GÄRTNER (1712–1791), G. W. RABENER (1714–1771) und den beiden Brüdern J. A. SCHLEGEL (1721–1793) und J. E. SCHLEGEL (1719–1793). In ihrer von J. J. SCHWABE (1714–1784) herausgegebenen Zeitschrift „Belustigungen des Verstandes und Witzes" wurde 1744 Z.s erstes Werk „Der Renommist" veröffentlicht, das ihm die Mitgliedschaft der „Deutschen Gesellschaft" einbrachte. Der damalige „Älteste" der „Deutschen Gesellschaft", der Jurist J. C. CLAPROTH, empfahl Z. nach Braunschweig an das von Herzog KARL I. 1745 gegründete Collegium Carolinum, das als Mittelform zwischen Gymnasium und Universität der Unterweisung in den höheren Berufsarten, „sonderlich bon sens und gutem Geschmack", dienen sollte. Am 18. April 1748 wurde Z. hier als Hofmeister angestellt und 1761 zum „Professor ordinarius Poësoes" ernannt. Besonderen Ruf erwarb er sich durch seine Vorlesungen über Dichtkunst, Mythologie und sein sogenanntes „Zeitungscollegium". Außerdem war Z. redaktionell für die „Gelehrten Beiträge" tätig, einem Beiblatt zu den „Braunschweigischen Anzeigen", und an der „Neuen Braunschweigischen Zeitung". Daneben wurde er 1767 Leiter der Waisenbuchhandlung, der Druckerei und des Intelligenzwesens samt einer Leihbibliothek. Am 15. April 1775 beschenkte Herzog KARL I. „seinen vielgetreuen Zachariä" mit einem Kanonikat am Stift St. Cyriacus bei Braunschweig. Z. starb 51jährig an der Wassersucht.

Werk, Tendenzen, Wirkung. Z.s Dichtungen wurden seinerzeit viel von Heranwachsenden gelesen. Sein humorvoller Erstling „Der Renommist" (1744), eine rokokogemäße Parodie unter Benutzung HOMERischer Formelemente, war eine prahlerische Lügengeschichte, die das Leben und Treiben damaliger Studenten schilderte. Eine Travestie auf den Tod Elpenors im elften

Buch der Odyssee war der ebenso beliebte „Murner in der Hölle" (1757): Ein Kater starb, der im ganzen Haus herumspukte, bis er endlich in großer Feier zur Ruhe bestattet wurde. Einen großen Leserkreis fand Z.s unvollendetes Heldengedicht über „Ferdinand Cortez" (1766) sowie „Die fliegenden Menschen oder wunderbare Begebenheiten Peter Wilkins" (1767) und die noch in Z.s Todesjahr (1777) in fünffüßigen Jamben herausgekommene „Tayti oder Die glückliche Insel", worin er die Entdeckung Tahitis schilderte und im Geist JEAN JACQUES ROUSSEAUS (1712–1778) die Einfalt der Eingeborenen pries.

Den Knittelvers benutzte Z. mit viel Geschick in der Volksbuchparodie „Zwei schöne Neue Mährlein – Von der schönen Melusine und von einer ungetreuen Braut, die der Teufel holen sollen – der lieben Jugend, und dem ehrsamen Frauenzimmer zu beliebiger Kurzweil in Reime verfasset" (1772).

Am längsten hielten sich auch im Bereich der Jugendlektüre Z.s themenreiche Fabeln, die auch politisch-soziologische Sachverhalte ansprachen, wie etwa „Die Republik der Spinnen". Z. stützte sich auf einen Vorgänger, den er in dem Titel seiner Fabelausgabe nannte „Fabeln und Erzehlungen in Burkard Waldis' Manier" und die er zeitgemäßer zu gestalten versuchte. Fabeln von Z. wurden bis zur Gegenwart in Lesebüchern und Sammlungen für junge Leser aufgenommen. So bietet noch JAMES KRÜSS (* 1926) in seinem Sammelband „So viele Tage wie das Jahr hat" (1959) von Z. die beiden Fabeln „Der abgebrannte Bauer" (S. 140) und „Der gefangene Trompeter" (S. 142) an. RUDOLF OTTO WIEMER (* 1905) bringt in seinem Erinnerungsband „Liebes altes Lesebuch. Kurzweilige und nützliche Geschichten, Gedichte und Fabeln" (1966) zwei Fabeln von Z. („Der Adler und die Eidechse", S. 71; „Der Löwe und der Esel", S. 284 f.).

Werke: Der Renommist (1744); Scherzhafte Epische Poesien nebst einige Oden und Liedern (1754); Die Poesie und Germanien. Ein Gedicht (1755); Die Tageszeiten. Ein Gedicht (1756); Der Tempel des Friedens (1756); Die Pilgrimme auf Golgatha. Ein musikalisches Drama (1756); Murner in der Hölle. Ein scherzhaftes Heldengedicht in fünf Gesängen (1757); Die vier Stufen des Weiblichen Alters. Ein malerisches Gedicht in vier Gesängen (1757); Lagosiade, oder die Jagd ohne Jagd. Ein scherzhaftes Gedicht in Prosa (1757); Die Schöpfung der Hölle (1760); Das Schnupftuch (1763); Ferdinand Cortez. Ein Heldengedicht (1766); Die schöne Russin, oder Begebenheiten der Azema (1766); Die fliegenden Menschen oder wunderbare Begebenheiten Peter Wilkins (1767); Fabeln und Erzehlungen in Burkard Waldis' Manier (1771, [2]1777); Zwey schöne Neue Mährlein – Von der schönen Melusine und Von einer ungetreuen Braut, die der Teufel holen sollen – der lieben Jugend, und dem ehrsamen Frauenzimmer zu beliebiger Kurzweil in Reime verfasset (1772); Tayti oder Die glückliche Insel (1777); J. J. Eschenburg (Hrsg.): Hinterlassene Schriften (1781).

Sekundärliteratur: O. Bessenrodt: J. F. W. Zachariä (1925). – J. Gaßner: Über Zachariäs Fabeln und Erzählungen in B. Waldis' Manier (1906). – H. Kaspar: Die komischen Epen von Fr. W. Zachariä (1935). – O. H. Kirchgeorg: Die dichterische Entwicklung J. Fr. W. Zachariäs (Diss. 1904). – Fr. Meyen: Bremer Beiträge am Collegium Carolinum in Braunschweig (1962). – H. Zimmer: J. Fr. W. Zachariä und sein Renommist (1892). – P. Zimmermann: F. W. Zachariä in Braunschweig (1896).

Hans Eich

Zacharias, Alfred

*Illustrator, Schriftsteller und Pädagoge; * 25. 3. 1901 Regensburg.*

Z., Vater von THOMAS Z., WOLFGANG Z. und VERONIKA Z. NEUBAUER, ist verheiratet mit IRMGARD Z., die alle im Bereich des Kinderbuches tätig sind oder waren. Seine Ausbildung an der Technischen Hochschule und Kunstgewerbeschule in München schloß Z. mit dem Staatsexamen für das Höhere Lehramt in Bayern ab. Von 1931 bis 1966 war er als Kunsterzieher an bayerischen Gymnasien tätig.

Werk, Tendenzen, Wirkung. Z. ist dem Holzschnitt als dem ihm gemäßen künstlerischen Ausdrucksmittel seit mehr als fünfzig Jahren in den meisten seiner Werke treu geblieben. Er handhabte diese Technik von Anfang an souverän. Die klassische Form seiner ausgewogenen Schnitte wird durch ausreichende Binnenstruktur belebt. Seit dem Beginn der zwanziger Jahre illustrierte er eine große Anzahl von Klassikern, Volksdichtungen und Schelmenbüchern für Kinder und Erwachsene. Das Zusammengehen von Holzschnitt mit dem Text ist da am gelungensten, wo die Textvorlagen ebenso schlicht sind (z. B. bei GRIMMS Märchen und der Indianergeschichte), oder wo Z. seine Bücher selbst verfaßt hat „in einem anschaulichen, auf das Tätigkeitswort gegründeten Deutsch". Seine Kasperle- und Zaubererbücher sind voll von humorvollen Szenen. Zu Beginn der siebziger Jahre ersetzte er in diesem Genre auch einmal den eigenen Holzschnittstil durch spritzige Federzeichnungen. In den Abenteuerbüchern (Indianergeschichte, Robinson, Columbus) wird die didaktische Absicht des Künstlers, die liebevoll genaue Sachinformation einschließt, besonders deutlich. Nach dem Zweiten Weltkrieg beteiligte sich Z. an der theoretischen Auseinandersetzung um Kunstpädagogik und Kinderbuchillustration mit verschiedenen Publikationen.

Werke: M. Sonntag: Die Ritter vom runden Tisch (1923); J. Riel: Der gefangene Reiter (1933); B. Voigt: Der Südafrikanische Lederstrumpf (Bd. 1–3, 1934); A. Zacharias: Halt' euch brav, ihr deutschen Brüder (1936); A. Zacharias: Der Bauernzorn (1937); G. Drabsch: Die Indianergeschichte (1938); A. Zacharias: Kornett in Siebenbürgen (1938); A. Zacharias: Robinson (1939); J. u. W. Grimm: Märchen (Bd. 1 u. 2, 1939–1941); H. Kranz: Der Sohn des Achill in Warschau (1941); A. Zacharias: Stein in der Mauer (1942); R. Freytag: Der Regensburger Kasperl (1948); A. Zacharias: Columbus entdeckt Amerika (1948); A. Zacharias: Stern und Engel (1948); A. Zacharias: Zauberer (1948); C. Collodi: Purzels Abenteuer. Die Geschichte vom Pinocchio (1949); A. Reichwein: Abenteuer mit Mensch und Tier (1949); A. Zacharias: Guckguck-Dada. Das Bilderbuch der Kleinsten (1949); A. Zacharias: Till Eulenspiegel erzählt sein Leben (1950); A. Zacharias: Bileams Eselin (1952); H.-G. Wolf: Rennsieg in Mexiko (1953); G. Riege: Die Jagd nach Wackelbart (1954); A. Zacharias: Heiligenbuch. Legenden (1956); A. Zacharias: Zauberer Zamboni zaubert (1969); A. Zacharias: Das Rieseneis (1973); A. Zacharias: Zwick der Zwerg (1973); R. Godden: Die Puppe und das Mädchen (1974).

Beiträge: Anmerkungen zu Bild und Jugendbuch (in: Jugendliteratur. 1. 1955. 9. 421–424); Für und Wider. Ludwig Richter. Ein Streitgespräch über die Märchenillustration (in: Jugendliteratur. 1. 1955. 9. 405–406); Der Teufel mit den goldenen Haaren. Das Bild zum Märchen (in: Jugendliteratur. 2. 1956. 5. 226–233).

Sekundärliteratur: J. Metzger: Der Holzschneider Alfred Zacharias (in: Jugendliteratur. 5. 1959. 2. 58–59). – K. Sonntag: Alfred Zacharias als Illustrator (in: Illustration 63. 13. 1976. 1. 27–30).

Karin Schmidt

Zacharias, Thomas
Zacharias, Wanda

*Thomas Z., Akademieprofessor, Autor, Herausgeber und Illustrator von Kinder- und Jugendbüchern; * 21. 6. 1930 Planegg bei München.*
*Wanda Z., Illustratorin von Bilder- und Jugendbüchern; * 9. 7. 1931 Augsburg.*

Die Familie Z. kennzeichnet künstlerische, pädagogische und kunstpädagogische Interessen. Der Vater, ALFRED Z. (* 1901), arbeitet als Kunsterzieher, Graphiker, Holzschneider und Schriftsteller. Er veröffentlichte Sachbücher zur Kunstgeschichte und illustrierte Kinder- und Jugendbücher, meistens in Form von freigestellten vignettenartigen Motiven in einer ausgefeilten Farbholzschnittechnik. Er lebt in Gauting bei München. THOMAS Z., das älteste der drei Kinder von ALFRED Z., studierte zunächst an der Akademie der Bildenden Künste in München (1950–1954), danach an der dortigen Universität. Nach seiner Promotion in Kunstgeschichte (1960) arbeitete er zunächst als Kunsterzieher, seit 1966 als Professor für Kunsterziehung an der Münchener Akademie der Bildenden Künste, daneben gestaltet er wissenschaftliche Werke, Filme und Kinder- und Jugendbücher. WANDA Z., seit 1958 die Frau von THOMAS Z., studierte sechs Semester an der Universität München Theater-, Literatur- und Zeitungswissenschaft, danach war sie Schülerin von EMIL PRAETORIUS (Bühnenbild), HELMUT JÜRGENS (Bühnenbild) und Meisterschülerin von RICHARD SEEWALD (Illustration) an der Münchener Akademie der bildenden Künste. WANDA Z. lebt zusammen mit ihrem Mann und ihrer Tochter CLAUDIA als freischaffende Graphikerin in Leutstetten. Künstlerisch tätig sind auch die Geschwister von THOMAS Z.: WOLFGANG Z. (* 1941) und VERONIKA NEUBAUER-ZACHARIAS.
In den sechziger Jahren erhielten Bücher von THOMAS und WANDA Z. eine ganze Reihe von Auszeichnungen, darunter für „Mikosch, das Karussellpferd“ (1962) die Erwähnung auf der Bestliste des internationalen Hans Christian Andersen-Preises, zugleich auch auf der Auswahlliste des Deutschen Jugendbuchpreises. Mehrere Werke erlebten Ausgaben in fremden Sprachen, so z. B. in Holländisch, Afrikaans und Englisch.

Werk, Tendenzen, Wirkung. Das Ehepaar THOMAS und WANDA Z. hat viele Bücher gemeinsam gestaltet, wobei er oftmals die Texte verantwortet, sie die Illustration. Jedoch sind Auffassung und Intentionen beider Künstler verschieden. Während WANDA Z. die gediegene, technisch ausgereifte Bilderbuchmacherin im traditionellen Sinne ist, versucht THOMAS Z. in seinen Arbeiten den kindlichen und jugendlichen Rezipienten Denkanstöße zur kritischen Bewältigung ihrer Umwelt zu geben. Beispielhaft dafür ist „Ich – hinten im Auto“ (1975), eine intelligent zusammengestellte Folge von Texten, Kinderzeichnungen, Fotos und Collagen, bezogen auf die eingeengte Perspektive eines Zehnjährigen im Fond des elterlichen Autos. Das von THOMAS Z. allein konzipierte Buch möchte Denk-, Spiel- und Selbstbeschäftigungsanstöße geben. Ähnliche Ideen enthält die von ihm konzipierte und getextete Reihe „Spielen, Sehen, Denken“ (Heft 1–8, 1969–1972), bei der die graphische Gestaltung von WANDA Z. übernommen wurde. Ein sich wohl als kritisch einschätzender Elternkreis kann mit dieser Reihe, die eine Prämie zum Deutschen Jugendbuchpreis 1970 erhielt (für Heft 1–2) und inzwischen englische, finnische, französische, holländische, norwegische und schwedische Ausgaben hervorbrachte, seinen 5- bis 8jährigen Kindern Collagiertes aus Illustriertenbuchstaben, Werbungen und Fotos als Denk- und Spielmaterial anbieten. Mit der „Kleinen Kunstgeschichte der antiken Welt“ (Bd. 1, 1962) führt THOMAS Z. ebenso wie mit seinen 24 großformatigen Bildern für den Schulunterricht mit Themen aus der Bibel und dem religiösen Leben („Farbholzschnitte zur Bibel“, 1965; Bilder zum Glaubensbuch für das 3. und 4. Schuljahr, 1965) das kunstpädagogische Anliegen seines Vaters fort. „Empor zu Wind und Wolken“ (1961) dagegen ist ein Sachbuch, das mit Fotos und alten Stichen dokumentarisch die Entwicklung der Ballon- und Luftschiffahrt aufzeigt.
Weniger originell im Hinblick auf die Motivation des Rezipienten sind einige seiner Texte für die von WANDA Z. gezeichneten Bilderbücher. Für WANDA Z.’ Stil ist das vielfach prämiierte Buch „Mikosch, das Karussellpferd“ (1962) bezeichnend. Die in Reimen von THOMAS Z. erzählte konventionelle Bilderbuchgeschichte eines Traumes von den Erlebnissen eines Karussellpferdes bietet WANDA Z. exzessive Möglichkeiten, in ausladenden Doppelseiten witzig und detailreich Interieurs, Städte, Landschaften und Jahrmarktsszenen auszubreiten. Mit ihrer unaufdringlichen, präzisen und spitzen Feder erstellt sie die Konturen ihrer Szenerien auf Ingrespapier, die mit leuchtenden Aquarellfarben ausgemalt werden. Oft ziert kostbar Ornamentales die Gegenstände oder überwuchert Strukturiertes die Farbigkeit. Die Räumlichkeit ist dem Kinde angepaßt, es wechseln freigestellte Motive mit suchbildhaft fast überladenen Tafeln zum Bestaunen und Auffinden von humorvollen Winzigkeiten. WANDA Z. hat wiederholt Texte von HANS BAUMANN (* 1914) illustriert (Tina und Nina, 1963; Kasperle hat viele Freunde, 1965; Wer Flügel hat, kann fliegen, 1966, u. a.).

Werke: Thomas Zacharias: Th. Zacharias: Empor zu Wind und Wolken (1961); Th. Zacharias: Pipa und Ponpon und die große graue Stadt (1963); H.-J. Gelberg (Hrsg.): Geh und spiel mit dem Riesen. Erstes Jahrbuch der Kinderliteratur (ill. zus. mit anderen, 1971); H.-J. Gelberg (Hrsg.): Am Montag fängt die Woche an. Zweites Jahrbuch der Kinderliteratur (ill. zus. mit anderen, 1973); Th. Zacharias: Ich, hinten im Auto (1975).

Werke: Wanda Zacharias: Fr. v. Pocci: Kasperls Reise übers Meer (1960); Th. Zacharias: Mikosch, das Karussellpferd (1962); H. Baumann: Tina und Nina (1963); H. Baumann: In meinem Haus (1964); Th. Zacharias: Und wo ist der grüne Papagei? (1965); H. Baumann: Kasperle hat viele Freunde (1965); H. Baumann: Wer Flügel hat, kann fliegen (1966); Th. Zacharias (zus. mit Fr. O. Schmaderer): Spielen, Sehen, Denken (H. 1–8, 1969–1972).

Klaus-Rüdiger Werner

Zarrinkelk, Noureddin (Nasredin)

*Iranischer Bilderbuchkünstler, Graphiker und Trickfilmmacher; * 16. 1. 1937 Mash-Had (Meshed) Iran.*

Z. studierte an der Universität Teheran Pharmazie. Danach wurde er an der Akademie der Bildenden Künste in Belgien als Trickfilmzeichner ausgebildet. Z. lebt und arbeitet im Iran. Für seine Arbeit „Die Krähen" erhielt Z. den ersten Preis der Buchmesse in Tokio und 1971 einen „Goldenen Apfel" auf der Bienale illustracií Bratislava (BIB).

Werk, Tendenzen, Wirkung. Z. gehört zu einer Gruppe jüngerer avantgardistischer persischer Künstler, die in Zusammenarbeit mit dem „Institute for the Intellectual Development of Children and Young Adults" in Teheran aus dem Geist folkloristischer Traditionen neuartige und sehr eigenständige moderne Illustrationen schuf und rasch zu Beginn der siebziger Jahre international Aufmerksamkeit und Anerkennung errang. Z. nutzt Mischtechniken zwischen Federzeichnung, Materialdruck, Aquarell und pastosen Farben, um ältere Stoffe der persischen Märchen- und Mythenliteratur in die Formensprache der Gegenwart umzusetzen. Er beschränkt sich nicht allein auf Arbeiten an Kinder- und Bilderbüchern, vielmehr illustriert er auch Märchensammlungen und Schulbücher, beteiligt sich an der Gestaltung von Kinderzeitschriften, Magazinen und Buchumschlägen und produziert Zeichenfilme für Kinder. Seine Arbeiten erfuhren englische Ausgaben und waren wiederholt auf der Bilderbuchmesse in Bologna zu sehen (1973, 1976).

Werke: E. Nader: The crows (1970); M. Azad: Zaal & Simorgh (1972); M. Azad: Zaal & Rudabeh (1975).

Horst Künnemann

Zechlin, Ruth

*Werklehrerin, Dozentin, Verfasserin zahlreicher Werk-, Bastel- und Spielbücher; * 28. 5. 1899 Torgau/Elbe, † 11. 6. 1966 Wiesbaden.*

Z. wuchs als fünftes Kind im elterlichen Pfarrhaus auf. Durch Ortswechsel der Familie bedingt, ging sie in Magdeburg und Eberswalde zur Schule. Nach einer sozialpädagogischen Ausbildung besuchte sie das Werkseminar im Pestalozzi-Fröbel-Haus in Berlin. 1923 folgte sie einem Ruf nach Finnland zur Ausbildung von Wanderlehrerinnen. Nach kurzer Tätigkeit als Werklehrerin am Berliner Pestalozzi-Fröbel-Haus wurde sie Mitarbeiterin an der Odenwaldschule, dem internationalen reformpädagogischen Landerziehungsheim von Paul und Edith Geheeb. Während einer längeren Krankheit entwickelte sie Gedanken zur bildenden Unterhaltung des kranken Kindes in spielender und gestaltender Beschäftigung mit verschiedenem Material. Ihr Buch darüber mit den praktischen Anleitungen hatte großen Erfolg und regte sie zu weiteren Publikationen im Bereich der Bastel-, Spiel- und Beschäftigungsbücher an. In Berlin erhielt Z. den Auftrag, an der Charité in der Abteilung von Professor Sauerbruch Werkkurse durchzuführen, erste erfolgreiche Versuche im Neuland der Beschäftigungstherapie. Als Dozentin wurde Z. zunächst am Berliner Seminar für Sozialarbeit, anschließend an der Hochschule für Lehrerbildung in Schneidemühl tätig. Nach Verlust ihrer Wohnung und ihres Eigentums ließ sie sich 1944 aufgrund der engeren Zusammenarbeit mit dem Otto Maier Verlag in Konstanz nieder. 1950 wurde Z. an das Pädagogische Institut Weilburg in Hessen berufen. Dort erfolgte später ihre Ernennung zum Professor. 1952 folgte sie dem Angebot eines Studienaufenthaltes in den USA. Nach der Pensionierung blieb Z., jetzt vorwiegend in Wiesbaden lebend, in Fachverbänden tätig, unter anderem dem „International Council für Children's Play", dem „Bund Deutscher Kunsterzieher" und der „International Society of Education through Art" (INSEA). Z. wurde 1964 mit dem Bundesverdienstkreuz Erster Klasse ausgezeichnet.

Werk, Tendenzen, Wirkung. Z. besaß eine aktivierende Mehrfachbegabung, hauptsächlich für Pädagogik, handwerkliche Fertigkeiten und Musik. In ihrer Berufstätigkeit verband sie zielgerichtet erzieherische und handwerklich anleitende Fähigkeiten, besonders für Kinder und Jugendliche. Sie fühlte sich der Reformpädagogik und dem Werkbund verbunden. Ihren Ideenreichtum ergänzte sie auf Reisen durch intensive Studien der Volkskunst in anderen Ländern, des darin verwendeten Materials und der handwerklichen Arbeitsgänge. Als besonders bereichernd erwies sich ihr Aufenthalt in Finnland und der Besuch von Indianerreservaten in den USA. Sie veröffentlichte 1954 „Das Flechtbuch" mit Anleitungen und Vorschlägen zum Basteln mit Stroh, Peddigrohr, Bast, Maisblättern und anderem Naturmaterial. Ihr erstes Buch galt dem kranken Kinde (Beschäftigung für das kranke Kind, 1931), dem der Jenaer Kinderarzt Professor Dr. Ibrahim das Vorwort schrieb. In Einleitungs-, Zwischen- und Abschlußtexten ihrer Bücher beriet sie Mütter und Erzieher in Fragen der Methodik und der pädagogischen Bedeutung handwerklichen Schaffens. So entwickelte sie aus dem Büchlein „Fröhliche Kinderstube", das 1936 erschien, ein „Familienbuch zum Spielen,

Singen, Feiern und Basteln", das 1955 in achter neubearbeiteter und erweiterter Auflage veröffentlicht wurde. Pädagogisch schloß sich Z. an FRIEDRICH FRÖBEL an und behielt das Motto aus seinem Werk bei: „Die Spiele sind die Herzblätter des ganzen künftigen Lebens". Das Hauptwerk von Z., mit dem sie bahnbrechend für die Werkarbeit der Mädchen wirkte, deren Unterricht in manueller Tätigkeit sich weitgehend noch immer auf textile Handarbeit und Zeichnen beschränkte, wurde das „Werkbuch für Mädchen" (1932). Der Band wuchs und wandelte sich im Laufe der Ausgaben aufgrund neuer Ideen, der Werkstoffe und Arbeitswege und brachte es bis zur 34. Auflage im Jahr 1975. Mit Wandlungen und Erweiterungen erlebten auch andere Titel von Z. mehrere Auflagen. Die Illustrationen in ihren Büchern besorgten vorwiegend MARIA und KATJA MAILLARD. Mehrere Bücher von Z. erschienen in Übersetzungen in England, den USA, Holland, Finnland und Dänemark.

Werke: Beschäftigungen für das kranke Kind (1931; auch u.d.T.: Das kleine Spielbuch für Kinder, 1948); Werkbuch für Mädchen (1932, [34]1975); Fröhliche Kinderstube (1936); Werkbuch für Freizeit und Genesung (1942); Weihnachtliches. Christbaumschmuck und Weihnachtsbasteleien (1948); Spieltiere aus Stoff, Wachstuch und Maisstroh (1950); Das Puppenbüchlein (1951); Das Flechtbuch (1954); Die Handarbeits-Fibel (1960).

Margarete Dierks

Zeh, Albert

*Maler, Zeichner und Illustrator; * 11.6.1834 Dresden, † 31.3.1865 Dresden.*

FRIEDRICH ALBERT Z., Sohn eines Kammerdieners, studierte nach dem Besuch der Dresdener Bauschule von 1849 ab an der Kunstakademie und war von 1852 bis 1860 Schüler LUDWIG RICHTERS in dessen Landschaftsatelier. Den körperlich sehr großen Mann nannte RICHTER nach dessen frühem Tode „eine zarte, bescheidene und edle Natur".

Werk, Tendenzen, Wirkung. Z. malte einige Ölbilder, und zwar Landschaften ganz im Geiste RICHTERS, z.B. „Rast auf der Jagd" und „Taufzug". Sein Mitschüler HOFF rühmte besonders die Zeichnungen Z.s, von denen er eine „mit außerordentlicher Feinheit nach der Natur gefertigte" besaß. RICHTER zog seinen begabten Schüler schon bald zur Mitarbeit heran und ließ ihn die Bilder zu WILHELM HEYS „Bilder und Reime" (1859) und teilweise auch die zum „Sonntag" (1861) auf den Holzstock übertragen. 1862 entwarf Z. mit L. RICHTER und OSKAR PLETSCH die Bilder zu der Märchen- und Verssammlung „Es war einmal" (1862). Zu den „Biblischen Bildern für Schule und Haus" von CARL SCHÖNHERR und anderen Künstlern steuerte Z. drei Blätter bei, die als „Meisterblätter von tüchtigem Können und seelenvollem Inhalt" (FRIEDRICH) eingestuft wurden. Für Kinder schuf er die meist religiösen Holzschnitte zu F. ANACKERS „Des Jahres Lauf in Lied und Bild der lieben Jugend vor Augen gestellt" (1864) und 54 Zeichnungen für das „Spruchbüchlein mit Bildern für Kinder" (1864). „Inniges Gemüt" wird bei strenger Form den Randzeichnungen zu den „Achtzig Kirchenliedern" (1863) nachgerühmt, alles sei von einem herzlichen, frommen Gemüt erfüllt. Freilich hat sich Z. kaum von der Art L. RICHTERS freimachen können.

Werke: A. Zeh: Es war einmal (zus. mit anderen, 1862); Fr. Anacker: Des Jahres Lauf in Lied und Bild, der lieben Jugend vor Augen gestellt (1864); Spruchbüchlein mit Bildern für Kinder (1864).

Sekundärliteratur: J. Fr. Hoff: Lehrjahre bei Ludwig Richter (1903). – K. J. Friedrich: Ludwig Richter und sein Schülerkreis (1956).

Eberhard Semrau

Zeiske, Wolfgang

*Lehrer, Schriftsteller, Verfasser natur- und tierkundlicher Sachbücher und Erzählungen für Kinder und Jugendliche; * 30.5.1920 Görlitz/Moys, † 6.11.1975 Augustenberg (Kreis Güstrow).*

Z., der Sohn eines Tierarztes, studierte von 1938 bis 1940 Germanistik, Geschichte, Philosophie und Kunstgeschichte in Breslau. Von 1940 bis 1945 war er Soldat. Nach dem Kriege und dem Abschluß des Studiums arbeitete Z. als Lehrer in Görlitz, Reichenbach und Rostock, später in Güstrow und Lübz. Seit 1954 lebte er als freier Schriftsteller. Z. erhielt Preise im Volkswettbewerb des Bezirks Schwerin (1959–1962) sowie einen Preis des Präsidenten der Volkskammer (1961).

Werk, Tendenzen, Wirkung. Z. begann als Autor von Tier- und Jagdgeschichten (Geschichten aus der Fischerhütte, 1952; In Wald und Moor, 1960). Sein Roman „Flucht ins Feuer" (1961) entstand in Auseinandersetzung mit dem Faschismus und aus eigenem Erleben im Zweiten Weltkrieg. Z. schrieb auch einige Kriminalromane.

In seinem ersten Kinderbuch „Das große Buch vom Wald" (1962) sind die wesentlichen Motive und Stilmittel seiner späteren Bücher für Kinder ablesbar: Z. will zeigen, wie sich der Mensch zwar die Natur nutzbar gemacht hat und daß wissenschaftliche Erkenntnisse und gesellschaftlicher Fortschritt notwendig sind, daß der Mensch damit jedoch die Verantwortung für den sinnvollen Umgang mit Pflanzen und Tieren trägt. Er vermittelt deshalb ausführliche Kenntnisse über die wesentlichen Gesetze zum Schutz der Natur, deren Nichteinhaltung, z.B. durch Wilderei, bestraft werden muß. Z. gibt des weiteren Informationen über die historische Entwicklung und stellt die Arbeit der Förster, Waldarbeiter und Bauern dar. Die anfangs stark didaktische Ausprägung tritt in späteren Werken zugunsten handlungsreicher und identifikationsfördernder Geschichten zurück, so z.B. in der Reihe, die jeweils ein Tier in den Mittelpunkt stellt: einen Hecht in „Esox" (1964), einen Keiler in „Wittschwart" (1965), einen Rehbock in „Weißfleck" (1967), einen Dachs in „Grimbart" (1968) und einen Habicht in „Dolchkralle"

(1968). Ähnlich aufgebaut ist auch Z.s bekannt gewordene Serie „Förster Grünrock erzählt“. Die beiden Bücher „Starke Schwingen“ (1974) und „Heimliche Fährten“ (1975) enthalten Geschichten von Tieren, die vom Aussterben bedroht sind. Z.s Bücher vermitteln dem jungen Leser eine Fülle von Sachinformationen in spannender und anregender Weise. Sie führen ihn zu einem tieferen Verständnis der Natur, wobei im Unterschied zu anderen Autoren von Tierbüchern der wirtschaftliche und gesellschaftliche Zusammenhang mit dargestellt wird.

Werke: Geschichten aus der Fischerhütte (1952); Im Zauber des Fischwassers (1955); Waffe und Schuß (1956); In Wald und Moor (zus. mit U. Komm, 1960); Fische und Gewässer von A–Z (1961); Flucht ins Feuer (1961); Das große Buch vom Wald (1964); Esox, der Räuber vom Waldsee (1964); Der Tote von Mödenburg (1964); Spuren im Schilf (1965); Wittschwart (1965); Gehört der Täter zur Mannschaft? (1966); Die Ehe des Dr. Eickberg (1966); Förster Grünrock erzählt von den Tieren des Waldes (1966); Förster Grünrock erzählt von den Tieren in Park und Aue (1966); Schüsse in der Heide (1967); Weißfleck (1967); Von Pferden und Reitern (1968); Grimbart (1968); Dolchkralle (1968); Fahrten und Abenteuer des Chalihl Effendi. Aus dem Leben von A. E. Brehm (1968); Förster Grünrock erzählt von den Pflanzen des Waldes (1972); Vorwiegend heiter (1972); Starke Schwingen (1974); Förster Grünrock erzählt vom Waldsee und seinen Tieren (1974); Heimlich Fährten (1975); Kleines Angelbuch für Kinder (1975); Annette und Rowdy (1976).

Hans Kerst

Zeitgeschichtliche Themen in der Kinder- und Jugendliteratur

Z. ist ein seit den zwanziger und dreißiger Jahren gebrauchter Begriff zur Benennung derjenigen politisch-geschichtlichen Prozesse, die jeweils in der unmittelbaren Vergangenheit wurzeln und gegenwärtig noch nicht abgeschlossen sind bzw. schlicht von Gegenwartsprozessen. In der bundesrepublikanischen Nachkriegsgeschichte der Kinder- und Jugendliteratur ist Z. in erzählender, erzählend-dokumentarischer und Sachliteratur, die sich mit der „jüngsten Vergangenheit“ des Nationalsozialismus/Faschismus, mit der Gegenwart der Bundesrepublik Deutschland sowie mit politisch-gesellschaftlichen Problemen der übrigen Welt (Rassismus, Dritte Welt, Ost-West-Konflikt etc.) auseinandersetzt, in Erscheinung getreten. Die zeitgeschichtliche Kinder- und Jugendliteratur kann einmal als Teil der geschichtlichen und zum anderen als Teil der politischen Kinder- und Jugendliteratur angesehen werden.

Die Entwicklung der Z. nach dem Zweiten Weltkrieg: Phasen, Themen, Titel. Die Entwicklung der Z. der Nachkriegszeit verläuft nicht kontinuierlich, sondern in Phasen oder Schüben. Der Schock der Niederlage nach 1945, die Konzentration auf den Wiederaufbau sowie die restaurativen Tendenzen der ADENAUER-Ära führten nach dem Kriege zu einer weitgehenden Verdrängung der jüngsten Vergangenheit in der Kinder- und Jugendliteratur. In dieser „Latenzperiode“ erschienen lediglich die gewichtigen Beiträge der in die Schweiz emigrierten Autoren KURT HELD (d.i. KURT KLÄBER) „Guiseppe und Maria“ (4 Bde., 1955) und LISA TETZNERS Kinderodyssee „Die Kinder aus Nr. 67“ (9 Bde. 1945–1949), außerdem das 1955 in Taschenbuchform herausgekommene „Tagebuch der Anne Frank“, das zwar nicht als Jugendbuch gedacht war, aber schnell zur Lektüre Jugendlicher avancierte. Erst ein immer stärkeres Hervortreten rechtsradikaler Stimmungen gegen Ende der fünfziger Jahre mit ihren Hakenkreuzschmierereien und Verwüstungen jüdischer Friedhöfe führte zur öffentlichen Diskussion über die Versäumnisse und Verdrängungen der politischen Bildung, die 1960/1961 einen ersten Schub zeitgeschichtlicher Kinder- und Jugendliteratur zur Folge hatte (Bücher von HERBERT PLATE, HANS-GEORG NOACK, FREDERIK HETMANN (d.i. H. CHR. KIRSCH), HANS PETER RICHTER, NIKOLAI VON MICHALEWSKY, W. GRONEMANN, CLARA ASSCHER-PINKHOF, KARL BRUCKNER, C. MARSHALL, HERBERT KRANZ, U. ERB und andere). Ihre Hauptthemen waren „Vergangenheitsbewältigung“ (z.B. „Damals war es Friedrich“ von H. P. RICHTER, 1961), die Frage, wie weit in der Bundesrepublik Deutschland die Voraussetzungen zu einem Wiedererstarken nationalistischer, militaristischer oder rassistischer Tendenzen tatsächlich überwunden sind (H. G. NOACK: Hautfarbe Nebensache, 1960). Diese Literatur steht im Zeichen idealistischer Appelle, einer manchmal selbstgerechten Abgrenzung von der DDR, die auf Grund des sogenannten „Totalitarismus“-Modells mit dem Nationalsozialismus gleichgesetzt wurde (H. PLATE: ... das soll der Mensch nicht scheiden, 1960; H. G. NOACK: Stern über der Mauer, 1962); sie verzichtete weitgehend auf Ursachenanalyse, das heißt Herausarbeitung geschichtlicher Strukturen. Die Auseinandersetzung mit dem Rassismus erfolgte überwiegend entweder in Übersetzungen (LORENZ GRAHAM: Stadt im Süden, 1962; C. MARSHALL: Kein Platz für Eva, 1960) oder wurde in historischer Vergangenheit (außer der erwähnten Erzählung von H. P. RICHTER; „Und alle gingen vorüber“ von N. VON MICHALEWSKY, 1961; „Geheime Freundschaft“ von W. GRONEMANN, 1960) oder in geographischer Ferne, z.B. Südafrika (MARGRIT HELBLING: Barbi fliegt nach Afrika, 1965), aufgesucht. Auch das Thema „Krieg“ erschöpfte sich in der zeitgeschichtlichen Kinder- und Jugendliteratur, wenn auch in ehrlich gemeinter Kritik, in emotionalen Anti-Kriegs-Appellen (KARL BRUCKNER: Sadako will leben, 1961; WILLI FÄHRMANN: Das Jahr der Wölfe, 1962; H. KNEBEL: Jahrgang 1929, 1962) oder in der Weise der Dämonisierung (FRANZ BAHL: Schwarze Vögel, 1957). Fast die gesamten sechziger Jahre stehen, was die Z. anbelangt, in der Folge dieses Schubes (LUDWIG EICHHORN: Gefährten des Mars, 1967; NIKOLAI VON MICHALEWSKY: Das letzte Schiff, 1966; ESTHER GALLWITZ: Freiheit 35, 1964; L. FLADE: Der Kreis um Stefan, 1967; DOROTHY STERLING: ... ihre dunkle Haut, 1965;

WOLFGANG ECKE: Die Flucht, 1966); allerdings herausragend „Die toten Engel" (1963) von WINFRIED BRUCKNER.
Einen eigenen, mit den vergangenen deutschen Verhältnissen vielfältig verknüpften Sachverhalt bildet die Israel-Thematik, zu der seit 1958 (L. DE VRIES: Jaap findet das gelobte Land) eine Fülle von Literatur erschienen ist; sie akzentuiert die Verfolgung von Juden während der Hitlerzeit, Flucht und Auswanderung und die oft euphorisch beschriebene Aufbauphase des Staates Israel seit 1948, wobei das Kibbuzleben im Vordergrund steht (u.a. von CL. ASSCHER-PINKHOF, E. SMOLLY, A. SCHWARZ, S. WATSON, R. BRAUNBURG und RUSIA LAMPEL).
Ende der sechziger Jahre wurde die Entwicklung der Z. in starkem Maße von der Studentenbewegung, der außerparlamentarischen Opposition (APO) und der sozialliberalen Koalition von SPD und FDP beeinflußt. Probleme des eigenen Landes und seiner Gegenwart werden vorrangig; die politisch-zeitgeschichtliche Problematik wird von der „antiautoritären" Welle mit ihrer Akzentuierung von Autoritätsproblemen, von „sozialem Lernen" und „sozialer Phantasie" abgelöst. Kapitalismuskritik läßt auch das Ost-West-Verhältnis in anderem Licht erscheinen und führt zu einer partiellen Überwindung des Totalitarismusmodells auch in der zeitgeschichtlichen Kinder- und Jugendliteratur. Die Autoren beginnen mehr und mehr, die Lebensverhältnisse und die Normen des Zusammenlebens im eigenen Lande aufzugreifen, lassen sie in kritischer Beleuchtung erscheinen und suchen nach Alternativen. Beispielhaft sind die Kurzgeschichten „Die grauen und die grünen Felder" (1970) von URSULA WÖLFEL und „Rolltreppe abwärts" (1970) von H.-G. NOACK. Auch eine Reihe marxistisch orientierter, im Zusammenhang mit der Kinderladenbewegung und aus ihr hervorgegangener Kleinverlage (Basis; Oberbaum) stehender Kinder- und Jugenderzählungen erscheinen (SVEN WERNSTRÖM: Die Fabrik gehört uns, 1970; Doktor GORMANDER (d.i. G. OHRLANDER): Als die Kinder die Macht ergriffen, 1971; Die Klassen, 1970; Fünf Finger sind eine Faust, o.J.; martin der mars(x)mensch, 1970; JOCHEN UNBEHAUN: Die Krügelsteiner und die Räuber, 1973; Die kleine Ratte kriegt es raus, 1972). Märchen werden politisch umfunktioniert (Die roten Bremer Stadtmusikanten, 1971; FRIEDRICH KARL WAECHTER: Tischlein deck dich und Knüppel aus dem Sack, 1972). Die Wiederentdeckung phantastischer und märchenhafter Züge, gerade auch in der politischen Kinderliteratur, ist dann vor allem zwei Werken zugute gekommen, die aus der Produktion der Jahre herausragen: die „Birne"-Bücher (1971 ff.) von GÜNTER HERBURGER und FR. K. WAECHTER/BERND EILERTS „Die Kronenklauer", 1972. Im engeren Sinne Z. bieten in dieser Phase CHRISTINE NÖSTLINGERS „Maikäfer flieg" (1973), JAN PROCHÁZKAS „Es lebe die Republik" (1968), HERBERT PLATES „Über die Ketten der Lutingbrücke" (1974), FR. HETMANN (d.i. H. CHR. KIRSCH): „Ich habe sieben Leben. Die Geschichte des Ernesto Guevara, genannt Che" (1972).
Um die Mitte der siebziger Jahre kommt es zu einem neuen Schub der Z.; er ist als Reaktion auf politisch-gesellschaftliche Entwicklungen (Reformkrise, Bildungsmisere, Wirtschaftsrezession und Arbeitslosigkeit, Hitlerwelle in den Medien) und der weltweiten Interessenverschiebung zum Nord-Süd- und zum Umweltproblem interpretierbar. Die Auseinandersetzung mit dem Faschismus/Nationalsozialismus wird intensiviert, knüpft teilweise an die Vergangenheitsbewältigungsliteratur der sechziger Jahre an (JUDITH KERR, JOHANNA REISS, BARBARA GEHRTS, DIETRICH SEIFFERT, GUDRUN PAUSEWANG, RENATE FINCKH), setzt aber auch neue radikal-demokratische Akzente (HORST BURGER: Vier Fragen an meinen Vater, 1976). Viele Bücher wenden sich der Frage nach einem „faschistischen Potential" (I. FETSCHER) in der Gegenwart der Bundesrepublik Deutschland zu (HANNI SCHAAF: „Plötzlich war es geschehen", 1977; bereits 1971 „Jagd auf Außenseiter" von MARTIN SPERR; in der Schweiz spielt „Einen Dieb gefangen" von OTTO STEIGER, 1974). Auch mit dem Aufgreifen der Rückwandererproblematik wendet sich eine Reihe von Erzählungen der unmittelbaren Gegenwart zu, wobei es um Eingliederungsschwierigkeiten und nationale Identitätsprobleme geht (ANGELIKA KUTSCH, WILLI FÄHRMANN, FRITZ RAAB). Zum Verhältnis DDR – Bundesrepublik Deutschland auf der Grundlage der neuen Ostpolitik gibt es einen diskutablen Beitrag: WOLFGANG KÖRNERS Trilogie „Der Weg nach Drüben", „Und jetzt die Freiheit" und „Im Westen zu Hause" (1976–1978), während HILDE BARISCH mit „Friderike" (1971) noch alte Klischees aufgriff, die freilich viele offizielle politische Verlautbarungen immer noch bestimmen.
Die Literatur zum Gastarbeiterproblem hatte noch 1970 Konjunktur (u.a. „Benvenuto heißt willkommen" von H.-G. NOACK, 1973; „Ülkü, das fremde Mädchen" von RENATE WELSH, 1973; daneben eine Reihe kleinerer Geschichten von IRINA KORSCHUNOW, FR. HETMANN und HANS STEMPEL/MARTIN RIPKENS).
Ein Hauptthema der Z. ist vor allem seit den siebziger Jahren die Dritte Welt. Das Thema steht in Spannung zu der durch die exotische Kulisse gefährlich nahegelegten Abenteuerproblematik. Die in Südamerika spielenden, gesellschaftsanalytischen Jugendbücher SVEN WERNSTRÖMS („Flieh vor Sonnenaufgang", 1974; besonders: „Der Schatz im Dorf der Armen", 1972) entgehen diesem Widerspruch, indem sie ihn selber thematisieren. GUDRUN PAUSEWANG schilderte realistisch „Die Not der Familie Caldera" (1977), während LEIF JØRGENSEN („Brennende Felder", 1977) und ALBERTO MANZI („Amigo, ich singe im Herzen", 1978) die brutale Unterdrückung von Indios durch die weiße bzw. eigene Grundbesitzeroberschicht zur Sprache bringen. Unter der weiter zurückliegenden Literatur sind H. WENDTS kapitalismuskritische Südamerikabücher „Rebellion unter dem Sonnentor" (1965) und „Schwarze Schatten über dem Amazonas" (1970) hervorzuheben. Im übrigen bevorzugt die ältere Kinder- und Jugendliteratur über die Dritte Welt die Darstellung von Konflikten beim sprunghaften Über-

gang von der Stammeskultur zur westlichen Zivilisation (H. KAUFMANN: Pfeile und Flöten, 1964) oder die Entwicklungshilfeperspektive (WINFRIED BRUCKNER: „Die Pfoten des Feuers", 1965; AN RUTGERS: „Abenteuer Afrika", 1971; vgl. auch die Sachbücher des Signal-Verlages „Freunde in aller Welt", 1963; „Weltmacht Hunger", 1966; sowie „Arm mit den Armen" von MORITZ THOMSEN, 1972). H. PLATE schrieb mit „Brennende Dschungel" (1966) eine Anklage gegen die Kriegführung der USA in Vietnam.
Die Literatur über Rotchina war überwiegend antikommunistisch (MEINDERT DE JONG: „Schanghai 41", 1959); eher ein positives Heldenepos ist H. PLATES Erzählung über MAOS Langen Marsch „Über die Ketten der Lutingbrücke" (1974), und KARL ROLF SEUFERT signalisierte in „Einmal China und zurück" (1971) aus der Sicht eines von westlich-liberalem Geist geprägten britischen Journalisten sein eigenes Nichtverstehen rotchinesischer Verhältnisse.
Die Literatur über politisch-gesellschaftliche, vor allem Rassismusprobleme in den USA, nimmt breiten Raum ein. L. GRAHAMS „Stadt im Norden", die Fortsetzung von „Stadt im Süden" (1962), erschien in der Bundesrepublik Deutschland 1973, H.-G. NOACK bediente sich bei seiner Schilderung des „Gewaltlosen Aufstands" (1968) der amerikanischen Bürgerrechtsbewegung MARTIN LUTHER KINGS der Form des dokumentarischen Romans, während FR. HETMANN in seinem Sachbuch „Das schwarze Amerika" (1970) den historischen Gesamtzusammenhang des Rassenproblems dokumentierte. Die biographische Literatur zu JOHN F. KENNEDY schließlich gerät zu Modellen historisch-politischer Darstellung: das unkritisch-personalisierende Heldenepos bei ADOLF HALLER („Die Fackel. Das leuchtende Leben John F. Kennedys", 1968), zu dem es eine Reihe wenn auch weniger pathetisch geratener Seitenstücke gibt (ALFRED MÜLLER-FELSENBURG, KURT KUBERZIG); die distanzierte, KENNEDY im Zusammenhang mit seiner Gesellschaft darstellende Biographie J. SCHWELIENS („John F. Kennedy", 1976). Die Entwicklung der Z. in der Nachkriegszeit reflektiert nicht nur Entwicklungen im politisch-gesellschaftlichen Raum, sondern ihr sind auch wechselnde Vorstellungen von der politischen Bildung implizit: Von dem Harmonie- und „Gemeinschafts"kundemodell über das Beteiligungs- zum Emanzipationsmodell, wobei letztere grob dem ersten und zweiten Schub der Z. zuzuordnen sind.

Z. in der Kinder- und Jugendliteratur der DDR. Schwerpunkte zeitgeschichtlich-politischer Kinder- und Jugendliteratur der DDR sind: die Faschismusthematik (HORST BASTIAN, E. R. GREULICH, MARTIN SELBER, D. NOLL, KARL NEUMANN, D. SCHUBERT, GISELA KARAU), wobei der kommunistische Widerstand hervorgehoben wird, die aktuelle Auseinandersetzung mit der Bundesrepublik Deutschland (HORST BESELER, BRIGITTE BIRNBAUM, GERHARD und LILO HARDEL, BENNO PLUDRA, ANNEMARIE REINHARD, H.-G. KRACK) und den USA (SIGMAR SCHOLLACK, LISELOTTE WELSKOPF-HENRICH) sowie die Befreiungsbewegung der Dritten Welt (GÜNTER FEUSTEL, WOLFGANG HELD, LUDWIG RENN, GÖTZ R. RICHTER). Gegenüber der zum Schematismus neigenden Sicht der DDR-Kinder- und -Jugendliteratur stellt der Sammelband „Ebereschentage. Zehn Erzählungen vom gewöhnlichen Faschismus", herausgegeben von HELMUT MEYER (1977), eine Differenzierung dar.

Typen und Formen zeitgeschichtlicher Darstellung. Die Werke der Kinder- und Jugendliteratur mit zeitgeschichtlichen Inhalten nehmen stilistisch von vornherein eine Zwitterstellung zwischen Sachvermittlung und fiktiver Erzählung ein. Daraus ergibt sich ein Großteil ihrer Probleme. Diese Literatur wendet sich an Leser zwischen 9 und 15 Jahren, so daß die Problematik des „Wie" der Vermittlung von Z. von entscheidender Bedeutung ist. Erzählmomente machen einerseits die historischen Sachverhalte sinnlich nacherlebbar, zeigen Figuren in ihrer geschichtlichen Bedingtheit und Betroffenheit und verstärken durch Abenteuer- und Spannungsmomente die Lesermotivation; andererseits greift gerade die individuelle Erlebnis- und Erzählperspektive gegenüber gesellschaftlichen und politischen Sachverhalten zu kurz, so daß Spannung, Personalisierung und Fremdheit der szenarischen Umwelt leicht den politischen Gehalt verdrängen und den Leser zu einer apolitischen, bloß konsumierenden Rezeption verleiten können. So bleibt es nicht aus, daß zumindest die zeitgeschichtliche und (auto-)biographische Erzählung charakterisiert ist durch eine Reihe von Ambivalenzen zwischen Story und Aufklärung, Personalisierung und Strukturdarstellung, fiction und nonfiction, Abenteuer und Politik, Privaterlebnis und Gesellschaftsprozessen, Konkretheit der Erfahrung und Abstraktheit der wirkenden Strukturen. Diese polaren Momente miteinander so zu verbinden, daß sowohl sinnliches Miterleben gewährleistet wie auch Erkenntnis ermöglicht wird, ist nur wenigen Autoren gelungen (S. WERNSTRÖM, ansatzweise H. BURGER und MARTIN SELBER). Für die Leserwirkung entscheidend ist auch die Erzählperspektive (vgl. HEINZ HENGST, 1975), weil diese die Leserperspektive entscheidend beeinflußt. Viele Autoren behelfen sich mit der Einführung einer jugendlichen Identifikationsperson (M. SELBER), wenn nicht von vornherein Kinder als Betroffene Protagonistenfunktion übernommen haben (K. HELD: „Guiseppe und Maria"; G. PAUSEWANG: „Auf einem langen Weg", 1978); letzteres hat den Nachteil, daß die Reflexionsfähigkeit der Buchkinder entweder überzeichnet oder der Leser ausschließlich emotional angesprochen wird. Ein Behelf ist auch der Einschluß von dokumentarischem Material (R. WELSH: „Ülkü, das fremde Mädchen"), da man nicht davon ausgehen kann, daß es von den Lesern rezipiert wird. Zur Kategorisierung bietet sich ein – weniger fruchtbarer – formaler Weg fiktive Erzählung, dokumentarische, (auto-)biographische Erzählung, fiktiver und authentischer Bericht, Sachbuch) oder ein Weg an, der das inhaltliche Moment hervorhebt (Oberflächenrealismus, kritischer

Realismus, utopischer Realismus), wobei die Reihenfolge noch keine Wertung impliziert, weil in den Darstellungskategorien der Leser noch nicht einbegriffen ist.

Psychologische Probleme, Wirkungen. Ein noch nicht gründlich untersuchtes Problem der Kinder- und Jugendliteratur mit zeitgeschichtlicher Thematik ist das der Altersdifferenzierung. Bislang wurde noch nicht systematisch untersucht, was an politischer, das heißt dem Politischen angemessener Problematik auf welcher Stufe rezipierbar ist, da die Kriterien ausschließlich von einem vollentwickelten politischen Erwachsenenverhalten ausgehen, das Kindern nicht gerecht wird. Dieses Problem ist insbesondere dadurch akut geworden, daß seit dem zweiten Schub (um 1970) Z. und Politik in starkem Maße in das Kinderbuch und hier und da sogar ins Bilderbuch eingedrungen sind. Obwohl die apolitische Grundhaltung der traditionellen Kinderliteratur sicher obsolet und an fragwürdige Lesestufenschemata gebunden ist; obwohl ferner die Didaktik der Politik und des „sozialen Lernens" erhebliche Anstrengungen unternommen hat, bereits im Grundschulalter grundlegende Erfahrungen und Einsichten herbeizuführen, bleibt auf dem Gebiet der Z. eine Trennung von Kinderbüchern und Jugendbüchern geboten. Dies heißt nicht, daß man Kindern (von 8–11 Jahren) keine zeitgeschichtlichen und politischen Sachverhalte zumuten sollte, es ist eher die Frage des „Wie", das heißt, wie strukturbestimmend für die Texte der „Kinderblick" (MARIA LYPP) geworden ist. Dies ist auch ein Problem vieler Kinderbücher der sogenannten „antiautoritären Welle", die es nicht vermocht haben, den Gegenstandsbezug mit den kindlichen Ausgangserfahrungen und Bedürfnissen (und daher auch Lesebedürfnissen) zu vermitteln. Auf etwas älterer Lesestufe stellt sich das Problem insofern auch noch, als das zeitgeschichtliche Jugendbuch – wie das Jugendbuch allgemein – die Konkurrenz der literarischen Konsumangebote mit ihren rezeptionserleichternden Klischees auszuhalten hat. MALTE DAHRENDORF hat 1979 einen ersten, sicherlich noch unvollkommenen Versuch vorgelegt, auf Grund der neueren Entwicklungsforschung (PIAGET, NICKEL, KOHLBERG u.a.) altersgemäße Formen des Geschichts- und Politikverständnisses zu skizzieren.

Es führt daher nicht sehr weit, wenn man apodiktisch-streng auf ein Entweder-Oder hinauslaufende Kriterien aufstellt, dies insbesondere deshalb nicht, da eine konkret-geschichtliche und -zeitgeschichtliche Darstellung gegenüber dem Gros der a- und antihistorischen Konsum- und Unterhaltungsliteratur womöglich selbst dann erste geschichtliche Einsichten anbahnen und den Leser sich selber als geschichtliches Wesen begreifen lehren kann, wenn sie anspruchsvollere Kriterien noch nicht erfüllt (wie z.B. J. KERR: „Als Hitler das rosa Kaninchen stahl"). Das Beurteilungsproblem liegt jedoch darin, daß es nicht immer leicht ist zu unterscheiden, ob es sich im Einzelfall um eine Vor- und notwendige Durchgangsstufe zum angemessenen Geschichtsverständnis handelt oder um eine der Entwicklung geschichtlichen Denkens entgegenwirkende Fehlleitung. Die bisher zitierten Titel dürfen nicht darüber hinwegtäuschen, daß nur ein verschwindend geringer Anteil der Kinder- und Jugendliteratur sich durch explizit vorgestellte Z. auszeichnet. Diese Sparte der Kinder- und Jugendliteratur ist problemorientiert und sperrig; Unterhaltungs- und Ablenkungsbedürfnisse kommen bei ihr nicht auf ihre Kosten. Man darf daher die Reichweite dieser Literatur nicht überschätzen. Leider muß man davon ausgehen, daß sich das „Geschichtsbild" der Kinder in viel stärkerem Maße durch personalisierende Darstellung und undemokratische „Heldenbilder" in der Kriminal- und Abenteuerliteratur formt, wobei letztere außerdem noch das erdkundliche Weltbild beeinflußt.

Beurteilungskriterien und Didaktik der zeitgeschichtlichen Kinder- und Jugendliteratur. Im folgenden genannte Fragen sind als Anhaltspunkte für einen kritischen Umgang mit zeitgeschichtlichen Kinder- und Jugendbüchern zu verstehen; sie sind je nach Lesestufe und entwickeltem Lese- und Geschichtsinteresse zu modifizieren. Wie wurde die subjektive Erzähl- und Erlebnishaltung mit dem Gegenstandsbezug in Einklang gebracht? Wird ein politisch-geschichtliches Engagement („Parteilichkeit" gegen Unterdrückung, für die Unterdrückten) deutlich? Wird es in Balance gehalten mit einer dem Leser nicht vorgreifenden Darstellungsoffenheit, die ihm eine selbständige Urteilsbildung erlaubt? Soll er bloß ein vorgefertigtes, abgeschlossenes Geschichtsbild übernehmen und nachvollziehen, oder wird er zum Aufbau eines eigenen Geschichtsbildes ermuntert? Erscheint „Geschichte" (auch Z.) als ein Prozeß, dem man „schicksalhaft" ausgeliefert ist, oder der von Menschen beeinflußt und gestaltbar ist? Wird Geschichte „von oben" als Produkt „großer Männer" oder „von unten" als fortschreitender Demokratisierungsprozeß vorgeführt? Wird das Korrelationsverhältnis zwischen Einzelnen und Gesellschaften genügend verdeutlicht? Wie wurden geschichtliche Informationen integriert, falls es sich um eine Erzählung handelt? Wurde geschichtliche Erfahrung mit den Bedürfnissen/Interessen/Erfahrungen heutiger Leser vermittelt? Welche gesellschaftlichen Interessen (Ideologien) sind erkennbar? Werden das Abenteuer- und Spannungsbedürfnis und das Identifikationsbedürfnis des Lesers genügend berücksichtigt, ohne daß eine ungeschichtliche Fluchthaltung begünstigt wird?

Kinder- und Jugendliteratur zur Z. hat verschiedene didaktische Funktionen. Sie kann den geschichtlichen und politischen Unterricht unterstützen und gerade hier die rational-verbale Kenntnisvermittlung durch die Dimension der sinnlich-emotionalen Erfahrung ergänzen. Zeitgeschichtliche Kinder- und Jugendbücher können sinnfällig machen, daß Geschichte immer etwas mit betroffenen und handelnden Individuen zu tun hat. Erzählungen erschließen ganz anders als trockene, abstrakte Ereignisberichte dem Leser positive und

negative Möglichkeiten geschichtlichen Handelns und vermitteln ihm Chancen zur Selbstreflexion als geschichtliche Person.
Die Lektüre zeitgeschichtlicher Kinder- und Jugendbücher dient der Herausbildung der geschichtlichen Identität und dem Selbstverständnis des Lesers als zoon politicon. Leseerziehung und politische Bildung hängen somit auf das engste zusammen. Die zeitgeschichtliche Kinder- und Jugendliteratur kann dabei nur als ein Faktor unter vielen angemessen gewürdigt werden.

→ Geschichtliche Themen im Kinder- und Jugendbuch

Sekundärliteratur: J. Becker (Hrsg. zus. mit Ch. Oberfeld: Die Menschen sind arm, weil sie arm sind. Die Dritte Welt im Spiegel von Kinder- und Jugendbüchern (1977). – M. Dahrendorf: Das zeitgeschichtliche Jugendbuch (in: M. Dahrendorf (Hrsg. zus. mit W. v. Schack): Das Buch in der Schule. 1969. 128–157); Die politische Funktion der Kinder- und Jugendliteratur (in: Der Deutschunterricht. 26. 1974. 5. 5–33); Entwicklungspsychologische Voraussetzungen geschichtlichen und politischen Verstehens (in: Elefantenbaby. 5. 1979). – K. G. Fischer (Hrsg.): Zum aktuellen Stand der Theorie und Didaktik der politischen Bildung (³1978). – H. Hengst: Anmerkungen zu geschichtlichen und zeitgeschichtlichen Jugendbüchern (in: Der Deutschunterricht. 27. 1975. 1. 34–51). – B. Hurrelmann: Politische Erziehung durch das Kinderbuch? (in: Westermanns Pädagogische Beiträge. 28. 1976. 3. 152–162). – D. Richter (Hrsg.): Das politische Kinderbuch (1973); (Hrsg. zus. mit J. Vogt): Die heimlichen Erzieher. Kinderbücher und politisches Lernen (1974). – E. Scherf (Hrsg.): Bewältigung der Gegenwart? (1974). – W. Scherf: Politische Bildung durch das Jugendbuch? (1963); Die zeitgeschichtliche und politische Jugendliteratur (in: G. Haas (Hrsg.): Kinder- und Jugendliteratur. 1974. 392–414).

Malte Dahrendorf

Zeitung als Kinder- und Jugendlektüre

Schon mit neun bis zehn Jahren bekunden Kinder Interesse für einzelne Teile der Z. Mit ansteigendem Alter wächst die Rezeption von Z. und Illustrierte bei Jugendlichen erheblich, wobei nicht selten eine schichtenspezifische Orientierung auf die Boulevardpresse oder die seriöse Tages- und Wochenpresse feststellbar ist. Die Lektüre hat Bedeutung für das Sprachverhalten der Jugendlichen, ihre Sicht von Wirklichkeit, Einstellungen, Normen und Werte.

Die Z. im Freizeitverhalten von Kindern und Jugendlichen. Schon 1930 stellte Hertha Siemering in einer Untersuchung zum Leseverhalten von Jugendlichen fest, daß der überwiegende Teil der Kinder und Jugendlichen Z. lesen, wobei das Leseverhalten stark am Elternhaus, d.h. an den hier bereitliegenden Z.en orientiert ist. Neuere Untersuchungen (z.B. Stückrath 1955; Bucher 1967; Bertold 1970; Fischer 1972) kommen zu ähnlichen Ergebnissen. Im Kindergartenalter fungiert bereits die Illustrierte als eine Art Bilderbuch, mit neun Jahren wächst das gezielte Interesse an Informationen aus der Tages- und Wochenpresse. Insgesamt nimmt das Lesen von Z.en rund 10%, von Illustrierten rund 11% der Freizeitbeschäftigung von Schülern der Klassen 6 bis 8 ein (Bertold), dabei dominiert bei Kindern aus der Unterschicht die Boulevardpresse mit 74% vor der Tageszeitung mit 48% (Bucher), bei Kindern aus der Mittelschicht ist es nahezu umgekehrt. Die Zahl der Leser steigt mit dem Alter. Mehr als ein Viertel der 10- bis 12jährigen beschafft sich aus eigenem Entschluß die tägliche Z.s- und Zeitschriftenlektüre (Fischer). Die Presse reagiert gezielt mit Kinder- und Jugendseiten auf ihre jungen Leser. In der Regel in der Kombination von Wort und Bild – Ausgang des 19. Jahrhunderts entstehen so die Comicstrips in den amerikanischen Tages- und Sonntagszeitungen – werden kurze Erzählungen und Informationen, die dem Interesse der Kinder bzw. der Jugendlichen entsprechen, angeboten. Teilweise sind die jungen Leser zur Mitarbeit aufgefordert, wobei jedoch die in vielen Fällen konzeptionslose Selektion eingesandter Texte und Zeichnungen einem echten Mitbestimmungsprinzip, der Umkehrung des Kommunikator-Rezipienten-Verhältnisses, kaum gerecht wird. Die Beiträge passen sich dem Angebot der Z. ein. Über ihre „eigene" Seite hinaus zielt das Interesse der jungen Leser vor allem auf den Regionalteil. In der Rangfolge des Interesses dominiert bei den Zehn- bis Zwölfjährigen die Unterhaltung (Witze), mit steigendem Alter tritt die Politik in den Mittelpunkt neben Sensationsberichten (Unglück, Verbrechen). Während Mädchen häufig Romanen, Horoskopen, Aufklärungs-, Intim- und Starberichten besondere Aufmerksamkeit widmen, favorisieren Jungen die Sportberichterstattung.

Unterricht und Z.s-Lektüre. Theorie und Praxis des Literaturunterrichtes haben unter der allgemeinen Zielsetzung, zur literarischen Mündigkeit zu erziehen, auch der Tages- und Wochenpresse ihren Platz im Kanon relevanter Unterrichtsgegenstände zuerkannt. Aufgabe des Unterrichtes ist es, in Einzel- und vergleichender Analyse wie in Eigenproduktion die Funktion der Presse bewußt zu machen. Dem Lernniveau angepaßt – von der Primarstufe bis zur Sekundarstufe II –, sollen den Schülern bei Einblick in die journalistischen Techniken Fertigkeiten vermittelt werden, die Z. wertend zu rezipieren, d.h. die Schüler sollen Textarten, Darbietungsformen, Gliederungsprinzipien, Gestaltungen – die Aufmachung ist oft eine besonders starke Lesemotivation –, Intentionen der seriösen wie der Boulevardpresse kennen- und unterscheiden lernen und die für kritische Distanz nötigen Lesetechniken erwerben. Diese Forderungen der Literaturpädagogik legitimieren sich nicht zuletzt durch die Tatsache, daß der Z. ein hoher Stellenwert als Lektüre von Kindern und Jugendlichen zukommt.
Die Notwendigkeit einer Auseinandersetzung mit der Presse im Literaturunterricht begründet sich vor allem durch die inhaltliche Einflußnahme der Z. So scheint die Vermutung gerechtfertigt, daß zwischen der Lektüre und dem Sprachverhalten der Eltern, den Lesegewohnheiten und der kognitiven Entwicklung des Kindes ein direkter Zusammenhang besteht. Z. und Illustrierte

haben erhebliche Bedeutung als Erlebnisquelle für Kinder und Jugendliche.
Durch die Presse erworbene negative Einstellungen übertreffen die positiven um mehr als das Doppelte, können nicht selten zu Ängsten und Schlafstörungen führen. Die Presse prägt in hohem Maße die Vorstellung von der Wirklichkeit. Die Problematik dieser Aspekte wird sichtbar, wenn man, eingedenk der vermittelten Gläubigkeit an das gedruckte Wort, beachtet, in welch hohem Umfange so Normen, Werte, Anschauungen internalisiert werden, so daß der junge Leser schon früh in das System passiver Lesehaltung mit den Implikaten Konsumerziehung und eskapistischer regenerativer Unterhaltung eintrainiert wird. (Vgl. die Untersuchungen von Fr. Bertold „Einfluß der Zeitungslektüre auf die Erlebniswelt von Kindern und Jugendlichen", 1970; Th. Bucher „Einfluß der Zeitungslektüre auf die Wirklichkeitsvorstellung von Jugendlichen", 1967; K. J. Fischer „Bedeutung der Zeitungslektüre für das Sprachverhalten von Jugendlichen", 1972; Fr. Stückrath „Einfluß der Zeitungslektüre auf Vorstellungen, Einstellungen, Normen", 1965.) Das Ziel der Literaturpädagogik, den aufgeklärten, reflektierenden Leser heranzubilden, ist bei dieser Bedeutung der Lektüre, auch wenn man die Manipulationsthese nicht überbewertet, geboten. Vor allem dem Elternhaus und der Schule obliegt es, den Jugendlichen zu befähigen, die Z. in eigenem Interesse aktiv zu nutzen.

→ Jugendmedienschutz, → Jugendpressewesen, → Jungleserpsychologie, → Junglesersoziologie, → Kinder- und Jugendzeitschrift, → Massenmedien und Kinder- und Jugendliteratur, → Schülerzeitung

Sekundärliteratur: G. Aschaffenburg: Die Zeitung in der Psychologie der Jugendlichen (1931). – D. Baacke (Hrsg.): Mediendidaktische Modelle: Zeitung und Zeitschrift (1973). – A. Beeg: Leseinteressen der Berufsschüler (1963). – U. Beer: Umgang mit Massenmedien. Vorschläge und Hilfen (1964). – Fr. Bertold: Das Kind und seine Erlebniswelt. Wandlungen unter dem Einfluß des Fernsehens (1970). – Th. Bucher: Pädagogik der Massenkommunikationsmittel (1967). – K. Budich: Wir lesen Zeitung (1954). – G. Dallmann: Zeitungslesen – ein Lernziel des politischen Unterrichts (in: betrifft: erziehung. 1968. 22–28). – H. Fischer: Das außerschulische Leseverhalten von Hauptschülern. Materialien, Analysen, Konsequenzen (in: J. Vogt (Hrsg.): Literaturdidaktik. Aussichten und Aufgaben. 1972. 207–231). – K. J. Fischer: Wie der Hase läuft. Layout und Manipulation – am Beispiel der Bild-Zeitung (in: H. K. Ehmer (Hrsg.): Kunst, Visuelle Kommunikation. Unterrichtsmodelle (1973. 70–92.). – V. Lepper: Die Tageszeitung im Unterricht (1968). – E. Mittelberg: Ideologiekritisches Lesen von Zeitungen (in: Diskussion Deutsch. Sonderband: Ideologiekritik im Deutschunterricht. 1972. 108–119; zus. mit D. Seiffert). – H. A. Münster: Jugend und Zeitung (1932). – E. Reuber: Zeitung in Erzieherhand (1956). – P. Sackarndt: Jugend und Unterhaltungspresse (1962). – U. Sander: Axel Springer als Erzieher der Jugend (in: Blätter für deutsche und internationale Politik. 13. 1968. 61–68). – P. Schaarschmidt: Die Besprechung der Zeitung in einer 5./6. Klasse (in: Der Deutschunterricht. 28. 1976. 3. 67–78). – F. Schneider (Hrsg.): Die Zeitung im Unterricht der Grundschule (1972). – R. Schwarz (Hrsg.): Didaktik der Massenkommunikation 1: Manipulation durch Massenmedien – Aufklärung durch Schule? (1974). – H. Siemering (zus. mit E. Barschak und W. Gensch): Was liest unsere Jugend? Ergebnisse von Feststellungen an Schulen aller Gattungen und Erziehungsanstalten sowie bei den Jugendorganisationen und Jugendlichen (1930). – A. A. Steiner (Hrsg.): Massenmedien in Unterricht und Erziehung. Grundlegung und Unterrichtsbeispiele zu Presse, Film, Funk, Fernsehen (1969). – H. Strasser: Zur Psychologie des jugendlichen Zeitungslesers (1950). – Fr. Stückrath: Der Einfluß der Publikationsmittel auf die Vorstellungswelt des Kindes (in: Kulturarbeit. 1955. 11. 201–204); Studien zur pädagogischen Psychologie (1965). – R. Ulshöfer: Anleitung der Schüler zum Gebrauch der Massenmedien. Eine Aufgabe des Deutschunterrichts (in: Der Deutschunterricht. 21. 1969. 1. 5–13). – R. Zoll: Massenmedien und Meinungsbildung. Angebot, Reichweite, Nutzung und Inhalt der Medien in der BRD (zus. mit E. Hennig, 1970).

Dietrich Grünewald

Zelk, Zoltán

*Ungarischer Schriftsteller, Journalist; * 18. 12. 1906 Érmihályfalva.*

Z., Sohn eines Dorfkantors, war Autodidakt. Wegen seiner politischen Betätigung in der Arbeiterbewegung wurde Z. mehrmals verhaftet. 1926 schoben ihn die ungarischen Behörden ins Ausland ab. Er kehrte heimlich zurück und arbeitete und schrieb viele Jahre hindurch unter einem Decknamen. Im Zweiten Weltkrieg wurde Z. zum Arbeitsdienst (1942–1944) verpflichtet, konnte jedoch entfliehen und hielt sich bis Kriegsende verborgen. Nach dem Krieg schrieb er für verschiedene Zeitungen und Zeitschriften. Z. begründete und redigierte (1952–1956) das populäre Kinderblatt „Kisdobos". Für seine literarische Tätigkeit erhielt Z. hohe Auszeichnungen: unter anderem den Baumgarten-Preis (1947), zweimal den Kossuth-Preis (1949 und 1954), den Attila-József-Preis (1951 und 1974) sowie 1971 den Robert-Graves-Preis. Seine Bücher und Verse wurden in 16 Sprachen übersetzt.

Werk, Tendenzen, Wirkung. Am Anfang seiner schriftstellerischen Laufbahn war Z. dem Expressionismus verbunden. Er gehörte zum Kreis des Avantgardisten Lajos Kassák (1887–1967). Von 1928 an erschienen seine in freier Versform gehaltenen Gedichte in den Zeitschriften „Nyugat", „Magyar Csillag", „Válasz" und „Szép Szó". Später bevorzugte Z. gebundene Versformen. Seine Schriften sind vor allem durch soziale Themen bestimmt (Úlj asztalomhoz, 1932; Kifosztott táj, 1936).
In dem Versband „A teremtés tanúja" (1945) spiegeln sich Z.s Kriegserlebnisse. Als einer der ersten begrüßte er nach 1945 die gesellschaftlichen Veränderungen in Ungarn (vgl. „Mint égő lelkiismeret", 1954). Die neueren Werke für Erwachsene haben eine lyrische Note und behandeln vorwiegend die Themen Liebe und Tod (unter anderem in: „Bekerített Csönd", 1971; „Ahogy a kötéltáncosok", 1975). In dem Band „Sirály" (1973) finden sich seine gesammelten Gedichte. Im Lebenswerk Z.s erschien die Kinderdichtung verhält-

nismäßig spät. Gedichte, erzählende und in Verse gefaßte Märchen und Märchenspiele kennzeichnen seine kinderliterarische Tätigkeit. Die ersten Kinderverse erschienen in dem Band „Négy vándor" (1947). Im Verszyklus „Gyermekbánat" (1947) versuchte Z. das kindliche Weltbild dichterisch darzustellen. Diese ersten Kinderbücher sind noch stark von den beklemmenden Erinnerungen an den Krieg belastet. Der Band „Tilinkó" (1955) enthält alle bis dahin geschriebenen Kindergedichte, Märchen und Märchenbearbeitungen. Die Verse von Z. sind von einer Lebensfreude erfüllt, die Kindern das Leben lebenswert erscheinen lassen. Optimismus charakterisiert auch die zwei kleinen Werke „Erdőben-berdőben" (1964) und „Békabánat" (1970). In den Sammelbänden „Tollászkodik a tavasz" (1976) und „Mese a kiscsikóról és sok más barátunkról" (1975) hat der Autor mit poetischen Mitteln eine reiche, sinngebende Welt erschlossen. Das humanitäre Anliegen und der soziale Anspruch seiner Gedichte sind auch schon Kindern ohne Schwierigkeiten zugänglich. Seine Wortkunst findet bei Kindern und Erwachsenen gleichermaßen Anklang.

Werke: Az állatok iskolája (1946); Négy vándor és más mesék (1947); A három nyul (1952); Mese a kiscsikóról, akinek még nincs patkója (1954); Tilinkó (1955); Erdőben-berdőben (1964); Békabánat (1970); Száll as erdő (²1974); Mese a kiscsikóról és sok más barátunkról (1975); Tollászkodik a tavasz (1976); Az ezernevű lány (1978).

Sekundärliteratur: M. Balázs: Zelk Zoltán (in: Irók, képek. 1975. 311–324). – I. Cs. Nagy: Zelk Zoltán gyermekköltészete (in: Életünk. 1973. 4. 371–376); Zelk Zoltán: Tollászkodik a tavasz (in: Életünk. 1977. 2. 189–192). – L. Rónay: Költő az Isten oldalán (in: Uj írás. 1976. 5. 78–81). – J. Seres: Egy reprezentatív gyermekverskötet (in: Könyv és Nevelés. 1977. 4/5. 143–147). – D. Tandori: A befejezhetetlenség igénye (in: Uj Irás. 1971. 9. 116–120).

Béla Tóth

Zensur der Kinder- und Jugendliteratur

Im Buch- und Pressewesen bezeichnet Z. die Beaufsichtigung, Veränderung oder Unterdrückung von Druckwerken durch besondere Instanzen zur Aufrechterhaltung der herrschenden Ideen und damit der jeweils bestehenden Herrschaft oder zum geistig-seelischen Schutz der (angeblich) noch unmündigen Mitglieder einer Gesellschaft. Im ersten Fall wird geistige Freiheit in geregelter Weise oder willkürlich unterdrückt, im zweiten Falle geistige (Un-)Selbständigkeit bevormundet; hier wie dort werden Macht und Autorität eingesetzt. Z. ist daher nicht primär ein Akt literarischer Kritik, sondern politischer und sozialer Kontrolle. Im Hinblick auf die Lektüre der Jugend wurden und werden sowohl der Gedanke des Schutzes bestehender Ideologie als auch des Einzelnen vor „geistig-seelischer" Verwirrung in die Argumentation um die Begründung von Z.-maßnahmen eingebracht.

Literarische Z. bis in die Mitte des 19. Jahrhunderts. Z. wurde insbesondere in historischen Situationen gefährdeter Machtverhältnisse praktiziert, so von der katholischen Kirche vor allem seit der Einsetzung einer speziellen Indexkongregation auf dem Konzil von Trient (18. Sitzung, 26. 2. 1562) und seit der Veröffentlichung eines ersten „Index librorum prohibitorum" durch Papst Pius IV. (1564), das heißt einer Liste von (zumeist protestantischen) Büchern, die dem „wahren" Glauben feindlich schienen. Hier finden sich auch die ersten Verbote für unterhaltsame Lesestoffe: die Volksbücher von Eulenspiegel und Holger dem Dänen, das Buch der Prophezeihungen des Zauberers Merlin, die Novellen des Salernitaners Masuccio (etwa 1420–1480) und die Schwänke Heinrich Bebels (1472–1518). „Laszive oder obzöne Bücher" wurden dabei nur zugelassen, wenn sie von antiken Autoren in „elegantem" Stil geschrieben waren, aber, so schreibt es die siebente Regel des Indexdekalogs vor, „auf keinen Fall sind sie Knaben zugänglich zu machen (nulla tamen ratione pueris praelegendi erunt)". Die spanische Inquisition war besonders wachsam in bezug auf „libros de materias profanas y fabulosas y historias fingidas". Die Prinzipien und Verdammungen einzelner Schriften wurden über Erziehungsbücher und den Kanzelvortrag popularisiert: verdammt waren insbesondere der Amadis-Roman, die populären Lesestoffe der Adelsschicht wie Magelone, Melusine, Ponthus und Sydonia, Schwankbücher und Novellensammlungen – gerade also die Schriften, welche die Romantik zu Jugendlesestoffen umarbeiten sollte.

Der oftmals herausgegebene und ergänzte „Index" diente im 18. und 19. Jahrhundert weltlichen Herrschern als Muster für Z.-erlasse und Listen verbotener Druckwerke; die entsprechenden Z.-kollegien wurden der Indexkongregation nachgebildet. Die Revolutionsfurcht der feudal-absolutistischen Regierungen, das Zurückschrecken vor einer allgemeinen, das heißt auch den niederen Ständen zugänglichen Aufklärung, führte insbesondere im Zeitalter der Restauration und des Vormärz zu einer Fülle von Z.-instruktionen und -edikten und zu einer totalen Kontrolle sämtlicher Druckwerke. Dabei unterdrückten die Behörden der bürgerlichen Gesellschaft immer wieder Volkserzählungen, Volkslieder, Legenden und Mirakel, Volksbücher, Kalender und Bilderbogen – potentielle Jugendlesestoffe also. „Die Jugend muß das unnützeste Zeug lernen, damit sie der Menschheit nicht nützlich werde", schrieb der zensurgeschädigte Adolph Glassbrenner (Berliner Volksleben I, 36) im Jahre 1847.

Die Jugendliteratur war bis in die fünfziger Jahre des 19. Jahrhunderts kein spezieller Gegenstand des Z.-wesens, weil sie bis dahin ein Konsumobjekt der dünnen bürgerlichen Oberschicht geblieben war und zusammen mit der Aufsicht über die bürgerliche Literatur kontrolliert werden konnte. Die Z.-listen führten Titel auf, die eventuell auch von Jugendlichen gelesen werden konnten (Kalender, erotische Romane), nicht aber Erzeugnisse einer besonderen „Jugendliteratur": Kindheit und Jugend blieben bis zum Vormärz Teil der Erwachsenenwelt, keine spezifische Bevölkerungsgruppe mit einem ökonomischen, bildungsmäßigen und folglich politischen Potential, und die damalige bürgerliche Jugendliteratur erscheint nach dem Vorbild von CHRISTOPH VON SCHMID (1768–1854), CHRISTIAN GOTTLOB BARTH (1799–1862) und GUSTAV NIERITZ (1795–1876) als durch und durch „unpolitische", das heißt die bestehenden Verhältnisse unkritisch akzeptierende Literatur.

Literarische Z. in der zweiten Hälfte des 19. Jahrhunderts bis zum Ersten Weltkrieg (1914). Diese Idylle mußte sich ändern mit wirtschaftlichen und geistigen Prozessen wie Industrialisierung und Kinderarbeit (bzw. deren Abschaffung), Urbanisierung, Pauperisierung und Diskussion der Wohlfahrtspflege, mit allgemeiner Schulpflicht und massenhaftem Lesebedürfnis, Furcht vor Proletarisierung und Arbeiterbewegung, anwachsendem Nationalismus, endlicher Reichsgründung und Notwendigkeit zu chauvinistisch-aggressiver Indoktrination. Z. der nun qualitativ und quantitativ anderen Jugendliteratur wird also, zusammen mit dem Entstehen einer massenhaft verbreiteten, neuen Art von kleinbürgerlich-proletarischer Volksliteratur und gleichzeitig mit dem Entstehen einer sekundären Beschäftigung mit Jugendlesestoffen (L. BALLAUF, A. DETMER, J. G. GÜNNEL, G. W. HOPF, A. MERGET, H. SCHWERDT, F. W. SOMMERLAD, F. A. D. THOLUCK) geradezu herausgefordert. Von dieser Phase ab ist Z. nicht mehr nur als direkter Verbotseingriff zu verstehen, sondern gerade auch als indirekte Z.: In Buchempfehlungslisten für Jugend- und Volksbüchereien, als bevormundende Auswahl des zu Lesenden durch Spezialisten für Jugendliteratur („Wegweiser für deutsche Jugendliteratur"), als einseitige Zusammenstellung von Schülerbüchereien.

Der Vorwurf der „Unsittlichkeit" wird dann in der zweiten Hälfte des 19. Jahrhunderts zu einer Brücke, um wieder zu der 1848 abgeschafften Z. zu gelangen. Aktionsziel war zunächst bürgerliche Literatur, welche soziale Probleme („Madame Bovary") oder die proletarische Wirklichkeit (EMILE ZOLA) schilderte; dann wandte sich diese Z. aber auch gegen die Fluchtphantasien der Abenteuer- und Liebesromane in Lieferungen oder Heftchenform, und sie ließ gleichzeitig all das unbehelligt, was dem Militarismus und Chauvinismus des neuen Reiches förderlich war. Anläßlich des Sittenprozesses gegen den Zuhälter Heinze verlangte Kaiser WILHELM II. 1891 unter anderem verschärfte Strafbestimmungen gegen die Verbreitung „unzüchtiger" Schriften und Darstellungen; von dem entsprechenden Gesetzentwurf (Lex Heinze, 1891/1892) blieb schließlich der § 184 des (Reichs-)Strafgesetzbuches, welcher insbesondere in bezug auf Jugendliche in seinem zweiten Absatz besagt, daß mit Freiheits- und/oder Geldstrafe belegt wird, wer „unzüchtige Schriften (Abbildungen oder Darstellungen) einer Person unter 16 Jahren gegen Entgelt überläßt oder anbietet". Der ursprünglich vorgesehene Kunst- und der Theaterparagraph (verletztes Schamgefühl bei öffentlicher Zurschaustellung) wurden 1900 fallen gelassen.

Gerade die Pädagogen nahmen diese Gesetzgebung zum Anlaß, nicht nur die „unzüchtigen" Schriften, sondern auch den angeblich Verbrechen zeugenden, sogenannten „Schund" anzuprangern, ohne daß diese Kategorie je definiert worden wäre. Der Literat OTTO VON LEIXNER (1847–1907) plädierte als erster für die Unterdrückung der Schundromane; die „Jugendschriften-Warte" griff in ihrer ersten Nummer (August 1893) das Thema auf, HEINRICH WOLGASTS „Elend unserer Jugendliteratur" (1896) erschien im selben Jahr wie die erste große Schundkampfschrift des Lehrers OTTO RÜHLE: „Die Schundliteratur und ihre Bekämpfung von seiten des Lehrers", in welcher die Sozialdemokratie ebenso schlecht wegkommt wie die Indianerbücher, die Feuilletonromane so verwerflich sind wie die Volkskalender: Die Schulbibliotheken seien entsprechend zu säubern. In den folgenden Jahren steigt nun die Produktion von Schriften gegen „Schmutz und Schund" in Wort und Bild rapide an und erreicht, nach der Gründung zahlreicher Kampfvereine, ihren Höhepunkt in den Jahren 1908–1911, wobei Namen wie ERNST SCHULTZE (1874–1943) und KARL BRUNNER (*1872) traurige Berühmtheit erlangten. Ergebnis dieser Säuberung der Jugendliteratur und der Schulbüchereien war eine starke Einschränkung der abenteuerlichen Kolportageliteratur und die Förderung jeder Art von aggressiv-kriegerischer Literatur. Der Z.-Fall WILHELM LAMSZUS („Das Menschenschlachthaus", 1912) gehört ganz in diese militaristisch aufgeheizte Atmosphäre.

Literarische Z. von 1914 bis 1945. Im Ersten Weltkrieg wird die direkte und indirekte Z. von Kinder- und Jugendliteratur durch Verbotslisten (Erlaß des Oberkommandos in den Marken vom 22. März 1916) und Kontrolle der Schülerbüchereien fortgesetzt. Die sogenannte Kriegsschundliteratur bleibt dabei meist unbehelligt: Reihen wie „Krieg und Liebe", „Kriegsfreiwillig", „Unsere Feldgrauen" oder „Heinz Brandt, der Fremdenlegionär" durften, obwohl äußerst fragwürdig, weiter erscheinen, „Roosevelts Rauhreiter-Erzählungen" wurden dagegen verboten. Bei einer Schundheftsammlung kamen allein in Essen 100000 Hefte zusammen (Volksbildungsarchiv 5, 1917). Nach dem Kriege wurden die Z.-bemühungen durch Juristen wie ALBERT HELLWIG und Pädagogen wie WILHELM FRONEMANN fortgesetzt; der Reichsausschuß für sozialistische Bildungsarbeit beschäftigte sich ebenfalls mit der Frage, die schließlich zum Gesetz zur Bewahrung der Jugend vor Schund- und Schmutzschriften vom 18.12.1926 führte. Wieder ging man einerseits mit Z.-listen, andererseits mit Büchereiempfehlungen vor. Zensiert wurde aber auch die politische Jugendliteratur, so Märchen der HERMYNIA ZUR MÜHLEN. „Sie sagen Buffalo Bill und meinen die Wahrheit", schrieb BERTOLT BRECHT zu diesem Gesetz.

Unter den von den Nationalsozialisten 1933 verbotenen Autoren von Jugendliteratur findet man ERICH KÄSTNER, JACK LONDON und WALDEMAR BONSELS. Eine neue Kinderliteratur wurde der faschistischen Ideologie angepaßt: „selbstverständlich, daß Bilderbücher diese neuen nationalsozialistischen Formen und Symbole berücksichtigen, sie kindlich umformen müssen" (Bücherkunde 2, 1935). Nach der totalen „Ausmerzung" der marxistischen Literatur arbeitete dann das „Kulturwollen" des Dritten Reiches eher mit Buchunterdrükkungen als mit Z.-listen. Unter den rund 5500 zwischen 1933 und 1945 nicht angezeigten Schriften finden sich auch zahlreiche Kinder-, Jugend- und Schulbücher.

Literarische Z. in der Bundesrepublik Deutschland. Nach § 5 Absatz 1 des Grundgesetzes der Bundesrepublik Deutschland vom 24.5.1949 findet eine (Vor-)Z. nicht statt, sie läßt sich jedoch gerade auf dem Sektor der Jugendliteratur schützend (Gesetz über die Verbreitung jugendgefährdender Schriften vom 29. April 1961; §§ 184, 184a StGB; zuletzt geändert durch Art. 5 des 4. StRG vom 23. November 1973 und Art. 75 EGStGB vom 2. März 1974), indirekt (Buchempfehlungen nach bestimmten Richtlinien), intern (Auswahlkriterien auf Verlagsebene, Nichtförderung unliebsamer Autoren) oder durch Boykott politischer Schriften handhaben. Der im Prinzip fragwürdige literarische Jugendschutz hat von der Ära ROBERT SCHILLING bis zu RUDOLF STEFEN wenigstens eine notwendige Verlagerung der Stoßrichtung (von der erotisch-sexuellen gegen die gewaltverherrlichende Jugendliteratur) erfahren. Auf dem politischen Sektor mehren sich insbesondere seit den siebziger Jahren Überwachung und Unterdrükkung „linker" Kinder- und Jugendbücher (Basis-Verlag, Wagenbach-Verlag), Schülerzeitungen, Theateraufführungen, Rundfunk- und Fernsehsendungen.

Z. zum Zwecke des Schutzes unserer Kinder gegen literarische Verherrlichung von Unfreiheit und Versklavung der Frau, Brutalität, Unterdrückung von Völkern, individuellen und kollektiven Aggressionsakten sowie gegen die literarische Verletzung aller anderen Menschenrechte scheint sinnvoll, sofern es keine Möglichkeit gibt, die Unmenschlichkeit solcher Produkte den Kindern in Gesprächen und durch Aufweisen positiver politischer Notwendigkeiten und Möglichkeiten deutlich zu machen und sie so zu freiheitlich-demokratischen Bürgern zu erziehen. Diese unter besonderen Umständen erforderliche Z. kann jedoch kein Alibi abgeben für die Nichtbewältigung gravierender sozialer Probleme, vor allem im Bereich der Jugendpolitik, für die Unterdrückung politisch unliebsamer Jugendliteratur oder für die ideologische Gängelung von Jugendlichen, die ihre Denkweisen längst selbst bestimmen können und sollen.

→ Bundesprüfstelle für jugendgefährdende Schriften, → Jugendmedienschutz, → Jugendschriftenverzeichnis, → Schund und Schmutz, → Volksliteratur

Sekundärliteratur: D. Aigner: Die Indizierung „schädlichen und unerwünschten Schrifttums" im Dritten Reich (in: Archiv für Geschichte des Buchwesens. 1971. 11. 933–1034). – Aktionen, Bekenntnisse, Perspektiven. Berichte und Dokumente vom Kampf um die Freiheit des literarischen Schaffens in der Weimarer Republik (1966). – H. Benfer: Kampf dem schlechten durch das gute Buch (1923, ²1926). – Bibliographie zum Gesamtproblem der Jugendgefährdung (²1957). – M. Christadler: Kriegserziehung im Jugendbuch. Literarische Mobilmachung in Deutschland und Frankreich vor 1914 (1978). – J. Einecke: Über die Tätigkeit der Bundesprüfstelle für jugendgefährdende Schriften (in: Zeitschrift für Literaturwissenschaft und Linguistik. 1972. 6. 45–63). – W. Eßbach: Der schmutzige Kampf gegen Schmutz und Schund. Massenliteratur und Literaturpädagogik (in: D. Richter (Hrsg. zus. mit J. Vogt): Die heimlichen Erzieher. 1974. 108–128). – M. Franzbach: Inquisition und Bücherzensur im spanischen Siglo de Oro (in: M. Franzbach: Kritische Arbeiten zur Literatur- und Sozialgeschichte Spaniens, Frankreichs und Lateinamerikas. 1975. 9–24). – W. Fronemann: Die Schundliteratur nach dem Kriege (in: Bücherei und Bildungspflege. 1. 1921. 2–15). – A. Hellwig: Jugendschutz gegen Schundliteratur. Gesetz zur Bewahrung der Jugend vor Schund- und Schmutzschriften vom 18.12.1926 (1927). – H. H. Houben: Verbotene Literatur von der klassischen Zeit bis zur Gegenwart (Bd. 1–2. 1924–1928; ND. 1965). – Index librorum prohibitorum cum regulis confectis per patres a Tridentina Synodo delectos (1564). – Jugendgefährdend? Literatur unterm Fallbeil (1964). – K. M. Michel: An die Damen und Herren Volksvertreter. Untertänige Bitte um Wiedereinführung der Zensur (in: Kursbuch. 40. 1975. 179–183). – U. Otto: Die literarische Zensur als Problem der Soziologie der Politik (1968). – H. Paul: Im Namen der Jugend. Jugenderziehung und Schundliteratur in ihrem inneren Zusammenhang (1912). – H. Reinhardt: Schmutz- und Schundliteratur im Volksschulalter (1957). – D. Richter (Hrsg.): Das politische Kinderbuch. Eine aktuelle historische Dokumentation (1973); Eine Zensur findet nicht statt. Es geht auch so (in: betrifft: erziehung. 1975. 4. 48–50); Zensur (in: H. Hengst (Hrsg. zus. mit K. W. Bauer): Kritische Stichwörter zur Kinderkultur. 1978. 358–366). – B. Rieder: Die Zensurbegriffe des Art. 118 Abs. 2 der Weimarer Reichsverfassung und des Art. 5 Abs. 1 Satz 3 des Bonner Grundgesetzes (1970). – P. Samuleit: Kriegsschundliteratur (1916). – R. Schenda: Volk ohne Buch. Studien zur Sozialgeschichte der populären Lesestoffe 1770–1910 (1970, ²1977); Die Lesestoffe der Kleinen Leute (1976). – R. Schilling: Das erotisch-sexuelle periodische Schrifttum als Gegenstand der Beurteilung gemäß § 184 StGB (1951); (Hrsg.): Jugendgefährdende Schriften. Ergänzbares Gesamtverzeichnis und Arbeitshilfen (1962ff.). – E. Sielaff: Schülerbücherei und Schundbekämpfung (in: Bücherei und Bildungspflege. 1930. 10. 467–486). – Schmutz und Schund als sozialpathologische Erscheinung (1926). – R. Stefen (Hrsg.): Die Bundesprüfstelle für jugendgefährdende Schriften. Rechts- und Arbeitsgrundlagen (1972); (Hrsg.): Grundsatzentscheidungen zum Jugendmedienschutz (1972); (Hrsg.): Über massenmediale Gewaltdarstellung (1972); (Hrsg.): Jugend – Medien – Schutz 1974 (1974); Massenmedien und Jugendschutz (1976); (Hrsg.): Gesamtverzeichnis der von der Bundesprüfstelle indizierten Medien (1977). – E. Spoo (Hrsg.): Die Tabus der bundesdeutschen Presse (1971). – Deutsche Nationalbibliographie. Ergänzung I und II. Verzeichnis der Schriften, die 1933–1945 nicht angezeigt werden durften. Bearbeitet und herausgegeben von der Deutschen Bücherei in Leipzig (Bd. 1–2. 1949). – Kl. Wagenbach: Warum das Zensur ist (in: Zwiebel 10. Wagenbach-Album 1974. 53–55). – H. Wegehaupt: Theoretische Literatur zum Kinder- und Jugendbuch. Bibliographischer Nachweis von den Anfängen im 18. Jahrhundert bis zur Gegenwart nach den Beständen der Deutschen Staatsbibliothek Berlin (1972). – Fr. Weyer (Hrsg.): Jugendgefährdung durch Schriften? Fakten und Faktorenanalyse (Bd. 1–2. 1968). – D. E. Zimmer (Hrsg.): Die Grenzen literarischer Freiheit. 22 Beiträge über Zensur im In- und Ausland (1966).

Rudolf Schenda

Zentralstelle für Kinder- und Jugendliteratur

Zentrale Einrichtung des Ministeriums für Volksbildung der DDR zur Förderung einer pädagogisch wirksamen Arbeit mit Kinder- und Jugendliteratur in und außerhalb der Schule. Sitz: Dresden.

Die Zentralstelle wurde 1877 gegründet und untersteht seit 1949 direkt dem Ministerium für Volksbildung. Ihre wesentliche Aufgabe liegt in der pädagogisch-methodischen Anleitung zum Umgang mit Kinder- und Jugendliteratur im Schul- und Freizeitbereich. Diese Funktion entwickelte die Zentralstelle in den Jahren nach 1945 und stützte sich dabei auf Ansätze und Traditionen der Jugendschriftenausschüsse der Lehrerschaft, besonders des Dresdner Jugendschriftenausschusses und seiner 1921 gegründeten Geschäftsstelle für gute Jugendliteratur. Der Beirat der Zentralstelle setzt sich aus Vertretern der Schulpraxis, des sozialistischen Jugendverbandes, des Bibliothekswesens und anderer staatlicher und gesellschaftlicher Organe zusammen.

Zu den Aufgabenbereichen, die zum Teil eine enge Zusammenarbeit mit dem Zentralinstitut für Bibliothekswesen, dem DDR-Zentrum für Kinderliteratur und anderen Institutionen erfordern, gehören: Methodische Anleitungen zur Arbeit der Schulbibliotheken und Empfehlungslisten für ihren systematischen Bestandsaufbau; Unterstützung der Lehrer und Erzieher durch Empfehlungen; Anleitungsmaterialien und Literaturverzeichnisse; Förderung der Weiterbildung der Lehrer, Erzieher und Pionierleiter für die Arbeit mit Kinder- und Jugendliteratur; wissenschaftliche Untersuchungen zur Arbeit mit dem Buch im Unterricht und zur Wirkung der Kinder- und Jugendliteratur im Sozialisationsprozeß; Pädagogische Leitung des staatlichen Kinderbuchabonnements ‚Buchklub der Schüler', das heißt seine inhaltliche Gestaltung und Herausgabe methodischer Materialien für die Betreuer; Unterstützung der Staatsorgane bei der Kontrolle und Anleitung der Schülerbibliotheken; ferner aktive Mitarbeit bei literaturpropagandistischen Veranstaltungen.

Die Fachbibliothek der Zentralstelle umfaßt Kinder- und Jugendliteratur, pädagogische Schriften und Literatur zur Arbeit mit dem Kinder- und Jugendbuch. Im Mai 1978 gingen alle vor 1945 erschienenen Kinder- und Jugendbücher der Zentralstelle in den Bestand der Kinder- und Jugendbuchabteilung der Deutschen Staatsbibliothek in Ost-Berlin über.

Hannelore Daubert

Zerfaß, Julius

*(Ps.: Walter Hornung). Lyriker, Essayist, Journalist und Verfasser von Märchen; *4.2.1886 Kirn/Nahe, †24.3.1956 Zürich.*

Als Sohn eines armen Kleinbauern ging Z. nach der Schule zu einem Gärtner in die Lehre und wanderte als Geselle durch Deutschland. Als Folge eines Berufsunfalls bekam er 1907 ein gelähmtes Bein. Frühzeitig fand Z. den Anschluß an die Gewerkschaftsbewegung und die Sozialdemokratie. Seine ersten Gedichte erschienen 1910; seit 1913 arbeitete er als freier Schriftsteller und wurde 1919 Feuilletonredakteur der „Münchner Post". 1933 zunächst im Gefängnis Stadelheim inhaftiert, wurde er schließlich in das Konzentrationslager Dachau eingeliefert. Wieder entlassen, emigrierte er in die Schweiz, in der er – nach einem kurzen, für ihn enttäuschenden Aufenthalt in der Bundesrepublik Deutschland nach 1945 – bis zu seinem Tode blieb, unter anderem als ständiger Korrespondent für Theater und Kunst der „Frankfurter Rundschau".

Werk, Tendenzen, Wirkung. Neben seinen in verschiedenen Anthologien (z. B.: in „Das proletarische Schicksal. Ein Querschnitt durch die Arbeiterdichtung der Gegenwart", herausgegeben von Hans Mühle, 1929) und eigenständigen Ausgaben erschienenen Gedichten, z. B. „Glühende Welt" im Arbeiterjugend-Verlag, die – analog der sonstigen Arbeiterdichtung – tiefe Freiheitssehnsucht und die Gewißheit vom endgültigen Sieg der Arbeiterbewegung mit dem naturhaften Verändern der Jahreszeiten symbolisch verquicken, markieren Z.' Kunstmärchen „Die Reise mit dem Lumpensack" (1925) einen wichtigen Strang der sozialdemokratischen Kinder- und Jugendliteratur der Weimarer Republik. Ziel ist hier weitgehend nicht mehr eine dogmatische Partei-, eher eine allgemeine „Menschheitserziehung". Übergreifend wird in den meisten Märchen von Z. die elende und armselige Welt des Arbeiterkindes Ausgangspunkt der Geschichte. Die Märchen berichten so von armen Mädchen, die über kaum mehr als ein Flickenkleid verfügen, vom armen Maurer, der für die Reichen Paläste bauen muß, dem armen Bäuerlein, das nur durch einen Hauskobold Hilfe erfährt, dem Schiffszieher, dem die Dampfmaschine seine Lebensgrundlage vernichtet, der Not der Kinder bei der Spielzeugherstellung, der Natursehnsucht der Arbeiter, dem wilhelminischen Kaiser, dem die Deutschen blind in den Krieg folgen; die Klassenspaltung wird in der Unterscheidung in „Feine" und „Grobe" sichtbar. Beschreibt der Ausgangspunkt der Märchen die ökonomisch bedingte schlechte Realität und die Notwendigkeit der Veränderung, so wird jedoch jene Veränderung nicht mehr auf die Gesellschaft bezogen. Sie geschieht im Innern des Menschen, es erfolgt eine Veränderung des Charakters. Die Arbeiter werden nicht mehr als solche bezeichnet, sie werden zu „Menschen", zwar unterschieden in arme und reiche, „grobe" und „feine", doch unterschiedslos gemacht in der Bestimmung des Menschen, der die Fröhlichkeit als das Wichtigste im Leben erkennen muß. So beschreiben die Märchen von Z. zwar einen schlechten sozialen Zustand, versöhnen jedoch gerade auch mit dieser Armut und dieser Not. Die Märchen – im parteieigenen J. H. W. Dietz Verlag erschienen und für Arbeiterkinder gedacht – übernehmen so die Funktion des resignierenden Beschreibens eines schlechten Zustandes, aus dem das Beste zu machen ist, schrumpfen auf Gemütserziehung zurück.

Werke: Ringen und Schweigen. Gedichte (1910); Die Reise mit dem Lumpensack. Märchen (1925); Glühende Welt (1928); Dachau (1936).

Sekundärliteratur: Julius Zerfaß (in: H. Mühle (Hrsg.): Das proletarische Schicksal. Ein Querschnitt durch die Arbeiterdichtung der Gegenwart. 1929). – Hornung, Walter (in: W. Emmerich (Hrsg.): Proletarische Lebensläufe. Bd. 2. 1975. 423).

Manfred Geiss

Zetkin, Clara

*Politikerin, Kulturpolitikerin, Publizistin und Übersetzerin; *5.7.1857 Wiederau/Sachsen, † 20.6.1933 Moskau.*

Z. absolvierte eine Ausbildung als Lehrerin. Sie schloß sich während des Sozialistengesetzes der Sozialdemokratie an und übernahm 1891 die Chefredaktion der „Gleichheit", einer Zeitschrift für die Interessen der Arbeiterinnen. 1917 wurde sie vom Parteivorstand der Sozialdemokratischen Partei Deutschlands in dieser Position abgelöst. Sie schloß sich dem Spartakusbund an, wurde führendes Mitglied der Kommunistischen Partei Deutschlands und Reichstagsabgeordnete. 1921 war sie Präsidiumsmitglied der Kommunistischen Internationale. 1932 wurde sie Alterspräsidentin des Reichstages.

Werk, Tendenzen, Wirkung. Z. war neben Franz Mehring die wichtigste Repräsentantin der marxistischen Literaturwissenschaft in Deutschland. Während die Parteiführung der Sozialdemokratie eine spezifische sozialistische Kinder- und Jugendliteratur ablehnte, war Z. die erste, die Marxsche Postulate auf die Kinder- und Jugendliteratur anwandte. Die Literaturpolitik der Sozialdemokraten orientierte sich vor 1918 im wesentlichen an den „Empfehlungen der Vereinigten Prüfungsausschüsse", die durch die „Jugendschriften-Warte" verbreitet wurden. Auf dem Mannheimer Parteitag 1906 formulierte Z. den Widerstand der Parteilinken dagegen und forderte eine bewußt sozialistische Erziehung. Von 1905 bis 1917 gab sie die Zeitschrift „Für unsere Kinder" heraus, die erste sozialistische Kinderzeitschrift, die als Beilage zur „Gleichheit" erschien. Ausgehend von der These, die Erziehung müsse auf die Ausbildung gesellschaftlichen Bewußtseins zielen, leitete Z. die Pflicht für die Partei ab, eine geeignete sozialistische Kinder- und Jugendliteratur zu schaffen. Ihrem Literaturkonzept zufolge kann auch eine progressive bürgerliche Literatur kein sozialistisches Gedankengut vermitteln. Angemessen erschien ihr nur eine sozialistische Erziehung im Verein mit einer spezifischen sozialistischen Kinder- und Jugendliteratur.

Werke: Ausgewählte Reden und Schriften (Bd. 1–3. 1957–1960); Über Jugenderziehung (1957).

Sekundärliteratur: A. Koch: Die Verwirklichung sozialistischer Kindererziehung mit Hilfe der ersten deutschen proletarischen Kinderzeitschrift ‚Für unsere Kinder' 1905–1917 (in: Jahrbuch für Erziehungs- und Schulgeschichte. 7. 1967. 47–131). – W. Pieck: Leben und Kampf von Clara Zetkin (in: (ders.): Reden und Aufsätze. Bd. 1. 1954. 466–484). – Fr. Trommler: Clara Zetkin (in: (ders.): Sozialistische Literatur in Deutschland. 1976. 266–270).

Hans J. Schütz

Ziehnert, Johann Gottlieb

*(Ps.: Amadeus Z.). Schriftsteller, Pfarrer, Lehrer; *5.3.1780 Quohren bei Dippoldiswalde (Königreich Sachsen), † 7.4.1856 Schlettau.*

Z., Sohn eines Bauern, besuchte das Gymnasium in Dresden und studierte in Leipzig Theologie. 1810 wurde er Rektor in Königsbrück, 1816 Diakonus in Großenhain und 1826 Pfarrer in Schlettau.

Werk, Tendenzen, Wirkung. Z.s Schriften, durch eine große Themenbreite gekennzeichnet, sollten besonders „die gebildete und wißbegierige Jugend" belehren, unterhalten und belustigen. Darüber hinaus war es Z.s Absicht, Scharfsinn, Verstand und Gedächtnis der jungen Leser zu schulen und das „sittliche Gefühl zu stärken". Von diesen Intentionen ist vor allem die Zeitschrift „Iduna, Jugendzeitung für Schule, Haus und Welt" geprägt, die von 1827 bis 1829 von Z. herausgegeben wurde und die die Beilage „Bragur" enthielt, die sich an „Eltern, Lehrer und Jugendfreunde" wandte. Eine Ergänzung zu schulischen Stoffen, „der Jugend gegeben", legte Z. mit dem Band „Abenteuer und Wanderungen im Gebiete der Naturgeschichte und Geographie, in acht belehrenden und unterhaltenden Erzählungen" (1834) vor. Ein Hilfsbuch für den Unterricht war das „Lese-, Lehr- und Lernbuch" mit dem Titel „Weltkunde, oder Erdbeschreibung mit Andeutungen aus der Naturlehre, Natur-, Völker-, Gewerbs-, Kunst- und Kulturgeschichte" (1836–1837). Gegen die damals infolge falscher Erziehung weitverbreitete Gespensterfurcht von Kindern wandte sich Z. 1838 mit dem Erzählband „Es gibt keine Gespenster!", in dem er im Sinne der Aufklärung Gespensterfurcht hervorrufende Ereignisse auf ihre natürlichen Ursachen zurückführte. Über die weiblichen Pflichten im Haushalt unterrichtete das „Gemälde aus dem weiblichen Gesichtskreis" (1815). Die Absichten, die Z. mit dieser Schrift verband, wurden in dem Untertitel der Ausgabe von 1832 sichtbar, der lautet: „Eine Bilderschule oder ein Lehrbuch über die ersten nöthigen Kenntnisse in der häuslichen Wirtschaft für junge Mädchen von 9–15 Jahren". Gleiche Intentionen verfolgte Z. mit dem Buch „Die kleine Wirtschafterin. Ein Lese- und Bilderbuch für Mädchen von 8–14 Jahren, die einst gute Hausfrauen werden wollen" (1835).
Z. forderte „Bildung durch Erzählen". Für Z. begann die eigentliche „Menschenformung" mit Erzählung, Gespräch und Vortrag. Solch „bildende Gespräche" für Kinder enthalten die Bände „Die ersten Bedürfnisse der Menschen" (1819), „Neue Kinderbibliothek" (Bd. 1–2. 1822–1830), „Zaubereien des Lebens" (Bd. 1–2. 1817–1826) und seine Lesedramen „Kleine Schauspiele zu belehrender Unterhaltung für die Jugend" (1812).

Die Illustration des anonymen Illustrators entstammt dem Buch „Die kleine Wirtschafterin" von Amadeus Ziehnert, das 1812 in Pirna und Leipzig erschien. Der ganzseitige, handkolorierte Kupferstich zeigt eine gut eingerichtete Küche aus den Bürgerhäusern des beginnenden 19. Jahrhunderts. Ziehnert richtete sein „Lese- und Bilderbuch" an Mädchen „von 8–14 Jahren, die einst gute Hausfrauen werden wollen". Der Band war „Der guten und fleißigen Malwina Steglich zur Erinnerung an Ihre glückliche Jugend" gewidmet.

Welche Bedeutung für die Erziehung und Bildung von Kindern Z. dem Erzählen der Eltern zuschrieb, zeigen die Bändchen „Die erzählende Mutter im Kreise ihrer Kinder" (1817) und „Der erzählende Vater im Kreise seiner Kinder" (1831). Der Gedächtnisschulung und der Schärfung des Scharfsinns von Kindern sollten unter anderem die Schriften „Denksprüche, ein Versuch deutsche Rechtschreibung zu befördern" (1811) und „Der Räthselschmidt" (1817) dienen. Eine etwas merkwürdige Schrift stellt das Bändchen „Der kleine Declamator" dar, das Anleitungen zum kunstgerechten Vortrag enthält und dessen Neuausgaben von 1819 und 1829 Ergänzungen „nach einer neuen Sprachtonleiter für die Jugend" enthalten.
Freude durch Bücher hervorzurufen, war für Z. ein bestimmendes Erziehungsmoment. Dazu sollten Bücher wie „Winterfreuden", „Zur Unterhaltung und Belustigung für Kinder" (1814), „Sommerfreuden" (1816) und die siebenbändige Reihe „Geschenk für die Jugend" dienen. Z.s Kinder- und Jugendschriften, eine seiner Zeit entsprechende weitverbreitete Lektüre, haben sich knapp ein Jahrzehnt lang über seinen Tod hinaus gehalten.

Werke: Denksprüche. Ein Versuch deutsche Rechtschreibung zu befördern (1811); Kleine Schauspiele zur belehrenden Unterhaltung für die Jugend (1812); Winterfreuden zur Unterhaltung und Belustigung für Kinder (1814, [3]1817); Sächsische Kriegslieder, dem edlen Banner und der braven Landwehr vorzüglich gewidmet (1814); Sächsische Friedenslieder (1815); Gemälde aus dem weiblichen Geschäftskreise (1815; NA. u.d.T.: Eine Bilderschule oder ein Lehrbuch über die ersten nöthigen Kenntnisse in der häuslichen Wirtschaft für junge Mädchen von 9–15 Jahren, 1832); Kleines ABC- und Lesebuch. Oder deutliche Anweisung, richtig und schnell lesen zu lernen, nebst Bildungsübungen für Verstand, Herz und Gedächtniß der Kinder aller Stände (1815); Der kleine Declamator. Anweisung und Übung der Declamation (1815); Volkskatechismus der Christusreligion nach Dr. M. Luther (1815); Sommerfreuden zur Unterhaltung und Belustigung für Kinder jedes Alters, als Fortsetzung der Winterfreuden (1816, [3]1829); Die spielenden Kinder (1817); Die erzählende Mutter im Kreise ihrer Kinder (1817); Der Räthselschmidt (1817); Zaubereien des Lebens. Erzählungen für die gebildete und wißbegierige Jugend (Bd. 1–2. 1817–1826); Die ersten Bedürfnisse der Menschen. Eine unterhaltende Belehrung in Gesprächen für Kinder (1819); Neue Kinderbibliothek für das reife Alter (Bd. 1–2. 1822–1830); Kinder-Wanderungen durch die Heimath, zur Belehrung und Unterhaltung für Kinder (1822); Die Welt im Kleinen. Ein Bilderbuch für kleine Leute, die die Welt noch nicht kennen (1822); Der erzählende Vater im Kreise seiner Kinder. Ein Versuch zur Ausbildung des Verstandes und Stärkung sittlichen Gefühls, als Fortsetzung der erzählenden Mutter (1831); Abenteuer und Wanderungen im Gebiete der Naturgeschichte und Geographie, in acht belehrenden und unterhaltenden Erzählungen, der Jugend gegeben (1834); Die kleine Wirthschafterin. Ein Lese- und Bildungsbuch für Mädchen von 8–14 Jahren, die einst gute Hausfrauen werden wollen (1835); Geschenk für die Jugend (Bd. 1–8. 1835); Weltkunde, oder Erdbeschreibung mit Andeutungen aus der Naturlehre, Natur-, Völker-, Gewerbs-, Kunst- und Kulturgeschichte. Eine Lese-, Lehr- und Lernbuch für Volksschulen (1836–1837); Es gibt keine Gespenster! Unterhaltende und belehrende Erzählungen für die Jugend (1838).

Hrsg.: Iduna. Jugendzeitung für Schule, Haus und Welt. Nebst der Beilage: Bragur für Eltern, Lehrer und Jugendfreunde (1–3. Jg. 1827–1829); Bildergallerie zur allgemeinen Weltgeschichte bis auf die neueste Zeit, für alle Stände, in 100 Abbildungen der wichtigsten historischen Begebenheiten, mit erläuterndem Texte zu jeder Abbildung (1838/1839).

Hans Eich

Žilitė, Birutė Janina

*Malerin, Graphikerin, Kinderbuchillustratorin; * 2. 4. 1930 Nainiskin (Litauen).*

Ž. schloß ihr Studium am Staatlichen Litauischen Institut der Künste in Vilnius 1956 ab. Zugleich erschienen erste Illustrationen (K. Jakubenko: „Abecele", 1956). Seit 1960 ist Ž. neben ihren graphischen und illustratorischen Arbeiten mit dem künstlerischen Ausgestalten von Bauten (Wandmalerei) beschäftigt, zum Teil zusammen mit ihrem Mann Algirdas Stepanovičius. 1969 erhielt Ž. in Bratislava (ČSSR) auf der Biennale Illustracií Bratislava (BIB) den „Goldenen Apfel", 1971 auf der Internationalen Buchausstellung in Leipzig eine Goldmedaille für ihre Illustrationen des Buches von Aldona Liobite „Pasaka apie drasinga vieniaus mergina ir plešika ‚Lalia barzda'" (1970). Sie ist zudem auch in Litauen mit dem Preis für Kinderbuchillustration ausgezeichnet worden. Ž. lebt und wirkt in Vilnius (Litauen/UdSSR).

Werk, Tendenzen, Wirkung. Mit ihren Linolschnitten, Radierungen und Farblithographien übt Ž. einen bedeutenden Einfluß auf die gegenwärtige Graphik in Litauen aus. Für Kinder arbeitet sie neben ihren anderen Aufgaben. Ž. illustriert die litauische Kinderzeitschrift „Genis". Bei Buchillustrationen bevorzugt sie märchenhafte und poesievolle Themen. Ihre Werke haben eine fröhliche Grundstimmung und fangen die litauische Folklore und Tradition nach Farbe und Form ein. In den frühen Werken wird bei Ž. zwar die Harmonie des Blattes von der Mannigfaltigkeit der Raumgestaltung nicht verletzt, aber das ornamental-graphische Prinzip spielt doch eine große Rolle. Später erhöht sich das Interesse der Künstlerin an den konstruktiven Elementen der Buchkunst. Sujetreiche Kompositionen, mit komplizierten Farbtechniken ausgeführt, und die Einbeziehung von Schrift- und Druckverfahren verleihen den von Ž. ausgestatteten Büchern eine architektonische Einheit.

Werke: P. Cvirka: Volk grečichu sejal (1963); A. Liobité: Pesenka sbežala (1966); J. Rainis: Zolotoje rešetko (1967); A. Liobité: Skazka o smeloj viljnjuskoi deve i golovoresе Zelenaja Boroda (1970); K. Kubilinskas: Stoit skazočnyj domik (1974).

Sekundärliteratur: E. Gankina: Chudožnik v sovremenneoj detskoj knige (1977). – A. Gedminas: Kniga i chudožnik (1966). – I. Korsakaite: Živaja tradicija grafiki (1966); Zagovorivšaja sila skažok (in: Detskaja literatura. 1970. 3. 43–51).

Ella Gankina

Zille, Heinrich

*Zeichner, Karikaturist, Maler und Photograph; * 10. 1. 1858 Radeburg, † 9. 8. 1929 Berlin.*

Z. besuchte die Dorfschule in Potschapel bei Dresden. 1865 zog er mit den Eltern auf der Flucht vor Schuldnern nach Berlin, erhielt Zeichenunterricht und zeigte erste künstlerische Ansätze. Von 1872 bis 1875 machte er eine Lithographenlehre mit und nahm 1872 bis 1875 am Abendunterricht zur künstlerischen Weiterbildung teil. Zwei Jahre (1873–1875) war er dadurch Schüler von Theodor Hosemann an der „Königlichen Kunstschule". Seit 1877 arbeitete er als Geselle in der „Photographischen Gesellschaft". Nach dem Militärdienst (1880–1882) heiratete er (1883) und hatte drei Kinder. Bekannt wurde Z. durch Mitarbeit an den Zeitungen und Zeitschriften „Lustige Blätter", „Jugend", „Simplizissimus", „Berliner Tageblatt", „Eulenspiegel". Er war Mitglied verschiedener Künstlersezessionen und seit 1907 nach der Entlassung bei der „Photographischen Gesellschaft" freischaffend tätig. 1901 und 1902 fanden die ersten Ausstellungen seiner Arbeiten statt. Seit 1908 erschienen seine Zeichnungen in Form von Bildbänden. 1924 wurde er auf Fürsprache von Max Liebermann in die „Preußische Akademie der Künste" aufgenommen. Z. erfreute sich bis zu seinem Tod großer Popularität.

Werk, Tendenzen, Wirkung. Z. wurde der überragende Karikaturist und Situationszeichner der armen Leute und Proletarier Berlins. Sein nichts beschönigender drastischer Strich hielt in Kohle- und Federzeichnungen das Wohnungselend der „kleinen Leute" fest, ihre Alltagssorgen, ihren Kinderreichtum und ihre sozialen Nöte. Seine weite Verbreitung verdankt er einer eingängigen volkstümlichen Gestaltungsweise, seinem treffenden Wortwitz und einer schlagfertigen Situationskomik in Bild und Wort, die über menschliche Misere einen Schleier humorvoller Besänftigung breitete. Das schließt nicht das sozialkritische Engagement und den Angriff gegen die etablierte bürgerliche Gesellschaft des wilhelminischen Zeitalters aus. Z. war Realist mit den Mitteln des während seiner künstlerischen Entwicklung florierenden literarischen Naturalismus. Die Berliner Mietskasernenviertel, die Kehrseite der „Gründerjahre", ihre Bewohner und vor allem ihre Kinder hat Z. so genau wie kein zweiter Künstler seiner Zeit getroffen. Nicht nur als Zeichner und Maler, sondern auch als Photograph hat er sich als Chronist bewährt und auf die Platte gebannt, was sein Zeichenstift später in künstlerische Bildsprache umformte: Die Feste und Freuden der kleinen Leute, ihre schwere Arbeit und Alltagsplackerei, die Spiele ihrer Kinder, das Leben in Kneipen, Destillen, auf Märkten, Straßen und Hinterhöfen, am Stadtrand und in Laubenkolonien, in Asylen und Strandbädern.

Z.s Lebenswerk wird heute in umfangreichen Sammlungen des Ost-Berliner Märkischen Museums („Zille-Stube"), der Galerie des 20. Jahrhunderts (Berlin) und des „Wilhelm-Busch-Museums" (Hannover) aufbewahrt. Schon zu Lebzeiten wurden ihm Denkmäler gesetzt, hängten sich an den Erfolg seiner Zeichnungen Filme mit sozialkritischem Einschlag, wurden „Zille-Bälle" veranstaltet, „Zille-Zigarren" hergestellt und Operetten mit Z.-Motiven komponiert.

Z.s Beziehungen zum Kind begrenzen sich nicht allein auf die Motive Berliner „Gören", die er wieder und wieder gezeichnet hat, sondern erstrecken sich auch auf die Bilder zu Kinderversen, auf den eingängigen Charakter seiner abgerundeten Strichführung, mit deren Hilfe jugendliche Betrachter soziale Not erkennen und zu Mitempfinden bei menschlichem Elend motiviert werden. Z.s Position ist auch durch seine detaillierte Darstellung des werktätigen Menschen mit der Literatur der Arbeiterbewegung eng verknüpft. Was Käthe Kollwitz und Georg Grosz als unerbittliche Anklage an die Besitzenden und Satten richteten, ist bei Z. trotz aller Eindeutigkeit der Darstellung entweder durch krasse, deutliche, mit Humor versetzte Genrekunst oder als schnoddrige Lebenskunst resignierender gemildert.

Werke: H. Zille: Kinder der Straße (1908); H. Zille: Berliner Rangen (1908); H. Zille: Erholungsstunden (1912); H. Zille: Berliner Luft (1913); H. Zille: Mein Milljöh (1914); H. Zille: Vadding und Karl (1915); H. Zille: Vadding in Frankreich (Bd. 1–2. 1915); H. Zille: Vadding in Ost und West (1916); H. Zille: Zwanglose Geschichten und Bilder (1919); H. Zille: Die Landpartie (1920); H. Zille: Berliner Geschichten und Bilder

(1924); A. R. Meyer (Hrsg.): Komm, Karlineken, komm! Alte und neue Berliner Kinderreime (1925); H. Zille: Zwischen Spree und Panke (1925); H. Zille: Rings um den Alexanderplatz (1926); H. Zille: Rund ums Freibad (1926); Das Zille-Werk (Bd. 1–3. 1926); H. Zille: Bilder vom alten und neuen Berlin (1927); H. Ostwald (Hrsg.): Das Zillebuch (1929); H. Zille: Vier Lebensalter (1929); H. Ostwald (Hrsg.): Zilles Vermächtnis (1930); H. Ostwald (Hrsg.): Zilles Hausschatz (1931).

Sekundärliteratur: A. Behne (Hrsg.): Heinrich Zille. Studien (1947). – R. Danke: Heinrich Zille erzählt (1928). – L. Fischer: Heinrich Zille in Selbstzeugnissen und Bilddokumenten (1979). – G. Flügge (Hrsg. zus. mit M. Köhler-Zille): Det war sein Milljöh. Eine Wanderausstellung über das Leben und Werk von Heinrich Zille (1957); (Hrsg.): Das dicke Zillebuch (1971); (Hrsg.): Heinrich Zille (1972); Heinrich Zille. Ernstes und Heiteres aus seinem Leben (1960); Mein Vater Heinrich Zille (zus. mit M. Köhler-Zille. 1955). – H. Fork: Zille. Großes Herz für kleine Leute (1958). – Heinrich Zille zu seinem 100. Geburtstag (1958). – A. Jannasch (Hrsg.): Heinrich heißt er. Unveröffentlichtes von Heinrich Zille (1960). – O. Nagel: Heinrich Zille (1955). – O. Paust (Hrsg.): Vater Zille (1941). – W. Ranke (Hrsg.): Heinrich Zille. Photographien Berlin, 1890–1910 (1975). – H. Reinoß (Hrsg.): Das neue Zille-Buch (1969). – G. Schmidt-Küster (Hrsg. zus. mit K. Wiechert): Zille-Almanach (1969). – W. Zille: H. Zille und sein Berlin (1948).

Horst Künnemann

Zimka, Ondrej

*Slowakischer Maler und Kinderbuchillustrator; * 29. 11. 1937 Turzovka.*

Z. verlebte seine Kindheit in dem durch seine Volkskunst bekannten Gebirgsgebiet der oberen Kysuca (Nebenfluß der Waag). Er studierte Gebrauchsgraphik an der Hochschule für Bildende Kunst in Bratislava. Sein Schaffen erstreckt sich auch auf das Gebiet des Plakats und des Trickfilms. Seit 1965 hat er in mehreren Einzelausstellungen seine künstlerischen Werke gezeigt und sich an vielen Kollektivausstellungen im In- und Ausland beteiligt. Er illustrierte mehr als 30 Kinderbücher. Auf der BIB 1969 erhielt er eine Plakette für seine Illustrationen zum Buch „Zelené jelene“ von Lubomír Feldek (* 1936), auf der BIB 1971 eine Plakette für die Illustrationen zu „Rozprávky na niti“ desselben Autors. 1969 wurde ihm für die künstlerische Ausgestaltung des Buches „Furko a Murko“ von Martin Hranko (1899–1940) der Preis des Verlags „Mladé Letá“ zuerkannt. Z. lebt in Bratislava.

Werk, Tendenzen, Wirkung. Wie tief Z.s Illustrationen mit seiner Malerei zusammenhängen, dokumentierte seine Ausstellung „Bilder auf Holz gemalt“ (Bratislava 1975). Z. stellt in seinen Bildern und Illustrationen seine Kindheitserlebnisse poetisch und mit liebenswürdigem Humor dar. Z. schöpft aus dem Sujetreichtum der Folklore. Sein Hauptinteresse gilt der Märchenwelt. Er betont das Recht auf künstlerische Ausdrucksfreiheit. In seinen Büchern für die Kleinsten bevorzugt er Aquarelltechnik mit Konturzeichnung. Er verbindet karikierenden Humor mit emotionaler Naivität. Mit Vorliebe verwendet er stilisierte Naturelemente. Die

Illustration aus der Märchensammlung „Rozprávky na niti“ (Bratislava 1970) von Lubomír Feldek. Ondrej Zimka erhielt für die Ausstattung dieses Buches auf der BIB 1971 eine Plakette.

farbigen Flächen belebt er durch stellenweises Verdünnen und abwechslungsreiche Übergänge; er bleibt einer etwas spröden Harmonie mit Grün und Blau als dominanten Farben treu. Einen zweiten Schwerpunkt der Illustrationen Z.s bilden seine Schwarz-Weiß-Zeichnungen zu Abenteuererzählungen für Kinder. Z. lehnt einen schablonenhaften Naturalismus innerhalb dieses Genres ab.

Werke: E. Kästner: Konferencia zvierat (1968); J. Cíger-Hronský: Budkáčik a Dubkáčik (1969); L. Feldek: Zelené jelene (1969); M. Hranko: Furko a Murko (1969); A. Lindgrenová: Deti z Bullerbynu (1970); L. Feldek: Rozprévky na niti (1971); A. Kamienská: Král'ovstvo král'a Plastilína (1971); M. Ferko: Džimbala-bala-bala (1971); K. May: Na Rio de la Plata (1971); S. Michalkov: Veselí zajkovia (1972); S. T. Naim: Sedem sl'nc na snehu (1972); L. Podjavorinská: Zajko Bojko (1974); T. Janovic: Dýnom dánom (1976); J. Pavlovič: Dúha farbičky si strúha (1976).

Sekundärliteratur: R. Trojanová: Obrazy malované na dreve. Katalog (1975). – A. Urblíková: Ondrej Zimka (in: Bookbird. 1970. 1. 72–74). – O. Zimka: Prvé konfrontácie (in: Výtvarný život. 1974. 4. 44).

František Holešovský

Zimmering, Max

*(Ps. MIX). Lyriker und Kinderbuchautor; * 16. 11. 1909 Pirna, † 15. 9. 1973 Dresden.*

Z., Sohn eines Uhrmachers, betätigte sich schon früh in der Arbeiterbewegung, zuerst als Mitglied der jüdischen Arbeiterbewegung und seit 1929 in der KPD. 1928 begann Z. mit der Veröffentlichung von Gedichten und Prosa. Nach Emigration und Internierung lebte Z. seit 1941 in London und arbeitete dort für die antifaschistische Emigrantenpresse. 1946 kehrte er nach Dresden zurück und wurde ein führender Kulturfunktionär der DDR. Von 1958 bis 1964 war er Direktor des „Instituts für Literatur ‚Johannes R. Becher'" in Leipzig. Z. wurde mehrfach geehrt. So zeichnete die „Linkskurve", die Zeitschrift des „Bundes proletarisch-revolutionärer Schriftsteller" (BPRS), dessen Mitglied er wurde, sein frühes Gedicht „Das Fließband" aus. Er erhielt 1953 und 1958 den Heinrich-Mann-Preis, 1957 die Erich-Weinert-Medaille, 1958 den Heinrich-Heine-Preis, 1967 den Martin-Andersen-Nexö-Preis, 1968 den Kunstpreis der DDR und 1969 den Nationalpreis.

Werk, Tendenzen, Wirkung. Hauptthema seiner Werke sind der Kampf gegen den Faschismus, so in dem Schauspiel „Familie Blanchard" (1942) und die Aufbauarbeit der Nachkriegszeit („Phosphor und Flieder", 1954). Besonders hervorgetreten ist Z. als Lyriker und Kinderbuchautor. In seinen Gedichten bringt er vielfach gesellschaftliche Arbeit und Naturerfahrung in Zusammenhang, so daß die so hergestellte dialektische Einheit von Mensch und Natur oft als moralische Motivierung des Rezipienten wirkt. Zahlreiche Gedichte wurden vertont, unter anderem von Hans Eisler und Paul Dessau, und entfalteten erst als Lieder ihre volle Kraft. Die Kritik warf Z. vor, daß es seinen Gedichten trotz ihres Erfolgs oftmals an „poetischer Konkretheit" mangelt, die agitatorische und propagandistische Absicht sei zu unvermittelt.
In seinen Kinderbüchern bringt Z. den Lesern ein Stück Geschichte des Klassenkampfs und der Arbeiterbewegung nahe. So schildert „Die Jagd nach dem Stiefel" (1953) die Aufklärung eines politischen Mordes während der Endphase der Weimarer Republik durch Arbeiterkinder. Diese Erzählung schrieb Z. bereits 1932; sie konnte jedoch erst 1936 in tschechischer Übersetzung erscheinen und 1953 schließlich in deutsch. „Rebellion in der Oberprima" (1962) beschreibt die Konflikte in einer Schulklasse, die durch die Rassengesetze des Dritten Reiches hervorgerufen wurden. Um Fluchthilfe für Personen, die durch den Faschismus bedroht sind, geht es in „Li und die roten Bergsteiger" (1967). Besondere Resonanz errang Z. mit seiner für Kinder geschriebenen Thälmann-Erzählung „Buttje Pieter und sein Held" (1951), die die Erlebnisse des kleinen Pieter erzählt, der versucht, dem Leben und Wirken des ehemaligen Arbeiterführers Ernst Thälmann zu folgen.

Werke: Die Jagd nach dem Stiefel (1953, [11]1974); Buttje Pieter und sein Held (1951, [17]1974); Seht, wie uns die Sonne lacht (1955); Die unfreiwillige Weltreise (1956, [4]1963); Spuk in der Ziegelstraße (1962, [3]1964); Rebellion in der Oberprima (1962, [3]1969); Li und die roten Bergsteiger (1967, [3]1971); Deckname Adi (1973, [2]1974).

Sekundärliteratur: M. Altner: Zur Entwicklung der sozialistischen Kinder- und Jugendlyrik in der DDR von 1945 bis 1975 (1975). – G. Ebert: Ansichten zur Entwicklung der epischen Kinder- und Jugendliteratur in der DDR 1945 bis 1974 (1976). – H. Riedel: Max Zimmering (in: H. J. Geerdts (Hrsg.): Literatur der DDR. 1972. 113–129).

Winfred Kaminski

Zimmermann, Kurt

*Zeichner, Graphiker und Illustrator; * 27.11.1913 Berlin, † 10.5.1976 Berlin/DDR.*

Z. mußte 1929, als sein Vater arbeitslos wurde, die Realschule verlassen und erlernte das Lithographenhandwerk. Anschließend begann er an der Berliner Fachschule für Graphik und Buchgewerbe bei Fr. Steinert (* 1891) zu studieren, um seine Ausbildung ab 1933 an der Akademie für Freie und Angewandte Kunst am Steinplatz bei L. Bartning (* 1876) und R. Böhland (1868–1935) fortzusetzen. Z. arbeitete von 1935 bis 1941 als statistischer Zeichner, ab 1948, nach Rückkehr aus der Kriegsgefangenschaft, als freischaffender Künstler in Berlin. Daneben war Z. am Institut für Bildende Kunst in Berlin tätig. Z., der außer seinen zahlreichen Arbeiten für Erwachsene (vornehmlich politische Graphiken, realistische Plakate, Buchillustrationen) seit 1949 rund 70 Kinderbücher fast ausschließlich für den „Kinderbuchverlag" und den „Verlag Neues Leben" illustriert hat, erhielt unter anderem 1960 den Kunstpreis der DDR und 1961 den Kunstpreis des Freien Deutschen Gewerkschaftsbundes für die Lithographie „Schreibender Arbeiter". Speziell für seine Kinderbuchillustrationen wurde Z. 1961 mit dem Kunstpreis der DDR und mehrfach in Preisausschreiben zur Förderung der sozialistischen Kinder- und Jugendliteratur für die graphische Gestaltung einzelner Bücher ausgezeichnet. Zu den „Schönsten Büchern" gehört unter anderem „Gavroche" (Fassung von 1961, Text von V. Hugo) und „Camilo" (1963, Text von L. Renn).

Werk, Tendenzen, Wirkung. Die intensive Auseinandersetzung Z.s mit einer K. Kollwitz-Ausstellung während seiner Studienzeit wurde „bestimmend für seine Haltung als politischer Künstler" (T. Stephanowitz, a.a.O. S. 124). Nach der Rückkehr aus der Gefangenschaft – Z. war während des Krieges zu den jugoslawischen Partisanen übergegangen – ging er nach Ost-Berlin. Geprägt von seinen Kriegserfahrungen und zur Erkenntnis gekommen, als Sozialist unmittelbar auf das Bewußtsein der Menschen einwirken zu müssen, nahm Z. in Plakaten, Radierungen, Lithographien und Zeichnungen zu Gegenwartsproblemen Stellung. Graphiken wie „Lesender Arbeiter", „Sturm auf Essen", „Roter Matrose", „Freundschaft" oder „Das Gewehr ist da eine gute Sache, wo es eine gute Sache ist" und Einzelblätter aus den Zyklen „Deutsch-Arabische Freundschaft" und „Bauernkrieg" wurden immer wieder in Anthologien und Schulbüchern abgedruckt oder dienten, wie die Porträtzeichnungen aus dem Zyklus

„Zum 100. Geburtstag W. I. Lenins", zur Illustration eines Jugendbuches über die Oktoberrevolution (G. J. Losgačov-Jelisarov: Gora und sein bester Freund, 1970).

Als Graphiker – Z. hat außer Werken für Erwachsene vornehmlich für ältere Kinder und Jugendliche illustriert – bevorzugt er historische Stoffe aus der deutschen und internationalen Arbeiterbewegung, wie z. B. die Darstellung des Hamburger Aufstandes von 1923 durch W. Meinck in „Der Herbststurm fegt durch Hamburg" (1954; 1958 und 1973 unter dem Titel „Kuddel und Fietje"), der englischen Exiljahre von Karl Marx (V. und I. Korn: Mohr und die Raben von London, 1963), über Ernst Thälmann (M. Zimmering: Buttje Pieter und sein Held, 1964), darüber hinaus aus den revolutionären Bewegungen in Vergangenheit und Gegenwart, angefangen bei den Cheruskern (L. Renn: Herniu und der blinde Asni, 1956; Herniu und Armin, 1958), über den Bauernkrieg (A. Altaev: Unter dem Banner des Bundschuh, 1955), die Barrikadenkämpfe von 1832 gegen den „Bürgerkönig" Louis Philippe (V. Hugo: Gavroche, 1957), die russische Oktoberrevolution (vgl. die Illustrationen zu den zahlreichen Werken A. Gajdars; N. Ostrovskij: Wie der Stahl gehärtet wurde, 1956) bis hin zu den Kolonial- und Befreiungskämpfen in Ländern der Dritten Welt wie Mexiko (L. Renn: Trini, 1954; K. Bruckner: Pablo, der Indio, 1950), Korea (I. Wolk: Die Glückswurzel, 1955), Angola (G. R. Richter: Savvy-Trilogie, 1956–1963), Mongolei (K. David: Der singende Pfeil, 1962) oder Kuba (L. Renn: Camilo, 1963). Diese Schwerpunktsetzung erklärt und begründet Z. damit, daß ihm „Stoffe revolutionären Inhalts" am meisten liegen.

Gestalterisch geht Z. so vor, daß er „aus dem historischen Geschehen solche Situationen, menschliche Reaktionen oder auch Persönlichkeiten" auswählt und visualisiert, „die den historischen Wandel im Menschen selbst und in seinen Beziehungen zur Umwelt zeigen" (Kombination von Wort und Bild, a.a.O. S. 340).

Das Porträt des Menschen, vornehmlich der starken, selbstbewußten, kampfbereiten Arbeiter, Bauern, Soldaten, aber auch immer wieder der Kinder, steht im Mittelpunkt seines Schaffens, vor allem des der letzten 15 Jahre. Demgegenüber tritt die Zeichnung von Landschaft, historischer Szenerie, Interieur zurück, wird das Atmosphärische der Situation oder Zeit nur mit wenigen flüchtigen Strichen angedeutet. Mit lockerem, breitem, Details aussparendem Pinsel werden der Charakter – zunehmend an Individualität gewinnend, wenngleich ein gewisser Schematismus oftmals nicht zu übersehen ist –, das Typische, Empfindungen wie Haß und Liebe, Anteilnahme und Zuneigung sowie die Beziehungen der Menschen zueinander herausgearbeitet. Abgesehen von den frühen Werken – meist kleine, vignettenartige Feder- und Pinselzeichnungen – erstrecken sich die auf dem starken Kontrast von Schwarz und Weiß aufgebauten Kompositionen Z.s oft dynamisch von links unten nach rechts oben aufstrebend über beide Textseiten, so das manchmal überhöhte Pathos der Kampfszenen und heldenhaften proletarischen Charaktere verstärkend. Die Entwicklung von Stil und Themenstellung zum dramatisch Überhöhten, einhergehend mit einer zunehmenden Steigerung der Emotionalität, läßt sich besonders deutlich beim Vergleich der mehrfach von Z. illustrierten Werke nachvollziehen, z. B. „Gavroche", der Erzählungen und Romane Gajdars oder auch W. Meincks.

Z. sieht es als seine Aufgabe an, durch das szenische Nacherzählen, wobei sich der Illustrator „nicht sklavisch an das literarische Detail gebunden" zu fühlen braucht, die „Phantasie des betrachtenden Lesers in die vom Autor beabsichtigte Richtung" zu lenken und dieses Ziel über die Erlebnisebene zu erreichen (Kombination von Bild und Wort. S. 339 und 340). Als Beispiel dafür, daß der Buchgraphik ein durchaus eigenständiger Charakter zukomme und dennoch eine – freilich selten erreichte – Einheit von Text und Bild entstehe, führt Z. die anläßlich einer Kubareise unbhängig vom Text entstandenen ganz- oder doppelseitigen Tuschezeichnungen zu L. Renns Bilderbuch „Camilo" an. Z. hebt allerdings hervor, daß das künstlerisch-ästhetische Moment für ihn nicht an erster Stelle steht: „Für mich bedeutet meine Arbeit vor allem eine politische Aufgabe, eine gesellschaftliche Verpflichtung. Wenn dabei auch so was wie Kunst herauskommen sollte, soll es mir recht sein" (T. Stephanowitz, S. 128).

Werke: A. Gorkij: Meine Kindheit (1949); L. Kassil: Das Mädchen Ustja (1949); K. Bruckner: Pablo, der Indio (1950); K. Bruckner: Die Spatzenelf (1950); A. Gajdar: Timur und sein Trupp (1950); A. Jürgen: Blauvogel. Wahlsohn der Irokesen (1950); W. Poláček: Drei Kinder kommen durch die Welt (1950); A. Gajdar: Ferne Länder (1951); A. Gajdar: Schule des Lebens (1951); A. Gajdar: Tschuk und Gek (1951); L. Kassil: Das Mädchen Sina (1951); M. Prileshajewa: Deine Freunde sind mit dir (1951); A. Gajdar: Die Front (1952); Gl. u. N. Konarowski: Kai-su (1953); W. Bauer: Die fröhlichen Einsiedler (1953); H.-G. Krack: Ferienexpreß D 104 (1953); I. Kratt: Abenteuer im hohen Norden (1953); I. D. Vasilenko: Die Hähnchen (1953); W. Meinck: Der Herbststurm fegt durch Hamburg (1954; NA. u.d.T.: Kuddel und Fietje, 1958); M. M. Prišvin: Grau-Eule (1954; NA. 1970); H. Vieweg: Dreizehn Stromer (1953); L. Renn: Trini (1954); A. Altaev: Unter dem Banner des Bundschuh (1955); I. J. Wolk: Die Glückswurzel (1955); H. Fast: Der große Jäger (1956); G. Ferry: Der Waldläufer (1956); A. Gajdar: Die Feuertaufe (1956); N. A. Ostrovskij: Wie der Stahl gehärtet wurde (1956); L. Renn: Herniu und der blinde Asni (1956); A. Fidler: Der kleine Bison (1957); G. R. Richter: Savvy, der Reis-Shopper (1956); A. Gajdar: Der Trommler (1957); V. Hugo: Gavroche (1957; NA. 1961); K. Türke: Gefährliche Freundschaft (1957); A. Lazar: Jan auf der Zille (1958); L. Renn: Herniu und Armin (1958); E. Schmidt: Feuer auf der Insel (1958); A. Wedding: Das eiserne Büffelchen (1958); P. Körner-Schrader: Treibjagd im Dorf (1959); G. R. Richter: Die Höhle der fliegenden Teufel (1959); M. A. Šolochov: Stromer (1959); A. I. Uljanova und A. Kononov: Geschichten über Lenin (1959); A. Gajdar: Das Schicksal des Trommlers (1960); I. u. G. Holtz-Baumert: Der kleine Trompeter und sein Freund (1960); N. Mesečkov: Bango, der Zigeuner (1960); K. David: Der singende Pfeil (1962); V. u. I. Korn: Mohr und die Raben von London (1963); L. Renn: Camilo (1963); R. Segal: Der Tokolosch (1963); B. Jemeljanov: Der Königsadler (1963); G. R. Richter: Trommeln der Freiheit (1963); auch u.d.T.: Aufstand in den wilden Bergen); A. Wedding: Das Eismeer ruft (1964); M. Zimmering: Buttje Pieter und sein Held (1964); R. Moric: Dreimal bin ich durchgebrannt (1965); Vl. Arsenev: Der Taigajäger (1967); A. Gajdar: Der Mann mit dem Stern (1967); L. Turek: Ich war kein Duckmäuser (1967); A. Gajdar: Die Zeit des Trommlers (1968); A. Gorkij: Die Mutter (1968); A. Gajdar: Die Spur des Kühnen (1969); J. Nowotny: Der Riese im Paradies (1969); G. R. Richter: Die Löwen kommen (1969); M. de Cervantes Saavedra: Don Quijote (1970); G. J. Losgačov-Jelisarov: Gora und sein bester Freund (1970); K. Kalčev: Es kam ein Mann aus Juntschbunar (1975).

Sekundärliteratur: B. Alde: Kurt Zimmermann Nationalpreisträger (in: Papier und Druck. 1964. 7. 145–152); Das Antlitz des sozialistischen Menschen (in: Junge Kunst. 4. 1960. 1. 23–26). – C. Brockdorff (Hrsg.): Kurt Zimmermann – Sozialistische Grafik (1958); Kombination von Bild und Wort (in: Bildende Kunst. 1965. 7. 339–343). – W. Reichelt: „Wir haben solche Kräfte" (in: Junge Kunst. 2. 1958. 2. 63–68). – T. Stephanowitz: Meine Arbeit ist gesellschaftliche Verpflichtung (in: Bildende Kunst. 1959. 2. 124–128). – K. Zimmermann (in: Bibliographische Kalenderblätter der Berliner Stadtbibliothek. 19. 1977. Folge 5. 10–18).

Rosmarie Rauter

Zimnik, Reiner

*Zeichner, Maler, Karikaturist, Bilderbuchkünstler, Schriftsteller; * 13. 12. 1930 Beuthen (Oberschlesien).*

Vor seiner künstlerischen Ausbildung war Z. Schreinergeselle (1948), machte dann drei Jahre später das Abitur und studierte anschließend von 1951 bis 1956 an der Akademie der Bildenden Künste in München. 1958 erhielt Z. den Eichendorff-Preis und den Münchener Kunstpreis für Graphik, 1961 ein Stipendium für einen Rom-Aufenthalt in der Villa Massimo. Seine zwei Dutzend Bücher für Erwachsene und für Kinder sind zum Teil in andere Sprachen übersetzt worden. 1975 und 1978 stellte die Galerie Daniel Keel (Zürich) seine künstlerischen Werke aus. Z. lebt in München.

Illustration aus Reiner Zimniks Bildergeschichte „Die Trommler für eine bessere Zeit" (Berlin 1958).

Werk, Tendenzen, Wirkung. Z. hat nach dem Zweiten Weltkrieg einen eigenen poetischen Stil gezeichneter Bildmärchen geschaffen, in denen Romantik und moderne Technik übergangslos verbunden sind. Beispiele dafür sind: „Der Kran" (1956), „Der Regen-Otto" (1958) und „Der Bär auf dem Motorrad" (1962). In seinen fabulierenden Geschichten „Der Bär und die Leute" (1954), „Der stolze Schimmel" (1956) und seiner bedeutsamen Arbeit „Die Trommler für eine bessere Zeit" (1958) knüpft Z. an Märchentraditionen an, die er um elegisch hintergründige, symbolträchtige neue Motive bereichert. In seinen Geschichten vom „Lektro" entwickelt er sich zum Zeitkritiker an der modernen Konsumwelt mit ihrer Hektik und ihren unmenschlichen Einrichtungen. Wie in den meisten Arbeiten Z.s zielt auch seine Bildgeschichte „Die Ballade von Augustus und den Lokomotiven" (1967) gleichzeitig bzw. mehr noch auf erwachsene als auf kindliche Leser und Betrachter.

Künstlerisch am überzeugendsten sind Z.s Federzeichnungen zum „Kran" und den „Trommlern für eine bessere Zeit", in denen er souverän und einfallsreich die Skala seines graphischen Könnens entfaltet. Farbige Bilderbücher wie „Der Regen-Otto" (1958), „Die Geschichte vom Käuzchen" (1960) und „Bills Ballonfahrt" (1972) blieben neben den Schwarz-Weiß-Bänden Einzelgänger. In der „Geschichte vom Käuzchen" zeigt Z. pastose Farbigkeit.

Z.s Helden sind durchweg Einzelgänger, verträumte Eigenbrötler, die außerhalb ihrer Zeit dahinleben und sich mit eigenen Methoden durchzuschlagen versuchen. Das gilt für den Kranmann, für Jonas den Angler sowie für die Tierhelden im „Stolzen Schimmel", im „Brülltiger" und dem „Bär auf dem Motorrad". Einen bayerisch-folkloristischen Typ, den „Sebastian Gsangl", eine chaplineske Figur aus dem Alltag, stellte er 1975 neben dem „Lektro" in Buchform vor. Beide Gestalten geben Vorlagen zu insgesamt mehr als 40 Fernsehzeichenfilmen. Ähnlich den erwachsenen „Helden" sind Z.s Kindergestalten eher ernst, besinnlich und ausdauernd im Verfolgen eines gesteckten Ziels als verspielt oder naiv. Das gilt vor allem für Bill, einen amerikanischen Knaben, der nur davon besessen ist, sich vogelgleich in die Lüfte zu erheben. Nach anfänglichem Scheitern und trotz gebrochenen Fußes geht er nicht von seinem Lieblingswunsch ab: Als ihm alle Gäste zum Geburtstag nichts außer Luftballons schenken, kann er endlich seinen Traum verwirklichen. Von Knüttelversen begleitet, zeichnet Z. ein grotesk geratenes Amerikabild. Der geglückte Flug gibt ihm viele Möglichkeiten, den Betrachter durch mannigfaltig wechselnde Perspektiven, mit Vogelblick auf die Erde, Start, Flug und glückhafter Landung zu amüsieren.

Z. wurde in den sechziger Jahren als besonders origineller Bilderbuchkünstler bezeichnet. So schrieb Bettina Hürlimann: „Gänzlich neue Wege im Bilderbuch ging Reiner Zimnik, der mit der gleichen Feder zeichnend und schreibend, in spontaner Weise seinen originellen Einfällen folgte. International gesehen sind seine Bildgeschichten, vor allem seine Schwarz-Weiß-Bände, wohl der eigenartigste Beitrag Deutschlands an die Welt des Bilderbuchs" (Die Welt des Bilderbuchs, 1965, S. 12). Seit 1971 hat sich Z. wieder vermehrt einem Naturstudium und der freien Zeichnung, auch dem Aquarell, zugewandt (Frauenakte, anonyme Wesen auf Gruppenbildern). Er rückt dabei mehr von hartem Federstrich ab und gebraucht zarte Mittel (Bleistift, verdünnte Tusche).

Z. nennt George Grosz und Alfred Kubin unter den Künstlern, denen er sich nahe fühlt, bzw. die er bewundert. Seine poetisch-moralische Qualität kommt in seiner Analyse seiner eigenen „Lektro"-Figur zum Ausdruck, von der er in einem Interview (Börsenblatt für den deutschen Buchhandel, Nr. 91. 14.11.1978) sagt: „Er soll ein Symbol sein für das Liebenswerte im kleinen Mann schlechthin, der den Mächten ausgeliefert ist und trotzdem einen eigenen Weg zu finden sucht".

Werke: R. Zimnik: Der Bär und die Leute (1954); R. Zimnik: Jonas der Angler (1954); R. Zimnik: Xaver, der Ringelstecker und das gelbe Roß (1954); R. Zimnik: Der Kran (1956); R. Zimnik: Der stolze Schimmel (1956); R. Zimnik: Die Trommler für eine bessere Zeit (1958); R. Zimnik: Der Regen-Otto (1958); B. Schenk de Regniers: The snow party (1959; dt. Pasteten im Schnee, 1961); H. Axmann: Die Geschichte vom Käuzchen (1960); R. Zimnik: Der kleine Brülltiger (1960); R. Zimnik: Der Bär auf dem Motorrad (1962); R. Zimnik: Geschichten vom Lektro (1962); R. Zimnik: Lektro und die Feuerwehr (1964); R. Zimnik: Neue Geschichten vom Lektro (1964); R. Zimnik: Lektro und der Eiskönig (1965); St. Moses (zus. mit anderen): Manuel (1967); W. Schnurre: Eine schöne Bescherung (1967); R. Zimnik: Die Ballade von Augustus und den Lokomotiven (1967); R. Zimnik: Der kleine Millionär (1969); R. Zimnik: Bills Ballonfahrt (1972); R. Zimnik: Sebastian Gsangl (1975); R. Zimnik: Professor Daniel J. Koopermans' Entdeckung und Erforschung des Schneemenschen (1979); R. Zimnik: Winterzeichnungen (1979).

Sekundärliteratur: R. Karrer-Khoberg: Wer zeichnet wie? (1963). – H. Künnemann: Grafikerprofil Reiner Zimnik (in: Bulletin Jugend + Literatur. 4. 1972. 11/5. 71–72); Reiner Zimnik. Der Märchenfabulierer im Technischen Zeitalter (in: (ders.): Profile deutscher Bilderbuchmacher. 1972. 210–218). – „Letztlich kommt alles vom Kopf". Börsenblatt-Interview mit dem Zeichner und Buchautor Reiner Zimnik (in: Börsenblatt für den Deutschen Buchhandel. 34. 1978. 91. 2333–2335). – A. Sailer: Reiner Zimnik (in: Gebrauchsgraphik. 1955. 9. 44–49).

Horst Künnemann

Zitelmann, Arnulf

*Theologe, Schriftsteller, Lehrer; *9.3.1929 Oberhausen-Sterkrade.*

Z. war Zweitjüngster in einer Familie mit fünf Kindern. Schon früh wurde Z. mit den sozialen und politischen Spannungen der Arbeiterschaft des Ruhrgebiets konfrontiert. Durch Kriegs- und Nachkriegszeit in seinem Schulbesuch beeinträchtigt, hatte er zwölf Schulwechsel hinter sich, als er 1949 das Abitur am altsprachlichen Gymnasium in Gießen ablegen konnte. Er studierte in Marburg und Heidelberg Theologie und Philosophie und trat nach dem ersten theologischen Examen in den Dienst der Evangelischen Landeskirche in Hessen ein.

Bis 1970 versah er das Pfarramt in Frankfurt-Nordweststadt, anschließend in der Gemeinde Messel bei Darmstadt. Seit 1977 ist Z. als Religionslehrer am altsprachlichen Gymnasium in Darmstadt tätig. Z. ist verheiratet und hat vier Kinder.

Werk, Tendenzen, Wirkung. Zusammen mit der Schulpsychologin Therese Carl schrieb Z. als Handbuch für Lehrer eine „Didaktik der Sexualpädagogik". Einbezogen ist auch die vorschulische Erziehung, doch liegt das Hauptgewicht des Werkes auf der Grundschulpädagogik. Der Band erschien 1970 und erreichte bis 1977 eine Auflagenhöhe von rund 35000 Exemplaren. Vornehmlich an junge Leser und Studenten wandte sich Z. mit seiner „Basisbibel" (1972). Darin stellt er von ihm selbst übersetzte Bibelstellen thematisch neu zusammen. Mit diesen Texten wollte Z. Antworten aus dem Alten und Neuen Testament auf Fragen zu aktuellen Problemen geben, z. B. in der Autoritätskrise, der Emanzipationsbewegung, der Studentenrevolte, in den neuen Solidarisierungstendenzen und Hilfen bei der Suche der Jugendlichen nach dem Sinn des Lebens. An Ergebnissen der Religionsforschung und Religionspsychologie stark interessiert, wählte Z. zum Stoff seines ersten Abenteuerromans für Kinder „Kleiner Weg" (1978) den Bewährungsweg eines Jungen, der zu einer Horde vorgeschichtlicher Menschen gehört. „Kleiner Weg" überlebt bei einem Erdbeben als einziger seines Klans. Er lernt, Angst zu überwinden, das Feuer zu hüten und kann einen kleinen Wildhund zum Freund gewinnen. Z., der dazu beitragen möchte, die starre Grenzziehung zwischen Jugend- und Erwachsenenliteratur zu beseitigen, wählt gern Problemsituationen der menschlichen Entwicklungs- und Kulturgeschichte, um so den jungen Lesern am individuellen Schicksal und den Erkenntnisschritten eines jungen Menschen Möglichkeiten eigenen Verhaltens zu zeigen.

Werke: Didaktik der Sexualerziehung (zus. mit Th. Carl, 1970); Basisbibel (1972); Kleiner Weg, ein Abenteuerroman für Kinder (1978); Zwölf Steine für Judäa, ein Abenteuerroman für Kinder (1979).

Margarete Dierks

Zuchtbüchlein → Sittenlehrbuch für Kinder und Jugendliche

Zucker, Gertrud

*Illustratorin von Kinder- und Jugendbüchern; *3. 1. 1936 Berlin.*

Z. studierte von 1954 bis 1959 an der Hochschule für bildende und angewandte Kunst Berlin-Weißensee die Fachrichtung Graphik. Ihre Lehrer waren die Professoren Werner Klemke, Paul Rosie und Arno Mohr. Seit ihrem Diplom 1959 arbeitet sie als freischaffende Graphikerin. Neben Kinderfilmplakaten und Arbeiten für Zeitungen hat sie über 60 Kinder- und Jugendbücher illustriert.

Einige der von Z. illustrierten Werke wurden als „Schönste Bücher" prämiiert: 1966 „Grünes Laub und bunte Blätter", 1967 „Auf dem ABC-Stern", 1969 „Ilse Bilse". 1971 wurde ihr im Preisausschreiben des Ministeriums für Kultur der DDR für die Illustration zu Anne Geelhaars „Komm, lieber Mai, und mache ..." die lobende Anerkennung ausgesprochen, 1974 erhielt sie die Silbermedaille für hervorragende Leistungen bei der sozialistischen Erziehung in der Pionierorganisation „Ernst Thälmann". Zusammen mit ihrem Mann und drei Kindern lebt sie in Bad Saarow-Pieskow.

Werk, Tendenzen, Wirkung. Z. beherrscht ein umfangreiches Repertoire an zeichnerischen und graphischen Techniken, das sie text- und altersgruppengemäß einsetzt. So verwendet sie zu Alfred Wellms „Pugowitza oder Die silberne Schlüsseluhr" (1975), ein Buch für Jugendliche ab 13 Jahren, Kohlezeichnungen in expressiver Hell-Dunkel-Setzung, die entfernt an Käthe Kollwitz und Edvard Munch erinnern, wohingegen sie für Siebenjährige in Fred Rodrians „Minni und die Kuh Mariken" (1966) flotte, aber prägnant vereinfachte Federskizzen benutzt, die teilweise bewußt stilistisch Kritzeleien von Kindern angenähert sind. In Bodo Schulenburgs Kinderbuch „Mondhörnchen" (1970) gebraucht sie das für Kinder alltägliche Zeichenwerkzeug Kreide, sie skizziert in Rechenkaros hinein; Spitzenmuster und Wiedergabe anderer Materialien werden situationsgerecht hineincollagiert. Neben Kreide verwendet sie sehr häufig Mischungen aus Aquarell- und Temperatechnik. Ihr Farbauftrag ist locker und frei, malerisch ergeben sich die Gegenstände aus der Farbe, nie durch Ausmalen der gezeichneten Kontur. Die Raumhaltigkeit ihrer Bilder ergibt sich – wie z. B. in „Ein Sommernachtstraum" (1972) – durch atmosphärische Farbschilderung; häufig jedoch spart sie die Hintergründe zugunsten einer übersichtlichen Lesbarkeit aus. Ihre gemalten Gesichter sind oft kindertümlich. Verwendet sie, wie z. B. in „Der erste Preis" (1972), die Technik des Farbholz- oder Linolschnittes, so wird sie, ohne dabei peinlich realistisch zu sein, großzügiger und weniger klischeeverhaftet in der Physiognomik und den Ausdrucksnuancen der Körperhaltung. Auf den Schulanfänger abgestimmt sind die fibelähnlichen Illustrationen zu Wera Küchenmeisters „Auf dem ABC-Stern" (1967). Die Bilder zeigen eindrucksvoll Daniels phantastische Reise in seiner Schultütenrakete in das Sternenland der Zahlen und Buchstaben, die sie in Strichmännchenmanier sich lustig über die Seiten bewegen läßt. Eindrucksvoll ist Daniels Staunen vor dem Bleistiftwald, ein Buch, das auf die Einschulung vorbereiten soll.

Werke: J. Oesterheld: Für wen schwimmt Jochen? (1961); H. Hüttner: Taps und Tim (1963); G. Zucker: Hosenmatz, erzähl mir was (1964); E. J. Tscharuschin: Was ist das für ein Tier? (1964); H. Hüttner: Troddel, Taps und Tim (1965); N. Werner: Bim bam bim (1965); J. Gerlach: Grünes Laub, bunte Blätter, Sonnenschein und Regenwetter (1966); K. Neumann: Das Mädchen hieß Gesine (1966); Fr. Rodrian: Minni und die Kuh Mariken (1966); H. Schiller: Die Kinder im Tobteufelhaus (1966); H. Hüttner: Taps und Tim im Garten (1967); W.

Gertrud Zucker. Illustration (Septemberblatt) aus dem Kinder-Kunstkalender 1978 des Kinderbuchverlages Berlin (DDR).

Küchenmeister: Auf dem ABC-Stern (1967); H. Preißler (Hrsg.): Das Windrad. Kindergedichte aus zwei Jahrzehnten (1967); A. Roscher (Hrsg.): Ilse Bilse. 12 Dutzend alte Kinderverse (1968); G. Feustel: Die Geburtstagslaterne (1969); H. Lind: Die Windvogelschule (1969); G. Gloger: Kathrins Donnerstag (1970); R. Hottenrott: Geburtstagsfest im Schneidergarten (1970); B. Levin (zus. mit L. Radlowa): Sonne, Mond und alle Sterne (1970); G. Libs: Z polnej karu (1970); B. Schulenburg: Mondhörnchen (1970); J. Brězan: Die Milchquelle (1971); H. Fallada: Geschichte vom verkehrten Tag (1971); A. Geelhaar: Komm, lieber Mai, und mache (1971); E. Niit: Das ist Pille-Riin (1971); Fr. Rodrian: Wir gehen mal zu Fridolin (1971); J. L. Caragiale: Der erste Preis (1972); Fr. Fühmann: Ein Sommernachtstraum (1972); S. Gerber: Zum Geburtstag eine Schwester (1972); P. Hacks: Die Katze wäscht den Omnibus (1972); R. Hottenrott: Meine Schwester Schnatterinchen (1972); E. Bergner: 3:1 für Besenstedt (1973); H. Beseler: Auf dem Fluge nach Havanna (1973); B. Gehrts: Der Wettlauf zwischen Esel und Auto (1973); A. Rotsch: Die 4 muß weg (1973); R. Werner: Die gepanzerte Doris (1973); P. Abraham: abc, lesen tut nicht weh (1974); A. Geelhaar: Der kleine Kommandeur (1974); Fr. Rodrian: Die 777. Hasengeschichte (1974); R. Sindermann: Die Suche nach dem Wetterfrosch (1974); S. Dick: Ausgerechnet Michael (1975); G. Eggers: Besuch bei Buratino (1975); B. Pludra: Sundus und der hafergelbe Hund (1975); A. Wellm: Pugowitza oder Die silberne Schlüsseluhr (1975); G. Zucker: Die Blume trinkt den Regen (1975); G. Zucker: Das ist der Daumen ... (1975); G. Zucker: Wenn die Sonne scheint (1975); A. Barto: Ich hab eine Laterne (1976); E. Bergner: Der Dackel Oskar (1976); G. Eggers: Besuch bei Zawa und Fafik (1976); G. Zucker: Gute Nacht (1976); G. Zucker: Häschen hüpft (1976); G. Zucker: Heinzelmann und Zwerg (1976); G. Eggers: Besuch bei Julchen (1977); Fr. Rodrian: Paul und Janni finden Teddy (1978).

Sekundärliteratur: H. Balker: Über junge Künstler. Gertrud Zucker (in: Beiträge zur Kinder- und Jugendliteratur. 47. 1978. 76–81).

Klaus-Rüdiger Werner

Zur Mühlen, Hermynia

*(Ps.e: Maria Berg, Lawrence H. Desberry, Traugott Lehmann). Österreichische Autorin und Übersetzerin, Verfasserin proletarischer Märchen für Kinder; * 12. 12. 1883 Wien, † 19. 3. 1951 Radlett/Hertfordshire (England).*

Z. M., Tochter des österreich-ungarischen, dem Hochadel der Donaumonarchie entstammenden Gesandten Graf Crenneville, bereiste in ihrer Jugend zahlreiche Länder Europas, Afrikas und Vorderasiens. Zunächst von ihrer Großmutter auf dem Familiensitz in Gunden erzogen, kam Z. M. 1898 in ein Pensionat für höhere Töchter in Dresden, um danach eine Ausbildung als Volksschullehrerin auf einer Klosterschule zu absolvieren. Nach dem Examen (1901) wurde ihr die Ausübung des Berufs als nicht standesgemäß untersagt. Z. M., die eine hohe literarische Bildung besaß, interessierte sich schon in ihrer Jugend für soziale und politische Fragen. In Genf (1903) hatte sie Kontakte zu politischen Emigranten, vor allem aus Rußland. Für kurze Zeit arbeitete sie 1905 in einer Buchbinderei, um die Arbeitswelt kennenzulernen. Die 1907 geschlossene Ehe mit einem baltischen Gutsbesitzer scheiterte nach sechs Jahren, da Z. M. sich nicht mit den halbfeudalen Verhältnissen abfinden konnte. Wegen einer schweren Erkrankung hielt sie sich während des Ersten Weltkriegs hauptsächlich in der Schweiz auf. Hier überwand sie weitgehend die lange Zeit gehegten, verworren-idealistischen Sozialismusvorstellungen, studierte die marxistische Theorie, siedelte 1919 nach Frankfurt am Main über und schloß sich der KPD an. Sie emigrierte 1933 nach Wien, wo sie sich dem Bund sozialistischer Schriftsteller Österreichs anschloß, floh 1938 nach Prag und siedelte noch im gleichen Jahr nach England über.

Werk, Tendenzen, Wirkung. Erste schriftstellerische Versuche fallen in die Zeit vor ihrer Ehe. Ihre eigentliche literarische Tätigkeit begann Z. M. nach 1917 mit Übersetzungen. Insgesamt hat sie nahezu 150 meist sozialkritische Werke amerikanischer, englischer, französischer und russischer Autoren ins Deutsche übersetzt (u. a. N. Asch, L. I. Andreev, J. Galsworthy, H. Guilbeaux, J. K. Jerome, P. Pascal, U. Sinclair, H. S. Walpole). Darüber hinaus schrieb sie etwa dreißig, zum Teil autobiographisch gefärbte Romane, Kriminalgeschichten und Erzählungen sowie Hörspiele; viele ihrer Werke erschienen auch im Ausland. Während Z. M. in ihrer frühen Prosa häufig an religiöse Motive anknüpfte bzw. ein pathetisch-anklagender Grundton überwog, griff sie in ihren späteren Werken überwiegend auf ihre ehemalige adelige Umgebung zurück und gestaltete nun unmittelbar politische Themen, wobei die Auseinandersetzung mit der politischen Reaktion und den Nationalsozialisten dominierte. Zwischen 1919 und 1933 wurden Arbeiten Z. M.s in zahlreichen Organen der revolutionären Presse, zum Teil auch in der bürgerlich-liberalen „Frankfurter Zeitung" und in der Wiener „Arbeiter-Zeitung", dem Organ der österreichischen Sozialdemokratie, abgedruckt. Mehrfach wurden ihre Werke Opfer politischer Zensurmaßnahmen: die Erzählung „Schupomann Karl Müller" brachte der Autorin eine Anklage wegen „Hochverrat" ein, die Erzählung „Lina" (1926) wurde beschlagnahmt, weil darin für ein wegen „Hochverrats" beschlagnahmtes Buch – J. R. Bechers „Levisite oder der einzig gerechte Krieg" (1926) – geworben wurde.

Mit ihren proletarischen Märchen zählt Z. M. zu den bekanntesten und bedeutendsten Kinderbuchautoren der proletarisch-revolutionären Literaturbewegung der Weimarer Republik. Mit Hilfe parabelhafter und allegorischer Elemente suchte sie darin dem Arbeiterkind in vereinfachender Weise komplizierte Bedingungen und Prozesse der Gesellschaft zu erklären. Dabei ging sie in einem Teil der Märchen von der unmittelbaren Erfahrungswelt des proletarischen Kindes aus, wie beispielsweise in „Was Peterchens Freunde erzählen" (1921), wo belebte Gegenstände wie Kohle, Bettdecke usw. von ihrer Herkunft, Herstellung sowie der Arbeit und den Verhältnissen, unter denen sie in der kapitalistischen Gesellschaft geleistet wird, berichten. In anderen Märchen transponierte Z. M. einzelne strukturelle

Züge des Kapitalismus oder bestimmte Situationen und Probleme des Klassenkampfs in eine fiktive Welt – oft eine Insel, eine abgelegene Gegend, eine orientalische Kulisse –, um in vereinfachter Weise deren Wirkungen durchzuspielen und Lösungsmöglichkeiten aufzuzeigen (z. B. „Der Knecht", in: „Ali, der Teppichweber", 1923; „Der Zaun", in: „Das Schloß der Wahrheit", 1924; „Said, der Träumer", 1927). Als Helden der Märchen treten in der Regel Werktätige oder Freunde der Arbeitenden auf, die einem Kollektiv zugeordnet sind und die selbst initiativ werden müssen, wobei magische Mittel oder Helfer lediglich katalysatorische Funktion besitzen. Die meisten Märchen der Autorin stellen die Notwendigkeit der Solidarität der Unterdrückten und die verschiedenartigen Diversionsversuche der Herrschenden, wie ideologische Verschleierung („Die Brillen", in: „Ali, der Teppichweber", 1923), religiös-mystische und nationalistische Desorientierung („Die Söhne der Aischa", 1927; „Die rote Fahne", in: „Es war einmal ... und es wird sein", 1930; „Der Droschkengaul", 1923), Korrumpierung („Ali, der Teppichweber", 1923), scheinbare Versöhnung der Interessen („Said, der Träumer", 1927; „Die Bundesgenossin", in: „Das Schloß der Wahrheit", 1924) in den Vordergrund. Vom parteilich-sozialistischen Standpunkt aus behandelte sie die Frage des Privateigentums („Der Rosenstock", 1922; „Der Knecht", in: „Ali, der Teppichweber", 1923; „Die Wundermauer", in: „Das Schloß der Wahrheit", 1924) und der politischen Macht („Die Affen und die Peitsche", 1922), wobei sie hervorhebt, daß sich die Unterdrückten nicht scheuen dürfen, auch mit Gewalt gegen die Ausbeuter vorzugehen.

Obwohl Z. M. in ihren Märchen um schlichte Sprache und geradlinige Handlungsführung bemüht war, unterscheiden sich diese doch von den Volksmärchen durch die mehr beschreibenden und erklärenden Passagen gegenüber der in den Volksmärchen vorherrschenden Aktion. Der Grund dafür ist in der politisch-didaktischen Intention der Autorin zu suchen. Am wenigsten gelungen erscheinen diejenigen Märchen, in denen eine lockere Reihe von Allegorien die Handlung fast völlig ersetzt („Nachtgesicht", „Die Bundesgenossin", beide in „Das Schloß der Wahrheit", 1924). Nicht nur literarische, sondern auch politische Schwächen zeigen sich im Verfahren der Vereinfachung gesellschaftlicher und historischer Prozesse und Strukturen, z. B. in der oft zum Ausdruck kommenden unmittelbaren Revolutionserwartung. Dennoch stellten Z. M.s Märchen einen wichtigen Beitrag zur Herausbildung von Alternativen zur bürgerlichen und von Ansätzen einer sozialistischen Kinder- und Jugendliteratur dar.

Die Urteile der aus den Reihen der revolutionären Arbeiterbewegung kommenden zeitgenössischen Kritiker waren nicht einhellig. Während E. HOERNLE (1883–1952) Z. M.s Märchen als beispielhaft ansah und als Bestätigung seiner Forderung nach „proletarischen und industriellen Märchen" (Grundfragen, S. 208; Etwas über Erzählungen, Fabeln und Märchen, a. a. O.) bewertete, bemängelten G. ALEXANDER (1882–1967) und H. WERTHEIM die allzu stark aufgetragene Tendenz, begrüßten die Märchen jedoch grundsätzlich als Alternative zu den herkömmlichen.

Vor allem in den zwanziger und dreißiger Jahren erschienen die Märchen Z. M.s – die oft vor der Buchveröffentlichung in der kommunistischen Kinderpresse abgedruckt wurden – in mehreren unterschiedlich zusammengestellten Sammelbänden (z. B. „Märchen", 1922; „Es war einmal ... und es wird sein", 1930; „Schmiede der Zukunft", 1933), die von bekannten Künstlern der revolutionären Linken wie GEORG GROSZ (1893–1959), JOHN HEARTFIELD (1891–1968), KARL HOLTZ oder HEINRICH VOGELER (1872–1942) illustriert wurden. Nahezu das gesamte Märchenwerk Z. M.s erschien in verschiedenen Ausgaben in der Sowjetunion, einzelne Märchen und Sammlungen auch in einigen anderen europäischen Ländern.

Nach 1945 gerieten die Märchen Z. M.s in Vergessenheit, abgesehen von wenigen Neuauflagen bzw. Bearbeitungen in der DDR und in Österreich (CHRISTA NEUMANN: Der Knecht. Ein Laienspiel, hrsg. vom Zentralrat der FDJ; Was Peterchens Freunde erzählen, Wien 1946). Erst nach Beginn der antiautoritären Bewegung in der Bundesrepublik Deutschland nach 1968 wurden einige Märchen Z. M.s wieder zugänglich („Der kleine graue Hund und andere Märchen", 1976), und es kam zur Aufnahme einiger Märchen in Anthologien wie „Das große Lalula" (zusammengestellt von E. BORCHERS, 1971) oder „Die Kinderschaukel" (hrsg.

Einband zu Hermynia Zur Mühlens proletarischem Märchen „Der kleine graue Hund", das 1922 in der Vereinigung Internationaler Verlagsanstalten in Berlin erschien. Einbandgestaltung und Textillustrationen stammen von Karl Holz.

von M. L. Könnecker, 1976). Darüber hinaus stellen die Märchen Z.M.s für die in der Bundesrepublik Deutschland seit einigen Jahren geführte Diskussion um eine fortschrittliche, emanzipatorische Kinder- und Jugendliteratur einen wichtigen Bezug dar.

Werke: Was Peterchens Freunde erzählen (1921); Der Rosenstock (1922); Der Spatz (1922); Der kleine graue Hund (1922); Warum? (1922); Die Affen und die Peitsche (in: Der junge Genosse. 2. 1922. 21); Ali, der Teppichweber. 5 Märchen (1923); Nachtgesicht (in: Der junge Genosse. 3. 1923. 3. 8); Der Droschkengaul (in: Der junge Genosse. 3. 1923. 10. 5–7); Die 3 Freunde (in: Der junge Genosse. 3. 1923. 12. 5–7); Das Schloß der Wahrheit. Ein Märchenbuch (1924); Der Muezzin (in: Das Wort. 3. 1925. 6); Die Söhne der Aischa (1927); Said, der Träumer (1927); Ende und Anfang. Ein Lebensbuch (1929); Die rote Fahne (in: Es war einmal ... und es wird sein. Märchen. 1930); Reise durch ein Leben (1933).

Beiträge: Junge Mädchen Literatur (in: Die Erde. 1. 1919. 14./15. 473–474).

Sekundärliteratur: G. Alexander: Kindermärchen (in: Rote Fahne. 5. 1922. 515); Literatur des Malik Verlags (in: Rote Fahne. 3. 1920. 263). – Autorenkollektiv: Proletarisch revolutionäre Literatur 1918–1933 (1967). – B. Dolle: „Seid mutig, haltet zusammen ..." (in: Deutsche Volkszeitung. 24. 1976. 48). – I. Dreher: Die deutsche proletarisch-revolutionäre Kinder- und Jugendliteratur zwischen 1918 und 1933 (1975). – M. Freiberger: Gesellschaftliche Wirklichkeit und kindliche Phantasie (in: Kürbiskern. 1974. 1. 51–67). – E. Hoernle: Etwas über Erzählungen, Fabeln und Märchen (in: Das proletarische Kind. 2. 1922. 11. 16–19); Grundfragen proletarischer Erziehung (1929). – J. Merkel: Märchen, Phantasie und soziales Lernen (zus. mit D. Richter, 1974); Das Märchen des industriellen Zeitalters (in: J. Merkel (Hrsg. zus. mit D. Richter): Carl Dantz: Peter Stoll (Anhang, 1978). – F. Hubalek: Hermynia zur Mühlen (in: Arbeiter-Zeitung. 1951. 66). – H. Möbius: Revolutionäre Märchen der 20er Jahre (in: Kürbiskern. 1971. 2. 267–277). – W. Psaar: Wer hat Angst vor der bösen Geiß? Zur Märchendidaktik und Märchenrezeption (zus. mit M. Klein. 1976). – H. Wertheim: Hermynia zur Mühlen. Das Schloß der Wahrheit (in: Internationale Pressekorrespondenz. 4. 1924. 166. 2290).

Bernd Dolle